Fischer

Strafgesetzbuch

Beck'sche Kurz-Kommentare

Band 10

Strafgesetzbuch

und Nebengesetze

Erläutert von

Dr. Thomas Fischer

Richter am Bundesgerichtshof
Honorarprofessor an der Universität Würzburg

55. Auflage
des von Otto Schwarz begründeten,
in der 23. bis 37. Auflage von Eduard Dreher
und in der 38. bis 49. Auflage von Herbert Tröndle
bearbeiteten Werks

Verlag C. H. Beck München 2008

Verlag C. H. Beck im Internet:
beck.de

ISBN 978 406 56599 1

Wilhelmstraße 9, 80801 München
Satz und Druck: Druckerei C. H. Beck, Nördlingen
(Adresse wie Verlag)

Gedruckt auf säurefreiem, alterungsbeständigem Papier
(hergestellt aus chlorfrei gebleichtem Zellstoff)

Vorwort zur 55. Auflage

Die 55. Auflage bringt die Kommentierung auf den Stand vom 1. September 2007. Nachdem die Erläuterungen ab der 49. Auflage (1999) wesentlich erneuert wurden, erscheint die Neuauflage nun unter meinem Namen.

I. Gesetzesstand

In dem Jahr seit Erscheinen der 54. Auflage sind in 7 Gesetzen nicht weniger als 39 Vorschriften des StGB geändert, neu gefasst oder neu eingefügt worden (Tabelle der Änderungen, Nr. 203 ff.; vgl. dazu auch 10 vor § 1).

Im Allgemeinen Teil sind hervorzuheben: das 2. JuMoG v. 22. 12. 2006 (Änderung u. a. der §§ 56 f, 57 über den Widerruf der Stra[rest]aussetzung zur Bewährung; Erweiterung der Verwarnung mit Strafvorbehalt); das Gesetz zur Reform der Führungsaufsicht und zur Änderung der Vorschriften über die nachträgliche Sicherungsverwahrung v. 13. 4. 2007 (Änderung und Neufassung u. a. der §§ 56 c ff. und §§ 67 ff.; Erweiterung des § 145 a; Einführung einer befristeten Wiederinvollzugsetzung ausgesetzter Maßregeln in § 67 h; umfangreiche Erweiterung der §§ 68 ff. über die Führungsaufsicht; Einführung einer „forensischen Ambulanz" in § 68 a; erneute Erweiterung der nachträglichen Sicherungsverwahrung); das Gesetz zur Sicherung der Unterbringung in einem psychiatrischen Krankenhaus und in einer Entziehungsanstalt v. 16. 7. 2007, das umfangreiche Änderungen der §§ 64, 67, 67 a, 67 d und 67 e vorgenommen hat. Die Vorschriften sind neu kommentiert.

Im Besonderen Teil wurde durch das 40. StÄG v. 22. 3. 2007 der Tatbestand der Nachstellung (§ 238; „Stalking") eingefügt. Durch das 41. StÄG vom 7. 8. 2007 (Computerkriminalität) sind u. a. die §§ 202 b, 202 c neu eingefügt und die §§ 303 a, 303 b weit reichend geändert worden. Bereits eingearbeitet sind Änderungen der §§ 309, 310 durch das Gesetz zur Umsetzung des VN-Übk. zur Bekämpfung nuklearterroristischer Handlungen und des § 203 durch das Gesetz zur Neuregelung des Rechtsberatungsrechts, mit deren zeitnaher Verkündung zu rechnen ist. Das StGB enthielt damit bei Redaktionsschluss 488 in Geltung befindliche Paragraphen.

Drei wichtige Gesetzesvorhaben, die zum Zeitpunkt des Redaktionsschlusses noch nicht abgeschlossen waren, sind in der Umsetzung des Entwurfstextes im Anhang abgedruckt (Anhang Nr. 23 a bis 23 c): der GesE der BReg eines Gesetzes zur Umsetzung des Rahmenbeschlusses des Rates der EU zur Bekämpfung der sexuellen Ausbeutung von Kindern und der Kinderpornographie (BT-Dr. 16/3439), der GesE der BReg eines Zweiten KorruptionsbekämpfungsG (BR-Drs. 548/07; vgl. 1 zu § 299; 1 zu § 331) und der GesE der BReg eines … StÄG – Strafzumessung bei Aufklärungs- und Präventionshilfe (BR-Drs. 353/07; vgl. 1 zu § 46). Auf diese und weitere aktuelle Gesetzesinitiativen ist auch jeweils in der Kommentierung hingewiesen.

In der Kommentierung war auch eine Reihe von Gesetzesänderungen außerhalb des StGB zu berücksichtigen; zB der Erlass des TelemedienG i. d. F. des ElGVG (26 ff. zu § 184), die Änderung des AMG durch das Gesetz zur Verbesserung der Dopingbekämpfung (23 zu § 228) und die Neuregelung des Transplantationsrechts durch das GewebeG v. 20. 7. 2007 (3 ff. vor § 211; 13 ff. zu § 168; 24 zu § 228). Der Glücksspiel-Staatsvertrag der Länder, der am 1. 1. 2008 in Kraft treten soll, ist in der Kommentierung zu §§ 284, 287 berücksichtigt.

II. Neubearbeitungen

In die Neuauflage eingearbeitet sind mehr als 630 neue Entscheidungen insbesondere des BGH, des BVerfG und der Oberlandesgerichte, die von September 2006 bis August 2007 veröffentlicht oder ergangen sind. Eingearbeitet sind auch neue Entscheidungen des EuGH zum Fahrerlaubnisrecht (vgl. 7 zu § 69b). Unter den Entscheidungen des BVerfG sind beispielhaft die Entscheidungen zur Verfassungsmäßigkeit der nachträglichen Sicherungsverwahrung (vgl. 35 zu § 66b) und zur Strafzumessung durch das Revisionsgericht (vgl. 119 ff. zu § 46) zu erwähnen. Unter den wichtigen neuen Entscheidungen des BGH sind beispielhaft zu nennen: BGHSt **51**, 10 (Vermögensschaden beim Betrug durch Fondsanlagen; vgl. 78b zu § 263); **51**, 44 (*Wuppertaler Schmiergeld-Fall*) und NStZ **07**, 36 (*Kölner Müllskandal*) zur Bestechung kommunaler Mandatsträger (vgl. 23 zu § 11); BGH **51**, 100 (*Fall Kanther/Weyrauch*) zur Untreue durch „Schwarze Kassen" und zum Gefährdungsschaden bei Risikogeschäften (Rn. 106a zu § 263; 78b f. zu § 266); BGH **51**, 165 (Sportwettenbetrug); BGH **51**, 219 zur Abgrenzung von Täterschaft und Teilnahme beim Handeltreiben mit Betäubungsmitteln (16b zu § 25); der Vorlagebeschl. des *3. StS* zur Behandlung konventionswidriger Verfahrensverzögerungen (3 StR 50/07; vgl. 62a zu § 46).

Im AT habe ich die Erläuterungen zu §§ 13 und 27 neu gefasst, ergänzt und neu gegliedert u.a. die Erläuterungen vor § 13, zu § 16 und zu § 32. Zahlreiche Ausführungen sind erweitert oder überarbeitet, so zB zur Rechtfertigung von Notstandshandlungen gegen Unschuldige, etwa bei der Behandlung von Geiseln (11 bis 12a zu § 34), und zur Würdigung psychiatrischer Sachverständigen-Gutachten (65 ff. zu § 20). Die Erläuterungen zu § 73 sind neu geordnet und zum Bruttoprinzip ergänzt (10 ff. zu § 73). Auch die §§ 66 bis 66b waren in Folge der gesetzlichen Erweiterung und neuer Entscheidungen von BVerfG und BGH (zB BGH **51**, 25; **51**, 159; **51**, 185; **51**, 191) erneut zu überarbeiten. Die Diskussion über die Absprache der Strafe ist fortgeführt (107 ff. zu § 46). Im BT habe ich u.a. die §§ 251, 277, 278 neu bearbeitet, die Erläuterungen zu § 211 und zu § 258 neu systematisiert, die Kommentierungen zu § 145c, § 239a und § 240 überarbeitet.

III. Redaktionelles

Für die 55. Auflage waren neben einer großen Anzahl von Aufsätzen, Monographien und Sammelbänden auch die Neuauflagen verschiedener Kommentare sowie eine ganze Reihe von Festschriften (für *Schroeder, Nehm, Otto, Küper, Jung*) zu verarbeiten. Band 1 der 12. Auflage des Leipziger Kommentars konnte nur noch in Teilen eingearbeitet (§§ 13, 14, 20 bis 24), die FS für *Jakobs* und *Böttcher* konnten nur noch in den Literaturverzeichnissen berücksichtigt werden.

Im Anhang sind Strafvorschriften aus folgenden Gesetzen neu aufgenommen worden: GewaltschutzG (Nr. 5), BundesdatenschutzG (Nr. 8), StVG (Nr. 9).

IV. Danksagung

Für Unterstützung habe ich auch für diese Auflage Herrn Richter am Oberlandesgericht *Murad Gorial*, Dresden, herzlich zu danken. Für Hinweise von Benutzern des Kommentars bin ich sehr dankbar. Es gilt weiterhin: Wenn ich Zuschriften verspätet oder gar nicht beantwortet habe, so lag dies an Zeitmangel oder Vergesslichkeit; ich bitte dafür um freundliche Nachsicht.

Karlsruhe, Oktober 2007 — Thomas Fischer

Anschrift des Verfassers:

Bundesgerichtshof
76 125 Karlsruhe
E-Mail: fischer.thomas@bgh.bund.de

Inhalt

	Seite
Vorwort	V
Abkürzungen	XXI
Verzeichnis der abgekürzt zitierten Fest- und Gedächtnisschriften	XLI
Tabelle der Änderungen des StGB	XLVII
1. in zeitlicher Folge	XLVII
2. nach Paragraphen geordnet	LII
Einleitung	1
Strafgesetzbuch (StGB)	9

Gesetzliche Inhaltsübersicht

– zuletzt geändert: BGBl 2005 I, 239 –

Allgemeiner Teil

Erster Abschnitt. Das Strafgesetz

Erster Titel. Geltungsbereich

Keine Strafe ohne Gesetz .... § 1
Zeitliche Geltung .... § 2
Geltung für Inlandstaten .... § 3
Geltung für Taten auf deutschen Schiffen und Luftfahrzeugen .... § 4
Auslandstaten gegen inländische Rechtsgüter .... § 5
Auslandstaten gegen international geschützte Rechtsgüter .... § 6
Geltung für Auslandstaten in anderen Fällen .... § 7
Zeit der Tat .... § 8
Ort der Tat .... § 9
Sondervorschriften für Jugendliche und Heranwachsende .... § 10

Zweiter Titel. Sprachgebrauch

Personen- und Sachbegriffe .... § 11
Verbrechen und Vergehen .... § 12

Zweiter Abschnitt. Die Tat

Erster Titel. Grundlagen der Strafbarkeit

Begehen durch Unterlassen .... § 13
Handeln für einen anderen .... § 14
Vorsätzliches und fahrlässiges Handeln .... § 15
Irrtum über Tatumstände .... § 16
Verbotsirrtum .... § 17
Schwerere Strafe bei besonderen Tatfolgen .... § 18
Schuldunfähigkeit des Kindes .... § 19

Schuldunfähigkeit wegen seelischer Störungen .... § 20
Verminderte Schuldfähigkeit .... § 21

Zweiter Titel. Versuch

Begriffsbestimmung .... § 22
Strafbarkeit des Versuchs .... § 23
Rücktritt .... § 24

Dritter Titel. Täterschaft und Teilnahme

Täterschaft .... § 25
Anstiftung .... § 26
Beihilfe .... § 27
Besondere persönliche Merkmale .... § 28
Selbständige Strafbarkeit des Beteiligten .... § 29
Versuch der Beteiligung .... § 30
Rücktritt vom Versuch der Beteiligung .... § 31

Vierter Titel. Notwehr und Notstand

Notwehr .... § 32
Überschreitung der Notwehr .... § 33
Rechtfertigender Notstand .... § 34
Entschuldigender Notstand .... § 35

Fünfter Titel. Straflosigkeit parlamentarischer Äußerungen und Berichte

Parlamentarische Äußerungen .... § 36
Parlamentarische Berichte .... § 37

Dritter Abschnitt. Rechtsfolgen der Tat

Erster Titel. Strafen

– Freiheitsstrafe –
Dauer der Freiheitsstrafe .... § 38
Bemessung der Freiheitsstrafe .... § 39
– Geldstrafe –
Verhängung in Tagessätzen .... § 40
Geldstrafe neben Freiheitsstrafe .... § 41
Zahlungserleichterungen .... § 42
Ersatzfreiheitsstrafe .... § 43
– Vermögensstrafe –
Verhängung der Vermögensstrafe .... § 43 a
– Nebenstrafe –
Fahrverbot .... § 44
– Nebenfolgen –
Verlust der Amtsfähigkeit, der Wählbarkeit und des Stimmrechts .... § 45
Eintritt und Berechnung des Verlustes .... § 45 a
Wiederverleihung von Fähigkeiten und Rechten .... § 45 b

Zweiter Titel. Strafbemessung

Grundsätze der Strafzumessung .... § 46
Täter-Opfer-Ausgleich, Schadenswiedergutmachung .... § 46 a
Kurze Freiheitsstrafe nur in Ausnahmefällen .... § 47
(weggefallen) .... § 48
Besondere gesetzliche Milderungsgründe .... § 49
Zusammentreffen von Milderungsgründen .... § 50
Anrechnung .... § 51

Dritter Titel. Strafbemessung bei mehreren Gesetzesverletzungen

Tateinheit ... § 52
Tatmehrheit ... § 53
Bildung der Gesamtstrafe ... § 54
Nachträgliche Bildung der Gesamtstrafe ... § 55

Vierter Titel. Strafaussetzung zur Bewährung

Strafaussetzung ... § 56
Bewährungszeit ... § 56 a
Auflagen ... § 56 b
Weisungen ... § 56 c
Bewährungshilfe ... § 56 d
Nachträgliche Entscheidungen ... § 56 e
Widerruf der Strafaussetzung ... § 56 f
Straferlass ... § 56 g
Aussetzung des Strafrestes bei zeitiger Freiheitsstrafe ... § 57
Aussetzung des Strafrestes bei lebenslanger Freiheitsstrafe ... § 57 a
Aussetzung des Strafrestes bei lebenslanger Freiheitsstrafe als Gesamtstrafe ... § 57 b
Gesamtstrafe und Strafaussetzung ... § 58

Fünfter Titel. Verwarnung mit Strafvorbehalt; Absehen von Strafe

Voraussetzungen der Verwarnung mit Strafvorbehalt ... § 59
Bewährungszeit, Auflagen und Weisungen ... § 59 a
Verurteilung zu der vorbehaltenen Strafe ... § 59 b
Gesamtstrafe und Verwarnung mit Strafvorbehalt ... § 59 c
Absehen von Strafe ... § 60

Sechster Titel. Maßregeln der Besserung und Sicherung

Übersicht ... § 61
Grundsatz der Verhältnismäßigkeit ... § 62
– Freiheitsentziehende Maßregeln –
Unterbringung in einem psychiatrischen Krankenhaus ... § 63
Unterbringung in einer Entziehungsanstalt ... § 64
(weggefallen) ... § 65
Unterbringung in der Sicherungsverwahrung ... § 66
Vorbehalt der Unterbringung in der Sicherungsverwahrung ... § 66 a
Nachträgliche Anordnung der Unterbringung in der Sicherungsverwahrung ... § 66 b
Reihenfolge der Vollstreckung ... § 67
Überweisung in den Vollzug einer anderen Maßregel ... § 67 a
Aussetzung zugleich mit der Anordnung ... § 67 b
Späterer Beginn der Unterbringung ... § 67 c
Dauer der Unterbringung ... § 67 d
Überprüfung ... § 67 e
Mehrfache Anordnung der Maßregel ... § 67 f
Widerruf der Aussetzung ... § 67 g
Befristete Wiederinvollzugsetzung; Krisenintervention ... § 67 h
– Führungsaufsicht –
Voraussetzungen der Führungsaufsicht ... § 68
Aufsichtsstelle, Bewährungshilfe, forensische Ambulanz ... § 68 a
Weisungen ... § 68 b
Dauer der Führungsaufsicht ... § 68 c
Nachträgliche Entscheidungen ... § 68 d
Beendigung oder Ruhen der Führungsaufsicht ... § 68 e

Führungsaufsicht bei Nichtaussetzung des Strafrestes .... § 68 f
Führungsaufsicht und Aussetzung zur Bewährung .... § 68 g
– Entziehung der Fahrerlaubnis –
Entziehung der Fahrerlaubnis .... § 69
Sperre für die Erteilung einer Fahrerlaubnis .... § 69 a
Wirkung der Entziehung bei einer ausländischen Fahrerlaubnis .... § 69 b
– Berufsverbot –
Anordnung des Berufsverbots .... § 70
Aussetzung des Berufsverbots .... § 70 a
Widerruf der Aussetzung und Erledigung des Berufsverbots .... § 70 b
– Gemeinsame Vorschriften –
Selbständige Anordnung .... § 71
Verbindung von Maßregeln .... § 72

Siebenter Titel. Verfall und Einziehung

Voraussetzungen des Verfalls .... § 73
Verfall des Wertersatzes .... § 73 a
Schätzung .... § 73 b
Härtevorschrift .... § 73 c
Erweiterter Verfall .... § 73 d
Wirkung des Verfalls .... § 73 e
Voraussetzungen der Einziehung .... § 74
Erweiterte Voraussetzungen der Einziehung .... § 74 a
Grundsatz der Verhältnismäßigkeit .... § 74 b
Einziehung des Wertersatzes .... § 74 c
Einziehung von Schriften und Unbrauchbarmachung .... § 74 d
Wirkung der Einziehung .... § 74 e
Entschädigung .... § 74 f
Sondervorschrift für Organe und Vertreter .... § 75
– Gemeinsame Vorschriften –
Nachträgliche Anordnung von Verfall oder Einziehung des Wertersatzes .... § 76
Selbständige Anordnung .... § 76 a

Vierter Abschnitt. Strafantrag, Ermächtigung, Strafverlangen

Antragsberechtigte .... § 77
Antrag des Dienstvorgesetzten .... § 77 a
Antragsfrist .... § 77 b
Wechselseitig begangene Taten .... § 77 c
Zurücknahme des Antrags .... § 77 d
Ermächtigung und Strafverlangen .... § 77 e

Fünfter Abschnitt. Verjährung

Erster Titel. Verfolgungsverjährung

Verjährungsfrist .... § 78
Beginn .... § 78 a
Ruhen .... § 78 b
Unterbrechung .... § 78 c

Zweiter Titel. Vollstreckungsverjährung

Verjährungsfrist .... § 79
Ruhen .... § 79 a
Verlängerung .... § 79 b

Inhalt

Besonderer Teil

Erster Abschnitt. Friedensverrat, Hochverrat und Gefährdung des demokratischen Rechtsstaates

Erster Titel. Friedensverrat

Vorbereitung eines Angriffskrieges .... § 80
Aufstacheln zum Angriffskrieg .... § 80 a

Zweiter Titel. Hochverrat

Hochverrat gegen den Bund .... § 81
Hochverrat gegen ein Land .... § 82
Vorbereitung eines hochverräterischen Unternehmens .... § 83
Tätige Reue .... § 83 a

Dritter Titel. Gefährdung des demokratischen Rechtsstaates

Fortführung einer für verfassungswidrig erklärten Partei .... § 84
Verstoß gegen ein Vereinigungsverbot .... § 85
Verbreiten von Propagandamitteln verfassungswidriger Organisationen .... § 86
Verwenden von Kennzeichen verfassungswidriger Organisationen .... § 86 a
Agententätigkeit zu Sabotagezwecken .... § 87
Verfassungsfeindliche Sabotage .... § 88
Verfassungsfeindliche Einwirkung auf Bundeswehr und öffentliche Sicherheitsorgane .... § 89
Verunglimpfung des Bundespräsidenten .... § 90
Verunglimpfung des Staates und seiner Symbole .... § 90 a
Verfassungsfeindliche Verunglimpfung von Verfassungsorganen .... § 90 b
Anwendungsbereich .... § 91

Vierter Titel. Gemeinsame Vorschriften

Begriffsbestimmungen .... § 92
Nebenfolgen .... § 92 a
Einziehung .... § 92 b

Zweiter Abschnitt. Landesverrat und Gefährdung der äußeren Sicherheit

Begriff des Staatsgeheimnisses .... § 93
Landesverrat .... § 94
Offenbaren von Staatsgeheimnissen .... § 95
Landesverräterische Ausspähung; Auskundschaften von Staatsgeheimnissen .... § 96
Preisgabe von Staatsgeheimnissen .... § 97
Verrat illegaler Geheimnisse .... § 97 a
Verrat in irriger Annahme eines illegalen Geheimnisses .... § 97 b
Landesverräterische Agententätigkeit .... § 98
Geheimdienstliche Agententätigkeit .... § 99
Friedensgefährdende Beziehungen .... § 100
Landesverräterische Fälschung .... § 100 a
Nebenfolgen .... § 101
Einziehung .... § 101 a

Dritter Abschnitt. Straftaten gegen ausländische Staaten

Angriff gegen Organe und Vertreter ausländischer Staaten .... § 102
Beleidigung von Organen und Vertretern ausländischer Staaten .... § 103

Verletzung von Flaggen und Hoheitszeichen ausländischer Staaten .... § 104
Voraussetzungen der Strafverfolgung .... § 104 a

Vierter Abschnitt. Straftaten gegen Verfassungsorgane sowie bei Wahlen und Abstimmungen

Nötigung von Verfassungsorganen .... § 105
Nötigung des Bundespräsidenten und von Mitgliedern eines Verfassungsorgans .... § 106
(weggefallen) .... § 106 a
Störung der Tätigkeit eines Gesetzgebungsorgans .... § 106 b
Wahlbehinderung .... § 107
Wahlfälschung .... § 107 a
Fälschung von Wahlunterlagen .... § 107 b
Verletzung des Wahlgeheimnisses .... § 107 c
Wählernötigung .... § 108
Wählertäuschung .... § 108 a
Wählerbestechung .... § 108 b
Nebenfolgen .... § 108 c
Geltungsbereich .... § 108 d
Abgeordnetenbestechung .... § 108 e

Fünfter Abschnitt. Straftaten gegen die Landesverteidigung

Wehrpflichtentziehung durch Verstümmelung .... § 109
Wehrpflichtentziehung durch Täuschung .... § 109 a
(weggefallen) .... §§ 109 b und 109 c
Störpropaganda gegen die Bundeswehr .... § 109 d
Sabotagehandlungen an Verteidigungsmitteln .... § 109 e
Sicherheitsgefährdender Nachrichtendienst .... § 109 f
Sicherheitsgefährdendes Abbilden .... § 109 g
Anwerben für fremden Wehrdienst .... § 109 h
Nebenfolgen .... § 109 i
Einziehung .... § 109 k

Sechster Abschnitt. Widerstand gegen die Staatsgewalt

(weggefallen) .... § 110
Öffentliche Aufforderung zu Straftaten .... § 111
(weggefallen) .... § 112
Widerstand gegen Vollstreckungsbeamte .... § 113
Widerstand gegen Personen, die Vollstreckungsbeamten gleichstehen .... § 114
(weggefallen)
§§ 115 bis 119
Gefangenenbefreiung .... § 120
Gefangenenmeuterei .... § 121
(weggefallen) .... § 122

Siebenter Abschnitt. Straftaten gegen die öffentliche Ordnung

Hausfriedensbruch .... § 123
Schwerer Hausfriedensbruch .... § 124
Landfriedensbruch .... § 125
Besonders schwerer Fall des Landfriedensbruch .... § 125 a
Störung des öffentlichen Friedens durch Androhung von Straftaten .... § 126
Bildung bewaffneter Gruppen .... § 127
(weggefallen) .... § 128
Bildung krimineller Vereinigungen .... § 129

Bildung terroristischer Vereinigungen .... § 129 a
Kriminelle und terroristische Vereinigungen im Ausland; Erweiterter Verfall und Einziehung .... § 129 b
Volksverhetzung .... § 130
Anleitung zu Straftaten .... § 130 a
Gewaltdarstellung .... § 131
Amtsanmaßung .... § 132
Missbrauch von Titeln, Berufsbezeichnungen und Abzeichen .... § 132 a
Verwahrungsbruch .... § 133
Verletzung amtlicher Bekanntmachungen .... § 134
(weggefallen) .... § 135
Verstrickungsbruch; Siegelbruch .... § 136
(weggefallen) .... § 137
Nichtanzeige geplanter Straftaten .... § 138
Straflosigkeit der Nichtanzeige geplanter Straftaten .... § 139
Belohnung und Billigung von Straftaten .... § 140
(weggefallen) .... § 141
Unerlaubtes Entfernen vom Unfallort .... § 142
(weggefallen) .... § 143
(weggefallen) .... § 144
Missbrauch von Notrufen und Beeinträchtigung von Unfallverhütungs- und Nothilfemitteln .... § 145
Verstoß gegen Weisungen während der Führungsaufsicht .... § 145 a
(weggefallen) .... § 145 b
Verstoß gegen das Berufsverbot .... § 145 c
Vortäuschen einer Straftat .... § 145 d

Achter Abschnitt. Geld- und Wertzeichenfälschung

Geldfälschung .... § 146
Inverkehrbringen von Falschgeld .... § 147
Wertzeichenfälschung .... § 148
Vorbereitung der Fälschung von Geld und Wertzeichen .... § 149
Erweiterter Verfall und Einziehung .... § 150
Wertpapiere .... § 151
Geld, Wertzeichen und Wertpapiere eines fremden Währungsgebiets .... § 152
Fälschung von Zahlungskarten, Schecks und Wechseln .... § 152 a
Fälschung von Zahlungskarten mit Garantiefunktion und Vordrucken für Euroschecks .... § 152 b

Neunter Abschnitt. Falsche uneidliche Aussage und Meineid

Falsche uneidliche Aussage .... § 153
Meineid .... § 154
Eidesgleiche Bekräftigungen .... § 155
Falsche Versicherung an Eides Statt .... § 156
Aussagenotstand .... § 157
Berichtigung einer falschen Angabe .... § 158
Versuch der Anstiftung zur Falschaussage .... § 159
Verleitung zur Falschaussage .... § 160
(weggefallen) .... §§ 161 und 162
Fahrlässiger Falscheid; fahrlässige falsche Versicherung an Eides Statt .... § 163

Zehnter Abschnitt. Falsche Verdächtigung

Falsche Verdächtigung .... § 164
Bekanntgabe der Verurteilung .... § 165

Inhalt

Elfter Abschnitt. Straftaten, welche sich auf Religion und Weltanschauung beziehen

Beschimpfung von Bekenntnissen, Religionsgesellschaften und Weltanschauungsvereinigungen .... § 166
Störung der Religionsausübung .... § 167
Störung einer Bestattungsfeier .... § 167 a
Störung der Totenruhe .... § 168

Zwölfter Abschnitt. Straftaten gegen den Personenstand, die Ehe und die Familie

Personenstandsfälschung .... § 169
Verletzung der Unterhaltspflicht .... § 170
Verletzung der Fürsorge- oder Erziehungspflicht .... § 171
Doppelehe .... § 172
Beischlaf zwischen Verwandten .... § 173

Dreizehnter Abschnitt. Straftaten gegen die sexuelle Selbstbestimmung

Sexueller Missbrauch von Schutzbefohlenen .... § 174
Sexueller Missbrauch von Gefangenen, behördlich Verwahrten oder Kranken und Hilfsbedürftigen in Einrichtungen .... § 174 a
Sexueller Missbrauch unter Ausnutzung einer Amtsstellung .... § 174 b
Sexueller Missbrauch unter Ausnutzung eines Beratungs-, Behandlungs- oder Betreuungsverhältnisses .... § 174 c
(weggefallen) .... § 175
Sexueller Missbrauch von Kindern .... § 176
Schwerer sexueller Missbrauch von Kindern .... § 176 a
Sexueller Missbrauch von Kindern mit Todesfolge .... § 176 b
Sexuelle Nötigung; Vergewaltigung .... § 177
Sexuelle Nötigung und Vergewaltigung mit Todesfolge .... § 178
Sexueller Missbrauch widerstandsunfähiger Personen .... § 179
Förderung sexueller Handlungen Minderjähriger .... § 180
Ausbeutung von Prostituierten .... § 180 a
(weggefallen) .... §§ 180 b und 181
Zuhälterei .... § 181 a
Führungsaufsicht .... § 181 b
Vermögensstrafe und Erweiterter Verfall .... § 181 c
Sexueller Missbrauch von Jugendlichen .... § 182
Exhibitionistische Handlungen .... § 183
Erregung öffentlichen Ärgernisses .... § 183 a
Verbreitung pornographischer Schriften .... § 184
Verbreitung gewalt- und tierpornographischer Schriften .... § 184 a
Verbreitung, Erwerb und Besitz Kinderpornographischer Schriften .... § 184 b
Verbreitung pornographischer Darbietungen durch Rundfunk, Medien- oder Teledienste .... § 184 c
Ausübung der verbotenen Prostitution .... § 184 d
Jugendgefährdende Prostitution .... § 184 e
Begriffsbestimmungen .... § 184 f

Vierzehnter Abschnitt. Beleidigung

Beleidigung .... § 185
Üble Nachrede .... § 186
Verleumdung .... § 187

Üble Nachrede und Verleumdung gegen Personen des politischen Lebens .... § 188
Verunglimpfung des Andenkens Verstorbener .... § 189
Wahrheitsbeweis durch Strafurteil .... § 190
(weggefallen) .... § 191
Beleidigung trotz Wahrheitsbeweises .... § 192
Wahrnehmung berechtigter Interessen .... § 193
Strafantrag .... § 194
(weggefallen) .... §§ 195 bis 198
Wechselseitig begangene Beleidigungen .... § 199
Bekanntgabe der Verurteilung .... § 200

Fünfzehnter Abschnitt. Verletzung des persönlichen Lebens- und Geheimbereichs

Verletzung der Vertraulichkeit des Wortes .... § 201
Verletzung des höchstpersönlichen Lebensbereichs durch Bildaufnahmen .... § 201 a
Verletzung des Briefgeheimnisses .... § 202
Ausspähen von Daten .... § 202 a
Abfangen von Daten .... § 202 b
Vorbereiten des Ausspähens und Abfangens von Daten .... § 202 c
Verletzung von Privatgeheimnissen .... § 203
Verwertung fremder Geheimnisse .... § 204
Strafantrag .... § 205
Verletzung des Post- und Fernmeldegeheimnisses .... § 206
(weggefallen) .... §§ 207 bis 210

Sechzehnter Abschnitt. Straftaten gegen das Leben

Mord .... § 211
Totschlag .... § 212
Minder schwerer Fall des Totschlags .... § 213
(weggefallen) .... §§ 214 und 215
Tötung auf Verlangen .... § 216
(weggefallen) .... § 217
Schwangerschaftsabbruch .... § 218
Straflosigkeit des Schwangerschaftsabbruchs .... § 218 a
Schwangerschaftsabbruch ohne ärztliche Feststellung; unrichtige ärztliche Feststellung .... § 218 b
Ärztliche Pflichtverletzung bei einem Schwangerschaftsabbruch .... § 218 c
Beratung der Schwangeren in einer Not- und Konfliktlage .... § 219
Werbung für den Abbruch der Schwangerschaft .... § 219 a
Inverkehrbringen von Mitteln zum Abbruch der Schwangerschaft .... § 219 b
(weggefallen) .... §§ 220 und 220 a
Aussetzung .... § 221
Fahrlässige Tötung .... § 222

Siebzehnter Abschnitt. Straftaten gegen die körperliche Unversehrtheit

Körperverletzung .... § 223
Gefährliche Körperverletzung .... § 224
Misshandlung von Schutzbefohlenen .... § 225
Schwere Körperverletzung .... § 226
Körperverletzung mit Todesfolge .... § 227
Einwilligung .... § 228
Fahrlässige Körperverletzung .... § 229
Strafantrag .... § 230
Beteiligung an einer Schlägerei .... § 231

Inhalt

Achtzehnter Abschnitt. Straftaten gegen die persönliche Freiheit

Menschenhandel zum Zweck der sexuellen Ausbeutung .... § 232
Menschenhandel zum Zweck der Ausbeutung der Arbeitskraft .... § 233
Förderung des Menschenhandels .... § 233 a
Führungsaufsicht, Erweiterter Verfall .... § 233 b
Menschenraub .... § 234
Verschleppung .... § 234 a
Entziehung Minderjähriger .... § 235
Kinderhandel .... § 236
(weggefallen) .... § 237
Nachstellung .... § 238
Freiheitsberaubung .... § 239
Erpresserischer Menschenraub .... § 239 a
Geiselnahme .... § 239 b
Führungsaufsicht .... § 239 c
Nötigung .... § 240
Bedrohung .... § 241
Politische Verdächtigung .... § 241 a

Neunzehnter Abschnitt. Diebstahl und Unterschlagung

Diebstahl .... § 242
Besonders schwerer Fall des Diebstahls .... § 243
Diebstahl mit Waffen; Bandendiebstahl; Wohnungseinbruchdiebstahl .... § 244
Schwerer Bandendiebstahl .... § 244 a
Führungsaufsicht .... § 245
Unterschlagung .... § 246
Haus- und Familiendiebstahl .... § 247
(weggefallen) .... § 248
Diebstahl und Unterschlagung geringwertiger Sachen .... § 248 a
Unbefugter Gebrauch eines Fahrzeugs .... § 248 b
Entziehung elektrischer Energie .... § 248 c

Zwanzigster Abschnitt. Raub und Erpressung

Raub .... § 249
Schwerer Raub .... § 250
Raub mit Todesfolge .... § 251
Räuberischer Diebstahl .... § 252
Erpressung .... § 253
(weggefallen) .... § 254
Räuberische Erpressung .... § 255
Führungsaufsicht, *Vermögensstrafe* und Erweiterter Verfall .... § 256

Einundzwanzigster Abschnitt. Begünstigung und Hehlerei

Begünstigung .... § 257
Strafvereitelung .... § 258
Strafvereitelung im Amt .... § 258 a
Hehlerei .... § 259
Gewerbsmäßige Hehlerei, Bandenhehlerei .... § 260
Gewerbsmäßige Bandenhehlerei .... § 260 a
Geldwäsche; Verschleierung unrechtmäßig erlangter Vermögenswerte .... § 261
Führungsaufsicht .... § 262

Zweiundzwanzigster Abschnitt. Betrug und Untreue

Betrug ... § 263
Computerbetrug ... § 263 a
Subventionsbetrug ... § 264
Kapitalanlagebetrug ... § 264 a
Versicherungsmissbrauch ... § 265
Erschleichen von Leistungen ... § 265 a
Kreditbetrug ... § 265 b
Untreue ... § 266
Vorenthalten und Veruntreuen von Arbeitsentgelt ... § 266 a
Missbrauch von Scheck- und Kreditkarten ... § 266 b

Dreiundzwanzigster Abschnitt. Urkundenfälschung

Urkundenfälschung ... § 267
Fälschung technischer Aufzeichnungen ... § 268
Fälschung beweiserheblicher Daten ... § 269
Täuschung im Rechtsverkehr bei Datenverarbeitung ... § 270
Mittelbare Falschbeurkundung ... § 271
(weggefallen) ... § 272
Verändern von amtlichen Ausweisen ... § 273
Urkundenunterdrückung; Veränderung einer Grenzbezeichnung ... § 274
Vorbereitung der Fälschung von amtlichen Ausweisen ... § 275
Verschaffen von falschen amtlichen Ausweisen ... § 276
Aufenthaltsrechtliche Papiere; Fahrzeugpapiere ... § 276 a
Fälschung von Gesundheitszeugnissen ... § 277
Ausstellen unrichtiger Gesundheitszeugnisse ... § 278
Gebrauch unrichtiger Gesundheitszeugnisse ... § 279
(weggefallen) ... § 280
Missbrauch von Ausweispapieren ... § 281
Vermögensstrafe, Erweiterter Verfall und Einziehung ... § 282

Vierundzwanzigster Abschnitt. Insolvenzstraftaten

Bankrott ... § 283
Besonders schwerer Fall des Bankrotts ... § 283 a
Verletzung der Buchführungspflicht ... § 283 b
Gläubigerbegünstigung ... § 283 c
Schuldnerbegünstigung ... § 283 d

Fünfundzwanzigster Abschnitt. Strafbarer Eigennutz

Unerlaubte Veranstaltung eines Glücksspiels ... § 284
Beteiligung am unerlaubten Glücksspiel ... § 285
Vermögensstrafe, Erweiterter Verfall und Einziehung ... § 286
Unerlaubte Veranstaltung einer Lotterie oder einer Ausspielung ... § 287
Vereiteln der Zwangsvollstreckung ... § 288
Pfandkehr ... § 289
Unbefugter Gebrauch von Pfandsachen ... § 290
Wucher ... § 291
Jagdwilderei ... § 292
Fischwilderei ... § 293
Strafantrag ... § 294
Einziehung ... § 295
(weggefallen) ... § 296
Gefährdung von Schiffen, Kraft- und Luftfahrzeugen durch Bannware ... § 297

Inhalt

Sechsundzwanzigster Abschnitt. Straftaten gegen den Wettbewerb

Wettbewerbsbeschränkende Absprachen bei Ausschreibungen .... § 298
Bestechlichkeit und Bestechung im geschäftlichen Verkehr .... § 299
Besonders schwere Fälle der Bestechlichkeit und Bestechung im geschäftlichen Verkehr .... § 300
Strafantrag .... § 301
Vermögensstrafe und Erweiterter Verfall .... § 302

Siebenundzwanzigster Abschnitt. Sachbeschädigung

Sachbeschädigung .... § 303
Datenveränderung .... § 303 a
Computersabotage .... § 303 b
Strafantrag .... § 303 c
Gemeinschädliche Sachbeschädigung .... § 304
Zerstörung von Bauwerken .... § 305
Zerstörung wichtiger Arbeitsmittel .... § 305 a

Achtundzwanzigster Abschnitt. Gemeingefährliche Straftaten

Brandstiftung .... § 306
Schwere Brandstiftung .... § 306 a
Besonders schwere Brandstiftung .... § 306 b
Brandstiftung mit Todesfolge .... § 306 c
Fahrlässige Brandstiftung .... § 306 d
Tätige Reue .... § 306 e
Herbeiführen einer Brandgefahr .... § 306 f
Herbeiführen einer Explosion durch Kernenergie .... § 307
Herbeiführen einer Sprengstoffexplosion .... § 308
Missbrauch ionisierender Strahlen .... § 309
Vorbereitung eines Explosions- oder Strahlungsverbrechens .... § 310
Freisetzen ionisierender Strahlen .... § 311
Fehlerhafte Herstellung einer kerntechnischen Anlage .... § 312
Herbeiführen einer Überschwemmung .... § 313
Gemeingefährliche Vergiftung .... § 314
Tätige Reue .... § 314 a
Gefährliche Eingriffe in den Bahn-, Schiffs- und Luftverkehr .... § 315
Gefährdung des Bahn-, Schiffs- und Luftverkehrs .... § 315 a
Gefährliche Eingriffe in den Straßenverkehr .... § 315 b
Gefährdung des Straßenverkehrs .... § 315 c
Schienenbahnen im Straßenverkehr .... § 315 d
Trunkenheit im Verkehr .... § 316
Räuberischer Angriff auf Kraftfahrer .... § 316 a
Störung öffentlicher Betriebe .... § 316 b
Angriffe auf den Luft- und Seeverkehr .... § 316 c
Störung von Telekommunikationsanlagen .... § 317
Beschädigung wichtiger Anlagen .... § 318
Baugefährdung .... § 319
Tätige Reue .... § 320
Führungsaufsicht .... § 321
Einziehung .... § 322
(weggefallen) .... § 323
Vollrausch .... § 323 a
Gefährdung einer Entziehungskur .... § 323 b
Unterlassene Hilfeleistung .... § 323 c

Neunundzwanzigster Abschnitt. Straftaten gegen die Umwelt

Gewässerverunreinigung ..... § 324
Bodenverunreinigung ..... § 324 a
Luftverunreinigung ..... § 325
Verursachen von Lärm, Erschütterungen und nichtionisierenden Strahlen ..... § 325 a
Unerlaubter Umgang mit gefährlichen Abfällen ..... § 326
Unerlaubtes Betreiben von Anlagen ..... § 327
Unerlaubter Umgang mit radioaktiven Stoffen und anderen gefährlichen Stoffen und Gütern ..... § 328
Gefährdung schutzbedürftiger Gebiete ..... § 329
Besonders schwerer Fall einer Umweltstraftat ..... § 330
Schwere Gefährdung durch Freisetzen von Giften ..... § 330 a
Tätige Reue ..... § 330 b
Einziehung ..... § 330 c
Begriffsbestimmungen ..... § 330 d

Dreißigster Abschnitt. Straftaten im Amt

Vorteilsannahme ..... § 331
Bestechlichkeit ..... § 332
Vorteilsgewährung ..... § 333
Bestechung ..... § 334
Besonders schwere Fälle der Bestechlichkeit und Bestechung ..... § 335
Unterlassen der Diensthandlung ..... § 336
Schiedsrichtervergütung ..... § 337
Vermögensstrafe und Erweiterter Verfall ..... § 338
Rechtsbeugung ..... § 339
Körperverletzung im Amt ..... § 340
(weggefallen) ..... §§ 341 und 342
Aussageerpressung ..... § 343
Verfolgung Unschuldiger ..... § 344
Vollstreckung gegen Unschuldige ..... § 345
(weggefallen) ..... §§ 346 und 347
Falschbeurkundung im Amt ..... § 348
(weggefallen) ..... §§ 349 bis 351
Gebührenüberhebung ..... § 352
Abgabenüberhebung; Leistungskürzung ..... § 353
Vertrauensbruch im auswärtigen Dienst ..... § 353 a
Verletzung des Dienstgeheimnisses und einer besonderen Geheimhaltungspflicht ..... § 353 b
(weggefallen) ..... § 353 c
Verbotene Mitteilungen über Gerichtsverhandlungen ..... § 353 d
(weggefallen) ..... § 354
Verletzung des Steuergeheimnisses ..... § 355
Parteiverrat ..... § 356
Verleitung eines Untergebenen zu einer Straftat ..... § 357
Nebenfolgen ..... § 358

Anhang

1. Einführungsgesetz zum Strafgesetzbuch 2455
2. [bleibt frei]
3. Jugendgerichtsgesetz (Auszug) 2459
4. Betäubungsmittelgesetz (Auszug) 2469
5. Gewaltschutzgesetz (Auszug) 2473
6. Subventionsgesetz 2474

Inhalt

7. Gesetz über Ordnungswidrigkeiten (Auszug) 2475
8. Bundesdatenschutzgesetz (Auszug) 2476
9. Straßenverkehrsgesetz (Auszug) 2477
10. Abgabenordnung (Auszug) 2479
11. [bleibt frei]
12. [bleibt frei]
13. Gesetz gegen den unlauteren Wettbewerb (Auszug) 2482
14. Viertes Strafrechtsänderungsgesetz (Auszug) 2483
15. Waffengesetz (Auszug) 2485
16. Wehrstrafgesetz (Auszug) 2502
17. Aufenthaltsgesetz (Auszug) 2511
18. Freizügigkeitsgesetz/EU 2515
19. [bleibt frei]
20. [bleibt frei]
21. EU-Bestechungsgesetz 2517
22. Gesetz zur Bekämpfung internationaler Bestechung 2518
23. Aktuelle Entwürfe 2519

Sachverzeichnis 2527

Abkürzungen

Im Kommentartext beziehen sich Zeitschriften- oder Sammlungs-**Fundstellen** ohne Bezeichnung von Verfasser oder Gericht auf Entscheidungen des Bundesgerichtshofs in Strafsachen (Beispiel: NStZ **05**, 111).

Städtenamen mit nachfolgender Angabe einer Fundstelle beziehen sich auf Entscheidungen des Oberlandesgerichts, das am angegebenen Ort seinen Sitz hat (Beispiel: Karlsruhe NStZ **04**, 333). Weitergehende Namensbezeichnungen (zB „Hanseatisches OLG" [Hamburg], „Thüringisches OLG" [Jena]) sind nicht mit aufgeführt.

Aktenzeichen ohne Angabe eines Datums und einer Fundstelle bezeichnen Entscheidungen der Strafsenate des Bundesgerichtshofs in Revisionssachen, die nicht oder noch nicht veröffentlicht sind (Beispiel: 2 StR 391/03). Sie können damit im Volltext über die **Internet-Seite des BGH** (www.bundesgerichtshof.de), über die juris-Datenbank (www.juris.de) sowie über CD-ROM- bzw DVD-Datenbanken leicht aufgefunden werden. Entscheidungen des Bundesverfassungsgerichts, die nur mit Aktenzeichen und/oder Datum zitiert sind, können im Volltext über die Internet-Seite des Gerichts gefunden werden (www.bundesverfassungsgericht.de).

Gesetze und Verordnungen sind im nachfolgenden Verzeichnis mit Datum und Fundstelle ihrer (letzten) Bekanntmachung zitiert. Soweit sie in den gängigen Gesetzessammlungen abgedruckt sind, wird hinsichtlich der Fundstellen von Änderungsgesetzen auf die Gliederungsnummer der jeweils genannten Sammlung verwiesen. Der Hinweis **„Anh."** verweist auf ein im Anhang (auszugsweise) abgedrucktes Gesetz.

aA	anderer Ansicht
AAK	Atemalkoholkonzentration
AbfVerbrG	Gesetz über die Überwachung und Kontrolle der grenzüberschreitenden Verbringung von Abfällen (Abfallverbringungsgesetz) v. 25. 9. 1998 (BGBl. I 2455; III 2129–15–8)
ABl.	Amtsblatt
abw.	abweichend
aE	am Ende
AE	Alternativ-Entwurf eines Strafgesetzbuches. Allgemeiner Teil, 2. Aufl. 1969; Besonderer Teil – politisches Strafrecht, 1968; BT – Straftaten gegen den religiösen Frieden und die Totenruhe, 1968; BT – Straftaten gegen die Person, 1. Halbband 1970; 2. Halbband 1971; BT – Straftaten gegen die Wirtschaft, 1977
AE-StH	Alternativentwurf eines Gesetzes über Sterbehilfe, 1986
AE-WGM	Alternativentwurf Wiedergutmachung, 1992
aF	alte Fassung
AfP	Archiv für Presserecht (zitiert nach Jahr und Seite)
AG	Amtsgericht
AgrarR	Agrarrecht (zitiert nach Jahr und Seite)
Aichberger	Aichberger, Sozialgesetzbuch mit Nebengesetzen, Ausführungs- und Verwaltungsvorschriften (Gesetzessammlung; zit. nach Gliederungsnummern)
AIFO	Aids-Forschung (zitiert nach Jahr und Seite)
AK	Kommentar zum Strafgesetzbuch. Reihe Alternativkommentare (Hrsg. Wassermann), Bd. 1 (§§ 1–21), 1990; Bd. 3 (§§ 80–145 d), 1986; zitiert AK-Bearbeiter
AktG	Aktiengesetz v. 16. 7. 1998 (BGBl. I 1842; III 4121–1); Schönfelder Nr. 51
allgM	allgemeine Meinung
aM	anderer Meinung

Abkürzungen

AMG	Arzneimittelgesetz idF v. 12. 12. 2005 (BGBl. I 3394; III 2121–51–1-2); Strafrecht Nr. 82
Anh	Anhang (im Kommentar-Anhang – auszugsweise – abgedrucktes Gesetz)
Anm.	Anmerkung
AnwBl.	Anwaltsblatt (zitiert nach Jahr und Seite)
AO	Abgabenordnung v. 16. 3. 1976 (BGBl. I 613; III 610–1–3); Anh. Nr. 10; Steuergesetze I Nr. 800; Strafrecht Nr. 140
AöR	Archiv des öffentlichen Rechts (zitiert nach Jahr und Seite)
A/R	Achenbach/Ransiek (Hrsg.), Handbuch Wirtschaftsstrafrecht (HWSt), 2. Aufl. 2007 (zitiert: A/R-Bearbeiter, nach Kapitel/Abschnitt/Randnummer)
ArchKrim	Archiv für Kriminologie (zitiert nach Band und Seite)
ArchPT	Archiv für Post und Telekommunikation (zitiert nach Jahr und Seite)
ARSP	Archiv für Rechts- und Sozialphilosophie (zitiert nach Jahr und Seite)
ArztR	Arztrecht (zitiert nach Jahr und Seite)
Arzt/Weber	Arzt/Weber, Strafrecht Besonderer Teil, 2001 (zit. nach Paragraph und Rdn.)
aS	für die Aufnahme in BGHSt bestimmte Entscheidung (dort noch ohne Fundstelle)
AT	Allgemeiner Teil
AtG	Atomgesetz idF v. 15. 7. 1985 (BGBl. I 1565; III 751–1); Sartorius I Nr. 835
AÜG	Arbeitnehmerüberlassungsgesetz idF v. 3. 2. 1995 (BGBl. I 158; III 810–31); Aichberger Nr. 921
AuR	Arbeit und Recht (zitiert nach Jahr und Seite)
AWG	Außenwirtschaftsgesetz idF der Bekanntm. v. 26. 6. 2006 (BGBl. I 1386; III 7400–1); Erbs/Kohlhaas Nr. A 217
AWZ	(deutsche) Ausschließliche Wirtschaftszone
AZRG	Gesetz über das Ausländerzentralregister (AZR-Gesetz) v. 2. 9. 1994 (BGBl. I 2265; III 26–8)
BA	Blutalkohol (zitiert nach Jahr und Seite)
BAK	Blutalkoholkonzentration
Bär/Hauser	Bär/Hauser, Unfallflucht, Kommentar (Loseblatt)
BAnz	Bundesanzeiger (ab 1983 zitiert nach Jahr und Seite)
BauGB	Baugesetzbuch idF v. 23. 9. 2004 (BGBl. I 2414; III 213–1); Sartorius I Nr. 300
B/Weber/Mitsch	Baumann/Weber/Mitsch, Strafrecht Allgemeiner Teil, 11. Aufl. 2003 (zit. nach Paragraph und Rdn.)
Bay	Bayerisches Oberstes Landesgericht; ohne Fundstellenangabe: Sammlung von Entscheidungen in Strafsachen (alte Folge zitiert nach Band und Seite, neue Folge nach Jahr und Seite); auch: Bayern
BayLStVG	Bayerisches Landesstraf- und Verordnungsgesetz idF v. 13. 12. 1982 (GVBl. 1098; BayRS 2011–2-I); Ziegler/Tremel Nr. 420
BayPAG	Bayerisches Polizeiaufgabengesetz idF v. 14. 9. 1990 (GVBl. 397; BayRS 2012–1-1-I); Ziegler/Tremel Nr. 570
BayPrG	Bayer. Gesetz über die Presse idF v. 19. 4. 2000 (GVBl. 243; BayRS 2250–1-I); Ziegler/Tremel Nr. 590
BayVBl.	Bayerische Verwaltungsblätter (zitiert nach Jahr und Seite)
BB	Betriebs-Berater (zitiert nach Jahr und Seite)
BBesG	Bundesbesoldungsgesetz idF v. 6. 8. 2002 (BGBl. I 3018; III 2032–1); Sartorius I Nr. 230
BBG	Bundesbeamtengesetz idF v. 31. 3. 1999 (BGBl. I 675; III 2030–2); Sartorius I Nr. 160

BBodSchG	Gesetz zum Schutz vor schädlichen Bodenveränderungen und zur Sanierung von Altlasten (Bundes-Bodenschutzgesetz) v. 17. 3. 1998 (BGBl. I 502); Sartorius I Nr. 299
Bd.	Band
BDSG	Bundesdatenschutzgesetz v. 14. 1. 2003 (BGBl. I 66; III 204–3); Sartorius I Nr. 245; Aichberger Nr. 165
BeamtVG	Beamtenversorgungsgesetz idF v. 16. 3. 1999 (BGBl. I 322; 847; III 2030–25); Ber. v. 5. 10. 1999 (BGBl. I 2033); Sartorius I Nr. 155
BegleitG	Begleitgesetz zum Telekommunikationsgesetz v. 17. 12. 1997 (BGBl. I 3108; III 900–13)
Begr.	Begründung
Beil.	Beilage
Ber.	Beschlussempfehlung und Bericht des federführenden Ausschusses des Deutschen Bundestags
BewH	Bewährungshilfe (Zeitschrift; zitiert nach Jahr und Seite); auch: Bewährungshelfern/Bewährungshelferin
BezG	Bezirksgericht
BFH	Bundesfinanzhof
BGB	Bürgerliches Gesetzbuch idF v. 2. 1. 2002 (BGBl. I 42; III 400–2); Schönfelder Nr. 20
BGBl. I, II, III	Bundesgesetzblatt Teil I, Teil II; Teil III = Fundstellennachweis A (FNA) des BGBl.
BGE IV	Entscheidungen des Schweizerischen Bundesgerichts, Amtliche Sammlung, IV. Teil (Strafrecht und Strafvollzug, zitiert nach Band und Seite)
BGH	Entscheidungen des Bundesgerichtshofs in Strafsachen (zitiert nach Band und Seite); auch: Bundesgerichtshof
BGHR	BGH-Rechtsprechung in Strafsachen, hrsg. von den Richtern des Bundesgerichtshofes (seit 1987), (zitiert nach Paragraf, Stichwort und Nummer)
BGHZ	Entscheidungen des Bundesgerichtshofs in Zivilsachen (zitiert nach Band und Seite)
BGH(Z)	Entscheidung des Bundesgerichtshofs in Zivilsachen
BGSG	Gesetz über den Bundesgrenzschutz (Bundesgrenzschutzgesetz) v. 19. 10. 1994 (BGBl. I 2978; III 13–7–1); Sartorius I Nr. 90
BImSchG	Bundes-Immissionsschutzgesetz idF v. 14. 5. 1990 (BGBl. I 880; III 2129–8); Sartorius I Nr. 296
BImSchV	Verordnung zur Durchführung des Bundesimmissionsschutzgesetzes (BGBl. III 2129–8–1–1 bis 2129–8–22)
BinSchStrO	Binnenschiffahrtsstraßenordnung idF v. 8. 10. 1998 (BGBl. I 3148; III 9501–42); Ber. v. 20. 1. 1999 (BGBl. I 159)
BJagdG	Bundesjagdgesetz idF v. 29. 9. 1976 (BGBl. I 2849; III 792–1); Schönfelder Nr. 28
BKA	Bundeskriminalamt; auch: BKA (Hrsg.), Was ist Gewalt?, 3 Bde., 1986 bis 1989
BKAG	Bundeskriminalamtgesetz v. 7. 7. 1997 (BGBl. I 1650), zul. geänd. d. G v. 2. 8. 2000 (BGBl. I 1253); Sartorius I Nr. 450
BKGG	Bundeskindergeldgesetz idF v. 4. 1. 2000 (BGBl. I 4; III 85–1); Aichberger Nr. 900
Blei AT/BT	Blei, Strafrecht, Bd. I, Allgemeiner Teil, 18. Aufl. 1983; Bd. II Besonderer Teil, 12. Aufl. 1983
Bln	Berlin
BMI	Bundesministerium des Innern
BMinG	Bundesministergesetz idF. v. 27. 7. 1971 (BGBl. I 1166; III 1103–1); Sartorius I Nr. 45
BMJ	Bundesministerium der Justiz

Abkürzungen

BNatSchG	Bundesnaturschutzgesetz idF v. 21. 9. 1998 (BGBl. I 2994; III 791–1); Sartorius I Nr. 880
BNotO	Bundesnotarordnung v. 24. 2. 1961 (BGBl. I 97; III 303–1); Schönfelder Nr. 98 a
BörsG	Börsengesetz v. 21. 6. 2002 (BGBl. I 2010; III 4110–8); Erbs Nr. B 155
BörsZulV	Börsenzulassungs-Verordnung idF v. 9. 9. 1998 (BGBl. I 2832; III 4110–1–1)
BPräs.	Bundespräsident
BRA	Brandenburg
BrandenbgVerfG	Brandenburgisches Verfassungsgericht
BRAO	Bundesrechtsanwaltsordnung v. 1. 8. 1959 (BGBl. I 565; III 303–8); Schönfelder Nr. 98
BRat	Bundesrat; auch: Plenarprotokoll der Sitzungen des Bundesrats (zitiert nach Sitzungs-Nummer)
BR-Drs.	Drucksache des Bundesrats (zitiert nach Nummer und Jahr)
BRE	Bremen
BReg.	Bundesregierung
Brem	Freie Hansestadt Bremen
BRep.	Bundesrepublik Deutschland
BRRG	Beamtenrechtsrahmengesetz idF v. 31. 3. 1999 (BGBl. I 654; III 2030–1); Sartorius I Nr. 150
Brunner/Dölling	Brunner/Dölling, Jugendgerichtsgesetz, 11. Aufl. 2002
bsF	Besonders schwerer Fall
BSK	Basler Kommentar zum (schweizerischen) Strafgesetzbuch, Hrsg. Niggli/Wiprächtiger; Bd. I (Art. 1 bis 110 StGB) 2003, Bd. II (Art. 111 bis 401 StGB) 2003 (zit.: BSK-Bearbeiter)
BSozG	Bundessozialgericht
BStBl.	Bundessteuerblatt (zitiert nach Jahr und Seite)
BT	Besonderer Teil
BTag	Deutscher Bundestag; auch: Plenarprotokoll der Verhandlungen des Deutschen Bundestags (zitiert nach Wahlperiode und Seite)
BT-Drs.	Drucksache des Deutschen Bundestags (zitiert nach Wahlperiode und Nummer)
BtG	Betreuungsgesetz v. 12. 9. 1990 (BGBl. I 2002; III 200–3); Schönfelder Nr. 47
BtMG	Gesetz über den Verkehr mit Betäubungsmitteln idF v. 1. 3. 1994 (BGBl. I 358; III 2121–6–24); Anh. 4; Strafrecht Nr. 80
BHO	Bundeshaushaltsordnung v. 19. 8. 1969 (BGBl. I 1284; III 63–1); Sartorius I Nr. 700
BVerfG	Bundesverfassungsgericht
BVerfGE	Entscheidungen des Bundesverfassungsgerichts (zitiert nach Band und Seite)
BVerfGG	Gesetz über das Bundesverfassungsgericht idF v. 11. 8. 1993 (BGBl. I 1473; III 1104–1); Sartorius I Nr. 40
BVerwG	Bundesverwaltungsgericht
BVerwGE	Entscheidungen des Bundesverwaltungsgerichts (zitiert nach Band und Seite)
BW	Baden-Württemberg
BWahlG	Bundeswahlgesetz idF v. 23. 7. 1993 (BGBl. I 1288, 1594; III 111–1); Sartorius I Nr. 30
BWaldG	Bundeswaldgesetz v. 2. 5. 1975 (BGBl. I 1037; III 790–18); Sartorius I Nr. 875
BWehr	Bundeswehr
BWO	Bundeswahlordnung idF v. 8. 3. 1994 (BGBl. I 495; III 111–1–5); Sartorius I Nr. 31

BZRG .... Gesetz über das Zentralregister und das Erziehungsregister (Bundeszentralregistergesetz) idF v. 21. 9. 1984 (BGBl. I 1229; 1985 I 195; III 312–7); Schönfelder Nr. 92; Strafrecht Nr. 600

ChemG .... Chemikaliengesetz idF v. 20. 6. 2002 (BGBl. I 2090; III 8053–6); GewO-Slg. Nr. 272
CR .... Computer und Recht (zitiert nach Jahr und Seite)
CWÜAG .... Ausführungsgesetz zum Chemiewaffenübereinkommen v. 2. 8. 1994 (BGBl. I 1954; III 188–59)

DÄBl. .... Deutsches Ärzteblatt (zitiert nach Jahr und Seite)
DAR .... Deutsches Autorecht (zitiert nach Jahr und Seite); auch: Rechtsprechung des BGH, zitiert bei DAR/G (Goydke); DAR/M (Martin); DAR/N (Nehm); DAR/R (Rüth); DAR/S (Spiegel)
DB .... Der Betrieb (zitiert nach Jahr und Seite)
DepotG .... Gesetz über die Verwahrung und Anschaffung von Wertpapieren (Depotgesetz) idF v. 11. 1. 1995 (GBl. I 34; III 4130–1); Schönfelder Nr. 59
DJT .... Deutscher Juristentag; auch: Veröffentlichungen des Deutschen Juristentags (zitiert nach Nummer der Veranstaltung, Gliederungsnummer und Seite)
DRiG .... Deutsches Richtergesetz idF v. 19. 4. 1972 (BGBl. I 713; III 301–1); Schönfelder Nr. 97
DRiZ .... Deutsche Richterzeitung (zitiert nach Jahr und Nummer)
DRZ .... Deutsche Rechtszeitschrift (zitiert nach Jahr und Seite)
DStR .... Deutsches Strafrecht (zitiert nach Band und Seite)
DStrZ .... Deutsche Strafrechts-Zeitung
DtZ .... Deutsch-Deutsche Rechts-Zeitschrift (zitiert nach Jahr und Seite)
DuD .... Datenschutz und Datensicherheit (zitiert nach Jahr und Seite)
DVBl. .... Deutsches Verwaltungsblatt (zitiert nach Jahr und Seite)
DWiR .... Deutsche Zeitschrift für Wirtschaftsrecht (zitiert nach Jahr und Seite)

E .... Entwurf
E 1962 .... Entwurf (der Bundesregierung) eines Strafgesetzbuches (BR-Drs. 200/62; BT-Drs. IV/650)
EBAO .... Einforderungs- und Beitreibungsanordnung; Strafrecht Nr. 81
E EGStGB .... Entwurf (der Bundesregierung) eines Einführungsgesetzes zum Strafgesetzbuch (BT-Drs. 7/550)
EG .... Einführungsgesetz
EGFinSchG .... EG-Finanzschutzgesetz v. 10. 9. 1998 (BGBl. II 2322)
EGG .... Gesetz über rechtliche Rahmenbedingungen für den elektronischen Geschäftsverkehr (Elektronischer Geschäftsverkehr-Gesetz) v. 14. 12. 2001 (BGBl. I 3721; GESTA E022)
EGInsO .... Einführungsgesetz zur Insolvenzordnung v. 5. 10. 1994 (BGBl. I 2911; III 311–14–1); Schönfelder Nr. 110 a
EGMR .... Europäischer Gerichtshof für Menschenrechte
EGStGB .... Einführungsgesetz zum Strafgesetzbuch v. 2. 3. 1974 BGBl. I 469; 1975 I 1916; 1976 I 507); Anh. 1; Strafrecht Nr. 2
Einl. .... Einleitung
einschr. .... Einschränkend
Eisenberg JGG .... Eisenberg, Jugendgerichtsgesetz, Kommentar, 10. Aufl. 2003
Eisenberg Kriminologie Eisenberg, Kriminologie, 6. Aufl. 2005 (zit. nach Paragraph und Randnummer)
EKMR .... Europäische Kommission für Menschenrechte

Abkürzungen

ElGVG	Gesetz zur Vereinheitlichung von Vorschriften übe bestimmte elektronische informations- und Kommunikationsdienste – Elektronischer-Geschäftsverkehr-Vereinheitlichungsgesetz – v. 26. 2. 2007 (BGBl I 179; Inkrafttreten: 1. 3. 2007 (BGBl I 251)
Erbs/Kohlhaas	Erbs/Kohlhaas, Strafrechtliche Nebengesetze, Kommentar, Loseblattausgabe (zit. Bearbeiter in Erbs/Kohlhaas)
EStG	Einkommensteuergesetz idF v. 16. 4. 1997 (BGBl. I 821; III 611–1); Steuergesetze Nr. 1.
EuAlÜbk	Europäisches Auslieferungsübereinkommen v. 13. 12. 1957. Hierzu: Gesetz v. 3. 11. 1964 (BGBl. II 1369); Sartorius II Nr. 163
EUBestG	EU-Bestechungsgesetz v. 10. 9. 1998 (BGBl. II 2340); Anhang 21
EuGRZ	Europäische Grundrechte Zeitschrift (zitiert nach Jahr und Seite)
EuHBG	Gesetz über den Europäischen Haftbefehl vom 20. 7. 2006 (BGBl I 1721)
EuR	Europarecht (zitiert nach Jahr und Seite)
EuRAG	Gesetz über die Tätigkeit euröpäischer Rechtsanwälte in Deutschland idF v. 23. 7. 2002 (BGBl. I 2850)
EuropolG	Europolgesetz v. 16. 12. 1997 (BGBl. II 2150)
EV	Einigungsvertrag v. 31. 8. 1990 iVm Zusatzvereinbarung v. 18. 9. 1990 (BGBl. II 1239) und Einigungsvertragsgesetz v. 23. 9. 1990 (BGBl. II 885, 889)
EVO	Eisenbahn-Verkehrsordnung v. 8. 9. 1938 (RGBl. II 663; GBl. III 934–1)
EWG	Europäische Wirtschaftsgemeinschaft
EWR	Europäischer Wirtschaftsraum
EzSt	Entscheidungssammlung zum Straf- und Ordnungswidrigkeitenrecht (zitiert nach Paragraf und laufender Nummer)
fF	frühere Fassung
FamRZ	Ehe und Familie im privaten und öffentlichen Recht (zitiert nach Jahr und Seite)
FeV	Verordnung über die Zulassung von Personen zum Straßenverkehr (Fahrerlaubnis-Verordnung) v. 18. 8. 1998 (BGBl. I 2214)
FGG	Gesetz über Angelegenheiten der freiwilligen Gerichtsbarkeit v. 20. 5. 1898 (RGBl. 771; BGBl. III 315–1); Schönfelder Nr. 112
FlaggAnO	Anordnung über die deutschen Flaggen v. 13. 11. 1996 (BGBl. I 1729; III 1130–7); Sartorius I Nr. 52
FlaggenrechtsG	Flaggenrechtsgesetz idF v. 26. 10. 1994 (BGBl. I 3140; III 9514–1)
For.	Forensia, Interdisziplinäre Zeitschrift für Psychiatrie, Kriminologie und Recht (zitiert nach Band, Jahr und Seite)
FPPK	Forensische Psychiatrie, Psychologie, Kriminologie (zit. nach Jahr und Seite)
Freund AT	Freund, Georg, Strafrecht Allgemeiner Teil, 1998
FS	Festschrift
G	Gesetz
G 10	Gesetz zu Art. 10 Grundgesetz v. 13. 8. 1968 (BGBl. I 949; III 190–2); Sartorius I Nr. 7; Strafrecht Nr. 310
GA	Goltdammer's Archiv für Strafrecht (bis 1952 zitiert nach Band und Seite, ab 1953 zitiert nach Jahr und Seite)
GaststG	Gaststättengesetz v. 5. 5. 1970 (BGBl. I 465, ber. 1298; III 7130–1) idF v. 20. 11. 1998 (BGBl. I 3418) – Sartorius I Nr. 810; GewO-Slg. Nr. 100

GBA	Generalbundesanwalt beim Bundesgerichtshof
GBO	Grundbuchordnung idF v. 26. 5. 1994 (BGBl. I 1114; III 315–11); Schönfelder Nr. 114
GedS	Gedächtnisschrift
GefStoffV	Gefahrstoffverordnung v. 15. 11. 1999 (BGBl. I 2233; 2000 I 739; III 8053–6–21)
GenG	Gesetz betr. die Erwerbs- und Wirtschaftsgenossenschaften idF v. 19. 8. 1994 (BGBl. I 2202); Schönfelder Nr. 53
GenTG	Gentechnikgesetz idF v. 16. 12. 1993 BGBl. I 2066; III 2121–60–1); Sartorius I Nr. 270
GerätesicherheitsG	Gesetz über technische Arbeitsmittel idF v. 23. 10. 1992 (BGBl. I 1793; III 8053–4–10); Sartorius I Nr. 803
GesA	Gesetzesantrag
GeschmMG	Geschmacksmustergesetz v. 11. 1. 1876 (GBl. 11; III 442–1); Schönfelder Nr. 69
GeschO	Geschäftsordnung
GesE	Gesetzentwurf
GewArch	Gewerbearchiv, Zeitschrift für Gewerbe- und Wirtschaftsverwaltungsrecht (zitiert nach Jahr und Seite)
GewO	Gewerbeordnung idF v. 22. 2. 1999 (BGBl. I 202; III 7100–1); Sartorius I Nr. 800; Strafrecht Nr. 170
GewO-Slg.	Gewerbeordnung mit Durchführungsvorschriften sowie wichtigen Gesetzen und Verordnungen, Textausgabe (zitiert nach Gliederungsnummern)
GG	Grundgesetz für die Bundesrepublik Deutschland v. 23. 5. 1949 (BGBl. 1; III 100–1); Sartorius I Nr. 1; Schönfelder Nr. 1
GK-BImSchG	Gemeinschaftskommentar zum Bundes-Immissionsschutzgesetz (Hrsg. Koch/Scheuing; Loseblatt; zit. GK-BimSchG-Bearbeiter)
GmbHG	Gesetz betr. die Gesellschaften mit beschränkter Haftung idF v. 20. 5. 1898 (RGBl. 846; GBl. III 4123–1); Schönfelder Nr. 52
GmbHR	GmbH-Rundschau (zitiert nach Jahr und Seite)
GnO	Gnadenordnung
Göhler OWiG	Göhler, Gesetz über Ordnungswidrigkeiten, 13. Aufl. 2002 (Bearb. König/Seitz)
Göhler/Buddendiek/ Lenzen	Göhler/Buddendiek/Lenzen, Lexikon des Nebenstrafrechts (= Registerband zu Erbs-Kohlhaas, Strafrechtliche Nebengesetze; zitiert nach Gliederungsnummer)
Göppinger/Böhm/Bode	Göppinger, Kriminologie, bearb. von Michael Bode und Alexander Böhm, 5. Aufl. 1997
Gössel/Dölling BT 1	Gössel/Dölling, Strafrecht, Besonderer Teil 1 (Straftaten gegen Persönlichkeits- und Gemeinschaftswerte), 2. Aufl. 2004 (zit. nach Paragraph und Randnummer)
GrSen	Großer Senat des Bundesgerichtshofs in Strafsachen
Gropp AT	Gropp, Strafrecht Allgemeiner Teil, 2. Aufl. 2001 (zit. nach Paragraf und Randnummer)
GrundVtr	Grundlagenvertrag v. 21. 12. 1972 (BGBl. 1973 II 423); hierzu Ges. v. 6. 6. 1973 (BGBl. II 421), Bek. v. 22. 6. 1973 (BGBl. II 559) – Sartorius II Nr. 500
GRUR	Gewerblicher Rechtsschutz und Urheberrecht (zitiert nach Jahr und Seite)
GÜG	Gesetz zur Überwachung des Verkehrs mit Grundstoffen, die für die unerlaubte Herstellung von Betäubungsmitteln mißbraucht werden können (Grundstoffüberwachungsgesetz – GÜG) v. 7. 10. 1994 (BGBl. I 2835; III 2127–7)

GüKG	Güterkraftverkehrsgesetz idF v. 22. 6. 1998 (BGBl. I 1435; III 9241–34); Sartorius I Nr. 952; Straßenverkehrsrecht Nr. 11
GVBl.	Gesetz- und Verordnungsblatt
GVG	Gerichtsverfassungsgesetz idF v. 9. 5. 1975 (BGBl. I 1077; III 300–2); Schönfelder Nr. 95; Strafrecht Nr. 420
GWB	Gesetz gegen Wettbewerbsbeschränkungen idF v. 26. 8. 1998 (BGBl. I 2546; III 703 1); Schönfelder Nr. 74
GwG	Gesetz über das Aufspüren von Gewinnen aus schweren Straftaten (Geldwäschegesetz – GwG) v. 25. 10. 1993 (BGBl. I 1770; III 7613–1); Anhang Nr. 9
Haft AT/BT	Haft, Strafrecht, Allgemeiner Teil, 8. Aufl. 1998; Besonderer Teil, 7. Aufl. 1998
HdwbKrim	Handwörterbuch der Kriminologie (Hrsg. Sieverts/Schneider), Bd. I bis IV, 2. Aufl. 1966 bis 1998
HaushGrG	Haushaltsgrundsätzegesetz v. 19. 8. 1969 (BGBl. I S. 1273); Sartorius I Nr. 699
HE	Hessen
Hentschel	Hentschel, Straßenverkehrsrecht, Kommentar, 39. Aufl. 2007
Hentschel TFF	Hentschel, Trunkenheit im Verkehr, Fahrerlaubnisentziehung, Fahrverbot im Straf- und Ordnungswidrigkeitenrecht, 10. Aufl. 2006
HESt	Höchstrichterliche Entscheidungen in Strafsachen (zitiert nach Band und Seite)
HGB	Handelsgesetzbuch v. 10. 5. 1897 (RGBl. 219; RGBl. III 4100–1); Schönfelder Nr. 50
HRR	Höchstrichterliche Rechtsprechung (zitiert nach Jahr und Nummer)
HRRS	Höchstrichterliche Rechtsprechung zum Strafrecht. Internetzeitung für Strafrecht – www.hrr-strafrecht.de – 2000 ff.
Hruschka	Hruschka, Strafrecht nach logisch-analytischer Methode, 2. Aufl. 1988
HS	Halbsatz
HuSt	Hochverrat und Staatsgefährdung, Urteile des BGH, Hrsg. von Wagner, Karlsruhe 1957
HwO	Handwerksordnung idF v. 24. 9. 1998 (BGBl. I 3074; III 7110–1); Sartorius I Nr. 815
HWiStrR	Krekeler/Tiedemann/Ulsenheimer/Weimann (Hrsg.), Handwörterbuch des Wirtschafts- und Steuerstrafrechts, Loseblatt, 1985 ff. (zit. nach Bearbeiter und Stichwort)
ICD-10	Weltgesundheitsorganisation, Internationale Klassifikation psychischer Störungen, Kap. V (F), Klinisch-diagnostische Leitlinien, Hrsg. H. Dilling/W. Mombour/M. H. Schmidt, 2. Aufl. 1993
idF	in der Fassung (Bekanntmachung der Neufassung auf Grund einer Ermächtigung)
idR	in der Regel
i. e.	im einzelnen
iErg	im Ergebnis
ieS	im engeren Sinn
Ins	Insolvenz-
InsE	Insolvenzeröffnung
InsO	Insolvenzordnung v. 5. 10. 1994 (BGBl. I 2866; III/FNA 311–13); Schönfelder Nr. 110
InstKonfl	Strafrecht und Gesellschaft. Schriftenreihe des Instituts für Konfliktforschung, Hrsg. W. de Boor, G. Pfeiffer und B. Schünemann (zitiert nach Heft und Seite)

IntBestG	Gesetz zur Bekämpfung internationaler Bestechung v. 10. 9. 1998 (BGBl. II 2327); Anh. Nr. 22
IntVO	VO über internationalen Kraftfahrzeugverkehr v. 12. 11. 1934 (RGBl. I 1137; BGBl. III 9232–4); Straßenverkehrsrecht Nr. 13 a; Hentschel Nr. 6
IRG	Gesetz über die internationale Rechtshilfe in Strafsachen idF v. 27. 6. 1994 (BGBl. I 1537; III 319–87); Strafrecht Nr. 470
IPbürgR	Internationaler Pakt v. 19. 12. 1966 über bürgerliche und politische Rechte; Ges. v. 15. 11. 1973 (BGBl. II 1533; 1976 II 1068; 1979 II 1218; 1986 II 746); Satorius II Nr. 20
iS	im Sinne
IStGH	Internationaler Strafgerichtshof (dazu Römisches Statut über den IStGH v. 17. 7. 1998, BGBl. II 1393; IStGH-Gesetz v. 21. 6. 2002, BGBl. I 2144; GESTA: C192)
i. ü.	im Übrigen
IuKDG	Informations- und Kommunikationsdienste-Gesetz v. 22. 7. 1997 (BGBl. I 1870; III 9020–6/1)
IuR	Informatik und Recht (zitiert nach Jahr und Seite)
iVm	in Verbindung mit
iwS	im weiteren Sinne
JA	Juristische Arbeitsblätter (zitiert nach Jahr und Seite)
Jakobs AT	Jakobs, Strafrecht Allgemeiner Teil, 2. Aufl. 1991 (zit. nach Abschnitt und Randnummer)
JBeitrO	Justizbeitreibungsordnung v. 11. 3. 1937 (RGBl. I 298; BGBl. III 365–1); Schönfelder Nr. 122
JBl	Juristische Blätter (zitiert nach Jahr und Seite)
Jescheck/Weigend	Jescheck/Weigend, Lehrbuch des Strafrechts, Allgemeiner Teil, 5. Aufl. 1996 (zit. nach systematischer Gliederung)
JGG	Jugendgerichtsgesetz idF v. 11. 12. 1974 (BGBl. I 3427; III 451–1); Strafrecht Nr. 50; Anhang Nr. 3
J/J/B	Janiszewski/Jagow/Burmann, Straßenverkehrsrecht, 19. Aufl. 2006 (zit. J/J/B-Bearbeiter)
JMBl.	Justizministerialblatt
Joecks	Joecks, Studienkommentar Strafgesetzbuch, 7. Aufl. 2007
JR	Juristische Rundschau (zitiert nach Jahr und Seite)
JuSchG	Jugendschutzgesetz v. 23. 7. 2002 (BGBl. I 2730; III 2161–6; GESTA: I021)
Jura	Juristische Ausbildung (zitiert nach Jahr und Seite)
JurA	Juristische Analysen (zitiert nach Jahr und Seite)
JuS	Juristische Schulung (zitiert nach Jahr und Seite)
JVA	Justizvollzugsanstalt
JVL	Schriftenreihe der Juristen-Vereinigung Lebensrecht (zitiert nach Nr. und Seite)
JW	Juristische Wochenschrift (zitiert nach Jahr und Seite)
JZ	Juristenzeitung (zitiert nach Jahr und Seite)
KAGG	Gesetz über Kapitalanlagegesellschaften idF v. 9. 9. 1998 (BGBl. I 2726; III 4120 4); Steuergesetze Nr. 120
KastrG	Gesetz über die freiwillige Kastration und andere Behandlungsmethoden v. 15. 8. 1969 (BGBl. I 1143; III 453–16)
KG	Kammergericht Berlin
Kienapfel Urkunden I	Kienapfel, Urkunden im Strafrecht, 1967
Kienapfel Urkunden II	Kienapfel, Urkunden und andere Gewährschaften, 1979
Kienapfel/Höpfel AT	Kienapfel/Höpfel, Grundriss des Strafrechts, Allgemeiner Teil. 11. Aufl. 2006
Kienapfel/Schroll BT I	Kienapfel/Schroll, Grundriss des österreichischen Strafrechts, Besonderer Teil I (Delikte gegen Personenwerte), 5. Aufl. 2003;

Kienapfel BT II	Kienapfel, Grundriss des Strafrechts, Besonderer Teil II (Delikte gegen Vermögenswerte), 3. Aufl. 1993
Kienapfel/Schmoller BT III	Kienapfel/Schmoller, Strafrecht Besonderer Teil III (Delikte gegen sonstige Individual- und Gemeinschaftswerte), 1999
Kindhäuser AT	Kindhäuser, Strafrecht Allgemeiner Teil, 2005
Kindhäuser BT	Kindhäuser, Lehrbuch des Strafrechts, Besonderer Teil; BT I (Straftaten gegen Persönlichkeitsrechte, Staat und Gesellschaft) 2. Aufl. 2005; BT II (Straftaten gegen Vermögensrechte) 4. Aufl. 2005
Kindhäuser LPK	Kindhäuser, Strafgesetzbuch, Lehr- und Praxiskommentar, 2002
KindRG	Kindschaftsrechtsreformgesetz v. 16. 12. 1997 (BGBl. I 2942)
KJ	Kritische Justiz (zitiert nach Jahr und Seite)
KK	Karlsruher Kommentar, Strafprozessordnung, Gerichtsverfassungsgesetz, Hrsg. Gerd Pfeiffer, 5. Aufl. 2003 (zitiert KK-Bearbeiter)
Köhler AT	Köhler, Strafrecht Allgemeiner Teil, 1997 (zit. nach Seite)
KorrBekG	Korruptionsbekämpfungsgesetz v. 13. 8. 1997 (BGBl. I 2038; GESTA C 125)
KR	Kriminalistik (zitiert nach Jahr und Seite)
Krey/Heinrich BT 1 ...	Krey/Heinrich, Strafrecht Besonderer Teil, Bd. I (ohne Vermögensdelikte) 13. Aufl. 2005 (zit. nach Randnummern)
Krey/Hellmann BT 2 .	Krey/Hellmann, Strafrecht Besonderer Teil, Bd. II (Vermögensdelikte) 14. Aufl. 2005 (zit. nach Randnummern)
KRG	Kontrollratsgesetz
KWKG	Gesetz über die Kontrolle von Kriegswaffen idF v. 22. 11. 1990 (BGBl. I 2506; III 190–1); Anlage (Kriegswaffenliste); Sartorius I Nr. 823; GewO-Slg. Nr. 126
KrimGgwFr	Kriminologische Gegenwartsfragen (zitiert nach Band und Seite)
KrimJ	Krimologisches Journal (zitiert nach Jahr und Seite)
KrimZ	Kriminologische Zentralstelle e. V., Wiesbaden
KritV	Kritische Vierteljahreszeitschrift für die Gesetzgebung und Rechtswissenschaft (zitiert nach Jahr und Seite)
KrW-/AbfG	Gesetz zur Förderung der Kreislaufwirtschaft und Sicherung der umweltverträglichen Beseitigung von Abfällen (Kreislaufwirtschafts- und Abfallgesetz) v. 27. 9. 1994 (BGBl. I 2705; III 2129–27–2); Sartorius I Nr. 298
KTS	Konkurs-, Treuhand- und Schiedsgerichtswesen (zitiert nach Jahr und Seite)
Kröber Hdb	Kröber/Dölling/Leygraf/Sass, Handbuch der Forensischen Psychiatrie, Bd. 3 (Psychiatrische Kriminalprognose und Kriminaltherapie), 2006;
Kühl AT	Kühl, Strafrecht Allgemeiner Teil, 5. Aufl. 2005
Küper BT	Küper, Strafrecht Besonderer Teil, Definitionen mit Erläuterungen, 6. Aufl. 2005 (zit. nach Seiten)
Küpper BT	Küpper, Strafrecht Besonderer Teil 1, 2. Aufl. 2000
KuR	Kirche und Recht (zit. nach Jahr und Seite)
KWG	Gesetz über das Kreditwesen idF v. 9. 9. 1998 (BGBl. I 2776); Sartorius I Nr. 856
L	(nur) Leitsatz
Lackner/Kühl	Lackner/Kühl, Strafgesetzbuch mit Erläuterungen, 26. Aufl. 2007
Laufs	Laufs, Arztrecht, 5. Aufl. 1993 (zit. nach Randnummern)
LdR	Lexikon des Rechts; Strafrecht, Strafverfahrensrecht, 2. Aufl. 1996 (zit. Bearbeiter in LdR, Randnummer)
LebF	Lebensforum (zitiert nach Nummer und Seite)

LG ..... Landgericht
LK ..... Leipziger Kommentar zum Strafgesetzbuch. Großkommentar. 11. Aufl. 1992ff. (Hrsg. Jähnke/Laufhütte/Odersky); 12. Aufl. 2006ff. (Hrsg. Laufhütte/Rissing-van Saan/Tiedemann). Die Zitierung LK-Bearbeiter gibt die zum Zeitpunkt des Redaktionsschlusses aktuelle Bearbeitung an (§§ 32–55, 80–109k: 12. Aufl. Bd. 2 und 4; im Übrigen 11. Aufl.). Die Zitierung LK-Nachtr. bezieht sich auf den Nachtrag zur 11. Auflage (38. Lieferung, 2001)
LM ..... Entscheidungen des Bundesgerichtshofs im Nachschlagewerk des Bundesgerichtshofs von Lindenmaier-Möhring (zitiert nach Nr. und Paragraph)
LBFG ..... Lebensmittel-, Bedarfsgegenstände- und Futtermittelmittelgesetzbuch idF v. 26. 4. 2006 (BGBl. I 945)
LPartG ..... Gesetz zur Beendigung der Diskriminierung gleichgeschlechtlicher Gemeinschaften; Lebenspartnerschaften (Lebenspartnerschaftsgesetz) v. 16. 2. 2001 (BGBl. I S. 266; III 400–15) idF des LPartÜberarbG v. 15. 12. 2004 (BGBl I 3396)
LR ..... Löwe/Rosenberg, Strafprozessordnung und Gerichtsverfassungsgesetz mit Nebengesetzen. Großkommentar. 25. Aufl. (Hrsg. Riess) 1999ff.
LuftVG ..... Luftverkehrsgesetz idF v. 10. 5. 2007 (BGBl. I 699; III 96–1); Schönfelder Nr. 34
LuftVO ..... Luftverkehrs-Ordnung idF v. 27. 3. 1999 (BGBl. I 580; III 96–1–2)
LuftVZO ..... Luftverkehrs-Zulassungs-Ordnung idF v. 27. 3. 1999 (BGBl. I 610; III 96–1–8)

Mat ..... Materialien zur Strafrechtsreform, 15 Bände (Bonn 1954–1962)
MDR ..... Monatsschrift für deutsches Recht (zitiert nach Jahr und Seite); auch: Entscheidungen des BGH, zitiert bei Dallinger (MDR/D); Holtz (MDR/H); H. W. Schmidt (MDR/S)
MedEth ..... Zeitschrift für Ethik in der Medizin (zitiert nach Jahr und Seite)
MedR ..... Medizinrecht (zitiert nach Jahr und Seite)
M/Gössel/Zipf ..... Maurach/Gössel/Zipf, Strafrecht Allgemeiner Teil, Teilband 2, 7. Aufl. 1989 (zit. nach Paragraf und Randnummer)
M/Schroeder/Maiwald Maurach/Schroeder/Maiwald, Strafrecht, Besonderer Teil; Teilband 1 (Straftaten gegen Persönlichkeits- und Vermögenswerte), 9. Aufl. 2003; Teilband 2 (Straftaten gegen Gemeinschaftswerte), 8. Aufl. 1999 (zit. nach Paragraf und Randnummer)
M/Zipf ..... Maurach/Zipf, Strafrecht Allgemeiner Teil, Teilband 1, 8. Aufl. 1992 (zit. nach Paragraf und Randnummer)
M/B ..... Müller-Gugenberger/Bieneck (Hrsg.), Wirtschaftsstrafrecht. Handbuch des Wirtschafts- und Ordnungswidrigkeitenrechts, 4. Aufl. 2006 (zit. M/B – Bearbeiter, nach Paragraf und Randnummer)
Meyer-Goßner ..... Meyer-Goßner, Strafprozessordnung, Kommentar, 48. Aufl. 2005
MiStra ..... Anordnung über Mitteilungen in Strafsachen. AV BMJ v. 15. 3. 1985 (BAnz. 3053); Strafrecht Nr. 650
Mitsch BT ..... Mitsch, Strafrecht Besonderer Teil 2, Teilband 1 (Vermögensdelikte, Kernbereich), 2. Aufl. 2003; Teilband 2 (Vermögensdelikte, Randbereich), 2001 (zit. II/1, II/2, jeweils nach Paragraf und Randnummern)
MK ..... Münchener Kommentar zum Strafgesetzbuch (Hrsg. *Joecks/Miebach*), Bd. 1 (§§ 1–51) 2003; Bd. 2/1 (§§ 52–79b) 2005;

	Bd. 2/2 (§§ 80–184 f) 2005; Bd. 3 (§§ 185–262) 2003; (zit. MK-*Bearbeiter*)
MMR	MultiMedia und Recht, Zeitschrift für Information, Telekommunikation und Medienrecht (zitiert nach Jahr und Seite)
MOG	Gesetz zur Durchführung der gemeinsamen Marktorganisationen idF v. 20. 9. 1995 (BGBl. I 1146; III 7847–11)
MPG	Medizinproduktegesetz i. d. F. v. 7. 8. 2002 (BGBl. I 3146; III 7102–47)
MRK	Konvention v. 4. 11. 1950 zum Schutze der Menschenrechte und Grundfreiheiten. Hierzu Ges. v. 7. 8. 1952 (BGBl. II 685, 953), Bek. v. 15. 12. 1953 (BGBl. 1954 II 14); Sartorius II Nr. 130 ff.; Strafrecht Nr. 350
MSchrKrim	Monatsschrift für Kriminologie und Strafrechtsreform (zitiert nach Jahr und Seite)
msF	Minder schwerer Fall
MV	Mecklenburg-Vorpommern
mwN	mit weiteren Nachweisen
NATO-Truppenstatut (NTS)	Abkommen zwischen den Parteien des Nordatlantikvertrages über die Rechtsstellung ihrer Truppen v. 19. 6. 1951 (BGBl. 1961 II 1190); Zusatzabkommen vom 3. 8. 1959 (BGBl. 1961 II 1183, 1218; 1973 II 1021; 1982 II 530, 1994 II 2594, 3710, 3714) – Sartorius II Nr. 66 b, 66 c; Strafrecht Nr. 450, 450 a
NatSchG	Naturschutzgesetz(e der Länder); Göhler 552 II
Naucke	Naucke, Strafrecht, Eine Einführung, 9. Aufl. 2000
Nds	Niedersachsen
Ndschr.	Niederschriften über die Sitzungen der Großen Strafrechtskommission (Bd. 1 Bonn 1956; Bd. 2 bis 6 Bonn 1958; Bd. 7 bis 11 Bonn 1959; Bd. 12 bis 14 Bonn 1960)
NervA	Der Nervenarzt (zitiert nach Jahr und Seite)
nF	neue Fassung
NJ	Neue Justiz (zitiert nach Jahr und Seite)
NJW	Neue Juristische Wochenschrift (zitiert nach Jahr und Seite)
NJW-RR	Neue Juristische Wochenschrift – Rechtsprechungsreport (zit. nach Jahr und Seite)
NK	Nomos-Kommentar zum Strafgesetzbuch, Hrsg. Kindhäuser/Neumann/Paeffgen, 2. Aufl. 2005 (zitiert NK-Bearbeiter)
NKrimPol	Neue Kriminalpolitik (zitiert nach Jahr und Seite)
NStE	Neue Entscheidungssammlung für Strafrecht (Hrsg. Rebmann/Dahs/Miebach), 1987 ff. (zitiert nach Paragraph und lfd. Nummer)
NStZ	Neue Zeitschrift für Strafrecht (zitiert nach Jahr und Seite). Auch: Entscheidungen des BGH, zitiert in Rechtsprechungsübersichten bei: Altvater (NStZ/A); Böhm (NStZ/B); Detter (NStZ/D); Janiszewski (NStZ/J); Körner (NStZ/K); Mösl (NStZ/M; bis 1991); Miebach (NStZ/M; ab 1992); Müller (NStZ/Mü); Pfister (NStZ/P); Schoreit (NStZ/S); Theune (NStZ/T); Winkler (NStZ/W)
NStZ-RR	NStZ Rechtsprechungs-Report Strafrecht (zitiert nach Jahr und Seite)
NuR	Natur und Recht (zitiert nach Jahr und Seite)
NVwZ	Neue Zeitschrift für Verwaltungsrecht (zitiert nach Jahr und Seite)
NW	Nordrhein-Westfalen
NZS	Neue Zeitschrift für Sozialrecht (zitiert nach Jahr und Seite)

NZV	Neue Zeitschrift für Verkehrsrecht (zitiert nach Jahr und Seite)
NZWehrr	Neue Zeitschrift für Wehrrecht (zitiert nach Jahr und Seite)
OGH	Oberster Gerichtshof für die britische Zone (in Köln); auch: Rechtsprechung des OGH in Strafsachen (zitiert nach Band und Seite)
ÖJZ	Österreichische Juristenzeitung (zitiert nach Jahr und Seite)
OLG	Oberlandesgericht
OLGSt	Entscheidungen der Oberlandesgerichte zum Straf- und Strafverfahrensrecht (zitiert nach Paragraph und Seite; ab 1982 nach lfd. Nummer)
OpferSchG	Erstes Gesetz zur Verbesserung der Stellung des Verletzten im Strafverfahren v. 18. 12. 1986 (BGBl. I 2496; III 312–2/1)
OrdenG	Gesetz über Titel, Orden und Ehrenzeichen v. 26. 7. 1957 (BGBl. I 844; III 1132–1); Sartorius I Nr. 60
OrgKG	Gesetz zur Bekämpfung des illegalen Rauschgifthandels und anderer Erscheinungsformen der Organisierten Kriminalität v. 15. 7. 1992 (BGBl. I 1302)
öStGB	Österreichisches Strafgesetzbuch (Bundesgesetz v. 23. 1. 1974 über die mit gerichtlicher Strafe bedrohten Handlungen; BGBl. Nr. 60)
Otto	Harro Otto, Grundkurs Strafrecht. Allgemeiner Teil, 7. Aufl. 2004; Besonderer Teil, 6. Aufl. 2002
OVG	Oberverwaltungsgericht
OWiG	Gesetz über Ordnungswidrigkeiten idF v. 19. 2. 1987 (BGBl. I 602); Anh. 7; Schönfelder Nr. 94
Park	Park (Hrsg.), Kapitalmarktstrafrecht. Handkommentar, 2004 (zit.: Park-Bearbeiter, nach Randnummern)
PartG	Parteiengesetz idF v. 31. 1. 1994 (BGBl. I 149; III 112–1); Sartorius I Nr. 58
PaßG	Paßgesetz v. 19. 4. 1986 (BGBl. I 537); Sartorius I Nr. 250
PAuswG	Gesetz über Personalausweise idF v. 21. 4. 1986 (BGBl. I 548); Sartorius I Nr. 255
PflSchG	Pflanzenschutzgesetz v. 15. 9. 1986 (BGBl. I 1505; III 7823–5), letztes ÄndG v. 14. 5. 1998 (BGBl. I 971)
PflVG	Pflichtversicherungsgesetz idF v. 5. 4. 1965 (BGBl. I 213; III 925–1); Strafrecht Nr. 250
PlenProt	Plenarprotokoll (des Bundesrats oder des Deutschen Bundestages)
PolG	Polizeigesetz (des Landes)
Prot.	Protokolle des Sonderausschusses des Deutschen Bundestages für die Strafrechtreform (zitiert nach Wahlperiode [bis 6. WP in römischen, ab 7. Wp. in arabischen Zahlen] und Seite)
PStG	Personenstandsgesetz idF v. 19. 2. 2007 (BGBl. I 122; III 211–9); Schönfelder Nr. 113; Sartorius I Nr. 260
PsychKG	Psychiatriegesetz (des Landes)
PsychThG	Gesetz über die Berufe des Psychologischen Psychotherapeuten und des Kinder- und Jugendlichenpsychotherapeuten, zur Änderung des Fünften Buches Sozialgesetzbuch und anderer Gesetze vom 16. 6. 1998 (BGBl. I 1311)
Puppe AT/Rspr	Puppe, Strafrecht Allgemeiner Teil im Spiegel der Rechtsprechung, Bd. I 2002; Bd. II 2005
R & P	Recht und Psychiatrie (zitiert nach Jahr und Seite)
RA-(BTag/BRat)	Rechtsausschuß (des Bundestags oder des Bundesrats)
RBerG	Rechtsberatungsgesetz v. 13. 12. 1935 (RGBl. I 1478; BGBl. III 303–12); Schönfelder Nr. 99
RdM	Recht der Medizin (zitiert nach Jahr und Seite)

Abkürzungen

Recht	recht, Informationen des Bundesministeriums der Justiz (zitiert nach Jahr und Seite)
Rechtstheorie	Rechtstheorie, Zeitschrift für Logik, Methodenlehre, Kybernetik und Soziologie des Rechts (zitiert nach Jahr und Seite)
RefE	Referentenentwurf
RegE	Regierungsentwurf
Rengier BT	Rengier, Rudolf, Strafrecht Besonderer Teil, Bd. I (Vermögensdelikte) 8. Aufl. 2006; Bd. II (Delikte gegen die Person und die Allgemeinheit) 7. Aufl. 2006 (zit. nach Paragraph und Randnummer)
RennwG	Rennwett- und Lotteriegesetz v. 8. 4. 1922 (RGBl. I 393; BGBl. III 611–14)
RG	Entscheidungen des Reichsgerichts in Strafsachen (amtliche Sammlung; zitiert nach Band und Seite); auch: Reichsgericht
RGBl. I, II	Reichsgesetzblatt Teil I, Teil II
RiStBV	Richtlinien für das Strafverfahren und das Bußgeldverfahren in der (bundeseinheitlich) geltenden Fassung (Meyer-Goßner Anh. 14; Strafrecht Nr. 440; zitiert nach Nummern)
RiVASt	Richtlinien für den Verkehr mit dem Ausland in strafechtlichen Angelegenheiten v. 18. 9. 1984 (Beilage z. BAnz. Nr. 47) (bundeseinheitlich) – Piller-Hermann Nr. 2f
Roxin AT	Roxin, Claus, Strafrecht, Allgemeiner Teil, Bd. I, 4. Aufl. 2006; Bd. II, 2003
Roxin TuT	Roxin, Claus, Täterschaft und Teilnahme, 8. Aufl. 2006
RP	Rheinland-Pfalz
Rpfleger	Der Deutsche Rechtspfleger (zitiert nach Jahr und Seite)
RpflG	Rechtspflegergesetz v. 5. 11. 1969 (BGBl. I 2065; III 302–2); Schönfelder Nr. 96
Rspr.	Rechtsprechung
RuP	Recht und Politik, Vierteljahreszeitschrift für Rechts- und Verwaltungspolitik (zitiert nach Jahr und Seite)
SAC	Sachsen
Sack	Sack, Hans-Jürgen, Umweltschutz-Strafrecht, Kommentar (Loseblattausgabe), 5. Aufl. 2003 ff.
Schäfer StrZ	Schäfer, Gerhard, Praxis der Strafzumessung, 3. Aufl. 2001
Schmidhäuser AT	Schmidhäuser, Strafrecht, Lehrbuch. Allgemeiner Teil, 2. Aufl. 1975
Schmidhäuser StuB	Schmidhäuser, Strafrecht, Studienbuch. Allgemeiner Teil 2. Aufl. 1984; Besonderer Teil 2. Aufl. 1983
Schölz/Lingens	Schölz/Lingens, Wehrstrafgesetz, Kommentar, 4. Aufl. 2000
SchwKG	Schwangerschaftskonfliktgesetz v. 27. 7. 1992 (BGBl. I 1398; III 404–25)
SchlH	Schleswig-Holstein
SchlHA	Schleswig-Holsteinische Anzeigen (zitiert nach Jahr und Seite)
Schmidt	Schmidt, Wilhelm, Gewinnabschöpfung im Straf- und Bußgeldverfahren. Handbuch für die Praxis, 1. Aufl. 2006
Schomburg/Lagodny/ Gleß/Hacker	Schomburg/Lagodny/Gleß/Hacker, Internationale Rechtshilfe in Strafsachen, 4. Aufl. 2006
Schroth BT	Schroth, Ulrich, Strafrecht Besonderer Teil, 2. Aufl. 1998
SchutzbereichG	Schutzbereichsgesetz v. 7. 12. 1956 (BGBl. I 899; III 54–2); Sartorius I Nr. 695
SchweizStGB	Schweizerisches Strafgesetzbuch vom 21. 12. 1937
SchweizZSt.	Schweizerische Zeitschrift für Strafrecht (zitiert nach Jahr und Seite)
SchwG	Schwurgericht

SDÜ .... Übereinkommen v. 19. 6. 1990 zur Durchführung des Übereinkommens von Schengen v. 14. 6. 1985 betreffend den schrittweisen Abbau der Kontrollen an den gemeinsamen Grenzen (BGBl. 1993 II 1013, 1904; 1994 II 631)

SEAG .... Gesetz zur Ausführung der VO (EG) Nr. 2157/2001 des Rates vom 8. Oktober 2001 über das Statut der Europäischen Gesellschaft (SE) – SE-Ausführungsgesetz – v. 22. 12. 2004 (BGBl I 3675)

SeeFSichV .... Verordnung über die Sicherung der Seefahrt v. 27. 7. 1993 (BGBl. I 1417; III 9510–11)

SeemannsG .... Seemannsgesetz v. 26. 7. 1957 (BGBl. II 713; III 9513–1); Aichberger Nr. 970

SeeSchStrO .... Seeschiffahrtstraßen-Ordnung idF v. 22. 10. 1998 (BGBl. I 3209); Ber. v. 10. 2. 1999 (BGBl. I 193)

SexualdelBekG .... Gesetz zur Bekämpfung von Sexualdelikten und anderen gefährlichen Straftaten v. 26. 1. 1998 (BGBl. I 160)

SFHÄndG .... Schwangeren- und Familienhilfeänderungsgesetz v. 21. 8. 1995 (BGBl. I 1050)

SG .... Gesetz über die Rechtsstellung der Soldaten idF der Bekanntmachung v. 30. 5. 2005 (BGBl. I 1483; III 51–1); Sartorius I Nr. 640

SGB I .... Sozialgesetzbuch – Allgemeiner Teil – v. 11. 12. 1975 (BGBl. I 3015; III 860–1) – Sartorius I Nr. 408; Aichberger Nr. 1

SGB II .... Sozialgesetzbuch – Zweites Buch (Grundsicherung für Arbeitssuchende) v. 24. 12. 2003 (BGBl I 2954; III 860–2)

SGB IV .... Sozialgesetzbuch – Viertes Buch (Gemeinsame Vorschriften für die Sozialversicherung) v. 23. 12. 1976 (BGBl. I 3845; III 860–4–1); Aichberger Nr. 4

SGB V .... Sozialgesetzbuch – Fünftes Buch (Gesetzliche Krankenversicherung) v. 20. 12. 1988 (BGBl. I 2477; III 860–5)

SGB VI .... Sozialgesetzbuch – Sechstes Buch (Gesetzliche Rentenversicherung) v. 19. 2. 2002 (BGBl. I 754, 1404; III 860–6–1); Aichberger Nr. 6

SGB VIII .... Sozialgesetzbuch – Achtes Buch (Kinder- und Jugendhilfe) idF der Bekanntm. v. 14. 12. 2006 (BGBl. I 3134; III 860–8); Aichberger Nr. 8

SGB X .... Sozialgesetzbuch – Zehntes Buch (Verwaltungsverfahren) idF v. 18. 1. 2001 (BGBl. I 1046; III 860–10–1/2); Sartorius I Nr. 409; Aichberger Nr. 10

SGB XII .... Sozialgesetzbuch – Zwölftes Buch (Sozialhilfe) v. 27. 12. 2003 (BGBl I 3022; III 860–12)

SJZ .... Schweizerische Juristenzeitung (zitiert nach Jahr und Seite)

SK .... Rudolphi/Wolter u. a. Systematischer Kommentar zum Strafgesetzbuch. Loseblattausgabe. Bd. 1, Allgemeiner Teil, 7. Aufl. 2000; Bd. 2 bis 4, Besonderer Teil,8. Aufl., 2006 (zitiert: SK-Bearbeiter)

S L .... Saarland

sLSK .... Horn, Systematischer Leitsatz-Kommentar zum Sanktionsrecht (Loseblattausgabe)

SortenSchG .... Sortenschutzgesetz idF v. 19.12. 1997 (BGBl. I 3164; III 7822–7)

SprengG .... Gesetz über explosionsgefährliche Stoffe (Sprengstoffgesetz) idF v. 10. 9. 2002 (BGBl. I 3518; III 7134–2); Sartorius I Nr. 822

SprengV .... Verordnungen zum Sprengstoffgesetz; GewO-Slg. Nr. 128 bis 129 c

SpuRt .... Zeitschrift für Sport und Recht (zitiert nach Jahr und Seite)

Abkürzungen

S/S	Schönke/Schröder, Strafgesetzbuch, Kommentar, bearb. von Peter Cramer, Albin Eser, Günter Heine, Theodor Lenckner, Walter Perron, Detlev Sternberg-Lieben, Walter Stree, 26. Aufl. 2001 (zit. *S/S-Bearbeiter*)
ST	Sachsen-Anhalt
StA	Staatsanwalt oder Staatsanwaltschaft
StAG	Staatsangehörigkeitsgesetz v. 15. 7. 1999 (BGBl. I 1618; III 102–1); Sartorius I Nr. 15
StÄG	Strafrechtsänderungsgesetz
6. StÄG/DDR	6. Strafrechtsänderungsgesetz (DDR) v. 29. 6. 1990 (GBl. I 526); *zur Fortgeltung vgl. Art. 9 Anl. II Kap. III Sg. C I Nr. 2 EV*
StBerG	Steuerberatungsgesetz idF v. 4. 11. 1975 (BGBl. I 2735; III 610–10); Steuergesetze Nr. 840
StGB-DDR	Strafgesetzbuch der Deutschen Demokratischen Republik idF v. 14. 12. 1988 (GBl. 1989 I 33), letztes ÄndG v. 26. 1. 1998 (BGBl. I 164)
StPO	Strafprozeßordnung idF v. 7. 4. 1987 (BGBl. I 1074, 1319; III 312–2); Schönfelder Nr. 90; Strafrecht Nr. 40
str.	Streitig
StrABTag	Sonderausschuß des Deutschen Bundestages für die Strafrechtsreform (4. bis 7. Wahlperiode)
StraFO	Strafverteidiger Forum (zitiert nach Jahr und Seite)
StrafrAbh.	Strafrechtliche Abhandlungen (zit. nach Bd.)
Stratenwerth AT	Stratenwerth, Günter, Strafrecht, Allgemeiner Teil, 4. Aufl. 2000
StrEG	Gesetz über die Entschädigung für Strafverfolgungsmaßnahmen v. 8. 3. 1971 (BGBl. I 157; III 313–4); Strafrecht Nr. 900
StrlSchV	StrahlenschutzVO idF v. 30. 6. 1989 (GBl. I 1321, 1926; III 751–1–1)
StrRehaG	Strafrechtliches Rehabilitierungsgesetz idF v. 17. 12. 1999 (BGBl. I 2665; III 253–1)
StrRG	Gesetz zur Reform des Strafrechts; 1. StrRG v. 25. 6. 1969 (BGBl. I 645), ÄndG v. 28. 8. 1969 (BGBl. I 1509); 2. StrRG v. 4. 7. 1969 (BGBl. I 717), ÄndG v. 20. 12. 1984 (BGBl. I 1654); 3. StrRG v. 20. 5. 1970 (BGBl. I 505), ÄndG v. 2. 3. 1974 (BGBl. I469, 632); 4. StrRG v. 23. 11. 1973 (BGBl. I 1725), ÄndG v. 13. 8. 1997 (BGBl. I 469, 2038), Strafrecht Nr. 3; 5. StrRG v. 18. 6. 1974 (BGBl. I 1297), ÄndG v. 21. 8. 1995 (BGBl. I 1050); 6. StrRG v. 26. 1. 1998 (BGBl. I 164), ber. 3. 4. 1998 (BGBl. I 702)
stRspr.	ständige Rechtsprechung
StS	Strafsenat (soweit nicht anders angegeben: des Bundesgerichtshofs)
StUG	Gesetz über die Unterlagen des Staatssicherheitsdienstes der ehemaligen Deutschen demokratischen Republik (Stasiunterlagengesetz) idF der Bek. v. 18. 2. 2007 (BGBl I 162)
StV	Strafverteidiger (zitiert nach Jahr und Seite)
StVÄG 1987	Strafverfahrensänderungsgesetz 1987, v. 27. 1. 1987 (GBl. I 475)
StVÄG 1999	Gesetz zur Änderung und Ergänzung des Strafverfahrensrechts (Strafverfahrensänderungsgesetz 1999) v. 2. 8. 2000 (BGBl. I 1253)
StVBG	Gesetz zur Bekämpfung von Steuerverkürzungen bei der Umsatzsteuer und zur Änderung anderer Steuergesetze (Steuerverkürzungsbekämpfungsgesetz) v. 19. 12. 2001 (BGBl. I 3922; GESTA: D109)
StVG	Straßenverkehrsgesetz i. d. F. vom 5. 3. 2003 (BGBl. I 310; III 9231–1); Schönfelder Nr. 35; Strafrecht Nr. 200

StVK .... Strafvollstreckungskammer

StVO .... Straßenverkehrs-Ordnung v. 16. 11. 1970 (BGBl. I 1565, ber. 1971, 38; III 9233–1); Schönfelder Nr. 35 a; Strafrecht Nr. 21

StVollstrO .... Strafvollstreckungsordnung v. 15. 2. 1956 (BAnz. Nr. 42) in der ab 1. 1. 1978 geltenden Fassung, zuletzt geändert durch AV v. 20. 6. 1991 (BAnz. 4260) – Strafrecht Nr. 800

StVollzG .... Gesetz über den Vollzug der Freiheitsstrafe und der freiheitsentziehenden Maßregeln der Besserung und Sicherung (Strafvollzugsgesetz) v. 16. 3. 1976 (BGBl. I 581, 2088; 1977 I 436; III 312–9–1) idF v. 26. 8. 1998 (BGBl. I 2461); Strafrecht Nr. 700

StVZO .... Straßenverkehrs-Zulassungs-Ordnung idF v. 28. 9. 1988 (BGBl. I 1793; III 9232–1); Schönfelder Nr. 35 b; Strafrecht Nr. 220

StZG .... Gesetz zur Sicherstellung des Embryonenschutzes im Zusammenhang mit Einfuhr und Verwendung menschlicher embryonaler Stammzellen (Stammzellengesetz) v. 28. 6. 2002 (BGBl. I 2268; III 2121–61; GESTA: K014)

SubvG .... Gesetz gegen die missbräuchliche Inanspruchnahme von Subventionen (Subventionsgesetz) idF v. 29. 7. 1976 (BGBl. I 2034); Anh. Nr. 6; Strafrecht Nr. 130

TDG .... Gesetz über die Nutzung von Telediensten (Teledienstegesetz) idF des Art. 1 IuKDG v. 22. 7. 1997 (BGBl. I 1370; III 9020–6); außer Kraft getreten am 1. 3. 2007 (Art. 5 ElGVG v. 26. 2. 2007; BGBl I 179; Bekanntm. V. 1. 3. 2007, BGBl I 251)

TDS V .... Verordnung über den Datenschutz für Unternehmen, die Telekommunikationsdienstleistungen erbringen, v. 12. 7. 1996 (BGBl. I 982)

TerrBekG .... Gesetz zur Bekämpfung des Terrorismus v. 19. 12. 1986 (BGBl. I 2566)

TH .... Thüringen

Tiedemann GmbHG ... Tiedemann, Klaus, Kommentar zum GmbH-Strafrecht. Erläuterung der §§ 82–85 GmbHG und ergänzender Vorschriften (4. Aufl. 2002)

Tiedemann Wirtschaftsbetrug .... Tiedemann, Klaus, Wirtschaftsbetrug (Erweiterte Sonderausgabe der Kommentierung der §§ 263 a bis 265 b aus LK, 11. Aufl.), 1999

TierSchG .... Tierschutzgesetz idF der Bekanntmachung v. 18. 5. 2006 (BGBl. I 1206; III 7833–3); Sartorius I Nr. 873

TKG .... Telekommunikationsgesetz v. 22. 6. 2004 (BGBl. I 1190; III 900–11)

TMG .... Telemediengesetz (Art. 1 ElGVG) v. 26. 2. 207 (BGBl I 179; III 772–4)

TOA .... Täter-Opfer-Ausgleich

TPG .... Gesetz über die Spende, Entnahme und Übertragung von Organen (Transplantationsgesetz) v. 5. 11. 1997 (BGBl. I 2631)

Triffterer Komm. .... Triffterer, Otto (Hrsg.), (österr.) StGB-Kommentar, 1992 ff.

Triffterer .... Triffterer, Otto, Österreichisches Strafrecht, Allgemeiner Teil, 1996

UAG .... Umweltauditgesetz idF v. 4. 9. 2002 (BGBl. I 3490; III 2129–29)

Übk. .... Übereinkommen

Ufita .... Archiv für Urheber-, Film-, Funk- und Theaterrecht (zitiert nach Jahr und Seite)
2. UKG .... 31. Strafrechtsänderungsgesetz – Zweites Gesetz zur Bekämpfung der Umweltkriminalität – v. 27. 6. 1994 (BGBl. I 1440; 1995 I 249)
Ulsenheimer .... Ulsenheimer, Klaus, Arztstrafrecht in der Praxis, 4. Aufl. 2007 (zit. nach Randnummern)
umstr. .... Umstritten
UPR .... Umwelt- und Planungsrecht (zitiert nach Jahr und Seite)
UStG .... Umsatzsteuergesetz idF v. 9. 6. 1999 (BGBl. I 1270; III 611–10–14)
UTR .... Umwelt und Technikrecht (zitiert nach Band und Seite)
uU .... unter Umständen
UVNVAG .... Ausführungsgesetz zu dem Vertrag vom 24. September 1996 über das umfassende Verbot von Nukearversuchen vom 23. 7. 1998 (BGBl. I 1882)
UWG .... Gesetz gegen den unlauteren Wettbewerb v. 3. 7. 2004 (BGBl. I 1414; III 43–1); Anh. 13; Schönfelder Nr. 73
UZwG .... Gesetz über den unmittelbaren Zwang bei Ausübung öffentlicher Gewalt durch Vollzugsbeamte des Bundes v. 10. 3. 1961 (BGBl. I 165; III 201–5); Sartorius I Nr. 115
UZwGBw .... Gesetz über die Anwendung unmittelbaren Zwanges und die Ausübung besonderer Befugnisse durch Soldaten der Bundeswehr und zivile Wachpersonen v. 12. 8. 1965 (BGBl. I 796; III 55–6); Sartorius I Nr. 117

VermA .... Vermittlungsausschuss
VDA .... Vergleichende Darstellung des deutschen und ausländischen Strafrechts, Allgemeiner Teil, 1908
VDB .... Vergleichende Darstellung des deutschen und ausländischen Strafrechts, Besonderer Teil, 1908
VE .... Verdeckter Ermittler
VerbrBekG .... Gesetz zur Änderung des Strafgesetzbuches, der Strafprozeßordnung und anderer Gesetze (Verbrechensbekämpfungsgesetz) v. 28. 10. 1994 (BGBl. I 3186)
VerbrKrG .... Verbraucherkreditgesetz idF v. 29. 6. 2000 (BGBl. I 940; III 402–6); Schönfelder Nr. 24
VerbrVerbG .... Gesetz zur Überwachung strafrechtlicher und anderer Verbringungsverbote v. 24. 5. 1961 (BGBl. I 607; III 12–2); Strafrecht Nr. 320
VereinsG .... Gesetz zur Regelung des öffentlichen Vereinsrechts v. 5. 8. 1964 (BGBl. I 593; III 2180–1); Sartorius I Nr. 425
VergVO .... Vergabeverordnung v. 9. 1. 2001 (BGBl. I S. 110)
VerkProspG .... Wertpapier-Verkaufsprospektgesetz v. 9. 9. 1998 (BGBl. I, 2701)
VerkProspVO .... VO über Wertpapier-Verkaufsprospekte v. 17. 7. 1990 (BGBl. I 2869)
VerpflG .... Verpflichtungsgesetz v. 2. 3. 1974 (BGBl. I 469, 547; III–453–17)
VersammlG .... Gesetz über Versammlungen und Aufzüge (Versammlungsgesetz) v. 15. 11. 1978 (BGBl. I 1789; III 2180–4); Sartorius I Nr. 435; Strafrecht Nr. 90
VersR .... Versicherungsrecht Juristische Rundschau für die Individualversicherung (zitiert nach Jahr und Seite)
VerwArch .... Verwaltungsarchiv (zitiert nach Jahr und Seite)
Venzlaff/Förster .... Venzlaff/Foerster (Hrsg.), Psychiatrische Begutachtung, 4. Aufl. 2004
VG .... Verwaltungsgericht
VGH .... Verwaltungsgerichtshof

vgl.	Vergleiche
VGT	Deutscher Verkehrsgerichtstag; ferner Veröffentlichungen der auf dem Verkehrsgerichtstag gehaltenen Referate und Entschließungen (zitiert nach Jahr und Seite)
VM	Verkehrsrechtliche Mitteilungen (zitiert nach Jahr und Seite)
VO	Verordnung
VOB/A	Verdingungsordnung für Bauleistungen, Teil A, idF der Bekanntmachung v. 12. 11. 1992 (BAnz. Nr. 223 a v. 27. 11. 1992)
VOF	Verdingungsordnung für freiberufliche Leistungen idF der Bekanntmachung v. 12. 5. 1997 (BAnz. Nr. 164 a v. 3. 9. 1997)
VOL/A	Verdingungsordnung für Leistungen, Teil A, idF der Bekanntmachung v. 12. 5. 1997 (BAnz. Nr. 163 a v. 2. 9. 1997)
VRS	Verkehrsrechtssammlung (zitiert nach Band und Seite)
VStGB	Völkerstrafgesetzbuch v. 26. 6. 2002 (BGBl. I S. 2254; III – 22)
VVG	Versicherungsvertragsgesetz v. 30. 5. 1908 (RGBl. 263; BGBl. III 7632–1); Schönfelder Nr. 62
VwGO	Verwaltungsgerichtsordnung idF v. 19. 3. 1991 (BGBl. I 686; III 340–1); Sartorius I Nr. 600
VwV	(Allgemeine) Verwaltungsvorschrift
VwVfG	Verwaltungsverfahrensgesetz (des Bundes) idF 23. 1. 2003 (BGBl. I 102; III 201–6); Sartorius I Nr. 100
WaffG	Waffengesetz (BGBl. III 7133–3); Anh. 15; Sartorius I Nr. 820; Strafrecht Nr. 110
WaStrG	Bundeswasserstraßengesetz v. 2. 4. 1968 (BGBl. II 173; III 940–9); Sartorius I Nr. 971
W/Beulke	Wessels/Beulke, Strafrecht Allgemeiner Teil, 34. Aufl. 2004
W/Hettinger	Wessels/Hettinger, Strafrecht Besonderer Teil 1 (Straftaten gegen Persönlichkeits- und Gemeinschaftswerte), 28. Aufl. 2004
W/Hillenkamp	Wessels/Hillenkamp, Strafrecht Besonderer Teil 2 (Straftaten gegen Vermögenswerte), 27. Aufl. 2004
WDO	Wehrdisziplinarordnung idF v. 4. 9. 1972 (BGBl. I 1665; III 52–2); Sartorius I Nr. 655
WechselG	Wechselgesetz v. 21. 6. 1933 (RGBl. I 399; BGBl. III 4133–1); Schönfelder Nr. 54
WHG	Wasserhaushaltsgesetz idF v. 19. 8. 2002 (BGBl. I 3245; III 753–1); Sartorius I Nr. 845
WiB	Wirtschaftsrechtliche Beratung. Zeitschrift für Wirtschaftsanwälte und Unternehmensjuristen (zitiert nach Jahr und Seite)
WienK	Wiener Kommentar zum (österreichischen) Strafgesetzbuch (Hrsg. Foregger/Nowakowski), 1979/1996
1. WiKG	Erstes Gesetz zur Bekämpfung der Wirtschaftskriminalität v. 29. 7. 1976 (BGBl. I 2034)
2. WiKG	Zweites Gesetz zur Bekämpfung der Wirtschaftskriminalität v. 15. 5. 1986 (BGBl. I 721)
WirtschPrüfO	Wirtschaftsprüferordnung idF v. 5. 11. 1975 (BGBl. I 2803; III 702–1)
WissR	Wissenschaftsrecht (zitiert nach Jahr und Seite)
wistra	Zeitschrift für Wirtschaft, Steuer und Strafrecht (zitiert nach Jahr und Seite)
WiStG 1954	Gesetz zur weiteren Vereinfachung des Wirtschaftsstrafrechts idF v. 3. 6. 1975 (BGBl. I 1313; III 453–11); 17; Schönfelder Nr. 88; Strafrecht Nr. 120

W/J	Wabnitz/Janovsky (Hrsg.), Handbuch des Wirtschafts- und Steuerstrafrechts, 3. Aufl. 2007 (zit. W/J-Bearbeiter, nach Kapitel und Randnummer)
WM	Wertpapiermitteilungen (zitiert nach Jahr und Seite)
II. WoBauG	Zweites Wohnungsbaugesetz idF v. 19. 8. 1994 (BGBl. I 2137; III 2330–2); Sartorius I Nr. 355
WP	Wahlperiode (des Bundestags)
WPflG	Wehrpflichtgesetz idF der Bekanntmachung v. 30. 5. 2005 BGBl. I 1465; III 50–1); Sartorius I Nr. 620
WpHG	Wertpapierhandelsgesetz idF v. 9. 9. 1998 (BGBl. I 2708; III 4110 4)
WRP	Wettbewerb in Recht und Praxis (zitiert nach Jahr und Seite)
WRV	Verfassung des Deutschen Reiches v. 11. 8. 1919 (RGBl. 251; 1383)
WStG	Wehrstrafgesetz idF v. 24. 5. 1974 (BGBl. I 1213; III 455–2); Anh. Nr. 16; Strafrecht Nr. 100
ZDG	Zivildienstgesetz idF v. 28. 9. 1994 (BGBl. I 2811; III 55–2); Sartorius I Nr. 625
ZFIS	Zeitschrift für innere Sicherheit (zitiert nach Jahr und Seite)
ZfL	Zeitschrift für Lebensrecht (zitiert nach Jahr und Seite)
ZfS	Zeitschrift für Schadensrecht (zitiert nach Jahr und Seite)
ZfStrVo	Zeitschrift für Strafvollzug und Straffälligenhilfe (zitiert nach Jahr und Seite)
ZfW .... und Seite)	Zeitschrift für Wasserrecht (zitiert nach Jahr und Seite)
ZIP	Zeitschrift für Wirtschaftsrecht und Insolvenzpraxis (zitiert nach Jahr und Seite)
ZIS	Zeitschrift für internationale Strafrechtsdogmatik (zit. nach Jahr und Seite)
ZKred	Zeitschrift für das gesamte Kreditwesen (zitiert nach Jahr und Seite)
ZLR	Zeitschrift für Luftrecht und Weltraumfragen (zitiert nach Jahr und Seite)
ZMR	Zeitschrift für Miet- und Raumrecht (zitiert nach Jahr und Seite)
ZollV	Zollverordnung v. 23. 12. 1993 (BGBl. I 2449; 1994 I 162; III 613–1–14)
ZPO	Zivilprozessordnung vom 30. 1. 1877, idF v. 12. 9. 1950 (BGBl. 455; III 310–4); Schönfelder Nr. 100
ZRP	Zeitschrift für Rechtspolitik (zitiert nach Jahr und Seite)
ZSHG	Gesetz zur Harmonisierung des Schutzes gefährdeter Zeugen v. 11. 12. 2001 (BGBl I 3510)
ZStW	Zeitschrift für die gesamte Strafrechtswissenschaft (zitiert nach Band und Seite)
ZUM	Zeitschrift für Urheber- und Medienrecht (zitiert nach Jahr und Seite)
ZUR	Zeitschrift für Umweltrecht (zitiert nach Jahr und Seite)
zusf.	zusammenfassend
zust.	zustimmend
zT	zum Teil
zutr.	zutreffend
ZVR	Zeitschrift für Verkehrsrecht (zitiert nach Jahr und Seite)
zw.	zweifelhaft

Verzeichnis der abgekürzt zitierten Fest- und Gedächtnisschriften

BA-FS	Festschrift zum 25jährigen Bestehen des Bundes gegen Alkohol im Straßenverkehr e. V., Landessektion Berlin, 1982
Baumann-FS	Arzt, Günther u. a. (Hrsg.), Festschrift für Jürgen Baumann zum 70. Geburtstag, 1992
BayVerfGH-FS	Festschrift zum 50-jährigen Bestehen des Bayerischen Verfassungsgerichtshofs, Hrsg. BayVerfGH, 1997
Bemmann-FS	Schulz/Vormbaum (Hrsg.), Festschrift für Günther Bemmann zum 70. Geburtstag, 1997
Bengl-FS	Lang (Hrsg.), Festschrift für Karl Bengl, 1984
BGH-FS	Krüger-Nieland (Hrsg.), Festschrift 25 Jahre Bundesgerichtshof, 1975
BGH 50-FS	Geis/Nehm/Brandner/Hagen (Hrsg.), Festschrift aus Anlass des 50-jährigen Bestehens von Bundesgerichtshof, Bundesanwaltschaft und Rechtsanwaltschaft beim Bundesgerichtshof, 2000
BGH-FG	Roxin/Widmaier (Hrsg.), 50 Jahre Bundesgerichtshof, Festgabe aus der Wissenschaft, Bd. IV: Strafrecht, 2000
Bielefeld-FS	Festschrift zum 10-jährigen Bestehen der Universität Bielefeld, 1979
Blau-FS	Schwind u. a. (Hrsg)., Festschrift für Günter Blau zum 70. Geburtstag, 1985
BMJ-FS	Festschrift zum 100-jährigen Gründungstag des Reichsjustizamtes am 1. Januar 1877, 1977
Bockelmann-FS	Arthur Kaufmann u. a. (Hrsg.), Festschrift für Paul Bockelmann zum 70. Geburtstag, 1979
Böhm-FS	Feuerhelm u. a. (Hrsg.), Festschrift für Alexander Böhm zum 70. Geburtstag, 1999
Böttcher-FS	Schöch/Hergerth/Dölling/König (Hrsg.), Recht gestalten – dem Recht dienen. Festschrift für Reinhard Böttcher zum 70. Geburtstag, 2007
Boujong-FS	Ebenroth u. a. (Hrsg.), Verantwortung und Gestaltung. Festschrift für Karlheinz Boujong zum 65. Geburtstag, 1996
Bruns-FS	Frisch/Schmid (Hrsg.), Festschrift für Hans-Jürgen Bruns zum 70. Geburtstag, 1978
Bruns-GedS	Gedächtnisschrift für Rudolf Bruns, 1980
Burgstaller-FS	Medigovic/Grafl (Hrsg.), Festschrift für Manfred Burgstaller zum 65. Geburtstag, 2004
Carstens-FS	Festschrift für Karl Carstens, 1984
Cies'lak-FS	Festschrift für Marian Cies'lak, Krakau 1993
Coimbra-Symp	Schünemann/de Figueiredo Dias (Hrsg.), Bausteine des europäischen Strafrechts. Coimbra-Symposium für Claus Roxin, 1995
Dahs-FS.......................	Widmaier/Lesch/Müssig/Wallau (Hrsg.), Festschrift für Hans Dahs zum 70. Geburtstag, 2005
Delitala-GedS	Studi in memoria di Giacomo Delitala, 1984
Dreher-FS	Jescheck/Lüttger (Hrsg.), Festschrift für Eduard Dreher zum 70. Geburtstag, 1977
Dünnebier-FS	Hanack u. a. (Hrsg.), Festschrift für Hanns Dünnebier zum 75. Geburtstag, 1982
Dürig-FS	Festschrift für Günter Dürig zum 70. Geburtstag, 1990

Fest- und Gedächtnisschriften

Engisch-FS	Bockelmann/Kaufmann (Hrsg.), Festschrift für Karl Engisch zum 70. Geburtstag, 1969
Eser-FS	Arnold/Burkhardt/Gropp/Heine/Koch/Lagodny/Perron/Walther (Hrsg.), Menschengerechtes Strafrecht. Festschrift für Albin Eser zum 70. Geburtstag, 2005
Faller-FS	Zeidler u. a. (Hrsg.), Festschrift für Hans Joachim Faller, 1984
Flume-FG	Festgabe für Werner Flume zum 90. Geburtstag, 1998
GA-FS	Wolter (Hrsg.), 140 Jahre Goltdammer's Archiv für Strafrecht, 1993
Gagnér-FS	Festschrift für Sten Gagnér zum 70. Geburtstag, 1991
Gallas-FS	Lackner u. a. (Hrsg.), Festschrift für Wilhelm Gallas zum 70. Geburtstag, 1973
v. Gamm-FS	Festschrift für Otto-Friedrich Frhr v. Gamm, 1980
Geerds-FS	Schlüchter (Hrsg.), Kriminalistik und Strafrecht. Festschrift für Friedrich Geerds zum 70. Geburtstag, 1995
Geiger-FS 1974	Festschrift für Willi Geiger zum 65. Geburtstag, 1974
Geiger-FS 1989	Faller u. a. (Hrsg.), Festschrift für Willi Geiger zum 80. Geburtstag, 1989
Gitter-FS	Festschrift für Wolfgang Gitter zum 65. Geburtstag, 1995
Göppinger-FG	Festgabe für Hans Göppinger zum 70. Geburtstag, 1989
Göppinger-FS	Kerner/Kaiser (Hrsg.), Festschrift für Hans Göppinger zum 70. Geburtstag, 2. Aufl. 1990
Gössel-FS	Dölling/Erb (Hrsg.), Festschrift für Karl Heinz Gössel zum 70. Geburtstag, 2002
Grünwald-FS	Samson u. a. (Hrsg.), Festschrift für Gerald Grünwald zum 70. Geburtstag, 1999
Hacker-FS	Festschrift für Jens Hacker, 1998
Hanack-FS	Ebert u. a. (Hrsg.), Festschrift für Ernst-Walther Hanack zum 70. Geburtstag, 1999
Heinitz-FS	Lüttger (Hrsg.), Festschrift für Ernst Heinitz zum 70. Geburtstag, 1972
Helmrich-FS	Letzgus u. a. (Hrsg.), Festschrift für Herbert Helmrich zum 60. Geburtstag, 1994
Henkel-FS	Roxin u. a. (Hrsg.), Festschrift für Heinrich Henkel zum 70. Geburtstag, 1974
Heusinger-EG	Ehrengabe für Bruno Heusinger, 1968
v. d. Heydte-FS	Festschrift für Friedrich August Frhr. Von der Heydte zum 70. Geburtstag, 1977
Hirsch-FS	Jur. Fakultät Berlin (Hrsg.), Festschrift für Ernst E. Hirsch, 1968
H. J. Hirsch-FS	Weigend/Küpper (Hrsg.), Festschrift für Hans Joachim Hirsch zum 70. Geburtstag, 1999
M. Hirsch-FS	Festschrift für Martin Hirsch, 1981
Honig-FS	Jur. Fakultät Göttingen (Hrsg.), Festschrift für Richard M. Honig zum 80. Geburtstag, 1970
Hübner-FS	Festschrift für Heinz Hübner, 1984
Jakobs-FS	Pawlik /Zaczyk (Hrsg.), Festschrift für Günther Jakobs zum 70. Geburtstag, 2007
Jauch-FS	Festschrift für Gerd Jauch zum 65. Geburtstag, 1990
Jescheck-FS	Vogler (Hrsg.), Festschrift für Hans-Heinrich Jescheck zum 70. Geburtstag, 1985
Jung-FS	Müller-Dietz u. a. (Hrsg.), Festschrift für Heike Jung zum 65. Geburtstag, 2007

Kaiser-FS	Albrecht u. a. (Hrsg.), Internationale Perspektiven in Kriminologie und Strafrecht. Festschrift für Günther Kaiser zum 70. Geburtstag, 1999
Arm. Kaufmann-GedS	Dornseifer u. a. (Hrsg.), Gedächtnisschrift für Armin Kaufmann, 1989
Arth. Kaufmann-FG	Philipps/Scholler (Hrsg.), Jenseits des Funktionalismus. Festgabe für Arthur Kaufmann zum 65. Geburtstag, 1989
Arth. Kaufmann-FS	Haft u. a. (Hrsg.), Strafgerechtigkeit. Festschrift für Arthur Kaufmann zum 70. Geburtstag, 1993
H. Kaufmann-GedS	Hirsch/Kaiser (Hrsg.), Gedächtnisschrift für Hilde Kaufmann, 1986
Keller-GedS	Tübinger Juristenfakultät/Justizministerium Baden-Württemberg (Hrsg.), Gedächtnisschrift für Rolf Keller, 2003
Kern-FS	Jur. Fakultät Tübingen, Festschrift für Eduard Kern, 1968
Kitagawa-FS	Festschrift für Zentaro Kitagawa zum 60. Geburtstag, 1992
Kleinknecht-FS	Gössel/Kauffmann (Hrsg.), Festschrift für Theodor Kleinknecht zum 75. Geburtstag, 1985
Klug-FS	Kohlmann (Hrsg.), Festschrift für Ulrich Klug zum 70. Geburtstag, 1983
Kohlmann-FS	Hirsch/Wolter/Brauns (Hrsg.), Festschrift für Günter Kohlmann zum 70. Geburtstag, 2003
Kriele-FS	Ziemske (Hrsg.), Festschrift für Martin Kriele zum 65. Geburtstag, 1997
Küchenhoff-GedS	Just u. a. (Hrsg.), Gedächtnisschrift für Günther Küchenhoff, 1987
Küper-FS	Hettinger u. a. (Hrsg), Festschrift für Wilfried Küper zum 70. Geburtstag, 2007
Kummer-FG	Festgabe zum 65. Geburtstag von Max Kummer, 1980
Lackner-FS	Küper (Hrsg.), Festschrift für Karl Lackner zum 70. Geburtstag, 1987
Lampe-FS	Dölling (Hrsg.), Ius Humanum. Grundlagen des Rechts und Strafrechts. Festschrift für Ernst-Joachim Lampe zum 70. Geburtstag, 2003
Lange-FS	Warda u. a. (Hrsg.), Festschrift für Richard Lange zum 70. Geburtstag, 1976
H. Lange-FS	Festschrift für Hermann Lange zum 70. Geburtstag, 1992
Larenz-FS	Canaris/Diederichsen (Hrsg.), Festschrift für Karl Larenz zum 80. Geburtstag, 1983
Leferenz-FS	Kerner u. a. (Hrsg.), Kriminologie – Psychiatrie – Strafrecht. Festschrift für Heinz Leferenz zum 70. Geburtstag, 1983
Lenckner-FS	Eser u. a. (Hrsg.), Festschrift für Theodor Lenckner zum 70. Geburtstag, 1998
Lobkowicz-FS	Festschrift für Nikolaus Lobkowicz zum 65. Geburtstag, 1996
Locher-FS	Festschrift für Horst Locher zum 65. Geburtstag, 1991
Lüderssen-FS	Prittwitz u. a. (Hrsg.), Festschrift für Klaus Lüderssen zum 70. Geburtstag, 2002
Madrid-Symposium	Schünemann/Gonzales (Hrsg.), Bausteine des Europäischen Wirtschaftsstrafrechts, Madrid-Symposium für Klaus Tiedemann, 1994
Mahrenholz-FS	Däubler-Gmelin u. a. (Hrsg.), Festschrift für Ernst Gottfried Mahrenholz, 1994
Maihofer-FS	Arth. Kaufmann u. a. (Hrsg.), Festschrift für Werner Maihofer zum 70. Geburtstag, 1988
Marcic-GedS	Gedächtnisschrift für René Marcic, 1983
Maurach-FS	Schroeder/Zipf (Hrsg.), Festschrift für Reinhart Maurach zum 70. Geburtstag, 1972

Fest- und Gedächtnisschriften

Meurer-GedS	Graul/Wolf (Hrsg.), Gedächtnisschrift für Dieter Meurer, 2002
Maiwald-FS	Momsen/Bloy/Rackow (Hrsg.), Fragmentarisches Strafrecht. Für Manfred Maiwald aus Anlass seiner Emeritierung, 2003
Mayer-FS	Geerds/Naucke (Hrsg.), Festschrift für Hellmuth Mayer zum 70. Geburtstag, 1966
Meyer-GedS	Geppert/Dehnicke (Hrsg.), Gedächtnisschrift für Karlsheinz Meyer, 1990
Meyer-Goßner-FS	Festschrift für Lutz Meyer-Goßner zum 65. Geburtstag, 2001
Miyazawa-FS	Kühne (Hrsg.), Festschrift für Koichi Miyazawa: Dem Wegbereiter des japanisch-deutschen Strafrechtsdiskurses, 1995
Middendorff-FS	Festschrift für Wolf Middendorff zum 70. Geburtstag, 1986
Müller-Dietz-FS	Britz/Jung/Koriath/Müller (Hrsg.), Grundfragen staatlichen Strafens. Festschrift für Heinz Müller-Dietz zum 70. Geburtstag, 2001
Müller-Freienfels-FS ...	Festschrift für Wolfram Müller-Freienfels, 1986
Narr-FS	Kamps/Laufs (Hrsg.), Arzt- und Kassenarztrecht im Wandel. Festschrift für Helmut Narr zum 60. Geburtstag, 1988
Nehm-FS	Griesbaum/Hannich/Schnarr (Hrsg.), Strafrecht und Justizgewährung. Festschrift für Kay Nehm zum 65. Geburtstag, 2006
Niederländer-FS	Festschrift für Hubert Niederländer zum 70. Geburtstag, 1991
Nishihara-FS	Eser (Hrsg.), Festschrift für Harua Nishihara zum 70. Geburtstag, 1998
Nirk-FS	Festschrift für Rudolf Nirk, 1992
Noll-GedS	Hauser u. a. (Hrsg.), Gedächtnisschrift für Peter Noll, 1984
Odersky-FS	Böttcher u. a. (Hrsg.), Festschrift für Walter Odersky zum 65. Geburtstag, 1996
Oehler-FS	Herzberg (Hrsg.), Festschrift für Dietrich Oehler zum 70. Geburtstag, 1985
Otto-FS.......................	Dannecker/Langer/Ranft/Schmitz/Brammsen (Hrsg.), Festschrift für Harro Otto zum 70. Geburtstag, 2007
Pallin-FS	Melnigky u. a. (Hrsg.), Strafprozessrecht und Kriminologie. Festschrift für Franz Pallin zum 80. Geburtstag, 1989
Peters-FG	Wasserburg/Haddenhorst (Hrsg.), Wahrheit und Gerechtigkeit im Strafverfahren. Festgabe für Karl Peters zum 80. Geburtstag, 1984
Peters-FS	Baumann/Tiedemann (Hrsg.), Einheit und Vielfalt des Strafrechts. Festschrift für Karl Peters zum 70. Geburtstag, 1974
PfälzOLG-FS	175 Jahre Pfälzisches Oberlandesgericht, Festschrift, 1990
Pfeiffer-FS	v. Gamm u. a. (Hrsg.), Strafrecht, Unternehmensrecht, Anwaltsrecht. Festschrift für Gerd Pfeiffer zum Abschied aus dem Amt als Präsident des Bundesgerichtshofes, 1988
Radbruch-GedS	Arth. Kaufmann (Hrsg.), Gedächtsnisschrift für Gustav Radbruch, 1968
Rasch-FS	Leygraf u. a. (Hrsg.), Die Sprache des Verbrechens. Wege zu einer klinischen Kriminologie. Festschrift für Wilfried Rasch, 1993
Rauscher-FS	Festschrift für Anton Rauscher, 1993
Rebmann-FS	*Eyrich* u. a. (Hrsg.), Festschrift für Kurt Rebmann zum 65. Geburtstag, 1989
Redeker-FS	Festschrift für Konrad Redeker zum 70. Geburtstag, 1993
Reimers-FS	Festschrift für Walter Reimers zum 65. Gebrutstag, 1979

RiAkad-FS	Festschrift aus Anlass des zehnjährigen Bestehens der Deutschen Richterakademie, 1983
Richter II-FS	Kempf/Jansen/Müller (Hrsg.), Verstehen und Widerstehen. Festschrift für Christian Richter II, 2006
Riess-FS	Hanack u. a. (Hrsg.), Festschrift für Peter Riess zum 70. Geburtstag, 2002
Rolinski-FS	Kühne/Jung/Jreuzer/Wolter (Hrsg.), Festschrift für Klaus Rolinski zum 70. Geburtstag, 2002
Roxin-FS	Schünemann u. a. (Hrsg.), Festschrift für Claus Roxin zum 70. Geburtstag, 2001
Roxin-Symp	Gimbernat Ordeig/Schünemann/Wolter (Hrsg.), Internationale Dogmatik der objektiven Zurechnung und der Unterlassungsdelikte. Deutsch-spanisches Symposium zu Ehren von Claus Roxin, 1995
RPol-FS	Rüthers/Stern (Hrsg.), Festgabe zum 10-jährigen Jubiläum der Gesellschaft für Rechtspolitik, 1984
Rudolphi-FS	Rogall/Puppe/Stein/Wolter (Hrsg.), Festschrift für Hans-Joachim Rudolphi zum 70. Geburtstag, 2004
Salger-FS	Eser u. a. (Hrsg.), Straf- und Strafverfahrensrecht, Recht und Verkehr, Recht und Medizin. Festschrift für Hannskarl Salger zum Abschied aus dem Amt als Vizepräsident des Bundesgerichtshofes, 1995
Samper-FS	Festschrift für Rudolf Samper zum 70. Geburtstag, 1982
Sarstedt-FS	Hamm (Hrsg.), Festschrift für Werner Sarstedt zum 70. Geburtstag, 1981
Schäfer-FS	Hassenpflug (Hrsg.), Festschrift für Karl Schäfer zum 80. Geburtstag, 1980
Schaffstein-FS	Grünwald u. a. (Hrsg.), Festschrift für Friedrich Schaffstein zum 70. Geburtstag, 1975
Schewe-FS	Schütz u. a. (Hrsg.), Medizinrecht – Psychopathologie – Rechtsmedizin. Festschrift für Günter Schewe, 1991
Schlüchter-GedS	Duttge/Geilen/Meyer-Goßner/Warda (Hrsg.) Gedächtnisschrift für Ellen Schlüchter, 2002
Eb. Schmidt-FS	Bockelmann/Gallas (Hrsg.), Festschrift für Eberhard Schmidt zum 70. Geburtstag, 1961
Schmidt-Leichner-FS ..	Hamm/Matzke (Hrsg.), Festschrift für Erich Schmidt-Leichner zum 65. Geburtstag, 1977
Schmitt-FS	Geppert u. a. (Hrsg.), Festschrift für Rudolf Schmitt zum 70. Geburtstag, 1992
Schreiber-FS	Amelung u. a. (Hrsg.), Strafrecht, Biorecht, Rechtsphilosophie, Festschrift für Hans-Ludwig Schreiber zum 70. Geburtstag, 2003
Schroeder-FS	Hoyer u. a. (Hrsg.), Festschrift für Friedrich-Christian Schroeder zum 70. Geburtstag, 2006
Schröder-GedS	Stree u. a. (Hrsg.), Gedächtsnisschrift für Horst Schröder, 1978
Schüler-Springorum-FS	Albrecht u. a. (Hrsg.), Festschrift für Horst Schüler-Springorum zum 65. Geburtstag, 1993
Schünemann-Symp	Hefendehl (Hrsg.), Empirische und dogmatische Fundamente, kriminalpolitischer Impetus. Symposium für Bernd Schünemann zum 60. Geburtstag, 2005
Schultz-FG	Walder/Trechsel (Hrsg.), Lebendiges Strafrecht. Festgabe zum 65. Geburtstag von Hans Schultz, Bern 1977
Schultz-GedS	Gedächtnisschrift für Dietrich Schultz, 1987
Schwind-FS	Feltes/Pfeiffer/Steinhilper (Hrsg.), Kriminalpolitik und ihre wissenschaftlichen Grundlagen. Festschrift für Professor Dr. Hans-Dieter Schwind zum 70. Geburtstag, 2006
Sendler-FS	Festschrift für Horst Sendler, 1991

Fest- und Gedächtnisschriften

Simon-FS	Brandt u. a. (Hrsg.), Ein Richter, ein Bürger, ein Christ. Festschrift für Helmut Simon, 1987
Soergel-FS	Festschrift für Carl Soergel zum 70. Geburtstag, 1993
Spann-FS	Eisenmenger u. a. (Hrsg.), Medizin und Recht. Festschrift für Wolfgang Spann zum 65. Geburtstag, 1986
Spendel-FS	Seebode (Hrsg.), Festschrift für Günter Spendel zum 70. Geburtstag, 1992
StA-SchlH-FS	Festschrift zum 125-jährigen Bestehen der Staatsanwaltschaft Schleswig-Holstein, 1992
Stock-FS	Spendel (Hrsg.), Festschrift für Ulrich Stock zum 70. Geburtstag, 1966
Strauda-FS	Beulke/Müller (Hrsg.), Festsschrift zu Ehren des Strafrechtsausschusses der Bundesrechtsanwaltskammer, 2006
Stree/Wessels-FS	Küper/Welp (Hrsg.), Festschrift für Walter Stree und Johannes Wessels zum 70. Geburtstag, 1993
StutteFS	Remschmidt/Schüler-Springorum (Hrsg.), Jugendpsychiatrie und Recht. Festschrift für Hermann Stutte zum 70. Geburtstag, 1979
Sutor-FS	Festschrift für Bernhard Sutor, 1995
Tjong-GedS	Gedächtnisschrift für Zong Uk Tjong, Tokio 1985
Trechsel-FS	Donatsch/Forster/Schwarzenegger (Hrsg.), Festschrift für Stefan Trechsel zum 65. Geburtstag, 2002
Triffterer-FS	Schmoller (Hrsg.), Festschrift für Otto Triffterer zum 65. Geburtstag, 1996
Tröndle-FS	Jescheck/Vogler (Hrsg.), Festschrift für Herbert Tröndle zum 70. Geburtstag, 1989
UniHD-FS	Richterliche Rechtsfortbildung. Festschrift der Juristischen Fakultät zur 600-Jahr-Feier der Ruprecht-Karl-Universität Heidelberg, 1986
UniKöln-FS	Festschrift der Rechtswissenschaftlichen Fakultät zur 600-Jahr-Feier der Universität zu Köln, 1988
Venzlaff-FS	Pohlmeier u. a. (Hrsg.), Forensische Psychiatrie heute. Ulrich Venzlaff zum 65. Geburtstag gewidmet, 1986
Vogler-GedS	Triffterer (Hrsg.), Gedächtnisschrift für Theo Vogler, 2004
Waseda-FS	Festschrift zum 30-jährigen Jubiläum des Instituts für Rechtsvergleichung der Waseda-Universität Tokio, 1988
Wassermann-FS	Broda u. a. (Hrsg.), Festschrift für Rudolf Wassermann zum 60. Gebutstag, 1985
v. Weber-FS	Welzel u. a. (Hrsg.)., Festschrift für Hellmuth v. Weber zum 70. Geburtstag, 1963
Weber-FS	Heinrich/Hilgendorf/Mitsch/Sternberg-Lieben (Hrsg.), Festschrift für Ulrich Weber zum 70. Geburtstag, 2004
Weissauer-FS	Festschrift für Walter Weissauer, 1986
Welzel-FS	Stratenwerth u. a. (Hrsg.), Festschrift für Hans Welzel zum 70. Geburtstag, 1974
Wolf-FS	Bickel u. a. (Hrsg.), Recht und Rechtserkenntnis. Festschrift für Ernst Wolf zum 70. Geburtstag, 1985
Wolff-FS	Zaczyk u. a. (Hrsg.), Festschrift für Ernst Amadeus Wolff zum 70. Geburtstag, 2000
Würtenberger-FS	Herren u. a. (Hrsg.), Festschrift für Thomas Würtenberger zum 70. Geburtstag, 1977
Zipf-GedS	Gössel/Triffterer (Hrsg.), Gedächtnisschrift für Heinz Zipf, 1999

Tabelle der Änderungen des StGB[1]

Mit der Bekanntmachung der Neufassung des StGB v. 13. 11. 1998 (BGBl. I S. 3322) ist die Paragraphennummerierung des Gesetzes so umfassend geändert worden, dass es aus Gründen der Übersichtlichkeit angezeigt erscheint, die Dokumentation der Änderungen des StGB von diesem Zeitpunkt fortzuführen. Die nachfolgende Übersicht beschränkt sich daher auf die der Neubekanntmachung nachfolgenden Gesetzesänderungen. Eine Gesamtdokumentation der Änderungsgesetze Nr. 1 (26. 2. 1876) bis Nr. 167 (10. 9. 1998) ist in der 50. Auflage abgedruckt. Die Nummerierung der Änderungsgesetze ist fortgeführt.

1. in zeitlicher Folge

Laufende Nr.	Änderndes Gesetz	Datum	BGBl. Teil I Seite	geänderte Paragrafen des StGB	Art d. Änderung
168.	Bekanntmachung der Neufassung	13. 11. 98	3322		aufgeh.
169.	Gesetz zur Änderung des Schutzes von Verfassungsorganen des Bundes	11. 9. 99	1818	106 a	aufgeh.
170.	Gesetz zur Änderung und Ergänzung des Strafverfahrensrechts – Strafverfahrensänderungsgesetz 1999 (StVÄG 1999)	2. 8. 00	1253	203 II Nr. 6	eingef.
171.	Gesetz zur Beendigung der Diskriminierung gleichgeschlechtlicher Gemeinschaften (Lebenspartnerschaftsgesetz)	16. 2. 01	266	11 I Nr. 1 77 II 77 d II	geänd. geänd. geänd.
172.	Gesetz zur Bekämpfung gefährlicher Hunde	12. 4. 01	530	143	eingef.
173.	Gesetz zur Regelung der Untersuchungsausschüsse des Deutschen Bundestags (Untersuchungsausschussgesetz)	19. 6. 01	1142	153 II	eingef.
174.	Gesetz zur Einführung des Euro in Rechtspflegegesetzen und in Gesetzen des Straf- und Ordnungswidrigkeitenrechts, zur Änderung der Mahnvordruckverordnungen sowie zur Änderung weiterer Gesetze	13. 12. 01	3574	40 II	geänd.
175.	Gesetz zur Bekämpfung von Steuerverkürzungen bei der Umsatzsteuer und zur Änderung anderer Steuergesetze (Steuerverkürzungsbekämpfungsgesetz)	19. 12. 01	3922	261 I	geänd.
176.	Gesetz zur Regelung der Rechtsverhältnisse der Prostituierten (Prostitutionsgesetz)	20. 12. 01	3983	180 a I 181 a II	geänd. neugef.

[1] Eine nach den Paragraphen geordnete Aufstellung der Änderungen siehe unten Seite LII.

Laufende Nr.	Änderndes Gesetz	Datum	BGBl. Teil I Seite	geänderte Paragrafen des StGB	Art d. Änderung
177.	*Gesetz zur Steuerung und Begrenzung der Zuwanderung und zur Regelung des Aufenthalts von Unionsbürgern und Ausländern (Zuwanderungsgesetz) Das Gesetz ist durch Urteil des BVerfG vom 18. 12. 2002 (BGBl. 2003 I S. 126) für verfassungswidrig und nichtig erklärt worden.*	*20. 6. 02*	*1946*	*261 I 2* *276 a*	*geänd.* *geänd.*
178.	Gesetz zur Einführung des Völkerstrafgesetzbuches	26. 6. 02	2254	6 Nr. 1 78 II 79 II 126 I Nr. 2 129 a I Nr. 1 130 III 138 I Nr. 6 139 III Nr. 2 220 a	aufgeh. geänd. geänd. geänd. geänd. geänd. geänd. geänd. aufgeh.
179.	Fünftes Gesetz zur Änderung des Steuerbeamten-Ausbildungsgesetzes und zur Änderung von Steuergesetzen	23. 7. 02	2715	261 I 3	geänd.
180.	Gesetz zur Erleichterung der Bekämpfung von illegaler Beschäftigung und Schwarzarbeit (Schwarzarbeitsbekämpfungsgesetz)	23. 7. 02	2787	266 a	I neugef., III geänd., IV eingef. V u. VI geänd.
181.	Gesetz zur Einführung der vorbehaltenen Sicherungsverwahrung	21. 8. 02	3344	66 I, II, III S. 1 u. 2 66 a	geänd. eingef.
182.	Gesetz zur Ausführung des Zweiten Protokolls vom 19. Juni 1997 zum Übereinkommen über den Schutz der finanziellen Interessen der Europäischen Gemeinschaften, der Gemeinsamen Maßnahme betreffend die Bestechung im privaten Sektor vom 22. Dezember 1998 und des Rahmenbeschlusses vom 29. Mai 2000 über die Verstärkung des mit strafrechtlichen und anderen Sanktionen bewehrten Schutzes gegen Geldfälschung im Hinblick auf die Einführung des Euro	22. 8. 02	3387	14 I Nr. 2 75 I Nr. 3, 4, 5 149 I 299 III	geänd. geänd. Nr. 1 u. 2 geänd., Nr. 3 eingef. eingef.
183.	Vierunddreißigstes Strafrechtsänderungsgesetz	22. 8. 02	3390	129 I 129 a III 129 b 138 II 139 III 261 I S. 2 Nr. 5	geänd. geänd. eingef. neugef. geänd. neugef.

Laufende Nr.	Änderndes Gesetz	Datum	BGBl. Teil I Seite	geänderte Paragrafen des StGB	Art d. Änderung
184.	Gesetz zur Umsetzung des Rahmenbeschlusses des Rates vom 13. Juni 2002 zur Terrorismusbekämpfung und zur Änderung anderer Gesetze	22. 12. 03	2836	129 a I 129 a II, III 129 a IV–IX 261 I Nr. 5	geänd. eingef. geänd. geänd.
185.	Fünfunddreißigstes Strafrechtsänderungsgesetz zur Umsetzung des Rahmenbeschlusses des Rates der Europäischen Union vom 28. Mai 2001 zur Bekämpfung von Betrug und Fälschung im Zusammenhand mit unbaren Zahlungsmitteln	22. 12. 03	2838	6 Nr. 7 138 I Nr. 4 146 I Nr. 2 150 I 151 Nr. 5 152 a 152 b 261 I S. 2 Nr. 4 263° III, IV	geänd. geänd. geänd. geänd. geänd. neugef. eingef. geänd. eingef.
186.	Gesetz zur Änderung der Vorschriften über die Straftaten gegen die sexuelle Selbstbestimmung und zur Änderung anderer Vorschriften	27. 12. 03	3007	6 Nr. 6 66 III S. 1 78 b I Nr. 1 130 II Nr. 2 131 I, II 131 IV 139 III 140 174 I 174 a I, II 174 b I 174 c I 176 I 176 III 176 IV 176 V 176 VI 176 a I–V 176 a VI 179 III 179 IV, V 179 VI, VII 181 a II 184 II 184 III–VII 184 a, 184 b, 184 c 184 d, 184 e, 184 f 236 I 236 V	geänd. geänd. geänd. geänd. geänd. neugef. neugef. geänd. geänd. geänd. geänd. geänd. geänd. eingef. geänd. eingef. geänd. neugef. geänd. eingef. geänd. eingef. geänd. neugef. aufgeh. eingef. Numm. geänd. neugef. geänd.
187.	Gesetz gegen den unlauteren Wettbewerb – UWG	3. 7. 04	1414	301 II	geänd.
188.	Gesetz zur Umsetzung der Reform der Gemeinsamen Agrarpolitik	21. 7. 04	1763	261 I	geänd.
189.	Gesetz zur Einführung der nachträglichen Sicherungsverwahrung	23. 7. 04	1838	66 b 67 d VI 68 II	eingef. eingef. geänd.

Laufende Nr.	Änderndes Gesetz	Datum	BGBl. Teil I Seite	geänderte Paragrafen des StGB	Art d. Änderung
190.	Gesetz zur Intensivierung der Bekämpfung der Schwarzarbeit und damit zusammenhängender Steuerhinterziehung	23. 7. 04	1842	266 a II, III 266 a IV, VI	neugef. geänd.
191.	Gesetz zur Steuerung und Begrenzung der Zuwanderung und zur Regelung des Aufenthalts und der Integration von Unionsbürgern und Ausländern (Zuwanderungsgesetz)	30. 7. 04	1950	261 I S. 2 276 a	geänd. geänd.
192.	Sechsunddreißigstes Strafrechtsänderungsgesetz – § 201 a StGB –	30. 7. 04	2012	201 a 205 I	eingef. geänd.
193.	Erstes Gesetz zur Modernisierung der Justiz	24. 8. 04	2198	7 II Nr. 2, 77 b V 114 I	geänd. geänd. geänd.
194.	Gesetz zur Überarbeitung des Lebenspartnerschaftsrechts	15. 12. 04	3396	11 I Nr. 1	geänd.
195.	Siebenunddreißigstes Strafrechtsänderungsgesetz – §§ 180 b, 181 StGB – (37. StÄG)	11. 2. 05	239	6 Nr. 4 126 138 140 180 b 181 181 b 181 c 232 233 233 a 233 b 234 240 261	geänd. geänd. geänd. geänd. aufgeh. aufgeh. geänd. geänd. eingef. eingef. eingef. eingef. geänd. geänd. geänd.
196.	Gesetz zur Änderung des Versammlungsgesetzes und des Strafgesetzbuches	24. 3. 05	969	130 IV 130 V, VI	eingef. geänd.
197.	Gesetz zur Umsetzung des Urteils des BVerfG vom 3. März 2004 (akustische Wohnraumüberwachung)	24. 6. 05	1841	129 IV	geänd.
198.	Achtunddreißigstes Strafrechtsänderungsgesetz (38. StÄG)	4. 8. 05	2272	77 b V	eingef.
199.	Neununddreißigstes Strafrechtsänderungsgesetz – §§ 303, 304 StGB – (39. StÄG)	1. 9. 05	2674	303 II 303 III 304 II 304 III	eingef. geänd. eingef. geänd.
200.	Erstes Gesetz über die Bereinigung von Bundesrecht im Zuständigkeitsbereich des BMJ	19. 4. 06	866	143	aufgeh.
201.	Erstes Gesetz zum Abbau bürokratischer Hemmnisse insbesondere in der mittelständischen Wirtschaft	22. 8. 06	1970	203 IIa	eingef.

Laufende Nr.	Änderndes Gesetz	Datum	BGBl. Teil I Seite	geänderte Paragrafen des StGB	Art d. Änderung
202.	Gesetz zur Stärkung der Rückgewinnungshilfe und der Vermögensabschöpfung bei Straftaten	24. 10. 06	2350	73 d I S. 3	geänd.
203.	Zweites Gesetz zur Modernisierung der Justiz (2. JuMoG)	22. 12. 06	3416	42 S. 2 56 f I S. 2 57 III, VI, VII 57 V 57 a I S. 2, III 59 I, III 59 II 59 a I S. 2	eingef. geänd. geänd. eingef. geänd. geänd. aufgeh. geänd.
204.	Gesetz zur Reform des Personenstandsrechts – Personenstandsrechtsreform G (PStRG)	19. 2. 07	122	169 I	geänd.
205.	Gesetz zur Strafbarkeit beharrlicher Nachstellungen (40. Strafrechtsänderungsgesetz – 40. StÄG)	22. 3. 07	354	238	eingef.
206.	Gesetz zur Reform der Führungsaufsicht und zur Änderung der Vorschriften über die nachträgliche Sicherungsverwahrung	13. 4. 07	513	56 c II Nr. 3 56 d 56 f 57 66 b I 66 b II 67 d III S. 2, VI S. 2 67 d IV S. 5 67 g I, II 67 g III, VI 67 h 68 II 68a 68 b 68 c 68 d 68 e 68 f 68 g III S. 2 70 b I, IV 79 IV 145 a S. 1	geänd. geänd. geänd. geänd. geänd. geänd. geänd. geänd. geänd. eingef. geänd. geänd. eingef. geänd. geänd. geänd. geänd. geänd. geänd. eingef. geänd. geänd. geänd.
207.	Gesetz zur Sicherung der Unterbringung in einem psychiatrischen Krankenhaus und in einer Entziehungsanstalt	16. 7. 07	1327	64 67 II S. 2–4 67 III, IV, V 67 III S. 2, 3 67 a 67 d V 67 e	geänd. eingef. geänd. eingef. neu gef. neu gef. geänd.
208.	Gewebegesetz	20. 7. 07	1574	5 Nr. 15	geänd.
209.	Einundvierzigstes Strafrechtsänderungsgesetz zur Bekämpfung der Computerkriminalität – 41. StÄG	7. 8. 07	1786	202 a I 202 b 202 c 205 303 a III	neu gef. eingef. eingef. geänd. eingef.

Laufende Nr.	Änderndes Gesetz	Datum	BGBl. Teil I Seite	geänderte Paragrafen des StGB	Art d. Änderung
				303 b I, II 303 b IV, V 303 c	neu gef. eingef. geänd.
210.	Gesetz zur Umsetzung des VN-Übereinkommens vom 13. April 2005 zur Bekämpfung nuklearterroristischer Handlungen			309 VI 310 I Nr. 3, 4, III	neu gef. eingef.

2. nach Paragraphen geordnet (vgl. die Vorbemerkung vor Tabelle 1)

StGB § ...	Nr. des ändernden Gesetzes[1]
5	208
6	178, 185, 186, 195
7	193
11	171, 194
14	182
40	174
42	203
56 c	206
56 d	206
56 f	203, 206
57	203, 206
57 a	203
59	203
59 a	203
64	207
66	181, 186
66 a	181
66 b	189, 206
66 d	189
67	207
67 a	207
67 d	206, 207
67 e	207
67 g	206
67 h	206
68	189, 206
68 a	206
68 b	206
68 c	206
68 d	206
68 e	206
68 f	206
68 g	206
70 b	206
73 d	202
75	182
77	171
77 b	193, 198
77 d	171
78	193, 198

[1] Die Zahlen in dieser Spalte verweisen auf die laufenden Nummern in Spalte 1 der chronologischen Tabelle der Änderungen, oben Seite XLVII.

StGB § …	Nr. des ändernden Gesetzes[1]
78 a	186
79	178, 206
106 a	169
114	193
126	178, 195
129	178, 183, 197
129 a	183, 184
129 b	183
130	178, 186, 196
131	186
138	178, 183, 185, 195
139	178, 183, 186
140	186, 195
143	172, 200
145 a	206
146	185
149	182
150	185
151	185
152 a	185
152 b	185
153	173
169	204
174	186
174 a	186
174 b	186
174 c	186
176	186
176 a	186
179	186
180 a	176
180 b	195
181	195
181 a	176, 186
181 b	195
181 c	195
184	186
184 a	186
184 b	186
184 c	186
184 d	186
184 e	186
184 f	186
201 a	192
202 a	209
202 b	209
202 c	209
203	170, 201
205	192, 209
220 a	178
232	195
233	195
233 a	195
233 b	195
233	195
238	205
240	195
241	195
261	175, 176, 179, 183, 184, 185, 188, 191, 195
263 a	185
266 a	190

Änderungen des StGB

nach §§ geordnet

StGB § …	Nr. des ändernden Gesetzes[1]
276 a	177, 191
299	182
301	187
303	199
303 a	209
303 b	209
303 c	209
304	199
309	210
310	210

Einleitung

Übersicht

1) Aufbau des Gesetzes ... 1
2) Gesetzgebungskompetenz ... 2
3) Gesetzesgeschichte ... 3–10
4) Harmonisierung des Europäischen Strafrechts ... 11–11 d
5) „Modernisierung“ ... 12–12 b
6) Völkerstrafrecht ... 13, 13 a

1 **1) Aufbau des Gesetzes.** Das **Strafgesetzbuch** ist das Kerngesetz des Strafrechts, zu dem zahlreiche strafrechtliche Bestimmungen in anderen Gesetzen (sog. *Nebenstrafrecht;* vgl. dazu *Göhler/Buddendiek/Lenzen,* Lexikon des Nebenstrafrechts, Einl.) treten. Das Gesetz ist unterteilt in einen Allgemeinen (§§ 1 bis 79 b) und einen Besonderen Teil (§§ 80 bis 358; hierzu *Fincke,* Das Verhältnis des Allgemeinen zum Besonderen Teil des Strafrechts, 1975; *Tiedemann,* Baumann-FS 7; *Dannecker,* Nullum cirmen, nulla poena sine lege und seine Geltung im Allgemeinen Teil, Otto-FS [2007] 25 ff.). Der **Allgemeine Teil** enthält im 1. Abschnitt Bestimmungen über den Geltungsbereich des deutschen Strafrechts und als Kernstück den 3. Abschnitt, der bestimmt, welche Reaktionsmittel auf die Straftat zur Verfügung stehen, nämlich Strafen (5 vor § 38) und Maßnahmen (vgl. § 11 I Nr. 8). Der 2., 4. und 5. Abschnitt enthalten allgemeine Vorschriften, welche die Anwendung des Besonderen Teils erweitern (Versuch, Teilnahme), einschränken (Irrtum, Rechtfertigungs-, Schuld- und Strafausschließungsgründe, Verjährung) oder ergänzen (Begehen durch Unterlassen, Handeln für einen anderen, Strafantrag). Der **Besondere Teil** enthält die abstrakte Beschreibung und Abgrenzung der einzelnen Verbrechen und Vergehen und die dafür vorgesehenen Strafdrohungen (zur Gliederung und Einteilung des BT *Dedes,* Oehler-FS 265).

2 **2) Gesetzgebungskompetenz für strafrechtliche Regelungen.** Das Verhältnis des StGB zum **Landesrecht** wird in Ausführung der Art. 31, 70, 72, 74 Nr. 1 GG durch Art. 1 bis 4 EGStGB (Anh. 1) bestimmt. Die konkurrierende Gesetzgebung auf dem Gebiet des Strafrechts (Art. 74 Nr. 1 GG) wirkt sich, wenn eine der Voraussetzungen des Art. 72 Abs. 2 GG nachweislich (BVerfGE **42**, 20) gegeben ist, dahin aus, dass mit der bundeseinheitlichen Regelung inhaltlich übereinstimmendes Landesrecht unanwendbar ist (BVerfGE **37**, 191). Nach BVerfGE **23**, 113 kann der Bund, wenn er ein Verhalten für strafwürdig erachtet, im Bereich der im Strafrecht herkömmlich geregelten Materien Straftatbestände schaffen, ohne durch die Gesetzgebungszuständigkeit der Länder (Art. 70, 72 GG; BVerfGE **42**, 20) eingeengt zu sein (zur Problematik von Blankettstrafnormen vgl. 5 zu § 1). Die Sperrwirkung des Art. 72 I GG für die Landesgesetzgebung, die bei einer erschöpfenden Regelung des Bundes eintritt, sofern das Bundesrecht nicht einen Vorbehalt zugunsten des Landesrechts enthält (BVerfGE **47**, 285), erfasst den Bereich bereits, wenn der Bund mit der erschöpfenden Regelung tatsächlich beginnt (vgl. BVerfGE **109**, 190 [NJW **04**, 750; nachträgl. Sicherungsverwahrung]). Im Falle einer Kompetenzkonkurrenz (zB zwischen Pressewesen und Strafrecht) ist auf die wesensmäßige und historische Zugehörigkeit abzustellen (BVerfGE **48**, 367). Nach Art. 1 EGStGB (Anh. 1) gilt der AT grundsätzlich auch für das Bestehende und künftige Nebenstrafrecht des Bundes und der Länder. Vorbehalte zugunsten des Landesrechts enthält Art. 2 EGStGB. Der Landesgesetzgeber darf bei Straftaten keine anderen als die in Art. 3 EGStGB zugelassenen Rechtsfolgen, Freiheitsstrafe also nur bis zu zwei Jahren (und wahlweise Geldstrafe im Höchstmaß nach § 40) sowie Einziehung vorsehen. Der BT lässt nach Art. 4 II EGStGB die Straf- und Bußgeldvorschriften des Landesrechts unberührt, soweit diese nicht eine im StGB abschließend geregelte Materie (BVerfGE **34**, 9) zum Gegenstand haben (*U. Weber,* Tröndle-FS 348). Die den Ländern ausdrücklich vorbehaltenen Vorschriften nennt Art. 4 III bis V EGStGB.

3 **3) Gesetzesgeschichte.** Durch Gesetz vom 15. 5. 1871 (RGBl. S. 127) erhielt das Deutsche Reich ein **einheitliches Strafgesetzbuch;** es war das des Norddeutschen Bundes vom 31. 5. 1870. Dieses ging im Wesentlichen auf das Preußi-

sche StGB von 1851 zurück, zu dem die Vorbereitungsarbeiten schon 1826 begonnen hatten (**Lit.:** *Binding,*. Der Entwurf eines Strafgesetzbuches für den Norddeutschen Bund, 1869; *Sontag,* Zur Redaktion des Strafgesetzbuches für den Norddeutschen Bund, GA Bd. **19** [1871], 291). Unter dem Einfluss naturwissenschaftlich und soziologisch orientierten Denkens kam es schon am Ende des 19. Jahrhunderts zu **Forderungen nach Reform** (1882 *Liszts* Marburger Programmschrift „Der Zweckgedanke im Strafrecht"; 1889 Gründung der Internationalen Kriminalistischen Vereinigung), die 1902 vom Reichsjustizamt aufgegriffen wurden. Es folgten 1909 der Vorentwurf zu einem neuen StGB, 1911 ein Gegenentwurf von 4 Professoren, 1913 der sog. Kommissionsentwurf, der nach dem 1. Weltkrieg überarbeitet und 1919 herausgebracht wurde. 1922 erschien der Entwurf des Reichsjustizministers *Radbruch.* 1925 folgte der Erste amtliche Entwurf der Reichsregierung, der 1927 dem Reichstag zugeleitet und dort die Gestalt des Entwurfs 1930 erhielt. Keiner der Entwürfe wurde Gesetz, auch nicht der von 1936 (hierzu *Werle* NJW **88**, 2865; zur Reformgeschichte *Horstkotte,* BMJ-FS 327 ff.; LK-*Weigend* Einl. 22 ff.; *Godau-Schüttke,* Die gescheiterten Reformen des Straf- und Strafprozessrechts in der Weimarer Republik, JR **99**, 55; *Hilgendorf/Weitzel* [Hrsg.], Der Strafgedanke in seiner historischen Entwicklung, 2007).

4 Durch das Gewohnheitsverbrechergesetz v. 24. 11. 1933 (RGBl. I 995; dazu *Müller,* Das GewohnheitsverbrecherG, 1997) wurde – scheinbar unpolitisch – die Zweispurigkeit von Strafen und Maßregeln eingeführt. Das **NS-Strafrecht** strebte insb. mit der Lösung der Bindung des Richters an das Gesetz und der Einführung des Analogiegebots (§ 2b idF d. G v. 28. 6. 1935 [RGBl. I 839]) insgesamt eine Verpolizeilichung des Strafrechts und eine Vermischung repressiver und präventiver Elemente an. Dem diente nicht nur eine auf die Auflösung von Tatbestands-Bestimmtheit gerichtete Gesetzgebung, sondern auch die gesetzliche Einführung von auf „**Tätertypen**" ausgerichteten Strafdrohungen (§§ 211, 212) und ein am Begriff der „konkreten Ordnung" (vgl. dazu *Rüthers,* Entartetes Recht, 54 ff.) ausgerichtetes Verständnis des Rechtsbruchs als „Treue" – und Pflichtverletzung (vgl. schon § 266 I S. 1 idF d. G v. 26. 5. 1933 [RGBl. 295]), das den Straftäter als **Feind** definierte und auf seine Unschädlichmachung oder Vernichtung abzielte. Der evident rechtsstaatswidrige Teil dieser von der Mehrheit der Strafrechtswissenschaft unterstützten und von der Justiz in der praktischen Anwendung vielfach noch übererfüllten „Reform" ist durch das Kontrollratsgesetz Nr. 1 v. 20. 9. 1945 aufgehoben worden (zur Bewertung der strafrechtlichen Aufarbeitung von Justizverbrechen der NS-Zeit vgl. BGH **41**, 340; vgl. dazu auch *Freudiger,* Die juristische Aufarbeitung von NS-Verbrechen, 2002).

4 a **Literatur (NS-Strafrecht; Auswahl):** *Dahm,* Verrat u. Verbrechen, ZStW **59** (1935), 283; *ders.,* Der Tätertyp im Strafrecht, 1940; *ders.,* Gerechtigkeit u. Zweckmäßigkeit im Strafrecht der Gegenwart, Kohlrausch-FS 1944; *Diener,* Gemeinschaft u. Strafrecht, DR **34**, 306; *Freisler,* Denkschrift der Zentralen Kommission der Akademie für Deutsches Recht, 1936; *ders.,* Der Treuegedanke im neuen Strafrecht, DStR 1934 (= GA Bd. 80), 193; *ders.,* Nationalsozialistisches Recht u. Rechtsdenken, 1938; *Gallas,* Zur Kritik der Lehre vom Verbrechen als Rechtsgutsverletzung, Gleispach-FS (1936), 50; *v. Gemmingen,* Willensstrafrecht oder Gefährdungsstrafrecht?, JW **33**, 2371; *Gürtner* (Hrsg.), Das kommende deutsche Strafrecht, 2 Bd., 1935; *Gürtner/Freisler,* Das neue Strafrecht, 1936; *Huber,* Der Führer als Gesetzgeber, DR **39**, 275; *Kadecka,* Gesundes Volksempfinden u. gesetzlicher Grundgedanke, ZStW **62** (1944), 1; *Kerrl* (Hrsg.), Nationalsozialistisches Strafrecht, 1933; *Klee,* Die gefährliche Handlung als Grundform des Verbrechens, DStR 1934 (= GA Bd. 78), 113; *ders.,* Der Tätertypus als Mittel der Auslegung u. Gestaltung strafbarer Tatbestände, DStR 1940 (= GA Bd. 84), 97; *Mezger,* Wesensschau und konkretes Ordnungsdenken im Strafrecht, ZAkDtR 1937, 417; *Ritter,* Verrat u. Untreue an Volk, Reich u. Staat, 1942; *Sauer,* Die Ethisierung des Strafrechts, DStR 1934 (= GA Bd. 78), 177; *Schaffstein,* Politische Strafrechtswissenschaft, 1934; *ders.,* Rechtswidrigkeit u. Schuld im Aufbau des neuen Strafrechtssystems, ZStW **57** (1938), 295; *C. Schmitt,* Nationalsozialistisches Rechtsdenken, DR **34**, 225; *Siegert,* Der Treuegedanke im Strafrecht, DR **34**, 528; *ders.,* Die gemeinschaftsbildende Kraft des Strafrechts, DJZ **36**, Sp. 476; *Thierack,* Neues deutsches Strafrecht, DJZ **35**, Sp. 913; *E. Wolf,* Das Rechtsideal des nationalsozialistischen Staates, ARSP Bd. 28, 348.

Vgl. dazu u. a.: *Freudiger,* Die juristische Aufarbeitung von NS-Verbrechen, 2002; *Kühne,* Entwurzelte Juristen, JZ **06**, 233; *Müller,* Furchtbare Juristen, 1987; *Ostendorf/Danker* (Hrsg.), Die NS-Strafjustiz und ihre Nachwirkungen, 2003; *Rückerl,* NS-Verbrechen vor Gericht. Versuch einer Vergangenheitsbewältigung, 2. Aufl. 1984; *Staff,* Justiz im Dritten Reich, 1978; *Vogel,* Einflüsse des Nationalsozialismus auf das Strafrecht, 2004.

Die **Novellierungen nach 1945** dienten der Strafrechtsbereinigung, waren aber auch schon Teilreformen, insbesondere die Novelle vom 22. 12. 1967, das EGOWiG (1 zu § 74) und das 8. StÄG (1 vor § 80). Eine umfassende Reform wurde 1954 in Angriff genommen. Als erstes Ergebnis der Kommissionsberatungen erschien 1958 der Entwurf des Allgemeinen Teils eines Strafgesetzbuches mit Begründung (E 1958), dem 1960 der Gesamtentwurf mit Begründung folgte (E 1960). In der 4. WP wurde der **Entwurf 1962** (E 1962) eingebracht und einem Sonderausschuss des Bundestages überwiesen. Im November 1965 wurde der E 1962 als Initiativgesetzentwurf einer Gruppe von Abgeordneten unverändert im Bundestag der 5. WP eingebracht und wiederum an einen Sonderausschuss überwiesen. Trotz seiner teilweise beeindruckenden systematischen Leistung hatte der in seiner Blickrichtung eher rückwärts gewandte Entwurf in der heraufziehenden ökonomischen und kulturellen Modernisierung der 60er Jahre keine Realisierungschance mehr; sein tatsächlicher Einfluss auf die Reformgesetzgebung blieb bescheiden. Im E eines 6. StrRG sowie in Gesetzesinitiativen der Länder wurden einzelne seiner Vorschläge aufgegriffen. Anregungen erhielten die Beratungen des Sonderausschusses vor allem durch den von zunächst 14 Strafrechtslehrern vorgelegten **Alternativ-Entwurf** zum Allgemeinen. Teil eines neuen StGB (2. Aufl. 1969 = AE); weitere Entwürfe zu einzelnen Teilen des BT folgten. **5**

Das **1. StrRG** v. 25. 6. 1969 (BGBl. I 645) führte im AT an Stelle von Zuchthaus, Gefängnis, Einschließung und Haft eine **einheitliche Freiheitsstrafe** ein, schaffte Ehrenstrafen ab, schränkte die kurze Freiheitsstrafe ein und erweiterte die Möglichkeiten der Strafaussetzung zur Bewährung. Im BT hob es vor allem die damaligen §§ 172, 175, 175 b, aber auch die §§ 121 II, 347 II, 164 V, 179, 201 bis 210 sowie die §§ 245 a und 296 auf und gestaltete die Vorschriften der §§ 166 ff., der §§ 235 ff. und der §§ 243 ff. um. Das **2. StrRG** v. 4. 7. 1969 (BGBl. I 717) gestaltete den **Allgemeinen Teil** neu. Hervorzuheben sind die Anhebung der Mindestdauer der Freiheitsstrafe auf 1 Monat, die Einführung der Verwarnung mit Strafvorbehalt sowie des Tagessatzsystems für die Geldstrafe, die Neugestaltung des Maßregelsystems sowie die Reform der dogmatischen Vorschriften. Im BT wurde vor allem die Deliktskategorie der Übertretungen abgeschafft, welche zu einem geringen Teil zu Vergehen aufgewertet (zB §§ 184 b, 248 a), in ihrer Masse aber zu Ordnungswidrigkeiten umgewandelt wurden (Art. 13 EGStGB, §§ 116 ff. OWiG). Umfangreichere Teilreformen des BT brachten vor allem das **3. StrRG** v. 20. 5. 1970 (BGBl. I 505), das den Komplex des sog. Demonstrationsstrafrechts neu regelte, das **4. StrRG** v. 23. 11. 1973 (BGBl. I 1725), das vor allem das Sexualstrafrecht neu gestaltet hat, und die Reform der §§ 218 ff. durch das **5. StrRG**/*15. StÄG* v. 18. 6. 1974 (BGBl. I 1297). Zu einem vorläufigen Abschluss der Reformarbeiten kam es durch das **EGStGB** v. 2. 3. 1974 (BGBl. I 469), das nicht nur das StGB und das Nebenstrafrecht an den neuen AT anpasste, sondern auch im BT einige Materien reformierte (so Gefangenenbefreiung, Geheimnisschutz, Geldfälschung, Begünstigung und Strafvereitelung, Amtsdelikte, darunter vor allem die Bestechung). Seit der **Neufassung des StGB** vom 2. 1. 1975 (BGBl. I 1) wurde insb. der BT durch weitere **zahlreiche StÄG** geändert; am 10. 3. 1987 erfolgte eine **Neubekanntmachung** (BGBl. I 945). Die **Rechtsangleichung durch Kap. III EV** hat auch das Strafrecht (StGB, Nebenstraf- und Ordnungswidrigkeitenrecht) mit dem Wirksamwerden des Beitritts der ehem. DDR (Art. 1 EV: 3. 10. 1990) auf die neuen Länder erstreckt, soweit Anl. I Kap. III C I, II EV nichts anderes bestimmte; Art. 9 iVm Anl. II Kap. III C I, II EV regelte die Fortgeltung von Straf- und Ordnungswidrigkeitenrecht der ehem. DDR (vgl. 34 ff. vor § 3). **6**

Die 90er Jahre des 20. Jahrhunderts brachten eine Vielzahl von Gesetzesänderungen, die insg. die seit den 80er Jahren zu beobachtende Tendenz einer stärkeren Hinwendung zum Gedanken der **Prävention** umsetzten. Hervorzuheben sind hier insb. das **OrgKG** v. 15. 7. 1992 (BGBl. I 1302; erweiterter Verfall; neue Vorschriften gegen Bandentaten und Geldwäsche), das **VerbrBekG** v. 28. 10. 1994 (BGBl. I 3186); das **26. StÄG** v. 14. 7. 1992, das **27. StÄG** v. 23. 7. 1993, das **29. StÄG** v. 31. 5. 1994, das **30. StÄG** v. 23. 6. 1994, das **33. StÄG** v. 1. 7. 1997 (BGBl. I 1607) sowie das **SexualdelBekG** v. 26. 1. 1998 (BGBl. I 160) mit insg. weitreichenden Änderungen und Verschärfungen des Sexualstrafrechts sowie einer Ausweitung der Sicherungsverwahrung; die Neufassung der Vorschriften über die Abtreibung durch das **SFHG** v. 27. 7. 1992 und des **SFHÄndG** v. 28. 8. 1995 (BGBl. I 1050); das **31. StÄG** v. 27. 6. 1994 (2. UKG; BGBl. I 1440) mit einer Ausweitung des strafrechtlichen Umweltschutzes; das **Korr-BekG** v. 13. 8. 1997 (BGBl. I 2038) mit einer Neuregelung der Vorschriften gegen Bestechung und Einfügung des § 298 gegen den Ausschreibungsbetrug. **7**

8 Umfassende Änderungen brachte das am 1. 4. 1998 in Kraft getretene **6. StrRG** v. 26. 1. 1998 (BGBl. I 164; Mat. 3 vor § 174), das den BT in Teilbereichen, partiell auch durch eine Neunummerierung der Tatbestände (zB §§ 223 ff., 306 ff.) stark umgestaltet hat; das StGB wurde am 13. 11. 1998 **neu bekannt gemacht** (Tab. Nr. 168). Das wohl zu eilig beratene Gesetzeswerk ist insb. in der Wissenschaft auf Kritik gestoßen; nicht alle Neuregelungen sind systematisch und dogmatisch gelungen. **Nachbesserungen** wurden vielfach gefordert, gelegentlich erwogen, genießen jedoch (wie meist) im rechts-politischen Raum keine Priorität.

9 **Literatur zum 6. StrRG:** *Arzt,* Wissenschaftsbedarf nach dem 6. StrRG, ZStW **111** (1999), 757; *Bussmann,* Konservative Anmerkungen zur Ausweitung des Strafrechts nach dem 6. StrRG, StV **99**, 613; *Calliess* NJW **98**, 929; *Dietmeier* ZStW **110**, 393; *Duttge* JZ **98**, 559; *Erb* NStZ **98**, 537; *Fischer* NStZ **99**, 13; *Freund* ZStW **109**, 455; *Geißler* JR **98**, 186; *Geppert* Jura **98**, 382; *Gössel,* H.J. Hirsch-FS 183; *Götting* NStZ **98**, 547; *Hettinger,* Die Strafrahmen des StGB nach dem Sechsten Strafrechtsreformgesetz, Küper-FS (2007) 95; *Hörnle* Jura **98**, 169; *Kreß* NJW **98**, 633; *Kudlich* JR **98**, 357 u. JuS **98**, 468; *Küper,* ZStW **111** (1999), 30; *Mitsch* ZStW **111**, 65; *Lesch* JA **98**, 474; *E. Müller* DRiZ **98**, 155; *Murmann* NStZ **99**, 15; *Rengier* JuS **98**, 397; *Rönnau* JR **98**, Heft 11; *Sander/Hohmann* NStZ **98**, 273; *Schroeder* GA **98**, 571; *Schroth* NJW **98**, 2861; *Stächelin* StV **98**, 98; *V. Weber* DRiZ **97**, 4; *Wolters* JR **98**, 271, JuS **98**, 582 u. JZ **98**, 397.

10 In die Zeitspanne seit Inkrafttreten des 6. StrRG brachte eine Vielzahl gesetzlicher Änderungen (vgl. Tab. der Änderungen ab lfd. Nr. 169). **Seit Erscheinen der 54. Auflage** wurde zunächst in § 73 d I S. 3 die Berücksichtigung von Ansprüchen Verletzter eingefügt (Nr. 202). Das 2. JuMoG 22. 12. 2006 brachte Änderungen zur Geldstrafe, zur Strafaussetzung zur Bewährung und eine Erweiterung der Verwarnung mit Strafvorbehalt (Nr. 203). Durch das 40. StÄG v. 19. 2. 2007 wurde § 238 neu eingefügt (Nr. 205); das G 13. 4. 2007 brachte neben erneuten Erweiterungen der nachträglichen Sicherungsverwahrung insb. eine umfassende Neugeregelung der Führungsaufsicht (Nr. 206). Durch G v. 16. 7. 2007 wurden seit langem erwartete Änderungen der Regelungen über die Maßregeln nach §§ 63 und 64 umgesetzt (Nr. 207). Kleinere Änderungen brachten das Personenstandsreformgesetz v. 19. 2. 2007 (Nr. 204) und das Gewebegesetz v. 20. 7. 2007 (Nr. 208). Durch das 41. StÄG v. 7. 8. 2007 (Nr. 209) sind die Regelungen über Computerkriminalität geändert und erweitert worden. Zahlreiche weitere Gesetzesvorhaben waren zum Zeitpunkt des Redaktionsschlusses der 55. Aufl. (1. 9. 2007) noch nicht abgeschlossen (vgl. dazu auch Anhang Nr. 23 a bis 23 c).

11 **4) Europäisches Strafrecht.** Die **Europäische Verfassung** v. 29. 10. 2004 (vgl. BT-Drs. 15/4900; dazu *Weigend,* Der Entwurf einer Europäischen Verfassung und das Strafrecht, ZStW **116** [2004], 275 ff.; *Tiedemann,* Strafrecht im Europäischen Verfassungsvertrag, Jung-FS [2007] 987 ff.), deren Inkrafttreten weiterhin unsicher ist, enthält in Art. III-270 bis III-274 Regelungen für die justizielle Zusammenarbeit in Strafsachen. **Art. III-271** hat folgenden Wortlaut:

(1) Durch Europäische Rahmengesetze können Mindestvorschriften zur Festlegung von Straftaten und Strafen in Bereichen besonders schwerer Kriminalität festgelegt werden, die aufgrund der Art oder der Auswirkungen der Straftaten oder aufgrund einer besonderen Notwendigkeit, sie von gemeinsamen Grundlagen ausgehend zu bekämpfen, eine grenzüberschreitende Dimension haben.

Derartige Kriminalitätsbereiche sind: Terrorismus, Menschenhandel und sexuelle Ausbeutung von Frauen und Kindern, illegaler Drogenhandel, illegaler Waffenhandel, Geldwäsche, Korruption, Fälschung von Zahlungsmitteln, Computerkriminalität und organisierte Kriminalität.

Je nach den Entwicklungen der Kriminalität kann der Rat einen Europäischen Beschluss erlassen, in dem andere Kriminalitätsbereiche bestimmt werden, die die Kriterien dieses Absatzes erfüllen. Er beschließt einstimmig nach Zustimmung des Europäischen Parlaments.

(2) Erweist sich die Angleichung der strafrechtlichen Rechtsvorschriften der Mitgliedsstaaten als unerlässlich für die wirksame Durchführung der Politik der Union auf einem Gebiet, auf dem Harmonisierungsmaßnahmen erfolgt sind, so können durch Europäische Rahmengesetze Mindestvorschriften für die Festlegung von Straftaten und Strafen auf dem betreffenden Gebiet festgelegt werden.

Es wird unbeschadet des Art. III-264 nach dem gleichen Verfahren wie die betreffenden Harmonisierungsmaßnahmen erlassen.

Die Bundesrepublik Deutschland hat die Europäische Verfassung gezeichnet und ratifiziert (vgl. BR-Drs. 339/05 [Beschluss]. Gem. Art. IV-447 bedarf sie der Ratifikation durch sämtliche Vertragsparteien.

Nach derzeitiger Rechtslage haben die Europäischen Gemeinschaften eine (beschränkte) *unmittelbare* Sanktionierungskompetenz (vgl. BGH **25**, 193 f.) im Rahmen des Verwaltungsunrechts (vgl. EuGH NJW **93**, 47 m. Anm. *Tiedemann*). Ob sich eine unmittelbare Kompetenz der EU aus Art. 280 IV EGV idF durch den Amsterdamer Vertrag (Schutz der finanziellen Interessen der EG) ergibt, ist streitig (vgl. EuGH StV **99**, 130 m. Anm. *Satzger;* BGH **25**, 190, 193 f.; **27**, 181 f.; **41**, 127, 131 f.; *Tiedemann* NJW **90**, 2232; **93** 23; *Thomas* NJW **91**, 2234; *Zuleeg* in: Sieber [Hrsg.], Europäische Einigung und europäisches Strafrecht, 1993, 43; *Vogel* JZ **95**, 332; *Hecker,* in: *Lenz/Hecker,* EG-Vertrag, 2. Aufl. 1999, 2 zu Art. 280; *Satzger,* Die Europäisierung des Strafrechts, 2001, 138 ff.; *C. Schröder,* Europäische Richtlinien und deutsches Strafrecht, 2002; *Braum,* Europäische Strafgesetzlichkeit, 2003, 162 ff.; vgl. auch *Musil* NStZ **00**, 68; *Geiger,* EUV/EGV, 3. Aufl. 2000, 3 zu Art. 280; *Dannecker,* in: *Wabnitz/Janovsky,* 8/40 ff.; *ders.* Jura **06**, 95, 96 f.; *Vogel* GA **03**, 314, 317 f., 320 f.; *Lagodny/Wiederin/Winkler* (Hrsg.), Probleme des Rahmenbeschlusses am Beispiel des Europäischen Haftbefehls, 2007; *Perron,* Küper-FS [2007] 429 ff.; jew. mwN.). Der **EuGH** hat in den Entscheidungen NJW **05**, 2839 (Bespr. *Wehnert* NJW **05**, 3760; *v. Unger* NVwZ **06**, 46; *Gärditz/Gusy* GA **06**, 225) und NJW **06**, 281 (dazu *Heger* JZ **06**, 310; *Braum* wistra **06**, 121; *Diehm* wistra **06**, 366) eine Kompetenz der EU zum Erlass von strafrechtlichen **Mindestvorschriften** angenommen, soweit diese zur Umsetzung von Zielen der EU erforderlich sind (ausf. dazu *Perron,* Küper-FS [2007] 429 ff.), dazu Ansatzfelder europäischer **Rahmengesetzgebung** finden sich bislang insb. bei der Verfolgung von Korruption, Geldwäsche, Betrug und Untreue zu Lasten von Haushalten der EG, Missbrauch von Zahlungssystemen (vgl. auch 4 vor § 263) sowie im Bereich terroris-tischer Straftaten und des Umweltstrafrechts (vgl. dazu auch *Dannecker* aaO 8/81 ff., 124 ff.; *Diehm* wistra **06**, 366 ff. [zur „safe-harbour"-Verordnung und zum RB über den Schutz der Umwelt]; *Perron,* Küper-FS [2007] 429, 431 f). Zum Verhältnis der **Richtlinien** zum nationalen Strafrecht vgl. auch *Gleß* GA **00**, 224 ff.; *Dannecker* Jura **06**, 95, 98; zur RB-konformen **Auslegung des deutschen Strafrechts** vgl. *Wehnert* NJW **05**, 3760 (zu EuGH NJW **05**, 2839). **11 a**

Eine Institutionalisierung der Zusammenarbeit ist in Teilbereichen weit vorangeschritten. Zu Strafverfolgungskompetenzen von EU-Behörden vgl. die Europäische Behörde OLAF (vgl. dazu vor § 263). Zu **Eurojust** vgl. Entschließung des EP zur justiziellen Zusammenarbeit in Strafsachen in der EU v. 13. 3. 1998 (ZFIS **98**, 180); Beschluss (2002/187/JI) des Rates v. 28. 2. 2002 über die Errichtung von Eurojust zur Verstärkung der Bekämpfung der schweren Kriminalität (ABl. EG Nr. L 63, 1); dazu Eurojust-G v. 12. 5. 2004 (BGBl I 902). Zur Strafverfolgung vgl. Beschluss (2002/584/JI) des Rates v. 13. 6. 2002 über den **Europäischen Haftbefehl** und die Übergabeverfahren zwischen den Mitgliedsstaaten (ABl. EG Nr. L 190, 1); dazu Europäisches HaftbefehlsG v. 20. 7. 2006 (BGBl I 1721; zum ersten Versuch [G v. 21. 7. 2004] vgl. BVerfGE **113** 273 = NJW **05**, 2289 [Anm. *Bosbach* NStZ **06**, 104]). Eine Vereinheitlichung vorwiegend unter dem Blickwinkel von ad-hoc-Anlässen (Terrorismus; Geldwäsche) ohne hinreichend geklärte materiell-rechtliche Grundlagen ist freilich bedenklich (vgl. dazu die Beiträge zur Außerordentlichen Tagung der deutschsprachigen Strafrechtslehrer v. 7./8. 11. 2003 in Dresden, ZStW **116** [2004], Heft 2). **11 b**

Umfangreiche Vorschläge zur **Harmonisierung** im Bereich des Allgemeinen Teils sind im Rahmen des Forschungsprojekts „Europa-Delikte" erarbeitet worden (vgl. *Tiedemann* [Hrsg.], Wirtschaftsstrafrecht in der Europäischen Union [Freiburg-Symposium Okt. 2000], 2002; Tatbestands-Vorschläge ebd. 447 ff.). Vorschläge weitergehender Vergemeinschaftung enthalten das **Corpus Juris** der strafrechtlichen Regelungen zum Schutz der finanziellen Interessen der Europäischen Union (dt. Übers. *Delmas-Marty* [Hrsg.] 1998; krit. *Braum* JZ **00**, 493; *Wattenberg* StV **00**, 95, jew. mwN; vgl. dazu Entschließung des Europäischen Parlaments v. 13. 4. 1999 **11 c**

[Unterrichtung durch das EP, BR-Drs. 276/99] sowie Große Anfrage der Fraktion CDU/CSU v. 5. 10. 1999 [BT-Drs. 14/1774]), von dem eine überarbeitete Fassung im Jahr 2000 vorgelegt worden ist (The implementation of the corpus iuris in the Member States [„Corpus iuris Florence"; Hrsg. *Delmas-Marty/Vervaele*]). Daneben liegt das Konzept eines **europäischen Modellstrafgesetzbuches** (*Sieber* ZStW **103** (1991), 957, 978; *ders.*, JZ **97**, 369) vor. Seit 2004 existiert ein **Alternativentwurf Europäische Strafverfolgung** einer Arbeitsgruppe europäischer Strafrechtslehrer (vgl. *Schünemann* [Hrsg.], Alternativentwurf Europäische Strafverfolgung, 2004; dazu *Schünemann*, Grundzüge eines Alternativ-Entwurfs zur Europäischen Strafverfolgung, ZStW **116**, 376). Die Realisierungschancen dieser Vorschläge sind i. e. sehr str. (vgl. auch Tagungsberichte „Harmonisierung des Europäischen Strafrechts" von *Ruegenberg* JZ **98**, 453 f.; **99**, 30 f.; *Waßmer JZ* **99**, 1099; Beiträge von der außerordentlichen Tagung der deutschsprachigen Strafrechtslehrer v. 7./8. 11. 2003 in Dresden, ZStW **116** [2004], H. 2, S. 275–474. Zum Begriff der „Harmonisierung" vgl. *Vogel* GA **03**, 314, 315 f.). **Kritik** an der bisherigen Entwicklung richtet sich u. a. gegen die *sicherheits*-rechtlich geprägten materiell-rechtlichen Vorgaben, die mangelnde Umsetzung *rechtsstaatlicher* Prinzipien und die schwer durchschaubare Verknüpfung mit beschleunigter (polizeilich-)*prozessualer* Integration (vgl. etwa *Schünemann,* Alternativentwurf Europäische Strafverfolgung, 2004; vgl. auch Referate der außerordentlichen Strafrechtslehrertagung 2003, ZStW **116** [2004] 275–444).

11 d **Literatur** (Überblicke; jew. mwN): *Ambos*, Internationales Strafrecht – Strafanwendungsrecht, Völkerstrafrecht, Europäisches Strafrecht, 2006; *Appl*, Ein neues „ne bis in idem" aus Luxemburg?, Vogler-GedS (2004), 109; *Bacigalupo,* Die Europäisierung der Strafrechtswissenschaft, Roxin-FS (2001), 1361; *Braum*, Europäische Strafgesetzlichkeit, 2003; *ders.*, Europäische Strafgesetzgebung: Demokratische Strafgesetzlichkeit oder administrative Opportunität?, wistra **06**, 121; *Dannecker,* Das Europäische Strafrecht in der Rechtsprechung des Bundesgerichtshofs in Strafsachen, BGH-FG (2000), 339; *ders.*, Die Garantie des Grundsatzes „ne bis in idem" in Europa, Kohlmann-FS (2003), 593; *ders.*, Das materielle Strafrecht im Spannungsfeld des Rechts der Europäischen Union, Jura **06**, 95; *Eisele,* Einführung in das Europäische Strafrecht, JA **00**, 896; *Hassemer,* Strafrecht in einem Europäischen Verfassungsvertrag, ZStW **116** (2004), 304; *Hecker,* Europäisches Strafrecht, 2005; *Heine*, Verantwortlichkeit als neue Aufgabe im Spiegel der aktuellen europäischen Entwicklung, Lampe-FS [2003] 577; *ders.*, Die Europäisierung des Strafrechts, dargestellt am Beispiel der Verbringung von Abfällen innerhalb der EU, Jung-FS (2007) 261; *Hilgendorf,* Tendenzen und Probleme einer Harmonisierung des Internet-Strafrechts auf Europäischer Ebene, in: *Schwarzenegger/Arter/Jörg* (Hrsg.), Internet-Recht und Strafrecht, Bern 2005; *Kreß,* Strafrecht auf der Schwelle zum Europäischen Verfassungsvertrag, ZStW **116** (2004), 445; *Kühl,* Der Einfluss der Menschenrechte und Grundfreiheiten der Europäischen Menschenrechtskonvention auf das deutsche und europäische Strafrecht, Jung-FS (2007) 433; *Lüderssen*, Europäisierung des Strafrechts und gubernative Rechtssetzung, GA **03**, 71; *Prittwitz,* Nachgeholte Prolegomena zu einem künftigen Corpus Iuris Criminalis für Europa, ZStW **113** (2001), 774; *Satzger,* Die Europäisierung des Strafrechts, 2001; *ders.*, Internationales und Europäisches Strafrecht, 2005; *Schröder,* Europäische Richtlinien und deutsches Strafrecht, 2002; *ders.*, Zur Europäisierung der Fahrlässigkeits- und Unterlassungsdelikte, NStZ **06**, 669; *Schünemann*, Grundzüge eines Alternativ-Entwurfs zur Europäischen Strafverfolgung, ZStW **116** (2004), 376 (dazu *Vogel* ZStW **116**, 400; *ders.* (Hrsg.), Ein Gesamtkonzept für die europäische Strafrechtspflege – A Programme für European Criminal Justice, 2007; *Militello* ebd. 436); *Perron*, Perspektiven der Europäischen Strafrechtsintegration, Küper-FS (2007) 429; *Sieber,* Einheitliches Europäisches Strafgesetzbuch als Ziel der Strafrechtsvergleichung?, Schlüchter-GedS (2002), 107; *Tiedemann* (Hrsg.), Wirtschaftsstrafrecht in der Europäischen Union (Freiburg-Symposium), 2002; *ders.*, Gegenwart und Zukunft des Europäischen Strafrechts, ZStW **116** (2004), 945; *Vogel,* Harmonisierung des Strafrechts in der Europäischen Union, GA **03**, 314; *Wasmeier* (Hrsg.), Das Strafrecht der Europäischen Union. Textsammlung (mit Erläuterungen), 2003; *ders.,* Stand und Perspektiven des EU-Strafrechts, ZStW **116** (2004), 320; *Weigend,* Spricht Europa mit zwei Zungen?, StV **01**, 63; *ders.,* Zur Frage eines „internationalen" Allgemeinen Teils, Roxin-FS (2001), 1375; *ders.*, Der Entwurf einer Europäischen Verfassung und das Strafrecht, ZStW **116** (2004), 275; *Wolter,* Die polizeiliche und justizielle Zusammenarbeit in Strafsachen in der Europäischen Union, Kohlmann-FS (2003), 693; *Zieschang,* Chancen und Risiken der Europäisierung des Strafrechts, ZStW **113** (2001), 255; *Zieschang/Hilgendorf/Laubenthal* (Hrsg.), Strafrecht und Kriminalität in Europa, 2003. **Literaturbericht:** *Jung* ZStW **112** (2000), 866; **116** (2004), 475.

5) „Modernisierung". Die Ansicht *Siebers* (Schlüchter-GedS 107, 113), ein einheitliches europäisches Strafrecht sei „durch die geschichtliche und wirtschaftliche Entwicklung vorgegeben", enthält ambivalente Elemente. In der Wirklichkeit stehen Vorstellungen von der „Notwendigkeit" der Harmonisierung, Staunen über deren progressive Geschwindigkeit und Eigengesetzlichkeit sowie gelegentliche Empörung recht unvermittelt nebeneinander. Dem *Bürger* sind weder Notwendigkeiten noch Folgen hinreichend klar; das wird sich weder durch ahnungsvolle Hinweise auf die *Globalisierung* von Risiken (vgl. dazu *Kaiser* [unten 12b]) noch durch eine „Modernisierung" des Strafrechts beheben lassen, welche das Prinzip personaler Schuld in Frage stellt, Tatbestände in Richtung auf „Unregelmäßigkeiten" auflöst und den Kreis *möglicherweise* Schuldiger so weit zieht, dass eine Verfolgung nur noch als symbolische Demonstration, also eher zufällig (zutr. *Kempf*, Richter II-FS [2006] 283, 292) möglich ist (vgl. auch 4a ff. zu § 261). Aus dieser Perspektive erscheint der Unterschied zwischen Strafverfolgung und polizeilicher Prävention *unmodern* (vgl. auch *Hassemer*, Strafrecht, Prävention, Vergeltung, Schroeder-GS [2006] 51, 58ff.; ähnlich *ders.* in StV **06**, 321ff.; zu Strukturen der *Globalisierung* des Strafrechts vgl. auch *Schünemann* GA **03**, 299ff.). Felder dieser Entwicklung eines **Präventionsstrafrechts** (vgl. dazu auch *Wohlers*, Deliktstypen des Präventionsstrafrechts – zur Dogmatik „moderner" Gefährdungsdelikte, 2000) sind sozialschädliche Verhaltensweisen, deren symbolische „Bekämpfung" allgemein hoher Zustimmung sicher ist (Drogenhandel; Kinderpornographie; Menschenhandel; terroristisch motivierte Straftaten). Dahinter stehen freilich grundlegende, in ihrer Bedeutung noch unterschätzte Veränderungen der Lebenswirklichkeit, tief greifende Auflösungen sozialer Strukturen und dramatische Änderungen der sozialen Kommunikation. **12**

In einem unreflektiert „modernisierten" Bekämpfungs-Strafrecht, das inzwischen weithin als unvermeidlich gilt (vgl. etwa *Hassemer* StV **06**, 321, 325ff.), fallen polizeiliche Gefahren-Bekämpfung und strafrechtliche Straftaten-Verfolgung – über den vorgeblich identischen „Zweck" der Steuerung des Sozialverhaltens – zunehmend in eins (insoweit beispielhaft die Begriffsbildung bei *Peglau* JR **06**, 14: „*Strafrechtliche Gefahrenabwehr*"; vgl. auch *Herdegen*, Richter II-FS [2006] 233, 244, der eine „stetige Fortentwicklung des Strafrechts zu einem Besserungsrecht" befürwortet). Einfallstore hierfür sind *Phänomene* neuer Groß-Risiken (Umwelt; Großtechnologie; Internet; globalisierter Kapitalmarkt), und Gefahren im Zusammenhang mit der als „Globalisierung" bezeichneten Ausdehnung von Märkten (vgl. dazu auch *Schünemann*, GA **03**, 299ff.), direkte Vorgaben und Einflussnahmen supranationaler Organisationen (EU; G-8), Bedrohungen durch im weiteren Sinn politisch motivierten Terrorismus. Aus der Nähe der tagesaktuellen Praxis erscheinen die Erosionen des repressiv-liberalen Strafrechts *unmerklich* und zumeist aus Sicht der *Sachgerechtigkeit* nahe liegend; betrachtet man sie aus der Distanz und im Überblick nur weniger Jahrzehnte, sind sie dramatisch. Das Konzept des sog. **Feindstrafrechts** (vgl. dazu *Jakobs* ZStW **97** [1985], 751ff.; *ders.* in *Eser/Hassemer/Burkhardt* [Hrsg.], Die deutsche Strafrechtswissenschaft vor der Jahrtausendwende, 2000, 47ff.; *ders.* HRRS **04**, 88ff.; *ders.* ZStW **117** [2005], 839ff.), das aus funktionalistischem Blickwinkel hierzu eine scheinbar kritisch-deskriptive, in Wahrheit *affirmative Theorie* liefert (zutr. *Fahl* StraFo **06**, 178; *Saliger* JZ **06**, 756, 760f.; *Sacher* ZStW **118** [2006] 574, 605ff.), ist augenfällige Speerspitze dieser Veränderung (vgl. dazu auch *Albrecht*, Nehm-FS [2006] 17ff.; krit. u.a. *Schünemann* GA **03**, 299, 313; *Hefendehl* StV **05**, 158, 161; *Greco* GA **06**, 96; *Roellecke* JZ **06**, 265; *Saliger* JZ **06**, 756ff.; *Prittwitz* StV **06**, 610f.; *Gössel*, Schroeder-FS [2006] 33ff.; *Kindhäuser*, Schroeder-FS [2006] 81ff.; *Scheffler*, Schwind-FS [2006] 123; *S/S-Eser* 5 vor § 13; zu *Bekämpfungs*-Konzepten vgl. auch 4ff. zu § 261). Das Konzept hat einen letztlich totalitären Gehalt, selbst wo es nur „beschreiben" mag; die auffällige Unklarheit, mit welcher es sich im Hinblick auf seine normativ-legitimierende Funktion umgibt, verbirgt hinter den *Begriffen* bestenfalls **12a**

Ratlosigkeit. *Kriterien* für eine Eingrenzung des „Feind"-Bereichs, welche über bloße *Tätertypen*-Charakterisierungen hinausgingen, sind kaum ersichtlich.

12 b **Literatur (Auswahl):** *Albrecht*, Terrorismus und Strafrecht, Nehm-FS (2006) 17; *Alwart*, Modernes Wirtschaftsstrafrecht als Projekt, Otto-FS (2007) 3; *Anders*, Strafrecht – quo vadis?, 2006; *Frisch*, Gesellschaftlicher Wandel als formende Kraft und als Herausforderung des Strafrechts, Jung-FS [2007] 189; *Hefendehl*, Organisierte Kriminalität als Begründung für ein Feind- oder Täterstrafrecht?, StV **05**, 158; *Gössel*, Widerrede zum Feindstrafrecht – Über Menschen, Individuen und Rechtspersonen, Schroeder-FS (2006) 33; *Heger* ZStW **117** (2005) 882 ff.; *Kaiser*, Strafrechtliche Sozialkontrolle unter den Bedingungen der Globalisierung, Jung-FS (2007) 379; *Kindhäuser*, Schuld und Strafe. Zur Diskussion um ein „Feindstrafrecht", Schroeder-FS (2006) 81; *Jakobs*, Kriminalisierung im Vorfeld einer Rechtsgutsverletzung, ZStW **97** (1985), 751; *ders.*, Das Selbstverständnis der Strafrechtswissenschaft vor den Herausforderungen der Gegenwart. Kommentar, in: *Eser/Hassemer/Burkhardt* [Hrsg.], Die deutsche Strafrechtswissenschaft vor der Jahrtausendwende, 2000, 47; *ders.*, Bürgerstrafrecht und Feindstrafrecht, HRRS **04**, 88 ff.; *ders.*, Staatliche Strafe: Bedeutung und Zweck, 2004; *ders.*, Terroristen als Personen im Recht?, ZStW **117** (2005) 839, 839; *Kindhäuser*, Schuld und Strafe. Zur Diskussion um eine „Feindstrafrecht", Schroeder-FS (2006) 81; *Pérez del Valle*, Zur rechtsphilosophischen Begründung des Feindstrafrechts, Jakobs-FS (2007) 515; *Polaino Navratete*, Die Funktion der Strafe beim Feindstrafrecht, Jakobs-FS (2007) 529; *Roellecke*, Der Rechtsstaat im Kampf gegen den Terror, JZ **06**, 265; *Saliger*, Feindstrafrecht: Kritisches oder totalitäres Strafrechtskonzept?, JZ **06**, 756; *Scheffler*, Freund- und Feindstrafrecht, Schwind-FS (2006) 123; *Schünemann*, Das Strafrecht im Zeichen der Globalisierung, GA **03**, 299; *Silva Sanchez*, Die Unerwünschten als Feinde: Die Exklusion von Menschen aus dem status personae, ZStW **118** (2006) 547.

13 **6) Völkerstrafrecht.** Die politischen Umbrüche seit Ende der 80er Jahre haben den strafrechtlichen Schutz der **Menschenrechte** im Sinne eines individuellen Schutzes auf der Grundlage internationalen *materiellen* und *formellen* Strafrechts in das allgemeine Interesse gerückt (zur Diskussion der Strafzwecke im Völkerstrafrecht vgl. *Neubacher* NJW **06**, 966). Zunächst ist dem durch die Schaffung der **Internationalen Gerichtshöfe** für *Jugoslawien* (vgl. BGBl. 1995 I 485; dazu *Hankel/Stuby* [unten 14] 525; *Hollweg* JZ **93**, 980; *Roggemann* ZRP **94**, 297; *Ardour* DRiZ **98**, 495) und für *Ruanda* (vgl. BGBl. 1998 I 483; *Roggemann* [unten 14] 60 ff.) Rechnung getragen worden (vgl. dazu auch *Kreß*, Der IStGH und der Sicherheitsrat der Vereinten Nationen, Richter II-FS [2006], 319). Die Bevollmächtigtenkonferenz der Vereinten Nationen hat dann am 17. Juli 1998 im Rom das **Römische Statut des Internationalen Gerichtshofs** beschlossen (vgl. dazu IStGH-StatutG v. 4. 12. 2000, BGBl. II 1393 [Abdr. in EuGRZ **98**, 618]; Änderung von Art. 16 II GG BGBl. 2000 I 1633; zur Entwicklung vgl. auch *Eser*, Nehm-FS [2006] 111 ff.; *Kirsch* [Hrsg.], Internationale Strafgerichtshöfe, 2005). Das G zur Ausführung des Römischen Status v. 21. 6. 2002 (BGBl. I 2144) hat die Zusammenarbeit mit dem Gerichtshof umfassend geregelt; durch G v. 26. 6. 2002 (BGBl. I 2254) sind die dem Statut entsprechenden materiellrechtlichen Regelungen des **Völkerstrafgesetzbuchs** eingeführt worden (Abdruck 54. Aufl. **Anh. Nr. 2**).

13 a **Materialien:** vgl. G zur Änderung des GG (Art. 96) v. 27. 7. 2002, BGBl. I 2863 (dazu GesE BReg., BT-Drs. 14/8984); zur Änderung des GVG vgl. RegE, BT-Drs. 14/8978; **Mat.** zum VStGB: GesE BReg. BT-Drs. 14/8524; Ber. BT-Drs. 14/8892; Anrufung VermAusschuss BR-Drs. 360/02; Einigungsvorschlag u. Beschluss BRat BR-Drs. 527/02; Dokumentation des Gesetzgebungsverfahrens bei *Lüder/Vormbaum* (12 a). Der Regelungsgehalt des § 220 a a. F. (Völkermord) ist in § 6 VStGB übernommen (zu Anwendungsproblemen vgl. *Zimmermann* NJW **02**, 3068 f. mwN). **Literatur zum VStGB:** Vgl. die Nachw. 52. Aufl. Rn 12 a.

Strafgesetzbuch (StGB)

Vom 15. Mai 1871 (RGBl. 127) in der Fassung der Bekanntmachung vom 13. November 1998 (BGBl. I 3322)

Allgemeiner Teil

Erster Abschnitt
Das Strafgesetz

Erster Titel. Geltungsbereich

Keine Strafe ohne Gesetz

1 Eine Tat kann nur bestraft werden, wenn die Strafbarkeit gesetzlich bestimmt war, bevor die Tat begangen wurde.

Übersicht

1) Allgemeines .... 1, 1 a
2) Inhalt des Bestimmtheitsgebots 2–17
3) Wahlfeststellung 18–32

1) Allgemeines. Die Vorschrift idF des 2. StrRG, die wörtlich mit Art. 103 II GG übereinstimmt (vgl. dazu E 1962, 106; Prot. V/5, 17 ff., 2344, 2346, 3118), enthält ebenso wie § 2 I, der mit § 1 zusammen gesehen werden muss und nach ganz hM dem Art. 103 II GG immanent ist (*Maunz/Dürig/Schmidt-Aßmann* 197 zu Art. 103; BVerfGE **25**, 269), eine verfassungsrechtliche Regelung. Der Verfassungssatz (zur historischen Entwicklung *Schreiber,* Gesetz und Richter, 1976; HRG III 1103; *Krey,* Keine Strafe ohne Gesetz, 1983; *Krahl,* Die Rechtsprechung des BVerfG und des BGH zum Bestimmtheitsgrundsatz [Art. 103 Abs. 2 GG], 1986) enthält mit dem **Gesetzlichkeitsprinzip** (*nullum crimen sine lege* und *nulla poena sine lege)* gleichzeitig ein rechtsstaatliches Prinzip (Berechenbarkeitsfunktion des Strafrechts; BVerfGE **37**, 201), die Voraussetzung des Schuldstrafrechts (BVerfGE **20**, 331; **25**, 269) und ein Grundrecht (vgl. BayVerfGHE **4**, 201). Der Satz bindet Gesetzgeber und Richter; er soll zum einen sicherstellen, dass jedermann vorhersehen kann, welches Verhalten mit Strafe bedroht ist (unten 7), zum anderen, dass der Gesetzgeber, nicht die vollziehende oder die rechtsprechende Gewalt, über die Strafbarkeit eines Verhaltens entscheidet (BVerfGE **47**, 109, 120; **55**, 152; **64**, 389 ff.; **71**, 108, 114; **73**, 206, 234; **75**, 342; **77**, 382; **92**, 1, 13 ff.). 1

Neuere Literatur (allgemein; Auswahl): *Bruns,* Zur strafrechtlichen Relevanz des gesetzesumgehenden Täterverhaltens, GA **86**, 1; *Calliess,* Der strafrechtliche Nötigungstatbestand u. das verfassungsrechtl. Gebot der Tatbestandsbestimmtheit, NJW **85**, 1506; *Dannecker*, Nullum crimen, nulla poena sine lege und seine Geltung im Allgemeinen Teil des Strafrechts, Otto-FS (2007) 25; *Dopslaff,* Wortbedeutung u. Normzweck als die maßgebl. Kriterien für die Auslegung von Strafrechtsnormen, 1985; *Duttge*, Fahrlässigkeit und Bestimmtheitsgebot, Kohlmann-FS (2003), 13; *Enderle,* Verfassungs- u. strafrechtliche Probleme von Wirtschaftsstraftatbeständen, 2000; *Fincke,* Das Verhältnis des Allgemeinen zum Besonderen Teil des Strafrechts, 1975; *Grünwald,* Die Entwicklung der Rspr zum Gesetzlichkeitsprinzip, Arth. Kaufmann-FS 433; *Günther,* Warum Art. 103 Abs. 2 GG für Erlaubnissätze nicht gelten kann, Grünwald-FS 213; *Haft,* Generalklauseln u. unbestimmte Begriffe im Strafrecht, JuS **75**, 477; *Hassemer,* Tatbestand und Typus, 1968; *Herzberg,* Kritik der teleologischen Gesetzesauslegung, NJW **90**, 2525; *ders.*, Wann ist die Strafbarkeit „gesetzlich bestimmt" (Art. 103 Abs. 2 GG)?, Schünemann-Symp (2005) 31; *Hugger,* Zur strafbarkeitserweiternden richtlinienkonformen Auslegung deutscher Vorschriften, NStZ **83**, 421; *Jähnke,* Zur Frage der Geltung des „nullum-crimen-Satzes" im Allgemeinen Teil des StGB, BGH-FS 50, 393; *Krahl,* Die Rechtsprechung des BVerfG und des BGH zum Bestimmtheitsgrundsatz im Strafrecht (usw.), 1986 [Rez. 1 a

Müller-Dietz GA **87**, 34]; *Krey*, Keine Strafe ohne Gesetz, 1983; *ders.*, Parallelitäten u. Divergenzen zwischen strafrechtl. u. öffentlichrechtl. Gesetzesvorbehalt, Blau-FS 123 ff.; *ders.*, Gesetzestreue u. Strafrecht, ZStW **101**, 838; *Kuhlen*, Zum Verhältnis von Bestimmtheitsgrundsatz und Analogieverbot, Otto-FS (2007) 89; *Lemmel*, Unbestimmte Strafbarkeitsvoraussetzungen im Besonderen Teil des Strafrechts u. der Grundsatz nullum crimen sine lege, 1970; *Luer*, Dopingstrafen im Sport und der Grundsatz „ne bis in idem", 2006 (Diss. Marburg); *Maatz*, Strafklageverbrauch und Gerechtigkeit, Meyer-Goßner-FS (2001) 257; *H. Ch. Maier*, Die Garantiefunktion des Gesetzes im Strafprozeß, 1991; *Marxen* GA **85**, 549; *Müller-Dietz*, Abschied vom Bestimmtheitsgrundsatz im Strafrecht?, Lenckner-FS 179; *Naucke*, Gesetzlichkeit u. Kriminalpolitik, JuS **89**, 862; *Otto*, Der Bestimmtheitsgrundsatz und die Überbrückung sogenannter Strafbarkeitslücken, Schünemann-Symp (2005) 71; *Ransiek*, Gesetz und Lebenswirklichkeit, 1989; *Simon*, Gesetzesauslegung im Strafrecht, 2005 (Diss. Mainz; Rez. *Hilgendorf* GA **06**, 654); *Schmidhäuser*, Strafgesetzliche Bestimmtheit, Martens-GedS 231; *R. Schmitt*, Der Anwendungsbereich von § 1 StGB, Jescheck-FS 227; *Schöne*, Fahrlässigkeit u. Strafgesetz, H. Kaufmann-GedS 649; *Schroeder*, Der Bundesgerichtshof u. der Grundsatz „nulla poena sine lege", NJW **99**, 89; *Schürmann*, Unterlassungsstrafbarkeit u. Gesetzlichkeitsgrundsatz, 1986; *Seebode*, Zur Rückwirkung von Strafgesetzen, Trusen-FS 425; *Seel*, Unbestimmte und normative Tatbestandsmerkmale im Strafrecht und der Grundsatz „nullum crimen sine lege", 1965; *Süß*, Vom Umgang mit dem Bestimmtheitsgebot, in: Inst. f. Kriminalwiss. Frankfurt (Hrsg), Vom unmöglichen Zustand des Strafrechts, 1995, 207; *Zielinski*, Das strikte Rückwirkungsverbot gilt absolut (usw.), Grünwald-FS 811; *Zopfs*, Der Grundsatz „in dubio pro reo", 1999.

2 **2) Inhalt des Bestimmtheitsgebots.** § 1 enthält das **verfassungsrechtliche Gebot** (Art. 103 II GG) der Bestimmtheit von Straftatbeständen (vgl. auch Art. 7 MRK); es gilt auch im Nebenstrafrecht, im Ordnungswidrigkeitenrecht (§ 3 OWiG) sowie im Disziplinarrecht (zur Geltung im Strafprozessrecht vgl. *Jäger* GA **06**, 615 ff.). Der Bestimmtheitsgrundsatz formuliert als spezielle Ausformung des Willkürverbots ein überragend wichtiges Prinzip rechtsstaatlicher Strafrechtspflege (vgl. ausf. NK-*Hassemer/Kargl* 1 ff.) und enthält als Bestandteile das **Bestimmtheitsgebot,** das **Verbot der Rückwirkung,** das **Verbot der Analogie** sowie die Bindung des Strafrechts an geschriebene Gesetze (vgl. *Jescheck/Weigend* AT 15 III, IV; *Roxin* AT I 5/7). Die Regelung enthält daher eine **programmatische Grundnorm**, der für die Ausgestaltung eines rechtsstaatlichen Strafrechts konstituierende Bedeutung zukommt. Die in § 1 enthaltenen Grundsätze sind in den vergangenen Jahrzehnten freilich zunehmend unter den Druck der (erneuten) kriminalpolitischen Wende zur **Flexibilisierung** geraten (vgl. dazu auch Einl. 12 f.).

3 **A. Anforderungen an die Bestimmtheit.** § 1 verlangt eine gesetzliche Fixierung des Norm-Programms, welche dem Bürger eine klare Orientierung seines Handelns erlaubt und seinen Freiheitsraum gegen unvorhersehbare Eingriffe des Staates sichert. Der Bürger muss seine Freiheit bis an die Grenze des strafbaren Bereichs ausüben können. Das Bestimmtheitsgebot betrifft diese Grenze, also die materiellen Voraussetzungen repressiver Eingriffe. Die **Strafbarkeit der Tat** im materiellrechtlichen Sinne muss **gesetzlich** bestimmt sein, dh durch formelles Gesetz oder RechtsVO (BVerfGE **14**, 185; 251; 257, **22**, 25), bei Androhung von Freiheitsstrafen jedoch nach Art. 104 I GG stets durch förmliches Gesetz (BVerfGE **14**, 254; zu den verfassungsrechtlichen Vorgaben für Strafvorschriften BVerfGE **90**, 145, 171). Mit **Gesetz** meint § 1 die einzelne materiellrechtliche Strafvorschrift. Zur Bestimmtheit von Ermächtigungen BVerfGE **32**, 346. **Tat** iS von § 1 ist ein menschliches Handeln (vgl. dazu 3 ff. vor § 13), das hinsichtlich Subjekt, Gegenstand, Form und Erfolg durch ein Gesetz als strafbar beschrieben ist. Dieser formale Verbrechensbegriff (vgl. auch 2 zu § 12) garantiert dem Bürger eine **sanktionierungsfreie Sphäre** der Verwirklichung seiner Freiheitsgrundrechte (vgl. BVerfG NJW **01**, 1848, 1849).

3a Die Geltung des Grundsatzes für den **Allgemeinen Teil** des StGB ist i. E. str. (vgl. dazu *Lemmel* [1 a]; *Jähnke*, BGH-FS 50, 393 ff. mwN). Die §§ 3 ff. sind von Art. 103 II GG erfasst (*Oehler*, Bockelmann-FS 771; *Krey* JR **80**, 45). Nach zutr. Ansicht gilt der Grundsatz auch für **Rechtfertigungsgründe** (BVerfGE **95**, 96, 132 f.,; BGH [GrSen] **40**, 167; **41**, 101, 105; **42**, 158, 161; **42**, 235, 241; *Jähnke* aaO, 405f.; LK-*Rönnau* 62ff. vor § 32; NK-*Paeffgen* 58ff. vor § 32; vgl. auch BGH **39**, 1, 27); eine Analogie *zu Lasten* des Beschuldigten ist daher ausgeschlossen (zu *Erweiterungen* von Rechtfertigungen durch Analogien vgl. *Erb* ZStW **108** [1996] 266, 271; LK-*Rönnau* 68 vor § 32 mwN). Die Zurechnungsfigur der *actio libera in causa* ist (noch) gewohnheitsrechtlich bestimmt (vgl. 49ff. zu § 20). Soweit Strafanwendungsrecht Teil des materiellen Strafrechts ist und die Strafbarkeit der in den Anwendungsnormen genannten Taten bestimmt, gilt auch § 1 (vgl. BVerfG wistra **03**, 255, 257 [zu § 370 VII AO a.F.]; vgl. dazu BGH **20**, 22, 25; **27**, 30ff.; **45**, 64, 71; MK-*Joecks* 17; and. *S/S-Eser* 61 vor § 3; SK-*Rudolphi* 8a zu § 2; jew. mwN).

a) Strafbarkeit. Die Tat muss mit **Kriminalstrafe** bedroht sein. Art. 103 II 4 GG erfasst aber auch strafrechtliche Nebenfolgen (zB §§ 45, 165, 200), Disziplinarmaßnahmen (*Maunz/Dürig/Schmidt-Aßmann* 196 zu Art. 103; str.) und, wie sich aus §§ 3, 4 OWiG ergibt, auch **Geldbußen** nach dem OWiG; nach § 2 V auch Verfall, Einziehung und Unbrauchbarmachung; *nicht* hingegen Zwangsgeld und Zwangshaft (vgl. Neustadt NJW **57**, 1155); auch nicht Bewährungsauflagen (zu deren Rechtsnatur vgl. 2 zu § 56b; **aA** MK-*Schmitz* 16). **Nicht** vom Bestimmtheitsgebot erfasst sind nach stRspr insb. **Maßregeln** der Besserung und Sicherung (BVerfG NJW **04**, 739 [BVerfGE **109**, 133]; vgl. 14 zu § 2). Bei ihnen handelt es sich nicht um Strafen; außerdem können Maßnahmen ähnlicher Art auch außerhalb des Strafverfahrens ohne Rückwirkungsverbot angeordnet werden (vgl. § 4 StVG). § 2 VI verstößt daher nach hM nicht gegen Art. 103 II GG (BGH **5**, 173; **16**, 56; **17**, 78; **24**, 103; str.; **aA** zB *Jung,* Wassermann-FS 885; SK-*Rudolphi* 18 zu § 2; *Naucke* JuS **89**, 865; *Ullenbruch* NStZ **98**, 329; *Kinzig,* StV **00**, 330; *Best* ZStW **114**, 88ff.; vgl. dazu *S/S-Eser* 42 zu § 2; MK-*Schmitz* 51ff. zu § 2).

b) Tatbestand. Der gesetzliche Tatbestand (vgl. 12ff. vor § 13) ist nur dann 5 bestimmt, wenn die Voraussetzungen der Strafbarkeit so konkret umschrieben sind, dass der Einzelne die Möglichkeit hat, sein Verhalten auf die Rechtslage einzurichten, und wenn sich Tragweite und Anwendungsbereich des Straftatbestandes erkennen lassen (BVerfGE **14**, 174; 245; **25**, 269; **32**, 346; **47**, 120; **55**, 152; **71**, 108, 114; **73**, 206, 234; **75**, 329, 340f.; **78**, 374, 381f.; **87**, 224; **105**, 135, 153; BVerfG NJW **01**, 1848, 1849; **05**, 2140, 2141; BayVerfGHE **51**, 201; BGH 1 StR 384/6). Dabei geht es um die Strafbarkeit begründende oder verschärfende Elemente des Tatbestandes (vgl. unten 8ff.). Eine Strafnorm muss um so präziser sein, je schwerer die angedrohte Strafe ist (BVerfGE **105**, 135, 155f.; NJW **04**, 2990). Dem Bestimmtheitsgebot genügt daher ein Tatbestand nicht, dessen Anwendung vom jeweils individuellen Vorverständnis des Rechtsanwenders abhängt (NJW **04**, 2990; **05**, 374 [jew. zur Verfassungswidrigkeit des Merkmals eines „großen Ausmaßes" in § 370a AO; vgl. dazu *Harms*, Kohlmann-FS 413ff.; *Gast-de Haan* DStR **03**, 12; *Fahl* ZStW **114**, 794; *Hild/Albrecht* NJW **05**, 336]). Insoweit können an dasselbe Merkmal unterschiedlich hohe Bestimmtheitsanforderungen zu stellen sein, je nachdem ob es nur als Strafzumessungsmerkmal verwendet wird oder die Anwendung eines qualifizierten (Verbrechens-)Strafrahmens eröffnet (vgl. NJW **05**, 374, 375f.).

Für ein **Blankettstrafgesetz,** dh ein förmliches Gesetz, in dem (nur) Art und 5a Maß der Strafe (krit. zum Blankett-Charakter der Freiheitsstrafen-Drohung selbst vgl. *Seebode,* Küper-FS [2007] 577, 580ff.) bes7timmt und im Übrigen angeordnet ist, dass diese Strafe denjenigen trifft, der durch **ausfüllende Vorschriften** (Gesetz, RechtsVO oder Verwaltungsakt) festgesetzte Unterlassungs- oder Handlungspflicht verletzt, gilt Art. 103 II GG ebenfalls (BVerfGE **14**, 245; **41**, 314; **78**, 374; BGH **6**, 40; **28**, 73; Hamburg NStZ-RR **07**, 233f.; vgl. dazu *Jakobs* AT 4/71; *Lüderssen* wistra **83**, 223; *Puppe* GA **90**, 162; *Schünemann,* Lackner-FS 370; vgl. auch MK-*Schmitz* 49ff. Umfangr. Nachw. bei *S/S-Eser* vor 1; LK-*Dannecker* vor 1 zu § 1; NK-*Hassemer* vor 1; *Enderle,* Blankettstrafgesetze, 2000). Blankettvorschrift und ausfüllendes Gebot oder Verbot ergeben die **Vollvorschrift** (vgl. BVerfGE **37**, 208;

NStZ **82**, 206 [m. Anm. *Jobski* wistra **82**, 110]; offen gel. von BGH **37**, 266, 272 für § 370 AO [zum Blankettcharakter 5 StR 549/06; *Weidemann* wistra **06**, 132; Jäger StraFo **06**, 477]; BVerfG NJW **87**, 3175 [zu § 327 II S. 1]; BVerfG NJW **79**, 1982 [StVZO]; **84**, 39 [Zoll]; **92**, 2624 [§ 33 I AWG]; **93**, 1909 [§ 34 I Nr. 3 AWG]; **93**, 1911 [§ 180a I Nr. 2]; **95**, 1883 [§ 370 AO]; BGH **24**, 61 [§ 1 GWB]; **38**, 121 [§ 263a]; **41**, 127 [§ 34 IV AWG]; **42**, 219 [§§ 30a, 30 I Nr. 3 BNatSchG]. Zur **Verwaltungsakzessorietät** von Strafgesetzen vgl. 6ff. vor § 324). Blankettstraftatbestände können auch durch **Gemeinschaftsrecht** oder durch **Gesetze anderer Mitgliedsstaaten** der EU ausgefüllt werden (vgl. wistra **01**, 61, 62; 5 StR 372/06; 5 StR 549/06 [Verbrauchssteuergesetze]). 103 II GG widerspräche es **zB,** wenn die Blankettvorschriften auf eine „jeweils" in Kraft befindliche EU-Vorschrift verweisen oder zB durch eine Ermächtigungsklausel ohne förmliches Gesetzgebungsverfahren die deklaratorische Anpassung einer Strafnorm an das **Gemeinschaftsrecht** vorgenommen würde (Koblenz NStZ **89**, 188; Stuttgart NJW **90**, 657), denn die Voraussetzungen der Strafbarkeit und die Art der Strafe müssen schon auf Grund des Gesetzes, nicht erst auf Grund der hierauf gestützten RechtsVO vorhersehbar sein (BVerfGE **78**, 374). Das bedeutet, dass das Strafbarkeits-„Programm", dh die wesentliche Abgrenzung zwischen erlaubtem und mit Strafe bedrohten Verhalten, sich (schon) aus dem Gesetz selbst ergeben muss; seine Bestimmung darf nicht der ausfüllenden Vorschrift überlassen bleiben. Problematisch sind hier namentlich Blankett-Tatbestände mit „dynamischen" Verweisungen, durch deren Ausfüllung das Strafgesetz *inhaltlich* durch den Normgeber der ausfüllenden Norm verändert wird. Bei Verweisungen auf **Länder-** und Ortsvorschriften ist die verfassungsrechtliche **Kompetenzabgrenzung** zu beachten (vgl. BVerfG, 1 BvR 1778/01 [zu § 143ff.]). Das Vordringen **präventiv** orientierten Strafrechts hat auch hier zu einer Aufweichung des Gesetzlichkeitsprinzips geführt (vgl. 53. Aufl. Erl. zu § 143; krit. auch *Lackner/Kühl* 3 vor § 324). Weitere Unsicherheiten könnten durch die Ausweitung länderrechtlicher Gesetzgebungskompetenzen im Wege der Föderalismusreform entstehen (vgl. G zur Änderung des GG v. 28. 8. 2006 [BGBl I 2034], Art. 1 Nr. 5, Nr. 7).

5b Andererseits erschiene eine Strafrechtspraxis, die allein in *formaler* Weise eine am Buchstaben des Gesetzes haftende Garantie der eingriffsfreien Freiheitssphäre vollzieht, aus dem Blickwinkel des *sozialen Rechtsstaats* des GG nicht konsensfähig. Das BVerfG hat dies auf die (ihrerseits wenig bestimmte) Formel gebracht, die Anforderungen an die Bestimmtheit dürften nicht übersteigert werden, da ohne **allgemeine, normative und wertausfüllungsbedürftige Begriffe** „der Gesetzgeber nicht in der Lage wäre, der Vielgestaltigkeit des Lebens Herr zu werden" (BVerfGE **11**, 237). Wegen der Allgemeinheit und Abstraktheit von Strafnormen ist es unvermeidlich (BVerfGE **71**, 115; **73**, 235), dass in Grenzfällen zw. sein kann, ob ein Verhalten noch tatbestandsmäßig ist. Jedenfalls *im Regelfall* (BVerfG aaO) muss freilich für den Normadressaten das Risiko einer Bestrafung erkennbar sein (vgl. i. E. auch BVerfGE **105**, 135, 152ff.).

5c Die Verwendung von **Generalklauseln** oder unbestimmter, wertausfüllungsbedürftiger Begriffe ist unbedenklich, wenn sie zum überlieferten Bestand an Strafrechtsnormen gehören und sich durch den Normzusammenhang sowie die gefestigte Rspr eine zuverlässige Grundlage für ihre Auslegung und Anwendung gewinnen lässt (BVerfGE **4**, 357; **26**, 41; **28**, 183; **48**, 56; **64**, 393; **71**, 115 [krit. *Hanack* NStZ **86**, 263]; **78**, 382; BVerfG NJW **90**, 37 [zu § 20 I Nr. 1 VereinsG]; NJW **92**, 35 [zu § 370 I Nr. 1 AO]; NJW **92**, 223 [zu § 78a]; **93**, 1911 [zu § 180a I Nr. 2]; **97**, 1910 [zu § 30a I BtMG]; StV **97**, 405 [Aufnahme der BtM MDMA und MDE in die Anl. 1 zum BtMG im Verordnungswege]; BGH **11**, 377; **13**, 191; **18**, 362; **30**, 287 [m. Anm. *Lampe* JR **82**, 430]; **38**, 121 [zu § 263a]; **43**, *167 [zu § 261 V]*; **43**, 137 [zu Art. VIII MRG 53]; NJW **87**, 1833 [zu § 17 Nr. 2b TierSchG]; **90**, 2207 [zu § 47 AuslG aF]; GA **72**, 83 [„verdorben" in § 4 aF LMBG]; Bay **94**, 178 [zu § 29 BtMG]; *Roxin* § 5, 67; krit. *Schroeder* JZ **69**, 775; *Hanack* JZ **70**, 41; *Müller-Dietz,* Lenckner-FS 179). Selbst durch eine **Häufung**

auslegungsbedürftiger Tatbestandsmerkmale wird eine Vorschrift noch nicht iS des Art. 103 II GG unbestimmt, wenn die interpretationsbedürftigen Merkmale mit den Mitteln herkömmlicher Gesetzesanwendung verfassungskonform ausgelegt werden können (BVerfGE **78**, 387; **87**, 225 [zu § 131]; vgl. NK-*Hassemer* 19 f.: „Programmsicherung", nicht Präzision um jeden Preis); so **zB** das Merkmal „bedenklich" in § 5 II AMG, das seinerseits auf die medizinische „Vertretbarkeit" verweist (BGH **43**, 342 f.; NStZ 99, 625);

6 **c) Rechtsfolge.** Bestimmt sein muss auch die **Strafdrohung** selbst (vgl. oben 4; BVerfGE **25**, 269; **45**, 363; **86**, 310; *Langer,* Dünnebier-FS 433). Absolute Strafdrohungen sind freilich nicht gefordert (NK-*Hassemer* 18); mehrere Strafarten können nebeneinander angedroht werden. **Geldstrafdrohungen** in unbeschränkter Höhe sind abgeschafft (§ 40; Art. 12 EGStGB; vgl. aber Kritik bei SK-*Rudolphi* 15). Es ist grundsätzlich ein bestimmter **Strafrahmen** im Gesetz vorzusehen, der nach vielfach wiederholter Formel „nicht uferlos" sein darf. Entwertet ist dieser Grundsatz freilich inzwischen durch eine immer mehr zunehmende Tendenz zur „Flexibilisierung" der Strafrahmen durch (Erfolgs-) Qualifikationen, die durch Sonderstrafrahmen für minder schwere Fälle (85 f. zu § 46) wieder nach unten geöffnet werden (vgl. **zB** §§ 224 ff., §§ 250, 260 a, 263 V, 306 a III); vor allem auch durch zahlreiche Strafzumessungsregeln für **unbenannte** und in **Regelbeispielen** (dazu BVerfGE **45**, 363; *S/S-Eser* 23, 29; MK-*Schmitz* 54; zur Kritik vgl. 90 zu § 46 mwN) benannte **besonders schwere Fälle** (88 ff. zu § 46). Dies führt teilweise zu kaum noch überblickbaren Überschneidungen von Strafrahmen (vgl. zB § 177) und in Verbindung mit Zumessungsregeln des AT (§§ 47, 49) zu „Gesamtstrafrahmen" von der Mindest- bis zur Höchststrafe. Ein als Merkmal des gesetzlichen **Tatbestands** nicht mehr hinreichend bestimmtes Merkmal kann im Rahmen der **Rechtsfolgenbestimmung** mit Art. 103 II GG noch vereinbar sein (zum Merkmal des „großen Ausmaßes" in § 263 III einerseits; in § 370 a AO andererseits vgl. BGH **48**, 360; NJW **04**, 2990; zw.).

7 **B. Vorhersehbarkeit.** Die Strafbarkeit einer Handlung muss **zurzeit der Tat** (§ 8) bestimmt sein, dh zu der Zeit, zu der der Täter gehandelt hat oder im Falle eines Unterlassungsdelikts hätte handeln müssen; auf einen späteren Eintritt des Erfolgs kommt es nicht an. Bei mehraktigen Handlungen und Dauerdelikten reicht es aus, wenn Strafbarkeit zZ des letzten Teilakts besteht; es wird dann der Teil der Handlung erfasst, der nach Eintritt der Strafbarkeit liegt. Für **Teilnehmer** kommt es auf die Zeit ihres eigenen Tatbeitrags an. Zur Berücksichtigung nachträglicher Rechtsänderungen vgl. § 2.

8 **C. Begrenzungen des Strafanspruchs.** Aus den genannten positiven Anforderungen des Bestimmtheitsgrundsatzes ergeben sich negativ **drei Verbote**, Strafbarkeit zu begründen oder zu verschärfen:

9 **a) Verbot von Gewohnheitsrecht.** Ein auf Grund dauernder und ständiger, gleichmäßiger und allgemeiner und von den Beteiligten als verbindlich anerkannter Übung entstandener Rechtssatz darf **nicht zu Lasten** des Täters angewendet werden (BVerfGE **71**, 115; **73**, 235 mwN); jedoch können gewohnheitsrechtlich oder durch Richterrecht übergesetzliche Rechtfertigungs- und Schuldausschließungsgründe entwickelt werden (BGH **11**, 245; Bay MDR **82**, 1041 m. Anm. *Sack* JR **83**, 123; 2 vor § 32). Durch *desuetudo,* dh Nichtanwendung auf Grund gemeinsamer Rechtsüberzeugung, kann eine Strafvorschrift beseitigt werden (BGH **5**, 23; **8**, 381; OGHSt. **1**, 66); andererseits können sich strafrechtlich relevante außerstrafrechtliche Rechtssätze gewohnheitsrechtlich bilden (BGH **2**, 153); nach **hM** aus ständiger Auslegung auch „Gewohnheitsrecht" **zu Ungunsten** des Täters (zB actio libera in causa, Fortsetzungszusammenhang, Wahlfeststellung; vgl. *R. Schmitt,* Jescheck-FS 225; str.), solange die gesetzliche Auslegungsgrundlage nicht weggefallen ist (hierzu *Krey,* Keine Strafe ohne Gesetz, 1983, 107, 123). Zu Brauchtumspflege und Strafrecht am Beispiel des *„Maibaumdiebstahls" Dickert* JuS **94**, 631.

10 **b) Analogieverbot.** Der mögliche **Wortsinn des Gesetzes** markiert die äußerste Grenze zulässiger richterlicher Auslegung; der Wortsinn ist grds. nach dem allgemeinen Sprachgebrauch der *Gegenwart* zu bestimmen (BverfGE **71**, 108, 115; **92**, 1, 12; BVerfG NJW **01**, 1848, 1849; **05**, 2140, 2141; **07**, 1193 [„Handeltreiben"]; BGH 1 StR 384/06 [*Pilze* als „Pflanzen" iS des BtMG]. Die Anwendung eines Rechtssatzes auf einen von ihm auf Grund einer **planwidrigen Gesetzeslücke** nicht erfassten Sachverhalt, der dem geregelten *rechtsähnlich* ist, sowie das Entwickeln neuer Rechtssätze aus ähnlichen, schon bestehenden (vgl. BGH **7**, 193; **8**, 70; NJW **51**, 809; Bay NJW **70**, 479; *Fuhrmann,* Tröndle-FS 145; *K. Schmidt,* Rebmann-FS 438) ist **zu Ungunsten** des Täters ausgeschlossen (BVerfGE **14**, 185; **25**, 285; **26**, 42; **71**, 108, 115; **73**, 235; BVerfG NJW **05**, 2140; **07**, 1193); das Verbot gilt für alle *materiellrechtlichen* Vorschriften (*Maunz/Dürig/Schmidt-Aßmann* 231 ff. zu Art. 103 GG; *Krey* [1 a, 1983] 70 ff., 115 ff., 130 ff. u. ZStW **101**, 841; *Roxin* AT I 5/40). Art. 103 II GG bindet den Richter an das geschriebene materielle Recht und hält ihn an, den Gesetzgeber beim Wort zu nehmen, dh das Gesetz auszuführen und, soweit erforderlich, durch Auslegung fortzubilden, nicht aber zu korrigieren (BVerfGE **71**, 115; **73**, 236), und verbietet die Anwendung einer Strafvorschrift über ihren eindeutigen Wortlaut hinaus etwa allein im Hinblick auf den Normzweck (BVerfGE **64**, 393). Im Wege der Analogie dürfen Tatbestände oder Strafdrohungen weder neu geschaffen noch bestehende ausgeweitet werden (BVerfGE **25**, 269; Hamburg NJW **72**, 1290). Das Analogieverbot gilt, obgleich Art. 103 II nur von Strafen spricht, auch für **Maßregeln** (zu §§ 67, 67 a Karlsruhe MDR **91**, 892; zu § 64 vgl. NJW **05**, 230 **aS** [m. Anm. *Bottke* NStZ **05**, 327]), jedenfalls soweit sie in Freiheit (zB §§ 63, 64, 66) oder Vermögen eingreifen (vgl. *S/S-Eser* 28; *Roxin* AT I 5/40; *Bottke* NStZ **05**, 327, 328 f.; **aA** *Lackner/Kühl* 8); auch für Maßnahmen iS von § 11 I Nr. 8 (zB § 73, § 74: vgl. BGH **18**, 136; *S/S-Eser* 28).

10 a Dagegen ist **Analogie zugunsten** des Täters zulässig; so gelten die kürzeren Verjährungsvorschriften für Presseinhaltsdelikte (7 zu § 78) für Kartellordnungswidrigkeiten, die durch Verbreitung von Druckwerken begangen worden sind, entsprechend (BGH **28**, 55). Zur analogen Anwendung des AT bei Rechtfertigungs- sowie Strafmilderungs- und Strafausschließungsgründen *S/S-Eser* 31; *H.-J. Hirsch,* Tjong-GedS 50.

11 Keine Analogie ist die verfassungskonforme **Auslegung** des Gesetzes, um die sich die Gerichte im Respekt vor der gesetzgeberischen Gewalt zu bemühen haben (zu den Grenzen der Auslegung BVerfGE **90**, 263, 275; vgl. auch BVerfGE **87**, 209, 229; BGH **35**, 270, 283; dazu *Kuhlen*, Otto-FS [2007] 89, 100 ff.), auch wenn sie zuungunsten des Täters die Grenzen eines Tatbestands nach dem Gegenwartssinn des Gesetzes erweitert (BVerfGE **57**, 262; NJW **82**, 1512; BGH **1**, 75; 158; 296; **2**, 365; **6**, 132; 396; **10**, 83, 159; Bay NJW **70**, 479). Der Wille des Gesetzgebers muss aber im Gesetz selbst einen **hinreichend bestimmten Ausdruck** gefunden haben. Der (noch) *mögliche* Wortsinn markiert die äußerste Grenze zulässiger Auslegung (BVerfGE **71**, 114; **73**, 235; BGH **4**, 148; vgl. hierzu *Scheffler* Jura **96**, 505; krit. *Herzberg* GA **97**, 253). Eine „Korrektur" des (eindeutigen) Wortlauts nach Maßgabe eigener verfassungsrechtlicher Bewertungen ist dem Richter nicht gestattet; ggf. hat er nach Art. 100 I GG vorzulegen.

12 Maßgebend für die Interpretation eines Gesetzes ist der in ihm zum Ausdruck kommende objektivierte Wille des Gesetzgebers (BVerfGE **79**, 106; BGH **29**, 198; **44**, 13, 18 C [zu § 100 c StPO; Anm. *Amelung* NStZ **98**, 631; *Asbrock* NStZ **98**, 632; *Gehrlein* NJW **99**, 104; *Rogall* JZ **98**, 796]; MDR **83**, 590; *Schwalm,* Heinitz-FS 47), dh der Wortsinn, wie er sich aus dem Gesetzeswortlaut und dem Sinnzusammenhang ergibt, in den die Norm gestellt ist (BGH **41**, 286). Bei der Anwendung nationalen Rechts, das der Umsetzung von Völkerstrafrecht dient, ist das Analogieverbot auch im Licht des völkerrechtlichen Normbefehls zu sehen (BVerfG EuGRZ **01**, 76, 79). Der Wortsinn ist aus der Sicht der Allgemeinheit der Bürger zu bestimmen (BVerfGE **71**, 115 [m. Anm. *Hanack* NStZ **86**, 263]; **73**, 236;

Krey ZStW **101**, 843). Geht der Gesetzgeber zB erkennbar von einem bestimmten anerkannten Begriffsverständnis aus, so überschreitet es die Grenze der zulässigen Auslegung, wenn der Richter unter diesem Begriff **völlig andere Verhaltensweisen** einordnet (BGH **34**, 178 [m. Anm. *Lampe* JR **87**, 384; *Richter* wistra **87**, 276]). Der **Entstehungsgeschichte** (*Loos,* Wassermann-FS 123) kommt Bedeutung nur insofern zu, als sie die Richtigkeit einer so ermittelten Auslegung bestätigt oder Zweifel behebt (BVerfGE **11**, 129; **20**, 253; **59**, 128; **64**, 275; BGH **8**, 298; **11**, 53; NJW **75**, 1844; KG NJW **77**, 2225).

Trotz dieser scheinbar klaren Grenzziehung ist die Bedeutung des Analogieverbots in der **Praxis** mit Unwägbarkeiten behaftet (zweifelnd hinsichtlich der praktischen Relevanz des Verbots NK-*Hassemer/Kargl* 81 ff. mit zahlr. Beispielen wortlautferner Gesetzesanwendung). Das BVerfG hat in BVerfGE **92**, 1 die Anwendung des „Gewalt"-Begriffs (in § 240) auf „die körperliche Anwesenheit an einer Stelle, die ein anderer einnehmen oder passieren möchte" (ebd. 17), für mit dem Bestimmtheitsgrundsatz unvereinbar erklärt (vgl. 20 ff. zu § 240). In NJW **98**, 1135 ist die Anwendung des Begriffs „Erschleichen" (§ 265 a) auf das sog. Schwarzfahren *ohne* Umgehung von Sicherungseinrichtungen unbeanstandet geblieben. Durch Entscheidung vom 20. 3. 2002 ist § 43 a (Vermögensstrafe) wegen Verstoßes gegen den Bestimmtheitsgrundsatz für nichtig erklärt worden (BGBl. I 1340). **13**

c) Rückwirkungsverbot. Verboten ist, auf die Tat nach dem Zeitpunkt ihrer Begehung entstandenes Recht anzuwenden, wenn das eine **Verschlechterung** der Rechtslage bedeuten würde, in der sich der Täter zur Tatzeit befand. Für günstigeres Tatzeitrecht gilt § 2 III. **14**

Dabei geht es umfassend um das *Ob* und *Wie* der Strafbarkeit, so dass es sich nicht nur um die Strafbarkeit begründende und verschärfende Rechtselemente handelt; vielmehr darf die Rechtslage auch nicht hinsichtlich solcher Elemente verschlechtert werden, die zugunsten des Täters vom gesetzlichen Bestimmtheitsgebot frei sind, nämlich der Rechtfertigungs- und Schuldausschließungsgründe (vgl. LK-*H. J. Hirsch* 35 vor § 32; *S/S-Eser* 4 zu § 2; SK-*Rudolphi* 7; **aA** *Schroeder* ZRP **72**, 105), der Bedingungen der Strafbarkeit und der persönlichen Strafausschließungs- und Aufhebungsgründe (dazu 17 vor § 32). Daher gebietet es das Rückwirkungsverbot, einen zur Tatzeit gesetzlich geregelten **Rechtfertigungsgrund** auch dann weiter anzuwenden, wenn er im Zeitpunkt des Strafverfahrens entfallen ist (BVerfGE **95**, 96). **15**

Die Entscheidung, ob eine (rechtsstaatswidrige) staatlich tolerierte und geförderte Unrechtshandlung entgegen dem zur Tatzeit geltenden positiven Recht *nachträglich* als rechtswidrig anzusehen ist, berührt nicht die Geltung des Rückwirkungsverbots, sondern die des Rechtfertigungsgrundes selbst. Das Vertrauen in den Fortbestand einer bestimmten Staats- und Auslegungspraxis oder eines **menschenrechtswidrigen Rechtfertigungsgrundes** ist daher nicht schutzwürdig iS des Rückwirkungsverbots (BGH **39**, 30 [*K. Weber* GA **93**, 205; insoweit and. *Lorenz* JZ **94**, 394]; BGH **41**, 111; iErg auch BVerfGE **95**, 133 [m. zust. Anm. *Starck* JZ **97**, 148; ferner *Werle* ZStW **109,** 826; *Ambos* JA **97**, 988; StV **97**, 39; *Krajewski* JZ **97**, 1054; *Kenntner* NJW **97**, 2298; *Sendler* NJW **97**, 3146; *Classen* GA **98**, 215; krit. *Dreier* JZ **97**, 432; *Arnold* JuS **97**, 400; *Berkemann* JR **97**, 186; *Joerden* GA **97**, 210]; BVerfG EuGRZ **97**, 416). Soweit eine menschenrechtskonforme Auslegung des Gesetzes nicht möglich ist, ist es von vornherein unwirksam und „überhaupt nicht Recht geworden" (BGH **41**, 112). Auch BVerfGE **95**, 131 hat eine Bindung der Strafgewalt der Bundesrepublik an gesetzliches Unrecht der DDR abgelehnt, soweit diese im Bereich schwersten kriminellen Unrechts die Strafbarkeit durch positiv-rechtliche Rechtfertigungsgründe ausgeschlossen und so die in der Völkerrechtsgemeinschaft allgemein anerkannten Menschenrechte auf schwerwiegende Weise missachtet hat (aaO 133; BVerfG EuGRZ **97**, 413; NJW **98**, 2585, 2587; **00**, 1480; vgl. *Ebert,* Müller-Dietz-FS 171 ff.). **15 a**

Das Rückwirkungsverbot gilt nach hM **nicht für verfahrensrechtliche Normen,** also **zB** nicht für das **Strafantragsrecht,** so dass ein Antragsdelikt rückwirkend in ein Offizialdelikt umgewandelt werden kann (BGH **46**, 310, 317 ff. [für § 301]; vgl. BGH **20**, 27; Hamm NJW **61**, 2030; *S/S-Stree/Sternberg-Lieben* 8 zu § 77; SK-*Rudolphi* 8 und 10 vor § 77; NK-*Hassemer/Kargl* 63; **aA** *Jescheck/Weigend* **16**

§ 15 IV 4; *Pieroth* JuS **77**, 396); ebenso wenig nach früher fast allgM (trotz der gemischten Theorie; hierzu 4 vor § 78) für die **Verjährungsvorschriften** (BGH **2**, 305; **4**, 384; vgl. *R. Schmitt,* Jescheck-FS 228); zur Verlängerung der Verjährungsfrist für **Mordtaten** des NS-Regimes vgl. i. e. 43. Aufl. Zur Frage des Art. 6 I S. 1 MRK in diesem Zusammenhang vgl. auch NStZ **82**, 291; 6 ff. vor § 78.

17 Auf eine **ständige höchstrichterliche Auslegung** des Rechts, die noch nicht zum Gewohnheitsrecht geworden ist, bezieht sich das Rückwirkungsverbot nach stRspr nicht. Das gilt nach hM auch im Fall des § 316, in dem die von der Rspr angenommene unwiderlegliche Vermutung einer „Promille-Grenze" in der Praxis wie ein Tatbestandsmerkmal behandelt wird (vgl. 13 zu § 316; GA **71**, 37; VRS **32**, 229; Bay NJW **90**, 2833 [hierzu *Ranft* JuS **92**, 468]; vgl. BVerfGE **11**, 238; **14**, 251; **18**, 240; NJW **90**, 3140; zust. *Jescheck/Weigend* § 15 IV 3; *Schmidhäuser* AT 5/39; *Hentschel* 14a zu § 316; *Jakobs* AT 4/80; *Hentschel* NJW **83**, 1649; *Salger* NZV **90**, 4; DRiZ **90**, 16; *Roxin* AT I, 5/57; *Tröndle,* Dreher-FS 117; *Nowakowski* WienK 63 zu § 1; **aA** MK-*Schmitz* 34; *B/Weber/Mitsch* 9/38; vgl. hierzu auch NK-*Hassemer/Kargl* 57; SK-*Rudolphi* 6; *S/S-Eser* 9 zu § 2; *M/Zipf* 12/8).

18 **3) Wahlfeststellung.** Eine Verurteilung auf **alternativer Grundlage** ist nach hM mit den Grundsätzen des § 1 vereinbar. Die Natur des Rechtsinstituts, namentlich seine materielle oder prozessuale Grundlage, ist i. e. str. (vgl. *S/S-Eser* 69; *Otto,* Peters-FS 386; BGH **32**, 150; verfassungsrechtliche Bedenken u. a. bei *M/Zipf* 10/27; vgl. auch unten 24).

19 **A. Voraussetzungen.** Eine wahldeutige Verurteilung setzt voraus, dass innerhalb des durch § 264 StPO gezogenen Rahmens (BGH **10**, 137; **22**, 307; **32**, 150; GA **67**, 184; JZ **70**, 327; NStZ **86**, 557 f.; Celle MDR **87**, 76 [m. Anm. *Kröpil* NJW **88**, 1188]; Bay **89**, 58) die angeklagte Tat nach Ausschöpfung aller Beweismöglichkeiten (BGH **12**, 388; **21**, 152; **25**, 182 [hierzu *Eschenbach* Jura **94**, 302]) nicht so eindeutig aufzuklären ist, dass ein bestimmter Tatbestand festgestellt werden kann, aber **sicher** festzustellen ist, dass der Angeklagte **einen von mehreren** möglichen Tatbeständen verwirklicht hat (BGH **12**, 386; NStZ **87**, 474; Hamm NJW **72**, 836) und andere als die wahlweise festgestellten Handlungen ausgeschlossen sind (MDR/H **85**, 285).

20 **B. Abgrenzung zur Anwendung des Zweifelssatzes.** Wahlfeststellung scheidet aus, wenn nach dem Grundsatz **in dubio pro reo** eine eindeutige Tatsachengrundlage geschaffen werden kann. Er besagt positiv, dass eine Verurteilung nur auf Grund eines zur vollen Überzeugung des Tatrichters festgestellten Sachverhalts zulässig ist, negativ, dass aus nur möglichen, im Zweifel gebliebenen Umständen nichts zu Lasten des Angeklagten hergeleitet werden darf (NStZ **87**, 474). Der Zweifelssatz, der seine Grundlage im sachlichen Recht findet (stRspr), ist nicht schon verletzt, wenn der Richter *hätte zweifeln müssen,* sondern nur, wenn er verurteilt, *obwohl* er zweifelt (BVerfG NJW **88**, 477). Er ist somit **keine Beweisregel**, sondern eine **Entscheidungsregel;** Das Gericht hat ihn erst dann anzuwenden, wenn es *nach abgeschlossener Beweiswürdigung* nicht die volle Überzeugung von einer entscheidungserheblichen Tatsache zu gewinnen vermag (vgl. BVerfG MDR **75**, 468 f.; NJW **88**, 477; BGHR § 261 StPO Einlassung 4; NStZ-RR **05**, 209). Er zwingt nicht etwa dazu, von dem Beschuldigten günstigsten Sachverhalt auszugehen, auch wenn es dafür an Anhaltspunkten fehlt. Auf einzelne Elemente der Beweiswürdigung, insb. auf die Feststellung entlastender **Indiztatsachen,** ist er nicht anzuwenden (BGH **25**, 285, 286 f.; **35**, 308, 316; **36**, 286, 289 ff.; NJW **83**, 1865; NStZ **01**, 609 mwN [Alibi]; **aA** NJW **89**, 1043 f.).

21 Der Zweifelssatz ist idR anzuwenden, wenn iErg der Beweiswürdigung eine strafbarkeitsbegründende oder -erhöhende Tatsache nicht zur Überzeugung des Gerichts erwiesen ist; das gilt auch für innere Tatsachen (vgl. StV **01**, 666 [Tötungsmotiv bei § 211]). Er gilt auch, wenn verschiedene nicht aufklärbare Sachverhalts-Alternativen in einem **Stufenverhältnis** iS eines Mehr oder Weniger stehen, wenn also der dem Täter günstigere Sachverhalt als ein rechtliches minus in dem sonst in

Betracht kommenden ungünstigeren Sachverhalt bereits enthalten ist (GrSenBGH **9**, 397; **11**, 101; **15**, 66; **31**, 137 [Anm. *Hruschka* JR **83**, 177]; NStZ **92**, 278; Stuttgart NStZ **91**, 285 [Anm. *Stree*]; vgl. Braunschweig NJW **57**, 1938; Bay NJW **67**, 361). Dieses Stufenverhältnis besteht vor allem im Verhältnis von **Privilegierungs-, Regel- und Qualifikationstatbeständen,** so **zB** zwischen einfachem und schwerem Raub; § 153 und § 154 (NJW **57**, 1886); § 246 und § 242 (*Bieber* WM Beil. 6/87, 21); Diebstahl und Nötigung einerseits und Raub andererseits; Körperverletzung mit Todesfolge in Tateinheit mit versuchtem Mord einerseits und vollendetem Mord (nach gefährlicher Körperverletzung) andererseits (BGH **35**, 305; **36**, 262, 269; NJW **84**, 1568; **90**, 130 [*Wolter* JR **90**, 471]; NStZ **92**, 277; **94**, 339; NStZ-RR **99**, 101). Dasselbe gilt im Verhältnis von **Versuch und Vollendung** (BGH **36**, 268). Der Zweifelssatz gilt auch für das Verhältnis von **Tateinheit und Tatmehrheit** (NJW **57**, 1643; StV **92**, 54; BGHR § 52 I, in dubio 1 bis 4; NStZ-RR **07**, 195, 196); jedoch gebietet es der Grundsatz nicht, die tatsächlichen Voraussetzungen einer rechtlichen **Bewertungseinheit** (hierzu 12 ff. vor § 52) ohne Anhaltspunkte in den festgestellten Tatsachen zu unterstellen (**zB** Verkäufe von Teilmengen aus einem *Gesamtvorrat* beim Handeltreiben mit BtM; vgl. NStZ **07**, 102; 16 f. vor § 52).

Auf das Verhältnis von **Täterschaft und Beihilfe** ist der Zweifelssatz analog anzuwenden (BGH **23**, 203; zust. *Schröder* JZ **70**, 422; *Löhr* JuS **76**, 715; für *unmittelbare* Anwendung BGHR § 25 II Tatint. 4; *Jakobs* GA **71**, 264); nicht aber auf die Abgrenzung von **Täterschaft und Anstiftung** (Wahlfeststellung; BGH **1**, 127; Düsseldorf NJW **76**, 579). Im Verhältnis von **Vorsatz und Fahrlässigkeit,** das dogmatisch als aliud-Verhältnis anzusehen ist, sind die Fahrlässigkeitstatbestände als *Auffangtatbestände* auch für den Fall anzusehen, dass Vorsatz nicht nachgewiesen werden kann GrSenBGH **9**, 393; **17**, 210; and. BGH **4**, 340 [Wahlfeststellung]; vgl. *S/S-Eser* 92; SK-*Rudolphi* 20 ff. Anh. zu § 55; *Herzberg* BGH-FG 51 ff.). 22

Ein nach dem Zweifelssatz zu lösendes Stufenverhältnis wird schließlich auch in Fällen der **Abstufung von schwer und weniger schwer** angenommen, so im Verhältnis von **Anstiftung und Beihilfe** (BGH **31**, 137 [m. Anm. *Dingeldey* NStZ **83**, 166; *Baumann* JZ **83**, 116; hierzu *Hruschka* JR **83**, 177; *Wolter* JuS **83**, 769]; vgl. *Jescheck/Weigend* § 16 II; *Nowakowski* JBl. **58**, 380; *S/S-Eser* 99 zu § 1; *Schmidhäuser* 10/115; *Otto,* Peters-FS 373; KK-*Engelhardt* 69 zu § 261 StPO). Dass eine Tat mit schwererer Strafe bedroht ist als eine andere, reicht aber nicht aus (**aA** *Dreher* MDR **70**, 369). 23

C. Anwendung der Wahlfeststellung. Die Rspr des RG war zunächst bei der Annahme einer Wahlfeststellung sehr zurückhaltend (RG **22**, 213; **53**, 232; **56**, 61), ließ sie aber in RG **68**, 257 zwischen Diebstahl und Hehlerei zu. Im NS-Strafrecht war die Anwendung der Wahlfeststellung durch § 2b idF d. G v. 28. 6. 1935 (RGBl. I 839) positiv-rechtlich vorgeschrieben (aufgehoben durch KRG Nr. 11) und wurde teilweise exzessiv angewandt (zB RG **69**, 369; **71**, 44; vgl. schon JW **34**, 294). Der **BGH** ist im Wesentlichen auf die Linie des RG vor 1935 zurückgekehrt; in der **Literatur** ist die Anerkennung wahldeutiger Verurteilung str. geblieben (vgl. *Endruweit,* Die Wahlfeststellung [usw.], 1973; *Günther,* Verurteilungen im Strafprozess trotz subsumtionsrelevanter Tatsachenzweifel, 1976; *Montenbruck,* Wahlfeststellung u. Werttypus 1976; *Wolter,* Wahlfeststellung u. in dubio pro reo, 1987; *Küper,* Lange-FS 65). Zu **unterscheiden** sind zwei Konstellationen der Alternativität: 24

a) Bei **gleichartiger Wahlfeststellung** (sog. **Tatsachenalternativität,** auch LR-*Gollwitzer* 146 ff. zu § 261 StPO; NK-*Frister* 9 ff. nach § 2) hat der Täter zwar sicher **nur ein Gesetz** verletzt; offen bleibt aber, durch welche konkrete Handlung; so **zB** bei zwei sich widersprechenden Aussagen, wenn offen bleibt, welche die falsche ist (BGH **2**, 351; NJW **57**, 1886; NStZ **81**, 361; VRS **62** 274); bei Mord, wenn nicht feststeht, welcher Schuss tödlich war; bei fahrlässiger Tötung, wenn nicht feststeht, ob der alkoholisierte Täter das Unfallfahrzeug selbst gelenkt 25 oder dessen Führung einem Fahruntüchtigen überlassen hat (Karlsruhe NJW **80**, 1859; hierzu *Hruschka* JuS **82**, 317); bei gefährlicher Körperverletzung, wenn nicht feststeht, welcher von 2 Sexualkontakten zur HIV-Infektion geführt hat (BGH **36**, 269 [Anm. *Otto* JR **90**, 205; *Rudolphi* JZ **90**, 198]; NK-*Frister* 55 nach § 2); bei Mittäterschaft, wenn nicht festzustellen ist, wie sich die einzelnen Handlungsakte verteilen (OGHSt. **1**, 111); wenn nicht feststellbar ist, welche von mehreren möglichen Beihilfeformen vorlag (NJW **83**, 405; **85**, 2488); bei § 323 a, wenn verschiedene Rauschtaten möglich sind (Oldenburg NJW **59**, 832); wenn nicht geklärt werden kann, welche von zahlreichen entwendeten Gegenständen einer bestimmt festgestellten Anzahl von Diebstahlstaten zuzuordnen sind (vgl. 2 StR 69/07). Hier ist vor allem die Einhaltung der **Grenzen des § 264 StPO** zu beachten (vgl. oben 19); die in Betracht kommenden Tatalternativen muss der Richter im Einzelnen feststellen; *andere* Möglichkeiten müssen sicher ausgeschlossen sein (DAR **81**, 187; NJW **83**, 405; NStZ **86**, 373; LR-*Gollwitzer* 180 zu § 261 StPO).

26 **b)** Bei **ungleichartiger Wahlfeststellung** geht es um die Anwendung **verschiedener gesetzlicher Tatbestände** bei nicht aufklärbarer Alternativität der Handlung. Unproblematisch sind hier die Fälle verschiedenartiger **Tatbestandsalternativen** desselben Delikts; so **zB** bei Wahlfeststellung zwischen den Begehungsformen des § 211 (BGH **22**, 13; StV **87**, 378); zwischen fälschendem Herstellen und Gebrauchmachen in § 267 (Celle HESt. **1**, 3); ebenso zwischen Anstiftung oder (Mit-)Täterschaft (BGH **1**, 127; Düsseldorf NJW **76**, 579); Allein- oder Mittäterschaft (BGH **11**, 18; **42**, 67) oder Nebentäterschaft (Düsseldorf DAR **70**, 190); Alleintäterschaft und mittelbarer Täterschaft (BGH **42**, 67); mittelbarer Täterschaft und Mittäterschaft; wenn nicht feststeht, ob eine Geiselnahme (§ 239 b) gegeben oder eine solche lediglich im Einvernehmen mit einer Geisel vorgetäuscht worden ist (BGH **38**, 85 m. Anm. *Schmoller* JR **93**, 247). Eine ungleichartige Wahlfeststellung setzt nach der in der Rspr verwendeten Formel voraus, dass die Tatbestände **rechtsethisch und psychologisch vergleichbar** sind (GrSenBGH **9**, 392; NStZ **85**, 123; *Wolter* aaO [oben 24], 108 ff.; stRspr; *S/S-Eser* 105 ff.; **aA** [Identität des Unrechtskerns] *Hardwig*, Eb. Schmidt-FS 484; *Jescheck/Weigend* § 16 III 3; vgl. auch NK-*Frister* 64 ff. nach § 2; SK-*Rudolphi* 38 ff. Anh. zu § 55; in der Rspr auch Bay MDR **77**, 860 [*Hruschka* JR **78**, 26]; Saarbrücken NJW **76**, 67; anders auch *Günther* aaO [oben 24], 218 [„graduelle Unwertverschiedenheit"]; *Montenbruck* aaO [oben 24], 384).

27 **c) Einzelfälle.** Als **zulässig** ist auf dieser Grundlage (umfassende Dokumentation bei *Wolter* aaO [oben 24], 174 ff.) die ungleichartige Wahlfeststellung angesehen worden: zwischen Diebstahl und Hehlerei (BGH **1**, 203; **9**, 393; **12**, 386; **15**, 63; auch dem im Raub enthaltenen Diebstahl und der Hehlerei, MDR/H **86**, 793); Diebstahl und gewerbsmäßiger Hehlerei, wenn sich der Täter auch durch den etwaigen Diebstahl eine Einnahmequelle von gewisser Dauer verschaffen will (BGH **11**, 26); Bandendiebstahl und Bandenhehlerei (wistra **00**, 258); Diebstahl (auch § 243) und Begünstigung des Diebes (BGH **23**, 360; zust. *Schröder* JZ **71**, 141; krit. *Hruschka* NJW **71**, 1392; *Wolter* GA **74**, 167); §§ 242, 243 I Nr. 3 und § 260 I Nr. 1 (4 StR 250/98); Diebstahl und Unterschlagung (vgl. BGH **16**, 184; Bay NJW **58**, 560; Hamm OLGSt. 119 zu § 263; Köln GA **74**, 121); Diebstahl, Unterschlagung oder Hehlerei (Düsseldorf 9. 10. 1997, 5 Ss 212/97); (Trick-) Diebstahl und Betrug (Hamm NJW **74**, 1957; str.; offen gelassen in NJW **74**, 804; wistra **89**, 60; anderseits BGH **20**, 104; **aA** Karlsruhe Die Justiz **73**, 57; jedoch mit Einschränkungen NJW **76**, 902; insoweit offen gelassen in NStZ **85**, 123); Diebstahl und Pfandkehr (Düsseldorf NJW **89**, 116); Raub und räuberischer Erpressung (BGH **5**, 280); Unterschlagung und Untreue (Braunschweig MDR **51**, 180; offen gelassen *in GA* **70**, 24); Betrug und Untreue (GA **70**, 24; Hamburg JR **56**, 28); Betrug und Hehlerei (NJW **74**, 804; offen gelassen NJW **89**, 1868); Betrug und Unterschlagung (Hamm MDR **74**, 682; Saarbrücken NJW **76**, 65; dazu krit. *Günther* JZ **76**, 665); falscher Verdächtigung und Aussagedelikt (BGH **32**, 149; **38**,

erfasst § 73 d Vermögensgegenstände nicht, die aus vor dem 15. 7. 1992 begangenen rechtswidrigen Taten stammen (BGH **41**, 284).

3) Durch **Abs. II** wird in Übereinstimmung mit § 4 II OWiG für die fortdauernde oder fortgesetzte Tatbegehung ergänzend bestimmt, dass, wenn sich **während der Begehung der Tat** eine schon bestehende **Strafdrohung** mildert oder verschärft, zwecks einheitlicher Beurteilung des Geschehens die bei **Beendigung der Tat** (6 zu § 22) geltende Strafdrohung maßgeblich ist (BGH **34**, 276; 2 StR 624/80), jedoch darf im Fall eines Dauerdelikts den Teilakten, die vor der Sanktionsverschärfung liegen, nur das Gewicht beigemessen werden, das ihnen früher tatsächlich zukam (vgl. wistra **99**, 465; Bay NJW **96**, 1422). Setzt die Strafbarkeit erst während der Tat ein, so ist das kein Fall von II; strafbar ist dann nur der von da ab begangene Handlungsteil (7 zu § 1). Erfolgt eine straferweiternde Gesetzesänderung während des zeitlich gestreckten Ablaufs eines Verhaltens, so ist eine Bestrafung nur zulässig, wenn der nach der Änderung vollzogene Handlungsteil noch ein komplettes Delikt ergibt (NStZ **94**, 123 f.; Karlsruhe NStZ **01**, 654 [zu § 331]; Stuttgart wistra **03**, 31 [zu § 331]). Verlängert sich während der Begehung eines Dauerdelikts die Verjährungsfrist, so gilt die bei Beendigung maßgeblich längere Frist auch für zurückliegende unselbstständige Teilakte (BGHR § 129 a Verjährung 1). 3

4) Abs. III (Ausnahme: IV) trägt mit der Anordnung des **Meistbegünstigungsprinzips**, abweichend vom Tatzeitprinzip der Abs. I, II, dem auf rückwirkende Strafverschärfungen beschränkten Schutzzweck des Art. 103 II GG und des § 1 Rechnung. Wenn das materielle Recht nach Beendigung der Tat und vor der Entscheidung (dh bis zur Entscheidung des Revisionsgerichts; vgl. BGH **5**, 208; **26**, 94 [krit. *Küper* NJW **75**, 1329] **geändert** wurde, ist „das mildeste Gesetz", dh die dem Täter **konkret günstigste** Gesetzesfassung anzuwenden. Wenn das Gesetz nach der Tatbeendigung *gemildert* wurde, so ist daher abweichend von I, II dieses mildere Gesetz anzuwenden. Wird das Gesetz nach Tatbeendigung *verschärft*, so bleibt es bei der Anwendung des milderen Tatzeitrechts. Wenn zwischen den zur Tatzeit und zur Zeit der Entscheidung geltenden Rechtlagen ein **Zwischenrecht** (oder mehrere Zwischen-Rechtszustände) gegolten hat, so sind solche Zwischenrechtslagen in den Vergleich mit einzubeziehen; es gilt dann das konkret „günstigste" Recht (BGH **39**, 370, vgl. NStZ **92**, 535 [m. Anm. *Achenbach* NStZ **93**, 427]; *S/S-Eser* 29). Bei nachträglichen Verschärfungen ist der Täter daher so zu stellen, als sei das Strafverfahren gegen ihn zur Geltungszeit der konkret mildesten Rechtslage geführt worden (*Mitsch* NStZ **06**, 33 f.). III gilt *entsprechend* in Fällen, in denen die Vorschriften über den Widerruf der Straf- oder Maßregelaussetzung geändert wurden (Hamm StV **87**, 69; Düsseldorf MDR **89**, 281; Hamm NStZ-RR **96**, 357). Der konkrete Sachverhalt darf bei der nach III gebotenen Subsumtion unter das neue Gesetz nicht – auch nicht in einzelnen Teilen des Tatgeschehens – verändert werden (BGH **34**, 284 [dazu *Tiedemann* NJW **87**, 1247]). 4

A. Eine **Änderung des Gesetzes** liegt nicht vor, wenn der Tatvorwurf im Wesentlichen derselbe geblieben ist (BGH **26**, 167, 172 [GrSen]; JZ **79**, 77; NJW **03**, 3069; vgl. *S/S-Eser* 24 f.). *Wechselt* der Unrechtskern**,** so führt III dazu, dass wegen des früheren Delikts nicht mehr bestraft werden kann, während § 1 Bestrafung wegen des neuen verbietet. Das gilt auch bei einem Wechsel von Qualifikationsgründen (vgl. dazu BGH **26**, 167, 173 [zur Neufassung des § 250 ab 1. 1. 1975; dazu *Tiedemann* JZ **75**, 692; Peters-FS 193]). Zur **Unrechtskontinuität** zwischen § 88 Nr. 2 BörsG aF und § 38 I Nr. 4 WpHG vgl. einerseits LG München NStZ **04**, 291 [krit. Anm. *Eichelberger*], andererseits LG München wistra **03**, 436 (vgl. 9 a zu § 263); zu § 232 und § 180 b aF vgl. NStZ **05**, 445; NStZ-RR **07**, 46. 5

Nur **materielles Recht** kommt in Betracht, wenn man mit der hM auch § 1 (Art. 103 II GG) nur auf materielles Recht bezieht (vgl. dazu *Satzger* Jura **06**, 746, 747 f.). **Rechtsanwendungsrecht** (§§ 3 ff.) gehört zum materiellen Recht iS von III (BVerfG wistra **03**, 255, 257; BGH **20**, 25; **27**, 8; **45**, 64, 71; Düsseldorf NJW **79**, 61; *Oehler,* Bockelmann-FS 771; LK-*Dannecker* Einl. 6; *S/S-Eser* 2 vor § 3; 6

MK-*Schmitz* 17 zu § 1). Die bloße Änderung des **persönlichen Anwendungsbereichs** einer Strafvorschrift ist aber keine Abs. III unterfallende Änderung des Tatbestands, wenn sich der Inhalt der strafbewehrten Verhaltensnorm nicht geändert hat (BGH **50**, 105; NStZ-RR **05**, 247 [m. krit. Anm. *Herzog* StV **06**, 578; Aufenthaltsgenehmigungspflicht durch den Beitritt osteuropäischer Staaten zur EU zum 1. 5. 2004]; *Mosbacher* wistra **05**, 54, 55). Auch eine *Amnestie* ist als Strafaufhebungsgrund (17 vor § 32) zu beachten (*Dreher* JZ **71**, 31); ebenso auch als sachliches Recht § 51 BZRG (BGH **24**, 378; **25**, 85).

7 Ein Wechsel im **Verfahrensrecht** bleibt unberücksichtigt, so zB der Wegfall des Erfordernisses eines **Strafantrags** (BGH **50**, 138, 141; vgl. dazu auch BGH **46**, 310, 317; einschr. *S/S-Eser* 6 mwN). Wird umgekehrt ein Antragserfordernis nachträglich eingeführt, so gilt es als Verfahrensrecht mit dem Inkrafttreten, und zwar auch noch in der Revisionsinstanz (Hamm NJW **70**, 578; hM). Wenn die **Verjährungsfrist** geändert wird, gilt grds. das neue Recht, wenn nicht eine ausdrückliche Übergangsregelung getroffen ist (BGH **50**, 138, 139), da das Verfahrenshindernis der Verjährung nicht die Strafdrohung an sich, sondern nur die Verfolgbarkeit betrifft (vgl. BVerfG NJW **00**, 1554; BGH **26**, 289; NJW **99**, 1647). Die Verjährung ist daher grds. nach den Regelungen zu beurteilen, die im Zeitpunkt der Entscheidung gelten (BGH **50**, 138, 140). Anders ist es aber, wenn eine Veränderung der Verjährungsfrist auf einer nachträglichen Änderung der *Höchststrafe* beruht (§ 78 III); eine Verkürzung der Verjährungsfrist ist dann zu beachten (München wistra **07**, 34, 35), eine Verschärfung bleibt nach III außer Betracht (BGH **50**, 138, 140; GA **54**, 22; MDR/D **54**, 335). Nach BGH **50**, 138 (= NJW **05**, 2566 [zu § 179]; Anm. *Mitsch* NStZ **06**, 33) ist eine in einem Zwischenrechts-Zustand (oben 4) geltende kürzere Verjährungsfrist anzuwenden, wenn sie infolge der Umwandlung eines zur Tatzeit geltenden Qualifikationstatbestands in ein Regelbeispiel eines besonders schweren Falles bei gleichem Strafrahmen eingetreten ist. BGH **50**, 138 hat im konkreten Fall Verjährung aufgrund der milderen Zwischenrechtslage selbst dann angenommen, wenn *vor* dem Ablauf der nach dem günstigeren Recht berechneten Verjährung die Zwischenrechtslage endete und die Verjährungsfrist aufgrund erneuter Verschärfung der Strafdrohung wieder verlängert wurde (zw.; krit. dazu *Mitsch* NStZ **06**, 33, 34).

8 **B.** Zur **Ermittlung des mildesten Gesetzes** ist der gesamte Rechtszustand im Bereich des materiellen Rechts heranzuziehen, so dass in den Fällen von *Blankettgesetzen* (5 zu § 1) auch die blankettausfüllenden Normen zu berücksichtigen sind (BGH **20**, 177; Bay **59**, 46; **61**, 150; **66**, 96; KG JR **50**, 404; Düsseldorf NJW **91**, 711; StA Stuttgart wistra **94**, 271; BVerfG NJW **95**, 316). Blankettgesetze setzen eine wirksame Verhaltensnorm und eine rechtswirksame Sanktionsnorm voraus, fehlt eine von beiden auch nur zeitweise, so ist mildestes Gesetz dasjenige, das den Wegfall der Strafdrohung zur Folge hat (NStZ **92**, 535; [hierzu *Achenbach* NStZ **93**, 427]; vgl. auch AG Bremen StV **05**, 218; StA Dresden StV **05**, 220 [jeweils zu § 92a AuslG aF]). Zur Bedeutung von **EU-Recht** für die Anwendung von § 2 III vgl. *Gleß* GA **00**, 224.

9 Das **Gesetz als Ganzes** ist zu prüfen; dem Täter günstige Elemente aus Gesetzen verschiedener Gültigkeit zu kombinieren, ist nicht zulässig (BGH **20**, 30; **24**, 94; NJW **65**, 1723; NStZ **83**, 80; Karlsruhe NJW **70**, 2072; Koblenz NJW **73**, 1759; **aA** *Schröder* JR **66**, 68; NStZ-RR **98**, 104); so darf § 326 aF mit der niedrigeren Strafdrohung nicht mit der für den schärferen § 326 nF vorgesehenen Milderungsmöglichkeit des § 330b nF kombiniert werden (NJW **97**, 951); es gilt der **Grundsatz strikter Alternativität**.

10 Das **mildeste Gesetz** ist nicht dasjenige, das bei *abstraktem* Vergleich der Gesetze milder erscheint, sondern dasjenige, das bei einem Gesamtvergleich (vgl. unten 12d) im **konkreten Einzelfall** nach dessen besonderen Umständen die dem Täter günstigste Beurteilung zulässt (NStZ **83**, 80; **83**, 416; München wistra **07**, 34, 35). Am mildesten ist ein Gesetz, nach dem die Tat straflos (BGH **20**, 119; Bay **53**, 264;

NJW **61**, 688) oder nur noch eine Ordnungswidrigkeit ist (BGH **12**, 148), der besonders schwere Fall weggefallen (Koblenz NStZ **83**, 82), oder wie bei § 31 Nr. 1 BtMG eine Strafmilderungsmöglichkeit geschaffen worden ist (5 StR 939/83); jedoch liegt nach BVerfGE **81**, 135 kein Verstoß gegen das Rückwirkungsverbot vor, wenn zwischen Begehung und Entscheidung die Tat *vorübergehend* nicht mit Strafe oder Geldbuße bedroht gewesen ist. Im Übrigen entscheidet die Gesamtheit der Strafnachteile. Dabei sind zunächst die Hauptstrafen zu vergleichen, wobei Geldstrafe stets milder ist als Freiheitsstrafe (MDR/D **75**, 541; Bay MDR **72**, 884; **aA** *Jakobs* 4/79), und es bei **leichteren Taten** für den Vergleich auf die Mindeststrafe ankommt (5 StR 709/84; München wistra **07**, 34, 35). Erst nach den Hauptstrafen sind Nebenstrafen und Nebenfolgen heranzuziehen; danach ist es möglich, dass bei Anwendung der milderen Vorschrift Einziehung zulässig ist, die nach der strengeren Vorschrift nicht möglich gewesen wäre (NJW **65**, 1723; **aA** *Schröder* JR **66**, 68). Die Maßregeln der Besserung und Sicherung scheiden bei dem Vergleich aus. Bei gleichen Strafarten kommt es auf die Strafrahmen (BGH **20**, 121), bei gleichen Strafrahmen auf die konkret zu verhängende Strafe an; hierbei sind **gesetzliche Milderungsmöglichkeiten**, insb. Strafrahmensenkungen zB wegen Beihilfe (§ 27 II) oder Versuchs (§ 23 II), ebenfalls zu berücksichtigen (vgl. zB München NStZ-RR **06**, 376 [zu § 34 AWG]). Kommt auch eine Prüfung nach § 52 in Betracht, so hat die nach § 52 den Vorrang. Ist **kein Unterschied im Mildegrad** der in Betracht kommenden Gesetze festzustellen, so ist das zur Tatzeit geltende Gesetz anzuwenden (JR **53**, 109; KG JR **93**, 392; 4 StR 184/98; Bay NJW **95**, 541). Beim Vergleich der Strafdrohung eines Regelbeispiels mit derjenigen eines früheren unbenannten **besonders schweren Falles** ist zunächst zu prüfen, ob bei *konkreter* Anwendung des früheren Rechts ein bsF gegeben gewesen wäre (stRspr.; vgl. NStZ-RR **07**, 193).

Einzelfälle: § **266a** gegenüber §§ 529, 1428 RVO aF, § 225 AFG aF [BGH **20**, 25; 75; NStZ **83**, 80; 268; 416; wistra **88**, 354]; § 29 I BtMG aF gegenüber **§ 29a BtMG** nF [StV **93**, 364; 4 StR 676/95]; **§ 182 I Nr. 1** im Vergleich zum (aufgehobenen) § 175 I [BGHR § 2 III GesÄnd. 10]; **§ 146 I** nF gegenüber § 146 I aF [StV **98**, 380]; **§ 176 I** nF gegenüber § 176 III aF [NStZ-RR **98**, 271]; **§ 177** nF gegenüber § 177 aF [3 StR 337/97; NStZ-RR **98**, 104; NStZ **98**, 86; NStZ-RR **98**, 152]; **§ 177 III** nF im Vergleich zum (aufgehobenen) § 178 [3 StR 254/97]; **§ 177 I** aF mit zweimaliger Milderung nach §§ 21, 49 und nach §§ 23, 49 gegenüber § 177 III S. 2 Nr. 1 nF, der lediglich nach §§ 21, 49 gemildert werden könnte [NStZ **98**, 130]; **§ 177 I** nF gegenüber § 177 I aF [NStZ-RR **97**, 353; NStZ **98**, 130; 4 StR 484/97; StV **98**, 76; NStZ **98**, 477: selbst wenn die Voraussetzungen eines Regelfalls des § 177 III S. 2 Nr. 1 nF vorliegen, aber nicht auszuschließen ist, dass das Gericht den besonders schweren Fall verneint; anders jedoch, wenn ein besonders schwerer Fall bejaht wird: NStZ **97**, 354]; § 177 II aF gegenüber **§ 177 III** nF [NStZ-RR **97**, 353; BGHR § 2 III GesÄnd. 11]; **§ 179** aF gegenüber der nF [NStZ **98**, 83]; § 237 fF gegenüber **§ 177 I** nF [NStZ-RR **98**, 105; 4 StR 71/98]; § 232 gegenüber § 180b aF [NStZ-RR **07**, 46]. **§ 250 I Nr. 1a** ist bei bloßem Beisichführen einer Gaspistole gegenüber § 250 I Nr. 1 aF milder (StV **98**, 382 L); ebenso § 250 I Nr. 1b gegenüber § 250 I aF (NJW **98**, 2916 aS; NStZ-RR **98**, 295; StV **98**, 487; 3 StR 243/98; 4 StR 245/98; 2 StR 246/98; 5 StR 362/98; 5 StR 381/98); § 250 I aF ist jedoch gegenüber § 250 II Nr. 1 nF nicht milder (NStZ-RR **98**, 294; 1 StR 272/98), wobei allerdings bei konkreter Betrachtungsweise zu berücksichtigen ist, dass er bei gleichem Strafrahmen zu einer Tatbestandseinschränkung führt, weil weniger gravierende Tathandlungen aus der Qualifikation herausgefallen sind (NStZ **98**, 354; NStZ-RR **98**, 268; 1 StR 161/98). Auch § 265 nF iVm § 263 ist gegenüber § 265 aF nicht milder (NStZ-RR **98**, 235); wohl aber dann, wenn kein Regelfall des § 263 III S. 2 Nr. 5 vorliegt (1 StR 254/98). In Fällen des **§ 263 III** idF des 6. StrRG ist bei konkreter Betrachtung stets zu prüfen, ob nach § 263 III aF ein unbenannter besonders schwerer Fall anzunehmen gewesen wäre (vgl. wistra **01**, 303; NStZ **01**, 650; NStZ-RR **02**, 50). Zum Verhältnis von **§ 96 AufenthG** zu § 92a AuslG aF vgl. BGH **50**, 105; NStZ-RR **05**, 247; **aA** AG Bayreuth StV **05**, 217). **11**

Für die vor dem 3. 10. 1990 **in der ehem. DDR begangenen Straftaten** kommt es (vorbehaltlich 39 vor § 3) darauf an, ob gegenüber dem nach I maßgebenden Tatzeitrecht des damals geltenden DDR-Strafrechts im bundesdeutschen Recht überhaupt eine Entsprechensnorm besteht (BGH **40**, 174). Ist das nicht der Fall, so kann die Tat nach II nicht mehr bestraft werden. Gilt eine den Unrechtskern erfassende entsprechende Norm des StGB, so **11a** kommt es darauf an, ob diese iS von III das **mildeste Gesetz** ist und daher nach Art. 315 I EGStGB anstelle des zur Tatzeit geltenden Gesetzes anzuwenden ist (42 vor § 3). Im **Vergleich zwischen StGB und StGB-DDR** kam im Fall einer Verurteilung nach § 244 StGB-DDR (Rechtsbeugung) die Anwendung des § 56 für eine nach dem DDR-Strafrecht gebildete Freiheitsstrafe nicht in Betracht, da das StGB-DDR nur die Verurteilung auf Bewährung (§ 72 StGB-DDR) kannte, die in § 244 StGB-DDR nicht vorgesehen war (vgl. BGH **37**, 322 [m. Anm. *Schroeder* JR **91**, 335]; NStE Nr. 4; MDR/H **92**, 631; BGHR § 2 III, DDR-StGB 6; NJW **95**, 2861; NStZ-RR **97**, 301; **02**, 201; *Gribbohm* NStZ **93**, 536; *K. Weber* GA **93**, 204; **aA** *S/S-Eser* 34; NK-*Hassemer/Kargl*45). Bei der Ermittlung des mildesten Gesetzes (Art. 315 I EGStGB, § 2 III) ist daher in einem solchen Fall nach der gebotenen konkreten Betrachtungsweise (unten 10ff.) die nach §§ 244, 63f. StGB-DDR festzusetzende Hauptstrafe mit der nach §§ 339, 239 II, 53 zu bildenden Gesamtfreiheitsstrafe, die möglicherweise nach § 56 ausgesetzt werden kann, zu vergleichen (NJW **95**, 2861; BGH **41**, 247; NStZ **96**, 386; BGHR § 2 III Mild. Str. 2; 4 StR 733/95; vgl. insoweit aber auch NJW **96**, 864 [insoweit in BGH **41**, 343 nicht abgedr.]: Rechtsbeugung durch Verhängung von Todesurteilen durch einen DDR-Richter); dazu 16ff. zu § 339. Zu **Einzelheiten** des Vergleichs und zu **Einzelfällen** vgl. 51. Aufl. Rn. 12b ff. Wurden **Serienstraftaten** zT als DDR-Alttaten (39 vor § 3) und zT nach dem 3. 10. 1990 begangen, so ist es unzulässig, insgesamt eine Hauptstrafe nach §§ 63, 64 StGB-DDR zu bilden, vielmehr ist eine Gesamtstrafenbildung nach §§ 53, 54 obligatorisch (NStZ **96**, 275 [m. Anm. *Dölling* NStZ **97**, 78]; **98**, 36; BGHR § 2 III DDR-StGB 13; 2 StR 347/98; vgl. 2 zu § 53). Für die nach DDR-Recht zu beurteilenden Einzeltaten dürfte allerdings idR eine Hauptstrafe zu bilden sein, die in die Gesamtstrafe nach § 54 einzubeziehen ist (offen gelassen von BGH aaO).

12 **C.** Die Änderung muss in jeder Lage des Verfahrens, auf **Sachrüge** (BGH **26**, 94) auch vom Revisionsgericht (§ 354a StPO) berücksichtigt werden (BGH **5**, 208; **6**, 192; 258; **16**, 93; **18**, 18; **20**, 74; 77; 117; Bay NJW **98**, 3366). Das gilt auch bei Teilrechtskraft, unabhängig davon, ob die Strafbarkeit nachträglich ganz entfällt oder nur die Rechtsfolgendrohung gemildert wird (zB wenn nach Rechtskraft des Schuldspruchs die Strafbarkeit entfällt oder die Strafdrohung gemildert wird (BGH **20**, 116; Bay NJW **61**, 688; **71**, 392; Düsseldorf NJW **91**, 711; vgl. auch BGH **24**, 106) oder über erweiterte Strafaussetzungsmöglichkeiten (vgl. NJW **54**, 40; Braunschweig NJW **53**, 1762) oder wenn nur noch über die Aussetzung der Strafe zu entscheiden ist. Zu beachten ist aber, dass § 2 III zum **disponiblen Recht** gehört; der Gesetzgeber kann daher die Meistbegünstigungsvorschrift jedenfalls für solche Fälle ausschließen, in welchen zum Zeitpunkt der Derogierung nicht (schon) ein schutzwürdiger Vertrauensstatbestand im Hinblick auf die Straflosigkeit geschaffen war (Stuttgart NuR **99**, 416, 417 [zu § 39 II BNatSchG; verspäteter Erlass der BArtenschutzVO]). BFH BB **00**, 1391 [krit. Anm. *Staechelin* BB **00**, 1663] hat § 2 III wegen der Übergangsanordnung des BVerfG (BVerfGE **93**, 121) im Hinblick auf bis zum 31. 12. 1996 verwirklichte Hinterziehung von Vermögenssteuer für nicht anwendbar gehalten. Das ist nicht unzweifelhaft, denn die Frage der *Strafbarkeit* des Verstoßes gegen eine für verfassungswidrig erklärte Norm folgt anderen Grundsätzen als die an Art. 3 I GG orientierte Anordnung ihrer *vorläufigen* weiteren Anwendung.

13 **5)** Nach **Abs. IV** ist die Anwendung des III für **Zeitgesetze** ausgeschlossen. Zeitgesetz ist ein Gesetz, dessen Außerkrafttreten kalendermäßig oder durch ein bestimmtes künftiges Ereignis festgelegt ist (Zeitgesetz ieS), oder ein Gesetz, das erkennbar nur als vorübergehende Regelung für sich ändernde wirtschaftliche oder sonstige zeitbedingte Verhältnisse gedacht ist (Zeitgesetz iwS; E EGStGB 206; BGH **6**, 36; **20**, 183; NJW **52**, 72; OGHSt. **2**, 268; *Samson* wistra **83**, 238; vgl. *Blei* AT § 13 III; krit. *Tiedemann,* Peters-FS 198; *Flämig* aaO 78, 125; *Rüping* NStZ **84**, 451). Ein Gesetz kann nachträglich (etwa durch Befristung) zum Zeitgesetz werden (Bay **61**, 149; str.) oder durch lange Dauer den Charakter des Zeitgesetzes verlieren (BGH **6**, 39). Als Zeitgesetze sind **zB** angesehen worden: Ergänzungen zu Preisstrafrechtsvorschriften (NJW **52**, 72); zeitlich begrenzte PolVOen (Bay NJW **62**, 825); das WohnraumbewirtschaftungsG (Hamm JMBlNRW **65**, 270); Erstattungsverordnung nach dem EWG-Recht (NStZ **90**, 36); Art. 69k AWV a.F. iVm § 34 AWG (StV **99**, 26: *Serbien-Embargo*); Art. 69e II Buchst. c

AWV a. F. iVm § 34 AWG (wistra **06**, 464; *Irak-Embargo*). Ein Zeitgesetz ist auch das 3. Euro-EinführungsG v. 16. 12. 1999 (BGBl. I 2402; vgl. 2 zu § 146).

Nicht als Zeitgesetz angesehen worden ist § 25 VI AsylVfG (Düsseldorf NJW **91**, 711). Die str. Frage, ob und in welchem Umfang Verstöße gegen Art. VIII G 53 (MRG) iVm § 1 I Nr. 2 und § 14 InterzonenhandelsVO auch nach der Wiederherstellung der staatlichen Einheit Deutschlands strafbar bleiben (einschränkend auf die Fälle, die weiterhin nach dem AWG strafbar wären, BGH **40**, 378 [5. StS]; uneingeschränkt hingegen wistra **95**, 192; vgl. auch KG NStZ **94**, 244; LG München DtZ **94**, 380), hat der GrSen in BGH **42**, 113 (krit. Anm. *Kirsch* wistra **96**, 267; vgl. auch NStZ **96**, 42 [Bespr. *Sachs* JuS **99**, 1015]) auf Vorlage des *1. StS* (Vorlagebeschl. NJW **96**, 605) dahin entschieden, dass die Herstellung der deutschen Einheit die Strafbarkeit wegen Zuwiderhandlungen gegen Art. VIII G 53 (MRG) nicht berühre. Zur Anwendbarkeit von Art. VIII G 53 (MRG) bei Embargo-Verstößen von DDR-Bürgern vgl. BGH **43**, 136 ([*Fall Schalck-Golodkowski;* dazu BVerfG 2 BvR 1565/97]; 5 StR 97/99). **13 a**

Blankettstrafvorschriften (5 zu § 1) sind oft, jedoch nicht stets Zeitgesetze, so das MinöStG (BGH **20**, 177). Str. ist, ob **Steuergesetze** Zeitgesetze iwS sind und daher *stets* nachwirken (*bejahend:* AG Köln NJW **85**, 1040; AG Bochum NJW **85**, 1969; AG Düsseldorf NJW **85**, 1971; *Franzheim* NStZ **82**, 138; *differenzierend: Kunert* NStZ **82**, 277; *H. Schäfer* wistra **83**, 171; *Rüping* NStZ **84**, 451; *Dannecker* InstKonfl. **11**, 101; *S/S-Eser* 37; *Lackner/Kühl* 8; vgl. auch *Samson* wistra **83**, 238; zu **Parteispenden** vgl. auch BGH **37**, 266. 279 ff.). **13 b**

6) Nach **Abs. V** gelten die Regelungen der Abs. I bis IV auch für die strafähnlichen Maßnahmen **Verfall, Einziehung** und **Unbrauchbarmachung**; das gilt auch dann, wenn im Einzelfall der präventive Sicherungscharakter überwiegt (*Satzger* Jura **06**, 746, 748). Praktische Bedeutung hat dies namentlich im Hinblick auf § 73 d I S. 1 iV mit der Verweisung in einzelnen Tatbeständen. Der erweiterte Verfall kann daher nur für solche Gegenstände angeordnet werden, die vor Inkrafttreten des § 73 d (BGH **41**, 278) oder der jeweiligen Verweisungsvorschrift (NJW **01**, 2339 [zu § 263 VII, 282]) erlangt worden sind. **14**

7) Nach VI sind **Maßregeln der Besserung und Sicherung** (§§ 61 ff.) abw. von § 1, § 2 I bis IV nach dem Gesetz anzuordnen, das zZ der Entscheidung (oben 12) gilt, ohne Rücksicht darauf, welches Recht vorher, insbesondere zur Tatzeit galt (1 StR 226/86; 3 StR 231/07 [zu § 67]). Diese umstrittene (hierzu *Ullenbruch* NStZ **98**, 329), aber verfassungsrechtlich zulässige Regelung (4 zu § 1), steht jedoch unter einem ausdrücklichen Gesetzesvorbehalt, von dem Art. 303 (FAufsicht) und 305 EGStGB (Berufsverbot), Art. 316 I EGStGB idF Art. 4 Nr. 2 des 23. StÄG, Art. 1 a EGStGB idF des SichVG (1 zu § 66) sowie Art. 93 des 1. StrRG (Sicherungsverwahrung) zT iS des Grundsatzes von I Gebrauch machten. Die Rückwirkung der Regelungen zur **Sicherungsverwahrung** (insb. § 67 d III) sowohl im Hinblick auf die formellen Anordnungsvoraussetzungen als auch hinsichtlich des Wegfalls der Befristung einer ersten Anordnung (vgl. Frankfurt NStZ **02**, 90 f.; krit. *Kinzig* StV **00**, 330) ist verfassungsgemäß (BVerfGE **109**, 133 [= NJW **04**, 739]; vgl. dazu ausf. *Best* ZStW **114** [2004], 88 ff. mwN). **15**

Vorbemerkung zu den §§ 3 bis 7

Literatur: *Cornils,* Die Fremdrechtsanwendung im Strafrecht, 1978; *Eser,* Die Entwicklung des intern. Strafrechts, Jescheck-FS 1353; *ders.,* Grundlagen u. Grenzen „stellvertretender Strafrechtspflege" (§ 7 II Nr. 2 StGB), JZ **93**, 857; *ders.,* Das „Internationale Strafrecht" in der Rechtsprechung des Bundesgerichtshofs, BGH-FG 3; *Gardocki,* Über den Begriff des intern. Strafrechts, ZStW **98**, 703; *Gribbohm,* Strafrechtsgeltung u. Teilnahme, JR **98**, 177; *Henrich,* Das passive Personalitätsprinzip im deutschen Strafrecht, 1994; *Holthausen,* Die Strafbarkeit von Auslandstaten Deutscher u. das völkerr. Interventionsverbot, NJW **92**, 214; *Hugger,* Zur strafbarkeitserweiternden richtlinienkonformen Auslegung dt. Strafvorschriften, NStZ **93**, 424; *Jescheck* Beitr. 521; *ders.,* Gegenstand u. neueste Entwicklung des Intern. Strafrechts, Maurach-FS 579; *Kempf,* Strafrecht goes global, Richter II-FS (2006) 283; *Knittel,* Strafanwendungsrecht

u. Rechtshilferecht als Gegenstände des intern. Strafrechts, Jura **89**, 581; *Kudlich*, Herkunftslandprinzip und internationales Strafrecht, HRRS **04**, 278; *Lagodny*, Grundkonstellationen des intern. Strafrechts, ZStW **101**, 987; *Liebelt*, Zum deutschen intern. Strafrecht (usw.), 1978 (Diss. Münster) u. GA **94**, 26; *Lüttger*, Strafrechtsschutz für nichtdt. öffentl. Rechtsgüter, Jescheck-FS 121; *Martin*, Grenzüberschreitende Umweltbeeinträchtigungen im dt. Strafrecht, ZRP **92**, 19; *Merkel*, Universale Jurisdiktion bei völkerrechtl. Verbrechen, in: *Lüderssen*, Aufgeklärte Kriminalpolitik usw, 1999, III 237; *Niemöller* Zur Geltung des inländ. Strafrechts für Auslandstaten Deutscher, NStZ **93**, 171; *Nowakowski*, Anwendung des inländ. Strafrechts u. außerstaatliche Rechtssätze, JZ **71**, 633; *Oehler*, Internationales Strafrecht, 2. Aufl. 1983; *ders.*, ZStW Beih. 1971, 48 (= *Oehler II*); *ders.*, Zur Rückwirkung des Begriffs des Deutschen im geltenden dt. intern. Strafrecht, Bockelmann-FS 771; *ders.*, Neuerer Wandel in den Bestimmungen über den strafr. Geltungsbereich in den völkerr. Verträgen, Carstens-FS 435 u. HWiStR „Internationales Strafrecht"; *Pawlik*, Strafe oder Gefahrenbekämpfung? Die Prinzipien des deutschen internationalen Strafrechts vor dem Forum der Straftheorie, Schroeder-FS (2006) 357; *Pottmeyer*, Die Strafbarkeit von Auslandstaten nach dem Kriegswaffenkontroll- u. dem Außenwirtschaftsrecht, NStZ **92**, 57; *Roggemann*, Strafverfolgung von Balkankriegsverbrechen auf Grund des Weltrechtsprinzips, NJW **94**, 1436; *Satzger*, Die Anwendung des dt. Strafrechts auf grenzüberschreitende Gefährdungsdelikte, NStZ **98**, 112; *Scholten*, Das Erfordernis der Tatortstrafbarkeit in § 7 II Nr. 2 StGB, NStZ **94**, 266; *Schomburg/Lagodny*, Neuere Entwicklungen im Recht der intern. Rechtshilfe in Strafsachen, StV **94**, 393; *Schröder*, Die Teilnahme im intern. Strafrecht, ZStW **61**, 57; *ders.*, Grundlagen u. Grenzen des Personalitätsprinzip im intern. Strafrecht, JZ **68**, 241; *ders.*, Der „räumliche Geltungsbereich" der Strafgesetze, GA **68**, 353; *ders.*, NJW **68**, 283; *ders.*, Schranken für den räumlichen Geltungsbereich des Strafrechts, NJW **69**, 81; *H. Schultz*, Neue Entwicklungen im sog. intern. Strafrecht, v. Weber-FS 305; *ders.*, Zur Regelung des räuml. Geltungsbereiches durch den E 1962, GA **66**, 193 u. Tröndle-FS 895; *Sieber*, Internationales Strafrecht im Internet, NJW **99**, 2065; *Tiedemann*, Multinationale Unternehmen u. Steuerdelinquenz, Waseda-FS 927; *Vogler*, Entwicklungstendenzen im intern. Strafrecht, Maurach-FS 595; *Valerius*, Das globale Unrechtsbewusstsein, NStZ **03**, 341; *Völker*, Zur Dogmatik des ordre public, 1998; *Wengler*, Völkerrechtliche Schranken des Anwendungsbereichs von Strafgesetzen, JZ **77**, 257; *Wilkitzki*, Die Regionalisierung des intern. Strafrechts, ZStW **105**, 821; *Wille*, Die Verfolgung strafbarer Handlungen an Bord von Schiffen u. Luftfahrzeugen, 1974; *Woesner* ZRP **76**, 248; *Zieher*, Das sog. internationale Strafrecht nach der Reform, 1977.

Übersicht

1) Allgemeines	1
2) Begriff des deutschen Strafrechts	2
3) Anknüpfungsprinzipien	3
4) Verhältnis des deutschen zum ausländischen Strafrecht	4–11
5) Begriff des Inlands	12–19
6) Begriff des Auslands	20
7) Strafverfolgung von Ausländern im Inland	21–23
8) Interlokales Strafrecht	24–28
9) Ländervorbehalt	29
10) Rechtsnatur der Regelungen	30
11) Strafanwendungsprobleme nach der Wiedervereinigung Deutschlands	31–45

1 **1) Allgemeines.** Die §§ 3 bis 7 regeln das sog. **internationale Strafrecht,** genauer das **innerstaatliche Strafanwendungsrecht,** das die Vorschriften über den *Geltungsbereich des deutschen Strafrechts* enthält und angibt, wie weit ein Sachverhalt, der hinsichtlich des Tatorts, des Täters oder des Verletzten internationale Bezüge aufweist, der **innerstaatlichen Strafgewalt** unterliegt (*Jescheck/Weigend* § 18 I); das Strafanwendungsrecht ist damit Teil des materiellen Strafrechts und unterfällt dem Gebot der Tatbestandsbestimmtheit gem. Art. 103 II GG, § 1 (BVerfG wistra **03**, 255, 257). Die §§ 3 bis 7 sind keine Entsprechung des internationalen Privatrechts auf dem Gebiet des Strafrechts, sie enthalten lediglich einseitige Kollisionsnormen (*Lackner/Kühl* 1; *Kudlich* HRRS **04**, 278, 279), die den Anwendungsbereich des deutschen Strafrechts festlegen. Sie gehören dem materiellen Recht an (*BGH* ***20***, *25;* ***27***, *8; 7 zu § 2*), begründen aber ein Prozesshindernis, wenn es an der Anwendbarkeit des deutschen Strafrechts fehlt (BGH **34**, 3 mwN).

2 **2) Begriff des deutschen Strafrechts.** Das deutsche Strafrecht ist die Gesamtheit aller Normen der BRep. und ihrer Länder (in den Grenzen des Art. 1

EV), soweit die Normen Voraussetzungen und Rechtsfolgen rechtswidriger Taten (für Ordnungswidrigkeiten gilt § 5 OWiG) regeln. Es umfasst auch blankettausfüllende Normen (Karlsruhe NStZ **85**, 317; 5 zu § 1), Rechtfertigungsgründe, Schuld- und Strafausschließungsgründe (14, 17 vor § 32), Verfahrenshindernisse und ist auf Taten iS von 33 zu § 11 anzuwenden, wenn der Ort ihrer Begehung (§ 9) im Inland liegt.

3) Anknüpfungsprinzipien. Das StGB knüpft in erster Linie an das **Territorialitätsprinzip** (Gebietsgrundsatz) an, das dessen Geltung auf die im Inland begangenen Taten beschränkt (§ 3). Der Gebietsgrundsatz bedarf im Interesse des Schutzes wichtiger Rechtsgüter in mehrfacher Hinsicht der Ergänzung: Das **Flaggenprinzip** (§ 4) erstreckt das deutsche Strafrecht auf Straftaten an Bord von deutschen Schiffen und Luftfahrzeugen. Besondere Bedeutung hat das **Schutzprinzip,** das den Selbstschutz des Staates und seiner Institutionen (**Staatsschutzprinzip,** Realprinzip; § 5 Nr. 1, 2, 3 b, 4, 5 a, 10, 12, 13) sowie der eigenen Staatsbürger (**passiver Personalitätsgrundsatz,** Individualschutzprinzip; § 5 Nr. 6 bis 9, 14 § 7 II) bezweckt. Das **aktive Personalitätsprinzip** knüpft an die Staatsangehörigkeit des Täters an (Staatsangehörigkeitsgrundsatz). Im geltenden Recht hat es nur noch vereinzelt und in eingeschränkter Form Bedeutung (vgl. § 5 Nr. 3 a, 5 b, 8, 9, 12, 13). Das **Weltrechtsprinzip** (Universalprinzip) erstreckt des deutsche Strafrecht auf internationale, in allen Kulturstaaten anerkannte Rechtsgüter (§ 6). Diese Prinzipien werden ergänzt durch den **Grundsatz der stellvertretenden Strafrechtspflege** (1 zu § 7), nach dem das deutsche Strafrecht hilfsweise eingreift, wenn die ausländische Strafjustiz aus tatsächlichen oder rechtlichen Gründen an der Durchsetzung ihres Strafanspruchs gehindert ist. Zu diesen herkömmlichen Grundsätzen ist in jüngerer Zeit das **Kompetenzverteilungsprinzip** getreten, nach dem bei konkurrierenden Strafrechten aus Zweckmäßigkeits- und Gerechtigkeitsgründen sowie zur Vermeidung von Doppelbestrafungen die Kompetenz für die Aburteilung von Taten mit Auslandsbezug geregelt ist. 3

4) Verhältnis des deutschen zum ausländischen Strafrecht. Vorrangig (dh vor der Anwendung der §§ 3 ff., BGH **22**, 285; *S/S-Eser* 13 mwN) ist durch **Auslegung** jeder einzelnen Norm zu prüfen, ob von ihr nur inländische oder auch ausländische Rechtsgüter erfasst werden (vgl. *Eser,* BGH-FG 3, 8 ff.; *Obermüller,* Der Schutz ausländischer Rechtsgüter im deutschen Strafrecht (usw.), 1999). Die grundsätzliche Beschränkung des deutschen Strafrechtsschutzes auf inländische Rechtsgüter (BGH **8**, 355; **20**, 51; **21**, 280; **22**, 285; **29**, 76) erfährt zahlreiche Ausnahmen, die zusätzlich zu berücksichtigen sind. Die Anwendungsfrage stellt sich insbesondere, wenn ein ausländisches Rechtsgut verletzt ist, ohne dass eine Einschränkung des Schutzbereichs (wie sie zB nach den §§ 84 ff. gegeben ist) aus dem Wortlaut der Norm erkennbar ist (*Oehler* 232 ff.; *M/Zipf* 11/27; *Lüttger,* Jescheck-FS 121; *Stoffers* JA **94**, H. 6, 76). 4

Schutzausdehnung auf ausländische Rechtsgüter. Eine Schutzausdehnung der Norm auf ausländische Rechtsgüter kann außerhalb des Tatbestandes **gesetzlich bestimmt** sein. So sind zB mehrere Normen des StGB auch zum Schutze der Vertragsstaaten der NATO durch § 1 des 4. StÄG [Anh. 14] anwendbar. Andere Ausdehnungen des Anwendungsbereichs ergeben sich aus bilateralen oder multilateralen ÜbK. (vgl. *Möhrenschlager* JZ **80**, 165 Anm. 38), aber nur vereinzelt unmittelbar durch die Ratifizierung des ÜbK. (zB für Geheimhaltungspflichtverletzungen aus Art. 194 II EURATOM/EAG und bei Eidesverletzungen aus Prot. v. 17. 4. 1957, BGBl. II 1194), vielmehr idR erst mit dem Inkrafttreten des zur Durchführung des ÜbK. erlassenen Ges., sofern dieses eine Strafbarkeitserweiterung enthält. Denn dieses erst bewirkt idR die Umwandlung des ÜbK. in für die BRep. *verbindliches* Recht (9 zu § 6; vgl. zur richtlinienkonformen Auslegung des EG-Rechts *Hugger* NStZ **93**, 421 mwN zur stRspr des EuGH zur Wirkung von EWG-Richtlinien; **aA** *Oehler* 202, 477, 542). Solche Erweiterungen des StGB zum Schutze ausländischer Rechtsgüter sind nach hM zulässig (wie schon aus § 6 5

Nr. 9 folgt; Bay **81**, 72; *S/S-Eser* 22). In *bilateralen* Übereinkommen dienen sie insbesondere der Erleichterung der Grenzabfertigung (**zB** deutsch-österreichisches Übk. v. 14. 9. 1955 iVm Ges. v. 4. 7. 1957, BGBl. II 585 ff., und Bek. v. 21. 12. 1957, BGBl. 1958 II 13 ff.) und der Gleichstellung von Kontrollbediensteten mit Amtsträgern, insbesondere zu ihrem Schutz iS des § 113. Eine solche Gleichstellung sehen auch *multilaterale* Übereinkommen vor, insb. zunehmend zum Schutze *gemeinschaftsrechtlicher Interessen* der EG als Folge der europäischen Einigung (vgl. Art. 2 EuBestG [Anh. 21]; Art. 2 IntBestG [Anh. 22]; *Möhrenschlager,* Einbeziehung ausländischer Rechtsgüter in den Schutzbereich nationaler Tatbestände, in *Dannecker* (Hrsg.), Die Bekämpfung des Subventionsbetrugs im EG-Bereich, 1993; *ders.,* in: *Wabnitz/Janovsky,* Hdb. d. Wirtschafts- und Steuerstrafrechts, 8/106 ff.).

6 **Verhältnis des EG-Rechts zum Recht der Mitgliedsstaaten.** Das Verhältnis zwischen den Rechtsquellen des EG-Rechts und dem nationalen Recht der Mitgliedsstaaten ist umstritten. Während der EuGH das EG-Recht in stRspr als eigenständige Rechtsordnung ansieht mit Anwendungsvorrang vor innerstaatlichem Recht, dürfte das EG-Recht schon mangels fehlender Strafrechtskompetenz hier grundsätzlich nicht anders zu beurteilen sein wie multilaterale Übk., also der Umsetzung durch ein ZustimmungsG bedürfen. Den generellen Anwendungsvorrang lehnt das BVerfG ab (BVerfGE **37**, 271; **73**, 339; vgl. zum Ganzen *Heise,* Europäisches Gemeinschaftsrecht und nationales Strafrecht, 1998; *Satzger,* Die Europäisierung des Strafrechts, 2001, 291 ff.; *Tiedemann* (Hrsg.), Europäisches Wirtschaftsstrafrecht (Freiburg-Symposium), 2002.

7 **Verhältnis von nationalem und Völkerrecht.** Bedeutsam für die Schutzbereichsausdehnung ist auch das Verhältnis zwischen Völkerrecht und nationalem Recht. So können sich zB Rechtfertigungsgründe aus dem Völkerrecht ergeben (dazu *Schwenck,* Lange-FS 101 ff.). Eine wesentliche Schutzausdehnung folgt aus den Grundsätzen des völkerrechtlichen Fremdenrechts (vgl. dazu *Vogler* NJW **77**, 1866). Nach heute allg. Ansicht ergeben sich, unabhängig von der Anknüpfung an den Territorialgrundsatz, Beschränkungen innerstaatlicher Strafbarkeit aus entgegenstehendem Völkerrecht (BGH **44**, 57 ff.; Bay NJW **98**, 393; *S/S-Eser* 3; *Jescheck/Weigend* § 18 I 2).

8 **Individualrechtsgüter.** Es ist allgemein anerkannt, dass Strafnormen, die **Individualrechtsgüter** schützen, idR in Inlandsfällen auch dann anwendbar sind, wenn der Verletzte Ausländer ist (BGH **29**, 88; *S/S-Eser* 15, 22; *Lüttger,* Jescheck-FS 121, 147; *Oehler* JR **80**, 485). Entscheidend ist, dass das Rechtsgut nicht als Ausfluss fremder Hoheitsgewalt anzusehen ist, sondern den Charakter eines Individualrechtsguts hat (zB Hausfrieden von Konsulaten, Köln NJW **82**, 2740). Schwierig ist die Anwendungsfrage bei den Strafnormen für die Steuer- und Zollhinterziehung, weil die §§ 369, 370 AO traditionell nur inländische fiskalische Interessen schützen, auf die Hinterziehung ausländischer Steuern also unanwendbar sind (Bay **79**, 199; *S/S-Eser* 16), es dem Gesetzgeber jedoch unbenommen bleibt, auch insoweit ausländische Interessen mitzuschützen (so geschehen durch § 370 VI AO für die Eingangsabgaben, die von einem anderen EG-Staat verwaltet werden oder einem EFTA-Staat zustehen; vgl. auch Umsatzsteuer-BinnenmarktG v. 25. 8. 1992, BGBl. I 1548, das allerdings nur nach dem Prinzip der Gegenseitigkeit verfährt; ferner für Abgaben auf Marktordnungswaren § 12 I S. 1, § 35 MOG).

9 **Inländische Kollektivrechtsgüter. Beispiele** für Tatbestände, die **ausschließlich inländische Rechtsgüter** schützen: *Staatsschutzdelikte iwS* (*§§ 80–101 a, 105–106 d, 109–109 k;* vgl. jedoch § 1 des 4. StÄG, Anh. 14), *§ 113* (*Lüttger* aaO [oben vor 1] 156; *§§ 129, 130 I, 130 a, 132 bis 140;* ferner die *§§ 123 ff.* (Köln NJW **82**, 2740; str.), *§ 136 II* (*Krehl* NJW **92**, 604), *§ 145 d* (1 StR 662/83; *Gössel,* Oehler-FS 106) und *§§ 153 ff.* (Düsseldorf NJW **82**, 1242 m. Anm. *Bottke* JR **83**, 76; vgl. jedoch NJW **82**, 1546 L; str.; *Lüttger* aaO [oben vor 1] 159; *Gössel* aaO 108; *Stoffers* JA **94**, H. 6, 77; NK-*Vormbaum* 36 ff. vor § 153), *§ 170, § 304* (zw.), idR *Steuer- und Zollstraftatbestände* (Bay NJW **80**, 1057 hierzu *Oehler* JR **80**, 485;

Gössel aaO 106; vgl. aber oben 8); die Strafnormen des *UrhG* (*Sternberg-Lieben* NJW **85**, 2124; vgl. auch BGH **49**, 93 = NJW **04**, 1674) sowie Tatbestände mit *inländischer* verwaltungsrechtlicher Akzessorietät (6 vor § 324), zB mit Abhängigkeit von einer inländischen Genehmigung, Bewilligung oder Erlaubnis (zB *§§ 324ff.*) und vwrechtlichen Pflichten (zB *§ 325*). Ausnahmen gelten nach Art. 2 Ges. v. 24. 4. 1990 (5 zu § 126) für die vwrechtlichen Pflichten iS des § 311 I und Genehmigungen und Untersagungen iS des § 328 I Nr. 1 (vgl. auch BGH **40**, 79 [jedoch *vor* 2. UKG ergangen] m. Anm. *Rengier* JR **96**, 34). Zur Anerkennung ausländischer Genehmigungen bei grenzüberschreitenden Umweltbeeinträchtigungen, für die bei Erfolgseintritt im Inland schon nach § 9 I deutsches Strafrecht gilt, vgl. *S/S-Eser* 24 mwN.

Ausländische Rechtsgüter. Außerhalb des Schutzbereichs der Normen des deutschen Strafrechts liegen idR **ausländische Rechtsgüter,** die auch nach Tatortrecht nur im staatlichen (vwrechtlichen oder hoheitsrechtlichen) Interesse des ausländischen Staates geschützt werden (vgl. *S/S-Eser* 16). **Beispiele:** *§§ 102 bis 104a, § 130 II, § 184 I Nr. 9* (*Lüttger* aaO [oben vor 1] 126, 168); auch die *§§ 164* (*Schlüchter,* Oehler-FS 315), *132a, 146ff.* (*Lüttger* aaO 171, 173), *152, 265* (wistra **93**, 225), *267ff.* (Bay NJW **80**, 1057; bei *§ 271* nur mit Einschränkungen, vgl. *Wiedenbrüg* NJW **73**, 303; uU auch bei § 267, vgl. *Sternberg-Lieben* aaO 2125; *Schroeder* NJW **90**, 1406; *Stoffers* JA **94**, H. 6, 78; *Heise* [oben 6] 199). **10**

Verkehrsstraftaten. Straftaten Deutscher im ausländischen Straßenverkehr unterfallen, vorausgesetzt, dass § 7 (oder § 6 Nr. 9) eingreift, dem deutschen Strafrecht, soweit (auch) dem Individualschutz dienende Tatbestände (§§ 222, 229, 315ff., 142) gegeben sind (BayVRS **26**, 101; *Oehler* JZ **68**, 194). Soweit es um eine die Fahrlässigkeit begründende Pflichtverletzung geht, ist das Tatortrecht maßgebend (Bay NJW **72**, 1722). Auch § 316 ist auf Auslandstaten anwendbar (Karlsruhe NJW **85**, 2905; NStZ/J **85**, 403; *S/S-Eser* 19). Andere im Ausland begangene Verstöße gegen Straßenverkehrsvorschriften und Ordnungswidrigkeiten (vgl. § 5 OWiG) können nach deutschem Recht nur auf Grund internationaler Übk. verfolgt werden. **11**

5) Begriff des Inlands. Der Begriff des **Inlands** knüpft im Strafrecht grundsätzlich an das wirkliche Funktionieren der Staatsgewalt an (**funktioneller Inlandsbegriff;** vgl. BGH **30**, 4; **32**, 297; Bay VRS **61**, 115 [m. Anm. *Oehler* JR **82**, 160]; Düsseldorf NJW **79**, 61 m. Anm. *Krey* JR **80**, 45; *S/S-Eser* 29; *Lackner/Kühl* 4; NK-*Lemke* 46). Der *völker- und staatsrechtliche Inlandsbegriff,* der früher für das Strafrecht als verbindlich angesehen wurde (BGH **5**, 364), war im Hinblick auf die Nachkriegsverhältnisse und die Teilung Deutschlands für das an den tatsächlichen Verhältnissen orientierte Strafrecht ungeeignet. Der Gesetzgeber hat daher zur Abgrenzung vom staatsrechtlichen Inlandsbegriff im Gesetz die Bezeichnung **„räumlicher Geltungsbereich dieses Gesetzes“** verwendet (§§ 5, 56g II, 66 IV, 80a, 84 I, 85 I, 86 I, 87 I, 88, 91, 100 I, 109f, 109g II, § 234a I, 261 VIII), die das Gebiet der alten Bundesländer umschrieben. Nach Herstellung der deutschen Einheit ist die Bezeichnung entbehrlich und zB in den §§ 131, 184 durch das VerbrechBekG (1 zu § 130) gestrichen worden. **12**

Zum **Inland** gehören das dem Festland vorgelagerte nationale **Eigengewässer** (zB Seehäfen, Meeresbuchten) und das daran oder an das Festland anschließende **Küstenmeer.** Zum Rechtsstatus des Küstenmeeres, des Luftraums darüber und des Meeresbodens und Meeresuntergrunds des Küstenmeeres, seinen Grenzen und den Regeln für Schiffe, insbesondere in Bezug auf den Vorrang des Flaggenstaates, vgl. Art. 1ff. SRÜ. Danach hat jeder Staat das Recht, die Breite des Küstenmeeres bis zu einer Grenze festzulegen, die höchstens 12 Seemeilen von der Basislinie iS des SRÜ entfernt sein darf. Zur Festlegung für die Nord- und Ostsee vgl. Proklamation der BReg. v. 19. 10. 1994 (Bek. v. 11. 11. 1994, BGBl. I 3428; in Kraft seit 1. 1. 1995). In einer an das Küstenmeer angrenzenden Zone **(Anschlusszone)** kann der Küstenstaat die erforderliche Kontrolle zur Verhinderung und Ahndung **13** von bestimmten Verstößen (zB gegen Zoll- und Gesundheitsges.) ausüben (Art. 33 SRÜ).

14 Die **deutsche ausschließliche Wirtschaftszone** (AWZ; 11, 11 a zu § 5) ist ein jenseits des Küstenmeers gelegenes und an dieses angrenzendes Gebiet, das der in Teil V (Art. 55 bis 75) SRÜ festgelegten besonderen Rechtsordnung unterliegt. Zur Abgrenzung der AWZ durch die BReg. vgl. die Proklamation v. 25. 11. 1994 (Bek. v. 29. 11. 1994, BGBl. II 3769). Die Abgrenzung der AWZ gegenüber Nachbarstaaten bleibt den AbgrenzungsÜbk. vorbehalten.

15 Der **Bodensee** ist nicht gemeinsames Kondominat der Uferstaaten, sondern hinsichtlich des Untersees bis zur Mittellinie räumlich getrennt; nur der Überlinger See gehört ganz zu Deutschland, da ihn auf drei Seiten badisches Land umschließt; die Grenze am Obersee ist str. (vgl. RG **57**, 368; RheinBodSeeSchÜbkG v. 1. 10. 1975 [BGBl. II 1405, 2275]; StGrenzVtrAUTG v. 20. 5. 1975 [BGBl. II 765, 1351]; ferner *Strätz* JuS **91**, 902; SchiffObG Karlsruhe NZV **95**, 365).

16 **Bei Flüssen als Grenze** entscheidet bei Fehlen eines Vertrags die Flussmitte; bei schiffbaren Strömen der sog. Talweg (Fahrbahn der abwärtsfahrenden Schiffe). Bei **Brücken** reicht die Staatshoheit bis zur Brückenmitte (RG **9**, 378). Doch ist der Grenzverlauf fast überall vertraglich geregelt; so für den Rhein hinsichtlich der Grenze zu Frankreich durch Übk. v. 27. 10. 1956 (BGBl. II 1863; 1957 II 2), für die Grenzflüsse zu den Niederlanden mit Ausnahme von Rhein- und Emsmündung durch AusglVtrNLD v. 8. 4. 1960 (BGBl. 1963 II 458, 463, 1078; 1976 II 608, 1355), zu Luxemburg durch Übk. v. 19. 12. 1984 (vgl. Ges. v. 14. 4. 1988, BGBl. II 414, 923), zu Österreich durch die StGrenzVtrAUTG v. 20. 5. 1975 (BGBl. II 765) und v. 20. 4. 1979 (BGBl. II 377, 898). Die sog. **internationalen Ströme** sind zwar in ihrer ganzen Breite für Schifffahrt und Handel freigegeben; in den übrigen Beziehungen haben die Uferstaaten aber ihre Staatshoheitsrechte über den Strom behalten; für fremde Schiffe in deutschen Häfen solcher Ströme sind daher die deutschen Strafgesetze maßgebend (Bay **7**, 312). Zum Geltungsbereich gehören ferner die **Freizonen** iS § 20 ZollVG.

17 Inland ist auch der **Luftraum** über dem Festland, den Flüssen und den Meereszonen; ebenso der Erdsockel unterhalb der Wasserflächen sowie der Raum **untertage.** Zur Problematik des Weltraums vgl. *Alex Meyer,* Straftaten im Weltraum, 1966; *Bueckling* JZ **82**, 178. Für deutsche **Schiffe und Luftfahrzeuge** gilt § 4.

18 Ebenfalls zum Inland zählen deutsche **Zollabfertigungsstellen**. Zur **vorgeschobenen Grenzabfertigung** vgl. BGH **31**, 215 (Belgien); BGHR § 29 I Nr. 1 BtMG Einfuhr 25, 30 (Niederlande), 38 (Polen); Bay **81**, 73; NJW **83**, 529 (Österreich); Oldenburg MDR **74**, 329 (Schweiz); Bay NStZ-RR **01**, 217 (Tschechien); Brandenburg NStZ-RR **04**, 280 (Polen; Vollendung unerlaubter Einreise bei räumlich getrennten Kontrollstellen von BGS und Zoll).

19 **Geschäfts- und Wohnräume ausländischer Diplomaten** gehören trotz deren Exterritorialität (§§ 18, 19 GVG) zum Inland (Köln NJW **82**, 2740).

20 **6) Begriff des Auslands.** Ausland ist jedes nicht zum deutschen Inland gehörige Gebiet, also auch solches, das nicht unter einer Staatshoheit steht (vgl. dazu 8 zu § 7).

21 **7) Strafverfolgung von Ausländern im Inland.** Zum Begriff des **Ausländers** 5 zu § 7. An den Begriff des Deutschen wird verschiedentlich bei der Umschreibung des Täters (§ 5 Nr. 3 a, 5 b, 8, 9, 12; § 7 II Nr. 1) oder des Verletzten (§ 5 Nr. 6, 8; § 7 I) angeknüpft, bei § 5 Nr. 8 müssen Täter und Opfer deutsch sein. Im Übrigen ist die **Staatsangehörigkeit** (*Frowein* HdbVerfR 49, 51) des Täters insoweit ohne Bedeutung, als auch Taten von Ausländern im Inland strafbar sind. Daran ändert sich dadurch nichts, dass bestimmte Personen von der inländischen Gerichtsbarkeit ausgenommen sind, vor allem die Exterritorialen (vgl. 17 vor § 32), denn es handelt sich nur um ein Verfolgungshindernis deutschen Rechts *(Immunität)*; die Tat bleibt rechtswidrig und schuldhaft, so dass an ihr Teilnahme und gegen sie Notwehr zulässig ist. Daher kann der Täter bestraft werden, wenn der Befreiungsgrund der Exterritorialität später wegfällt (vgl. schon RG **52**, 167; **aA** *S/S-Eser 42, NK-Lemke 39*).

22 **A. Strafverfolgungsbeschränkungen.** Zu Strafverfolgungsbeschränkungen des internationalen Strafverfahrensrechts vgl. *Meyer-Goßner* Einl. 208 ff. Im Übrigen ist eine staatsgebietübergreifende Strafverfolgungstätigkeit grundsätzlich nicht zulässig

und die Bestrafung eines Ausgelieferten für eine Inlandstat nach dem **Grundsatz der Spezialität** davon abhängig, dass die Auslieferung für *diese* Tat bewilligt wurde (BGHR vor § 1 StPO VHind, Spez. 1; NStZ **98**, 28; vgl. NStZ **92**, 547; **93**, 45; *Vogler* NJW **83**, 2118; vgl. 10 zu § 7; zum Spezialitätsgrundsatz und Widerruf der Strafaussetzung 3f. zu § 56f; zur Spezialitätsbindung im Falle der Zustimmung des Verfolgten zur Auslieferung BGH **31**, 51). Der Spezialitätsgrundsatz schließt eine Verurteilung unter einem anderen rechtlichen Gesichtspunkt nicht aus, falls ihr derselbe Sachverhalt zugrunde liegt und auch unter der neuen Subsumtion die Auslieferung gestattet wäre (NStZ **85**, 318; **86**, 557; **03**, 684). **Teilakte** einer einheitlichen Tat können der Verurteilung zugrunde gelegt werden, auch wenn sie in dem Auslieferungshaftbefehl nicht enthalten sind (NStZ **95**, 608; NStZ-RR **00**, 333, 334; NStZ **03**, 684; 5 StR 22/03). Auf einen anderen Sachverhalt darf die Untersuchung erstreckt werden, um den Angeklagten der Auslieferungstat zu überführen, jedoch darf sich dies in der Höhe der Strafe nicht zu seinem Nachteil auswirken (NJW **87**, 3089 m. Anm. *Vogler* StV **88**, 188). Im **vertragslosen Verkehr** gilt § 72 IRG. Im **vertraglichen Verkehr** gilt im europäischen Auslieferungsverkehr Art. 14 EuAlÜbk (zu Besonderheiten und im Auslieferungsverfahren mit Mitgliedsstaaten der EU vgl. § 83h IRG; zum Europäischen Haftbefehl Einl. 11c). **Praktisch** häufigster Fall ist, dass sich der Beschuldigte unter Verzicht auf die Beachtung des Spezialitäts-Grds mit der vereinfachten Auslieferung einverstanden erklärt; es kommt auch ein Verzicht nach der Übergabe in Betracht (§ 83h III IRG). Nach NStZ **85**, 464 (ebenso Düsseldorf JMBlNW **83**, 210) begründet allein eine völkerrechtswidrige Festnahme auf fremdem Staatsgebiet noch kein Verfahrenshindernis.

B. NATO-Angehörige. Nach dem NATO-Truppenstatut und dem Zusatzabkommen ist es allen Entsendestaaten erlaubt, innerhalb der BRep. die Strafgerichtsbarkeit auszuüben, die ihnen nach ihrem innerstaatlichen Recht über alle dem Militärrecht unterworfenen Personen übertragen ist. Die BRep. hat gleiche Rechte in Bezug auf Einheiten der BWehr auf dem Gebiet der Vertragsstaaten. Die Verhängung von Todesurteilen durch Gerichte eines Entsendestaates verstößt nicht gegen das GG (**aA** *Calliess* NJW **88**, 849; gegen ihn zutr. *Ballhausen* NJW **88**, 2656); sie werden jedoch in der BRep. *nicht vollstreckt* (vgl. ferner 1 StR 108/78). Soweit die Gerichtsbarkeit der BRep. im Rahmen der konkurrierenden Strafgerichtsbarkeit (Art. VII Abs. 1 NATO-Truppenstatut) ein Vorrecht hat, auf das die BRep. vertraglich allgemein verzichtet hat (Art. VII Abs. 3c NATO-Truppenstatut iVm Art. 19 I, III Zusatzabkommen), kann die deutsche StA die binnen 21 Tagen mögliche Rücknahme des Verzichts auch mündlich oder fernmündlich (BGH **30**, 378) erklären. Einschränkungen der inländischen Gerichtsbarkeit gelten nicht mehr, wenn der Täter aus den Stationierungsstreitkräften ausgeschieden ist (BGH **28**, 99 m. Anm. *Oehler* JR **80**, 126; **aA** *Jescheck/Weigend* § 18 I 3). **23**

8) Interlokales Strafrecht. Das interlokale Strafrecht regelt innerstaatliche Kollisionen, wenn innerhalb desselben Staates verschiedenes *(partikuläres) Strafrecht gilt.* Voraussetzung ist, dass die verschiedenen Teilrechtsgebiete innerhalb des gesamten Staates anerkannt sind und eine Vereinheitlichung des Rechts in den Teilgebieten mindestens grundsätzlich möglich wäre. Interlokales Strafrecht spielt eine Rolle für altes Landesrecht, das nach Art. 125 GG (vgl. BGH **4**, 399) als Bundesrecht fortgilt, für unterschiedliches Landesrecht (vgl. hierzu *Jedamzik,* Das rundfunkrechtliche Sonderdelikt als Anwendungsfall interlokalrechtlicher Grundsätze, 1979) und für nach Art. 9 EV als partielles Bundesrecht fortgeltendes Strafrecht der ehem. DDR (hierzu unten 34ff.); auch durch Blankett-Tatbestände mit Verweisungen auf Landesrecht haben die Probleme des interlokalen Strafrechts wieder aktuelle Bedeutung erlangt. Die *§§ 3 bis 7* sind für das interlokale Strafrecht *nicht* – auch nicht entsprechend – *anzuwenden.* **24**

Maßgebend ist für das interlokale Strafrecht von jeher nach der hM das **Recht des Tatorts** (vgl. § 9; stRspr; BGH **4**, 399; **11**, 366; **27**, 7; NJW **52**, 1146; *Was-* **25**

muth NStZ **91**, 161; *Samson* NJ **91**, 144; *Günther* ZStW **103**, 862). Straflosigkeit am Aburteilungsort steht, da alle Gerichte des Bundesgebiets *partielles Bundesrecht* zu beachten haben, nicht entgegen (BGH **11**, 365); freilich ist, soweit es um *Landes*recht geht, die mildere lex fori maßgebend (*Oehler* 41; zw). Das Tatortrecht bestimmt auch, ob sich der Täter auf Rechtfertigungs- oder Entschuldigungsgründe berufen kann (NJW **91**, 2499). Auf das uU strengere Wohnsitzrecht kommt es nach hM deswegen nicht an (vgl. *S/S-Eser* 54; str.; **aA** *Jescheck/ Weigend* § 20 I 3), weil das Landesrecht nicht über seine Grenzen hinaus gilt und es an einer Landeszugehörigkeit, an die das Personalprinzip anknüpfen könnte, fehlt (*M/Zipf* 11/ 49).

26 Kommen **mehrere Tatorte** in Betracht, weil sich das Tatgeschehen auf mehrere Rechtsgebiete erstreckt, sei es, dass die Tat bei *Distanzdelikten* (4 vor § 80) in einem Rechtsgebiet begangen und der Erfolg im anderen eingetreten ist, sei es, dass sie sonst, wie bei mehraktigen Delikten (zB § 277) oder bei Dauer- oder Zustandsdelikten (58 vor § 52) nach § 9 im einen wie im anderen Rechtsgebiet begangen ist, so ist bei konkreter Betrachtungsweise das **strengste Gesetz** anzuwenden (Bay **62**, 93; hM; *S/S-Eser* 53; *Lackner/Kühl* 9 zu § 3).

27 Bei der **Verjährung** kommt es darauf an, ob man sie als bloßes Verfahrenshindernis ansieht; dann entscheidet allein das Recht des erkennenden Gerichts (so NJW **52**, 1146). Vertritt man die gemischte Theorie (4 vor § 78), so ist auch das Tatortrecht zu berücksichtigen, da es den Strafanspruch erlöschen lässt.

28 Im Falle einer **Landesamnestie** ist bei Taten im Bereich des betreffenden Landes der staatliche Strafanspruch, selbst wenn man ihn nur als Strafanspruch des Landes auffaßt (offen gelassen in BVerfGE **2**, 224; BGH **3**, 134), mit Wirkung auch für die übrigen Länder erloschen; für Taten im Bereich anderer Länder wirkt die Landesamnestie nur für die Gerichte des amnestierenden Landes als Verfahrenshindernis, für die übrigen Länder ist sie ohne Wirkung. Nach hM (vgl. schon BVerfG **1**, 346; OGHSt. **2**, 253) wirkt die Landesamnestie nur für das betreffende Land (dagegen *S/S-Eser* 60; zu DDR-Amnestien unten 43). BGH **3**, 134 stellt nur prozessual darauf ab, in welchem Lande die Untersuchung zuerst eröffnet worden ist; ist es zufällig das amnestierende Land, so soll die Niederschlagung auch für die Gerichte der anderen Länder wirken (vgl. auch NJW **52**, 1146).

29 **9) Ländervorbehalt.** Art. 2 Nr. 1 EGStGB behält den Ländern vor, bei einzelnen landesrechtlichen Straftatbeständen den Geltungsbereich abweichend von den §§ 3 bis 7 zu bestimmen. Das kann vor allem im Zusammenhang mit Staatsverträgen praktisch werden (E EGStGB 198).

30 **10) Rechtsnatur der Regelungen.** Rechtsanwendungsrecht enthalten die §§ 3 bis 10. Die dabei maßgebenden Umstände gehören nicht zum gesetzlichen Tatbestand (**aA** *Jakobs* 5/13), der Vorsatz des Täters braucht sich daher nach § 16 nicht auf diese Umstände zu beziehen; ein Irrtum über den Umfang der deutschen Gerichtsbarkeit ist daher unbeachtlich (BGH **27**, 34; *Gribbohm* JR **98**, 179; krit. *Oehler* 592; für Verbotsirrtum Düsseldorf NStZ **85**, 268). Ein vorsatzausschließender Irrtum über die räumlichen Auswirkungen der Tat oder ein Verbotsirrtum wegen mangelnden Unrechtsbewusstseins bleiben gleichwohl möglich (*S/S-Eser* 15 zu § 9).

31 **11) Wiedervereinigung Deutschlands.** Die nach der Wiedervereinigung Deutschlands zu bewältigenden Probleme der Rechtsanwendung spielen für die aktuelle Praxis kaum noch eine Rolle. Hinsichtlich des weitaus größten Teils unverfolgter Taten ist Verjährung eingetreten; im Übrigen sind die wesentlichen Rechtsfragen durch Entscheidungen des BGH und des BVerfG geklärt. Nachweise zur **Literatur:** Vgl. 52. Aufl. Rn 31.

32 **A. Übergangsregelungen nach der Wiedervereinigung.** Mit dem Wirksamwerden des **Beitritts** der ehem. DDR zur BRep. Deutschland (Art. 23 GG, Art. 1 I EV) am 3. 10. 1990 **wurden das StGB** und das EGStGB – von in Art. 9 EV erwähnten Ausnahmen abgesehen – **auf das** bisherige Staatsgebiet der DDR (künftig: **Beitrittsgebiet)** als Bundesrecht **erstreckt**

(Art. 8 EV). Zu den verschiedenen **Übergangsregelungen** im einzelnen vgl. 51. Aufl. 33 bis 37. Zu Fragen der Anwendung des **interlokalen Strafrechts** (oben 24) vgl. 49. Aufl. 33 bis 38.

B. Behandlung von Alttaten. Für die **vor dem Beitritt (3. 10. 1990)** in der ehem. DDR **begangenen Taten** (im: **Alttaten**) enthalten die durch EV Anl. I Kap. III C II 1 b eingeführten **Art. 315 bis 315 c EGStGB** die maßgebenden **Übergangsbestimmungen.** Für Alttaten ist, nachdem Art. 8 EV das Bundesstrafrecht in Kraft gesetzt und das DDR-Strafrecht – von wenigen Ausnahmen abgesehen – verdrängt hat, grundsätzlich das bundesdeutsche Strafrecht maßgebend. Die außer Kraft getretenen Vorschriften des StGB-DDR bleiben aber für Alttaten anwendbar, soweit entsprechende Vorschriften des StGB vorhanden (unten 46) und diese nicht milder sind (BGH **39**, 65). Nach Art. 315 I S. 1 EGStGB gelten die **Grundsätze des § 2,** also **das Gesetz zZ der Tat** (§ 2 I) mit dem Vorrang des mildesten Gesetzes (§ 2 III) und hinsichtlich der Bemessung der Strafen und Maßregeln weitere, in Art. 315 I bis III EGStGB näher bezeichnete Maßgaben. Nach Art. 315 IV EGStGB gilt § 2 für solche **Alttaten** nicht, für die das **Strafrecht der BRep.** nach den §§ 4 ff. **schon vor dem Beitritt gegolten** hat (1 StR 468/92); dies ist daher stets *vorab zu prüfen* (vgl. BGH **37**, 309; **39**, 6 f.; **39**, 59; *Lemke/Hettinger* NStZ **92**, 23; *S/S-Eser* 76; *Lackner/Kühl* 22 zu § 2). **Art. 315 IV EGStGB** stellt nicht nur klar, dass in diesen Fällen für Alttaten die bundesdeutschen Normen weiter gelten, sondern auch, dass eine weitere Strafbarkeit über Art. 315 I EGStGB iVm § 2 demgegenüber zurücktritt (*Geiger* JR **92**, 403). So ist etwa nur bundesdeutsches Strafrecht maßgebend, wenn der Schusswaffengebrauch an der früheren DDR-Grenze deswegen auch eine Inlandstat ist, weil der tatbestandsmäßige Erfolg (Tod oder Körperverletzung) auf bundesdeutschem Gebiet eingetreten ist (vgl. *Sauter* DtZ **92**, 170; 3 zu § 9); weiterhin Fälle geheimdienstlicher Tätigkeit **(§ 5 Nr. 4 iVm § 99)** hauptamtlicher Mitarbeiter des MfS der ehem. DDR (BGH **37**, 305; **39**, 265 m. Anm. *Träger* NStZ **94**, 282; hierzu im Einzelnen 3 ff. zu § 99). Ferner gehörten hierher die Fälle politischer Verdächtigung nach *§ 5 Nr. 6 iVm § 241 a* (hierzu *Renzikowski* JR **92**, 271) sowie solche Alttaten, die als *Auslandstaten* zu beurteilen sind und sich *gegen einen Deutschen* iS des *§ 7 I* (dort 2 ff.) richteten. Vorausgesetzt ist hierbei stets, dass die Anwendbarkeit des bundesdeutschen Rechts *vor* dem Beitritt gegeben war und nicht erst *durch* den Beitritt etwa iS des § 7 II Nr. 2 2. Alt. begründet wurde (9 a zu § 7; *Krehl* DtZ **92**, 114; *Lackner/Kühl* 26 zu § 2, 4 zu § 7; insoweit **aA** *Hruschka* JZ **92**, 669). Für die Frage, für welche DDR-Alttaten das Recht der BRep. anzuwenden war, kam es auf eine den jeweiligen Gesetzeszweck berücksichtigende *sinngemäße* Auslegung der in Betracht kommenden Strafanwendungsvorschriften an (BGH **40**, 129). **33**

Dies gilt auch für **Alttaten nach § 241 a** und § 234 a (BGH **40**, 130 m. krit. Anm. *Seebode* JZ **95**, 417 u. *Reimer* NStZ **95**, 83; anders noch BGH **32**, 298; abl. auch *H. J. Hirsch* [31] 26; *Wassermann* NJW **95**, 931; vgl. auch NStZ **95**, 288; NStZ **97**, 435 [m. Anm. *Schroeder*] 6 zu § 5 und 3 zu § 7); dagegen ließ sich, wenn es auf Grund einer in der DDR begangenen politischen Verdächtigung (§ 241 a) zu einer Freiheitsberaubung gekommen ist, die Anwendbarkeit des § 239 weder auf § 7 I noch auf § 5 Nr. 6 stützen (BGH **40**, 132 [hierzu *Amelung* GA **96**, 68]; anders noch **32**, 293; vgl. NStZ-RR **97**, 100). Für die Beteiligung eines *Bundesbürger* an der Inhaftierung eines DDR-Bürgers schied dagegen ein auf das Tatortrecht (§ 7 II Nr. 1) gestützter Rechtfertigungsgrund aus (BGH **42**, 278; hierzu *Willnow* JR **97**, 271). Die Aufnahme von Republikflüchtigen und ihre Überstellung an die Sicherheitsbehörden der DDR durch den Kapitän eines unter DDR-Flagge fahrenden Schiffs war nach § 11 EGStGB-DDR, § 46 SeemannsO-DDR gerechtfertigt (JZ **98**, 366 [Anm. *Schroeder; Lemke* NJ **98**, 265; *Fahl* NJ **98**, 573]). **34**

Sonstige Alttaten. **35**

Für die Mehrzahl in der DDR begangener Straftaten, namentlich auch in den nach der Wiedervereinigung lebhaft umstrittenen Fallgruppen, ist die Problematik inzwischen durch **Ablauf der Verjährungsfristen** spätestens am 3. Oktober 2000 **praktisch** erledigt. Die (rechtspolitische) **Gesamtbewertung** ist auch nach weitgehendem Abschluss der Strafverfolgung kontrovers geblieben, soweit diese die Ahndung systematischen staatlichen Unrechts betraf (vgl. dazu etwa *Schroeder* NJW **00**, 3017; *Arnold* [Hrsg.], Strafrechtliche Auseinandersetzung mit Systemvergangenheit am Beispiel der DDR, 2000; *Heitmann* NJW **99**, 1443; *Wassermann* NJW **00**, 403). Die wesentlichen Problembereiche sind – mit vielen Zweifelsfragen im Einzelnen – anhand vom BGH entwickelter Grundsätze (zusf. dazu *Rogall,* Bewältigung von Systemkriminalität, BGH-FG 383; *Hassemer,* Staatsverstärkte Kriminalität als Gegenstand der Rechtsprechung, BGH-FG 439; *Laufhütte,* Strafrechtliche Probleme nach der Wiedervereinigung … und ihre Bewältigung durch die Strafsensate des Bundesgerichtshofs, FS-BGH 409; *Lampe,* Die strafrechtliche Aufarbeitung der DDR-Spionage, FS-BGH 449) mit erstaunlich geringer Beteiligung der Strafrechtswissenschaft gelöst worden.

36 **Art. 315 I EGStGB** bestimmt durch den Verweis auf § 2, dass es zunächst auf das *Tatzeit-Recht* (also die durch den EV aufgehobenen DDR-Strafnormen) ankommt, soweit deren Inhalt mit dem GG vereinbar ist (BGH **39**, 176; **50**, 16 =NJW **05**, 1287, 1289); die Normen des StGB sind anzuwenden, wenn sie iS des § 2 III (vgl. dort) das **„mildeste Gesetz"** enthalten (*„Meistbegünstigungsklausel"*); im Falle gleicher Strafbarkeit ist das Tatzeitrecht (KG JR **93**, 392; 11 zu § 2) maßgebend. Für die Fragen des **intertemporalen Strafrechts** kommt es bei der rechtlichen Beurteilung der DDR-Alttaten in erster Linie auf das Gesetz zZ der Tat, also auf die im Tatzeitpunkt in der ehem. DDR in Geltung gewesene Gesetzesverfassung an. In der DDR galt zunächst das RStGB 1871 – wenn auch mit zahlreichen Änderungen – weiter, später idF des Strafrechtsergänzungsgesetzes-DDR 1957. Ab 1. 7. 1968 trat das **StGB-DDR v. 12. 1. 1968** (GBl. I 1) in Kraft, das vor der Wende zuletzt durch das 5. StÄG-DDR v. 14. 12. 1988 geändert wurde (GBl. I 335, in Kraft getreten 1. 7. 1989; Neufassung am 31. 1. 1989 bekannt gemacht, GBl. I 33). Das **6. StÄG-DDR** vom 29. 6. 1990 (GBl. I 526) trat am 1. 7. 1990 in Kraft.

37 Einem Normenvergleich zur Ermittlung des mildesten Gesetzes iS des § 2 III (dort 12 ff.) hat die Feststellung der **Unrechtskontinuität** (auch „Unrechtsidentität": *Amelung* GA **96**, 53; krit. *Schünemann,* Grünwald-FS 657, 658 ff.) vorauszugehen: Es ist vorab zu prüfen, ob die zur Tatzeit maßgebende DDR-Strafnorm mit der entsprechenden Norm des bundesdeutschen Strafrechts im Unrechtskern übereinstimmt (vgl. BGH [GrSen] **26**, 172). Von den **einzelnen Deliktsgruppen**, die hier zu unterscheiden waren (Staatsschutzdelikte; Delikte gegen Gemeinschaftsgüter; Aussenwirtschaftsdelikte; Rechtspflegedelikte; Wahlfälschungsdelikte; Eigentumsdelikte; Freiheitsberaubung; Körperverletzungs- und Tötungsdelikte; vgl. dazu i. E. 51. Aufl. 47 ff.), sind nur noch die Tötungsdelikte, namentlich im Zusammenhang mit dem DDR-Grenzregime, von praktischer Bedeutung.

38 **DDR-Grenzregime**. In den Fällen der Tötung und Körperverletzung durch **Schusswaffengebrauch gegenüber „Republikflüchtlingen"**, die nach Verjährungseintritt auch für Taten der mittleren Kriminalität im Oktober 2000 als einzige Fallgruppe noch aktuelle **praktische Bedeutung** haben, geht es, soweit das Strafrecht der BRep. nicht ohnehin nach Art. 315 IV EGStGB allein maßgebend ist (oben 39 f.), nicht um Probleme der Unrechtskontinuität [oben 46], sondern vor allem um die Frage, ob im Tatzeitpunkt **Rechtfertigungs- oder Entschuldigungsgründe** des Tatortrechts bestehen oder anerkannt sind.

39 Die **Staatspraxis der DDR,** die die vorsätzliche Tötung von Flüchtlingen durch Schusswaffen, Selbstschussanlagen oder Minen zur Vermeidung einer Flucht aus der DDR in Kauf nahm, war wegen offensichtlichen Verstoßes gegen elementare Gebote der Gerechtigkeit und gegen völkerrechtlich geschützte Menschenrechte nicht geeignet, die Täter zu rechtfertigen (vgl. BGH **39**, 1, 15; **39**, 168, 183; **40**, 232, 241 f.; stRspr; vgl. dazu *Laufhütte,* BGH-FS 50, 409, 418 ff.). Nach der Rspr des BGH (vgl. schon BGH **39**, 1 ff.; BGH **39**, 168, 183; BGH **39**, 366 [Nachw. zur umfangr. Lit. dazu 54. Aufl.]) waren die DDR-Vorschriften über den Schusswaffengebrauch nicht nichtig, vielmehr im Hinblick auf § 2 III zu beachten, aber „menschenunrechtsfreundlich" auszulegen (BGH **39**, 23; 177). Hiernach ist der **Rechtfertigungsgrund des § 27 II GrenzG-DDR** (v. 25. 3. 1982 [GBl.-DDR I 197]; zuvor Nr. 117 der „DVO-30/10" v. 8. 2. 1964 u. DfAnweisung d. IM-DDR v. 19. 3. 1962 zum Befehl Nr. 39/90 [vgl. hierzu BGH **39**, 366; **40**, 51; 242; **41**, 104; BVerfGE **95**, 101, 105; *Rosenau* [oben 31] 37), so wie ihn die Staatspraxis der DDR bei gegebener Befehlslage) iS einer vorrangigen Durchsetzung des Grenzüberschreitungsverbots auch um den Preis (bedingt) vorsätzlicher Tötung unbewaffneter Flüchtlinge handhabte, nicht zu beachten (BGH **39**, 1, 8 ff.; 168, 181 ff.; **40**, 241, 242 ff.; **41**, 101, 104 ff.; 218, 232; **42**, 65, 70 f.; NJW **00**, 443, 450 f.; ebenso BVerfGE **95**, 135 [zust. *Starck* JZ 97, 147; *Papier/Möller* NJW **99**, 3291; *Alwart* JZ **00**, 227]; **krit.** *Lüderssen* JZ 97, 530; *Frisch,* Grünwald-FS 133 ff.; *Zielinski,* Grünwald-FS 811, 814 ff.).

40 Das folgt nach der Rspr aus einer Anwendung der sog. **Radbruchschen Formel** (Gesetzliches Unrecht und übergesetzliches Recht, SJZ **46**, 107; hierzu *Saliger,* Radbruchsche Formel und Rechtsstaat, 1995 [Bespr. *Lemke* GA **96**, 339]; *Rosenau* [31] 107; vgl. hierzu auch BVerfG aaO), wonach das positive Gesetz als *unrichtiges Recht* zu weichen hat, wenn es in einem **unerträglichen Widerspruch zur materiellen Gerechtigkeit** steht (vgl. auch *Maiwald* NJW **93**, 1888; *Lazlowski* JA **94**, 193; *Arth. Kaufmann* NJW **95**, 81; *Erb* ZStW **108**, 282; *Raisch,* Bemmann-FS 91; *Ambos* JA **97**, 984; *Dreier* JZ **97**, 421; *Arnold,* Grünwald-FS 31 ff., 63 f.; abl. *Pawlik* GA **94**, 479; *Grünwald,* Arth. Kaufmann-FS 144 ff.; dagegen *Günther,* Grünwald-FS 213; zur Anwendung auf justizielles Unrecht vgl. auch 16 ff. zu 339). Der BGH hat *in stRspr entschieden,* dass diese Folge wegen des hohen Werts der Rechtssicherheit auf **extreme Ausnahmen** beschränkt bleiben müsse (BGH **39**, 15; **41**, 108; NStZ-RR **96**, 324; allg. krit. zur Eignung dieser Formel für die Ahndung „staatsverstärkter Kriminalität" *Naucke* [31] 44; abl. *Dannecker/Stoffers* JZ **96**, 492). Ein solcher Ausnahmefall war im Fall des Schieß-

befehls gegenüber Republikflüchtlingen, aber auch gegenüber bloßen Grenzverletzern (NJW **95**, 2732) gegeben. Aus der Allgemeinen Erklärung der Menschenrechte folgt auch, dass die Grundsätze über die Unbeachtlichkeit der Rechtfertigungsgründe auch für Taten maßgebend sind, die begangen worden waren, *bevor* sich die DDR zur Einhaltung des IPbürgR verpflichtet hatte (BGH **40**, 249).

Daher hat **§ 27 II GrenzG-DDR** – bei einer an den Art. 6, 12 IPbürgR und dem (auch in der DDR eingeschränkt geltenden) Verhältnismäßigkeitsgrundsatz orientierten Gesetzesauslegung – das Schießen mit Dauerfeuer und **bedingtem Tötungsvorsatz** auf einen unbewaffneten und ungefährlichen Flüchtling nicht gerechtfertigt (BGH **41**, 106; **42**, 361; NStZ **93**, 488; NStZ-RR **96**, 324; *K. Günther* StV **93**, 20; *Schroeder* JR **93**, 48; krit. *Dreier* JZ **97**, 430; *Frisch*, Grünwald-FS 133, 150 ff.), und zwar auch dann nicht, wenn der Grenzverletzer eines *Verbrechens* des ungesetzlichen Grenzübertritts iS des § 213 III StGB-DDR dringend verdächtig war (BGH **39**, 25; 181, 184; **40**, 249). Dagegen war gegen einen bewaffneten Deserteur der Schusswaffeneinsatz nicht schon offensichtlich rechtswidrig (BGH **42**, 362 [m. krit. Anm. *Ambos* NStZ **97**, 492]). Ob der Schusswaffeneinsatz zum Zweck der Festnahme eines Grenzverletzers auch rechtswidrig war, wenn er nur mit **Körperverletzungsvorsatz** erfolgte, hat der BGH offen gelassen, weil in den zu entscheidenden Fällen jedenfalls ein Entschuldigungsgrund aus § 258 I iVm § 81 III StGB-DDR, § 5 I WStG [analog] (BGH **41**, 10, 15; NStZ **93**, 488; NJ **01**, 152; vgl. auch BGH **42**, 65, 71; **42**, 356, 364) oder wegen unvermeidbaren Verbotsirrtums (BGH **39**, 168, 194 f.) gegeben war. Diese Grundsätze gelten auch für die Rechtslage **vor Erlass des GrenzG** der DDR im Jahr 1982 und des Volkspolizei-Gesetzes 1968 (NJ **01**, 152; vgl. BGH **40**, 241 ff.; **41**, 101, 103 f.). **41**

Ein **Handeln auf Befehl** konnte nach § 258 I (iVm § 81 III) StGB-DDR entschuldigt sein; auch die Regelungen des **§ 5 I WStG** (NStZ-RR **96**, 323) und des § 7 II S. 2 UZwG sind unter dem Gesichtspunkt des milderen Rechts (§ 2 III, Art. 315 I EGStGB) analog anwendbar; das gilt auch für Taten vor Erlass dieser Vorschriften (NJ **01**, 152). Eine Entschuldigung wegen Handelns auf Befehl scheidet aber aus, wenn dessen Ausführung *offensichtlich* gegen die anerkannten Normen des Völkerrechts und gegen die Strafgesetze verstieß (§ 258 I StGB-DDR, entsprechend § 5 I WStG) und ein Verstoß gegen das elementare Tötungsverbot auch für einen indoktrinierten Menschen ohne weiteres einsichtig ist (BGH **40**, 250; NStZ **93**, 488; NStZ-RR **96**, 324; iErg ebenso BVerfGE **95**, 142). Ein **Verbotsirrtum** war vermeidbar anzusehen, wenn der Strafrechtsverstoß **offensichtlich** war, dh für den Handelnden jenseits allen Zweifels auf der Hand lag; eine Prüfungspflicht oblag dem einzelnen Grenzsoldaten insoweit nicht (BGH **39**, 1, 33; **39**, 168, 189; **40**, 241, 250 f.; **41**, 10, 15; NStZ **93**, 488; **95**, 286; NStZ-RR **96**, 323; NJ **01**, 152). Auch im Fall eines Menschenrechtsverstoßes muss aber im Einzelfall geprüft werden, ob der einzelne Soldat angesichts seiner Erziehung, der Indoktrination und der sonstigen Umstände in der Lage war, den Strafrechtsverstoß zweifelsfrei zu erkennen (BVerfGE **95**, 142). Diese Grundsätze gelten gleichermaßen für die Installation von **Splitterminen** als Bestandteil der Sperranlagen (vgl. BGH **40**, 218; **44**, 204; **45**, 270; NStZ **01**, 364; BGHR § 17 Vermeidbarkeit 6; NJW **05**, 1287; 5 StR 81/01; vgl. EGMR EuGRZ **01**, 210 ff.; zum Befehl der „Vernichtung" von Personen, die die Demontage und Veröffentlichung der SM70-Minen planten, vgl. BGH **50**, 16 = NJW **05**, 1287). **42**

Daher waren nach BGH **40**, 232 (Anm. *Roxin* JZ **95**, 49; *Schroeder* JR **95**, 177; *Sonnen* JA **95**, 98; hierzu *Gropp* JuS **96**, 13; *Eser*, Odersky-FS 347; *Ambos* JA **97**, 983; **aA** *Jakobs* NStZ **95**, 26; *Dannecker* Jura **94**, 593; *Dannecker/Stoffers* JZ **96**, 493; *Schlink*, NJ **94**, 435; dagegen zutr. *Schroeder* JZ **92**, 990; *S/S-Eser* 100 mwN) in erster Linie die Mitglieder des **Nationalen Verteidigungsrats** der DDR, auf deren Anordnungen die Befehle zurückgingen, auf denen Staatspraxis und Grenzregime der DDR beruhte, – neben den jeweils unmittelbar am Tatort handelnden Befehlsgebern – als *mittelbare Täter* vorsätzlicher Tötung von Flüchtlingen (iS der Rechtsfigur des „Täters hinter dem Täter") strafrechtlich verantwortlich. Wer an der Durchsetzung des Grenzregimes mit der offensichtlich menschenrechtswidrigen Anweisung zu tödlichem Schusswaffengebrauch durch verantwortliche Gestaltung der maßgeblichen **Befehle** mitgewirkt hat, war nach dem (regelmäßig milderen) Recht der Bundesrepublik **mittelbarer Täter** (BGH **40**, 218; **45**, 270; **47**, 100). Das waren auch Offiziere, die am Tatort ausdrücklich oder konkludent untergebenen Grenzsoldaten einen Schießbefehl erteilten (BGH **42**, 69). Dagegen hatte der Vorgesetzte einer Grenzkompanie, der die einzelnen Soldaten zum Wachdienst einteilte, bei der *Vergatterung* idR keinen eigenen Spielraum; er war nach BGH **47**, 100 nur als **Gehilfe** anzusehen (zur Frage einer Aufforderung [§ 227 StGB-DDR] zum Mord vgl. NJW **05**, 1287). **43**

Das **BVerfG** (E **95**, 96) hat die Verfassungsbeschwerden gegen das Urteil des BGH (**40**, 218), das Mitglieder des Nationalen Verteidigungsrates der DDR als mittelbare Täter vorsätzlicher Tötungen verurteilt hatte, zurückgewiesen, da Art. 103 II GG nicht verletzt sei und ein Rechtfertigungsgrund, der vorsätzliche Tötungen unbewaffneter Flüchtlinge decke, unbeach- **44** tet bleiben müsse (BVerfGE **95**, 130, 135). Auch vom **Europäischen Gerichtshof für Menschenrechte** ist diese Rspr gebilligt worden (Urteile v. 22. 3. 2001; EuGRZ **01**, 210; 219; vgl. dazu auch *Starck* JZ **01**, 1102).

45 Zu den Fragen der **Verfolgungs- und Vollstreckungverjährung** von DDR-Alttaten vgl. **Art. 315 a EGStGB** (6 ff. vor § 78). Für den **Strafantrag** enthält Art. 315 b EGStGB eine Übergangsregelung für DDR-Alttaten. Nach **Art. 315 I EGStGB** werden die für DDR-Alttaten (oben 41) anzuwendenden Grundsätze des § 2 (oben 41 ff.) modifiziert. Zur Geldstrafe vgl. **Art. 315 II EGStGB**; zur Strafaussetzung zur Bewährung **Art. 315 III EGStGB** (vgl. dazu 54. Aufl.). Zur Frage der Nachtragsentscheidungen im Falle von Einweisungen nach dem DDR-Recht (§§ 15 II, 16 III StGB-DDR iVm § 11 EinweisG-DDR) vgl. 1 zu § 63. Zur **Gesamtstrafe** bei **Zusammentreffen** von Taten, die wegen § 2 III teilweise nach dem Recht der DDR (Hauptstrafen nach §§ 63, 64 StGB-DDR), teilweise nach dem Recht der Bundesrepublik (Einzelstrafen nach § 53) zu beurteilen sind, vgl. BGHR § 2 III DDR-StGB 12, 13; NStZ **99**, 82; StV **99**, 206; 2 StR 347/98; 4 StR 219/02; 5 StR 516/03).

Geltung für Inlandstaten

3 Das deutsche Strafrecht gilt für Taten, die im Inland begangen werden.

1 **1) Allgemeines.** Die Vorschrift stellt das **Territorialitätsprinzip** (Gebietsgrundsatz) an die Spitze der Normen, die das sog. internationale Strafrecht regeln. Sie verdeutlicht damit, dass sich der Strafhoheitsanspruch grundsätzlich auf das *eigene Staatsgebiet* beschränkt, und trägt mit der Anerkennung dieses Prinzips einer Entwicklung Rechnung, die sich international zunehmend durchsetzt. Die weitgehende *Abkehr vom aktiven Personalitätsprinzip* (4 vor § 3) hat zugleich den Sinn einer Selbstbeschränkung der souveränen Staaten im Interesse einer gerechten und zweckmäßigen *zwischenstaatlichen* Verteilung der Aufgaben auf dem Gebiet der Verbrechensbekämpfung (*Jescheck* Beitr. 525, 532; *Eser,* Jescheck-FS 1362). Der **Gebietsgrundsatz** bedeutet, dass das deutsche Strafrecht für Inlandstaten stets anzuwenden ist, gleichgültig, ob sie ein Deutscher oder ein Ausländer begangen hat. Für die Rechtsanwendung ist die Kehrseite des Gebietsgrundsatzes bedeutsam: Für Taten, die nicht im Inland begangen sind, können die deutschen Strafnormen nur unter ganz bestimmten, in §§ 4 bis 7 bezeichneten Voraussetzungen angewendet werden. Diese Vorschriften ergänzen und durchbrechen den strengen Grundsatz des § 3, weil er nicht allen schutzwürdigen Interessen des eigenen Staates und seiner Staatsbürger Rechnung zu tragen vermag. Zu **Ausnahmen** von der Gerichtsbarkeit der BRep., insb. für **Exterritoriale,** vgl. 21 bis 23 vor § 3.

2 **2) Das deutsche Strafrecht** ist die Gesamtheit aller Normen der BRep. und ihrer Länder (vgl. 2 vor § 3).

3 **3)** Ob eine Tat **im Inland begangen** ist, bestimmt sich nach § 9 (vgl. dort). Die Vorschriften über den Tatort sind insbesondere in Fällen von Bedeutung, in denen die Grundsätze des interlokalen Strafrechts anzuwenden sind (24 vor § 3).

4 **4)** Der strafrechtliche **Begriff des Inlands,** der im Gesetzestext – zufolge der früheren deutschen Teilung – zT noch als „räumlicher Geltungsbereich dieses Gesetzes" umschrieben wird, ist seit dem EV mit dem staatsrechtlichen deckungsgleich. Er umfasst die nunmehr in der Präambel des GG genannten Länder. Für sog. *DDR-Alttaten* (38 ff. vor § 3) kann während einer Übergangszeit auch noch der funktionelle Inlandsbegriff (12 vor § 3) Bedeutung behalten. Zur Frage des **zum Inland gehörenden Gebiets** vgl. 12 bis 20 vor § 3.

Geltung für Taten auf deutschen Schiffen und Luftfahrzeugen

4 Das deutsche Strafrecht gilt, unabhängig vom Recht des Tatorts, für Taten, die auf einem Schiff oder in einem Luftfahrzeug begangen werden, das berechtigt ist, die Bundesflagge oder das Staatszugehörigkeitszeichen der Bundesrepublik Deutschland zu führen.

1 ***1) Allgemeines.*** *Die Vorschrift ist durch das 11. LuftVÄndG v. 25. 8. 1998 (BGBl. I 2432) geändert worden.*

1 a **Literatur:** *Jescheck,* Die an Bord von Luftfahrzeugen begangenen Straftaten u. ihre Folgen, ZStW 1957 Sonderheft S. 195; *Lenzen* JR **83**, 181; *Mankiewicz* GA 61, 194; *Rudolf* NJW **54**,

219; *Schnorr v. Carolsfeld,* Straftaten in Flugzeugen, 1965; *v. Weber,* Rittler-FS 111; *Wille,* Die Verfolgung strafbarer Handlungen an Bord von Schiffen u. Luftfahrzeugen, 1974. Vgl. auch vor Rn. 1 vor § 3.

2) Das **Flaggenprinzip** (eingeführt durch VO v. 6. 5. 1940), das § 4 (idF des EGStGB) verwirklicht, ist eng mit dem Territorialitätsprinzip (3 vor § 3) verwandt. Es stellt sicher, dass jeder, der sich einem deutschen Schiff oder Luftfahrzeug anvertraut, überall deutschen Strafrechtsschutz beanspruchen kann, und besagt, dass für Taten (auch Beihilfehandlungen, die auf einem unter deutscher Flagge fahrenden Schiff begangen werden, Schleswig wistra **98**, 30 m. Anm. *Döllel* wistra **98**, 70) das Strafrecht der BRep. auch dann gilt, wenn sie sich im Ausland, etwa in fremden Häfen, befinden. Ob es sich um staatliche oder private Fahrzeuge handelt, ist ohne Bedeutung. 2

3) Schiffe iS des § 4 sind die zur See- und Binnenschifffahrt bestimmten Wasserfahrzeuge jeder Art, die nach dem FlaggenrechtsG verpflichtet oder berechtigt sind, die Bundesflagge zu führen. Dazu zählen auch Tragflügelboote, Luftkissen- und Unterwasserfahrzeuge sowie nicht ständig verankertes schwimmendes Gerät deutscher Eigentümer nach §§ 1, 2, in der BRep. auf fremde Rechnung gebaute Schiffe nach § 10 und von einem deutschen Ausrüster gecharterte Schiffe nach § 11 FlaggenrechtsG (E EGStGB 207). Ein deutsches **Luftfahrzeug** (§ 1 II LuftVG) iS des § 4 ist jedes, das berechtigt ist, das Staatszugehörigkeitszeichen der BRep. zu führen; das können nur Fahrzeuge von deutschen Eigentümern sein (§§ 2 V, 3 LuftVG). § 4 gilt in den Schranken des Völkerrechts (*Lenzen* JR **83**, 182). Das Verbot der Doppelbestrafung (Art. 103 III GG; Art. 54 DfÜbk z. *Schengener* Übk.) gilt auch für eine auf einem deutschen Schiff begangene, im Ausland abgeurteilte Tat (LG Mannheim NStZ-RR **96**, 147). Ausländische Fahrzeuge im Inland sind grundsätzlich dem Strafrecht der BRep. unterworfen (*S/S-Eser* 9); vgl. Art. 19 Nr. 5 HoheSeeÜbk, Art. 5 bis 10 LuftStrAbk, § 153c I Nr. 2 StPO; DRiZ **69**, 21; zu Weltraumfahrzeugen NK-*Lemke* 10. Zur Zuständigkeit der Schifffahrtsgerichte vgl. Art. 99 EGStGB. 3

Auslandstaten gegen inländische Rechtsgüter

5 Das deutsche Strafrecht gilt, unabhängig vom Recht des Tatorts, für folgende Taten, die im Ausland begangen werden:

1. Vorbereitung eines Angriffskrieges (§ 80);

2. Hochverrat (§§ 81 bis 83);

3. Gefährdung des demokratischen Rechtsstaates
   a) in den Fällen der §§ 89, 90a Abs. 1 und des § 90b, wenn der Täter Deutscher ist und seine Lebensgrundlage im räumlichen Geltungsbereich dieses Gesetzes hat, und
   b) in den Fällen der §§ 90 und 90a Abs. 2;

4. Landesverrat und Gefährdung der äußeren Sicherheit (§§ 94 bis 100a);

5. Straftaten gegen die Landesverteidigung
   a) in den Fällen der §§ 109 und 109e bis 109g und
   b) in den Fällen der §§ 109a, 109d und 109h, wenn der Täter Deutscher ist und seine Lebensgrundlage im räumlichen Geltungsbereich dieses Gesetzes hat;

6. Verschleppung und politische Verdächtigung (§§ 234a, 241a), wenn die Tat sich gegen einen Deutschen richtet, der im Inland seinen Wohnsitz oder gewöhnlichen Aufenthalt hat;

6a. Entziehung eines Kindes in den Fällen des § 235 Abs. 2 Nr. 2, wenn die Tat sich gegen eine Person richtet, die im Inland ihren Wohnsitz oder gewöhnlichen Aufenthalt hat;

7. Verletzung von Betriebs- oder Geschäftsgeheimnissen eines im räumlichen Geltungsbereich dieses Gesetzes liegenden Betriebs, eines Un-

ternehmens, das dort seinen Sitz hat, oder eines Unternehmens mit Sitz im Ausland, das von einem Unternehmen mit Sitz im räumlichen Geltungsbereich dieses Gesetzes abhängig ist und mit diesem einen Konzern bildet;

8. Straftaten gegen die sexuelle Selbstbestimmung
a) in den Fällen des § 174 Abs. 1 und 3, wenn der Täter und der, gegen den die Tat begangen wird, zur Zeit der Tat Deutsche sind und ihre Lebensgrundlage im Inland haben, und
b) in den Fällen der §§ 176 bis 176 b und 182, wenn der Täter Deutscher ist;

9. Abbruch der Schwangerschaft (§ 218), wenn der Täter zur Zeit der Tat Deutscher ist und seine Lebensgrundlage im räumlichen Geltungsbereich dieses Gesetzes hat;

10. falsche uneidliche Aussage, Meineid und falsche Versicherung an Eides Statt (§§ 153 bis 156) in einem Verfahren, das im räumlichen Geltungsbereich dieses Gesetzes bei einem Gericht oder einer anderen deutschen Stelle anhängig ist, die zur Abnahme von Eiden oder eidesstattlichen Versicherungen zuständig ist;

11. Straftaten gegen die Umwelt in den Fällen der §§ 324, 326, 330 und 330 a, die im Bereich der deutschen ausschließlichen Wirtschaftszone begangen werden, soweit völkerrechtliche Übereinkommen zum Schutze des Meeres ihre Verfolgung als Straftaten gestatten;

11 a. Straftaten nach § 328 Abs. 2 Nr. 3 und 4, Abs. 4 und 5, auch in Verbindung mit § 330, wenn der Täter zur Zeit der Tat Deutscher ist;

12. Taten, die ein deutscher Amtsträger oder für den öffentlichen Dienst besonders Verpflichteter während eines dienstlichen Aufenthalts oder in Beziehung auf den Dienst begeht;

13. Taten, die ein Ausländer als Amtsträger oder für den öffentlichen Dienst besonders Verpflichteter begeht;

14. Taten, die jemand gegen einen Amtsträger, einen für den öffentlichen Dienst besonders Verpflichteten oder einen Soldaten der Bundeswehr während der Ausübung ihres Dienstes oder in Beziehung auf ihren Dienst begeht;

14 a. Abgeordnetenbestechung (§ 108 e), wenn der Täter zur Zeit der Tat Deutscher ist oder die Tat gegenüber einem Deutschen begangen wird;

15. Organ- und Gewebehandel (§ 18 des Transplantationsgesetzes), wenn der Täter zur Zeit der Tat Deutscher ist.

1 **1) Allgemeines.** Die Vorschrift gilt idF des EGStGB (vgl. dazu § 5 E 1962; Begr. 109; Ndschr. **4**, 15 ff., 121 ff., 412 ff., **10**, 323 ff., 336; Ber. BT-Drs. V/4095, 4; Prot. V/6, 70, 2347, 2557, 2619, 2878, 3120, 3199; E EGStGB 207; AE § 5; zum Ganzen vgl. *Zieher* aaO und *Cornils* aaO [vor Rn. 1 vor § 3]; *Schnorr v. Carolsfeld,* Bruns-FS 291, 296) iVm Art. 1 Nr. 1 des 18. StÄG (1 vor § 324); **Nr. 6 a** iVm Art. 1 Nr. 2 des 6. StrRG (2 f. vor § 174); **Nr. 8** iVm Art. 1 Nr. 1 des 27. StÄG (1 vor § 174) und Art. 1 Nr. 2 des 6. StrRG (2 f. vor § 174); **Nr. 11** iVm Art. 12 AusführungsG Seerechtsübereinkommen 1982/1994 v. 6. 6. 1995 (BGBl. I 778; in Kraft seit 15. 6. 1995, der die Geltung der §§ 324, 326, 330, 330 a für von Schiffen aus in der Nord- und Ostsee begangene Taten regelt); **Nr. 11 a** idF des AusfG zu dem Vertrag v. 24. 9. 1996 über das umfassende Verbot von Nuklearversuchen (1 zu § 328); **Nr. 14 a** idF Art. 2 § 3 EUBestG; **Nr. 15** idF von Art. 6 II GewebeG v. 20. 7. 2007 (BGBl I 1574).

§ 5 faßt die Fälle zusammen, in denen (wie auch in § 7 I) nach dem **Schutzprinzip** (auch Realprinzip; Ausnahme in Nr. 8, 9, 13: aktives Personalitätsprinzip; vgl. 3 vor § 3) das Strafrecht der BRep. auch dann gilt, wenn die **Tat im Ausland** (20 vor § 3) begangen wird, und zwar ohne Rücksicht darauf, ob der Täter Inländer oder Ausländer (Ausnahmen in Nr. 3 a, 5 b, 8, 9, 12, 13) *und ob die Tat nach* dem Recht des Tatorts strafbar ist (BGH **30**, 3). Doch können außerstrafrechtliche ausländische Normen eine Rolle spielen (*Nowakowski* JZ **71**, 633). Das Regel-Ausnahme-Verhältnis der §§ 3, 5, 7 I (1 zu § 3) und der in § 3 verbürgte Respekt vor der Souveränität des ausländischen Staates verbieten es, das Schutzprinzip über das im Interesse des Schutzes inländischer Rechtsgüter unbedingt Erforderliche hinaus zu erstrecken. Zum Vorbehalt für das Landesrecht vgl. 29 vor § 3. § 5 wird durch Art. 1 § 3 **IntBestG** ergänzt. Zur Geltung des KWKG vgl. § 21 KWKG.

Gesetzgebung: Der E eines Zweiten KorrBekG (BR-Drs. 548/07) sieht eine Änderung von § 5 Nr. 14 a (Nr. 15 neu) unter Einbeziehung ausländischer und europäischer Amtsträger vor. Gesetzgebungsverfahren bei Redaktionsschluss 55. Aufl. nicht abgeschlossen (Abdruck des GesE im **Anhang Nr. 23 b**).

2) Katalog der Taten (§ 11 I Nr. 5), deren Begehung grundsätzlich auch dann dem Strafrecht der BRep. unterliegt, wenn es sich um strafbaren Versuch (NK-*Lemke* 31), Teilnahme oder versuchte Beteiligung (§ 30; *S/S-Eser* 24), nicht aber um Begünstigung oder Strafvereitelung handelt (*S/S-Eser* 24; vgl. aber unten 8 f.): **1 a**

Nr. 1 Vorbereitung eines **Angriffskrieges** (§ 80; nicht auch § 80 a);

Nr. 2 Hochverrat (§§ 81 bis 83); **2**

Nr. 3 Gefährdung des demokratischen Rechtsstaats, in den Fällen der §§ 90 und 90 a II ausnahmslos, in den Fällen der §§ 89, 90 a I und des § 90 b nur dann, wenn der Täter Deutscher (2 zu § 7) ist und seine **Lebensgrundlage** im räumlichen Geltungsbereich des Gesetzes (12 vor § 3) hat, dh mit der BRep. so verbunden ist, dass ihm die Beachtung von Normen wie die in Nr. 3 a genannten Vorschriften auch außerhalb der BRep. zuzumuten ist. In aller Regel wird das der Fall sein, wenn der Täter seinen ausschließlichen Wohnsitz oder ständigen Aufenthalt in der BRep. hat; doch sind Ausnahmen denkbar (Korrespondent auswärtiger Zeitungen; Prot. V/1922). Bei Doppelwohnsitz oder wechselndem Aufenthalt kommt es darauf an, wo der persönliche und wirtschaftliche Schwerpunkt liegt (Ber. BT-Drs V/2860, 23 f.; NK-*Lemke* 8; SK-*Hoyer* 8). **3**

Nr. 4 Landesverrat und Gefährdung der äußeren Sicherheit (§§ 94 bis 100 a). Die Anwendung des § 94 auf Ausländer widerspricht den allgemeinen Regeln des Völkerrechts (Art. 25 GG) nicht. Spionage in Friedenszeiten ist kein völkerrechtliches Unrecht. Ob sie erlaubt, „legal" ist (so BGH **37**, 308; **39**, 262 m. zust. Anm. *Träger* NStZ **94**, 282; krit. *Rittstieg* NJW **94**, 912), kann offen bleiben; jedenfalls ist es völkerrechtlich nicht untersagt, zufolge des Schutzprinzips (oben 1), auch von Ausländern im Ausland begangene Spionage innerstaatlich unter Strafe zu stellen (NJW **91**, 2499, hierzu *Simma/Volk* NJW **91**, 871 mwN; Bay NStZ **92**, 282; hierzu *Schünemann* aaO [31 vor § 3]), soweit sie sich aber gegen NATO-Vertragsstaaten (§ 1 Nr. 4 des 4. StÄG) richtet, vgl. 20 zu § 93. **4**

Nr. 5 Straftaten gegen die Landesverteidigung, in den Fällen der §§ 109, 109 e bis 109 g ausnahmslos, in den Fällen der §§ 109 a, 109 d und 109 h nur unter denselben Voraussetzungen wie bei Nr. 3 a (vgl. oben 3; ferner § 1 a WStG); zum Wegfall des Berlin-Vorbehalts durch das 6. ÜberleitG vgl. vor § 80; **5**

Nr. 6 Verschleppung und politische Verdächtigung (§§ 234 a, 241 a), wenn die Tat sich (mindestens auch und insoweit) gegen einen Deutschen (2 zu § 7) richtet, der im **Inland** seinen Wohnsitz (wenn auch nur Zweitwohnsitz) oder gewöhnlichen Aufenthalt hat (NK-*Lemke* 11). Unter Inland hatte die Rspr hier (entgegen 12 vor § 3) stets *auch die ehem. DDR* verstanden (BGH **30**, 5; Düsseldorf NJW **79**, 62; **83**, 1277; vgl. *G. Schultz* MDR **85**, 14; krit. *Grünwald* StV **91**, 34), da der Schutzzweck der Norm gerade auch die dort wohnenden Deutschen *als Tatopfer* (hiergegen *Renzikowski* JR **92**, 271; vgl. Art. 116 GG) erfassen sollte (inzwischen durch BGH **40**, 130 [m. Anm. *Seebode* JZ **95**, 417]; NStZ **95**, 288 klargestellt; vgl. 40 vor § 3). **6**

Nr. 6 a Vorenthalten eines Kindes im Ausland (§ 235 II Nr. 2), wenn die Tat sich gegen eine Person (Eltern, Elternteil, dem nach deutschem Recht einschließlich des internationalen Privatrechts die Personensorge für das Kind zusteht, Vormund oder Pfleger, aber auch das vorenthaltene Kind, RegE 27) richtet, die – ungeachtet ihrer Staatsangehörigkeit – im Inland ihren Wohnsitz oder gewöhnlichen Aufenthalt hat. Gleichgültig ist, ob der Täter Deutscher oder Ausländer und ob die Tat nach dem Recht des Tatorts strafbar ist. Erfasst ist durch § 235 auch der Fall, dass der Täter sich erst im Ausland entschließt, das Kind nicht wieder herauszugeben und ohne das Kind ins Inland zurückkehrt (RegE 24). **6 a**

7 **Nr. 7 Verletzung von Betriebs- oder Geschäftsgeheimnissen** (§§ 203, 204 und §§ 17 bis 19 UWG) eines **a)** im räumlichen Geltungsbereich des Gesetzes (12 vor § 3) örtlich liegenden Betriebs (die Terminologie in § 14 II deckt sich nicht mit der in Nr. 7; vgl. 8 zu § 14), **b)** Unternehmens, das seinen Sitz (§ 106 HGB; § 5 AktG; §§ 3, 7, 10, 11 GmbHG) im Geltungsbereich hat; **c)** Unternehmens, das zwar seinen Sitz im Ausland hat, aber (Tochtergesellschaft) von einem Unternehmen mit Sitz im Geltungsbereich abhängig ist und mit ihm einen Konzern bildet. Danach wird nur das Tochterunternehmen geschützt, das so eng mit dem deutschen Mutterunternehmen verbunden ist, dass es mit diesem einen einheitlichen Konzern iS des Aktienrechts (§§ 18 I, 329ff. AktG) bildet. Nicht erfasst werden zB die Unternehmen eines sog. Gleichordnungskonzerns (§ 18 II AktG) oder sonstige Unternehmen, die sich in den Händen deutscher Anteilseigner befinden (Ber. 5).

8 **Nr. 8 Sexualstraftaten a)** nach § 174 I und III, wenn sowohl Täter (auch ein Mittäter, aber nicht nur ein Teilnehmer) als auch Opfer zZ der Tat Deutsche mit der Lebensgrundlage in der BRep. (oben 3) sind, **b)** nach den §§ 176 bis 176b und § 182, wenn der Täter Deutscher ist. Nicht mehr erforderlich ist, dass der Täter seine Lebensgrundlage im Inland hat. Mit dieser Erweiterung zur wirksameren Bekämpfung des sog. *Sextourismus* soll Strafbarkeitslücken in Bezug auf Auslandstaten Deutscher weitmöglichst vorgebeugt werden, gleichgültig, welches Recht am Tatort gilt (krit. SK-*Hoyer* 22). Das Opfer kann (seit dem 27. StÄG) Ausländer mit Lebensgrundlage im In- oder Ausland sein. Zur Zielsetzung dieser Erweiterung des aktiven Personalitätsprinzips vgl. Ber. 7 (krit. *S/S-Eser* 15).

9 **Nr. 9 Abbruch der Schwangerschaft** (§ 218) unter denselben Voraussetzungen wie bei Nr. 3a. Das bedeutet, dass strafbar ist **a)** eine deutsche Schwangere aus der BRep., die im Ausland ihre Schwangerschaft selbst abbricht oder ohne Beratung durch einen Dritten abbrechen lässt; **b)** ein deutscher Arzt aus der BRep., der einen solchen Eingriff an einer Ausländerin im Ausland vornimmt; nicht jedoch ein Deutscher aus der BRep., der im Ausland einem ausländischen Arzt bei einem solchen Eingriff an einer Ausländerin hilft (*S/S-Eser* 17). Die dem Personalgrundsatz folgende Regel erstreckt den Anwendungsbereich des § 218, um dem Abtreibungstourismus und dem „Reichenprivileg" entgegenzuwirken (Ber. 5; krit. *Zieher* [vor Rn. 1 vor § 3] 138), auch auf Auslandstaten Deutscher, die ihre Lebensgrundlage im Geltungsbereich des StGB haben.

10 **Nr. 10 Falsche uneidliche Aussage, Meineid und falsche Versicherung an Eides Statt** (§§ 153 bis 156) bei Begehung im Ausland, so bei Aussage vor einem ausländischen oder zwischenstaatlichen Gericht (vgl. 9 zu § 6) oder einer anderen ausländischen Stelle oder bei eidesstattlicher Versicherung gegenüber deutschen Konsulatsbeamten (5 zu § 156), wenn das Verfahren im räumlichen Geltungsbereich (12 vor § 3) bei Gericht oder einer anderen deutschen Stelle anhängig ist, die zur Abnahme von Eiden oder eidesstattlichen Versicherungen zuständig ist. § 163 wird nicht erfasst.

11 **Nr. 11 Straftaten gegen die Umwelt** nach den §§ 324, 326, 330, 330a, die **a) im Bereich** der deutschen ausschließlichen Wirtschaftszone (AWZ; 14 vor § 3) begangen werden, **soweit völkerrechtliche Übk.** zum Schutze des Meeres **ihre Verfolgung gestatten,** was im Einzelfall (uU schwer) zu klären ist. Die Fassung der Nr. 11 geht auf Art. 11 des AusführungsG-SRÜ (oben 1) zurück. – **Materialien:** RegE BT-Drs. 13/93; Ber. BT-Drs. 13/696. Die Befugnisse der BRep. zur Umsetzung des SRÜ ergeben sich für die vom Schiff aus begangenen Taten insbesondere aus den Art. 220, 228 und 230 SRÜ; vgl. RegE 23. Die Befugnis zur Durchsetzung der Strafvorschriften bei Straftaten, die von Plattformen durch das umweltschädigende Einbringen (Art. 1 I Nr. 5 SRÜ) in die deutsche AWZ begangen werden, enthält Art. 216 I Buchst. a SRÜ (vgl. RegE 28). Nr. 11 ist – anders als die Erweiterung des Geltungsbereichs durch Art. 12 AusführungsG-SRÜ – nicht auf Taten von Schiffen aus, wohl aber auf das völkerrechtlich gebotene Maß eingeschränkt. Zugleich schränkt Nr. 11 den Meeresbegriff des § 330d Nr. 1 ein

(vgl. 4 zu § 324; ebenso NK-*Lemke* 21; and. SK-*Hoyer* 27; *S/S-Eser* 18 a). Jenseits des Bereichs der deutschen AWZ, also für Taten auf hoher See außerhalb der AWZ (8 zu § 7), bleiben die von Nr. 11 unberührten §§ 4, 7 unter deren einschränkenden Voraussetzungen sowie Art. 12 AusführungsG-SRÜ (unten 11 a) anwendbar.

b) von einem Schiff aus in der Nordsee oder Ostsee **außerhalb der deutschen AWZ** durch Einleiten von Stoffen unter Verletzung vwrechtlicher Pflichten (§ 330 d Nr. 4, 5) begangen werden, welche der Durchführung völkerrechtlicher Übk. zum Schutze des Meeres dienen. Soweit die Tat in den Hoheitsgewässern eines anderen Staates begangen wird, gilt dies, wenn die Tat nach dem Recht dieses Staates mit Strafe bedroht ist. Für die Abgrenzung der Nordsee ist Art. 2 des Übk. zur Zusammenarbeit bei der Bekämpfung der Verschmutzung der Nordsee durch Oel und andere Schadstoffe vom 13. 9. 1983 (in Kraft gem. Bek. v. 12. 12. 1989, BGBl. 1990 II 70) maßgebend. Für die Befugnisse zur Strafverfolgung gelten insbesondere die Art. 218 (sog. Hafenstaatsprinzip), 228 (Aussetzung und Beschränkungen im Fall der Einleitung eines Strafverfahrens durch den Flaggenstaat) und 230 SRÜ (Geldstrafen und Wahrung der Rechte des Angeklagten). 11 a

Nr. 11 a Verursachen einer Nuklearexplosion (§ 328 II Nr. 3, 4, IV und V auch iVm § 330; vgl. 1 zu § 328), wenn der Täter zZ der Tat Deutscher ist. 11 b

Nr. 12 Taten (jeglicher Art, nicht nur Amtsdelikte), die ein **deutscher Amtsträger** (§ 11 I Nr. 2) oder für den öffentlichen Dienst **besonders Verpflichteter** (§ 11 I Nr. 4) im Ausland während eines dienstlichen Aufenthalts (auch ohne Beziehung auf den Dienst) oder während eines privaten Aufenthalts, aber in Beziehung auf den Dienst (zB §§ 331, 332), möglicherweise auch seinen früheren Dienst (§§ 203 II, 353 b I; E EGStGB 207) begeht; dasselbe gilt nach § 1 a II WStG für Soldaten der BWehr. Nr. 12 berücksichtigt somit neben den Gesichtspunkten des Schutzgrundsatzes auch solche des aktiven Personalitätsgrundsatzes (E 1962, 112). 12

Nr. 13 Taten, die ein **Ausländer als Amtsträger** (nach deutschem Recht; § 11 I Nr. 2, zB ein Wahlkonsul) oder **für den öffentlichen Dienst** (der BRep.) **besonders Verpflichteter** begeht; *„als"* solcher, dh in seiner Eigenschaft muss er, wenn auch rechtswidrig, handeln. Bei Nr. 13 ist das Schutzprinzip (oben 1) maßgebend (E 1962, 112). Als Taten kommen daher nur (echte und unechte) Amtsdelikte in Betracht (str.; **aM** NK-*Lemke* 26). 13

Nr. 14 Taten (jeder Art), die ein Ausländer oder Inländer **gegen** einen **Amtsträger,** einen für den öffentlichen Dienst **besonders Verpflichteten** oder einen **Soldaten der BWehr** begeht, während sich der Verletzte im Ausland (so zB bei Abordnung in die NATO-Stäbe) in Ausübung seines Dienstes befindet, oder in Beziehung auf den Dienst des Verletzten begeht (vgl. oben 12). In diesem Fall braucht sich der Verletzte nicht im Ausland zu befinden. 14

Nr. 14 a Abgeordnetenbestechung (§ 108 e). Es wird auf Grund der Verpflichtung aus dem Übereinkommen über den Schutz der finanziellen Interessen der Europäischen Gemeinschaften der im Ausland iS des § 108 e begangene Kauf einer Stimme eines deutschen Abgeordneten des Europäischen Parlaments sowie deren Verkauf durch einen deutschen Abgeordneten des Europäischen Parlaments besonders unter Strafe gestellt, da § 7 II Nr. 1, weil es an der Strafbarkeit am Tatort fehlen kann, die Verpflichtung aus dem Übereinkommen nicht erfüllt (BT-Drs. 13/10 424). 14 a

Nr. 15 idF von Art. 6 II GewebeG v. 20. 7. 2007 (vgl. dazu 13 ff. zu § 168) stellt sicher, dass der **Organ- und Gewebehandel** (sowie die Beteiligung Deutscher hieran, § 18 TPG) auch dann dem deutschen Strafrecht unterliegt, wenn er von Deutschen im Ausland begangen wird, was insbesondere auch für die Vermittlungstätigkeiten Bedeutung haben kann (BT-Drs. 13/4355, 32). 15

Auslandstaten gegen international geschützte Rechtsgüter

6 Das deutsche Strafrecht gilt weiter, unabhängig vom Recht des Tatorts, für folgende Taten, die im Ausland begangen werden:

1. *[aufgehoben durch Art. 2 Nr. 2 EinfG zum VStGB]*
2. **Kernenergie-, Sprengstoff- und Strahlungsverbrechen in den Fällen der §§ 307 und 308 Abs. 1 bis 4, des § 309 Abs. 2 und des § 310;**
3. **Angriffe auf den Luft- und Seeverkehr (§ 316 c);**
4. **Menschenhandel zum Zweck der sexuellen Ausbeutung und zum Zweck der Ausbeutung der Arbeitskraft sowie Förderung des Menschenhandels (§§ 232 bis 233 a);**
5. **unbefugter Vertrieb von Betäubungsmitteln;**
6. **Verbreitung pornographischer Schriften in den Fällen der §§ 184 a und 184 b Abs. 1 bis 3, auch in Verbindung mit § 184 c Satz 1;**
7. **Geld- und Wertpapierfälschung (§§ 146, 151 und 152), Fälschung von Zahlungskarten mit Garantiefunktion und Vordrucken für Euroschecks (§ 152 b Abs. 1 bis 4) sowie deren Vorbereitung (§§ 149, 151, 152 und 152 b Abs. 5);**
8. **Subventionsbetrug (§ 264);**
9. **Taten, die auf Grund eines für die Bundesrepublik Deutschland verbindlichen zwischenstaatlichen Abkommens auch dann zu verfolgen sind, wenn sie im Ausland begangen werden.**

1 1) **Allgemeines.** Die Vorschrift idF des EGStGB (1 zu § 5) ist mehrfach geändert worden: Nr. 2 durch Art. 1 Nr. 3 des 6. StrRG (2 vor § 174); Nr. 3 durch Art. 2 Nr. 1 Ges. v. 13. 6. 1990 (BGBl. II 493; vgl. 1 zu § 316 c); Nr. 4 durch Art. 1 Nr. 1 des 26. StÄG (1 vor § 174) und durch Art. 1 Nr. 2 des 37. StÄG; Nr. 6 durch Art. 1 Nr. 2 des 27. StÄG; durch Art. 1 Nr. 2 des G v. 27. 12. 2003 (vgl. 1 zu § 184); Nr. 7 durch Art. 1 Nr. 18 des 6. StrRG und durch Art. 1 Nr. 2 des 35. StÄG (vgl. 1 zu § 152 a; Mat.: BT-Drs. 15/1720). Sie zählt die Taten auf, die nach dem **Weltrechtsprinzip** (3 vor § 3; *Jescheck* Beitr. 536; *Oehler,* Carstens-FS 440) dem Strafrecht der BRep. ohne Rücksicht auf Tatort, Recht des Tatorts und Staatsangehörigkeit des Täters unterliegen. Dieses Prinzip gilt ohne Bindung an die einschränkenden Kriterien der stellvertretenden Strafrechtspflege (1 zu § 7; BGH **27**, 32; **34**, 336; BGHR § 6 Nr. 5 Vertr. 2; krit. LK-*Gribbohm* 25). 1 zu § 5 gilt entsprechend. Zur Problematik einer Strafverfolgung von **Balkankriegsverbrechen** auf Grund des Weltrechtsprinzips BGH **45**, 64; BGHR § 6 I Völkerm. 1; *Roggemann* NJW **94**, 1436; *Staudinger,* Eröffnung der deutschen Gerichtsbarkeit für den Völkermord im Kosovo?, NJW **99**, 3099; *Ambos* NStZ **99**, 226; **00**, 71; *Merkel,* Universale Jurisdiktion bei völkerrechtlichen Verbrechen. Zugleich ein Beitrag zur Kritik des § 6 StGB, in: *Lüderssen* (Hrsg.), Aufgeklärte Kriminalpolitik oder Kampf gegen das Böse?, 1998, Bd. III, 237; vgl. Einl. 12.

1 a 2) In dem **Katalog** ist **Nr. 1** durch Art. 2 Nr. 2 des EinfG zum VStGB v. 26. 6. 2002 (BGBl. I 2254) gestrichen worden. Vgl. § 6 VStGB, § 1 IStGHG v. 21. 6. 2002 (BGBl. I 2144). Zu § 220 a a. F. vgl.BVerfG EuGRZ **01**, 76.

2 **Nr. 2** Kernenergie-, Sprengstoff- und **Strahlungsverbrechen** in den Fällen der durch das 6. StrRG neu gefassten § 307 (§ 310 b aF), 308 I bis IV (§ 311 I bis III aF, jedoch Erfolgsqualifikation statt besonders schwere Fälle), des § 309 II (§ 311 a II aF) und des § 310 (311 b aF). Vgl. für das *Atomwaffenverbot* §§ 17, 19, 21 KriegswaffG; für Verstöße gegen ChemiewaffenÜbk §§ 15 bis 19 CWÜAG;

3 **Nr. 3 Angriff auf den Luft- und Seeverkehr** (§ 316 c); tateinheitliches Zusammentreffen des § 316 c mit einem Tötungsdelikt begründet für dieses Delikt nicht die Geltung des deutschen Strafrechts (NJW **91**, 3104);

4 **Nr. 4 Menschenhandel** zum Zweck der sexuellen Ausbeutung (§ 232) und zum Zweck der Ausbeutung der Arbeitskraft (§ 233) sowie Förderung des Menschenhandels (§ 233 a);

5 ***Nr. 5 Vertrieb von Betäubungsmitteln,*** und zwar nach BtMG *und ausländischem Recht* **unbefugter.** Das ist jede Tätigkeit, durch die ein Betäubungsmittel iSd § 1 BtMG idF des Art. 2 Nr. 1 OrgKG *entgeltlich* in den Besitz eines anderen gebracht werden soll (§ 29 I Nr. 1, 5 bis 14 iVm II bis VI, § 30 BtMG, Anh. 4;

StV **84**, 286; krit. *Schrader* NJW **86**, 2874). Daher fallen unter Nr. 5 **nicht** der Erwerb zum Eigenverbrauch (BGH **34**, 1 [m. Anm. *Herzog* StV **86**, 474]; StV **90**, 550 L; Düsseldorf NStZ **85**, 268 [wohl aber kann bei Deutschen § 7 II Nr. 1 eingreifen, NJW **86**, 1444]) sowie das Herstellen, Gewinnen, Verarbeiten und Besitzen von BtM (vgl. *Zieher* 157 [vor Rn. 1 vor § 3]; *Knauth* NJW **79**, 1084; offen gelassen 3 StR 415/82; vgl. aber § 9 II S. 2); auch nicht die Einfuhr von BtM von einem ausländischen Staatsgebiet in ein anderes (NStZ **00**, 150). Völkerrecht steht der Anwendung des Weltrechtsprinzips nicht entgegen (BGH **27**, 30; **34**, 377).

Nr. 6 Verbreitung pornographischer Schriften in den Fällen der §§ 184a, 6
184b Abs. I bis III, auch in Verbindung mit § 184c S. 1 (sog. harte Pornographie; Fassung durch G v. 27. 12. 2003 [BGBl I 3007]);

Nr. 7 Geld- und Wertpapierfälschung (§§ 146, 151 und 152), Fälschung 7
von Zahlungskarten mit Garantiefunktion und Vordrucken für Euroschecks (§ 152b I bis IV idF des 35. StÄG) **sowie deren Vorbereitung** (§§ 149, 151, 152 und 152b V). Zum strafrechtlichen Schutz vor Geldfälschung in der **EU** vgl. die Nachw. 1 vor § 146. Vgl. auch unten 9;

Nr. 8 (eingefügt durch Art. 1 Nr. 1 WiKG; 1 zu § 264) **Subventionsbetrug** 8
nach § 264. Ausländische Subventionen werden jedoch (anders noch RegE 1. WiKG 22), nachdem das 1. WiKG von dem im RegE vorgeschlagenen formellen Subventionsbegriff zum materiellen übergegangen ist (6 zu § 264), nur insoweit erfasst, als es sich um solche der Europäischen Gemeinschaften handelt (§ 264 VI). Befindet sich in solchen Fällen der Subventionsgeber (§ 264 I Nr. 1) in der BRep. ist die Tat nach § 9 ohnehin im Inland begangen (vgl. *Müller-Emmert/Maier* NJW **76**, 1660; NK-*Lemke* 13).

Nr. 9 (Generalklausel) **Taten,** die **auf Grund eines** für die BRep. verbindli- 9
chen **zwischenstaatlichen** (auch mit zwischen- oder überstaatlichen Einrichtungen abgeschlossenen) **Abkommens** auch dann zu verfolgen sind, wenn sie im Ausland begangen werden (Art. 1 Nr. 1b 11. StÄG; vgl. *S/S-Eser* 11; *Wilkitzki* ZStW **99**, 475). Eine Pflicht zur Strafverfolgung nach deutschem Strafrecht wegen der Tötung von Zivilpersonen ergibt sich aus § 8 I Nr. 1 iVm VI Nr. 1 (Anlage) VStGB; zur Rechtslage vor Inkrafttreten des VStGB vgl. BGH **46**, 292 [*Bosnien-Herzegowina*]; vgl. Bay NJW **98**, 393 [m. Anm. *Ambos* NStZ **98**, 138 u. *Lagodny* JR **98**, 475]; ausf. *Ambos* NStZ **99**, 226; *Kreß* EuGRZ **96**, 638; *Werle* JZ **00**, 755; *Ambos* NStZ **00**, 71). Diese internationalen Verträge haben die Wirkung, dass bestehende Strafvorschriften auf Taten im Ausland auch dann anzuwenden sind, wenn spezielle, das Abkommen ausfüllende Strafvorschriften noch fehlen oder nicht voll erfassen, was danach unter Strafe zu stellen ist. Völkerrechtliche Verträge begründen grundsätzlich nur Staatsverpflichtungen gegenüber den Vertragsparteien (vgl. *R. Hauser,* Tröndle-FS 777), überlassen jedoch dem einzelnen Vertragsstaat deren Umsetzung in das innerstaatliche Recht (BGH **34**, 259; vgl. die Erklärung der BRep. zum Übk. gegen die Folter usw., Bek. v. 9. 2. 1993, BGBl. II 715). Jedes Übk. ist daraufhin zu prüfen, ob es das Weltrechtsprinzip oder nur das Territorialitätsprinzip oder das Prinzip der stellvertretenden Strafrechtspflege begründet. Nur wo auf Grund des Übk. die Einführung des Weltrechtsprinzips verbindlich ist, greift Nr. 9 in dem Sinne ein, dass dann eine besondere Übertragung ins StGB durch die Generalklausel entbehrlich ist. Im Falle des Haager Übk. v. 16. 12. 1970 zur Bekämpfung der widerrechtlichen Besitznahme von Luftfahrzeugen (BGBl. II 1975, 1204) erstreckt Art. 4 I dieses Übk. die Verpflichtung zur Strafverfolgung auch auf jede sonstige Handlung gegen Fluggäste und Besatzungsmitglieder, aber nur für die Tat des § 316c selbst (NJW **91**, 3104).

Geltung für Auslandstaten in anderen Fällen

7 **I Das deutsche Strafrecht gilt für Taten, die im Ausland gegen einen Deutschen begangen werden, wenn die Tat am Tatort mit Strafe bedroht ist oder der Tatort keiner Strafgewalt unterliegt.**

II Für andere Taten, die im Ausland begangen werden, gilt das deutsche Strafrecht, wenn die Tat am Tatort mit Strafe bedroht ist oder der Tatort keiner Strafgewalt unterliegt und wenn der Täter

1. zur Zeit der Tat Deutscher war oder es nach der Tat geworden ist oder

2. zur Zeit der Tat Ausländer war, im Inland betroffen und, obwohl das Auslieferungsgesetz seine Auslieferung nach der Art der Tat zuließe, nicht ausgeliefert wird, weil ein Auslieferungsersuchen innerhalb angemessener Frist nicht gestellt oder abgelehnt wird oder die Auslieferung nicht ausführbar ist.

1 **1) Allgemeines.** Die Vorschrift gilt idF des 2. StrRG. II Nr. 2 ist durch Art. 12c Nr. 1 des 1. JuMoG v. 24. 8. 2004 geändert worden. Die Regelung ergänzt die in §§ 4 bis 6 aufgeführten Fälle und steht selbstständig neben ihnen (*S/S-Eser* 3; **aA** Düsseldorf NJW **79**, 62; 49 Aufl.). Sie enthält in I einen weiteren Fall des Schutzprinzips (passives Personalitätsprinzip); II Nr. 1 (1. Alt.) folgt dem (eingeschränkten) aktiven Personalitätsprinzip (Düsseldorf NJW **79**, 63; MDR **92**, 1162; *Tröndle* JR **77**, 2 mwN; *Oehler* JR **82**, 160; str.). Anders zB SK-*Hoyer* 1, der II im Ganzen den Fällen der **stellvertretenden Strafrechtspflege** (vgl. 3 vor § 3; *Jescheck* Beitr. 537) zuordnet, was jedoch nur für II Nr. 1 *(2. Alt.)* und Nr. 2 berechtigt ist (*Krey* JR **80**, 49; differenzierend *Eser* JZ **93**, 880 und *S/S* 1; and. *Schmitz,* Grünwald-FS 619, 628 ff.; zum Ganzen *Scholten* NStZ **94**, 266; *Liebelt* aaO [vor Rn. 1 vor § 3] 114 ff.; vgl. auch *Vogler* DAR **81**, 73. Der Erwerb der **deutschen Staatsangehörigkeit** ist durch das G zur Reform des Staatangehörigkeitsrechts v. 15. 7. 1999 (BGBl. I 1618) durch Einführung des sog. **Optionsmodells** (§§ 4 III, 29, 40b StAG) für in Deutschland geborene Kinder von Ausländern neu geregelt worden. Die Anknüpfung an den Grundsatz des *ius soli* führt zur (vorübergehenden) Hinnahme von Mehrstaatigkeit. **Inkrafttreten:** 1. 1. 2000 (zur Neuregelung vgl. *Huber/ Buttzke* NJW **99**, 2769). § 7 II Nr. 2 wurde durch das 1. JuMoG v. 24. 8. 2004 (BGBl. I 2198) geändert (vgl. BT-Drs. 13/4541; BT-Drs. 14/1714; BT-Drs. 15/999) v. 20. 5. 2003; BT-Drs. 15/1491); vgl. dazu unten 12 (**Inkrafttreten**: 1. 9. 2004).

1a **Literatur:** *Huber/Butzke,* Das neue Staatsangehörigkeitsrecht und sein verfassungsrechtliches Fundament, NJW **99**, 2769; *Obermüller,* Der Schutz ausländischer Rechtsgüter im deutschen Strafrecht im Rahmen des Territorialprinzips, 1999; *Schmitz,* § 7 II Nr. 2 StGB u. das Prinzip der stellvertretenden Strafrechtspflege, Grünwald-FS 619; *Scholten,* Das Erfordernis der Tatortsstrafbarkeit in § 7 StGB, 1995.

2 **2)** Die Vorschrift unterscheidet für die Erfassung von Auslandstaten in Abs. I danach, ob der durch die Tat Verletzte, in Abs. II danach, ob der Täter **Deutscher** oder **Ausländer** war. Es kommt hierfür grundsätzlich auf den **Zeitpunkt der Tatbegehung** an (vgl. aber II Nr. 1).

2a **A. Deutscher** im Sinne von **Art. 116 I GG** ist, wer die **deutsche Staatsangehörigkeit** besitzt (§ 1 StAG). **Erworben** wird sie durch Geburt, Legitimation, Annahme als Kind, Ausstellung der Bescheinigung nach § 15 I, II BVertrG (§§ 3 Nr. 4, 7 StAG), durch Überleitung gem. § 3 Nr. 4a; § 40a StAG, durch Einbürgerung (Art. 116 II GG, § 3 Nr. 5, §§ 8 ff., § 10 StAG), Erklärung nach Art. 12 § 4 AdoptionsG. Zu den Voraussetzungen des Verlusts vgl. §§ 17, 25, 28, 29 III StAG. Die Neuregelung durch das G v. 15. 7. 1999 (BGBl. I 1618) knüpft für Kinder ausländischer Eltern nicht mehr regelmäßig am *ius sanguinis,* sondern mit dem *Optionsmodell* am *ius soli* an und nimmt vorübergehende Mehrstaatigkeit in Kauf (vgl. unten 5). Für Findelkinder vgl. § 4 II StAG.

3 Deutscher ist weiterhin, wer als **Flüchtling oder Vertriebener deutscher Volkszugehörigkeit** (dazu § 6 BVFG) oder als Ehegatte oder Abkömmling im Gebiet des Deutschen Reiches Aufnahme gefunden hat (hierzu *Oehler,* Bockelmann-FS 774). Die Rechtsstellung als Deutscher ohne deutsche Staatsangehörigkeit wird – in analoger Anwendung von §§ 3 bis 6 StAG – durch Geburt, Legitimation oder Annahme als Kind erworben; verloren geht sie durch Ablehnung der Einbürgerung oder Rückkehr in ein Vertreibungsgebiet (§§ 6 II, 7 II 1. StARegG), durch Erwerb einer ausländischen Staatsangehörigkeit, Verzicht oder Annahme als Kind durch einen Ausländer.

4 Ob auch eine **Juristische Person** mit Sitz im Inland „Deutscher" iS von Abs. I sein kann, ist str. (dafür *S/S/Eser* 6; hier bis 52. Aufl.; zutr. **aA** Stuttgart NStZ **04**,

402f.; KG StraFo **06**, 337; AG Bremen NStZ-RR **05**, 87; MK-*Ambos* 23). Dafür könnte namentlich der Zweck der Vorschrift sprechen, denn es ist nicht ohne weiteres verständlich, warum unter dem Gesichtspunkt des § 7 I Taten gegen natürliche und juristische Personen verschieden behandelt werden sollen. Gegen eine Ausdehnung spricht allerdings der Wortlaut und, worauf Stuttgart NStZ **04**, 402f. zutr. hinweist, auch die Entstehungsgeschichte. Taten gegen (deutsche) **Allgemein-Rechtsgüter** (zB §§ 107ff. [BGH **39**, 60]; §§ 29ff. BtMG [vgl. *Oehler* JR **77**, 425]) reichen nicht aus; es kommt darauf an, dass der Träger des (zumindest auch) geschützten Individualrechtsguts (zB bei §§ 180, 232) Deutscher ist.

B. Ausländer ist jeder, der nicht Deutscher iS des Art. 116 I GG ist, also auch der Staatenlose. Durch den nachträglichen Erwerb einer fremden Staatsangehörigkeit ohne die deutsche Genehmigung geht die deutsche Staatsangehörigkeit meistens verloren, § 25 StAG. Ist jemand Inländer *und* Ausländer, so ist er iS der §§ 5, 7 Deutscher. **5**

3) Taten im **Ausland** (20 vor § 3 u. unten 8) sind nach **Abs. I** dem Strafrecht der BRep. unterworfen, wenn die Tat **gegen einen Deutschen** begangen wird. Durch die Tat muss also eine bestimmte oder bestimmbare einzelne (BGH **18**, 283) deutsche Person verletzt iS von § 77 I (dort 2) sein. **6**

A. Die (konkrete) Tat muss **am Tatort** (§ 9) zZ der Tat (§ 8) **mit Strafe bedroht** sein, wenn vielleicht auch unter einem anderen rechtlichen Gesichtspunkt (BGH **2**, 161; hierzu grundlegend *Scholten,* Das Erfordernis der Tatortstrafbarkeit in § 7 StGB, 1995). Hierfür genügen auch Verstöße gegen Polizeirecht (Karlsruhe Die Justiz **80**, 478); die Tatbestände brauchen sich nicht zu decken (*Arzt,* Schweiz-JurTg-FS 422); es kommt insoweit nur auf die Tatidentität, nicht auf die Identität der auf sie zutreffenden Strafnormen an (*Niemöller* NStZ **93**, 171). Konkurrenzfragen des ausländischen Rechts sind ohne Bedeutung; ebenso, ob die Verfolgung aus Opportunitätsgründen unterbleibt (Düsseldorf NStZ **85**, 268), ob dort Verfolgungshindernisse bestehen würden, zB Verjährung (BGH **2**, 161; GA **76**, 242) oder Amnestie, soweit sie nicht Ausdruck einer rechtspolitischen Kurskorrektur ist (**aA** Düsseldorf MDR **92**, 1161 [zust. *Eser* JZ **93**, 875], im gleichen Fall offen gelassen BGHR § 7 II Strafb. 2 m. krit. Anm. *Lagodny/Pappas* JR **94**, 162 u. *Scholten* NStZ **94**, 266), oder ob ein dort erforderlicher Strafantrag fehlt (NJW **54**, 1086; str.). Es reicht *nicht* aus, wenn das ausländische Recht keine kriminelle Strafe, sondern eine andere Sanktion wie zB Geldbuße iS unseres OWiG androht (BGH **27**, 6; BayVRS **61**, 116 m. Anm. *Oehler* JR **82**, 160; *Schröder* JZ **68**, 242; MK-*Ambos* 5; *S/S-Eser* 8; SK-*Hoyer* 2; NK-*Lemke* 5; *Oehler* 151a; *Blei* JA **77**, 135; *Liebelt* aaO [vor Rn. 1 vor § 3] 242; *Vogler* DAR **82**, 74 u. VGT **86**, 61; *Eser* JZ **93**, 876; **aA** *M/Zipf* 11/27). Ob Rechtfertigungs- und Entschuldigungsgründe anzuerkennen sind (bejahend *Arzt* aaO 419), hängt von deren Natur ab (NK-*Lemke* 7; vgl. *Nowakowski* JZ **71**, 636). Straffreistellungen des Tatortrechts für politische Denunziationen sind, da sie international anerkannten Rechtsgrundsätzen widersprechen, nicht anzuerkennen (BGH **42**, 279 [hierzu *König* JR **97**, 321]; Düsseldorf NJW **79**, 63; **83**, 1278; vgl. auch *Eser* JZ **93**, 882). Nicht mit Strafe bedroht iS von I ist eine Tat, wenn die Vorschrift der BRep. nur ein spezifisch inländisches Rechtsgut und die ausländische nur ein entsprechendes ausländisches Rechtsgut schützt (vgl. 5ff. vor *§ 3; NStZ-RR* **97**, 257). **7**

B. Deutsches Strafrecht gilt nach I bei Auslandstaten gegen Deutsche auch dann, wenn der **Tatort** (§ 9) **keiner Strafgewalt unterliegt,** also nicht unter einer Staatshoheit steht wie zB die Antarktis (vgl. *Oehler* 420) oder ein anderes Polargebiet, die hohe See oder der Weltraum, so dass uU (11 zu § 5 u. unten 10, 11) Seeverschmutzungen durch Schiffe unter fremder Flagge bestraft werden können. **8**

4) Taten im Ausland unterliegen nach **Abs. II** darüber hinaus unter folgenden Voraussetzungen dem Strafrecht der BRep.: **9**

A. Die Tat muss **am Tatort mit Strafe bedroht** sein (oben 7), der ausländische Staat müsste sie also (nach dem Prinzip der identischen Norm und des identischen Strafanwendungsrechts) ebenfalls bestrafen können (nach Düsseldorf MDR **92**, 1162 [hierzu ausführlich *Eser* JZ **93**, 875; *Scholten* NStZ **94**, 266] auch wenn kein Verfolgungshindernis besteht); oder der Tatort darf **keiner Strafgewalt unterliegen** (oben 8). Auch im Fall der 1. Var. reicht es aus, dass die Tat am Tatort unter irgendeinem rechtlichen Gesichtspunkt mit Strafe bedroht ist (vgl. Celle StV **01**, 516 [Landfriedensbruch eines Deutschen in Frankreich; Anm. *Hoyer* JR **02**, 34]). Es ist für jeden Tatbestand zu prüfen, ob er auch eine nur ein ausländisches Rechtsgut verletzende Handlung erfasst (5 ff. vor § 3).

9 a **B.** Der **Täter** muss **entweder** nach **Nr. 1, 1. Alt.** zZ der Tat, dh nach dem zur Tatzeit (§ 8) geltenden Staatsangehörigkeitsrecht **Deutscher** iS von 2, 3 sein (das waren *nicht DDR-Bürger vor* dem Beitritt: BGH **32**, 297; **39**, 60; **40**, 129) oder es nach **Nr. 1, 2. Alt.** *(Neubürgerregelung) nach der Tat,* dh nach der Tatbestandsverwirklichung, **geworden** sein. Diese Neubürgerregelung verstößt nicht gegen Art. 103 II GG (BGH **20**, 22). Sie gilt, um Art. 315 I bis III EGStGB nicht leerlaufen zu lassen, *nicht* für DDR-Bürger, die erst *mit* dem Beitritt *Bundesbürger* geworden sind (BGH **39**, 60 [m. Anm. *König* JR **93**, 207]; **39**, 320; KG NJW **91**, 2653; Naumburg OLGSt. Nr. 1 zu § 244 StGB-DDR; **aA** *Liebig* NStZ **91**, 373; *Hruschka* JZ **92**, 696), wohl aber für (frühere) DDR-Bürger, die nach der Tatbegehung in die BRep. geflohen (KG JR **88**, 345) oder (vor dem Beitritt) in die BRep. übergesiedelt sind (BGH **39**, 320 [m. Anm. *Lackner* NStZ **94**, 235]; 4 StR 144/94; *S/S-Eser* 76 vor § 3 und 78 a zu § 7; **aA** LK-*Laufhütte* 37 vor § 80; *Lackner/Kühl* 26 zu § 2), denn die Vorbehaltsklausel des Art. 315 IV EGStGB hat die Fälle der Neubürgerregelung nicht ausgenommen, hierzu bestand auch kein Anlass für frühere DDR-Bürger, die sich freiwillig (*vor* dem Beitritt) der Hoheitsgewalt der BRep. unterworfen hatten. Entsprechend der konkreten Betrachtungsweise beim Vergleich der Strafbestimmungen der beiden Rechtsordnungen bei der Strafzumessung ist auf Art und Maß des Tatortrechts Rücksicht zu nehmen (BGH **39**, 321 m. Anm. *Lackner* NStZ **94**, 235; KG JR **88**, 346; *S/S-Eser* 21).

10 **C.** Oder der Täter war zurzeit der Tat **Ausländer** (oben 5), wird **im Inland betroffen** (dh seine Anwesenheit dort festgestellt) und **nicht ausgeliefert (II Nr. 2),** obwohl das IRG (E 1962, 113; BGH **18**, 286; **34**, 257 m. Anm. *J. Meyer* NStZ **87**, 415), die Auslieferung (vgl. Art. 16 II S. 1, Art. 73 Nr. 3 GG) des Täters an einen ausländischen Staat (die Auslieferung an eine supranationale Organisation ist vertraglicher Regelung überlassen) nach Art der Tat zuließe. Zulässig ist die Auslieferung nach dem IRG nur, wenn der um sie ersuchende Staat die Tat theoretisch nach seinen eigenen Gesetzen (einschließlich seines Strafanwendungsrechts) bestrafen könnte (*Oehler* 828 ff.).

11 Die **Nichtauslieferung** muss **feststehen** (BGH **18**, 287; NStZ **96**, 277; vgl. Bay NJW **98**, 395). Ob ein Auslieferungsersuchen vom Staat des Tatorts (GA **76**, 243; 2 StR 126/85) oder vom Heimatstaat (NStZ **85**, 545; BGHR § 7 II Nr. 2 Ausl. 1 u. VerfHind. 1) gestellt wird, ist von Amts wegen zu ermitteln, da das Fehlen der deutschen Gerichtsbarkeit ein Verfahrenshindernis darstellt (zur **Prüfungspflicht** des **Tatrichters** NStZ **95**, 440 f.; BGHR § 7 II Nr. 2 Auslieferung 1). Das gilt gleichermaßen für das **Revisionsgericht** (BGH **45**, 64, 73; vgl. 2 StR 280/03); jedoch legt nach NStZ **01**, 588 das Interesse an der Funktionsfähigkeit der stellvertretenden Strafrechtspflege nahe, den Zeitpunkt der Urteilsverkündung in der letzten Tatsacheninstanz als für die Auslieferungsfähigkeit maßgeblichen Zeitpunkt anzusehen. Da die Auslieferung im Unterschied zur Abschiebung nie von Amts wegen geschieht und ohnehin eine allgemeine völkergewohnheitsrechtliche *Verpflichtung zur Auslieferung,* falls es an einem entsprechenden Staatsvertrag fehlt, nicht besteht (BGH **44**, 56 m. Anm. *Schroeder* JR **98**, 428), sondern stets ein Ersuchen der zuständigen Stelle voraussetzt, kann die Tatsache der Nichtauslieferung nur darauf beruhen, dass ein **Auslieferungsersuchen nicht gestellt** (zB

weil kein Auslieferungsverkehr besteht, weil eine der gesetzlichen Zulässigkeitsbeschränkungen der §§ 3 bis 10, 72 IRG) oder die vertragliche Rechtslage entgegenstehen würde (zum Verhältnis Zu Mitgliedsstaaten der EU vgl. §§ 81 ff. IRG); oder weil kein Verfolgungsinteresse des Heimatstaates besteht (GA **76**, 243; 2 StR 74/86; AG Mannheim NJW **69**, 997); oder weil das Ersuchen im Hinblick auf § 72 IRG **abgelehnt** worden ist (vgl. Bay GA **58**, 244; Karlsruhe Die Justiz **63**, 304) oder gem. § 74 I S. 1 IRG sicher abgelehnt würde (vgl. 2 StR 280/03); oder weil die **Auslieferung aus tatsächlichen Gründen** (zB wegen schwerer Erkrankung) voraussichtlich **nicht ausführbar** ist.

Ist die Frage einer Auslieferung noch offen, so widerspricht es rechtsstaatlichen Grundsätzen, den Beschuldigten bis zu einer solchen Entscheidung in Haft zu halten (München NStZ-RR **98**, 300). Bis zum Inkrafttreten des 1. JuMoG (oben 1) musste, wenn Auslieferungsverkehr besteht, die Auslieferung erfolglos angeboten sein (BGH **18**, 283) es sei denn, dass nach Ablauf geraumer Zeit mit einem Auslieferungsbegehren ohnehin nicht mehr zu rechnen war (GA **76**, 243; 2 StR 807/78) oder einem eventuellen Auslieferungsersuchen in keinem Fall entsprochen würde (NJW **91**, 3104; 2 StR 280/03). Die Praxis war daher dazu übergegangen, Anfragen an mögliche Verfolgerstaaten mit einer Frist (meist: 3 Wochen) zu versehen, nach deren Ablauf davon ausgegangen werde, dass ein Auslieferungsersuchen nicht zu erwarten ist (BT-Drs. 15/3482). Dem soll die Einfügung des Begriffs „angemessene Frist" in II Nr. 2 eine Rechtsgrundlage geben (ebd.). Vor Anwendung des deutschen Strafrechts hat das Gericht eine verbindliche Feststellung der nach §§ 12 f., 74 IRG zuständigen Stelle einzuholen, dass eine Auslieferung nicht erfolgt (BGH **18**, 283, 287; NJW **95**, 1844; NStZ **85**, 545); auf eine nähere Begründung dieser Entscheidung (die auch auf außenpolitischen Ermessenserwägungen beruhen kann) muss nicht hingewirkt werden (NStZ **01**, 588). **12**

Zeit der Tat

8 Eine Tat ist zu der Zeit begangen, zu welcher der Täter oder der Teilnehmer gehandelt hat oder im Falle des Unterlassens hätte handeln müssen. Wann der Erfolg eintritt, ist nicht maßgebend.

1) Allgemeines. Die Vorschrift idF des 2. StrRG (vgl. § 7 E 1962; Begr. 113; Ndschr. **3**, 290, 295 f., 300, 418 ff.) regelt iS der sog. Tätigkeitstheorie die Frage, zu welcher Zeit eine Tat begangen ist. Von Bedeutung ist § 8 vor allem für die §§ 2, 19, 55 I, 56 g II, 59 II, 66 I, III sowie für Amnestiegesetze. Für die **Verjährung** trifft § 78 a eine eigene, abweichende Regelung. **1**

2) Eine Tat, dh die Verwirklichung des Tatbestandes, ist **begangen:** **2**

A. bei **Begehungsdelikten** zu dem Zeitpunkt, in welchem der Täter (Alleintäter, Mittäter) **gehandelt**, dh die Tathandlung ausgeführt hat. Wann der tatbestandsmäßige oder ein weiterer Erfolg eintritt, ist ohne Bedeutung. Es kommt also auf die Zeit an, zu der der Täter **tut,** was den Tatbestand verwirklicht (schlichte Tätigkeitsdelikte; 18 vor § 13) oder verwirklichen soll (Erfolgsdelikte, aaO), ohne Rücksicht darauf, was er erreicht. Beim **Versuch** sind dies die Handlungen, mit denen der Täter zur Tatbestandsverwirklichung unmittelbar ansetzt (§ 22), sowie *ggf weitere* Handlungen, die auf die Erfolgsverwirklichung gerichtet sind (and. NK-*Lemke* 6; nur Ansetzen; vgl dazu *Herzberg*, Rudolphi-FS [2004] 75 ff.). Im Fall des **mittelbaren Täters** ist es nicht nur die Handlung, mit der er seinen Tatmittler einsetzt, sondern auch dessen Handlung, die dem Täter als die seines Werkzeugs zuzurechnen ist (MK-*Ambos/Ruegenberg* 10; **aA** SK-*Hoyer* 5). Das Handeln kann kurze Zeit dauern, aber auch einen längeren Zeitraum einnehmen, so insb. bei den **Dauerdelikten** (58 vor § 52; *Hruschka* GA **68**, 193), zB bei § 239; § 315 c I Nr. 1 a (BGH **22**, 71). Anders ist das bei den **Zustandsdelikten** (58 vor § 52) bei denen eine Handlung einen rechtswidrigen Zustand schafft, ohne dass die Handlung selbst weiterläuft (so bei §§ 169, 172); hier zählt für § 8 allein die auslösende **3**

Tätigkeit. Beim Vollrausch (§ 323a) kommt es auf den Zeitpunkt des Sichberauschens, nicht auf den der Rauschtat (*S/S-Eser* 3; NK-*Lemke* 10; MK-*Ambos/Ruegenberg* 12; **aA** Braunschweig NJW **66**, 1878);

4 **B.** bei echten oder unechten **Unterlassungsdelikten** zu dem Zeitpunkt, in welchem der Täter hätte handeln müssen, um die Tatbestandsverwirklichung zu verhindern, insbesondere die Abwendung eines Erfolges zu erreichen. Der hierfür ggf. in Betracht kommende Zeitraum beginnt mit dem die Handlungspflicht auslösenden Ereignis und dem Zeitpunkt, von dem an der Täter handeln konnte; er endet mit dem Zeitpunkt, von dem an das Handeln aussichtslos wäre oder für den Täter unmöglich wird (SK-*Hoyer* 4; vgl. BGH **11**, 124).

5 **3)** Eine **Teilnahme** ist zu dem Zeitpunkt begangen, zu welchem der Teilnehmer gehandelt hat oder bei Unterlassungsdelikten (vgl. dazu 31 zu § 22) hätte handeln müssen (NStZ **94**, 482; BGHR § 8 Teilnehmer 1 mwN; NStZ-RR **05**, 151).

Ort der Tat

9 **I Eine Tat ist an jedem Ort begangen, an dem der Täter gehandelt hat oder im Falle des Unterlassens hätte handeln müssen oder an dem der zum Tatbestand gehörende Erfolg eingetreten ist oder nach der Vorstellung des Täters eintreten sollte.**

II Die Teilnahme ist sowohl an dem Ort begangen, an dem die Tat begangen ist, als auch an jedem Ort, an dem der Teilnehmer gehandelt hat oder im Falle des Unterlassens hätte handeln müssen oder an dem nach seiner Vorstellung die Tat begangen werden sollte. Hat der Teilnehmer an einer Auslandstat im Inland gehandelt, so gilt für die Teilnahme das deutsche Strafrecht, auch wenn die Tat nach dem Recht des Tatorts nicht mit Strafe bedroht ist.

1 **1) Allgemeines.** Die Vorschrift idF des 2. StrRG regelt in wörtlicher Übereinstimmung mit § 8 E 1962 (Begr. 113; Ndschr. **4**, 11, 18, 20, 28ff., 126f., 418ff.; abw. § 8 II AE) die Frage, wo eine Tat begangen ist, und zwar **anders als in § 8** für Täter und Teilnehmer auf der Grundlage des **Ubiquitätsprinzips** (*Oehler* 266ff.), das einen völkerrechtlich allgemein anerkannten Anknüpfungspunkt darstellt (BGH **44**, 55), in der Weise getrennt, dass zwar das Verhalten des Täters dem Teilnehmer (II), nicht aber dessen Verhalten dem Täter (I) zugerechnet wird (zur Einschränkung in den Fällen der **Internet**-Kriminalität vgl. unten 5ff.). Die Vorschrift ist vor allem für die §§ 3 bis 7 von Bedeutung.

1a **Literatur:** *Cornils*, Der Begehungsort von Äußerungsdelikten im Internet, JZ **99**, 394; *Derksen,* Strafrechtliche Verantwortlichkeit für in internationalen Computernetzen verbreitete Daten mit strafbarem Inhalt, NJW **97**, 1878; *Heinrich*, Handlung und Erfolg bei Distanzdelikten, Weber-FS (2004) 91; *Hilgendorf*, Überlegungen zur srafrechtlichen Interpretation des Ubiquitätsprinzips im Zeitalter des Internet, NJW **97**, 1873; *Kienle*, Internationales Strafrecht und Straftaten im Internet, 1998 (Diss. Konstanz); *Ringel*, Rechtsextremistische Propaganda aus dem Ausland im Internet, CR **97**, 302.

2 **2) Die Tat** ist **an jedem Ort** begangen, an dem **der Täter gehandelt** hat (3 zu § 8) oder im Fall des Unterlassungsdelikts hätte handeln müssen (4 zu § 8); anders als bei § 8 auch an dem Ort, an dem der tatbestandsmäßige **Erfolg eingetreten** ist oder eintreten sollte.

3 **A. Handlungsort.** Begehungsort ist danach zunächst der **Tätigkeitsort.** Das ist jedenfalls derjenige Ort, an welchem der Täter zu dem Zeitpunkt **körperlich anwesend** ist (vgl. dazu einschränkend Heinrich, Weber-FS [2004] 91, 103ff.), in welchem er auf die Tatbestandserfüllung gerichtete Handlungen durch **positives Tun** vornimmt; bei **Unterlassungsdelikten** der Ort, an welchem er sich aufhält, während er die gebotene Handlung pflichtwidrig unterlässt, sowie der Ort, an welchem er die Handlung vornehmen müsste (vgl. unten 9). Mehrere Tätigkeitsorte sind möglich, wenn mehrere Tätigkeitsakte vorliegen, etwa beim Handeltrei-

ben mit BtM (16 vor § 52; vgl. NStZ **86**, 415; **03**, 269; **07**, 287 [auf Absatz gerichteter Transport von BtM]), bei zweiaktigen Delikten und bei Dauerdelikten (58 vor § 52); sie sind, wenn sie teils im Inland, teils im Ausland begangen wurden, als Inlandstaten anzusehen. **Vorbereitungshandlungen** sind tatortbegründend, wenn sie selbstständig mit Strafe bedroht sind (§ 30 II), mag die Strafbarkeit auch nach der Tatausführung wegen Subsidiarität zurücktreten (BGH **39**, 89; vgl. NJW **91**, 2498; BGHR § 99 Agent 2; Stuttgart NJW **93**, 1406 [jew. zu § 99]; NStZ **97**, 286 [BtM-Einfuhr]).

Eine Versuchshandlung im Inland genügt zur Strafbarkeit des **Versuchs** (BGH **34**, 106; NJW **75**, 1610 mit krit. Anm. *Schroeder* NJW **76**, 490). Bei mittelbarer Täterschaft ist Tatort sowohl der Tätigkeitsort des **mittelbaren Täters** als auch der des Werkzeugs (wistra **91**, 135; Schleswig wistra **98**, 31 [m. Anm. *Döllel* wistra **98**, 70]; *A/R-Heghmanns* VI.2/7; MK-*Ambos/Ruegenberg* 10; **aA** SK-*Hoyer* 5; *Heinrich*, Weber-FS 91, 107). **Transitstraftaten** (zur Abgrenzung von der Einfuhr bei Zwischenlandung vgl. NStZ **03**, 92; **04**, 693) sind nur dann auch im Inland begangen, wenn der Transitvorgang als solcher strafbar ist (Sprengstoff- oder Btm-Paket), also nicht bei einem beleidigenden Brief (*S/S-Eser* 6; str.; **aA** *Jescheck/Weigend* § 18 IV 2 a; *Jakobs* 5/23). Wenn der Transport von BtM Teil des Handeltreibens ist, ist ein Tatort überall dort gegeben, wo die Transporttätigkeit entfaltet wurde (NStZ **07**, 287). Bei **Mittätern** ist nach Rspr und hM jedem Mittäter nach Maßgabe des § 25 II das Handeln der anderen und daher auch der Ort ihres Handelns zuzurechnen (vgl. BGH **39**, 88, 91; Karlsruhe StV **98**, 603; *S/S-Eser* 4; **aA** *Heinrich*, Weber-FS 91, 107 f.). 3 a

B. Erfolgsort. Begehungsort ist daneben auch der Erfolgsort, dh der Ort, an welchem ein zum gesetzlichen Tatbestand gehörender Handlungserfolg eintritt (BGH **20**, 45; **44**, 52). Mit „Erfolg“ ist nicht jede Auswirkung der Tat gemeint, sondern nur solche Tatfolgen, die für die Verwirklichung des Tatbestands erheblich sind. Bei Untreue eines GmbH-Geschäftsführers ist daher am Wohnort der *Gesellschafter* kein Erfolgsort begründet, da ihnen gegenüber keine Treupflicht besteht (NJW **06**, 1984; KG StraFo **06**, 337 f.). Ein bei einer **ausländischen** Bank aufgrund eines treuwidrigen oder betrügerischen Darlehensvertrags eintretender Gefährdungsschaden begründet nicht deshalb einen inländischen Erfolgsort, weil die Darlehensvaluta zur weiteren Verwendung auf ein Konto bei einer deutschen Bank überwiesen wird (vgl. NStZ-RR **07**, 48, 49 f.), denn die im Inland eingetretenen Auswirkungen sind in diesem Fall für die Verwirklichung des Tatbestands ohne Bedeutung. 4

Erfolgsort ist (auch) der Ort, an welchem sich die **Gefahr** verwirklicht, deren Vermeidung Zweck der jeweiligen Strafvorschrift ist (BGH **42**, 235, 242). Der Erfolg einer im Ausland begangenen Strafvereitelung tritt (allein) im Inland ein (BGH **45**, 92, 100 [Anm. *Dölling* JR **00**, 379]). Erfolg iS von I ist auch der Eintritt einer **qualifizierenden Folge** iS von § 18. Auch Bedingungen der Strafbarkeit wirken tatortbegründend (*S/S-Eser* 7; str.; *Stree* JuS **65**, 473); tatortbegründend ist daher bei § 323 a nicht nur der Ort des Sichbetrinkens, sondern auch der Ort, an dem der Täter die Rauschtat (8 zu § 323 a) begangen hat (BGH **42**, 242 [krit. *Satzger* NStZ **98**, 112]; LK-*Spendel* 254 zu § 323 a; *S/S-Eser* 7; *Lackner/Kühl* 2). Das gilt auch bei den presse- und rundfunkrechtlichen Sonderdelikten; ebenso für die Verwirklichung einer Gefahr als Grundlage einer Unternehmensgeldbuße gem. § 130 OWiG (vgl. § 7 I OWiG; dazu wistra **03**, 465). Eine allein mittelbare Auswirkung auf eine im Inland ansässige Person reicht idR nicht aus (Frankfurt NJW **89**, 675; and. Koblenz wistra **84**, 79 [Ausgleichspflicht einer deutschen Muttergesellschaft für Schaden durch Untreue in Brasilien]). 4 a

Bei **konkreten Gefährdungsdelikten** (18 vor § 13) ist der Eintritt der Gefahr als Erfolg iS von I anzusehen (Bay NJW **57**, 1327; Köln NJW **68**, 954; *Satzger* NStZ **98**, 114), so dass als Begehungsort auch der Ort anzusehen ist, wo die Gefahr eintreten sollte. Bei **abstrakten Gefährdungsdelikten** ist ein *tatbestandsmäßi-* 4 b *ger* Erfolg nicht vorausgesetzt. Ob hieraus geschlossen werden kann, dass ein inländischer Erfolgsort bei grenzüberschreitenden abstrakten Gefährdungsdelikten nicht bestimmt werden kann (so *Lackner/Kühl* 2; *S/S-Eser* 6; *Hilgendorf* NJW **97**, 1873, 1875 f.; *Breuer* MMR **98**, 141, 142; *Cornils* JZ **99**, 394, 395 f.; alle mwN; vgl. auch KG NJW **99**, 3500, 3502 [Hitlergruß im Fernsehen: kein *Erfolgs-*, aber schon inländischer *Handlungs*ort; zutr. dagegen *Heinrich*, Weber-FS 2004, 91, 103 ff.; Bedenken dagegen auch in BGH **46**, 212, 224 f.]; **aA** NStZ **90**, 37; *Heinrich* GA **99**, 72, 77; *Sieber* NJW **99**, 2065; *Martin* ZRP **92**, 19) ist i. e. umstr. (vgl. dazu unten 5 ff.). Bei **Absichtsdelikten** (6 zu § 15) ist die Verwirklichung der Absicht kein tatbestandmäßiger Erfolg (*S/S-Eser* 6; *Lackner/Kühl* 2; *Endemann* NJW **66**, 2382; **aA** Stuttgart aaO; zw.), daher stellt bei Taten nach § 164 die Einleitung eines behördlichen Verfahrens keinen tatortbegründenden Erfolg dar (Bay NJW **92**, 1248; **aA** LG Osnabrück NStZ-RR **07**, 136 [Ort des Zugangs der Tatsachenbehauptung]). Auch bei **schlichten Tätigkeitsdelikten** ist ein Erfolg iS von Abs. I nicht gegeben. Daher begründet zB eine im Ausland begangene *Hehlerei* nur dann die Anwendung des deutschen Strafrechts, wenn sie gegen natürliche deutsche Personen begangen ist (§ 7 I); Taten gegen juristische Personen mit Sitz im Inland sind nicht erfasst (Stuttgart NStZ **04**, 402, 403; KG NJW **06**, 3016; vgl. 4 zu § 7).

5 **C. Distanz-, insb. Internet-Delikte.** Die Bestimmung des Tatorts bei sog. **Distanzdelikten** (vgl. dazu i. e. *Heinrich* GA **99**, 72, 75; *ders.*, Weber-FS [2004] 91 ff.), namentlich auch unter Verwendung von TK-Medien und insb. des Internet, ist i. e. umstritten. Soweit der Tatbestand von Äußerungsdelikten den **Zugang** einer Äußerung mit strafbarem Inhalt voraussetzt, ist Erfolgsort iS von Abs. I der Ort des Zugangs (vgl. etwa Jena NStZ **05**, 272 [Verleumdung durch **Telefax**-Schreiben]). Bei Äußerungsdelikten im **Internet** ist die Frage des Tatorts/Erfolgsorts (vgl. dazu *Bär,* in: *Wabnitz/Janovsky* (Hrsg.), Hdb. des Wirtschafts- und Steuerstrafrechts, 18/8 ff. mit umf. Lit.-Nachw. ebd. vor 1; *Barton,* Multimedia-Strafrecht, 1999, 221 ff.; *S/S-Eser* 4, 6; *Hilgendorf* NJW **97**, 1873; *Derksen* NJW **97**, 1880; *Conradi/Schlömer* NStZ **96**, 369; *Cornils* JZ **99**, 394; *Sieber* JZ **96**, 429; NJW **99**, 2065 und *ders.,* Verantwortlichkeit im Internet, 1999; *Collardin* CR **95**, 618; *Engel* AfP **96**, 226; *Breuer* MMR **98**, 141; *Jäger/Collardin* CR **96**, 236; *Altenhain* CR **97**, 485; *Kuner* CR **96**, 453; *Ringel* CR **97**, 302; *Lehle,* Der Erfolgsbegriff und die deutsche Strafrechtszuständigkeit im Internet, 1999 [Diss. Konstanz], 138 ff.; *Jofer,* Strafverfolgung im Internet, 2000; *Hilgendorf* NStZ **00**, 518; *Zöller* GA **00**, 563; *Park* GA **01**, 23; *Kudlich* Jura **01**, 305; ders. HRRS **04**, 278; jew. mwN; zur Rechtslage in **Österreich** vgl. *Schwarzenegger,* E-Commerce – Die strafrechtliche Dimension, in: *Arter/Jörg,* Internet-Recht [usw.], 2001, 329, 341 ff.) von der Frage der **Verantwortlichkeit von Diensteanbietern** usw., dh nach der strafrechtlichen Zurechnung, zu trennen (vgl. dazu §§ 7–10 TMG v. 26. 2. 2007 [BGBl. I 179]; i. e. hierzu 26 ff. zu § 184).

5a Hat der Anbieter strafbarer Texte seinen Sitz in Deutschland und vollzieht hier auf die Verbreitung abzielende Tathandlungen, so findet deutsches Strafrecht uneingeschränkt Anwendung, auch wenn sich der Server im Ausland befindet (*Derksen* NJW **97**, 1880; *Conradi/Schlömer* NStZ **96**, 368; *Barton* 216). Die Anwendbarkeit deutschen Strafrechts kann sich weiter schon aus §§ 5, 6 ergeben. Wenn Inhalte allein durch Handlungen im Ausland auf einem ausländischen Server abgelegt werden, besteht kein inländischer Handlungsort (**aA** wohl *Cornils,* 394, 396 ff.). Ein Tatort iS § 9 I kann dann angenommen werden, wenn der **Erfolg** eines mittels Datenübertragung begangenen Delikts im Inland eintritt. Das ist hinsichtlich **konkreter Gefährdungserfolge** unproblematisch, im einzelnen umstritten aber bei **abstrakten** Gefährdungsdelikten, die einen Gefahrerfolg iS der allg. Tatbestandslehre nicht voraussetzen (zB §§ 130 [vgl. dazu BGH **46**, 212, 220 ff. m. Anm. *Hörnle* NStZ **01**, 309; *Kudlich* StV **01**, 397]; 130 a, 131, 184; vgl. dazu zusf. *Hilgendorf* NJW **97**, 1873 ff.; *Sieber* NJW **99**, 2065 ff.; *Koch* GA **02**, 703 ff.; *Kudlich* HRRS **04**, 278 ff.; *Lehle* [1 vor § 3]). Allerdings ist die Gegenüberstellung von Gefährdungs- und Erfolgs-Delikten ungenau. Eine „abstrakte" Gefährdung hat nur dann keinen Erfolg auch im weiteren Sinn, wenn der Tatbestand durch bloße Tätigkeit (zB §§ 153, 316) verwirklicht wird, also allein das gesetzgeberische *Motiv* des Rechtsgutsschutzes „verletzt" (zutr. *Kudlich* StV **01**, 397 f.). Bei **schlichten Tätigkeitsdelikten** kann daher das Ubiquitätsprinzip des § 9 zu unangemessener (und undurchsetzbarer) globaler Ausdehnung des deutschen Strafanspruchs (und der Verfolgungspflicht) führen (*Sieber* NJW **99**, 2072 mit Beispielen ebd. 2066; *S/S-Eser* 6; *Barton* 221; *Breuer* MMR **98**, 142 f.; *Hilgendorf* NJW **97**, 1876).

Hier wird in der Lit. **teilweise** allein auf den Handlungsort abgestellt, was zu einer weitgehenden Unanwendbarkeit des deutschen Strafrechts auf im Ausland handelnde Täter führt (*Endemann* NJW **66**, 2381, 2383; *Horn/Hoyer* JZ **87**, 965 f.; *Pelz* ZUM **98**, 530 f.; *Satzger* NStZ **98**, 115; NK-*Lemke* 19; allg. für abstrakte Gefährdungsdelikte auch *S/S-Eser* 6), wenn nicht der Begriff des Handlungsorts in unklarer Weise ausgedehnt wird, um auch die (inländischen) „Wirkungen" noch als Teil der Handlung zu erfassen (vgl. vor allem KG NJW **99**, 3500; dazu ausf. *Heinrich*, Weber-FS [2004], 91, 193 ff.). Die **hM** sucht – mit zahlreichen Unterschieden im Einzelnen – durch einschränkende Kriterien im Wege einer „Mittelposition" (*Sieber* NJW **99**, 2072) eine unangemessene Allzuständigkeit des deutschen Strafrechts zu vermeiden (vgl. *Lackner/Kühl* 5; *Hilgendorf* NJW **97**, 1873 ff.). Hier werden unterschiedliche Einschränkungsansätze diskutiert (vgl. auch *Lackner/Kühl* 5; MK-*Ambos/Ruegenberg* 27 ff.; zur Distanzteilnahme SK-*Hoyer* 9 ff.; *Blanke*, Über die Verantwortlichkeit des Internet-Providers, 2006; vgl. auch *Schwarzenegger* SchZStr **00**, 109; *Plöckinger* ÖJZ **01**, 798 [zur Rechtslage in der Schweiz u. Österreich]): 6

Teilweise wird, ausgehend von einer grundsätzlichen Unanwendbarkeit von § 9 I, 2 Alt. auf abstrakte Gefährdungsdelikte, angenommen, dass mangels inländischem Gefahrerfolg eine Inlandstat nur dann und insoweit vorliege, wenn im Ausland eingespeiste tatbestandsmäßige Informationen von inländischen **Providern** vermittelt werden (*Hilgendorf* NJW **97**, 1873; *Ringel* CR **97**, 302; *Altenhain* CR **97**, 485, 495; *Pichler* MMR **98**, 79, 82; zust. *Lackner/Kühl* 5). Als Begehungstäter kommen dann freilich nur **Content-Provider** in Betracht, die strafbare Inhalte selbst in das Netz einspeisen (*Conradi/Schlömer* NStZ **96**, 472; *Jäger/Collardin* CR **96**, 238); dagegen können **Access-Provider** (Zugangsvermittlung) und **Service-Provider** (Bereithalten fremder Informationsinhalte) idR nur als Unterlassungstäter verantwortlich sein (vgl. dazu aber den *CompuServe-Fall* AG München NJW **98**, 2836 [abl. u. a. *Ernst* CoR **98**, 362; *Gravenreuth* CR **98**, 628; *Hoeren* NJW **98**, 2792; *Moritz* CR **98**, 505; *Paetzel* CR **98**, 625; *Pelz* NStZ **98**, 627 u. wistra **99**, 53; *Sieber* MMR **98**, 438; *Vassilaki* NStZ **98**, 521; *Burkhardt* CR **99**, 38; *Kühne* NJW **99**, 188]; zutr. and. die Berufungsinstanz LG München NJW **00**, 1051 [dazu *Kühne* NJW **00**, 1003]), soweit diese nicht durch §§ 7 ff. TMG eingeschränkt ist (vgl. dazu *Sieber*, Verantwortlichkeit im Internet, 1999, 236 ff.; *Pelz* wistra **99**, 58; *Derksen* NJW **97**, 1878, 1880, 1882; BT-Drs. 13/8153, 8; Ber. der BReg. zum IuKDG, BR-Drs. 390/99, 18 ff.). Zur rechtlichen Einordnung von **Host-Providern** (Service-Provider mit Hosting-Funktion, die über den Server auch eigene oder fremde Inhalte anbieten, zB über sog. Foren) vgl. LG München NJW **00**, 2214 (m. Bespr. *Gounalakis/Rhode* NJW **00**, 2268). Zur internationalen Rechtslage vgl. *Sieber*, Kinderpornographie, Jugendschutz und Providerverantwortlichkeit im Internet (Hrsg. BMJ; recht 1999) 7

Nach **aA** soll auf Grund teleologischer Reduktion eine Tat iS von § 9 nur dann vorliegen, wenn es dem ausländischen Täter auf eine Wirkung der Information im Inland ankommt (*Collardin* CR **95**, 629; für die Teilnahme auch *Sieber* NJW **99**, 2071 f.); nach wiederum **aA** soll ein inländischer Erfolg iS von § 9 vorliegen, wenn die im Ausland in das Netz eingespeiste Information im Inland verfügbar gemacht wird (*Sieber* JZ **96**, 430; vgl. auch NJW **99**, 2065; *Conradi/Schlömer* NStZ **96**, 368; *Löhnig* JR **97**, 496; abl. *S/S-Eser* 6). Nach Ansicht *Esers* (*S/S* 4, 6; ebenso *Cornils* JZ **99**, 396) liegt ein Erfolgsort bei durch Datenübertragung begangenen abstrakten Gefährdungsdelikten nicht vor; jedoch ist *Tätigkeitsort* iS von § 9 I auch der „virtuelle Standort des Servers", auf dem eine Datei gezielt und kontrolliert gespeichert wird (zutr. dagegen *Heinrich*, Weber-FS [2004] 91, 99). Zum gleichen Ergebnis gelangt *Sieber* (NJW **99**, 2065 ff.), der jedoch an eine eigenständige Auslegung des Erfolgsbegriffs von § 9 I (vgl. auch BGH **42**, 242 f. [zu § 323 a]) anknüpft und auf einen *Tathandlungserfolg* abstellt, wenn und soweit sich die abstrakte Gefährlichkeit der (im Ausland vorgenommenen) Tathandlung im Inland realisiert (ebenso *Hirsch* NStZ **97**, 232, wonach unter „Tatbestand" iS von § 9 I die Strafbestimmung zu verstehen ist und der „Erfolg" auch in einem nicht zum Tatbestand im dogmatischen Sinn gehörenden „Geschehen" [hier: Rauschtat] liegen kann). Danach tritt ein Hand- 7 a lungserfolg iS von § 9 I an dem Ort ein, an welchem Daten *gezielt übermittelt* werden („Push-Technologien"); ein vom inländischen Nutzer selbständig vorgenommener *Abruf* („Pull-Technologie") begründet dagegen keinen inländischen Erfolgsort. Eine Strafbarkeit des ausländischen Täters, der strafbare Inhalte auf einem ausländischen Server nur zur Verfügung stellt, kann sich aus der **Teilnahme** an einer Inlandstat (etwa einem Zugänglichmachen nach Abspeicherung im Inland) ergeben; eine Inlandstat kann im Rahmen der § 7 ff. TMG namentlich bei Einrichtung (zwingender; vgl. *Lackner/Kühl* 7 zu § 184 mwN; allg. hierzu *Vassilaki* CR **99**, 85 ff.) **Hyperlinks** vorliegen (iErg ebenso *S/S-Eser* 4, 6; *Cornils* JZ **99**, 396; wohl auch *Kudlich* StV **01**, 397, 399; vgl. 28 a zu § 184). Diese Lösung vermeidet eine „Sonder-Dogmatik" für Internet- Delikte und führt zu sachgerechten Ergebnissen.

8 BGH **46**, 212, 220 ff. hat demgegenüber einen inländischen Erfolgsort des Zugänglichmachens durch **Einrichtung einer Webseite** (vgl. dazu allg. 23 ff. zu § 184) mit volksverhetzendem Inhalt in Australien auch dann bejaht, wenn **weder** eine gezielte Übermittlung ins Inland *(push)* **noch** ein Zugriff eines inländischen Nutzers *(pull)* vorliegt (dazu *A/R-Heghmanns* VI.2/12; *Clauß* MMR **01**, 232; *Gercke* ZUM **02**, 1535; *Heghmanns* JA **01**, 276; *Hörnle* NStZ **01**, 309; *Jeßberger* JR **01**, 432; *Klengel* CR **01**, 243; *Koch* JuS **02**, 123; *Kudlich* StV **01**, 397; *Lagodny* JZ **01**, 1198; *Roggan* KJ **01**, 337; *Schünemann* GA **03**, 299, 303 f.; *Schulte* KJ **01**, 341; *Sieber* ZRP **01**, 97; *Strahl* FoR **01**, 76; *Thiele* Medien und Recht **01**, 134; *Valerius* NStZ **03**, 341; *Vassilaki* CR **01**, 262; *Vec* NJW **02**, 1535; *Heinrich*, Weber-FS [2004] 91, 96 ff.). Bei den **Eignungsdelikten** („abstrakt-konkrete" Delikte) tritt ein Erfolg iS von I danach dort ein, wo die Tat ihre Gefährlichkeit im Hinblick auf das im Tatbestand umschriebene Rechtsgut entfalten kann (221); bei Taten nach § 130 ist dies der Fall, wenn eine im Ausland eingerichtete Webseite im Inland aufgerufen werden **kann,** da schon hierdurch der Gefährdungs-Erfolg durch **Eintritt einer Eignung zur Friedensstörung** verwirklicht wird (ähnl. LK-*v. Bubnoff,* Nachtr., 17 zu §§ 130, 131 [„normspezifischer Auslegungsansatz"]; ähnl. auch *Flechsig/Gabel* CR **98**, 351 f.; *Heinrich* GA **99**, 72, 80 ff.; *ders.*, Weber-FS [2004] 91, 108; vgl. auch GBA MMR **98**, 93 f.; krit. *Koch* JuS **02**, 123, 124 f.).

8 a Das Urteil führt zu einer extremen Ausdehnung der Anwendung deutschen Strafrechts jedenfalls in Fällen des § 130 II Nr. 1 Buchst. b; dies kann Auswirkung zB auf § 86 I, 130 a II, 131 I Nr. 2 haben. Das von BGH **46**, 224 angesprochene Erfordernis eines **völkerrechtlich legitimierenden Anknüpfungspunkts** (nicht iS einer subjektiven Zielsetzung des Täters [so u. a. *Collardin* CR **95**, 618, 621], sondern iS eines „objektiven besonderen Bezugs" [so auch *Hilgendorf* NJW **97**, 1872, 1876 f.; zust. *Hörnle* NStZ **01**, 310]) hat hier kaum limitierende Wirkung; er ergibt sich aus der genannten Erfolgs-Definition von selbst (krit. auch *Lagodny* JZ **01**, 1198; *Bremer* MMR **02**, 147, 148; *Valerius* NStZ **03**, 341, 345). **Im Ergebnis** legt die Entscheidung § 130 für die Bestimmung des Tatorts als **konkretes** Gefährdungsdelikt aus, indem sie einen „Eintritt der Eignung" als *durch* die Tathandlung verursachten quasi-tatbestandlichen Erfolg voraussetzt. Als „Nebeneffekt" dieser Ausdehnung tritt der Effekt ein, dass das deutsche Strafrecht im Wege eines „Weltrechtsprinzips durch Auslegung" (vgl. schon *Hilgendorf* NJW **97**, 1873, 1878) Äußerungshandlungen von Personen im Ausland verbietet, deren Straflosigkeit **dort verfassungsrechtlich garantiert** ist (vgl. *Sieber* ZRP **01**, 100; *Bremer* MMR **02**, 150; vgl. auch *Eser,* BGH-FG 3, 23; zum Unrechtsbewusstsein in diesen Fällen *Valerius* NStZ **03**, 341 ff.). Die Anknüpfung an ein „Bestimmungsland-Prinzip", die eine allein inhaltliche Verknüpfung zwischen dem Inhalt der Äußerung und dem in Deutschland geschützten Rechtsgut ohne auf das Inland *zielende* Handlungskomponente ausreichen lässt, erscheint problematisch: Es greift zu kurz, die ganze Welt auf die Beachtung *deutscher* „Bedeutungen" zu verpflichten und die Legitimität dieser Ausdehnung allein hieran zu messen. Dass etwa Pornographie keinen, Hetze gegen *australische* Juden aber einen „besonderen" Bezug zu Deutschland hat *(Hörnle NStZ **01**, 310 f.)*, mag hier mit guten Gründen so gesehen werden, könnte dem *australischen* Neonazi *in Australien* aber ebenso einerlei sein wie dem deutschen Erotikfreund die Ansichten fremdländischer Fachleute für Sittlichkeit. Groß wäre die Empörung, wenn zB deutsche Hersteller von Bildbänden mit

erotischen Fotos fremdländisch aussehender Frauen, die ihre Angebote ins Internet gestellt haben, bei ihrer nächsten Reise in ein islamisches Land verhaftet und dort mit der Begründung abgeurteilt würden, ihre schweren „Sittlichkeitsverbrechen" wiesen inländische Anknüpfungspunkte auf. Man kann den postulierten „Eignungs-Erfolg" auch kaum bei Inhaltsverbreitung im *Internet* bejahen und bei *Schriften*verbreitung im Ausland (etwa: bei Verkauf einer volksverhetzenden Schrift im Ausland an einen Deutschen) verneinen (vgl. auch *Kudlich* StV **01**, 339; *Sieber* ZRP **01**, 100). Zweifel ergeben sich schließlich auch im Hinblick auf die weitgehende **praktische Undurchsetzbarkeit,** die die Verwirklichung des Strafanspruchs von puren Zufällen abhängig macht und – gerade entgegen dem von BGH **46**, 212 beabsichtigten generalpräventiven Signal – Verbreitern und Nutzern entsprechender Inhalte möglicherweise eher den Eindruck der Hilflosigkeit des Rechtsstaats vermitteln könnte.

Im Übrigen ergeben sich die nämlichen Probleme auch bei **Fernseh-Übertragungen** aus 8b dem Ausland, und zwar nicht allein bei Übernahme ausländischer Sendungen durch inländische Unternehmen (vgl. KG NJW **99**, 3500 [Verfassungsfeindliche Kennzeichen durch Neonazis während **Fußball**-Übertragung]), sondern insb. im Hinblick auf *global* ausgestrahlte **Satelliten-Programme.** Dass das deutsche Strafrecht zur *Inhalts*-Kontrolle sämtlicher TV- und Radioprogramme der Welt nach Maßgabe „objektiver inländischer Anknüpfungspunkte" berufen sein könnte, erscheint nicht nahe liegend.

D. Bei den **Unterlassungsdelikten** (16 vor § 13) sind Begehungsorte alle die, 9 an denen sich der Täter während der Zeit seiner Handlungspflicht (4 zu § 8) aufhält und handeln kann (vgl. NK-*Lemke* 16), die Orte, an die er sich begeben müsste, um zu handeln (MK-*Ambos/Ruegenberg* 14), sowie die Orte, an denen der Erfolg eingetreten ist oder nach der Vorstellung des Unterlassenden eintreten sollte.

3) Teilnahme ist nach **Abs. II** sowohl an dem Ort begangen, an dem nach 2ff. 10 **die Tat begangen** ist (BGH **20**, 89; NJW **91**, 2498; Bay NStZ **92**, 282) oder nach der Vorstellung des Teilnehmers begangen werden sollte, als auch dort, wo der **Teilnehmer** selbst gehandelt hat oder im Fall des Unterlassens hätte handeln müssen (vgl. § 8). Hat der Teilnehmer an einer (nach I) Auslandstat im Inland gehandelt (oder hätte er dort handeln müssen), so gilt für ihn das Strafrecht der BRep., auch wenn die Tat nach dem Tatortrecht nicht mit Strafe bedroht ist (so schon BGH **4**, 335; vgl. auch Schleswig wistra **98**, 31 m. Anm. *Döllel* wistra **98**, 70; krit. zu der durch II herbeigeführten Ausdehnung der deutschen Gerichtsgewalt *Jung* JZ **79**, 325, 332; NK-*Lemke* 28; SK-*Hoyer* 15ff.; MK-*Ambos/ Ruegenberg* 39ff.; *Sieber* NJW **99**, 2072); es gilt dann § 153c I Nr. 1 StPO (zum Ganzen *Jung* JZ **79**, 325; zur Akzessorietät der Teilnahme im internationalen Strafrecht *Gribbohm* JR **98**, 177). Für zur Täterschaft verselbständigte Beteiligungshandlungen an Auslandstaten gilt nicht § 9 II S. 2, sondern § 9 I iV mit § 3 (NStZ **04**, 45 [zu § 92a II Nr. 2 AuslG aF; **aA** NJW **00**, 1752]).

Sondervorschriften für Jugendliche und Heranwachsende

10 **Für Taten von Jugendlichen und Heranwachsenden gilt dieses Gesetz nur, soweit im Jugendgerichtsgesetz nichts anderes bestimmt ist.**

Die Vorschrift, die das 2. StrRG (vgl. § 9 E 1962, Begr. 114) eingefügt hat, stellt wie § 2 JGG klar, dass das **JGG** als **eigenständiges Gesetz** mit seinen besonderen Vorschriften das StGB insoweit verdrängt (Bay NStZ **91**, 584). Das bedeutet: Dessen BT gilt auch für Jugendliche und Heranwachsende, soweit sich nicht zB aus dem niedrigen Alter anderes ergibt (vgl. *Dallinger/Lackner* 5 zu § 2 JGG); die Bekanntgabe der Verurteilung (§§ 165, 200) darf nicht angeordnet werden (§ 6 I S. 2 JGG). Aus dem AT gelten der 1. und 2. Abschnitt, jedoch ist für die Frage der strafrechtlichen Verantwortlichkeit unter dem Gesichtspunkt der Altersreife des Jugendlichen allein § 3 JGG maßgebend; hingegen bleiben die §§ 20, 21, wenn die

Schuldunfähigkeit oder die verminderte Schuldfähigkeit auf andere als entwicklungs- oder reifebedingte Umstände zurückzuführen ist, von Bedeutung (BGH **26**, 67 m. Anm. *Brunner* JR **76**, 116). Für die Rechtsfolgen der Tat gilt der 3. Abschnitt grundsätzlich nicht; an seine Stelle tritt das Rechtsfolgensystem des JGG; doch können die in § 61 Nr. 1, 2, 5, 6 genannten Maßregeln angeordnet werden (§ 7 JGG). Auch die §§ 73 bis 76 a und der 4. und 5. Abschnitt (vgl. § 4 JGG) gelten. Auszug aus dem **JGG: Anh. Nr. 3.**

Zweiter Titel. Sprachgebrauch

Personen- und Sachbegriffe

11 **I Im Sinne dieses Gesetzes ist**

1. Angehöriger:
wer zu den folgenden Personen gehört:
a) Verwandte und Verschwägerte gerader Linie, der Ehegatte, der Lebenspartner, der Verlobte, auch im Sinne des Lebenspartnerschaftsgesetzes, Geschwister, Ehegatten oder Lebenspartner der Geschwister, Geschwister der Ehegatten oder Lebenspartner, und zwar auch dann, wenn die Ehe oder die Lebenspartnerschaft, welche die Beziehung begründet hat, nicht mehr besteht oder wenn die Verwandtschaft oder Schwägerschaft erloschen ist,
b) Pflegeeltern und Pflegekinder;

2. Amtsträger:
wer nach deutschem Recht
a) Beamter oder Richter ist,
b) in einem sonstigen öffentlich-rechtlichen Amtsverhältnis steht oder
c) sonst dazu bestellt ist, bei einer Behörde oder bei einer sonstigen Stelle oder in deren Auftrag Aufgaben der öffentlichen Verwaltung unbeschadet der zur Aufgabenerfüllung gewählten Organisationsform wahrzunehmen;

3. Richter:
wer nach deutschem Recht Berufsrichter oder ehrenamtlicher Richter ist;

4. für den öffentlichen Dienst besonders Verpflichteter:
wer, ohne Amtsträger zu sein,
a) bei einer Behörde oder bei einer sonstigen Stelle, die Aufgaben der öffentlichen Verwaltung wahrnimmt, oder
b) bei einem Verband oder sonstigen Zusammenschluss, Betrieb oder Unternehmen, die für eine Behörde oder für eine sonstige Stelle Aufgaben der öffentlichen Verwaltung ausführen,
beschäftigt oder für sie tätig und auf die gewissenhafte Erfüllung seiner Obliegenheiten auf Grund eines Gesetzes förmlich verpflichtet ist;

5. rechtswidrige Tat:
nur eine solche, die den Tatbestand eines Strafgesetzes verwirklicht;

6. Unternehmen einer Tat:
deren Versuch und deren Vollendung;

7. Behörde:
auch ein Gericht;

8. Maßnahmen:
***jede Maßregel der* Besserung und Sicherung, der Verfall, die Einziehung und die Unbrauchbarmachung;**

9. Entgelt:
jede in einem Vermögensvorteil bestehende Gegenleistung.

II Vorsätzlich im Sinne dieses Gesetzes ist eine Tat auch dann, wenn sie einen gesetzlichen Tatbestand verwirklicht, der hinsichtlich der Handlung Vorsatz voraussetzt, hinsichtlich einer dadurch verursachten besonderen Folge jedoch Fahrlässigkeit ausreichen lässt.

III Den Schriften stehen Ton- und Bildträger, Datenspeicher, Abbildungen und andere Darstellungen in denjenigen Vorschriften gleich, die auf diesen Absatz verweisen.

Übersicht

1) Allgemeines ... 1
2) Begriffsbestimmungen, Abs. I ... 1 a–31
3) Vorsatzdelikte bei fahrlässigem Erfolg, Abs. II ... 32
4) Schriften und gleichgestellte Gegenstände, Abs. III ... 33–37

1) Allgemeines. Die Vorschrift, eingefügt nach dem Vorbild der §§ 10, 11 E 1962 (Begr. 114) und des § 10 AE durch das 2. StrRG/EGStGB (Ber. BT-Drs. V/4095, 7 = Ber. I; Prot. V/7, 237, 541, 835, 857, 883, 942, 995, 2442, 3128, 3254, 3282; E EGStGB = RegE; Ber. BT-Drs. 7/1261, 4 = Ber. II; Prot. 7/159), wurde geändert durch Art. 6 Nr. 1 des AdoptionsG [unten 4]; zu Abs. I Nr. 1 Buchst. a geändert durch Art. 14 KindRG und durch Art. 3 § 32 LPartG v. 16. 2. 2001 (BGBl. I 266); Abs. I Nr. 2 Buchst. c geändert durch Art. 1 Nr. 1 KorrBekG [1 vor § 298]; Abs. III idF Art. 4 Nr. 1 IuKDG [unten 36]). Abs. I Nr. 1 a wurde durch Art. 5 Abs. 29 des G zur Überarbeitung des LPart-Rechts v. 15. 12. 2004 (BGBl I 3396) geändert). 1

Gesetzgebung: Der E eines Zweiten KorrBekG (BR-Drs. 548/07) sieht in Abs. I die Einfügung einer Nr. 2 a (europäischer Amtsträger) vor. Gesetzgebungsverfahren bei Redaktionsschluss 55. Aufl. nicht abgeschlossen (Abdruck im **Anhang unter Nr. 23 b**).

2) Begriffsbestimmungen, Abs. I. Der Katalog des Abs. I definiert zur Entlastung vor allem des BT eine Reihe häufig vorkommender **Personenbegriffe** (I Nr. 1 bis 4) und **Sachbegriffe** (I Nr. 5 bis 9). Die Begriffsbestimmungen gelten für das gesamte Strafrecht des Bundes und der Länder (Art. 1 EGStGB), lassen aber sonstiges Recht, dem gegenüber sie ihrerseits selbstständig sind, unberührt. 1 a

A. Angehörige (Nr. 1). Die Regelung bestimmt den Begriff des Angehörigen und knüpft dabei an abschließend aufgezählte formelle Beziehungen zwischen Personen an, welche typischerweise auch eine persönliche Nähebeziehung begründen. Ob diese im Einzelfall tatsächlich (noch) besteht, ist gleichgültig. Das führt, da in der sozialen Wirklichkeit die Bedeutung familiärer Bindungen gegenüber individualisierter Formen sozialer Beziehungen stark zurückgetreten ist, zu teilweise wenig überzeugenden Ergebnissen. Für die rechtlichen Wirkungen der Angehörigeneigenschaft kommt es auf den Augenblick der Tathandlung an. 2

a) Familiäre Bindungen (Nr. 1 Buchst. a). Die unter Buchst. a aufgeführten Personengruppen sind unter dem Gesichtspunkt formeller familienrechtlicher Beziehungen bestimmt; die Aufzählung ist abschließend. 3

Verwandte in gerader Linie (§ 1589 S. 1 BGB), also nicht in der Seitenlinie, so dass Geschwisterkinder und die Geschwister der Eltern ausscheiden (NK-*Lemke* 7). Für die Verwandschaftsbeziehung kommt es auf die biologische Abstammung, nicht auf die Ehelichkeit einer Geburt an (für die Regelung in § 72 öStGB vgl. *Schraighofer* ÖJZ **01**, 661). Für die Fälle der **Adoption** gilt nach dem AdoptionsG folgendes: Ein **Minderjähriger** erlangt mit der Annahme als Kind die Stellung eines ehelichen Kindes des Annehmenden und, wenn ein Ehepaar ihn annimmt oder ein Ehegatte das Kind des anderen, die Stellung eines ehelichen Kindes der Ehegatten (§ 1754 BGB). Der adoptierte **Volljährige** hingegen erhält zwar ebenfalls die Stellung eines ehelichen Kindes des Annehmenden, wird aber mit dessen Verwandten nicht verwandt, mit dessen Ehegatten nicht verschwägert und behält im Übrigen seine bisherigen Verwandtschaftsverhältnisse (§ 1770 BGB). Mit der Annahme des Minderjährigen erlischt an sich sein und seiner Abkömmlinge Verwandtschaftsverhältnis zu den bisherigen Verwandten (§ 1755 I BGB mit Einschränkungen in II); anders beim volljährigen Adoptierten (§ 1770 II BGB). Straf- 4 rechtlich hingegen führt die Erweiterung der Nr. 1a dahin, dass die **bisherige Angehörigeneigenschaft** auch dann **bestehen bleibt,** wenn Verwandtschaft oder Schwägerschaft durch Adoption bürgerlichrechtlich erloschen sind (NK-*Lemke* 1); ein minderjähriger Adoptierter ist danach sowohl Angehöriger seiner leiblichen als auch seiner Adoptiveltern.

5 **Verschwägerte** gerader Linie (§§ 1590 I, 1589 S. 1 BGB), dh Schwiegereltern und -kinder, Stiefeltern und -kinder, und zwar ohne Beschränkung des Grades der Schwägerschaft; aus der Seitenlinie nur die Ehegatten der Geschwister und die Geschwister der Ehegatten, nicht hingegen die Ehegatten von Geschwistern untereinander. Die Auflösung der vermittelnden Ehe durch Tod eines Ehegatten (BGH **7**, 385), Scheidung, Aufhebung oder Nichtigerklärung lässt das Verhältnis fortbestehen (vgl. auch § 1590 II BGB).

6 **Ehegatten.** Ob die Ehe, welche die Beziehung begründet hat, noch besteht, ist nach HS 2 unerheblich. Auch eine formell gültige, aber materiell nichtige oder aufhebbare Ehe (§§ 16ff., 28ff. EheG) stellt die (fortwirkende) Beziehung nach Nr. 1 her (vgl. BGH **9**, 37 [zu § 52 I Nr. 3 StPO]; auch eine Scheidung lässt das Angehörigenverhältnis unberührt. Die Fortwirkung gilt nur für Fälle, in denen das Gesetz generell von Angehörigen spricht; wo der Begriff des Ehegatten verwendet wird (§§ 77 II, 181a III), ist nur die bestehende Ehe gemeint.

7 **Lebenspartner.** Erfasst sind nur Partner einer **eingetragenen Lebenspartnerschaft** iS von § 1 I LPartG v. 16. 2. 2001 (BGBl. I, 266; dazu RegE BT-Drs. 14/3757; ergänzt durch G v. 15. 12. 2004, BGBl I 3396), dh einer gleichgeschlechtlichen, in der Form des § 1 I LPartG geschlossenen, grds auf Lebenszeit angelegten Geschlechts- und Lebensgemeinschaft von zwei Personen (zu den Wirkungen des LPartG vgl. *Weber*, Keller-GedS 326; *Beck* NJW **01**, 1894; *Braun* ZRP **01**, 14; *Britz* ZRP **01**, 324; *Kaiser* JZ **01**, 617; *Sachs* JR **01**, 41). Das LPartG ist **verfassungskonform** und verstößt nicht gegen Art. 6 I oder Art. 3 I GG (BVerfG, Urt. v. 17. 7. 2002, 1 BvF 1/01, 2/01; abw. Meinung *Papier* und *Haas;* vgl. schon BVerfG NJW **01**, 2457 [Eilantrag]). Für das **Strafrecht** haben sich aus dem Rechtsinstitut der eingetragenen Lebenspartnerschaft neben der Gesetzesänderung in §§ 11 I Nr. 1, 77 II, 77d **Folgerungen** überall dort ergeben, wo gesetzliche Regelungen oder ihre Auslegung früher nur oder auch an die besonderen Rechtswirkungen aus einer Ehe oder einem Angehörigenverhältnis anknüpften. Freilich ist die Gleichstellung der Lebenspartnerschaft mit der Ehe auch im Strafrecht nicht vollständig durchgehalten (vgl. § 172, § 181a III); analoge Anwendungen kommen nicht in Betracht. Die Einstellung in § 11 I Nr. 1 Buchst. a ist im Zusammenhang mit § 11 II LPartG zu sehen; danach gelten die Verwandten eines LPartners (nicht aber seine Verschwägerten!) als mit dem anderen LPartner verschwägert. Die sich hieraus ergebenden Differenzierungen, die nicht sachgerecht erschienen, sind durch das G v. 15. 12. 2004 (vgl. oben 1) aufgehoben worden, wonach den **Ehegatten von Geschwistern** eines LPartners sowie den **Lebenspartnern seiner Geschwister** nun ausdrücklich ebenfalls die Eigenschaft als Angehörige des anderen zukommt (vgl. dazu BT- Drs. 15/3445, 19).

8 **Verlobte.** Die rechtliche Angehörigeneigenschaft von Verlobten ist durch die grundlegende Veränderung, welche Partnerschaftsgestaltung und Lebensplanung in ihrer sozialen Bedeutung in den vergangenen Jahrzehnten erfahren haben, **zweifelhaft** geworden. In weiten Kreisen der Gesellschaft hat das Verlöbnis seine ihm einst innewohnende *rechtlich* bindende Bedeutung (vgl. §§ 1297ff. BGB) verloren; seine soziale Funktion ist vom öffentlichen in den Bereich privaten „Lebensstils“ verlagert. Praktische Auswirkung im Bereich der (Straf-)Justiz sind die bisweilen bis zur Skurrilität reichenden Diskussionen zwischen Gerichten und Verfahrensbeteiligten (Zeugen; vgl. § 52 I Nr. 1 StPO) über das Bestehen oder Nichtbestehen eines Verlöbnisses; vielfach mit Personen, denen vom Vorsitzenden zunächst mühsam erklärt werden muss, um was es sich dabei handelt. Die Durchführung öffentlich bindender Rituale („Verlobungsring“; „Brautgeschenke“ [§ 1301 BGB]) hat für das Bestehen oder Nichtbestehen eines Verlöbnisses kaum noch Bedeutung, so

dass das soziale Verhalten verlobter Personen von einem *nicht* rechtlich bindenden Partnerschaftsverhalten idR nicht zu unterscheiden ist; vielfach wird, mangels anderer Anhaltspunkte, umgekehrt gerade das Bestehen einer nichtehelichen **Lebensgemeinschaft** als *Indiz* für das Bestehen eines Verlöbnisses angesehen. Über Zeugnisverweigerungsrechte, Antrags- oder Nebenklagebefugnis sowie die Stellung im Verfahren entscheiden daher oft bloße Behauptungen mit fragwürdiger Glaubhaftigkeit; namentlich Strafverfahren nach §§ 180a ff. erweisen sich nicht selten als Wettlauf der Strafverfolgungsbehörden mit Scharen von „Verlobten". Gleichwohl hat der Gesetzgeber des G v. 15. 12. 2004 (vgl. oben 1), statt die Regelung insgesamt zu überdenken, sie auf **gleichgeschlechtliche Verlöbnisse** iS von § 1 III LPartG ausgedehnt. Zu **Änderungsvorschlägen** vgl. BR.-Drs. 203/05 (15. WP) und 857/05 (16. WP).

Voraussetzung für das Bestehen eines Verlöbnisses ist ein ernst gemeintes **Eheversprechen** (BGH **29**, 57; JZ **89**, 256) oder **Partnerschaftsversprechen** (§ 1 III LPartG) beider Partner. Eine noch bestehende Ehe hindert idR das Zustandekommen des Verlöbnisses (StV **83**, 493; NJW **84**, 136; Bay NJW **83**, 831) jedenfalls dann, wenn die Scheidung noch gar nicht betrieben wird (VRS **36**, 20; 3 StR 174/83); dasselbe gilt für die Lebenspartnerschaft. Ein einseitiges Aufgeben des Heiratswillens beseitigt das Verlöbnis, auch wenn der andere Teil hiervon keine Kenntnis hat (BGH **3**, 216; **29**, 57; JZ **89**, 256). **8a**

Geschwister sind Personen, die von mindestens einem gemeinsamen Elternteil abstammen. Sogenannte Stiefgeschwister, die je ein Elternteil mit in die Ehe oder sonstige Lebensgemeinschaft gebracht hat, sind nicht Geschwister iS von Nr. 1; sie sind auch nicht untereinander verschwägert. **9**

Personen, die in **nichtehelicher Lebensgemeinschaft** zusammenleben, sind nicht Angehörige iS von Nr. 1 (*Lackner/Kühl* 2; *S/S-Eser* 11, jew. mwN; anders § 72 II öStGB), wohl aber sind dem Täter „nahe stehende Personen" (§ 35) und als „in häuslicher Gemeinschaft Lebende" nach § 247 privilegiert. Auch kommt für eheähnliche Gemeinschaften eine (zugunsten wirkende) analoge Anwendung des Angehörigenbegriffs, zB bei § 213, in Betracht, soweit privilegierende Motivationslagen nicht abschließend geregelt sind (*Strätz* FamRZ **80**, 308; ähnl. *S/S-Eser* 11; NK-*Lemke* 8; eher abl. SK-*Rudolphi/Stein* 5b); nach Bay NJW **86**, 203, Braunschweig NStZ **94**, 344 [m. abl. Anm. *Hauf* NStZ **95**, 35] u. Celle NJW **97**, 1084 jedoch *nicht* bei § 157 (krit. *Krümpelmann/Heusel* JR **87**, 41). **10**

b) Pflegeeltern und -kinder (Nr. 1 Buchst. b). Den in Buchst. a) genannten Personen sind die Beteiligten eines Pflegeverhältnisses gleichgestellt. Dabei handelt es sich um ein tatsächliches Verhältnis, das ähnlich dem natürlichen Eltern- und Kindesverhältnis auf Dauer angelegt ist und eine sittliche Verpflichtung und persönliche Verbundenheit schafft und bei der Familienpflege nach § 1630 III BGB idR gegeben ist. Angehörige iS von Nr. 1 sind nur die Pflege-Eltern und -kinder; auf weitere Personen ist die Legaldefinition nicht ausgedehnt, so dass kein Angehörigenverhältnis **zB** zu den Verwandten der Pflegeeltern besteht. Ob Pflegekinder *untereinander* oder im Verhältnis zu leiblichen Kindern der Pflegeeltern als Angehörige gelten, ergibt sich aus dem Wortlaut nicht ganz zweifelsfrei, ist aber wohl zu verneinen. Zweifelhaft ist auch, ob das Angehörigenverhältnis allein dem **formellen** Status folgt und mit seiner Aufhebung auch (rückwirkend) endet. Wird, was näher liegt, auf eine **tatsächliche Nähebeziehung** abgestellt, so kann die Angehörigeneigenschaft das Pflegeverhältnis überdauern, wenn die persönliche Bindung fortbesteht (so NK-*Lemke* 12). **11**

B. Amtsträger (Nr. 2). Die Regelung, die namentlich für die Begründung der Täterstellung von Amtsdelikten (vgl. vor § 331) von Bedeutung ist, bestimmt in Buchst. a) bis c) abschließend (vgl. aber § 1 EUBestG, § 1 IntBestG; Anh. 21, 22) die vom Begriff des Amtsträgers erfassten Personengruppen. Mit der Einführung dieses Begriffs, dem nur rechtstechnische Bedeutung zukommt, hat der Gesetzgeber keine Ausweitung des § 339 (BGH **34**, 159) und keine Einschränkung **12**

der Rspr zu § 359 aF bezweckt (BGH **31**, 268 [m. Anm. *Geerds* JR **83**, 466; *Dingeldey* NStZ **84**, 503]; **37**, 194). Die Amtsträger-Eigenschaft bestimmt sich nach deutschem Bundes- und Landesrecht, so dass alle im Dienst des Bundes, der Länder, der Gemeinden, Gemeindeverbände und der Körperschaften, Anstalten und Stiftungen des öffentlichen Rechts tätigen Amtsträger erfasst werden. **Kirchliche Amtsträger** und Amtsträger anderer Religionsgesellschaften des öffentlichen Rechts sind grundsätzlich aus dem Amtsträgerbegriff (I Nr. 2) ausgeschieden (BGH **37**, 195; Düsseldorf wistra **01**, 111; BT-Drs. 7/550, 209). Der Anwendungsbereich von Strafvorschriften, die eine Amtsträgereigenschaft voraussetzen, wird in manchen Bereichen durch die Gleichstellung von **ausländischen Amtsträgern** ausgedehnt, so **zB** durch das SAEG-ÜbermittlungsschutzG, § 8 EuropolG, §§ 1, 4 IntBestG sowie § 1 EUBestG (dazu *Korte* wistra **99**, 85; *Zieschang* NJW **99**, 106; *Trinkl* wistra **06**, 126, 128 f.; *Kempf*, Richter II-FS [2006] 283, 293 ff.). Im Anwendungsbereich des **EuBestG** (aktive und passive Bestechung/Bestechlichkeit der in § 1 EuBestG genannten Amtsräger eines Mitgliedsstaats oder der Gemeinschaft) kommt es bei *aktiver* Bestechung zur Überschneidung mit § 1 **IntBestG**, dessen Anforderungen an den Begriff der „sonstigen Stelle“ (Buchst. c) niedriger sind; eine Konkurrenzregelung fehlt (vgl. dazu *Kempf*, Richter II-FS [2006] 283, 295 ff.). Soweit im Bereich des EuBestG die Grundsätze des deutschen Rechts auf die Feststellung der Amtsträgereigenschaft anzuwenden sind, ergeben sich unter Umständen erhebliche praktische Schwierigkeiten bei der Beurteilung ausländischer Sachverhalte.

12 a **Neuere Literatur (Auswahl):** *Becker*, Die Organe kommunaler Versorgungsunternehmen: Amtsträger oder Wettbewerber?, StV **06**, 263; *Dahs/Müssig*, Strafbarkeit kommunaler Mandatsträger als Amtsträger? – Eine Zwischenbilanz, NStZ **06**, 191; *Deiters*, Zur Frage der Strafbarkeit von Gemeinderäten wegen Vorteilsannahme und Bestechlichkeit, NStZ **03**, 453; *Haft*, Freiberufler sind keine Amtsträger, NJW **95**, 113; *Heinrich*, Der Amtsträgerbegriff im Strafrecht, 2001; *Hellmann*, Amtsträgereigenschaft der Mitarbeiter der Gebühreneinzugszentrale der öffentlich-.rechtlichen Rundfunkanstalten (GEZ)?, wistra **07**, 281; *Kempf*, Strafrecht goes global, Richter II-FS (2006) 283; *König*, Neues Strafrecht gegen die Korruption, JZ **97**, 397; *Lenckner*, Privatisierung der Verwaltung u. „Abwahl des Strafrechts“?, ZStW **106**, 502; *Marel*, Die Strafbarkeit kommunaler Mandatsträger gem. §§ 331, 332 StGB; StraFo **03**, 259; *Nolte*, Das freie Mandat der Gemeindevertretungsmitglieder, DVBl **05**, 870; *Otto*, Amtsträgerbegriff innerhalb zivilrechtlich organisierter Daseinsvorsorge, Jura **97**, 47; *Paeffgen*, Amtsträgerbegriff u. die Unabhängigkeit des Datenschutzbeauftragten, JZ **97**, 178; *Radtke*, der strafrechtliche Amtsträgerbegriff und neue Kooperationsformen zwischen der öffentlichen Hand und Privaten (Public Private Partnership) im Bereich der Daseinsvorsorge, NStZ **07**, 57; *Rohlff*, Die Täter der Amtsdelikte, 1995; *Schreiber/Rosenau/Combé/Wrackmeyer*, Zur Strafbarkeit der Annahme von geldwerten Zuwendungen durch Städte und Gemeinden nach § 331 StGB, GA **05**, 265; *Traumann*, Die Anwendung der Bestechungsdelikte auf die Inhaber privater Ingenieur- und Planungsbüros, 1997; *Weiser*, Die Amtsträgereigenschaft der Mitarbeiter von staatlich beauftragten Planungsbüros, NJW **94**, 968; *Welp*, Der Amtsträgerbegriff, Lackner-FS 761; *Zeiler*, Einige Gedanken zum Begriff des Amtsträgers (usw.), MDR **96**, 439; *Zieschang*, Das EU-Bestechungsgesetz u. das Gesetz zur Bekämpfung internationaler Bestechung, NJW **99**, 105. Vgl. auch die Angaben 5 vor § 331, 2 zu § 331.

13 **a) Beamte und Richter (Buchst. a).** Beamter iS von Nr. 2 Buchst. a ist, wer sich freiwillig unter förmlicher Berufung in ein vom Staat begründetes öffentlich-rechtliches Gewaltverhältnis begibt, das für den Beamten eine Pflicht zu Diensten und Treue, für den Staat eine Schutz- und Unterhaltspflicht begründet (vgl. §§ 52 ff., 79 ff. BBG; BGH **2**, 120; **37**, 192; *Welp*, Lackner-FS 762). Auch Ausländer können Amtsträger sein (13 zu § 5). Die Tätigkeit muss nicht in öffentlich-rechtlicher Ausübung der Staatshoheit (Bay **14**, 166) bestehen; erfasst ist zB auch die Arbeit in einer kommunalen Sparkasse als beamtetes Vorstandsmitglied nach den Sparkassengesetzen einzelner Länder; in einer nicht rechtsfähigen Anstalt (vgl. *NJW 77, 1876 [Fluglotsen]) oder in* einem privatrechtlich organisierten staatseigenem Betrieb, falls nicht dessen Aufgaben völlig außerhalb des Dienstkreises der Behörde liegen (BGH **12**, 89). Auch ein **Nebenamt** kann zum Beamten machen. Eine **Beurlaubung** ohne Bezüge steht dem Beamtenstatus nicht entgegen; erfolgt

die Beurlaubung jedoch zum Zweck des Abschlusses eines privatrechtlichen Dienstverhältnisses, so ist die strafrechtliche Amtsträgereigenschaft von der staatsrechtlichen Beamteneigenschaft zu trennen (vgl. BGH **49**, 214ff. [gem. § 12 I DBGrG beurlaubte Beamte der ehemaligen Deutschen Bundesbahn]).

Die **Anstellung** des Beamten regelt sich nach dem maßgebenden Bundes- oder Landesstaatsrecht, und zwar nach Zuständigkeit der anstellenden Behörde (BGH **2**, 120) und nach der Form der Anstellung. Ob der Beamte auf Lebenszeit, auf Widerruf oder auf Probe angestellt (§ 5 BBG) oder Wahlbeamter ist (zB Beigeordneter, BGH **35**, 132, hierzu *Kuhlen* NStZ **88**, 433), ist unerheblich. Bei den (unmittelbaren und mittelbaren) Bundesbeamten wird das (staatsrechtliche) Beamtenverhältnis mit der Aushändigung einer Ernennungsurkunde begründet (§§ 6, 10, 2 II BBG). Liegt eine Nichternennung oder eine nichtige Ernennung vor (vgl. 10 aE zu § 45), so kommt Amtsträgereigenschaft nach unten 17ff. in Frage. Eine vorläufige Amtsenthebung beseitigt die Beamteneigenschaft nicht. Der Beamte im Ruhestand ist nicht mehr Beamter im staatsrechtlichen Sinn (§ 35 BBG); anders der im einstweiligen Ruhestand. Doch erfassen einzelne Vorschriften (zB §§ 203, 206 I, IV, 353b I, 355) auch ehemalige Amtsträger. **14**

Die Unterscheidung des § 2 II BBG zwischen **unmittelbaren** (Beamte, die den Bund zum Dienstherrn haben) und **mittelbaren** Beamten (Dienstherr: eine bundesunmittelbare Körperschaft, Anstalt oder Stiftung des öffentlichen Rechts), ist nicht von allen Ländern in ihr Beamtenrecht übernommen worden. Die Beamten der Dienststellen des Bundeseisenbahnvermögens (Art. 1 § 7 I ENeuOG) und Beamte bei dem Eisenbahnbundesamt (Art. 3 § 2 ENeuOG) sind wie die Beamten der Regulierungsbehörde für Telekommunikation und Post unmittelbare Bundesbeamte, ebenso die Beamten der Deutschen Bundesbank, § 31 III Satz 1 BBankG. **Mittelbare Landesbeamte** sind nach dem jeweiligen Landesrecht Bestellte. Sie werden von öffentlich-rechtlichen Körperschaften angestellt, die als organische Teile des Staates, nämlich als selbstständige Verwaltungsträger, unter dessen Kontrolle die Verwaltung staatlicher Aufgaben in dem gesetzlich bestimmten begrenzten Rahmen wahrnehmen, zB Stadt- und Landkreise, Gemeinden, Landschafts- und Bezirksverbände, dazu gehören nicht Kirchenbeamte (BGH **37**, 192; vgl. unten 23). Die unmittelbare Beamtenstellung (als Folge der Anstellung durch den Staat selbst) kann auch daraus entstehen, dass der Staat einer Privatperson die Auswahl der Person gestattet, die staatliche Aufgaben erfüllen soll und dafür die staatliche Autorität erhält (*Lenckner* ZStW **106**, 544). **15**

b) Öffentlich-rechtliches Amtsverhältnis (Buchst. b). Von Buchst. b) erfasst sind Personen, die in einem **sonstigen öffentlich-rechtlichen Amtsverhältnis** stehen, so Notare, die (mit Ausnahme der württembergischen Bezirksnotare und der badischen Amtsnotare) keine Beamten im staatsrechtlichen Sinn sind, sondern nach § 1 BNotO Träger eines öffentlichen Amtes; ferner Minister der BReg. und der LandesReg. (vgl. § 1 BMinG), Parlamentarische Staatssekretäre (vgl. § 1 ParlStG), Parlamentspräsidenten (*Paeffgen* JZ **97**, 181), sowie der Wehrbeauftragte des BTages (§ 15 I WBeauftrG); anders als nach § 359 aF (BGH **12**, 110) auch Träger von Ehrenämtern wie die Beisitzer der Wahlausschüsse und -vorstände nach § 11 BWahlG, die nicht unter 19 fallen, da sie ihre Aufgaben nicht *bei* einer Stelle, sondern *als* Wahlorgan wahrnehmen (*Lackner/Kühl* 5; *Welp,* Lackner-FS 762; **aA** *S/S-Eser* 20); nicht aber Abgeordnete, Rechtsanwälte, Verwaltungslehrlinge und -praktikanten (Ber. BT-Drs. 7/1261, 4) sowie Soldaten, für die § 48 WStG eine Sonderregelung enthält (*Möhrenschlager* NZWehrr **80**, 81). **16**

c) Sonstige Bestellung zur Wahrnehmung öffentlicher Aufgaben (Buchst. c). Nach Buchst. c) sind Amtsträger auch Personen, die **sonst,** dh über die Fälle von a) und b) hinaus, nach deutschem Recht **dazu bestellt** sind, bei einer **Behörde** oder bei einer **sonstigen Stelle** oder in deren **Auftrag** Aufgaben öffentlicher Verwaltung wahrzunehmen. **17**

Die Regelung unterscheidet die Fälle der Wahrnehmung von Aufgaben der öffentlichen Verwaltung *bei* einer Behörde oder sonstigen Stelle oder *in deren Auftrag,* also durch eine behördenexterne Person. Für die Frage, ob Aufgaben der öffentlichen Verwaltung gegeben sind, ist danach zu differenzieren, ob der Täter Aufgaben *bei* einer Behörde (bzw. sonstigen Stelle) oder *in deren Auftrag* wahrnimmt. Im letzteren Fall ergibt sich ihre Zugehörigkeit zur öffentl. Verwaltung nicht schon allgemein aus der Tätigkeit der Behörde, sondern erst durch die konkrete Funktion **18**

(*Welp,* Lackner-FS 764), die dem Täter – als durch die Bestellung „Beliehenem" – zufolge des behördlich erteilten Auftrags zuwächst (zusf. *Haft* aaO; krit. *Bernsmann* StV **03**, 521, 503ff). Das ist **zB** bei Prüfingenieuren für Baustatik der Fall, *nicht* aber schon, bei Einzelaufträgen als Dolmetscher (BGH **42**, 233); oder Architekt (Bay aaO, hierzu *Haft* u. *St. Cramer* aaO; zur Zuziehung freiberuflicher Ärzte durch Polizeibehörden zur Blutentnahme *Zeiler* MDR **96**, 439).

19 Unter **sonstigen Stellen** versteht man ohne Rücksicht auf ihre Organisationsform behördenähnliche Institutionen, die zwar *keine* Behörden, rechtlich aber gleichwohl befugt sind, bei der Ausführung von Gesetzen mitzuwirken (BGH **43**, 370, 376; **49**, 214). Das sind namentlich rechtsfähige **Anstalten des öffentlichen Rechts**, organisatorisch abgrenzbare Teile von Behörden, Notariaten, Vereinigungen, Ausschüssen oder Beiräten (RegE 209), zB nach den §§ 32, 34, 35 SchwbG oder § 36 SparkassenG für NW; ferner Krankenhäuser (Karlsruhe NJW **83**, 352); die ehemalige **Treuhandanstalt** (THA) und ihre privatrechtlich organisierte Tochtergesellschaft „Treuhand-Liegenschaftsgesellschaft mbH" [TLG] (NJW **01**, 3062; KG NStZ **94**, 242); die auf Grund eines öffentlichrechtlichen Vertrags tätige „Deutsche Gesellschaft für die Technische Zusammenarbeit GmbH" [GTZ] (BGH **43**, 375 [m. Anm. *Ransiek* NStZ **98**, 564]; **47**, 22). Auch als juristische Personen des **Privatrechts** organisierte Einrichtungen und Unternehmen der Öffentlichen Hand können sonstige Stellen sein, wenn bei ihnen Merkmale vorliegen, die eine Gleichstellung mit Behörden rechtfertigen (BGH **43**, 370, 377; **45**, 16, 19; **46**, 310, 312f.; **49**, 214; **50**, 299, 303 [= NStZ **06**, 210]; NStZ **06**, 628, 629f.; wistra **07**, 17; vgl. unten 22a). Kirchliche Stellen sind keine sonstigen Stellen iS von Buchst. c (BGH **37**, 193; vgl. unten 23).

20 Auch die Amtsträgerschaft iS der Nr. 2c kann nur durch einen **Bestellungsakt** begründet werden (BGH **42**, 232; **43**, 96, 105 [dazu *Ransiek* NStZ **97**, 519; *König* JR **97**, 398; *Otto* JR **98**, 73; *Martin* JuS **98**, 182; *Haft* NJW **98**, 29 u. Lenckner-FS 86; *Schramm* JuS **99**, 333]; Bay NJW **96**, 270), der freilich **keiner besonderen Form** bedarf und auch in der Form konkludenten Handels mit dem Abschluss eines privatrechtlichen Vertrags verbunden sein kann (vgl. Hamm NJW **81**, 696; *Lenckner* ZStW **106**, 524; *Lackner/Kühl* 6; **aA** *Dingeldey* NStZ **85**, 504; *Zeiler* MDR **96**, 440). Voraussetzung für eine solche (formfreie) Bestellung ist das Heranziehen zu einer über den einzelnen Auftrag hinausgehenden längerfristigen Tätigkeit (vgl. LG Krefeld NJW **94**, 2037 [Gemeinderat]) oder eine Eingliederung in die Behördenstruktur (BGH aaO; *Haft,* Lenckner-FS 88; krit. *Schramm* JuS **99**, 335ff.; *S/S-Eser* 21, 27), so, wenn ein „Ortsarchitekt" in einer kleinen Gemeinde, die kein Bauamt besitzt, dessen Aufgabe übernimmt (NJW **98**, 2373 m. Anm. *Ransiek* NStZ **98**, 564). Eines besonderen Bestellungsakts bedarf es nach BGH **43**, 380 (**aA** noch Frankfurt/M NStZ-RR **97**, 263) aber dann nicht, wenn die Stelle zwar eine juristische Person des Privatrechts ist, aber kraft öffentlich-rechtlichen Vertrags zur Wahrnehmung von Aufgaben der öffentlichen Verwaltung berufen ist und staatlicher Steuerung und Kontrolle unterliegt (ebenso wistra **07**, 17, 18 [öffentlich beherrschte Müllentsorgungs-GmbH]).

21 Der Bestellte muss **Aufgaben der öffentlichen Verwaltung** wahrnehmen (vgl. Art. 130 I GG), wobei es für seine Amtsträgereigenschaft maßgeblich auf die Art seiner Aufgabe ankommt **(funktionale Betrachtungsweise)**; nicht darauf, in welcher organisatorischen Form die Verwaltung ihre Ziele verfolgt (*organisatorische Betrachtungsweise;* vgl. noch BGH **38**, 203); das ist durch Einfügung der Worte „unbeschadet der zur Aufgabenerfüllung gewählten Organisationsform" wegen der zunehmenden Bedeutung privatrechtlicher Organisation der Leistungsverwaltung klargestellt worden (vgl. BGH **46**, 310, 312; *Dahs/Müssig* NStZ **06**, 191, 192; *Becker* StV **06**, 263; krit. *Korte* NStZ **97**, 517).

22 ***Aufgaben öffentlicher Verwaltung*** iS von Nr. 2c sind zunächst solche, die ein **Hoheitsträger** zulässigerweise für sich in Anspruch nimmt (KG NStZ **94**, 242; *Ossenbühl* JR **92**, 473 mwN); darüber hinaus aber auch Aufgaben, die ein **Privatrechtssubjekt** als „verlängerter Arm" hoheitlicher Gewalt zur Verwirklichung öffentlicher Interessen wahrnimmt (unten 22a). Eine *zusätzlich* zu Zwecken des Gemeinwohls bestehende Gewinnerzielungsabsicht steht der Einstufung als öffentliche Aufgabe – unter den Gegebenheiten „moderner", d.h. in marktwirtschaftliche Zusammenhänge integrierter Verwaltung – nicht entgegen (NJW **01**, 3062, 3064; NJW **04**, 693 [kommunale Energieversorgungs-GmbH]; NStZ **06**, 628, 639 [Stadtwerke-AG]); die Grenze ist dort anzunehmen, wo der Betätigung jede öffentliche Zielsetzung fehlt (KG NStZ **94**, 242). Zum Bereich der öffentlichen Verwaltung zählen nicht nur die Eingriffs- und Leistungsverwaltung, sondern auch die fiskalische Verwaltung (and. *Welp,* Lackner-FS 784) sowie Aufgaben der **Daseinsvorsorge,** die bestimmt sind, „unmittelbar für die Daseinsvoraussetzungen der Allgemeinheit oder ihrer Glieder" zu sorgen (BGH **38**, 199, 201; zum Begriff vgl. auch *Lenckner* ZStW **106**, 525ff.; *Dölling* DJT C 58; *Geerds* JR **96**, 309; *Ransiek* NStZ **97**, 521; SK-*Rudolphi/Stein 22ff.*; *Becker* StV **06**, 263, 264f. mit Nachw. insb. auch zur verwaltungsrechtl. Literatur); darüber hinaus auch der erwerbswirtschaftlich-fiskalische Bereich (vgl. BGH **31**, 269 mwN; Karlsruhe NJW **83**, 352 [Chefarzt eines Krankenhauses; vgl. *Wagner* JZ **87**, 596]).

Wird die Tätigkeit von **Privatrechtssubjekten** ausgeführt, so kommt es nach stRspr darauf an, ob sie bei einer Gesamtbetrachtung „als **verlängerter Arm des Staates** erscheinen" (BGH **43**, 370, 377; **45**, 16, 19; **46**, 310, 312f.; **49**, 214, 219; NJW **04**, 693, 694 [Anm. *Krehl* StV **05**, 325; *Dölling* JR **05**, 30]; BGH **50**, 299, 303 [= NStZ **06**, 210, 211; Anm. *Noltensmeier* StV **06**, 132; Bespr. *Saliger* NJW **06**, 3377]; NStZ **06**, 628, 630; wistra **07**, 17; **aA** *Radtke* NStZ **07**, 57, 60ff. [Differenzierung nach *materieller, formeller* und funktionaler Privatisierung]). Das setzt zum einen eine **organisatorische** Anbindung an eine Behörde (durch Vertrag oder Bestellungsakt) voraus; zum anderen muss die Tätigkeit **inhaltlich** mit typischerweise behördlicher Tätigkeit vergleichbar sein (BGH **45**, 16; **46**, 313). **22a**

Bejaht worden ist die Eigenschaft als öffentliche Verwaltung iS von Buchst. c **zB** für **öffentliche Sparkassen**, da sie staatlichen Zwecken dienen (BGH **31**, 269, 271 [m. Anm. *Geerds* JR **83**, 466; *Dingeldey* NStZ **84**, 504; *Wagner* JZ **87**, 597]; Frankfurt/M NJW **94**, 2242); für die **Landesbanken** als Sparkassenzentral-, Staats- und Kommunalbanken (BGH aaO; Hamm NJW **81**, 694); für eine in städtischem Alleinbesitz stehende GmbH, deren wesentliche Geschäftstätigkeit die **Fernwärmeversorgung** der Einwohner ist (NJW **04**, 693; NStZ **06**, 628); für eine aus einem Zweckverband entwickelte GmbH auf dem Gebiet der **Müllentsorgung**, deren einziger Gesellschafter ein Landkreis ist und deren Geschäftsführung intern durch die öffentliche Verwaltung beherrscht wird (wistra **07**, 17). Für die Gebühreneinzugszentrale der öffentlich-rechtlichen Rundfunkanstalten **(GEZ)** ist die Stellung als öffentliche Verwaltung in der Rspr bisher nicht geklärt (abl. *Hellmann* wistra **07**, 281ff.); freilich lässt sich eine Ablehnung wohl nicht auf das Verfassungsgebot der „Staatsfreiheit" des Rundfunks stützen (so *Hellmann* aaO 283). **22b**

Verneint worden sind diese Voraussetzungen für die in einem privatrechtlichen Dienstverhältnis stehenden Angestellten der **Flughafen AG** Frankfurt/M (BGH **45**, 16; vgl. schon LG Frankfurt NStZ-RR **96**, 259; offen gelassen von Frankfurt/M NStZ **97**, 200m. Anm. *Otto* u. Jura **97**, 47), da sich allein aus der Inhaberschaft der öffentlichen Hand noch keine staatliche oder kommunale **Steuerung** der Gesellschaft ergibt); für den Geschäftsführer einer GmbH, deren einziger Gesellschafter das Bayerische Rote Kreuz als Körperschaft des öffentlichen Rechts ist (BGH **46**, 310); für gem. § 12 I DBGrG ohne Bezüge beurlaubte (statusrechtliche) Beamte der ehemaligen Deutschen Bundesbahn, die in einem privatrechtlichen Dienstverhältnis mit der **Deutschen Bahn AG** stehen (BGH **49**, 214; krit. *Heinrich* NStZ **05**, 197, 200); für Mitarbeiter einer **kommunalen Wohnungsbaugesellschaft**, wenn diese nur einer von vielen Anbietern von Wohnraum ist, der mit städtischen Belegungsrechten belastet ist (NStZ **07**, 461; vgl. BGH **38**, 199, 203). Auch einzelne private Verkehrsunternehmer, die im Rahmen des (der Daseinsvorsorge zuzurechnenden) **Öffenlichen Personennahverkehrs** tätig werden, sind nicht Amtsträger (zutr. *Becker* StV **06**, 263, 266ff.). **22c**

22 d Bei **Beteiligung von Privaten** ist ein privatrechtlich (unter Mehrheitsbeteiligung der Öffentlichen Hand) organisiertes Unternehmen der Daseinsversorgung (zB Müllverbrennungsanlage) dann keine „sonstige Stelle“, wenn der Private durch eine **Sperrminorität** wesentliche unternehmerische Entscheidungen mitbestimmen kann (BGH **50**, 299, 303 ff. = NStZ **06**, 210, 211 f. [*Kölner Müllskandal*; zust. *Saliger* NJW **06**, 3377, 3379 f.; abl. *Radtke* NStZ **07**, 57, 60 f.]). Die Amtsträgerstellung einer mit der Wahrnehmung einer öffentlichen Aufgabe beauftragten (beliehenen) Person beschränkt sich auf die Tätigkeit zur Wahrnehmung dieser Aufgabe (Bay NJW **96**, 270; insoweit **aA** *Haft* NJW **95**, 1116; *Ransiek* NStZ **97**, 525).

23 Vom Begriff der öffentlichen Verwaltung **nicht erfasst** ist die **Gesetzgebung** (BGH **5**, 105; vgl. § 108 e). Mitglieder von **Gemeinderäten** sind von der Rspr zunächst überwiegend als Amtsträger angesehen worden (vgl. LG Krefeld NJW **94**, 2036; LG Köln StV **03**, 507 [krit. *Marel* StraFo **03**, 259; *Deiters* NStZ **03**, 453, 455 ff.; *Heinrich* NStZ **05**, 197, 202]; Amtsträgereigenschaft bejahend auch Braunschweig MDR **50**, 629; Celle MDR **62**, 671; Stuttgart Die Justiz **89**, 198; NJW **03**, LG Krefeld NJW **94**, 2036; **aA** Frankfurt 1 Ws 105/95). In der Literatur wird Amtsträgereigenschaft bejaht, wenn ein Gemeinderat in zusätzlicher Funktion eine konkrete Verwaltungstätigkeit ausübt (*Lackner/Kühl* 11; MK-*Radtke* 48; *S/S-Eser* 23; vgl. dazu auch *Heinrich* [12 a] 675 ff.; *Schreiber/Rosenau/Combé/Wrackmeyer* GA **05**, 265, 267 f.); dagegen wird eine Amtsträgereigenschaft jedenfalls in dem Bereich ausgeschlossen, in welchem der kommunale Mandatsträger eine Abgeordnetentätigkeit als **Volksvertreter** ausübt (*Dahs/Müssig* NStZ **06**, 191 ff., 196 [zur Regelung der Bestechlichkeit in § 108 e]). Der **BGH** hat sich im Ergebnis der letztgenannten, differenzierenden Ansicht angeschlossen (BGH **51**, 44, 46 ff. [= NJW **06**, 2050; *Wuppertaler Schmiergeld-Skandal*; Bespr. *Feinendegen* NJW **06**, 2014]; i. E. ebenso NStZ **07**, 36 [*2. StS*]). Der *5. StS* hat dies, neben systematischen und teleologischen Gründen, insb. auch auf die Annahme gestützt, der Gesetzgeber habe mit **§ 108 e** eine abschließende **Sonderregelung** für die korruptive Beeinflussung von Mandatsträgern in Volksvertretungen schaffen wollen; er hat im Hinblick auf die in Rspr und Lit. fast unstreitige Lückenhaftigkeit des § 108 e ausdrücklich gesetzgeberischen Handlungsbedarf festgestellt (BGH **51**, 44, 59 f. = NJW **06**, 2050, 2054 f.). Dagegen hat der *2. StS* in 2 StR 557/05 (*Kölner Müllskandal;* in NStZ **07**, 36 insoweit nicht abgedr.) eher auf den Wortlaut des § 11 I Nr. 2 und hier insb. darauf abgestellt, dass ein kommunaler Mandatsträger, wenn und soweit er in Ausübung seines **freien Mandats** in der Volksvertretung, d. h. auch innerhalb der Ausschüsse und Fraktionen, handelt, nicht im Sinne des Abs. I Nr. 2 Buchst. c in eine der Amtsträgereigenschaft eigene Amts- oder Behördenstruktur eingeordnet, also nicht „bei einer Behörde bestellt“ sei.

23 a Vom Begriff ausgenommen sind auch die **Rechtsprechung,** grundsätzlich die Verwaltung von **Kirchen** und Religionsgesellschaften, die **Regierungstätigkeit** als politische Staatsführung (vgl. aber oben 16) sowie die *Tätigkeit der* **BWehr** (insoweit gilt nur § 48 WStG), soweit sie nicht reine Verwaltungstätigkeit ist. Die Mitarbeiter der in der BRep. stationierten nichtdeutschen Vertragsstaaten der NATO sind im Bereich der Bestechungsdelikte so zu behandeln wie die Beschäftigten im öffentlichen Dienst der BRep. (NStZ **94**, 277; NStE Nr. 2 zu § 334). Ausgeschieden sind auch untergeordnete und mechanische **Hilfstätigkeiten** wie Reinigung (NJW **53**, 1153), Tätigkeit eines Chauffeurs; aber auch die Tätigkeit von V-Leuten der Polizei (NJW **80**, 846; **aA** *Wagner* JZ **87**, 595).

24 **C. Richter (Nr. 3).** Richter iS des StGB (vgl. §§ 331 bis 334, 339) und damit zugleich Amtsträger iS von Nr. 2 Buchst. a) ist, wer nach deutschem Recht, dh nach Bundes- oder Landesrecht Berufsrichter oder ehrenamtlicher Richter ist. *Nicht erfasst sind die mit* richterlichen Aufgaben betrauten Rechtspfleger, die aber Amtsträger sind, sowie die Schiedsrichter (§ 337), die auch von Nr. 2 nicht erfasst werden. **Berufsrichter** sind die in das Richteramt durch Aushändigung einer Ernennungsurkunde wirksam berufenen Personen, also die Richter in der ordent-

lichen Gerichtsbarkeit ebenso wie bei Arbeits-, Sozial-, Verwaltungs- und Disziplinargerichten; auch Richter auf Zeit (§ 11 DRiG), auf Probe (§§ 12, 19a III DRiG) und kraft Auftrags (§§ 14, 19a II DRiG); Rechtsreferendare in der Ausbildung können Amtsträger iS der Nr. 2 Buchst. c sein (vgl. § 10 GVG). **Ehrenamtliche** Richter (§§ 44, 45, 45a DRiG) sind in der Strafgerichtsbarkeit die Schöffen, bei den Kammern für Handelssachen die Handelsrichter, im Übrigen in der Zivil-, Verwaltungs-, Finanz-, Arbeits- und Sozialgerichtsbarkeit die „ehrenamtlichen Richter" (§ 45a DRiG), ferner die Mitglieder der Ehrengerichte und die anwaltlichen Mitglieder des Ehrengerichtshofes für Rechtsanwälte nach §§ 92ff. BRAO.

D. Für den öffentlichen Dienst besonders Verpflichtete (Nr. 4). Die Legaldefinition ist von Bedeutung zB für §§ 5 Nr. 11 bis 13, 77a, 97b II, 120 II, 133 III, 194 III, 201 III, 203 II Nr. 2, §§ 204, 230 II, 331 bis 336, 353b I, 355 II Nr. 1. Besonders verpflichtet kann nach Nr. 4 nur eine Person sein, die nicht selbst Aufgaben der öffentlichen Verwaltung wahrnimmt. Sie muss nach **Buchst. a** bei einer Behörde (vgl. Nr. 7) oder bei einer sonstigen Stelle, die Aufgaben der **öffentlichen Verwaltung** wahrnimmt (vgl. oben 22; zur Einbeziehung von **Notaren** vgl. *Starke*, Rudolphi-FS [2004] 315ff.), beschäftigt sein (**zB** als Schreibkraft, Bote, Auszubildender, Praktikant, Reinemachfrau, Zivildienstleistender, in der praktischen Studienzeit) oder für sie tätig sein (**zB** als Gutachter oder Mitglied eines beratenden Ausschusses; vgl. BGH **42**, 234). *Nicht* erfasst sind Angehörige von Handwerksbetrieben, die für eine Behörde arbeiten (*Lenckner* ZStW **106**, 541), oder Firmen, die Sachmittel an sie liefern (NK-*Lemke* 35). Wer Amtsträger nach Nr. 2 ist, kann grds nicht unter Nr. 4 fallen (NStZ **94**, 277; NStE Nr. 2 zu § 334; *Lenckner* ZStW **106**, 54). Nach **Buchst. b** sind auch Personen erfasst, die bei einem **Verband,** dh dem Zusammenschluss von natürlichen oder juristischen Personen oder von Vereinigungen zur Förderung gemeinsamer Interessen, bei einem **sonstigem Zusammenschluss** (zB Beiräten, Ausschüssen), einem **Betrieb** oder **Unternehmen** (8 zu § 14) beschäftigt oder für sie tätig sind, welche ihrerseits für eine Behörde oder sonstige Stelle Aufgaben der öffentlichen Verwaltung „gleichsam als verlängerter Arm" (RegE 211) ausführen. 25

Die Person muss auf die gewissenhafte Erfüllung ihrer Obliegenheiten auf Grund eines Gesetzes der BRep. (RegE 211; gemeint ist das **VerpflG**; vgl. *Starke*, Rudolphi-FS [2004] 315, 317f.), förmlich verpflichtet sein. Hierbei ist die Verpflichtung „auf die gewissenhafte Erfüllung seiner Obliegenheiten" (§ 1 I S. 1 VerpflG) und der Hinweis auf die strafrechtlichen Folgen einer Pflichtverletzung (§ 1 II S. 2 VerpflG) wesentlicher Inhalt der förmlichen Verpflichtung (vgl. NJW **80**, 846; ferner *Petri* NStZ **91**, 471; *Matkey* KR **01**, 742, 743; *Starke*, Rudolphi-FS [2004] 315, 318ff.). Diese förmliche Verpflichtung ist das Pendant zur Bestellung des Amtsträgers, das die Gleichbehandlung im Falle des § 332 rechtfertigt (Bay NJW **96**, 270). Nicht hierher gehören die nach § 36 GewO öffentlich bestellten Sachverständigen (RegE 211). 26

E. Rechtswidrige Tat (Nr. 5). Die Legaldefinition nach Nr. 5 bestimmt als rechtswidrige Tat iS des Gesetzes nur eine solche, die den Tatbestand *eines Strafgesetzes* verwirklicht. Der in seiner Anwendung auf das StGB beschränkte Begriff ist *nicht mit* der verfassungsrechtlichen Rechtswidrigkeit identisch (*Geiger*, Tröndle-FS 651); er gilt daher weder für sonstige öffentlichrechtliche noch für zivilrechtliche Handlungen, sondern nur für die Verwirklichung eines strafgesetzlichen Unrechtstatbestandes (RegE 211; and. BAG NJW **89**, 2347 [dagegen *Tröndle* NJW **89**, 2990]). Mittelbar wird jedoch auch zum Ausdruck gebracht, dass, wie zB die Gegenüberstellung von Straftat und rechtswidriger Tat in den §§ 25 und 26 zeigt, das Vorliegen einer rechtswidrigen Tat **unabhängig von der Schuld** des Täters zu beurteilen ist; vgl. auch *S/S-Eser* 41ff.; bei Antragsdelikten kann der Strafantrag fehlen (BGH **31**, 133 m. Anm. *Blau* JR **84**, 27). Der Vorsatz gehört nicht zum Begriff der rechtswidrigen Tat iSv Nr. 5. 27

28 **F. Unternehmen einer Tat (Nr. 6).** Der Begriff des Unternehmens einer Tat (vgl. etwa §§ 81, 82, 131 I Nr. 4, 184 I Nr. 4 8, 9, III Nr. 3, 307, 309, 316c I Nr. 2, 357) erfasst nach Nr. 6 deren **Versuch** und **Vollendung** bis zur Beendigung, jedoch nicht die Vorbereitungshandlung (BGH **5**, 281), mit dem Ergebnis, dass der Versuch der vollendeten Tat gleichsteht (BGH **5**, 281; **33**, 381 [m. Anm. *Günther* JZ **87**, 17]; and. *Wolters*, Das Unternehmensdelikt, 2001, 101 ff. [Bespr. *Zieschang* ZStW **115**, 395]; vgl. *ders.*, Rudolphi-FS [2004] 347 ff.). Die Grundsätze des untauglichen Versuchs sind unbeschränkt anwendbar (NK-*Lemke* 41; *S/S-Eser* 49; vgl. *Günther* JZ **87**, 18).

28 a Der **Versuch des Unternehmens** ist begrifflich ausgeschlossen (*Wolters*, Das Unternehmensdelikt, 2001, 142 ff.). Infolge der Gleichstellung des Versuchs mit der Vollendung ist nach Rspr und hM ein **Rücktritt** von der (vollendeten) Tat regelmäßig nicht möglich (BGH **15**, 199; vgl. *U. Weber* ZStW Beih. 1987, 7; weitergehend *S/S-Eser* 51; **aA** *Wolters* aaO 254 f.; *ders.*, Rudolphi-FS [2004], 347 ff. [Anwendung des § 24 dann, wenn nicht durch spezielle Reueregelungen des BT verdrängt]; zust. MK-*Radtke* 88; MK-*Herzberg* 214 zu § 24). Vielmehr sehen Unternehmens-Tatbestände des BT idR die Möglichkeit **Tätiger Reue** durch Bemühungen zur Rücknahme oder Verhinderung des Handlungserfolgs *nach* Tatbestandsvollendung vor. Eine analoge Anwendung solcher Sonderregelungen auf andere Unternehmensdelikte (dafür zB *S/S-Eser* 51; für § 234 a auch BGH **6**, 85) wird abgelehnt (*Gössel/Zipf* 40/82; vgl. BGH **15**, 199; zweifelnd NK-*Lemke* 42).

28 b Aus demselben Grund ist auch eine Anwendung der **Strafrahmenmilderung** gem. § 23 II auf das nur „versuchte" echte Unternehmensdelikt nach **hM** nicht möglich (vgl. etwa *Jescheck/Weigend* AT § 49 VIII 1; **aA** MK-*Herzberg* 214; *Wolters*, Rudolphi-FS [2004] 347, 354 ff.; and. noch *ders.*, Das Unternehmensdelikt, 265 ff.). Innerhalb des Strafrahmens für das Unternehmen kann aber mildernd berücksichtigt werden, dass dieses nur zum Versuch gediehen ist.

28 c Für sog. **unechte Unternehmenstatbestände** (dazu *Wolters* aaO 287 ff.; gegen diese Rechtsfigur *Sowada* GA **88**, 195, 201 ff.) wie zB §§ 113 I, 292, 323 c gilt Nr. 6 zwar nicht, doch kann auch § 24 nicht angewendet werden (BGH **14**, 217; SK-*Rudolphi/Stein* 47; str.; zweifelnd *S/S-Eser* 52 f.).

29 **G. Behörde (Nr. 7).** Die Regelung beschränkt sich auf eine Gleichstellung, ohne den Begriff der Behörde selbst zu definieren; dieser ist wie in Nr. 2 Buchst. c und Nr. 4 vorausgesetzt. Nach Nr. 7 ist Behörde iS des Gesetzes auch ein **Gericht,** dh ein Organ der rechtsprechenden Gewalt in der BRep. (BGH **9**, 20) oder supranationaler Organisationen (vgl. Art. 2 § 1 I EUBestG, Anh. 21). Private Schiedsgerichte gehören nicht zu den Gerichten iSv Nr. 7. Im Übrigen ist **Behörde** ein ständiges, von der Person des Inhabers unabhängiges, in das Gefüge der öffentlichen Verwaltung eingeordnetes Organ der Staatsgewalt mit der Aufgabe, unter öffentlicher Autorität nach eigener Entschließung für Staatszwecke tätig zu sein (BGHZ **25**, 186; BVerfGE **10**, 48; vgl. § 1 IV VwVfG).

30 **H. Maßnahme (Nr. 8).** Der Begriff der Maßnahme (vgl. §§ 52 IV, 55 II, 78, 79, 258 I, 258 a I, 344, 345 III; ferner § 40 WStG; § 5 I Nr. 7, § 46 I Nr. 1 g BZRG) umfasst nach Nr. 8 jede **Maßregel der Besserung und Sicherung** (§ 61), den **Verfall** (§§ 73 bis 73 d), die **Einziehung** (§§ 74 ff.) und die **Unbrauchbarmachung** (§ 74 d). Keine Maßnahmen iS Nr. 8 sind Anordnungen nach §§ 56 b bis 56 d und Maßnahmen des Nebenrechts (Verbot der Tierhaltung, § 20 TierSchG [Bay **73**, 111]; Entziehung des Jagdscheins, § 41 BJagdG; Abführung des Mehrerlöses, §§ 8 bis 10 WiStG 1954 idF v. 3. 6. 1975 [BGBl. I 1313; III 453–11]); ebenso wenig der Jugendarrest und die Geldbuße.

31 **I. Entgelt (Nr. 9).** Im Sinne des StGB (§§ 180 II, 182 I Nr. 1, 184 I Nr. 7, *§§ 203 V, 235 IV* Nr. 2; 265 a I, 265 b III Nr. 2) ist Entgelt jede in einem **Vermögensvorteil** bestehende **Gegenleistung** (NStZ **06**, 444). Entgeltlich ist eine Handlung daher dann, wenn sie auf Grund einer ausdrücklichen oder konkludenten Vereinbarung im Hinblick auf eine vermögenswerte Gegenleistung erbracht

wird oder erbracht werden soll. Hierbei ist unerheblich, ob die Vereinbarung rechtlich wirksam oder nichtig ist; ebenso, ob die Gegenleistung tatsächlich geleistet wird (vgl. NStZ **95**, 540; NJW **00**, 3726; NStZ **04**, 683 [zu § 182 I Nr. 1]. Eine bloß einseitige Erwartung einer Gegenleistung reicht nicht aus. Ob Bereicherung angestrebt oder erreicht wird, ist bedeutungslos (*S/S-Eser* 72).

3) Vorsatzdelikte bei fahrlässigem Erfolg (Abs. II). Die Regelung klärt für Delikte, die aus einer vorsätzlichen Tathandlung (3 zu § 8) und der fahrlässigen oder leichtfertigen Verursachung eines Erfolges kombiniert sind (vor allem im Hinblick auf die Anwendung der §§ 26, 27, 45b, 66, 74; aber auch für § 32 Nr. 1 GVG), dass diese Taten (zB §§ 97 I, 109e V, 283 IV Nr. 2, 307 II, 308 V, 315 V, 315a III Nr. 1, 315b IV, 315c III Nr. 1, 353b I S. 2; außerdem der Großteil der erfolgsqualifizierten Delikte; vgl. Erl. zu § 18; 37f. zu § 22) als **vorsätzliche Taten** anzusehen sind (NZV **95**, 495; abl. *M/Gössel/Zipf* 43/117). Bei Vorsatztaten iS von II sind danach auch **Teilnahme** (Stuttgart NJW **76**, 1904; *Gössel,* Lange-FS 225; SK-*Rudolphi/Stein* 52) und **Versuch** grds möglich (vgl. 37f. zu § 22; *S/S-Eser* 76; NK-*Lemke* 52; diff. SK-*Rudolphi/Stein* 53ff.). 32

4) Schriften und gleichgestellte Gegenstände (Abs. III). Die Regelung enthält keine Legaldefinition, sondern eine **Gleichstellungsklausel** unter Voraussetzung der jeweiligen Begriffsbedeutungen; sie macht die Aufzählung der genannten Gegenstände dort entbehrlich, wo auf III **verwiesen** ist, also vor allem in den Schriftenverbreitungstatbeständen (vgl. *Franke* GA **84**, 452). In den übrigen Fällen sind die genannten Gegenstände tatbestandsbezogen auszulegen (NK-*Lemke* 53). Der Oberbegriff der **Darstellung** umfasst jedes körperliche Gebilde, das, sinnlich wahrnehmbar, einen gedanklichen Inhalt ausdrückt (*Walther* NStZ **90**, 523; im Einzelnen *Sieber* JZ **96**, 495), aber auch Kennzeichen iS von § 86a (3 StR 5/71); vgl. aber den abw. Begriff in § 268 II (dort 3). Für „**Druckwerke**" iS der landesrechtlichen Pressegesetze fehlt idR eine Abs. III entsprechende Gleichstellungsklausel (vgl. Bay wistra **04**, 316f.) 33

a) Schrift ist eine Zusammenstellung von Zeichen, die durch Augen oder Tastsinn wahrnehmbar sind und mittelbar Gedankeninhalte verkörpern (BGH **13**, 375). Es ist bedeutungslos, ob es sich um Druckschriften, Ur- oder Abschriften oder um Einzelstücke handelt; es ist auch nicht vorausgesetzt, dass die Verkörperung schon den beabsichtigten Endzustand (Buch, Zeitschrift) erreicht hat (vgl. BGH **32**, 1). Vom Begriff sind auch solche Darstellungen umfasst, die zur *Verbreitung* nicht bestimmt sind (**aA** BGH **13**, 375); das ergibt sich schon aus den Verweisungstatbeständen. Jedoch ist hinsichtlich solcher Schriften, die nur für einen einzelnen Empfänger bestimmt sind, regelmäßig eine Strafbarkeit nicht bestimmt. 34

b) Tonträger sind Sachen, die analog oder digital gespeicherte akustische Signale enthalten, die durch Hilfsmittel dem Ohr wahrnehmbar gemacht werden können. **Bildträger** sind Sachen, die analog oder digital gespeicherte Informationen (Bilder oder Bildfolgen, Graphiken, Texte) enthalten, die durch technische Einrichtungen dem Auge wahrnehmbar gemacht werden können. 35

c) Datenspeicher (eingefügt durch Art. 4 Nr. 1 IuKDG v. 22. 7. 1997 [BGBl. I 1870]; RegE BT-Drs. 13/7385, 36; vgl. *Weitzel* DRiZ **97**, 430; *Löhnig* JT **97**, 496) sind zunächst (permanente) **Speichermedien** für die elektronische, elektromagnetische, optische, chemische oder sonstige Aufzeichnung von Daten, welche ihrerseits gedankliche Inhalte verkörpern, die nur unter Zuhilfenahme technischer Geräte wahrnehmbar werden. Auf die Art und Technik, in welcher der Speicherinhalt wahrnehmbar gemacht wird, kommt es nicht an; häufigster Anwendungsfall wird die Anzeige auf einem Bildschirm sein. Die Gleichstellung erfasst neben selbstständigen Datenträgern (Magnetbänder, Festplatten, CD-ROMs, DVDs, USB-Speicher, usw.) nach hM aber auch (nicht permanente) elektronische **Arbeitsspeicher** von Rechnern jeder Art, auch von Netzwerkservern (vgl. BGH **47**, 55, 58ff. [Anm. *Kudlich* JZ **02**, 310; *Gercke* MMR **01**, 678]; Hamburg JR **00**, 125 36

[Anm. *Bertram*]; Bay NJW **00**, 2911; LG München NJW **00**, 1051 [Anm. *Vassilaki* NStZ **00**, 535; zutr. krit. SK-*Rudolphi/Stein* 61) Der Grund für diese Ausdehnung liegt darin, dass der Inhalt von Arbeitsspeichern **ausgedruckt** oder versendet werden *kann*.

36 a Dieser schon äußerst weite Begriff des „Datenspeichers“, der iErg als körperlichen Gegenstand die Bildschirmanzeige des (eben nicht „permanenten“, dh speicherunfähigen) Arbeitsspeichers ansieht, ist von BGH **47**, 55, 58 ff. nochmals ausgedehnt worden; danach sind zB digitalisierte Fotos „Datenspeicher in diesem Sinne; genauer: auf einem Speichermedium – idR der Festplatte – gespeicherte Daten“ (58). Da die Entscheidung ein „Verbreiten“ eines Datenspeichers schon mit dem Ankommen einer Datei in einem Arbeitsspeicher für vollendet hält (vgl. dazu 31 f. zu § 184), kann es aber auf ein permanentes Speichermedium (Festplatte) gar nicht ankommen. Zu weitgehend ist die Annahme, eine Datei (ob es sich um digitalisierte Fotos oder Schrift handelt, ist unerheblich) sei ein Datenspeicher, der auf einem Datenspeicher („Medium“) gespeichert sei; damit wird die Abgrenzung zwischen Inhalt und Verkörperung, Daten und Datenspeicher annähernd ganz aufgegeben (ebenso SK-*Rudolphi/Stein* 62), was zu neuen dogmatischen Schwierigkeiten führen kann. Die Ausweitung des Datenträger-Begriffs hat BGH **47**, 55 zur Begründung eines „spezifischen Verbreitensbegriffs“ (vgl. dazu 31 f. zu § 184) herangezogen. Es erscheint nicht zweifelsfrei, dass die technischen Gegebenheiten vernetzter EDV diese Begriffsbildungen erfordern: Ebenso gut könnte man das Vorzeigen einer Abbildung oder das Abspielen eines Tonträgers als deren Verbreiten ansehen, wenn die Möglichkeit des Abfotografierens oder Aufzeichnens besteht. Dass der Ablauf von 2 Milliarden elektrischer Plus/Minus-Schaltungen pro Sekunde ein „Datenspeicher“ und dieser eine „Schrift“ sei, liegt nicht mehr allzu weit davon entfernt, auch das menschliche Gedächtnis als chemo-elektrischen Arbeitsspeicher anzusehen. Zur Erfassung von mittels **Tele- und Mediendiensten** begangenen Taten, insb. des **Internet**, vgl. i. e. 26 ff. zu § 184; zum Tatort bei Internet-Taten 5 ff. zu 9.

37 **d) Abbildungen** sind unmittelbar durch Gesichts- oder Tastsinn wahrnehmbare Wiedergaben der Außenwelt, vor allem Fotos, Dias, idR auch Filme. Elektronische Speichermedien sowie die auf ihnen gespeicherten Daten (Bilddateien) sind als solche keine Abbildungen.

Verbrechen und Vergehen

12 **I Verbrechen sind rechtswidrige Taten, die im Mindestmaß mit Freiheitsstrafe von einem Jahr oder darüber bedroht sind.**

II Vergehen sind rechtswidrige Taten, die im Mindestmaß mit einer geringeren Freiheitsstrafe oder die mit Geldstrafe bedroht sind.

III Schärfungen oder Milderungen, die nach den Vorschriften des Allgemeinen Teils oder für besonders schwere oder minder schwere Fälle vorgesehen sind, bleiben für die Einteilung außer Betracht.

1 **1) Allgemeines.** Die Vorschrift idF des 2. StrRG/EGStGB (vgl. E EGStGB 211) unterscheidet (nach Aufhebung der früheren Kategorie der *Übertretungen*) seit 1. 1. 1975 nur noch zwischen Verbrechen und Vergehen und stellt dafür von der Strafdrohung hergeleitete formale Kriterien auf.

1 a **Literatur:** *Ambos*, Ernst Belings Tatbestandslehre und unser heutiger „postfinalistischer“ Verbrechensbegriff, JA **07**, 1; *Feltes*, Der staatliche Strafanspruch. Überlegungen zur Struktur, Begründung und Realisierung staatlichen Strafens, 2007; *Hall*, Die Entwicklung des Verbrechensbegriffs aus dem Geist des Prozesses, H, Mayer-FS (1966) 38; *Jescheck*, Die Entwicklung des Verbrechensbegriffs in Deutschland (usw.), ZStW 73, 179; *Krümpelmann*, Die Bagatelldelikte, 1966; *Lampe*, Strafphilosophie, 1999; *Langer*, Das Sonderverbrechen, 1972; *Lesch*, Der Verbrechensbegriff, 1999; *Lyon*, Der Verbrechensbegriff in der Strafwissenschaft der DDR, 1960; *Naucke*, Die Wechselwirkung zwischen Strafziel u. Verbrechensbegriff, 1985; *Rosenberg*,

Die Dreiteilung der strafbaren Handlungen, ZStW 24, 1; *Zipf*, Kriminologischer u. strafrechtlicher Verbrechensbegriff, MDR 69, 889.

2) Anders als etwa § 1 StGB-DDR enthält die Unterscheidung des § 12 keine *materielle* Definition des Verbrechensbegriffs; die **Legaldefinition** differenziert zwischen Verbrechen und Vergehen vielmehr allein nach dem formalen Kriterium (NK-*Lemke* 1; MK-*Radtke* 6) der angedrohten Mindeststrafe. Die Frage nach der *Strafwürdigkeit* eines bestimmten Verhaltens (dh nach einem *normativen* Verbrechensbegriff) und diejenige nach den empirischen Bedingungen der Definition eines sozial abweichenden Verhaltens als strafwürdig (dh nach einem *kriminologischen* Verbrechensbegriff) sind aus dieser rechtstechnischen Anknüpfungsregel ausgeklammert; die Vorschrift ist daher im Zusammenhang mit § 1 zu lesen (vgl. *Jescheck/Weigend* § 7 I 1; *Jakobs* AT 6/102 ff.; vgl. allgemein *Hassemer,* Theorie und Soziologie des Verbrechens, 1973; *Luhmann,* Rechtssoziologie, 3. Aufl. 1987, 217 ff.; *Lampe* [1 a] 21 ff.; *Lesch,* Der Verbrechensbegriff, 1999). **Straftat** (Verbrechen iwS) ist ein sozial abweichendes Verhalten, das mit sozial ächtender (Kriminal-)strafe bedroht ist. Der Formulierung von gesetzlichen Straftatbeständen liegt daher stets eine normative Strafwürdigkeits-Beurteilung zugrunde, die in der Sanktions-Androhung ihren Ausdruck findet. Die Unterscheidung zwischen Verbrechen und Vergehen ist eine insoweit quantitative Differenzierung, die auf graduelle Unterschiede möglicher Rechtsfolgen abstellt; *Vergehen* sind danach solche Straftaten, die der Gesetzgeber bei der Bewertung des im Tatbestand beschriebenen Unrechtstypus für (relativ) geringer, *Verbrechen* solche, die er für (relativ) höher strafwürdig hält (einschränkend NStZ **06**, 393: die Unterscheidung sei „vorwiegend formal zu verstehen"). Verbrechen und Vergehen erfahren eine von diesem Ausgangspunkt her abgestufte Behandlung im sachlichen Strafrecht (§§ 23, 30, 31, 45, 126 I Nr. 6, § 241, § 261), im Verfahrensrecht (§ 140 I Nr. 2, §§ 153, 153 a, 154 d, 407 StPO) und bei der sachlichen Zuständigkeit (§§ 24, 25, 74, 78 GVG). 2

Zugleich grenzt § 12 zusammen mit § 1 OWiG Straftaten, dh mit Strafe bedrohtes kriminelles Unrecht, von **Ordnungswidrigkeiten**, dh bloßem Verwaltungsunrecht ohne sozial ächtende Sanktionierung, ab (vgl. hierzu *Mitsch,* Recht der Ordnungswidrigkeiten, 1995, § 3). Von Bedeutung ist die Abgrenzung insb. auch unter dem Gesichtspunkt der Gewaltenteilung, denn die Festsetzung von Strafe für kriminelles Unrecht ist der Judikative vorbehalten. 3

3) Die abstrakt **angedrohte Strafe** entscheidet über die Einordnung der Straftat. Änderungen des Regelstrafrahmens sind für die Bestimmung der Deliktsart nur dann von Bedeutung, wenn ein eigener Deliktstypus iS eines fest umschriebenen abgewandelten Straftatbestandes (unten 8) vorliegt, nicht hingegen in den in III bezeichneten Fällen (unten 9 ff.). Das Gesetz folgt der in der Rspr entwickelten (BGH **2**, 395) abstrakten Betrachtungsweise. Unter **rechtswidriger Tat** (die hier auch als schuldhafte zu verstehen ist) ist damit nicht die Einzeltat, sondern der gesetzliche Tattypus zu verstehen (unten 7). Für die Stellung eines Nebenklägers (§ 395 I Nr. 1 Buchst. a StPO) im Rechtsmittelverfahren reicht es aus, dass die Tat zurzeit dieses Verfahrens als Verbrechen eingestuft ist (NStZ **99**, 365). 4

A. Ist nur eine einzige Hauptstrafe angedroht (Nebenstrafen, Ersatzstrafen und Nebenfolgen spielen für die Einteilung keine Rolle), so sind nach I und II Handlungen **a) Verbrechen,** wenn der Regelstrafrahmen bei mindestens einem Jahr Freiheitsstrafe (§ 38) beginnt; **b) Vergehen,** wenn die Tat mit einer geringeren Freiheitsstrafe oder wahlweise mit Geldstrafe bedroht ist (Geldstrafe allein darf nicht mehr angedroht werden, Art. 3 II Nr. 1, Art. 13 EGStGB, Anh. 1). Unter **Freiheitsstrafe** iS von I und II ist der umfassende Begriff der freiheitsentziehenden Strafe (1 f. zu § 38) zu verstehen; in den (für die Einordnung maßgeblichen) Strafdrohungen des WStG (Anh. 16), für die nach Art. 10 II die Art. 11 ff. EGStGB nicht gelten, ist, soweit nicht Vorschriften des BT des StGB Anwendung finden (§ 48 WStG), allein Freiheitsstrafe (§ 38) angedroht. Im **Urteilstenor** ist eine Klas- 5 sifizierung der Tat nach Verbrechen oder Vergehen weder erforderlich noch angezeigt (NJW **86**, 1116); *falsch* ist sie nicht.

6 **B.** Sind mehrere Hauptstrafen wahlweise angedroht, so entscheidet nach dem Höchstmaßprinzip die schwerste abstrakt angedrohte Strafe (BGH **4**, 227).

7 **4)** Die mit Strafe bedrohte **rechtswidrige Tat** ist das in einem bestimmten Tatbestand beschriebene Verhalten (§ 11 I Nr. 5), das damit unter die Strafdrohung für diesen Deliktstypus fällt.

8 **A.** Ein **eigener Deliktsstypus** ist auch gegeben, wenn das Gesetz aus einem bestimmten Grundtatbestand durch Hinzufügen weiterer Merkmale neue Tatbestände mit selbstständiger strengerer oder milderer Strafdrohung bildet; so **a)** bei **Qualifikationstatbeständen** (zB §§ 179 IV [dazu NJW **99**, 1677]; 225 III, 226 I, II, 227 zu § 223; § 239 III, IV zu § 239 I; § 154 zu § 153); **b)** bei **Privilegierungstatbeständen** (zB § 216) oder **c)** bei **selbstständigen Tatbeständen,** die gegenüber dem allgemeinen Tatbestand (zB § 249 gegenüber § 242) eine in jeder Hinsicht abgeschlossene Regelung gefunden haben. Auch in den übrigen Fällen, in denen der Typus durch subjektive Tatbestandselemente (18 zu § 16) oder Täterbewertungsmerkmale (19 zu § 16) heraus gehoben (qualifiziert) wird, nämlich bei Gewerbs- oder Gewohnheitsmäßigkeit (18 zu § 243; § 184 IV, §§ 260, 260a, 284 III Nr. 1, § 291 II Nr. 2, § 292 II Nr. 1; anders in den Fällen 89 zu § 46; vgl. BGH **4**, 226) oder durch eine besondere Absicht wie bei § 225. In diesen Fällen richtet sich die Einteilung nach der Strafdrohung für den eigenen Deliktstypus.

9 **B.** Nach **Abs. III** ist kein eigener Deliktstypus gegeben, wenn das Gesetz ohne bestimmte Beschreibung andersartigen Unrechts lediglich einen anderen Strafrahmen für *gleichartiges* Unrecht in Fällen geringerer oder schwererer Bewertung vorsieht. Das Gesetz nennt dafür folgende Fallgruppen:

10 **a) Milderungen,** die der AT teils fakultativ, teils obligatorisch vorsieht, nämlich bei Begehen durch Unterlassen (§ 13 II), Verbotsirrtum (§ 17), verminderter Schuldfähigkeit (§ 21), Versuch (§ 23 II), Beihilfe (§ 27 II), Teilnahme, wenn dem Teilnehmer besondere persönliche Merkmale fehlen (§ 28 I), und bei Versuch der Beteiligung (§ 30 I) sowie entschuldigendem Notstand (§ 35). Hierher wird man auch die Fälle des § 49 II zu rechnen haben, der eine generelle Milderungsvorschrift des AT darstellt, auch wenn er sich auf spezielle Milderungsvorschriften des BT bezieht (dort 6; *S/S-Eser* 9). Eine Änderung des Deliktstypus tritt aber in diesen Fällen nicht ein.

11 **b) Schärfungen und Milderungen** für die allein noch bestehenden (E EGStGB 211f.; Ber. BT-Drs. 7/1232, 13; 7/1261, 4; Ndschr. **5**, 9ff., 27ff.; **12**, 275ff.; *Horstkotte,* Dreher-FS 267) **Wertgruppen** *der* **„minder schweren"** *Fälle,* die gegenüber den früheren mildernden Umständen keine Verschärfungen enthalten (BGH **26**, 97b m. Anm. *Zipf* JR **76**, 24; Schleswig SchlHA **77**, 177; vgl. *Sturm* JZ **75**, 6, 8; *Horstkotte,* Dreher-FS 265, 267; *Hettinger* GA-FS 77 u. *Goydke,* Odersky-FS 371), und der **„besonders schweren Fälle"** (vgl. 88ff. zu § 46). Die Figuren sind verfassungsrechtlich unbedenklich (BVerfGE **45**, 363). Aus III ergibt sich, dass es für die Deliktseinteilung bedeutungslos ist, ob die besonders schweren Fälle „unbenannt", dh ohne Regelbeispiele (zB § 212 II) sind oder ob sie durch „Regelfälle" (zB § 243 I) oder „zwingende Beispielsfälle" (zB § 129 IV) benannt und erläutert sind, und zwar im letzteren Fall auch dann, wenn ein zwingender Beispielsfall verwirklicht und der Richter an den höheren Strafrahmen gebunden ist (BGH **20**, 184; **32**, 294; NJW **67**, 1330).

Zweiter Abschnitt
Die Tat

Erster Titel. Grundlagen der Strafbarkeit

Vorbemerkungen: Handlungslehre; Kausalität; Deliktsaufbau

Straftat ist eine **tatbestandsmäßige, rechtswidrige und schuldhafte Handlung**. *Handlung* ist tatsächliches menschliches (das war nicht stets selbstverständlich; vgl. anschaulich *Greve*, Jung-FS [2007] 223 ff.) Verhalten, durch welches Veränderungen der Umwelt verursacht werden (unten 4); der Begriff umfasst aktives Tun und passives Nicht-Tun (Unterlassen). Der *Tatbestand* ist die Beschreibung menschlicher Handlungen und der durch sie verursachten zurechenbaren Folgen in abstrakten Begriffen. Die konkrete Handlung ist tatbestandsmäßig, wenn sie dieser Beschreibung entspricht; mit dieser Entsprechung wird die Handlung zur Tat, der Handelnde zum Täter. Die *Rechtswidrigkeit* ist eine durch ein Bewertungsurteil über die Tat ihr zugeschriebene Eigenschaft: Die Tat widerspricht der Rechtsordnung. Die *Schuld* ist demgegenüber eine durch ein Bewertungsurteil dem Täter zugeschriebene Eigenschaft: Die Tat ist ihm zum Vorwurf zu machen. 1

Neuere Literatur (allgemein; Auswahl): *Ambos*, Ernst Belings Tatbestandslehre und unser heutiger „postfinalistischer" Verbrechensbegriff, JA **07**, 1; *Amelung*, Rechtsgüterschutz und Schutz der Gesellschaft, 1972; *ders.*, JR **82**, 617; *Androulakis*, Studien zur Problematik der unechten Unterlassungsdelikte, 1963, 52; *Bloy* ZStW **90** (1978), 609; *Bottke*, Das Straftaterfordernis der Rechtsgutsverletzung, Lampe-FS [2003] 483; *v. Bubnoff*, Die Entwicklung des strafrechtlichen Handlungsbegriffs (usw.), 1966; *Frisch*, Tatbestandsmäßiges Verhalten und Zurechnung des Erfolges, 1988; *ders.*, Die Conditio-Formel: Anweisung zur Tatsachenfeststellung oder normative Aussage?, Gössel-FS (2002), 51; *Freund* GA **95**, 4 [Zweckgedanke im Strafrecht]; *H. J. Hirsch*, Der Streit um Handlungs- und Unrechtslehre usw., ZStW **93**, 831; **94**, 239; *ders.*, Handlungs-, Sachverhalts- und Erfolgsunwert, Meurer-GedS (2002), 3; *ders.*, Irrungen und Wirrungen in der gegenwärtigen Schuldlehre, Otto-FS (2007) 307; *Haddenbrock*, Das rechtliche Schuldprinzip in wissenschaftlich-anthropologischer (= global akzeptabler) Sicht, GA **03**, 521; *Hefendehl/v. Hirsch/Wohlers* (Hrsg.), Die Rechtsgutstheorie – Legitimationsbasis des Strafrechts oder dogmatisches Glasperlenspiel?, 2003; *Hefendehl*, Mit langem Atem – Der Begriff des Rechtsguts, oder: Was seit dem Erscheinen des Sammelbandes über die Rechtsgutstheorie geschah, GA **07**, 1; *Herzberg*, „Die Vermeidbarkeit einer Erfolgsdifferenz" – Überlegungen zu Günther Jakobs' strafrechtlichem Handlungs- und Verhaltensbegriff, Jakobs-FS (2007) 147; *Hirsch*, Das Schuldprinzip und seine Funktion im Strafrecht, ZStW **106** (1994) 746; *Hoyer*, Zur Differenzierung zwischen Erfolgs-, Handlungs- und Unrechtszurechnung, GA **06**, 298; *Hruschka*, Bockelmann-FS 433; *Armin Kaufmann*, Zum Stand der Lehre vom personalen Unrecht, Welzel-FS (1974) 393; *Arthur Kaufmann*, Das Schuldprinzip, 2. Aufl. 1976; *Keil*, Handeln u. Verursachen, 2000; *Kindhäuser* GA **89**, 493; *Koriath*, Grundlagen strafrechtlicher Zurechnung, 1994; *Kratzsch*, Verhaltenssteuerung u. Organisation im Strafrecht, 1985 [Bespr. *Neumann* GA **87**, 278, hierzu *Kratzsch* GA **89**, 49]; *Kühl*, Der Zusammenhang von Strafe und Strafrecht, Lampe-FS [2003] 439; *Langer*, Gesetzesanwendung und Straftataufbau, Meurer-GedS (2002) 23; *Merkel*, Zur Strafwürdigkeit automatisierter Verhaltensweisen, ZStW **119** (2007) 214; *Momsen*, Überlegungen zu einem zweckrationalen Schuldbegriff, Jung-FS (2007) 569; *Naucke*, Wissenschaftliches Strafrechtssystem und positives Strafrecht, GA **98**, 2363; *Neumann*, Hat die Strafrechtsdogmatik eine Zukunft?, in: Prittwitz/Manoledakis (Hrsg.), Strafrechtsprobleme an der Jahrtausendwende, 2000, 119; *Neumann/Prittwitz* (Hrsg.), „Personale Rechtsgutslehre" und „Opferorientierung im Strafrecht", 2007; *Otter*, Funktionen des Handlungsbegriffs im Verbrechensaufbau; 1973; *Otto*, Risikoerhöhungsprinzip statt Kausalitätsgrundsatz als Zurechnungskriterium bei Erfolgsdelikten, NJW **80**, 417; *ders.*, Die Unterbrechung des Zurechnungszusammenhangs als Problem der Verantwortungszuschreibung, Lampe-FS (2003) 491; *Pawlik*, „Der wichtigste dogmatische Fortschritt der letzten Menschenalter"? Anmerkungen zur Unterscheidung zwischen Unrecht und Schuld im Strafrecht, Otto-FS (2007) 133; *Prittwitz*, Strafrecht und Risiko, 1993; *Puppe*, Die Erfolgszurechnung im Strafrecht, 2000; *dies.*, Der Aufbau des Verbrechens, Otto-FS (2007) 389; *Roxin*, Das strafrechtliche Unrecht im Spannungsfeld von 2

Rechtsgüterschutz und individueller Freiheit, ZStW **116** (2004), 929; *ders.*, Rechtsgüterschutz als Aufgabe des Strafrechts?, Schünemann-Symp (2005) 135; *Sacher*, Systemtheorie und Strafrecht, ZStW **118** (2006), 574; *Sancinetti*, Risikoverringerungsprinzip versus Relevanz des Erfolgsunwertes in der Unrechtslehre, Jakobs-FS (2007) 583; *Sax* JZ **75**, 137; *Schaal*, Strafrechtliche Verantwortlichkeit bei Gremienentscheidungen in Unternehmen, 2001; *Schmid*, das Verhältnis von Tatbestand und Rechtswidrigkeit aus rechtstheoretischer Sicht, 2002; *Schmidhäuser* JZ **86**, 106 [zur neueren Entwicklung der finalen Handlungslehre]; *ders.*, Arm. Kaufmann-GedS 131 [Begehung, Handlung und Unterlassung]; *Schmoller*, Fremdes Fehlverhalten im Kausalverlauf, Triffterer-FS (1996) 223; *Schünemann* (Hrsg), Grundfragen des modernen Strafrechtssystems, 1984; *ders.*, Coimbra-Symp. 149 [Abgrenzung von Unrecht u. Schuld]; *ders.*, Kritische Anmerkungen zur geistigen Situation der deutschen Strafrechtswissenschaft, GA **95**, 201; *ders.*, Zum gegenwärtigen Stand der Strafrechtsschuld, Lampe-FS (2003) 537; *Schroeder*, Das Strafgesetzbuch als Straffreistellungsgesetzbuch, Eser-FS (2005) 181; *ders.*, Das Strafgesetz zwischen Tatvergeltung und Verhaltensverbot, Otto-FS (2007) 165; *Seelmann*, Verhaltensdelikte: Kulturschutz durch Recht?, Jung-FS (2007) 893; *Silva Sanchez*, Straftatsystematik deutscher Prägung: Unzeitgemäß?, GA **04**, 679; *Spendel*, Zum Begriff des Verbrechens, Küper-FS (2007) 597; *Walter*, Positive und negative Erfolgsdelikte – Handeln und Unterlassen, ZStW **116** (2004), 555; *ders.*, Der Kern des Strafrechts, 2006; *E. A. Wolff*, Der Handlungsbegriff in der Lehre vom Verbrechen (usw.), 1966; *Wolter*, Objektive und personale Zurechnung von Verhalten, Gefahr und Verletzung in einem funktionalen Strafrechtssystem, 1981; *Zielinski*, Der Notarzt als Retter des Täters – Vom Glück und Pech als Maß der Schuld, Schreiber-FS (2003) 533; *Zaczyk*, Strafrechtliches Unrecht und die Selbstverantwortung des Verletzten, 1993; *Zieschang*, Die Gefährdungsdelikte, 1998.

3 **I. Handlung** iS des Gesetzes kann jedes *menschliche* Verhalten sein. Personenmehrheiten oder juristische Personen können *als solche* nicht handeln (vgl. § 14). Unterschieden werden das **aktive Tun,** dh das Entfalten von – wenn auch nur geringer – Kraft oder körperlicher Aktivität, die in irgendeiner Weise verändernd in die Außenwelt eingreift, und das **Unterlassen aktiven Tuns**, also das Nicht-Entfalten von Aktivität und Nicht-Eingreifen in ablaufende Kausalprozesse. Beide Handlungsformen können *bewusst* auf ein bestimmtes Ergebnis gerichtet sein; sie können diese intendierte Folge erreichen oder verfehlen oder zugleich oder stattdessen eine andere, nicht bewusst angestrebte Folge haben; beide Handlungsformen können überdies *unbewusst*, dh ohne Kenntnis einer möglichen Folge vollzogen werden. Unbewusstes Unterlassen setzt kein mit ihm verknüpftes bewusstes Tun voraus. Bewusstes aktives Tun und vielfach auch bewusstes Unterlassen sind intentional auf ein *Ergebnis* gerichtet. Im ersten Fall soll das Ergebnis durch Neubegründung oder Veränderung eines Kausalprozesses, im zweiten durch das Nichteingreifen in einen Kausalprozess erreicht werden. Diese beiden Formen sind die Grundtypen der **vorsätzlichen** Tat. Bei ihr decken sich das vom Täter angestrebte und das strafrechtlich missbilligte Ergebnis. Dagegen sind das unbewusste Verursachen eines Erfolges in der Außenwelt und das unbewusste Unterlassen Formen *nicht finalen* Handelns. Es sind die Grundtypen der **fahrlässigen** Tat; ein ggf. angestrebtes Ergebnis des Handelns und das strafrechtlich missbilligte Ergebnis decken sich nicht. In manchen Fällen missbilligt das Strafrecht sowohl das bewusst angestrebte Ergebnis wie das ungewollt verursachte. Dies sind Kombinationsformen von vorsätzlichen und fahrlässigen Taten, insb. bei Erfolgsqualifikationen (§ 18) und bei fahrlässigem Herbeiführen einer Gefahr durch eine vorsätzliche Tat.

4 **A.** Handlung ist nach der klassischen **kausalen Handlungslehre**, der ein naturalistischer Begriff zugrunde liegt, ein auf einem Willensentschluss beruhendes Eingreifen in die Außenwelt durch das Auslösen einer Kausalkette (*v. Liszt*, Strafrecht, 4. Aufl. 1891, 128; *Beling*, Die Lehre vom Verbrechen, 1906, 14f.; vgl. Saarbrücken NJW **91**, 3045; LK-*Walter* 22f.). *Reflexe* im Sinne physiologischer Reiz-Reaktionen sind in diesem Sinn keine Handlungen (2 StR 329/84; vgl. *Roxin* AT I 8/12; *Sowada* Jura **95**, 246; NK-*Puppe* 31ff.; *Herzberg* GA **96**, 1 [dazu *Schmidhäuser GA* **96**, *303]); sie sind* wiederum mit „automatisierten" Verhaltensweisen im Sinne von „Spontanreaktionen" nicht gleichzusetzen, die auf *erlernten* Aktions- und Reaktionsschemata beruhen und keine gedanklichen Aufmerksamkeiten und bewussten Entscheidungsprozesse erfordern; sie haben regelmäßig (zurechenbare) Hand-

lungsqualität (vgl. dazu i. e. *Merkel* ZStW **119** [2007] 214, 219 ff.; and. *Stratenwerth,* Welzel-FS [1974] 303; *Jescheck/Weigend* AT § 23 III 2; zur Frage möglichen Vorverschuldens vgl. 2 StR 329/84). Dieser Handlungsbegriff erfordert keine Körperbewegung, so dass ihm auch ein Unterlassen aktiven Tuns unterfallen kann (zur Modifikation des Kausalitäts-Erfordernisss vgl. unten 39); auch bloßer strafbarer Besitz genügt (vgl. zB § 29 I Nr. 3 BtMG; BVerfG NJW **94**, 2412; krit. *Eckstein,* Besitz als Straftat, 2000, 124 ff., 207 ff.; *Struensee,* Grünwald-FS 713, 715 ff.).

Die **finale Handlungslehre** beschreibt Handlung dagegen als *zweckgerichtete* Tätigkeit, „Ausübung der Zwecktätigkeit" (vgl. *Welzel* AT, 33 ff.; *Hirsch* ZStW **93** [1981] 831 ff.; *94* [1982] 239 ff.; umf. Nachw. bei *Jescheck/Weigend* AT § 23 vor I und III; *Roxin* AT I 7/vor 1, 8/vor 1). Für diesen ontologisch „angereicherten" Handlungsbegriff gehört der Vorsatz somit schon zum Tatbestand. Ergebnisse der finalen Handlungslehre sind vom BGH übernommen worden (vgl. BGH [GrSen] **2**, 194) und haben auch im Übrigen erheblichen Einfluss auf die Entwicklung der Strafrechtslehre gehabt. Ihre Grundlage ist aber jedenfalls für die unbewusste Fahrlässigkeit fraglich; auch auf Unterlassungsdelikte passt der finale Handlungsbegriff nicht ohne Weiteres. Die über mehrere Jahrzehnte fast im Stil eines *Glaubens*-Kampfes ausgetragene Auseinandersetzung um die „Gültigkeit" des kausalen (klassischen) oder des finalen Handlungsbegriffs hat heute an Bedeutung verloren (vgl. schon *Schmidhäuser,* Was ist aus der finalen Handlungslehre geworden?, JZ **86**, 109 ff.; allg. dazu *Lackner/Kühl* 7; LK-*Walter* 24 f.; *Jescheck/Weigend* AT § 23 III 2; *Roxin* At I 8/17 ff.; jeweils mwN). **5**

Der sog. **soziale Handlungsbegriff** definiert Handlung als Verhalten mit einer „Wirkungsrichtung auf die soziale Wirklichkeit hin" (*v. Liszt/Schmidt,* Strafrecht, 26. Aufl. 1932, 153; als Bewirken sozialer Folgen oder als auf Veränderungen der sozialen Wirklichkeit gerichtete Willensbetätigung, als „sozialerhebliches Verhalten" (*W/Beulke* 93; zusammenfassende Darstellung und umfangreiche Nachweise zB bei *Jescheck/Weigend* AT § 23 VI; *Roxin* AT I 8/27 ff.). *Kritik* richtet sich vor allem gegen die mangelnde Eignung des Begriffs, gerade solche *sozialerheblichen* Phänomene auszuscheiden, um deren Ausschluss es bei der Konzeption des Handlungs-Begriff (auch) geht (zB Reflexhandlungen; Bewirkungen juristischer Personen; Wirkungen von vis absoluta). Überdies erscheint die Abgrenzung empirischer (Handlung) und normativer (Tatbestand) Elemente hier noch fraglicher als beim finalen Handlungsbegriff. Ein **personaler Handlungsbegriff** wird insb. von *Roxin* vorgeschlagen (*Roxin* AT I 8/47 ff. [dazu *Bunster,* Roxin FS 2001, 173; *Dedes,* Roxin-FS 2001, 187]; vgl. auch SK-*Rudolphi* 18 vor § 1). Er begreift Handlung als *Persönlichkeitsäußerung;* er wird kritisiert, weil er seinerseits sozial indifferente Handlungen einbezieht, andererseits uU strafbares Verhalten wie unbewusst fahrlässiges Unterlassen kaum erfassen kann (vgl. *Jescheck/Weigend* AT § 23 V). **Insgesamt** ist eine Klärung der zahlreichen mit den genannten (und weiteren) unterschiedlichen Handlungslehren verbundenen dogmatischen Fragen nicht gelungen (vgl. LK-*Walter* 29: „seit Jahrzehnten fruchtloser Streit"). Vielfach wird heute die Leistungsfähigkeit eines dem **Tatbestand** vorgelagerten Handlungs-Begriffs überhaupt bezweifelt (vgl. *Herzberg* GA **96**, 1, 5 ff.; *Lackner/Kühl* 7; *Jakobs* AT 6/24 ff.; wohl auch *Spendel,* Küper-FS [2007] 597, 598 ff.; dagegen zB *Roxin* AT I 8/43; LK-*Walter* 28). **6**

B. In der Rechtspraxis wird idR ein **sog. natürlicher Handlungsbegriff** verwendet: Er begreift Handlung als **willensgetragenes** menschliches Verhalten (vgl. MK-*Freund* 119; zu den Einwänden vgl. auch LK-*Walter* 30 ff.); Reflexe; physiologische Körperfunktionen, Bewegungen im nicht bewussten (wachen) Zustand sowie Körperbewegungen unter Einwirkung unwiderstehlichen körperlichen Zwangs (vis absoluta) erfüllen die Mindest-Voraussetzungen der Willens-Getragenheit nicht. (Auch) dieser Handlungsbegriff des StGB ist kein naturwissenschaftlicher, sondern ein **Rechtsbegriff,** denn auch das *Unterlassen* gilt als Handeln. § 13 setzt das Handlungsbegriff voraus; dort ist normiert, dass in den Fällen von Erfolgsdelikten (unten 18, 20 ff.) Unterlassen ebenso bestraft wird wie aktives Tun, wenn eine rechtliche **7**

Handlungspflicht besteht. Insoweit ist der strafrechtliche Handlungsbegriff nicht nur ein sozialer, sondern ein *normativer* (dazu auch *Dedes,* Roxin-FS 187, 194 ff.), der sich am *Tatbestand* orientiert (vgl. auch *Roxin,* Radbruch-GedS 260 ff. [dazu *Bunster,* Roxin-FS 173]). Auch hier bleibt der Begriff der Handlung freilich in der *Wirklichkeit;* Handlung ist Erfolgs-Verursachung. Das systemtheoretische Konzept von *Jakobs,* das diesen Wirklichkeits-Bezug nur als (banale) *Form* eines *kommunikativen* Beitrags zur *Normgeltung* versteht (vgl. zB *Jakobs,* Der strafrechtliche Handlungsbegriff, 1992, 30, 32 ff.), vermag dem trotz seiner scharfsinnigen Analyse sozialer Geltungsbedingungen nichts materiell Substanzielles hinzuzufügen, eliminiert andererseits aber Bezüge zum *Rechtsgut* aus dem strafrechtlichen Handlungsbegriff (Kritik zB bei *Sacher* ZStW **118** [2006] 574, 577 ff.; vgl. auch *Schünemann,* Roxin-FS [2001] 1, 12 ff.).

8 **C.** Strafbegründende Zurechnung von individueller Verantwortlichkeit für Handlungsfolgen setzt für ein rational begründetes Strafrecht voraus, dass der Täter anders als geschehen hätte handeln können (vgl. § 20). Um einer Person ihr Handeln *normativ* zurechnen zu können, muss es ihr *tatsächlich* zurechenbar sein. Soweit damit nicht nur augenfällige Abweichungen der individuellen Motivationsfähigkeit vom sozial akzeptierten Minimum gemeint sind, wie sie § 20 erfasst, sondern die Grundlage des Motivationspostulats selbst, also die Fähigkeit individueller, persönlichkeitsspezifischer *Entscheidung* für oder gegen die Befolgung normativer Erwartungen, wird diese gemeinhin unter dem Begriff der **Willensfreiheit** quasi außerhalb des strafrechtlichen Bezugssystems gestellt: Das Strafrecht geht, auf der Basis des Grundgesetzes (Art. 1 Abs. 1), davon aus, dass der Mensch eine mit freiem Willen begabte, selbst verantwortliche, dh zur Unterscheidung von Gut und Böse befähigte Person sei (vgl. BGH [GrS] **2**, 194, 200). Ob oder ob nicht dieses Postulat *empirisch* „gilt", kann nach hM für die Anwendung des Strafrechts dahin stehen (vgl. 3 zu § 20 mwN). Hieran ändert sich nicht dadurch etwas, dass die empirische Geltung oder Nichtgeltung „unbeweisbar" ist (unklar daher die Kritik bei *Spilgies* ZIS **07**, 155, 156 f., 161).

9 Diese Gewissheit ist namentlich seit den 90er Jahren durch Ergebnisse der neurobiologischen **Hirnforschung** irritiert worden. Durch verbesserte Messmethoden gewonnene Erkenntnisse über die Funktionsweise des menschlichen Gehirns legen die Annahme nahe, dass die Hervorbringungen des menschlichen Geistes, insbesondere auch Handlungsantriebe und Willensentschlüsse, nicht Resultate eines *immateriellen* höchstpersönlichen „Wesens" im (Materie-freien) Austausch mit seiner natürlichen und sozialen Umwelt sind, sondern Ergebnisse dynamischer chemophysikalischer Prozesse innerhalb des zentralen Nervensystems, welche in ihrem jeweiligen Inhalt durch die individuelle Struktur der neuronalen Verschaltungen festgelegt, also nicht „frei" sind (vgl. zusammenfassend „Manifest. Elf führende Neurowissenschaftler über Gegenwart und Zukunft der Hirnforschung", veröffentlicht in Gehirn & Geist **6/04**, 30 ff.; auch in www.gehirnundgeist.de/blatt/dett_gg_manifest). Diese Erkenntnisse scheinen das Konzept der *individuellen Verantwortung* für das Handeln und damit für die Beurteilung sozial abweichenden Verhaltens das der *persönlichen Schuld* in Frage zu stellen: Es geht danach möglicherweise allein noch um eine dem Individuum als „natürlich" anhaftende Eigenschaft der *Gefährlichkeit* (vgl. *Singer,* Simon-FS [2005] 529, 537). Eine solche kann aber nicht retrospektiv *bestraft* werden; vielmehr wäre sie nurmehr mit Hilfe wissenschaftlicher Methoden zu *erkennen* und durch Heilung und/oder Sicherung zu *bekämpfen* (vgl. etwa *Herdegen,* Richter II-FS [2006] 2333, 243 f.: Aufgrund der Determiniertheit individuellen Verhaltens könne Strafrecht allein „Besserungsrecht" sein). Die erfolgreiche Vermarktung dieser Forschungsergebnisse mit populärwissenschaftlich spektakulär aufgemachten Sekundär-Veröffentlichungen hat im Bereich der Kriminalwissenschaften zu großer Aufregung und zahlreichen Stellungnahmen geführt (vgl. unten 11 a). Sie passt „stimmungsmäßig" in erstaunlichem Maße mit der kriminalpolitischen Wendung zum polizeilichen Präventionsstrafrecht (vgl. Einl. 12 f.).

Es erscheint verwunderlich, dass die Diskussion sich ganz überwiegend auf das Gebiet des *Strafrechts* und hier wiederum auf die Zuschreibung von individueller Verantwortung auf den *Täter* beschränkt. Tatsächlich treffen die Forschungsergebnisse aber das *Recht als solches* in seiner Gesamtheit, denn das Aufstellen normativer Verhaltensregeln setzt stets voraus, dass diejenigen Personen, an die sie sich richten, sie entweder *befolgen* oder *nicht befolgen* können (zutr. *Günther* KJ **06**, 116 f.); daher ist es zB wenig sinnvoll, die Herzfrequenz oder die Stoffwechselvorgänge des Menschen gesetzlich vorzuschreiben. Die Erkenntnisse über die Funktion neuronaler Verknüpfungen gelten im Übrigen ebenso für die Erkenntnisprozesse, Handlungsantriebe und Entscheidungen des *Sanktionierungspersonals* sowie für die Hervorbringungen der *Hirnforscher* selbst. Von Angehörigen beider Gruppen hat man bislang kaum gehört, dass sie ihre *eigenen* persönlichen *Verdienste* für das Zumessen gerechter Sanktionen oder für den Inhalt ihrer wissenschaftlichen Veröffentlichungen in Frage stellen. **9 a**

Neuigkeitsgehalt und Bedeutung der Diskussion dürften überschätzt sein. Sie ist freilich im Hinblick auf ihren *Zeitpunkt* und auf ihre rechtspolitische *Stoßrichtung* interessant: Die Frage nach Wirken, Funktion und Nachweisbarkeit einer Materiefreien *Persönlichkeit* („*Seele*"; vgl. dazu *Singer*, in: *Geyer* [unten 11 a] 30, 38) stellt sich für ein aufgeklärtes Strafrecht nicht, da diese jedenfalls per definitionem den Kausalgesetzen entzogen wäre. *Diesseits* zirkulärer Spekulationen setzt das Funktionieren des *Willens* die neuronale Verschaltung von Gehirnzellen aber zwingend, freilich nicht in höherem Maß voraus als etwa deren Versorgung mit Sauerstoff. Dass das Bewusstsein gelegentlich der Handlung zu *folgen* scheint statt sie, wie auch immer, zu veranlassen (vgl. dazu anschaulich zB *Roth*, Fühlen, Denken, Handeln, 490 ff.; *Cruse*, in: *Geyer* [unten 11 a] 223 ff.), ist eine Beobachtung, die als solche keinen Erkenntnisgewinn darüber verspricht, welche *individuellen* Strukturen der Handlungskausalität jeweils zugrunde liegen. Die Kausalität neuronaler Signalverarbeitung für das Entstehen menschlicher Handlungsantriebe und deren Selbstreflexion sowie die Einwirkung der letzteren auf die Handlungssteuerung im Sinne einer lückenlosen Bedingungskette darzulegen, ist eine Aufgabe von ähnlicher Komplexität wie eine Gesamtdarstellung des *globalen Wetters*: Sie würde (*mindestens!*) die Quantifizierung einer prinzipiell *unendlichen* Anzahl von Bedingungen mit einer unendlichen Anzahl von Wechselwirkungen erfordern; überdies müsste sie über perfekte Modelle für das dynamische Funktionieren *chaotischer Systeme* verfügen. Da es in der materiellen Welt keine Ereignisse ohne kausal verursachte *Wirkungen* gibt, könnte selbst eine (derzeit nur theoretisch vorstellbare) optimal effiziente Erforschung hirnorganischer Bedingungsabläufe stets nur ein Bild jeweils *gegenwärtiger* Verschaltungszustände liefern. Die Beurteilung *vergangener* Entscheidungs-Erlebnisse wäre damit ebenso ungenau und fehleranfällig wie die Prognose *zukünftiger* Handlungsantriebe (vgl. dazu etwa schon *MacKay*, Freiheit des Handelns in einem mechanistischen Universum, in: *Pothast* [unten 11 a], 303 ff.; zu den Anforderungen an die *Richtigkeit* vgl. auch *Wolff* JZ **06**, 925, 930). Überdies ist zu berücksichtigen, dass die Hoffnung auf positive sowie die Furcht vor und das Erlebnis von negativen Sanktionen ihrerseits Bedingungen individueller Schaltzustände herstellen. Die Vorstellung, quasi einen *Gesamt-Status* des Gehirnzustands (und damit des „Persönlichkeits"-Zustands) unter dem Kriterium „Normbefolgs-Bereitschaft" erstellen (vorerst und auf unabsehbare Zeit: *postulieren*!) zu können (so iErg. *Singer*, Simon-FS [2005] 529, 535 f.), fällt eklatant in eine letztlich totalitäre „Natur"-Vorstellung zurück (zutr. *Lüderssen* KJ **06**, 361, 365 f.). Zuschreibung von Verantwortung im Begriff der Schuld ist aber eine *Methode* der Herstellung von Erwartungssicherheit, nicht ihrerseits ein Prozess der Natur-Erkenntnis; und dass sie seit den Anfängen menschlicher Gesellschaft *funktioniert*, ja eine Bedingung für deren Existenz ist (anschaulich: *Luhmann*, Rechtssoziologie [3. Aufl. 1987] 31 ff.), und dabei in einem komplexen dynamischen Prozess stets notwendig ihre eigenen „natürlichen" Bedingungen reflektiert, ist eine zugleich *materielle* Wirklichkeit, die weit entfernt ist von einem naiven Modell menschlicher Gesellschaft als wunderliche Ansammlung hochintegrierter *Großrechenanlagen*. Sie beruht auf der *kommunikativen* Struktur jeder menschlichen Gesellschaft (zutr. dazu *Krauß*, Jung-FS [2007] 411, 429 f.). **10**

11 Im **Ergebnis** wird daher durch die Annahme, dass das menschliche Gehirn nur hervorzubringen imstande ist, was in ihm selbst im Schöpfungs-Moment schon „angelegt" ist, und dass die Bedingungen dieser Hervorbringungen daher gegenständlich-materieller Natur sind, keine der im Zusammenhang mit der sanktionierenden Zuschreibung von individueller Handlungs-Verantwortung bestehenden Fragen gelöst. Ihre Lösung wird auch nicht wesentlich erleichtert. Die genauere Erkenntnis der Determiniertheit individuellen Handelns durch die Funktion des Gehirns führt, solange die Hirnforschung die Bedingungen der *individuellen* Determination nicht *vollständig* erfassen, quantifizieren, bewerten und prognostizieren kann (was, wie *Frisch* zutreffend bemerkt, „auch künftig wenig wahrscheinlich" ist [Jakobs-FS, 675, 691]), jedenfalls nicht zur „Überflüssigkeit" eines der *Natur* (!) des Menschen inhärenten, evolutionär entwickelten Funktionsprinzips. Dies schließt die Fortentwicklung des Einflusses naturwissenschaftlicher Erkenntnisse, wie sie insb. auch § 20 zugrunde liegen, auf das normative System keineswegs aus, sondern bestärkt sie.

11 a **Neuere Literatur (Auswahl):** *Burkhardt,* Freiheitsbewusstsein und strafrechtliche Schuld, Lenckner-FS (1998) 3; *ders.*, Was ist es, ein Mensch zu sein?, Eser-FS (2005) 77; ders., Bemerkungen zu den revisionistischen Übergriffen der Hirnforschung auf das Strafrecht, 2006, veröffentl. unter www.jura.uni-mannheim.de/burkhardt; *Cruse,* Ich bin mein Gehirn. Nichts spricht gegen den materialistischen Monismus, in: *Geyer* (Hrsg.), Hirnforschung und Willenfreiheit, 2004, 223; *Danner,* Gibt es einen freien Willen?, 4. Aufl. 1977; *Dreher* ZStW **95**, 340; ders., Die Willensfreiheit, 1987; *ders. Spendel*-FS 13; *Foth* ARSP **76**, 249; *Griffel,* Der Mensch, Wesen ohne Verantwortung? 1975; *ders.,* GA **89**, 193, **96**, 457 u. ARSP **94**, 96; *Geyer* (Hrsg), Hirnforschung und Willensfreiheit. Zur Deutung der neuesten Experimente, 2004; *Günther,* Hirnforschung und strafrechtlicher Schuldbegriff, KJ **06**, 116; *Haddenbrock* MSchrKrim **94**, 49; **96**, 50; *ders.,* Salger-FS 635; *ders.,* NStZ **95**, 581; *Herdegen,* Schuld und Willensfreiheit, Richter II-FS (2006) 233; *Hillenkamp,* Strafrecht ohne Willensfreiheit? Eine Antwort auf die Hirnforschung, JZ **05**, 313; *ders.* (Hrsg.), Neue Hirnforschungen – Neues Strafrecht? (15. Alsberg-Tagung 2005), 2006; *H.J. Hirsch* ZStW **106**, 759; *Hruschka,* Reimers-FS 472; *Jakobs,* Individuum und Person. Strafrechtliche Zurechnung und die Ergebnisse moderner Hirnforschung, ZStW **117** (2005) 247; *Arth. Kaufmann* JZ **85**, 1070; *Kaiser,* Warum noch debattieren? Determinismus als Diskurskiller, in: Geyer aaO (2004), 261; *Krauß,* Schüler-Springorum-FS 461; *ders.*, Neue Hirnforschung – Neues Strafrecht?, Jung-FS (2007) 411; *Kröber,* Die Hirnforschung bleibt hinter dem Begriff strafrechtlicher Verantwortung zurück, in: Geyer aaO (2004) 103; *Krümpelmann* GA **83**, 347; *Lackner,* Kleinknecht-FS 248; *Lampe,* Willensfreiheit und Strafrechtliche Unrechtslehre, ZStW **118** (2006], 1; *Lange,* Jescheck-FS 62; *Lüderssen,* Ändert die Hirnforschung das Strafrecht?, in: Geyer aaO (2004), 98; *ders.*, Die ewige Versuchung des Täterstrafrechts – Das Verhalten im Strafvollzug als Voraussetzung für spätere oder nachträgliche Sicherungsverwahrung, in: Inst. Für Kriminalwiss. (Hrsg.), Jenseits des rechtsstaatlichen Strafrechts, 2006, 405 (= KJ **06**, 361); *Maiwald,* Lackner-FS 189; *Mayer,* Ach, das Gehirn. Über einige neue neurowissenschaftliche Publikationen, in: Geyer aaO (2004), 205; *Müller –Dietz*, Hirnforschung und Schuld, GA **06**, 338; *Pothast* [Hrsg.], Seminar: Freies Handeln und Determinismus, 1978; *Roth,* Das Gehirn und seine Wirklichkeit. Kognitive Neurobiologie und ihre philosophischen Konsequenzen, 1994; *ders.*, Fühlen, Denken, Handeln. Wie das Gehirn unser Verhalten steuert, 2003; *ders.*, Worüber dürfen Hirnforscher reden – und in welcher Weise?, in: Geyer aaO (2004) 66; *ders.*, Wir sind determiniert. Die Hirnforschung befreit von Illusionen, in: Geyer aaO (2003), 218; *Roxin* ZStW **96**, 651 [hierzu *Griffel* ZStW **98**, 28]; ders., Arth. Kaufmann-FS 523; *Schiemann,* Kann es einen freien Willen geben?, Risiken und Nebenwirkungen der Hirnforschung für das deutsche Strafrecht, NJW **04**, 2056; *Schmidhäuser,* Jescheck-FS 489; *Schünemann* Grundfragen 160; *ders.* GA **86**, 295; *ders.* in: *Hirsch/Weigend,* Strafrecht und Kriminalpolitik in Japan und Deutschland, 1989, 151; *Singer,* Verschaltungen legen uns fest: Wir sollten aufhören, von Freiheit zu reden, in: Geyer aaO (2004), 30; *ders.*, Grenzen der Intuition: Determinismus oder Freiheit, in: Kiesow/Ogorew/Simitis, Festschr. f. Dieter Simon zum 70. Geb., 2005, 529; *Spilgies,* Zwischenruf: Die Debatte über „Hirnforschung und Willensfreiheit" im Strafrecht ist nicht falsch inszeniert!, ZIS **07**, 155; *Streng,* Schuld ohne Freiheit? ZStW **101**, 274; *ders.*, Schuldbegriff und Hirnforschung, Jakobs-FS (2007) 675; *Walter,* Hirnforschung und Schuldbegriff – Rückschau und Zwischenbilanz, Schroeder-*FS (2006) 131; Wolff,* Die Willensfreiheit und die Grundrechte, JZ **06**, 925.

12 **II.** Der **gesetzliche Tatbestand** (zur Vielzahl *unterschiedlicher* Tatbestands-Begriffe vgl. LK-*Walter* 40) ist die abstrakte Beschreibung der strafrechtlich verfolgen Handlungen und der durch sie verursachten Erfolge.

1. Der Tatbestand hat verschiedene Funktionen: Nach dem Auftrag des Art. 103 II GG bestimmt er als **Unrechtsvertypung**, welche Handlungsweisen und Erfolgsverursachungen strafbar sind. Er muss dieses Handeln so bestimmt umschreiben, dass grundsätzlich berechenbar ist, ob ein geplantes Handeln strafbar ist (vgl. 5 zu § 1; *Fuhrmann,* Tröndle-FS 151). Aus dieser **Bestimmungsfunktion** des Tatbestandes ergibt sich zugleich der sog. *fragmentarische Charakter* des Strafrechts. Damit verknüpft ist die **Garantiefunktion** des Tatbestands. Er hat sicherzustellen, dass eine Tat nur dann bestraft werden darf, wenn sie schon zurzeit ihrer Begehung mit Strafe bedroht war (*nullum crimen sine lege,* vgl. § 1). Der Tatbestand hat eine **Indizierungsfunktion** für die Rechtswidrigkeit (vgl. unten 46); insoweit enthält er auch die grundsätzliche Verbots- oder Gebotsnorm (str.). Die Indizierungsfunktion versagt bei den sog. *offenen* Tatbeständen, die ein an sich wertneutrales Handeln beschreiben, das erst, wenn es unbefugt geschieht, zum Unrecht wird. 13

Anhand des Tatbestands ist konkretes Handeln strafrechtlich einzuordnen, indem es mit der abstrakten Beschreibung des Tatbestands in einem Subsumtionsprozess verglichen wird. Insoweit ist der Tatbestand nicht nur die Beschreibung des äußeren Erscheinungsbildes der Tat (sog. äußerer Tatbestand), sondern umfasst auch Vorstellung und Willen des Handelnden (sog. innerer Tatbestand). Denn sonst ließe sich nicht sagen, ob die Handlung zB dem Tatbestand des Mordes oder der fahrlässigen Tötung zuzuordnen ist, ob sie den Versuch einer Straftat oder nur strafrechtlich bedeutungsloses Handeln darstellt oder eine „rechtswidrige Tat“ iS der §§ 63, 64, 323 a (§ 11 I Nr. 3; 9 vor § 25) ist. Insoweit ist auch der Vorsatz ein zum Tatbestand gehörendes Merkmal. Dasselbe gilt für objektive Bedingungen der Strafbarkeit. Eine engere Funktion hat der Tatbestand, soweit er diejenigen Merkmale beschreibt, auf die sich das Wissen und Wollen des Täters in den Fällen vorsätzlicher Taten und die ungewollte Verursachung in den Fällen fahrlässiger Taten zu beziehen hat. Insoweit gehört der Vorsatz nicht zum Tatbestand; vielmehr beschreibt er die Merkmale, auf die sich der Vorsatz zu erstrecken hat. In § 16 ist der *gesetzliche Tatbestand* in diesem Sinne gemeint. 14

2. Nach der Art der beschriebenen Handlung unterscheidet man verschiedene **Formen von Straftaten**: 15

A. Es werden **Begehungsdelikte,** dh solche, deren Tatbestand ein aktives Tun beschreibt, und **Unterlassungsdelikte,** dh solche, deren Tatbestand das Unterlassen einer rechtlich gebotenen Handlung beschreibt, unterschieden. Dabei bezeichnet man als **echte** Unterlassungsdelikte solche, deren Tatbestand sich im Nicht-Ausführen einer gesetzlich beschriebenen Handlung erschöpft, ohne dass es auf einen bestimmten Erfolg ankommt (vgl. etwa §§ 138, 323 c). Von einem **unechten** Unterlassungsdelikt spricht man dagegen, wenn eine Person den Eintritt eines Erfolgs nicht verhindert, obwohl sie dazu verpflichtet ist, und dadurch einen Erfolg herbeiführt, der regelmäßig durch aktives Tun verursacht wird (§ 13; krit. zur Terminologie *Schmidhäuser,* Müller-Dietz-FS 761 ff.). 16

Die **Abgrenzung von Tun und Unterlassen** ist oft schwierig (BGH **6**, 59; Düsseldorf MedR **84**, 29); im Einzelfall ist ein Unterlassen nur dann anzunehmen, wenn nicht bereits eine aktive Handlung von gleicher strafrechtlicher Relevanz gegeben ist (1 StR 571/95; sehr str.; vgl. dazu auch *Walter* ZStW **116** [2004] 555, 566 ff.). Für die Entscheidung der Frage, ob ein Tun oder ein Unterlassen vorliegt, kommt es nach stRspr auf den **Schwerpunkt des Täterverhaltens** an (BGH **6**, 46, 59; **40**, 257 [m. krit. Bespr. *Stoffers* Jura **98**, 580]; NStZ **99**, 607); hierüber hat das Gericht in wertender Würdigung zu entscheiden (BGH aaO; ebenso *W/Beulke* 700; vgl. *Lackner/Kühl* 3 zu § 13; *S/S-Stree* 158, jew. mwN). Als aktive Beteiligungshandlung ist es **zB** beurteilt worden, als Kfz-Führer weiterzufahren, während im Fahrzeug von einem Dritten eine Straftat begangen wird (vgl. VRS **61**, 213 [krit. *Stoffers* Jura **93**, 17]); als Unterlassen, dass eine Mutter sich aus der Wohnung entfernte, ohne Vorsorge für die Vermeidung von Verletzungen ihres Kleinkindes durch gefährliche Haushaltsgeräte zu treffen (vgl. NStZ **99**, 607). In Fällen fahrläs- 17 siger Erfolgsdelikte, in denen einem den Erfolg unmittelbar herbeiführenden aktiven Tun ein sorgfaltswidriges Unterlassen von Sicherheitsvorkehrungen zugrunde liegt, ist ein Begehungsdelikt gegeben (NStZ **03**, 657 [krit, aber iErg. zust. *Ulsenheimer* StV **07**, 77, 79]); es liegt sog. *Übernahmeverschulden* vor. Aktives Tun ist das Abstellen eines Beatmungsgeräts im Zusammenhang mit der Sterbehilfe (str. vgl. 20 vor § 211). Aktives Tun ist idR auch ein Verhalten, das in der äußeren Wirklichkeit eine Handlung vollzieht, hierbei jedoch eine in einer Gebotsnorm begründete (Sorgfalts-)Pflicht nicht erfüllt (zB Führen eines Kfz unter Verstoß gegen die Gurtpflicht; hM; krit. dazu *Albrecht* NZV **05**, 62, 67 ff. mwN).

17 a **Literatur zur Abgrenzung von Tun und Unterlassen:** *Dedes* GA **77**, 230; *Engisch,* Gallas-FS 163; *ders.*, Dreher-FS 325; *Fünfsinn,* Der Aufbau des fahrlässigen Verletzungsdelikts durch Unterlassen im Strafrecht, 1985, 35; *Gössel* ZStW **96**, 323; *Gropp,* Das Abschalten des Respirators – ein Unterlassen durch Tun?, Schlüchter-GedS (2002) 173; *Güntge,* Begehen durch Unterlassen. Der gesetzliche Anwendungsbereich des § 13 StGB, 1995; *Hruschka,* Bockelmann-FS 422; *Jakobs,* Die strafrechtliche Zurechnung von Tun u. Unterlassen, 1996; *Kargl,* Zur kognitiven Differenz zwischen Tun u. Unterlassen, GA **99**, 459; *M/Gössel/Zipf* 45/30; *Otto/Brammsen* Jura **85**, 531; *Roxin* ZStW **74**, 411, NStZ **87**, 349 u. § 10, 122 ff.; *Samson,* Welzel-FS 579; *Spendel,* Eb. Schmidt-FS 183; *Stoffers,* Die Formel „Schwerpunkt der Vorwerfbarkeit" bei der Abgrenzung von Tun u. Unterlassen, 1992 [Bespr. *Gössel* GA **93**, 429]; *ders.* GA **93**, 262; Jura **98**, 580; *Struensee,* Stree/Wessels-FS 133; *Volk,* Tröndle-FS 219.

18 **B.** Nach den gesetzlichen Tatbeständen werden **Deliktstypen** unterschieden: Unterschieden werden **Tätigkeitsdelikte,** deren Tatbestand ein schlichtes aktives Tun beschreibt, zu dem ein über dieses Tun hinausgehender Erfolg nicht hinzuzutreten braucht (**zB** falsches Schwören; Beteiligung am Glücksspiel; Handeltreiben; vgl. BGH **30**, 360), und **Erfolgsdelikte** (unten 20 b ff.), deren Tatbestand ein Tun beschreibt, das einen bestimmten Erfolg auslöst, der noch nicht in der Handlung selbst eingeschlossen ist, also zB Totschlag, Körperverletzung, Sachbeschädigung (vgl. im allgemeineren Sinn zum Tat-Erfolg aber die Darstellung bei *Hirsch,* Meurer-GedS 3 ff., 20 f.; abl. zu der Unterscheidung LK-*Walter* 63). Erfolgsdelikte sind sowohl die **Verletzungsdelikte**, bei denen der Eintritt eines Schadens an dem geschützten Rechtsgut zum Tatbestand gehört, als auch die **konkreten Gefährdungsdelikte,** deren Tatbestand eine Handlung beschreibt, die eine Gefahr für Menschen oder Sachen auslöst (zB §§ 90 b, 109 e, 221, 250 I 1 c, 308, 309, 314 a, 315, 315 c, 330, 330 a); in diesen Fällen sieht das Gesetz schon die Gefahr als einen *Erfolg* der Tat an (*Gallas,* Heinitz-FS 176; *Küper* NJW **76**, 543; *Backmann* MDR **76**, 969; *Satzger* NStZ **98**, 114; hM; abw. BGH **26**, 180).

19 Keine Erfolgsdelikte sind die **abstrakten Gefährdungsdelikte** (zB §§ 84, 86 a, 145, 145 d, 153 ff., 176, 181 a, 186, 219 a, 219 b, 264, 264 a, 265 b, 314, 316, 316 c, 323 a). Ihr Tatbestand verlangt nicht den Eintritt einer Gefahr, sondern beschreibt ein bloßes Tun, das aber deshalb bestraft wird, weil es leicht eine konkrete Gefahr auslösen kann. Die Gefährlichkeit ist hier also nicht Merkmal des Tatbestands, sondern gesetzgeberischer Grund der Strafdrohung (BGH **26**, 121; **43**, 12; Bay NJW **54**, 42), wobei Kombinationen mit erfolgsqualifizierten Delikten vorkommen (zB § 307 Nr. 1). Ebenfalls keine Erfolgsdelikte sind die **potentiellen Gefährdungsdelikte** auch „abstrakt-konkrete" *(Schröder)* oder „besondere abstrakte" Gefährdungsdelikte (SK-*Horn* 18 vor § 306) genannt, bei denen zwar eine generelle Gefährlichkeit von konkreter Tat (§§ 130, 160 I) oder Tatmitteln (§§ 224, 311) zum Tatbestand gehört, nicht aber der Eintritt einer konkreten Gefahr (vgl. dazu *Schröder* JZ **67**, 522; ZStW **81**, 18; *Gallas,* Heinitz-FS 171; *S/S-Heine* 3 a vor § 306; *S/S-Cramer/Heine* 9 vor § 324; *M/Schroeder/Maiwald* 60/12; *Arzt/Weber* 35/81 ff.; *Fischer* GA **89**, 445 ff.; *Hannich*, Nehm-FS [2006] 139, 140 f. [zu § 34 II AWG]; *Schroeder* ZStW Beih. 1982, 5); es ist hier zwar nicht die Feststellung des Eintritts einer *konkreten Gefahr* erforderlich, wohl aber die Prüfung, ob die jeweilige Handlung bei genereller Betrachtung der konkreten Tatumstände gefahrengeeignet ist (BGH **39**, 371; NJW **99**, 2129). Die abstrakt-konkreten Gefährdungsdelikte sind danach als Untergruppe der abstrakten Gefährdungsdelikte anzusehen

(BGH **46**, 212, 218; NJW **99**, 2129; Roxin AT I, 11/135 mwN; **aA** *Hoyer,* Die Eignungsdelikte, 1987, 201); sie bezeichnen abstrakte Gefährdungen mit *tatbestandlicher Restriktionsmöglichkeit* (*Fischer* GA **89**, 445 ff.).

Literatur zu den Gefährdungsdelikten (Auswahl): *Bohnert* JuS **84**, 182; *Brehm,* Zur Dogmatik des abstrakten Gefährdungsdelikts, 1973; JuS **76**, 22; *Frisch,* Stree/Wessels-FS 91; *Graul,* Abstrakte Gefährdungsdelikte und Präsumtionen im Strafrecht, 1991 [Bespr. *Kindhäuser* GA **93**, 372]; *Horn/Hoyer* JZ **87**, 966; *Hoyer* JA **90**, 183; *Kindhäuser,* Gefährdung als Straftat, 1989 [Bespr. *Kuhlen* GA **90**, 477]; *Kratzsch* JuS **94**, 374; *Kuhlen* GA **94**, 362; *Andreas H. Meyer,* Die Gefährlichkeitsdelikte. Ein Beitrag zur Dogmatik der „abstrakten Gefährdungsdelikte" usw. 1992; *Schünemann* GA **95**, 213; *Zieschang,* Die Gefährdungsdelikte, 1998; *ders.*, Der Gefahrbegriff im Recht: Einheitlichkeit oder Vielgestaltigkeit?, GA **06**, 1. **19 a**

3. Bei **Erfolgsdelikten** stellt sich die Frage der **kausalen Verknüpfung** zwischen Handlung und Erfolg, also nach der **Verursachung**, die bei den Tätigkeitsdelikten keine Rolle spielt (*Engisch,* Kausalität als Merkmal der strafrechtlichen Tatbestände, 1931; *Schlüchter* JuS **76**, 312; 372; *Krümpelmann,* Jescheck-FS 316; *Hardwig,* Grundprobleme 32; *Bloy* JuS **88**, L41; *Dencker,* Arm. Kaufmann-GedS 441; *Degener* ZStW **103**, 363; abl. LK-*Walter* 63, 72). Soweit es um Handeln durch (unechtes) **Unterlassen** geht, stellt sich bei den Erfolgsdelikten die Frage, unter welchen Voraussetzungen das Nichtverhindern des Eintritts eines Erfolgs dessen Herbeiführen durch aktives Tun herbeiführt **gleichgestellt** werden kann (vgl. dazu unten 39 und 3 ff., 46 f. zu § 13). **20**

A. Kausalität. Die strafrechtliche Praxis geht bei der Frage, ob eine Handlung Ursache eines Erfolges geworden ist, von der **Bedingungstheorie** aus (BGH **1**, 332; **2**, 24; **7**, 114), wonach eine Handlung dann Ursache eines Erfolges ist, wenn die Handlung nicht „hinweggedacht" werden kann, ohne dass der Erfolg entfiele (BGH **39**, 195, 197; **45**, 270, 294 f.; BGH **49**, 1, 3 [Bespr. *Saliger* JZ **04**, 977; *Puppe* NStZ **04**, 555; *Roxin* StV **04**, 485; *Pollähne* JR **04**, 429]; stRspr). Diese *conditio-sine-qua-non*-Formel (Kausalitätsformel), welche in einer differenzierteren Form auf den „Erfolg in seiner konkreten Gestalt" abstellt (*B/Weber/Mitsch* 14/11 ff.; *S/S-Lenckner/Eisele* 75; SK-*Rudolphi* 41 vor § 1; vgl. auch *Hilgendorf* GA **95**, 515; krit. NK-*Puppe* 80 ff.), knüpft an einen vor-rechtlichen, „naturwissenschaftlichen" Kausalitätsbegriff an (der freilich, wie in der Strafrechtslehre oft übersehen wird, auch in den Naturwissenschaften nicht mehr als quantitativ-mechanischer Begriff im Sinne des 19. Jhds. verwendet wird; zu differenzierteren Kausalitätsmodellen vgl. *Hilgendorf,* Weber-FS [2004] 33, 36 ff.). Sie wertet im Ausgangspunkt alle Bedingungen gleich (daher **Äquivalenz**-Theorie) und schränkt die Zurechnung von Handlungserfolgen erst auf der Schuldebene ein. **21**

a) Die Äquivalenz-Theorie ist methodischen **Einwänden** ausgesetzt (*Engisch* [22 a] 13 ff.; Arm. *Kaufmann* JZ **71**, 374; *Schünemann* JA **75**, 580; *Puppe,* Lackner-FS 199 u. NK 83 ff.; *Bloy* JuS **88**, L42; *Frisch* II, 521; *ders.*, Gössel-FS [2002], 51 ff.; *Otto* Jura **92**, 92; *Jescheck/Weigend* § 28 II; *Roxin* AT I, 11/6 ff.), da sie das Kausalgesetz (*generelle Kausalität, Arm. Kaufmann* JZ **71**, 572; NK-*Puppe* 90), das sie in der Subsumtion konkreter Sachverhalte findet (*konkrete Kausalität; S/S-Lenckner/Eisele* 71; SK-*Rudolphi* 42 vor § 1; *Wohlers* JuS **95**, 1019), gerade voraussetzt; praktisch versagt sie bei sog. **alternativer Kausalität** (Herbeiführen eines Erfolgs durch Kumulation von mehreren Handlungen, die jeweils für sich ausreichend wären); ebenso bei der Beurteilung von **Ersatzursachen** (Erfolg wäre bei Wegdenken der Handlung aufgrund von Ersatzursachen bewirkt worden; vgl. BGH **2**, 20, 24; **45**, 270, 295; **49**, 1, 4; *Puppe* NStZ **04**, 554 f.; *Roxin* StV **04**, 485 f.; LK-*Walter* 76). In dem weiten Bereich **psychischer Kausalität** (vgl. dazu *Bernsmann* ARSP **82**, 536; *Puppe* ZStW **95** [1983], 287, 297 und NK 115 ff.; *Koriath* [22 a]; *Hilgendorf,* Weber-FS [2004] 33, 42 f.), also **zB** bei der Feststellung der Kausalität eines „Bestimmens" zur Handlung (§ 26), einer Täuschung für einen Irrtum und eine Vermögensverfügung (§ 263) oder einer „Reizung" zum Zorn (§ 213), vermag die Formel iErg nur aufzudecken, was in die *Sinn-*Deutung des Verhaltens schon hineingelegt wurde. Diesen Einwänden versucht die Lehre durch Ergänzung der Kausalitätsformel **22**

(vgl. *Kühl* AT 4/12ff.; *W/Beulke* 161; Überblick bei *Frisch*, Gössel-FS 51, 53ff.) oder abweichende Kausalitätstheorien (16b; *Hilgendorf*, Weber-FS 33, 45ff.) zu begegnen; die neuere Lehre thematisiert mit **Theorien der objektiven Zurechnung** (unten 24) die normative Konstruktion der Zuschreibung von Ursächlichkeit und der (kommunikativ) „notwendigen Bedingungen" der Zurechnung von Erfolgen selbst. Die **Rspr** (unten 31ff.) nähert sich dem in der Sache mit Begründungsmodellen **normativer Kausalität** an („rechtlicher Ursachenzusammenhang", vgl. BGH **33**, 61 [m. Anm. *Puppe* JZ **85**, 293, Jura **97**, 629 u. Bemmann-FS 232; *Ebert* JR **85**, 356; *R. Peters* JR **92**, 50]; MedR **88**, 149, hierzu *Krümpelmann* JR **89**, 353).

22a **Literatur:** *Dencker*, Kausalität und Gesamttat, 1996; *Engisch*, Die Kausalität als Merkmal der strafrechtlichen Tatbestände, 1931; *Erb*, Rechtmäßiges Alternativverhalten und seine Auswirkungen auf die Erfolgszurechnung im Strafrecht, 1991; *Frisch*, Die Conditio-Formel: Anweisung zur Tatsachenfeststellung oder normative Aussage?, Gössel-FS (2002) 51; *Hilgendorf* Jura **95**, 514; *Hoyer*, Kausalität und/oder Risikoerhöhung, Rudolphi-FS (2004) 75; *ders.*, Überbedingte Erfolge, Jakobs-FS (2007) 175; *Jäger*, Vorsatztat versus Tatvorsatz, Schroeder-FS (2006) 241; *Jakobs*, Welzel-FS 307, Lackner-FS 53 u. ZStW **89**, 1; *Jordan* GA **97**, 349 [Alternativverhalten und Fahrlässigkeit]; *Kahrs*, Das Vermeidbarkeitsprinzip und die conditio-sine-qua-non-Formel im Strafrecht, 1968; *Arth. Kaufmann*, Eb. Schmidt-FS 200; *Koriath*, Kausalität, Bedingungstheorie und psychische Kausalität, 1988; *Lampe*, Arm. Kaufmann-GedS 189; *Ling*, Die Unterbrechung des Kausalzusammenhangs durch willentliches Dazwischentreten eines Dritten, 1996; *Maiwald*, Kausalität und Strafrecht, 1980; *Mummenhoff*, Erfahrungssätze im Beweis der Kausalität, 1997; *Otto*, Maurach-FS 91; *ders.*, Jura **92**, 92; *ders.*, Grundlagen der strafrechtlichen Haftung für fahrlässiges Verhalten, Schlüchter-GedS (2002) 77; *Puppe* ZStW **92**, 863; **95**, 287; **99**, 595, JuS **82**, 660, SchweizZSt **90**, 141 u. Bemmann-FS 226; *dies.*; Die Erfolgszurechnung im Strafrecht, dargestellt an Beispielsfällen aus der höchstrichterlichen Rechtsprechung, 2001; *Roxin*, Honig-FS 132; *ders.*, Gallas-FS 241; *ders.*, Zur Erfolgszurechnung bei vorzeitig ausgelöstem Kausalverlauf; GA **03**, 257; *Röckrath*, Kollegialentscheidung und Kausalitätsdogmatik, NStZ **03**, 641; *Samson*, Hypothetische Kausalverläufe im Strafrecht, 1972; *ders.*, Das Verhältnis von Erfolgsunwert u. Handlungsunwert im Strafrecht, Grünwald-FS 585; *Schaal*, Strafrechtliche Verantwortlichkeit bei Gremienentscheidungen in Unternehmen, 2001; *Schaffstein*, Honig-FS 169; *Schünemann*, Unzulänglichkeiten des Fahrlässigkeitsdelikts in der modernen Industriegesellschaft, Meurer-GedS (2002), 37; *Seebald* GA **69**, 193; *Silva-Sanchez* GA **90**, 207; *Spendel*, Die Kausalitätsformel der Bedingungstheorie für Handlungsdelikte, 1948; *Stratenwerth*, Gallas-FS 227; *Toepel*, Kausalität und Pflichtwidrigkeitszusammenhang beim fahrlässigen Erfolgsdelikt, 1992 [Bespr. *Gössel* GA **95**, 346]; *Ulsenheimer*, Das Verhältnis zwischen Pflichtwidrigkeit und Erfolg bei Fahrlässigkeitsdelikten, 1985. Vgl. auch unten 30a und 39a.

23 **b)** Nach Auffassung der **Adäquanztheorie** (*v. Kries* ZStW **9** [1889], 528ff.; vgl. dazu *Frisch*, Roxin-FS 231ff.) sind nur solche Folgen einer Tat verursacht, mit deren Eintritt *nach allgemeiner menschlicher Lebenserfahrung* vom Standpunkt des kundigen, nachträglich urteilenden Richters gerechnet werden konnte (objektiv-nachträgliche Prognose; LK-*Walter* 73); Adäquanz ist damit „kein Kausalurteil, sondern ein Urteil über Kausalität" (*Kindhäuser* GA **07**, 447, 452). Die Adäquanztheorie ist im Zivilrecht, wo es auch Haftung ohne Schuld gibt, seit jeher herrschend, im Strafrecht wird sie nur noch vereinzelt vertreten (*Bockelmann-Volk* AT 13 V 4a; *M/Zipf* 18/30ff.; vgl. *Burgstaller*, Jescheck-FS 361). Zu erwähnen ist die sog. **Relevanztheorie,** die zwischen Erfolgsverursachung und Erfolgszurechnung unterscheidet und nur tatbestandsadäquate Bedingungen als haftungsbegründend anerkennt (vgl. LK-*Walter* 73). Die von *Engisch* begründete **Lehre von der gesetzmäßigen Bedingung** fragt danach, ob sich an eine Handlung Veränderungen in der Außenwelt angeschlossen haben, die mit der Handlung gesetzmäßig verbunden sind und sich als tatbestandsmäßiger Erfolg darstellen (vgl. *Kühl* AT 4/22ff.; *Jescheck/Weigend* § 28 II 4 und LK-*Walter* 73; *Otto* Jura **92**, 93; *Hilgendorf* NStZ **94**, 564).

24 **B.** Die **Lehre von der objektiven Zurechnung** (erstmals: *Honig*, Kausalität und objektive Zurechnung, Frank-Festgabe [1930], 174), der in der Praxis vor allem bei den fahrlässigen Erfolgsdelikten Bedeutung zukommt (grundlegende Fälle, jeweils zu *§ 222: RG* **15**, *151* [*Apothekerfall*]; RG HRR 1926, 1636 [*Novokain-Fall*]; RG **63**, 211 [*Ziegenhaarfall*]; BGH **11**, 1 [*Radfahrer-Fall*]; vgl. aber *Rengier*, Roxin-FS 811, 814ff.; *Kahlo*, Küper-FS [2007] 249, 267ff.; *Kindhäuser* GA **07**, 447ff.), geht auf der Grundlage der heute ganz herrschenden **personalen Unrechtslehre**

(krit. *Schumann/Schumann*, Küper-FS [2007] 543 ff.) davon aus, dass tatbestandliche Erfolge nur dann vorliegen, wenn sie auf ein jeweils **spezifisches Handlungsunrecht** zurückzuführen sind (vgl. etwa *Jescheck/Weigend* AT § 28 IV; *Roxin* AT I 11/47 ff.). Die Theorie hat aus verschiedenen Ansätzen normative Zurechnungs-Kriterien herausgearbeitet, die unbeschadet ihrer sachlichen Unterschiede zu ähnlichen Lösungen tendieren (*S/S-Lenckner/Eisele* 91; zum Stand der Lehre vgl. *Frisch*, Roxin-FS [2001] 213 ff.; *Kahlo*, Küper-FS [2007] 249, 258 ff.; zur Bedeutung des *subjektiven* Blickwinkels von Täter und Opfer in einzelnen Fallgruppen vgl. *Arzt*, Schlüchter-GedS 163 ff.). Ob diese Kriterien die Kausalitätsformeln *ergänzen* oder *ersetzen* (vgl. *Gössel* GA **02**, 55; *Frisch*, Gössel-FS 51, 70), mag dahinstehen: Kausalität iS der schlichten Bedingungs-Formel wird – bei vielfach streitiger Ausdifferenzierung der Lehre im einzelnen (vgl. *Schünemann* GA **99**, 207) – heute weithin nurmehr als *Ansatzpunkt* strafrechtlicher Zurechnung angesehen (zutr. krit. zum Ausweichen in die Begrifflichkeiten der Zurechnung als „bequemes Vehikel zur Beförderung des eigenen Rechtsgefühls" und zur bisweilen *beliebig* erscheinenden *Flexibilität* der in der Lit. diskutierten Zurechnungs-Kriterien *Hilgendorf*, Weber-FS [2004] 33; zur normativen Unbestimmtheit auch *Kahlo*, Küper-FS [2007] 249, 258 ff.).

Objektiv zurechenbar ist danach ein durch menschliches Verhalten verursachter 25 Erfolg nur dann, wenn dieses Verhalten eine **rechtlich missbilligte Gefahr** für das verletzte Rechtsgut geschaffen und gerade diese Gefahr sich im tatbestandsmäßigen Erfolg verwirklicht hat (vgl. schon BGH **11**, 1, 7 [„Kausalität der Pflichtwidrigkeit"]; **21**, 59, 61; Bay **98**, 102; *Jescheck/Weigend* § 28 IV; *Roxin* AT I, 11/44; SK-*Rudolphi* 57 vor § 1; *M/Zipf* 18/49; *Arm. Kaufmann*, Jescheck-FS 254). Objektive Unvermeidbarkeit schließt schon auf der Tatbestandsebene die Zurechnung des Erfolgs aus.

Nach der von *Roxin* (ZStW **74**, 430; *ders.*, Honig-FS 138) begründeten **Risikoerhöhungstheorie** (zum Stand vgl. *Roxin* AT I 11/88 ff.) wird ein Erfolg auch 26 dann zugerechnet, wenn die Verletzung der Sorgfaltspflicht eine gegenüber der normalen Gefahr erheblich gesteigerte Gefährdung des Schutzguts herbeigeführt, das Risiko des Erfolgseintritts sich also gegenüber dem **erlaubten Risiko** (vgl. 13 vor § 32) deutlich erhöht hat (*Jescheck/Weigend* § 55 II 2 b aa; *Roxin* AT § 11, 88; SK-*Rudolphi* 65 vor § 1; *Lackner/Kühl* 44 zu § 15; LK-*Walter* 90 ff.; *Stratenwerth*, Gallas-FS 227; *Otto*, Maurach-FS 91, NJW **80**, 417 u. Jura **92**, 97; *Burgstaller*, Das Fahrlässigkeitsdelikt, 139; *Walder* SchweizZSt **77**, 157 vgl. auch *Schünemann* JA **75**, 647 und StV **85**, 229; *Jakobs* 7/98 ff.; *Puppe* ZStW **95**, 287, **99**, 604; Jura **97**, 410, 517, 624; Roxin-FS 289; *Kratzsch*, Oehler-FS 70 u. GA **89**, 64; *Arzt/Weber* 35/12 ff.; *Kahlo* GA **87**, 66; *Bloy* JuS **88**, L44; *Toepel* [oben 22 a] 170 ff.; *Jordan* GA **97**, 353; *Otto*, Schlüchter-GedS [2002] 77, 91 ff.). **Gegen** diese Theorie, der die Rspr jedenfalls nicht ausdrücklich folgt (vgl. BGH **37**, 127), wird u. a. eingewendet, dass sie den Zweifelssatz (20 zu § 1) einschränke und Verletzungsdelikte contra legem als Gefährdungsdelikte begreife (Koblenz OLGSt 67 zu § 222; vgl. *S/S-Cramer/Sternberg-Lieben* 179 f. zu § 15; SK-*Hoyer* Anh. 73 zu § 16; NK-*Puppe* 135 ff). An der Zurechenbarkeit eines Erfolgs **fehlt** es danach in folgenden Konstellationen:

a) wenn das Kausalgeschehen vom Täter nicht als „sein Werk" beherrschbar 27 oder steuerbar (*Hardwig* Grundprobleme 37; krit. *S/S-Lenckner/Eisele* 92) gewesen ist. Ganz entfernte und gänzlich atypische Kausalverläufe scheiden daher als zurechenbar aus (*S/S-Lenckner/Eisele* 93); ebenso ein durch vorsätzliches Handeln Dritter (oder des Opfers) überlagerter Geschehensablauf, auch wenn die Erstursache fortwirkt (*Ebert* Jura **79**, 569);

b) wenn der Täter durch die Tat das Risiko einer bereits anderweitig in Gang 28 gesetzten Kausalkette verringert (JZ **73**, 173; OLG Stuttgart JZ **79**, 575; *Ranft* ZStW **97**, 286; *S/S-Lenckner/Eisele* 94; SK-*Rudolphi* 58 vor § 1; *Roxin* AT I, 11/53; *Arm. Kaufmann*, Jescheck-FS 255; *Wolter*, Roxin-Symp. 5);

c) wenn der Erfolg zwar durch ein pflichtwidriges Verhalten des Täters verur- 29 sacht wurde, aber auch pflichtgemäßes Verhalten zum selben Erfolg geführt hätte

(Fehlen des Pflichtwidrigkeitszusammenhangs; ähnlich ist die Argumentation bei der Rechtfertigung durch „hypothetische Einwilligung" [vgl. 4 vor § 32]**)**. In Fällen des **rechtmäßigen Alternativverhaltens** (vgl. BGH **11**, 1; **33**, 61, 63; **49**, 1, 4 ff. [Bspr. *Saliger* JZ **04**, 977; *Puppe* NStZ **04**, 555]; *Jescheck/Weigend* § 28 IV 5, § 55 II 2 b; *Schatz* NStZ **03**, 581, 582 ff.; LK-*Walter* 99; zur Rspr. *Duttge* NStZ **06**, 266, 272) ist für den Pflichtwidrigkeitszusammenhang die Vermeidbarkeit des tatbestandsmäßigen Erfolgs wesentlich (*Küper,* Lackner-FS 247; *Kahlo,* Das Problem des Pflichtwidrigkeitszusammenhangs bei unechten Unterlassungsdelikten, 1990 [Bespr. *Behrendt* GA **93**, 67]; zur Rspr.-Entwicklung auch *Köhler*, Küper-FS [2007] 249 ff.). Fraglich ist insoweit namentlich, ob bei der Prüfung der hypothetischen Kausalität rechtmäßigen Alternativverhaltens nicht nur das pflichtwidrige durch pflichtgemäßes Handeln ersetzt, sondern auch noch ein dann daraus folgendes – oder *möglicherweise* folgendes – zusätzliches Handeln (des Opfers [vgl. BGH **11**, 1] oder einer dritten Person [vgl. BGH **30**, 228; **49**, 1]) hinzugedacht werden kann (vgl. dazu BGH **33**, 61; **49**, 1, 4 ff.; JR **89**, 282 f.; *S/S-Lenckner/Eisele* 99 ff.; *Roxin* AT I, 11/53 ff.; SK-*Hoyer* Anh 67 ff. zu § 16; *Jäger*, Jung-FS [2007] 345, 350 ff.);

30 **d)** wenn die vom Täter geschaffene typische Gefahr sich nicht in dem eingetretenen Erfolg realisiert hat (**Fehlen des Risikozusammenhangs**; SK-*Rudolphi* 63 vor § 1; SK-*Hoyer* Anh 66 zu § 16; *Burgstaller,* Jescheck-FS 362) oder der Erfolg zwar die Folge einer sorgfaltswidrigen Handlung ist, er aber außerhalb des Schutzzwecks (bzw. der Reichweite) dieser Norm liegt (**Fehlen des Schutzzweckzusammenhangs**; *Roxin,* Gallas-FS 241; *S/S-Sternberg-Lieben* 163 ff., 179 f. zu § 15; SK-*Rudolphi* 71 vor § 1; SK-*Samson* 28 zu Anh. § 16; *Lackner/Kühl* 43 zu § 15; *Schünemann* JA **75**, 716; *Frisch* II, 80; *Wolter* GA **91**, 535; *M/Gössel/Zipf* 43/92; *Puppe,* Bemmann-FS 243; vgl. Bay VRS **64**, 372; NZV **89**, 359 [m. Anm. *Deutscher* u. *R. Peters* NZV **90**, 260 u. JR **92**, 51]; **94**, 284). Mit dem Schutzzweck der verletzten Norm werden auch Einschränkungen der Erfolgszurechnung in den Fällen der freiverantwortlichen Selbstschädigung und Selbstgefährdung begründet (*Kienapfel* JZ **84**, 792; *Otto* Jura **84**, 539; *Roxin* NStZ **84**, 411 u. AT § 11, 91; *W/Beulke* 185 ff.; *Rönnau*, Willensmängel bei der Einwilligung im Strafrecht, 2001, 92 f.; *Mitsch*, Rechtfertigung und Opferverhalten, 2004, 409 ff.; krit. *Horn* JR **84**, 513).

30 a **Literatur zur objektiven Zurechnung (Auswahl):** *Achenbach,* in: *Schünemann* Grundfragen 135; *Alvarado,* Strafbare Beteiligung und objektive Zurechnung, Jakobs-FS (2007) 553; *Arzt,* Über die subjektive Seite der objektiven Zurechnung, Schlüchter-GedS (2002) 163 ff.; *Burgstaller,* Jescheck-FS 357; *Degener*, Die Lehre vom Schutzzweck der Norm und die strafgesetzlichen Erfolgsdelikte, 2001; *Derksen* GA **93**, 170; *Duttge*, Erfolgszurechnung und Opferverhalten. Zum Anwendungsbereich der einverständlichen Fremdgefährdung, Otto-FS (2007) 227; *Erb,* Rechtmäßiges Alternativverhalten und seine Auswirkungen auf die Erfolgszurechnung im Strafrecht, 1991; *Frisch,* Tatbestandsmäßiges Verhalten und Zurechnung des Erfolges, 1988 [zit. *Frisch* II; Bespr. *Hettinger* JZ **90**, 231; *Wolter* GA **91**, 531]; *ders.,* Faszinierendes u. Problematisches der Lehre von der objektiven Zurechnung des Erfolgs, Roxin-FS 213; *ders.*, Die Conditio-Formel: Anweisung zur Tatsachenfeststellung oder normative Aussage?, Gössel-FS (2002) 51; *ders.*, Zum gegenwärtigen Stand der Diskussion und zur Problematik der objektiven Zurechnungslehre, GA **03**, 719; *Geppert,* Zur Unterbrechung des strafrechtlichen Zurechnungszusammenhangs bei Eigenschädigung/-gefährdung des Opfers oder Fehlverhalten Dritter, Jura **01**, 491; *Gimbernat Ordeig,* Unechte Unterlassung u. Risikoerhöhung im Unternehmensstrafrecht, Roxin-FS 651; *Gimbernat/Schünemann/Wolter* (Hrsg.), Internationale Dogmatik der objektiven Zurechnung der Unterlassungsdelikte, 1995 [Roxin-Symp.]; *Hardwig,* Die Zurechnung, ein Zentralproblem des Strafrechts, 1957; *Hassemer,* Bemmann-FS 174; *Hellmann,* Einverständliche Fremdgefährdung u. objektive Zurechnung, Roxin-FS 271; *Hilgendorf,* Wozu brauchen wir die „Objektive Zurechnung"? Skeptische Überlegungen am Beispiel der strafrechtlichen Produkthaftung, Weber-FS (2004), 33; *H.J. Hirsch,* Uni-Köln-FS 404 u. Lenckner-FS 119; *Hoyer,* Zur Differenzierung zwischen Erfolgs-, Handlungs- und Unrechtszurechnung, GA **06**, 298; *Jakobs,* Arm. Kaufmann-GedS 271, H.J. Hirsch-FS 45 u. Die strafrechtliche Zurechnung von Tun und Unterlassen, N. W. Ak. d. Wiss. G 344, 1996; *Kahlo,* Überlegungen zum gegenwärtigen Stand der objektiven Zurechnungslehre im Strafrecht, Küper-FS (2007) 249; *Kindhäuser,* Der subjektive Tatbestand im Verbrechensaufbau.

Zugleich eine Kritik der Lehre von der objektiven Zurechnung, GA **07**, 447; *Köhler*, Der Begriff der Zurechnung, H. J. Hirsch-FS 65; *Koriath*, Grundlagen strafrechtlicher Zurechnung, 1994; *Kuhlen*, Objektive Zurechnung bei Rechtfertigungsgründen, Roxin-FS 331; *Krümpelmann*, Triffterer-FS 137 [zeitliche Struktur der Zurechnungsurteile]; *Küper*, Lackner-FS 247; *Lesch* ZStW **105**, 281; *Müssig*, Rechts- und gesellschaftstheoretische Aspekte der objektiven Zurechnung im Strafrecht – Zu Ansätzen einer Systematisierung, Rudolphi-FS (2004) 165; *ders.*, Zurechnungsformen als gesellschaftliche Praxis – Zu den normativen Grundlagen der objektiven Zurechnung im Strafrecht, Jakobs-FS (2007) 361; *Otto* Jura **92**, 90; *ders.*, Grundlagen der strafrechtlichen Haftung für fahrlässiges Verhalten, Schlüchter-GedS (2002) 77, 92 ff.; *Neumann* ZStW **109**, 593; *Otto*, Wahrscheinlichkeitsgrad des Erfolgseintritts u. Erfolgszurechnung, Jura **01**, 275; *ders.*, Die strafrechtliche Verantwortung für die Verletzung von Sicherungspflichten in Unternehmen, Schroeder-FS (2006) 339; *Prittwitz*, Strafrecht und Risiko, 1993; *Puppe*, Die Erfolgszurechnung im Strafrecht, 2000; *dies.* Jura **97**, 408, 513, 624; **98**, 21; *dies.*, Bemann-FS 229; *dies.*, Brauchen wir eine Risikoerhöhungstheorie?, Roxin-FS 289; *Ramirez*, Arm. Kaufmann-GedS 213; *Radtke/Hoffmann*, Die Verantwortungsbereiche von Schädiger und Geschädigtem bei sog. „Retterschäden", GA **07**, 201; *Rengier*, Gedanken zur Problematik der objektiven Zurechnung im Besonderen Teil des Strafrechts, Roxin-FS 811; *Reyes* ZStW **109**, 108; *Röh*, Die kausale Erklärung überbedingter Erfolge im Strafrecht, 1995; *Roxin*, Pflichtwidrigkeit u. Erfolg bei fahrlässigen Delikten, ZStW **74** (1962), 411; *ders.*, Gedanken zur Problematik der Zurechnung im Strafrecht, Honig-FS 169; *ders.*, Zum Schutzzweck der Norm bei fahrlässigen Delikten, Gallas-FS 241; *ders.*, Arm. Kaufmann-GedS 237; *ders.*, Das strafrechtliche Unrecht im Spannungsfeld von Rechtsgüterschutz und individueller Freiheit, ZStW **116** (2004), 929; *Rudolphi*, in: *Schünemann* Grundfragen 69; *Sacher*, Systemtheorie und Strafrecht, ZStW **118** (2006), 574; *Saite*, Die Zurechnung beim nachträglichen Fehlverhalten eines Dritten, Roxin-FS 261; *Samson*, Erfolgszurechnung und Risiko – Kritische Anfragen an die Lehre von der objektiven Zurechnung, Lüderssen-FS (2002), 587; *Schatz*, Der Pflichtwidrigkeitszusammenhang beim fahrlässigen Erfolgsdelikt und die Relevanz hypothetischer Kausalverläufe, NStZ **03**, 581; *Schild*, Zurechnung zum Verhaltensunrecht, Jakobs-FS (2007) 601; *Schünemann*, Über die objektive Zurechnung, GA **99**, 207; *Schmoller*, Triffterer-FS 223 [fremdes Fehlverhalten im Kausalverlauf]; *Schumann/Schumann*, Objektive Zurechung auf der Grundlage der personalen Unrechtslehre?, Küper-FS (2007) 543; *Wolter*, Objektive und personale Zurechnung (usw.), 1981; *Yamanaka*, Objektive Zurechnung bei neutralen Beihilfehandlungen. Betrachtungen anhand der japanischen Diskussion, Jakobs-FS (2007) 767; *Zaczyk*, Das Subjekt der objektiven Zurechnung und die Lehre von Günther Jakobs, Jakobs-FS (2007) 785.

C. Die **Rspr** hat die Lehre von der objektiven Zurechnung bisher nicht explizit übernommen (vgl. dazu *Hilgendorf*, Weber-FS [2004] 33, 35), sondern behandelt die genannten Fragen *begrifflich* als **Kausalitäts**-Probleme (vgl. BGH **11**, 1; **33**, 61, 63; **49**, 1, 4) auf der Grundlage der Bedingungs-Formel, die in einzelnen Fallgruppen normativ eingeschränkt wird, im übrigen auf der Rechtswidrigkeits-Ebene. Grundsätzlich wird danach der „wirkliche" mit einem hypothetischen Kausalverlauf verglichen, der sich bei Fehlen der Handlung ergeben hätte (BGH **10**, 370); Kausalität fehlt, wenn der konkrete Erfolg auch ohne die Handlung eingetreten wäre (vgl. MedR **88**, 150, hierzu *Krümpelmann* JR **89**, 353); das gilt auch dann, wenn die Kausalkette ganz außergewöhnlich abläuft (vgl. schon RG **54**, 349 [*„Bluter-Fall"*]; GA **60**, 111; *S/S-Lenckner/Eisele* 76; SK-*Rudolphi* 47 vor § 1). Nicht wirksam gewordene, **hypothetische Ersatzursachen,** die zum gleichen Erfolg geführt hätten, bleiben außer Betracht (BGH **2**, 20, 24; **24**, 34; **45**, 270, 294 f.; VRS **24**, 124; **32**, 37; **35**, 116; **49**, 1, 4 [Bspr. *Saliger* JZ **04**, 977; *Puppe* NStZ **04**, 555]; *S/S-Lenckner/Eisele* 81, 97; SK-*Rudolphi* 43 vor § 1). 31

a) Bei **fahrlässigen Erfolgsdelikten** entfällt danach der ursächliche Zusammenhang zwischen verkehrswidrigem Verhalten und Erfolg, wenn derselbe Erfolg auch bei verkehrsgerechtem Verhalten eingetreten wäre (BGH **33**, 61, 63). Hierbei beschränkt sich aber die Prüfung auf die **konkrete Tatsituation**: Hinzuzudenken und durch das korrespondierende sorgfaltsgemäße Verhalten zu ersetzen ist allein der dem Täter vorwerfbare Tatumstand; zur konkreten Tatsituation zählen nur solche Bedingungen, deren Grund in diesem Tatgeschehen selbst unmittelbar angelegt sind (BGH **33**, 61 f.; **49**, 1, 4 [Kausalität der pflichtwidrigen Ausgangsgewährung für Straftaten eines gefährlichen Untergebrachten nach Entweichen trotz hypothetischer 32

Möglichkeit des Entweichens auch bei Ausgangsverweigerung; Anm. *Roxin* StV **04**, 485]; vgl. auch *Schatz* NStZ **03**, 581, 585). Für die Kausalität genügt es, wenn die Handlung nur als eine Bedingung unter anderen für den Erfolg (mit-)ursächlich war („**alternative**" **Kausalität**; vgl. BGH **2**, 24; **39**, 197 [m. Anm. *Rogall* JZ **93**, 1064; *Wolter* JR **94**, 468; *Murmann/Rath* NStZ **94**, 215; *Toepel* JuS **94**, 1009]; NStZ **94**, 539; Bay NJW **60**, 1964; *Schlüchter* JuS **76**, 520; *S/S-Lenckner/Eisele* 82; SK-*Rudolphi* 51 vor § 1) oder den Eintritt des Erfolgs beschleunigt oder verstärkt hat (NStZ **81**, 219; **85**, 86; StV **86**, 59; BGHR vor § 1 Kausalität, Angr., mehrere 1; vgl. 2 zu § 222). Kausal ist eine Handlung auch, wenn der Erfolg bei voneinander unabhängigem Handeln mehrerer Personen (erst) durch die Gesamtheit der Handlungswirkungen herbeigeführt wird („**kumulative**" **Kausalität,** BGH **37**, 131; *S/S-Lenckner/Eisele* 83; NK-*Puppe* 120; *Jescheck/Weigend* § 28 II 4; *Otto* Jura **92**, 96; vgl. *Brammsen* Jura **91**, 537 u. GA **93**, 101; krit. *Puppe* JR **92**, 32). In Fällen der Produkthaftung kann für den Ursachenzusammenhang zwischen Beschaffenheit eines Produkts und der Gesundheitsbeschädigung seiner Verbraucher offen bleiben, welche Substanz den Schaden verursacht hat, solange andere in Betracht kommende Schadensursachen auszuschließen sind (**„generelle" Kausalität;** vgl. BGH **37**, 111 [*Lederspray-Fall,* hierzu *Kuhlen* NStZ **90**, 566, GA **94**, 348 u. JZ **94**, 1144; *Samson* StV **91**, 183; *Brammsen* Jura **91**, 535; *Puppe* JR **92**, 31, JZ **95**, 1148 u. Jura **97**, 409; *Hirte* JZ **92**, 257; *Beulke/Bachmann* JuS **92**, 738; *Hilgendorf* NStZ **94**, 564; *ders.* GA **95**, 522; *ders.*, Lenckner-FS 699; *ders.*, Weber-FS [2004] 33ff.; *Tiedemann,* H.J. Hirsch-FS 765]; BGH **41**, 215 [*Holzschutzmittel-Fall*; vgl. dazu *Puppe* JZ **96**, 318; *Wohlers* JuS **95**, 1019; *Otto* WiB **95**, 929; *Volk* NStZ **96**, 105 L; *Schulz* JA **96**, 185; Hamm StV **97**, 159]; vgl. auch NJW **95**, 2933 [*Weinverschnitt-Fall*]; *Schmidt-Salzer* NJW **96**, 1; *Deutscher/Körner* wistra **96**, 294, 327).

33 Die **Prüfung der Kausalität** muss bei fahrlässigen Erfolgsdelikten nach der Rspr des BGH auf den Eintritt der **konkreten Gefährdungslage** abstellen, die unmittelbar zum schädlichen Erfolg geführt hat (vgl. BGH **24**, 34; **33**, 64 [m. Anm. *Puppe* JZ **85**, 295]; VRS **20**, 131; **23**, 370; **24**, 126; **25**, 262; **54**, 437; Bay NZV **94**, 284 [m. Anm. *Puppe* NStZ **97**, 389]; Düsseldorf VRS **88**, 268; *M/Gössel/Zipf* 43/75; *S/S-Cramer/Sternberg-Lieben* 154ff., 159f. zu § 15; *Krümpelmann,* Lackner-FS 294; *ders.*, Triffterer-FS 137). Das ist insbesondere bei Taten im **Straßenverkehr** von Bedeutung: Welches Verkehrsverhalten in einer kritischen Verkehrslage verkehrsgerecht gewesen wäre, ist im Hinblick gerade auf die Verkehrswidrigkeit zu beantworten, die als (unmittelbare) Unfallursache in Betracht kommt; im Übrigen ist vom tatsächlichen Geschehensablauf auszugehen (BGH **10**, 370 [hierzu *Schroeder* JZ **89**, 778]; **24**, 34; **33**, 64; vgl. Frankfurt JR **94**, 77 m. Anm. *Lampe*). Es kommt für die Kausalität im Rechtssinn zB nicht darauf an, ob der Fahrzeugführer irgendwann *vor* der konkreten kritischen Verkehrslage die erlaubte Geschwindigkeit überschritten hatte (BGH **33**, 64; VRS **23**, 370; Köln VRS **50**, 201; *S/S-Cramer/Sternberg-Lieben* 176 zu § 15; SK-*Hoyer* Anh zu § 16; *Jescheck/Weigend* § 55 II 2b bb; NStZ/J **84**, 254). Der *Normzweck* der allgemeinen Geschwindigkeitsbegrenzung besteht auch darin, anderen Verkehrsteilnehmern eine gefahrlose Teilnahme am Straßenverkehr zu ermöglichen; daher ist nach BGH **33**, 65 unerheblich, dass ein Ausbleiben des schädigenden Erfolges allein auf die Fortbewegung eines anderen Verkehrsteilnehmers zurückzuführen wäre (krit. hierzu *Puppe* JZ **85**, 295; *Ebert* JR **85**, 357; *Streng* NJW **85**, 2810).

34 Dies führt iErg. freilich zur Notwendigkeit, Sorgfaltsregeln für *fahruntüchtige* Fahrer oder für Benutzer *verkehrsuntüchtiger* Fahrzeuge aufzustellen (BGH **24**, 36; ebenso VRS **37**, 277; Celle VRS **36**, 276; Hamm BA **78**, 294; Koblenz DAR **74**, 25; VRS **71**, 282; Zweibrücken VRS **41**, 114; Köln VRS **64**, 258; Bay NZV **94**, 284 [m. Anm. *Puppe* NStZ **97**, 389 u. Jura **97**, 628]), die im Grunde „unterhalb des Rechts" angesiedelt und bei alkoholisierten Kraftfahrern auch schwer begründbar sind, da Sorgfaltspflichten mit dem Grade der Enthemmung wachsen müssten (krit. u.a. *Maiwald,* Dreher-FS 437; *Krümpelmann,* Bockelmann-FS 461; *Puppe* JuS **82**, 662; *dies.* ZStW **99**, 606; *dies.* NStZ **97**, 390; *Bindokat* JuS **85**, 33; *Horn/Hoyer*

JZ **87**, 970; *S/S-Cramer/Sternberg-Lieben* 175 ff. zu § 15; *Jakobs* AT 7/86; vgl. auch *Stratenwerth,* Jescheck-FS 288; and. auch Bay BA **94**, 328 [m. Anm. *W. Schmid*]).

b) Im Übrigen wird ein (rechtlicher) Kausalzusammenhang von der Rspr nur angenommen, wenn der Erfolgseintritt gerade in der Pflichtverletzung seinen Grund hat (BGH **11**, 1, 7; Karlsruhe JR **85**, 480 [m. Anm. *Kindhäuser*]; Bay NZV **91**, 79; **92**, 453; NK-*Puppe* 200; SK-*Hoyer* Anh 66 zu § 66; MK-*Duttge* 160 f. zu § 15), für deren Beurteilung auch der Vertrauensgrundsatz (14 zu § 222) von Bedeutung ist. Der Sache nach geht es hierbei um den **Pflichtwidrigkeitszusammenhang** (oben 29). Eine Handlung ist in diesem Sinne nur ursächlich, wenn der Erfolg bei gehöriger Sorgfalt mit an Sicherheit grenzender Wahrscheinlichkeit vermieden worden wäre (vgl. BGH **11**, 1 [Radfahrerfall]). Jedoch steht nach BGH **30**, 231 (Anm. *Puppe* JuS **82**, 660 u. Jura **97**, 413; *Kühl* JR **83**, 32) ein *nachfolgendes* pflichtwidriges Verhalten eines Dritten, das den Eintritt des vorangegangenen strafrechtlichen Erfolgs nicht beeinflusst hat, dem Kausalzusammenhang nicht entgegen. 35

c) Einen (rechtlichen) Ursachenzusammenhang hält die neuere Rspr in Fällen der Beteiligung an einer **eigenverantwortlichen Selbstverletzung oder Selbstgefährdung** nicht für gegeben. Entgegen der früheren Rspr (BGH **7**, 114; **17**, 359; NJW **81**, 2015; VRS **17**, 277; hierzu *Dölling* GA **84**, 71; *Otto,* Tröndle-FS 157) verneint der BGH eine Zurechnung, wenn sich in dem Erfolg gerade das mit der Selbstgefährdung vom Opfer bewusst eingegangene Risiko realisiert (BGH **32**, 262 [gemeinsamer Heroinkonsum; zust. Anm. *Roxin* NStZ **84**, 410; *Kienapfel* JZ **84**, 751; *Otto* Jura **84**, 536 u. Spendel-FS 280; *Dach* NStZ **85**, 24; *U. Weber,* Spendel-FS 377]; **37**, 179; **39**, 322, 324 ff. [Einschränkung bei deliktischer Schaffung eines nahe liegenden Anlasses für die Selbstgefährdung; Anm. *Alwart* NStZ **94**, 84; *Amelung* NStZ **94**, 338; *Sowada* NStZ **94**, 663; *Günther* StV **95**, 78]; **49**, 34, 39 [gemeinsamer Heroin-Konsum]; NStZ **84**, 452; **85**, 25 f.; **86**, 266 f.; **87**, 406; vgl. *S/S-Lenckner/Eisele* 101 f.; NK-*Puppe* 192 ff.; SK-*Rudolphi* 79 ff. vor § 1; LK-*Walter* 112 ff.; *Frisch* NStZ **92**, 1; 62; krit. *Horn* JR **84**, 511; *Kubink,* Das Prinzip der Selbstverantwortung [usw.], Kohlmann-FS [2003] 53 ff.). Das gilt nicht, wenn der Täter, der die Selbstgefährdung oder Selbstverletzung einer anderen Person veranlasst, ermöglicht oder fördert, kraft überlegenen Sachwissens das Risiko besser erfasst als die sich selbstgefährdende Person (NStZ **85**, 25; **86**, 266, hierzu *Otto,* Tröndle-FS 174; *Frisch* NStZ **92**, 64). Zur Zurechnung von sog. **Retterschäden** vgl. 4 zu § 303 c. 36

Hiervon zu unterscheiden sind Fälle **einverständlicher Fremdgefährdung,** wenn sich jemand der von einer anderen Person drohenden Gefahr im Bewusstsein des Risikos aussetzt, diese Person aber die Tatherrschaft über das Geschehen innehat (Bay NJW **90**, 132 [zust. *Solbach* JA **90**, 32; *Dölling* JR **90**, 474; *Hugger* JuS **90**, 972]; LG *Kempten* NJW **89**, 2069; *Dölling* GA **84**, 78; *M. K. Meyer* Ausschluss 142; *Roxin* NStZ **84**, 411 u. AT § 11, 105; *Prittwitz* NJW **88**, 2943; *Puppe* Jura **98**, 28; *S/S-Cramer/Sternberg-Lieben* 165 ff. zu § 15; SK-*Rudolphi* 81 a vor § 1; *Lackner/Kühl* 12 vor § 211; zur **Abgrenzung zur Selbstgefährdung** vgl. BGH **49**, 34, 39 f.; **49**, 166, 169 [Bespr. *Arzt* JZ **05**, 103]; *Hellmann,* Roxin-FS 271, 272 f.; *Dölling,* Gössel-FS [2002] 209, 213 f; *Duttge,* Otto-FS [2007] 227 ff.; vgl. auch 3 ff. vor § 32). Der BGH hat hier zunächst (wie schon RG **57**, 172) im Fall eines „Mitverschuldens" des Opfers schon einen Sorgfaltspflichtverstoß verneint (vgl. BGH **4**, 88, 93; **7**, 112, 115). Nach neuerer Rspr und hM kann die Lösung aber nicht in einer Übertragung zivilrechtlicher Ausgleichs-Kategorien auf die Pflichtverletzung des Täters gefunden werden, sondern im Bereich der (rechtfertigenden) Einwilligung des Opfers in die Gefährdung (vgl. BGH **40**, 341, 347; Zweibrücken JR **94**, 518 f. [Anm. *Dölling*]; *S/S-Lenckner* 102 vor § 32; krit. *Hellmann,* Roxin-FS 771, 775 ff.; vgl. dazu auch *Arzt,* Schlüchter-GedS 163 ff.; SK-*Hoyer* Anh 96 f. zu § 16). Die Abgrenzungslinie zwischen strafloser Beteiligung an eigenverantwortlicher Selbstgefährdung oder -verletzung und einer tatbestandsmäßigen, uU durch Einwilligung gerechtfertigten Fremdgefährdung oder -verletzung entspricht derjenigen zwischen Täterschaft und 37

Teilnahme (BGH **49**, 34, 39; **49**, 166, 169ff.; vgl. auch NJW **03**, 2326 [dazu *Roxin*, Otto-FS 2006, 441ff.]). Zur Wirksamkeit der Einwilligung vgl. 9a zu § 228.

38 **D. Keine Unterbrechung des Kausalzusammenhangs** tritt durch in den Kausalablauf eingreifendes (fahrlässiges oder vorsätzliches) Verhalten eines Dritten oder des Verletzten selbst ein, wenn die (vom Täter) ursprünglich gesetzte Ursache eines Erfolgs wesentlich **fortwirkt** (BGH **4**, 22; **4**, 362; **7**, 114; MDR **56**, 526 [*Gnadenschuss-Fall*]; GA **60**, 112; NJW **66**, 1823 [*Bratpfannen-Fall*]; NStZ **83**, 72; **85**, 24; NJW **89**, 2480 [hierzu *Otto* Jura **92**, 96 u. *Küpper* JuS **90**, 184]; NStZ **01**, 29 [*Pflegekinder-Fall*; Anm. *Trüg* JA **01**, 365; vgl. dazu, mit abw. Ansatz, auch *Jäger*, Schroeder-FS [2006] 241, 242ff.]; vgl. schon RG **61**, 318 [hierzu *Roxin*, Tröndle-FS 193]; *S/S-Lenckner/Eisele* 77; LK-*Walter* 78ff.). Der von *Frank* (§ 1 III 2a) begründete **Lehre vom Regressverbot** (vgl. dazu *Roxin*, Tröndle-FS 177; *Puppe* NK 155 und Jura **98**, 26; *Weßlau* ZStW **104** [1992], 124; *Diel*, Das Regressverbot als allgemeine Tatbestandsgrenze im Strafrecht, 1997 [Bespr. *Murmann* GA **98**, 460]; *Ling* [oben 22a] 101; *Otto*, Lenckner-FS 203; *Hruschka* ZStW **110**, 581), wonach alle *vor einer Vorsatztat* liegenden Bedingungen nicht als Ursachen angesehen werden dürfen, ist die Rspr nicht gefolgt (schon RG **64**, 318; 373; vgl. *S/S-Lenckner/Eisele* 77; SK-*Rudolphi* 49 vor § 1). Einschränkungen, zB im Fall eigenverantwortlicher Selbstgefährdung (vgl. BGH **32**, 262; NStZ **85**, 25), werden auch insoweit vielmehr auf Kriterien objektiver Zurechnung gestützt. In Fällen der **überholenden** („abgebrochenen") **Kausalität** (*Schlüchter* JuS **76**, 380; *Otto* Jura **92**, 95), in denen ein späteres Ereignis eine *neue* Ursachenreihe eröffnet und die alte nicht fortwirkt (das Opfer, dem A Gift gegeben hat, wird, ehe das Gift wirken kann, von B erschossen), ist hingegen ein Ursachenzusammenhang nicht gegeben (BGH **4**, 362; *S/S-Lenckner/Eisele* 78; SK-*Rudolphi* 50 vor § 1).

39 **F.** Bei **Unterlassungsdelikten** ist die Rspr auf dem Boden der Kausalitätsformel (oben 21) von jeher von einem **normativen Kausalitätsbegriff** ausgegangen. Da in diesem Bereich dem Täter gerade vorgeworfen wird, dass er nicht durch Setzen einer hindernden Bedingung in eine laufende Kausalkette eingegriffen hat, kommt es deshalb auf eine **hypothetische Kausalität** (BGH **48**, 77, 92ff.; *Schlüchter* JuS **76**, 381; *Stoffers* GA **93**, 266) an. Der sozial-normative Handlungsbegriff (oben 6) stellt hier auf eine *Quasi-Kausalität* ab, um zwischen Unterlassen und Erfolg den erforderlichen Zusammenhang zu kennzeichnen: Dem Täter wird die Nichthinderung des Erfolges dann zugerechnet, wenn die unterlassene Handlung nicht „hinzugedacht" werden kann, ohne dass der Erfolg entfiele (BGH **37**, 106, 126 [hierzu *Beulke/Bachmann* JuS **92**, 742; *Brammsen* GA **93**, 101]; **48**, 77, 93; NStZ **85**, 27; LK-*Walter* 87; LK-*Weigend* 70 zu § 13; NK-*Puppe* 117ff.; *S/S-Stree* 61 zu § 13; SK-*Rudolphi* 43 vor § 1; *W/Beulke* 711; *Gropp* AT 5/18, 11/71; *B/Weber/Mitsch* 15/23; einschr. *Gimbernat* ZStW **111**, 307, 329). Eine Unterlassung ist dann für den Erfolg ursächlich, wenn die unterbliebene Handlung ihn verhindert hätte (BGH **6**, 2; NJW **79**, 1258; BGHR § 306 Nr. 2, Inbrands. 2; NStZ **07**, 469). Dieses hypothetische Urteil setzt eine *Bewertung* hypothetisch „hinzudenkbaren" Handelns voraus und kann nur die Feststellung einer **an Sicherheit grenzenden Wahrscheinlichkeit** sein (NStZ **81**, 218 [m. Anm. *Wolfslast*; „hochgradige Wahrscheinlichkeit"]; NStE Nr. 7 zu § 222; BGH **43**, 397 [m. Anm. *Gribbohm* NStZ **98**, 572]; NStZ **07**, 469; *S/S-Cramer/Sternberg-Lieben* 177f. zu § 15; zu diesem Maßstab *Maiwald*, Küper-FS [2007] 329, 333f.; vgl. auch oben 22 und 4 zu § 13), dass gerade die dem Täter zuzurechnende Tatbestandsverwirklichung nicht eingetreten wäre, wenn er aktiv (pflichtgemäß) gehandelt hätte. Für die Beihilfe durch Unterlassen (13 zu § 27) genügt daher die Feststellung, dass die Tatvollendung durch das Einschreiten erschwert worden wäre (NJW **53**, 1838; *S/S-Cramer/Heine* 16 zu § 27; hierzu *Ranft* ZStW **97**, 275, 281, 300).

39a **Literatur zur Kausalität des Unterlassens:** *Arm. Kaufmann*, Die Dogmatik der Unterlassungsdelikte, 1959, 57ff.; *Bockelmann*, Eb. Schmidt-FS 449; *Engisch* JZ **62**, 190; *Fünfsinn*, Der Aufbau des fahrlässigen Verletzungsdelikts durch Unterlassen im Strafrecht, 1985, 35;

Gallas ZStW **67**, 8; *Gimbernat Ordeig,* Das unechte Unterlassungsdelikt, ZStW **111** (1999) 307, 320ff.; *Maiwald*, Risikoerhöhung oder an Sicherheit grenzende Wahrscheinlichkeit? Rechtsvergleichende Bemerkungen zur „Kausalität" des Unterlassens, Küper-FS (2007) 329; *Ranft* ZStW **97**, 268; *Schlüchter* JuS **76**, 794; *Spendel* JZ **73**, 137; *E.A. Wolff,* Kausalität von Tun und Unterlassen, 1965; krit. *Walder* SchweizZSt **77**, 152; *Kahlo* GA **87**, 66 [Bewirken durch Unterlassen bei drittvermitteltem Rettungsgeschehen]; *Stoffers* GA **93**, 262.

4) Eine Erweiterung des Besonderen Teils enthalten die Vorschriften über **Versuch und Teilnahme**. 40

Die Strafbarkeit des **Versuchs** bei allen Verbrechen und zahlreichen Vergehen erweitert die Tatbestandsbeschreibung im BT dahin, dass nicht nur bestraft wird, wer das dort Beschriebene tut, sondern auch der, der es zu tun versucht. Der Begriff des Unternehmens (zB §§ 81, 82) umfasst Versuch und Vollendung (§ 11 I Nr. 6). Soweit der AT (§ 30) und der BT (zB §§ 81, 83, 87, 149, 152a I Nr. 2, §§ 234a III, 275, 310, 312) darüber hinaus auch **Vorbereitungshandlungen** zu Straftaten mit Strafe bedrohen, erfährt deren Tatbestand eine nochmalige Erweiterung. 41

Die Vorschriften über die **Teilnahme** (§§ 25–31) erweitern den BT insoweit, als nicht nur derjenige bestraft wird, der tut, was im BT beschrieben wird, sondern auch derjenige, der nur einen Beitrag zu einem derartigen Tun leistet (restriktiver Täterbegriff im Gegensatz zum extensiven, nach dem jede Mitverursachung der Tatbestandsverwirklichung den Handelnden zum möglichen Täter macht; vgl. 1ff. vor § 25). Insbesondere genügt es, wenn der Mittäter und der Gehilfe Beiträge leisten, die noch nicht einmal einen Teil der im Tatbestand beschriebenen Handlung darstellen. 42

Anders ist das bei den sog. **eigenhändigen Delikten.** Hier ist Täter nur, wer die Tatbestandshandlung selbst voll verwirklicht (zB §§ 154/160, 173, 174 I, 176 I, 179, 182, 316, 323a). Kriminalpolitische Berechtigung (vgl. *Roxin* TuT 399ff.; *ders*,, AT II, 25/297ff.; SK-*Hoyer* 19f. zu § 25; *Schubarth* SchweizZSt **96**, 325 [krit. *Stratenwerth* SchweizZSt **97**, 86; *Wohlers* SchweizZSt **98**, 95]; *Schünemann*, Jung-FS [2007] 881ff.) und Anwendungsbereich dieser Delikte sind im einzelnen umstritten (vgl. dazu *S/S-Cramer/Heine* 45–48 zu § 25; LK-*Schünemann* 45ff. zu § 25). 42a

III. Rechtswidrigkeit. Eine Tat ist rechtswidrig, wenn sie der Rechtsordnung widerspricht. Diese Bewertung wird durch ein *objektives* Unwerturteil vollzogen, dessen Gegenstand die gesamte Tat ist (zur Unterscheidung zwischen *Unrecht* und *Schuld* als „Angelpunkt der Verbrechenslehre" [*Jescheck/Weigend* AT § 39 I 1] vgl. *Roxin* AT I [4. Aufl.] 10/68ff.; 19/10ff.; zur Kritik vgl. *Schünemann*, Roxin-FS [2001) 1, 8ff.; *Pawlik*, Otto-FS [2007) 133ff. mwN). Die Rechtswidrigkeit der Tat ist ein allgemeines Verbrechensmerkmal (BGH **2**, 194). Ein Unterschied zwischen formeller und materieller Rechtswidrigkeit ist nicht anzuerkennen (and. *Lackner/Kühl* 18; LK-*Walter* 144; *Roxin* AT 1, 14/3). 43

1) Der Begriff der Rechtswidrigkeit ist nach hM für Zivil- und Strafrecht derselbe (anders *Günther* 89; vgl. unten 46 aE). Was das Zivilrecht erlaubt, ist auch strafrechtlich nicht rechtswidrig. Strafrechtlich wirksame Rechtfertigungsgründe können sich aus den Normen des gesamten gesetzten und ungesetzten Rechts, aber auch aus dem Zusammenhang der Rechtssätze ergeben. Die Rechtswidrigkeit wird in erster Linie durch das Handlungsunrecht bestimmt, doch hat auch der Erfolgsunwert, der idR nicht fehlen darf, seine Bedeutung (str., vgl. *Krauss* ZStW **76**, 19; *Stratenwerth* SchweizZSt. **79**, 16; *Zielinski,* Handlungs- und Erfolgsunwert im Unrechtsbegriff, 1973; *Otto* ZStW **87**, 539). 44

2) Die Rechtswidrigkeit kann nicht nur nach dem **äußeren Tatbild,** dem sog. äußeren Tatbestand, festgestellt werden. Das ist seit „Entdeckung" der sog. **subjektiven Unrechtselemente** insbesondere bei den Absichtsdelikten (zB § 242), den Tendenzdelikten (zB „gewerbsmäßig oder gewohnheitsmäßig"; vgl. *Jescheck/Weigend* § 30 II 2c) und den Ausdrucksdelikten (zB §§ 153ff.) kaum mehr bestritten (vgl. *Lampe,* Das personale Unrecht, 1967; dazu krit. *Hardwig* JZ **69**, 459). Man 45 wird aber mit der finalen Handlungslehre (oben 5) dahin weitergehen müssen, dass man das gesamte **innere Tatbild** bei der Prüfung der Rechtswidrigkeit heranzuziehen hat, was schon bei der Einordnung einer Handlung in den Tatbestand notwendig ist (vgl. oben 14). Ohne Feststellung des Vorsatzes bleibt insbesondere offen, ob eine Handlung ein rechtswidriger Versuch oder eine rechtlich gebilligte Handlung ist.

46 **3)** Wie oben dargelegt (13), wird die Rechtswidrigkeit durch die Verwirklichung des Tatbestandes lediglich *indiziert.* Sie ist erst gegeben, wenn nicht nur der Tatbestand verwirklicht ist, sondern auch **Rechtfertigungsgründe** (vgl. 2ff. vor § 32) **fehlen.** Eine umstrittene Lehre sieht die (tatsächlichen) Voraussetzungen von Rechtfertigungsgründen als **negative Tatbestandsmerkmale** an (dafür zB *Arth. Kaufmann* JZ **54**, 653; **56**, 353; dagegen zB *Arm. Kaufmann* JZ **55**, 37; *Hirsch*, Die Lehre von den negativen Tatbestandsmerkmalen, 1960; vgl. dazu LK-*Walter* 158 [„zentrale Glaubensfrage"]; LK-*Rönnau* 11 vor § 32), so dass vollständige Tatbestandsverwirklichung stets gleichzeitig Rechtswidrigkeit bedeutet (sog. zweiteiliger Verbrechensaufbau; vgl. *Gallas* ZStW **67**, 16ff.; *Bockelmann-Volk* AT § 10 II; NK-*Puppe* 12); auf diesen Gesamttatbestand hätte sich dann auch der Vorsatz zu erstrecken (vgl. 20 zu § 16). Nach **aA** enthalten die Rechtfertigungsgründe einen Erlaubnistatbestand, dessen irrige Annahme die Strafe wegen vorsätzlicher Tat entfallen lässt (*Dreher,* Heinitz-FS 207; *Herdegen,* BGH-FS 206ff.). *Günther* hat in Anlehnung an den aus dem Verhältnismäßigkeitsgrundsatz entwickelten Strafwürdigkeitsgedanken (Strafrechtswidrigkeit und Strafunrechtsausschluss, 1983, 235ff.; 257ff. [hierzu *Hassemer* NJW **84**, 352; *Gössel* GA **84**, 520; *Roxin,* Oehler-FS 181 u. JuS **88**, 430; *W. Weber* JZ **84**, 276; *Rudolphi,* Arm. Kaufmann-GedS 373; *Schünemann* GA **85**, 352 u.R. Schmitt-FS 127; *H.J. Hirsch,* UniKöln-FS 411]; hierzu wiederum *Günther,* H. Lange-FS 896) zwischen *echten* und *unechten* Strafunrechtsausschlussgründen unterschieden, wobei nur die letzteren für die Gesamtrechtsordnung die Rechtswidrigkeit ausschließen sollen; dies soll adäquate Lösungen zB in der Frage der Notrechte bei hoheitlichem Handeln und der Pflichtenkollision ermöglichen (6, 11 vor § 32; 23f. zu § 34).

47 **IV. Schuld.** Die Schuld als von Verfassungs wegen gebotene Voraussetzung der Strafbarkeit (vgl. BVerfGE **9**, 169; **20**, 331; **23**, 132; **25**, 285; **41**, 125; **45**, 259; **50**, 133; **54**, 108; **91**, 27; **96**, 140; BayVerfGH NJW **83**, 1600; BGH **10**, 259; *H.J. Hirsch* ZStW **106** [1994], 746; krit. *Schulz* JA **82**, 532; SK-*Rudolphi* 1 vor § 19) wurde früher als **psychologischer Begriff** verstanden. Vorsatz und Fahrlässigkeit waren *Formen* dieser Schuld. Demgegenüber hat sich heute ein **normativer Schuldbegriff** durchgesetzt (vgl. dazu LK-*Walter* 164; *Achenbach,* Historische und dogmatische Grundlagen der strafrechtssystematischen Schuldlehre, 1974; *ders.,* in: *Schünemann,* Grundfragen 137, 149; *Roxin,* Henkel-FS 171; *ders.*, Bockelmann-FS 279; *ders.*, ZStW **96** [1984], 641, *Jakobs,* Schuld und Prävention, 1976; krit. dazu *Hirsch*, Otto-FS [2007] 307, 322; zusf. zu Varianten eines „sozialen Schuldbegriffs" *Lackner/Kühl* 23; **krit**. *Maiwald,* Lackner-FS 149; *Schünemann* in *Hirsch/Weigend* (Hrsg.), Strafrecht und Kriminalpolitik usw., 1990 S. 147; *Momsen*, Jung-FS [2007] 569ff.). **Schuld ist Vorwerfbarkeit** (GrSenBGH **2**, 200) im Sinne des Belastetseins mit der **Verantwortung** für rechtswidrige Erfolge oder gefährliche Handlungen (vgl. dazu auch *Gallas* ZStW **67**, 45; *Otto* ZStW **87**, 580 u. aaO [1 zu § 14] 16; *Krauß,* Schüler-Springorum-FS 459; *Jakobs* ZStW **118** [2006] 831ff.; *Roxin* AT 1, 3/51ff.); sie ist keine isolierte Eigenschaft einer (Straf)Tat, sondern hat *Unrecht zum Gegenstand* (*Kindhäuser* GA **07**, 447, 449). Vorsatz oder Fahrlässigkeit *begründen* die Schuld nicht; wohl aber bestimmen sie die *Art* der Schuld (BGH **9**, 377; sehr str.; vgl. *M/Zipf* § 30; *Dreher,* Heinitz-FS 224). *Insoweit* hat der Vorsatz *nicht nur für Tatbestand* und Rechtswidrigkeit, sondern auch für die Schuld Bedeutung.

48 Damit Schuld festgestellt und die rechtswidrige Verwirklichung des Tatbestands dem Täter vorgeworfen werden kann, muss dieser entweder *gewusst haben*, was er

tat (= **Vorsatz**), oder haben *wissen können*, was er tat (= **Fahrlässigkeit**). Insoweit sind auch heute Vorsatz- und Fahrlässigkeitsschuld zu unterscheiden.

Normgemäßes Verhalten muss dem Täter **möglich** und **zumutbar** gewesen sein (vgl. *Tiemeyer* GA **86**, 204). Wenn das nicht der Fall ist, entfällt der Vorwurf der *Fahrlässigkeit* (krit. *Schünemann* JA **75**, 790). Bei *vorsätzlichen* Begehungsdelikten gibt es dagegen einen *allgemeinen* Schuldausschließungsgrund der Nichtzumutbarkeit nicht; ein solcher kommt hier nur im Rahmen des § 20 und des § 35 in Betracht. Vereinzelt wurde angenommen, es gebe Fälle, die darüber hinaus zur Annahme eines *übergesetzlichen* Schuldausschließungsgrundes der Nichtzumutbarkeit drängen (vgl. OGHSt. **1**, 321; **2**, 117; BGH NJW **53**, 513). Für den Fall der Unzumutbarkeit des Handelns bei unechten Unterlassungsdelikten vgl. 44 f. zu § 13; für den der Fahrlässigkeit 16 zu § 15. Für § 323 c ist str. ist, ob die Nichtzumutbarkeit bereits den Tatbestand ausschließt. **49**

Es muss schließlich festgestellt werden, dass der Täter die **Rechtswidrigkeit** seines Handelns **kannte** oder **hätte kennen müssen.** Das Bewusstsein der Rechtswidrigkeit, mindestens aber die Möglichkeit, sich der Rechtswidrigkeit bei gehöriger Gewissensanspannung bewusst zu werden, ist Bestandteil der Schuld (BGH [GrSen] **2**, 194). Damit hat sich der BGH der sog. Schuldtheorie angeschlossen, die in diesem Fall Vorsatz annimmt, wenn der Täter auch wusste, was er tat (vgl. 22 zu § 16; 2 ff. zu § 17). Auch im Fall der Fahrlässigkeit ist Merkmal der Schuld, dass der Täter die Rechtswidrigkeit seiner Tat hätte erkennen können. **50**

Begehen durch Unterlassen

13 **I Wer es unterlässt, einen Erfolg abzuwenden, der zum Tatbestand eines Strafgesetzes gehört, ist nach diesem Gesetz nur dann strafbar, wenn er rechtlich dafür einzustehen hat, dass der Erfolg nicht eintritt, und wenn das Unterlassen der Verwirklichung des gesetzlichen Tatbestandes durch ein Tun entspricht.**

II Die Strafe kann nach § 49 Abs. 1 gemildert werden.

Übersicht

1) Allgemeines	1, 1 a
2) Regelungsbereich	2, 3
3) Abgrenzung von Tun und Unterlassen	4, 5
4) Strafbarkeit des Unterlassens	6
5) Garantenstellung	7–41
A. Systematische Begründung	8–10
B. Fallgruppen	11–40 a
C. Wegfall der Garantenstellung	41
6) Möglichkeit der Erfolgsverhinderung	42, 43
7) Zumutbarkeit der Erfolgsabwendung	44, 45
8) Entsprechensklausel	46, 47
9) Vorsatz des Unterlassens	48
10) Versuch des Unterlassungsdelikts	49
11) Beteiligung durch Unterlassen; Beteiligung am Unterlassen	50–52
12) Strafzumessung (Abs. II)	53–55

1) Allgemeines. Die Vorschrift wurde durch das 2. StrRG eingefügt. **Materialien:** E 1962, Begr. 123; Ndschr. **2**, 267, 357, A 148 ff., **12**, 74, 85, 242, 418, 423, 436, 443, 445 ff., 472 ff.; AE 49; Ber. BT-Drs. V/4095, 8; Prot. V/1644, 1743, 1860 ff., 3254 ff. **1**

Literatur (Auswahl): *Albrecht,* Begründung von Garantenstellungen in familiären u. familienähnlichen Beziehungen, 1998; *Androulakis,* Studien zur Problematik der unechten Unterlassungsdelikte, 1963; *Baier,* Unterlassungsstrafbarkeit trotz fehlender Handlungs- oder Schuldfähigkeit, GA **99**, 272; *Bärwinkel,* Zur Struktur der Garantieverhältnisse bei den unechten Unterlassungsdelikten, 1968; *Beulke/Swoboda,* Beschützergarant Jugendamt (usw.), Gössel-FS (2002), 73; *Böse,* Die Garantenstellung des Betriebsbeauftragten, NStZ **03**, 636; *ders.*, Die gesellschaftsrechtlichen Regeln über die Geschäftsführung als Grenze von Garantenpflichten am Beispiel der strafrechtlichen Produktverantwortung, wistra **05**, 41; *Bottke,* Haftung aus Nichtverhinderung von Straftaten Untergebener in Wirtschaftsunternehmen de lege lata, 1994; *ders.*, **1 a**

Pflichtwidrigkeit: das Täterschaftskriterium unechter Unterlassungsdelikte?, Rudolphi-FS (2004), 15; *Brammsen,* Die Entstehungsvoraussetzungen der Garantenpflichten, 1986 [Rez. *Behrendt* GA **87**, 473]; *ders.*, Tun oder Unterlassen?- Die Abgrenzung der strafrechtlichen Verhaltensformen, GA **02**, 193; *Dencker,* Stree/Wessels-FS 159; *Engisch*, Tun und Unterlassen, Gallas-FS (1973), 173; *Engländer,* Kausalprobleme beim unechten Unterlassungsdelikt, JuS **01**, 958; *Freund,* Erfolgsdelikt u. Unterlassen, 1992 [Bespr. *K. Günther* GA **94**, 80]; *ders.*, Erlöschen strafrechtlicher Garantenpflichten bei Ehegatten, NJW **03**, 3384; *Fünfsinn,* Der Aufbau des fahrlässigen Verletzungsdelikts durch Unterlassen im Strafrecht, 1985; *Gimbernat Ordeig,* Das unechte Unterlassungsdelikt, ZStW **111** (1999), 307; *ders.,* Unechte Unterlassung u. Risikoerhöhung im Unternehmensstrafrecht, Roxin-FS 651; *Gimbernat/Schünemann/Wolter* (Hrsg.), Internationale Dogmatik der objektiven Zurechnung u. der Unterlassungsdelikte, 1995; *Gössel* ZStW **96**, 321; *Gropp*, Das Abschalten des Respirators – ein Unterlassen durch Tun?, Schlüchter-Geds (2002), 173; *Grünewald*, Zivilrechtlich begründete Garantenpflichten im Strafrecht?, 2001 [Rez. *Schäfer* GA **03**, 69]; *Güntge*, Begehen durch Unterlassen. Der gesetzliche Anwendungsbereich des § 13 StGB, 1995; *Hall,* Grünhut-FS 213; *Herzberg,* Die Unterlassung im Strafrecht u. das Garantieprinzip, 1972; *Hillenkamp*, Garantenpflichtwidriges Unterlasssen nach vorsätzlichem Tatbeginn?, Otto-FS (2007) 287; *Hoffmann-Holland*, Die Beteiligung des Garanten am Rechtsgutsangriff, ZStW **118** (2006) 620; *Hruschka*, Bockelmann-FS 421; *Ingelfinger*, Zeitliche Grenzen ehelicher Garantenpflichten, NStZ **04**, 409; *Jakobs,* Die Ingerenz in der Rechtsprechung des Bundesgerichtshofs, BGH-FG 29; *Jasch*, Übernahme von Garantenpflichten aus Ingerenz?, NStZ **05**, 8; *Jescheck* ZStW **77**, 109, Tröndle-FS 797, 814 u. Stree/Wessels-FS 115 (rechtsvergl.); *Kahlo,* Die Handlungsform der Unterlassung als Kriminaldelikt, 2000; *Kamberger,* Treu u. Glauben (§ 242 BGB) als Garantenstellung im Strafrecht, 1996; *Kargl,* Zur kognitiven Differenz zwischen Tun u. Unterlassen, GA **99**, 459; *ders.*, Die Bedeutung der Entsprechensklausel beim Betrug durch Schweigen, ZStW **119** (2007), 250; *Armin Kaufmann,* Die Dogmatik der Unterlassungsdelikte, 1959; *Kretschmer,* Die Garantenstellung (§ 13 StGB) auf familienrechtlicher Grundlage, Jura **06**, 898; *Lampe,* ZStW **79**, 476; *Landscheidt,* Zur Problematik der Garantenpflichten aus verantwortlicher Stellung in bestimmten Räumlichkeiten, 1985; *Langkeit,* Garantenpflicht der Mitglieder des Holding-Vorstandes auf Unterbindung von Straftaten der Geschäftsführer von Tochtergesellschaften?, Otto-FS (2007) 649; *Laubenthal*, Privates Wissen und strafrechtliche Verantwortlichkeit von Polizeibeamten, Weber-FS (2004) 109; *Lilie* JZ **91**, 541; *Maiwald* JuS **81**, 473; *Matt,* Kausalität u. Freiheit. Eine rechtsphilosophische Grundlegung zum Bewirken durch Tun u. Unterlassen, 1994 [Bespr. *Witting* GA **96**, 140]; *Meyer-Bahlburg* GA **68**, 49; *Nitze,* Die Bedeutung der Entsprechensklausel beim Begehen durch Unterlassen (§ 13), 1989; *Otto* NJW **74**, 528; *ders.,* Die strafrechtliche Haftung für die Auslieferung gefährlicher Produkte, H.J. Hirsch-FS 291; *ders.,* Das Problem von Tun und Unterlassen, Jura **00**, 549; *ders.,* Ingerenz und Verantwortlichkeit, Gössel-FS (2002), 99; *ders.*, Die strafrechtliche Verantwortung für die Verletzung von Sicherungspflichten in Unternehmen, Schroeder-FS (2006) 339; *Otto/Brammsen* Jura **85**, 532; *Pawlik,* Der Polizeibeamte als Garant, ZStW **111**, (1999) 335; *Perdomo-Torres,* Das Begehen durch Unterlassen im positiven Recht, Jakobs-FS (2007) 497; *Pfleiderer,* Die Garantenstellung aus vorausgegangenem Tun, 1968; *Ranft,* Zur Unterscheidung von Tun und Unterlassen im Strafrecht, JuS **63**, 340; *ders.*, JZ **87**, 859; *ders.*, Garantiepflichtwidriges Unterlassen, ZStW **94** (1982), 815; *ders.*, Bemerkungen zu Täterschaft und Teilnahme durch garantiepflichtwidriges Unterlassen, Otto-FS (2007) 403; *Roxin,* An der Grenze von Begehung und Unterlassung, Engisch-FS 380; ferner JuS **73**, 197; *ders.,* Die Entsprechungsklausel beim unechten Unterlassen, Lüderssen-FS (2002), 577; *Rudolphi,* Die Gleichstellungsproblematik der unechten Unterlassungsdelikte und der Gedanke der Ingerenz, 1966; ders. JZ **77**, 150, NStZ **84**, 149 u. NStZ **91**, 361; *Sangenstedt,* Garantenstellung u. Garantenpflicht von Amtsträgern, 1988; *Schall,* Grund und Grenzen der strafrechtlichen Geschäftsherrenhaftung, Rudolphi-FS (2004) 267; *Schlösser,* Vertraglich vereinbarte Integritätsklauseln und strafrechtliche Haftung der Unternehmensleitung, wistra **06**, 446; *Schmidhäuser,* Über Unterlassungsdelikte – Terminologie u. Begriffe, Müller-Dietz-FS 761; *Schneider,* Tun oder Unterlassen beim Abbruch medizinischer Behandlung, 1998; *Schünemann,* Grund u. Grenzen der unechten Unterlassungsdelikte, 1971; *ders.*, GA **74**, 231; *ders.*, ZStW **96**, 287; *ders.,* Roxin-Symp. 49; *ders.*, Unternehmenskriminalität, BGH-50-FS (2000), 621; *ders.*, Unzulänglichkeiten des Fahrlässigkeitsdelikts in der modernen Industriegesellschaft, Meurer-GedS (2002), 37; *ders.*, Die kriminalpolitischen und dogmatischen Grundfragen der Unternehmenskriminalität – am Beispiel des Arbeitsschutzstrafrechts in europäischer Perspektive, Rudolphi-FS (2004) 297; *Schürmann,* Unterlassungsstrafbarkeit u. Gesetzlichkeitsgrundsätze, 1986 [hierzu *Jakobs* GA **87**, 564]; *Schwab,* Täterschaft und Teilnehme bei Unterlassungen, 1996; *Seebode,* Spendel-FS 317 [gesetzliche Bestimmtheit der unechten Unterlassungsdelikte]; *Seelmann* GA **89**, 241 u. NK; *Sering,* Beihilfe durch Unterlassen, 2000; *Sieber* JZ **96**, 499 [strafrechtliche Garantenpflichten eines Service-Provider]; *Silva Sanchez,* Zur Dreiteilung der Unterlassungsdelikte, Roxin-

FS 641; *Spendel,* Eb. Schmidt-FS 183 u. JZ **73**, 137; *Stein,* Garantenpflichten auf Grund vorsätzlich-pflichtwidriger Ingerenz, JR **99**, 265; *Stoffers,* Die Formel „Schwerpunkt der Vorwerfbarkeit" bei der Abgrenzung von Tun und Unterlassen, 1992; *Stree,* H. Mayer-FS 155; Klug-FS 395; *Struensee,* Handeln und Unterlassen, Begehungs- und Unterlassungsdelikt, Stree/Wessels-FS (1993), 133; *Tenckhoff,* Spendel-FS 347; *Timpe,* Strafmilderungen des Allgemeinen Teils des StGB u. das Doppelverwertungsverbot, 1983, 152 ff. [hierzu krit. *Bruns,* Tröndle-FS 135 f.]; *J. Vogel,* Norm u. Pflicht bei den unechten Unterlassungsdelikten, 1993; *Verrel,* Der Anstaltsleiter als Garant für die Verfolgung von Straftaten während des Strafvollzugs?, GA **03**, 595; *Welp,* Vorausgegangenes Tun als Grundlage einer Handlungsäquivalenz der Unterlassung, 1968; *Zaczyk,* Zur Garantenstellung von Amtsträgern, Rudolphi-FS (2004) 361. Vgl. auch 17 a vor § 13.

2) Regelungsbereich. Die Strafbarkeit der Deliktsbegehung durch **(sog. „unechtes") Unterlassen** ist nicht in den einzelnen Tatbeständen des BT, sondern durch § 13 in einer nach hM Art. 103 II GG genügenden Weise nur in allgemeiner Form geregelt (vgl. schon § 13 E 1962, § 12 AE; zu verfassungsrechtlichen Bedenken vgl. zB *Grünwald* ZStW **70**, 418; *Stratenwerth* 975; *Schöne,* Unterlassene Erfolgsabwendungen und Strafgesetz, 1974; NK-*Wohlers* 3). § 13 behandelt nur die praktisch wichtigen **Unterlassungserfolgsdelikte**. Ob man unter „Erfolg" in I auch die Verwirklichung eines schlichten Begehungstatbestandes verstehen kann (so Bay JR **79**, 289 [m. Anm. *Horn*]; Prot. V/1864; *Jescheck,* Tröndle-FS 796; *Graul* [19 a vor § 13] 20; *Tenckhoff* [oben 1 a] 359), ist str. (**aA** LK-*Weigend* 15). Auch eine **Rauschtat** iS von § 323 a kann durch Unterlassen begangen werden (11 zu § 323 a mwN). 2

§ 13 gilt nicht für echte Unterlassungsdelikte (16 vor § 13) und für besonders geregelte unechte Unterlassungsdelikte (zB § 225). Umgekehrt begründen die echten Unterlassungsdelikten zugrunde liegenden Handlungspflichten keine (allgemeinen) Garantenstellungen im Sinne von unten 7 ff. (zB §§ 138, 323 c (BGH **3**, 65; JR **56**, 347; NJW **83**, 351), § 283 b I Nr. 1 (NStZ **81**, 353). Ein weitergehender Ausschluss für Tatbestände, die durch Tun *oder* Unterlassen begangen werden können, ist nach der Rspr des BGH nicht veranlasst (vgl. BGH **36**, 227 [für § 266; Anm. *Timpe* JR **90**, 428; *Güntge* wistra **96**, 84]; NStZ-RR **97**, 357; **aA** S/S-*Stree* 1 a; vgl. unten 53). 3

3) Abgrenzung von Tun und Unterlassen. Das Unterlassungsdelikt (zur Handlungsstruktur und zur **Kausalität** vgl. auch 3, 17, 39 vor § 13) unterscheidet sich vom Begehungsdelikt dadurch, dass der Beteiligte untätig bleibt. Sein Handeln kann daher nur auf der Grundlage einer wertenden **Hypothese** von Geschehensabläufen und Handlungsalternativen. als Kausal angesehen werden. Die Handlung, die zu fordern war, müsste diesen Erfolg mit an Sicherheit grenzender Wahrscheinlichkeit verhindert haben (BGH **6**, 2; StV **84**, 247; 39 vor § 13); steht nur fest, dass sie die Gefahr verringert hätte, so greift § 13 nicht ein (str.; **aA** *Brammsen* MDR **89**, 126; SK-*Rudolphi* 16 vor § 13; hierzu *Ranft* ZStW **97**, 275). 4

Die **Abgrenzung** zwischen Tun und Unterlassen ist nach stRspr mit der Formel vom „**Schwerpunkt der Vorwerfbarkeit**" vorzunehmen (vgl. BGH **6**, 59; NStZ **99**, 607 f.; 1 StR 288/05 [Verbringen eines Bewusstlosen in hilflose Lage: Schwerpunkt aktives Tun]; NStZ **03**, 657 [Operation durch Hepatitis-infizierten Arzt nach Unterlassen von Vorsorgeuntersuchungen: aktives Tun; Anm. *Duttge* JR **04**, 34; *Nepomuk* StraFo **04**, 9]; NStZ **05**, 446 [Verlassen einer Wohnung ohne Kontrolle auf glimmende Zigarettenrest: Schwerpunkt Unterlassen]; NStZ-RR **06**, 174 [Verhindern ärztlicher Hilfe]). In der Literatur wird die Schwerpunkt-Formel vielfach abgelehnt (**krit**. zB etwa *Stein* JR **99**, 265, 267; MK-*Freund* 6 f.; vgl auch *Jescheck/Weigend* § 58 II; LK-*Weigend* 6; *Sieber* JZ **83**, 431; *Volk,* Tröndle-FS 222; *Schmidhäuser,* Müller-Dietz-FS 761, 771 ff.; NK-*Wohlers* 7 ff.; MK-*Freund* 4 ff.; *Stoffers* [2] 69 ff.; vgl. auch 17 vor § 13). Das Abschalten eines Beatmungsgeräts in Fällen der Sterbehilfe ist positives Tun, nicht Unterlassen (so auch LK-*Weigend* 8 f.; str.; vgl. 20 vor § 211). Zur problematischen Fallgruppe des „**Unterlassens durch Tun**" vgl. *Stoffers,* JA **92**, 177 ff.; *Roxin,* Engisch-FS (1969) 380, 397 ff.; *Gropp,* 5

Schlüchter-GedS (2002) 173, 181 ff.; jew. mwN. Zur Abgrenzung in **§ 370 I AO** bei Anmeldung von Tarnware unter Verheimlichung zollpflichtiger Ware vgl. *Bender* wistra **06**, 41 (zu EuGH ZfZ **05**, 1929; **aA** *Weidemann* wistra **06**, 45 f.).

6 **4) Strafbarkeit des Unterlassens (Abs. I).** Derjenige, der den Eintritt eines von ihm nicht durch aktives Tun herbeigeführten Erfolgs nicht verhindert, kann dem aktiv Handelnden nur gleichgestellt werden, wenn er *rechtlich verpflichtet* ist, die Rechtsgutsbeeinträchtigung zu verhindern, also eine **Garantenstellung** innehat (unten 7); wenn die Verhinderung des Erfolgseintritts durch pflichtgemäßes Handeln **möglich** (unten 42 f.) und dem Garanten **zumutbar** (unten 44 f.) wäre und wenn sein Unterlassen einem aktiven Tun **entspricht** (Abs. I, letzter HS; unten 46 f.). Eine Garantenpflicht als rechtliche Handlungspflicht setzt voraus, dass der Täter rechtlich dafür einzustehen hat, dass der Erfolg nicht eintritt. Bloße tatsächliche Möglichkeiten oder die sittliche Pflicht zur Erfolgsverhinderung genügen nicht (BGH **30**, 391). Die Handlungspflicht muss dem Schutz des jeweiligen Rechtsguts dienen; sie rückt den Garanten in die Position des Normadressaten (BGH **37**, 106, 119 [m. Anm. *Puppe* JR **92**, 30]). Die tatsächlichen Umstände, welche die Garantenstellung begründen, sind ungeschriebene Tatbestandsmerkmale der unechten Unterlassungsdelikte (BGH [GrSen] **16**, 158).

7 **5) Garantenstellung.** Wann eine Person im Sinne von Abs. I „rechtlich dafür einzustehen hat", dass ein strafrechtlich missbilligter Erfolg nicht eintritt, ergibt sich nicht unmittelbar aus dem Strafgesetz. *Systematisch* kann zwischen eher formalen und eher materiellen Begründungen einer Garantenstellung unterschieden werden.

8 **A. Systematische Begründung.** Die ältere Rspr und Lehre unterschieden zwischen Garantenstellungen aus **Gesetz,** aus **Vertrag**, aus vorangegangenem gefährdendem Tun **(Ingerenz)** und aus **enger Lebensgemeinschaft** (vgl. BGH **2**, 153; **19**, 168). Diese Einteilung gibt die *sachlichen* Kriterien einer strafrechtlich relevanten Garantenstellung freilich nicht an (NK-*Wohlers* 31; *Gimbernat Ordeig* ZStW **111** (1999), 309, 314 ff.). Die neuere Lehre, aber auch die Rspr des BGH (vgl. BGH **48**, 77, 82 ff. [*Politbüro*]; **48**, 301 [Ehegatten]), unterscheidet nach *materiellen* Kriterien der Pflicht-Begründung zwischen Beschützer- und Überwachergaranten:

9 **Beschützergaranten** sind Personen, denen Obhutspflichten für ein **bestimmtes Rechtsgut** obliegen, für dessen Bestand und Sicherheit sie zu sorgen haben; hierzu zählen **zB** Schutzpflichten innerhalb enger familienrechtlicher Beziehungen und anderer Lebens- und Gefahrengemeinschaften (vgl. unten 13, 15) sowie freiwillig übernommene Pflichten, ein Rechtsgut gegen bestimmte Gefahren und vor dem Eintritt bestimmter Beeinträchtigungen zu schützen (vgl. unten 20). **Überwachergaranten** sind Personen, denen aufgrund ihrer Verantwortlichkeit für **bestimmte Gefahrenquellen** Sicherungspflichten obliegen. Beispiele für solche Pflichten sind (konkretisierte) Verkehrssicherungspflichten (vgl. 16); die Pflicht zur Beaufsichtigung Dritter (zB für Vollzugsbeamte; Anstaltspersonal; Lehrer; Fahrlehrer); die Pflicht, Schäden abzuwenden, die einem Rechtsgut aufgrund eigenen (pflichtwidrigen; str.) Vorverhaltens drohen (*Ingerenz,* vgl. unten 27 ff.); Direktionsmacht hinsichtlich im eigenen Herrschaftsbereich liegender Gefahrenquellen (unten 34).

10 Die Stellungen als Beschützer- und Überwachungsgarant können einander überschneiden (krit. zur Abgrenzung *Pawlik* ZStW **111**, 335, 337 ff.); Geltungsgründe und Abgrenzung sind i. E. umstr. (vgl. dazu *Seebode* [oben 2] 332; *Otto/Brammsen* Jura **85**, 530, 592, 646; *Schünemann* ZStW **96**, 288; *Seelmann* GA **89**, 243; *Jescheck/Weigend* § 59 IV u. LK-*Weigend* 23 ff.; *S/S-Stree* 7 ff.; SK-*Rudolphi* 21 ff.; *Lackner/Kühl* 12; *W/Beulke* 706 ff.). Einschränkende Lehren (*Schünemann,* Grund u. *Grenzen der unechten Unterlassungsdelikte*, 1971; *ders.* ZStW **96**, 310; *Gimbernat Ordeig* ZStW **111**, 307) beschränken den Anwendungsbereich der unechten Unterlassungsdelikte auf Fälle, in denen der Unterlassende die Pflicht hat, eine Gefahrenquelle zu kontrollieren.

B. Fallgruppen. Die **Rspr.** unterscheidet heute – in pragmatischer Anknüpfung an die oben 8 genannte Systematik von Entstehungsgründen, in der Sache jedoch unter Differenzierung nach materiellen Zurechnungskriterien – vielfach wie folgt (wobei sich die Gruppen überschneiden): 11

a) Garantenstellung aus Gesetz: Eine Garantenstellung kann sich aus gesetzlichen Vorschriften, im Einzelfall auch unmittelbar aus **Verfassungsnormen** ergeben (vgl. BGH **48**, 77, 84 f.: Garantenpflicht iS von § 9 StGB-DDR der Mitglieder des Politbüros des ZK der SED für Leib und Leben von DDR-Bürgern, die das Land gewaltlos verlassen wollten, aus Art. 30 I, III VerfDDR). 12

(1) Als garantenpflicht-begründende Norm wird vielfach **§ 1353 BGB** angesehen; danach sind **Ehegatten** verpflichtet, Leibes- und Lebensgefahren voneinander abzuwenden (BGH **19**, 168). Es besteht aber keine Pflicht, eine eheliche Lebensgemeinschaft fortzusetzen, um Gefahren (zB durch Suizid; durch Suchterkrankung) von dem Partner abzuwenden (so auch BGH **7**, 271). Ob eine Garantenpflicht schon (allein) auf das **rechtliche Bestehen** einer Ehe gestützt werden oder sich (nur) aus dem **tatsächlichen Bestehen** einer Lebensgemeinschaft ergeben kann, ist i. e. streitig. Der **BGH** hat die Frage in BGH **48**, 301 (zust. Bespr. *Freund* NJW **03**, 3384; wohl auch *Kretschmer* JA **06**, 898, 901 f.; einschr. *Ingelfinger* NStZ **04**, 409, 410 ff.) im Sinn einer vermittelnden Position entschieden: Danach ist eine Schutzpflicht grds auf § 1353 BGB zu stützen; räumliche Trennung (oder emotionale Distanzierung) von Ehepartnern hebt die Rechtspflicht nicht auf. Die **Garantenstellung endet** aber unabhängig vom rechtlich-formalen Fortbestand der Ehe dann, wenn die Ehegatten nach den **tatsächlichen Umständen** keinen Anlass mehr haben, auf den Schutz ihrer Rechtgüter durch den Partner zu vertrauen, idR daher, wenn sich ein Ehegatte vom anderen in der ernstlichen Absicht getrennt hat, die eheliche Lebensgemeinschaft nicht wieder herzustellen (BGH **48**, 301, 305; für Differenzierung nach innerer Aufhebung des Beistandsversprechens und äußerer Verdeutlichung *Ingelfinger* NStZ **04**, 409, 412). Es reicht eine einseitig gegen den Willen des anderen vollzogene Trennung, wenn deren auf Dauer angelegte Ernstlichkeit dem anderen bekannt ist. Das kann sich auch aus den tatsächlichen Umständen der Lebensgestaltung ergeben, zB aus der Zuwendung zu einem neuen Partner; grds. ist dies auch bei Getrenntleben innerhalb derselben Wohnung möglich (BGH **48**, 301, 305; **aA** *Ingelfinger* NStZ **04**, 409, 412). Der BGH hat in BGH **2**, 153 und **7**, 269 eine (wohl auf § 1353 BGB) gestützte Pflicht zur Abwendung auch eines *freiverantwortlichen* Suizids des Ehegatten angenommen. Hierfür gibt das Gesetz keine Grundlage (abl. auch *Albrecht* [1 a] 70 f.; *Brammsen* [1 a] 1623). 13

Eine Verpflichtung zum Schutz der **Rechtgüter Dritter** folgt aus der ehelichen Lebensgemeinschaft nicht; daher nicht die Pflicht, Straftaten des Ehepartners zu verhindern oder ihn von Straftaten abzuhalten (Stuttgart NJW **86**, 1768, hierzu *Ranft* JZ **87**, 909; *Lilie* JZ **91**, 543; *Jescheck/Weigend* § 59 IV 4 c und LK-*Weigend* 28; NK-*Wohlers* 51; *S/S-Stree* 53; SK-*Rudolphi* 36 a, 50 u. NStZ **91**, 364; *M/Zipf* 46/69; *Schmidhäuser* 16/43; *Otto/Brammsen* Jura **85**, 538; *Albrecht* [oben 1 a] 73, 169; offen gelassen von BGH **19**, 297; **aA** noch BGH **6**, 323; MDR/D **73**, 369). Eine solche Pflicht folgt auch nicht aus geistiger Behinderung eines Ehegatten (so FamRZ **61**, 115 zu § 823 BGB), und besteht auch nicht zwischen Eltern und erwachsenen Kindern (*Lackner* JR **69**, 29; *Otto/Brammsen* Jura **85**, 599). 14

Die für Ehegatten geltenden Grundsätze (oben 13) gelten auch für **eingetragene Lebenspartner** (vgl. § 2 S. 1 LPartG; BT-Drs. 14/3751, 36; *Weber*, Keller-GedS 325, 334; zu nicht formalisierten Partnerschaften vgl. unten 25). Eine Garantenstellung begründet auch (vgl. aber unten 45) die Pflicht aus **§§ 1601, 1626 II, 1631 BGB**, für Verwandte und **Kinder** (vgl. zB NStZ **04**, 94 [zu § 225]) zu sorgen und Gefährdungen anderer durch die Kinder auszuschließen (GrSenBGH **6**, 57; BGH **7**, 272; Düsseldorf NJW **87**, 201; SK-*Rudolphi* 47 ff.); die Pflicht von Eltern und Kindern, sich gegenseitig beizustehen (§ 1618 a BGB). Allein aus der **Geschwister**-Eigenschaft ergibt sich aber nach LG Kiel NStZ **04**, 157, 158 f. eine Garantenstellung für Leib und Leben des jeweils anderen auch dann nicht, wenn die Geschwister zusammen eine Wohnung bewohnen; vielmehr kommt es 15 hier – wie auch bei sonstigen Verwandtschaftsbeziehungen – auf das Bestehen eines tatsächlichen Obhutsverhältnisses an (ebd.; vgl. unten 24 ff.).

16 **(2)** Gesetzliche Pflichtenstellungen ergeben sich auch aus öffentlich-rechtlichen (**Verkehrssicherungs-)Pflichten;** zB aus einer ortsrechtlichen Streupflicht; aus § 30 Nr. 2 LMBG aF, der das Inverkehrbringen bestimmter gesundheitsgefährdender Gegenstände oder Mittel verbietet (BGH **37**, 106, 117; vggl. Jetzt §§ 5 f., 8 I Nr. 2, 9 ff., 26, 30, 33 LBFG); aus waffenrechtlichen Sicherungs- und Kontrollpflichten. Eine Garantenpflicht von **Internet-Providern** und Anbietern von sonstigen **Telekommunikations- und Mediendiensten** zur Verhinderung strafbarer Inhalte ergibt sich nach Maßgabe der Regelungen der §§ 7 ff. TMG (vgl. dazu 26 ff. zu § 184; MK/*Freund* 146 ff.).

17 **(3)** Der **Staat** hat eine allgemeine Verpflichtung zur präventiven Vorsorge für die Sicherheit der Rechtsgüter seiner Bürger. Hieraus lässt sich jedoch keine allgemeine Garantenpflicht von Amtsträgern und Mitarbeitern staatlicher Stellen zur Verhinderung von Rechtsgüterverletzungen durch Dritte ableiten; eine solche Pflicht kann sich nur im Einzelfall aus rechtlicher Pflichtzuweisung ergeben (*Zaczyk*, Rudolphi-FS [2004] 361 ff. mwN; vgl. auch EGMR NJW **03**, 3259 [keine Verantwortung des Staats für Mord durch beurlaubte Gefangene, wenn konkrete Anhaltspunkte für Gefahren nicht bestanden]). Für **Polizeibeamte** ist der Schutz von *Individual*-Rechtsgütern Dritter vor Straftaten wesentlicher Bestandteil ihrer Berufspflicht (BGH **38**, 388, 390 [m. Anm. *Rudolphi* JR **95**, 167]; NJW **87**, 199; NStZ **00**, 147; *Laubenthal*, Weber-FS [2004] 109, 111) und nicht nur Reflex ihrer Pflicht zur Abwehr von Gefahren für die öffentliche Sicherheit und Ordnung. Das Unterlassen polizeilich gebotener Maßnahmen gegen voraussehbare Rechtsgutsverletzungen kann daher jedenfalls eine Fahrlässigkeitsstrafbarkeit begründen (vgl. Rostock NStZ **01**, 199 f.). Eine Garantenstellung besteht jedoch grds nur im Rahmen der Dienstausübung und der örtlichen und sachlichen Zuständigkeit des Beamten; nicht jede öffentlich-rechtliche Handlungspflicht begründet eine Garantenstellung (BGH **38**, 391; einschr. *Pawlik* ZStW **111**, 335, 348 ff., der eine „Ermessensreduzierung auf Null" fordert). Eine darüber hinaus gehende Garantenpflicht im **außerdienstlichen** Bereich besteht nach hM, wenn der Beamte Kenntnis von **schweren Straftaten** erlangt (insb., aber nicht nur Katalogtaten nach § 138; str.), die zu während der Dienstausübung fortwirkenden Rechtsgutsgefährdungen von besonderem Gewicht führen (vgl. BGH **38**, 392 [m. krit. Anm. *Mitsch* NStZ **93**, 384; *Laubenthal* JuS **93**, 907; *Bergmann* StV **93**, 518; *Rudolphi* JR **95**, 167]; NStZ **00**, 147; *S/S-Stree* 52; einschr. *Laubenthal,* Weber-FS [2004] 109, 119 ff.; **aA** SK-*Rudolphi* 54 c, 54 d mwN). Im Rahmen des Zumutbaren muss danach ein Polizeibeamter auch bei besonders gravierenden Vermögensgefährdungen eingreifen (NStZ **00**, 147); nicht aber in Fällen des § 180 a I (BGH **38**, 392; NJW **89**, 916 [m. Anm. *Bottke* JR **89**, 433; *Schünemann,* Roxin-Symp. 62]; 4 zu § 258 a). Nach in der Literatur vertretener einschränkender Auffassung kann sich eine Garantenpflicht nicht schon aus der beruflichen Stellung eines Polizeibeamten, sondern nur aus einer **Obhutspflicht** ergeben, die auch bei schweren Straftaten im außerdienstlichen Bereich nicht besteht (*Laubenthal*, Weber-FS [2004] 109, 123).

18 Den Leiter eines **Ordnungsamts** trifft eine Garantenpflicht hinsichtlich der Ausführung und Überwachung der Einhaltung der Vorschriften des GaststG (NJW **87**, 199 m. Anm. *Winkelbauer* JZ **86**, 1119; *Rudolphi* JR **87**, 336; krit. *Wagner* JZ **87**, 713; *Ranft* JZ **87**, 914; *Pawlik* ZStW **111**, 353 Fn. 70); zur Überwachungspflicht von Amtsträgern im Bereich des **Umweltschutzes,** zB der Wasserbehörden nach § 21 WHG vgl. 6 b vor § 324; zur Garantenpflicht von **Amtstierärzten** vgl. *Iburg* NuR **01**, 77; *zu den Mitteilungs*pflichten von Verantwortlichen der therapeutischen Einrichtungen nach § 35 III BtMG im Falle des Abbruchs (nicht jedoch bei Nichtantritt) der Behandlung vgl. Bay NStZ **90**, 86 (m. Anm. *Kreuzer*). **Sozialarbeiter** oder (sonstige) Mitarbeiter von **Jugendämtern** können (uU auf

§§ 1, 2 SGB VIII gestützte [vgl. dazu *Beulke/Swoboda,* Gössel-FS 73, 84f.], jedenfalls aber unter dem Gewichtspunkt einer Beschützergaranten-Stellung Garantenpflichten insb. zum Schutz ihrer Betreuung unterliegender Kinder haben (vgl. Oldenburg NStZ **97**, 238; Stuttgart NJW **98**, 3131; Düsseldorf NStZ-RR **01**, 199; dazu *Beulke/Swoboda,* Gössel-FS 73ff.; vgl. auch *Bringewat,* Sozialpädagogische Familienhilfe und strafrechtliche Risiken, 2000; *ders.* NStZ **96**, 439ff.; *Rotthaus* GA **01**, 614).

Strafvollzugsbeamte gehören nicht zum Kreis derer, denen die **Strafverfolgung** als amtliche Aufgabe anvertraut ist (BGH **43**, 85 [m. Anm. *Rudolphi* NStZ **97**, 599, *Klesczewski* JZ **98**, 313 u. *Seebode* JR **98**, 338]); eine allgemeine Anzeigepflicht hinsichtlich im Vollzug begangener Straftaten (vgl. Hamburg NStZ **96**, 102 [Anm. *Kesczewki; Volckart* StV **96**, 607] lässt sich aus § 2 StVollzG nicht ableiten (dazu *Verrel* GA **03**, 595ff.; vgl. auch 14 zu § 258). Sie haben aber idR eine Garantenstellung im Hinblick auf Leben und Gesundheit von Gefangenen (vgl. BGH[Z] 23.102003, III ZR 354/02). Hieraus ergibt sich insb. auch die Verpflichtung, Sicherheit und Ordnung des Vollzugs im Inneren so zu organisieren und zu vollziehen, dass Gefangene nicht Opfer von gerade durch besondere Gefahren des Vollzugs begründeten Gewaltakten durch andere Gefangene werden; Versäumnisse begründen ggf. eine Fahrlässigkeitshaftung. Diese Garantenstellung besteht auch im Hinblick auf mögliche Gesundheitsgefahren (vgl. dazu *Herzberg* NJW **87**, 1461; *Loschfelder* NJW **87**, 1469). Auch hier gelten aber die allg. Regeln der Zurechnung, der Selbstverantwortung der Gefangenen und ggf der Einwilligung in riskante Handlungen (vgl. 36f. vor § 13). Es besteht daher **zB** keine Pflicht von Anstaltsleitungen, HIV-infizierte Gefangene zu isolieren (LG Krefeld NStZ **87**, 140), „HIV-freie" Anstalten oder Abteilungen zu schaffen (LG Bonn NStZ **87**, 140), HIV-infizierte Gefangene nicht in der Küche, als Friseur oder Krankenhelfer einzusetzen (**aA** *Schlund* AIFO **86**, 568; **87**, 406) oder alle Gefangenen einem Zwangstest zu unterwerfen (Koblenz StV **89**, 163). 19

b) Garantenstellung aus Gewährsübernahme: Eine Übernahme der Gewähr für die Sicherheit eines Rechtsguts (LK-*Weigend* 34ff.) ist möglich auf **vertraglicher** Grundlage; dabei kommt es freilich auf die bloße Wirksamkeit der zivilrechtlichen Verpflichtung nur insoweit an (vgl. dazu auch *Otto/Brammsen* Jura **85**, 594), dass die vertraglichen Pflichten zum Tatzeitpunkt tatsächlich übernommen sein müssen (so **zB** die Verpflichtung zur ärztlichen Behandlung [BGH **7**, 212; NJW **61**, 2068; bloße Beratung genügt nicht: NJW **83**, 351, *Geiger* JZ **83**, 153; and. *Lilie* NStZ **83**, 314; hierzu *Kreuzer* JR **84**, 294]; zur Tätigkeit eines mit der Bauaufsicht Beauftragten [BGH **19**, 286]; zur Leistung aus einem Dienstvertrag). 20

(1) Zwischen Unternehmen vertraglich vereinbarte **Integritätsklauseln** (wechselseitige Verpflichtung, Maßnahmen gegen Begehung von Straftaten – zB nach §§ 298, 299, 331ff. – im eigenen Unternehmen zu ergreifen; meist in AGB) können Garantenpflichten der leitenden Personen begründen, wenn durch die Vereinbarung ein besonderes Vertrauensverhältnis geschaffen wird (vgl.BGH **39**, 392, 399; **46**, 196, 203; NJW **00**, 3013f.; ausf. dazu *Schlösser* wistra **06**, 446ff.; vgl. auch *Schall,* Rudolphi-FS [2004] 267ff.). 21

(2) Die Begründung einer Garantenstellung ist aber auch ohne Vertrag durch **tatsächliche Gewährsübernahme** möglich (vgl. GA **63**, 16); **zB** beim Bereitschaftsarzt gegenüber Kranken (BGH **7**, 211; NJW **79**, 1258; Düsseldorf NJW **91**, 2980 m. Anm. *Meurer* JR **92**, 38); in Fällen der tatsächlichen Übernahme der öffentlichen Jugendhilfe nach § 1 III Nr. 3 SGB-VIII (Stuttgart NJW **98**, 3132); durch Aufnahme einer betrunkenen hilflosen Person in ein Rettungsfahrzeug durch Rettungssanitäter (1 StR 130/01). Die Aufnahme einer Person in eine **Wohnung** durch den Wohnungsinhaber begründet für sich allein idR keine Garantenpflicht; eine solche kann sich im Einzelfall ergeben (vgl. BGH **30**, 391, 395f.; BGHR § 13 I Garantenstellung 18; unten 26, 35). 22

23 **(3)** Eine tatsächliche Gewährsübernahme ist auch durch **Übernahme** einer Sicherungspflicht **von einem anderen Garantenpflichtigen** möglich (BGH **47**, 224 [*Wuppertaler Schwebebahn;* Anm. *Freund* NStZ **02**, 424]; NStZ **03**, 259, 260 [krit. Bespr. *Jasch* NStZ **05**, 8]); etwa im Rahmen eines arbeitsvertraglichen Verhältnisses, wobei es grds nicht darauf ankommt, ob eine vertraglich wirksame Verpflichtung gegenüber dem Garanten besteht, sondern auf die tatsächliche Übernahme des Pflichtenkreises, zB aufgrund einer Weisung (BGH **47**, 224, 227; zur Garantenstellung des Untergebenen bei pflichtwidrigem Unterlassen des Vorgesetzten vgl. aber auch NJW **00**, 2754 [Anm. *Altenhain* NStZ **01**, 189]); auch Übernahme aufgrund gesetzlich vorgeschriebener Delegation, insb. bei den sog **Beauftragten** im Umweltrecht (vgl. dazu *Böse* NStZ **03**, 636 mwN; 22a vor § 324). Ob eine (allein tatsächliche) Übernahme einer bei einem Dritten durch pflichtwidriges Vorverhalten (Ingerenz; unten 27ff.) begründeten Garantenpflicht möglich ist, hat der BGH bisher nicht entschieden (offen gelassen in NStZ **03**, 259, 260 [jedenfalls nicht bei bloßer Weisung an einen an einer vorausgegangenen Misshandlung des Opfers nicht Beteiligten, für die Rettung zu sorgen]; abl. *Jasch* NStZ **05**, 8, 11).

24 **c) Garantenstellung aus besonderem Vertrauensverhältnis:** Eine Garantenstellung kann aus einem auf tatsächliche Umstände begründetes besonderes Vertrauensverhältnis (mit der Folge einer Schutzpflicht) entstehen. Das ist **zB** angenommen worden bei Vertrauens- und Gefahrengemeinschaften wie der Familie und der Haushaltsgemeinschaft (vgl. BGH **2**, 153; **13**, 162; **19**, 167; NK-*Wohlers* 55); bei enger, durch gemeinsame Planung oder Absprache entstandener Gefahrengemeinschaft unter Bergsteigern (Bay **98**, 97); bei gemeinsamem Streifendienst (*Otto/Brammsen* Jura **85**, 592); Arbeitskameradschaft (BGH **17**, 359). **Nicht** ausreichend sind eine bloße Wohngemeinschaft (NStZ **83**, 118 [Suizid; vgl. dazu *Eser* NStZ **84**, 56; *Ranft* JZ **87**, 911]; **85**, 122; NJW **87**, 850 [hierzu *Ranft* JZ **87**, 865, 909]); eine Zechgemeinschaft (NJW **54**, 1047; **73**, 1706; Bay NJW **53**, 586; Oldenburg NJW **61**, 1938; Düsseldorf NJW **66**, 1175) mit anschließendem nächtlichem Spaziergang (NStZ **83**, 454); gemeinsamer BtM-Erwerb oder -konsum (Stuttgart NJW **81**, 182; NK-*Wohlers* 40).

25 **Ehe- oder Lebenspartnerschafts-ähnliche Beziehungen** begründen für sich allein keine Garantenstellung (*S/S-Stree* 17; *Jakobs* AT 29/66; *Herzberg* [2] 346ff.; *Weber*, Keller-GedS 325, 332; *Konrad,* Probleme der eheähnlichen Gemeinschaft im Strafrecht, 1986, 74ff., 86ff.). Eine solche kann sich allenfalls aus der konkreten Ausgestaltung einer persönlichen Beziehung ergeben; insb. aus tatsächlicher Gewährübernahme bei wechselseitiger Anvertrauung von Schutzfunktionen (*Schünemann* ZStW **96**, 287, 307; vgl. auch LK-*Weigend* 38; SK-*Rudolphi* 51; *M/Gössel/Zipf* 46/89ff.; *Brammsen* [1a] 168ff.). In der Lit. wird teilweise eine Stellung entsprechend derjenigen einer „nahe stehenden" Person iS von § 35 gefordert (*Lilie* JZ **91**, 545; *Albrecht* [1a] 190ff.; 216f.). Nicht ausreichend ist jedenfalls ein „bloßes" Liebesverhältnis, wenn dieses nicht mit besonderer, auf Erklärungen oder tatsächlichem Verhalten beruhender Gewährsübernahme für Rechtsgüter des Partners verbunden ist. Eine restriktive Begrenzung legen insoweit gerade die gesetzlichen Pflichtenstellungen der §§ 1353 BGB, 2 I LPartG nahe.

26 Bei **häuslicher Gemeinschaft** oder Leben in derselben Wohnung erfordert die Annahme einer Garantenstellung die tatsächliche Übernahme einer besonderen Schutzfunktion (NStZ **84**, 163; BGHR § 13 I, Garantenstellung 3; vgl. *Rudolphi* NStZ **84**, 149). Eine Garantenstellung kann sich aber ergeben, wenn die Wohnung selbst wegen ihrer besonderen Beschaffenheit eine Gefahrenquelle darstellt (vgl. BGH **30**, 395f.; unten 35); ebenso dann, wenn der Wohnungsinhaber aktiv daran beteiligt war, dass gerade der Aufenthalt in der Wohnung sich als Gefahr für das bedrohte Rechtsgut darstellt (BGHR § 13 I Garantenstellung 18).

27 **d) Garantenstellung aus Ingerenz:** Eine Garantenstellung kann sich auch aus der tatsächlichen Herbeiführung einer Gefahrenlage ergeben (sog. Ingerenz; in der Rspr zuerst anerkannt in RG **24**, 339; vgl. auch RG **64**, 276). Die Gefahr kann

nach der Rspr herbeigeführt werden durch Tun (BGH **4**, 22) oder Unterlassen (RG **68**, 104), verschuldet (BGH **3**, 203) oder schuldlos (BGH **2**, 283; **11**, 353, 355; **37**, 119; MDR/D **72**, 384; Bay VRS **11**, 66; Stuttgart VRS **30**, 78), rechtswidrig oder wenigstens ethisch verwerflich (NJW **54**, 1047). Aus der bloßen *Ursächlichkeit* eines Verhaltens für einen späteren Erfolgseintritt kann eine Garantenstellung aber nicht abgeleitet werden (NStE § 25 Nr. 10; Oldenburg NJW **61**, 1938; unten 28); vielmehr muss das Vorverhalten zu einer **Gefahrerhöhung** (vgl. NJW **92**, 1247 [krit. Anm. *Neumann* JR **93**, 161; *Seelmann* StV **92**, 417]) iS einer nahe liegenden Gefahr des Erfolgseintritts geführt haben (NStZ **98**, 84; NJW **99**, 69, 71; NStZ **00**, 414; 583; LK-*Weigend* 42, 47; *S/S-Stree* 39). So begründet **zB** die **Beteiligung** an einer für sich nicht lebensgefährlichen Misshandlung eine Verpflichtung iS von § 13 I gegenüber dem Opfer, die anschließende Tötung durch einen anderen Beteiligten zu verhindern, wenn das gemeinsame Verhalten eine Gefahrerhöhung bewirkte (NJW **99**, 69, 72; NStZ **04**, 294, 296; **05**, 93, 95). Die gemeinschaftliche Planung eines Raubs begründet dagegen keine in diesem Sinn nahe Gefahr der Vergewaltigung des Opfers durch andere Beteiligte (NStZ-RR **97**, 292). In Fällen (gemeinsamer) **eigenverantwortlicher Selbstgefährdung** des Opfers (zB bei gemeinsamem Drogenkonsum; vgl. dazu BGH **49**, 34, 39 ff.) können Garantenpflichten von Beteiligten entstehen, wenn aus dem allgemeinen Risiko eine besondere Gefahrenlage erwächst (NStZ **84**, 452; **85**, 320; vgl. dazu 16 vor § 13).

(1) Ob **rechtmäßiges Verhalten** eine Garantenstellung begründen kann, ist str. **28**
(vgl. BGH **3**, 203 f.; **11**, 353, 355 f.; **19**, 152; 286; Bay NJW **63**, 1261; ablehnend NJW **87**, 850 [hierzu *Ranft* JZ **87**, 865; *Sonnen* JA **87**, 334]; *Dencker,* Stree/Wessels-FS 175; *Jakobs,* BGH-FG 29, 34 ff.). Ein sozialadäquates Verhalten kann freilich schon deshalb nicht ausreichen, weil damit die „schlichte" **Kausalität** zum garantenpflicht-begründenden Zurechnungskriterium würde (zutr. *Otto*, Gössel-FS 99, 105; vgl. auch BGH **25**, 218, 220). Ursächlichkeit durch bloße Weitergabe von Gegenständen, die durch Dritte vorsätzlich zur Herbeiführung einer Gefahrenlage verwendet werden, reicht daher nicht aus. So begründet etwa der Verkauf von Messern oder sonstigen gefährlichen Werkzeugen nicht schon für sich eine Garantenstellung gegenüber möglichen Verletzungsopfern der Käufer; auch die bloße „Weitergabe" eines Messers kann eine solche Pflicht – entgegen BGH **11**, 353, 355 f. – nicht begründen (abl. *Welzel* JZ **58**, 494; vgl. dazu *Otto/Brammsen* Jura **85**, 651; *S/S/Stree* 39; MK-*Freund* 131). Nach zutr. Ansicht setzt eine Garantenstellung aus vorangegangenem Verhalten vielmehr (objektive) **Pflichtwidrigkeit** voraus (BGH **19**, 152, 154 f.; **23**, 327; **25**, 218, 220 ff.; **26**, 25, 38; **34**, 82, 84; **37**, 195, 115; StV **92**, 415 [Anm. *Seelmann* u. Anm. *Neumann* JR **93**, 160]; **99**, 423; **01**, 616 f.; NStZ **98**, 83; *B/Weber/Mitsch* 15/65 f.; *W/Beulke* 726; *Jescheck/Weigend* § 59 IV 4 a; *Gropp* AT 11/33; SK-*Rudolphi* 39; *S/S-Stree* 35 f.; **aA** LK-*Weigend* 44; MK-*Freund* 117 ff.; *M/Gössel/Zipf* 46/98; *Herzberg* JuS **71**, 74 ff.; *Welp* JZ **71**, 433; *Arzt* JA **80**, 712 ff.; *Otto* AT 9/81; *ders*, H.J. Hirsch-FS 305 f.).

Die Verletzung eines Angreifers in **Notwehr** macht daher idR den Angegriffe- **29**
nen nicht zum Garanten für das Leben des Angreifers (NJW **87**, 850; NStZ **00**, 414 [Anm. *Schröder,* JA **00**, 191; *Vahle* Kriminalistik **01**, 313]; 2 StR 221/70; LK-*Weigend* 45; MK-*Freund* 140; *Roxin* AT 2 32/181 ff.; **aA** *Herzberg*, Unterlassung im Strafrecht, 294 ff.; *M/Gössel/Zipf* 46/100), wenn dieser nicht seinerseits schuldlos handelt (BGH **23**, 327 f.; *Bringewat* MDR **71**, 716; *Maiwald* JuS **81**, 483; abl. *Herzberg* JuS **71**, 74; *Welp* JZ **71**, 433) oder ein sonstiger Fall der Notwehreinschränkung vorliegt (MK-*Freund* 140). Die Verletzung einer Person durch ein **pflichtgemäßes Verhalten** im **Straßenverkehr** begründet nach BGH **25**, 218, 221 f. keine Garantenstellung (daher Strafbarkeit bei Untätigkeit nach Verkehrsunfall trotz sorgfaltsgemäßem Verhalten nur nach § 323 c); die Erfüllung der Sorgfaltspflicht schließt eine strafrechtliche Verfolgung für **erlaubt riskantes Verhalten** auch dann aus, wenn das Risiko sich verwirklicht (*B/Weber/Mitsch* 15/65). BGH **34**, 82,

84 (m. Anm. *Rudolphi* JR **87**, 161; *Herzberg* JZ **86**, 986) hat offen gelassen, ob das gleichermaßen gilt, wenn ein **nicht verkehrsgerechtes** Verhalten zu dem durch das spätere Opfer allein verschuldeten Verkehrsunfall nicht in Beziehung steht, eine Garantenpflicht für das Leben der verletzten Person aber für den Fall bejaht, dass ein nicht verkehrsgerechtes Verhalten des Täters in unmittelbarem Zusammenhang mit dem Unfallereignis stand und zu der durch den Unfall verursachten Gefahrenlage beigetragen haben *kann* (vgl. auch BGH **7**, 287, 290 f.; **11**, 353, 356; VRS **13**, 120; MDR **82**, 103; NStZ **85**, 24; NJW **92**, 583; MK-*Freund* 113 ff.).

30 **(2)** Im einzelnen streitig ist die Frage, ob und inwieweit aus **vorsätzlichem aktivem Tun** Garantenpflichten zur Abwendung gleichgerichteter Erfolge entstehen können (vgl. auch 5 zu § 221; 72 f. zu § 211). Anerkannt ist insoweit, dass die vorsätzliche Beteiligung an der Verursachung einer rechtsgutsgefährdenden Lage eine Garantenstellung zur Abwendung vorhersehbarer *weiter gehender* Erfolge begründet (vgl. NStZ **00**, 29 f.; NStZ-RR **00**, 329 f.). Daher führt zB die Beteiligung an einer gemeinschaftlichen vorsätzlichen Körperverletzung zur Verpflichtung, einen für den Beteiligten vorhersehbaren nachfolgenden Angriff eines Mittäters oder Dritten auf das *Leben* des Opfers abzuwenden, wenn dieser die durch die Körperverletzung geschaffene Hilflosigkeit des Opfers ausnutzt (vgl. BGH **38**, 356, 358; NStZ **85**, 24; NStZ **04**, 89, 91 [dazu zutr. *Schneider* NStZ **04**, 91, 93]; StV **82**, 218; **86**, 59).

31 Ob dies auch dann gilt, wenn das aktive Tun auf **denselben Erfolg** gerichtet ist wie das spätere Unterlassen, ist umstritten. Hier wird teilweise schon das Entstehen einer Garantenstellung verneint: Der *1. StS* hat in NStZ-RR **96**, 131 unter Bezugnahme auf BGH **4**, 113, 116 entschieden, wer direkt oder bedingt vorsätzlich einen Erfolg anstrebe, sei nicht zugleich verpflichtet, ihn abzuwenden (vgl. schon RG **68**, 407, 409; für Garantenstellung aus vorsätzlichem Vorverhalten aber schon JR **54**, 271 [*1. StS*]; RG **57**, 193, 197). Das gelte auch dann, wenn der zunächst durch aktives Tun verwirklichte Verletzungsvorsatz aufgegeben werde; ein Täter, der später erfolgreich Hilfe leiste, könne zwar nach § 24 Strafbefreiung erlangen, sei jedoch nicht Garant und zur Hilfeleistung (§ 221) verpflichtet. Der *4. StS* hat die Frage in NStZ **03**, 312, 313 (Verdeckungsmord durch Unterlassen; krit. Bespr. *Freund* NStZ **04**, 123; *Wilhelm* NStZ **05**, 177) offen gelassen, da, wenn der Unterlassungsvorsatz sich im bloßen Hinzutreten des Verdeckungs-Motivs bei fortdauerndem Vorsatz des Begehungsdelikts erschöpft, schon keine „andere" Tat iS von § 211 II vorliege. Der *2. StS* ist der genannten Ansicht in einem nicht tragenden Hinweis entgegen getreten (NStZ **04**, 89, 91 [m. Anm. *Schneider*]; die Vermutung *Hillenkamps* [Otto-FS 2007, 287, 299 Fn 56], es sei unklar geblieben, ob der *2. StS* in der Sache von der Ansicht des *1. StS* abweichen wollte, trifft nicht zu). In BGH **48**, 356, 370 hat der *2. StS* das Problem nicht angesprochen, obgleich dies nach seiner Konstruktion der „Fortdauer einer Gewalt*handlung*" wohl nahe lag (vgl. 12 a zu § 249).

32 In der **Literatur** wird der Auffassung des *1. StS* teilweise zugestimmt (*Otto*, H.-J. Hirsch-FS [1999] 305 f.; *ders.*, Gössel-FS [2002] 99, 103; *ders.*, Lampe-FS [2003] 491, 512; *ders.*, Jura **03**, 612, 621; JZ **04**, 364, 365; *ders.* AT 9/86; *Geppert* Jura **04**, 242, 246; *Tag* JR **95**, 133, 136; *Hillenkamp*, Otto-FS [2007] 287 ff.); die überwiegende **Gegenmeinung** lehnt sie hingegen ab (vgl. insb. *Stein* JR **99**, 265, 267 f.; *Jerouschek/Kölbel* JZ **03**, 613, 615; *Schneider* NStZ **04**, 91, 92 f.; *Freund* NStZ **04**, 123, 124 f.; *ders.*, NStZ **04**, 326, 327; *Mitsch* Die Polizei **04**, 254, 256; *Krack* ZStW **117** [2005] 554, 569 ff.; *Wilhelm* NStZ **05**, 177 ff.; MK-*Freund* 125 f., 279; NK-*Wohlers* 44; SK-*Rudolphi* 42 a; *S/S-Stree* 38; *Roxin* AT II, 32/191 ff.; *W/Beulke* 16/725; *Kühl* AT 18/105 a; vgl. dazu schon *Welp* [1 a, 1968] 321 ff.). Das *ist zutr.; das Verhältnis* von Begehungs- zum nachfolgenden Unterlassungsunrecht ist eine Frage der **Konkurrenz:** Wer mit Tötungsvorsatz auf einen Menschen einwirkt, ist zur Abwendung des Erfolgs gleichermaßen verpflichtet wie derjenige, der die Gefahrenlage *fahrlässig* herbeigeführt hat (MK-*Freund* 525; *W/Beulke* 725; gegen

dieses „Erst-recht-Argument" aber *Hillenkamp*, Otto-FS [2006] 287, 300ff.); das Unterlassungsdelikt wird *für ihn* jedoch von der vorangegangenen Begehungstat idR verdrängt (*Stein* JR **99**, 266, 268f.; *Schneider* NStZ **04**, 91, 92; *Wilhelm* NStZ **05**, 177, 178), wenn es nicht *weiter* reicht (oben 11a). Das Unterlassen wird daher wie eine mitbestrafte Nachtat behandelt; Teilnahme außenstehender Dritter bleibt daher möglich (*Roxin* AT II 32/194). Das Argument, dem Täter eines Versuchs dürfe nicht *strafschärfend* vorgeworfen werden, dass er nicht strafbefreiend zurückgetreten ist, steht dem nicht entgegen. Problematisch ist allenfalls das Verhältnis einer durch aktives Handeln als **Gehilfe** begründeten, nach § 27 II obligatorisch zu mildernden Strafe zur Strafdrohung aus nachfolgendem *täterschaftlichen* oder *qualifizierten* Unterlassen (zB Unterlassen der Rettung in Verdeckungsabsicht nach Beihilfe zum Totschlagsversuch). Hier kann ein regelmäßiger Vorrang des Begehungsdelikts (vgl. *Sowada* Jura **03**, 236, 245f.) nicht angenommen werden. Dass man in solchen Fällen eine *obligatorische* Milderung nach § 13 II annehmen sollte (in diese Richtung *Schneider* NStZ **04**, 91, 93), erscheint für Fälle qualifizierten Unterlassens fraglich; in den übrigen Fällen wird die Frage praktisch wohl nicht relevant.

(3) Einzelfälle zur Ingerenz. Als Grundlage einer Garantenpflicht zur Abwendung des jeweils spezifischen Erfolgs sind **zB** angesehen worden: Ausheben einer Baugrube (Celle VRS **29**, 23); versehentliches Einsperren einer Person (RG **24**, 339); Aufnahme eines bissigen Hundes (Bremen NJW **57**, 72); Teilnahme an einem Mordplan (JR **54**, 271); Körperverletzung, die Lebensgefahr auslöst (OGHSt **1**, 357); Verbringen eines infolge Trunkenheit Schuldunfähigen in eine gefährliche Verkehrssituation (MDR **75**, 328); übermäßige **Abgabe von Alkohol** durch Gastwirt an Kraftfahrer (BGH **4**, 20; zutr. enger aber BGH **19**, 152 [nur bei erkennbarer alkoholbedingter Unfähigkeit, eigenverantwortlich zu handeln; BGH **25**, 218; **26**, 35; NJW **66**, 1175; **aA** *M/Gössel/Zipf* 46/102; vgl. dazu auch *Jakobs*, BGH-FG 29, 36ff.; zur **Abgabe von BtM** vgl. BGH **32**, 262ff. [m. Anm. *Roxin* NStZ **84**, 411; *Kienapfel* JZ **84**, 751; *Horn* JR **84**, 513; *Otto* Jura **84**, 536; *Stree* JuS **85**, 179]). Keine Garantenpflicht hat ein Dieb dafür, dass ein Komplize ein angezündetes Streichholz nicht unachtsam (§ 306d) wegwirft (Schleswig NStZ **82**, 117, hierzu *Stree*, Klug-FS 398). Zur Pflicht einer Partei im Prozess, Zeugen an einer falschen Aussage zu hindern, vgl. Hamm NJW **92**, 1977 (m. Anm. *Seebode* NStZ **93**, 83; *Tenter* wistra **94**, 247; vgl. auch 24 zu § 154). 33

e) Garantenstellung aus Verantwortlichkeit für eine Gefahrenquelle. Auch Sachherrschaft über Gefahrenquellen kann zu einer Garantenstellung führen (vgl. *U. Weber*, Oehler-FS 86; LK-*Weigend* 48ff.). 34

(1) So kann **zB** die Position als Hauseigentümer, **Wohnungsinhaber** (NStZ-RR **03**, 153) oder Vermieter (NStZ **94**, 92) eine Garantenstellung begründen, wenn sich aus *besonderen* Umstände eine Pflicht zum Schutz von Rechtsgütern ergibt, die im räumlichen Bereich der Wohnung spezifischen Gefahren ausgesetzt sind (vgl. BGH **30**, 391, 395 [Anm. *Küpper* JA **83**, 471]; BGHR § 13 I Garantenstellung 18; Karlsruhe NStZ-RR **98**, 27; vgl. *Schünemann* ZStW **96**, 309; *Stoffers* Jura **93**, 17; oben 9f.). Solche Umstände sind im Einzelfall angenommen worden bei Aufnahme des Opfers in den Schutzbereich der Wohnung (BGH **27**, 10; krit. *Naucke* JR **77**, 290; *S/S-Stree* 54), wenn diese durch ihre Lage oder Beschaffenheit eine **besondere Gefahrenquelle** darstellt, die der Inhaber zu sichern und zu überwachen hat (BGH **30**, 395f.; BGHR § 13 I Gar. 18; LK-*Weigend* 52; *S/S-Stree* 54; SK-*Rudolphi* 37; *M/Gössel/Zipf* 46/99; *Schall*, Rudolphi-FS [2004], 267, 274). Zur Frage der Haftung von Eigentümern für aus Altlasten stammende Umweltgefahren vgl. *Franzheim* ZfW **87**, 9 u.i.e. *Dahs*, Redeker-FS 475. Keine Rechtspflicht besteht für den Eigentümer, beleidigende Aufschriften auf Hauswänden zu beseitigen (*U. Weber*, Oehler-FS 93); oder den Anbau von Cannabispflanzen im Hausgarten zu verhindern (*Zweibrücken* StV **86**, 484); idR auch nicht für einen Wohnungsinhaber, **BtM-Geschäfte** in der Wohnung (NStZ-RR **03**, 153; **06**, 349, 350) oder den Anbau von Cannabispflanzen in der Wohnung (Karlsruhe StraFo **07**, 162) zu ver- 35 hindern. Eine *allgemeine* Pflicht, innerhalb der eigenen Wohnung Straftaten Dritter zu verhindern, gibt es nicht (**aA** zB noch OGH **1**, 87 [Kindstötung]); das gilt auch für Geschäftsräume (GA **71**, 336 [Gaststätte]; **aA** NJW **66**, 1763).

36 **(2)** Eine Garantenstellung hinsichtlich der jeweils spezifischen Gefahren begründet die Stellung als bauleitender **Architekt** (Stuttgart OLGSt. Nr. 1); als **Sportveranstalter**, zB eines Autorennens (BGHZ NJW **75**, 533) oder eines Radrennens (LG Waldshut-Tiengen NJW **02**, 153); als Besitzer (Hamburg NJW **64**, 2027; Karlsruhe NJW **65**, 1774) oder **Halter** eines Kraftfahrzeuges (vgl. BGH **18**, 7; 355; VRS **14**, 197; **17**, 388; **20**, 282; **27**, 185; 371; Bay **62**, 278; JZ **59**, 639; Bay JR **79**, 289 [m. Anm. *Horn*; dazu SK-*Rudolphi* 30, 34 a]; Hamm VRS **15**, 288; Stuttgart VRS **30**, 78; NJW **81**, 2369); als gleichberechtigter weiterer Fahrzeugführer (Bay VRS **60**, 188); als **Tierhalter** (Bremen NJW **57**, 73; VRS **23**, 41; Celle NJW **70**, 202; Bay VRS **74**, 360; Hamm NJW **96**, 1295 [Hundehalter]; *Otto/Brammsen* Jura **85**, 600); als Verwaltungsleiter hinsichtlich der von gemeindeeigenen Grundstücken ausgehenden Gefahren (Koblenz NStZ **87**, 281 [„wilde" Müllkippe]). Wer in Gebäuden oder auf Grundstücken einen Verkehr eröffnet, hat grundsätzlich eine **Verkehrssicherungspflicht** (BGHZ **5**, 380; **14**, 85; **16**, 96; NJW **66**, 1456); das gilt auch für Skipisten (NJW **71**, 1093; **73**, 1379; Bay NJW **74**, 189, abl. *Hepp* NJW **73**, 2085; gegen ihn *Hummel* NJW **74**, 170) und Kinderspielplätze (Karlsruhe OLGSt. 29 zu § 222). Derartige Sachherrschaft begründet eine Pflicht zur Gefahrenabwehr. Wie die Sachherrschaft zivilrechtlich ausgeformt ist, ist von sekundärer Bedeutung; in erster Linie kommt es auf Sachnähe an. Ein **Gastwirt** hat keine Rechtspflicht zur Verhinderung aufenthaltsrechtlicher Taten von Ausländern, die sich in der von ihm betriebenen Gaststätte aufhalten (Oldenburg StV **05**, 26).

37 **(3)** Zu einer Garantenstellung kann namentlich auch die Eigenschaft als **Geschäftsherr** (SK-*Rudolphi* 35 a; ausf. dazu *Schall*, Rudolphi-FS [2004] 267 ff.; *Otto*, Schroeder-FS [2006] 339, 343 ff.), **Inhaber** oder **leitender Angestellter** im technischen Bereich eines **gefährlichen Betriebes** oder einer **Anlage** (Karlsruhe NJW **77**, 1930 [Baustelle]; VRS **18**, 48 [Sportanlage]; Stuttgart VersR **61**, 1026 [Sprungturm]; Bay **71**, 230 [Förderanlage mit Seilbahn]) mit Eigenverantwortung zur Gefahrenabwehr führen. Soweit es um die Pflicht zur Verhinderung von Straftaten Dritter (Betriebsangehöriger) geht, kann es idR nur um *betriebsbezogene* Taten gehen (vgl. §§ 30, 130 OWiG; *Roxin* AT II 32/141; *Schünemann* [40 a] 101, 106; *Schall*, Rudolphi-FS [2004] 267, 281 ff.; *Alexander*, Die strafrechtliche Verantwortlichkeit für die Wahrung der Verkehrssicherungspflichten in Unternehmen, 2005 [Diss. Bayreuth 2004]).

38 Es besteht dagegen keine *allgemeine* Garantenpflicht von Personen der Unternehmensleitung zur Verhinderung von Straftaten Beschäftigter, **zB** von Diebstählen oder sexuellen Übergriffen gegen Beschäftigte oder Besucher; idR auch nicht hinsichtlich solcher Taten von Betriebsangehörigen, die den geschäftlichen Rahmen für „Exzesstaten" ausnutzen (vgl. dazu *S/S/Stree* 52; *Schünemann* [12 d] 101 ff.; *Bottke* [40 a] 68 f.; *Rogall* ZStW **98** [1986], 573, 618; *Jakobs* AT 29/36; *Schall*, Rudolphi-FS [2004] 267, 268). Hinsichtlich **betriebsbezogener Straftaten** (zB Bestechungsdelikte; Betrug gegen Dritte) kommt es für die Begründung einer Garantenstellung nach zutr. Ansicht auf die Organisationsmacht des Geschäftsherrn in Verbindung mit seiner Herrschaft über die Gefahrenquelle an (SK-*Rudolphi* 35 a; LK-*Weigend* 56; *Otto* Jura **98**, 411, 413; and. *Schünemann* [40 a] 101 ff.; zur Stellung als Überwachungsgarant in einer Konzernstruktur vgl. *Langkeit*, Otto-FS [2007] 649, 654 ff.). Allein aus dem arbeitsrechtlichen Direktionsrecht ergibt sich dagegen kein personales Verhältnis, auf welches sich eine Stellung als Überwachergarant stützen ließe (*Schall*, Rudolphi-FS [2004) 267, 271; zu vertraglichen Vereinbarungen [sog. **Integritätsklauseln**] vgl. oben 21; *Schlösser* wistra **06**, 446 ff.). Eine solche, eine Unterlassungstäterschaft begründende Stellung des Betriebsinhabers kann unbeschadet einer eigenen Täterschaft des Betriebsangehörigen bestehen; als Gefahrenquellen kommen in diesem Fall sowohl der räumliche

Zusammenhang des Betriebs selbst als auch einzelne Anlagen, Einrichtungen und Abläufe, grds. aber auch (ihrerseits eigenverantwortlich handelnde) Personen in Betracht (zutr. *Schall* ebd. 277f.; zB Übereifriges Sicherheitspersonal; überehrgeizige Verkäufer oder Akquisiteure, usw.).

(4) Die Frage, ob schon die zivilrechtliche **Produkthaftung** auch die Grundlage strafrechtlicher Verantwortlichkeit nach § 13 bildet, hat der *2. StS* in BGH **37**, 106, 115 *(Lederspray-Fall)* offen gelassen (dafür *Bode,* BGH-50-FS, 515, 524); er hat aber für Hersteller und Vertreiber von Produkten, deren Fehlerhaftigkeit die nahe liegende Gefahr von Gesundheitsschäden bei Verbrauchern begründet, eine Garantenstellung aus **vorangegangenem pflichtwidrigem Gefährdungsverhalten** angenommen (BGH **37**, 106, 115f.; krit. zur Begründung, aber iErg zust. LK-*Weigend* 53). Hierbei setzt die objektive Pflichtwidrigkeit nicht voraus, dass der Handelnde seine Sorgfaltspflicht verletzt, sich also fahrlässig verhalten hat (ebd. 118f.; **aA** *Kuhlen* NStZ **90**, 568; *Samson* StV **91**, 184; *Schünemann* ZStW **96**, 295, 308; *ders*,, Meurer-GedS 37, 50; *Jakobs* 29/45; hierzu *Eidam* 6). Es genügt danach die rechtliche Missbilligung des **Gefährdungserfolges,** das pflichtwidrige Vorverhalten braucht nicht schuldhaft zu sein (*S/S-Stree* 38; krit. zu dieser Begründung, jedoch auf der Grundlage einer auf das *Verantwortungsprinzip* gestützten *Verhinderungspflicht* iErg zust. *Otto,* H.J. Hirsch-FS 291, 304f.). Unter dem Gesichtspunkt des „erlaubten Risikos" kann die objektive Pflichtwidrigkeit entfallen, wenn es sich bei vereinzelt aufgetretenen Schadensfällen um offensichtliche „Ausreißer" handelt, bei denen ein Zusammenhang mit einer generellen Fehlerhaftigkeit des Produkts auszuschließen ist. Liegt eine Garantenstellung vor (zur Täterstellung vgl. BGH **37**. 106, 123ff.; zur Garantenpflicht von Geschäftsführern vgl. *Böse* wistra **05**, 41ff. mwN), so ergibt sich hieraus eine strafbewehrte Pflicht zum Produkt-Rückruf (BGH **37**, 106, 119ff.). **39**

Trifft die Pflicht eine **juristische Person,** so tritt eine Einschränkung der Pflichtenstellung nach §§ 36f. GmbHG nicht dadurch ein, dass die Gesellschaft *mehrere Geschäftsführer* hat; auch eine Aufteilung der Geschäftsbereiche unter mehrere Geschäftsführer bleibt grds. ohne Einfluss auf die Verantwortung jedes einzelnen für die Geschäftsführung insgesamt (vgl. § 37 II GmbHG). Es gilt der Grundsatz der **Generalverantwortung** und der **Allzuständigkeit,** wenn aus **besonderem Anlass** Warn- und Rückrufaktionen in Frage stehen (BGH **37**, 106, 123 mwN). Zur umweltstrafrechtlichen Haftung des **Insolvenzverwalters** vgl. auch *Robra/Meyer* wistra **96**, 243. **40**

Literatur zur strafrechtlichen Produkthaftung: *Beulke/Bachmann* JuS **92**, 739; *Beulke/M. Mayer* ZfBR **91**, 183, 233; *Bode,* Zur strafrechtlichen Produkthaftung, BGH-FS 50, 515; *Böse*, Die gesellschaftlichen Regeln über die Geschäftsführung als Grenze von Garantenpflichten am Beispiel der strafrechtlichen Produktverantwortung, wistra **05**, 41; *Bosch,* Organisationsverschulden in Unternehmen, 2002; *Bottke,* Haftung aus Nichtverhütung von Straftaten Untergebener in Wirtschaftsunternehmen de lege lata, 1994; *Brammsen* GA **93**, 99; *Dencker,* Stree/Wessels-FS 164; *Deutscher/Körner* wistra **96**, 298, 327; *Gretenkordt,* Herstellung und Inverkehrbringen stofflich gesundheitsgefährlicher Verbrauchs- und Gebrauchsgüter, 1993; *Hassemer,* Produktverantwortung im modernen Strafrecht, 2. Aufl. 1996 [Bespr. *Hilgendorf* JZ **97**, 611]; *Hilgendorf* NStZ **93**, 10, **94**, 564; *ders.* GA **95**, 522; *ders.*, Wozu brauchen wir die „objektive Zurechnung"? – Skeptische Überlegungen am Beispiel der strafrechtlichen Produkthaftung, Weber-FS (2004), 33; *Hirte* JZ **92**, 257; *Hoyer* GA **96**, 160; *Knauer,* Die Kollegialentscheidung im Strafrecht, 2001; *Kühne* NJW **97**, 1951; *Kuhlen,* Fragen einer strafrechtlichen Produkthaftung, 1989; *ders.* NStZ **90**, 567, GA **94**, 348 u. JZ **94**, 296; *Neudecker,* Die strafrechtliche Verantwortlichkeit der Mitglieder von Kollegialorganen, 1995; *Otto* [1 zu § 14] 10; *ders.*, Die strafrechtliche Verantwortung für die Verletzung von Sicherungspflichten in Unternehmen, Schroeder-FS (2006) 339; *Prittwitz,* Strafrecht und Risiko, 1993 [hierzu *Kuhlen* GA **94**, 348, *Schünemann* GA **95**, 210]; *Puppe* JR **92**, 30, JZ **95**, 1147 u. NK 109, 119 vor § 13; *Schaal,* Strafrechtliche Verantwortlichkeit bei Gremienentscheidungen in Unternehmen, 2001 (Diss. Tübingen 1999); *Schmidt-Salzer* ProdHaft 1319, NJW **94**, 1309 u. **96**, 1; *Schmucker,* Die „Dogmatik" der strafrechtlichen Produktverantwortung, 2001; *Schünemann,* Unternehmenskriminalität und Strafrecht, 1979; *ders.*, Roxin-Symp. 67; GA **95**, 224; *ders.* in: *Breuer* u.a. (Hrsg.) Umweltschutz und technische Sicherheit im Unternehmen, 1993, 144; *ders.*, **40 a**

Unternehmenskriminalität, BGH-50-FG (2000), 621; *ders.*, Strafrechtliche Verantwortlichkeit bei Gremienentscheidungen in Unternehmen, 2001; *ders.*, Unzulänglichkeit des Fahrlässigkeitsdelikts in der modernen Industriegesellschaft, Meurer-GedS (2002), 37; *Weißer,* Kausalitäts- und Täterschaftsprobleme bei der strafrechtlichen Würdigung pflichtwidriger Kollegialentscheidungen, 1996.

41 **C. Wegfall der Garantenstellung.** Die Garantenstellung entfällt mit dem Wegfall der sie begründenden Umstände; im Fall der Ingerenz mit dem Abbruch eines Kausalitäts- und Zurechnungszusammenhangs zwischen der gefahrbegründenden Handlung und einer möglichen Rechtsgutsverletzung. Bei tatsächlicher Gewährsübernahme beendet das bloße *Hinzutreten* eines weiteren Garanten die Schutzpflicht nicht ohne Weiteres; diese kann sich aber im Einzelfall in eine Kontrollpflicht wandeln (vgl. NStZ **02**, 421, 423 [aS; *Wuppertaler Schwebebahn;* krit. *Freund* ebd. 424 f.]).

42 **6) Möglichkeit der Erfolgsverhinderung.** Der Unterlassende muss die *Möglichkeit* zur Verhinderung des Erfolgs haben (BGH **4**, 22; **6**, 57; GA **68**, 337; *Lampe* ZStW **79**, 476); da Unmögliches nicht verlangt werden kann, entfällt schon der Tatbestand des Unterlassungsdelikts, wenn der Garant die erforderliche Handlung nicht vollziehen kann, oder wenn nicht festgestellt werden kann, dass der Erfolg durch die pflichtgemäße Handlung verhindert worden wäre und der Täter sich dessen bewusst war (NStZ **07**, 469). Das gilt jedenfalls iE auch für die **Kollision** zweier (gleichrangiger) Handlungspflichten (vgl. dazu 11 ff. vor § 32 mwN): Wer nur eine der beiden Pflichten erfüllen kann und dies tut, handelt nach **hM** hinsichtlich des anderen Rechtsguts nicht rechtswidrig (vgl. *Lackner/Kühl* 15 zu § 34; SK-*Rudolphi* 29 vor § 13; *W/Beulke* 736 f.); nach **aA** verwirklicht er schon den Tatbestand des Unterlassungsdelikts nicht (MK-*Freund* 186); nach wiederum **aA** greift ein Entschuldigungsgrund ein (*Jescheck/Weigend* § 33 V 1 c). Eine Handlungspflicht entfällt, wenn die Erfolglosigkeit eines Rettungsbemühens *sicher* voraussehbar ist (NStZ **00**, 414). Irrtümliche Annahme der Unmöglichkeit lässt den Vorsatz entfallen (BGH **46**, 373, 379 f.; vgl. unten 48).

43 Eine Zurechnung des Erfolgs ist nach hM jedoch auch im Fall aktueller Unmöglichkeit geboten, wenn den Täter ein **Vorverschulden** trifft (*omissio libera in causa),* wenn er also seine Handlungsunfähigkeit durch zurechenbares Handeln herbeigeführt hat (vgl. *S/S-Stree* 144 vor § 13; SK-*Rudolphi* 46 vor § 13; *Lackner/Kühl* 3; *Kühl* AT 18/22; *Baier* GA **99**, 272, 277 ff., jew mwN; vgl. auch BGH **38**, 78); die iErg sehr str. Probleme entsprechen denen bei der *actio libera in causa* (vgl. 49 ff. zu § 20). Besondere Probleme treten bei „neutralem", aber *risikoerhöhenden* Vorverhalten auf, das zur Unmöglichkeit späterer Erfüllung einer Handlungspflicht führt (vgl. 15 zu § 266 a).

44 **7) Zumutbarkeit der Erfolgsabwendung.** Die Handlung, die den Erfolg verhindert hätte, muss von dem Garanten rechtlich zu fordern, d. h. ihm zumutbar sein (GA **63**, 16; abl. zur eigenständigen Bedeutung MK-*Freund* 189; vgl. dazu auch NK-*Wohlers* 17 f.; *Stree*, Lenckner-FS 393 ff.). Für die Beurteilung kommt es auf die Lage und die Fähigkeiten des Garanten einerseits, auf Nähe und Schwere der Gefahr und die Bedeutung des Rechtsgutes andererseits an (vgl. BGH **4**, 23; NStZ **84**, 164; vgl. *Ranft* JZ **87**, 908; *Otto/Brammsen* Jura **85**, 540). Unzumutbarkeit normgemäßen Verhaltens wird von der Rspr, anders als bei Begehungsdelikten (vgl. 49 vor § 13), als allgemeiner *Schuldausschließungsgrund* anerkannt (BGH **2**, 204; BGH (GrSen) **6**, 57; JR **68**, 6; Köln NJW **73**, 861; Karlsruhe MDR **75**, 771; str.). Nach **aA** ist schon die tatbestandliche Handlungspflicht ausgeschlossen (LK-*Weigend* 68; vgl. auch *Stree,* Lenckner-FS 393 ff). Das ist zutr., denn eine *Rechts-Pflicht,* deren Erfüllung *von Rechts wegen* nicht zumutbar ist, wäre ein Widerspruch in sich.

45 **Nicht zumutbar** ist eine Handlung, mit der der Garant eigene, billigenswerte Interessen in erheblichem Umfang gefährden würde (1 StR 45/76); dabei ist zwi-

schen dem drohenden Erfolg, der Wahrscheinlichkeit der Rettung durch pflichtgemäßes Handeln und dem Gewicht der gefährdeten Interessen des Garanten abzuwägen; eine gravierende Selbstgefährdung oder Selbstschädigung ist bei geringer Rettungschance idR nicht zumutbar (NJW **94**, 1357 [m. Anm. *Loos* JR **94**, 511]). Je nach den Umständen ist dem Garanten zuzumuten, sich selbst (BGH **11**, 353, 356; NJW **64**, 731; *Ulsenheimer* GA **72**, 8, 26) oder Angehörige (NJW **64**, 731) der Gefahr der Strafverfolgung auszusetzen oder ein wirtschaftliches Opfer auf sich zu nehmen (BGH **4**, 23). An der Zumutbarkeit kann es zB fehlen, wenn normgemäßes Verhalten nur durch Zahlung von Bestechungsgeld an ausländische Amtsträger erreichbar wäre (KG StV **99**, 95f.).

8) Entsprechensklausel. Das Unterlassen muss der Verwirklichung des gesetzlichen Tatbestandes durch ein Tun *entsprechen* (sog. **Modalitätenäquivalenz;** vgl. BGH **28**, 300, 307; NK-*Wohlers* 19); es muss im konkreten Fall dem Unrechtsgehalt aktiver Tatbestandsverwirklichung so nahe kommen, dass es sich dem Unrechtstypus des Tatbestands einfügt (vgl. dazu auch *Rudolphi* ZStW **86** [1974], 70; *Schünemann* ZStW **96** [1984], 312; *Roxin* JuS **73**, 197ff.; *ders*, Lüderssen-FS [2002], 577, 579ff.; *Jakobs* AT 29/78ff.; *Gropp* AT 11/79ff.; *Jescheck/Weigend* AT; 59 V; MK-*Freund* jew. mwN). 46

Funktion und **Anwendungsbereich** der Entsprechensklausel sind im einzelnen umstritten (vgl. dazu *Nitze* [1a] 15ff.). Teilweise wird ihr eine Funktion ganz abgesprochen (so zB *Nitze* aaO). Nach überwiegender Ansicht kommt ihr Bedeutung nur bei verhaltensbezogenen Erfolgsdelikten zu, deren Unrechtsgehalt einen spezifischen Handlungsunwert voraussetzt (zB §§ 185, 240, 263; § 211); in diesen Fällen beschränkt das Erfordernis des „Entsprechens" die Strafbarkeit auf solches Unterlassungs-Verhalten, das denselben *sozialen Sinngehalt* (*Lackner/Kühl* 16) wie das in den gesetzlichen Tatbeständen umschriebene positive Tun aufweist (vgl. auch NK-*Wohlers* 19; *Jescheck/Weigend* § 59 V 1 und LK-*Weigend* 77; *S/S-Stree* 4; *Roxin* AT 2, 32/218ff.). Nach hM hat die Klausel bei reinen Erfolgsdelikten keine Bedeutung (zB bei §§ 211, 223, 303); hier wird die Gleichwertigkeit schon durch die Garantenstellung begründet (krit. zu dieser Unterscheidung MK-*Freund* 192f.; *Kargl* ZStW **119** [2007] 250, 274f.). BGH **48**, 77, 96 (*Polibüro-Fall*) hat die Entsprechensklausel allerdings auch im Fall der Unterlassungstäterschaft nach § 212 ausdrücklich geprüft (und bejaht). Teilweise wird sie auf erfolgsqualifizierte Delikte (§ 18) angewandt (vgl. *Ingelfinger* GA **97**, 573, 589; *Roxin*, Lüderssen-FS [2002] 577, 585). 47

9) Vorsatz des Unterlassens. Zu den Tatbestandsmerkmalen der unechten Unterlassungsdelikte gehören neben dem Erfolg auch die tatsächlichen Umstände, welche die **Handlungspflicht** begründen (and. bei echten Unterlassungsdelikten; vgl. BGH **46**, 373, 379); weiterhin die Umstände, aus denen sich die **Zumutbarkeit** ergibt, sowie die **Möglichkeit der Erfolgsverhinderung** (BGH **46**, 373, 379; MDR/D **71**, 361; Köln NJW **73**, 861). Auf diese Umstände hat sich der Vorsatz zu erstrecken (str.; vgl. *Grünwald*, Mayer-FS 281; SK-*Rudolphi* 22 vor § 13; 4 zu § 15; MK-*Freund* 222ff.). Die sich aus den Umständen ergebende **Rechtspflicht** selbst gehört nicht zum Tatbestand; ein Irrtum hierüber ist nach hM Verbotsirrtum (GrSenBGH **16**, 155; **19**, 295, 299; GA **68**, 336; *S/S-Cramer/Sternberg-Lieben* 96 zu § 15; vgl. 17 zu § 16; zum Fall von Pflichtenkollisionen vgl. 11 vor § 32). Da vorsätzliches Unterlassen eine Entscheidung des Täters zwischen Untätigbleiben und möglichem Tun voraussetzt (BGH **19**, 295, 299), entfällt der Vorsatz, wenn dem Täter das Bewusstsein der Möglichkeit pflichtgemäßen Handelns fehlt (BGH **46**, 373, 379f.); ggf kommt dann Fahrlässigkeits-Strafbarkeit in Betracht. Die **irrige Annahme** der tatsächlichen Umstände, welche eine Garantenstellung begründen, führt zum **Versuch** (des „untauglichen Subjekts"; vgl. dazu 55 zu § 22 mit Nachw. zur Gegenansicht). Die auf irriger rechtlicher Bewertung zutreffend erkannter Tatsachen beruhende Annahme, Garant zu sein, ist dagegen ein **Wahndelikt**. 48

49 **10) Versuch des Unterlassungsdelikts.** Die Strafbarkeit des Versuchs eines unechten Unterlassungsdelikts entspricht der des Begehungsdelikts (vgl. BGH **14**, 284; **38**, 358; **40**, 271; NStZ **85**, 24; **94**, 29; **00**, 414; str.; vgl. LK-*Weigend* 78 ff.; MK-*Freund* 230 ff.; NK-*Wohlers* 22; *Roxin,* Maurach-FS 221). Zum **Versuchsbeginn** vgl. 31 ff. zu § 22; zum **Rücktritt** vom Versuch vgl. NStZ **97**, 485 [krit. *Kudlich/Hannich* StV **98**, 370]; *Küper* ZStW **112** [2000], 1 ff.; 5 zu § 24); zu Sonderfällen des untauglichen Versuchs oben 48.

50 **11) Beteiligung. A. Beteiligung durch Unterlassen.** Täter des unechten Unterlassungsdelikts ist nur der Garant; es handelt sich insoweit um ein **Sonderdelikt**, so dass Nichtgaranten nur Teilnehmer (am Unterlassen) sein können (LK-*Weigend* 86; **aA** *Arm. Kaufmann* [1 a] 186, der die Möglichkeit der Teilnahme insg. bestreitet; vgl. auch BGH **2**, 151; **4**, 21; MDR **60**, 939; VRS **18**, 421). Die Garantenstellung ist aber **kein besonderes persönliches Merkmal** iS von § 28 I (vgl. BGH **41**, 1, 3 [Anm. *Ranft* JZ **95**, 1186; *Hake* JR **96**, 162]; *S/S-Cramer/Heine* 19 zu § 28; MK-*Freund* 250 f.; *Gropp* AT 383; **aA** LK-*Weigend* 87; NK-*Wohlers* 28; SK-*Rudolphi* 44 vor § 13; *Roxin* AT 2, 27/68; *B/Weber/Mitsch* AT32/18).

51 Die Abgrenzung zwischen Täterschaft und Beihilfe durch Unterlassen ist im Einzelnen streitig (vgl. dazu umf. *Schwab* [1 a]; *Sering* [1 a]; *Hoffmann-Holland* ZStW **118** [2006] 620 ff.). **Teilweise** wird ein den Erfolg pflichtwidrig nicht verhindernder Garant stets als Täter angesehen, wenn nicht persönliche Voraussetzungen (zB Treuepflicht in § 266) oder subjektive Merkmale (zB Täuschungsabsicht in § 267) fehlen (NK-*Wohlers* 26; *Roxin* AT 2, 31/140 ff.). Danach begründet die Verletzung der Garantenpflicht die Täterstellung, wenn die übrigen Tatbestandsmerkmale erfüllt sind (*Grünwald* GA **59**, 110 ff.; *Arm. Kaufmann* [1 a] 291 ff.; vgl. auch SK-*Rudolphi* 37 vor § 13; *Roxin* AT II, 31/124 ff., 140 ff. [„**Pflichtdeliktstheorie**"; vgl. *Roxin* AT II 25/267 ff.]). Auf das Kriterium der Tatherrschaft kommt es danach ebenso wenig an wie auf die subjektive Einstellung des Unterlassenden. *Beihilfe* ist danach nur gegeben, wenn ein Garant die Begehung eines *eigenhändigen* Delikts oder einer Beihilfehandlung durch eine zu beaufsichtige dritte Person nicht verhindert oder wenn bei ihm ein subjektives Tatbestandsmerkmal (zB Zueignungsabsicht) fehlt (*Roxin* AT II 31/143 f.). Nach **aA** ist stets nur Beihilfe des Unterlassenden gegeben, da die Tatherrschaft bei aktiv handelnden Täter liege (*Lackner/Kühl* 5 zu § 27; *Jescheck/Weigend* AT 696). Weitere Differenzierungsvorschläge stellen auf die **Entsprechensklausel** (*Schwab* [1 a] 189), den **Pflichtinhalt** (Unterlassen des *Beschützer*-Garanten als Täterschaft; vgl. *Gropp* AT 10/151; *S/S-Cramer/Heine* 101 ff. vor § 25) oder ein Kriterium der „direkten Steuerung" ab (*Hoffmann-Holland* ZStW **118** [2006] 620, 635 ff.).

51 a Der **BGH** stellt auf eine wertende Betrachtung der *subjektiven* Beziehung des Garanten zur Tat ab und unterscheidet (wie bei aktivem Tun), ob ein unterlassender Beteiligter das aktive Handeln eines anderen „als eigenes" verwirklichen oder „als fremdes" unterstützen will (vgl. NJW **92**, 1246, 1247 [Beihilfe durch Zulassen einer aktiven Tötung nach vorangegangenem gemeinsamen Misshandeln]; BGH **48**, 77, 97 [Täterschaft von Mitgliedern des SED-Politbüros an aktiven Tötungen an der innerdeutschen Grenze]; vgl. auch BGH **2**, 150; **13**, 162, 166; **43**, 381, 396; krit. dazu *Sering* [1 a] 20). Danach gilt auch für den Unterlassungstäter § 25 uneingeschränkt; Alleintäter des Unterlassens ist also (nur), wer den Erfolg „selbst" herbeigeführt hat (vgl. auch *Bottke*, Rudolphi-FS [2004] 15, 18 ff. mwN), Mittäter, wer sein täterschaftliches Unterlassen als Teil der Tatbestandsverwirklichung auf Grundlage eines gemeinsamen Tatplans will und durch das Nichterfüllen der ihm obliegenden Pflicht Tatherrschaft verwirklicht (vgl. Erl. zu § 25; vgl. etwa NJW **66**, 1763; 3 StR 95/91; StV **86**, 59 [Kriterium *Täterwille*]; BGH **11**, 268, 272 [Kriterium Tatherrschaft]). Dafür spricht neben anderem auch die systematische Stellung des § 13 im ersten Titel und nicht im dritten Titel des Abschnitts.

52 **B. Beteiligung am Unterlassen.** Teilnahme am Unterlassungsdelikt ist ihrerseits durch Unterlassen, aber auch durch aktives Tun möglich. Eine Teilnahme

durch Unterlassen setzt auch hier wie Täterschaft eine Garantenpflicht voraus (vgl. dazu BGH **27**, 12 [m. krit; Anm. *Naucke* JR **77**, 291; *Tenckhoff* JuS **78**, 312]; LK-*Weigend* 88ff.; *S/S-Cramer/Heine* 81ff. vor § 25; SK-*Rudolphi* 41 vor § 13; NK-*Wohlers* 26; MK-*Freund* 253ff.).

12) Rechtsfolge (Abs. II). Abs. II sieht die *Möglichkeit* der **Strafmilderung** für das unechte Unterlassungsdelikt vor, da das Unterlassen der Erfolgsabwendung zwar nicht stets, aber oft weniger schwer wiegt als die aktive Tatbestandsverwirklichung (Ber. 8; vgl. BGH **36**, 227, 228f.; NJW **82**, 393; dazu *Bruns,* Tröndle-FS 125; *Hettinger* JZ **92**, 244). Insoweit gelten die Erl. zu § 49 I. Für die Entscheidung über die Strafrahmenmilderung kommt es nach stRspr. auf eine wertende Gesamtbetrachtung an (NJW **82**, 393 [m. Anm. *Bruns* JR **82**, 465; krit. *Horn,* Arm. Kaufmann-GedS 580; *Timpe* 161ff., *Frisch/Bergmann* JZ **90**, 952]; StV **87**, 527 [hierzu *Bruns* aaO 127]; MDR/H **89**, 491; BGHR § 13 II StRVersch 1; NStZ **98**, 245; NStZ/A **98**, 342), in welche nicht allein unterlassungsbezogene Gesichtspunkte einzubeziehen sind (NJW **98**, 3068; vgl. auch BGH **44**, 350, 352; and. noch NJW **82**, 393; StV **87**, 527f.; NStZ **98**, 245; **aA** SK-*Rudolphi* 66; LK-*Weigend* 100; hier bis 51. Aufl.). 53

Das strafbegründende Unterlassen selbst darf nicht zugleich als Grund für die Versagung der Strafmilderung dienen (NStZ **98**, 245). Nach der Rspr des BGH scheidet eine Anwendung des § 13 und damit auch eine Milderung nach II bei solchen Delikten aus, die für die Tatbestandsverwirklichung durch Unterlassen einen eigenen Strafrahmen vorsehen; **zB** § 225 I, § 315c I Nr. 2g, §§ 340 I, 353b II, 357 II; nicht aber schon bei solchen Tatbeständen, die, wie §§ 109, 266, 339, gleichermaßen durch Tun und Unterlassen begangen werden können (vgl. BGH **36**, 227, 228f.; zust. MK-*Freund* 288; **aA** für weiter gehenden Ausschluss *S/S-Stree* 1a; hier bis 51. Aufl.). 54

Bei Beihilfe durch Unterlassen kommt eine *doppelte* Milderung (II, § 27 II S. 2) in Betracht (BGH **30**, 74). Für minder schwere Fälle des unechten Unterlassungsdelikts gelten die Grundsätze des § 50. 55

Handeln für einen anderen

14 **I Handelt jemand**

1. als vertretungsberechtigtes Organ einer juristischen Person oder als Mitglied eines solchen Organs,

2. als vertretungsberechtigter Gesellschafter einer rechtsfähigen Personengesellschaft oder

3. als gesetzlicher Vertreter eines anderen,

so ist ein Gesetz, nach dem besondere persönliche Eigenschaften, Verhältnisse oder Umstände (besondere persönliche Merkmale) die Strafbarkeit begründen, auch auf den Vertreter anzuwenden, wenn diese Merkmale zwar nicht bei ihm, aber bei dem Vertretenen vorliegen.

II Ist jemand von dem Inhaber eines Betriebs oder einem sonst dazu Befugten

1. beauftragt, den Betrieb ganz oder zum Teil zu leiten, oder

2. ausdrücklich beauftragt, in eigener Verantwortung Aufgaben wahrzunehmen, die dem Inhaber des Betriebs obliegen,

und handelt er auf Grund dieses Auftrags, so ist ein Gesetz, nach dem besondere persönliche Merkmale die Strafbarkeit begründen, auch auf den Beauftragten anzuwenden, wenn diese Merkmale zwar nicht bei ihm, aber bei dem Inhaber des Betriebs vorliegen. Dem Betrieb im Sinne des Satzes 1 steht das Unternehmen gleich. Handelt jemand auf Grund

eines entsprechenden Auftrags für eine Stelle, die Aufgaben der öffentlichen Verwaltung wahrnimmt, so ist Satz 1 sinngemäß anzuwenden.

III Die Absätze 1 und 2 sind auch dann anzuwenden, wenn die Rechtshandlung, welche die Vertretungsbefugnis oder das Auftragsverhältnis begründen sollte, unwirksam ist.

1 **1) Allgemeines:** Die Vorschrift gilt idF des 2. StrRG, zu II Nr. 2 iVm Art. 1 Nr. 2 des 2. WiKG (2 vor § 263); Abs. I Nr. 2 ist durch das G v. 22. 8. 2002 (1 zu § 75) geändert worden.

1a **Literatur:** *Achenbach,* Stree/Wessels-FS 545 [Sanktionen gegen Unternehmen], Coimbra-Symp. 283 [Ahndende Sanktionen gegen Unternehmen]; *ders.,* Sanktionen gegen Unternehmen und Ahndung unternehmensbezogenen Handelns, in: *Achenbach/Ransiek,* Handbuch Wirtschaftsstrafrecht, 2004, 3; *ders.,* Ausweitung des Zugriffs bei den ahndenden Sanktionen gegen die Unternehmensdelinquenz, wistra **02**, 441; *Alwart* ZStW **105**, 752; *Blauth,* Handeln für einen anderen, 1968; *Böse,* Die Strafbarkeit von Verbänden und das Schuldprinzip, Jakobs-FS (2007) 15; *Bottke* wistra **91**, 53, 83; *Dannecker,* Zur Notwendigkeit der Einführung kriminalrechtlicher Sanktionen gegen Verbände, GA **01**, 101; *ders.,* Die Ahndbarkeit von juristischen Personen im Wandel, Böttcher-FS (2007) 465; *Eidam,* Unternehmen und Strafe, 2. Aufl. 2002; *Eidam,* Straftäter Unternehmen, 2. Aufl. 2001; *v. Freier,* Kritik der Verbandsstrafe, 1998; *Fuhrmann,* Tröndle-FS 139; *Gössel/Borchers* wistra **85**, 125 u. **87**, 86, 89; *Gübel,* Die Auswirkungen der faktischen Betrachtungsweise auf die strafrechtliche Haftung faktischer GmbH-Geschäftsführer, 1994; *Hanft,* Strafrechtliche Probleme im Zusammenhang mit der Einmann-GmbH, 2006 (Diss. München 2005); *Heine,* Die strafrechtliche Verantwortlichkeit von Unternehmen, 1995 [Bespr. *Seelmann* ZStW **108**, 660]; *ders.* ÖJZ **96**, 211 [strafrechtliche Verantwortlichkeit von Unternehmen]; *H.J. Hirsch* ZStW **107**, 285 [strafrechtliche Verantwortlichkeit von Unternehmen]; *ders.,* Die Frage der Straffähigkeit von Personenverbänden, 1993 [Bespr. *Seelmann* ZStW **108**, 655 u. *Otto* GA **97**, 236]; *Jakobs,* Strafbarkeit juristischer Personen?, Lüderssen-FS (2002). 559; *Kaufmann,* Möglichkeiten der sanktionsrechtlichen Erfassung von (Sonder-)Pflichtverletzungen in Unternehmen (usw.), 2003; *Krekeler,* Brauchen wir ein Unternehmensstrafrecht?, Hanack-FS 639; *Kremnitzer/Ghanayim,* Die Strafbarkeit von Unternehmen, ZStW **113** (2001), 539; *Montag,* Die Anwendung der Strafvorschriften des GmbH-Rechts auf faktische Geschäftsführer, 1994; *Otto,* Die Strafbarkeit von Unternehmen u. Verbänden, 1993 [Bespr. *Seelmann* ZStW **108**, 652]; *Schroth,* Unternehmen als Normadressaten u. Sanktionsobjekte, 1993 [hierzu *Lampe* ZStW **106**, 729 u. *Seelmann* ZStW **108**, 659]; *Schünemann,* Unternehmenskriminalität u. Strafrecht, 1980, 127 ff.; *ders.* wistra **82**, 41; *ders.* GA **86**, 334; *ders.* Madrid-Symp. 265 [Strafbarkeit juristischer Personen]; *Tiedemann* NJW **86**, 1842; **88**, 1169; *U. Weber* ZStW **96**, 409; *Wiesener,* Die strafrechtliche Verantwortlichkeit von Stellvertretern u. Organen, 1971; *Winkelbauer,* wistra **86**, 18;

Außerdeutsches Recht: *Ehrhardt,* Unternehmensdelinquenz u. Unternehmensstrafe. Sanktionen gegen juristische Personen nach deutschem u. US-amerikanischem Recht, 1994 [Bespr. *Hohmann* GA **96**, 145]; *Hetzer,* Verbandsstrafe in Europa, EuZW **07**, 75; *Schmoller,* Strafe ohne Schuld? Überlegungen zum neuen österreichischen Verbandsverantwortlichkeitsgesetz, Otto-FS (2007) 453; *Schünemann,* Die kriminalpolitischen und dogmatischen Grundfragen der Unternehmenskriminalität – am Beispiel des Arbeitsschutzstrafrechts in europäischer Perspektive, Rudolphi-FS (2004) 297; *Zeder,* Ein Strafrecht juristischer Personen. Grundzüge einer Regelung in Österreich, ÖJZ **01**, 630.

1b **2)** § 14 bewirkt eine allgemeine Strafausdehnung. Die Vorschrift hat besondere Bedeutung für das Nebenstrafrecht; denn sie dehnt bei **Sonder-** bzw. **Pflichtdelikten** den Anwendungsbereich derjenigen Tatbestände, die sich an einen bestimmten Normadressaten richten, auf Personen aus, die (zB auf Grund Aufgabendelegation; vgl. dazu *Otto,* Schroeder-FS [2006] 339, 349 ff.) stellvertretend für diesen handeln. Die Zurechnungstatbestände des § 14 setzen in Abs. I voraus, dass der Handelnde Vertretungsberechtigter der an sich qualifizierten, aber deliktsunfähigen juristischen Person oder rechtsfähigen Personengesellschaft iS von § 14 II BGB oder gesetzlicher Vertreter einer anderen Person ist; in Abs. II, dass der Handelnde beauftragt ist, einen Betrieb ganz oder zT zu leiten (Leitende Angestellte), oder als sog. *gewillkürter Vertreter* ausdrücklich beauftragt ist, dem Betriebsinhaber obliegende Aufgaben wahrzunehmen. Die Neufassung im Jahr 2002 (oben 1) ist eine Folgeänderung zur Erweiterung des § 30 I OWiG.

De lege ferenda werden, internationalen Vorbildern folgend, insbesondere im Wirtschafts- und Umweltstrafrecht, strafrechtliche Sanktionen auch für körperschaftlich strukturierte Wirtschaftsunternehmen („Verbandsstrafe") gefordert (vgl. *Lampe* ZStW **106**, 722). Forderungen nach Einführung einer **Verbandsstrafbarkeit** ergeben sich insb. auch aus dem EU-Recht (vgl. zB Gemeins. Maßnahme v. 21. 12. 1998 betr. die Strafbarkeit der Beteiligung an einer kriminellen Vereinigung in den Mitgliedsstaaten der EU [ABl. L 351 v. 29. 12. 1998]; Geldwäscherichtlinie [1 zu § 261]). Zur Rechtslage in anderen Staaten vgl. BT-Drs. 13/11 425. Die von der BReg. eingesetzte Kommission zur Reform des strafrechtlichen Sanktionensystems hat sich gegen die Einführung einer Verbandsstrafe ausgesprochen (vgl. 8 vor § 38). Zum Diskussionsstand *Dannecker* GA **01**, 101 ff.; **04**, 559, 571; **Nachw. zur Lit.**: 10 vor § 38. Insg. hat sich die rechtspolitische Stimmungslage, nach einer Phase lebhafter Forderung nach einer Verbandsstrafe derzeit von entspr. Vorschlägen wohl eher abgewandt (auch diese Bewertung ist str.; vgl. *Dannecker* GA **01**, 101 ff.; *Jakobs,* Lüderssen-FS 559 ff.; LK-*Schünemann* 83 ff.). Eine wesentliche Verbesserung der bestehenden Sanktionsmöglichkeiten (§§ 73 ff., 74 ff.; § 30 OWiG) wird von einer *Strafe* gegen juristische Personen kaum erwartet, wohl aber eine Vielzahl dogmatischer, verfassungsrechtlicher und praktischer Probleme. 1 c

3) Die **besonderen persönlichen Merkmale** iS des I und II (zum Verhältnis zu den Merkmalen des § 28 vgl. LK-*Schünemann* 32 ff.; *S/S-Lenckner/Perron* 8 ff.; NK-*Marxen* 24; MK-*Radtke* 49 ff.) müssen den Täter objektiv charakterisieren, auch wenn sich dies nicht unmittelbar aus dem Tatbestand, sondern aus dem Sachzusammenhang ergibt. Sie dürfen eine Vertreterhaftung nicht bereits ihrer Art nach ausschließen. Daher werden Fälle der bloßen Strafschärfung oder Milderung sowie des Ausschlusses der Strafbarkeit (§ 28 II) ebenso wenig von § 14 erfasst wie die subjektiven Merkmale (6 zu § 28) und höchstpersönliche, nicht auswechselbare Merkmale, so dass zB der Vormund nicht nach § 170 strafrechtlich haftet (NK-*Marxen* 27; **aA** LK-*Schünemann* 41; *S/S-Lenckner/Perron* 11; MK-*Radtke* 51; *Bruns* GA **82**, 18), wenn sein Mündel unterhaltspflichtig ist; vgl. *Gallas* ZStW **80**, 21. Der unmittelbaren Anwendung des § 84 I Nr. 2 GmbHG auf „faktische" Geschäftsführer steht § 14 nicht entgegen (BGH **31**, 122; vgl. *Hildesheim* wistra **93**, 166; ferner *Bruns* JR **84**, 133; GA **86**, 1230; krit. *Kaligin* BB **83**, 790; *Kratzsch* ZRG **85**, 509, 528; *Löffeler* wistra **89**, 121; ferner *Tiedemann* GmbHG 27 ff. zu § 84 u. NJW **86**, 1842; *Gübel* [oben 1] 65; *Dierlamm* NStZ **96**, 153). Auch der Zueignungswille nach § 246 ist kein persönliches Merkmal (GrSBGH **40**, 198; BGH **40**, 19; vgl. NStZ **95**, 133; 444; LK-*Schünemann* 39; *S/S-Lenckner/Perron* 8; Karlsruhe Die Justiz **75**, 314); durch die Einführung der Drittzueignung in die Zueignungsdelikte durch das 6. StrRG ist die Problematik insoweit entfallen. 2

4) A. Abs. I setzt das Handeln einer Person in einer der aufgezählten Funktionen voraus: 3

Nr. 1: als **vertretungsberechtigtes** Organ einer **juristischen Person** (vgl. 2 zu § 75; LK-*Schünemann* 44; MK-*Radtke* 71 ff.; *A/R-Achenbach* I.3/9; *Winkelbauer* wistra **86**, 19) oder Mitglied **eines solchen Organs.** Zur Zurechnung bei mehrstufiger Konzernierung vgl. *Ransiek* wistra **05**, 121, 124 f.

Nr. 2: als **vertretungsberechtigter Gesellschafter einer rechtsfähigen Personengesellschaft** (vgl. § 14 II BGB), also einer Personenhandelsgesellschaft, Partnerschaftsgesellschaft (vgl. BT-Drs. 13/3604, 6 f.) oder am Rechtsverkehr teilnehmenden Gesellschaft bürgerlichen Rechts (vgl. BGHZ **146**, 342; vgl. MK-*Radtke* 79; *Achenbach* wistra **02**, 441, 442 f.; *A/R-Achenbach* I.3/10): Nicht erfasst sind die nicht am Rechtsverkehr teilnehmende GbR und der nicht rechtsfähige Verein, bei denen die besonderen persönlichen Merkmale grundsätzlich nicht bei der Vereinigung, sondern unmittelbar beim handelnden Gesellschafter oder Vorstand gegeben sind (LK-*Schünemann* 47; vgl. *Tiedemann* NJW **86**, 1844); in gewissen Ausnahmefällen kann II eingreifen (E EGOWiG 63);

Nr. 3: als **gesetzlicher Vertreter** einer anderen Person; insb. Eltern und Vormünder (§§ 1626 ff., 1793 BGB); aber auch „Parteien kraft Amtes" wie Konkurs-, Vergleichs-, Nachlassverwalter, Testamentsvollstrecker, Abwickler; wohl auch Geschäftsführer einer Komplementär-GmbH in einer GmbH und Co. KG, wenn sie nicht schon von Buchst. a erfasst sind (vgl. BGH **28**, 371; NK-*Marxen* 49; MK-

Radtke 83; *Göhler* OWiG 10 zu § 9 mwN). Nicht erfasst sind gewillkürte Vertreter, bei denen eventuell II in Betracht kommt.

4 **B. Handeln als Organ** usw., dh in seiner Eigenschaft als Vertreter, setzt die Vertreterhaftung voraus (3 zu § 75; BGH **30**, 128; *Bruns* GA **82**, 26; *Tiedemann* NJW **86**, 1844); umfasst ist außer dem positiven Tun auch das **Unterlassen** (*Bruns* GA **82**, 24).

5 Das Handeln oder Unterlassen muss **im objektiven Zusammenhang** mit dem Aufgabenkreis des Vertretenen stehen (NJW **69**, 1494), also nicht allein eigenen Interessen dienen (BGH **30**, 127 mwN; vgl. *König* in *Göhler* 13. Aufl., 25 ff. zu § 30 OWiG; krit. *Deutscher/Körner* wistra **96**, 12; **aA** *Labsch* wistra **85**, 4). Die interne Aufteilung der Geschäftsführung auf die verschiedenen Mitglieder (zB des Vorstandes einer AG) kann dabei sowohl für die konkrete Handlungspflicht als auch für die Zumutbarkeit des Handelns und Entschuldbarkeit eines Irrtums über diese Pflicht eine Rolle spielen (vgl. MK-*Radtke* 66 ff.); verletzt ein intern zum Handeln verpflichtetes Mitglied diese Pflicht und erkennt das ein intern nicht verpflichtetes Mitglied, so kann auch dieses strafrechtlich zum Handeln verpflichtet sein. Bei den rechtsfähigen Personengesellschaften, deren Kreis entspr. § 30 OWiG durch das AusfG zum Zweiten Protokoll erweitert worden ist (vgl. dazu BT-Drs. 14/8998, 8), kann die Abgrenzung zwischen einem Handeln in Ausübung und einem Handeln „bei Gelegenheit" der gesellschaftsrechtlichen Funktion, etwa in einer Partnerschaftsgesellschaft, schwierig sein; die Grundsätze für die Personenhandelsgesellschaften gelten entspr.

6 **C. Innerhalb des StGB** spielt I vor allem eine Rolle, wenn in den Fällen der §§ 266, 325 der Verpflichtete, der §§ 284, 286 der Veranstalter (Bay NJW **79**, 2259), des § 288 der Schuldner ein anderer ist als derjenige, der nach I Nr. 1 bis 3 an seiner Stelle handelt (vgl. *Bruns* GA **82**, 3, 34; ausf. LK-*Schünemann* 41 ff.). Hingegen scheiden Vorschriften wie § 170 aus (oben 2). Eine wesentlich größere Rolle spielt I im Nebenrecht.

7 **5) Abs. II** erfasst **Beauftragte** in Betrieben und Unternehmen sowie bei Stellen der öffentlichen Verwaltung; einbezogen sind auch gewillkürte Vertreter.

8 **A. Betrieb** ist iwS als die nicht nur vorübergehende Zusammenfassung mehrerer Personen unter Einsatz von Sachmitteln in räumlichem Zusammenhang unter einer Leitung zur Erreichung eines bestimmten, nicht stets wirtschaftlichen Zweckes zu verstehen; der Begriff umfasst neben Produktions- und Handwerksbetrieben auch Handels- und Dienstleistungsbetriebe, Forschungseinrichtungen und freiberufliche Tätigkeiten. Auf die Rechtsform des Unternehmens kommt es nicht an. Ob der Begriff des Unternehmens, den **II S. 2** dem des Betriebes gleichsetzt, daneben selbstständige Bedeutung hat (MK-*Radtke* 87), ist nach der Begr. 65 zw. (vgl. LK-*Schünemann* 57); man könnte darunter einen Komplex von mehreren Betrieben verstehen (vgl. *König* in *Göhler* OWiG 43 zu § 9).

9 **B. Beauftragt** muss der Handelnde sein, entweder von dem **Inhaber** selbst oder einem sonst dazu **Befugten,** der seine Befugnis aus seiner Stellung (Prokurist), aus entsprechender Vollmacht des Inhabers oder aus gesetzlichen Vorschriften wie die über die gerichtliche Bestellung eines Abwicklers oder eines besonderen Vertreters durch die Mitgliederversammlung eines Vereins herleiten kann (Begr. 64).

10 **a) Nach II Nr. 1** muss der (anders als bei Nr. 2 nicht notwendig „förmliche" oder „ausdrückliche") Auftrag (konkludente Beauftragung reicht aus, BGH(Z) MDR **90**, 41) zum Inhalt haben, den **Betrieb ganz oder zum Teil zu leiten,** so dass sowohl räumlich getrennte Betriebsteile als auch die Abteilung innerhalb des Betriebs gemeint ist (E/2. WiKG 15), und der technische oder der kaufmännische Leiter eines Gesamtbetriebes ebenso erfasst werden wie gemeinschaftliche Leiter eines Betriebes oder der Gesamtleiter eines Zweigbetriebes (Begr. S. 64). Es kann zw. sein, ab wann eine Betriebseinheit als „Teil" eines Betriebes anzusehen ist (E/2. WiKG 15); daher kommt es auf den sachlichen Gehalt des Auftrags, nicht

auf die Bezeichnung des Beauftragten an (LK-*Schünemann* 59; vgl. *Marxen* JZ **88**, 286; MK-*Radtke* 88, 102; *A/R-Achenbach* I.3/14).

b) Nach II Nr. 2 bezieht sich der Auftrag darauf, **in eigener Verantwortung Aufgaben wahrzunehmen,** die als solche dem **Inhaber des Betriebes obliegen.** Es müssen also **betriebsbezogene Aufgaben** sein, die primär der Inhaber in dieser seiner Stellung wahrzunehmen hat, so als Erzeuger und Verteiler von Waren (zB Verleger), als Arbeitgeber (zB Arbeitsschutz- und Arbeitszeitvorschriften; Versicherungs- und Geheimhaltungsvorschriften), als Verwalter von Vermögen, als Eigentümer bestimmter Einrichtungen (Maschinen, Autos), als Teilnehmer am Rechts- und Wirtschaftsverkehr (zB Buchführungs- oder Auskunftspflichten; vgl. Begr. 64; auch *Schünemann* aaO [oben 1], 145). 11

aa) ein **ausdrücklicher** Auftrag muss (anders als bei Nr. 1) vorliegen. Dieser kann auch auf einer gesetzlichen Vorschrift beruhen (zB §§ 30, 31 StrlSchV für Strahlenschutzverantwortliche und -beauftragte). Mit der Eingrenzung auf einen ausdrücklichen Auftrag wollte der Gesetzgeber von 1968 der Gefahr einer unangemessenen Abwälzung der Verantwortung auf Hilfspersonen vorbeugen und klare Verhältnisse schaffen, da es sich nicht von selbst verstehe, dass mit der bloßen Wahrnehmung der Aufgaben auch die Pflichten des Vertretenen übernommen würden. Dem Vorschlag des E/2. WiKG, auf das Merkmal „ausdrücklich" in II Nr. 2 und dem parallelen § 9 II Nr. 2 OWiG zu verzichten, ist das 2. WiKG nicht gefolgt (Ber. 25; vgl. *Göhler* NStZ **83**, 64; *U. Weber* NStZ **86**, 482; *Marxen* JZ **88**, 289; *Achenbach* JuS **90**, 602), so dass stillschweigende Übertragung oder bloß tatsächliche Wahrnehmung der Aufgabe weiterhin nicht ausreicht (Stuttgart OLGSt. 1; Hamm NJW **69**, 2211). 12

Es genügt, wenn auch ohne Verwendung des Begriffs „Auftrag" dem Betreffenden schriftlich oder mündlich die Aufgabe eindeutig übertragen wird, wobei ihm eine klare Vorstellung von Art und Umfang dieser Aufgaben vermittelt werden muss; wieweit dabei in Einzelheiten zu gehen ist, ergibt sich aus den Umständen des Einzelfalles (vgl. Begr. 65). Auf eine entsprechende Namhaftmachung nach außen hin, insbesondere gegenüber Behörden, kommt es grundsätzlich nicht an (KG VRS **36**, 269). 12a

bb) Die Aufgabe muss dem Beauftragten zur Wahrnehmung **in eigener Verantwortung** übertragen sein; der Beauftragte muss im Rahmen der Entscheidungsbefugnisse des Vertretenen handeln, darf also nicht zu bloßer Mitverantwortung herangezogen sein, sondern muss in eigener Befugnis (SK-*Hoyer* 36; NK-*Marxen* 62) die Entscheidungen frei und verantwortlich treffen, die zu treffen eigentlich **dem Inhaber des Betriebes obliegt,** in dessen Verantwortungsbereich und aufgabenspezifischen Pflichtenkreis der Beauftragte einrückt. Die Auswechslung der Verantwortung setzt neben der erforderlichen Beauftragung die notwendigen Entscheidungsbefugnisse voraus. Diese müssen sich nach der Gesetzesbegründung „in den Grenzen des Sozialadäquaten" halten, so dass zB einem Lehrling nicht inadäquate Funktionen übertragen werden dürfen, denen er nicht gewachsen sein kann (Begr. 65; vgl. StA Mannheim NJW **76**, 585; NK-Marxen 65 ff.). Von der hM wird eine Grundlage für eine solche Einschränkung nicht gesehen (*S/S-Lenckner/Perron* 36; MK-*Radtke* 98; SK-*Hoyer* 70; LK-*Schünemann* 64). Ein Fall der Nr. 2, nicht der Nr. 1, ist es auch, wenn jemand den Auftrag erhält, den Betrieb oder Teile des Betriebes ganz oder in bestimmten Bereichen zu beaufsichtigen (Begr. 64). 13

c) Auf Grund seines Auftrages muss der Beauftragte in den Fällen der Nr. 1 und 2 handeln. Damit ist wie bei I (oben 5) ein betriebsbezogenes Handeln im Bereich der ihm übertragenen Aufgaben aus seiner Vertreterstellung gemeint. Der Beauftragte muss also bei wirtschaftlicher Betrachtungsweise zumindest auch für die Belange des Betriebs tätig werden; ein allein eigennütziges Handeln reicht nicht aus (Karlsruhe NJW **06**, 1364 f.). **Handeln** umfasst auch hier pflichtwidriges **Un-** 14

terlassen, so dass sowohl vorsätzliche wie fahrlässige echte und unechte Unterlassungsdelikte einbezogen sind (vgl. auch oben 4).

15 **C. Nach II S. 3** gilt S. 1 für einen Beauftragten, der **für eine Stelle, die Aufgaben der öffentlichen Verwaltung wahrnimmt,** handelt, sinngemäß. Als solche Stellen sind nicht nur Behörden und Stellen der Verwaltung ieS, sondern auch zB Anstalten und Körperschaften des öffentlichen Rechts anzusehen. An die Stelle des Betriebsinhabers tritt in sinngemäßer Anwendung des S. 1 der Leiter der Stelle oder ein anderer zur Delegation von Pflichten befugter Angehöriger (Köln NJW **88**, 2121). II S. 3 will erreichen, dass die Angehörigen von Verwaltungsstellen gegenüber den in Betrieben Tätigen bei tatsächlich und rechtlich paralleler Lage nicht bevorzugt werden (Begr. S. 6; vgl. *U. Weber* aaO [6 vor § 324] 26). Daraus ist zu schließen, dass die sinngemäße Anwendung des S. 1 die Vorschrift auf solche Fälle beschränkt, in denen Verwaltungsstellen fiskalisch tätig werden oder als Arbeitgeber, als Eigentümer bestimmter Sachen oder als Teilnehmer am Rechts- und Wirtschaftsleben Verpflichtungen haben, die denen von Betriebsinhabern entsprechen (NK-*Marxen* 65; weiter MK-*Radtke* 106). S. 3 kann nicht dazu führen, dass Nichtamtsträger wegen eines echten Amtsdelikts strafbar werden; denn die Strafbarkeit ist hier an die (nicht übertragbare) Amtsträgereigenschaft selbst gebunden.

16 **D. Der Inhaber eines Betriebes** oder Unternehmens, der Leiter einer Verwaltungsstelle oder ein sonst zunächst Verantwortlicher wird durch die Aufgabenübertragung strafrechtlich **nicht entlastet,** soweit er selbst als Normadressat aktiv handelt (Celle GA **69**, 183) oder ihm sonst ein Schuldvorwurf zu machen ist (vgl. NK-*Marxen* 70; MK-*Radtke* 122). Bei Unterlassungsdelikten kommt es auf die Umstände an. Oben 4, 5 gilt entsprechend.

17 **E. Folge von II** ist, dass der Beauftragte bei seinem Handeln und Unterlassen strafrechtlich so behandelt wird, als ob die strafbegründenden Tätermerkmale, die der Inhaber des Betriebes oder Unternehmens bzw. der Leiter der Verwaltungsstelle aufweist, auch bei ihm selbst gegeben wären. II findet innerhalb des StGB wenig Anwendung (vgl. aber 21 vor § 283, 5 zu § 288), in weiterem Umfang jedoch im Nebenstrafrecht (vgl. oben 1a, 11). Wo Pflichtenkreise vertretungsweise wahrgenommen werden, der Tatbestand aber (wie zB bei § 266) den Vertreter unmittelbar erfasst, regelt sich die strafrechtliche Verantwortlichkeit unabhängig von § 14 und trifft über die Grenzen der Vorschrift hinaus alle gewillkürten Vertreter (EzSt § 266 Nr. 3).

18 **6)** Nach **III** hindert die **Unwirksamkeit** des Rechtsaktes, der die Vertretungsbefugnis nach I oder das Auftragsverhältnis nach II begründen soll, die Anwendung von I und II nicht, wenn es zur Ausübung einer faktischen Vertreter- oder Beauftragtenstellung gekommen ist (vgl. 2 zu § 75; MK-*Radtke* 113 ff.). Das gilt zB für den **faktischen Geschäftsführer** einer GmbH (GA **71**, 36; MDR/H **80**, 453 unter Hinweis auf BGH **3**, 37; **21**, 103; vgl. NK-*Marxen* 43; *K. Schmidt,* Rebmann-FS 419; *Fuhrmann,* Tröndle-FS 139 [hierzu *Hettinger* JZ **92**, 244]; *Tiedemann* JuS **89**, 695; *Joerden* wistra **90**, 1), soweit er die Geschicke der Gesellschaft allein bestimmt oder gegenüber dem eigentlichen Geschäftsführer eine dominierende Rolle einnimmt (Düsseldorf NJW **88**, 3167; Bay NJW **97**, 1936; zur Begründung der Stellung durch gesellschaftsrechtliche Mehrheitsentscheidung vgl. Karlsruhe NJW **06**, 1364) und im Falle eines Unterlassungsdelikts den unrechtstypisierenden Bedeutungsgehalt des jeweiligen Tatbestandsmerkmals erfasst (Bay **91**, 13; vgl. 13 zu § 16). Seine Vertretungsmacht ist iS des § 37 II GmbHG nach außen unbeschränkt und unbeschränkbar (MDR/H **90**, 296).

19 **7)** Die **Irrtumsproblematik** ist wie bei anderen Fällen der Täterqualifikation zu beurteilen. Wer durch § 14 Täterqualität erhält, muss bei Vorsatzdelikten die Umstände kennen, die ihn zum Täter machen (vgl. 28 zu § 22; 28 zu § 11); irrt er lediglich über seine Verpflichtung, so ist das nur ein Verbots-(Gebots-)Irrtum

(2 StR 517/78; LK-*Schünemann* 78; MK-*Radtke* 120). Bei Fahrlässigkeitsdelikten muss ihm mindestens vorgeworfen werden können, dass er die Umstände nicht erkannt hat, die seine Täterqualifikation begründen.

Vorsätzliches und fahrlässiges Handeln

15 **Strafbar ist nur vorsätzliches Handeln, wenn nicht das Gesetz fahrlässiges Handeln ausdrücklich mit Strafe bedroht.**

1) Allgemeines. Die Vorschrift, in fast wörtlicher Übereinstimmung mit § 15 E 1962 (Begr. 128; Ndschr. **2**, 26, 60, 105) und § 16 I AE durch das 2. StrRG eingefügt (Ber. BT-Drs. V/4095, 8 = Ber.; Prot. V/1633, 1738, 1775), dient der Klarstellung und einer Entlastung der Tatbestandsbeschreibungen. Was unter Vorsatz und Fahrlässigkeit zu verstehenist, überlässt das Gesetz (and. §§ 16 bis 18 E 1962 und §§ 17, 18 AE) der Klärung durch Wissenschaft und Rspr. 1

Literatur (Auswahl): 1 a

Zum Vorsatz: *Arzt,* Dolus eventualis und Verzicht, Rudolphi-FS (2004), 3; *Bauer,* Die Abgrenzung des dolus eventualis (usw.), *Bettendorf,* Der Irrtum bei den Urkundsdelikten, 1997; *Brammsen,* Inhalt u. Elemente des Eventualvorsatzes (usw.), JZ **89**, 71; *Burkhardt,* Abweichende Kausalverläufe in der Analytischen Handlungstheorie, Nishihara-FS 15; *ders.,* Der Wille als konstruktives Prinzip der Strafrechtsdogmatik, in: *Heckhausen* u. a. (Hrsg.), Jenseits des Rubikon, 1987, 315; *Engisch,* Untersuchungen über Vorsatz u. Fahrlässigkeit im Strafrecht, 1930; *M. Fischer,* Wille u. Wirksamkeit. Eine Untersuchung zum Problem des dolus alternativus, 1993; *Freund,* Die Definitionen von Vorsatz und Fahrlässigkeit (usw.), Küper-FS (2007) 63; *Frisch,* Vorsatz u. Risiko, 1983 [zit. *Frisch* I; hierzu *Küper* GA **87**, 479]; *ders.,* Tatbestandsmäßiges Verhalten u. Zurechnung des Erfolgs, 1988; *ders.,* Offene Fragen des Dolus eventualis, NStZ **91**, 23; *ders.,* K. Meyer-GedS 533 [Vorsatzbegriff, AIDS-Diskussion]; *Fukuda,* Bedeutungserkenntnis u. Vorsatz, H.J. Hirsch-FS 175; *Gössel,* Über das Verhältnis von Vorsatz u. subjektiven Tatbestandselementen (usw.), Zipf-GedS 217; *Gropp,* Der Zufall als Merkmal der aberratio ictus, Lenckner-FS 55; *Hassemer,* Kennzeichen des Vorsatzes, Arm. Kaufmann-GedS (1989) 289; *Herzberg,* Die Abgrenzung von Vorsatz und bewusster Fahrlässigkeit – Ein Problem des objektiven Tatbestandes?, JuS **86**, 249; *ders.,* Tatbestands- oder Verbotsirrtum?, GA **93**, 439; *ders.,* Vollendeter Mord bei Tötung des falschen Opfers?, NStZ **99**, 217; *ders.,* Der Vorsatz als „Schuldform", als „aliud" zur Fahrlässigkeit u. als „Wissen u. Wollen"?, BGH-FG 51; *Hettinger,* Die Bewertung der „aberratio ictus" beim Alleintäter, GA **90**, 531; *ders.,* Notiz zum „dolus generalis" GA **06**, 289; *Hruschka,* Der Standard-Fall der aberratio ictus u. verwandte Fallkonstellationen, JZ **91**, 488; *Jäger,* Vorsatztat versus Tatvorsatz, Schroeder-FS (2006) 241; *Jakobs,* Wollens- u. Wissensfehler ZStW **101**, 516; *ders.,* Gleichgültigkeit als dolus indirectus, ZStW **114** (2002) 584; *Janzarik,* Vorrechtliche Aspekte des Vorsatzes ZStW **104**, 65; *Kargl,* Der strafrechtliche Vorsatz auf der Basis der kognitiven Handlungstheorie, 1993; *Kindhäuser,* Zur Unterscheidung von Tat- u. Rechtsirrtum, GA **90**, 407; *ders.,* Der Vorsatz als Zurechnungskriterium, ZStW **96**, 1; *Köhler,* Die bewußte Fahrlässigkeit, 1982 [hierzu *Gössel* GA **84**, 480]; *ders.,* Der Begriff der Zurechnung, H.J. Hirsch-FS 65 ff.; *Koriath,* Überlegungen zu einigen Grundsätzen der Irrtumslehre, Jura **96**, 113; *ders.,* Einige Gedanken zur aberratio ictus, JuS **97**, 901; *ders.,* Einige Überlegungen zum error in persona, JuS **98**, 215; *Krümpelmann,* Vorsatz u. Motivation, in: *Kaiser/Vogler* (Hrsg.), Strafrecht u. Strafrechtsvergleichung, 1975, 53; *Lesch,* Dolus directus, indirectus u. eventualis, JA **97**, 802; *Mühlbauer,* Die Rechtsprechung des Bundesgerichtshofs zur Tötungshemmschwelle, 1999; Die *Mylonopoulos,* Das Verhältnis von Vorsatz u. Fahrlässigkeit u. der Grundsatz in dubio pro reo, ZStW **99**, 685; *Otto,* Der Vorsatz, Jura **96**, 468; *Perron,* Vorüberlegungen zu einer rechtsvergleichenden Untersuchung der Abgrenzung von Vorsatz u. Fahrlässigkeit, Nishihara-FS 145; *Philipps,* An der Grenze von Vorsatz- u. Fahrlässigkeit – Ein Modell multikultureller computergestützter Entscheidungen, Roxin-FS 365; *Platzgummer,* Die Bewußtseinsform des Vorsatzes, 1964; *Prittwitz,* Dolus eventualis u. Affekt, GA **95**, 454; *Puppe,* Tatirrtum, Rechtsirrtum, Subsumtionsirrtum, GA **90**, 145; *dies.,* Der Vorstellungsinhalt des dolus eventualis, ZStW **103** (1991), 1; *dies.,* Vorsatz u. Zurechnung, 1992; *dies.,* Die Logik der Hemmschwellentheorie des BGH, NStZ **92**, 576; *dies.,* Strafrecht als Kommunikation, Grünwald-FS (1999), 469; *dies.,* Begriffskonzeptionen des dolus eventualis, GA **06**, 65; *Rath,* Zur Unerheblichkeit des error in persona vel in objecto, 1996; *Roxin,* Zur Abgrenzung von dolus eventualis und bewusster Fahrlässigkeit, JuS **64**, 53; *ders.,* Gedanken zum „Dolus generalis", Würtenberger-FS 109; *ders.,* Zur Normativierung des dolus eventualis und zur Lehre von der Vorsatzgefahr, Rudolphi-FS (2004) 243; *ders.,* Organisationsherrschaft und Tatentschlossenheit, Schroeder-FS (2006) 387; *Samson,* Absicht u. direkter Vorsatz im Strafrecht, JA **89**, 449; *Sancinetti,* „Dolus generalis" u. „strafrechtliches Glück", Roxin-FS 349; *Schewe,* Bewußtsein u. Vorsatz, 1967 u. Lange-FS 687; *Schlehofer,* Vorsatz u. Tatabweichung, 1996; *Schlüchter,* Irrtum über normative Tatbestandsmerkmale im Strafrecht, 1983; *Schmidhäuser,* Vorsatzbegriff u. Begriffsjurisprudenz im Strafrecht, 1968; *ders.*, Mayer-FS 317; *ders.*, Oehler-FS 135; *Schmitz,* Der dolus alternativus, ZStW **112**, 301; *Schroeder,* Neuartige Amtsdelikte, Lenckner-FS 333; *ders.*, Zwischen Absicht und dolus eventualis, Rudolphi-FS (2004) 285; *Schroth,* Die Rechtsprechung des BGH zum Tötungsvorsatz in der Form des „dolus eventualis", NStZ **90**, 324; *ders.*, Die Differenz von dolus eventualis u. bewußter Fahrlässigkeit, JuS **92**, 1; *ders.*, Vorsatz als Aneignung der unrechtskonstitutiven Merkmale, 1994; *ders.*, Vorsatz u. Irrtum, 1998; *ders.*, Zwischen Absicht und dolus eventualis, Rudolphi-S (2006) 285; *Schünemann,* Vom philologischen zum typologischen Vorsatzbegriff, Hirsch-FS (1999) 363; *Schulz,* Parallelwertung in der Laiensphäre u. Vorsatzbegriff, Bemmann-FS 246; *v. Selle,* Absicht u. intentionaler Gehalt der Handlung, JR **99**, 309; *Sowada,* Der umgekehrte „dolus generalis": Die vorzeitige Erfolgsherbeiführung als Problem der subjektiven Zurechnung, Jura **04**, 814; *Spendel,* Begriff des Vorsatzes, Lackner-FS 167; *Trück,* Die Problematik der Rechtsprechung des BGH zum bedingten Tötungsvorsatz, NStZ **05**, 233; *Vogel,* Normativierung und Objektivierung des Vorsatzes?, GA **06**, 386; *Volk,* Arth. Kaufmann-FS 611; *Wolter,* GA-FS 269 [Strukturgleichheit von Vorsatz- u. Fahrlässigkeitsdelikten].

1b **Zur Fahrlässigkeit:** *Achenbach* Jura **97**, 631 [zum *Leinenfänger-Fall* RG **30**, 25]; *Bohnert,* Das Bestimmtheitserfordernis im Fahrlässigkeitstatbestand, ZStW **94**, 68; *Burgstaller,* Das Fahrlässigkeitsdelikt im Strafrecht, 1974; *Castaldo,* „Non intelligere quod omnes intelligunt" – Objektive Zurechnung und Maßstab der Sorgfaltswidrigkeit beim Fahrlässigkeitsdelikt, 1992; *ders.*, Offene u. verschleierte Individualisierung im Rahmen des Fahrlässigkeitsdelikts, GA **93**, 495; *Deutsch,* Fahrlässigkeit u. erforderliche Sorgfalt, 1963; *Duttge,* Zur Bestimmtheit des Handlungsunwerts von Fahrlässigkeitsdelikten, 2001 [Bespr. *Herzberg* GA **01**, 568; Replik *Duttge* GA **03**, 451]; *ders.*, Rechtsprechungsübersicht zur (strafrechtlichen) Fahrlässigkeit, NStZ **06**, 266; *Eschenbach,* Zurechungsnormen im Strafrecht, Jura **92**, 637; *ders.*, Fahrlässigkeit und Bestimmtheitsgebot, Kohlmann-FS (2003), 13; *Frisch,* Tatbestandsmäßiges Verhalten u. Zurechnung des Erfolgs, 1988; *ders.*, Selbstgefährdung im Strafrecht, NStZ **92**, 1; *Fünfsinn,* Der Aufbau des fahrlässigen Verletzungsdelikts durch Unterlassen im Strafrecht, 1985; *Giezek,* Normative Voraussetzungen der Tatbestandsverwirklichung einer fahrlässigen Straftat, Gössel-FS (2002), 117; *Gössel,* Alte u. neue Wege der Fahrlässigkeitslehre, Bengl-FS 23; *Herzberg,* Die Schuld beim Fahrlässigkeitsdelikt, Jura **84**, 402; *ders.*, Grundprobleme deliktischer Fahrlässigkeit im Spiegel des Münchener Kommentars zum StGB, NStZ **04**, 593; 660; *ders.*, Zum Fahrlässigkeitsdelikt in kriminologischer Sicht und zum Gefahrmerkmal des Vorsatzdelikts, Schwind-FS (2006) 317; *Hettinger,* Handlungsentschluss und -beginn als Grenzkriterium tatbestandsmäßigen Verhaltens beim fahrlässig begangenen sog. reinen Erfolgsdelikt – Zugleich zur sog. fahrlässigen actio libera in causa, Schroeder-FS (2006) 209; *Hoffmann,* Fahrlässige Körperverletzung im Straßenverkehr, NZV **93**, 209; *Ida,* Inhalt u. Funktion der Norm beim fahrlässigen Erfolgsdelikt, H.J. Hirsch-FS 225; *Jähnke,* Grundlagen der strafrechtlichen Haftung für fahrlässiges Verhalten, Schlüchter-GedS (2002), 99; *Jakobs,* Studien zum fahrlässigen Erfolgsdelikt, 1972; *Jordan,* Rechtmäßiges Alternativverhalten u. Fahrlässigkeit, GA **97**, 349; *Kaminski,* Der objektive Maßstab im Tatbestand der Fahrlässigkeitsdelikte, 1992; *Kindhäuser,* Erlaubtes Risiko u. Ausschluß der Fahrlässigkeitshaftung, GA **94**, 197; *A. Koch,* Die Entkriminalisierung im Bereich der fahrlässigen Körperverletzung u. Tötung, 1998; *König,* Die grobe Fahrlässigkeit, 1998; *Koriath,* Fahrlässigkeit und Schuld, Jung-FS (2007) 397; *Kremer-Bax,* Das personale Verhaltensunrecht der Fahrlässigkeitstat, 1999; *Kubink,* Das Prinzip der Selbstverantwortung – ein neuer Strafrechtsparameter für Tatbestand und Sanktion, Kohlmann-FS (2003), 53; *Kudlich,* Die Verletzung gesetzlicher Sondernormen und ihre Bedeutung für die Bestimmung der Sorgfaltspflichtverletzung, Otto-FS (2007) 373; *Maiwald,* Die Unzumutbarkeit – Strafbarkeitsbegrenzendes Prinzip bei den Fahrlässigkeitsdelikten?, Schüler-Springorum-FS 475; *ders.*, Zur strafrechtssystematischen Funktion des Begriffs der objektiven Zurechnung, Miyazawa-FS 465; *Otto,* Täterschaft u. Teilnahme im Fahrlässigkeitsbereich, Spendel-FS 271; *ders.*, Die strafrechtl. Haftung für die Auslieferung gefährlicher Produkte, H.J. Hirsch-FS 291; *ders.*, Grundlagen der strafrechtlichen Haftung für fahrlässiges Verhalten, Schlüchter-GedS (2002), 77; *Park,* Die Leichtfertigkeit, 1994; *Prittwitz,* Strafrecht u. Risiko, 1993; *Puppe,* Die Lehre von der objektiven Zurechnung, Jura **97**, 519, 624; **98**, 21; *dies.*, Die adäquate Kausalität u. der Schutzzweck der Sorgfaltsnorm, Bemmann-FS 227; *Radtke,* Die Leichtfertigkeit als Merkmal erfolgsqualifizierter Delikte?, Jung-FS (2007), 737; *Renzikowski,* Restriktiver Täterbegriff u. fahrlässige Beteiligung, 1997; *Roeder,* Die Einhaltung des sozialadäquaten Risikos, 1969; *Rössner,* Fahrlässiges Verhalten im Sport als Prüfstein der Fahrlässigkeitsdogmatik, H.J. Hirsch-FS 313; *Roth,* Zur Strafbarkeit leicht fahrlässigen Verhaltens, 1996; *Schatz,* Der Pflichtwidrigkeitszusammenhang beim fahrlässigen Erfolgsdelikt und die Relevanz hypothetischer Kausalverläufe, NStZ **03**, 581; *Schlüchter,* Grenzen strafbarer Fahrlässigkeit, 1996 [Bespr. *Lemke* GA **98**, 151]; *Schöne,* Fahrlässigkeit, Tatbestand u. Strafgesetz, H. Kaufmann-GedS 649; *Schroeder,* Die Fahrlässigkeit als Erkennbarkeit der Tatbestandsverwirklichung, JZ **89**, 776; *Schünemann,* Neue Horizonte der Fahrlässigkeitsdogmatik?, Schaffstein-FS 159; *ders.*, Unzulänglichkeiten des Fahrlässigkeitsdelikts in der modernen Industriegesellschaft – Eine Bestandsaufnahme, Meurer-GedS (2002), 37; *Sowada,* Zur strafrechtl. Zurechnung von durch einen Primärtäter ausgelösten Rettungsfällen, JZ **94**, 663; *Stratenwerth,* Jescheck-FS 285; *Struensee,* Der subjektive Tatbestand des fahrlässigen Delikts, JZ **87**, 53, 541 [hierzu *Herzberg* JZ **87**, 536 u. Stree/Wessels-FS 152]; *Tamm,* Die Zulässigkeit von Außenseitermethoden und die dabei zu beachtenden Sorgfaltspflichten, 2007 (Diss. Bayreuth 2006); *Webel,* Arzthaftungsrecht, 1999; *Weigend,* Zum verhaltensunrecht der fahrlässigen Straftat, Gössel-FS (2002), 129; *Zaczyck,* Strafrechtl. Unrecht u. die Selbstverantwortung des Verletzten, 1993; *Zielinski,* Der Notarzt als Retter des Täters – Vom Glück und Pech als Maß der Schuld, Schreiber-FS (2003) 533.

2) Vorsatz. Wo das Gesetz nichts anderes sagt, muss der Täter vorsätzlich handeln. 2
Weiter klärt § 15, dass eine Tathandlung (3 zu § 8) nur dann (allein oder mit sonstigen Umständen) einen strafrechtlichen Tatbestand verwirklichen kann, wenn der Täter entweder vorsätzlich oder fahrlässig handelt, und zwar auch bei strafbarer **Vorbereitung, Versuch, Beteiligung** und **versuchter Beteiligung** (E 1962, 128). Unberührt bleibt, dass es außerhalb der Tathandlung Umstände geben kann, auf die sich Vorsatz und Fahrlässigkeit nicht zu beziehen brauchen, die sog. **objektiven Bedingungen der Strafbarkeit** (27 zu § 16); auch auf die Verursachung eines nicht zum Tatbestand gehörenden Erfolges bezieht § 15 sich nicht. Ob er auf **Regelbeispiele** besonders schwerer Fälle (vgl. 90 ff. zu § 46) entsprechend anzuwenden ist (so wohl BGH **26**, 245), ist zw.; entscheidend ist die jeweilige Struktur des Beispiels. Offen lässt § 15 auch, ob Vorsatz und Fahrlässigkeit „Schuldform“ oder subjektive Tatbestands-(Unrechts-)elemente sind“. Nach heute ganz hM prägt bei den Vorsatzdelikten der Vorsatz bereits das Unrecht der Tat und gehört zu den **Tatbestandsvoraussetzungen** (vgl. *S/S-Lenckner/Eisele* 53 vor § 13 mwN); die Rspr des BGH verwendet gelegentlich den Begriff „Schuldform“ (vgl. BGH **36**, 1, 9; **39**, 100, 103; NStZ **94**, 483 f.; StV **97**, 8 f.; krit. dazu *Herzberg* BGH-FG 51, 52 ff.). (AE 55; E 1962 aaO). Durch § 11 II sind die gemischt vorsätzlich-fahrlässigen bzw. vorsätzlich-leichtfertigen Delikte (41 zu § 11) den vorsätzlichen gleichgestellt. In der *Urteilsformel* ist nur die fahrlässige Begehung zu kennzeichnen, die vorsätzliche nicht gesondert hervorzuheben (NStZ **92**, 546; 3 StR 412/95).

Vorsatz ist nach einer (ungenauen) Kurzformel **Wissen und Wollen** der Tatbe- 3
standsverwirklichung (vgl. BGH **36**, 1, 9 f.; krit. *Schmidhäuser,* Oehler-FS 156; *Schumann* JZ **89**, 430; *Janzarik* ZStW **104**, 65; *Prittwitz* GA **94**, 466; *Herzberg,* BGH-FG 51, 66 ff.; vgl. auch MK-*Joecks* 10 f. zu § 16). Damit sind ein **kognitives** und ein **voluntatives** Element beschrieben; beide sind Teile desselben komplexen psychologischen Sachverhalts (*Lackner/Kühl* 30).

A. Vorsatz setzt zum einen die **Kenntnis** der vergangenen und gegenwärtigen 4
Tatbestandsmerkmale und die Voraussicht der künftigen sowie des Ganges der Tathandlung (der Tatmittel, des Taterfolges) voraus, und zwar nach der Rspr als aktuelles Vorstellen bei der Tat, nicht nur als bloßes nicht ins Bewusstsein gekommenes Wissen (NJW **53**, 152; JZ **83**, 864 m. Anm. *Hruschka*; StV **86**, 95; Bay NJW **77**, 1974), was zB bei Kenntnis des Schutzalters in §§ 176, 182 zw. ist; man wird sich aber mit einem Parathaben unterhalb der aktuellen Bewusstseinsschwelle begnügen müssen, sog **„sachgedankliches Mitbewusstsein“** (Bay NJW **77**, 1974 [krit. *Köhler* GA **81**, 285]; vgl. *S/S-Cramer/Sternberg-Lieben* 51; SK-*Rudolphi* 24 zu § 16; NK-*Neumann* 32 zu § 17; NK-Puppe 165 f. zu § 16; *Jakobs* 8/12; *Arth. Kaufmann,* Parallelwertung in der Laienspäre, 1982, 30; *Schlüchter* [1 a] 27 u. *Frisch,* Arm. Kaufmann-GedS 311; hierzu *Roxin* AT I 12/123 f.; *Langer* GA **90**, 455; *Schild,* Stree/Wessels-FS 241). Es genügt jedoch nicht, dass sich ein bestimmter Gedanke „aufgedrängt“ haben muss (wistra **90**, 20); andererseits können uU auch bei Fehlen eines solchen Hintergrund-Wissens *normative* Gesichtspunkte die Annahme von (jedenfalls bedingtem) Vorsatz begründen, wenn es dem Täter gelingt, sich jedermann offenliegenden Erkenntnissen zu verschließen (ausdr. offen gelassen von

1 StR 538/99 [tödliches Schütteltrauma durch heftiges Schütteln eines 18 Monate alten Kindes]). Zum anderen erfordert der Vorsatz den **Willen zur Tatbestandsverwirklichung** und schließlich die Vorstellung von der **Beherrschung der Tathandlung** (BGHR vor § 1 fH/Ausw.nacht. 11), so dass ein bloßes Wünschen kein Vorsatz ist; anders, wenn der Täter eine abergläubische Herrschaftsvorstellung hat (dann untauglicher Versuch, bei dem nach § 23 III von Strafe abgesehen werden kann; vgl. 6 zu § 23). Zum Vorsatz des **Unterlassens** gehört beim **echten** Unterlassungsdelikt zwar nicht die Handlungspflicht als solche (BGH **19**, 295), wohl aber das Bewusstsein möglichen Handelns (NStZ **01**, 600, 602), dh die Vorstellung, dass ein Tun überhaupt (tatsächlich) veranlasst sein könnte. Beim **unechten** Unterlassungsdelikt muss der Vorsatz auch die Voraussetzungen der Garantenstellung umfassen (vgl. auch 48 zu § 13). Den Vorsatz muss der Täter zum **Zeitpunkt der Tathandlung** haben (vgl. NStZ **04**, 201, 202), so dass nachträglicher Vorsatz *(dolus subsequens)* bedeutungslos ist (BGH **6**, 331; **10**, 153; NStZ **83**, 452 m. Anm. *Hruschka* JZ **83**, 864; *Wolter* StV **86**, 316; *Roxin* AT I 12/91).

5 **B. Verschiedene Formen des Vorsatzes** unterscheidet man je nach der Art von Vorstellung und Wille, nämlich den unbedingten, **direkten Vorsatz** (*Samson* JA **89**, 449) und den **bedingten Vorsatz** *(dolus eventualis),* der freilich nur im Hinblick auf den Tat*erfolg,* nicht aber hinsichtlich der Tat*handlung* „bedingt" sein muss (GA **63**, 147; Koblenz DAR **63**, 244; *Spendel,* Lackner-FS 169; *Otto* Jura **96**, 471; vgl. NK-*Puppe* 105, die ihn für die allgemeine Form des Vorsatzes hält). Wenn sich aus dem Gesetz nichts anderes ergibt, reicht jede Form des Vorsatzes aus. Im Bereich des direkten Vorsatzes kommen folgende Formen in Betracht:

6 **a) Absicht** (herausgehobener Willensfaktor; *dolus directus 1. Grades*). Hier strebt der Täter die Tatbestandsverwirklichung an; sein Wille ist auf diesen **Erfolg** gerichtet (vgl. BGH **9**, 147; **29**, 73; KG NJW **57**, 882); es kommt dem Täter auf den Erfolg an (BGH **18**, 151; vgl. §§ 16, 17 I E 1962; SK-*Rudolphi* 36; MK-*Joecks* 12, jew. zu § 16; *S/S-Cramer/Sternberg-Lieben* 66; *Jescheck/Weigend* § 29 III 1; *Roxin* AT I, 12/7; *W/Beulke* 66). Dass dem Täter der Erfolg erwünscht oder wichtig ist (vgl. BGH **16**, 1), reicht allein nicht aus. Kommt es ihm aber auf den Erfolg an, so handelt er auch absichtlich, wenn er die nach seiner Vorstellung dahin führende Verwirklichung des Tatbestands nur für möglich hält (BGH **35**, 328; hierzu *Geerds* Jura **89**, 295; *Puppe* GA **06**, 65, 70; Begr. E 1962, 131; **aA** BGH **16**, 1 [dagegen *Welzel* NJW **62**, 20]); daher kann etwa die Absicht in § 242 oder § 263 auch gegeben sein, wenn der Täter die Rechtswidrigkeit der Zueignung oder Bereicherung nur für möglich hält. Der angestrebte Erfolg braucht nicht das Endziel des Täters zu sein (BGH **4**, 109; **16**, 1; **18**, 151); er kann bloßes **Zwischenziel**, darf aber nicht bloße (wenn auch unvermeidbare) Nebenfolge sein (vgl. *S/S-Cramer/Sternberg-Lieben* 66; *v. Selle* JR **99**, 310 ff.; weiter *Rengier* JZ **90**, 321 ff.). Die Absicht ist vom Motiv, dh dem Beweggrund der Tat zu unterscheiden (GA **85**, 321; vgl. auch *Krümpelmann* ZStW **87**, 888; *Warda* Jura **79**, 75). Das StGB verwendet den Ausdruck „Absicht" zuweilen nur iS des direkten Vorsatzes (vgl. NJW **69**, 1774).

7 **b) Wissen** (herausgehobener Wissensfaktor; *dolus directus 2. Grades*). Hier weiß der Täter oder sieht als sicher voraus, dass er den Tatbestand verwirklicht. Da er die Handlung will, will er auch, was er als deren sichere Folge ansieht. So wie es im Fall der Absicht gleichgültig ist, ob der Täter die Tatbestandsverwirklichung nur für möglich hält, ist es im Falle des Wissens, wenn der Täter die Verwirklichung für sicher hält, gleichgültig, ob er sie anstrebt; dass er die als sicher vorausgesehene Folge lieber vermieden hätte (aber im Sinne seiner Tatmotivation für „unvermeidlich" hält), steht direktem Vorsatz nicht entgegen (*Lackner/Kühl* 22; *S/S-Cramer/Sternberg-Lieben* 68); auch nicht, dass er darauf *hofft*, der Erfolg werde durch einen glücklichen *Zufall* ausbleiben, oder er werde nachträglich wieder wegfallen (vgl. zB NStZ-RR **06**, 174, 175 [schwere Folge bei § 226 II]). Der Begriff **„wissentlich"** wird im StGB im Sinne direkten Vorsatzes verwendet (vgl. *Sturm* JZ **75**, 7); für ein Handeln „wider besseres Wissen" (zB in §§ 164, 187, 278) reicht es nicht aus, dass der Täter

die Unrichtigkeit seiner Vorstellung nur für möglich hält (vgl. SK-*Rudolphi* 37; MK-*Joecks* 16 f., jew. zu § 16; NK-*Puppe* 112; *S/S-Cramer/Sternberg-Lieben* 69).

Die hM nimmt direkten Vorsatz auch hinsichtlich der Folgen an, die der Täter für den Fall **als sicher voraussieht**, dass er den angestrebten, aber nicht für sicher gehaltenen Erfolg erreicht (vgl. schon RG **5**, 317). Danach ist in dem Beispiel zu 7 direkter Tötungsvorsatz anzunehmen, wenn es dem Täter ungewiss ist, ob ihm die Brandstiftung gelingt. **8**

c) Bedingter Vorsatz *(dolus eventualis)* kommt in Betracht, wenn der Täter die Tatbestandsverwirklichung weder anstrebt noch für sicher, sondern nur für **möglich** hält. **9**

Die **Rspr** folgt sog. **Einwilligungstheorien,** nach welchen der Willensfaktor entscheidet (krit. zB *Frisch* I, 304 ff., 474, 488; *Küpper* ZStW **100**, 776; *Puppe* GA **06**, 65 ff.; *Herzberg*, Schwind-FS [2006] 317, 322 ff.). Nach der vom **BGH** angewandten Abgrenzung zur **bewussten Fahrlässigkeit** (unten 13) entspricht das **kognitive** Element des bedingten Vorsatzes dem der bewussten Fahrlässigkeit, nicht jedoch das **voluntative** Element: Der bewusst fahrlässig Handelnde ist mit der als möglich erkannten Folge *nicht einverstanden* und vertraut auf ihren Nichteintritt, während der bedingt vorsätzlich Handelnde mit dem Eintritt des Erfolges in dem Sinne *einverstanden* ist, dass er ihn **billigend in Kauf nimmt** (zur Abgrenzung zu einer Bedingung *absichtlichen* Handelns – insb. bei der *Absicht*, einen bestimmten Erfolg herbeizuführen, *falls* eine für möglich gehaltene Voraussetzung vorliegt – vgl. *Roxin* AT I, 12/8 f.; *Schroeder*, Rudolphi-FS [2004] 285, 290 f.). Da beide Sachverhalte nahe beieinander liegen (nach *Arzt*, Rudolphi-FS [2004], 2, 4, besteht ein „fließender Übergang"), ergeben sich insoweit besondere Anforderungen an die **Feststellung** (BGH **36**, 10; GA **79**, 108; VRS **59**, 183; **64**, 191; NStZ **83**, 407; **87**, 362 [m. krit. Anm. *Puppe*, vgl. aber auch *Freund* JR **88**, 116; *Herzberg* JZ **88**, 639]; **07**, 469; StV **85**, 100; NStZ-RR **96**, 2; 1 StR 649/96; 3 StR 317/97; BGHR § 212 I, Vors. bed. 22; Bay StV **93**, 642 [m. Anm. *Dannecker/Stoffers*]; *Meyer-Goßner* NStZ **86**, 49; *Geppert* Jura **86**, 610; *Herzberg* JZ **88**, 638; *Schumann* JZ **89**, 428; *Hillenkamp*, Arm. Kaufmann-GedS 362, 369; *Schroth* NStZ **90**, 324; hierzu *Frisch* NStZ **91**, 24; *Otto* Jura **96**, 472); die Abgrenzung setzt eine Gesamtwürdigung aller objektiven und subjektiven Tatumstände voraus (vgl. NStZ-RR **03**, 8). Der Begriff der „Gesamtwürdigung" beschreibt auch hier, ohne dass dies in der Rspr des BGH immer deutlich zum Ausdruck kommt, eine **Normativierung** des in der *Terminologie* weiterhin psychologisierenden Ansatzes (zutr. *Roxin*, Rudolphi-FS [2004] 243 ff.). Zutr. beschreibt *Schünemann* (H. J. Hirsch-FS 363, 373 ff.) die Anwendungspraxis der Rspr als einem **typologischen Vorsatzbegriff** folgend, in welchem Merkmale unterschiedlicher Bezugssysteme *(Tatherrschaft; Gesinnung)* miteinander verbunden sind und entgegen der psychologisierenden Terminologie („Hemmschwelle") in Wahrheit *wertende* Differenzierungen für das Verhältnis kognitiver und voluntativer Vorsatzelemente in einzelnen Fallgruppen entscheidend sind. **9 a**

Von jeher haben RG und BGH gefordert, dass der Täter den Erfolg „billigen" oder **„billigend in Kauf nehmen"** müsse (BGH **7**, 363; **21**, 283; **36**, 9; NStZ **84**, 19; **88**, 175; **98**, 616 [Anm. *Roxin*]); hierbei spricht der BGH von einem „Billigen im Rechtssinne" (BGH **7**, 363, 369). Vorausgesetzt ist stets, dass der Täter den Erfolgseintritt „als möglich und nicht ganz fern liegend *erkennt*" (BGHR § 223 I Vors. 1). Der Täter billigt auch einen an sich *unerwünschten*, aber notwendigen (StV **98**, 128) Erfolg, wenn er sich mit ihm um eines erstrebten Zieles willen abfindet (stRspr.; BGH **7**, 369; [hierzu *Schumann* JZ **89**, 428]; **36**, 9; NJW **63**, 2237; MDR/H **80**, 812; NStZ **94**, 584; 3 StR 221/07; krit. *Langer* GA **90**, 460; *Puppe* ZStW **103** [1991], 7; *dies.* NStZ **92**, 576; *Roxin* AT I 12/37) und die als möglich erkannte Folge hinzunehmen bereit ist (vgl. unten 11 b f.). In vielen Entscheidungen findet sich daher statt oder neben dem Begriff des billigenden In-Kauf-Nehmens derjenige des **Einverstanden-Seins** des Täters mit dem Erfolg (vgl. BGH **17**, 262; **36**, 11; 2 StR 519/96), der auch Fälle des *unerwünschten*, aber um des **9 b**

Handlungsziels willen *hingenommenen* Erfolgs umfasst (vgl. BGHR § 212 I Vorsatz, bed. 42, 52). Ausreichend ist, dass dem Täter der als möglich erkannte Handlungserfolg gleichgültig ist (BGH **40**, 304, 306). Dass der Täter den Erfolgseintritt für „zwangsläufig" hält oder nach objektivem Maßstab halten *müsste*, ist nicht vorausgesetzt (NStZ-RR **07**, 43, 44). Ein **Beweisanzeichen** (vgl. hierzu *S/S-Cramer/Sternberg-Lieben* 73a, 85ff., 87b) dafür, dass es an einer billigenden Inkaufnahme fehlt, kann darin liegen, dass der Erfolg unerwünscht und nach Sachlage dessen Eintritt wenig wahrscheinlich war (NStZ **85**, 516); umgekehrt ergeben sich vielfach aus dem äußeren Tatgeschehen und der Kenntnis des Täters von der Möglichkeit des Erfolgseintritts **Indizien für die billigende Inkaufnahme** (NStZ **03**, 264f.; vgl. auch NStZ **99**, 467; NStZ-RR **04**, 281 [Vorsatz von Drogenkurieren bezüglich transportierter Menge]).

9c Von besonderer **praktischer Bedeutung** ist die Abgrenzung bedingten Vorsatzes von bewusster Fahrlässigkeit im Bereich schwerer Gewaltdelikte, insb. bei den **Tötungsdelikten.** Hier folgt der BGH hinsichtlich der Feststellung eines bedingten Vorsatzes im Hinblick auf eine von der Rspr angenommene regelmäßig deutlich erhöhte subjektive **Hemmschwelle** einer eher restriktiven Linie; bei **besonders gefährlichen** vorsätzlichen **Gewalthandlungen** kann das kognitive Element freilich so weit im Vordergrund stehen, dass ein voluntatives „Vertrauen auf einen glücklichen Ausgang" der Annahme bedingten Vorsatzes nicht entgegensteht (vgl. zB BGH **36**, 19ff.; **39**, 181ff.; **40**, 304ff.; NStZ-RR **01**, 369; krit. dazu zB MK-*Schneider* 42ff. zu § 212; NK-*Puppe* 91ff.; *Mühlbauer* [1a] 41ff.; *Trück* NStZ **05**, 233ff.; vgl. dazu auch *Roxin*, Rudolphi-FS [2004] 243, 245ff.; i. e. 8ff. zu § 212).

9d Im **Schrifttum** ist die Abgrenzung sehr umstritten (umfassender Überblick bei *Roxin* AT I, 12/21ff.;); teilweise wird *de lege ferenda* eine Zusammenfassung von bedingtem Vorsatz und bewusster Fahrlässigkeit in eine Kategorie gefordert, die bei *sozial inadäquatem* Verhalten die Wirkung des § 16 I ausschließen soll (vgl. *Hörnle* ZStW **112**, 356, 378ff.; vgl. dazu auch *Weigend* ZStW **93**, 687; *Schünemann* GA **85**, 363f.; *Perron,* Nishihara-FS 151f.).

9e Die **Einwilligungstheorien** verwenden für die Umschreibung des voluntativen Tatelements Begriffe wie „einverstanden sein" (*M/Zipf* 22/36), bloßes „in Kauf nehmen" (§ 17 II AE), „ernst nehmen" (*Stratenwerth* ZStW **71**, 51; *E. A. Wolff,* Gallas-FS 197; *Schroth* JuS **92**, 4; vgl. auch *Frisch* I, 17, 484ff.), „sich abfinden" (§ 16 E 1962, § 5 I öStGB), „billigen" (*B/Weber/Mitsch* 20/54) oder lassen das „Fehlen eines Vermeidewillens" (*Arm. Kaufmann* ZStW **70**, 64; zust. auch Roxin AT I 12/57; vgl. dazu *Hillenkamp,* Arm. Kaufmann-GedS 360) ausschlaggebend sein (Übersicht bei *Jescheck* ZStW **93**, 29 und *Frisch,* K. Meyer-GedS 539, der zutr. darauf hinweist, dass viele Divergenzen mehr auf die kurzformelartigen Theoriebezeichnungen als auf Unterschiede in der Sache zurückgehen). Überwiegend wird inzwischen für maßgebend gehalten, dass der Täter die Tatbestandsverwirklichung ernsthaft für möglich hält und sich mit ihr abfindet (*Lackner/Kühl* 24; SK-*Rudolphi* 43; MK-*Duttge* 35, jew. zu § 16; *Jescheck/Weigend* § 29 III 3; *Blei* AT § 32 IV; *W/Beulke* 214; *Eser* StrafR I 3 A 33; *Roxin* JuS **64**, 61; abl. *Frisch* I, 17ff., 476f.; *Herzberg* JZ **88**, 636; *ders.*, Schwind-FS [2006] 317, 322).

9f Demgegenüber hebt die „**Wahrscheinlichkeitstheorie**" auf den Vorstellungsfaktor ab: Vorsatz ist dann gegeben, wenn der Täter die Rechtsgutverletzung für wahrscheinlich gehalten hat (*H. Mayer* AT 121) oder mit der Tatbestandsverwirklichung „rechnet" (*Welzel* 68ff.). Die Wahrscheinlichkeitstheorie kommt Spielarten der Einwilligungstheorie (oben 10; SK-*Rudolphi* 41, jew. zu § 16) uU nahe, zB wenn *Otto* (NJW **79**, 2415) genügen lässt, dass sich der Täter von seinem Vorhaben nicht abhalten lässt, obwohl er die konkrete Gefahr der Tatbestandsverwirklichung erkennt, ähnlich *Herzberg* (JuS **86**, 249), dem es darauf ankommt, dass der Täter die ernst zu nehmende Gefahr erkannt hat (hierzu *Puppe* ZStW **103** [1991], 18 u. NK-*Puppe* 58; *Frisch,* K. Meyer-GedS 537; *Roxin* § 12, 42). Die „**Gleichgültigkeitstheorie**" lässt schon die bloße Inkaufnahme der Tatbestandsverwirklichung aus Gleichgültigkeit genügen (*S/S-Cramer/Sternberg-Lieben* 84; *Engisch* NJW **55**, 1689; *Schroth* JuS **92**, 2; abl. *Frisch* I, 475; *Küpper* ZStW **100**, 767), während die „**Vereinigungstheorie**" bedingten Vorsatz für gegeben hält, „wenn der Täter die Tatbestandsverwirklichung für möglich hält und billigt, für wahrscheinlich hält oder ihr völlig gleichgültig gegenüber steht".

9g Nach der „**Möglichkeitstheorie**" ist bedingter Vorsatz bereits gegeben, wenn der Täter die reale Möglichkeit der Rechtsgutverletzung erkannt und dennoch gehandelt hat (vgl. NJW **53**,

152). Sie wird namentlich von *Schmidhäuser* vertreten (JuS **80**, 242; StudB 7/39, 101 und Oehler-FS 152; ähnlich *Jakobs* 8/21 ff.; *Schünemann* GA **85**, 361; *Morkel* NStZ **81**, 176; *Herzberg* JZ **89**, 476; abl. *Küpper* ZStW **100**, 759; SK-*Rudolphi* 40; *Roxin* § 12, 39), der von den Ergebnissen der hM nicht gravierend abweicht, weil er an das Bewusstsein der *konkreten* Möglichkeit hohe Anforderungen stellt (aaO 245). Ähnlich i. E. *Frisch* I, 15 f., 478, 502, der freilich die Lehre vom dolus eventualis bereits im Ansatz für verfehlt hält. *Schünemann* (JR **89**, 93) weist darauf hin, dass die praktischen Unterschiede der rivalisierenden Theorien nicht so groß sind und sich in der Rspr unbeschadet der Hervorhebung des Willensmoments (BGH **36**, 11) in Wahrheit eine **Kombination** von Wahrscheinlichkeits- und Gleichgültigkeitstheorie durchgesetzt habe. Auch *Puppe* (GA **06**, 65, 73 ff.) gelangt mit dem Begriff der „Vorsatzgefahr" (zum Begriff *Puppe* ZStW **103**, 1, 2) als „qualitativem Begriff der vorsatzbegründenden Gefahrvorstellung" in vielen Fallkonstellationen zu recht ähnlichen Ergebnissen; eine überzeugende Abgrenzung des (bedingten) *Verletzungs*-Vorsatzes zum *Gefährdungs*-Vorsatz gelingt damit freilich nicht (zutr. *Roxin*, Rudolphi-FS [2004] 243, 253 ff).

C. Der (direkte und bedingte) **Gefährdungsvorsatz** bei den *konkreten* Gefährdungsdelikten (18 vor § 13) bezieht sich nur auf den Eintritt der Gefahrenlage (3 zu § 34) als solcher, nicht auf den Schadenseintritt (BGH **22**, 74). Er ist daher von dem – nur bedingten – *Verletzungs*vorsatz zu unterscheiden (BGH **26**, 182, 246; **36**, 16; *Lackner/Kühl* 28; *S/S-Cramer/Sternberg-Lieben* 98 a; Roxin, Rudolphi-FS [2004] 243,**aA** *Schmidhäuser,* Oehler-FS 153; *Ostendorf* JuS **82**, 431), obwohl beide Vorsatzformen uU auch zusammentreffen können (*Küpper* ZStW **100**, 774). Denn nur der Verletzungsvorsatz schließt den Gefährdungsvorsatz notwendig ein, nicht umgekehrt (SK-*Horn* 13 vor § 306): Wer eine Gefährdung sicher voraussieht oder in Kauf nimmt, kann gleichwohl eine Verletzung vermeiden wollen (vgl. VRS **50**, 95; **69**, 127; *Lackner/Kühl* 28 mwN; *R. v. Hippel* ZStW **75**, 448; iErg *Frisch* I, 290 ff.; *Herzberg* JZ **88**, 642; ausführlich zum Ganzen *Küpper* ZStW **100**, 768, 781). Damit nicht gleichzusetzen ist der Gefährdungs-Vorsatz bei bewusster Fahrlässigkeit (unten 14 a). **10**

D. Alternativvorsatz *(dolus alternativus)* liegt vor, wenn der Täter eine bestimmte Handlung will, ohne zu wissen, welche von zwei sich ausschließenden Tatbeständen er hierdurch verwirklicht, zB wenn er Wild entwendet in Unkenntnis darüber, ob es einem anderen gehört (§ 242) oder noch herrenlos ist (§ 292; vgl. schon RG **39**, 433). Nach hM ist, wenn einer der möglichen Erfolge eingetreten ist, falls kein Fall der Subsidiarität vorliegt, Tateinheit zwischen dem vollendeten und dem versuchten Delikt gegeben, falls der Versuch strafbar ist. Blieb der Erfolg aus, so kommt ggf Tateinheit zwischen den versuchten Delikten in Betracht (*Jescheck/Weigend* § 29 IV 4; *Roxin* AT I 12/92; *S/S-Cramer/Sternberg-Lieben* 90 ff.; *Lackner/Kühl* 29; and. und mit ausf. Darstellung der möglichen Fallgruppen *Schmitz* ZStW **112**, 301 ff.; vgl. auch SK-*Rudolphi* 47 zu § 16; NK-*Puppe* 115; *W/Beulke* 231). Der sog. **dolus generalis** ist kein Alternativvorsatz in diesem Sinne. Als „allgemeines" Anstreben oder In-Kauf-Nehmen eines tatbestandlichen Erfolgs handelt es sich nicht um eine *Vorsatzform,* sondern um eine Frage der für eine Vorsatz-Zurechnung erforderlichen Vorstellung des Täters vom Kausalverlauf mehrerer Handlungen (vgl. dazu NStZ **02**, 309; 9 zu § 16). **11**

3) Fahrlässige Tatbestandsverwirklichung ist nur in den gesetzlich bestimmten Fällen strafbar. Der **Begriff** der Fahrlässigkeit ist im StGB nicht definiert (anders § 18 E 1962; zur Begriffsbildung vgl. auch *Freund*, Küper-FS [2007] 63 ff.; Definitionsvorschlag auf der Grundlage eines Begriffs des „personalen Verhaltensunrechts" ebd. 78); ihr Verhältnis zur **Schuld** ist, namentlich im Hinblick auf das *Zufalls*-Element in der Fahrlässigkeits-Haftung, problematisch und gilt als „ungeklärt" (vgl. dazu etwa *Koriath*, Jung-FS [2007] 397 ff. mwN). **12**

Fahrlässigkeit ist nach dem in stRspr. und wohl noch hM vertretenen „zweistufigen" Begriff gegeben, wenn der Täter einen Tatbestand rechtswidrig verwirklicht, indem er **objektiv** gegen eine **Sorgfaltspflicht** verstößt, die gerade dem Schutz des beeinträchtigten Rechtsguts dient, und wenn dieser Pflichtverstoß unmittelbar oder mittelbar eine Rechtsgutsverletzung oder Gefährdung zur Folge hat, die der Täter nach seinen **subjektiven** Kenntnissen und Fähigkeiten **vorhersehen und vermeiden** konnte (vgl. zB BGH **49**, 1, 5 [Bespr. *Saliger* JZ **04**, 977; *Puppe* NStZ **04**, 555; *Roxin* StV **04**, 485; *Pollähne* JR **04**, 429]; krit. u. a. *Roxin* AT I, 24/8 ff.; *Freund*, Küper-FS [2007] 63, 69 ff.; jew. mwN). Einzelheiten des Kausalverlaufs **12 a** müssen nicht vorhersehbar sein, wohl aber das Zusammenwirken mehrerer Umstände zu dem Taterfolg (NStZ **01**, 143, 145 [Anm. *Eisele* NStZ **01**, 416; *Mitsch,* JuS **01**, 751; *Roxin* JZ **01**, 667]). Es gibt fahrlässige Erfolgs- und Gefährdungsdelikte, Begehungs- und (echte und unechte) Unterlassungsdelikte.

13 **A.** Fahrlässiges ist gegenüber vorsätzlichem Verhalten kein Minus (str.; vgl. unten 19); Bemühungen um eine begrifflich-strukturelle „Symmetrie" sind zweifelhaft (zutr. *Jähnke*, Schlüchter-GedS 99, 100f.). Im **voluntativen Element** der subjektiven Beziehung zur Tatbestandsverwirklichung (Erfolgsverwirklichung) unterscheidet sich Fahrlässigkeit von allen Formen des Vorsatzes dadurch, dass der Täter den Erfolgseintritt nicht will und auch nicht billigend in Kauf nimmt. Auf der Wissensseite (**kognitives Element**) unterscheidet man **bewusste** und **unbewusste** Fahrlässigkeit. Bei der **bewussten** Fahrlässigkeit erkennt der Täter die Möglichkeit der Tatbestandsverwirklichung, ist aber mit ihr nicht einverstanden und vertraut darauf, dass der Erfolg nicht eintritt (vgl. oben 9). **Unbewusst** fahrlässig handelt, wer schon die Möglichkeit der Tatbestandsverwirklichung aufgrund seines sorfaltswidrigen Handelns nicht voraussieht (BGH **10**, 369; **41**, 218 [Anm. *Otto* WiB **95**, 929]; Hamm StV **97**, 159). Voraussetzung einer Zurechnung ist in jedem Fall die **Vermeidbarkeit** der Rechtsgutbeeinträchtigung.

14 **B.** Elemente der Fahrlässigkeit sind nach Rspr und hM die Verletzung einer **Sorgfaltspflicht** (unten 16) sowie die **Vorhersehbarkeit und Vermeidbarkeit** (unten 17) der Tatbestandsverwirklichung (BGH **10**, 369; **12**, 75, Koblenz OLGSt. 52 zu § 222) sowie die Erkennbarkeit der Rechtswidrigkeit (vgl. hierzu *Schroeder* JZ **89**, 777; SK-*Hoyer* Anh 5 zu § 16; *Herzberg*, BGH-FG [2000] 53). Sorgfaltspflichten stehen freilich nicht isoliert *„vor"* der Pflicht, (konkrete) fremde Rechtsgüter nicht zu beeinträchtigen (vgl. auch *Wolter* GA **77**, 257, 267; *Schroeder* JZ **89**, 776; *Jakobs* [1b] 59ff.; *Schmidhäuser*, Schaffstein-FS 129; *Schünemann*, Meurer-GedS 37, 40ff.; *Weigend*, Gössel-FS 129, 133f.; *Duttge*, Kohlmann-FS 13, 30ff.; vgl. unten 16). Die genannten Elemente stehen nicht isoliert nebeneinander, sondern hängen vielfach voneinander ab: Eine Sorgfaltspflicht kann erst aus der Voraussehbarkeit eines bestimmten Erfolges, also aus der **Erkennbarkeit des Risikos** entstehen (*Weigend*, Gössel-FS 129, 134); die Voraussehbarkeit kann sich erst bei der Erfüllung bestimmter Pflichten ergeben, die Erkennbarkeit der Rechtswidrigkeit erst eine Folge der Voraussehbarkeit der Tatbestandsverwirklichung sein. Beim fahrlässigen Erfolgsdelikt kann der Sorgfaltspflichtverstoß im **Unterlassen** von Vorkehrungen zur Erfolgsvermeidung *und* in der **aktiven** Handlung ohne solche Sicherungen gesehen werden.

14a Bei der **unbewussten Fahrlässigkeit** führt die Pflichtverletzung dazu, dass der Täter die Möglichkeit der Tatbestandsverwirklichung nicht voraussieht, also zu einem Erkenntnisfehler. Es gibt allerdings auch Fälle, in denen der Täter nur die Möglichkeit der Tatbestandsverwirklichung hätte erkennen können, dann aber verpflichtet gewesen wäre, nicht zu handeln. Bei der **bewussten Fahrlässigkeit** kann die Pflichtverletzung dazu führen, dass der Täter, statt die Gewissheit der Tatbestandsverwirklichung zu erkennen, nur mit deren Möglichkeit rechnet; oder dass er den Grad der Wahrscheinlichkeit des Erfolgseintritts unterschätzt (vgl. *Roxin* AT I 24/66ff.); schließlich kann er die Möglichkeit der Tatbestandsverwirklichung richtig einschätzen und nur pflichtwidrig das Risiko des Handelns eingehen. Es liegt hier also ein Gefährdungs-Vorsatz vor (SK-*Hoyer* Anh 11 zu § 16). Zu Fragen der **Kausalität** und der **objektiven Zurechnung** vgl. 21ff. vor § 13.

15 **C.** Die **Rechtswidrigkeit** der fahrlässigen Handlung kann ebenso wie bei der Vorsatztat durch Rechtfertigungsgründe ausgeschlossen sein, wobei vor allem die Einwilligung in Gefährdungen (vgl. 36f. vor § 13) und die soziale Adäquanz (12 vor § 32) eine Rolle spielen, aber auch zB Notwehr in Betracht kommt (vgl. *S/S-Cramer/Sternberg-Lieben* 188f.).

D. Die **Pflichtwidrigkeit** kann in Verstößen gegen Rechtsnormen (zu Verstößen gegen Sondernormen vgl. *Kudlich*, Otto-FS [2007] 373 ff.), vertragliche, berufliche oder Pflichten aus vorausgegangenem Verhalten (dazu BGH **3**, 203) liegen; dies verweist letztlich auf den **allgemeinen Grundsatz**, dass man fremde Rechtsgüter nicht verletzen soll (mit der *allgemeinen Verhaltensnorm*, sich „sorgfältig zu verhalten"). Art und Maß der anzuwendenden Sorgfalt bestimmen sich nach stRspr nach den Anforderungen, die bei (objektiver) Betrachtung der Gefahrenlage *ex ante* an einen besonnenen und gewissenhaften Menschen in der konkreten Lage und sozialen Rolle des Handelnden zu stellen sind (vgl. NJW **00**, 2754, 2758; NStZ, **03**, 657, 658; sog. „**objektive Maßstabsperson**"). Diese *Maßstäbe* objektiver Sorgfalt erschöpfen sich in der *retrospektiven* Betrachtung freilich bisweilen in tautologisch wirkenden Analogien: Was zB von „*durchschnittlich* befähigten und verständigen" und „in vernünftigen Grenzen vorsichtigen" Beamten, Kraftfahrern, Anlagenbetreibern, Zahnärzten oder Installateuren zu fordern ist, erschließt sich *vor* einer Rechtsgutsbeeinträchtigung nur schwer und unabhängig von der *konkreten* Handlungssituation überhaupt nicht (zutr. MK-*Duttge* 87 ff., 94, 104; *Freund*, Küper-FS [2007] 63, 70 ff.). Hieraus folgt auch, dass Fahrlässigkeit nicht schon regelmäßig „im Pflichtverstoß gefunden" werden kann (vgl. zum Problem der Bestimmtheit dieser Anknüpfung *Weigend*, Gössel-FS 129, 131 f; *Duttge* [1 b] 13 ff., 208 ff.; *ders.,* Kohlmann-FS 13, 26 ff.; jew. mwN; vgl. auch *Otto*, Schlüchter-GedS 77, 91 ff.; *Saliger* JZ **04**, 975, 978 f.); Fahrlässigkeit kann nicht als ein *Unterlassen* iS der „Nicht-Erfüllung" einer Pflicht verstanden werden. 16

Die Pflichtwidrigkeit eines **Vorverhaltens** setzt nach BGH **37**, 118 (*Lederspray-Fall*) nicht voraus, dass der Handelnde bereits damit seine Sorgfaltspflichten verletzt (vgl. 29 zu § 13). Eine der Rechtsgutsverletzung vorangehende Zuwiderhandlung gegen (auch) drittschützende Vorschriften (vgl. 6 zu § 222) oder Vorschriften über verkehrsgerechtes Verhalten, die gerade die eingetretene Beeinträchtigung vermeiden sollen (vgl. Bay **76**, 127), stellt aber ein **Beweisanzeichen** für eine den Fahrlässigkeitsvorwurf begründende Sorgfaltspflichtverletzung dar (BGH **4**, 185; **12**, 77; BGH **49**, 1, 6 [Bespr. *Saliger* JZ **04**, 977; Anm. *Puppe* NStZ **04**, 555; *Roxin* StV **04**, 485; *Pollähne* JR **04**, 429; *Ogorek* JA **04**, 356]; vgl. dazu auch NStZ **03**, 657 f. [dazu *Paeffgen*, Rudolphi-FS [2004] 187, 203 ff.]; VRS **10**, 285; **24**, 212; GA **66**, 374; Bay OLGSt. 1 zu § 309; Köln JR **71**, 163; Karlsruhe NStZ-RR **00**, 141; *Gierzek*, Gössel-FS 117, 123; zu abweichenden Konzepten auch *Kudlich*, Otto-FS [2007] 373, 376 ff.). Umgekehrt schließt die Einhaltung derartiger Vorschriften die Pflichtwidrigkeit nicht zwingend aus (BGH **4**, 185; **5**, 271; Köln NJW **86**, 1948); allerdings wird es dann vielfach an der Voraussehbarkeit fehlen (MDR **51**, 274; zum Verhältnis zwischen objektiver Sorgfaltspflicht und Sondernormen, *Bohnert* JR **82**, 6; krit. *Dencker* NStZ **83**, 398). 16 a

In einer Vielzahl von Fällen befindet sich der Täter in einer Situation **gegenläufiger Pflichten** oder Risiken; Entscheidungen für oder gegen bestimmte Handlungen setzen mitunter komplizierte **Prognosen** voraus. In diesen Fällen kann idR weder die Plichtwidrigkeit ohne weiteres aus der Risikoverwirklichung noch die subjektive Sorgfaltspflichtsverletzung aus der Pflichtwidrigkeit abgeleitet werden (vgl. zB BGH **49**, 1, 5 ff. [Prognoseentscheidung im **Maßregelvollzug**]). Eine Pflichtwidrigkeit liegt häufig schon darin, dass sich der Täter auf Handlungen einlässt, deren Gefahren er nicht gewachsen ist (BGH **10**, 133 (vgl. BGH **3**, 91; **38**, 151; JR **86**, 248 [m. Anm. *Ulsenheimer*]; BGH **43**, 311; Düsseldorf NJW **91**, 2980 [m. Anm. *Meurer* JR **92**, 38]) oder deren Risiken für außenstehende Dritte nicht erkennbar oder beherrschbar sind. Wenn mehrere für den tatbestandsmäßigen Erfolg ursächliche Handlungen sorgfaltswidrig sind, so ist für den Fahrlässigkeitsvorwurf auch an das zeitlich frühere Verhalten anzuknüpfen, so dass es in solchen Fällen eines Rückgriffs auf die actio libera in causa nicht bedarf (BGH **42**, 237; auch BGH **40**, 343; vgl. 54 zu § 20). 16 b

Die Fahrlässigkeitsdelikte setzen voraus, dass der Erfolg „durch" die Fahrlässigkeit herbeigeführt wird. Bei einem **Verhalten ohne Schutzzweck-Bezug** zu 16 c dem verletzten Rechtsgut kommt es daher auf eine Pflichtwidrigkeit nicht an, denn ein Verstoß gegen beliebige Pflichten kann, auch wenn er für eine Rechtsgutsverletzung iS der Conditio-Formel ursächlich geworden ist, den Vorwurf der Voraussehbarkeit und Vermeidbarkeit nur dann begründen, wenn er zu einer **rechtsgutsspezifischen Gefahrerhöhung** geführt hat (zutr. krit. daher *Weigend*, Gössel-FS 129, 136 f. zu Stuttgart NStZ **97**, 190 [baupolizeilich *rechtmäßiges* Lagern von Bauschutt führt nicht zur Vorhersehbarkeit der Brandstiftung durch geisteskranken Dritten]; zu den vielfach ungelösten Problemen der *Zurechnung* einer solchen Risikoerhöhung *Schünemann*, Meurer-GedS 37, 42 ff.; vgl. auch *Schatz* NStZ **03**, 581, 582 ff.; Puppe, Die Erfolgszurechnung im Strafrecht, 2000, 73 ff.). Der erforderliche **Pflichtwidrigkeitszusammenhang** ist nach hM nicht gegeben, wenn derselbe Erfolg auch bei pflichtgemäßem Verhalten nicht vermeidbar gewesen wäre (vgl. BGH **11**, 1, 7; **30**, 228, 230; **33**, 61, 63; **45**, 270, 295; **49**, 1, 4; Köln NStZ-RR **02**, 304 [krit. *Duttge* NStZ **06**, 266, 272]; vgl. dazu *Erb*, Rechtmäßiges Alternativverhalten, 1991; *Toepel*, Kausalität und Pflichtwidrigkeitszusammenhang, 1992; *Roxin* AT I, 11/76 ff.).

16 d Die **Pflichtwidrigkeit entfällt,** wenn dem Täter anderes Handeln nicht zugemutet werden kann (BGH **2**, 204; **4**, 23; 3 StR 45/01 [Abgabe unkontrollierter Schüsse als einzig zumutbare Verteidigung]; allg. zur Unzumutbarkeit bei Fahrlässigkeitsdelikten *Maiwald* aaO [oben 1 b] 477, 489; vgl. Stuttgart NStZ **97**, 190 [m. Anm. *Gössel* JR **97**, 519]). Sie kann auch entfallen, wenn der Verletzte sich bewusst in Gefahr begeben und der Täter seiner allgemeinen Sorgfaltspflicht genügt hat (BGH **6**, 234; **7**, 114; Karlsruhe NJW **67**, 2322; vgl. dazu *Kubink* JA **03**, 257 ff.; *ders.*, Kohlmann-FS [2003] 53 ff. mwN).

17 **E.** Die Tatbestandsverwirklichung muss *für den Täter* **voraussehbar** und **vermeidbar** gewesen sein. Nach Rspr und in der Lit. verbreiteter Ansicht sind die individuellen Kenntnisse und Fähigkeiten des Täters Elemente der *Schuld*; dagegen bleiben sie für die *Unrechtsebene* außer Betracht (vgl. *S/S-Cramer/Sternberg-Lieben* 131 ff.; *Jescheck/Weigend* § 54 I 3; jew. mwN [anders aber für Täter mit **„Sonderwissen“**; vgl. *Wolter* GA **77**, 257, 269; *S/S-Cramer-Sternberg-Lieben* 139 ff. zu § 16; SK-Hoyer Anh 14 zu § 16]; **aA** SK-*Hoyer* Anh 13 ff. zu § 16; *Jakobs* AT 315 ff.; *Gropp* AT 436 f.; *Kindhäuser* GA 94, 197, 212; *Freund*, Küper-FS [2007] 63, 70 ff.; differenzierend *Weigend*, Gössel-FS 129, 139 f., der individuelle Maßstäbe für die Beurteilung der Erkennbarkeit schon auf der [subjektiven] Ebene des Unrechts ansiedelt; ebenso *M/Gössel/Zipf* 106, 111, 139). Eine *generelle* Voraussehbarkeit theoretisch *möglicher* Kausalverläufe reicht nicht aus (vgl. *Gierzek*, Gössel-FS 117, 119 f.); vielmehr ist eine konkrete *Wahrscheinlichkeits*-Beurteilung unter Berücksichtigung der möglichen Pflichtwidrigkeit des Verhaltens zugrunde zu legen; es geht also um ein **normatives Maß** des dem Täter nach seinen persönlichen Fähigkeiten und Kenntnissen erlaubten Risikos. Rechtmäßiges Alternativverhalten schließt die Zurechnung aus (vgl. 29 vor § 13).

18 **F.** Die **Rechtswidrigkeit** seines Handelns muss dem Täter erkennbar sein; dh er müsste, wenn er die Tatbestandsverwirklichung vorausgesehen hätte, auch haben erkennen können, dass er rechtswidrig handelte (vgl. 50 vor § 13; *Arm. Kaufmann,* Ztschr. f. Rechtsvergleichung **64**, 52; LK-*Hirsch* 192 vor § 32).

19 **G.** Das **Verhältnis zum Vorsatz** ergibt sich aus der Abgrenzung zwischen bedingtem Vorsatz und bewusster Fahrlässigkeit (oben 9 ff.). Nach verbreiteter Auffassung schließen Vorsatz und Fahrlässigkeit einander aus (*B/Weber/Mitsch* 10/15; *Jescheck/Weigend* § 53 I 2; *M/Gössel* 42/35 ff.; *Kretschmer* Jura **00**, 267; **aA** NK-*Puppe* 5; *Jakobs* AT 9/4; SK-*Hoyer* Anh 3 zu § 16; *Herzberg,* BGH-FG 51 ff.); das schließt freilich die Annahme eines **normativen Stufenverhältnisses** nicht aus (so auch *S/S-Cramer/Sternberg-Lieben* 4; MK-*Duttge* 103; *Roxin* AT I 24/79), so dass bei Nicht-Feststellbarkeit nichtz freizusprechen, sondern in Anwendung des Zweifelssatzes wegen Fahrlässigkeit zu bestrafen ist. Die Rspr des **BGH** gelangt zum gleichen ergebnis; danach haben die Fahrlässigkeitstatbestände die Funktion von „Auffangtatbeständen“ in Fällen, in denen Vorsatz nicht nachgewiesen werden kann (BGH [GrSen] **9**, 393; **17**, 210; **32**, 48, 50; vgl. schon RG **41**, 391; anders noch BGH **4**, 340, 341 [Wahlfeststellung]).

H. Leichtfertigkeit als besondere Stufe der Fahrlässigkeit ist insb. als Voraussetzung der Zurechnung von **Erfolgsqualifikationen** von Bedeutung (vgl. zB §§ 109 g IV, 176 b, 178, 239 a III, 239 b II, 251, 307 III, 308 III, 309 IV, 316 a III, 316 c III, § 30 I Nr. 3 BtMG; Regelbeispiel in 218 II Nr. 2), wird aber auch in sonstigen Leichtfertigkeits-Tatbeständen vorausgesetzt (vgl. zB §§ 97 II, 138 III, 261 V, 264 IV, 283 IV Nr. 2, V Nr. 2, 312 VI Nr. 2, 330 a V, 345 II; §§ 21, 41 III WStG; vielfach in OWi-Tatbeständen). Der Begriff bezeichnet einen erhöhten Grad von Fahrlässigkeit, der etwa der groben Fahrlässigkeit des bürgerlichen Rechts entspricht (BGH **14**, 255; **33**, 67 [m. Anm. *Roxin* NStZ **85**, 320]; **43**, 168 [zu § 261 V]; NJW **52**, 192; vgl. dazu NK-Paeffgen 44 ff. zu § 18; *Roxin* AT 1, 24/81 ff.), aber im Gegensatz dazu auf die persönlichen Fähigkeiten des Täters abstellt (3 StR 257/83; krit. zum Begriff *Arzt,* Schröder-GedS 121). Leichtfertigkeit ist nicht auf Fälle bewusster Fahrlässigkeit beschränkt und mit dieser auch nicht deckungsgleich (StV **94**, 480); die Definition, dass es sich um eine „an Vorsatz grenzende Fahrlässigkeit“ handle (4 StR 131/60), trifft den Kern der Sache wohl nicht (vgl. auch *Jähnke,* Schlüchter-GedS 99, 100 f.). Leichtfertigkeit liegt vor, wenn der Täter **grob achtlos** handelt und nicht beachtet, was sich unter den Voraussetzungen seiner Erkenntnisse und Fähigkeiten *aufdrängen* muss (vgl. BGH **33**, 67; BGHZ **10**, 16; MDR **74**, 823; vgl. dazu auch *Bockelmann,* Grobe Fahrlässigkeit, 1973; *Maiwald* GA **74**, 257; *Maurach,* Heinitz-FS 414; *Wegscheider* ZStW **98**, 624; *Weigend* ZStW **93**, 657). Soweit in der Literatur ein Unterscheidungskriterium eines „besonderen Anlasses“ vorgeschlagen wird, der die Erkennbarkeit der nahe liegenden Möglichkeit des Erfolgseintritts „geradezu aufdrängt“ (*Radtke,* Jung-FS [2007] 737, 748 ff.), darf dieser Anlass in Fällen der Erfolgsqualifikation nicht schon in der Begehung des Grunddelikts allein gesehen werden (NK-*Paeffgen* 7 zu § 251; missverständlich NK-*Puppe* 8 u § 15). 20

Irrtum über Tatumstände

16 **I Wer bei Begehung der Tat einen Umstand nicht kennt, der zum gesetzlichen Tatbestand gehört, handelt nicht vorsätzlich. Die Strafbarkeit wegen fahrlässiger Begehung bleibt unberührt.**

II Wer bei Begehung der Tat irrig Umstände annimmt, welche den Tatbestand eines milderen Gesetzes verwirklichen würden, kann wegen vorsätzlicher Begehung nur nach dem milderen Gesetz bestraft werden.

1) Die Vorschrift wurde idF des § 19 E 1962 (Begr. 133; Ndschr. **2**, 6, 49, 106; **12**, 191, 440, 574; § 19 AE weicht in I ab) durch das 2. StrRG eingefügt (Ber. BT-Drs. V/4095, 8; Prot. V/1637, 1641, 1736, 1739, 1779). 1

Neuere Literatur (Auswahl): *Börner,* Der Erlaubnistatbestandsirrtum bei Fahrlässigkeitsdelikten, GA **02**, 276; *Dreher,* Heinitz-FS 208; *J. Fischer,* Der Irrtum über Tatbestandsalternativen, 2000 (Diss. Regensburg 1999); *Frisch,* Vorsatz und Risiko, 1983; *Frister,* Erlaubnistatbestandszweifel – Zur Abwägung der Fehlentscheidungsrisiken bei ungewissen rechtfertigenden Umständen, Rudolphi-FS (2004) 45; *Gössel,* Über die Bedeutung des Irrtums im Strafrecht, 1974; *Gropp,* Der „Moos-raus-Fall“ und die strafrechtliche Irrtumslehre, Weber-FS (2004) 127; *Heidingsfelder,* Der umgekehrte Subsumtionsirrtum, 1991; *Herzberg,* Vollendeter Mord bei Tötung des falschen Opfers?, NStZ **99**, 217; *Herzberg/Hardtung,* Grundfälle zur Abgrenzung von Tatumstandsirrtum und Verbotsirrtum, JuS **99**, 1073; *Hettinger,* Der sog. dolus generalis: Sonderfall eines „Irrtums über den Kausalverlauf?, Spendel-FS 237; *ders.*, Notiz zum „dolus generalis, GA **06**, 289; *Heuchemer,* Der Erlaubnistatbestandsirrtum, 2005 [Bespr. *Schneider* GA **06**, 243; *Schünemann/Greco* GA **06**, 777]; *Hirsch,* Die Lehre von den negativen Tatbestandsmerkmalen. Der Irrtum über einen Rechtfertigungsgrund, 1960; *ders.*, Einordnung und Rechtswirkung des Erlaubnissachverhaltsirrtums. Über eine vermittelnde Schuldtheorie, Schroeder-FS (2006) 223; *Hörnle,* Der Irrtum über das Einverständnis des Opfers bei einer sexuellen Nötigung, ZStW **112**, 356; *Jäger,* Vorsatztat versus Tatvorsatz. Eine an der Täterlehre 1 a orientierte Betrachtung mehraktiger Erfolgsverwirklichungen, Schroeder-FS (2006) 241; *Kelker*, Erlaubnistatumstands- und Erlaubnisirrtum – eine systematische Erörterung, JA **06**, 591; *Kindhäuser* GA **90**, 409; *Krümpelmann* ZStW Beih. 1978, 6 ff.; *Küper*, § 16 II StGB: Eine Irrtumsregelung „im Schatten" der allgemeinen Strafrechtslehre, Jura **07**, 260; *Lüderssen*, Bemerkungen zum Irrtum über die Pflicht zur Wahrnehmung fremder Vermögensinteressen im Sinne des § 266 StGB, Richter II-FS (2006) 373; *Plaschke,* Ein Nagetier schreibt Rechtsgeschichte: Der Doppelirrtum im Strafrecht, Jura **01**, 235 [zum „*Mauswieselfall*"]; *Rath*, Das subjektive Rechtfertigungselement, 2002; *Reip*, Täterhandeln bei ungewisser Rechtfertigungslage, 1996 (Diss. Tübingen); *Rönnau/Faust/Fehling*, Der Irrtum und seine Rechtsfolgen, JuS **04**, 667; *Roxin*, Zur Erfolgszurechnung bei vorzeitig ausgelöstem Kausalverlauf, GA **03**, 257; *Sancinetti,* „Dolus generalis" und „strafrechtliches Glück", Roxin-FS 349; *Schlehofer,* Vorsatz u. Tatabweichung. Zur Auslegung der §§ 16 I S. 1, 22 StGB, 1996 [Bespr. *Mitsch* JZ 97, 197]; *Schroth,* Vorsatz u. Irrtum, 1998 [Bespr. *Jakobs* GA 99, 382]; *Schüler*, Der Zweifel über das Vorliegen einer Rechtfertigungslage, 2004; *Schünemann/Greco*, Der Erlaubnistatbestand und das Strafrechtssystem, oder: Das Peter-Prinzip in der Strafrechtsdogmatik?, GA **06**, 777; *Sowada*, Der umgekehrte „dolus generalis": Die vorzeitige Erfolgsherbeiführung als Problem der subjektiven Zurechnung, Jura **04**, 814; *Streng* ZStW **109**, 862 (Irrtum beim Versuch); *ders.*, Das subjektive Rechtfertigungselement und sein Stellenwert, Otto-FS (2007) 469; *Walter*, Der Kern des Strafrechts, 2006.

2 **2) A. Kenntnis und Irrtum.** Da das Wollen einer Person nur auf ihren Vorstellungen aufbauen kann, muss das Schuldstrafrecht auf die Kenntnis des Handelnden von den äußeren Umständen Rücksicht nehmen. Rechtsfolgen treten vielfach nur dann ein, wenn die Vorstellung des Handelnden mit den äußeren Umständen übereinstimmt, oder sind andere, wenn diese Übereinstimmung fehlt; das ist idR auch gegeben, wenn der Täter ohne positiv falsche Vorstellung Umstände nicht kennt (Bay MDR **63**, 334). Wenn der Handelnde äußere Umstände, welche strafrechtlich bedeutsam sind, nicht kennt, spricht man vom **Irrtum**, sieht er solche Umstände irrig als gegeben an, vom **umgekehrten Irrtum**. Dabei gilt grds, dass, wenn sich der Irrtum zugunsten des Handelnden auswirkt, der umgekehrte Irrtum zu seinen Ungunsten wirkt; ist der Irrtum bedeutungslos, so ist es auch der umgekehrte Irrtum (vgl. dazu *Spendel* ZStW **69**, 443; *Baumann* NJW **62**, 16; *Maurach* NJW **62**, 716; 767; *Sax* JZ **64**, 241). § 16 behandelt den sog. **Tatbestandsirrtum,** § 17 den Verbotsirrtum. Der Irrtum über unrechtsausschließende Umstände (unten 20 ff.) ist als solcher ungeregelt geblieben, auch im Fall des § 34; der Irrtum über einen Schuldausschließungsgrund ist nur für den Fall des § 35 geregelt.

3 **3)** Der Vorsatz einer Tat muss die **Umstände des gesetzlichen Tatbestandes** umfassen (zum sog. subjektiven Rechtfertigungselement iS des Vorsatzes vom Fehlen rechtfertigender Umstände vgl. unten 21). **Abs. I S. 1** beschreibt den **Tatbestandsirrtum** als Unkenntnis der **Tatbestandsmerkmale** (vgl. 14 vor § 13; NK-*Puppe* 6 ff.; *Schumann* JZ **89**, 433). Dies sind die Umstände der gesetzlichen (Art. 103 Abs. II GG; § 1) Tatbeschreibung, die zur Indizierung des Tatunrechts beitragen und nicht allein Vorgänge in der Psyche des Täters sind. Dabei ist zu beachten, dass der Täter in seinem Bewusstsein nicht die abstrakten Tatbestandsmerkmale der generalisierenden Gesetzesbeschreibung reflektiert, sondern einen Wirklichkeitsvorgang mit konkreten Umständen, die der Gesetzesbeschreibung entsprechen, also einen *konkreten* Tatbestand; einbezogen sind auch Merkmale, auf welche ein **Blankettgesetz** verweist (vgl. 5 zu § 1). Soweit der gesetzliche Tatbestand verschiedene **Varianten** der Tatbestandsverwirklichung vorsieht, kommt es auf die Merkmale der objektiv verwirklichten Variante an; ein Irrtum ist nach den Grundsätzen über die Abweichung des Vorsatzes von Kausalverlauf zu behandeln (unten 7; ausf. dazu *J. Fischer* [1 a]).

4 **A. Tatbestandsmerkmale** können sinnlich wahrnehmbare Gegenstände oder Vorgänge der Außenwelt, aber auch innerpersonale Umstände oder Vorgänge sein; auch das *tatsächliche* (vgl. Bay NJW **03**, 2253 [Verkehrszeichen]) Bestehen oder Nichtbestehen eines Normbefehls oder von Rechtsfolgen (**zB** Rechtswidrigkeit einer Bereicherung [§§ 253, 263]; Bestehen eines Steueranspruchs [BGH **5**, 90; NJW **80**, 1006; wistra **86**, 174, 221; NStZ **91**, 89; Bay NJW **76**, 635; MDR **90**,

655 zu Doppelbesteuerungsabkommen; KG NStZ **82**, 74; Bremen StV **85**, 283; krit. *F. Meyer* NStZ **86**, 443 u. **87**, 500; hierzu *Thomas* NStZ **87**, 260; *Gribbohm/Utech* NStZ **90**, 210]; Pflicht nach § 807 ZPO [KG JR **85**, 162]; Rechtskraft der Anordnung eines Fahrverbots [Bay NZV **00**, 133]). Die Merkmale des Tatbestands können auch negativ formuliert sein (zB § 284: „ohne behördliche Erlaubnis"). Anknüpfend an die „klassische" Terminologie, werden – mit den Vorbehalten, die gegen eine solche Unterscheidung aus sprachlogischer, linguistischer und strafrechtsdogmatischer Sicht ergeben – gemeinhin „**deskriptive**" und „**normative**" unterschieden, dh solche Merkmale, deren Inhalt auf eine vorausgehende (rechtliche) *Wertung* verweist (**zB** „Beleidigung" [§ 185], „sexuelle Handlung" [§ 184 f], „Urkunde" [§ 267], „nicht geringe Menge" [§ 29 a BtMG]). Die Unterscheidung ist freilich schon deshalb zweifelhaft, weil deskriptive Begriffe schon durch die Einstellung in den Gesetzestext normative Gestalt annehmen (gegen die Unterscheidung zB *Walter*, Der Kern des Strafrechts [2006] 219 ff.; LK-*Walter* 42 vor § 13; *Gössel* GA **06**, 279, 281). Das **Gesetz** geht davon aus, dass auch **rein normativen Wertungsergebnissen**, sofern sie eine „soziale Wirklichkeit" entfalten, d. h. in der Vorstellung und im Handeln der Menschen tatsächliche Bedeutung erlangen, der Charakter **objektiver Gegebenheiten** zukommen kann (vgl. **zB** „öffentlicher Friede" [§ 126]; „Menschenwürde" [§ 130]), auf welche sich der Vorsatz eines Täters beziehen kann.

B. Zu den tatsächlichen Gegebenheiten, die vom Vorsatz umfasst sein müssen, gehören regelmäßig das **Objekt der Rechtsgutsverletzung** (zB „fremde Sache" in § 242) oder die **Person des Verletzten**; wie weit diese in der Vorstellung des Täters konkretisiert sein müssen, ist im einzelnen streitig (Problem des sog. *error in objecto* oder *in persona*). Wenn der Täter O töten will, versehentlich aber den D tötet, weil er ihn für O hielt (vgl. schon PrObTr GA **7**, 332 [*Fall Rose-Rosahl*]), so ist Tötungsvorsatz gegeben, weil der Täter denjenigen Menschen getötet hat, den er vor sich sah und töten wollte (BGH **11**, 270; **37**, 218 [m. Anm. *Puppe* NStZ **91**, 124; *Roxin* JZ **91**, 680, Spendel-FS 289 u. § 12, 168; *J. Müller* MDR **91**, 830; *Mitsch* Jura **91**, 873; *Streng* JuS **91**, 910; *Geppert* Jura **92**, 168, **97**, 362; *Weßlau* ZStW **104**, 105; *Schlehofer* GA **92**, 307; *Küpper* JR **92**, 294; *Toepel* JA **96**, 886 u. **97**, 248, 344, 556, 948]). Ein unbeachtlicher *error in persona* ist nach NStZ **98**, 294 (krit. Bespr. *Herzberg* NStZ **99**, 217) auch gegeben, wenn der Täter das Opfer zB durch ein zur Sprengfalle umfunktioniertes Fahrzeug lediglich mittelbar individualisiert hat (vgl. auch NStZ/A **98**, 343; krit. zur Abgrenzung von BGH **43**, 177, 183 [*Bärwurz-Fall*] *Herzberg* NStZ **99**, 221). Anders liegt der Fall, wenn das vorgestellte Objekt (zB Mensch) und das verletzte (zB Schaufensterpuppe) nicht gleichwertig sind; in diesem Fall ist (untauglicher) Versuch gegeben. **5**

Anders liegt auch der Fall der sog. *aberratio ictus*, der der Sache nach ein Abweichen vom konkreten Tatbestand darstellt: A will den B töten, tötet aber durch versehentliches Vorbeischießen den C. Dies ist nach hM versuchter Mord in Tateinheit mit fahrlässiger Tötung (vgl. schon RG **58**, 28; Neustadt NJW **64**, 311; *Backmann* JuS **71**, 113; *Herzberg* JA **81**, 369, 470; *Silva-Sanchez* ZStW **101**, 352; vgl. auch *Spendel,* Bockelmann-FS 255; **aA** *Loewenheim* JuS **66**, 310; *Puppe* GA **81**, 1 u. JZ **89**, 731 [dagegen *Hettinger* GA **90**, 531]; *Bottke* JA **81**, 346; *Schroth* [1 a] 106; NK-*Puppe* 95; *Prittwitz* GA **83**, 118; *Schreiber* JuS **85**, 873; *U. Janiszewski* MDR **85**, 533; offen gelassen von BGH **9**, 240, 242; vgl. dazu auch *Hillenkamp,* Die Bedeutung von Vorsatzkonkretisierungen bei abweichendem Kausalverkauf, 1972; *Warda,* Blau-FS 159; *Weßlau* ZStW **104**, 111; *Rath,* Zur rechtlichen Behandlung der aberratio ictus und des error in obiecto des Täters, 1993 *ders*., Zur Unerheblichkeit des error in persona vel in obiecto, 1996; *Gropp,* Lenckner-FS 55). Nach BGH **34**, 55 (m. Anm. *Kadel* JR **87**, 117; *Fahrenhorst* NStZ **87**, 278) kann dem Täter, soweit die Wirkung des Angriffs auf ein nicht in Aussicht genommenes Opfer in Frage steht, der Vorwurf vorsätzlicher Tatbestandserfüllung nur gemacht werden, wenn er weiß, dass ein solcher Erfolg eintreten kann und diese Möglich- **6** keit billigend in Kauf nimmt (1 StR 487/92 [in BGH **38**, 353 nicht abgedr.]; vgl. 9ff. zu § 15). Unzweifelhaft ist Vorsatz gegeben, wenn der Täter von vornherein die Verletzung eines beliebigen von mehreren gleichwertigen Rechtsgütern will oder in Kauf nimmt (vgl. *Hettinger* GA **90**, 538, 553).

7 **C.** Vom Vorsatz umfasst sein muss grds auch **der Kausalverlauf.** Da dieser sich aber nie in allen Einzelheiten voraussehen lässt, ist Vorsatz schon gegeben, wenn der tatsächliche Geschehensablauf im Wesentlichen den Vorstellungen des Täters entspricht; bei erheblichen **Abweichungen** ist nur Versuch gegeben (BGH **1**, 279; **7**, 329; **38**, 34 [m. Anm. *Graul* JR **92**, 114]; NJW **89**, 176; BGHR § 29 I 1 BtMG, Einf. 13; NStZ **92**, 333; **01**, 29, 30; vgl. *Wolter* ZStW **89**, 649; *Prittwitz* GA **83**, 110; *Driendl* GA **86**, 253; *Frisch* II, 455ff.; *Roxin* AT I 12/151; *Wolter*, Roxin-Symp. 14).

8 Die Zurechnung als **vollendete Vorsatztat** ist nach Rspr und hM möglich, wenn eine Handlung den *gewollten* Erfolg in adäquater Weise erreicht (**zB** ein geplanter Schuss sich vorzeitig löst; der von der Brücke Geworfene nicht, wie erwartet, ertrinkt, sondern schon durch Aufprall am Brückenpfeiler getötet wird; wenn Schüsse fehlgehen, der Tod aber durch einen durch sie herbeigeführten Treppensturz verursacht wird [3 StR 459/80]; vgl. *Herzberg* ZStW **85**, 888 und Oehler-FS 168). Wenn ein Erfolg abweichend vom Tatplan schon durch eine früher liegende Handlung verwirklicht wird, ist eine Zurechnung als vollendete Vorsatztat nur dann möglich, wenn schon die frühere Handlung vom Vorsatz der Erfolgsherbeiführung getragen war (vgl. NStZ **02**, 475; vgl. dazu *Sowada* Jura **04**, 814). Das setzt voraus, dass die frühere Handlung sich (jedenfalls) als Überschreitung der Schwelle zum (unbeendeten) Versuch darstellt (NStZ **02**, 309 [keine vollendete Tötung, wenn das Opfer zunächst nur gefesselt und betäubt und erst später nach mehreren Zwischenschritten getötet werden soll, jedoch schon auf Grund der Vorbereitungshandlungen verstirbt]; zust. *Roxin* GA **03**, 257ff.; **aA** [beendeter Versuch erforderlich] *Wolter*, Leferenz-FS 562ff.; *Frisch*, Tatbestandliches Verhalten und Zurechnung des Erfolgs, 1988, 623; *Schlehofer* [1a], 19f.; *Schroth* [1a] 98f.; *Jakobs* AT 8/76; *Küper* ZStW **112** [2000], 35f. mwN). Zur Anwendung dieser Grundsätze auf Fälle nachträglich eintretender **Schuldunfähigkeit** vgl. 48 zu § 20. Sie gelten auch dann, wenn ein tatbestandsmäßiger Erfolg durch eine (vorsätzliche oder fahrlässige) **weitere Handlung** einer anderen Person (eines Dritten oder des Tatopfers selbst) unmittelbar verursacht wird, die an die vorsätzliche Handlung des Täters anknüpft (vgl. etwa NStZ **01**, 29, 30 [*Pflegekinder-Fall*]; dazu *Trüg* JA **01**, 365; *Jäger*, Schroeder-FS [2006] 241, 246ff.).

9 Der **umgekehrte Fall,** dass der Täter den (bedingt oder direkt vorsätzlich) gewollten Erfolg irrtümlich schon erreicht zu haben glaubt, ihn aber tatsächlich erst durch eine spätere, ihrerseits *fahrlässige* Handlung erreicht, wurde früher als sog. *dolus generalis* diskutiert; er ist als Irrtum über den Kausalverlauf zu behandeln (BGH **14**, 193 [*Jauchegrubenfall*]; vgl. dazu u.a. *Wolter* ZStW **89**, 652 u. GA **91**, 543; *Roxin,* Würtenberger-FS 109; *Jäger*, Schroeder-FS [2006] 241ff.; SK-*Rudolphi* 34 zu § 15; *Prittwitz* GA **83**, 115; *Driendl* GA **86**, 257; *Frisch* II, 620; *Hettinger* GA **90**, 550; *ders.*, Spendel-FS 237; *ders.*, GA **06**, 289; *Seiler* ÖJZ **94**, 85). Die **Rspr** gelangt hier zur Bestrafung wegen **Vollendung**, da der Erfolg *mittelbar* durch die erste, vorsätzliche Handlung herbeigeführt werde und eine nur unerhebliche Abweichung des Kausalverlaufs vom Vorsatz des Täters gegeben sei (BGH **14**, 193, 194). Während der BGH dies auch bei nur *bedingtem* Vorsatz annimmt (BGH **14**, 193, 194; vgl. auch BGH **7**, 325, 329f. [„*Blutrausch*"-Fall; direkter Vorsatz]; anders, wenn die zweite Handlung, die den Erfolg erst herbeiführt, selbstständig und unabhängig von der ersten Bedingung gesetzt ist [OGHSt. **2**, 285]; zur Abgrenzung *vgl. auch NStZ* ***92****, 277, 278*), wird in der Literatur die Zurechnung teilweise auf Fälle anfänglich *direkten* Vorsatzes beschränkt (vgl. *Roxin* AT I, 12/177). Wohl überwiegend wird in der Literatur dagegen nur **Versuch** in Tateinheit (oder Tatmehrheit) mit Fahrlässigkeitstat angenommen (*M/Zipf* 23/35; *Maiwald* ZStW **78**,

30; *Herzberg* ZStW **85**, 867; *Hettinger,* Spendel-FS 237 ff.; *ders.* GA **06**, 289, 294; *Jakobs* AT 8/77 ff.; *Frisch,* Tatbestandsmäßiges Verhalten u. Zurechnung des Erfolgs, 1988, 620 ff.; *Köhler* AT 152, 154; *Gropp* AT 5/73 a; *Freund* AT 7/139 ff.; *Hruschka* JuS **82**, 317 ff.).

4) Der Irrtum (oder die Unkenntnis) über ein in Wirklichkeit gegebenes Tatbestandsmerkmal, soweit er nicht iS von oben 5 ff. unbeachtlich ist, schließt den Vorsatz aus (**Tatbestandsirrtum; I S. 1**) und zwar auch dann, wenn er verschuldet war (StV **99**, 369 L; *S/S-Cramer/Sternberg-Lieben* 12; krit. *Hörnle* ZStW **112**, 356 ff.). **10**

A. Aus I S. 1 ergibt sich auch, dass dem Täter auch **straferhöhende Umstände** nicht zuzurechnen sind, die er nicht kennt. Stellt sich anderseits der Täter irrig die Merkmale eines **milderen Tatbestands** vor, so greift II ein (vgl. BGH **24**, 168; *Küper* GA **68**, 321; NJW **72**, 646; *Franke* JuS **80**, 172); das gilt auch für den Irrtum eines Tatbeteiligten über das von einem anderen Beteiligten verfolgte Handlungsziel (vgl. 1 StR 19/01). Handelt jemand umgekehrt in Unkenntnis privilegierender Umstände, so greift das mildere Gesetz nur ein, wenn der Irrtum sich auf Unrechtsmerkmale bezieht (zB Diebstahl einer für wertvoll gehaltenen geringwertigen Sache), nicht jedoch, wenn die Privilegierung auf geminderter Schuld beruht (*Jescheck/Weigend* § 29 V 5; *Warda* Jura **79**, 113; SK-*Rudolphi* 28 b). **11**

Nach dem Gesetzeswortlaut gilt das Gesagte zwar nur für einen Umstand, „der zum gesetzlichen *Tatbestand* gehört", in einer Analogie zugunsten des Täters aber auch dann, wenn es sich lediglich um das Merkmal eines **Regelbeispiels** für einen besonders schweren Fall oder wenn es sich um unbenannte **minder schwere** oder **besonders schwere Fälle** handelt (*R. Schmitt,* Tröndle-FS 315; *Müller-Dietz* JuS **89**, 284). Zur Frage des Irrtums über **Tatbestandsalternativen** vgl. *Schroeder* GA **79**, 321; *Puppe* GA **90**, 156; *J. Fischer* [1 a]).

B. Der **umgekehrte Irrtum**, dh die irrige Annahme der Verwirklichung eines in Wirklichkeit nicht gegebenen Tatbestandsmerkmals, ist untauglicher Versuch und als solcher strafbar, wenn der Versuch der Tat strafbar ist (vgl. BGH **4**, 254; **42**, 272 [m. Anm. *Arzt* JR **97**, 469; *Kudlich* NStZ **97**, 432]). **12**

5) Tatbestandsmerkmale braucht der Täter nur nach ihrem *Begriff,* nicht nach ihrer Bezeichnung im Gesetz zu kennen. Glaubt er irrig, ein Merkmal, das er seinem Wesen nach kennt, falle nicht unter die gesetzliche Begriffsbestimmung, so ist das ein **Subsumtionsirrtum,** der den Vorsatz nicht ausschließt (VRS **65**, 128), aber zu einem Verbotsirrtum (§ 17) führen kann (BGH **7**, 265; **9**, 347; **13**, 138; Stuttgart NJW **62**, 65; **73**, 1892; Saarbrücken NJW **75**, 660; Köln OLGSt. 2; Bremen StV **85**, 283; KG NJW **90**, 783; vgl. *Neumann* JuS **93**, 797; *Herzberg/Hartung* JuS **99**, 1073 f.; vgl. dazu auch NJW **06**, 522, 528 f. [in BGH **50**, 331 insoweit nicht abgedr.; *Fall Mannesmann,* Anm. *Rönnau* NStZ **06**, 218, 221; *Vogel/Hocke* JZ **06**, 568, 571; *Krause* StV **06**, 307; *Hanft* Jura **07**, 58). Ein Subsumtionsirrtum liegt **zB** vor, wenn ein Anwalt trotz Kenntnis aller maßgeblichen Umstände den Begriff „dieselbe Rechtssache" in § 356 irrig verneint (BGH **7**, 22; **9**, 347; vgl. aber BGH **15**, 338); wenn ein Importeur die Einfuhr nur als Durchfuhr ansieht (NJW **94**, 62 [m. Anm. *Puppe* NStZ **93**, 594]; zum Vorsatz vgl. StV **03**, 281). Im Fall des **umgekehrten Subsumtionsirrtums** (zB RA glaubt rechtsirrig, es handle sich um dieselbe Rechtssache iS von § 356) ist ein bloßes **Wahndelikt** gegeben (BGH **8**, 263; **14**, 350; 5 zu § 356; str.; differenzierend *Engisch,* Heinitz-FS 185). Die **Kombination** von Tatbestandsirrtum (Täter des § 242 hält eine fremde Sache für eine eigene) und umgekehrtem Verbotsirrtum (Wahndelikt; Täter hält Wegnahme eigener Sachen für nach § 242 strafbar) führt zwar *im Ergebnis* scheinbar zur vorsätzlichen Verwirklichung des objektiv gegebenen Tatbestands; jedoch „passen" die Teile nicht zusammen; die Kombination zweier zur Straffreiheit führender Fehlannahmen kann nicht zur Vorsatzstrafbarkeit führen („Mauswieselfälle"; vgl. dazu *Plaschke* Jura **01**, 235; 15 zu § 292). **13**

14 Eine Ausnahme von dem Gesagten gilt jedoch, wenn es bei **normativen Tatbestandsmerkmalen** (vgl. oben 4), die häufig als komplexe rechtliche Begriffe auftreten, zur Kenntnis des Sachverhalts und damit zum Vorsatz gehört, dass der Täter dieses Merkmal in seiner in der gesetzlichen Bezeichnung zum Ausdruck kommenden *sozialen Sinnbedeutung* kennt und daher zwar vielleicht nicht rechtlich genau, aber in der Laiensphäre parallel richtig wertet (BGH **3**, 248; **4**, 347; NJW **57**, 389; vgl. SK-*Rudolphi* 23; NK-*Puppe* 45 ff.; MK-*Joecks* 41 f.; *Jescheck/Weigend* § 29 II 3; *Arth. Kaufmann,* Die Parallelwertung in der Laiensphäre, 1982; *ders.*, Lackner-FS 190; *Otto,* K. Meyer-GedS 587; *Gropp*, Weber-FS [2004] 127, 134 ff.; *Roxin* AT I 12/101; *Schlüchter,* Irrtum 44, 67 ff., hiergegen *Kindhäuser* GA **90**, 417; *Herzberg* JZ **93**, 1018; *J. Schulz,* Bemmann-FS 245; *Koriath* Jura **96**, 125; *Otto,* Roxin-FS 483, 494 ff.). Ein **Irrtum** schließt hier den Vorsatz aus, ein umgekehrter Irrtum führt zum strafbaren untauglichen Versuch. Dies gilt **zB** für Begriffe wie „fremd" in § 242 (BGH **3**, 123; Celle NdsRpfl. **85**, 148) und „Beschlagnahme" in § 136 II (BGH **2**, 197). Den Begriff der „Urkunde" hat der BGH zunächst als normatives Tatbestandsmerkmal gewertet und bei umgekehrtem Irrtum untauglichen Versuch angenommen (BGH **7**, 53); in späteren Entscheidungen aber ein Wahndelikt angenommen (BGH **13**, 235, hierzu *Herzberg* JuS **80**, 471; Haft JA **81**, 282). Die **Zuständigkeit** in §§ 154, 156 ist ein Tatbestandsmerkmal (BGH **3**, 253). Nach hM ist auch der **Steueranspruch** iS von § 370 AO normatives Tatbestandsmerkmal (vgl. BGH **5**, 90; wistra **89**, 263; vgl. auch BGH **37**, 266, 281; krit. dazu *Weidemann* wistra **06**, 132).

15 Muss der Täter, um eine zutreffende Vorstellung vom sozialen Bedeutungsgehalt seines Handelns zu haben, eine dem Merkmal innewohnende **rechtliche Wertung** mitvollzogen haben, so handelt er, wenn dies nicht der Fall ist, grds. im Tatbestandsirrtum und nicht nur im Rechtsirrtum (*Roxin* AT I, 12/96; vgl. etwa BGH **5**, 90, 92; NJW **80**, 1005 f.; wistra **86**, 174; **89**, 263 f. [Bestehen einer Steuerschuld; vgl. dazu *Maiwald,* Unrechtskenntnis u. Vorsatz im Steuerstrafrecht, 1984]; Bay **92**, 1, 14; NJW **97**, 1320; Braunschweig NStZ-RR **98**, 175 [Anm. *Brede* NStZ **99**, 137]; NStZ **93**, 594; NStZ-RR **03**, 55, 56 [Genehmigungserfordernis]; Jena NStZ-RR **97**, 315 [zum Irrtum über das Vorliegen einer Erlaubnispflicht; dazu *Otto,* Roxin-FS 483, 491 ff.]; vgl. auch 11 zu § 17). Die **Rechtswidrigkeit der Bereicherung** (§§ 253, 263) oder der Zueignung (§§ 242, 249) ist subjektives Tatbestandsmerkmal; die irrtümliche Annahme des Täters, es bestehe ein fälliger, von der Rechtsordnung anerkannter Anspruch auf die Leistung, lässt daher den Vorsatz entfallen (vgl. BGH **48**, 322 [m. Anm. *Kühl* NStZ **04**, 387; Gewaltsames Durchsetzen von Forderung aus Drogengeschäft]; wistra **03**, 383 [Selbsthilfebetrug"]; 4 StR 318/03; 21 zu § 253).

16 Beim Irrtum über das Bestehen des Erfordernisses einer **Genehmigung** oder **Erlaubnis** unterscheidet die Rspr danach, ob das Tatunrecht sich allein aus dem Fehlen einer Genehmigung ergibt (= **präventive Verbote** mit Erlaubnisvorbehalt); in diesem Fall ist ein *Tatbestands*-Irrtum gegeben (vgl. Celle NJW **04**, 3790 [Erlaubnis nach RBerG]; Frankfurt StV **06**, 191 [Erlaubnis nach dem WaffG]; Frankfurt NStZ-RR 06, 353 [Erlaubnis nach WaffG]); oder ob ein grundsätzlich wertwidriges Verhalten im Einzelfall erlaubt wird (= **repressive Verbote** mit Erlaubnisvorbehalt); in diesem Fall ist ein *Verbots*-Irrtum gegeben (vgl. NStZ **93**, 594, 595; NStZ-RR **03**, 55, 56; StraFo **06**, 461, 462 [§ 34 IV AWG; Embargoverstoß]; 11 a zu § 17; zu Fällen des *„doppelten Irrtums"* vgl. *Haft* JuS **80**, 430, 588; *Puppe* GA **90**, 156; *S/S-Cramer/Sternberg-Lieben* 11 zu § 17; SK-*Rudolphi* 28 d; NK-*Puppe* 39). Daher führt **zB** die irrige Annahme, die Anordnung eines Fahrverbots sei (noch) nicht *rechtskräftig,* zum Vorsatzausschluss hinsichtlich § 21 I StVG, wenn dem Täter nicht alle zur Rechtskraft der Entscheidung führenden Tatsachen bekannt *sind (Bay NStZ-RR* **00**, 122); wird nur die *Rechtswirkung* der bekannten Tatsachen verkannt, so dürfte ein Verbotsirrtum vorliegen (offen gelassen von Bay aaO). Für das Merkmal der **Pflichtwidrigkeit** einer Treubruchshandlung iS von § 266 I hat NJW **06**, 522, 531, (*Fall Mannesmann/Vodafone* [insoweit in BGH **50**,

331 nicht abgedr.]; Anm. *Rönnau* NStZ **06**, 218, 221; *Vogel/Hocke* JZ **06**, 568, 571; *Krause* StV **06**, 307; *Hanft* Jura **07**, 58) darauf hingewiesen, die Abgrenzung von Tatbestands- und Verbotsirrtum könne sich nicht auf „einfache Formeln" stützen; vielmehr seien hier „wertende Kriterien und differenzierte Beurteilungen" erforderlich (vgl. 77 zu § 266; krit. dazu *Lüderssen*, Richter II-FS [2006] 373ff.). Der Irrtum über die tatsächlichen Voraussetzungen der Rechenschaftspflicht gem. § 23 IV PartG 1994 war nach BGH **51**, 100, 119 (= NJW **07**, 1760 [*Fall Kanther/Weyrauch*; Bespr. *Bernsmann* GA **07**, 219; *Ransiek* NJW **07**, 172; *Saliger* NStZ **07**, 545],) Tatbestandsirrtum.

6) Für **unechte Unterlassungsdelikte** hat der GrSen (BGH **16**, 155) entschieden, dass nur die Umstände, welche die Rechtspflicht begründen (Garantenstellung), zum Tatbestand gehören, nicht hingegen die daraus erwachsende Rechtspflicht (Garantenpflicht), so dass nur der Irrtum über jene den Vorsatz ausschließt, der Irrtum über diese aber Gebotsirrtum (BGH **19**, 295) bzw. Verbotsirrtum (§ 17) ist (dazu *Fuhrmann* GA **62**, 161; *Arthur Kaufmann* JZ **63**, 504; *Herzberg* JuS **80**, 474; ebenso Bay NJW **76**, 635; weiter BGH GA **68**, 336; skeptisch *Herdegen*, BGH-FS 199; *Schlüchter* JuS **85**, 529; anders für das Steuerrecht Bremen StV **85**, 284; vgl. 11 zu § 17). Auch die Umstände, aus denen sich die Zumutbarkeit der Erfolgsabwendung ergibt, gehören zum Tatbestand (vgl. 44f. zu § 13). Auch bei den **echten Unterlassungsdelikten** ist die Rechtspflicht als solche kein Tatbestandsmerkmal (BGH **19**, 295; **46**, 373); vorsätzliches Unterlassen erfordert aber das Bewusstsein der **Möglichkeit** zum Handeln (BGH **46**, 373). **17**

7) Subjektive Tatbestandselemente sind dem Vorsatz parallele Merkmale der Täterpsyche. Vom Vorsatz sind sie zum einen zu unterscheiden, weil sie keine Entsprechung in äußeren Merkmalen haben; so insb. die **Motivationen** (zB § 33: Verwirrung usw.; § 283a Nr. 1: Gewinnsucht; § 211: Mordlust, Habgier, niedrige Beweggründe), die man heute zu den sog. Gesinnungsmerkmalen rechnet, bei denen es str. ist, ob sie Unrechts- (so BGH **1**, 370) oder Schuldelemente darstellen (Schmidhäuser BT 2/13ff.; vgl. *Otto* Jura **94**, 143). Zum anderen können sie ihre Entsprechung in äußeren Merkmalen erst nach der Vollendung des Tatbestandes finden; so vor allem bei den über den Tatbestand hinausreichenden **Absichten** (zB Bereicherungsabsicht beim Betrug; Delikte mit sog. überschießender Innentendenz; Gewerbsmäßigkeit). In beiden Fällen muss das Merkmal in der Psyche des Täters gegeben sein; seine eigene Beurteilung kann höchstens zu einem Subsumtionsirrtum führen. **18**

8) Keine Tatbestandsmerkmale sind **Täterbewertungsmerkmale.** Hierzu gehören vor allem die **Schuldfähigkeit;** es nützt dem gesunden Täter nichts, wenn er sich für schuldunfähig hält, und es schadet dem Schuldunfähigen nicht, wenn er sich für geistig gesund hält. Auch für die Feststellung des Vorsatzes kommt es auf Gesichtspunkte der Schuldfähigkeit (insb. Einsichtsfähigkeit) nur mittelbar an (vgl. 2 StR 166/03). Dasselbe gilt für **Gesinnungsbewertungen** (*Jescheck/Weigend* § 42 II 3; *Roxin* AT I 10/78; NK-*Puppe* 58) wie zB „böswillig" (§ 90a I Nr. 1); „grausam"; „Niedrigkeit" der Beweggründe (§ 211 II); „roh" (§ 225); „rücksichtslos" (§ 315c I Nr. 2). In welchem Umfang sich der Täter der Umstände bewusst sein muss, die das Bewertungsurteil tragen, ist ja nach Tatbestand unterschiedlich zu beantworten; das Urteil selbst braucht er nicht mit zu vollziehen. Das gilt schließlich auch für Merkmale wie **Gewohnheitsmäßigkeit** (BGH **15**, 377) oder für die Beurteilung des Täters als **Rädelsführer** oder **Hintermann** (§§ 84; 85; 88; 129a II). **19**

9) Die Behandlung des **Irrtums über Merkmale von Rechtfertigungsgründen** ist umstritten. **20**

A. Bei **irriger Annahme eines Rechtfertigungsgrunds** unterschied das **RG** zwischen Tatsachen- und außerstrafrechtlichem Rechtsirrtum einerseits und Strafrechtsirrtum andererseits. So sollte der Irrtum über das Bestehen eines Rechtfertigungsgrundes, auch wenn dessen Regelung außerhalb des StGB in Betracht gekommen wäre, unbeachtlich (RG **61**, 258), der über die Grenzen eines an sich bestehenden, außerhalb des StGB geregelten aber beachtlich sein. Die Lehre von den **negativen Tatbestandsmerkmalen** (vgl. *Lang-Hinrichsen* JR **52**, 307; 356; JZ **52**, 362; *Arth. Kaufmann* JZ **54**, 653; ZStW **76**, 543; *Roxin*, Offene Tatbestände und Rechtspflichtmerkmale, 1959; SK-*Rudolphi* 10; vgl. auch *Puppe*, Stree/Wessels-FS 187 u. NK 12; MK-*Joecks* 91) versteht die Rechtfertigungsumstände als („negative") Merkmale eines Gesamt-*Tatbestands* (vgl. 46 vor § 13). Das verkennt aber wohl die verschiedenartige Funktion von Tatbestand als Typisierung des Unrechts und Rechtfertigungsgrund als Wegfall der Rechtswidrigkeit in einer Ausnahmesituation (vgl. zu diesem Argument *Streng*, Otto-FS [2007] 469, 477 f.) und ist daher mit dem Gesetz (vgl. §§ 32, 34, 228, 142 II Nr. 2) kaum vereinbar (and. zB LK-*Rönnau* 12 vor § 32).

21 Nach der **Vorsatztheorie** löst sich die Frage grundsätzlich dahin, dass dem Täter das Unrechtsbewusstsein und damit der *Vorsatz* fehlt, wenn er **(1)** irrig einen nicht bestehenden Rechtfertigungsgrund annimmt oder **(2)** die Grenzen eines anerkannten Rechtfertigungsgrunds zu weit zieht oder **(3)** irrig das Vorliegen der tatsächlichen Voraussetzungen eines anerkannten Rechtfertigungsgrundes annimmt (*D. Geerds* Jura **90**, 428; *Koriath* Jura **96**, 114); damit entfällt bei aufgrund eines Irrtums fehlendem Unrechtsvorsatz auch die Strafbarkeit von *Teilnehmern*. Mit der ausdrücklichen Zuordnung des Verbotsirrtums zum Bereich der *Schuld* durch § 17 ist diese Lehre nicht vereinbar.

22 Nach der **Schuldtheorie** ist in den beiden ersten Fällen nur *Verbotsirrtum* gegeben; der dritte Fall ist streitig: Nach der **strengen Schuldtheorie** (*Welzel* AT [1969] 168 f.; *Arm. Kaufmann* JZ **55**, 37; *H.-J. Hirsch*, Die Lehre von den negativen Tatbestandsmerkmalen, 1960, 331, 336; *ders.*, ZStW **94** [1982] 239, 265; *Schroeder* in LK 11. Aufl., 52 u § 16; *Maurach* AT [4. Aufl. 1971] 475 ff.; *Gössel*, Triffterer-FS [1996] 93, 96 ff.; *Heuchemer* [oben 1 a]; NK-*Puppe* 127) ist stets *Verbotsirrtum* anzunehmen. Das führt bei vermeidbarem Irrtum (§ 17 II) zur unangemessenen Bestrafung wegen vollendeten Vorsatzdelikts. Die **eingeschränkte Schuldtheorie** (vgl. zur Terminologie *Roxin* AT I 14/64; *Hruschka*, Roxin-FS [2001] 441; zu einzelnen überwiegend terminologisch unterschiedlichen Varianten *Grünwald*, Noll-GedS [1984] 183, 186; *H.-J. Hirsch*, Schroeder-FS [2006] 223 ff.; ausf. dazu auch *Schünemann/Greco* GA **06**, 777), auf welche sich auch die **Rspr.** beruft, behält im Unterschied zur Lehre von den negativen Tatbestandsmerkmalen einen dreistufigen Deliktsaufbau bei und unterscheidet daher zwischen *Tatsachenirrtum* und *Verbotsirrtum* (vgl. etwa BGH **3**, 105; 194; 272; **31**, 264; **45**, 378); nur im ersteren Fall entfällt der Vorsatz (BGH **2**, 236; **3**, 12; **3**, 105, 107; **3**, 194, 196; **3**, 357, 367; **17**, 91; **31**, 264, 286; **35**, 347, 350; **45**, 378, 384; NStZ **01**, 530; **02**, 143, 144; ebenso *Roxin* AT I 14/64; *Hirsch* [1 a vor § 32] 33; krit. *Herdegen*, BGH-FS [2000] 206; *Lackner/Kühl* 11 zu § 17; abl. auch *Tröndle* Vorauflagen). Bei analoger Anwendung von § 16 gelangt sie mangels vorsätzlicher Haupttat ebenfalls zur Straflosigkeit bösgläubiger Teilnehmer (vgl. etwa SK-*Hoyer* 37 zu § 26; MK-*Joecks* 92; S/S-*Cramer/Heine* 32 vor § 25; *B/Weber/Mitsch* AT 21/31; zur geringen praktischen Bedeutung *Roxin* AT I, 14/75 f.; vgl. 21 zu § 27). Dagegen bleibt in der Variante der sog. **rechtsfolgenverweisenden Schuldtheorie** (vgl. *Jescheck/Weigend* § 41 IV 1 d; zur Herleitung krit. *Schünemann/Greco* GA **07**, 777, 778 f.) beim Irrtum über den Erlaubnistatbestand eines Rechtfertigungsgrunds (Erlaubnistatbestandsirrtum), der auch normative Merkmale umfassen kann (*Lackner/Kühl* 15 zu § 17), der Vorsatz als *Tatbestands*-Vorsatz unberührt; der Vorsatz als *Schuldform* soll aber ausgeschlossen sein (vgl. *Dreher*, Heinitz-FS [1972] 222; *Lackner/Kühl* 9 vor § 25; NK-*Puppe* 136; *Frisch* [oben 1 a] 249 ff.; *Streng*, Otto-FS [2007] 469, 479 f.), so dass im Falle vorwerfbaren Irrtums nur Bestrafung wegen Fahrlässigkeit möglich ist. Diese Lösung hat den systematischen Vorteil, dass der Versuch der Tat und die Teilnahme eines nicht irrenden Beteiligten strafbar bleiben (abl. *Roxin* AT 14/73 ff., 78 [and. wohl *ders.* TuT 554]; *Schmidhäuser* JZ **79**, 366; *ders.*, Lackner-FS 84; *Grünwald*, Noll-GedS [1984] 183, 195; *Schünemann*, R. Schmitt-FS [1992] 132; *ders.* GA **85**, 350; *Herzberg* JA **89**, 243 ff., 294 ff.).

B. Beim **umgekehrten Irrtum,** dh in Fällen, in denen die objektiven Umstände eines Rechtfertigungsgrundes gegeben sind, der Täter sie aber nicht kennt oder positiv annimmt, dass sie fehlen, verwirklicht der Täter das typische Unrecht des **Versuchs**; eine Bestrafung wegen Vollendung scheidet im Hinblick auf die Rechtfertigung des Erfolgs aus, „denn das Ergebnis kann vor dem Gesetz bestehen" (BGH **38**, 144, 155f.; in der Lit. zB *S/S-Lenckner* 15 vor 32; MK-*Duttge* 198 zu § 15; SK-*Günther* 92 vor § 32; *Jakobs* AT 11/34; *B/Weber/Mitsch* AT 16/66f.; *Jescheck/Weigend* AT § 31 IV 2; *W/Beulke* AT 279; Otto AT 5/30; *ders.*, Geerds-FS [1995] 603, 620; *Frisch*, Lackner-FS [1987] 113, 138f.; *Streng*, Otto-FS [2007] 469, 473; vgl. auch 51 zu § 32). Nach hM kommen die Versuchsregeln zumindest entsprechend zur Anwendung (vgl. *S/S-Lenckner* 15 vor § 32; *Lackner/Kühl* 16 zu § 22; MK-*Duttge* 198 zu § 15). Teile der Literatur nehmen dagegen mit der früheren Rspr **Vollendung** der Tat an (BGH **2**, 111, 114f.; NK-*Paeffgen* 128 vor § 32; *Hirsch* in LK 11. Aufl. 59 vor § 34; *Gössel*, Triffterer-FS [1996] 93, 99; *Köhler* AT 323f.). Eine **Sonderregelung** enthält § 22 I S. 2 WStG (Anh. 16): Die Unverbindlichkeit eines Befehls kommt dem Täter einer Gehorsamsverweigerung auch dann zugute, wenn er den Befehl irrig für verbindlich hält. Entsprechendes gilt bei § 113 III S. 2. 23

C. Für Fälle des **Zweifels** über das Vorliegen rechtfertigender Umstände gehen die vorgeschlagenen Lösungen auseinander (vgl. dazu *Rath* [1 a] 153ff.; *Reip* [1 a] 133ff.; *Warda*, Lange-FS [1976] 119ff.; *Schroth*, Arth. Kaufmann-FS [1993], 604ff.; *Roxin* AT I 14/87ff.; *Jakobs* AT 11/28f.; *Frister*, Rudolphi-FS [2004] 45ff.; *Schüler* [oben 1 a]). Der **BGH** hat in VRS **40** (1971), 104 eine den Vorsatz ausschließende Putativnotwehr für den Fall angenommen, dass der Täter es für *möglich* hält, angegriffen zu sein (vgl. auch MDR/H **78**, 108; so wohl auch SK-Günther 90 vor § 32; krit. *Roxin* AT I, 14/90). Nach in der **Literatur** verbreiteter Ansicht ist wegen vorsätzlichen Delikts zu bestrafen, wenn bei Ungewissheit über die Rechtfertigungslage der Täter die Möglichkeit in Kauf nimmt, dass ein Rechtfertigungsgrund nicht vorliegt (vgl. etwa LK-*Hirsch* 53 vor § 32; NK-*Paeffgen* 102 vor § 32). Nach **aA** ist zwischen dem Zweifel über das Vorliegen der Voraussetzungen von Notwehr oder Defensivnotstand einerseits (in diesem Fall grds. Bestrafung wegen bedingt vorsätzlichen Handelns; ggf. Entschuldigung möglich) und Zweifeln über das Vorliegen eines auf Interessenabwägung beruhenden Rechtfertigungsgrunds andererseits (Aggressivnotstand) zu **unterscheiden** (in diesem Fall Erlaubnistatbestandsirrtum möglich; vgl. zB MK-*Joecks* 93ff.; *Roxin* AT I 14/88ff.; *Otto* AT 18/55f.; *Jakobs* AT 11/28f.; krit. dazu *Frister*, Rudolphi-FS [2004] 45, 48f.). Schließlich wird neuerdings eine von dieser Unterscheidung gelöste Abwägung vorgeschlagen, welche den durch die mögliche Fehlentscheidung jeweils verursachten materiellen Unwert miteinander vergleicht (*Frister*, Rudolphi-FS 45, 52ff.); dabei ist der dem jeweiligen Rechtfertigungsgrund zugrunde liegende Abwägungsmaßstab zu berücksichtigen. Das kommt im Ergebnis der vorgenannten differenzierenden Lösung nahe. 24

10) Beim **Irrtum über Merkmale von Schuldausschließungsgründen** sind nur solche Schuldausschließungsgründe von Bedeutung, deren Umstände der Täter irrig annehmen kann, so dass zB die Fälle des § 33 und des Verbotsirrtums ausscheiden, der selbst schon einen Irrtumssachverhalt darstellt. Auch die Schuldfähigkeit scheidet aus. Der Irrtum über eine entschuldigende Notstandslage ist seit dem 2. StrRG ausdrücklich in § 35 II geregelt (vgl. dort). In Betracht kommen noch § 5 I WStG und ähnliche Fälle des Nebenrechts (§ 7 II UZwG; § 30 III ZDG). Zwar enthält § 5 I WStG insoweit eine eigene Irrtumsregelung, als der Untergebene die Natur der von ihm auf Befehl begangenen Handlung verkennt. Es fehlt aber eine Regelung für den Fall, dass der Untergebene irrtümlich einen Befehl annimmt, obwohl es daran fehlt, weil etwa der Befehlsgeber kein Vorgesetzter ist. In diesen Fällen wird man ebenso wie beim Irrtum über Rechtfertigungsmerkmale annehmen müssen, dass zwar Tatbestandsvorsatz gegeben ist, aber Bestrafung (nur 25 wegen Fahrlässigkeitsschuld) lediglich bei vorwerfbarem Irrtum in Betracht kommt. Beim umgekehrten Irrtum, wenn also zB die objektiven Voraussetzungen des § 5 I WStG gegeben sind, ohne dass der Täter sie kennt, fehlt es an der psychischen Drucksituation, die zur Entschuldigung führt. Der Täter ist daher wegen vollendeter Tat strafbar. Zur Unbeachtlichkeit eines offensichtlich rechtwidrigen Befehls völkerrechtswidriger Gewalttaten vgl. BGH **49**, 189 (*Fall Engel*; Anm. *Gribbohm* NStZ **05**, 38; *Bröhmer/Bröhmer* NStZ **05**, 38).

26 **11)** Ein Irrtum über die **Rechtswidrigkeit** der Tat im Sinne fehlender Einsicht, Unrecht zu tun, ist ein **Verbotsirrtum** (§ 17).

27 **12)** Ein Irrtum über **persönliche Strafausschließungs- und Aufhebungsgründe** (dazu 17 vor § 32) schadet und nützt dem Täter grundsätzlich nicht. Allerdings kann ein solcher Irrtum die Quelle eines Verbotsirrtums sein. Dasselbe gilt für **objektive Bedingungen der Strafbarkeit**, also Umstände, die materielle Voraussetzungen des staatlichen Strafanspruchs sind, aber Unrecht und Schuld nicht mitbegründen. Diese gehören nicht zum gesetzlichen Tatbestand und brauchen nicht vom Vorsatz umfasst zu sein (vgl. zur Rechtsnatur *Roxin* AT 1, 23/21 ff.). Fehlt die Bedingung, so bleibt die Tat, auch für den Teilnehmer, straflos. Solche Bedingungen sind **zB** die Rauschtat im Fall des § 323 a (sehr str.; dort 9), die Eröffnung des Insolvenzverfahrens usw. bei den Delikten nach §§ 283 ff. (§ 283 VI).

27 a **Literatur hierzu:** *Bemmann,* Zur Frage der objektiven Bedingungen der Strafbarkeit, 1957; *Geisler,* Zur Vereinbarkeit objektiver Bedingungen der Strafbarkeit mit dem Schuldprinzip, 1998; *ders.,* Objektive Bedingungen der Strafbarkeit und „Abzugsthese“, GA **00**, 166; *Gottwald* JA **98**, 343; 771; *Krause* Jura **80**, 449; *Sax* JZ **76**, 14; *Schmidhäuser* ZStW **71**, 545; *Schwalm* MDR **89**, 906; *Stratenwerth* ZStW **71**, 565; *Stree* JuS **65**, 465; *Tiedemann* ZRP **75**, 129.

Verbotsirrtum

17 Fehlt dem Täter bei Begehung der Tat die Einsicht, Unrecht zu tun, so handelt er ohne Schuld, wenn er diesen Irrtum nicht vermeiden konnte. Konnte der Täter den Irrtum vermeiden, so kann die Strafe nach § 49 Abs. 1 gemildert werden.

1 **1) Die Vorschrift,** in Anlehnung an § 21 E 1962 (Begr. 135; Ndschr. **2**, 6, 49, 61, 106, 156, 159; **4**, 143, **12**, 186 ff., 441, 447) und § 20 AE durch das 2. StrRG (Ber. BT-Drs. V/4095, 9; Prot. V/1637, 1739, 1782 ff., 1860) eingefügt, behandelt das vorher nur durch die Rspr (GrSenBGH **2**, 194) gelöste Problem des **Verbotsirrtums.** § 17, der auch in seinem S. 2 nicht gegen das GG verstößt (BVerfGE **41**, 121; krit. dazu *Langer* GA **76**, 193; *Schmidhäuser* JZ **79**, 362; *Spendel,* Tröndle-FS 89; zum Ganzen *Koriath* Jura **96**, 124), entspricht § 11 II OWiG; in § 5 WStG (vgl. auch § 7 II UZwG; § 30 III ZDG) hat der Verbotsirrtum eine Sonderregelung. Einen Sonderfall des Verbotsirrtums behandelt auch § 20. Erst wenn feststeht, dass der objektive und subjektive Straftatbestand (Vorsatz oder Fahrlässigkeit) erfüllt ist, kann sachgerecht zum Vorliegen eines Verbotsirrtums Stellung genommen werden (NStZ **96**, 237).

1 a **Schrifttum (Auswahl):** *Arzt* ZStW **91**, 857; **Dahs**, Der gekaufte Verbotsirtum, Strauda-FS (2006) 99; *Frisch,* in: *Eser/Perron,* Rechtfertigung u. Entschuldigung [1 a vor § 32] 217 ff.; *ders.,* Gewissenstaten und Strafrecht, Schroeder-FS (2006) 11; *ders.,* Grundrecht der Gewissensfreiheit und Gewissensdruck im Strafrecht, GA **06**, 273; *Groteguth,* Norm- u. Verbots(un)kenntnis § 17 Satz 2 StGB, 1993; *Herzberg* GA **93**, 439; ders., JZ **93**, 1017; *ders.,* Fahrlässigkeit, Unrechtseinsicht und Verbotsirrtum, Otto-FS (2007) 265; *Horn,* Verbotsirrtum u. Vorwerfbarkeit, 1969; *Jakobs* ZStW **101**, 533; *Jescheck* ZStW **93**, 32; *Arth. Kaufmann,* Das Unrechtsbewußtsein in der Schuldlehre des Strafrechts, 1949; *ders.,* Lackner-FS 186; *Kindhäuser* GA **90**, 407; *Koriath* Jura **96**, 113; *A. Lange,* Zum Bewertungsirrtum über die Rechtswidrigkeit des Angriffs bei der Notwehr, 1994 [Bespr. *Otto* GA **95**, 578 u. *Mitsch* ZStW **110**, 166]; *Laubenthal/Baier,* Durch die Ausländereigenschaft bedingte Verbotsirrtümer u. die Perspektiven europäischer Rechtsvereinheitlichung, GA **00**, 205; *Loew,* Die Erkundigungspflicht beim Verbotsirrtum nach § 17 StGB, 2002 (Diss. Frankfurt 1999); *Lüderssen,* Irrtum u. Prävention, Roxin-FS 457; *Mattil* ZStW **74**, 201; *Maurach,* Eb. Schmidt-FS 301; *Naucke,* Staats-

theorie u. Verbotsirrtum, Roxin-FS 503; *Neumann,* Der Verbotsirrtum, JuS **93**, 793; *ders.,* Normtheoretische Aspekte der Irrtumsproblematik im Bereich des „Internationalen Strafrechts", Müller-Dietz-FS 589; *Otto* Jura **90**, 645 u. K. Meyer-GedS 597; *ders.,* Mittelbare Täterschaft u. Verbotsirrtum, Roxin-FS 483; *Puppe,* Tatirrtum, Rechtsirrtum, Subsumtionsirrtum, GA **90**, 145; *dies.,* Bemerkungen zum Verbotsirrtum und seiner Vermeidbarkeit, Rudolphi-FS (2004) 231; *Radtke,* Überlegungen zum Verhältnis von „zivilem Ungehorsam" zur „Gewissenstat", GA **00**, 19; *Rönnau/Faust/Fehling,* Der Irrtum und seine Rechtsfolgen, JuS **04**, 667; *Roxin,* Bockelmann-FS 289 [hierzu krit. *Dreher,* Die Willensfreiheit, 25, 53]; *Rudolphi,* Unrechtsbewußtsein, Verbotsirrtum und Vermeidbarkeit des Verbotsirrtums, 1969; *ders.,* Das virtuelle Unrechtsbewußtsein (usw.), 1982; *H. W. Schünemann* NJW **80**, 735; *Spendel,* Tröndle-FS 89; *Stratenwerth,* Arm. Kaufmann-GedS 485; *Valerius,* Das globale Unrechtsbewusstsein, NStZ **03**, 341; *Walter,* Der Kern des Strafrechts, 2006.

2) Die Einsicht, Unrecht zu tun, dh das verstehende Erkennen (vgl. §§ 20, 21) der Rechtswidrigkeit der Tat, nicht etwa „eine gefühlsmäßige Zustimmung zu dem Werturteil der Rechtsordnung" (Ber. 10), ist nach der gesetzgeberischen Entscheidung in § 17 weder irrelevant (so früher das RG; zB **63**, 218) noch ein Bestandteil des Vorsatzes (so die sog. Vorsatztheorie; vgl. dazu BGH [GrSen] **2**, 194; 21 zu § 16; *Schmidhäuser* 10/59; NJW **75**, 1811; JZ **79**, 365; *Langer,* GA **76**, 193; **90**, 456), sondern ein Element der Schuld, dessen Fehlen bei Unvermeidbarkeit des Irrtums die Schuld ausschließt. Gerade wegen des zusätzlichen Kriteriums der *Vermeidbarkeit* ist beim Irrtum über normative Merkmale (zB „Unbefugtheit"; Pflichtwidrigkeit") die Zuordnung zum Tatbestands- oder Verbotsirrtum für den Beschuldigten von besonderer Bedeutung und vielfach umstritten (vgl. 15 zu § 16; 77 zu § 266). 2

A. Zur **Unrechtseinsicht** reicht das Bewusstsein des sittlich Verwerflichen (BGH **2**, 202; GA **69**, 61) oder Sozialwidrigen nicht aus, anderseits genügt das Bewusstsein eines Verstoßes gegen die rechtliche Ordnung, ohne dass es der Kenntnis einer bestimmten verletzten Norm bedarf (BGH[GrSen] **11**, 266). Maßgebend ist die *Kenntnis, Unrecht zu tun;* erforderlich ist nicht die Kenntnis von der Strafbarkeit des Vorgehens (wistra **86**, 218; NStZ **96**, 237; NJW **96**, 1606); es genügt daher auch die Vorstellung, einen anderen in seinem strafbaren Tun zu unterstützen, also Beihilfe zu leisten (NStZ **84**, 329), oder eine Ordnungswidrigkeit zu begehen (Celle NJW **87**, 78; Düsseldorf NStE Nr. 3, **aA** AG Göttingen NJW **83**, 1210; differenzierend Stuttgart NStZ **93**, 345; vgl. NK-*Neumann* 27); nicht ausreichend ist andererseits die bloße Kenntnis der äußeren Umstände eines rechtswidrigen Verhaltens ohne entsprechende Wertung (vgl. etwa Bay NZV **03**, 430 [Verbotsirrtum bei Irrtum über die rechtliche Bedeutung eines optisch richtig wahrgenommenen Verkehrsschilds]). Unrechtsbewusstsein ist somit die Einsicht, dass das Tun oder Unterlassen gegen die durch **verbindliches Recht** erkennbare Wertordnung verstößt (vgl. BGH **2**, 201; **10**, 35, 41; **15**, 377, 383; **45**, 97; NJW **63**, 1931; *Otto,* K. Meyer-GedS 602; *Roxin* § 21, 13; krit. zur Bestimmung dieses Bezugspunkts *Naucke,* Roxin-FS 503, 509 ff.). Weiß der Täter, dass er ein Gesetz verletzt, so hat er das Unrechtsbewusstsein auch dann, wenn er die Verbindlichkeit der Norm für sich ablehnt (vgl. BGH **4**, 3); etwa weil er sich als **Überzeugungstäter** (29 zu § 46) bewusst gegen die Wert- und Rechtsordnung der Gemeinschaft auflehnt (vgl. MDR/D **73**, 901; *Rudolphi,* Welzel-FS 632; *Radtke* GA **00**, 19; SK-*Rudolphi* 4; NK-*Neumann* 12; krit. *Frisch,* Schroeder-FS [2006] 11, 16 ff.). 3

B. Die Unrechtseinsicht muss sich auf die **spezifische Rechtsgutsverletzung** des in Betracht kommenden Tatbestandes beziehen, kann also bei Tateinheit „teilbar" sein (so BGH **10**, 35; **15**, 377; **22**, 318; wistra **95**, 306 [zu einem Fall des § 34 IV AWG iVm § 69 h I Nr. 2 AWV]; NStZ **96**, 237 [zu einem Fall des § 29 GÜG]; MDR/D **67**, 14; Stuttgart NJW **64**, 412; *Rudolphi* InstKonfl. **7**, 10; *Neumann* JuS **93**, 796; krit. *Laubenthal/Baier* GA **00**, 205, 207). Für das Unrechtsbewusstsein genügt es, wenn der Täter die von dem in Betracht kommenden Tatbestand umfasste Rechtsgutsverletzung als Unrecht erkennt, er kann nicht die Anwendung eines Qualifikationstatbestandes mit der Behauptung von sich abwenden, 4 dass ihm das Bewusstsein der Verwirklichung schwereren Unrechts gefehlt habe (BGH **15**, 383); das gilt insbesondere dann, wenn der straferhöhende Umstand (zB Schusswaffengebrauch) für sich Unrecht bedeutet und der Täter davon ersichtlich Kenntnis hatte (BGH **42**, 130). Es reicht für die Annahme eines Verbotsirrtums auch nicht aus, dass der Täter in Unkenntnis seiner Strafbarkeit und des anzuwendenden Strafgesetzes gehandelt hat (BGH **2**, 194, 202; **10**, 35, 41; **15**, 377, 383; **45**, 97). Weiß ein im Ausland handelnder Täter, dass er ein am **inländischen Erfolgsort** seiner Tat strafrechtlich geschütztes Rechtsgut verletzt hat, so handelt er auch dann nicht im Verbotsirrtum, wenn er von der Erlaubtheit seines Tuns am **Handlungsort** ausgeht (BGH **45**, 97 [Anwendung von § 258 iVm § 9 I auf im Ausland handelnden Täter; Anm. *Neumann* StV **00**, 425; *Börger* NStZ **00**, 31; *Döllinger* JR **00**, 397; vgl. auch *Valerius* NStZ **03**, 341 ff.]; zu **Internet-**Straftaten vgl. BGH **46**, 212; dazu 8 ff. zu § 9). Hält der Täter seine rechtswidrige Handlung aus einem rechtlich oder tatsächlich unzutreffenden Grunde für rechtswidrig, so hat er Unrechtsbewusstsein (Bay NJW **63**, 310; **aA** *Bindokat* NJW **63**, 745; SK-*Rudolphi* 10).

5 **C.** Rechnet der Täter bei der Tat mit der **Möglichkeit,** Unrecht zu tun, und nimmt er das billigend in Kauf, so hat er die Unrechtseinsicht (BGH **4**, 4; Bay GA **56**, 127; Hamburg GA **67**, 285; SK-*Rudolphi* 12, 22; zur Problematik *Warda,* Welzel-FS 499; *Paeffgen* JZ **78**, 745; *Neumann* JuS **93**, 795; vgl. auch BGH **45**, 97 [Strafvereitelung durch im Ausland handelnden Ausländer; Anm. *Börger* NStZ **00**, 31; *Dölling* JR **00**, 379; *Neumann* StV **00**, 425; dazu auch *Laubenthal/Baier* GA **00**, 205, 213; *Neumann,* Müller-Dietz-FS 589, 592 ff.]; vgl. 30 vor § 3; MK-*Joecks* 23 f.; **aA** NK-*Neumann* 33).

6 **3) Bei Begehung der Tat** (§ 8) muss dem Täter die **Unrechtseinsicht fehlen**; es kommt nicht darauf an, ob er positiv annimmt, kein Unrecht zu tun (Ber. 9; Bay MDR **63**, 334). Welchen Grund das Fehlen der Unrechtseinsicht hat, ist grds. gleichgültig. Es kann auf einer sozialethischen Fehleinschätzung (vgl. BGH **2**, 208), einer falschen Rechtsauffassung (vgl. etwa wistra **86**, 219 [dazu *Reiß* wistra **87**, 161]), auf der irrigen Annahme der Wirksamkeit einer Genehmigung (Hamm NJW **75**, 1042), auf der Unkenntnis von der Notwendigkeit einer **Genehmigung** (NStZ **93**, 594 [m. Anm. *Puppe*]; NJW **96**, 1605; Bay GA **76**, 26; vgl. aber *Rengier* ZStW **101**, 884; zur Differenzierung zwischen Tatbestands- und Verbotsirrtum in diesem Fall vgl. NStZ **93**, 594; NStZ-RR **03**, 55, 56) beruhen; auf einem Subsumtionsirrtum (13 zu § 16), einem Irrtum über eine Bedingung der Strafbarkeit (27 zu § 16; NK-*Neumann* 50), auf dem Glauben an die bindende Wirkung eines Befehls (BGH **22**, 223; vgl. aber NStZ **84**, 128). Beruht das fehlen der Einsicht auf einem der Gründe des **§ 20**, so ist diese Vorschrift anzuwenden (zur **Abgrenzung** vgl. 3 f. zu § 21). Die Annahme, sich mit zweideutigen, nur „konkludent" oder „zwischen den Zeilen" volksverhetzenden Äußerungen noch in einem durch Art. 5 Abs. 1 GG geschützten Bereich „formal" zulässiger öffentlicher Äußerungen zu bewegen, kann nach 4 StR 283/05 einen Verbotsirrtum begründen. Hieran könnte man zweifeln, denn wer meint, „in Wirklichkeit" und *für Eingeweihte* etwas zu äußern, was *strafbar* ist, befindet sich hierüber nicht deshalb im Irrtum, weil er glaubt, man könne ihm dies nicht *nachweisen* (vgl. den 4 StR 283/05 zugrunde liegenden Sachverhalt: Der Täter kündigte bei einer öffentlichen antisemitischen Rede ausdrücklich an, er werde das, was er *wirklich* meine, nur „zwischen den Zeilen" sagen; die Gesinnungsgenossen sollten daher auf den *konkludenten* [Hetz-]Gehalt seiner Rede achten).

7 **4) Vermeidbar** ist ein Verbotsirrtum, wenn dem Täter sein Vorhaben unter Berücksichtigung seiner Fähigkeiten und Kenntnisse hätte Anlass geben müssen, über dessen mögliche Rechtswidrigkeit nachzudenken oder sich zu erkundigen, und er auf diesem Wege zur Unrechtseinsicht gekommen wäre (1 StR 217/85; Bay NJW **89**, 1745 [m. Anm. *Rudolphi* JR **89**, 387; *Zaczyk* JuS **90**, 889]; Köln NJW **96**, 473; AG Geilenkirchen NZV **93**, 125). Er irrt vermeidbar, wenn er sich nicht informiert (9) oder sich am Recht überhaupt desinteressiert zeigt, es sei denn, er habe

für seine Unsorgfalt nicht einzustehen (vgl. *Timpe* GA **84**, 51, 69). Die Vermeidbarkeit wird von Rspr und hM im Wesentlichen als *empirische Frage* behandelt, ist aber im Kern eher ein Anwendungsfall des *Vorverschuldens* (jedenfalls dann, wenn sich die Normunkenntnis im Tatzeitpunkt aus dem Unterlassen hinreichender Erkundigung ergibt; vgl. dazu auch *Roxin* AT I 21/48 ff.; *Puppe*, Rudolphi-FS [2004] 231, 238 ff.).

A. Die Rspr verlangt, dass der Täter sein **Gewissen anspanne** (GrSenBGH **2**, 8
194) und „alle seine Erkenntniskräfte und sittlichen Wertvorstellungen" einsetze, und zwar auf der Grundlage der Vorstellungen seiner Rechtsgemeinschaft (BGH **4**, 1, 5); danach sind nach Ansicht der Rspr. insoweit höhere Anforderungen zu stellen als an die Vermeidung eines Fahrlässigkeitsvorwurfs (BGH **4**, 237; **21**, 20; VRS **14**, 31; NJW **96**, 1606 [hierzu *Sonnen* JA **96**, 744]; Bay NJW **65**, 164; Düsseldorf VM **76**, 26; Frankfurt NStZ-RR **03**, 263). Angesichts der weit auseinander strebenden Vorstellungen der pluralistischen Gesellschaft kann die Forderung nach „Gewissensanspannung" freilich nur noch im *Kernbereich* strafrechtlicher Verbote ausreichen (zutr. Stuttgart NJW **06**, 2422, 2423). Es kommt auf die jeweils **konkreten Umstände** sowie auf die Verhältnisse und die Persönlichkeit des Täters an; daher sind **zB** Bildungsstand, Erfahrung, berufliche Stellung, sprachliche Kenntnisse, Dauer des Aufenthalts in Deutschland usw. zu berücksichtigen (vgl. BGH **2**, 201; **3**, 108; **4**, 86; **9**, 347), konkret bezogen auf Art, Gewicht und Ausführung der Tat (vgl. Bay **71**, 29; GA **73**, 317; NJW **89**, 1745 m. Anm. *Rudolphi* JZ **89**, 387; *Zaczyk* JuS **90**, 889; zusf. *Otto* Jura **90**, 648; *Roxin* AT I 21/55 ff.). Die persönlichen Voraussetzungen des Täters sind im Hinblick auf die **konkrete** Verbotsnorm zu bewerten (vgl. Bay NJW **03**, 2253 [Häufung von Verkehrszeichen]). Der Täter muss sich bemühen, Zweifel an der Rechtmäßigkeit seines Handelns zu klären; er darf nicht vorschnell auf die Richtigkeit eines ihm günstigen Standpunkts vertrauen und die Augen nicht vor gegenteiligen Ansichten und Entscheidungen verschließen (Köln NJW **96**, 473). Persönliche Einschränkungen der **Erkenntnisfähigkeit**, etwa bei Vorliegen eines Eingangsmerkmals des § 20, sind zu berücksichtigen; auch wenn eine (bloße) erhebliche Verminderung der Einsichts*fähigkeit* für die Schuldfähigkeitsbeurteilung grds. ohne Bedeutung ist (vgl. 4 zu § 20; 3 zu § 21), können ihre tatsächlichen Voraussetzungen bei *Fehlen* der Einsicht die Unvermeidbarkeit des Irrtums begründen. Bei **Unterlassungsdelikten** kann die Unrechtserkenntnis schwieriger sein (BGH **16**, 160; vgl. auch NJW **64**, 1330). Bedeutung kann namentlich die Verwurzelung des Täters in einem **fremden Kulturkreis** haben; daneben bei aus dem **Ausland** stammenden Personen auch Rechts- und Sprachunkenntnis (vgl. dazu *Laubenthal/Baier* GA **00**, 205; *Kraus,* InstKonfl. **7** 49). Zu Gewissenstaten von Kriegsdienst- und Totalverweigerern vgl. BVerfGE **23**, 127 ff.; Frankfurt StV **89**, 107 f.; 29 zu § 46; LK-*H.J. Hirsch* 221 ff. vor § 32; *S/S-Cramer/Sternberg-Lieben* 7 f.

Besondere Probleme ergeben sich in Fällen sog. **„gesetzlichen Unrechts"**, in welchen 8 a
sich die Erkenntnis der Rechtswidrigkeit des eigenen Handelns für den Täter gerade nicht aus positiven Normen des eigenen Staats, sondern aus deren wertender Überprüfung an Maßstäben internationalen oder gar *überpositiven* Rechts ergeben soll. Nach der Rspr des BGH handelte ein **„Mauerschütze"** der DDR-Grenztruppen, der sich für berechtigt hielt, auf einen unbewaffneten Flüchtling Dauerfeuer zu eröffnen, grds im *vermeidbaren* Verbotsirrtum (BGH **39**, 35 [krit. *Amelung* JuS **93**, 642; *Arnold/Kühl* JuS **92**, 996]; **39**, 188; **40**, 251 [m. krit. Bespr. *Amelung* NStZ **95**, 30]; NStZ-RR **96**, 324; vgl. KG NJW **91**, 2656; NStZ **92**, 492; LG Berlin JZ **92**, 691; NJ **92**, 418; LG Neuruppin NStZ-RR **96**, 325; dazu ausf. *Roos,* Die Vermeidbarkeit des Verbotsirrtums nach § 17 StGB im Spiegel der BGH-Rspr, 2000, 245 ff.; vgl. auch *Naucke,* Roxin-FS 503, 510 ff. mit überzeugender Abgrenzung von Rechts*geltung* und Rechtskenntnis). Der Verbotsirrtum von MfS-Angehörigen, die weisungsgemäß RAF-Aussteiger, die in die DDR aufgenommen worden waren, strafrechtlich nicht verfolgt und unterstützt haben, nach BGH **44**, 60 [m. Anm. *Schroeder* JR **98**, 428] unvermeidbar. Den Schluss vom Unrechtscharakter des **DDR-Grenzregimes** auf die Erkennbarkeit des Unrechts hat BVerfGE **95**, 142 iErg nicht beanstandet, jedoch insb. für die der systematischen Indoktrination ausgesetzten unteren Befehlsempfänger die Notwendigkeit der Einzelfallprüfung

hervorgehoben (krit. *Arnold* JuS **97**, 404; *Adomeit* NJW **93**, 2914; *Ambos* NStZ **97**, 492; *Amelung* NStZ **95**, 30; GA **96**, 57; *Dannecker* Jura **94**, 594; *Dreier* JZ **97**, 430; *Gropp* NJ **96**, 397; *S/S-Cramer/Sternberg-Lieben* 7 a mwN; vgl. 58 vor § 3).

9 **B.** Bleiben **Zweifel** oder handelt es sich um Delikte, die für einen **bestimmten Berufskreis** bedeutsam sind, so trifft den Täter eine **Erkundigungspflicht.** So muss sich etwa, wer geschäftlich tätig ist, idR über die insoweit geltenden Vorschriften informieren (BGH **4**, 242; **5** 289; **21**, 18; wistra **84**, 178 [m. Anm. *Otto* StV **84**, 462]; Bay **71**, 24; **81**, 198; GA **73**, 316; Schleswig SchlHA **78**, 181; vgl. auch Koblenz NJW **73**, 1759) und ggf. Auskünfte einholen (*Zweibrücken* StV **92**, 119; vgl. auch Bay NStZ **03**, 270 [Verkauf BtM-haltiger „Raumluftverbesserer" im *Umfeld* des BtM-Handels]). Auch ein Rechtsanwalt darf sich nicht mit als zweifelhaft erkannten eigenen Erkenntnissen zufrieden geben (vgl. BGH **18**, 197; aber auch BGH **15**, 341; NJW **62**, 1832); Mandanteninformationen hat er ggf nachzuprüfen (Karlsruhe Die Justiz **81**, 213). Bei zeitlich fortdauernder Geschäftstätigkeit bezieht sich die Erkundigungspflicht auch auf strafrechtlich relevante Änderungen der Rechtslage (NStZ **96**, 237; *Roxin* AT I, 21/57). Verlangt werden kann je nach Lage des Falles, dass der Täter die **Auskunft** einer Behörde einholt (vgl. Düsseldorf JMBlNW **50**, 81; Bay NJW **65**, 1924; GA **66**, 182; Frankfurt VRS **28**, 423), sich von einem Rechtsanwalt (vgl. BGH **20**, 372; **21**, 21; Bay NJW **65**, 163; StV **92**, 421; Köln NJW **73**, 437; Hamburg NJW **77**, 1831; Karlsruhe Die Justiz **81**, 214) oder sonstigen Juristen (vgl. BGH **5**, 118; **20**, 372; Hamburg NJW **67**, 213; Koblenz NStE Nr. 6 [Assessorin]) oder einer verlässlichen Person (BGH **40**, 264) beraten lässt oder sich um Kenntnisnahme einschlägiger Rspr bemüht (MK-*Joecks* 41 ff.; vgl. auch wistra **07**, 17, 18 [Erkundigungspflicht nach Amtsträger-Stellung]). Eine Auskunftsperson muss so ausgewählt werden, dass sie die Gewähr für eine objektive, sorgfältige, pflichtgemäße und verantwortungsbewusste Auskunftserteilung bietet (BGH **40**, 264; vgl. auch Bremen NStZ **81**, 265).

9 a Auf die **Auskunft eines Rechtsanwalts**, den er als kompetent angesehen hat, darf sich ein rechtsunkundiger Täter idR verlassen, wenn sich nicht die Unerlaubtheit des Handelns entgegen der Auskunft schon bei ohne weiteres möglicher Anstrengung von Verstand und Gewissen leicht erkennen lässt (Braunschweig StV **98**, 492; Frankfurt NStZ-RR **03**, 263; Stuttgart NJW 06, 2422, 2423and. Frankfurt JR **96**, 250 [Anm. *Foth*]); ggf. ist weiterer Rat einzuholen (Stuttgart NJW **77**, 1408; KG JR **77**, 379; Hamm NJW **82**, 659). Eher zur Absicherung als zur Klärung bestellte *Gefälligkeits-„Gutachten"* von Rechtsanwälten oder Rechtslehrern scheiden als Grundlage glaubhafter Verbotsirrtümer aus (vgl. dazu *Dahs*, Strauda-FS [2006] 99 ff.). Auch unzutreffende Auskünfte unzuständiger Behörden können zur Unvermeidbarkeit des Irrtums führen, wenn sich für den Täter die fehlende Zuständigkeit und Beurteilungskompetenz nicht aufdrängt. Fragt ein Bürger bei einer unzuständigen Behörde nach der Erlaubtheit eines Vorhabens, so muss diese auf ihre mangelnde Kompentenz hinweisen (NStZ **00**, 364 [gewerberechtliche Auskunft an Ausländer durch Ausländerbehörde]; Bay GA **66**, 182 f.). Wenn ein Rechtsrat allein zum Zwecke der Gesetzes*umgehung* eingeholt oder erteilt wird, kann ein darauf beruhender Irrtum vermeidbar sein (vgl. KG JR **77**, 379 [m. zust. Anm. *Rudolphi*]); freilich führt es nicht schon zur Vermeidbarkeit, wenn der Täter sich darüber hat beraten lassen, wie er sein – möglicherweise auch *moralisch* verwerfliches – Ziel *ohne* Gesetzesverletzung erreichen könne; die ernsthafte Suche nach Gesetzes-„Lücken" kann dem Täter nicht vorgeworfen werden, wenn er bei der Tat annahm, im erlaubten Bereich zu handeln.

9 b Hat der Täter einer Erkundigungspflicht nicht genügt, so muss festgestellt werden, dass eine pflichtgemäße Erkundigung zu einer richtigen Auskunft und zu einem anderen Ergebnis geführt hätte (vgl. BGH **37**, 55, 67; **aA** *Puppe*, Rudolphi-FS [2004] 231, 237). Lässt sich das nicht feststellen, so kann die Unvermeidbarkeit des Irrtums nicht ausgeschlossen werden (NJW **96**, 1606; Braunschweig StV **98**, 492VRS **14**, 31; **15**, 125; Hamm NJW **56**, 1651; Bay GA **59**, 278; NJW **89**, 1745 [m. Anm. *Rudolphi* JR **89**, 387; *Zaczyk* JuS **90**, 889]; KG VRS **13**, 148; Düsseldorf

VM **76**, 27; Celle NJW **77**, 1645; Hamburg NStZ **96**, 102 [m. Anm. *Kleczewski* aaO u. *Küpper* JR **96**, 524]; *S/S-Cramer/Sternberg-Lieben* 18; SK-*Rudolphi* 42; **aA** Bay NJW **60**, 504; **65**, 1926; BGH **21**, 21; Köln NJW **74**, 1831; vgl. dazu *Wolter* JuS **79**, 482; *Timpe* GA **84**, 51; *Otto* Jura **90**, 650; NK-*Neumann* 81). Zur *Feststellung* mangelnden Unrechtsbewusstseins vgl., auch NJW **06**, 522, 529 (gegen Vorinstanz LG Düsseldorf NJW **04**, 3275, 3285 [Fall *Mannesmann/Vodafone*; in BGH **50**, 331 nicht abgedr.] m. Bespr. *Kort* NJW **05**, 333; krit. Anm. *Jakobs* NStZ **05**, 276).

Kenntnis davon, dass eine Rechtsfrage *umstritten* oder die Rspr hierzu kontrovers ist, kann im Einzelfall zu **bedingtem Unrechtsbewusstsein** führen (vgl. BGH **4**, 1, 4; **27**, 196, 201 f.; Köln MDR **54**, 374; GA **60**, 318; Bremen NJW **60**, 163; Schleswig SchlHA **61**, 350; KG JR **64**, 70; Frankfurt NJW **64**, 508; Stuttgart NJW **67**, 122; *H. W. Schünemann* NJW **80**, 741; *Kunz* GA **83**, 457; *Timpe* GA **84**, 66; SK-*Rudolphi* 40; krit. *Neumann* JuS **93**, 798 u. NK 72; *Puppe*, Rudolphi-FS [2004] 231, 233 ff.). Der Täter darf bei rechtlich ungeklärter Situation in Kenntnis der sozialen Sinnbedeutung der Tat diese nicht begehen, wenn er nur *hofft*, das ihm bekannte Strafgesetz greife nicht (3 StR 82/85). Jedoch wird man einem rechtsunkundigen Täter kaum vorwerfen können, er habe eine irrige Rechtsauffassung auf eine gerichtliche Entscheidung gestützt (zur irrigen Auslegung höchstrichterlicher Entscheidungen vgl. Stuttgart NJW **73**, 1892 [krit. Anm. *Rudolphi* JR **73**, 511]), wenn diese nicht überholt, aufgehoben, gänzlich vereinzelt und auch für Laien als fehlerhaft erkennbar ist (vgl. aber Frankfurt AgrarR **85**, 18; zw.). **9 c**

5) Bei **umgekehrtem Irrtum,** nämlich in dem Fall, dass der Täter sein rechtmäßiges Handeln für rechtswidrig hält (er tötet zB in Notwehr, glaubt aber, dass Tötung auch in diesem Fall Unrecht sei, Düsseldorf MDR **85**, 866), ist ein strafloses Wahndelikt gegeben. **10**

6) Die **Unterscheidung** zwischen **Tatbestands- und Verbotsirrtum** ist vielfach schwierig, wird in der Praxis bisweilen eher *intuitiv* gehandhabt und ist auch dogmatisch umstritten (vgl. schon *Lang-Hinrichsen* JR **52**, 184, 302, 356; *Baumann*, Welzel-FS 533; *Schlüchter* JuS **85**, 373, 527, 617; **93**, 14 [hierzu *Herzberg* JZ **93**, 1019]; *Arth. Kaufmann,* Lackner-FS 190; *Herzberg* GA **93**, 439; *ders.*, Otto-FS [2007] 265 ff.; *Lesch* JA **96**, 346; aus der **Rspr** BGH **3**, 357, 400; **4**, 80, 105, 347; **5**, 284, 301; **6**, 193; **9**, 358 [dazu *Welzel* JZ **57**, 129; *Lange* JZ **57**, 233]; Bay NJW **03**, 2253 [Verkehrszeichen]). Schwierigkeiten ergeben sich im Bereich der **Fahrlässigkeitsdelikte** (dazu *Arzt* ZStW **91**, 857; *Herzberg,* Otto-FS [2007] 265 ff.; Übersicht bei *Roxin,* AT 1, 24/103 ff.; vgl. auch SK-*Rudolphi* 19; MK-*Joecks* 73 ff.; NK-*Neumann* 86 ff.; *Jescheck/Weigend* § 57 I 2). § 17 ist bei *unbewusster* Fahrlässigkeit anwendbar, wenn der Verbotsirrtum auf dem Fehlen der *Regel*-Kenntnis beruht (MK-*Joecks* 74; NK-*Neumann* 87; SK-*Rudolphi* 20; **aA** *Arzt* ZStW **91**, 857, 880; dazu Roxin AT 1, 24/105). Bei *bewusster* Fahrlässigkeit ist § 17 anwendbar, wenn der Täter die Rechtswidrigkeit einer als solcher erkannten Rechtsgutsgefährdung verkennt (NK-Neumann 89). Zur Anwendung von § 17 im Nebenstrafrecht, insb. bei **Blankettatbeständen,** vgl. *Warda,* Die Abgrenzung von Tatbestands- und Verbotsirrtum usw., 1955; *Tiedemann* ZStW **81**, 869; *Lüderssen* wistra **83**, 223; *Puppe* GA **90**, 166; *Kindhäuser* GA **90**, 420; *Otto,* Roxin-FS [2001] 483, 491 ff.; *S/S-Cramer/Sternberg-Lieben* 99 zu § 15; *Lackner/Kühl* 22. Zum **Steuerstrafrecht** vgl. *Schlüchter* wistra **85**, 43; 94; KG NStZ **82**, 74; Bremen StV **85**, 284; Bay **92**, 78; *Reiß* wistra **86**, 194; **87**, 161; *F. Meyer* NStZ **86**, 443; *Bilsdorfer* NJW **89**, 1591; *Bachmann,* Vorsatz und Rechtsirrtum im allgemeinen Strafrecht und im Steuerstrafrecht, 1993. **11**

Das Wort „unbefugt" kann in einzelnen Tatbeständen je nach dem Sinngehalt der Vorschrift dogmatisch die Bedeutung eines Tatbestandsausschlusses (§ 132) haben oder nur den Hinweis auf in diesem Bereich häufige Rechtfertigungsgründe enthalten (§ 203). Bezieht sich das Wort „rechtswidrig" in der Tatbestandsbeschreibung nicht auf die Handlung (wie zB in § 240; vgl. dazu BGH **2**, 194), son- **11 a** dern auf ein einzelnes Merkmal, so bezeichnet es ebenfalls ein Tatbestandsmerkmal, auf das sich der Vorsatz erstrecken muss (BGH **4**, 105 [zu § 253]; **3**, 160 [zu § 263]). In Fällen der Unkenntnis eines **Genehmigungserfordernisses** ist die Unterscheidung zwischen Tatbestands- und Verbotsirrtum mit Blick auf den jeweiligen Tatbestand zu treffen (NStZ **93**, 594; BGHR § 17 Unrechtsbewusstsein 2). Nach der Rspr des BGH liegt ein Tatbestandsirrtum vor, wenn die Genehmigung nur der Kontrolle eines im allgemeinen sozialadäquaten Verhalterns dient und die Tat ihren Unwert erst aus dem Fehlen einer Genehmigung herleitet. Verbotsirrtum ist dagegen gegeben, wenn es sich um ein grundsätzlich wertwidriges Verhalten handelt, das im Einzelfall aufgrund der Genehmigung erlaubt ist (= repressives Verbot mit Erlaubnisvorbehalt; vgl. NStZ-RR **03**, 55, 56; StraFo **06**, 461, 462; *S/S-Cramer/Sternberg-Lieben* 12a; 15 zu § 16). Die Unkenntnis der **Erlaubnispflichtwidrigkeit** eines Verhaltens ist Tatbestandsirrtum; dagegen ist ein Irrtum über die Reichweite einer bestehenden Erlaubnis Verbotsirrtum (Bay NStZ-RR **01**, 281 f. [Irrtum über den Geltungsbereich ausländischer waffenrechtlicher Erlaubnis]).

11 b Die **irrige Annahme eines Rechtfertigungsgrunds** wird von der *strengen Schuldtheorie* als Fall des Verbotsirrtums angesehen und nach § 17 behandelt (vgl. dazu 22 zu § 16). Diese Lehre wird von Rspr. und hM in der Literatur ganz überwiegend abgelehnt; die auch von der Rspr. angewandte, in verschiedenen Varianten vertretene *eingeschänkte Schuldtheorie* gelangt in diesen Fällen zur Anwendung von § 16 (vgl. i. e. 22 zu § 16).

12 **7) Unvermeidbarkeit** des Verbotsirrtums führt zum **Ausschluss der Schuld.** Bei Vermeidbarkeit kann die Strafe nach § 49 I gemildert werden; das wird in vielen Fällen angebracht sein, da auch das Fehlen einer vermeidbaren Unrechtseinsicht ein schuldmindernder Faktor ist. Das Urteil muss erkennen lassen, dass das Gericht die Milderungsmöglichkeit geprüft hat (MDR/D **69**, 359; StV **98**, 186; Hamm VRS **10**, 358). Dass Milderung bis unter das Mindestmaß der für fahrlässige Begehung angedrohten Strafe unzulässig sei (so Bay MDR **57**, 434; **aA** SK-*Rudolphi* 50; MK-*Joecks* 71), lässt sich dem Gesetz nicht entnehmen.

Schwerere Strafe bei besonderen Tatfolgen

18 Knüpft das Gesetz an eine besondere Folge der Tat eine schwerere Strafe, so trifft sie den Täter oder den Teilnehmer nur, wenn ihm hinsichtlich dieser Folge wenigstens Fahrlässigkeit zur Last fällt.

1 **1) Die Vorschrift** idF des 2. StrRG stellt eine Fortentwicklung des § 56 idF des 3. StÄG dar (vgl. § 22 E 1962; Begr. 136; Ndschr. **2**, 234; 246, 252; § 16 III AE; Ber. BT-Drs. V/4095, 10; Prot. V/1033, 1736 ff., 1775 f., 3159).

1 a **Neuere Literatur:** *Altenhain,* Der Zusammenhang zwischen Grunddelikt u. schwerer Folge (usw.), GA **96**, 19; *Bacher,* Versuch und Rücktritt beim erfolgsqualifizierten Delikt, 2000; *Bussmann,* Zur Dogmatik erfolgsqualifizierter Delikte nach dem Sechsten Strafrechtsreformgesetz, GA **99**, 1; *Degener* ZStW **103**, 357; *Diez-Ripollés,* Die durch eine fahrlässig herbeigeführte schwere Tatfolge qualifizierten Delikte u. das Schuldprinzip, ZStW **96**, 157; *Dornseifer* Arm. Kaufmann-GedS 429; *Ferschl,* Das Problem des unmittelbaren Zusammenhangs beim erfolgsqualifizierten Delikt, 1998; *Geilen,* Unmittelbarkeit u. Erfolgsqualifizierung, Welzel-FS 655; *Gössel,* Dogmatische Überlegungen zur Teilnahme am erfolgsqualifizierten Delikt (usw.), Lange-FS 219; *Hardwig,* Betrachtungen zum erfolgsqualifizierten Delikt, GA **65**, 97; *Hardtung,* Versuch und Rücktritt bei den Teilvorsatzdelikten des § 11 Abs. 2 StGB, 2002; *H.J. Hirsch,* Zur Problematik des erfolgsqualifizierten Delikts, GA **72**, 65; *ders.,* Der „unmittelbare" Zusammenhang zwischen Grunddelikt u. schwerer Folge beim erfolgsqualifizierten Delikt, Oehler-FS 111; *Hruschka,* Konkurrenzfragen bei erfolgsqualifizierten Delikten, GA **67**, 42; *Ingelfinger,* Die Körperverletzung mit Todesfolge durch Unterlassen u. die Entsprechensklausel des § 13 Abs. 1 Halbs. 2 StGB, GA **97**, 573; *Köhler,* Beteiligung u. Unterlassen beim erfolgsqualifizierten Delikt, 1999 (Diss. Potsdam); *Kostuch,* Versuch und Rücktritt beim er-

folgsqualifizierten Delikt, 2004 (Diss. Würzburg 2004); *Kühl,* Erfolgsqualifizierte Delikte in der Rechtsprechung des Bundesgerichtshofs, BGH-FG 237; *ders.* Der Versuch des erfolgsqualifizierten Delikts, Gössel-FS (2002) 191; *Küpper,* Der „unmittelbare" Zusammenhang zwischen Grunddelikt u. schwerer Folge beim erfolgsqualifizierten Delikt, 1982; *ders.,* Unmittelbarkeit u. Letalität, H. J. Hirsch-FS 595; *ders.,* Zur Entwicklung der erfolgsqualifizierten Delikte, ZStW **111** (1999), 785; *Laubenthal,* Der Versuch des qualifizierten Deliktes, JZ **87**, 1065; *Lorenzen,* Zur Rechtsnatur u. verfassungsrechtlichen Problematik der erfolgsqualifizierten Delikte, 1981 [hierzu *Küper* GA **84**, 187]; *Maiwald,* Zurechnungsprobleme im Rahmen erfolgsqualifizierter Delikte, JuS **84**, 439; *Miseré,* Die Grundprobleme der Delikte mit strafbegründender besonderer Folge, 1997; *Oehler,* Das erfolgsqualifizierte Delikt u. die Teilnahme an ihm, GA **54**, 33; *Paeffgen,* Die erfolgsqualifizierten Delikte – eine in die allgemeine Unrechtslehre integrierbare Deliktsgruppe?, JZ **89**, 220 u. in AK; *Radtke,* Die Leichtfertigkeit als Merkmal erfolgsqualifizierter Delikte?, Jung-FS (2007) 737; *Rengier,* Erfolgsqualifizierte Delikte und verwandte Erscheinungsformen, 1986; *Schroeder,* Verborgene Probleme der erfolgsqualifizierten Delikte, Lüderssen-FS (2002), 599; *Seebald,* Teilnahme am erfolgsqualifizierten u. am fahrlässigen Delikt, GA **64**, 161; *Sowada,* Das sog. ‚Unmittelbarkeits'-Erfordernis als zentrales Problem erfolgsqualifizierter Delikte, Jura **94**, 643; *ders.,* Die erfolgsqualifizierten Delikte im Spannungsfeld zwischen Allgemeinem u. Besonderem Teil des Strafrechts, Jura **95**, 644; *Wolter,* Zur Struktur der erfolgsqualifizierten Delikte, JuS **81**, 168; *ders.,* Der unmittelbare Zusammenhang zwischen Grunddelikt u. schwerer Folge beim erfolgsqualifizierten Delikt, GA **84**, 443; *Wolters,* Der Rücktritt beim „erfolgsqualifizierten Delikt", GA **07**, 65.

2) § 18 bringt im Grundsatz die Abkehr des Schuldstrafrechts von einer reinen Erfolgshaftung zum Ausdruck. Um dem Schuldgrundsatz Rechnung zu tragen, bestimmt § 18, dass bei den sog. **erfolgsqualifizierten Delikten,** die durch den Eintritt einer besonderen Folge gekennzeichnet sind, diese besondere Folge **verschuldet,** dh mindestens fahrlässig herbeigeführt worden sein muss. Freilich ist die Abwendung von einer strafrechtlichen Haftung für den *Zufall* tatsächlich nicht so vollständig, wie es die Verweisung auf die (Fahrlässigkeits-)Schuld erscheinen lässt; die *Addition* minderer Vorsatzschuld (zB § 223) und minderer Fahrlässigkeitsschuld (zB § 222) zu schwerer *Erfolgsschuld* (zB § 227) bedarf im Grundsatz wie im Einzelfall der legitimierenden Begründung. Die **Legitimation** erfolgsqualifizierter Delikte unter dem Gesichtspunkt des Schuldgrundsatzes ist iErg strittig (vgl. *Küpper* ZStW **111**, 785, 789 ff; SK-*Rudolphi* 1; *Jescheck/Weigend* § 24 III); gegenüber der bloßen Konkurrenz des vorsätzlichen Grunddelikts (zB § 223) mit dem fahrlässigen Erfolgsdelikt (zB § 222) wird sie in der **spezifischen Verknüpfung** (vgl. dazu *Altenhain* GA **96**, 19 ff.) des Erfolgsunwerts mit dem Handlungsunwert des Vorsatzdelikts gesehen (and. § 64 AE: Konkurrenzlösung). Die schwere Folge muss sich als Verwirklichung gerade der dem Grunddelikt innewohnenden, „spezifischen" **Gefahr** darstellen (BGH **31**, 96 [*Hochsitzfall;* Anm. *Stree* JZ **83**, 75; *Hirsch* JR **83**, 77; *Maiwald* JuS **84**, 439 u. NJW **84**, 626; *Wolter* GA **84**, 443]; **33**, 322 [zu §§ 239 a, 239 b]; **38**, 295; NStZ **92**, 335; [*Gummihammer-Fall;* Anm. *Graul* JR **92**, 342; *Mitsch* Jura **93**, 18]; JR **92**, 510 [Anm. *Puppe*]; NStZ-RR **98**, 171; NStZ **03**, 34; krit. *Altenhain* GA **96**, 19, 23 ff.); die Anforderungen an diesen Zusammenhang sind deliktsspezifisch zu bestimmen (*S/S-Cramer/Sternberg-Lieben* 4; *Küpper,* H. J. Hirsch-FS 615 ff.; vgl. auch *Kühl,* BGH-FG 246 ff.). 2

Durch das **6. StrRG** ist die Zahl der Erfolgsqualifikationen stark erhöht worden (vgl. dazu *Bussmann* GA **99**, 21 f.; *Küpper* ZStW **111**, 785 ff.); dabei ist in der Mehrzahl der Tatbestände **„wenigstens leichtfertige"** Verursachung der schweren Folge vorausgesetzt, also einerseits die Zurechnungsschwelle gegenüber § 18 heraufgesetzt (vgl. zB §§ 109 g IV, 176 b, 178, 239 a III, 239 b II, 251, 307 III, 308 III, 309 IV, 316 a III, 316 c III, § 30 I Nr. 3 BtMG; dazu NK-*Paeffgen* 44 ff.; zweifelnd an der einschränkenden Funktion *Radtke,* Jung-FS [2007] 737, 739 ff.), andererseits das früher streitige Problem der Konkurrenz mit den entspr. Vorsatzdelikten (vgl. BGH [GrSen] **39**, 100) dahingehend beseitigt, dass jeweils auch vorsätzliche Herbeiführung der schweren Folge erfasst ist (vgl. auch NK-*Paeffgen* 85 ff.; *S/S-Cramer/Sternberg-Lieben* 3; and. *Wolters* GA **07**, 65 ff.). Damit ist grds. auch die Strafbarkeit des **Versuchs** des erfolgsqualifizierten Delikts anerkannt (vgl. *Bussmann* GA **99**, 22 f.; unten 7). 3

4 **3)** Als strafschärfende **besondere Folge** kommt insb. der **Tod** des Opfers in Betracht (vgl. zB §§ 176b, 178, 221 III, 227, 239a III, 251, 306c, 307 III, 308 III, 316a III), weiterhin eine **schwere Körperverletzung** (§ 226), eine **schwere Gesundheitsschädigung** (§§ 221 II Nr. 2, 239 III Nr. 2, 306b I, 308 II, 309 III, 312 III, 315 III Nr. 2, 315b III) oder die **Gesundheitsschädigung einer großen Zahl** von Menschen (§§ 306b, 308 II, 309 III, 312 III, 315 III Nr. 2, 315b III). Wenn eine schwere Folgen **vorsätzlich** herbeigeführt wird, ist idR insoweit ein Vorsatztatbestand verwirklicht. Es gibt aber Fälle, in denen kein anderer Tatbestand in Frage kommt, zB bei § 239 III oder bei § 226, wenn hinsichtlich der besonderen Folge nur bedingter Vorsatz vorliegt. § 18 gilt auch, wenn im Fall des § 323a die rechtswidrige Tat ein erfolgsqualifiziertes Delikt ist (5 StR 532/58). Der Eintritt einer **konkreten Gefahr** ist keine besondere Folge iS von § 18 (BGH **26**, 175, 180f.; NJW **99**, 3131 [Anm. *Radtke* NStZ **00**, 88]; NStZ **05**, 156, 157; *S/S-Cramer/Sternberg-Lieben* 2; SK-*Rudolphi* 2; MK-*Hardtung* 12; vgl. dazu auch NK-*Paeffgen* 10; *Jakobs* AT 9/30; *Küper* NJW **76**, 543ff.; **aA** *Tröndle* hier bis 49 Aufl.). Nicht anwendbar ist § 18 auch auf **Regelbeispiele,** auch wenn diese qualifizierend wirken (zB §§ 113 II Nr. 2, 125a S. 2 Nr. 3, 218 II Nr. 2).

5 **4)** Bei **Beteiligung mehrerer** am vorsätzlichen Grunddelikt ist für Täter und Teilnehmer nach § 29 gesondert zu prüfen, inwieweit sie Verschulden für den besonderen Erfolg und damit schwerere Strafe trifft (BGH **19**, 339; JZ **86**, 764; MDR/D **68**, 550; *S/S-Cramer/Sternberg-Lieben* 7; MK-*Hardtung* 57; *Kudlich* JA **00**, 511, 515; str.; **aA** NK-*Paeffgen* 132; *Sowada* Jura **95**, 647; dazu *Cramer* JZ **65**, 30). Es geht bei der Teilnahme daher in der Sache um eine „erfolgsqualifizierte Teilnahme" am *Grund*delikt; eine Haftung des Teilnehmers für die schwere Folge ist nicht dadurch ausgeschlossen, dass beim Haupttäter insoweit Fahrlässigkeit nicht vorliegt. Das gilt auch für Vorsatztaten iS von § 11 II (dort 32; SK-*Rudolphi* 6; and. *Gössel,* Lange-FS 225, der aber Teilnahme am Grunddelikt mit fahrlässiger Nebentäterschaft für möglich hält).

6 Die schwere Folge muss bei der **Anstiftung** durch eine Handlung des Angestifteten verursacht sein, die vom Vorsatz des Anstifters umfasst ist (JZ **86**, 764). Handelt zB der zur Körperverletzung Angestiftete mit Tötungsvorsatz, so ist der Anstifter nach §§ 227, 26 zu bestrafen, wenn die zum Tod führende Körperverletzungshandlung von der Vorstellung des Anstifters umfasst war und er mit dem Eintritt der schweren Folge hätte rechnen können (BGH aaO). Für die **Mittäterschaft** gilt Entsprechendes (NStZ **97**, 82; **98** 513). Besteht die Beteiligung in einem **Unterlassen,** so muss nach BGH **41**, 113, 118 (zu § 266 aF; krit. Anm. *Hirsch* NStZ **97**, 341; *Wolfslast/Schmeisser* JR **96**, 338; *S/S-Cramer/Sternberg-Lieben* 7) die Vorstellung des Beteiligten gerade auf eine Verletzung gerichtet sein, die nach Art, Ausmaß und Schwere die besondere Folge besorgen lässt (and. NStZ **97**, 341 für den Fall aktiven Tuns; vgl. auch NJW **95**, 3114). Handelt der Hintermann hinsichtlich des Erfolges vorsätzlich, ist er mittelbarer Täter, wenn der Ausführende insoweit nicht vorsätzlich handelt (str.).

7 **5)** Wenn die schwere Folge schon beim **Versuch des Grunddelikts** fahrlässig herbeigeführt wird, ist wegen Versuchs des erfolgsqualifizierten Delikts zu bestrafen, wenn die Qualifikation bereits an die **Handlung** geknüpft ist (sog. **erfolgsqualifizierter Versuch** (vgl. 37 zu § 22; für **§ 177 IV** RG **69**, 332; für **§ 227** BGH **14**, 110, 112; **48**, 34, 37f. [*Gubener Hetzjagd;* Bespr. *Sowada* Jura **03**, 549]; für **§ 251** BGH **46**, 24 [Anm. *Kudlich* StV **00**, 667; *Stein* JR **01**, 70]; NStZ **03**, 34; BGHR § 251 Todesfolge 3 (vgl. schon RG **62**, 422); offen gelassen für **§ 221** von NStZ **85**, 501 [m. Anm. *Ulsenheimer* StV **86**, 202]); nicht aber, wenn das Gesetz die besondere Folge mit dem **Erfolg des Grunddelikt**s verknüpft (*S/S-Cramer/Sternberg-Lieben 9;* für § 306b **aA** BGH **7**, 39; vgl. auch NJW **60**, 683; *Stree* GA **60**, 289; *Ulsenheimer* GA **66**, 257; *Hirsch* GA **72**, 75; *Laubenthal* JZ **87**, 1067; *Paeffgen* JZ **89**, 225 u. NK-*Paeffgen* 109ff.; *Wolters* GA **07**, 65; MK-*Hardtung* 63ff., 70ff.;).

Wenn sich die Versuchsstrafbarkeit nicht schon aus dem Grunddelikt, sondern, wie bei § 221 II Nr. 2, III oder § 238 III; erst aus dem Verbrechenscharakter der Erfolgsqualifikation ergibt, so ist str., ob bei nur fahrlässig herbeigeführter schwerer Folge ein erfolgsqualifizierter Versuch überhaupt möglich ist, da die besondere Folge dann straf*begründende* Wirkung hätte (dagegen MK-*Hardtung* 67; *S/S-Cramer/Sternberg-Lieben* 9; SK-*Rudolphi* 7; *Kühl* JuS **81**, 196; einschr. *ders*., Gössel-FS 191, 203 ff.; *Bussmann* GA **99**, 23 f.; **aA** *Lackner/Kühl* 11; *Laubenthal* JZ **87**, 1069; *Sowada* Jura **95**, 653; *Rath* JuS **99**, 142). Durch die Einführung der Versuchsstrafbarkeit in § 223 II, § 239 II ist für diese Tatbestände die streitige Frage erledigt. 8

Kann der besondere Erfolg auch vorsätzlich herbeigeführt werden, so ist wegen Versuchs zu bestrafen, wenn er angestrebt, aber nicht erreicht wurde (vgl. BGH **21**, 194 [zu § 226]; 37 a zu § 22). Auch bei **§ 251** ist versuchte Erfolgsqualifizierung möglich, wenn die Gewaltanwendung iS von § 249 zugleich (bedingt) vorsätzliche Tötungshandlung ist (NStZ **01**, 371; **01**, 534). 9

Ein **Rücktritt** vom Versuch des erfolgsqualifizierten Delikts (vgl. 37 f. zu § 22) ist möglich, wenn *vor* Erfolgsherbeiführung das (versuchte) Grunddelikt aufgegeben wird; nach der Rspr des BGH aber dann, wenn die schwere Folge beim *Versuch* des Grunddelikt eingetreten ist (BGH **42**, 158 [zu § 251; Bespr. *Küper* JZ **97**, 229; *Jäger* NStZ **98**, 161; *Anders* GA **00**, 64]; *Otto* Jura **97**, 476; *Günther,* H.J. Hirsch-FS 553; *Herzberg* JZ **07**, 615, 619 ff. [zu § 251]; *Kostuch* [1 a] 206; SK-*Rudolphi* 18 a; NK-*Paeffgen* 130 f.; *S/S-Cramer/Sternberg-Lieben* 13; MK-*Hardtung* 68; *Lackner/Kühl* 22 zu § 24; **aA** *Ulsenheimer,* Bockelmann-FS 405, 414 ff.; *Wolter* JuS **81**, 178; *Jäger* NStZ **98**, 161; LK-*Herdegen* 16 zu § 251; *Wolters* GA **07**, 65, 73 ff.; *Streng*, Küper-FS [2007] 629, 636 ff.; vgl. auch 27 a zu § 24). Ein „Teilrücktritt“ von der Qualifikation ist möglich, wenn die vorsätzlich angestrebte schwere Folge vor Verwirklichung freiwillig aufgegeben wird; er scheidet aus, wenn bei Vollendung des Grunddelikts die schwere Folge bereits eingetreten ist und der Täter nur von deren weiterer *Vertiefung* absieht (vgl. auch 27 zu § 24; 2 StR 34/07 **aS** [allgemein zu Qualifikationen]) scheidet aus, 10

6) Die Herbeiführung der schweren Folge als solche darf nicht zweifach zu Lasten des Täters verwertet werden (BGH **39**, 109; NJW **93**, 1999 [insoweit in BGH **39**, 208 nicht abgedr.]; MK-*Hardung* 84). Im Übrigen gilt § 18 nicht bei Delikten, bei denen ein besonderer Erfolg die Strafbarkeit überhaupt erst begründet (zB § 231 [NJW **54**, 765]; § 318 IV; § 323 a [BGH **6**, 89]). 11

Vorbemerkungen zu §§ 19 bis 21

Die §§ 19 bis 21 enthalten die für die strafrechtliche Praxis außerordentlich wichtigen Regelungen über die **Schuldfähigkeit.** Der Begriff hat den der **Zurechnungsfähigkeit** (§ 51 aF) ersetzt (2. StrRG); nach der Definition des § 20 bedeutet sie *hier* die Fähigkeit einer Person, „das Unrecht der Tat einzusehen oder nach dieser Einsicht zu handeln“. Das Fehlen dieser Fähigkeit wird für Kinder (Personen **unter 14 Jahren**) in § 19 unwiderleglich vermutet; für Personen von **14 bis 17 Jahren** ist sie im Einzelfall festzustellen (§ 3 JGG); für Personen **ab 18 Jahren** wird sie vom Gesetz regelmäßig unterstellt und kann nur im Einzelfall nach Maßgabe der §§ 20, 21 (vgl. § 105 JGG) ausgeschlossen oder eingeschränkt sein.

Das Gesetz versteht den **Begriff der Schuld** (vgl. dazu 47 ff. vor § 13) als Vorwerfbarkeit tatbestandlichen Verhaltens (vgl. GrSenBGH **2**, 194, 200); also als Verantwortung für die Folgen normwidrigen Verhaltens. Die §§ 19 bis 21 werten in einer empirisch orientierten Betrachtung die psychischen Handlungs-*Bedingungen* der Person anhand eines **normativ** bestimmten Maßstabs der Zumutbarkeit von Verantwortung für die Folgen individuellen Handelns; sie enthalten eine für die Anwendung des Strafgesetzes bindende, rational-empirisch begründete, aber normativ gedeutete **Unterscheidung** von Unrechts-Verursachung in **Schuld** und **Schicksal,** individuell zu verantwortende und zufällig-unzurechenbare Handlungsfolgen (vgl. auch *Jakobs* ZStW **107** [1995], 864; *Haddenbrock* GA **03**, 521, 530). Die **Abgrenzung** zwischen den Ebenen empirisch-deskriptiver und normativierender Schuld-Zuschreibung ist ihrerseits ein sich stets veränderndes Resultat gesellschaftlicher (oder weiter: vergesellschaftender) Verständigung (vgl., überraschend pragmatisch, *Jakobs* ZStW **118** [2006], 831, 840: „ein vermittelnder Standpunkt …: Die Struktur der Gesellschaft in ihrer konkret wirklichen, das Wohl im Recht aufhebenden Gestalt. Was diese Gesellschaft an Psychologisierung ‚erträgt', darf stattfinden, und was sie an Normativierung ‚verlangt', muss erfolgen").

Schuldunfähigkeit des Kindes

19 Schuldunfähig ist, wer bei Begehung der Tat noch nicht vierzehn Jahre alt ist.

1 **1) Die Vorschrift** idF des EGStGB (vgl. E 1962, 137; § 9 AE) hat den durch Art. 26 EGStGB gestrichenen § 1 III JGG aF ersetzt. Die strafrechtliche Verantwortlichkeit der Jugendlichen beurteilt sich weiterhin nach § 3 JGG, die der Heranwachsenden nach den §§ 20, 21 StGB.

1a **Neuere Literatur (Auswahl):** *Bohnert,* Strafmündigkeit u. Normkenntnis, NStZ **88**, 249; *Breymann,* 12/13jährige zum Jugendgericht? Heranwachsende zum Strafgericht?, DVJJ-Journal **96**, 329; *Brunner,* Überlegungen zur Strafmündigkeit, JR **97**, 492; *Crofts,* Mit zehn Jahren strafmündig. Zur Reform der strafrechtlichen Verantwortlichkeit von Kindern in England, ZStW **111** (1999), 728; *Dörner,* Erziehung oder Strafe? Die Diskussion des Strafmündigkeitsalters bis zum JGG 1923, RdJB **92**, 144; *dies.,* 100 Jahre Diskussion des Strafmündigkeitsalters (usw.), DVJJ-Journal **96**, 176; *dies.,* Bestrafung „Frühreifer" und Erziehung „Unreifer". Die Geschichte des Strafmündigkeitsalters in den drei deutschen Jugendgerichtsgesetzen von 1923, 1943 und 1953, ZNR **94**, 58; *Dräger,* Die Strafmündigkeitsgrenzen in der deutschen Kriminalgesetzgebung des 19. Jahrhunderts (Diss. Kiel 1992); *Elliger,* 12/13jährige zum Jugendgericht? Heranwachsende zum Strafgericht?, DVJJ-Journal **96**, 324; *Fischer,* Strafmündigkeit u. Strafwürdigkeit im Jugendstrafrecht, 2000; *Frehsee,* „Strafverfolgung" von strafunmündigen Kindern, ZStW **100** (1988), 290; *ders.,* Strafreife – Reife des Jugendlichen oder Reife der Gesellschaft?, Schüler-Springorum-FS 379; *ders.,* 12/13jährige zum Jugendgericht? Heranwachsende zum Strafgericht?, DVJJ-Journal **96**, 321; *Hinz,* Strafmündigkeit ab vollendetem 12. Lebensjahr?, ZRP **00**, 107; *Hommers/Lewand,* Beurteilung egoistisch oder altruistisch motivierter Einbrüche zur empirischen Fundierung des § 19 StGB, MschrKrim 05, 61; *Jäger,* Jugend zwischen Schuld und Verantwortung, GA **03**, 469; *Kaiser,* Kinderdelinquenz ohne Kindheit?, Pongratz-FS 41; *Miehe,* Die Schuldfähigkeit Jugendlicher im Strafrecht der Deutschen Demokratischen Republik, Schaffstein-FS 353; *Schaffstein,* Strafmündigkeit ab 16 Jahren?, Schüler-Springorum-FS 371; *Schoene,* Können Kinder Beschuldigte sein?, DRiZ **99**, 321; *Traulsen,* Zur Delinquenz der 12- u. 13jährigen, DVJJ-Journal **97**, 47; *Verrel,* Kinderdelinquenz – ein strafprozessuales Tabu?, NStZ **01**, 284; *Wolfslast,* Strafrecht für Kinder? Zur Frage einer Herabsetzung der Strafmündigkeitsgrenze, Bemmann-FS 274.

2 **2)** Als eine unwiderlegbare Vermutung bestimmt § 19, dass der Täter, der **bei Begehung** der Tat noch nicht 14 Jahre alt ist (**Berechnung** nach § 187 II S. 2 BGB; vgl. Hamm 18. 12. 2002, 2 Ss 945/02), **schuldunfähig** ist (and. *Roxin* AT I, 20/49; *Jäger* GA **03**, 469, 472); auf den möglicherweise späteren Eintritt des Taterfolgs kommt es insoweit nicht an (SK-*Rudolphi* 2; MK-*Streng* 7; LK-*Schöch* 3). Teilnehmer an der Tat eines Kindes sind, wenn nicht mittelbare Täterschaft vorliegt, nach § 29 strafbar. Die absolute Schuldunfähigkeit wirkt sich als **Prozesshindernis** aus (*Brunner* 13 zu § 1; MK-*Streng* 11; daher Einstellung des Verfahrens nach §§ 206 a, 260 III StPO); gegen Strafunmündige dürfen auch keine Maßregeln verhängt werden. Eine Sicherungseinziehung (§§ 74 II Nr. 2, III, 74 d I iVm § 76 a II Nr. 2) ist möglich (LK-*Schöch* 4; *S/S-Lenckner/Perron* 4). Für **Kinder,** die rechtswidrige Taten begehen, kommen Maßnahmen nach §§ 1631 III, 1666 BGB oder dem SGB VIII in Frage. Zur möglichen strafrechtlichen Haftung von Erziehungspflichtigen vgl. Erl. zu § 171.

3 **3) Rechtspolitisch** wird – abhängig von allgemeinen kriminalpolitischen „Stimmungslagen" – die Frage einer Herabsetzung des Strafmündigkeits-Alters diskutiert (vgl. die Nachw.

oben 1 a; zusf. *Hinz* ZRP **00**, 107 ff.). Die hierfür aufgeführten *tatsächlichen* Begründungen – zB Verweise auf kriminalpolitische Erfahrungen in den USA; auf die kriminelle „Frühreife" von Kindern in anderen Kulturkreisen, ethnischen Gruppen oder sozial randständigen Schichten; gezielter Einsatz Strafunmündiger durch kriminelle Organisationen, etwa zum Diebstahl oder BtM-Handel; Zunahme von Aggressions-, Gewalt- und Vandalismus-Handlungen bei Kindern – erweisen sich bei näherer Untersuchung oft als empirisch ungesichert (Hinweise für eine empirische Fundierung der Grenze des § 19 dagegen bei *Hommers/Lewand* MschrKrim **05**, 61 ff.) und vermögen iErg nicht zu überzeugen (vgl. auch 64. DJT 2002, Bd. II/2; Sitzungsbericht N 110). Die ersichtlich auch von Medien-Kampagnen beeinflusste kriminalpolitische Sicht auf Kinder zeigt überdies widersprüchliche Züge (**Übertreibung** der **Opfer-Perspektive** einerseits, einer angeblich „immer früheren" **kriminellen Verwahrlosung** andererseits); auch die ethnische und nationale Zusammensetzung der Kinderpopulation namentlich in Großstädten dürfte eine Rolle spielen.

Schuldunfähigkeit wegen seelischer Störungen

20 **Ohne Schuld handelt, wer bei Begehung der Tat wegen einer krankhaften seelischen Störung, wegen einer tiefgreifenden Bewusstseinsstörung oder wegen Schwachsinns oder einer schweren anderen seelischen Abartigkeit unfähig ist, das Unrecht der Tat einzusehen oder nach dieser Einsicht zu handeln.**

Übersicht

1) Allgemeines ... 1–1 f
2) Gegenstand der Schuldfähigkeitsbeurteilung ... 2–5 a
3) Bedeutung der Eingangsmerkmale; Klassifikationssysteme ... 6–7 a
4) Krankhafte seelische Störung ... 8–26
A. Endogene Psychosen ... 9
B. Exogene Psychosen ... 10
C. Alkohol- und Drogenrausch ... 11–26
a) Feststellung der Tatzeit-BAK ... 12 a–16
b) Bedeutung der BAK ... 17–26
5) Tiefgreifende Bewusstseinsstörung ... 27–34
A. Anwendungsbereich ... 28
B. Begriff der „tiefgreifenden Störung" ... 29
C. Affekt ... 30–34
a) Feststellung ... 32, 33
b) Vorverschulden ... 34
6) Schwachsinn ... 35
7) Schwere andere seelische Abartigkeit ... 36–43
A. Begrifff; „Krankheitswert" ... 37–38 a
B. Fallgruppen ... 39, 39 a
C. Einzelne Störungen ... 40, 41
D. Schweregrad und Schuldrelevanz ... 42–43
8) Auswirkung der Störung ... 44–46 a
9) Zeitpunkt der Schuldbewertung; actio libera in causa ... 47–59
A. Zeitpunkt der Tat ... 48
B. Actio libera in causa ... 49–59
a) Zurechnungsformen ... 50, 51
b) Begründung ... 52–55
c) Verschuldeter Affekt ... 56–59
10) Zuziehung von Sachverständigen ... 60–67
A. Auswahl ... 62
B. Aufgabenabgrenzung ... 63–64 a
C. Beweiswürdigung ... 65–67
11) Rechtsfolgen; verfahrensrechtliche Hinweise ... 68

1) Allgemeines. Die Vorschrift entspricht § 51 I aF (§ 51 II aF entspricht § 21); sie ist in Anlehnung an § 24 E 1962 (Begr. 137; Ndschr. **4**, 127, 140, 155, 175, 233, 462; **12**, 374, 447) und § 21 AE durch das 2. StrRG (Ber. BT-Drs. V/4095, 10) neu gefasst worden (zur Entstehungsgeschichte vgl. NK-*Schild* 16 ff.). Aktuelle Reformvorschläge betreffen eine positivrechtliche Reglung der actio libera in causa (vgl. dazu unten 55). 1

Statistik: Anwendung von § 20 durch Gerichte bei ca. 0,1% (alle Straftaten), von § 21 bei ca. 3%; erhebliche Unterschiede nach Deliktsarten; der Schwerpunkt der Anwendung liegt bei Gewalt- und Aggressionsdelikten (Tötungsdelikte ca. 12%/45%; Sexualdelikte ca. 0,5%/ 9%; Betrug und Untreue ca. 0,02%/0,6%). Nachw.: Statistisches Bundesamt; Strafverfolgungsstatistik Fachs. 1; ausf. auch bei LK-Schöch 10, 11.

1 a **Neuere Literatur (Auswahl):** Die Gliederung der nachfolgenden Auswahl soll die Übersicht erleichtern, kann aber zwangsläufig nicht exakt sein. Überschneidungen sind möglich. **Rechtsprechungsübersichten:** *Theune* NStZ-RR **02**, 225; **03**, 193; 225; **04**, 161; 198; **05**, 225; 329; **06**, 193; 329; **07**, 161; 257.

Allgemeine rechtliche Fragen und Übersichten: *Albrecht,* Unsicherheitszonen des Schuldstrafrechts (usw.), GA **83**, 193; *Baier,* Unterlassungsstrafbarkeit trotz fehlender Handlungs- oder Schuldfähigkeit (usw.), GA **99**, 272; *Bauer/Thoss,* Die Schuldunfähigkeit des Straftäters als interdisziplinäres Problem, NJW **83**, 305; *Baumann,* Schuld u. Verantwortung, JZ **62**, 41; *Berendt,* Affekt u. Vorverschulden, 1983; *Bernsmann,* Affekt u. Opferverhalten, NStZ **89**, 160; *Betzler/Guckes* (Hrsg.), Autonomes Handeln, 2000; *Blau/Franke,* Prolegomena zur strafrechtlichen Schuldfähigkeit, Jura **82**, 393; *Burkhardt,* Tatschuld u. Vorverhalten, in: Täterschaft u. ihre Erscheinungsformen (usw.), Drittes deutsch-polnisches Kolloquium über Strafrecht u. Kriminologie, 1988, 147; *ders.,* Freiheitsbewußtsein u. strafrechtliche Schuld, Lenckner-FS 1; *Dencker,* Gefährlichkeitsvermutung statt Tatschuld?, StV **88**, 262; *Dölling,* Gerechtigkeit, Hilfe und Kontrolle – Über Entwicklungen bei der Schuldfähigkeitsbeurteilung und bei der Anordnung von Maßregeln der Besserung und Sicherung, Rolinski-FS (2002) 56; *Dreher,* Die Willensfreiheit, 1987; *Eickhoff,* Die Benachteiligung des psychisch kranken Rechtsbrechers im Strafrecht, NStZ **87**, 65; *Fabricius,* Quantifizierung von Schuldfähigkeit?, R & P **84**, 181; *Frisch,* Grundprobleme der Bestrafung „verschuldeter" Affekttaten, ZStW **101** (1989), 538; *ders.,* Unrecht u. Schuld im Verbrechensbegriff u. in der Strafzumessung, Müller-Dietz-FS 237; *Frister,* Schuldprinzip, Verbot der Verdachtsstrafe u. Unschuldsvermutung als materielle Grundprinzipien des Strafrechts, 1988; *ders.,* Der Begriff der Schuldfähigkeit, MSchrKrim **94**, 316; *Geilen,* Zur Problematik des schuldausschließenden Affekts, Maurach-FS 173; *Haddenbrock,* Zur Frage eines theoretischen oder pragmatischen Krankheitsbegriffs bei der Beurteilung der Zurechnungsfähigkeit, MSchrKrim **55**, 183; *ders.,* Personale oder soziale Schuldfähigkeit (Verantwortungsfähigkeit) als Grundbegriff der Zurechnungsnorm? MSchrKrim **68**, 145; *ders.,* Freiheit u. Unfreiheit der Menschen im Aspekt der forensischen Psychiatrie; JZ **69**, 121; *ders.,* „Strafrechtlich schuld(un)fähig": psychowissenschaftlicher Befund oder normative Bewertung?, JR **91**, 225; *ders.,* Soziale oder forensische Schuldfähigkeit (Zurechnungsfähigkeit), 1992; *ders.,* Versuch anthropologischer Versöhnung von Determinismus u. Indeterminismus im Strafrecht, Salger-FS 633; *ders.,* Geistesfreiheit u. Geisteskrankheit – Grenzparameter forensischer Schuldfähigkeit, NStZ **85**, 581; *ders.,* Die temporalanthropologische Komplementarität der Freiheitsprämisse des Schuldstrafrechts, MSchrKrim **96**, 50; *ders.,* Das rechtliche Schuldprinzip in wissenschaftlich-anthropologischer Sicht, GA **03**, 321; *ders.,* Schuldig! Schuldfähig? Vier Beiträge zur anthropologischen Aspektdifferenzierung von kriminogenem Schicksal und kriminalrechtlicher Tatschuld(fähigkeit), 2003; *Hohmann,* Personalität u. strafrechtliche Zurechnung, 1993; *Jakobs,* Schuld u. Prävention, 1976; *ders.,* Das Schuldprinzip, 1993; *ders.,* Das Strafrecht zwischen Funktionalismus und „alteuropäischem" Prinzipiendenken, ZStW **107** (1995), 843; *Janzarik,* Grundlagen der Einsicht u. das Verhältnis von Einsicht u. Steuerung, Nervenarzt **91**, 423; *ders.,* Grundlagen der Schuldfähigkeitsprüfung, 1995; *Joerden,* Strukturen des strafrechtlichen Verantwortungsbegriffs: Relationen u. ihre Verkettungen, 1988; *Kargl,* Kritik des Schuldprinzips, 1982; *Keiser,* Schuldfähigkeit als Voraussetzung der Strafe, Jura **01**, 376; *Kindhäuser,* Gefährdung als Straftat, 1989; *Krümpelmann,* Die Neugestaltung der Vorschriften über die Schuldfähigkeit durch das Zweite Strafrechtsreformgesetz vom 4. Juli 1969, ZStW **88** (1976), 6; *ders.,* Affekt u. Schuldfähigkeit, 1988 [Bespr. *Neumann* GA **90**, 373]; *ders.,* Dogmatische u. empirische Probleme des sozialen Schuldbegriffs, GA **83**, 337; *Kunz,* Prävention u. gerechte Zurechnung, ZStW **98** (1986), 823; *Lackner,* Prävention u. Schuldunfähigkeit, Kleinknecht-FS 245; *Lampe* (Hrsg.), Verantwortlichkeit u. Recht, 1989; *Maiwald,* Gedanken zu einem sozialen Schuldbegriff, Lackner-FS 149; *Neumann,* Zurechnung u. „Vorverschulden", 1985 [hierzu *Müller-Dietz* GA **87**, 458]; *ders.,* Neue Entwicklungen im Bereich der Argumentationsmuster zur Begründung oder zum Ausschluß strafrechtlicher Verantwortlichkeit, ZStW **99** (1987), 567; *ders.,* Die Schuldlehre des Bundesgerichtshofs – Grundlagen, Schuldfähigkeit, Verbotsirrtum, BGH-FG 83; *ders./Schroth,* Neuere Theorien von Kriminalität u. Strafe, 1980; *Otto,* Über den Zusammenhang von Schuld u. menschlicher Würde, GA **81**, 481; *ders.,* Affekt u. Vorverschulden, Jura **92**, 329; *Prittwitz,* Dolus eventualis u. Affekt, *GA 94, 454; Plate,* Psyche, Unrecht u. Schuld, 2000; *Roth,* Fühlen, Denken, Handeln. Wie das Gehirn unser Verhalten steuert, 2003; *Roxin,* Kriminalpolitische Überlegungen zum Schuldprinzip, MSchrKrim **73**, 316; *ders.,* „Schuld" u. „Verantwortlichkeit" als strafrechtliche Systemkategorien, Henkel-FS 171; *ders.,* Zur jüngsten Diskussion über Schuld, Prävention u.

Verantwortlichkeit im Strafrecht, Bockelmann-FS 279; *ders.*, Die Schuldunfähigkeit Erwachsener im Urteil des Strafrechts, Spann-FS 457; *ders.*, Die strafrechtliche Verantwortlichkeit zwischen Können u. Zumutbarkeit, Brauneck-FS 385; *ders.*, Schuld u. Schuldausschluß im Strafrecht, Mangakis-FS 237; *ders.*, Was bleibt von der Schuld im Strafrecht übrig?, SchweizZSt. **87**, 356; *Rudolphi*, Affekt u. Schuld, Henkel-FS 199; *Schmidhäuser*, Über den axiologischen Schuldbegriff des Strafrechts: Die unrechtliche Tatgesinnung, Jescheck-FS 485; *Schmidt-Recla*, Theorien zur Schuldfähigkeit, 2000; *Schneider, M.*, Geisteskrankheit u. Gefährlichkeit. Strafrechtliche Behandlung von Gefährlichkeit im Falle nicht bejahter Verantwortlichkeit, 1998; *Schöch*, Die Beurteilung von Schweregraden schuldmindernder oder schuldausschließender Persönlichkeitsstörungen aus juristischer Sicht, MSchrKrim **83**, 333; *Schöneborn*, Grenzen einer generalpräventiven Rekonstruktion des strafrechtlichen Schuldprinzips, ZStW **92** (1980), 682; *Schreiber*, Bedeutung u. Auswirkung der neugefaßten Bestimmungen über die Schuldfähigkeit, NStZ **81**, 46; *ders.*, Schuld u. Schuldfähigkeit im Strafrecht, RiAkad-FS 73; *Schreiber/Rosenau*, Rechtliche Grundlagen der psychiatrischen Begutachtung, in: *Venzlaff/Foerster*, Psychiatrische Begutachtung, 4. Auf. 2004, 53; *Schroeder*, Der Geisteskranke in der Rechtsgeschichte, in: *Wahl/Schmitt* (Hrsg.), Heilen – Verwahren – Vernichten, 1997, 61; *Schubarth*, Humanbiologie u. Strafrecht, Grünwald-FS 641; *Schünemann*, Die Entwicklung der Schuldlehre in der Bundesrepublik Deutschland, in: *Hirsch/Weigend* (Hrsg.), Strafrecht u. Kriminalpolitik in Japan u. Deutschland, 1989, 147; *ders.*, Zum gegenwärtigen Stand der Lehre von der Strafrechtsschuld, Lampfe-FS (2003) 537; *Schulte*, Neuromythen. Das Gehirn als Mind Machine u. Versteck des Geistes, 2000; *Streng*, Schuld ohne Freiheit?, Der funktionale Schuldbegriff auf dem Prüfstand, ZStW **101** (1989), 273; *Tiemeyer*, Zur Möglichkeit eines erfahrungswissenschaftlich gesicherten Schuldbegriffs, ZStW **100** (1988), 527; *ders.*, Der „relative Indeterminismus" u. seine Bedeutung für das Strafrecht, ZStW **105** (1993), 483; *Ziegert*, Vorsatz, Schuld u. Vorverschulden, 1987.

Allgemeine Fragen der forensischen Psychiatrie und Psychologie; Übersichten; Sammelwerke: *Baer*, Psychiatrie für Juristen, 1988; *ders.*, Normalität u. Willensfreiheit als Problem der forensischen Psychiatrie; Fundamenta Psychiatrica, **88**, 150; *de Boor/Rode/Kammeier* (Hrsg), Der Krankheitsbegriff und seine strafrechtlichen Folgen, 2003; *Bresser*, Schuldfähigkeit u. Schuld, Leferenz-FS 429; *ders.*, Probleme bei der Schuldunfähigkeits- u. Schuldbeurteilung, NJW **78**, 1188; *ders.*, Über die Grenzen psychiatrischer Dokumentation: Was wird nicht abgebildet?, Forensia **9** (1988), 163; *Duncker*, Zur Bedeutung der Psychoanalyse für die Schuldbegutachtung (usw.), MSchrKrim **88**, 381; *Erhardt*, Zur Problematik von Terminologie u. Klassifikation in der Forensischen Psychiatrie, Forensia **5** (1984), 35; *Foerster*, Forensische Psychiatrie in der Bundesrepublik Deutschland, DRiZ **91**, 197; *Forster* (Hrsg.), Praxis der Rechtsmedizin, 1986; *Fankhauser*, Zur Paradoxie der juristischen u. psychiatrischen Wahrheitsfindung am Beispiel der Geliebtentötung, MSchrKrim **87**, 218; *Haddenbrock*, *ders.*, „Steuerungsfähigkeit" zur Tatvermeidung, MSchrKrim **94**, 44; *ders.*, Psychiatrisches Krankheitsparadigma u. strafrechtliche Schuldfähigkeit, Sarstedt-FS 35; *Harrer/Frank*, Forensische Psychiatrie u. Psychologie im Wandel der Zeiten (usw.), Zipf-GedS, 67; *Huber*, Psychiatrie, 3. Aufl. (1981; Nachdruck 1985); *Koepsel*, Psychisch krank, aber voll verantwortlich – der Straftäter von morgen?, Rasch-FS 139; *Kröber/Dölling/Leygraf*/Sass, Handbuch der Forensischen Psychiatrie (zit.: *Kröber* Hdb), Bd. 3 (Psychiatrische Kriminalprognose und Kriminaltherapie), 2006; *Lasar* (Hrsg.), Wille u. Kognition bei chronischer Erkrankung, 1995; *Lauter/Schreiber* (Hrsg.), Rechtsprobleme in der Psychiatrie, 1981; *Leferenz*, Die Neugestaltung der Vorschriften über die Schuldfähigkeit durch das 2. StrRG, ZStW **88** (1976), 40; *Loch* (Hrsg.), Die Krankheitslehre der Psychoanalyse, 6. Aufl. 1999; *Luthe*, Verantwortlichkeit, Persönlichkeit u. Erleben, 1981; *ders.*, Psychologisch-psychiatrische Probleme der Schuldfähigkeit, KrimGgwFr **15** (1982), 169; *ders.*, Das strukturale System der Psychopathologie, 1982; *ders.*, Schuldfähigkeit u. Tiefenpsychologie, Forensia **4** (1984), 512; *ders.*, Forensische Psychopathologie, 1988 [Bespr. *Grasnick* GA **90**, 427]; *ders.*, Strukturaler Ansatz u. psychopathologisches Grundfaktum der forensischen Psychiatrie, Schewe-FS 239; *ders.*, Die zweifelhafte Schuldfähigkeit, 1996 [Bespr. *Frister* GA **97**, 281]; *ders.*, Psychopathologie u. Schuldfähigkeit, in: *Prunnlechner-Neumann/Hinterhuber* (Hrsg.), Forensische Psychiatrie **96**, 47; *Maisch*, Diagnostische Urteilsbildung zur Einschätzung von Schweregraden psychischer Störungen u. ihrer Auswirkungen für forensische Zwecke, MSchrKrim **83**, 343; *Marneros*, Die Grenzen der forensischen Psychopathologie am Beispiel des Liebeswahns, MSchrKrim **97**, 300; *Mende*, Zur Frage der Quantifizierung in der forensischen Psychiatrie, MSchrKrim **83**, 328; *ders.*, Grundlagen der forensischen Psychiatrie, in: *Forster* (Hrsg.), PraxRMed. **86**, 502; *Nedopil* (Hrsg.), Forensische Psychiatrie, 2. Aufl. 1999; *Rasch*, Tötung des Intimpartners, 1964; *ders.*, Richtige u. falsche psychiatrische Gutachten, MSchrKrim **82**, 257; *ders.*, Fallgruben der forensischen Psychiatrie, R & P **90**, 102; *ders.*, Forensische Psychiatrie, 2. Aufl. 1999; *Rasch/Konrad*, Forensische Psychiatrie, 3. Aufl. 2004; *Saß*, Ein psychopathologisches Referenzsystem für die Beurteilung der Schuldfähigkeit, Fo- **1 b**

rensia **6** (1985), 33; *ders.*, Zur Standardisierung der Persönlichkeitserfassung mit einer integrierten Merkmalsliste für Persönlichkeitsstörungen (MPS), MSchrKrim **89**, 133; *Schewe*, Zumutbarkeit u. Zurechnungsfähigkeit, Hallermann-FS 76; *Schneider, K.*, Klinische Psychopathologie, 12. Aufl. 1980; *Schorsch/Pfäfflin*, Wider den Schulenstreit in der forensischen Psychiatrie, MSchrKrim **81**, 234; *Schramme*, Patienten u. Personen. Zum Begriff der psychischen Krankheit, 2000; *Schumacher*, Gruppendynamik u. Schuldfähigkeit, StV **93**, 549; *Tölle*, Psychiatrie, 8. Aufl. 1988; *Venzlaff*, Ist die Restaurierung eines „engen" Krankheitsbegriffs erforderlich, um kriminalpolitische Gefahren abzuwenden?, ZStW **88** (1976), 57; *Venzlaff/Foerster* (Hrsg.), Psychiatrische Begutachtung, 4. Aufl. 2004; *Witter*, Die Bedeutung des psychiatrischen Krankheitsbegriffs für das Strafrecht, Lange-FS 723; *ders.*, Unterschiedliche Perspektiven in der allgemeinen u. in der forensischen Psychiatrie, 1990.

1 c **Einzelfragen (Feststellung der Eingangsmerkmale und Diagnostik):** *Achner/Bischof*, Hörigkeit u. Schuldfähigkeit, 1993 (Diss. München); *Arbab-Zadeh*, Zurechnungsfähigkeit, Rauschtat u. spezifisches Bewußtsein, NJW **74**, 1401; *ders.*, Zurechnungsfähigkeit des Straftäters als interdisziplinäres Problem, NJW **83**, 305; *Bach*, Über die Zusammenhänge von Schuldfähigkeit u. Sexualdelinquenz (usw.), 1993 (Diss. Saarbrücken); *Blau*, Zum Thema „Quantifizierung", MSchrKrim **86**, 348; *ders.*, Die Affekttat zwischen Empirie u. normativer Bewertung, Tröndle-FS 109; *ders.*, Paraphrasen zur Abartigkeit, Rasch-FS 113; *Bochnik/Gärtner*, Neurosebegriffe u. § 20 StGB, MedR **86**, 57; *Dietrich*, Querulanten, 1973; *Diegmann*, Rechtliche und Rechtspolitische Fragen zur Spielsucht, ZRP **07**, 126; *Diesinger*, Der Affekttäter, 1977; *Dilling/Dittmann*, Die psychiatrische Diagnostik nach der 10. Revision der internationalen Klassifikation der Krankheiten (ICD-10), NervA **90**, 259; *Dinger/Koch*, Querulanz in Gericht u. Verwaltung, 1991; *Dulz*, Differenzierung u. Therapie delinquenten Verhaltens (usw.), NervA **97**, 395; *ders./Schneider*, Borderline-Störungen, 2. Aufl. 1996; *Erhardt*, Zur psychologisch-psychiatrischen u. forensischen Beurteilung sogenannter Querulanten, Göppinger-FS 409; *Endres*, Psychologische u. psychiatrische Konzepte der „tiefgreifenden Bewußtseinsstörung" nach §§ 20, 21 StGB, StV **98**, 674; *Feuerlein* (Hrsg.), Theorie der Sucht, 1986; *Foerster*, Kann die Anwendung einer klinischen Beeinträchtigungsschwere-Skala hilfreich sein bei der Feststellung einer „schweren seelischen Abartigkeit"?, NStZ **88**, 444; *ders.*, Gedanken zur psychiatrischen Beurteilung neurotischer und persönlichkeitsgestörter Menschen bei strafrechtlichen Fragen, MSchrKrim **89**, 83; *ders.*, Die forensisch-psychiatrische Beurteilung persönlichkeitsgestörter Straftäter, Schewe-FS 189; *ders./Heck*, Zur Quantifizierung der sogenannten schweren anderen seelischen Abartigkeit, MSchrKrim **91**, 49; *ders./Knöllinger*, „Kleptomanie" – Psychopathologisches Syndrom oder obsoleter Begriff?, StV **00**, 457; *ders./Venzlaff*, Affektive Ausnahmezustände, in: *Venzlaff/Foerster* [1 b] 223; *Gerson*, Ein Beitrag zur Bewußtseinsstörung durch hochgradigen Affekt, MSchrKrim **66**, 215; *Giese*, Zur Psychopathologie der Sexualität, 1973; *ders.* (Hrsg.), Psychopathologie u. Sexualität, 1982; *Glatzel*, Zur psychiatrischen Begutachtung von Ladendieben, StV **82**, 40; *ders.*, Zur forensisch-psychiatrischen Problematik der tiefgreifenden Bewußtseinsstörung, StV **82**, 434; *ders.*, Tiefgreifende Bewußtseinsstörung nur bei der sogenannten Affekttat?, StV **83**, 339; *ders.*, Mord u. Totschlag, 1987; *ders.*, Privilegierung versus Dekulpation bei Tötungsdelikten, StV **87**, 553; *ders.*, Die Bedeutung des Nachweises einer Hirnverletzung für die Beurteilung der Schuldfähigkeit, StV **90**, 132; *ders.*, Die affektabhängige Tötungshandlung als Zeitgestalt, StV **93**, 220; *ders.*, Erinnerungsstörungen aus forensisch-psychiatrischer Sicht, StV **03**, 189; *Grosbüsch*, Die Affekttat, 1981; *Gundel*, Schuldfähigkeit bei pädophilen Sexualdelinquenten, 1996; *Groß*, Schizophrene Prodrome u. ihre forensische Bedeutung, Forensia 8 (1987), 167; *Hacking*, Multiple Persönlichkeit, 1996; *Hellmer*, Der psychiatrierte Kohlhaas. Ein Beitrag zur „Querantologie", Schewe-FS 196; *Horn*, Die Bedeutung der „Tatzeitamnesie" für die Beurteilung der Schuldfähigkeit, Schewe-FS 206; *Huber* (Hrsg.), Basisstadien endogener Psychosen u. das Borderline-Problem, 1985; *Hübner*, Glücksspiel, Schuldfähigkeit u. Beschaffungskriminalität, MSchrKrim **89**, 236; *Kallwass*, Der Psychopath, 1969; *Kellermann*, Pathologisches Glücksspiel u. Suchtkrankheit, Suchtgefahren **87**, 110; *ders.*, Glücksspielsucht und Beschaffungsdelinquenz, StV **05**. 287; *Kernberg/Dulz/Sachsse*, Handbuch der Borderline-Störungen, 2000; *Koufen*, Zur forensischen Beurteilung psychischer Auffälligkeiten von Epilektikern, MSchrKrim **84**, 389; *Kreisman/Straus*, Ich hasse dich – verlaß' mich nicht. Die schwarzweiße Welt der Borderline-Persönlichkeit, 1992; *Kröber*, Pathologisches Glücksspielen, NervA **85**, 593; *ders.*, „Spielsucht" u. Schuldfähigkeit, Forensia **8** (1987), 113; *ders.*, „Kleptomanie" als Familienspiel. Zur Schuldfähigkeit bei komplex motiviertem Stehlen, NervA **88**, 610; *ders.*, Automatenspieler u. Roulettespieler, NervA **91**, 679; *ders.*, Konzepte zur Beurteilung der „schweren anderen seelischen Abartigkeit", NervA **95**, 532; *ders.*, Die Beurteilung der „schweren anderen seelischen Abartigkeit", in: *Müller-Isenberger/Gonzalez* (Hrsg.), Forensische Psychiatrie, 1998, 15; *Kröber*, Konzepte zur Beurteilung der „schweren anderen seelischen Abartigkeit", NervenA **95**, 532; *Krümpelmann*, Schuldzurechnung unter Affekt u. alkoholisch bedingter Schuldunfähigkeit, ZStW **99** (1987), 191; *ders.*, Die strafrecht-

liche Schuldfähigkeit bei Affekttaten, R&P **90**, 150; *ders.*, Die strafrechtliche Beurteilung der sogenannten Affektdelikte, in: *Saß* (Hrsg.), Affektdelikte, 1993, 18; *ders.*, Die strafrechtliche Beurteilung sogenannter Vorgestalten der Tat im Syndrom der homizidalen Tatbereitschaft, Rasch-FS 157; *Lange, H.*, Der „Ladendiebstahl ohne Bereicherungstendenz" MSchrKrim **80**, 140; *Leygraf/Mester/Tölle,* Psychodynamische Aspekte krankhaften Stehlens, Venzlaff-FS 201; *Leygraf/Windgassen,* Psychiatrische und forensische Aspekte krankhafter Diebstahlshandlungen, StV **91**, 86; *Löschper,* Argumentationsfiguren in Gutachten über Ladendiebe (usw.), MSchrKrim **93**, 57; *Maatz,* Erinnerung u. Erinnerungsstörungen als sog. psychodiagnostische Kriterien der §§ 20, 21 StGB, NStZ **01**, 1; *Maisch,* Die Tatamnesie bei sogenannten Affektdelikten, StV **95**, 381; *Marneros,* Kindestötung: Zur Frage der Schuldfähigkeit nach „negierter" Schwangerschaft, MSchrKrim **98**, 173; *ders.*, Affekttaten und Impulstaten. Forensische Beurteilung von Affektdelikten, 2007; *ders.*, Zur Manipulierbarkeit von Affektdelikten, MSchrKrim **07**, 331; *Mende,* Die „tiefgreifende Bewußtseinsstörung" in der forensisch-psychiatrischen Diagnostik, Bockelmann-FS 311; *ders.*, Zur Frage der Quantifizierung in der Forensischen Psychiatrie, MSchrKrim **83**, 328; *Mergen,* Spielsucht, Sarstedt-FS 189; *Merkel,* „Enger" Neurosebegriff u. § 20 StGB, MedR **86**, 53; *Meyer, G.*, Die Beurteilung der Schuldfähigkeit bei Abhängigkeit vom Glücksspiel, MSchrKrim **88**, 213; *ders.*, Glücksspiel, Beschaffungskriminalität u. Schuldfähigkeit, MSchrKrim **89**, 295; *Meyer, J. E.*, Psychiatrische Diagnosen u. ihre Bedeutung für die Schuldfähigkeit im Sinne der §§ 20, 21 StGB, ZStW **88** (1976), 46; *Meyer/Fabian/Wetzels,* Kriminalpsychologische Aspekte bei Affekttaten, R&P **90**, 150; *dies.*, Kriminalpsychologische Aspekte und die forensisch-psychologische Wertung des pathologischen Glücksspiels, StV 90, 464; *Miltner* (u. a.), Zum Stellenwert der Blutalkoholkonzentration bei der Beurteilung der Schuldfähigkeit, BA 90, 279; *Nedopil,* Schuld- u. Prozeßfähigkeit von Querulanten, Forensia **5** (1984/85), 185; *ders.*, Operationalisierung u. Standardisierung als Hilfen bei der psychiatrischen Begutachtung, MSchrKrim **88**, 177; *Osburg,* Psychisch kranke Ladendiebe, 1992; *dies.*, Die Kleptomanie – ein „tautologisches Paradigma", Rasch-FS 38; *Rasch,* Die psychologisch-psychiatrische Beurteilung von Affektdelikten, NJW **80**, 1309; *ders.*, Angst vor der Abartigkeit – über einen schwierigen Begriff der §§ 20, 21 StGB, NStZ **82**, 177; *ders.*, Die Zuordnung der psychisch-psychologischen Diagnosen zu den vier psychischen Merkmalen der §§ 20, 21 StGB, StV **84**, 264; *ders.*, Die psychiatrisch-psychologische Beurteilung der sogenannten schweren anderen seelischen Abartigkeit, StV **91**, 126; *ders.*, Die Schwere der Abartigkeit, R&P **92**, 76; *ders.*, Zweifelhafte Kriteriologien für die Beurteilung der tiefgreifenden Bewußtseinsstörung, NJW **93**, 757; *Rösler,* Die hirnorganischen Störungen (einschließlich Anfallsleiden), in: *Venzlaff/Foerster* [1 b] 167; *Rohde-Dachser,* Das Borderline-Syndrom, 5. Aufl. 1995; *Salger,* Zur forensischen Beurteilung der Affekttat im Hinblick auf eine erheblich verminderte Schuldfähigkeit, Tröndle-FS 201; *Saß,* Affektdelikte, NervA **83**, 557; *ders.*, Die „tiefgreifende Bewußtseinsstörung" gemäß den §§ 20, 21 StGB (usw.), Forensia **4** (1983/84), 3; *ders.*, Ein psychopathologisches Referenzsystem zur Beurteilung der Schuldfähigkeit, Forensia **6** (1985), 33; *ders.*, Zur Klassifikation der Persönlichkeitsstörungen, NervA **86**, 193; *ders.*, Psychopathie – Soziopathie – Dissozialität, 1987; *ders.*, Zur Diagnostik der Persönlichkeitsstörung in der forensischen Psychiatrie, Forensia **9** (1988), 149; *ders.*, Zur Standardisierung der Persönlichkeitserfassung mit einer integrierten Merkmalsliste für Persönlichkeitsstörungen, MSchrKrim **89**, 133; *ders.*, Forensische Erheblichkeit seelischer Störungen im psychopathologischen Referenzsystem, Schewe-FS 266; *ders.*, Affektdelikte, 1993 [Bespr. *Blau* GA **96**, 39]; *ders.*, Persönlichkeit, Persönlichkeitsstörung und Verantwortung, in: *Herpertz/Saß* (Hrsg.), Persönlichkeitsstörungen, 2003; *ders./Koehler,* Borderline-Syndrome, Neurosen u. Persönlichkeitsstörungen, NervA **82**, 519; *ders./Wiegand,* Operationalisierte Klassifikationssysteme in der forensischen Psychiatrie – Fortschritt oder Irrweg?, Göppinger-FS 349; *Schmid,* Glücksspiel. Über Vergnügen und „Sucht" von Spielern, 1994; *Schmidt/Scholz/Nedopil,* Schuldfähigkeit, Dissozialität und Psychopathy, MschrKrim **04**, 103; *Schmitt, R.*, Die „schwere andere seelische Abartigkeit" in §§ 20 u. 21 StGB, ZStW **92** (1980), 346; *Scholz/Schmidt,* Schuldfähigkeit bei schwerer anderer seelischer Abartigkeit, 2003 (Rez. *Habermeyer* MschrKrim **04**, 411); *Schorsch,* Perversion als Straftat, 1985; *ders.*, Affekttaten u. sexuelle Perversionstaten im strukturellen u. psychodynamischen Vergleich, R&P **88**, 10; *ders.*, Die juristische Bewertung sexueller Tötungen, Venzlaff-FS 169; *Schreiber,* Drogenabhängigkeit u. Spielsucht im Vergleich, 1992; *Schumacher,* Gruppendynamik u. Straftat, NJW **80**, 1880; *ders.*, Die Beurteilung der Schuldfähigkeit bei nicht-stoffgebundenen Abhängigkeiten, Sarstedt-FS 361; *ders.*, Das Brandstiftersyndrom in psychodynamischer Sicht, Schewe-FS 290; *Solms/Rödelheim,* Zum Problem der Zurechnungsfähigkeit bei Neurosen u. Psychopathien, Forensia **2** (1981), 50; *Stephan,* Kriterien von Vorsatz und Schuldfähigkeit (usw.), Jahrbuch Verkehrsrecht 1998, 121; *Streng,* „Komorbidität", Schuld(un)fähigkeit und Maßregelanordnung, StV **04**, 614; *Theune,* Auswirkungen des normalpsychologischen (psychogenen) Affektes auf die Schuldfähigkeit sowie den Schuld- u. Rechtsfolgenausspruch, NStZ **99**, 273; *ders.*, Auswirkungen einer schweren anderen seelischen Abartigkeit auf die Schuldfähigkeit und die

Zumessung von Strafe und Maßregel, NStZ-RR **02**, 225; *ders.*, Die Beurteilung der schweren anderen seelischen Abartigkeit in der Rspr. und ihre Vereinbarkeit mit dem Schuldprinzip, ZStW **114** (2002), 300; *Thomae*, Theoretische u. empirische Grundlagen einer Beurteilung der Schuldfähigkeit unter dem Aspekt der tiefgreifenden Bewußtseinsstörung, in: *Hommers* (Hrsg.), Perspektiven der Rechtspsychologie, 1991, 81; *Venzlaff*, Die forensisch-psychiatrische Beurteilung affektiver Bewußtseinsstörungen, Blau-FS 391; *Venzlaff/Pfäfflin*, Persönlichkeitsstörungen und andere abnorme seelische Entwicklungen, in: *Venzlaff/Foerster* [1 a] 247; *Venzlaff/Schmidt-Degenhard*, Schizophrene Psychosen, in: *Venzlaff/Foerster* [1 b] 139; *dies.*; Affektive Psychosen, in: *Venzlaff/Foerster* [1 b] 155; *Verrel*, Die Anwendung der §§ 20, 21 StGB im Bereich der Tötungskriminalität, MSchrKrim **94**, 272; *Wahl* (Hrsg.), Spielsucht, 1988; *Wegener*, Seelische Abartigkeit (§ 20 Strafgesetzbuch), KritJ **89**, 316; *von Winterfeld*, Die Bewußtseinsstörung im Strafrecht, NJW **75**, 2229; *Witter*, Die Bedeutung des psychiatrischen Krankheitsbegriffs für das Strafrecht, Lange-FS 723; *Witter/Rösler*, Zur Begriffsbestimmung u. rechtlichen Beurteilung sogenannter Neurosen, Forensia **6** (1985), 1.

1 d Zur **Bedeutung von Alkohol und Drogen** für die Schuldfähigkeitsbeurteilung: *Arbab-Zadeh*, Schuldfähigkeit u. Strafzumessung bei drogenabhängigen Delinquenten, NJW **78**, 2326; *Blau*, Promillegrenze u. verminderte Schuld, BA **89**, 1; *Dölling*, Über Schuldfähigkeitsbeurteilung u. Rechtsfolgenzumessung bei Gewaltdelikten, Müller-Dietz-FS 119; *Fahl*, Neues zu den Promillegrenzen im Strafrecht: Zum Zusammenhang von Steuerungsfähigkeit u. Steuerfähigkeit (§§ 20, 21 StGB), Jahrbuch Verkehrsrecht (1999), 97; *Foerster*, Störungen durch psychotrope Substanzen, in: *Venzlaff/Foerster* [1 b] 199; *Foerster/Leonhardt*, Die Beurteilung der Schuldfähigkeit bei akuter Alkoholintoxikation u. Alkoholabhängigkeit, in: *Schneider/Frister* [unten] 55; *Forster/Joachim*, Alkoholbedingte Schuldunfähigkeit, in: *Forster* (Hrsg.), PraxRMed **86**, 470 ; *dies*, Alkohol u. Schuldfähigkeit (usw.), 1997; *Forster/Rengier*, Alkoholbedingte Schuldunfähigkeit u. Rauschmittel des § 323 a StGB aus medizinischer u. juristischer Sicht, NJW **86**, 2869; *Foth*, Alkohol, verminderte Schuldfähigkeit, Strafzumessung, NJ **91**, 386; *Gerchow*, Zur Schuldfähigkeit Drogenabhängiger, BA **79**, 97; *ders./u. a.*, Die Berechnung der maximalen Blutalkoholkonzentration u. ihr Beweiswert für die Beurteilung der Schuldfähigkeit, BA **85**, 77; *v. Gerlach*, Blutalkoholwert u. Schuldfähigkeit in der Rechtsprechung des Bundesgerichtshofs, BA **90**, 305; *Glatzel*, Zur Beurteilung der Schuldfähigkeit bei Rauschmittelkonsumenten, KR **96**, 799; *Haffner/Blank*, Berechnung und Stellenwert der Blutalkoholkonzentration bei der Schuldfähigkeitsbeurteilung, in: *Schneider/Frister* [unten] 69; *Joachim*, Alkohol u. Affekte, in: *Saß* (Hrsg.), Affektdelikte, 1993; *Kröber*, Kriterien verminderter Schuldfähigkeit nach Alkoholkonsum, NStZ **96**, 569; *ders.*, Individuelle Schuldfähigkeit nach Alkoholkonsum, in: *Egg* (Hrsg.), Alkohol, Strafrecht u. Kriminalität, 2000; *Laubichler/Kleinesch*, Die alkoholischen Bewußtseinsstörungen aus forensischer Sicht, BA **83**, 81; *Luthe/Rösler*, Die Beurteilung der Schuldfähigkeit bei akuter alkoholtoxischer Bewußtseinsstörung, ZStW **98** (1986), 314; *dies.*, Replik zu „Promillediagnostik versus Psychodiagnostik" von Haddenbrock, MSchrKrim **88**, 416; *Maatz*, Die Beurteilung alkoholisierter Straftäter in der Rechtsprechung des Bundesgerichtshofs, BA **96**, 233; *ders.*, §§ 20, 21 StGB, Privilegierung der Süchtigen? Zur normativen Bestimmung der Schuldfähigkeit alkoholisierter Straftäter, StV **98**, 279; *ders.*, Erinnerung u. Erinnerungsstörungen als sog. psychodiagnostische Kriterien der §§ 20, 21 StGB, NStZ **01**, 1; *ders.*, Forensische Verwertbarkeit u. Konsequenzen aus der AAK-Entscheidung des BGH [zu BGH **46**, 358], BA **02**, 21; *ders./Wahl*, Die Verminderung der Schuldfähigkeit infolge Alkoholisierung, BGH-FS 50, 531; *Otto*, Die Beurteilung alkoholbedingter Delinquenz in der Rechtsprechung des Bundesgerichtshofs, BGH-FG 113; *Rengier/Forster*, Die sogenannten „Promillegrenzen" zur alkoholbedingten Schuldunfähigkeit aus juristisch-medizinischer Sicht, BA **87**, 161; *Rissing-van Saan*, Beeinträchtigung der Schuldfähigkeit bei der Begehung von Straftaten u. deren strafrechtliche Folgen, in: *Schneider/Frister* [unten] 114; *Rösler/Blocher*, Die Begutachtung alkoholisierter Straftäter aus Sicht der forensischen Psychiatrie, BA **96**, 329; *Roth/Schuster/Papst*, Sexualdelikte unter Alkoholeinfluß bei zuordnungsbarer Opfer-Täter-Konstellation, Schewe-FS 553; *Saba*, Schuldfähigkeit bei Beschaffungskriminalität Drogensüchtiger mit Schwerpunkt auf den Opiatsüchtigen, 1999 (Diss. Köln); *Salger*, Die Bedeutung des Tatzeit-Blutalkoholwertes für die Beurteilung der erheblich verminderten Schuldfähigkeit, Pfeiffer-FS 379; *ders.*, Zu korrekten Berechnung der Tatzeit-Blutalkoholkonzentration, DRiZ **89**, 174; *Schewe*, Die „mögliche" Blutalkoholkonzentration von 2‰ als „Grenzwert der absoluten verminderten Schuldfähigkeit"?, JR **87**, 179; *Schneider/Frister* (Hrsg.), Alkohol u. Schuldfähigkeit, 2002; *Six*, Zum Stellenwert der Blutalkoholkonzentration bei der Beurteilung der Schuldfähigkeit, 1995 (Diss. Heidelberg); *Stetter*, Therapie u. Prognose der Alkoholintoxikation und -abhängigkeit, in: *Schneider/Frister* [oben] 159; *Täschner*, Kriterien der Schuldfähigkeit Drogenabhängiger, BA **93**, 313; *ders.*, Forensisch-psychiatrische Probleme bei der Beurteilung von Drogenkonsumente, NJW **84**, 638; *Teyssen*, Vorsatz u. Fahrlässigkeit bei Trunkenheitsfahrten mit höheren Promillewerten aus der Sicht des Strafrechtlers, BA **84**, 175; *Venzlaff*, Über den sogenannten „pathologischen Rausch"

oder die zähe Überlebensdauer eines „Unbegriffs", Schreiber-FS (2003) 509; *Winckler,* Der „pathologische Rausch", Der Nervenarzt **99**, 1.

Zur actio libera in causa: *Ambos,* Der Anfang vom Ende der actio libera in causa, NJW **97**, 2296; *Cramer,* Verschuldete Zurechungsunfähigkeit (usw.), JZ **71**, 766; *Deiters,* Die freie Entscheidung zur Tat: Zur Rechtsfigur der actio libera in causa, in: *Schneider/Frister* [1 c] 121; *Dencker,* § 323 a StGB – Tatbestand oder Schuldform? – Zugleich Besprechung von BGHSt 32, 48 –, JZ **84**, 453; *Dölling,* Rausch, Kriminalität u. Strafrecht, in: *Kiesel* (Hrsg.), Rausch, 1999, 149; *Fahnenschmidt/Klumpe,* Der Anfang vom Ende der actio libera in causa?, DRiZ **97**, 77; *Geißler* Tagungsbericht: Marburger Strafrechtsgespräch 7./8. 11. 1997, JR **98**, 185; *Hardtung,* Die „Rechtsfigur" der actio libera in causa beim strafbaren Führen eines Fahrzeugs und anderen Delikten (usw.), NVZ **97**, 97; *Herzberg,* Gedanken zur actio libera in causa: Straffreie Deliktsvorbereitung als „Begehung der Tat" (usw)?, Spendel-FS 203; *Hettinger,* Die „actio libera in causa": Strafbarkeit wegen Begehungstat trotz Schuldunfähigkeit?, 1988 [Rez. *Hruschka* JZ **89**, 312, *Meurer* NJW **90**, 240, u. *Bloy* GA **90**, 77]; *ders.* Zur Strafbarkeit der „fahrlässigen" actio libera in causa, GA **89**, 1; *ders.,* Die „actio libera in causa": eine unendliche Geschichte? (usw.), Geerds-FS 623; *ders.,* Actio libera in causa, in: *Schnarr/Hennig/Hettinger* (Hrsg.; s. unten), 2001, 190; *ders.,* Handlungsentschluss und -beginn als Grenzkriterium tatbestandsmäßigen Verhaltens beim fahrlässig begangenen sog. reinen Erfolgsdelikt – Zugleich zur sog. fahrlässigen actio libera in causa, Schroeder-FS (2006) 209; *H. J. Hirsch,* Zur actio libera in causa, Nishihara-FS (1998) 88; *ders.,* Tatstrafrecht – ein hinreichend beachtetes Grundprinzip?, Lüderssen-FS (2002), 253; *Horn,* Actio libera in causa – Eine notwendige, eine zulässige Rechtsfigur?, GA **69**, 289; *ders.,* Der Anfang vom Ende der actio libera in causa, StV **97**, 264; *Hruschka,* Der Begriff der actio libera in causa u. die Begründung ihrer Strafbarkeit – BGHSt 21, 381, JuS **68**, 554; *ders.,* Probleme der actio libera in causa heute, JZ **89**, 310; *ders.,* Die actio libera in causa – speziell bei § 20 StGB mit zwei Vorschlägen für die Gesetzgebung, JZ **96**, 64; *ders.,* Die actio libera in causa bei Vorsatztaten u. bei Fahrlässigkeitstaten, JZ **97**, 22; *ders.,* „Actio libera in causa" und mittelbare Täterschaft, Gössel-FS (2002), 145; *Jakobs,* Die sogenannte actio libera in causa, Nishihara-FS (1998) 105; *Jerouschek,* Die Rechtsfigur der actio libera in causa: Allgemeines Zurechnungsprinzip oder verfassungswidrige Strafbarkeitskonstruktion?, JuS **97**, 385; *ders.,* Tatschuld, Koinzidenzprinzip u. mittelbar-unmittelbare Täterschaft, H. J. Hirsch-FS (1999) 241; *ders./Kölbel,* Zur Bedeutung des so genannten Koinzidentsprinzips im Strafrecht, JuS **01**, 417; *Krause,* Probleme der actio libera in causa, Jura **80**, 169; *Kuhn-Päpst,* Die Problematik der actio libera in causa, 1984; *Küper,* Aspekte der „actio libera in causa", Leferenz-FS (1983) 573; *Landgraf,* Die „verschuldete" verminderte Schuldfähigkeit, 1988 [Bespr. *Neumann* GA **90**, 433]; *Leupold,* Die Tathandlung der reinen Erfolgsdelikte und das Tatbestandsmodell der „actio libera in causa" im Lichte verfassungsrechtlicher Schranken, 2005 (Diss. Passau; Rez. *Hettinger* GA **07**, 175]); *Mitsch,* Actio libera in causa und mittelbare Tätetrschaft, Küper-FS (2007) 347; *Mutzbauer,* Die actio libera in causa, JA **97**, 97; *Nedopil,* Konstruktion u. Argument in der neueren Diskussion zur actio libera in causa, Arth. Kaufmann-FS 581; *Neumann,* Zurechnung und „Vorverschulden", 1985; *Otto,* Actio libera in causa, Jura **86**, 427; *ders.,* Affekt u. Vorverschulden, Jura **92**, 329; *ders.,* Die Beurteilung alkoholbedingter Delinquenz in der Rechtsprechung des Bundesgerichtshofs, BGH-FG 113; *Paeffgen,* Actio libera in causa u. § 323 a StGB, ZStW **97** (1985), 513; *Puppe,* Grundzüge der actio libera in causa, JuS **80**, 346; *Rath,* Zur actio libera in causa bei Schuldunfähigkeit des Täters, JuS **95**, 405; *Rautenberg,* Strafmilderung bei selbstverschuldeten Rauschzuständen? (usw.), DtZ **97**, 45; *Renzikowski,* Im Labyrinth des Vollrauschtatbestands, in: *Schneider/Frister* [1 c] 139; *Rönnau,* Grundstruktur u. Erscheinungsformen der actio libera in causa, JA **97**, 599; *ders.,* Dogmatisch-konstruktive Lösungsmodelle zur actio libera in causa, JA **97**, 707; *Roxin,* Anmerkungen zur actio libera in causa, Lackner-FS 307; *Salger/Mutzbauer,* Die actio libera in causa – eine rechtswidrige Rechtsfigur, NStZ **93**, 561; *Saß/Habermeyer,* Die Begutachtung von Persönlichkeitsstörungen aus psychopathologischer Sicht, FPPK **07**, 156; *Satzger,* Dreimal „in causa" – actio libera in causa, omissio libera in causa, actio illicita in causa, Jura **06**, 513; *Schild,* Die Straftat als „actio libera in causa", Triffterer-FS 203; *Schlüchter,* Zur vorsätzlichen actio libera in causa bei Erfolgsdelikten, H. J. Hirsch-FS 345; *Schmidhäuser,* Die actio libera in causa: ein symptomatisches Problem der deutschen Strafrechtswissenschaft, 1992 [Bespr. *Hettinger* JZ **93**, 513; *Frister* ZStW **108**, 645]; *Schnarr/Hennig/Hettinger,* Alkohol als Strafmilderungsgrund; Vollrausch; Actio libera in causa, Referate u. Vorträge sowie Auszug aus dem Abschlußbericht der Kommission zur Reform des strafrechtlichen Sanktionensystems, Bd. 1, 2001; *Schroth,* Der fahrlässige Verlust der Steuerungsfähigkeit mit nachfolgender doloser Unrechtsrealisierung, in: *Phillips/Scholler* (Hrsg.), Jenseits des Funktionalismus, 1989, 109; *Sick/Renzikowski,* Strafschärfung bei Rauschtaten?, ZRP **97**, 484; *Spendel,* Actio libera in causa u. Verkehrsstraftaten, JR **97**, 133; *ders.,* Actio libera in causa u. kein Ende, H. J. Hirsch-FS 379; *Stäcker,* Mittelbare Täterschaft u. actio libera in causa bei der Trunkenheit im Verkehr, § 316 StGB, 1991; *Stephan,* Promillegrenze bei Alkoholmißbrauch **1 e**

(usw.), in: *Hommers* (Hrsg.), Perspektiven der Rechtspsychologie, **91**, 91; *Sternberg-Lieben*, Grenzen fahrlässiger actio libera in causa, Schlüchter-GedS (2002), 217; *Streng*, Unterlassene Hilfeleistung als Rauschtat?, JZ **84**, 114; *ders.*, Der neue Streit um die „actio libera in causa", JZ **94**, 709; *ders.*, „actio libera in causa" u. Vollrauschstrafbarkeit – rechtspolitische Perspektiven, JZ **00**, 20; *ders.*, Actio libera in causa u. verminderte Schuldfähigkeit, JuS **01**, 540; *Stühler*, Die actio libera in causa de lege late und de lege ferenda, 1999; *Sydow*, Die actio libera in causa nach dem Rechtsprechungswandel des Bundesgerichtshofs, 2002 (Diss. Göttingen); *M. Wolff*, Das Ende der actio libera in causa, NJW **97**, 2032.

1f **Zu Fragen der Begutachtung im Strafverfahren:** *Berufsverband Deutscher Psychologen* (Hrsg.), Richtlinien für die Erstellung psychologischer Gutachten, 1994; *Barton*, Der psychowissenschaftliche Sachverständige im Strafverfahren, 1983; *Beck/Managetta*, Die Begutachtung in der forensischen Psychiatrie, 1988; *Beck-Mannagetta/Reinhardt* (Hrsg.), Psychiatrische Begutachtung im Strafverfahren, 1989; *Blau*, Methodologische Probleme bei der Handhabung der Schuldunfähigkeitsbestimmung (usw.), MSchrKrim **89**, 71; *Bochnik/Gärtner/Richtberg*, Richter und psychiatrischer Sachverständiger, MedR **88**, 73; *Bock*, Das Elend der klinischen Kriminalprognose, StV **07**, 269; *Boetticher/Nedopil/Bosinski/Sass*, Mindestanforderungen für Schuldfähigkeitsgutachten, NStZ **05**, 57; *Boetticher/Kröber/Müller-Isberner/Böhm/Müller-Metz/Wolf*, Mindestanforderungen für Prognosegutachten, NStZ **06**, 537; *Dölling*, Begutachtung der Schuldfähigkeit u. Strafurteil, Kaiser-FS (1998), 1337; *Eisenberg*, Anmerkungen zu dem Beitrag „Mindestanforderungen für Schuldfähigkeitsgutachten", NStZ 2005, 57–62, NStZ **05**, 304; *Engelhardt*, Schuldfähigkeitsbegutachtung u. Strafurteil, 1994 (Diss. Erlangen-Nürnberg); *Foerster*, Der psychiatrische Sachverständige zwischen Norm u. Empirie, NJW **83**, 2049; *ders.*, Von der Verantwortung des psychiatrischen Sachverständigen, Schreiber-FS (2003) 81; *Foerster/Venzlaff*, Aufgaben und Stellung des psychiatrischen Sachverständigen, in: *Venzlaff/Foerster* [1 b] 3; *dies.*, Die Erstattung des Gutachtens, ebd. 31; *Foerster/Leonhardt*, Fehlermöglichkeiten im psychiatrischen Gutachten, ebd. 43; *Foerster/Winckler*, Forensisch-psychiatrische Untersuchung, ebd. 31; *Fotakis*, Zur Kompetenz des psychiatrischen Sachverständigen, Venzlaff-FS 301; *Glatzel*, Forensische Psychiatrie. Der Psychiater im Strafprozeß, 1985; *Haddenbrock*, Der Kriminalrichter u. sein ärztlicher Berater, Rasch-FS 132; *Heinz*, Fehlerquellen forensisch-psychiatrischer Gutachten, 1982; *Arth. Kaufmann*, Das Problem der Abhängigkeit des Strafrichters vom medizinsichen Sachverständigen, JZ **85**, 1065; *Kröber*, Das psychoanalytische Gutachten zwischen Psychiatrie u. Strafrecht, R & P **94**, 64; *ders./Faller/Wolf*, Nutzen u. Grenzen standardisierter Schuldfähigkeitsbegutachtung. Eine Überprüfung des Forensisch-Psychiatrischen Dokumentationssystems, MSchrKrim **94**, 339; *Kröber/Dölling/Leygraf*/Sass (Hrsg), Handbuch der Forensischen Psychiatrie (zit.: *Kröber* Hdb), Bd. 3: Psychiatrische Kriminalprognose und Kriminaltherapie, 2006; Maatz, Schuldfähigkeitsbeurteiolung – Juristische Aspekte bei der begutachtung von Persönlichkeitsstörungen, *Maisch*, Disziplin u. Methodologie psychologisch-psychiatrischer Sachverständiger, R & P **84**, 162; *ders.*, Fehlerquellen psychologisch-psychiatrischer Begutachtung im Strafprozeß, StV **85**, 517; *ders./Schorsch*, Zur Problematik der Kompetenz-Abgrenzung von psychologischen u. psychiatrischen Sachverständigen bei Schuldfähigkeitsfragen, StV **83**, 32; *Mauthe*, Zur psychiatrischen Begutachtung von Sexualstraftätern, DRiZ **99**, 262; *Mende/Bürke*, Fehlerquellen bei der nervenärztlichen Begutachtung, Forensia **7** (1986), 143; *Nedopil*, Grenzgänger. Zum Dilemma von Recht u. Psychiatrie, Schüler-Springorum-FS 571; *ders.*, Verständnisschwierigkeiten zwischen dem Juristen u. dem psychiatrischen Sachverständigen, NStZ **99**, 433; *ders.*, Grenzziehung zwischen Patient u. Straftäter, NJW **00**, 837; *Nedopil/Krupinski*, Beispiel-Gutachten aus der forensischen Psychiatrie, 2001; *Pfäfflin*, Psychiatrische Gutachten, R & P **88**, 19; *Rasch*, Die Auswahl des richtigen Psycho-Sachverständigen im Strafverfahren, NStZ **92**, 257; *ders.*, Das Mißbehagen des psychischen Sachverständigen im Strafverfahren, Schüler-Springorum-FS 561; *Rauch*, Nochmals: Gutachterliche Kompetenz bei der Klärung der Schuldfähigkeit (usw.), NStZ **84**, 497; *Renzikowski*, Forensische Psychiatrie u. Strafrechtswissenschaft, NJW **90**, 2905; *Rode/Legnaro*, Der Straftäter u. sein Gutachter – Subjektive Aspekte der psychiatrischen Begutachtung, StV **95**, 496; *Rössner*, Zur Feststellung einer psychischen Störung nach §§ 20, 21 StGB im Strafverfahren: Eine Problemskizze anhand empirischer Befunde, Lenckner-FS 837; *Schmidt/Scholz*, Schuldfähigkeitsbegutachtung bei Tötungsdelikten, MSchrKrim **00**, 414; *Schmitt, B.*, Bemerkungen zur Bestellung des psychiatrischen Sachverständigen im Strafverfahren, Geerds-FS, 541; *Scholz*, Schuldfähigkeitsbegutachtung durch Diplom-Psychologen, ZStW **116** (2004), 618; *Schreiber*, Zur Rolle des psychiatrisch-psychologischen Sachverständigen im Strafverfahren, Wassermann-FS 1007; *Schreiber/Rosenau*, Der Sachverständige im Verfahren und in der Verhandlung, in: *Venzlaff/Foerster* [1 b] 125; *Schumacher/Arndt*, Die Unantastbarkeit der Menschenwürde als Maßstab für psychiatrische Gutachten, StV **03**, 96; *Steller*, Standards der forensisch-psychologischen Begutachtung, MSchrKrim **88**, 16; *Streng*, Richter u. Sachverständiger, Leferenz-FS 397; *ders.*, Psychowissenschaftler u. Strafjuristen (usw.), NStZ **95**, 12; 161; *Täschner*, Welcher Sachverständige ist für die Beurteilung des Geisteszustandes von Sexualdelinquenten zuständig?, MSchrKrim **80**, 108; *ders.*, Bemerkungen zur „Auswahl des richtigen Psycho-Sachverständigen im Strafverfahren", NStZ **84**, 221; *Tondorf*, Psychologische und psychiatrische Sachverständige im Strafverfahren. Verteidigung bei Schuldfähigkeits- und Prognosebegutachtung, 2005 (Rez.: *Fabricius* StV **07**, 111); *Venzlaff*, Fehler u. Irrtümer in psychiatrischen Gutachten, NStZ **83**, 199; *ders.* Die Mitwirkung des psychiatrischen Sachverständigen bei der Beurteilung der Schuldfähigkeit, RiAkad-FS 277; *Venzlaff/Foerster*, Psychiatrische Begutachtung, 4. Aufl. 2004; *Verrel*, Die Verwertung von Schuldunfähigkeitsgutachten im Strafurteil, ZStW **106** (1994), 332; *ders.*, Schuldfähigkeitsbegutachtung u. Strafzumessung bei Tötungsdelikten, 1995; *Vogel*, Forensisch-psychiatrische Gutachten u. ihre Auswirkungen auf Urteile in Strafrechtsprozessen, 1984 (Diss. München); *Wächtler*, Das Schuldfähigkeitsgutachten zwischen Machtkampf und Glaubenskrieg, StV **03**, 184; *Wenn*, Begutachtung der Schuldfähigkeit von jugendlichen Straftätern, 1995; *Westhoff/Kluck*, Psychologische Gutachten schreiben und beurteilen, 1991; *Witter*, Der psychologisch-psychiatrische Sachverständige im Strafverfahren, KrimGgwFr **12** (1976), 116; *ders.* (Hrsg.), Der psychiatrische Sachverständige im Strafrecht, 1987; *Wolff, G.*, Gutachterliche Kompetenz bei der Klärung der Schuldunfähigkeit, NStZ **83**, 537; *Wolff*, Sozialwissenschaftliche Aspekte der „Methodik" psychiatrischer Gerichtsgutachten, KrimJ **89**, 209; *ders.*, Die Vermittlung von Recht u. Psychiatrie als praktisches Problem, StV **92**, 292; *Zwerenz*, Das psychiatrische Gutachten vor Gericht u. seine Auswirkungen auf das richterliche Urteil, 1985 (Diss. Aachen).

2) Gegenstand der Schuldfähigkeitsbeurteilung. Schuldfähigkeit ist ein **Rechtsbegriff,** der an dem (in seiner Zuordnung zu straf*begründenden* oder straf*zumessenden* Sachverhalten i. e. streitigen; vgl. den Überblick bei *Frisch,* Müller-Dietz-FS 237 ff.) Begriff der **Schuld,** unter dem Blickwinkel der §§ 20, 21 an dem *Postulat* normalpsychologischer Motivierbarkeit durch Rechtsnormen anknüpft (vgl. etwa *Roxin* AT I, 19/36 ff.; Überblick über eine Vielzahl der vertretenen Konzeptionen zB bei LK-*Schöch* 15 ff.). Schuld ist Verantwortung für die Folgen normwidrigen Verhaltens (vgl. auch 47 vor § 13; 2 zu § 46). Schuldunfähigkeit iS von § 20 ist daher eine auf der psychischen Verfassung einer Person beruhende Unfähigkeit zu normgemäßem Handeln; sie schließt die **Zurechnung** von normwidrigen Handlungserfolgen im Sinne eines strafbegründenden Schuldvorwurfs (nicht aber präventive Maßnahmen) aus. Versuche, für die **Zumutbarkeit** normgemäßen Verhaltens (allein) *naturwissenschaftlich* begründete *Kriterien* zu finden, versprechen keinen Erfolg; das *Postulat*, solche Kriterien (*demnächst*) „klären" und aufdecken zu wollen (vgl. etwa LK-*Schöch* 46: Die Kriterien der Zumutbarkeit seien „noch nicht befriedigend geklärt"), verspricht zu viel: Was dem Sozialverhalten der Menschen im Grundsatz normativ abzuverlangen und welches Maß an Befolgung ihnen im Einzelfall von Rechts wegen zumutbar ist, bestimmt sich, ebenso wie die *rechtliche* Grenzziehung zwischen Schuld und Wahnsinn, seit der Steinzeit nach *sozialen* Verständigungen. 2

Da Schuld ein Rechtsbegriff und keine empirisch-medizinische Diagnose ist, sind Erwägungen darüber, ob eine Person *dauerhaft* und *deliktsunabhängig* schuldunfähig oder in ihrer Schuldfähigkeit eingeschränkt ist, idR verfehlt und jedenfalls missverständlich: Es kommt allein auf den Zustand **bei Begehung der Tat** (§ 8) an; er ist für diesen Zeitpunkt festzustellen (BGH **14**, 114; NJW **83**, 350; NStZ **97**, 485 f.). Auch wenn es sich bei den in § 20 aufgeführten psychischen Störungen vielfach um Dauerzustände handelt, stellt das Gesetz auf die Beziehung zu einer bestimmten rechtswidrigen Tat zZ der Tatbegehung ab (NStE § 21 Nr. 32, § 20 Nr. 24), so dass Schuldunfähigkeit nicht wie bei § 19 als ein genereller Ausschluss jeder Schuldmöglichkeit, sondern nur als ein **Schuldausschließungsgrund** für eine **konkrete Tat** zu verstehen ist (BGH **14**, 116; NJW **83**, 350; NStE Nr. 14 zu § 21, Nr. 44 zu § 211; *Streng* ZStW **101**, 312). Daher kann bei derselben Person zur gleichen Zeit hinsichtlich verschiedener Taten § 20 anwendbar und unanwendbar sein (BGH **10**, 355, 156; NJW **83**, 350; NStZ **90**, 231; LK-*Schöch* 184; *Schewe* JR **87**, 181), und zwar auch, wenn Tateinheit in Betracht kommt (BGH **14**, 114, 116; StV **84**, 419 [zu § 323 a]). Eine Zurechnung der Tat auch bei Schuldunfähigkeit zum Zeitpunkt ihrer Begehung ist in **Ausnahmefällen** durch **Vorverlagerung** des Anknüpfungszeitpunkts möglich (actio libera in 2 a causa; nach hM auch „verschuldete" Affekte; vgl. unten 34, 56); ihre Begründung und Legitimation sind i. e. sehr str.

3 § 20 setzt für den Schuldausschluss (§ 21 für die Schuldminderung) nach seinem Wortlaut und nach ganz hM eine Verbindung von **Ursache und Wirkung** voraus (vgl. unten 44 ff.). Der Täter muss nach § 20 *wegen* der Wirkung einer der genannten psychischen Voraussetzungen unfähig sein, das Unrecht der Tat einzusehen **(Einsichtsfähigkeit)** oder nach dieser Einsicht zu handeln **(Steuerungsfähigkeit);** zwischen beidem ist zu unterscheiden (zweifelnd *Foth,* Salger-FS 35); die Feststellung darf regelmäßig nicht offen bleiben (BGH **40**, 341, 349; 4 StR 308/99; 3 StR 540/99; 3 StR 527/00; 1 StR 308/03; stRspr; vgl. unten 44; 5 zu § 21; unklar insoweit NStZ-RR **06**, 167 [2 StR 394/05]). Aus der Feststellung von Unrechtseinsicht darf nicht (ohne weiteres) auf vorhandene Steuerungsfähigkeit geschlossen werden. Zur Frage der **Willensfreiheit** (dazu 8 ff. vor § 13; vgl. auch MK-*Streng* 52 ff.; LK-*Schöch* 15 ff.; *Jakobs* ZStW **117** [2005], 247 ff.) nimmt das Gesetz nicht explizit Stellung (and. SK-*Rudolphi* 4 a; *Haddenbrock,* Soziale oder forensische Schuldfähigkeit, 1992; *ders.,* MSchrKrim **94**, 44; 324; **96**, 50; NStZ **95**, 581; *Frister* MSchrKrim **94**, 316). Die Konzeption der Schuld als normativer sozialer Zuschreibung von Folgen setzt sie „pragmatisch" voraus (BGH **2**, 194, 200); die im sog. Anostizismusstreit inmitten stehende Frage, ob wissenschaftlich begründete Aussagen über die (konkrete) Einsichnts- und Steuerungsfähigkeit eines Menschen überhaupt möglich sind, spielt *praktisch* keine Rolle.

4 In den Fällen der *Unfähigkeit* zur **Unrechtseinsicht** ist die Schuld grds auch dann ausgeschlossen, wenn die Unfähigkeit nicht auf einem der in § 20 genannten Umstände beruht, denn der Täter handelt dann auch stets in einem **Verbotsirrtum** (NStZ **85**, 309; **86**, 264; LK-*Schöch* 12; **aA** NK-*Schild* 103 ff.; SK-*Rudolphi* 16, 26 zu § 17), so dass die Anknüpfung der Einsichts-*Unfähigkeit* an die Voraussetzungen des § 20 nur insoweit praktische Bedeutung hat, als die *Vermeidbarkeit* der Verbotsunkenntnis grds. keine Rolle spielt, wenn sie auf einer psychischen Störung iS von 20 beruht (vgl. auch LK-*Schöch* 143]. Auf Einschränkungen der *Fähigkeit* zur Unrechtseinsicht kommt es nicht an, wenn der Täter im konkreten Fall die Unrechtseinsicht hat; er handelt dann voll schuldhaft (BGH **21**, 27 f.; **34**, 22, 25 ff.; NStZ-RR **07**, 73; 5 StR 8/06). Ist der Täter zur Einsicht fähig, fehlt ihm aber aus den in § 20 genannten Gründen im konkreten Fall die Unrechtseinsicht und ist ihm dies *vorzuwerfen,* so greift § 21 ein (vgl. dazu 3 zu § 21); nur wenn ihm das Fehlen im konkreten Fall nicht vorzuwerfen ist, ist er nach § 20 straffrei (NStZ-RR **99**, 207; 1 StR 68/01; stRspr; vgl. die Nachw. in 3 zu § 21). **Steuerungsunfähigkeit**, also die Unfähigkeit einer Person, ihr Verhalten „nach der (*vorhandenen*!) Einsicht in das Unrecht der Tat" zu richten, ist nur zu prüfen, wenn der Täter die Rechtswidrigkeit der Tat entweder eingesehen hat oder einsehen konnte (NStE § 63 Nr. 16; Hamm VRS **43**, 347; SK-*Rudolphi* 21). Daher sind Formulierungen missverständlich, wonach, „wenn die Einsichtfähigkeit fehlt, auch die Steuerungsfähigkeit nicht mehr gegeben ist" (NStZ-RR **06**, 167, 168).

5 Tatsächlich erscheint es jedenfalls problematisch, von einem **„zweistufigen Modell"** der §§ 20, 21 zu sprechen (**aA** [für die „Stockwerks"-Theorie Schneiders zB] wieder *Saß/Habermeyer* FPPK **07**, 156, 157). Das **Verhältnis empirischer zu normativen Merkmalen** der Schuldfähigkeitsbeurteilung ist letztlich ungeklärt; das in § 20 formulierte Modell (vielfach mit den irreführenden Begriffen „biologische" und „psychologische" Stufe bezeichnet) enthält in Wahrheit keine klare Abgrenzung zwischen deskriptiven, durch Diagnose zu erhebenden *Ursachen* und rechtlich zu bewertenden *Wirkungen,* sondern vermischt diese auf allen Ebenen (vgl. *Rasch* StV **84**, 264 f.; NK-*Schild* 74; MK-*Streng* 12 ff.; LK-*Schöch* 43 ff.). Dies ist augenfällig bei den Merkmalen der „tiefgreifenden Bewusstseinsstörung" und der „schweren anderen seelischen Abartigkeit", gilt aber gleichermaßen für die übrigen Merkmale. So ist etwa schon unklar, welche dem Katalog der „Eingangsmerkmale" *nicht* unterfallende Ursache wohl zu einer Aufhebung der Steuerungsfähigkeit führen könnte (vgl. auch *Roxin* AT I 20/2 ff.), wenn diese eine em-

pirische Gegebenheit, dh eine „Eigenschaft" des Täters wäre. War zur Tatzeit die Steuerungsfähigkeit aufgehoben oder erheblich eingeschränkt, so hängt die Anwendung der §§ 20, 21 in der Praxis, engegen der stets betonten „Stufen"-Systematik, oft gar nicht davon ab, ob sich eine *Diagnose* finden lässt, welche diesen Umstand erklärt. Eine *Persönlichkeitsstörung* iS einer schweren seelischen Abartigkeit kann schwerlich eine „biologische" Tatsache sein (so aber wieder 2 StR 582/06; auch *Schöch* spricht vom „biologischen Stockwerk" [LK 36] und von „biologisch-psychologischen Störungen" [LK 8, 15 zu § 21]).

Eine (eingeschränkte) Bedeutung hat das Stufen-Modell im Wesentlichen nur für die Frage der Unrechtseinsicht, weil hier zwischen irrtumsbedingtem (§ 17) und „störungs"-bedingtem Fehlen der Einsicht unterschieden werden muss. Diese Abgrenzung ist eine normativ-generalpräventive (vgl. *Jakobs* AT 18/4 ff.; *Streng* NStZ **95**, 12 ff., 161 ff.). Die für das Strafrecht entscheidende Frage ist nicht die der diagnostischen Abgrenzung einzelner neurologischer oder psycho-pathologischer Störungen, sondern das Maß der durch sie verursachten Abweichung vom normativen Durchschnitt, dh ihre **Auswirkung auf die Motivsteuerung** der Person zum Zeitpunkt der Tathandlung (vgl. auch unten 46). Die Feststellung etwa der „Krankhaftigkeit" oder der „Schwere" einer Störung, erst recht die der „Unfähigkeit" oder der „Erheblichkeit" (§ 21), ist ohne Bezug zu den normativen Zurechnungsmaßstäben nicht sinnvoll möglich; diese setzen umgekehrt an empirisch begründeten **Plausibilitäts-Erwägungen** an. § 20 widerspiegelt insoweit einen **rechtspolitischen Kompromiss** (vgl. dazu etwa *Krümpelmann ZStW* **88**, 6 ff.; *Schreiber* NStZ **81**, 46 ff.; AK-*Schild* 16 ff.). 5 a

3) Bedeutung der Eingangsmerkmale; Klassifikationssysteme. § 20 zählt mögliche psychische Ursachen einer Beeinträchtigung der Schuldfähigkeit alternativ und scheinbar abschließend auf; im Hinblick auf die Gruppe der anderen seelischen Abartigkeiten hat die Aufzählung aber kaum praktisch begrenzende Wirkung (vgl. auch *Streng* StV **04**, 614, 619 f.). Die verwendeten Begriffe verweisen auf erfahrungswissenschaftliche Kategorien; sie sind freilich in den Psychowissenschaften durchweg umstritten und dort außerhalb der forensisch-normativ orientierten Psychiatrie teilweise nicht gebräuchlich (vgl. oben 5). Insb. der „**Krankheits**"-Begriff des § 20, damit aber der „biologische" *Kernbegriff* der Beurteilung (vgl. insb. *K. Schneider*, Klinische Psychopathologie, 12. Aufl. 1980), wird überwiegend als überholt angesehen (vgl. dazu *Schreiber* NStZ **81**, 46; *Wolfslast* JA **81**, 466; *Rasch* StV **84**, 265; *Blau* MSchrKrim **89**, 73; *Renzikowski* NJW **90**, 2909; *Streng* NStZ **95**, 124; 161; zu abweichenden „Krankheits"-begriffen vgl. LK-*Schöch* 56 ff. mwN). Die alternative Aufzählung schließt nicht aus, dass **mehrere Eingangsmerkmale nebeneinander** gegeben sind; dies ist vielmehr ein in der Praxis häufig vorkommender Fall (vgl. dazu ausf. *Streng* StV **04**, 614 ff.). Auch wenn daher idR eine Zuordnung nicht gänzlich offen bleiben kann (vgl. BGH **49**, 347, 356 ff. = NStZ **05**, 205, 206; LK-*Schöch* 40; unten 44), ist diese Anforderung der Rspr nicht dahin zu verstehen, der Tatrichter müsse sich auch bei Vorliegen kumulativ wirkender oder sich überschneidender Störungen „für ein Merkmal entscheiden". 6

Die Aufnahme eines bestimmten Krankheits- und Symptombildes in eines der anerkannten **Klassifikationssyteme**, insb. in DSM-IV oder ICD-10 (dazu *Kröber* u. a. MSchrKrim **94**, 339; *Kröber/Dannhorn* NStZ **98**, 80; *Rasch* For. Psych. 52 ff.), hat **keine Verbindlichkeit** für die rechtliche Beurteilung der Schuldfähigkeit (BGH **37**, 397, 401; **49**, 347, 352; NStZ **95**, 176 f.; **97**, 383; StV **01**, 564; **01**, 565) und macht insbes. konkrete Feststellungen zum Ausmaß der Störungen nicht entbehrlich (NStZ **97**, 383; 2 StR 267/03; 5 StR 557/06), denn die Klassifikationen sind empirisch-systematisch orientiert, und die Aufnahme eines bestimmten Krankheitsbildes in die Klassifikation besagt nichts über das Ausmaß der psychischen Störung (1 StR 207/99; vgl. NStZ-RR **04**, 70 [reaktiv-depressive Verstimmung]; NStZ **07**, 29) und hat erst recht kein *normatives* Gewicht; ein Befund nach ICD 10 weist aber nach der **Rspr des BGH** idR auf eine nicht ganz geringfügige Beeinträchtigung hin (BGH **37**, 397; NStZ-RR **98**, 188). Nach NStZ **01**, 83 (*1. StS*) sollen andererseits bei *Fehlen* der Voraussetzungen einer diagnostischen Kategorie (im Fall: Substanzabhängigkeit) idR keine forensisch-psychiatrischen Folgerungen 7 möglich sein (vgl. auch 4 StR 540/01). Damit ist BGH **37**, 397, 401 in Frage gestellt, denn es kann nicht *zugleich* negative Verbindlichkeit und positive Unverbindlichkeit bestehen.

7a Bei der Verwendung der Klassifikationen ist stets zu bedenken, dass sie – jedenfalls teilweise – ihrerseits das Ergebnis einer auf „kleinstem gemeinsamen Nenner" gefundenen *deskriptiven* Zuordnung von Symptom-Konstellationen sind (*Nedopil* MSchrKrim **88**, 117; NJW **00**, 838f.); ein einheitliches qualitatives Diagnose-Konzept liegt ihnen nicht zugrunde (vgl. *Fehlenberg* R & P **00**, 105). Berechtigung und Inhalt einzelner Diagnosen (**zB** ICD-10 Nr. F 60.2.: *dissoziale Persönlichkeitsstörung;* F 63.0: *pathologisches Spielen*) sind in den Psychowissenschaften lebhaft umstritten (vgl. *Rasch* For. Psych. 60f.); konjunkturartige Aufschwünge bestimmter Diagnosen (**zB** F 60.31: *Borderline-Persönlichkeitsstörung*) weisen auf erhebliche Unsicherheits-Bereiche hin (vgl auch *Nedopil* NJW **00**, 838 Fn. 8). Die Zuordnung der im Einzelfall vorliegenden Störung zu bestimmten Diagnosen des ICD-10 durch den Sachverständigen darf das Gericht daher nicht kritiklos übernehmen und hieraus jedenfalls nicht ohne weiteres rechtliche Schlüsse ziehen.

8 **4) Krankhafte seelische Störung.** Der Begriff ist für die Anwendung der §§ 20, 21 unabhängig vom (eigenständigen) psychiatrisch-medizinischen Krankheitsbegriff auszulegen. Er umfasst nicht jede Abnormität seelischen Geschehens (so noch zu § 51 aF BGH **14**, 30). Die Bezeichnung als **„seelische"** Störung hat allein begriffshistorische Bedeutung; gemeint ist nicht die „Seele", sondern die psychische Struktur einer Person, soweit sie sich in einer „Geistestätigkeit" äußert. Der Begriff des **Krankhaften** ist an der Vorstellung einer somatischen *Ursache* orientiert (vgl. oben 6); für die praktische Anwendung hat er die Funktion eines (zweifelhaften) „Schwere"-Maßstabs (vgl. unten 37, 43). Zu den krankhaften seelischen Störungen werden **zwei Gruppen** gezählt:

9 **A. Endogene Psychosen** sind Störungen aus dem Formenkreis der Schizophrenie und des Manisch-Depressiven (Zyklothymie oder manisch-depressives Irresein; hierzu BGHR § 63, Zust. 11; BGH **46**, 257, 259f.), bei denen die organische Bedingtheit nur postuliert wird (LK-*Schöch* 59, 82ff.; MK-*Streng* 34; vgl. auch StV **95**, 405; zu Erscheinungsformen vgl. auch *Plate* [1a] 163ff.); „emotionale Kernstörungen"; auch Eifersuchtswahn *kann,* soweit er Züge wahnhaften Erlebens trägt, Ausdruck einer endogenen Psychose sein (vgl. NJW **97**, 3101 [Bespr. *Winckler/Foerster* NStZ **98**, 297; *Blau* JR **98**, 207]); i.ü. ist er als andere seelische Abartigkeit einzuordnen. Akute Schübe einer Schizophrenie führen nach der Rspr des BGH idR zur Schuldunfähigkeit (zumeist: Aufhebung der Einsichtsfähigkeit; vgl. MDR **95**, 1090; 1 StR 531/02; 2 StR 96/07). Schizotypische Persönlichkeitsstörungen (vgl. ICD-10 Nr. 301/7) können als Verdachtsfälle für residuale oder prodromale Zustände der Schizophrenie dem Spektrum endogener Psychosen zuzuordnen sein (vgl. BGH **37**, 400 [Anm. *Grasnick* JR **92**, 120]; NStZ **92**, 380; NStZ-RR **97**, 229; *Rasch,* Schüler-Springorum-FS 568).

10 **B. Exogene Psychosen** sind Störungen mit einer **hirnorganischen Ursache, zB** (vgl. Überblick bei LK-*Schöch* 91ff.; *Plate* [1a] 135ff.) traumatische Psychosen, Infektionspsychosen, hirnorganische Krampfleiden (2 StR 70/86), chronische degenerative Erkrankungen des Zentralnervensystems wie Alzheimer-Krankheit oder senile Demenz (NStZ **83**, 34; vgl. StV **89**, 102; **94**, 15; 4 StR 308/01 [Anhaltspunkte bei erstmaliger Sexualdelinquenz bei 64jährigem Täter]); Hirnhautentzündung (Meningitis), Gehirnentzündung (vgl. 3 StR 334/85), frühere Schädelverletzung im Zusammenwirken mit Alkoholeinfluss (StV **89**, 15); Hirnabbau auf Grund chronischer Alkohol-, Drogen- oder Medikamentenabhängigkeit (vgl. NJW **69**, 563; **95**, 1229 [Bespr. *Pluisch* NZV **96**, 98]; NStZ **99**, 448; NStZ-RR **97**, 258; zu *Anabolika-Missbrauch LG* Freibug NStZ-RR **98**, 138); dauerhafte krankhafte Suchtmittelüberraktion im Sinne substanzinduzierter psychotischer Störung (5 StR 540/04 = R&P **06**, 102 [m. Anm. *Pollähne*]); Kombination von depressiver Erkrankung und Hirnsubstanzminderung (1 StR 533/05).

C. Alkohol- und Drogenrausch. Praktisch wichtigste Fallgruppe exogener Psychosen sind nach **hM** die **akuten Intoxikationspsychosen.** Das sind durch Zufuhr von Rauschmitteln, Medikamenten oder Giften ausgelöste vorübergehende Beeinträchtigungen der Hirntätigkeit (BGH **43**, 66, 69; NStZ-RR **97**, 163; LK-*Schöch* 60, 95 ff.; MK-*Streng* 32, 36; *Lackner/Kühl* 4; *Dölling,* in: *Kiesel* [Hrsg.], Rausch, 1999, 149 ff.). Nach **aA** sind sie den tiefgreifenden Bewusstseinsstörungen zuzuordnen (vgl. dazu unten 28; offen gelassen von BGH **37**, 231 m 239). Rauschzustände infolge der Einnahme (illegaler) **Drogen** können bei akutem Drogenrausch zur Beeinträchtigung der Steuerungsfähigkeit, insb. bei Einnahme hochwirksamer Halluzinogene (**zB** LSD; Mescalin) auch zur Beeinträchtigung der Einsichtsfähigkeit führen. Die Annahme einer schuldrelevanten Intoxikation zum Tatzeitpunkt bedarf jedenfalls konkreter Feststellungen zu den Umständen, aus welchen sie sich ergibt (vgl. LK-*Schöch* 116 ff., 119); der bloße Nachweis, *dass* eine Droge konsumiert wurde, erlaubt keine Schlussfolgerungen auf das individuelle Maß möglicher Beeinträchtigungen der Schuldfähigkeit. So reicht etwa die Tatsache, dass der Täter vor oder während der Tat Tabletten *unbekannter Art* oder Rauschmittel unbekannter Art und Menge konsumiert hat, schon für die Feststellung einer „Intoxikation" nicht aus und bietet auch keinen Ansatzpunkt für eine Anwendung des *Zweifelssatzes* (vgl. 2 StR 267/03). Sind Art und/oder Menge eingenommener Substanzen unklar, so bedarf die Feststellung einer schuldrelevanten Intoxikation sorgfältiger Feststellungen zu den Umständen der Tat und zum Gesamtverhalten des Täters unter Berücksichtigung anerkannter psychodiagnostischer Kriterien; eine Anwendung des Zweifelssatzes kommt erst in Betracht, wenn nach Ausschöpfung aller Beweismittel Zweifel bestehen (ebd., vgl. auch NStZ **07**, 266). Entsprechendes gilt für die psychogenen Wirkungen von **Medikamenten** (LK-*Schöch* 120 ff.). 11

Eine **rauschunabhängige** Minderung der Schuldfähigkeit infolge stoffgebundener Abhängigkeit (vgl. unten 41) ist nach stRspr nur ausnahmsweise im Einzelfall möglich (krit. *Theune* NStZ **97**, 57; *ders.* NStZ-RR **03**, 225; *Wächtler* StV **03**, 184, 187 f.), insb. bei **schweren Persönlichkeitsveränderungen** infolge langjähriger Alkohol- oder BtM-Abhängigkeit; bei Beschaffungsdelikten unter starken **Entzugserscheinungen** (vgl. NStZ **01**, 82 f.; **01**, 83 f.; **01**, 85; **03**, 370; StV **97**, 517) oder aus Angst vor nahe bevorstehenden, schon früher als äußerst unangenehm empfundenen Entzugserscheinungen (wohl auch: hoher „**Suchtdruck**"; vgl. NStZ **01**, 83, 84; NStZ-RR **97**, 227 [jeweils *Heroin*]; BGHR § 21 Btm-Auswirkungen 10, 12 [*Kokain*]; NStZ **06**, 151 f. [*Crack*; vgl. aber abl. Anm. *Dannhorn* NStZ **06**, 453], vgl. auch 13 zu § 21); oder bei vorangeschrittener Depravation und Zerfall der moralischen Persönlichkeit (vgl. unten 41), die freilich meist auch mit hirnorganischen Defekten einhergeht (oben 10). Die Annahme von Schuldunfähigkeit (§ 20) liegt hier idR eher fern (vgl. NStZ-RR **01**, 81; krit. *Theune* NStZ **97**, 57, 60; NStZ-RR **03**, 225; ZStW **114** [2002] 300, 314); § 21 kommt zB in Betracht, wenn die Angst vor nahe bevorstehenden Entzugserscheinungen das beherrschende Motiv für die Tatbegehung ist (vgl. NStZ **99**, 448; **01**, 83; **02**, 542; NStZ-RR **01**, 81; NStZ **03**, 770 f.; BGHR § 21 BtM-Ausw. 7, 9, 11; 13 zu § 21). Eine erhebliche Verminderung der Schuldfähigkeit kommt auch bei im Übrigen auch bei **Kombinationen** von Persönlichkeitsstörungen und (darauf beruhender) Rauschmittelabhängigkeit, ggf. auch schon bei geringeren akuten Intoxikationen, in Betracht (vgl. auch 9 ff. zu § 63). 11 a

Kritik. Diese Einschränkung möglicher Dekulpation ist *empirisch* nicht begründbar; sie hat vorwiegend generalpräventive Gründe. Die Bewertung der Auswirkungen von Suchtverhalten spiegelt iE eher normative Postulate als empirische Erkenntnisse. Der *common sense* verdächtigt Süchtige der maßlosen Aneignung von „*Spaß*"; in dieser Logik sind 3 Promille *besser* als 2 Promille und Kokain *besser* als Nikotin. Die Anforderung des Strafrechts an abhängige Personen, sich *gefälligst* zusammenzunehmen, ist ambivalent. 11 b

Die praktisch wichtigste Fallgruppe sind **Trunkenheitszustände** nach **Alkoholkonsum.** Im Extremfall kann bereits die Handlungsfähigkeit fehlen (4 StR 274/ 12

60); idR stellt sich die Frage einer Beeinträchtigung der **Steuerungsfähigkeit** (BGH **1**, 385; NStZ **83**, 19; **84**, 409; StV **93**, 187); im Einzelfall kann auch die Unrechtseinsicht betroffen sein. Die Höhe der **Blutalkoholkonzentration (BAK)** zum Zeitpunkt der Tatbegehung bietet für die Beurteilung einen quantifizierbaren Anhaltspunkt; sie ist regelmäßig festzustellen.

12a **a) Feststellung der Tatzeit-BAK.** Für die Beurteilung der Schuldfähigkeit bei der Begehung der Tat ist die **Tatzeit-BAK** festzustellen. Dabei folgt die Ermittlung wegen der Geltung des Zweifelssatzes anderen Regeln als bei der Feststellung strafbegründender Trunkenheit (§ 316); jedoch sind die **Methoden der Feststellung** ebenso wie die Erfordernisse der **Darlegung im Urteil** dieselben (vgl. dazu auch 16ff. zu § 316; NK-*Paeffgen* 8ff. nach § 323a; LK-*Schöch* 106ff.; *Forster/Joachim* [1c] 39ff.; *Haffner/Blank* [1c] 69ff.; zusf. *Salger* DRiZ **89**, 174ff.). Kommt eine Tat nach § 323a in Betracht, so kann bei Vorliegen von Besonderheiten eine Untersuchung der Schuldfähigkeit (auch) für den Zeitpunkt des Sich-Berauschens geboten sein (vgl. Naumburg BA **02**, 46).

13 **aa)** Liegt der BAK-Wert einer nach der Tat entnommenen **Blutprobe vor,** so geschieht die Feststellung der Tatzeit-BAK im Wege der **Rückrechnung** (*Brettel* PraxRMed 444; *Grohmann* BA **96**, 188). Bei der *Prüfung der Schuldfähigkeit* ist zugunsten des Täters von einem *maximalen* **Abbauwert** auszugehen. Er errechnet sich nach stRspr (BGH **35**, 314; **37**, 237; VRS **71**, 177; **72**, 276; StV **87**, 341; **91**, 18; BGHR § 21 BAK 25; NStE § 21 Nr. 7, 8, 23; NStZ/D **90**, 484; NJW/H **92**, 1083; Bay VRS **76**, 423; Köln ZfS **86**, 190; BA **87**, 225; 295; NStZ **89**, 24; Düsseldorf VRS **77**, 120; BA **98**, 78; KG VRS **80**, 450; DAR/S **88**, 220) aus dem **stündlichen Abbauwert** 0,2‰ und einem (einmaligen) **Sicherheitszuschlag** von 0,2‰, wobei hier (anders im Falle des § 316 vgl. dort 16) auch die **ersten beiden Stunden** nach Trinkende in die Rückrechnung einzubeziehen sind (NStZ-RR **98**, 103; Bay NJW **74**, 1432), und zwar auch dann, wenn zwischen Blutentnahme und Tatzeit nur ein kurzer Zeitraum liegt (Bay BA **89**, 288). Ein „mittlerer“ Abbauwert darf der Berechnung nicht zugrunde gelegt werden (2 StR 221/01). Hat der Täter nach Tatbegehung weiteren Alkohol zu sich genommen, so ist der entspr. den Regeln unten 14ff. berechnete Anteil dieses **Nachtrunks** von der gemessenen BAK in Abzug zu bringen. Zu Einzelheiten vgl. 16ff. zu § 316.

14 **bb) Fehlt ein Blutprobe-BAK-Wert,** ist zunächst der Alkoholgehalt der insgesamt konsumierten **Alkoholmenge** festzustellen (vgl. hierzu die Tabellen bei *J/J/B-Burmann* 39 zu § 316; *Salger* DRiZ **89**, 175/176; *Grohmann* BA **96**, 190, 192). Sodann ist unter Verwendung der sog. **Widmark-Formel** (Alkoholmenge in Gramm [= Volumen in ml × 0,81] geteilt durch Körpergewicht × Reduktionsfaktor; abzügl. Resorptionsdefizit; vgl. *Hentschel/Born* 105; *Forster/Joachim* 40; *Haffner/Blank* 72f.) die BAK zu ermitteln. Dabei sind, falls es um die *Frage der Schuldfähigkeit* geht, zur Errechnung der Tatzeit-BAK als Abbauwert der (dem Täter günstigste) *minimale* **Rückrechnungs-Wert** von stündlich 0,1‰ seit Trinkbeginn, ein **Resorptionsdefizit** von 10% (vgl. BGH **36**, 286, 288; BGHR BAK 12) und der **Reduktionsfaktor** (bei Männern 0,7; bei Frauen 0,6; bei starker Fettleibigkeit kommt eine Senkung in Betracht; vgl. 2 StR 27/85; Köln BA **85**, 75; *J/J/B-Burmann* 8 zu § 316) zugrunde zu legen (BGH **34**, 32; **37**, 238; VRS **71**, 177; 360; 363; **72**, 359; NStZ **88**, 404; **91**, 127; **92**, 32; StV **91**, 17; MDR/H **92**, 15; DAR **99**, 194; LK-*Schöch* 108; MK-*Streng* 73; *Schewe,* Salger-FS 721). Ein **„individueller“ Abbauwert** lässt sich nachträglich nicht ermitteln (BGH **34**, 32; NStZ **86**, 114 Nr. 2; VRS **71**, 360; StV **91**, 297; 298; BGHR § 21 BAK 24; *Hentschel/Born* 248), auch nicht aus zwei mit zeitlichem Abstand genommenen Blutproben (NJW **91**, 2356 m. Anm. *Grüner* JR **92**, 117); im Ausnahmefall ist eine Individualisierung möglich (NStZ **85**, 452). Bei Berücksichtigung des Resorptionsdefizits, für das nur bei aus dem genossenen Alkohol *errechneten* BAK-Werten Raum ist (StV **88**, 340; NStZ/J **88**, 119), ist der dem Täter im Rahmen des § 21 günstigste Mindestwert von 10% zugrunde zu legen (BGH **36**, 288; VRS **71**, 178;

72, 359; NStE § 21 Nr. 8, 30; DAR/S **89**, 246). **Alkoholgewöhnung** rechtfertigt es nicht, zu Lasten des Angeklagten höhere Werte anzunehmen (NStE § 21 Nr. 11). Es gibt keinen gesicherten Erfahrungssatz, nach dem bei „geübten Trinkern" ein Resorptionsdefizit von 30% angenommen werden kann (NStZ **98**, 459). Eine höhere Abbaugeschwindigkeit bei Alkoholikern, deren Annahme in der rechtsmedizinischen Literatur erwogen wird (vgl. *Haffner* u. a. BA **92**, 53 ff.; *Schröter* u. a. BA **95** 344, 348), ist nach der Rspr des BGH der Berechnung nicht zugrunde zu legen (vgl. NStZ **97**, 591 f.; BGHR § 21 BAK 26).

Trinkmengenangaben, die einer Errechnung der BAK zugrunde zu legen sind, darf das Gericht nicht ungeprüft übernehmen (BGH **37**, 238; NStZ **91**, 126; **92**, 32; **97**, 385; **98**, 68; **07**, 266; StV **93**, 519; 3 StR 500/04); es empfiehlt sich auch nicht, sie als wahr zu unterstellen (5 StR 175/91; NStZ **07**, 266). Eine Berechnung der Tatzeit-BAK, die auf der Grundlage wahlloser Trinkmengen-Schätzungen oder überzogener Behauptungen des Beschuldigten zu Feststellungen von Hundertstel Promille gelangt, ohne die Mengenangaben selbst hinreichend zu überprüfen, täuscht eine Gewissheit nur vor und führt zur Beurteilung ersichtlich *fiktiver* Sachverhalte. Bei der Feststellung ist zu berücksichtigen, dass die BAK weder Tatbestandsmerkmal ist noch unmittelbare Schlüsse auf das Vorliegen von Steuerungs- oder Einsichtsunfähigkeit erlaubt (vgl. unten 23); sie ist vielmehr ein – wenngleich wichtiges – **Beweisanzeichen** unter anderen (BGHR BAK 34, 35). Der **Zweifelssatz** ist aber nicht isoliert auf das einzelne Indiz, sondern erst auf das Ergebnis einer **Gesamtwürdigung** der Beweisanzeichen anzuwenden (vgl. 20 zu § 1). Er ist daher von Bedeutung, wenn nach abgeschlossener Beweiswürdigung unbehebbare tatsächliche Zweifel über Art und Grad des psychischen Ausnahmezustands bestehen bleiben (vgl. 1 StR 168/01 [Tatserie von Alkoholiker; Fehlen von Feststellungen zur Alkoholisierung bei einzelnen Taten]); auf die **rechtliche Wertung** ist er nicht anwendbar (NStZ **00**, 24; BGHR § 21 In dubio 1), insb. nicht auf die Rechtsfrage, ob eine Verminderung der Steuerungsfähigkeit *erheblich* iS von § 21 ist (BGH **43**, 77; NStZ **00**, 136; BGHR § 21 Erheblichkeit 2; vgl. *Maatz* StV **98**, 279 f.). Trinkmengenangaben sind daher kritisch zu prüfen; hierbei sind namentlich der zeitliche Ablauf, das Zustandsbild und das Leistungsverhalten des Beschuldigten zu berücksichtigen. **15**

Wenn Angaben, für deren Richtigkeit es keine Beweise gibt, zu medizinisch unrealistischen errechneten BAKen führen oder mit dem erwiesenen Verhalten nicht vereinbar sind (**zB** errechnete BAK von deutlich über 3‰ bei kompliziertem und differenziertem, unauffälligen Tat- oder Nachtatverhalten), so dürfen die Angaben weder unbesehen übernommen noch ohne weiteres als insgesamt unbrauchbar verworfen werden (BGH **34**, 34; StV **98**, 539). In diesen Fällen ist regelmäßig eine **Kontrollberechnung** mit *höchst*möglichem Abbauwert vorzunehmen und dabei zusätzlich vom höchstmöglichen Resorptionsdefizit von 30% auszugehen (NStE § 21 Nr. 13, 15 u. 51; StV **93**, 467 L; **95**, 407; NStZ-RR **97**, 33 f.; BA **00**, 186; StraFo **01**, 409; 4 StR 535/06; Bay BA **01**, 186 f.; *Foth* NJ **91**, 387). Diese Kontrollrechnung dient lediglich der Überprüfung, ob die behaupteten Trinkmengenangaben überhaupt zutreffen können (NStZ **98**, 459); bei Prüfung der Vereinbarkeit von Trinkmengenangaben mit einem vorliegenden Blutentnahmewert gilt Entsprechendes (vgl. NStZ **87**, 453). Ergibt die Kontrollrechnung, dass die angegebene Trinkmenge jedenfalls nicht schon aus medizinischen Gründen widerlegt ist, so zwingt der Zweifelssatz nicht etwa dazu, sie nun wieder (mit *niedrigst* möglichen Abbauwerten) der BAK-Berechnung zugrunde zu legen. Der Tatrichter muss vielmehr versuchen, unter Heranziehung psychodiagnostischer Beweisanzeichen und sonstiger Erkenntnisse zu einer Feststellung der tatsächlichen Trinkmenge zu gelangen; die *rechnerisch* nicht widerlegte Angabe kann durch andere Beweisergebnisse widerlegt werden. Bei der Feststellung einer Tatzeit-BAK, welche in der Spanne zwischen (absurden) Höchst- und den Angeklagten benachteiligenden Mindestwerten uU auf **realistische Wahrscheinlichkeitswerte** abstellt (vgl. BGHR § 21 BAK 36), ist zu berücksichtigen, dass der Beweiswert errechneter BAKen bei langer **15 a**

Rückrechnungsdauer gemindert ist. Ist eine **Feststellung unmöglich**, weil sich die zum Alkoholkonsum sowohl zeitlich als auch mengenmäßig jedem Versuch einer Eingrenzung entziehen, so bedarf es einer Berechnung der BAK ausnahmsweise nicht (NStZ **94**, 334; **00**, 24; NStZ-RR **97**, 226; **98**, 107; Bay VRS **100**, 354); die Beurteilung einer Einschränkung der Schuldfähigkeit richtet sich dann nur nach psychodiagnostischen Kriterien (vgl. NStZ-RR **99**, 297; Bay NZV **03**, 434, 435).

16 Die **Anknüpfungstatsachen** für die BAK-Berechnung (Alkoholmenge, Körpergewicht, Resorptionsdefizit, stündlicher Abbau) hat der Tatrichter, um ihre revisionsgerichtliche Überprüfung zu ermöglichen, idR **im Urteil darzulegen** (BGH **12**, 314; **34**, 31; NStZ **86**, 114; **89**, 119; NStZ-RR **03**, 325; BGHR BAK 13 u. § 21 BAK 2; StV **92**, 317; **97**, 348; 3 StR 60/03; stRspr; *Meyer-Goßner* NStZ **88**, 534). Für einfache Rückrechungen aus vorliegenden Blutprobe-Werten, für die Anwendung der Widmark-Formel (oben 14) sowie für Kontrollrechnungen bedarf es idR der Zuziehung eines (rechtsmedizinischen) **Sachverständigen** nicht; hier reicht die eigene Sachkunde des Gerichts. Anders ist dies bei Vorliegen von Besonderheiten, insb. etwa bei der Beurteilung von Wechselwirkungen, des Zusammentreffens von Alkoholisierung und Persönlichkeitsstörungen oder psychodiagnostischen Besonderheiten des Tat- oder Leistungsverhaltens (vgl. unten 23 ff.); auch bei einer auffälligen Abweichung zwischen gemessener **BAK** und **AAK** (Karlsruhe NStZ-RR **03**, 150; zur AAK vgl. 23 zu § 316).

17 **b) Bedeutung der BAK.** Bei der Beurteilung der Schuldfähigkeit dürfen festgestellte BAK-Werte **nicht schematisch** auf Schuldfähigkeits-Grade übertragen werden (VRS **17**, 187; **23**, 209; StV **96**, 600; NStZ-RR **03**, 71); entscheidend ist vielmehr eine Gesamtbewertung der objektiven und subjektiven Umstände des **Tatgeschehens** (NStZ **87**, 321 m. Anm. *Blau* JR **88**, 210) und der **Persönlichkeitsverfassung** des Täters vor, während und nach der Tat (NStZ **82**, 376; **91**, 126). Auch bei hoher BAK ist eine individuelle Beurteilung nicht entbehrlich (BGHR § 20 BAK 9). Neben der Alkoholmenge sind auch **psychopathologische Kriterien** (BGH **43**, 66) von Bedeutung; **zB** das Vorliegen von schweren Persönlichkeitsstörungen (vgl. BGHR Ursachen, mehrere 2); die Alkoholverträglichkeit und -gewöhnung (vgl. NStZ-RR **03**, 71); die allgemeine körperliche und seelische Verfassung zur Tatzeit und bei Trinkbeginn (vgl. NStZ **89**, 473); der Grad einer Ermüdung; Zeit, Menge und Art einer vorangegangenen Nahrungsaufnahme und die Trinkgeschwindigkeit; die affektive Spannung (StV **89**, 104; 4 StR 170/93); Zusammenwirken der Alkoholisierung mit jahrelanger durch Alkoholmissbrauch hervorgerufener Wesensänderung (BGHR Einsichtsfähigkeit 1); zusätzlicher Konsum von Drogen (StV **00**, 612; Düsseldorf BA **83**, 270) oder Medikamenten (StV **88**, 294; Celle NdsRpfl. **64**, 183; Köln VRS **65**, 22; **74**, 23; Karlsruhe VRS **80**, 441); altersbedingte Vorschädigung des Gehirns (StV **07**, 128). Auch Erkrankungen und Traumata können die Alkoholwirkung verstärken; **zB** frühkindlicher Hirnschaden (StV **93**, 187 L), Hirnleistungsstörungen (BGHR § 323 a Sichberauschen 2), Hirnverletzungen (NStZ **83**, 19; MDR/H **86**, 441), Magenresektion (Köln BA **77**, 56). Im Übrigen muss für die Schuldfähigkeitsbeurteilung zwischen einer allein auf den **BAK-Wert** gestützten (unten 19 ff.) und einer auf weitere psychodiagnostische Kriterien gestützten Bewertung unterschieden werden. Dabei kommt nach stRspr einer allein *errechneten* BAK bei langem Rückrechnungszeitraum für die Schuldfähigkeits-Beurteilung eine gegenüber festgestellten anderen Indizien nur eingeschränkte Beweisbedeutung **zu** (BGH **35**, 308; **36**, 28; vgl. auch NStZ **98**, 457, 458; **00**, 136; 3 StR 60/03; vgl. auch *Kröber* NStZ **96**, 569, 576). Der Tatrichter hat nach der Rspr des BGH insoweit einen **Beurteilungsspielraum** (BGHR § 21 Ursachen, mehr. 13; BA **99**, 179 f.; 303; NStZ **00**, 136).

18 Der sog. **pathologische Rausch** (*Langelüddeke-Bresser,* Gerichtliche Psychiatrie, 4. Aufl. 1976, 70; For. **5** [1984], 52; LK-*Schöch* 99, 114; MK-*Streng* 33; LK-*Spendel* 121 zu § 323 a; NK-*Paeffgen* 29 zu § 323 a; *Forster/Joachim* 76) soll stets Schuldunfähigkeit begründen (BGH **40**, 198, 200 [m. Anm. *Blau* JR **95**, 117]; StV **96**, 596; LG Bad Kreuznach NZV **92**,

420). Seine Abgrenzung als ein durch Alkohol ausgelöster „Dämmerzustand", der mit einem Alkoholrausch qualitativ nicht vergleichbar ist, von einem sog. abnormen oder komplizierten Rausch, bei dem eine quantitative Steigerung der Alkoholwirkung eintritt, ist nach BGH aaO „schwierig"; er soll fast immer auf Grund einer Hirnschädigung oder einer schwerwiegenden körperlichen Erkrankung auftreten, die eine Alkoholunverträglichkeit zur Folge haben, und idR bei einer niedrigen BAK auftreten. Empirische Untersuchungen (*Winckler,* NervA **99**, 1) legen nahe, dass er nicht nur „äußerst selten" (so BGH **40**, 198, 199; LK-*Schöch* 99), sondern möglicherweise **überhaupt nicht vorkommt** (vgl. *Venzlaff,* Schreiber-FS [2003] 509, 512: „ein schlichtes Märchen"). Die Reihen- und Rundverweisungen in der forensisch-psychiatrischen Literatur legen den Verdacht nahe, dass keiner der Autoren das beschriebene Krankheitsbild schon *wirklich* und *selbst* einmal *unzweifelhaft* gesehen hat; die in BGH **40**, 198, 200 übernommenen Hinweise auf statistische Erkenntnisse („fast immer"; „in der Regel") täuschen wohl Fallzahlen vor, die gar nicht existieren. Es könnte sich daher auch um eine unklare Sammelkategorie für Fälle handelt, in welchen schon *andere* psychopathologische Befunde die Annahme von § 20 rechtfertigen.

aa) Anknüpfung an Richtwerte. Die **Rspr** hat für die Bedeutung der BAK im Hinblick auf die Schuldfähigkeit **Faustregeln** entwickelt, die an den BAK-Werten orientiert sind (vgl. Überblick bei *Rissing-van Saan* [1 c] 104 ff.). Danach kommt idR bei BAK-Werten ab 3‰ Schuldunfähigkeit und ab 2‰ verminderte Schuldfähigkeit (§ 21) in Betracht. Einen Rechts- oder **Erfahrungssatz**, wonach ab einer bestimmten Höhe der BAK die Schuldfähigkeit regelmäßig aufgehoben sei, gibt es nicht (NStZ-RR **03**, 71; NStZ **05**, 329); ebenso wenig einen Erfahrungssatz, wonach eine Tatzeit-BAK von 2‰ an aufwärts die Schuldfähigkeit regelmäßig erheblich vermindere (BGH **43**, 66; NStZ **00**, 136; **00**, 193; **05**, 90; unten 21). Umgekehrt können bei entsprechenden Ausfallerscheinungen die Voraussetzungen des § 20 oder des § 21 auch schon bei einer BAK unter den angegebenen Werten vorliegen. Die Schuldfähigkeit kann auch bei Werten, die deutlich über 3‰ liegen, insbesondere bei Straftaten mit hoher **Hemmschwelle** (nach stRspr insb. bei Tötung, aber auch bei schwersten Körperverletzungen [vgl. BA **01**, 186]), noch (ggf. eingeschränkt) erhalten sein, wenn deutliche Beweisanzeichen hierfür vorliegen (vgl. NStZ **91**, 126; BGHR § 21 AlkAusw. 5; NStE Nr. 12; 1 StR 482/91; *Blau* MSchrKrim **86**, 350 u. JR **87**, 206; *Gerchow/u. a.* BA **85**, 79, 93; For. **7** [1986], 163; *Schreiber* Venzlaff-Hdb. 18; *Luthe/Rösler* ZStW **98**, 318; *Rengier/Forster* BA **87**, 161; *Salger,* Pfeiffer-FS 383; DAR/S **89**, 243). Diese Grundsätze sind bei der nachfolgenden **Übersicht über die Rspr** im Blick zu behalten: 19

BAK-Werte ab 3‰ veranlassen regelmäßig die *Prüfung* einer Aufhebung der Steuerungsfähigkeit (VRS **61**, 261; StV **87**, 385; 477; GA **88**, 271; BGHR BAK 13; 3 StR 329/97; Düsseldorf BA **83**, 80; **98**, 78; NJW **83**, 354 L; NStZ **83**, 221; Koblenz BA **85**, 488; VRS **70**, 15); sie ist bei alkoholungewöhnten Personen bei diesen Werten häufig, aber nicht regelmäßig (**aA** SK-*Rudolphi* 7) gegeben (NJW **84**, 1681; BGHR BAK 8; StV **91**, 297; Düsseldorf NStZ **98**, 86). Insb. bei **trinkgewohnten Personen** gilt auch bei BAK'en über 3 Promille eine Vermutung für Schuldunfähigkeit nicht (GA **74**, 344; DAR **81**, 187; 189; NStZ **82**, 376; **98**, 591 f.; StV **97**, 257): so kann die Schuldfähigkeit (wenngleich eingeschränkt) **zB** erhalten sein bei 3,26‰ (NStE Nr. 29; and. Zweibrücken NJW **83**, 1386); bei 3,39‰ (2 StR 479/97), bei 3,61‰ (NStZ-RR **97**, 164); bei aus Blutprobe von 2,80% errechneter BAK von 3,87% (NStZ-RR **03**, 71). Allerdings liegt bei BAK-Werten dieser Höhe die Annahme von § 21 nahe (BGH **34**, 31; MDR/H **86**, 270; StV **90**, 107 [m. Anm. *Weider*]; BGHR § 21 StrRVersch. 29). Wird Schuldfähigkeit bei hohen BAK-Werten bejaht, bedarf dies näherer Begründung (NStZ **00**, 136; Koblenz VRS **59**, 414; Hamburg VRS **60**, 190; DAR **93**, 396; Bay DAR **84**, 241; Frankfurt NJW **96**, 1360); es setzt meist die Anhörung eines Sachverständigen voraus (GA **88**, 271; Bay DAR **83**, 246; Koblenz BA **87**, 433; Düsseldorf NJW **89**, 1557; NZV **98**, 418). 20

Andererseits kann unter besonderen Umständen **Schuldunfähigkeit** auch schon bei **niedrigeren Werten** gegeben sein: das ist im Einzelfall angenommen worden **zB** bei 2‰ (MDR/H **74**, 544; Düsseldorf NJW **66**, 1175); bei 2,23‰ 20 a

(Düsseldorf NJW **92**, 992); bei 2,4 bis 2,5‰ (VRS **23**, 210; **50**, 358; Bay NJW **74**, 1432; DAR **81**, 243; Hamburg BA **68**, 217; Köln VRS **65**, 22; Zweibrücken BA **83**, 172; Koblenz VRS **60**, 45; **67**, 116; **74**, 274 [m. Anm. *Seib* BA **88**, 135]; BA **83**, 463, **87**, 433; NZV **88**, 69); bei 2,6‰ (NStZ **89**, 365); bei 2,7 bis 2,75‰ (VRS **66**, 134; Düsseldorf VRS **63**, 346); bei 2,8 bis 2,9‰ (NJW **69**, 1581; NStZ **95**, 96; Düsseldorf VRS **75**, 339). Ggf. ist auch zu beachten, dass es bei hochgradiger Alkoholisierung zu Rauschdämmerzuständen mit Halluzinationen und Erregungszuständen kommen kann (vgl. StV **07**, 128, 129 mwN). Eine genaue und umfassende Prüfung möglicher Schuldunfähigkeit kann nahe liegen, wenn *neben* einer hohen BAK besondere, nicht ohne Weiteres alkohol-typische Auffälligkeiten in der Persönlichkeit des Täters oder im Tathergang vorliegen (vgl. etwa 5 StR 26/07).

21 **BAK-Werte ab 2‰** (bei Tötungsdelikten jedoch erst ab 2,2‰ [BGH **37**, 235; StV **95**, 407; 2 StR 422/95], deuten, ohne dass insoweit ein medizinisch-statistischer Erfahrungssatz besteht (BGH **43**, 66; NStZ-RR **03**, 71; NStZ **05**, 329 f.), auf eine erhebliche Verminderung der Steuerungsfähigkeit hin, so dass **§ 21 stets zu prüfen** ist (NStZ **92**, 78; StV **91**, 18; **92**, 224; BGHR, alic 1; 1 StR 15/95; Naumburg ZfS **98**, 32); so **zB** bei 2,3‰ (NStZ-RR **97**, 229); bei 2,38‰ (BGH **43**, 69); bei 2,4‰ (BGH **36**, 288; NStZ **98**, 296; Düsseldorf NZV **97**, 46; Koblenz VRS **75**, 340; Hamm BA **01**, 187 f. [zu § 316]). **§ 21** wurde als **nahe liegend** angesehen bei **2,5‰** (BGH **34**, 31; MDR/H **82**, 110; BGHR § 21 Aff. 3; BGHR § 211 II NdrBewGr. 34; Saarbrücken ZfS **83**, 27); bei **2,6‰** (NJW **88**, 779; **89**, 1043; MDR/H **88**, 816; BGHR § 21 BAK 25; 2 StR 36/99); bei **2,7‰** (NStZ **88**, 450; NStZ-RR **98**, 107; Schleswig VRS **59**, 113; NStZ/J **86**, 253; StV **89**, 14; BA **00**, 188).

21 a § 21 kommt aber auch bei **niedrigeren BAK-Werten** in Betracht: BGHR § 21, AlkAusw. 1; 4 StR 303/95; Hamm VRS **71**, 102; NStZ-RR **07**, 194; Köln VRS **64**, 197 (zwischen 2 und 2,1‰); NStZ **84**, 408; MDR/H **86**, 622; VRS **72**, 276; EzSt Nr. 3 zu § 242; NStE Nr. 10 zu § 21; 4 StR 166/88 (zwischen 2,2 und 2,4‰); 2 StR 304/90 (etwa 2‰); Köln VRS **64**, 197; Düsseldorf VRS **77**, 120; Zweibrücken ZfS **90**, 33 (ab 2‰); Hamm VRS **41**, 102 (2,05‰); NJW **75**, 703; BA **79**, 319 (2,3‰); Koblenz VRS **37**, 32; **43**, 259; **46**, 432; **53**, 198; **54**, 429; **67**, 116; OLGSt. Nr. 1 zu § 21 (zwischen 2,1 und 2,48‰); NStZ **00**, 193 [Anm. *Scheffler* BA **00**, 257] hat eine Pflicht zur Erörterung auch bei (knapp) **unter 2,0‰** liegender BAK angenommen (1,96% bei auffälligem und persönlichkeitsfremdem Tatverhalten). Ein **Erfahrungssatz**, wonach bei BAK'en unter 2,0‰ eine erhebliche Einschränkung der Steuerungsfähigkeit stets ausgeschlossen wäre, existiert nicht (NStZ-RR **97**, 36; Köln BA **02**, 50 f.; vgl. auch LK-*Schöch* 113 f.; zu Besonderheiten bei **Jugendlichen** und Heranwachsenden vgl. auch ZfS **93**, 210; NStZ **97**, 384). Umgekehrt begegnet die Annahme **voller Schuldfähigkeit** auch bei Werten deutlich über 2,0‰ keinen rechtlichen Bedenken, wenn entsprechend gewichtige andere Beweisanzeichen hierfür vorliegen (vgl. 5 StR 421/99 [2,59‰]). Die neuere Rspr des BGH verlangt eine **umfassende Gesamtwürdigung** unter Berücksichtigung der Vorgeschichte, des Täterverhaltens vor, bei und nach der Tat, seiner Alkoholgewöhnung und ggf. sonstiger Beweisanzeichen (vgl. NStZ **05**, 90 f.); der BAK-Wert ist nur ein – wenngleich wichtiges – Indiz unter zahlreichen möglichen.

22 **bb)** Dem **Leistungsverhalten** und anderen äußeren Symptomen, sog. **psychodiagnostischen Kriterien** (vgl. die umfassende Zusammenstellung bei *Plate* [1 a] 194 ff.) kommt nach BGH **43**, 66 für die Beurteilung der Schuldfähigkeit, insbesondere in der Frage der erheblichen Einschränkung des Hemmungsvermögens iS des *§ 21, im Verhältnis* zur Alkoholisierung des Täters (anders bei Vorliegen anderer psychischer Störungen; vg. StV **03**, 157) erhebliche Bedeutung zu. Zur Frage der Bedeutung des Leistungsverhaltens des Täters gegenüber dem errechneten maximalen Wert der BAK, die früher in der BGH-Rspr nicht einheitlich beur-

teilt wurde (vgl. Nachw. 48. Aufl. 9j ff.; zur Veränderung der Rspr seit 1997 vgl. *Theune* NStZ-RR **03**, 193, 194f. mwN), hat BGH **43**, 66 (krit. Anm. *Loos* JR **97**, 515; zust. *Heifer* BA **97**, 450; vgl. auch *Rönnau* JA **97**, 920; *Maatz* StV **98**, 281) nach Anhörung von Sachverständigen (*Kröber* NStZ **96**, 569; *Joachim* NStZ **96**, 593) und nach Durchführung des Anfrageverfahrens (§ 132 III GVG; vgl. 2 ARs 357/96; 3 ARs 17/96; NStZ-RR **97**, 162; 163; dazu auch GBA StV **96**, 604; *Maatz* BA **96**, 233) entschieden, dass es **keinen medizinisch-statistischen Erfahrungssatz** gibt, der es gebietet, ohne Rücksicht auf psychodiagnostische Beurteilungskriterien *allein* anhand der Tatzeit-BAK von 2‰ an aufwärts (bei schweren Gewalthandlungen gegen Leib oder Leben 2,2‰) vom Vorliegen eines mittleren oder schweren Alkoholrausches auszugehen, der als krankhafte seelische Störung iS von §§ 20, 21 zu bewerten wäre (BGH **43**, 72; NStZ **97**, 591; **98**, 296; 457; **00**, 24; StV **99**, 310; Düsseldorf NZV **98**, 418; zur Entwicklung der Rspr auch *Dölling* [1 c] 169f.). Sind höhere BA-Werte (über 3‰) gegeben und kommt die Anwendung des § 20 in Betracht, so sind neben der BAK auch das Erscheinungsbild des Täters und sein Leistungsverhalten vor, während und nach der Tat zu berücksichtigen (GA **88**, 271; BGHR BAK 6, 9, 12; StV **89**, 387; **97**, 75 L; NStZ **91**, 127; **94**, 481; **95**, 540; **96**, 227; **00**, 136; NJW **94**, 395; 4 StR 118/96). Dasselbe gilt auch bei der Beurteilung von BA-Werten unter 2‰ (JR **88**, 209 [m. Anm. *Blau*]; NStZ **00**, 193). Liegen konkrete Anhaltspunkte für eine BAK von über 3‰ vor, so können andere Beweisanzeichen in einer Gesamtschau geeignet sein, Steuerungsunfähigkeit auszuschließen, kaum aber auch die Voraussetzungen des § 21 (vgl. 4 StR 539/97 [in NStZ-RR **98**, 107f. nicht abgedr.]).

Für die Beurteilung kommt es daher auf den **Einzelfall** an, wobei der BAK frei- **23**
lich ein erhebliches (und bei Fehlen anderer Anhaltspunkte auch ausschlaggebendes) indizielles Gewicht zukommt (vgl. StV **97**, 463; NStZ **98**, 296; **00**, 24f.; NStZ-RR **97**, 162; 355; zu Unterschieden in der Akzentuierung durch die Strafsenate des BGH vgl. BGH **43**, 66, 76; *Rönnau* JA **97**, 924; *Fahl* Jahrb. Verkehrsrecht 1999, 205ff.; *Maatz/Wahl,* BGH 50-FS 539ff.; *Rissing-van Saan* [1 c] 106ff.; *Theune* NStZ-RR **03**, 193, 196f.; zusf. NK-*Schild* 144); daher darf bei nicht widerlegten Trinkmengenangaben die Höhe der BAK nicht offen gelassen und die Annahme voller Schuldfähigkeit allein auf das Leistungsverhalten gestützt werden (NStZ-RR **98**, 68). Bei nach Trinkmengenangaben errechneter BAK von 2,6‰ lässt sich § 21 ausschließen, wenn gewichtige Anzeichen für den Erhalt der Steuerungsfähigkeit sprechen (2 StR 36/99; vgl. NStZ **98**, 296; **99**, 501 [2,4‰; Verneinung des Beruhens bei Rechenfehler des Tatrichters von 0,4‰; in NStZ **99**, 501 nicht abgedr.]); dies ist aber auch bei noch höherer BAK nicht ausgeschlossen (vgl. NStZ **98**, 457 [2,82‰]; NStZ **05**, 329f. [2, 92 ‰]). Andererseits können besondere Auffälligkeiten der Tatbegehung selbst bei einer BAK unter 2 ‰ die Annahme von § 21 nahe legen (NStZ **00**, 193f.). Auch wenn die neuere Rspr zutr. eine schematische Anknüpfung der Schuldfähigkeitsbeurteilung an festgestellte BAK-Werte ausschließt, geben diese doch Aufschluss über die mögliche Stärke einer alkoholischen Beeinflussung und sind daher – neben anderen – ein gewichtiges Beweisanzeichen (vgl. auch Hamm BA **00**, 188; Düsseldorf BA **00**, 189f.).

Auch der Frage der **Alkoholgewöhnung** kommt als möglichem Beweisanzei- **23 a**
chen erhebliche Bedeutung zu (vgl. NStZ **97**, 591f.; **05**, 339; Düsseldorf NZV **98**, 418; Kröber NStZ 96, 569ff.). Hierbei ist zu berücksichtigen, dass äußeres Leistungsverhalten und innere Steuerungsfähigkeit bei hoher Alkoholgewöhnung durchaus weit auseinander fallen können und sich gerade bei Alkoholikern oft eine durch „Übung" erworbene erstaunliche Kompensationsfähigkeit im Bereich grobmotorischer Auffälligkeiten zeigt; dies kann zu äußerer Unauffälligkeit selbst bei extrem hoher BAK und Aufhebung der Steuerungsfähigkeit führen. Insb. bei BAKen zwischen 2 und 3‰ dürfte andererseits namentlich bei sog. „Spiegeltrinkern" die Steuerungsfähigkeit gegenüber trinkungewohnten Personen wesentlich länger erhalten sein. Besondere Aufmerksamkeit ist einer möglichen **Kombinationswirkung** von Rausch- und Betäubungsmitteln zu widmen (vgl. auch 5 StR 401/04

[Alkohol und Medikamente bei affektiver Erregung]). Da es insoweit an empirischen Erkenntnissen weithin mangelt, neigen rechtsmedizinische Sachverständige vielfach zu einer schematischen Beurteilung anhand in der Literatur beschriebener *allgemeiner* Wirkungsweisen; das führt zu nur scheinbar plausiblen, iErg aber *fern liegenden* Beurteilungen wie etwa der, die Wirkungen von Kokain und Alkohol höben sich „quasi" auf (vgl. VRS **99**, 195 f.). Das stimmt allenfalls im Bereich niedriger Dosierungen; schon die *normale* Lebenserfahrung sollte aber dagegen sprechen, zB 7 Flaschen Bier *(beruhigend)* und 10 koffeinhaltige Schmerztabletten *(belebend)* zu einer *Null-Wirkung* zu „saldieren". Eine solche rausch-aufhebende Wirkung kann nur da angenommen werden, wo die physiologischen Wirkungsweisen von gegenwirkenden Substanzen empirisch belegt ist (zB *Valium* und *LSD;* nicht aber Heroin und Alkohol; Kokain und Alkohol; MDMA und Alkohol).

24 **Planvolles oder situationsgerechtes Vorgehen** schließt eine erhebliche Einschränkung der Steuerungsfähigkeit iS von § 21 bei hoher BAK nicht ohne weiteres aus (BGH **35**, 311; DAR **87**, 191; NStZ **87**, 453; **92**, 78; NJW **88**, 779; MDR/H **88**, 816 [m. Anm. *Weider* StV **89**, 12]; DRiZ **88**, 340; BGHR § 21, Alk-Ausw. 1, BewSt 1, 5; StV **89**, 14; **90**, 545; **93**, 519; **95**, 407; JR **89**, 336; NStZ-RR **96**, 289); ebenso nicht, dass sich der Täter nach begangener Tat der Festnahme entziehen will (NStZ **84**, 259; Zweibrücken BA **82**, 93) oder er lediglich tat- oder unfallbedingt ernüchtert worden ist (NStZ **83**, 19; **84**, 109; 409; NJW **88**, 779 [m. Anm. *Blau* JR **88**, 210]; VRS **71**, 25; **72**, 276). Bei voll erhalten gebliebener **Feinmotorik** im Falle einer besonders auffälligen körperlichen Geschicklichkeit (vgl. 2 StR 264/81 [*Fassadenkletterer*]; 5 StR 508/92; NStZ-RR **99**, 297) tritt die Bedeutung der gemessenen, erst recht aber einer nur *errechneten* BAK dagegen zurück; das muss gleichermaßen bei komplexen, sich über einen längeren Zeitraum hinziehenden Handlungsabläufen gelten; daher ist in solchen Fällen der **eingeschränkte Beweiswert errechneter BAK-Werte** zu beachten; namentlich bei Rückrechnungen über lange Zeiträume (vgl. NStZ **00**, 136 f.). Indizwert insb. für eine Erhaltung der Steuerungsfähigkeit hat namentlich auch die Fähigkeit des Täters, auf Veränderungen der ursprünglich vorgestellten Tatumstände schnell und folgerichtig zu reagieren, unerwartete Komplikationen zu überwinden oder den Tatplan situationsadäquat zu verändern; dagegen haben die bloße „Zielgerichtetheit", die Konsequentheit der Tatausführung oder die längerdauernde Ausführung wenn auch schwieriger, jedoch für den Täter gewohnter Handlungen (zB Autofahren) sowie die Ausführung **schlichter Handlungsmuster** oder eines „eingeschliffenen" Verhaltens deutlich geringeren Beweiswert (BGH **43**, 66, 70; NStZ **97**, 592; **00**, 136 f.; BA **99**, 179 f.).

24 a Ein weitgehend intakt gebliebenes **Erinnerungsvermögen** (MDR/H **88**, 816) oder die Fähigkeit, Vorgänge um sich herum wahrzunehmen, sie einzuordnen und zu würdigen (DAR **83**, 192; MDR/H **84**, 795), steht weder einer erheblichen Einschränkung noch einer Aufhebung der Steuerungsfähigkeit von vornherein entgegen; eine präzise Erinnerung an das Tatgeschehen soll aber Indizwert für eine zur Tatzeit gegebene Steuerungsfähigkeit haben (BGH **43**, 66, 71; dazu auch *Detter* BA **99**, 3, 10; *Krümpelmann*, Hanack-FS 1 ff.; *Maatz* NStZ **01**, 1, 7; *Glatzel* StV **03**, 189; gegen eine Berücksichtigung des Erinnerungsvermögens *Rasch* NJW **80**, 1309; 1312; *ders.* For. Psych. 366). Dagegen soll **Erinnerungslücken** nach der Rspr des BGH *geringerer* Beweiswert zukommen, weil sie „auf einem Verdrängungseffekt beruhen [können] und … schwer feststellbar [sind]" (BGH aaO; zust. *Maatz* NStZ **01**, 7; vgl. auch NStZ-RR **03**, 8 [Affekt]); Das würde den Kern der Sache nur dann treffen, wenn dem Verdrängungseffekt *selbst* Indizwirkung zukäme, was aber (zutr.) jedenfalls bei Amnesien nach Trunkenheit gar nicht behauptet wird (zum Affekt unten 33). Lässt man die Verdrängung beiseite (zur häufigen „Leerformel"-Qualität *dieses Begriffs* vgl. *Glatzel* StV **03**, 189, 190), so ist schwer erklärlich, warum *gute* Erinnerung Beweiswert haben sollte, *schlechte* aber nicht. Tatsächlich handelt es sich bei der von BGH **43**, 66, 71 (auch *Foerster/Joachim* [1 c] 79 f.; *Plate* [1 a] 206 f.) formulierten Regel um ein **Beweisproblem**: Exakte Erinnerung

lässt sich schwer, Erinnerungslosigkeit leicht vortäuschen. Geringen Indizwert hat daher entgegen BGH **43**, 71 nicht das *Vorliegen* von Erinnerungslosigkeit, sondern deren *Behauptung* (and. *Maatz* NStZ **01**, 6). Da es über die Zusammenhänge zwischen Hemmungsfähigkeit zur Tatzeit und späterem Erinnerungsvermögen keine gesicherten Erkenntnisse gibt, spricht viel dafür, dem Kriterium der Erinnerung überhaupt keine Bedeutung zuzumessen (so auch *Rasch* For. Psych. 365 f.). Ist die **Behauptung** von **Erinnerungslosigkeit** nach Ansicht des Gerichts unglaubhaft, so darf hieraus nicht auf Unerheblichkeit (angeblich) vergessenen Geschehens geschlossen werden (vgl. 3 StR 409/00).

Das in vielen tatgerichtlichen Urteilen hervorgehobene Kriterium der **„Zielgerichtetheit"** des Täterverhaltens hat für sich allein kaum Aussagewert (zum mangelnden Aussagewert bei Vorliegen von Persönlichkeitsstörungen vgl. StV **00**, 17 und unten 45; zu Affekttaten auch NStZ-RR **07**, 83, 84); so kann etwa ein von Erschwerungen oder Risikoerhöhungen unbeeindrucktes „zielgerichtetes" Weiter-Verfolgen des Tatplans gleichermaßen auf schwere, alkoholbedingte Verkennungen hindeuten wie auf kaltblütige Anpassungsfähigkeit. Aus der bloßen Verwirklichung des Tatvorsatzes (**zB** „zielgerichtetes Schlagen"; „zielgerichtetes Entkleiden des Vergewaltigungsopfers", usw.) lassen sich regelmäßig keine tragfähigen Schlüsse auf die Steuerungsfähigkeit ziehen (vgl. StraFo **01**, 409 [„zielgerichtetes" Herbeiholen eines Messers]; 5 StR 202/01 [„Treffsicherheit" von Hammerschlägen auf den in Ruhestellung befindlichen Kopf des Opfers]). Entsprechendes gilt für „zielgerichtetes", aber objektiv sinnloses Nachtatverhalten (vgl. NStZ **99**, 508 [Hinabschleifen einer aus 50 Stichverletzungen stark blutenden Leiche auf die Straße und „zielgerichtete" Behauptung, das Opfer sei die Treppe hinabgestürzt]). Für die Beurteilung kommt es daher weniger auf das **Ziel** des Täters und die Stärke seiner darauf gerichteten Motivation (vgl. etwa 5 StR 562/98 [„zielgerichtete" Aufforderung von Kindern zu sexuellen Handlungen]) als vielmehr auf eine genaue Analyse des von ihm eingeschlagenen **Wegs dorthin** an; hierbei wird dem Verhalten umso höhere Indizwirkung zukommen, je mehr komplexe gedankliche und motivatorische Anpassungsleistungen (Veränderung der Tatumstände; Bewältigung neu auftauchender Risiken oder Schwierigkeiten; Erfordernis, überraschende oder ungewöhnliche Handlungsanforderungen adäquat zu erfüllen) vorliegen (vgl. etwa NStZ **98**, 458 [volle Schuldfähigkeit trotz errechneter BAK zwischen 2,8 und 4,5‰]). Rein körperlichen Leistungen kommt nur in Ausnahmefällen entscheidendes Gewicht zu (oben 24; vgl. aber NStZ-RR **98**, 107 [„Koordinations- und Leistungsfähigkeit" bei Vergewaltigung]); dass der Täter „noch laufen", „noch sprechen" oder „noch den Geschlechtsverkehr durchführen" kann, belegt nicht schon für sich allein eine erhaltene Steuerungsfähigkeit (NStZ-RR **04**, 14). Bei stark affektiv bestimmten Taten kann zielgerichtetes Nachtatverhalten seine Erklärung uU in einem Ernüchterungseffekt finden (NStZ **99**, 508). 25

Fehlen andere Beweisanzeichen völlig, so ist eine mögliche alkoholische Beeinträchtigung allein auf Grund der (festgestellten oder errechneten) BAK zu beurteilen. Umgekehrt kann sich die Beurteilung, wenn jegliche Anknüpfungspunkte für die Feststellung der Tatzeit-BAK fehlen, allein nach psychodiagnostischen Kriterien richten (NStZ **94**, 334; NStZ-RR **97**, 226; **98**, 107; **99**, 297; Bay NZV **03**, 434 f.). Schlüsse auf eine bestimmte BAK aus dem Leistungsverhalten sind nicht möglich (StV **97**, 463). Bei gleichzeitigem Vorliegen von hoher Alkoholisierung und **sonstigen psychischen Störungen** wird jedenfalls eine Einschränkung der Schuldfähigkeit häufiger bejaht (vgl. NStZ **05**, 166; NStZ-RR **04**, 360; **05**, 331; *Theune* NStZ-RR **05**, 225, 227 f. mwN). 26

5) Tiefgreifende Bewusstseinsstörung. Der Begriff beschreibt eine Trübung oder Einengung des Bewusstseins (MDR/H **83**, 447; *Schreiber* NStZ **81**, 47 u. Venzlaff-Hdb. 18; *P.A. Albrecht* GA **83**, 203; *Rasch* StV **84**, 266; *Salger,* Tröndle-FS 206; LK-*Schöch* 61; *Roxin* AT I 20/13; zu möglichen Erscheinungsformen und Zuordnungskriterien vgl. Zusammenstellung bei *Plate* [1 a] 403 ff., 418 ff.), die im 27

Verlust des intellektuellen Wissens über die Beziehungen zur Umwelt, aber auch in einer tiefgreifenden Störung des Gefühlslebens und Störung der Selbstbestimmung bestehen kann (BGH **11**, 23).

28 **A. Anwendungsbereich.** Der Anwendungsbereich des Begriffs der tiefgreifenden Bewusstseinsstörung ist auch im Hinblick auf die Abgrenzung zu anderen Eingangsmerkmalen i. e. umstritten und unsicher; je nach der Blickrichtung kann dieser sich als **überflüssig** darstellen – da etwa eine plötzliche, das Bewusstsein überschwemmende Zerstörung des Persönlichkeitsgefüges und eine Regression auf archaische Erlebnisqualitäten *ohne* zugrunde liegende schwere seelische Abartigkeit kaum denkbar ist –; er kann aber auch als **Zentralbegriff** des § 20 verstanden werden, weil er anders als die übrigen Fallgruppen *unmittelbar* den **Verlust von Entscheidungsfreiheit** zum Zeitpunkt der Tathandlung zum Inhalt hat; dafür spricht, dass es auf hirnorganische, neurologische oder persönlichkeitsstrukturelle „Störungen" gar nicht ankommt, wenn sie sich *nicht* in einem solchen Verlust auswirken (vgl. BGH **11**, 20 ff.; **14**, 30; **34**, 22, 24; **35**, 76, 79; zur Lösung der Rspr vom psychiatrischen „Krankheits"-Begriff vgl. auch *Neumann,* BGH-FG 83 ff.). Aus diesem – nahe liegenden – Blickwinkel spiegelt der Begriff der „tiefgreifenden Bewusstseinsstörung" unmittelbar die §§ 20, 21 zugrunde liegende empirische Erfahrung (vgl. BGH **11**, 20, 23) und zugleich die normative Abgrenzung der „Zurechenbarkeit" wider, in welche die übrigen Störungs-Diagnosen erst übersetzt werden müssen. Im Mittelpunkt **praktischer Anwendung** steht der („normalpsychologische", dh nicht krankheitsbedingte; vgl. BGH **11**, 24) Zustand hochgradigen **Affekts** (unten 30; zur Abgrenzung von *Impulstaten* vgl. *Marneros* [oben 1 c; 2007]). Daneben genannte **weitere Anwendungsfälle** (vgl. BGH **6**, 329, 332; NStZ **83**, 280; NJW **86**, 77 [**Erschöpfung**]; BGH **38**, 68 [**Schlaf;** ebenso 3 StR 143/96]; *Payk* MedR **88**, 125 [**Schlaftrunkenheit**]; *Schumacher* NJW **80**, 1880; StV **93**, 549 [persönlichkeitsfremdes Verhalten auf Grund gruppendynamischer Einflüsse]; vgl. auch LK-*Schöch* 61 [hypnotische Zustände; Unfallschock]) sind in der forensischen Psychiatrie umstritten und spielen praktisch keine Rolle.

29 **B. Begriff der „tiefgreifenden" Störung.** Der Wortlaut des § 20 setzt voraus, dass die Bewusstseinsstörung „tiefgreifend" ist; das ist sie nach Auffassung des **Gesetzgebers,** wenn sie von einer solchen Intensität ist, dass „das seelische Gefüge des Betroffenen zeitweise zerstört (dann § 20) oder erschüttert (dann § 21) ist" (BT-Drs. V/4095, 11; vgl. Frankfurt BA **04**, 77). Die Frage, *wann* eine „Zerstörung des seelischen Gefüges" vorliegt, kann aber nicht mit Hilfe der *Rechtsfolge* daraus geklärt werden. Dieser Einwand trifft auch den Versuch von *Schöch* (LK 66), das Merkmal, in Anlehnung an die Rspr des BGH zum „Rausch"-Begriff in § 323 a (vgl. BGH 26, 363, 364; 4 zu § 323 a), als „Erscheinungsbild" der Schuldeinschränkung zu beschreiben: tiefgreifend sei eine Bewusstseinsstörung dann, wenn sich nach ihrem Erscheinungsbild die Möglichkeit einer Aufhebung oder Minderung der Schuldfähigkeit aufdränge. Solche tautologischen Definitionen taugen allenfalls zur Verständigung über Analogien des schon Vorausgesetzten. Die Abgrenzung zwischen „Erschütterung" und „Zerstörung" des seelischen Gefüges suggeriert die Möglichkeit einer Präzision der Diagnose, verweist aber nur bildhaft zwischen jeweils unbekannten Begriffen. Eine „Zerstörung des Persönlichkeitsgefüges" kann überdies schwerlich *Eingangs*voraussetzung für die *Prüfung* einer Beeinträchtigung der (Einsichts- oder) Steuerungsfähigkeit sein, da sie nur eine Umschreibung ihrer Aufhebung ist (zutr. *Rasch* NJW **80**, 1309; StV **84**, 267; **91**, 126 f.). Nach der Rspr des BGH verlangt der Begriff, dass die Störung in ihrer Auswirkung das Persönlichkeitsgefüge „in vergleichbar schwerwiegender Weise" beeinträchtigt wie eine krankhafte seelische Störung (NStZ **83**, 280; **90**, 231; vgl. auch BGH **37**, 397). Auch hiergegen lassen sich Einwände erheben: Der „**Krankheitswert**" der Störung bietet keinen sinnvollen Bestimmungspunkt, denn zum einen ist dieser Begriff in den Psychowissenschaften unsicher und umstritten (vgl. oben 6), zum anderen ist der Begriff der Bewusstseinsstörung gerade nicht auf eine „Grunderkrankung" be-

zogen, welche mehr oder minder „schwere" *Zustände* verursacht. Die krankhafte seelische Störung kann auch nicht als „Maßeinheit" für eine Beeinträchtigung der Schuldfähigkeit gelten (allg. Ansicht; vgl. LK-*Schöch* 64). Eine „Gleichwertigkeit" (Frankfurt BA **04**, 77) lässt sich nur feststellen, wenn das Kriterium bekannt ist, an welchem dies zu messen ist. Tatsächlich ist der Begriff „tiefgreifend" ganz überwiegend **normativer Natur** (vgl. *Roxin,* Spann-FS 466; so auch *Rasch* aaO). *Psychodiagnostisch* hat er kaum Wert, da es insoweit nur auf das Merkmal „Bewusstseinsstörung" ankommt: Ist die Fähigkeit zur Einsicht oder Steuerung aufgehoben oder erheblich vermindert, so ist die Störung „tiefgreifend"; ein umgekehrter Schluss ist nicht möglich.

C. Affekt. Ein Zustand hochgradigen Affekts (vgl. dazu ausf. u. a. *Diesinger,* Der Affekttäter, 1977; *Saß* [Hrsg.], Affektdelikte [usw.], 1993; *Frisch* ZStW **101**, 538 ff.; weitere Lit. oben 1 b; zur Rspr des BGH *Theune* NStZ **99**, 273; NStZ-RR **03**, 225, 227; **05**, 225, 228 f.; *Neumann,* BGH-FG 83) im Sinn einer „höchsten Erregung" (LK-*Schöch* 124) kann nach allgemeiner, im Grds kaum bestrittener Ansicht die Annahme von Schuldunfähigkeit oder erheblich eingeschränkter Schuldfähigkeit begründen. Feststellung, Beschreibung und Beurteilung eines schuldrelevanten normalpsychologischen Affekts sind i. E. freilich vielfach umstritten (vgl. dazu etwa StV **01**, 228 [krit. *Theune* NStZ-RR **03**, 227]; *Venzlaff* ZStW **88**, 57 ff.; *Saß* NervA **83**, 557 ff.; *Langelüddeke/Bresser,* Gerichtliche Psychiatrie, 4. Aufl., 256 ff.; *Rasch,* Tötung des Intimpartners, 1964; *ders.* NJW **80**, 1309 f.; *ders.,* For. Psych. 251 ff.; *Krümpelmann* ZStW **99**, 191 ff.; *ders.,* in: *Saß* [Hrsg.], Affektdelikte, 1993, 18 ff.; *Nedopil* For. Psych. 163 ff.; jew. mwN), denn der Begriff des Affekts ist unspezifisch und umfasst eine Vielzahl normalpsychologischer Erlebnis- und Reaktionsqualiäten ohne normativ bedeutsame Auswirkungen auf das dem Einzelnen abverlangte Maß an Impulssteuerung. So stellt etwa eine starke affektive Erregung bei vorsätzlichen Tötungsdelikten keine seltene Ausnahme, sondern den Normalfall dar (NStZ-RR **03**, 8). Im Hinblick auf die Befürchtung einer zu weitgehenden Ausdehnung der Exkulpierungsmöglichkeiten ging man früher davon aus, ein für die Schuldfähigkeit relevanter Affekt könne nur „in ganz seltenen, besonders gelagerten Ausnahmefällen, insb. bei Hinzutreten zusätzlicher, krankhafter Faktoren" anerkannt werden (E 1962, 139; vgl. *v. Winterfeld* NJW **75**, 2230). Von dieser auf den Krankheits-Begriff bezogenen Einschränkung hat sich die Rspr schon in BGH **11**, 20 gelöst. Danach kommt die Annahme eines schuld*ausschließenden* Affekts auch in Betracht, wenn ihm keine geistigen oder seelischen Dauerschäden zugrunde liegen (BGH **11**, 23); dies setzt voraus, dass der Kern der Persönlichkeit im Sinn eines Zerfalls der Ordnungsstrukturen des Denkablaufs und des Willensbildungsprozesses betroffen ist (vgl. BGH **11**, 25; StV **89**, 104), dass also beim Täter, insb. in einer äußersten und unlösbaren Konfliktsituation, die internalisierten Ordnungsstrukturen aufgelöst sind (*Anomie;* vgl. *Glatzel* StV **83**, 339). Am **Ausnahmecharakter** der Anerkennung eines schuld*ausschließenden* Affekts hat sich durch die Lösung der Bestimmung von organischen oder psychotischen Prozessen nichts geändert (vgl. auch LK-*Schöch* 126, 137; *Salger,* Tröndle-FS 204). 30

Affektzustände mit schuld*einschränkender* Wirkung (§ 21) werden in wesentlich weiterem Umfang anerkannt, aber vielfach gleichfalls einer *normativen* Prüfung unterzogen (vgl. StV **01**, 228); dies stützt man auf das Postulat, „der geistig gesunde Mensch (müsse) sich und [!] seine Affekte im Allgemeinen beherrschen" (LK-*Schöch* 127). Aus der allgemeinen begrifflichen Bestimmung ergibt sich, dass als schuldrelevante Affekte solche Gefühlslagen selten in Betracht kommen, denen ihrer Natur nach ein Faktor des „inneren Zerbrechens" fehlt, die vielmehr Ausdrucksformen aggressiver Durchsetzungsbereitschaft sind (Wut; Hass; ungerichtete Aggression; zu „Explosivreaktionen" auf Grund asthenischer Affekte vgl. aber *Krümpelmann,* Affekt [1 b] 137 ff.; ZStW **99**, 191, 209; *Plate* [1 a] 435 f.) schuldrelevant sind vielmehr durchweg sog. **asthenische Affekte** (Panik [vgl. StV **01**, 563]; Angst; narzisstische Gekränktheit). Gleichermaßen eingeschränkt ist die Bandbreite 30 a möglicher **Delikte.** Hier scheiden idR Taten aus, deren Verwirklichung Planung, Vorbereitung und komplexe Durchführung innerhalb eines „normalen", wenngleich kriminellen Sinn-Bezugs verlangt (zB Betrug). Die **praktische** Bedeutung des hochgradigen Affekts beschränkt sich vielmehr fast ganz auf (schwere) Gewalttaten und hier wiederum auf den Bereich der **Tötungsdelikte.** Das zeigt, dass schon der *Begriff* der tiefgreifenden Bewusstseinsstörung *vom Delikt her gedacht* wird (vgl. auch LK-*Schöch* 9; MK-*Streng* 4 zu § 21).

31 Die forensische Psychiatrie vermag die *Störung*, deren *Auswirkungen* das Strafrecht zu regeln sucht, nur schwer zu finden; das hohe Maß empirischer Unsicherheit, welches sich in einem bunten Strauß von **Kriterien** und **Gegenindizien** spiegelt (vgl. die Zusammenstellung in StV **90**, 493; **01**, 228, 230; *Salger,* Tröndle-FS [1989], 201 f.; *Ziegert* in *Saß* [Hrsg.], Affektdelikte, 1993, 46 ff.; *Theune* NStZ **99**, 273, 274; krit. zu diesen Katalogen *Rasch* For. Psych. 251 ff., 256), findet seine normative Entsprechung in der Rechtsfigur des „Vorverschuldens" (unten 34), die ihrerseits zur Struktur des § 20 ersichtlich nicht passt.

32 **a)** Die **Feststellung** einer schuldrelevanten Bewusstseinsstörung bedarf regelmäßig der Zuziehung eines **Sachverständigen** (NStZ **87**, 803; MDR/H **89**, 681; *Rasch* NJW **93**, 760; zur Unsicherheit der Feststellung aufgrund von Täter-Angaben vgl. *Marneros* MSchrKrim **07**, 331 ff.). Die üblicherweise – wenngleich mit vielfach unterschiedlicher Gewichtung – verwendeten **Kriterien**-Kataloge (vgl. dazu auch NStZ **93**, 34; **05**, 149 f.; StV **93**, 637; **96**, 77; 5 StR 504/06; *Theune* NStZ **99**, 274 mwN; LK-*Schöch* 133 ff.; *Plate* [1 a] 442 ff., 452 f.) können nicht schematisch oder abstrakt angewendet werden; sie geben allenfalls Hinweise auf die Möglichkeit eines schuldrelevanten Affekts. Nach der Rspr des BGH verlangt die Feststellung eine umfassende **Gesamtwürdigung** des Täterverhaltens vor, während und nach der Tat (vgl. NStZ **84**, 259; **90**, 231; **93**, 33; **95**, 175; 539; **96**, 77; 384 f.; StV **93**, 637 BGHR § 211 II Heimtücke 26; § 20 Bewusstseinsstörung 3, 5; § 21 Affekt 4, 5, 6; Bewusstseinsstörung 4; 5 StR 504/06; 5 StR 76/07). Dabei kommt der Bewertung der **Tatvorgeschichte** (**zB** ansteigende chronische Affektspannung [vgl. etwa NStZ **06**, 511]; ambivalente Täter-Opfer-Beziehung; vgl. *Glatzel* StV **87**, 553 ff.; StV **93**, 220, 224 f; For. Psych. 55; *Venzlaff,* Blau-FS 391, 398; *Rasch* NJW **80**, 1309, 1313) idR besondere Bedeutung zu; daneben einer affekt-spezifischen Zeit-Komponente der **Tatbegehung** (insb. abrupter, „einstufiger" Tatablauf; Fehlen von Tatvorbereitungen und Sicherungsbemühungen [vgl. NStZ **05**, 149, 150]; konfliktspezifischer tatauslösender Reiz) sowie charakteristischen Formen des **Nachtatverhaltens** (**zB** schwere, schockartige Erschütterung [vgl. zB NStZ **93**, 33; **95**, 539; NStZ-RR **97**, 296]; Erinnerungsstörungen [zB NStZ **97**, 296; NStZ-RR **03**, 8; vgl. aber unten 33]). Bisweilen werden auch **Sinn-Gesichtspunkte** herangezogen (**zB** Missverhältnis zwischen Anlass und Tat sowie zwischen „Nutzen" des Täters und Tatfolgen; Fehlen von Bemühungen zur Sicherung oder Verschleierung; exzessives Überschreiten des zur Tatvollendung Erforderlichen [vgl. zB StV **92**, 569]). Geringen Indizwert hat die Feststellung eines „zielgerichteten" Verhaltens (NStZ-RR **07**, 83, 84; vgl. auch oben 25), Einzelnen **Indizien** kommt für sich allein kein ausschlaggebendes Gewicht zu; sie können durch entgegenstehende Umstände (**zB** Planung, Vorbereitung; gedankliche „Vorgestaltung" [vgl. dazu StV **01**, 228, 230; 3 StR 189/97; 3 StR 319/98; *Hoff,* in: *Saß* [Hrsg.], Affektdelikte, 1993, 95 ff.]; Fehlen eines tatauslösenden Reizes; komplexes Tathandlungsgeschehen [NStZ **01**, 86]; umsichtiges Vorgehen nach der Tat [vgl. zB NStZ **97**, 81; BGHR § 21 Bewusstseinsstörung 4], usw.) widerlegt werden; durch Einbettung in verschiedene Gesamtkonstellationen können sie auch ihre individuelle Bedeutung ändern (vgl. auch *Krümpelmann,* in: *Saß* [Hrsg.], Affektdelikte, 25 ff.; *Hoff* ebd. 110 f.).

33 Der BGH verlangt, dass sich der Tatrichter mit den für und gegen die Annahme eines *hochgradigen Affekts* sprechenden Umständen im Urteil in einer auf den konkreten Fall bezogenen Gesamtwürdigung auseinandersetzt (vgl. NStZ **93**, 185; **95**, 175; **97**, 81; 296; **05**, 149, 150; **06**, 511; StV **90**, 493; **91**, 18; **93**, 637; **94**, 13; 5 StR 568/95). Dabei ist der Rückgriff auf allgemeine Erfahrungssätze schon auf

Grund der vielfach umstrittenen empirischen Bedeutung einzelner Umstände kaum möglich; so gibt es etwa keinen Erfahrungssatz dafür, dass ein zur Schuld*unfähigkeit* führender Affekt nur bei langdauernder konfliktbeladener Beziehung angenommen werden könne; ebenso wenig einen Erfahrungssatz, wonach das Vorliegen oder Fehlen von (erwiesenen!) **Erinnerungslücken** oder die Aufrechterhaltung geistiger Orientiertheit ein **ausschlaggebendes** Beweisanzeichen sei. Der **Indizwert** sowohl vorhandener als auch fehlender Erinnerung (zur Feststellung vgl. *Maatz* NStZ **01**, 1, 3f.; *Glatzel* StV **03**, 189ff.) erscheint recht gering (so iErg auch 5 StR 504/06; and. LK-*Schöch* 136); die *Erinnerung* ist in jedem Fall ein *nachträglicher* Bewusstseinszustand, der über die Hemmungsfähigkeit zur Tatzeit wenig aussagt (weiter, jedenfalls für zeitlich eng begrenzte totale Erinnerungslücken oder „inselhaft“ erhaltene Erinnerung, NStZ-RR **03**, 8f.). Es ist zweifelhaft, ob bei der psychodiagnostischen Bewertung die Erinnerungslosigkeit nach schwerer Trunkenheit (vgl. oben 24) derjenigen bei der Feststellung eines Affektzustands ohne weiteres gleichzusetzen ist (so wohl *Maatz* aaO 5ff.). Die **Bewertung** von Erinnerungslücken ist im Wesentlichen eine Frage der Beweiswürdigung, nicht der psychologischen Diagnostik (zutr. *Glatzel* StV **03**, 189, 192).

b) „Vorverschulden“. Nach der **Rspr** (vgl. BGH **35**, 143 [Anm. *Blau* JR **88**, 514; *Frisch* NStZ **89**, 263]; NStZ **97**, 333; **99**, 232; StV **93**, 354, jew. mwN) und in der Literatur verbreiteter Ansicht ist bei der rechtlichen Beurteilung einer tiefgreifenden Bewusstseinsstörung, namentlich des hochgradigen Affekts, sowohl ein mögliches **Mitverschulden des Tatopfers** an der Affektentsteheung (vgl. NStZ 97, 232; LK-*Schöch* 139 [„Risikoverteilung nach Verursachungsgesichtspunkten“]) als auch ein **Vorverschulden des Täters** zu berücksichtigen; eine vorwerfbare Herbeiführung des unmittelbar tatauslösenden Affekts durch den Täter kann danach das Schuld-Defizit bei Begehung der Tat „ausgleichen“. Dabei wird nicht etwa auf *tatsächlicher* Ebene das Vorliegen einer „Zerstörung oder Erschütterung“ des affektiven „Gefüges“ (vgl. oben 29) verneint; vielmehr wird dem Täter vorgeworfen, er habe schuldhaft (dh hier idR: **fahrlässig**) dazu beigetragen, dass zur Tatzeit eine solche Erschütterung vorlag (vgl. dazu *Berendt*, Affekt und Vorverschulden, 1983, 64ff.; *Geilen*, Maurach-FS 173, 188ff.; *Rudolphi*, Henkel-FS 199, 206ff.; LK-*Schöch* 144ff.). Das ist in dieser Form mit dem Schuldprinzip nicht vereinbar; insb. ergibt sich aus der Vorwerfbarkeit eines die (eigene) Bewusstseinsstörung verursachenden Verhaltens nicht schon, dass eine im Zustand der Steuerungsunfähigkeit begangene Handlung als *vorsätzliche* schuldhafte Tat zuzurechnen sei. Der **verschuldete Affekt** ist vielmehr entgegen der hM als **Fallgruppe der actio libera in causa** zu behandeln (ebenso *Lackner/Kühl* 7; *Kindhäuser* LPK 13; *Roxin* AT I 20/18; *Jescheck/Weigend* § 40 VI 2; *Theune* NStZ **99**, 273, 276; vgl. dazu unten 56). 34

6) Schwachsinn. Als Schwachsinn werden Stufen angeborener Intelligenzschwäche ohne nachweisbare Ursache bezeichnet (Debilität, Imbezillität, Idiotie; vgl. ICD-10, F 70 – F 73); er ist damit eine seelische Abartigkeit (vgl. NJW **67**, 299; NStZ **97**, 199; *Wolfslast* JA **81**, 467; LK-*Schöch* 150; MK-*Streng* 38); Folgen einer intrauterinen, geburtstraumatischen oder frühkindlichen Hirnschädigung oder eines hirnorganischen Krankheitsprozesses fallen unter den Begriff der krankhaften seelischen Störung. Wichtiger Anhaltspunkt für die Feststellung ist der **Intelligenzquotient** (IQ), der bei der Debilität im Bereich von 50 bis 69, bei der Imbezillität im Bereich von 30 bis 49, bei der Idiotie unter 30 liegt. Er ist freilich nur ein grober Maßstab für den Grad der Lernbehinderung (LK-*Schöch* 151 mwN) und für die Einschränkung der Fähigkeit, Anforderungen der Umwelt an Kognition, soziale Fähigkeiten und Impulssteuerung zu erfüllen. Einen unmittelbaren Schluss auf die Schuldfähigkeit lässt die Feststellung einer bestimmten Intelligenzminderung nicht zu (vgl. *Nedopil* For. Psych. 149f.; *Rasch* For. Psych. 256ff.). Nur als grobe Faustregel kann gelten, dass die Annahme von Schuldunfähigkeit (§ 20) meist nur bei den schweren Formen des Schwachsinns (IQ unter 50) in Betracht kommt; eingeschränkte Schuldfähigkeit (§ 21) wird bei persönlichkeitsgestörten 35 debilen Personen häufig recht großzügig bejaht. Eine *Aufhebung* der Steuerungsfähigkeit kommt insb. in Betracht, wenn die Tat in einem untypischen starken Erregungszustand begangen wird (vgl. NStZ-RR **06**, 265).

36 **7) Schwere andere seelische Abartigkeit.** Die Aufnahme dieser Gruppe in § 20 (vgl. dazu u. a. *Ehrhardt,* Bürger-Prinz-FS 278; *Rasch* NJW **80**, 1314; NStZ **82**, 177; StV **84**, 266; *Rasch/Volbert* MSchrKrim **85**, 137; *Blau* Jura **82**, 401; *ders.*, Rasch-FS 113; *Albrecht* GA **83**, 209; *Hirsch,* H. Kaufmann-GedS 145) war im Gesetzgebungsverfahren sehr str. (vgl. Ber. 10; Prot IV/636, 644, 655, 673; V/449, 477, 484). Im Begriff der **„Abartigkeit"** schwingt ein Moment moralischer Abwertung und kategorialer Ausgrenzung mit, das in der Sache verfehlt ist (krit. auch *Rasch* NStZ **82**, 177; *ders.* StV **84**, 266; *Schreiber/Rosenau* in *Venzlaff/Foerster* 53, 69). Der Begriff bezieht sich auf eine Abweichung der Persönlichkeits*struktur* (nicht allein eines vorübergehenden Zustands) von einem normativ zugrunde gelegten „Durchschnitt", dh dem vom Einzelnen gemeinhin erwarteten und ihm insoweit als üblich zugemuteten Maß an Selbstkontrolle und Motivierbarkeit hinsichtlich der eigenen Neigungen, Affekte und Triebe (vgl. zB *Roxin* AT I 20/23; *Jakobs* AT 18/19; *S/S-Lenckner/Perron* 19; *Schreiber/Rosenau* in: *Venzlaff/Foerster* [1 a] 69 ff.; ausf. *Venzlaff/Pfäfflin* ebd. 247 ff.). Eine **„andere"** ist die seelische Abartigkeit in Bezug auf den Schwachsinn, wobei schon nach dem Wortlaut unklar bleibt, ob es sich beim Schwachsinn um einen unselbstständigen Unterfall der *„schweren* Abartigkeiten" oder bei den *„schweren"* um eine selbstständige Fallgruppe aus einer Gesamtheit von Abartigkeiten handelt. Die Frage ist im Hinblick auf die Feststellung (unten 45), aber auch hinsichtlich der Bewertung (vgl. NStZ **96**, 380; BGHR § 21 seel. Abartigk. 10, 20, 23; StraFo **01**, 249; unten 42 f.) von Bedeutung.

37 **A. Begriff; „Krankheitswert".** Die Gruppe erfasst Veränderungen der Persönlichkeit, die – insoweit den Bewusstseinsstörungen vergleichbar (MDR **85**, 950) – **keine krankhaften seelischen Störungen** darstellen (BGH **34**, 24; **35**, 79; NJW **89**, 918; **97**, 3101 [Anm. *Blau* JR **98**, 207]; **98**, 2753 [Anm. *Winckler/Foerster* NStZ **99**, 126]; NStZ **90**, 538; **91**, 330; **92**, 380; **93**, 181; StV **91**, 155; **92**, 316; **93**, 185; *Salger,* Tröndle-FS 202); sie betrifft seelische Fehlanlagen und Fehlentwicklungen, wenn diese Störungen in ihrer Gesamtheit das Leben des Täters **vergleichbar schwer** und mit ähnlichen – auch sozialen – Folgen stören, belasten oder einengen wie krankhafte seelische Störungen (stRspr.; BGH **37**, 401 [m. Anm. *Grasnick* JR **92**, 120; *Rasch,* Schüler-Springorum-FS 568]; NStZ **96**, 380 [m. Anm. *Winckler/Foerster* NStZ **97**, 334]; **97**, 486; NJW **97**, 3101 [m. Anm. *Winckler/Foerster* NStZ **98**, 299; *Blau* JR **98**, 207]; NStZ **98**, 30; **99**, 395 [Anm. *Winckler/Foerster* NStZ **00**, 192]; **05**, 207 [Anm. *Bottke* NStZ **05**, 327]; **05**, 326, 327; NStZ-RR **97**, 129; **98**, 188; **99**, 77; 136; **05**, 137, 138; **06**, 235, 236; Bay NJW **99**, 1794; 4 tR 174/03). Nach NJW **82**, 2009 [Anm. *Blau* JR **83**, 69] müssen sie sich als Beeinträchtigungen des Persönlichkeitskerns darstellen (ebenso NJW **97**, 3101 [Anm. *Blau* JR **98**, 207]; **98**, 2753; krit. *Leferenz* ZStW **88**, 40 ff.). Dies soll in dem Begriff „schwer" zum Ausdruck kommen (zum Problem der **Quantifizierung** vgl. *Foerster* NStZ **88**, 444 u. MSchrKrim **89**, 83; **91**, 49; *Kröber* u. a. MSchrKrim **94**, 339; *Saß/Wiegand,* Göppinger-FS 349).

38 Die in Rspr und Literatur vielfach verwendete Formel, eine seelische Abartigkeit müsse **„Krankheitswert"** haben, um „schwer" iS der §§ 20, 21 zu sein (unklar auch wieder BGH **49**, 45, 51, wonach anhand der Klassifikationssysteme zwischen strafrechtlich unerheblichen Auffälligkeiten und Persönlichkeitsstörungen unterschieden werden soll, die „in einer Beziehung zu psychischen Erkrankungen im engeren Sinne" stehen), ist missverständlich: Nach stRspr und hM setzt die Annahme einer *schweren and.* seelischen Abartigkeit nicht voraus, dass die Persönlichkeitsstörungen des Täters „auf einer Krankheit beruhen oder Krankheitswert haben" (vgl. die Nachw. oben 37); vom BGH werden daher Entscheidungen aufgehoben, wenn sie nicht erkennen lassen, dass der Tatrichter „zwischen einer

krankhaften seelischen Störung und einer – nicht pathologisch bedingten – schweren anderen seelischen Abartigkeit unterschieden hätte" (vgl. BGH **49**, 347, 355 = NStZ **05**, 205, 206; BGHR § 21 seel. Abartigk. 6; 5 StR 38/00). Es geht daher allein um die **Auswirkungen** einer Störung iS eines **Schweregrads** (vgl. NStZ **99**, 395 [m. Anm. *Winckler/Foerster* NStZ **00**, 192]; StV **05**, 20f.; NStZ-RR **05**, 137, 138; NStZ **05**, 326, 327); der Begriff wird daher meist iS von „vergleichbar schwer" benutzt (vgl. etwa BGH **37**, 397; 401; BGHR § 21 seel. Abartigk. 1, 4, 8 19; NStZ-RR **06**, 235; *Lackner/Kühl* 11; so wohl iErg auch *Plate* [1 a] 248ff.). Er hätte freilich nur dann einen Sinn, wenn die Diagnose einer „krankhaften seelischen Störung" mit einer Aufhebung oder erheblichen Einschränkung der Schuldfähigkeit gleichzusetzen wäre. Das ist aber nach allg. Ansicht nicht der Fall: Der Begriff der „*Krankheit*" bezeichnet keinen „*Schweregrad*" von Einsichts- oder Hemmungs-Beeinträchtigungen, sondern muss seinerseits im Einzelfall nach deren „Schwere" differenziert werden.

„**Schwere**" ist somit keine *Eigenschaft der Störung*, sondern eine *rechtliche* Anforderung. Die Formel vom einem „Krankheitswert", der bei „vergleichbarer Schwere" gegeben sei, ist daher tautologisch und verweist auf sich selbst zurück. Der *1. StS* hat in BGH **49**, 45, 52f. zwar ausgeführt, es sei bei Vorliegen einer „Persönlichkeitsstörung" (im Sinne der Klassifikationssysteme) die Beeinträchtigung der Leistungsfähigkeit mit derjenigen von krankhaften seelischen Störungen zu vergleichen, um festzustellen, ob die Abartigkeit „schwer" ist (ähnlich NStZ-RR **06**, 235, 236 [*2. StS*]; vgl. auch *Maatz* FPPK **07**, 147, 151ff.). Ein solcher Vergleich würde voraussetzen, dass die Schwere eines hirnorganischen Defekts mit der Schwere einer Persönlichkeitsstörung *quantitativ* verglichen werden kann. Da es sich aber in der Sache um unterschiedliche *Qualitäten* der Beeinträchtigung handelt, müsste man einen **quantifizierbaren Schwere-Wert** der Beeinträchtigung von Einsichts- oder Steuerungsfähigkeit bestimmen. Der **Maßstab** hierfür kann nicht seinerseits aus dem *Begriff* der „krankhaften seelischen Störung" folghen, denn auch diese führt nur dann zur Schuldminderung oder -aufhebung, wenn sie „schwer" ist. Vielmehr sind die Diagnosen der Eingangsmerkmale des § 20 *umgekehrt* gerade aus ihm abgeleitet: „Schwer" (und damit selbstverständlich „vergleichbar schwer") sind solche Störungen, die im konkreten Fall die Einsichts- oder Steuerungsfähigkeit beeinträchtigt haben können. Es zeigt sich wiederum, dass das System der §§ 20, 21 weitgehend auf **normativen** Grundlagen beruht und mit angeblichen „Stockwerken" der Feststellung wenig zu tun hat. Die Beurteilung der schweren anderen seelischen Abartigkeiten bewegt sich in einem System *wertender* Gewichtung; der Begriff des „Krankheitswerts" hat keine eigenständige Bedeutung (vgl. dazu auch *Rasch* For. Psych. 10, 130f.; LK-*Schöch* 64). **38 a**

B. Fallgruppen. Der Begriff der schweren (anderen) seelischen Abartigkeit ist daher kein diagnostischer, sondern ein **Rechtsbegriff.** Nach der gesetzlichen Systematik können ihm alle den Persönlichkeitskern berührenden psychischen Dispositionen, Abweichungen und Störungen unterfallen, die *nicht* „krankhaft" iS von § 20 sind, nicht auf (angeborener) Intelligenzminderung beruhen, sich als **Dauerzustände** darstellen und nach ihrer Art und Ausprägung im Einzelfall geeignet sind, das Einsichts- (selten) oder Hemmungsvermögen (regelmäßig) einer Person zu beeinträchtigen; er bezeichnet den „unbestimmten Rest abnormer seelischer Phänomene" (*S/S-Lenckner/Perron* 19). Die diagnostischen Einordnungen in Fallgruppen und Erscheinungsformen sind i. e. sehr umstritten (Überblicke zB bei *Rasch* For. Psych. 259ff.; *Nedopil* For. Psych. 21, 113ff.; *Venzlaff/Pfäfflin*, in *Venzlaff/Foerster* [1 a] 247ff.; *Saß/Herpertz*, Persönlichkeitsstörungen, 2003, 177ff.; LK-*Schöch* 152ff.; jew. mwN). Es empfiehlt sich für den Tatrichter nicht und ist auch in der Sache idR nicht veranlasst, bestimmte Begriffs-*Systeme* der (forensischen) Psychiatrie zu übernehmen. So kann die lebhaft umstrittene Frage, ob es eine definitorisch abgrenzbare Gruppe sog. **Psychopathien** überhaupt gibt, ebenso offen bleiben wie der systematische Wert des Begriffs der **Neurose,** denn für die Fragen der **39**

Schuldfähigkeitsbeurteilung kommt es nicht hierauf, sondern auf Verlaufs- und Ausprägungsformen, typische Strukturen und charakteristische Auswirkungen einzelner Störungen an.

39a **Ob** zur Tatzeit eine möglicherweise schuldrelevante Störung iS einer schweren anderen seelischen Abartigkeit vorgelegen hat, hat das Gericht, regelmäßig unter Zuziehung eines Sachverständigen (vgl. unten 60), zu erforschen, wenn **Besonderheiten** der Tat oder der Täterpersönlichkeit hierzu Anlass geben (vgl. etwa NStZ **03**, 363 f.; NStZ **07**, 518 f. [wiederholte Tötung neugeborener Kinder durch die Mutter]). Hierbei kann nach der gesetzlichen Systematik nicht schon die Begehung der Straftat für sich allein als Indiz für das Vorliegen einer schuldmindernden Störung angesehen werden (*Winckler/Foerster* **00**, 192, 193; *Maatz* FPPK **07**, 147, 149). **Ausprägungen der Persönlichkeit**, welche sich im Rahmen des allgemein Erwartbaren halten (**zB** aggressive Durchsetzungsbereitschaft; Mangel an Empathie; geringe Frustrationstoleranz; Selbstunsicherheit; Störungen der Anpassung, des Sexualverhaltens usw.), sind nicht schon deshalb in „seelische Abartigkeiten" umzudeuten, weil sie die Begehung von Straftaten begünstigen; Persönlichkeitsstörungen solcher Art liegen bei sehr vielen Straftätern vor. Es reicht daher nicht aus, im Urteil das Vorliegen einer **Persönlichkeitsstörung** festzustellen (vgl. BGH **42**, 385, 388; NStZ-RR **05**, 75; **05**, 137; **06**, 199; 2 StR 532/06); erforderlich ist vielmehr eine Abgrenzung gegenüber solchen Eigenschaften und Verhaltensweisen, die strafbarem Handeln zugrunde liegen können, ohne die Schuldfähigkeit mindestens „erheblich" zu beeinträchtigen (vgl. zB NStZ-RR **04**, 38 [„schizoid-antisoziale" Störung mit depressiven und wahnhaften Elementen]; NStZ **04**, 197 [„kombinierte Persönlichkeitsstörung"]; StV **05**, 20 [Pädophilie]; 5 StR 557/06 [emotional instabile Persönlichkeitsstörung]; dazu auch 7 f. zu § 63). Andererseits darf sich der Tatrichter nicht vorschnell mit oberflächlichen **alltags-psychologischen** „Begründungen" zufrieden geben: Dass **zB** der „Wunsch nach Geld" (vgl. 2 StR 141/03; in NStZ **03**, 536 nicht abgedr.), das Bedürfnis nach Ruhe (NStZ **03**, 363) oder das Streben nach sozialer Anerkennung grds. als „normal" anzusehen sind, rechtfertigt nicht das Absehen von genaueren Feststellungen in Fällen, in welchen solche normalpsychologischen Motivationen den Tathergang ersichtlich nicht zu erklären vermögen.

40 **C. Einzelne Störungen.** Unter dem beschriebenen **phänomenologisch** orientierten Blickwinkel lassen sich am ehesten stoffgebundene und nicht stoffgebundene **Suchtstörungen, Triebstörungen** und **sonstige Persönlichkeitsstörungen** unterscheiden, wobei sich auch diese Beschreibungen i. e. unterscheiden und für sich allein keinen Anhaltspunkt für die Beurteilung im Einzelfall bieten. Rspr und Literatur haben sich mit einer Vielzahl einzelner psychischer Störungen unter dem Gesichtspunkt einer schweren seelischen Abartigkeit befasst. Es kommt stets auf eine tatsächliche *und* rechtliche Gesamtwürdigung *im Einzelfall* an. Dass eine bestimmte kategorisierte Diagnose des ICD-10 oder DSM IV (zur Bedeutung der Klassifikationssyteme vgl. NStZ **92**, 380; **97**, 383; *Saß/Wiegand,* Göppinger-FS 349; *Foerster* NStZ **88**, 444; oben 7) *zwingend* zu einer Anwendung des § 20 oder des § 21 führe oder sie ausschließe, lässt sich daher nie, dass sie dies regelmäßig tue, nur im Sinn eines groben Anhaltspunkts sagen; für die Entscheidung ist stets eine sorgfältige Vergewisserung über den begrifflichen Inhalt und über die Bedeutung erkennbarer Befunde im **Einzelfall** erforderlich.

41 Als forensisch relevant sind **zB** zu nennen:

Abhängigkeiten iS **stoffgebundener** Suchterkrankungen; dabei stellen namentlich **Alkohol-, Betäubungsmittel- und Medikamentenabhängigkeit** auf Grund der Vielzahl möglicher Ursachen, Formen, Ausprägungen sowie körperlichen und psychischen Folgen *an sich* keine den Merkmalen des § 20 klar zuzuordnende Störungen dar (vgl. StV **01**, 564; oben 11 a f.). Hirnorganische Abbauprozesse können zu Erkrankungen iS krankhafter seelischer Störungen führen (oben 10); akute Intoxikationen sind nach Maßgabe des oben 11 ff. Ausgeführten zu beurteilen. Häufig wird bei manifester psychischer oder physischer Abhängigkeit (ggf zugleich) eine andere seelische Abartigkeit vorliegen, insb. auch durch Verfall der moralischen Verhaltensstrukturen der Persönlichkeit, Verwahrlosung und **Depravation** der Persönlichkeit, ausschließliche Fixierung auf die Rauschmittelbeschaffung bei stumpfer Gleichgültigkeit gegenüber den Interessen und Rechtsgütern anderer (vgl. Bay NJW **99**, 1794); freilich kommt es für die Beurteilung auf eine genaue Differenzierung des Zusammenhangs an (NStZ-RR **06**, 38 f.; Bay aaO; vgl. auch oben 11 a und 9 ff. zu § 63). Eine *Aufhebung* der Schuldfähigkeit allein auf Grund bestehender Rauschmittel*abhängigkeit* ist regelmäßig ausgeschlossen. Zur Beurteilung nach § 21 vgl. dort 13.

Nicht stoffgebundene Abhängigkeiten wie zB **„Spielsucht"** (vgl. dazu BGH **49**, 365 = NJW **05**, 230 [Anm. *Schramm* JZ **05**, 418; *Bottke* NStZ **05**, 327]; NStZ **89**, 113 [Anm. *Kröber* JR **89**, 380]; **94**, 501; **99**, 448; **04**, 31; StV **91**, 155; **93**, 241; **94**, 651 L; NStZ-RR **96**, 353; wistra **95**, 103; BGHR § 21 seel. Abartigk. 7, 8, 17; LG Berlin StV **93**, 251; AG München NStZ **96**, 334 [Anm. *Kellermann*]; LG München NStZ **97**, 283 [Anm. *Stoll*]; i. e. str.; vgl. etwa *Meyer* u. a. StV **90**, 464; *Rasch* StV **91**, 129; *Schreiber* KR **93**, 469; LK-*Schöch* 161 ff.); **„Kaufsucht"** (Düsseldorf NStZ-RR **07**, 7); „suchtartiger" Video-Konsum (LG Passau NStZ **96**, 601 [zw.; Anm. *Brunner* JR **97**, 120; *Eisenberg* NJW **97**, 1137]); Überblick bei *Diegmann* ZRP **07**, 126; vgl. 4 zu § 285). Hierher mögen auch *Äußerungsformen* von Störungen gehören, die unter den Sammelbegriffen **Kleptomanie** (Stehlsucht; vgl. NJW **69**, 563; Koblenz R&P **06**, 101 [m. Anm. *Pollähne*]; vgl. dazu zB *Glatzel* StV **82**, 40; *Leygraf* u. a., Venzlaff-FS 201, 208; *Osburg*, Psychisch kranke Ladendiebe, 1992; *dies.*, Rasch-FS 38; *Foerster/Knöllinger* StV **00**, 457; LK-*Schöch* 166) und **Pyromanie** (vgl. zB 5 StR 219/07) erörtert werden (vgl. auch MK-*Streng* 47). Auch hier ist eine erhebliche Verminderung oder gar Aufhebung der Schuldfähigkeit (Steuerungsfähigkeit) allein aufgrund des Vorliegens der Störung regelmäßig nicht gegeben; eine Anwendung des § 21 kommt nach der Rspr des BGH bei „schwersten Persönlichkeitsveränderungen" oder aktuellem Suchtdruck (Beschaffungstaten) in Betracht (vgl. BGH **49**, 365, 369 f. = NJW **05**, 230, 231 f. mwN);

Abhängige Persönlichkeitsstörung (ICD-10, F 60.7; vgl. BGHR § 21 seel. Abartigk. 29);

Anankastische Persönlichkeitsstörung (vgl. NStZ-RR **03**, 294):

Anpassungsstörungen (ICD-10, F 43.2), also eher unspezifische Zustände subjektiven Leidens und gefühlsmäßiger Beeinträchtigung, etwa bei reaktiv-depressiver Störung, lang anhaltender Belastung, nach als existenziell empfundenem belastenden Lebensereignis oder schwerer Krankheit (vgl. NStZ-RR **04**, 70; 4 StR 7/07). Die Störung der Anpassung im Sinn produktiver „Verarbeitung" in ein Lebenskonzept kann bei entsprechend disponierter Persönlichkeit zur Verfestigungen eines dissozial orientierten „Ausweg"-Reaktionsmusters führen, welche im Einzelfall das Gewicht einer schweren anderen seelischen Abartigkeit erlangt; hierher gehören auch manche Störungen nach emotionalen **Traumatisierungen.** Die Annahme einer schuld-relevanten Beeinträchtigung setzt genaue Feststellungen voraus (vgl. 1 StR 384/03); es liegt nahe, dass gerade hier *generalpräventive* Anforderungen an die „Widerstandsfähigkeit" in die Beurteilung einfließen (vgl. 8 zu § 21);

Borderline-Persönlichkeitsstörung (vgl. BGH **42**, 385 [Anm. *Kröber, Dannhorn* NStZ **98**, 80]; NJW **98**, 2753; NStZ **98**, 245; **99**, 508; NStZ-RR **00**, 299; NStZ-RR **03**, 165; **06**, 235; BGHR § 21 seel. Abartigk. 36; 4 StR 174/03; vgl. dazu *Kröber* NervA **95**, 532, 539 u. NStZ **98**, 80; *Fehlenberg* R & P **00**, 105; *Faller* NJW **97**, 3073; *Maatz* FPPK **07**, 147, 152 ff.);

Dissoziale Persönlichkeitsstörung (einschr. BGH **44**, 338, 342; NStZ **98**, 86; **99**, 395 [Anm. *Winckler/Foerster* NStZ **00**, 192]; NStZ-RR **99**, 77; StV **01**, 565; BGHR § 21 seel. Abartigk. 27; zur „Parasozialität vgl. *Beek* KR **81**, 324; zu dissozialen Persönlichkeitsstörungen bei jugendlicher Gewaltdelinquenz vgl. NStZ **02**, 204; *Nedopil* For. Psych. 217; *Rasch* For. Psych. 265 f. mwN);

Eifersuchtswahn (BGHR seel. Abartigk. 3; NJW **97**, 3101; vgl. dazu *Winckler/Foerster* NStZ **98**, 297; *Blau* JR **98**, 207);

Entwicklungs- (vgl. 5 StR 104/98) und **Reifestörungen** (5 StR 702/79);

„Gemischte Persönlichkeitsstörungen" (vgl. NStZ **00**, 585; NStZ-RR **97**, 355; **05**, 137). Da der Begriff eines „Mischtyps" ein *methodisches* und kein Problem der Sache beschreibt, zeigt sich hier in besonderer Weise die Fragwürdigkeit eines auf ein „Stufenmodell" abstellenden Verständnisses (vgl. oben 5). Auf die Diagnose des Mischtyps (vgl. auch ICD-10, F 61) und die Untersuchung eines „Mischungsverhältnisses" kann man erst kommen, wenn seine *Auswirkung* schon feststeht;

Narzisstische Persönlichkeitsstörung (vgl. wistra **00**, 339f.; NStZ **02**, 427; NStZ-RR **03**, 294; 2 StR 267/03);

Paranoide Persönlichkeitsstörungen (vgl. 5 StR 217/93);

Psychopathische Störungen (vgl. allg. NStZ **98**, 106; NStZ-RR **97**, 229), zB bei einem die Persönlichkeit „dominierenden, abgrundtiefen Hassgefühl" (3 StR 103/81); bei „ausgeprägter Geltungssucht als Folge tiefgreifender Minderwertigkeitskomplexe" (5 StR 232/77); bei „egozentrisch globalisierenden Denkmustern" und Frustrationsintoleranz (NStZ **98**, 30); bei seit der Kindheit bestehender „massiver Aggressivität" (vgl. BGHR § 21 seel. Abartigk. 23); bei **„Soziopathie"** (vgl. BGHR § 21 seel. Abartigk. 24);

Querulatorische Störungen (vgl. Düsseldorf GA **83**, 473; dazu auch *Nedopil* Forensia **5** (1985), 185; *Ehrhardt,* Göppinger-FS 409; weitere Nachw. zur Lit. oben 1 b);

Schizotype Persönlichkeitsstörung (BGH **44**, 338, 342; NStZ-RR **98**, 294; vgl. dazu *Foerster,* Venzlaff-FS 25, 28); **schizoide Persönlichkeitsstörung** (NStZ **05**, 326);

Sexuelle Triebstörungen und Devianzen wie **Pädophilie** (NJW **98**, 2752 [Anm. *Winckler/Foerster* NStZ **99**, 236]; **98**, 3654 [homosexuelle Pädophilie]; NStZ **99**, 611; **01**, 243 [Anm. *Nedopil* NStZ **01**, 474]; NStZ-RR **01**, 198; **04**, 201 [Pädophilie mit sadistischen Zügen bei polymorpher Persönlichkeitsstörung]; StV **05**, 20); sexueller Sadismus (vgl. NStZ **94**, 75; NStZ-RR **98**, 174; 2 StR 486/01 [kannibalistischer Sadismus]); Exhibitionismus (vgl. § 183); Hypersexualität (BGHR § 21 seel. Abartigk. 22, 26, 32; StV **96**, 367; 4 StR 532/90 [insoweit in BGH **37**, 263 nicht abgedr.]); **Fetischismus**. Mit dem gelegentlich genannten Begriff der sexuellen *Hörigkeit* (vgl. NStZ **91**, 383; *Schumacher,* Sarstedt-FS 361; *Archner/Bischof* MSchrKrim **92**, 136) ist dagegen für sich allein keine abgrenzbare Störung beschrieben, auf die sich eine Schuldfähigkeitsbeurteilung stützen ließe. Bei sonstigen Störungen kann von forensischer Bedeutung insb. das Vorliegen einer **süchtigen Entwicklung** sein (vgl. NJW **82**, 2009; **89**, 2958f.; NStZ **89**, 190f.; StV **84**, 507; JR **90**, 119; BGHR § 21 seel. Abartigk. 22; LK-*Schöch* 155). Eine Unterscheidung danach, ob die sexuelle Präferenz eine „*normale*" (dann nur bei übermächtiger Stärke schuldrelevant) oder eine „*naturwidrige*" (dann auch bei „durchschnittlicher" Stärke) sei (vgl. noch BGH **14**, 30, 32; **23**, 176, 190f. [zu § 51 aF]), ist überholt; dass normabweichende sexuelle Orientierung nicht schon *an sich* eine Geistesstörung ist (ebd.), ist selbstverständlich (vgl. NStZ **98**, 30; **01**, 244; 4 StR 242/07; LK-*Schöch* 155);

Überwertige Ideen;"fixe Ideen" (vgl. 4 StR 603/06); **Stalking** (StraFo **04**, 390; vgl. dazu 31 zu § 238).

Zwangsstörungen.

42 **D. Schweregrad und Schuldrelevanz.** Aus dem Gesagten ergibt sich, dass aus keiner der genannten Diagnosen oder Symptombeschreibungen für sich allein auf eine iS von § 20 oder § 21 relevante Aufhebung oder Minderung der Hemmungs- oder Einsichtsfähigkeit geschlossen werden kann; die Diagnose einer **Persönlichkeitsstörung** *sagt nichts* darüber aus, ob sie iS von §§ 20, 21 „schwer" ist (stRspr.; vgl. etwa BGH **42**, 385, 388; NStZ-RR **04**, 329; **05**, 137, 138; **07**, 6f.; **07**, 105f.; NStZ **05**, 326, 327; **06**, 154; 4 StR 210/06; 2 StR 532/06; *Boetticher u. a.* NStZ **05**, 60; LK-*Schöch* 169). Umgekehrt lässt sich auch kaum eine manifeste psychische

Störung von vornherein als Ursache einer Steuerungseinschränkung ausschließen. Als qualitative „Störung" von Eigengewicht auszuschließen sind freilich Feststellungen einer **unspezifischen Devianz** im intellektuellen, emotionalen, sozialen (vgl. BGHR § 21 seel. Abartigk. 28 [zur Diagnose „psychische Basisstörung"]; StraFo **04**, 390 [zur fehlerhaften Annahme einer „wahnhaften Verblendung" im Bereich des sog. „Stalking"; Anm. *Pollähne* R&P **95**, 86]) oder sexuellen Bereich (vgl. etwa NStZ-RR **98**, 174 zur Diagnose „Paraphilie"; NStZ-RR **04**, 201; 4 StR 242/07 [zur Diagnose „Pädophilie"]; krit. dazu auch *Jakobs* AT 18/22; SK-*Rudolphi* 17; *S/S-Lenckner/Perron* 23; LK-*Schöch* 155); weiterhin gruppendynamische Prozesse oder allgemeine soziokulturelle Prägungen (vgl. dazu auch *Blau,* Rasch-FS 113).

Für die Beurteilung der „Schwere" kommt es auf den Inhalt und die Ausprägung der Störung **im Einzelfall** an; festzustellen ist dies im Wege einer „Gesamtschau der Täterpersönlichkeit und ihrer Entwicklung" (NStZ-RR **05**, 137), einer „Ganzheitsbetrachtung" (vgl. BGHR § 21 seel. Abartigk. 4; 5 StR 287/01). **Entscheidend** ist, ob eine Beeinträchtigung in ihren **konkreten Auswirkungen** auf die intellektuellen und emotionalen Anteile der Persönlichkeit deren Motivations-, Entscheidungs- und Handlungsmöglichkeiten in einem solchen Maße einengt, dass der Täter **„bei Begehung der Tat"** die dem Einzelnen *von Rechts wegen* abverlangte psychische Kraft zu normgemäßem Verhalten nicht oder nur eingeschränkt aufzubringen vermag (vgl. BGH **14**, 30, 32; **23**, 176, 190; **49**, 45 ff.; NStZ **96**, 401 f.; **98**, 30 f.; **01**, 243 f.). Soweit der BGH ausgeführt hat, es sei „maßgebend, ob es im Alltag außerhalb des angeklagten Delikts zu Einschränkungen des beruflichen und sozialen Handlungsvermögens gekommen ist" (NStZ **04**, 437, 438; NStZ-RR **04**, 329; 4 StR 603/06), ist dies insoweit missverständlich, als „maßgebend" für §§ 20, 21 nicht eine am Alltag zu messende abstrakte „Schwere", sondern stets die konkrete Auswirkung der Persönlichkeitsstörung auf die Einsichts- oder Steuerungsfähigkeit ist (vgl. dazu auch ausf. *Boetticher/Nedopil/Bosinski/Saß* NStZ **05**, 57, 60 f.). 42a

Eine **Aufhebung** dieser Fähigkeit mit der Folge der Schuldunfähigkeit ist bei den anderen seelischen Abartigkeiten nicht ausgeschlossen (vgl. schon BGH **14**, 30, 34 [für „anlagebedingt naturwidrigen Geschlechtstrieb"]; **aA** *Rauch,* in: *Frank/Harrer* [1 a] 80); nach hM kommt sie aber nur in seltenen **Ausnahmefällen** in Betracht (NJW **97**, 3101; **98**, 2752; NStZ **91**, 31 f.; R&P **05**, 85, 86 [Anm. *Pollähne*]; NStZ **05**, 326, 327; *Lackner/Kühl* 11; SK-*Rudolphi* 14; *S/S-Lenckner/Perron* 19, 23; jew. mwN; eher erheiternd daher StA Lüneburg bei *Siebers* StV **03**, 643 f. [Steuerungs*unfähigkeit* bei Rechtsbeugung]); dagegen wird eine erhebliche **Einschränkung** (regelmäßig: der Steuerungsfähigkeit) in der Praxis großzügig angenommen (krit. LK-*Schöch* 174). Das dürfte zum einen darauf beruhen, dass hier eine *definitorische* Verlagerung *sozialer* Abgrenzungen und normativer Zumutungen in einen psychopathologischen Bereich erfolgt, für den das (Straf-)Recht keine Verantwortung zu haben scheint. Zum anderen dürfte die sog. *„Zubilligung"* (!) der Voraussetzungen des § 21 oft Folge gerichtlicher Konfliktvermeidung durch Ausweichen (einschließlich Anwendung des Zweifelssatzes, Wahrunterstellungen; Absprachen) sein, die über die Spielräume der **Strafzumessung** wieder „ausgeglichen" wird (ebenso MK-*Streng* 6 zu § 21). Das ist fehlerhaft, aber vom Revisionsgericht nur in Ausnahmefällen feststellbar. 42b

Im Mittelpunkt der Beurteilung im Einzelfall, die ohne Zuziehung eines **Sachverständigen** idR nicht möglich ist, steht meist die Anwendung des Merkmals **„schwer"**. Hier verschwimmen in noch höherem Maß als beim Merkmal der tiefgreifenden Bewusstseinsstörung (vgl. oben 29) **empirische** und **normative** Gesichtspunkte (vgl. dazu oben 38; *Blau,* Rasch-FS 123; *Schünemann,* in: *Hirsch/Weigend,* Strafrecht u. Kriminalpolitik in Japan u. Deutschland, 1989, 147, 167; krit. NK-*Schild* 162), was durch eine weitgehend *fiktive* Orientierung der Diskussion am (angeblich) zweistufigen Modell der §§ 20, 21 eher überdeckt wird. Die **Rspr des BGH,** wonach es, wenn eine „schwere" seelische Abartigkeit *festgestellt* ist, idR „nahe liegt, dieser Form der Persönlichkeitsstörung ... die Wirkung einer von § 21 43

StGB geforderten erheblichen Verminderung der Schuldfähigkeit zuzurechnen" (StV **02**, 249; StraFO **01**, 249; 5 StR 301/01; vgl. NStZ **96**, 380; NStZ-RR **98**, 188; BGHR § 21 seel. Abartigk. 10, 20, 23; stRspr; ebenso LK-*Schöch* 42; krit. *Winckler/Foerster* NStZ **97**, 334f.; NStZ **00**, 192), macht deutlich, dass ein ernsthafter **normativer Filter** zwischen den Begriffen der „Schwere" und der „Erheblichkeit" (§ 21) nicht existiert; wo er behauptet wird, fehlen Hinweise auf seinen Inhalt (vgl. 7 zu § 21). Zwar gibt es von Seiten der forensischen Psychiatrie plausible Bemühungen, eine **quantitative** (vgl. etwa *Saß,* Psychopathie [usw.], 119 u. Forensia **6** (1985), 33; *Saß/Wiegand,* Göppinger-FS 348ff.; *Rasch* R & P **92**, 76ff.; vgl. auch *Foerster/Heck* MSchrKrim **91**, 49; *Foerster* NStZ **88**, 444f.) oder **qualitative** (vgl. *Rasch* StV **84**, 264; **91**, 126; *Blau,* Göppinger-FS 118ff.) Systematisierung auf empirischer Grundlage zu entwickeln. Die **Entscheidung** darüber, wo *für das Recht* die **Grenze** zwischen Zurechnung von Schuld und schicksalhafter Verstrickung verläuft, kann *empirisch* nicht gefunden werden.

44 **8) Auswirkung der Störung.** Das zweistufige Modell (oben 3) der §§ 20, 21 setzt nach ganz hM voraus, dass der Täter als **Folge** seiner geistigen oder seelischen Störung unfähig ist, zum Zeitpunkt der Tat (vgl. NStZ-RR **07**, 105, 106) nach seiner mindestens möglichen Unrechtseinsicht zu handeln. Die Entscheidung, ob die Fähigkeit des Beschuldigten, das Unrecht der Tat einzusehen oder nach dieser Einsicht zu handeln, aus einem der in § 20 StGB bezeichneten Gründe bei Begehung der Tat erheblich vermindert war, setzt zunächst die Feststellung voraus, dass eine psychische Störung vorliegt, die unter eines der psychopathologischen Eingangsmerkmale des § 20 StGB zu subsumieren ist. Sodann sind der Ausprägungsgrad der Störung und deren Einfluss auf die soziale Anpassungsfähigkeit zu untersuchen; gerade durch die Störung muss die psychische Funktionsfähigkeit des Täters bei der Tatbegehung beeinträchtigt worden sein (*Rasch* StV **91**, 126, 130; LK-*Schöch* 77). Nach Ansicht des *3. StS* handelt es sich sowohl bei der Feststellung eines der Eingangsmerkmale des § 20 StGB als auch bei der Entscheidung über das Vorliegen einer rechtserheblichen Einschränkung der Schuldfähigkeit um **Rechtsfragen** (NStZ-RR **07**, 74; krit. *Theune* NStZ-RR **05**, 225, 226; **06**, 329; and. auch *Saß/Habermeyer* FPPK **07**, 156, 157f.). Der **Zweifelssatz** ist auf die *rechtlichen Wertungen* hinsichtlich der Schuldfähigkeit nicht anwendbar; wohl aber auf die Feststellung von Art und Grad der psychischen Störung (NStZ-RR **06**, 335, 336 [NJW **06**, 3506 L]). Für die Feststellung der Voraussetzungen der §§ 20, 21 muss zwischen Einschränkungen der **Einsichts-** und solchen der **Steuerungs**fähigkeit unterschieden werden (vgl. oben 3); das ist bei zur Schuld*unfähigkeit* führenden Zuständen bisweilen nur schwer möglich (*S/S-Lenckner/Perron* 25; LK-*Schöch* 80), aber für eine Unterbringung nach § 63 wichtig (vgl. NStZ-RR **03**. 232f.; BGHR § 63 Schuldunf. 1, 3; Zustand 11, 14; 1 StR 68/01; 2 StR 52/07; 11 zu § 63). **Welche Störung** iS von § 20 vorliegt, kann idR nicht offen bleiben (stRspr.; vgl. zB 1 StR 168/99; 1 StR 308/03; 4 StR 7/07; vgl. auch 11f. zu § 63; einschränkend aber *Schreiber/Rosenau* [oben 1a] 53, 74; vgl. auch BGH **49**, 347, 356ff. [= NStZ **05**, 205, 206]; oben 6).

44a Wenn festgestellt wird, dass dem Täter zum Tatzeitpunkt die Unrechts-**Einsicht gefehlt** hat (zur „Einschränkung vgl. oben 4), so kann es auf seine Fähigkeit, „*nach dieser* Einsicht zu handeln" (§ 20), schon begrifflich nicht ankommen (unklar NStZ-RR **06**, 167 [2 StR 394/05], wonach gleichzeitig *beide* Fähigkeiten fehlen können. Die Feststellung, jemandem fehle die Fähigkeit, nach einer „Einsicht" zu handeln, die *gar nicht vorhanden* ist, ergibt aber keinen Sinn). Es ist daher zumindest überflüssig und deutet eher auf eine rechtsfehlerhafte begriffliche Unklarheit hin, eine *Aufhebung* der Schuldfähigkeit *zugleich* auf das störungsbedingte Fehlen von Einsicht *und* von Steuerungsfähigkeit zu stützen (vgl. auch BGHR § 63 Zustand 11). War Unrechtseinsicht gegeben, so kommt es darauf an, ob der Täter fähig war, eine mögliche Unrechtseinsicht als Motivationsfaktor wirken zu lassen (vgl. BGH **18**, 94), also Anreize und Hemmungen gegeneinander abzuwägen und danach seinen Entschluss zu bilden (StV **91**, 155; vgl. schon RG **67**, 150); ob er „bei Aufbietung aller Widerstandskräfte" (vgl. BGH **14**, 32 f.; **23**, 176, 190) sein Handeln durch vernünftige Erwägungen bestimmen lassen und der Neigung zur Tat widerstehen konnte.

Diese **Prüfungssystematik** des sog. „psychologischen Stockwerks" (dazu auch MK-*Streng* 12 ff.) zeigt Elemente des *Zirkelschlusses* und lässt sich bei der tiefgreifenden Bewusstseinsstörung gar nicht und bei der schweren seelischen Abartigkeit kaum durchhalten, denn ohne die Beurteilung, **ob** und ggf **in welchem Maße** Einsicht oder Steuerungsfähigkeit beeinträchtigt sind, lassen sich schon diese „Eingangsmerkmale" regelmäßig gar nicht feststellen (vgl. oben 5, 29, 43). Auch für die krankhafte seelische Störung, auf welche das zweistufige Modell zugeschnitten ist, ergibt sich daraus aber wenig, denn eine Schuldunfähigkeit „an sich" gibt es auch hier nicht (NStE Nr. 14 zu § 21; and. SK-*Rudolphi* 24, wonach bei Vorliegen einer „echten" Geisteskrankheit „mit höchster Wahrscheinlichkeit" Schuldunfähigkeit vorliege). Die Bezeichnung als „psychologische Ebene" hat keinen Sinn (zutr. *Rasch* For. Psych. 68; *Lackner/Kühl* 13) und sollte aufgegeben werden. Es reicht nach allg. Ansicht ein **Zusammenhang** zwischen Störung und Tat aus (vgl. etwa BGHR § 21 Ursachen, mehrere 2, 3, 7, 9; dazu *Rasch* StV **91**, 126, 130 u. For. Psych. 67 ff.; *Schreiber* NStZ **81**, 46, 51). Dass dessen Erforschung eine methodisch einwandfreie empirische Grundlage für die daran *anschließende* wertende Beurteilung schaffe (*Kienapfel/Höpfel* AT 9. Aufl., Z 14/7; **aA** *Jakobs* AT 17/25), ist aus systematischer Sicht schon deshalb zu bezweifeln, weil die Feststellung der Störung selbst und der inneren Befindlichkeit des Täters zum Tatzeitpunkt (vgl. StV **90**, 302) in hohem Maß bereits normative Elemente enthält (vgl. „tiefgreifend"; „schwer"; „Abartigkeit"). **44 b**

Auf empirisch-normativer Grundlage haben sich in der Praxis **Kataloge von Indizien** entwickelt, welche, allgemein oder bezogen auf einzelne Störungen, Anhaltspunkte für die Annahme eines rechtlich relevanten Zusammenhangs zwischen psychischer Störung und *konkret* verwirklichtem Unrecht geben sollen (vgl. zB *Saß,* Psychopathie [usw.], 119 u. Forensia **6** [1985], 33; *Foerster* MSchrKrim **89**, 83 ff.; *Rasch* For. Psych. 354 ff., 362 ff.; *Nedopil* For. Psych. 21 f.). Als **indiziell** genannt werden bei schweren seelischen Abartigkeiten **zB:** chronische konstellative Faktoren, süchtige Entwicklung; Einengung, Fixierung, Progredienz; Stereotypisierung; **gegen** eine Beeinträchtigung der Schuldfähigkeit sollen im Einzelfall sprechen: **zB** das Hervorgehen des Delikts aus „dissozialen Charakterzügen"; sorgfältige, langfristige Planung mit Vorsorge gegen Entdeckung; Fähigkeit zum Abwarten, zu Handlungsalternativen und zur Anpassung an veränderte Tatbedingungen. Es kommt auf die *konkrete* Auswirkung an; für die beurteilung können daher auch **deliktsspezifische Besonderheiten** eine Rolle spielen (vgl. zB 5 StR 219/07 [Anhaltspunkte für *pyromanisches* Verhalten]). Für die Beurteilung im Einzelfall geben solche Kataloge nicht viel her, da allen Kriterien je nach den Umständen auch gerade umgekehrte Bedeutung zukommen *kann.* Meist ohne Wert sind **alltagspsychologische Kriterien** wie die „Zielgerichtetheit" einer Handlung (vgl. schon oben 25), die „Nachvollziehbarkeit", dh Plausibilität von Handlungsmotiven (**aA** *S/S-Lenckner/Perron* 26 mwN); die „Verständlichkeit" der Handlungskonzeption des Täters; die äußerliche Geordnetheit oder Situationsangepasstheit des Verhaltens (BGH **34**, 22, 26; NStZ **81**, 298; **82**, 243; 376; **83**, 19; **84**, 259; NStZ-RR **02**, 202; StV **90**, 302; **91**, 297; and. noch BGH **1**, 384); die „Persönlichkeitsfremdheit" (*Rasch* NJW **80**, 1309; 1312; vgl. aber NStZ **81**, 298). Eine erhebliche Verminderung der **Steuerungsfähigkeit** ist nicht schon dadurch ausgeschlossen, dass der Täter **rationale Überlegungen** anstellt, wie sein Vorhaben umzusetzen sei, und bei der Ausführung **zielstrebig und planvoll** vorgeht (BGH **24**, 22, 26; StV **00**, 17; BGHR § 21 seel. Abartigk. 25; 4 StR 329/06); vielmehr kommt es auch hier auf genaue Feststellungen zur Auswirkung der vorliegenden geistig-seelischen Störung an. Für die **Einsichtsfähigkeit** hat der Umstand äußerlich rationalen Verhaltens nur geringe Aussagekraft. Die Einschränkungen, welche für **45** die Bedeutung einer Tatzeit-Alkoholisierung gegenüber anderen psychodiagnostischen Kriterien gelten (vgl. oben 22ff.), lassen sich auf die Beurteilung einer Schuldfähigkeitsbeeinträchtigung durch eine schwere andere seelische Abartigkeit nicht übertragen (StV **03**, 157).

46 Dass eine festgestellte psychische Störung einen **„Zusammenhang"** mit der Tat aufweisen müsse (vgl. *Plate* [1 a] 124ff., 128 mwN), um als schuldrelevant angesehen werden zu können, ist selbstverständlich und rechtfertigt das Postulat eines *(empirischen)* „psychologischen Stockwerks" nicht. Die Beurteilung des Zusammenhangs auf der „zweiten Stufe" ist daher eine **normative** (*Lackner/Kühl* 13; MK-*Streng* 14f.), denn Schuld ist keine psychische Eigenschaft der Person, sondern eine wertende Zuschreibung von Verantwortung. Die Kriterien hierfür bestimmen sich **weithin generalpräventiv** (zutr. *Jakobs* AT 17/20ff., 18/24ff.; vgl. auch *Streng,* Leferenz-FS 397, 408f.; *Roxin,* Bockelmann-FS 279, 293) mit auf das Menschenbild eines selbstbestimmten Individuums bezogener Konkretisierung im Einzelfall (iErg ähnl. *S/S-Lenckner/Perron* 26; *Lackner/Kühl* 13; SK-*Rudolphi* 23).

46a Die Beurteilung der Schuldfähigkeit folgt damit – zurecht – einer **„Typen"-orientierten** Methode auf der Grundlage veränderbarer Maßstäbe, für welche die forensische Psychiatrie nur Begründungen, nicht aber Legitimationen zu liefern vermag. Die Annahme von Schuld-Unfähigkeit (§ 20) liegt danach **näher** bei hirnorganischen Störungen, endogenen Psychosen, schweren Formen des Schwachsinns und extrem hoher Alkoholisierung; sie liegt **ferner** bei Affekten, mittelgradigem Rausch, Debilität und Persönlichkeitsstörungen (vgl. *S/S-Lenckner/Perron* 25f.; zum Ganzen auch *Jescheck/Weigend* AT § 40 III, 3, 4, IV; *B/Weber/Mitsch* 19/20ff., *Freund* AT 4/12ff.; *Köhler* AT 380ff.; *Roxin* AT I, 20 27ff. mit jeweils unterschiedlichen Akzentuierungen).

47 **9) Zeitpunkt der Schuldbewertung.** § 20 setzt voraus, dass Einsicht oder Steuerungsfähigkeit **„bei Begehung der Tat"** aufgehoben sind (für § 21 vgl. dort 5). Die psychologischen Befunde sind nur auf diesen Zeitpunkt bezogen von rechtlichem Interesse. Da „Schuld" kein *Diagnose*-Kriterium der Psychiatrie oder Psychologie ist, kann es einen Zustand tatunabhängig *allgemeiner* „Schuld"-Unfähigkeit nicht geben (vgl. auch NStZ **04**, 437, 438; NStZ-RR **07**, 105, 106: Prüfung „in Bezug auf jede einzelne Tat"; vgl. auch *Boetticher* ua NStZ **05**, 58).

48 **A. Zeitpunkt der Tat.** Maßgeblicher Zeitpunkt ist derjenige der **Tathandlung** (§ 8; vgl. NStZ **03**, 535f.; zum *Koinzidenzprinzip* allgemein *Jerouschek/Kölbel* JuS **01**, 417ff.; *H.J. Hirsch,* Lüderssen-FS [2002], 253, 262ff.; jew. mwN; vgl. auch MK-*Streng* 133ff.); auf den Zeitpunkt eines Erfolgseintritts kommt es nicht an. Für Tatbeteiligte (vgl. § 29) ist der Zeitpunkt ihrer Beteiligungshandlung maßgeblich. Bei Eintritt oder Fortfall von Schuldunfähigkeit **während** der Dauer einer Tathandlung (zwischen Versuchsbeginn und Vollendung) sind dem Täter nur solche Tatteile zuzurechnen, während deren Begehung er (zumindest eingeschränkt) schuldfähig war (*S/S-Lenckner/Perron* 41); hier sind aber die Regeln über die **Abweichung im Kausalverlauf** anwendbar (vgl. 7ff. zu § 16); eine nach Versuchsbeginn eintretende Schuldunfähigkeit steht einer Bestrafung daher nach hM nicht entgegen, wenn der weitere Tatablauf der Tätervorstellung im Wesentlichen entspricht (vgl. BGH **7**, 325, 328f.; **23**, 133, 135f.; NStZ **98**, 30f.; **03**, 535f. [zu eingeschränkter Schuldfähigkeit]; LK-*Schöch* 197; *S/S-Lenckner/Perron* 41). Liegt dem Täter ein **Dauerdelikt** oder ein sich über einen **längeren Zeitraum** erstreckendes Handeln (Bewertungseinheit; tatbestandliche Handlungseinheit) zur Last, so kommt § 20 (entsprechend: § 21) nur dann zur Anwendung, wenn seine Voraussetzungen während des gesamten Tatzeitraums gegeben sind (4 StR 176/04). Bei lediglich zeitweiser Schuldunfähigkeit ist der Schuldumfang auf diejenigen Tatteile beschränkt, für welche der Täter verantwortlich ist.

49 **B. Actio libera in causa (alic).** Der Begriff bezeichnet „vorverlegte Verantwortlichkeit". Danach können im Zustand der Schuldfähigkeit vorgenommene Handlungen, die nach allgemeinen Grundsätzen nicht Teil einer rechtswidrigen Tat

sind, eine strafrechtliche Verantwortlichkeit für diese spätere Tat auch dann begründen, wenn der Täter bei der Tat aufgrund des ihm zurechenbaren Vorverhaltens schuldunfähig ist (umf. Darstellungen bei NK-*Paeffgen* 1 ff.; MK-*Streng* 114 ff.; *Hettinger* [1 a, 1988]; vgl. auch zusf. *Rath* JuS **95**, 405 ff.; *Rönnau* JA **97**, 599 ff., 707 ff.; *Hettinger* [1 d, 2001] 190, 199 ff.; zur geschichtlichen Entwicklung ebd. 222 ff.; zur Rechtslage in anderen europäischen Ländern 240 ff.). Das wird meist für den Fall eines schuldhaften, zur Schuldunfähigkeit führenden **Sichberauschens** diskutiert, kommt aber gleichermaßen in Frage, wenn der Täter sich anderweitig verantwortlich in eine Situation begibt, in welcher er sein Verhalten nicht (mehr) steuern kann (vgl. NStZ **95**, 329; LK-*Schöch* 207). Auch der **„verschuldete Affekt"** (oben 34) gehört hierher (unten 56 ff.; **aA** die Rspr). Der Begriff der alic ist somit „eine problematische Sachverhaltskonstellation, nicht aber (schon) deren rechtliche Lösung" (*Hettinger* [1 d, 2001] 205). Liegen die Voraussetzungen der alic vor, so kommt es auf nähere Feststellungen zur Frage der Beeinträchtigung der Schuldfähigkeit nicht an (Bay VRS **64**, 190; Koblenz NZV **89**, 240; KG VRS **80**, 450; *S/S-Lenckner/Perron* 33 ff.; SK-*Rudolphi* 29). Die alic ist dadurch gekennzeichnet, dass der Täter zur Tatzeit schuldunfähig ist, gleichwohl aber strafrechtlich haftet, weil er vorab in verantwortlichem Zustand das Tatgeschehen in Gang gesetzt hat. Daher kommt eine alic **nicht in Betracht** (auch keine fahrlässige), wenn der Täter schon bei Beginn einer Rauschmitteleinnahme schuldunfähig ist (vgl. 3 b zu § 323 a; NStZ **94**, 30; SK-*Rudolphi* 28 e). Nicht hierher gehört der Fall, dass während der Tatausführung oder nach beendetem Versuch nicht voraussehbare Schuldunfähigkeit eintritt (BGH **7**, 329; **23**, 133; GA **56**, 25; 5 StR 233/85; *Oehler* GA **56**, 1; JZ **70**, 380; *H. Mayer* JZ **56**, 109; *Krause* Jura **80**, 174; *Geilen* JuS **72**, 74; Maurach-FS 194; *Herzberg,* Oehler-FS 171). Tritt die Unfähigkeit schon vorher, insbesondere während der Vorbereitung ein, so kommt *alic* in Betracht (BGH **23**, 356).

a) Zurechnungsformen. Der praktische Anwendungsbereich der alic – als Rechtsfigur – ist nicht sehr groß, da Schuldunfähigkeit iS von § 20 bei Rausch- und Affekttaten selten angenommen und ein „Vorverschulden" im Rahmen des § 21 bei der Entscheidung über die Strafrahmensenkung nach § 49 I berücksichtigt wird (*S/S-Lenckner/Perron* 33; vgl. 16 zu § 21). Eine Zurechnung der schuldunfähig begangenen Tat ist nach hM als vorsätzliche oder fahrlässige möglich. **Vorsätzliche alic** ist relativ selten (BGH **17**, 259, 263; LM 7 zu § 51 aF [„sehr selten"]; NK-*Paeffgen* 46 vor § 323 a); sie ist gegeben, wenn der Täter eine rechtswidrige Tat zwar im Zustand der Schuldunfähigkeit begeht oder einen strafrechtlich relevanten Erfolg im Zustand der Handlungsunfähigkeit auslöst, der erheblich verminderte (§ 21; Düsseldorf NJW **62**, 684) oder voll schuldfähige Täter **diesen Zustand** aber *vorher* (mindestens bedingt) **vorsätzlich** herbeigeführt hat **und** weiß oder damit rechnet (Bay DAR **81**, 246; **84**, 241) und einverstanden ist, dass er eine *bestimmte* Tat begeht (NStZ **92**, 536) und damit einen konkreten strafrechtlichen Erfolg in dem erwarteten Zustand verursacht (BGH **2**, 17; **10**, 251; **17**, 259; **21**, 381; **34**, 33; LK-*Schöch* 202). Ob der Vorsatz sich iS eines „Doppelvorsatzes" sowohl auf die Begehung der tatbestandsmäßigen Handlung selbst als auch auf die Herbeiführung des Defektzustandes beziehen muss (BGH **23**, 358; Bay VRS **64**, 190; Hamm NJW **72**, 2232; Schleswig NStE Nr. 1; MDR **89**, 762; *Oehler* JZ **70**, 380; *Otto* Jura **86**, 431; *Roxin* aaO 321; *S/S-Lenckner/Perron* 36 f.; *Jescheck/Weigend* § 40 VI 2; LK-*Schöch* 203 f.; LK-*Spendel* 38 zu § 323 a; NK-*Paeffgen* 32, 37 vor § 323 a; *Eser/Burkhardt* **17**, A 14), hat der BGH offen gelassen (vgl. NStZ **02**, 28). Nicht erforderlich ist, dass die Herbeiführung der Schuldunfähigkeit gerade der Tatbegehung *dient,* indem sich der Täter etwa „Mut antrinkt"; es reicht jedenfalls aus, dass der nach dem Tatentschluss Rauschmittel zu sich nimmt, obgleich er damit rechnet und billigt, dass er die Tat in schuldunfähigem Zustand begehen werden (NStZ **02**, 28). Ist der Täter für mehrere im Rauschzustand begangene Taten zT nach § 323 a und zT nach den Grundsätzen der *alic* verantwortlich, so liegt Tateinheit vor (BGH **17**, 333; Bay DAR **81**, 247; 17 zu § 323 a). Zum **Versuch** der **50**

alic vgl. 30 zu § 22; zum Rücktritt vom Versuch vgl. *Welp,* Vorangegangenes Tun (usw.), 1968, 135; *Neumann,* Arth. Kaufmann-FS [1993] 581, 585; *Jerouschek,* H.J. Hirsch-FS [1999] 241 ff., 255; *Roxin,* Lackner-FS [1987] 307, 319 f.

51 Sog. **fahrlässige alic** ist nach der Rspr gegeben, wenn der Täter den Zustand der Schuldunfähigkeit vorsätzlich *oder* fahrlässig herbeigeführt und fahrlässig dabei nicht bedacht hat, er werde in diesem Zustand eine bestimmte Tat begehen, oder darauf vertraut hat, es werde nicht zu einer solchen Tat kommen (vgl. BGH **17**, 335; NStZ **95**, 329; BGHR § 323 a I Konk. 1; Bay NJW **69**, 1583; VRS **85**, 329; Hamm NJW **83**, 2456; NZV **92**, 153; Karlsruhe VRS **53**, 461; Koblenz VRS **75**, 35; Köln NJW **67**, 306; Schleswig NStZ **86**, 511; vgl. auch LK-*Schöch* 205 f.; für weiterreichende Bedeutung *Mitsch* JuS **01**, 112; **aA** und gegen die Begründung eines Fahrlässigkeits-Vorwurfs in der Konstruktion einer „fahrlässigen alic" zB *Horn* GA **69**, 289 ff.). Die Tat muss hinreichend konkretisiert sein; nicht ausreichend ist, dass der Täter *allgemein* mit ihrer Begehung rechnen musste (StV **93**, 356 [„Aggressionsdelikte"]). Bei **Trinken in Fahrbereitschaft** liegt nach hM die Annahme (mindestens) von Fahrlässigkeit nahe (**aA** *Hettinger,* Schroeder-FS [2006] 209, 220 f. mwN); ebenso bei sorgloser zusätzlicher Einnahme von Medikamenten (vgl. Hamburg JR **82**, 346 [Anm. *Horn*]). Anders ist es jedenfalls, wenn der Täter Sicherungsvorkehrungen getroffen hat, die von Dritten (oder ihm selbst nach Eintritt der Schuldunfähigkeit) nicht vorhersehbar beseitigt werden (vgl. Hamm NZV **92**, 153). Darüber hinaus kann ein Fahrlässigkeits-Vorwurf nur an die Verletzung einer Pflicht geknüpft werden, die zum Schutz gerade des verletzten Rechtsguts besteht. Der Rechtsfigur der alic bedarf es nach BGH **42**, 235, 236 f. zur Begründung des Fahrlässigkeits-Vorwurfs nicht, wenn die Defektherbeiführung zugleich die rechtsgutsgefährdende Handlung darstellt und der gesetzlichen Tathandlungs-Beschreibung entspricht (BGH **42**, 235, 236 f.; vgl. auch *Paeffgen* ZStW **97**, 513, 524 f.; *Otto* Jura **86**, 426, 433; *Roxin,* Lackner-FS 307, 312; *Hardtung* NZV **97**, 97, 101 f.; *Streng* JZ **00**, 20, 25; *Sternberg-Lieben,* Schlüchter-GedS 217, 222 ff.; krit. *Hettinger,* Schroeder-FS [2006] 209, 217 ff.; vgl. unten 54).

52 **b) Begründung.** Die **Rspr des BGH** folgt zur Begründung der Strafbarkeit bei alic dem sog. **Tatbestandsmodell** (Vorverlegungs-Theorie). Danach knüpft die Strafbarkeit (allein) an Handlungen zZ der Schuldfähigkeit an; die Herbeiführung des Defektzustands ist Beginn der **Tatbestandsverwirklichung** (BGH **17**, 333, 335; **21**, 381 f.; **34**, 29, 33; NJW **77**, 590; zur Entwicklung der Rspr vgl. *Hettinger,* actio libera in causa, 185 ff.; *Otto,* BGH-FG 111, 119 ff.; mit zahlr. Unterschieden i. e. vgl. auch *Küper,* Leferenz-FS [1983] 573 ff.; SK-*Rudolphi* 28 a, 28 e; *Roxin* AT I 20/56 u. Lackner-FS 311 ff.; *Schild* Triffterer-FS [1996] 205; *Schlüchter,* H.J. Hirsch-FS [1999] 354 ff.; *H.J. Hirsch* NStZ **97**, 230; *ders.* JR **97**, 391; *ders.,* Nishihara-FS [1998] 95; *ders.,* Lüderssen-FS [2002] 253, 262; *Wolter,* Leferenz-FS [1983] 555 f.; *B/Weber/Mitsch* 19/35 ff.; *M/Zipf* 36/54; *Schmidhäuser* [1 d] 29 ff.; vgl. auch *Herzberg,* Spendel-FS [1992] 204, 207 ff.; *Spendel,* H.J. Hirsch-FS [2001] 380 ff.; *Streng* JZ **94** [1982] 709; ZStW **101** [1989] 310 ff.). Zur Begründung wird insb. auch der **Rechtsgedanke der mittelbaren Täterschaft** herangezogen (BGH **2**, 14, 17; *H.J. Hirsch* NStZ **97**, 230; *Jakobs* AT 17/64 ff. u. Nishihara-FS 105, 119; *Schlüchter,* H.J. Hirsch-FS [1999] 355; NK-*Schild* 173; ähnl. *Roxin,* Lackner-FS [1987] 307, 311; wohl auch LK-Schöch 198; vgl. schon RG **22**, 417; krit. dazu, insb. auch unter dem Gesichtspunkt des Versuchs, MK-*Streng* 122; *Otto,* BGH-FS 124; *Hruschka,* Gössel-FS [2002] 145, 151 ff.; *Mitsch,* Küper-FS [2007] 347, 351 ff.; jew. mwN). Diese Begründung trägt allenfalls bei „reinen Erfolgsdelikten" (und führt daher zur „Unanwendbarkeit" der Zurechnung bei „schlichten Handlungsdelikten" (unten 54); freilich überzeugt auch die Annahme nicht recht, das Trinken des erstes *Glases Schnaps* stelle zB den Beginn einer Raub- oder Tötungshandlung dar (vgl. 30 zu § 22). **Problematisch** ist das „Tatbestandsmodell" namentlich beim Rücktritt vom Versuch (vgl. etwa *Hettinger* [1 d] 412 ff.; *Rönnau* JA **97**, 707, 709 ff.; *Jerouschek,* H.J. Hirsch-FS [2001] 241, 252 ff.) und insb. im Fall (nur) *ver-*

minderter Schuldfähigkeit: Da hier der Täter schuldfähig handelt, fehlt ein durchgreifender Grund, als „mittelbare" Tathandlung schon den Beginn des Sich-Berauschens anzusehen (vgl. *Salger,* Tröndle-FS [1989] 201, 216).

Die Meinungen in der **Literatur** sind vielfältig und unübersichtlich, namentlich **53**
auch weil Begriffe teilweise unterschiedlich verwendet werden (zusf. Überblicke zB bei *Krause* Jura **80**, 169; *Streng* JZ **00**, 20 ff.; *Otto* Jura **86**, 426 und BGH-FS 119 ff.; *Hirsch,* Nishihara-FS 88; *Jakobs,* Nishihara-FS 105; *Jerouschek,* H.J. Hirsch-FS 241; *S/S-Lenckner/Perron* 35 a f.; *Schild* NK 171 ff. u. AK 83; SK-*Paeffgen* 5 ff. vor § 323 a; LK-*Schöch* 199 f.; *Barthel,* Bestrafung wegen Vollrauschs trotz Rücktritts von der versuchten Rauschtat?, 2001, 56 ff.; *Sydow* [1 e]). Sie folgen einem **„Ausdehnungsmodell",** welches ein „vortatbestandliches, auf die Tatbestandsverwirklichung bezogenes Vorverhalten" in den Begriff der „Begehung der Tat" einbeziehen will (vgl. *Streng* JZ **94**, 711; vgl. auch *ders.* JZ **00**, 24; MK-*Streng* 128 f. und 28 zu § 21); einem **„Ausnahmemodell"** (Schuldlösung; vgl. *Hruschka* JZ **96**, 64 ff.; **97**, 22 ff.; *Kindhäuser,* Gefährdung als Straftat, 1989, 120 ff.) als richterrechtliche Ausnahme vom Koinzidenzprinzip des § 20) oder als gewohnheitsrechtlich legitimierte Ausnahme (vgl. *Jescheck/Weigend* § 40 VI 1). *Jerouschek* (H.J. Hirsch-FS 241, 257) will das Ausnahmemodell de lege lata dadurch verwirklichen, dass er den Begriff „bei" in § 20 iS von „bezüglich" auslegt (**„Relationsmodell";** vgl. auch *ders.* JuS **97**, 388; krit. *H.J. Hirsch,* Nishihara-FS 88, 94; *Schlüchter,* H.J. Hirsch-FS 345, 347; zutr. dagegen *Hettinger* [1 d, 2001] 264: Begriffserweiterungen vom Konkreten zum Allgemeinen steht Art. 103 II GG entgegen). Ein von *Schmidhäuser* vertretenes **„Unrechtsmodell"** (*Schmidhäuser* [1 a] 25 ff.) stellt darauf ab, dass der Unrechtstatbestand grds stets „auch die Anfangshandlung, dh die sog. Defektbegründung (erfasst)"; die Rechtsfigur der alic greift daher für die Zurechnung auf ein rechtsgutsverletzendes Anfangshandeln des Täters zurück, soweit die deliktspezifische Schuld in diesem Stadium gegeben ist (ebd. 48 ff., 55). Andere Autoren lehnen die Rechtsfigur der alic jedenfalls *de lege lata* ganz ab (so insb. *Hettinger,* Die „actio libera in causa" [usw.], 1988; *ders.,* GA **89**, 1; Geerds-FS 623; [1 d, 2001] 190, 249 ff.; *Salger/Mutzbauer* NStZ **93**, 561; *Hruschka* JZ **96**, 64; *Köhler* AT 397).

Nach BGH **42**, 235 (Bespr. *Ambos* NJW **97**, 2296; *Fahnenschmidt/Klumpe* DRiZ **54**
97, 77; *Hardtung* NZV **97**, 230; *H.J. Hirsch* NStZ **97**, 230; *Horn* StV **97**, 264; *Hruschka* JZ **97**, 22; *Neumann* StV **97**, 23; *Spendel* JR **97**, 133; *Wolff* NJW **97**, 2032; *Satzger* NStZ **98**, 112; *Otto* Jura **99**, 217) ist die Rechtsfigur der alic nicht nur für den **Fahrlässigkeits-**Bereich **überflüssig** (vgl. auch *Roxin,* Lackner-FS 312, 314; *Streng* JZ **00**, 20, 25; *Sternberg-Lieben,* Schlüchter-GedS 217, 234 f.), sondern daneben insb. für Delikte unanwendbar, deren Tatbestand eine *bestimmte Handlung* (Tätigkeit) voraussetzt (in BGH **42**, 235: § 315 c, § 21 StVG; daneben aber ebenso etwa bei §§ 153 ff., „schlichten" Tätigkeitsdelikten; für Unanwendbarkeit bei eigenhändigen Delikten auch *Sternberg-Lieben,* Schlüchter-GedS 217, 238 ff.; SK-*Wolters/Horn* 31 zu § 323 a); die Tatbestandslösung verlangt danach eine Unterscheidung von *Erfolgs*delikten und solchen mit spezifischer Handlungsbeschreibung (**aA** *Hettinger,* Schroeder-FS [2006] 209, 214 ff.). Die in der Lit. vertretenen Begründungsmodelle sind danach jedenfalls für diese Deliktsbereiche ungeeignet, eine Stützung des Schuldurteils auf ein Verhalten *eben nicht* „bei", sondern „*vor* Begehung" der Tat zu rechtfertigen. Die Entscheidung hat Zustimmung gefunden, ist vielfach aber auch auf Kritik gestoßen (vgl. etwa *Spendel* JR **97**, 135; *ders.,* H.J. Hirsch-FS 384; von anderem Ausgangspunkt aus *H.J. Hirsch* NStZ **97**, 230; *Streng* JZ **00**, 20 ff.; *Hettinger* [1 d, 2001] 251, 253 ff.). Dass mit ihr „der Anfang vom Ende der alic" gekommen sei (*Ambos* NJW **97**, 2296; *Fahnenschmidt/Klumpe* DRiZ **97**, 77; *Horn* StV **97**, 264; *Neumann* StV **97**, 23; *Wolff* NJW **97**, 2032), ist zu bezweifeln; der **BGH** hat außerhalb des von BGH **42**, 235 angesprochenen Anwendungsbereichs an der Rechtsfigur festgehalten (JR **97**, 391 [Anm. *H.J. Hirsch*; *Otto* Jura **9**, 217]; NStZ **99**, 448; **00**, 584 [Bespr. *Streng* JuS **01**, 540; *Trüg* JA **01**, 77]; BGHR alic 2; 5 StR 421/99; 4 StR 93/99 [in NStZ **99**, 501 nicht abgedr.]; zur Entwicklung der Rspr vgl. *Otto,* BGH-FG [2000] 111, 119 ff.; zur „rückwir-

kenden" Zurechnung von Erfolgen zu [sorgfaltswidrigen] Vorverhalten vgl. *Sternberg-Lieben*, Schlüchter-GedS [2002], 217 ff.; krit. und zur Begrenzung einer solchen Zurechnung auch be fahrlässigen Erfolgsdelikten aber *Hettinger*, Schroeder-FS [2006] 209, 210 f.).

55 Es besteht ein erhebliches praktisch-normatives **Bedürfnis,** ein Verhalten des Täters *vor* der Tat bei der Beurteilung der Schuld zu berücksichtigen, das in vorwerfbarer Weise Zurechnungs-Defizite zum Zeitpunkt der (unmittelbaren) Tathandlung verursacht hat; das betrifft namentlich solche „Zustände", deren (willensfreie) Herbeiführung nach allgemeiner (und daher dem Täter zugemuteter) Kenntnis regelmäßig geeignet ist, besondere Gefahren für fremde Rechtsgüter durch Herabsetzung der Hemmungs-Schwelle zu begründen (Rausch-Zustand; vgl. auch § 15 III StGB-DDR). Das gilt erst recht, wenn der Täter eine solche Wirkung vortatbestandlicher Handlungen *bewusst* mit dem Ziel einsetzt, bestehende Tathemmungen („Skrupel"; Angst) zu überwinden (vorsätzliche alic): Eine Straffreiheit für den Fall, dass ihm die Verwirklichung dieses *Tatplans* gelingt, wäre iErg unerträglich. Über dieses Ergebnis besteht jedenfalls im Kern ein solches Maß an Übereinstimmung, dass die Annahme einer **gewohnheitsrechtlichen Legitimation** der alic nach hM keinen durchgreifenden Bedenken begegnet (vgl. auch *Streng* JZ **00**, 20, 23 im Hinblick auf die gesetzlichen „Vorverschuldens"-Regelungen in § 17 S. 2 und § 35 II; abl. insg. *Hettinger* GA **89**, 1, 17 ff.; einschränkend auch *Mitsch* JuS **01**, 105, 112; *ders.*, Küper-FS [2007] 347, 360 f. [fahrlässige Täterschaft bei vorsätzlicher alic]). Eine **positiv-rechtliche Regelung** wäre gleichwohl schon wegen der Unsicherheiten über den Anwendungsbereich vorzuziehen. Die von der BReg. eingesetzte Kommission zur Reform des strafrechtlichen Sanktionensystems hat sich in ihrem Abschlussbericht (2000) für eine Regelung in § 20 ausgesprochen (vgl. zu aktuellen Vorschlägen *Hettinger* [1 d, 2001] 283 ff.; vgl. auch die Dokumentation in BA **00**, 142 ff.).

56 **c) Verschuldeter Affekt.** Nach **stRspr** ist bei der Entscheidung über die exkulpierende oder dekulpierende Wirkung einer tiefgreifenden Bewusstseinsstörung, namentlich eines „normalpsychologischen" Affekts, die Frage eines möglichen **Vorverschuldens** des Täters zu berücksichtigen; eine affektverminderte Tatschuld kann danach durch Vorverschulden ausgeglichen sein (BGH **35**, 143 [Anm. *Blau* JR **88**, 514; *Frisch* NStZ **89**. 263]; NStZ **97**, 333; **99**, 232; StV **93**, 354, jew. mwN; weitere Nachw. bei *Theune* NStZ **99**, 273, 276 ff.; zu den Fallgruppen i. E. vgl. LK-*Schöch* 144 ff.). Anders als die ältere Rspr (BGH **3**, 194; MDR **53**, 146; OGHSt. **3**, 19, 80), die nur in den Fällen des unverschuldeten Affekts Exkulpation oder Strafmilderung für möglich hielt (offen gelassen BGH 7, 327; **8**, 125; **11**, 25), kommt es nach BGH **35**, 143, 145 (m. Anm. *Blau* JR **88**, 514, *Frisch* NStZ **89**, 263) nicht auf jedes Fehlverhalten an; vielmehr hat sich die Verschuldensprüfung auf die *Genese* des **unmittelbar tatauslösenden Affekts** zu beschränken (ausf. *Frisch* ZStW **101**, 538): Hat der Täter die ihm möglichen Vorkehrungen zur Vermeidung des Affekts nicht getroffen (vgl. *Bernsmann* NStZ **89**, 160 zur Entwicklung von Abgrenzungskriterien), so scheidet danach idR eine Exkulpation oder Strafmilderung iS der §§ 20, 21 aus (NStZ **91**, 182; **97**, 334; iErg ebenso *Geilen,* Maurach-FS 192; *Rudolphi,* Henkel-FS 206 u. SK 12; *Krümpelmann* GA **83**, 355; *Venzlaff,* Blau-FS 393, 396; *Jescheck/Weigend* § 40 III 2 b). Das soll aber dann nicht der Fall sein, wenn erst eine *Häufung* von Umständen, denen der Täter bisher jeweils allein gegenübergestanden hatte, zu einem Affekt geführt haben (StV **91**, 18). Der **Schuldvorwurf** wird darauf gestützt, dass der Täter den Affekt nicht vermieden hat (MDR/H **77**, 458; **87**, 444; NStZ **84**, 311; *Krümpelmann* ZStW **99**, 217; **aA** *M/Zipf* 36/38 mwN; *Theune* NStZ **99**, 273, 279 f.).

57 Die **Begründungen** hierfür sind i. e. unterschiedlich; so ist etwa str., ob die Grundsätze der *actio libera in causa* (vgl. *Blau* JR **88**, 516; *Otto* Jura **92**, 329) die Rechtsfigur einer *omissio libera in causa* (vgl. *Berendt,* Affekt u. Vorverschulden, 1983; vgl. auch *Frisch* ZStW **101**, 571 ff. und NStZ **89**, 264; *Frister* [1 a] 185) oder die Grund-

sätze des § 17 heranzuziehen sind. Als Fälle schuldhaften Vorverhaltens, das zur Versagung einer Schuldminderung führt, sind **zB** angesehen worden: das Mitnehmen einer Waffe zu einer als konflikthaft vorausgesehenen Aussprache mit dem späteren Opfer (BGH **8**, 113; NStZ **84**, 118; BGHR § 21 Affekt 3, Vorverschulden 3); provozierendes und aggressives Verhalten gegenüber dem späteren Opfer, das zu einer konflikthaft angespannten Lage führt (vgl. GrSenBGH **11**, 139, 142); hemmungslose Hingabe an eine depressive Verstimmung, die erkennbar zu unkontrollierter Affektentladung führen kann (3 StR 527/77; 5 StR 734/77); Vorhersehbarkeit der Tat schon während der Affektgenese (BGH **35**, 143, 145; and. MDR/H **77**, 458).

Diese Ansicht der Rspr wird in der Lit. namentlich unter dem Gesichtspunkt des **Schuldprinzips** kritisiert (vgl. etwa *Theune* NStZ **99**, 273, 280; *Neumann,* BGH-FG 83, 88 ff.; NK-*Schild* 175; MK-*Streng* 84 ff.; *Jescheck/Weigend* § 40 III 1 b; jew. mwN; vgl. auch *Roxin* AT I, 20/16 ff.; zurückhaltend auch BGH **7**, 325, 328; **8**, 113, 115; **11**, 20, 26). In der Tat gibt es auf der Grundlage des allgemein akzeptierten Zweistufen-Modells des § 20 keinen Grund, „Vorverschulden" des Täters nur bei Vorliegen einer tiefgreifenden Bewusstseinsstörung als dekulpierungsschädlich anzusehen, nicht aber (außerhalb der *alic*) bei sonstigen Eingangsmerkmalen des § 20. **Grund** hierfür ist, dass das zweistufige Modell der §§ 20, 21 für die tiefgreifende Bewusstseinsstörung gar nicht besteht (zutr. NK-*Schild* 148; vgl. auch *Neumann,* BGH-FG 83, 90; *Rasch* NJW **93**, 757 ff.); die Trennung in „Diagnose" und „Bewertung" erweist sich als eher unklar (vgl. oben 29 f.). Die als Kriterien eines Vorverschuldens herangezogenen Umstände sind durchweg solche, die in anderem Gewand schon auf der *tatsächlichen* Ebene gegen die Feststellung einer („tiefgreifenden") Bewusstseinsstörung herangezogen werden; sinken die Anforderungen an die (psychiatrische) Feststellung eines hochgradigen Affekts, so steigen die normativen Anforderungen an die „Pflicht zur Selbstzügelung" (MDR/H **77**, 458; krit. BGH **35**, 143 f.), und umgekehrt. Dass der BGH seit geraumer Zeit in Fällen der Schuld*unfähigkeit* auf Grund hochgradigen Affekts die Frage des Vorverschuldens nicht mehr thematisiert (vgl. *Theune* NStZ **99**, 278), liegt aber nicht notwendig an einer höheren Bewertung des Schuldprinzips, sondern an einer argumentativen Verlagerung: Fälle wie BGH **11**, 139 dürften heute regelmäßig schon den Filter der „Tiefgreifendheit" nicht mehr passieren. Im Ergebnis zeigt sich, dass bei der Behandlung der tiefgreifenden Bewusstseinsstörung **generalpräventive Aspekte** weithin im Vordergrund stehen, denn „Steuerungsfähigkeit" ist kein bloß empirische Eigenschaft einer Person, sondern Ergebnis einer empirisch-normativen Wertung (vgl. auch *Frisch* ZStW **101** [1989], 583 ff.; *Neumann,* BGH-FS 83, 90 ff.). **58**

Auf der Grundlage des geltenden Rechts ist die Berücksichtigung des „Vorverschuldens" beim Affekt in der Weise, dass es eine – festgestellte! – *Aufhebung* der Einsichts- oder Steuerungsfähigkeit zurzeit der Tat „ausgleiche", nicht zu rechtfertigen. Ohne Verstoß gegen das Schuldprinzip ist die Zurechnung in diesen Fällen nur möglich, wenn man sie als **Fallgruppe der alic** versteht und nach den hierfür geltenden Regeln behandelt (ebenso *S/S-Lenckner/Perron* 15 a; MK-*Streng* 84 ff.; *Lackner/Kühl* 7; *Kindhäuser* LPK 13; *Roxin* AT I 20/18; *Jescheck/Weigend* § 40 VI 2; *Schreiber* in Venzlaff/Foerster 1, 14 f.). Das führt dazu, dass eine Bestrafung wegen **vorsätzlicher Affekttat** nur in Betracht kommt, wenn der Täter den zur Bewusstseinsstörung führenden Prozess selbst vorsätzlich und mindestens unter Inkaufnahme der späteren Tatbegehung verursacht hat. Kann ihm nur ein Fahrlässigkeitsvorwurf gemacht werden, so ist bei späterer Schuld*unfähigkeit* **entgegen der hM** nur eine Bestrafung wegen **fahrlässiger** Tat möglich (vgl. oben 51); dass dies deshalb nicht befriedige, weil eine Bestrafung (des bei der Tat Schuldunfähigen!) bei *fahrlässigem* Vorverhalten wegen einer Fahrlässigkeitstat dem Schuldgehalt der *vorsätzlichen* Tat nicht gerecht werde (SK-*Rudolphi* 12), ist eine *petitio principii*. In den Fällen des **§ 21** stellt sich das Problem im Grundsatz gleichermaßen; es wird praktisch freilich durch die Ermessensvorschrift des § 49 I entschärft. **59**

10) Zuziehung von Sachverständigen. Bei den **tatsächlichen Voraussetzungen** einer Aufhebung oder Einschränkung der Schuldfähigkeit handelt es sich um Tatsachenfragen, zu welchen im Strafprozess **Beweis** zu erheben ist. Beweisgegenstand ist nicht die Schuldfrage. Für die **Prüfung der Voraussetzungen** der §§ 20, 21 ist idR ein **Sachverständiger** beizuziehen (vgl. NStZ-RR **07**, 74), es **60**

sei denn, dass es an tatsächlichen Grundlagen für ein zu erstattendes Gutachten gänzlich fehlt. In Einzelfällen kann daher ein Sachverständiger ein untaugliches Beweismittel iS von § 244 III S. 2 StPO sein (BGH **14**, 342; MDR/H **77**, 108; 5 StR 352/80); nicht aber schon deshalb, weil die Frage der *Erheblichkeit* einer Schuldfähigkeitsminderung eine *Rechtsfrage* ist (NStZ-RR **06**, 240). Ob Anhaltspunkte und Anknüpfungstatsachen vorliegen, die die Hinzuziehung eines Sachverständigen nahe legen, kann das Gericht grds. aufgrund **eigener Sachkunde** entscheiden (vgl. StV **99**, 309, 310; NStZ **05**, 149, 150). Für eine *fachliche* Prüfung möglicher Anknüpfungstatsachen wird freilich dem Gericht meist die Sachkunde fehlen. Eigene Sachkunde des Gerichts ist idR für BAK-Berechnungen ohne Hinzutreten weiterer zu berücksichtigender Faktoren gegeben (vgl. oben 16). Umgekehrt reicht sie zB für die Beurteilung möglicher hirnorganischer Störungsursachen regelmäßig nicht aus (BGHR § 20 Sachverst. 2, 3, 4; § 21 Sachverst. 1, 2, 4); dies kann in Ausnahmefällen, zB bei unbestimmtem Beweisvorbringen zu einem weit zurückliegenden Unfallgeschehen, anders sein (5 StR 492/91; 5 StR 523/00).

61 Die Zuziehung eines Sachverständigen ist **zB** für erforderlich gehalten worden: bei **BAK von über 3‰** (Koblenz VRS **79**, 13); bei **konkreten Anhaltspunkten** für eine schuldrelevante hohe Alkoholisierung bei Fehlen einer BAK-Feststellung (NStZ-RR **99**, 297; Bay NZV **03**, 434, 435); für eine chronische Suchterkrankung, insb. bei Vorliegen von Besonderheiten wie zB stark progredientem Verlauf; Polytoxikomanie; hirnorganischen Folgeschäden; Depravation (vgl. Karlsruhe BA **93**, 309); bei Hirnverletzungen des Täters (NJW **52**, 633; **69**, 1578; **93**, 1540; MDR/H **91**, 700; NStZ/M **84**, 494; StV **81**, 73; **88**, 52; wistra **94**, 29; BGHR Sachv. 2, 3); bei vorausgehender psychiatrischer Behandlung (StV **82**, 54; vgl. MDR/H **77**, 281; **81**, 982; RiStBV 53); bei konkreten Anhaltspunkten für gravierende, tatrelevante Triebanomalien (StV **84**, 507; NJW **89**, 2959; Zweibrücken StV **86**, 436); für eine schwere andere seelische Abartigkeit (NStZ **91**, 384); für eine endogene Psychose (vgl. StV **90**, 8; Zweibrücken NJW **67**, 1520); für ein hirnorganisches Psychosyndrom (5 StR 331/85); für das Vorliegen einer affektbedingten tiefgreifenden Bewusstseinsstörung (4 StR 607/96); für einen altersbedingtem Hirnabbauprozess (NJW **64**, 2213; VRS **34**, 274; NStZ **83**, 34; MDR/H **89**, 305; StV **94**, 14; 5 StR 148/95; Köln GA **65**, 156). Auch aus **Tatumständen** können sich konkrete Anhaltspunkte für das Bestehen einer schuldrelevanten psychischen Störung ergeben. Das liegt **zB** nicht fern bei **ganz ungewöhnlicher Tatausführung** (NStZ **89**, 190); bei Wiederholung völlig grundloser schwerer Übergriffe (2 StR 146/82); bei schwer verständlichen Straftaten im Heranwachsendenalter (Köln NJW **82**, 2132 L); bei Taten nach oder im Zusammenhang mit mehreren Selbstmordversuchen (4 StR 204/86); bei wiederholter Begehung von Brandstiftungen mit unklarem oder belanglos scheinenden Tatmotiv, insb. auch durch schwachsinnige Personen oder bei Alkoholisierung (vgl. zB 5 StR 193/04); bei in höherem Alter erstmals auftretenden Sexualdelikten zu Lasten von Kindern (vgl. NStZ **07**, 328 f.); bei abrupter schwerer Gewalttat ohne erkennbare Motivation bei hoher BAK durch nicht vorbestraften, trinkungewohnten, 81 Jahre alten Mann (NStZ-RR **07**, 231 f.).

62 **A. Auswahl.** Die Auswahl des Sachverständigen (§ 73 StPO) steht grundsätzlich im pflichtgemäßen Ermessen des Richters (BGH **34**, 355; NStE Nr. 64 zu § 21; 1 StR 357/02; 1 StR 284/04). Daher kommt die Bestellung eines „Auswahlgutachters", dem lediglich die Bestimmung der speziellen Fachrichtung des zu hörenden Sachverständigen obliegen soll, idR nicht in Betracht (Koblenz VRS **36**, 17; *Kullmann,* Salger-FS 654). Die Auswahl des Sachverständigen erfordert vom Gericht „Grundkenntnisse in Bezug auf die Probleme, die es zu beurteilen hat" (*Rasch* For. Psych. 32). Bei hirnorganischen Störungen ist regelmäßig ein Psychiater zuzuziehen (vgl. StV **84**, 1421; **96**, 4; *Rasch* For. Psych. 30 ff.); Besonderheiten des Einzelfalls sind auch bei der Auswahl zu berücksichtigen (zB gerontologische [NStZ **91**, 81] oder kinder- und jugendpsychiatrische Spezialkenntnisse). Auch die Beurteilung endogener Psychosen verlangt regelmäßig die Zuziehung eines Psychiaters (vgl. auch BGH **12**, 10). Ob i. Ü. je nach den Umständen des Einzelfalls statt eines Psychiaters auch ein Psychologe (StV **84**, 495; vgl. dazu i. e. *Scholz* ZStW **116** *[2004] 618 ff.),* ein Psychoanalytiker (DAR **78**, 157; NStZ **99**, 630; vgl. *Maatz* FPPK **07**, 147, 149 f.), ein Psychosomatiker (1 StR 526/79) oder ob mehrere Sachverständige (vgl. *Salger,* Tröndle-FS 203, 211) zuzuziehen sind, ist eine Frage der Aufklärungspflicht (NJW **59**, 2315; NStZ **88**, 86 [m. Anm. *K. Meyer*]; zusf. zu

Auswahlproblemen *Rasch* NStZ **92**, 257; *ders.*, Schüler-Springorum-FS 564 [dagegen *Täschner* NStZ **94**, 221]; *Kullmann,* Salger-FS 653; LK-*Schöch* 221 ff.; krit. zur forensischen Praxis *Wächtler* StV **03**, 184, 186 f.). Wenn sich die Kompetenzen von Sachverständigen ähnlicher Fachrichtung überschneiden, steht die Auswahl im Ermessen des Tatrichters (1 StR 284/04). Der psychiatrische Sachverständige darf für Teilfragen einen Psychologen zuziehen und dessen Befunde nach eigener Prüfung in sein Gutachten aufnehmen (BGH **22**, 272; NStZ **97**, 610).

B. Aufgabenabgrenzung. Der Sachverständige hat dem Gericht nach der grundsätzlichen Aufgabenabgrenzung keine rechtlichen Schlussfolgerungen, sondern **Tatsachen** mitzuteilen (NStZ **02**, 472; **02**, 542). Nach der üblichen Darstellung ist es seine Aufgabe, die tatsächlichen Voraussetzungen der Eingangsmerkmale des § 20 zu prüfen und dem Gericht darzulegen; darüber hinaus aus *fachwissenschaftlicher,* dh empirischer Sicht zu beurteilen, ob und in welchem Maße die Einsichts- oder Steuerungsfähigkeit des Beschuldigten zur Tatzeit beeinträchtigt war (vgl. zB LK-*Schöch* 33 f.). In diese Feststellung fließen freilich vielfach Bewertungen ein, welche sich an den Erfordernissen der *Rechts*begriffe der §§ 20, 21 orientieren („tiefgreifend", „schwer", „krankhaft"). Wenn etwa die (empirische) Feststellung, eine seelische Abartigkeit sei „schwer", nach der Rspr regelmäßig die Bewertung als „erheblich" iS von § 21 nach sich zieht (vgl. oben 43) und *zugleich* die Erheblichkeit zutr. als *Rechts*begriff angesehen wird, lässt sich die Abgrenzung zwischen empirischen und Rechtsfragen kaum aufrecht erhalten: Die menschliche Psyche kann nicht wie eine **Maschine** (nach Kriterien „schwerer", „mittlerer" und „leichter" *Funktions*-Störungen) untersucht werden; ihr **Zweck** ist nicht die Zurechnungsfähigkeit. Eine Beurteilung der *Schuldfähigkeit* durch den Sachverständigen ist ausgeschlossen, da es sich um eine dem Gericht obliegende Entscheidung handelt. Entsprechende Gutachtensanträge oder Fragen sind zurückzuweisen (vgl. *Foerster*, Schreiber-FS [2003] 81, 83). Hinter der Frage nach der „strafrechtlichen Verantwortlichkeit" (für welche der S V nicht zuständig ist) kann freilich die nach den „empirischen" **Grundlagen** für diese Beurteilung stehen (zu auch aus Vermischung von Beurteilungskompetenzen entstehenden Verständigungsschwierigkeiten vgl. auch *Nedopil* NStZ **99**, 433 ff.). **63**

Aufgabe des SV ist, sein Gutachten *lege artis,* nach **wissenschaftsimmanenten Qualitätskriterien** zu erstatten (vgl. zB BGH **49**, 347 [=NStZ **05**, 205; Anm. *Nedopil* JR **05**, 216]; NStZ **04**, 437; zu *kostenrechtlichen* Folgen mangelhafter Gutachten vgl. LG Marburg NStZ-RR **06**, 156 f.). „**Mindestanforderungen**" hat ein (nach allerdings unbekannt gebliebenen Regeln zusammengesetzter) Arbeitskreis von Psychiatern und Richtern vorgeschlagen (*Boetticher/Nedopil/Bosinski/Saß* NStZ **05**, 57 ff. mwN; zust. LK-*Schöch* 220 [„wesentlicher Beitrag zur Fortbildung und Kommunikation"]; krit. dagegen u. a. *Eisenberg* NStZ **05**, 304 ff.). Unstreitig ist, dass der Sachverständige dem Gericht seine Bewertung „verständlich, übersetzbar und plausibel" zu machen hat (NStZ-RR **00**, 229; *Mauthe* DRiZ **99**, 268 f.; *Nedopil* NStZ **01**, 474 f.); hierzu gehören (selbstverständlich) Fähigkeit und Bereitschaft, die begrifflichen und systematischen Grundlagen der eigenen Beurteilung zu erläutern und auf Ungewissheiten ggf hinzuweisen. Er hat sich derjenigen methodischen Mittel zu bedienen, die dem aktuellen wissenschaftlichen Kenntnisstand entsprechen. Die Wahl einzelner von mehreren anerkannten Methoden ist im Gutachten nach Möglichkeit zu begründen (vgl. NStZ **04**, 437). Der Sachverständige muss zwischen diagnostischen und prognostischen Beurteilungen einerseits und klinisch-therapeutischen Wertungen andererseits unterscheiden (vgl. etwa 2 StR 558/06). Neben rein technisch-methodischen Fehlern von Gutachtern, die leichter ins Auge fallen, erscheint namentlich auch die Abgrenzung zwischen wissenschaftlich begründeter und *intuitiv* gewonnener Bewertung problematisch und sollte öfter Ansatzpunkt vertiefter **Erörterung** in der Hauptverhandlung sein. Zu den verfassungsrechtlichen **Grenzen** einer Begutachtung aufgrund Observation vgl. BVerfG StV **01**, 657; BGH StV **02**, 581 (dazu *Schumacher/Arndt* StV **03**, 96). **64**

64 a **Aufgabe des Gerichts** ist es zunächst, die **Grundzüge der Fachdiskussion**, namentlich auch die Literatur zu möglichen **Fehlerquellen** psychiatrischer Begutachtung (vgl. insb. *Rasch* For. Psych. 311 ff.; ders., MSchrKrim **82**, 257; *Nedopil* For. Psych. 208 f.; *Heinz*, Fehlerquellen forensisch-psychiatrischer Gutachten, 1992; *Maisch* StV **85**, 517; *Mende/Bürke* Forensia **7** [1986], 143; *Venzlaff* NStZ **93**, 199), **zur Kenntnis zu nehmen,** denn allein das Gericht trägt die Verantwortung dafür, wenn Fehler der Beweiserhebung sich auf das Urteil auswirken (vgl. dazu BGH **49**, 347 ff.). Der Pflicht des Sachverständigen, sich verständlich zu machen, entspricht die **Pflicht des Tatrichters, sich sachkundig zu machen**; der Sachverständige soll nicht die zur Entscheidung des Falls erforderliche Sachkenntnis des Gerichts ersetzen, sondern sie diesem verschaffen (vgl. NStZ **02**, 542). Das setzt, wie auf jedem anderen Fachgebiet, die Bereitschaft des Richters voraus, sich mit der Methodik, der Begriffsbildung und den Erkenntnismöglichkeiten der Psychowissenschaften inhaltlich auseinanderzusetzen; ebenso mit den fachlichen Bildungs- und Fortbildungs-Anforderungen an die Sachverständigen. Wer an der (forensischen) Psychiatrie stets nur das Fehlen von empirischer *Exaktheit* bemängelt und die Qualität von Sachverständige danach beurteilt, wie oft oder selten sie „den Einundzwanzig geben“, verfehlt schon die *Grundlage* der Erkenntnis. Wenn in einem skurrilen Einzelfall eine Vielzahl inhaltlich unsinniger Gutachten eines als Psychiater auftretenden Hochstaplers von erkennenden Gerichten jahrelang als „sachkundig“ und „überzeugend“ beurteilt wurden, so deutet dies schlaglichtartig darauf hin, dass die Sachkunde von Gerichten in diesem *Kernbereich* richterlicher Verantwortung stark verbesserungsfähig ist (vgl. auch *Rasch* For. Psych. 32).

65 **C. Beweiswürdigung.** Schließt sich der Tatrichter dem Sachverständigen an, muss er sich in eigener Verantwortung mit dem Gutachtensinhalt auseinandersetzen (5 StR 298/79; vgl. 2 StR 573/05) und die wesentlichen **Anknüpfungstatsachen** und **Schlussfolgerungen des** Sachverständigen auf eine für das Revisionsgericht nachprüfbare Weise (BGH **49**, 347, 352; NStZ **99**, 508 f.; NStZ-RR **00**, 299; StV **87**, 434) **im Urteil mitteilen** (BGH **7**, 238; **12**, 311; **34**, 29, 31; **39**, 291, 296 f.; BGHR § 261 StPO Sachverst. 5; NStZ **98**, 83; **99**, 448; **06**, 511; NStZ-RR **96**, 258; **98**, 5; **99**, 14; **03**, 307; StV **81**, 606; MDR/H **89**, 1050; 4 StR 629/96; 1 StR 4/97; 2 StR 393/97; 3 StR 204/02; 4 StR 481/01; 5 StR 502/01; 4 StR 192/02; 5 StR 401/02; 5 StR 557/06; stRspr). Stets liegt die Entscheidung, in wieweit Unrechtseinsichtsunfähigkeit oder Steuerungsunfähigkeit anzunehmen sind, allein beim Richter (BGH **7**, 238; **8**, 118; **12**, 311; NStZ-RR **97**, 225; **04**, 320; 3 StR 567/99; *Maatz* StV **98**, 280; *Jescheck/Weigend* § 40 III 4; LK-*Schöch* 219; SK-*Rudolphi* 23). Selbstverständlich ist der Tatrichter nicht gehindert, vom Gutachten eines Sachverständigen **abzuweichen;** er muss dann dessen Darlegungen wiedergeben und überprüfbar angeben, auf welche Gesichtspunkte er die abweichende Meinung stützt (BA **97**, 451; NStZ **02**, 28 [für Erheblichkeit iS von § 21]; 4 StR 92/97; 1 StR 293/01). Die einer Abweichung zugrunde liegende **eigene Sachkunde** kann durch die Ausführungen des Sachverständigen selbst vermittelt worden sein. Das gilt aber dann nicht, wenn die Abweichung gerade auf Zweifel der Sachkunde des Sachverständigen gestützt werden soll (NStZ **00**, 437). Eine **eigene Diagnose** wird dem Tatrichter idR nur „bei einfach gelagerten psychischen Auffälligkeiten möglich sein, die in gleicher Weise immer wiederkehren“ (BGH aaO).

65 a Der **Umfang** der tatrichterlichen **Darlegungspflicht** richtet sich nach den Umständen des Einzelfalles, insbesondere auch nach der Art des Gutachtens (NStZ-RR **97**, 259). **Besonderheiten** des Einzelfalls geben Anlass, nahe liegende Merkmale des § 20 besonders eingehend zu prüfen, auch wenn der Sachverständige deren Voraussetzungen verneint hat (vgl. **zB** NStZ-RR **99**, 359 [grundlose Ermordung eines schlafenden Mitbewohners mit massivster Gewalt; anschließende „Sezierung“ und Zerstückelung des Opfers]; 2 StR 141/03 [in NStZ **03**, 536 nicht abgedr.: „Geständnis“ eines an halluzinatorischer Psychose leidenden, *ohne* Beute geflohenen

Räubers, er habe aus einer *leeren* Ladenkasse 300 000 DM mitgenommen]). Zur revisionsgerichtlichen Überprüfung haben die Urteilsgründe umfassend darzulegen, welche **konkreten Symptome** eines psychisch abnormen Zustandes festgestellt wurden und Grundlage der daraus gezogenen Folgerungen waren (BGHR § 63 Zust. 10; vgl. auch 2 StR 450/04; 3 StR 359/03; NStZ-RR **05**, 75). Folgt das Gericht dem Sachverständigen auf Grund abweichender Tatsachengrundlage nicht, so hat es ihm Gelegenheit zu geben, die abweichenden Anknüpfungstatsachen des Gerichts in seine Beurteilung einzubeziehen (StV **86**, 139). Widersprüchliche Bewertungen festgestellter Tatsachen sind zu vermeiden; wenn etwa ein „starker *pathologischer* Lustgewinn" des Täters aus der Begehung von Straftaten festgestellt und bei der Strafzumessung berücksichtigt wird, bedarf die Annahme voller Schuldfähigkeit näherer Begründung (2 StR 11/05).

Formelhafte Beweiswürdigungen des Inhalts, der Sachverständige sei als „zu- **65 b**
verlässig" bekannt, in einer Vielzahl von Verfahren tätig, usw., und *deshalb* sei sein Gutachten überzeugend, verfehlen meist den Kern der Sache, denn wenn der Tatrichter das Gutachten nicht *versteht,* hat seine „Überzeugung" keine Grundlage. Auch die häufig zu lesenden (vgl. *Verrel*, Schuldfähigkeitsbeurteilung und Strafzumessung bei Tötungsdelikten, 1995, 131 ff.) Würdigungen als „nachvollziehbar" oder „verständlich" sind inhaltlich nichtssagend (vgl. BGH **49**, 347, 358); sie reichen bei problematischen Bewertungen idR nicht aus. Auch von einer **wörtlichen Übernahme** umfangreicher Teile vorbereitender schriftlicher (und mündlich erstatteter; § 261 StPO) Gutachten in die Urteilsgründe ist abzuraten, wenn sie nicht im Rahmen einer sachlich fundierten Würdigung erfolgt.

In der Rspr des BGH wird bisweilen das Fehlen einer **Gesamtwürdigung** be- **65 c**
mängelt (vgl. 3 StR 513/01). Das weist zum einen darauf hin, dass auch bei der Schuldfähigkeits-Beurteilung Beweisergebnisse nicht einfach *aufgezählt* und unverbunden nebeneinander gestellt werden dürfen. Zum anderen mag sich hier ein revisionsrechtlicher Einstieg in die Beurteilung der *Plausibilität* tatrichterlicher Darlegungen ergeben. Aus dem Erfordernis einer zusammenfassenden Beurteilung ergibt sich, dass mehrere in Betracht kommende Eingangsmerkmale nicht isoliert betrachtet werden dürfen, sondern in ihrem Zusammenwirken und ihrer möglichen Wechselbeziehung zu prüfen sind (vgl. NStZ-RR **04**, 360; zum **kumulativen** Vorliegen mehrerer Eingangsmerkmale ausf. *Streng* StV **04**, 614 ff.).

Der BGH hat mehrfach entschieden, der Tatrichter dürfe sich, wenn ihm in **66**
schwierigen Fragen die Prüfung eines Gutachtens *nicht möglich* sei, „mangels eigener Kenntnisse" darauf beschränken, sich ohne eine inhaltliche Auseinandersetzung dem **Sachverständigen anschließen**, „wenn er die wesentlichen Gutachtensinhalte im Urteil so *wiedergibt*, wie dies zum Verständnis des Gutachtens und zur Beurteilung seiner Schlüssigkeit und sonstigen Rechtsfehlerfreiheit erforderlich ist" (NStZ-RR **96**, 258 [*1. StS*; unter Berufung auf *Hürxthal* in KK-StPO 3. Aufl. 32 zu § 261 StPO; unverändert ebenso *Schoreit* in KK 5. Aufl.]; NStZ **03**, 307, 308 [*5. StS*]; ebenso 4 StR 148/07). Das ist zweifelhaft, zumindest missverständlich: Wenn der Tatrichter *nach* Erstattung des Gutachtens *immer noch* keine eigenen Kenntnisse hat, so hilft ihm die Wiedergabe in den Urteilsgründen nicht. Denn diese haben nicht zu belegen, dass irgendein vom Gericht *nicht verstandenes* Gutachten erstattet wurde, dass es „rechtsfehlerfrei" war oder dass dem Gericht eine Auseinandersetzung mit seinem Inhalt „nicht möglich" war (vgl. 4 StR 148/07); vielmehr müssen sie belegen, dass der **Tatrichter** das Gutachten, auf welches er *sein Urteil gestützt* hat, verstanden und rechtsfehlerfrei gewürdigt hat; das setzt eigene Kenntnis zwingend voraus. Die genannten Entscheidungen haben ausgeführt, die Darlegung (des nicht geprüften Gutachtens) in den Urteilsgründen müsse so breit sein, „wie dies zum Verständnis des Gutachtens und zur Beurteilung seiner Schlüssigkeit erforderlich" ist (NStZ-RR **96**, 258). Dem liegt ersichtlich die Ansicht zugrunde, bei Gutachten, zu deren Verständnis der Tatrichter nicht in der Lage ist, sei das **Revisionsgericht** für die (*erstmalige*!) inhaltliche Prüfung zuständig. Das wäre selbst dann nicht zutreffend, wenn Revisionsrichter von Amts wegen über eine

umfassende Sachkompetenz verfügten, die es ihnen erlaubte, nach Lektüre einer (im Urteil „wiedergegebenen) Zusammenfassung von Anknüfungstatsachen „schwierige medizinische Fragen" (4 StR 148/07) zu entscheiden, welche zuvor von den Tatrichtern noch nicht einmal nach ausführlicher mündlicher Befragung eines oder mehrerer Sachverständiger geklärt werden konnten. Tatsächlich vermischt diese Ansicht die Ebenen der Tatsachen-Feststellung (§ 261 StPO), der Prüfung von Rechtsfehlern und der Prüfung des Beruhens (§ 337 StPO). Soweit sich NStZ-RR **96**, 258 und NStZ **03**, 307 f. für diese Ansicht auf BGH **7**, 238, 240 berufen haben, ist das zweifelhaft, denn die dortigen Ausführungen betrafen nicht die Frage der Übernahme von *Tatsachen*-Feststellungen, sondern die einer *rechtlichen* Beurteilung des Sachverständigen, für welche dieser gar nicht zuständig ist.

67 Bleiben im Ergebnis der Beweiswürdigung nicht behebbare **Zweifel,** so ist, auch bei § 21, *zugunsten des Täters* zu entscheiden (BGH **3**, 173; **8**, 124; MDR/H **83**, 620; BGHR BewSt. 1; BGHR § 21 Urs. mehr. 13). Allerdings kommt es hier nur auf tatsächliche Zweifel an, die sich auf die Art und den Grad des psychischen Ausnahmezustandes beziehen, und nicht auf Zweifel in der rechtlichen Wertung (BGH **43**, 66, 77; NStZ **96**, 328; **00**, 24; BGHR § 21 Erheblichkeit 2; *Lackner/Kühl* 23; vgl. dazu *Maatz* NStZ **01**, 1, 3 f.; *Schöch* MSchrKrim **83**, 338); eine bloße „Verdachtsdiagnose" reicht nicht aus (NStZ-RR **03**, 39). Bei der Anwendung des **Zweifelssatzes** ist darauf zu achten, dass dieser sich nicht an anderer Stelle, namentlich bei der Entscheidung über die Anordnung von **Maßregeln,** zu Lasten des Täters auswirken darf.

68 **11) Rechtsfolgen; verfahrensrechtliche Hinweise.** Liegen die Voraussetzungen des § 20 vor und ist ein Fall der alic oder des **§ 323 a** nicht gegeben, so ist der Angeklagte in der Hauptverhandlung **freizusprechen.** Zugleich kann unter den weiteren Voraussetzungen der **§§ 63, 64** oder **§§ 69, 70** eine der dort genannten Maßregeln angeordnet werden; Anordnung des **Verfalls** (§§ 73 ff.), eingeschränkt auch der Einziehung (§ 74 III, § 74 d I), ist zulässig. Ein **Übergang ins Sicherungsverfahren** nach Eröffnung des Hauptverfahrens entspr. § 416 I StPO ist unzulässig (BGH **46**, 345, 347). Ergeben sich schon im Ermittlungsverfahren gravierende Anhaltspunkte für die Schuldunfähigkeit des Beschuldigten, so kann unter der Voraussetzung des § 413 StPO ein Sicherungsverfahren beantragt werden.

Verminderte Schuldfähigkeit

21 Ist die Fähigkeit des Täters, das Unrecht der Tat einzusehen oder nach dieser Einsicht zu handeln, aus einem der in § 20 bezeichneten Gründe bei Begehung der Tat erheblich vermindert, so kann die Strafe nach § 49 Abs. 1 gemildert werden.

Übersicht

1) Allgemeines	1, 1 a
2) Anwendungsbereich	2–4
3) Anwendungsvoraussetzungen	5–16
4) Strafzumessung	17–28
5) Verfahrensrechtliche Hinweise	29

1 **1) Allgemeines.** Die Vorschrift entspricht § 51 II aF; sie ist in Anlehnung an § 25 E 1962 (Begr. 141) durch das 2. StrRG neu gefasst worden.

Gesetzgebung: Änderungsvorschlag Hamburg: BR-Drs. 479/06 v. 5. 7. 2006.

1 a **Literatur:** Vgl. die Angaben *1 ff.* zu *§ 20*. **Speziell zu § 21**: *Blau,* Zum Thema „Quantifizierung", MSchrKrim **86**, 348; *Duensing,* Schuldmindernde Wirkung des zurechenbaren Alkoholgenusses, StraFo **05**, 15; *Frisch/Bergmann,* Zur Methode der Entscheidung über den Strafrahmen, JZ **90**, 944; *Foth,* Zur Strafzumessung bei Taten unter Alkoholeinfluß, DRiZ **90**, 417, *ders.,* Alkohol, verminderte Schuldfähigkeit, Strafzumessung, NJ **91**, 386; *ders.,* Einige Bemer-

kungen zur verminderten Schuldfähigkeit bei alkoholisierten Straftätern, Salger-FS (1995) 31; *Haffke,* Zur Ambivalenz des § 21 StGB, R & P **91**, 94; *Kotsalis,* Verminderte Schuldfähigkeit und Schuldprinzip, Baumann-FS 33; *Kröber,* Kriterien verminderter Schuldfähigkeit nach Alkoholkonsum, NStZ **96**, 569; *Landgraf,* Die „verschuldete" verminderte Schuldfähigkeit, 1988 [Bespr. *Terhorst* JR **91**, 173]; *Maisch,* Diagnostische Urteilsbildung zur Einschätzung von Schweregraden psychischer Störungen u. ihrer Auswirkungen für forensische Zwecke, MSchrKrim **83**, 343; *Neumann,* Erfolgshaftung bei „selbstverschuldeter Trunkenheit"?, StV **03**, 527; *Rau,* Verminderte Schuldfähigkeit (§ 21 StGB) und selbstverschuldete Trunkenheit, JR **04**, 397; *Rautenberg,* Verminderte Schuldfähigkeit (usw.), 1984; *ders.,* Strafmilderung bei selbstverschuldeten Rauschzuständen? (usw.), DtZ **97**, 45; *Schnarr,* Alkohol als Strafmilderungsgrund, in: Hettinger (Hrs.), Reform des Sanktionenrechts, Bd. 1, 2001, 5; *Schöch,* Die Beurteilung von Schweregraden schuldmindernder oder schuldausschließender Persönlichkeitsstörungen aus juristischer Sicht, MSchKrim **83**, 333; *ders.*, Abschied von der Strafmilderung bei alkoholbedingter Dekulpation?, GA **06**, 371; *Schreiber,* Die verminderte Schuldfähigkeit, in: *Venzlaff* (Hrsg.), Psychiatrische Begutachtung, 1986, 32 [zit. Venzlaff-Hdb.]; *Theune,* Auswirkungen der Drogenabhängigkeit auf die Schuldfähigkeit u. die Zumessung von Strafe u. Maßregeln, NStZ **97**, 57; *Terhorst,* Zur Strafbemessung bei verminderter Schuldfähigkeit infolge Drogensucht, MDR **82**, 368. **Empirische Untersuchungen:** *Dölling,* Über Schuldfähigkeitsbeurteilung u. Rechtsfolgenzumessung bei Gewaltdelikten, Müller-Dietz-FS 119; *Verrel,* Schuldfähigkeitsbeurteilung u. Strafzumessung bei Tötungsdelikten, 1995. **Rechtsprechungsübersichten:** vgl. Nachw. 1 a zu § 20.

2) Anwendungsbereich. § 21 regelt einen **Schuldminderungsgrund** iVm einer **Strafbemessungsregel;** vorausgesetzt ist, dass eine der in § 20 beschriebenen Fähigkeiten des Täters bei der Begehung der Tat (vgl. § 8; 48 zu § 20; zur actio libera in causa vgl. 49 ff. zu § 20) **erheblich vermindert** ist und dies auf einer der von § 20 erfassten psychischen Störungen beruht. Die „verminderte" Schuldfähigkeit ist keine selbstständige Schuld-Kategorie (*Roxin* AT I, 20/32; *Jescheck/Weigend* § 40 IV 1); auch der vermindert Schuld*fähige* ist schuldig (vgl. *Lackner/Kühl* 1; *S/S-Lenckner/Perron* 1; *Keiser* Jura **01**, 376, 380); § 21 trägt dem Umstand Rechnung, dass die **Auswirkungen** psychischer Störungen auf die Motivationsfähigkeit einer Person qualitativ und quantitativ unterschiedlich sein können und sich auf einer offenen „Schwere"-Skala bewegen; dem entspricht eine Quantifizierung von Schuld, die zur Strafrahmenmilderung führt, wenn dem Täter normgemäßes Verhalten aus den in § 20 genannten Gründen „erheblich" (unten 7 ff.) erschwert war (zur Kritik an der systematischen Einordnung des § 21 NK-*Schild* 5 ff. mwN). 2

Hinsichtlich der **Einsichtsfähigkeit** ist die Anwendung des § 21 durch § 17 **eingeschränkt**: *Fehlt* dem Täter die Unrechtseinsicht, so liegt bei störungsbedingter Einsichtsunfähigkeit § 20 vor (vgl. auch 2 StR 215/03; 4 StR 388/04; 4 zu § 20). Nach Rspr und hM scheidet die Anwendung des § 21 dagegen aus, wenn der Täter bei (nur) erheblicher *Verminderung* der Einsichts*fähigkeit* das Unerlaubte erkennt, die Einsicht also tatsächlich hat (BGH **21**, 27, 28; **34**, 22, 25 ff.; **40**, 341, 349; NStZ **85**, 309; **86**, 264; **89**, 430; **91**, 32; **06**, 682 f.; NJW **91**, 762; **93**, 2544; BA **86**, 456; NStZ-RR **97**, 130; **99**, 207; **04**, 38 f.; **07**, 73; StraFo **05**, 207 f.; 5 StR 8/06; 4 StR 64/07; stRspr; LK-*Schöch* 8; *S/S-Lenckner/Perron* 6/7; *Lackner/Kühl* 1; MK-*Streng* 11, jew. mwN; krit. NK-*Schild* 8, 15; *Frister* [1 a zu § 20] 189 ff., 203; SK-*Rudolphi* 4). § 21 ist bei verminderter Einsichts*fähigkeit* nur anwendbar, wenn dem Täter die Einsicht *fehlt* (eine „verminderte Einsicht" gibt nicht; R&P **06**, 101 [2 StR 124/05]), ihm dies aber vorzuwerfen ist (stRspr). (Nur) in diesem Fall kommt es darauf an, ob dem Täter das Fehlen der Einsicht *vorwerfbar* (dann § 21) oder nicht vorwerfbar (dann § 17) ist. Beruht das Fehlen der Einsicht *ausschließlich* auf den zur Verminderung der Einsichtsfähigkeit führenden Gründen, so ist der Irrtum regelmäßig vorwerfbar, dh vermeidbar iS von § 17, denn sonst würde die Abstufung der §§ 20, 21 gerade unterlaufen (ebenso *S/S-Lenckner/Perron* 6/7; LK-*Schöch* 10). *Andere* im Einzelfall vorliegende Gründe können (im Zusammenwirken mit der Verminderung der Einsichtsfähigkeit) zur Unvermeidbarkeit des Verbotsirrtums führen. An eine bloße Verminderung der Einsichtsfähigkeit, die nicht zum *Fehlen* der Einsicht geführt hat, kann auch eine 3

Maßregel nach § 63 nicht angeknüpft werden (BGH **34**, 22, 26f.; NStZ **06**, 682, 683; 4 StR 64/07).

4 Dass durch Auslegung des § 21 als „Unterfall" des § 17 Widersprüche zwischen § 17 einerseits, §§ 20, 21 andererseits ausgeräumt seien, wird von der hM in der Lit. bestritten (vgl. etwa *S/S-Lenckner/Perron* 6/7; SK-*Rudolphi* 4; NK-*Schild* 15; jew. mwN), da eine *nicht* „erhebliche" Verminderung der Einsichts*fähigkeit*, die aber zum *Fehlen* der Einsicht führt, nach § 21 außer Betracht bleibe, wenn sie auf einer psychischen Störung iS von § 20 beruht, dagegen im Rahmen des § 17 (bei Unvermeidbarkeit des Irrtums) zur Schuldlosigkeit führe. Hieraus wird von der **hM** für diese Fälle ein Vorrang des § 17 abgeleitet (vgl. *S/S-Lenckner/Perron* 6/7; MK-*Streng* 13 und 16f., 50 zu § 20; LK-*Schöch* 9; *Roxin* AT I, 20/35; *Jescheck/Weigend* § 40 IV 1 [Fn. 50]; *Dreher* GA **57**, 99; *Schröder* GA **57**, 304; *Stree* JuS **73**, 466; *Haffke* R&P **91**, 104; **aA** *Jakobs* AT 18/31; SK-*Rudolphi* 4).

5 **3) Anwendungsvoraussetzungen.** Voraussetzung des § 21 ist eine **erhebliche Verminderung** der Einsichts- (vgl. aber oben 3f.) oder Hemmungsfähigkeit; Ursache dieser Verminderung muss eine der in § 20 bezeichneten psychischen Störungen sein. Diese darf einerseits *noch nicht* zur Aufhebung der Einsicht oder der Fähigkeit zur Steuerung geführt haben; andererseits muss diese Fähigkeit *schon* erheblich vermindert sein. Die beiden Alternativen des § 21 können **nicht gleichzeitig** angewendet werden (BGH **21**, 28; **40**, 349 [m. Anm. *Kaatsch* BA **95**, 293]; GA **68**, 279; MDR/D **75**, 365; NStZ **82**, 201; **86**, 264; **89**, 430; **90**, 333; BA **86**, 456; NJW **95**, 1229 [m. Anm. *Pluisch* NStZ **95**, 330 u. NZV **96**, 98]; 1 StR 1/96; 2 StR 551/97; 5 StR 93/04; stRspr); der Tatrichter darf auch nicht **offen lassen,** ob die Einsichts- oder die Steuerungsfähigkeit des Täters vermindert war (vgl. auch BGH **49**, 347, 356ff.). Die Schuldfähigkeit muss zum **Zeitpunkt der Tat** erheblich vermindert sein; einen tatunabhängig-„*allgemeinen*" Zustand der Schuld-Minderung gibt es nicht (vgl. 47 zu § 20).

6 **A. Erheblichkeit der Verminderung.** Die forensisch-psychiatrische Literatur beschreibt eine „erhebliche" Verminderung etwa dahin gehend, es müsse „das Persönlichkeitsgefüge erschüttert" sein (*Foerster,* Schewe-FS 194; vgl. auch 29 zu § 20); in der Persönlichkeit des Täters müssten „die Symptome der Störung führend" geworden sein (*Rasch* StV **912**, 126, 131; ähnl. *ders.* in For. Psych., 355f.; vgl. auch NK-*Schild* 11). Die Kommentarliteratur formuliert, es müsse „die Sinngesetzlichkeit des Handelns im Vergleich zum Durchschnittsbürger erheblich beeinträchtigt" sein (SK-*Rudolphi* 3); eine erhebliche Verminderung des Hemmungsvermögens setze voraus, dass der Täter „den Tatanreizen wesentlich weniger Widerstand leisten (kann) als ein Durchschnittsbürger" (LK-*Schöch* 15; MK-*Streng* 17); der Begriff solle „bloße Unterschiede innerhalb einer nicht eng zu verstehenden Bandbreite der Normalität ausscheiden" (*Lackner/Kühl* 1 unter Hinweis auf NStZ-RR **05**, 75).

7 **a)** Schon hieraus ergibt sich, dass die Beurteilung, wann eine Störung „erheblich" ist, sich keinesfalls (allein) *empirisch* bestimmen lässt; es handelt sich bei der Erheblichkeit also *nicht* um einen (medizinisch-)psychologischen „Befund" (vgl. auch MK-Streng 18). „Erheblichkeit" in § 21 ist ein **Rechtsbegriff**; über das Vorliegen seiner Voraussetzungen ist nach stRspr und hM vom **Gericht** (und nicht vom Sachverständigen; vgl. 63f. zu § 20) in eigener Verantwortung zu entscheiden (BGH **8**, 113, 124; **43**, 66, 77; **49**, 45, 53; NJW **06**, 386f; NStZ-RR **97**, 225; **04**, 7; **04**, 70; StV **93**, 241; **99**, 241; **04**, 39; StraFO **02**, 266, 268; BGHR § 21 Sachverst. 11; 1 StR 384/03; 5 StR 306/03 [in NStZ **05**, 35 nicht abgedr.]; 2 StR 454/05; stRspr.; vgl. dazu auch *Foth,* Salger-FS 32f.; *Theune* NStZ **97**, 59; *ders.* NStZ-RR **05**, 225, 226; *Maatz* StV **98**, 283; LK-*Schöch* 19; *S/S-Lenckner/Perron* 5; **aA** *M/Zipf* 36/73). Auf die Rechtsfrage, ob eine (festgestellte; vgl. 42 zu § 20) Störung erheblich ist, ist daher auch der **Zweifelssatz** nicht anwendbar (BGHR § 21 in dubio 1; NStZ-RR **04**, 329; NStZ **05**, 149; NStZ-RR **06**, 335, 336; vgl. aber 42b zu § 20 aE).

Die Beurteilung setzt nach stRspr eine **Gesamtwürdigung** des Gerichts voraus (BGH **43**, 77; NJW **83**, 350; NStZ-RR **97**, 225; StV **93**, 241; **99**, 309; 1 StR 147/03; 1 StR 384/03; 1 StR 406/03; NStZ-RR **06**, 369; ähnlich, mit wechselnden Formulierungen, *S/S-Lenckner/Perron* 5; LK-*Schöch* 22; MK-*Streng* 18; SK-*Rudolphi* 3; NK-*Schild* 11; *Theune* NStZ **97**, 59; **99**, 273; *Foth,* Salger-FS 31 f.; vgl. auch *Rautenberg* [1 a] 10 ff.; jew. mwN; krit. *Theune* NStZ-RR **05**, 325, 326). Diese hat zu klären, ob die Fähigkeit des Täters, motivatorischen und situativen Tatanreizen in der konkreten Tatsituation zu widerstehen und sich normgemäß zu verhalten, im Vergleich mit dem „Durchschnittsbürger" (vgl. NJW **83**, 350; StraFo **04**, 19) in einem solchen Maß verringert war, dass die Rechtsordnung diesen Umstand bei der Durchsetzung ihrer Verhaltenserwartungen nicht übergehen darf. Es ist dabei, auch gegen einen immer wieder spürbaren Druck rechtpolitisch-normativer Stimmungslagen, nicht allein zwischen „*Zumutbarkeit und Unzumutbarkeit*" zu unterscheiden (so *Jakobs* AT 18/28), sondern in möglichst gleichmäßiger Anwendung (zutr. LK-*Schöch* 22) die Beziehung zwischen Entstehungsgeschichte, Motivation und Verlauf der Tat und den konkreten Auswirkungen der psychischen Störung zu betrachten (vgl. NJW **83**, 350); einzubeziehen ist auch ein mögliches „Vorverschulden" (BGH **43**, 77; vgl. 49 ff., 56 ff. zu § 20 und unten 15 f., 24; vgl. auch BGH **34**, 33; **35**, 145; NJW **93**, 2544; NStZ **86**, 114; StV **85**, 102; **86**, 14; **93**, 356; BGHR Erheblichkeit 2; abl. dazu *S/S-Lenckner/Perron* 5; SK-*Rudolphi* 4 b; NK-*Schild* 35). Kommen mehrere Eingangsmerkmale des § 20 in Betracht, so ist ggf. ihr Zusammenwirken zu würdigen (NStZ-RR **04**, 360). 7 a

In der Rspr des BGH wird dem Tatrichter bei dieser Gesamtwürdigung meist ein erheblicher Beurteilungs- oder Wertungs-„**Spielraum**" eingeräumt (vgl. etwa 5 StR 306/03), ohne aber die **rechtlichen Maßstäbe** dieser Wertung und damit auch die Prüfungsmaßstäbe des Revisionsgerichts im einzelnen anzugeben; im Einzelfall wird eine *erschöpfende* Erörterung gefordert (vgl. zB 5 StR 193/04). Der Tatrichter hat ohne Bindung an Äußerungen von Sachverständigen in eigener Verantwortung zu entscheiden; maßgeblich sind die Anforderungen, welche die Rechtsordnung an jedermann stellt (BGH **43**, 66, 77; NStZ-RR **99**, 295, 296; NJW **06**, 386 [*Fall Karolina*]). Die Anforderungen an die Erheblichkeit (also wohl: deren quantitative Schwelle) sollen nach der Rspr des *1. StS* um so höher sein, je schwerwiegender das Delikt ist, bei Tötungsdelikten daher besonders hoch (vgl. BGH **49**, 45,53; NJW 06, 386 [*Fall Karolina*]; NStZ **04**, 437; **05**, 149; NStZ-RR **04**, 329; 1 StR 32/01; ebenso *Lackner/Kühl* 1; LK-*Schöch* 20; krit. *Theune* NStZ-RR **05**, 325, 326: Verletzung des Schuldprinzips). 7 b

b) Der Grundsatz, dass die („Grund"-)Störung sowie die Möglichkeit ihrer Auswirkung auf Einsicht und Hemmungsvermögen empirisch, die Erheblichkeit der Auswirkung aber normativ festzustellen sei, lässt sich in die Systematik der §§ 20, 21 nur schwer integrieren und praktisch nur unzureichend verwirklichen: Die Steuerungsfähigkeit ist **vermindert,** wenn das Hemmungsvermögen des Täters gegenüber dem Durchschnitt von Personen, die *keine* psychische Störung iS von § 20 aufweisen, herabgesetzt ist, der Täter daher dem Tatanreiz weniger Widerstand leisten kann. Bei Vorliegen einer Bewusstseinsstörung (insb. Affekt; vgl. 30 ff. zu § 20) oder einer seelischen Abartigkeit (36 ff. zu § 20) lässt sich schon die Frage, ob die Störung „tiefgreifend" oder „schwer", mithin eine Eingangsvoraussetzung des § 21 überhaupt gegeben ist, von der Frage der **Erheblichkeit** nicht trennen, auch wenn der Begriff der Erheblichkeit „tatnäher" sein soll (vgl. NStZ **96**, 380 [Anm. *Winckler/Foerster* NStZ **97**, 334]). Folgerichtig nimmt der BGH in stRspr an, dass eine „schwere" seelische Abartigkeit, sofern nicht § 20 eingreift, *regelmäßig* die Steuerungsfähigkeit erheblich vermindert (NStZ **97**, 485 f.; NStZ-RR**98**,189; StV **91**, 511; BGHR seel. Ab. 20; 5 StR 483/96; vgl. *S/S-Lenckner/Perron* 3; NK-*Schild* 2, 18); die Feststellung *nicht* erheblicher Minderung der Steuerungsfähigkeit bei Vorliegen einer *schweren* seelischen Abartigkeit ist danach besonders begründungsbedürftig (StV **91**, 511; BGHR seel. Ab. 10, 20, 23; vgl. dazu 29, 42 f., 63 zu § 20). 8

Entsprechendes gilt bei Vorliegen einer „tiefgreifenden" Bewusstseinsstörung (BGHR seel. Ab. 20; BewStö. 2; *Salger,* Tröndle-FS 214).

9 Dies macht deutlich, dass dem „zweistufigen Modell" in Wahrheit weitgehend (generalpräventiv begründete) normative Annahmen zugrunde liegen, die dem Wandel unterliegen (vgl. *Rasch* For. Psych. 354). Dieser Wandel ist von einer Erhöhung empirischer *Genauigkeit* in der Diagnose psychischer Störungen weniger stark abhängig als von einer gesellschaftlichen Verständigung darüber, was als „normal" und „krank", Durchschnitt und *qualitativ anders* zu gelten hat. Rspr und strafrechtliche Lit. zeigen insoweit die Tendenz, die Rechtsbegriffe für die *Wirklichkeit* zu nehmen: Wertungen wie die, der Täter weise eine seelische Abartigkeit auf, diese sei „schwer" und die Hemmungsfähigkeit des Täters sei durch sie „erheblich" herabgesetzt gewesen, gelten als **Tatsachen**-Feststellungen, welche einer (weiteren) „Gesamtwürdigung" zur Entscheidung über eine Strafrahmenmilderung nach §§ 21, 49 I zugrunde zu legen sei. Diese Systematik verliert aber an Überzeugungskraft, wenn auf *allen* Stufen jeweils auf *denselben* „Durchschnitt" als **Maßstab** der Beurteilung verwiesen wird. Das „schlechte Gewissen" des Strafrechts (*Haddenbrock* Forensia **2**, 11, 18) lässt sich auf diese Weise nur verlagern. Tatsächlich erfolgt die Argumentation vom **Ergebnis** aus (NK-*Schild* 18; vgl. auch *Tiemeyer* ZStW **100**, 527, 558). Das ist auf der Basis *jedes* Schuldbegriffs unabweisbar; anders wäre auch die Diskussion um eine gesetzliche Regelung der actio libera in causa gar nicht verständlich, denn das Recht vermag empirische „Fähigkeiten" nicht zu *schaffen*, sondern nur zu *fordern*. Es kommt iErg bei der Anwendung der §§ 20, 21 darauf an, die **Rationalität der Beurteilung** und einer möglichst gleichmäßigen Rechtsanwendung (LK-*Schöch* 22) in einem Prozess offener Diskussion auf möglichst hohem Kenntnisstand über die zu beurteilenden psychischen Sachverhalte zu erweisen.

10 **B. Praktische Anwendung.** Schwerpunkt der praktischen Anwendung des § 21, dh einer Gesamtbewertung (oben 7) der Auswirkung einer bei Begehung der Tat wirksamen psychischen Störung als *schon* „erheblich", aber die Schuld *noch nicht* ausschließend, sind neben Fällen leichterer Psychosen oder hirnorganisch verursachter Störungen (vgl. NStZ **83**, 34; **91**, 31) sowie leichteren und mittleren Formen des Schwachsinns vor allem **Affektzustände** (vgl. zB NStZ **92**, 380; **93**, 343; NStZ-RR **03**, 8; StV **85**, 233; **86**, 101; **87**, 341; **97**, 630; BGHR § 20 Urs. mehr. 4; § 21 Affekt 4, 5, 6, 7; vgl. noch unten 15) sowie **Persönlichkeits- und Triebstörungen** iS „seelischer Abartigkeiten", bei denen nach allg. Ansicht ein Ausschluss der Schuldfähigkeit nur ausnahmsweise, namentlich bei Zusammenwirken mehrerer Faktoren, in Betracht kommt. Allgemeine Regeln zur Anwendung des § 21 lassen sich hier nicht formulieren; der BGH weist in stRspr auf die Notwendigkeit einer umfassenden **Gesamtwürdigung im Einzelfall** hin (vgl. StV **00**, 17; NStZ-RR **04**, 8; NJW **05**, 230, 231 f.). **Anhaltspunkte** für die Symptomatik und die Schwere-Einstufung geben die diagnostischen Klassifikationssysteme (vgl. 7 zu § 20); i. Ü. kann das zutreffende Urteil nur durch eingehende Befassung mit dem Einzelfall und vergleichende Heranziehung „ähnlicher", in Rspr und Lit. in großer Zahl behandelter Fälle gefunden werden. Die kritiklose Übernahme diagnostischer Begriffe in „Schuld"-Kategorien ist ebenso verfehlt wie die Anwendung einer von „Dammbruch"-Befürchtungen und Schematisierungen beeinflussten Alltags-Psychologie.

11 **Einzelfälle** aus der Rspr.: beginnende arteriosklerotische Demenz (NStZ **83**, 34); „überwertige Idee" mit expansiver paranoischer Entwicklung (BGHR seel. Ab. 25); senile Demenz (NStZ **93**, 332; StV **94**, 15; **95**, 633; 5 StR 177/97; vgl. aber NStZ **99**, 297 [Anm. *Kröber*] zu Sexualstraftaten im vorgerückten Alter (dazu *auch NStZ-RR* **05**, 167; NStZ-RR **06**, 38; NStZ **07**, 328 f.; 35 zu § 176) auch in Verbindung mit Alkohol (StV **89**, 102); „Borderline"-Syndrome (BGH **42**, 385 [Anm. *Dannhorn* NStZ **98**, 81; *Kröber* NStZ **98**, 80; *Faller* NJW **97**, 3073]); soziopathische Störung (MDR/H **87**, 977; NStZ **92**, 380); dissoziale Persönlichkeitsstö-

rung (NStZ **99**, 395 [Anm. *Winckler/Foerster* NStZ **00**, 192]; NStZ-RR **99**, 77; 359); Spielsucht (BGH **49**, 365 = NJW **05**, 230 [Anm. *Schramm* JZ **05**, 418]; NStZ **94**, 501; **99**, 448f.; **04**, 31; StV **93**, 241; **94**, 651; JR **89**, 380 [Anm. *Kröber*]); Triebanomalien, insb. bei suchtartig progredientem Verlauf (NJW **82**, 2009 [Anm. *Blau* JR **83**, 69]; **86**, 141; **89**, 2958; **98**, 2752 [Anm. *Winckler/Foerster* NStZ **99**, 236]; NStZ **93**, 181; **96**, 401); *mögliche* mittelschwere Depression in Verbindung mit einer histrionischen Persönlichkeitsstörung und nicht mehr feststellbarer Tatmotivation für einen Sprengstoffanschlag (5 StR 306/03 [*La Belle-Fall*; in NStZ **05**, 35 nicht abgedr.; zw.]). Vgl. auch 39ff. zu § 20.

Praktisch wichtigster Fall ist die **akute Alkoholintoxikation,** die nur ver- **12** hältnismäßig selten zum Ausschluss der Schuldfähigkeit führt. Zu Einzelheiten hierzu vgl. 11ff. zu § 20. Unabhängig von einem zur Tatzeit akuten Rauschzustand (vgl. dazu NStZ **01**, 83) kommt als Ursache einer erheblichen Minderung insb. der Steuerungsfähigkeit auch **Rauschmittelabhängigkeit** in Betracht (MDR/H **78**, 109; **89**, 109; StV **91**, 156; **92**, 569; NStZ **03**, 370f.). Dabei reicht eine Charakterisierung des Täters als „Gewohnheitstrinker" nicht schon für die Annahme einer erheblich verminderten Steuerungsfähigkeit (NStZ-RR **97**, 300 [zu§ 323a]).

Bei **Betäubungsmittelabhängigkeit** kann sich eine erhebliche verminderte **13** Steuerungsfähigkeit außer bei akuter Intoxikation auch daraus ergeben, dass namentlich in Fällen von Beschaffungskriminalität der Täter bei hohem Suchtdruck Angst vor Entzugserscheinungen hat, die er schon als äußerst unangenehm erlebt hat und deren nahes Bevorstehen er erwartet (NStZ **06**, 151 mwN [abl. Anm. *Dannhorn* NStZ **06**, 453). Die **Abhängigkeitserkrankung** selbst begründet nach stRspr für sich allein die Annahme von § 21 nicht (NJW **81**, 1221; JR **87**, 206 [m. Anm. *Blau* u. *Kamischke* StV **88**, 199]; NStZ **89**, 17; **96**, 498; **99**, 448; NStZ-RR **04**, 39f. Celle NStZ **87**, 407; Bay NJW **99**, 1794; zusf. *Täschner* BA **93**, 313; *Theune* NStZ **97**, 60 m. zahlr. Nachw.; *Forster/Joachim* 90; *Stoffers* KR **98**, 184), sondern nur bei Vorliegen besonderer Umstände, etwa wenn auf Grund langjährigen Konsums **schwere Persönlichkeitsveränderungen** eingetreten sind (StV **89**, 103; BGHR BtM-Ausw. 8, 11; NStZ-RR **97**, 225; 4 StR 662/97; vgl. 11a, 41 zu § 20); oder bei Beschaffungstaten unter starken Entzugserscheinungen oder unter Angst vor solchen (vgl. dazu NStZ **89**, 17; **99**, 448; **01**, 82f.; **01**, 83f.; **01**, 85; **01**, 642; **03**, 370; NStZ-RR **97**, 225; **97**, 227; StV **94**, 303; BGHR BtM-Auswirkungen 2, 6, 8, 12; 2 StR 360/98; 4 StR 411/00; 1 StR 195/02; 1 StR 406/03). Zur Frage der Schuldminderung bei Anabolikamissbrauch LG Freiburg NStZ-RR **98**, 138.

C. Grenzen der Schuldminderung. Nach allg. Ansicht scheidet die Annah- **14** me einer „erheblichen" Minderung aus, wenn sich eine Störung als (bloße) „Ausprägung der Normalpersönlichkeit" darstellt. Eine „besondere Persönlichkeitsstruktur" reicht als Begründung für die Annahme des § 21 daher nicht aus, solange das Gericht nicht darlegt, welchem Merkmal die besondere Persönlichkeitsstruktur nach der Art der Störung zuzuordnen (BGHR Vorauss. 1) und dass sie *im konkreten Fall* rechtlich „erheblich" geworden ist. Dasselbe gilt für zwischenmenschliche Abhängigkeiten („Hörigkeit"), soziale Haltlosigkeit, Willensschwäche, leichte Kränkbarkeit (vgl. NStZ-RR **04**, 8 [paranoide Persönlichkeitsstörung]) oder psychische Beeinträchtigungen durch schweres Lebensschicksal. Solche Gründe bieten *als solche* keine hinreichende Grundlage für eine Strafrahmensenkung; *Ausdruck* einer „erheblichen" psychischen Störung können sie gleichwohl sein. Umgekehrt bieten überholte oder veraltete alltagspsychologische Kategorisierungen (zB „kriminelle Veranlagung"; „Charaktermängel"; vgl. BGH **14**, 30; NJW **58**, 2123; **66**, 1871) ihrerseits keine rationalen *Maßstäbe* für die Differenzierung, sondern setzen eine Teilung in Gute, Böse und Kranke schon voraus.

a) Psychische Störungen in der Form **affektiver Erregung** zur Tatzeit können, **15** auch wenn sie sich nicht als Affekt ieS (vgl. 30 zu § 20), sondern als **Stimmung**

darstellen (vgl. NK-*Schild* 24ff.), oft „Eingangsmerkmalen" der §§ 20, 21 zugeordnet werden, weil sie in Wechsel- oder Zusammenwirkung mit anderen Faktoren stehen oder diese aktualisieren (**zB** Erregung und Alkoholisierung [NStZ **97**, 232; 592; **99**, 508; **00**, 585; StV **94**, 13; BGHR § 20 Urs., mehr. 1, 2, 3, 4; § 21 Urs., mehr. 3, 4, 9, 11]; Panik bei schizoider Störung mit hoher Affektlabilität [StV **00**, 74]; weitere Beispiele bei NK-*Schild* 28; vgl. auch NStZ-RR **05**, 168 [Geburtssituation]). Soweit es sich um hochgradige Affekte iS einer tiefgreifenden Bewusstseinsstörung handelt, schränkt die Rspr schon die Feststellung dieses Merkmals durch Berücksichtigung von **„Vorverschulden"** ein (dazu 56ff. zu § 20). Die hiergegen gerichtete **Kritik** (vgl. NK-*Schild* 29 zu § 20; *Theune* NStZ **99**, 273ff.; näher 57 zu § 20) gilt im Grundsatz auch im Bereich des § 21 und für die Berücksichtigung (*nicht* „tiefgreifender") „verschuldeter" affektiver Erregung im Zusammenhang mit Persönlichkeitsstörungen oder Alkoholisierung; freilich wird die Problematik hier idR (systematisch nicht ohne Widerspruch) bei der Frage der fakultativen Strafmilderung behandelt.

16 **b)** Ob die Zurechnungsfigur der **actio libera in causa** uneingeschränkt auch im Bereich des § 21 gilt, ist i.E. streitig (vgl. dazu *S/S-Lenckner/Perron* 11; LK-*Schöch* 33ff.; NK-*Schild* 35; SK-*Rudolphi* 4a; *Frisch* ZStW **101**, 605; *Roxin,* Lackner-FS 307, 322; jew. mwN). Auf der Grundlage der sog. „Tatbestandslösung" (vgl. 52 zu § 20) kann das Sich-Berauschen allerdings kaum als Beginn der (späteren) Tatausführung eines schuld*fähigen* Täters verstanden werden (SK-*Rudolphi* 4a; *Puppe* JuS **80**, 346, 349; *Roxin,* Lackner-FS 322 und AT I, 20/66); jedoch sind die Grundsätze der alic auch nach dieser Ansicht im Rahmen der fakultativen Strafmilderung anzuwenden (vgl. *Salger,* Tröndle-FS 201, 216; *S/S-Lenckner/Perron* 11; SK-*Rudolphi* 4a; NK-*Schild* 35; MK-*Streng* 24). Nach der **Rspr des BGH** (NJW **55**, 1037; VRS **21**, 45; NStZ **00**, 584f. [Bespr. *Streng* JuS **01**, 540] mwN; wohl auch BGH **21**, 381f.; **34**, 29, 33; 4 StR 93/99 [in NStZ **99**, 501 nicht abgedr.]; ebenso LK-*Schöch* 33; *Lackner/Kühl* 6) ist das Vorliegen eines Verschuldens iS der alic nicht erst bei der Strafzumessung zu berücksichtigen, sondern schließt die Anwendung des § 21 von vornherein aus (vgl. auch NStZ **03**, 535f.). Die systematische Bedeutung des Streits dürfte größer als seine praktische sein, da sich die Wertungen vielfach überlagern. Eine Schuldminderung nach § 21 ist danach **ausgeschlossen,** wenn der Täter einer Vorsatztat einen Zustand iS des § 21 vorsätzlich in der Absicht oder dem Bewusstsein späterer Tatbegehung herbeigeführt hat (BGH **34**, 33; vorsätzliche alic); ebenso, wenn der Zustand iS von § 21 vorsätzlich oder fahrlässig herbeigeführt wurde und der Täter dabei fahrlässig die Begehung einer späteren **Fahrlässigkeitstat** nicht bedacht hat. **Anders** als bei Schuldunfähigkeit zum Tatzeitpunkt ist der Fall zu behandeln, dass der Täter sich fahrlässig in den Zustand iS des § 21 versetzt und dabei fahrlässig nicht bedenkt, dass er später eine **Vorsatztat** begehen werde (vgl. *S/S-Lenckner/Perron* 11; LK-*Schöch* 35): Hier liegt keine fahrlässige alic vor, sondern eine Vorsatztat, die § 21 unterfällt; die vorausgehende Fahrlässigkeit kann im Übrigen zur Versagung der Strafrahmensenkung führen (vgl. StV **93**, 356; *S/S-Lenckner/Perron* 11; LK-*Schöch* 35, 49; SK-*Rudolphi* 4a; MK-*Streng* 24).

17 **4) Strafzumessung.** Wenn die Voraussetzungen des § 21 gegeben sind, **kann** das Gericht den Strafrahmen nach § 49 I mildern; dem Richter ist insoweit ein **Ermessen** eingeräumt (BGHR § 21 Strafrahmenverschiebung 21; NStZ **04**, 678, 679). Die nur fakultative Strafrahmenmilderung verstößt nicht gegen das Schuldprinzip und ist verfassungsgemäß (BVerfGE **50**, 5; vgl. auch BGH **7**, 28, 29f.; NJW **93**, 2544; NStZ **97**, 592; **04**, 619); die erhebliche Verminderung der Schuldfähigkeit führt nicht zwingend zu einer Verringerung des Schuldumfangs. Auch *der vermindert schuldfähige* Täter ist für die von ihm begangene Tat in ihrer konkreten Ausgestaltung verantwortlich, freilich nach dem Maß der geminderten Schuld (NStZ-RR **05**, 70 [*2. Durchgang* NStZ-RR **06**, 38]; vgl. auch *Foth,* Salger-FS [1995] 31, 32).

A. Strafrahmenmilderung. Die Schuld des Täters ist bei einer erheblichen Minderung der Schuld*fähigkeit* idR vermindert, wenn gegenläufige Umstände nicht gegeben sind (BGH **7**, 28, 30f.; LK-*Schöch* 40f.; *S/S-Lenckner/Perron* 14); dies führt nach stRspr und hM zu einer Strafrahmenänderung, wenn nicht eine Gesamtwürdigung (unten 20) ergibt, dass die Schuldminderung durch schuld*erhöhende* Umstände (die im Urteil konkret festzustellen sind; vgl. NStZ **92**, 547; NStZ-RR **96**, 161) aufgewogen wird (NStZ **04**, 619). Die Strafmilderung steht nicht im Belieben, sondern nach hM (vgl. unten 20) im pflichtgemäßen **Ermessen** des Tatrichters (**aA** [obligatorische Milderung] *Stratenwerth* AT 10/41; *Kotsalis,* Baumann-FS 33ff.). Einer erheblichen Schuldminderung darf nicht deswegen geringeres Gewicht beigemessen werden, weil sie lediglich auf Grund des **Zweifelssatzes** unterstellt (vgl. 67 zu § 20) wurde (StV **99**, 490; BGHR StrRVersch. 17; 1 StR 81/97; StR 369/05 [NStZ-RR **05**, 6 LS]). 18

Sieht die Strafvorschrift eine Strafmilderung wegen eines minder schweren Falles (83 zu § 46) vor, so ist zu bedenken, dass allein schon die Bejahung des § 21 zur Annahme eines **minder schweren Falles** führen kann (MDR/H **83**, 619; **92**, 631; StV **84**, 285; NStZ **84**, 262; **86**, 117; **90**, 385; GA **87**, 227; BGHR StrRVersch 10; BGHR § 176 I, msF 1; § 250 II, StRahmW 1; § 21 StrRVersch. 27; NJW **97**, 403; NStZ/D **90**, 484; **91**, 179; 272; **97**, 175; StV **97**, 521; LK-*Schöch* 64f.). Obgleich damit zwei zulässige Strafrahmen vorliegen können (zB der nach §§ 212, 21, 49 I neben dem nach § 213), ist **vorrangig** die Frage des minder schweren Falles zu prüfen (*Danckert* StV **83**, 476; NStZ/M **84**, 162; 492), es sei denn, § 21 scheidet nach Sachlage aus (2 StR 35/86; krit. zur Lösung der Strafrahmenkonkurrenz *Horn,* Arm. Kaufmann-GedS 573; *Haffke* InstKonfl. **14**, 30; vgl. dazu Erl. zu § 50). 19

B. Versagung der Strafrahmenmilderung. Schulderhöhende Umstände können zur Versagung der Strafrahmensenkung führen. Nach der stRspr des **BGH** (so auch BVerfGE **50**, 5) erfordert das Schuldprinzip **keine obligatorische Milderung** (**aA** SK-*Rudolphi* 5; *B/Weber/Mitsch* 19/25; *Stratenwerth* AT 526; *Kotsalis,* Baumann-FS 33; zweifelnd *S/S-Lenckner/Perron* 14; *Lackner/Kühl* 4; *Frister* JZ **03**, 1019). In der Lit. wird teilweise vertreten, bei der Abwägung seien nur solche Umstände zu berücksichtigen, die mit der Verminderung der Schuldfähigkeit zusammenhängen, insb. also eine verschuldete Herbeiführung des Ausnahmezustands (*Dreher* JZ **68**, 209, 213; *Frisch* ZStW **101**, 538, 605; *Frisch/Bergmann* JZ **90**, 944, 949; *Lackner/Kühl* 4 zu § 49; einschr. *S/S-Lenckner/Perron* 14). Dagegen stellen **stRspr** und hM auf eine **Gesamtwürdigung** aller schuldrelevanten Umstände ab (BGH **7**, 28, 30f.; NJW **81**, 1221; **93**, 2544; NStZ **82**, 200; **85**, 357; **92**, 32; **97**, 592; **04**, 619; StV **99**, 490; *M/Zipf* 36/78; *Jescheck/Weigend* § 40 IV 2; *Roxin* AT I 20/40; LK-*Schöch* 46; krit. dazu *Horn,* Arm. Kaufmann-GedS 573, 587); es findet keine „abgestufte" Prüfung zunächst der Strafrahmensenkung (*ausschließlich* anhand der zur Annahme von § 21 führenden Umstände) und dann der Strafzumessung innerhalb des angewendeten Rahmens (*ausschließlich* anhand sonstiger Umstände) statt (vgl. dazu auch *Neumann,* BGH-FG 83, 93ff.; *ders.* StV **03**, 527), sondern schon bei der Strafrahmenmilderung eine Prüfung der Schuld „im Ganzen". 20

Eine grundsätzliche Versagung der Milderung bei **Straftaten bestimmter Art,** etwa bei Vermögens- und Steuerstraftaten (StV **89**, 199), kommt nicht in Betracht. Milderung darf auch nicht allein deshalb abgelehnt werden, weil der Täter schon früher ähnliche Taten begangen hat, ohne dass § 21 gegeben war (BGH StV **81**, 401; *Schoreit* NStZ **82**, 64), oder weil sich ein drogenkranker Täter nicht um einen Therapieplatz bemüht hat (Celle StV **83**, 203). Auch bei Anwendung von **Jugendstrafrecht** ist § 21 unbeschadet von § 18 I S. 3 JGG zu berücksichtigen (MDR/H **82**, 972; NStZ **84**, 75). Persönlichkeitsmängel, die nicht zur Anwendung des § 21 führen, sind im Rahmen der Strafzumessung zu berücksichtigen (BGH **35**, 355). 21

22 **a) Schulderhöhend** wirken und daher eine Strafrahmensenkung ausschließen können besondere **Umstände der Tatbegehung; zB** besondere Handlungsintensität (vgl. NStZ **88**, 310; MDR/H **88**, 626); Brutalität oder Grausamkeit; Begehung mehrerer Delikte, Verletzung mehrerer Menschen oder Verwirklichung mehrerer Mordmerkmale (vgl. NStZ **94**, 34; LK-*Schöch* 48; krit. *S/S-Lenckner/Perron* 19). Solche **Tatmodalitäten** dürfen dem Täter aber nur soweit zur Last gelegt werden, als sie ihm vorwerfbar und nicht gerade auf den Zustand verminderter Steuerungsfähigkeit zurückzuführen sind (vgl. BGH **16**, 360, 364; NStZ **82**, 200; **86**, 114 f.; **91**, 81; **92**, 538; **97**, 592; **04**, 678, 680; NStZ-RR **96**, 193; **03**, 104; **04**, 105; **05**, 70; StV **89**, 198 f.; MDR/H **88**, 99; **97**, 19; BGHR StrRVersch. 5, 13, 15, 20, 24, 27); das gilt entsprechend auch für die **Tatmotive** (StV **03**, 669). Eine strafschärfende Verwertung besonders gravierender Umstände ist daher nur nach dem Maß der geminderten Schuld zulässig; die Urteilsgründe müssen ggf. erkennen lassen, dass sich der Tatrichter dieser Problematik bewusst war (NStZ-RR **03**, 104 f.; vgl. 28 zu § 46).

23 Eine Versagung der Strafrahmenmilderung ist grds. auch möglich, wenn die Wahl zwischen **lebenslanger** und zeitiger Freiheitsstrafe besteht. Voraussetzung ist in diesem Fall das Vorliegen **besonders erschwerender Gründe**, welche die mit § 21 verbundene Schuldminderung auszugleichen vermögen (StV **90**, 157; BGHR StrRVersch. 7, 8, 12; 28; NStZ **04**, 619); die für Taten verschiedener Schwere gedachte absolute Strafe muss nach einer umfassenden Gesamtwürdigung trotz Vorliegens des vertypten Milderungsgrundes noch angemessen erscheinen (vgl. BVerfGE **50**, 5; BGH **7**, 32; NStZ **85**, 357; NStZ-RR **03**, 136; **aA** SK-*Rudolphi* 5, 6; *Roxin* AT I, 20/43; *Neumann* StV **03**, 527 f.). Das ist ausgeschlossen, wenn die besonders gravierenden Umstände gerade auf den § 21 begründenden Zustand zurückzuführen sind (BGH **16**, 364; MDR/H **87**, 444; **97**, 19; NStZ-RR **03**, 136; NStZ **04**, 495; **04**, 619; 4 StR 303/99; vgl. 3 ff. zu § 50; 33 zu § 46). An die **Ablehnung** einer Strafrahmenmilderung nach §§ 21, 49 I sind bei lebenslanger Freiheitsstrafe hohe Anforderungen zu stellen (NStZ **92**, 538; **04**, 678. 681; StV **93**, 355; NStZ-RR **99**, 295; 5 StR 177/99; 4 StR 54/04; StV **06**, 465, 466); es müssen besonders erschwerende, dem Täter vorwerfbare Umstände festgestellt sein; die Ablehnung der Milderung ist im Rahmen einer umfassenden Gesamtwürdigung im Urteil zu begründen (NStZ-RR **03**, 136, 137; vgl. unten 27). Wird trotz erheblich verminderter Steuerungsfähigkeit im Einzelfall nicht gemildert, so ist die Feststellung **besonders schwerer Schuld** (§ 57 a I S. 1 Nr. 2) nur in besonders gravierenden Ausnahmefällen denkbar (NStZ 04, 678, 681; 5 StR 177/99).

24 **b) „Vorverschulden"** des Täters kann nach Rspr und hM schulderhöhend berücksichtigt werden (and. MK-*Streng* 24). Das gilt außer in Fällen des „verschuldeten Affekts" (vgl. dazu BGH **35**, 143 [Anm. *Blau* JR **88**, 514; *Frisch* NStZ **89**, 263]; 34 zu § 20; oben 15) stets dann, wenn der Täter die Wirkung des auf einer psychischen Störung beruhenden, in der konkreten Tatsituation zur erheblichen Minderung der Einsichts- oder Steuerungsfähigkeit führenden Defekts vorwerfbar verursacht oder verstärkt hat oder damit hätte rechnen können, Straftaten solcher Art zu begehen (so auch LK-*Schöch* 49). Dies ist grds insb. auch bei allen schweren seelischen Abartigkeiten, namentlich Persönlichkeits- oder Triebstörungen denkbar, deren tatfördernde bzw. hemmungsmindernde Wirkung der Täter kennt; die Zurechung eines „Vorverschuldens" kommt hier aber nur in Betracht, wenn das betreffende Verhalten sich nicht seinerseits als Ausdruck der Störung darstellt (vgl. NStZ **95**, 329 [Abbruch einer *Androcur*-Behandlung]).

25 **c)** Praktisch wichtigster Fall des „Vorverschuldens" ist der **selbst zu verantwortende (Alkohol-)Rausch.** In diesem Fall besteht, wenn der Täter die Begehung von *Straftaten* vorhergesehen hat oder hätte vorhersehen können, nach stRspr des BGH für eine Strafrahmenmilderung regelmäßig kein Anlass (BGH **34**, 29, 33; **43**, 66, 78; NStZ-RR **97**, 165; NStZ **93**, 537; **03**, 480 [Bespr. *Neumann* StV **03**, 527; *Foth* NStZ **03**, 597; *Frister* JZ **03**, 1019]; NStZ **04**, 678; StV **93**, 355;

4 StR 289/97; *Foth,* Salger-FS 31, 38; *ders.,* NJ **91**, 386ff.; zur Entwicklung der Rspr. vgl. *Schnarr* [oben 1a] 49ff.; vgl. auch den GesA Hamburgs, BR-Drs. 479/06), auch wenn die Voraussetzungen der alic (oben 16) nicht gegeben sind (krit. SK-*Horn* 4b; *Landgraf* [1a] 132ff.; *S/S-Lenckner/Perron* 21; *Streng* NJW **03**, 2963; *Frister* JZ **03**, 1019; *Neumann* StV **03**, 527; *Scheffler* BA **03**, 449; *Hentschel* NJW **04**, 651, 658). Die Rspr knüpft die Versagung der Strafrahmenmilderung – mit unterschiedlichen Nuancen – an eine vorwerfbare subjektive Beziehung des Täters zum Zusammenhang zwischen Berauschung und Straftat; zu versagen ist die Strafrahmenmilderung regelmäßig, wenn der Täter aufgrund früherer Erfahrungen weiß, dass er nach Rauschmittelkonsum zu Straftaten (mit ähnlicher Zielrichtung) neige (BGH **34**, 29, 33; **43**, 66, 77f.; NStZ **86**, 114; **06**, 274; StV **86**, 14; 19 L; **87**, 19 L; NStZ-RR **06**, 185; BGHR StrRVersch. 29; NStZ/T **87**, 164; NStZ/D **91**, 476, **92**, 170; **93**, 176; vgl. auch BGHR § 21 Strafrahmenverschiebung 3, 6, 9, 14; 1 StR 302/03 [bei gleichgerichteten Vortaten unter Alkoholwirkung Strafrahmenmilderung „sehr fern liegend"]). Eine persönlichkeitsbedingte Beeinträchtigung der Widerstandsfähigkeit gegen Alkoholkonsum reicht in diesem Fall grds. nicht aus, um dem Täter die konkrete Trunkenheit nicht vorzuwerfen (NStZ-RR **99**, 295, 297).

Über diese Rspr hinausgehend hat der *3. StS* in NStZ **03**, 480 (*obiter dictum*) mitgeteilt, er wolle an der Voraussetzung früherer Erfahrung mit vergleichbaren Straftaten für die Versagung der Milderung **nicht festhalten**, da sie im Widerspruch zur gesetzlichen Wertung des § 323a stehe (zust. Anm. *Foth* NStZ **03**, 597; ebenso *ders.* DRiZ **90**, 417f.; NJ **91**, 386ff.; **krit.** *S/S-Lenckner/Perron* 21; NK-*Schild* 31; *Roxin* AT I 20/45; *Neumann* StV **03**, 527, 528f.; *Frister* JZ **03**, 1019; *Streng* NJW **03**, 2963; *Scheffler* BA **03**, 449; *Rau* JR **04**, 401, 403ff.; *Duensing* StraFo **05**, 15; *Verrel/Hoppe* JuS **05**, 308; *Schöch* GA **06**, 371, 373ff.; *ders.* in LK 55ff.). Danach ist bei **selbst zu verantwortender Trunkenheit** unabhängig von auf die Begehung von Straftaten bezogenen Erfahrungen des Täters eine Strafrahmenverschiebung *regelmäßig* zu versagen (ebenso *Foth,* Salger-FS 31, 37f.). Der *2. StS* hat in BGHR § 21 Strafrahmenverschiebung 32 (2 StR 106/03) angemerkt, er neige dieser Auffassung zu; ähnlich hat der *1. StS* in NStZ **05**, 151, 152 entschieden (vgl. auch StV **06**, 465). Wenn freilich der schuld-erhöhende Umstand *allein* die selbst-„verschuldete" Trunkenheit sein soll, so ist nicht zu begründen, dass bei hierdurch verursachter *Aufhebung* des Steuerungsfähigkeit auch bei schwersten Delikten die Höchststrafe 5 Jahre beträgt (§ 323a), bei erheblicher *Verminderung* der Steuerungsfähigkeit aber 15 Jahre betragen soll (zutr. *Neumann* StV **03**, 530; so auch 5 StR 93/04 [in NStZ **04**, 678 nicht abgedr.]; einschränkend zum systematischen Verhältnis auch *Foth* NStZ **03**, 597, 598). Auf den Rechtsgedanken des § 323a sowie auf Absichten des Gesetzgebers kann eine *regelmäßige* Versagung der Strafmilderung daher nicht gestützt werden (i. E. dazu 5 StR 93/04; vgl. BT-Drs. IV/650, 142; dazu *Rautenberg* DtZ **97**. 45ff.; *Schnarr,* in: *Hettinger* [Hrsg.], Reform des Sanktionenrechts, Bd. I, 2001, 7ff.; *Neumann* StV **03**, 527f.). **25a**

Der *5. StS* hat in BGH **49**, 239, 241ff. (= NJW **04**, 3350; zust. Anm. *König* NJ **05**, 44) eine **differenzierende Lösung** vorgeschlagen und eine Strafmilderung idR ausgeschlossen, wenn sich im Einzelfall das Risiko der Begehung von Straftaten infolge der Alkoholisierung für den Täter **vorhersehbar** signifikant erhöht hat, entweder aufgrund persönlicher Gegebenheiten, insb. wenn der Täter schon früher unter Alkoholeinfluss aggressiv auffällig geworden ist, oder wenn sich aufgrund der situativen Verhältnisse eine für den Täter erkennbare signifikante **Risikoerhöhung** ergibt (zB Trinken in aggressiv aufgeladener oder konfliktträchtiger Situation). Die Entscheidung ist vom Tatrichter aufgrund einer Gesamtabwägung aller schuldrelevanten Umstände zu treffen und revisionsrechtlich nur eingeschränkt überprüfbar (ebd.; vgl. auch NStZ **05**, 384, 386). Der *4. StS* hat sich dem in NStZ **06**, 274f. angeschlossen (ebenso NStZ-RR **06**, 185, 186). Der *2. StS* hat in StV **06**, 465 [2 StR 419/05] mit etwas anderer Gewichtung entschieden, bei selbst zu verantwortender Trunkenheit sei **in der Regel** die Strafrahmenmilderung zu **25b** versagen, wenn nicht im Einzelfall besondere Umstände der Vorhersehbarkeit einer Begehung von Straftaten entgegenstünden; dies kann gegeben sein, wenn der Täter keine entsprechenden Vorerfahrungen hat.

25 c Auf die iS von § 21 schuldmindernde Wirkung einer akuten **Drogenintoxikation** können die einschränkenden, auf selbstverschuldetes Berauschen abstellenden Grundsätze nicht ohne weiteres übertragen werden, da die Wirkungen von Betäubungsmitteln vielfach weniger konkret vorhersehbar sind als bei Alkohol, die Dosierung häufig nur ungenau bestimmt werden kann und die individuelle Verträglichkeit stark schwankt (NStZ **04**, 678, 681; StV **05**, 19, 20). Anders ist es bei (vorsätzlicher) Einnahme **aggressionsfördernder Präparate** (zB zum Zweck des Doping; vgl. NStZ **06**, 98, 100 [hochdosierte *Testosteron*-Einnahme in Verbindung mit aktueller Alkoholisierung]); hier liegt eine Versagung der Milderung nahe.

26 Ein die Steuerungsfähigkeit erheblich vermindernder Alkoholrausch ist jedenfalls dann **nicht verschuldet**, wenn der Täter **alkoholkrank** ist und der Täter den Alkohol aufgrund eines unwiderstehlichen oder ihn weitgehend beherrschenden Hanges trinkt (stRspr; vgl. NStZ **99**, 448; **04**, 495; **04**, 678; NStZ-RR **98**, 322; **99**, 12; **03**, 136 f.; **05**, 340; StV **85**, 102; **04**, 651, 652; 05, 495; BGHR § 21 StrR-Verschiebung 19, 26, 31, 33, 38; 4 StR 54/04; 3 StR 360/06 [in NStR **07**, 328 nicht abgedr.]; vgl. aber auch 5 StR 147/05 [„Rest von Steuerungsfähigkeit" hinsichtlich Alkoholaufnahme erhalten; in StV **05**, 495 insoweit nicht abgedr.]); oder wenn die erhebliche Verminderung der Schuldfähigkeit auf einer für den Täter schicksalhaft auftretenden „krankhaften" seelischen Störung (BGH **44**, 66) oder einer gegenüber der Alkoholabhängigkeit eher im Vordergrund stehenden **Persönlichkeitsstörung** beruht (StV **04**, 651, 652) beruht, auf welche wiederum die Alkoholaufnahme zurückzuführen ist (vgl. auch 5 StR 271/98 [frühkindl. Hirnschaden; Debilität]), wenn also dem Täter sein Alkoholkonsum nicht uneingeschränkt vorgeworfen werden kann; das darf nicht ohne konkrete Anhaltspunkte zugunsten des Täters unterstellt werden (5 StR 93/04 [in NStZ 04, 678 nicht abgedr.]). Entsprechendes gilt bei **Drogenabhängigkeit** (StV **99**, 312). Bei vermindert schuldfähigen Drogen- oder Alkoholkranken kann auch die Fortsetzung suchtbedingter Taten nach hM grds nicht schulderhöhend gewertet werden (NStZ **87**, 322; Köln NStZ **81**, 63; **82**, 250; NJW **86**, 2328; MDR **81**, 335; zutr. differenzierend hinsichtlich typischer Beschaffungskriminalität LK-*Schöch* 58).

27 **C. Erörterungspflicht.** Aus dem **Urteil** muss sich ergeben, dass die Milderungsmöglichkeit geprüft ist (BGH **16**, 363; NStE Nr. 34; 2 StR 238/94; 4 StR 606/99; 5 StR 93/04); der angewendete **Strafrahmen** ist idR anzugeben (NStZ **85**, 119; 2 StR 527/92; Koblenz OLGSt. Nr. 1; Köln VRS **72**, 369; vgl. 2 zu § 50; Schleswig SchlHA **82**, 96; NStZ/M **82**, 135; NStZ/T **89**, 174; NStZ/D **89**, 467; **90**, 175; **92**, 478; **93**, 474; **94**, 174; 474; **95**, 169; NStZ/J **91**, 268). Im Fall des Versagens der Strafmilderung ist ggf darzulegen, warum der Täter mit vergleichbaren Straftaten rechnen musste (MDR/H **77**, 982; StV **86**, 248; **88**, 18 L; NStZ-RR **99**, 12; NStZ-RR/P **00**, 360 Nr. 51; **00**, 360; MDR **85**, 947; BGHR StrRVersch. 14). Bei Verhängung **lebenslanger** Freiheitsstrafe setzt das Absehen von der Strafrahmenverschiebung besonders gewichtige schulderhöhende Umstände voraus; wenn allein die Wahl zwischen lebenslanger und zeitiger Freiheitsstrafe besteht, müssen bei Vorliegen der Voraussetzungen des § 21 besonders erschwerende Umstände gegeben sein, um die Schuldminderung so auszugleichen, dass die Verhängung lebenslanger Strafe gerechtfertigt ist (stRspr.; vgl. NStZ **04**, 678, 681; NStZ-RR **03**, 136; BGHR § 21 Strafrahmenverschiebung 7, 8, 12, 18, 25; StV **05**, 19 f.; StV **06**, 465, 466; 5 StR 177/99; 4 StR 54/04; vgl. oben 23).

28 Die **Hilfserwägung,** auch unter Annahme des abgelehnten § 21 wäre eine Milderung abzulehnen, *ist unzulässig* (BGH **7**, 359; 4 StR 554/83; Düsseldorf StV **96**, 217); im *Jugendstrafrecht* ist sie aber, da die Strafrahmen allgemeinen Strafrechts nicht gelten (§ 18 I S. 3 JGG), nicht ohne weiteres rechtsfehlerhaft (4 StR 521/99 [in NStZ **00**, 136 nicht abgedr.]).

5) Verfahrensrechtliche Hinweise. Die Entscheidung, ob die Voraussetzungen des § 21 vorliegen und der Strafrahmen nach § 49 I gemildert wird, gehört zur **Straffrage;** die Anwendung von § 21 hat auf den Schuldspruch keinen Einfluss und kann auch vom Nebenkläger nicht mit einem Rechtsmittel angegriffen werden (§ 400 I StPO). Eine Erwähnung verminderter Schuldfähigkeit im **Urteilstenor** erfolgt nicht. Die **Beschränkung** eines Rechtsmittels ausschließlich auf die Nichtanwendung des § 21 ist nicht möglich. Eine **Wiederaufnahme** zu dem Zweck, eine Strafmilderung nach § 21 herbeizuführen, ist unzulässig, § 363 II StPO. 29

Zweiter Titel. Versuch

Begriffsbestimmung

22 Eine Straftat versucht, wer nach seiner Vorstellung von der Tat zur Verwirklichung des Tatbestandes unmittelbar ansetzt.

Übersicht

1) Allgemeines ... 1, 1 a
2) Begriff und Strafgrund des Versuchs ... 2–2 b
3) Abgrenzung des Versuchsstadiums ... 3–6
4) Abgrenzung von Vorbereitung und Versuch ... 7–19
5) Versuch bei Beteiligung mehrerer ... 20–29
6) Versuch bei actio libera in causa ... 30
7) Versuch von Unterlassungsdelikten ... 31–34
8) Versuch bei strafrahmenändernden Umständen ... 35–38
9) Untauglicher Versuch ... 39–47
10) Abergläubischer Versuch ... 48
11) Wahndelikt ... 49–55

1) Allgemeines. Die Vorschrift ist im Anschluss an § 26 II E 1962 (Begr. 144; Ndschr. **2**, 171, 187, 224) und § 24 AE durch das 2. StrRG (Ber. BT-Drs. V/4095; Prot. V/1651, 1735, 1742, 1745 ff., 2907) eingefügt worden. 1

Neuere Literatur (Auswahl): *Adams/Shavell,* Zur Strafbarkeit des Versuchs, GA **90**, 337; *Albrecht,* Der untaugliche Versuch, 1973; *Alwart,* Strafwürdiges Versuchen, 1982; *Arzt,* Bedingter Entschluss u. Vorbereitungshandlung JZ **69**, 54; *Bacher,* Versuch und Rücktritt vom Versuch beim erfolgsqualifizierten Delikt, 2000; *Baier,* Unterlassungsstrafbarkeit trotz fehlender Handlungs- oder Schuldfähigkeit, GA **99**, 272; *Baumann,* Das Umkehrverhältnis zwischen Versuch u. Irrtum im Strafrecht, NJW **62**, 16; *Beck,* Unrechtsbegründung u. Vorfeldkriminalisierung, 1992; *Berz,* Grundlagen des Versuchsbeginns, Jura **84**, 511; *Bitzilekis,* Über die strafr. Bedeutung der Abgrenzung von Vollendung u. Beendigung der Straftat, ZStW **99**, 723; *Bloy,* Unrechtsgehalt u. Strafbarkeit des grob unverständigen Versuchs, ZStW **113** (2001), 76; *Bockelmann,* Zur Abgrenzung der Vorbereitung vom Versuch, JZ **54**, 468; *Bottke,* Untauglicher Versuch u. freiwilliger Rücktritt, BGH-FG (2000) 135; *Bruns,* Der untaugl. Täter im Strafrecht, 1955; *ders.,* Die Strafbarkeit des Versuchs eines untaugl. Subjektes, GA **79**, 161; *Burkhardt,* Rechtsirrtum u. Wahndelikt, JZ **81**, 681; *ders.,* Zur Abgrenzung von Versuch u. Wahndelikt im Steuerstrafrecht, wistra **82**, 178; *Buser,* Zurechnungsfragen beim mittäterschaftlichen Versuch, 1998; *Degener,* Regelbeispiel u. deliktisches Versuchen, Stree/Wessels-FS 305; *Dreßler,* Vorbereitung u. Versuch im Strafrecht der DDR im Vergleich mit dem Recht der BRD, 1982; *Endrulat,* Der „umgekehrte Rechtsirrtum"?, 1994; *Engisch,* Der „umgekehrte Irrtum" u. das Umkehrprinzip, Heinitz-FS 185; *Engländer,* JuS **03**, 330; *Erb,* Zur Konstruktion eines untaugl. Versuchs der Mittäterschaft (usw.), NStZ **95**, 424; *Fabry,* Der bes. schwere Fall der versuchten Tat, NJW **86**, 15; *Fiedler,* Vorhaben u. Versuch im Strafrecht, 1967; *Foth,* Neuere Kontroversen um den Begriff des Wahnverbrechens, JR **65**, 366; *Fuchs,* Tatentschluß u. Versuchsbeginn, Triffterer-FS 73; *Gropp,* Vom Rücktrittshorizont zum Versuchshorizont, Gössel-FS (2002), 175; *Günther,* Der Zusammenhang zwischen Raub u. Todesfolge (§ 251 StGB), H.J. Hirsch-FS 543; *Haft,* Der doppelte Irrtum im Strafrecht, JuS **80**, 430, 588, 659; *Hardtung,* Versuch und Rücktritt bei den Teilvorsatzdelikten des § 11 Abs. 2 StGB, 2002; *Heckler,* Versuchsbeginn bei vermeintl. Mittäterschaft, GA **97**, 72; *Herzberg,* Das Wahndelikt in der Rspr des BGH, JuS **80**, 469; *ders.,* Der Anfang des Versuchs bei mittelbarer Täterschaft, JuS **85**, 1; *ders.,* Der Versuch, die Straftat durch einen anderen zu begehen, Roxin-FS 749; *ders.,* Zur Strafbarkeit des untauglichen Versuchs, GA **01**, 257; *ders.,* Begehung und Erfolg beim Versuch, Rudolphi-FS (2004), 1 a

75; *ders.*, Zum Fahrlässigkeitsdelikt in kriminologischer Sicht und zum Gefahrmerkmal des Vorsatzdelikts, Schwind.-FS (2006) 317; *Hillenkamp,* Zur „Vorstellung von der Tat" im Tatbestand des Versuchs, Roxin-FS 689; *H. J. Hirsch,* Untauglicher Versuch u. Tatstrafrecht, Roxin-FS (2001) 711; *ders.*, Zur Behandlung des ungefährlichen „Versuchs" des lege lata und de lege ferenda, Vogler-GedS (2004), 31; ders., Die subjektive Versuchstheorie, ein wegbereiter der NS-Strafrechtsdoktrin, JZ **07**, 494; *Ingelfinger,* „Schein"-Mittäter u. Versuchsbeginn, JZ **95**, 704; *Jakobs,* Kriminalisierung im Vorfeld einer Rechtsgutsverletzung, ZStW **97**, 751; *Jescheck,* Wesen u. rechtl. Bedeutung der Beendigung der Straftat, Welzel-FS 683; *ders.,* Versuch u. Rücktritt bei Beteiligung mehrerer Personen an der Straftat, ZStW **99**, 111; *Jung,* Zur Strafbarkeit des untauglichen Versuchs – ein Zwischenruf aus rechtsvergleichender Sicht, ZStW **117** (2005) 937; *Kadel,* Versuchsbeginn bei mittelbarer Täterschaft, GA **83**, 299; *Kostuch,* Versuch und Rücktritt beim erfolgsqualifizierten Delikt, 2004 (Diss. Würzburg 2004); *Krack,* Der Versuchsbeginn bei Mittäterschaft u. mittelbarer Täterschaft, ZStW **110**, 611; *Kratzsch,* Die Bemühungen um Präzisierung der Ansatzformel (§ 22 StGB), JA **83**, 420, 578; *Krüger,* Der Versuchsbeginn bei mittelbarer Täterschaft, 1994; *Kühl,* Die Beendigung des vorsätzlichen Begehungsdelikts, 1974; *ders.,* Grundfälle zu Vorbereitung, Versuch, Vollendung u. Beendigung, JuS **79**, 718, 874; **80**, 120, 273, 506, 650, 811; **81**, 193; **82**, 110, 189; *ders.*, Der Versuch des erfolgsqualifizierten Delikts, Gössel-FS (2002), 191); *ders.*, Versuchsstrafbarkeit und Versuchsbeginn, Küper-FS (2007) 289; *Kühne,* Strafbarkeit der versuchten Mittäterschaft?, NJW **95**, 934; *Küper,* Versuchsbeginn u. Mittäterschaft, 1978; *ders.,* Versuchs- u. Rücktrittsprobleme bei mehreren Tatbeteiligten, JZ **79**, 755; *ders.,* Der Versuchsbeginn bei mittelbarer Täterschaft, JZ **83**, 361; *ders.,* Deliktsversuch, Regelbeispiel u. Versuch des Regelbeispiels, JZ **86**, 518; *ders.,* Teilverwirklichung des Tatbestands, JZ **92**, 338; *ders.,* Der Rücktritt vom Versuch des unechten Unterlassungsdelikts, ZStW **112**, 1; *Küpper/Mosbacher,* Untaugl. Versuch bei nur vermeintlicher Mittäterschaft, JuS **95**, 488; *Laubenthal,* Der Versuch des qualifizierten Delikts, JZ **87**, 1065; *Malitz,* Der untaugliche Versuch beim unechten Unterlassungsdelikt, 1998; *D. Meyer,* Abgrenzung der Vorbereitung vom Versuch einer Straftat, JuS **77**, 19; *J. Meyer,* Kritik an der Neuregelung der Versuchsstrafbarkeit, ZStW **87**, 598; *Momsen,* Das „unmittelbare Ansetzen" als Ausdruck generalpräventiver Strafbedürftigkeit, Maiwald-FS (2003), 61; *Murmann,* Versuchsunrecht u. Rücktritt, 1999; *Niepoth,* Der untaugliche Versuch beim unechten Unterlassungsdelikt, 1994 [Bespr. *Gössel* GA **96**, 589]; *ders.,* Der untaugliche Versuch beim unechten Unterlassungsdelikt, JA **94**, 337; *Otto,* Versuch u. Rücktritt bei mehreren Tatbeteiligten, JA **80**, 641, 707; *Polaino-Navarrete,* Das Versuchsunrecht am Beispiel der schlichten Tätigkeitsdelikte und der echten Unterlassungsdelikte (usw.), Gössel-FS (2002), 157; *Prüssner,* Die von mehreren versuchte Tat. Gefährdung und Risiko bei versuchter mittelbarer Täterschaft und versuchter Mittäterschaft, 2004 (Diss. Bielefeld 2004); *Puppe,* Der Versuch des mittelbaren Täters, Dahs-FS (2005) 173; *Rath,* Grundfälle zum Unrecht des Versuchs, JuS **98**, 1006, 1106; **99**, 32, 140; *Roßmüller/Rohrer,* Keine Rechtserheblichkeit der abergläubischen Gefahrvorstellung?, Jura **90**, 582; *Roxin,* Der Anfang des beendeten Versuchs, Maurach-FS 213; *ders.,* Tatentschluß u. Anfang der Ausführung beim Versuch, JuS **79**, 1; *ders.,* zur Mittäterschaft beim Versuch, Odersky-FS 489; *ders.,* Die Abgrenzung von untauglichem Versuch u. Wahndelikt, JZ **96**, 981; *ders.,* Über den Strafgrund des Versuchs, Nishihara-FS 157; *ders.*, Zur Strafbarkeit des untauglichen Versuchs, Jung-FS (2007) 829; *Rudolphi,* Zur Abgrenzung zwischen Vorbereitung u. Versuch, JuS **73**, 20; *Safferling,* Die Abgrenzung zwischen strafloser Vorbereitung und strafbarem Versuch im deutschen, europäischen und im Völkerstrafrecht, ZStW **118** (2006), 682; *Schilling,* Der Verbrechensversuch des Mittäters u. des mittelbaren Täters, 1975; *Schlüchter,* Irrtum über normative Tatbestandsmerkmale im Strafrecht, 1983; *Seier/Gaud,* Untaugliche, grob unverständige u. abergläubische Versuche, JuS **99**, 456; *Streng,* Der Irrtum beim Versuch – ein Irrtum?, ZStW **109**, 862; *ders.,* Wie „objektiv" ist der objektive Versuchstatbestand?, Zipf-GedS 325; **ders.**, Das subjektive Rechtfertigungselement und sein Stellenwert, Otto-FS (2007) 469; *Struensee,* Verursachungsvorsatz u. Wahnkausalität, ZStW **102**, 21; *Valdagua,* Versuchsbeginn des Mittäters bei Herrschaftsdelikten, ZStW **98**, 839; *Vehling,* Die Abgrenzung von Vorbereitung u. Versuch, 1991 [Bespr. *Mitsch* GA **96**, 297]; *Vogler,* Versuch u. Rücktritt bei Beteiligung mehrerer, ZStW **98**, 331; *ders.,* Der Beginn des Versuchs, Stree/Wessels-FS 285; *Weigend,* Die Entwicklung der deutschen Versuchslehre, in: *Hirsch/Weigend* (Hrsg.), Strafrecht u. Kriminalpolitik in Japan u. Deutschland, 1989, 113; *Zaczyk,* Das Unrecht der versuchten Tat, 1989; *Zieschang,* Die Gefährdungsdelikte, 1998; *Zopfs,* Vermeintl. Mittäterschaft u. Versuchsbeginn, Jura **96**, 19.

2 **2) Begriff und Strafgrund des Versuchs.** Versuch ist die begonnene, aber nicht vollendete Tat, die zwischen Vorbereitung (unten 6) und Vollendung (unten 4) einer vorsätzlichen Straftat liegende Handlung, die den subjektiven Tatbestand vollständig, den objektiven Tatbestand aber nur teilweise verwirklicht oder

dazu wenigstens unmittelbar ansetzt (NStZ **85**, 501 m. Anm. *Ulsenheimer* StV **86**, 202).

Zur Begründung der Strafbarkeit des Versuchs folgt die **Rspr** des BGH, anknüpfend an diejenige des RG (vgl. RG **1**, 439, 441 ff.; **8**, 198, 203; **9**, 81 ff.; **17**, 158; zur Begründung *v. Buri* Gerichtssaal **32** [1880] 321 ff.,; ders. ZStW **1** [1881] 185 ff.) seit jeher einer **subjektiven Versuchstheorie**, welche die Bestrafung an die **Betätigung des verbrecherischen Willens** knüpft (vgl. etwa BGH **2**, 74, 76; **4**, 254; **11**, 268, 271; **11**, 324; **41**, 94, 96; vgl. auch *Herzberg* GA **01**, 257 ff. und MK-*Herzberg* 13 ff., 47 ff.; LK-*Hillenkamp* 60 ff.; krit. im Hinblick auf die Nähe zum NS-Strafrecht *Hirsch* JZ **07**, 494 ff.). Im **2. StrRG** ist der Wortlaut des Gesetzes an die subjektive Theorie angepasst worden. In der **Lit.** wird überwiegend eine der subjektiven Theorie nahe stehende sog. „**Eindruckstheorie**" vertreten; danach muss die auf Tatbestandsverwirklichung gerichtete Betätigung des Willens *geeignet* sein, das Vertrauen der Allgemeinheit in die Sicherheit der Rechtsgüter und die Geltung der Rechtsordnung zu erschüttern (vgl. etwa *Jescheck/Weigend* 514, 530; *Gropp* AT 9/48; *M/Gössel/Zipf* 40/40 ff.; *W/Beulke* 594; SK-Rudolphi 13 f. vor § 22; *S/S/Eser* 22; krit. NK-*Zaczyk* 11; MK-*Herzberg* 17 ff.; *Kühl* AT 15/41; *Köhler* AT 545; Jakobs AT 25/22; *Androulakis*, Schreiber-FS [2003] 13, 16; *Hirsch*, Vogler-GedS [2004] 31 ff.; jew. mwN). Abweichend davon werden im einzelnen vielfach differenzierte **objektivierende** („Gefährlichkeitstheorie"; vgl. *v. Hippel*, Deutsches Strafrecht II, 1930, 417 ff.) oder „**dualistische**" Lehren mit unterschiedlichen Gewichtungen und Begründungsansätzen vertreten (vgl. etwa *Alwart* [1 a]; *Malitz* [1 a]; *Zieschang*, Die Gefährdungsdelikte, 1998, 135 ff.; *Hirsch*, Roxin-FS 716 ff.; *ders.*, Vogler-GedS 31 ff.; *ders.* JZ **07**, 494, 500 ff.; *Jakobs* AT 25/13 ff.; *Roxin* AT II 29/13 ff.; Überblicke bei LK-*Hillenkamp* 55 ff., 77 ff., 90 ff. vor § 22; *Safferling* ZStW **118** [2006] 682, 685 ff.). 2 a

Praktische Konsequenzen des zeitweise mit erheblicher Schärfe ausgetragenen Theorienstreits (vgl. etwa einerseits *Herzberg* GA **01**, 257 ff.; andererseits *Hirsch*, Vogler-GedS [2004] 31 ff.) können sich namentlich bei Fallgruppen des **untauglichen Versuchs** ergeben (vgl. unten 39 ff., 42 a f.). Auf der Grundlage der geltenden Gesetzesfassung (vgl. insb. auch § 23 III) lässt sich eine Ablehnung einer subjektiv verstandenen Versuchsbegründung kaum vertreten; sie argumentiert teilweise eher gesetzesfern und führt schlagwortartig insb. den Vorwurf des „Gesinnungsstrafrechts" in Feld (vgl. insb. *Hirsch* JZ **07**, 494, 498 f., 501), ohne aber belegen zu können, dass die Handhabung der „Ansetzens"-Formel nicht eine verfassungskonforme Objektivierung des tatbestandsmäßigen Handelns ermögliche. 2 b

3) Abgrenzung des Versuchsstadiums. Der Versuch ist zur Bestimmung des strafbaren Bereichs (§§ 22, 23 I), wegen der Möglichkeit strafbefreienden Rücktritts (§ 24) und zur Bestimmung des Strafrahmens (§ 23 II, III) von der **Vollendung** der Tat einerseits, von ihrer straflosen **Vorbereitung** andererseits abzugrenzen. 3

A. Vollendung. Vollendung der Tat und damit die Beendigung des Versuchsstadiums ist erreicht, wenn sämtliche Tatbestandsmerkmale erfüllt sind. Die Frage der Vollendung lässt sich daher nur im Hinblick auf den konkreten Tatbestand beantworten (vgl. zB BGH **24**, 178; NJW **73**, 814; LK-*Hillenkamp* 18 vor § 22; *S/S-Eser* 2 vor § 22). Bei schlichten **Tätigkeitsdelikten** genügt die bloße (abstrakt gefährliche) Handlung, so zB nach bisher hM beim Handeltreiben (§ 29 I Nr. 1 BtMG; vgl. dazu BGH [GrSen] **50**, 252; BGH **30**, 360; 16 vor § 52). Meist wird jedoch der Eintritt eines bestimmten tatbestandlich umschriebenen **Erfolgs** verlangt, der auch im Eintritt einer bestimmten **Gefahr** bestehen kann (18 vor § 13). In manchen Fällen verlangt das Gesetz ein Handeln mit bestimmter **Absicht**, auch ohne deren Verwirklichung zu fordern (vgl. zB § 253). Auch bei Nichterreichen eines vom Täter erstrebten Ziels kann die Tat vollendet sein, wenn das Erreichte den gesetzlichen Tatbestand erfüllt. 4

5 **B. Vorbereitung.** Das Vorbereitungsstadium ist die *vor* dem Versuchsstadium liegende Tätigkeit, die zwar auf die Tatbestandsverwirklichung hinzielt, aber noch nicht dazu unmittelbar ansetzt. Sie ist nur in den im Gesetz ausdrücklich genannten Fällen strafbar (§§ 80, 83, 87, 149, 152a I Nr. 2, §§ 234a III, 275, 310) und ist dann zur selbstständigen Tat erhoben, bei der es weder Vorbereitung noch Versuch, sondern nur Vollendung gibt, str., vgl. LK-*Hillenkamp* 119ff. vor § 22. Im Übrigen ist die Vorbereitung straflos, so zB das Ausforschen von Gelegenheit (Oldenburg StV **83**, 506), Beschaffen und Bereitstellen von Werkzeug (RG **64**, 131), Heranbringen an den Tatort (RG **54**, 254), Sicherung gegen spätere Entdeckung (LK-*Hillenkamp* 5 vor § 22; *Vehling* [oben 1] 75ff.). **Bei den Unternehmensdelikten** (§ 11 I Nr. 6; dort 37) umschließt die Tat Versuch, Vollendung und Beendigung (vgl. LK-*Hillenkamp* 123ff. vor § 22).

6 **C. Beendigung.** Von der Vollendung (Tatbestandsverwirklichung) ist **die** tatsächliche **Beendigung** des gesamten Handlungsgeschehens, mit dem das Tatunrecht den Abschluss findet, zu **unterscheiden** (BGH **4**, 133; **8**, 391; **20**, 196; VRS **13**, 350). Die *Beendigung* hat zB Bedeutung für die sukzessive Mittäterschaft, die Möglichkeit der Beihilfe (6 zu § 27 und 11 zu § 257) und den Beginn der Verjährung (2 zu § 78a). Für Aussagedelikte vgl. 11, 17 zu § 154; zu Zolldelikten BGH **3**, 44; zur USt-Hinterziehung BGH **38**, 170; NJW **91**, 1315; zu Versuch und Vollendung im *Nebenstrafrecht,* vgl. unten 13ff.

7 **4) Abgrenzung von Vorbereitung** und **Versuch.** Die für die Strafbarkeitsschwelle entscheidende Abgrenzung zwischen (strafloser) Vorbereitung und (strafbarem) Versuch nimmt das Gesetz abw. von der *formell-objektiven Methode,* welche die Verwirklichung mindestens eines der Tatbestandsmerkmale fordert („Teilverwirklichung"; so RG **69**, 329; anders BGH **4**, 334; **22**, 80; vgl. dazu MK-*Herzberg* 9; LK-*Hillenkamp* 55ff. vor § 22; *Roxin* AT II 29/110ff.; *Küper* JZ **92**, 338ff.) und abw. von einer *rein subjektiven Methode,* wonach nur die Vorstellung des Täters entscheidet (so zB BGH **1**, 116; **6**, 302; vgl. LK-*Hillenkamp* 60ff.; MK-*Herzberg* 13ff. vor § 22), nach einer **subjektiv-objektiv gemischten Methode** (*Eindruckstheorie; Roxin* JuS **79**, 1) vor (LK-*Hillenkamp* 77ff. vor § 22; MK-*Herzberg* 16ff.; *M/Gössel/Zipf* 40/45; einschr. *Gropp*, Gössel-FS 175, 186ff.).

8 **A. Vorstellung von der Tat.** Subjektive Beurteilungsgrundlage für die Entscheidung, ob zur Tat unmittelbar angesetzt wurde (NStZ **97**, 83), ist die Vorstellung des Täters von der Tat als **konkreter Tatplan** (vgl. BGH **28**, 162; **31**, 10; **35**, 6; **40**, 257; **43**, 177; NStZ **89**, 473; **97**, 83; *Lackner/Kühl* 4; *S/S-Eser* 33; zu abweichenden Umschreibungen in Rspr und Lit. und zur Begriffsgeschichte *Hillenkamp,* Roxin-FS 689ff.). Der Begriff ist nicht deckungsgleich mit dem des **Tatvorsatzes,** der beim Versuch derselbe ist wie beim vollendeten Delikt (vgl. BGH **22**, 332; **31**, 378; NStZ **85**, 501; Karlsruhe NStZ-RR **97**, 6). Nach dem konkreten Tatplan entscheidet sich, ob eine Handlung noch Vorbereitung oder schon Versuch ist (vgl. NJW **91**, 1963; NStZ **97**, 31; NStZ-RR **04**, 361, 362); es kommt also darauf an, welchen Tatablauf sich der Täter zum Zeitpunkt seiner Handlung vorstellt (**aA** zB *Herzberg* JuS **86**, 249ff.; *ders.*, Schwind-FS [2006] 317, 322ff). Stellt er **zB** eine vergiftete Speise bereit, um sie später dem Opfer vorzusetzen, so liegt nur eine Vorbereitungshandlung vor; soll das Opfer die Speise finden und ohne weitere Handlung des Täters zu sich nehmen, dh als Tatmittler gegen sich selbst eingesetzt werden, so ist nach BGH **43**, 180 ein Versuchsbeginn in dem Zeitpunkt anzunehmen, in dem *nach dem Tatplan* das Opferverhalten unmittelbar in die Tatbestandsverwirklichung einmünden soll (vgl. aber hierzu i. e. unten 28); dasselbe gilt im Fall der Mittäterschaft (BGH aaO; unten 21ff.). Hält der Täter mehrere Abläufe für möglich, so kommt es darauf an, ob er jeden beliebigen Ausgang für möglich hält; in diesem Fall liegt Versuch des schwereren Delikts vor.

8a Wie die Formulierung „nach seiner Vorstellung" zeigt, kann nur eine **vorsätzliche Tat** (auch iS von § 11 II) versucht werden; einen „fahrlässigen Versuch" gibt es ebenso wenig wie einen Versuch der Fahrlässigkeitstat. **Bedingter Vorsatz** genügt (BGH **22**, 332), wenn er auch zur Vollendung ausreichen würde (NStZ **98**; 615 f.; Karlsruhe NStZ-RR **97**, 5; LK-*Hillenkamp* 36; MK-*Herzberg* 43 ff.). Will der Handelnde nur das Versuchsstadium, nicht die Vollendung erreichen, so versucht er die Tat nicht; er kann unter diesen Voraussetzungen auch nicht einen Dritten zum Versuch anstiften (vgl. BGH **4**, 199; 8 zu § 26; *Mitsch,* Straflose Provokation strafbarer Taten, 1986, 47 ff.). Bloßes „Geneigtsein" oder Abhängig-Machen der Tat vom Bedingungen reichen nicht aus (vgl. *Kienapfel/Höpfel* AT Z 6 ff.; *Köhler* AT 459; *Gropp* AT 9/15 ff.). Die irrige Verkennung eines tatsächlich vorliegenden **Rechtfertigungsgrundes** ist für die Strafbarkeit ohne Bedeutung; es liegt (untauglicher) Versuch vor (Streng, Otto-FS [2007] 469, 482). Im umgekehrten Fall, also bei irriger Annahme eines nicht gegeben Rechtfertigungsgrunds, gelten die Ausführungen in 22 zu § 16 entspr.

B. Unmittelbares Ansetzen. Objektive Voraussetzung des Versuchs ist, dass der Täter (nach Maßgabe seines Tatplans) zur Tat **unmittelbar ansetzt.** Das ist stets gegeben, wenn er bereits **ein Tatbestandsmerkmal verwirklicht**; auch hier ist aber Voraussetzung, dass der Täter *alle* Tatbestandsmerkmale verwirklichen will (Karlsruhe NJW **82**, 59; *Burkhardt* JuS **83**, 426; *Berz* Jura **84**, 512; hierzu *Vogler,* Stree/Wessels-FS 299). Zur Anwendung des § 22 auf „tatbestandsähnliche" **Regelbeispiele** vgl. BGH **33**, 374; *Küper* JZ **86**, 523; hierzu 90 ff. zu § 46). 9

Ist ein Tatbestandsmerkmal noch nicht verwirklicht, so kommt es darauf an, ob hierzu **unmittelbar angesetzt** wurde. Ein solches Ansetzen liegt vor bei Handlungen des Täters, die nach dem Tatplan der Verwirklichung eines Tatbestandsmerkmals unmittelbar vorgelagert sind und im Falle ungestörten Fortgangs ohne Zwischenakte in die Tatbestandshandlung unmittelbar einmünden sollen (stRspr.; vgl. etwa BGH **26**, 203 [m. krit. Anm. *Gössel* JR **76**, 250; *Otto* NJW **76**, 578; *Meyer* JuS **77**, 22; abl. SK-*Rudolphi* 15]; **30**, 364; **31**, 12; 182; **36**, 250; **37**, 297 [m. Anm. *Kienapfel* JR **92**, 122; vgl. auch *Küper* JZ **92**, 338]; **48**, 34, 35 f.; GA **80**, 24; NStZ **81**, 99; **83**, 364; **87**, 20; **97**, 83; **02**, 309 f.; 04, 38; NJW **80**, 1759; **91**, 1963; **93**, 2125; Karlsruhe NJW **82**, 59; Hamm NJW **89**, 3233; StV **97**, 242; Frankfurt NStZ-RR **03**, 238; im einzelnen weiter StV **07**, 187 [*3. StS*; krit. Anm. *Schuhr*]). Diese Voraussetzung kann trotz Vornahme der nach dem Tatplan einzigen Handlung des Täters fehlen, wenn er hierdurch noch nicht zur die Strafbarkeit begründenden Rechtsverletzung angesetzt hat (BGH **30**, 364; **31**, 182; hierzu *Maaß* JuS **84**, 28 u. *Vogler,* Stree/Wessels-FS 300). Regelmäßig müssen Gefährdungshandlungen vorliegen, die nach der Tätervorstellung in ungestörtem Fortgang unmittelbar zur Tatbestandserfüllung führen oder mit ihr in unmittelbar räumlichem und zeitlichem Zusammenhang stehen (NStZ **89**, 473). Es sind dies nach der in der Rspr verwendeten Formel Handlungen, mit denen der Täter *subjektiv* die Schwelle zum „jetzt geht es los" überschreitet *und* nach seiner Vorstellung das geschützte Rechtsgut in eine konkrete nahe Gefahr bringt (BGH **28**, 163; NStZ **89**, 473; **93**, 77; 133; **96**, 38; StV **94**, 240); da es **auf den Täterplan ankommt** (einschränkend *Gropp*, Gössel-FS 175, 186 ff., der auf einen sich ggf. dynamisch verändernden „Versuchshorizont" iS einer Vorstellung unmittelbarer Rechtsgutsgefährdung abstellt), ist es ohne Belang, ob die Gefährdung tatsächlich eintritt (BGH **26**, 203; NStZ **87**, 20; Bay NStZ **97**, 442; *S/S-Eser* 42; *Roxin* JuS **79**, 6; *Blei* JA **76**, 313; **aA** SK-*Rudolphi* 15; *Gössel* JR **76**, 249 u. *M/Gössel/Zipf* 40/47; *Otto* NJW **76**, 579; JA **80**, 643). Diese Schwelle zum Versuch ist noch nicht überschritten, wenn es noch an einem letzten „Willensruck" (NStZ **99**, 395, 396) fehlt (StV **87**, 529; LK-*Hillenkamp* 41; vgl. zum Ganzen auch LK-*Hillenkamp* 54 ff.; MK-*Herzberg* 113 ff.; *Roxin* JuS **79**, 1; *Struensee,* Arm. Kaufmann-GedS 530; *Vehling* [oben 1 a] 54; *Streng* ZStW **109** [1997], 869; *ders.*, Zipf-GedS 325 ff.). Auch bei Vorliegen eines aus Sicht des Täters endgültigen Tatentschlusses kann es bei zeitlich gestreckten Handlungsabläufen an einem unmittelbaren Ansetzen fehlen, wenn zwischen vorbereitenden Handlungen und Erfolgsherbeiführung noch eine Mehrzahl von Handlungsschritten erforderlich 10 ist, insb. wenn diese nach dem Tatplan vom Opfer selbst oder von Dritten vorgenommen werden müssen (vgl. etwa NJW **02**, 1057, 1058 [Fesselung und Betäubung des Opfers, um es Stunden später an einem weit entfernten Ort nach Abnötigung eigener Handlungen zu töten]; NStZ-RR **04**, 361 [Klingeln an der Haus- und Wohnungstür des beabsichtigten Opfers einer Tötung]). Für ein unmittelbares Ansetzen kann hier sprechen, dass es aus Tätersicht mit Beginn der Handlungen „kein Zurück" mehr gibt.

11 **C. Einzelfälle.** Die nachfolgenden Einzelfälle aus der Rspr geben **Anhaltspunkte** für die Abgrenzung; diese ist freilich jeweils nach den Umständen des Einzelfalls vorzunehmen und kann nicht schematisch erfolgen. **Versuch** ist **zB** in folgenden Fällen **bejaht** worden (vgl. auch die Erläuterungen zu den einzelnen Tatbeständen des BT):

§ 177: Verfolgung einer Frau, um sie vom Fahrrad zu ziehen und zu vergewaltigen (vgl. BGH **1**, 115; MDR/D **52**, 16; 272; **66**, 196, anderseits **73**, 900);

§§ 211, 212; 223: Eindringen in ein Haus, um zu töten (NStZ **87**, 20); Anlegen einer Schusswaffe auf einen andern (BGHR Ans. 20); selbst bei ungespanntem Hahn (RG **59**, 386); Herausziehen einer Schusswaffe mit unmittelbarer Schussabsicht (NStZ **93**, 133; vgl. schon RG **68**, 336); Betäubung eines anderen, um ihn zu töten (RG **59**, 157); Vergiftung des vom Opfer alsbald zu trinkenden Tees (RG **59**, 1; vgl. aber auch BGH **43**, 177 und unten 24, 28); Anbringen einer Sprengfalle an einem Fahrzeug im Bewusstsein, dass der Fahrzeugführer in absehbarer Zeit erscheinen wird (BGH **44**, 91 m. krit. Bespr. *Herzberg* JuS **99**, 324); Betreten des Raumes, in dem ein anzugreifendes Opfer vermutet wird (NStZ-RR **98**, 203); Manipulation von Elektroinstallationen zur Herbeiführung tödlicher Stromschläge bei nahe liegender nächster Nutzung (NStZ **01**, 475); Werfen von Brandflaschen vor ein Gebäude, um die Bewohner zum Herauskommen zu veranlassen und körperlich zu misshandeln (NStZ **00**, 422);

§ 240: Einsetzen des Nötigungsmittels (Koblenz VRS **68**, 209);

§ 242 ff.: Eindringen, um zu stehlen (RG **70**, 203), nach Stehlenswertem zu suchen (Hamm MDR **76**, 155 m. Anm. *Hillenkamp* MDR **77**, 242); Präparieren einer Glasscheibe, um sie alsbald lautlos einzudrücken (RG **54**, 35); Verlangen der Vorlage von Schmuckstücken im Juwelierladen durch einen Trickdieb (4 StR 404/77; **aA** *Kühl* JuS **80**, 813); Begehren von Einlass in eine Wohnung in der Absicht des Trickdiebstahls (MDR/H **85**, 627); Entfernen eines Wachhunds, um zu stehlen (RG **53**, 218; SK-*Rudolphi* 17; *Bockelmann-Volk* AT § 27 III 2c; *Roxin* JuS **79**, 6; **aA** LK-*Vogler* 50); Rütteln an den Vorderrädern eines Autos, um in Diebstahlsabsicht festzustellen, ob eine Lenkradsperre am Wegfahren hindert (BGH **22**, 80; LK-*Vogler* 47; SK-*Rudolphi* 16; *Bockelmann-Volk* aaO; *Berz* Jura **84**, 518);

§§ 249, 255: Betreten der Bank durch bewaffnete Bankräuber (NStZ **83**, 364; **aA** *Vogler*, Stree/Wessels-FS 297); Heranfahren an ein haltendes Auto, dessen Insassen beraubt werden sollen; Eindringen in eine Bank, während ein Komplize im Fluchtauto startbereit mit laufendem Motor wartet (GA **80**, 25); Einschlagen eines Nagels in den Reifen eines Geldtransportfahrzeugs in Raubabsicht (NJW **80**, 1759); Präparierung eines Kfz in der Absicht, eine zu räuberischer Erpressung auszunutzende Autopanne herbeizuführen, jedenfalls bei nur zufälligem Ausbleiben des Schadens trotz Benutzung (1 StR 319/97 [in NStZ **98**, 210 nicht abgedr.]); Klingeln an der Tür einer Tankstelle durch maskierte und bewaffnete Täter, um den Tankwart bei Öffnen der Tür zu berauben (BGH **26**, 201; *Roxin* JuS **79**, 6; *Berz* Jura **84**, 519; krit. *Otto* NJW **76**, 249; *Gössel* JR **76**, 249; SK-*Rudolphi* 15; NStZ **84**, 506); Klingeln an der Wohnungstür, um das Opfer bei Öffnen alsbald zu berauben (BGH **39**, 238; NStZ **84**, 506);

§ 258: Beginn der veranlassten Falschaussage eines Zeugen bei Strafvereitelung durch Verteidiger (Frankfurt NStZ-RR **03**, 238);

§ 259: Verhandeln eines Hehlers mit dem Dieb über den Preis der Beute (MDR/D **71**, 546);

§§ 263 ff.: Beginn mit den Vorspiegelungen, die das Betrugsopfer unmittelbar zur Vermögensverfügung bestimmen sollen (RG **70**, 158); Eingang einer betrügerischen Schadensmeldung bei der Versicherung (Bay NJW **88**, 1401, hierzu *Puppe* JuS **89**, 362); Aufladen von Säcken mit Mindergewicht zur sofortigen Ablieferung beim Käufer (Köln NJW **52**, 1066; zw.); Einführen einer gefälschten ec-Karte in einen ec-Geldautomat (Bay wistra **93**, 305); Übergabe eines selbst manipulierten Fahrzeugs an einen vom Gericht beauftragten Sachverständigen nach Klageerhebung wegen angeblicher Sachmängel (München NJW **06**, 3364);

§ 306: Eindringen in einen Vorraum des nach dem Tatplan anzuzündenden Gebäudes unter Mitführen von Brandbeschleuniger; Festnahme vor dem noch erforderlichen Aufbrechen einer weiteren Zwischentür (StV **07**, 187 [m. krit. Anm. *Schuhr*]);

§ 315: Anbringen nicht abhebbarer Stahlkörper auf einem Schienenweg, um die Durchfahrt zu verhindern (BGH **44**, 41 m. Anm. *Otto* NStZ **98**, 514 u. *Dietmeier* JR **98**, 470);

BtMG § 29 I Nr. 1: Versuchte Abgabe bei Übergabe von BtM an einen Boten zur Überbringung an,den endgültigen Empfänger in einer JVA (Bay StV **04**, 606).

Vorbereitung wurde **zB** in folgenden Fällen angenommen: 12

§ 146 ff.: bloß wörtliches Angebot der Lieferung von Falschgeld (NStZ **86**, 548); Fahren zum Ort, wo Falschgeld übergeben werden soll (2 StR 60/85);

§§ 174 ff.: Verabreden eines späteren Zusammentreffens mit einem Kind, um es zu missbrauchen (BGH **6**, 302); gemeinsamer Kinobesuch, der der Tat vorausgehen soll (GA **66**, 146);

§§ 211 ff., 223 ff.: Aufforderung eines HIV–Infizierten an eine Prostituierte, ungeschützten Geschlechtsverkehr auszuüben (Bay NJW **90**, 781); Lauern auf das Opfer am Tatort (NJW **52**, 514 [dazu *Zieschang* ZStW **107**, 366]; NJW **54**, 567; **62**, 645; anderseits MDR/D **73**, 728; doch sind hier Fälle denkbar, in denen die Gefahr für das Opfer schon so konkret und nahe ist, dass Versuch anzunehmen ist; vgl. 1 StR 276/78; MDR/H **89**, 1050; dazu auch *Kühl* JuS **80**, 654); Bereitstellen von vergiftetem Getränk, wenn das Erscheinen des vorgesehenen Opfers *und* ein Konsum des Getränks ungewiss sind (BGH **43**, 177 [*Bärwurz*-Fall; vgl. dazu schon München NStZ-RR **96**, 71]); Klingeln an der Haus- und Klopfen an der Wohnungstür nach (telefonischer) Aufforderung an den Wohnungsinhaber, heraus zu kommen, damit er getötet werden könne (NStZ-RR **04**, 361);

§§ 242 ff.: Annähern mit Einbruchswerkzeugen an ein Gebäude (1 StR 319/97 [in NStZ **98**, 210 nicht abgedr.]; 5 StR 792/81; Köln MDR **75**, 948); Vorfahren vor dem Haus, in das eingebrochen werden soll (1 StR 467/65); Beschaffen von Kfz-Nachschlüsseln in Diebstahlsabsicht (BGH **28**, 162); Herausholen einer Winde aus einem Versteck, um ein Fenstergitter auseinander zu biegen (BGH **2**, 380; **aA** *Roxin* JuS **79**, 5); Ansetzen zum Einbrechen in ein Gebäude, um dort eine Vergewaltigung zu begehen (NStZ **00**, 418); Aufenthalt in einem Juwelierladen, um „bei günstiger Gelegenheit" Schmuck zu stehlen (NStZ **01**, 415);

§§ 239 a f.; 249 ff.: Klingeln an der Haustür in der Absicht des § 239 a unter dem *Vorbehalt,* das das Opfer allein an der Tür erscheint (NStZ **99**, 395 f. [m. Anm. *Jäger* NStZ **00**, 415]); Förderung des Tatplans einer Geiselnahme (BGH **38**, 85 m. Anm. *Schmoller* JR **93**, 247); Vorfahren der Bankräuber bis zum Bankeingang (MDR/H **78**, 985; NStZ **89**, 473, vgl. aber § 30 II!); bloßes Betreten des Supermarkts in Raubabsicht (NStZ-RR **96**, 34); Forderung nach einer Ersatzgeisel (bei vorgetäuschter Geiselnahme), solange diese sich noch nicht auf den Weg begibt (BGH **38**, 85); Klingeln an der Tür, um Anwesenheit des später zu Beraubenden festzustellen (GA **71**, 55); unmaskiertes Betreten eines Supermarkts mit versteckter Waffe (NStZ **96**, 38); „Präparieren" eines Bankvorraums durch Überkleben von Kameras zur Vorbereitung eines zwei Tage später geplanten Überfalls (NStZ **04**, 38);

§§ 257 ff.; 263 ff., 267 ff.: Erwerb falscher Fahrscheine zwecks späterer Täuschung (RG **64**, 131); bloßes Beisichtragen eines gefälschten Führerscheins (GA **73**, 179; *Kühl* JuS **80**, 813; **aA** *D. Meyer* MDR **77**, 445; vgl. dazu *Weber* Jura **82**, 73); bloße Vertrauenserschleichung oder Ausstellenlassen eines Sparbuchs unter fremdem Namen, um einen späteren Betrug vorzubereiten (Karlsruhe NJW **82**, 59; wistra **84**, 142); Vorfühlen, ob Bereitschaft zu einer Begünstigung besteht (3 StR 264/79);

§ 370 AO: Eingeben unrichtiger Belege in die Buchhaltung zur Vorbereitung einer Tat nach § 370 III Nr. 4 AO (MDR **83**, 422); Einreichen von Unterlagen, um für eine geplante Steuerhinterziehung eine Steuernummer zu erlangen (wistra **03**, 20); **§ 22 a KWKG:** Sondieren der Bereitschaft zum Vertragsschluss (Düsseldorf wistra **07**, 192).

D. Abgrenzung im Nebenstrafrecht. Im Nebenstrafrecht kommt es für die Bestimmung des Versuchsbeginns und des Vollendungszeitpunkts nicht selten auf Besonderheiten eines zugrunde liegenden Verwaltungsverfahrens an. 13

a) Steuerstrafrecht. Das bloße Verstreichenlassen der Fristen zur Abgabe von Steuererklärungen ist noch kein Versuch nach § 370 AO (5 StR 394/80). Zum Versuch einer solchen Tat bei der „Verdieselung" von Heizöl vgl. Karlsruhe JR **73**, 425 (zust. *Tiedemann* JR **73**, 413). Zusf. zur Abgrenzung von **Vorbereitungs**handlung und Versuch bei Hinterziehung von Veranlagungssteuern *Meine* GA **78**, 321. Fehlgeschlagen ist der Versuch der Steuerhinterziehung nicht schon mit dem Erlass eines dem Täter ungünstigen Steuerbescheids, sondern erst mit dessen Bestandskraft (BGH **36**, 116; **38**, 39). **Vollendet** ist in diesen Fällen die Tat nach § 370 AO in dem Zeitpunkt, in dem die Veranlagung des Täters beendet ist (BGH **30**, 123; **36**, 111; **37**, 344; Bay wistra **90**, 159; GA **80**, 219; *Gribbohm/Utech* NStZ **90**, 210). Zur Abgrenzung von Versuch und Vollendung bei Nichtabgabe einer Erklärung für Veranlagungssteuer Düsseldorf wistra **87**, 354, bei Ergehen eines Schätzungssteuerbescheids *Ferschl* wistra **90** (177, hierzu krit. *Dörn* wistra **91**, 10). Vollendung tritt bei Abgabe einer Steuererklä- 14 rung erst mit der Bekanntgabe des Festsetzungsbescheids ein; falls eine unrichtige Umsatzsteuervoranmeldung zur Steuerherabsetzung oder -vergütung führen soll, erst mit der Zustimmung der Finanzbehörde nach § 168 S. 2 AO (wistra **88**, 355). Bei Fälligkeitssteuern ist die Tat nach § 370 AO grundsätzlich mit der Abgabe unzutreffender Voranmeldungen oder mit der Unterlassung fristgemäßer Voranmeldungen getätigter Umsätze vollendet (NStZ **98**, 584). Für die **Beendigung** (oben 6) kommt es auf die Festsetzung im Steuerbescheid und dessen Bekanntmachung an, bei Fälligkeitssteuern (zB Lohnsteuer) hingegen auf die Fälligkeit (wistra **83**, 70). Werden in einer Jahressteuererklärung Falschangaben der monatlichen Umsatzerklärung wiederholt, dann ist die Tat mit dem Eingang der Jahressteuererklärung beim Finanzamt beendet (NJW **89**, 2140). Zum Fall der Nettolohnabrede BGH **34**, 168; **38**, 285; **39**, 157.

15 **b) Ein- und Ausfuhr- und Zolldelikte.** Der Versuch beginnt auch hier frühestens mit Handlungen, die in ungestörtem Fortgang unmittelbar zur Tatbestandserfüllung führen sollen, das geschützte Rechtsgut also schon unmittelbar gefährden (BGHR § 29 I 1 BtMG, Einf. 12; NStZ **04**, 110), etwa mit dem Beginn des Abtransports des Schmuggelguts von einem grenznahen Ort (NStZ **83**, 462, 511 m. Anm. *Winkler*) zur Grenze (NJW **85**, 1035; vgl. auch MDR/D **75**, 21 jeweils zum BtMG; NStZ/S **84**, 59). Es fehlt hiernach am Versuch einer BtM-Einfuhr, wenn der Täter sich zwar „auf den Weg gemacht" hat, vor Passieren der Grenze jedoch noch übernachten will (NStZ **83**, 224; 511; NJW **90**, 2072). Demgegenüber sah es BGH **20**, 150 bereits als versuchtes Ausfuhrvergehen (AWG) an, wenn der Täter die Ware (Munition) auf ein Fahrzeug lädt, um sie demnächst illegal über die Grenze zu bringen (zw.; hierzu *Tiedemann* ZRP **70**, 258; *J. Meyer* ZStW **87**, 610). Ein **Einfuhrversuch** beginnt bei Reisen im Flugzeug oder in der Eisenbahn, insbesondere bei einer **Zollkontrolle vor der Hoheitsgrenze,** früher als bei solchen in einem Kraftfahrzeug oder bei Passieren der Grenze zu Fuß, wo die Versuchsschwelle erst unmittelbar vor der Grenzkontrolle beginnt (BGH **36**, 250; wistra **93**, 26; StV **96**, 548; *Vogler,* Stree/Wessels-FS 295). Die Einfuhr von BtM (§ 30 I Nr. 4 BtMG) ist bei einer **vorgeschobenen Grenzabfertigung** auf der Eisenbahnstrecke uU schon vollendet, wenn der Täter die Frage des Zollbeamten nach dem Zollgut verneint (BGH **31**, 216 m. Anm. *Bick* StV **83**, 331; *Hübner* JR **84**, 82; Körner StV **83**, 473; *Weber* BtMG 39 ff. zu § 2) oder wenn die Grenzabfertigung des Ausgangsstaates beendet ist (NStZ **92**, 338; **93**, 287; vgl. auch Brandenburg NStZ-RR **04**, 280). Bei **Flugreisen** beginnt der Versuch der unerlaubten Einfuhr (hierzu BGH **34**, 181) im Fall alsbaldigen Abflugs grds. mit dem **Einchecken des Reisegepäcks** (NJW **90**, 2072; zur Abgrenzung unten 18); beim Transport inkorporierter oder am Körper befestigter BtM frühestens dann, wenn der Täter nach dem Passieren von Kontrollen das abflugbereite und Deutschland direkt ansteuernde **Flugzeug besteigt** (NStZ **05**, 452). Bei einem Einfuhrversuch auf dem **Postweg** ist zur Tat unmittelbar angesetzt, wenn die Sendung bei der Post zur Weiterleitung an den Empfänger eingeliefert wird, denn damit ist aus Sicht des Täters alles geschehen, um bei ungestörtem Fortgang die Tatbestandsvollendung herbeizuführen (NStZ **04**, 110).

16 **Vollendet** sind **Einfuhrdelikte** beim illegalen Grenzübertritt bei Passieren der Grenze (BGH **24**, 178; NJW **73**, 814), beim legalen dann, wenn der Täter die Frage eines Zollbeamten nach Bannware wahrheitswidrig verneint (BGH **25**, 139; **31**, 164; Bay NJW **83**, 1439 m. Anm. *Jakobs* JR **83**, 421) oder Bannware in das Gebiet der BRep. verbringt (BGH **31**, 254; **34**, 181; NStZ **86**, 274; NStE § 29 BtMG Nr. 17; StV **92**, 376 m. krit. Anm. *Zaczyk*); auf eine Gestellungspflicht nach § 372 AO kommt es nicht an (BGH **34**, 180; 3 StR 398/91). Im Falle der Einfuhr auf dem **Post-** oder Schienenwege liegt Vollendung vor, wenn die Sendung die Grenze des Hoheitsgebiets der BRep. überschritten hat (MDR/H **83**, 622 [m. Anm. *Hübner* JR **84**, 82]; NJW **94**, 61; vgl. LG Berlin StV **83**, 288), und zwar selbst dann, wenn wegen zwischenzeitlicher Entdeckung dem Täter oder Empfänger der Zugriff auf die Bannware verwehrt ist (MDR **86**, 420, hierzu *Körner* MDR **86**, 719; **88**, 300). Bei Einfuhr auf dem **Luftweg** ist der Tatbestand bei Zwischenlandung im Inland während eines Zwischenaufenthalts vollendet, wenn der Reisende das Gepäck auf Verlangen ohne weiteres erhalten kann und dies weiss (StV **03**, 281; vgl. dazu aber NStZ **04**, 693). Wenn eine beabsichtigte Steuerverkürzung bei Einfuhr durch Abgabe inhaltlich falscher Anmeldungen bei der zollamtlichen Abfertigung bewirkt werden soll, beginnt der Versuch erst bei Vorlage der wahrheitswidrigen Zollanmeldung (NJW **03**, 3068, 3070).

17 **Beendet** ist eine Ein- oder Ausfuhr, wenn die Bannware ihrem Bestimmungsort zugeführt (MDR/H **80**, 455), in Sicherheit gebracht und damit zur Ruhe gekommen ist (NJW **90**, 654).

18 *Keine Einfuhr,* sondern **Durchfuhr** ist gegeben, wenn während des Transports im Inland zu keiner Zeit eine freie Disposition des Durchführenden oder einer anderen Person möglich ist und der zur Beförderung notwendige Aufenthalt im Inland auf die zur Durchfuhr erforderliche Zeit beschränkt bleibt (BGH **34**, 183; NJW **94**, 61). Auch im Falle einer Durchfuhr

stehen Waren aber dann iS des (vollendeten) § 29 I Nr. 5 BtMG tatsächlich zur Verfügung, wenn der Täter als Transitreisender die Bannware als Gepäck ohne Schwierigkeiten erhalten kann (vgl. BGH **27**, 382; StV **03**, 281); das ist bei Umladungen idR der Fall. Jedoch liegt Versuch vor, wenn bei kurzem Zwischenaufenthalt das Gepäck in zollamtlicher Kontrolle bleibt (1 StR 485/85), der Täter aber mit der Möglichkeit einer Aushändigung des Gepäcks rechnet (BGH **31**, 376; MDR/H **84**, 90; MDR/S **93**, 201, 1150; StV **83**, 369; 505; **84**, 25; 265; **85**, 14; **86**, 157; **87**, 105; NStZ **84**, 171; 365; **86**, 171; 273; NStZ/S **93**, 326; **94**, 325; vgl. auch LG Frankfurt StV **88**, 533; *Prittwitz* NStZ **83**, 350; *Körner* StV **83**, 471 und zusf. MDR **86**, 717).

c) Außenwirtschaftsdelikte. Eine strafbare Vermittlungstätigkeit nach § 22a I Nr. 7 KriegswaffG ist nicht vollendet, wenn der durch die Tat herbeizuführende Kaufvertrag nicht zustande kommt (NStZ **83**, 172 [m. Anm. *Holthusen,* ferner *Nadler* NStZ **83**, 510]; NStE Nr. 2 zu § 10 KriegsWaffG; *Lohberger* NStZ **90**, 61); kommt er zustande, so ist das Verbrechen nach § 22a I Nr. 7 KriegswaffG, unbeschadet der Nichtigkeit des Vertrages, vollendet (NStZ **94**, 135). Ein Versuch liegt vor, wenn im eigenen oder im fremden Namen bindende Angebote von Lieferfirmen an ernsthafte Interessenten übermittelt werden; an einem Versuch fehlt es aber, wenn es nur um Sondierungen geht, ob auf der Gegenseite Vertragsbereitschaft besteht (NJW **88**, 3109; BGHR § 1 KWKG, Vers.; Bay NStZ **90**, 85; hierzu *Lohberger* NStZ **90**, 63 u. *Oswald* NStZ **91**, 46). Gespräche, die den embargowidrigen Verkauf von Erzeugnissen anbahnen, aber nicht zu konkreten Abmachungen führen, sind eine versuchte Förderung des Verkaufs nach § 34 IV AWG iVm § 69a II Nr. 3 AWV (Stuttgart wistra **96**, 155). 19

5) Versuch bei Beteiligung mehrerer. Sind an der Tat mehrere Personen beteiligt, so stellen sich besondere Probleme des Versuchsbeginns dann nicht, wenn alle Beteiligten Tatbeiträge entsprechend ihrem (gemeinsamen) Tatplan erbracht haben, die schon für sich gesehen die Voraussetzung des § 22 erfüllen. Ist das nicht der Fall, so ist zwischen einer täterschaftlichen Zurechnung nach § 25 II oder § 25 I, 2. Alt. und einer Teilnahme nach §§ 26 oder 27 zu unterscheiden. 20

A. Mittäterschaft. Nach stRspr und hM treten bei Mittäterschaft alle Mittäter in das Versuchsstadium, wenn einer von ihnen zur Verwirklichung des Tatbestands unmittelbar ansetzt (sog. **Gesamtlösung;** vgl. BGH **11**, 271; **36**, 249; **39**, 237; **40**, 301; NStZ **00**, 589; StV **07**, 187; ebenso schon RG **58**, 279 [anders noch RG **9**, 3; **15**, 295]; *S/S-Cramer/Heine* 61 zu § 25; *S/S-Eser* 55; *Jakobs* AT 21/61; *Jescheck/Weigend* § 63 IV; *W/Beulke* 611; *Kühl* AT 6/123 und *Lackner/Kühl* 9; *Küper,* Versuchsbeginn und Mittäterschaft, 1978; *ders.* JZ **79**, 775; *Küpper,* GA **86**, 437, 446 und ZStW **105**, 295, 303; *Maiwald* ZStW **93**, 879; *M/Gössel/Zipf* 49/100; *Otto* AT § 21/126; SK-*Samson* 131 zu § 25; *Schmidhäuser* AT 351; *Stratenwerth* AT 1, 237; *Vogler* ZStW **98**, 341; LK-*Hillenkamp* 173 ff.; MK-*Herzberg* 149 ff.; *Weber,* Lenckner-FS 435 und *B/Weber/Mitsch* 29/104; alle mwN). Dagegen kann nach den sog. **Einzellösungen** ein Mittäter erst dann wegen Versuchs bestraft werden, wenn er selbst unmittelbar zur Tat ansetzt; eine Zurechnung allein fremden versuchsbegründenden Verhaltens findet danach nicht statt (so etwa – mit erheblichen Unterschieden im Einzelnen – *Schilling* [1 a]; *Kratzsch* JA **83**, 587; *Bloy* ZStW **113**, 93; *Roxin,* Odersky-FS 489; SK-*Rudolphi* 19 a zu § 22 und Bockelmann-FS 370, 383 ff.; *Stein,* Die strafrechtliche Beteiligungsformenlehre, 1988, 318; *Valdágna* ZStW **98**, 839; vgl. dazu auch *Prüssner* [1 a]). Mit der herrschenden subjektiven Teilnahmetheorie (vgl. 2 a vor § 25) und der Strafbarkeit des untauglichen Versuchs (unten 39 ff.) sind die Einzellösungen nicht ohne weiteres vereinbar; umgekehrt liegt für die objektive Tatherrschaftslehre (1 b vor § 25) eine Einzellösung nahe. 21

Voraussetzung des Versuchsbeginns bei Mittäterschaft ist daher grds, dass wenigstens einer der Mittäter im Rahmen des **gemeinschaftlichen Tatplans** (NStZ **04**, 110 [Anm. *Krack* NStZ **04**, 697]) eine Handlung vollzieht, die zur Verwirklichung eines Tatbestandsmerkmals unmittelbar ansetzt (NStZ **81**, 99) und zwar unabhängig davon, ob andere Mittäter ihren Tatbeitrag bereits im Vorbereitungsstadium erbracht haben (MDR/H **86**, 974). 21 a

In **Irrtumsfällen** soll das nach der Rspr des *2. StS* (BGH **39**, 236; *Türklingel-Fall*) und des *3. StS* (BGHR § 22 Ansetzen 3) nur dann gelten, wenn der Han- 22 delnde zum Zeitpunkt der objektiven Tathandlung seinerseits noch mit dem *Willen* handelt, die Tat zu vollenden (im Fall BGH **39**, 236: kein Versuch räuberischer Erpressung, weil ein am Tatort anwesender Mittäter, der planmäßig an der Haustür des Opfers läutete, zuvor vom Plan abgerückt war und die Polizei informiert hatte; zust. *Kühl* AT 664 und *Lackner/Kühl* 9; *S/S-Eser* 55a; LK-*Hillenkamp* 175; *Dencker,* Kausalität und Gesamttat, 1996, 239, 242; *Ingelfinger* JZ **95**, 714; *Zopfs* Jura **96**, 23; *Graul* JR **95**, 427; *Jung* JuS **94**, 355; vgl. auch *Hillenkamp,* Roxin-FS 689, 710). Der Entscheidung ist mit *Weber* (Lenckner-FS 335, 341 ff.) zu **widersprechen** (abl. auch *Hauf* NStZ **94**, 263; *Heckler* GA **97**, 72; *Buser* [1 a] 16, 83; vgl. auch *Roxin,* Odersky-FS 489, 490). Ein bloßes **inneres Abstandnehmen** eines Mittäters kann, wenn er den geplanten Tatbeitrag objektiv leistet, weder (bei Vollendung) seine Strafbarkeit ausschließen (vgl. BGH **37**, 289) noch (bei Ausbleiben der Vollendung) eine Strafbefreiung nach § 24 begründen (vgl. *Weber,* Lenckner-FS 435, 445). Nach § 25 II **zugerechnet** wird dem Mittäter nicht der Vorsatz oder der Tatplan des anderen, sondern dessen **objektive Ausführungshandlung,** sofern sie sich im Rahmen *seines* (und in seiner Vorstellung gemeinsamen) Tatplans hält. Ein Mittäter, der sich in seinen Handlungen genau an den gemeinsamen Tatplan hält, wird nicht dadurch straffrei, dass er die Tatvollendung heimlich nicht mehr möchte. Die Straffreiheit des nur **zum Schein** mitwirkenden Mittäters beruhte in BGH **39**, 236 daher nicht auf seinem (heimlichen) Vorsatzwechsel, sondern auf seinem wirksamen Rücktritt (§ 24 II S. 1); nach § 28 II lässt dieser die Strafbarkeit der übrigen Beteiligten unberührt (vgl. auch VRS **101** (2001), 113; 42 zu § 24).

23 Der *4. StS* hat in der Entscheidung BGH **40**, 299 (*Münzhändlerfall*; vgl. auch NStZ **94**, 534 [Anfrage]) **abweichend** von BGH **39**, 336 (*Türklingel-Fall*; vgl. dazu *Weber,* Lenckner-FS 448; *S/S-Eser* 55a; krit. zur Nicht-Vorlage an den GrSen *Erb* NStZ **95**, 424, 425; *Joecks* wistra **95**, 58, 59) die Versuchsstrafbarkeit eines Beteiligten im Hinblick auf eine „Tathandlung" eines **vermeintlichen Mittäters** bejaht (Schadensanzeige eines Raubopfers bei der Versicherung; irrige Annahme des [seinerseits getäuschten] Raubtäters, das Opfer sei eingeweiht und die Schadensanzeige daher Beginn der Ausführung eines *gemeinsamen* Betrugs [vgl. auch NJW **52**, 430, wo es an diesem unmittelbaren Ansetzen des vermeintlichen Mittäters gerade fehlt]). Hiernach ist eine Ausführungshandlung eines vermeintlichen Mittäters dann als tauglich und zurechenbar zu betrachten, wenn sie **nach der Vorstellung des Täters** zur Tatbestandserfüllung führen soll und nach natürlicher Auffassung auch führen könnte (BGH **40**, 299, 302; ebenso wohl NStZ **04**, 110 [Versuch mittäterschaftlicher Einfuhr von BtM nur deshalb *nicht* gegeben, weil das vom vermeintlichen Mittäter im Ausland an den Empfänger in Deutschland abgesandte Paket kein BtM enthielt; dazu krit. Anm. *Krack* NStZ **04**, 697]).

23 a Der in der Literatur überwiegend abgelehnten Entscheidung BGH **40**, 299 ist **zuzustimmen** (wie hier MK-*Herzberg* 151 f.; *Jung* JuS **95**, 360 f.; *Heckler* GA **97**, 72, 76; *Weber,* Lenckner-FS 435, 446 ff.; *Joerden* JZ **95**, 735; *Sonnen* JA **95**, 361; *Roßmüller/Rohrer* MDR **96**, 986; **aA** hM; vgl. etwa LK-*Hillenkamp* 176; *Lackner/Kühl* 9 und AT § 20, 123a; *Dencker,* Kausalität und Gesamttat, 1996, 243 f.; *Erb* NStZ **95**, 424; *Graul* JR **95**, 427; *Kühne* NJW **95**, 943; *Küpper/Moosbacher* JuS **95**, 488; *Riemenschneider* JuS **97**, 631; *Streng* ZStW **109**, 892 u. Zipf-GedS 325, 329 f.; *S/S-Eser* 55a; *Hillenkamp,* Roxin-FS 689, 709; *W/Beulke* 612; *Zopfs* Jura **96**, 19, 23; *Krack* NStZ **04**, 697, 698). Das ergibt sich aus der Strafbarkeit des untauglichen Versuchs (BGH **40**, 301 f.), denn wenn es für die Strafbarkeit unerheblich ist, ob eine *eigene* Handlung des Täters sich objektiv als Verwirklichung seiner „Vorstellung von der Tat" darstellt, dann gilt dies gleichermaßen für die *fremde* Handlung des Mittäters oder des vermeintlichen Mittäters. Im letzteren Fall fehlt somit nicht eine zurechenbare Ausführungshandlung (**aA** *Krack* NStZ **04**, 697, 698; *W/Beulke* 612 mwN), *sondern ein auf* gemeinsamem Tatplan beruhender Vorsatz des vermeintlichen Mittäters. Dieser gemeinsame Plan ist aber eine dem Vorsatz (§ 22) wie der Verkennung (§ 16 I) zugängliche Tatsache (*Weber* aaO 448 ff.; *M/Gössel/Zipf* 49/58 ff.); er muss nicht (durch Zurechnung) „ersetzt" werden (vgl. *Hillen-*

kamp, Roxin-FS 708f.). Das zeigt sich im umgekehrten Fall: Wer zur Nötigung des Opfers in der irrigen Vorstellung ansetzt, sein vermeintlicher Mittäter werde diesem aufgrund gemeinsamen Plans alsbald eine Sache wegnehmen, setzt zum *Raub* an.

B. Mittelbare Täterschaft. Auch der Versuchsbeginn bei mittelbarer Täterschaft ist lebhaft umstritten (vgl. auch *Puppe*, Dahs-FS [2005] 173ff.). Dabei werden, je nachdem, ob eher eine Gesamt- oder eine Einzellösung (oben 21) vertreten wird, unterschiedliche Ergebnisse erzielt (vgl. die Darstellungen bei *Krüger* [1a]; *Prüssner* [1a]; *Rath* JuS **99**, 140ff.). Grds werden von der **Rspr und hM** die Regeln für den Rücktritt vom beendeten Versuch (§ 24) entsprechend angewendet; danach liegt Versuch vor, wenn der mittelbare Täter nach seiner Vorstellung die erforderliche **Einwirkung auf den Tatmittler** abgeschlossen und das Tatgeschehen „aus der Hand gegeben" hat (ähnl. *Murmann* [1a] 24ff.). Zugleich wird aber darauf hingewiesen, dass der mittelbare Täter nicht schlechter gestellt werden dürfe als der Alleintäter und dass daher die allgemeinen Regeln über die Abgrenzung zwischen Vorbereitung und Versuch (oben 7ff.) gelten (BGH **40**, 257, 268). Nach der vom BGH vertretenen **modifizierten Einzellösung** ist daher **zusätzlich** zum Aus-der-Hand-Geben des Geschehens erforderlich, dass das betroffene Rechtsgut beim Abschluss der Einwirkungen auf den Tatmittler nach der Vorstellung des Hintermannes bereits **unmittelbar konkret gefährdet** ist (BGH **4**, 270; **30**, 363 [Bespr. *Küper* JZ **83**, 361; abl. *Kühl* JuS **83**, 180; *Sippel* NJW **83**, 2226]; **40**, 257, 269; **43**, 177 [m. Anm. *Roxin* JZ **98**, 211; *Gössel* JR **98**, 293]; NStZ **86**, 547; **00**, 589f.; München NJW **06**, 3364 [m. Anm. *Schiemann*]; *Roxin,* Maurach-FS 218 und Lackner-FS 307, 315; *Streng* ZStW **109**, 862, 886; *Vogler* ZStW **98**, 340 und LK-*Hillenkamp* 158f.; MK-*Herzberg* 130ff.; *Jescheck/Weigend* § 62 VI, 1; SK-*Rudolphi* 20a zu § 22; *W/Beulke* 613f.; weniger eng Bay NStZ **04**, 401, 402 [Übergabe von BtM an Boten als Ansetzen zum Versuch der Abgabe]). Zu einem ähnlichen Ergebnis gelangt *Herzberg* (Roxin-FS 749, 761ff), der zwischen Versuchs*handlung* und Versuchs*erfolg* (als „unmittelbarer Gefahr") trennt und den Versuch zu dem Zeitpunkt als „vollendet" ansieht, in welchem nach der Vorstellung des Täters eine Zuspitzung der Rechtsgutsgefährdung eintreten soll. 24

Nach **aA** beginnt der Versuch stets erst mit dem unmittelbaren **Ansetzen des Tatmittlers** (*Kühl* JuS **83**, 180; *ders.* AT 20/91 und *Lackner/Kühl* 9; *Küper* JZ **83**, 361; *Kadel* GA **83**, 229; *S/S-Eser* 54; *Küpper* GA **86**, 447; **98**, 519ff.; *Köhler* AT 541f.; *Gössel* JR **98**, 293, 295; *Krack* ZStW **110**, 611, 625ff.; *Rath* JuS **99**, 140, 143; *Eschenbach* Jura **92**, 637, 645; *M/Gössel/Zipf* 48/112ff.); diese Ansicht wendet die nach hM für die Mittäterschaft (oben 21ff.) geltenden Grundsätze einer *modifizierten Gesamtlösung* an. Eine wiederum **aA** schließlich sieht iS einer **reinen Einzellösung** als Versuchsbeginn den Beginn der Einwirkung des mittelbaren Täters auf den Tatmittler an (*Baumann* JuS **63**, 85, 92; *B/Weber/Mitsch* 29/155; *Meyer* ZStW **87**, 598, 609; *Schilling* [1a] 101; wohl auch *Puppe* JuS **89**, 361f.; *Jakobs* AT 21/105). 24a

Die Anwendung der Gesamtlösung erscheint hier nicht überzeugend. Sie verlegt den Versuchsbeginn zugunsten des mittelbaren Täters auf einen Zeitpunkt, zu dem eine Steuerungsmöglichkeit idR nur noch zufällig besteht; zugleich schneidet sie andererseits die Möglichkeit strafbefreienden Rücktritts weitgehend ab. Die Voraussetzung eines gemeinsamen Tatplans und das Erfordernis einer wechselseitigen Zurechnung fremden Verhaltens (§ 25 II) bestehen gerade nicht, wenn der Täter „durch einen anderen" handelt und dies auch weiß; da das Werkzeug aus Sicht des Täters keinen gemeinsamen Tatplan umsetzen soll, fehlt es an einer Anknüpfungsgrundlage für eine „Gesamtlösung" (*W/Beulke* 614); Bestimmungsgrundlage muss vielmehr die „Vorstellung von der Tat" des mittelbaren Täters sein (*Hillenkamp,* Roxin-FS 689, 708). Gegen die modifizierte Einzellösung des BGH spricht, dass sie zur Gleichsetzung des Ansetzens zur Tat mit dem *beendeten* Versuch führt; die sachliche Berechtigung ist zweifelhaft (*Weber* in *B/Weber/Mitsch* 29/155 Fn. 237). 25

Zutreffend ist daher zunächst der Ansatzpunkt der reinen Einzellösung, welche die Grundsätze der Anstiftung heranzieht: Der Versuch mittelbarer Täterschaft 26

kann danach grds mit dem Anfang der Einwirkung auf den Tatmittler beginnen (ähnlich *Puppe*, Dahs-FS [2005] 173, 187 f.; nicht ganz eindeutig *Jakobs* AT 21/105: mit dem „Ansetzen zum Abschluss" der Einwirkung) und mit deren Abschluss beendet sein. Voraussetzung ist jedoch stets, dass zu diesem Zeitpunkt die Einwirkung des Täters *nach dessen Vorstellung* ohne weiteres zur Vollendung führen soll, denn es kommt nach § 22 darauf an, zu welchem Zeitpunkt er nach *seiner* Tatvorstellung unmittelbar ansetzt (vgl. BGH **30**, 363). Nimmt der Täter an, die von ihm in Gang gesetzte Kausalkette werde bei regelmäßigem Verlauf ohne Erfordernis erneuter Entscheidungen über die *Bedingungen des Tatplans* in die Vollendung des Tatbestands einmünden (oder nimmt er dies, bei Ausreichen bedingten Vorsatzes, billigend in Kauf), so kann ihm nach allg. Regeln das objektive Ausbleiben einer konkreten Vollendungsgefahr nicht zugute kommen. In diesem Fall kann es – entgegen BGH **4**, 270 – auch nicht allein auf eine längere oder kürzere Zeitspanne bis zur Handlung des Tatmittlers ankommen (zutr. *Puppe*, Dahs-FS [2005] 173, 187 f.; **aA** *S/S-Eser* 54 a mit unzutr. Berufung auf BGH **40**, 272). Daher liegt **zB** Ansetzen zum Versuch des Prozessbetrugs vor, wenn der Täter seinem gutgläubigen RA eine gefälschte Urkunde mit der Weisung hierauf gestützter Klageerhebung zuleitet; oder wenn nach Klageerhebung eines Käufers wegen angeblicher Sachmängel der von ihm selbst manipulierte Gegenstand an einen vom Gericht bestellten Sachverständigen übergeben wird (vgl. München NJW **06**, 3364 [m. Anm. *Schiemann*]); nicht aber, wenn eine gefälschte Urkunde „zur Prüfung der Rechtsfehler" übersandt wird. Ist eine objektive Gefährdung des Rechtsguts von vornherein ausgeschlossen oder kann die Tat auf Grund nachträglich eintretender Umstände vom Tatmittler nicht ausgeführt werden, so liegt, wenn der Hintermann dies bei Abschluss seiner Einwirkung nicht erkannt hat, **untauglicher Versuch** vor (etwa, wenn der Tatmittler sich nur zum Schein zur Ausführung bereit erklärt [BGH **30**, 363, 366] oder das Opfer nicht am vorgesehenen Tatort erscheint).

27 Der mittelbare Täter kann daher, da es für seine Vorstellung von der Tat auf den Zeitpunkt *seiner* Handlung ankommt, die Grenze zur unmittelbaren Rechtsgutgefährdung scheinbar früher überschreiten als der allein Handelnde, etwa dann, wenn nach seiner Vorstellung die Vollendung von Bedingungen abhängt, deren Eintritt er nicht (mehr) beherrscht (vgl. BGH **21**, 14). Ob das Werkzeug gut- oder bösgläubig ist, ist insoweit nur von indizieller Bedeutung (*Meyer* ZStW **87**, 598, 608; **aA** *Köhler* AT 541); es liegt nahe, dass bei (vom Täter erkannter) Bösgläubigkeit des Tatmittlers und erst in weiterer Zukunft geplanter Ausführung das Geschehen nach der Vorstellung des Täters noch nicht „aus der Hand gegeben" ist. Die **Einschränkungen,** die die Rspr iS einer *modifizierten Einzellösung* vornimmt, sind im Hinblick auf das Unmittelbarkeitserfordernis berechtigt; freilich dürfen sie nicht iS einer schematischen Regel verstanden werden, wonach die Einplanung einer „gewissen Zeitspanne" (BGH **40**, 269) stets einem Versuchsbeginn entgegenstehe (vgl. NStZ **01**, 475 [Stromfalle]). Es kommt im Einzelfall darauf an, den mittelbaren Täter nicht schlechter, aber auch nicht besser zu stellen als den allein Handelnden. Versuch schon bei der Einwirkung ist daher insb. dann anzunehmen, wenn sich der Zeitpunkt des Erfolgseintritts aus der Sicht des Hintermanns als *zufällig* oder unkalkulierbar darstellt (Losschicken des Tatmittlers mit der Maßgabe, die Tat „bei nächster Gelegenheit" auszuführen) oder wenn der Tatablauf trotz längerer Zeitspanne im Detail vorhersehbar ist (Absenden einer Paketbombe per Post). Die **Kriterien** des „Aus-der-Hand-Gebens" des weiteren Geschehens und der unmittelbaren Rechtsgutgefährdung sind daher nicht unabhängig voneinander zu beurteilen; entscheidend ist wie beim Alleintäter, ob der Hintermann bei Abschluss seiner Einwirkung davon ausgeht (und dies bei ihrem Beginn will), dass der konkrete Taterfolg ohne jedes weitere Zutun seinerseits in dem von ihm *vorgestellten* (oben 4) *Kausalverlauf* sicher (oder möglicherweise) eintreten werde. Dass der Tatmittler noch Handlungen vornehmen muss, die sich für den Alleintäter als Vorbereitungshandlungen darstellen würden, steht der Annahme unmittelbaren Ansetzens nicht von vornherein entgegen, wohl aber unübersehbare Dauer, Prüfungspflichten des Tatmittlers, Anhängigkeit von Unwägbarkeiten (bei Erfordernis direkten Vorsatzes) oder Unklarheit des Kausalverlaufs.

Entsprechend, freilich mit Modifikationen, sind die Regeln der mittelbaren Täterschaft in Fällen heranzuziehen, in denen nach dem Täterplan das **Opfer als „Werkzeug"** gegen sich selbst eingesetzt wird (Brand- oder Sprengfalle [vgl. NStZ **98**, 294f.; RG **66**, 142]; Giftfalle [vgl. BGH **43**, 177]; Nötigung zur Selbstschädigung [vgl. BGH **32**, 38 [*Sirius*-Fall; vgl. dazu *Merkel* JZ **99**, 502, 503f.]; NJW **83**, 462; NStZ **01**, 475 [Stromfalle; dazu *Engländer* JuS **03**, 330f.]). Im Hinblick auf die allgemeine (oben 24) Frage des Versuchsbeginns bei planmäßiger Einbeziehung der Handlungen vom Täter gesteuerter Dritter ist die Fallgruppe von besonderem Interesse. BGH **43**, 177 (*Bärwurz*-Fall; dazu *Roxin* JZ **98**, 209; *Otto* NStZ **98**, 243; *Wolters* NJW **98**, 578; *Kudlich* JuS **98**, 596; *Gössel* JR **98**, 293; *Heckler* NStZ **99**, 79; *Baier* JA **99**, 771; *Krack* ZStW **110**, 628; *Streng,* Zipf-GedS 225, 230ff.; vgl. auch NStZ **98**, 294; NStZ/A **98**, 345) hat Versuch bei Bereitstellen von vergiftetem Schnaps in Erwartung von Einbrechern erst dann angenommen, wenn sich das Opfer in den Wirkungskreis der vorbereiteten Tatmittel begibt und sein Verhalten nach dem Tatplan unmittelbar in die Vollendung einmünden kann (abl. zum Unmittelbarkeits-Kriterium *Streng* aaO 337ff., der freilich ein Ansetzen verneint, wenn nach der Vorstellung des Täters eine *Revokationsmöglichkeit* bleibt; ähnl. *Dornis* Jura **01**, 664, 665f., der ein *Aus-der-Hand-Geben* des Verlaufs durch den Täter verlangt, über das Abstellen auf die Unmittelbarkeit des – vorgestellten – Opferverhaltens iErg aber zur Gefährdungs-Lösung des BGH gelangt). Dagegen lag nach NStZ **01**, 475 (Stromfalle) Versuch vor, als der Täter aus einer Wohnung auszog, nachdem er die Elektroinstallation so manipuliert hatte, dass nach seiner Vorstellung (irgend-)ein nachfolgender Nutzer bei Einschalten des Lichts zu Tode kommen würde. NStZ **98**, 294 (Sprengfalle) hat Versuch bei Anbringen einer Handgranate an einem Pkw bejaht, weil nach der Vorstellung des Täters „irgendwann ein Fahrzeugführer erscheinen" würde. In beiden letztgenannten Entscheidungen, denen zuzustimmen ist, hat der BGH darauf abgestellt, dass die Täter mit dem Erscheinen eines Opfers *sicher* rechneten; dagegen war im Fall BGH **43**, 177 unklar, „ob und wann" sich das Opfer der Falle nähern würde (NStZ **98**, 295; **01**, 475). Auf die vom Täter vorgestellte Zeitspanne kann es jedoch nicht ankommen; diese war jedenfalls im Fall NStZ **01**, 475 viel ungewisser als in BGH **43**, 177. Die Abweichung liegt auch nicht in der Unbedingtheit des Vorsatzes, vielmehr allein in der Genauigkeit der Vorstellung des Täter vom Tatablauf. Dieses Unterscheidungskriterium erscheint nicht zweifelsfrei. 28

C. Teilnahme. Für Handlungen eines **Gehilfen** gelten die oben 21ff. dargelegten Regeln für den Versuchsbeginn bei Mittäterschaft entsprechend (vgl. *Weber,* Lenckner-FS 435, 452ff.): Soll nach den Vorstellungen des Haupttäters und dem gemeinsamen Tatplan die Beihilfehandlung unmittelbar in die Tatvollendung durch den Haupttäter einmünden, sie ermöglichen oder absichern, so beginnt der Versuch der Haupttat mit dem Ansetzen des Gehilfen zu seiner Handlung. Anders ist es, wenn die Gehilfenhandlung sich nach dem Tatplan nur als Vorbereitungshandlung darstellt. Zum **Versuch der Anstiftung** vgl. § 30. **Versuchte Beihilfe** ist als solche nicht strafbar (NStZ **83**, 462; **94**, 501). 29

6) Versuch bei actio libera in causa. Ein Versuch kommt nur bei vorsätzlicher *alic* (vgl. dazu allg. 49 zu § 20) in Betracht; es ist auch hier für den Versuchsbeginn darauf abzustellen, zu welchem Zeitpunkt der Täter nach seiner Vorstellung unmittelbar zur Tat ansetzt. Ob hier eine grds Unterscheidung zwischen Handlungs- und Unterlassungsdelikten zu treffen ist (so *S/S-Eser* 56f.) erscheint fraglich, da auch bei der *omissio libera in causa* der Vorsatz des Täters beim Sich-Berauschen nicht stets darauf gerichtet sein muss, sich die Erfüllung der späteren Handlungspflicht *unmöglich* zu machen. Hält der Täter das Sich-Berauschen für einen Teil des von ihm geplanten Tatablaufs, das in unmittelbarem Fortgang zur Steuerungsunfähigkeit und zur Tathandlung führen soll, so ist, folgt man dem **Tatbestandsmo-** 30

dell (vgl. 52 zu § 20), Versuch bereits mit dem *Beginn* des Sich-Berauschens gegeben; es gelten die für die mittelbare Täterschaft anzuwendenden Regeln (*B/Weber/Mitsch* 19/49f.; *Jakobs* AT 17/68; SK-*Rudolphi* 21; ähnlich LK-*Spendel* 32 zu § 323a). Nach **aA** ist auf den Zeitpunkt des Eintritts der Schuldunfähigkeit (*Roxin,* Maurach-FS 220, 230; *Puppe* JuS **80**, 348) abzustellen; die wohl **hM** in der Lit. hält auch im Hinblick auf die damit entstehenden Rücktrittsprobleme (vgl. *S/S-Lenckner/Perron* 35 zu § 20; *Herzberg,* Spendel-FS 209), eine „Vorverlegung" des unmittelbaren Ansetzens nicht für zulässig und nimmt Versuch erst bei Beginn der tatbestandlichen Ausführungshandlung an (*S/S-/Lenckner/Perron* 35 zu § 20; *S/S-Eser* 56 zu § 22 [anders ebd. 57 für Unterlassungsdelikte]; *Lackner/Kühl* 27 zu § 20; *W/Beulke* 419; LK-*Hillenkamp* 165ff.; MK-*Herzberg* 147; *Rath* JuS **99**, 140, 143; *Hettinger,* Die actio libera in causa, 1988, 462; jew. mwN). Das Problem hat nur geringes *praktisches* Gewicht; die von der hM als unannehmbar angesehenen Ergebnisse der Tatbestandslösung (Mordversuch durch Bestellen des ersten Biers!; vgl. *S/S-Lenckner/Perron* 35 zu § 20; *Herzberg* Roxin-FS 769f.) sind eher theoretischer Natur und im Übrigen kaum ferner liegend als zahlreiche Gestaltungen des (strafbaren) untauglichen Versuchs.

31 **7) Versuch von Unterlassungsdelikten.** Auch für den Versuch eines **Unterlassungserfolgsdelikts** ist entscheidend, ob der Täter nach seiner Vorstellung von der Tat mit dem Beginn seines Untätigwerdens zur Tatausführung „unmittelbar ansetzt" (oben 10), wann also für das betroffene Rechtsgut eine konkrete Gefahr einsetzt (BGH **7**, 287f.; **14**, 282, 284; **38**, 356, 360; **40**, 257, 271 [hierzu *Schöch* NStZ **95**, 157]; krit. *Merkel* ZStW **107**, 554; *Maihofer* GA **58**, 289; *Grünwald* JZ **59**, 46; *Schröder* JuS **62**, 86; *Roxin* JuS **79**, 10; *Vehling* [oben 1a] 157; krit. *Herzberg* MDR **73**, 89; LK-*Hillenkamp* 142ff.; MK-*Herzberg* 123ff.; vgl. auch 48 zu § 13). Entscheidend ist auch hier die Vorstellung des Täters. Daher kann ein allein an der Kenntnis der Handlungspflicht orientierter Zeitpunkt für den Versuchsbeginn, etwa das Versäumen der **ersten Handlungsmöglichkeit** nach dem Fassen des Tatentschlusses (so *Schröder* JuS **62**, 86; *Herzberg* MDR **73**, 89; *Maihofer* GA **58**, 289, 297; wohl auch BGH **40**, 257, 271 m. Anm. *Vogel* MDR **95**, 340) oder das Verstreichenlassen der **letzten Rettungschance** (so *A. Kaufmann,* Die Dogmatik der Unterlassungsdelikte, 1959, 210, 216; *Welzel* LB 221), nicht bestimmt werden.

32 Nach **hM** kommt es darauf an, ob dem Täter nach seiner Vorstellung im Zeitpunkt des Unterlassens noch weitere, sichere Erfolgsabwendungsmöglichkeiten verbleiben. In diesem Fall soll nur Vorbereitung gegeben sein; der Versuch beginnt danach in dem Moment, in welchem (nach der Vorstellung des Täters) eine objektive, nahe liegende **Gefahr für das Rechtsgut** eintritt (*B/Weber/Mitsch* 26/57; *S/S-Eser* 50 u. 27 vor § 22; SK-*Rudolphi* 52 vor § 13; *Roxin,* Maurach-FS 213, 231 und JuS **79**, 1, 12; *Köhler* AT 467; *Jescheck/Weigend* § 60 II 2f.; *Kühl* AT § 18/146 und *Lackner/Kühl* 17; *W/Beulke* 741; *Gropp* AT 9/39). Diese Lösung trägt dem Unmittelbarkeitserfordernis des § 22 Rechnung. Freilich liegt – entgegen der subjektiven Versuchstheorie (BGH **11**, 324) – straflose Vorbereitung danach noch in einem Zeitpunkt vor, in welchem der Täter nach seiner Vorstellung Bedingungen gesetzt hat, die bei ungestörtem Fortgang notwendig zur Tatvollendung führen (vgl. hierzu – unter dem Blickwinkel des erforderlichen Rücktrittverhaltens – *Küper* ZStW **112**, 1, 6ff.). Dies könnte allein durch die Erwägung gerechtfertigt sein, der *Beginn* des Unterlassens stelle in der Vorstellung des Täters noch keine *hinreichende* Bedingung für den Erfolgseintritt dar, solange sich die Gefahr noch nicht objektiv „verdichtet" hat und spätere Handlungsmöglichkeiten offen stehen (in diese Richtung *Lackner/Kühl* 17; *Malitz,* Der untaugliche Versuch beim unechten Unterlassungsdelikt, 1998, 48, 200; vgl. auch *W/Beulke* 741ff.). In diesen Fällen ist allerdings schon der Vorsatz nicht unzweifelhaft (vgl. oben 2).

33 Die **Rspr** hat im Einzelfall eher pragmatisch entschieden und jedenfalls die auf die „letzte Rettungschance" abstellende Ansicht verworfen (BGH **40**, 257, 270f.; die allgemeine Ablehnung auch des Abstellens auf die *erste* Rettungsmöglichkeit ist

mit den weiteren Ausführungen des *Sen.* allerdings nicht ohne weiteres vereinbar). So ist im Fall BGH **38**, 356 (Liegenlassen eines Bewußtlosen auf S-Bahn-Schienen) eher auf eine objektive Gefahrerhöhung abgestellt worden; dagegen tendiert BGH **40**, 271 (Unterlassen künstlicher Ernährung) zu einer ausdehnenden Annahme des Ansetzens, da schon mit dem **Beginn der Untätigkeit** eine konkrete Rechtsgutgefährdung eintrete. Dem ist **zuzustimmen.** Wer eine als geboten erkannte Handlung in der Vorstellung unterlässt, diese werde *ohne weitere Zwischenschritte* zum (gewünschten oder gebilligten) Erfolgseintritt führen, setzt zur Tat unmittelbar an; das Verstreichenlassen weiterer oder „letzter" Rettungschancen könnte hier allein unter dem Gesichtspunkt der Versuchsbeendigung von Bedeutung sein (vgl. 26, 31 ff. zu § 24; Küper ZStW **112**, 1 ff.; **aA** *S/S-Eser* 51). **Anders** ist es hingegen, wenn die Vollendung nach dem Tatplan noch einen Zwischenschritt, namentlich eine Handlung des Opfers oder Dritter, voraussetzt; etwa bei pflichtwidrigem Unterlassen von Aufklärung oder Warnung. Hier beginnt der Versuch erst, wenn nach der Vorstellung des Täters dieser auf seiner Unterlassung beruhende Zwischenschritte erfolgt oder unmittelbar bevorsteht. Stets ist Versuch gegeben, wenn der Unterlassungstäter sich die Erfüllung der Handlungspflicht durch aktives Tun unmöglich macht und das weitere Geschehen „aus der Hand gibt" (BGH **38**, 360; *B/Weber/Mitsch* 26/58; *W/Beulke* 742; str.; krit. *Baier GA* **99**, 280 f.).

Hingegen ist bei unechten und echten (§§ 138, 264 I Nr. 2, 265 b I Nr. 2, 323 c) **Unterlassungstätigkeitsdelikten** Versuch praktisch nicht denkbar (*Schaffstein,* Dreher-FS 149, 158), da das Unterlassen mit dem Einsetzen der Handlungspflicht bereits vollendet ist, strafbarer Versuch aber nicht angenommen werden kann, wenn der Täter im Zeitraum erfolgreicher Handlungsmöglichkeit doch noch seine Pflicht erfüllt (vgl. LK-*Hillenkamp* 102 vor § 22; and. *S/S-Eser* 51). **34**

8) Versuch bei strafrahmenändernden Umständen. Wird der Grundtatbestand durch erschwerende oder mildernde Umstände abgeändert, so stellt sich zum einen die Frage nach der Versuchsstrafbarkeit solcher Modifikationen, zum anderen die nach dem Versuchsbeginn. **35**

A. Qualifikationen und Privilegierungen. Für tatbestandlich umschriebene Qualifikationen und Privilegierungen gelten die allgemeinen Regeln der Versuchsstrafbarkeit. Entgegen früher vertretener Ansicht (vgl. RG **38**, 178; **54**, 43; Hamm JMBlNW **76**, 20; Bamberg NStZ **82**, 247; LK[9]-*Busch* 31 zu § 43) reicht es nicht aus, dass der Täter zu *irgend*einem Merkmal des Tatbestands angesetzt hat; vielmehr ist auf das Ansetzen zur Verwirklichung des **Gesamttatbestands** abzustellen (BGH **31**, 178; LK-*Hillenkamp* 120 ff.; *Lackner/Kühl* 10; *S/S-Eser* 58; SK-*Rudolphi* 18; *Jakobs* AT 25/70). Der Versuch der Qualifikation ist daher seiner Struktur nach ein *qualifizierter Versuch,* denn der Täter muss mit dem Ansetzen zum qualifizierenden Merkmal oder seiner Verwirklichung zugleich zum Versuch des Grunddelikts ansetzen. Folgt das Ansetzen zur Verwirklichung eines qualifizierenden Merkmals dem Versuchsbeginn des Grunddelikts zeitlich nach, so beginnt der Versuch der Qualifikation erst mit dem unmittelbaren Ansetzen zu diesem Merkmal (zB Beginn der Eidesleistung bei § 154; vgl. BGH **1**, 243; **4**, 176; 21 a zu § 154). Zur Frage der **Konkurrenz** zwischen vollendetem Grunddelikt und versuchter Qualifikation vgl. einerseits NK-*Puppe*14 vor § 52; *Roxin* AT II 33/183 (Tateinheit); andererseits *Jakobs* AT 31/40 (Spezialität auch der versuchten Qualifikation); zum Sonderfall des § 250 bei mehrfach gestufter Qualifikation *Gössel* JR **05**, 159, 160 f. (zu NJW **04**, 3237). Entsprechendes gilt für **Privilegierungen** sowie für **mehraktige Delikte** (vgl. BGH **31**, 178 [anders aber JR **89**, 390 m. Anm. *Keller*]; *Burkhardt* JuS **83**, 426; *Jakobs* AT 25/70;). **36**

B. Erfolgsqualifizierte Delikte. Erfolgsqualifizierte Delikte sind Vorsatz-Fahrlässigkeits-Kombinationen iS von § 11 II, also vorsätzliche Delikte, deren Versuch grds. möglich ist. Soweit in Tatbeständen des BT die Schwelle des § 18 auf Leichtfertigkeit heraufgesetzt ist, hat der Gesetzgeber des 6. StrRG durch einheit- **37**

liche Einfügung der Klausel „wenigstens leichtfertig" den früheren Streit um die Möglichkeit vorsätzlicher Begehung grds. iS der hM entschieden. Versuch ist nach Rspr und hM jedenfalls bei Eintritt der schweren Folge schon beim Versuch des Grunddelikts möglich: sog. **erfolgsqualifizierter Versuch** (vgl. NStZ **01**, 371; 534; BGH **42**, 160 [Rücktritt vom Versuch des Grunddelikts trotz Eintritt der schweren Folge]; *Ulsenheimer* GA **66**, 257; *Laubenthal* JZ **87**, 1065, 1067; *Sowada* Jura **95**, 649; *Küper* JZ **97**, 229; *Jäger* NStZ **98**, 161; *Anders* GA **00**, 64; *Günther,* H. J. Hirsch-FS 543, 552; grds. abl. *M/Gössel/Zipf* 43/117). Streitig ist dies für solche Tatbestände, bei denen der Versuch des Grunddelikts nicht strafbar ist (vgl. etwa § 221 II Nr. 2, III, § 235 V iV mit III; einschr. daher *H. J. Hirsch,* Oehler-FS 118; *Kühl,* Gössel-FS 191, 199 ff.; *ders.,* Küper-FS [2007] 289, 299); für die Fälle der §§ 223 II/227 und § 239 II, IV ist dieser Einwand durch das 6. StrRG ausgeräumt worden. Zum **Rücktritt** vgl. 27 a zu § 24.

37 a Zum anderen ist hier Versuch möglich durch unmittelbares Ansetzen zum Grunddelikt mit dem Vorsatz der Herbeiführung der schweren Folge: sog. **versuchte Erfolgsqualifizierung** (vgl. BGH **21**, 194 [für § 226]; NStZ **01**, 371; **01**, 534 [für § 251]; dazu 7 zu § 18; *B/Weber/Mitsch* 26/42; *Jakobs* AT 25/25; *Jescheck/Weigend* § 49 VII 2 f.; *W/Beulke* 617; **aA** *Bacher* [1 a] 288 f.). Zu Einzelheiten vgl. 7 ff. zu § 18; *S/S-Cramer/Sternberg-Lieben* 8 ff. zu § 18; SK-*Rudolphi* 7 zu § 18; NK-*Paeffgen* 109 ff. zu § 18; *Hardtung* [1 a]; *Kühl,* Gössel-FS 191 ff.; *Wolters* GA **07**, 65 ff.; jeweils mwN.

38 **C. Besonders schwere Fälle und Regelbeispiele.** Ein Versuch besonders schwerer Fälle ist nur als Anwendung des erhöhten Strafrahmens auf die versuchte Tat denkbar (dazu 97 zu § 46). Die Anwendbarkeit der für Qualifikationen (oben 37) geltenden Regeln auf **Regelbeispiele** ist str.; vgl. dazu 97 ff. zu § 46.

39 **9) Untauglicher Versuch.** Der Begriff der **Tauglichkeit** eines Versuchs bezieht sich nicht auf den Kausalitätszusammenhang, denn *ex post* hat sich *jeder* fehlgeschlagene Versuch als untauglich erwiesen. Der Begriff stellt vielmehr auf eine ex-ante-Betrachtung ab (*Roxin,* Jung-FS [2007] 829, 832); untauglich ist ein Versuch, wenn er nicht gelingen kann, weil die tatsächlichen Voraussetzungen für Tatbestandsmerkmale fehlen, die der Täter irrig für gegeben hält (BGH **6**, 251).

40 **A. Strafbarkeit.** Der untaugliche Versuch ist nach Rspr und hM strafbar (vgl. BGH **3**, 248; **4**, 199; **11**, 324; **13**, 239; **14**, 350; **30**, 363; zu Gegenansichten vgl. unten 42). Die hM kann sich insb. auch auf den Wortlaut des § 23 III stützen, der die Strafbarkeit sogar des grob unverständigen untauglichen Versuchs voraussetzt. Die Rspr des BGH folgt hierbei der **subjektiven Theorie** (BGH **2**, 74, 76; **41**, 94; vgl. schon oben 2 a); danach ist für die Strafbarkeit des Versuchs ausreichend, dass der Täter auf der Grundlage seiner **Vorstellung von der Tat** (oben 4) zur Verwirklichung unmittelbar ansetzt; auf die „Tauglichkeit", dh auf die Richtigkeit seiner Vorstellung kommt es grds nicht an (vgl. BGH **30**, 363, 366; **34**, 265, 269; **40**, 257, 271; **41**, 94 ff.; NJW **97**, 750 f.; stRspr). Strafbar ist auch der untaugliche Versuch des (unechten oder echten) **Unterlassungsdelikts** (BGH **38**, 356, 358; NStZ **94**, 29; **00**, 414). Dabei ist nach der von der hM vertretenen sog. **„Eindruckstheorie"** Legitimitätsgrundlage der Strafdrohung die in der objektiven Betätigung („Ansetzen") zum Ausdruck kommende Missachtung des Normbefehls als **Rechtsfriedensstörung** (vgl. *S/S-Eser* 63; LK-*Hillenkamp* 48 f. vor § 22; SK-*Rudolphi* 5 zu § 23; *Lackner/Kühl* 11; *B/Weber/Mitsch* 26/14 ff.; *Kühl* AT 15/86 ff.; *Jescheck/Weigend* § 50 I; *M/Gössel/Zipf* 40/140; *Gropp* AT 9/48; abl. zur „Eindruckstheorie" *Herzberg* GA **01**, 257, 266; MK-*Herzberg* 16 ff.; zur Verbindung mit der Rechtsgutstheorie vgl. *Bloy* ZStW **113** [2001], 76, 79 ff., 107). Die Bestrafung von Handlungen, die von vornherein nicht zur Tatbestandsverwirklichung führen können, *dehnt den Anwendungsbereich* des Strafrechts daher in das Vorfeld einer Rechtsgutverletzung aus; sie ist *symbolische* Normbestätigung (zutr. *Jakobs* AT 25/13 ff., 21; *Vehling,* Die Abgrenzung von Vorbereitung und Versuch, 1991, 87; *Freund* AT 8/14), indem sie auf einen *konkreten* Gefährdungsunwert ganz verzichtet

(str.). Damit wird der untaugliche Versuch freilich nicht zum *abstrakten* Gefährdungsdelikt: Durch einen untauglichen Angriff auf ein *konkretes* Rechtsgut (nur dies kann die „Vorstellung von der Tat" sein) wird dieses nicht „abstrakt", sondern *gar nicht* gefährdet.

Eine **objektive Theorie** nahm Versuch nur an, wenn die Vollendung wegen Ausbleibens des Erfolges misslingt; nicht auch im Falle, dass der Täter fälschlich gewisse Tatbestandsmerkmale als gegeben erachtet (sog. Mangel am Tatbestand). Die Theorie, die in ihrer ursprünglichen Form zwischen absoluter und relativer Untauglichkeit unterscheiden musste, wird nur noch vereinzelt vertreten (so von *Spendel* NJW **65**, 1881, Stock-FS 89 u. JuS **69**, 315; *Dicke* JuS **68**, 157; **69**, 314; vgl. hierzu auch *Jakobs* AT 25/13–16; *ders.,* ZStW **97**, 751, 763 f. sowie die Nachw. bei *Hirsch,* Roxin-FS 711, 712 f.). **41**

Ansatzpunkt und Konsequenzen der vom BGH vertretenen Ansicht sind vielfach umstritten (**aA** zB *Bottke*, BGH-FG [2000] 135 ff. [Verfassungswidrigkeit der Strafbarkeit]; **einschränkend** zB *Köhler* AT 457 ff. [unklar aber ebd. 462]; *Zaczyk* [oben 1 a, 1989] 327 f., und NK-*Zaczyk* 37 [Voraussetzung „wirkliches Bestehen" eines Rechtsverhältnisses zwischen Täter und angegriffenem Rechtsgut]; *Hirsch*, Roxin-FS [2001] 711 ff.; *ders.*, Lüderssen-FS [2002] 253 ff.; *Weigend* [oben 1 a] 113 ff.; *Malitz* [oben 1 a] 174 ff.; *Zieschang* [oben 1 a, 1999] 135 ff. [Behandlung als konkretes Gefährdungsdelikt]; für eine objektivierte „Gefährlichkeits"-Bestimmung auf der Grundlage der Theorie *objektiver Zurechnung* [Schaffen eines unerlaubten Risikos] *Roxin*, Jung-FS [2007] 829, 833 ff. mwN). **Neuere Theorien** stellen aus unterschiedlichen Blickwinkeln auf *Gefährdungsgesichtspunkte* ab (vgl. *Alwart,* Strafwürdiges Versuchen, 1982, 163 ff.; *Kratzsch,* Verhaltenssteuerung und Organisation im Strafverfahren, 1985, 63, 430; *Roxin,* Nishihara-FS 157; *Zieschang,* Die Gefährdungsdelikte, 1998, 135, 141; *Köhler* AT 458; *H.J. Hirsch,* Roxin-FS 711, 716 ff. und Vogler-GedS [2004] 31 ff.; iErg ähnlich *Lagodny,* Strafrecht vor den Schranken der Grundrechte, 1996, 204; vgl. auch *S/S-Eser* 65). Eine systematisch überzeugende Abgrenzung im Spannungsfeld zwischen Gesinnungs-Strafbarkeit, individueller Gefahr-Zurechnung und Generalprävention erscheint schwer erreichbar (vgl. zur Krit. auch *Rath* JuS **98**, 1006 f.; *Berz,* Formelle Tatbestandsverwirklichung und materialer Rechtsgüterschutz, 1986, 38 ff.; *Bloy* ZStW **113**, 79 ff.). **42**

Dabei führen die im Einzelnen sehr unterschiedlichen Lehren zum **Strafgrund** des (untauglichen) Versuchs überwiegend nur zu geringen Differenzen bei der Beurteilung der Straf*würdigkeit;* so dürften die Gesichtspunkte eines „ideellen Rechtsgüterschutzes" (*Berz* aaO 36, 40 f.) und der symbolischen Normbestätigung (*Jakobs* aaO) sich weitgehend mit dem eines tatbestandsnahen, rechtserschütternden Normbruchs (*Roxin* aaO) überschneiden. Auch die auf einen *einheitlichen* Strafgrund von tauglichem und untauglichem Versuch abstellende Unterscheidung *H.J. Hirschs* in „echte" und „unechte" Versuche (Roxin-FS 711, 720 ff.) vermag ihren Ausgangspunkt, bei ex ante fehlendem objektivem Verwirklichungsrisiko liege schon keine tatbestandliche *Handlung* vor (ebd. 719; vgl. auch ders. JZ **07**, 494, 500 ff.), nicht durchzuhalten, denn sie führt für „echte" (aber objektiv eben *untaugliche*) Versuche einen „verständigen Dritten" ein, aus dessen Sicht die „Echtheit" des Verwirklichungsanspruchs zu beurteilen sei. Warum ein Mordversuch mit einer *ungeladenen* Pistole gleichwohl strafbar, ein wirklicher Schuss auf ein zu weit entferntes Opfer straflos sein soll (ebd. 719), lässt sich so nicht erklären (krit. auch *Herzberg* GA **01**, 257, 261 f., der sich aber der Position *Hirschs* annähert, wenn er beim „abergläubischen Versuch" mangels objektiver Zurechnungsfähigkeit des vorgestellten Erfolgs schon die Voraussetzungen des § 22 verneint; vgl. auch MK-*Herzberg* 85 ff.; 9 zu § 23). **42 a**

Für die **Rspr** (und weitgehend auch die „Eindruckstheorie"; vgl. oben 2 a) spielt es insoweit – bis zur Grenze des § 23 III – keine Rolle, ob die Annahme des Täters, er werde mit seiner („unmittelbar ansetzenden") Handlung den Tatbestand vollenden, zum Zeitpunkt der Handlung von einem informierten objektiven Dritten als Irrtum erkannt werden könnte; vielmehr kommt es grds. allein auf die Vorstellung des Täters an. Die „Gefährlichkeitstheorie" (vgl. oben 2 a) will dagegen an **42 b** die Stelle des Begriffspaars „tauglich – untauglich" das Begriffspaar „gefährlich – ungefährlich" setzen. Angesichts des Wortlauts des § 23 III ist aber die Position, schon *de lege lata* sei eine Bestrafung objektiv ungefährlicher Handlungen tatbestandlich ausgeschlossen, schwer vertretbar (*Hirsch*, Vogler-GedS [2004] 31, 35, behandelt die Frage daher nur als „wissenschaftliche Sachfrage" jenseits praktischer Anwendung; so einfach kann es sich die Rspr freilich nicht machen [vgl. zutr. *Roxin*, Jung-FS 829, 841 Fn. 54]). Die am **Gesetzeswortlaut** orientierte, pragmatische Handhabung durch den BGH, die zu weitgehende Konsequenzen einer rein subjektiven Theorie durch Berücksichtigung objektiver Gefährdungsgesichtspunkte beim „Ansetzen zur Tat" sowie im Rahmen des § 23 III vermeidet, führt regelmäßig zu vertretbaren Ergebnissen.

43 **B. Voraussetzungen.** Die Untauglichkeit des Versuchs ergibt sich aus einem Mangel im Vorstellungsbild des Täters (vgl. *Heinrich* Jura **98**, 393), der einer *Umkehrung* des Tatbestandsirrtums entspricht (vgl. RG **42**, 94; **66**, 126; BGH **13**, 239f.; **14**, 350; **42**, 268; krit. zu diesem *Umkehrschluss Sax* JZ **64**, 245; *Burckhardt* JZ **81**, 682 u. wistra **82**, 180; *Roxin* JZ **96**, 984; *S/S-Eser* 69). Sein **Irrtum** kann sich beziehen auf

44 **a) Tauglichkeit des Objekts,** zB bei Tötungsversuch an einer Leiche (RG **1**, 451); Erstreben eines vermeintlich für rechtswidrig gehaltenen, aber tatsächlich rechtmäßigen Vermögensvorteils (BGH **42**, 272 m. Anm. *Arzt* JR **97**, 469 u. *Kudlich* NStZ **97**, 432); Versuch einer Tat nach § 176 an Personen über 14 Jahre (RG **39**, 316); Abtreibungsversuch an Nichtschwangerer (NStZ **83**, 264).

45 **b) Tauglichkeit des Mittels,** zB bei Anwendung eines untauglichen Abtreibungsmittels (RG **68**, 13); Vergiftungsversuch mit einer unzureichenden Dosis (BGH **41**, 95); Betrugsversuch mit irrig für falsch gehaltenen Behauptungen (RG **50**, 35);

46 **c) Tauglichkeit des Subjekts.** Hält sich ein Nichtamtsträger für einen Amtsträger, so kann er kein echtes Amtsdelikt begehen, weil das Gesetz als Täter dieses Sonderdelikts nur einen Amtsträger mit Strafe bedroht (RG **8**, 199; Schleswig SchlHA **49**, 297; sehr str.; vgl. unten 55f.).

47 **C. Rechtsfolge.** Bei der **Strafzumessung** kann zugunsten des Täters berücksichtigt werden, dass der Versuch ein untauglicher war. Das gilt vor allem für einen auf grobem Unverstand beruhenden Irrtum (6f. zu § 23).

48 **10) Abergläubischer Versuch.** Der abergläubische (irreale) Versuch ist nach allg. Ansicht nicht strafbar; die Begründung ist str. Vgl. dazu 9 zu § 23.

49 **11) Wahndelikt.** Auch das Wahndelikt ist kein untauglicher Versuch und daher straflos. Der Täter irrt hier über das Bestehen oder die Reichweite der strafrechtlichen Norm; er will eine Rechtsverletzung begehen, die es so, wie von ihm vorgestellt, nicht gibt (RG **66**, 126; BGH **1**, 13, 15; **3**, 253, **5**, 117; **8**, 263; **10**, 13; **13**, 235; **14**, 345; **15**, 210; NJW **94**, 1357 m. Anm. *Loos* JR **94**, 510; NStZ **86**, 550 m. Anm. *Schumann* JZ **87**, 525): das Wahndelikt ist daher ein **„umgekehrter Verbotsirrtum"** oder ein **„umgekehrter Erlaubnisirrtum"** (*S/S-Eser* 78ff.; LK-*Hillenkamp* 201; *Lackner/Kühl* 15; SK-*Rudolphi* 30ff.; *B/Weber/Mitsch* 26/38f.; *Jescheck/Weigend* § 50 II; jew. mwN; einschr. zum „Umkehrprinzip" *Engisch,* Heinitz-FS 190ff.; *Puppe,* Lackner-FS 243ff.).

50 **A. Irrtum über das Bestehen einer Norm.** Die Abgrenzung zwischen Wahndelikt und untauglichem Versuch ist unproblematisch in Fällen, in denen der Täter über das *Bestehen* einer Verbots- oder Erlaubnisnorm irrt. Da nicht der „Vorsatz" *des Täters strafrechtliche* Verbote schaffen kann (*Foth* JR **65**, 366; *Jescheck/Weigend* § 50 II; *S/S-Eser* 79; SK-*Rudolphi* 30), bleibt zB straflos, wer eine „Falschaussage" als Beschuldigter (Bamberg NJW **49**, 876) oder einen Suizidversuch (*B/Weber/Mitsch* 26/38) für strafbar hält, wer gegen eine Strafnorm verstoßen will,

die aufgehoben wurde, wer gegen eine nicht bestehende Handlungspflicht verstoßen will (NJW **94**, 1357 m. Anm. *Loos* JR **94**, 511) oder wer eine tatsächlich bestehende Rechfertigungsnorm nicht kennt (anders aber bei Unkenntnis der tatsächlichen Voraussetzungen einer dem Täter bekannten Erlaubnisnorm).

B. Irrtum über normative Tatbestandsmerkmale. Problematisch sind die Fälle, in denen der Täter auf Grund falscher Auslegung **normativer Tatbestandsmerkmale** den Anwendungsbereich strafrechtlicher Verbote irrig ausdehnt. Zum straflosen Wahndelikt führen hier idR Fehlvorstellungen über strafrechtsspezifische Begriffe (Täter hält eine schriftliche Lüge für „falsch" iSd § 267 [JZ **87**, 522 m. Anm. *Schumann*]; eine Leibesfrucht für einen „Menschen" iSd § 212; eine 16jährige Person für ein „Kind" iSd §§ 176f., 235). Es liegt hier ein **umgekehrter Subsumtionsirrtum** vor (für Annahme untauglichen Versuchs *Foth* JR **65**, 370). In den meisten Fällen liegt einer irrigen Geltungsausdehnung der Strafrechtsnorm jedoch ein Irrtum über **außerstrafrechtliche normative Voraussetzungen** zugrunde, **zB** wenn der Täter einen Vermögensvorteil irrig für rechtswidrig hält (BGH **42**, 268; dazu *Arzt* JR **97**, 469; *Kudlich* NStZ **97**, 432; *Martin* JuS **97**, 567); wenn er auf Grund Rechtsirrtums eine eigene Sache für fremd hält (Bay NJW **63**, 310 m. Bespr. *Bindokat* 745); wenn er eine für die Eidesabnahme unzuständige Behörde irrig für zuständig hält (BGH **10**, 272). **51**

Die **Rspr** (vgl. BGH **2**, 74 [Offenbarungspflicht bzgl. erdichteter Forderung]; **3**, 221; **14**, 345; **25**, 244 [Verschweigen bzw. Falschangaben bzgl. nicht offenbarungspflichtiger Tatsachen als Zeuge]; **7**, 54 und abw. **13**, 235 m. Anm. *Traub* NJW **60**, 348 [unzutreffende Vorstellung über Urkundeneigenschaft]; **8**, 263 [irrige Annahme einer Feststellungspflicht nach § 142]; **10**, 272; **12**, 56 [Annahme der Zuständigkeit für Eidesabnahme]; **15**, 210 m. Anm. *Weber* MDR **61**, 426 [irrtümliche Einordnung einer Vortat als Straftat iSd § 258; vgl. auch Bay NJW **81**, 772 m. Anm. *Stree* JR **81**, 297; *Puppe,* Lackner-FS 199]; **5**, 92; **16**, 283 [steuerlich irrelevante Falschangaben gegenüber Steuerbehörde; vgl. auch KG NStZ **82**, 73 m. Bespr. *Burkhardt* wistra **82**, 178]; **42**, 268 [Irrtum über Rechtswidrigkeit des erstrebten Vermögensvorteils]; NJW **94**, 1357 m. Anm. *Loos* JR **94**, 511 [irrige Annahme einer Handlungspflicht]; NStZ **86**, 550 m. Anm. *Schumann* JZ **87**, 525 [inhaltlich unzutreffende Beurkundung]; vgl. auch Stuttgart NJW **62**, 65) differenziert hier idR nach Tatsachen – (dann untauglicher Versuch) und reinem Rechtsirrtum (dann Wahndelikt; vgl. auch LG Mannheim NJW **95**, 3398 m. Bespr. *Behm* NStZ **96**, 117; *Krauss* NJW **96**, 2850; *Scheffler* JuS **96**, 1070; *Abrahams/Schwarz* Jura **97**, 335; Übersicht über die Rspr bei *Lauhöfer,* Die Abgrenzung zwischen Wahndelikt und untauglichem Versuch, Diss. Göttingen 1991, 87ff.). **52**

In der **Literatur** werden diese Fälle von einigen Autoren als untauglicher Versuch angesehen (*Herzberg* JuS **80**, 469; MK-*Herzberg* 89f.; *Nierwetberg* Jura **85**, 238; SK-*Rudolphi* 32a; vgl. auch *Schlüchter,* Irrtum 153ff., 162ff.; *dies.* JuS **85**, 373ff., 527ff.; *Puppe* GA **90**, 145, 154ff.), andere ordnen sie als Wahndelikt ein (*Burkhardt* JZ **81**, 681; *Dopslaff* GA **87**, 27; *Jakobs* AT 25/38ff.). Meist wird jedoch eine **Unterscheidung** danach vorgenommen, ob der Täter richtig erkannte und in ihrer allgemein rechtlichen Bedeutung zutreffend eingeordnete **Tatsachen** falsch subsumiert (dann untauglicher Versuch), oder ob er einer Fehlvorstellung über die rechtliche **Bedeutung** des ihm strafrechtlich zuzurechnenden Sachverhalts unterliegt (dann Wahndelikt). **53**

Die Differenzierung (dagegen aber *S/S-Eser* 89 mwN) muss bei der **strafrechtlichen** Bewertung durch den Täter ansetzen: Ein unbeachtlicher Subsumtionsirrtum und daher **Versuch liegt vor,** wenn er falsche Vorstellungen von den **tatsächlichen** Voraussetzungen strafrechtlicher Tatbestandsmerkmale hat, mögen diese auch ihrerseits auf unzutreffenden Rechtsvorstellungen beruhen. Hält der Täter die weggenommene Sache für „fremd", so kommt es auf seine Überlegungen zur *Rechts-Grundlage* nicht an, solange diese der Annahme einer *jedenfalls ihm* nicht zustehenden allseitigen Verfügungsbefugnis nicht entgegenstehen (*B/Weber/Mitsch* **54**

26/39; *Jescheck/Weigend* § 50 II). Ein **Wahndelikt liegt dagegen vor,** wenn die fehlerhafte Bedeutungskenntnis des Täters das Tatbestandsmerkmal selbst erfasst: Wer eine an die Wand gesprühte Parole für eine Urkunde hält, begeht, wenn er ihre Aussage verändert, keinen Versuch des § 267 (vgl. BGH **13**, 241).

55 **C. Versuch des untauglichen Subjekts.** Ebenso ist in den umstr. Fällen eines Versuchs des **untauglichen Subjekts** bei **Sonderdelikten** zu unterscheiden; das gilt entspr. auch für die irrige Annahme der tatsächlichen Voraussetzungen einer **Garantenstellung** beim Versuch des Unterlassungsdelikts (vgl. *Herzberg* GA **01**, 257, 271 f.; anders dazu auf der Grundlage der „Gefährlichkeitstheorie" etwa *Malitz* [1 a] 207 ff.; *Hirsch*, Vogler-GedS [2004] 31, 46 f.). Die Annahme, gegen die besonderen Pflichten (etwa eines Amtsträgers) könne nur derjenige verstoßen *(wollen)*, den sie auch tatsächlich treffen (so *Baumann/Weber* 9. Aufl. 498; *Jakobs* AT 25/43; *Schünemann* GA **86**, 318; *Hartwig* GA **57**, 175; *Schmidhauser* AT 618 f.; *Stratenwerth* AT 11/61; *Bottke*, BGH-FG 135, 161; *Zaczyk*, Unrecht 268 ff.), führt dazu, die das taugliche Subjekt qualifizierenden Sondereigenschaften als „objektive Strafbarkeitsbedingungen" anzusehen; hierfür besteht kein durchgreifender Grund (zutr. *B/Weber/Mitsch* 26/30; vgl. auch *S/S-Eser* 76; dagegen *Hirsch*, Vogler-GedS 31, 44 ff., mit dem Vorwurf des „Gesinnungsstrafrechts"). Nach BGH **8**, 321, 323 ist die Beamteneigenschaft eines öffentlich Bediensteten Tatbestandsmerkmal. Ein **Wahndelikt** liegt daher nur dann vor, wenn der Täter unzutreffende Vorstellungen von der *Bedeutung* dieses Merkmals hat (Hausmeister der Staatsanwaltschaft will eine Aussage erpressen; Beschuldigter will einen Meineid leisten); dagegen **Versuch,** wenn der Täter irrig rechtliche Umstände annimmt, die, wenn sie vorlägen, seine Tätereigenschaft begründen würden (Täter des § 174 I Nr. 3 glaubt, die Heirat mit der Mutter des Kindes begründe ein Adoptionsverhältnis; vgl. *Jescheck/Weigend* § 50 III 2; *Kühl* AT 15/102 ff.; anders *B/Weber/Mitsch* 26/31; Darstellung des Streitstandes auch bei SK-*Rudolphi* 26 ff.; *S/S-Eser* 75 f.; LK-*Hillenkamp* 210 ff.; *Heinrich* Jura **98**, 394; *Seiler/Gande* JuS **99**, 457).

Strafbarkeit des Versuchs

23 **I Der Versuch eines Verbrechens ist stets strafbar, der Versuch eines Vergehens nur dann, wenn das Gesetz es ausdrücklich bestimmt.**

II Der Versuch kann milder bestraft werden als die vollendete Tat (§ 49 Abs. 1).

III Hat der Täter aus grobem Unverstand verkannt, dass der Versuch nach der Art des Gegenstandes, an dem, oder des Mittels, mit dem die Tat begangen werden sollte, überhaupt nicht zur Vollendung führen konnte, so kann das Gericht von Strafe absehen oder die Strafe nach seinem Ermessen mildern (§ 49 Abs. 2).

1 **1) Allgemeines.** Die Vorschrift wurde in enger Anlehnung an § 27 E 1962 (Begr. 145; Ndschr. **2**, 173, 177, 184, 188, 190, 193 ff., 225; **4**, 364) durch das 2. StrRG (Ber. BT-Drs. V/4095; Prot. V/1635, 1735, 1742, 1747 ff.) eingefügt.

Literatur: Vgl. 1 a zu § 22. *Hillenkamp*, Unverstand und Aberglaube, Schreiber-FS (2003) 135; *Kretschmer*, Der abergläubische Irrtum in seiner strafrechtlichen Irrelevanz, JR **04**, 444; *Roxin*, Zur Strafbarkeit des untauglichen Versuchs, Jung-FS (2007) 829; *Wolters*, Die Milderung des Strafrahmens wegen versuchter Tat beim unechten Unternehmensdelikt, Rudolphi-FS (2004) 347.

2 **2) Strafbarkeit des Versuchs (I).** Nach I ist der Versuch bei **Verbrechen** (§ 12 I) stets strafbar (zu Ausnahmen vgl. 3 zu § 83 und 9 zu § 311 b). Nach dem Wortlaut erfasst ist daher auch der Versuch bloßer Vorbereitungshandlungen mit Verbrechenscharakter, insb. §§ 83 I und 310 I Nr. 1. Im Hinblick auf die Zielrichtung der Vorbereitungshandlungen, die nicht auf Versuch, sondern auf Vollendung der Tat gerichtet ist, ist das nach hM trotz der weiten Vorverlagerung hinzuneh-

men (vgl. 9 zu § 80). Strafbar ist der Versuch bei vorsätzlichen **Vergehen** (§ 12 II) nur, wenn das Gesetz es ausdrücklich bestimmt (krit. zur immer stärkeren Ausweitung auf inzwischen **40%** aller Vergehen *Schroeder* NJW **99**, 3612 f.). Ob der Täter die gesetzliche Wertung kennt, ist unerheblich: Kennt er irrig Tatbestandsmerkmale nicht, welche die von ihm versuchte Tat zum Verbrechen machen, so bleibt er nach § 16 I straflos; ein (nicht strafbarer) „Versuch" eines Vergehens in der Annahme, es handele sich um ein Verbrechen, ist ein Wahndelikt. Umgekehrt entfällt der Vorsatz eines strafbaren Verbrechensversuchs nicht deshalb, weil der Täter die Höhe der Mindeststrafe nicht kennt.

3) Bestrafung des Versuchs (II). Nach II kann (dazu Ber. 11; *Timpe* 91 ff.; *Degener* ZStW **103**, 397) der Versuch **milder** bestraft werden, so dass zunächst (unten 7) zu entscheiden ist, ob der niedrigere Strafrahmen angewendet werden soll (BGH **1**, 117; **16**, 351; **17**, 266; NStZ/D **98**, 502; vgl. 3 f. 2 zu § 50). Die Wahl ist nach den allgemeinen Strafzumessungsregeln zu treffen (vgl. § 46), und zwar auf Grund einer **Gesamtwürdigung der Tatumstände** (NStZ **04**, 620; *Lackner/Kühl* 2 und 4 zu § 49; krit. *Horn,* Arm. Kaufmann-GedS 580; *Frisch/Bergmann* JZ **90**, 949; *Timpe,* Strafmilderungen des Allgemeinen Teils des StGB und das Doppelverwertungsverbot, 1998, 82, 107; zum Streitstand auch *Hettinger,* Das Doppelverwertungsverbot bei strafrahmenbildenden Umständen, 1982, 174 ff.) und der Persönlichkeit des Täters (hM; BGH **35**, 355; JZ **88**, 367; BGHR § 23 I StrRVersch. 11). Die Anwendung des II ist zu begründen (NJW **89**, 3230; NStZ **96**, 493). Wenn es beim Regelstrafrahmen bleibt, so ist die Tatsache des bloßen Versuchs strafmildernd zu berücksichtigen (Köln StV **97**, 244 L). Eine besonders sorgfältige Abwägung aller Umstände ist namentlich dann geboten, wenn die Wahl zwischen **lebenslanger** und zeitiger Freiheitsstrafe besteht (NStZ **04**, 620). Der Frage, ob der Versuch beendet, unbeendet oder fehlgeschlagen ist, kommt für die Strafrahmenverschiebung keine entscheidende Bedeutung zu (2 StR 97/96); eine Regel, wonach beim *beendeten* Versuch idR kein Anlass zur Milderung nach II bestehe, gibt es nicht (vgl. StV **91**, 105; BGHR § 23 II Strafrahmenverschiebung 8, 12; MDR/H **94**, 1069; 2 StR 97/96). 3

Umstr. ist die Frage, ob in die Gesamtwürdigung **alle schuldrelevanten Umstände** einzubeziehen sind (so **stRspr,** zB BGH **16**, 351; **17**, 266; **35**, 355; NStZ **95**, 285; **04**, 620; NStZ/D **91**, 476; NStZ-RR **03**, 72; StV **84**, 246; **86**, 378; GA **84**, 374; Rostock StV **06**, 528; krit. *Frisch,* Spendel-FS 387) oder ob nur eine eingeschränkte Gesamtschau erlaubt ist, die allein auf **versuchsspezifische Umstände** abzielt, also solche, auf denen der Versuchscharakter der Tat beruht (Gefährlichkeit des Versuchs und „Vollendungsnähe"; kriminelle Energie des Täters; Gründe für das Ausbleiben des Erfolgs; ggf Rücktrittsbemühungen des Täters; vgl. *Lackner/Kühl* 4 zu § 49; *Dreher* JZ **57**, 155; *S/S-Eser* 7; SK-*Rudolphi* 3; *Bruns* 143 ff.), so dass andere Umstände wie etwa Vorstrafen des Täters (Hamm NJW **58**, 561), verminderte Schuldfähigkeit (BGH **7**, 28) oder Unterlassen (NJW **98**, 3068) dabei nicht zu berücksichtigen sind. Der Streit hat nur geringes *praktisches* Gewicht, denn Einigkeit besteht jedenfalls darüber, dass bei der Gesamtschau den *wesentlich versuchsbezogenen Umständen* besonderes Gewicht zukommt (BGH **36**, 18; NStZ **93**, 134; **95**, 285; **98**, 245; NStZ-RR **03**, 72; BGHR § 23 II StrRVersch 12), dh Kriterien für die Einstufung von Handlungs- und Erfolgsunwert (vgl. *Bruns* 170; Hamm NJW **58**, 561, 1694; hierzu *Frisch* aaO 393). 4

Die Milderung darf beim unbeendeten Versuch nicht mit der Begründung abgelehnt werden, das Ausbleiben des Erfolgs sei kein Verdienst des Täters (StV **85**, 411), denn in diesem Fall käme § 24 in Frage. Erst recht kann eine Milderung nicht mit der pauschalen Begründung abgelehnt werden, es sei („nur") der erstrebte Taterfolg ausgeblieben (NStZ-RR **03**, 72 [zu § 263]). Bei versuchten Tötungsdelikten kann II zu versagen sein, wenn das Leben des Verletzten nur durch sofortige Notoperation gerettet werden konnte (BGHR § 23 II StRVersch 9). Beim untauglichen Versuch eines (Verdeckungs-)Mords kommt eine Milderung nicht in 4 a

Betracht, wenn der Täter irrig verkennt, dass das Opfer schon aufgrund der zu verdeckenden Misshandlungen verstorben ist (NStZ **05**, 93, 94).

5 Soll gemildert werden, so ist die Strafe dem sich nach § 49 I ergebenden Strafrahmen zu entnehmen; bei der Bestimmung der Strafe innerhalb dieses Rahmens gelten die allgemeinen Regeln; dabei scheidet der Umstand, dass nur Versuch vorliegt, als *allgemeiner* Zumessungsgrund aus (vgl. BGH **16**, 351; NJW **89**, 3230). Neben allen sonstigen Strafzumessungsgründen können jedoch die tatsächlichen Umstände, die die konkrete Versuchstat kennzeichnen, berücksichtigt werden, soweit sie für eine Differenzierung geeignet sind (BGH **17**, 266; **26**, 311; NStZ **92**, 538; StV **89**, 530; **98**, 601). Vom Revisionsgericht muss die Strafzumessung des Tatrichters bis an die Grenze des Vertretbaren hingenommen werden (BGH **27**, 2, 3; **29**, 319, 320; BGHR § 23 II StrRVersch 12; 1 StR 591/97 [Höchststrafe trotz Strafrahmenmilderung]; NStZ **04**, 620). Das Urteil muss erkennen lassen, dass die Frage der Milderung geprüft worden ist (MDR/H **81**, 979; 3 StR 57/88; Bay wistra **90**, 112); der Hinweis, dass berücksichtigt worden sei, dass es beim Versuch geblieben ist, genügt nicht (StV **82**, 114).

6 **4) Grob unverständiger Versuch (III).** Nach III besteht in besonderen Fällen des untauglichen Versuchs eine Strafabsehens- und -milderungsmöglichkeit, die entsprechend (jedoch dort obligatorisch) für den Versuch der Beteiligung gilt (§ 30 I S. 3; abl. aber *H.J. Hirsch,* Roxin-FS 711, 715, wonach Abs. III „leer läuft", weil er [nach *Hirschs* Begriff des untauglichen Versuchs] keinen Anwendungsbereich habe; ebenso *ders.* in Vogler-GedS [2004] 31, 41 ff.; *Zieschang,* Die Gefährdungsdelikte, 1998, 149 f.; vgl. dazu 2 a, 40 ff. zu § 22; krit. *Herzberg* GA **01**, 257, 260 f.; *Roxin,* Jung-FS [2007] 829, 835). Ausdrücklich erwähnt III nur die Fälle der Untauglichkeit des Tatobjekts oder des Tatmittels (44 f. zu § 22), was jedoch die Anwendbarkeit auf den Fall des strafbar untauglichen Subjekts nach hM nicht ausschließt (vgl. 46, 55 zu § 22).

7 **A. Voraussetzungen.** Abs. III setzt voraus, dass der Versuch „überhaupt nicht" zur Vollendung kommen konnte, zusätzlich, dass der Täter die Vollendungsmöglichkeit des Versuchs aus grobem Unverstand verkannt hat; beide Merkmale müssen zusammen gesehen werden (ähnlich *Lackner/Kühl* 6, LK-*Hillenkamp* 52; *S/S-Eser* 15 ff.; SK-*Rudolphi* 7). **Grober Unverstand** liegt bei einem Täter vor, der dem Versuch auf der Grundlage einer „völlig abwegigen Vorstellung von gemeinhin bekannten Ursachen" (BGH **41**, 95, hierzu *Radtke* JuS **96**, 878; *Kudlich* JuS **97**, L 69; *Heinrich* Jura **98**, 396; *Bloy* ZStW **113**, 76, 107 ff.) eine Verwirklichungsaussicht einräumt. Übliches Beispiel ist der Versuch, mit Senfbädern und Seifenwasser einen Schwangerschaftsabbruch zu erreichen (SchweizBGE 70, IV 50; vgl. auch RG 1, 439) oder mit einem Luftgewehr ein hoch fliegendes Flugzeug abzuschießen. Anders ist es, wenn der Täter die Reichweite einer Schusswaffe statt auf 100 m auf 1200 m schätzt (Ber. 12), denn ein Fall des III liegt nur dann vor, wenn der Täter den Wirkungszusammenhang von Tathandlung, Mittel und angestrebtem Erfolg gänzlich verkennt (etwa Kamillentee eine tödliche Wirkung beimisst), nicht aber, wenn er zB ein zutreffend als hochgiftig eingeschätztes Mittel auf Grund unzulänglicher Kenntnisse in harmloser Dosierung verabreicht (vgl. BGH **41**, 95 [kurzer Sprühstoß eines Insektengifts auf ein Frühstücksbrötchen mit etwa 1 Fünfzigstel der letalen Dosis]). Das *Kriterium* für diese Abgrenzung ist nach der von Rspr und hM vertretenen „Eindruckstheorie" (vgl. 40 zu § 22) die Geeignetheit der Handlung, überhaupt als ernst zu nehmender Angriff auf das Rechtsgut zu „beeindrucken" (dagegen zB *H.J. Hirsch,* Roxin-FS 715; von anderem Ausgangspunkt auch *Herzberg* GA **01**, 257, 263 ff.). Eine exakte Grenzlinie zwischen der Straflosigkeit des bloßen *bösen Willens* und der möglichen Vollendungsstrafe für den *einfach* untauglichen Versuch lässt sich freilich mit Hilfe der Eindrucks-Theorie nur schwer bestimmen; es handelt sich nicht um ein empirisches Kriterium (and. *Herzberg* aaO). **Objektivierende Kriterien** eines „straflosen Gefahrengrades" (Hinausschicken eines anderen in den Wald, damit er vom Blitz erschlagen werde) oder

eines „intolerablen Gefahrenausmaßes" (Tötungsversuch mittels einer Aspirintablette) hat *Roxin* vorgeschlagen (Jung-FS [2007] 829, 838f.). „Grober Unverstand" ist mit BGH **41**, 95 anzunehmen, wenn die Vorstellung von der Tat auf eine *offenkundigen* Verkennung allgemein bekannter Kausalzusammenhänge oder Wirkungseigenschaften beruht.

B. Rechtsfolge. Das Gericht **kann von Strafe absehen.** Das bedeutet, dass der Täter zwar schuldig gesprochen wird und ihm die Verfahrenskosten auferlegt werden (§ 465 I S. 2 StPO; BGH **4**, 176), dass aber in der Urteilsformel von der Verhängung einer Strafe abgesehen wird (vgl. auch § 153b StPO). Ein Rechtsmittel kann auf die Ablehnung des Absehens von Strafe beschränkt werden, wenn sie von der Schuldfrage losgelöst werden kann (vgl. BGH **10**, 320). In Fällen, die sich für eine sanktionslose Erledigung nicht eignen (zB Wiederholungstat; besondere kriminelle Energie), kann die **Strafe** nach § 49 II gemildert werden. 8

C. Nach allgemeiner Ansicht straflos ist der sog. **abergläubische** (irreale) **Versuch,** der auf einen Wirkungszusammenhang zwischen Handlung und Erfolg im Rahmen (wenn auch unter Verkennung) der Naturgesetze gänzlich verzichtet (zB „*Tot-beten*"; vgl. etwa RG **33**, 321, 322f.; KG JW **30**, 3433). Nach hM ist hier schon die Vorstellung von der Tat, dh der Deliktsverwirklichungswille auszuschließen (*Kühl* AT 15/95; *Jakobs* AT 25/22f.; *W/Beulke* 620; vgl. auch *Struensee* ZStW **102**, 36; *Streng* ZStW **109**, 868; *Heinrich* Jura **98**, 397; *Rath* JuS **98**, 1106, 1113; *Seier/Gaude* JuS **99**, 456, jew. mwN); nach **aA** mangelt es an der objektiven Zurechenbarkeit des vorgestellten Erfolgs (*Herzberg* GA **01**, 267ff.; MK-*Herzberg* 88 zu § 22). An beidem mag man zweifeln; die genannten Ansichten ersetzen die *Vorstellung* des Täters durch ein vorgezogenes *Unmöglichkeits*-Urteil. Das stimmt für Fälle eines bloßen Für-Möglich-Haltens unerklärlicher Wirkkräfte, denn zur Vorstellung von der Tat gehört eine wenigstens allgemeine Idee von deren Verwirklichungsbedingungen. Damit lassen sich aber Fälle nicht ausscheiden, in denen der Täter von der physisch-realen Einwirkungsmacht der *durch ihn* befehligten Mächte tatsächlich fest überzeugt ist. Hier fehlt es weder am Vorsatz noch an der Vorstellung objektiver Zurechenbarkeit. Die Abgrenzung zu den Fällen oben 7 ist daher zweifelhaft (vgl. *Otto* AT 18/60ff.; *Stratenwerth/Kuhlen* AT 11/61; *Bloy* ZStW **113** [2001], 76, 109; *Roxin,* Jung-FS [2007] 829, 836). Es erscheint zutr., auch den irrealen Versuch nach § 23 III zu behandeln (so auch *B/Weber/Mitsch* 26/37; *Otto* AT 18/65; *Stratenwerth* AT 11/61; *Bloy* ZStW **113**, 76, 108; dagegen *Hillenkamp,* Schreiber-FS [2003] 135, 148f.; *ders.* LK 51). Die Annahme illegitimer Verfolgung bloßer „Gedankenverbrechen" (*Seier/Gaude* aaO 460) liegt hier nicht näher als beim (absolut) untauglichen Versuch des Unterlassens. 9

Rücktritt

24 **I Wegen Versuchs wird nicht bestraft, wer freiwillig die weitere Ausführung der Tat aufgibt oder deren Vollendung verhindert. Wird die Tat ohne Zutun des Zurücktretenden nicht vollendet, so wird er straflos, wenn er sich freiwillig und ernsthaft bemüht, die Vollendung zu verhindern.**

II Sind an der Tat mehrere beteiligt, so wird wegen Versuchs nicht bestraft, wer freiwillig die Vollendung verhindert. Jedoch genügt zu seiner Straflosigkeit sein freiwilliges und ernsthaftes Bemühen, die Vollendung der Tat zu verhindern, wenn sie ohne sein Zutun nicht vollendet oder unabhängig von seinem früheren Tatbeitrag begangen wird.

Übersicht

1) Allgemeines 1, 1a
2) Grundlage der Rücktrittsregelung 2
3) Anwendungsbereich 3–5
4) Fehlgeschlagener Versuch 6–13

5) Unbeendeter und beendeter Versuch 14–17
6) Freiwilligkeit .... 18–25 a
7) Rücktritt bei unbeendetem Versuch des Alleintäters (Abs. I S. 1, 1. Alt.) 26–28
8) Rücktritt bei beendetem Versuch des Alleintäters (Abs. I S. 1, 2. Alt., I 2) 29–36
9) Rücktritt bei mehreren Tatbeteiligten (Abs. II) 37–43
10) Rechtfolgen des Rücktritts 44–46

1 **1) Allgemeines.** Die Vorschrift wurde in Anlehnung an § 28 E 1962 (Begr. 145; Ndschr. 2, 171, 173, 177, 184, 190, 193, 198 ff., 226; 9, 303) durch das 2. StrRG eingefügt. I regelt den Rücktritt des Alleintäters, II den mehrerer Tatbeteiligter (hierzu *Loos* Jura **96**, 518). § 371 AO, der von rein fiskalischen Erwägungen ausgeht (BGH **35**, 37), verdrängt beim beendeten Versuch einer Tat nach § 370 AO den § 24 nicht (BGH **37**, 345).

1 a **Neuere Literatur (Auswahl):** Vgl. zunächst 1 a zu § 22. Speziell zum Rücktritt vom Versuch: *Ahmed,* Rücktritt vom versuchten unechten Unterlassungsdelikt, 2007 (Diss. Regensburg 2006); *Anders,* Zur Möglichkeit des Rücktritts vom erfolgsqualifizierten Versuch, GA **00**, 64; *Bacher,* Versuch und Rücktritt vom Versuch beim erfolgsqualifizierten Delikt – Zugleich ein Beitrag zum Begriff der Tat, 1999; *Backmann,* Strafbarkeit des vor Tatbeginn zurückgetretenen Tatbeteiligten wegen vollendeter Tat?, JuS **81**, 336; *W. Bauer,* Der strafbefreiende Rücktritt vom unbeendeten Versuch, wistra **92**, 201; *Bergmann,* Einzelakts- u. Gesamtbetrachtung beim Rücktritt vom Versuch, ZStW **100**, 329; *Bloy,* Zurechnungsstrukturen des Rücktritts vom beendeten Versuch u. Mitwirkung Dritter an der Verhinderung der Tatvollendung, BGHSt **31**, 46; BGH NJW **85**, 815; JuS **87**, 528; *Bockelmann,* Wann ist der Rücktritt vom Versuch freiwillig?, NJW **55**, 1417; *Borchert/Hellmann,* Die Abgrenzung der Versuchsstadien des § 24 Abs. I S. 1 StGB anhand der objektiven Erfolgstauglichkeit, GA **82**, 249; *Boß,* Der halbherzige Rücktritt, 2002 (Diss. Köln 2001); *Bottke,* Strafrechtswissenschaftliche Methodik u. Systematik bei der Lehre vom strafbefreienden u. strafmildernden Nachtatverhalten, 1979; *ders.,* Zur Freiwilligkeit u. Endgültigkeit des Rücktritts vom versuchten Betrug, JR **80**, 441; *ders.,* Untauglicher Versuch u. freiwilliger Rücktritt, BGH-FG 135; *Burckhardt,* Der „Rücktritt" als Rechtsfolgebestimmung, 1975; *Fahrenhorst,* Fehlschlag des Versuchs bei weiterer Handlungsmöglichkeit?, Jura **87**, 291; *Feltes,* Der (vorläufig) fehlgeschlagene Versuch, GA **92**, 395; *Geilen,* Sukzessive Zurechnungsfähigkeit, Unterbringung u. Rücktritt, JuS **72**, 73; *ders.;* Zur Abgrenzung zwischen beendetem u. unbeendetem Versuch, JZ **72**, 335; *Gössel,* GA **84**, 578; *ders.,* Über den fehlgeschlagenen Versuch, ZStW **87**, 3; *Gores,* Der Rücktritt des Tatbeteiligten, 1982 (Diss.) [Rez. *Gössel* GA **84**, 578]; *Göttlicher/Heise/Westermann,* Rücktritt vom Versuch bei bedingtem Vorsatz, handlungspsychologisch, MschrKrim **96**, 128; *Grünwald,* Zum Rücktritt des Tatbeteiligten im künftigen Recht, Welzel-FS 701; *Günther,* Partieller Rücktritt vom Versuch mit Deliktswechsel, Arm. Kaufmann-GedS 541; *Gutmann,* Die Freiwilligkeit beim Rücktritt vom Versuch (usw.), 1963; *Haft,* JA **79**, 306; *Hardtung,* Versuch und Rücktritt bei den Teilvorsatzdelikten des § 11 Abs. 2 StGB, 2002; *Hassemer,* Die Freiwilligkeit beim Rücktritt vom Versuch (usw.), in: *Lüderssen/Sack* (Hrsg.), Vom Nutzen u. Nachteil der Sozialwiss. für das Strafrecht, Bd. 1, 1980, 229; *Hauf,* Die neuere höchstrichterliche Rechtsprechung zu Versuch u. Rücktritt, JA **95**, 771 f.; *Heckler,* Die Ermittlung der beim Rücktritt vom Versuch erforderlichen Rücktrittsleistungen anhand der objektiven Vollendungsgefahr, 2002; *Heinitz,* Streitfragen der Versuchslehre, JR **56**, 248; *v. Heintschel-Heinegg,* Versuch u. Rücktritt, ZStW **109**, 29; *Herzberg,* Der Rücktritt durch Aufgabe der weiteren Tatausführung, Blau-FS 97; *ders.,* Beendeter oder unbeendeter Versuch: Kritisches zur neuen Unterscheidung des BGH, NJW **86**, 2466; *ders.,* Der Rücktritt vom Versuch, H. Kaufmann-GesS 710; *ders.,* Grund u. Grenzen der Strafbefreiung beim Rücktritt vom Versuch, Lackner-FS 325; *ders.,* Gesamtbetrachtung u. Einzelaktstheorie beim Rücktritt vom Versuch, Entwurf einer Synthese, NJW **88**, 1559; *ders.,* Die Not der Gesamtbetrachtungslehre beim Rücktritt vom Versuch, NJW **89**, 197; *ders.,* Problemfälle des Rücktritts durch Verhindern der Tatvollendung, NJW **89**, 862; *ders.,* Zum Grundgedanken des § 24 StGB, NStZ **89**, 49; *ders.,* Rücktritt vom Versuch trotz bleibender Vollendungsgefahr?, JZ **89**, 114; *ders.,* Theorien zum Rücktritt u. teleologische Gesetzesdeutung, NStZ **90**, 172; *ders.,* Strafverzicht bei bedingt vorsätzlichem Versuch?, NStZ **90**, 311; *ders.,* Aufgeben durch bloßes Aufhören? (usw.), [zu NStZ **89**, 525; **90**, 30; 77], JuS **90**, 273; *ders.,* Grundprobleme des Rücktritts vom Versuch u. Überlegung de lege ferenda, NJW **91**, 1633; *ders.,* Der Rücktritt vom Versuch als sorgfältiges Bemühen, Kohlmann-FS (2003), 37; *R. v. Hippel,* Untersuchungen über den Rücktritt vom Versuch, 1966; *Hruschka,* Zur Frage des Wirkungsbereichs eines freiwilligen Rücktritts vom unbeendeten Versuch, JZ **69**, 495; *Jakobs,* Die Bedeutung des Versuchsstadiums für die Voraussetzungen eines strafbefreienden Rücktritts – BGH NJW **80**, 195 –, JuS **80**, 714; *ders.,* Rücktritt als Tatänderung versus allgemeines Nachtatverhalten, ZStW **104**, 82; *Jäger,* Der Rücktritt vom Versuch als zurechenbare Gefährdungsumkehr, 1996; *ders.,* Der Rücktritt vom erfolgsqualifi-

zierten Versuch, NStZ **98**, 161; *Jescheck,* Versuch u. Rücktritt bei Beteiligung mehrerer Personen an der Straftat, ZStW **99**, 111 [rechtsvergl. Ber.]; *Kadel,* Die neuere Rechtsprechung des Bundesgerichtshofs zum unbeendeten, beendeten u. fehlgeschlagenen Versuch, ÖJZ **87**, 269; *Kienapfel,* Probleme des unvermittelt abgebrochenen Versuchs, Pallin-FS 205; *Kolster,* Die Qualität der Rücktrittsbemühungen des Täters beim beendeten Versuch, 1993; *Kostuch,* Versuch und Rücktritt beim erfolgsqualifizierten Delikt, 2004 (Diss. Würzburg 2004); *Krack,* Die Tätige Reue im Wirtschaftsstrafrecht, NStZ **01**, 505; *Kraus,* JuS **81**, 883; *Krüger,* Der Versuchsbeginn bei mittelbarer Täterschaft, 1994; *Kudlich* Grundfälle zum Rücktritt vom Versuch, JuS **99**, 240, 349; *Kühl,* JuS **81**, 193; *Krauß,* Der strafbefreiende Rücktritt vom Versuch, JuS **81**, 883; *Küper,* Versuchs- u. Rücktrittsprobleme bei mehreren Tatbeteiligten, JZ **79**, 775; *ders.,* Der Rücktritt vom „erfolgsqualifizierten Versuch", JZ **97**, 229; *ders.,* Der Rücktritt vom Versuch des unechten Unterlassungsdelikts, ZStW **112**, 1; *Küpper/Mosbacher,* Untauglicher Versuch bei nur vermeintlicher Täterschaft, JuS **95**, 488; BGH NJW **95**, 142, JuS **95**, 488; *Lampe,* Rücktritt vom Versuch „mangels Interesse", BGHSt **35**, 184; *ders.,* Rücktritt vom Versuch „mangels Interesse" [zu BGH **35**, 184], JuS **89**, 610; *Lenckner,* Probleme beim Rücktritt des Beteiligten, Gallas-FS 281; *Loos,* Dogmengeschichtliche Bemerkungen zum Rücktritt vom Versuch, Jakobs-FS (2007) 347; *Maiwald,* Psychologie u. Norm beim Rücktritt vom Versuch, Zipf-GedS 255; *H.-W. Mayer,* Nochmals: Gesamtbetrachtung u. Einzelakttheorie beim Rücktritt vom Versuch, NJW **88**, 2589; *Meyer,* Kritik an der Neuregelung der Versuchsstrafbarkeit, ZStW **87**, 598; *Mitsch,* Der Rücktritt des angestifteten oder unterstützten Täters, Baumann-FS 89; *Müssig,* Rücktritt bei Versuchsbeginn?, JR **01**, 228; *Murmann,* Versuchsunrecht und Rücktritt, 1999; *Neubacher,* Der halbherzige Rücktritt in der Rechtsprechung des BGH, NStZ **03**, 576; *Otto,* Fehlgeschlagener Versuch u. Rücktritt, GA **67**, 144; *ders.,* Fehlgeschlagener Versuch u. Rücktritt, Jura **92**, 423; *Pahlke,* Rücktritt bei dolus eventualis, 1993 [Bespr. *Lesch* GA **95**, 493]; *ders.,* Rücktritt nach Zielerreichung, GA **95**, 72; *Puppe,* Der halbherzige Rücktritt, NStZ **84**, 488; *dies.,* Zur Unterscheidung von unbeendetem u. beendetem Versuch beim Rücktritt, NStZ **86**, 14; *Ranft,* Zur Abgrenzung von unbeendetem u. fehlgeschlagenem Versuch bei erneuter Ausführungshandlung, Jura **87**, 527; *Römer,* Fragen des „ernsthaften Bemühens" bei Rücktritt u. Tätiger Reue, 1987; *ders.,* Vollendungsverhinderung durch „ernsthaftes Bemühen" (usw.), MDR **89**, 945; *Roxin,* Über den Rücktritt vom unbeendeten Versuch, Heinitz-FS 251; *ders.,* JuS **73**, 332; *ders.,* Literaturbericht, ZStW **77**, 91; *ders.,* Der fehlgeschlagene Versuch, JuS **81**, 1; *ders.,* Die Verhinderung der Vollendung als Rücktritt vom beendeten Versuch, H.J. Hirsch-FS 327; *Rudolphi,* Rücktritt vom beendeten Versuch durch erfolgreiches, wenngleich nicht optimales Rettungsbemühen, NStZ **89**, 508; *Sancinetti,* Subjektive Unrechtsbegründung u. Rücktritt vom Versuch, 1996 [Bespr. *Küpper* GA **98**, 307]; *Schall,* Zum Rücktritt vom Versuch bei bedingtem Tötungsvorsatz u. wiederholbarer Ausführungshandlung trotz Zielerreichung, BGH NStZ **90**, 30, JuS **90**, 623; *Scheinfeld,* der Tatbegriff des § 24 StGB, 2006 (Diss. Bochum 2005); *Schroeder,* Die Verhinderung des Rücktritts vom Versuch, Küper-FS (2007) 539; *Schroth,* Rücktrittsnorm u. außertatbestandliche Zielerreichung [zu GrSenBGH **39**, 221], GA **97**, 151; *Sowada,* Die erfolgsqualifizierten Delikte im Spannungsfeld zwischen Allgemeinem u. Besonderen Teil des Strafrechts [Versuch: 649–653], Jura **95**, 644; *Streng,* Tatbegriff u. Teilrücktritt, JZ **84**, 652; *ders.,* Rücktritt u. dolus eventualis, JZ **90**, 212; *ders.,* Rücktritt vom erfolgsqualifizierten Versuch? Die aufzugebende „Tat" i. S. v. § 24 Abs. 1 StGB und das Analogieverbot, Küper-FS (2007) 629; *Traub,* Die Subjektivierung des § 46 StGB (usw.), NJW **56**, 1183; *Ulsenheimer,* Grundfragen des Rücktritts in Theorie u. Praxis, 1976; *ders.,* Zur Problematik des Rücktritts vom Versuch erfolgsqualifizierter Delikte, Bockelmann-FS 405; *Vogler,* Versuch u. Rücktritt bei der Beteiligung mehrerer an der Straftat, ZStW **98**, 331; *M. Walter,* Der Rücktritt vom Versuch als Ausdruck des Bewährungsgedankens im zurechnenden Strafrecht, 1980 [Bespr. *Küper* GA **82**, 228]; *ders.,* Bestimmung der Freiwilligkeit beim Rücktritt vom Versuch, GA **81**, 403; *Weidemann,* Der „Rücktrittshorizont" beim Versuchsabbruch, GA **86**, 409; *Weinhold,* Rettungsverhalten u. Rettungsvorsatz beim Rücktritt vom Versuch, 1990; *Wolters,* Der Rücktritt beim „erfolgsqualifizierten Delikt", GA **07**, 65; *Yamanaka,* Betrachtungen über den Strafbefreiungsgrund des Rücktritts vom Versuch, Roxin-FS 773; *Zieschang,* Anforderungen an die Vollendungsverhinderung beim beendeten Versuch gemäß § 24 I 1, 2. Alt. StGB, GA **03**, 353; *Zwiehoff,* Das Rücktrittsverhalten beim beendeten Versuch, StV **03**, 631.

2) Grundlage der Rücktrittsregelung. Die Straffreistellung des vom Versuch zurückgetretenen Täters ist das Spiegelbild der Vorverlagerung des Rechtsgüterschutzes in den der Verletzung vorausgehenden Bereich vom Tatvorsatz getragener Handlungen. § 24 begründet einen **persönlichen Strafaufhebungsgrund** (hM; vgl. 17 vor § 32; LK-*S/S-Eser* 4; LK-*Lilie/Albrecht* 50; MK-*Herzberg* 8; NK-*Zaczyk* 6; *Lackner/Kühl* 1; *B/Weber/Mitsch* 27/5; *Jescheck/Weigend* § 51 VI 1; *M/Gössel/Zipf* 41/130; *W/Beulke* 626; **aA** [Entschuldigungsgrund] *Roxin,* Heinitz-FS 251, 273; 2

Rudolphi ZStW **85**, 119f. und SK-*Rudolphi* 6; *Stratenwerth* AT 706f.; jew. mwN; *Burkhardt,* Der Rücktritt als Rechtsfolgenbestimmung, 1974, 121ff.); der Rücktritt kommt daher nur demjenigen zugute, der durch ein ihm zuzurechnendes Verhalten (zu der hieraus abgeleiteten „Schulderfüllungstheorie" vgl. *Herzberg,* Lackner-FS 342ff. und NStZ **90**, 172; zutr. dagegen SK-*Rudolphi* 3a und NStZ **89**, 508) auf die Vollendung der Straftat verzichtet oder die von ihm zu verantwortenden Bedingungen für ihren Eintritt zurücknimmt. Die gesetzliche Regelung wird von den zu ihrer Begründung vertretenen Theorien (Überblick bei *Jescheck/Weigend* § 51 I; *Jakobs* AT 26/1ff.; SK-*Rudolphi* 2ff.) jeweils nur ausschnittsweise erfasst. Das Rücktrittsprivileg kann sowohl **spezialpräventiv** („goldene Brücke" [vgl. RG **6**, 341; **17**, 243; **63**, 158; BGH **6**, 85; *Puppe* NStZ **84**, 490; *Stratenwerth* AT I 706]; „Prämientheorie" [*Jescheck/Weigend* § 51 I 3 mwN]; „Schulderfüllungstheorie" [*Herzberg,* Lackner-FS 325; NStZ **89**, 49; NJW **91**, 1634]; geringe Gefährlichkeit des Täters [vgl. BGH **9**, 52; **14**, 80; **37**, 346]) als auch eher **generalpräventiv** (Zurücknahme des Normbruchs [*Jakobs* AT 26/1, 4; *Freund* AT 9/16; *Jerouscheck* ZStW **102**, 793, 812]; Wegfall des Strafbedürfnisses [*Kühl* AT 16/5; *Streng* JZ **90**, 241; *Bergmann* ZStW **100**, 335; *Schünemann* GA **86**, 323; *Schall* JuS **90**, 630; SK-*Rudolphi* 4; *B/Weber/Mitsch* 27/8]) begründet werden; die in der Lit. wohl überwiegende **„Strafzwecktheorie"** verbindet beide Elemente in eher pragmatischer Form (vgl. auch den Überblick bei *Yamanaka,* Roxin-FS 773ff.). Der **BGH** hat demgegenüber in jüngerer Zeit insb. den Gesichtspunkt des **Opferschutzes** hervorgehoben (vgl. insb. BGH **35**, 184; GrSenBGH **39**, 221), der weder innere „Umkehr" des Täters noch Zurücknahme der Normverletzung voraussetzt (vgl. auch *Otto* AT 241; *Hassemer* JuS **89**, 937; **90**, 420). Der komplizierten und uneinheitlichen gesetzlichen Regelung entspricht diese Perspektive, die die ganz unterschiedlichen Fallgruppen des Versuchs jeweils unter dem Blickwinkel des **Rechtsgutschutzes** betrachtet, am ehesten. Eine widerspruchsfreie *Theorie* des Rücktritts liegt bislang freilich nicht vor (zutr. *Kühl* AT 16/4).

3 **3) Anwendungsbereich.** § 24 unterscheidet insgesamt **sechs Fälle**. Dabei regelt **I** die Voraussetzungen für den Rücktritt des Alleintäters, **II** den Rücktritt bei mehreren Tatbeteiligten. In beiden Fallgruppen ist zwischen **unbeendetem** und **beendetem** Versuch zu unterscheiden (unten 14ff.), da sie idR (Ausn. siehe unten 36ff., 40) jeweils unterschiedliche Anforderungen an das den Strafausschluss begründende Verhalten des Täters stellen (krit. zur Unterscheidung aber *Herzberg,* Kohlmann-FS 37, 38f.). § 24 bezieht sich allein auf den strafbaren Versuch; für ein Abstandnehmen von **Vorbereitungshandlungen** (5 zu § 22) spielt er keine Rolle. Nach **Vollendung** der Tat ist ein Rücktritt unmöglich; ggf. sind hier die Regelungen über die **Tätige Reue** (unten 46) zu beachten. Zum „Rücktritt" eines *Mittäters* von Vorbereitungshandlungen siehe unten 40. Ein Rücktritt eines von mehreren Tatbeteiligten ist trotz Erfolgseintritts dann möglich, wenn er die Wirkung seines Tatbeitrags für die Vollendung gänzlich aufhebt (II S. 1, 2. Var.; vgl. unten 42).

4 Auch ein im **Rausch** Befindlicher (§ 323a) oder sonst **Schuldunfähiger**, der mit natürlichem Vorsatz handelt, kann vom Versuch freiwillig zurücktreten, obwohl er zu einer „freien" Willensentschließung nicht in der Lage ist (BGH **23**, 359 [hierzu *Wolter,* Leferenz-FS 558]; NStZ **94**, 131 [Anm. *Kusch*]; NStZ-RR **99**, 8; **01**, 15; BGHR § 323a I Rücktr. 1; MK-Herzberg 137ff.; zur Rechtsfolge unten 44). Das gilt auch für einen Täter, der nach Versuchsbeginn schuldunfähig wird und zunächst mit natürlichem Vorsatz weiterhandelt (NStZ **04**, 324).

5 Auch bei **Unterlassungsdelikten** ist ein Rücktritt vom Versuch möglich. Er setzt aber regelmäßig eine *aktive* Tätigkeit voraus (*Jescheck/Weigend* § 60 III 3; ausf. dazu *Küper* ZStW **112**, 1ff.). Rücktrittsvoraussetzung ist auch beim Versuch des Unterlassungsdelikts wie beim *beendeten* Versuch des Begehungsdelikts, dass der Täter nach der letzten Ausführungshandlung den Eintritt des Taterfolges noch für möglich hält (BGH **39**, 227; unten 7). Auch nur in diesen Fällen ist ein Versuch

des Unterlassungsdelikts möglich. Ein strafbefreiender Rücktritt soll in diesen Fällen jedoch nur möglich sein, wenn die Vollendung der Tat noch verhindert werden kann (NStZ **97**, 485 m. Anm. *Brand/Fett* NStZ **98**, 507; *Kudlich/Hannich* StV **98**, 370; Bespr. *Küpper* JuS **00**, 225; **aA** *S/S-Eser* 27 ff.). NStZ **97**, 485 hat für den Fall des **untauglichen** Unterlassungsversuchs (das aus Sicht des Täters zu rettende Opfer ist tatsächlich tödlich verletzt) eine Rücktrittsmöglichkeit verneint und den untauglichen Versuch des Unterlassens daher dem **Fehlschlag** (unten 6 ff.) gleichgestellt (zw.; krit. *Küpper* **00**, 228 f.; vgl. auch *Kudlich* JuS **99**, 351 f.). Eine Abgrenzung zwischen unbeendetem und beendetem Unterlassungsversuch ist im Hinblick auf die erforderliche Rücktrittsleistung nicht sinnvoll möglich, da den Täter von vornherein eine Pflicht zum Handeln trifft; für die Anwendung des § 24 steht der Versuch durch Unterlassen daher dem *beendeten* Versuch des Begehungsdelikts gleich (NStZ **03**, 252 f. [Anm. *Freund* NStZ **04**, 326]; vgl. unten 14).

4) Fehlgeschlagener Versuch. Für einen strafbefreienden Rücktritt ist kein Raum, wenn ein sog. fehlgeschlagener Versuch vorliegt. Die Berechtigung dieser vorrangig zu prüfenden (*Kühl* AT 16/10; krit. *B/Weber/Mitsch* 27/12) Fallgruppe ist inzwischen fast allgemein anerkannt (vgl. *Lackner/Kühl* 10 ff.; *S/S-Eser* 7 ff.; SK-*Rudolphi* 8 ff.; LK-*Lilie/Albrecht* 84 ff.; *Kudlich* JuS **99**, 24, 242; jew. mwN; **abl.** aber MK-*Herzberg* 58 ff., 63 ff.; *Feltes* GA **92**, 395; *Gössel* ZStW **87**, 3; *v. Heintschel-Heineck* ZStW **109**, 33; *Ranft* Jura **87**, 534; *M/Gössel/Zipf* 41/38 ff.; *Borchert/Hellmann* GA **82**, 446; *Haft* NStZ **94**, 536; *Scheinfeld* JuS **02**, 250, 251). Die **Rspr** ist schon früher durch Annahme von Unfreiwilligkeit (zB RG **70**, 3; BGH **4**, 59) oder Beendigung des Versuchs (zB BGH **10**, 131; **20**, 279 f.; **23**, 356, 359) zu ähnlichen Ergebnissen gelangt, hat die Erforderlichkeit einer eigenständigen Fallgruppe des fehlgeschlagenen Versuchs in BGH **33**, 297 noch offen gelassen, in BGH **34**, 53, 56; **35**, 90, 94 und BGH (GrSen) **39**, 221, 227 aber anerkannt (vgl. auch BGH **36**, 226; **41**, 369; NStZ **89**, 19; **92**, 536; **99**, 20; 395; NStZ-RR **96**, 194; **04**, 361, 362; StV **87**, 529; **94**, 181; stRspr). Die Abgrenzungen im Einzelnen sind str. (vgl. zusf. *Heintschel-Heinegg* ZStW **109**, 48 ff.; *Kühl* AT 16/9 ff.; *Schmidhäuser* AT 627 ff.; *W/Beulke* 628 ff.; *B/Weber/Mitsch* 27/12). 6

A. Voraussetzungen. Fehlgeschlagen ist der Versuch, wenn der Taterfolg *aus Sicht des Täters* (NStZ **99**, 395 f.; NStZ-RR **06**, 168; StraFo **06**, 462 f.; NStZ **06**, 685; **07**, 91; stRspr) mit den bereits eingesetzten oder den zur Hand liegenden Mitteln nicht mehr erreicht werden kann, ohne dass er eine ganz neue Handlungs- und Kausalkette in Gang setzt (BGH **39**, 221, 228; **41**, 368, 369; NStZ-RR **02**, 168; **06**, 168, 169; vgl. unten 11). Vom Täter *nicht erkannte* objektive Erfolg- oder Aussichtslosigkeit führen nicht zum Fehlschlag; sie unterfallen I S. 2 (NStZ-RR **05**, 70, 71). 7

Fehlgeschlagener Versuch liegt vor bei (vom Täter erkannter) **physischer Unmöglichkeit** wegen Untauglichkeit oder Fehlen des Tatobjekts (zB leerer Tresor bei Einbruchdiebstahl; körperlich überlegenes Opfer beim Raub [MDR/D **58**, 12; **71**, 363; GA **77**, 75; vgl. aber NStZ **88**, 69 f.]; Nicht-Erscheinen des vorgesehenen Opfers einer Körperverletzung [NStZ **00**, 422]; Flucht des Opfers [NStZ **93**, 40; vgl. auch 4 StR 300/01]; mit Gewalt weggenommene Geldkassette, auf deren Inhalt es dem Täter allein ankommt, erweist sich als leer [4 StR 564/99]; vgl. schon RG **45**, 6), wenn es also dem Täter tatsächlich unmöglich ist, im unmittelbaren Fortgang des Geschehens den Erfolg noch herbeizuführen (BGH **34**, 56), und er dies weiß. Bei einem **mehraktigen Geschehen** ist daher aus Sicht der von der Rspr vertretenen Gesamtbetrachtungslehre der Rücktritt hinsichtlich des ersten Tatabschnitts nur dann ausgeschlossen, wenn dieser bereits als fehlgeschlagener Versuch zu werten ist (BGH **34**, 53, 55; **41**, 368, 369; **44**, 91, 94; NStZ **03**, 252 [Anm. *Freund* NStZ **04**, 326]; **05**, 263, 264; **07**, 399). Wenn die Einzelakte untereinander und mit der letzten Tathandlung Teile eines durch die subjektive Zielrichtung des Täters verbundenen *einheitlichen Geschehens* bilden, kommt es für die Beurteilung, ob der Versuch fehlgeschlagen ist, allein auf die subjektive Sicht des 7a

Täters nach Abschluss der *letzten* Ausführungshandlung an (NStZ **07**, 399 f.). Nimmt der Täter **irrtümlich** an, der Versuch sei beendet, seine Handlungen also zum Erfolgseintritt ausreichend, und liegt tatsächlich ein Fehlschlag vor (Bsp.: Das vermeintlich tödlich getroffene Opfer hat sich unverletzt entfernt), so ist § 24 I S. 2 entspr. anzuwenden (offen gelassen von NStZ-RR **00**, 41 f.).

8 Fehlschlag liegt ferner vor, wenn die Tat wegen **Unerreichbarkeit des Handlungsziels** aus Sicht des Täters **gänzlich sinnlos** wird (zB Verwechslung des zu stehlenden Gegenstands [RG **39**, 40] oder der zu tötenden Person [*Roxin* JR **86**, 426; *Kühl* AT 16/15; *S/S-Eser* 9; LK-*Lilie/Albrecht* 134; **aA** *Feltes* GA **92**, 413; vgl. auch *Bauer* wistra **92**, 204]; vorgefundene Beute bleibt gravierend hinter der erhofften zurück [SK-*Rudolphi* 9; LK-*Lilie/Albrecht* 87, 130 ff.; *Roxin* JuS **81**, 3 f.; **aA** BGH **4**, 59; **13**, 156; *B/Weber/Mitsch* 27/17: Mangel der Freiwilligkeit]; Nicht-Vorhandensein des Tatobjekts oder des Opfers [vgl. NStZ **93**, 40]; physische Unfähigkeit zur Tatausführung [vgl. *S/S-Eser* 9]; vgl. unten 23).

9 **B. Außertatbestandliche Zielerreichung.** Der **umgekehrte** Fall, dass durch den *nicht* iS von oben 7 fehlgeschlagenen Versuch bereits alle **weiteren** Handlungsziele des Täters vollständig erreicht sind, führt zwar gleichfalls zur „Sinnlosigkeit" weiteren Handelns. Diese Fälle der **außertatbestandlichen Zielerreichung** (zB: der mit bedingtem Tötungsvorsatz handelnde Täter will dem Opfer einen „Denkzettel" verpassen und hält *dieses* Ziel für erreicht [NJW **93**, 943, Vorl.-Beschl.; Anm. *Puppe* JZ **93**, 361; *Streng* NStZ **93**, 257; *Bauer* StV **93**, 356; BGHGrS **39**, 221; NStZ **89**, 317; **90**, 30; BGHR § 24 I Nr. 1 Versuch, unbeend. 20, 23; 1 StR 119/89; and. noch NJW **84**, 1693; StV **86**, 15; BGHR § 24 I 1 Versuch, beend. 3, 4, 7]; der Täter schießt mit Tötungsvorsatz auf den Geldboten, um dessen Geldbombe zu erlangen; dieser lässt sie unverletzt fallen; der Täter will einen Fluchtversuch mit bedingtem Tötungsvorsatz verhindern; das Opfer bleibt schwerverletzt liegen [BGH **44**, 204]) sind aber nach BGH GrS **39**, 221 weder wegen Fehlschlags noch wegen Unfreiwilligkeit (so aber *Puppe* JZ **93**, 361; *Schall* JuS **90**, 623; *Streng* JZ **90**, 212) von der Möglichkeit des Rücktritts ausgeschlossen (vgl. auch NStZ **02**, 427, 428; StraFo **06**, 462, 463; NStZ **07**, 399, 400). Die Sinnlosigkeit weiterer Bemühungen ergibt sich hier nicht aus der Unerreichbarkeit des über die Tatbestandserfüllung hinaus gehenden Handlungsziels, sondern gerade aus seiner „vorzeitigen" Verwirklichung. Da aber § 24 nur ein Abstandnehmen von der Verwirklichung des *gesetzlichen Tatbestandes* („Tat"), nicht aber von weitergehenden Zielen verlangt, ist dem Täter die Rücktrittsmöglichkeit eröffnet (BGH [GrSen] **39**, 221, 231 f. [dazu *Hauf* MDR **93**, 929; *Pahlke* GA **95**, 72; zust. LK-*Lilie/Albrecht* 190 ff.; krit. *Bauer* NJW **93**, 2590; *Roxin* JZ **93**, 896; **aA** *Kühl* AT 16/41; *Herzberg*, Blau-FS 97 ff.; JZ **90**, 433; *Ranft* Jura **87**, 527; *Rengier* JZ **88**, 931; *Roxin* JR **86**, 424 ff.; *Seier* JuS **89**, 102]; *Freund* NStZ **04**, 326, 327; vgl. auch NStZ **97**, 593; NStZ-RR **96**, 195; **98**, 134; StV **97**, 128; 4 StR 474/98).

10 **C. Untauglichkeit des Tatmittels.** Fehlschlag des Versuchs kann schließlich auch bei vom Täter erkannter **Untauglichkeit des Tatmittels** vorliegen, wenn sich hieraus die Unerreichbarkeit der Vollendung ergibt (zB bei misslungener Täuschung beim versuchten Betrug; vgl. SK-*Rudolphi* 10; *Kühl* AT 16/14). Problematisch sind hier die Fälle, in denen der Täter, wie er weiß, zwar eine Möglichkeit zum Weiterhandeln und zur Tatvollendung hat, diese jedoch seinem ursprünglichen **Tatplan** nicht entspricht (zB Einsatz dosiert geplanter Gewalt reicht zur Nötigung des Opfers nicht aus; vom Täter eingesetzte Giftmenge erweist sich als nicht tödlich [vgl. BGH **10**, 129]; geplante *Drohung* mit Waffe schüchtert das Erpressungsopfer nicht ein (NStZ **07**, 91]).

11 **D.** Nach **stRspr** liegt ein Fall des fehlgeschlagenen Versuchs **nicht** vor, „wenn *der Täter nach* anfänglichem Misslingen des vorgestellten Tatablaufs sogleich zu der Annahme gelangt, er könne **ohne zeitliche Zäsur** mit den eingesetzten oder anderen bereitstehenden Mitteln die Tat noch vollenden" (BGH [GrSen] **39**, 228; BGH **34**, 53; **35**, 90, 94; **39**, 246 [hierzu *Bauer* MDR **94**, 132; *Bottke* JZ **94**, 71;

Vitt JR **94**, 199]; **40**, 75 [m. Anm. *Haft* NStZ **94**, 536]; **41**, 368, 369 [Anm. *Beulke/Satzger* NStZ **96**, 432]; NJW **90**, 264; MDR/H **93**, 1038; NStZ **86**, 265 [hierzu *Fahrenhorst* Jura **87**, 294]; **94**, 493; **99**, 20; **02**, 311; **05**, 263, 264; **06**, 685; NStZ-RR **96**, 194; **03**, 40; StV **87**, 529; **94**, 181; **03**, 199; BGHR § 24 I S. 1 Versuch unb. 2; 1 StR 228/92; 5 StR 404/06). Für die Abgrenzung ist daher nach der von Rspr und hM vertretenen **Gesamtbetrachtungslehre** von der Einheitlichkeit des Tatgeschehens auszugehen, wie es sich in der Vorstellung des Täters aus seinem „Rücktrittshorizont" (dazu unten 15) nach Maßgabe des Tatplans darstellt (BGH **34**, 56; **39**, 228; **40**, 75; NStZ **94**, 493; **94**, 536; **96**, 96; **98**, 9; 4 StR 335/97; vgl. dazu *S/S-Eser* 18f.; *Lackner/Kühl* 6; LK-*Lilie/Albrecht* 106ff.; SK-*Rudolphi* 14ff.; *Jescheck/Weigend* § 51 II; *Kühl* AT 16/16ff.; *Otto* Jura **92**, 426; jew. mwN; zum früheren Meinungsstreit: *Küper* JZ **83**, 267; *Ranft* Jura **87**, 533; *Herzberg,* Blau-FS 116 und NJW **88**, 1564; zur **Einzelakttheorie** *S/S-Eser* 20f.; *Geilen* JZ **72**, 337; *Jakobs* AT 26/15 und ZStW **104**, 89, 99; *Bergmann* ZStW **100**, 351; *Burkhardt* 90). Eine Risikoerhöhung (vgl. unten 25) führt, wenn der Täter ihretwegen von der Vollendung absieht, nicht zum Fehlschlag, sondern ist bei der Prüfung der Freiwilligkeit zu berücksichtigen (4 StR 525/00); anders kann dies sein, wenn sie zugleich einen anderen Handlungsablauf erforderlich machen würde.

12 Bei Nichterreichung der Vollendung durch einzelne Handlungsakte kommt es nach dieser rücktrittsfreundlichen Betrachtung darauf an, ob ein möglicher weiterer Einsatz desselben Tatmittels aus Sicht des Täters noch im Rahmen des von ihm geplanten „Gesamtgeschehens" liegt (der erste Schuss trifft das Opfer nicht tödlich; weitere Patronen sind im Magazin); ist das nicht der Fall, so liegt ein fehlgeschlagener Versuch vor (**zB** Tatplan war, einen Jagdunfall vorzutäuschen; die Abgabe mehrerer Schüsse würde eine gänzlich neue Planung verlangen; das vergiftete Opfer ist zum Zeitpunkt der nach dem Tatplan nicht verschiebbaren „zufälligen" Entdeckung nur bewusstlos; die [innerhalb eines einheitlichen Geschehens] ersten Handlungsakte sind entdeckt [vgl. NStZ **01**, 315 zu einem Fall insoweit lückenhafter Feststellungen). Hat sich das eingesetzte Mittel als untauglich erwiesen oder steht es nicht mehr zur Verfügung (die einzige Patrone ist verschossen; das eingesetzte Messer abgebrochen), so liegt kein Fehlschlag vor, wenn dem Täter andere, **gleichwertige Mittel** so zur Verfügung stehen, dass er, wie er weiß, die Tat in unmittelbarem zeitlichen Fortgang des Geschehens vollenden könnte, ohne dass durch eine erforderliche wesentliche Änderung des Tatplans eine **Zäsur** einträte. Hierbei kommt es wesentlich auf die Vorstellung des Täters von der *Gleichwertigkeit* der Handlungsalternativen an. **Fehlschlag** ist daher **zB** anzunehmen, wenn das durch Gift (nur) bewusstlose Opfer nunmehr erschlagen werden müsste; wenn ein erster Angriff auf das Opfer durch Eingreifen eines Dritten beendet wurde und ein zweiter Angriff (bei fortbestehendem Tötungsvorsatz) mit einem anderen Tatmittel und an einem anderen Ort erfolgt (NStZ **05**, 263, 264 [Anm. *Puppe* JR **05**, 382; krit. Bespr. *Scheinfeld* NStZ **06**, 375, 378); **kein Fehlschlag** bei Wechsel zwischen Gewaltalternativen, die von vornherein (vgl. BGH **22**, 176) im Rahmen der Tätervorstellung lagen (Würgen nach Abbrechen des Messers oder nach misslungenem Überfahren mit dem Pkw [BGH **34**, 53]); kein Fehlschlag, wenn der zum Zweck der schweren räuberischen Erpressung bedrohte Kassierer flieht, aber den Safe geöffnet oder den Kassenschlüssel stecken lässt (NStZ-RR **03**, 40). Bedarf die Weiterverfolgung des Tatplans zur Tatvollendung neuer Vorbereitungshandlungen (zB Herbeiholen einer Waffe), so ist der Versuch fehlgeschlagen.

13 Die gegen diese Auffassung gerichtete Kritik (vgl. *S/S-Eser* 18a, 20f. mwN) namentlich von Seiten der Lehre von der *Einzelbetrachtung,* wendet sich zum einen gegen mögliche konstruktive Widersprüche zwischen der „Rücktrittsperspektive" und dem Abstellen auf den Tatplan bei Abgrenzung des fehlgeschlagenen Versuchs, zum anderen gegen die in der Tat schwer verständliche (*Puppe* NStZ **90**, 433) Privilegierung des von vornherein bedenkenlosen Täters, der alternative Vollendungsmöglichkeiten weitgehend einplant (vgl. *S/S-Eser* 18a). Eine Rechtfertigung findet die Lösung der hM allein im Gedanken des **Opferschutzes:** Da Tatplanungen in der Wirklichkeit nicht nach Maßgabe von Lehrmeinungen vorgenommen werden, spricht aus Opfersicht alles dafür, auch demjenigen noch die *Chance* (vgl. *Kühl* AT 16/20) zur Strafbefreiung zu bieten, der „mit allen Mitteln" den Taterfolg anstrebte. Nicht überzeugend ist daher eine Kritik (*S/S-Eser* 18a, 19 mwN), die zur Widerlegung der Gesamtbetrachtung dem Täter „optimal" entworfene fiktive Tatpläne empfiehlt, welche *eine* rücktrittsfähige Handlungsalternative „offen lassen": Voraussetzung des Versuchs ist Tatvorsatz; daher kann der Tatplan nicht auf *Rücktritt* gerichtet sein.

14 **5) Unbeendeter und beendeter Versuch.** Liegt ein Fall des fehlgeschlagenen Versuchs nicht vor, so ist für die Anwendung von **I S. 1** zwischen sog. „unbeendetem" (1. Var.) und sog. „beendetem" (2. Var.) Versuch zu unterscheiden; hiervon hängt ab, was als zur Straffreiheit führende „Rücktrittsleistung" (unten 26, 29ff.) erwartet wird (krit. *Herzberg* NJW **86**, 2471; *ders.*, Kohlmann-FS 37, 42ff.; *v. Heintschel-Heinegg* ZStW **109**, 34, 50). Die Abgrenzung darf daher im Urteil idR nicht offen bleiben (3 StR 472/99; 3 StR 177/01 [Messerstiche in den Hals]). **Beendet** ist der Versuch, wenn der Täter glaubt, alles zur Verwirklichung des Tatbestandes Erforderliche getan zu haben (BGH **14**, 79; StV **82**, 70); **unbeendet,** wenn er glaubt, zur Vollendung des Tatbestandes bedürfe es noch weiteren Handelns. Für die Abgrenzung kommt es auf die **Vorstellung des Täters** nach Abschluss der letzten Ausführungshandlung an (BGH **31**, 175 [m. Anm. *Küper* JZ **83**, 264; *Rudolphi* NStZ **83**, 361; *Kienapfel* JR **84**, 72; *Puppe* NStZ **84**, 488; *H.-W. Mayer* MDR **84**, 187 u. NJW **88**, 2589; *Meyer-Goßner* NStZ **86**, 50; *Fahrenhorst* Jura **87**, 292]; LK-*Lilie/Albrecht* 144ff.); diese Beurteilungsperspektive ist der sog. **Rücktrittshorizont** (BGH **33**, 298 [hierzu *Puppe* NStZ **86**, 15; *Roxin* JR **86**, 424; *Weidemann* GA **86**, 409; *Herzberg* NJW **86**, 2466]; **39**, 227 [GrSen]; NJW **86**, 1001 [m. Anm. *Roxin* JR **86**, 424 u. Hirsch-FS 330; *Otto/Ströber* Jura **87**, 374]; **93**, 2126; NStZ **86**, 265; **93**, 279; MDR/H **88**, 99; **91**, 482; **95**, 878; **07**, 91; StV **94**, 181; **03**, 213f.; **07**, 72; NStZ-RR **98**, 9; StraFo **05**, 166f.; 4 StR 354/98; 3 StR 3/00). Die *objektive* Sachlage ist nur insoweit von Bedeutung, als sie Rückschlüsse auf die innere Einstellung des Täters gestattet (StV **88**, 527); es sind daher die Vorstellungen des Täters über den weiteren Ablauf aufzuklären (BGH **20**, 280; StV **92**, 10; 3 StR 320/96).

14a Für das **Unterlassungsdelikt** ist str., ob der Unterscheidung zwischen unbeendetem und beendetem Versuch Bedeutung zukommt. Der **BGH** stellt den Versuch des Unterlassungsdelikts dem beendeten Versuch des Begehungsdelikts gleich (BGH **48**, 147ff.; NStZ **97**, 485 [m. Anm. *Brandt/Fett* NStZ **98**, 507; *Kudlich/Hannich* StV **98**, 370]; NJW **00**, 1730; NStZ **03**, 252 [m. Anm. *Freund* NStZ **04**, 326]; vgl. unten 26; **aA** die „Differenzierungslehre"; vgl. dazu *S/S-Eser* 27ff.; *Jakobs* AT 29/116; *Jescheck/Weigend* § 60 II 3; *W/Beulke* 743ff.; krit. hierzu *Küper* ZStW **112**, 1, 30ff.; umf. dazu *Ahmed*, Rücktritt vom versuchten unechten Unterlassungsdelikt, 2007 [Diss. Regensburg]). Selbst wenn man ein Stadium des „unbeendeten" Unterlassungsversuchs anerkennt, hat dies für die Anforderungen an die „Rücktrittsleistung" (unten 30ff.) keine Bedeutung (zutr. *Küper* aaO 42; **aA** LK-*Lilie/Albrecht* 463ff., 467); die *Vollendungs*strafbarkeit entfällt bei aus Sicht des Täters „verfrühtem" Erfolgseintritt nicht (**aA** *S/S-Eser* 30; *Lackner/Kühl* 22a).

15 **A. Rücktrittshorizont.** Beendet ist ein Versuch nicht nur dann, wenn der Täter den Erfolgseintritt als gesichert ansieht, sondern auch dann, wenn er die tatsächlichen Umstände erkennt, die einen Erfolgseintritt nahe legen, oder wenn er den Erfolgseintritt – zutreffend oder irrtümlich – **für möglich hält** (BGH **33**, 299; MDR/H **87**, 92; **88**, 99; StV **88**, 201; **92**, 10; 62; NStZ **92**, 434; 536; **93**, 40; **94**, 76; **97**, 593; **05**, 263, 264; StraFo **06**, 459 [gefährliche Gewalthandlungen]; *BGHR* § 24 I S. 1, Vers., bed. 2). Nicht erforderlich ist, dass er den Erfolgseintritt zu diesem Zeitpunkt noch will oder billigt (BGH **31**, 170, 177; **33**, 295, 300; NStZ **05**, 263, 264 [Anm. *Puppe* JR **05**, 382]). Daher liegt ein *beendeter* Versuch grds. auch dann vor, wenn der Täter sich nach der letzten Ausführungshandlung

keine Vorstellungen über die Folgen seines Tuns macht, denn nach einer Formel der Rspr hält, wer „nichts denkt", *alles für möglich*, also auch den Eintritt der Rechtsgutsverletzung (vgl. BGH **31**, 170, 175; **33**, 295; **35**, 90; **40**, 304 [m. Anm. *Puppe* NStZ **95**, 403; *Hauf* JR **96**, 29; *Heckler* NJW **96**, 2490; *Murmann* JuS **96**, 590; *v. Heintschel-Heinegg* ZStW **109**, 30]; NStZ **99**, 299; **05**, 264; 2 StR 595/96; 3 StR 587/96; 2 StR 97/97; 2 StR 248/97; stRspr; krit., aber mit demselben Ergebnis *Scheinfeld* JuS **02**, 250 ff.; vgl. aber auch *Herzberg*, Kohlmann-FS 37, 42 ff.). Nach StraFo **05**, 166 f. (zu §§ 253, 255) soll das nicht gelten, wenn der Erfolgseintritt von einem Verhalten des Opfers abhängt und ohne weitere Handlungen des Täters „nicht ohne weiteres zu erwarten" ist (zw.).

Ein Versuch ist nach stRspr des BGH **nicht beendet**, wenn der Täter irrtümlich den Erfolgseintritt für möglich hält und nach *alsbaldiger* Erkenntnis dieses Irrtums von weiteren Ausführungshandlungen Abstand nimmt; eine **„Korrektur des Rücktrittshorizonts"** ist daher in engen zeitlichen Grenzen möglich (BGH **36**, 226 [m. krit. Anm. *Ranft* JZ **89**, 1128; *Otto* Jura **92**, 429]; **39**, 227 [GrSen]; NStZ **98**, 614 [m. Anm. *Jäger* NStZ **99**, 608]; **99**, 449 [m. krit. Anm. *Puppe* JR **00**, 72]; **02**, 427 f.; **05**, 150 f. [krit. Bespr. *Scheinfeld* NStZ **06**, 375]; **05**, 151; NStZ-RR **02**, 73; StV **94**, 181; **96**, 23; **97**, 128; 3 StR 173/98, 1 StR 207/99; 3 StR 231/01 [Verfolgung durch Opfer eines Tötungsdelikts]; NStZ **05**, 331 f. [Weggehen des in den Brustkorb gestochenen Tatopfers vom Tatort ohne erkennbare Beeinträchtigung]; NStZ **07**, 399, 400 [Verfolgung des wider Erwarten überlebenden Tatopfers]). Voraussetzung ist in diesem Fall stets, dass zum Zeitpunkt der Erkenntnis des Irrtums eine Vollendung noch möglich wäre (vgl. NStZ **05**, 151, 152). **15 a**

Dieser „Rücktrittshorizont" ist unabhängig von einem **Tatplan** (BGH **35**, 92 [m. Anm. *Rengier* JZ **88**, 931; *Herzberg* NJW **88**, 1559]; **35**, 349; NStZ **89**, 317; StV **88**, 201; **93**, 189; BGHR § 24 I S. 1, Vers. unb. 12, 14 u. 18; NStE Nr. 25; NJW **06**, 3654 L [= StraFo **06**, 459]; NStZ **07**, 91 f.): Weder steht die vollständige Durchführung eines Tatplanes einem unbeendeten Versuch (vgl. hierzu insbesondere NStZ **89**, 317) noch die nur teilweise Verwirklichung des Plans einem beendeten Versuch entgegen (3 StR 3/00). Entscheidend ist allein, ob durch die *vorgenommene* Handlung für den Täter erkennbar eine unmittelbare Gefährdung des Rechtsguts eingetreten ist und er den Eintritt des tatbestandlichen Erfolgs für zumindest möglich hält oder nicht; es kommt in diesem Fall nicht darauf an, ob er den Eintritt des Erfolgs zu diesem Zeitpunkt noch will oder billigt (NStZ **99**, 300). Hält er den Erfolgseintritt für sicher oder möglich, so muss der Täter, will er die Tat nicht vollenden, seine Rechtstreue unter Beweis stellen und sich Straffreiheit verdienen, Aktivitäten zur Verhinderung des Erfolges entfalten (2. Var.); anderenfalls reicht es aus, wenn er mit seinem Tun innehält (1. Var.; vgl. BGH **35**, 93 [m. Anm. *Rengier* JZ **88**, 931]; NStZ **99**, 20; BGHR § 24 I 1 Rücktr. 8). **16**

Stets erforderlich sind konkrete **Feststellungen** zum Rücktrittshorizont, also Vorstellungsbild des Täters (vgl. StV **03**, 213 f.). Bei besonders gefährlichen Gewalthandlungen (vgl. 11 zu § 15; 8 ff. zu § 212) und schweren Verletzungen sind an die Feststellung eines unbeendeten Versuchs strenge Anforderungen zu stellen (BGH **39**, 231; NStZ **94**, 76; 493; **99**, 299; MDR/H **94**, 1069; StV **96**, 23; 86; StraFo **06**, 459; vgl. BGHR § 24 I 1 Vers. beend. 8; sehr weit daher 4 StR 372/00 [Schuss aus 50 cm auf den Oberkörper mit Tötungsvorsatz und sofortige Entfernung]; vgl. auch *Schroth* GA **97**, 152). Die Kriterien zur Abgrenzung von bedingtem Vorsatz und bewusster Fahrlässigkeit (vgl. 8 ff. zu § 212) können hier zwar herangezogen werden; die Vorstellung des Täters *zu Beginn* der Tatbegehung über die Gefährlichkeit seines Handelns ist aber vom Vorstellungsbild über die zu erwartenden Folgen des bisherigen Handelns im *Moment des Absehens* von weiteren Handlungen zu unterscheiden (StraFo **06**, 459). **16 a**

B. Gesamtbetrachtung. Für die **Abgrenzung** zwischen unbeendetem und beendetem Versuch folgt der BGH der im Schrifttum überwiegend vertretenen und iErg rücktrittsfreundlichen **Gesamtbetrachtungslehre** (auch *„Einheitstheorie"* **17**

genannt; vgl. BGH **34**, 53 m. Anm. *Kadel* JR **87**, 117; *Rengier* JZ **86**, 964; *Fahrenhorst* NStZ **87**, 287; *Ranft* Jura **87**, 527; **35**, 94; NStZ **86**, 264 [abl. *Ranft* Jura **87**, 532]; NStZ-RR **97**, 261; *Roxin* JR **86**, 425; zust. *Kienapfel* JR **84**, 72; *Puppe* NStZ **86**, 14; *Rengier* JZ **86**, 964; *Streng* JZ **90**, 214; *W/Beulke* 633 ff.; *Jescheck/Weigend* § 51 II 3; *Kühl* AT 16/33; krit. *Geilen* JZ **72**, 337; *Jakobs* AT 26/15 u. ZStW **104**, 89, 99; *Herzberg,* Blau-FS 97, NJW **86**, 2466, **88**, 1563, **89**, 197 u. **91**, 1635; *S/S-Eser* 16 ff.; *Schlüchter,* Baumann-FS 71; *Bergmann* ZStW **100**, 344). Die Gesamtbetrachtung schränkt die Fälle ein, in denen wegen Fehlschlagens des Versuchs (oben 7 ff.) ein strafbefreiender Rücktritt nicht in Betracht kommt (BGH **34**, 55; **35**, 94). Danach ist ein Versuch (noch) unbeendet und nicht fehlgeschlagen, solange der Täter nach dem Scheitern des ersten Tatmittels die Tat ohne zeitliche Zäsur ggf mit anderen, uU ganz andersartigen (zB BGH **34**, 53; NStZ **86**, 264, insoweit zutr. abl. *Ranft* Jura **87**, 532) einsatzbereiten Mitteln noch vollenden kann, hierauf aber verzichtet (BGH **34**, 56). Stets ist in diesen Fällen für einen unbeendeten Versuch vorausgesetzt, dass die vorausgegangenen, erfolglos gebliebenen Teilakte mit den neuen, auf die der Täter verzichtet hat, einen **einheitlichen Lebensvorgang** bilden (BGH **21**, 322; **34**, 57 [krit. *Küper* JZ **79**, 799; *Grünwald,* Welzel-FS 714; *Fahrenhorst* Jura **87**, 294; *Ranft* Jura **87**, 529]; **40**, 77 [m. Anm. *Haft* NStZ **94**, 536; *Hauf* wistra **95**, 260]; 4 StR 335/97; LK-*Lilie/Albrecht* 106). In diesen Fällen sind für das Vorliegen eines unbeendeten Versuchs die Vorstellungen und Möglichkeiten des Täters in dem Zeitpunkt maßgebend, in dem er das Scheitern des ersten oder der nachfolgenden Teilakte erkennt und die Fortsetzung der Tat auf anderem Wege für realisierbar hält (BGH **34**, 58; NStZ **01**, 315).

18 **6) Freiwilligkeit.** In **allen Fällen** des § 24 ist Voraussetzung einer Strafbefreiung, dass die Handlungen des Zurücktretenden (Nicht-weiter-Handeln; Erfolgsverhinderung; Bemühen um Verhinderung der Tatvollendung) **freiwillig** erfolgen (and. *Bottke,* BGH-FG 135, 169 ff.). Die weitere Ausführung der Tat muss **freiwillig** aufgegeben oder verhindert werden. Dabei ist die Freiwilligkeit aus der **konkreten Tätersicht** zu beurteilen (NStZ **99**, 395 f.).

19 **A. Empirisch-psychologische Bestimmung.** Voraussetzung für die Annahme von Freiwilligkeit ist nach stRspr allein, dass der Täter die Tatvollendung aus **autonomen** (selbstgesetzten) **Motiven** nicht mehr erreichen will (BGH **7**, 299; **35**, 187 [m. krit. Anm. *Jakobs* JZ **88**, 519; *Lackner* NStZ **88**, 405; *Bloy* JR **89**, 70; *Grasnick* JZ **89**, 821; *Lampe* JuS **89**, 610]; NJW **84**, 2169); dass er „*Herr seiner Entschlüsse*" ist (NStZ **07**, 91) und die Ausführung seines Tatplans noch für möglich hält (NStZ **92**, 587; **98**, 510; MDR/H **93**, 1038; BGHR § 24 I 1 Freiw. 21; StV **94**, 181; 4 StR 409/96), also weder durch eine **äußere Zwangslage** (StV **92**, 224; MDR/H **82**, 969; **86**, 271; LK-*Lilie/Albrecht* 250), noch durch einen **seelischen Druck** (**zB** Schock, BGH **9**, 48, 53; vgl. NStZ **04**, 324, 325; LK-*Lilie/Albrecht* 251 f.) an der Vollendung gehindert ist (BGH **7**, 296; **35**, 186; **42**, 160 [hierzu *Küper* JZ **97**, 229; *Jäger* NStZ **98**, 161]; NJW **93**, 2126; StV **92**, 225; NStZ **92**, 536; **94**, 428; NStZ-RR **03**, 199; BGHR § 24 I S. 1, Freiw. 5, 8; Versuch, unb. 18). Freiwilligkeit ist nicht ausgeschlossen, weil der Anstoß zum Umdenken von außen kommt (BGH **7**, 299; StV **82**, 259; NStE Nr. 7) oder sich nur der tatauslösende Affekt des Täters abgeschwächt hat (NStZ **88**, 70; StV **03**, 615; BGHR § 24 Freiwilligkeit 3, 6), etwa wenn Mitleid, seelische Erschütterung beim Anblick des Angerichteten oder die Wiederkehr hinreichender Steuerungsfähigkeit nach Affektentladung ein willensgesteuertes Innehalten ermöglichen (BGH **7**, 296, 299; **9**, 48, 53; **21**, 216, 217; **35**, 184, 186; NJW **93**, 2125 f.; NStZ **92**, 536, 537; **94**, 428 f.; **04**, 324, 325; LK-*Lilie/Albrecht* 249). Auch Angst vor möglicher Entdeckung (oder Bestrafung) steht der Freiwilligkeit nicht grds. entgegen, so lange für den Täter noch eine **Abwägungsmöglichkeit** zwischen Tatvollendung und Rücktritt verbleibt (vgl. 2 StR 537/06 [Verzicht auf Wegnahme aus Angst vor Entdeckung nach Einschlagen einer Schaufensterscheibe]). Eine **Entdeckung** der Tat steht der Freiwilligkeit nicht entgegen, wenn es dem Täter auf Heimlichkeit

gar nicht ankam (vgl. NStZ **92**, 587; **99**, 300, 301; **07**, 399, 400). Dagegen liegt Freiwilligkeit nicht vor, wenn der Täter deshalb von der weiteren Tatausführung absieht, weil sich aus seiner Sicht das für ihn mit der Tatbegehung verbundene und von ihm für entscheidend angesehene **Risiko** beträchtlich erhöht hat (NStZ **93**, 76, 77; **93**, 279; NStZ-RR **06**, 168, 169; NStZ **07**, 265). Bei einer **Mehrzahl von Motiven** kommt es darauf an, welches das **bestimmende** ist (NStZ **07**, 399, 400).

Auf die Bewertung des **Rücktrittmotivs** kommt es nicht an (BGH **7**, 299; **9**, 50; NJW **80**, 602; **93**, 2126; StV **03**, 615; NStZ **07**, 91 f.; krit. *Bottke* JR **80**, 441 [and. aber BGH-FG 135, 174]; *Walter* GA **81**, 406; LK-*Lilie/Albrecht* 246, 253 f.; *S/S-Eser* 56); es genügen daher **zB** auch bloße Vernunft; Mitleid mit dem sich wehrenden Opfer (5 StR 24/81); seelische Erschütterung beim Tatanblick (BGH **21**, 216 f.); Furcht vor Bestrafung (Düsseldorf NJW **99**, 2911; LK-*Lilie/Albrecht* 249) oder vor dem Entdeckt-Werden; Scham (BGH **9**, 53; Düsseldorf NJW **83**, 767); Erschrecken über lautes Schreien des Opfers, selbst wenn dies Dritte nicht hören können (MDR/H **79**, 279; **91**, 482; 2 StR 187/96). Dass die Tat von Zeugen beobachtet wurde und der Täter dies erkennt, steht der Freiwilligkeit nicht zwingend entgegen (vgl. NStZ **03**, 199; StV **03**, 615). Der Täter muss auch nicht die Durchführung eines mehrere Taten umfassenden Gesamtplans aufgeben; es genügt, wenn er in Bezug auf die *einzelne* Tat, d. h. auf den materiellrechtlichen Straftatbestand, die Durchführung seines hierauf gerichteten Entschlusses im ganzen und endgültig aufgibt (BGH **33**, 144 [krit. *Streng* NStZ **85**, 359]; **39**, 221, 230; **40**, 75, 77; vgl. LK-*Lilie/Albrecht* 214), mag dies auch nur geschehen, um eine andere Straftat begehen zu können (BGH **35**, 187 [m. Anm. *Jakobs* JZ **88**, 519; *Lackner* NStZ **88**, 405]; vgl. auch NStZ **97**, 385 [Rücktritt vom Versuch der sex. Nötigung, um eine Vergewaltigung zu begehen]; 4 StR 567/00 [Messerstiche gegen 3 Personen]; 3 StR 535/00 [Ablassen vom Opfer, um „Hauptfeind" zu töten]; NStZ **05**, 149, 150 [Ablassen von der Tötung eines Opfers, um eine andere Person „nicht entkommen zu lassen"]; abl. *Bloy* JR **89**, 70; *Lampe* JuS **89**, 610; *Grasnick* JZ **89**, 821; *Herzberg* NJW **88**, 1567; *v. Heintschel-Heinegg* ZStW **109**, 45). 19 a

B. Normative Bestimmung. Gegen diese empirisch-psychologische Betrachtungsweise der Rspr sind in der **Literatur** Einwände erhoben worden, die von einer **normativen** Auslegung des Freiwilligkeitskriteriums ausgehen (vgl. schon *Roxin,* Heinitz-FS 255) und – mit unterschiedlichen Ergebnissen – als Voraussetzung der „Freiwilligkeit" vom Täter über die autonom entschiedene Aufgabe der Tatvollendung hinaus eine **innere Distanzierung** von der Tat verlangen, welche quasi als Gegenstück zur strafbarkeitsbegründenden Gesinnung der Versuchstäters erscheint (vgl. *M/Gössel/Zipf* 41/37 ff.; *Maiwald,* Zipf-GedS 255, 258 ff.). So heben die einen in der Frage der Freiwilligkeit darauf ab, ob nach der „Verbrechermoral" der Rücktritt unvernünftig ist (*Roxin* ZStW **77**, 96, **80**, 708 u. Heinitz-FS 251; SK-*Rudolphi* 25), andere, ob er nach der Strafzwecktheorie (oben 2) eine Rückkehr zu rechtstreuem Verhalten bedeutet oder ob der Täter durch den Rücktritt in die Bahnen des Rechts zurückkehrt (*Ulsenheimer* [1 a] 314; *Borchert/Hellmann* Jura **82**, 662); wiederum andere stellen darauf ab, ob der Täter den Eindruck persönlicher Gefährlichkeit nachträglich widerlegt (*Krauß* JuS **81**, 888) oder die Erschütterung des Normvertrauens der Allgemeinheit wieder rückgängig macht (*Schünemann* GA **86**, 323; ähnlich *Streng* NStZ **95**, 582) oder ob er zur Normbefolgung hinreichend bereit ist (*Walter* [oben 1 a] 59). *Maiwald* (Zipf-GedS 255, 268 ff.) gelangt über eine normative Verallgemeinerung – Abstellen auf eine *fiktive Vergleichsperson* – zu weitgehender Annäherung einer individuell-psychologischen an eine wertende Betrachtung, freilich ohne deren *Kriterien* näher zu bestimmen. Eine solche normative Ausdehnung des Freiwilligkeitskriteriums (dafür auch *Jakobs* AT 26/34; *Köhler* AT 480; *Roxin,* Heinitz-FS 256 ff.; *Lampe* JuS **89**, 612, 614; *Bloy* JR **89**, 71; *Grasnick* JZ **89**, 827; *S/S-Eser* 43; vgl. auch LK-*Lilie/Albrecht* 224 ff., 236 ff.) überschreitet die von Art. 103 II GG gezogene Wortlautgrenze (zutr. 20

Lackner/Kühl 18) und macht denkbare oder nahe liegende rechtspolitische *Begründungen* der Rücktrittsregelung zu tatbestandlichen Anwendungsvoraussetzungen. BGH **35**, 184, 187 hat daher zutr. (**aA** *Lackner/Kühl* 17) die Anwendung von § 24 I nicht von einer *Bewertung* der Freiwilligkeit abhängig gemacht; auch mit GrSBGH **39**, 229 ließe sich eine solche nicht vereinbaren.

21 Gleichwohl ist auch die *Feststellung* der Freiwilligkeit iS einer autonomen Entscheidung ohne **Bewertung der Tätermotivation** nicht möglich, namentlich im Grenzbereich zwischen Tatbestandsvorsatz und außertatbestandlichen Motiven, welche die Vorstellung des Täters von der Tat wesentlich mitbestimmt haben. Eine Unterscheidung von Freiwilligkeit und Unfreiwilligkeit allein nach der quantitativen Stärke des psychischen Drangs ist nicht möglich (zutr. SK-*Rudolphi* 24; ebenso *Roxin* ZStW **77**, 92 ff.; *Schünemann* GA **86**, 322 f.) Die Heranziehung der sog. *Frankschen Formel („Ich will nicht, obwohl ich kann"/„Ich kann nicht, selbst wenn ich wollte"* [§ 46 Anm. II]) ist zur Abgrenzung kaum geeignet, da sie den fehlgeschlagenen Versuch (oben 6 ff.) mit einbezieht, der schon ein Aufgeben der Tat ausschließt. Die Frage nach Freiwilligkeit oder Unfreiwilligkeit stellt sich nur dann, wenn dem Täter (überhaupt noch) eine **Wahlmöglichkeit** offen steht (einschr. *Bottke,* BGH-FG 135, 174 ff.). Die **Rspr** stellt bei der Bewertung der Rücktrittsentscheidung des Täters darauf ab, ob er *verständigerweise* keine andere Wahl mehr treffen kann (dann Unfreiwilligkeit; BGH **9**, 53) oder ob sich die Motive für die Aufgabe nicht in solcher Weise als zwingend darstellen (dann Freiwilligkeit; BGH **35**, 184 ff.). Eine eindeutige Grenze ist damit freilich nicht gezogen (so auch zutr. *Maiwald,* Zipf-GedS 267).

22 **C. Einzelfälle.** So ist **Freiwilligkeit** angenommen oder jedenfalls nicht ausgeschlossen worden, wenn der Täter eine versuchte Vergewaltigung deshalb aufgibt, weil das Opfer (späteren) freiwilligen Geschlechtsverkehr verspricht (BGH **7**, 299; GA **68**, 279; BGHR Freiw. 1); bei Tataufgabe, weil der Täter mutlos wird (NStZ **92**, 537); weil er aus (allgemeiner) Furcht vor späterer Bestrafung zurückschreckt (MDR **51**, 359); weil der Täter einer Affekttat nach Affektentladung (NStZ **04**, 324 f.; MDR/D **75**, 541; vgl auch StV **03**, 614 f.) oder nach beruhigendem Einwirken Dritter (NStZ **88**, 69) von der Vollendung absieht; weil der die Tat auf Grund von Gewissensbissen und Angst vor Strafe aufgibt (Düsseldorf NJW **99**, 2911); bei lautem Schreien des Opfers, das niemand hören kann (MDR/H **79**, 279; **91**, 482; 2 StR 187/96); auf Grund seelischer Erschütterung beim Tatanblick (BGH **21**, 217); auf Grund von Scham (BGH **9**, 53; Düsseldorf NJW **83**, 767).

23 **Unfreiwilligkeit** wurde in folgenden Fällen angenommen: Der Täter hält das Tatrisiko angesichts neuer Umstände nicht mehr für vertretbar (NStZ **92**, 536; **93**, 279; MDR/H **94**, 127); das Tatrisiko hat sich beträchtlich erhöht (NStZ **93**, 77; **96**, 352; MDR/H **93**, 1038); der Täter will das Risiko nicht mehr in Kauf nehmen oder ist aus inneren Hemmungen zur Vollendung nicht mehr in der Lage (vgl. BGH **9**, 51; NStZ-RR **98**, 203; 2 StR 682/97); der Täter ist auf Grund seelischer Erschütterung nicht mehr „Herr seiner Entschlüsse" (weil er auf Grund eines schockartigen Zustands „gehindert" ist, die Tat zu vollenden [BGH **7**, 296, 298 ff.; **21**, 216, 217); die die Vollendung verhindernde Erwägung stellt sich als „zwingendes Hindernis" [vgl. BGH **35**, 184, 186] oder als „emotioneller Zwang" dar [BGH **42**, 158, 161]); die Sachlage stellt sich als so verändert dar, dass die Vollendung für den Täter subjektiv unmöglich wird (GA **66**, 209); das Entdeckungsrisiko wird durch plötzliche Beleuchtung des Tatorts wesentlich erhöht (NStZ **93**, 76); das Überfallopfer zeigt sich von Drohungen unbeeindruckt, so dass Einsatz einer Schusswaffe erforderlich würde (StV **94**, 181); unvorhergesehene Anwesenheit oder Erscheinen Dritter am Tatort (vgl. GA **80**, 25); der Täter hält die Ausführung nicht mehr für möglich (MDR/H **95**, 879); das Entdeckungsrisiko hat sich wesentlich erhöht (MDR/D **54**, 334); der Täter will stärkere als die schon angewendete Gewalt nicht einsetzen (BGH **9**, 52). Bei **Entdeckung** der Tat ist Freiwillig-

keit nicht notwendig ausgeschlossen (NStZ **92**, 587; **99**, 300; StV **82**, 219; **83**, 413; **92**, 62; 244; **93**, 189).

D. Bedeutung des Tatplans. Richtigerweise ist bei der (normativen) Abgrenzung zwischen freiwilligem und unfreiwilligem Aufgeben der Tat mit der Rspr auf die **Sicht des Täters** im Zeitpunkt nach der letzten Ausführungshandlung („Rücktrittshorizont"; vgl. oben 15 f.; NStZ **99**, 395 m. Anm. *Jäger* NStZ **00**, 415) abzustellen. Darauf, ob seine Gründe und Motive nach objektiven Gesichtspunkten „verständig" (BGH **9**, 53) oder „allein vernünftig" sind, kann es dann freilich kaum ankommen; eine Einfühlung in die „leges artis des Verbrecherhandwerks" (*Roxin* ZStW **77**, 97 ff. u. Heinitz-FS 255 ff.; SK-*Rudolphi* 25), die als freiwillig nur ansehen will, was nicht nach den „Regeln der Verbrechervernunft" entschieden wird, verlagert die Bestimmung dessen, was der Täter selbst als freie Entscheidung empfindet, in eine ethische **Bewertung** seiner Motive (oben 20). Da der Versuch einer *bestimmten Tat,* nicht aber eine *allgemeine* Gesinnung oder Gefährlichkeit bestraft wird, kann es auf ein Fortbestehen solch allgemeiner Strafwürdigkeitsgründe nach dem Wortlaut des § 24 I S. 1 und unter dem Blickwinkel des Art. 103 II GG nicht ankommen. Ausgangspunkt muss vielmehr die Vorstellung des Täters von seiner Tat sein, damit sein gesamter Tatplan unter Einschluss der außertatbestandlichen Handlungsziele, wie er sich zum Zeitpunkt der Tataufgabe darstellt. 24

So gehört etwa eine **Risiko-Einschätzung** regelmäßig zum Tatplan iwS, ebenso die Beuteerwartung eines Räubers oder Diebs oder die Vorstellung eines Sexualstraftäters von den spezifischen Voraussetzungen seiner Befriedigung. Erweisen sich diese den Tatvorsatz stützenden Umstände aus dem Blickwinkel des „Rücktrittshorizonts" als gegenüber dem Tatplan verändert, so kommt es für die Freiwilligkeit der Tataufgabe darauf an, ob die (mögliche) Tatvollendung aus Sicht des Täters noch im Rahmen des den Tatplan bestimmenden Sinn-Zusammenhangs liegen würde (dann Freiwilligkeit) oder nicht (dann Unfreiwilligkeit). Darauf, ob dem die *Aufdeckung* irrtümlicher Annahmen (der aufgebrochene Tresor enthält statt des erwarteten Schatzes nur Kleingeld; das zu missbrauchende „Kind" erweist sich als kleinwüchsige Erwachsene), die Veränderung äußerer Umstände durch *Handlungen* des Opfers oder Dritter (das Opfer leistet unerwartete Gegenwehr, schreit laut oder redet dem Täter gut zu; hilfsbereite Dritte nähern sich) oder eine *Bewertungsänderung* des Täters zugrunde liegt (Veränderungen der Risikobereitschaft, der Handlungsmotivation oder der moralischen Bewertung), kommt es grds nicht an. Die Beurteilung muss daher weder auf eine objektive „Vernünftigkeit" noch auf moralische Kriterien der Strafwürdigkeit zurückgreifen. 25

E. Feststellung der Freiwilligkeit. Für die Feststellung der Freiwilligkeit als „innerer Tatsache" gelten die allgemeinen Regeln. **Zweifel** wirken sich daher zugunsten des Täters aus (vgl. NStZ-RR **04**, 361, 362; *S/S-Eser* 55); freilich muss der äußere Sachverhalt Anhaltpunkte für Zweifel nahe legen (NStZ **99**, 300). 25 a

7) Rücktritt bei unbeendetem Versuch des Alleintäters (I S. 1, 1. Alt.). Für den Alleintäter des nicht fehlgeschlagenen (oben 6 ff.), unbeendeten (oben 14 a) Versuchs reicht zum strafbefreienden Rücktritt aus, dass er „die weitere Ausführung der Tat aufgibt", dh die begonnene Tathandlung abbricht. Dazu genügt idR die bloße Untätigkeit (4 StR 191/92); bei **Unterlassungsdelikten** (vgl. oben 14) ist für das Aufgeben ein Handeln des Täters nötig (*S/S-Eser* 27 ff.; **aA** LK-*Lilie/Albrecht* 463 ff., 468; vgl. dazu umf. *Ahmed* [1 a]). NStZ **97**, 485 hat insoweit den unbeendeten Versuch des Unterlassungsdelikts dem *beendeten* Versuch des Begehungsdelikts gleichgestellt (vgl. auch BGH **48**, 147 ff.; krit. dazu *Brandt/Fett* NStZ **98**, 507 f.; *Kudlich/Hannich* StV **98**, 370; *Stuckenberg* JA **99**, 273; *Küper* ZStW **112**, 1, 6 ff.; oben 14). Es ist erforderlich, dass er **die Tat** iS des betreffenden gesetzlich umschriebenen Tatbestandes **im Ganzen und endgültig** aufgibt (BGH **33**, 142, 144 f. [Anm. *Streng* NStZ **85**, 359]; **39**, 221, 230). Im Übrigen kommt es, insb. wenn zwar die konkrete Ausführungshandlung abgebrochen, der auf die Erreichung des tatbestandlichen Erfolgs gerichtete Wille jedoch nicht endgültig aufgegeben wird, auf die **Tatidentität** iS einer materiellen Handlungseinheit an: Eine vorübergehende Unterbrechung der Ausführungshandlung, etwa wegen unvorhergesehener Störungen oder Schwierigkeiten, steht der Tatidentität nicht 26 entgegen, wenn sich die Weiterführung aus Sicht des Täters als Teil eines einheitlichen Geschehens darstellt (vgl. 4 StR 489/00 [Vergewaltigung an anderem Ort nach Störung]). Eine endgültige Aufgabe nach der Unterbrechung kann daher § 24 I S. 1 unterfallen (NStZ **98**, 104; vgl. auch NStZ **02**, 28); umgekehrt stellt allein das vorübergehende Absetzen der Ausführungshandlung in diesem Fall kein Aufgeben dar. Bricht der Täter die konkrete Tatverwirklichung ab, ohne sein Ziel aufzugeben, so liegt eine *endgültige* Aufgabe nur dann vor, wenn die Tatvollendung aus Sicht des Täters (*Rücktrittshorizont,* vgl. oben 15 f.) ein neues Ansetzen iSd § 22 erfordern würde (vgl. BGHR § 24 I S. 1 Rücktritt 4; NStZ **02**, 28). Einem Rücktritt steht daher jedenfalls *nicht* entgegen, dass der Täter weiterhin „tatgeneigt" bleibt (SK-*Rudolphi* 18 a; *S/S-Eser* 40); ebenso nicht, dass er sein Ziel durch eine spätere gleichartige Tat erreichen will, etwa weil er sich dann höhere Beute erwartet oder das Entdeckungsrisiko für geringer hält (**aA** BGH **7**, 296; GA **68**, 279; jedoch überholt durch BGH **33**, 142; GrSBGH **39**, 230; NStZ **85**, 359; wie hier *Lackner/Kühl* 9; enger SK-*Rudolphi* 18 a; vgl. auch *Herzberg,* H. Kaufmann-GS 723 ff.; *ders.,* Blau-FS 97 ff.; *Heinitz* JR **56**, 248; *Lenckner,* Gallas-FS 303; *Bottke* JR **80**, 444; *Roxin* ZStW **77**, 99; *Küper* JZ **79**, 775 ff.; *Streng* JZ **84**, 652 und NStZ **85**, 359; *Günther,* A. Kaufmann-GS 541). Ausgeschlossen ist ein Rücktritt aber stets, wenn sich die Aufgabe der Tatausführung als **Fehlschlag** iS von oben 6 ff. darstellt.

27 Eine **Teil-Aufgabe** soll möglich sein, wenn der Täter nach Beginn eines **qualifizierten Delikts** von der Verwirklichung des qualifizierenden Merkmals endgültig absieht und nur das Grunddelikt verwirklicht (zB Wegwerfen einer bei Versuchsbeginn mitgeführten Waffe bei § 244 I Nr. 1 oder § 250 I Nr. 1 [13 zu § 244; 28 zu § 250]; SK-*Rudolphi* 18 b; *S/S-Eser* 113; LK-*Lilie/Albrecht* 339; zweifelnd *Lackner/Kühl* 13; **aA** NStZ **84**, 216 [m. abl. Anm. *Zaczyk* ebd. 217 und *Streng* JZ **84**, 652]; *Otto* JZ **85**, 21, 27; offen gelassen in BGH **33**, 145; vgl. auch *Kadel* JR **87**, 117 ff.). Das ist jedenfalls dann abzulehnen, wenn der Tatbestand eine Verwirklichung des qualifizierenden Merkmals zu *irgendeinem* Zeitpunkt nach Versuchsbeginn ausreichen lässt, der Qualifikationstatbestand somit zum Zeitpunkt der „Aufgabe" weiterer Verwirklichung bereits *vollendet* und die qualifikationsbegründende Gefahr somit bereits eingetreten ist (NJW **07**, 1699 **aS** [2 StR 34/07; zu § 177 IV Nr. 1]; 2 StR 523/06 [zu § 250 II Nr. 1; vgl. 18 zu § 250]). Der Täter muss, wenn er ein qualifizierendes Merkmal bereits verwirklicht hat, seinen Tatentschluss *im Ganzen* aufgeben (zutr. NStZ **84**, 216; ebenso NJW **07**, 1699). **Anders** ist es, wenn von einer zunächst geplanten Qualifikation nach Versuchsbeginn, aber *vor Verwirklichung* des qualifizierenden Merkmals abgesehen wird; hier ist nur aus dem Grunddelikt zu bestrafen. Dasselbe gilt grds für Fälle des **Deliktwechsels** nach Versuchsbeginn: Nach BGH **34**, 58 kann der Täter vom Versuch eines Tötungsdelikts nach Scheitern eines ersten Teilakts dadurch zurücktreten, dass er nur noch mit Körperverletzungsvorsatz weiterhandelt (abl. *Kadel* JR **87**, 119). Zu beachten sind hier freilich stets die Grenzen des *Fehlschlags:* Vom Raubversuch tritt nicht zurück, wer nach *vergeblichem* Einsatz von Gewalt die erstrebte Sache ohne Nötigungsmittel wegnimmt.

27 a Ein Rücktritt vom **Versuch der Erfolgsqualifikation** ist nach allg. Ansicht möglich, wenn der Täter vor Vollendung der schweren Folge den Versuch des *Grunddelikts* aufgibt; ebenso, wenn das Grunddelikt vollendet wird, der Täter aber die vorsätzlich angestrebte schwere Folge aufgibt (LK-*Lilie/Albrecht* 459; NK-*Paeffgen* 128). Ein Rücktritt vom **erfolgsqualifizierten Versuch** (vgl. 37 f. zu § 22) ist nach BGH **42**, 158 ff. insoweit möglich, als trotz leichtfertiger Verursachung der Todesfolge gem. § 251 ein Rücktritt vom (unbeendeten) *Raub*-Versuch möglich bleibt (vgl. 10 zu § 18; str.; zust. u. a. *Kudlich* JuS **99**, 349, 355; *Lackner/Kühl* 22; *MK-Hardtung 78*; *LK-Lilie/Albrecht* 461; NK-*Paeffgen* 130 f zu § 18; SK-*Rudolphi* 8 a zu § 18; *Jakobs* AT 26/49; *Kostuch* [1 a] 181 ff., 206; dazu auch *Sowada* Jura **95**, 653; *Küper* JZ **97**, 229; *Anders* GA **00**, 64; *Herzberg* JZ **07**, 615, 619 ff.; **aA** NK-*Zaczyk* 81; *Roxin* AT II, 30/288 ff.; *Wolter* JuS **81**, 168, 178; *Jäger* NStZ **98**, 161;

Bacher [1 a] 204 ff., 226 ff.; *Wolters* GA **07**, 65 ff.; *Streng*, Küper-FS [2007] 629, 636 ff.).

Da es den „Versuch eines **Regelbeispiels**" begrifflich nicht gibt (vgl. 38 zu § 22; 97 zu § 46), kommt auch ein Rücktritt insoweit nicht in Betracht. Verzichtet der Täter nach Vollendung des Grunddelikts freiwillig auf die Verwirklichung eine Regelbeispiels, so darf ihm sein zunächst hierauf gerichteter Vorsatz nicht strafschärfend angelastet werden (NStZ-RR **01**, 199 [zu § 177 II]). **27 b**

Kommen **mehrere Rücktrittsgründe** in Betracht, so lässt sich die Unfreiwilligkeit des Rücktritts auch auf eine *mehrdeutige Tatsachengrundlage* stützen (MDR/D **66**, 892; **69**, 352); bleibt jedoch offen, ob der Täter an der weiteren Tatausführung durch Umstände gehindert war, die von seinem Willen unabhängig waren, so ist *in dubio pro reo* Freiwilligkeit anzunehmen (MDR/D **69**, 532; MDR/H **82**, 969; **86**, 271; StV **92**, 11; 2 StR 715/94). **28**

8) Rücktritt bei beendetem Versuch des Alleintäters (I S. 1, 2. Alt., I S. 2). Bei beendetem Versuch (oben 14 ff.) reicht ein bloßer Abbruch der Tathandlung zum Rücktritt nicht aus (NStZ **86**, 312), da der Täter den Eintritt der Tatvollendung für sicher oder jedenfalls für möglich hält. Ausgeschlossen ist ein Rücktritt sowohl dann, wenn der Täter den Erfolgseintritt auch für den Fall des Weiterhandelns nicht mehr für möglich hält (dann Fehlschlag; oben 6 ff.), als auch dann, wenn er den Erfolg für bereits eingetreten, die Tat also für **vollendet** hält; eine im letzteren Fall nur versehentlich bewirkte Rettung des Opfers stellt keine auf Erfolgsabwendung gerichtete Rücktrittstätigkeit dar (NJW **86**, 1002 f.; NStZ-RR **99**, 327; 5 StR 250/04). Das Vorstellungsbild des Täters ist hier freilich unter Heranziehung aller Umstände genau zu erforschen: Wer Polizei und Notarzt (!) mit der Mitteilung herbeiruft, er „glaube, seine Frau umgebracht zu haben" (vgl. NStZ-RR **99**, 327), ist vom Eintritt der Tatvollendung schwerlich überzeugt. Eine „Wiedereröffnung des Rücktrittshorizonts" (oben 15, 16) ist auch beim beendeten Versuch möglich (vgl. MDR/H **92**, 16). **29**

A. Verhinderung des Erfolgseintritts (I S. 1, 2. Alt.). Der Täter muss die Vollendung der Tat durch eigene Tätigkeit **verhindern;** seine Handlungen müssen nach der Rspr des BGH zudem **subjektiv auf Vereitelung** der Tatvollendung **abzielen** (BGH **33**, 301; **48**, 147; NJW **89**, 2068; 5 StR 250/04; vgl. dazu krit. *Neubacher* NStZ **03**, 576, 580); ob dies mehr erfordert als das Bewusstsein, dass die freiwillig vollzogene Handlung **geeignet** ist, den Erfolgseintritt zu verhindern, ist in der Rspr nicht ganz klar. Von Bedeutung ist dies in Fällen kausaler und erfolgreicher (I S. 1, 2. Var.), aber nicht „optimaler" Bemühungen (dazu unten 32 ff.). Voraussetzung der Strafbefreiung ist jedenfalls, dass der Täter den Tatvorsatz iS des voluntativen Elements vollständig aufgibt; eine – auch erfolgreiche – Verhinderung eines Erfolges, den der Täter weiterhin billigend in Kauf nimmt (etwa indem er dem Opfer nach Art eines Glückspiels „eine Chance gibt"), reicht in keinem Fall aus. Für die **Freiwilligkeit** gelten die Grundsätze oben 18 ff. **30**

a) Erforderlich ist demnach zunächst eine **eigene** Handlung des Täters. Nicht ausreichend ist das bloße Gewährenlassen des Opfers bei der Eigenrettung (NJW **90**, 3219), ebenso wenig passives Verhalten bei Rettungsmaßnahmen Dritter (NStZ **84**, 116; Hamm NJW **77**, 641). Andererseits reichen grds auch an sich geringfügige Handlungen aus (zB Telefonanruf [BGH **48**, 147]; vgl. auch NJW **86**, 1001 [Zureichen eines Telefonbuchs]), soweit sich in Ihnen der aktive Rettungswille des Täters manifestiert (NStZ **99**, 300). Es genügt, wenn der Täter **Dritte** hinzuzieht, die für ihn oder mit ihm den Erfolg verhindern (vgl. NJW **73**, 632; EzSt Nr. 4; StV **97**, 244; *Rudolphi* NStZ **89**, 514). Die Verhinderungs-Handlung muss **erfolgreich** sein (vgl. BGH **11**, 324; NJW **73**, 632; NStZ **04**, 614 [Anm. *Rotsch/Sahan* JZ **05**, 205]); erfolg*loses* Bemühen hebt, wie sich schon aus dem Wortlaut des I ergibt, die Strafbarkeit wegen Vollendung nicht auf. Notwendig ist, dass er eine **neue Kausalreihe** in Gang setzt, die für die Nichtvollendung der Tat zumindest **mitursächlich** ist (VRS **61**, 262; DAR **82**, 195; 1 StR 546/82 [Leis- **31**

tung erster Hilfe, Herbeirufen eines Notarztes]; BGH **33**, 301 [hierzu *Puppe* NStZ **86**, 14; *Roxin* JR **86**, 424 u. H.J. Hirsch-FS 332; *Weidemann* GA **86**, 409; *Otto* JK 10; vgl. *Meyer-Goßner* NStZ **86**, 50; *Herzberg* NJW **89**, 865, 868; *Rudolphi* NStZ **89**, 513]; **44**, 204, 207 [zust. Anm. *Rotsch* NStZ **99**, 240; *Müssig* JR **01**, 228; krit. Anm. *Schroeder* JR **99**, 297; Vorsorge durch Anordnung innerhalb eines militärisch organisierten Systems]; NJW **85**, 813 [*Bloy* JuS **87**, 529]; NStZ **97**, 276; BGHR § 24 I S. 1 Vers. beend. 1 u. NStZ-RR **97**, 193 [Anruf bei der Feuerwehr]; NStZ **99**, 128; NStZ **04**, 614). Verschleierungshandlungen schließen Bemühungen zur Rettung des Opfers nicht aus, es sei denn, sie bezwecken allein die Tatverdeckung und hätten Rettungsmaßnahmen nur versehentlich mitbewirkt (NJW **86**, 1002; **89**, 2068). Ob auch zufällige Umstände zur Verhinderung der Vollendung beigetragen haben, ist ohne Belang (NJW **85**, 813f.; NStZ **99**, 128; **04**, 614); ebenso, ob er *zunächst* nicht rettungswillig ist, sich entfernt (StV **83**, 413) oder Dritte an der Rettung hindert (StV **94**, 304).

32 **b)** Umstritten ist die Frage, ob über die Kausalität des Rettungshandelns hinaus weitere Anforderungen an das **Maß der Bemühungen** des Täters zu stellen sind (Ausführliche Darstellung der Poitionen bei LK-*Lilie/Albrecht* 288ff.). Die – lange Zeit etwas unklare – **Rspr des BGH** verlangt, nach Klärung in BGH **48**, 147, neben einer auf die Verhinderung des Erfolgseintritts gerichteten *Zielrichtung* des Handelns (vgl. BGH **31**, 48f.; **33**, 295, 297; **35**, 92; **48**, 147; NJW **85**, 813; **86**, 1002; **89**, 2068; **90**, 3219; NStZ **99**, 300; oben 30) allein, dass das vom Rettungswillen getragene Handeln des Täters *erfolgreich* ist; es kommt danach nicht darauf an, ob dieser *noch mehr* hätte tun oder Maßnahmen hätte ergreifen können, die die Vollendung aus seiner Perspektive mit *größerer Sicherheit* hätten verhindern können (BGH **33**, 295, 301; **44**, 204, 207; **48**, 147; NJW **85**, 813; **86**, 1001f.; **90**, 3219; **00**, 42f.; NStZ **97**, 519; **99**, 128; **04**, 614, 615; **06**, 503, 505; StV **81**, 396; **94**, 304; NStZ-RR **97**, 233; *S/S-Eser* 59; SK-*Rudolphi* 27c u. NStZ **89**, 508; *Lackner/Kühl* 20; *Kühl* AT 16/70; *Köhler* AT 475f.; *W/Beulke* 644; *Zieschang* GA **03**, 353, 357ff.; jew. mwN; vgl. unten 35).

33 Nach in der Literatur (mit Unterschieden im Einzelnen) vertretener **aA** darf der Täter sich nicht mit Handlungen begnügen, die aus seiner Sicht möglicherweise unzureichend sind; er muss die ihm zur Verfügung stehenden Verhinderungsmöglichkeiten ausschöpfen (*B/Weber/Mitsch* 27/28; *Jakobs* AT 26/21; *ders.* ZStW **104**, 89; *ders.* JZ **03**, 743; *Schmidhäuser* AT 15/89ff.; *Herzberg* NJW **89**, 864, 867; *ders.*, NStZ **89**, 49; *ders.*, Kohlmann-FS [2003] 37, 42ff.; vgl. auch *Bloy* JuS **87**, 530ff.; *Kolster* [1a] 74ff.). Auch Entscheidungen des **BGH** (vgl. insb. MDR/D **72**, 751 [*3. StS*]; BGH **31**, 46, 49 [*1. StS*; zur Auslegung durch den *Senat* selbst vgl. aber NJW **02**, 3720; dazu krit. *Herzberg*, Kohlmann-FS 41; *Rotsch/Sahan* JZ **05**, 205, 206]; vgl. auch 4 StR 642/96 [in NStZ **97**, 276 insoweit nicht abgedr.]; NStZ **97**, 193f. [*4. StS*]) haben dies nahe gelegt und sind so verstanden worden (vgl. etwa *Puppe* NStZ **84**, 488ff.; *Roxin*, H.-J. Hirsch-FS 327ff.; *Kolster* [1a] 74ff.; Überblick über die Entwicklung der Rspr bei *Neubacher*, NStZ **03**, 576ff.). Hiernach reicht es nicht aus, dass der Täter eine aus seiner Sicht bloß *mögliche* Rettungschance eröffnet, denn er nimmt in diesem Fall einen (durch „optimale" Bemühungen) vermeidbaren Erfolg weiterhin in Kauf (*Roxin,* H.J. Hirsch-FS 333). Überdies liegen Widersprüche zur Behandlung des **untauglichen Versuchs** und den Handlungsanforderungen aus **Ingerenzhaftung** nahe; in beiden Fällen werden nach hM vom Täter bestmögliche Verhinderungsbemühungen erwartet (*Jakobs* AT 26/21; 29/19). Zutreffend hat freilich *Herzberg* (Kohlmann-FS [2003], 37, 42ff., mwN) darauf hingewiesen, dass auch nach hM „bestmögliches" Verhalten nicht risiko-*ausschließendes* Handeln erfordert (der rücktrittswillige Totschlagstäter muss nicht *mehrere* qualifizierte Notärzte rufen, weil einer sich verfahren könnte) und dass es nicht um „optimales", sondern um *sorgfaltsgemäßes* Verhalten geht.

34 Nach wiederum **aA** ist zwischen *eigen-* und *fremdhändiger* Erfolgsverhinderung zu **differenzieren** (*Roxin,* H.J. Hirsch-FS 327, 335ff.; ähnlich wohl *Lackner/Kühl* 19b): Danach reicht

bei eigenhändigem Handeln des Täters stets die *Zurechenbarkeit* des Rettungserfolgs ohne Rücksicht darauf, ob er sich noch mehr hätte anstrengen können (vgl. StV **81**, 514; *Herzberg* NJW **89**, 867). Bei Einschaltung *Dritter* in die Rettungsbemühungen soll dagegen die bloße Eröffnung einer Rettungschance nicht genügen; hier wird vom Täter vielmehr verlangt, dass er das aus seiner Sicht *Bestmögliche* zur Erfolgsverhinderung unternimmt (ausführl. *Roxin* aaO 338 ff.). Diese **Differenzierungstheorie** *Roxins* stützt sich auf Tatherrschafts-Kriterien; sie unterscheidet daher zwischen Erfolgsverhinderungs-„Tätern", „-Anstiftern" und „-Gehilfen". Das ist vom Wortlaut des Abs. I S. 1 nicht geboten und löst die *subjektive* Komponente des Verhinderns in objektive Zurechnungskriterien auf, aus welchen dann wiederum auf subjektive Erfordernisse zurück geschlossen wird. Zudem ist mit der Feststellung, ob der Täter in bestimmten, oft zufälligen Konstellationen eine Erfolgsverhinderung für möglich oder sicher halten *konnte,* kein zuverlässiges Kriterium dafür zu finden, welches Maß an Sicherheit von ihm zu verlangen ist (krit. auch LK-*Lilie/Albrecht* 294; *Neubacher* NStZ **03**, 576, 580; *Zwiehoff* StV **03**, 631, 633 f.). Nach der noch engeren Auffassung *Jakobs'* (JZ **03**, 743) ist Rücktritt nur dann möglich, wenn der Täter „über die Vermeidung der Tatbestandsverwirklichung noch uneingeschränkt (?) verfügen kann"; danach ist ein Rücktritt ausgeschlossen, wenn der Täter bei der Tathandlung einen sofortigen Erfolgseintritt für möglich hält. Das ist mit dem Wortlaut des § 24 I S. 1 nicht vereinbar und führt zu einer zufällig wirkenden Differenzierung.

Die vom **BGH** vertretene Lösung (BGH **48**, 147 [dazu Anfrage *2. StS* NStZ **03**, 28; Antwort *1. StS* NJW **02**, 3720]; ebenso NStZ **04**, 614 [*3. StS*; Anm. *Rotsch/Sahan* JZ **05**, 205]; **abl.** Anm. *Puppe* NStZ **03**, 309; *dies*., Strafrecht AT im Spiegel der Rechtsprechung, Bd. 2, 36/64 ff.; *Herzberg*, Kohlmann-FS [2003] 37 ff.; *Jakobs* JZ **03**, 743; zust. *Engländer* JuS **03**, 641; i. E. auch *Zwiehoff* StV **03**, 631; vgl. dazu auch *Neubacher* NStZ **03**, 576; *Herzberg*, Kohlmann-FS [2003] 37 ff.) geht vom **Wortlaut** des Abs. I S. 1 aus, der anders als Abs. I S. 2 nach dem Schema „Ende gut – alles gut" die (bloß) kausale Verhinderung ausreichen lässt: Wenn der Täter sein im Ergebnis erfolgreiches Handeln für *geeignet* hält (insoweit krit. *Zwiehoff* StV **03**, 631 f., 635), den Taterfolg abzuwenden, kommt es nicht darauf an, ob er *noch* mehr oder *noch* Sichereres hätte tun können (vgl. auch *Kolster* [1 a] 116 ff.; *Zieschang* GA **03**, 353, 357 ff.; *Kühl* AT 16/70; enger LK-*Lilie/Albrecht* 295 ff., die *aus Sicht des Täters verlässliche* Rettungsmittel verlangen). Hierfür spricht auch der Gesichtspunkt des **Opferschutzes**, der es nahe legt, auch solche (erfolgreichen) Rettungsbemühungen ausreichen zu lassen, die hinter „bestmöglichen" Aktivitäten, welche den Täter häufig zur Offenbarung der Versuchstat zwingen müssen, zurückbleiben (**aA** *Puppe* NStZ **03**, 309 f.; and. *dies*. NStZ **84**, 488, 490). Da nach ganz hM auch ein nur *zögernder* Täter nach beendetem Versuch noch zurücktreten kann, indem er den Erfolg „in letzter Sekunde" abwendet (und hierzu die uU einzige verbliebene Möglichkeit wählt), wäre nicht verständlich, die Strafbefreiung zu versagen, wenn er den Erfolg *sogleich* verhindert, hierzu aber nicht die „optimale", sondern eine solche Möglichkeit wählt, die nach seiner Ansicht gerade eben *ausreicht*. Nicht die *best*mögliche von mehreren Rettungsalternativen muss der Täter daher auswählen, sondern diejenige, die aus seiner Sicht eine Verhinderung des Erfolgseintritts erwarten (nicht nur hoffen) lässt; er muss – aus seiner Sicht – den Zufall ausschalten (zutr. *Zieschang* GA **03**, 353, 358). Hierfür ist es grds unerheblich, ob er allein handelt, Dritte einschaltet oder dem Opfer („nur") die Möglichkeit der Selbstrettung eröffnet (vgl. NJW **86**, 1001); freilich kann mit der Einschaltung Dritter die Sicherheit dieser Erwartung stark eingeschränkt werden (insoweit schon begrifflich differenzierend *Engländer* JuS **03**, 641, 644). Das gilt auch für den Versuch des **Unterlassungsdelikts** (vgl. oben 26, 33; **aA** *Jakobs* AT 29/19). Ein Widerspruch zur Handlungspflicht aus **Ingerenz** – die im Grunde auch bei jedem beendeten Versuch eines *Begehungs*-Delikts vorliegt und auf „bestmögliche" Erfolgsverhinderung gerichtet ist (vgl. auch *Puppe* NStZ **84**, 488, 490) – besteht nicht, denn § 24 begründet keine selbständige Pflicht des Versuchstäters, und die Strafbefreiung setzt die Aufgabe eines auf Tatvollendung gerichteten Willens voraus, welcher die Voraussetzung der Zurechnung eines Unterlassungserfolgs als Vorsatzdelikt ist. Zuzugeben ist freilich, dass der Einwand einer ungleichmäßigen Behandlung des tauglichen und des **untauglichen Versuchs** damit nicht ausgeräumt **35** ist (vgl. BGH **48**, 147 ff.): Der untauglich Versuchende muss, da seine Verhinderungshandlungen von vornherein nicht *kausal* sein können, sich „ernsthaft bemühen" (I S. 2), mag dies auch nicht „bestmögliches" Handeln voraussetzen (vgl. *Jakobs* JZ **03**, 743, 744).

35 a Gegen das Wortlaut-Argument des BGH wendet sich mit gewichtigen Gründen *Herzberg* (Kohlmann-FS [2003], 37, 42 ff.) auf der Grundlage eines systematischen Vergleichs von „unbeendetem" und „beendetem" Versuch: Auch Rspr und hM lassen für die Strafbefreiung bei Rücktritt vom unbeendeten Versuch nicht ausreichen, dass der Täter den Erfolgseintritt nach Abbruch seiner Handlung weiterhin für *möglich* hält, obgleich der Wortlaut des I S. 1 die Anwendung des Prinzips „Ende gut – Alles gut" hier gleichermaßen erlauben würde. Einzuräumen ist dieser Kritik, dass die *Maßstäbe* für die Anerkennung eines Bewusstseins der „Geeignetheit" und seiner Abgrenzung zur Eröffnung nur einer vagen *Chance* noch genauerer Bestimmung bedürfen (vgl. auch MK-*Herzberg* 156).

36 **B. Nicht kausale Rettungsbemühungen (I S. 2).** Abs. I S. 2 setzt voraus, dass der Erfolg **ohne Zutun** des Täters nicht eingetreten ist. Aus welchen Gründen das geschieht und ob mit oder ohne Wissen des Täters, ist ohne Bedeutung. In Betracht kommen hier **drei Möglichkeiten: a)** der Versuch ist, ohne dass der Täter davon weiß und ohne das Eingreifen Dritter fehlgeschlagen; **b)** Dritte haben die Tathandlung entdeckt und die Vollendung verhindert; **c)** der Versuch war untauglich (39 ff. zu § 22) und konnte von vornherein nicht zur Vollendung führen (vgl.NStZ-RR **05**, 70, 71; zu § 46 aF schon BGH **11**, 324; MDR **69**, 494; StV **82**, 219; vgl. *Römer* MDR **89**, 946; *S/S-Eser* 70). Hier wird der Täter straflos, wenn er sich **freiwillig** (oben 18 ff.) und **ernsthaft,** dh nicht nur zum Schein (vgl. BGH **33**, 301) **bemüht,** alles zu tun, was nach seiner Vorstellung erforderlich ist, und die ihm bekannten Möglichkeiten ausschöpft (MDR/H **80**, 453; **92**, 16; StV **92**, 63; 1 StR 109/93), wobei hohe Anforderungen zu stellen sind (BGH **33**, 302 [Anm. *Roxin* JR **86**, 424]; MDR/H **78**, 279, 985; StV **82**, 467; **93**, 539), um die ihm möglich erscheinende **Tatvollendung zu verhindern,** auch wenn er noch mehr hätte tun können (NStE § 306 Nr. 10; vgl. oben 32 ff.). Es genügt auch hier, dass sich der Täter eines Dritten bedient (NStZ **97**, 276; StV **97**, 244) und dass er seine Maßnahmen für zur Rettung geeignet und ausreichend hält (vgl. NJW **85**, 813; StV **99**, 211); ob sie es wären, ist ohne Bedeutung. Voraussetzung ist in allen Fällen, dass der Täter den endgültigen Nichteintritt des Erfolgs nicht kennt. Im Fall des **beendeten untauglichen** Versuchs reichen subjektiv taugliche Rettungsbemühungen; bei **unbeendetem untauglichen** Versuch reicht es, wenn der Täter von weiteren unerkannt untauglichen Vollendungsbemühungen ablässt (NStZ-RR **05**, 70 f. [*Russisches Roulette*; 2. Durchgang vgl. NStZ-RR **06**, 38]).

9) Rücktritt bei mehreren Tatbeteiligten (Abs. II).

37 **A. Anwendungsbereich.** Abs. II enthält eine Regelung für den Rücktritt vom Versuch bei mehreren Tatbeteiligten. Die Vorschrift gilt jeweils nur für den einzelnen Beteiligten (vgl. NStZ **07**, 91, 92); Rücktrittsbemühungen eines Beteiligten wirken sich daher grds auf die Versuchsstrafbarkeit von Mittätern oder Teilnehmern nicht aus (BGH **1**, 172, 179; zur Strafbarkeit eines „Rücktritts-Verhinderers" vgl. *Schroeder,* Küper-FS [2007] 539 ff.). Für angestiftete oder unterstützte Alleintäter wird II von Abs. I verdrängt (*Mitsch,* Baumann-FS 89; *S/S-Eser* 73; enger *Loos* Jura **96**, 518).

38 Abs. II setzt voraus, dass die (Haupt-)Tat **bereits versucht** ist, gilt also nicht für den „Rücktritt" von Vorbereitungshandlungen: Wird die Haupttat, aus welchen Gründen auch immer, weder versucht noch vollendet, so sind auch Teilnehmer nicht strafbar; auch im Vorbereitungsstadium (nach dem gemeinsamen Tatplan vollständig) erbrachte mittäterschaftliche Tatbeiträge bleiben straflos, wenn die Tat *nicht wenigstens* versucht wird (vgl. Graul, Meurer-GedS [2002] 89, 95 f.). Bei Vollendung der Tat scheidet Strafbarkeit eines im Vorbereitungsstadium Beteiligten aus, wenn sein Tatbeitrag für die Ausführung der Tat nicht (mehr) kausal oder ihm aus sonstigen Gründen nicht mehr zuzurechnen ist (BGH **28**, 346 f.; vgl. SK-

Rudolphi 34 ff.; *S/S-Eser* 82 ff.; *Lenckner,* Gallas-FS 287 f.) oder wenn es an der Identität zwischen der vorbereiteten und der ausgeführten Tat fehlt (*Grünwald,* Welzel-FS 713; zum Ganzen vgl. auch *Gores* [1 a], 106 ff.). Bemüht sich ein im **Vorbereitungsstadium** als Mittäter Beteiligter erfolglos um Rücktritt, so bleibt er nach BGH **28**, 348 f. (ebenso BGHR § 24 II Verh. 1) grds. als Mittäter strafbar (**aA** SK-*Rudolphi* 36; *Lackner/Kühl* 28; *Roxin,* Lenckner-FS 272; *Graul,* Meurer-GedS 89, 97 ff,). Eine bloße innere „Distanzierung" von der Tat nach Erbringung der vorbereitenden eigenen Tatbeiträge reicht keinesfalls aus.

Bei nur **versuchter Teilnahme** gilt § 31. Bei **mittelbarer Täterschaft** hilft **39** § 24 dem zurücktretenden Werkzeug; seinem Auftraggeber aber nur, wenn der unmittelbare Täter den Rücktritt bewusst für diesen und mit dessen Willen ausführt (*Vogler* ZStW **98**, 346; LK-*Lilie/Albrecht* 450 ff, 455).

B. Voraussetzungen. Nach **Abs. II S. 1** kann es bei mehreren Tatbeteiligten **40** (§ 28 II; *Vogler* ZStW **98**, 344 u. LK-*Lilie/Albrecht* 361 ff.; *Jakobs* ZStW **104**, 94; *Loos* Jura **96**, 518; *S/S-Eser* 73 ff.) zur Strafaufhebung kommen, wenn ein Tatbeteiligter die Rücktrittsvoraussetzungen für sich persönlich erfüllt. Der Rücktritt des Täters befreit also nicht gleichzeitig auch den Anstifter oder Gehilfen; doch reicht es aus, wenn ein Beteiligter mit dem die Tatvollendung verhindernden Rücktritt eines anderen einverstanden ist (BGH **42**, 160 [hierzu *Küper* JZ **97**, 229; *Jäger* NStZ **98**, 161]; BGHR § 24 II Verh. 2; NStZ **07**, 91, 92; *Roxin,* Lenckner-FS 269; LK-*Lilie/Albrecht* 394 ff.). S. 1 verlangt von dem zurücktretenden Beteiligten, dass der die **Vollendung verhindert.** Es reicht daher grds. nicht, dass er Mitbeteiligte umzustimmen sucht und seinen Tatbeitrag nicht leistet (BGH **28**, 348; *Otto* JA **80**, 709; *Backmann* JuS **81**, 336), wenn er nach Tatbeginn flieht (3 StR 374/84), sich lediglich passiv verhält (wistra **86**, 26) oder **lediglich seinen Tatbeitrag rückgängig macht,** dh dessen Kausalität beseitigt, es sei denn, dass allein schon das passive Verhalten geeignet und nach der Vorstellung des Zurücktretenden ausreichend ist, die Tatbegehung der übrigen zu verhindern (NJW **84**, 2169 [hierzu *Kühl* JZ **84**, 292; *Küper* JR **84**, 265]; BGH **32**, 134 [jew. zu § 31]). Zur Anwendung bei mittelbarer Täterschaft vgl. BGH **44**, 204 (Befehlssystem an DDR-Grenze).

Abs. II unterscheidet daher *nicht* zwischen unbeendetem und beendetem Ver- **41** such; gleichwohl reicht im Einzelfall **bloße Untätigkeit** des Zurücktretenden aus, etwa wenn nur er die Vollendung herbeiführen könnte (StV **92**, 10) oder wenn Mittäter eines unbeendeten Versuchs einvernehmlich von der Vollendung absehen (BGH **42**, 158, 162; 4 StR 136/07). Die Schärfe der Anforderung des S. 1 wird durch S. 2 erheblich gemildert, da das Rückgängigmachen des eigenen Tatbeitrags, selbst wenn es die Vollendung nicht verhindert, häufig als ernsthaftes Bemühen anzusehen sein wird (*Lackner/Kühl* 26; *Grünwald,* Welzel-FS 701). Wird die **Tatvollendung** durch die **freiwilligen** (oben 18 ff.) und **ernsthaften** (vgl. oben 32 ff.) Rücktrittsbemühungen des Beteiligten **verhindert,** so ist der Rücktritt vollzogen. Der Verhinderungswille muss auf die konkret geplante Tat gerichtet sein (NStZ **92**, 537).

Im Übrigen ist nach **II S. 2** zwischen zwei Fällen zu unterscheiden: **a)** Die Tat **42** wird **ohne** Zutun des Beteiligten **nicht** vollendet, etwa, weil ein anderer Beteiligter sie ohne sein Wissen bereits verhindert hat oder weil die Vollendung an der Gegenwehr des Opfers scheitert (vgl. NStZ-RR **07**, 37). In diesem Fall reicht, wie im Fall des I S. 2, das freiwillige und ernsthafte Bemühen um Verhinderung aus. **b)** Die Tat wird **vollendet,** obgleich der Beteiligte seinen Tatbeitrag rückgängig gemacht, also die Kausalität seines Beitrags für die Vollendung beseitigt hat. Gelingt ihm dies nicht, etwa weil seine Unterstützung als psychische Beihilfe fortwirkt (SK-*Rudolphi* 40; *Lackner/Kühl* 27) so bleibt seine Strafbarkeit wegen vollendeter Tat bestehen (BGH **28**, 348; 4 StR 104/01; *Lackner/Kühl* 27; krit. *Otto* JA **80**, 707, 711); eine Ausnahme soll hier nur gelten, wenn das Tatopfer selbst den Rücktritt verhindert (vgl. *Roxin* AT II 30/128; *Schroeder,* Küper-FS [2007] 539 f.).

Im Einzelfall ist hier die **Tatidentität** genau zu prüfen; hieran fehlt es etwa, wenn zunächst umgestimmte Beteiligte sich später auf Grund neuen Vorsatzes doch noch zur Ausführung entschließen (vgl. *Lenckner,* Gallas-FS 281, 303; *Grünwald,* Welzel-FS 701, 713; *Roxin,* Lenckner-FS 276; *Streng* JZ **84**, 652; *Küper* JZ **79**, 775, 778; *Herzberg* JZ 89, 114, 116).

42 a Zusätzlich verlangt II S. 2 das **ernsthafte Bemühen** um Tatverhinderung. Dass hier, abweichend von I S. 2, geringere Bemühungen ausreichend seien (SK-*Rudolphi* 41; *Grünwald,* Welzel-FS 716 ff.; **aA** *S/S-Eser* 103; wohl auch *Lackner/Kühl* 27), lässt sich aus der – anders als beim Alleintäter – noch möglichen Vollendung nicht ableiten; freilich dürfen die Anforderungen nicht dahingehend überspannt werden, dass nur objektiv verhinderungstaugliche Bemühungen als ausreichend angesehen werden. Es genügt daher das bloße Bemühen mit für geeignet gehaltenen Mitteln (vgl. GA **65**, 283; Bay JR **71**, 270; NStZ-RR **07**, 37 [List]; *Lenckner,* Gallas-FS 299; *Roxin,* Lenckner-FS 280; *Blei* AT § 69 IV 2). Kommt es *unabhängig* vom Tatbeitrag des Beteiligten zur Vollendung und liegt ein Bemühen iSd S. 2 *nicht* vor, so bleibt er wegen (Beteiligung am) Versuch strafbar (*Lackner/Kühl* 27 mwN).

43 **C. Anwendung des Abs. II bei versuchter Haupttat.** Wird die Tat nicht vollendet, sondern nur versucht, so gilt Abs. II im Fall des S. 1 sowie bei untauglichem Versuch unmittelbar. *Analog* sollen II S. 1, S. 2, 1. Alt. angewendet werden, wenn es dem Beteiligten nicht gelingt, die Kausalität seines (vorbereitenden) Beitrags zur von den übrigen Beteiligten versuchten Tat zu beseitigen (SK-*Rudolphi* 37; *S/S-Eser* 81; **aA** *Lenckner,* Gallas-FS 286 ff. [Zurechnungsproblem]; *Gores* [1 a] 157 ff. [direkte Anwendung]); danach tritt Straflosigkeit ein, wenn gerade die Aktivitäten des Beteiligten die Vollendung verhindern (zB Warnung des Opfers eines Giftanschlags nach Lieferung des Gifts an den Haupttäter) oder wenn der (taugliche) Versuch aus anderen Gründen misslingt, der Beteiligte sich jedoch (erfolglos) freiwillig und ernsthaft bemüht hat, schon das Ansetzen zur Tat oder die Vollendung zu verhindern (vgl. oben 38 f.).

44 **10) Rechtsfolgen des Rücktritts.** Der Rücktritt hebt als **persönlicher Strafaufhebungsgrund** (hM; für Entschuldigungsgrund SK-*Rudolphi* 6; *Ulsenheimer,* Bockelmann-FS 416; *Roxin,* Heinitz-FS 273; *Bloy,* Die dogmatische Bedeutung der Strafausschließungsgründe (usw.), 1976, 166) die Strafbarkeit nur für den Zurücktretenden selbst und nicht für andere Tatbeteiligte auf.

45 **A.** Enthält der Versuch in Tateinheit ein anderes vollendetes Delikt (sog. qualifizierter Versuch), so wird die Strafbarkeit des bereits vollendeten Delikts durch den Rücktritt vom (weiter gehenden) Versuch nicht berührt. Daher kann bei Rücktritt vom Tötungsdelikt eine Körperverletzung übrig bleiben (BGH **16**, 124; **21**, 267; StV **81**, 397; NStZ **96**, 491; vgl. auch NStZ **97**, 387 [zu § 229 aF]). Das gilt auch in solchen Fällen, in denen ein anderes Delikt im Wege der Gesetzeskonkurrenz vom Versuch des schweren Delikts verdrängt würde; so kann beim Rücktritt vom Meineid ein Vergehen gegen § 153, beim Rücktritt vom Raub eine Nötigung (Karlsruhe NJW **78**, 332) strafbar bleiben. Auch kann sich der Rücktritt im Fall des § 323 a auf die **Rauschtat** beziehen und dann ggf eine mildere im rauschbedingt schuldunfähigen Zustand begangene rechtswidrige Tat in Betracht kommen (NStZ **94**, 131; NStZ-RR **01**, 15; vgl. oben 4). Hingegen lebt nach einem Rücktritt vom Versuch eines Verbrechens die Strafbarkeit nach § 30 nicht mehr auf (BGH **14**, 378; NStZ **83**, 366; LK-*Lilie/Albrecht* 483; *S/S-Eser* 110; *Lackner/Kühl* 4 zu § 21).

45 a **a)** Nach strafbefreiendem Rücktritt vom Versuch einer Tat darf der auf diese gerichtete *Vorsatz nicht zur* **Strafzumessung** für ein zugleich vollendetes Delikt (zB: gefährliche Körperverletzung bei Rücktritt vom Versuch des Totschlags) herangezogen werden (BGH **41**, 14; **42**, 43, 45; NStZ **03**, 143, 144; **03**, 533; StV **90**, 303; **96**, 236; **03**, 218; BGHR § 46 II WertFehl. 30; 2 StR 98/03; 2 StR 223/04;

stRspr.). Das gilt nach bisheriger Rspr und hM auch dann, wenn sich der Vorsatz der versuchten Tat, von welcher der Täter zurückgetreten ist, mit dem **Motiv** für das vollendete Delikt überschneidet (MDR/H **80**, 813; MDR **65**, 839 [m. abl. Anm. *Dreher*]; MDR/D **66**, 726 [m. abl. Anm. *Dallinger*]; *S/S-Eser* 114; SK-*Rudolphi* 43; NK-*Zaczyk* 131; **and.** 1 StR 154/55). Andererseits ist das Gericht nicht gehindert, **äußere Umstände**, die sich auf das Tatgeschehen *insgesamt* beziehen und den Unrechts- und Schuldgehalt des vollendeten Delikts charakterisieren (BGH **42**, 43 f.), strafschärfend zu berücksichtigen.

b) Nach NStZ **03**, 143 (*3. StS* [Rücktritt vom versuchten schweren Raub nach vollendeter lebensgefährlicher Körperverletzung]; Anm. *Jäger* StV **03**, 220) können jedoch **Tatmotive** der versuchten Tat, die sich mit dem Vorsatz der vollendeten Tat überschneiden, dann strafschärfend berücksichtigt werden können, wenn anders eine zutreffende und vollständige Bewertung der vollendeten Tat nicht möglich wäre (ähnlich schon *Dreher* MDR **65**, 840 f.; *Dallinger* MDR **66**, 726); jedoch soll andererseits die freiwillige Aufgabe des Motivs strafmildernd zu werten sein. Dem ist insoweit zuzustimmen, als die von § 24 angeordnete Straffreiheit für das im Versuch liegende *Gefährdungs*unrecht am Unrechts- und Schuldgehalt der vollendeten Tat nichts zu ändern vermag: Eine vollendete Körperverletzung bleibt „hinterlistig", auch wenn der Vorsatz „heimtückischer" Tötung aufgegeben wurde; eine vollendete schwere Körperverletzung zur Erlangung eines geringfügigen Geldbetrags wird nicht deshalb weniger verwerflich (oder „motivlos"), weil der Täter – gerade wegen „Zielerreichung" – den geplanten Raubmord nicht vollendet (zutr. *Jäger* StV **03**, 220, 221). Freilich kann das *Haben* eines Motivs nur dann strafschärfend und sein *Aufgeben* zugleich strafmildernd zu berücksichtigen sein, wenn sich beide Gesichtspunkte nicht zwingend neutralisieren, sondern *unterschiedlich* gewichtet werden können; die Kriterien hierfür sind in NStZ **03**, 143 nicht deutlich. Eine Abwägung scheidet jedenfalls aus, wenn gar nicht das Motiv, sondern nur ein weitergehender Tatvorsatz aufgegeben wurde (zB Rücktritt vom Raub-Mordversuch nach Vollendung von Raub und Körperverletzung). Stellt das vollendete Delikt (nur) ein „Durchgangsstadium" der aufgegebenen versuchten Tat dar (zB Körperverletzung im Verhältnis zur Tötung; vgl. etwa BGH **42**, 43), so gilt dasselbe. **Problematisch** ist die Fallgruppe, in welcher das *Motiv* der vollendeten Tat gerade die Begehung derjenigen Tat ist, von deren Versuch zurückgetreten wurde. Hier stellt sich die vollendete Tat als Teilakt (vgl. NStZ **03**, 143: vollendete Gewaltanwendung als Ansetzen zum Raubversuch) oder als tatbestandlich selbständige **Vorbereitung** (zB vollendeter Hausfriedensbruch als Ansetzen zum geplanten Raub) dar. Auch hier wird das *Motiv* (Erlangung von BtM zum Eigenverbrauch) der vollendeten Tat (lebensgefährlicher Messerstich gegen schlafendes Opfer) nicht dadurch neutralisiert oder weniger gewichtig, dass der Täter von der geplanten Wegnahme freiwillig absieht, also den Raub-*Vorsatz* aufgibt. Für § 224 kann in diesem Fall nicht strafschärfend wirken, dass die Verletzung der Ermöglichung einer Wegnahme dienen sollte. NStZ **03**, 143 ist daher wohl so zu verstehen, dass eine Berücksichtigung des ***Rücktritts*-Motivs** nicht ausgeschlossen ist. 45 b

B. Rücktrittsbemühungen bei vollendetem Delikt können nur im Ausnahmefall **Tätiger Reue** (vgl. §§ 83 a, 163 II, 306 e, 314 a, 320; § 371 AO [Anh. 10]; eine bemerkenswerte Mischung von Tätiger Reue, Amnestie und Verjährung findet sich im Gesetz zu Förderung der Steuerehrlichkeit v. 23. 12. 2003 [BGBl I 2928]) strafbefreiend wirken. Im Übrigen kann das Misslingen eines Rücktrittsversuchs strafmildernd wirken (MDR/H **86**, 271; 4 StR 766/95; *Muñoz-Conde* GA **73**, 33). 46

Dritter Titel. Täterschaft und Teilnahme

Vorbemerkungen

Neuere Literatur (Auswahl): *Altenhain,* Die Strafbarkeit des Teilnehmers beim Exzeß, 1994; *Ambos,* Tatherrschaft durch Willensherrschaft kraft organisatorischer Machtapparate, GA **98**, 226; *Amelung,* Zum Verantwortungsmaßstab bei der mittelbaren Täterschaft (usw.), Coimbra-Symp. 247; *ders.,* Die „Neutralisierung" geschäftsmäßiger Beiträge zu fremden Straftaten (usw.), Grünwald-FS 9; *ders.,* (Hrsg.), Individuelle Verantwortung u. Beteiligungsverhältnisse bei Straftaten in bürokratischen Organisationen des Staates, der Wirtschaft u. der Gesellschaft [zit. Organisationen], 2000; *Baumgarte,* Die Strafbarkeit von Rechtsanwälten u. anderen Beratern wegen unterlassener Konkursanmeldung, wistra **92**, 41; *Baunack,* Grenzfragen der strafrechtlichen Beihilfe (usw.), 1999; *Beulke/Bachmann,* Die „Lederspray-Entscheidung" – BGHSt. 37, 106, JuS **92**, 737; *Bindokat,* Fahrlässige Beihilfe, JZ **86**, 421; *Blank,* Die Strafbarkeit u. Verfolgbarkeit der vom agent provocateur gesteuerten Tat, 1987; *Bloy,* Neuere Entwicklungstendenzen der Einheitstäterlehre (usw.), Schmitt-FS 33; *ders.,* Anstiftung durch Unterlassen?, JA **87**, 490; *ders.,* Zur Abgrenzung der Täterschaftsformen, GA **98**, 519; *ders.,* Grenzen der Täterschaft bei fremdhändiger Tatausführung, GA **96**, 424; *Bottke,* Probleme der Suizidbeteiligung, GA **83**, 22; *ders.,* Täterschaft u. Gestaltungsherrschaft, 1992 [Rez. *Lesch* GA **94**, 112]; *ders.,* Die Struktur von Täterschaft bei aktiver Begehung u. Unterlassung als Baustein eines gemeineuropäischen Strafgesetzbuches, Coimbra-Symp. 235; *ders.,*Mittäterschaft bei gemeinsam fahrlässiger oder leichtfertiger Erfolgserwirkung, GA **01**, 463; *ders.*, Straftäterschaftliche Beteiligung Übergeordneter an von Untergeordneten begangenen Straftaten im Rahmen Organisierter Kriminalität, Gössel-FS (2002), 235; *ders.*, Pflichtwidrigkeit: das Täterschaftskriterium unechter Unterlassungsdelikte?, Rudolphi-FS (2004), 15; *ders.*, Herrschaftsprinzip vs. Gestaltungsherrschaft?, Schünemann-Symp (2005) 191; *Brammsen,* Strafrechtliche Rückrufungspflichten bei fehlerhaften Produkten?, GA **93**, 97; *ders.,* Unterlassungstäterschaft in formalen Organisationen, in: *Amelung,* [Organisationen], 105; *ders.,* Bemerkungen zur mittelbaren Unterlassungstäterschaft, NStZ **00**, 337; *Brandts/Schlehofer,* Die täuschungsbedingte Selbsttötung im Lichte der Einwilligungslehre, JZ **87**, 442; *Burgstaller,* Individualverantwortung bei Alleinhandeln, in: *Eser/Huber/Cornils* (Hrsg.), Einzelverantwortung u. Mitverantwortung im Strafrecht, 1996, 13; *R. Busch,* Unternehmen u. Umweltstrafrecht, 1997; *Charalambakis,* Selbsttötung auf Grund Irrtums u. mittelbare Täterschaft, GA **86**, 485; *Colussi*, Produzentenkriminalität und strafrechtliche Verantwortung, 2003; *Cornacchia*, Fahrlässige Mitverantwortung, Jakobs-FS (20076) 53; *Dannecker,* Fahrlässigkeit in formalen Organisationen, in: *Amelung,* [Organisationen], 209; *Dencker,* Kausalität u. Gesamttat, 1996; *ders.,* Mittäterschaft in Gremien, in: *Amelung* [Organisationen], 63; *ders.,* Beteiligung ohne Täter, Lüderssen-FS (2002), 525; *Derksen,* Heimliche Unterstützung fremder Tatbegehung als Mittätertschaft, GA **93**, 163; *Diel,* Das Regreßverbot als allgemeine Tatbestandsgrenze im Strafrecht, 1996; *Donna,* Roxins Konzept der Täterschaft und die Theorie der Machtapparate, Gössel-FS (2002), 261; *Ebrahim-Nesbat*, Die Herausbildung der strafrechtlichen teilnehmeformen im 19. Jahrhundert, 2006 (Diss. Göttingen 2005); *Erb,* Zur Konstruktion eines untauglichen Versuchs der Mittäterschaft bei scheinbarem unmittelbaren Ansetzen eines vermeintlichen Mittäters (usw.), NStZ **95**, 424; *Frisch,* Tatbestandsmäßiges Verhalten u. Zurechnung des Erfolges, 1988; *ders.,* Beihilfe durch neutrale Handlungen, Lüderssen-FS (2002), 539; *Geppert,* Die Anstiftung, Jura **97**, 299, 358; *ders.,* Die Beihilfe, Jura **99**, 266; *Goll/Winkelbauer,* Strafrechtliche Produktverantwortung, in: *Graf v. Westphalen* (Hrsg.), Das deutsche Produkthaftungsgesetz, Produktsicherheit, Bd. 1, 1997, 749; *Graul,* Zur Haftung eines (potentiellen) Mittäters für die Vollendung bei Lossagung von der Tat im Vorbereitungsstadium, Meurer-GedS (2002), 89; *Gössel,* Sukzessive Mittäterschaft u. Täterschaftstheorien, Jescheck-FS 537; *Gropp,* Die Mitglieder des Nationalen Verteidigungsrates als „Mittelbare Mit-Täter hinter den Tätern?", JuS **96**, 13; *Häcker,* Teilnahme von Beratern an Wirtschaftsstraftaten ihrer Mandanten, in: *Müller-Gugenberger/Bieneck* (Hrsg.), Wirtschaftsstrafrecht, 3. Aufl. 2000, § 19; *Harzer,* Der provozierende Helfer u. die Beihilfe am untauglichen Versuch, StV **96**, 336; *Hassemer,* Professionelle Adäquanz, wistra **95**, 41, 81; *ders.,* Produktverantwortung im modernen Strafrecht, 2. Aufl. 1996; *Hauf,* Neuere Entscheidungen zur Mittäterschaft unter besonderer Berücksichtigung der Problematik der Aufgabe der Mitwirkungen eines Beteiligten während der Tatausführung bzw. vor dem Eintritt in das Versuchsstadium, NStZ **94**, 263; *Hefendehl*, Tatherrschaft in Unternehmen vor kriminologischer Perspektive, GA **04**, 575; *Heine,* Von individueller zu kollektiver Verantwortlichkeit, in: *Arnold/Burkhardt/Gropp* (Hrsg.) Beiträge zum 60. Geburtstag von Albin Eser, 1995, 51; *ders.,* Die strafrechtliche Verantwortlichkeit von Unternehmen, 1995; *ders.,* Täterschaft u. Teilnahme in staatlichen Machtapparaten, JZ **00**, 921; *Herzberg,* Anstiftung u. Beihilfe, GA **71**, 1; *ders.,* Täterschaft u. Teilnahme, 1977 (zit. TuT); *ders.,* Straffreie Beteiligung am Suizid u. gerechtfertigte Tötung auf Verlangen, JZ **89**, 182; *ders.*, Straffreies Töten bei Eigenverantwortlichkeit des Opfers?, NStZ **89**, 559; *ders.*, Mittäterschaft durch Mitvorbereitung: eine actio communis in causa?, JZ **91**, 856; Vollendeter Mord bei Tötung des falschen Opfers?, NStZ **99**, 217; *ders.*, Täterschaft, Mittäterschaft u. Akzessorietät der Teilnahme, ZStW **99**, 49; *ders.*, Mittelbare Täterschaft u. Anstiftung in formalen Organisationen, in: *Amelung,* [Organisationen], 33 [mit Replik *Roxin* ebd. 55 u. Duplik *Herzberg* ebd. 57]; *Hilgendorf,* Fragen der Kausalität bei Gremienentscheidungen am Beispiel des Lederspray-Urteils, NStZ **94**, 561; *ders.*, Wozu brauchen wir die „objektive Zurechnung"? – Skeptische Überlegungen am Beispiel der strafrechtlichen Produkthaftung, Weber-FS (2004), 33; *Hirsch,* Rechtsstaatliches Strafrecht u. staatlich gesteuertes Unrecht, 1996; *Hoyer,* Straßenblockade als Gewalt in mittelbarer Täterschaft, JuS **96**, 200; *ders.*, Die traditionelle Strafrechtsdogmatik vor neuen Herausforderungen: Problem der strafrechtlichen Produkthaftung, GA **96**, 160; *ders.*, Die strafrechtl. Verantwortlichkeit innerhalb von Weisungsverhältnissen, 1998; *ders.*, die strafrechtl. Verantwortung innerhalb von Weisungsverhältnissen (usw.), in: *Amelung,* [Organisationen], 183; *ders.*, Zur Differenzierung zwischen Erfolgs-, Handlungs- und Unrechtszurechnung, GA **06**, 298; *Hünerfeld,* Mittelbare Täterschaft u. Anstiftung im Kriminalstrafrecht (usw.), ZStW **99**, 228; *Ingelfinger,* Anstiftervorsatz u. Tatbestimmtheit, 1992; *ders.*, „Schein"-Mittäter u. Versuchsbeginn, JZ **95**, 704; *Jäger,* Vorsatztat versus Tatvorsatz. Eine an der Täterlehre orientierte Betrachtung mehraktiger Erfolgsverwirklichungen, Schroeder-FS (2006) 241; *Jakobs,* Akzessorietät – Zu den Voraussetzungen gemeinsamer Organisation, GA **96**, 253; *ders.*, Objektive Zurechnung bei mittelbarer Täterschaft durch ein vorsatzloses Werkzeug, GA **97**, 553; *ders.*, Beteiligung, Lampe-FS [2003] 561; *Jerouschek,* Tatschuld, Koinzidenzprinzip u. mittelbar-unmittelbare Täterschaft, H. J. Hirsch-FS 241; *Kamm,* Die fahrlässige Mittäterschaft, 1999; *Kienapfel,* Der Einheitstäter im Strafrecht, 1971; *ders.*, Erscheinungsformen der Einheitstäterschaft, in: *Kuhlen,* Die Abgrenzung von Täterschaft u. Teilnahme, insbesondere bei den sogenannten Betriebsbeauftragten, in: *Amelung,* [Organisationen], 71; *Knauer,* Die Kollegialentscheidung im Strafrecht, 2001 (Diss. München); *Kudlich,* Normatives Tatherrschaftsgefälle beim Zusammentreffen von Selbst- und Drittzueignungsabsicht?, Schroeder-FS (2006) 271; *Kindhäuser,* Betrug als vertypte mittelbare Täterschaft, Bemman-FS 339; *Kraatz,* Die fahrlässige Mittäterschaft, 2006; *Krack,* Der Versuchsbeginn bei Mittäterschaft u. mittelbarer Täterschaft, ZStW **110**, 611; *Kühne,* Strafbarkeit der versuchten Mittäterschaft?, NJW **95**, 934; *Küper,* Versuchsbeginn u. Mittäterschaft, 1978; *ders.*, Mittelbare Täterschaft, Verbotsirrtum des Tatmittlers u. Verantwortungsprinzip, JZ **89**, 935; *ders.*, Die dämonische Macht des Katzenkönigs, JZ **89**, 617; *ders.*, Ein „neues Bild" der Lehre von Täterschaft u. Teilnahme. Die Strafrechtliche Beteiligungsformenlehre Ulrich Steins ZStW **105**, 445; *ders.*, Besondere Erscheinungsformen der Anstiftung, JuS **96**, 23; *Küpper,* Anspruch u. wirkliche Bedeutung des Theorienstreits über die Abgrenzung von Täterschaft u. Teilnahme, GA **86**, 437; *ders.*, Der gemeinsame Tatentschluß als unverzichtbares Moment der Mittäterschaft, ZStW **105**, 295; *ders.*, Zur Abgrenzung der Täterschaftsformen, GA **98**, 519; *Kudlich,* „Zweistufige" mittelbare Täterschaft bei Verursachung einer Notwehrlage?, JuS **00**, L 49; *ders.*, Normatives Tatherrschaftsgefälle bei Zusammentreffen von Selbst- und Drittzueignungsabsicht?, Schroeder-FS (2006) 271; *Lampe,* Systemunrecht u. Unrechtssysteme, ZStW **106**, 683; *Lesch,* Die Begründung mittäterschaftlicher Haftung als Moment der objektiven Zurechnung, ZStW **105**, 271; *ders.*, Das Problem der sukzessiven Beihilfe, 1992; *ders.*, Täterschaft u. Gestaltungsherrschaft (usw.), GA **94**, 112; *ders.*, Gemeinsamer Tatentschluß als Voraussetzung der Mittäterschaft?, JA **00**, 73; *Letzgus,* Vorstufen der Beihilfe, Vogler-GedS (2004) 49; *Lüderssen,* Der Typus des Teilnehmertatbestandes, Miyazawa-FS 449; *ders.*, Zum Strafgrund der Teilnahme, 1967; *Lütolf,* Strafbarkeit der juristischen Person, 1997; *Magata,* Die Entwicklung der Lehre von der notwendigen Teilnahme, Jura **99**, 246; *Maiwald,* Historische u. dogmatische Aspekte der Einheitstäterlösung, Bockelmann-FS 343; *ders.*, Täterschaft, Anstiftung und Beihilfe – Zur Entstehung der Teilnahmeformen in Deutschland, Schroeder-FS (2006) 283; *Merkel,* Personale Identität u. die Grenzen strafrechtlicher Zurechnung, JZ **99**, 502; *Mitsch,* Straflose Provokation strafbarer Taten, 1986; *ders.*, Actio libera in causa und mittelbare Täterschaft, Küper-FS (2007) 347; *Montanés,* Einige Bemerkungen über das Kausalitätsproblem und die Täterschaft im Falle rechtswidriger Kollegialentscheidungen, Roxin-FS 307; *Müller-Dietz* (Hrsg.), Strafrechtsdogmatik u. Kriminalpolitik, 1971, 21; *ders.*, Das Prinzip der Einheitstäterschaft, JuS **74**, 1; *ders.*, Zum gegenwärtigen Stand der Lehre von der Einheitstäterschaft (usw.), ÖJZ **79**, 90 u. NJW **83**, 2236; *Munoz-Conde,* Die Verleitung zum Suizid durch Täuschung (usw.), ZStW **106**, 547; *Murmann,* Die Nebentäterschaft im Strafrecht (usw.), 1992; *ders.*, Tatherrschaft durch Weisungsmacht, GA **96**, 269; *ders.*, Zur mittelbaren Täterschaft bei Verbotsirrtum des Vordermanns, GA **98**, 78; *Nack,* Mittelbare Täterschaft durch Ausnutzung regelhafter Abläufe, GA **06**, 342; *Nestler,* Die strafrechtliche Verantwortlichkeit eines Bürgermeisters für Gewässerverunreinigungen der Bürger, GA **94**, 514; *Niedermair,* Straflose Beihilfe durch neutrale Handlungen?, ZStW **107**, 507; *Otto,* „Vorgeleistete Strafvereitelung" durch berufstypische oder alltägliche Verhaltenweisen als Beihilfe, Lenckner-FS 193; *ders.,* Straflose Teilnahme?, Lange-FS 197; *ders.,* Anstiftung u. Beihilfe, JuS **82**, 557; *ders.,* Täterschaft, Mittäterschaft, mittelbare Täterschaft, Jura **87**, 246; *ders.,* Mittäterschaft beim Fahrlässigkeitsdelikt, Jura **90**, 47; *ders.,* Täterschaft u. Teilnahme im Fahrlässigkeitsbereich, Spendel-FS 271; *ders.,* Mittelbare Täterschaft u. Verbotsirrtum, Roxin-FS 483; *ders.,* Täterschaft kraft organisatorischen Machtapparates, Jura **01**, 753; *ders.,* Die strafrechtliche Verantwortung für die Verletzung von Sicherungspflichten in Unternehmen, Schroeder-FS (2006) 339; *Puppe,* Wie wird man Mittäter durch konkludentes Verhalten?, NStZ **91**, 571; *dies.,* Wider die fahrlässige Mittäterschaft, GA **04**, 129; *Randt,* Mittelbare Täterschaft durch Schaffung von Rechtfertigungslagen, 1997; *Ranft,* Bemerkungen zu Täterschaft und Teilnahme durch garantiepflichtwidriges Unterlassen, Otto-FS (2007) 403; *Ransiek,* Wirtschaftsstrafrecht, 1996; *ders.,* Pflichtwidrigkeit u. Beihilfeunrecht – Der Dresdner Bank-Fall (usw.), wistra **97**, 41; *ders.,* Neutrale Beihilfe in formalen Organisationen, in: *Amelung,* [Organisationen], 95; *Renzikowski,* Restriktiver Täterbegriff u. fahrlässige Beteiligung, 1997 [Bespr. *Bloy* JZ **98**, 242; *Otto* GA **00**, 182]; *ders.,* Fahrlässige Mittäterschaft, Otto-FS (2007) 423; *Rogall,* Die strafrechtliche Organhaftung, in: *Amelung,* [Organisationen], 145; *Radtke,* Mittelbare Täterschaft kraft Organisationsherrschaft im nationalen und internationalen Strafrecht, GA **06**, 350; *Rogat,* Die Zurechnung der Beihilfe: zugleich eine Untersuchung zur Strafbarkeit von Rechtsanwälten nach § 27 StGB, 1997; *Rotsch,* Individuelle Haftung in Großunternehmen: Plädoyer für den Rückzug des Umweltstrafrechts, 1998; *ders.,* Die Rechtsfigur des Täters hinter dem Täter bei der Begehung von Straftaten im Rahmen organisatorischer Machtapparate (usw.), NStZ **98**, 491; *ders.,* Unternehmen, Umwelt u. Strafrecht, wistra **99**, 321; 368; *ders.,* Neues zur Organisationsherrschaft, NStZ **05**, 13; *ders.,* Der ökonomische Täterbegriff. Zugleich ein Beitrag zu Differenzierung, Diversifizierung und Divisionalisierung der Strafrechtsdogmatik, ZIS **07**, 260; *Roxin,* Straftaten im Rahmen organisatorischer Machtapparate, GA **63**, 193; *ders.,* Zum Strafgrund der Teilnahme, Stree/Wessels-FS 365; *ders.,* Täterschaft u. Tatherrschaft, 8. Aufl. 2006 [zit. TuT]; *ders.,* Probleme von Täterschaft u. Teilnahme bei der organisierten Kriminalität, Grünwald-FS 549; *ders.,* Organisationsherrschaft und Tatentschlossenheit, Schroeder-FS (2006) 387; *Sax,* Zur Problematik des „Teilnehmerdelikts", ZStW **90**, 927; *ders.,* Die Abgrenzung von Täterschaft u. Teilnahme in der höchstrichterlichen Rechtsprechung, BGH-FG 177; *Schaal,* Strafrechtliche Verantwortlichkeit bei Gremienentscheidungen in Unternehmen, 2001 (Diss. Tübingen 1999); *Schild,* Täterschaft als Tatherrschaft, 1994 [Bespr. *Bloy* GA **96**, 239]; *Schilling,* Verbrechensversuch des Mittäters u. des mittelbaren Täters, 1975; *Schlehofer,* Der error in persona des Haupttäters – eine aberratio ictus für den Teilnehmer?, GA **92**, 307; *Schlösser,* „Der Täter hinter dem Gehilfen", JR **06**, 102; *ders.,* Organisationsherrschaft durch Tun und Unterlassen, GA **07**, 161; *W. Schmid,* Strafrechtliche Einstandspflichten, in: *Müller-Gugenberger/Bieneck* (Hrsg.), Wirtschaftsstrafrecht, 3. Aufl. 2000, § 30; *Schmidhäuser,* „Tatherrschaft" als Deckname der ganzheitlichen Abgrenzung von Täterschaft u. Teilnahme (usw.), Stree/Wessels-FS 343; *ders.,* Lehrb. 10/56 ff.; *Schmoller,* Grundstrukturen der Beteiligung mehrerer an der Straftat (usw.), ÖJZ **83**, 337; *ders.,* Sukzessive Beteiligung u. Einheitstäterschaft, Zipf-GedS 295; *ders.,* Erhaltenswertes der Einheitstäterschaft – Überlegungen zu einer internationalen Beteiligungsdogmatik, GA **06**, 365; *Schöneborn,* Kombiniertes Teilnahme- u. Einheitstätersystem für das Strafrecht, ZStW **87**, 902; *Schroeder,* Der Täter hinter dem Täter – Ein Beitrag zur Lehre von der mittelbaren Täterschaft, 1965 (Diss. München); *ders.,* Der Sprung des Täters hinter dem Täter aus der Theorie in die Praxis, JR **95**, 177; *Schünemann* GA **86**, 327, *ders.,* Unternehmenskriminalität, 1989; *ders.,* Die Rechtsfigur des „Täters hinter dem Täter" und das Prinzip der Tatherrschaftsstufen, Schroeder-FS (2006) 401; *Schulz,* Die mittelbare Täterschaft kraft Organisationsherrschaft – eine notwendige Rechtsfortbildung?, JuS **97**, 109; *Schumann,* Zum Einheitstätersystem des § 14 OWiG, 1979; *ders.,* Die rechtswidrige Haupttat als Gegenstand des Teilnahmevorsatzes, Stree/Wessels-FS 383; *Schwab,* Täterschaft u. Teilnahme bei Unterlassungen, 1996; *Seier* JA **80**, 342; 382 [Einheitstäter im Strafrecht u. OWiG]; *Sinn,* Straffreistellung aufgrund von Drittverhalten: Zurechnung und Freistellung durch Macht, 2007; *Sippel,* Zur Strafbarkeit der Kettenanstiftung, 1989; *Soeffner,* Individuelle Macht u. Ohnmacht in formalen Organisationen, in: *Amelung,* [Organisationen], 13; *Sowada,* Täterschaft u. Teilnahme beim Unterlassungsdelikt, Jura **86**, 399; *ders.,* Die „notwendige" Teilnahme als funktionales Privilegierungsmodell (usw.), 1992; *Spendel,* Zum Begriff der Täterschaft, Lüderssen-FS (2002), 605; *Stein,* Die strafrechtliche Beteiligungsformenlehre, 1988 [hierzu *Küper* ZStW **105**, 445]; *Stratenwerth,* Gibt es eigenhändige Delikte?, SchweizZSt. **115**, 86; *Tag,* Beihilfe durch neutrales Verhalten, JR **97**, 49; *Urban,* Mittelbare Täterschaft kraft Organisationsherrschaft, 2004 (Diss. Osnabrück 2003); *Vassilaki,* Ist eine alternative Tatsachenfeststellung bei fahrlässiger Beteiligung möglich?, Schreiber-FS (2003) 499; *Volk,* Tendenzen zur Einheitstäterschaft – Die verborgenen Macht des Einheitstäterbegriffs, Roxin-FS 563; *Warnecke,* Die Bestimmtheit des Beteiligungsvorsatzes, 2007 (Diss. Tübingen 2004); *Weigend,* Grenzen strafbarer Beihilfe?, Nishihara-FS 197; *Weißer,* Kausalitäts- und Täterschaftsprobeleme bei der strafrechtlichen Würdigung pflichtwidriger Kollegialentscheidungen,

1996; *dies.*, Gibt es eine fahrlässige Mittäterschaft?, JZ **98**, 230; *Winkelbauer,* Umweltstrafrecht u. Unternehmen, Lenckner-FS 645; *Wohlers,* Der Erlaß rechtsfehlerhafter Genehmigungsbescheide als Grundlage mittelbarer Täterschaft, ZStW **108**, 61; *Wohlleben,* Beihilfe durch äußerlich neutrale Handlungen, 1997; *Wolf,* Gestufte Täterschaft – Zur Lehre vom „Täter hinter dem Täter", Schroeder-FS (2006) 415; *Wolff-Reske,* Berufsbedingtes Verhalten als Problem mittelbarer Erfolgsverursachung, 1995; *Wüllenkemper,* Probleme der Steuerhinterziehung in mittelbarer Täterschaft in Parteispendenfällen, wistra **89**, 46; *Zaczyk,* Strafrechtliches Unrecht u. die Selbstverantwortung des Verletzten, 1993; *ders.*, Die „Tatherrschaft kraft organisatorischer Machtapparate" und der BGH, GA **06**, 411; *Zieschang,* Mittäterschaft bei bloßer Mitwirkung im Vorbereitungsstadium?, ZStW **107**, 361; *ders.*, Gibt es den Täter hinter dem Täter?, Otto-FS (2007) 505; *Zopfs,* Vermeintliche Mittäterschaft u. Versuchsbeginn, Jura **96**, 19.

1) Die **Beteiligung** (zur Entstehung der Beteiligungsformen vgl. *Maiwald,* Schroeder-FS [2006] 283 ff.; *Ebrahim-Nesbat* [1 a] 41 ff.) umfasst neben der **Täterschaft** (§ 25) in den Formen der unmittelbaren und mittelbaren Täterschaft, der Allein- (§ 25 I) und Mittäterschaft (§ 25 II) auch die **Teilnahme** an fremder vorsätzlicher Tat in den Formen der **Anstiftung** (§ 26) und **Beihilfe** (§ 27). Das Verhältnis der Beteiligten zueinander und zu der Tat, vor allem die Abgrenzung zwischen Mittäter und Gehilfen sowie die zwischen Anstifter und sog. mittelbarem Täter richtet sich nach den §§ 25 ff. Dabei spielt eine Rolle, ob man davon ausgeht, dass der *Strafgrund der Teilnahme* (hierzu *Roxin,* Stree/Wessels-FS 365; *Christmann* [1 a zu § 26] 59) im Fördern des tatbestandlichen Unrechts (so die hM; vgl. BGH **9**, 379) oder darin liegt, dass der Teilnehmer den Täter mit in Schuld und Strafe führt (so die ältere Schuldteilnahmetheorie), und ferner, ob nach dem Gesetz jeder Täter ist, der zur Tatbestandsverwirklichung beiträgt (so dass die §§ 26, 27 **Einschränkungen** zu einem **extensiven Täterbegriff** enthalten; nicht denkbar bei Sonderdelikten und eigenhändigen Delikten), oder ob man nur die Person als Täter ansieht, die den Tatbestand selbst verwirklicht; in diesem Fall regeln die §§ 26, 27 **Ausweitungen** gegenüber einem **restriktiven Täterbegriff** (vgl. dazu *S/S-Cramer-Heine* 6 ff.; SK-*Hoyer* 1 ff.). Dem Gesetz liegt der letztgenannte restriktive Täterbegriff zugrunde. 1

Die **formal objektive Theorie** sieht nur den als Täter an, der selbst den Tatbestand verwirklicht. Nach der vor allem vom RG vertretenen **subjektiven Theorie** entscheidet – im Ausgangspunkt deshalb, weil alle Erfolgsbedingungen gleichwertig sind (vgl. RG **9**, 75) – nicht der äußere Tatbeitrag, sondern die innere Einstellung des Beteiligten. Demgegenüber hat sich im Schrifttum eine **materiell objektive Theorie** durchgesetzt, die als Täter den Beteiligten ansieht, der allein oder mit anderen die **Tatherrschaft** hat. Bemühungen, die Unterscheidung von Täter, Anstifter und Gehilfen wegen ihrer Kompliziertheit aufzugeben und zum Begriff des *„Einheitstäters"* überzugehen, haben sich im Strafrecht bisher nicht durchsetzen können, wohl aber im OWiG (§ 14; hierzu *Bloy,* R. Schmitt-FS 33); freilich geht der *Gesetzgeber* bei der Schaffung von präventiven VorfeldTatbeständen hierüber vielfach noch hinaus, indem er Vorbereitungs- und Unterstützungshandlungen zur Täterschaft aufstuft (zutr. krit. *Volk,* Roxin-FS 563, 564 ff.). 2

A. Entwicklung in Rspr und Schrifttum. Wer von mehreren Beteiligten Mittäter oder Gehilfe ist, bestimmte das **RG** danach, ob der Beteiligte die Tat „als eigene wolle" (sog. *animus*-Formel; vgl. zB RG **37**, 58). In der Konsequenz konnte *nicht nur* Täter sein, wer selbst keinerlei Tatbestandsmerkmal verwirklicht (RG **66**, 240), sondern auch Gehilfe, wer sämtliche Tatbestandsmerkmale allein verwirklicht (RG **74**, 84: *Badewannenfall*). Der **BGH** ist dem RG zunächst gefolgt (BGH **2**, 170; **4**, 21, 42; **6**, 228, 248; **11**, 271; vgl. Überblick bei *Roxin,* BGH-FG 177, 183 ff.; MK-*Joecks* 15 ff. zu § 25) und hat auch denjenigen als Gehilfen angesehen, der den äußeren Tatbestand voll verwirklicht, wenn er seinen Willen dem eines anderen vollständig unterordnet, zB infolge eines militärischen Befehls (NJW **51**, 120; BGH **6**, 120; MDR/D **51**, 273). Später hat der BGH Elemente der Tatherrschaftslehre übernommen, zunächst in subjektiver Hinsicht (LM Nr. 12 zu § 43 StGB; NJW **54**, 1087). Schließlich hat der BGH die *animus*-Formel mit objektiven 3

Elementen ausgefüllt und gefordert, dass der Täter das Ob der Tat und deren Durchführung mit beherrsche (BGH **8**, 396; MDR **54**, 529; JR **55**, 305); Umfang der Tatbeteiligung, enges Verhältnis zur Tat und Interesse am Taterfolg spielen dabei eine Rolle (BGH **2**, 151; **16**, 12). Nach VRS **23**, 207; GA **63**, 187 sollte Gehilfe sein können, wer den Tatbestand selbst voll verwirklicht (vgl. auch BGH **18**, 87 [Fall *Staschynskij*]); BGH **19**, 135 rückte den Begriff der Tatherrschaft wieder stärker in den Vordergrund (vgl. aber MDR/D **73**, 729; NJW **66**, 1763; **68**, 1339; NStZ **82**, 27; dazu *Roxin* TuT 558 ff.).

4 Nach der Rspr des BGH ist die Frage der (Mit-)Täterschaft auf Grund aller von der Vorstellung der Beteiligten umfassten Umstände in **wertender Betrachtung** zu beurteilen (vgl. zB BGH **28**, 346, 349; **39**, 381, 386; **48**, 52, 56; NStZ **81**, 394; **85**, 165; **87**, 364; **88**, 507; StV **82**, 17; **85**, 14; **94**, 422; **97**, 411; **98**, 597; **03**, 253; BGHR § 25 II Mittäter 14; Tatb. 1; Tatint. 5; stRspr). Wesentliche **Anhaltspunkte** für diese Wertung können das eigene Interesse am Taterfolg, der Umfang der Tatbeteiligung und die Tatherrschaft oder wenigstens der Wille zur Tatherrschaft sein (BGH **37**, 291 [m. Anm. *Roxin* JR **91**, 206; dazu auch *Puppe* NStZ **91**, 571; *Herzberg* JZ **91**, 856; *Erb* JuS **92**, 197; *Stein* StV **93**, 411]; NJW **87**, 2881; NStZ **84**, 413; **88**, 406; **95**, 285; **03**, 253 f.; NStZ-RR **98**, 136; StV **89**, 481; **90**, 109; **93**, 474; wistra **88**, 106; **94**, 5; MDR/H **88**, 452; BGHR § 25 II Mitt. 19; StraFO **98**, 166). Ein die Tatbestandsverwirklichung fördernder Beitrag kann genügen, so wenn die Tat ohne ihn zwar nicht unmöglich, aber wesentlich erschwert worden wäre (NStZ **91**, 91). Auf der Grundlage eines gemeinsamen Wollens reicht auch eine Mitwirkung bei der Tatvorbereitung oder eine sonstige Unterstützung aus (NStZ **95**, 120; **99**, 609 f.). Der Tatbeitrag kann auch in einer Verabredung liegen, die während des gesamten Geschehens fortwirkt (NJW **92**, 919), jedoch reicht eine „ganz untergeordnete" Tätigkeit idR nicht aus (2 StR 574/85). Für Mittäterschaft genügt nicht, dass der Beteiligte die durch andere verwirklichten Tatumstände kennt, sie billigt und durch eigenes Einschreiten verhindern könnte (BGH **36**, 367: Presseinhaltsdelikt; 4 StR 265/90: zu § 98 BVFG). Er muss in der Rolle eines gleichberechtigten Partners mitgewirkt haben (NStZ **93**, 584). Die **tatrichterliche Bewertung** zur Abgrenzung von Mittäterschaft und Beihilfe ist nur begrenzt der revisionsgerichtlichen Überprüfung zugänglich (NStZ-RR **01**, 148; **02**, 74; NStZ **03**, 153 f.; stRspr). § 25 I stellt freilich klar, dass derjenige, der *selbst* sämtliche Tatbestandsmerkmale verwirklicht, stets Täter ist (NStZ **87**, 224; BGHR BtMG § 30 I Nr. 4 Täter 1; Stuttgart NJW **78**, 716; *Roxin* JuS **73**, 335; *S/S-Cramer-Heine* 77 und Bockelmann-FS 392; *Langer,* Dünnebier-FS 423; *Stoffers* MDR **89**, 209), auch wenn er an der Tat kein Interesse hat (BGHR § 178 I Mitt. 1; dazu *Roxin,* BGH-FG 177, 188 f.) oder nur unter dem Einfluss und in Gegenwart des Mittäters in dessen Interesse handelt (BGH **38**, 316) oder auf der Grundlage gemeinsamen Willens einen im Interesse aller fördernden Beitrag leistet (NStZ **93**, 137; 5 StR 347/96). Zu Sonderfragen des BtM-Strafrechts vgl. auch 16 zu § 25; 15 vor § 52. Zur Feststellung der Beteiligung an als **Bewertungseinheit** anzusehenden mehraktigen Taten vgl. NStZ-RR **04**, 146 ff. (Handeltreiben mit BtM; vgl. dazu aber auch 15 vor § 52).

5 **B.** Von der unmittelbaren Täterschaft ist die **mittelbare Täterschaft,** von der Alleintäterschaft die **Mittäterschaft** zu unterscheiden. Dazu näher 11 ff. zu § 25.

6 **2) Teilnahme.** Formen der Teilnahme sind Anstiftung (§ 26) und Beihilfe (§ 27). **Anstifter** ist, wer, ohne Täter zu sein, den Tatentschluss einer anderen Person vorsätzlich herbeiführt. **Gehilfe** ist, wer den fremden, vorsätzlichen Tatentschluss (bedingt) vorsätzlich unterstützt; eine genauere Vorstellung über die beabsichtigte Tat braucht er nicht zu haben (vgl. 22 zu § 27).

7 *Sog.* ***notwendige Teilnahme*** liegt vor, wenn die Tatbestandsverwirklichung die Mitwirkung mehrerer begrifflich voraussetzt, wobei Rollengleichheit (zB bei § 121) oder unterschiedliche Begehungsweise (zB §§ 174, 180 I; § 29 I Nr. 6 b BtMG) vorliegen kann. *Straflos* sind die im Tatbestand nicht mit Strafe bedrohten

Beteiligten, zB der bei § 283 c begünstigte Gläubiger, soweit sie nicht über die notwendige Teilnahme hinaus tätig werden (NJW **93**, 1279 [abl. *Sowada* GA **95**, 60]; Bay OLGSt. 5 zu § 40 c aF); ebenso die durch die Vorschrift geschützten Opfer (zB § 183 a; vgl. BGH **10**, 386; **15**, 377).

Die Teilnahme setzt eine **Haupttat** voraus (**Akzessorietät der Teilnahme**). Hierfür genügt eine tatbestandsmäßige und rechtswidrige Tat (§ 11 I Nr. 5; vgl. BGH **1**, 131; 370). Unerheblich ist die **Schuld**(fähigkeit) des Täters und das Vorliegen eines Entschuldigungsgrundes (sog. **limitierte Akzessorietät;** 2, 3 zu § 29; *Geppert* Jura **97**, 300). Wird der Täter aus § 323 a bestraft, so ist der Gehilfe wegen Beihilfe zu der vom Täter im Rausch begangenen rechtswidrigen Tat strafbar. Ferner ist zB jemand wegen Beihilfe zum Betrug zu bestrafen, wenn sich die Haupttat, die objektiv Erpressung ist, für ihn als Betrug darstellt (BGH **11**, 66). In derselben Richtung liegt es, wenn in Fällen, in denen besondere persönliche Merkmale (§ 28 I) die Strafbarkeit begründen oder über Strafrahmen oder Ausschluss der Strafbarkeit entscheiden, Täter und Teilnehmer nach § 28 I, II verschieden behandelt werden. **8**

Die Haupttat muss **vorsätzlich** begangen werden. Das ist seit BGH **9**, 370; **37**, 217 (abw. **4**, 355; **5**, 47) anerkannt, im Schrifttum allerdings str. (krit. zB *Schmidhäuser* 14/68, 94; *Roxin* JuS **73**, 335; ders. TuT 552 ff.; *Schöneborn* ZStW **87**, 913; *Schumann,* Stree/Wessels-FS 383). Es gibt daher keine Teilnahme an fahrlässiger Tat (Hamm OLGSt. 26 zu § 315 c; vgl. weiter VRS **18**, 421; RG **51**, 41; str.). Nur **versuchte Teilnahme** liegt vor, wenn der Teilnehmer irrig annimmt, der Täter handle vorsätzlich (BGH **9**, 382; KG NJW **77**, 819; *Otto* JuS **82**, 560; *Roxin* TuT 556 f.; *Bockelmann,* Gallas-FS 261; *Herzberg* JuS **74**, 575 u. ZStW **99**, 64; *Krey* ZStW **101**, 851; *Jescheck/Weigend* § 61 VII 3; *S/S-Cramer-Heine* 33; SK-*Hoyer* 27 vor § 26; *Kühl* AT 20/88 f. und *Lackner/Kühl* 10; *Blei* AT § 72 II 4; *Walder,* Spendel-FS 363; *Jakobs* AT 22/18; *W/Beulke* 553 f.; *Köhler* AT 529 f.; *Maiwald* ZStW **88**, 731 f.; *M/Gössel/Zipf* 53/107 ff.; *Otto* AT 22/29 ff.). Die Gegenansicht (*B/Weber/Mitsch* 30/26 f.; *Schöneborn* ZStW **87**, 911) beruft sich zu Unrecht auf § 32 E 1962, der nicht Gesetz geworden ist; auch ein *argumentum a maiore ad minus* (*Lackner/Kühl* 10) kann nicht zur Strafbarkeitsausdehnung gegen den klaren Wortlaut der §§ 26, 27 führen (vgl. 2 zu § 26; 3 zu § 29). **Fahrlässige Teilnahme** ist als solche nicht strafbar (BGH **9**, 375; Karlsruhe NJW **67**, 2322). **9**

Selbständige Teilnahme auch ohne Versuch einer Haupttat ist strafbar im Rahmen des § 30 (vgl. auch §§ 111, 159, 160) sowie als Teilnahme an einer Vereinigung (§§ 129, 129 a). Natürliche Teilnahmehandlungen können vom Gesetz zu selbstständigen Straftaten erhoben werden, wenn die natürliche „Tat" straflos ist (zB in §§ 120, 354, 357). In diesem Sinne kann auch natürliche „Beihilfe" zum Selbstmord, falls Pflicht zur Verhinderung bestand, immer nur eine selbstständige Tat (zB §§ 212, 222) sein; vgl. 4 ff. vor 211. **10**

Bei verschiedenartiger Beteiligung an derselben Tat geht die leichtere Form regelmäßig in der schwereren auf (19 vor § 52; wistra **90**, 100; BGHR § 242 I ZEignAbs. 9; *S/S-Cramer-Heine* 49), also Beihilfe in Anstiftung (BGH **4**, 244), Anstiftung und Beihilfe in Täterschaft (RG **44**, 211) oder Mittäterschaft (NStZ **94**, 30). Beihilfe zur Beihilfe, Anstiftung zur Beihilfe und Beihilfe zur Anstiftung sind Beihilfe zur Haupttat (RG **59**, 396; dazu krit. *Martin* DRiZ **55**, 290). Anstiftung zu § 153 zehrt jedoch Beihilfe zu § 154 nicht auf (2 StR 32/58). Auch kann Mittäterschaft an § 242 in Beihilfe zu § 244 I Nr. 2 aufgehen (BGH **8**, 210; **33**, 54, m. Anm. *Jakobs* JR **85**, 342). Der Täter des Handeltreibens (§ 29 I Nr. 1 BtMG) kann hinsichtlich desselben Tatobjekts idR nicht zugleich Gehilfe eines anderen (Mittäters) sein (vgl. BGH **30**, 30; BGHR vor § 1 GesKonk. BegF 1). Wer zum Diebstahl anstiftet, um an der Beute teilzuhaben, ist nicht nur wegen Anstiftung, sondern auch wegen Hehlerei strafbar (GrSen BGH **7**, 134). Dasselbe gilt für die Beihilfe (BGH **13**, 403). Der Teilnehmer an einer Straftat, die für das Opfer ein Unglücksfall iS des § 323 c ist, kann nicht aus § 323 c bestraft werden (BGH **3**, 65). **11**

Zu **Konkurrenz**-Fragen der Teilnahme vgl. 11 f., 34 ff. vor § 52. **12**

Täterschaft

25 **I Als Täter wird bestraft, wer die Straftat selbst oder durch einen anderen begeht.**

II Begehen mehrere die Straftat gemeinschaftlich, so wird jeder als Täter bestraft (Mittäter).

1 **1) Die Vorschrift** idF des 2. StrRG (Ber. 12; Prot. V/1647, 1736, 1742, 1821, 1826; vgl. § 29 E 1962; Ndschr. **2**, 67, 84, 88, 91, 108, 115, 123, 216, 240; **12**, 138, 267) enthält die Begriffsbestimmung des Alleintäters und des Mittäters.

Literatur: vgl. 1 vor § 25.

2 **2)** § 25 unterscheidet einerseits zwischen unmittelbarem und mittelbarem Täter (I), andererseits zwischen Alleintäter und Mittäter (II). Hieraus ergeben sich **vier Formen der Täterschaft**, die jeweils durch aktives Tun oder durch Unterlassen verwirklicht werden können.

3 **3) Unmittelbarer Täter (I, 1. Alt.)** ist, wer die tatbestandsmäßige Tat selbst begeht, also allein (Abs. I) oder gemeinschaftlich (II) sämtliche Tatbestandsmerkmale (3 zu § 16) verwirklicht. Wer alle Tatbestandsmerkmale in eigener Person verwirklicht, ist auch dann unmittelbarer Täter, wenn er unter dem Einfluss oder in Gegenwart einer anderen Person und nur in deren Interesse handelt (BGH **38**, 316 [hierzu *Wiegmann* JuS **93**, 1003 u. *Fell* JuS **94**, 624; *Roxin* TuT 627 f.]; NStZ **87**, 224; **93**, 138; MDR/H **95**, 442; NStZ-RR **00**, 22). Damit ist die extrem subjektive Theorie, wonach selbst derjenige, der vorsätzlich und schuldhaft in eigener Person alle Tatbestandsmerkmale verwirklicht, nur als Gehilfe eines mittelbaren Täters betrachtet werden konnte (so noch BGH **2**, 170; **8**, 73; **18**, 87; vgl. dazu auch *Heine* JZ **00**, 920 ff.), mindestens insoweit abgelehnt (2 a vor § 25; *Roxin* JuS **73**, 335; *ders.* TuT 633; MK-*Joecks* 17; *Herzberg* JuS **74**, 238 u. ZStW **99**, 49; **aA** *Lackner/Kühl* 1; offen gelassen von NStZ **87**, 225; krit. SK-*Hoyer* 9).

4 **4) Mittelbarer Täter (I, 2. Alt)** ist, wer die Straftat **durch einen anderen** begeht, also die Tatbestandsmerkmale nicht oder nicht sämtlich durch unmittelbar eigenes Handeln verwirklicht, sondern sich dazu eines „Werkzeugs", des sog. **Tatmittlers** bedient, der selbst weder Allein- noch Mittäter ist. Voraussetzung hierfür ist idR ein „Defizit" des Tatmittlers (*Cramer,* Bockelmann-FS 389, 397; *Hünerfeld* ZStW **99**, 228, 234), dem eine überlegene, die Handlung des Tatmittlers steuernde Stellung und ein für die Tatbestandsverwirklichung *kausales* eigenes Verhalten des Hintermanns entspricht (vgl. dazu auch *Mitsch,* Küper-FS [2007] 347, 354 ff.).

5 **A.** Das kommt in Betracht (vgl. dazu *Jescheck/Weigend* § 62; *Hünerfeld* ZStW **99**, 234; *Bloy* GA **96**, 437), wenn der **Tatmittler schuldunfähig** ist, wenn er im **Tatbestandsirrtum** (BGH **30**, 363 f.) oder in einem (vom Hintermann verursachten) **unvermeidbaren Verbotsirrtum** handelt (vgl. Roxin AT II, 25/76 ff. mwN; **aA** Köhler AT 509; differenzierend *Otto* Roxin-FS 483, 489 ff.) und wenn beim Hintermann eine von Täterwillen getragene objektive Tatherrschaft gegeben ist (BGH **35**, 353 [*Katzenkönig-Fall;* dazu *Schaffstein* NStZ **89**, 153 u. *Küper* JZ **89**, 617; *Herzberg* Jura **90**, 16 u. *Schumann* NStZ **90**, 32; *Roßmüller/Rohrer* Jura **90**, 582; *Bandemer* JA **94**, 285; *Nibbeling* JA **95**, 216; *Roxin* TuT 602; *Spendel,* Lüderssen-FS 605, 608 ff.]; BGH **40**, 257, 267 [hierzu *Schöch* NStZ **95**, 157; *J. Vogel* MDR **95**, 339; *Lilie,* Steffen-FS 287; *Roxin* TuT 612; krit. *Merkel* ZStW **107**, 554; *Murmann* GA **98**, 78, 86]; *Otto* Jura **87**, 255; *W/Beulke* 542; *Roxin,* Lange-FS 178 u. LK 83 ff.; ausf. SK-Hoyer 52 ff.; and. *Stein,* Die strafrechtl. Beteiligungsformenlehre, 1988, 284 ff.). Sehr str. ist die Frage bei Vorliegen eines **vermeidbaren Verbotsirrtums** des unmittelbaren Täters. Hier wird teilw. nur Anstiftung des Hintermanns angenommen (zB *Jakobs* AT 21/96; *Jescheck/Weigend* AT § 62 II 5; *Köhler* AT 509; *Maiwald* ZStW **93** [1981], 892 f.); die hM gelangt auch hier idR zur mittelbaren Täterschaft (vgl. *S/S-Cramer/Heine* 38; *Lackner/Kühl* 4; *M/Gössel*

AT 48/81; *B/Weber/Mitsch* AT 29/139; *W/Beulke* 542; *Küper* JZ **89**, 935, 948; *Puppe*, Rudolphi-FS [2004] 231, 241; *Roxin*, Lange-FS [1976] 173, 178 ff.; differenzierend ders. AT II 25/83 ff). Der **BGH** hat sich im *Katzenkönig-Fall* eher der letzteren Meinung angeschlossen, die Beurteilung jedoch dem *Einzelfall* überlassen (BGH **35**, 347, 353 f.). Im Fall eines *sowohl* beim Tatmittler *als auch* beim mittelbaren Täter vorliegenden Verbotsirrtums kommt es nach BGH **40**, 257, 266 ff. für die mittelbare Täterschaft auf diesen Irrtum nicht an, wenn der Hintermann mit Täterwillen und Tatherrschaft handelt (267 f.; krit. *Otto,* Roxin-FS 486 f.).

Mittelbare Täterschaft ist weiterhin möglich, wenn der unmittelbare Täter sich im **Notstand** (§ 35) befindet (vgl. RG **64**, 30). Bei der planmäßigen „Einschaltung" Dritter, insb. bei der (etwa täuschungsbedingten) Schaffung von Notwehr- oder sonstigen Rechtfertigungslagen eines Dritten, kommt es darauf an, ob der Hintermann eine die Tat beherrschende Stellung auch gegenüber dem mittelbaren **Werkzeug** hat (*Jescheck/Weigend* § 62 II 3; *Kühl* AT 20/59; SK-*Hoyer* 28; für regelmäßige mittelbare Täterschaft wohl BGH **3**, 4, 6; *B/Weber/Mitsch* 29/131; *M/Gössel/Zipf* 48/73). Mittelbare Täterschaft ist auch möglich, wenn der Tatmittler zwar vorsätzlich, aber **rechtmäßig** handelt (BGH **3**, 6; **10**, 307), zB infolge eines bindenden Befehls oder im Fall eines Polizeibeamten, der infolge einer Täuschung durch den mittelbaren Täter einen Unschuldigen festnimmt; wenn er zwar vorsätzlich, aber ohne die besonderen **persönlichen Merkmale** handelt, welche die Strafbarkeit begründen und die nur beim mittelbaren Täter gegeben sind, zB wenn ein Urkundsbeamter eine falsche Beurkundung durch einen Außenstehenden vornehmen lässt (RG **28**, 109; dazu krit. *Spendel,* Lange-FS 153); wenn der Tatmittler vom mittelbaren Täter **gezwungen** wird, sich selbst zu verletzen (NJW **83**, 462) oder zu töten der sich im **Irrtum** über die selbstschädigende Wirkung des eigenen, vom Hintermann kraft überlegenen Sachwissens veranlassten Handelns befindet (vgl. BGH **32**, 38 [*Sirius-Fall*]; dazu *Roxin* NStZ **84**, 73; TuT 585 ff.; SK-*Hoyer* 80 ff.; *Neumann* JuS **85**, 677; *Schmidhäuser* JZ **84**, 195; *Sippel* NStZ **84**, 357; *Meurer* NJW **00**, 2936 f.; and. *Merkel* JZ **99**, 503 ff.; krit. Spendel, Lüderssen-FS 605, 606 f. [unmittelbare Täterschaft]; vgl. weiter BGH **36**, 1, 17 [*HIV-Infektion*]; NStZ **84**, 452; **85**, 25; **86**, 266; Bay NStZ **90**, 81 [*BtM-Kosum*]; GA **86**, 508 [*vorgetäuschter Doppelsuizid;* dazu *Brandts/Schlehofer* JZ **87**, 442; *Küper* JZ **86**, 219; *Neumann* JA **87**, 244; *Munoz Conde* ZStW **106**, 561 f.; *Charalambakis* GA **86**, 485]). Die als Anwendungsfall mittelbarer Täterschaft angesehene Figur des „**absichtslos dolosen Werkzeugs**" (RG **64**, 425) bei Fehlen der überschießenden Innentendenz namentlich bei § 242 (dagegen zB *M/Gössel/Zipf* 48/67; *Spendel,* Lange-FS 156) spielt dort nach Einfügung der Drittzueignungsabsicht wohl keine Rolle mehr (vgl. *Jäger* JuS **00**, 651; fraglich für Fälle fehlender Drittzueignungsabsicht; vgl. *W/Beulke* 537; *Noak,*. Drittzueignung und 6. StrRG, 1999, 59, 73). 5 a

B. Nach der Rspr des **BGH** ist **mittelbare Täterschaft** auch durch **Unterlassen** möglich (BGH **40**, 257, 265 ff.; **48**, 77, 89); in der Lit. wird in entspr. Fällen teilw. unmittelbare Unterlassungstäterschaft angenommen (vgl. *Jescheck/Weigend* § 62 IV 2; *Kühl* AT 20/267; *Gropp* AT 10/69; *Brammsen* NStZ **00**, 337 ff.; vgl. dazu *Bottke*, Rudolphi-FS [2004] 15, 22 ff.; *ders*., Schünemann-Symp [2005] 191, 195 ff.). Mittelbare Täterschaft ist unmöglich bei sog. **eigenhändigen** (42 a vor § 13) oder bei **Sonderdelikten**, wenn dem Veranlasser die Sondereigenschaft fehlt (vgl. BGH **4**, 359). Leichtfertige **Steuerverkürzung** kann daher nicht in mittelbarer Täterschaft begangen werden (Braunschweig NJW **97**, 3234); wohl aber (gewerbsmäßiger) Schmuggel (wistra **03**, 266 [abl. Bespr. *Weidemann* wistra **03**, 241]; zur mittelbaren Täterschaft bei Steuerdelikten vgl. auch *Maier* MDR **86**, 358; *Bender* wistra **01**, 69). 6

C. Der Grundsatz, dass ein Hintermann idR nicht mittelbarer Täter ist, wenn **der unmittelbar Handelnde volldeliktisch**, insb. irrtumsfrei und uneingeschränkt schuldfähig handelt und das Tatgeschehen beherrscht (BGH **40**, 218, 236; 7

vgl. oben 2a), gilt nach der Rspr des BGH, der insoweit die von *Roxin* entwickelte Figur der **mittelbaren Täterschaft kraft Organisationsherrschaft** (*Roxin*, u.a. in GA **63**, 193ff.; *ders.* TuT 242ff., 677ff.; *ders.*, AT 2, 25/105ff.; *ders.*, Schroeder-FS [2006] 387ff.; vgl. auch *Schünemann*, Unternehmenskriminalität und Strafrecht, 1979, 101ff.; *ders.* ZStW **96** [1984] 287, 318; dazu auch *Schlösser* GA **07**, 161ff.; zur Übernahme in der internationalen Strafgerichtsbarkeit *Kreß* GA **06**, 304ff.) übernommen hat, dann nicht, wenn der Hintermann innerhalb staatlicher, unternehmerischer oder geschäftlicher **Organisation** die auf Grund von Weisungsverhältnissen und Befehlshierarchien bestehende Bereitschaft des unmittelbar Handelnden ausnutzt und dessen Erfolg als Ergebnis eigenen Handelns will (BGH **40**, 218, 236f.; **45**, 270; **48**, 77; vgl. auch BGH **43**, 232; StV **96**, 479). Der BGH hat insoweit die Rechtsfigur des „*Täters hinter dem Täter*" (vgl. *Schroeder*, Der Täter hinter dem Täter, 1965, 166) zunächst für die Zurechnung innerhalb **staatlicher Machtapparate** anerkannt (BGH **40**, 218 [Mitglieder des Nationalen Verteidigungsrats der DDR]; **45**, 270, 296ff.; zust. *Roxin* JZ **95**, 49; *ders.* TuT 610, 677ff.; *ders.* Grünwald-FS 549ff.; *ders.* BGH-FG 177, 191f.; *Schroeder* JR **95**, 177; *Sonnen* JA **95**, 98; *Gropp* JuS **96**, 13; *Streng* ZStW **109**, 887; *Kuhlen*, BGH-FG 647, 671). BGH **48**, 77 (*Politbüro-Fall*) hat dies auf die mittelbare Täterschaft durch **Unterlassen** erweitert (zur Entwicklung der Rspr seit BGH **40**, 218 *Roxin*, Schroeder-FS [2006] 389ff.; zur Kritik vgl. u.a. *Knauer* NJW **03**, 3101, 3102; *Rotsch* ZStW **112** [2000], 518ff.; *Schünemann*, Schroeder-FS [2006] 401, 407; *Wolf*, Schroeder-FS [2006] 415ff.; *Zieschang*, Otto-FS [2007] 505ff; zur *Abgrenzung* zwischen Tun und Unterlassen in diesen Fällen *Schlösser* GA **07**, 161, 168ff.).

7a Die Regeln der (mittelbaren) Täterschaft kraft Organisationsherrschaft sind nach der Rspr des BGH auch auf „mafiaähnliche" **kriminelle Organisationen** sowie auf hierarchisch strukturierte **betriebliche Organisationen** mit **regelhaften Abläufen** anzuwenden (vgl. BGH **40**, 218, 236f.; **45**, 270, 296ff.; **48**, 331, 342 [= NJW **04**, 375; Bespr. *Kühne* JZ **04**, 743; *Heghmanns* NStZ **04**, 633; *Beulke* JR **05**, 37; *Schlösser* GA **07**, 161]; **49**, 147, 163f. [= NJW **04**, 2248; Bespr. *Tiedemann* JZ **05**, 40, 45; *Rotsch* NStZ **05**, 13; *Kasiske* wistra **05**, 81; *Ransiek* wistra **05**, 121; *Krause* JR **06**, 51]; NJW **95**, 2933; **98**, 767, 769 [Bespr. *Dierlamm* NStZ **98**, 568]; NStZ **96**, 297; **97**, 544; StV **98**, 417; vgl. auch *Nack* GA **06**, 342ff.; *Rogall* ZStW **98** [1986], 617; *ders.*, BGH-FG [2000] 383ff., 406ff.; *Bloy* GA **96**, 441; *Hefendehl* GA **04**, 575ff., 586; **and.** *Renzikowski*, Restriktiver Täterbegriff u. fahrlässige Beteiligung, 1997, 90; *Rotsch* NStZ **98**, 493ff.; *ders.* wistra **99**, 321, 325ff.; *ders.* NStZ **05**, 13ff.; *Ambos* GA **98**, 239; *Brammsen*, in: *Amelung* [Organisationen; 1 vor § 25] 104, 140ff.; *Murmann* GA **96**, 269; *Munoz Conde*, Roxin-FS [2001] 609, 618ff.; *Schünemann*, BGH-FG [2000] 621, 628ff.; einschr. auch *Bottke*, Gössel-FS 235, 251ff., 259; vgl. dazu auch *Schulz* JuS **97**, 111; *Otto* Jura **01**, 753ff.; *ders.*, Schroeder-FS [2006] 339ff.; *Heine*, Die strafrechtl. Verantwortlichkeit von Unternehmen, 1995, 117f.; *Roxin*, BGH-FG [2000] 177, 190ff.; *ders.*, Grünwald-FS 549ff.; *Dencker*, Lüderssen-FS [2002], 525ff.; SK-*Hoyer* 90ff.; *Radtke* GA **06**, 350ff.; insg. krit. *Schlösser* JR **06**, 102, 104ff.; *Zaczyk* GA **06**, 411ff.; *Zieschang*, Otto-FS [2007] 505ff; *Rotsch* ZIS **07**, 260ff.). BGH **49**, 147 hat das auch auf Abläufe innerhalb eines **Konzerns** ausgedehnt (*Fall Bremer Vulkan*).

8 Dass die genannten Zurechnungsgrundsätze uneingeschränkt auch da gelten, wo die Gesamtorganisation gerade nicht „mafiaartig", dh regelmäßig *deliktisch* handelt und strukturiert ist, also namentlich im Bereich **betrieblicher Weisungsverhältnisse**, wird in der **Literatur** vielfach bestritten (vgl. dazu *Roxin*, BGH-FG [2000] 177, 192ff.; *ders.*, Grünwald-FS 555ff.; *ders.* JZ **95**, 49; *ders.* Schroeder-FS [2006[387ff.; *Hefendehl* GA **04**, 575ff.; **krit.** zB *Rotsch* wistra **99**, 321ff., 368ff.; *ders.* ZStW **112** [2000] 526ff.; *ders.* NStZ **05**, 13, 16ff.; *Otto* Jura **01**, 753, 755ff.; *Hoyer* 1998 [1 vor § 25] 23ff.; jew. mwN). Abweichende Ansichten haben u.a. eine **Mittäterschafts-Lösung** (vgl. zB *B/Weber/Mitsch* AT 29/147; *Jakobs* NStZ **95**, 26f. u. AT 21/103; *Jescheck/Weigend* AT 630; *Otto* AT 21/92; *ders.* Jura **01**, 753ff.) oder eine **Anstiftungs-Lösung** vorgeschlagen (vgl. zB *Rotsch* NStZ **98**, 491; *ders.*

ZStW **112** [2000], 518ff.; *ders.* NStZ **04**, 13ff.; *Herzberg*, in: *Amelung* [Organisationen] 33 [dagegen *Roxin*, Grünwald-FS 554f.; *ders.*, Schroeder-FS [2006] 387, 391]). Das Meinungsspektrum ist inzwischen in einer abundanten Fülle von Veröffentlichungen ausdifferenziert; der substanzielle Ertrag hält damit nicht immer Schritt (umfassende Nachw. bei LK-*Schünemann* 122ff.; Überblick *ders.*, Schroeder-FS [2006] 401ff.; *Zieschang*, Otto-FS [2007] 505, 512 ff; grundsätzliche Kritik bei *Wolf*, Schroeder-FS [2006] 415ff.; *Zieschang* aaO).

Monographische Literatur: *Langneff*, Die Beteiligtenstrafbarkeit von Hintermännern innerhalb von Organisationsstrukturen bei vollverantwortlich handelndem Werkzeug, 2000; Schlösser, Soziale Tatherrschaft. Ein Beitrag zur Frage der Täterschaft in organisatorischen Machtapparaten, 2004; Urban, Mittelbare Täterschaft kraft Organisationsherrschaft, 2004. **8a**

D. Für die Frage der **Konkurrenz** kommt es auch beim mittelbaren Täter auf die Einheit oder Mehrheit *eigener* Handlungen an (BGH **40**, 218, 238; NJW **95**, 2933f.; StV **02**, 73; wistra **04**, 264). Besteht die Tathandlung etwa in der Entwicklung eines einheitlichen „Systems" oder in der Erteilung einer einheitlichen Anordnung, auf Grund derer der Tatmittler mehrere, für sich genommen selbstständige gleichartige Taten (zu Lasten mehrerer Opfer) begeht, so werden diese nach stRspr des BGH für den mittelbaren Täter zur **Tateinheit** verbunden; er ist daher nur wegen *einer* Tat zu verurteilen (NJW **95**, 2933; wistra **96**, 230; **04**, 264; NStZ-RR **04**, 9; BGHR § 52 I Hdlg. dies. 26, 29; 4 StR 424/00; vgl. auch 8 vor § 52); dasselbe gilt im Fall pflichtwidrigen Unterlassens (oben 3c; vgl. BGH **37**, 106, 134) durch Ausnutzen regelhafter Abläufe (BGH **48**, 77, 97). **9**

5) Alleintäter ist, wer sämtliche Tatbestandsmerkmale in eigener Person selbst verwirklicht. Das kann sowohl durch unmittelbares eigenes Tun oder Unterlassen (oben 2a) als auch durch mittelbares Handeln (oben 3ff.) geschehen. **10**

6) Mittäterschaft (Abs. II). Mittäter ist, wer gemeinschaftlich mit einem oder mehreren anderen dieselbe Straftat als Täter begeht. Sein Tatbeitrag muss einen Teil der Tätigkeit aller und dementsprechend das Handeln der anderen eine Ergänzung seines Tatbeitrags darstellen (NStZ **90**, 130; StV **92**, 376; BGH **44**, 39 [m. Anm. *Otto* NStZ **98**, 514; *Dietmeier* JR **98**, 470]; Bay **91**, 131; zur **Abgrenzung** von der Beihilfe vgl. auch BGH **40**, 299; NStZ **99**, 609; NStZ-RR **04**, 40f.; 5 StR 403/04; 2 vor § 25; zur Eigenschaft als Bandenmitglied vgl. 21 zu § 244; zur Abgrenzung zur kriminellen Vereinigung 6 zu § 129). Es ist ein gemeinschaftliches Mitwirken an derselben Tat erforderlich (NJW **58**, 349), was nicht ausschließt, dass hierbei die Mittäter verschiedene Tatbestände verwirklichen. § 25 II ist eine **Zurechnungsnorm**; in den Grenzen des gemeinsamen Tatplans werden daher jedem Mittäter die Ausführungshandlungen seiner Mittäter zugerechnet. Mittäter kann daher auch ein Beteiligter sein, der seinen verabredeten Tatbeitrag noch nicht erbracht hat (NStZ **99**, 609), denn nach der sog. **Gesamtlösung** treten alle Mittäter in das Versuchsstadium ein, sobald einer von ihnen zur Tat unmittelbar ansetzt (vgl. 21ff. zu § 22). **Anstiftung** und **Beihilfe** können in Mit-„Täterschaft" begangen werden. **11**

A. Bei Beteiligung mehrerer Personen handelt **täterschaftlich**, wer seinen eigenen Tatbeitrag derart in die gemeinschaftliche Tat einfügt, dass sein Beitrag als *Teil* der Tätigkeit eines andern und umgekehrt dessen Tun als Ergänzung des eigenen Tatanteils erscheint (stRspr; vgl. etwa BGH **6**, 249; **8**, 396; **37**, 291; **40**, 301; **44**, 34; 39; NJW **85**, 1035; NStZ **96**, 228; NStZ-RR **05**, 71; StV **85**, 107; **92**, 160; wistra **92**, 182; BGHR § 25 II Tatherrschaft 3, 4, Mitt. 2; 5 StR 403/04; 5 StR 164/06 [Steuerhinterziehung]). Wesentliche **Kriterien** für eine täterschaftliche Beteiligung können der Grad des eigenen *Interesses* am Erfolg der Tat, der Umfang der Tatbeteiligung, die objektive *Tatherrschaft* und der *Wille zur Tatherrschaft* sein (vgl. BGH **37**, 289, 291; NStZ **06**, 94; NStZ-RR **05**, 71; StV **98**, 540; 5 StR 591/03; 2 StR 206/04; 3 StR 23/06; stRspr.). Zum Verhältnis der Mittäterschaft zur Mitgliedschaft in einer **Bande** vgl. 19ff. zu § 244. **12**

12a Objektiv erforderlich ist ein **wesentlicher Tatbeitrag** (vgl. i. e. SK-*Hoyer* 109 ff. mwN), ohne den die Tat zwar nicht unmöglich, aber wesentlich erschwert worden wäre (NStZ **91**, 91). Dieser muss stets auf einem **gemeinsamen Tatplan** beruhen (BGH **8**, 396; **14**, 129; stRspr; SK-*Hoyer* 121 ff.; MK-*Joecks* 198; jew. mwN; **aA** *Jakobs* AT 21/43; *Derksen* GA **93**, 163; *Lesch* ZStW **105**, 271 u. JA **00**, 74). Hierzu bedarf es keiner ausdrücklichen Absprache; eine konkludente Übereinkunft genügt (BGH **37**, 292 [m. Anm. *Roxin* JR **91**, 206 u. Odersky-FS 490; krit. *Puppe* NStZ **91**, 571; *Herzberg* JZ **91**, 856; *Stein* StV **93**, 411; *Hauf* NStZ **94**, 264]; NStE Nr. 4; NStZ **94**, 394; **03**, 85; vgl. auch NJW **94**, 2708 [*Mauerschützen-Fälle*; insoweit in BGH **40**, 241 nicht abgedr.]; BGH **41**, 152; **42**, 68; 5 StR 404/06; *Bloy* GA **96**, 431; *Willnow* JR **97**, 225). Ein Mittäter darf nicht bloß fremdes Tun billigen (1 StR 501/93) oder fördern; er muss seinen Beitrag als Teil der Tätigkeit des andern und den des andern als Ergänzung seines Tatanteils wollen (NStZ **82**, 243; NStZ **90**, 130; **97**, 336; NStZ/S **90**, 329). Ist ein solcher Beitrag auf der Grundlage eines gemeinsamen Tatplans erbracht, so entfällt die Täterstellung nicht dadurch, dass der Beitrag eines Mittäters zu einem nicht präzise vorhergesehenen Zeitpunkt erbracht wird (vgl. NStZ-RR **04**, 40, 41).

12b **B.** Kann ein Tatbeitrag seiner Natur nach nur von mehreren gemeinsam erbracht werden (insb. bei **Gremienentscheidungen** innerhalb rechtlich oder regelhaft organisierter Abläufe), so ist, wenn die sonstigen Voraussetzungen gegeben sind (vgl. unten 19), jeder, der hieran mitwirkt, Mittäter (umf. dazu *Knauer*, Die Kollegialentscheidung im Strafrecht, 2001, 81 ff.; *Schaal*, Strafrechtliche Verantwortlichkeit bei Gremienentscheidungen in Unternehmen, 2001; zur Auswirkung von *Ressort*-Aufteilungen vgl. *Otto*, Schroeder-FS [2006] 339, 347 ff. mwN; zu Besonderheiten der Rechtsbeugung vgl. 8 zu § 339). Wenn im Fall des **Unterlassens** die zur Schadensabwendung erforderliche Maßnahme nur durch Zusammenwirken mehrerer Beteiligter zustande kommen, so setzt jeder, der es trotz seiner Mitwirkungskompetenz unterlässt, einen Beitrag dazu zu leisten, eine Ursache für den Erfolg; er kann sich nicht damit entlasten, dass die gebotene gemeinsame Maßnahme (**Kollegialentscheidung**) auch bei pflichtgemäßem Handeln unterblieben wäre, weil er in jedem Fall überstimmt worden wäre (BGH **48**, 77, 94 f. [*Politbüro*]).

13 Nicht zwingend erforderlich ist eine Mitwirkung am **Kerngeschehen**; vielmehr reicht im Einzelfall auch ein Beitrag durch **Vorbereitungs**- und Unterstützungshandlungen aus (BGH **37**, 289, 292 f. [Vereinbarung, sich möglicher Festnahme ggf. durch Tötung von Polizeibeamten zu entziehen; Mitführen von Schusswaffen zu diesem Zweck; krit. insoweit *Graul*, Meurer-GedS 89, 100]), da nach stRspr die Frage der Mittäterschaft eines Beteiligten in **wertender Betrachtung** nach den gesamten Umständen, die von seiner Vorstellung umfasst sind, zu beurteilen ist (vgl. BGH **37**, 289, 291; **40**, 299, 301; NStZ **02**, 200 f.; **03**, 253 f.; **06**, 94; **06**, 454 [BtM-Handel]; NStZ-RR **00**, 327 f.; **01**, 148; **03**, 57; vgl. BGH **48**, 52, 56 f.; BGHR § 25 II Mittäter 26; Tatinteresse 2). Vorbereitende Tatbeiträge innerhalb eines arbeitsteiligen Systems reichen auch dann aus, wenn die tatvollendenden Handlungen allein durch andere Mittäter ausgeführt werden (vgl. zB wistra **04**, 463 f.); der Annahme von Mittäterschaft steht jedenfalls nicht entgegen, dass ein Beteiligter nicht schon von Anfang an, sonders erst zu einem späteren Zeitpunkt vor Tatbegehung in Tatplan und –vorbereitung einbezogen wurde (NStZ **06**, 44, 45). Ein an der Vorbereitung als Mittäter Beteiligter kann seine Mittäter-Stellung nach der Rspr des BGH – jedenfalls dann, wenn er die nach dem gemeinsamen Tatplan ihm obliegenden Tatbeiträge erbracht hat – nicht schon allein dadurch beseitigen, dass er seinen Willen ändert und sich – sei es auch mit Kenntnis der übrigen Beteiligten – von der Ausführung subjektiv **distanziert** (BGH **28**, 346, 348; vgl. schon RG **55**, 105 f.). NStZ **94**, 29, 30 hat das dahin eingeschränkt, dass ein (fortwirkender) Tatbeitrag nur noch als Beihilfe zu bewerten sei, wenn die (bloße) Willensänderung ein Tatbestandsmerkmal entfallen lässt (Wegfall der *Zueignungsabsicht* bei Erklärung an die anderen Beteiligten, mit dem gemeinsam geplan-

ten Raub „nichts mehr zu tun" haben zu wollen; unklar bleibt hier, warum insoweit zwischen Vorsatz und Zueignungswille zu unterscheiden sein soll [krit. daher *Graul*, Meurer-GedS 89 ff.]).

Nach in der Literatur vertretener **Gegenansicht** (*Lackner/Kühl* 10; *Kühl* AT 20/105; *M/Gössel* 50/92) muss das Einverständnis mindestens bis zum Zeitpunkt des Versuchsbeginns fortbestehen; nach Ansicht *Roxins* (AT II, 198) kann Mittäter nur sein, wer auch noch im Ausführungsstadium arbeitsteilig mitwirkt. *Graul* hat auf die Bedeutung des gemeinsamen Tatplans für die mittäterschaftliche Zurechnung hingewiesen (Meurer-GedS 89, 97 ff.; vgl. auch *Ingelfinger* JZ **95**, 704, 708 ff.); danach scheidet eine Mittäter-Stellung aus, wenn ein Beteiligter sich vor Versuchsbeginn offen distanziert hat (vgl. insoweit auch den Hinweis in BGH **37**, 289, 293 f.) und die Tathandlungen der anderen daher nicht mehr als Ausführung eines zur Tatzeit fortbestehenden gemeinsamen Tatplans erfolgen. Andererseits reicht auch bei übereinstimmendem Tatplan ein bloßes Nebeneinander von Tatverwirklichungen nicht aus, um die Zurechnung nach § 25 II zu begründen. So liegt, wenn mehrere Täter eine gemeinsame Btm-Beschaffungsfahrt unternehmen und mit *demselben* Kfz jeweils selbständig erworbene Betäubungsmittel in die Bundesrepublik einführen, keine mittäterschaftliche Einfuhr der Gesamtmenge vor (NStZ **05**, 229; vgl. auch BGHR BtMG § 29 I Nr. 1 Einfuhr 9, 24, 35). **13 a**

Setzt ein Beteiligter (nur) einen **„Auftrag"** oder eine Anweisung einer anderen als Täter handelnden Person um, so ist seine Stellung als Mittäter oder Teilnehmer in **wertender Betrachtung** unter Berücksichtigung aller Umstände zu beurteilen, die von seiner Vorstellung umfasst sind (BGH **37**, 289, 291; NStZ **87**, 225; StV **81**, 275 f.). Auch hierbei kommt es wesentlich darauf an, in welchem Umfang **Tatherrschaft** oder **Tatherrschaftswille** sowie ein **eigenes Interesse** an der Durchführung gegeben sind (vgl. BGHR § 25 II Mittäter 13, 18; Tatinteresse 2; krit. zu dieser „Gesamtschau als Rechtsfindungsmethode" *Roxin,* BGH-FG 177, 194 ff.). Daher kann **zB** Täter nach § 264 auch ein im Subventionsverfahren eingeschalteter Amtsträger sein (BGH **32**, 205); Mittäterin eines Betrugs zum Nachteil gesetzlicher Kassen und Ersatzkassen die Ehefrau eines Arztes, deren Tatbeteiligung sich in vorbereitenden Handlungen erschöpft (NStZ **92**, 436); Mittäter eines Betrugs auch ein Notar, der für den Besitzer eines abhanden gekommenen Kunstgegenstands Kaufinteressenten akquiriert, Expertisen anfertigen lässt und Verhandlungen führt (vgl. wistra **01**, 420 [*Bernstein-Zimmer*]). Wer einen Tatbeitrag ohne Rücksicht auf einen erfolgreichen Ausgang der Tat erbringt, hat idR kein primäres Interesse am Taterfolg, was für bloße Hilfeleistung spricht (StraFo **98**, 166). Ein nur als **Bote** eingesetzter Kurier beim BtM-Handel, also ein Transporteur von Rauschgift oder Geld ohne weiteren Einfluss auf das Gesamt-Umsatzgeschäft, ist daher nach neuer Rspr regelmäßig nicht Mittäter, sondern nur Gehilfe (vgl. unten 16 b; 15 vor § 52). Eine untergeordnete oder überwiegend passive Beteiligung reicht nur dann für die Annahme von Mittäterschaft aus, wenn der Beteiligte ausnahmsweise ein ganz besonderes Interesse an der Tatausführung hat (vgl. StV **01**, 462 [Fahrerdienste]). Das Kriterium des **Tatinteresses** als „**Eigen**interesse" wird freilich etwa da fraglich, wo der *Tatbestand* ausdrücklich Handeln im **Fremd**interesse ausreichen lässt (zB § 242, § 263); unklar ist auch, warum dem Kriterium bei der unmittelbaren und mittelbaren Täterschaft *keine* entscheidende Bedeutung zukommen soll. **14**

Wer nicht Alleintäter sein könnte, kann auch nicht Mittäter, sondern nur Anstifter oder Gehilfe sein (BGH **2**, 320; **14**, 123). Mittäter der **Sonderdelikte**, vor allem der echten Amtsdelikte und der militärischen Straftaten nach dem WStG, kann daher nur ein Amtsträger oder Soldat sein. Mittäter eines Steuerdelikts kann allerdings, da der Täter weder Steuerschuldner noch Steuerpflichtiger zu sein braucht, auch ein Dritter sein (BGH **38**, 41), auch ein Finanzbeamter (BGH **24**, 326; wistra **93**, 302; 5 StR 127/07 **aS**), da § 370 AO kein Sonderdelikt ist (NStZ **86**, 463; wistra **90**, 147, 150; Düsseldorf wistra **88**, 119; MDR/S **88**, 898; *Bilsdorfer* NJW **89**, 1590; *Gribbohm/Utech* NStZ **90**, 211). Bei **unechten Amtsdelikten** ist Mittäterschaft am Allgemeindelikt möglich. **Eigenhändige Delikte** **15**

(42a vor § 13) können in Mittäterschaft begangen werden, wenn alle Mittäter in eigener Person den Tatbestand erfüllen (zB § 177 II Nr. 1). Der Tatbestand von **Erwerbs**-Delikten setzt regelmäßig die Erlangung tatsächlicher Verfügungsmacht über die erworbene Sache voraus (zB § 29 I BtMG; § 52 I WaffG). Gemeinsame Mitverfügungsgewalt durch mehrere Personen ist möglich; nicht aber eine Zurechnung allein fremder tatsächlicher Gewalt gem. § 25 II (NStZ **97**, 604, 605; 4 StR 431/07).

16 Die **Verteilung der Tatbeiträge** ist grds ohne Bedeutung und kann daher, wenn die Mittäter insoweit einverständlich handeln, offen bleiben (3 StR 91/87). Maßgebend ist der **gemeinsame Wille** (vgl. OGHSt. **3**, 4) sowie die **gemeinsame Herrschaft über die Tat** (vgl. 2 vor § 25; *Gössel,* Jescheck-FS 553; *Stoffers* MDR **89**, 210; *Küpper* ZStW **105**, 295; krit. *Herzberg* JuS **74**, 720; zu Auswirkungen eines [normativen] *Tatherrschaftsgefälles* auf die Beteiligungsform vgl. *Kudlich,* Schroeder-FS [2006] 271 ff.). Eine Mitwirkung am Kerngeschehen ist nicht zwingend erforderlich (5 StR 714/98 [insoweit in BGH **45**, 51 nicht abgedr.]; NStZ **03**, 57, 58 [Handeltreiben mit BtM]; **03**, 253 f. [Abgrenzung zur Anstiftung]); es reicht im Grundsatz irgendeine Förderung der als gemeinsam gewollten Tat (BGHR § 25 II Tatint. 5), sei es auch nur durch Rat (BGH **16**, 12), durch bewusstes Bestärken im Tatwillen (BGH **16**, 14), durch eine vorbereitende Handlung (BGH **2**, 344; **14**, 123; 40, 299, 301; NStZ **99**, 609 f.; NStZ-RR **97**, 283) oder Teilnahme an einer **Vorbereitungshandlung** (BGH **11**, 271; **14**, 128; **36**, 250; **37**, 289, 292 [m. abl. Anm. *Roxin* JR **91**, 206 u. TuT 606 ff.; hierzu ferner krit. *Puppe* NStZ **91**, 571; *Herzberg* JZ **91**, 856; *Erb* JuS **92**, 196; *Stein* StV **93**, 411; *Lesch* ZStW **105**, 271; *Hauf* NStZ **94**, 264; *Bloy* GA **96**, 432; *Roxin,* Lenckner-FS 274]; **40**, 301 [m. Anm. *Graul* JR **95**, 427; *Erb* NStZ **95**, 424; *Ingelfinger* JZ **95**, 704; *Zopfs* Jura **96**, 19; *Roxin,* Odersky-FS 495; *Roßmüller/Rohrer* MDR **96**, 986; *Ahrens* JA **96**, 664; *Britz* JuS **97**, 146; *Kunz* JuS **97**, 242; *Streng* ZStW **109,** 891]; NJW **61**, 1542; **85**, 1035; NStZ **95**, 122 [m. Anm. *Küpper* NStZ **95**, 331]; **96**, 434; 495 [m. Anm. *Miehe* StV **97**, 247]; **99**, 609 [Anm. *Krack* JR **00**, 424]; **02**, 74 f.; **03**, 253; StV **97**, 411; zusf. *Zieschang* ZStW **107**, 361); auch durch nur psychische und verbale Unterstützung (GA **84**, 287; vgl. auch BGH **32**, 178 [Landfriedensbruch]). Das gilt namentlich auch bei Taten innerhalb organisierter krimineller Strukturen, in denen Personen mit entscheidender **Organisationsmacht,** aber geringen unmittelbaren Tatbeiträgen im Hintergrund bleiben (BGHR § 25 II Mitt. 2). Kausalität des mittäterschaftlichen Tatbeitrags für die Tatvollendung ist nicht im Sinne der Bedingungs-Formel erforderlich. Auf der Grundlage der zum Versuchsbeginn bei Mittäterschaft von der Rspr vertretenen **Gesamtlösung** (vgl. BGH **39**, 236; dazu 21 ff. zu § 22) kann nach NStZ **99**, 609 (krit. Anm. *Krack* JR **00**, 424) die Tat für einen Mittäter auch dann schon vollendet sein, wenn er seinen verabredeten, im Zeitraum *zwischen* Vollendung und Beendigung zu leistenden Tatbeitrag noch nicht erbracht hat (str.).

16a Mittäter einer **Körperverletzung** kann auch sein, wer die Verletzung zwar nicht eigenhändig ausführt, auf Grund eines gemeinschaftlichen Tatentschlusses aber mit dem Willen zur Tatherrschaft zum Verletzungserfolg beiträgt (NStZ **84**, 328; stRspr); auch der Mittäterschaft am **Mord** steht mangelnde Eigenhändigkeit nicht entgegen (BGHR § 25 II Mittäter 26; vgl. auch 5 StR 714/98 [insoweit in BGH **45**, 51 nicht abgedr.]; 5 StR 591/03; 2 StR 206/04; BGH **49**, 189 [= 5 StR 115/03; Organisation von völkerrechtswidrigen Massenerschießungen; *Fall Engel*]). Mittäter von **Einfuhr-** oder **Ausfuhrdelikten** ist nicht nur derjenige, der den Gegenstand in eigener Person über die Grenze schafft, sondern auch derjenige, der das Verbringen (auch) im eigenen Interesse organisiert und durch Kuriere ausführen lässt (NStZ **05**, 229).

16b Beim **Handeltreiben *mit BtM*** beurteilt sich die Abgrenzung von Mittäter*schaft und Beihilfe* grds. nach den allgemeinen Regeln (vgl. 15 vor § 52; NStZ **99**, 451 f.; **00**, 482; **05**, 228; **06**, 452; **06**, 578 f.; **07**, 288 f.; NStZ-RR **01**, 148; **03**, 309; **06**, 277, 278; **06**, 454; StV **98**, 596; BGHR § BtMG § 29 I Nr. 1 Handeltreiben 25, 36); freilich ist in der Praxis, da „Handeltreiben" nach stRspr jede auf die Förderung des (Waren-)Umsatzes gerichtete eigennützige (dazu BGH **34**, 124, 126) Tätigkeit ist (vgl. 12 vor § 52), der Bereich der Beihilfe zugunsten der Täterschaft weit zurückgedrängt worden (vgl. etwa 2 StR 161/04 [300 DM Entlohnung als „sekundäres Motiv" für Transport von 78 kg BtM]). Der **Transport im eigenen Körper** durch einen Kurier wurde von der Rspr. zumeist ohne Weiteres als *täterschaftliches* Handeltreiben (aufgrund Tatherrschaft durch „Verfügungsgewalt") angesehen (vgl. zB auch München NStZ-RR **06**, 55 f. [krit. Anm. *Kotz* NStZ **06**, 456]; zur Einordnung von Kurieren auch 5 StR 122/04; StV **06**, 184; NStZ **06**, 328; **06**, 452 f.; NStZ-RR **06**, 277; **06**, 350; 3 StR 64/06; 3 StR 105/06; 3 StR 177/06;2 StR 199/06; 2 StR 591/06; zur Uneinheitlichkeit der Rspr. vgl. *Winkler* NStZ **05**, 315 mwN). Jedenfalls untergeordnete Unterstützungshandlungen scheiden aber als täterschaftliche aus (vgl. NStZ **00**, 482; BGHR § 27 I Hilfeleisten 15, 18 [„Dabeisein"]; Handeltreiben 56 [Schutz des Haupttäters bei Geschäftsabwicklung]; NStZ-RR **03**, 309 [Zur-Verfügung-Stellen eines Kellerraums zum Aufstellen eines nur dem Haupttäter zugänglichen Schranks als Btm-Bunker]; NStZ **05**, 228 [bloßes Begleiten eines Täters aus Freundschaft; Ausführen einzelner eng begrenzter Aufträge zur Unterstützung ohne eigenen Entscheidungsspielraum]). Die **neue Rspr** des BGH hat einen Wandel zu einer einschränkenden Rechtsanwendung vollzogen: Reine **Kuriertätigkeit** ist regelmäßig nicht als täterschaftliches Handeltreiben anzusehen (BGH 51, 219 [= NStZ **07**, 338]; 2 StR 138/07; 2 StR 196/07; 2 StR 223/07; 2 StR 267/07; sehr eng und wohl abweichend dagegen 1 StR 124/07; vgl. dazu *Winkler* NStZ **07**, 317 f.; 15 vor § 52); eine kasuistische Differenzierung danach, wie die konkrete Zugriffsmöglichkeit des Kuriers sich dargestellt hat (vgl. etwa NStZ **06**, 577 mwN), ist in der Rspr des BGH zunehmend aufgegeben worden (vgl. auch NStZ-RR **06**, 88; **06**, 350; **07**, 88; 2 StR 396/06; 2 StR 458/06; 2 StR 568/06; 3 StR 87/06).

Bewaffnetes Handeltreiben (§ 30 a II Nr. 2 BtMG) kann nach der Entscheidung des GrSen (BGH **48**, 189) als Mittäter auch begehen, wer nicht selbst unmittelbar Zugriff auf die mitgeführte Schusswaffe hat; die Bewaffnung eines Täters ist den Mittätern nach allg. Grundsätzen zuzurechnen (and. BGH **42**, 368 (1. StS); Anfragebeschl. 3. StS NStZ **02**, 440; Antwort 1. StS NJW **02**, 3116). Beim **gemeinsamen Einkauf** von BtM (zu deshalb niedrigerem Preis) liegt nach NStZ-RR **03**, 57, 58 mittäterschaftliches Handeltreiben in nicht geringer Menge auch dann vor, wenn die Gesamtmenge in *nicht* „nicht geringe" Mengen geteilt und von den Beteiligten jeweils auf eigene Rechnung weiterverkauft werden soll (Sammeleinkauf). Bloßes **Dabeisein** bei fremder Einfuhr reicht aber auch dann nicht für die Annahme von Mittäterschaft hieran, wenn der Beteiligte eigenhändig ebenfalls eine Einfuhrtat begeht (vgl. NStZ **05**, 229 [**gemeinsame Einkaufsfahrt** mit nachfolgender Einfuhr jeweils einzeln zugeordneter BtM-Mengen begründet keine mittäterschaftliche Einfuhr nicht geringer Menge]). **Eigennütziges** Handeln reicht für sich allein nicht aus, zB wenn ein Beteiligter allein eine Räumlichkeit zur Lagerung von BtM zur Verfügung stellt, selbst keinen Zugang hat und weder in Einkauf- noch in Verkaufshandlungen eingebunden ist (NStZ-RR **03**, 309). **16 c**

Mittäterschaft bei der **Steuerhinterziehung** setzt voraus, dass der Beteiligte überhaupt als Täter in Betracht kommt. Bei Taten nach § 370 I Nr. 1 AO durch aktives Tun kann kann auch derjenige Täter sein, den selbst keine steuerlichen Pflichten treffen (BGH **38**, 37, 41; NStZ **86**, 463; NJW **03**, 2924; 5 StR 164/06). Anders ist es bei Tatverwirklichung durch (echtes) **Unterlassen** nach § 370 I Nr. 2 AO; Täter (und Mittäter) kann hier nur sein, wer selbst zur Aufklärung steuerlich erheblicher Tatsachen verpflichtet ist (NJW **03**, 446, 447; **03**, 2924; 1 StR 164/06). Im Übrigen gelten für die Abgrenzung von (Mit-)Täterschaft und Teilnahme die allgemeinen Regeln. Mittäter einer Zollhinterziehung kann auch sein, wer selbst nicht gestellungspflichtig ist und bei ordnungsgemäßer Verzollung nicht Zollschuldner wäre (BGH **31**, 347). **16 d**

Eine ausdrückliche gemeinsame Planung vor Tatbeginn ist nicht erforderlich; der gemeinsame Tatentschluss kann auch erst während der Tatausführung gefasst werden, auch konkludent durch arbeitsteilige Tatausführung (BGH **37**, 292; NStZ **85**, 70; **99**, 510); dass sich die Mittäter vor dem gemeinsamen Tatentschluss **17** gekannt haben, ist nicht erforderlich (BGH **6**, 249; NJW **87**, 268). Die **bloße Kenntnis** des Vorhabens oder seine **nachträgliche Billigung** genügen aber nicht (MDR **53**, 272; NStZ **03**, 85); auch nicht bloße Teilhabe an der Beute. An Mittäterschaft kann es auch fehlen, wenn die Täter bei einem Teil der Tatbestandsverwirklichung zusammenwirken, bei der weiteren Ausführung aber völlig selbstständig handeln (BGH **24**, 286), oder wenn der eine Tatbeteiligte am Tatbeitrag des andern nicht interessiert ist (StV **84**, 287). **Abweichungen vom Tatplan** durch einzelne Mittäter sind den übrigen nicht zuzurechnen, wenn sie sich als Exzess darstellen (vgl. NStZ-RR **06**, 37 [gemeinschaftliche Körperverletzung gem § 224 I Nr. 4 mit Exzessfolge gem. § 226 I Nr. 3]). Im Einzelfall kann die Anwesenheit bei der Tat, um dem Ausführenden Sicherheit zu geben, oder die bloß psychische Beeinflussung genügen (BGH **11**, 271; **16**, 14; StV **86**, 384 [m. krit. Anm. *Roxin*]; vgl. JZ **83**, 462 [m. Anm. *Rudolphi* StV **82**, 518]; vgl. aber BGH **24**, 286). Die Mittäter müssen über Art und Umfang der geplanten Tat im Wesentlichen unterrichtet sein (5 StR 327/82); Einzelheiten brauchen sie nicht zu kennen (BGH **16**, 12). In jedem Fall ist die Feststellung eines **konkreten Tatbeitrags** durch Tun oder (garantenpflichtwidriges) Unterlassen erforderlich; so reicht zB nicht die bloße Feststellung, ein in den Gesamtplan eingeweihter Beteiligter an bandenmäßigem BtM-Handel sei „Stellvertreter" eines Haupttäters gewesen (3 StR 296/00).

18 Hieran fehlt es bei **Unterlassungen mehrerer**, wenn jeder nur die ihm allein obliegende Handlung unterlässt (vgl. RG **47**, 93). Doch ist Mittäterschaft durch **einverständliches Unterlassen mehrerer** oder durch Handeln des einen und Unterlassen des anderen denkbar (BGH **2**, 150; **4**, 20; **13**, 166; **37**, 106, 115 ff.; NJW **66**, 1763; *Jescheck/Weigend* § 63 IV 2; *W/J-Raum* 4/29; str.); so zB, wenn mehrere Garanten eine ihnen **gemeinsam obliegende Pflicht** im – möglicherweise sukzessiven – Einvernehmen nicht erfüllen (BGH **37**, 106, 129 [*Lederspray-Fall*; insoweit zust. *Hilgendorf* NStZ **94**, 563; krit. *Samson* StV **91**, 184; *Brammsen* Jura **91**, 536; *Puppe* JR **92**, 32; *M. Dreher* ZGR **92**, 43; *B.-D. Meier* NJW **92**, 3195]; vgl. auch BGH **41**, 206, 218 [*Holzschutzmittel-Fall*]); BGH **48**, 52, 58 [Unterlassen der Steueranmeldung]; vgl. aber BGH **48**, 77, 95 [Nebentäterschaft]).

18a Aus der **Literatur** zur i. e. streitigen Problematik: *Achenbach/Ransiek* (Hrsg.), Handbuch Wirtschaftsstrafrecht, 2004; *Bock,* Produktkriminalität u. Unterlassen, 1997; *Bottke,* Täterschaft u. Gestaltungsherrschaft, 1992; *Hassemer,* Produktverantwortung im modernen Strafrecht, 2. Aufl. 1996; *Hilgendorf,* Strafrechtliche Produzentenhaftung in der „Risikogesellschaft" (135 ff.); *Neudecker,* Die strafrechtliche Verantwortlichkeit der Mitglieder von Kollegialorganen, 1995 (72 ff.); *Ransiek,* Unternehmensstrafrecht, 1996 (33 ff.); zusammenfassend auch *Brammsen* GA **93**, 97 ff. und in: *Amelung* [Organisationen; 1 vor § 25] 105 ff.; *Hoyer* GA **96**, 161, 174 ff.; jew. mwN).

19 **C. Gemeinsames Wollen der Tat** ist Grundlage der Mittäterschaft.

a) Daher haftet jeder, **soweit sein Wille reicht** (*S/S-Cramer/Heine* 95), für den Gesamterfolg (Düsseldorf NJW **87**, 268), da jeder mittelbarer und zugleich unmittelbarer Täter ist. Auch **qualifikationsbegründende** tatbezogene Merkmale, die arbeitsteilig verwirklicht werden können, sind jedem Mittäter nach Maßgabe des gemeinsamen Tatplans zuzurechnen (BGH **39**, 236, 238; BGH (GrSen) **48**, 189; NStZ **93**, 489; BGHR § 30 I Nr. 4 BtMG nicht ger. Menge 6; BGH **48**, 189 [Schusswaffe; zust. Anm. *Altenhain* NStZ **03**, 437]). Die Anknüpfung am gemeinsamen Willen führt dazu, dass ein Mittäter sich ggf. auch einen Irrtum des anderen zurechnen lassen muss. Vereinbaren etwa Mittäter eines Raubs, auf etwaige Verfolger zu schießen, und schießt einer irrtümlich auf einen anderen Beteiligten, den er für einen Verfolger hält, so ist auch dieser Mittäter des versuchten Mordes (BGH **11**, 268 [*Verfolger-Fall*]; *S/S-Cramer/Heine* 96; *Küper,* Versuchsbeginn u. Mittäterschaft, 1978, 36 ff., 40; *Streng* JuS **91**, 915; *Scheffler* JuS **92**, 920, 921; *Jakobs* 21/45; *B/Weber/Mitsch* 29/113; **aA** *Spendel JuS* **69**, 314, 318; *Herzberg* JuS **74**, 721; *Rudolphi,* Bockelmann-FS 380; *Roxin* JA **79**, 519; *ders.*, TuT 287, 311 ff.; *Seelmann* JuS **80**, 572; *Langer,* Dünnebier-FS 426; *Dehne-Niemann* Studentische ZS f. RWiss Heidelbg **04**, 226, 234 ff.). Bei Delikten, die eine bestimmte **Absicht** des Täters voraussetzen (zB

Selbst- oder Drittzueignungsabsicht bei § 242 [NJW **87**, 77]; Eigennützigkeit beim Handeltreiben mit BtM [BGH **34**, 126]), kann allerdings nur derjenige Täter sein, der selbst diese Absicht hat. Bei **Gremienentscheidungen** (zB Vorstand einer Gesellschaft; Kollegien; Spruchgruppe eines Gerichts), soweit diese mehr sind als Vorbereitungshandlungen (vgl. *Jakobs,* Miyazawa-FS 419, 429), ist jeder Mittäter, der mit der Mehrheit für die Ausführung der Tat gestimmt hat (vgl. BGH **37**, 129; vgl. oben 12b); dagegen muss sich der bei der Abstimmung Unterlegene das Ergebnis idR nicht zurechnen lassen (*S/S-Cramer/Heine* 76ff.; SK-*Hoyer* 129; *Schumann* StV **94**, 110; *Knauer* [vor § 25] 126ff., 203ff.; and. Stuttgart NStZ **81**, 27); anders freilich, wenn er den „regelgerecht", wenn auch gegen seine Stimme zustande gekommenen Tatentschluss der Mehrheit billigt und seine Umsetzung fördert (vgl. auch Düsseldorf NJW **80**, 71; Stuttgart NStZ **81**, 27; *Dencker,* Mittäterschaft in Gremien [1 vor § 25] 63ff.; MK-*Joecks* 211ff.); weiterhin, wenn sich aus der offenkundigen Unvertretbarkeit der Entscheidung ein eindeutiges Überwiegen materieller Richtigkeitswerte (*Dencker* aaO) gegenüber verfahrensrechtlichen Mitwirkungspflichten und der durch das Verfahren selbst erzeugten Legitimität ergibt (i. e. str.; vgl. dazu *Knauer* [vor § 25] 201ff.).

b) Für einen über das gemeinsame Wollen hinausgehenden sog. **Exzess eines Mittäters** hat nur dieser einzustehen (BGH **36**, 231, 234; MDR/H **85**, 446; NStZ 02, 597; **04**, 263; 05, 261f.; NStZ-RR **05**, 71f.). Eine ins Einzelne gehende Vorstellung von den Tathandlungen der übrigen Beteiligten ist aber nicht erforderlich (vgl. NStZ **00**, 29f.; **05**, 261f.). In ihrer Schwere und Gefährlichkeit dem gemeinsamen Plan gleichwertige Geschehensabläufe sind idR vom Willen aller Beteiligter umfasst; ein (nicht anwesender) Beteiligter ist daher für *jede* Ausführungsart der Tat verantwortlich, wenn ihm die konkrete Handlungsweise des unmittelbar Ausführenden *gleichgültig* ist (vgl. NStZ **98**, 511f.; **01**, 143; NStZ-RR **05**, 71, 72). Die **Grenze** der Zurechnung liegt dort, wo ein vom gemeinsamen Tatplan abweichender Ablauf – etwa durch Hinzutreten gänzlich neuer, auch nicht allgemein für möglich gehaltener Tatumstände – für nicht anwesende Beteiligte nicht vorhersehbar war und daher auch nicht gebilligt werden konnte, sich also als wesentliche Abweichung vom vorgestellten Tatablauf darstellt (vgl. zB 5 StR 564/00 [Anzünden von Papier als Lichtquelle durch Beteiligte eines Raubs, wenn der ortsabwesende Mittäter von einer funktionierenden elektrischen Beleuchtung ausging]). Ist der Ausführungswille nur für einen Teil der Gesamthandlung gemeinsam, so tritt auch nur insoweit die Mittäterhaftung ein (zB bei Tötungs- [§ 212] oder weitergehendem Verletzungsvorsatz [§§ 224, 226 II] einzelner Mittäter einer einfachen Körperverletzung). Geht bei einem gemeinschaftlichen Raub der **qualifizierende** Einsatz eines gefährlichen Werkzeugs nach § 250 II Nr. 1 durch einen Mittäter über den ursprünglichen Tatplan hinaus, so ist dies dem anderen zuzurechnen, wenn er an der Vollendung der Tat weiter mitwirkt (NStZ-RR **02**, 9; NStZ **04**, 263). Bei den **erfolgsqualifizierten** Straftaten bedarf es der Übereinstimmung der Mittäter dagegen nur für die Verwirklichung des Grundtatbestandes; inwieweit die Beteiligten für die schwere Folge haften, ist für jeden selbstständig nach § 18 zu prüfen. Wenn ein Mittäter seine Handlung in der irrigen Meinung beendet, der Erfolg sei eingetreten, während dieser tatsächlich erst durch das spätere Handeln eines anderen Mittäters herbeigeführt wird, so ist nach BGH **9**, 186 auch für den ersten vollendete Mittäterschaft gegeben (krit. *Dreher* MDR **56**, 498). Über den Rücktritt vom Versuch vgl. 37ff. zu § 24. 20

D. Sukzessive Mittäterschaft ist nach **stRspr** gegeben, wenn sich eine Person einer zunächst fremden Tat nach deren Beginn und vor *ihrer* Beendigung (NStZ-RR **99**, 208; krit. zur Anknüpfung an den Beendigungs-Begriff *Kühl,* Roxin-FS 665, 681ff. mwN) als **Mittäter** (oben 7), also auch in Kenntnis und unter Billigung des bisher Geschehenen (MDR/H **81**, 265 [krit. *Küper* JZ **81**, 568]; **96**, 117; *Gössel,* Jescheck-FS 557 u. *M/Gössel/Zipf* 49/64ff.) anschließt (BGH **2**, 345; VRS **32**, 355; GA **69**, 214; **86**, 229; BGHR § 25 II Tatbeitr. 3). Mittäterschaft liegt 21 nicht vor., wenn das Handeln einer nach Tatbeginn hinzutretenden Person auf den weiteren Ablauf des Geschehens *ohne Einfluss* bleibt (MDR/D **75**, 366; NStZ **84**, 548 [hierzu *Roxin* TuT 592f.]; **85**, 215 L; GA **85**, 233; NStZ-RR **97**, 319; NStZ **98**, 565; *Meyer-Goßner* NStZ **86**, 51), insb. wenn für die Herbeiführung des tatbestandsmäßigen Erfolgs schon alles getan ist (NStZ **97**, 82 [m. Anm. *Stein* StV **97**, 581]; **97**, 272; wistra **03**, 100, 101 [Steuerhinterziehung]) und es zu keiner weiteren Schadensvertiefung kommt (offen gel. in 5 StR 85/07). Der **als Täter** Hinzutretende muss vom Zeitpunkt seines Eintritts an Mittäter im vollen Sinn des Abs. II sein; eine nur untergeordnete Förderung nach Tatbeginn bleibt **Beihilfe** (wistra **01**, 378; Hamm NStZ-RR **05**, 72; wistra **07**, 258).

21 a Wenn diese Voraussetzungen gegeben sind, ist dem Hinzutretenden bei einer natürlich-einheitlichen Tat **die Gesamttat** zuzurechnen**,** auch Erschwerungsgründe (zB § 243 Nr. 2), die vor seiner Mitwirkung verwirklicht wurden und ihm zu diesem Zeitpunkt bekannt sind (entsprechend der Teilnahme; vgl. BGH **2**, 344; **6**, 251; GA **66**, 210; StV **94**, 240; NStZ **97**, 336; JZ **81**, 596 [m. abl. Anm. *Küper* ebd. 568; *Kühl* JuS **82**, 189; *Furtner* JR **60**, 367]; 2 StR 326/81; **aA** die hM in der **Literatur**; vgl. MK-*Joecks* 182; *S/S-Cramer/Heine* 91; SK-*Hoyer* 125 u. GA **96**, 173; *Samson* StV **96**, 93; *Puppe* JR **92**, 32; *Kühl* AT 20/129 u. Roxin-FS 665ff.; vgl. auch *Rudolphi,* Bockelmann-FS 377; *Gössel,* Jescheck-FS 537; *Otto* Jura **87**, 253; *Küpper* GA **86**, 448; *Krey* ZStW **101**, 848; für § 12 öStGB *Schmoller,* Zipf GedS 295, 307ff.). Bloß einseitige Kenntnisnahme und Billigung des Hinzutretenden oder das bloße Ausnutzen der durch eine Vortat geschaffenen Lage zu einer selbständigen eigenen Tat (vgl. BGH **2**, 344) genügen freilich nicht (and. *Jakobs* AT 21/43; *Derksen* GA **93**, 163; *Lesch* ZStW **105**, 271ff.; dagegen *Bloy* GA **96**, 431; *Küpper* GA **98**, 526); erforderlich ist ein nachträglich erzieltes *gegenseitiges* Einverständnis über die Ausweitung des ursprünglichen Tatplans (MDR/D **71**, 545; NStZ **85**, 70 [hierzu *Roxin* TuT 593f.]; MDR/H **87**, 281; BGHR § 13 I Unterl. 2); der ursprüngliche (Allein-)Täter muss Kenntnis vom Tatbeitrag des später Hinzutretenden erhalten und ihn als Teil der nun gemeinsamen Tat billigen (MDR/H **96**, 117; StV **98**, 128).

22 **E. Vorsatz** ist Voraussetzung der Mittäterschaft, kann aber, wenn der Tatbestand dies zulässt, bei dem einen bedingt, bei dem anderen unbedingt sein (RG **59**, 246). Es genügt, dass die Täter die nach Gegenstand, Zeit und Ort bestimmte Tat wenigstens in allen wesentlichen Beziehungen, wenn auch nicht in sämtlichen Einzelheiten der Ausführung in ihre Vorstellung und in ihren Willen aufgenommen haben (BGHR § 15 Vors. 3). Keine Mittäterschaft liegt vor, wenn der eine Beteiligte vorsätzlich und, wie dieser weiß, der andere fahrlässig handelt.

23 **F.** Für die Frage der **Konkurrenz** gilt das oben 9 Ausgeführte entsprechend. Bei einer durch mehrere Personen begangenen Deliktsserie ist die Frage der Konkurrenz für jeden Beteiligten gesondert zu prüfen (vgl. LK-*Rissing-van Saan* 16 zu § 52). Wenn ein Mittäter seinen mehrere Einzeldelikte umfassenden Tatbeitrag bereits im Vorfeld erbracht hat, so verletzt er den Tatbestand nicht nur einmal; vielmehr werden ihm die Einzeltaten der Mittäter als in **gleichartiger Tateinheit** (§ 52 I, 2. Var.) begangen zugerechnet (StV **02**, 73; **04**, 463; wistra **03**, 384; BGHR § 52 I Handlung, dieselbe 26; BGHR § 263 Täterschaft 1, 2; 2 StR 456/03).

24 **G.** Die **Feststellung** der Mittäterschaft erfolgt nach der stRspr des BGH im Wege einer *wertenden Gesamtbetrachtung*. In Grenzfällen ist dem Tatrichter ein **Beurteilungsspielraum** eröffnet, der revisionsrechtlich nicht überprüft werden kann; das Ergebnis ist vielmehr, wenn die Urteilsgründe eine hinreichende Darlegung der Gründe enthalten (vgl. 3 StR 23/06), vom Revisionsgericht hinzunehmen, auch wenn im Einzelfall eine andere Beurteilung möglich gewesen wäre (stRspr.; vgl. etwa NStZ **84**, 413, 414; NJW **97**, 3385, 3387; StV **98**, 540; NJW **04**, 3051, 3053f.; NStZ **06**, 44, 45; **06**, 94; NStZ-RR **05**, 71; 5 StR 306/03; 2 StR 206/04).

H. Eine **fahrlässige Mittäterschaft** (genauer: Mittäterschaft beim Fahrlässigkeitsdelikt) ist von der Rspr bisher nicht ausdrücklich anerkannt worden (vgl. auch VRS **18**, 146; 421); auch in der Entscheidung BGH **37**, 106 (*Lederspray-Fall*) hat der *2. StS* die „gemeinsame und gleichstufige Verantwortung" von Mitgliedern der Geschäftsführung für das (schadensverursachende) Unterlassen eines Beschlusses zum Rückruf gefährlicher Produkte ausdrücklich vom „mittäterschaftlichen Unterlassen" abgegrenzt (BGH **37**, 106, 132). In der Sache hat der BGH hier freilich eine **wechselseitige Zurechnung fahrlässigen Handelns** (Unterlassens) vorgenommen und dies „aus den Grundsätzen (abgeleitet), die allgemein für die Beurteilung solcher Fallgestaltungen gelten, in denen sich der strafrechtlich relevante Erfolg nur aus dem Zusammentreffen der Verhaltensbeiträge mehrerer Täter ergibt" (ebd. 130 f.). Hieraus ist in der Lit. auf eine Bestätigung auch der Figur der fahrlässigen Mittäterschaft geschlossen worden (vgl. zB *Brammsen* Jura **91**, 533, 537 f.; *Lesch* GA **94**, 112, 121 f.; *Hoyer* GA **96**, 160, 173; *Otto*, Die Strafbarkeit von Unternehmen und Verbänden, 1993, 10 ff.; *Dencker*, Kausalität und Gesamttat, 1996, 188 ff.; *Ransiek*, Unternehmensstrafrecht, 1996, 67 ff.). **25**

In der Literatur wird die Möglichkeit fahrlässiger Mittäterschaft heute vielfach bejaht (dafür, mit Unterschieden im Einzelnen, neben den oben 25 Genannten, zB *Brammsen/Kaiser* Jura **92**, 38, 41; *Eschenbach* Jura **92**, 643 f.; *Hilgendorf* NStZ **94**, 563; *Knauer* [1 vor § 25] 181 ff.; *Küpper* GA **98**, 526 f.; *Otto*, Maurach-FS [1972] 104; *ders.*, Jura **90**, 47 ff.; *ders.*, Spendel-FS [1992] 271 ff.; *Renzikowski* [[1 vor § 25] 288 f; *ders.*, Otto-FS [2006] 423 ff.; *Roxin* AT 2, 25/241 f.; *Weißer* JZ **98**, 230; LK-*Schünemann* 217; MK-*Joecks* 243; wohl auch *Kühl* AT 20/116 a f. [abl. aber in *Lackner/Kühl* 13]). Ein Bedürfnis für eine solche Zurechnung besteht namentlich bei **Gremienentscheidungen**, wenn die *Kausalität* des Abstimmungsverhaltens jedes Einzelnen mit der Begründung verneint werden könnte, seine Gegenstimme hätte am Gesamtergebnis nichts geändert (vgl. dazu insb. *Knauer* [1 vor § 25] 188 ff.; *Schaal* [1 vor § 25] 213 ff.; *Roxin* At 2, 25/241; LK-*Schünemann* 216; jew. mwN; als weitere Anwendungsfälle neben BGH **37**, 106 werden genannt Bay NJW **90**, 3032; Schweiz. Bundesgericht BGE **113** IV 54 [Wiedergabe auch bei *Otto* Jura **90**, 47]). In diesem Fall reicht es aus, dass das gemeinsame Verhalten *insgesamt* den Erfolg verursacht hat und ein sorgfaltspflichtgemäßes Handeln des Einzelnen aus einer *Sicht ex ante* den Eintritt dieses Erfolgs hätte vermeiden können (vgl. LK-*Schünemann* 216; *Roxin* AT 25/241). Die **Gegenmeinung** (zB *B/Weber/Mitsch* AT 29/90; *Bottke* GA **01**, 463, 479 f.; *Kraatz* [1 vor § 25] 147, 366; *Puppe* GA **04**, 129; *dies.*, Spinellis-FS [2001] 915; *Vassilaki*, Schreiber-FS [2003] 499, 502; NK-*Schild* 99; *S/S-Cramer/Heine* 101 u. 115 vor § 25) weist vor allem darauf hin, dass eine solche Zurechnung mangels gemeinsamem Tatplan jedenfalls nicht auf § 25 II gestützt werden kann (vgl. auch MK-*Duttge* 211 zu § 15; *S/S-Cramer/Heine* 116 vor § 25; NK-*Schild* 2 vor § 25) und dass bei fahrlässigen Delikten gerade die die Zurechnung *begrenzende* Funktion des deliktischen Sinnbezugs im Tatplan entfällt (*Puppe* GA **94**, 129, 133 ff.). Zu weit würde es in der Tat gehen, die Zurechnung des Gesamterfolgs auf ein bloßes „objektives Ineinandergreifen" jeweils individuell fahrlässigen Verhaltens zu stützen (so auch zutr. *Knauer* [1 vor § 25] 192; LK-*Schünemann* 217; *Roxin* AT 25/242; *Renzikowski*, Otto-FS [2007] 423, 429 ff.). Als Zurechnungsgrundlage wird von den Befürwortern vielmehr ein „*gemeinsames Handlungsprojekt*" verlangt (*Knauer* aaO 198; ebenso *Roxin* AT 2, 25/242; LK-*Schünemann* 217; *Weißer* [1 zu § 25] 147; *Renzikowski*, Otto-FS [2007] 423, 431 ff.; krit. zur Weite dieses Begriffs aber *Puppe* aaO). Voraussetzung ist danach die gemeinsame Begründung einer Gefahr, die gemeinsame Schaffung eines *unerlaubten* Risikos (*Renzikowski* aaO 433, 439), der „Plan zu einer gemeinsamen gefährlichen Aktion" (*Schünemann* aaO), welcher den deliktischen *Erfolg* allerdings nicht mit umfasst. Danach wäre eine solche Mittäterschaft wohl nur als gemeinsam *bewusste* Fahrlässigkeit *konstruierbar*. IdR wird ein fahrlässiges Zusammenwirken mehrerer Personen allerdings schon über die Regeln der Nebentäterschaft erfasst. **26**

27 **6)** Sog. **Nebentäterschaft** (Mehrtäterschaft) ist gegeben, wenn mehrere, ohne in bewusstem und gewolltem Zusammenhang zu handeln, durch die Gesamtheit ihrer Handlungen einen Erfolg herbeiführen. Der Sache nach handelt es sich also um mehrere Alleintäter. Nebentäter ist daher nur, wer alle gesetzlichen Tatbestandsmerkmale allein erfüllt (NStZ **93**, 584). Auch bei **kollektivem Unterlassen** gebotenen Handelns durch Garanten, die – jeder für sich – zu gemeinschaftlicher Abwendung des Erfolgs verpflichtet sind (Gremienentscheidung), liegt Nebentäterschaft vor (BGH **48**, 77, 95 [*Politbüro*]). Der BGH anerkennt auch die Möglichkeit nebentäterschaftlicher Begehung von Fahrlässigkeitsdelikten (NStZ **92**, 234 [§ 222]). Eine Sonderform der Nebentäterschaft enthält § 291 I S. 2 (vgl. dort 21).

Anstiftung

26 Als Anstifter wird gleich einem Täter bestraft, wer vorsätzlich einen anderen zu dessen vorsätzlich begangener rechtswidriger Tat bestimmt hat.

1 **1) Die Vorschrift** ist in wörtlicher Übereinstimmung mit § 30 E 1962 (Begr. 150; Ndschr. **2**, 67 ff., 108, 115, 217; **12**, 139) durch das 2. StrRG (Ber. BT-Drs. V/4095, 12; Prot. V/1648, 1736 f., 1826 ff.) eingefügt worden.

1 a **Schrifttum (Auswahl):** *Amelung*, Die Anstiftung als korrumpierende Aufforderung zu strafbedrohtem verhalten, Schroeder-FS (2006) 147; *Börner*, Die sukzessive Anstiftung, Jura **06**, 415; *Christmann,* Zur Strafbarkeit sogenannter Tatsachenarrangements wegen Anstiftung, 1997; *Geppert,* Die Anstiftung, Jura **97**, 299; *Hilgendorf,* Was meint „zur Tat bestimmen" in § 26?, Jura **96**, 9; *Hruschka,* Regreßverbot, Anstiftungsbegriff u. Konsequenzen, ZStW **110** (1998), 581; *Ingelfinger,* Anstiftervorsatz u. Tatbestimmtheit, 1992 [Bespr. *Lesch* GA **94**, 92]; *Jung,* Claus Roxin, Xaver Marias und der Strafgrund der Anstiftung, GA **06**, 304; *Kinzig,* Bewegung in der Lockspitzelproblematik nach der Entscheidung des EGMR, StV **99**, 288; *Kudlich,* Die Abstiftung, JuS **05**, 592; *Küpper,* Besondere Erscheinungsformen der Anstiftung, JuS **96**, 23; *Less* ZStW **69**, 43; *Puppe* GA **84**, 101; *dies.*, Was ist Anstiftung?, NStZ **06**, 424; *Riklin*, Anstiftung durch Fragen, GA **06**, 361; *Roxin,* Salger-FS 129; *Schobloch,* Neutrales Alltagshandeln bei Anstiftung?, ZStrR **03**, 77. Vgl. im Übrigen Angaben **1 vor § 25**.

2 **2) Anstiftung** ist das vorsätzliche **Bestimmen** einer anderen Person zur Begehung einer **vorsätzlichen rechtswidrigen Tat.** Der Anstifter veranlasst den anderen zu einer Tat, über die nicht er selbst, sondern der andere die Tatherrschaft haben soll (vgl. 2 vor § 25). Auch zu *eigenhändigen* Straftaten ist Anstiftung möglich; ebenso zu Sonderdelikten, die nur der Angestiftete als Täter begehen kann (vgl. oben 7, 3 vor § 25; *S/S-Cramer/Heine* 26).

3 **A. Bestimmen** des Täters zur Tat bedeutet nach in der Lit. überwiegend vertretener Ansicht, der in der Sache auch die Rspr. folgt, in ihm den Entschluss zur Tat durch *irgendeine* dafür ursächliche Anstiftungshandlung (unten 4) hervorzurufen („*Verursachungstheorie*"; vgl. BGH **9**, 379; **45**, 373 ff.; NStZ **94**, 30; **00**, 421 f.; **01**, 42; GA **80**, 185; Köln MDR **62**, 591; 1 StR 250/05 [insoweit in NStZ-RR **06**, 10 nicht abgedr.]; *Lackner/Kühl* 2; *S/S-Cramer/Heine* 4 f.; MK-*Joecks* 21 [sog. *Kommunikationstheorie*]; **aA** insb. *Puppe* GA **84**, 112; *dies.* NStZ **06**, 424 ff.; *Jakobs* AT 22/21 ff.; *Köhler* AT 525 f. [sog. *Unrechtspakttheorie*]; *Amelung*, Schroeder-FS [2006] 147, 152 ff.). Dies ist auch möglich, wenn der Täter nur ganz allgemein zu derartigen Taten bereit ist (MDR/D **57**, 395; 2 StR 431/79) oder wenn er sich schon mit dem Gedanken an die Tat trägt, aber noch schwankt oder Hemmungen hat, eine begonnene fortgesetzte Tat weiterzuführen (MDR/D **70**, 730); Mitursächlichkeit des Bestimmens genügt (NStZ **94**, 30; *Weßlau* ZStW **104**, 119; *Geppert* Jura **97**, 303), nur darf der Täter noch nicht zu der konkreten Tat fest entschlossen sein (sog. *omni modo facturus;* wistra **88**, 108; *Otto* JuS **82**, 561; *Puppe* GA **84**, 116). Im Fall der Vergatterung (vgl. BGH **39**, 1, 3, 11) von Soldaten an der innerdeutschen Grenze vor befehlsmäßigem tödlichen Schusswaffengebrauch gegen unbewaffnete Flüchtlinge war nach BGH **47**, 100, 103 nur Beihilfe gegeben, weil die Befehlslage vorgegeben war und durch die Vergatterung nur aktualisiert wurde. Falls der schon entschlossene

spätere Täter aber veranlasst wird, eine *andere* Tat zu begehen, liegt eine als Anstiftung zu bewertende **Umstiftung** vor (NStZ-RR **96**, 1); bei Veranlassung lediglich einer Modifikation derselben Tat ist (psychische) Beihilfe gegeben (vgl. NStZ-RR **96**, 2; *S/S-Cramer/Heine* 8; SK-*Hoyer* 21). War der Täter schon zum Grunddelikt (zB Raub) entschlossen, so kann er doch noch zur qualifizierten Tat (schwerer Raub) angestiftet werden (BGH **19**, 339; **„Aufstiftung"**), denn die beiden Taten sind nicht identisch (*Stree,* Heinitz-FS 277; *Bemmann,* Gallas-FS 273; *Hühnerfeld* ZStW **99**, 249; *Roxin* AT II, 26/104; **aA** *S/S-Cramer/Heine* 8; MK-*Joecks* 35; *Lackner/Kühl* 2a; *Kühl* AT 20/183; *Cramer* JZ **65**, 30; *Grünwald* JuS **65**, 313; SK-*Hoyer* 19f.; *Jescheck/Weigend* § 64 II 2c; *Gropp* AT 10/123; zusf. *Küpper* JuS **96**, 24). Wer hingegen einen zu einem qualifizierten Delikt entschlossenen Täter veranlasst, lediglich das Grunddelikt zu begehen („**Abstiftung**"), begeht keine Anstiftung, da der Täter hinsichtlich des Grunddelikts ein *omni modo facturus* ist, allenfalls kommt psychische Beihilfe in Betracht (hM; vgl. SK-*Hoyer* 17; *S/S-Cramer/Heine* 8). Eine einzige Anstiftungshandlung kann sich auch auf mehrere, in den Einzelheiten noch nicht feststehende Taten beziehen (StV **83**, 457). Wird ein Täter *nach Vollendung* eines Tatbestands dazu bestimmt, die *Fortführung* der Tat entgegen seiner Absicht *nicht aufzugeben* (zB die Trunkenheitsfahrt fortzusetzen; eine Freiheitsberaubung nicht zu beenden), so kann hierin eine psychische Beihilfe, aber auch eine („**sukzessive**") Anstiftung zu dem der Bestimmungshandlung nachfolgenden Tatteil liegen (vgl. *Börner* Jura **06**, 415ff.).

Die Anstiftung braucht sich nicht auf einen bestimmten Täter zu beziehen; es genügt, wenn sie sich an die eine oder andere unbestimmte Person aus einem individuell bestimmten Personenkreis richtet und zum Taterfolg hinleitet (2 StR 699/77; KG NJW **91**, 2654; Hamm JMBlNW **63**, 212; hierzu *Rogall* GA **79**, 13). § 111 greift nur ein, wenn die Tat, zu der aufgefordert wird, nicht hinreichend konkretisiert ist (unten 6; *Dreher,* Gallas-FS 307; *Möhrenschlager* Prot. 7/2240). Anstiftung durch Unterlassen ist nur ausnahmsweise möglich (str.; *Otto* JuS **82**, 560; *Lackner/Kühl* 3). Wer zur Anstiftung anstiftet (sog. **Kettenanstiftung**), braucht auch nach hM den Haupttäter nicht zu kennen (BGH **6**, 359; **40**, 313; KG NJW **91**, 2654; *Küpper* JuS **96**, 25; *Geppert* Jura **97**, 364); dies gilt auch für den Anstifter in Mittäterschaft. Bei der Kettenanstiftung kann eines der Glieder gutgläubig sein (BGH **8**, 137; vgl. zur Kettenanstiftung auch NStZ **98**, 347 [m. Anm. *Graul* JR **99**, 249; *Kretschmer* NStZ **98**, 401]). Wenn mehrere Personen unabhängig voneinander den Täter zur Tat bestimmen, ist jeder (Allein-)Anstifter in Nebentäterschaft (RG **55**, 80; Hamburg HESt. **2**, 317). 3a

Bestimmungshandlung. Das Bestimmen einer anderen Person ist ein **kommunikativer Akt** (so auch *Roxin* AT II, 26/74; *Amelung,* Schroeder-FS [2006] 147, 163ff.); daher reicht die bloße *Verursachung* des fremden Tatentschlusses, insb. durch Schaffung objektiver **Tatanreize,** nicht aus, wenn in ihr nicht zumindest konkludent eine hinreichend bestimmte **Gedankenerklärung** liegt (i. e. str.; ähnlich wie hier *S/S-Cramer/Heine* 4f.; *Roxin,* Stree/Wessels-FS 376f.; MK-*Joecks* 3ff.; SK-*Hoyer* 12; *W/Beulke* 568; *Jescheck/Weigend* § 64 III 2a; *Kühl* AT 735; *Schmidhäuser* I 311; *Stratenwerth* 881; iErg wohl auch *Kühl* AT 20/169ff.; vgl. auch *Puppe* GA **84**, 111ff.; *Jakobs* AT 22/22 u. GA **96**, 253; *Weßlau* ZStW **104**, 105; *Christmann* 32; **aA** *Lackner/Kühl* 2; *Herzberg* TuT 146f.; wohl auch *Gropp* AT 10/125ff.; zusf. *Hilgendorf* Jura **96**, 10). 3b

B. Welcher Mittel sich der Anstiftende bedient, um den anderen zu bestimmen, ist gleichgültig (1 StR 197/78). Bei Erzeugung eines vorsatzausschließenden Irrtums oder bei einer Drohung, welche die Intensität des § 35 erreicht (vgl. 3 zu § 35), kann der Veranlassende idR nur mittelbarer Täter sein; im Übrigen ist aber nötigender Zwang als Anstiftungsmittel ohne weiteres erfasst (vgl. NStZ **03**, 312, 313). Im Übrigen kommen jede Form und jedes Mittel kommunikativer Einflussnahme in Betracht, also namentlich Anregungen, Überredung, Raterteilung, auch scheinbar allgemeine Erwägungen (als Ratschlag für die Lebenssituation des prä- 4 sumtiven Täters) oder Verharmlosungen, wenn sie auf die Herbeiführung eines konkreten Tatentschlusses abzielen; auch konkludente Aufforderungen reichen aus (1 StR 294/83; GA **80**, 183). Es ist daher nicht erforderlich, dass der Täter die Kausalität der Anstiftungshandlung für seinen Tatentschluss erkennt; Anstiftung kann auch vorliegen, wenn er überzeugt ist, den Entschluss selbständig oder gar gegen den Rat des Anstifters gefasst zu haben. Bloßes **Unterlassen** reicht als Anstiftungshandlung idR nicht aus (*Jescheck/Weigend* § 64 II 6; *Geppert* Jura **97**, 365; *Amelung*,. Schroeder-FS [2006] 147, 175 ff.; vgl dazu auch *S/S-Cramer/Heine* 5); bloßes Schweigen gegenüber einem möglicherweise Tatbereiten genügt daher nicht (NStZ **93**, 489). Ein Rechtsrat kann Anstiftung nur sein, wenn der die Auskunft Erteilende gerade hierdurch zu einer vorsätzlichen Haupttat bestimmen will (vgl. *S/S-Cramer/Heine* 9 ff.); die Rspr nimmt bei tatbegünstigenden Auskünften, zB zu möglichen Risiken, idR nur Beihilfe an (vgl. NJW **92**, 3047; Düsseldorf JR **84**, 257 [Anm. *Hruschka*]; Stuttgart NJW **87**, 2883; krit. *S/S-Cramer/Heine* 9).

5 **C. Vorsätzlich** muss der Anstifter den Täter zur Tat bestimmen; fahrlässige Anstiftung ist als solche nicht strafbar (Bay **12**, 418; vgl. *Hruschka* ZStW **110**, 609). Der Anstifter muss wissen, dass und wozu er bestimmt; bedingter Vorsatz genügt hierbei (BGH **2**, 279; **44**, 99 [m. Anm. *Roxin* NStZ **98**, 616; *Bloy* JZ **99**, 157]; GA **80**, 184; vgl. auch *Bloy* JR **92**, 493, 495; *Geppert* Jura **97**, 546, 550).

6 **a)** Auf eine **bestimmte Haupttat** muss sich der Anstiftervorsatz beziehen. Es genügt nicht, den Täter zu irgendwelchen unbestimmten, nur der Gattung oder dem Tatbestand nach umschriebenen Handlungen zu veranlassen (BGH **34**, 65, hierzu *Roxin,* Salger-FS 129; vgl. *Weßlau* ZStW **104**, 128; *Christmann* [oben 1 a] 10, 141). Der Anstifter muss hierbei eine, wenn auch nicht in allen Einzelheiten, aber doch in den wesentlichen Merkmalen und Grundzügen konkretisierte Haupttat vor Augen haben iS eines umrisshaften Tatbildes (BGH **37**, 218 [m. Anm. *Puppe* JStZ **91**, 124; *Roxin* JZ **91**, 680 u. Spendel-FS 289; *J. Müller* MDR **91**, 830; hierzu *Streng* JuS **91**, 910; *Geppert* Jura **92**, 163, **97**, 359; *Schlehofer* GA **92**, 307; *Küpper* JR **92**, 294; *Toepel* JA **96**, 886; *Streng* ZStW **109,** 897]; NStZ **96**, 435; **98**, 295; 1 StR 250/05 [in NStZ-RR **06**, 10 insoweit nicht abgedr.]), in dem freilich auch einzelne individualisierende Merkmale fehlen können (BGH **34**, 66, *S/S-Cramer/Heine* 17; weniger streng *Roxin* JZ **86**, 908, Salger-FS 133, auch LK 46 mwN, gegen ihn, aber weiter differenzierend *Herzberg* JuS **87**, 617). Umfasst die Vorstellung des Anstifters an der vom Angestifteten zu begehenden Tat mehrere Möglichkeiten der Tatausführung, so fällt ihm die vom Angestifteten tatsächlich gewählte Art, auch wenn sie gegen mehrere Strafgesetze verstößt, voll zur Last (NStZ **97**, 281). Nicht unbedingt notwendig ist, dass der, gegen den sich die Haupttat richten soll, bekannt ist (KG NJW **91**, 2654; RG **34**, 327).

7 **b)** Der Anstifter muss die **Umstände kennen,** welche die Tat des Täters zu einer rechtswidrigen machen. Er muss den anderen zur Verwirklichung der äußeren und inneren Tatbestandsmerkmale der Tat, einschließlich der zu dieser etwa erforderlichen besonderen Absicht bestimmen wollen. Stiftet er zu einem Sonderdelikt an, so muss sein Vorsatz die Sonderstellung des Täters umfassen; er selbst kann Außenstehender sein (BGH **5**, 75). Wenn der mit Anstiftungsvorsatz Handelnde irrtümlich annimmt, der Haupttäter handele vorsätzlich, liegt nur versuchte Anstiftung vor (*S/S-Cramer/Heine* 30 vor § 25; SK-*Hoyer* 35 vor § 26).

8 **c)** Der Anstifter muss die **Vollendung wollen**; wer die Tat nur bis zum Versuch gedeihen lassen will (**agent provocateur**; Lockspitzel), begeht *keine* Anstiftung (BGH GA **75**, 333; MDR/D **76**, 13; *S/S-Cramer/Heine* 20; MK-*Joecks* 56 ff.; *Küper* GA **74**, 321; *Franzheim* NJW **79**, 2016; *Mitsch,* Straflose Provokation strafloser Taten, 1996, 138; *Otto* JuS **82**, 561; *Bruns* NStZ **83**, 53; *Seelmann* ZStW **95**, 795; *Stratenwerth* 890; *differenzierend: Herzberg* GA **71**, 12; JuS **83**, 737; *Maaß* Jura **81**, 514; *Vogler* ZStW **98**, 342; *Jescheck/Weigend* § 64 II 2 b). Fallen Vollendung und Beendigung der Tat auseinander, eine Unterscheidung, die allerdings bei abstrakten Gefährdungsdelikten (zB **Handeltreiben** mit BtM) problematisch ist, so ist der *agent*

provocateur nach hM auch straflos, wenn er durch rechtzeitiges Eingreifen die Beendigung oder den Eintritt einer Rechtsgutverletzung verhindern will (vgl. NStZ 96, 338; 3 StR 216/07; *S/S-Cramer/Heine* 20; MK-*Joecks* 58 ff.; *Lackner/Kühl* 4; krit. *Seier/Schlehofer* JuS **83**, 52; *Lüderssen* StV **85**, 178 u. Jura **85**, 119; *Schünemann* GA **86**, 219; vgl. dazu *Geppert* Jura **97**, 361). Eine Anstiftung liegt nach Oldenburg NJW **99**, 2751 nicht vor, wenn der Veranlassende zwar die formelle Tatbestandsverwirklichung will, nicht aber den Eintritt des materiellen Unrechtserfolgs. Tatprovokation durch **Verdeckte Ermittler** (§§ 110 b ff. StPO) und **Vertrauenspersonen** der Polizei (vgl. dazu BGH **32**, 121; **41**, 42; BVerfGE **57**, 284) mit dem Ziel der Strafverfolgung des Haupttäters sind daher keine strafbare Anstiftung.

Die **Rechtsfolgen einer Tatprovokation** für die Strafverfolgung des Täters **8 a**
sind höchst umstritten. Nach **EGMR** NStZ **99**, 47 [Anm. *Sommer*; *Kempf* StV **99**, 128; *Kinzig* StV **99**, 288; *Roxin* JZ **00**, 369) verletzt die Veranlassung einer nicht tatgeneigten, unverdächtigen Person zu einer Tat und deren anschließende Strafverfolgung das Menschenrecht auf ein faires Verfahren nach Art. 6 I MRK; dieser Verstoß ist nach Maßgabe des nationalen Rechts jedenfalls hinreichend zu kompensieren (vgl. EGMR StV **92**, 500; zur Kompensationspflicht bei Konventionsverstoß vgl. auch BGH **46**, 159, 168 ff.; mwN [rechtsstaatswidrige Verfahrensverzögerung]). Der **BGH** nimmt in stRspr an, auch eine unzulässige polizeiliche Tatprovokation (vgl. zur Rechtsnatur auch *Fischer/Maul* NStZ **92**, 7) führe weder zu einer *Verwirkung* des Strafanspruchs (NStZ **81**, 70; **83**, 80; **85**, 361, 355; vgl. auch BVerfG NJW **85**, 1767 [Anm. *Schünemann* StV **85**, 178]) noch zu einem *Verfahrenshindernis;* auch nach der Entscheidung des EGMR hat der BGH daran festgehalten (offen gelassen in NStZ **99**, 501), dass ein Verstoß im Rahmen einer Gesamtwürdigung (allein) bei der **Strafzumessung** zu berücksichtigen sei (BGH **45**, 321 m 327 ff. m. umfangr. Nachw.; vgl. dazu 67 ff. zu § 46).

D. Strafbarkeit wegen *vollendeter* Anstiftung setzt voraus, dass die Haupttat vom **9**
Angestifteten (vorsätzlich) *infolge* der Anstiftung begangen wird. Eine Zurechnung bloßer *Kausalität* entfällt, wenn der Angestiftete seinen Tatvorsatz endgültig aufgegeben hatte und die Tat später aufgrund eines ganz neuen, wenn auch von der ursprünglichen Anstiftungshandlung mitbestimmten Vorsatzes begeht (vgl. NStZ **87**, 118, 119; **92**, 537 [zur Mittäterschaft]). Allerdings braucht die Anstiftung nicht die alleinige Ursache für den Tatentschluss zu sein (MDR/D **70**, 730; vgl. SK-*Hoyer* 5). Als Haupttat genügt aber auch der Versuch des geplanten Delikts, wenn dieser strafbar ist. Selbständig strafbare Vorbereitungshandlungen (zB Organisationsdelikte) sind nur dann von der Anstiftungsstrafbarkeit erfasst, wenn der Anstifter sie als zwingend notwendiges „Durchgangsstadium" zur Verwirklichung der Haupttat erkannt oder zumindest konkludent auch den Entschluss zur Vorbereitungstat hervorgerufen hat.

Die Anstiftung ist **akzessorisch** im Verhältnis zur Haupttat; diese muss wirklich **10**
(Ausnahmen § 30), braucht aber nicht schuldhaft begangen zu sein (vgl. § 29), damit die Anstiftung strafbar ist; und dies auch nur im Rahmen der Haupttat. Lockerung der Akzessorietät sind nach § 28 möglich. **Versuchte Anstiftung** (im Gegensatz zur Anstiftung zum Versuch, vgl. 8) zu Vergehen ist nicht strafbar, nach § 30 aber versuchte Anstiftung zu Verbrechen.

Die Haupttat muss eine **rechtswidrige Tat** sein, dh die rechtswidrige Verwirk- **11**
lichung eines Tatbestandes. Dagegen beseitigen Schuldunfähigkeit des Täters (vgl. § 29), sowie persönliche Strafausschließungs- und Strafaufhebungsgründe für den Täter die Strafbarkeit der Anstiftung nicht.

Anstiftung zur Anstiftung (sog. Kettenanstiftung; vgl. oben 3 a) ist Anstiftung **12**
zur Haupttat; **Anstiftung zur Beihilfe** ist Beihilfe zur Haupttat (BGH **6**, 361); dasselbe gilt für die **Beihilfe zur Anstiftung** (vgl. BGH **48**, 77 [= NJW **03**, 522 f.]; NStZ **96**, 562; MDR **53**, 400; Bamberg NJW **06**, 2935, 2937). Im letzteren Fall ist nicht erforderlich, dass der *Haupttäter* von der (mittelbaren) Beihilfe Kenntnis erlangt (NStZ **96**, 562; Bamberg NJW **06**, 2937).

13 **Anstiftung mehrerer Personen** durch *dieselbe Handlung* zu (jeweils für sich) selbstständigen Delikten ist tateinheitlich begangene Anstiftung zu diesen Delikten; es kommt für die Konkurrenz auf die Einheitlichkeit der Handlung des Anstifters an. Mehrere können in „Mittäterschaft" anstiften oder dabei in einem Verhältnis wie Täter zu Gehilfen stehen (MDR/D **53**, 400; vgl. *Küpper* JuS **96**, 24).

14 **3)** Dem Anstifter wird die Tat nur soweit zugerechnet, wie er zu ihr angestiftet hat. Bei **Abweichungen** zwischen Anstiftung und Tat gilt folgendes:

15 **A. Unerhebliche Abweichungen** sind ohne Bedeutung; so bezüglich Zeit oder Ort der Tat. Auch der Fall des *error in objecto* gehört bei Gleichwertigkeit der Objekte hierher; etwa wenn A den B ermorden soll, wegen einer Verwechslung aber den C ermordet (vgl. RG **70**, 296 [*Fall Rose-Rosahl*]; BGH **37**, 218 [m. Anm. *Puppe* NStZ **91**, 124; *Roxin* **91**, 680 u. Spendel-FS 289; *Weßlau* ZStW **104**, 107; *Schlehofer* GA **92**, 307; *Küpper* JR **92**, 294; *Bemmann,* Stree/Wessels-FS 397; *Gropp,* Lenckner-FS 55; *Zieschang* ZStW **107**, 365]; ferner *S/S-Cramer/Heine* 23; *M/Gössel/Zipf* 51/54; str.; **aA** *Lackner/Kühl* 6; *Jescheck/Weigend* § 64 II 4; *Otto* JuS **82**, 562).

16 **B. Bei erheblichen Abweichungen** ist zu unterscheiden:

a) Für ein **ganz anderes Delikt** als das angestiftete haftet der Anstifter überhaupt nicht (vgl. 2 StR 761/83 [Mord statt Diebstahl]; MK-*Joecks* 52), wenn nicht hinsichtlich der tatsächlich begangenen Tat bedingter Vorsatz vorliegt.

16a **b)** Beim sog. **Exzess** haftet der Anstifter nur für den Teil der Tat, der seinem Willen entsprach; nicht für den überschießenden Teil. Verwirklicht der zum Grunddelikt angestiftete Haupttäter vorsätzlich eine **Qualifikation,** welche der Anstifter nicht zumindest billigend in Kauf genommen hat, so ist er nur wegen Anstiftung zum Grunddelikt zu bestrafen (vgl. 2 StR 541/00). Bei den **erfolgsqualifizierten Delikten** genügt es hingegen, wenn der Anstifter hinsichtlich des von ihm nicht gewollten schwereren Erfolges fahrlässig handelt (§ 18). Fügt der zu gefährlicher Körperverletzung Angestiftete dem Opfer vorsätzlich eine tödliche Verletzung zu, haftet der Anstifter nach § 227 (BGH **2**, 223; NJW **87**, 77), wenn ihm hinsichtlich des tödlichen Ausgangs Fahrlässigkeit zur Last fällt (§ 18).

16b Umgekehrt kommt es dem Anstifter wegen der Akzessorietät der Teilnahme grds zugute, wenn der Haupttäter **weniger** als das von ihm Vorgestellte verwirklicht: Wer zum Wohnungseinbruchsdiebstahl (§ 244 I Nr. 3) anstiftet, wird nur nach §§ 242, 26 bestraft, wenn der Haupttäter die Sache ohne Einbruch wegnimmt. Ebenso liegt es, wenn die Haupttat nicht vollendet, sondern nur versucht wird (Bestrafung wegen Anstiftung zum Versuch). **Anders** ist es, wenn schon die Anstiftungshandlung selbständig strafbar ist (vgl. § 30); dann ist Tateinheit gegeben (BGH **9**, 131). Das gilt grds auch, wenn der Haupttäter eines Verbrechens eine vom Anstifter gewollte Qualifikation nicht verwirklicht (Versuch der Anstiftung zum Raub mit Waffen; Verwirklichung eines einfachen Raubs: Tateinheit; anders, wenn der zum schweren Raub Angestiftete diesen nur versucht: Anstiftung zum Versuch des § 250 in Tateinheit mit Anstiftung zu § 249). Bei der Anstiftung zu **Tötungsdelikten** kommt es für die Bestrafung des Anstifters nach § 211 auf die Einordnung des vorgestellten oder verwirklichten Mordmerkmals an (vgl. dazu 3 ff. zu § 28; 87 ff. zu § 211).

17 **4) Die Strafe** des Anstifters ist nach dem Strafrahmen für die Haupttat festzusetzen. Auch kann die Bemessung der Strafe für Anstifter und Täter verschieden sein, und zwar möglicherweise für den Anstifter strenger, aber auch milder. Besondere persönliche Strafmilderungen (zB § 157) kommen dem Anstifter nicht zugute; auch nicht in der Person des Täters vorliegende Strafbefreiungsgründe (vgl. 37 ff. zu § 24).

18 ***Mehrfache Beteiligung*** an der Tat in verschiedenen Teilnahmeformen führt nur zur einmaligen Bestrafung wegen der schwersten Beteiligungsform; daher verdrängt die (spätere) Mittäterschaft eine (frühere) Anstiftung (München NJW **50**, 879), eine Anstiftung die Beihilfe (4 StR 136/95).

Bei **echten Amts-** und **Sonderdelikten** ist die Strafe des Anstifters, der selbst nicht Amtsträger ist, der Vorschrift zu entnehmen, die für den Täter gilt; diese ist nach § 28 I zu mildern. Die Sondervorschrift des § 357 geht § 26 vor (RG **68**, 92). 19

Beihilfe

27 **I Als Gehilfe wird bestraft, wer vorsätzlich einem anderen zu dessen vorsätzlich begangener rechtswidriger Tat Hilfe geleistet hat.**

II Die Strafe für den Gehilfen richtet sich nach der Strafdrohung für den Täter. Sie ist nach § 49 Abs. 1 zu mildern.

Übersicht

1) Allgemeines ... 1, 1 a
2) Abgrenzung zu anderen Beteiligungsformen ... 2
3) Objektive Voraussetzungen ... 3–15
A. Zeitpunkt der Beihilfe ... 4–8
B. Form der Beihilfe ... 9–13
C. Kausalität der Beihilfe ... 14, 15
4) Einschränkungen bei berufstypischem Verhalten ... 16–19
5) Subjektive Voraussetzungen ... 20–27
6) Beteiligung an der Beihilfe ... 28
7) Versuch der Beihilfe ... 29
8) Strafe des Gehilfen (Abs. II) ... 30
9) Konkurrenz ... 31

1) Allgemeines. Die Vorschrift ist in wörtlicher Übereinstimmung mit § 31 E 1962 (Begr. 151; Ndschr. **2**, 67 ff., 108, 110, 115, 217; **12**, 139) durch das 2. StrRG (Ber. BT-Drs. V/4095, 13; Prot. V/1648, 1736 ff., 1742, 1829) eingefügt worden. 1

Neuere Literatur (Auswahl): *Ambos,* Beihilfe durch Alltagshandlungen, JA **00**, 721; *Amelung,* Die „Neutralisierung" geschäftsmäßiger Beiträge zu fremden Straftaten im Rahmen des Beihilfetatbestands, Grünwald-FS 9; *Behr,* Die Strafbarkeit von Bankmitarbeitern als Steuerhinterziehungsgehilfen (usw.), wistra **99**, 245; *Blei* JA **72**, 571; *Charalambakis,* Zur Problematik der psychischen Beihilfe, Roxin-FS 625; *Frisch,* Beihilfe durch neutrale Handlungen, Lüderssen-FS (2002) 539; *Geppert,* Die Beihilfe, Jura **99**, 266; *Hartmann,* Sonderregeln für die Beihilfe durch „neutrales" Verhalten?, ZStW **116** (2004), 584; *Hassemer* wistra **95**, 41, 81; *Jakobs,* ZStW **89** (1977), 1; *Kindhäuser,* Zum Begriff der Beihilfe, Otto-FS (2007) 355; *Kudlich,* Die Unterstützung fremder Straftaten durch berufsbedingtes Verhalten, 2004 [Bespr. *Pawlik* GA **06**, 240]; *Kühl,* Die Beendigung des vorsätzlichen Begehungsdelikts, 1974; *Lesch,* Das Problem der sukzessiven Beihilfe, 1992; *Letzgus,* Vorstufen der Beteiligung, 1972; *ders.,* Strafbare Beteiligung durch „berufstypisches" Verhalten?, JA **01**, 986; *ders.,* Vorstufen der Beihilfe, Vogler-GedS (2004) 49; *Löwe-Krahl,* Die Verantwortung von Bankangestellten bei illegalen Kundengeschäften, 1990 u. wistra **95**, 201; *Lüderssen,* Miyazawa-FS 449; *ders.,* Beihilfe, Strafvereitelung u. objektive Zurechnung, Grünwald-FS 329; *Meyer-Arndt,* Beihilfe durch neutrale Handlungen, wistra **89**, 281; *Müller,* Beihilfe durch wirtschaftliches Handeln, Schreiber-FS (2003) 343; *ders.,* Die Beihilfestrafbarkeit von Bankmitarbeitern im Steuerstrafrecht – ein Problem der subjektiven Zurechnung?, 2003; *Murmann,* Zum Tatbestand der Beihilfe, JuS **99**, 548; *Niedermair,* Straflose Beihilfe durch neutrale Handlungen?, ZStW **107** (1995), 507; *Otto* ZKred **94**, 775; *ders.,* „Vorsorgliche Strafvereitelung" durch berufstypische oder alltägliche Verhaltensweisen als Beihilfe, Lenckner-FS 193; *ders.,* Das Strafbarkeitsrisiko berufstypischen, geschäftsmäßigen Verhaltens, JZ **01**, 436; *Puppe,* Die Lehre von der objektiven Zurechnung, Jura **98**, 21; *Ransiek,* Pflichtwidrigkeit u. Beihilfeunrecht. Der Dresdner Bank-Fall u. andere Beispiele, wistra **97**, 41; *ders.,* Neutrale Beihilfe in formalen Organisationen, in: *Amelung* [Organisationen; 1 vor § 25] 95 ff.; *Roxin,* Was ist Beihilfe?, Miyazawa-FS 501; *ders.,* Stree/Wessels-FS (1993), 365; *Samson,* Hypothetische Kausalverläufe im Strafrecht, 1972; *ders.,* Peters-FS 121; *Samson/Langrock,* Beihilfe zur Steuerhinterziehung durch „Schwarzverkäufe"?, wistra **07**, 161; *Samson/Schillhorn,* Beihilfe zur Steuerhinterziehung durch anonymisierten Kapitaltransfer?, wistra **01**, 1; *Schall,* Strafloses Alltagsverhalten und strafbares Beihilfeunrecht, Meurer-GedS (2002) 103; *Schneider,* Neutrale Handlungen: Ein Oxymoron im Strafrecht?, NStZ **04**, 312; *v. Scheurl,* Rücktritt vom Versuch u. Tatbeteiligung mehrerer, 1972, 90 ff.; *Schild Trappe,* Harmlose Gehilfenschaft? (usw.), 1995 [Bespr. *Roxin* JZ **96**, 29]; *J. Schulz* JuS **86**, 933 [Anstiftung und Beihilfe]; *Stoffers,* Streitige Fragen der psychischen Beihilfe im Strafrecht, Jura **93**, 11; *Tag,* Beihilfe durch neutrales Verhalten, 1 a

JR **97**, 49; *Vogler,* Heinitz-FS 295; *Wohlers,* Hilfeleistung u. erlaubtes Risiko. Zur Einschränkung der Strafbarkeit nach § 27 StGB, NStZ **00**, 169; *Wohlleben,* Beihilfe durch äußerlich neutrale Handlungen, 1996; *Wolff-Reske,* Berufsbedingtes Verhalten als Problem mittelbarer Erfolgsverursachung. Ein Beitrag zu den Grenzen der Beihilfestrafbarkeit, 1995; *Zieschang,* Der Begriff Hilfeleisten" in § 27 StGB, Küper-FS (2007) 733; *Yamanaka,* Objektive Zurechnung bei neutralen Beihilfehandlungen. Betrachtungen anhand der japanischen Diskussion, Jakobs-FS (2007) 767. **Weitere Nachw. vor § 25.**

2 **2) Abgrenzung zu anderen Beteiligungsformen.** Beihilfe ist die dem Täter vorsätzlich geleistete Hilfe zur Begehung einer rechtswidrigen Tat. Von der (Allein- oder Mit-)**Täterschaft** unterscheidet sie sich dadurch, dass der Gehilfe die Tat einer *anderen* Person unterstützt, über die diese die Tatherrschaft hat (*Rudolphi,* Jescheck-FS 574; vgl. 2 vor § 25). Verwirklicht jemand alle Tatbestandsmerkmale selbst, so kann er nicht Gehilfe, sondern nur Täter sein (2 vor § 25; 2 zu § 25). Möglich ist aber, dass die täterschaftliche Begehung einer Straftat *zugleich* die Voraussetzungen der Beihilfe zu fremden Taten erfüllt (zB täterschaftliche Untreue als Beihilfe zum Betrug durch einen Außenstehenden; vgl. auch wistra **03**, 140 [täterschaftliche und zugleich gehilfenschaftliche Beteiligung an Umsatzsteuer-Karussell]). Beihilfe kann auch zur Anstiftung geleistet werden (NStZ **00**, 421; vgl. unten 28); dies ist gegeben, wenn der Gehilfe es dem Willen der anderen Person (des *„Haupt-Anstifters"*) überlässt, ob es zur Anstiftung kommen soll oder nicht (ebd.).

3 **3) Objektive Voraussetzungen.** Strafbarkeit der Beilhilfe setzt eine **rechtswidrige** (vgl. 36 zu § 11) und vom Haupttäter **vorsätzlich** begangene **Haupttat** voraus. Diese kann auch ein Sonderdelikt sein, selbst wenn der Gehilfe ein Außenstehender ist. Die Haupttat muss zumindest in Versuchsform begangen sein (3 StR 150/94; Düsseldorf NJW **93**, 2253), denn die Beihilfe ist akzessorisch. Begehungsort für die Beihilfe ist *auch* der Ort der Haupttat (§ 9 II).

4 **A. Zeitpunkt der Beihilfe.** Aus dem Erfordernis einer *Förderung* der Haupttat ergibt sich eine Eingrenzung des möglichen Handlungszeitraums:

5 **a)** Die Beihilfe muss nicht zur unmittelbaren Ausführung der Tat selbst geleistet werden; es genügt schon die Hilfe bei einer **vorbereitenden** Handlung (BGH **14**, 123; **16**, 12; **28**, 348; StV **83**, 138 [für die Mitwirkung bei einem tatvorbereitenden „Testlauf"]; NJW **85**, 1035; Bay NJW **89**, 2143; **96**, 272; MK-*Joecks* 14), oder zu einer Zeit, zu der der Täter noch nicht zur Tat entschlossen ist (BGH **2**, 146); insb. auch Handlungen, die den Täter in seinem Tatentschluss bestärken (sog. psychische Beihilfe; vgl. unten 11 ff.).

6 **b)** Beihilfe ist nach stRspr auch noch **nach Vollendung** der Haupttat möglich (Bamberg NJW **06**, 2935, 2937 [Beihilfe zur Anstiftung zur Falschaussage]); das gilt insb. auch für Unterstützungshandlungen zur Beutesicherung nach vollendetem Diebstahl oder Raub (BGH **2**, 345; **3**, 40, 43 f.; **4**, 132, 133; **6**, 248, 251; **19**, 323, 325; NJW **85**, 814; **90**, 654; NStZ-RR **99**, 208; ebenso *S/S-Cramer/Heine* 17; *W/Beulke* 583). In der **Lit.** wird dagegen die Möglichkeit einer Beihilfe nach Tatvollendung teilweise ganz abgelehnt (*Jakobs* AT 23/40), überwiegend jedenfalls auf Fälle beschränkt, in denen die Hilfe (noch) zu einem **tatbestandsmäßigen** Handeln geleistet wird (vgl. SK-*Hoyer* 18; *Lackner/Kühl* 3; MK-*Joecks* 17; *Kühl* AT 20/233 u. Roxin-FS 665, 679 ff.; *Joecks* 9; *W/Hillenkamp* 804; *M/Gössel/Zipf* 39/41; *Kähler* AT 536; *Rudolphi,* Jescheck-FS 559; *Geppert* Jura **99**, 266, 272), namentlich also bei Dauerdelikten. Eine **sukzessive Beihilfe** ist von sukzessiver Mittäterschaft nach allg. Regeln abzugrenzen (BGH **3**, 44; **6**, 251; **19**, 325; **30**, 30; NStE Nr. 1; NStZ **96**, 563; 1 StR 728/96; wistra **01**, 378). **Nach Beendigung** der Haupttat (6 zu § 22) ist Beihilfe ausgeschlossen und nur Begünstigung möglich (NJW **85**, 814 [hierzu *Laubenthal* Jura **85**, 630; *Küper* JuS **86**, 868]; **89**, 2140; NStZ **00**, 31; StV **85**, 705; JZ **89**, 759; NStZ **07**, 35, 36; *Rudolphi,* Jescheck-FS 572) oder auch Hehlerei (NStZ-RR **99**, 208).

7 **c)** Bei **Absichtsdelikten** wie § 263 ist Beihilfe noch bis zur Verwirklichung der Absicht möglich (NJW **78**, 710). Eine Förderung kommt aber bei tateinheitlichen

Delikten des Haupttäters nur hinsichtlich solcher Teile der Haupttat in Betracht, deren Verwirklichung noch bevorsteht (wistra **99**, 21 [Beihilfe zum Betrug, nicht aber zur vorausgegangenen beendeten Urkundenfälschung]). Beihilfe zum unerlaubten Handeltreiben mit BtM ist auch nach polizeilicher Sicherstellung des BtM möglich (NJW **94**, 2162). Greift der Gehilfe erst in einem vorgerückten Stadium der Haupttat ein, so werden ihm die schon verwirklichten Merkmale zugerechnet, soweit er sie kennt (BGH **2**, 348; **aA** *Rudolphi,* Jescheck-FS 560), jedoch muss sich das Einverständnis auf den verbrecherischen Gesamtplan beziehen und die Kraft haben, dass dem Gehilfen auch das einheitliche Verbrechen als solches strafrechtlich zugerechnet wird (NStZ **94**, 123).

d) Bei einem **Dauerdelikt** kann Beihilfe so lange geleistet werden, wie der rechtswidrige Zustand nicht beendet ist (NStZ **04**, 44 [Waffendelikt]). Eine nach Schaffung der rechtswidrigen Lage geleistete Unterstützung muss nach der Rspr des **BGH** für die Fortführung der Tat *ursächlich* sein. Danach soll zB die bloße Gewährung von Unterkunft und Verpflegung sowie auch die Entlohnung für Arbeitsleistungen keine Beihilfe zum unerlaubten Aufenthalt sein, wenn der Ausländer unabhängig hiervon zur Fortsetzung seines Aufenthalts „unter allen Umständen entschlossen" ist (NJW **90**, 2207, 2208; Bay NStZ **99**, 627; NJW **02**, 1663; Düsseldorf StV **02**, 312; KG 4. 7. 2001, 1 Ss 263/00); Beihilfe liegt danach nur vor, wenn die Unterstützungsleistung den Entschluss des Haupttäters bestärkt, etwa indem sie ihm ein erhöhtes Sicherheitsgefühl vermittelt (BGHR § 27 I Hilfeleisten 8; Bay **84**, 8; Karlsruhe NStZ **85**, 78). Diese Rspr überzeugt nicht (zutr. **aA** daher Köln NStZ-RR **03**, 184; Frankfurt NStZ-RR **05**, 184, 186; *König* NJW **02**, 1623). Sie führt i. E. zu einer Privilegierung namentlich von Arbeitgebern illegaler Ausländer (denen *im Zweifel* auch noch anzuraten ist, den Haupttäter in möglichst *unsicherem* Gefühl zu lassen). Auch beim Erfolgsdelikt oder beim schlichten Tätigkeitsdelikt kommt es, anders als für die Anstiftung, für die Beihilfe nicht darauf an, ob ohne sie die Haupttat nicht begangen würde; Beihilfe zu § 316 I leistet auch derjenige, der einem „unter allen Umständen" zum Weiterfahren entschlossenen betrunkenen Fahrzeugführer als Beifahrer bei der Orientierung hilft. Warum für **Dauerdelikte** anderes gelten soll, wenn die Handlung die Fortsetzung der Tat in irgendeiner Weise fördert oder erleichtert, ist nicht ersichtlich (so jetzt auch Frankfurt NStZ-RR **05**, 184, 186); es kommt für die Kausalität der Unterstützung nicht auf die *abstrakte* Tatbestands-Verwirklichung des Haupttäters, sondern auf die *konkreten* Tatumstände an (vgl. oben 2). Beihilfe zur **Freiheitsberaubung** leistet nach deren Vollendung daher zB auch derjenige, der im Auftrag des Täters das Opfer mit Nahrungsmitteln versorgt, auch wenn der Täter dies selbst könnte oder das Opfer sonst hungern lassen würde; Beihilfe zum unerlaubten Waffenbesitz ist auch gegeben, wenn der Gehilfe (nachträglich) eine nur dem Täter zugängliche Räumlichkeit zur Lagerung zur Verfügung stellt. **8**

B. Form der Beihilfe. Die Hilfeleistung kann nach herkömmlicher Unterscheidung „physischer" oder „psychischer" Art sein. **9**

a) Dabei werden unter **„physischer" Beihilfe** Handlungen verstanden, bei denen entweder eine äußere, der Verwirklichung der Haupttat dienliche Bewirkungshandlung oder eine durch hierauf gerichtetes Unterlassen verursachte Veränderung der die Haupttat konstituierenden oder fördernden äußeren Bedingungen vorliegt und feststellbar ist. **10**

b) Dagegen bezieht sich bei der sog. **psychische Beihilfe** die Tathandlung auf die subjektive Beziehung des Haupttäters zu seiner Tat, ist also als unterstützende Bestärkung von Tatplan, Tatentschluss oder Tatausführungswillen zu verstehen (vgl. dazu etwa *Meyer-Arndt* wistra **89**, 281; *Stoffers* Jura **93**, 11; *Otto,* Lenckner-FS 198; *Charalambakis,* Roxin-FS 625, 633 ff.); sie ist ein durch eine aktive Handlung oder ein garantenpflichtwidriges Unterlassen geleisteter Tatbeitrag, der den Haupttäter in seinem Tatentschluss bestärkt (vgl. zB BGH **40**, 315; *Roxin,* Schröder-GedS 160) **11**

oder bei der Tatausführung unterstützt, etwa indem er beraten wird (vgl. zB NJW **92**, 3047; oben 2b; vgl. *Mallison,* Rechtsauskunft als strafbare Teilnahme, 1979), indem ihm im Vorfeld der Tat Unterstützung bei deren Durchführung oder Verdeckung zugesagt wird oder indem ihm der subjektive Eindruck erhöhter Sicherheit (vgl. NStZ **95**, 490) oder zustimmender Bestärkung im Tatentschluss vermittelt wird (vgl. NStZ-RR **05**, 336). „Psychische" ist damit nicht zwingend ein *aliud*, sondern regelmäßig auch Teil der „physischen" Beihilfe; sie ist eine Tatförderung, bei welcher sich eine *äußerlich* fördernde oder zumindest auf Förderung gerichtete Handlung nicht feststellen lässt. Die **Rspr** hat namentlich bei der Beihilfe zum Handeltreiben mit BtM vgl. dazu 15ff. vor § 52) schon ausreichen lassen, dass dem Haupttäter „ein Gefühl der Sicherheit" vermittelt wird (NStZ **93**, 233; **93**, 385; BGHR § 27 I Beih. 1; Hilfeleisten 14, 15, 18; BtMG § 29 I Nr. 1 Handeltreiben 56; 5 StR 404/06); in den Einzelfällen lag freilich idR auf die Teilnahme an *aktiven* Verschleierungsmaßnahmen vor (Vortäuschen von Ferien- oder Familienreise bei Beschaffungsfahrten; StV **98**, 598; vgl. auch NStZ-RR **96**, 290; NStZ **98**, 517; zweifelnd *S/S-Cramer/Heine* 12). Eine „Erhöhung des Sicherheitsgefühls" ist auch bei der Beihilfe zum unerlaubten Aufenthalt als ausreichend angesehen worden (LG Münster NStZ-RR **04**, 378 [besonders preiswerte Gewährung von Unterkunft]).

12 Die **Abgrenzung** einer derart in die subjektiven Vorstellungen des Gehilfen und die Tatmotivation des Haupttäters verschobenen Beihilfe von straflosem Verhalten der bloßen Anwesenheit, Zustimmung oder Nutznießung (vgl. etwa Bay NJW **82**, 1891 [Beifahrer bei einer Tat nach § 21 StVG]) ist oft problematisch. Für die psychische Beihilfe, die im Grenzbereich zur (konkret nicht feststellbaren) Anstiftung angesiedelt ist, *kann* ein Verhalten genügen, das sich *nach außen* als „bloße Anwesenheit" (MDR/D **67**, 173; BGHZ NJW **75**, 51; MDR/H **85**, 284; krit. *Roxin*, Miyazawa-FS 505) oder als Schaffen eines Tatanreizes darstellt (vgl. zB 5 StR 32/06 [*mittelbare* psychische Beihilfe zur Visaerschleichung]; vgl. auch NStZ **00**, 657, 659; 3 StR 247/01).

13 In jedem Fall bedarf die Annahme allein „psychischer" Beihilfe sorgfältiger und genauer Feststellungen (BGHR § 27 I Hilfeleisten 13, 14, 18; NStZ **95**, 490 [Bespr. *Sonnen* JA **95**, 746]; MDR/H **96**, 117; 5 StR 97/07; vgl. auch MK-*Joecks* 9ff., 35ff.). Auch in diesem Fall kann auf die Feststellung einer objektiv **fördernden Funktion** sowie einer entsprechenden Willensrichtung (NStZ **96**, 564) und ggf. konkludenten Verständigung zwischen Haupttäter und Gehilfe nicht verzichtet werden; eine „psychische Beihilfe" ergibt sich zB nicht schon daraus, dass eine am Tatort anwesende Person die Tat eines anderen billigt und/oder der Täter dies zur Kenntnis nimmt (vgl. NStZ-RR **05**, 336; NStZ-RR **07**, 37; BGHR § 27 Hilfeleisten 12, 15). Keine Beihilfe ist auch das bloße Dulden einer fremden Tat (vgl. Karlsruhe StraFo **07**, 162 [Anbau von Cannabis durch Lebensgefährten der Wohnungsmieterin]), auch wenn die Tat gebilligt wird (LG Konstanz StraFo **04**, 326 [Anbau von Cannabis]), oder das Unterlassen von Hilfe entgegen der Bitte des Opfers einer fremden Tat (vgl. 5 StR 97/07). Zu beachten ist auch, dass in Fällen untätiger bloßer Anwesenheit am Tatort durch die Annahme psychischer Beihilfe nicht das Erfordernis einer **Garantenstellung** als Voraussetzung einer **Beihilfe durch Unterlassen** übersprungen werden darf (zur Begründung einer Garantenstellung durch vorangegangenes Tun vgl. NJW **82**, 516).

14 **C. Kausalität der Beihilfe.** Die Hilfeleistung braucht nach der stRspr des BGH für den Taterfolg nicht im Sinne einer *conditio sine qua non* **ursächlich** zu sein; es reicht aus, wenn sie die den Tatbestand verwirklichende Handlung des Täters oder den Erfolgseintritt zu irgendeinem Zeitpunkt **erleichtert** oder **fördert** (BGH **2**, *130f.; **46**, 107, 109;* **48**, 301, 302 [Unterlassen]; NJW **00**, 3010; NStZ **83**, 462; **85**, 318; **95**, 28; **96**, 488; **04**, 499, 500; StV **95**, 524 [hierzu *Harzer* StV **96**, 336]; NStZ-RR **07**, 37; NStZ **07**, 230, 232 [*Fall Motassadeq*]; BGHR § 27 I Vors. 8; vgl. dazu *Roxin,* Miyazawa-FS 502, 510; *Otto,* Lenckner-FS 195; *Charalambakis,* Roxin-

FS 625, 626ff.; zur Beihilfe durch Unterlassen BGH **48**, 301, 302; NJW **53**, 1838; zur Anwendung im Steuerstrafrecht BFH wistra **04**, 313, 315; vgl. auch *S/S-Cramer/Heine* 10; SK-*Hoyer* 8; *Geppert* Jura **99**, 269). Auf das *Gewicht* des Tatbeitrags kommt es für das Vorliegen von Beihilfe daher nicht an; es ist allein für die Strafzumessung von Bedeutung (NStZ **07**, 230, 232). Eine „Förderung" *ohne* Ursächlichkeit ist freilich kaum denkbar (zutr. *Roxin,* Myazawa-FS 501, 502f.; **aA** *Zieschang*, Küper-FS [2007] 733, 745); gänzlicher Verzicht auf Kausalität als Zurechnungskriterium müsste dazu führen, dass (straflose) *versuchte* und (strafbare) *vollendete* Beihilfe sich nicht mehr unterscheiden ließen. Auch die Rspr verzichtet daher *im Ergebnis* nicht auf jeden Ursachen-Zusammenhang zwischen „Hilfeleisten" und Haupttat, sondern diskutiert *Zurechnungsprobleme* unter dem Begriff der Kausalität (vgl. auch 31ff. vor § 13; zutr. NStZ **07**, 232 [*3. StS*]: „Streit um dogmatische Begrifflichkeiten"). Es geht in Wahrheit um eine sachgerechte Bestimmung des Begriffs der Kausalität und eine Begrenzung des Begriffs des Hilfeleistens.

Eine bloße **Risikoerhöhung** durch (abstrakte oder konkrete) Gefährlichkeit eines Verhaltens (vgl. *Schaffstein,* Honig-FS 181; *Herzberg* GA **71**, 4ff.) reicht idR nicht aus (i. E. str.; vgl. dazu SK-*Hoyer* 4ff.; *S/S-Cramer/Heine* 10; MK-*Joecks* 21ff.; *Charalambakis,* Roxin-FS 625ff.; **aA** zB *Zieschang*, Küper-FS [2007] 733, 738ff.); eine *begriffliche* Identität mit § 257 besteht nicht. Das bloße **Billigen** *vorangegangener* fremder Tathandlungen iS eines Einverständnisses ist keine Hilfeleistung; diese muss vielmehr eine die Bereitschaft zur (zukünftigen) Tat bestärkende Wirkung haben (NStZ **98**, 622). Die bloße **Anwesenheit am Tatort** in Kenntnis einer noch nicht beendeten Straftat reicht daher auch bei deren Billigung nicht aus (NStZ **98**, 622; **02**, 139; NStZ-RR **05**, 336; BGHR § 27 I Unterlassen 5). Anders ist es, wenn der Täter durch zustimmende oder bestätigende Handlungen in der Verfolgung des Tatentschlusses vorsätzlich bestärkt wird (StV **82**, 517; NStZ **02**, 139; NStZ-RR **07**, 37). Es bedarf in diesem Fall genauer Feststellungen, wodurch die Tatbegehung in ihrer konkreten Gestaltung objektiv gefördert oder erleichtert wurde (NStZ-RR **01**, 40). 15

4) Einschränkung bei berufstypischem Verhalten. Umstritten ist die Behandlung der Beihilfe durch sog. „neutrale Handlungen", namentlich im Bereich *berufstypischen* Verhaltens (zu abweichenden Begriffen BGH **46**, 107, 110ff.; vgl. dazu *Jakobs* ZStW **89** [1977], 1, 20ff.; *Roxin,* Miyazawa-FS 501 u. Tröndle-FS 196; *Meyer-Arndt* wistra **89**, 283; *Hefendehl* Jura **92**, 374; *Wolff-Reske,* Berufsbedingtes Verhalten als Problem mittelbarer Erfolgsverursachung, 1995; *Schild Trappe,* Harmlose Gehilfenschaft?, 1995; *Hassemer* wistra **95**, 41, 81 (dazu *Löwe-Krahl* wistra **95**, 205); *Niedermair* ZStW **107** [1995], 507ff.; *Wohlleben,* Beihilfe durch äußerlich neutrale Handlungen, 1996 [Bespr. *Murmann* GA **99**, 406]; *Rogat,* Die Zurechnung der Beihilfe, 1997; *Puppe,* Bemmann-FS 243; *Ransiek* wistra **97**, 42; *Tag* JR **97**, 49; *Otto* ZKred **94**, 775; *ders.,* Lenckner-FS [1998] 211; *ders.* JZ **01**, 436; *Amelung,* Grünwald-FS [1999] 9; *Wohlers* NStZ **00**, 169ff. [zur Entwicklung von Einschränkungskriterien aus dem Gesichtspunkt des erlaubten Risikos]; *Ambos* JA **00**, 721ff.; *Schall,* Meurer-GedS [2002] 103; *Frisch,* Lüderssen-FS [2002], 539; *Müller,* Schreiber-FS [2003] 343ff.; *Schneider* NStZ **04**, 312ff. [auch zum Überblick über die verschiedenen Lösungsvorschläge]; *Hartmann* ZStW **116** [2004] 584ff.; *Samson/Langrock* wistra **07**, 161ff.; *Kindhäuser,* Otto-FS [2007] 355ff.; SK-*Hoyer* 24ff.; *S/S-Cramer/Heine* 10a; MK-*Joecks* 41ff.; umfassend auch *Kudlich* 2004 [oben 1a]; jew. mwN). 16

A. Der **Begriff** der „neutralen Handlung" nimmt eine Problembewertung freilich schon voraus und ist daher zur Klärung nur eingeschränkt geeignet: Es geht nicht um *an sich* „neutrale" Handlungen, sondern um die Beziehung zwischen Handlungen, welche *äußerlich* einen sozialen *Sinn*-Zusammenhang mit Straftaten nicht aufweisen, und bestimmten strafbaren Handlungen Dritter. Ob eine Handlung „neutral" ist, ergibt sich nicht schon daraus, dass sie *berufsmäßig* vorgenommen 17 wird; allein mit dem Postulat eines Bereichs der **Sozialadäquanz** oder der „professionellen Adäquanz" (*Hassemer* wistra **95**, 41, 81; *Jakobs* GA **96**, 253, 261) ist eine Eingrenzung strafbaren Verhaltens nicht möglich (zutr. *Amelung,* Grünwald-FS 10f.; *Schall,* Meurer-GedS 103, 106f.), denn es kommt gerade darauf an, *innerhalb* des äußerlich sozialadäquaten Verhaltens den Bereich strafbarer Tatförderung zu bestimmen (zutr. *Roxin,* Miyazawa-FS 501, 515; einschr. auch *Lüderssen,* Grünwald-FS 329, 339ff.; *Lesch* JA **01**, 986, 989ff.; *Schneider* NStZ **04**, 312, 316f.); ein *generell* „neutrales" Verhalten gibt es nicht (BGH **46**, 113).

18 **B.** Im Wesentlichen – sieht man von Fällen der *existenzsichernden* Versorgung ab – ist dies nach der **Rspr des BGH** (vgl. BGH **46**, 107; StV **00**, 479; wistra **00**, 459; NJW **01**, 2409) ein Problem des **subjektiven Tatbestands** (im Anschluss an *Roxin* in LK 17ff.; *ders*,, Miyazawa-FS [1995] 510, 512ff; *ders.* AT II, 26/218ff.;, so iErg auch *Wohlleben* [oben 1a] 159ff.; SK-*Hoyer* 30; einschr. aber ebd. 33; krit. *Schall,* Meurer-GedS [2002] 103, 110ff.; *Müller,* Schreiber-FS [2003] 343, 346f.; *Kindhäuser,* Otto-FS [2007] 355, 358ff.). Eine *generelle* Straflosigkeit von „berufstypischen" Handlungen scheidet aus (BGH **46**, 107, 113 [Beihilfe zur Steuerhinterziehung durch Bankmitarbeiter; vgl. dazu *Kudlich* JZ **00**, 1178; *Samson/Schillhorn* wistra **01**, 1; *Jäger* wistra **00**, 344; *Lesch* JA **01**, 187; *Behr* BB **00**, 2240; *Jahn* EWiR **00**, 895; *Rolletschke* DStZ **00**, 787; *Marx,* DStR **01**, 96]; vgl. auch BVerfG wistra **94**, 221); nach der Rspr des BGH bedarf es vielmehr einer **bewertenden Betrachtung** im Einzelfall. **Berufstypische,** an sich neutrale Handlungen verlieren jedenfalls ihren „Alltagscharakter", wenn das Handeln des Haupttäters auf die Begehung einer strafbaren Handlung **abzielt** und der Hilfeleistende dies **positiv weiß** (NStZ **00**, 34 [Beihilfe firmenexterner Berater zu Betrugshandlungen; dazu *Wohlers* NStZ **00**, 169]; NStZ **01**, 364f.; wistra **90**, 20 [Notar]; NStZ **04**, 41 [Beihilfe zur Steuerhinterziehung durch „Anlagetipp"]; BFH wistra **04**, 313, 315 [Beihilfe zur Steuerhinterziehung eines Waren-Abnehmers durch – nach unzutreffender Ansicht des Haupttäters – verschleiernde Buchführung beim Lieferanten]; zum **deliktischen Sinnbezug** vgl. auch *Frisch,* Lüderssen-FS 539, 544ff.).

19 Nach **aA** ergibt sich die Lösung nicht ohne weiteres auf der Ebene des subjektiven Tatbestands; vielmehr bedarf dessen Zurechnung ihrerseits einer Einschränkung unter Gesichtspunkten **„professioneller Adäquanz"**: Danach ist etwa die Beauftragung eines Handwerkers selbst dann keine Beihilfe zur Steuerhinterziehung, wenn der Auftraggeber sicher weiß, dass der Auftragnehmer Steuern aus dem Auftrag hinterziehen wird (vgl. *Roxin,* Stree/Wessels-FS 379; vgl. auch *Ransiek* wistra **97**, 42; *Hassemer* wistra **95**, 42; *Lesch* JA **01**, 986, 990f. [keine Zurechnung bei *rechtlich* „zufällig" erlangtem Wissen; Teilnahme daher nur, wenn die Kenntnis des sich berufstypisch Verhaltenden auf einer *Prüfungspflicht* beruht]; *Frisch,* Lüderssen-FS 539, 549ff. [Ansatz an Notstandsprinzipien]). Nach einem anderen Ansatz kommt es – in Anwendung von Kriterien der **objektiven Zurechnung** (vgl. 24ff. vor § 13) – auf eine *tatspezifische* Gefahr-Erhöhung, d. h. den der Beihilfestrafbarkeit zugrunde liegenden, nach außen dokumentierten Solidarisierungswillen an (*Wohlers* NStZ **00**, 169, 173; *Schall,* Meurer-GedS 103, 116ff. [mit Erweiterung hinsichtlich solcher Erfolge, zu deren Abwendung eine „Solidaritäts"-unabhängige Pflicht nach §§ 138, 323c besteht]). Eine von *Kindhäuser* vorgeschlagene Differenzierung stellt auf den Sinn-Zusammenhang zwischen der Deliktsrichtung (Zwecksetzung) der *Haupttat* und der unterstützenden Handlung ab (Otto-FS [2007] 355, 360 ff.). Dass damit tatsächlich *objektive* Kriterien (ebd. 360) für eine Bestimmung von „Beihilfe"-Handlungen gewonnen werden können, erscheint zweifelhaft, denn ob zB das Aushändigen einer Waffe an eine zur Verletzung eines Dritten entschlossene Person (ebd. 364) eine „Beihilfe" ist oder nicht, *lässt sich auch danach* nur mit Blick auf Kenntnis und Willensrichtung der handelnden Person entscheiden; ein sachlicher Grund, das Aushändigen eines Seidenschals unter *denselben* Voraussetzungen aus „objektiven" Gründen *nicht* für eine Beihilfe zu halten (*Kindhäuser* ebd. 365), ist schwer erkennbar.

5) Subjektive Voraussetzungen. Der Gehilfe muss **vorsätzlich** handeln; fahrlässige Beihilfe ist nicht strafbar (BGH **1**, 283). Der *Beihilfe*-Vorsatz kann auch bedingt sein (BGH **2**, 281; MDR/D **57**, 266; GA **81**, 133). 20

A. Der Vorsatz des Gehilfen muss sich auf eine **vorsätzliche Haupttat** beziehen. Umstritten ist die Auswirkung einer irrigen Annahme eines Rechtfertigungsgrundes durch den Haupttäter (vgl. dazu 20 ff. zu § 16), durch welche nach der herrschenden eingeschränkten Schuldtheorie grds. der Vorsatz entfällt; hierdurch fehlt es an einer Grundlage für die Teilnahme. Die sog. „rechtsfolgenverweisende Schuldtheorie" vermeidet dieses Ergebnis durch eine Differenzierung zwischen *Tatbestands*vorsatz und Vorsatz als *Schuldform*; bei irriger Annahme eines Rechtfertigungsgrunds soll nur der letztere entfallen (vgl. i. e. 22 zu § 16; Übersicht zB bei *Streng*, Otto-FS [2007] 469, 475 ff.; Kritik zB bei *Roxin* AT I 14/73 ff.; jew. mwN). Praktische Bedeutung erlangt die Frage nur, wenn nicht schon ein Fall der mittelbaren Täterschaft vorliegt; das ist bei Vortäuschen eines Rechtsfertigungsgrunds durch den Teilnehmer idR der Fall. 21

B. Den für die Verwirklichung der Haupttat jeweils erforderlichen Vorsatz des Haupttäters muss der Gehilfe zumindest billigend in Kauf nehmen (sog. „doppelter" Gehilfenvorsatz; entspr. § 26). Er muss die Handlung des Täters fördern (BGH **3**, 65) und damit zur Tatbestandsverwirklichung beitragen wollen; dabei muss er die **wesentlichen Merkmale** (Unrechts- und Angriffsrichtung: BGHR § 27 II Vors. 6 [hierzu *Roxin,* Salger-FS 137]) der Haupttat erkennen (BGH **11**, 66; BGHR § 27 I Vors. 9; 4 StR 705/95; wistra **07**, 143 [Beihilfe zur Untreue]); von deren *Einzelheiten* braucht er aber keine bestimmte Vorstellung zu haben (BGH **42**, 136 [m. krit. Anm. *Kindhäuser* NStZ **97**, 273]; NJW **82**, 2454; NStZ-RR **98**, 25; Bay NJW **91**, 2582 m. Anm. *Wolf* JR **92**, 428; *Wild* JuS **92**, 911). Insbesondere muss der Gehilfen-Vorsatz nicht eine über den Tatbestand hinaus gehende konkrete „Unrechtsdimension" umfassen (zutr. NStZ **07**, 230, 233 [*Fall Motassadeq*]; der Vorsatz der Förderung einer in ihrer Angriffsrichtung (Tatbestand) und den wesentlichen Grundzügen ihrer Ausführung bekannten Tat wird nicht dadurch in Frage gestellt, dass der Gehilfe die *quantitative* Dimension des vom Haupttäter verwirklichten Unrechts unter- oder überschätzt. Ein besonderes **Interesse** an der Tat braucht der Gehilfe nicht zu haben; es steht seinem Vorsatz auch nicht entgegen, dass er die Haupttat an sich missbilligt (NStZ **95**, 27; MDR/H **85**, 284; BGHR § 27 I Vors. 1, 3, 5; DAR **81**, 226; Karlsruhe GA **71**, 281). Der Vorsatz ist auch nicht schon ausgeschlossen, wenn sich der Teilnehmer sich von der Haupttat innerlich „distanziert" oder dem Haupttäter erklärt, er missbillige sie (NJW **00**, 3010); oder wenn er sich *nach* Leistung seines Tatbeitrags von der Haupttat bewusst distanziert (1 StR 404/81), den als möglich erkannten Eintritt des Erfolges der Haupttat aber weiterhin mindestens in Kauf nimmt (wistra **93** 181). Die Unterstützung des Haupttäters beim Stellen eines Aufenthalts-Antrags mit falschen Angaben (§ 92 a I AuslG aF) erfolgt auch dann vorsätzlich, wenn der Gehilfe (= Täter des § 92 a AuslG aF) mit der *Ablehnung* des Antrags rechnet und nur im Hinblick auf lange Bearbeitungs- und Rechtsmittelfristen handelt (NStZ **07**, 289). 22

C. An die **Konkretisierung** des Gehilfenvorsatzes sind, da der Gehilfe einen von der Haupttat losgelösten Beitrag erbringt, andere Maßstäbe anzulegen als die des *Anstiftervorsatzes* (6 zu § 26; vgl. Bay NJW **91**, 2582; SK-*Hoyer* 34; MK-*Joecks* 75). Lässt sich nicht feststellen, von welcher Art von BtM ein Gehilfe des § 29 I Nr. 1 BtMG ausging, so wird dadurch sein Gehilfenvorsatz nicht berührt; es ist die für ihn günstigste Variante anzunehmen. Anders ist es, wenn dem Gehilfen alle nach Sachlage möglichen Varianten recht sind (Bay NStZ-RR **02**, 53). Beihilfe kann schon begehen, wer dem Täter ein entscheidendes Tatmittel willentlich an die Hand gibt und damit bewusst das Risiko erhöht, dass eine durch dessen Einsatz typischerweise geförderte Haupttat verübt wird (BGH **42**, 137 [m. Anm. *Kindhäuser* NStZ **97**, 273, *Loos* JR **97**, 297 u. *Roxin* JR **97**, 210; *Schlehofer* StV **97**, 412; *Scheffler* JuS **97**, 598; *Büscher* JuS **98**, 384]; BGH **42**, 334 [m. Anm. *Schlüchter/* 23

Duttge NStZ **97**, 596]; NStZ **96**, 494; NJW **97**, 265). Hingegen ist ein Gehilfenvorsatz in Frage zu stellen, wenn die betreffende Handlung zum Gelingen der Tat erkennbar wenig beizutragen vermag (BGHR § 27 I, Hilfel. 5).

24 Für einen **Exzess** des Haupttäters gelten dieselben Grundsätze wie beim Anstifter (vgl. 16 zu § 26). Weiß der Gehilfe nicht, dass der Täter nicht nur betrügen, sondern durch Täuschung erpressen will, so begeht der Gehilfe nur Beihilfe zum Betrug (BGH **11**, 66; vgl. 9 vor § 25).

25 **D.** Ein **Beihilfevorsatz fehlt**, wenn der Hilfeleistende die deliktische Verwendung seiner Unterstützung nicht kennt oder nur allgemein für möglich hält (BGH **46**, 107, 113f. [krit. Anm. *Lesch* JR **01**, 383]; BGHR § 27 I Hilfeleisten 3, 20; § 266 I Beihilfe 3; vgl. auch Düsseldorf StV **03**, 626 [Beihilfe zur BtM-Einfuhr durch Zur-Verfügung-Stellen eines Kfz]). Die Kenntnis eines *generellen* Risikos der Tatförderung reicht daher nicht aus (so auch *Amelung,* Grünwald-FS 22ff.); wohl aber **zB** die Beratung über und das Zur-Verfügung-Stellen eines Überweisungs-Systems, das zur Verschleierung der Identität von Bankkunden bei Auslands-Überweisungen dient (LG Bochum NJW **00**, 1430; vgl. dazu auch *Carl/Klos* wistra **94**, 211; *Löwe/Krahl* wistra **95**, 201; *Kniffka* wistra **87**, 309; and. *Meyer-Arndt* wistra **89**, 281, 287; *Otto* StV **94**, 409f.; *Hassemer* wistra **95**, 81, 86; *Kaligin* WM **96**, 2267; *Ransiek* wistra **97**, 41, 46f.; *Samson/Schillhorn* wistra **01**, 1). Das gilt auch dann, wenn ein Bankmitarbeiter den nach anonymer Überweisung ins Ausland verlangenden Kunden zunächst zu bewegen versucht, das Geld auf dem Inlandskonto zu belassen, und jedenfalls formal zutreffend auf die Versteuerungspflicht von Zinserträgen hinweist (BGH **46**, 107, 109); vgl. schon Vorinstanz LG Wuppertal wistra **99**, 473; hierzu auch *Wohlers* NStZ **00**, 169; *Löwe-Krahl,* Steuerhinterziehung bei Bankgeschäften, 2. Aufl., 18; **aA** *Harzer/Vogt* StraFo **00**, 39, 44f.). Entsprechendes gilt bei zur *selbständigen* Täterschaft aufgewerteter Beteiligung am gewerbsmäßigen Einschleusen von Ausländern (NStZ **07**, 289; vgl. oben 22).

26 An dem Willen, die Tat zu unterstützen, fehlt es auch (entsprechend dem *agent provocateur,* vgl. 8 zu § 26), wenn der „Gehilfe" annimmt, dass seine Hilfsleistung *untauglich* sei (vgl. MDR/D **54**, 335; NStZ **85**, 318) und die Haupttat deshalb lediglich zum Versuch gedeihen könne (MDR/H **81**, 808); zB wenn der Beziehungsgegenstand in die Hände der Polizei gespielt werden soll (NStZ **88**, 559; NJW **96**, 1605).

27 Eine weitergehende Einschränkung hat der *3. StS* Für den Fall der Beihilfe zum Handeltreiben mit BtM als **unechtes Unternehmensdelikt** (vgl. dazu 13ff. vor § 52) vorgenommen: Hiernach reicht es nicht aus, dass der Gehilfe die „formale" Vollendung der als Vollendung „vorverlagerten" Vorbereitungs- oder Versuchshandlung des Haupttäters will; vielmehr muss sich sein (zumindest bedingter) Vorsatz auf den Eintritt des materiellen Vollendungs-Erfolgs beziehen (NStZ **07**, 531f.; ähnliche Überlegung in BGH **51**, 100, 120ff. zum Vorsatz des „*Gefährdungsschadens*"; vgl. 78b f. zu § 266). Ob dies über den Bereich des BtMG hinaus für alle Fälle unechter Unternehmensdelikte gelten soll, hat der BGH nicht entschieden.

28 **6) Beteiligung an der Beihilfe.** Der Gehilfe des Gehilfen leistet Beihilfe zur Tat selbst; ebenso der Gehilfe zur Anstiftung (BGHR § 27 I Hilfel. 16; Hamburg JR **59**, 27). Zu einer Tat kann durch mehrere Handlungen Beihilfe geleistet werden, aber auch durch eine einzige Handlung Beihilfe zu mehreren Taten (MDR/D **57**, 266; StV **84**, 329 L; NStZ **93**, 584; **96**, 296; wistra **94**, 349).

29 **7) Versuch der Beihilfe** ist, anders als der Versuch der Anstiftung zum Verbrechen (vgl. § 30 I S. 1), nicht strafbar (vgl. 5 StR 356/04; Differenzierung von Fallgruppen bei *Letzgus,* Vogler-GedS [2004], 49, 51ff.). Dagegen ist Beihilfe zur versuchten Tat nach allgemeinen Regeln möglich (zur Doppelmilderung des Strafrahmens unten 12).

8) Die **Strafe** des Gehilfen ist nach **Abs. II** dem Strafrahmen für die Haupttat [illegible] entnehmen; Abs. II S. 2 schreibt eine **zwingende Strafrahmenmilderung** gem. [illegible]9 I vor. Eine **doppelte Milderung** nach § 49 I kommt bei Vorliegen weiterer vertypter Milderungsgründe in Betracht. Wenn gerade wegen Vorliegens des vertypten Milderungsgrundes nach § 27 ein **minder schwerer Fall** angenommen wird, darf dieser Strafrahmen nicht nochmals nach § 49 I gemildert werden (§ 50). Anders ist es, wenn die tatsächlichen Umstände, welche im konkreten Fall die Tat prägen, schon für sich (oder zusammen mit anderen vertypten Milderungsgründen) zur Annahme eines minder schweren Falls führen (i. e. str.; vgl. dazu Erl. zu § 50). Eine Doppelmilderung ist ausgeschlossen, wenn konstruktiv Beihilfe zu Beihilfe gegeben ist, denn dies ist (mittelbare) Beihilfe zur Haupttat; oder wenn die Verurteilung wegen Beihilfe allein auf dem Fehlen eines besonderen persönlichen Merkmals (§ 28 I) beruht (BGH **26**, 54; 5 StR 179/80). Innerhalb des nach §§ 27 II, 49 I gemilderten Strafrahmens darf der Umstand, dass „nur Beihilfe" gegeben ist, als solcher nicht nochmals mildernd berücksichtigt werden. Maßgeblich für die Strafzumessung ist das Gewicht der Beihilfehandlung; die Schwere der Haupttat ist zu berücksichtigen, darf jedoch nicht im Vordergrund stehen (NStZ-RR **03**, 264). Der Gehilfe kann innerhalb des für ihn geltenden Strafrahmens je nach seiner Schuld uU auch schwerer bestraft werden als der Haupttäter; seine Bestrafung setzt nicht voraus, dass der Haupttäter schon bestraft oder überhaupt ermittelt ist (Hamburg JR **53**, 27). Beim Täter festgestellte, zum objektiven Tatgeschehen gehörende Umstände müssen auch dem Gehilfen zugute gehalten werden (StV **83**, 326 L). Eine (direkte oder analoge) Anwendung des § 27 II auf solche Taten, die eine zur **Täterschaft** verselbständigte Tathandlung enthalten, kommt nicht in Betracht (vgl. NStZ **04**, 45 [zu § 92a II Nr. 2 AuslG aF]).

9) Konkurrenzen. Fördert der Gehilfe durch **eine Beihilfehandlung** (auch Unterlassen; vgl. NStZ **00**, 83) mehrere rechtlich **selbstständige Haupttaten** eines oder mehrerer Haupttäter, so ist nach neuerer Rspr nur *eine* Beihilfe im Rechtssinne gegeben (wistra **96**, 141; **97**, 62; NStZ **93**, 584 [Unterlassung]; wistra **04**, 417; NJW **05**, 163, 165f.; wistra **06**, 105; **06**, 226; **07**, 100; **07**, 262, 266f. [„fortlaufende" Förderung selbständige Schmuggeltaten]; BGHR § 27 I Hilfeleisten 1; anders bei Mittäterschaft). Die Akzessorietät der Beihilfe bleibt dabei unberührt. So bleibt eine Beihilfehandlung zu mehreren selbständigen Taten des Handeltreibens mit BtM auch dann Beihilfe zum (einfachen) Handeltreiben, wenn sich in der Addition der unterstützten Einzeltaten eine nicht geringe Menge ergibt (BGH **49**, 306 = NJW **05**, 163). Umgekehrt stellen auch **mehrere Beihilfehandlungen** zu **einer Haupttat** nur ein Beihilfedelikt dar, da sich das vom Gehilfen begangene Unrecht nur aus dem Unrecht der Haupttat ableiten lässt (NStZ **99**, 513f.; LK-*Rissing-van Saan* 58; MK-*Joecks* 101; *B/Weber/Mitsch* 31/41; and. noch NStZ **91**, 489f. [auf der Grundlage der Fortgesetzten Handlung]; vgl. auch *S/S-Cramer/Heine* 38; *Jescheck/Weigend* § 64 V 3); das gilt auch, wenn sich die Haupttat als *Bewertungseinheit* (12 vor § 52) darstellt (NStZ **99**, 451). **Tatmehrheit** liegt dagegen vor, wenn durch mehrere Hilfeleistungen mehrere selbstständige Taten gefördert werden; bei einer Beihilfe durch garantenpflichtwidriges **Unterlassen** setzt das, wenn der Gehilfe eine Serie von Einzeltaten des Haupttäters fördert, einen auf die jeweilige Tat konkretisierten Vorsatz voraus (NStZ **00**, 83). Zur Rspr-Lösung der Strafrahmenkonkurrenz krit. *Horn,* Arm. Kaufmann-GedS 588, 592. Zur Urteilsformel 67 vor § 52. Zur Verjährung der Beihilfe vgl. § 78 IV. 31

Besondere persönliche Merkmale

28 **I Fehlen besondere persönliche Merkmale (§ 14 Abs. 1), welche die Strafbarkeit des Täters begründen, beim Teilnehmer (Anstifter oder Gehilfe), so ist dessen Strafe nach § 49 Abs. 1 zu mildern.**

II Bestimmt das Gesetz, dass besondere persönliche Merkmale die Strafe schärfen, mildern oder ausschließen, so gilt das nur für den Beteiligten (Täter oder Teilnehmer), bei dem sie vorliegen.

1 **1) Die Vorschrift,** in Übereinstimmung mit § 33 E 1962 (Begr. 152) durch das 2. StrRG eingefügt (Ber. BT-Drs. V/4095, 13), entspricht sachlich § 50 II, III aF. § 50 I aF wurde in § 29 zur selbstständigen Vorschrift erhoben. Die Abtrennung wurde damit begründet, dass § 28 Fragen des Tatbestandes, § 29 hingegen Fragen der Schuld regele (ebenso *M/Gössel/Zipf* 53/81). Doch ist die dogmatische Lage komplexer, so dass §§ 28, 29 grundsätzlich zusammen gesehen werden müssen.

1 a **Literatur:** *Cortes Rosa,* Teilnahme am unechten Sonderverbrechen, ZStW **90**, 413; *D.J. Fischer/Gutzeit* JA **98**, 41; *Geppert* Jura **97**, 301; *Grünwald,* Arm. Kaufmann-GedS 555; *Hake,* Beteiligtenstrafbarkeit u. „besondere persönliche Merkmale". Ein Beitrag zur Harmonisierung des § 28 StGB, 1994 [Bespr. *Lesch* GA **95**, 589 u. *Mitsch* ZStW **110**, 187]; *Herzberg,* Die Problematik der „besonderen persönlichen Merkmale" im Strafrecht, ZStW **88**, 68; *ders.,* Akzessorietät der Teilnahme u. persönliche Merkmale, GA **91**, 145; *H.J. Hirsch,* H. Kaufmann-GedS 143; *ders.*, Tröndle-FS 35; *ders.*, Zur Notwendigkeit der Auslegungsänderung und Neufassung der Teilnahmeregelung bei „besonderen persönlichen Merkmalen", Schreiber-FS (2003) 153; *Küper,* „Besondere persönliche Merkmale" u. „spezielle Schuldmerkmale", ZStW **104** (1992), 559; *ders.*, Im Dickicht der Beteiligung an Mord und Totschlag, JZ **06**, 1157; *ders.*, Die „Sphinx" des § 28 Abs. 2 StGB – Zurechnungs- oder Strafzumessungsnorm?, Jakobs-FS (2007) 311; *Langer,* Das Sonderverbrechen, 1972; *ders.,* Zum Begriff der „besonderen persönlichen Merkmale", Lange-FS 241; *Niedermair,* Tateinstellungsmerkmale als Strafbedürftigkeitskorrektive, ZStW **106**, 388 [Abgrenzung von § 28 u. § 29]; *Sánchez-Vera,* Pflichtdelikt u. Beteiligung, 1999; *Schroeder,* Eine irreführende Legaldefinition: der Beteiligte (§ 28 II StGB), JuS **02**, 139; *Schünemann* GA **86**, 836; *ders.*, Die „besonderen persönlichen Merkmale" des § 28 StGB, Küper-FS (2007) 561; *Schwerdtfeger,* Besondere persönliche Unrechtsmerkmale, 1992; *Vogler,* Zur Bedeutung des § 28 StGB für die Teilnahme am unechten Unterlassungsdelikt, Lange-FS 265.

2 **2)** Gegenüber der Regel der strengen **Akzessorietät** der Teilnahme (9 vor § 25) enthalten die §§ 28, 29 Ausnahmen, die freilich an die Akzessorietät anknüpfen und sie voraussetzen. Wenn unter mehreren Beteiligten einer Tat einer ohne Schuld handelt oder ihm ein täterbezogener Strafausschließungsgrund zur Seite steht oder wenn bei ihm Unrecht oder Schuld durch Umstände personaler Natur gesteigert oder vermindert sind, so soll sich das grundsätzlich günstig oder ungünstig nur für ihn selbst auswirken, nicht auch für die übrigen Beteiligten, bei denen solche Umstände fehlen. § 28 I behandelt die strafbegründenden, II die strafschärfenden, strafmildernden oder strafausschließenden besonderen Umstände; § 29 gilt nach stRspr und hM für die *allgemeinen* Schuldmerkmale (krit. Küper ZStW **104** [1992], 559 ff.). Abs. I gilt nur für **Teilnehmer**; Abs. II für **Täter und Teilnehmer**. Die Absätze I und II überschneiden sich ebenso wie die §§ 28, 29 (str.; zum Verhältnis sowie zu den abweichenden Ansichten in der Lit. vgl. auch *Roxin* AT II 27/5 ff.; *Hirsch*, Schreiber-FS [2003] 153 ff.; *Küper* JZ **06**, 1157, 1158 ff.); § 29 und § 28 I sowie § 29 und § 28 II können im gleichen konkreten Fall zur Anwendung kommen. Die Regelung ist **nicht widerspruchsfrei**, denn Abs. I führt zur Teilnehmer-Strafbarkeit aus (Sonder-)Tatbeständen, deren Voraussetzungen der Teilnehmer nicht erfüllt; Abs. II schließt das hinsichtlich (nur) straferhöhender Vorschriften aus (krit. *Schünemann*, Küper-FS [2007] 561: „Dunkelster und verworrenster Abschnitt der Beteiligungslehre"; Vorschlag einer systematischen Vereinheitlichung bei NK-*Puppe* 8 ff., die die Merkmale nach Abs. I als „semiakzessorische Pflichtenstellungen" versteht).

3 **3)** Von § 28 nicht erfasst sind Merkmal, die nicht „besondere persönliche", dh auf die konkrete Person des Teilnehmers oder beteiligten bezogene sind. Rspr und hM unterscheiden insoweit nach **tatbezogenen** und **personenbezogenen** Merkmalen; nach **aA** soll zwischen „rechtsgutbezogenen" und solchen Merkmalen unterscheiden werden, die „höchstpersönliche Pflichtenstellungen" zum Gegenstand haben (vgl. *Lackner/Kühl* 4 mwN). *Schünemann* (Küper-FS [2007] 561, 567) hält die Abgrenzungen durch die Praxis für weithin *beliebig* und das Kriterium der „*Höchstpersönlichkeit*" für „dogmatisch wertlos"; er schlägt eine „*Einheitstheorie*" vor, nach der jedes Merkmal ein solches iS von § 28 ist, das man nicht nach den Regeln der *mittelbaren Täterschaft* verwirklichen kann (ebd. 570; *ders.*, GA **86**, 336 ff.; krit. dazu *Herzberg* JuS **83**, 742; *Roxin* AT II, 27/41 ff.).

An das Vorliegen besonderer persönlicher Merkmale, die beim Täter (I) oder bei einem der Beteiligten (II) gegeben sind, knüpfen I und II Abweichungen vom Grundsatz der Akzessorietät. Unter solchen Merkmalen, die in erster Linie solche des Unrechts sind, aber auch solche der Schuld sein können, versteht das Gesetz, wenn auch in Anpassung an die jeweilige Vorschrift (vgl. *S/S-Cramer/Heine* 10; SK-*Hoyer* 18 ff.; krit. *Langer,* E. Wolf-FS 335; *Schünemann*, Küper-FS [2007] 561, 564 f.) besondere persönliche **3 a**

A. Eigenschaften, dh körperliche, physische oder rechtliche Wesensmerkmale eines Menschen (BGH **6**, 260, 262) wie **zB** Schwangerschaft (§ 218 I), Alter (§ 173 III) und Geschlecht (vgl. 16 zu § 183), Schwachsinn (§ 20; zugleich ein Fall von § 29); oder **4**

B. Verhältnisse, dh Beziehungen des Menschen zur Mitwelt (BGH **6**, 262), so zu anderen Menschen, zum Staat, zu Sachen, **zB** das Verwandschaftsverhältnis (§§ 173, 221 II, 247; BGHR Anst. 1 [3. StS]; **aA** BGH **39**, 328 [2. StS] zu § 173 [m. zust. Anm. *Dippel* NStZ **94**, 182; *Stein* StV **95**, 251; zutr. dagegen *Schünemann*, Küper-FS 561, 568]); **41**, 2 [m. Anm. *Ranft* JZ **95**, 1186, *Hake* JR **96**, 162; *Grunst* NStZ **98**, 548]; *Herzberg* GA **91**, 184; vgl. 8 zu § 173); die Ehegatteneigenschaft (§§ 172, 181 a III), Stellung als Amtsträger, Richter (§§ 331 ff.), Arzt, Rechtsanwalt usw. (§ 203), Soldat (WStG), Erzieher (§§ 174, 174 a, 180 III); Besitzer einer ihm anvertrauten Sache (§ 246 II; StV **95**, 84; *Herzberg* GA **91**, 174). **5**

Die Stellung des **Garanten** beim unechten Unterlassungsdelikt wird man idR als besonderes persönliches Merkmal anzusehen haben (*M/Gössel/Zipf* 53/161; *W/Beulke* 558; *Vogler,* Lange-FS 265; vgl. SK-*Hoyer* 35; **aA** *S/S-Cramer/Heine* 19; *Lackner/Kühl* 6; *Geppert* ZStW **82** [1970], 70; *Hake* [1 a] 110; *Sowada* Jura **86**, 400; *Herzberg* GA **91**, 162). Der **BGH** hat allerdings in BGH **41**, 3 (m. zust. Anm. *Ranft* JZ **95**, 1186 u. *Hake* JR **96**, 162) die die Strafbarkeit begründende Pflichtwidrigkeit iS des § 370 I Nr. 2 AO deshalb als *tatbezogenes* Merkmal angesehen, weil sich die Pflichtstellung des § 370 AO von der des Garanten bei den sonstigen unechten Unterlassungsdelikten *unterscheide* (iErg. zust. *Schünemann*, Küper-FS [2007] 561, 567; krit. *Grunst* NStZ **98**, 548; NK-*Puppe* 69). Besonderes persönliches Merkmal ist auch die **Treuepflicht** in § 266 (BGH **26**, 54; MDR/H **88**, 628; StV **95**, 73; wistra **94**, 139; **97**, 100) und in § 246 II; oder **5 a**

C. Umstände, zB Gewerbsmäßigkeit (62 vor § 52) oder Gewohnheitsmäßigkeit (63 vor § 52); auch vorübergehende täterbezogene Umstände (zB die Notstandslage in § 35; auch Gesinnungsmerkmale, soweit sie den Täter charakterisieren; vgl. BGH **8**, 72; **17**, 215). **6**

Der **Vorsatz** ist zwar ein subjektives, aber kein besonderes Merkmal iS von I, sondern Merkmal der Tat (vgl. Karlsruhe Die Justiz **75**, 314; abw. *Herzberg* JuS **75**, 792). Dasselbe gilt für die qualifizierten Vorsatzformen Wissentlichkeit und Absicht (BGH **17**, 215 [zu § 94 aF]; NStZ **94**, 583 [zu §§ 242, 249]), auch in den Fällen der §§ 263, 267 (str.). Auch die „Gewinnsucht" in § 235 II (BGH **17**, 217) und in §§ 283 a Nr. 1, 283 d III Nr. 1 ist als *tat*bezogenes Merkmal anzusehen; ebenso die Motivation des Vermögensvorteils in § 181 a I Nr. 2 sowie den „Eigennutz" in § 180 aF und in § 92 a I Nr. 1 AuslG aF (Bay NJW **99**, 1794, 1796). Täterbezogen sind die Merkmale „böswillig" (vgl. § 225) und „rücksichtslos" (vgl. § 315 c I Nr. 2). Von den **Mordmerkmalen** des § 211 II sind nach der Rspr des BGH diejenigen der 2. Gruppe tatbezogen, die der 1. und 3. Gruppe täterbezogen (vgl. i. e. 90 ff. zu § 211). Die **Bewaffnung** eines Tatbeteiligten (zB § 250; § 30 a II S. 2 BtMG) ist ein tatbezogenes Merkmal (NStZ-RR **02**, 277; vgl. auch GrSen BGH **48**, 189) **6 a**

4) Nach **Abs. I** ist eine Strafmilderung für den Teilnehmer zwingend, wenn bei ihm besondere persönliche Merkmale iS von oben 3 ff. *fehlen*, welche die Strafbarkeit des Täters **begründen**. Die Strafe des **Teilnehmers**, bei dem diese Merkmale fehlen, ist der für den Täter geltenden Vorschrift (Tatbestandsverschiebung ist nicht möglich) zu entnehmen, jedoch wegen des geringeren Maßes des personalen Un- **7**

rechts und der Schuld dem sich aus § 49 I ergebenden Strafrahmen. I ist also eine **Strafzumessungsregel** (krit. *Langer,* E. Wolf-FS 357) für den nicht qualifizierten Teilnehmer (*Küper* JZ **06**, 1157, 1158f.). Eine *umgekehrte* Lockerung der Akzessorietät findet nicht statt. Ob bei speziellen Schuldmerkmalen (*Jescheck/Weigend* § 42 II 3) ein Teilnehmer, bei dem sie fehlen, nach § 29 straflos ausgeht (so zB *Jescheck/Weigend* § 61 VII 4d; *Herzberg* JuS **75**, 580), ist zw. Wird *allein* wegen Fehlens eines besonderen persönlichen Merkmals **Beihilfe** angenommen, so kommt dem Gehilfen die Milderung nach § 28 I und § 27 II nur *einmal* zugute (BGH **26**, 54; wistra **88**, 303). Eine **doppelte Milderung** kommt jedoch in Betracht, wenn die Beihilfemilderung eine selbstständige sachliche Grundlage hat (StV **83**, 330 L; krit. *Gribbohm*, Salger-FS [1995] 39, 42; *Roxin* AT II, 27/83).

8 **5) Abs. II** bewirkt für Täter oder Teilnehmer (krit. zum Begriff des Beteiligten *Schroeder* JuS **02**, 139) eine **Tatbestandsverschiebung** (hM; vgl. BGH **6**, 308; **8**, 205, 208; StV **94**, 17; **95**, 84; *S/S-Cramer/Heine* 28; MK-*Joecks* 6ff., 53; *Schäfer* StrZ 404ff.; *B/Weber/Mitsch* AT 32/23f.; *Mitsch* ZStW **110** [1998], 187, 202ff.; **aA** SK-*Rudolphi* 5 vor § 331; *Hirsch*, Tröndle-FS [1989] 19, 35; *ders.*, Schreiber-FS [2003] 153, 162ff.; LK-*Hirsch* 17 zu § 340; *Schünemann* GA **86**, 293, 340; zur Anwendung des II auf die Fälle der Mittäterschaft *Hake* [1a] 181ff.), wenn besondere **persönliche Merkmale** die Strafe nicht begründen, sondern

9 **A. schärfen.** Das ist der Fall bei der **nicht strafbegründenden** Gewerbs- oder Gewohnheitsmäßigkeit zB in §§ 152a II, 152b II (wistra **05**, 177), § 243 I Nr. 3, §§ 260, 292 II Nr. 1, 293 III, 291 II Nr. 2; § 29 III Nr. 1, § 30 I Nr. 2 BtMG; § 373 I AO (wistra **87**, 31; 2 StR 397/93); vgl. auch BGH **6**, 261; bei den unechten Amtsdelikten (BGH **1**, 389; NJW **55**, 720); beim persönlichen Verhältnis nach §§ 221 II; beim Anvertrautsein der Sache in § 246 II (4 StR 274/91). Beim Bandendiebstahl ist die Eigenschaft als **Bandenmitglied** nach § 244 I Nr. 2 (BGH **47**, 214, 216; NStZ-RR **07**, 112) ebenso ein persönliches Merkmal wie im Fall des Bandenschmuggels nach § 373 II Nr. 3 AO, Anh. 10 (vgl. GrSenBGH **12**, 226; *Vogler,* Lange-FS 278; MK-*Lauer* 7 zu § 260; **aA** SK-*Hoyer* 34) und des § 30 I Nr. 1 BtMG (StV **92**, 379 L; NStZ **07**, 101f.). Zur Behandlung der **Mord-Merkmale** vgl. 87ff. zu § 211;

10 **B. mildern.** Das ist der Fall bei §§ 21, 35. Das Vorliegen von 9 oder 10 ist in der Urteilsformel nicht zum Ausdruck zu bringen (NStZ **82**, 30); oder

11 **C. ausschließen.** Sie wirken zB in den Fällen der §§ 36, 173 III, 258 VI ebenso wie die Strafaufhebungsgründe (17 vor § 32) nur für den Beteiligten, bei dem sie vorliegen. Für Schuldausschließungsgründe folgt das Ergebnis aus § 29.

12 **6) Im Ergebnis** wird die Strafe nur bei dem Beteiligten, der die besonderen persönlichen Merkmale aufweist, der strengeren bzw. milderen Strafdrohung entnommen, so dass zB der Amtsträger nach § 133 III, der nicht beamtete Anstifter nach § 133 I bestraft wird. Bei der Tatbestandsverschiebung, die II bewirkt, kommt es nicht darauf an, ob die in Betracht kommenden Tatbestände im Verhältnis echter Qualifikation oder Privilegierung zueinander stehen; es können auch eigenständige Sondertatbestände sein (BGH **1**, 240; **17**, 217; **aA** wohl BGH **1**, 372; **5**, 81); II könnte daher auch bei den §§ 211, 212 angewendet werden, wenn sie Sondertatbestände wären (vgl. 87ff. zu § 211). Auch bei erfolgsqualifizierten Delikten ist II anzuwenden (BGH **19**, 341; str.). Wird in einem **Mischtatbestand** durch ein besonderes persönliches Merkmal eine Ordnungswidrigkeit zu einer Straftat qualifiziert, zB bei den Wiederholungstaten durch das Merkmal „beharrlich" (vgl. hierzu *Bandemer* BA **89**, 257), so ist nach § 14 IV OWiG die Qualifizierung nur für den Beteiligten maßgebend, bei dem das Merkmal vorliegt. Das Prinzip des II gilt *also bei Straftaten und Ordnungswidrigkeiten im Verhältnis zueinander*, vgl. *Göhler* 19 zu § 14 OWiG; *Lackner/Kühl* 12.

13 **7)** Auch für die **Strafzumessung** ist, wie sich aus 5 und 7 ergibt, § 28 von Bedeutung (*S/S-Cramer/Heine* 9). Das zeigt vor allem I, der die Berücksichtigung

auch geringerer Schuld innerhalb desselben Tatbestandes verlangt. Bei der Zumessung kann strafschärfend berücksichtigt werden, dass sich der Nichtqualifizierte gerade an der Tat eines Qualifizierten beteiligt (*S/S-Cramer/Heine* 30; vgl. wistra **05**, 177 [Gewerbsmäßigkeit des Haupttäters]; **aA** *Gössel,* Tröndle-FS 366).

8) Nicht nur für vollendete **Teilnahme** ieS, sondern auch für **erfolglose** Teilnahme (§ 30; BGH **6**, 310) ist § 28 anzuwenden. 14

Selbständige Strafbarkeit des Beteiligten

29 **Jeder Beteiligte wird ohne Rücksicht auf die Schuld des anderen nach seiner Schuld bestraft.**

1 **1) Die Vorschrift** idF des § 34 E 1962 (Begr. 153; Ndschr. **5**, 74, 89, 97, 121 ff., 219) und des 2. StrRG (Ber. BT-Drs. V/4095, 13; Prot. V/1649, 1742, 1830), stellt einen „Mittelpunkt der Teilnahme- und Schuldlehre" dar (E 1962, 153). Zum Verhältnis zu § 28 vgl. dort 1.

2 **2)** § 29 bestätigt das Prinzip der **limitierten Akzessorietät** (9 vor § 25; 2 zu § 28).

3 **A. Schuldausschließungsgründe** wirken nur für den Beteiligten (§ 28 II), bei dem sie vorliegen, so dass insbesondere der Teilnehmer auch strafbar bleibt, wenn der **Täter** zwar den Tatbestand rechtswidrig verwirklicht (nicht mit dem Gesetz vereinbar *Lüderssen,* Zum Strafgrund der Teilnahme, 1967; 25, 119, 169), aber **ohne Schuld** handelt (vgl. 9 ff. vor § 25), dh also vor allem, wenn er wegen fehlender Strafmündigkeit, Schuldunfähigkeit, wegen Notstands, Notwehrexzess (SK-*Hoyer* 4; **aA** *M/Gössel/Zipf* 53/114; *Rudolphi* ZStW **78**, 90) oder nicht vorwerfbaren Verbotsirrtums entschuldigt ist. Weiß der Veranlasser, dass der Ausführende geisteskrank ist, so ist er regelmäßig mittelbarer Täter.

4 **B. Schuldminderungsgründe** wirken nur für den Beteiligten, bei dem sie gegeben sind; das gilt zB für § 21.

5 **3) Jeder Beteiligte** ist Normadressat des § 29, auch wenn keine Teilnahme ieS, sondern eine mit der Teilnahme verwandte Handlung vorliegt (zB notwendige Teilnahme, Mitwirken nach Beendigung der Tat; 6 zu § 27), auch wenn die Bezugstat eine rechtswidrige Tat iS 36 zu § 11 ist, bei der die Schuld fehlen kann (so in §§ 111, 257, 259, 357, vgl. 9 vor § 25). Wo das wie bei § 138 nicht ausdrücklich gesagt ist, ergibt sich das aus dem Prinzip des § 29 (8 zu § 138).

Versuch der Beteiligung

30 **I Wer einen anderen zu bestimmen versucht, ein Verbrechen zu begehen oder zu ihm anzustiften, wird nach den Vorschriften über den Versuch des Verbrechens bestraft. Jedoch ist die Strafe nach § 49 Abs. 1 zu mildern. § 23 Abs. 3 gilt entsprechend.**

II Ebenso wird bestraft, wer sich bereit erklärt, wer das Erbieten eines anderen annimmt oder wer mit einem anderen verabredet, ein Verbrechen zu begehen oder zu ihm anzustiften.

1 **1) Allgemeines.** Die Vorschrift, die als § 49 a (sog. Duchesne-Paragraph) mit Ges. v. 26. 2. *1876 (RGBl. 25) eingefügt* wurde und damals noch eigene Strafdrohungen enthielt (vgl. §§ 196 ff. E 1927 und 1930), wurde durch die VO v. 29. 5. 1943 (RGBl. I 339), deren Fassung nach BGH **1**, 59 kein typisches NS-Recht enthielt, sowie durch das 3. StÄG (vgl. Begr. BT-Drs. Nr. 3713, 31) wesentlich umgestaltet. Ihre geltende Fassung hat sie durch das 2. StrRG erhalten (dazu krit. Roxin JuS **73**, 333).

1 a **Literatur:** *Blei* NJW **58**, 30; *Börker,* Zur Bedeutung besonderer persönlicher Eigenschaften oder Verhältnisse (usw.), JR **56**, 286; *Bottke,* Rücktritt vom Versuch der Beteiligung nach § 31 StGB, 1980; *Busch* NJW **59**, 1119 u. Maurach-FS 245 [Zur Teilnahme an den Handlungen des § 49 a StGB]; *Dreher,* Grundsätze u. Probleme des § 49 a StGB, GA **54**, 11; *Geppert,* Die versuchte Anstiftung, Jura **97**, 546; *Jakobs,* Kriminalisierung im Vorfeld einer Rechtsgutverletzung, ZStW **97**, 751; *Kühl* JuS **79**, 874; *Küper,* Versuchs- u. Rücktrittsprobleme bei mehreren

Tatbeteiligten, JZ **79**, 775; *ders.*, Zur Problematik des Rücktritts von der Verbrechensverabredung, JR **84**, 265; *Letzgus,* Vorstufen der Beteiligung, 1972; *Maurach,* Die Problematik der Verbrechensverabredung, JZ **61**, 137; *Meister,* Zweifelsfragen zur versuchten Anstiftung, MDR **56**, 16; *Roxin* JA **79**, 169; *Schnarr,* Gehören Vorbereitungshandlungen nach § 30 StGB zum Deliktsbereich von Katalogtaten?, NStZ **90**, 257; *Schröder,* Grundprobleme des § 49a StGB, JuS **67**, 289; *Vormbaum* GA **86**, 343 [Versuchte Beteiligung an der Falschaussage].

2 **2) Regelungszweck.** § 30 regelt in **vier Tatbestandsvarianten** die Strafbarkeit von Vorbereitungshandlungen für Verbrechen; die gesetzliche Überschrift ist ungenau und erfasst nur Abs. I, auch diesen freilich nur in untechnischem Sinn, da es zur Haupttat gar nicht kommen muss. **Strafgrund** ist, dass Vorbereitungshandlungen zu einem geplanten Verbrechen bei einem (mindestens angestrebten) konspirativen **Zusammenwirken von Beteiligten** schon vor Eintritt in das Versuchsstadium (§ 22) gefährlich sind (Ber. 13; vgl. BGH **1**, 305; **10**, 388; NStZ **97**, 348; **98**, 348 m. Anm. *Kretzschmer* NStZ **98**, 401; *Bloy* JR **92**, 495; *Geppert* Jura **97**, 547; *Letzgus* [1a] 126ff., 222ff.).

2a **Rechtsgut** ist das durch die vorgestellte Tat bedrohte (str.; zur **Kritik** vgl. *Jakobs* ZStW **97**, 756; *Köhler* AT 544). § 30 ist daher keine selbstständige Strafvorschrift (BGH **40**, 75; MDR/D **69**, 722; 1 StR 269/91), sondern eine in den Vorfeldbereich verschobene Strafausdehnungsnorm, die selbst bei der gebotenen restriktiven Auslegung (vgl. *S/S-Cramer/Heine* 1; *Bloy* JZ **99**, 157; *Jakobs* ZStW **97**, 767) in Abs. I auch den untauglichen Versuch erfasst; sie hat freilich auch strafeinschränkenden Charakter, da sie die Strafbarkeit versuchter Beihilfe zu Verbrechen und versuchter Teilnahme an Vergehen ausschließt (*Geppert* Jura **97**, 552; SK-*Hoyer* 2). Praktisch von Bedeutung ist die Unselbstständigkeit insb. auch für die **Urteilstenorierung;** diese muss **das Verbrechen bezeichnen** (Nw. unten 3).

3 **3)** Alle Tatvarianten des § 30 I und II beziehen sich auf eine **bestimmte zukünftige Tat;** diese muss ein **Verbrechen** (§ 12 I) sein (BGH **12**, 306), soweit § 30 nicht, wie in § 159; § 53 IV ZDG; §§ 16 IV, 19 IV, 44 VI WStG, ausdrücklich auf Vergehen für entsprechend anwendbar erklärt ist. Bei geplanter Auslandstat entscheidet, wenn für die Tat nach §§ 4 bis 7 deutsches Recht gilt, dieses Recht auch für die Einordnung (vgl. § 9 II). In den **Urteilstenor** ist die **Bezeichnung des Verbrechens** aufzunehmen, auf das sich die Tat bezieht (MDR/H **86**, 271; BGHR StPO § 260 IV S. 1 Tatbezeichnung 1, 4; 2 StR 191/01; 2 StR 125/04).

4 **A.** Für die Beurteilung als Verbrechen ist die Vorstellung des (jeweils) Beteiligten (Täter des § 30) maßgebend (BGH **6**, 308; NJW **51**, 666; Bay NJW **55**, 1120; OGH NJW **50**, 654); ist die geplante Tat eine vorsätzliche Tötung, so kommt es darauf an, ob sie als Mord oder als Totschlag zu qualifizieren ist und ob sich der Täter des § 30 täter- oder tatbezogene Mordmerkmale (90ff. zu § 211) vorstellte (NJW **82**, 2738; MDR/H **86**, 794); gleichgültig ist, ob die Tatbestandsmerkmale, die er sich vorstellt, in Wirklichkeit gegeben sind oder eintreten können (BGH **4**, 254); ebenso, ob der Täter die Tat rechtlich richtig einordnet. Auch bei der Verabredung nach Abs. II, 2. Var. kommt es auf die Vorstellung des jeweils Beteiligten an (BGH **12**, 307; *S/S-Cramer/Heine* 14; iErg ebenso SK-*Hoyer* 16). Die Vorstellung muss die Tat als **schuldhafte,** dh nicht nur als rechtswidrige und tatbestandsmäßige Handlung erfassen. Weiß der Anstifter, dass der erfolglos Angestiftete schuldunfähig ist, so kommt Versuch in mittelbarer Täterschaft in Frage. Weiß er es nicht, so ist § 30 gegeben.

5 **B.** Umstritten ist die Frage, wie sich **besondere persönliche Merkmale** in der Person des Vorbereitenden und des Haupttäters auswirken (vgl. *S/S-Cramer/Heine* 11ff.; SK-*Hoyer* 17ff.); entgegen BGH **6**, 308 (ebenso BGH **8**, 294; StV **87**, 386) hat dies in Fällen, in denen die Vorbereitungshandlung bei Verwirklichung der Haupttat als *Teilnahme* strafbar wäre, Bedeutung nicht nur für den anzuwendenden Strafrahmen, sondern auch für den Deliktscharakter als Verbrechen (*Lackner/Kühl* 2; *S/S-Cramer/Heine* 11; SK-*Hoyer* 18; *Jakobs* AT 27/6; *M/Gössel/Zipf* 53/29; einschränkend *B/Weber/Mitsch* 32/48, 50; **aA** *Jescheck/Weigend* § 65 I 4; *Stratenwerth AT I 915;* jew. mwN).

6 Für **strafbegründende** persönliche Merkmale gilt § 28 I (SK-*Hoyer* 17; *S/S-Cramer/Heine* 12; *Geppert* Jura **97**, 549), so dass der Strafrahmen für den erfolglosen Anstifter, bei dem solche Merkmale fehlen, doppelt zu mildern ist. Liegen strafbe-

gründende persönliche Merkmale nur beim Anstifter, nicht aber bei dem Anzustiftenden vor, so scheidet § 30 I aus, wenn der Anstifter dies weiß, denn der Anzustiftende könnte nach seiner Vorstellung die Tat nicht als Täter begehen (*S/S-Cramer/Heine* 13). Nimmt der Anstifter irrig strafbarkeitsbegründende Merkmale bei dem Anzustiftenden an, so liegt untauglicher Versuch vor, der § 30 I unterfällt. Bei **straferhöhenden, strafmildernden** oder **strafausschließenden** persönlichen Merkmalen gilt § 28 II; nach in der Lit. hM kommt es daher für die Qualifizierung als Verbrechen darauf an, ob die Tat, würde sie verwirklicht, für den *Teilnehmer* ein Verbrechen wäre (vgl. die Nachw. oben; für § 218 aF auch BGH **1**, 139; 249; **3**, 228; **4**, 17; **14**, 353 [unter ausdrückl. Offenlassung der Anwendbarkeit für andere Tatbestände]). Für die Gegenansicht (BGH **6**, 308; **8**, 294; StV **87**, 386; *Jescheck/Weigend* § 65 I 4 mwN) spricht vor allem der Strafgrund des § 30 I (oben 2), wonach § 30 I nicht gefährliche Täter, sondern besonders schwere *Taten* erfassen soll (*Jescheck/Weigend* aaO); das führt freilich zu dem widersprüchlichen Ergebnis, dass die nur versuchte Teilnahme akzessorisch, die erfolgreiche dagegen nach § 28 II nichtakzessorisch behandelt und dass die vorbereitende Beteiligung im Fall der Anstiftung akzessorisch bestraft wird, obgleich sie im Fall der geplanten Täterschaft (Abs. II) für denjenigen straflos ist, für den die Tat nur ein Vergehen darstellt (vgl. BGH **12**, 307 f.; *S/S-Cramer/Heine* 14; and. SK-*Hoyer* 21). Die Lösung von BGH **6**, 309, 311, auf den erfolglosen Anstifter, in dessen Person die verbrechensbegründenden qualifizierenden Merkmale nicht vorliegen, nur den Strafrahmen des Grunddelikts anzuwenden, führt zu einer seltsamen Vermischung der Grundsätze der §§ 28, 29. Weiter geht der Vorschlag von *Jescheck/Weigend* aaO, die (*trotz* § 30 I) Straflosigkeit des erfolglosen Anstifters in Fällen annehmen wollen, in denen die Verabredung als *Mittäter* straflos wäre. Im Ergebnis ist dies freilich die Aufgabe (und nicht nur die Korrektur) des Grundsatzes akzessorischer Haftung in § 30 I.

C. Die geplante Tat muss in der Vorstellung des Täters iS des § 30 **konkretisiert** sein. Wie weit sie konkretisiert sein muss, hängt wesentlich vor der Art der Tat ab (vgl. BGH **12**, 306; **15**, 276). Die Art der Ausführung braucht noch nicht in allen Einzelheiten bestimmt zu sein; die Tat muss aber so konkretisiert sein, dass der andere sie begehen könnte, wenn er wollte (BGH **18**, 160, 161). Bei Eigentumsdelikten braucht die Person des Verletzten noch nicht festzustehen (MDR **60**, 595; Köln NJW **51**, 621; **54**, 1259; Bay NJW **54**, 1257); dagegen reicht es bei gegen die Person gerichteten Delikten nach der Rspr. idR nicht aus, wenn das Opfer nur allgemein bestimmt ist, die Tat aber noch nicht gegen eine konkrete Person ausgeführt werden könnte (vgl. BGH **18**, 161 f.; LG Zweibrücken NStZ-RR **02**, 136). Es kann auch wahlweise Feststellung des geplanten Verbrechens in Betracht kommen (Bay **54**, 41; NJW **54**, 1258). Bei der versuchten Anstiftung muss die Tat so konkretisiert sein, dass der andere sie begehen könnte, wenn er wollte (BGH **18**, 160; Hamm MDR **92**, 601 [hierzu *Bloy* JR **92**, 493]). Die Ausführung der geplanten Tat kann noch vom Eintritt einer Bedingung abhängig sein (BGH **12**, 306; KG GA **71**, 55; vgl. aber BGH **18**, 160); möglich ist auch, dass mehrere Begehungsmöglichkeiten ins Auge gefasst werden (BGH **12**, 308); nicht ausreichend sind aber bloße Vorbesprechungen zur Abwägung der Erfolgschancen (BGH **12**, 309; BGHR Bet. 1). Eine konkrete Gefährdung des Rechtsguts ist nicht erforderlich (NStZ **98**, 347 [versuchte Kettenanstiftung; dazu *Graul* JR **99**, 249, 250 f.]). 7

D. Nach I S. 1, **2. Var.**, kann auch die **Anstiftung** zum vorgestellten Verbrechen Gegenstand der Handlung sein (sog. **Kettenanstiftung;** vgl. § 34 I WStG, BGH **7**, 234; NStZ **98**, 347); das gilt nach II, 2. HS, **2. Var.** auch für die Verabredung. Nach zutr. Ansicht erfasst Abs. I auch die Anstiftung zur versuchten Anstiftung, also die erfolgreiche Anstiftung zu einer erfolglosen Tat nach I (*S/S-Cramer/Heine* 35; *Geppert* Jura **97**, 552). Im Gegenschluss ergibt sich aus S. 1, dass die versuchte Anstiftung zu **Beihilfe nicht erfasst** wird (BGH **7**, 234; wistra **04**, 8

265, 267); ebenso wenig eine Handlung nach II, die sich nur auf eine Beihilfe zu einem Verbrechen bezieht (2 StR 218/94).

9 **4) Abs. I** betrifft die **versuchte Anstiftung** (**aA** SK-*Hoyer* 5 ff.: auch versuchte mittelbare Täterschaft). In objektiver Hinsicht ist eine Bestimmungshandlung und auf der subjektiven Seite ein doppelter Anstiftervorsatz erforderlich; der Anstifter muss wollen, dass der Anzustiftende den Tatvorsatz fasst [Bestimmungsvorsatz] und er auch die (vollendete) Tat will [Tatvorsatz] (BGH **44**, 99 [m. Anm. *Roxin* NStZ **98**, 618; *Bloy* JZ **99**, 157]; NStZ **98**, 348 [m. Anm. *Kretzschmer* NStZ **98**, 401 u. *Graul* JR **99**, 249]). Ebenso wie für die Anstiftung (5 zu § 26) reicht bedingter Vorsatz aus, also namentlich, dass der Anstifter billigend in Kauf nimmt, dass der Adressat seiner Aufforderung Folge leistet (vgl. BGH **44**, 99; vgl. NStZ **98**, 404; Bay **70**, 769; *Bloy* JR **92**, 495; *Geppert* Jura **97**, 550). Unter diesen Voraussetzungen reicht jede Form der Willensbeeinflussung aus (4 zu § 26). Die Identität des Anzustiftenden muss nicht individualisiert sein (vgl. 3 zu § 26); eine Aufforderung an einen unbestimmten Personenkreis (vgl. § 111) genügt aber nicht.

9a Versuch der Anstiftung setzt voraus, dass der Anstiftende unmittelbar **zur Bestimmungshandlung ansetzt** (BGHR Bet. 1; vgl. 9 f. zu § 22). Das erfordert nicht, dass die Äußerung dem anderen zugeht (BGH **8**, 261; *S/S-Cramer/Heine* 19; SK-*Hoyer* 31; *Roxin* JA **79**, 171 und LK 13; **aA** *Schröder* JuS **67**, 290); ausreichend ist, dass der Täter dies will und die Aufforderung in einer Weise „auf den Weg" bringt, die nach seinem Tatplan geeignet ist, den Anzustiftenden bei ungestörtem Fortgang der Dinge ohne weitere Zwischenschritte zum Tatentschluss zu veranlassen (vgl. BGH **50**, 142, 145). Ein bloßes argumentatives „Vorbereiten des Terrains", etwa durch allgemeine Hinweise auf die Vorteile oder das geringe Risiko einer Tat der in Aussicht genommenen Art oder durch das planmäßige Herbeiführen einer Tatmotivation, reicht nicht aus; die Schwelle zum Versuch ist überschritten, wenn sich die Bestimmungshandlung auf eine im Sinn von oben 7 bestimmte Tat konkretisiert und der Angestiftete nach der Vorstellung des Anstifters die Tat begehen könnte, wenn er dies wollte (BGH **50**, 142, 145 [Anm. *Kühl* NStZ **06**, 94; *Puppe* JR **06**, 75]; vgl. BGHR § 30 I S. 1 Bestimmen 3, 4). Der Grund für die Erfolglosigkeit des Anstiftungsversuchs ist gleichgültig. Zur Abgrenzung zwischen versuchter Anstiftung (§ 30 I) zu § 129 a I, II und bloßer Werbung (§ 129 a V) für eine terroristische Vereinigung Bay NJW **98**, 2542 [m. Anm. *Radtke* JR **99**, 81]).

10 **5) Abs. II** erfasst **sonstige Beteiligungen im Vorbereitungsstadium:**

A. Sich Bereiterklären ist die Erklärung, ein bestimmtes Verbrechen begehen zu wollen, wobei die Begehungsformen des Sicherbietens (vgl. Bay **53**, 155) und der Annahme einer Aufforderung einbegriffen sind. Die Erklärung muss ernst gemeint sein (BGH **6**, 347; MDR/D **54**, 335); dem Adressaten zugehen muss sie nicht (GA **63**, 126; *S/S-Cramer/Heine* 23; hM; vgl. oben 9). Der Erklärende muss die Annahme eines Anerbietens wollen oder mit der Erklärung eine Aufforderung annehmen.

11 **B. Annahme des Erbietens** eines anderen zur Tatbegehung ist die an die anbietende Person gerichtete Erklärung, das Angebot anzunehmen und damit in eine (verpflichtende) Zusage zu wandeln (vgl. SK-*Hoyer* 41), selbst wenn das Anerbieten nicht ernst gemeint ist (BGH **10**, 388; *Otto* ZStW **87**, 569; *Lackner/Kühl* 6; *S/S-Cramer/Heine* 24; MK-*Joecks* 45; jew. mwN; **aA** *Jescheck/Weigend* § 65 III 1; SK-*Hoyer* 41; *Letzgus,* Vorstufen der Beteiligung, 1972, 184 f.). Nicht erforderlich ist, dass der Anbietende die Tat von der Voraussetzung der Annahme abhängig macht; str. Vielfach liegt versuchte Anstiftung vor; im Übrigen handelt es sich um die *erfolglose* psychische Beihilfe. Für die Ernstlichkeit der Annahmeerklärung gilt das zum Sich-Bereiterklären Gesagte entsprechend. Es kommt darauf an, ob der Annehmende damit rechnet, dass der Anbietende auf Grund seiner Erklärung die Tat ausführt (BGH **98**, 2835 m. Anm. *Bloy* JZ **99**, 157; *Roxin* NStZ **98**, 616); ein

nicht erklärter Vorbehalt, die Tatvollendung nicht zu wollen, ist unbeachtlich (vgl. NStZ **98**, 404).

C. Verabredung ist die vom **ernstlichen Willen** getragene (1 StR 326/80; vgl. auch MK-*Joecks* 59f.) Einigung von mindestens zwei Personen, an der Verwirklichung eines bestimmten Verbrechens **mittäterschaftlich,** also nicht nur als Gehilfe (NStZ **82**, 244; **93**, 138; NStZ-RR **02**, 74; NStE Nr. 1; 3 StR 140/07) mitzuwirken; Verabredung ist daher idR vorbereitete Mittäterschaft (NStZ **88**, 406; Hamm NJW **59**, 1237; aber auch unten 14). Es genügt, wenn von zwei alternativ vorgesehenen Begehungsweisen nur eine ein Verbrechen ist (NStZ **98**, 510). Bloße Vorbesprechungen und -planungen sind noch keine Verabredung (BGH **12**, 309; BGHR Bet. 1). Die Verabredung muss die geplante Tat in **wesentliche Grundzügen**, nicht in Einzelheiten **konkretisieren**; es gelten die Grundsätze für die Feststellung einer mittäterschaftlichen Absprache nach § 25 II (3 StR 140/07; SK-*Hoyer* 54). Nach StV **04**, 528 muss aber im Einzelfall, um die Verabredung *mittäterschaftlicher* Begehungsweise zu begründen, eine hierfür ausreichende Konkretisierung nach Ort, Zeit und Inhalt der tat erfolgen (vgl. dazu auch 3 StR 140/07). 12

Der subjektive Tatbestand der Verabredung ist nur für denjenigen Beteiligten erfüllt, der die Ausführung der Tat **ernsthaft** will (NStZ **98**, 404 [m. Anm. *Geerds* JR **99**, 426; Fall *„Sado-Henker"*; and. *S/S-Cramer/Heine* 29). Ein nur geheimer Vorbehalt, die Tatvollendung (auch durch den anderen oder einen Dritten) nicht zu wollen, führt aber auch hier nur dann zur Straflosigkeit, wenn der Täter davon ausgeht, ohne seine Mitwirkung könne die Tat nicht begangen werden (vgl. BGH **18**, 161). Andere Begehungsformen des § 30 können in der Verabredung aufgehen (vgl. unten 15). Partner kann auch ein Schuldunfähiger sein. Will von den Beteiligten nur einer die Tat ernstlich, so kommen Sich-Bereiterklären oder Annahme eines Anerbietens in Frage (1 StR 201/61). Einheitliche Verabredung zu mehreren Verbrechen ist nur eine einzige Tat. 12 a

D. Vorbereitung und Versuch der Begehungsformen nach II sind nicht strafbar; jedoch kann im Versuch der Verabredung eine strafbare versuchte Anstiftung oder ein strafbares Sich-Bereiterklären liegen (2 StR 148/56; vgl. SK-*Hoyer* 48). 13

E. Anstiftung zu den Tatformen des II ist möglich; nach NStZ **82**, 244 jedoch **nicht Beihilfe** (Düsseldorf NJW **93**, 2253; *S/S-Cramer/Heine* 34; SK-*Hoyer* 57). Da die Zusage zu einer Verbrechensbeihilfe keine strafbare Verabredung iS von 12 ist, kann auch eine Beihilfe zu einer Verbrechensverabredung nicht strafbar sein (BGH **14**, 156; **aA** *Dreher* NJW **60**, 1163; *Busch,* Maurach-FS 245). 14

6) Konkurrenzverhältnisse. A. Die **einzelnen Begehungsformen** des § 30 können zueinander in Tatmehrheit, aber auch in Gesetzeskonkurrenz stehen; so können versuchte Anstiftung, aber auch Sich-Bereiterklären und Annahme eines Anerbietens in der Verabredung aufgehen (NStZ **94**, 383). Umgekehrt kann die Verabredung zur Anstiftung in der versuchten Anstiftung aufgehen, wenn es nur zu dieser kommt (Bay NJW **56**, 1000). Tateinheit ist ebenfalls möglich, zB, wenn sich jemand zunächst zum Mord an dem Opfer bereit erklärt, dann aber nur dessen Beraubung verabredet (BGH aaO; *S/S-Cramer/Heine* 43; *Schröder* JuS **67**, 295). Das Sich-Bereiterklären tritt als tatfernere Handlung hinter dem Anstiftungsversuch zurück (NJW **96**, 2242). Zwischen den verschiedenen Begehungsformen ist Wahlfeststellung möglich. 15

B. Zur geplanten **Haupttat** besteht grundsätzlich ein **Subsidiaritätsverhältnis,** so dass § 30 zurücktritt, sobald auch nur ein Versuch der Haupttat begangen wird (BGH **14**, 378; NJW **56**, 31; NStZ **83**, 364; StV **99**, 594f.; **00**, 137 m. Anm. *Schlothauer*; BGHR § 30 I S. 1 Konk. 2), auch dann, wenn an der Ausführung andere als die vorher erfolglos Angestifteten teilnehmen (BGH **8**, 38; NJW **29**, 2903, 2905 [insoweit in BGH **38**, 291 nicht abgedr.]); wenn bei Mittäterschaft an einer Fortsetzungstat die Anstiftung zu einem Teilakt erfolglos geblieben war 16

(BGH **6**, 85; vgl. auch MDR/D **68**, 727); oder wenn der Täter das Anerbieten eines anderen annimmt, dann aber zu der im Versuch stecken bleibenden Tat (nur) Beihilfe leistet (*S/S-Cramer/Heine* 38; SK-*Hoyer* 59; LK-*Rissing-van Saan* 104 vor § 52). Anders ist das allerdings, wenn jemand durch weitere (versuchte) Anstiftungshandlungen jeweils weitere Personen in das Tatgeschehen verstrickt und die Tatbegehung nie selbst als Täter versucht hat (BGH **44**, 91 [m. zust. Anm. *Beulke* NStZ **99**, 26]; NStZ **98**, 189 [m. zust. Anm. *Geppert*]); ebenso wenn einer erfolglosen Anstiftung auf Grund eines neuen Tatentschlusses eine erfolgreiche Anstiftung desselben Haupttäters nachfolgt. § 30 tritt auch zurück, wenn statt einer leichteren in Aussicht genommenen eine diese mitumfassende schwerere Tat verübt wird, wobei allerdings § 29 zu beachten ist; hingegen besteht, wenn die ausgeführte Tat an Schwere hinter der in Aussicht genommenen zurückbleibt, **Tateinheit** zwischen § 30 und der ausgeführten Tat (BGH **9**, 131; *Vogler,* Bockelmann-FS 725; *Abels* [1 a vor § 52] 56 ff., hM; **aA** *Schneider* NJW **56**, 1364; vgl. auch MK-*Joecks* 70). Hat ein zunächst an der Verabredung Beteiligter die Ausführung der Tat zunächst gefördert, vor Versuchsbeginn dann aber von weiteren Ausführungshandlungen abgesehen, so kommt nur eine Bestrafung wegen Beteiligung an der Haupttat in Betracht (StV **99**, 594 f.). Tateinheit ist zwischen der Verabredung eines Verbrechens mit dem bis zur geplanten Tatbegehung fortdauernden Führen einer halbautomatischen Selbstladewaffe gegeben (NStZ-RR **97**, 260; 1 StR 285/93). Gedeiht die geplante Tat nur zum Versuch, von dem der Täter nach § 24 zurücktritt, so lebt die Strafbarkeit aus § 30 nicht wieder auf (BGH **14**, 378; NStZ **83**, 364; StV **99**, 595; *M/Gössel/Zipf* 53/44; *S/S-Cramer/Heine* 40; *Roxin* JA **79**, 175; *Küper* JZ **79**, 783); anders jedoch, wenn die versuchte Tat gegenüber der geplanten weniger schwer wiegt (*Vogler,* Bockelmann-FS 728; *Lackner/Kühl* 7 zu § 31; str.; offen gelassen in BGH **14**, 381). Vom **prozessualen** Tatbegriff des § 264 StPO ist bei Anklageerhebung wegen eines eigenhändig begangenen Verbrechens eine frühere versuchte Bestimmung eines Dritten zu der Tat nicht umfasst (NStZ **00**, 216).

17 **C.** Gegenüber **anderen Vorschriften,** die Vorbereitungshandlungen mit Strafe bedrohen, tritt § 30 ebenfalls zurück. Solche Vorschriften sind §§ 80, 83 (vgl. Köln NJW **54**, 1259; str.); §§ 149, 275, 357; §§ 28, 34 WStG; § 17 II UWG. Hingegen geht § 30/§ 234 dem § 234 a III (BGH **6**, 85) vor; ebenso § 30/§ 94 den §§ 98, 99; so auch für § 49 a/100 aF gegenüber § 100 e aF (BGH **6**, 346; 385); seit BGH **15**, 256 nahm der BGH hier Tateinheit an. Diese ist möglich zwischen § 30 und Bedrohung (BGH **1**, 305). § 30 II ist, sofern sich die Verabredung auf eine Katalogtat (§ 100 a StPO) bezieht, selbst Katalogtat, BGH **32**, 15.

18 **7) Die Strafe** ist die Versuchsstrafe des § 23. Doch kommt ggf die Strafdrohung für minder schwere Fälle in Betracht (BGH **32**, 136), zB wenn im Falle einer Verabredung diese sich noch in einem unausgereiften Stadium befand (NStZ **86**, 453; 1 StR 337/87). Da allein schon der vertypte Milderungsgrund des § 30 Anlass für die Annahme eines minder schweren Falles sein kann, ist zunächst zu prüfen, ob unabhängig vom Vorbereitungsstadium der Tat wegen vorhandener unbenannter Milderungsgründe ein minder schwerer Fall zu bejahen ist (NStE Nr. 3; NStZ **89**, 571; **90**, 96; 1 StR 770/96; MDR/H **90**, 486; vgl. 2 ff. zu § 50). Im Übrigen muss bei der Strafzumessung neben der Beschaffenheit der Verabredung das Ausmaß berücksichtigt werden, in dem die Verabredung bereits durch abredegemäßes Verhalten der Beteiligten „aktiviert" worden ist (NStZ **89**, 571; **97**, 83). Ferner ist hier abw. von § 23 II die **Milderung** nach § 49 I **vorgeschrieben.** Da damit der Umstand, dass es nur um Vorbereitungshandlungen geht, bereits im Strafrahmen berücksichtigt ist, darf dieser Umstand als solcher nicht nochmals strafmildernd berücksichtigt werden. § 23 III gilt entsprechend, dh das Gericht kann von Strafe absehen oder nach § 49 II mildern, wenn bei einem Versuch der vorgestellten Tat die Voraussetzungen von § 23 III gegeben wären (dort 3 f.).

Rücktritt vom Versuch der Beteiligung

31 **I Nach § 30 wird nicht bestraft, wer freiwillig**
1. **den Versuch aufgibt, einen anderen zu einem Verbrechen zu bestimmen, und eine etwa bestehende Gefahr, dass der andere die Tat begeht, abwendet,**
2. **nachdem er sich zu einem Verbrechen bereit erklärt hatte, sein Vorhaben aufgibt oder,**
3. **nachdem er ein Verbrechen verabredet oder das Erbieten eines anderen zu einem Verbrechen angenommen hatte, die Tat verhindert.**

II Unterbleibt die Tat ohne Zutun des Zurücktretenden oder wird sie unabhängig von seinem früheren Verhalten begangen, so genügt zu seiner Straflosigkeit sein freiwilliges und ernsthaftes Bemühen, die Tat zu verhindern.

1) Allgemeines. Die Vorschrift ist durch das 2. StRG (vgl. § 36 E 1962; § 49 a III, IV fF) für die Fälle eingefügt worden, auf die § 24 wegen Fehlens einer strafbaren Haupttat unanwendbar ist. Der Rücktritt vom Beteiligungsversuch ist ein auf Handlungen nach § 30 beschränkter persönlicher Strafaufhebungsgrund (BGH **15**, 198); er lässt also zB die Strafbarkeit nach § 138 unberührt. 1

Literatur: *Bottke,* Rücktritt vom Versuch der Beteiligung nach § 31 StGB, 1980; *Eisele,* Abstandnahme von der Tat vor Versuchsbeginn bei mehreren Beteiligten, ZStW **112** (2000), 745; *Herzberg* JZ **89**, 114; *Roxin,* Der Rücktritt bei Beteiligung mehrerer, Lenckner-FS 267; *Vogler* ZStW **98**, 331, 352. Vgl. auch 1 a zu § 24. 1 a

2) Nach **Abs. I** ist **Grundvoraussetzung,** dass der Verzicht auf das Verbrechen **endgültig** und **freiwillig** iS des § 24 (vgl. dort 18 ff.; NJW **84**, 2169 [hierzu *Kühl* JZ **84**, 292; *Küper* JR **84**, 265]; NStZ **98**, 510) ist, was nicht gegeben ist, wenn ein vom Willen des Täters unabhängiger Umstand den Plan unmöglich macht (BGH **12**, 306). **Drei Beteiligungsformen** regelt I, für die sämtlich vorausgesetzt ist, dass die geplante Tat nicht begangen ist und auch keine Beteiligung am Versuch vorliegt, sonst gilt § 24. Ist die Tat bis zum strafbaren Versuch ausgeführt worden, so scheidet I selbst dann aus, wenn der Versuch nicht auf dem Beitrag des Vorbereitenden beruht (vgl. NStZ **87**, 118). Die Rspr zum **fehlgeschlagenen Versuch** beim Ausschluss des Rücktritts nach § 24 (vgl. 6 ff. zu § 24) kann auf § 31 nicht ohne Weiteres übertragen werden, weil der Täter der versuchten Beteiligung an einem Verbrechen zu diesem noch nicht unmittelbar ansetzt (NStZ-RR **03**, 137 f. [kein Fehlschlag versuchter Beteiligung an unerlaubter Einfuhr von BtM bei Stornierung des gebuchten Kurierflugs und Erwartung eines neuen Termins]). 2

A. Nr. 1 regelt die **versuchte Anstiftung.** Hier genügt es, dass der Täter sein Vorhaben endgültig aufgibt und passiv bleibt, wenn sein Anstiftungsversuch noch ohne Wirkung geblieben ist und eine Gefahr der Tatbegehung nicht besteht (NStZ-RR **97**, 260). Ist der Anstiftungsversuch von vornherein gescheitert und weiß dies der Täter, so ist Rücktritt ausgeschlossen (anders bei alsbaldiger Korrektur des Rücktrittshorizonts; vgl. NStZ **02**, 311); nimmt der Täter irrig an, der Anstiftungserfolg sei möglich, so kommt Rücktritt nur nach II; 1. Alt. in Betracht *(BGH* **50**, 142; unten 7). Besteht die Gefahr der Tatbegehung (der andere hat zB den Tatentschluss gefasst), so muss der Täter sie dann, wenn er sie jedenfalls mit verursacht hat (*S/S-Cramer/Heine* 4 f.; SK-*Hoyer* 8; *Bottke* aaO [oben 1 a] 54), abwenden, zB den anderen von seinem Entschluss wieder abbringen, wenn er die Gefahr der Tatverwirklichung erkennt. Nimmt er irrig an, eine Gefahr bestehe nicht, so reicht dagegen, entspr. § 24, sein passives Aufgeben (*Lackner/Kühl* 3; *S/S-Cramer/Heine* 5). **Untätigbleiben** kann zur Gefahrabwendung genügen, wenn in diesem Zeitpunkt gerade nur Handeln zur Tat geführt hätte (BGH **32**, 134 [dazu *Kühl* JZ **84**, 292]; NStZ-RR **97**, 289; vgl. 2 StR 269/72). Bei der versuchten **Kettenanstiftung** reicht sowohl die Abwendung der Gefahr der weiteren Anstif- 3 tung als auch die der Verwirklichung der Haupttat (vgl. *S/S-Cramer/Heine* 6); für das vom Täter zu verlangende Rücktrittsverhalten kommt es auf seine Vorstellung darüber an, wie weit sich die von ihm verursachte Gefahr der Tatverwirklichung bereits genähert hat.

4 **B. Nr. 2** regelt den Fall des **Sich Bereiterklärens.** Hier genügt ebenfalls, dass der Täter sein aus seiner Sicht noch fortführbares Vorhaben endgültig aufgibt und sich passiv verhält. Zur Frage des Rücktritts bei mehrfachem Ansetzen zur Begehung der verabredeten Tat vgl. NStZ-RR **03**, 137 f.; *Hamm* StV **97**, 242.

5 **C. Nr. 3,** die den Fall der **Verabredung** und der **Annahme** des **Erbietens** eines anderen regelt, fordert, dass der Täter die Tat **verhindert** (30 ff. zu § 24). Im Einzelfall reicht Nichterbringen des erforderlichen Tatbeitrags und bloßes **Untätigbleiben** (BGH **32**, 133 [m. Anm. *Kühl* JZ **84**, 292; *Küper* JR **84**, 265]; NJW **84**, 2169; NStZ-RR **97**, 289), insb. wenn der Beteiligte weiß, dass die Tat ohne sein Mitwirken nicht begangen werden kann (NStZ **99**, 395; **07**, 287, 288). Ist die Tat in Abwesenheit des Angeklagten dennoch zum Versuch gediehen, so scheidet Nr. 3 selbst dann aus, wenn die Tatbegehung nicht auf der früheren Verabredung beruht; jedoch ist II 2. Alt. zu prüfen (NStZ **87**, 118).

6 **3)** Nach **Abs. II** genügt das **freiwillige** (18 bis 24 zu § 24) und **ernsthafte Bemühen** (36 zu § 24), die Tat zu verhindern. Es gelten insoweit die Regeln des § 24 (NStZ **98**, 510; wistra **93**, 190). Der Anstifter muss also selbst den Vorsatz aufgeben und sich darum bemühen, entweder auch den den präsumptiven Täter zur Aufgabe des Vorsatzes zu bewegen oder je nach den Umständen die Möglichkeit auszuschließen, dass der Angestiftete die Tat gleichwohl noch ausführt. BGH **50**, 142 (Anm. *Kühl* NStZ **06**, 94; *Puppe* JR **06**, 75) hat das für den Fall verneint, dass der Anstifter eines Auftragsmords diesen *vorerst* nicht ausführen lassen will und den präsumptiven Täter mitteilt, er werde den Tattermin ggf. später benennen (insoweit zw.; krit. *Kühl* NStZ **06**, 94, 95; *Puppe* JR **06**, 75). Die Anforderungen des § 24 gelten auch bei Taten, die sich als von vornherein undurchführbar erweisen (5 StR 514/65; vgl. *Kühl* NStZ **06**, 94 f.).

7 Dabei muss nach der **1. Alt.** die Tat **ohne Zutun** des Zurücktretenden unterblieben sein, dh unabhängig von seinem Bemühen **keine Haupttat** begangen sein. Ein solcher Fall liegt zB auch dann vor, wenn bei versuchter Anstiftung der präsumtive Haupttäter von vornherein entschlossen ist, die Tat nicht zu begehen, und der Anstifter sich hierüber irrt (vgl. BGH **50**, 142, 145).

8 Die **2. Alt.** setzt voraus, dass die Tat unabhängig von dem früheren Verhalten des Vorbereitenden **begangen** worden ist (vgl. NStZ **87**, 118). Ein ernsthaftes Bemühen, die Tat zu verhindern, liegt nur vor, wenn der Täter alle Kräfte anspannt, um im Fall versuchter Anstiftung den Tatentschluss des Angestifteten rückgängig zu machen, und im Übrigen die Gefahr zu beseitigen, dass die Tat begangen wird (vgl. BGH **50**, 142, 146 f. [krit. *Puppe* JR **06**, 75, 76 f.]).

9 **4) Kommt** der **Rücktritt nicht zustande,** so kann der Täter, wenn die vorbereitete Tat nur bis zum Versuch gedeiht, noch nach § 24 zurücktreten. Doch bleibt dannVStrafbarkeit nach § 30 möglich (42 zu § 30).

Vierter Titel. Notwehr und Notstand

Vorbemerkungen

1 **1) Der Titel** behandelt nur je zwei Rechtfertigungsgründe (§§ 32, 34) und *Schuldausschließungs*gründe (§§ 33, 35). Er ist damit nicht vollständig. Daher wird hier ein Überblick über weitere Rechtfertigungsgründe (3 ff.) und Schuldausschließungsgründe (14 ff.) gegeben. Zu Problemen der **Konkurrenz** von Rechtfertigungsgründen vgl. *Gropengießer* Jura **00**, 262; NK-*Paeffgen* 78; *Thiel* (1 a).

Neuere Literatur (allgemein; Auswahl): *Achenbach,* Wiederbelebung der allgemeinen Nichtzumutbarkeit im Strafrecht?, JR **75**, 492; *ders.,* Fahrlässigkeit, Schuld u. Unzumutbarkeit normgemäßen Verhaltens, Jura **97**, 631; *Ambos,* Straflosigkeit von Menschenrechtsverletzungen, 1997; *ders.,* Die strafbefreiende Wirkung des „Handelns auf Befehl" aus deutscher u. völkerstrafrechtlicher Sicht, JR **98**, 221; *Bernsmann,* „Entschuldigung" durch Notstand, 1989; *Beulke,* „Pflichtenkollision" bei § 323 c StGB?, Küper-FS (2007) 1; *Ebert,* Der Überzeugungstäter in der neueren Rechtsentwicklung, 1975; *Dölling,* Einwilligung und überwiegende Interessen, Gössel-FS (2002) 209; *Erb,* Die Schutzfunktion des Art. 103 II GG bei Rechtfertigungsgründen, ZStW **108**, 266; *Eser,* Schuld u. Entschuldbarkeit von Mauerschützen u. ihren Befehlsgebern?, Odersky-FS 327; *ders./Fletscher* (Hrsg.), Rechtfertigung u. Entschuldigung. Rechtsvergleichende Perspektiven, 2 Bde. 1987/88 [hierzu *Kühl* JZ **89**, 683]; *ders./Nishihara* (Hrsg.), Rechtfertigung u. Entschuldigung, IV, 1995; *ders./Perron,* Rechtfertigung u. Entschuldigung, Dt.-it.-port.-span. Strafrechtskolloquim 1991; *Fincke,* in: *Eser/Kaiser,* 3. Dt.-sowj. Koll. über Strafrecht u. Kriminologie, 1987, 29; *Freund,* Actio illicita in causa – Ein Übel oder eine Möglichkeit, das Übel an der Wurzel zu packen?, GA **06**, 267; *Frister,* Die Struktur des „voluntativen Schuldelements", 1993; *ders.,* Erlaubnistatbestandszweifel. Zur Abwägung der Fehlentscheidungsrisiken bei ungewissen rechtfertigenden Umständen, Rudolphi-FS (2004) 45; *Gropengießer,* Das Konkurrenzverhältnis von Notwehr (§ 32 StGB) u. rechtfertigendem Notstand (§ 34 StGB), Jura **00**, 262; *Gropp,* Die „Pflichtenkollision": weder eine Kollision von Pflichten noch Pflichten in Kollision, H. J. Hirsch-FS 207; *Günther,* Die Auswirkungen familienrechtlicher Verbote auf das Strafrechtssystem, H. Lange-FS 877; *ders.,* Strafrechtswidrigkeit u. Strafunrechtsausschluß, 1983; *ders.,* Klassifikation der Rechtfertigungsgründe im Strafrecht, Spendel-FS 189; *Hartleb,* Der neue § 14 III LuftSiG und das Grundrecht auf Leben, NJW **05**, 1397; *Hassemer,* Prozedurale Rechtfertigungen, Mahrenholz-FS 731; *ders.,* Freistellung des Täters auf Grund von Drittverhalten, Lenckner-FS 97; *Heinitz,* Zur Entwicklung der Lehre von der materiellen Rechtswidrigkeit, Eb. Schmidt-FS 266; *Herzberg,* Die Sorgfaltswidrigkeit im Aufbau der fahrlässigen u. vorsätzlichen Straftat, JZ **87**, 536; *Hirsch,* Strafrecht u. rechtsfreier Raum, Bockelmann-FS 89; *ders.,* Die Stellung von Rechtfertigungs- u. Entschuldigungsgründen, in: *Eser/Perron,* Rechtfertigung u. Entschuldigung III, 1991, 27; *ders.,* Rechtfertigungsfragen u. Judikatur des Bundesgerichtshofs, BGH-FG 199; *Hruschka,* Extrasystematische Rechtfertigungsgründe, Dreher-FS 189; *ders.,* Der Gegenstand des Rechtswidrigkeitsurteils nach heutigem Strafrecht, GA **80**, 1; *Joerden,* Erlaubniskollisionen, insbesondere im Strafrecht, Otto-FS [2007] 331; *Arthur Kaufmann,* Das Gewissen u. das Problem der Rechtsgeltung, 1990; *Klimsch,* Die dogmatische Behandlung des Irrtums über Entschuldigungsgründe unter Berücksichtigung der Strafausschließungs- u. Strafaufhebungsgründe, 1993; *Kuhlen,* Objektive Zurechnung bei Rechtfertigungsgründen, Roxin-FS 331; *Kühl,* Freiheit u. Solidarität bei den Notrechten, H. J. Hirsch-FS 259; *Lenckner,* Der rechtfertigende Notstand, 1965; *ders.,* Die Rechtfertigungsgründe u. das Erfordernis pflichtgemäßer Prüfung, Mayer-FS 165; *ders.,* Die Wahrnehmung berechtigter Interessen, ein „übergesetzlicher" Rechtfertigungsgrund?, Noll-GedS 243; *ders.,* Der Grundsatz der Güterabwägung als Grundlage der Rechtfertigung, GA **85**, 295; *v. d. Linde,* Rechtfertigung u. Entschuldigung im Strafrecht? 1988 [Bespr. *Perron* GA **89**, 486]; *Luzón,* „Actio illicita in causa" u. Zurechnung zum Vorverhalten bei Provokation von Rechtfertigungsgründen, in: Jahrb. f. Recht u. Ethik, 1994, 353 ff.; *Lücke,* Der allgemeine Schuldausschließungsgrund der Unzumutbarkeit als methodisches Problem, JR **75**, 55; *Maiwald,* Die Unzumutbarkeit – Strafbarkeitsbegrenzendes Prinzip bei den Fahrlässigkeitsdelikten?, Schüler-Springorum-FS 475; *Mangakis,* Die Pflichtenkollision als Grenzsituation des Strafrechts, ZStW **84**, 447; *Merkel,* § 14 Abs. 3 Luftsicherheitsgesetz: Wann und warum darf der Staat töten?, JZ **07**, 373; *Mommsen,* Die Zumutbarkeit als Begrenzung strafrechtlicher Pflichten, 2006; *Moos,* Der allgemeine übergesetzliche Entschuldigungsgrund der Unzumutbarkeit in Deutschland und Österreich, ZStW **116** (2004), 891; *Neumann,* Der Rechtfertigungsgrund der Kollision von Rettungsinteressen (usw.), Roxin-FS 421; *Noll,* Übergesetzliche Rechtfertigungsgründe, im besonderen die Einwilligung des Verletzten, 1955; *ders.,* Übergesetzliche Milderungsgründe aus vermindertem Unrecht, ZStW **68**, 181; *ders.,* Tatbestand u. Rechtswidrigkeit: die Wertabwägung als Prinzip der Rechtfertigung, ZStW **77**, 1; *Otte,* Der durch Menschen ausgelöste Defensivnotstand, 1998; *Otto,* Pflichtenkollision und Rechtswidrigkeitsurteil, 3. Aufl. 1978; *Pawlik,* Der rechtfertigende Defensivnotstand im System der Notrechte, GA **03**, 12; *ders.,* § 14 Abs. 3 des Luftsicherheitsgesetzes – ein Tabubruch?, JZ **04**, 1045; *Perron,* Rechtfertigung u. Entschuldigung in rechtsvergleichender Sicht (usw.; [Spanien]), ZStW **99** (1987), 902; *ders.,* Die Stellung von Rechtfertigung u. Entschuldigung im System der Strafbarkeitsvoraussetzungen, in: *Eser/Nishihara* aaO 67; *Puppe,* Struktur der Rechtfertigung, Stree/Wessels-FS 183; *Rath,* Das subjektive Rechtfertigungselement (usw.), 2002; *Renzikowski,* Notstand u. Notwehr, 1994; *Röttger,* Unrechtsbegründung u. Unrechtsausschluß, 1993; *ders.,* Rechtfertigung u. Entschuldigung im DDR-Strafrecht ZStW **106** (1994), 93; *Roxin,* Strafrechtliche Be- 1 a wertungen zum zivilen Ungehorsam, Schüler-Springorum-FS 441; *ders.*, Rechtfertigungs- u. Entschuldigungsgründe in Abgrenzung von sonstigen Strafausschließungsgründen, JuS **88**, 425; *Rudolphi*, Die pflichtgemäße Prüfung als Erfordernis der Rechtfertigung, Schröder-GedS 73; *ders.*, Rechtfertigungsgründe im Strafrecht, A. Kaufmann-GedS 371; *Runte*, Die Veränderung von Rechtfertigungsgründen durch Rechtsprechung u. Lehre, 1991; *Saliger*, Absolutes im Strafprozess. Über das Folterverbot, seine Verletzung und die Folgen seiner Verletzung, ZStW **116** (2004), 35; *Scheid*, Grund- u. Grenzfragen der Pflichtenkollision beim strafrechtlichen Unterlassungsdelikt, 1999; *Schmidhäuser*, Zum Begriff der Rechtfertigung im Strafrecht, Lackner-FS 77; *Schroeder*, in: *Eser/Kaiser* aaO 5; *Schünemann*, Die Abgrenzung von Unrecht u. Schuld, in: *ders./Figueiredo Dias*, Bausteine des europäischen Strafrechts, 1995, 149; *Sinn*, Tötung Unschuldiger auf Grund § 14 III Luftsicherheitsgesetz – rechtmäßig?, NStZ **04**, 585; *Sproß*, Die Unrechts- u. Strafbegründung bei dem Überzeugungs- u. Gewissenstäter, 1992; *Streng*, Das subjektive Rechtfertigungselement und sein Stellenwert, Otto-FS (2007) 469; *Thiel*, Die Konkurrenz von Rechtfertigungsgründen, 2000 (Diss. Göttingen 1999); *Warda*, Zur Konkurrenz von Rechtfertigungsgründen, Maurach-FS 143; *Wittig*, Der übergesetzliche Schuldausschließungsgrund der Unzumutbarkeit in verfassungsrechtlicher Sicht, JZ **69**, 546; *Yoshida*, Zur materiellen Legitimation der mutmaßlichen Einwilligung, Roxin-FS 401; *Zielinski*, Handlungs- u. Erfolgsunwert im Unrechtsbegriff, 1973.

2 **2) Rechtfertigungsgründe** (Unrechtsausschließungsgründe), die dem Gesamtbereich der Rechtsordnung zu entnehmen sind (BGH **11**, 244) und die Grenze zwischen Recht und Unrecht ziehen (*Roxin* JuS **88**, 425; vgl. auch *Rudolphi*, Arm. Kaufmann-GedS 371), nehmen der Tatbestandsverwirklichung die Rechtswidrigkeit und rechtfertigen damit auch den Teilnehmer; Notwehr gegen gerechtfertigte Handlungen ist nicht zulässig (Bay NJW **90**, 2331). Eine **rechtsbereichsbeschränkte Rechtswidrigkeit** kann sich uU aus dem Regelungszweck und dem Anwendungsbereich einer Norm ergeben (vgl. dazu *Günther* 60, 64, Spendel-FS 191 und SK-*Günther* 30 ff.; *Kirchhof*, Unterschiedliche Rechtswidrigkeiten in einer einheitlichen Rechtsordnung, 1978); jedoch ist die Freiheit des Gesetzgebers, Handlungen für „erlaubt", „nicht rechtswidrig" oder „rechtmäßig" zu erklären, durch fundamentale Rechtsgrundsätze mit vorstaatlicher Wurzel (zB dem Verbot der Tötung nicht angreifender Unschuldiger), wie sie von der Verfassung anerkannt werden, sowie dadurch begrenzt, dass die einfachrechtlichen Rechtmäßigkeitserklärungen innerhalb der Gesamtrechtsordnung widerspruchsfrei sein müssen (vgl. *Geiger*, Tröndle-FS 651). Ob Rechtfertigungsgründe gegeben sind, bestimmt sich nach dem Tatortrecht (NJW **91**, 2499).

2 a Zum Erfordernis **subjektiver Rechtsfertigungs-Elemente** vgl. 25 ff. zu § 32; 17 ff. zu § 34. Zu Fragen des **Irrtums** über Rechtfertigungsgründe vgl. 20 ff. zu § 16; des **Zweifels** über das Vorliegen rechtfertigender Umstände vgl. 24 zu § 16. Zur **Konkurrenz** mehrerer Rechtfertigungsgründe vgl. 22 zu § 34; *Warda*, Maurach-FS 143; *Roxin* AT 1, 14/45 ff. Zur **Analogie** bei Rechtfertigungsgründen *S/S-Eser* 31 zu § 1; *H.J. Hirsch*, Tjong-GedS 50.

3 **3)** Unter den **einzelnen Rechtfertigungsgründen** sind außer §§ 32, 34 hervorzuheben:

3 a **A. Einwilligung des Verletzten.**

Literatur Auswahl): *Amelung*, Die Einwilligung in die Beeinträchtigung eines Grundrechtsguts, 1981; *ders.*, Die Zulässigkeit der Einwilligung bei den Amtsdelikten, Dünnebier-FS 487; *ders.*, Vetorechte beschränkt Einwilligungsfähiger in Grenzbereichen medizinischer Intervention, 1995; *ders.*, Die Einwilligung des Unfreien, ZStW **95**, 1; *ders.*, Über die Einwilligungsfähigkeit, ZStW **104**, 525, 821; *ders.*, Willensmängel bei der Einwilligung ZStW **109**, 490; *ders.*, Irrtum u. Täuschung als Grundlage von Willensmängeln bei der Einwilligung des Verletzten, 1998; *ders.*, Einwilligungsfähigkeit u. Rationalität, JR **99**, 45; *ders./Eymann*, Die Einwilligung des Verletzten im Strafrecht, JuS **01**, 937; *Arzt*, Willensmängel bei der Einwilligung, 1971; *Bichlmeier*, Die Wirksamkeit der Einwilligung in einen medizinisch nicht indizierten ärztlichen Eingriff, JZ **80**, 53; *Dölling*, Einwilligung und überwiegende Interessen, Gössel-FS (2002), 209; *Duttge*, Die „hypothetische Einwilligung" als Strafausschließungsgrund: wegweisende Innovation oder Irrweg?, Schroeder-FS (2006) 179; *ders.*, Erfolgszurechnung und Opferverhalten. Zum Anwendungsbereich der einverständlichen Fremdgefährdung, Otto-FS (2007) 227; *Frisch*, Die Einwilligung im deutschen Strafrecht, in: *Eser/Nishihara* [oben 1 a] 321; *Geerds*, Einwilligung u. Einverständnis des Verletzten im Strafrecht, GA **54**, 262; *Geppert*,

Rechtfertigende „Einwilligung" des verletzten Mitfahrers bei Fahrlässigkeitsstraftaten im Straßenverkehr?, ZStW **83**, 947; *Göbel,* Die Einwilligung im Strafrecht als Ausprägung des Selbstbestimmungsrechts, 1992; *Gropp,* Hypothetische Einwilligung im Strafrecht?, Schroeder-FS (2006) 197; *Hellmann,* Einverständliche Fremdgefährdung u. objektive Zurechnung, Roxin-FS (2001) 271; *Hinterhofer,* Die Einwilligung im Strafrecht, 1998; *Honig,* Die Einwilligung des Verletzten, 1919; *Jäger,* Die hypothetische Einwilligung – ein Fall der rückwirkenden juristischen Heilung in der Medizin, Jung-FS (2007) 345; *Kubink,* Einwilligung, erlaubtes Risiko und soziale Adäquanz bei Sportverletzungen, JR **03**, 257; *Kühne,* Die strafrechtliche Relevanz eines auf Fehlvorstellungen gegründeten Rechtsgutsverzichts, JZ **79**, 241; *Küper,* „Autonomie", Irrtum u. Zwang bei mittelbarer Täterschaft u. Einwilligung, JZ **86**, 219; *Kuhlmann,* Einwilligung in die Heilbehandlung alter Menschen, 1996; *Lenckner,* Einwilligung in Schwangerschaftsabbruch u. Sterilisation, in: *Eser/Hirsch* 173; *Lesch,* Die strafrechtliche Einwilligung beim HIV-Antikörpertest an Minderjährigen, NJW **89**, 2309; *Ludwig/Lange,* Mutmaßliche Einwilligung u. willensbezogene Delikte – Gibt es ein mutmaßliches Einverständnis?, JuS **00**, 446; *Maiwald,* Die Einwilligung im deutschen Strafrecht, in: *Eser/Perron,* 1991 [oben 1 a] 165; *M.-K. Meyer,* Ausschluß der Autonomie durch Irrtum, 1984; *Murmann,* Die Selbstverantwortung des Opfers im Strafrecht, 2004; *Neyen,* Die Einwilligungsfähigkeit im Strafrecht, 1991 (Diss. Trier); *Noll,* Übergesetzliche Rechtfertigungsgründe, im besonderen die Einwilligung des Verletzten, 1955; *Ohly,* Einwilligung und „Einheit der Rechtsordnung", Jakobs-FS (2007) 451; *Otto,* Einverständnis, Einwilligung u. eigenverantwortliche Selbstgefährdung, Geerds-FS 603; *ders.,* Einwilligung, mutmaßliche, gemutmaßte und hypothetische Einwilligung, Jura **04**, 679; *Paul,* Zusammengesetztes Delikt u. Einwilligung, 1998; *Rieger,* Die mutmaßliche Einwilligung in den Behandlungsabbruch, 1998; *Roxin,* Über die mutmaßliche Einwilligung, Welzel-FS 447; *ders.,* Die durch Täuschung herbeigeführte Einwilligung im Strafrecht, Noll-GedS 275; *ders.,* Über die Einwilligung im Strafrecht, Coimbra 1987; *Schlehofer,* Einwilligung u. Einverständnis, 1985; *Schmidhäuser,* Handeln mit Einwilligung des Betroffenen: eine scheinbare Rechtsgutverletzung, Geerds-FS 593; *Sternberg-Lieben,* Die objektiven Schranken der Einwilligung im Strafrecht, 1997 [Bespr, *Kühl* ZStW **115**, 385]; *ders.,* Selbstbestimmtes Sterben: Patientenverfügung u. gewillkürte Stellvertretung, Lenckner-FS 349; *Vicente Remesal,* Die Einwilligung in ihrer strafrechtlichen Bedeutung (usw.), Roxin-FS (2001) 379; *Weigend,* Über die Begründung der Straflosigkeit der Einwilligung des Betroffenen, ZStW **98**, 44; *Zipf,* Einwilligung u. Risikoübernahme im Strafrecht, 1970.

Die Einwilligung (als Einverständnis) schließt schon den **Tatbestand** aus, wo dieser die Überwindung des Willens eines anderen voraussetzt, zB bei §§ 123, 177, 240, 248 b (and. wohl *Dölling,* Gössel-FS 209, 216). Kennt der Täter die Einwilligung nicht, kommt untauglicher Versuch in Betracht (BGH **4**, 199). **3 b**

Als **Rechtfertigungsgrund** wirkt die Einwilligung in Fällen, in denen die Rechtsordnung sie als Rechtsschutzverzicht des Betroffenen (BGH **4**, 90; **17**, 360; Hamburg NJW **69**, 336) anerkennt, sowohl **bei vorsätzlichen wie fahrlässigen Taten** (MDR **59**, 856; Bay NJW **68**, 665; Celle MDR **69**, 69; Frankfurt MDR **70**, 694). Das setzt voraus (vgl. *Dölling* GA **84**, 83), dass der Betroffene über das Rechtsgut **verfügen darf** (NJW **92**, 251; Düsseldorf NJW **62**, 1263) wie zB bei den Vermögensdelikten und bei § 203 (vgl. dort 28, Bay NJW **57**, 1246; *Göbel* Einwilligung 21) und **einwilligungsfähig,** dh fähig ist, *Bedeutung und Folgen* der Rechtshandlung zu erkennen und nach dieser Einsicht zu handeln (BGH **4**, 90; **5**, 362; **8**, 358; **12**, 382; **23**, 1); zu Willensmängeln vgl. auch 7 zu § 228. Auf die tatsächliche Einsichtsfähigkeit kommt es nach zutr. hM auch bei Vermögensdelikten an (**aA** *Jakobs* AT 7/114; *S/S-Lenckner* 39 f.; hier bis 50. Aufl.). Das Überlassen von BtM an einen unheilbar Schwerstkranken durch einen „Freitodbegleiter" (vgl. BGH **46**, 279) ist daher jedenfalls nicht schon durch dessen Einwilligung gerechtfertigt (wohl aber die leichtfertige Todesverursachung nach § 30 I Nr. 3 BtMG auf Grund der Einwilligung in diese Gefährdung; vgl. dazu BGH **49**, 34; vor § 211, 5 ff. zu § 228). Wirksamkeitsvoraussetzung ist weiterhin, dass der Betroffene frei in seiner Entschließung ist (BGH **4**, 113; Bay **51**, 181). Ob die Einwilligung sittenwidrig ist, ist (auch bei § 228) ohne Bedeutung (BGH **4**, 91); doch darf die Rechtsordnung den Eingriff trotz der Einwilligung nicht missbilligen, wie das bei § 216 der Fall ist (BGH **7**, 112) und bei § 228 der Fall sein kann (vgl. BGH **49**, 166, 169 ff.; *Dölling* GA **84**, 90). Zur Problematik bei einer an sich nicht rechtfertigenden Einwilligung in riskante Handlungen vgl. *Dölling* GA **84**, 80; *U. Weber,* **3 c**

Baumann-FS 50. Rechtfertigend wirkt die Einwilligung schließlich nur, wenn sie vor der Tat (BGH **7**, 295; **17**, 360) mindestens konkludent zum Ausdruck gebracht und nicht widerrufen wird (Erklärungstheorie; str.) und der Täter auf Grund der Einwilligung handelt (subj. Rechtfertigungselement). Zu den Irrtumsfragen vgl. 20ff. zu § 16.

4 **B.** Die **mutmaßliche Einwilligung** als besonderes Institut zwischen Einwilligung und rechtfertigendem Notstand (vgl. *Roxin* Welzel-FS 447; *Roxin* AT I, 18/3; *Hruschka,* Dreher-FS 202; *Günther* 351ff. und SK-*Günther* 51; NK-*Paeffgen* 157ff.; MK-*Schlehofer* 136ff.; LK-*Rönnau* 214ff.) ist ein eigenständiger, nach Ansicht der Rspr. gewohnheitsrechtlich anerkannter (vgl. BGH **16**, 309, 312; **40**, 257, 263; NJW **00**, 885f.; *Sternberg-Lieben* [oben 1a] 206) Rechtfertigungsgrund, kein Unterfall des § 34 (BGH **35**, 249 [m. Anm. *Geppert/Giesen* JZ **88**, 1025, 1031]; NJW **00**, 886; *E. Fuchs* StV **88**, 526; *Hoyer* StV **89**, 245; *Müller-Dietz* JuS **89**, 280; *Otto,* K. Meyer-GedS 595; zur BGH-Rspr vgl. *H.J. Hirsch,* BGH-FG 199, 221ff.; **abl.** etwa Puppe GA **03**, 764, 768ff.; *Gropp,* Schroeder-FS [2006] 197, 206f.; *Duttge,* Schroeder-FS [2006] 179, 185ff.; *Jäger,* Jung-FS [2007] 345ff., 359f.; Übersicht zur kontroversen Diskussion in der Literatur bei *Böcker* JZ **05**, 925ff.). Er stellt nicht auf eine objektivierte Interessenabwägung, sondern auf das subjektive – und sei es auch unvernünftige – Interesse des Betroffenen ab (NK-*Paeffgen* 161 mwN). Aus den zivilrechtlichen Regelungen über den internen Ausgleich lässt sich die Grenze strafrechtlicher Rechtfertigung nicht ableiten; soweit Fälle der GoA solche der mutmaßlichen Einwilligung sind, ergibt sich eine Rechtfertigung hieraus. Der Rechtfertigungsgrund greift ein, wenn die Handlung im Interesse des Betroffenen vorgenommen wird und dieser vermutlich einwilligen würde, aber nicht rechtzeitig einwilligen *kann* (BGH **35**, 246, 249 [Anm. *Fuchs* StV **88**, 526; *Hoyer* StV **89**, 245; *Müller-Dietz* JuS **89**, 280]; Bay JZ **83**, 268; Frankfurt MDR **70**, 695; Hamburg NJW **60**, 1482; Köln NJW **68**, 2348; BGHZ **29**, 46; 185; anders bei sog. **hypothetischer** Einwilligung [vgl. 16a zu § 223]). Als Fall der Rechtfertigung durch mutmaßliche Einwilligung wird vielfach das Betreten fremder Wohnungen zur Abwendung von Gefahren bei Abwesenheit des Berechtigten angesehen (vgl. etwa *Kindhäuser* LPK 55 vor § 32). Das ist deshalb zweifelhaft, weil schon der objektive Tatbestand des § 123 einen *entgegenstehenden Willen* des Hausrechtsinhabers voraussetzt (vgl. *Ludwig/Lange* JuS **00**, 446, 447f.; oben 3a). Es kommt hier daher schon für die Frage der Tatbestandsmäßigkeit allein darauf an, ob ein (ausdrücklich oder konkludent) erklärter oder mutmaßlicher *entgegenstehender* Wille besteht. Das Nämliche gilt bei Nötigungsdelikten, welche die Durchsetzung eines Handelns oder Duldens *gegen den Willen* des Opfers voraussetzen (zB §§ 177 I, 239, 240, 249); auch hier geht es bei Fällen einer Erklärung nicht um die Feststellung mutmaßlicher Einwilligung, sondern eines ggf mutmaßlich entgegenstehenden Willens. Darüber hinaus soll auch der Fall erfasst sein, dass der Betroffene zwar befragt werden *könnte,* hierauf aber *mutmaßlich* keinen Wert legt (vgl. Hamburg NJW **60**, 1482; str.; vgl. LK-*Rönnau* 222ff.; NK-*Paeffgen* 162ff.; für Fälle fahrlässiger Versäumnis der Herbeiführung einer ausdrücklichen Entscheidung vgl. BGH **35**, 246; **45**, 219; dazu 13 zu § 223 und 12ff. zu § 228).

5 **C.** Die **behördliche Erlaubnis** entspricht im öffentlichen Bereich der Einwilligung im privaten. Das Rechtsgut muss zur Verfügung der öffentlichen Gewalt stehen (Düsseldorf OLGSt. 10 zu § 222); außerdem muss die Behörde zur Erteilung der Erlaubnis zuständig sein. Die Erlaubnis schließt schon den Tatbestand aus, wenn dessen Unrechtsmaterie erst bei ihrem Fehlen gegeben ist (zB bei § 284 vgl. *Winkelbauer* NStZ **88**, 201; LK-*Rönnau* 274 160; *S/S-Lenckner* 61ff.), während die Erlaubnis rechtfertigt, wenn die Behörde durch die Erteilung auf den sonst gegebenen Rechtsschutz verzichtet. Das kommt zB bei §§ 98, 99 in Betracht (7 zu § 98; vgl. *Jescheck/Weigend* § 34 III 4), kann aber auch im Falle der Ausstellung von Ausweisen (§§ 271, 348) für verdeckt ermittelnde Polizeibeamte, deren Identität getarnt ist, in Betracht kommen (*Rebmann* NJW **85**, 5; zur Ausstellung von fal-

schen Tarndokumenten für im Zusammenhang mit einem Strafverfahren gefährdete Personen vgl. § 5 ZSHG v. 11. 12. 2001 [BGBl. I, 3510]). Zur behördlichen Erlaubnis im **Umweltstrafrecht** vgl. 4ff. vor § 324.

a) Dienstrechte der Beamten und Soldaten können vorsätzliche und fahrlässige Taten rechtfertigen; zB bei Zwangsvollstreckungshandlungen, Durchsuchung, Beschlagnahme, Festnahme und sonstigen Akten von Vollzugsbeamten und Soldaten. Besondere Regelungen enthält für die BWehr das UZwGBw für Waffen-, insbesondere Schusswaffengebrauch, Personenüberprüfung, vorläufige Festnahme (BVerwG NJW **74**, 807), Durchsuchung, Fesselung (vgl. *Jess/Mann,* UZwGBw, 1966; *Reindl/Roth,* Die Anwendung unmittelbaren Zwanges in der BWehr, 1974; LK-*Rönnau* 247ff.). Für Vollzugsbeamte des Bundes gilt das UZwG für Fesselung, Gebrauch von Schusswaffen, Wasserwerfern und Explosionsmitteln; im Übrigen gelten landesrechtliche Vorschriften (Übersicht: *Göhler/Buddendiek/Lenzen* Nr. 834 IV); zum Schusswaffengebrauchsrecht gegenüber Strafgefangenen vgl. LG Bielefeld MDR **70**,74; LG Ulm NStZ **91**,83 (m. Anm. *Arzt*); gegenüber einem aus der UHaft geflohenen Jugendlichen BGH **26**, 99 (krit. *Triffterer* MDR **76**, 355); gegenüber Grenzgängern BGH **35**, 381 [m. Anm. *Dölling* JR **90**, 170]; vgl. auch *Waechtler* StV **90**, 23; *Seebode* StV **91**, 83. Unmittelbarer Zwang durch Bedienstete von Justizvollzugsanstalten ist in den §§ 94ff., 178, der Schusswaffengebrauch in §§ 99, 100 StVollzG geregelt (vgl. *Müller-Dietz* NJW **76**, 919). Diese hoheitlichen Befugnisse gehen unabhängig von § 32, der nach hM unberührt bleibt (vgl. dazu NJW **58**, 1405; Bay MDR **91**, 367 [m. zust. Anm. *Schmidhäuser* JZ **91**, 937; abl. *Spendel* JR **91**, 250; krit. *Rogall* Jura **92**, 551]; Hamburg JR **73**, 69; *Schaffstein,* Schröder-GedS 105; *Gössel* JuS **79**, 164; *Wimmer* GA **83**, 153; ausführlich *S/S-Lenckner/Perron* 42b, 42c zu § 32; NK-*Herzog* 79ff. zu § 32; *Schwabe* JZ **74**, 634; NJW **77**, 1903; *ders.*, Die Notrechtsvorbehalte des Polizeirechts, 1979; *Merten,* Rechtsstaat und Gewaltmonopol 1973, 66; *Seebode,* Klug-FS 359, StV **91**, 81; *ders.*, Krause-FS 390; **aA** zB *Seelmann* ZStW **89**, 36; *Haas,* Notwehr und Nothilfe 1978, 319ff.; *Kunz* ZStW **95**, 973; *Jakobs* AT 12/42; LK-*Rönnau/Hohn* 220 zu § 32; *Roxin* § 15, 95). § 32 soll daher auch den **gezielten Todesschuss** (oft unklar als „finaler Rettungsschuss" bezeichnet) durch Polizeibeamte als Nothilfe rechtfertigen (als hoheitliche Befugnis umstritten, allerdings nach Art. 2 II a MRK erlaubt). Der mit Verfassungsrang ausgestattete **Grundsatz der Verhältnismäßigkeit** grenzt die Dienstrechte ein (BVerfGE **19**, 348; BGH **35**, 386 [m. Anm. *Dölling* JR **90**, 170]; vgl. auch BGH **39**, 185). Zum völkerrechtlichen Rechtfertigungsgrund bei Handlungen im Verteidigungsfall *Schwenck,* Lange-FS 97; *S/S-Lenckner* 91. **6**

Die Erlaubnis des **Waffeneinsatzes gegen Unbeteiligte** durch die Bundeswehr bei terroristischen Angriffen durch § 14 III LuftsicherheitsG v. 14. 1. 2005 (BGBl I 78; dazu BT-Drs. 15/2361 [GesE BReg.]; 15/3338 [Ber.]) hat das BVerfG durch Urt. vom 15. 2. 2006 (1 BvR 357/05 = NJW **06**, 751) für unvereinbar mit Art. 2 II S. 1 iV mit Art. 1 I GG und daher für verfassungswidrig und nichtig erklärt (vgl. dazu 16a zu § 34 mwN). **6a**

b) Das **Festnahmerecht** von Privaten nach § 127 I StPO, die anstelle eines Staatsorgans gegenüber einem auf frischer Tat betroffenen oder verfolgten fluchtverdächtigen Täter (nicht auch zur Verhütung bevorstehender Taten, VRS **40**, 104) *handeln, ist* als Parallelrecht zu dem der staatlichen Organe (§ 127 II StPO), grds. auch gegenüber Kindern und sonst Schuldunfähigen, gegeben (*Krause,* Geerds-FS 489; str.) und erlaubt Gewaltanwendung (Karlsruhe MDR **74**, 597), uU auch eine Fesselung, die Wegnahme von Sachen (Saarbrücken NJW **50**, 1191; Koblenz NJW **63**, 1991), Versperren des Wegs (KG VM **72**, 54); nicht aber über die Notwendigkeiten der Festnahme hinausgehende Misshandlungen (1 StR 742/82) sowie regelmäßig nicht schwere Körperverletzung oder Tötung (zum Einsatz von Schusswaffen vgl. NJW **81**, 745; BGHR § 32 I Putativnotwehr 1). Bei einem bekannten Täter sind die Voraussetzungen des § 127 StPO nur dann gegeben, wenn nach den Umständen die Annahme gerechtfertigt ist, er werde sich dem Strafverfahren durch **7**

Flucht entziehen (MDR **70**, 197; BGHR § 32 II Verteid. 8). Rechtfertigung tritt nach teilw. vertretener Ansicht auch ein, wenn die Voraussetzungen des § 127 I StPO nach dem Sachverhalt, wie er sich dem Festnehmenden darstellt, für ihn evident sind, selbst wenn sie objektiv fehlen, so dass auch dann Notwehr gegen die Festnahme nicht zulässig sei (BGH[Z] NJW **81**, 745; Bay **86**, 52 [Bespr. *Schlüchter* JR **87**, 309]; Hamm NStZ **98**, 370; Zweibrücken NJW **81**, 2016; *Fincke* GA **71**, 41; JuS **73**, 87; *Arzt,* Kleinknecht-FS 1). Die Gegenansicht, die Rechtfertigung schon bei pflichtgemäßer Prüfung nur bei Amtsträgern annimmt (vgl. BGH **4**, 161, 164; **21**, 334, 363; **24**, 125, 130) und bei Privaten ablehnt (vgl. Celle NJW **71**, 154; Hamburg NJW **72**, 1290; Hamm NJW **72**, 1826; *Wiedenbrüg* JuS **73**, 418; *Otto* AT § 8 V 5 a; ZStW **87**, 578; LK-*Rönnau* 237; *H.J. Hirsch,* BGH-FG 199, 124 f.; *S/S-Lenckner* 82; *Blei* JA **76**, 383; offen gelassen in GA **74**, 177), erscheint zutreffend. Zwar mag das bei dem Privaten verbleibende Risiko des Irrtums die Bereitschaft zum Tätigwerden im Einzelfall auch dort hemmen, wo sie angebracht wäre; gleichwohl erscheint es aus Sicht einer zu Unrecht festgenommenen Person nicht hinnehmbar, sich Nötigungshandlungen einer irrenden Privatperson fügen zu müssen (zutr. *Jescheck/Weigend* § 35 IV 2; *H.J. Hirsch,* BGH-FG 224; vgl. hierzu auch SK-StPO-*Paeffgen* 7 ff. zu § 127). Gegen rechtswidrige Angriffe des Festgenommenen, der sich der Festnahme entziehen will, hat der Festnehmende ein Notwehrrecht, das nach allgemeinen Regeln zu beurteilen ist (BGH **45**, 378 [tödliches Würgen eines festgenommenen Ladendiebs durch Kaufhausdetektiv; Anm. *Kargl/Kirsch* NStZ **00**, 604; *Mitsch* JuS **00**, 848; *Baier* JA **00**, 630; *Trüg* Jura **01**, 30]).

8 **D. Handeln auf Befehl** ist Rechtfertigungsgrund, wenn die befohlene Handlung rechtmäßig ist. Ist sie das nicht, der Befehl aber dennoch verbindlich, so ist er ein Schuldausschließungsgrund (vgl. unten 16). Für Soldaten gelten § 11 SG, § 5 I WStG. Danach ist der Soldat gerechtfertigt, der eine ihm befohlene Ordnungswidrigkeit begeht, ohne das zu erkennen (vgl. *Dreher/Lackner/Schwalm* 16 ff., etwas abw. *Schölz/Lingens* 18 b, jew. zu § 2 WStG; str.); zur strafbefreienden Wirkung des „Handelns auf Befehl" *Ambos* JR **98**, 221; zum Schusswaffengebrauch von Grenzorganen der ehem. DDR vgl. BGH **39**, 26, 29; **40**, 241; **41**, 101; **44**, 204; 59 vor § 3; zur Unbeachtlichkeit offensichtlich völkerrechtswidriger Befehle NJW **04**, 2316 (*Fall Engel*; Massenerschießung von Gefangenen als Vergeltungsmaßnahme 1944; Anm. *Gribbohm* und *Bröhmer/Bröhmer,* jeweils NStZ **05**, 38). Für **Vollzugsbeamte** des Bundes gilt § 7 UZwG, für sonstige **Bundesbeamte** §§ 55, 56 BBG; für **Seeleute** §§ 109 II, 115, 124 I Nr. 2 SeemannsG. Zum strafrechtlichen Rechtmäßigkeitsbegriff vgl. 11 ff. zu § 113.

9 **E. Notrechte** rechtfertigen im Gegensatz zu der nur die Schuld ausschließenden Notstandslage des § 35. Zu den Notrechten gehören außer der Notwehr (§ 32, dem § 227 BGB entspricht) und dem rechtfertigenden Notstand (§ 34) der **Defensivnotstand** des § 228 BGB (vgl. zur strafrechtlichen Bedeutung *Pawlik* GA **03**, 12; *Köhler,* Die objektive Zurechnung der Gefahr als Voraussetzung der Eingriffsbefugnis im Defensivnotstand, Schroeder-FS [2006] 257; *Merkel* JZ **07**, 373, 384 f.), ergänzt durch § 904 BGB sowie die Selbsthilfe nach §§ 229 ff. BGB sowie die weitergehende Selbsthilfe nach den §§ 561, 859 (4 StR 148/79; Bay NJW **91**, 934 [m. Anm. *Schroeder* JZ **91**, 682]; Schleswig NStZ **87**, 75 [krit. *Hellmann* NStZ **87**, 455]).

10 **a)** Das politische **Widerstandsrecht** ist von § 34 abgedeckt und in Art. 20 IV GG dahin umschrieben, dass gegen jeden, der es unternimmt, die verfassungsmäßige Ordnung (vgl. 4 f. zu § 81) zu beseitigen, alle Deutschen das Recht zum Widerstand haben, wenn **andere Abhilfe nicht möglich** ist (zur Entstehung *Böckenförde* JZ **70**, 168; vgl. weiter *Scheidle,* Das Widerstandsrecht, 1969; *Schneider, Widerstand im Rechtsstaat,* 1969; *Doehring,* Der Staat **69**, 429). Der Widerstand muss also das letzte verbleibende Mittel zur Erhaltung der verfassungsmäßigen Ordnung sein (vgl. BVerfGE **5**, 376, 379; BGH NJW **53**, 1639; **66**, 310; Köln NJW **70**, 1323; *Bertram* GA **67**, 1; LK-*Rönnau* 128 ff.; NK-*Paeffgen* 179 ff.). Für

den Irrtum über den Rechtfertigungsgrund gilt grundsätzlich 22 zu § 16; die irrige Annahme, die verfassungsmäßige Ordnung sei *konkret* gefährdet (vgl. LK-*Rönnau* 137) und andere Abhilfe *nicht möglich* (vgl. BVerfGE **5**, 85, 377; NJW **53**, 1639; Köln NJW **70**, 1322), führt zum Erlaubnistatbestandsirrtum. Das Ergebnis, einen irrtümlich „Widerstand" gegen Angriffe auf die verfassungsmäßige Ordnung leistenden Täter (in Anwendung der eingeschränkten Schuldtheorie; vgl. 22 zu § 16) von der Vorsatzstrafbarkeit (und bei Fehlen eines Fahrlässigkeits-Tatbestands: gänzlich) freizustellen, wird teilw. als „untragbare Konsequenz" angesehen (LK-*Hirsch* [11. Aufl.] 91; ähnl. NK-*Paeffgen* 184); hieraus wird teilw. eine „strenge Prüfungspflicht" des Handelnden als zusätzliche Rechtfertigungsvoraussetzung abgeleitet (NK-*Paeffgen* 184; zutr. abl. *S/S-Lenckner* 65; LK-*Rönnau* 137; vgl. auch *Lackner/Kühl* 17 zu § 17; *Herdegen,* BGH-FS 195, 208; *Küper,* Der „verschuldete" rechtfertigende Notstand, 1983, 115 [zu § 34]). Zutr. ist der Hinweis *Lenckners,* dass sich ein entspr. Irrtum in der **Praxis** aus tatsächlichen Gründen zumeist als Verbotsirrtum darstellen wird (*S/S-Lenckner* 65; krit. aber NK-*Paeffgen* 184 [„methodologisch fragwürdige Pragmata"]). Ist das im Einzelfall nicht der Fall, so ist ein Grund, die Vorsatzstrafbarkeit auszuschließen, nicht gegeben.

Der sog. **zivile Ungehorsam** kann sich nicht auf Art. 20 IV GG stützen; er ist nur erlaubt, soweit er sich auf einen der anerkannten Rechtfertigungsgründe stützen kann (*Lackner/Kühl* 27; NK-*Paeffgen* 180). Nach dem Selbstverständnis seiner Befürworter schließt er „per definitionem Illegalität mit dem Risiko entsprechender Sanktionen" ein, insoweit erschiene die Geltendmachung eines Rechtfertigungsgrundes „widersinnig" (so BVerfGE **73**, 206, 252; vgl. auch Bay JZ **86**, 406; LG Dortmund NStZ-RR **98**, 139 [*Castor-Transport*]; *Roxin* § 16, 49; vgl. 24 zu § 240). **10 a**

Neuere Literatur: *Bergmann* Jura **85**, 464; *Burmeister,* in: *Jung* u. a. (Hrsg.), Entwicklungen in Recht u. Gesellschaft, 1990, 39; *Doehring,* Carstens-FS 534; *Engelhard* recht Nr. 4, 26/1984; *Fleisch,* Ziviler Ungehorsam oder Gibt es ein Recht auf Widerstand im schweizerischen Rechtsstaat?, 1989; *Frankenberg* JZ **84**, 266; *Frisch,* Gewissenstaten und Strafrecht, Schroeder-FS (2006) 11; *Glotz* (Hrsg.), Ziviler Ungehorsam im Rechtsstaat, 1983 [hierzu *Adomeit* ZRP **85**, 282]; *Hassemer,* Wassermann-FS 325; *M. Herdegen* GA **86**, 98; *H.J. Hirsch,* Strafrecht u. Überzeugungstäter, 1996, 28; *R. Hofmann,* Hacker-FS 363 [„Kirchenasyl" u. ziviler Ungehorsam]; *Karpen* JZ **84**, 249 u. Jura **86**, 417; *Klein,* in: *Rüthers/Stern* (Hrsg.), Freiheit u. Verantwortung im Verfassungsstaat, 1984; *Krey* BT 1, 382 Fn. 123; *Kröger* JuS **84**, 174 u. ZRP **85**, 125; *Laker,* Ziviler Ungehorsam, 1986; *Offenloch* JZ **88**, 17; *Prittwitz* JA **87**, 17; *Roxin,* Schüler-Springorum-FS 441; *Rupp,* Carstens-FS 775; *R. Scholz* NJW **83**, 708; *Starck,* Carstens-FS 881; *Wassermann* JZ **84**, 263; *ders.,* in *Randelzhofer/Süß,* Konsens u. Konflikt, 1986. Weit. Nachw. BVerfGE **73**, 233. **10 b**

b) Der dem rechtfertigenden Notstand ebenfalls verwandte Rechtfertigungsgrund der **Pflichtenkollision** (vgl. dazu umf. *Otto,* Pflichtenkollision und Rechtswidrigkeitsurteil, 3. Aufl. 1978; *Küper,* Grund- und Grenzfragen der rechtfertigenden Pflichtenkollision im Strafrecht, 1979; grds krit. zu diesem Begriff *Gropp,* H.J. Hirsch-FS 207) ist gegeben, wenn den Handelnden mehrere sich ausschließende **verschiedenwertige Handlungspflichten** treffen und er die objektiv *höherwertige* zum Nachteil der geringerwertigen erfüllt (vgl schon RG **60**, 246; **61**, 254; **64**, 91; BGH **2**, 242; Bay DAR **58**, 106; Stuttgart MDR **56**, 245). Auf ein „wesentliches Überwiegen" (iS von § 34) der einen Pflicht kommt es nicht an, denn anders als im Fall des Notstands bleibt dem Täter hier nicht die Möglichkeit, *keine* Pflicht zu verletzen (*Jescheck/Weigend* § 33 V; ähnl. *Neumann,* Roxin-FS 421, 423 f.). **11**

Bei Kollision **gleichwertiger Handlungspflichten** nimmt die **hM** ein „Wahlrecht" des Täters in dem Sinne an, dass die Verletzung der **einen** Handlungspflicht bei Erfüllung der **anderen** gerechtfertigt sei (*S/S-Lenckner* 73; LK-*Rönnau* 115 f.; MK-*Schlehofer* 169; *Lackner/Kühl* 15 zu § 34; *B/Weber/Mitsch* 17/137; *Gropp* AT 201 u. H.J. Hirsch-FS 215; *Joerden,* Otto-FS [2007] 331, 332; *Jakobs* AT 15/16; *Kühl* AT 18/137; *Roxin* AT I, 16/103; jew. mwN); freilich kann damit weder erklärt werden, warum er, wenn er *keine* der Handlungspflichten erfüllt, nur wegen **11 a**

Verletzung der einen bestraft werden soll (hM; vgl. *S/S-Lenckner* 73; LK-*Rönnau* 126), noch kann dem von der einen Handlungspflicht *Geschützten* versagt werden, gegen eine ihn benachteiligende Ausübung des „Wahlrechts" ggf Notwehr (oder einem Dritten: Nothilfe) auszuüben (vgl. auch NK-*Paeffgen* 174). Da die Annahme eines „rechtsfreien Raums" (*Arth. Kaufmann,* Maurach-FS 336 ff.) die Lösung iErg nur terminologisch verlagert, erscheint es konsequent, hier (nur) einen **Entschuldigungsgrund** zu sehen (vgl. unten 15; so auch NK-*Paeffgen* 174; *Jescheck/Weigend* § 33 V; *Haft* AT 104; *Gallas,* Metzger-FS 311, 322; *Androulakis,* Unterlassungsdelikte, 1963, 127 f.; dagegen *Neumann,* Roxin-FS [2001] 421, 430 ff.).

11 b Ob das bei Kollision einer **Garantenpflicht** zum Handeln (§ 13) und einer **allgemeinen Handlungspflicht** (zB § 323 c) entsprechend gilt, ist zweifelhaft (vgl. dazu 4 a zu § 323 c). Auf eine Höherwertigkeit der *Pflichten*-Stellung nach § 13 kommt es nicht an, wenn das durch die allgemeine Handlungspflicht geschützte *Rechtsgut* höherwertig ist; bei *Gleichwertigkeit* des Rechtsguts ist nach zutr. hM die Sonderpflicht zu erfüllen (*B/Weber/Mitsch* 17/136; *S/S-Lenckner* 75; *Jakobs* AT 15/7; *Roxin* AT I 16/108; LK-*Rönnau* 125; *Neumann,* Roxin-FS 421, 436 f.; **aA** SK-*Rudolphi* 29 vor § 13; *Freund,* Erfolgsdelikt u. Unterlassen, 1992, 282). Wenn man mit *Beulke* (Küper-FS [2007] 1 ff.) in diesem Fall schon das *Entstehen* einer allgemeinen Handlungspflicht verneint, gelangt man bei *Gleichwertigkeit* zum selben Ergebnis; bei Ungleichwertigkeit wäre dann eine Abwägung entspr. § 34 erforderlich (ebd. 4 f.). Irrt der Handelnde über Umstände, welche die Pflicht begründen würden, so ist ein Tatbestandsirrtum gegeben; Verbotsirrtum hingegen, wenn er über den Wert der Pflichten irrt (str.) oder wenn er irrig annimmt, er müsse die allgemeine statt der durch Garantenstellung begründete Pflicht erfüllen (Gebotsirrtum). Nimmt er irrig an, er könne beide Handlungspflichten erfüllen, erfüllt aber nur eine, so liegt hinsichtlich der anderen Pflicht ein (rechtswidriger) Versuch vor. Zum umgekehrten Irrtum vgl. 25 zu § 16.

11 c Nach hM ist eine **Kollision von Unterlassungspflichten** möglich (**aA** *Gropp* AT 6/162 ff.; *H.J. Hirsch*-FS 207, 217 ff.); für sie soll nach teilw. Ansicht § 34 gelten (*B/Weber/Mitsch* 17/132 f.; *Neumann,* Roxin-FS [2001] 421, 427 und NK 126 zu § 34; *W/Beulke* 735; *Aselmann/Krack* JuS **99**, 254, 256); nach **aA** gelten auch hier bei Gleichwertigkeit der Rechtsgüter die Grundsätze der rechtfertigenden Kollision von Handlungspflichten (*S/S-Lenckner* 76).

11 d Bei der Kollision von **gleichwertigen** Pflichten kommt nach teilw. Ansicht eine Rechtfertigung durch Pflichtenkollision auch bei Kollision einer **Handlungs-** mit einer **Unterlassungspflicht** in Betracht (*Schmidhäuser* 11/32; *Küper* JuS **71**, 475; *ders.,* Grund- und Grenzfragen der rechtfertigenden Pflichtenkollision im Strafrecht, 1979, JuS **81**, 785; *ders.* JuS **87**, 88; *Hruschka,* Larenz-FS 257; *Gropp,* H.J. Hirsch-FS 207, 209); insoweit wird ein grundsätzlicher Vorrang der Unterlassungspflicht angenommen. Das lässt sich freilich mit der Gleichstellungs-Klausel des § 13 schwer vereinbaren (zutr. *Jescheck/Weigend* § 33 V; NK-*Paeffgen* 173; vgl. auch *S/S-Lenckner* 71/72; *Otto* AT 8/206). Nach **aA** ist bei Kollision von Handlungs- und Unterlassungspflichten allein nach Maßgabe des § 34 zu entscheiden, ob die verbotene Handlung, dh die Verletzung der Unterlassungspflicht, gerechtfertigt ist (*S/S-Lenckner* 71/72; LK-*Rönnau* 120; *Neumann,* Roxin-FS 426); eine Pflichtenkollision ieS liegt danach gar nicht vor. Die Kollision von Handlungspflichten *verschiedener* Personen (zB nach § 323 c) wird idR auf der Ebene des Tatbestands gelöst (insb. durch das Merkmal der Erforderlichkeit). Zur Kollision von **Erlaubnissen** vgl. *Joerden,* Otto-FS [2007] 331, 334 ff.

12 **c)** Der Gedanke der **Sozialadäquanz** wurde (von *Welzel*) ursprünglich für Fälle entwickelt, in denen sich eine tatbestandsmäßige Handlung im Rahmen der geschichtlich gewordenen Sozialordnung hält: zB bei den üblichen Gefährdungshandlungen im Bereich der Technik und des Verkehrs. Die hM nimmt insoweit einen **Tatbestandsausschluss** an (vgl. *Schaffstein* ZStW **72**, 369; *Lange* JZ **53**, 13; ZStW **73**, 89; *Klug,* Eb. Schmidt-FS 249; *H.J. Hirsch* ZStW **74**, 78, LK-*Rönnau*

48 ff.; *Hirsch,* Uni-Köln-FS 421; *Jescheck/Weigend* § 25 IV; *S/S-Lenckner* 107 a; *Roxin,* Klug-FS 303; *Sax* JZ **75**, 143; *Ebert/Kühl* Jura **81**, 226; *Peters,* Welzel-FS 415; *Küpper* GA **87**, 388; *Wolter* GA-FS 284; *Hassemer* wistra **95**, 46, 81). Die Rspr hat den Gedanken zT übernommen (BAG NJW **55**, 1373; München NJW **66**, 2406; NStZ **85**, 550; vgl. auch BGH **19**, 154; Bay NJW **62**, 1878); BGH **23**, 228 hat offen gelassen, ob die Sozialadäquanz eines Verhaltens den Tatbestand oder die Rechtswidrigkeit ausschließt.

Mit dem Gedanken der sozialen Adäquanz verwandt ist der des **erlaubten Risikos** (vgl. BGH **7**, 114; BGHZ **24**, 21; Köln NJW **56**, 1848; Karlsruhe NJW **86**, 1359 [m. krit. Anm. *Seier* JA **86**, 50; 220] *M/Zipf* 28/23; *M/Gössel/Zipf* 44/11 u. Bengl-FS 38; *Jakobs,* Bruns-FS u. AT 7/35 ff.; *Maiwald,* Jescheck-FS 405; *Herzberg* JuS **91**, L 68; *Roxin* § 11, 59 u. Tröndle-FS 186; LK-*Rönnau* 53 ff.; abl. *S/S-Lenckner* 107 b; *Hillenkamp* NStZ **81**, 164; *Dölling* ZStW **96**, 51; *Schaffstein,* Lackner-FS 801; *Kindhäuser* GA **94**, 197; *Otto* ZKred **94**, 779; *Hassemer* wistra **95**, 45; *Wolff-Reske* [1 a zu § 27] 66; nach Tatbestands- und Rechtswidrigkeitsausschluss differenzierend *Preuss,* Untersuchungen zum erlaubten Risiko im Strafrecht, 1974). Ein Fall erlaubten Risikos kann uU bei der Fabrikation von Massenerzeugnissen (**Produkthaftung;** vgl. 39 zu § 13), sofern sie generell einwandfrei sind, im Falle sog. „Ausreißer" in Betracht kommen (BGH **37**, 180). Kein erlaubtes Risiko ist der ungeschützte (BGH **36**, 1, 16), aber wohl auch der geschützte Geschlechtsverkehr einer HIV-infizierten Person ohne Einwilligung des Partners (*Rengier* Jura **89**, 231; *Wokalek/Köster* MedR **89**, 288; *H.-W. Mayer* JuS **90**, 786; **aA** *Bruns* NJW **87**, 694; *Herzberg* NJW **87**, 1462; *Prittwitz* JA **88**, 137; *Knauer* GA **98**, 439), denn die Beachtung allgemeiner gesundheitspolitischer Empfehlungen erlaubt nicht, durch Täuschung oder Verschweigen dem Partner das Restrisiko aufzubürden (vgl. 7 zu § 223). **13**

3) Schuldausschließungs- und Entschuldigungsgründe lassen Tatbestandsmäßigkeit und Rechtswidrigkeit der Tat unberührt und schließen lediglich die Schuld des Täters, nicht auch des Teilnehmers aus (§ 29). Schuld kann nach den §§ 19, 20 oder wegen **Unzumutbarkeit** (vgl. dazu i. e. *Moos* ZStW **116** [2004], 891 ff.; *Mommsen,* Die Zumutbarkeit als Begrenzung strafrechtlicher Pflichten, 2006) ausgeschlossen sein; Notwehr gegen lediglich entschuldigte Handlungen ist zulässig. Zu Schuld und Schuldfähigkeit vgl. 49 vor § 13. Schuldausschließungsgründe sind auch die nicht rechtfertigenden Notlagen, nämlich Notstand (§ 35; str.), Notwehrexzess (§ 33; str.); der entschuldigende Verbotsirrtum (2 ff. zu § 17). Ferner kommen in Betracht: **14**

A. Die schuldausschließende Pflichtenkollision (sog. *übergesetzlicher entschuldigender Notstand),* die gegeben ist, wenn der Täter, um ein bedrohtes Rechtsgut zu retten, ein anderes rechtlich gleichwertiges aufopfern muss. Dann ist Rechtfertigung ausgeschlossen (oben 11; vgl. 7 ff. zu § 34; NK-*Neumann* 54 ff. zu § 35), es kann aber ein übergesetzlicher (krit. zu einer solchen *Rechts*-Figur, die die *Gesetzlosigkeit* schon begrifflich voraussetzt, *Mitsch* GA **06**, 11, 13 f.), den Anwendungsbereich des § 35 überschreitender entschuldigender Notstand (*Lackner/Kühl* 15 zu § 35) in Betracht kommen (vgl. BGH **35**, 350: *Katzenkönig-Fall* [hierzu *Küper* JZ **89**, 625; *Herzberg* Jura **90**, 16, *Schumann* NStZ **90**, 32; *Roßmüller/Rohrer* Jura **90**, 582]). Die Verletzung muss das einzige, unabweisbar erforderliche Mittel zur Hilfe sein (Hamm NJW **76**, 721; zu den Fällen der Tötung von Patienten in NS-Lagern durch Ärzte mit dem (unwiderlegt behaupteten) Ziel, andere retten zu können, vgl. NJW **53**, 513; **61**, 276; BGH **6**, 58; OGHSt. **1**, 321; **2**, 117; Hamm aaO; LG Köln NJW **52**, 358; vgl. hierzu auch LK-*Rönnau* 342 ff.; *Gropp* AT 7/100 ff.; *Roxin* § 22, 142, 150, 156). Zur Problematik einer Selektion bei Möglichkeit der Rettung nur eines Rechtsguts vgl. *Küper* JuS **71**, 474; **81**, 786 u. **87**, 89; *Roxin,* Engisch-FS 400 u. JuS **88**, 425; jew. mwN). **15**

B. Der rechtswidrige Befehl (hierzu LK-*Rönnau* 295; NK-*Paeffgen* 192 ff.; *Roxin* AT I, 17/15 ff.), der den Untergebenen bindet, zB den Soldaten, wenn ihm **16**

die Begehung einer Ordnungswidrigkeit befohlen wird und er die Rechtswidrigkeit erkennt (§ 11 II S. 1 SG; LK-*Rönnau* 297; **aA** *S/S-Lenckner* 89, 121; vgl. im Einzelnen *Schölz* 18b zu § 2 WStG und Dreher-FS 485; *Vitt* NZWehrr **94**, 45); ferner der Befehl, der die Ausführung eines Verbrechens oder Vergehens verlangt, wenn der Soldat dies nicht erkennt und es nach den ihm bekannten Umständen auch nicht offensichtlich ist (§ 5 WStG; vgl. BGH **5**, 239; **49**, 189 [*Fall Engel*]). Eine ähnliche Lage ergibt sich für den Beamten aus § 56 II BBG, ferner bei § 7 II UZwG, dem entsprechenden Landesrecht und § 30 ZDG. Inwieweit gegen Handlungen, die auf Grund eines rechtswidrigen, aber verbindlichen Befehls ausgeführt werden, Notwehr zulässig ist, ist str. und zw. (vgl. *S/S-Lenckner* 86; LK-*Rönnau* 298 ff.; LK-*Rönnau/Hohn* 130 zu § 32).

17 **4) Persönliche Strafausschließungs- und Strafaufhebungsgründe** (*Bloy*, Die dogmatische Bedeutung der Strafausschließungs- und Strafaufhebungsgründe, 1976) sind in der Person des Täters liegende Umstände, die zu dessen persönlicher Straflosigkeit führen, obwohl Tatbestandsmäßigkeit, Rechtswidrigkeit und Schuld gegeben sind (zB § 36; vgl. LK-*Rönnau* 376 ff.); sie kommen Teilnehmern, bei denen solche Umstände fehlen, nicht zugute (§ 28 II); Notwehr gegen den Täter ist zulässig. Sind die Umstände schon zZ der Tat gegeben, so handelt es sich um Strafausschließungsgründe, so in den Fällen der §§ 173 III, 258 VI. Treten die Umstände erst nach der Tat ein, so handelt es sich um Strafaufhebungsgründe, so vor allem beim Rücktritt, §§ 24, 31, 98 II, 139 III, IV, 306 e, 314 a III, 330 b; ferner bei Erlass der Strafe nach § 56 g, im Gnadenwege oder durch **Amnestie,** die sowohl als Strafaufhebungsgrund wie als Prozesshindernis wirkt (BGH **3**, 136; **4**, 289; NJW **72**, 262; BVerfGE **2** 221; str.; für bloßes Prozesshindernis OVG Münster NJW **53**, 1240). Zur Irrtumsproblematik 27 zu § 16.

17 a Die Exterritorialität (vgl. §§ 18 bis 20 GVG iVm den im RdSchr. BMI v. 14. 3. 1975, GMBl. 337, 518, 629; 1978, 354 genannten Wiener Übk. u. a. Rechtsvorschriften; auszugsweise abgdr. in *Meyer-Goßner* 11 zu § 18 GVG) gehört nicht hierher, da sie nur von der deutschen Gerichtsbarkeit befreit (vgl. Nr. 193 ff. RiStBV). Dagegen ist die Befreiung der in Art. 1 I MRVfÜbk genannten Personen von der Gerichtsbarkeit in Bezug auf mündliche oder schriftliche Erklärungen, die sie gegenüber der MRK oder dem Europ. Gerichtshof abgeben, sowie in Bezug auf hierfür übermittelte Urkunden oder andere Beweismittel (Art. 2 I MRVfÜbk.), ein Sonderfall der Indemnität. Zur **Immunität** eines Sonderbotschafters BGH **32**, 275 (*Fall Tabatabei* [Anm. *Oehler* JR **85**, 79]; vgl. auch Düsseldorf NJW **86**, 2204 [m. Anm. *Jakobs* NStZ **87**, 88]; zur **völkerstrafrechtlichen** Immunität vgl. *Weiß* JZ **02**, 696; *Kreß* GA **03**, 25, 41 f.).

17 b Strafaufhebungsgründe können sich aus **zivilrechtlichen Rückwirkungen** rechtsgeschäftlicher Erklärungen ergeben, namentlich aus der **Anfechtung** von Übereignungen sowie aus (nachträglichen) **Genehmigungen** (vgl. dazu *Brennenstuhl*, Die Rückwirkungsanordnungen des bürgerlichen Rechts und ihre Bedeutung für das Strafrecht, 1994; *Weber*, Zur strafrechtsgestaltenden Kraft des Zivilrechts, Baur-FS [1981] 131 ff.; *ders.*, Strafaufhebende Rückwirkungen des Zivilrechts?, Schlüchter-GedS [2002] 243 ff.; **aA** für die Wirkung der Anfechtung auf § 242/§ 246 *S/S-Eser* 59 zu § 242 [Rechtfertigung]).

18 **5) Objektive Bedingungen der Strafbarkeit** sind Umstände, die zwar keine Tatbestandsmerkmale, aber materiell-rechtliche Voraussetzungen der Bestrafung sind (vgl. 27 zu § 16).

19 **6) Prozesshindernisse** lassen Straftat und staatlichen Strafanspruch unberührt, hindern aber die Durchführung eines Strafverfahrens (vgl. *Meyer-Goßner* Einl. 141 ff.). Der Täter ist daher nicht wie in den Fällen 2 bis 18 freizusprechen, vielmehr ist das Verfahren einzustellen, vgl. § 260 III StPO. Prozesshindernisse sind zB die Exterritorialität (vgl. oben 17), die Immunität der Abgeordneten (§ 152 a StPO; vgl. dazu *Brocker*, Richter II-FS [2006] 87 ff.) und das Fehlen deutscher Gerichtsbarkeit nach dem Truppenvertrag, aber auch die Verjährung, die allerdings nach der gemischten Theorie (1 zu § 78) zugleich ein persönlicher Strafaufhebungsgrund ist. Das Spiegelbild der Prozesshindernisse sind die ihnen der Sache nach gleichstehen-

den (str.) **Prozessvoraussetzungen,** deren Fehlen ebenfalls ein Verfahren hindert, so Strafantrag, Ermächtigung, Strafverlangen u. ä. (1 zu § 77 e).

Notwehr

32 **I Wer eine Tat begeht, die durch Notwehr geboten ist, handelt nicht rechtswidrig.**

II Notwehr ist die Verteidigung, die erforderlich ist, um einen gegenwärtigen rechtswidrigen Angriff von sich oder einem anderen abzuwenden.

Übersicht

1) Allgemeines ... 1, 1 a
2) Systematische Stellung von Notwehr und Nothilfe ... 2, 3
3) Objektive Voraussetzungen ... 4–22
A. Angriff ... 5, 6
B. Bedrohung eines Rechtsguts ... 7–10
C. Rechtsgutsinhaber; Notwehr durch hoheitliches Handeln ... 11–15
D. Gegenwärtigkeit des Angriffs ... 16–20
E. Rechtswidrigkeit des Angriffs ... 21, 22
4) Verteidigungshandlung; subjektives Rechtfertigungselement ... 23–27
5) Erforderlichkeit der Verteidigung (Abs. II) ... 28–35
6) Gebotenheit der Notwehr ... 36–48
A. Einschränkung aus persönlichen Gründen ... 37
B. Schweigegelderpressung ... 38
C. Unerträgliches Missverhältnis ... 39
D. Einschränkung aus Art. 2 Abs. II a MRK ... 40
E. Einschränkung der Nothilfe ... 41
F. Einschränkung aufgrund Verursachung der Notwehrlage ... 42–48
7) Intensiver Notwehrexzess ... 49
8) Irrtumsfälle ... 50–52

1) Allgemeines. Die Vorschrift ist in Anlehnung an § 37 E 1962 (Begr. 156; Ndschr. **2**, 126, 220, 231), in der Sache aber übereinstimmend mit § 53 I, II aF an dessen Stelle durch das 2. StrRG eingefügt worden (Ber. BT-Drs. V/4095, 14). 1

Neuere Literatur (Auswahl): *Alwart,* Zum Begriff der Notwehr, JuS **96**, 953; *Amelung,* Noch einmal: Notwehr gegen sog. Chantage, NStZ **98**, 70; *Amelung/Kilian,* Zur Akzeptanz des deutschen Notwehrrechts in der Bevölkerung, Schreiber-FS (2003) 3; *Arzt,* Notwehr, Selbsthilfe, Bürgerwehr, Schaffstein-FS 75; *Bath,* Notwehr u. Notstand bei der Flucht aus der DDR, 1998 (Diss. Berlin); *Baumann,* Notwehr im Straßenverkehr, NJW **61**, 1745; *ders.,* Rechtsmißbrauch bei Notwehr, MDR **62**, 349; *ders.,* § 53 StGB als Mittel der Selbstjustiz gegen Erpressung, MDR **65**, 346; *Beisel,* Straf- u. verfassungsrechtliche Problematik des finalen Rettungsschusses, JA **98**, 721; *Bertel,* Notwehr gegen verschuldete Angriffe, ZStW **84**, 1; *Beulke,* Die fehlgeschlagene Notwehr zur Sachwertverteidigung, Jura **88**, 641; *Bitzilekis,* Die neue Tendenz zur Einschränkung des Notwehrrechts, 1984; *Bockelmann,* Menschenrechtskonvention u. Notwehrrecht, Engisch-FS 456; *ders.,* Notrechtsbefugnisse der Polizei, Dreher-FS 235; *ders.,* Notwehr gegen verschuldete Angriffe, Honig-FS 19; *Born,* Die Rechtfertigung der Abwehr vorgetäuschter Angriffe, 1984; *Bressendorf,* Notwehr u. notwehrähnliche Lage im Straßenverkehr, 1990; *Burr,* Notwehr u. staatliches Gewaltmonopol, JR **96**, 230; *Courakis,* Zur sozialethischen Begründung der Notwehr, 1978; *Eggert,* Chantage – Ein Fall der Beschränkung des Notwehrrechts?, NStZ **01**, 225; *D. Engels,* Der partielle Ausschluß der Notwehr bei tätlichen Auseinandersetzungen zwischen Ehegatten, GA **82**, 109; *H.-J. Engels,* Die Angriffsprovokation bei der Nothilfe, 1992 (Diss. Würzburg); *Erb* ZStW **108**, 266 [„sozialethische Einschränkungen" der Notwehr]; *ders.,* Notwehr gegen rechtswidriges Verhalten von Amtsträgern, Gössel-FS (2002) 217; *ders.*, Folterverbot und Notwehrrecht, in: Nitschke (Hrsg.), Rettungsfolter im modernen Rechtsstaat? Eine Verortung, 2005, 149; *ders.*, Notwehr bei präsenter staatlicher Hilfe, Nehm-FS (2006) 181; *Freund*, Actio illicita in causa – Ein Übel oder eine Möglichkeit, das Übel an der Wurzel zu packen?, GA **06**, 267; *Frister,* Zur Einschränkung des Notwehrrechts durch Art. 2 MRK, GA **85**, 553; *ders.,* Die Notwehr im System der Notrechte, GA **88**, 291; *Fuchs,* Grundfragen der Notwehr, 1986; *Gössel*, Enthält das deutsche Recht ausnahmslos geltende, „absolute" Folterverbote?, Otto-FS (2007) 41; *Graul,* Notwehr oder Putativnotwehr, JuS **95**, 1049; *Gribbohm,* Zumutbarkeitserwägungen im Not- 1 a wehrrecht, SchlHA **64**, 155; *Gropengießer,* Die Rechtswidrigkeit bei der Sachbeschädigung, (§ 203 StGB), JR **98**, 89; *Gutmann,* Die Berufung auf das Notwehrrecht als Rechtsmißbrauch, NJW **62**, 286; *Haas,* Notwehr u. Nothilfe, 1978; *Haberstroh,* Notwehr gegen unbefugte Bildaufnahmen (usw.)?, JR **83**, 314; *Hassemer,* Die provozierte Provokation oder über die Zukunft des Notwehrrechts, Bockelmann-FS 225; *Heller,* Die aufgedrängte Nothilfe, 2004; *Herzog,* Feuerspeiende Luxuslimousinen. Grenzen antizipierter Notwehr, Schlüchter-GedS (2002), 209; *Hilgendorf,* Folter im Rechtsstaat?, JZ **04**, 331; *Himmelreich,* Erforderlichkeit der Abwehrhandlung (usw.), GA **66**, 129; *ders.,* Nothilfe u. Notwehr, insb. zur sog. Interessenabwägung, MDR **67**, 361 u. NJW **66**, 733; *ders.,* Notwehr u. unbewußte Fahrlässigkeit, 1971; *Hinz,* Die fahrlässig provozierte Notwehrlage (usw.), JR **93**, 353; *H. J. Hirsch,* Die Notwehrvoraussetzung der Rechtswidrigkeit des Angriffs, Dreher-FS 211; *ders.,* Rechtfertigungsfragen u. Judikatur des Bundesgerichtshofs, BGH-FG 199; *Hoyer,* Das Rechtsinstitut der Notwehr, JuS **88**, 89; *Joecks,* Erfolglose Notwehr, Grünwald-FS 251; *Kargl,* Die intersubjektive Begründung u. Begrenzung der Notwehr, ZStW **110**, 38; *Kaspar,* Gewaltsame Verteidigung gegen den Erpresser? Zu den Grenzen der Notwehr in den Fällen der sog. „Chantage", GA **07**, 36; *Kiefner,* Die Provokation bei Notwehr (§ 32 StGB) u. Notstand (§ 34 StGB), 1991 (Diss. Gießen); *Klose,* Notrecht des Staates aus staatlicher Rechtsnot, ZStW **89**, 61; *Koch,* Die aufgedrängte Nothilfe im Strafrecht, 2003; *ders.,* ZStW **104**, 785; *Koriath,* Das Brett des Karneades, JA **98**, 250; *Kratzsch,* Grenzen der Strafbarkeit im Notwehrrecht, 1968; *ders.,* § 53 StGB u. der Grundsatz nullum crimen sine lege, GA **71**, 65; *ders.,* Das (Rechts-) Gebot zu sozialer Rücksichtnahme als Grenze des strafrechtlichen Notwehrrechts, JuS **75**, 435; *ders.,* Der „Angriff" – ein Schlüsselbegriff des Notwehrrechts, StV **87**, 224; *Krause,* Zur Problematik der Notwehr, Bruns-FS 71; *ders.,* Zur Einschränkung der Notwehrbefugnis, GA **79**, 329; *ders.,* Notwehr bei Angriffen Schuldloser u. bei Bagatellangriffen, H. Kaufmann-GedS 673; *Kretschmer,* Notwehr bei Fahrlässigkeitsdelikten, Jura **02**, 114; *Krey,* Zur Einschränkung des Notwehrrechts bei der Verteidigung von Sachgütern, JZ **79**, 702; *Kroß,* Notwehr gegen Schweigegelderpressung, 2004; *Kühl,* „Sozialethische" Einschränkungen der Notwehr, Jura **90**, 244; **91**, 57, 175; *ders.,* Angriff u. Verteidigung bei der Notwehr, Jura **93**, 57, 118, 223; *ders.,* Notwehr u. Nothilfe, JuS **93**, 177; *ders.,* Die gebotene Verteidigung gegen provozierte Angriffe, Bemmann-FS 192; *ders.* Freiheit u. Solidarität bei den Notrechten, Hirsch-FS 259; *ders.,* Strafrecht in Anlehnung an Ethik/Moral, Otto-FS (2007) 63; *Küpper,* Die „Abwehrprovokation", JA **01**, 438; *Lagodny,* Notwehr gegen Unterlassen, GA **91**, 300; *Lenckner,* Notwehr bei provoziertem, verschuldetem Angriff, GA **61**, 299; *Lesch,* Notwehrrecht und Beratungsschutz, 2000; *ders.,* Die Notwehr, Dahs-FS (2005) 81; *Lilie,* Zur Erforderlichkeit der Verteidigungshandlung, Hirsch-FS 277; *Loos,* Zur Einschränkung der Notwehr in Garantenbeziehungen, JuS **85**, 859; *Ludwig,* „Gegenwärtiger Angriff", „drohende" u. „gegenwärtige Gefahr" im Notwehr- u. Notstandsrecht, 1991 [Bespr. *Bernsmann* ZStW **107**, 201]; *Lüderssen,* in: *P. A. Albrecht* u. a., Vom unmöglichen Zustand des Strafrechts, 1995, 159; *Maatz,* Zur materiell- u. verfahrensrechtlichen Beurteilung verbotenen Waffenbesitzes in Notwehrfällen, MDR **85**, 881; *Marxen,* Die „sozialethischen" Grenzen der Notwehr, 1979; *Mayr,* Error in persona vel obiecto u. aberratio ictus bei der Notwehr, 1992 [Bespr. *Rath* GA **94**, 43]; *Meyer,* Opfer des Angriffs strafbar durch Verteidigung? Zu den subjektiven Voraussetzungen der Verteidigung bei der Notwehr, GA **03**, 807; *Mitsch,* Nothilfe gegen provozierte Angriffe, GA **86**, 533; *ders.,* Tödliche Schüsse auf flüchtende Diebe, JA **89**, 79; *ders.,* Notwehr gegen Schwangere, JR **06**, 450 (krit. *Ladiges* JR **07**, 104); *Montenbruck,* Thesen zum Notwehrrecht, 1983; *H. E. Müller,* Zur Notwehr bei Schweigegelderpressung (Chantage), NStZ **93**, 366; *ders.,* Notwehr gegen Drohungen, Schroeder-FS (2006) 323; *Müssig,* Antizipierte Notwehr (usw.), ZStW **115** (2003), 224; *Norouzi,* Folter in Nothilfe – geboten?, JA **05**, 306; *Neuheuser,* Die Duldungspflicht gegenüber rechtswidrigem hoheitlichen Handeln im Strafrecht, 1996; *Novoselec,* Notwehr gegen Erpressung ieS u. Chantage, NStZ **97**, 218; *Otto,* Rechtsverteidigung u. Rechtsmißbrauch im Strafrecht, Würtenberger-FS 129; *ders.,* Die vorgetäuschte Notwehr-/Nothilfelage, Jura **88**, 330; *Pelz,* Notwehr- u. Notstandsrechte u. der Vorrang obrigkeitlicher Hilfe, NStZ **95**, 305; *Perron,* Foltern in Notwehr?, Weber-FS (2004) 143; *von der Pfordten,* Zu den Prinzipien der Notwehr, Schreiber-FS (2003) 359; *Puppe,* Die strafrechtliche Verantwortlichkeit für Irrtümer bei der Ausübung der Notwehr u. für deren Folgen, JZ **89**, 728; *dies.,* Das sog. gerechtfertigte Werkzeug, Küper-FS (2007) 443; *Prittwitz,* Zum Verteidigungswillen bei der Notwehr, GA **80**, 381; *Rengier,* Totschlag oder Mord und Freispruch aussichtslos? – Zur Tötung von (schlafenden) Familientyrannen, NStZ **04**, 233; *Renzikowski,* Notstand u. Notwehr, 1994; *Rogall,* Das Notwehrrecht des Polizeibeamten, JuS **92**, 551; *Roxin,* Die provozierte Notwehrlage, ZStW **75**, 541; *ders., Die „sozialethischen" Einschränkungen des Notwehrrechts,* ZStW **93**, 68; *ders.,* Rettungsfolter?, Nehm-FS (2006) 205; *Saliger,* Absolutes im Strafprozess. Über das Folterverbot, seine Verletzung und die Folgen seiner Verletzung, ZStW **116** (2004), 35; *Satzger,* Der Schutz ungeborenen Lebens durch Rettungshandlungen Dritter, JuS **97**, 800; *Sax,* Zur

Frage der Notwehr bei Widerstandsleistungen gegen Akte sowjetzonaler Strafjustiz, JZ **59**, 385; *Schaffstein,* Notwehr u. Güterabwägungsprinzip, MDR **52**, 132; *Schlüchter,* Antizipierte Notwehr, Lenckner-FS 313; *Schmidhäuser,* Über die Wertstruktur der Notwehr, Honig-FS 185; *ders.*, Die Begründung der Notwehr, GA **91**, 97; *R. Schmidt* NJW **60**, 1706; *Schröder* JR **62**, 187; *ders.,* Angriff, Scheinangriff u. die Erforderlichkeit der Abwehr vermeintlich gefährlicher Angriffe, JuS **00**, 235; *F. C. Schroeder,* Die Notwehr als Indikator politischer Grundanschauungen, Maurach-FS 127; *Schroth,* Notwehr bei Auseinandersetzungen in engen persönlichen Beziehungen, NJW **84**, 2562; *Schwabe,* Grenzen des Notwehrrechts, NJW **74**, 670; *Seeberg*, Aufgedrängte Nothilfe, Notwehr und Notwehrexzess, 2005 (Diss. Göttingen 2004; Rez. *Kubiciel* HRRS **06**, 264; *Sengbusch* GA **07**, 124); *Seebode,* Gesetzliche Notwehr u. staatliches Gewaltmonopol, Krause-FS 375; *ders.*, Gezielt tödlicher Schuß de lege lata et ferenda, StV **91**, 80; *Seelmann,* Grenzen privater Nothilfe, ZStW **89**, 36; *Seesko*, Notwehr gegen Erpressung durch Drohung mit erlaubtem Verhalten, 2004 (Diss. Bonn); *Seuring*, Die aufgedrängte Nothilfe, 2004; *Sinn*, Notwehr gegen nicht sorgfaltspflichtwidriges Verhalten, GA **03**, 96; *Seesko*, Notwehr gegen Erpressung durch Drohung mit erlaubtem Verhalten, 2004 (Diss. Bonn 2003); *Seuring*, Die aufgedrängte Nothilfe, 2004 (Diss. Würzburg 2004); *Sohm*, Rechtsfragen der Nothilfe bei friedensunterstützenden Einsätzen der Bundeswehr, NZWehrR **96**, 89; *Spendel,* Gegen den „Verteidigungswillen" als Notwehrerfordernis, Bockelmann-FS 245; *ders.,* Keine Notwehreinschränkung unter Ehegatten, JZ **84**, 507; *ders.*, Notwehr u. „Verteidigungswille", objektiver Zweck u. subjektive Absicht, Oehler-FS 197; *Sternberg-Lieben/Sternberg-Lieben,* Zur Strafbarkeit der aufgedrängten Nothilfe, JuS **99**, 444; *Stuckenberg,* Provozierte Notwehrlage u. Actio illicita in causa, JA **02**, 172; *H. Wagner,* Individualistische u. überindividualistische Notwehrbegründung, 1984 [Rez. *Schmidhäuser* GA **91**, 104]; *Warda,* Die Eignung der Verteidigung als Rechtfertigungselement bei der Notwehr, Jura **90**, 344, 393; *ders.* Die Geeignetheit der Verteidigungshandlung bei der Notwehr (usw.), GA **96**, 405; *Wentzek,* Zur Geltung des deutschen Strafrechts im Auslandseinsatz, NZWehrR **97**, 25; *Wohlers,* Einschränkungen des Notwehrrechts innerhalb sozialer Näheverhältnisse, JZ **99**, 434; *Zieschang*, Einschränkungen des Notwehrrechts bei engen persönlichen Beziehungen?, Jura **03**, 527; *ders.*, Tödliche Notwehr zur Verteidigung von Sachen und Art. 2 II a EMRK, GA **06**, 415. **Rechtsvergleichung:** *Wittemann,* Grundlinien und Grenzen des Notwehrrechts in Europa, 1997. **Rechtsprechungsübersicht:** *Erb,* Aus der Rechtsprechung des BGH zur Notwehr seit 1999, NStZ **04**, 369.

2) Systematische Stellung. Notwehr ist nach Abs. I ein **Rechtfertigungsgrund** (vgl. § 15 OWiG; § 227 BGB; 9 ff. vor § 32), der sich auf den Grundsatz stützt, dass das Recht dem Unrecht nicht zu weichen brauche (RG **55**, 85). Sie hat eine übergesetzliche und vorstaatliche Wurzel (LK-*Rönnau/Hohn* 4; *Krey* JZ **79**, 713; *Wacke* Jura **91**, 166; SK-*Günther* 3 ff.; *Kühl,* H.-J. Hirsch-FS 259 ff.; *von der Pfordten*, Schreiber-FS [2003] 359 ff.; *Küper* JZ **05**, 105 ff.). Die Notwehrhandlung verteidigt nicht nur das konkret angegriffene Rechtsgut, sondern dient damit zugleich der Bewährung der Rechtsordnung; das Notwehrrecht hat nach hM nicht allein individualschützenden Charakter (BGH **24**, 356, 359; **48**, 207, 212; MDR **72**, 791; *S/S-Lenckner/Perron* 1, 1 a; NK-*Herzog* 2; MK-*Erb* 6; *Krause* GA **79**, 331; *Roxin* ZStW **93**, 70; *Frister* GA **88**, 295; *Kühl* JuS **93**, 178; *Schmidhäuser* GA **91**, 113; krit. LK-*Rönnau/Hohn* 66 ff.; **aA** SK-*Günther* 13; *von der Pfordten*, Schreiber-FS [2003] 359 off. mwN). Dem Verteidigungshandeln in einer Notwehrlage fehlt daher nach BGH **48**, 207 (Anm. *Schneider* NStZ **03**, 428; Bespr. *Quentin* NStZ **05**, 128) selbst dann eine gesteigerte Verwerflichkeit, wenn die Voraussetzungen der Rechtfertigung im konkreten Fall nicht gegeben sind (BGH **48**, 207, 209 [zur Heimtücke iS von § 211 II]; zw. vgl. dazu i. e. 49 zu § 211). Für die tatsächlichen Voraussetzungen der Notwehr gilt der Zweifelssatz (vgl. BGH **10**, 373, 374; StV **86**, 6; NStZ **05**, 85, 86). 2

Liegen die Voraussetzungen des Abs. II vor, so ist *die Tat* gerechtfertigt. Die Prüfung der Rechtfertigung bezieht sich nicht allein auf die Handlung, sondern erstreckt sich auf alle durch sie verursachten Rechtsgutsverletzungen (MK-*Erb* 114; MK-*Schlehofer* 5 vor § 32). Wenn durch ein und dieselbe Handlung verschiedene Rechtsgüter verletzt werden, kann daher die Prüfung der Rechtfertigung durch Notwehr zu unterschiedlichen Ergebnissen führen (vgl. *Mitsch* JR **06**, 450, 451; *Kühl* AT 7/84; *B/Weber/Mitsch* 16/19). Durch § 32 gerechtfertigt sein können nur Verletzungen von Rechtsgütern des *Angreifers* (vgl. unten 24); die Berechtigung 3 eines Eingriffs in Güter Dritter richtet sich nach den Grundsätzen des rechtfertigenden Notstands.

4 **3) Objektive Voraussetzung** für die Rechtfertigung einer Rechtsgutsverletzung als **Verteidigung** (unten 23 ff.) ist nach **Abs. II** das Bestehen einer **Notwehrlage** zum Zeitpunkt der Tat. Erforderlich ist danach ein gegenwärtiger rechtswidriger Angriff auf ein notwehrfähiges Rechtsgut des Täters (Notwehr) oder eines Dritten (Nothilfe). Ob eine solche Notwehrlage für den Zeitpunkt der konkreten Tathandlung besteht, ist namentlich bei komplexen und zeitlich versetzten Handlungsabläufen oder bei wechselnden Rollen von Angreifer und Verteidiger aufgrund einer genauen Analyse des Gesamtgeschehens in objektiver und subjektiver Hinsicht zu beurteilen.

5 **A. Angriff** ist – nach der am weitesten gehenden Auffassung (zu den weit voneinander abweichenden Definitionen vgl. *Frister* GA **88**, 304; *Sinn* GA **03**, 96 f.) – ein menschliches Handeln, das eine noch nicht endgültig abgeschlossene Rechtsgutsverletzung oder einen Zustand **verursacht**, der die unmittelbare Gefahr einer Rechtsgutsverletzung begründet; über die rechtliche Bewertung iS der Rechtswidrigkeit ist damit noch nichts gesagt. Ein auf Rechtsgutsverletzung gerichteter **Wille** der angreifenden Person ist nicht erforderlich (OGHSt. **1**, 274; **aA** *Jescheck/Weigend* § 32 II 1 a; *S/S-Lenckner/Perron* 3 [nicht generell erforderlich]; *Renzikowski* [1 a] 282 ff.); auch **fahrlässige** (einschränkend *Sinn* GA **03**, 96, 101: nur bewusst fahrlässige) oder **schuldlose** (**aA** *Hoyer* JuS **88**, 89 ff.; *Otto* AT 8/18 ff.; *Renzikowski* [1 a] 279 ff., 283) Handlungen können Angriffe sein; nach verbreiteter Ansicht auch Handlungen ohne **Handlungsbewusstsein** (NK-*Herzog* 5; *Roxin*, Jescheck-FS 459; hM; **aA** LK-*Rönnau/Hohn* 100; MK-*Erb* 50; *Schmidhäuser* AT 6/65; *Otto* AT 8/21; *Jakobs* AT 12/16; *B/Weber/Mitsch* 17/5; *Hoyer* JuS **88**, 1; *Gropp* AT 6/71). Auch **Unterlassen** kann Angriffscharakter haben. Unternimmt eine *schwangere* Frau einen Angriff, so ist der **nasciturus** weder als ein *Körperteil* der Frau noch gar als selbständiger „Mensch" Angreifer iS von § 32; die Rechtfertigung vo Abwehrhandlungen bestimmt sich nach § 34 (zutr. *Mitsch* JR **06**, 450, 452 f.; **aA** *Ladiges* JR **07**, 104).

6 Der Angriff muss von einem **Menschen** ausgehen. Ein Tier kann nicht rechtswidrig handeln; eine Abwehr kann namentlich auf §§ 228, 904 BGB gestützt werden (vgl. schon RG **36**, 236; MK-*Erb* 51; *M/Zipf* 26/8; NK-*Herzog* 10; SK-*Günther* 23; and. LK-*Rönnau/Hohn* 99). Ein menschlicher Angriff liegt freilich vor, wenn ein Tier auf einen anderen gehetzt oder entgegen einer auf der Herrschaft über die Gefahrenquelle beruhenden Garantenstellung nicht am Angriff gehindert wird; er kann auch bei fahrlässiger Gefahrverursachung gegeben sein.

7 **B.** Ein **Rechtsgut** muss angegriffen sein; dem angegriffenen Gut muss also Rechtsgutsqualität zukommen. Hieran kann es zB bei geringfügigen Behelligungen im sozialen Nahraum fehlen; so ist etwa nicht jede familiäre Auseinandersetzung eine solche um rechtliche bedeutsame Positionen (vgl. NJW **98**, 1000). Einschränkungen werden auch für „bloße Belästigungen" gemacht (vgl. 2 StR 386/80; Düsseldorf NJW **94**, 1232).

8 In Betracht kommen zunächst **strafrechtlich** geschützte Rechtsgüter, also **zB** Leben, körperliche Unversehrtheit, Freiheit, sexuelle Selbstbestimmung; Eigentum, Vermögen; Ehre (BGH **14**, 361; Hamm NJW **51**, 228; LK-*Rönnau/Hohn* 78, 83; MK-*Erb* 81; jew. mwN); aber auch **sonstige** rechtlich geschützte Interessen; ein Angriff setzt daher nicht die Verwirklichung eines Straftatbestands voraus (allgM). Angegriffen sein können **zB** auch das Recht am eigenen Bild (Hamburg NJW **72**, 1290 [mit Anm. *Schroeder* JR **73**, 70]; Karlsruhe GA **82**, 234; *Haberstroh* JR **83**, 315; SK-*Günther* 43; MK-*Erb* 86; **aA** NK-*Herzog* 18); das Recht auf die Intimsphäre (NK-*Herzog* 15; MK-*Erb* 86; vgl. LK-*Rönnau/Hohn* 84; *Amelung* GA **82**, 387, zur Notwehrfähigkeit der Interessen eines Erpressten); die Freiheit, sich ohne verkehrsfremde Beeinträchtigung im Straßenverkehr zu bewegen (Schleswig NJW **84**, 1470; Bay NJW **93**, 211 [m. Anm. *Dölling* JR **94**, 113; krit. *Heinrich* JuS **94**, 17]; NJW **95**, 2646; NStZ/J **92**, 581; *Löwisch/Kauß* DB **95**, 1330); das Hausrecht

(MDR/H **79**, 986; OGHSt. **1**, 275; GA **56**, 49; Köln OLGSt. 1; Düsseldorf NJW **94**, 1971); der rechtmäßige Besitz; das Jagdrecht; nach 1 StR 408/78 die Anstaltsordnung einer JVA (zw.).

Auch die **allgemeine Handlungsfreiheit** ist ein notwehrfähiges Rechtsgut (vgl. aber oben 6); auch nach der Einschränkung des Gewaltbegriffs durch BVerfGE **92**, 1 (dazu 20ff. zu § 240) ist aber zu verlangen, dass der Angriff sich als rechtswidrige Nötigung darstellt (Düsseldorf NJW **94**, 1232; Stuttgart NJW **66**, 745 m. Anm. *Bockelmann* u. *Möhl* JR **66**, 229; NK-*Herzog* 16; SK-*Günther* 39; *Lackner/Kühl* 3; vgl. auch *S/S-Lenckner/Perron* 5a [Erstreckung des Angriffs-Begriffs auf alle sozial inadäquaten Handlungen mit Zwangs-Charakter]; MK-*Erb* 87). **9**

Die **Rechtsordnung** als solche ist kein einem individuellen Notwehrrecht unterliegendes Rechtsgut (LK-*Rönnau/Hohn* 79; *S/S-Lenckner/Perron* 8; NK-*Herzog* 25). Das gilt auch für Rechtsgutsbeschreibungen, welche im Kern nur die (objektive oder subjektive) „Gesichertheit des Rechts", die „Unverbrüchlichkeit der Rechtsgeltung" usw. beinhalten, etwa den „Öffentlichen Frieden" (§§ 126, 130, 140, 166; vgl. dazu 2f. zu § 126) oder die Öffentliche Ordnung; ebenso für **Kollektivrechtsgüter** (zB Sicherheit des Straßenverkehrs; vgl. unten 12). **10**

C. Mögliche Rechtsgutsinhaber. Das Rechtsgut kann dem Täter **(Notwehr)** oder einer dritten Person **(Nothilfe)** zustehen; dies kann grds. auch eine juristische Person oder der Staat sein (*Wentzek* NZWehrr **97**, 27; LK-*Rönnau/Hohn* 81; **aA** SK-*Günther* 34). Was für den Rechtsgutträger selbst gilt, gilt auch für den Nothilfe Übenden (MDR/H **79**, 985; and. *Seelmann* ZStW **89**, 60 [allgemeine Einschränkung durch Verhältnismäßigkeitsgrundsatz; dagegen *Roxin* ZStW **93**, 72; zur Nothilfe gegen provozierte Angriffe vgl. *Mitsch* GA **86**, 533.). Nothilfe ist nicht geboten, wenn der Rechtsgutsinhaber den Angriff nicht abwehren (BGH **5**, 248; Bay **54**, 113) oder sich selbst verteidigen will (LK-*Rönnau/Hohn* 208); der Nothelfer darf seine Hilfe nicht aufdrängen (NK-*Herzog* 19; differenzierend *Seier* NJW **87**, 2480; zum Handeln in stillschweigendem Einvernehmen StV **87**, 59; Überblicke zu Problemen und Diskussionsstand hinsichtlich der sog. **aufgedrängten Nothilfe** *Seuring* [2004; oben 1a]; *Seeberg* [2005; oben 1a]; *Heller* [2004; oben 1a]). Nothilfe darf auch zur Verhinderung einer Tötung auf Verlangen ausgeübt werden (*Roxin* AT I 15/102; krit. LK-*Rönnau/Hohn* 211; NK-*Herzog* 19). Nothilfe zugunsten des **Staats** ist, soweit nicht Fiskalvermögen betroffen ist, regelmäßig nicht erforderlich, denn es ist davon auszugehen, dass der Staat sich selbst verteidigen will (iErg ähnlich BGH **5**, 247; BGHZ NJW **75**, 1161; Bay JW **32**, 3775; Düsseldorf NJW **61**, 1783; Stuttgart NJW **66**, 748; str.). Das gilt entsprechend für Nothilfe-Maßnahmen gegen Angriffe auf **Kollektivrechtsgüter**, denn insoweit ist der Staat zur Sicherung berufen. **11**

a) Ob die Rechtfertigung von Maßnahmen **staatlicher Organe**, namentlich von Angehörigen der **Polizei**, sich bei Eingriffen im Rahmen der Dienstausübung ausschließlich nach Maßgabe des öffentlichen Rechts bestimmt (*Krüger* NJW **70**, 1483; **73**, 1; *Amelung* JuS **86**, 329, 331; *ders.*, Badura-FS [2003] 3, 11) oder ob unabhängig vom Dienstrecht eine Rechtfertigung nach § 32 wegen **Nothilfe** in Betracht kommt, ist streitig (vgl. dazu LK-*Rönnau/Hohn* 216ff.; *S/S-Lenckner/Perron* 7, 42c; MK-*Erb* 166ff.; *Lackner/Kühl* 17; *Jakobs* AT 12/41ff.; *Klose* ZStW **89**, 68; *Amelung* JuS **86**, 331; *Donatsch* SchweizZSt **89**, 345; *Kühl* Jura **93**, 236; *Perron*, Weber-FS [2004] 143ff.). Die Frage gilt als „ungeklärt"; Gesetzgeber und höchstrichterliche Rspr belassen es hierbei, obgleich ein grundlegendes Legitimationsproblem aufgeworfen ist. Von praktischer Bedeutung ist die Frage, soweit Ermächtigungsnormen die Rechtmäßigkeit hoheitlicher Eingriffe an die Beachtung enger Verhältnismäßigkeits-Abwägungen knüpfen, also insb. beim Einsatz unmittelbaren Zwangs etwa durch Schusswaffengebrauch. BGH **27**, 260, 262f. (zu § 148 StPO) hat aus dem „allgemeinen Rechtsgedanken" des § 34 auf dessen Anwendbarkeit auch da geschlossen, wo eine Erlaubnisnorm für einen hoheitlichen Eingriffe nicht gegeben ist (vgl. dazu *Amelung* NJW **78**, 623). In der Lit. werden vielfach differenzierende Lösungen vertreten; so wird etwa unterschieden zwischen Not*wehr*- (mög- **12**

lich) und Not*hilfe*-Rechtfertigung (nicht möglich) nach § 32 (vgl. LK-*Rönnau/Hohn* 216ff.; LK *Zieschang* 18ff. zu § 34; *Amelung* NJW **77**, 833, 839; JuS **86**, 329, 332ff.; *Ostendorf* JZ **81**, 165, 172); von anderen zwischen strafrechtlicher Rechtfertigung und öffentlichrechtlicher (dienstrechtlicher) Rechtswidrigkeit (vgl. zB SK-*Günther* 15ff.; MK-*Erb* 169ff.; *Lackner/Kühl* 17; *Renzikowski* [1 a] 297ff.; *Rogall* JuS **92**, 551, 559; *Seebode*, Klug-FS [1983] 359, 371ff.; *Joecks* 37; jew. mwN). Die letztgenannte Differenzierung erscheint zweifelhaft, denn auch öffentlich-rechtliche Erlaubnisnormen regeln das Handeln von Personen und richten sich nicht allein an Institutionen; eine hoheitlich tätige Person kann sich nicht *gegen* öffentlichrechtliche Normen, die ein Handeln gerade verbieten, durch internes *Wollen* eine „private" Rechtfertigung verschaffen. Zur Frage des Handelns in rechtfertigendem **Notstand** durch Staatsorgane 23 zu § 34; zur Frage der Nothilfe und eines „Nothilfeverbots" bei friedensunterstützenden Einsätzen der Bwehr *Sohm* NZWehrr **96**, 89. Zur Nothilfe durch Angehörige **privater Sicherheitsdienste** vgl. *Kunz* ZStW **95**, 973.

13 **b) Folter als Nothilfe.** Unter dem Eindruck eines aktuellen Falls (LG Frankfurt StV **03**, 325 [*Fall Gäfgen/Daschner*; Anm. *Weigend* StV **03**, 436]; dazu 2 StR 35/04 und BVerfG NJW **05**, 656) sind rechtspolitische Forderungen (jedenfalls „Erwägungen"; vgl. *Miehe* NJW **03**, 1219f.; dazu schon *Brugger* Der Staat **96**, 67; *ders.* JZ **00**, 165) nach „Lockerung des Folterverbots", also nach Schaffung oder Anerkennung eines Rechtfertigungsgrunds für staatlich angeordnete **Folter** (zum Begriff vgl. BGH **46**, 292, 303; *Jerouschek/Kölbel* JZ **03**, 613f.; *Hecker* KJ **03**, 210; *Saliger* ZStW **116** [2004], 35, 41; *Gössel*, Otto-FS [2007] 41, 42f.; zum Maßstab des Art. 3 EMRK vgl. EGMR NJW **06**, 3117, 3119 [gewaltsamer Brechmitteleinsatz]) zur Erlangung von Geständnissen zur Verhinderung der Vollendung schwerer Gewaltverbrechen erhoben worden (zum **verfassungsrechtlichen** und **völkerrechtlichen Folterverbot** vgl. Art. 104 I S. 2 GG; Art. 5 der Allgemeinen Erklärung der Menschenrechte; Art. 3 EMRK; Art. 7 IPBR; Art. 1 UN-Anti-Folterkonvention; § 6 I Nr. 5 VStGB; § 136a I StPO; dazu auch Stellungnahme des DAV StV **03**, 255; dazu LG Frankfurt StV **03**, 327; gegen die Geltung „absoluter" Folterverbote *Gössel*, Otto-FS [2007] 41ff.; **aA** zB *Merkel*, Jakobs-FS [2007] 375, 384f.). Das LG Frankfurt hat die hoheitliche Androhung der Zufügung von erheblichen Schmerzen zur Erzwingung wahrheitsgemäßer Angaben über den Aufenthaltsort eines entführten, nach Vorstellung der Täter in Lebensgefahr befindlichen und zu rettenden Kindes zutr. als rechtwidrig iS von § 240 II angesehen (NJW **05**, 692, 694f. [*Fall Daschner*; Bespr. *Jerouschek* JuS **05**, 296ff.: *Götz* NJW **05**, 953]; zur Unanwendbarkeit von § 343 vgl. auch *Rogall*, Rudolphi-FS [2004] 511, 538f.). Zu verfahrensrechtlichen Folgen vgl. BVerfG NJW **05**, 656.

13 a **Literatur** zur **Diskussion** u.a.: *Bertram* RuP **05**, 245ff.; *Brugger*, Darf der Staat ausnahmsweise foltern?, Der Staat **35** (1996) 67; *ders.*, Vom unbedingten Verbot der Folter zum bedingten Recht auf Folter?, JZ **00**, 165; *Ekardt*, Folterverbot, Menschenwürde und absoluter Lebensschutz, NJ **06**, 64; *Erb*, Folterverbot und Notwehrrecht, in: Nitschke (Hrsg.), Rettungsfolter im modernen Rechtsstaat? Eine Verortung, 2005, 149; *ders.*, Notwehr als Menschenrecht, NStZ **05**, 593; *ders.*, Nothilfe durch Folter, JA **05**, 30; *ders.*, Notwehr bei präsenter staatlicher Hilfe, Nehm-FS (2006) 181; *Fahl*, Angewandte Rechtsphilosophie – Darf der Staat foltern?, JR **04**, 182; *Gebauer*, Zur Grundlage des absoluten Folterverbots, NVwZ **04**, 1405; *Gehl* (Hrsg.), Folter – Zulässiges Instrument im Strafrecht?, 2004; *Götz*, Das Urteil gegen Daschner im Lichte der Wertordnung des GG, NJW **05**, 953; *Gössel*, Enthält das deutsche Recht ausnahmslos geltende, „absolute" Folterverbote?, Otto-FS (2007) 41; *Hamm*, Schluss der Debatte über Ausnahmen vom Folterverbot!, NJW **03**, 946; *Hecker*, Relativierung des Folterverbots in der BRD?, KJ **03**, 210; *Herzberg*, Folter und Menschenwürde, JZ **05**, 321; *Hilgendorf*, Folter im Rechtsstaat?, JZ **04**, 331; *Jahn*, Gute Folter – schlechte Folter?, KritV **04**, 24; *Jerouschek*, Gefahrenabwendungsfolter – Rechtsstaatliches Tabu oder polizeirechtlich legitimierter Zwangseinsatz?, JuS **05**, 296; *Jerouschek/Kölbel*, Folter von Staats wegen?, JZ **03**, 613; *Kinzig*, Not kennt kein Gebot?, ZStW **115** (2003), 791; *Kramer*, Wunsch nach Folter, KJ **00**, 624; *Kretzschmer*, Folter in Deutschland: Rückkehr einer Ungeheuerlichkeit?, RuP **03**, 103; *Lüderssen*, Die Folter bleibt tabu – kein Paradigmenwechsel ist geboten, Rudolphi-FS [2004]

691; *Marx*, Folter: Eine zulässige polizeiliche Präventionsmaßnahme?, KJ **04**, 278; *Merkel*, Folter und Notwehr, Jakobs-FS (2007) 375; *Merten*, Folterverbot und Grundrechtsdogmatik, JZ **03**, 404; *Neuhaus*, Die Aussageerpressung zur Rettung des Entführten: strafbar!, GA **04**, 521; *Nitschke* (Hrsg.), Rettungsfolter im modernen Rechtsstaat? Eine Verortung, 2005; *Norouzi*, Folter in Nothilfe – geboten?, JA **05**, 306; *Perron*, Foltern in Notwehr?, Weber-FS (2004) 143 ff.; *Reemtsma*, Folter im Rechtsstaat?, 2005; *Roxin*, Kann staatliche Folter in Ausnahmefällen zulässig oder wenigstens straflos sein?, Eser-FS (2005) 461; *ders.*, Rettungsfolter?, Nehm-FS (2006) 205; *Saliger*, Absolutes im Strafprozess? Über das Folterverbot, seine Verletzung und die Folgen seiner Verletzung, ZStW **116** (2004), 35; *Schild*, Folter (Androhung) als Straftat, in: Gehl (Hrsg.), Folter – zulässiges Instrument im Strafrecht?, 2005, 59; *Wagenländer*, Zur strafrechtlichen Beurteilung der Rettungsfolter, 2005 (Diss. Hamburg [BLS] 2005 [Rez. *Erb* GA **07**, 361]); *Welsch*, Die Wiederkehr der Folter als das letzte Verteidigungsmittel des Rechtsstaats?, BayVBL **03**, 481; *Wittreck*, Menschenwürde und Folterverbot, DÖV **03**, 873.

Eine **Einschränkung des Folterverbots** wird in der Literatur zu Recht überwiegend abgelehnt (vgl. zB NK-*Herzog* 59; S/S-*Lenckner/Perron* 62 a; LK-*Rönnau* 255 vor § 32 und LK-*Rönnau/Hohn 224*; *Düx* ZRP **03**, 180; *Hamm* NJW **03**, 946; *Hecker* KJ **03**, 210, 212; *Jeßberger* Jura **03**, 711; *Merten* JR **03**, 404, 407; *Schaefer* NJW **03**, 947; *Schroeder* ZRP **03**, 180; *Roxin*, Eser-FS [2005] 461, 466 ff.; *ders.*, Nehm-FS [2006] 205, 207 ff.; *ders.* AT I 15/96; *Perron*, Weber-FS [2004] 143 ff.; *Saliger* ZStW **116** [2004], 35, 48 f.; *Ambos/Rackow* JA **06**, 948; vgl. schon *Hassemer*, Maihofer-FS [1988] 183, 202). Nach **aA** ist dieses Verbot einzuschränken (vgl. *Bertram* RuP **05**, 245 ff.; *Brugger* JZ **00**, 165; *Miehe* NJW **03**, 1219, 1220; *Götz* NJW **05**, 953, 956 f.; *Erb* NStZ **05**, 593, 598 ff.; *ders.* Jura **05**, 26 ff.; *ders.* Nehm-FS [2006] 181, 186; *Wagenländer* [oben 13 a] 101 ff., 167 ff.; mit Einschränkungen auch *Lackner/Kühl* 17 zu § 32; *Hilgendorf* JZ **04**, 331, 334 [abgestufte Schmerzzufügung]; *Fahl* JR **04**, 182; so auch MK-*Erb* 173 ff. zu § 32; für Zulässigkeit der *Androhung* von Folter *Herzberg* JZ **05**, 321, 325; für eine Androhungs-*Pflicht Merkel*, Jakobs-FS [2006] 375, 401 f. [dagegen zutr. *Roxin*, Eser-FS 464; *ders.* Nehm-FS 213]), oder es erfasst von Vornherein Fälle der sog. „**Rettungsfolter**" gar nicht (zu diesem Begriff zutr. krit. NK-Herzug 59: „*rechtsverdrehender Euphemismus*"); danach steht der Einsatz von Folter, wie andere Eingriffe in die Menschenwürde, einer Güterabwägung im Einzelfall offen (*Gössel*, Otto-FS [2007] 41, 52 ff.). **14**

Tatsächlich gibt aber schon eine – wohl auf der Ebene der Gebotenheit zu führende – Diskussion über eine *Abwägung* zwischen den „Risiken" und den „Chancen" rechtlich geregelter Folter, also zwischen dem *Prinzip* ihres Verbots und den Anforderungen an ggf. durch Folter zu schützende Rechtsgüter, in Wahrheit die Grenze zwischen Zivilem Recht und **Kriegsrecht** auf (vgl. dazu auch *Waechter* JZ **07**, 61 ff.), indem die Geltung elementarer Menschenrechte vom Ergebnis von Abwägungsprozessen „im Einzelfall" abhängig gemacht wird. Dass der **Tabubruch** (*Saliger* ZStW **116** [2004], 35, 37) einer ergebnis-*offenen* Diskussion über „rechtsstaatliche (!) Voraussetzungen der Folter" gerade am Fall der versuchten Rettung eines Kindes vollzogen wurde, ist kaum zufällig (tatsächlich fehlte es im konkreten Fall, selbst wenn man das Verschweigen einer Tatsache als Angriff ansieht, schon an der *Erforderlichkeit* einer „Nothilfe durch Folter" [zutr. *Roxin*, Nehm-FS 205, 214 f.]). Im Hintergrund stehen aber Fragen des „Kriegs gegen den Terrorismus", des Regimes in *Guantanamo* und des Konzepts eines weltweiten *war on crime* (zur rechtspolitischen *Gewöhnungsfunktion* des Tabubruchs treffend *Sauer* NJW **05**, 1703, 1704). **14 a**

In der Diskussion ist behauptet worden, die *zulässige* Folter sei auf „extreme Ausnahmefälle" zu begrenzen (so auch wieder *Merkel*, Jakobs-FS [2007] 375, 395 ff.); die hierfür entworfenen *Beispielsfälle* konstruieren, bisweilen etwas *bemüht*, ganz besonders gravierende Missverhältnisse zwischen den durch den Angriff verursachten Gefahren und den Rechtsgütern des Angreifers (vgl. zB *Erb*, in: *Nitschke* [Hrsg.; oben 13 a], 149, 150 f.). Würden sich die Argumente für eine Einzelfalls-**Rechtfertigung von Folter** durchsetzen, so ließe sich deren Einsatz freilich *systematisch* keinesfalls auf solche „Ausnahmefälle" beschränken (ebenso *Roxin*, Eser-FS [2005] 461, 468; *S/S-Lenckner/Perron* 62 a). Es müsste im Übrigen alsbald eine **15**

Diskussion über die **Verpflichtung zur Folter** folgen: Denn wenn die Polizeiführung (dh: der Staat) *berechtigt* wäre, zur Rettung eines Menschenlebens (wohl auch: zur Abwendung schwerer Körperverletzung?) anzuordnen, einem Verbrecher die Finger zu brechen, so wäre sie dazu bei Ermessensreduzierung auf Null auch *verpflichtet*. Für das bedrohte Rechtsgut entstünde somit eine *Garantenstellung aus Folterpflicht* (vgl. auch *Neuhaus* GA **04**, 521, 533f.; **aA** *Erb* Jura **05**, 24, 26; NStZ **05**, 593ff.; *Gössel*, Otto-FS [2007] 41, 61: Die Folterberechtigung der Polizei beschränke sich auf eine *individuelle* Rechtfertigung, aus welcher sich keine *Handlungs*pflicht ergebe; zutr. hiergegen *Roxin*, Nehm-FS 205, 209ff.]). Wenn (dienstliche!) „Folter *im Rechtsstaat*" aus Gründen der Rationalität (!) und der *Menschenwürde* (!) zugelassen würde (vgl. *Erb* in *Nitschke* [oben 13a], 149, 161ff.), so ließe sich im Übrigen auch ein (absurder) **Rechtsschutz** dagegen (und *dafür*, etwa für Angehörige von Entführungsopfern) schwerlich ganz versagen: Es wäre dann auf entsprechende *Eilanträge* darüber zu entscheiden, *wie viele* Finger einem Beschuldigten in verhältnismäßiger Weise gebrochen werden dürfen, oder ob das Vortäuschen des Ertränkens eines „mutmaßlichen" Terroristen vom Ermessen gedeckt sei. Fern liegend wäre es anzunehmen, eine sich solcherart entwickelnde „Einzelfalls-Rspr zur Folter" könne auf Dauer Halt machen vor der Rettung **anderer Rechtsgüter** als dem Leben, insb. wichtigster *Allgemeingüter*. Von der „Versorgung der Bevölkerung" bis zum „Öffentlichen Frieden" und der „Volksgesundheit" bieten sich vielerlei Rechtsgüter an, deren Schutz gewiss einige *Schmerzen* wert wäre. Die Menschenwürde ist aber *unantastbar* (dagegen erwägt *Herdegen*, in: *Maunz/Dürig*, Grundgesetz, 45ff. zu Art. 1, „abwägungsoffene Randzonen"), und alle Fantasien über die „rechtsstaatlich geregelte" Folter verkennen, dass die Folter *kein Maß in sich trägt* (*Saliger* ZStW **116** [2004] 35, 48). Die Ansicht, über Voraussetzungen und Umfang sei mit *offenem* Ergebnis ernstlich zu diskutieren, ist gänzlich fern liegend (i. E. ebenso NK-*Herzog* 59; dagegen *Erb*, Nehm-FS [2006] 181, 186 Fn. 17). Der Vorwurf, diese Kritik weise die „Logik totalitärer und fundamentalistischer Ideologien" auf (so *Erb*, in: *Nitschke* [oben 13a] 149, 166), überzieht ein wenig.

16 **D. Gegenwärtigkeit des Angriffs.** Der Angriff muss nach den zZ der Notwehrhandlung gegebenen Verhältnissen gegenwärtig sein; es entscheidet nicht der Zeitpunkt der drohenden Verletzungshandlung, sondern derjenige der durch den bevorstehenden Angriff geschaffenen bedrohlichen Lage (NJW **73**, 255; NStZ **83**, 506; BGHR § 32 II Ang. 5; LK-*Rönnau/Hohn* 141).

17 **a) Gegenwärtigkeit** liegt vor, wenn eine Rechtsgutsverletzung unmittelbar bevorsteht (NJW **95**, 973), **zB** wenn der Angreifer den Arm zum Schlag erhebt oder nach der Waffe greift (NJW **73**, 255; 5 StR 1/90; *Geilen* Jura **81**, 206; *Roxin*, Tjong-GedS 137; *ders.* AT I 15/21; *ders.* StV **06**, 235, 236; *Ludwig* [oben 1a] 97; SK-*Günther* 67), sein Verhalten also **unmittelbar** in eine Rechtsgutsverletzung umschlagen kann (NStZ **00**, 365); nach Bay NJW **85**, 2600 muss der Wille, ein Rechtsgut zu verletzen, nach außen bereits betätigt sein (Anm. *Bottke* JR **86**, 292; *Kratzsch* StV **87**, 224). Von einer in 10 Meter entfernt stehenden, mit einem Stock bewaffneten Person, die keine Anstalten zur Attacke macht, geht für einen mit einer schussbereiten Pistole bewaffneten Täter kein gegenwärtiger Angriff aus (5 StR 404/06).

18 Ein Angriff **bleibt gegenwärtig**, solange die Gefahr einer Verletzung des bedrohten Rechtsguts oder einer Vertiefung der Rechtsgutsverletzung andauert (vgl. NStZ **06**, 152, 153 [kurzfristiges Verlieren des Angriffswerkszeugs]; 5 StR 404/06 [Beendigung durch Abwenden zuvor angreifender Personen]) und noch abgewendet werden kann und die Rechtsgutsverletzung noch nicht endgültig eingetreten ist. Daher ist zB bei Eigentums- oder Vermögensdelikten ein gegenwärtiger Angriff auch dann gegeben, wenn die Tat vollendet, die Beute aber noch nicht gesichert ist (BGH **48**, 207, 208f. [Erpressung; vgl. dazu i. e. 48ff. zu § 211; abschließende Entscheidung NStZ **05**, 332]; MDR/H **79**, 985). Der Angriff dauert auch dann fort,

wenn die Wiederholung einer Verletzungs- oder Angriffshandlung *unmittelbar* zu befürchten ist (NStE Nr. 15; Saarbrücken OLGSt. § 223 a, 1; LK-*Rönnau/Hohn* 150; vgl. auch NJW **79**, 2053; 4 zu § 34; NK-*Herzog* 28). Beim **Dauerdelikt** (anders beim Zustandsdelikt) ist Notwehr bis zu dessen Beendigung möglich (vgl. LK-*Rönnau/Hohn* 149). Eine nötigende **Drohung** ist als Angriff auf die Handlungsfreiheit (*Amelung* GA **82**, 386; NStZ **98**, 70; *Eggert* NStZ **01**, 225, 226; *Otto,* Kleinknecht-FS 334; *S/S-Lenckner/Perron* 18; *Lackner/Kühl* 4; LK-*Rönnau/Hohn* 151; MK-*Erb* 104; SK-*Günther* 67 ff., 70; NK-*Herzog* 32; **aA** KG JR **81**, 254 [m. Anm. *Tenckhoff*]; *Arzt* MDR **65**, 344; *Baumann* MDR **65**, 346; *Kratzsch* StV **87**, 229; *Müller* NStZ **93**, 366; *Jakobs* AT 12/27, Fn. 49 aE) gegenwärtig, wenn und solange vom Bedrohten **alsbaldiges Handeln** verlangt wird (**aA** *Müller,* Schroeder-FS [2006] 323, 333 ff.; zur Inanspruchnahme behördlicher Hilfe vgl. unten 35; zur Notwehr gegen „Schweigegeld-Erpressung" unten 38). Kein gegenwärtiger Angriff liegt nach stRspr bei nur **„latenter" Bedrohung** in dem Zeitraum *zwischen* einzelnen Angriffsakten vor (vgl. namentlich die „Familientyrannen"-Fälle NStZ **84**, 21 [m. Anm. *Rengier;* dazu *Spendel* StV **84**, 45; *Günther* JR **85**, 268]; BGH **48**, 255 [Bespr. *Hillenkamp* JZ **04**, 48; *Otto* NStZ **04**, 142; *Rengier* NStZ **04**, 233]; *Hillenkamp,* Miyazawa-FS 152; SK-*Günther* 66; and. MK-*Erb* 162 zu § 34; vgl. Erl. zu § 34).

b) Eine **„Präventive Notwehr"** kommt nur unter den Voraussetzungen des § 34 in Betracht (*S/S-Lenckner/Perron* 17; ausf. dazu *Müssig* ZStW **115** [2003] 224 ff., 240 ff.; vgl. auch *Rengier* NStZ **04**, 233, 234 f.). Tatsächlicher oder angenommener Rückzug des Staats aus der Prävention und Verfolgung (Diebstahl; Sachbeschädigung) und verbreitetes Bedrohtheitsgefühl in Verbindung mit sozialen Umbrüchen führen zur Privatisierung von Sicherheit für diejenigen, die es sich leisten können (Wachdienste; „Bürgerwehren"; technische Schutzeinrichtungen). Dem wohnt die Gefahr inne, dass der im Notwehrrecht auch den Angegriffenen bindende Gesichtspunkt der *Rechtsbewährung* durch eine am Privatinteresse orientierte *Risiko-*Zurechnung ersetzt wird (vgl. etwa *Schlüchter,* Lenckner-FS 314, 324; zutr. krit. *Herzog,* Schlüchter-GedS 209, 214 f.). Der Installation etwa von Anlagen zur „automatischen" Abwehr zukünftig für möglich gehaltener Angriffe („Selbstschussanlagen"; Aufstellen von Fallen) ist aber, schon um den erhofften Abschreckungseffekt zu erzielen, idR die Inkaufnahme des **Exzesses** eigen. BGH **43**, 177 (*Bärwurz-Fall;* Bereitstellen von tödlichem Gift für *erwartete* Einbrecher) hat die Frage einer „präventiven Notwehr" insoweit zu Recht nicht thematisiert. 19

Freilich kann Notwehr (ebenso wie der Angriff) **vorbereitet** sein; wer *präventiv* eine Waffe bereitlegt, ist selbstverständlich nicht gehindert, sie ggf. zur Verteidigung zu benutzen. **Problematisch** sind daher namentlich die Fälle der präventiven Vorbereitung selbständig, dh ohne neuen Willensentschluss wirkender Vorkehrungen. Hier wird man mit *Müssig* (ZStW **115**, 224, 240 f.) annehmen können, dass eine Rechtfertigung nach § 32 möglich ist, wenn die Schutzmaßnahme erst bei Vorliegen eines gegenwärtigen rechtswidrigen Angriffs tatsächlich wirksam wird *und* die weiteren Kriterien des § 32 *im Einzelfall* erfüllt sind. Da sich Erforderlichkeit und Gebotenheit einer abwehrenden Rechtsgutsverletzung aber – mangels Kenntnis der konkreten Umstände des Angriffs – kaum je einmal mit vollständiger Sicherheit voraussehen lassen, lässt sich das Risiko nicht quasi *blindlings* (etwa durch Warnhinweise an die Öffentlichkeit und damit potentielle Angreifer) verschieben (and. *Müssig* ZStW **115**, 224, 243 ff.). Zu Problemen der **„notwehrähnlichen Lage"** und zur „Präventiv-Notwehr" vgl. auch *Hillenkamp,* Tatvorsatz und Opferverhalten 1981, 116; *S/S-Lenckner/Perron* 17; *Jakobs* 12/27; *Günther* 324 f.; LK-*Rönnau/Hohn* 143 ff.; NK-*Herzog* 31 f.; *Roxin,* Jescheck-FS 478 und Oehler-FS 190; *Köhler* AT 267. Zur *präventiven* Anfertigung heimlicher Tonbandaufnahmen vgl. BGHZ **27**, 289; Celle NJW **65**, 1678; Düsseldorf NJW **66**, 214; Frankfurt NJW **67**, 1047. 20

E. Rechtswidrig des Angriffs. Ein Angriff ist rechtswidrig, wenn er im Widerspruch zur Rechtsordnung steht (LK-*Rönnau/Hohn* 108; *S/S-Lenckner/Perron* 21

19; *Jescheck/Weigend* § 32 II 1 c; *Lackner/Kühl* 5; NK-*Herzog* 34; SK-*Günther* 58); der Angreifer darf nicht befugt sein (LK-*Rönnau/Hohn* 111; *M/Zipf* 26/14; *Roxin* 15/14; zu rechtswidrigen Befehlen vgl. LK-*Rönnau/Hohn* 129 ff.; *Ludwig* [1 a] 103; *Otto* AT § 8 II 1 b; *Hirsch* [1 a] 224; *Haas* [1 a] 223 ff.; *Kühl* Jura **93**, 63); Schuldlosigkeit oder das Vorlegen eines persönlichen Strafausschließungsgrunds bei dem Angreifer stehen dem Notwehrrecht nicht entgegen (vgl. München NJW **66**, 1165; *W/Beulke 327*; *Krause,* Bruns-FS 85 u. Kaufmann-GedS 679). Streitig ist, ob hinsichtlich der Rechtwidrigkeit auf den **Erfolgsunwert** der drohenden Verletzung (vgl. zB *Jescheck/Weigend* § 32 II 1 c; *Köhler* AT 266 f.) oder auf den **Handlungsunwert** abzustellen ist (vgl. zB *B/Weber/Mitsch* 17/17; *Gropp* AT 6/73; *W/Beulke* 331; *M/Zipf* 26/14 ff.; *S/S-Lenckner/Perron* 19/20; *Lackner/Kühl* 5; MK-*Erb* 35; LK-*Rönnau/Hohn* 109; *Sinn* GA **03**, 96, 106 f.); zutr. ist die letztgenannte Ansicht. Auch eine rechtfertigende **Einwilligung** in Gefährdung oder Verletzung des bedrohten Rechtsguts kann der Rechtswidrigkeit einer Angriffshandlung entgegenstehen. Hierbei sind aber Umfang und Wirksamkeit einer Einwilligung im Einzelfall zu prüfen: Wer in eine *einverständliche* Prügelei eingewilligt hat, kann nicht dem (vereinbarungsgemäßen) Angriff des Gegners ein erforderliches, aber überraschendes Verteidigungsmittel entgegensetzen (vgl. MDR/D **54**, 335; **75**, 541; MDR/H **78**, 109; NJW **90**, 2263; BGHR § 32 II Verh. 2; 2 StR 280/06; Stuttgart NJW **92**, 851; LG Köln MDR **90**, 1033). Freilich kann allein darin, dass eine Person sich auf eine ihr aufgezwungene körperliche Auseinandersetzung *einlässt*, keine „Einwilligung" gesehen werden; eine romantisierende Umdeutung von Schlägereien zu quasi-*sportlichen* Vergnügungen ist verfehlt.

22 **Notwehr gegen Notwehr** ist nicht zulässig (BGH **39**, 376; NStZ **03**, 599, 600; NK-*Herzog* 36), ebenso nicht gegen Notstandsakte nach § 34 sowie nach §§ 228, 904 BGB, gegen die Ausübung eines Selbsthilferechts nach § 229, 230 I BGB (Bay NJW **91**, 935 [m. Anm. *Schroeder* JZ **91**, 682 u. *Laubenthal* JR **91**, 518; *Joerden* JuS **92**, 23; hierzu *Krauß* **92**, 624; *Duttge* Jura **93**, 416]; Düsseldorf NJW **91**, 2716, hierzu *Scheffler* Jura **92**, 352), gegen eine rechtmäßige vorläufige Festnahme nach § 127 StPO (BGH **45**, 378; Bay OLGSt. Nr. 2 zu § 127 StPO) oder gegen rechtmäßige Diensthandlungen (zB nach § 81 a StPO; vgl. Bay MDR **91**, 367 [zust. Anm. *Schmidhäuser* JZ **91**, 937; abl. *Spendel* JR **91**, 250 u. JuS **92**, 551]); auch nicht gegen unvorsätzliches, nicht sorgfaltswidriges Verhalten (*Sinn* GA **03**, 96, 106 f.). Bei zeitlich aufeinander folgenden, **wechselseitigen Angriffen** der Beteiligten bedarf es zur Prüfung der Notwehrlage einer Gesamtbetrachtung unter Einschluss des der Tathandlung vorausgegangenen Geschehens (BGH **39**, 374, 376 f.; NStZ **01**, 143, 144; **03**, 599, 600; vgl. auch NStZ **06**, 332 f. [m. Anm. *Roxin* StV 06, 235]). Fehlt es an der Rechtswidrigkeit des Angriffs, so kann eine Rechtfertigung unter Notstandsgesichtspunkten in Betracht kommen (NJW **89**, 2481 [m. Anm. *Eue* JZ **90**, 765; *Küper* JuS **90**, 184]). **Zulässig** ist die Notwehr gegen einen **Notwehrexzess** (unten 27; 2 f. zu § 33; NK-*Herzog* 38) und gegen **Putativnotwehr** (unten 50 f.).

23 **4) Verteidigungshandlung; subjektives Rechtsfertigungselement.** Eine Rechtfertigung durch Notwehr oder Nothilfe setzt voraus, dass die Tat eine **Verteidigung** gegen den rechtswidrigen Angriff ist, also Abwehr des Angriffs; sie kann durch bloße *Schutzwehr* (MDR/D **58**, 12), aber auch im Gegenangriff durch sog. *Trutzwehr* erfolgen (MDR/D **58**, 13).

24 **a)** Die Notwehrhandlung muss sich **gegen den Angreifer** richten. Eingriffe in Rechtsgüter unbeteiligter Dritter werden durch § 32 nicht gerechtfertigt (hM; Einschränkungen bei *Spendel* NStZ **94**, 279), können aber nach § 34 oder nach § 904 BGB gerechtfertigt oder nach § 35 entschuldigt sein (BGH **5**, 245; Celle *NJW **69**, 1775; Widmaier* JuS **70**, 611; LK-*Rönnau/Hohn* 155; NK-*Herzog* 54; *Kindhäuser* LPK 28): Benutzt der Angreifer fremde Sachen, so gelten für ihre Beschädigung nach hM die §§ 228, 904 BGB; § 32 ist insoweit nicht anwendbar (vgl. 16 zu § 303; MK-*Erb* 115; **aA** RG **58**, 29). Wird ein Dritter vom Täter als

„Schutzschild" zur Begehung des Angriffs benutzt, so ist eine gegen ihn gerichtete Handlung weder durch § 32 noch durch § 34 gerechtfertigt (MK-*Erb* 117; NK-*Herzog* 55; S/S-*Lenckner/Perron* 31; and. zB Hirsch, *Küper*-FS [2007] 149, 153; vgl. dazu 10 zu § 34); es kommt § 35 in Betracht (vgl. BGH **39**, 374, 380 [m. abl. Anm. *Spendel* NStZ **94**, 279]).

b) Der Täter muss nach der Rspr mit **Verteidigungswillen** handeln (subjektives Rechtfertigungselement; vgl. auch 17 zu § 34), also den Angriff als solchen und seine Rechtswidrigkeit erkennen und durch seine Tat der Rechtsverletzung entgegentreten *wollen* (BGH **2**, 114; **5**, 245; NStZ **83**, 112; **96**, 29; **00**, 365; GA **80**, 67; 1 StR 730/96 [insoweit in BGH **43**, 237 nicht abgedr.]; iErg ebenso MK-*Erb* 213; *B/Weber/Mitsch* 17/31 ff.; *M/Zipf* 26/27; *Jescheck/Weigend* 328 f.; *Schmidhäuser* AT 6/24). Nach neuerer Ansicht in der Literatur reicht **Kenntnis** der notwehrbegründenden Umstände aus (vgl. NK-*Herzog* 127 ff.; SK-*Günther* 131 ff. und 87 ff. vor § 32; *S/S-Lenckner/Perron* 63; LK-*Rönnau/Hohn* 263, 266 f.; *Rudolphi*, Maurach-FS [1972] 51, 57; wieder anders *Lackner/Kühl* 7; *Jakobs* AT 11/21; *Puppe*, Stree/Wessels-FS 184 ff; *Schünemann* GA **85**, 341, 371 ff.; zur Differenzierung, insb. auch bei **Prüfungspflichten**, vgl. *Streng*, Otto-FS [2007] 469, 471 ff.; Erforderlichkeit eines subjektives Rechtfertigungselements ganz abl. *Spendel* in LK 11. Aufl. 138 ff. [allein objektive Lage entscheidet]; i. E. nahe stehend *Meyer* GA **03**, 807, 820 f. [Für-möglich-Halten einer Angriffs-Lage ausreichend; vgl. auch *Frisch*, Lackner-FS 1987, 113, 134 ff.]; Überblick über den Meinungsstand bei *Geppert* Jura **95**, 103; *Meyer* GA **03**, 807, 815 ff.; *Streng*, Otto-FS [2007] 469 ff.). **25**

Die Tat muss der Abwehr des Angriffs dienen. Dass der Täter *neben* dem Zweck der Verteidigung noch *andere Ziele* verfolgt, ist nach der Rspr des BGH ohne Bedeutung, wenn solche Motive das der Verteidigung nicht ganz nebensächlich werden lassen (BGH **3**, 198; NStZ **83**, 117; **00**, 365; BGHR § 212 I Vorsatz, bed. 33; 1 StR 487/00; vgl. auch NStZ **05**, 332 [mit recht weit gehender Auslegung]). Das gilt auch dann, wenn neben der Angriffsabwehr Hass, Wut oder Streben nach Vergeltung eine Rolle spielen (NStZ **83**, 117; **96**, 30; **00**, 365; BGHR § 212 I Vors.bed. 32; § 32 II Verteidigung 14; Bay NStZ-RR **99**, 9; *Roxin* AT I 14/95; 15/111; LK-*Rönnau/Hohn* 267; NK-*Herzog* 127; vgl. auch *Rudolphi*, Maurach-FS 57). Kein Verteidigungswille ist jedenfalls gegeben, wenn der Angreifer vom Täter abgelassen hat und für diesen das Motiv, weiteren möglicherweise bevorstehenden Angriffen zuvor zu kommen, eine nur ganz untergeordnete Rolle (neben Rache, Wut, etc.) spielt (vgl. NStZ **07**, 325, 326). **26**

Handelt der Täter in Unkenntnis der Notwehrlage, nahm die frühere Rspr Strafbarkeit wegen *vollendeter* Tat an (BGH **2**, 111, 114; **3**, 194; **5**, 245; so auch *Schmidhäuser* AT 9/106; *Alwart* GA **83**, 454 f.; *Gallas*, Bockelmann-FS 177; *Gössel*, Triffterer-FS 99; so auch *hier* bis 50. Aufl.). Nach zutr. **aA** entspricht diese Lage aber derjenigen beim (untauglichen) **Versuch**; danach „wäre es nicht gerechtfertigt, wegen vollendeter [Tat] zu bestrafen, denn das Ergebnis kann vor dem Gesetz bestehen. Andererseits kann die Richtigkeit des Ergebnisses nicht das alleinige Kriterium sein mit der Folge, dass auch die Strafbarkeit des Versuchs entfiele" (BGH **38**, 144, 155 f. [zu § 218 aF]; ebenso KG GA **75**, 213; *W/Beulke* 279; *Gropp* AT 13/95; *Streng*, Otto-FS [2007] 469, 473 f.; vgl. LK-*Rönnau/Hohn* 268; NK-*Herzog* 130; SK-*Günther* 132 und 91 vor § 32; weitere Nachw. 23 zu § 16; insg. krit. NK-*Paeffgen* 103 ff., 124 ff. vor § 32). Im Hinblick auf die Tatbestandsverwirklichung sind die Vorschriften über den Versuch *entsprechend* anzuwenden (vgl. 23 zu § 16; 18 zu § 34). Zu **unvorsätzlich**, aber mit Verteidigungswillen verursachten Erfolgen vgl. unten 31; zum provozierten Angriff vgl. unten 42 ff. **27**

5) Erforderlichkeit der Verteidigung (Abs. II). Die Erforderlichkeit der Verteidigung setzt zunächst **Geeignetheit** der Verteidigungshandlung voraus. Die Abwehrhandlung muss nach der objektiven Sachlage, nicht nur nach der Vorstellung des Angegriffenen (BGH **3**, 196; 2 StR 43/83; str., zum Ganzen *Bockelmann*, Dreher-FS 247; *Geilen* Jura **81**, 314; *Kühl* Jura **93**, 120 u. Bemmann-FS 193; *Lilie*, **28**

H. J. Hirsch-FS 277; *Alwart* JuS **96**, 953; *Schröder* JuS **00**, 235; *Roxin* AT I 15/42; SK-*Günther* 88 ff.; NK-*Herzog* 60), nach den Verhältnissen im Augenblick des Angriffs, also vom zeitlichen Standpunkt des Angegriffenen aus (BGH **48**, 207 [= NStZ **03**, 425, 426 f.; Bespr. *Roxin* JZ **03**, 966; *Schneider* NStZ **03**, 428; *Widmaier* NJW **03**, 2788; *Bendermacher* JR **04**, 301; *Bürger* JA **04**, 298; *Zaczyk* JuS **04**, 750; *Quentin* NStZ **05**, 128]; NJW **69**, 802; **89**, 3027; StV **99**, 143; Bay NStZ **89**, 409; Frankfurt VRS **20**, 425; *Joecks,* Grünwald-FS 251, 255) und nach den konkreten Umständen des Einzelfalls, geeignet, den Angriff *sofort zu beenden* (BGH **27**, 337; Bay NStZ **88**, 409) oder zumindest abzuschwächen und die Gefahr *endgültig abzuwenden* oder zu verringern (NJW **80**, 2263; NStZ **83**, 117; **92**, 285; **94**, 581, 582; **98**, 508; **01**, 591, 592; **02**, 140; **05**, 31; **05**, 85, 86; **06**, 152, 153; StV **99**, 143; 2 StR 421/97; zur Eignung vgl. auch *Warda* GA **96**, 405).

29 Die Eignung der Verteidigung bestimmt sich grds aus der Sicht des Angegriffenen; Handlungen, die gegen einen Angriff gerichtet sind und aus Sicht des Angegriffenen eine den Angriff jedenfalls abschwächende Wirkung haben können, sind gerechtfertigt (i. e. sehr str.; iErg wie hier LK-*Rönnau/Hohn* 167 ff.; MK-*Erb* 123; *S/S-Lenckner/Perron* 35; *Herzberg* JA **86**, 199; *Frisch,* Vorsatz u. Risiko, 1983, 446; *Joecks,* Grünwald-FS 251, 261 ff.; *Warda* GA **96**, 405, 420 [and. aber *ders.,* Jura **90**, 334]; **aA** und auf die Sicht eines objektiven Beobachters abstellend *Jakobs* AT 12/34; wohl auch *Lackner/Kühl* 9 u. *Kühl* AT 7/97). Daher ist auch die Verteidigung gegen einen (oder mehrere) *übermächtige* Angreifer geeignet (and. *Warda* JuS **90**, 334), ebenso „symbolische" Verteidigungshandlungen ohne Aussicht auf Erfolg sowie Handlungen, welche die Intensität des Angriffs vermindern, ohne seinen „Gesamterfolg" abwenden zu können (*Joecks,* Grünwald-FS 262 f.). Die Gegenansicht, die eine objektive Erfolgsmöglichkeit der Verteidigungshandlung verlangt (*Jakobs* AT 12/34), führt zu einer ungerechtfertigten Privilegierung des von vornherein überlegenen und möglichst massiv vorgehenden Angreifers. **Nicht geeignet** sind daher nur solche Handlungen, die zur Verbesserung der Lage des angegriffenen Rechtsguts objektiv *und* aus Sicht des Angegriffenen überhaupt nichts beitragen können.

30 Erforderlichkeit *im engeren Sinn* setzt voraus, dass Art und Maß der Verteidigungshandlung der durch den Angriff drohenden Gefahr entsprechen; die vom Täter gewählte Verteidigung muss das **relativ mildeste Mittel** der Abwehr sein. Dies bestimmt sich nach objektiver ex-ante-Beurteilung der konkreten „Kampflage" (NStZ **83**, 117; **87**, 172; **88**, 270 [m. Anm. *Hohmann/Matt* JR **89**, 161]; NStE Nr. 8, 9, 25; NJW **89**, 3027; **91**, 504 [m. Anm. *Rudolphi* JR **91**, 210]; StV **90**, 543; **93**, 332; NStZ-RR **04**, 10, 11); einzubeziehen sind Art und Gefährlichkeit des Angriffs, die vom Angreifer eingesetzten Mittel (NJW **95**, 973), seine körperlichen Fähigkeiten (vgl. 2 StR 43/83) und Gemütsverfassung, auf der Seite des Angegriffenen die Gesamtheit zur Verfügung stehender Verteidigungsmöglichkeiten (vgl. NStZ **87**, 322; **02**, 140; **05**, 85, 86; NK-*Herzog* 61; vgl. *Bernsmann* ZStW **104**, 397; MK-*Erb* 147). Stehen in der konkreten Situation mehrere, aber ebenso wirksame Mittel der Gegenwehr oder verschiedene Einsatzmöglichkeiten eines Mittels zur Verfügung, so hat aber der Angegriffene grds. (vgl. NJW **80**, 2263; 4 StR 256/01), die **mildere Handlungsalternative** zu wählen, also die für den Angreifer am wenigsten gefährliche (BGH **3**, 218; **42**, 99 [m. Anm. *Krack* JR **96**, 468; *Lesch* JA **96**, 853; *Kühl* StV **97**, 298; vgl. auch *Renzikowski,* Lenckner-FS 252]; NJW **91**, 504 [m. Anm. *Rudolphi* JR **91**, 210; vgl. auch *Bernsmann* ZStW **104**, 300]; NStZ **87**, 172; **96**, 29: StV **99**, 143; NStZ-RR **97**, 194; **98**, 42; 2 StR 130/97; *Kühl,* Bemmann-FS 193; LK-*Rönnau/Hohn* 175; SK-*Günther* 95). Es kommt auf die Erforderlichkeit der Verteidigungs*handlung*, nicht die des Erfolgs an (BGH **27**, 313; 336; MDR/H **77**, 281; **79**, 985; NStZ **86**, 357; StV **99**, 143, 145; NStZ **01**, 591, 592 [m. Anm. *Otto*]; **05**, 31; Bay NStZ **89**, 408).

31 Eine **Abwägung** der betroffenen Rechtsgüter findet grds. nicht statt (BGH **48**, 207 ff. [dazu *Roxin* JZ **03**, 966; *Schneider* NStZ **03**, 428]; vgl. aber unten 37 ff.). Auf Gleichwertigkeit des angegriffenen und des durch die Notwehrhandlung verletzten

Rechtsguts kommt es daher nicht an (5 StR 287/80); **Verhältnismäßigkeit** braucht nur zwischen Angriff und Abwehr gegeben zu sein (vgl. NJW **69**, 802; GA **68**, 182; **69**, 23; VRS **30**, 281; StV **82**, 219; NStZ **96**, 29; LK-*Rönnau/Hohn* 179; NK-*Herzog* 62f.; *Kratzsch,* Oehler-FS 81; *Jescheck/Weigend* § 32 II 2b; *B/Weber/Mitsch* 17/25; *Kühl* AT 7/4, 116; *Roxin* AT I 15/47; ähnlich *Jakobs* AT 12/33, 46f.; *Frister* GA **88**, 294; krit. *Lilie,* H.J. Hirsch-FS 278, 286). Wählt der Angegriffene eine schwächere als die ihm zustehende Verteidigung und verursacht er dabei **fahrlässig** einen Erfolg, den er auch vorsätzlich hätte herbeiführen dürfen, so ist er durch § 32 gerechtfertigt (BGH **25**, 229; 2 StR 329/84; vgl. auch NStZ **05**, 31f.; *Kunz* GA **85**, 549; NK-*Herzog* 69; *S/S-Lenckner/Perron* 38; LK-*Rönnau/Hohn* 191f.). Dasselbe gilt, wenn sich bei (fahrlässiger) Ausführung einer erforderlichen (und als solcher gewollten) Verteidigungshandlung eine dieser Handlung eigentümliche weitergehende Gefahr verwirklicht (vgl. NStZ **05**, 31: tödliches Fehlgehen eines durch Notwehr gerechtfertigten, auf die Beine des Angreifers gezielten Schusses).

Eine Pflicht zur frühzeitigen *milden* Notwehr, um spätere massivere Notwehr- **32**
handlungen zu vermeiden, besteht nicht; anders kann dies allenfalls sein, wenn sich ein gezieltes „Abwarten" iErg als Notwehr-Provokation (unten 43, 46) oder Missbrauch des Notwehrrechts darstellt. Der Angegriffene darf sich für ihm aufgezwungene Auseinandersetzungen rüsten und braucht dabei nicht jedes Risiko für den Angreifer zu vermeiden (NJW **80**, 2263, zust. LK-*Rönnau/Hohn* 174; *Roxin* ZStW **93**, 102; *S/S-Lenckner/Perron* 53, 61b; krit. *Günther* [1a] 344; *Bernsmann* ZStW **104**, 295). Der Angegriffene darf sich grds des Abwehrmittels bedienen, das er zur Hand hat und dessen Einsatz eine sofortige und endgültige Beseitigung der Gefahr erwarten lässt (stRspr.; vgl. NStZ **04**, 615, 616). Ein demütigendes **Ausweichen** unter Gefährdung eigener oder fremder berechtigter Interessen ist dem Angegriffenen idR nicht zuzumuten (NK-*Herzog* 69); auch nicht stets das Bemühen um Hilfe Dritter (vgl. NJW **80**, 2263 [Pausenhof einer Schule; abl. *Arzt* JR **80**, 211; *Roxin* AT § 15, 50]).

Der Einsatz einer Waffe ist nicht schon deshalb widerrechtlich, weil der Verteidi- **33**
ger sie unerlaubt führt (NJW **86**, 2717; **91**, 504 [m. Anm. *Rudolphi* JR **91**, 210]; StV **90**, 543; **91**, 63; **96**, 660; **99**, 143; 2 StR 421/97; 4 StR 261/98). Der Einsatz einer **lebensgefährlichen Waffe** ist aber, jedenfalls gegenüber einem unbewaffneten Angreifer, grds. zunächst anzudrohen (BGH **26**, 256, 258; NStZ **96**, 30; **98**, 508; NStZ-RR **99**, 40f.; BGHR § 32 II Erforderlichkeit 13; Verhältnismäßigkeit 2; vgl. auch *Roxin* StV **06**, 235, 236), wenn dies nach der Kampflage möglich (NStZ **94**, 581; **02**, 140) und Erfolg versprechend ist (vgl. 1 StR 403/02 [in BGH **48**, 207 nicht abgedr.]; NStZ **04**, 615, 616; **05**, 85, 86f.; StraFo **06**, 463, 464; 4 StR 256/01) und nicht erkennbar nur zu einer weiteren Eskalation des Angriffs führen würde (vgl. NStZ-RR **99**, 264 [aggressives Eindringen zweier Täter auf betrunkenes und erschöpftes Tatopfer]; 4 StR 256/01 [Messerstich in die Brust eines unbewaffneten, aber körperlich überlegenen, hochgradig erregten und Todesdrohungen ausstoßenden Eindringlings]). Der Verteidiger muss sich freilich nicht auf einen **ungewissen Kampf** einlassen (stRspr; vgl. NStZ **96**, 29; **00**, 365; **02**, 140; **06**, 152, 153; NStZ-RR **99**, 40; **99**, 264; StV **01**, 566; BGHR § 32 II Erf. 6). Ob die Androhung des Waffengebrauchs ausreicht, hängt von der konkreten Kampflage ab, wie sie sich aus Sicht eines objektiven Dritten darstellt (objektives ex-ante-Urteil: StV **99**, 143; *Lilie,* H.J. Hirsch-FS 284). Von Bedeutung kann namentlich sein, ob dem Angreifer die Bewaffnung des Verteidigers schon bekannt ist (BGH **26**, 258; NJW **80**, 2263; NStZ **87**, 172; **96**, 29f.; **98**, 509; NStZ-RR **99**, 40f.; StV **99**, 264).

Vor einem möglicherweise tödlichen Schuss muss der Verteidiger idR versuchen, **34**
einen Warnschuss abzugeben (StV **99**, 143); einen Schuss in den Bauch eines Angreifers ohne Warnung oder Androhung hat NStZ **97**, 402 auch dann nicht als gerechtfertigt angesehen, wenn der Angreifer die Bewaffnung des Täters kennt und dazu ansetzt, eine (unbekannte) Waffe aus dem Gürtel zu ziehen. Eine Pflicht zur

Androhung scheidet aber aus, wenn gerade durch sie die endgültige Verletzung des bedrohten Rechtsguts wahrscheinlicher würde (vgl. NStZ **01**, 590 [Androhung von Schusswaffeneinsatz gegen unbekannte Anzahl von (vermeintlichen) Einbrechern, die bei Dunkelheit die Beute fortschaffen]; vgl. zur Einzelfalls-Rspr. auch *Erb* NStZ **04**, 369, 371 f.). Steht dem Verteidiger in höchst bedrohlicher, lebensgefährlicher Lage nur eine mit einer einzigen Patrone geladene Waffe zur Verfügung, so muss er sich auf ein hohes **Fehlschlagrisiko** bei mildem Einsatz nicht einlassen; er darf die Waffe so einsetzen, dass der Angriff sicher sofort beendet wird (NStZ **01**, 591 [Nothilfe; Anm. *Otto*; Bespr. *Kretschmer* Jura **02**, 114]; vgl. zur „letzten Patrone" auch BGHR § 32 II Erforderlichkeit 4, 6). NStZ **04**, 615 hat daher im Einzelfall einen lebensgefährlichen Messerstich *in den Rücken* des Angreifers für erforderlich und gerechtfertigt gehalten, weil dieser sich bückte, um eine Waffe zur wirkungsvolleren Fortsetzung des Angriffs aufzuheben (vgl. auch NStZ **06**, 152, 153 f. [lebensgefährlicher Stich mit einem Bajonett gegen *gestürzten* Angreifer bei bedrohlicher Gesamt-Kampflage]).

35 Nach überwiegender Ansicht ist die private Notwehr im Verhältnis zur **staatlichen Gefahrenabwehr** nur subsidiär (LK-*Rönnau/Hohn* 183; *S/S-Lenckner/Perron* 41; *Lackner/Kühl* 11 a; SK-*Günther* 99; str.; einschr. *Seebode,* Krause-FS [1990] 375, 380 ff.; *Schmidhäuser* GA **91**). Die Begründung dieses Ergebnisses mit dem staatlichen **Gewaltmonopol** ist aber dem Einwand ausgesetzt, dass § 32 Eingriffsrechte im Verhältnis der Bürger *untereinander* regelt, die durch Regelungen des Polizeirechts nicht ohne Weiteres verdrängt werden (*Seebode*, Krause-FS 375, 390; *Weigend*, Nehm-FS [2006] 181, 183). Der *Maßstab* für eine Rechtfertigung nach § 32 ändert sich daher im Verhältnis zur staatlichen Abwehrmöglichkeit und -pflicht nicht. Es fehlt aber an der *Erforderlichkeit* der Notwehr, wenn staatliche Hilfe präsent, parat, einschreitensbereit und ebenso wirksam ist wie die Notwehr (vgl. LK-*Rönnau/Hohn* 183; *Pelz* NStZ **95**, 305). Dagegen ist bei „defizitärer" staatlicher Hilfe eine Verhinderung der privaten Notwehr nach Maßgabe polizeirechtlicher Eingriffsbefugnisse zulässig (vgl. *Weigend* aaO 181, 188 f. [zB Nichteinschreiten gegen Plünderungen bei Landfriedensbruch aus polizeitaktischen Gründen]).

36 **6) Gebotenheit der Notwehr.** Das Merkmal der Gebotenheit erlaubt und erfordert im Einzelfall **sozial-ethisch** begründete Einschränkungen erforderlicher, dh grds. gerechtfertigter Verteidigungshandlungen (vgl. BGH **42**, 102; krit. zur Differenzierung *S/S-Lenckner/Perron* 44). Die Verteidigung ist dann nicht geboten, wenn von dem Angegriffenen aus Rechtsgründen ein anderes Verhalten, also die Hinnahme der Rechtsgutsverletzung oder eine eingeschränkte und risikoreichere Verteidigung zu verlangen ist. Das ist insb. der Fall, wenn die Verteidigung sich als **Rechtsmissbrauch** darstellen würde (Ber. 14; vgl. *Bockelmann,* Dreher-FS 248; *Otto,* Würtenberger-FS 136; *Krey* JZ **79**, 712; *Geilen* Jura **81**, 370; *Frister* GA **88**, 313; *Erb* ZStW **108**, 294; *Roxin* AT I 15/53; NK-*Herzog* 87; *Neuheuser* [1 a] 104; *Kühl,* Bemmann-FS 196). Die Problematik entsteht vor allem bei der Trutzwehr. Dabei sind folgende **Fallgruppen** in Betracht zu ziehen (einschr. *Wohlers* JZ **99**, 434 ff.; 441):

37 **A.** Gegenüber **kindlichen** (vgl. aber Bay NJW **91**, 2031 [dazu *Mitsch* JuS **92**, 289; *Vormbaum* JR **92**, 163]) oder sonst **schuldunfähigen** Angreifern kann es geboten sein, auf Abwehr zu verzichten oder sich ohne ernstliche Gefährdung des Angreifers zu verteidigen (BGH **5**, 245; GA **65**, 148; Bay OLGSt. Nr. 2 zu § 127 StPO; Frankfurt VRS **40**, 424; weiter AG Rudolstadt NStZ-RR **07**, 265 [auch gegenüber vermindert Schuldfähigen regelmäßige Einschränkung]; vgl. dazu auch *Marxen* aaO 61; *Roxin* ZStW **93**, 81; *Kühl* Jura **90**, 251; SK-*Günther* 118 f.; LK-*Rönnau/Hohn* 182, 242; and. *Hruschka* 141). NJW **00**, 3079 (krit. Anm. *Renzikowski JR* ***01**, 468)* hat die Gebotenheit einer (heimtückischen) Tötung eines auf Grund für ihn verbindlicher **Befehlslage** handelnden Angreifers (Grenzposten) zur Verteidigung des Freiheitsrechts verneint (ebenso die Voraussetzungen des § 35; VerfBeschw. nicht angen.; 2 BvR 1473/00). Nach älterer Rspr des BGH kann es im Einzelfall bei Angriffen durch **Familienangehörige** oder **nahe stehende Personen** geboten sein, sich ohne ernstliche Gefährdung des Angreifers zu verteidigen (vgl. GA **69**, 117; NJW **69**, 802 [krit. *Deubner* NJW **69**, 1184]; **75**, 62 [dazu LK-*Rönnau/Hohn* 238 f.; *Geilen* JR **76**, 314; Jura **81**, 374 und *Marxen* aaO [oben 1 a] 38; krit. *Engels* GA **82**, 109; *Kühl* Jura **90**, 252; *Roxin* AT § 15, 84; *Zieschang* Jura **03**, 527, 531 f.; anders *Blei* JA **76**, 667; *Roxin* ZStW **93**, 101; *Frister* GA **88**, 308; NK-*Herzog* 110; Überblick über den Meinungsstand bei *Zieschang* Jura **03**, 527 ff.). Freilich begründet ein **soziales Näheverhältnis** nicht schon an sich eine Einschränkung des Notwehrrechts insb. gegen solche Angriffe, die sich gerade gegen dieses Näheverhältnis richten oder es bewusst ausnutzen (zutr. *Wohlers* JZ **99**, 441): Wer von seinem Ehe- oder Lebenspartner misshandelt wird, kann nicht auf eine aus Solidaritäts- und Garantenpflichten des „Nähe"-Verhältnisses erwachsene erweiterte Duldungspflicht verwiesen werden; zutr. hat NStZ-RR **02**, 203, 204 daher die frühere Rspr zumindest eingeschränkt (vgl. auch schon NJW **84**, 986 [zust. *Spendel* JZ **84**, 507]; BGHR § 33 Furcht 3; 1 StR 308/03). Eine **Alkoholisierung** des Angreifers, die unterhalb der Schwelle verminderter Schuldfähigkeit liegt, ist bei Proportionalität von Angriffs- und Verteidigungsmittel grds kein Anlass für eine Notwehreinschränkung (Bay NStZ-RR **99**, 9).

B. In Fällen der **Schweigegelderpressung** (Nötigung oder Erpressung mit der 38
Drohung einer für das Opfer nachteiligen Offenbarung sozialethisch oder rechtlich verwerflicher Tatsachen [**Chantage**]; zur Gegenwärtigkeit des Angriffs vgl. oben 18) ist nach verbreiteter Ansicht im Hinblick auf die schuldhafte Verursachung der Notwehrlage (unten 44 f.) eine Einschränkung des Notwehrrechts anzunehmen (umf. dazu auch *Kroß*, Notwehr gegen Schweigegelderpressung, 2004; *Seesko*, Erpressung durch Drohung mit erlaubtem Verhalten, 2004; *Kaspar* GA **07**, 36; *Müller*, Schroeder-FS [2006] 323, 328 ff., bestreitet dagegen schon die *Angriffs*-Qualität von Drohungen); namentlich auch deshalb, weil die Verteidigungshandlung, um für das Opfer überhaupt erfolgreich zu sein, idR *heimlich* erfolgt und daher nach außen nicht als Rechts*bestätigung,* sondern als Rechts*bruch* erscheint (vgl. *Amelung* NStZ **98**, 70 f.; *ders.,* GA **82**, 381, 389; *Novoselic* NStZ **97**, 218, 221; *W/Beulke* 103; *Roxin* AT I, 15/100; ähnl. schon *Arzt* MDR **65**, 344; *Baumann* MDR **65**, 346 f.; **aA** *Eggert* NStZ **01**, 225 ff.; 231; *Kaspar* GA **07**, 36, 39, 41 [der aber idR die Inanspruchnahme staatlicher Hilfe für zumutbar hält]; zweifelnd *S/S-Lenckner/Perron* 18; vgl. auch LK-*Rönnau/Hohn* 203, 261). Das Notwehrrecht dient aber nicht primär einem *faktischen* Vertrauen in die Rechtsgeltung (zutr. *Eggert* NStZ **01**, 225, 228 f.); daher begründet die bloße Heimlichkeit des Angriffsinhalts nicht schon für sich eine Heraufsetzung der Gebotenheits-Schwelle. Diese kommt daher idR wohl nur in Betracht, wenn sich das vorwerfbare Vorverhalten des Verteidigers gerade gegen ein Rechtsgut des Angreifers richtete. BGH **48**, 207 (Notwehr gegen Abpressen von Erlösen aus illegalen Geschäften mit Raubkopien [Bspr. *Roxin* JZ **03**, 966; *Schneider* NStZ **03**, 428; *Erb* NStZ **04**, 369, 374; vgl. dazu auch 48 ff. zu § 211; abschließende Entscheidung NStZ **05**, 332) hat eine Einschränkung des Notwehrrechts für den Fall einer „reinen" Schweigegelderpressung offen gelassen und jedenfalls für den Fall einer Mischung aus Schutzgeld- und Schweigegelderpressung zurecht verneint.

C. Bei **unerträglichem Missverhältnis** zwischen dem angegriffenen Rechts- 39
gut und der durch die Verteidigungshandlung drohenden Rechtsgutsverletzung kann die erforderliche Verteidigung sich als Rechtsmissbrauch darstellen; sie ist dann nicht geboten (vgl. SK-*Günther* 110; *Kühl* Jura **93**, 58; *Jakobs* AT 12/47). Das kommt in Betracht, wenn zur Abwehr evident **bagatellhafter** Angriffe Verteidigungshandlungen erforderlich wären, die zu besonders gravierenden Verletzungen von Rechtsgütern des Angreifers, namentlich von Leib und Leben, führen können; insb. bei Abwehr bloßen Unfugs (*Arzt* [1 a] 82, 86; *Otto* [1 a] 133; Krey JZ **79**, 714; *Courakis* aaO [1 a] 113; *Frister* GA **88**, 313; *Kühl* Jura **90**, 249; *Roxin* § 15, 75; LK-*Rönnau/Hohn* 230 ff.). Unter diesem – eng auszulegenden – Gesichtspunkt sind

daher **zB** nicht geboten: Revolverschüsse zum Schutz von Biergläsern (RG **23**, 116); Selbstschussanlage zur Abwehr von Pfirsichdiebstählen (Braunschweig MDR **47**, 205); Schüsse mit scharfer Waffe auf mit geringer Beute fliehende Diebe (MDR/H **79**, 985; NK-*Herzog* 107; *Schlüchter,* Lenckner-FS 326; LK-*Rönnau/Hohn* 233; **aA** *Schmidhäuser* AT 9/91; hiergegen *Roxin* ZStW **93**, 96). Das mit Verletzungs- oder Todesgefahr verbundene Zufahren auf Personen, die die Weiterfahrt eines Kfz blockieren, ist regelmäßig keine gebotene Notwehr gegen den Eingriff in das Freiheitsrecht; erst recht nicht gegen die rechtswidrige Verhinderung der Einfahrt in eine Parklücke (Bay NJW **95**, 2646). LG München I (NStZ **89**, 25) hat ein unerträgliches Missverhältnis bei einem mit Verletzungsabsicht abgegebenen Schuss auf die Beine eines fliehenden jugendlichen „Autoknackers" angenommen (krit. *Schroeder* JZ **88**, 567; *Beulke* Jura **88**, 641; *Mitsch* NStZ **89**, 26; *Puppe* JZ **89**, 728; *Bernsmann* ZStW **104**, 293; 310).

40 **D. Art. 2 II a MRK,** der eine Tötung nur zur Verteidigung eines Menschen (nicht zur Rettung von Sachwerten) zulässt, begrenzt nur das Notwehr- und Nothilferecht des Staates, denn **das Notwehrrecht** als Recht der Staatsbürger untereinander betrifft die Konvention nicht (*M/Zipf* 26/28; *Jescheck/Weigend* § 32 V; NK-*Herzog* 95; SK-*Günther* 117; *Schmidhäuser* 9/88; *Jakobs* AT 12/40; and. *Frister* GA **85**, 583; **88**, 314; *Trechsel* ZStW **101**, 820; *Bernsmann* ZStW **104** [1992], 307; vgl. auch *Krüger* NJW **70**, 1483; *Geilen* Jura **81**, 378). *Bockelmann* (Engisch-FS 456) und *Roxin* (ZStW **93**, 99) sind der Meinung, dass § 32 durch die Konvention überhaupt nicht berührt wird (vgl. auch MK-*Erb* 13 ff.; *Zieschang* GA **06**, 415, 419).

41 **E. Nothilfe** ist nicht geboten, wenn der Rechtsgutsträger die Verteidigung durch den Helfer nicht will.

42 F. Bei **Verursachung der Notwehrlage** durch den Angegriffenen ist zu unterscheiden (vgl. dazu BGH **39**, 374, 379; **42**, 97, 101; NStZ **02**, 425; *Kühl* Jura **91**, 57; 175; *ders.*, Bemmann-FS 193):

43 **a)** Führt der Angegriffene die Lage herbei, um „unter dem Deckmantel" der Notwehr den Angreifer zu verletzen **(Absichtsprovokation),** so hat er dem Angriff auszuweichen; kann er das nicht, haftet er aus seinem provozierenden Verhalten (NJW **83**, 2267 [m. Anm. *Lenckner* JR **84**, 206 u. *Berz* JuS **84**, 340]; NStE Nr. 21; 5 StR 438/93; *Hirsch*, BGH-FG 199, 201 f.; *S/S-Lenckner/Perron* 54 f.; NK-*Herzog* 115; SK-*Günther* 121 ff.; *Hruschka* 572; str.; krit. *Roxin* AT § 15, 61, NJW **72**, 1821; ZStW **93**, 92; vgl. auch LK-*Rönnau/Hohn* 249 ff.; abl. *Bockelmann,* Honig-FS 19; *Hassemer,* Bockelmann-FS 225; *Mitsch* GA **86**, 533; *Frister* GA **88**, 309). Entscheidend für die Versagung der Rechtfertigung ist bei der Absichtsprovokation, dass der Täter Verteidigungswillen nur vortäuscht, in Wahrheit aber angreifen will (NJW **83**, 2267; NStZ **01**, 143).

44 **b)** Dass sich der später Angegriffene bewusst oder voraussehbar (2 StR 201/78) in eine Situation begibt, in welcher ein rechtswidriger Angriff möglich oder wahrscheinlich ist, oder dass er sich in Erwartung einer Notwehrlage (vgl. 3 StR 490/01), uU auch mit dem Vorsatz ggf. exzessiver Verteidigung (*„Abwehrprovokation"*, *Arzt* JR **80**, 212), bewaffnet (NJW **80**, 2263; **83**, 2267; NStZ-RR **99**, 40), begründet nach der Rspr des BGH für sich allein noch keinen Vorwurf (MDR/H **89**, 492; NStZ **06**, 332 [Anm. *Roxin* StV **06**, 235]; vgl. auch *Kühl* Jura **91**, 179, 182; NK-*Herzog* 119; and. *Otto*, Würtenberger-FS 145 [Behandlung entspr. § 34]). So führt etwa ein rechtlich erlaubtes Handeln wie das Öffnen der Wohnungstür gegenüber einer unbekannten bewaffneten Person (vgl. NStZ **93**, 332, 333) auch dann nicht zu einer Einschränkung des Notwehrrechts, wenn der Handelnde annahm oder annehmen musste, dass sein Verhalten einen rechtswidrigen Angriff veranlassen könnte. Auch die frühere oder gegenwärtige eigene Begehung einer *Straftat gegen Rechtsgüter Dritter* oder der Allgemeinheit schränkt das Notwehrrecht grds. nicht ein; daher unterliegt etwa die Abwehr von Schutz- oder Schweigegeld-**Erpressungen** oder von Gewalttätigkeiten zur Wegnahme der Beute oder von Tatgegenständen (zB BtM) nicht schon aus diesem Grund Einschränkun-

gen (vgl. BGH **48**, 207 ff. [= NStZ **03**, 425, 426 f.; Bespr. *Roxin* JZ **03**, 966; *Schneider* NStZ **03**, 428; *Widmaier* NJW **03**, 2788; *Bendermacher* JR **04**, 301; *Bürger* JA **04**, 298; *Zaczyk* JuS **04**, 750; *Quentin* NStZ **05**, 128; dazu 49 ff. zu § 211]; vgl. auch *H. E. Müller,* Schroeder-FS [2006] 323, 328 ff).

Eine **rechtswidrige** oder jedenfalls **sozialethisch zu missbilligende**, vorwerfbare Herbeiführung der Notwehrlage durch den Angegriffenen kann aber zu einer Einschränkung des Notwehrrechts führen, wenn zwischen dem Vorverhalten und dem rechtswidrigen Angriff ein enger zeitlicher und räumlicher Zusammenhang besteht (BGH **27**, 336, 338; **42**, 97, 101; **48**, 207, 209 [vgl. dazu auch 44 zu § 211]; NStZ **98**, 508; NStZ-RR **99**, 40 f.; NStZ **06**, 332, 333 [Fortsetzung provozierenden Verhaltens nach vorangegangenem Hausfriedensbruch; zust. Anm. *Roxin* StV **06**, 235, 237]). In diesem Fall ist der Angegriffene zunächst zum Auszuweichen verpflichtet; ist das unmöglich, so ist grds eine weniger gefährliche oder zurückhaltendere Verteidigung zumutbar (vgl. BGH **24**, 356 [mit zust. Anm. *Roxin* NJW **72**, 1821]; **26**, 256; **39**, 374, 376 [m. Anm. *Arzt* JZ **94**, 315]; **42**, 97, 100 [m. Anm. *Krack* JR **96**, 468; *Lesch* JA **96**, 833; *Kühl* StV **97**, 298 u. Bemmann-FS 198; *Renzikowski,* Lenckner-FS 252]; NStZ **88**, 269 [m. Anm. *Hohmann/Matt* JR **89**, 161]; **89**, 474; [m. Anm. *Beulke* JR **90**, 380; hierzu *Bernsmann* ZStW **104**, 300]; **92**, 327 [hierzu *Matt* NStZ **93**, 271]; **93**, 133; StV **96**, 87; NStZ-RR **97**, 65; **01**, 143 [Anm. *Roxin* JZ **01**, 667; *Eisele* NStZ **01**, 416; *Jäger* JR **01**, 512; *Mitsch* JuS **01**, 751; *Engländer* JA **01**, 534]; NStZ-RR **02**, 205; 2 StR 130/97; **aA** *Marxen* aaO [oben 1 a] 57). 45

c) Der BGH stellt die sog. **Vorsatzprovokation,** bei welcher der Täter erkennt, dass sein Verhalten einen Angriff hervorrufen werde, und dies billigend in Kauf nimmt (vgl. dazu *Roxin* StV **06**, 235, 237), der Absichtsprovokation iErg weitgehend gleich (vgl. BGH **39**, 374). Eine „*stufenweise*" Einschränkung wird insb. in Fällen **unvorsätzlicher**, aber rechtswidriger und schuldhafter Verursachung der Notwehrlage angenommen. Allein aus dem Umstand vorwerfbarer Herbeiführung der Notwehrlage ergibt sich danach nicht, in welchem konkreten *Maß* ggf. die Verteidigungsbefugnis eingeschränkt ist (zur Entwicklung der Rspr vgl. *Stuckenberg* JA **02**, 172 ff.). Das **Maß einer Einschränkung** des Notwehrrechts, etwa einer Pflicht zur Beschränkung auf Schutzwehr, bestimmt sich in diesen Fällen nach den konkreten Tatumständen, insbesondere auch nach dem zeitlichen und räumlichen Zusammenhang mit einer vorausgegangenen (nicht absichtlichen iS von oben 23) Provokation (BGH **26**, 143 [krit. Anm. *Kratzsch* NJW **75**, 1933]; NStZ **88**, 450 [m. Anm. *Sauren*]; NStZ **89**, 114; **06**, 332 [m. zust. Anm. *Roxin* StV **06**, 235]; **aA** NK-*Herzog* 125 u. NK-*Neumann* 98 zu § 34): Das Notwehrrecht ist eingeschränkt, wenn der Verteidigungshandlung das eigene Unrecht des Angegriffenen noch unmittelbar anhaftet (1 StR 130/80; ähnlich NStZ **81**, 138; vgl. auch NStZ **03**, 599 f.). Die Anforderungen an die Vermeidung von Verletzungen des Angreifers sind umso höher, je schwerer die rechtswidrige und vorwerfbare Provokation der Notwehrlage wiegt (vgl. BGH **39**, 374, 379; **42**, 97, 101; NStZ **02**, 425, 426 f.; *S/S-Lenckner/Perron* 60). Der Täter muss daher uU auf eine sicheren Erfolg versprechende Verteidigung verzichten und das Risiko hinnehmen, dass ein minder gefährliches Abwehrmittel keine gleichwertigen Erfolgschancen hat (BGH **24**, 359; **39**, 379 [m. Anm. *Arzt* JZ **94**, 315 u. *Spendel* NStZ **94**, 277]). Die Pflicht zur Zurückhaltung ist zeitlich begrenzt, wenn der (provozierte) Angriff immer wieder erneuert wird (BGH **39**, 374, 379; NJW **76**, 634). Eine Einschränkung scheidet aus, wenn der Einsatz eines lebensgefährlichen Mittels die einzige Möglichkeit ist, einen (vorwerfbar verursachten) möglicherweise tödlichen Angriff abzuwehren (NStZ **01**, 143 [tödlicher Schuss auf bewaffneten, überlegenen Gegner, der sich mit Tötungsvorsatz für vorausgegangenen Angriff rächen will]). 46

d) Auch wenn die *konkrete* Tat durch Notwehr gerechtfertigt ist, kann die schuldhafte Herbeiführung der Notwehrlage zur Strafbarkeit führen. Hiergegen kann nicht grds. eingewandt werden, ein und dieselbe Handlung könne nicht 47 zugleich rechtmäßig und rechtswidrig sein (so *Roxin* AT I 15/68; MK-*Erb* 203), denn die Beurteilung betrifft unterschiedliche Gegenstände (vgl. *Bertel* ZStW **84** [1972] 1, 15 f.; *Küper*, der „verschuldete" rechtfertigende Notstand, 1983, 41 ff.; *Dencker* JuS **79**, 779, 782; vgl. auch *Freund* GA **06**, 267, 268 f.). Die Rechtsfigur der **actio illicita in causa** als Begründung strafbarkeitsbegründender Zurechnung eines schuldhaften Vorverhaltens bei an sich gerechtfertigter Tat hat der BGH zwar zunächst ausdrücklich abgelehnt (1 StR 702/74; NJW **83**, 2267 [*4. StS*]; NStZ **88**, 450, 451 [*4. StS*]). Er hat sie aber der Sache nach in der Entscheidung NJW **01**, 1075 (abl. Bespr. *Roxin* JZ **01**, 667; *Eisele* NStZ **01**, 416; *Engländer* JA **01**, 534; *Jäger* JR **01**, 512; *Utsumi* Jura **01**, 538; zust. *Mitsch* JuS **01**, 751) anerkannt (krit. auch *Roxin* AT I 74 ff.; zust. *Freund* GA **06**, 267 ff.). Danach kommt jedenfalls eine Haftung wegen *Fahrlässigkeitstat* in Betracht, wenn sich das Verhalten des Notwehr Übenden in einen rechts*widrigen* „Veranlassungs-" und einen recht*mäßigen* Notwehr-Teil auftrennen lässt (zur Anwendung beim Rechtfertigungsgrund der [mutmaßlichen] Einwilligung vgl. 16 zu § 223). Schwierigkeiten der Bewertung ergeben sich insb. auch bei mehraktigen Vorgängen, bei denen Angriff und Verteidigung wechseln (vgl. etwa 3 StR 490/01; Stuttgart NJW **92**, 851).

48 **e)** Bei **schuldloser** Herbeiführung der Notwehrlage schmälert sich das Gebotensein ebenso wenig wie bei einem sozialethisch nicht zu missbilligenden Vorverhalten (BGH **27**, 338 [m. Anm. *Kienapfel* JR **79**, 72]; vgl. auch NStZ **03**, 425, 427 f. [insoweit in BGH **48**, 207 nicht abgedr.,]; NStZ **05**, 85, 86 f.; *Roxin* ZStW **93**, 89; krit. zum unklaren Kriterium sozialethischer Missbilligung *H.J. Hirsch,* BGH-FG 199, 205 f.).

49 **7)** Ein sog. **intensiver Notwehrexzess** ist gegeben, wenn der Täter bei zutreffend erkannter Notwehrlage das Maß der erforderlichen und gebotenen Notwehr überschreitet (*Jescheck/Weigend* § 45 I 1; and. LK-*Zieschang* 2 f. zu § 33). Wenn dies auf den Affekten Verwirrung, Furcht oder Schrecken beruht, so gilt **§ 33**.

50 **8) Irrtumsfälle**. Handelt der Täter in Unkenntnis einer tatsächlich gegebenen Notwehrlage, so ist **Versuch** gegeben (vgl. oben 27). So genannte **Putativnotwehr** liegt vor, wenn der Täter umgekehrt irrig die tatsächlichen Voraussetzungen der Notwehr annimmt, also **entweder** glaubt, dass ein Angriff gegeben sei (vgl. Hamburg JR **64**, 265; NStZ **88**, 270; NStZ-RR **02**, 203; Düsseldorf StraFo **06**, 464); **oder** dass der Angriff rechtswidrig sei (vgl. oben 21; Karlsruhe NJW **73**, 380); **oder** dass seine Verteidigung geeignet (Düsseldorf NStZ **94**, 344), erforderlich oder geboten sei (BGH **3**, 196; NJW **68**, 1885; GA **69**, 24; MDR/H **80**, 453; NStZ **83**, 500; **87**, 172), ohne dass die Voraussetzungen des § 33 vorliegen (dazu näher *Roxin* AT § 22, 87 u. Schaffstein-FS 105; LK-*Rönnau/Hohn* 280 ff.; MK-*Erb* 218 ff.; NK-*Herzog* 131; StV **96**, 146; **97**, 291; *Timpe* JuS **85**, 120; *Sauren* Jura **89**, 572; zur vorgetäuschten Notwehrlage *Otto* Jura **88**, 330 u. im einzelnen *Born,* Die Rechtfertigung der Abwehr vorgetäuschter Angriffe, 1984; *Graul* JuS **95**, 1049). Das ist **zB** der Fall, wenn der Täter irrig glaubt, dass er einem Angriff nicht ausweichen könne (Neustadt NJW **61**, 2076); dass ihm weniger gefährliche Abwehrmittel nicht zur Verfügung stehen (NStZ **01**, 530); dass die Androhung der Verteidigung mit einem lebensgefährlichen Werkzeug im Einzelfall nicht erforderlich sei (vgl. oben 33; StraFo **06**, 464, 465). Ob ein solcher Irrtum vorlag, ist vom Gericht unter Ausschöpfung aller verfügbarer Beweismittel und Beweisanzeichen zu prüfen (vgl. NStZ **83**, 453; NJW **91**, 503 f.; StV **86**, 5; BGHR § 32 II Angriff 4, 6; 3 StR 542/00); es ist durch den Zweifelssatz nicht geboten, zugunsten des Täters Tatvarianten (insb.: Irrtumslagen) zu unterstellen, für deren Vorliegen das Beweisergebnis keinen konkreten tatsächlichen Anhaltspunkt erbracht hat (NJW **02**, *2188, 2189; NStZ* **03**, *596, 597*).

51 In diesen Fällen ist ein **Erlaubnistatbestandsirrtum** gegeben (BGH **45**, 378, 384 [Bespr. *Kargl/Kirsch* NStZ **00**, 604; *Mitsch* JuS **00**, 848; *Baier* JA **00**, 630; *Trüg/Wentzell* Jura **01**, 30, 32]; 2 StR 288/91 [insoweit in BGH **38**, 66 nicht ab-

gedr.]; NJW **95**, 973; NStZ **83**, 453; **87**, 20; **96**, 29f.; NStZ-RR **02**, 73; 1 StR 313/99; 3 StR 542/00), der Bestrafung wegen Vorsatzes ausschließt (Karlsruhe GA **82**, 226; Düsseldorf NJW **94**, 1232), aber Haftung für **Fahrlässigkeit** eintreten lässt, soweit sie strafbar ist (22 zu § 16; iErg ebenso BGH **2**, 194; **3**, 195; NJW **68**, 1885; **92**, 516f.; NStZ **83**, 453; **87**, 172; **88**, 269f.; StV **87**, 99 L; NStZ **88**, 270 [m. Anm. *Hohmann/Matt* JR **89**, 161]). Das kann **zB** auch bei einem Irrtum über die Person des Angreifers in Betracht kommen (vgl. NStZ **01**, 590 [tödlicher Schusswaffeneinsatz gegen Lebensgefährtin als vermeintliche Einbrecherin]). Voraussetzung für eine Fahrlässigkeitsstrafbarkeit ist, dass die von Täter angenommene Notwehrlage tatsächlich nicht bestand, dass dieser Irrtum für ihn vermeidbar und ihm vorzuwerfen ist (vgl. 3 StR 542/00 [keine Vorwerfbarkeit bei unübersichtlicher, verwirrender Kampflage]), und dass sich seine Notwehrhandlung im Rahmen dessen hält, was bei gegebener Notwehrlage gerechtfertigt wäre, dass also **kein Exzess** gegeben ist; § 33 ist im Fall der Putativnotwehr nach stRspr nicht anwendbar (vgl. NStZ **87**, 20; **02**, 141; **03**, 599; NStZ-RR **02**, 203f.). Vorsätzliche Körperverletzung als Folge einer Notwehrüberschreitung setzt daher das Bewusstsein voraus, dass die Überschreitung nicht erforderlich war; hat der Täter hierüber geirrt, kommt fahrlässige Körperverletzung in Betracht (5 StR 835/83). Der in Putativnotwehr Handelnde darf zur Verteidigung nicht mehr tun, als wenn er in wirklicher Notwehr wäre (NJW **68**, 1885; **89**, 3027; GA **75**, 305; MDR/H **78**, 985; NStZ **87**, 322; BGHR § 32 II *Erforderlichkeit* 13; LG München I NJW **88**, 860 m. Anm. *F. C. Schroeder* JZ **88**, 567; *Beulke* Jura **88**, 641; *Mitsch* NStZ **89**, 26; *Puppe* JZ **89**, 728).

Verbotsirrtum ist gegeben, wenn der Täter irrig die Grenzen der Notwehr zu weit zieht (vgl. NJW **94**, 873; 1 StR 742/82), **zB** glaubt, dass er ein nicht erforderliches Verteidigungsmittel benützen (1 StR 382/79); dass er sich auch noch gegen einen bereits abgeschlossenen Angriff zur Wehr setzen dürfe (BGH **2**, 194, **3**, 105; NStZ **03**, 596, 597); dass seine Verteidigungsbefugnis trotz schuldhafter Herbeiführung der Notwehrlage nicht eingeschränkt sei (NStZ-RR **02**, 73). 52

Überschreitung der Notwehr

33 **Überschreitet der Täter die Grenzen der Notwehr aus Verwirrung, Furcht oder Schrecken, so wird er nicht bestraft.**

1) Allgemeines. Die Vorschrift ist in sachlicher Übereinstimmung mit § 53 III aF an dessen Stelle durch das 2. StrRG eingefügt worden (vgl. 1, 2 zu § 32). 1

Literatur: *Aschermann,* Die Rechtsnatur des § 33 StGB, 1990 (Diss. Hamburg); *Müller-Christmann,* Der Notwehrexzeß, JuS **89**, 717; *ders.,* Überschreiten der Notwehr, JuS **94**, 649; *Renzikowski,* Der verschuldete Notwehrexzeß, Lenckner-FS 249; *Roxin,* Über den Notwehrexzeß, Schaffstein-FS 105; *Rudolphi,* Notwehrexzeß nach provoziertem Angriff, JuS **69**, 461; *Sauren,* Zur Überschreitung des Notwehrrechts, Jura **88**, 567; *Steininger,* Triffterer-FS 257 [Fahrlässigkeitsbegriff bei der Notwehrüberschreitung]. 1a

2) Ein (sog. intensiver) **Notwehrexzess** ist gegeben, wenn der Angegriffene in einer zum Tatzeitpunkt **objektiv gegebenen** Notwehrlage (NStZ **87**, 20; StV **97**, 291, 292; NStZ-RR **02**, 203, 204; NStZ **03**, 599, 600) die **Grenzen der Notwehr** bewusst (NStZ-RR **99**, 40) überschreitet, also über das nach § 32 II erforderliche Maß oder über die gebotene Abwehr hinausgeht. Grundsätzlich führt dies zur Strafbarkeit wegen vorsätzlicher Tat; verkennt der Täter fahrlässig, dass er die Grenzen überschreitet, so kommt nur Bestrafung wegen Fahrlässigkeit in Betracht (vgl. NStZ **83**, 453). 2

3) § 33 enthält einen **Schuldausschließungsgrund** für den Fall, dass die Überschreitung der Notwehrgrenzen auf **Verwirrung, Furcht oder Schrecken** beruht, dh auf sog. asthenischen Affekten, die häufig, aber nicht regelmäßig Folge 3

eines überraschenden Angriffs sind (vgl. BGH **3**, 197; NJW **63**, 308; LK-*Zieschang* 53ff.; *Roxin* AT § 22, 80; NK-*Herzog* 19; MK-*Erb* 19ff.). **Furcht** iS des § 33 ist nicht schon jedes – normalpsychologisch nahe liegende – Angstgefühl (vgl. LK-*Zieschang* 58); vielmehr muss durch den im Sinn-Zusammenhang der Panik liegenden Affekt die Fähigkeit, das Geschehen richtig zu verarbeiten, erheblich reduziert sein (NStZ **01**, 591 [Anm. *Otto* NStZ **01**, 594]; BGHR § 33 Furcht 2, 4; NStZ-RR **97**, 65) und der Täter hierdurch zur Notwehrüberschreitung hingerissen worden sein (vgl. NStZ **95**, 77; NStZ-RR **97**, 194; **99**, 264). Wenn der Affekt das von § 33 vorausgesetzte Maß nicht ganz erreicht, so ist dies bei der Strafzumessung zu berücksichtigen (2 StR 71/00).

4 Sog. sthenische Affekte wie Wut, Zorn oder Kampfeseifer kommen nicht in Betracht (NJW **69**, 802; NStZ **93**, 133; 1 StR 511/95 [in BGH **43**, 66 nicht abgedr.]); ihr Hinzutreten hindert aber die Anwendung von § 33 nicht, wenn die dort genannten Affekte mitursächlich sind (vgl. BGH **3**, 198; NStZ **87**, 20; NStZ-RR **99**, 264; StV **99**, 148; GA **69**, 23; 2 StR 686/80). Ob die in § 33 umschriebenen Affekte vorliegen, hat der Tatrichter bei geistig gesunden Erwachsenen idR in eigener Sachkunde zu entscheiden (1 StR 553/78).

5 **4)** Voraussetzung ist stets, dass tatsächlich eine **Notwehrlage vorliegt**; auf Fälle eines **Putativnotwehr-**Exzesses (vgl. auch 51 zu § 32) ist § 33 nicht anwendbar (NStZ **02**, 141; **03**, 599f.; NStZ-RR **02**, 203; 3 StR 501/03; i. e. str.). § 33 kommt dem Täter daher nur so lange zugute, bis die Notwehrlage endgültig beseitigt ist (NJW **68**, 1885; NStZ **87**, 20; **02**, 141); setzt er – weil er die Beendigung der Angriffsgefahr nicht erkennt und weiter in dem Affekt iS von § 33 handelt – seine übermäßigen Handlungen gleichwohl fort, so liegt ein Putativ-Notwehr-Exzess vor, der zwar eine Bestrafung wegen vorsätzlicher Tat, nicht aber eine Fahrlässigkeitstat ausschließt (NStZ **02**, 141 f.).

6 § 33 entfällt nicht schon dann, wenn der Täter den Angriff durch grob missbilligenswertes Verhalten provoziert hat (so noch NJW **62**, 309 [abl. *Schröder* JR **62**, 187] u. Hamm NJW **65**, 1928 [hiergegen *Rudolphi* JuS **69**, 461; *Müller-Christmann* JuS **89**, 720; *S/S-Lenckner/Perron* 9; SK-*Rudolphi* 5f.; *Roxin* § 22, 93]; hierzu *Renzikowski,* Lenckner-FS 260) oder wenn er sich dem Angriff durch Flucht oder vorsorgliche Einschaltung der Polizei hätte entziehen können (NJW **95**, 973). Soweit nämlich noch ein (wenn auch eingeschränktes) Notwehrrecht besteht (42ff. zu § 32), ist auch (insoweit) Raum für § 33.

7 § 33 gilt aber nicht, wenn sich der rechtswidrig Angegriffene *planmäßig* in eine tätliche Auseinandersetzung mit seinem Gegner eingelassen hat, um unter Ausschaltung der (erreichbaren) Polizei den angekündigten Angriff mit eigenen Mitteln abzuwehren und hierbei Oberhand über seinen Gegner zu gewinnen (BGH **39**, 140 [m. Anm. *Drescher* JR **94**, 423; *Arzt* JZ **94**, 314]; BGHR § 32 II Vert. 10). Allerdings ist auch bei einem erwarteten Angriff § 33 nicht schlechthin ausgeschlossen, BGH **3**, 194.

8 **5)** Das Vorliegen der Voraussetzungen des § 33 führt zum **Schuldausschluss**; der Täter ist auch dann nicht strafbar, wenn er sich des Exzesses *bewusst* ist, aber von seinem Affekt hingerissen wird (NStZ **87**, 20 [hierzu *Otto* Jura **87**, 604]; **89**, 475 [m. Anm. *Beulke* JR **90**, 380]; hM; vgl. LK-*Zieschang* 52; *Roxin,* Schaffstein-FS 107; **aA** *S/S-Lenckner/Perron* 6); selbst wenn die Überschreitung unverhältnismäßig ist (SK-*Rudolphi* 5a; *Roxin* AT § 22, 79; NK-*Herzog* 14). Eine nach § 33 entschuldigte Tat bleibt aber **rechtswidrig.** Gegen das Übermaß der Verteidigung ist daher Notwehr zulässig (vgl. RG **66**, 289). Die Tat kann auch Anknüpfungspunkt für eine **Maßregel** der **Unterbringung** nach § 63 sein (NStZ-RR **04**, 10). Eine analoge Anwendung des § 33 auf andere Rechtfertigungsgründe ist nicht möglich (*S/S-Lenckner/Perron* 52 zu § 34; **aA** SK-*Rudolphi* 1a; NK-*Herzog* 17).

Rechtfertigender Notstand

34 Wer in einer gegenwärtigen, nicht anders abwendbaren Gefahr für Leben, Leib, Freiheit, Ehre, Eigentum oder ein anderes Rechtsgut eine Tat begeht, um die Gefahr von sich oder einem anderen abzuwenden, handelt nicht rechtswidrig, wenn bei Abwägung der widerstreitenden Interessen, namentlich der betroffenen Rechtsgüter und des Grades der ihnen drohenden Gefahren, das geschützte Interesse das beeinträchtigte wesentlich überwiegt. Dies gilt jedoch nur, soweit die Tat ein angemessenes Mittel ist, die Gefahr abzuwenden.

1) Allgemeines. Die Vorschrift idF des § 39 I E 1962 (Begr. 158; Ndschr. **2**, 13, 36, 38, 141 ff., 168, 221; **12**, 152 ff., 160 ff., 173 ff., 182, 187, 191, 268 ff.) ist durch das 2. StrRG eingefügt worden (vgl. dazu Ber. BT-Drs. V/4095, 15). 1

Neuere Literatur (Auswahl): *Bender,* Zeugen Jehovas u. Bluttransfusionen, MedR **99**, 260; *Bergmann,* Die Grundstruktur des rechtfertigenden Notstands, JuS **89**, 109; *Böse,* Die Glaubens- und Gewissensfreiheit im Rahmen der Strafgesetze (insbesondere § 34 StGB), ZStW **113** (2001), 40; *Delonge,* Die Interessenabwägung nach § 34 u. ihr Verhältnis zu den übrigen strafrechtlichen Rechtfertigungsgründen, 1988; *Dimitratos,* Das Begriffsmerkmal der Gefahr in den strafrechtlichen Notstandsbestimmungen, 1989; *Dreier,* Grenzen des Tötungsverbots, JZ **07**, 260; *Eisenberg,* Straf(verfahrens)rechtliche Maßnahmen gegenüber Organisiertem Verbrechen, NJW **93**, 1033; *Freund,* Actio illicita in causa – Ein Übel oder eine Möglichkeit, das Übel an der Wurzel zu packen?, GA **06**, 267; *Gallas* ZStW **80**, 24; *Gössel,* Über die Rechtmäßigkeit befugnisloser, strafprozessualer rechtsgutbeeinträchtigender Maßnahmen, JuS **79**, 162; *Grebing,* Die Grenzen des rechtfertigenden Notstands im Strafrecht, GA **79**, 81; *Gropp,* Die „Pflichtenkollision": Weder eine Kollision von Pflichten noch Pflichten in Kollision, H. J. Hirsch-FS 207; *ders.,* Der Radartechniker-Fall – ein durch Menschen ausgelöster Defensivnotstand? Ein Nachruf auf § 14 III Luftsicherheitsgesetz, GA **06**, 284; *Günther,* Strafrechtswidrigkeit u. Strafunrechtsausschluß, 1983; *Heinitz,* Zur Entwicklung der Lehre von der materiellen Rechtswidrigkeit, Eb. Schmidt-FS 266; *Hellmann,* Die Anwendbarkeit der zivilrechtlichen Rechtfertigungsgründe im Strafrecht, 1987; *Herzberg,* Sterbehilfe als gerechtfertigte Tötung im Notstand?, NJW **96**, 3043; *Heuermann,* Verfassungsrechtliche Probleme der Schwangerschaft einer hirntoten Frau, JZ **94**, 133; *Hilgendorf,* Forum: Zwischen Humanexperiment u. Rettung ungeborenen Lebens – Der Erlanger Schwangerschaftsfall, JuS **93**, 97; *H. J. Hirsch,* Gefahr u. Gefährlichkeit, Arth. Kaufmann-FS 545; *ders.,* Können strafgesetzliche Rechtfertigungsgründe, insb. der rechtfertigende Notstand, als Ermächtigungsgrundlage für hoheitliche Eingriffe dienen?, Cies'lak-FS 111; *ders.,* Rechtfertigungsfragen und Judikatur des Bundesgerichtshofs, BGH-FG 199; *ders.,* Defensiver Notstand gegenüber ohnehin Verlorenen, Küper-FS (2007) 149; *Hoyer,* Wie wesentlich muss das „wesentlich überwiegende Interesse" bei § 34 StGB überwiegen?, Küper-FS (2007) 173; *Hruschka,* Rettungspflichten in Notstandssituationen, JuS **79**, 385; *ders.,* Rechtfertigung oder Entschuldigung im Defensivnotstand?, NJW **80**, 21; *ders.,* Von Rechten, die keinen Richter haben. Der Notstand im Argumentationszusammenhang von Kants Rechtslehre, Jakobs-FS (2007) 189; *Isensee,* Leben gegen Leben – Das grundrechtliche Dilemma des Terrorangriffs mit gekapertem Passagierflugzeug, Jakobs-FS (2007) 205; *Jerouschek,* Nach dem 11. September 2001. Strafrechtliche Überlegungen zum Abschuss eines von Terroristen entführten Flugzeugs, Schreiber-FS (2003) 185; *Joerden,* § 34 S. 2 StGB u. das Prinzip der Verallgemeinerung, GA **91**, 411; *ders.,* Interessenabwägung im rechtfertigenden Notstand bei mehr als einem Eingriffsopfer, GA **93**, 245; *Kelker,* Der Nötigungsnotstand, 1993 [Bespr. *Küper* GA **95**, 138]; *Köhler,* Die objektive Zurechnung der Gefahr als Voraussetzung der Eingriffsbefugnis im Defensivnotstand, Schroeder-FS (2006) 257; *Koriath,* Das Brett des Karneades, JA **98**, 250; *Kühl,* Zur rechtsphilosophischen Begründung des rechtfertigenden Notstands, Lenckner-FS 143; *ders.,* Freiheit u. Solidarität bei den Notrechten, Hirsch-FS 259; *Küper,* Grund- und Grenzfragen der rechtfertigenden Pflichtenkollision im Strafrecht, 1979; *ders.,* Der „verschuldete" rechtfertigende Notstand, 1983; [Bespr. *Gropp* GA **84**, 48]; *ders.,* Die sog. „Gefahrtragungspflichten" im Gefüge des rechtfertigenden Notstands, JZ **80**, 755; *ders.,* Tötungsverbot u. Lebensnotstand, JuS **81**, 745; *ders.,* Das „Wesentliche" am „wesentlich überwiegenden Interesse", GA **83**, 289; *ders.,* Grundsatzfragen der „Differenzierung" zwischen Rechtfertigung u. Entschuldigung, JuS **87**, 81; *ders.,* „Es kann keine Not geben, welche, was unrecht ist, gesetzmäßig machte". Immanuel Kants Kritik des Notrechts, E. A. Wolff-FS (1998) 285; *ders.,* Notstand und Zeit – Die „Dauergefahr" beim rechtfertigenden und entschuldigenden Notstand, Rudolphi-FS (2004) 151; *ders.,* Von Kant zu Hegel – Das Legitimationsproblem des rechtfertigenden Notstands, JZ **05**, 105; *Lampe,* Defensiver u. aggressiver übergesetzlicher Notstand, NJW **68**, 88; *Lenckner,* Der rechtfertigen- 1 a de Notstand, 1965; *ders.* Der Grundsatz der Güterabwägung als allgemeines Rechtfertigungsprinzip, GA **85**, 295; *ders.*, Das Merkmal der „Nicht-anders-Abwendbarkeit" der Gefahr in §§ 34, 35 StGB, Lackner-FS 95; *ders.*, HWiStR „Notstand, rechtfertigender"; *Lesch,* Soll die Begehung „milieutypischer" Straftaten durch verdeckte Ermittler erlaubt werden?, StV **93**, 94; *Ludwig,* „Gegenwärtiger Angriff", „drohende" u. „gegenwärtige Gefahr" im Notwehr- u. Notstandsrecht, 1991; *Matsumiya*, Zum Nötigungsnotstand, Jakobs-FS (2007) 361; *Meißner,* Die Interessenabwägungsformel in der Vorschrift über den rechtfertigenden Notstand (§ 34 StGB), 1990 [Bespr. *Küper* ZStW **106**, 822]; *Merkel*, § 14 Abs. 3 Luftsicherheitsgesetz: Wann und warum darf der Staat töten?, JZ **07**, 373; *Meyer,* Die Problematik des Nötigungsnotstands auf der Grundlage eines Solidaritätsprinzips, GA **04**, 356; *Mitsch,* Trunkenheitsfahrt u. Notstand, JuS **89**, 965; *ders.*; „Nantucket Sleighride – Der Tod des Matrosen Owen Coffin, Weber-FS (2004) 49; *ders.*, Flugzeugabstürze und Weichenstellungen. Unlösbare Strafrechtsprobleme in ausweglosen Notstandssituationen, GA **06**, 11; *Momsen,* Die Zumutbarkeit als Begrenzung strafrechtlicher Pflichten, 2006; *Neumann,* Der strafrechtliche Nötigungsnotstand – Rechtfertigungs- oder Entschuldigungsgrund?, JA **88**, 329; *Otte,* Der durch Menschen ausgelöste Defensivnotstand, 1998; *Pawlik,* Der rechtfertigende Notstand, 2002 [dazu umf. *Küper* JZ **05**, 105]; *ders.*, Der rechtfertigende Defensivnotstand, Jura **02**, 26; *Perron,* Rechtfertigung u. Entschuldigung bei Befreiung aus besonderen Notlagen (usw.), in: *Eser/Perron* (Hrsg.), Rechtfertigung u. Entschuldigung III, 1991, 79; *K.-H. Peters,* „Wertungsrahmen" u. „Konflikttypen" bei der „Konkurrenz" zwischen § 34 u. den besonderen Rechtfertigungsgründen?, GA **81**, 445; *Puppe*, Das sog. gerechtfertigte Werkzeug, Küper-FS (2007) 443; *Renzikowski,* Notstand u. Notwehr, 1994; *Riegel,* §§ 32, 34 StGB als hoheitliche Befugnisgrundlage?, NVwZ **85**, 639; *Rudolphi,* Arm. Kaufmann-GedS 385; *F. C. Schroeder,* Notstandslage bei Dauergefahr, JuS **80**, 336; *Schwarzburg,* Einsatzbedingte Straftaten verdeckter Ermittler, NStZ **95**, 469; *Seelmann,* Das Verhältnis von § 34 zu anderen Rechtfertigungsgründen, 1978 (hierzu *K. H. Peters* GA **81**, 445); *Soiné,* Verdeckte Ermittler als Instrument zu Bekämpfung von Kinderpornographie im Internet, NStZ **03**, 225; *Stree,* Rechtswidrigkeit u. Schuld im neuen Strafgesetzbuch, JuS **73**, 461; *Welzel,* Der übergesetzliche Notstand u. die Irrtumsproblematik, JZ **55**, 142; *Zieschang,* Der Gefahrbegriff im Recht: Einheitlichkeit oder Vielgestaltigkeit?, GA **06**, 1. **Rechtsvergleichend:** *Onagi,* Die Notstandsregelung im japanischen u. deutschen Strafrecht im Vergleich, 1993; *Wasek,* Der Notstand im polnischen Strafrecht aus rechtsvergleichender Sicht, ZStW **105**, 306.

2 **2)** § 34 enthält die gesetzliche Ausprägung eines zunächst von der Rspr entwickelten Grundsatzes, der übergesetzlichen Ursprungs ist (vgl. BGH **27**, 262) und sich nach hM als Ausdruck eines allgemeinen Solidaritätsprinzips verstehen lässt (vgl. *Frister* GA **88**, 291, 292; *Neumann* GA **92**, 93, 95; *W/Beulke* AT 329; *Jakobs* AT 11/3; *Renzikowski* 1994 [oben 1 a], 195; *Pawlik* 2002 [oben 1 a], 51 ff., 120 ff.). Die Vorschrift formuliert für diesen Rechtfertigungsgrund die maßgebenden Wertungsrichtlinien und erfasst gleichermaßen Fälle des **defensiven** (Eingriff in ein an der Notlage *beteiligtes* Rechtsgut) wie des **aggressiven** (Eingriff in *unbeteiligtes* Rechtsgut) Notstands (hM; zB *Roxin* AT I 16/84 ff.; *Lackner/Kühl* 9; SK-*Günther* 14; *Hirsch*, Küper-FS [2007] 149, 154; **aA** zB NK-*Neumann* 86; *Koriath* JA **98**, 250, 255). Sie lässt andere Notrechte unberührt und erweitert sie als solche nicht (unten 22, 23); umgekehrt schließt eine spezielle Eingriffsnorm den Rückgriff auf § 34 nicht grundsätzlich aus.

2 a **3)** Der **Rechtfertigungsgrund** des § 34 ist gegeben, wenn bei der Verwirklichung eines strafrechtlichen Tatbestandes folgende **Voraussetzungen** vorliegen:

3 **A.** Es muss eine **Gefahr**, also ein Zustand, in dem aufgrund tatsächlicher Umstände die Wahrscheinlichkeit des Eintritts eines schädigenden Ereignisses besteht (vgl. BGH **18**, 271; **48**, 255; i. E. dazu *Jakobs* AT 11/7 ff.; NK-*Neumann* 39 ff.; MK-*Erb* 58 ff.; *Zieschang* GA **06**, 1, 6 ff.) für ein beliebiges Rechtsgut gegeben sein. Wahrscheinlich ist der Eintritt, wenn die Möglichkeit nahe liegt oder begründete Besorgnis besteht; eine bloß allgemeine Möglichkeit genügt nicht (BGH **19**, 371; vgl. auch *BGH* **8**, *31*; **11**, 164; **13**, 70; **18**, 271; **22**, 341; **26**, 179; (*Mayr,* BGH-FS 275). Das ist vom Standpunkt eines nachträglichen Beobachters, dem die im kritischen Augenblick wesentlichen Umstände bekannt sind, objektiv zu beurteilen (**objektiv-nachträgliche Prognose;** str. vgl. SK-*Günther* 21; MK-*Erb* 61 ff.).

Die in S. 1 genannten **Rechtsgüter** sind nur Beispiele (vgl. 7 ff. zu § 32; LK-*Zieschang* 22 ff.; NK-*Neumann* 22 ff.). Die körperliche Unversehrtheit ist auch durch das Fortbestehen einer Gesundheitsbeeinträchtigung bedroht (vgl. Karlsruhe NJW **04**, 3645 f.). Auch **Rechtsgüter der Allgemeinheit** sind erfasst (vgl. NStZ **88**, 558 f. [Volksgesundheit]; Düsseldorf NJW **70**, 674; NZV **96**, 122; 250; NStZ **06**, 243, 244 [Sicherheit des Luftverkehrs]; Koblenz NJW **88**, 2316 [Bespr. *Mitsch* JuS **89**, 964]; Bay NJW **91**, 1026; NJW **00**, 888; Hamm NJW **96**, 2437; Frankfurt NStZ-RR **96**, 136 [jew. zur Sicherheit des Straßenverkehrs]; *S/S-Lenckner/Perron* 10; *Lackner/Kühl* 4; LK-*Zieschang* 23; MK-*Erb* 53; *B/Weber/Mitsch* 17/53; *Jakobs* AT 13/10; einschr. NK-*Neumann* 22 ff. [nur notwehrfähige Rechtsgüter]; *Roxin* AT 16/10; ganz abl. SK-*Günther* 23 [nur Individualrechtsgüter]; vgl. auch unten 23). Die Gefahr kann dem Täter oder einer beliebigen anderen Person, grds. auch der Allgemeinheit drohen. 3 a

Die **Glaubens- und Gewissensfreiheit** iS von Art. 4 GG (vgl. dazu BVerfGE **41**, 29, 49; BVerwG DÖV **92**, 708 f.; BAG JZ **85**, 1108; **90**, 139, 141 f.) begründet keinen allgemeinen Rechtfertigungsgrund für strafrechtlich verbotene Handlungen, weil diese dem Täter „durch innere Überzeugung“ geboten erscheinen; es kann daher nicht schon das Bestehen des Verbots als (notstandsbegründende) Gefahr für das Rechtsgut der Glaubensfreiheit angesehen werden (so aber *Böse* ZStW **113**, 40, 49; vgl. dazu auch *S/S-Lenckner* 119 f. vor § 32). Es ist schwer erkennbar, wie ein vom Täter als sittlich „zwingend“ empfundenes Gebot, andere zu beschimpfen, zu verletzen oder fremde Sachen zu zerstören, mit den hierdurch verletzten Rechtsgütern „abgewogen“ werden sollte (vgl. auch *Roxin,* Maihofer-FS 389, 405; *Tenckhoff,* Rauscher-FS 437, 447 f.). Aus religiösen Gründen gebotene, straf- oder ordnungsrechtlich aber verbotene Handlungen sind nicht schon deshalb durch § 34 gerechtfertigt, weil eine Genehmigung rechtskräftig abgelehnt wurde (*Böse* aaO 51; einschr. aber ebd. 57). 3 b

a) Die Gefahr muss **gegenwärtig** sein. Das ist sie, wenn bei natürlicher Weiterentwicklung der Dinge der Eintritt eines Schadens sicher oder doch höchstwahrscheinlich ist, falls nicht alsbald Abwehrmaßnahmen ergriffen werden, oder wenn der ungewöhnliche Zustand nach menschlicher Erfahrung und natürlicher Weiterentwicklung der gegebenen Sachlage jederzeit in einen Schaden umschlagen kann (BGH **5**, 373; **26**, 179; NJW **79**, 2053; **89**, 176; 1289; LK-*Zieschang* 26 ff.; NK-*Neumann* 56; *Ludwig* [1 a zu § 32] 119, 155), aber auch dann, wenn der Schaden nur durch **sofortiges Handeln** abgewendet werden kann (NJW **51**, 769; MDR/H **82**, 447; vgl. NJW **89**, 1289). Eine gegenwärtige Gefahr kann von Seiten eines zum Angriff Entschlossenen auch dann schon ausgehen, wenn der Angriff als solcher noch nicht gegenwärtig ist (BGH **39**, 137 [m. Anm. *Roxin* NStZ **93**, 335 u. *Lesch* StV **93**, 578; *Arzt* JZ **94**, 314; *Müller-Christmann* JuS **94**, 449; *Drescher* JR **94**, 423]; vgl. hierzu *Hillenkamp* JuS **94**, 769; *Renzikowski,* Lenckner-FS 252; *Otto* NStZ **04**, 142, 143). 4

Gegenwärtig ist auch eine **Dauergefahr**; ihre Abwehr braucht sich grds. nicht darauf zu beschränken, einen (sofortigen) Schadenseintritt nur hinauszuschieben (BGH **48**, 255 [*Familientyrann*]); die Gefahr ist also nicht in einen gegenwärtigen und einen zukünftigen Teil zu zerlegen (BGH **5**, 375; NJW **79**, 2053 [*Spanner-Fall;* Anm. *H. J. Hirsch* JR **80**, 116; *Hruschka* NJW **80**, 21; *Roxin* § 16, 18; krit. *Schroeder* JuS **80**, 339; *Bottke* JA **80**, 513]; NK-*Neumann* 57). Dauergefahr *kann* im Einzelfall auch von einem Menschen ausgehen, auch wenn er im Augenblick nicht angreift (vgl. BGH **13**, 197; **48**, 255; NJW **66**, 1824; **79**, 2053; *Schaffstein,* Stutte-FS 261; *D. Geerds* Jura **92**, 322; *Spendel,* R. Schmitt-FS 212; LK-*Zieschang* 37); nicht aber, wenn ein Angriff erst für die fernere Zukunft angedroht wird (MDR/H **82**, 447; zur Gegenwärtigkeit vgl., auch MK-*Erb* 77 ff.). Das bloße Bestehen einer „Sicherheitslücke“, insb. für Rechtsgüter der Allgemeinheit, ist nicht schon als *konkrete* Dauergefahr anzusehen (i. E. offen gelassen von Düsseldorf NStZ **06**, 244 f.). Wenn zwischen Tatentschluss und Ausführung ein längerer Zeitraum von Monaten oder Wochen liegt, wird kaum von „Gegenwärtigkeit“ der Gefahr im Sinne der Erforderlichkeit sofortigen Handelns gesprochen werden können (vgl. 3 StR 243/05 [*Familientyrann*]). 4 a

5 **b)** Die Gefahr muss **nicht anders abwendbar** sein als durch die Begehung der Tat (NJW **79**, 2053; BGH **5**, 375; **18**, 311; NJW **72**, 834; OGHSt **2**, 228; **3**, 11; Köln NJW **49**, 431). Diese muss daher **geeignet** und **erforderlich** sein, die Gefahr abzuwenden (vgl. BGH **2**, 242, 245). Es darf kein weniger einschneidendes Abwendungsmittel zur Verfügung stehen (BGH **2**, 245; **3**, 9; **18**, 311; NJW **51**, 770; **52**, 111; **66**, 312; GA **56**, 383; Karlsruhe NJW **04**, 3635 f.; *Lenckner,* Lackner-FS 95; *Roxin* AT 16/19; LK-*Zieschang* 50 ff.; MK-*Erb* 85; NK-*Neumann* 58); dies hat der Täter gewissenhaft zu prüfen (NStZ **92**, 487; BGHR § 35 II S. 1, Gef., abw. 1; vgl. auch BGH **48**, 255 [zu § 35; Bespr. *Hillenkamp* JZ **04**, 48]; **aA** LK-*Zieschang* 77; *S/S-Lenckner/Perron* 49). Anders abwendbar ist die Gefahr insb. auch, wenn rechtzeitige **staatliche Hilfe** möglich ist (BGH **39**, 137; BGHR § 35 I Gef. abw. 1; 1 StR 658/97); wenn die Gefahr durch eine tatbestandslose Handlung (hier anders als bei § 32 auch durch Flucht), durch Hilfe Dritter, durch Begehung einer Ordnungswidrigkeit (uU § 16 OWiG), durch Verletzung eines geringer wertigen Rechtsguts oder durch weniger gravierende Verletzung desselben Rechtsguts erfolgreich abgewendet werden kann. Abwendbarkeit ist aber nicht schon dann gegeben, wenn der Täter die Tatbestandsmäßigkeit seiner Handlung durch Einholung einer erforderlichen **Genehmigung** hätte vermeiden können (KG StV **03**, 167 [Notstand bei unerlaubtem Besitz von **Cannabis** zum Zweck der Selbst-Behandlung chronischer Schmerzen; vgl. dazu auch Köln StraFo **99**, 314; Karlsruhe NJW **04**, 3645; KG NJW **07**, 2425 [bei Anbau zur Eigentherapie § 34 nur in „herausragenden Ausnahmefällen"]; AG Berlin-Tiergarten NStZ-RR **04**, 281; Übersicht über die teilweise etwas *kleinlich* wirkende Rspr. bei *Kotz/Rahlf* NStZ-RR **05**, 297]). Nicht vorausgesetzt ist freilich, dass die Notstandshandlung die Gefahrenlage aus Sicht des Täters sicher oder mit hoher Wahrscheinlichkeit beseitigt. Je nach Bedeutung der drohenden Schädigung kann der Eingriff in fremde Rechtsgüter auch zur Wahrung unsicherer Rettungschancen erlaubt sein (*S/S-Lenckner/Perron* 19; MK-*Erb* 88; LK-*Zieschang* 51). Für die Geeignetheit ausreichend ist, dass die erfolgreiche Abwendung des drohenden Schadens **nicht ganz unwahrscheinlich** ist; von vornherein ungeeignet sind nur solche Handlungen, welche die Chancen einer Gefahrbeseitigung nicht oder nur ganz geringfügig erhöhen (Karlsruhe NJW **04**, 3645 f.). Über das zur Abwendung Notwendige darf der Handelnde nicht hinausgehen. Stehen mehrere gleichwertige Mittel zur Verfügung, so ist gleichgültig, welches der Handelnde wählte; bietet ein weniger einschneidendes nur ganz geringe Erfolgschancen, so kann ein einschneidenderes gewählt werden, das sicheren Erfolg verspricht (*Lenckner,* Lackner-FS 99; NK-*Neumann* 62).

6 **c) Unverschuldet** muss die Gefahr nicht sein; auch der Handelnde selbst kann sie verschuldet haben (vgl. Düsseldorf VRS **30**, 446; *Roxin* AT 1, 16/60; vgl. dazu *Küper,* Der „verschuldete" rechtfertigende Notstand, 1983) und deswegen nach einem Fahrlässigkeits-Tatbestand haften (Bay JR **79**, 124 [zu § 16 OWiG]; vgl. aber unten 15). § 34 greift aber nicht ein, wenn der Handelnde die Gefahr provoziert hat, um dann das andere Rechtsgut verletzen zu können (vgl. 43 zu § 32; *M/Zipf* 27/47). Zur Zurechnung verschuldeter Verursachung der Rechtfertigungslage vgl. 47 zu § 32; 16 zu § 223.

7 **B.** § 34 setzt eine **Interessenkollision**, „namentlich" eine **Kollision von Rechtsgütern** voraus, da der Handelnde durch seine Tat ein Rechtsgut verletzt, aber die Gefahr von einem anderen Rechtsgut abwendet (and. *S/S-Lenckner/Perron* 21). Die Kollision kann auch *dasselbe* Rechtsgut betreffen (zB bei riskanter Operation). Die Interessenabwägung muss zum **Ergebnis** führen, dass das geschützte Interesse, dh dasjenige, zu dessen Gunsten er handelt, das beeinträchtigte **wesentlich überwiegt**. Erforderlich ist dazu eine *Gesamtwürdigung* aller Umstände und widerstreitenden Interessen; sie muss nach **objektiven Maßstäben** ein deutliches Übergewicht des vom Täter verfolgten Interesses ergeben (and. *Küper* GA **83**, 289, 292, der dem „Wesentlichkeits"-Erfordernis nur eine Warn- und Kontrollfunktion zuschreibt; dagegen *Hoyer,* Küper-FS [2007] 173 ff.). Dabei ist die *konkrete Situation*

zu berücksichtigen; der *abstrakte* Rang der Rechtsgüter ist also bei der Interessenabwägung nicht allein entscheidend (vgl. *Lenckner* GA **85**, 295; *Roxin,* Oehler-FS 183f.; *ders.*, Jescheck-FS 464f.; SK-*Günther* 38ff.; *S/S-Lenckner/Perron* 22ff.; LK-*Zieschang* 53ff.; MK-*Erb* 108ff.; Vorschlag der *Quantifizierung* bei *Hoyer*, Küper-FS [2007] 173, 180f. [wesentliches Überwiegen bei „ein Viertel" höherem Wert]).

a) Als wichtige Umstände nennt § 34 namentlich die **betroffenen Rechtsgüter,** und zwar sowohl die unmittelbar wie die mittelbar betroffenen (vgl. GA **55**, 178). Auch in einer pluralistischen Gesellschaft geben die objektivrechtlichen Wertentscheidungen der Verfassung, die für alle Bereiche der Rechtsordnung gelten, und die Reihenfolge der in § 34 genannten Rechtsgüter wichtige Hinweise auf die Wertordnung, während dies für den Grad des strafrechtlichen Schutzes, wie er seinen Ausdruck in den Strafdrohungen findet, nur sehr bedingt zutrifft (vgl. BVerfGE **39**, 1, 59; skeptisch auch *S/S-Lenckner/Perron* 43). Dass der Täter zum Schutz des bedrohten Rechtsguts verpflichtet ist, begründet dessen Höherwertigkeit noch nicht (Düsseldorf VRS **30**, 40; NJW **70**, 674). Zu unterscheiden sind einerseits **qualitative** Abwägungen zwischen unterschiedlichen, andererseits **quantitative** Abwägungen zwischen gleichen Interessen. 8

b) Eine **Ausnahme** gilt nach Rspr und hM für das höchstwertige Rechtsgut des **menschlichen Lebens**; dieses ist danach einer saldierenden Abwägung nicht zugänglich, da es nur individuelle, keine kollektiven Menschenrechte und kein unterschiedlich wertvolles menschliches Leben gibt. Das gilt auch für die Zufügung von schweren Körperverletzungen iS von § 226; daher kann etwa eine zwangsweise Organentnahme zur Rettung einer anderen Person nicht nach § 34 gerechtfertigt sein. Ob dies auch für Verletzungen unterhalb der Schwelle des § 226 gilt, ist str. Die hM lehnt eine Rechtfertigung zB einer zwangsweisen Blutentnahme zur Rettung des Lebens eines Schwerverletzten ab (*Lenckner* GA **85**, 297; *S/S/Lenckner/Perron* 41e; NK-*Neumann* 118; LK-*Zieschang* 65; *Gropp* AT 6/144; **aA** *Roxin,* Jescheck-FS 471; *B/Weber/Mitsch* 17/78). 9

Besteht ein Interessenkonflikt in der Gegenüberstellung **Leben gegen Leben,** so scheidet auch dann, wenn durch Tötung eines Menschen *mehrere* andere gerettet werden können, nach hM die Annahme eines (*quantitativen*) „Überwiegens" aus (vgl. OGHSt. **1**, 321; **2**, 117; BGH **35**, 347, 350; NJW **53**, 513; Hamm JZ **76**, 612; *Küper* [oben 1a, 1979] 57ff., 74; *B/Weber/Mitsch* 17/78; *Roxin* AT I, 16/34, 38ff.; *W/Beulke* 316; *M/Schroeder/Maiwald* 2/10; *Lackner/Kühl* 8; MK-*Erb* 116; NK-*Neumann* 74, 132; *Dreier* JZ **07**, 260, 263ff.; vgl. aber *Jakobs* AT 13/46; *Pawlik* [1a] 316; *Otto* NStZ **04**, 142, 143; *Mitsch,* Weber-FS [2004] 49, 63; *ders.* GA **06**, 11, 13ff.); dasselbe gilt von einer (*qualitativen*) Abwägung zwischen „wertvollem" und „weniger wertvollem" Leben (zB: junges gegen altes; gesundes gegen schwerkrankes). Das gilt auch in Fällen sog. **Gefahrengemeinschaften** (zu den in der Literatur diskutierten Fallkonstellationen [*Euthanasiefälle*, vgl. OGH **1**, 321, 334; *Weichenstellerfall*, vgl. *Welzel* ZStW **63**, 51; *Bergsteigerfall*; *Mignonettefall*, vgl. *Küper* JuS **81**, 768f.; *Mitsch*, Weber-FS [2004] 49; *Ballon-* oder *Rettungsboot-Fälle*] vgl. auch *Jerouschek*, Schreiber-FS [2003] 185, 189ff.; *Roxin* AT I, 16/33ff.; *Merkel* JZ **07**, 373, 380ff.; Hirsch, Küper-FS [2007] 149ff.; jeweils mwN). *Mitsch* (Weber-FS [2004] 49, 66f.) gelangt bei **Einwilligung** des (zur Selbst-Opferung zum Zweck der Rettung einer *Vielzahl anderer bereiten)* Opfers zu einer *Rechtfertigung* aufgrund einer Kombination von Einwilligung und Notstand (**aA** *Dreier* JZ **07**, 260, 263); bei Fehlen einer solchen Einwilligung hält auch er aufgrund normativer, nichtquantifizierbarer Kriterien eine Rechtfertigung für ausgeschlossen (ebd. 66; vgl. dazu ausf. *Küper* JuS **81**, 785, 791ff.; *Roxin* AT I, 16/33ff.). Jedenfalls eine *aktive* **Tötung** unbeteiligter Personen kann daher nicht durch Notstand gerechtfertigt sein (für Fälle des *Unterlassens* zutr. anders *Merkel* JZ **07**, 373, 380f.; vgl. unten 12a aE). Es kommt, wenn auch eine **Entschuldigung** nach § 35 ausscheidet, allenfalls die Annahme eines *übergesetzlichen Schuldausschlusses* in Frage (vgl. *Küper* II 108 u. JuS **81**, 785; *Zippelius* JuS **83**, 662; 15 vor § 32; krit. zu dieser Rechtsfigur *Mitsch* GA **06**, 11, 13f.). 10

11 **c)** Aktualität hat die Frage insb. im Zusammenhang mit den Terroranschlägen vom September 2001 gewonnen. Die Frage, ob der Abschuss eines von Terroristen in ihre Gewalt gebrachten Passagierflugzeugs und damit die Tötung der unschuldigen, „todgeweihten" Passagiere durch Notstand gerechtfertigt sein kann, wenn dadurch die Gefahr abgewendet wird, dass das Flugzeug von den Entführern als Waffe gegen eine noch größere Anzahl von Menschen eingesetzt wird, ist kontrovers diskutiert worden (vgl. dazu u. a. *Lackner/Kühl* 8; vor § 32; *Jerouschek*, Schreiber-FS [2003] 185; *Fritze*, Die Tötung Unschuldiger, 2004; *Pawlik* JZ **04**, 1045; *Sinn* NStZ **04**, 585; *Lüderssen* StV **05**, 106; *Hartleb* NJW **05**, 1397; *Mitsch* GA **06**, 11 ff., 23 f.; *Gropp* GA **06**, 284; *Merkel* JZ **07**, 373; *Hirsch*, Küper-FS [2007] 149 ff.; jew. mwN). Grds. zur Anwendbarkeit von § 34 auf **hoheitliche Maßnahmen** vgl. unten 23. Im Übrigen sind die in der Diskussion für eine Rechtfertigung angeführten Argumente im Ergebnis nicht überzeugend: Weder hat der Staat das Recht, unbeteiligte Menschen umzubringen, deren Leben eine staatliche Stelle für „höchstwahrscheinlich" *sowieso* verloren hält, noch ließe sich die zwingend erforderliche *quantitative* Abwägung (zutr. *Lüderssen* StV **05**, 106) auf andere als militärische Argumente stützen. Fern liegend war die Konstruktion einer *mutmaßlichen Einwilligung* sämtlicher Benutzer ziviler Flugzeuge (oder anderer Verkehrsmittel) in ihre Tötung (abl. auch *Jerouschek*, Schreiber-FS [2003] 185, 187 f.; *Merkel* JZ **07**, 373, 379). Auch die Annahme, es liege gegenüber unbeteiligten Passagieren ein Fall des *defensiven* Notstands vor, mit dem Ergebnis, sie *wie Angreifer* zu behandeln (*Gropp* GA **06**, 284, 285 f.), überzeugt nicht. Das gilt auch für die Ansicht von *Hirsch* (Küper-FS [2007], 149, 152, 160 ff), es liege, weil die todgeweihten Passagiere „in die Gefahrenquelle involviert" seien, ein Fall des *Defensiv*-Notstands vor, der die Tötung rechtfertige; im Übrigen sei in der Seeschifffahrt *gewohnheitsrechtlich* (ebd. 151) das Recht eines Kapitäns anerkannt, zur Rettung des Schiffs und einer Vielzahl von Menschen die *Schotten zu schließen*, auch wenn dadurch eingeschlossene Unschuldige getötet werden; auch in Katastrophenfällen in Kriegen seien solche „harten Entscheidungen" zu treffen (ebd. 156 Fn. 21). Dass Passagiere oder Besatzungsmitglieder eines Schiffs *verpflichtet* sein sollten, sich vom Kapitän zwecks Rettung anderer Personen (alternativ: zur Rettung der wertvollen Fracht oder zur Sicherung eines militärischen Auftrags) töten zu lassen, und dass ihnen daher gegen die Tötungshandlung kein *Notwehrrecht* (und Dritten kein Nothilferecht) zustünde (so wohl *Hirsch* aaO S. 161), erscheint freilich eher fern liegend; die Berufung auf das *Kriegsrecht* zur Lösung der „Weichensteller-" und verwandter Fälle ist im Übrigen insgesamt sehr fraglich. Bei den teilweise sehr konstruiert wirkenden Fallbeispielen (vgl. etwa den *Radartechniker-Fall* bei *Gropp*, GA **06**, 284, 285) wird oft übersehen, dass in der *Wirklichkeit* weder die Prognose des *sicheren* Todes der Flugzeug-Passagiere (vgl. *Hirsch* aaO 161: „Das Schicksal hat in solchen Fällen bereits gesprochen") noch gar die Prognose des *sicheren* quantitativen Überwiegens der potentiellen sonstigen Opfer zuverlässig feststehen. Beispielsfälle, in denen tapfere Minister anordnen, 30 kleine Kinder zu töten, um irgendetwas „Schlimmeres" zu verhüten, kommen in der Literatur und in den fachkundigen *Talkshows* nicht vor.

11 a Die Regelung des § 14 III **LuftsicherheitsG** v. 14. 1. 2005 (BGBl I 78) enthielt die Erlaubnis, auf Anordnung des Bundesverteidigungsministers entführte Verkehrsflugzeuge durch Angehörige der Bundeswehr abzuschießen und dabei gegebenenfalls unbeteiligte Passagiere zu töten, (vgl. BT-Drs. 15/2361 [GesE BReg.]; 15/3338 [Ber.]). Das **BVerfG** hat die Regelung durch Urt. v. 15. 2. 2006 (BGBl 2006 I 466; 1 BvR 357/05 = NJW **06**, 751) für unvereinbar mit Art. 2 II S. 1 iVm Art. 1 I GG erklärt (vgl. dazu Anm. *Starck* JZ **06**, 417; Bespr. *Merkel* JZ **07**, 373; krit. *Hirsch*, Küper-FS [2007] 149, 151 ff.). Es handelte sich bei der Regelung *nicht* um einen *Fall* des rechtfertigenden Notstands (str.); vielmehr um eine *kriegsrechtlich* inspirierte Regelung (dazu auch *Waechter* JZ **07**, 61 ff.; *Jerouschek*, Schreiber-FS [2003] 185, 197 f.; *B. Hirsch* NJW **07**, 1188 f.), die das Verbot einer die Menschenwürde verletzenden Instrumentalisierung von Personen zu bloßen Objekten

staatlicher Aufgabenerfüllung außer Acht ließ (krit. gegen die verfassungsrechtliche Verortung aber *Hirsch*, Küper-FS [2007] 149, 151f.). Die *nach* dieser Entscheidung erörterte Initiative einer Änderung von Art. 87a II GG (vgl. dazu auch *Pestalozza* NJW **07**, 492, 493) u.a. mit der Begründung, es sei „nicht hinnehmbar", dass die *Bundeswehr* nicht *dasselbe dürfe* wie die Polizei, wenn diese dazu nicht in der Lage sei, verfehlte den Kern der Sache. Denn die Polizei darf *gerade nicht* die Erschießung unschuldiger Personen anordnen, um andere zu retten oder sonst „Schlimmes zu verhüten"; den von solchen Anordnungen Betroffenen und deren Angehörigen stünde vielmehr ersichtlich ein Notwehrrecht zu (vgl. auch *Schünemann*, Rechtsfreier Raum und eigenverantwortliche Entscheidung, in: *Neumann/Hassemer/Schroth* [Hrsg.], Verantwortetes Recht, 2005, 145, 152f.; *B. Hirsch* NJW **07**, 1188f.; anders *H.-J. Hirsch*, Küper-FS [2007] 149, 160ff.). Etwas anderes könnte *allenfalls* gelten, wenn man annähme, die Bundesrepublik befände sich im *Krieg* (vgl. auch *Waechter* JZ **07**, 61, 64f., 67). Dass das Kriegsvölkerrecht dem Staat erlaube, Teile der eigenen Bevölkerung aktiv zu töten, um seine „Grundlagen" zu verteidigen (so iErg. wohl *Hirsch*, Küper-FS [2007] 149, 156 Fn. 21), ist seinerseits fraglich.

d) Die normative **Grundlage** dieses Ergebnisses, nämlich die Unabwägbarkeit **12**
menschlichen Lebens (oben 9), steht freilich nicht außerhalb des Zweifels: So ist zB anerkannt, dass die Vernichtung *mehrerer* Menschenleben schulderhöhende (und straferhöhende) Wirkung hat und daher zB die Anwendung des § 212 II oder die Annahme besonders schwerer Schuld (§ 57a) hierauf gestützt werden können. (Tötungs)-Handlungen, die eine *Vielzahl* von Menschenleben gefährden, können die Anwendung von § 211 II (gemeingefährliche Mittel) begründen; im Übrigen ist die Gefährdung oder Schädigung einer Mehrzahl von Menschen als strafrahmenerhöhender Umstand im Gesetz ausdrücklich genannt (vgl. zB §§ 306b I, 308 II, 330a I). Das *intuitive* Ergebnis, dass die Vernichtung eines Menschenlebens gegenüber der Tötung einer Vielzahl von Menschen das *kleinere Übel* sei, kann sich daher durchaus auf *Rechts*gründe stützen (vgl. *Küper* JuS **81**, 785, 792); im Fall des **Unterlassens** von (nur alternativ bestehenden) *Rettungsmöglichkeiten* drängt es sich auch rechtlich auf (zutr. *Merkel* JZ **07**, 373, 381).

Problematisch ist daher auch der anlässlich von (namentlich: terroristischen) **12a**
Geiselnahmen immer wieder bekräftigte Grundsatz, der *Staat* dürfe, auch um den Preis des Lebens unschuldiger Geiseln, sich nicht erpressen lassen. Das Unterlassen der möglichen Rettung wird idR damit begründet, ein Erfolg von Geiselnahmen könne die Täter selbst oder potentielle Nachahmer ermuntern, später weitere, ähnliche Taten zu begehen; freigepresste Strafgefangene könnten zudem zukünftig Taten gegen Leib und Leben begehen, usw. (vgl. schon die Argumentation der BReg im Fall *Schleyer*, BVerfGE **46**, 160, 163). Auch hier wird, um einer – meist nicht einmal schon *konkreten* – Gefahr für andere Rechtsgüter zu begegnen, durch *hoheitliche Anordnung* von Staats wegen das Leben Unschuldiger geopfert. Das **BVerfG** hat im Fall *Schleyer* entschieden, das GG begründe zwar eine aus Art. 2 Abs. 2 S. 1 iV mit Art 1 Abs. 1 GG abzuleitende Schutzpflicht gegenüber dem einzelnen Bürger, aber auch eine Pflicht „gegenüber der Gesamtheit aller Bürger" (BVerfGE **46**, 160, 165). *Wie* der Staat diese Pflicht wahrnehme, könne in Fällen terroristischer Geiselnahmen nur von den Organen der Exekutive (Regierung) nach Lage des Einzelfalls entschieden werden, da sonst „die Reaktion des Staates für Terroristen von vornherein kalkulierbar würde" (ebd.). *Rechtliche* Maßstäbe sind damit gerade nicht aufgestellt; vielmehr wird eine Erfüllung der Rettungspflicht nach Maßgabe der *Staatsraison* für ausreichend gehalten. Da das *einzelne* Leben nach der stRspr des BVerfG einen „Höchstwert" darstellt (BVerfGE **39**, 1, 42; **46**, 160, 164; **49**, 24, 53), könnte es aber nicht *von Rechts wegen* zugleich wieder (durch Quantifizierung) relativiert werden. Das Unterlassen der Abwendung des (sicheren) Todes von Geiseln könnte daher mit dieser Begründung nicht nach § 34 gerechtfertigt sein; in Betracht käme nur eine *Entschuldigung* der Täter (vgl. auch *Dreier*

JZ **07**, 260, 264). Zu einem anderen Ergebnis gelangt man, wenn man zwischen *Verletzungsverboten* (Verbot aktiver Tötung) und *Rettungsgeboten* (Verpflichtung zur Rettung von Leben) unterscheidet (vgl. *Merkel* JZ **07**, 373, 380f.).

13 **C.** Auch der **Grad der drohenden Gefahren** (LK-*Zieschang* 60; MK-*Erb* 122; SK-*Günther* 44) ist abzuwägen, und zwar sowohl für das geschützte Rechtsgut als auch für das beeinträchtigte. Dabei ist sowohl das Ausmaß der Gefahr zu prüfen (durch die Tat wird zB nur die Gefahr eines geringfügigen Schadens von dem geschützten hochwertigen Rechtsgut abgewendet, das beeinträchtigte geringer wertige aber vernichtet) als auch ihre Nähe (war ein Aufschieben der Gefahrabwendung noch möglich?) und vor allem der Grad der Wahrscheinlichkeit des Schadenseintritts. Bei nur ganz geringer Wahrscheinlichkeit darf ein anderes Rechtsgut nur vernichtet werden, wenn sein Eigenwert gering ist (vgl. Prot. V/1797). In diesem Zusammenhang ist auch die Chance der Gefahrabwendung zu prüfen (vgl. Hamm VRS **20**, 232), vor allem bei riskanten Rettungshandlungen. Drohen qualitativ gleichartige Verluste (zB Vermögensschäden), so kann es gerechtfertigt sein, den **quantitativ** größeren Verlust abzuwenden (BGH **12**, 299; NJW **76**, 681 m. Anm. *Kienapfel* JR **77**, 27; *M/Zipf* 27/24; *Roxin* AT § 16, 38; NK-*Neumann* 79). Dass eine Abwägung zwischen abstrakt und konkret bedrohten Rechtsgütern regelmäßig zugunsten der Letzteren ausfallen müsste, lässt sich dagegen nicht sagen.

14 **D.** Die Tat muss nach **S. 2** ein **angemessenes Mittel** zur Gefahrabwendung sein, auch wenn das geschützte Interesse wesentlich überwiegt; § 34 verbindet insoweit Güterabwägungs- und Zwecktheorie (NJW **76**, 680). Nach verbreiteter Ansicht kommt der Angemessenheits-Klausel neben der Interessen-Übergewichts-Anforderung keine eigenständige Bedeutung zu (vgl. *Gallas* ZStW **80**, 26; *M/Zipf* 27/38; *Gropp* AT 6/145; *Stree* JuS **73**, 464; LK-*Zieschang* 79; *S/S-Lenckner/Perron* 46f.; *Krey* ZRP **75**, 98 mwN; *Küper* [1a; 1979] 95; *ders.* JZ **80**, 755; grds. auch *Roxin* AT I 16/94). Nach **aA** ist ein **zweiter Wertungsakt** erforderlich (*Jescheck/Weigend* § 33 IV 3d; *Wessels/Beulke* 310; *Grebing* GA **79**, 93; *Hruschka* JuS **79**, 390; *Joerden* GA **91**, 411; MK-*Erb* 167ff.; enger SK-*Günther* 50ff.), der zu einem **Ausschluss der Rechtfertigung** *trotz* Überwiegen des geschützten Interesses führen soll. Diskutiert werden insoweit insb. folgende **Fallgruppen**:

15 **a)** Eine Rechtfertigung ist ausgeschlossen, wenn dem Täter **zuzumuten** ist, die **Gefahr hinzunehmen.** Eine Lage, die nach § 35 ausdrücklich selbst die Entschuldigung ausschließen kann, schließt erst recht die Rechtfertigung aus (and. LK-*Zieschang* 78ff.; *Bernsmann,* Blau-FS 36). Sie kann zum einen gegeben sein, wenn der Täter in seiner **Stellung** zB als Soldat, Feuerwehrmann, Polizist, Seenothelfer u. dgl. verpflichtet ist, bestimmte Gefahren zu bestehen (E 1962, 159 vgl. *Küper* JZ **80**, 755; NK-*Neumann* 99ff.); zum anderen, wenn er die Notstandssituation vorwerfbar selbst **verursacht** hat und eine Gesamtabwägung unter Berücksichtigung dieses Umstandes die Tat als unangemessenes Mittel erscheinen lässt (vgl. Hamm VM **70**, 86; *Küper* [1a; 1983], 164f.; NK-*Neumann* 93ff.; krit. dazu *Puppe,* Küper-FS [2007] 443ff.).

16 **b)** Mangels Angemessenheit ausgeschlossen ist eine Rechtfertigung auch dann, wenn der Täter in **unantastbare Rechte** des Betroffenen eingreift (dazu schon oben 8ff.). Dass die Frage eines Eingriffs in das einer Abwägung nicht zugängliche *absolute* „Interesses" der Menschenwürde unter dem gesonderten Gesichtspunkt der Angemessenheit zu prüfen ist, mag zweifelhaft erscheinen (vgl. aber *Roxin* AT I, 16/95ff.); in Einzelfällen ist eine solche Prüfung trotz „Überwiegens" des geretteten Interesses erforderlich (*Roxin* AT I 16/100).

17 **4) Subjektiv** fordert § 34, dass der Täter handelt, um die Gefahr von sich oder einem bedrohten anderen (sog. Nothilfe) abzuwenden; andere Motive können daneben bestehen (zur parallelen Lage bei § 32 vgl. dort 25f.). Es reicht aus, wenn der Täter die tatsächlichen Voraussetzungen des Rechtfertigungsgrundes kennt (hM, vgl. etwa MK-*Erb* 215 zu § 32; *Lackner/Kühl* 17 zu § 17; *S/S-Lenckner* 14

361; *Amelung* JR **84**, 256; *Seelmann* ZStW **95**, 811; *Herzberg* GA **93**, 451; **aA** München NJW **72**, 2275 [m. abl. Anm. *Otto* NJW **73**, 668]; *Gössel* JuS **79**, 165). Selbst wenn eine spezielle Regelung gilt, soll diese nicht stets als abschließend anzusehen sein und bei unmittelbarer Gefahr für Leib oder Leben im Interesse der Funktionsfähigkeit des Staates der Eingriffsnorm widersprechende Abwehrmaßnahmen nach § 34 gerechtfertigt sein (vgl. zu §§ 31 ff GVG BGH **27**, 260; 277; BVerfGE **46**, 1; *Jescheck/Weigend* § 33 IV 3 d; *Vogel* NJW **78**, 1223).

Entschuldigender Notstand

35 **I Wer in einer gegenwärtigen, nicht anders abwendbaren Gefahr für Leben, Leib oder Freiheit eine rechtswidrige Tat begeht, um die Gefahr von sich, einem Angehörigen oder einer anderen ihm nahe stehenden Person abzuwenden, handelt ohne Schuld. Dies gilt nicht, soweit dem Täter nach den Umständen, namentlich weil er die Gefahr selbst verursacht hat oder weil er in einem besonderen Rechtsverhältnis stand, zugemutet werden konnte, die Gefahr hinzunehmen; jedoch kann die Strafe nach § 49 Abs. 1 gemildert werden, wenn der Täter nicht mit Rücksicht auf ein besonderes Rechtsverhältnis die Gefahr hinzunehmen hatte.**

II Nimmt der Täter bei Begehung der Tat irrig Umstände an, welche ihn nach Absatz 1 entschuldigen würden, so wird er nur dann bestraft, wenn er den Irrtum vermeiden konnte. Die Strafe ist nach § 49 Abs. 1 zu mildern.

1) Allgemeines. Die Vorschrift, in Anlehnung an § 40 E 1962 (Begr. 161; Ndschr. 2141 ff., 221; **12** 152 ff., 160 ff., 181 ff., 190 ff., 273) durch das 2. StrRG eingefügt (Ber. BT-Drs. V/4095, 16; Prot. V/1639, 1736, 1739, 1839 ff., 2111 ff., 2128), regelt den **entschuldigenden Notstand,** also einen Entschuldigungsgrund (14 ff. vor § 32; unten 9), und scheidet daher aus, wenn § 34 erfüllt ist (dort 22). 1

Literatur: *Bernsmann,* „Entschuldigung" durch Notstand, 1989 [Bespr. *Neumann* ZStW **109**, 610]; *ders.*, Blau-FS 23; *Frisch,* Überzeugungstaten und Strafrecht, Schroeder-FS (2006) 11; *Hardtung* ZStW **108**, 26; *Hillenkamp,* Miyazawa-FS 141 [Tötung des Familientyrannen]; *Kelker,* Der Nötigungsnotstand, 1993 [Bespr. *Bernsmann* ZStW **107**, 196]; *Küper,* Notstand und Zeit – Die „Dauergefahr" beim rechtfertigenden und entschuldigenden Notstand, Rudolphi-FS (2004) 151; *Lugert,* Zu den erhöht Gefahrtragungspflichtigen im differenzierten Notstand, 1991 [Bespr. *Otto* GA **93**, 282 u. *Bernsmann* ZStW **107**, 190]; *Meyer,* Die Problematik des Nötigungsnotstands auf der Grundlage eines Solidaritätsprinzips, GA **04**, 356; *Rengier,* Totschlag oder Mord und Freispruch aussichtslos? – Zur Tötung von (schlafenden) Familientyrannen, NStZ **04**, 233; *Schaffstein,* Stutte-FS 253; *Welzel* ZStW **63**, 47. Vgl. i. ü. 1 a zu § 34. 1 a

2) Nach I S. 1 sind **Voraussetzungen:**

A. Eine **gegenwärtige** (zur Dauergefahr BGH **48**, 255 [Bespr. *Hillenkamp* JZ **04**, 48; *Otto* NStZ **04**, 142; *Rengier* NStZ **04**, 233]; NJW **79**, 2053 f.; 3 StR 243/05), **nicht anders abwendbare** (vgl. BGH **48**, 255, 260 f. [dazu *Rengier* NStZ **04**, 233, 237]; NJW **66**, 1823, 1824 f. [*Bratpfannen-Fall*) **Gefahr** (vgl. BGH **18**, 271; dazu auch 3 bis 5 zu § 34; vgl. 2 StR 115/86; *Lenckner,* Lackner-FS 106; *Roxin* AT *§ 22, 15; NK-Neumann* 8 ff.) muss (abw. von § 34) für eines der enumerativ aufgezählten Rechtsgüter bestehen: 2

a) Leben; dh Gefahr des Todes eines Menschen; das *ungeborene* Leben ist nicht erfasst (LK-*Zieschang* 12; *Lackner/Kühl* 3; *Roxin* AT § 22, 24; MK-*Müssig* 13; NK-*Neumann* 14; **aA** *S/S-Lenckner/Perron* 5; SK-*Rudolphi* 4; hier bis 51. Aufl.); 3

b) Leib; die Zusammenstellung mit „Leben" ergibt, dass nicht jede drohende einfache Körperverletzung genügt, sondern nur eine schwerere (StV **94**, 127; NStZ **94**, 556; LK-*Zieschang* 13, 16; NK-*Neumann* 15; *Gülzow* Jura **83**, 103; vgl. auch MK-*Müssig* 14). 4

5 **c) Freiheit;** dh die körperliche Fortbewegungsfreiheit, wie sie durch § 239 geschützt wird (vgl. Prot. V/1851); nicht die Willensbetätigungsfreiheit (*H. J. Hirsch* JR **80**, 115; LK-*Zieschang* 14; MK-*Müssig* 15; *Hruschka* NJW **80**, 23; hierzu abw. *Schroeder* JuS **80**, 341; **aA** NJW **79**, 2053); auch nicht die (sexuelle) Selbstbestimmungsfreiheit (NK-*Neumann* 17; **aA** *Roxin* AT § 22, 28; hier bis 51. Aufl.) oder ein „Recht auf ein gewissenskonformes Leben" (Frankfurt StV **89**, 107).

6 **B.** Die **Ursache der Gefahr** ist, soweit nicht unten 11 eingreift, ohne Bedeutung. Sie kann auf ein Naturereignis oder behördliche Maßnahmen (Bay GA **73**, 208) zurückgehen, aber auch die Folge der Drohung eines anderen (sog. *Nötigungsnotstand*; vgl. dazu umf. *Kelker* 1993 [oben 1 a]; *Meyer* GA **04**, 356 ff.), möglicherweise eines Schuldunfähigen, sein (LK-*Zieschang* 25; NK-*Neumann* 53 zu § 34; vgl. auch MK-*Müssig* 21).

7 **C.** Die **Gefahr** muss **für** den **Täter selbst** oder einen seiner **Angehörigen** (2 ff. zu § 11; BGHR § 35 I Gef. geg. 1) bestehen oder für eine dem Täter tatsächlich **nahe stehende** (also existente; vgl. BVerfG NJW **95**, 2777) **Person,** dh einen Menschen, der dem Täter so verbunden ist, dass er eine Gefahr für jenen auch für sich selbst als Drucksituation empfinden kann (abw. Prot. V/1844); **zB** Verwandte, die nicht Angehörige sind; Lebensgefährten; *nahe* Freunde (Koblenz NJW **88**, 2317, hierzu krit. *Mitsch* JuS **89**, 964); Hausgenossen (vgl. auch *Roxin* JA **90**, 102; LK-*Zieschang* 35).

8 **D.** Der Täter muss handeln, **um die Gefahr abzuwenden;** es muss ihm also, auch wenn andere Motive mitspielen können (18 zu § 34), darauf ankommen, die Gefahr zu beseitigen (vgl. BGH **3**, 271; **35**, 350, hierzu *Küper* JZ **89**, 626; *Schaffstein* NStZ **89**, 153; *Herzberg* Jura **90**, 16, *Schumann* NStZ **90**, 32; *Roßmüller/Rohrer* Jura **90**, 582; OGH NJW **50**, 236). § 35 unterstellt, der Täter stehe, ohne dass das vom Gericht nachzuprüfen wäre, unter einem solchen psychischen Druck, dass ihm normgemäßes Verhalten nicht zuzumuten ist (so auch *Jakobs* 20/10; vgl. *Timpe* JuS **84**, 860). Fehlt es an dem subjektiven Entschuldigungselement, so entfällt die Entschuldigung auch dann, wenn 2 ff. und 7 objektiv gegeben sind, so dass der Täter wegen vollendeter Tat strafbar ist (*Roxin* § 22, 32; NK-*Neumann* 20; **aA** *Jakobs* 20/11).

9 **E. Ergebnis** ist, dass die Tat zwar rechtswidrig (also auch Notwehr gegen sie zulässig) bleibt, der Täter aber „ohne Schuld" handelt. § 35 normiert also einen **Schuldausschließungsgrund** (vgl. i. E. SK-*Rudolphi* 1 ff.). Er kann in Ausnahmefällen auch eingreifen, wenn der Täter unter besonders starker Einwirkung eines V-Mannes (8 zu § 26) gehandelt hat (NJW **86**, 75). Es spielt dabei grundsätzlich keine Rolle, welcher Art die gefahrabwendende Tat ist und ob das geschützte Interesse das beeinträchtigte überwiegt (BGH **2**, 243). Auch Unterlassungsdelikte wie §§ 138 und 323 c kommen in Betracht. Der **Teilnehmer** bleibt, wenn er nicht selbst als Nothelfer entschuldigt ist, strafbar (LK-*Zieschang* 71; *Neumann* JA **88**, 332; *Roxin* § 22, 66; vg. auch MK-*Müssig* 86 f.; **aA** SK-*Rudolphi* 21 u. ZStW **78**, 76).

10 **3)** Nach **I S. 2** gilt eine **Ausnahme** für den Fall, dass dem Täter trotz einer unterstellten psychischen Drucksituation nach den Umständen, dh sowohl den persönlichen des Täters oder des sonst Gefährdeten und des etwa Verletzten, nach ihren gegenseitigen Beziehungen, nach dem Verhältnis der in Betracht kommenden Rechtsgüter und Interessen, nach dem Ausmaß der Gefahr (11 zu § 34) für das geschützte und das beeinträchtigte Rechtsgut **zugemutet** werden konnte, die **Gefahr,** und damit einen etwaigen Schaden, **hinzunehmen.** Bei der Frage, ob die Gefahr auf zumutbare Weise abwendbar war, ist bei Angriffen auf das Leben als höchstes Rechtsgut ein strenger Maßstab anzulegen (NStZ **92**, 487). Als Anhaltspunkte für die Bewertung der Zumutbarkeitsfrage nennt das Gesetz zwei mögliche, aber nicht zwingende (*Lackner/Kühl* 7; *Blei* JA **75**, 307; LK-*Zieschang* 48; *S/S-Lenckner/Perron* 18; MK-*Müssig* 40; NK-*Neumann* 30; str.) Ausnahmen.

A. Das **1. Beispiel** nennt den Fall, dass der **Täter die Gefahr** und damit die Abwehrsituation **verursacht** hat. Damit sind nicht nur Fälle gemeint, in denen der Täter die Gefahrenlage provoziert (vgl. 42 ff. zu § 32; Bay MDR **55**, 247) oder sonst vorwerfbar herbeigeführt hat (5 StR 690/93; vgl. *Hamm* JZ **76**, 612); es reicht grds. das bloße Verursachen, wenn hieraus die Folgerung der Zumutbarkeit der Gefahr zu ziehen ist (LK-*Zieschang* 51; *S/S-Lenckner/Perron* 20; MK-*Müssig* 57; *M/Zipf* 34/5; *Timpe* JuS **85**, 36; *Roxin* AT § 22, 44 u. JA **90**, 138). Nicht nach I S. 2 ausgenommen ist der Fall, dass der Angehörige oder die dem Täter nahe stehende Person die Gefahr verursacht hat (Köln NJW **53**, 116; *S/S-Lenckner/Perron* 20; str.; vgl. *Lackner/Kühl* 8); es gilt hier I S. 1. Hat der Täter selbst die Gefahr für einen Angehörigen verursacht, wird ihm idR nicht schon deshalb zuzumuten sein, die diesem drohende Gefahr hinzunehmen (*Roxin* JA **90**, 140; *Jescheck/Weigend* § 44 III 2 a; SK-*Rudolphi* 17; *Lackner/Kühl* 10; LK-*Zieschang* 51; NK-*Neumann* 34, 38 f.; MK-*Müssig* 57; vgl. BGHR § 35 I Gef. geg. 2; 1 StR 481/94). Im Wesentlichen erfasst das Beispiel daher Fälle, in welchen der Täter eine ihm selbst drohende Gefahr verursacht hat; für die Frage der Zumutbarkeit kommt es im Rahmen einer **Gesamtbewertung** auf die **„Umstände"** an; hierzu zählen etwa eine Vorwerfbarkeit der Gefahrverursachung, das Verhältnis des bedrohten zu dem vom Täter verletzten Rechtsgut sowie mögliche Handlungsalternativen. Nach NJW **00**, 3079 hatte ein „Republikflüchtling" bei Konfrontation mit einem befehlsgemäß handelnden DDR-Grenzposten die Gefahr für seine Freiheit hinzunehmen; die heimtückische Tötung des Postens war daher nicht entschuldigt, weil der Täter sich mit schussbereiter Waffe in Kenntnis aller Risiken in die vorhergesehene Konfliktsituation mit dem bewaffneten Grenzposten begeben hatte (aber Doppelmilderung nach § 17 S. 2 und § 35 I S. 2; krit. Anm. *Renzikowski* JR **01**, 468). 11

B. Das **2. Beispiel** nennt den Fall, dass der Täter in einem **besonderen Rechtsverhältnis** steht und ihm deshalb die Hinnahme der Gefahr zugemutet werden kann. Ein solches Rechtsverhältnis (bloß moralische Pflichten scheiden aus; SK-*Rudolphi* 41) besteht **zB** für Soldaten (vgl. § 6 WStG), Seeleute (§ 29 II bis IV SeemannsG), Polizisten, Feuerwehrmänner, Wetterleute im Bergbau, Bergführer und Inhaber ähnlicher Funktionen (LK-*Zieschang* 57 f.; *Bernsmann,* Blau-FS 46), soweit es sich um die damit verbundenen typischen Gefahren handelt (NJW **64**, 730; vgl auch Oldenburg NJW **88**, 3217). Diese Gefahr muss idR dem Täter selbst drohen; eine Gefahrtragungspflicht für Dritte, namentlich auch Angehörige des Täters, kann aus dessen Rechtstellung nicht abgeleitet werden (and. SK-*Rudolphi* 45); steht umgekehrt ein Angehöriger in einem besonderen Verhältnis iS von S. 2 und ist diesem deshalb die Hinnahme der Gefahr zuzumuten, so gilt dies hinsichtlich der Rechtsgüter des Angehörigen aber auch für den Täter (vgl. dazu *S/S-Lenckner/Perron* 27 f.; *Timpe* JuS **85**, 38; *Roxin* JA **90**, 138; SK-*Rudolphi* 14). Fälle der **Unzumutbarkeit** trotz Bestehen eines besonderen Rechtsverhältnisses sind namentlich solche, in denen trotz der *allgemeinen* Pflicht des Täters, bestimmte Gefahren über das durchschnittliche Maß hinaus zu tragen, die ihm *konkret* drohende Rechtsgutsverletzung außer Verhältnis zu einer Verletzung des von ihm pflichtgemäß zu schützenden Rechtsguts steht (Feuerwehrmann zerstört vom Brand bedrohtes fremdes Eigentum, um erheblicher Verletzung zu entgehen). Dagegen ist nach der Systematik des I S. 2 eine Ausnahme zu **S. 2, HS 2** grds. ausgeschlossen: Wer *gerade diese* Gefahr „hinzunehmen hat", kann nicht, etwa aus Gründen der „Überzeugung" (vgl. dazu *Frisch*, Überzeugungstaten und Strafrecht, Schroeder-FS [2006] 11, 22 ff.), geltend machen, ihre Hinnahme sei unzumutbar. Denkbar wären insoweit allein **absolute** Grenzen einer rechtlich begründeten Hinnahmepflicht; etwa bei der „Pflicht" eines Soldaten, in den *sicheren* Tod zu gehen (vgl. auch NK-*Neumann* 44). 12

C. Außerhalb der Beispielsfälle kommt Zumutbarkeit in Betracht: gegenüber rechtmäßigen behördlichen Maßnahmen (11 ff. zu § 113); zB gegenüber einer 13

Verhaftung (*Timpe* JuS **85**, 36); anders kann das bei Zuständen sein, die vom Gesetz und der anordnenden Behörde nicht gewollt waren (5 StR 40/62).

14 Zumutbarkeit kann auch gegeben sein, wenn eine **geringfügige Gefahr** für Leib oder Freiheit durch eine unverhältnismäßig schwere Tat abgewendet werden soll (Prot. V/1846; LK-*Zieschang* 62); es kommt hier auf die konkreten Umstände des Falls an (vgl. BGH **2**, 243; NJW **64**, 730; 4 StR 578/84). In Fällen eines Meineids in einer Notstandslage ist die Anwendung des § 35 nicht ausgeschlossen (vgl. schon RG **66**, 98); eine Entschuldigung scheidet aber idR aus, wenn der Täter ein Zeugnisverweigerungsrecht hat und die Gefahr nur bei wahrheitsgemäßer Aussage droht (3 StR 206/69).

15 **D.** Eine **fakultative Milderung nach § 49 I** (dort 4) sieht I S. 2 (mit Ausnahme für die Fälle oben 12) für den Fall vor, dass dem Täter nicht zuzumuten war, die Gefahr hinzunehmen; bei der Entscheidung sind alle konkreten Umstände (oben 10) nochmals zu werten (auch SK-*Rudolphi* 18 a). Vor allem bei nicht verschuldeter Verursachung der Gefahr wird Milderung nahe liegen.

16 **4) Abs. II** regelt den **Irrtum** des Täters über Umstände, die ihn nach I entschuldigen würden. Es ist kein Tatbestandsirrtum nach § 16, da der Täter den Tatbestand vorsätzlich verwirklicht (vgl. NJW **52**, 113), sondern ein Irrtum eigener Art (*S/S-Lenckner/Perron* 39), der zum **Schuldausschluss** führt (BGH **48**, 255, 261 f.; vgl. GA **67**, 113; oben 9; *Spendel,* R. Schmitt-FS 213), wenn er unvermeidbar war, und zur **obligatorischen** (insoweit anders als in § 17) **Milderung** nach § 49 I bei Vermeidbarkeit des Irrtums (unten 18; 7 ff. zu § 17). II berücksichtigt die Vergleichbarkeit einer irrig angenommenen Notstandslage mit der wirklichen (I) aus psychologischer Sicht. II greift nicht ein, wenn der Täter das Vorliegen von Umständen nach I S. 2 nur für möglich hält, aber auch mit deren Fehlen rechnet (SK-*Rudolphi* 19 a; LK-*Zieschang* 74; vgl. NK-*Neumann* 64; MK-*Müssig* 84; zusf. *Roxin* JA **90**, 141).

17 **A. Nur solche Umstände** begründen den Putativnotstand des II, die den Täter, lägen sie vor, nach I entschuldigen würden, dh der Täter muss entweder irrig eine Notstandslage nach I S. 1 annehmen (1 bis 9) oder irrtümlich Umstände iS von I S. 2 (oben 10 bis 14) nicht erkennen. Bewertungs- und Subsumtionsirrtümer scheiden aus und können nur zu einem Verbotsirrtum führen; ebenso ein Irrtum über den Umfang des Schuldausschließungsgrundes.

18 **B.** Bei **vermeidbarem Irrtum** (7 ff. zu § 17 gilt sinngemäß; vgl. 5 StR 570/93) ist der Täter wegen vorsätzlicher Tat (es sei denn, es handle sich um ein Fahrlässigkeitsdelikt) zu bestrafen; doch ist die Strafe zwingend nach § 49 I zu mildern (II S. 2; vgl. 3 StR 243/05). Für die Frage der Vermeidbarkeit kommt es darauf an, ob der Täter mögliche Auswege aus der Konfliktlage gewissenhaft geprüft hat; die Anforderungen an diese Prüfungspflicht sind nach den konkreten Tatumständen zu bestimmen (BGH **48**, 255, 262; NStZ **92**, 487).

Fünfter Titel. Straflosigkeit parlamentarischer Äußerungen und Berichte

Parlamentarische Äußerungen

36 **Mitglieder des Bundestages, der Bundesversammlung oder eines Gesetzgebungsorgans eines Landes dürfen zu keiner Zeit wegen ihrer *Abstimmung oder* wegen einer Äußerung, die sie in der Körperschaft oder in einem ihrer Ausschüsse getan haben, außerhalb der Körperschaft zur Verantwortung gezogen werden. Dies gilt nicht für verleumderische Beleidigungen.**

1) Allgemeines. Die Vorschrift gilt idF durch das 2. StrRG. 1

Literatur: *Graul,* Indemnitätsschutz für Regierungsmitglieder?, NJW **91**, 1717; *Münzel* NJW **61**, 125; *Rinck* JZ **61**, 248; *M. Schröder,* Rechtsfragen des Indemnitätsschutzes, Der Staat, 1982, 25; *Walter,* Indemnität für Landtagsabgeordnete – Zum Regelungsgehalt des § 36 StGB, JZ **99**, 981; *Witte-Wegmann,* Parlamentarische Rechtsfreiheit auch für Regierungsmitglieder?, DVBl. **74**, 866; *Wolfrum,* Indemnität im Kompetenzkonflikt zwischen Bund u. Ländern, DÖV **82**, 674; *Wurbs,* Regelungsprobleme der Immunität u. Indemnität in der parlamentarischen Praxis, 1988. 1 a

EU-Recht: *Kreicker,* Die strafrechtliche Indemnität und Immunität der Mitglieder des Europäischen Parlaments, GA **04**, 643.

2) Die **Indemnität** stellt strafrechtlich im Gegensatz zur **Immunität,** die ein auf die Zeit des Mandats begrenztes Prozesshindernis bedeutet (Art. 46 II GG; GeschOBTag § 107 II, Anl. 6; Landesverfassungen; § 152a StPO; RiStBV 191 ff. und NStZ **92**, 94), sich aber auch auf sog. „mitgebrachte Verfahren" erstreckt (5 StR 674/85), einen über diese Zeit fortdauernden **persönlichen Strafausschließungsgrund** hinsichtlich bestimmter Äußerungsdelikte dar (Ber. BT-Drs. V/4095, 17). Teilnahme am Delikt durch einen nicht Privilegierten ist daher strafbar (LK-*Häger* 9; *B/Weber/Mitsch* 7/27), Notwehr gegen die Tat erlaubt, ihre Berücksichtigung im Rahmen des § 193 sowie Kompensation nach §§ 199, 233 möglich (hM). 2

3) Auf Mitglieder des **Bundestages,** der **Bundesversammlung** und der **Gesetzgebungsorgane eines Landes** bezieht sich § 36. Gesetzgebungsorgane eines Landes sind die Landtage und die Bürgerschaften der Stadtstaaten sowie der Bayerische Senat (Art. 38 ff. Bay Verf.), nicht hingegen zB die Provinziallandtage, Kreistage, Stadt- oder Gemeinderäte. Für die Landtagsabgeordneten gelten landesrechtliche Regelungen neben § 36 fort (München JuS **75**, 326; LG Koblenz NJW **61**, 125; SK-*Günther* 5; MK-*Joecks* 27 ff.; **aA** *M/Zipf* 11/42). Daraus folgt: Begeht der Abgeordnete die Tat innerhalb seines Landes, so gilt auch bei Strafverfolgung außerhalb (nach den Regeln des interlokalen Strafrechts, vgl. 24 vor § 3) die etwa weitergehende Verfassungsnorm seines Landes; begeht er jedoch die Tat außerhalb und wird sie auch außerhalb verfolgt, so greift allein § 36 ein, der ausschließlich strafrechtliche Bedeutung hat (E 1962, 162; StGH Bremen MDR **68**, 24; Ber. zum 2. StrRG 17; str.; **aA** *Rinck* aaO; *Jung* JuS **83**, 384; zum Streitstand i. E. *Walter* JZ **99**, 981 ff.; LK-*Häger* 13 ff.). 3

4) § 36 schützt nur die **Mitglieder** des Gesetzgebungsorgans des Landes der BRep. (NJW **54**, 1252), nicht auch Beamte oder Angestellte des Organs (NJW **81**, 2117). Minister, die zugleich Abgeordnete sind, sind nicht geschützt, wenn sie in ihrer Eigenschaft als Minister in den Gremien sprechen, da sie dann nicht der autonomen Ordnungsgewalt der Körperschaft unterliegen (str.; vgl. LK-*Häger* 30; MK-*Joecks* 14 ff.; *Maunz-Dürig* 22, 23 zu Art. 43, 8 zu Art. 46; *Graul* NJW **91**, 1717). Ob BT-Abgeordnete auch geschützt sind, wenn sie als Mitglieder des Vermittlungsausschusses tätig werden, lässt sich wegen der Sonderstellung des Ausschusses bezweifeln (verneinend *S/S-Lenckner/Perron* 4). Gleiches gilt für den Richterwahlausschuss (Art. 95 II GG, § 54 II GeschO-BTag, § 5 RichterwahlG; NK-*Neumann* 11) und für den Gemeinsamen Ausschuss nach Art. 53a GG (**aA** *S/S-Lenckner/Perron* 4; NK-*Neumann* 11). 4

5) *Äußerungen* jeder Art (mündlich, schriftlich, durch Gebärden, jedoch nicht bloße Tätlichkeiten) schützt § 36, wenn sie im Plenum der *Körperschaft* oder in einem ihrer Ausschüsse, dh in einem in ihr gebildeten selbstständigen Gremium, zB auch im Präsidium, einem Untersuchungsausschuss, der Parlamentarischen Kontrollkommission (Ges. v. 11. 4. 1978, BGBl. I 453; III 12–3) oder in einer Fraktion und deren Arbeitskreisen (LK-*Häger* 31 ff.; hM) getan werden und in Beziehung zur Tätigkeit des Organs stehen, wobei die Äußerung nach außerhalb der bestimmungsmäßigen Tagungsräume, zB bei einer Besichtigungsfahrt, fallen kann. Die besonders genannte **Abstimmung** ist eine Form der Äußerung. Nicht geschützt sind verleumderische Beleidigungen (§§ 187, 187a II, 90 III, 103) und Äußerun- 5 gen außerhalb der Gremien, zB bei Wahlversammlungen. Ob eine Verleumdung gegeben ist, entscheidet nicht die Körperschaft, sondern das Gericht.

Parlamentarische Berichte

37 Wahrheitsgetreue Berichte über die öffentlichen Sitzungen der in § 36 bezeichneten Körperschaften oder ihrer Ausschüsse bleiben von jeder Verantwortlichkeit frei.

1 **1)** Die Privilegierung der Parlamentsberichte durch § 37 idF des 2. StrRG stellt eine Erlaubnis für bestimmte Berichte und damit nach teilweise vertretener Ansicht einen **Rechtfertigungsgrund** für jeden an der Berichterstattung Beteiligten dar (Braunschweig NJW **53**, 516; SK-*Günther* 1; MK-*Joecks* 2). Nach zutr. **aA** ist die Berichterstattungsindemnität, soweit Berichte nicht schon nach § 193 gerechtfertigt sind, nicht anders zu beurteilen als die Indemnität von Abgeordneten selbst; § 37 regelt danach einen **sachlichen Strafausschließungsgrund** (*S/S-Lenckner/Perron* 1; *Lackner/Kühl* 1; LK-*Häger* 9; *B/Weber/Mitsch* 7/29; *Jescheck/Weigend* § 19 II 3; **aA** *Gropp* AT 8/15: persönlicher Strafausschließungsgrund); die Straflosigkeit gilt auch für Teilnehmer. Für Irrtumsfälle gelten 20 ff. zu § 16.

2 **2)** Nur auf Berichte über Sitzungen der in § 36 bezeichneten Körperschaften (und ihrer Ausschüsse; 2, 4 zu § 36) bezieht sich § 37 (vgl. NJW **54**, 1252; Braunschweig NJW **53**, 516). Für das Verhältnis zu den entsprechenden Verfassungsvorschriften der Länder gilt 2 zu § 36, doch ergeben sich Differenzen hier nur im Falle Art. 22 II BayVerf., der Wiedergaben von Ehrenverletzungen von der Privilegierung ausnimmt.

3 **3) Berichte** (schriftliche, mündliche, durch Hör- oder Bildfunk übermittelte) sind privilegiert, wenn sie den Verlauf öffentlicher Sitzungen der Gremien, und zwar grundsätzlich ohne Meinungsäußerungen des Berichterstatters, in einem Gesamtbericht (uU auch in Fortsetzungen) mindestens zu einem Punkt der Tagesordnung, wenn auch nicht wörtlich und lückenlos, so doch objektiv und umfassend richtig schildern, wobei auch persönliche Bemerkungen, Zwischenrufe und Tätlichkeiten mitgeteilt werden können, der Bericht sich aber nicht auf Einzelvorgänge in der Sitzung, zB einzelne Reden, beschränken darf (*Dreher* JZ **53**, 423; str.; and. LK-*Häger* 18; vgl. auch MK-*Joecks* 7 ff.).

Dritter Abschnitt

Rechtsfolgen der Tat

Vorbemerkungen

1) Überblick. Der Abschnitt enthält in den §§ 38 bis 76 a die grundlegenden Regelungen über die aus Anlass einer rechtswidrigen Straftat gegen **Erwachsene** zu verhängenden Rechtsfolgen. Die gegen **Jugendliche** zu erkennenden Rechtsfolgen unterscheiden sich hiervon wesentlich; sie sind in §§ 5 bis 32, §§ 57 bis 66, 88, 89, 93 a des JGG geregelt (Anh. 3); für **Heranwachsende** gelten sie nach Maßgabe des § 105 JGG (zur Anwendung, insb. zur Abgrenzung von Reifungsrückständen zu unbehebbaren Persönlichkeitsstörungen, vgl. 1 StR 211/01). Für **Soldaten** gelten §§ 3, 9 bis 14 a WStG. 1

Der Abschnitt enthält in §§ 38 bis 45 b Vorschriften über die Strafen, Nebenstrafe und Nebenfolgen, in §§ 46 bis 51 Regelungen über die **Strafzumessung,** die durch die §§ 52 bis 55 ergänzt werden, die die Grundsätze der Strafzumessung bei Verwirklichung mehrerer Straftaten **(Konkurrenz)** enthalten. §§ 56 bis 58 regeln die Strafaussetzung zur **Bewährung,** §§ 59 bis 60 die **Verwarnung** mit Strafvorbehalt und das **Absehen von Strafe.** §§ 61 bis 72 enthalten die Vorschriften über Anordnung, Aussetzung und Verbindung der **Maßregeln** der Besserung und Sicherung. §§ 73 bis 75 regeln **Verfall** und **Einziehung.** Damit sind die gegen Erwachsene aus Anlass einer rechtswidrigen Straftat zu verhängenden strafrechtlichen Rechtsfolgen grds **abschließend** aufgeführt (vgl. noch § 200). **Landesrechtliche Vorschriften** dürfen nur die in Art. 3 EGStGB zugelassenen Rechtsfolgen vorsehen. Das **Wehrstrafrecht** kennt als weitere Hauptstrafe den Strafarrest (§ 9 WStG), der in Ausnahmefällen mit Freiheitsstrafe ieS kombiniert werden kann (§ 13 II S. 2, III WStG); das WStG schränkt den Anwendungsbereich der Geldstrafe ein (§ 10 WStG) und hat eigene Vorschriften über die Strafaussetzung zur Bewährung bei Freiheitsstrafe und Strafarrest (§§ 14, 14 a WStG). 2

Das **Jugendstrafrecht** hat insoweit ein **besonderes Rechtsfolgensystem,** als es Erziehungsmaßregeln (§§ 9 ff. JGG) und Zuchtmittel (§§ 13 ff. JGG), als freiheitsentziehende Sanktion die Jugendstrafe (§§ 17 ff. JGG) und die Möglichkeit der Aussetzung zur Bewährung nicht nur der verhängten Strafe (§§ 21 ff. JGG), sondern auch bereits ihrer Verhängung selbst (§§ 27 ff. JGG) kennt. Die Jugendstrafe ist gegenüber der Freiheitsstrafe des § 38 die mildere Strafe; sie durch eine gleich hohe Freiheitsstrafe zu ersetzen, verstößt gegen das Schlechterstellungsverbot (BGH **29**, 269). Zur Anwendung des Jugendrechts auf **Heranwachsende** (§ 1 II JGG) und Milderung des allgemeinen Strafrechts für sie vgl. §§ 105, 106 JGG. Im Jugendstrafrecht gilt ein **eingeschränktes Maßregelsystem** (nach § 7 JGG nur die in § 61 Nr. 1, 2, 4 und 5 StGB genannten Maßregeln); es kennt die Nebenfolgen des StGB nicht (§ 6 JGG). 3

2) Zweispurigkeit. Das System der Rechtsfolgen, dh der staatlichen Reaktionen auf eine Straftat oder rechtswidrige Tat (§ 11 I Nr. 5; 9 vor § 25), ist **zweispurig** (1 vor § 61): Voraussetzungen und Zumessungsgrundlage (§ 46 I S. 1) der **Strafe** als „missbilligender öffentlicher Reaktion" (vgl. BVerfGE **105**, 135, 157; BVerfGE **109**, 133 [= NJW **04**, 739, 744]; NJW **05**, 2140, 2141; BGH [Z] NJW **03**, 3620) ist die Schuld des Täters, während die in die Zukunft gerichteten vorbeugenden **Maßnahmen** (§ 11 I Nr. 8), vor allem die Maßregeln der Besserung und Sicherung (§§ 61 ff.), dem Schutzzweck des Strafrechts dienen und daher auch ohne Schuld des Täters oder wenigstens unabhängig vom Maß der Schuld angeordnet werden können (vgl. dazu BVerfGE **109**, 133 = NJW **04**, 739 [Urt. v. 5. 2. 2004, 2 BvR 2029/01], Rn. 133 ff., 145 ff.; BVerfGE **109**, 190 = NJW **04**, 750 [*Urt. v. 10.* 2. 2004, 2 BvR 834/02], Rn. 98 ff.; jeweils zu § 66). 4

A. Strafen sind als sog. Hauptstrafen die **Geldstrafe** und die (nicht mehr in Zuchthaus, Gefängnis und Haft differenzierte; so seit 1. 1. 2007 auch das schweizerische StGB) **Freiheitsstrafe**, die als solche auch kombiniert werden können (§§ 41, 53 II S. 2); für ihre alternative Wahl gilt die Regel des § 47. (Zu den Hauptstrafen können zusätzlich als **Nebenstrafen** treten das Fahrverbot (§ 44), der Verlust von Fähigkeiten und Rechten (§ 45 II, V) sowie in gewissen Fällen die grds. zu den Maßnahmen gehörende Einziehung (2 zu § 74); Nebenstrafe ist auch das Verbot der Jagdausübung (§ 41 a BJagdG). **Nebenfolgen** sind der automatisch an eine Hauptstrafe geknüpfte Verlust der Amtsfähigkeit, der Wählbarkeit und des 5

Stimmrechts (§ 45 I) sowie die Bekanntmachung der Verurteilung nach den §§ 165, 200.

6 **B. Maßnahmen** sind nach § 11 I Nr. 8 **Maßregeln der Besserung und Sicherung,** die teils freiheitsentziehende (§ 61 Nr. 1 bis 3), teils solche ohne Freiheitsentziehung (§ 61 Nr. 4 bis 6) sind, miteinander kombiniert (§ 72) und größtenteils auch zur Bewährung ausgesetzt werden können (§§ 67b, 67c, 67d II, 70a) und dann mit der Führungsaufsicht verbunden werden (§ 68 II). Teils sind sie an gleichzeitige Verurteilung zu Strafe gebunden (§§ 66, 68 I), idR können sie aber auch ohne solche Verurteilung gegenüber Tätern ohne Schuld angeordnet (§§ 63, 64, 69, 70; vgl. auch § 71), jedoch auch mit Strafen kombiniert werden.

7 **3) Reform.** An dem Sanktionensystem des StGB wird aus unterschiedlichen Richtungen Kritik geübt (vgl. zusf. auch *Kaiser,* Roxin-FS 989). Sie richtet sich gegen eine als zu gering angesehene **Flexibilität,** insb. unter **präventiven** Gesichtspunkten; weiterhin gegen unerwünschte und ihrerseits kriminogene mögliche **Folgewirkungen,** die eine zu geringe Berücksichtigung von **Opfer-** und Wiedergutmachungsinteressen, aber auch gegen die lebenslange Freiheitsstrafe als absolute Strafdrohung. Auf Kritik und zunehmenden internationalen Druck stößt die Anbindung der Kriminalstrafe ausschließlich an *persönliche* Schuld in Fällen der **„Verbands"-** und Organisationskriminalität. Die gesetzliche Regelung und praktische Umsetzung der **Abschöpfung** von Straftatgewinnen wird als unzureichend angesehen. Vgl. dazu auch die Erläuterungen zu den einzelnen Titeln. Im Rahmen einer **Europäischen Harmonisierung** des Strafrechts wird namentlich eine **Strafrahmen**-Harmonisierung angestrebt (vgl. dazu *Ratsdok.* 7991/02 v. 25./26. 4. 2002, S. 4 [Strafrahmen]; 5299/03 v. 23. 1. 2003 [Verfall und Einziehung]; *Vogel* GA **03**, 314, 329f. mwN).

8 Die BReg. hat im Januar 1998 eine **Kommission** zur Reform des strafrechtlichen Sanktionensystems eingesetzt (vgl. recht **98**, 10; DiskussionsE Hessen, BR-Drs. 690/98; dazu *Hamm* NJW **98**, 662f.; *Krekeler* Hanack-FS 653ff.; *Wegener* ZRP **99**, 187), die im März 2000 ihren **Schlussbericht** vorgelegt hat (*Hettinger* [Hrsg.], Reform des Sanktionenrechts, Bd. I, II, 2001; vgl. dazu auch *Rautenberg* NJ **99**, 449; *Wolters* ZStW **114**, 63ff.; *Wilkitzki* GA **06**, 398ff.). Die Kommission hat folgende Änderungen des Sanktionensystems vorgeschlagen: **a)** Einführung der **Einheitsstrafe** unter Beibehaltung des Konkurrenzsystems (mit Erhöhung der Höchststrafe bei Realkonkurrenz) und Möglichkeit einer **Zusatzstrafe** in den Fällen des § 55 (unter Aufgabe der Zäsurwirkung einer früheren Verurteilung); **b)** Schaffung der Möglichkeit zur Ersetzung von Geldstrafen und kurzfristigen Freiheitsstrafen durch **gemeinnützige Arbeit** und von Geldstrafen durch **Wiedergutmachungsleistungen** (zur gemeinnützigen Arbeit als *selbstständige* Sanktion vgl. auch *Böhm* ZRP **98**, 360; *Feuerhelm* BewHi **98**, 400); **c)** Aufstufung des **Fahrverbots** zur Hauptstrafe von bis zu 6 Monaten bei Straftaten im Zusammenhang mit dem Führen von Kraftfahrzeugen (vgl. schon *Schöch,* Gutachten C zum DJT 1992,; befürwortend und teilw. weiter gehend [auch bei nicht verkehrsbezogenen Taten] u. a. DRB DRiZ **99**, 210; *Heghmanns* ZRP **99**, 297; *Roxin,* Zipf-GS [1999] 135, 146; *Wilkitzki,* in: *Jehle* [Hrsg.], Täterbehandlung und neue Sanktionsformen, 2000, 447, 451; *Wolters* ZStW **114** [2002] 63, 72; *König* DRiZ **03**, 267, 269; *Stöckel,* Gössel-FS 329, 336f.; vgl. dazu auch *Julius* ZStW **111**, 889, 903ff. [Tagungsbericht Strafrechtslehrertagung 1999] sowie BT-Drs. 14/9358, 3, 10f.; 15/2725, 7, 22f., 36; eher krit. *von Selle* JR **02**, 227, 230f.; *Franke* ZRP **02**, 20, 21f.; *Streng* ZRP **04**, 237, 238ff.); **d)** Ausdehnung des Anwendungsbereichs der **Verwarnung mit Strafvorbehalt** (u. a. Umwandlung des § 59 I in eine zwingende Vorschrift; Streichung von § 59 II). **Abgelehnt** hat die Kommission **a)** die Einführung eines „Strafgeldes" für Delikte der Kleinkriminalität (vgl. dazu *Weßlau* DRiZ **99**, 225 u. StV **99**, 278ff.; *Sprenger/Fischer* DRiZ **00**, 111; 9 zu § 248a); **b)** die Einführung des **elektronisch überwachten Hausarrests** als selbstständige Sanktion (vgl. dazu auch 6 zu § 56c); **c)** die Einführung der **Verbandsstrafe** für juristische Personen und Personenvereinigungen (vgl. auch 1c zu § 14). Weitergehende Vorschläge betreffen eine gesetzliche Regelung der **actio libera in causa** sowie den Ausschluss einer auf § 21 gestützten Strafrahmensenkung bei **selbstverschuldeter Trunkenheit.**

9 *Der E eines* ***G zur Einführung der gemeinnützigen*** **Arbeit** als strafrechtliche Sanktion (BT-Drs. 14/762; vgl. schon BR-Drs. 82/98) ist in der 14. WP nicht weiterberaten worden; ebenso nicht der E eines **G zur Verbesserung des strafrechtlichen Sanktionensystems** (BT-Drs. 14/761; vgl. schon BT-Drs. 13/9612). Eine Möglichkeit zur Verhängung eines **Fahrverbots** als selbstständige Hauptstrafe bei Delikten im Zusammenhang mit dem Führen

von Kraftfahrzeugen sah schon der SPD-E (BT-Drs. 13/4462) vor. Ein GesA Bayerns zur Einführung eines Fahrverbots als Hauptstrafe unter Verzicht auf die Anknüpfung an Taten im Zusammenhang mit dem Führen von Kfz (BR-Drs. 499/99; vgl. auch GesA Bay BR-Drs. 637/00; MV, BR-Drs. 759/00) fand im BRat keine Mehrheit (vgl. auch *Röwer* BA **01**, 90; *Stöckel* BA **01**, 99). Die BReg. hat auf der Grundlage des Abschlussberichts der Kommission noch in der 14. WP einen RegE eines **G zur Reform des strafrechtlichen Sanktionensystems** vorgelegt (8. 12. 2000; vgl. dazu *Helgerth/Krauß* ZRP **01**, 281; umf. Darstellung bei *Wolters* ZStW **114**, 63 ff.). In der **15. WP** wurde von der BReg im Jahr 2003 **GesE** eines Gesetzes zur Änderung des strafrechtlichen Sanktionensystems eingebracht (BT-Drs. 15/2725); auch er ist nicht weiter beraten worden.

Neuere Literatur (Auswahl): *Albrecht*, Der elektronische Hausarrest, MSchrKrim **02**, 84; **10**
Bittmann, Der Gesetzentwurf zur Reform des Sanktionenrechts, NJ **01**, 509; *Britz,* Strafe u. Schmerz – eine Annäherung, Müller-Dietz-FS 73; *Dannecker,* Zur Notwendigkeit der Einführung kriminalrechtlicher Sanktionen gegen Verbände, GA **01**, 101; *Dolde/Rössner,* Freiheitsstrafe als Freizeitstrafe, ZStW **99**, 424; *Drope*, Strafprozessuale Probleme bei Einführung einer Verbandsstrafe, 2002; *Eisenberg* HdbKrim. V 15 [auch kriminalstatistisch]; *Dietz Ripollés,* Symbolisches Strafrecht u. die Wirkungen der Strafe, ZStW **113** (2001), 516; *v. Freier,* Kritik der Verbandsstrafe, 1998 [Rez. *Peglau* wistra **99**, 375]; *Freund,* Straftatbestand u. Rechtsfolgenbestimmung, GA **99**, 509; *Frisch/v. Hirsch/Albrecht* (Hrsg.), Tatproportionalität. Normative und empirische Aspekte einer tatproportionalen Strafzumessung, 2003; *Geiger*, Die Rechtsnatur der Sanktion. Zur erforderlichen Differenzierung in einen formellenn und materiellen Strafbegriff, veranschaulicht am Beispiel der §§ 56 ff. StGB, 2006, (Diss. Tübingen 2004); *Haeusermann,* Der Verband als Straftäter und Strafprozesssubjekt, 2003 (Diss. Freiburg); *Hefendehl*, Argumente für und wider die Etablierung einer Unternehmensstrafbarkeit, MSchrKrim **03**, 27; *Heine*, Die strafrechtliche Verantwortlichkeit von Unternehmen, 1995; *Heinz*, Sanktionspraxis in der Bundesrepublik Deutschland im Spiegel der Rechtspflegestatistiken, ZStW **111** (1999), 461; *ders.*, Was ist Strafe? Eine empirische Annäherung, Jung-FS (2007) 273; *Heitzer,* Punitive Sanktionen im Europäischen Gemeinschaftsrecht, 1997; *Hetzer,* Schuldlose Sanktionssubjekte?, wistra **99**, 361; *Horn,* Die strafrechtlichen Sanktionen, 1975; ders., JZ **92**, 828; *Hudy,* Elektronisch überwachter Hausarrest, 1999; *Jakobs,* Strafbarkeit juristischer Personen?, Lüderssen-FS (2002), 559; *Jehle* (Hrsg.), Täterbehandlung u. neue Sanktionsformen, 2000; *Jescheck,* Klug-FS 257; *Jung,* Sanktionensysteme u. Menschenrechte, 1992; *ders.,* Prüfsteine für das strafrechtliche Sanktionssystem, GA **93**, 535; *ders.*, Was ist Strafe?, 2002; *ders.*, Was ist eine gerechte Strafe?, JZ **04**, 1155; *Jung/Müller-Dietz* (Hrsg.), Langer Freiheitsentzug – wie lange noch?, 1994; *Kaiser,* Wandlungen der Kriminalpolitik seit der Großen Strafrechtsreform, Roxin-FS (2001) 989; *ders.*, Erziehung und Strafe in der Postmoderne, Böttcher-FS (2007) 283; *Kühl*, Konsequenzen der Sanktion „Strafe" für das materielle und formelle Strafrecht, Richter II-FS (2006) 341; *Lampe*, Strafphilosophie, 1999; *Kubink*, Strafen und ihre Alternativen im zeitlichen Wandel, 2002; *Lüderssen,* Bemmann-FS 46 [Freiheitsstrafe ohne Funktion]; *Müller-Dietz,* Grundfragen 67 u. NStZ **83**, 148; *Neumann*, Institution, Zweck und Funktion staatlicher Strafe, Jakobs-FS (2007) 435; *Puppe,* Strafrecht als Kommunikation, Grünwald-FS 469; *Radtke* u. a. (Hrsg.), Muss Strafe sein?, 2004; *Rautenberg,* Die Reform des strafrechtlichen Sanktionensystems, NJ **99**, 449; *Rössner* NStZ **92**, 409; *R. Schmitt,* Würtenberger-FS 277; *Schöch,* Gutachten DJT 1992, 97; *ders.,* Die Rechtswirklichkeit u. präventive Effizienz strafrechtl. Sanktionen, in *Jehle*: (Hrsg.), Kriminalprävention u. Strafjustiz, 1996, 291; *Seebode,* Stree/Wessels-FS 405 [zweispurige Freiheitsstrafe]; *Selle*, Die Reform des Sanktionenrechts, JR **02**, 227; *Stöckel*, Strafen mit Fantasie – zur Frage neuer Sanktionen im Strafrecht, Gössel-FS (2002), 329; *ders.*, Gedanken zur Reform des Sanktionenrechts, Böttcher-FS (2007) 617; *Streng,* Strafrechtliche Sanktionen, 2. Aufl. 2002; *ders.,* Modernes Sanktionenrecht?, ZStW **111** (1999), 827; *ders.*, Strafzumessungsvorstellungen von Laien. Grundlagen für eine Kriminalpolitik jenseits des „politisch-publizistischen Verstärkerkreislaufs", MSchrKrim **04**, 127; *Terdenge,* Strafsanktionen in Gesetzgebung u. Gerichtspraxis, 1983; *Walther,* Was soll „Strafe"?, Grundzüge eines zeitgemäßen Sanktionssystems, ZStW **111**, *123; Weigend* GA **92**, 345; *Weßlau,* In welche Richtung geht die Reform des Sanktionssystems?, StV **99**, 278; *Wilkitzki*, Vom Beruf unserer Zeit zur Sanktionenrefprm, GA **06**, 398; *Wittenstamm,* Elektronischer Hausarrest?, 1999; *v. Woldenberg,* Diversion im Spannungsfeld zwischen „Betreuungsjustiz" u. Rechtsstaatlichkeit, 1993; *Wolters,* Der Entwurf eines „Gesetzes zur Reform des Sanktionenrechts, ZStW **114** (2002), 63 ff.

Rechtsvergleichend: *Cerezo Mir*, Die strafrechtliche Behandlung der gefährlichen Gewohnheitsverbrecher im spanischen Strafrecht, Gössel-FS (2002), 317; *Heine*, Strafbarkeit des Unternehmens in der Schweiz, ZStrR 03, 24; *Jescheck,* Die Freiheitsstrafe u. ihre Surrogate im deutschen u. ausländischen Recht 1983/84, 3 Bde. insb. S. 1939 ff. (zit. *Jescheck* FreihStr.); *Kunz*, Zwei Schritte vor und (mindestens) einen zurück: Aspekte der Sanktionenreform in der Schweiz, Jung-FS (2007) 467; *Schaeferdiek,* Die kurze Freiheitsstrafe im schwedischen u.

deutschen Strafrecht, 1997; *Zeder,* Ein Strafrecht juristischer Personen. Grundzüge einer Regelung in Österreich, ÖJZ **01**, 630; *Zieschang,* Das Sanktionensystem in der Reform des französischen Strafrechts im Vergleich mit dem deutschen Strafrecht, 1992 [Bespr. *Blau* GA **93**, 431].

Erster Titel. Strafen

Freiheitsstrafe

Dauer der Freiheitsstrafe

38 **I Die Freiheitsstrafe ist zeitig, wenn das Gesetz nicht lebenslange Freiheitsstrafe androht.**

II Das Höchstmaß der zeitigen Freiheitsstrafe ist fünfzehn Jahre, ihr Mindestmaß ein Monat.

1 **1) Allgemeines.** Die Vorschrift idF des 2. StrRG hat die früheren vier Strafarten (Zuchthaus, Gefängnis, Einschließung und Haft) zur **Freiheitsstrafe** (Ber. BT-Drs. V/4094, 8) zusammengefasst; das Mindestmaß wurde auf einen Monat heraufgesetzt, um kurze Freiheitsstrafen zurückzudrängen (vgl. *Tiedemann* ZStW **86**, 335 f.; Zipf JuS **74**, 138; *Horstkotte* ZStW Beih. 1974, 46; BMJ-FS 349 ff.; *Kürzinger* in: *Jescheck* FreihStr. S. 1800; *Mitsch* JA **93**, 225; krit. *Weigend* JZ **86**, 260; vgl. auch 5 zu § 47).

1a **Literatur:** *Albrecht,* Spezialprävention angesichts neuer Tätergruppen, ZStW **97** (1985), 831; *Androulakis,* Über den Primat der Strafe, ZStW **108** (1996), 300; *Badura,* Generalprävention u. Würde des Menschen, JZ **64**, 337; *Baratta,* Integrations-Prävention. Eine systemtheoretische Neubegründung der Strafe, KrimJ **84**, 132; *Baumann,* Strafe als soziale Aufgabe, Noll-GedS 27; *Baurmann,* Vorüberlegungen zu einer empirischen Theorie der positiven Generalprävention, GA **94**, 368; *Blau/Franke,* Diversion u. Schlichtung, ZStW **96** (1984), 485; *Bock,* Ideen u. Schimären im Strafrecht. Rechtssoziologische Anmerkungen zur Dogmatik der positiven Generalprävention, ZStW **103** (1991), 636; *ders.,* Kriminologie u. Spezialprävention, ZStW **102** (1990), 504; *Böllinger,* Generalprävention als Sozialisationsfaktor?, KrimJ **87**, 32; *Bönitz,* Strafgesetze u. Verhaltenssteuerung. Zur generalpräventiven Wirksamkeit staatlicher Strafdrohung, 1991; *Bussmann,* Das Konzept „Versöhnung statt Strafe", MSchrKrim **86**, 152; *Callies,* Theorie der Strafe im demokratischen u. sozialen Rechtsstaat, 1973; *Dölling,* Generalprävention durch Strafrecht: Realität oder Illusion?, ZStW **102** (1990), 1; *Eisenberg,* Strafe u. freiheitsentziehende Maßnahme, 1967; *Foth,* Bemerkungen zur Generalprävention, NStZ **90**, 219; *Freund,* Der Zweckgedanke im Strafrecht, GA **95**, 4; *Frisch,* Schwächen u. berechtigte Aspekte der Theorie der positiven Generalprävention (usw.), in: *Schünemann/v. Hirsch/Jareborg* (Hrsg.), Positive Generalprävention, 1998; *Frommel,* Präventionsmodelle in der deutschen Strafzweck-Diskussion, 1987; *Gephart,* Strafe u. Verbrechen (usw.), 1990; *Gössel,* Wesen u. Begründung der strafrechtlichen Sanktionen, Pfeiffer-FS 3; *Grasnick,* Über Schuld, Strafe und Sprache, 1987; *Haffke,* Tiefenpsychologie u. Generalprävention, 1976; *Hassemer,* Prävention im Strafrecht, JuS **87**, 257; *ders.,* Variationen der positiven Generalprävention, in: *Schünemann* u. a. (Hrsg.), Positive Generalprävention, 1998, 29; *ders.,* Generalprävention u. Strafzumessung, in: *Hassemer/Lüderssen/Naucke* (Hrsg.), Hauptprobleme der Generalprävention, 1979, 29; *v. Hentig,* Die Strafe, Bd. I 1954; Bd. II 1955; *Herzog,* Die „dritte Dimension" der Verbrechensbekämpfung: Abschöpfen von Verbrechergewinn, KJ **87**, 321; *ders.,* Prävention des Unrechts oder Manifestation des Rechts, 1987; *Hettinger,* Die Strafrahmen des StGB nach dem Sechsten Strafrechtsreformgesetz, Küper-FS (2007) 95; *Hirsch,* Das Schuldprinzip u. seine Funktion im Strafrecht, ZStW **106** (1994), 746; *Hörnle,* Tatproportionale Strafzumessung, 1999 (Diss. München 1998); *dies./v. Hirsch,* Positive Generalprävention u. Tadel, GA **95**, 261; *Jakobs,* Schuld u. Prävention, 1976; *ders.,* Das Schuldprinzip, 1993; *Jung,* Sanktionensysteme u. Menschenrechte, 1992; *Kaiser,* Was wissen wir von der Strafe?, Bockelmann-FS 923; *Kargl,* Friede durch Vergeltung. Über den Zusammenhang von Sache u. Zweck im Strafbegriff, GA **98**, 53; *Arth. Kaufmann,* Über die gerechte Strafe, H. Kaufmann-GedS 425; *Kindhäuser,* Personalität, Schuld u. Vergeltung, GA **89**, 493; *Köhler,* Der Begriff der Strafe, 1986; *Koriath,* Über Vereinigungstheorien als Rechtfertigung staatlicher Strafe, Jura **95**, 625; *Kratzsch,* Unrecht u. Prävention, GA **89**, 49; *Kunz,* Prävention u. gerechte Zurechnung (usw.), ZStW **98** (1986), 823; *Lange,* Systematik der Strafdrohungen, in: Mat. zur Strafrechtsreform, Bd. I, 1954, 69; *Lüderssen,* Die Krise des öffentlichen Strafanspruchs, 1989; *ders.,* Freiheitsstrafe ohne Funktion, Baumann-FS 47; *Mir Puig,* Die begründende u. die begrenzende Funktion der positiven Generalprävention, ZStW **102** (1990), 914; *Montenbruck,* Integrationsprävention u. Strafrecht (usw.), Jescheck-FS, Bd. II, 813;

Müller-Tuckfeld, Integrationsprävention, 1998; *Neumann,* Zur Bedeutung von Modellen in der Dogmatik des Strafzumessungsrechts (usw.), Spendel-FS 435; *ders.,* Normative Kritik an der positiven Generalprävention – 10 Thesen, in: *Schünemann* u. a. (Hrsg.), Positive Generalprävention, 1998, 147; *Noll,* Die ethische Begründung der Strafe, 1962; *ders.,* Schuld und Prävention unter dem Gesichtspunkt der Rationalisierung des Strafrechts, H. Mayer-FS 219; *Oswald,* Psychologie des richterlichen Strafens, 1994; *Otto, H.J.,* Generalprävention u. externe Verhaltenskontrolle, 1982; *Roxin,* Das Schuldprinzip im Wandel, Arth. Kaufmann-FS 519; *ders.,* Die Wiedergutmachung im System der Strafzwecke, in: *Schöch* (Hrsg.), Wiedergutmachung u. Strafrecht, 1987, 37; *Schöch,* Empirische Grundlagen der Generalprävention, Jescheck-FS, Bd. II, 1081; *ders.,* Grundlagen u. Wirkungen der Strafe, Schaffstein-FS 255; *Schumann,* Positive Generalprävention – Ergebnisse u. Chancen der Forschung, 1989; *Schünemann,* Die Funktion des Schuldprinzips im Präventionsstrafrechts, in: *ders.,* (Hrsg.), Grundfragen des modernen Strafrechtssystems, 1984, 153; *ders./v. Hirsch/Jareborg* (Hrsg.), Positive Generalprävention, 1998; *Seebode,* „Freiheitsstrafe", ein Blankett des Strafgesetzbuchs, Küper-FS (2007) 577; *Sessar,* Schadenswiedergutmachung in einer künftigen Kriminalpolitik, Leferenz-FS 145; *Stratenwerth,* Tatschuld u. Strafzumessung, 1972; *Streng,* Strafrechtliche Sanktionen, 1991; *ders.,* Schuld, Vergeltung, Generalprävention, ZStW **92** (1980), 637; *Terdenge,* Strafsanktionen in Gesetzgebung u. Gerichtspraxis, 1983; *Volk,* Der Begriff der Strafe in der Rspr des BVerfG, ZStW **83** (1971), 405; *Weis,* Staatliche Strafen (usw.), Blau-FS 405; *Wolff,* Das neuere Verständnis von Generalprävention u. seine Tauglichkeit für eine Antwort auf Kriminalität, ZStW **97** (1985), 786.

Speziell zur lebenslangen Freiheitsstrafe (Auswahl):
Arzt, ZStW **83** (1971), 23; *Beckmann,* GA **79**, 441; *Bock/Mährlein,* Die lebenslange Freiheitsstrafe in verfassungsrechtlicher Sicht, ZRP **97**, 376; *Grünwald,* Überlegungen zur lebenslangen Freiheitsstrafe, Bemmann-FS 161; *Jeschek/Triffterer,* Ist die lebenslange Freiheitsstrafe verfassungswidrig?, 1978; *Jung/Müller-Dietz* (Hrsg.), Langer Freiheitsentzug – wie lange noch?, 1994; *Laubenthal,* Lebenslange Freiheitsstrafe, 1987; *Lüderssen,* Freiheitsstrafe ohne Funktion, Bemmann-FS 47; *Nickolei/Reindl,* Lebenslänglich, 1993; *Röhl,* Über die lebenslange Freiheitsstrafe, 1969; *Rolinski,* Lebenslange Freiheitsstrafe und ihr Vollzug, Schwind-FS (2006) 635; *Weber,* Die Abschaffung der lebenslangen Freiheitsstrafe, 1999.

2) Freiheitsstrafe. Den **Begriff** der Freiheitsstrafe verwendet das StGB nicht stets ieS des § 38. Neben der Freiheitsstrafe sind im Jugendstrafrecht die **Jugendstrafe** und im Bereich des WStG der **Strafarrest** erhalten geblieben. Folglich ist zwischen Freiheitsstrafe iS jeder freiheitsentziehenden Strafe, dh unter Einschluss von Jugendstrafe und Strafarrest, und der Freiheitsstrafe ieS des § 38 zu unterscheiden. An manchen Stellen kommt auch Freiheitsstrafe iS des § 38 und Strafarrest, aber nicht Jugendstrafe in Betracht (so in §§ 12 II, 53, 54 III) oder nur Freiheitsstrafe iS des § 38 und Jugendstrafe, nicht aber Strafarrest (so in §§ 60, 66 I Nr. 1, § 67b I S. 2, §§ 67c I, 67d, 68f., 79 III, V). Es muss jeweils nach dem Sinngehalt der Vorschrift festgestellt werden, welcher Begriff gemeint ist. Für den **Vollzug** der Freiheitsstrafe gilt seit 1. 1. 1977 das **StVollzG**; das G zur Änderung des GG v. 28. 8. 2006 (BGBl I 2034) hat die konkurrierende Gesetzgebungszuständigkeit des Bundes ab 1. 9. 2006 insoweit beseitigt (vgl. auch Art. 125a GG), so dass die Ausgestaltung des Strafvollzugs nun in die **Kompetenz der Länder** fällt (Art. 70 GG; krit. dazu *Seebode*, Küper-FS [2007] 577ff.). 2

3) Dauer der Freiheitsstrafe. Die Freiheitsstrafe als gewaltsame Beschränkung der Fortbewegungsfreiheit durch Einschließung ist kein punktuelles, sondern ein quantifizierbares Übel; es wird in **„Zeitquanten"** zugefügt, welche einerseits das **Maß der Schuld** ausdrücken, andererseits – nicht ohne Widersprüche – in **Geld** umrechenbar sein sollen (vgl. §§ 40 I, 43). Die **Todesstrafe ist abgeschafft** (Art. 102 GG; vgl. Bekanntm. v. 29. 9. 1989 [BGBl. II 814]; *Koch,* Das Ende der Todesstrafe in Deutschland, JZ **07**, 719; vgl. dazu auch Referate in ZIS **06**, Heft 8; *Schöch,* Die Todesstrafe aus viktimologischer Sicht, Jung-FS [2007] 865). Damit ist zum Ausdruck gebracht, dass die Strafe in keiner ihrer Formen auf die *Vernichtung* des Schuldigen als „Feind" abzielt. Das gilt auch für die absolute Strafe (vgl. BVerfGE **45**, 187, 229ff.; **50**, 12; **54**, 108; NJW **76**, 1755). 3

A. Lebenslange Freiheitsstrafe. Die lebenslange Freiheitsstrafe ist als **absolute** Strafe angedroht in § 211 (Mord) und §§ 6, 7 I Nr. 1 und 2, 8 I Nr. 1, IV VStGB, mit der Möglichkeit einer milderen Strafe auch in den §§ 80, 81 I, 94 II, 97a, 4

100 II, 176b, 178, 212 II, 239a II, 251, 252, 255, 306c, 307 III Nr. 1, §§ 308 III, 309 IV, 313 II, 314 II, 316a III, 316c III; (Stat.: BT-Drs. 13/4830). Sie ist für Mord **verfassungsgemäß** (BVerfGE **45**, 187; **62**, 471; **64**, 270; krit. zB *Grünwald,* Bemmann-FS 160); ebenso für Totschlag im besonders schweren Fall (BVerfG JR **79**, 28 m. Anm. *Bruns*). Im Hinblick auf den Behandlungsvollzug nach dem StVollzG gilt dies selbst dann, wenn sie ausnahmsweise voll vollzogen wird (vgl. BVerfG NJW **78**, 2591; BVerfGE **54**, 14; BVerfG **109**, 133 [2 BvR 2029/01], Rn. 73, 96). BVerfGE **45**, 187 hat für die Verhängung (bei Mord) einschränkende Grundsätze formuliert. Auch bei Versuch und verminderter Schuldfähigkeit ist lebenslange Freiheitsstrafe jedenfalls dann zulässig, wenn sie wegen beträchtlicher schulderhöhender Umstände verhältnismäßig ist (BVerfGE **50**, 5; vgl. StV **90**, 157; **93**, 355; NStZ **94**, 183; NStZ-RR **99**, 171); in Fällen des § 28 I, des § 27 und des § 30 ist lebenslange Strafe ausgeschlossen. Vor Anwendung der lebenslangen Freiheitsstrafe auf **Heranwachsende** ist § 106 I JGG zu prüfen (BGH **31**, 190 [m. Anm. *Eisenberg* JZ **83**, 509]); das ist entbehrlich, wenn wegen eines vertypten Milderungsgrundes eine Strafrahmenmilderung gem. § 49 I vorgenommen wird (NStZ **05**, 166, 167). Zur **Reststrafen-Aussetzung** bei lebenslanger Strafe vgl. § 57a. Der Vollzug lebenslanger Freiheitsstrafe über den durch die Schuldschwere gebotenen Zeitpunkt hinaus aus Gründen der Gefährlichkeit des Verurteilten (§ 57a I) ist grds. verfassungsgemäß (BVerfG, 8. 11. 2006, 2 BvR 578/02, 496/02 [= JR **07**, 160 m. Anm. *Kinzig*]). Am 31. 3. 2006 befanden sich in Deutschland insgesamt **1919 Personen** im Vollzug der lebenslangen Freiheitsstrafe (vgl. BT-Drs. 16/5660).

5 **B. Zeitige Freiheitsstrafe.** Ist die Freiheitsstrafe nicht ausdrücklich als lebenslang angedroht **(I)**, so ist sie zeitig. Wenn die einzelne Strafdrohung kein (Mindest-) Maß bestimmt, so gilt das des Abs. II. Dieser bestimmt das **Höchstmaß mit 15 Jahren;** dieses Maß darf auch im Fall *einer* **Gesamtstrafe** nicht überschritten werden darf. Bei der Bildung **mehrerer Gesamtstrafen** kann deren Summe die Grenze des § 38 II überschreiten (vgl. BGH **33**, 368; **43**, 218 m. Anm. *Fahl* JR **98**, 430). Das ist nach stRspr des BGH im Grundsatz unbedenklich. Da die eine Anwendung von § 55 ausschließende Zäsurwirkung einer Vorverurteilung sich im Einzelfall als (belastender) *Zufall* darstellen kann, hat der Tatrichter in diesem Fall eine durch das Gesamt-Strafübel, dh durch die Summe aller zu vollstreckenden Strafen verursachte Belastung des Angeklagten, bei der Strafzumessung zu bedenken (vgl. 16 zu § 55). Eine höhere Vollzugsdauer als 15 Jahre kann sich auch ergeben, wenn im Rahmen des § 41 neben der Freiheitsstrafe auf Geldstrafe erkannt ist, deren Ersatzfreiheitsstrafe zu vollstrecken ist, oder wenn aus mehreren Urteilen zu vollstrecken ist, ohne dass § 55 gegeben ist (Hamm NJW **71**, 1373; *S/S-Stree/Sternberg-Lieben* 8 zu § 53; *Lackner/Kühl* 16 zu § 55). Das **Mindestmaß von 1 Monat** darf nicht unterschritten werden (vgl. LG Stuttgart NStZ-RR **96**, 292); auch nicht in landesrechtlichen Regelungen (Art. 3 II Nr. 2 EGStGB); es gilt aber nicht für die Ersatzfreiheitsstrafe (vgl. § 43 S. 3; 5 zu § 43). Das Landesrecht darf auch kein niedrigeres Höchstmaß als 6 Monate und kein höheres als 2 Jahre androhen, Art. 3 EGStGB. Die **Maßeinheiten,** in denen zeitige Freiheitsstrafe zu verhängen ist, bestimmt § 39.

Bemessung der Freiheitsstrafe

39 **Freiheitsstrafe unter einem Jahr wird nach vollen Wochen und Monaten, Freiheitsstrafe von längerer Dauer nach vollen Monaten und Jahren bemessen.**

1 **1) Allgemeines.** Die Vorschrift idF des 2. StrRG regelt, nach welchen zeitlichen Maßeinheiten das erkennende Gericht die zeitige Freiheitsstrafe zuzumessen hat. § 39, der das richterliche Ermessen nach § 46 einengt, **unterscheidet** dabei zwischen

Strafen von **einem Jahr und mehr,** die nach vollen Monaten und Jahren, und Strafen **unter einem Jahr,** die nach vollen Wochen (die auch, wenn ein Monat überschritten wird, isoliert verhängt werden dürfen, so zB sechs Wochen, Bay NJW **76**, 1951; vgl. auch MK-*Radtke* 2 f.) und Monaten zu bemessen sind.

2) Einzelstrafen: A. Unzulässig sind zB Strafen von ein Jahr und zwei Wochen oder ein Jahr und drei Tagen (wegen der Unbestimmbarkeit der gerechten Strafe; Ber. BT-Drs. V/4094, 8; 9 ff. zu § 46). 2

B. Auf **Bruchteile** von Zeiteinheiten wie ein halbes Jahr oder einen halben Monat darf nicht erkannt werden, wobei aber Umdeutung einer falschen Bezeichnung wie „ein Vierteljahr" in drei Monate möglich ist (vgl. BGH **7**, 322). Die Regelung in §§ 49, 50 führt zu differenzierten Höchstmaßen, die von dem Grundsatz nach § 39 abweichen können (5 zu § 49). 3

C. Das Mindestmaß von einem Monat darf grundsätzlich nicht unterschritten werden. **Ausnahmen** gelten nach § 43 S. 3 für die **Ersatzfreiheitsstrafen** (ein Tag). Wegen eines Teilbetrages, der keinem vollen Tag Freiheitsstrafe entspricht, darf keine Vollstreckung der Ersatzfreiheitsstrafe angeordnet werden (§ 459 e III StPO). Eine gesetzliche Strafmilderung ist nur bis zum Mindestmaß zulässig (§ 49). Wenn neben einer Freiheitsstrafe von einem Jahr eine Geldstrafe nach § 41 (ohne Bildung einer Gesamtstrafe nach § 53 II) verhängt wird, bei der die Ersatzfreiheitsstrafe weniger als ein Monat beträgt, so ist das, auch wenn sie zu vollstrecken ist, keine Ausnahme von der Regel des § 39; es handelt sich um zwei Strafen. 4

D. Die **Anrechnung** von UHaft und sonstiger Freiheitsentziehung nach § 51 ist keine Bemessung iS des § 39, so dass die noch zu verbüßende Strafe zB ein Jahr, drei Monate und zwei Tage betragen kann. 5

3) Gesamtstrafen werden (ggf. abweichend von § 39; vgl. NStZ-RR **04**, 137) nach § 54 I S. 1, II S. 1 gebildet. Bei Gesamtstrafen **unter einem Jahr** kommt eine Bemessung nach Wochen in Betracht, wenn zB aus Einzelstrafen von je einem Monat eine Gesamtstrafe zu bilden ist. Das gilt jedoch dann nicht, wenn die Anwendung des § 39 – wie im Fall der Bildung einer Gesamtstrafe aus Freiheitsstrafe und einer Geldstrafe von sieben Tagessätzen (Karlsruhe MDR **95**, 404) – gegen das Gebot des Unterschreitens der Summe der Einzelstrafen (§ 54 II S. 1) verstieße. Bei Gesamtstrafen von **einem Jahr und mehr** kann die Gesamtstrafe zB dann auf ein Jahr und eine Woche lauten, wenn die Einzelstrafen ein Jahr und einen Monat oder ein Jahr und Geldstrafe von 20 Tagessätzen betragen (NStZ **96**, 187; BGH **16**, 167; Hamm NJW **79**, 118; *Bringewat* 167). Euine bemessung nach Wochen, um eine Vollstreckungs-Entscheidung vorwegnehmen oder ermöglichen zu können, ist unzulässig (5 StR 123/07). Kann eine Strafe, weil sie bereits vollstreckt ist, nicht mehr zu einer Gesamtstrafe herangezogen werden, so kann auch der erforderliche **Härteausgleich** (vgl. 21 zu § 55) zu einer Strafe nach Jahren, Monaten und Wochen führen (NJW **89**, 236 m. krit. Anm. *Bringewat* JR **89**, 248). 6

Geldstrafe

Verhängung in Tagessätzen

40 **I Die Geldstrafe wird in Tagessätzen verhängt. Sie beträgt mindestens fünf und, wenn das Gesetz nichts anderes bestimmt, höchstens dreihundertsechzig volle Tagessätze.**

II Die Höhe eines Tagessatzes bestimmt das Gericht unter Berücksichtigung der persönlichen und wirtschaftlichen Verhältnisse des Täters. Dabei geht es in der Regel von dem Nettoeinkommen aus, das der Täter durchschnittlich an einem Tag hat oder haben könnte. Ein Tagessatz wird auf mindestens einen und höchstens fünftausend Euro festgesetzt.

III Die Einkünfte des Täters, sein Vermögen und andere Grundlagen für die Bemessung eines Tagessatzes können geschätzt werden.

IV In der Entscheidung werden Zahl und Höhe der Tagessätze angegeben.

Übersicht

1) Allgemeines ... 1, 1 a
2) System der Geldstrafe ... 2–4
3) Zahl der Tagessätze (Abs. I) ... 5
4) Höhe des Tagessatzes (Abs. II) ... 6–17
5) Ermittlung der Zumessungstatsachen; Schätzung (Abs. III) ... 18–20
6) Zumessungsentscheidung; Gesamtabwägung ... 21–24
7) Urteilstenor (Abs. IV) ... 25
8) Verfahrensrecht; Anfechtbarkeit ... 26, 27
9) Vollstreckung ... 28

1 **1) Allgemeines.** Die Vorschrift ist durch das 2. StrRG eingefügt worden (vgl. schon §§ 51 ff. E 1962 [Begr. 169]; §§ 49 ff. AE; Ber. BT-Drs. V/4095, 20); sie gilt idF des EGStGB (Ber. BT-Drs. 7/1261, 4). Abs. II wurde durch das Euro-EinfG v. 13. 12. 2001 (BGBl. I 3574) geändert.

1 a **Literatur:** *Albrecht,* Strafzumessung u. Vollstreckung bei Geldstrafen unter Berücksichtigung des Tagessatzsystems, 1980; *ders.,* MSchrKrim **81**, 265; *Bems,* Die Geldstrafe nach dem Tagessatzsystem u. das Verbot der reformatio in peius, 1980 (Diss.); *Brandis,* Geldstrafe u. Nettoeinkommen, 1987 [Bespr. *Krehl* GA **88**, 335]; *Burgstaller* ZStW **94** (1982), 727; *Dölling* ZStW **105** (1993), 271; *Driendl,* Die Reform der Geldstrafe in Österreich, 1978; *ders.,* ZStW **88** (1976), 1137; *Frank* MDR **76**, 626, **79**, 99 u. NJW **76**, 2329; *ders.,* Die Höhe des Tagessatzes im neuen Geldstrafensystem, 1978; *Geppert/Bath* Jura **85**, 497; *Grebing,* Probleme der Tagessatz-Geldstrafe, ZStW **88** (1976), 1049; *ders.,* Recht u. Praxis der Tagessatz-Geldstrafe, JZ **76**, 745; *Heghmanns* NStZ **94**, 519; *Heinz* ZStW **94** (1982), 639; *Hellmann* GA **97**, 503; *Hillenkamp,* Lackner-FS 455; *Janssen,* Die Praxis der Geldstrafenvollstreckung, 1994 [Bespr. *Molketin* MSchrKrim **94**, 402 u. *Streng* ZStW **109** (1997), 210]; *Jescheck/Grebing,* Die Geldstrafe im deutschen u. ausländischen Recht, 1978 mit 16 Landesberichten; *Kadel,* Die Bedeutung des Verschlechterungsverbots für Geldstrafenerkenntnisse nach dem Tagessatzsystem, 1984; *Krehl,* Die Ermittlung der Tatsachengrundlage zur Bemessung der Tagessatzhöhe bei der Geldstrafe, 1985 [hierzu *K. Meyer* GA **87**, 460]; *D. Meyer* MDR **75**, 188, **76**, 274, 714, **77**, 17, **79**, 899, **80**, 16, **81**, 275 u. DAR **81**, 33; *Mitsch* JA **93**, 304; *Pallin,* Wassermann-FS 961 [Vorschlag einer „kombinierten Geld-Freiheitsstrafe"]; *Schaeffer,* Die Bemessung der Tagessatzhöhe unter Berücksichtigung der Hausfrauenproblematik, 1978; *Schott,* Abkehr von der 1:1 – Umrechnung von Geld- in Freiheitsstrafe?, JR **03**, 315; *v. Selle,* Gerechte Geldstrafe, 1997 (Diss. Berlin); *v. Spiegel,* Drittwirkung der Geldstrafe, 1979; *Stapenhorst,* Die Entwicklung des Verhältnisses von Geldstrafe zu Freiheitsstrafe seit 1882; 1993 [Bespr. *Müller-Dietz* GA **95**, 487]; *Tanzer* wistra **84**, 159 [Behandlung von Geldstrafen im Ertragssteuerrecht]; *Tröndle,* Die Geldstrafe in der Praxis u. Probleme Ihrer Durchsetzung (usw.), ZStW **86**, (1974), 545; *ders.,* Geldstrafe u. Tagessatzsystem, OJZ **75**, 589; *Zipf,* Die Geldstrafe, 1966.

2 **2) System der Geldstrafe.** Das in § 40 verwirklichte **Tagessatzystem** der Geldstrafenbemessung, das die frühere Geldsummen-Strafe ersetzt hat (2. StrRG), knüpft über § 43 (Ersatzfreiheitsstrafe) an der Freiheitsstrafe an; es trennt die Bewertung der Tat, die sich in der Zahl der Tagessätze ausdrückt (vgl. auch § 5 III BZRG), von der absoluten finanziellen Belastung des Täters durch die Höhe des einzelnen Tagessatzes und relativiert diese daher unter dem Gesichtspunkt der Gleichmäßigkeit der Belastung (vgl. *v. Selle* [1 a] 36 ff.). Gerechtigkeit im Vergleich des Strafübels kann freilich nur angestrebt und durch das Tagessatzsystem eher als durch das frühere Geldsummensystem annähernd erreicht werden. **Ungleichgewichtigkeiten,** die sich aus der progressiv abnehmenden Belastung bei hohem *Einkommen, aber auch* aus einem uU unverhältnismäßigen *absoluten* Ansteigen des Tagessatzes, aus der Mitbelastung Unschuldiger, aus der Möglichkeit der jedenfalls grds straflosen Abwälzung des Strafübels auf Dritte (vgl. BGH **37**, 226; 32 zu § 258) sowie aus der Privilegierung der Inhaber von Vermögen (vgl. *Mitsch* JA **93**,

305) ergeben, könnten auch im Tagessatzsystem nur bei einem Ermittlungs- und Zumessungsaufwand vermieden werden, dessen Forderung in der täglichen Praxis massenhafter Verfahrenserledigung namentlich der Amtsgerichte unrealistisch wäre.

A. Anwendungsbereich. Geldstrafe **allein,** also als einzig mögliche Strafart, ist nach 3
Art. 2 § 2 des 2. StrRG und Art. 12 EGStGB nicht mehr angedroht; aber nach Art. 230 SRÜ ist sie allein zu verhängen, vgl. 8a vor § 324. **Neben Freiheitsstrafe** darf Geldstrafe nur nach § 41 verhängt werden. Neben Freiheitsstrafe mit einem erhöhten **Mindestmaß** wird Geldstrafe nicht angedroht (Art. 2 § 2 des 2. StrRG/Art. 12 EGStGB); in diesem Bereich kann Geldstrafe nur nach § 41 oder nach § 47 II verhängt werden. Immer dann, wenn kein erhöhtes Mindestmaß der Freiheitsstrafe angedroht ist, ist ausnahmslos die Freiheitsstrafe neben der Geldstrafe angedroht (Art. 12 EGStGB; fehlerhaft daher § 39 III iVm VI GenTG). Bei **kurzen Freiheitsstrafen** unter 6 Monaten ist der Vorrang der Geldstrafe nach § 47 I zu beachten (2 zu § 47; vgl. *Grünwald,* Schaffstein-FS 219 ff.). Es darf daher nicht allein deshalb auf Freiheitsstrafe erkannt werden, weil der Täter eine Geldstrafe nicht zahlen könnte (GA **68**, 84; Düsseldorf MDR **70**, 1025; Hamm MDR **75**, 329); das ist eine Frage der Anwendung des § 42 und der §§ 459c ff. StPO. Ablehnung von Geldstrafe, weil bei der Wohlhabenheit des Täters der Strafrahmen der Geldstrafe nicht ausreicht, ist ebenfalls rechtsfehlerhaft (MDR/H **78**, 986; so schon BGH **3**, 263; Bay MDR **57**, 565; Düsseldorf NJW **65**, 1614). Die **Verwarnung mit Strafvorbehalt** nach §§ 59 ff., die bei Geldstrafe bis zu 180 Tagessätzen möglich ist, ergänzt das Geldstrafensystem.

B. Zumessungsschritte. Die Zumessungsentscheidung vollzieht sich in **drei** 4
Schritten: Im **1. Schritt** ist nach den Grundsätzen des § 46 unter Heranziehung aller Strafzumessungstatsachen mit Ausnahme der finanziellen Leistungsfähigkeit des Täters (BGH **26**, 325) die **Anzahl der Tagessätze** im Rahmen des **Abs. I S. 2** festzusetzen. Danach sind für eine Straftat mindestens 5 Tagessätze zu verhängen, auch in den Fällen von § 49, und es dürfen (auch in Vorschriften des Landesrechts, Art. 3 I Nr. 1 EGStGB) höchstens 360 (volle) Tagessätze verhängt werden. Bruchteile von Tagessätzen sind unzulässig (Köln MDR **76**, 597). Im Falle der Gesamtstrafe dürfen 720 Tagessätze verhängt werden (§ 54 II). Im **2. Schritt** ist nach der Maßgabe des **Abs. II,** ggf unter Anwendung des Abs. III, die **Höhe** des einzelnen Tagessatzes zu bestimmen. Sie muss nach Abs. II S. 3 mindestens 1 Euro und darf höchstens 5000 Euro betragen. In einem **3. Schritt** ist zu prüfen, ob und ggf welche **Zahlungserleichterungen** (§ 42) zu gewähren sind. Diese drei Schritte sind, auch wenn sie inhaltlich zusammen hängen und sich uU gegenseitig beeinflussen können (vgl. unten 21), gedanklich voneinander zu trennen (NJW **93**, 409). Daher darf nicht (**zB** aus „intuitiven", vergleichenden oder etwa an der Schadenshöhe orientierten Überlegungen) die Gesamtsumme der Geldstrafe *vorab* festgesetzt und dann, um dem Erfordernis des **Abs. IV** zu genügen, rechnerisch in Tagessätze zerlegt werden. **Geldstrafe im Rechtssinne** ist daher das Produkt aus Anzahl und Höhe des Tagessatzes, die Geldstrafenendsumme (BGH **27**, 363; **28**, 363); sie allein ist vollstreckungsfähig. Die Tagessatzhöhe ist auch dann festzusetzen, wenn die Geldstrafe in eine Gesamtfreiheitsstrafe einbezogen werden soll (BGH **30**, 93, 96; 2 StR 571/05).

3) Zahl der Tagessätze (Abs. I). Die Anzahl der Tagessätze setzt das Gericht 5
im **1. Zumessungsschritt** (oben 4) in dem Rahmen des Abs. I S. 2 fest. Für die Entscheidung gelten die allgemeinen Zumessungs-Grundsätze des § 46 (NStZ **89**, 178) mit *Ausnahme* der finanziellen Belastbarkeit des Täters (NJW **76**, 634). § 46 gilt also mit der Maßgabe, dass die dort in II genannten wirtschaftlichen Verhältnisse grundsätzlich unberücksichtigt bleiben und die persönlichen insoweit, als sie sich auf die finanzielle Belastbarkeit auswirken (unten 7). Freilich gilt das nur, soweit die persönlichen und wirtschaftlichen Verhältnisse als solche nicht schon für das Maß des Unrechts und der Schuld unmittelbare Bedeutung gewinnen (*S/S-Stree* 4). Bei der Bemessung der Anzahl der Tagessätze ist auf die Schuldangemessenheit der möglicherweise zu vollstreckenden **Ersatzfreiheitsstrafe** abzustellen (BGH **27**, 72; *S/S-Stree* 4; SK-*Horn* 4; **aA** LK-*Häger* 8 ff.; MK-*Radtke* 31 f.; vgl. dazu 4a zu § 43). Strafzumessungs-**Empfehlungen** von VGTen oder **Rundver-**

fügungen der Generalstaatsanwälte zur Antragspraxis der StAen können als Orientierungen einer einheitlichen Rechtsanwendung förderlich sein; sie sind aber nicht kritiklos zu übernehmen.

6 **4) Höhe des Tagessatzes (Abs. II).** Die Bestimmung der Höhe des Tagessatzes erfolgt in einem 2. Zumessungsschritt (oben 4) nach Maßgabe des Abs. II; dies soll sicherstellen, dass für die gleiche Tat dem Wohlhabenden ein in gleicher Weise spürbarer Verlust wie dem Minderbemittelten zugefügt wird (BGH **28**, 363; Grundsatz der Opfergleichheit; hierzu *Brandis* [1 a] 152 ff.). Die Tagessatzhöhe ist auch dann zu bestimmen, wenn aus einer Einzelgeldstrafe und einer Einzelfreiheitsstrafe eine Gesamtfreiheitsstrafe gebildet wird (BGH **30**, 93, 96; BGHR § 54 III Tagessatzhöhe 1, 2; 1 StR 214/03; 2 StR 224/04). Bei der Entscheidung sind die **wirtschaftlichen Verhältnisse** des Täters zZ des Urteils (BGHR § 40 II S. 1, Eink. 2) nach dem **Nettoeinkommensprinzip** (II S. 2) zu beurteilen. Das **Nettoeinkommen** als Saldo der anzurechnenden Einkünfte (unten 7 ff.) und der abziehbaren Belastungen (unten 13 ff.) ist Grundlage für die Festsetzung der Tagessatzhöhe (NStZ **89**, 178); bei der Feststellung spielen vielfach auch normative Gesichtspunkte eine Rolle, so dass eine rein schematische Berechnung kaum sachgerecht ist und eine nicht vorhandene Genauigkeit suggeriert (vgl. auch *S/S*-Stree 8; SK-*Horn* 6). Bei der Ermittlung des **durchschnittlichen** Nettoeinkommens sind grds rückblickend vom Tag der Entscheidung (vgl. BGH **26**, 328; **28**, 362) die Einkünfte für einen Zeitraum festzustellen, der das Durchschnittseinkommen erkennbar macht, und hieraus, falls künftig keine Änderung zu erwarten ist, das **Tageseinkommen** zu errechnen (*Lackner/Kühl* 8). Es bestimmt sich nicht nach der Zahl der Arbeitstage, sondern aller in den Zeitraum fallenden Tage (MDR/H **79**, 454). Vorübergehende wirtschaftliche Engpässe bleiben idR außer Betracht; mit Sicherheit zu erwartende Einkommensänderungen sind zu berücksichtigen (Hamm JR **78**, 166; *Grebing* JR **78**, 146; vgl. BGH **26**, 328). Einnahmequellen, die für die Zukunft nicht mehr bestehen, können nicht (etwa nach den Grundsätzen des § 73 a) dem Einkommen zugerechnet werden (NJW **93**, 409).

7 **A. Anzurechnende Einkünfte.** Das **Einkommen** ist hier ein rein **strafrechtlicher** und nicht steuerrechtlicher (krit. *Tipke* JuS **85**, 351; vgl. hierzu auch *Brandis* [1 a] 11 f.; *v. Selle* [1 a] 220) Begriff, der nach wirtschaftlicher Betrachtungsweise auszulegen ist (LK-*Häger* 26; Hamm MDR **83**, 1043). Er umfasst **alle Einkünfte aus selbstständiger und nichtselbstständiger Arbeit** sowie aus sonstigen Einkunftsarten; Gewinne und Verluste sind idR zu saldieren (Bay NJW **77**, 2088; Zweibrücken NStZ-RR **01**, 82). Grundsätzlich ist maßgebend, was der Täter im Rahmen seines Lebenszuschnitts an Einkünften jeglicher Art (auch Unterhalts- und Sachbezüge) hat oder haben könnte. Da alles einzubeziehen ist, was dem Täter an Einkünften zufließt und wirtschaftlich gesehen seine Leistungsfähigkeit und seinen Lebenszuschnitt bestimmt (hM; *Frank* MDR **76**, 626; NJW **76**, 2332), fallen darunter auch **Naturalbezüge** (stRspr. und hM; **aA** LG Karlsruhe StV 06, 473 L für Sachbezüge von *Asylbewerbern*), **zB** freie Kost und Wohnung (Hamm NJW **76**, 1221; Köln NJW **77**, 307; VRS **53**, 179; zu Ordensgeistlichen vgl. Frankfurt NJW **88**, 2634); der wirtschaftliche Wert des „billig" arbeitenden künftigen Hoferben (Köln MDR **79**, 691); der Mietwert des **selbstgenutzten Eigenheims** (Bay NJW **77**, 2089; DAR **84**, 238; StV **99**, 651 f.); aber auch alle sonstigen „unbaren Vorteile", die zB Selbständigen aus ihrem Geschäftsunternehmen zufließen (Entnahmen; vgl. hierzu Celle NJW **84**, 185 m. Anm. *Stree* JR **83**, 204; Hamm MDR **83**, 1043; LK-*Häger* 27, 45; krit. *Brandis* [1 a] 158). Zu berücksichtigen sind auch **Arbeitslosengeld I** sowie **Arbeitslosengeld II** nach §§ 19 ff. SGB-II (vgl. Hamburg NJW **75**, 2030 [Arbeitslosenhilfe]); **Sozialhilfe** (Köln NJW **77**, 307; Stuttgart NJW **94**, 745; KG StV **05**, 89; unten 11); **Studenten-** oder Schülerförderung (Köln NJW **76**, 636; unten 10); **Gefangenen-Entlohnung** (Bay NJW **86**, 2842); **Kindergeld,** das der Täter bezieht (Düsseldorf NJW **77**, 260; *Meyer* MDR **81**, 277; **aA** *S/S-Stree* 9, 14; *Frank* MDR **76**, 627) oder beziehen könnte (Celle JR **77**,

246 [m. Anm. *Tröndle*]), da ihm andererseits auch der gesamte angemessene Unterhalt, den er leistet (unten 14), gutgebracht wird; jedoch ist zu berücksichtigen, dass die nach §§ 17 I, 19, 27ff. SGB XII für unterhaltsberechtigte Angehörige gewährte Hilfe diesen selbstständig zusteht (Düsseldorf NStZ **87**, 556). Schenkungen, Erbschaften und Lottogewinne sind wie Vermögen (unten 12) zu behandeln. Darlehensweise erlangte regelmäßige Einkünfte sind wie Einkommen zu behandeln, Rückzahlungen hierauf wie Ausgaben (unten 10).

a) Nach **II S. 2** kommt es nicht nur auf das tatsächliche, sondern auch auf das **zumutbar erzielbare Einkommen** an. Es darf dem Täter nicht zugute kommen, wenn er in vorwerfbarere Weise seine Arbeitskraft brachliegen lässt oder seine Leistungsfähigkeit herabsetzt (Bay NStZ **88**, 499; NStZ **98**, 464 [Anm. *Krehl* NStZ **99**, 189 u. *Dölling* JR **99**, 215]; Düsseldorf NStZ **98**, 464 [„Lebenskünstler"]; KG StV **00**, 203). Das potentielle Einkommen ist dann heranzuziehen, wenn das Einwirkungsziel der Geldstrafe, ginge man vom tatsächlichen Einkommen aus, nicht erreicht würde (*Frank* MDR **76**, 627). Der Festsetzung ist dann ein Einkommen zugrunde zu legen, das der Täter nach seiner konkreten Lebenssituation in zumutbarer Weise (vgl. aber BGH **27**, 214; Bay DAR **78**, 206; **84**, 238; Köln OLGSt. 37; NJW **79**, 277 [m. Anm. *Baumann* JZ **79**, 411]; VRS **61**, 344) erzielen könnte (NJW **93**, 409; Köln NJW **77**, 307). Hierbei kommt es auf die wirkliche Lage auf dem Arbeitsmarkt an (Düsseldorf NStZ **98**, 464). Potentielles Einkommen darf nicht zugrunde gelegt werden, wenn der Täter die Einkommensminderung nicht bewusst, wenn auch verschuldet herbeigeführt hat (Koblenz StV **98**, 424 [Verlust der Fahrerlaubnis]). Von einem fiktiven Einkommen darf daher nur ausgegangen werden, wenn er zumutbare Erwerbsmöglichkeiten **ohne billigenswerten Grund** nicht wahrnimmt. Individuelle Lebensentscheidungen sind grds zu respektieren (Frankfurt NJW **88**, 2624). Verzichtet der Täter aus Motiven, die nicht von vornherein zu missbilligen sind (**zB** um sich Unterhaltspflichten oder Ansprüchen aus Schadenswiedergutmachung zu entziehen), auf eine Berufstätigkeit oder eine intensivere Erwerbstätigkeit, so kommt die Annahme eines abstrakt erzielbaren Einkommens nicht in Betracht (KG StV **00**, 203). 8

b) Bei **nicht berufstätigen verheirateten** Personen oder Partnern eingetragener Lebensgemeinschaften kommt es auf ihre Teilhabe am Familieneinkommen (tatsächlich gewährter Naturalunterhalt unter Einschluss des Taschengeldes) an (Köln JMBlNW **83**, 126; auch *Stree* JR **83**, 206), auf ein potentielles Einkommen nur unter den Voraussetzungen von oben 8. Den Entschluss eines Ehe- oder Lebenspartners, nicht berufstätig zu werden, hat das Strafgericht zu respektieren (Köln NJW **79**, 277; vgl. NK-*Albrecht* 41). Nicht sachgemäß wäre es, das Nettoeinkommen danach zu bestimmen, was der andere Partner für eine Haushälterin aufwenden müsste (Hamm MDR **76**, 596), was dem Täter als Taschengeld oder im Falle der Scheidung oder des Getrenntlebens zustünde (so *Grebing* ZStW **88**, 1081; JZ **76**, 748; *D. Meyer* MDR **75**, 191; *Schall* JuS **77**, 313; zum Ganzen LK-*Häger* 29ff.), oder das Nettoeinkommen des nicht Berufstätigen aus der Hälfte des Gesamtbetrags der beiden Partnern für den Lebensunterhalt zur Verfügung stehenden Mittel zu entnehmen (Zweibrücken StV **00**, 202; vgl. BGH **27**, 228 m. Anm. *Zipf* JR **78**, 164; Düsseldorf MDR **84**, 959). Bei Tätern mit geringem eigenen Arbeitseinkommen kann uU auch ein wesentlich höheres Einkommen des Ehe- oder Lebenspartners mitberücksichtigt werden (Bay DAR **83**, 247), wenn dem Täter hieraus tatsächlich geldwerte Vorteile zufließen, die als (dauerhaftes) „Einkommen" angesehen werden können; das darf freilich nicht dazu führen, eine strafrechtliche „Gesamthaftung" des Familieneinkommens anzunehmen. Die *steuerrechtliche* Behandlung des Tätereinkommens (Getrennt- oder Zusammen-Veranlagung) ist für die Bestimmung des Einkommens iS von § 40 ohne Belang. 9

c) Auch bei **Studenten** (Praktikanten, Auszubildenden, Schülern), ist der tatsächliche Lebenszuschnitt zugrunde zu legen. Maßgebend ist daher, was sie an 10 regelmäßigen Bezügen (Zuwendungen von Eltern; Unterhaltsleistungen; Versorgungsleistungen, BAFöG, Wohngeld) unter Abzug des reinen Studienaufwandes erhalten (Köln NJW **76**, 636); auch Sachbezüge (Frankfurt NJW **76**, 636) gehören dazu, ferner Einkünfte aus Nebentätigkeiten. Eine Zurechnung von nur *möglichen* Einnahmen aus Nebentätigkeit ist nicht schon wegen der idR freien Gestaltbarkeit des Studiums generell zulässig (so wohl LK-*Häger* 35), sondern richtet sich nach den Grundsätzen oben 8. Soweit *BAFöG-Leistungen* in Form eines zinslosen Darlehens gewährt werden, soll lediglich der Zinsgewinn zugrunde zu legen sein (*Nierwetberg* JR **85**, 316); das überzeugt nicht, da es auf das regelmäßige durchschnittliche Einkommen zurzeit der Aburteilung ankommt und der gegenwärtige Lebenszuschnitt nicht mit Abflüssen in ferner Zukunft (unter ganz anderen Einkommens- und Vermögensbedingungen) gegengerechnet werden kann. Eine *Schätzung* gem. Abs. III kann sich an den **Bedarfsregelsätzen** des § 13 BAFoG orientieren (LG Offenburg NStZ **06**, 40). Bei **Wehr-** oder **Zivildienstpflichtigen** sind der Wehrsold bzw. die Sachbezüge oder Naturalleistungen maßgebend (Verpflegung, Unterkunft, Dienstbekleidung; hierzu die Richtsätze des BMVert.; *Schäfer* StrZ 68; vgl. auch unten 11).

11 **d)** Bei **einkommensschwachen Personen** (zB Empfänger von Arbeitslosengeld II oder Sozialhilfe, Leistungen nach dem AsylbewerberleistungsG; Kleinrentner) kommt es auf die Gesamtheit der Unterstützungs- oder Versorgungsleistungen (Köln NJW **77**, 307; Düsseldorf VRS **89**, 32; Bay DAR **78**, 206; Frankfurt NStZ-RR **07**, 167, 168) samt etwaigen Sachbezügen (**aA** LG Karlsruhe StV **06**, 473), Hilfen in besonderen Lebenslagen und einmaligen Leistungen an (Stuttgart NJW **94**, 745; Celle NStZ-RR **98**, 272; KG StV **05**, 89). Bei einem unterhaltspflichtigen (unten 14) Sozialhilfeempfänger bestimmt sich die Tagessatzhöhe allein nach den ihm persönlich gewährten Leistungen (Düsseldorf NStZ **87**, 556; NJW **94**, 744). Bei **arbeitslosen Personen** ist ggf zu berücksichtigen, dass das Arbeitslosengeld zunächst für längere Zeit gesperrt war (Bay StV **99**, 651) oder gesperrt werden wird; eine absehbar nur kurzfristige Arbeitslosigkeit kann im Einzelfall außer Betracht bleiben. Bei nur zeitweise Beschäftigten (**zB** im Saisonbetrieb) ist auf die im längerfristigen Durchschnitt erzielten Einkünfte abzustellen. Ob der Täter Leistungen, auf welche er Anspruch hat, tatsächlich erhält, ist grds. ohne Bedeutung (vgl. KG StV **05**, 89; Frankfurt NStZ-RR **06**, 167, 168); zur Berücksichtigung **erzielbaren,** aber mutwillig nicht erzielten Einkommens vgl. oben 8. Nahe am Existenzminimum Lebende sind durch Auswirkungen der am Nettoeinkommensprinzip ausgerichteten Geldstrafe, auch wenn nach § 42 verfahren wird, systembedingt härter betroffen als Normalverdienende. Dem kann durch Senkung der Tagessatzhöhe Rechnung tragen werden (vgl. Köln NJW **76**, 636; StV **93**, 365; Hamm NJW **80**, 1534 [Anm. *D. Meyer* NJW **80**, 2480]; vgl. auch LK-*Häger* 60; unten 24; BGH **26**, 331). Mehr als die Differenz zwischen tatsächlich gewährten Sozialleistungen und dem unerlässlichen Lebensbedarf kann einem Sozialhilfeempfänger nicht genommen werden (Stuttgart NJW **94**, 745; Celle StV **99**, 213; LK-*Häger* 37); freilich kann nur ausnahmsweise (etwa bei Untergebrachten, Strafgefangenen, Asylbewerbern oder in Abschiebehaft Befindlichen, vgl. Bay NJW **86**, 2842; Köln OLGSt. 35; LG Baden-Baden StV **96**, 268 L; AG Lübeck NStZ **89**, 75; AG Landau StV **87**, 298) Mindestsatz von 1 Euro in Betracht kommen. Teilw. wird vertreten, bei Empfängern von Mindestversorgungsleistungen (ALG II, Sozialhilfe) stelle idR der drei- bis vierfache Betrag der Differenz zwischen diesem Einkommen und dem zum Leben *unerlässlichen* Betrag die Bemessungsobergrenze für die Geldstrafe dar (vgl. Stuttgart NJW **94**, 745; and. Frankfurt NStZ-RR **07**, 167, 168 [unter Aufgabe eigener Rspr]).

12 **e)** Das **Vermögen** ist bei der Ermittlung des Einkommens nur von eingeschränkter Bedeutung (Bay NJW **87**, 2029). Zwar ergibt sich aus Abs. III, dass das Vermögen nicht gänzlich außer Betracht bleibt; eine unangemessene Bevorzugung von Vermögenden ist zu vermeiden. Zu bedenken ist jedoch, dass die Geldstrafe im

Grundsatz keine konfiskatorischen Zwecke zu verfolgen hat (vgl. Hamm MDR **83**, 1043; Köln StV **01**, 347). Kleinere und mittlere Vermögen (auch Eigenheim, Familienschmuck, private Sammlungen) bleiben nach hM unberücksichtigt; ebenso Grund- und Betriebsvermögen und sonst illiquide Sachwerte (*S/S-Stree* 13); dagegen entspräche die Nichtberücksichtigung leicht veräußerlicher Vermögenswerte, die der Alterssicherung dienen, nicht dem Gesetz, soweit solche Vermögensbestandteile den Wert (fiktiver) gesetzlicher oder gesetzlich geförderter Alterssicherung übersteigen. Einkommen iS von oben 7 ist jedenfalls der Zuwachs durch Zinsgewinn. Vermögenswerte, die bei Erlass des Urteils nicht mehr vorhanden sind (NStE Nr. 10) oder die gerade die Quelle des zu berücksichtigenden Nettoeinkommens darstellen (Bay NJW **87**, 2029 [Anm. *Zipf* JR **87**, 380]; vgl. auch *Krehl* NStZ **88**, 62), bleiben idR außer Betracht. Ob und inwieweit, weil Vermögende gegenüber Belastungen durch Geldstrafe weniger empfindlich sind und bevorzugt werden, bei sehr guter Vermögenslage vom Nettoeinkommen nach oben abgewichen werden kann, ist i. E. str. (vgl. auch LK-*Häger* 62). Bei belasteten Grundstücken ist jedenfalls nur der Überschuss des Grundstückswerts über die Verbindlichkeiten zu berücksichtigen (Bay DAR **78**, 207). Wird Vermögen im größeren Umfange nicht zur Erzielung von Erträgen, sondern zu spekulativen Wertsteigerungen angelegt, so sollen auch potentielle Vermögenserträgnisse zu berücksichtigen sein (Celle NStZ **83**, 315 [Anm. *Schöch*]; vgl. SK-*Horn* 11). Nach seinem tatsächlichen Lebenszuschnitt ist zu beurteilen, wer bei geringerem Einkommen von dem Kapitalertrag seines Vermögens lebt oder leben kann (*Lackner/Kühl* 15) oder wem unmittelbar oder mittelbar Vermögenseinkünfte von Angehörigen zufließen oder sonst zugutekommen (NJW **93**, 409 m. Anm. *Krehl* NStZ **93**, 336).

B. Abziehbare Belastungen. Von den Einkünften **abzuziehen** sind die laufenden Steuern (vgl. Hamm JR **78**, 165), bei Unselbstständigen die Sozialversicherungsbeiträge und **Werbungskosten** (vgl. Celle NStE Nr. 12 [Fahrtkosten]), bei Selbständigen die **Betriebsausgaben** (1 StR 615/86; Geldstrafen, Bußgelder und Spenden [BGH **34**, 285; **37**, 278] gehören nicht dazu; vgl. § 4 V S. 1 Nr. 8, § 12 Nr. 4 EStG) und **Verluste,** nicht aber Abschreibungen, die einer realen Einkommensminderung nicht entsprechen (vgl. Bay NJW **77**, 2089; Zweibrücken MDR **93**, 887). Abzuziehen sind Kranken- und Altersversicherungen sowie Versicherungsleistungen, die der Sozialversicherung der Unselbstständigen vergleichbar sind (Bay DAR **79**, 235; **82**, 248; **84**, 238). Außer Betracht bleiben grds Lohnpfändungen, sonstige **Verbindlichkeiten** wie Schuldzinsen, Abzahlungsraten; Zinsaufwendungen für das selbstgenutzte Eigenheim sind aber bei der Bestimmung des *verfügbaren* Einkommens zu berücksichtigen (Bay StV **99**, 651 f.; unten 15). **13**

a) Unterhaltsverpflichtungen des Täters sind angemessen zu berücksichtigen (4 StR 98/95; Celle NJW **75**, 1038; JR **77**, 382 [m. Anm. *Tröndle*]; Bay NJW **77**, 2088; Hamm wistra **07**, 191 f.; LK-*Häger* 54; *v. Selle* [1 a] 207; hM). Zu berücksichtigen sind nur die tatsächlich erbrachten Leistungen (Frankfurt NStE Nr. 9), nicht die nur geschuldeten oder vom Gericht für angemessen erachteten Beträge (Bay NStZ **88**, 499 m. Anm. *Terhorst* u. *Krehl* NStZ **89**, 464; Hamm NJW **76**, 2221; **78**, 230). Anhaltspunkte geben die RegelunterhaltsVO sowie die Unterhaltstabellen der OLGe (zB Düsseldorfer Tabelle); es kommt aber auch ein pauschaler prozentualer Abzug in Betracht (**zB** 25% für den nicht berufstätigen Ehepartner, ca. 15% für jedes unterhaltene Kind; insg. aber nicht mehr als 50%). **14**

b) Andere Verbindlichkeiten nehmen nur in besonderen Fällen auf die Tagessatzhöhe Einfluss; in erster Linie kommen hier Zahlungserleichterungen (§ 42) in Betracht. **Unberücksichtigt** bleiben Schulden aus aufwändigem Lebensstil, idR auch die Mittel für Lebensbedarf oder spekulative Vermögensbildung (BGHR § 40 II 1 Eink. 5; vgl. Karlsruhe aaO, Braunschweig VRS **53**, 263; Hamm JR **78**, 166; Köln VRS **64**, 115; *Eb. Kaiser* NJW **76**, 609); **Steuerschulden** jedenfalls dann, wenn sie durch eine vorsätzliche Straftat verursacht worden sind (Stuttgart NJW **95**, 68). Verfahrens- und Verteidigungskosten aus der abgeurteilten Tat sind **15**

nicht zu berücksichtigen; auch nicht ohne weiteres Ansprüche auf **Schadensersatz**, wenn diese noch ungewiss sind oder nicht sicher geltend gemacht werden (zutr. LK-*Häger* 58); tatsächlich geleisteter Schadensersatz ist schon nach § 46 bei der Festsetzung der Tagessatzanzahl zu berücksichtigen. Zu berücksichtigen sind im Rahmen des tatrichterlichen Ermessens (Braunschweig aaO; Bay StV **99**, 651 f.) zu einem Teil auch Verbindlichkeiten aus einer angemessenen und vorausschauenden **Lebensplanung** (Wohnungs- oder Hauseigentum zur Eigennutzung; Wohnungseinrichtung, Versicherungen, Altersvorsorge; vgl. Bay DAR **84**, 238; StV **99**, 651 f.); ausbildungsbedingte Belastungen (Bay NJW **92**, 2583 [BAFöG-Rückzahlungen; Anm. *Streng* JZ **93**, 472]); Kosten für eine berufliche Fortbildung oder Zusatzausbildung (insoweit einschränkend Karlsruhe NStZ **88**, 500 [krit. *Krehl* NStZ **89**, 465]) unter Abzug von Vermögensgewinn und Gebrauchsvorteilen (ähnlich *S/S-Stree* 14 a; vgl. Celle JR **77**, 384; krit. SK-*Horn* 7). Das gilt jedenfalls dann, wenn solche Verbindlichkeiten den Lebenszuschnitt fühlbar beeinträchtigen und wenn ihre Nichtanrechnung sich als **unbillige Härte** darstellen würde (NStZ **81**, 259; ähnlich LK-*Häger* 57).

16 **Kreditbelastungen** sind grds nicht anders zu behandeln als sonstige wiederkehrende Verbindlichkeiten; es kommt daher auch insoweit auf den der Verschuldung zugrunde liegenden Lebenssachverhalt an. Nach Bay DAR **84**, 238 sind **Kreditzinsen** zu berücksichtigen, nicht aber die Tilgungsleistungen. Das ist insb. auch bei Verbindlichkeiten für **eigengenutzte Immobilien** von praktischer Bedeutung. Hier ist idR der Unterschiedsbetrag zwischen Mietwert und eigentumsbedingten Aufwendungen (Grundsteuer, Instandsetzung, Versicherungen) dem Nettoeinkommen zuzurechnen; **Zinsen** für die Finanzierung sind in angemessenem Umfang in Abzug zu bringen (vgl. Bay StV **99**, 651 f.). Reine **Konsumentenkredite** können nur dann berücksichtigt werden, wenn sie Anschaffungen des Lebensbedarfs betreffen. Schulden, die unmittelbare Tatfolge sind (Schadensersatzpflichten, Verfahrens- und Anwaltskosten), nehmen auf die Tagessatzhöhe keinen Einfluss (*D. Meyer* MDR **76**, 278; **aA** Schleswig MDR **76**, 243), uU, soweit sie die Strafwirkung ergänzen, aber auf die Tagessatzanzahl (*Bruns* StZR 496).

17 **c) Außergewöhnliche Belastungen** durch besondere Erschwernisse (**zB** Aufwendungen in Folge von Behinderung oder Krankheit) sind idR zu berücksichtigen (Ber. II, 5; Bay JR **76**, 161; LK-*Häger* 59; *S/S-Stree* 15; *Schall* JuS **77**, 310).

18 **5) Ermittlung der Zumessungstatsachen; Schätzung (Abs. III).** Die richtige Festsetzung der Tagessatzhöhe setzt voraus, dass die **Bemessungsgrundlagen** zutreffend ermittelt werden. Das obliegt schon den Ermittlungsbehörden, insbesondere der Polizei (vgl. 14 RiStBV). Maßgebend für die Berechnung der Einkommenshöhe ist eine wirtschaftliche Betrachtungsweise; die steuerrechtliche Einkommensermittlung gilt daher nur eingeschränkt (Bay NJW **77**, 2089; Hamm MDR **83**, 1043). Durch das sog. Bankgeheimnis ist die Ermittlung nicht beschränkt, wohl aber durch das Steuergeheimnis (vgl. NStZ **95**, 27; 1 zu § 355; zur Frage der Zulässigkeit einer Zuziehung der Steuerakten in Strafverfahren *Wieczorek* wistra **87**, 173).

19 Die **Schätzungsbefugnis (III)** gilt, wenn der Beschuldigte keine, unzureichende oder unzutreffende Angaben über seine finanziellen Verhältnisse macht (Bay DAR **78**, 206; Düsseldorf VRS **89**, 32); eine Schätzung scheidet aus, wenn diese Tatsachen ohne weiteres und ohne unzumutbaren Aufwand zu ermitteln sind (Bay DAR **86**, 243). Die **Aufklärungspflicht** nach § 244 II StPO ist insoweit eingeschränkt (E 1962 Begr. 171; *Grebing* ZStW **88**, 1098; LK-*Häger* 70; MK-*Radtke* 104; vgl. auch *Hillenkamp,* Lackner-FS 468; einschränkend *Kaiser/Schöch* 10, 66 ff.; *Hellmann GA* **97**, *513*), nicht jedoch § 244 III–VI StPO im Falle von Beweisanträgen (NK-*Albrecht* 47 ff.; **aA** LK-*Häger* 71; MK-*Radtke* 105; *Schäfer* StrZ 79). Der *Zweifelsgrundsatz* gilt für die Schätzungsgrundlagen; für die Schätzung als solche aber naturgemäß nicht (vgl. NStZ **89**, 361). Die Praxis neigt eher dazu, die meist zu

niedrigen Angaben des Angeklagten ungeprüft hinzunehmen (vgl. zB 1 StR 128/86).

Das Ergebnis einer vom Gericht vorgenommenen Schätzung ist im Urteil zu begründen (NJW **76**, 635); bloße Mutmaßungen genügen hierfür nicht (Koblenz NJW **76**, 1275; hierzu näher Celle NJW **84**, 185 m. Anm. *Stree* JR **83**, 205; vgl. auch LG Offenburg NStZ **06**, 40 [Student]), in Steuerstrafsachen auch nicht die ungeprüfte Übernahme einer finanzbehördlichen (§ 162 AO) Schätzung (GA **78**, 278). Um eine Nachprüfung durch das Revisionsgericht zu ermöglichen (vgl. Bay DAR **79**, 235; **83**, 246; Frankfurt StV **84**, 157; Düsseldorf BA **97**, 168; zum Prüfungsumfang vgl. auch BGH **27**, 230), bedarf es der Feststellung konkreter Schätzungsgrundlagen (NJW **93**, 409 [m. Anm. *Krehl* NStZ **93**, 337]; Bay VRS **60**, 104; Hamm NJW **78**, 230; JR **78**, 166; Köln VRS **53**, 180; Frankfurt VM **77**, 30; Bremen OLGSt. 1 zu § 40 Abs. 3; Koblenz VRS **65**, 357; NStE Nr. 13; SchlHA **84**, 82; *Hellmann* GA **97**, 509; vgl. auch 6 zu § 73 b). 20

6) Zumessungsentscheidung; Gesamtabwägung. Die Strafzumessung erfolgt auch bei Verhängung von Geldstrafe auf Grund einer den Grundsätzen des § 46 folgenden Gesamtabwägung. Das Tagessatzsystem darf daher, auch wenn die einzelnen Zumessungsschritte (oben 4 ff.) nach den jeweils für sie geltenden Regeln durchzuführen sind, nicht als rein **schematische** Berechnungs-Methode angewendet werden. Das folgt nicht nur schon aus dem Wortlaut des Gesetzes (Abs. II S. 1 und 2; § 46 I, II), sondern auch aus den Schwächen des Tagessatzsystems selbst, welches nicht hinreichend berücksichtigt, dass Geld keine strafrechtsspezifische, linear steigerbare Rechnungseinheit ist, sondern als allgemeines Austauschmittel einen quasi absoluten Wert besitzt (vgl. dazu auch LK-*Häger* 60). Eine schematische Belastung auf der Grundlage der errechneten Tagessatz-Summe führt daher am unteren Ende zu schuldunangemessenen Entlastungen (**zB** 30 mal 1 Euro für Vergehen nach § 316!), am oberen Ende zu unverhältnismäßigen Härten (**zB** 30 mal 5000 Euro für dieselbe Tat!); eine akzeptable Proportionalität wird nur im Bereich durchschnittlicher Einkommen erzielt. 21

Der Tatrichter hat daher zu berücksichtigen, dass sich aus Abs. II **keine starre Bindung** (BGH **27**, 215, 230 m. Anm. *Zipf* JR **78**, 163) ergibt; die Grundsätze des § 46 gelten für das Ergebnis uneingeschränkt. Die Regelung des Abs. II schließt die Möglichkeit und die Pflicht ein, zur besseren Anpassung der Strafe auf die **persönlichen Verhältnisse** des Täters und seine Belastbarkeit (nicht aber aus allgemeinen Strafzumessungsgründen, zB wegen eines „freimütigen Geständnisses" [NStZ **81**, 259]), von dem Nettoeinkommen nach unten oder oben abzuweichen. Die Gründe sind im Urteil darzulegen (NStZ **89**, 178; Bay MDR **75**, 1038; DAR **83**, 247). Die Wertung des Tatrichters ist vom Revisionsgericht „bis zur Grenze des Vertretbaren hinzunehmen" (BGH **27**, 230); die Urteilsgründe müssen jedoch eine Ermessensüberprüfung ermöglichen (Düsseldorf NStZ **98**, 464; Hamm wistra **07**, 191, 192). 22

Eine **Anhebung der Tagessatzhöhe** kommt namentlich in Betracht, wenn eine allein rechnerische Bestimmung zu einer nicht mehr schuldangemessenen Geldstrafensumme führen würde; aber auch zur Berücksichtigung weit überdurchschnittlicher, nicht zum Einkommen zählender Vermögenswerte. Unzulässig ist eine Anhebung im Hinblick auf die Möglichkeit der Ratenzahlung (*S/S-Stree* 16; *Horn* NJW **74**, 627) oder weil vermutlich ein anderer für die Strafe aufkommt. In einem solchen Falle ist zu fragen, ob mit der Geldstrafe überhaupt Strafwirkung zu erzielen ist. Durch die Tat erlangte Vermögensvorteile werden unter den Voraussetzungen der §§ 73 ff. abgeschöpft (NJW **76**, 634). 23

Eine **Senkung des Tagessatzes** kommt bei hoher Tagessatzanzahl (über 90) in Betracht, um der progressiven Steigerung des Strafübels entgegen zu wirken (so schon Ber. II, 5; *Horstkotte* Prot. 7/636 ebenso BGH **26**, 331; **34**, 93; NStZ **81**, 259; DAR **81**, 191; Bay DAR **81**, 243 [nur ausnahmsweise bei 90 TS]; Hamburg NJW **78**, 551; StV **97**, 472; Düsseldorf NStZ **87**, 556; LK-*Häger* 60; MK-*Radtke* 24

33 f.; *S/S-Stree* 8, 15 a; SK-*Horn* 14; *Lackner/Kühl* 13; *Jescheck,* Würtenberger-FS 268), aber auch dann, wenn die sich aus der rechnerischen Bestimmung ergebende absolute Belastung unverhältnismäßig wäre. Eine Senkung kommt im Einzelfall auch – unter Beachtung von § 42 – bei Einkünften am Rande des Existenzminimums in Betracht (vgl. Stuttgart NJW **94**, 745; Celle NStZ-RR **98**, 272 f.; Hamburg NStZ **01**, 655).

25 **7) Urteilstenor (Abs. IV).** In der **Entscheidungsformel** müssen Zahl und Höhe der Tagessätze angegeben werden (§ 260 IV S. 3 StPO; vgl. § 5 III BZRG; 3 zu § 53). Die Geldstrafen-**Summe** ist daneben in den Tenor nicht aufzunehmen; unzulässig ist das aber nicht (*Lackner/Kühl* 18; *S/S-Stree* 22; weiter MK-*Radtke* 109; LK-*Häger* 77: empfehlenswert; **aA** SK-*Horn* 16). Die Höhe der Ersatzfreiheitsstrafe ergibt sich aus dem Gesetz (§ 43); sie ist weder im Tenor noch in den Gründen anzugeben.

26 **8) Verfahrensrecht; Anfechtbarkeit.** Die Entscheidung über die **Höhe des Tagessatzes** ist, soweit im Urteil die maßgebenden Gesichtspunkte für die Entscheidung über Anzahl und Höhe **auseinandergehalten** sind (BGH **27**, 73; **34**, 92; NStZ **89**, 178; 4 StR 98/95), nach hM **isoliert anfechtbar,** da es sich bei den Entscheidungen über Anzahl und Höhe der Tagessätze um grundsätzlich getrennte Entscheidungen handelt (BGH **27**, 70 [m. krit. Anm. *Grünwald* JR **78**, 71]; **34**, 90, 92; NStZ **93**, 34; Bay JR **76**, 161; Köln NJW **77**, 307; Koblenz VRS **54**, 48; **aA** Hamburg MDR **76**, 156). Ist die Festsetzung der Tagessatzhöhe fehlerhaft unterblieben, so hat bei unbeschränkt eingelegtem Rechtsmittel das Revisionsgericht nach BGH **30**, 90, 96 f. idR zur Festsetzung der Tagessatzhöhe zurück zu verweisen. BGH **34**, hat (auf Vorlage des Bay ObLG) entschieden, bei auf den Strafausspruch beschränkter Revision sei die Zurückverweisung allein zur Nachholung der Bestimmung der Tagessatzhöhe *zulässig;* danach besteht in diesen Fällen idR keine Notwendigkeit, auch die Festsetzung der Tagessatzanzahl oder eine Gesamtstrafe aufzuheben, wenn diese Entscheidungen rechtsfehlerfrei getroffen sind. Wann ein innerer Zusammenhang zwischen Tagessatzzahl und -höhe zu einer weitergehenden Aufhebung zwingen kann, hat die Entscheidung offen gelassen. BGHR § 40 II S. 1, Bestimmung, unterlassene 2 hat schließlich entschieden, dass eine Zurückverweisung zur Nachholung der Bemessung der Tagessatzhöhe jedenfalls dann nicht in Betracht kommt, wenn die betreffende Tat insgesamt vom Rechtsmittelangriff ausgenommen ist, denn in diesem Fall ist auch die (unterlassene) Tagessatzbemessung in Rechtskraft erwachsen. Dass eine unvollständige Geldstrafe *als solche* nicht vollstreckt werden kann, hat daher nicht notwendig zur Folge, dass sie nicht in Rechtskraft erwachsen kann (so noch NJW **79**, 936 und BGH **30**, 96). Die **Tagessatzanzahl** soll nicht isoliert anfechtbar sein (LK-*Häger* 78; MK-*Radtke* 111; *S/S-Stree* 23; *Grünwald* aaO; **aA** Koblenz NJW **76**, 1275; *Schall* JuS **77**, 308; *Grebing* ZStW **88**, 1106; JR **81**, 3; *Vogler* JR **78**, 357) weil sich der 2. Strafzumessungsakt nicht vor dem ersten festschreiben lasse (*Horn* JR **77**, 97). In dieser Allgemeinheit dürfte das nicht zutreffen; dass die Anzahl der Tagessätze Einfluss auf die Tagessatzhöhe haben *darf* (vgl. BGH **26**, 325; **34**, 93), bedeutet nicht, dass sich dies in keinem Fall ausschließen lässt (vgl. auch Bay **79**, 130 f.).

27 Das **Verschlechterungsverbot** (§§ 331 I, 358 II StPO) steht auch im Falle der Verbesserung der wirtschaftlichen Verhältnisse des Beschwerdeführers einer Erhöhung der Geldstrafenendsumme entgegen (*D. Meyer* MDR **78**, 896; NJW **79**, 148); im Hinblick auf § 43 auch einer Erhöhung der Tagessatz*anzahl* (Bay JR **75**, 538; Köln VRS **60**, 46; vgl. auch Welp JR **86**, 124). Eine Anhebung der Tagessatzhöhe ist zulässig, wenn die Endsumme durch Herabsetzung der Tagessatzanzahl nicht überschritten wird (Celle NJW **76**, 121; Bay NJW **80**, 849; LK-*Häger* 83; *S/S-Stree* 23; *Lackner/Kühl* 19; MK-*Radtke* 113; *Horn* JR **77**, 79; *Grünwald* JR **78**, 71; *D. Meyer* DAR **81**, 33; *Dencker* NStZ **82**, 153; **aA** *Kadel* GA **79**, 463; *Grebing* JR **81**, 1; *Schröter* NJW **78**, 1302). Bei einer zu hoch festgesetzten Tagessatzhöhe darf es nicht deswegen bleiben, weil der Berufungsrichter eine Freiheitsstrafe für verwirkt hält, sie auszusprechen sich aber durch § 331 I StPO gehindert sieht (Braunschweig VRS **53**, 262). Ein **Fahrverbot** soll gegenüber der Geldstrafe die härtere Strafart sein (hM; vgl. LK-*Häger* 84; LK-*Geppert* 102 zu § 44; MK-*Radtke* 114; zw.); danach ist bei Wegfall oder Ermäßigung eine Erhöhung der Geldstrafe zulässig (Bay NJW **80**, 849; NStZ/J **89**, 257; KG VRS **52**, 114); nicht aber umgekehrt die erstmalige Anordnung eines Fahrverbots bei Senkung der Geldstrafe (LK-*Häger* 84; MK-*Radtke* 114; **aA** Schleswig NStZ **84**, 90). Zu Fragen **nachträglicher Gesamtgeldstrafe** bei unterschiedlicher Tagessatzhöhe vgl. 25 ff. zu § 55.

28 **9) Vollstreckung.** Die Vollstreckung der Geldstrafe richtet sich nach §§ 459 ff. StPO; §§ 48 ff. StrVollstrO iV mit der EBAO. Zur **Abwendung** durch **freie Arbeit** vgl. 9 zu § 43).

Geldstrafe neben Freiheitsstrafe

41 Hat der Täter sich durch die Tat bereichert oder zu bereichern versucht, so kann neben einer Freiheitsstrafe eine sonst nicht oder nur wahlweise angedrohte Geldstrafe verhängt werden, wenn dies auch unter Berücksichtigung der persönlichen und wirtschaftlichen Verhältnisse des Täters angebracht ist. *Dies gilt nicht, wenn das Gericht nach § 43a eine Vermögensstrafe verhängt.*

Zu S. 2: § 43a ist nach der Entscheidung des BVerfG vom 20. 3. 2002 (BGBl. I 1340) verfassungswidrig und nichtig.

1) Allgemeines. Die Vorschrift geht in S. 1 auf § 52 E 1962 zurück (Begr. 172; Ndschr. **12**, 285). Die Fassung des 2. StrRG (Ber. BT-Drs. V/4095, 21, 58; Prot. V/9, 1302, 2037, 2178, 2908) ist durch das EGStGB (E EGStGB 212; Ber. BT-Drs. 7/1261, 6 = Ber. II; Prot. **7/160**) geändert worden (krit. *Zipf* ZStW **77**, 541; JuS **74**, 140; *R. Schmitt,* Noll-GedS 297; *Bruns* JR **86**, 72; NK-*Albrecht* 9). S. 2 wurde durch Art. 1 Nr. 1 OrgKG angefügt. 1

2) Regelungszweck; Anwendungsbereich. § 41 erhöht die Flexibilität der Strafzumessung bei der Auswahl der Strafart (BGH **32**, 67; vgl. *Eberbach* NStZ **87**, 487) unabhängig davon, ob im Einzelfall eine Geldstrafe neben Freiheitsstrafe angedroht ist. Die Regelung hat als Kann-Vorschrift wegen des durch die **Kumulation** ausgelösten Spannungsverhältnisses zu § 46 I S. 2 einen gewissen **Ausnahmecharakter** (BGH **26**, 325; 5 StR 161/80; *Lackner/Kühl* 1; MK-*Radtke* 6; *Bruns* 66), auch weil die zusätzlich zur Freiheitsstrafe verhängte Geldstrafe die Wiedereingliederung des Täters idR erschwert und weil Vermögensvorteile, deren Verfall angeordnet wird, bei der Bewertung des Vermögens außer Ansatz bleiben müssen. 2

Sinn der neben Freiheitsstrafe zu verhängenden Geldstrafe soll es sein, Täter, bei denen Vermögensvorteile bestimmendes Tatmotiv waren, mit dem Strafübel besonders wirksam zu treffen (BT-Drs. V/4095, 22). Der Sinn ist – nicht nur im Hinblick auf §§ 73ff. – gleichwohl zweifelhaft; die Regelung mag im Einzelfall dazu verleiten, einen „Verdachts-Verfall" unter Umgehung der Voraussetzungen des § 73d oder als „Vermögensstrafe in anderem Gewand" anzuordnen (vgl. NStZ-RR **04**, 167). Die gesonderte Geldstrafe nach § 41 ist jedoch keine konfiskatorische Maßnahme (vgl. NStZ **03**, 198); sie **zielt nicht auf Abschöpfung** von rechtswidrig Erlangtem, sondern auf eine „kombinierte" Übelzufügung ab; die Anwendung wird sich daher – unter spezialpräventiven Gesichtspunkten – auf einen recht schmalen Bereich beschränken, in dem zusätzlich zu einer – idR zu verbüßenden, da bei Strafaussetzung zur Bewährung derselbe Zweck mittels Auflagenordnung erreicht werden kann – Freiheitsstrafe die Wegnahme von (rechtmäßig erworbenem) Geld als sinnvoller Weg erscheint, den Täter zu beeindrucken (vgl. auch *S/S-Stree* 1). Zur Notwendigkeit einer Gesamt-Zumessung vgl. unten 6f. 3

3) Voraussetzungen der Anordnung. Die Anwendung von § 41 S. 1 setzt voraus, dass der Täter **sich** (nicht einem Dritten) durch die Tat (gleichgültig welcher Art) **bereichert,** dh **sich** vorsätzlich einen Vermögensvorteil verschafft hat, der auch ein mittelbarer sein kann (BGH **32**, 61, 64 m. Anm. *Horn* JR **84**, 211; aber kein Drittvorteil) und kein rechtswidriger zu sein braucht; oder dass er sich zu bereichern **versucht** hat, zB durch Steuerhinterziehung (NJW **76**, 526). Hat der Täter ohne Vorsatz einen Vermögensvorteil erlangt, kommt § 41 nicht in Betracht (§§ 73ff.). Vorsätzliche Bereicherung ist allerdings auch bei einer Fahrlässigkeitstat möglich (zB bei § 323 IV; vgl. LK-*Häger* 9). 4

Die kumulative Geldstrafe muss auch unter Berücksichtigung der **persönlichen** und **wirtschaftlichen** Verhältnisse des Täters nach Strafzumessungsgrundsätzen **angebracht** sein. Da die Bemessung der Freiheitsstrafe von der Geldstrafe nach § 41 beeinflusst wird (wistra **85**, 148; vgl. unten 7), ist auf alle sonstigen Strafzumessungsgesichtspunkte Bedacht zu nehmen (4 StR 22/80). **Nicht angebracht** ist eine Geldstrafe nach § 41, wenn der Täter weder Vermögen noch Einkommen hat (BGH **26**, 328; MDR/H **86**, 97); wenn er ohne Erwerbsaussichten ist (wistra **85**, 148); wenn die Strafe wegen ihrer zu dem Freiheitsentzug hinzutretenden Wir- 5 kungen die Resozialisierung des Täters gefährden könnte. **Angebracht** ist sie nach der meist verwendeten Formel, wenn es nach der Art von Delikt und Täter „sinnvoll erscheint", ihn nicht nur an der Freiheit, sondern auch am Vermögen zu strafen (vgl. BGH **32**, 66 m. Anm. *Horn* JR **84**, 211; *Bringewat* 125; hierzu NK-*Albrecht* 5); dies kann bei begüterten Tätern der von Vermögensstraftaten gegeben sein. Bei längeren Freiheitsstrafen ist sie nur ausnahmsweise dann angebracht, wenn der Täter über nennenswerte eigene Einkünfte verfügt (wistra **03**, 20).

6 **4) Zumessung.** Für die Bemessung der nach § 41 zuzuordnenden Geldstrafe gelten § 40 sowie die allgemeinen Strafzumessungsregeln (NStZ-RR **04**, 167, 168). Ob neben einer Freiheitsstrafe eine Geldstrafe verhängt werden soll, muss für jede Einzeltat gesondert entschieden werden; aus mehreren Einzelstrafen ist eine Gesamtgeldstrafe zu bilden (NStZ-RR **98**, 6).

7 § 41 enthält nach zutr. hM **keine Strafrahmenerweiterung** (*S/S-Stree* 8; SK-*Horn* 2, 3; *Lackner/Kühl* 5; MK-*Radtke* 34; **aA** LK-*Häger* 19; *Schmidhäuser* AT 20/36; *M/Zipf* 59/31; *Grebing* JZ **76**, 750; *Schoreit* MDR **90**, 1; offen gelassen von NJW **93**, 409 m. Anm. *Krehl* NStZ **93**, 336) und erlaubt **keine Zusatzstrafe.** Die **Gegenansicht**, die sich neben dem Wortlaut auch darauf stützt, dass der Anwendungsbereich der Vorschrift andernfalls zu schmal wäre, überzeugt unter dem Blickwinkel des **Schuldprinzips** nicht, denn *kumulativ* zur schon für sich *schuldangemessenen* Freiheitsstrafe kann nicht eine ihrerseits *schuldangemessene* Geldstrafe treten. Daraus folgt, dass keinesfalls zusätzlich zur Höchst-Freiheitsstrafe noch eine Geldstrafe verhängt werden dürfte (so aber LK-*Häger* 19), denn oberhalb des Strafrahmens der Freiheitsstrafe ist kein Platz für zusätzlichen Schuldausgleich durch **Strafe**. Das ergibt sich i. ü. schon daraus, dass eine Bereicherungsabsicht zahlreichen **Tatbeständen** oder Strafrahmenbestimmungen des BT zugrunde liegt; wenn aber zB der Betrug nicht mit 5 Jahren Freiheitsstrafe **plus** 360 Tagessätzen geahndet werden darf (**aA** offenbar LK-*Häger* 19), so wäre es verfehlt, eine solche Strafbemessung etwa für Körperverletzung für zulässig zu halten. § 41 erlaubt daher nur eine Mischung beider Strafarten **innerhalb** des Höchstrahmens der Freiheitsstrafe. *Insoweit* ist die vielfach verwendete Bezeichnung „kumulative Geldstrafe" irreführend. Sie verweist nur darauf, dass die nach § 41 festgesetzte Geldstrafe *neben* die zugleich verhängte Freiheitsstrafe tritt, sagt aber nichts über das Verhältnis zwischen beiden. Die Freiheitsstrafe und die *daneben* verhängte Tagessatzgeldstrafe müssen sich im Rahmen der Tatschuld halten (BGH **32**, 67; *Schäfer* StrZ 159). Das gilt auch dann, wenn ohne die zusätzliche Geldstrafe eine nicht mehr zur Bewährung aussetzbare Freiheitsstrafe erforderlich würde (5 StR 604/98). Durch eine **rechtsfehlerhafte** Anwendung des § 41 mit dem Ziel, eine *noch aussetzbare* Freiheitsstrafe verhängen zu können, ist der Angeklagte nicht beschwert (NStZ-RR **06**, 102).

8 **5) Vollstreckung.** In allen Fällen von § 41 kann das Gericht, wenn die Freiheitsstrafe vollstreckt worden ist, nach § 459d I Nr. 1 StPO im Verfahren nach § 462 StPO anordnen, dass die Vollstreckung der kumulativen Geldstrafe ganz oder zT unterbleibt, wenn sie die Wiedereingliederung des Verurteilten erschweren könnte. Dies gilt auch, wenn die Freiheitsstrafe zur Bewährung ausgesetzt worden ist. Diese Korrektur der Auffassung des erkennenden Gerichts ist nur zulässig, wenn sich die Beurteilungsgrundlage nachträglich ändert (*Meyer-Goßner* 4 zu § 459d; KK-*Fischer* 3 zu § 459d).

Zahlungserleichterungen

42 Ist dem Verurteilten nach seinen persönlichen oder wirtschaftlichen Verhältnissen nicht zuzumuten, die Geldstrafe sofort zu zahlen, so *bewilligt ihm das Gericht* eine Zahlungsfrist oder gestattet ihm, die Strafe in bestimmten Teilbeträgen zu zahlen. Das Gericht kann dabei anordnen, dass die Vergünstigung, die Geldstrafe in bestimmten Teilbeträgen zu zahlen, entfällt, wenn der Verurteilte einen Teilbetrag nicht rechtzeitig zahlt.

Das Gericht soll Zahlungserleichterungen auch gewähren, wenn ohne die Bewilligung die Wiedergutmachung des durch die Straftat verursachten Schadens durch den Verurteilten erheblich gefährdet wäre; dabei kann dem Verurteilten der Nachweis der Wiedergutmachung auferlegt werden.

1) Allgemeines. Die Vorschrift ist in Anlehnung an § 54 E 1962 (Begr. 173; Ndschr. **1**, 377; **4**, 244, 356) durch das 2. StrRG eingefügt worden (Ber. BT-Drs. V/4095, 22; Prot. V, 9, 2179). Sie ist im Zusammenhang mit den §§ 459 ff. StPO zu sehen. Satz 3 ist durch Art. 22 Nr. 1 des 2. JuMoG v. 22. 12. 2006 (BGBl I 3416; Mat.: GesE BReg BT-Drs. 16/3038; Ber. BT-Drs. 16/3640; Ges.-Beschl BR-Drs. 890/06) eingefügt worden. 1

2) Anwendungsbereich. Bei Verhängung von Geldstrafe nach den Vorschriften des § 40 ist nach Festsetzung der Tagessatzanzahl und der Höhe des einzelnen Tagessatzes in einem dritten Zumessungsschritt (vgl. 4 zu § 40) regelmäßig **von Amts wegen** zu prüfen, ob **Zahlungserleichterungen** in Betracht kommen. Für die Prüfung von § 42 ist erst Raum, wenn die Geldstrafe nach Zahl und Höhe der Tagessätze feststeht. Die Möglichkeit von Zahlungserleichterungen nach § 42 darf daher auf die vorangegangenen Strafzumessungsakte keinen Einfluss nehmen. 2

§ 42 gilt nicht nur für Geldstrafen, sondern auch für den **Verfall** (§ 73 c II) sowie den erweiterten Verfall (§ 73 d IV iVm § 73 c II) und für die **Einziehung des Wertersatzes** (§ 74 c IV). Eine entsprechende Vorschrift enthält § 18 OWiG. Für die Verfahrenskosten, die Vollstreckung der Nebenfolgen, die zu einer Geldzahlung verpflichten (Abführung des Mehrerlöses § 8 WiStG), sind nur die Vollstreckungsbehörden zuständig (§§ 459 a IV, 459 g II StPO); § 42 gilt insoweit nicht. Weitere Vorschriften des Vollstreckungsrechts bleiben unberührt. So können die Vollstreckungsbehörden auch bei den Geldstrafen **Strafaufschub** nach § 456 StPO gewähren (Schleswig SchlHA **76**, 13). Das **Landesrecht** kann keine den § 42 ändernden Bestimmungen treffen (Art. 1, 2 EGStGB; Anh. 1), wohl aber Gnadenerweise gewähren (§ 452 StPO; Übersicht über das Begnadigungsrecht in Textsammlung Strafrecht Nr. 400 Anm. zu § 452 StPO). 3

3) Anordnungsvoraussetzungen. Grds ist die Geldstrafe mit der Rechtskraft der Entscheidung sofort fällig und vollstreckbar (§§ 459 ff. StPO). § 42 lässt **zwei Ausnahmen** von dieser Regel zu: 4

A. Nach **Satz 1** sind im Urteil Zahlungserleichterungen anzuordnen, wenn eine sofortige Zahlung der Geldstrafe dem Verurteilten **nicht zumutbar** ist. Die Unzumutbarkeit kann sich aus den **persönlichen** und/oder **wirtschaftlichen Verhältnissen** (25 f. zu § 46) des Verurteilten ergeben. Auch Umstände, die bereits bei der *Zumessung* der Geldstrafe berücksichtigt wurden, können hier nochmals verwertet werden. Ob dem Angeklagten zuzumuten ist, zur Zahlung der Geldstrafe oder der Raten Vermögen anzugreifen oder Kredit aufzunehmen, hängt ebenso vom Einzelfall ab wie die Frage, ob Schuldverbindlichkeiten (15 zu § 40) bei der Festsetzung von Raten zu berücksichtigen sind. Im Allgemeinen sind Ratenzahlungen zu gewähren, wenn die Strafe nicht aus dem *laufenden* Einkommen oder aus *liquiden* Rücklagen bezahlt werden kann (LK-*Häger* 2, 7; MK-*Radtke* 13); jedoch darf die Zahlung der Geldstrafe gegenüber anderen Schuldverbindlichkeiten nicht hintangestellt werden (Hamm GA **75**, 57).

Zahlungserleichterungen nach S. 1 kommen, vorbehaltlich S. 3, **nicht** in Betracht, wenn der Täter liquide Rücklagen hat oder die Strafe sonst aus seinen Mitteln alsbald entrichten kann; wenn er die BRep. verlassen will oder hier keinen Wohnsitz hat (LK-*Häger* 6; *S/S-Stree* 4); wenn nicht zu erwarten ist, dass er die Strafe (insgesamt oder in Raten) in angemessener Frist zahlt oder zahlen kann (BGH **13**, 356); wenn nicht absehbar ist, dass Zahlungserleichterungen die Zumutbarkeit der Geldstrafenzahlung herbeiführen könnten (Stuttgart MDR **93**, 996; LG Berlin StV **02**, 33). Bei Geldstrafensummen, welche die Höhe eines Monats-Nettoeinkommens (dh 30 Tagessätze) nicht überschreiten, wird Unzumutbarkeit iS von S. 1 meist nicht gegeben sein (vgl. Schleswig NJW **80**, 1535 [Anm. *Zipf* JR **80**, 425]; *S/S-Stree* 3). 5

5a § 42 S. 1 ist **zwingender** Natur (3 StR 283/84; Stuttgart MDR **93**, 996; KG StV **06**, 191); wenn die Voraussetzungen vorliegen, kann die Gewährung von Zahlungserleichterungen nicht mit der Begründung versagt werden, der Angeklagte könne die Geldstrafe durch freie Arbeit tilgen (KG StV **06**, 191). Eine Versagung von Zahlungserleichterungen mit der Begründung, der Täter habe – in Kenntnis der von ihm begangenen Tat – die Geldstrafe vorhersehen können, wird teilweise für unzulässig (so *S/S-Stree* 4; MK-*Radtke* 17 unter Hinweis auf Art. 6 EMRK; hier bis 50. Aufl.), teilweise für ausnahmsweise zulässig (Schleswig SchlHA **80**, 169), teilweise für unbeschränkt zulässig und sogar für „nahe liegend" gehalten (so LK-*Häger* 9). Die Argumentation, der Täter habe seine Schuld seit der Tat gekannt (*Häger* aaO), überzeugt allerdings auch bei Vorsatztaten nicht gänzlich, denn ein noch *nicht ermittelter* Täter hat wohl keine Pflicht zur Sparsamkeit und vermag idR kaum vorauszusehen, dass und in welcher Höhe Geldstrafe verhängt werden wird. Eine Versagung der Ratenzahlungsbewilligung wegen mangelnder Sparleistungen kann daher nur in Ausnahmefällen in Betracht kommen (zB bei absichtlichem „Verschleudern" von Vermögensteilen gerade *im Hinblick* auf eine erwartete Geldstrafe).

6 **B.** Nach **Satz 3**, der durch das 2. JuMoG v. 22. 12. 2006 eingefügt wurde (oben 1), **sollen** Zahlungserleichterungen iS von S. 1 gewährt werden, wenn ohne sie eine **Schadenswiedergutmachung** durch den Verurteilten unmöglich oder zumindest erheblich gefährdet wäre. Die Möglichkeit steht *neben* derjenigen nach S. 1, greift daher vor allem (auch) auch ein, wenn eine sofortige Bezahlung der Geldstrafe möglich wäre; beide Varianten sind aber auch kombinierbar.

7 Voraussetzung des S. 3 ist das Vorliegen eines **Schadens**, dessen Wiedergutmachung durch Zahlung der Geldstrafensumme überhaupt gefährdet sein könnte. Das wird regelmäßig ein **Vermögensschaden** sein; andere Schäden sind zwar begrifflich nicht ausgeschlossen, jedoch besteht insoweit idR keine (zivilrechtliche oder öffentlich-rechtliche) Wiedergutmachungspflicht. Der Schaden muss *durch* die abgeurteilte Straftat entstanden sein, wegen derer die Geldstrafe zu zahlen ist. Ob schon eine *allgemeine* Pflichtenlage entspr. § 73 I S. 2 ausreicht (vgl. 18 zu § 73), ist nicht unzweifelhaft. Man wird jedenfalls voraussetzen müssen, dass ein *konkreter* Anspruchsinhaber ermittelt ist und auf die Wiedergutmachung auch nicht für längere Dauer verzichtet hat; die Wiedergutmachung muss zum **Zeitpunkt des Urteils** möglich sein.

8 Die Anordnung nach **S. 3** ergeht **fakultativ**; jedoch sind Zahlungserleichterungen bei Vorliegen der Voraussetzungen idR zu gewähren, wenn nicht gewichtige Gründe dem entgegenstehen. Eine Zahlungserleichterung nach S. 3 **scheidet aus**, wenn der Verurteilte eine Schadenswiedergutmachung **verweigert**. Auch bei sicher absehbarer Fruchtlosigkeit von Wiedergutmachungsbemühungen wäre eine Anordnung nicht sinnvoll; nach Lage des Einzelfalls kann wohl auch die Möglichkeit einer nur *gänzlich unzureichenden* Wiedergutmachung entgegen stehen. Dagegen kann das bloße **Leugnen der Tat** ebenso wie das Fehlen von Bekundungen der Reue oder der Wiedergutmachungsabsicht die Zulassung von Zahlungserleichterungen nicht ohne weiteres ausschließen; der Beschuldigte muss sich also die Zahlungserleichterung nicht durch ein Geständnis „verdienen". Die (realistische, nach Lage des Einzelfalls sinnvolle) Möglichkeit, die Geldstrafe durch **freie Arbeit** zu tilgen, kann trotz bestehender Wiedergutmachungspflicht gegen die Einräumung von Zahlungsfristen oder Ratenzahlungsbefugnis sprechen. Wenn die verurteilte Person die Wiedergutmachung nicht betreibt, kann die Zahlungserleichterung von der Vollstreckungsbehörde geändert oder aufgehoben werden (§ 459a I S. 1 StPO).

9 **4) Anordnungsinhalt.** Liegen die Voraussetzungen des **S. 1** vor, so sind Zahlungserleichterungen **zwingend** anzuordnen. Das Gericht kann entweder eine **Zahlungsfrist** (durch Bestimmung eines Fälligkeitszeitpunkts für die Gesamtsum-

me) oder eine **Ratenzahlungs**-Erlaubnis anordnen. Die Anordnung muss die einzelnen Fälligkeitstermine (entweder mit genauem Datum oder durch Angabe der Fälligkeitszeiträume; **zB** „... in monatlichen Raten ab dem 1. des auf die Rechtskraft folgenden Monats ...") sowie die Höhe der jeweiligen Rate angeben (**zB** „... in Teilbeträgen von jeweils ... Euro ..."; „... in 5 gleichen Raten ab ..."). Der Tatrichter ist hierbei freier gestellt als etwa bei der Bestimmung der Tagessatzhöhe. Die **Wahl** zwischen Zahlungsfrist und Ratenzahlungserlaubnis ist nach den Umständen des Einzelfalls zu treffen. Aus spezialpräventiven Gründen dürfte die Einräumung einer Frist für die Gesamtzahlung nur in Betracht kommen, wenn besondere Gründe für ein Zuwarten gegeben sind (**zB** sichere Erwartung eines höheren Zahlungseingangs; beabsichtigte Veräußerung von Vermögenswerten) und eine Erfüllung hinreichend sichergestellt erscheint; die Frist sollte, obgleich eine gesetzliche Grenze nicht besteht, idR 3 Monate nicht überschreiten. Verfehlt wäre die Einräumung einer Frist, wenn hierdurch labilen oder verfestigt betrügerisch agierenden Tätern Möglichkeit und Anreiz gegeben würde, das Einstehen für die Tat durch vage Versprechungen hinauszuschieben oder gar, sich die Mittel zur Zahlung durch neue Straftaten zu beschaffen.

In der **Mehrzahl** der Fälle des S. 1 wird die Anordnung von **Ratenzahlung** **10**
sachgerecht sein. Bei der Bemessung von Ratenhöhe und -anzahl ist darauf Bedacht zu nehmen, dass das Strafübel spürbar bleiben muss. Ratenzahlungen dürfen daher Geldstrafen in ihrem Wesen nicht verändern (BGH **13**, 357); sie müssen als ernstes Übel fühlbar bleiben und sollten aus den dem Verurteilten persönlich zustehenden Mitteln bei äußerster Sparsamkeit aufgebracht werden können. Allzu langfristige Ratenzahlungsverpflichtungen werden überdies oftmals nicht eingehalten und führen dann zu erheblichem Vollstreckungsaufwand. Eine gesetzliche Grenze für den **Ratenzahlungszeitraum** besteht aber nicht; eine Begrenzung auf 2 Jahre ergibt sich weder aus § 79 a Nr. 2 Buchst. c noch aus § 2 I StVollstrO (Düsseldorf StV **99**, 387 f.; LG Berlin StV **02**, 33 f.; NStZ **05**, 336; *S/S-Stree* 5; MK-*Radtke* 20; NK-Albrecht 7; **aA** Stuttgart StV **93**, 364 f.).

5) Verfallsklausel (S. 2). IdR empfiehlt es sich, eine Verfallsklausel auszusprechen. **11**
Sie bewirkt die Fälligkeit der gesamten Reststrafe, wenn der Verurteilte in Zahlungsrückstand gerät. In einem solchen Falle braucht die Vergünstigung nicht aufgehoben, sondern lediglich deren Entfallen in den Akten vermerkt zu werden (§ 459 a III S. 1 StPO). Ohne Verfallsklausel ist, wenn der Zahlungsplan nicht eingehalten wird, eine besondere Entscheidung nach § 459 a II StPO erforderlich. Das Eingreifen einer Verfallsklausel steht erneuten Zahlungserleichterungen durch die *Vollstreckungsbehörde* nicht entgegen.

6) Verfahren. Zahlungserleichterungen sind in der **Urteilsformel** im Einzelnen zu be- **12**
stimmen und festzulegen (BGHR ZahlErl. 1; Schleswig SchlHA **77**, 178). Die Anordnung nach § 42 ist vom Revisionsgericht überprüfbar und auch isoliert anfechtbar (LK-*Häger* 21). Das schließt idR, aber nicht zwingend eine eigene Sachentscheidung des Revisionsgerichts aus (JR **79**, 73; MDR/H **80**, 453; Karlsruhe MDR **79**, 515; *Meyer* MDR **76**, 714; *Schäfer* StrZ 623; **aA** Bremen NJW **54**, 522; *S/S-Stree* 8; SK-*Horn* 5; MK-*Radtke* 23). Ist die Anordnung fehlerhaft in einem mit dem Urteil verkündeten Beschluss ergangen, so kann das Revisionsgericht sie zum Bestandteil seines Urteils machen (BGHR § 40 ZahlErl. 1).

Nach Rechtskraft des Urteils ist die **Vollstreckungsbehörde** auch für die Bewilligung **13**
einer Vergünstigung nach § 42 (§ 459 a I StPO) ebenso zuständig (Koblenz Rpfleger **78**, 148) wie für deren nachträgliche Änderung oder Aufhebung (§ 459 a II, III StPO), gleichgültig, ob die Vergünstigung richterlich angeordnet war oder nicht. Die Ratenzahlungsbewilligung, während deren Laufs die Vollstreckungsverjährung ruht (§ 79 a Nr. 2 c), wird nicht schon infolge Nichtzahlung der Raten gegenstandslos (Hamburg MDR **75**, 330); die **Vollstreckung** der Geld- oder Ersatzfreiheitsstrafe darf daher erst nach rechtskräftigem Widerruf einer dem Verurteilten eingeräumten Ratenzahlung oder sonstigen Vergünstigung eingeleitet oder fortgesetzt werden (vgl. aber oben 7). Zum **Verschlechterungsverbot** bei Entscheidungen nach § 42 vgl. Schleswig NJW **80**, 1536 m. Anm. *Zipf* JR **80**, 425.

Ersatzfreiheitsstrafe

43 **An die Stelle einer uneinbringlichen Geldstrafe tritt Freiheitsstrafe. Einem Tagessatz entspricht ein Tag Freiheitsstrafe. Das Mindestmaß der Ersatzfreiheitsstrafe ist ein Tag.**

1 **1) Allgemeines.** Die Vorschrift, die im Anschluss an § 55 I E 1962 (Begr. 173) durch das 2. StrRG eingefügt wurde (Ber. BT-Drs. V/4095, 22), wird ergänzt durch die §§ 459 ff. StPO (E EGStGB 310; Ber. BT-Drs. 7/1261, 32). *Statistik: Albrecht* MSchrKrim **81**, 265; *Kürzinger,* in: *Jescheck* FreihStr. S. 1808; *Seebode,* Böhm-FS 519, 523 ff. Zu **Reformvorhaben** vgl. 9 vor § 38.

1 a **Literatur:** *Hörnle,* Tatproportionale Strafzumessung, 1999; *Köhne,* Abschaffung der Ersatzfreiheitsstrafe?, JR **04**, 453; *Rönnau/Tachau,* Der Geldstrafenschuldner in der Insolvenz – zwischen Skylla und Charybdis?, NZI **07**, 208; *Schott,* Abkehr von der 1 : 1 – Umrechnung von Geld- in Freiheitsstrafe?, JR **03**, 315; *Seebode,* Problematische Ersatzfreiheitsstrafe, Böhm-FS 519; *Janssen,* Die Praxis der Geldstrafenvollstreckung, 1994. **Rechtsvergleichung:** *Hamdorf/Wölber* ZStW **111** (1999), 929 [Schweden]. Vgl. i. Ü. 1 a zu § 40; zur gemeinnützigen Arbeit unten 9 a.

2 **2) Anwendungsvoraussetzungen (S. 1).** Die Ersatzfreiheitsstrafe tritt **an die Stelle** einer uneinbringlichen Geldstrafe (BGH **27**, 93). Dass sie „das Rückgrat der Geldstrafe" sei, kann angesichts vieler Ungerechtigkeiten der Anwendungspraxis und einer insg. mangelhaften Einpassung in das Strafensystem (vgl. etwa 3 zu § 57) bezweifelt werden (vgl. auch LK-*Häger* 1; MK-*Radtke* 2; NK-*Albrecht* 2). Die Ersatzfreiheitsstrafe ist *echte Strafe* (BGH **20**, 16; Bay JZ **75**, 538; Zweibrücken NJW **76**, 155; Koblenz MDR **77**, 423) und – anders als die Erzwingungshaft (vgl. § 96 OWiG) – kein Beugemittel, um die Zahlung durchzusetzen. Die Vorschrift bezieht sich nur auf die Geldstrafe nach § 40, nicht auf Ordnungsgeld (zB § 51 I StPO) oder Wertersatz (§§ 73 a, 74 c). Eine **Reststrafen-Aussetzung** nach § 57 ist nach **hM** bei der Ersatzfreiheitsstrafe nicht möglich (str.; vgl. 3 zu § 57 m. Nachw. zum Streitstand); Bestimmungen über die Aussetzung der Vollstreckung von Ersatzfreiheitsstrafen sind in die StPO nicht aufgenommen worden.

3 **Voraussetzung** für die Vollstreckung von Ersatzfreiheitsstrafe ist, dass die **Geldstrafe uneinbringlich** ist. Der Verurteilte kann also nicht wählen, ob er freiwillig zahlen oder die Ersatzstrafe verbüßen will. Zahlt er nicht, so ist mit Ausnahme der Fälle des § 459 c II StPO zunächst die Vollstreckung der Geldstrafe zu versuchen. Um den kriminalpolitisch unerwünschten Vollzug der Ersatzfreiheitsstrafe zu vermeiden, muss der Vollstreckungsversuch ernsthaft, uU wiederholt unternommen werden (MK-*Radtke* 7; krit. zur bisweilen unzureichenden Praxis *Seebode,* Böhm-FS 534 f.). Die Vollstreckung der Ersatzfreiheitsstrafe ist die regelmäßige Folge der Uneinbringlichkeit der Geldstrafe. Sie trifft auch den unverschuldet Zahlungsunfähigen (BGH **27**, 93; Düsseldorf MDR **83**, 341; GA **84**, 514; *Dölling* NStZ **81**, 89; *Schädler* ZRP **83**, 7; KK-*Fischer* 2 zu § 459 e, 6 zu § 459 c; **aA** *Köhler* GA **87**, 161; *v. Selle* NStZ **90**, 118).

4 **3) Maß der Ersatzfreiheitsstrafe (S. 2, 3).** Einem **Tagessatz** entspricht **ein Tag Freiheitsstrafe** (S. 2). Auf Grund dieser Regelung braucht die Ersatzfreiheitsstrafe im Urteil nicht (auch nicht deklaratorisch) ausgesprochen zu werden (hM; **aA** SK-*Horn* 3). S. 2 ist zwingendes Recht und kann nicht durch analoge Anwendung des § 51 IV S. 2 in Fällen umgangen werden, in denen unter Berücksichtigung des Grundsatzes der Verhältnismäßigkeit UHaft nicht hätte angeordnet werden dürfen (**aA** AG Frankfurt/M StV **94**, 488).

4 a Gegen den gesetzlichen **Umrechnungsmaßstab** 1 : 1 werden unter dem Gesichtspunkt des Schuldgrundsatzes **Bedenken** erhoben, weil die Ersatzfreiheitsstrafe *gegenüber der Geld*strafe immer ein Mehr an Übelseinwirkung enthalte. Entspricht eine nach Tagessätzen verhängte (primäre) Geldstrafe dem Unrecht der Tat und der Schuld des Täters, so kann nach teilw. vertretener Ansicht die Ersatzfreiheitsstrafe, wenn sich ihr Maß im Verhältnis 1 : 1 bestimmt, nicht schuldangemessen

sein (*Jescheck,* Würtenberger-FS 269 f.; *Tröndle* ZStW **86**, 574; *Grebing* ZStW **88**, 1111; *Bruns* JR **86**, 73; *Weber,* Schröder-GedS 184 f.; *Seebode,* Böhm-FS 528 f.; *Hörnle* [1 a], 171 ff.; *Schott* JR **03**, 315, 319 f.; wohl auch MK-*Radtke* 2; **aA** Hamm JMBlNW **83**, 29; SK-*Horn* 3, *Horn* JR 77, 100; *ders.* ZStW **89**, 564; *S/S-Stree* 4 zu § 40; *Vogler* JR **78**, 355). Der GesE des BRats v. 28. 11. 1997 (BR-Drs. 594/97) hat eine Umrechung im Verhältnis 2:1 vorgeschlagen (so auch §§ 43 II, 51 IV im RegE Sanktionenrecht, BR-Drs. 3/04; vgl. 9 vor § 38; *Helgerth/Krauß* ZRP **01**, 281).

Diese Einwände sind **nicht überzeugend:** Dass die (Ersatz-)Freiheitsstrafe der Geldstrafe „inkomparabel" sei (LK-*Häger* 5), steht dem gesetzlichen Tagessatzsystem an sich entgegen und wäre durch eine Veränderung des Umrechnungsverhältnisses gar nicht zu beheben. Sämtliche Ungerechtigkeiten, welche die Kritik als Folge der Umrechnung hervorhebt, sind keine Frage des **Maßstabs**, sondern des **Prinzips;** sie treten bei jedem beliebigen Maßstab auf. Man kann nicht *gleichzeitig* ein „Tagessatz"(!)-System für ein „der sachgerechten Geldstrafenzumessung immanentes Strukturprinzip" (LK-*Häger* 10 vor § 40) und die Ersatzfreiheitsstrafe für „inkomparabel" und für ein Zusatzübel halten, für welches es an einem Rechtsgrund fehle (LK-*Häger* 6 zu § 43). Auch wenn es **zB** nicht zutreffend wäre, dass nach Verhängung einer Geldstrafe von 30 Tagessätzen zu je 10 Euro und bei Uneinbringlichkeit der Geldstrafe **ein Tag** Freiheitsentzug gerade **10 EUR** „wert" ist, so wäre doch die Ansicht, er sei stattdessen genau **20 EUR** wert, ebenso wenig zwingend. Die genannten Vorschläge zielen daher im Grunde auf eine Lösung vom Tagessatzsystem ab, denn wenn es dem **Schuldgrundsatz** widerspräche, wegen der Tat X, statt 30 Tagessätzen Geldstrafe zu zahlen, mehr als 15 Tage Freiheitsstrafe zu verbüßen, so wäre es selbstverständlich auch unverhältnismäßig, wegen dieser Tat einen Monat Freiheitsstrafe zu verhängen (§ 47 I). Für die **praktische Bedeutung** der Frage ist zu berücksichtigen, dass in der großen Masse der Verurteilungen wegen Taten der kleinen, teilweise auch mittleren Kriminalität die verhängten Geldstrafen im **untersten Strafrahmenbereich** liegen. Daher dürfte eine gesetzliche Änderung des Umrechnungsmaßstabs nicht zu einer Halbierung (oder Drittelung, usw.) der Ersatzfreiheitsstrafen, sondern eher zu einer Erhöhung der verhängten Tagessatzanzahl führen. **4 b**

Das **Mindestmaß** der Ersatzfreiheitsstrafe nach § 43 ist **ein Tag (S. 3);** § 38 II gilt also hier nicht. Selbst wenn der Verurteilte von der Mindestzahl von 5 Tagessätzen 4 gezahlt hat, bleibt ein Tag Ersatzfreiheitsstrafe zu vollstrecken (Ber. 22). Wegen eines Teilbetrages, der keinem vollen Tag Ersatzfreiheitsstrafe entspricht, ist jedoch die Vollstreckung der Ersatzfreiheitsstrafe nicht zulässig (§ 459 e III StPO; § 50 II S. 1 StVollstrO). Das **Höchstmaß** der Ersatzfreiheitsstrafe folgt aus S. 2 iVm § 40 I S. 2, § 54 II S. 2. **5**

4) Vollstreckung. Die Vollstreckung richtet sich, soweit sie nicht schon durch **Anrechnung** der Untersuchungshaft erledigt ist (§ 51 II S. 1) nach §§ 459 ff. StPO, § 49 StVollstrO. Vollstreckungsbehörde ist die StA (§ 451 StPO), zuständig der Rechtspfleger (§ 31 II, IV RpflG iVm § 1 Nr. 1 RPflBegrV). **6**

A. Grundsatz. Der Verurteilte hat nach Fälligkeit (Rechtskraft), falls nicht erkennbar ist, dass er sich der Zahlung entziehen will (vgl. § 459 c I StPO), zunächst eine Schonfrist von 2 Wochen, nach deren Ablauf die Strafe nach § 6 JBeitrO, §§ 8 ff. EBAO beigetrieben wird, sofern ihm nicht Zahlungserleichterungen oder ausnahmsweise Strafaufschub (3 zu § 42) gewährt werden oder die Vollstreckung nach § 459 c II StPO als voraussichtlich erfolglos unterbleibt (KK-*Fischer* 8, *Bringewat* StVollstr. 8, 9, jew. zu § 459 c StPO; *P/Jabel/Wolf* 39 ff. zu § 48 StVollstrO), weil der Verurteilte zB die Erklärung nach § 807 ZPO abgegeben hat oder sich im Insolvenzverfahren befindet. In diesem Fall ist der Weg für die Vollstreckung der Ersatzfreiheitsstrafe (§ 459 e StPO) frei, wenn nicht eine Anordnung nach § 459 d I (hierzu 8 zu § 41) getroffen worden ist (vgl. Zweibrücken NStZ **85**, 575). Eine Vollstreckung in den Nachlass ist nicht statthaft (§ 459 c III StPO). **7**

8 Die **Vollstreckungsbehörde** ordnet, **soweit die Geldstrafe** uneinbringlich ist, die **Vollstreckung der Ersatzfreiheitsstrafe** an. Diese erledigt sich jedoch, wenn der Verurteilte die (weitere) Vollstreckung der Ersatzfreiheitsstrafe durch (Teil-)Zahlung abwendet (§ 459e IV StPO; KK-*Fischer* 9 zu § 459e StPO). Zu vollstrecken ist immer nur die Ersatzfreiheitsstrafe, die dem uneinbringlichen Teil der Geldstrafe entspricht; die Vollstreckung der Ersatzfreiheitsstrafe (Schleswig SchlHA **76**, 13) bleibt insoweit Geldstrafenvollstreckung.

9 **B. Abwendung durch freie Arbeit.** Art. 293 EGStGB (Anh. 1) idF des 23. StÄG und Art. 6 OrgKG **ermächtigt** die LandesReg., durch RechtsVO Regelungen zu treffen, wonach die Vollstreckungsbehörde dem Verurteilten gestatten kann, die Vollstreckung einer Ersatzfreiheitsstrafe nach § 43 durch **freie Arbeit** abzuwenden. Soweit der Verurteilte die (unentgeltliche; vgl. *Schädler* ZRP **83**, 5, 8) freie Arbeit geleistet hat, ist die Ersatzfreiheitsstrafe erledigt (vgl. § 49 I S. 2 StVollstrO). Entspricht die (tatsächlich geleistete) Arbeit nur einem Teil der Ersatzfreiheitsstrafe, so bleibt deren Rest ebenso wie der ihm zugrunde liegende Teil der Geldstrafe vollstreckbar, BT-Drs. 10/2720, 18. Von der Ermächtigung haben alle Länder Gebrauch gemacht und **TilgungsVOen** erlassen (Überblick bei LK-*Häger* 12; insg. eher krit. LK-*Häger* 15; dagegen *Weber,* Schröder-GedS 178; *Roxin* JA **80**, 550; *Rolinski,* Albrecht MSchrKrim **81**, 52; *Seebode,* Böhm-FS 552, 536ff.), die unterschiedliche Umrechnungsmaßstäbe vorsehen (3 bis 6 Arbeitsstunden für einen Tagessatz; krit. MK-*Radtke* 4). Zu aktuellen **Reformvorschlägen** vgl. 7ff. vor § 38; der RegE Sanktionenrecht (BR-Drs. 3/04) sieht in § 43 I-E eine Abwendungsmöglichkeit vor.

9a **Literatur zur gemeinnützigen Arbeit:** *Albrecht/Schädler* ZRP **88**, 278; *Blau,* Kaufmann-GedS 189; *Böhm* ZRP **98**, 360; *Dölling,* Die Weiterentwicklung der Sanktionen ohne Freiheitsentzug im deutschen Strafrecht, ZStW **104** (1992), 259; *Feuerhelm,* Gemeinnützige Arbeit als Alternative in der Geldstrafenvollstreckung, 1991; *ders.* Gemeinnützige Arbeit in der Geldstrafenvollstreckung, BewH **93**, 200; *ders.,* Gemeinnützige Arbeit als strafrechtliche Sanktion. Bilanz und Perspektive, **98**, 323; *ders.,* Stellung u. Ausgestaltung der gemeinnützigen Arbeit im Strafrecht, 1997; *ders.,* KrimPol **99**, 22; *Gerken/Henningsen* ZRP **87**, 386 u. MSchrKrim **89**, 222 [hiergegen *Reiß* ZRP **88**, 143]; *Heghmanns* ZRP **99**, 297; *Heinz,* Jescheck-FS 963; *Horn* ZRP **90**, 81 [hierzu *Sagel-Grande* ZRP **91**, 440] u. JZ **92**, 829; *Jehle/Feuerhelm/Block,* Gemeinnützige Arbeit statt Ersatzfreiheitsstrafe, 1990; *Jung* JuS **86**, 745; *Kawamura* BewH **98**, 338; *Kerner/Kästner* (Hrsg.), Gemeinnützige Arbeit in der Strafrechtspflege, 1986; *Köhler* GA **87**, 156, 186; *Krumm* AnwBl. **84**, 74; *Mrozynski* JR **87**, 275; *Pfohl,* Gemeinnützige Arbeit als strafrechtliche Sanktion, 1983; *Schädler* ZRP **83**, 5 u. **85**, 186 [Verhältnisse in Hessen; hierzu *Bollinger* ZRP **85**, 286]; *Schall* NStZ **85**, 104 [auch zum systemgerechten Umrechnungsmaßstab]; *Schöch* DJT 1992 C 28; *Schöch u. Feuerhelm,* in: *Jehle* [1a zu § 46] 267, 333, DJT 1992 C 25 u. aaO [10 vor § 38] 312; *Streng,* ZStW **111** (1999), 827, 837; *Weigend* GA **92**, 358; *Weßlau,* In welche Richtung geht die Reform des Sanktionensystems?, StV **99**, 278. Rechtsvergleichung: *Albrecht/Schädler* (Hrsg.), Community Service/Gemeinnützige Arbeit/Dienstverlening/Travail d'Intérêt General, 1986; *Jescheck,* Lackner-FS 915 [zur gemeinnützigen Arbeit im Vorentwurf des schweiz. StGB]. *Cornils,* Gemeinnützige Arbeit in den nordischen Ländern, MSchrKrim **95**, 322; *Fuchs,* Der Community Service als Alternative zur Freiheitsstrafe 1985; *Huber* JZ **80**, 638 [Zum Community Service Order in England]; *Kilias* u. a., ZStW **112** (2000), 637.

10 **C. Absehen von der Vollstreckung.** In **Ausnahmefällen** kann das Gericht (§§ 462a II, 462 StPO) auf Antrag des Verurteilten oder auf Anregung der Vollstreckungsbehörde (§ 49 II StVollstrO) nach Anhörung des Verurteilten (§ 462 II StPO) anordnen, dass die **Vollstreckung** der Ersatzfreiheitsstrafe **unterbleibt,** wenn sie für den Verurteilten eine **unbillige Härte** wäre (§ 459f StPO). Eine **unbillige Härte** ist nur gegeben, wenn die Vollstreckung der Ersatzfreiheitsstrafe eine außerhalb des Strafzwecks liegende zusätzliche Härte bedeuten würde. Die Vorschrift ist eng auszulegen (BGH **27**, 93f., vgl. i. E. die Kommentierungen zu § 459f. StPO).

Vermögensstrafe

Verhängung der Vermögensstrafe

43a *I Verweist das Gesetz auf diese Vorschrift, so kann das Gericht neben einer lebenslangen oder einer zeitigen Freiheitsstrafe von mehr als zwei Jahren auf Zahlung eines Geldbetrages erkennen, dessen Höhe durch den Wert des Vermögens des Täters begrenzt ist (Vermögensstrafe). Vermögensvorteile, deren Verfall angeordnet wird, bleiben bei der Bewertung des Vermögens außer Ansatz. Der Wert des Vermögens kann geschätzt werden.*

II § 42 gilt entsprechend.

III Das Gericht bestimmt eine Freiheitsstrafe, die im Fall der Uneinbringlichkeit an die Stelle der Vermögensstrafe tritt (Ersatzfreiheitsstrafe). Das Höchstmaß der Ersatzfreiheitsstrafe ist zwei Jahre, ihr Mindestmaß ein Monat.

§ 43 a ist nach der Entscheidung des BVerfG vom 20. 3. 2002 verfassungswidrig und nichtig (BGBl. I 1340).

Nebenstrafe

Fahrverbot

44 **I Wird jemand wegen einer Straftat, die er bei oder im Zusammenhang mit dem Führen eines Kraftfahrzeugs oder unter Verletzung der Pflichten eines Kraftfahrzeugführers begangen hat, zu einer Freiheitsstrafe oder einer Geldstrafe verurteilt, so kann ihm das Gericht für die Dauer von einem Monat bis zu drei Monaten verbieten, im Straßenverkehr Kraftfahrzeuge jeder oder einer bestimmten Art zu führen. Ein Fahrverbot ist in der Regel anzuordnen, wenn in den Fällen einer Verurteilung nach § 315 c Abs. 1 Nr. 1 Buchstabe a, Abs. 3 oder § 316 die Entziehung der Fahrerlaubnis nach § 69 unterbleibt.**

II Das Fahrverbot wird mit der Rechtskraft des Urteils wirksam. Für seine Dauer werden von einer deutschen Behörde ausgestellte nationale und internationale Führerscheine amtlich verwahrt. Dies gilt auch, wenn der Führerschein von einer Behörde eines Mitgliedstaates der Europäischen Union oder eines anderen Vertragsstaates des Abkommens über den Europäischen Wirtschaftsraum ausgestellt worden ist, sofern der Inhaber seinen ordentlichen Wohnsitz im Inland hat. In anderen ausländischen Führerscheinen wird das Fahrverbot vermerkt.

III Ist ein Führerschein amtlich zu verwahren oder das Fahrverbot in einem ausländischen Führerschein zu vermerken, so wird die Verbotsfrist erst von dem Tage an gerechnet, an dem dies geschieht. In die Verbotsfrist wird die Zeit nicht eingerechnet, in welcher der Täter auf behördliche Anordnung in einer Anstalt verwahrt worden ist.

Übersicht

1) Allgemeines ... 1, 1 a
2) Anwendungsbereich ... 2–4
3) Voraussetzungen der Anordnung (Abs. I) ... 5–13
   A. Anlasstat (Abs. I S. 1) ... 6–11
   B. Regelvermutung (Abs. I S. 2) ... 12
   C. Hauptstrafe ... 13
4) Rechtsfolge ... 14–18 a
   A. Umfang ... 15, 16
   B. Zumessung ... 17–18 a
5) Vollstreckung ... 19–22
6) Verfahrensrechtliche Hinweise ... 23–25

1 **1) Allgemeines.** Durch das **32. StÄG** v. 1. 6. 1995 (BGBl. I 747) wurde § 44 II aF aufgehoben (ohne III, IV aufrücken zu lassen) und § 69b I neu gefasst; vgl. Ges (zum Übk. vom 8. 11. 1969) v. 21. 9. 1977 (BGBl. II 809; 1979 II 932); internationale und deutsche Fahrerlaubnis wurden weitgehend gleichgestellt (vgl. 1 zu § 69b). **Mat.:** Vgl. 50. Aufl. 1. Durch das **StVGÄndG** v. 24. 4. 1998 (Inkrafttreten: 1. 1. 1999) wurden III, IV aF Abs. II, III. Das ÄndG diente der Umsetzung der Richtlinie 91/439/EWG des Rates v. 29. 7. 1991 über den Führerschein (ABl. EG Nr. L 237, 1) – Zweite EU-Führerscheinrichtlinie – in nationales Recht; zugleich wurden die neuen II und III S. 1 sowie § 69 III S. 2, § 69a VII S. 2 geändert und § 69b neu gefasst. **Mat.:** BT-Drs. 13/6914 (RegE); 13/7888 (Ber.); BR-Drs. 940/97. Zu aktuellen **Reformvorschlägen,** insb. zur Einführung des Fahrverbots als selbstständige Hauptstrafe, vgl. 8f. vor § 38; *Stöckel,* Gössel-FS 329, 336ff.; Streng ZRP **04**, 237; GesA Bay (BR-Drs. 637/00), Mecklenb.-Vorp. (BR-Drs. 759/00); RegE der BReg. v. 8. 12. 2000 (abgedr. in BA **01**, 109 m. Anm. *Scheffler* ebd. 113); vgl. auch RegE Sanktionenrecht (BR-Drs. 3/04). §§ 44, 51, 54a.

1a **Literatur:** *Barth* BA **90**, 80 [statistische Angaben von 1975 bis 1988; Fahrverbot für Verurteilte 1991 insgesamt 33034]; *Baumann* Fort. **8** [1987] 19; *Bode* DAR **70**, 57; *Bouska,* Vorläufige (Teil-)Umsetzung der Führerscheinrichtlinie der EU v. 29. Juli 1991, DAR **96**, 276; *Cramer,* NJW **68**, 1764; *ders.,* Fahren trotz Fahrverbots – Verfassungswidrigkeit von § 21 Abs. 1 Nr. 1 StVG im Falle des § 44 StGB?, DAR **98**, 464; *Fehl,* Fahrverbot als alternative Hauptstrafe?, DAR **98**, 379; *dies.,* Empfiehlt sich eine Vier-Monats-Frist für das Wirksamwerden von Fahrverboten (§ 25 II a StVG) auch bei § 44 StGB?, NZV **98**, 439; *Gehrmann,* Das Gesetz zur Änderung des StVG und anderer Gesetze, NJW **98**, 3534; *ders.,* Die Neuregelung des Führerscheinrechts ab 1. 1. 1999, NJW **99**, 455; *Hartung* NJW **65**, 86; *Hentschel* DAR **88**, 156 u. DAR **97**, 101 [zum VGT 1997]; *Herlan/Schmidt-Leichner,* Entziehung der Fahrerlaubnis u. Fahrverbot durch Strafrichter und Verwaltungsbehörden, 1972; *Himmelreich-Hentschel,* Fahrverbot, Führerscheinentzug, Bd. I, 8. Aufl. 1995; Bd. II, 7. Aufl. 1992; *Janiszewski* MSchrKrim **93**, 337 u. NZV **93**, 212; *Kerner* For. **7** [1987] 75; *Kulemeier,* Fahrverbot u. Entzug der Fahrerlaubnis, 1991 [Bespr. *Molketin* GA **93**, 385]; *Mitsch,* Die Strafbarkeit der Fahrverbotsübertretung – ein Unikum, NZV **07**, 66; *Molketin,* Fahrverbot (§ 44 StGB) nur bei erheblichen Anlasstaten?, NZV **01**, 411; *Röwer* Fahrverbot bei allgemeiner Kriminalität?, BA **01**, 90; *Stöckel,* Fahrverbot bei allgemeiner Kriminalität?, BA **01**, 99; *Streng,* Allgemeines Fahrverbot und Gerechtigkeit, ZRP **04**, 237.

2 **2) Anwendungsbereich.** Das Fahrverbot ist **Nebenstrafe;** es darf nur neben Freiheits- und Geldstrafe verhängt werden. Es ist vorwiegend spezialpräventiv als repressive **Warnungs- und Besinnungsstrafe** für nachlässige oder leichtsinnige Kraftfahrer gedacht (BVerfGE **27**, 36; Koblenz NJW **69**, 282; Celle NJW **69**, 1187) und dient nicht, wie die Entziehung der Fahrerlaubnis (§ 69), der präventiven Gefahrenabwehr.

3 Fahrverbot **(= FV)** und **Entziehung der Fahrerlaubnis (= FE)** nach § 69 schließen einander grds aus, denn § 44 setzt voraus, dass sich der Täter *nicht* als ungeeignet iS von § 69 erwiesen hat (Karlsruhe VRS **34**, 192; **59**, 111; vgl. LK-*Geppert* 17; *S/S-Stree* 2; MK-*Athing* 8; NK-*Herzog* 8). Eine Verhängung von Fahrverbot *neben* Fahrerlaubnis-Entziehung kommt nur in Betracht, wenn von der Sperre nach § 69a II bestimmte Arten von Kraftfahrzeugen ausgenommen werden, für die aber zunächst ein Fahrverbot verhängt werden soll (Düsseldorf VM **72**, 23), oder wenn Fahren mit fahrerlaubnisfreien Fahrzeugen in Betracht kommt (Düsseldorf VM **70**, 68; LG Bonn DAR **78**, 195; *Hentschel* DAR **88**, 157). Die **Abgrenzung** zwischen § 44 und § 69 ist daher im praktischen Ergebnis häufig **quantitativ.** Im Hinblick auf die Entscheidung des **BGH** (GrSen) vom 27. 4. 2005 (BGH **50**, 93 = NJW **05**, 1957) wird es für die Praxis darauf ankommen, die Anwendungsbereiche von **Nebenstrafe** und **Maßregel** genauer zu unterscheiden (vgl. dazu i. e. 43ff. zu § 69 mwN).

4 Auch das **StVG** sieht ein kurzfristiges Fahrverbot als Maßnahme und Pflichtenmahnung im Ordnungswidrigkeitenbereich vor, wenn der Betroffene entweder wegen Führens eines Kraftfahrzeuges im alkoholisierten Zustand nach § 24a StVG zur Verantwortung gezogen (§ 25 I S. 2 StVG) oder gegen ihn wegen einer Ordnungswidrigkeit nach § 24 StVG, die er unter grober oder beharrlicher Verletzung der Pflichten eines Kraftfahrzeugführers begangen hat, eine Geldbuße festgesetzt wird (vgl. BVerfGE **27**, 36, 42; BGH **38**, 128 [hierzu *Grohmann* MDR **91**, 1026; *Janiszewski* DAR **92**, 90; *Hentschel* JR **92**, 139; NJW/H **92**, 1084; *Fredrich* BA **92**, 216]; vgl. NK-*Herzog* 3ff.).

3) Voraussetzungen der Anordnung (Abs. I). Die allgemeinen Voraussetzungen für die Verhängung eines Fahrverbots sind in I S. 1 geregelt; I S. 2 enthält eine Regelvermutung für die Angemessenheit bei bestimmten Delikte. 5

A. Anlasstat (Abs. I S. 1). Der Täter muss eine **Straftat,** also nicht nur eine rechtswidrige Tat (9 ff. vor § 25) oder Ordnungswidrigkeit (vgl. dazu das Fahrverbot nach § 25 StVG) begangen haben. Dabei ist unterschieden zwischen Taten **bei dem Führen,** solchen im **Zusammenhang mit dem Führen** eines Kraftfahrzeugs und solchen, die er unter **Verletzung der Pflichten** eines Kraftfahrzeugführers begangen hat. 6

a) Die **1. Var.** setzt das **Führen** eines beliebigen **Kraftfahrzeugs** voraus, auch eines solchen, für das es keines Führerscheins bedarf (wie bei den in §§ 4 I, 4 a I StVZO genannten Fahrzeugen, VM **72**, 25; Oldenburg NJW **68**, 199; Düsseldorf VM **70**, 68; vgl. *Grohmann* BA **88**, 147 u. **94**, 158). Kraftfahrzeuge sind nur Landfahrzeuge, die durch Maschinenkraft bewegt werden, ohne an Bahngleise gebunden zu sein (§ 1 II StVG; vgl. BGH **39**, 249; Bay NStZ-RR **01**, 26), Lokomotiven fallen daher nicht darunter (Bay MDR **93**, 1101). Zum **Begriff des Führens** vgl. 3 zu § 315 c. Ein Führen im öffentlichen Verkehrsraum ist nach dem Wortlaut nicht erforderlich (so auch LG Stuttgart NZV **96**, 213; **aA** *S/S-Stree* 12 zu § 69); freilich dürfte ein Verhalten ohne jeden Bezug zum öffentlichen Verkehr schon im Hinblick auf die Rechtsfolge (Verbot des Führens im *Straßen*verkehr) ausscheiden. Zur Problematik der Beteiligung mehrerer bei der Führung vgl. BGH **10**, 333; München NJW **92**, 2777; Schleswig DAR **56**, 132; KG VM **57**, 26. 7

b) Die **2. Var.** setzt einen **Zusammenhang** der Tat mit dem Führen eines Kraftfahrzeuges in einem konkreten Fall voraus. Dabei kann es jedenfalls im Grundsatz nur um einen Zusammenhang mit dem **eigenhändigen** Führen eines Kfz gehen; Ausnahmen sind angezeigt, wenn der zu beurteilende Tatbeitrag sich im konkreten Fall gerade auch auf das Führen des Kfz bezieht. Ein Zusammenhang kommt namentlich in Betracht, wenn ein Kfz zur Vorbereitung oder Durchführung einer Straftat benutzt wird (vgl. 45 zu § 69). 8

Einzelfälle. Ein Zusammenhang iS von § 44 I ist **zB** in folgenden Fällen **bejaht** worden: Abtransport der Diebesbeute (VM **67**, 1; Köln VM **71**, 76; nach 2 StR 735/75 auch für nicht selbst fahrende Tatbeteiligte); Durchführung von BtM-Geschäften unter Benutzung eines Kraftfahrzeugs (VRS **81**, 369); Entführung von Geiseln (1 StR 589/69); Vergewaltigung im Kraftwagen (BGH **6**, 183; **7**, 165; VM **67**, 1; NJW **99**, 369 f. [in BGH **44**, 228 nicht abgedr.]; vgl. dazu auch *Molketin* NZV **95**, 383); betrügerisches Sich-Verschaffen eines Pkw, um damit zu fahren (BGH **17**, 218; Düsseldorf VRS **82**, 342); körperliche Misshandlung eines anderen Verkehrsteilnehmers nach Beinaheunfall (LG Koblenz NStZ-RR **96**, 117); Nötigung durch Zufahren auf eine andere Person (LG Stuttgart NZV **96**, 213); Widerstand gegen Vollstreckungsbeamte bei Blutentnahme (Hamm VRS **8**, 46); Auseinandersetzung mit anderen Verkehrsteilnehmern (Bay NJW **59**, 2126; Köln NJW **63**, 2379; LG Zweibrücken DAR **95**, 502); Misshandlung eines anderen Verkehrsteilnehmers nach einem Beinaheunfall (LG Koblenz VRS **91**, 22); Mitfahren lassen eines betrunkenen Beifahrers auf dem Motorrad (Hamm JMBlNW **62**, 285); Vollrausch nach § 323 a iVm zB § 315 c I Nr. 1 a oder § 316 (vgl. *v. Weber,* Stock-FS 61); falsche Diebstahlsanzeige (§ 145 d) zur Vertuschung eines verursachten Unfalls (Hamm VRS **57**, 184); Tätlichkeiten gegen andere Verkehrsteilnehmer (vgl. Karlsruhe DAR **05**, 645). 9

Verneint wurde ein Zusammenhang in folgenden Fällen: Betätigung als Exhibitionist vom Kraftwagen aus (2 StR 432/64); Flucht mit dem Pkw nach beendetem Vergewaltigungsversuch (NStZ **95**, 229); Fahrten zur Verwertung von durch Hehlerei erworbenen Sachen (Stuttgart NJW **73**, 2213); Versicherungsbetrug im Anschluss an einen Verkehrsunfall (Bay VRS **69**, 281); Sich-Verschaffen eines gefälschten Führerscheins, ohne (schon) zu fahren (Celle MDR **67**, 1026; Köln MDR **72**, 621). 10

c) Die **3. Var.** setzt voraus, dass Straftat unter **Verletzung der Pflichten eines Kraftfahrzeugführers** begangen wurde. Mit den beiden anderen Var. überschneidet sich der Tatbestand; er greift insb. ein, wenn nicht gegen *Fahr*-Vorschriften, sondern gegen sonstige gesetzliche Pflichten des Führers eines Kfz gerade durch die Straftat verstoßen wurde. Das ist **zB** angenommen worden bei Überlassung eines 11

Kfz an Personen ohne FE (BGH **15**, 316) oder an Betrunkene (Celle VM **56**, 72; KG VM **57**, 52; Hamm VRS **12**, 272; Schleswig SchlHA **62**, 148; Koblenz NJW **88**, 152); bei Widerstandshandlungen gegen Kontrollmaßnahmen (vgl. Hamm VRS **8**, 46); bei Verletzungen der Verkehrssicherungspflicht (Kenntlichmachen, Absichern liegen gebliebener oder geparkter Fahrzeuge; vgl. *S/S-Stree* 15 zu § 69); **nicht** schon bei bloßem Verstoß gegen Halterpflichten (LG Köln NZV **90**, 445); bei Vorzeigen eines gefälschten Führerscheins (vgl. Celle MDR **67**, 1026) oder bei einer falschen Anzeige wegen angeblichen Diebstahls des eigenen Unfallfahrzeugs (Bremen VRS **49**, 102; vgl. aber Hamm VRS **57**, 184).

12 **B. Regelvermutung (Abs. I S. 2).** Die Anordnung des Fahrverbots steht grds. im **pflichtgemäßen Ermessen** des Gerichts. Nach Abs. I S. 2 ist ein Fahrverbot aber **in der Regel** anzuordnen, wenn der Täter nach § 315c I Nr. 1a allein oder iVm III oder nach § 316 (nicht jedoch stets in den übrigen Fällen des § 69 II, Bay VRS **58**, 362; Zweibrücken StV **89**, 250) verurteilt wird, eine Entziehung der FE nach § 69 aber unterbleibt; auch wenn sie deshalb unterbleibt, weil der Zweck der Entziehung bereits durch eine vorläufige Entziehung erreicht erscheint (BGH **29**, 58). Die als Konsequenz aus § 25 I S. 2 StVG getroffene Regelung des I S. 2 engt den Zumessungsspielraum des Richters ein. Nur wenn **besondere Umstände** vorliegen, darf in Fällen des I S. 2 von der Anordnung abgesehen werden (krit. NK-*Herzog* 32; vgl. auch die Erl. 21 ff. zu § 69). Das kommt **zB** in Betracht bei einmaligem Versagen eines Berufskraftfahrers (LG München I NZV **05**, 56); bei notstandsähnlichen Lagen (vgl. Karlsruhe NZV **05**, 54f. [zu § 25 StVG]). Auch bei rechtsstaatswidriger Verfahrensverzögerung (vgl. 61 ff. zu § 46) kann die Verhängung eines Fahrverbots unverhältnismäßig sein (vgl. Hamm DAR **05**, 406; *Metzger* NZV **05**, 178; *Krumm* NZV **05**, 449, 450).

13 **C. Hauptstrafe.** Weitere Voraussetzung ist die **Verurteilung** des Täters im selben Urteil; dh die Verurteilung wegen einer Straftat zu einer Freiheitsstrafe, auch wenn sie zur Bewährung ausgesetzt wird, oder zu Geldstrafe (LK-*Geppert* 8). Verwarnung nach § 59 genügt nicht (dort 2; MK-*Athing* 4). Bei **Jugendlichen** ist Fahrverbot nicht neben dem Schuldspruch nach § 27 JGG (*Warda* GA **65**, 68; LK-*Geppert* 8; MK-*Athing* 4; **aA** *Lackner/Kühl* 5; *Schöch* JR **78**, 75), wohl aber neben Erziehungsmaßregeln und Zuchtmitteln möglich (§§ 2, 6, 8 III, 76 JGG). Mehrere Fahrverbote (unten 18) kommen im Fall von § 55 nicht in Betracht (*Widmaier* NJW **71**, 1158). Liegen wegen einer Tat die Voraussetzungen des § 44, wegen einer mitabzuurteilenden Tat die des § 25 StVG vor, so ist nur ein Fahrverbot anzuordnen (Celle NZV **93**, 157). Bei Gesamtstrafe gelten §§ 52 IV S. 2; 55 II. Bei mehreren Taten ist, auch wenn Gesamtstrafe nicht gebildet wird, auf das Fahrverbot einheitlich zu erkennen (Bay **66**, 64; **76**, 60).

14 **4) Rechtsfolge.** Das Fahrverbot iS von I S. 1, das im **Urteil** oder **Strafbefehl** (§ 407 II Nr. 1 StPO), auch im beschleunigten Verfahren (§§ 417 ff. StPO) angeordnet wird, besteht in einer befristeten Untersagung, Kraftfahrzeuge im Straßenverkehr zu führen. Auf das Vorliegen einer Fahrerlaubnis (iS von § 69) kommt es nicht an; ist eine FE erteilt, so darf von ihr für die Dauer und im Umfang des Fahrverbots nicht Gebrauch gemacht werden.

15 **A. Umfang.** Untersagt werden kann das Führen von **Kraftfahrzeugen** (*nicht* iS des § 248b IV, sondern iS von oben 7) entweder **jeder Art,** auch solcher, für die es einer FE nicht bedarf (Hamm VRS **34**, 367; Oldenburg VM **69**, 5), oder von **bestimmten Arten,** für die § 5 I Satz 2 StVZO eine Beschränkung der FE vorsieht (zB Verbot für bestimmte Klassen, aber auch weiter differenziert nach dem Verwendungszweck, Saarbrücken NJW **70**, 1052) oder der Bauart (Stuttgart VM **75**, 81; Düsseldorf DAR **84**, 122; Bay NJW **89**, 2959; NZV **91**, 397); nicht *jedoch Einschränkungen* oder Auflagen, wie sie nach § 15b I a StVZO möglich sind, also nicht Taxis oder Mietwagen (Stuttgart aaO; NK-*Herzog* 36), oder gar auf ein einzelnes bestimmtes Fahrzeug. Eine Beschränkung auf bestimmte Arten von Kfz steht im **Ermessen** des Gerichts; sie kommt namentlich in Betracht, wenn

sich der Verstoß gerade auf Kraftfahrzeuge bestimmter Art oder auf abgrenzbare Verwendungen bestimmter Arten von Kfz bezieht (**zB** Motorräder; [Privat-]Pkw eines Berufs-LKW-Fahrers). Voraussetzung einer Beschränkung ist daher, dass schon das eingeschränkte Fahrverbot als „Denkzettel" (*S/S-Stree* 17) ausreichend erscheint. Vgl. i. ü. die Erl. zu § 69a II.

Das Verbot ergeht für das Führen im **Straßenverkehr,** dh auf Wegen und Plätzen, die dem öffentlichen Verkehr dienen (vgl. 2 zu § 315b); eine Benutzung im nichtöffentlichen Verkehr (Werksverkehr; abgetrenntes Privatgelände; Führen landwirtschaftlicher [Zug-]Maschinen auf dem [nicht: auf dem Weg zum] Feld; Rennsportveranstaltungen auf abgesperrtem Kurs) kann nach § 44 nicht untersagt werden. **16**

B. Die **Zumessung** der Nebenstrafe ist nach allgemeinen Regeln vorzunehmen (Frankfurt VM **76**, 27; Düsseldorf StV **93**, 311; Köln NZV **96**, 286 [m. Anm. *Hentschel*]; Stuttgart DAR **98**, 154). Eine Anordnung kommt daher für sehr lang zurückliegende Taten nicht in Betracht (Düsseldorf VRS **68**, 262); das ist nicht schon bei einer 1 Jahr zurückliegenden Tat der Fall (Koblenz NVZ **88**, 74). Nach hM muss die Pflichtverletzung, wegen derer ein Fahrverbot verhängt wird, einiges Gewicht haben (Hamburg VRS **29**, 179; Celle NJW **68**, 1101; Koblenz NJW **69**, 282; Hamm NJW **71**, 1190; Saarbrücken VRS **37**, 310; *Warda* GA **65**, 76; NStZ/J **86**, 254; MK-*Athing* 12; NK-*Herzog* 11); § 44 setzt aber nach BGH **24**, 348 nicht voraus, dass der Täter sich besonders verantwortungslos verhalten oder Verkehrsvorschriften wiederholt und hartnäckig verletzt hat. Zwischen Haupt- und Nebenstrafen besteht eine **Wechselwirkung,** beide zusammen dürfen die Tatschuld nicht überschreiten (BGH **29**, 61, vgl. Bay MDR **78**, 422; JR **81**, 41; Düsseldorf StV **93**, 311; vgl. auch *Krehl* DAR **86**, 33; LK-*Geppert* 28; NK-*Herzog* 29). Nach Bremen [DAR **88**, 389] und Köln [NZV **92**, 159] darf Fahrverbot nur verhängt werden, wenn der mit dieser Nebenstrafe verfolgte spezialpräventive Erfolg mit der Hauptstrafe allein nicht erreicht werden kann. **17**

Das Fahrverbot ergeht auf die Dauer von mindestens 1 Monat und höchstens 3 Monaten (zur Wechselwirkung mit einer zugleich verhängten Geldstrafe vgl. zB Karlsruhe DAR **05**, 645 f.; NStZ-RR **06**, 23). Das Verbot wird mit Rechtskraft der Entscheidung wirksam **(II S. 1).** Mit diesem Tage beginnt auch die **Verbotsfrist**, *wenn* der Verurteilte keine FE hat oder wenn sich der Führerschein auf Grund von § 94 oder § 111a StPO bereits in amtlicher Verwahrung befindet. Ist der Führerschein erst zu verwahren **(II S. 2),** so beginnt die Frist mit dem 1. Tage der Verwahrung **(III S. 1;** vgl. *Koch* DAR **66**, 343; *Hentschel* DAR **88**, 156); in diesem Fall bestimmt sich das Ende der Verbotsfrist daher nicht nach dem Zeitpunkt der Wirksamkeit der Anordnung, sondern nach dem Zeitpunkt der amtlichen Verwahrung oder des Vermerks nach III S. 1. Wird der Führerschein nach Rechtskraft der anordnenden Entscheidung **verloren**, so beginnt die Verbotsfrist mit dem Tag des Verlustes (NStZ-RR **06**, 352). **17a**

Die Zeitspanne zwischen Rechtskraft und einer späteren Verwahrung wird in die Verbotsfrist idR (zu den Ausnahmen vgl. NZV **93**, 199; DAR **88**, 156; *Hentschel* NJW **82**, 1082) nicht eingerechnet. Die **Wirksamkeit** des Verbots (mit der Folge des § 21 StVG bei Verstoß; vgl. dazu krit. *Mitsch* NZV **07**, 66 ff.) wird durch das Hinausschieben des Fristablaufs aber nicht berührt; eine Regelung entspr. § 25 IIa S. 1 StVG enthält § 44 nicht (zur **Belehrung** vgl. § 268c StPO). Das ist insb. auch in Fällen eines **Rechtsmittelverzichts** im Anschluss an die Urteilsverkündung zu berücksichtigen: Schon die Rückfahrt des mit dem Kfz zur Hauptverhandlung angereisten Verurteilten ist in diesem Fall ein Vergehen nach § 21 StVG; es sollte bei der Belehrung nach § 268c StPO hierauf hingewiesen und ggf auf eine strafrisikofreie Herbeiführung der Rechtskraft hingewirkt werden. **17b**

Auf die Frist wird nach § 51 V die Zeit einer **vorläufigen Entziehung** der FE nach § 111a StPO oder einer Maßnahme nach § 94 StPO idR ganz oder zT **angerechnet** (vgl. 19 zu § 51). Wird ein nach §§ 94, 111a StPO in amtlicher Ver- **18** wahrung befindlicher Führerschein bei noch nicht rechtskräftiger Verurteilung nach § 44 auf Grund von § 111a V Satz 2 weiter einbehalten, so ist die Anrechnung der von da an laufenden Zeit zwingend (§ 450 III StPO). Nach **III S. 2** wird in die Frist eine Zeit nicht eingerechnet, in der der Verurteilte auf Anordnung einer deutschen Behörde in einer Anstalt verwahrt wird. Insoweit gelten die Grundsätze zu § 66 IV (vgl. 21 zu § 66; Stuttgart NStZ **83**, 429; **83**, 573; Frankfurt NJW **84**, 812; hM; **aA** NK-*Herzog* 42; *Kulemeier* [1a] 87); daher sind Zeiten des Freigangs im offenen Vollzug nicht einzurechen (Köln StraFo **07**, 345). Ein **Aufschub** der Vollstreckung nach § 456 StPO ist nicht möglich (AG Mainz MDR **67**, 683; and. *S/S-Stree* 20 [analog § 456c StPO]; hierzu *Mürbe* DAR **83**, 45).

18a Bei **mehrfacher Anordnung** des Fahrverbots wird der Beginn der Verbotsfrist durch zeitgleich laufende Fristen weiterer Verbotsanordnungen nicht gehemmt; mehrere Anordnungen werden nach zutr. Ansicht **nebeneinander,** nicht nacheinander vollstreckt (Bay VRS **86**, 71 m. krit. Anm. *Hentschel* DAR **94**, 75; Celle NZV **93**, 157; LG Münster NJW **80**, 2481; *Lackner/Kühl* 11; NK-*Herzog* 44). Der in das Gesetzgebungsverfahren des StVGÄndG eingebrachte Antrag, aus verkehrserzieherischen Gründen und solchen der Verkehrssicherheit Fahrverbotsfristen mehrerer Verbote nicht gleichzeitig zu berechnen, sondern nacheinander wirken und ggf vollstrecken zu lassen, ist nicht verwirklicht worden (vgl. RegE 97, 101), um die Funktion der Denkzettelmaßnahme zu erhalten.

19 **5) Vollstreckung.** Die Vollstreckung des Fahrverbots (Fristberechnung, Belehrung und Sicherung der rechtzeitigen Rückgabe) obliegt der Vollstreckungsbehörde (§ 463b I StPO, § 25 II S. 2 StVG; § 59a StVollstrO; Bay **79**, 63; vgl. dazu *Pohlmann* Rpfleger **65**, 73; *Grohmann* DAR **88**, 46). Sie wird im Regelfall des **II S. 2** dadurch gesichert, dass ein von einer deutschen Behörde ausgestellter nationaler und internationaler Führerschein des Verurteilten amtlich verwahrt wird. Nicht von II S. 2 erfasst ist die nach § 4a StVZO erteilte Mofa-Prüfbescheinigung. Die Einbeziehung internationaler durch deutsche Behörden ausgestellter Führerscheine durch das G v. 24. 4. 1998 hat Unklarheiten im Hinblick auf eine Berechtigung beseitigt, im Ausland Kfz zu führen. Befindet sich der Führerschein noch nicht in amtlicher Verwahrung, so ist der Verurteilte **zur Herausgabe aufzufordern** und, falls noch nicht belehrt (§§ 268c, 409 StPO), über den Beginn des Fahrverbots zu belehren. Notfalls ist der Führerschein zu beschlagnahmen oder nach § 463b III StPO zu verfahren (hierzu *Seib* DAR **82**, 283). Wenn der Führerschein vor Rechtskraft des Urteils (II S. 1) **abhanden gekommen** ist, beginnt nach LG Essen NZV **06**, 166 die Verbotsfrist mit der Mitteilung des Verlustes an das Gericht oder die Vollstreckungsbehörde; auf den Termin der Abgabe einer eidesstattlichen Versicherung gem. § 463b III StPO kommt es danach nicht an. Ist das Fahrverbot auf bestimmte Arten von Kraftfahrzeugen **beschränkt,** so erhält der Verurteilte für die Verbotsdauer einen Ersatzführerschein für die übrigen; in Vermerken nach II S. 3 wird die Beschränkung genau bezeichnet.

20 Für **ausländische Führerscheine** gilt II S. 2 nicht unmittelbar, sondern nach Maßgabe des **II S. 3.** Danach ist Inhaber eines Führerscheins aus einem Mitgliedstaat der EU oder einem EWR-Staat dem Inhaber eines von deutschen Behörden ausgestellten Führerscheins unter der Voraussetzung gleichgestellt, dass er auf Grund der Zweiten EU-Führerscheinrichtlinie (oben 1) unbefristet mit der ausländischen FE ein Kfz führen darf und seinen ordentlichen Wohnsitz im Inland hat. In diesem Fall gilt II S. 2; der ausländische Führerschein ist daher amtlich zu verwahren (vgl. § 59a III StVollstrO). Ordentlicher Wohnsitz ist nach Art. 9 der Richtlinie ein Ort, an dem der Fahrerlaubnisinhaber „wegen persönlicher und beruflicher Bindungen oder – wenn keine beruflichen Bindungen bestehen – wegen persönlicher Bindungen, die enge Beziehungen zwischen dem Betreffenden und dem Wohnort erkennen lassen, gewöhnlich, dh während mindestens 185 Tagen im Kalenderjahr, wohnt" (zum Begriff vgl. auch § 69b II, § 25 StVG, § 111a III StPO).

Das Übk. über den Entzug der FE v. 17. 6. 1998 (ABl. EG Nr. C 216, 1; vgl. dazu Erl. zu § 69 b) gilt für das Fahrverbot nicht.

Bei den **anderen ausländischen Fahrausweisen** bleibt es nach **II S. 3** dabei, dass das Fahrverbot **vermerkt** wird (vgl. § 69 b II S. 2 für Sperrvermerke). Dies kann auch in einem Führerschein aus einem Mitgliedstaat der EU oder einem EWR-Staat (also nicht nur in einem Führerschein aus einem Drittstaat) dann geschehen, wenn der Inhaber seinen ordentlichen Wohnsitz nicht im Inland hat. Zur Durchführung des II S. 3 vgl. *Cremer* NStZ **93**, 126 und 5 zu § 69 b. **21**

Ist der Verurteilte nicht Inhaber eines Führerscheins (bzw. einer Fahrerlaubnis), so gilt das Verbot unmittelbar mit seiner Rechtskraft. Zwangsmaßnahmen zur Durchsetzung des Verbots (etwa Sicherstellungen von Kfz) sind nicht vorgesehen; es gilt die Strafdrohung des § 21 StVG. **22**

6) Verfahrensrechtliche Hinweise. Die Verhängung eines Fahrverbots erfordert grds einen Hinweis nach § 265 StPO (vgl. Bay JZ **78**, 576); nicht aber, wenn eine Maßregel nach § 69 beantragt war (Celle VRS **54**, 268). **23**

Eine **Beschränkung des Rechtsmittels** auf das Fahrverbot ist wegen der Wechselwirkung zwischen Haupt- und Nebenstrafe und der deshalb erforderlichen ganzheitlichen Betrachtung des Rechtsfolgenausspruches idR unzulässig (Frankfurt VRS **55**, 182; Oldenburg VRS **42**, 193; Celle VRS **62**, 38; Koblenz BA **84**, 92; Braunschweig NZV **06**, 167; Hamm NStZ **06**, 592; MK-*Athing* 19, 21; SK-*Horn* 17; *Cramer* 61 b; **aA** Koblenz NJW **71**, 1472 [mit abl. Anm. *Händel*]; vgl. auch Hamm VRS **49**, 275); jedoch könnte eine Beschränkung des Rechtsmittels zulässig sein, wenn damit lediglich ein Fahrverbot nach § 44 I S. 2 erreicht werden soll; auch eine Beschränkung auf die Anordnung des Fahrverbots und einer *Gesamt*strafe ist zulässig (Jena NZV **06**, 167). **24**

Das **Verschlechterungsverbot** steht dem Übergang von einer schwerer wiegenden Hauptstrafe (Freiheitsstrafe, auch wenn sie zur Bewährung ausgesetzt ist) auf eine leichtere (Geldstrafe) und der erstmaligen Anordnung eines Fahrverbots nicht entgegen, wenn dessen Dauer und die Zahl der Tagessätze zusammen die Höhe der früheren Hauptstrafe nicht übersteigen (Bay MDR **78**, 422; Schleswig NStZ **84**, 90). Es greift auch nicht ein, wenn bei Wegfall des Fahrverbots ausnahmsweise der einzelne Tagessatz einer Geldstrafe (nicht die Tagessatzanzahl; LK-*Geppert* 108 f.; **aA** LG Köln NStZ-RR **97**, 379) deshalb erhöht wird, weil das weggefallene Fahrverbot bei seiner Bemessung ins Gewicht gefallen ist (Bay MDR **76**, 601; NJW **80**, 849 [krit. *Grebing* JR **81**, 3; *D. Meyer* DAR **81**, 33]; ähnlich Köln MDR **71**, 415; 860; Hamm NJW **71**, 1190; LK-*Geppert* 106). Auch steht das Verschlechterungsverbot der Verhängung eines Fahrverbots nicht entgegen, wenn dieses eine Freiheitsstrafe gleicher oder längerer Dauer ersetzen soll (Bay MDR **78**, 423; *Kulemeier* [oben 1 a] 89). **Unzulässig** ist es aber, unter Herabsetzung einer Geldstrafe im Berufungsurteil erstmals ein Fahrverbot anzuordnen, denn diese ist die schwerere Strafe (Bay JR **81**, 41; *Lackner/Kühl* 12; *Hentschel* TFF 962; **aA** Schleswig NStZ **84**, 90; vgl. Düsseldorf NZV **93**, 123). Ein Verstoß gegen § 331 II StPO liegt auch vor, wenn der Erstrichter irrtümlich eine isolierte Sperrfrist verhängt und das Berufungsgericht diesen Ausspruch durch ein Fahrverbot ersetzt (Frankfurt VRS **64**, 12). **25**

Nebenfolgen

Verlust der Amtsfähigkeit, der Wählbarkeit und des Stimmrechts

45 **I Wer wegen eines Verbrechens zu Freiheitsstrafe von mindestens einem Jahr verurteilt wird, verliert für die Dauer von fünf Jahren die Fähigkeit, öffentliche Ämter zu bekleiden und Rechte aus öffentlichen Wahlen zu erlangen.**

II Das Gericht kann dem Verurteilten für die Dauer von zwei bis zu fünf Jahren die in Absatz 1 bezeichneten Fähigkeiten aberkennen, soweit das Gesetz es besonders vorsieht.

III Mit dem Verlust der Fähigkeit, öffentliche Ämter zu bekleiden, verliert der Verurteilte zugleich die entsprechenden Rechtsstellungen und Rechte, die er innehat.

IV Mit dem Verlust der Fähigkeit, Rechte aus öffentlichen Wahlen zu erlangen, verliert der Verurteilte zugleich die entsprechenden Rechtsstellun-

gen und Rechte, die er innehat, soweit das Gesetz nichts anderes bestimmt.

V Das Gericht kann dem Verurteilten für die Dauer von zwei bis zu fünf Jahren das Recht, in öffentlichen Angelegenheiten zu wählen oder zu stimmen, aberkennen, soweit das Gesetz es besonders vorsieht.

1 **1)** Allgemeines. Die Vorschriften der §§ 45 bis 45 b idF des 2. StrRG sind iVm parallelen Vorschriften im Nebenrecht zu sehen (abl. *Nelles* JZ **91**, 17; *S/S-Stree* 1).

1 a **Literatur:** *Diether* RPfl **81**, 218; *Jekewitz* DÖV **69**, 781; *ders.* GA **77**, 163, **91**, 45; *O. Schwarz,* Die strafgerichtliche Aberkennung der Amtsfähigkeit u. des Wahlrechts, 1991 [Bespr. *Jekewitz* GA **92**, 589].

2 **2) Folgende Statusfolgen** kennt § 45, die ggf (unten 6, 7) miteinander gekoppelt sein können: **A.** den **Amtsverlust,** dh den Verlust der Fähigkeit, öffentliche Ämter zu bekleiden, verbunden mit dem Verlust der entsprechenden Rechtsstellungen und Rechte (hierzu *Jekewitz* GA **77**, 168). Öffentliche Ämter sind Einrichtungen mit öffentlichrechtlich abgegrenzten Zuständigkeiten zur Wahrnehmung von Verrichtungen, die sich aus der Staatsgewalt ableiten und staatlichen Zwecken dienen; das sind insbesondere die Ämter der staatlichen Verwaltung und der Justiz; solche der Gemeinden, von Körperschaften des öffentlichen Rechts sowie von öffentlichen Anstalten; aber *nicht* Ämter der vom Staat getrennten Kirchen (Art. 137 III WeimVerf. iVm Art. 140 GG), obwohl sie nach Art. 137 IV Körperschaften des öffentlichen Rechts sein können. Es kommen nur Ämter der BRep. in Frage, also nicht ausländische. Auch der Notar (vgl. § 49 BNotO) und die ehrenamtlichen Richter (§ 1 DRiG) bekleiden wegen ihrer hoheitlichen Aufgaben ein öffentliches Amt;

3 **B.** den **Verlust des passiven Wahlrechts,** dh der Fähigkeit, Rechte aus öffentlichen Wahlen zu erlangen, grundsätzlich verbunden mit dem Verlust der entsprechenden Rechtsstellungen und Rechte (hierzu *Jekewitz* GA **81**, 433). Eine Ausnahme macht § 47 BWahlG, wonach über den Verlust der Mitgliedschaft im BTag als Folge des Verlustes der Wählbarkeit durch Beschluss des Ältestenrates entschieden wird. Öffentliche Wahlen sind inländische in öffentlichen Angelegenheiten **(V),** dh solche, die nicht ausschließlich einzelne natürliche oder juristische Personen und deren Privatinteressen, sondern die Gesamtheit des Gemeinwesens oder das öffentliche Wohl betreffen; also vor allem Wahlen zu den Gesetzgebungsorganen (2 zu 36), zu Kreistagen, Stadt- und Gemeinderäten, aber auch zu den Organen der Sozialversicherung, zu Organen berufsständischer Organisationen, die Körperschaften des öffentlichen Rechts sind, zB der Industrie- und Handelskammer.

4 Eine mittelbare Folge ist weiter, dass Mitglied einer Partei nicht sein kann, wer infolge Richterspruch die Wählbarkeit oder das Wahlrecht verloren hat (§ 10 I ParteienG). Während die zahlreichen unter 2 und 3 genannten Gesetze an Amtsverlust oder Verlust der Wählbarkeit **automatisch** weitere Folgen knüpfen, gibt es auch Bereiche, in denen an Straftaten Statusfolgen nur nach **individueller Prüfung** geknüpft werden, vor allem im Bereich der Heilberufe (vgl. zB §§ 3, 5 BÄO; §§ 3, 4 ZahnHKG; §§ 4, 6 BTÄO);

5 **C.** den **Verlust des aktiven Wahlrechts,** dh des Rechts, in öffentlichen Angelegenheiten (oben 3) zu wählen oder zu stimmen (vgl. zB Art. 29 GG; hierzu *Jekewitz* GA **77**, 163, 171). Daran knüpfen sich weitere Folgen (vgl. § 13 Nr. 1 BWahlG; § 96 II HwO; § 50 II Nr. 3 SGB IV; § 13 I BPersVG).

6 **3) A. In zwei Formen** kann der Verlust eintreten: **a) nach I automatisch** (jedoch nur Verlust der Amtsfähigkeit und des passiven Wahlrechts); hier tritt die Nebenfolge durch die Verurteilung gesetzlich ein, wenn der Täter wegen eines Verbrechens, und zwar auch wegen Versuchs, Teilnahme oder strafbarer Vorbereitung (§ 30), zu Freiheitsstrafe iS von § 38 von mindestens 1 Jahr verurteilt wird (I). *Anrechnung von UHaft* ist dabei ohne Bedeutung. Bei Gesamtstrafe kommt es darauf an, dass eine Einzelstrafe wegen eines Verbrechens diese Höhe erreicht (LK-*Theune* 12; MK-*Radtke* 20; **aA** NStZ **81**, 342). Der Widerrufsgrund des § 14 BRAO iVm § 45 I ist nicht anwendbar, wenn ein wegen Rechtsbeugung als Justiz-

angehöriger der DDR verurteilter RA nicht nach dem Tatzeitrecht der DDR, sondern nach dem konkret milderen § 339 bestraft wurde (Anw[Z] NJW **01**, 2407). Der Verlust dauert (dazu § 45 a) vorbehaltlich § 45 b fünf Jahre.

b) nach II, V durch richterlich bestimmte **Aberkennung,** die trotz ihrer gesetzlichen Bezeichnung als Nebenfolge ihrer Art nach Nebenstrafe ist (vgl. hierzu *Nelles* JR **91**, 18) und die vom Gericht nach pflichtgemäßem Ermessen, einzeln oder insgesamt, auf die von ihm zu bestimmende Dauer von 2 bis zu 5 Jahren verhängt wird. Es liegt im Ermessen des Gerichts, in den Fällen des V, bei denen es sich jedoch idR um Straftaten gegen Grundwerte des Staates handelt, eine sich im Einzelfall aus § 45 a II gegebene Härte zu vermeiden oder bei der Bemessung der Dauer der Aberkennung auszugleichen. Sie ist nur nach Bundes-, nicht nach Landesrecht und nur zulässig, soweit das Gesetz sie besonders vorsieht. Sie kommt in den genannten Fällen immer nur neben einer Mindeststrafe (6 Monate bzw. 1 Jahr) in Betracht, auch gegen Ausländer (vgl. NJW **52**, 234). 7

Die **Höchstfrist von 5 Jahren** gilt auch bei Gesamtstrafe; die Dauer sollte nach vollen Jahren bemessen werden; § 45 zwingt aber nicht dazu. 8

B. Ist die Statusfolge Nebenstrafe, so hat das Gericht Verhängung und Dauer nach den **Grundsätzen der Strafzumessung** (§ 46; MDR/D **56**, 9; **aA** SK-*Horn* 12) zu bestimmen und auch zu begründen (§ 267 III S. 1 StPO). Dabei spielt der Gesichtspunkt eine Rolle, inwieweit öffentliche Funktionen und Rechte Tätern anvertraut werden können, die sich gegen das Gemeinwesen oder in dessen Dienst vergangen haben. Der Richter hat dabei andererseits im Auge zu behalten, welche weiteren Folgen sich nach anderen Gesetzen an seinen Ausspruch knüpfen. 9

C. Der Verlust der **Rechtsstellungen und Rechte** nach **III** und **IV** ist im Gegensatz zu dem nur auf Zeit möglichen und der Rehabilitierung nach § 45 b zugänglichen Verlust von Fähigkeiten ein **endgültiger.** Rehabilitation nach § 45 b gibt es hier nicht. Die Berufung in das Beamtenverhältnis ist unzulässig, da die Fähigkeit, öffentliche Ämter zu bekleiden, neben § 7 BBG allgemeine Eignungsvoraussetzung ist. Das Beamtenverhältnis eines Beamten endet schon bei Verurteilung wegen eines vorsätzlichen Vergehens zu Freiheitsstrafe von mindestens 1 Jahr (§ 48 BBG) mit den in § 49 BBG beschriebenen Folgen des Verlusts der Beamtenrechte. Doch sind Gnadenerweise möglich (§ 50 BBG). Wird ein Amtsunfähiger versehentlich eingestellt, so ist seine Ernennung zwar nichtig (§ 11 II Nr. 3 BBG) mit der Folge, dass ein Beamtenverhältnis von Anfang nicht entstanden ist (zur Gültigkeit der Amtshandlungen bei nichtiger Ernennung vgl. § 14 BBG, § 18 DRiG); strafrechtlich ist der Ernannte jedoch bis zum Verbot nach § 13 I BBG Amtsträger iS des § 11 I Nr. 2 c, weil er dazu bestellt war, Aufgaben der öffentlichen Verwaltung wahrzunehmen, und es nicht darauf ankommt, ob die Bestellung wirksam oder nichtig war. Solange die Statusrechte nach §§ 45 ff. nicht verloren sind, werden sie auch nicht durch die **UHaft** oder **Strafhaft** (vgl. § 73 StVollzG) beeinträchtigt, jedoch stehen der Inanspruchnahme des passiven Wahlrechts während der Haft unbeschadet des § 2 S. 1 StVollzG tatsächlich Hindernisse entgegen (vgl. *Jekewitz* GA **81**, 442). 10

4) Gegenüber **Jugendlichen** ist § 45 nicht anzuwenden (§ 6 JGG). Wird auf Taten Heranwachsender das allgemeine Strafrecht angewendet, so kann der Richter anordnen, dass der Verlust nach I nicht eintritt (§ 106 II JGG). 11

Eintritt und Berechnung des Verlustes

45a **I Der Verlust der Fähigkeiten, Rechtsstellungen und Rechte wird mit der Rechtskraft des Urteils wirksam.**

II Die Dauer des Verlustes einer Fähigkeit oder eines Rechts wird von dem Tage an gerechnet, an dem die Freiheitsstrafe verbüßt, verjährt oder erlassen ist. Ist neben der Freiheitsstrafe eine freiheitsentziehende Maßre-

gel der Besserung und Sicherung angeordnet worden, so wird die Frist erst von dem Tage an gerechnet, an dem auch die Maßregel erledigt ist.

III War die Vollstreckung der Strafe, des Strafrestes oder der Maßregel zur Bewährung oder im Gnadenweg ausgesetzt, so wird in die Frist die Bewährungszeit eingerechnet, wenn nach deren Ablauf die Strafe oder der Strafrest erlassen wird oder die Maßregel erledigt ist.

1 **1) Allgemeines.** Die Vorschrift (vgl. 1 zu § 45) unterscheidet zwischen dem Zeitpunkt, zu dem der Statusverlust nach § 45 wirksam wird, und dem Zeitpunkt, von dem an die Dauer des Verlustes gerechnet wird.

2 **2) Nach I** wird der Verlust mit der Rechtskraft des Urteils **wirksam.** Wird das die Amtsfähigkeit oder die Wählbarkeit aberkennende Urteil im Wiederaufnahmeverfahren aufgehoben, so werden dadurch die schon eingetretenen Dauerwirkungen des § 45 III, IV nicht rückgängig gemacht; zur Frage der Wiedereinstellung und der Bezüge im Fall des Amtsverlustes vgl. § 51 BBG.

3 **3) Nach II S. 1** wird die **Dauer des Verlustes** von dem Tage an gerechnet, an dem die Freiheitsstrafe verbüßt, verjährt oder erlassen ist. Ob der Verurteilte sich dann in Freiheit oder in anderer Sache in Haft befindet, ist grds. unerheblich. Es kommt danach die Zeit bis zur Erledigung der Freiheitsstrafe zu der im Urteil festgestellten Dauer hinzu (zur Berechnung im einzelnen *Diether/Hamann* Rpfleger **81**, 218; krit. *Jekewitz* GA **77**, 161, 170). Da aber auch Strafgefangenen das **Wahlrecht** zusteht, gilt aufgrund verfassungskonformer Auslegung nach zutr. hM insoweit die Regel des Abs. II nicht; das Stimmrecht kann daher vom Zeitpunkt der Rechtskraft des Urteils an nicht länger vorenthalten werden als im Urteil bestimmt (LK-*Theune* 4; *Lackner/Kühl* 1; MK-*Radtke* 9; SK-*Horn* 6; **aA** hier bis 51. Aufl.).

4 **A.** Die **Hauptfreiheitsstrafe** ist dabei maßgebend, nicht auch eine etwaige Ersatzfreiheitsstrafe nach § 43 (LK-*Theune* 4). Bei einer **Gesamtsstrafe** ist deren Verbüßung usw. entscheidend; bei nachträglicher Gesamtstrafenbildung gilt § 55 II. Wird eine Maßregel nach § 67 I vor einer Freiheitsstrafe vollzogen, so wird die Frist erst von dem Tage an gerechnet, an dem sowohl die Strafe als auch die Maßregel erledigt ist.

5 **B. Berechnet** wird die Frist mit Beginn des Tages, welcher dem Erledigungstage folgt. Der Erlass der Hauptstrafe braucht nicht den Erlass der Nebenstrafe zu umfassen; maßgebend ist hier der Entlassungstag, nicht das Datum der Begnadigung (LK-*Theune* 7; MK-*Radtke* 11). *Ausnahmsweise* läuft die Frist schon ab Rechtskraft des Urteils in den Fällen des § 51, falls die ganze Freiheitsstrafe durch Anrechnung getilgt wird.

5 a **4) Nach II S. 2** wird die Frist bei **freiheitsentziehenden Maßregeln der Besserung und Sicherung,** die neben Freiheitsstrafe angeordnet sind, erst vom Tage der Erledigung der Maßregel und der Strafe (durch Verbüßung, Verjährung, Erlass oder Erledigung nach §§ 67 c II, 67 d III, 67 f, 67 g V) an gerechnet.

6 **5) Nach III** wird bei **Aussetzung der Strafe** (§ 56), des Strafrestes (§§ 57, 57 a) oder einer freiheitsentziehenden Maßregel der Besserung und Sicherung (§§ 67 b, 67 d II) in die Frist nach II die Zeit der Aussetzung nachträglich eingerechnet, wenn nach dem Ablauf der Bewährungszeit die Strafe oder der Strafrest nach §§ 56 g, 57 III, 57 a III S. 2 erlassen wird oder die Maßregel erledigt ist. Das ist der Fall, wenn das Gericht die Aussetzung der Unterbringung nicht widerruft und die Führungsaufsicht beendet ist (§ 67 g V).

Wiederverleihung von Fähigkeiten und Rechten

45b **I Das Gericht kann nach § 45 Abs. 1 und 2 verlorene Fähigkeiten und nach § 45 Abs. 5 verlorene Rechte wiederverleihen, wenn**

1. **der Verlust die Hälfte der Zeit, für die er dauern sollte, wirksam war und**
2. ***zu erwarten ist, dass der* Verurteilte künftig keine vorsätzlichen Straftaten mehr begehen wird.**

II In die Fristen wird die Zeit nicht eingerechnet, in welcher der Verurteilte auf behördliche Anordnung in einer Anstalt verwahrt worden ist.

1) Allgemeines. Die Vorschrift (vgl. 1 zu § 45) ermöglicht es dem Gericht, nach § 45 I, II verlorene Fähigkeiten und das nach § 45 V verlorene aktive Wahlrecht (nicht jedoch die nach § 45 III, IV endgültig verlorenen Rechtsstellungen und Rechte; 10 zu § 45) dem Verurteilten vorzeitig wiederzuverleihen. 1

2) Voraussetzungen sind **A. formell,** dass der Verlust die **Hälfte der Zeit,** für die er nach § 45 dauern sollte, wirksam (§ 45a I) war. Bei nachträglicher Gesamtstrafe kommt es, wenn nur der mit der früheren Entscheidung eingetretene Verlust aufrechterhalten wird (§ 55 II), auf den Zeitpunkt der Rechtskraft dieser Entscheidung an. Die Berechnungsdauer nach § 45a II, III spielt keine Rolle, da die Wirksamkeit des Verlustes durch die dort angegebenen Umstände nicht berührt wird. In die Halbzeitfrist wird die Zeit nicht eingerechnet, in welcher der Verurteilte auf behördliche Anordnung in einer Anstalt verwahrt worden ist (vgl. 21 zu § 66); 2

B. materiell die **Erwartung,** dass der Verurteilte künftig keine **vorsätzlichen** Straftaten mehr begehen wird. Die rein spezialpräventiv gemeinte Prognose ist nach denselben Gesichtspunkten zu stellen wie in den Fällen von § 56 (dort 3 ff.). 3

3) Nach pflichtgemäßem Ermessen hat das Gericht, wenn die Voraussetzungen nach 2, 3 erfüllt sind, zu entscheiden („kann"), inwieweit es den Verurteilten rehabilitiert. Eine Rolle spielt dabei, ob der Verurteilte von den wiederverliehenen Fähigkeiten nach § 45 I, II auch Gebrauch machen wird und ob es verantwortet werden kann, ihm Funktionen dieser Art anzuvertrauen. Hat der Verurteilte Amtsfähigkeiten und Wählbarkeit verloren, so kann die Rehabilitation auf eine dieser Fähigkeiten beschränkt werden. 4

4) Verfahrensrecht. Die (registerpflichtige, § 12 I Nr. 7 BZRG) Entscheidung trifft das Gericht ohne mündliche Verhandlung durch Beschluss (§ 462 I StPO). Eines Antrages bedarf es nicht, doch sind die StA und der Verurteilte vor der Entscheidung zu hören (§ 462 II StPO). Antragsberechtigt mit Beschwerderecht (§ 462 III StPO) sind nur die Verfahrensbeteiligten. Ein Gnadengesuch ist kein Antrag, kann aber zu einer Entscheidung nach § 45b Anlass geben. Ein Antrag kann nach Ablehnung ohne zeitliche Beschränkung wiederholt werden, da eine Vorschrift wie § 57 V fehlt. 5

Zweiter Titel. Strafbemessung

Grundsätze der Strafzumessung

46 **I Die Schuld des Täters ist Grundlage für die Zumessung der Strafe. Die Wirkungen, die von der Strafe für das künftige Leben des Täters in der Gesellschaft zu erwarten sind, sind zu berücksichtigen.**

II Bei der Zumessung wägt das Gericht die Umstände, die für und gegen den Täter sprechen, gegeneinander ab. Dabei kommen namentlich in Betracht:
die Beweggründe und die Ziele des Täters,
die Gesinnung, die aus der Tat spricht, und der bei der Tat aufgewendete Wille,
das Maß der Pflichtwidrigkeit,
die Art der Ausführung und die verschuldeten Auswirkungen der Tat,
das Vorleben des Täters, seine persönlichen und wirtschaftlichen Verhältnisse
sowie sein Verhalten nach der Tat, besonders sein Bemühen, den Schaden wiedergutzumachen, sowie das Bemühen des Täters, einen Ausgleich mit dem Verletzten zu erreichen.

III Umstände, die schon Merkmale des gesetzlichen Tatbestandes sind, dürfen nicht berücksichtigt werden.

Übersicht

1) Allgemeines, Literatur	1, 1 a
2) Grundlagen der Strafzumessung (Abs. I)	2–12
3) Anknüpfungspunkte der Strafzumessung	13–22
4) Strafzumessungstatsachen (Abs. II)	23–73
A. Zumessung bei mehreren Tatbeteiligten	24, 25
B. Gesetzlich benannte Zumessungstatsachen	26–55
C. Weitere Zumessungstatsachen	56–73
5) Bewertung der Strafzumessungstatsachen	74, 75
6) Verbot der Doppelverwertung (Abs. III)	76–83
A. Einzelfälle	77–81 a
B. Doppelverwertung strafrahmenverschiebender Umstände	82
C. Doppelverwertung bei Gesamtstrafenbildung	83
7) Strafrahmenverschiebung	84–105
A. Minder schwere Fälle	85–87
B. Besonders schwere Fälle	88–105
8) Begründung der Strafzumessung	106–106 b
9) Absprachen über das Strafmaß	107–113
10) Prüfung der Strafzumessung durch das Revisionsgericht	114–123
A. Prüfungsmaßstab	115–116
B. Eigene Sachentscheidung; Strafzumessung durch das Revisionsgericht	117–123

1 **1) Allgemeines.** Die Vorschrift idF des 2. StrRG wurde in II S. 2 durch Art. 3 *OpferschutzG v. 18. 12. 1986* (BGBl. I 2496) geändert. *Materialien* SPD-E BT-Drs. 10/3636; BR-Drs. 51/86; RegE BT-Drs. 10/5305; Ber. BT-Drs. 10/6124; 10/6334, 6346; BR-Drs. 508/86.

Gesetzgebung: Der GesA der Länder Brandenburg und Sachsen-Anhalt v. 20. 8. 2007, BR-Drs. 572/07, hat eine Ergänzung von Abs. II S. 2 um den Gesichtspunkt vorgeschlagen, „dass ein Beweggrund der Tat die politische Einstellung, Nationalität, Volkszugehörigkeit, Rasse, Hautfarbe, Religion Weltanschauung, herkunft, das äußere Erscheinungsbild, eine Behinderung oder die sexuelle Orientierung des Opfers ist".

Der GesE der BReg eines ... StÄG – Strafzumesung bei Aufklärungs- und Präventionshilfe (BR-Drs. 353/07) vom 25. 5. 2007 hat die Einfügung eines neuen § 46 b sowie Ergänzungen der §§ 145 d und 164 zur Einführung einer allgemeinen fakultativen Strafmilderungsmöglichkeit bei freiwilliger Aufklärungs- oder Präventionshilfe vorgeschlagen („**Kronzeugenregelung**"; vgl. auch 33 zu § 129 a). Das Gesetzgebungsverfahren war bei Redaktionsschluss der 55. Aufl. nicht abgeschlossen. Abdruck des GesE im **Anhang unter Nr. 23 c**.

1 a **Neuere Literatur (Auswahl):** *P. Albrecht* SchweizZSt **91**, 45; *H. J. Albrecht,* Strafzumessung bei schwerer Kriminalität, 1994 [Bespr. *Streng* ZStW **109**, 183; *Walter* MSchrKrim **97**, 353]; *Arloth* GA **88**, 403; *Baumann,* Kaufmann-GedS 513; *Beckmann* GA **81**, 353; *Bergmann,* Die Milderung der Strafe nach § 49 II StGB, 1988; *Bloy* ZStW **107**, 576; *Bock* ZStW **102**, 504 [Kriminologie u. Spezialprävention], **103**, 636 [Positive Generalprävention] u. JuS **94**, 89 [Strafzwecke u. Erfahrungswissen]; *de Boor/Frisch/Rode,* Resozialisierung – Utopie oder Chance, InstKonfl. 16/1995; *Bottke,* Assoziationsprävention. Zur heutigen Diskussion der Strafzwecke, 1995; *ders.,* Strafrechtswissenschaftliche Methodik (usw.), 1979, 661 ff. (zit. *Bottke*); *Bruns,* Strafzumessungsrecht, 2. Aufl. 1974, (zit. *Bruns* StrZR); *ders.,* Das Recht der Strafzumessung. Eine Systematische Darstellung für die Praxis, 2. Aufl. 1985 (zit. *Bruns* [hierzu Bespr. *Frisch* ZStW **99**, 349, 751 u. die Entgegnung von *Bruns,* Neues Strafzumessungsrecht?, 1988]); *ders.,* NJW **56**, 241, Mayer-FS 353, Engisch-FS 708, Welzel-FS 739, Dreher-FS 251 u. NJW **79**, 289; *Calliess* NJW **89**, 1338; *ders.* Die Strafzwecke u. ihre Funktion, Müller-Dietz-FS 99; *Dölling,* Über die Höhenbemessung bei der Freiheits- und Jugendstrafe, Schreiber-FS (2003) 55; *Eisele,* Die Regelbeispielmethode im Strafrecht, 2004; *Erhard,* Strafzumessung bei Vorbestraften unter dem Gesichtspunkt der Strafzumessungsschuld, 1992 [Bespr. *Streng* ZStW **108**, 805]; *Fabricius,* Generalprävention oder: Die beste Kriminalpolitik ist eine gute Rechtspolitik, Schwind-FS (2006) 269; *Fahl,* Zur Bedeutung des Regeltatbilds bei der Bemessung der Strafe, 1996 (Diss. Passau); *ders.,* Regeltatbild und Bemessung der Strafe, ZStW **111** (1999), 156; *Franke,* Die erweiterte Sachentscheidungsbefugnis des Revisionsgerichts nach § 354 I a und I b StPO n. F., GA **06**, 261; *Freund,* Straftatbestand u. Rechtsfolgenbestimmung, GA **99**, 509; *Frisch* GA **89**, 338 sowie GA-FS 1 [Straftatsystem u. Strafzumessung]; *ders.,* Unrecht u. Schuld im Verbrechensbegriff u. in der Strafzumessung, Müller-Dietz-FS 237; *ders.,* Strafkonzept, Strafzumessungstatsachen u. Maßstäbe der Strafzumessung in der Rechtsprechung des Bundesgerichtshofs, BGH-FG 269; *ders.,* Die Erweiterung des Sachentscheidungsrechts der Revisionsgerichte, StV **06**, 431; *Frisch/Bergmann* JZ **90**, 944 [Entscheidung über den Strafrahmen]; *Frister,* Schuldprinzip, Verbot der Verdachtsstrafe Unterhaltsberechtigte u. Unschuldsvermutung (usw.),

1988 [Bespr. *Gössel* GA **90**, 369 u. *Volk* ZStW **104**, 834]; *Gillmeister,* Strafzumessung aus verjährten u. eingestellten Straftaten, NStZ **00**, 344; *Gössel,* Tröndle-FS 360; *ders.,* Über die sog. Regelbeispielstechnik und die Abgrenzung zwischen Straftat u. Strafzumessung, H. J. Hirsch-FS 183; *Götting,* Gesetzliche Strafrahmen und Strafzumessungspraxis, 1997 [Bespr. *Staechlin* StV **99**, 179]; *ders.,* NStZ **98**, 542 [Strafrahmen]; *Goydke,* Odersky-FS 371 [Strafrahmenbestimmung]; *Grasnick,* Über Schuld, Strafe u. Sprache – Systematische Studien zu den Grundlagen der Punktstrafen- u. Spielraumtheorie, 1987 [Bespr. *Arth. Kaufmann* NJW **88**, 2785; *Günther* JZ **89**, 1025 u. Göppinger-FS 453]; *Hart-Hönig,* Gerechte u. zweckmäßige Strafzumessung, 1992 [zur Theorie der positiven Generalprävention; Bespr. *Streng* ZStW **108**, 794]; *Hassemer,* Radbruch-GedS 281; *ders.,* Strafrecht, Prävention, Vergeltung. Eine Beipflichtung, Schroeder-FS (2006) 51; *Heinz,* in: *Jehle* [unten 1 a] 89 [Strafzumessungsforschung]; *Hettinger,* Das Doppelverwertungsverbot bei strafrahmenbildenden Umständen, 1982; *ders.,* Zur Rationabilität heutiger Strafgesetzgebung im Hinblick auf die Rechtsfolgenbestimmung. Begriffe ohne Inhalt, Strafrahmen ohne Konturen, GA **95**, 399; *ders.,* Über den Begriff der minder schwerer Fälle, GA-FS 77; *ders.,* Die Strafrahmen des StGB nach dem Sechsten Strafrechtsreformgesetz, Küper-FS (2007) 95; *von Hirsch/Jareborg,* Strafmaß u. Strafgerechtigkeit, 1991; *Hirsch,* Strafrecht u. Überzeugungstäter, 1996; *ders.,* Die verfehlte deutsche Gesetzesfigur der „besonders schweren Fälle“, Gössel-FS (2002), 287; *Höfer,* Zur Kongruenz von Recht und Praxis der Strafzumessung, MschrKrim **05**, 127; *Hönig,* Die strafmildernde Wirkung des Geständnisses im Lichte der Strafzwecke, 2004 (Diss. Halle 2004); *Hörnle,* Die Opferperspektive bei der Strafzumessung, in: *Schünemann/Dubber* (Hrsg.), Die Stellung des Opfers im Strafrechtssystem, 2000, 175; *dies.,* Das antiquierte Schuldverständnis der traditionellen Strafzumessungsrechtsprechung und -lehre, JZ **99**, 1080; *dies.,* Tatproportionale Strafzumessung, 1999 (Diss. München 1998; dazu *Ellscheid,* Tatproportionale Strafzumessung [usw.] – Bemerkungen zu einem kategorialen Irrweg, Müller-Dietz-FS 201); *dies.,* Vorüberlegungen zu Decision-Support-Systemen aus der Sicht des Strafzumessungsrechts, in: *Schünemann/Tinnefeld/Wittmann* (Hrsg.), Gerechtigkeitswissenschaft – Kolloquium aus Anlass des 70. Geburtstags von Lothar Philipps, 2005, S. 393; *dies.,* Die Rolle des Opfers in der Straftheorie und im materiellen Strafrecht, JZ **06**, 950; *Horn,* Schaffstein-FS 241 u. Bruns-FS 165; *Jakobs,* Schuld u. Prävention, 1976; *ders.,* Die Schuld der Fremden, ZStW **118** (2006), 831; *Jehle* (Hrsg.), Individualprävention u. Strafzumessung, 1992; *Jung,* Was ist eine gerechte Strafe?, JZ **04**, 1155; *Arth. Kaufmann,* Wassermann-FS 889 u. Arm. Kaufmann-GedS 425; *Kindhäuser* GA **89**, 493; *ders.*; Schuld und Strafe. Zur Diskussion um ein „Feindstrafrecht“, Schroeder-FS (2006) 81; *Kölbel,* Bindungswirkung von Strafmaßabsprachen, NStZ **02**, 74; *Kraatz,* Gedanken zur Strafzumessungslösung bei rechtsstaatswidriger Verfahrensverzögerung, JR **06**, 403; *Krahl,* Tatbestand u. Rechtsfolge, 1999; *Krehl/Eidam,* Die überlange Dauer von Strafverfahren, NStZ **06**, 1; *Kubink,* Strafen und ihre Alternativen im zeitlichen Wandel, 2002; *Kühl,* Der Zusammenhang von Strafe und Strafrecht, Lampe-FS 439; *Kutzner,* Bemerkungen zur Vereinbarkeit der sog. Strafzumessungs-Lösung des BGH mit den Grundsätzen des Strafzumessungsrechts, StV **02**, 277; *Lackner,* Über neue Entwicklungen in der Strafzumessungslehre (usw.), 1978, Gallas-FS 117 [zit. Entwicklungen]; *Lambrecht,* Strafrecht u. Disziplinarrecht, 1997; *Lampe,* Noll-GedS 231; *Lüderssen* JA **91**, 222 [Krise des Resozialisierungsgedankens]; *Luzón,* Generalprävention (usw.), GA **84**, 393; *Maiwald,* Moderne Entwicklungen der Auffassung vom Zweck der Strafe, in: Rechtswissenschaft u. Rechtsentwicklung 1980, 291; *Maurer,* Komparative Strafzumessung, 2005 (Diss Freiburg 2004); *Montenbruck,* Strafrahmen u. Strafzumessung, 1983; *ders.,* Abwägung u. Umwertung. Zur Bemessung der Strafe für eine Tat u. für mehrere Taten, 1989; *Müller-Dietz* GA **88**, 514; *ders.,* Jescheck-FS 813 u. Spendel-FS 413; *Neumann,* Spendel-FS 435; *ders.,* Institution, Zweck und Funktion staatlicher Strafe, Jakobs-FS (2007) 435; *Nicolaus,* Die Berücksichtigung mittelbarer Straftatfolgen bei der Strafzumessung, 1992 [Bespr. *Walter* GA **96**, 249; *Streng* ZStW **108**, 816]; *Oswald* GA **88**, 147; *ders.,* Psychologie des richterlichen Strafens, 1994; *Pawlik,* Person, Subjekt, Bürger. Zur Legitimation von Strafe, 2004; *ders.,* Kritik der präventionstheoretischen Strafbegründungen, Rudolphi-FS (2004), 213; *Ress,* Probleme überlanger Strafverfahren im Lichte der EMRK, Müller-Dietz-FS 627; *Roxin* Festg. *Schultz* 463, Bruns-FS 183, Bockelmann-FS 304, JA **80**, 224, ZStW **96**, 641, Schaffstein-Symp. 37 [Wiedergutmachung im System der Strafzwecke], Gagner-FS 341 u. Arth. Kaufmann-FS 519; *ders.,* Wandlungen der Strafzwecklehre, Müller-Dietz-FS 701; *I. Roxin,* Die Rechtsfolgen schwerwiegender Rechtsstaatsverstöße in der Strafrechtspflege, 4. Aufl. 2004; *Schäfer,* Praxis der Strafzumessung, 3. Aufl. 2001 [zit. *Schäfer* StrZ]; *Schapp* JZ **88**, 652; *Streng,* Strafzumessung u. relative Gerechtigkeit, 1984 [Rez. *Bruns* JZ **85**, 63 u. *Albrecht* GA **87**, 465]; *ders.* UniHD-FS 501 [Fortentwicklung des Strafzumessungsrechts durch die Gerichte]; *ders.,* Die Strafzumessungsbegründung und ihre Orientierungspunkte. Ein Beitrag zur Idee und Praxis vergleichender Strafzumessung, NStZ **89**, 393; *ders.* Strafrechtliche Sanktionen, Grundlagen u. Anwendung, 1991 [zit. *Streng* Sanktionen]; *ders.,* Praktikabilität u. Legitimität der „Spielraumtheorie“ (usw.), Müller-Dietz-FS 875 (2001); *ders.,* Verfahrensabsprachen und Strafzumessung. Zugleich ein empirischer Beitrag zur Strafzumessung bei Delikten gegen die Person, Schwind-FS (2006) 447; *ders.*, Strafersatz und Paradoxieverbot, Jung-FS (2007) 959; ders.; Strafzumessung bei Tätern mit hohem Lebensalter, JR *07*, 271; *Terhorst* JR **89**, 184; *Timpe,* Strafmilderungen des AT des StGB u. das Doppelverwertungsverbot, 1983; *Trurnet/Schroth,* Beschleunigungsgebot und Konsequenzen einer überlangen Verfahrensdauer, StraFo **05**, 358; *Walter,* die Bestimmung der Tatschuld (usw.), Kaufmann-GedS 493; *E. A. Wolff* ZStW **97**, 786; *Zipf,* Bruns-FS 205; *Zieschang,* Besonders schwere Fälle u. Regelbeispiele – ein legitimes Gesetzgebungskonzept?, Jura **99**, 561.

Rechtsprechungsübersichten: *Detter* NStZ **97,** 174; **98**, 182; 501; **99**, 120; 494; **00**, 184; 578; **01**, 130; 467; **02**, 132; 415; **03**, 133; 471; **04**, 134; 486; **05**, 143; 498; **06**, 146; 560; **07**, 206.

2 **2) Grundlagen der Strafzumessung (Abs. I).** Strafe ist, nach ganz hM, „missbilligende hoheitliche Reaktion" (BVerfGE **105**, 135, 157; vgl. 4 vor § 38); sie knüpft an ein **sozialethisches Unwerturteil** an (BVerfGE **96**, 245, 249; BVerfG NJW **04**, 2073, 2075; BGH NJW **00**, 1427; stRspr). Dies setzt Verantwortlichkeit der zu bestrafenden Person für ihre Handlungen und die dadurch verursachten Erfolge voraus (zur Zurechnung „**freien Willens**" vgl. 8 ff. vor § 13; zur „**Zurechnungsfähigkeit**" 2 zu § 20; zur Anknüpfung von „Gefährlichkeit" an Schuld vgl. 2 zu § 66, 5 zu § 66 b). Die **Strafzwecke** gesetzlich zu definieren, ist im 1. und 2. StrRG bewusst vermieden worden (vgl. BT-Drs. V/4094, 4; anders § 2 AE). Doch lässt das Gesetz Rückschlüsse zu, wenn es als maßgebliche Gesichtspunkte der Strafzumessung die Schuld des Täters (5 f.), die Einwirkung auf ihn (7 f.) und die Verteidigung der Rechtsordnung (9 ff.) nennt (vgl. dazu ausf. NK-*Streng* 33 ff.). Für das BVerfG bestand „kein Grund, sich mit den verschiedenen Straftheorien auseinanderzusetzen" (BVerfGE **45**, 253; vgl. BVerfGE **109**, 133 [2 BvR 2029/01], Rn. 146 ff.). Die in der Literatur heute meist, wenngleichmit unterschiedlichsten Gewichtungen vertretene sog. **Vereinigungstheorie** (vgl. zB *Jescheck/Weigend* § 8 V; *Roxin* AT I 3/33 ff., 37 ff.; *Koriath* Jura **95**, 625; NK-*Hassemer/Neumann* 286 f. vor § 1) versucht, verschiedene Strafzwecke in ein ausgewogenes Verhältnis zu bringen (vgl. auch BVerfGE aaO). Dabei ist Ziel der angedrohten, aber auch der verhängten Strafe zunächst, der Begehung von Rechtsgutsverletzungen entgegenzuwirken (**allgemeine Generalprävention;** BVerfGE **45**, 254), indem einerseits die Geltung der normativen Ordnung und das Vertrauen in ihre Durchsetzungskraft bestätigt (vgl. BGH **24**, 46, 66; GA **76**, 114; NStZ **95**, 77) und die Rechtstreue der Bevölkerung gestärkt wird (BVerfGE **45**, 256; **positive Generalprävention**; vgl. unten 10). Das Unwerturteil, das dadurch zum Ausdruck kommt, dass der Täter die im Gesetz angedrohte Strafe erhält, soll den Täter und zugleich andere davon abschrecken, weitere ähnliche Taten zu begehen (**spezielle Generalprävention**; vgl. BVerfGE **45**, 255; BGH **24**, 44).

3 Die **Resozialisierung,** als Strafzweck verfassungsrechtlich anerkannt (BVerfGE **33**, 7; **35**, 235; vgl. aber *G. Kaiser,* Lenckner-FS 781), soll Fähigkeit und Willen zu verantwortlicher Lebensführung vermitteln und helfen, etwaige soziale Anpassungsschwierigkeiten, die mit der Tat zusammenhängen, zu überwinden (**negative** und **positive Spezialprävention**; vgl. BVerfGE **35**, 202; BGH **24**, 40 ff.; StV **03**, 222; LK-*Theune* 19 ff.; *Roxin* AT § 3, 11; *Bock* JuS **94**, 93; *Hassemer* ZRP **97**, 319; *Calliess,* Müller-Dietz-FS 99, 108 ff.). Die verhängte Strafe soll im Rahmen des Schuldausgleichs (krit. *Roxin* ZStW **95**, 644 u. *Arth. Kaufmann*-FS 522) dem Täter ermöglichen, das Strafübel auf sich zu nehmen und zu verarbeiten (vgl. BVerfGE **45**, 259; BGH **1**, 70 **2**, 88; **7**, 28); es geht also im Kern im „Besserung" mit dem Ziel der Prävention.

4 **Vergeltung** für begangenes Unrecht (vgl. dazu BVerfGE **28**, 278; **32**, 109; **45**, 254; **64**, 271; **95**, 140) kann Selbstzweck der Strafe nicht sein (zutr. *Hassemer,* Schroeder-FS [2006] 51, 56; zum Vergeltungsprinzip *Ebert,* in: *Krummacher* [Hrsg.], Geisteswissenschaften wozu? 1988, 35 ff.; *Morselli,* Vergeltung – eine tiefenpsychologische Kategorie der Strafe?, ARSP **87**, [2002], 221; *Schmidtchen,* Prävention und Menschenwürde. Kants Instrumentalisierungsverbot im Lichte der ökonomischen Theorie der Strafe, Lampe-FS 245). Der Gedanke bloßer **Sicherung** der Allge-

meinheit vor dem gefährlichen Täter soll im sog. „zweispurigen System" des StGB (1 ff. vor § 61) vor allem durch die Maßregeln der Besserung und Sicherung verwirklicht werden, die eine Schuld des Täters nicht voraussetzen.

A. Schuld (Abs. I S. 1). Grundlagen der Strafzumessung sind in erster Linie die Schwere der Tat im Sinne ihrer Bedeutung für die verletzte Rechtsordnung sowie der Grad der persönlichen Schuld des Täters (BGH **20**, 266; NJW **87**, 2686). „Schuld des Täters" ist in Abs. I S. 1 nicht als allgemeine Vorwerfbarkeit zu verstehen, sondern als das individuelle **Maß des Vorwurfs**, der dem Täter *für die konkrete Tat* zu machen ist (ähnlich in § 29; vgl. *Gössel,* Tröndle-FS 362; *Hörnle* JZ **99**, 1080, 1082 f.; *Frisch,* Müller-Dietz-FS 237 ff.; vgl. aber auch NK-*Streng* 22). Schuld und Prävention können bei der Strafzumessung gegenläufige Wirkungen haben. Der Vorrang der Schuld muss bei der Strafzumessung gewahrt bleiben; es darf nicht präventiven Gründen eine nicht mehr schuldangemessene Strafe verhängt werden (2 StR 632/90; vgl. auch *Dölling,* Schreiber-FS [2003] 55, 58 ff.). Umstände, die zur **Lebensführung** und zum *Charakter* des Angeklagten gehören, dürfen straferschwerend nur dann verwertet werden, wenn sie mit der Tatausführung in Zusammenhang stehen (BGH **5**, 132; NJW **54**, 1416; **88**, 1154; MDR/D **70**, 14; NStZ **84**, 259; StV **82**, 419; 567; **83**, 332; **85**, 102; BGHR § 46 II, Vorl. 3; 2 StR 642/95; NStZ/T **86**, 494; NStZ-RR **01**, 295; stRspr; vgl. unten 42; insg. krit. zur Bestimmung des „Schuld"-Maßstabs in § 46 *Hörnle* JZ **99**, 1080 ff.). Allgemein **moralisierende** oder stark persönlich gefärbte Erwägungen zur Strafzumessung sind fehlerhaft (NStZ **06**, 96; 2 StR 135/06; vgl. unten 106 a). 5

Das **Maß der Schuld** hängt in erster Linie von der Schwere des personalen Handlungsunrechts ab, soweit die Schuld ihr entspricht (BGH **10**, 38). Daher dürfen Umstände, die auf die (unverschuldete) seelische Verfassung des Täters zurückgehen, nicht straferschwerend berücksichtigt werden (NStZ **82**, 116). Der Wert des verletzten Rechtsgutes ist kein selbstständiger Faktor für die Strafhöhe neben der Schuld (so BGH **3**, 179; MDR **54**, 693; BVerfGE **25**, 286; **27**, 29), sondern nur insoweit bedeutsam, als er in den Schuldvorwurf eingeschlossen werden kann (vgl. MDR/D **69**, 533; Hamburg NStZ-RR **04**, 72, 73). Zum Handlungsunrecht treten personale Faktoren vor und nach der Tathandlung (unten 26 ff.); Gegenstand des Schuldvorwurfs ist das gesamte tatrelevante Täterverhalten (unten 23; zur Problematik der Schuldstrafe bei **Jugendlichen** vgl. BGH **15**, 226; StV **82**, 335; MDR/H **90**, 489). **Vereinbarungen** zwischen Täter (Beschuldigtem) und Gericht über über das *Maß der Schuld* im Wege von Urteilsabsprachen sind mit Abs. I S. 1 nicht vereinbar (zutr. *Hörnle* GA **07**, 440, 443 f.). 6

B. Wirkung auf den Täter (Abs. I S. 2). Das Gericht hat bei der konkreten Strafbemessung die Wirkungen zur berücksichtigen, die **von der Strafe** (nicht: von der Tat; unten 34 b) „für das künftige Leben des Täters in der Gesellschaft" zu erwarten sind. Die insoweit zu berüücksichtigenden Wirkungen umfassen die **Auswirkungen der Bestrafung** im weiten Sinn; dazu gehören die Wechselwirkungen von Haupt- und Nebenstrafen (BGH **29**, 61; MDR **84**, 241; StV **84**, 453), von Strafen und **Maßregeln** und sonstigen **Maßnahmen**; in weiterem Sinn können auch sonstige Sanktionierungen hierzu gerechnet werden. Die Regelung des I S. 2 stellt den Gedanken der **Resozialisierung** als neben der Schuld zentralen Gesichtpunkt der Strafzumessung in den Mittelpunkt. Die Strafe darf nicht zur Entsozialisierung des Täters führen (StV **91**, 513; vgl. auch NStZ-RR **98**, 205); namentlich bei noch jungen Angeklagten muss das Gericht bei Verhängung sehr hoher Freiheitsstrafen die Gefahr bedenken, dass bei Fehlen jeglicher Perspektive Weichenstellungen für ein eigenverantwortliches Leben und eine Wiedereingliederung kaum möglich sind (StV **03**, 222; ähnlich BGHR § 46 I Wiedereingliederung 1). Dieser Regelungssinn ist bei der Anwendung zu beachten. *Schematische* und formelhafte „Berücksichtigungen" müssen demgegenüber zurück treten. So ist es zB nicht sinnvoll, die *Strafhöhe* selbst als „Strafzumessungs-Gesichtspunkt" zu bezeichnen (mit ggf. absurden Ergebnissen: Wenn zB bei Verhängung einer schuld- 7 angemessenen Freiheitsstrafe von zwei Jahren und zwei Monaten *mildernd* zu berücksichtigen sein soll, dass eine Strafaussetzung nicht in Betracht kommt, und dies dazu führen soll, dass eine aussetzungs*fähige* Strafe zu verhängen ist). Zweifelhaft erscheint es, den Umstand, dass der Angeklagte nach Verhängung der Strafe vorbestraft sein wird, als strafmildernden Gesichtpunkt zu berücksichtigen (vgl. Nürnberg NStZ **07**, 406).

7a Auswirkungen von **Maßregeln** oder sonstigen zugleich mit der Strafe verhängten **Maßnahmen** (vgl. § 11 I Nr. 8) sowie Wechselwirkungen können bei der Strafzumessung zu berücksichtigen sein. In den Fällen des **Vorwegvollzugs** der Strafe (§ 67 II) ist zu berücksichtigen, dass sich hierdurch die Gesamtzeit der Freiheitsentziehung verlängert (NStZ **85**, 91; NJW **86**, 143). Zu berücksichtigen sind **zB** die Auswirkungen einer Einziehung nach § 74 II Nr. 1 (NStZ **83**, 408; StV **86**, 58; **87**, 345; **95**, 301; wistra **87**, 176; BGHR § 46 I, SchAusgl. 16; NStZ-RR **96**, 56; 4 StR 727/95; 5 StR 357/99; vgl. 2 zu § 74b); die zusätzliche Belastung einer Geldstrafe nach § 41 (NJW **85**, 1719 [m. Anm. *Bruns* JR **86**, 72]; wistra **93**, 297); die Umkehr der für den Regelfall vorgesehenen Reihenfolge der Vollstreckung (§ 67 II; 2 StR 220/85). Die mit dem *(erweiterten)* **Verfall** verbundene Vermögenseinbuße ist idR kein Strafmilderungsgrund, weil der Verfall der Gewinnabschöpfung und damit dem Ausgleich unrechtmäßiger Vermögensverschiebung dient (NJW **95**, 2235).

8 Zu berücksichtigen sind auch **Nebenwirkungen** der Verurteilung, **zB** der Verlust der **Beamtenrechte** (§ 49 BBG; NStZ **85**, 215; **81**, 342; **82**, 507; **98**, 265; wistra **83**, 145; **87**, 329; NStZ/M **82**, 150; **83**, 162; 494; **84**, 161; NStZ/T **87**, 494; **88**, 305; NStZ/D **89**, 469; **90**, 221; **91**, 275; 477; **92**, 171; StV **81**, 235; krit. *Streng* NStZ **88**, 485 [hierzu *Lambrecht* [1a] 65, 80]; *Bruns* 253); der Verlust der Rechte eines **Zeitsoldaten** (BGH **32**, 79); der Umstand, dass ein älterer Beamter möglicherweise Schwierigkeiten haben wird, eine neue berufliche Position aufzubauen (NStZ **92**, 230); das Erlöschen von **Ruhestandsbezügen** (§ 59 BeamtVG; StV **85**, 454; **87**, 243 L; NStZ **96**, 539); der Widerruf der **Zulassung** zur Rechtsanwaltschaft (§ 14 BRAO; MDR/H **86**, 794; NStZ **87**, 550; StV **91**, 207); der Widerruf der **Approbation** des Arztes oder Apothekers (StV **91**, 157); Untersagung der Berufsausübung als Steuerberater (wistra **91**, 300); Verlust des Arbeitsplatzes (wistra **89**, 306; NStZ **93**, 584), etwa nach (vorläufiger) Entziehung der Fahrerlaubnis (Frankfurt StV **94**, 131 f.; Bay DAR **99**, 560 f.); **sonstige Folgen** eines längeren Strafvollzuges (StV **83**, 456; **91**, 19; **93**, 25; Frankfurt NJW **71**, 1815), insbesondere bei einem jungen Angeklagten (StV **93**, 27; **03**, 222).

9 Ein notwendig zu erörternder Strafmilderungsgrund liegt hierin aber nur, wenn der Täter die berufliche Basis verliert (NStZ **96**, 539; **06**, 393). In diesem Fall sind solche Folgen sind nicht erst bei der Strafzumessung, sondern schon bei der Strafrahmenwahl zu berücksichtigen (BGH **35**, 148; NStZ **92**, 230; 5 StR 284/96; 1 StR 474/96). Der *2. StS* hat aber *einschränkend* entschieden (wistra **05**, 458 [Verlust der beruflichen und wirtschaftlichen Existenz in Folge umfangreicher Schadensersatzforderungen; Anm. *Streng* ebd. 257; Rückläufer 2 StR 42/06]), dass Nachteile, die der Täter bei der Tat zwar nicht gewollt, aber *bewusst in Kauf genommen* hat, idR eine Milderung nicht rechtfertigen. Bei Anwendung dieses Rechtssatzes wäre auch die recht großzügige Rspr in Bezug auf die genannten beamten- und disziplinarrechtlichen Tatfolgen zu überdenken.

10 **C.** Die **Verteidigung der Rechtsordnung,** in die der Gedanke der **Generalprävention** eingeschlossen ist, nennt § 46 Abs. I zwar nicht; doch ergibt sich aus § 47 I, § 56 III und § 59 I Nr. 3, dass sie ein wesentlicher Leitgesichtspunkt der Strafzumessung ist (ebenso MDR/D **75**, 196; *Zipf,* Bruns-FS 205; NK-*Streng* 42, 46) und bei der Bestimmung der Höhe der Strafe im Rahmen der Schuld berücksichtigt werden kann (BGH **34**, 151; NJW **90**, 195). Unter Verteidigung der Rechtsordnung ist zu verstehen, dass die Strafe auch die Aufgabe hat, die durch die Tat verletzte Ordnung des Rechts gegenüber dem Täter durchzusetzen und künftigen Verletzungen durch ihn und andere vorzubeugen. Vor allem geht es um den **Schutz der Rechtsgüter,** den Verhängung und Vollzug der Strafe mit zu übernehmen haben; außerdem aber auch um die Durchsetzung der Strafrechtsordnung selbst: Die Androhung der Strafe darf nicht auf dem Papier stehen bleiben, wenn sie nicht ihre Wirkung verlieren soll. Das **Vertrauen der Bevölkerung,** im Schutze der Rechtsordnung als einer Friedensordnung zu leben, darf nicht erschüttert und damit auch die Rechtstreue der Bevölkerung selbst nicht gefährdet werden (BGH **6**, 127; **24**, 40; Düsseldorf NJW **70**, 767; Oldenburg NJW **70**, 820; Bay NJW **70**, 767; MDR **72**, 339; *Müller-Dietz*, Jescheck-FS 813 u. *Dölling* ZStW **102**, 8: „Integrationsprävention"; zur empirischen Theorie der „positiven Generalprävention" *Baurmann* GA **94**, 368; krit. *Hörnle/v. Hirsch* GA **95**, 261; vgl. auch *Pawlik*, Rudolphi-FS [2004] 213 ff.; *Hassemer/Lüderssen/Naucke*, Hauptprobleme der Generalprävention, 1979; umf. Nachw. bei *Jakobs* AT 1/4 ff.).

Generalpräventive Erwägungen (für die im *Jugendstrafrecht* kein Raum ist [NJW **94**, 396; unten 18], idR auch nicht bei vermindert schuldfähigen Tätern, StV **91**, 557 L) sind nur innerhalb des Bereichs der **schuldangemessenen Strafe** und nur mit der Einschränkung zulässig, dass bereits eine gemeinschaftsgefährliche Zunahme solcher und ähnlicher Straftaten, wie sie zur Aburteilung anstehen (StV **94**, 464; Bay StV **88**, 530; **89**, 155 L; Düsseldorf StV **92**, 232; Köln StV **92**, 233), festgestellt wurde (wistra **82**, 225; StV **83**, 195; 326 L; **96**, 431 L; NStZ **84**, 409; **86**, 358; GA **86**, 509; NJW **89**, 1939; BGHR § 46 I, GenPr 3, 9, 7; 1 StR 70/96; krit. *Foth* NStZ **90**, 220), die die konkrete Gefahr der Nachahmung begründen (Bay NJW **88**, 3165; StV **88**, 435), und dass im Übrigen nur Umstände, die außerhalb der im gesetzlichen (erhöhten: StV **84**, 71) Strafrahmen bereits berücksichtigten **allgemeinen Abschreckung** liegen (BGH **20**, 267; MDR/H **76**, 812; StV **83**, 14; NStZ/B **82**, 414; **83**, 448; **84**, 445; **85**, 447), innerhalb des Spielraums für die schuldangemessene Strafe (SK-*Horn* 12; unten 19 f.) berücksichtigt werden dürfen (BGH **28**, 326; **34**, 151; **36**, 20; StV **81**, 130, 235; **90**, 109; BGHR § 29 BtMG, StrZ 7; BGHR § 46 I, GenPr. 5, 8, 9; 4 StR 154/97; stRspr.). Keinesfalls darf der Sicherungszweck die schuldangemessene Strafe überschreiten (BGH **20**, 264; StV **93**, 302); spezialpräventive Erfordernisse sind stets zu berücksichtigen (vgl. NJW **90**, 195). Bei **Konflikttaten** liegt die Notwendigkeit allgemeiner Abschreckung eher fern (StV **01**, 453; StV **05**, 387). 11

Der Gedanke der Abschreckungsprävention ist seit den 80 er Jahren des 20. Jahrhunderts auch in der Rspr. wieder stärker hervorgehoben worden, **zB** bei Banküberfällen (2 StR 824/83); bei betrügerischen Manipulationen gegenüber Kraftfahrzeughaftpflichtversicherungen (Bay NJW **88**, 3165); und bei der Bekämpfung der Wirtschaftskriminalität (MDR/H **76**, 812); bei Sexualdelikten (NStZ **96**, 79; BGHR § 46 I GenPräv.); bei organisierten *Schutzgelderpressungen* (NStZ **92**, 275; 2 StR 8/94); organisierter Verschiebung betrügerisch erlangter Kfz ins Ausland (StV **93**, 622); bei der BtM-Kriminalität (2 StR 190/85 [jedoch ist die o. g. Beschränkung zu beachten, StV **82**, 166; 167; MDR/S **85**, 2]; NStZ **82**, 112 [m. krit. Anm. *Wolfslast*; hierzu *R. Lange* ZStW **95**, 612]; **83**, 501; ferner NStZ/M **82**, 149); in *Parteispendenprozessen* (BGH **34**, 272); im Bereich des Staatsschutzes (BGH **28**, 318; 3 StR 127/79; vgl. 3 StR 323/79; MDR/S **81**, 89). 12

3) Anknüpfungspunkte der Strafzumessung. Die Strafzumessung verläuft – nach gängiger Systematisierung, die freilich in der Praxis weitgehend von „intuitiven", komparativen Bezugssystemen verdrängt ist – in **fünf Schritten** (*Bruns* 6, 243, 246, NStrZR 25 u. JZ **88**, 1053; *Hettinger* GA **93**, 2; *Meine* NStZ **94**, 159; *Fahl* JuS **98**, 748; krit. *Frisch* GA **89**, 374; *Freund* GA **99**, 524 ff.; im Ansatz anders die Theorie tatproportionaler Strafzumessung, die über eine Objektivierung von „Tatschwere" und „Punitivitätsniveau" des [jeweiligen] Rechtssystems eine *Rationalisierung* der Zumessungsentscheidung anstrebt [*Hörnle* 155]): **1.** Ausrichtung an den Strafzwecken (oben 2); **2.** Ermittlung der schuld- und präventionsrelevanten Fakten (Strafzumessungstatsachen); **3.** Festlegung der strafschärfenden oder -mildernden Wirkung von Strafzumessungstatsachen (zur Möglichkeit gegenläufiger Bewertung vgl. NJW **95**, 1038 m. Anm. *Joerden* JZ **95**, 907 u. *Streng* StV **95**, 411; 13

unten 24); **4.** Abwägung der relevanten Umstände gegeneinander (unten 74); **5.** Bestimmung der konkreten Strafe.

14 Dem Tatrichter ist nicht freigestellt, welchen Umständen iS des § 46 er im konkreten Fall Bedeutung zuerkennt (NJW **87**, 2686). Die **Zumessung** iS von I S. 1 und §§ 47, 49 II ist die Bestimmung der konkreten Strafe im Einzelfall, die auf einer *Gesamtbetrachtung* von Tatgeschehen und Täterpersönlichkeit beruht (BGH **16**, 353; **24**, 268; NJW **76**, 1326; 2220; NStZ **81**, 389; hierzu LK-*Theune* 5 vor § 46; krit. *Horn,* Arm. Kaufmann-GedS 573; *Frisch/Bergmann* JZ **90**, 949; *Schall/Schirrmacher* Jura **92**, 517). Zur Zumessung iwS gehören neben der Wahl der Strafart (vgl. § 47) das Absehen von Strafe nach § 60 und in sonstigen Fällen (8 zu § 23); die Strafaussetzung zur Bewährung; die Anrechnung der UHaft (§ 51) sowie die Verfahrenseinstellung bei geringer Schuld (§§ 153, 153a StPO). Auch in diesen Fällen sind, soweit nicht Sonderregelungen wie in §§ 56, 57, 57a eingreifen, die Grundsätze der §§ 46, 47 heranzuziehen (BVerfGE **64**, 274). Jedoch dürfen bei der Festsetzung der Strafhöhe Gesichtspunkte der Strafzumessung nicht mit solchen der Strafaussetzung vermengt werden (BGH **29**, 319, 321; NStZ **01**, 311; wistra **02**, 137; BGHR § 46 I Begründung 19); daher ist es **zB** unzulässig, eine zusätzliche Geldstrafe (§ 41) neben einer unangemessen niedrigen Freiheitsstrafe nur deshalb zu verhängen, weil sonst eine nicht mehr zur Bewährung aussetzbare Freiheitsstrafe zu verhängen gewesen wäre (NStZ **01**, 311; vgl. 23 zu § 56).

15 Hingegen gelten für die **Zumessung von Maßnahmen,** so für die Einziehung (vgl. 2 zu § 74, 2 zu § 74b) und die Unbrauchbarmachung (9 zu § 74d), vor allem aber für die **Maßregeln** der Besserung und Sicherung eigene Grundsätze (1 vor § 61; 5 zu § 69a). Das zweispurige System von Strafen und Maßnahmen (1 ff. vor § 61) fordert grundsätzlich, dass die Zumessung der Strafe sowie die Anordnung einer Maßregel und deren Dauer voneinander **unabhängig** bleiben. Das gilt auch für das Jugendstrafrecht (StV **88**, 308). Grundsätzlich darf die Schuldstrafe nicht wegen der Anordnung einer Maßregel unterschritten (NJW **71**, 61) oder wegen des Verzichts auf eine Maßregel überschritten werden; erst recht darf eine (Einzel-)Strafe nicht schuldunangemessen mit dem Ziel erhöht werden, die formellen Voraussetzungen des § 66 I erfüllen zu können (NStZ **01**, 595). Strafzumessung und Unterbringungsanordnung sind aber nach Möglichkeit zu einer sinnvollen Wirkungseinheit zu verbinden und aufeinander abzustimmen (2 StR 257/84 [insoweit in BGH **33**, 66 nicht abgedr.]; NStZ **85**, 92).

16 **A. Strafrahmen.** Ausgangspunkt jeder StrafZ ieS im Strafverfahren gegen Erwachsene (im Jugendstrafverfahren gilt § 18 I S. 3 JGG; vgl. unten 18) ist die **gesetzliche Strafdrohung,** insbesondere der Strafrahmen. Er gibt eine generelle *Vorbewertung* des für den einzelnen Tatbestand typischen Handlungsunrechts durch den Gesetzgeber (BVerfGE **25**, 269, 286; **105**, 135, 164; zum Spielraum des Gesetzgebers BVerfGE **50**, 125, 140; Überblick zur Systematisierung und Kritik bei *Hettinger,* Küper-FS [2007] 95, 101 ff.), an die der Richter gebunden ist und an der er sich zu orientieren hat (BGH **3**, 263; BVerfGE **27**, 29). Er hat, soweit ihn nicht eine absolute Strafdrohung zu einer bestimmten Strafe zwingt (nur in § 211), die gesetzliche Vorbewertung in der Bewertung der Einzeltat zu konkretisieren. Der Richter darf innerhalb des Strafrahmens auf die **Höchststrafe** nur bei denkbar schwerster Schuld erkennen (vgl. StV **84**, 152; Bay VRS **59**, 187; *Mösl* DRiZ **79**, 166) und auf die **Mindeststrafe** nur, wenn die Schuld an der unteren Grenze der praktisch vorkommenden Durchschnittsfälle liegt (unten 17; Hamm OLGSt. 43 zu § 11 aF BtMG; vgl. Stuttgart Die Justiz **72**, 207), was nicht ausschließt, dass uU auch bei Vorliegen mehrerer Erschwerungsgründe auf die Mindeststrafe erkannt werden kann (NStZ **84**, 358 [Anm. *Zipf*]; NStZ/M **84**, 160; 493; StV **93**, 520 L; 5 StR 827/82; 2 StR 573/99; vgl. unten 109); zB wenn sich die zur Wahl stehenden Strafrahmen überschneiden (NStZ **84**, 410); aber nur, wenn die strafmildernden Umstände gegenüber den strafschärfenden deutlich überwiegen (NStZ **84**, 117; **88**, 497; BGHR § 46 I, BeurtRahm. 7). Die Verhängung einer Strafe in der

Mitte des Strafrahmens ist, wenn Strafschärfungsgründe fehlen und Milderungsgründe von Gewicht festgestellt sind, rechtsfehlerhaft (StV **03**, 71 [zu § 212]). Fehlerhaft ist auch, wenn das **Berufungsgericht** ohne nähere Begründung eine gleich hohe Strafe wie der Erstrichter verhängt, obgleich es von einem wesentlich milderen Strafrahmen ausgeht (Bay NStZ-RR **03**, 326). Dasselbe gilt, wenn der Tatrichter nach Zurückverweisung auf die gleiche Gesamtstrafe wie das aufgehobene Urteil erkennt, obgleich er einen geringeren Schuldumfang feststellt (StraFo **03**, 387). Der Strafrahmen einer Qualifikation darf nicht zugrunde gelegt werden, wenn deren Voraussetzungen nur bei einem gem. §§ 154, 154a StPO ausgeschiedenen Tatteil vorlagen (NStZ **06**, 455f.).

Der Strafrahmen bezeichnet nicht zwei bloße Grenzpunkte, innerhalb deren der Richter die Strafe nach seinem Ermessen wählen könnte, sondern eine kontinuierliche Schwereskala (*Bruns* 49; krit. *Streng* 187, UniHD-FS 511 u. NStZ **89**, 396; einschränkend zur Bedeutung der Strafrahmen *Freund* GA **99**, 509ff.), in die der Richter die konkrete Tat einzuordnen hat (BGH **27**, 4 [m. Anm. *Bruns* JR **77**, 165]; *Dreher,* Bruns-FS 142, 149; *Montenbruck* [1a] Strafrahmen, 30ff., 48ff., 113ff.; *Frisch/Bergmann* JZ **90**, 947, 950; *Grasnick* JZ **92**, 262; *Meine* NStZ **94**, 159; *Götting* NStZ **98**, 542; LK-*Theune* 313). **Das rechnerische Mittel** des Strafrahmens bezeichnet nur den *denkbaren* Durchschnittsfall; es darf also nicht schematisch dem **Regelfall** gleichgesetzt werden, da dieser erfahrungsgemäß meist unter dem Durchschnittswert der praktisch vorkommenden Fälle liegt (BGH **27**, 4; NStZ **83**, 217; **84**, 20; MDR/H **84**, 276; 4 StR 245/98; NStZ-RR 06, 270, 271; vgl. auch *Bruns* JZ **88**, 1055, 1057; *Theune* StV **85**, 209; *Horn* StV **86**, 169; *Schäfer* StrZ 463ff.; krit. *Zipf* JR **76**, 514; *Bergmann* [1a] 31; *Terhorst* JR **88**, 274; *Neumann,* Spendel-FS 444; *Streng* JuS **93**, 923; SK-*Horn* 87ff. vgl. auch *Lampe,* Noll- GedS 238; **aA** *Frank* NJW **77**, 686; *Frisch* GA **89**, 352; vgl. auch oben 16). Eine „im Durchschnitt der gewöhnlicherweise vorkommenden Fälle" liegende Tat kann daher nicht (deshalb) mit einer *über* der Mitte des Strafrahmens liegenden Strafe geahndet werden (BGHR § 46 I Durchschnittsfall 2 [zu § 240]). Der Grundsatz, dass im „Regelfall" eine Strafe unterhalb der Mitte des Strafrahmens angemessen sei, gilt nach stRspr jedoch nicht für Ausnahmestrafrahmen, also insb. innerhalb der Strafrahemn für minder schwere Fälle (BGH **34**, 360 [vgl. dazu *Bruns* JZ **88**, 1055; GA **88**, 340]). **17**

Im **Jugendstrafrecht** haben die Strafrahmen des allgemeinen Strafrechts unbeschadet des § 18 I S. 3 JGG insoweit Bedeutung, als nach stRspr die dort zum Ausdruck gekommene Bewertung des Tatunrechts *jedenfalls auch* zu berücksichtigen ist (NJW **72**, 693; MDR/H **77**, 107; **82**, 625; 972; StV **82**, 28, 104; 338; **87**, 306 L; BGHR § 18 I S. 3 JGG, msF 3; NStZ **82**, 466; **89**, 120; StV **84**, 254; DAR **85**, 191; GA **86**, 177; NStZ/B **82**, 414; **83**, 448; **84**, 446; **85**, 447; **87**, 442; **88**, 490; **90**, 529; **91**, 522; **93**, 528; *Krauth,* Lackner-FS 1066). In erster Linie ist bei der Strafzumessung aber darauf abzustellen, welche Strafhöhe aus **erzieherischen Gründen** angemessen ist (NJW **82**, 393 [m. Anm. *Bruns* JR **82**, 465]; StV **81**, 406; NStZ **82**, 332). Eine detaillierte „analoge" Erörterung von Strafrahmen des Erwachsenenrechts (insb. der Voraussetzungen **besonders schwerer** oder **minder schwerer** Fälle) ist idR nicht veranlasst (vgl. 2 StR 37/07). Bei besonders schwerem Unrecht folgt aus § 18 II JGG nicht, dass der Erziehungsgedanke *allein* maßgebend zu sein hätte (MDR **82**, 339 [m. Anm. *Brunner* JR **82**, 432 und *Bruns* StV **82**, 392]; StV **82**, 474; **94**, 598; GA **82**, 416; NStZ **96**, 496 [m. Anm. *Dölling* NStZ **98**, 39]; 5 StR 470/95; 1 StR 634/95); allerdings darf er nicht „deutlich zurücktreten" (StV **82**, 79); aus Erziehungsgründen darf indessen die Schuldstrafe nicht überschritten werden (MDR/H **90**, 89); auch ist für generalpräventive Erwägungen im Jugendstrafrecht kein Raum (BGH **15**, 226; MDR/H **81**, 454; StV **81**, 241; **82**, 335; **90**, 505; MDR **82**, 339; vgl. aber 3 StR 598/93 [ausländerfeindliche Brandstiftung!]; *Bruns* 119). **18**

B. Schuldmaßprinzip (I S. 1). Das in Abs. I S. 1 zum Ausdruck kommende Prinzip gibt zwar für den Fall, dass Leitgesichtspunkte für die Strafzumessung zu **19**

verschiedenen Ergebnissen führen („Antinomie der Strafzwecke"; vgl. *Frisch* ZStW **99**, 364; *Bruns* NStrZR 30), das Rangverhältnis der Gesichtspunkte nicht im Einzelnen an, stellt aber dafür einen entscheidenden Grundsatz auf: Die **Schuld des Täters** ist **Grundlage** für die Strafzumessung (ähnlich § 32 öStGB; vgl. *Cramer* JurA **70**, 138 ff.; *Schwalm* JZ **70**, 487; *Roxin,* Bruns-FS 183; *Zipf* ÖJZ **79**, 177; *Müller-Dietz* Grundfragen 7; *Streng* UniHD-FS 502; *Frisch* ZStW **99**, 361; SK-*Horn* 31; krit. *Hörnle* JZ **99**, 1080 ff.). Das bedeutet, dass die Strafe zwar nicht allein nach der Schuld zu bemessen ist, wohl aber, dass die Schuld der Faktor ist, dem bei der Zumessung das größte Gewicht zukommt (2 StR 381/82). Die Schuld des Täters hat zugleich eine das Strafmaß **limitierende Funktion;** eine **Überschreitung** der schuldangemessenen Strafe aus spezial- oder generalpräventiven Gründen ist nach ganz **hM** unzulässig (BVerfGE **45**, 260; **50**, 12; LK-*Theune* 20, 25, 39; *Lackner/Kühl* 24, 26, 29; *S/S-Stree* 5; *Jescheck/Weigend* § 82 IV 6; *M/Zipf* 7/27, jew. mwN; **aA** *Horstkotte* JZ **90**, 122). Eine **Unterschreitung** der schuldangemessenen Strafe kann unter besonderen Umständen ausnahmsweise in Betracht kommen, wenn eine gravierende unverschuldete Belastung des Angeklagten anders nicht ausgeglichen werden kann (vgl. etwa unten 67). Die Strafe darf sich in keinem Fall von ihrer Bestimmung lösen, **gerechter Schuldausgleich** zu sein (BGH **24**, 133; **29**, 321; stRspr.; vgl. dazu unten 108).

20 **C. Bestimmung der Strafe.** Innerhalb des im konkreten Fall anzuwendenden Strafrahmens ist die Strafe auf der Grundlage der individuellen Schuld des Täters unter Berücksichtigung der Strafzwecke und des Schutzzwecks des verwirklichten Tatbestands zu bestimmen. Die von der **Rspr.** insoweit vertretene sog. **Spielraumtheorie** (BGH **7**, 28; 89; **10**, 263; **20**, 266; **29**, 320; wistra **88**, 345; vgl. dazu auch *Streng,* Müller-Dietz-FS 875; NK-*Streng* 97 ff.) beruht auf dem Gedanken, dass sich aus dem Schuldmaß zwar keine feste Strafgröße für eine konkrete Tat, wohl aber ein gegenüber dem gesetzlichen Strafrahmen *konkreter Schuldrahmen* finden lasse; innerhalb dieses Rahmens sei in richterlicher Wertung die schuldangemessene (BGH **20**, 266) Strafe für die konkrete Tat unter Berücksichtigung der anerkannten Strafzwecke zuzumessen (BGH **7**, 32; **20**, 266; NJW **65**, 2016; **71**, 61; VRS **28**, 359; zusf. *Theune* StV **85**, 162, 205; vgl. auch Freund GA **99**, 509, 535 ff.). Zu abweichenden Zumessungs-Theorien vgl. den Überblick bei NK-*Streng* 106 ff. mwN.

21 **Literatur** *zur Spielraumtheorie: Beckmann* GA **81**, 354; *Bruns* 105 ff. u. NStrZR 34; *Frisch* ZStW **99**, 361; *Hörnle,* Tatproportionale Strafzumessung, 1999; *Jescheck/Weigend* § 82 IV 6; *Meyer* [1 a]; *Neumann,* Spendel-FS 436; *Roxin,* Schultz-FestG 466; *Schaffstein,* Gallas-FS 99; *Schünemann* Grundfragen 188; *Streng* 183, UniHD-FS 505 u. JuS **93**, 920; *Theune* StV **85**, 163; *E. A. Wolff* ZStW **97**, 830.

22 Die **Theorie der Punktstrafe** als der einzigen *schuldangemessenen* Strafe für die konkrete Tat (so zB *Bruns* StZR 1. Aufl. 280; Engisch-FS 708; vgl. auch NJW **79**, 289; *Eb. Schmidt* SJZ **46**, 209; *Arth. Kaufmann,* Das Schuldprinzip, 1961, 65; *Schneidewin* JZ **55**, 507; *Frisch* NJW **73**, 1345) ist mit BGH **27**, 3 (m. Anm. *Bruns* JR **77**, 165) abzulehnen, denn es handelt sich dabei um eine bloße Fiktion (*Günther* JZ **89**, 1025; Einzelheiten bei *Dreher,* Bruns-FS 154; vgl. hierzu *Grasnick* GA **86**, 133).

23 **4) Strafzumessungstatsachen (Abs. II).** Die in Abs. II **beispielhaft** genannten sog. Strafzumessungstatsachen bilden die faktischen Grundlagen für den nach den Leitgesichtspunkten orientierten Bewertungsakt der Zumessung. Bei der **Auswahl des Tatsachenmaterials** geht das Gesetz davon aus, dass Grundlage der Strafzumessung nicht allein die Verwirklichung der Tatbestandsmerkmale ist. Daher folgt **zB** daraus, dass § 266 keine persönliche Bereicherung voraussetzt, noch nicht, dass eine solche stets strafschärfend wirken müsse und ihr Fehlen nicht strafmildernd wirken könne (vgl. wistra **87**, 27 mwN zur Orientierung am *regelmäßigen Erscheinungsbild* des Delikts). Die in II S. 2 genannten Umstände sind im Grundsatz **ambivalent**; sie sind nicht sämtlich in jedem Fall von Bedeutung und können sich überschneiden. Ihre Wirkung auf die Strafbemessung hängt von ihrer konkreten Gestaltung und ihrem Zusammenwirken im Einzelfall ab.

A. Zumessung bei mehreren Tatbeteiligten. Bei Tatbeteiligten sind die Zumessungstatsachen idR für jeden verschieden, jeder ist in individueller Würdigung nach dem Maß der eigenen Schuld abzuurteilen (stRspr; vgl. BGHR § 46 II Zumessungsfehler 1; 3 StR 88/00). Daraus ergibt sich, dass Mittäter bei gleicher Tatbeteiligung verschieden schwer oder bei verschiedener gleich bestraft werden können (BGH **12**, 148; 335; NJW **51**, 532; JR **74**, 340; BGHR § 46 II Wertung 4; vgl. auch BVerfGE **1**, 345; *Dreher* NJW **51**, 574; *Terhorst* JR **88**, 272; *G. Schäfer*, Tröndle-FS 397; *Bruns* GA **88**, 347; vgl. hierzu *Theune* StV **85**, 207); im Einzelfall kann auch die Strafe für einen Gehilfen höher sein als die des Haupttäters (NJW **84**, 2541 [Anm. *Otto* JR **85**, 29]). Wurde das Verfahren gegen Mitangeklagte wegen Verhandlungsunfähigkeit eingestellt, so darf nach StV **93**, 520 nicht unberücksichtigt bleiben, dass der verbleibende Angeklagte die strafrechtlichen Konsequenzen allein zu tragen hat. Weicht die zu verhängende Strafe von der gegen einen Mittäter verhängten Strafe deutlich nach oben ab, obgleich dieser einen wesentlich gewichtigeren Tatbeitrag geleistet hat, so bedarf dies zumindest näherer Begründung (vgl. 5 StR 351/04). 24

Bei Aburteilung **mehrerer Beteiligter** an derselben Tat muss das jeweilige Strafmaß unter Berücksichtigung der individuellen Zumessungstatsachen in einem sachgerechten, nachprüfbaren **Verhältnis zur Strafe anderer Beteiligter** stehen (StV **98**, 481; zur Bindungswirkung nach Teilaufhebung vgl. StV **99**, 418). Der Gesichtspunkt, dass gegen **Mittäter** verhängte Strafen in einem gerechten Verhältnis zueinander stehen sollen, darf bei der Strafzumessung nicht völlig außer Betracht bleiben (vgl. BGHR Zumessungsfehler 1; Wertungsfehler 23). Hieraus lässt sich nach dem Wesen der Strafzumessungsentscheidung freilich kein Anspruch auf schematische „Gleichbehandlung" ableiten. Ein allein quantitativer Vergleich mit in anderen Verfahren oder gar von einem anderen Gericht in demselben Sachzusammenhang verhängten Strafen hat daher idR nur geringes Gewicht. Es wäre verfehlt, eine als schuldangemessen angesehene Strafe allein im Hinblick auf gegen Mittäter (in einem andern Verfahren) verhängte niedrigere Strafen herabzusetzen (NStZ-RR **02**, 105; vgl. BGH **28**, 318, 323f.; BGHR § 46 II Wertung 4; Wertungsfehler 23). Nach StraFo **05**, 208 kann auch aus einer unverständlich milden Bestrafung eines Angeklagten nicht auf die Fehlerhaftigkeit der Zumessung bei einem Mitangeklagten geschlossen werden. Gründe, die bei ähnlichem Tatbeitrag zu gravierend voneinander abweichendem Strafmaß führen, hat der Tatrichter aber im einzelnen darzulegen (and. wohl StraFo **05**, 208); das gilt erst recht, wenn Mitangeklagte trotz deutlich gewichtigerer Tatbeiträge zu erheblich niedrigeren Strafen verurteilt werden (NStZ **99**, 182, 184; 3 StR 84/00 [in NStZ **00**, 607 nicht abgedr.]; 5 StR 351/04). Diese Grundsätze gelten uneingeschränkt auch bei Bildung von (nachträglichen) Gesamtstrafen; hier kann ein Beteiligter aus der Anwendung der Regeln des § 55 auf einen Mitverurteilten grds keinen Anspruch auf eigene Strafmilderung ableiten (vgl. NStZ-RR **02**, 105 [Zäsurwirkung]). 25

B. Gesetzlich benannte Zumessungstatsachen. Abs. II S. 2 enthält eine Aufzählung von Umständen, die in Betracht kommen; sie ist nicht vollständig (unten 56; LK-*Theune* 82). Dies sind zum einen Gesichtspunkte der inneren **Beziehung** des Täters zur Tat (unten 27 bis 31), zum anderen **Umstände der Tat** (unten 32 bis 36), schließlich **außerhalb der Tat** liegende Zumessungstatsachen (unten 37 bis 55). Im Einzelnen sind genannt: 26

a) Beweggründe und Tatziele. Taten, die auf eine ungünstige Dauerdisposition, etwa eine verfestigte rechtsfeindliche oder gleichgültige Haltung zurückgehen, sind von situationsgeprägten Spontantaten zu unterscheiden. **Strafschärfend** können (soweit nicht Abs. III entgegen steht) Motive wie zB Gewinnsucht, grober Eigennutz (GA **79**, 59), sittenwidrige Zwecke, Absicht, einem anderen Nachteile zuzufügen, und egoistische Beweggründe überhaupt (NJW **66**, 788; MDR/D **74**, 544); nicht hingegen bloße Abenteuerlust (3 StR 194/81), oder die bloße Vorsatzform (MDR/H **84**, 980; vgl. aber BGHR § 212 I, StrZ 1); **mildernd** hingegen positiv 27 zu bewertende oder verständliche Motive (Rücksicht auf Dritte, NJW **60**, 1870; StV **82**, 522); notstandsähnliche Lage (vgl. zB NStZ-RR **06**, 270 f. [Tötung eines schwerstbehinderten Kleinkinds]); ungünstige wirtschaftliche Verhältnisse (StV **88**, 249; **92**, 570 L);

28 **b)** Die **Gesinnung,** die **aus der Tat spricht;** damit ist nicht eine allgemeine Gesinnung des Täters (vgl. NJW **54**, 1416; **79**, 1835; LK-*Theune* 94), sondern nur die **Einzeltatgesinnung** (vgl. 2 StR 530/79; 2 StR 806/79) gemeint; etwa roh, böswillig, gewissenlos, grausam, rücksichtslos (vgl. Schmidhäuser, Gesinnungsmerkmale im Strafrecht, 1958; BGH **5**, 131; 238; NJW **51**, 770; 3 StR 323/80). Jedoch dürfen grds. erschwerende Tatmodalitäten und Tatmotive insoweit nicht angelastet werden, als sie in einem **psychischen Defekt** des Täters ihre Ursache haben, der seinerseits die Tatschuld mindert (BGH **16**, 364; NStZ **84**, 548; **86**, 115; **91**, 581; **97**, 401; StV **82**, 522; **84**, 202; **91**, 557; **01**, 615; **03**, 669; MDR/H **82**, 171); so etwa das massive Vorgehen bei der Tatausführung, wenn es auf Umständen beruht, die zur Verminderung der Steuerungsfähigkeit geführt haben (4 StR 90/97; StV **01**, 615; NStZ-RR **03**, 104 f.; **03**, 294). Gleichwohl bleibt auch bei verminderter Schuldfähigkeit in gewissem Umfang auch für die Berücksichtigung der Handlungsintensität Raum (NStZ **87**, 453; **97**, 592; BGHR § 21, StrZ 5; BGHR § 177 I Strafz. 9; NStE Nr. 27 zu § 212; NStZ-RR **04**, 332, 333; vgl. unten 33). Zu beachten ist dies namentlich auch bei der Beurteilung des **Vollrauschs** (§ 323 a).

29 Zu der Problematik des politischen oder religiösen **Gewissens- oder Überzeugungstäters** vgl. u. a. BGH **2**, 208; **8**, 162; 261; BVerfGE **19**, 135; **23**, 127, 134; 191; Bay **70**, 122; MDR **66**, 693; JZ **76**, 530 [m. Anm. *R. v. Hippel* JR **77**, 119]; Bremen NJW **63**, 1932; Köln NJW **65**, 1449; **67**, 2169; **70**, 67; Hamm JZ **65**, 488 (mit Anm. *Peters*); NJW **80**, 2425 [m. Anm. *Crummenerl* StV **81**, 76]; Bay NJW **80**, 2425; AG Dannenberg NStZ-RR **06**, 385 [Totalverweigerer]; *Frisch*, Schroeder-FS [2006], 11, 16 ff.). Art. 4 GG wirkt sich bei der Strafzumessung für Gewissenstäter als „allgemeines Wohlwollensgebot" (BVerfGE **23**, 134; *Radtke* GA **00**, 19, 33; krit. *H. J. Hirsch* [1 a] 26) aus, das eine Strafschärfung aus generalpräventiven Gründen verbietet (Düsseldorf NStZ-RR **96**, 90; Bremen StV **96**, 378; Koblenz NStZ-RR **97**, 150; vgl. Bay NStZ-RR **96**, 349). Die strafschärfende Erwägung, der (Überzeugungs-)Täter lasse Unrechtseinsicht vermissen und bagatellisiere sein Verhalten, ist unzulässig, wenn sie vom Täter iErg die Aufgabe seiner Verteidigungsposition verlangt (StV **01**, 505 [dazu auch 3 StR 28/02]). Zur **Strafaussetzung** vgl. 5 zu § 56.

30 **Literatur hierzu:** *Bockelmann,* Welzel-FS 550; *Bopp,* Der Gewissensträger u. das Grundrecht der Gewissenfreiheit, 1974; *Bruns* 216; *Ebert,* Der Überzeugungstäter in der neueren Rechtsentwicklung, 1975; *Frisch*, Gewissenstaten und Strafrecht, Schroeder-FS (2006) 11; *Gödan,* Die Rechtsfigur des Überzeugungstäters, 1975; *Heinitz* ZStW **78**, 615; *M. Herdegen* GA **86**, 97; *Lang-Hinrichsen* JZ **66**, 153; *Noll* ZStW **78**, 638; *Peters,* Mayer-FS 257 u. ZStW **89**, 103 [Lit. Ber.]; *Radtke,* Zum Verhältnis von „zivilem Ungehorsam" zur „Gewisssenstat", GA **00**, 19; *Roxin* AT § 22, 100 u. Maihofer-FS 399; *Rudolphi,* Welzel-FS 605 u. InstKonfl. **7**, 8; *Schünemann* InstKonfl. **4**, 78 u. GA **86**, 305; *Sowada* JR **96**, 232; *Struensee* JZ **84**, 645; *Tenckhoff,* Rauscher-FS 437.

31 Der **bei der Tat aufgewendete Wille** (LK-*Theune* 99 ff.) betrifft insb. die kriminelle Intensität. Berücksichtigt werden können zB sorgfältige Planung (MDR/D **69**, 535; **74**, 544); Hartnäckigkeit, mit der der Täter sein Ziel verfolgt (VRS **22**, 37); die Höhe des in einer Verabredung (§ 30) enthaltenen Bedrohungspotentials (BGHR § 30 I S. 2, StrZ 1); Häufung von Straftaten (BGH **21**, 271; EzSt § 211 Nr. 23; BGHR § 46 I, BeurtRahm. 7); langer Tatzeitraum (StV **91**, 107); tägliches Vornehmen von Verschleierungshandlungen iS von § 370 AO über viele Jahre hinweg (2 StR 424/80); Unbeeindrucktbleiben von Vorstrafen; Maskierung als Ausdruck krimineller Energie (5 StR 504/97; 4 StR 611/99 [and. noch 4 StR 25/97]). Die Bejahung erheblicher **krimineller Energie** und die Annahme von § 21 stehen nicht notwendig im Widerspruch (1 StR 739/80). **Mildernd** wirkt idR die

Schwäche der kriminellen Energie (Delikte Haltloser aus passiver Schwäche); der Einsatz opferschonender oder ungefährlicher Tatmittel, zB einer nur scheinbar gefährlichen Waffe beim Raub (StV **83**, 279; BGHR § 250 II, StrRahmW 3). Die **Vorsatzform** als solche bildet nur im Zusammenhang mit Vorstellungen und Zielen des Täters eine taugliche Beurteilungsgrundlage. So kann **zB** eine bedingt vorsätzliche Tötung aus nichtigem Anlass schwerer wiegen als eine mit direktem Vorsatz begangene Tat (vgl. 3 StR 464/00).

c) Das **Maß** der **Pflichtwidrigkeit** ist in erster Linie bei Fahrlässigkeitstaten von Bedeutung, insb. bei bewusster Fahrlässigkeit, aber auch bei solchen Vorsatzdelikten, bei denen der Täter gegen besondere Rechtspflichten verstößt (zB Untreue; Geheimnisbruch; vgl. auch § 94 II Nr. 1). Mängel der Dienstaufsicht bilden bei der Bemessung der wegen Bestechlichkeit und wegen Verletzung von Dienstgeheimnis zu verhängenden Strafen keinen Milderungsgrund (NJW **89**, 1938 m. Anm. *Molketin* wistra **90**, 356). **32**

d) Unter der **Art der Ausführung** ist alles zu verstehen, was die Tat im Übrigen begleitet oder sie sonst prägt (BGH **37**, 154 m. Anm. *Grasnick* JZ **91**, 933; *Hettinger* GA **93**, 1), dh **zB** die Tatmodalitäten von Ort, Zeit, Dauer, **Mitteln** (Waffen, gefährliche Werkzeuge einerseits, untaugliche oder nur zur Verteidigung mitgeführte [StV **84**, 21] Mittel anderseits; vgl. LK-*Theune* 135 ff.); Art und Ausmaß angedrohter empfindlicher Übel bei Nötigungsdelikten (vgl. Köln NStZ 04, 269 [§ 253]). Die **tateinheitliche Verwirklichung** mehrerer Straftatbestände kann regelmäßig strafschärfend berücksichtigt werden (NStZ **93**, 434), wenn dem tateinheitlich verwirklichten Tatbestand eigenständiges Gewicht zukommt (zB durch Erhöhung des Gesamtschadens, zusätzliche psychische Belastung des Opfers oder Verletzung eines anderen Rechtsguts [NStZ-RR **00**, 104]). Auch eine Enthemmung durch **Alkohol** oder **Drogen** kann berücksichtigt werden, auch wenn die Voraussetzungen des § 21 nicht gegeben sind (JR **92**, 13 f.); es ist auch zu beachten, dass eine grds strafschärfend zu berücksichtigende Art des Vorgehens (etwa eine besonders brutale Begehensweise) Ausdruck einer erheblichen **Verminderung der Schuldfähigkeit** sein kann (BGH **16**, 364; NStZ **82**, 200; **87**, 321; **87**, 321; **89**, 18, 319; **91**, 81; MDR/H **86**, 96; BGHR § 21, StrZ 14; § 46 II, Nachtatverhalten 18; StV **91**, 557; NStZ-RR **97**, 295; **02**, 106; **05**, 70; StV **01**, 615; 4 StR 245/98; 5 StR 177/99; 4 StR 303/99; vgl. 6 zu § 21; oben 28). *Soweit* bei erheblich verminderter Steuerungsfähigkeit eine Verantwortung für Tatmodalitäten besteht, können diese freilich auch strafschärfend verwertet werden (StV **01**, 615; NStZ-RR **03**, 104 f.; **04**, 332, 333). Auch ist ein motivatorischer und zeitlicher Zusammenhang mit vorausgegangenen fehlgeschlagenen, aber rechtlich selbstständigen Versuchstaten zu berücksichtigen (BGHR § 46 II WertF 22). **Außerhalb der Tat liegendes Verhalten** darf idR nur dann strafschärfend verwertet werden, wenn eine Beziehung zur Tat besteht, die Rückschlüsse auf eine höhere Tatschuld zulässt (NStZ **01**, 87 [eheliches und familiäres Fehlverhalten]). **33**

Nach stRspr kann eine **planmäßige Verminderung des Überführungsrisikos** als Ausdruck erheblicher krimineller Energie strafschärfend gewertet werden, wenn der Täter besondere, über die Tatbestandserfüllung hinausgehende Vorkehrungen trifft (vgl. *Detter* NStZ **01**, 132); dagegen darf das bloße Ausnutzen von Gegebenheiten nicht schärfend gewertet werden (NStZ **00**, 586 [Erscheinungsbild von Schwarzafrikanern]). Besonders **dilettantisches Vorgehen** wird sich idR strafmildernd auswirken, soweit es Ausdruck vergleichsweise geringer krimineller Energie ist (vgl. 2 StR 226/01). Bei der Feststellung strafschärfender so genannter **„professioneller" Tatausführung** als Ausdruck überdurchschnittlich hoher krimineller Energie ist – auch im Hinblick auf das Doppelverwertungsverbot des Abs. III – Zurückhaltung geboten. Es darf nicht das *Fehlen des Strafmilderungsgrunds* dilettantischen Verhaltens in einen Strafschärfungsgrund umgedeutet werden (vgl. unten 74); daher verdient zB nicht jede halbwegs intelligente Tatausführung die strafschärfende Kennzeichnung als „professionell". **33 a**

34 e) **Auswirkungen der Tat** auf das unmittelbare Tatopfer oder auf Dritte können dem Täter straferschwerend angelastet werden, soweit sie verschuldet sind, dh von ihm vorausgesehen werden konnten und ihm vorwerfbar sind. Das betrifft sowohl **unmittelbare** Tatfolgen (**zB** die Schwere verursachter Verletzungen [3 StR 463/00]; die Höhe des Vermögensschadens [vgl. aber NStZ-RR **03**, 72: keine schematische Grenzziehung]) als auch grds **außertatbestandliche Folgen** (vgl. BGH **37**, 180 [m. Anm. *Rudolphi* JZ **91**, 572; *Beulke/Schröder* NStZ **91**, 393; *Hohmann* MDR **91**, 117; *Nestler-Tremel* StV **92**, 273]; NStZ **85**, 453 [m. Anm. *Berz* NStZ **86**, 86]; **01**, 478; NStZ-RR **97**, 304; StV **87**, 100; **91**, 64; **93**, 420; **97**, 129; BGHR § 244 II StPO, Tatf. 1; 2 StR 638/97; NStZ-RR **06**, 372 [weitere Straftat als Folge einer Strafvereitelung]; *M/Zipf* 63/36; *Bruns* 163 u. NStrZR 50; *Frisch* ZStW **99**, 751; vgl. dazu *Puppe*, Spendel-FS 451; *Bloy* ZStW **107**, 576), jedenfalls wenn es sich um **regelmäßige Tatfolgen** handelt und die Folgen vom Schutzbereich der verletzten Norm erfasst sind (vgl. Düsseldorf StV **01**, 233). Auswirkungen der Tat können nach stRspr strafschärfend berücksichtigt werden, wenn sie für den Täter zum Tatzeitpunkt **vorhersehbar** waren (NStZ-RR/P **00**, 363 Nr. 64; NStZ **05**, 156, 157 [Sturz nach Erwachen aus durch Körperverletzung verursachter Bewusstlosigkeit]; wistra **06**, 258 [Verwendung pflichtwidrig ohne Prüfung als richtig bestätigter Rechnungen zum Betrug]). Der Tod des angestifteten Brandlegers kann dem Anstifter als verschuldete Auswirkung der Tat zugerechnet werden (NStZ **98**, 39). *Gerechtfertigte* Tatfolgen können dem Täter nicht vorgehalten werden (NStZ **02**, 313 [Notwehr]). Bei gravierenden, insb. gewaltsam begangenen **Sexualdelikten** liegt die Gefahr auch sehr schwerwiegender psychischer Folgen sehr nahe (vgl. NJW **67**, 61; BGHR § 46 II Tatausw. 7; 5 StR 497/97; 1 StR 328/00; *Schäfer,* Praxis der Strafzumessung 241); die Annahme, dass solche Folgen für den Täter vorhersehbar waren, bedarf daher keiner näheren Darlegung im Urteil, wenn nicht besondere Umstände vorliegen (1 StR 328/00 [Selbstmordversuch des Opfers]). Berücksichtigt werden kann der Umstand, dass das Tatopfer mehrfacher (ehelicher) Vergewaltigungen als (vom Täter) geschiedene Frau in ihrem türkischen Kulturkreis nur geringes Ansehen genießt (1 StR 167/07). Sind psychische Schäden die Folge mehrerer Taten, können sie nur einmal, etwa bei der Gesamtstrafenbildung angelastet werden, sind sie hingegen die Folge einer einzigen Tat, so sind sie mit ihrem vollen Gewicht nur bei der Bemessung der betreffenden Einzelstrafe in Ansatz zu bringen (NStZ-RR **98**, 107). Das Opfer besonders belastende Umstände der Tat können dem Täter auch dann angelastet werden, wenn sie nicht auf seiner Tatplanung beruhen, von ihm in der konkreten Tatsituation aber verschuldet sind (5 StR 240/01 [sexuelle Nötigung zur Nachtzeit auf einsamer Straße]). Für die **Feststellung** von Tatfolgen gilt der **Zweifelssatz;** eine Strafschärfung aufgrund nur *vermutlich* auftretender Spätfolgen ist daher unzulässig (NStZ-RR **04**, 41 f.). Dass beim Tatopfer typischerweise zu erwartende seelische **Schäden ausgeblieben** sind, kann strafmildernd gewertet werden (StV **06**, 523).

34 a Soweit es um Auswirkungen der Tat auf **Dritte** geht, ist auf den Schutzzweck des verwirklichten Tatbestands zu achten. So wird zB bei einem Tötungsdelikt als strafschärfender Gesichtspunkt der Umstand verwertet werden dürfen, dass der Täter „kleinen Kindern die Mutter genommen" hat; dagegen ist es unzulässig, einen Diebstahl deshalb härter zu bestrafen, weil er „vor Kindern" begangen wurde (vgl. Jena NJW **06**, 3654).

34 b Zu berücksichtigen sind andererseits auch **Auswirkungen der Tat** (abzugrenzen von Auswirkungen der Strafe; vgl. oben 7) **auf den Täter** selbst; das ergibt sich schon aus § 60 (vgl. dazu *Streng* JR **06**, 257, 258 ff.; *ders.*, Jung-FS [2007] 959 ff.). In Betracht kommen etwa schwere Verletzungen des Täters (vgl. Köln VRS **100**, 117), aber auch wirtschaftliche, soziale oder psychische Folgen (vgl. 3 zu § 60); sie sind ggf mildernd zu berücksichtigen, auch wenn sie den von § 60 vorausgesetzten „Schwere"-Grad nicht erreichen. Tatspezifische (zB hohe Schulden nach Vermögensstraftat), nahe liegende (zB Schadensersatzansprüche; Verlust sozialen Ansehens; Verlust des Arbeitsplatzes) Nachteile, deren Eintreten der Täter entweder bewusst

riskiert hat oder sich ihm aufdrängen musste, veranlassen idR keine Milderung (vgl. auch wistra **05**, 458 [fehlerhafte Strafmilderung, weil die Täterin durch einen Untreue-Schaden von 2,2 Mio. Euro ihr Leben „in finanzieller Hinsicht zerstört" habe; dazu Anm. *Streng* JR **06**, 257; vgl. auch Rückläufer 2 StR 42/06]; *Streng*, Jung-FS [2007] 959, 968ff).

aa) Bei **Verstößen gegen das BtMG** gehört der (fahrlässig verursachte) Tod eines eigenverantwortlich tätig gewordenen (vgl. 36 vor § 13, 28ff. zu § 222) BtM-Abnehmers (BGH **37**, 179; NStZ **92**, 489 m. Anm. *Hoyer* StV **93**, 128; *Helgerth* JR **93**, 419) zu den Tatauswirkungen. Regelmäßig zu berücksichtigen sind Gesamtmenge und vor allem der Wirkstoffgehalt. Auf Feststellungen hierzu darf nicht verzichtet werden (StV **06**, 184); der Mindestwirkstoffgehalt ist uU unter Beachtung des Zweifelssatzes zu schätzen (vgl. NStZ-RR **96**, 281; BGHR § 29 III 4 BtMG, Menge 5; MDR **94**, 498; 4 StR 185/94). Eine vom Vorsatz nicht umfasste **Menge** darf strafschärfend berücksichtigt werden, wenn den Täter insoweit der Vorwurf der Fahrlässigkeit trifft (StV **96**, 90; NStZ-RR **04**, 281). IdR ist es von erheblicher Bedeutung, um das Wievielfache die nicht geringe Menge des BtM überschritten ist (3 StR 510/92). Von idR **strafmildernder** Bedeutung ist, dass die BtM sichergestellt und nicht in den Handel gelangt sind. Die Gefährlichkeit einer Droge darf einem Angeklagten nicht angelastet werden, wenn er sie lediglich zum Eigenbedarf erwirbt oder einführt (Bay StV **93**, 29; KG StV **94**, 244), anders jedoch, wenn die Gefahr der Weitergabe an Dritte besteht (KG JR **95**, 34). Kein Strafmilderungsgrund ist, dass das Rauschgift nicht für den deutschen Markt bestimmt war (NStZ-RR **96**, 116; NStZ **96**, 238 m. Anm. *Köberer* StV **96**, 428). Der Umstand polizeilicher **Überwachung** eines BtM-Geschäfts mit der Folge, dass eine tatsächliche Gefahr der Übernahme durch den Abnehmer und eines tatsächlichen In-Verkehr-Gelangens nicht bestand, ist ein bestimmender Strafzumessungsgrund (NStZ **04**, 694). Zum Milderungsgrund der **Tatprovokation** vgl. unten 67f. **35**

bb) Bei **Steuerdelikten** ist die Höhe der Steuerverkürzung von Bedeutung (§ 370 AO, MDR/H **80**, 445); und zwar für jede Steuerart und jeden Steuerabschnitt (BGH **37**, 343; NStZ **84**, 221; wistra **84**, 181; 182; **90**, 151; **92**, 103; BGHR § 370 I AO BerDarst. 2; Düsseldorf JMBlNW **84**, 92); sie muss daher richtig berechnet werden (NStZ **84**, 220; Stuttgart Die Justiz **84**, 311); hierbei ist zur Bestimmung des Schuldumfangs für jede Abgabenart eine Darstellung der zugrunde liegenden steuerrechtlichen Grundlagen und die Berechnung der verkürzten Steuern erforderlich (5 StR 725/95); dabei sind zugunsten des Täters die Vorsteuern zu berücksichtigen, die er in den (unterlassenen) Umsatzsteuererklärungen hätte geltend machen können (MDR/H **85**, 981; wistra **85**, 225; Bay wistra **90**, 112; vgl. auch BGHR § 370 IV S. 3 AO, Bil. 1); ebenso die abzusetzenden Betriebsausgaben und Werbungskosten (NStE § 370 AO Nr. 20; vgl. hierzu *Blumers* wistra **87**, 1). Bei Beteiligung an **USt-Karussellen** ist zu beachten, dass Gesamtschaden, der auch den einzelnen (als Täter und zugleich als Gehilfen) Beteiligten angelastet werden kann (NJW **02**, 3036f.), idR nicht die *Summe* der Hinterziehungsbeträge, sondern die Summe der auf den einzelnen Stufen jeweils höheren Beträge ist (vgl. wistra **03**, 140). **36**

f) Das **Vorleben des Täters** ist zu berücksichtigen. **Feststellungen** zum Vorleben und zu den persönlichen Verhältnissen (unten 42) sind regelmäßig erforderlich (NStZ/M **82**, 150; **83**, 161; 1 StR 488/90; 2 StR 440/90; Köln StV **96**, 322), auch dann, wenn sich der Angeklagte zu seinen persönlichen Verhältnissen nicht äußert (NStZ **91**, 231; NStZ-RR **98**, 17; NStZ/M **84**, 160; StV **84**, 192, **92**, 463; Düsseldorf NZV **94**, 325). **37**

In der Praxis steht insoweit jedenfalls im Erwachsenenstrafrecht die Frage der **Vorbestraftheit** im Vordergrund. **Bisheriger Straflosigkeit** darf nicht jede Bedeutung abgesprochen werden (2 StR 209/82); sie ist auch nicht „als selbstverständlich vorauszusetzen" (NStZ **82**, 376), sondern regelmäßig strafmildernd zu berück- **37a** sichtigen (StV **83**, 237; **84**, 71; **96**, 205; NStZ **88**, 70 [hierzu *Frisch* GA **89**, 358]; 3 StR 623/97; Düsseldorf StV **93**, 311). Bei Verkehrsdelikten mildernd ist auch langjähriges und unfallfreies Fahren (KG VRS **8**, 43). Die **Art der Lebensführung** ist nur von Bedeutung, soweit sie in **Beziehung zur Tat** steht (BGH **5**, 132; MDR/D **72**, 196; **89**, 857; 1 StR 435/96) und Rückschlüsse auf eine höhere Tatschuld zulässt (NStE Nr. 50; BGHR § 46 II, Vorl. 9, 10, 12, 23, 27; StV **84**, 21; **91**, 107; NStZ/D **89**, 468; **90**, 221; **91**, 177; **94**, 475; NStZ-RR **01**, 295; StV **06**, 630, 631; 4 StR 106/06; stRspr; vgl. unten 42). Im Rahmen der schuldangemessenen Strafe können spezialpräventive Gesichtspunkte auch insoweit zur Straferhöhung führen (BGHR § 46 I SpezPräv 2 [auf Erziehungsmängeln beruhendes kriminogenes Wertesystem]). Eine **Häufung von Straftaten** darf nach wistra **02**, 21 selbst dann bei der Bemessung der Einzelstrafe schärfend gewertet werden, wenn die Taten gleichzeitig abgeurteilt werden. Das darf freilich nicht zu einer Doppelbestrafung führen (ebd.); aus dem Zusammenhang einer Tatserie kann sich aber eine besondere Rechtsfeindlichkeit des Täters erschließen, die strafschärfend gewertet werden kann.

38 **aa) Vorstrafen,** d. h. grds. Verurteilungen, die *vor* der dem aktuellen Verfahren zugrunde liegenden Straftat erfolgt sind (zu Ausnahmen vgl. 38 a) wirken jedenfalls dann strafschärfend, **wenn** sie einschlägig sind oder erkennen lassen, dass der Täter sich über frühere Warnungen hinweggesetzt hat (BGH **24**, 198; JR **72**, 470 [mit zust. Anm. *Koffka*]; 2 StR 136/84; Nürnberg NStZ-RR **97**, 169), oder wenn sich aus ihnen eine erhöhte Schuld des Täters und die gesteigerte Notwendigkeit ergibt, auf ihn einzuwirken (NStZ **92**, 327). Vorstrafen, die erst *nach* der neu abzuurteilenden Tat ergangen sind, können nur dann zu Lasten des Täters verwertet werden, wenn die ihnen zugrunde liegenden Taten dessen (fortbestehende) Rechtsfeindlichkeit und Gefährlichkeit belegen (wistra **02**, 21; NStZ **07**, 150). Vorstrafen sind im Urteil so genau **festzustellen,** dass dem Revisionsgericht die Prüfung ermöglicht ist, ob sie verwertbar sind und ob ihre Verwertung rechtsfehlerfrei erfolgt ist (Köln NStZ **03**, 421). Dazu wird bei erheblichen, zu Lasten des Beschuldigten verwerteten Vorstrafen idR die bloße Wiedergabe der Zentralregister-Angaben nicht ausreichen. Andererseits sollten die Urteilsgründe nicht mit ausufernden, durch „Hineinkopieren" hergestellten Wiedergaben früherer Urteilsfeststellungen (oder gar: früherer Strafzumessungserwägungen) belastet werden; eine knappe Zusammenfassung derjenigen Gesichtspunkte, auf welchen die konkrete Verwertung für die neue Strafzumessung beruht, reicht regelmäßig aus.

38 a Die bloße Wiederholung einer Verfehlung indiziert im Hinblick auf die Verminderung der Hemmschwelle nicht stets eine erhöhte Tatschuld (ThürOLG JR **95**, 510 [m. Anm. *Terhorst*]); idR wird das aber der Fall sein, wenn der Täter einschlägige Taten unbeeindruckt von einer Vorverurteilung erneut begeht. **Auslandsverurteilungen** dürfen uU mitberücksichtigt werden, auch wenn sie nicht in das BZRG eingetragen sind (Bay MDR **79**, 72); Voraussetzung sind ausreichende Feststellungen, die eine Prüfung der Verwertbarkeit ermöglichen (5 StR 282/07). Bei der Berücksichtigung der Höhe der Vorstrafen kann von Bedeutung sein, ob deren Bemessung Taten zugrunde liegen, die inzwischen nicht mehr in gleicher Weise strafbar sind (BGHR § 46 II Vorl. 25). Will der Tatrichter über die Warnfunktion einer früheren Verurteilung hinaus auch die Art der Tatbegehung strafschärfend heranziehen, muss er diese feststellen (BGH **43**, 106 m. Anm. *Loos* JR **98**, 118). Eine strafschärfende Bewertung **weit zurückliegender** Vorstrafen bedarf besonderer Begründung (wistra **88**, 64; StV **92**, 225; vgl. BGH **5**, 130). Nicht strafschärfend darf berücksichtigt werden, dass die Bewährungszeit in anderer Sache wegen erneuter Straffälligkeit verlängert worden ist (5 StR 244/91).

38 b Berücksichtigt werden darf auch eine Tat, der ein Verfolgungshindernis entgegensteht (MDR/D **57**, 654; BGHR § 46 II Vorl. 19; 2 StR 620/91 mwN); insb. eine festgestellte, aber **verjährte Tat,** allerdings nicht mit demselben Gewicht wie eine den Schuldspruch tragende Tat (BGH **41**, 310; BGHR § 46 II Vorl. 20, 24; StV **94**, 324; 2 StR 664/96; 3 StR 607/97; 2 StR 669/97; 3 StR 26/98; 1 StR

385/98; 3 StR 481/00; vgl. dazu *Foth* NStZ **95**, 375; *Jähnke,* Salger-FS 49; *Gillmeister* NStZ **00**, 344). Das gilt auch, wenn das Revisionsgericht das Verfahren wegen Verjährung teilweise eingestellt hat; nicht aufgehobene Feststellungen zu den verjährten Taten bleiben für die Strafzumessung von Bedeutung (BGH **41**, 307; krit. *Wollweber* NJW **96**, 2632). So darf eine Tatbegehungsmodalität des § 174, auch wenn insoweit Verjährung eingetreten ist, bei einer Verurteilung nach § 176 strafschärfend berücksichtigt werden (NStZ-RR **98**, 175; 3 StR 274/97; 3 StR 465/99; 1 StR 65/00). Hat das Tatgericht die Verjährung übersehen und die tateinheitliche Begehung der betreffenden Tat ausdrücklich strafschärfend gewertet, so wird sich idR ein Beruhen der Strafzumessung auf dem Rechtsfehler nicht ausschließen lassen (vgl. StraFo **03**, 387 [zu § 174]). Diese Grundsätze gelten auch bei Fehlen eines rechtzeitigen **Strafantrags** (4 StR 421/00). Strafschärfend kann auch eine amnestierte Tat (NJW **51**, 769; Hamm VRS **7**, 360) oder eine Tat wirken, hinsichtlich derer der Strafmakel beseitigt wurde (§ 100 JGG; MDR/H **82**, 972).

Getilgte oder tilgungsreife Vorstrafen dürfen nach der Regelung der §§ 51, 64a III, 65, 66 BZR **nicht** strafschärfend gewertet werden (BGH **24**, 378; StV **81**, 67; **85**, 323; **98**, 18; **01**, 228; BGHR § 46 I BZRG, TilgFr. 1; NStZ **91**, 591 [m. Anm. *Kalf*]; **98**, 17, 18; Bay MDR **72**, 443; 629; StV **92**, 120 L; krit. *Tepperwien,* Salger-FS 190); ebenfalls nicht nach § 63 BZRG nach Vollendung des 24. Lebensjahres im Erziehungsregister zu entfernende Eintragungen (StV **82**, 567; NStZ/M **83**, 494). Unzulässig ist auch eine strafschärfende Verwertung dahingehend, dass der Vollzug der von der Tilgung betroffenen Strafen nicht gereicht habe, den Täter von weiteren Taten abzuhalten (StV **06**, 522f.). Bei der Berechnung der Tilgungsfrist kommt es nicht auf den Tatzeitpunkt, sondern auf den Tag des ersten Urteils an (§§ 47, 36 BZRG; 4 StR 184/82); das gilt auch, wenn später eine **nachträgliche Gesamtstrafe** gebildet wird (StV **01**, 228). § 51 BZRG stellt sachliches Recht dar (BGH **25**, 85), das die Verwertung selbst der Taten ausschließt, die nach § 52 I BZRG nur für die Beurteilung des Geisteszustandes oder nach § 52 II BZRG für die Erteilung oder Entziehung der Fahrerlaubnis berücksichtigt werden dürfen (Karlsruhe VRS **55**, 284; Frankfurt/M NZV **97**, 245). Zur Berücksichtigung des dem § 51 BZRG vergleichbaren § 25 StrRegG-DDR NStZ **97**, 285; vgl. auch § 64a III BZRG. Bei Verwertung von Eintragungen im **Erziehungsregister** ist ggf. § 63 II BZRG zu beachten; nach Vollendung des 24. Lebensjahrs dürfen sie nur dann verwertet werden, wenn auch Eintragungen im BZR vorhanden sind (vgl. etwa StV **04**, 652). **39**

Strafschärfend darf gewertet werden, dass der Täter durch ein früheres Verfahren, das nach **§§ 153, 153a StPO** eingestellt wurde (BGH **25**, 64; *Meyer* JR **73**, 292), gewarnt ist (NJW **87**, 2244; krit. MK-*Franke* 43); allerdings müssen Grundlagen, Umstände und Auswirkungen von Strafverfolgung und Strafverbüßung soweit geklärt sein, dass der Rückschluss auf die Warnfunktion ohne weiteres möglich ist (StV **91**, 64 L; **95**, 520; NStZ **95**, 227). Art. 6 MRK zwingt nicht zu der Unterstellung, dass der Sachverhalt einer strafbaren Handlung sich nicht zugetragen habe, bevor er rechtskräftig festgestellt ist (BGH **34**, 211 m. Anm. *Gollwitzer* JR **88**, 341; *Frister* Jura **88**, 356), und steht daher grds nicht der Berücksichtigung eines strafbaren, aber nicht angeklagten und nicht abgeurteilten Verhaltens entgegen, sofern es nach den Maßstäben des Strengbeweises festgestellt worden ist (BGH § 56 I SozProgn. 25; StV **95**, 521; *Jähnke,* Salger-FS 52). *Unschuldig* erlittene UHaft oder Strafhaft darf nicht strafschärfend wirken (MDR/H **79**, 635; *Tepperwien,* Salger-FS 196). **40**

Taten, deretwegen das Verfahren nach **§ 154 II StPO** eingestellt worden ist oder die nach **§ 154a II StPO,** § 37 BtMG ausgeschieden sind, dürfen strafschärfend berücksichtigt werden (BGH **30**, 147; MDR/H **77**, 982; **80**, 813; GA **80**, 311 m. Anm. *Rieß*; StV **81**, 236; NStZ **83**, 20 [m. Anm. *Bruns* StV **83**, 15]; hierzu *Sarstedt/Hamm* 427; **aA** *Terhorst* MDR **79**, 17; *S/S-Stree* 33), wenn der ausgeschiedene Tatkomplex **ordnungsgemäß festgestellt** (NStZ **91**, 182; **95**, 439; **00**, 594; StV **95**, 132; **00**, 656; 1 StR 61/99) und der Angeklagte auf die strafschärfende Be- **41** rücksichtigung **hingewiesen** wurde (BGH **30**, 148; 198; **31**, 302 [m. Anm. *Terhorst* JR **84**, 170]; NStZ **81**, 100; **82**, 326; **84**, 20, StV **81**, 236; **86**, 529; **87**, 133, 134 [m. Anm. *Rieß*]; BGHR § 154 II StPO, HinwPfl. 1; NStZ-RR **97**, 130; *Bruns* NStZ **81**, 84). Das gilt entsprechend für schon von der StA gem. §§ 154 I, 154a I ausgeschiedenene Tatteile (BGH **30**, 165 [Anm. *Bruns* StV **82**, 18; *Terhorst* JR **82**, 247]; **aA** *Vogler,* Kleinknecht-FS 429; vgl. auch *Geppert* NStZ **96**, 63; *Appl,* Die strafschärfende Verwertung von nach §§ 154, 154a StPO eingestellten Nebendelikten und ausgeschiedenen Tatteilen bei der Strafzumessung, 1987; *Gillmeister* NStZ **00**, 344, 346f. mwN). Ein Hinweis ist ausnahmsweise entbehrlich, wenn ein Vertrauenstatbestand und damit die Gefahr eines Missverständnisses nicht besteht (NStZ **87**, 134; **04**, 277); das ist nicht schon bei einem Geständnis der Fall, wenn der Angeklagte keine Gelegenheit hatte, durch Anträge zum Schuldgehalt auf die Strafhöhe Einfluss zu nehmen (StV **00**, 656). Eine Verwertung von früheren Strafverfahren, die mit einer **Einstellung** nach § 170 II StPO oder einem **Freispruch** endeten, ist unter Umständen möglich, wenn sie eine für die jetzt abgeurteilte Tat spezifische Warnfunktion entfalten mussten (vgl. NStZ-RR **05**, 72; einschränkend aber NStZ **06**, 620 [nicht bei anders geartetem Schuldvorwurf]). Frühere Taten, die nur **mutmaßlich** begangen wurden, dürfen nicht straferschwerend gewertet werden („Spitze des Eisbergs"). Anders ist es, wenn aufgrund der Beweisaufnahme *feststeht,* dass die abgeurteilte Tat Teil einer umfangreichen Serie war, deren Einzelakte aber nicht mehr konkretisiert werden können (vgl. 2 StR 487/04 [sexueller Missbrauch]; vgl. auch NStZ-RR/P **04**, 359 Nr. 37).

42 **bb)** Die **persönlichen Verhältnisse** des Täters (NStZ **81**, 299; StV **83**, 22; BGHR § 46 I SchAusgl. 28 u. § 267 III S. 1 StPO StrZ 8–10; 2 StR 380/97) sind alle die Person und die Lebensumstände des Angeklagten prägenden Umstände. Für die Strafzumessung, namentlich für die Beurteilung der voraussichtlichen Wirkung der Strafe, können namentlich eine Rolle spielen (vgl. BGH **7**, 31; *Schäfer,* Tröndle-FS 398; and. SK-*Horn* 121): **Lebensalter** (StV **90**, 303 L; **91**, 206; BGHR § 46 I Schuldausgleich 20), wobei sich aber aus statistischen Erkenntnissen zur Lebenserwartung, auch in Verbindung mit dem Verhältnismäßigkeitsgrundsatz, keine besondere Strafobergrenze ergibt (vgl. NJW **06**, 2129 [*Rentnerbande*; zust. Bespr. *Streng* JR **07**, 271; krit. Bespr. *Nobis* NStZ **06**, 489;]); **Familienverhältnisse; Gesundheitszustand,** insb. schwere Erkrankung mit infolge geringer Lebenserwartung wesentlich erhöhter Strafempfindlichkeit (vgl. BGHR § 46 I Schuldausgleich 3, 7, 13, 19, 25 [Krebserkrankung]; R&P **05**, 83 [m. Anm. *Konrad*; paranoide Schizophrenie]; 3 StR 463/00 [nicht bei Zustand nach Bypass-OP]; 3 StR 214/07); ebenso eine die Haftempfindlichkeit erhöhende **Behinderung** (5 StR 416/03). Eine **Schwangerschaft** begründet nicht ohne weiteres eine erhöhte Strafempfindlichkeit, namentlich wenn Komplikationen nicht ersichtlich sind und die Unterbringung in einer Mutter-Kind-Einrichtung einer JVA in Betracht kommt (BGH **44**, 125 m. Anm. *Laubenthal* JR **99**, 163). Zur Berücksichtigung von **Drogenabhängigkeit** vgl. NStZ **93**, 434; StV **81**, 401. Es sind nur die *wesentlichen* belastenden und entlastenden Umstände festzustellen, zu bewerten und abzuwägen (BGH **29**, 320; **44**, 125). Die Feststellung der **wirtschaftlichen Verhältnisse** ist insbesondere bei Vermögens- und Steuerdelikten unerlässlich (Düsseldorf NStZ **95**, 525). **Charaktereigenschaften** einer psychisch gestörten Persönlichkeit können auch, wenn sie Eingangsvoraussetzungen des § 20 nicht erfüllen, strafmildernd wirken (StV **86**, 198 L; NStZ **92**, 381 [m. Anm. *Pauli* NStZ **93**, 233]). Rechtsfehlerhaft ist es, allgemeinen, auf eine **„Lebensführungsschuld"** abzielenden Erwägungen strafschärfendes Gewicht beizumessen (NStZ-RR **05**, 70; **07**, 195; vgl. oben 37a); **zB** dass der Angeklagte sich „ohne erkennbaren Auslöser zu einer dissozialen Persönlichkeit entwickelt" habe; dass er „lieber auf Kosten anderer in den Taten hinein" lebe (vgl. NStZ-RR **01**, 295); dass er sich sein schweres Schicksal (Motorradunfall) nicht habe zur Warnung dienen lassen (StV **06**, 630). Auch die **soziale Rolle** hat für sich allein idR kein Gewicht (vgl. zB Jena NJW **06**, 3654 [Diebstahl „als Frau und Mut-

ter“]); anders kann es im Einzelfall sein, wenn sie in besonderer Beziehung zum Schutzzweck des Tatbestands steht (zB sexueller Missbrauch durch Lehrer).

cc) Die **Ausländereigenschaft** als solche kann eine Strafschärfung nicht begründen (NStZ **06**, 35; vgl. schon NJW **72**, 2191; MDR/D **73**, 369; StV **81**, 123; **87**, 20 L; **91**, 105; 557; NStZ/M **81**, 133; **82**, 150; NStZ/D **91**, 275) etwa mit der Begründung, dass der Täter das „gewährte Gastrecht missbraucht“ (BGHR § 46 II Lebensumst. 12; Düsseldorf NJW **96**, 66; StV **95**, 526), „die ihm entgegengebrachte Vorurteilslosigkeit ausnutzt“ (MDR/H **76**, 896) oder „das ihm im Rahmen der gewünschten Integration von ausländigen Mitbürgern entgegen gebrachte vertrauen missbraucht“ habe (4 StR 423/05); es ergibt sich auch aus der Eigenschaft als **Asylbewerber** keine gesteigerte Pflicht, keine Straftaten zu begehen (5 StR 297/98). Strafschärfend darf bei der Strafzumessung berücksichtigt werden, dass der Täter in die BRep. allein *zum Zwecke der Begehung von Straftaten* eingereist ist oder Asyl beantragt hat (NStZ **93**, 337); rechtsfehlerhaft ist freilich das Argument, der ausländische Täter habe unberechtigte Vorurteile gegen Asylbewerber vertieft (Bremen StV **94**, 130). Die Strafe darf nicht deswegen höher ausfallen, weil die Tat im Heimatland eines Ausländers mit einer schärferen Sanktion belegt würde (NStZ-RR **96**, 71). **43**

Einem ausländischen Täter darf bei längerem Inlandsaufenthalt vorgehalten werden, dass er sich mit den inländischen Rechtsvorstellungen nicht vertraut gemacht hat (Bay NJW **64**, 364; MDR/D **73**, 728; vgl. *Schnorr v. Carolsfeld,* Bruns-FS 286; *Krauß* InstKonfl. **7**, 47; *Theune* StV **85**, 206; *Grundmann* NJW **85**, 1253; **87**, 2129; *Nestler-Tremel* NJW **86**, 1408; StV **86**, 83). Für die Frage des Schuldumfangs können auf einem **fremden kulturellen Hintergrund** beruhende beruhende Wert- und Unrechtsvorstellungen mildernde Berücksichtigung finden, wenn es dem Täter schwer fällt, Normen zu befolgen; in einer fremden Rechtsordnung wurzelnde Verhaltensmuster, Vorstellungen und Anschauungen können freilich idR nur dann strafmildernd berücksichtigt werden, wenn sie *im Einklang* mit dieser fremden Rechtsordnung stehen (NStZ **96**, 80; NStZ-RR **97**, 1; NK-*Streng* 151; vgl. zB 3 StR 587/98 [keine Berücksichtigung eines „anderen Frauenbildes“ in Kasachstan bei Vergewaltigung]; 1 StR 292/03 [Geringschätzung von Frauen als Motiv für Vergewaltigungen und Misshandlungen]; 1 StR 307/06 [Tötung der Ehefrau wegen Trennungsabsichten]). Eine fremde Rechtskultur und Anschauung ist im Rahmen der *individuellen* Beurteilung nach § 46 nicht als *objektiver* Wert in die Abwägung einzustellen. Es geht hier vielmehr allein darum, ob und in welchem Umfang gerade diesem Täter eine Befolgung der in Deutschland geltenden Rechtsgebote aus persönlichen Gründen erschwert war (vgl. zB NStZ **96**, 80; StV **02**, 20; NStZ-RR **06**, 140f.; **07**, 137f. [Geiselnahme und Vergewaltigung]; vgl. dazu *Jakobs* ZStW **118** [2006] 831ff.). § 46 gibt keinen *objektiven* Raum für Erwägungen etwa zur Berechtigung der „Blutrache“, zur Bedeutung der *Ehre,* des Werts von Kindern oder des Frauenbildes in entfernten Gegenden der Welt. Auch wenn der Täter eines Tötungsdelikts auf Grund von Wertvorstellungen seiner ausländischen Heimat seinen Beweggrund nicht als „niedrig“ iS von § 211 II angesehen hat, kann bei der Strafzumessung verwertet werden, dass er jedenfalls wusste, dass sein Tatmotiv in der BRep. keine Billigung findet (1 StR 122/01). **43 a**

Die Ausländereigenschaft für sich allein begründet idR auch keine besondere **Strafempfindlichkeit**: sie kann daher nicht ohne weiteres strafmildernd wirken (BGH **43**, 235; NJW **97**, 403; 3 StR 360/06). Nur besondere Umstände, die näher darzulegen sind (StV **92**, 106), zB Verständigungsprobleme, abweichende Lebensgewohnheiten, erschwerte familiäre Kontakte können ausnahmsweise zu einer anderen Beurteilung führen (BGH **43**, 235 [m. Anm. *Laubenthal* NStZ **98**, 340 u. *Weider* StV **98**, 68]; NStZ **06**, 35). Die Annahme, die **Strafvollstreckung** im Inland werde den Angeklagten als Ausländer besonders hart treffen, verliert an Bedeutung, wenn die Strafvollstreckung überwiegend im Heimatland erfolgen kann (BGH **43**, 235; NStZ **97**, 79; vgl. hierzu § 71 IRG sowie ÜberstÜbk). Insb. im vertragslosen Vollstreckungshilfeverkehr ist dies freilich zum Zeitpunkt der Haupt- **43 b** verhandlung noch unklar. Auch im Bereich des ÜberstÜbk hängt die **Überstellung** von der Zustimmung des Vollstreckungsstaats ab, so dass eine Erklärung der StA (vgl. BGH **43**, 236) idR nur eine Absichtserklärung sein kann. In den Fällen des Art. 3 Z. P zum ÜberstÜbk. Wird das G v. 17. 12. 2006 (BGBl I 3175; § 2 II ÜAG) Auswirkungen haben.

43 c **Ausländerrechtliche Folgen** einer Tat, insb. eine uU drohende Ausweisung, sind meist keine bestimmenden Strafzumessungsgründe (NStZ **96**, 595; **97**, 77; **02**, 196; NStZ-RR **00**, 297; **04**, 11; BGHR § 46 II Ausländer 4; 1 StR 162/98; 1 StR 19/99; 3 StR 251/06; Stuttgart StV **00**, 82) und bei der Zumessung nur nach Lage des Einzelfalls zu berücksichtigen (vgl. NStZ **97**, 77; **02**, 196); das soll grds. auch dann gelten, wenn ein zwingender Ausweisungsgrund in Betracht kommt (NStZ-RR **04**, 11; vgl. 1 StR 552/99; NStZ **99**, 240; and. Stuttgart StV **00**, 82). Anders ist es aber jedenfalls dann, wenn gegen eine ausländische Person, die in Deutschland geboren oder aufgewachsen ist und über keinerlei soziale Kontakte im Herkunftsland (idR: der Eltern) verfügt, eine Strafe im Grenzbereich einer ausländerrechtlichen Regelausweisung verhängt werden soll; in diesem Fall ist eine Berücksichtigung dieser besonderen Härte und eine ausdrückliche Erörterung in den Urteilsgründen zu verlangen. Ist die Ausweisung nicht zwingend oder ein besonderer Ausweisungsschutz nach § 56 AufenthG (Anh 17) gegeben, so ist idR davon auszugehen, dass die Ausländerbehörden etwaige Härten im Rahmen ihrer Ermessensausübung berücksichtigen (NStZ **02**, 196).

44 **dd)** Nur im Einzelfall zu entscheiden ist, ob die **berufliche Stellung** die Strafzumessung beeinflussen kann; strafschärfend kann sie nur wirken, wenn gerade sie für das verletzte Rechtsgut **erhöhte Pflichten** begründet (vgl. NJW **61**, 1591; MDR/D **66**, 22; 26; VRS **15**, 412; Braunschweig NJW **60**, 1073; Köln NJW **61**, 1593 [krit. Anm. *Arndt*]; NZWehrr **65**, 89; MDR **67**, 514; Hamm NJW **56**, 1849; **57**, 1003; 1449; Frankfurt NJW **72**, 1524 [krit. Anm. *Hanack* NJW **73**, 2228]; Hamburg BA **77**, 428; Schleswig SchlHA **79**, 201; LK-*Theune* 185; SK-*Horn* 118, 138; *Bruns* 193; *Terhorst* JR **89**, 187; *Müller-Dietz,* Spendel-FS 424) und wenn zwischen Berufspflichten und Straftat eine **innere Beziehung** besteht (verneint zB in NJW **87**, 2686; NStZ **88**, 175; **00**, 137; MDR/H **78**, 985; 5 StR 594/89 [Polizeibeamter]; MDR/H **82**, 280; DAR **81**, 243; [RA]; NStZ **81**, 258 [amerik. Soldat in der BRep.], Hamm VRS **68**, 444 [Müllwagenfahrer]; NJW **96**, 3089; 5 StR 3/93 [Arzt]; 3 StR 575/96 [Körperverletzung mit Todesfolge durch Arzt; insoweit in BGH **44**, 4 nicht abgedr.]; NStZ **98**, 251 [früherer Stabsfeldwebel der BWehr bei Waffendelikten]; NStZ **00**, 137 [BtM-Handel durch Berufschullehrer]; 2 StR 489/01 [Totschlag durch Apotheker]). Voraussetzung einer strafschärfenden Berücksichtigung der beruflichen Stellung ist nach der vom BGH verwendeten Formel ein das Maß der Pflichtwidrigkeit erhöhender **Zusammenhang** zwischen dem Beruf des Täters und seiner Tat (NStZ **00**, 137; LK-*Theune* 185). Dass eine Tat wegen der **sozialen Stellung** eines Tatbeteiligten *Aufsehen* in der Öffentlichkeit erregt, ist für sich allein dagegen für die Strafzumessung offensichtlich unerheblich (vgl. auch MK-*Franke* 54). Bei Taten in Befolgung von Befehlen innerhalb einer staatlichen **hierarchischen Organisation** kann strafmildernd zu berücksichtigen sein, dass der Täter auf Befehl (8 vor § 32) gehandelt hat und in der Hierarchie weit unten stand und dass die Entscheidungsträger strafrechtlich nicht zur Verantwortung gezogen worden sind (BGH **39**, 35; **39**, 193; [*Mauerschützen*]).

45 **ee)** Mit den **wirtschaftlichen Verhältnissen** sind die Verhältnisse zurzeit der Verurteilung gemeint (MDR/D **57**, 140). Sie sind für die Strafempfänglichkeit (Düsseldorf NJW **65**, 1614), vor allem für die Bemessung der Geldstrafe von Bedeutung (NJW **69**, 1725; MK-*Franke* 47). Doch haben sie nach dem Tagessatzsystem Bedeutung nur für die Höhe des einzelnen Tagessatzes (vgl. i. E. Erl. zu § 40).

46 **g)** Das **Verhalten** des Täters **nach der Tat** (vgl. *Bottke* 622; *Frisch* ZStW **99**, 776; *Bruns* 239 u. NStrZR 18, 59; LK-*Theune* 197 ff.) ist als Strafzumessungsgrund verwertbar, soweit sich aus ihm Rückschlüsse auf die innere Einstellung des Täters

zu seiner Tat oder auf deren Unrechtsgehalt ziehen lassen (vgl. NStZ **85**, 545; StV **88**, 340; 1 StR 569/97; zweifelnd für Rückschlüsse aus dem Verfahrens-Verhalten NStZ-RR **01**, 296).

Hier nennt II S. 2 beispielhaft das **Bemühen,** den **Schaden wiedergutzumachen**; uU auch Schadensbeseitigung oder -minderung durch Dritte (Schleswig SchlHA **80**, 170; LK-*Theune* 214; SK-*Horn* 143) oder durch andere Umstände, die ohne sein Zutun eingetreten sind (2 StR 65/85). Darüber hinaus gehören hierher das Bemühen des Täters, einen Ausgleich mit dem Verletzten zu erreichen. Das *OpferschutzG* (oben 1) will durch die ausdrückliche Erwähnung dieser Strafzumessungstatsache den besonderen Stellenwert des **Täter-Opfer-Ausgleichs** verdeutlichen (vgl. § 46 a). Als Milderungsgrund in Betracht kommen zudem alle Formen Tätiger Reue, auch wenn sie die Voraussetzungen des § 46 a nicht erfüllt. Zum **Fehlen von Reue** und Wiedergutmachungsbereitschaft unten 50. 47

Therapiebereitschaft bei Drogenabhängigkeit kann strafmildernd wirken (hierzu unten 66), ebenso freiwillige Kastration nach einem Sexualdelikt (BGH **19**, 201; vgl. auch Frankfurt GA **65**, 152); allgemein die ernsthafte und praktisch umgesetzte Bereitschaft, sich im Wege der Beratung, Therapie oder anderer Maßnahmen mit Ursachen der Tat auseinander zu setzen. Nicht schon ohne weiteres kann bei Straßenverkehrsdelikten allein die Teilnahme an einer Nachschulung zu einer Strafmilderung führen. 48

Der Versuch, sich der **Strafverfolgung zu entziehen,** darf dem Täter idR nicht angelastet werden (BGHR § 46 II Nachtatverhalten 13, 17); so zB nicht eine bloße **Spurenbeseitigung** (NStZ **85**, 21; NStZ-RR **97**, 196; StV **82**, 20; **93**, 638 L; NStZ-RR **04**, 105, 106), selbst wenn diese sich als „kaltblütig" darstellt (vgl. StV **90**, 17; 260; **95**, 131; 1 StR 835/94); auch nicht die **Flucht** vor Strafverfolgung (MDR/H **87**, 622; StV **89**, 59); auch nicht ein unauffälliges, äußerlich unberührtes Verhalten nach der Tat gegenüber Außenstehenden (1 StR 22/01 [belanglose Erklärung über angeblichen Verbleib des Mordopfers]). Anders ist dies aber, wenn das Nachtatverhalten neues Unrecht schafft oder der Täter Ziele verfolgt, die ein ungünstiges Licht auf ihn werfen (NStZ-RR **97**, 99, 1 StR 179/97; 3 StR 234/01); ebenso in Fällen der mitbestraften Nachtat (65 f. vor § 52); bei der aktiven Verhinderung einer Schadenswiedergutmachung (MDR/D **66**, 559), so durch Verheimlichen der Beute (GA **75**, 84; 1 StR 420/77). **Neue Straftaten** können die Tatschuld nicht beeinflussen (Saarbrücken NJW **75**, 1040 mit Anm. *Zipf* JR **75**, 470), wohl aber eine „Indizfunktion" für die Gefährlichkeit oder die Unbelehrbarkeit des Täters Rückschlüsse haben (MDR/D **57**, 528; Karlsruhe NJW **73**, 1943; Schleswig MDR **76**, 1036; Koblenz OLGSt. 8; Zweibrücken GA **79**, 112; NStZ/T **86**, 158; **87**, 165; 495). Daher können spätere Straftaten des Täters nur dann straferschwerend berücksichtigt werden, wenn sie nach ihrer Art und nach der Persönlichkeit des Täters auf Rechtsfeindschaft, Gefährlichkeit und die Gefahr weiterer Rechtsbrüche schließen lassen (NStZ **98**, 404). 49

Das **Prozessverhalten des Täters** ist von Bedeutung, in der Praxis vor allem **Geständnis** und **Leugnen.** Beides darf aber nicht nicht schematisch behandelt werden; die Gründe für das jeweilige Verhalten ist zu prüfen (vgl. schon BGH **1**, 105, 106; **14**, 189, 192; krit. auch *Bruns* 230; SK-*Horn* 133; *Bottke* 669). Der BGH hat ursprünglich (zutr.) entschieden, dass es **unzulässig** sei, „den geständigen Verbrecher nur seines Geständnisses wegen milder und den leugnenden Verbrecher nur seines Leugnens wegen härter zu bestrafen" (BGH **1**, 105, 106). Von dieser Position hat sich die Rspr inzwischen weit entfernt (BGH **43**, 195, 209 f.), nicht nur bei der Behandlung von ausgehandelten Geständnissen (unten 111 ff.; vgl. dazu *Hammerstein* StV **07**, 48, 49 f.; *Hörnle* GA **07**, 440, 443 f.). Zu Gunsten des Täters ist zu berücksichtigen, dass er sich den Behörden gestellt hat, ohne dass ein Tatverdacht gegen ihn bestand (vgl. NStZ-RR **06**, 270, 271); uU auch, dass er den objektiven Sachverhalt eingeräumt, wenn auch die Tat selbst nicht gestanden hat (1 StR 786/88; 1 StR 565/00). Ein bloßes „Geständnis" der Anwesenheit am Tatort oder das Einräumen offenkundiger Tatsachen kann aber idR kaum Gewicht 50 haben. Ein Geständnis hat auch nur geringes Gewicht, wenn es nur aus **prozesstaktischen Gründen** abgelegt wird, wenn Leugnen ganz aussichtslos wäre (StV **91**, 108; 3 StR 620/97) oder wenn das Geständnis sich (jeweils) nur auf Tatsachen erstreckt, die schon anderweitig bewiesen sind. Für Geständnisse, die im Rahmen von **Absprachen** (unten 107 ff.) abgelegt werden, gelten diese Grundsätze gleichermaßen. Nach ständ. Rspr. *kann* ein ausgehandeltes Geständnis strafmildernd berücksichtigt werden (vgl. BGH **43**, 210; dazu *Rönnau* wistra **98**, 49; *Kintzi* JR **98**, 249). Tatsächlich ist die Strafmilderung gerade die wesentliche, in der Praxis durchweg zwingende **Gegen-Leistung** der Strafverfolgungsbehörden bei Absprachen, die als **Leistung** des Beschuldigten ein Geständnis zum Gegenstand haben. Zu behaupten, die solcherart ausgehandelten Strafmaße unterschritten nicht das schuldangemessene Maß – weil sie dies nicht *„dürfen"* (vgl. Abs. I S. 1) –, ist eine recht naive Gleichsetzung von Sollen und Sein. Beim Absprache-Geständnis wird idR gerade das **prozesstaktische Verhalten** zum bestimmenden Strafzumessungsgrund; es kommt nicht auf *Reue und Einsicht* an, sondern auf das Maß an Verfahrens-Vereinfachung, das erlangt wird. Dass hierbei in der Breite der Absprache-Verfahren immer noch die persönliche Schuld die „Grundlage der Strafzumessung" bilde (I S. 1), kann nur noch mit viel gutem Willen behauptet werden (zutr. krit. *Hörnle* GA **07**, 440, 443 f.).

50 a Unzulässig ist es, das **Fehlen eines Geständnisses** strafschärfend zu werten. Das gilt auch nach Einspruch gegen einen Strafbefehl; dessen Strafbemessung beruht nicht auf der Fiktion eines Geständnisses (Stuttgart StraFo **05**, 167). Ein **leugnender** oder ein sich im Verbotsirrtum befindlicher (NStZ **98**, 244) Angeklagter kann weder **Reue** (DAR **81**, 191; wistra **88**, 303; NStZ-RR **00**, 362; BGHR § 56 II GesWü. unz. 6; NStZ **06**, 96; 3 StR 515/97; 4 StR 593/97; 2 StR 392/99; Düsseldorf StraFo **05**, 167; vgl. auch *Hammerstein,* Odersky-FS 401) oder **Schuldeinsicht** zeigen (wistra **97**, 226; 4 StR 400/98; 3 StR 53/00) oder Mitgefühl mit den Geschädigten, auch nicht in einer erneuten Hauptverhandlung nach rechtskräftigem Schuldspruch (StV **89**, 199; NStZ **93**, 77; StV **94**, 125; **95**, 132), noch sich zum Schadensersatz bereit erklären oder sich um Schadenswiedergutmachung oder um einen Ausgleich mit dem Verletzten (oben 47) bemühen, ohne seine Verteidigungsposition aufzugeben (StV **81**, 122; **83**, 501; NStZ **81**, 343; **82**, 418; wistra **87**, 98; 251; **93**, 221; 1 StR 6/96; NStZ/D **90**, 222; Koblenz VRS **64**, 259; Hamm VRS **94**, 104; BT-Drs. 10/6124, 17); eine strafschärfende Berücksichtigung des Fehlens solcher Verhaltensweisen ist daher rechtsfehlerhaft. Auch einem teilweise bestreitenden Angeklagten darf nicht das Fehlen „voller Unrechtseinsicht" angelastet werden (3 StR 117/01); ebenso nicht einem Angeklagten, der angibt, sich an die Tat nicht erinnern zu können, ein Mangel an Reue und Einsicht (3 StR 18/02). Das gilt entspr. auch für das Bestreiten einer (rechtskräftigen) Vorverurteilung (StV **02**, 74). NJW **01**, 2983 hat eine Strafschärfung aufgrund des Umstands nicht beanstandet, dass das Opfer einer Sexualstraftat *durch das Bestreiten* des Täters in eine familiäre und soziale Isolierung geraten war. Das ist zw., denn es ist schwer erkennbar, *wie anders* als durch ein „umfassendes Geständnis" der Beschuldigte die hierauf gestützte Strafschärfung vermeiden könnte. **Fehlen von Wiedergutmachung** darf einem leugnenden Angeklagten nicht straferschwerend angelastet werden; so zB nicht, dass er die **Tatbeute** nicht herausgibt (NStZ **03**, 199). Überhaupt ist das bloße Fortbestehen des Taterfolgs kein zulässiger Strafschärfungsgrund.

51 **Strafschärfend** können das bloße Dulden einer falschen Zeugenaussage in der Hauptverhandlung (StV **95**, 297; BGHR § 46 II NachTV 20), das **Bestreiten** einer solchen vor dem Berufungsgericht (StV **95**, 249) oder das **Fehlen von Reue** nur dann wirken, wenn das Verhalten auf rechtsfeindliche Gesinnung hinweist (BGH **1**, 106; NStZ **81**, 257; JR **83**, 78; StV **82**, 523; NStZ **83**, 453; NStZ/D **89**, 468; BGHR § 46 II Nachtatverhalten 20; wistra **04**, 297, 298; NStZ-RR **04**, 106; stRspr.); solange sich das Nichtäußern von Bedauern im Rahmen zulässigen Verteidigungsverhaltens hält, kann auch eine hierin zum Ausdruck kommende (allgemeine) Mitleidlosigkeit nicht strafschärfend wirken (1 StR 338/92; 2 StR 392/99).

Dasselbe gilt, wenn der Täter besondere Maßnahmen ergriffen hatte, um sich die Beute auch für den Fall der Überführung zu sichern (GA **75**, 84; NStZ **81**, 343) oder die Wiedergutmachung zu verhindern, obwohl sie ihm nach seinen wirtschaftlichen Verhältnissen leicht gefallen wäre (Köln StV **89**, 534). Der Gesichtspunkt, dass eine Wiedergutmachung dem Angeklagten hätte zugute gehalten werden können, steht der strafschärfenden Berücksichtigung ihrer Unterlassung nicht entgegen (NStZ **94**, 582). Gibt ein Angeklagter den äußeren Tathergang im Wesentlichen zu, beruft er sich aber auf **Rechtfertigungs-** (**zB** Notwehr, StV **82**, 223; 2 StR 211/84; 4 StR 448/99; 5 StR 226/01) oder **Entschuldigungsgründe** (BGH **31**, 96), so darf dies regelmäßig nicht strafschärfend gewertet werden (vgl. BGH **3**, 199); auch nicht, dass er versucht, die Tat in milderem Licht darzustellen (StV **02**, 74); oder dass er auf einer rechtsirrigen Meinung beharrt, soweit sich hieraus nicht Rechtsfeindschaft und die Gefahr künftiger Rechtsbrüche ergeben (BGH **32**, 182; 1 StR 340/85); oder weil er für rechtspolitische Ziele eintritt, die dem Gesetz widersprechen (vgl. StV **81**, 235 [Liberalisierung des BtM-Strafrechts]).

Dass der Täter die **Aussage verweigert,** geht nicht zu seinen Lasten (BGH **32**, 144 [m. Anm. *Pelchen* JR **85**, 74; vgl. *Kühl* JuS **86**, 118]; wistra **92**, 91; MDR/D **73**, 370), auch nicht, wenn er in einem anderen Verfahren das Zeugnis verweigert hat (wistra **93**, 301); auch darf nicht zu Lasten des Angeklagten gehen, dass er sich „nicht zu einem vollen Geständnis durchgerungen" hat (StV **92**, 13) oder nicht durch ein Geständnis dem Tatopfer die Zeugenaussage vor Gericht erspart hat (StV **87**, 108; **02**, 74). Ein **teilweises Schweigen** des Angeklagten darf nur dann bei der Strafzumessung zu seinen Lasten gewertet werden (BGH **32**, 140; BGHR § 46 II Geständnis 3), wenn der Vorgang, zu welchem der Angeklagte geschwiegen hat, ein einheitliches Geschehen mit der abgeurteilten Tat bildet. Das Bestreiten einer Tat geht auch dann nicht zu Lasten des Angeklagten, wenn der Schuldspruch bereits rechtskräftig und nur noch über die Strafe zu befinden ist (BGHR § 46 II NachtVerh. 4, 19; StV **96**, 88). Selbst „hartnäckiges" **Leugnen** kann nur ausnahmsweise zum Nachteil des Angeklagten berücksichtigt werden, wenn daraus ungünstige Schlüsse auf dessen Einstellung zur Tat zu ziehen sind (BGH **1**, 105, 342; StV **89**, 388; **96**, 263; NStZ **83**, 118; **85**, 545; **87**, 171; **96**, 80; NStZ/M **83**, 493; *Bruns* 235). Einem bestreitenden Angeklagten kann grds nicht vorgeworfen werden, dass er sich zum Verbleib der Beute nicht äußert (1 StR 11/80) oder Hintermänner der Tat nicht benennt (NStZ-RR **96**, 71). 52

Zulässiges Verteidigungsverhalten darf dem Angeklagten nicht angelastet werden (StV **90**, 404; **91**, 255; **92**, 570 L; **94**, 125; 305; NStZ/D **95**, 171; NStZ-RR/P **05**, 368 Nr. 41 [4 StR 237/04] wistra **88**, 303; StV **01**, 571; **07**, 352; StraFo **01**, 263; 3 StR 283/01; stRspr); **zB** dass er die Glaubwürdigkeit des Tatopfers als Zeuge bezweifelt (NStZ **01**, 419; StV **86**, 430; **01**, 456; **01**, 618; 4 StR 237/04); kein Mitleid zeigt (1 StR 338/92); pauschal angibt, andere hätte die Tat begangen (NStZ-RR **04**, 105, 106); eine Falschaussage eines anderen nicht verhindert (5 StR 113/95; wistra **04**, 297 f.; Bay DAR **84**, 238); fälschlicherweise behauptet, für die Tatzeit ein Alibi zu haben (StV **92**, 259); seinen Tatbeitrag (zwangsläufig auf Kosten Mitbeteiligter) herunterspielt (StV **90**, 404); über das Leugnen seiner Tatbeteiligung hinaus alle Schuld auf Mitangeklagte abschiebt (StV **95**, 633); im Jugendstrafrecht auch nicht, dass der Jugendliche sich geweigert hat, Sozialdienst im Wege der Diversion abzuleisten (Hamm NStZ **06**, 520). Auch bei Sexualstraftaten kann nicht regelmäßig die aus einem Bestreiten oder Schweigen des Angeklagten entstehende Belastung des Opfers mit Zweifeln an der Glaubhaftigkeit seiner Aussage strafschärfend gewertet werden (and. NJW **01**, 2983; vgl. dazu oben 34). 53

Eine zur Strafschärfung berechtigende rechtsfeindliche Einstellung kann aber im Einzelfall darin liegen, dass der Angeklagte Zeugen einschüchtert oder zur Falschaussage bestimmt; dass seine **Angriffe auf die Glaubwürdigkeit** eines Zeugen die Grenze angemessener Verteidigung überschreiten und eine selbständige Rechts- 54 gutsverletzung darstellen (NStZ **04**, 616); dass er gezielt und ausdrücklich (NStZ **07**, 463) unschuldige **Dritte unberechtigt belastet** (NStZ **91**, 182) oder das Prozessergebnis unzulässig zu beeinflussen sucht (MDR **80**, 240); auch in einer demonstrativ abwertenden Mimik und Gestik bei Zeugenbefragungen (BGHR § 46 II Verteidigungsverhalten 21); auch in der Äußerung von Freude über das Ausmaß das Opfer belastender Tatfolgen (ebd.). Zeugen und Mittäter betreffende Angaben dürfen nur dann strafschärfend verwertet werden, wenn sie die Grenze angemessener Verteidigung eindeutig überschreiten und eine **rechtsfeindliche Einstellung** offenbaren (NStZ-RR **99**, 328; StV **01**, 618; NStZ **04**, 616); das kann in Betracht kommen **zB** bei besonders schwerwiegender Herabwürdigung oder Verdächtigung des Tatopfers oder von Belastungszeugen; bei Verleumdungen (vgl. auch *Aselmann*, Die Selbstbelastungs- und Verteidigungsfreiheit, 2004, 147 ff., 280 ff. mwN). Die Behauptung, das Opfer einer sexuellen Nötigung habe in die Handlung eingewilligt oder habe sie gegen Entgelt vollzogen, überschreitet für sich die Grenze zulässigen Verteidigungsverhaltens nicht (NStZ **01**, 419); anders kann es bei allgemein herabwürdigenden, verleumderischen Angriffen gegen den Charakter oder die Lebensführung des Opfers sein. Die wissentlich falsche Behauptung, das Opfer einer Sexualstraftat sei Prostituierte, wird idR schulderhöhend wirken. Belastende **Folgen für andere Verfahrensbeteiligte,** die sich mittelbar aus zulässigem Verteidigungsverhalten ergeben, sind nicht strafschärfend zu werten. Das gilt auch, soweit es im Ermittlungsverfahren um die Frage geht, wer überhaupt Beschuldigter ist (aaO [UHaft gegen Tatopfer]).

55 Besondere Bedeutung erlangen diese Grundsätze bei der **Abgrenzung** zu strafmilderndem Prozessverhalten (oben 47). So darf etwa aus der *strafmildernden* Berücksichtigung eines **„opferschonenden" Prozessverhaltens,** etwa bei Sexualstraftaten (Geständnis; Ersparen einer belastenden Vernehmung), nicht ein Straf*schärfungs*grund bei dessen Fehlen konstruiert werden (vgl. oben 34). Strafschärfende Erwägungen, die darauf abheben, der Täter habe dem Opfer „eine Vernehmung nicht erspart", sind idR rechtsfehlerhaft. Das gilt entspr. und in besonderem Maß für Erwägungen, die auf Erleichterungen oder Erschwernisse für das **Gericht** abheben: Die **Dauer der Hauptverhandlun**g ist für sich allein kein Strafzumessungsgrund; Anzahl, Zielrichtung, Zeitpunkt und Begründung von Verfahrensanträgen allenfalls dann, wenn sie dem Angekl. persönlich zuzurechnen sind und Erkenntnisse über Einstellungen vermitteln, die ihrerseits als Zumessungstatsache herangezogen werden dürfen. Namentlich bei Sexualstraftaten erscheint die Bewertung des Prozessverhaltens durch die Tatgerichte oft überzogen (vgl. auch unten 107 g).

56 **C. Weitere Zumessungstatsachen.** Die Aufzählung bedeutsamer Zumessungstatsachen in Abs. II S. 2 ist nach allg. Ansicht unvollständig. Der Richter hat an Hand des konkreten Falles zu prüfen, welche Umstände sonst eine Rolle spielen können und welches Gewicht ihnen bei der Beurteilung des Falls zukommt. In Betracht kommen namentlich:

57 **a) Unrechts-** oder **Schuldabstufungen** (*Kern,* ZStW **64**, 255), soweit nicht ohnehin eine Strafrahmenverschiebung eintritt, etwa in Fällen, die nahe an einen Rechtfertigungsgrund (Notwehr, rechtfertigender Notstand) oder Schuldausschließungsgrund (Notstand) grenzen. Abstufungen zwischen den verschiedenen Vorsatzformen besagen für sich allein nichts über das Ausmaß der Tatschuld (NJW **81**, 2204 [m. Anm. *Bruns* JR **81**, 512]; NStZ **82**, 116; MDR/H **84**, 276; 980; StV **86**, 140 L; **90**, 304; BGHR vor § 1 msF/GesWürd. 8; Düsseldorf MDR **90**, 564; NStZ/M **84**, 162; *Theune* StV **85**, 206; krit. zu dieser Rspr. *Foth* JR **85**, 398).

58 **b)** Das Zusammentreffen mehrerer Straftaten in **Tateinheit** wirkt sich idR zu Lasten des Täters aus; im Einzelfall kann dies auch bei Gesetzeseinheit der Fall sein. Dagegen wird die rechtliche Wertung als Tateinheit oder Tatmehrheit bei gleichem Gesamt-Schuldgehalt in der neueren Rspr nicht mehr als bestimmender Strafzumessungsgesichtspunkt angesehen (vgl. BGH **41**, 368, 373; **49**, 177, 184; NStZ **97**, 233; NStZ-RR **05**, 199 f.; **06**, 42; 3 StR 460/03; 4 StR 127/03).

c) Von Bedeutung können auch die **Persönlichkeit** und die konkreten Lebensumstände des **Opfers** sein, namentlich das Maß der (dem Täter zurechenbaren) Betroffenheit des Opfers in seiner konkreten Lage. So kann **schärfend** zu berücksichtigen sein ein Betrug an einer mittellosen alten Frau; eine Körperverletzung an einem Schwerbehinderten (Karlsruhe Die Justiz **72**, 287); ein Vertrauensbruch gegenüber einer hilflosen Ausländerin (MDR/D **73**, 554); **mildernd** kann zu berücksichtigen sein eine besondere Leichtsinnigkeit des Opfers; schuldhaftes Vorverhalten des Opfers; auch der Umstand, dass die Tatfolgen wegen einer begünstigten Lage das Opfer nur in besonders geringem Maße beeinträchtigen; das wird bei höchstpersönlichen Rechtgütern freilich kaum der Fall sein (MK-*Franke* 69; zw. JZ **97**, 1185 m. krit. Anm. *Spendel* [kurze Lebenserwartung des Mordopfers]). Str. ist insoweit die Bedeutung einer grundsätzlichen Bereitschaft des Opfers einer **sexuellen Nötigung,** sexuelle Handlungen gegen Entgelt vorzunehmen (vgl. dazu i. E. 93 zu § 177); **59**

Mitverschulden des Opfers oder Dritter ist grds strafmildernd zu werten (MDR/H **79**, 986; *Bruns* 139 u. NStrZR 52), vor allem bei Verkehrsstraftaten (BGH **3**, 220; VRS **16**, 131; **19**, 108; **21**, 359; **24**, 368; **29**, 277; Hamm VRS **24**, 231; **60**, 32; Bay VRS **55**, 269 [Nichtanlegen eines Gurts]; *Martin* DAR **60**, 69; *Maiwald* JuS **89**, 110; vgl. aber Bay NJW **94**, 1358). Auch Mitverursachung, etwa durch Provokation des Tatopfers (StV **95**, 132), kommt in Betracht (VRS **17**, 421; **18**, 123; 209; Hamm VRS **25**, 446); ebenso eine nicht rechtfertigende Einwilligung (vgl. MDR/D **69**, 194; *Geppert* ZStW **83**, 1000). Ein *Anspruch* auf möglichst **frühzeitiges Einschreiten** der Strafverfolgungsbehörden ergibt sich nicht aus Art. 6 I MRK; es ist daher idR nicht strafmildernd zu werten, dass der Täter schon früher hätte festgenommen werden und dass die Tat so hätte verhindert werden können (1 StR 312/07; vgl. NStZ-RR **03**, 172; *Berg* StraFo **07**, 74, 75 f.). **60**

d) Mit einer außergewöhnlich **langen Verfahrensdauer** verbundene nachteilige Auswirkungen auf den Angeklagten sind idR ebenso zu berücksichtigen wie ein langer **Zeitablauf seit der Tat** (NStZ **86**, 217; **89**, 239; StV **88**, 295; BGHR § 46 II Zeitabl. 1; Karlsruhe GA **73**, 185; Düsseldorf wistra **88**, 120; **94**, 351; Bay wistra **94**, 352); auch bei Ruhen der Verjährung nach § 78 b I Nr. 1 (NStZ-RR **98**, 207). Ein langer Zeitabstand zwischen Tat und Verurteilung (vgl. NStZ-RR **99**, 108; wistra **99**, 139) wirkt idR ebenso strafmildernd wie eine lange Dauer des Verfahrens (vgl. NJW **90**, 56; NStZ **97**, 29 [Anm. *Scheffler*]; and. *Wohlers* JR **94**, 138, 141). Bei der Berücksichtigung des zeitlichen Ablaufs ist zwischen dem zeitlichen Abstand zwischen **Tat und Urteil,** der Gesamtdauer des **Verfahrens** und möglichen rechtsstaatswidrigen **Verfahrensverzögerungen** zu unterscheiden (BVerfG 5. 6. 2000, 2 BvR 814/00; 25. 7. 2003, 2 BvR 153/03; BGH 1 StR 538/01 [zu § 211]; BGHR § 46 II VerfVerz. 13). **61**

e) Nach **Art. 6 I MRK** hat ein Beschuldigter das Recht auf eine Behandlung seiner Sache binnen angemessener Frist; diese beginnt, wenn der Beschuldigte von den Ermittlungen gegen ihn in Kenntnis gesetzt wird, und endet mit dem Abschluss des Verfahrens (stRspr.; vgl. unten 61 b). Eine **rechtsstaatswidrige Verfahrensverzögerung** durch Verstoß gegen Art. 6 I S. 1 MRK ist ein selbstständig neben der „allgemeinen" Verzögerung zu würdigender Umstand, der *regelmäßig* eine Verpflichtung zu angemessener **Kompensation** nach Maßgabe der innerstaatlichen Rechtsordnung begründet (vgl. hierzu EGMR EuGRZ **83**, 371 [*Eckle-Urteil*]; NJW **97**, 2809; EuGRZ **97**, 310; StV **01**, 489 [Anm. *I. Roxin*; zur Rspr des EGMR vgl. *Ress,* Müller-Dietz-FS 627, 636 ff. *Kühne* StV **01**, 529]; BVerfGE **63**, 45, 59 = NJW **84**, 967; BVerfG NJW **92**, 2472 f.; **93**, 3254 f.; **95**, 1277 f.; NStZ **97**, 591; **04**, 335; NStZ-RR **05**, 346, 347; AnwBl **01**, 120; Beschl. v. 25. Juli 2003 – 2 BvR 153/03; BGH **24**, 239; **35**, 137; **45**, 308 [Anm. *Maiwald* NStZ **00**, 389]; **46**, 159 [Anm. **61 a**

Kempf StV **01**,134; *Ostendorf/Radke* JZ **01**, 1094; *I. Roxin* StraFO **01**, 51]; **49**, 342; NJW **95**, 737; NStZ **83**, 135; **87**, 232; **90**, 94; **92**, 78; **92**, 229; **99**, 181; StV **82**, 339; **92**, 452; **94**, 652; **97**, 408; wistra **92**, 66; **97**, 347; **06**, 69f.; zur Entwicklung der Rspr vgl. *I. Roxin,* Die Rechtsfolgen schwerwiegender Rechtsstaatsverstöße in der Strafrechtspflege, 4. Aufl 2004, 51ff.; *Schäfer* StrZ 436ff.; vgl. auch *Barton,* Bemmann-FS 522; *Kempf* StV **97**, 208; *Scheffler,* Die überlange Dauer von Strafverfahren, 1991; *ders.* JZ **92**, 131; *Hillenkamp* NJW **89**, 2841; *Schroth* NJW **90**, 29; *Pfeiffer,* Baumann-FS 329; *Ulsamer,* Faller-FS 373; Überblick auch bei *Krehl/Eidam* NStZ **06**, 1, 2ff.; *Nack,* Verfahrensverzögerung und Beschleunigungsgebot, Strauda-FS [2006] 425ff.; entspr. für OWi-Verfahren: vgl. BVerfG 2 BvR 273/03). Bei **lebenslanger Freiheitsstrafe** kommt eine Kompensation nicht in Betracht, denn die gesetzliche absolute Strafdrohung zeigt, dass Umstände, die Unrecht oder Schuld mildern und in anderen Fällen zu einer Strafmilderung führen können, hier keine Berücksichtigung finden können (NJW **06**, 1529, 1535 [m. Bespr. *Strate* NJW **06**, 1480]; BVerfG NStZ **06**, 680 [2 BvR 750/06, verb. mit 2 BvR 752/06, 2 BvR 761/06; krit. Anm. *Gaede* JR **07**, 254]; krit. *Kraatz* JR **06**, 403, 406). Im Jugendstrafrecht scheidet eine Kompensation jedenfalls dann aus, wenn die Höhe der Jugendstrafe ausschlaggebend von erzieherischen Gesichtspunkten bestimmt wird (NStZ **03**, 364; NStZ-RR **07**, 61 [*3. StS*]).

61b **Voraussetzung** ist die **positive Feststellung** einer Verletzung des Menschenrechts des Beschuldigten aus Art. 6 I S. 1 MRK. Schon die Verankerung in Art. 6 MRK verbietet es, jede vermeidbare Verzögerung und jeden Verstoß gegen das Beschleunigungsgebot als Verletzung eines Menschenrechts anzusehen (unten 61c). Die Angemessenheit der Verfahrensdauer beurteilt sich nach der Rspr des **EGMR** „nach den Umständen des Falles ..., insb. der Komplexität des Falles, des Verhaltens des Bf. und des Verhaltens der zuständigen Behörden (EGMR EuGRZ **01**, 299, 301 [*M* gegen Deutschland]; vgl. auch EGMR EuGRZ **99**, 323 [*P.* und *S.* gegen Frankreich]; NJW **06**, 1645, 1646; ebenso BVerfGE **63**, 45, 59; BVerfG NStZ-RR **05**, 346; BVerfG 2 BvR 539/07; 5 StR 139/07). Bei Beurteilung der Dauer des Verfahrens unter diesem Gesichtspunkt kommt es für den **Beginn** auf den Zeitpunkt der Bekanntgabe des Schuldvorwurfs an den Beschuldigten an (wistra **04**, 298, 299; NStZ-RR **06**, 50); nach EGMR NJW **06**, 1645, 1646 auf den Zeitpunkt, zu dem eine Person „angeklagt" wird oder zu dem „aufgrund des von den Behörden gegen sie gerichteten Verdachts eingeleitete Verfolgungsmaßnahmen wesentliche Auswirkungen auf ihre Lage haben". In Betracht kommt daher zB der Zeitpunkt der ersten Vernehmung als Beschuldigter, Ladung zur Vernehmung, Durchsuchung. Für die Angemessenheit der Verfahrensdauer ist auf die **Gesamtdauer** bis zum Verfahrensabschluss abzustellen (NStZ-RR **01**, 294f.; vgl. auch 3 StR 65/99; 3 StR 412/06; krit. *Krehl/Eidam* NStZ **06**, 1, 3f.). Für die Bewertung kommt es auf den Gegenstand und den Umfang des Verfahrens und die Schwere der Beschuldigung, auf Umfang und Ursache von Verfahrensverzögerungen sowie auf das Maß von Belastungen (**zB** psychische, wirtschaftliche) an, welche den Beschuldigten gerade auf Grund der Verfahrensverzögerung getroffen haben. Eine schematische, ausschließlich am Ablauf bestimmter Fristen orientierte Beurteilung verbietet sich (BGH **46**, 159, 172f.; NStZ **04**, 504, 505; BGHR MRK Art. 6 I 1 VerfVerzögerung 9; MK-*Franke* 62). Eine Anknüpfung an die gesetzlichen Verjährungsfristen ist insoweit nicht weiterführend; das ergibt sich schon aus § 78b III. Aber auch die Bestimmung schematischer Höchstfristen für tolerable Verfahrensverzögerungen (vgl. zB *I. Roxin* [1a] 230ff.: Obergrenze des *Regelstrafrahmens* der anzuwendenden [?] Vorschrift) würde die Feststellung von Zufälligkeiten abhängig machen, die im konkreten Fall zu unangemessenen Ergebnissen führen könnten. Die (revisionsgerichtliche) Bewertung unter dem Blickwinkel der *Gesamt*-Verfahrensdauer ist für die Bestimmung der im **jeweiligen Verfahrensabschnitt** jeweils „angemessenen" Beschleunigung, dh zur Konkretisierung der sich aus Art. 6 I MRK ergebenden Verpflichtung nur bedingt geeignet, da vermeidbare aktuelle Verzögerungen nicht *ex ante* durch *später* zu erwartende Beschleunigungen „kompensiert" werden können (zur Konkretisierung für die einzelnen Verfahrensabschnitte vgl. *Krehl/Eidam* NStZ **06**, 1, 5ff.).

Als *rechtsstaatswidrig* kann nur eine solche Verzögerung angesehen werden, die ihre **Ursache im Bereich der Strafverfolgungsbehörden** hat und nicht dem Beschuldigten (unter Beachtung seiner Verfahrensrechte) zuzurechnen ist; keine Berücksichtigung finden daher Verzögerungen, die der Beschuldigte selbst verursacht hat, sei es auch durch zulässiges Prozessverhalten (BVerfG NJW **84**, 967; **93**, 3254; **04**, 2398; NStZ-RR **05**, 346, 347). Daher kann eine vom Beschuldigten ausdrücklich *gewünschte Verzögerung*, die zB aufgrund einer zeitweisen Verhinderung des **Verteidigers** seines Vertrauens eintritt, kaum als Verstoß gegen das in Art. 6 I MRK geschützte Menschenrecht *des Beschuldigten* angesehen werden (**and.** Hamm StV **06**, 482, 484 [Bestellung von Pflichtverteidigern wegen Terminsverhinderung von Wahlverteidigern] sowie Hamm StV **06**, 481, 482 [Terminsabsprache mit Wahlverteidiger] für Verstöße gegen das Beschleunigungsgebot im Verfahren nach §§ 120, 121 StPO; zw.; vgl. aber NStZ-RR **06**, 271f. [Verhinderung des Wahlverteidigers eines von fünf inhaftierten Angeklagten an einem von vier Verhandlungstagen]). 61c

Nach stRspr des BGH begründet eine „gewisse Untätigkeit" während eines Verfahrensabschnitts *nicht ohne weiteres* einen Verstoß gegen Art. 6 MRK, wenn die angemessene Frist bis zur Entscheidung *insgesamt* nicht überschritten wird (NStZ **99**, 313; 418; vgl. auch BGH **24**, 239; NJW **86**, 76; 333; **90**, 56; **95**, 1167; **99**, 1198; NStZ **84**, 18; **87**, 232; **92**, 78; **97**, 23; NStZ-RR **01**, 294; BGHR MRK Art. 6 I Verfahrensverzögerung 5, 6, 8, 9; wistra **01**, 105; **04**, 339; **05**, 34; **06**, 226; StraFo **01**, 409; 3 StR 412/06); auch nicht ein vorübergehender Engpass in der Bearbeitungskapazität (wistra **05**, 34). Maßgeblich ist nach der Rspr vielmehr eine nachträgliche wertende Gesamtbetrachtung des Verfahrensgangs (krit. *Krehl/Eidam* NStZ **06**, 1, 3f.). Als der Justiz zuzurechnende Ursachen in Betracht kommen sowohl organisatorische Mängel (**zB** unzureichende Besetzung von Dezernaten bei StA oder Polizei; dauerhafte **Überlastung** von Spruchkörpern [vgl. 2 StR 267/01]) als auch persönliche Versäumnisse oder unsachgemäße Verfahrensbehandlung (vgl. BGH **35**, 137; wistra **98**, 101; **07**, 257 [Liegenlassen durch Rechtspflegerin]; 5 StR 95/98; 2 StR 39/00; 5 StR 533/00; 3 StR 194/07 [Verzögerungen im Schreibdienst; monatelange Aufenthaltsermittlung trotz Haftvollstreckung]; NStZ **07**, 539 [Hinnahme der Verschleppung einer Gutachtenserstattung]) in Betracht; **zB** eine zu weite **Terminierung** der Hauptverhandlung in umfangreichen Verfahren, inb. bei **Haftsachen** (BVerfG StV **06**, 81 [2 BvR 2057/05]; StV **06**, 318 [2 BvR 554/06]; StV **06**, 645 L [2 BvR 1190/06]; StraFo **07**, 18 [2 BvR 1815/06; Geschäftsverteilung]; zur neuen Rspr des BVerfG vgl. *Knauer* StraFo **07**, 309ff.; vgl. auch BGH NStZ-RR **07**, 61 [zögerliche Terminierung durch OLG]; Hamm StV **06**, 319; Koblenz StV **07**, 91; Düsseldorf StV **07**, 92; Dresden StV **07**, 93). Eine voraussehbare Aussetzung der Hauptverhandlung aufgrund familiär bedingter personeller Veränderungen auf der Richterbank (Mutterschutz) muss der Beschuldigte nicht vertreten (BVerfG StV **06**, 87, 89 [2 BvR 1737/05]; krit. dazu *Schmidt* NStZ **06**, 313). Auch eine von vornherein auf die Ausnutzung der Höchstfrist des § 275 I StPO abzielende zögerliche **Urteilsabsetzung** verstößt gegen das Beschleunigungsgebot (BVerfG StV **06**, 81, 85 [2 BvR 2057/05]; vgl. auch NStZ-RR **07**, 61). Dass der Beschuldigte selbst kein Interesse an einer Verfahrensförderung hat oder dieser sogar aktiv entgegenwirkt, ist nicht geeignet, eine unzureichende Verfahrensförderung in einem anderen Verfahrensabschnitt zu kompensieren (3 StR 316/02). Eine Verlängerung der Verfahrensdauer durch offensichtlich nicht einer **sachgerechten Verteidigung**, sondern der Verzögerung dienende Anträge des Beschuldigten oder seiner Verteidiger ist vom Gericht nicht zu vertreten und kann daher eine *rechtsstaatswidrige* Verzögerung nicht begründen (3 StR 71/04 [in NStZ **05**, 155 nicht abgedr.]). Auch gesetzlich gebotene Maßnahmen zur Berücksichtigung der Belange von **Geschädigten** können idR keine rechtsstaatswidrige Verzögerung 61d begründen (JR **06**, 297 [Akteneinsicht an RA des Geschädigten und verzögerte Rückgabe; zust. Anm. *Cirener/Sander* ebd. 300; krit. *Gaede* HRRS **05**, 377; *Erb* JR **06**, 526]).

61 e Eine Verzögerung, die durch eine auf ein **Rechtsmittel**, namentlich die **Revision** des Angeklagten erfolgte Aufhebung und Zurückverweisung entsteht, also durch die rechtsstaatliche Ausgestaltung des Rechtsmittelsystems selbst, kann idR nicht als „rechtsstaatswidrig" angesehen werden (NStZ **01**, 106; BGHR § 46 II Verfahrensverz. 15; StraFo **04**, 358; StV **06**, 241, 242; vgl. BVerfG NJW **03**, 2228; ähnl. *Schäfer* StrZ 440; **and.** wistra **96**, 19; BGHR § 46 II VerfVerz. 5; 2 StR 717/94; *Krehl* StV **05**, 561 f.; *ders.* StV **06**, 408 ff.); eine Ausnahme gilt, wenn das Rechtsmittelverfahren der Korrektur offensichtlich der Justiz anzulastender gravierender Verfahrensfehler dient (vgl. EGMR NJW **02**, 2856, 2857; BVerfG NJW **03**, 2897; StraFo **04**, 358; 2 StR 311/97) und die Zeitverzögerung nicht der Sphäre des Angeklagten zuzurechnen ist (vgl. 3 StR 411/04). In NStZ **05**, 456, 457 hat das **BVerfG** demgegenüber angemerkt, es liege „bei einer Aufhebung des ergangenen Urteils und einer Zurückverweisung der Sache ... eine dem Staat zuzurechnende Verfahrensverzögerung schon deshalb vor, weil das ergangene Urteil fehlerhaft war." Die Ansicht, schon aus dem Erfolg eines Rechtsmittels ergebe sich ohne weiteres die *Rechtsstaatswidrigkeit* der Verfahrensdauer des Rechtsmittelverfahrens (so BVerfG [*3. Kammer des 2. Senats*] 2 BvR 1964/05 [StV **06**, 73, 77]; BVerfG [*2. Kammer des 2. Senats*] 2 BvR 109/05 [NStZ **05**, 456, 457]; 2 BvR 1315/00 [NJW **05**, 3485, 3487; *Krehl* StV **05**, 561, 562), erscheint aber zu wenig differenziert. Der **BGH** ist dieser Rspr des BVerfG, die mit früherer Rspr möglicherweise nicht ohne weiteres vereinbar ist (vgl. BVerfG NJW **03**, 2228 f.; **03**, 2897, 2898), entgegen getreten (vgl. NJW **05**, 1813, 1814; **06**, 1529; StV **06**, 241, 242; krit. dazu *Strate* NJW **06**, 1480, 1481 f.; *Krehl* StV **06**, 408, 409 f.; vgl. auch NStZ **01**, 106 f.; *Knauer* StraFo **07**, 309, 314).

61 f Die Annahme von *Krehl*, der Rspr des BGH liege ein „merklicher Vorbehalt gegenüber Entscheidungen des BVerfG und des EGMR" zugrunde (StV **06**, 408, 413), trifft insoweit nicht zu, als sie sich auf die Grundsätze verfassungs- und menschenrechtlicher Anforderungen bezieht. Die Einzelfalls-Rspr des BGH zeigt vielmehr, dass das Fachgericht versucht, *Schematisierungen* entgegenzuwirken, welche sich in einer bisweilen mehr auf Begriffe als auf den Sinn abstellenden „Anwendung" dieser Grundsätze ergeben können. Es widerstrebt zB dem richterlichen Empfinden, eine schematisch errechnete „Kompensation" für eine (der Justiz zuzurechenende) Verfahrensverzögerung zu gewähren, die vom Betroffenen ersichtlich als höchst erfreulicher Aufschub empfunden wurde. *Nicht jeder* fühlt sich nämlich von der Untätigkeit der Strafverfolgungsbehörden und von der Ergebnislosigkeit des gegen ihn gerichteten Verfahrens in seinem Menschenrecht verletzt; mancher mag hierauf gar mit Mitteln, welche knapp *unterhalb* der Grenze der (nachweisbaren) Verzögerung bleiben, *hinwirken.* Im Übrigen sollten oberste Bundesgerichte einander nicht im Freibeweis daraufhin überprüfen, ob man die Akten nicht etwas schneller hätte lesen und die „offensichtlichen" Lösungen nicht mit etwas weniger Zitaten hätte finden können.

61 g Auch **im Revisionsverfahren** selbst eingetretene sachwidrige Verzögerungen sind zu berücksichtigen (vgl. NJW **95**, 1101; BVerfG StraFo **05**, 152 [m. krit. Anm. *Foth* NStZ **05**, 457]; BVerfG StV **06**, 73, 78 f. [Anm. *Jahn* NJW **06**, 652; *Schmidt* NStZ **06**, 313). Entsprechendes muss grds. auch für das Verfahren über eine **Verfassungsbeschwerde** gelten (vgl. auch BVerfG NStZ **06**, 680, 682 Rn 12), jedenfalls wenn sich die Entscheidung des BVerfG auf das Verfahren der Fachgerichte ausgewirkt hat (NStZ-RR **06**, 177 [Zurückverweisung durch das BVerfG an das Tatgericht; Anm. *Krehl* StV **06**, 408]), denn das Verfahren über die Verfassungsbeschwerde ist aus menschenrechtlicher Sicht dann als Teil des Gesamtverfahrens anzusehen. Trotz der insoweit ständ. Rspr des EGMR (vgl. EGMR NJW **01**, 211; **01**, 213; **02**, 2856, 2857; **05**, 2530, 2536; **05**, 3125, 3126; einschränkend *Krehl* StV **06**, 408, 411 f.) hat das BVerfG selbst diese Auffassung allerdings (im konkreten Fall: nach *5 Jahren Dauer* des Verfassungsbeschwerde-Verfahrens) als „eher fern liegend" bezeichnet (BVerfG NStZ **06**, 680 [krit. Anm. *Gaede* JR **07**, 254]).

Für die Beanstandung einer rechtsstaatswidrigen Verfahrensverzögerung mit der **Revision** ist nach stRspr des BGH idR die Erhebung einer **Verfahrensrüge** erforderlich (vgl. NStZ **04**, 504 mwN [*1. StS*]; 2 StR 267/01; 2 StR 55/02; 2 StR 43/03; JR **05**, 208; StV **06**, 241 f.; NJW **06**, 536 L [= NStZ-RR **06**, 56, *4. StS*]; vgl. auch BVerfG 2 BvR 1377/6), wenn die Verzögerung vor Ablauf der Revisionsbegründungsfrist ein getreten ist. Der *5. StS* hatte im Anfragebeschluss v. 13. 11. 2003 (NStZ **04**, 639) eine hiervon abweichende Ansicht vertreten. Die übrigen *Senate* des BGH sind dem entgegen getreten (vgl. **Antworten** 1 ARs 5/04; 2 ARs 33/04; wistra **04**, 470 [*3. StS*]; 4 ARs 6/04; vgl. dazu auch JR **05**, 208 [*2. StS*] mwN); der *5. StS* hat sich dieser Position im Beschl. v. 11. 11. 2004 angenähert (BGH **49**, 342, 346 [Bespr. *Wohlers* JR **05**, 187 ff.; *Sander* NStZ **05**, 390; vgl. auch wistra **06**, 69 f.). Die **Sachrüge** ist ausreichend (vgl. 2 ARs 33/04; 2 StR 274/04), wenn sich aus den Urteilsgründen selbst alle zur Beurteilung des Verstoßes gegen Art. 6 I MRK erforderlichen Tatsachen ergeben und es allein um die Überprüfung der Wertung des Tatrichters geht (NStZ **04**, 639; NJW **06**, 536; StV **06**, 241; NStZ-RR **07**, 71; NStZ **07**, 539); insb. auch dann, wenn sich aus den Urteilsgründen ein Erörterungsmangel ergibt (BGH **49**, 342 [=NJW **05**, 518]). Im Fall eines *nach* Erlass des tatrichterlichen Urteils und Ablauf der Revisionsgründungsfrist eingetretenen Verstoßes gegen das Beschleunigungsgebot ist die Verzögerung **von Amts wegen** durch das Revisionsgericht zu berücksichtigen (NJW **95**, 1101 [m. Anm. *Uerpmann* NStZ **95**, 336]; NStZ **96**, 328; **01**, 52; wistra **96**, 234; NStZ-RR **05**, 320, 321; 3 StR 329/06; zur Rügepflicht, wenn die Verfahrensverzögerung *vor* Ablauf der Revisionsbegründungsfrist eintritt, vgl. BGH **45**, 308 [Anm. *Maiwald* NStZ **00**, 389]; NStZ **99**, 95; 313; 3 StR 367/99; 1 StR 293/00; 3 StR 502/00; 3 StR 88/00). Eine Verfahrensrüge ist aber erforderlich, wenn das Urteil **erneut zugestellt** werden musste und daher die Revisionsbegründungsfrist neu lief (NJW 07, 2647). Die Zulässigkeit der Rüge verzögerlicher Bearbeitung einer Revisionssache durch die StA nach Urteilserlass setzt nach NStZ **07**, 53 (3. StS) voraus, dass der Revisionsführer die sich aus den Akten ergebenden Bearbeitungsvorgänge zwischen Eingang der Revisionsbegründungsfrist und Sachbearbeitung die StA bei dem Revisionsgericht vorträgt. In extremen **Ausnahmefällen,** wenn eine Kompensation nicht mehr möglich und ein Verfahrenshindernis anzunehmen ist (vgl. unten 63), ist eine Beachtung von Amts wegen geboten (vgl. BGH **46**, 159, 171). **61 h**

Kompensation. Liegt ein Verstoß gegen Art. 6 I S. 1 MRK vor, so ist nach stRspr eine ausdrückliche **Feststellung** der Verletzung des Beschleunigungsgebots, ihres Ausmaßes sowie von Art und Maß der kompensatorischen Berücksichtigung erforderlich (BVerfG NJW **93**, 3254; **95**, 1277; NStZ **97**, 591; BGH **45**, 308 f.; **46**, 159; NJW **99**, 1198 f.; StV **93**, 638; **94**, 653; **97**, 409; NStZ **98**, 194; NStZ-RR **98**, 104; 108; wistra **97**, 347; **98**, 101; **06**, 226; StraFo **02**, 266; **07**, 35; BGHR § 46 II VerfVerz. 12; 2 StR 311/97; 5 StR 349/97; 3 StR 178/97; 2 StR 286/97; 4 StR 464/97; 4 StR 135/98). Eine rechtsstaatswidrige Verfahrensverzögerung muss sich, von Extremfällen abgesehen (unten 63 f.), nach **bisheriger Rspr.** (vgl. aber 3 StR 50/07 [Vorlage]; dazu unten 62b) regelmäßig bei der **Strafzumessung** auswirken (BVerfG NJW **93**, 3254 ff.; NStZ **97**, 591; NJW **03**, 2897; BGH **46**, 159 ff.; Bay NStZ-RR **03**, 119, 120; stRspr). Hierbei hat der Tatrichter im Urteil zunächst Art und Ausmaß der Verzögerung sowie ihre Ursache **konkret festzustellen** (vgl. oben 61 b); dies kann im Freibeweisverfahren erfolgen (StV **03**, 148, 149; BGHR § 46 II Verfahrensverz. 11). Dann muss er das Maß der Kompensation in zwei (im Urteil ausdrücklich getrennten) Schritten durch Vergleich der an sich verwirkten mit der tatsächlich verhängten Strafe konkret bestimmen (NJW **99**, 1198 f. mwN; NStZ-RR **00**, 343 f.; NStZ **01**, 52; wistra **01**, 177 f.; **03**, 297; StraFo **03**, 247). Dabei ist der Verstoß ggf schon bei der **Strafrahmenwahl** (vgl. StV **95**, 19; 4 StR 521/93) zu berücksichtigen. Im Fall der **Gesamtstrafenbildung** gilt das auch für alle **Einzelstrafen** (NStZ **03**, 601; StraFo **07**, 35). Die Kompensation soll in diesem Fall aber auch bei der Bemessung der Gesamtstrafe aus den reduzierten Einzelstrafen wirken; andererseits ist ein „doppelter Rabatt“ rechtsfehlerhaft (ebd.), etwa wenn aus den reduzierten Einzelstrafen eine „fiktive“ Gesamtstrafe gebildet und diese dann wiederum gemildert wird. Nach Aufhebung des Strafausspruchs und **Zurückverweisung** durch das Revisionsgericht wegen Verstoßes gegen das Beschleunigungsgebot ist der neue Tatrichter bei der Bestimmung der „an sich“ verwirkten Strafe nicht an die früheren Strafen gebunden; diese bilden gem. § 358 II StPO die Obergrenze nur für die um die **62**

Kompensation *reduzierte* Strafe (BGH **45**, 308; NStZ **07**, 479; 3 StR 316/02; 1 StR 167/07).

62a Ein Beruhen des Urteils auf dem Fehlen einer ausdrücklichen Quantifizierung kann nur ausnahmsweise ausgeschlossen werden (vgl. wistra **96**, 19; HFR **96**, 217; StraFo **07**, 35; 3 StR 316/97). Ist die Verzögerung erst nach der Urteilsverkündigung eingetreten (vgl. NStZ **99**, 418), kann auch das **Revisionsgericht** selbst, wenn eine weitere Verfahrensverzögerung unvertretbar wäre, die Strafe ermäßigen (NStZ **97**, 29 m. Anm. *Scheffler*, StV **97**, 409; wistra **03**, 20; 5 StR 95/98; 5 StR 533/00; Koblenz StV **97**, 410), oder das Verfahren nach § 153 StPO einstellen (5 StR 216/02). Eine Herabsetzung der Strafe im Revisionsverfahren ist darüber hinaus gem. § 354 Abs. 1 S. 2 StPO möglich (vgl. unten 120a mwN). Auf die Strafzumessung in **Jugendsachen** kann diese Rspr. im Hinblick auf den das Jugendstrafrecht beherrschenden Erziehungsgedanken nicht schematisch übertragen werden (NStZ **03**, 364 f. [in Abgrenzung zu StV **99**, 661; 4 StR 91/00; Anm. *Ostendorf* StV **03**, 389]).

62b Der *3. StS* hat mit Beschl. v. 23. 8. 2007 (3 StR 50/07) mitgeteilt, er beabsichtige (offenbar in Anlehnung an *Kraatz* JR **06**, 403, 406 ff.), die gebotene Kompensation künftig im Wege einer **Vollstreckungslösung** durchzuführen. Danach wäre die *schuldangemessene* Strafe ohne Berücksichtigung der Verzögerung zu verhängen und im Urteilstenor eine **Anrechnungs-Entscheidung** entspr. § 51 zu treffen. Der *3. StS* hat die Sache dem **GrSen** vorgelegt (§ 132 IV GVG); dessen Entscheidung bleibt abzuwarten. Für den Vorschlag sprechen einige Gründe (vgl. im einzelnen 3 StR 50/07; so auch schon *Kraatz* JR **06**, 403, 406 ff.); es gibt freilich auch gewichtige systematische Einwände und praktische Probleme, etwa bei nachträglicher Gesamtstrafenbildung.

63 In **extremen** Fällen kann eine überlange Verfahrensdauer uU auch eine **Verfahrenseinstellung** nach § 153 StPO (NJW **96**, 2739) oder eine solche nach § 154 StPO (BGH **35**, 137; NJW **90**, 1000), ggf auch eine Sachbehandlung nach § 59 (vgl. BVerfG NStZ **04**, 335 [m. krit. Anm. *Foth*]) gebieten; auch eine Anwendung von § 60 ist im Einzelfall möglich (wistra **04**, 337; LG Frankfurt/O StV **01**, 166). Das **BVerfG** hat schon in der Entscheidung NJW **84**, 967 ausgeführt, eine rechtsstaatswidrige Verzögerung müsse sich bei der Strafzumessung auswirken, wenn sie nicht „im Extrembereich" zur Einstellung oder zum Vorliegen eines **Verfahrenshindernisses** führe. Der **BGH** hat die Annahme eines Verfahrenshindernisses zunächst im Grundsatz abgelehnt (vgl. BGH **21**, 81; **24**, 239; **27**, 274; **35**, 137; NJW **95**, 737; **96**, 2739; NStZ **90**, 94; **96**, 21; 506; **97**, 543; NStZ-RR **98**, 103; 108; StV **94**, 652; wistra **97**, 347; **aA** Koblenz NJW **94**, 1887; Zweibrücken NStZ **89**, 134; LG Düsseldorf NStZ **88**, 427; LG Bad Kreuznach NJW **93**, 1725), aber in einem Extremfall einen „Abbruch des Verfahrens" für geboten gehalten (BGH **35**, 137, 140 [„Zurückverweisungsverbot"]; vgl. auch StV **93**, 352; **95**, 130 f.; Düsseldorf NStZ **93**, 450; Zweibrücken NStZ **95**, 49). Der *2. StS* hat dann in BGH **46**, 159, 171 ff. (Anm. *Kempf* StV **01**, 134; *I. Roxin* StraFO **01**, 51; *Ostendorf/Radke* JZ **01**, 1094; vgl. auch *Kutzner* StV **02**, 277, 282 f.), der Rspr des BVerfG folgend (BVerfG StV **03**, 383, 385), ein vom Tatrichter zu beachtendes und vom Revisionsgericht *von Amts wegen* zu berücksichtigendes Verfahrenshindernis in „ganz außergewöhnlichen Sonderfällen" [171] bejaht, wenn auf der Grundlage einer umfassenden Gesamtwürdigung eine Kompensation des Verstoßes im Rahmen einer Sachentscheidung nicht (mehr) in Betracht kommt (vgl. dazu BVerfG StV **03**, 383, 385; BVerfG NStZ **04**, 335, 337; ebenso wistra **06**, 262, 264 f.; vgl. dazu auch *Waßmer* ZStW **118** [2006] 159, 180 ff.; *Krehl/Eidam* NStZ **06**, 1, 9 f.). Um dies beurteilen zu können, sind **Feststellungen zum Schuldumfang** idR unabdingbar (dagegen *Trurnet/Schroth* StraFo **05**, 358 ff.); in einem Prozessurteil hat der Tatrichter sowohl die Verfahrenstatsachen als auch Feststellungen zum Schuldumfang des Angeklagten und die der Prognose über die weitere Verfahrensdauer zugrunde liegenden Tatsachen im Rahmen einer Gesamtwürdigung i. E. darzulegen (BGH **46**, 159 LS 2; Bay NStZ-RR **03**, 119 f. [krit. Anm.

I. Roxin StV **03**, 377]). Eine Verfahrensbeendigung ohne solche Feststellungen kann in außergewöhnlichen **Einzelfällen** (vgl. BGH **35**, 137, 140f.) in Betracht kommen, wenn schon jede Fortsetzung des Verfahrens *zu diesem Zweck* den Angeklagten in einem Art. 6 I S. 1 MRK verletzenden Maße zusätzlich belasten würde vgl. Schleswig StV **03**, 379ff.; Saarbrücken StV **07**, 178; LG Waldshut-Tiengen StV **06**, 406).

Die in der Lit. (vgl. insb. *I. Roxin* [1 a] 230ff.; oben 61 a) geforderte rein formale Anknüpfung ist auch durch die Rspr des EGMR nicht geboten, denn schon die *Feststellung* eines Verstoßes beurteilt sich „nach den Umständen" des Einzelfalls (EuGRZ **01**, 301). Es ist gerade die Besonderheit des Verstoßes gegen das Beschleunigungsgebot, nicht „von Anfang an" zu einer Rechtsverletzung und möglicherweise zur Unzulässigkeit des Verfahrens zu führen, wie dies bei der Tatprovokation uU der Fall ist (vgl. EGMR NStZ **99**, 47; unten 68). Dass die sich nach den Umständen des Falles durch Zeitablauf *entwickelnde* Rechtsverletzung zu einem „Umschlagen" von materieller in prozessuale Qualität führen kann, ergibt sich aus der Sache selbst. Regelmäßig wird der Durchführung einer (straff geführten) Hauptverhandlung eine schon gegebene unangemessene Verzögerung des Gesamtverfahrens allein nicht entgegenstehen können, da auch die Feststellung eines Verstoßes gegen Art. 6 I S. 1 MRK eine Gesamtbeurteilung unter Berücksichtigung des Tatvorwurfs, des feststellbaren Schuldumfangs und ggf besonderer mit der Verzögerung verbundener Belastungen erfordert. Der **Tatrichter,** der die Möglichkeit eines Verstoßes gegen Art. 6 I MRK erkennt, darf daher **Feststellungen,** die erst die Grundlagen für die Beurteilung im Einzelfall geben können, nicht einfach unterlassen oder das Verfahren allein unter Hinweis auf eigene oder auf Versäumnisse anderer Strafverfolgungsorgane oder der Justizverwaltung abbrechen (BGH **46**, 176; *Waßmer* ZStW **118** [2006] 159, 194ff.). **63 a**

f) Eine **„Vorverurteilung"** durch die Massenmedien kann im Einzelfall Übelszufügung sein, die zu berücksichtigen ist (NJW **90**, 195; *Hassemer* NJW **85**, 1928; *Hillenkamp* NJW **89**, 2844, 2849; *Roxin* NStZ **91**, 153); das gilt etwa, wenn durch eine besondere öffentliche Aufmerksamkeit namentlich bei langdauernden Verfahren wirtschaftliche Verhältnisse oder Existenzgrundlage des Beschuldigten gravierend beeinträchtigt werden. **64**

g) Eine harte **Auslieferungshaft** in ausländischen Gefängnissen ist bei der Strafzumessung mildernd zu berücksichtigen (5 StR 760/82; vgl. aber auch § 51 III, IV); ebenso eine Doppelbestrafung oder Mehrfachverfolgung im Ausland (NStZ **83**, 408), auch wenn sie erst droht (StV **92**, 156). **65**

h) Eine gesetzliche Kann-Milderung enthält **§ 31 BtMG** für Fälle einer erweiterten Tätigen Reue (vgl. dazu BGH **33**, 80; NJW **02**, 908; zu den Voraussetzungen i. E. vgl. die Kommentierungen zu § 31 BtMG). Die Milderung nach § 31 BtMG kann darin bestehen, dass die Strafe § 29 I BtMG entnommen wird, obwohl das Regelbeispiel des § 29 III Nr. 4 BtMG aF vorliegt (MDR/H **89**, 113); oder dass § 49 II in Betracht kommt (3 StR 76/95). Auch wenn die Voraussetzungen des § 31 BtMG nicht vorliegen, ist Aufklärungsbereitschaft des Angeklagten bei der Strafzumessung angemessen zu berücksichtigen (StV **87**, 487; **90**, 455 L; **93**, 308; NStZ **89**, 580 m. Anm. *Weider*). **66**

i) Tatprovokation. Eine Tatprovokation ist gegeben, wenn auf den Täter mit einiger **Erheblichkeit** stimulierend eingewirkt wird, um seine Tatbereitschaft zu wecken oder die Tatplanung zu intensivieren (ebd.; BGH **47**, 44, 47; 1 StR 116/01); **zulässig** ist eine solche Provokation nur, wenn bereits zureichende tatsächliche Anhaltspunkte für den Verdacht (entspr. §§ 152 II, 160 StPO) bestehen, der Täter sei an einer begangenen Straftat beteiligt oder zu einer zukünftigen Tat bereit (vgl. BGH **45**, 321, 328; **47**, 44, 47); je stärker dieser Verdacht ist, desto nachhaltiger darf eine Einwirkung sein. Problematisch können Fälle eines provozierten sog. **„Quantensprungs"** (dazu i. E. BGH **47**, 44, 49ff. [krit. Anm. *Weber* NStZ **02**, 50f.]) sein; auch bei Vorliegen eines Verdachts ist eine Provokation unzulässig, durch welche der Täter zur Begehung qualitativ wesentlich schwererer Taten (**zB** deutliche Steigerung der Menge gehandelter BtM; Wechsel vom Handeltreiben mit Haschisch zu Einfuhr oder Handeltreiben mit großen Mengen harter Drogen) oder ihrer Art nach anderer Taten veranlasst wird (krit. *Endriß/Kinzig* NStZ **00**, 271, 273). **67**

67a Nach stRspr. des BGH ist die gezielte Veranlassung der Tat durch polizeilich geführte VPs und Verdeckte Ermittler allein in Rahmen der **Strafzumessung** zu berücksichtigen (dagegen zB *I. Roxin* [1a] 197 ff.); ein Verstoß gegen § 136a StPO liegt danach idR nicht vor. Es ist je nach Sachlage mildernd zu berücksichtigen, dass der im staatlichen Auftrag Provozierte dem öffentlichen Interesse dienstbar gemacht wurde (NJW **86**, 75; StV **87**, 435 [m. Anm. *Endriß* NStZ **88**, 551]; **93**, 127; **95**, 248; *I. Roxin* [8b zu § 26] 31); auch **Art und Intensität der Einwirkung** auf den Provozierten durch eine VP sind zu berücksichtigen; insbesondere ob der Täter **tatgeneigt** war (vgl. NStZ **92**, 276) oder bereits Tatverdacht gegen ihn bestand (1 StR 617/91 [in NStZ **92**, 192 nicht abgedr.]); weiterhin, in welchem Umfang der Provozierte eigene Aktivitäten und Bemühungen entfaltet hat. Erheblich strafmilderndes Gewicht muss es haben, wenn die Tatverwirklichung nur auf wiederholtes drängendes Bemühen des Provokateurs zustande kam. Daher müssen **zB** bei BtM-Verkauf an eine VP die Umstände der Anbahnung des Geschäfts idR im Einzelnen dargestellt werden, um eine Überprüfung des Gewichts des Strafmilderungsgrunds zu ermöglichen (BGH **45**, 321; 3 StR 299/00).

68 Gegen den Grundsatz des **fairen Verfahrens** gem. Art. **6 I S. 1 MRK** verstoßen nachhaltige Bemühungen der VP, eine nicht tatgeneigte, bislang unverdächtige Person in ein kriminelles Geschehen zu verstricken (BGH **45**, 321 [Anm. *Lesch,* JA **00**, 450; *Endriß/Kinzig* NStZ **00**, 271; *Sinner/Kreuzer* StV **00**, 114; *Roxin* JZ **00**, 369; *Kudlich* JuS **00**, 951]; 1 StR 116/01; bei Provokation tatgeneigter Personen in JVA offen gelassen in 5 StR 83/07; zur Rspr i. E. vgl. *Schäfer* StrZ 471 ff. mwN). Liegt ein Verstoß gegen Art. 6 I MRK vor, so ist dieser **festzustellen;** er stellt einen „besonderen, gewichtigen und schuldunabhängigen" Strafmilderungsgrund dar. Das *Maß* der danach erforderlichen Kompensation bei der Rechtsfolgenfestsetzung ist in den Urteilsgründen exakt zu bestimmen (vgl. BVerfG NStZ **97**, 591; oben 62). Bei der Strafzumessung kann auch die Unterschreitung der sonst schuldangemessenen Strafe geboten sein (BGH NStZ **86**, 162; **94**, 289; **95**, 507; LG München I StV **01**, 409; vgl. 8c zu § 26; zur Durchbrechung der Spielraumtheorie in diesen und den oben 61 ff. behandelten Fällen *Streng,* Müller-Dietz-FS 875, 898 ff.). Das **Ausmaß der Kompensation** bei der Strafbemessung muss nach stRspr in den Urteilsgründen genau bestimmt werden (vgl. BGH **45**, 339; 5 StR 83/07).

69 Ob die **Strafzumessungslösung** des BGH (vgl. aber auch BVerfG NJW **87**, 1874; NStZ **95**, 95) auch in extremen Fällen ausreichend ist, in denen der Täter keine Veranlassung zu der Provokation gegeben und von sich aus keine Bereitschaft zur Tatbegehung gezeigt hat, die staatlich zu verantwortende Tatprovokation also von vornherein nicht auf die Ermittlung (auch) vergangenen strafbaren Handelns gerichtet ist, sondern einen Unverdächtigen aktiv und gezielt in strafbares Tun verstrickt, ist nach der Entscheidung des **EGMR** v. 9. 6. 1998 (EuGRZ **99**, 660 = NStZ **99**, 47 m. Anm. *Sommer* ebd., *Kempf* StV **99**, 128, *Kinzig* ebd. 288; vgl. [dazu] Bay StV **99**, 631 m. Anm. *Taschke*) nicht unzweifelhaft (offen gelassen von NStZ **99**, 501 [*4. StS*]; Anm. *Taschke* StV **99**, 632; vgl. auch *Kutzner* StV **02**, 277, 282 f.; NK-*Streng* 91). Danach verstieß die polizeiliche Provokation eines Unverdächtigen, der selbst keinerlei deliktische Aktivitäten entfaltet oder Bereitschaft gezeigt hat, gegen Art. 6 I MRK, weil er „von Anfang an und endgültig kein faires Verfahren hatte" (EGMR aaO). BGH **45**, 321 hat aber in einem ähnlichen Fall an der Strafzumessungslösung festgehalten (ebenso 1 StR 116/01), weil die Annahme eines *Verfahrenshindernisses* in jedem Fall unzulässiger Tatprovokation dem Erfordernis differenzierter Beurteilung nicht gerecht würde (BGH aaO; vgl. schon BGH **24**, 239, 241; **32**, 345, 350 ff.; **35**, 137, 140; hiergegen *Roxin* JZ **00**, 370; vgl. auch *Fischer/Maul* NStZ **92**, 7). Ob eine Übertragung der in BGH **46**, 159 fortentwickelten Grundsätze zur Behandlung rechtsstaatswidriger Verstöße gegen Art. 6 I S. 1 MRK (vgl. oben 61 ff.) auf Fälle der Tatprovokation in Betracht kommt, hat der BGH noch nicht entschieden.

k) Für die Beseitigung **unvertretbarer Härten** bei **in der** ehem. **DDR** rechtskräftig verhängten Strafen waren im EV eine Sonderregelung (Anl. I Kap. III A III Nr. 14 a) und besondere Vorschriften über die Kassation (Vereinbarung vom 18. 9. 1990 [BGBl. II 1239] Art. 4 Nr. 2) vorgesehen (BGH **38**, 91; 18 aE zu § 51). Auch ist bei Verurteilungen in der ehem. DDR vor Herbst 1989 damit zu rechnen, dass sie sich auf Taten beziehen, die nicht mehr mit Strafe bedroht sind und dies im BZR nach § 64 a BZRG idF des EV nicht ohne weiteres ersichtlich ist (BGH **38**, 73; DtZ **93**, 373; 5 StR 584/97). Zu berücksichtigen ist auch ein besonders harter Vollzug (NStZ **92**, 327). 70

Bei **nach dem Beitritt abzuurteilenden Straftaten** nach § 99, soweit sie von hauptamtlichen Mitarbeitern der Geheimdienste der ehem. DDR begangen worden sind, war bei der Strafzumessung zu berücksichtigen, dass die Täter eine zur Tatzeit legitime, vom damaligen Staat erlaubte, sogar verlangte Tätigkeit ausgeübt haben (NJW **91**, 932, [insoweit in BGH **37**, 305 nicht abgedr. u. zust. *Simma/Volk* NJW **91**, 873]; *K. Weber* JR **95**, 405). 71

l) Die **erlittene UHaft** ist bei einem Angeklagten, der ohnehin Freiheitsstrafe zu verbüßen hat, idR ohne strafmildernde Bedeutung, da sie nach § 51 anzurechnen ist (NStZ **99**, 193; NJW **06**, 2645; NStZ **05**, 212; **06**, 620; NStZ-RR **03**, 110, 111; **04**, 333; **05**, 168, 169; wistra **01**, 105; NStZ/D **05**, 500; BGHR § 46 II Lebensumstände 20; *Schäfer* StrZ 326 a). Bei bisher noch nie inhaftierten Angeklagten, die durch Freiheitsentzug als Konsequenz einer Straftat besonders beeindruckt sind, ist eine strafmildernde Berücksichtigung aber nicht ausgeschlossen (vgl. NStZ **94**, 242; NStZ-RR **03**, 111; and. *Tolksdorf*, Stree/Wessels-FS 753, 756; offen gelassen in 4 StR 43/01). Eine besondere, bei der Strafzumessung mildernd zu berücksichtigende Beschwer kann sich auch in *Verbindung* mit überlangter Verfahrensdauer (vgl. BGHR § 46 I Begründung 18), besonders belastenden persönlichen Umständen (zB fehlende Sprachkenntnisse; Unmöglichkeit familiären oder sonstigen sozialen Kontakts; besonders belastende Ungewissheit) oder Krankheiten (vgl. StV **84**, 151 [Haftpsychose]) ergeben. Milderns wirken solche Umstände, wenn sie eine über die mit dem Vollzug von UHaft *üblicherweise* verbundenen Beschwernisse deutlich hinausgehen (NJW **06**, 2645; NStZ-RR **06**, 55). 72

m) Bei der Strafzumessung ist auch **unterschiedliches partielles Bundesrecht** bei der Bewertung der Tatschwere zu berücksichtigen (BGH **40**, 65). 73

5) Bewertung der Strafzumessungstatsachen. In einem weiteren Schritt sind die Strafzumessungstatsachen **abzuwägen,** dh einer zusammenfassenden **Gesamtwürdigung** zuzuführen. Dieser muss nicht nur die Ermittlung der schuld- und präventionsrelevanten Fakten, sondern auch ihre **positive oder negative Bewertung** vorausgehen, dh die Festlegung, ob sie mildernd oder schärfend zu werten sind. Die vorbewerteten, dh in die Kategorien der schärfenden oder mildernden Umstände aufgeteilten Strafzumessungstatsachen sind also nach Festlegung der schärfenden oder mildernden Wirkung in ihrer Bedeutung und ihrem Gewicht gegeneinander abzuwägen (BGH **4**, 9; **8**, 189; NJW **60**, 1869; **64**, 261; GA **79**, 59; StV **81**, 169; **84**, 22; **88**, 249; wistra **83**, 145; Koblenz VRS **56**, 339; vgl. dazu auch *Frisch* GA **89**, 346). Dabei kann ein und derselbe Umstand sowohl strafschärfende als auch strafmildernde Bedeutung gewinnen (NJW **95**, 1038; **aA** noch MDR/H **78**, 459; StV **87**, 62). Das Ergebnis der Vorbewertung hängt bei ambivalenten Zumessungsfaktoren von den Umständen des Einzelfalles ab (GrSenBGH **34**, 349; krit. *Frisch* GA **89**, 340). Die Bewertung kann idR nicht von einem „Normalfall" ausgehen (GrSenBGH aaO; **aA** *Theune* StV **85**, 162, 168, 205; hierzu krit. *Grasnick* JZ **88**, 158; *Frisch* GA **89**, 366; *Weigend* UniKöln-FS 581; *Streng* NStZ **89**, 393; *ders.* Jus **93**, 925; *Hettinger* GA **93**, 10, 26). Aus dem Fehlen eines Milderungsgrunds ergibt sich grds für sich allein noch kein (zusätzlicher) Strafschärfungsgrund (vgl. StV **95**, 584; *Frisch* GA **89**, 368; vgl. auch StV **91**, 64 L). Charakterisiert der Umstand der fehlenden Geldnot aber gerade diese Tat als besonders verwerflich, so eignet er sich durchaus zur Strafschärfung, so zB bei einem Vermögensdelikt iwS, wenn der Umstand zeigt, dass aus Motiven heraus gehandelt wurde, für die in Anbetracht der wirtschaftlichen Verhältnisse kein Verständnis aufgebracht werden kann (vgl. NStZ **87**, 550; *Grasnick* JZ **88**, 157; *Frisch* aaO). 74

75 **Strafen nach Taxe** dürfen nicht verhängt werden (DAR **63**, 187; Bay DAR **79**, 236; Hamburg NJW **63**, 2387; Hamm MDR **64**, 254; Köln NJW **66**, 895; *Scherer* DAR **80**, 108). Das muss im Urteil deutlich werden. Vor allem aber soll die Abwägung zum entscheidenden Akt der Strafzumessung, die gerechte Einordnung in den Strafrahmen führen (vgl. BGH **3**, 119). Empfehlungen von Institutionen wie etwa des VGT, bei bestimmten Taten mit mittlerer Schuld bestimmte Strafe zu verhängen, können nur Anhaltspunkte für die eigene Zumessungsentscheidung sein (vgl. auch 5 zu § 40). Die **Strafpraxis anderer Gerichte** allein gibt zu einer Anpassung nicht ohne weiteres Anlass (BGH **28**, 324; ferner MDR **79**, 886; *Bruns* JR **79**, 355). Eine Verschärfung im Hinblick auf die von einer anderen Kammer verhängte Rechtsfolge ist rechtsfehlerhaft, nicht jedoch die Berücksichtigung der von der eigenen Kammer erkannten Strafhöhe in einer Parallelsache (NStZ-RR **97**, 197).

76 **6) Verbot der Doppelverwertung (Abs. III).** Das in III aufgestellte Verbot der Doppelverwertung von Strafzumessungstatsachen (allg. dazu BGH **37**, 154 [m. Anm. *Grasnick* JZ **91**, 933]; *Bruns* 132; *Hettinger,* Das Doppelverwertungsverbot bei strafrahmenbildenden Umständen, 1982 u. GA **93**, 1; *Timpe* 32 ff.; *Theune* StV **85**, 205; NStZ **87**, 163; *Gribbohm,* Salger-FS 40; *Fahl,* Zur Bedeutung des Regeltatbildes bei der Bemessung der Strafe, 1996; NStZ/D **91**, 477; **92**, 171; 478; **93**, 177; 475; **94**, 475; **97**, 175; *Schall/Schirrmacher* Jura **92**, 514, 625) bedeutet, dass die **Merkmale des Tatbestands,** welche die Strafbarkeit begründen und schon der Bestimmung des gesetzlichen Strafrahmens zugrunde liegen, nicht nochmals bei der Strafzumessung berücksichtigt werden dürfen. Vereinfacht: Dass die Tat *begangen* wurde, darf nicht als straf*erhöhender* Umstand gewertet werden (vgl. zB 5 StR 481/05 [der Täter habe für den zugrunde liegenden Konflikt „eine andere Lösung finden können"]). Tatbestand iS von Abs. III ist die Art. 103 II GG unterfallende Beschreibung der Voraussetzungen für die Anwendung eines bestimmten Strafrahmens; also der Grundtatbestand eines Delikts sowie **Qualifikations**-Tatbestände. Entsprechend gilt die Vorschrift hinsichtlich der Merkmal von **Regelbeispielen** (NStZ-RR **04**, 262; **05**, 373, 374; unten 82); im weiteren Sinn auch für die *regelmäßigen,* vom Schutzzweck einer bestimmten Strafrahmendrohung erfassten Tatfolgen (vgl. StV **87**, 146). Das Verbot gilt gleichermaßen für die Schuldschwere-Beurteilung nach § 57 a I S. 1 Nr. 2 (NStZ-RR **01**, 296). Daher ist zB die Erwägung, „der Unrechtsgehalt" der abgeurteilten Tat sei straferhöhend zu werten, für sich allein fehlerhaft, wenn damit nicht mehr umschrieben wird als das im gesetzlichen Tatbestand vertypte Unrecht (vgl. 2 StR 82/01 [Tötungsdelikt]), denn der **Wert des verletzten Rechtsguts** ist innerhalb des für seine Verletzung vorgesehenen gesetzlichen Strafrahmens kein selbstständiger Faktor für die Strafhöhe (vgl. BGH **3**, 179). Auch innerhalb des durch die Vorschriften über die Strafbarkeit des **Versuchs** und der **Beteiligung** begründeten Strafrahmens kann die Tatsache, dass die Tat (in dieser Form) *überhaupt begangen* wurde, nicht strafschärfend wirken. Daher sind zB Strafschärfungen mit der Begründung fehlerhaft, der Versuchtstäter habe die Tat zu Ende führen wollen (NStZ **83**, 364; StV **97**, 129); er sei vom Versuch **nicht zurückgetreten** (NStZ **83**, 217; 2 StR 659/96; 4 StR 422/05 oder habe die Tatvollendung „nur" wegen des Scheiterns (also nicht *freiwillig*) aufgegeben (vgl. 4 StR 423/05); der **Gehilfe** habe notwendige Voraussetzungen für die Tat geschaffen (es sei denn, dass gerade hierdurch weiteres Unrecht begangen wird, 2 StR 519/83). Für die Strafzumessung im **Jugendstrafrecht** (§ 18) findet § 46 III nach stRspr. keine Anwendung (NStZ-RR **97**, 21, 22; 1 StR 1/05; 1 StR 147/07).

76 a Abs. III gilt namentlich auch für (allgemeine) **subjektive Tatumstände;** so darf zB nicht strafschärfend gewertet werden, dass der **Täter** mit direktem Vorsatz gehandelt hat (2 StR 358/00); dass ein **Gehilfe** seinen Tatbeitrag „freiwillig" geleistet hat (wistra **00**, 463); ein **Anstifter** „der eigentliche Initiator" der Tat war (StV **02**, 190). Regelmäßig unzulässig sind Erwägungen, die im Ergebnis straf-

schärfend werten, dass die **Tat überhaupt begangen** wurde; so **zB,** der Täter habe lange Zeit Gelegenheit gehabt, sich die Bedeutung der geplanten Tat klar zu machen (vgl. NStZ-RR **01**, 296); er habe sich durch vorangegangene Fehlschläge nicht abhalten lassen (NStZ-RR **01**, 295). Wenn der Tatbestand einer Qualifikation eine (einschlägige) **Vorverurteilung** voraussetzt (§ 176 a I), ist nach NStZ-RR **04**, 71 eine strafschärfende Berücksichtigung dann nicht ausgeschlossen, wenn die Warnfunktion der Vorstrafe vom Durchschnittsfall deutlich abweicht. Eine strafschärfende Berücksichtigung besonders **schwerer Tatfolgen** (vgl. oben 34) verstößt nicht gegen § 46 III (3 StR 463/00). Eine **Doppelbelastung** kann auch außerhalb der Voraussetzungen § 46 III unzulässig sein; etwa bei Verurteilung wegen Hinterziehung zweier verschiedener Steuerarten, wenn der Umfang der einen Tat sich notwendig auf den Schuldumfang der anderen Tat auswirkt (vgl. wistra **05**, 144).

A. Einzelfälle (vgl. i. ü. auch die Erl. zu einzelnen Tatbeständen; weitere Bsp. aus der Rspr bei *Schäfer* StrZ 850 ff.). **77**

a) Strafschärfend **darf nicht** berücksichtigt werden: **bei § 27** die regelmäßigen Auswirkungen einer Beihilfehandlung auf die Tatbereitschaft (NStZ **98**, 404); **bei § 125** nicht schon die aufrührerischen Reden und die sie begleitenden und dem Täter zurechenbaren Umstände, sondern nur darüber hinausgehende Belastungsfaktoren (NStZ **92**, 229); **bei § 142** das Sich-entziehenwollen der BAK-Feststellung (Düsseldorf VRS **69**, 282) oder das Vorrang-einräumen des persönlichen Interesses gegenüber dem des Geschädigten (Bay DAR **84**, 238); **bei § 146** das Eigengewicht der sich gegen die Sicherheit und Funktionsfähigkeit des Geldverkehrs richtenden Tat (BGHR § 46 III Geldfälsch. 1; StV **88**, 341 L); **bei §§ 153 ff.** das Angewiesensein des Gerichts auf wahre Aussagen (BGH **8**, 309; MDR **53**, 148; NJW **62**, 1307; Düsseldorf NJW **85**, 276), die bedenkenlose Falschaussage (NStE Nr. 45); das „hartnäckige" Bestehen auf der Richtigkeit der Aussage (Nürnberg NJW **07**, 1767 [unter dem Gesichtspunkt des bloßen Fehlens eines Strafmilderungsgrunds]); **bei § 171** (früher 170 d) die grundlegende und elementare Verletzung der Mutterpflichten (NStZ-RR **98**, 102); **bei §§ 173, 174** der Vertrauensmissbrauch (MDR/D **71**, 362; 2 StR 612/99; hingegen kann die konkrete Ausgestaltung des Abhängigkeitsverhältnisses bei Taten nach § 174 I Nr. 3 tauglicher Strafzumessungsgrund sein, NJW **94**, 1078); das Erfordernis des Freihaltens von Kindern vor sexuellen Übergriffen (StV **91**, 207 L), das bedenkenlose Hinwegsetzen über das sexuelle Selbstbestimmungsrecht des Tatopfers (BGHR § 177 I Strafzum. 8), Sexualstraftaten gegenüber der Schwester (5 StR 218/90) oder das Verhältnis von Lehrer und Schüler (**aA** MDR/D **67**, 13), sowie das Nicht-Errichten einer Hemmschwelle gegen sexuelle Kontakte zwischen Verwandten (NStE Nr. 49); **bei § 174 I Nr. 1** der Missbrauch der Stelle als „Ersatzvater"; **bei § 174 I Nr. 2** das – näher darzulegende – „schamlose Verhalten" jedoch dann, wenn es über die Erfüllung des Tatbestandes hinausgeht (NStZ **97**, 380); **bei § 174 I Nr. 3** das „Zerstören der Familie" und das Beeinträchtigen des Vertrauensverhältnisses zur Tochter (StV **94**, 306; **96**, 248; **97**, 419 L; in casu aber anders BGHR § 46 I Begründung 21 [insoweit in NStZ **97**, 337 nicht abgedr.]); **bei § 176** das Hinterlassen von Spuren in der Entwicklung des missbrauchten Mädchens (StV **87**, 146; 4 StR 409/96); das Beeinträchtigen der ungestörten sexuellen Entwicklung des Kindes (NStZ-RR **98**, 326; StV **98**, 656; 657; 4 StR 364/98); das Hinwegsetzen über die Interessen des Opfers zum Zwecke der sexuellen Befriedigung (StV **94**, 14); dass die freie, ungehinderte sexuelle Entwicklung von Kindern durch ein solches Verhalten beeinträchtigt werde (NStZ-RR **00**, 362 Nr. 62); dass der Täter es „nicht nötig gehabt" habe (4 StR 424/03); dass der Täter seine sexuellen bedürfnisse über das Wohl seiner Kinder setzte (4 StR 237/04); dass der Täter „eine alltägliche Situation ausgenutzt hat, um sich sexuelle Befriedigung zu Lasten seiner Tochter zu verschaffen" (2 StR 513/04); **bei §§ 177, 178** das Hinwegsetzen über das sexuelle Selbstbestimmungsrecht des Opfers (3 StR 466/92); die Gewaltanwendung vor dem Geschlechtsverkehr (BGHR § 46 III Vergewalt. 3); das gewaltsame und grobe Vorgehen gegen eine hilflose Frau (StV **87**, 195); die egoistische und rücksichtslose Durchsetzung des Willens ohne Respektierung der Belange des Opfers (2 StR 24/93); dass der Täter seine Interessen massiv über die Belange des Opfers gestellt habe (NStZ-RR **00**, 356 Nr. 21); dass der Täter Gewalt angewendet und die Schutzlosigkeit des Opfers ausgenutzt habe (3 StR 370/00); „dass die Tat mit körperlicher Gewalt vollzogen wurde" (NStZ-RR **02**, 136 f.); idR auch die Erwägung, das Opfer sei zum Sexualobjekt degradiert worden, wenn nicht besondere Umstände vorliegen, die über die Erfüllung des Tatbestands (vgl. § 177 II: „besondere Erniedrigung") deutlich hinausgehen; dass der Täter sich von fortwirkendem Widerstand des Opfers von der Begehung der (aus mehreren Einzelhandlungen bestehenden) Tat hat abhalten lassen (4 StR 2/01); **bei § 181 a** die „sittlich negative Ausprägung" der Tat (NJW **87**, 2686); **bei § 211** die niedrigen Beweggründe, die

Habgier (2 StR 329/82), die Heimtücke (BGHR § 21, StRahmV 18), der direkte Vorsatz (NStZ **84**, 116; BGHR § 46 III TötVors. 3, was die Berücksichtigung der Umstände des Einzelfalls aber nicht ausschließt: MDR/H **92**, 633); beim Verdeckungsmord das bedenkenlose Auslöschen des Lebens, um sich einer geringen Strafe zu entziehen (BGHR § 46 II, WertFehl. 10); der Umstand, dass den Hinterbliebenen das Tatopfer „genommen wurde"; der Umstand, dass der Täter „trotz der Schreie ... nicht von seinem Vorhaben abgelassen hat" (NStZ-RR **02**, 106); **bei § 212** die hohe Risikobereitschaft (3 StR 82/81), der Einsatz einer Schusswaffe (MDR/D **72**, 923; 2 StR 496/80), eines Messers (StV **83**, 321) oder massiver Gewalt (StV **84**, 152; NStZ **84**, 357; **89**, 318); das gewaltsame Vorgehen (2 StR 500/80); der „große Vernichtungswille" (5 StR 549/80; NStE Nr. 41; dies jedoch dann, wenn damit nur die brutale Intensität der Tatausführung gemeint ist, NStZ **97**, 593); die „besonders intensive" Tötungshandlung, wenn nicht mehr Gewalt angewendet wurde als für den Tötungsakt erforderlich war (StV **88**, 202; **96**, 148; **98**, 657); die Gefühlskälte eines Täters, der seine innere Einstellung nicht offenbart hatte (2 StR 748/85); das Überschreiten der Hemmschwelle (NStE Nr. 16); das Dem-Schicksal-überlassen des Opfers im Bewusstsein lebensgefährlicher Verletzungsfolgen (NStE Nr. 8); die Erwägung, die Täterin habe durch Tötung eines Kindes „ihre Familie zerstört" und den weiteren Kindern für die Dauer der Haftstrafe ihre Mutter genommen (StV **01**, 228); dass der Täter sich nach dem letzten Handlungsakt „nicht um das Opfer gekümmert" (1 StR 347/02) oder den Eintritt des Todes nicht zu verhindern versucht hat (NStZ-RR **03**, 41); **bei § 222** der Tod eines Menschen (Hamm VRS **60**, 32), wohl aber weitere besonders schwere Tatfolgen für Angehörige des Unfallopfers (Bay NZV **94**, 115); dass der Täter „zielgerichtet ausführte, was er für erforderlich hielt" (NStZ-RR 03, 138 f.); **bei § 225** (früher § 223 b) die rohe Misshandlung (3 StR 129/84); **bei § 226** (früher §§ 224, 225) die Sterilisierung als eine die körperliche Unversehrtheit und die seelische Verfassung einer Frau zutiefst berührende Maßnahme (2 StR 196/87); die Gefährlichkeit der Tat (3 StR 195/79) oder deren Schwere (1 StR 610/80); **bei § 227** (früher § 226) die das Leben gefährdende Behandlung (StV **81**, 179), die vorsätzliche Begehung der Körperverletzung (NStZ **98**, 404); **bei § 240** die den Nötigungsvorsatz begründende Betätigung der Lichthupe (Stuttgart DAR **98**, 153); **bei § 242** die Missachtung des Täters gegenüber fremdem Eigentum (4 StR 406/98); **bei § 249** die Gewaltanwendung (2 StR 239/90), das Mittun um des materiellen Vorteils willen (NStZ **81**, 401), das Handeln ohne Vorliegen einer finanziellen Notsituation ausschließlich in Bereicherungsabsicht (GrSenBGH **34**, 345; 4 StR 687/96), das In-Angst-versetzen und Ausnützen dieser Situation (StV **93**, 241), die niedrige Gesinnung (MDR/D **71**, 15); **bei § 250** die gefahrdrohende Wirkung (2 StR 342/99); die Gefährlichkeit der Waffe (2 StR 157/91), das Mitsichführen einer Waffe (StV **82**, 71 [hierzu *Hettinger* JZ **82**, 851]; **96**, 206; 4 StR 345/99) eines gefährlichen (NStZ-RR **03**, 105) oder sonstigen Werkzeugs (2 StR 35/07); die hohe Gefährdung durch Vorhalten eines schussbereiten Revolvers (3 StR 54/01; nach NStZ **03**, 29 erlaubt aber die Neufassung des § 250 II Nr. 1 eine Differenzierung und daher ggf. auch eine strafschärfende Bewertung eines *besonders* gefährlichen Werkzeugs); tatbestandstypische Wirkungen auf das Tatopfer (StV **99**, 597); **bei § 253** die egoistischen Beweggründe und das hemmungslose Vorgehen (MDR/D **76**, 14; wistra **82**, 65), profihafte kaltblütige Tatausführung (StV **91**, 107 zw.); **bei § 260** der Hinweis auf Absatzmöglichkeiten (StV **82**, 567; 2 StR 276/84); die Tatsache, dass die Gewerbsmäßigkeit der Hehlerei den Dieb zu weiteren Straftaten ermuntert (NJW **67**, 2416; StV **02**, 190 f.); **bei § 263** die Gutgläubigkeit und die geschäftliche Unerfahrenheit des Opfers (Düsseldorf StV **93**, 76); **bei § 266** das Handeln gegen das wirtschaftliche Interesse des Opfers (3 StR 35/78), den Schadenseintritt als solchen (MDR/D **72**, 923) oder den Umstand, dass der Täter Möglichkeiten zum Abbruch der Tat nicht genutzt hat (2 StR 332/03); **bei § 283** (I Nr. 2) das Anschaffen eines Luxuswagens trotz wirtschaftlicher Schwierigkeiten (2 StR 165/78) und (bei I Nr. 7 b) die fehlende Bilanz (Stuttgart NStZ **87**, 461); **bei § 316** das „unnötige" Fahren im alkoholisierten Zustand (MDR/H **78**, 985); die alkoholbedingte Fahrunsicherheit, jedoch ist es möglich, sie zu Lasten des Täters zu berücksichtigen, wenn sie einen besonders hohen Grad aufweist (Bay NZV **92**, 453); **bei § 316 a** ein Handeln „aus eigennützigen und habsüchtigen Beweggründen" (4 StR 357/00); **bei § 323 a** das vorsätzliche Herbeiführen eines Rauschzustandes (BGHR § 46 III, Vollr. 1) oder die hohe BAK (MDR/D **75**, 541; Bay DAR **81**, 243; **84**, 238), die vom Rausch ausgehende Gefährlichkeit (NStZ/M **84**, 495; Bruns, Lackner-FS 447); **bei §§ 331 ff.** die Erschütterung des Vertrauens der Öffentlichkeit in die Lauterkeit der Verwaltung (StV **97**, 129 L); der Umstand, dass der Täter die Festigung eines korruptiven Systems nicht verhindert habe (StV **03**, 500); bei **§ 356** das Interesse der Öffentlichkeit an einer sauberen Rechtspflege (1 StR 549/65); **bei § 370 AO**
78 *das mangelnde soziale Bewusstsein* (NStZ **82**, 335) oder das Handeln auf Kosten der Allgemeinheit und derer, die ihrer Steuerpflicht nachkommen (NStZ-RR **96**, 316); **bei §§ 95, 96 AMG** die besondere Gefährlichkeit bei unerlaubter Abgabe verschreibungspflichtiger Arzneien (NStZ **82**, 113, 463); **bei § 92 b AuslG aF** eine „arbeitsteilige Organisation" und ein „verab-

redetes Vorgehen" bandenmäßiger Begehung (5 StR 545/00); **bei §§ 29, 30 BtMG** die gewinnsüchtigen Motive oder das Sichbereichern am Unglück anderer (NStZ **82**, 205; **00**, 137; StV **81**, 72, 123; **82**, 417; **85**, 102; MDR/H **77**, 808; GA **79**, 27; Koblenz StV **83**, 507 L; BGHR § 29 BtMG Strafzum. 31); das Handeltreiben als solches (1 StR 81/84; Frankfurt/M StV **97**, 639) und das entsprechende Gewinnstreben (4 StR 206/97; vgl. NStZ-RR **97**, 50; Düsseldorf GA **94**, 76); das eigennützige Handeln (1 StR 353/86; grundsätzlich hierzu NJW **80**, 1344; zur Berücksichtigung des Handeltreibens als „verwerfliche Tatmodalität" vgl. unten 81); beim Handeltreiben der Umstand, dass der Täter „andere Personen in sein kriminelles Tun verstrickt hat" (2 StR 403/03); bei Taten nach dem **WaffG** die Gefährlichkeit der Waffe (StV **91**, 558; **98**, 658); **bei § 53 I ZDG** die auf Dauer angelegte Zivildienstverweigerung (Düsseldorf NStZ-RR **96**, 91; Koblenz NStZ-RR **97**, 150). § 46 III gilt auch für **sonstige** unrechts- und schuldbegründende Umstände (*S/S-Stree* 45 b). So darf etwa nicht strafschärfend 79
berücksichtigt werden, dass die tätlichen Angriffe des späteren Tatopfers bereits beendet waren, wenn sonst die Tat durch Notwehr gerechtfertigt gewesen wäre (StV **97**, 519). Im Falle des **Handelns mit anderen** darf dem Gehilfen wegen § 27 II die Gehilfeneigenschaft nicht zugute gehalten werden, wohl aber darf einem (Mit-)Täter angelastet werden, dass er sich noch eines Gehilfen bediente. **Mittäterschaft** (§ 25 II) ist als solche kein Strafschärfungsgrund (vgl. MDR/H **82**, 101; BGHR § 46 III Beih. 2), wohl aber kann eine strafzumessungsrechtlich zu berücksichtigende Erschwerung gerade im Zusammenwirken liegen. Zum **Versuch** vgl. schon oben 76.

b) Als **verwertbare** Zumessungsgesichtspunkte, die **nicht zum Tatbestand gehören,** sind 80
dagegen **zB** angesehen worden: **bei § 142** die Schadenshöhe (Bay DAR **83**, 248); **bei § 174 I Nr. 3** im Einzelfall der Umstand, dass der Täter das Opfer „zum Sexualobjekt degradiert" habe (NStZ **01**, 28); **bei § 176** eine durch Dauer, Intensität und Begleitumstände des Gesamtverhaltens begründete besondere konkrete Gefährdung der Entwicklung des Tatopfers (5 StR 123/01); **bei §§ 177, 178** kann der ungeschützte Geschlechtsverkehr bis zum Samenerguss strafschärfend berücksichtigt werden (BGH **37**, 157 [m. Anm. *Neumann/Weßlau* StV **91**, 256; *Grasnick* JZ **91**, 933; *Hettinger* GA **93**, 1, 5; *Schall/Schirrmacher* Jura **92**, 629; *Streng* JuS **93**, 926; die abw. Meinung NStZ **85**, 215 ist aufgegeben]; NStZ-RR **97**, 354); ebenso ungeschützter Oral- oder Analverkehr; die strafschärfende Wirkung hängt im Einzelfall davon ab, ob dem Täter aus der Art der Tatausführung ein erhöhter Schuldvorwurf unter dem Gesichtspunkt der Gefahr unerwünschter Zeugung oder einer HIV-Infektion gemacht werden kann (BGHR § 177 II StrZ); hieran kann es fehlen, wenn der Täter auf Grund der engen Vertrautheit mit dem Opfer davon ausgegangen ist, dass es selbst Vorkehrungen gegen eine unerwünschte Schwangerschaft getroffen hat und der Geschlechtsverkehr im vorausgegangenen Liebesverhältnis ungeschützt vollzogen worden ist (BGHR § 177 I Strafzum. 10; 1 StR 586/00); **bei § 211** im Fall des Heimtückemords der bruch besonbderen Vertrauens des Tatopfers (NStZ-RR **07**, 106); **bei § 224** (früher § 223 b) die erhebliche Beeinträchtigung des Opfers und dessen langer Krankenhausaufenthalt (2 StR 211/84); ein die Modalität der Tatausführung kennzeichnendes Würgen (NStZ **88**, 310); die Hartnäckigkeit des Vorgehens (NStE Nr. 40); die Folgen der Tat auf die menschliche Umgebung des Opfers (StV **86**, 293); **bei § 242** unrichtige Angaben über den Verbleib der Beute (MDR/D **66**, 560); **bei §§ 306 a, 306 b** die Fremdheit eines in Brand gesetzten Gebäudes (vgl. NJW **01**, 765; StV **01**, 232); **bei §§ 315 c, 316** das Ausmaß der verursachten Gefährdung (Koblenz VRS **55**, 281) einer Trunkenheitsfahrt (4 StR 581/87); **bei § 323 a** Umfang und Ausmaß der Rauschtat sowie deren Erfolg (MDR/H **82**, 811); ferner die über das zur Erfüllung des Tatbestandes erforderliche hinausgehende besonders rücksichtslose Gesinnung (NStZ **81**, 100), das Vorgehen mit krimineller Energie und Raffinesse (5 StR 402/74). Nach stRspr. des BGH sollen bei § 323 a „tatbezogene" Merkmale der Rauschtat strafschärfend wirken können, nicht jedoch „täterbezogene" Merkmale, die ihre Wurzel gerade in den zur Schuldunfähigkeit führenden Umständen haben (etwa: besondere Gewaltbereitschaft und Brutalität unter Alkoholeinfluss). Das kann freilich dann nicht gelten, wenn der Täter gerade auch solche Umstände bereits im schuldfähigen Zustand kennt und ihm die Berauschung selbst unter diesem Gesichtspunkt vorzuwerfen ist; bei **§ 22 a I Nr. 4 KWKG** die *spezifische* 81
Gefährlichkeit der unerlaubt eingeführten Kriegswaffe (Bay NStZ-RR **97**, 134); **bei §§ 29, 30 BtMG** der durch die Tat verursachte Drogentod eines BtM-Abnehmers (NStZ **92**, 489 m. Anm. *Hoyer* StV **93**, 129; *Helgerth* JR **93**, 419); die besondere Profitgier bei übersetzten Preisen (MDR/H **77**, 281); die große Menge (NStZ **90**, 84 f.; 1 StR 722/84; 3 StR 531/98), die besondere Gefährlichkeit der abgegebenen Droge (Heroin: MDR/H **79**, 986; 2 StR 540/80); die akute Gefährdung zahlreicher Menschen (NStZ/D **91**, 274 mwN); die Dauer des Handeltreibens und der Unrechtsgehalt einer im Handeltreiben aufgehenden BtM-Einfuhr (NJW **80**, 1345 mwN).

Die Erwägung, das **Handeltreiben** sei eine besonders **schwerwiegende Tatvariante** der 81 a
§§ 29, 29 a BtMG, stellt für sich allein eine Leerformel dar, deren strafschärfende Berücksich-

tigung gegen § 46 III verstößt (BGH **44**, 361, 366 *[4. StS.]*). Angesichts der erheblichen Weite der Tatbestandsalternative hat der *5. StS.* (nach Durchführung des Anfrageverfahrens gem. § 132 GVG) die Erwägung aber dann nicht als rechtsfehlerhaft angesehen, wenn sich das Gewicht der Tat im konkreten Einzelfall als besonders schwer erweist (NJW **00**, 597; ebenso 5 StR 301/99, 5 StR 331/99, 5 StR 333/99; 5 StR 356/99; vgl. schon NJW **80**, 1344 *[3. StS.]*; NStZ **86**, 368 *[1. StS.]*). Die Formel sollte gleichwohl nur mit Vorsicht verwendet werden.

82 **B. Doppelverwertung strafrahmenverschiebender Umstände.** Das Doppelverwertungsverbot bedeutet über den Wortlaut von III hinaus, dass Umstände, die bei besonders schweren Fällen ein **Regelbeispiel** begründen, nicht zur Strafschärfung herangezogen werden dürfen (StV **83**, 14; **99**, 489; NStZ-RR **05**, 373, 374 [zu § 263 III]), **zB** nicht das Aufbrechen eines Vorhängeschlosses bei **§ 243 I Nr. 1** (StV **93**, 521 L); die Verwirklichung eines der Merkmale des § 177 II (NStZ-RR **04**, 262). Der eine **Milderung des Strafrahmens** nach § 49 I bewirkende Anlass darf nicht nochmals strafmildernd berücksichtigt werden (2 zu § 50). Jedoch sind die mit dem Milderungsgrund zusammenhängenden **tatsächlichen Umstände** bei der Zumessung innerhalb des milderen Rahmens zu berücksichtigen (BGH **16**, 351); insbesondere muss der Tatrichter auf Modalitäten dieser Umstände eingehen, **zB** darauf, dass der Versuch fern der Vollendung oder dass die Minderung der Schuldfähigkeit verschuldet war; er muss *wesentliche Differenzierungen* der mit dem Milderungsgrund verbundenen Umstände bei der Festsetzung der Strafe innerhalb des gemilderten Rahmens berücksichtigen (BGH **26**, 311 [m. Anm. *Zipf* JR **77**, 158]; StV **82**, 522; **83**, 60; **84**, 151; **91**, 346; NStZ **84**, 548; NJW **87**, 2688; weitergehend *Horstkotte,* Dreher-FS 281; krit. zum Ganzen *Horn,* Arm. Kaufmann-GedS 582; vgl. *S/S-Stree* 49). Es liegt kein Verstoß gegen III vor, wenn der Tatrichter bei der Bemessung *die Höhe* des durch die Tat verursachten Schadens berücksichtigt, den er zur Begründung für die Annahme eines besonders schweren Falles herangezogen hatte (NJW **84**, 2541).

83 **C. Doppelverwertung bei Gesamtstrafenbildung.** Die Tatsachen, die bei der Bemessung der Einzelstrafen verwertet worden sind, dürfen nicht nochmals die Bildung der **Gesamtstrafe** beeinflussen (str.; vgl. LK-*Theune* 282; SK-*Horn* 154ff.; *M/Zipf* 63/60). Bei der Abwägung gesamtstrafenspezifischer Strafzumessungsgründe (vgl. 10 zu § 54) kann es freilich zu Wechselwirkungen mit Umständen kommen, die auch für die Bemessung der Einzelstrafe von Bedeutung sind (zB enger Zusammenhang; rasche Abfolge; Steigerung der Tatintensität). Bei der gebotenen Berücksichtigung solcher Umstände im Rahmen des § 53 ist ihre Bedeutung unter dem Blickwinkel des Zwecks der Gesamtstrafenbildung zu verwerten, eine angemessene Bewertung des **Gesamtschuldumfangs** zu finden.

84 **7) Strafrahmenverschiebung.** Für die Strafrahmenverschiebung in den Fällen der nur allgemein bezeichneten **Wertgruppen** der **minder schweren** und **besonders schweren Fälle,** bei denen sich die Natur der Straftat nicht ändert (9ff. zu § 12), handelt es sich nach stRspr und hM um gesetzliche **Strafbemessungsregeln** (vgl. aber GA **69**, 161; **aA** zB *Calliess* NJW **98**, 929ff. [unselbständige Qualifikationstatbestände]; vgl. dazu NK-*Streng* 14f. mwN), für welche die Grundsätze von I und II entsprechend gelten. Die Bezeichnung eines Falles als minder schwer (vgl. 4 StR 278/97) oder besonders schwer gehört daher – auch bei Verwirklichung eines Regelbeispiels – nicht in den **Urteilstenor** (BGH **23**, 256; **27**, 289; NJW **88**, 779; NStZ-RR **99**, 45; BGHR § 243 I Nr. 3 Gew. 1; 5 StR 361/02; stRspr.); eine **Ausnahme** gilt für die gesetzliche bezeichnung des § 177 II Nr. 1 (vgl. dort 39f.).

84a Für die Strafrahmenverschiebung kommt es nach stRspr. darauf an, ob nach tatrichterlicher Beurteilung das gesamte Tatbild (einschließlich aller subjektiven Momente und der Täterpersönlichkeit) vom Durchschnitt der erfahrungsgemäß gewöhnlich vorkommenden Fälle in einem solchen Maße abweicht, dass die Anwendung des Ausnahmestrafrahmens geboten erscheint (vgl. BGH **2**, 182; **5**, 130; **8**, 189;

NJW **52**, 234; **53**, 1481; **60**, 1869; **64**, 261; **66**, 894; GA **63**, 207; **86**, 450; NStZ **81**, 391; **82**, 465; StV **89**, 433; 3 StR 352/90; Koblenz VRS **65**, 25), der nicht etwa nur in „Ausnahmefällen" Anwendung findet (BGHR vor § 1, msF, GesWü. 6). Bei der Bemessung der Strafe ist, wenn mehrere Strafrahmen in Betracht kommen, im Rahmen einer **Gesamtwürdigung** (BGH **23**, 257; StV **83**, 19; **85**, 369; NStZ **83**, 370; **84**, 118; BGHR § 30 II BtMG, GesWü. 3; 3 StR 190/89; Bay NJW **86**, 203) **zunächst zu entscheiden,** von welchem **Strafrahmen** der Tatrichter im Einzelfall ausgeht, erst dann ist innerhalb des so festgelegten Strafrahmens die Strafzumessung ieS vorzunehmen (NStZ 83, 407; *Danckert* StV **83**, 476).

Aus § 18 I S. 3 JGG folgt, dass es im **Jugendstrafrecht** einer besonderen Prü- **84 b** fung, ob ein minder schwerer oder ein besonders schwerer Fall vorliegt, nicht bedarf und eine Erörterung im rechtstechnischen Sinn auch fehlerhaft wäre; freilich ist es bei der Bemessung einer Jugendstrafe nicht ohne jede Bedeutung, ob die Tat iS der gesetzlichen Bewertung als minder schwerer Fall einzustufen wäre (MDR/H **82**, 625).

A. Minder schwere Fälle. Bei den minder schweren Fällen (11 zu § 12; zum **85** Fehlen einer Strafrahmen-Systematik vgl. *Hettinger,* Küper-FS [2007] 95, 109 ff.), die ein beträchtliches Überwiegen der mildernden Faktoren voraussetzen (*Zipf* JZ **76**, 24; *Eser* JZ **81**, 821), sind *alle* Gesichtspunkte heranzuziehen (BGH **26**, 98; 4 StR 643/95), und zwar für jeden Tatbestand gesondert (BGHR vor § 1/msF, PrüfPfl. 1; NStZ **92**, 138), und innerhalb einer **Gesamtwürdigung** (oben 41; StV **81**, 541; **82**, 421; **84**, 284; NStZ **84**, 413; GA **86**, 120; BGHR, § 30 II BtMG, WertF 1; BGHR § 177 II, Strafrahmenwahl 5, § 146 II Strafrahmenwahl 1; NStZ/D **89**, 466; **90**, 328; 483; **91**, 178; 475; **92**, 169; **93**, 473; **94**, 174; **95**, 169; **96**, 182; stRspr.) zu erörtern; zu berücksichtigen sind alle Umstände, die für die Wertung von Tat und Täter in Betracht kommen, gleichgültig, ob sie der Tat innewohnen, sie begleiten, ihr vorausgehen oder folgen (BGH **4**, 9; **26**, 97; NStZ **96**, 539; NStZ-RR **98**, 298; StV **87**, 101, 345; **89**, 250 L; **96**, 270; **97**, 638; MDR/H **83**, 91; stRspr.; krit. *Timpe* 64 ff.; *Maiwald* NStZ **84**, 435; *Schäfer,* Tröndle-FS 403; *Hettinger,* GA-FS 77 u. GA **95**, 414; *Goydke,* Odersky-FS 374). Die für jeden Tatbestand gesonderte Abwägung der erschwerenden Umstände und der Milderungsgründe ist grundsätzlich Sache des Tatrichters; es ist im Wesentlichen der **Beurteilung des Tatrichters** überlassen, welchen Umständen er bestimmendes Gewicht beimisst (BGH **3**, 179; **24**, 268; BGH **29**, 320; BGHR vor § 1 msF, GesWürd. ff. 1; § 250 II StrRW 4; 1 StR 19/98; 5 StR 154/04; vgl. auch unten 108). Im **Revisionsverfahren** ist die Beurteilung nur eingeschränkt überprüfbar; das Revisionsgericht darf die Gesamtwürdigung nicht selbst vornehmen oder ersetzen, sondern nur prüfen, ob ihr ein Rechtsfehler zugrunde liegt (vgl. BGH **29**, 319, 320; StV **02**, 20; 5 StR 87/04; 5 StR 154/04). Das ist namentlich der Fall, wenn schuldmindernde Faktoren derart überwiegen, dass die Entscheidung des Tatrichters, den Normalstrafrahmen anzuwenden, nicht mehr nachvollziehbar ist (NStZ-RR **06**, 140 f. [zu § 224]).

Eine **ausdrückliche Erörterung** ist erforderlich, wenn die Feststellungen hier- **86** zu drängen (vgl. zB StV **95**, 24) oder wenn die Annahme eines minder schweren Falls jedenfalls nicht fern liegt (NStZ **91**, 529; wistra **93**, 190; BGHR § 177 I, StRZ 12; NStZ-RR **98**, 42; 1 StR 190/96); mögliche erhebliche Milderungsgründe müssen im Urteil erkennbar in Betracht gezogen sein (vgl. NStZ **83**, 119; StV **93**, 245). Strafschärfende und mildernde Umstände dürfen nicht isoliert betrachtet, sondern müssen in ihrem **Zusammenhang** gesehen werden (5 StR 436/90; 4 StR 186/91); eine schematische, isolierte Gewichtung einzelner Umstände ist nicht sachgerecht.

Bei **BtM-Delikten** kommt für die Frage, ob ein minder schwerer Fall vorliegt, der **Wirk- 86 a** **stoffmenge** regelmäßig erhebliche Bedeutung zu (BGHR BtMG § 30 II Strafrahmenwahl 3); auf Feststellungen kann daher idR nicht verzichtet werden (stRspr; vgl. NJW **94**, 1885 f.; BGHR BtMG § 29 a I Nr. 2 Menge 3; 3 StR 299/00). Sind in nicht geringer Menge eingeführte BtM für den **Eigenverbrauch** bestimmt, so kann dies die Annahme eines minder schweren Falls nach § 30 II BtMG rechtfertigen (StV **00**, 621). Es gibt keinen Rechtsgrund, wonach das Überschreiten der eingeführten BtM-Menge um das Vierfache des Grenzwerts der „nicht geringen Menge" einen minderschweren Fall iS § 30 II BtMG stets ausschließt (StV **92**, 272 L); andererseits kann allein die Art des Rauschmittels (Haschisch) nicht regelmäßig die Annahme eines minder schweren Falles ohne Rücksicht auf die Menge rechtfertigen (NStZ **98**, 255). Erfasst ein Tatbestand Fälle von sehr unterschiedlicher Schwere (zB § 30 I Nr. 4 BtMG), so ist das Vorliegen eines minder schweren Falls besonders sorgfältig zu prüfen (BGH **31**, 169; **33**, 9; StV **83**, 202; 461; **84**, 286; BGHR § 46 II Wert. Fehler 3; § 250 II, Gef. 1; Düsseldorf StV **83**, 335; 508; *Körner* StV **83**, 474; MDR/S **82**, 882; **84**, 6; **91**, 1111, 1113; 3 StR 531/98).

87 Das **Verbot der Doppelverwertung** von Milderungsgründen (vgl. § 50) gilt nur für das Zusammentreffen von minder schweren Fällen mit § 49, nicht beim Zusammentreffen mehrerer Milderungsgründe nach § 49 (NStZ **88**, 128; 3 zu § 50). Bei tateinheitlichem Zusammentreffen kommt es auf den minder schweren Fall des Tatbestandes an, der die schwerste Strafe androht (4 StR 149/81). Unter den Voraussetzungen des § 47 II kann für minder schwere Fälle Geldstrafe auch in Betracht kommen, wenn diese nicht neben Freiheitsstrafe angedroht ist.

88 **B. Besonders schwere Fälle.** Bei besonders schweren Fällen (11 zu § 12) kommt es nur auf die Umstände an, die der Tat selbst innewohnen oder doch wenigstens in Zusammenhang mit ihr stehen, gleichgültig, ob es sich um objektive, subjektive oder die Persönlichkeit des Täters betreffende Umstände handelt. Ein Fall ist dann besonders schwer, wenn er innerhalb einer **Gesamtwürdigung** (oben 85) sich bei Abwägung aller Zumessungstatsachen nach dem Gewicht von Unrecht und Schuld vom Durchschnitt der praktisch vorkommenden Fälle so weit abhebt, „dass die Anwendung des Ausnahmestrafrahmens geboten ist" (BGH **28**, 319; NStZ **81**, 391; **83**, 407; StV **88**, 249; krit. zu dieser Formel *Foth,* Salger-FS 33; grds krit. *Hettinger*, Entwicklungen im Strafrecht (usw.), 1997, 35; *Calliess* NJW **98**, 929 ff.; *Zieschang* Jura **99**, 561, 563 ff.; *Hirsch,* Gössel-FS [2002] 287 ff.; *Krahl*, Tatbestand und Rechtsfolge, 1999, 3 ff.); dem steht das Vorliegen eines einzelnen Milderungsgrundes nicht entgegen (NJW **82**, 2265 m. Anm. *Bruns* JR **83**, 29).

89 **a) Unbenannte besonders schwere Fälle.** Soweit es sich um unbenannte besonders schwere Fälle (11 zu § 12) handelt, ist bei der Gesamtwürdigung zu beachten, dass bei Vermögensdelikten die Höhe des angerichteten Schadens von erheblicher Bedeutung, aber nicht allein ausschlaggebend ist (2 StR 624/80), ferner kann es in diesem Zusammenhang etwa auf gewerbs- oder bandenmäßige Begehung, auf den Missbrauch der Amtsgewalt oder auf die Amtsträgereigenschaft des Täters und bei Taten gegen Leib oder Leben auf die brutale Begehungsweise (19 zu § 212) ankommen; es müssen aber auch Besonderheiten der Persönlichkeit des Täters in die Gesamtwertung einbezogen werden (JZ **88**, 472; wistra **89**, 306). **Wiederholungstaten** können, insbesondere bei Hinzutreten besonderer Umstände, einen besonders schweren Fall begründen (and. ggf. bei gleichzeitiger Aburteilung; vgl. Jena NStZ **95**, 90 m. Anm. *Terhorst* JR **95**, 512). Auch **Gewohnheitsmäßigkeit,** die das Gesetz nicht nennt und die selten ohne Gewerbsmäßigkeit auftreten wird, kann zur Annahme eines besonders schweren Falles führen (*Corves* JZ **70**, 158; vgl. aber Prot. V/2461). **Gewerbsmäßigkeit** als Regelbeispielsfall nennen § 243 I Nr. 3, § 263 III Nr. 1, § 291 II Nr. 2; § 29 III Nr. 1 BtMG (StV **83**, 282; BGHR § 29 III 1 BtMG, gew. 2).

90 **b) Regelbeispiele.** Bei den **benannten** besonders schweren Fällen gibt das Gesetz selbst durch die **Regelbeispiele** (11 zu § 12; umf. dazu *Eisele*, Die Regelbeispielmethode im Strafrecht, 2004; *ders.*, Die Regelbeispielsmethode: Tatbestands- oder Strafzumessungslösung?, JA **06**, 309; zur *prozessualen* Behandlung vgl. *Rieß* GA **07**, 377 ff.) für die Gesamtwürdigung nähere Anhaltspunkte. Dass diese Regelungstechnik in der modernen Strafgesetzgebung „bevorzugt" sei (BT-Drs. 13/7164, 36), sagt nichts darüber, ob und inwieweit sie *sachgerecht* ist. Sie ist aber verfassungsgemäß (BVerfGE **45**, 363) und bietet nach hM die Möglichkeit flexibler

Handhabung und einer Präzisierung von Gesetzeszwecken in der staatsanwaltlichen und gerichtlichen Praxis.

Ist das Beispiel gegeben, so besteht eine **Vermutung** dafür, dass der Fall insgesamt als besonders schwerer anzusehen ist (vgl. wistra **04**, 339f. [zu § 263 III]). Die indizielle Bedeutung des Regelbeispiels kann aber durch andere Strafzumessungsfaktoren, die die Regelwirkung entkräften, kompensiert werden (vgl. zB NJW **87**, 2450; StV **89**, 432; BGHR § 176 III, StRahmW 5; NStZ/D **93**, 473; **94**, 174; 474; **01**, 42; vgl. *Maiwald* NStZ **84**, 438; *Wessels*, Lackner-FS 428); solche Umstände müssen jeweils für sich oder in ihrer Gesamtheit so gewichtig sein, dass sie die Indizwirkung des Regelbeipiels entkräften und die Anwendung des erhöhten Strafrahmens unangemessen erscheinen lassen (3 StR 36/01). Falls Unrecht oder Schuld sich vom Regelfall abheben, muss der Tatrichter im Rahmen einer Gesamtwürdigung die Angemessenheit des erhöhten Strafrahmens überprüfen (NStZ **82**, 425; **83**, 461; **84**, 27; StV **94**, 315). Wenn die Voraussetzungen des Regelbeispiels gegeben sind, bedarf es umgekehrt keiner zusätzlichen Prüfung, ob die Anwendung des erhöhten Strafrahmens im Vergleich zum Durchschnitt aller vorkommenden Fälle geboten ist (NStZ **04**, 265, 266). **91**

Insb. auch das Vorliegen eines **vertypten Strafmilderungsgrunds** kann, jedenfalls im Zusammenwirken mit allgemeinen Milderungsgründen, wenn diese hierfür allein nicht ausreichen, Anlass geben, trotz Vorliegens eines Regelbeispiels einen besonders schweren Fall zu verneinen (vgl. NStZ/S **93**, 377; NStZ-RR **03**, 297; BGHR BtMG § 29 III Strafrahmenwahl 4, 7; 5 StR 287/92; 4 StR 271/00). Zu beachten ist, dass die Bejahung eines minder schweren Falles eines schwereren Delikts (§ 30 II BtMG) nicht schon ohne weiteres der Annahme eines besonders schweren Falles eines leichteren Delikts (§ 29 III BtMG) entgegensteht (BGH **31**, 170; MDR/S **84**, 7). **92**

Den Regelbeispielen kommt darüber hinaus eine **Analogiewirkung** zu. Ist der Fall einem Beispielsfall ähnlich und weicht nur in gewissen Merkmalen, die nicht zu einer deutlichen Verringerung von Unrecht und Schuld führen, von dem Beispiel ab, so ist idR ein unbenannter besonders schwerer Fall anzunehmen; ebenso, wenn das Gewicht von Unrecht und Schuld eines nicht „ähnlichen" Falles dem eines Regelbeispiels entsprechen. **93**

Schließlich entfalten die Regelbeispiele eine **Gegenschlusswirkung;** die Bewertung einer nicht einem Regelbeispiel unterfallenden Tat als besonders schwerer hat sich an der gesetzlichen Vertypung einer wesentlichen Erhöhung von Unrecht und Schuld zu orientieren. So ist **zB,** wenn der Täter mit dem *richtigen* Schlüssel eindringt oder wenn er aus einem *offenen* Behältnis stiehlt, § 243 nicht gegeben, wenn nicht besondere, Unrecht und Schuld über den Durchschnittsfall hinaus erhöhende Umstände hinzutreten (1 StR 481/97; vgl. auch BGH **28**, 322). **94**

Konkurrenzen. Auf Grund des Charakters der Regelbeispiele als Strafzumessungsgründe (**aA** *Eisele* JA **06**, 309ff.) kann es zwischen Grundtatbestand und Regelbeispiel ebenso wenig Tateinheit geben wie zwischen dem Normalfall und seiner („unbenannten") Bewertung als besonders schwer (zu § 29 III S. 1/§§ 29a bis 30a BtMG: NStZ **94**, 39; StV **96**, 94; 267). Tateinheit scheidet auch aus, wenn mehrere Regelbeispiele einer Vorschrift verwirklicht sind. **Wahlfeststellung** innerhalb eines Regelbeispiels oder zwischen mehreren Regelbeispielsfällen ist zulässig (18 zu § 1; *Lackner/Kühl* 20). **95**

Kritik. In der Lit. werden gegen die Regelbeispielstechnik **Einwände** erhoben (vgl. *Arzt* JuS **72**, 385, 515, 576; *Freund* ZStW **109**, 455; *Hettinger* NJW **96**, 2263; *ders.*, Entwicklungen (usw.) 1997, 35; *Calliesss* NJW **98**, 929, 934f.; *Zieschang* Jura **99**, 561ff.; *Hirsch*, Gössel-FS [2002] 287, 301f. [„verfehlte Gesetzesfigur"]; *Maiwald*, Gallas-FS 137, 151ff.; *Gössel*, H.J. Hirsch-FS 183ff.; zust. zur Erweiterung durch das 6. StrRG aber *Meier*, Sanktionen, 155). Diese richten sich vor allem gegen eine mangelnde **Bestimmtheit** des Unrechtsgehalts durch den Gesetzgeber, welche die **Strafrahmenfestlegung** in weitem Umfang der Praxis überlässt, besonders schweres Unrecht im Gesetz und im Schuldspruch nicht mehr kennzeichnet, die **96**

an die Mindeststrafdrohung von 1 Jahr und damit die Einstufung als Verbrechen geknüpften materiellen und prozessualen Regelungen (zB §§ 30, 31, 78 IV, 261 I S. 2 Nr. 1; § 140 I Nr. 2 StPO) umgeht (§ 12 II) und mit dieser Regelungstechnik Probleme bei der Beurteilung des Versuchs, der Teilnahme, des Vorsatzes und der Verjährung schafft (vgl. schon *Maiwald* NStZ **84**, 433); darüber hinaus auch gegen eine widersprüchliche Verwendung von Regelbeispielen im Einzelfall (vgl etwa zu § 335 *König* JR **97**, 397, 400) und eine bisweilen willkürlich erscheinende **Abgrenzung zu Qualifikationen** (vgl. etwa § 176a I einerseits, § 177 II andererseits), die im Gesamtzusammenhang des BT keine Systematik mehr erkennen lässt (zutr. *Gössel,* H.J. Hirsch-FS 188ff.; *Hirsch*, Gössel-FS 287, 291).

96a **Die Kritik ist berechtigt.** Der Sache nach handelt es sich bei den Regelbeispielen um eine unklare Mischung von (unvollständigen) Qualifikationen und Auslegungshinweisen des Gesetzgebers; es können keine **Kriterien** benannt werden, in welchen Fällen tatbestandliche Qualifikationen und in welchen der Analogie offen stehende Beispiele Verwendung finden (vgl. auch NStZ-RR **04**, 262: Die die Regelbeispiele bestimmenden Umstände sind **„grds. wie Tatbestandsmerkmale zu behandeln"**). Da die **Verantwortung** für die Vervollständigung des Tatbestands vom Gesetzgeber auf das Gericht verschoben wird, entziehen sich überdies die Kataloge der Regelbeispiele den Anforderungen systematischer Folgerichtigkeit; dies führt zu systematisch unverständlicher, demonstrativ-symbolischer Verwendung (vgl. etwa § 240 IV mit „Regel"-Beispielen für Handlungen, zu denen man *besonders ungern* genötigt werden möchte).

97 **c) Versuch des besonders schweren Falles.** Einen „Versuch" des **unbenannten** besonders schweren Falles gibt es begrifflich nicht (*Dreher* MDR **74**, 57; LK-*Hillenkamp* 143 vor § 22; *W/Hillenkamp* 201 u. Lackner-FS 426, 431; *Krey* BT 2, 110; *Otto* JZ **85**, 24; *Laubenthal* JZ **87**, 1069; *Kindhäuser,* Triffterer-FS 133; hM). Nach stRspr und hM (**aA** *Jakobs* AT 6/99f.; *Kindhäuser,* Triffterer-FS 133f. und NK 58 zu § 243) gilt das aber auch für **Regelbeispiele,** weil ihre Merkmale keine Qualifikationsmerkmale, sondern ihrer Rechtsnatur nach bloße Strafzumessungsregeln sind (9ff. zu § 12; oben 84, 90; hM; krit. *Degener,* Stree/Wessels-FS 316). Es kann aber nach Rspr und hM der *Versuch selbst* ein (unbenannter) besonders schwerer Fall sein (NStZ-RR **97**, 293 [missverständlich dazu *Lackner/Kühl* 15; Verfahrensabschl. NStZ **99**, 45]; Bay NJW **80**, 2207; **aA** *Arzt* StV **85**, 104).

98 Umstr. ist hingegen, wie der **„Versuch" von Regelbeispielen** zu beurteilen und ob im Fall der Annahme eines besonders schweren Falles auch die Strafmilderung des § 23 II anwendbar ist (*Küper* JZ **86**, 524 Fn. 35; *Sternberg-Lieben* Jura **86**, 185). Der **BGH** hat zwar hervorgehoben, dass die gesetzlichen Strafbemessungsregeln (zB § 243) „nur die Frage des Strafmaßes" betreffen (**23**, 257); er nimmt aber zwischen solchen allgemeinen Strafzumessungsgründen und selbstständigen Qualifikationstatbeständen (zB § 250) „keinen tiefgreifenden Wesensunterschied" an; die Unterscheidung ist danach eher „eine formale Frage der Gesetzestechnik" (**26**, 173 [GrSen]; **29**, 368; **33**, 370, 374; krit. *Otto* JZ **85**, 24; *Gössel,* H.J. Hirsch-FS 193, 196ff.). Der BGH behandelt daher in stRspr die Regelbeispiele, weil sie einen erhöhten Unrechts- und Schuldgehalt typisieren, iErg weitgehend wie Tatbestandsmerkmale (**33**, 374 [Bespr. *Küper* JZ **86**, 518; *Schäfer* JR **86**, 522]; ebenso Bay NStZ **97**, 442 [m. Anm. *Wolters* JR **99**, 37; *Sander/Malkowski* NStZ **99**, 36; Bespr. *Graul* JuS **99**, 852]; *Gössel* aaO 183).

99 Abweichend von der früheren Rspr. setzt BGH **33**, 374 beim Versuch für den Eintritt der Regelwirkung daher nicht voraus, dass neben dem Grundtatbestand auch das Regelbeispiel verwirklicht wurde (so schon NStZ **84**, 262; **85**, 218; ebenso Bay NStZ **97**, 442; zust. ferner *G. Schäfer* JR **86**, 522; *Fabry* NJW **86**, 119; *M/Schroeder/Maiwald* 33/107; *Zipf* JR **81**, 119; SK-*Horn* 79; *Gropp* JuS **99**, 1041, 1050; iErg auch *Laubenthal* JZ **87**, 1069); dem geringeren Maß an Unrecht und Schuld kann danach durch die fakultative Strafmilderung des § 23 II (hierzu unten 104) ausreichend Rechnung getragen werden (BGH **33**, 377).

100 Gegen die Rspr des BGH werden in der **Literatur** Einwände erhoben (vgl. etwa LK-*Ruß* 36 zu § 243; *Lackner/Kühl* 15; MK-*Schmitz* 86ff. zu § 243; *M/Gössel/*

Zipf 40/125ff., *Gössel,* H.J. Hirsch-FS 192ff.; *ders.,* Tröndle-FS 358, 365; *Krey* BT/2, 125, 125a; *W/Hillenkamp* 195; *Otto* Jura **89**, 101; *R. Schmitt,* Tröndle-FS 314; *Degener,* Stree/Wessels-FS 305; *Zopfs* GA **95**, 324; *Zieschang* Jura **99**, 561, 565f.). Dabei besteht Einigkeit darüber, dass es für den Eintritt einer Regelwirkung jedenfalls nicht ausreichen kann, wenn der Täter allein zur Verwirklichung von Merkmalen von Erschwerungsgründen „unmittelbar ansetzt"; dies genügt vielmehr wie bei tatbestandlich umschriebenen Qualifikationsmerkmalen nur, wenn das Ansetzen zu der im Regelbeispiel umschriebenen Handlung also zugleich der **Versuchsbeginn des Grunddelikts** ist (BGH **31**, 182; LK-*Hillenkamp* 123 zu § 22). Beim Zusammentreffen von Versuchshandlungen mit Merkmalen von Regelbeispielen ist daher die Meinungslage nach **drei Fallgruppen** zu **unterscheiden** (hierzu auch SK-*Horn* 75ff.; *Wessels,* Lackner-FS 428; *Laubenthal* JZ **87**, 1069):

Wenn **Grunddelikt und Regelbeispiel versucht** sind (Einbrecher wird schon **101** beim Aufstemmen der Tür gestört), so ist nach BGH **33**, 370 (ebenso NStZ **84**, 262; Bay NStZ **97**, 442; zust. auch NK-*Kindhäuser* 61 zu § 243) der Strafrahmen des besonders schweren Falls anzuwenden, wenn der Tatentschluss sich auch auf die Verwirklichung des Regelbeispiels richtet und der Täter (auch) hierzu bereits unmittelbar angesetzt hat. Diese auf die subjektive Tatseite abstellende, auf einfache und einheitliche Handhabung abzielende (BGH **33**, 375f.) Behandlung der Indizwirkung kann aber nicht weiter reichen als die Anwendung der Versuchsregeln auf tatbestandliche Qualifikationen; die Regelwirkung tritt daher nicht ein, wenn zur Verwirklichung der Merkmale des Regelbeispiels noch nicht angesetzt ist (NStZ **95**, 339 [m. insoweit zutr. Anm. *Wolters*]). Dagegen lehnt die hM in der **Lit.** (vgl. *Lackner/Kühl* 15; *S/S-Eser* 58a zu § 22 und 44 zu § 243) in diesen Fällen jedenfalls eine Indizwirkung des Regelbeispiels ab und lässt teilweise eine Anwendung des erhöhten Strafrahmens allenfalls auf Grund einer hiervon unabhängigen „Gesamtbewertung" zu (*S/S-Eser* 44 zu § 243; SK-*Hoyer* 54 zu § 243).

Wenn das **Grunddelikt vollendet** und das **Regelbeispiel versucht** ist (Ein- **102** brecher stiehlt aus einem – unerwartet – unverschlossen gebliebenen Gebäude), so ist nach **hM** ein besonders schwerer Fall nicht ausgeschlossen (**aA** *Calliess* JZ **75**, 112, 117; NJW **98**, 929, 934f.), aber nicht auf die Indizwirkung des Regelbeispiels, sondern nur auf eine Gesamtwürdigung als „unbenannter" besonders schwerer Fall zu stützen (vgl. *Lackner/Kühl* 14; SK-*Hoyer* 54 zu § 243; *S/S-Eser* 42a zu § 243; jew. mwN). BGH **33**, 370, 376f. hat die Frage einer (unmittelbaren) Regelwirkung insoweit ausdrücklich offen gelassen (vgl. auch BGH **26**, 104f.; **29**, 322; Bay NJW **80**, 2207; Düsseldorf NJW **00**, 158f.); es könnte nahe liegen, hier (im Anschluss an BGH **33**, 370) im Wege eines „erst-recht"-Schlusses (vgl. *Küper* JZ **86**, 525; *Fabry* NJW **86**, 20) eine Indizwirkung zu bejahen. Für den Fall einer Vollendung des § 177 I und des Versuchs eines Regelbeispiels nach § 177 II Nr. 1 hat NStZ **03**, 602 eine Indizwirkung jedenfalls insoweit abgelehnt, als in diesem Fall nicht wegen *vollendeter* Vergewaltigung bestraft werden kann (so aber NK-*Frommel* 71 zu § 177); eine Anwendung des Strafrahmens des § 177 II (bei Schuldspruch nach § 177 I) kann danach nur auf eine Gesamtwürdigung als unbenannter besonders schwerer Fall gestützt werden.

Ist das **Regelbeispiel verwirklicht,** das **Grunddelikt nur versucht** (nach **103** dem Einbruch wird der Täter bei der Wegnahme überrascht), so ist nach allgM von der Regelwirkung auszugehen (NStZ **84**, 262; **85**, 217 m. krit. Anm. *Arzt* StV **85**, 104; Bay NJW **80**, 2207; Düsseldorf NJW **83**, 2712 u. MDR **85**, 160; Stuttgart NStZ **81**, 223; LK-*Ruß* 36 zu § 243 mwN; *Fabry* NJW **86**, 118; *Sternberg-Lieben* Jura **86**, 186; *Laubenthal* JZ **87**, 1069; *Zopfs* GA **95**, 320ff.); jedoch ist zu prüfen, ob der geringere Unrechtsgehalt der versuchten Tat die Regelwirkung nicht entkräftet.

Soweit der mit Strafe bedrohte **Versuch** einer Tat als besonders schwerer Fall **104** dem erhöhten Strafrahmen unterliegt, ist eine Strafrahmenmilderung nach §§ 23 II, 49 I auf diesen Strafrahmen anzuwenden (**BGH 33**, 377; LK-*Theune* 308; LK-*Laufhütte* 25 zu § 176; SK-*Horn* 75, 77; *S/S-Eser* 46 zu § 243; *S/S-Stree* 20 zu

§ 50; SK-*Samson* 38 zu § 243; *Lackner/Kühl* 15; NK-*Lemke* 17 zu § 50; *Maiwald* NStZ **84**, 437; *Sternberg-Lieben* Jura **86**, 187).

105 **d) Besonders schwerer Fall der Beteiligung.** Auch für die **Teilnahme** (Anstiftung, Beihilfe) gilt, dass die Vorschriften für besonders schwere Fälle keine Tatbestände aufstellen (oben 88). Ob die Teilnahme an einer Tat einen besonders schweren Fall darstellt, ist an Hand der Regelbeispiele in einer eigenen **Gesamtwürdigung** auf Grund des Gewichts der Beihilfehandlung festzustellen (StV **83**, 283 L), bei welcher freilich die Schwere der Haupttat zu berücksichtigen ist (BGHR § 250 II Beihilfe 1). Es muss also die **Teilnahmehandlung als solche** als besonders schwerer oder minder schwerer Fall zu werten sein (NStZ **81**, 394; **83**, 217; **92**, 373; MDR/H **82**, 101; StV **81**, 123; 549; 603; **82**, 206; **84**, 254; **85**, 411; **87**, 296; **96**, 87; NJW **83**, 54; **91**, 2499; BGHR § 29 III 4 BtMG, Geh. 2; BGHR § 53 I S. 1, 3a WaffG, Führen 1; wistra **07**, 183; stRspr.; *Bruns* GA **88**, 348; ähnlich iErg. wistra **00**, 55; *S/S-Stree* 44d vor § 38). Beim **Mittäter** gilt das entsprechend. Bei sukzessiver Mittäterschaft und Beihilfe wirkt ein Regelbeispiel auch gegen denjenigen, der dessen vorherige Verwirklichung durch einen anderen Beteiligten kennt und an der Vollendung mitwirkt (StV **94**, 240).

106 **8) Begründung der Strafzumessung.** Die Urteilsgründe müssen die **bestimmenden Zumessungserwägungen** darlegen (§ 267 III S. 1 StPO; vgl. BGH **24**, 268; MDR **84**, 241; NStZ **90**, 334). Eine erschöpfende Darstellung aller im Katalog (II S. 2) genannten Umstände ist weder erforderlich noch möglich (NJW **76**, 2220; **79**, 2621; StV **81**, 122; **93**, 72; wistra **82**, 226; JZ **89**, 652; NStZ **01**, 333; **06**, 227, 228; stRspr.). Ein sachlichrechtlicher Mangel liegt vor, wenn in den Urteilsgründen Umstände nicht berücksichtigt werden, die für die Bewertung des Unrechts- und Schuldgehalts im konkreten Fall von besonderer Bedeutung und von bestimmendem Gewicht sein mussten und deren ausdrückliche Einbeziehung in die Zumessungserwägungen daher erforderlich war. Die Frage, ob ein Umstand ein solches Gewicht hat, kann idR nur im Blick auf den Einzelfall beantwortet werden.

106a Aus der Begründung müssen sich Bedeutung und Gewicht der vom Tatrichter angeführten Strafzumessungstatsachen für die Bewertung des Unrechts- und Schuldgehalts der konkreten Tat ergeben (vgl. i. E. *Schäfer* StrZ 746ff.). **Unzureichend** ist daher eine Beschränkung der Zumessungsbegründung auf **inhaltsleere Formeln** (etwa: das Gericht halte eine bestimmte Strafe für „notwendig und ausreichend", für „tat- und schuldangemessen", für „erforderlich und ausreichend"; es habe „alle Umstände abgewogen" [vgl. NStZ **84**, 214]; usw.), wenn die zugrunde liegenden Tatsachen und Wertungen gar nicht benannt werden. Auf die allgemeine **Lebensführung** des Täters abstellende, **moralisierende** und **unsachliche Erwägungen** haben zu unterbleiben (NJW **87**, 2686; StV **98**, 76; **98**, 261; NStZ **02**, 646; **06**, 96; StraFo **03**, 215; 4 StR 687/96; 2 StR 332/03; 2 StR 135/06]); sie verstellen den Blick auf das richtige Ergebnis (StV **94**, 424) und gefährden den Bestand des Urteils, weil sie die Annahme nahe legen, der Tatrichter habe sich bei der Bemessung jedenfalls auch von sachfernen Gründen leiten lassen.

106b **Eventualbegründungen** etwa derart, dass das Gericht dieselbe Strafe auch bei abweichender Sachverhaltsfeststellung oder Rechtslage verhängt hätte (BGH **7**, 359; Schleswig SchlHA **78**, 182 Nr. 13), sind **unzulässig;** ebenso **Bezugnahmen oder Verweisungen** auf Zumessungsgründe und ihnen zugrunde liegende Feststellungen früherer Urteile, die im Rechtsmittelverfahren aufgehoben worden sind (BGH **24**, 275; NJW **77**, 1247; NStZ **92**, 49; StV **91**, 503; NStZ-RR **98**, 204; 2 StR 59/01; stRspr.; Köln MDR **79**, 865; Stuttgart OLGSt. 45 zu § 267 StPO). An **doppelrelevante Feststellungen,** die sich auf den (rechtskräftigen) Schuldspruch und den Strafausspruch beziehen, ist der Tatrichter nach Zurückverweisung gebunden, seine neuen Feststellungen dürfen dem nicht widersprechen (BGH **24**, 275; **29**, 366; **30**, 226).

107 **9) Absprachen über das Strafmaß.** Absprachen über das Verfahrensergebnis zwischen Gericht, StA und Verteidiger haben eine hohe praktische Bedeutung erlangt (vgl. dazu die Überblicke von *Landau/Eschelbach* NJW **99**, 321; *Kuckein/Pfister,* BGH-FS 50, 641; *Braun,* Die Absprache im deutschen Strafverfahren, 1998; *Weigend* NStZ **99**, 57; StV **00**, 63; *Kintzi,* Hanack-FS 177; *Rieß,* Meyer-Goßner-FS 645, 650ff.; *Wehnert* StV **02**, 219 [Wirtschaftsstrafverfahren]; *Meyer-*

Goßner, Schünemann-Symp [2005] 235 ff.; *Geiger*, Nehm-FS [2006] 269 ff.; *Gössel*, Böttcher-FS [2007] 79 ff.; jew. auch mit Nachw. zur umfangreichen Lit.; dazu auch *Meyer-Goßner* Einl. 119 f.; zu Absprachen in **ausländischen** Rechtsordnungen vgl. die Referate in ZStW **116** [2004], 113–187). Diese Entwicklung ist von kaum zu überschätzender Bedeutung für die zukünftige Gestalt des deutschen Strafrechts (vgl. auch zutr. *Harms*, Nehm-FS [2006] 289; *Schünemann* GA **06**, 378, 379). Zu den Begründungsmustern vgl. *Lie Lien*, Analytische Untersuchung der Ursachen des andauernden Streits um Absprachen, GA **06**, 129 ff.; zu dem Mangel an konzeptioneller Klarheit über die **Legitimationsgrundlage** vgl. *Weßlau* StraFo **07**, 1 ff. mwN).

A. Die **Zulässigkeit** von Absprachen ist in der Lit. vielfach bestritten worden (vgl. insb. *Schünemann*, Gutachten zum 58. DJT 1990 [dazu *Nestler*, Schünemann-Symp 2005, 15 ff.]; *ders.*, Rieß-FS [2002] 525 ff.; zusf. auch *ders.* GA **06**, 378, 379 f.) und auch heute noch str. (vgl. auch *Fischer* NStZ **07**, 433 ff.). Die wohl hM in der Literatur hält sie auf Grund des praktischen Gewichts, welches sie erlangt haben, für jedenfalls „unvermeidlich" oder notwendig (vgl. *Meyer-Goßner* Einl. 119 ff.). Diskutiert werden vor allem verfahrensrechtliche Anforderungen und Grenzen der Zulässigkeit sowie die Notwendigkeit einer möglichen **gesetzlichen Regelung** (vgl. dazu umf. u. a. *Braun* aaO; *Küpper/Bode* Jura **99**, 393; *Kuckein/Pfister,* BGH-FS 50, 641 ff.; *Geiger*, Nehm-FS [2006] 269 ff.; *Pfister* StraFo **06**, 349, 352 ff.; *Meyer-Goßner* NStZ **07**, 425 ff.; *ders.*, Böttcher-FS [2007] 105; *Duttge*, Böttcher-FS [2007] 53; *Fischer* NStZ **07**, 433 ff.; jew. mwN). **108**

Der **BGH** hat Absprachen lange Zeit kritisch gegenüber gestanden (vgl. *1. StS:* NStZ **94**, 196 [m. Anm. *Krekeler*]; **97**, 561; NStZ-RR **97**, 173; *2. StS:* BGH **36**, 214 [zust. *Hassemer* JuS **89**, 890; *Schünemann* JZ **89**, 986; abl. *Strate* NStZ **89**, 439]; **38**, 102; NStZ **97**, 611; wistra **96**, 68; *3. StS:* BGH **37**, 10 [m. Anm. *Weigend* JR **91**, 256 u. *Gatzweiler* NStZ **91**, 46]; **37**, 103; 304; *5. StS:* BGH **42**, 48 [m. Anm. *Kintzi* JR **97**, 78 u. *Zschockelt* NStZ **96**, 448]; **42**, 193; vgl. auch den Überblick bei *Kuckein/Pfister,* BGH-FS 50, 641, 649 f.; *Gössel*, Böttcher-FS [2007] 79). Der *4. StS* hat dann in der Entscheidung BGH **43**, 195 (Bespr. *Satzger* JA **98**, 98; *Rönnau* wistra **98**, 49; *Kintzi* JR **98**, 249; *Artkämper* NJ **98**, 409; *Eschelbach* JA **99**, 694) **Mindeststandards** für die Zulässigkeit von Verständigungs-Absprachen aufgestellt (ebd. 203 ff.; vgl. auch NStZ **04**, 342 [*3. StS*]; zur Befangenheit bei einseitiger Verhandlung BGH **45**, 312 [Anm. *Kintzi* JR **01**, 161]; zu den Auswirkungen einer Überschreitung des von BGH **43**, 195 gezogenen Rahmens NStZ **04**, 493; zusammenfassend *Beulke/Swoboda* JZ **05**, 67, 69 ff., *Meyer-Goßner* Einl. Rn. 119 d ff.). Diese Entscheidung wurde in der Rspr. der übrigen Senate als Grundlage der Diskussion mit Abweichungen im Einzelnen im Wesentlichen akzeptiert (vgl. die Nachw. bei *Kuckein/Pfister,* BGH-FS 50, 641, 651 f.; *Streng*, Schwind-FS [2006] 447 ff.) und auch in der **Literatur** positiv aufgenommen worden (vgl. zB *Lemke* NJ **98**, 41; *Artkämper* NJ **98**, 409; *Satzger* JA **98**, 98; *Kintzi* JR **98**, 249; Hanack-FS 177; *Weigend* NStZ **99**, 57; *Küpper/Bode* Jura **99**, 351; *Landau/Eschelbach* NJW **99**, 321; *Braun* StraFO **01**, 77; *Kölbel* NStZ **02**, 74 ff.; vgl. dazu auch *Ignor*, Die Urteilsabsprache und die leitenden Prinzipien der StPO, Strauda-FS [2006] 321 ff. mwN). Trotz dieser weitreichenden Zugeständnisse an den Druck der tatsächlichen Verfahrenspraxis warfen Teile der **tatrichterlichen Praxis** dem BGH weiterhin „Lebensfremdheit" und „Verkennung" vor (*Schmitt* GA **01**, 411 ff.; vgl. dazu *Weider* StraFo **03**, 406, 407; *Pfister* DRiZ **04**, 178, 181; *Harms*, Nehm-FS 2006, 289, 292 f.). **108 a**

B. Nach **neuerer Rspr des BGH** ist eine Absprache, die ein **Geständnis** des Angeklagten sowie eine zu verhängende **Strafe** zum Gegenstand hat, nicht unzulässig; jedoch soll sie unter dem Vorbehalt der uneingeschränkten Geltung des Schuldprinzips, der Aufklärungspflicht des Gerichts sowie der Beachtung wesentlicher Verfahrensgrundsätze stehen (so BGH **43**, 195 ff.). Auf den **Vorlage-Beschl**. des *3. StS* (NJW **04**, 2536; dazu *Satzger/Höltgemeier* NJW **04**, 2487; zuvor **Anfrage** NJW **03**, 3426 [dazu *Mosbacher* NStZ **04**, 52; *Grunst* NStZ **04**, 55; *Meyer-Goßner* NStZ **04**, 216; *Meyer* StV **04**, 41]; **Antworten** NStZ **04**, 164 [*1. StS*]; NJW **04**, 1396 [*2. StS*]; 4 ARs 32/03 [*4. StS*]; NJW **04**, 1335 [*5. StS*]; Überblick über die Rspr bei *Schröder* StraFo **03**, 412; *Meyer* StV **04**, 41 ff.; *Meyer-Goßner*, Kolloqium f. Walter Gollwitzer [2004]; *ders.* ZRP **04**, 187 ff.; vgl. auch *Schöch* NJW **04**, 3462) hat der **Große Senat** für Strafsachen durch Beschluss v. 3. 3. 2005 (BGH **50**, 40 = NJW **05**, 1140 [Besprechungen u. a. *Dahs* NStZ **05**, 580; *Seher* JZ **05**, 628; *Widmai-* **109**

er NJW **05**, 1985; *Duttge/Schoop* StV **05**, 421; *Rieß* JR **05**, 435; *Altenhain/Haimerl* GA **05**, 281; *Meyer-Goßner*, Böttcher-FS 2007, 105]) die Zulässigkeit der Urteilsabsprache im Allgemeinen sowie die von BGH **43**, 195 aufgestellten Mindestbedingungen bestätigt, diese aber teilweise präzisiert. Er hat hervorgehoben, die StPO kenne kein konsensuales Urteilsverfahren; die Einführung eines solchen im Wege der **Rechtsfortbildung** sei aber zur Sicherung der Funktionstüchtigkeit der Strafrechtspflege gleichwohl zulässig und geboten (vgl. NJW **05**, 1440, 1443f.).

110 Nach der Rspr des BGH (dazu u.a. *Gössel*, Böttcher-FS [2007] 79ff.; *Meyer-Goßner*, Böttcher-FS [2007] 105ff.) muss die Strafe, auch wenn sie Gegenstand einer Absprache war, *schuldangemessen* sein. **Unzulässig** ist die Vereinbarung einer **bestimmten Strafhöhe** („Punktstrafe"; vgl. BGH **43**, 195, 207; **50**, 40, 51; **51**, 84, 86 [= NJW **06**, 3362, 3363]; NStZ **99**, 571, 572; NStZ-RR **07**, 245, 246; auch KG NStZ-RR **04**, 176, 178); auf einer rechtsfehlerhaften Zusage beruht das Urteil regelmäßig (BGH **43**, 195, 211; **51**, 84, 86). Unzulässig sind Absprachen über die Anordnung von **Maßregeln** der Besserung und Sicherung (4 StR 17/98; 4 StR 268/98; vgl. aber NStZ **00**, 386, 387); insb. auch über die Anordnung der Sicherungsverwahrung (3 StR 452/04 = StV **05**, 372); ebenso Absprachen über die Anwendung von **Jugendstrafrecht** auf einen Heranwachsenden (NStZ **01**, 555). Zur Einbeziehung beabsichtigter **Bewährungsauflagen** vgl. Köln NJW **99**, 373 (Anm. *Kaetzler* wistra **99**, 253; einschr. BGHR StPO vor § 1, faires Verf., Vereinbarung 6). Unzulässig sind auch Vereinbarungen über den **Schuldspruch** (besonders „ungeschicktes" Beispiel etwa in 2 StR 523/06) ebenso das Verlangen nach einem Verhalten des Beschuldigten, das einem Zweck dient, der mit der angeklagten Tat und dem Gang der Hauptverhandlung in keinem inneren Zusammenhang steht (NJW **04**, 1396 [Bespr. *Weider* NStZ **04**, 339; *Schöch* NJW **04**, 3462]). Unzulässig ist eine Beteiligung des Gerichts an Vereinbarungen über einen **Rechtsmittelverzicht** (BGH[GrSen] **50**, 40, 56 [= NJW **05**, 1440, 1444ff.]; vgl. auch NStZ-RR **05**, 350). Ein Verzicht, der nach einer unzulässigen Absprache erklärt wird, ist grds. unwirksam; die Unwirksamkeit entfällt aber, wenn dem Berechtigten eine **qualifizierte Belehrung** dahingehend erteilt worden ist, dass er ungeachtet der Absprache und möglicher Empfehlungen der übrigen Verfahrensbeteiligten einschließlich seines Verteidigers frei ist, das Urteil anzufechten (vgl. ebd. 1446f.; zur Unwirksamkeit bei Fehlen der Belehrung NStZ **06**, 464; zur *Indizwirkung* der Belehrung für das Vorliegen einer Absprache 2 StR 523/07); auf eine solche Belehrung kann auch nicht verzichtet werden (NJW **07**, 1829). Dass ein Rechtsmittelverzicht unwirksam ist, wenn er durch Drohung mit rechtswidrigen prozessualen Maßnahmen (insb. Beantragung oder Anordnung sachlich nicht gebotener UHaft) zustande gekommen ist, folgt unabhängig hiervon schon aus rechtsstaatlichen Grundsätzen (vgl. BGH **45**, 227, 229f., 232f.; NJW **04**, 1885f.; StV **04**, 115, 116; 4 StR 84/04). Zur Anfechtung des Nicht-Einhaltens einer Absprache vgl. NJW **05**, 519.

111 **C. Kritik.** Die praktisch „entstandenen" und vom BGH teilweise legitimierten Absprache-Regeln stellen eine **Sonder-Verfahrensordnung** auf, welche die gesetzlichen Regelungen weithin beiseite lässt und insoweit an die Stelle der förmlichen Verfahrensordnung Postulate der *Sachgerechtigkeit* setzt. Für eine solche Ersatz-Gesetzgeberschaft fehlt der Rspr. allerdings schlicht die **Kompetenz** (*Pfeiffer* StPO 5. Aufl. Einl. 16b; *Duttge/Schoop* StV **05**, 22f.; krit. auch *Dahs* NStZ **05**, 580f.; *Rieß* StraFo **06**, 13; *Fischer* NStZ **07**, 433, 434). Eine **Legitimation,** die StPO außer Acht zu lassen, weil die Strafjustiz „überlastet" sei und der staatliche Strafanspruch – als sei ein *Notstandsfall* gegeben – „unter den gegebenen Bedingungen ... so gut wie möglich" (BGH[GrSen] **50**, 40, 53 = NJW **05**, 1440, 1443) verwirklicht werden müsse, ist nicht ersichtlich und besteht insbesondere nicht *deshalb*, weil Teile der Justiz das geltende Recht wegen angeblicher „Effektivität", zur Bewältigung ihrer beklagten Überlastung, als Umgehung eines als zu umständlich angesehenen Prozess-, insb. Beweisrechts oder aus mancherlei anderen Gründen nicht mehr zu beachten wünschen, weil sich dies mit Interessen von Beschuldigten und Strafverteidigern *zuweilen* (!) deckt und weil diese Gründe als angeblich sachliche Gebote der sog. *Modernisierung* ausgegeben werden. Darüber hinaus ist zu bezweifeln, dass die Vorgaben des BGH die angesprochenen Probleme tatsächlich lösen (skeptisch auch NK-*Streng* 85f.; *Bieneck* wistra **04**, 470, 472; ablehnend *Harms*, Nehm-FS [2006] 289, 294ff.; *Schünemann*, Wetterzeichen vom Untergang der deutschen Rechtskultur, 2005; *Fischer* NStZ **07**, 433, 434f.; **aA** *Altenhain/Haimerl* GA **05**, 281ff.).

a) Das Abspracheverfahren führt zu **Ungerechtigkeiten,** da es Täter bevorzugt, die Vereinbarungs-Stoff bieten und verteidigt sind. Es führt zu **Sonder-Verfahrensordnungen** in Wirtschafts-, Umwelt-, Steuer-, und BtM-Strafsachen (vgl. auch *Kühne,* Müller-Dietz-FS 419, 423ff.); auch im Bereich des Sexualstrafrechts. Wer sich dem als Beschuldigter verweigert, geht uU ein hohes Strafmaß-Risiko ein (vgl. zB 4 StR 84/04), obgleich die ausgelobten angeblichen hohen Strafnachlässe für „kooperatives" Verhalten *statistisch* kaum nachweisbar sind (vgl. *Albrecht*, Strafzumessung bei schwerer Kriminalität, 1994, 341, f., 420f.; *Streng*, Schwind-FS [2006] 447, 450f.). Der oft hervorgehobene *Opferschutz* (zur zeitweisen Beliebigkeit der Verwendung dieses Topos vgl. auch *Hörnle* JZ **06**, 950) wird zur wohlfeilen Legitimation für ein Verfahren nach Maßgabe persönlichen Gutdünkens oder „ortsüblicher" Gepflogenheiten; die Geschädigten selbst werden oft weder gefragt noch haben sie eine Möglichkeit, unangemessene Ergebnisse zu verhindern oder anzufechten (vgl. auch *Gössel*, Blomeyer-GedS [2004] 759, 766). Der „noch zulässige" Bereich der sog. „**Sanktionsschere**" ist praktisch nicht kontrollierbar; es spricht einiges dafür, dass die bei Absprachen angeboteten „*Obergrenzen*" in Wahrheit oft nach allgemeinen Strafzumessungs-Grundsätzen gefundene Prognosen *angemessener* Strafen sind, denen zwecks Verkürzung des Prozesses überhöhte „*Droh*"-Strafmaße gegenüber gestellt werden (zutr. *Streng*, Schwind-FS [2006] 447, 465f.). **111a**

Die **Einhaltung der Grenzen** zulässiger Absprachen entzieht sich – nach dem *Wesen des deals* – desto mehr der Kontrolle, je weniger diese Grenzen beachtet werden. Wenn sich die am Verfahren professionell Beteiligten darauf *einigen*, das geltende Recht nicht zu beachten (treffend *Weider* StraFo **03**, 407: „unselige Allianz"; vgl. auch *Meyer* StV **04**, 42; *Meyer-Goßner* NStZ **04**, 216f.; *ders.*, Gollwitzer-Kolloqium [2004] 161, 181; *ders.*, Schünemann-Symp [2005] 235, 242f.), so ist dieses, wie ja gerade die Entwicklung des Absprachewesens zeigt, am Ende (vgl. zB die Schilderung bei *Jungfer* StV **07**, 380, 383: Vereinbarung der Vorlage des *Entwurfs der Urteilsgründe* zur *Genehmigung* durch den Verteidiger!). Bloße *Begriffs*-Konstruktionen können dies nur verschleiern, nicht aber ändern; und es ist schwer verständlich, dass der *Große Senat* einerseits die Absprache-Praxis als „nachhaltige Gefahr für ... unverzichtbare Anliegen eines rechtsstaatlich geführten Strafverfahrens" bezeichnet (BGH **50**, 40, 56), andererseits aber *zugleich* eine gesetzliche Regelung eben dieser Praxis zur Verhinderung eines *notstands*-ähnlich beschriebenen Zustands (BGH **50**, 40, 53) erbeten hat. Es bleibt dabei schon unklar, auf was sich die Hoffnung stützt, Richter und Staatsanwälte, die sich schon bislang weder an das Gesetz selbst – das einen (noch dazu: ausgehandelten) Strafnachlass für „taktische" Geständnisse (oder gar dafür, es dem Gericht bequem gemacht zu haben), beim besten Willen nicht vorsieht – noch an die Vorgaben des Obersten Gerichtshofs zu den Grenzen der Absprache gehalten haben, würden dies tun, sobald diese Grenzen im Gesetz geregelt sind (*Fischer* NStZ **07**, 433, 435). **111b**

b) Die höchstrichterlich festgelegten Grenzen werden vielfach in augenzwinkerndem Einverständnis der Verfahrensbeteiligten *bewusst* nicht beachtet oder umgangen. Diese Auswüchse sind möglich, da die **Abschaffung von Kontrolle** gerade den *Kern* der Entformalisierung darstellt (vgl. *Harms*, Nehm-FS 2006, 289). Dahinter steht die Ansicht, auf die Einhaltung formeller gesetzlicher Regeln des Verfahrens komme es nicht an, wenn die „Gerechtigkeit", die (eigene) Lebenserfahrung oder die (angebliche) praktische Notwendigkeit ihre Missachtung gebieten. Diese **Abwendung von den schützenden Formen des Strafprozesses** **111c**

widerspricht jeder rechtspolitischen Erfahrung, aber auch geltendem Verfassungsrecht (BVerfG 2 BvR 136/05 v. 14. 6. 2007, Rdn. 82f. [unten 112]; vgl. auch *Schünemann* StraFo **05**, 177, 180 mwN).

111 d Die Verfahrens-**Wirklichkeit** kann daher von den postulierten Standards nicht gesteuert werden (vgl. auch *Schünemann* ZStW **114** [2002] 1, 29; *Erb*, Blomeyer-GedS [2004] 743, 745 ff.; *Streng*, Schwind-FS [2006] 447 ff.), denn wenn der Schwerpunkt des „Verhandelns" in ein *informelles* Verfahren verlagert wird, können die Restbestände des förmlichen Verfahrens *unmöglich* in einer Weise organisiert werden, die eine effektive Rechtskontrolle noch möglich macht (zutr. Hinweis auf die *faktischen* Gegebenheiten bei *Altenhain/Haimerl* GA **05**, 281, 298 f.): In der Sache lassen sich weder eine „Strafobergrenze" von einer bestimmten Strafhöhe noch eine „Erwartung der Rechtskraft" von der Zusage eines **Rechtsmittelverzichts** sinnvoll abgrenzen. Da die erwünschten Vereinbarungen ohne *informell* bindende Zusagen gar nicht geschlossen werden (*insoweit* zutr. *Schmitt* GA **01**, 422; unklar *Mosbacher* NStZ **04**, 52, 53; vgl. auch NStZ **02**, 219 [Bespr. *Weider* NStZ **02**, 174]), geben Akteninhalt und Hauptverhandlungsprotokolle die Wirklichkeit oft bestenfalls annähernd wieder (vgl. etwa *Weider* StV **01**, 595; praktische Beispiele bei *Bernsmann*, in: *Goldbach* [Hrsg.], Der Deal mit dem Recht, 2004, 21, 23 ff.): Das Verbot von **Vereinbarungen über den Schuldspruch** (vgl. etwa 2 StR 523/06: Verneinung von § 250 II Nr. 1, obwohl nach den Feststellungen das Opfer mit einem vorgehaltenen Messer [!] zur Fahrt in seine Wohnung und Herausgabe gezwungen wurde, nach [nicht protokollierten] „Vorgesprächen") wird durch **Absprachen über den (zu gestehenden) Sachverhalt** (zB Anzahl von Einzeltaten; Schadenshöhe; Bewaffnung; Beteiligungsformen; usw.) **umgangen** (vgl. *Gössel*, Blomeyer-GedS [2004] 759, 771; *Hammerstein* StV **07**, 48, 50); ausgehandelt wird, wenn der Deal halbwegs geschickt gehandhabt wird, nicht die (rechtsbeugende) Falsch-Anwendung des materiellen Rechts auf festgestellte Sachverhalte, sondern das **Maß an Wahrheit,** das diesen Feststellungen innewohnt (vgl. *Dencker* StV **94**, 503 ff.). Die Hoffnung, dies durch die Anforderung an **Protokollierungen** verhindern oder steuern zu können, ist pures Wunschdenken und rational nicht begründet: Die Informalität bahnt sich selbstverständlich alsbald ihren Weg *unter* solchen Anforderungen hindurch (vgl. *Fischer* NStZ **07**, 433, 434).

111 e Die große Mehrzahl rechtsstaats*widrig* „ausdealter" Entscheidungen gelangt, da die Beteiligten sich an die Absprache halten, in die Statistik „erfolgreicher" Erledigungen. Sie bringen den **Beschuldigten** milde Urteile, den **Richtern** und **Staatsanwälten** gute Beurteilungen (sowie kurzfristig Freizeit, längerfristig Stellenstreichungen), den **Verteidigern** den Ruf des Erfolgs und Geld für wenig Arbeit. In dem kleinen Rest *gescheiterter* Absprachen (vgl. dazu *Meyer-Goßner* StraFo **03**, 401 ff.; *Harms*, Nehm-FS [2006] 289, 294 ff.) fällt dem Revisionsgericht die befremdliche Aufgabe zu, eine „Kontrolle" der Beurteilung (erkennbar) *fiktiver* Sachverhalte und der Einhaltung angeblich „strenger" *Rechts*-Regeln durchzuführen, die in der Mehrzahl der Fälle augenzwinkernd beiseite gelassen werden.

112 Das **BVerfG** hat im Jahr 1987 entschieden (NStZ **87**, 419), der Rechtsstaatsgrundsatz verbiete einen „Vergleich im Gewande des Urteils"; zulässig sei freilich eine Verständigung zwischen Gericht und Verfahrensbeteiligten über Stand und Aussichten der Verhandlung (vgl. auch StV **00**, 3). In der Entscheidung vom 14. 6. 2007 (2 BvR 1447/05, 2 BvR 136/05) hat das Gericht (zu § 354 I a StPO) ausgeführt: „Strafzumessung auf der Grundlage eines lückenhaften oder sonst korrekturbedürftigen Sachverhalts verletzt den verfassungsrechtlich abgesicherten Anspruch eines Angeklagten auf ein **faires Verfahren** in Verbindung mit dem ebenfalls mit Verfassungsrang ausgestatteten (vgl. BVerfGE **69**, 1, 35; stRspr) Verhältnismäßigkeitsgrundsatz" (ebd. Rn. 82) … Eine notwendige Ausformung des Prozessgrundrechts des fairen Verfahrens ist im Strafverfahren die Gewährleistung einer tragfähigen Grundlage der Strafzumessung. Zu diesem Zweck sind die Strafgerichte zur **bestmöglichen Klärung des Sachverhalts** (…) verpflichtet. Zentrales Anliegen des Strafprozesses ist die Ermittlung des **wahren Sachverhalts**, ohne den das materielle Schuldprinzip sich nicht verwirklichen lässt (BVerfGE **57**, 250, 275). Strafe (…) darf nur dann verhängt werden, wenn ihre tatsächlichen Voraussetzungen durch die Gerichte zuvor *genauestens geprüft* worden sind …" (ebd. Rn. 83). Vor diesem verfassungsrechtlichen Hintergrund kann die gängige Absprache-**Praxis**, die weithin das Aushandeln von nach *Kenntnis aller Beteiligten* **unzutreffenden Sachverhalten** sowie einen unwürdigen Handel mit staatlichen Sanktionen zum Gegenstand hat, nurmehr erstaunen; noch mehr aber die Beflissenheit, mit der

Revisionsgerichte und Rechtspolitik die sog. *Lebensnähe* der (angeblich zusammenbrechenden) „Front" zu ihrem eigenen Anliegen gemacht haben.

Eine **gesetzliche Regelung** wird seit längerem erwogen (vgl. die Überblicke bei *Jahn/Müller* JA **06**, 681 ff.; *Meyer-Goßner* NStZ **07**, 425 ff.). In den Jahren 2001 und 2004 sind vom BMJ Diskussionsentwürfe vorgelegt worden (vgl. auch *Däubler-Gmelin* StV **01**, 359, 362; dazu u. a. *Meyer-Goßner* ZRP **04**, 187 ff.; *Geiger*, Nehm-FS [2006] 269 ff.; krit. *Schünemann* StraFo **04**, 293, 295; **Alternativvorschläge** zB von *Matt/Vogel*, Strauda-FS [2006] 391 ff.; **Meyer-Goßner** NStZ **07**, 425 ff.; zu den verschiedenen Entwürfen vgl. auch *Altenhain/Hagemeier/Haimerl* NStZ **07**, 71 ff.). Der **GrSen** hat an den Gesetzgeber appelliert, „die Zulässigkeit und, bejahendenfalls, die wesentlichen rechtlichen Voraussetzungen und Begrenzungen von Urteilsabsprachen gesetzlich zu regeln" (BGH [GrSen] **50**, 40, 64). Dieser Appell wurde als *Gesetzgebungsauftrag* verstanden (vgl. Koalitionsvertrag vom 11. 11. 2005, Kap. VIII, Rn. 5908 f.; zum **RefE** [Stand: 18. Mai 2006] vgl. u. a. *Weßlau* StraFo **07**, 1). Die **Generalstaatsanwälte** haben ein Eckpunktepapier vorgelegt (vgl. NJW Nr. 1–2/2006, Umschlagseite XVI). Der Strafrechtsausschuss der **BRAK** hat einen Entwurf veröffentlicht (vgl. ZRP **05**; 235 ff. [dazu *Landau/Bünger* ZRP **05**, 268; *Meyer-Goßner* StV **06**, 485]), der vom Strafrechtsausschuss des **DAV** scharf kritisiert wurde (StraFo **06**, 89 ff.) wurde. Ein von Niedersachsen vorgeschlagener **GesE** (BR-Drs. 235/06; vgl. dazu *Heister-Neumann* ZRP **06**, 137) ist vom BRat im BTag eingebracht worden (BT-Drs. 16/3659; 16/4197). Ein **GesE der BReg** ist angekündigt (vgl. dazu auch *Ignor*, Strauda-FS [2006] 321 ff.; *Leitner*, Die Verständigung im Strafverfahren aus Sicht der Verteidigung, Strauda-FS [2006] 365 ff.; zum Stand *Meyer-Goßner* NStZ **07**, 425 ff.; *Fischer* NStZ **07**, 433 ff.); die Diskussion des fortentwickelten **RefE des BMJ** war bei Redaktionsschluss der 55. Aufl. noch nicht abgeschlossen. 113

10) Prüfung der Strafzumessung durch das Revisionsgericht. Grds ist die Strafzumessung **Aufgabe des Tatrichters.** Welchen Umständen er bestimmendes Gewicht beimisst, ist im Wesentlichen seiner Beurteilung überlassen (stRspr.; vgl. etwa BGH **3**, 179; **24**, 286). Eine ins Einzelne gehende Richtigkeitskontrolle durch das Revisionsgericht ist ausgeschlossen; es darf nur nachprüfen, ob dem Tatrichter bei seiner Entscheidung ein **Rechtsfehler** unterlaufen ist (stRspr.; vgl. zB BGH **29**, 319, 320; **34**, 349; NStZ **98**, 188; **01**, 333; 06, 568; NStZ-RR **97**, 196; wistra **96**, 105; **97**, 181; **99**, 417; **99**, 227; **06**, 343, 344; StV **02**, 20; 1 StR 748/96; 3 StR 40/97; 5 StR 389/97; 1 StR 340/99; 2 StR 573/99; 5 StR 87/04; 5 StR 372/04). 114

A. Prüfungsmaßstab. Eine **exakte Richtigkeitskontrolle** durch das Revisionsgericht ist ausgeschlossen (BGH **29**, 319, 320; wistra **04**, 262, 263); in Zweifelsfällen hat das Revisionsgericht die Wertung des Tatrichters zu respektieren (BGH **29**, 320; NJW **77**, 639; NStZ **82**, 465; **88**, 452; BGHR vor § 1, msF, Ges-Würd. ff. 1; BGHR § 46 I, Beurt. Rahm. 1; wistra **93**, 297; BGHR § 46 I Strafh. 12 [Rechtsbeugung einer DDR-Richterin]; Schleswig BA **81**, 370; Karlsruhe Die Justiz **81**, 321; *Bruns* 311 u. NStrZR 13). Das gilt auch für die Bildung der Gesamtstrafe (vgl. aber 14 zu § 54) und für die Entscheidung über die Aussetzung der Vollstreckung zur Bewährung (25 zu § 56; wistra **99**, 297). Unter **verfassungsrechtlichem** Blickwinkel darf die Strafe gem. Art. 2 I iV mit Art. 1 I GG die Schuld des Täters nicht übersteigen; sie muss nach stRspr des BVerfG in einem *gerechten Verhältnis* zur Schwere der Tat und zur Schuld des Täters stehen (vgl. zB BVerfGE **20**, 323, 331; **25**, 269, 285 ff.; **50**, 5, 12). **Grundrechte** des Betroffenen sind verletzt, wenn die Strafzumessung sich so weit von dem Gedanken eines gerechten Schuldausgleichs entfernt, dass sie als objektiv willkürlich erscheint (BVerfGE **18**, 85, 92 ff.; **54**, *100, 108;* **95**, 96, 141). 115

Das **Revisionsgericht** hat idR einzugreifen, wenn schon der **Strafrahmen** unzutreffend bestimmt ist (oben 16 ff.). Bei der **konkreten Strafzumessung** ist dagegen eine Sachrüge nach stRspr grds. nur dann erfolgreich, wenn der Tatrichter rechtlich anerkannte Strafzwecke außer Betracht gelassen (vgl. BGH **29**, 320; **34**, 349 [GrSen]) oder einzelnen Strafzumessungsgründen erkennbar ein zu hohes oder zu geringes Gewicht beigemessen hat oder wenn sich die Strafe nach oben oder unten von ihrer Bestimmung löst, **gerechter Schuldausgleich** zu sein, also **unvertretbar hoch oder niedrig** ist (stRspr.; vgl. **zB** NJW **90**, 846; **95**, 2234; wistra **90**, 98; **93**, 297; BGHR § 46 I, BeurtR 7; NStZ **90**, 334; **92**, 381 [m. Anm. *Pauli* 115 a

NStZ **93**, 233]; NStZ-RR **96**, 116; 133; **06**, 140f. [zu § 224] StV **90**, 494; wistra **92**, 254 [betrügerische kassenärztliche Abrechnung]; **01**, 177 [Einzelstrafensumme 15 Jahre 5 Mon. bei 10 Fällen des Warenbetrugs; Gesamtschaden 17600 DM]; 1 StR 724/96; 4 StR 432/97; 5 StR 664/99 [Landfriedensbruch]; 3 StR 546/00 [11 Mon. Freiheitsstrafe für Abgabe von 1 Gramm Haschisch]; NStZ **01**, 419 [10 Jahre für „durchschnittliche" Vergewaltigung nach § 177 IV Nr. 1]; StraFo **03**, 246 [4 Jahre für Spontantat eines sexuellen Missbrauchs ohne nachteilige Folgen bei geständigem, nicht vorbestraften Täter]; 5 StR 51/06 [2 Jahre mit Bewährung wegen versuchten Raubs in TE mit gefährl. Körperverletzung *noch* vertretbar]; wistra **06**, 428; 5 StR 324/06 [jeweils unvertretbar hoher Strafabschlag wegen Verfahrensverzögerung durch Tatgericht]; NStZ-RR **06**, 337 [Mindeststrafe trotz gravierender Erschwerungsgründe]; 5 StR 324/06 [Bewährungsstrafen für jahrelange gewerbsmäßig Umsatzsteuer-Karusselle mit Schäden in Millionenhöhe]; wistra **07**, 145 [Bewährungsstrafen bei hochkriminellen, organisierten Steuerhinterziehungen schuldunangemessen]; 3 StR 176/07 [Mindeststrafe bei Einfuhr von 1 kg Heroin unvertretbar]; Karlsruhe NJW **03**, 1825f. [Freiheitsstrafe für Bagatelltat]; Stuttgart NStZ **07**, 37 [2 Monate wegen Leistungserschleichung von 1,65 €]; vgl. auch Karlsruhe NStZ-RR **97**, 248; Braunschweig NStZ-RR **02**, 75; Stuttgart Die Justiz **03**, 19).

116 Je mehr sich die im Einzelfall verhängte Strafe dem oberen oder unteren Rand des Strafrahmens nähert, desto höher sind idR die Anforderungen an eine erschöpfende Würdigung und umfassende Abwägung der Strafzumessungstatsachen (NStZ-RR **03**, 52). Die Verhängung der **Höchststrafe** (MDR/H **78**, 623; NStZ **83**, 268; StV **84**, 152; 4 StR 519/96), der Höchstgesamtstrafe (2 StR 347/83) oder einer der zulässigen Höchststrafe sich annähernden Strafe (BGH **46**, 138; DAR **86**, 194; StV **87**, 530; **92**, 271; weitergehend *Bruns,* Engisch-FS 708; Henkel-FS 287; *Mösl* DRiZ **79**, 166; NStZ **81**, 132; **82**, 148; **84**, 493; *Theune* StV **85**, 207; **87**, 498; NStZ **88**, 307) bedarf sorgfältiger Begründung. Sie ist aber selbst bei Vorliegen eines vertypten Milderungsgrunds nicht ausgeschlossen (vgl. zB 5 StR 172/07). Die Verhängung der **Mindeststrafe** ist trotz Vorliegens straferschwerender Umstände nicht zu beanstanden, wenn der Tatrichter in einer umfassenden Würdigung den strafmildernden Gesichtspunkten ein solches Gewicht beimisst, dass ihm die Mindeststrafe insgesamt angemessen erscheint (2 StR 573/99). Bei **Bagatell**-Taten können die Anforderungen an einen gerechten Schuldausglich und die Beachtung des Übermaßverbots gebieten, auf das gesetzliche Mindestmaß zu erkennen (Stuttgart 1 Ss 575/05 [Schwarzfahren]).

117 **B. Eigene Sachentscheidung.** Eine eigene originäre Zumessungskompetenz des Revisionsgerichts sah das Gesetz bis zum 1. JuMoG (unten 119) nur in den in § 354 Abs. 1 StPO aufgezählten Fällen vor. Eine eigene Sachentscheidung des Revisionsgerichts ist danach schon nach § 354 I StPO insoweit zulässig, als ein *Spielraum* für das dem Tatrichter vorbehaltene Ermessen nicht bleibt (vgl. BVerfG NStZ **04**, 273; 1 StR 571/03; 1 StR 526/03 [in NStZ **05**, 33 nicht abgedr.]; 1 StR 181/04; 5 StR 459/06 [zeitige Höchststrafe]). **Fehlende Einzelstrafen**-Festsetzungen können uU vom Revisionsgericht nachgeholt werden (vgl. zB 1 StR 44/04; 1 StR 378/04). Eine entsprechende Anwendung des § 354 I ist namentlich auch zur Festsetzung der gesetzlichen Mindeststrafe möglich (stRspr.; vgl. zB wistra **06**, 460f.). Der BGH hat aber im Einzelfall, namentlich zur Vermeidung unvertretbarer weiterer Verfahrensverzögerung, auch sonstige Herabsetzungen der Strafe auf § 354 I StPO gestützt (vgl. wistra **07**, 231).

117a Die restriktiven Grundsätze für die Überprüfbarkeit der Strafzumessung sind durch die Praxis der Absprachen (oben 107ff.) und in der Konsequenz zunehmender Eingriffstiefe in die Beweiswürdigung (insoweit zutr. *Schlothauer* StraFo **00**, 289, 292) unter Druck geraten; darüber hinaus misst der BGH, namentlich auch bei der Überprüfung von Gesamtstrafenbemessungen (vgl. dazu 13a zu § 54), dem Gesichtspunkt der Einzelfallsgerechtigkeit zunehmend höheren Stellenwert zu.

Neben den Fällen des § 354 I StPO hat sich daher im Laufe der Zeit eine Praxis der revisionsgerichtlichen *Quasi-Zumessung* entwickelt, die *formal* an der Frage des **Beruhens** (§ 337 StPO) angefochtener Urteile auf einem Rechtsfehler in der Strafzumessung anknüpft: Fehlerhafte Strafrahmen-Bestimmungen durch das Tatgericht führen nicht zur Aufhebung, wenn das Revisionsgericht nach dem Gesamtzusammenhang der Strafzumessungsgründe *ausschließen* kann, dass die Anwendung des zutreffenden Rahmens zu einer dem Revisionsführer günstigeren Strafe geführt hätte (vgl. zB BGHR § 46 I Strafhöhe 17, 19; BGHR BtMG § 31 Nr. 1 Strafrahmenverschiebung 1; 4 StR 161/96; 5 StR 55/98; 2 StR 234/98; 4 StR 448/01; vgl. den Überblick bei *Frisch* StV **06**, 431, 432 mwN). Sicher *ausschließen* könnte man das Beruhen einer konkreten Strafe auf einem fehlerhaft bestimmten Strafrahmen freilich nur dann, wenn man annähme, der gesetzliche Strafrahmen habe für den Tatrichter gar keine Rolle gespielt. Dies wäre nach der gesetzlichen Grundentscheidung aber verfehlt. Daher ist eine Differenzierung danach, ob die konkret verhängte Strafe an der Ober- oder Untergrenze des (unzutreffenden!) Strafrahmens liegt (vgl. etwa BGHR § 46 I Strafhöhe 19), widersprüchlich.

Entsprechendes gilt für Fehler bei der Zumessung der konkreten Strafe und sonstige Fehler der Strafzumessung. Die Rspr hat *im Ergebnis* nicht das Beruhen der *verhängten* Strafe auf dem festgestellten Rechtsfehler im Blick, sondern eine *Prognose*, ob die (vom neuen Tatrichter) *zu verhängende* Strafe auf einer Aufhebung „beruhen" könnte (oder sollte). Mit der *revisions*rechtlichen Regelung des § 354 I StPO hat dies nur noch wenig zu tun (vgl. BVerfG NStZ **04**, 273). Die Sachentscheidungen des BGH in Fragen der Strafzumessung stehen daher nicht stets in Übereinstimmung mit den vom Gericht sonst oft betonten engen Grenzen revisionsrechtlicher *Richtigkeits*-Kontrolle (vgl. *Junker*, Die Ausdehnung der eigenen Sachentscheidung in der strafrechtlichen Rechtsprechung des BGH, 2002, 97; zur Einschränkung vgl. BVerfG NStZ **04**, 273; *Schwarz*, Die eigene Sachentscheidung des BGH in Strafsachen, 2002, 54 ff., 78 ff.; vgl. auch *Rissing-van Saan* GA **03**, 901; 13 a zu § 54). 118

C. Durch **§ 354 Abs. I a und I b StPO** idF durch das JuMoG v. 24. 8. 2004 (BGBl I 2198) sind noch weiter gehende Möglichkeiten für eigene Sachentscheidungen geschaffen worden. Durch die Vorschrift wird erstmals dem Revisionsgericht eine eigene Strafzumessungs-Kompetenz eingeräumt; zugleich findet erstmals wird wird Die Vorschrift ist, bei Einhaltung enger Anwendungsgrenzen, **verfassungsgemäß** (BVerfG, Beschl. v. 14. 6. 2007, 2 BvR 1447/05, 2 BvR 136/05, Rdn. 73 ff.). 119

a) Die *Gesetzesmaterialien* zum 1. JuMoG lassen eine klare Abgrenzung zwischen Fällen des Abs. I und solchen des Abs. I a vermissen. Nachdem zunächst ein nur enger Anwendungsbereich der Vorschrift angenommen wurde (Celle NStZ **05**, 163, 164), hat sich die Rspr des **BGH** alsbald in Richtung auf eine sehr *weite* Auslegung entwickelt (vgl. etwa StV **05**, 9 f.; **05**, 75 f.; Überblick zur praktischen Anwendung bei *Maier/Paul* NStZ **06**, 82; *Senge*, Dahs-FS [2005] 475, 481 ff.; *ders.*, StraFo **06**, 309; Kritik etwa bei *Franke* GA **06**, 261, 263 f.; *Leipold* StraFo **06**, 305 ff. mwN). Danach soll **§ 354 I a S. 1** zB auch bei zu Ungunsten des Angeklagten eingelegten Revisionen der Staatsanwaltschaft anwendbar sein (BGH **51**, 18 [= NJW **06**, 1822]; **51**, 65 [= NJW **06**, 2500]); ebenso zB bei Verletzung von § 56 (Schleswig StV **06**, 403 [m. abl. Anm. *Jung* ebd. 404]). Nach einer Entscheidung des *1. StS* soll selbst die **unzulässige Absprache** einer „Punktstrafe" einer Entscheidung nach § 354 I a S. 1 nicht entgegen stehen (BGH **51**, 84, 86 [= NJW **06**, 3362, 3363; zw.; zust. *Streng* JZ **07**, 154; abl. *Leipold* StV **07**, 287]). Der *3. StS* hat schon in BGH **49**, 371 (= NJW **05**, 913 [Anm. *Ventzke* NStZ **05**, 461]) entschieden, § 354 I a StPO sei auch bei einer **Schuldspruchänderung** (*zugunsten* des Angekl.) durch das Revisionsgericht anwendbar (vgl. auch NJW **05**, 912 [*1. StS*]; 1 StR 320/05; NStZ **05**, 461 [*4. StS*]; 4 StR 134/05; NJW **06**, 1146, 1149 [*2. StS*]; NStZ **06**, 36 [krit. Anm. *Jahn/Kudlich* NStZ **06**, 340]; für Schuldspruchänderung zu *Ungunsten* des Ange- 120 klagten vgl. NJW **06**, 1822, 1824 [4 StR 536/05]; zust. *Senge*, Dahs-FS [2005] 475, 484 f.).

120 a **§ 354 I a S. 2** hat der BGH auch in Fällen angewandt, in denen sich aus dem angefochtenen Urteil oder dem Revisionsvorbringen die Voraussetzungen einer rechtsstaatswidrigen Verfahrensverzögerung unter Verstoß gegen Art. 6 I MRK (vgl. oben 62 ff.) ergaben (3 StR 39/05; NStZ **05**, 445; NJW **05**, 1813; StV **06**, 241; Karlsruhe NJW **04**, 3724; Celle StV **06**, 402; vgl. dazu *Peglau* JR **05**, 143). Nach Wegfall von Einzelstrafen hat 5 StR 549/06 in *analoger Anwendung* Gesamtstrafen herabgesetzt.

120 b **Ausgeschlossen** worden ist eine Anwendung von § 354 I a S. 1 vom BGH nur in Fällen, in denen der Strafzumessung ein **geänderter Strafrahmen** zugrunde zu legen ist (vgl. 2 StR 495/06), oder wenn die Neubemessung der Strafe aus anderen Gründen eine umfassende Würdigung der Person des Angeklagten voraussetzt (zB StV **06**, 630; **07**, 408). Wann dies der Fall ist, ist eine Frage des Einzelfalls (NJW **05**, 1813, 1814; NStZ-RR **07**, 152, 153). Auch bei fehlerhaft unterlassener Prüfung einer Milderung nach § 46 a scheidet die Anwendung aus (Bremen StV **07**, 408).

121 Eine derart weite Auslegung überschritt nach der Entscheidung des **BVerfG** vom 14. 6. 2007 (StV **07**, 393 = 2 BvR 1447/05, 2 BvR 136/05) die **Wortlautgrenze** des Gesetzes und verletzte das Recht des Angeklagten auf ein **faires Verfahren**. Danach ist eine Strafzumessung durch das Revisionsgericht nur dann unbedenklich, „wenn für den Prozess der Straffindung ein lückenloser, wahrheitsorientiert ermittelter und aktueller Strafzumessungssachverhalt zur Verfügung steht" (ebd. Rn. 81). Da das Revisisonsgericht weder eine eigene Beweisaufnahme durchführen noch prüfen kann, ob der vom Tatgericht dargelegte Sachverhalt zutreffend und vollständig ist, ist eine Strafzumessung durch die Revisionsgerichte in erhöhtem Maße fehleranfällig. Es bedarf einer Sicherung, die gewährleistet, dass die Strafzumessung auf einer ausreichenden Sachverhaltsaufklärung beruht (ebd. Rn. 86). Die Kompetenz der Revisionsgerichte zu eigener Strafzumessung hängt davon ab, dass ihnen für die Sachentscheidung ein zutreffend ermittelter, vollständiger und aktueller Strafzumessungssachverhalt zur Verfügung steht (vgl. auch Nürnberg StV **07**, 409). Das Revisionsgericht hat von einer eigenen Entscheidung abzusehen und die Festsetzung der Rechtsfolgen dem Tatgericht zu überlassen, wenn nicht auszuschließen ist, dass die tatsächliche Grundlage der Strafzumessung unzureichend sein könnte (BVerfG aaO Rn. 92).

122 **b) Voraussetzung** des **Abs. I a S. 1** ist, dass die vom Tatgericht verhängte Strafe trotz eines Rechtsfehlers bei der Feststellung oder Bewertung der Strafzumessungstatsachen **im Ergebnis angemessen** ist. § 354 Abs. I a kann nur eingreifen, wenn *nur* in der Strafzumessung des angefochtenen Urteils, also bei der Bewertung der dem Revisionsgericht vollständig Strafzumessungstatsachen (vgl. Celle NStZ **05**, 163), ein *Rechtsfehler* vorliegt, durch den der Revisionsführer *beschwert* ist, und wenn das Urteil auf diesem Rechtsfehler *beruht*. Das Revisionsgericht kann dann, nach **Gewährung rechtlichen Gehörs** (vgl. BVerfG, 2 BvR 136/05, Rn. 95 ff.), nach § 354 I a S. 1 entscheiden, dass die vom Tatrichter verhängte Strafe trotz des Rechtsfehlers „angemessen" sei; nach **S. 2** kann es (auf Antrag) selbst eine „angemessene" niedrigere Strafe verhängen. Ob zurückverwiesen (Abs. II) oder nach Abs. I a selbst entschieden wird, steht bei Vorliegen der Voraussetzungen des Abs. I a im **Ermessen** des Revisionsgerichts. Wenn sich ausschließen lässt, dass der *Tatrichter* bei zutreffender Rechtsanwendung zu einer anderen Strafe gelangt wäre, fehlt es schon an einem **Beruhen** (§ 337 StPO) des Urteils auf dem Rechtsfehler; § 354 kommt dann gar nicht zur Anwendung (vgl. NStZ-RR **07**, 152). Ob eine Rechtsfolge als **angemessen** im Sinne des § 354 Abs. 1 a StPO angesehen werden kann, hat das Revisionsgericht nicht aus Erkenntnissen der „Aktenlage", sondern auf der Grundlage der *Feststellungen des angefochtenen Urteils* unter Berücksichtigung der dort ersichtlichen, nach § 46 StGB für die Strafzumessung erheblichen Umstände zu beurteilen (NJW **05**, 1813; 1 StR 86/05; *Frisch* StV **06**, 431, 436 f.; einschr. *Ventzke* NStZ **05**, 461, 462). Der Begriff der **Angemessenheit** bezieht sich (nur) auf die **Bewertung** der bei der Strafzumessung zu berücksichtigen Umstände. Eine eigene Beurteilung ist nicht möglich, wenn die Feststellung neuer, ergänzender oder abweichender Zumessungstatsachen nahe liegt oder nach Sachlage möglich erscheint. Die Feststellung der „Angemessenheit" ist vom Revisionsgericht inhaltlich zu **begründen** (BVerfG aaO, Rn. 99 [„unerlässlich"]).

c) § 354 Abs. I b gilt für fehlerhafte Gesamtstrafen-Zumessungen und findet sowohl auf den Angeklagten beschwerende als auch auf ihn begünstigende, auf die Revision der StA zu berücksichtige Rechtsfehler Anwendung (NStZ-RR **07**, 107). Hierbei sind zwei Fälle zu unterscheiden: Nach Abs. I b **S. 1** kann das Revisionsgericht bei (*nur*) fehlerhafter Gesamtstrafenbildung die Sache in das **Beschlussverfahren** gem. §§ 460, 462 StPO verweisen (vgl. dazu im Einzelnen die Kommentierungen zu § 354 StPO). Einer Zurückverweisung an ein neues Tatgericht bedarf es nicht (krit. *Wasserburg* GA **06**, 393 ff.); das Revisionsgericht kann daher in eindeutig liegenden Fällen die abschließende Kostenentscheidung selbst treffen (NStZ **05**, 163; 2 StR 2/05; 2 StR 63/06). Nach **S. 2** gilt dies *entsprechend*, wenn das Revisionsgericht über eine in eine Gesamtstrafe einbezogene Einzelstrafe (entspr. für *mehrere* Einzelstrafen) gem. § 354 Abs. I oder Abs. I a entschieden hat, insb. also wenn Einzelstrafen durch Einstellung (gem. § 154 II in der Revisionsinstanz; vgl. NStZ-RR **06**, 44) oder durch Entscheidung nach Abs. I entfallen sind oder vom Revisionsgericht herabgesetzt wurden (Abs. I a S. 2; vgl. dazu *Frisch* StV **06**, 431, 438 f.). Auch in diesem Fall kann nach der Rspr des BGH das Revisionsgericht aber eine eigene Sachentscheidung treffen, wenn die (ggf.: übrigen) Einzelstrafen feststehen, die für die Gesamtstrafenbildung erforderlichen Feststellungen getroffen sind und das Revisionsgericht entweder die ausgeworfene Gesamtstrafe für angemessen hält (NStZ-RR **06**, 44) oder sie nach Abs. I a S. 2 herabsetzen kann; dies soll auch in Verbindung mit einer Schuldspruchänderung möglich sein (*Frisch* StV **06**, 431, 439 f.; vgl. auch *Senge*, Dahs-FS [2005], 475, 484 ff.; **aA** *Ignor*, Dahs-FS [2005] 281, 308 f.; *Güntge* NStZ **05**, 208, 210; *Ventzke* NStZ **05**, 461, 462). In Fällen, in denen dem Tatgericht echte Zumessungsfehler unterlaufen sind, ist das Beschlussverfahren idR ungeeignet (NStZ-RR **05**, 373, 374); es ist dann ins Urteilsverfahren zurück zu verweisen. 123

Täter-Opfer-Ausgleich, Schadenswiedergutmachung

46a **Hat der Täter**

1. in dem Bemühen, einen Ausgleich mit dem Verletzten zu erreichen (Täter- Opfer-Ausgleich), seine Tat ganz oder zum überwiegenden Teil wieder gutgemacht oder deren Wiedergutmachung ernsthaft erstrebt oder

2. in einem Fall, in welchem die Schadenswiedergutmachung von ihm erhebliche persönliche Leistungen oder persönlichen Verzicht erfordert hat, das Opfer ganz oder zum überwiegenden Teil entschädigt,

so kann das Gericht die Strafe nach § 49 Abs. 1 mildern oder, wenn keine höhere Strafe als Freiheitsstrafe bis zu einem Jahr oder Geldstrafe bis zu dreihundertsechzig Tagessätzen verwirkt ist, von Strafe absehen.

1) Allgemeines. Die Vorschrift wurde durch Art. 1 Nr. 1 VerbrBekG (1 zu § 130) eingefügt (zur Entstehungsgeschichte vgl. *Loos,* H.J. Hirsch-FS 851 ff.; *Schöch,* BGH-FG 309, 313 ff.). Durch das G zur strafverfahrensrechtlichen Verankerung des Täter-Opfer-Ausgleichs und des FAG v. 20. 12. 1999 (BGBl. I 2491) sind § 153 a I StPO geändert und §§ 155 a, 155 b StPO eingefügt worden, um eine häufigere und einfachere Anwendung des TOA zu ermöglichen (dazu BT-Drs. 14/1928). 1

1 a **Literatur:** *Blesinger,* Zur Anwendung des Täter-Opfer-Ausgleichs nach § 46 a StGB im Steuerstrafrecht, wistra **96**, 90; *Bosch,* Wiedergutmachung und Strafe – Vollstreckungshilfe und Privilegierung überschuldeter Straftäter durch § 46 a StGB?, Otto-FS (2007) 845; *Brauns,* Die Wiedergutmachung der Folgen der Straftat durch den Täter, 1996, 298 [Bespr. *Streng* JZ **98**, 137; *B. D. Meier* ZStW **110**, 724; *Schneider* GA **00**, 298]; *Dölling* u. a., Täter-Opfer-Ausgleich (Hrsg. BMJ), recht, 1998; *Hamm,* „Täter-Opfer-Ausgleich" im Strafrecht, StV **95**, 491; *Hartmann,* Schlichten oder Richten. Der Täter-Opfer-Ausgleich u. das (Jugend-)Strafrecht, 1995; *ders.,* Forschungsbericht: Die Entwicklung des Täter-Opfer-Ausgleichs im Spiegel der „Bundesweiten TOA-Statistik", 1995; *ders.,* Staatsanwaltschaft u. TOA, 1998; *Hertle,* Schadenswiedergutmachung als opfernahe Sanktionsstrategie, 1993; *H.J. Hirsch,* Wiedergutmachung des Schadens im Rahmen des materiellen Strafrechts, ZStW **102** (1990), 534; *Hüttemann,* StV **02**, 678; *Kaiser,* Täter-Opfer-Ausgleich als moderne Konfliktlösungsstrategie strafrechtlicher Sozialkontrolle, Zipf-GedS 105; *Kaspar,* Schadenswiedergutmachung und Täter-Opfer-Ausgleich bei Gesamtschuldnern, GA **03**, 146; *Keudel,* Die Effizienz des Täter-Opfer-Ausgleichs – überprüft an Hand einer Rückfalluntersuchung, BewH **01**, 302; *Kilchling,* Opferinteressen u. Strafverfolgung, 1995; *ders.,* Aktuelle Perspektiven für Täter-Opfer-Ausgleich u. Wiedergutmachung im Erwachsenenstrafrecht (usw.), NStZ **96**, 309; *ders.,* Opferschutz u. der Strafanspruch des Staates – ein Widerspruch?, NStZ **02**, 75; *König/Seitz,* Die straf- u. strafverfahrensrechtlichen Regelungen des Verbrechensbekämpfungsgesetzes, NStZ **95**, 1; *Kubink,* Das Prinzip der Selbstverantwortung – ein neuer Strafrechtsparameter für Tatbestand und Sanktion, Kohlmann-FS (2003) 53; *Laue,* Symbolische Wiedergutmachung, 1999; *Loos,* Bemerkungen zu § 46 a StGB, H. J. Hirsch-FS 851; *Meier,* Konstruktive Tatverarbeitung im Strafrecht (usw.), GA **99**, 1; *ders.,* Strafrechtliche Sanktionen, 2001; *J. Meyer,* Zur Reform des strafrechtlichen Sanktionensystems unter besonderer Berücksichtigung des Täter-Opfer-Ausgleichs, Triffterer-FS 629; *Mischnick,* Der Täter-Opfer-Ausgleich u. der außergerichtliche Tatausgleich in der Behördenwirklichkeit, 1998; *C. Pfeiffer* (Hrsg.), Täter- Opfer-Ausgleich im Allgemeinen Strafrecht, 1997 [Bespr. *Kellermann* GA **98**, 466]; *Püschel,* Täter-Opfer-Ausgleich – Gestaltungsmöglichkeiten des Verteidigers, StraFo **06**, 261; *Rössner,* Wirklichkeit und Wirkung des Täter-Opfer-Ausgleichs in Deutschland, Böttcher-FS (2007) 357; *Rössner/Bannenberg,* Das System der Wiedergutmachung im StGB unter besonderer Berücksichtigung von Auslegung und Anwendung des § 46 a StGB, Meurer-GedS (2002), 157; *Rose,* Die Bedeutung des Opferwillens im Rahmen des Täter-Opfer-Ausgleichs nach § 46 a StGB, JR **04**, 275; *Schabel* Erneut: Zur Anwendbarkeit des § 46 a StGB im Steuerstrafrecht (usw.), wistra **97**, 201; *Schädler,* Nicht ohne das Opfer? Der Täter-Opfer-Ausgleich und die Rechtsprechung des BGH, NStZ **05**, 366; *Schild,* Geerds-FS 157; *Schöch,* TOA u. Schadenswiedergutmachung gem. § 46 a StGB, BGH-FG 309; *Steffens,* Wiedergutmachung u. Täter-Opfer-Ausgleich im Jugend- u. Erwachsenenstrafrecht in den neuen Bundesländern, 1999; *Stein,* Täter-Opfer-Ausgleich u. Schuldprinzip, NStZ **00**, 393; *Volckart,* Opfer in der Strafrechtspflege, JR **05**, 181; *Walther,* Vom Rechtsbruch zum Realkonflikt, 2000; *Walther* u. a., TOA aus der Sicht von Rechtsanwälten, 1999 (Hrsg. BMJ); *dies.,* Was soll Strafe?, ZStW **111** (1999),123; *Weigend,* Wiedergutmachung als, neben oder statt Strafe?, Müller-Dietz-FS 975; *Weimar,* Täter-Opfer-Ausgleich im Ermittlungsverfahren, NStZ **02**, 349.

Rspr.-Übersichten: *Franke* NStZ **03**, 410; *Schädler* NStZ **05**, 366. Vgl. auch die Übersichten bei *Detter* (Nw 1 a zu § 46).

2 **2) Regelungszweck; kriminalpolitische Bedeutung.** § 46 a trägt den überwiegend als positiv angesehenen (vgl. aber zB *Hamm* StV **95**, 491, 495 f.) Erfahrungen mit ähnlichen Reaktionsmöglichkeiten im Bereich des Jugendstrafrechts (vgl. § 10 I Nr. 7 JGG) Rechnung. Mit dem Täter-Opfer-Ausgleich und einer stärkeren Berücksichtigung von Schadenswiedergutmachung soll das Interesse des Opfers einer Straftat an Schadenskompensation stärker zur Geltung gebracht werden; zugleich soll dem *Täter* die Verwerflichkeit seines Handelns und dessen Folgen zu Bewusstsein gebracht und seine Bereitschaft gefördert werden, hierfür Verantwortung zu übernehmen (BT-Drs. 12/6853, 21). Im Ergebnis soll im Bereich unterer bis mittlerer Kriminalität die Verhängung von Strafe zurückgedrängt werden (Stuttgart NJW **96**, 2110; krit. *Hamm* StV **95**, 491; *Lackner/Kühl* 1; MK-*Franke* 3).

3 **Kritik** richtet sich gegen die Einstellung eines **sozialpädagogischen Konzepts,** dessen *allgemeine* Berechtigung zweifelhaft ist, in das StGB; gegen eine kaum kalkulierbare „Flexibilisierung" des Verfahrens bei weiten staatsanwaltschaftlichen und gerichtlichen Ermessensspielräumen sowie gegen Strafzwecken und auch Opferinteressen zuwiderlaufende Scheinlösungen ohne Verankerung im Rechtsbewusstsein der Bevölkerung (vgl. etwa *Hamm* StV **95**, 491 ff.; *Meier JuS* **96**, 436 u. *GA* **99**, 1 ff.; *Kilchling* NStZ **96**, 309 ff.; Loos, H.J. Hirsch-FS 851 ff.; *Jescheck/Weigend* § 81 II 3; [vgl. aber *Weigend,* Müller-Dietz-FS 975, 987 ff.]; *Lackner/Kühl* 1; SK-*Horn* 6; jew. mwN; vor Einfügung des § 46 a vgl. schon *Dölling* JZ **92**, 493, 497 ff. u. ZStW **104**, 1 ff.; 295 ff.; *Hirsch* ZStW **102**, 545 ff.; *Loos* ZRP **93**, 91 ff.). Diese Vorbehalte erscheinen jedenfalls teilweise gerechtfertigt; optimistische **Umfrageergebnisse** (vgl. etwa die

Opferbefragung von *Kilchling,* Opferinteressen u. Strafverfolgung, 1995; Rechtsanwaltsbefragung von *Walther* u. a., TOA aus der Sicht von Rechtsanwälten, 1999; vgl. auch *Bannenberg/Rössner,* Rolinski-FS [2002], 287 ff.) stehen dem nicht entgegen, denn abgefragt werden vielfach nur **Wunschvorstellungen,** die auf Seiten befragter Bürger (*potentieller* Opfer oder Täter) häufig von Fehlinformationen (Massenmedien!) und unklaren oder unreflektierten Erwägungen überlagert sind (Erwartung materieller Entschädigung; Bedürfnis nach „Konkretisierung" von Strafe und Genugtuung; Enttäuschung über zu „bürokratische" Strafverfolgung und zu täterfreundliche Vollstreckungs- und Vollzugspraxis; usw.; vgl. auch *Kilchung* NStZ **02**, 57, 62). Aus Sicht der **Justiz** ist ein Konzept, in dessen Mittelpunkt nicht Begriffe der **Unrechtsbewältigung,** sondern der **Konfliktbewältigung** stehen, nur schwer zu integrieren (vgl. auch *Kubink,* Kohlmann-FS [2003] 53, 60 ff.; LK-*Theune* 4 ff.); Prinzipien der **Folgen-Verantwortung** (auch des Tatopfers) sind mit dem **Schuldprinzip** teilweise schwer vereinbar.

3) Systematische Stellung. Das Verhältnis von § 46 a zu § 46 und damit auch in der von § 50 vorausgesetzten Systematik von Strafmilderungsgründen ist nicht geklärt. Ein *allgemeiner* Vorrang des § 46 lässt sich aus der (nur) im Einzelfall erforderlichen Prüfung eines minder schweren Falls (bei „Verbrauch" aller nicht zum vollen Erfolg des TOA führenden Bemühungen) nicht ableiten (dagegen auch SK-*Horn* 8; MK-*Franke* 6; *Loos,* H. J. Hirsch-FS 851, 859 f.; *Kilchling* NStZ **96**, 311), denn jedenfalls die Frage, ob von Strafe abzusehen ist, kann nicht von einem bei Annahme eines minder schweren Falls unverbrauchten „Rest" abhängen; sieht der Straftatbestand einen minder schweren Fall nicht vor, so bleibt für einen „Nachrang" des § 46 a kein Raum (zutr. SK-*Horn* 8). Gegenüber dem allgemeinen, im Rahmen des § 46 II zu berücksichtigenden Gesichtspunkt des Bemühens des Täters um Schadenswiedergutmachung und Ausgleich mit dem Verletzten ist § 46 a daher grds die speziellere Regelung (vgl. *Franke* NStZ **03**, 410, 411). Besondere Schwierigkeiten ergeben sich aus der in § 46 a vorgenommenen Kombination eines **vertypten Milderungsgrunds** mit der Möglichkeit des **Absehens von Strafe:** Die Entscheidung, von Strafe abzusehen, kann sich nicht auf einen Straf-*Rahmen,* sondern nur auf eine konkret verwirkte Strafe beziehen (vgl. zu § 60 BGH **27**, 298; NStZ **97**, 121 [m. Anm. *Stree*]); § 46 a macht aber rechtstechnisch die *Möglichkeit* eines Absehens von Strafe von einer konkreten Straferwartung abhängig, welche sich ihrerseits ohne vorherige Bestimmung des Strafrahmens gar nicht ergeben kann. 4

Hieraus sowie aus dem Charakter des § 46 a als vertyptem Milderungsgrund ergibt sich, dass die konkrete Straferwartung, die formelle Voraussetzung eines Absehens von Strafe ist, sich gerade auch aus einer Strafrahmenmilderung aus den Gründen den § 46 a – sei es wegen der Annahme eines minder schweren Falls, sei es auf Grund einer Strafrahmensenkung nach § 49 I – ergeben kann. Die Gegenauffassung würde zu einer systematisch kaum lösbaren Verschachtelung *fiktiver* Strafzumessungserwägungen zwingen, die in der Praxis, namentlich wenn der verwirklichte Tatbestand die Möglichkeit eines minder schweren Falls vorsieht, nicht handhabbar wäre (and. NK-*Streng* 24). 5

Es ist daher, wenn Wiedergutmachungsleistungen oder -bemühungen des Angeklagten vorliegen, **vorrangig zu prüfen,** ob die Voraussetzungen des § 46 a Nr. 1 oder/und Nr. 2 gegeben sind (wistra **00**, 176; StV **01**, 230; Bay NJW **95**, 2110; *Rössner/Bannenberg,* Meurer-GedS 157, 172; einschränkend NK-*Streng* 21). Ist dies nicht der Fall, so sind Anstrengungen des Täters zur Wiedergutmachung nach allgemeinen Grundsätzen im Rahmen des § 46 zu berücksichtigen; ggf. können sie *auch zur Annahme* eines minder schweren Falls Anlass geben. Bei der Entscheidung kann berücksichtigt werden, dass der Täter seine Ausgleichsbemühungen erst spät entfaltet hat (StV **00**, 129 [Anm. *Oberlies* NJ **00**, 550]). Liegen die **Voraussetzungen** nach Nr. 1 oder Nr. 2 vor, so ist der sich hieraus ergebende vertypte Strafmilderungsgrund gleichfalls nach den allgemeinen Regeln zu behandeln: Es ist daher ggf zunächst nach Maßgabe des § 50 zu entscheiden, ob er zur Annahme eines minder schweren Falls führt; i. Ü. ist im Rahmen einer **Gesamtbewertung** darüber zu befinden, ob der Strafrahmen nach § 49 I zu mildern ist. Wenn diese Prüfung nicht zur Strafrahmensenkung führt, erübrigt sich die 2. Var. des § 46 a. Wird auf Grund einer Gesamtwürdigung unter Einbeziehung der Ausgleichsleis- 6 tungen der Strafrahmen gemildert, so kommt es **nunmehr** zu einer *(fiktiven)* Strafzumessung in diesem Rahmen mit dem Ziel der Feststellung, ob eine hiernach **konkret** verwirkte Strafe innerhalb der Grenze von 1 Jahr oder 360 Tagessätzen liegt. Nur wenn die Strafe nach Ansicht des Gerichts *innerhalb* des Rahmens liegt, muss in einem **weiteren Prüfungsschritt** darüber entschieden werden, ob von Strafe abgesehen werden soll. Hierfür kommt es im Rahmen einer umfassenden Gesamtwürdigung insb. auf das konkrete Gewicht der Umstände iS von § 46a Nr. 1 oder Nr. 2 an; § 50 steht dem nicht entgegen (vgl. NStZ **97**, 121).

7 **4) Anwendungsbereich.** Der mögliche Anwendungsbereich des § 46a ergibt sich (außer aus den beschriebenen Fallgruppen, unten 10, 11) für das **Absehen von Strafe** (7 zu § 23) insbesondere daraus, dass § 46a insoweit nur anwendbar ist, wenn keine höhere Strafe als **Freiheitsstrafe bis zu 1 Jahr** (3 zu § 60) oder **Geldstrafe bis zu 360 Tagessätzen** verwirkt ist. Auf Taten, bei denen mit Gefahren für Leib und Leben gedroht oder Gewalt gegen eine Person angewandt wurde, kommt eine Anwendung des § 46a idR nur nach **Nr. 1** in Betracht, die vor allem auf den Ausgleich **immaterieller Schäden** (die auch einen Anspruch auf **Schmerzensgeld** umfassen; vg. zB 4 StR 199/04 [in NStZ **05**, 97 nicht abgedr.]) gerichtet ist; dagegen soll **Nr. 2** in erster Linie für **materiellen Schadensersatz** bei Vermögensdelikten vorgesehen sein (NStZ **95**, 492 Nr. 4; **99**, 610; **00**, 205 f.; einschr. aber NJW **01**, 2557 [Anm. *Kühl/Heger* JZ **02**, 363]); diese Auslegung der Anwendungsbereiche ist mit dem Wortlaut und dem Willen des Gesetzgebers (BT-Drs. 12/6853, 21 f.) vereinbar und von Verfassungs wegen nicht zu beanstanden (BVerfG, 2 BvR 2182/01 v. 30. 10. 2002). Die Regelung gilt, wenn der Schaden wieder gutgemacht ist, auch für die weiteren in diesem Rahmen verwirklichten Delikte (vgl. Karlsruhe NJW **96**, 3286). Im Übrigen ist § 46a aber nicht auf bestimmte Deliktskategorien oder Deliktsgruppen beschränkt (NStZ **95**, 492; *Schöch,* BGH-FG 317; *Meier* GA **99**, 1, 8 f.).

8 Dass das Opfer eine **juristische Person** ist, steht der Anwendung des § 46a nicht entgegen (*Loos,* H.J. Hirsch-FS 863; *Schöch,* BGH-FG 333; *Brauns* [1 a] 218; *Rössner/Klaus,* in: *Dölling* u.a. [1 a] 55 f.; einschr. *Meier* Sanktionen 312, 319 f.; GA **99**, 8 f. [nur bei Personalisierbarkeit der Opfer-Stellung]; vgl. auch LK-*Theune* 20 ff.). Auch **„opferlose"**, gegen die Allgemeinheit oder den Staat gerichtete Delikte sind nach NStZ **00**, 205 (Anm. *Dierlamm* NStZ **00**, 536) nicht grds ausgenommen; allerdings hat NStZ **01**, 200 f. eine Anwendung von Nr. 1 auf Taten nach § 370 AO ausgeschlossen und offen gelassen, ob die Nachzahlung hinterzogener Steuern ein Fall von Nr. 2 „überhaupt ... sein kann" (so auch Bay NStZ **97**, 33; für Ausschluss von Steuerstraftaten auch *Blesinger* [1 a] 90 f.; *Klawitter* DstZ **96**, 553; *Schabel,* wistra **97**, 201; *Meier* GA **99**, 9; **aA** *Brauns* wistra **96**, 218; *v. Briel* NStZ **97**, 34; *Schöch,* BGH-FG 334; zweifelnd *Lackner/Kühl* 1 b; krit. LK-*Theune* 26 ff.; unklar Dresden wistra **01**, 277, wonach in Fällen des § 266a gegen die Anwendung von *Nr. 1* jedenfalls dann keine Bedenken bestehen, wenn der gesamte Schaden wieder gutgemacht ist). In der **Lit.** wird die Anwendung von § 46a auf „opferlose" Delikte zT weitgehend ausgeschlossen (vgl. *S/S-Stree* 4; *Meier* GA **99**, 8 f.), zT – im Hinblick auf die Möglichkeit „symbolischer" Täterleistungen – in weitem Umfang befürwortet (vgl. *Lackner/Kühl* 1 b mwN). Weiterführend erscheint ein **differenzierender Ansatz**, der zwischen gegen die Allgemeinheit gerichteten Delikten mit individualisierbaren Verletzungen oder Gefährdungen (**zB** § 113; § 315 c; §§ 324 ff.) und solchen mit Verletzung allein abstrakter Allgemeinbelange (**zB** BtM-Delikte; § 316; Aussage- oder Amtsdelikte; Staatsschutzdelikte) unterscheidet (vgl. *Laue* [1 a] 121 ff.; *Schöch,* BGH-FG 309, 333 f.).

9 **5) Voraussetzungen.** Die Anwendungsvoraussetzungen sind in Nr. 1 und Nr. 2 abschließend beschrieben; sonstige Bemühungen des Täters oder solche Leistungen, die die Anforderungen nicht erfüllen, sind nur im Rahmen der allgemeinen Strafzumessungserwägungen nach § 46 zu berücksichtigen. Die Voraussetzungen der Nr. 1 und Nr. 2 überschneiden sich; nach allg. Ansicht geht es aber bei

Nr. 1 jedenfalls vorrangig um einen „Ausgleich" mit dem Verletzten, bei Nr. 2 um die (materielle) Entschädigung des Opfers (vgl. aber unten 10). Eine **formale** Komponente gewinnt Nr. 1 durch die organisatorische Einrichtung von TOA-Stellen. Kommt eine Strafrahmensenkung nach § 46 a in Betracht, so sind im Urteil die vom Täter geleisteten Schadenswiedergutmachungen im Einzelnen festzustellen und zu gewichten (NStZ **00**, 84; StV **00**, 129). Aus den Urteilsgründen muss sich ergeben, welche der Alternativen angewendet worden ist (NStZ **99**, 610).

A. Ausgleich mit dem Verletzten (Nr. 1). Nr. 1 setzt voraus, dass der Täter in dem Bemühen, einen Ausgleich mit dem Verletzten zu erreichen, seine Tat ganz oder zum überwiegenden Teil wieder gut gemacht oder die Wiedergutmachung ernsthaft erstrebt hat. Nr. 1 bezieht sich vor allem auf den Ausgleich **immaterieller Folgen** einer Straftat (NStZ **95**, 492; **99**, 610; **00**, 205 f.; **06**, 275, 276; NStZ-RR **06**, 373; StV **95**, 464 f.; **01**, 346; Bay NJW **98**, 1654; vgl. dazu BVerfG 2 BvR 2182/01; **Zweifel** an einer scharfen Trennung von Nr. 1 und Nr. 2 aber in NJW **01**, 2557 [Anm. *Kühl/Heger* JZ **02**, 363; *Dölling/Hartmann* NStZ **02**, 366; *König* JR **02**, 252]; *Lackner/Kühl* 2; *Schöch,* BGH-FG 309, 323; *Kaspar* GA **03**, 146, 147 f.; krit. auch *Dierlamm* NStZ **00**, 537; *Oberlies* streit **00**, 107; *Dölling/Hartmann* NStZ **04**, 382); dazu zählt auch ein Anspruch auf **Schmerzensgeld** (4 StR 199/04; NStZ **06**, 275, 276). Eine Anwendung kommt aber auch bei Vermögensdelikten in Betracht (BGHR § 46 a Nr. 1 Ausgleich 1; 1 StR 266/01). Eine Privilegierung reicher Täter soll mit der Regelung verhindert werden (NStZ **95**, 492 Nr. 5; „grundlegende Bedenken" in StV **00**, 129; krit. auch *Kaiser* ZRP **94**, 314 ff.; *Meier* JuS **96**, 436, 441 f.; *Jescheck/Weigend* § 81 II 3 b). 10

a) Die inhaltlich an § 10 I Nr. 7 JGG angelehnte Regelung setzt für die erreichte oder erstrebte Wiedergutmachung „umfassende Ausgleichsbemühungen" voraus, also einen **kommunikativen Prozess** zwischen Täter und Opfer (BGH **48**, 134, 142 f. = NStZ **03**, 365 f.; NJW **02**, 3264, 3265; NStZ **95**, 492; **00**, 205; **02**, 29; **03**, 29 f.; **06**, 275, 276; NStZ-RR **03**, 363 [Bespr. *Rose* JR **04**, 275]; wistra **02**, 21; 4 StR 199/04 [in NStZ **05**, 97 nicht abgedr.]; 1 StR 7/06; stRspr), der auf eine (ggf unter Anleitung eines Dritten zu erreichende [offen gelassen in NStZ **95**, 492, 493; *tunlichst* nach Bay NJW **95**, 2120; Stuttgart NJW **96**, 2109 f.; *stets* nach *König/Seitz* NStZ **95**, 2]; vgl. § 155 b StPO) „Lösung des der Tat zugrunde liegenden Gesamtkonflikts" (Ber. 22) abzielt und jedenfalls voraussetzt, dass der Täter „zu seiner Schuld steht"; das Verhalten des Täters muss „Ausdruck der Übernahme von Verantwortung" sein (BGH **48**, 134 ff.; NStZ **95**, 492 f.; **01**, 200; StV **01**, 346; **07**, 72 f.; krit. *Schöch,* BGH-FG 326; *König* JR **02**, 251 f.). Voraussetzung für eine erfolgreiche Wiedergutmachung ist idR, dass die Bemühungen des Täters im Rahmen eines solchen kommunikativen Prozesses „eine gewisse friedensstiftende Wirkung" hatten oder angebahnt haben (NStZ **03**, 29, 31). Eine „Versöhnung" im umfassenden Sinn ist nicht erforderlich. 10 a

Ausgleichsbemühungen iS von Nr. 1 müssen daher über eine nach § 46 ohnehin strafmildernd wirkende Initiative (iS 47 zu § 46) hinausgehen (NJW **02**, 3264 f.). Von welcher Seite die Initiative ausgeht, ist für die Anwendbarkeit des § 46 a grds. unerheblich (Köln NStZ-RR **04**, 71). Regelmäßig erforderlich ist aber, dass der Täter sich **gegenüber dem Opfer** zu seiner Schuld bekennt. Ein **Geständnis** des Täters auch in der Hauptverhandlung wird namentlich bei Taten, durch welche das Opfer auch psychisch stark belastet wird (gravierende Körperverletzungs- und versuchte Tötungsdelikte, Sexualdelikte), Voraussetzung für die Anerkennung eines Ausgleichs sein (BGH **48**, 134 [Anm. *Kaspar* JR **03**, 426; *Götting* StraFo **03**, 251; *Dölling/Hartmann* NStZ **04**, 382]), reicht aber nicht schon für sich alleine aus (vgl, etwa 1 StR 472/03 [Geständnis nach ehrverletzender Belastung des Tatopfers eines Sexualdelikts]). **Ausnahmen** sind denkbar, namentlich wenn erfolgreiche Bemühungen des Täters um einen Ausgleich festgestellt sind; ein *öffentliches* Schuldbekenntnis ist keine zwingende zusätzliche Voraussetzung von Nr. 1 (vgl. NStZ **03**, 199; vgl. dazu auch *Dölling/Hartmann* NStZ **04**, 382, 383). 10 b

10 c Freilich können die Anwendungsvoraussetzungen von Nr. 1 nicht *abschließend* zwischen Beschuldigtem und Geschädigtem „ausgehandelt" werden; die Annahme eines erfolgreichen „Ausgleichs" darf nicht ausschließlich auf ihre (auch: einvernehmliche) subjektive Bewertung gestützt werden (Bamberg NStZ-RR **07**, 37); vielmehr müssen die Bemühungen des Täters auch nach einem **objektivierenden Maßstab** als eine Strafmilderung rechtfertigende Leistung anzusehen sein (vgl. auch Bay **04**, 17, 20 f.). Die damit gegebene Aufgabe einer **wertenden Beurteilung** des Ausgleichs und des „kommunikativen Prozesses" wird nicht immer hinreichend deutlich gesehen (Vorschlag zur Systematisierung bei *Rose* JR **04**, 275, 279 f.). Das Gericht kann im Rahmen seiner **Ermessensentscheidung** zB berücksichtigen, dass der Beschuldigte Ausgleichsbemühungen erst sehr spät entfaltet hat (NStZ-RR **06**, 373).

10 d **b)** Ausreichend kann nach Nr. 1 auch sein, dass der Täter eine Wiedergutmachung **ernsthaft erstrebt**, auch wenn dies im Ergebnis nicht gelingt. Nach NJW **02**, 3264 f. (Anm. *Kaspar* StV **02**, 651) ist zwar idR erforderlich, dass das **Opfer** die Leistungen des Täters als friedensstiftenden Ausgleich **akzeptiert** (vgl. auch NStZ **03**, 29, 31; **06**, 275, 276; NStZ-RR **03**, 363; *Kaspar* JR **03**, 426, 427 f.; *Rose* JR **04**, 275, 278 ff.). **Ausnahmen** sind aber nach Lage des Einzelfalls möglich, wenn Bemühungen des Täters subjektiv ernsthaft hierauf gerichtet sind und eine Verweigerung des Tatopfers sich nach den Umständen des Einzelfalls nicht als Verfolgung rechtlich schützenswerter Interessen darstellt. Es sind daher regelmäßig **Feststellungen** dazu erforderlich, wie sich das Opfer zu den Bemühungen des Täters gestellt hat (4 StR 199/04). Sind tatsächlich geleistete Entschädigungszahlungen noch nicht an den Geschädigten gelangt, so ist ggf. zu prüfen, in wessen Verantwortungsbereich die Verzögerung lag (StV **07**, 410). Ein allein einseitiges Wiedergutmachungsbestreben des Täters ohne Versuch der Einbeziehung des Opfers reicht in keinem Fall aus (BGH **48**, 134, 142 f.; BGHR § 46 a Nr. 1 Ausgleich 5; 4 StR 199/04; 1 StR 287/05; Bamberg NStZ-RR **07**, 37; vgl. auch MK-*Franke* 11). Ein ernsthaftes Bestreben kann nach zB darin gesehen werden, dass der Täter ein umfassendes Geständnis ablegt, in dem er zeigt, dass er die Verantwortung für seine Taten in vollem Umfang übernimmt (NStZ-RR **06**, 373).

10 e **c) Einzelfälle**. Als **nicht ausreichend** sind **zB** (vgl. auch Überblick bei *Franke* NStZ **03**, 410 ff.) angesehen worden: Schadensersatzleistungen der Kfz-Haftpflichtversicherung (Bay NJW **98**, 1654 [krit. Anm. *Horn* JR **99**, 41; iE zust. *Rössner/Bannenberg*, Meurer-GedS 157, 169]); ein einseitiges Wiedergutmachungsbestreben ohne Einbeziehung des Opfers (NStZ **95**, 492; **00**, 205; wistra **02**, 21); ein Entschuldigungsschreiben des Täters an den Geschädigten (NStZ **99**, 610); Zahlung eines Schmerzensgelds von 5000 DM an 12-jähriges Opfer eines gravierenden Sexualdelikts (StV **95**, 635); Zahlung von 15 000 DM Schmerzensgeld an das Opfer eines versuchten Mordes (1 StR 591/97); von 3500 DM an das Opfer einer Vergewaltigung (1 StR 132/98); von 5000 DM und *Versuch* der Entschuldigung bei dem Opfer einer Vergewaltigung (NStZ **95**, 492); Zahlung von 15 000 DM Schmerzensgeld nach gravierendem Gewaltdelikt bei Einverständnis des Opfers nur, um nicht ganz leer auszugehen und vom Täter verursachte Verletzungsfolgen behandeln lassen zu können (NJW **02**, 3264); Zahlung von 3500 Euro Schmerzensgeld an Vergewaltigungsopfer bei Fehlen eines Geständnisses, Einräumung eines „Missverständnisses" (BGH **48**, 134); Entschuldigung der geständigen Täter einer gefährlichen Körperverletzung in der Hauptverhandlung und Angebot eines Schmerzensgeldes von 10 000 € bei Weigerung des Opfers, Entschuldigung und Angebot anzunehmen (NStZ-RR **03**, 363 [Bespr. *Rose* JR **04**, 275]); Auftrag an Verteidiger, Zahlungen von 2500 und 4000 € an zwei Vergewaltigungsopfer als Schmerzensgeld weiterzuleiten, bei Fehlen von Feststellungen zu den Möglichkeiten des Beschuldigten, zu den konkreten Schäden bei den Opfern sowie bei Fehlen eines kommunikativen Prozesses (NStZ **06**, 275).

10 f Als **ausreichend** angesehen wurde **zB** die Zahlung eines Schmerzensgelds von 12 000 DM sowie der Anwaltskosten an das Opfer eines schweren Raubs, das nach der Entschuldigung des Täters Strafantrag und Nebenklage zurückgenommen hatte (StV **99**, 89); über den Verteidiger vermitteltes Angebot von Schmerzensgeld (NJW **01**, 2557); Zahlung von objektiv geringem, aber an der Grenze der Leistungsfähigkeit liegendem Schmerzensgeld trotz Verjährung, Überlassung des gesamten Hausrats nach Trennung und Bemühungen um Aufarbeitung sexuellen Missbrauchs vor Einleitung des Strafverfahrens (NStZ **03**, 29 f.); Zahlung von 5000 DM

Schmerzensgeld nach gravierender Körperverletzung bei Versöhnung mit dem Opfer, Rücknahme des Strafantrags und eingeschränktem Geständnis in der Hauptverhandlung (NStZ **03**, 199). Jedenfalls einer Erörterung des § 46a bedarf es, wenn der Täter sich in der Hauptverhandlung durch Vergleich zu einer für seine Verhältnisse erheblichen Wiedergutmachungsleistung verpflichtet und dies (allgemein) strafmildernd berücksichtigt wird (StV **01**, 230); ebenso wenn der geständige Täter sich bei dem Opfer einer räuberischen Erpressung entschuldigt und ihm ein Schmerzensgeld zukommen lässt (StV **01**, 346).

B. Entschädigung des Opfers (Nr. 2). Nr. 2 betrifft vorwiegend den **materiellen Schadensausgleich** (NStZ **95**, 492 Nr. 4; zweifelnd an der Abgrenzung NJW **01**, 2557; vgl. oben 10). Der Täter muss das Opfer **ganz oder zum überwiegenden Teil entschädigt** haben; dabei muss ihm die Schadenswiedergutmachung erhebliche persönliche Leistungen oder persönlichen Verzicht abgefordert haben (Karlsruhe NJW **96**, 3286; KG StV **97**, 472; *Bamberg* NStZ-RR **07**, 37f.; vgl. auch NStZ **95**, 492f.). Die Erfüllung von Schadensersatzansprüchen allein genügt nicht (LK-*Theune* 42); Nr. 2 setzt vielmehr voraus, dass der Täter einen über die rein rechnerische Kompensation hinausgehenden Beitrag erbringt (NStZ **95**, 492; **99**, 610; **00**, 205; Köln wistra **97**, 230; KG StV **97**, 472; Bamberg NStZ-RR **07**, 37, 38; *König/Seitz* NStZ **95**, 2); die Leistungen müssen **Ausdruck der Übernahme von Verantwortung** sein (NJW **01**, 2557; NStZ **00**, 592; wistra **00**, 176; BGHR Wiedergutm. 1, 5; stRspr); ein „kommunikativer Prozess" wie in Nr. 1 ist dagegen nicht gleichermaßen vorausgesetzt (vgl. *Rössner/Bannenberg,* Meurer-GedS 157, 163). Gedacht ist (Ber. 22) etwa an umfangreiche Arbeiten in der Freizeit oder erhebliche Einschränkungen im finanziellen Bereich, die erst eine materielle Entschädigung ermöglicht haben, wenn der Täter auf die Weise zu erkennen gibt, dass er bereit ist, zum Ausgleich der von ihm verursachten Tatfolgen einen über die rein rechnerische Kompensation hinausgehenden Beitrag zu erbringen. Es genügt daher idR nicht die bloße Nachzahlung eines hinterzogenen Steuerbetrags (Bay NStZ **97**, 33; vgl. dazu oben 8); erst recht nicht die Zusage drei Jahre nach einer Betrugstat, demnächst Schadensersatz mittels Ratenzahlung zu leisten (Bamberg NstZ-RR **07**, 37f.). Schließt der Täter einen Erbverzichtsvertrag, der ihn in die Lage versetzt, den weitaus größten Teil des Schadens zu ersetzen, so liegt die Annahme von Nr. 2 nahe (NStZ **00**, 592). Nach NStZ **95**, 284 (**aM** wohl *König/Seitz* NStZ **95**, 2) ist die Anwendung von Nr. 2 nicht ausgeschlossen, wenn der Täter Leistungen zur Entschädigung des Opfers erbringt, nachdem er von diesem zur Zahlung in Anspruch genommen worden ist. **11**

In jedem Fall muss der Täter über die erforderlichen Mittel verfügen (and. LK-*Theune* 39); eine bloße **Zusage** späterer Leistung reicht nicht (NStZ **00**, 83). Eine Wiedergutmachung durch **Aufrechnung** kommt regelmäßig schon wegen § 393 BGB nicht in Betracht (vgl. dazu *Weber,* Schlüchter-GedS [2002] 243, 248ff.). Ein ernsthaftes, aber **erfolgloses Bemühen** kommt nur ausnahmsweise in Betracht, etwa wenn der Geschädigte die Annahme der Leistung verweigert (NStZ **99**, 454f.). Bei **gesamtschuldnerischer** Haftung kann eine **Teilleistung** im Einzelfall ausreichend sein (NJW **01**, 2557: Einsatz des gesamten eigenen Vermögens zur Rückzahlung des eigenen Beute-*Anteils;* vgl. dazu *Kaspar* GA **03**, 146, 149ff.). Der Vorbehalt weitergehender Ansprüche des Geschädigten steht, wenn eine vergleichsweise Einigung erreicht wurde, einer Anwendung des § 46a grds. nicht entgegen (Köln NStZ-RR **04**, 71). **11 a**

6) Verfahrensrechtliche Hinweise. Mit der (nahe liegenden) Möglichkeit des Vorliegens der Voraussetzungen des § 46a muss sich der Tatrichter in den **Urteilsgründen** auseinandersetzen (StV **01**, 364; **01**, 457; Hamm StV **99**, 89; Bremen StV **07**, 84); die bloße allgemein strafmildernde Berücksichtigung im Rahmen des § 46 reicht nicht aus (NStZ-RR **06**, 373). § 46a wird durch § 153b StPO ergänzt, der die **Einstellung** des Verfahrens durch die StA vorsieht, wenn die Voraussetzungen, unter denen das Gericht von Strafe absehen könnte, vorliegen. In den Fällen des Absehens wird der Täter schuldig gesprochen, ihm werden die Kosten des Verfahrens auferlegt. Der Strafverzicht ist in der Urteilsformel zu erklären. Zur Anwendung des § 153b im Jugendstrafrecht *Meyer-Goßner* 5 zu § 153b StPO. § 153a I S. 2 Nr. 5 StPO idF durch das G zur verfahrensrechtlichen Verankerung des TOA v. 20. 12. 1999 **12**

(BGBl. I 2491) lässt eine vorläufige Verfahrensentscheidung unter der Auflage ernsthafter Bemühungen des Beschuldigten um einen TOA zu; § 155 a enthält eine das Ermessen einschränkende Pflicht von StA und Gericht zur Prüfung der Möglichkeit eines TOA in geeigneten Fällen. Zu Einwirkungs- und Gestaltungsmöglichkeiten des **Verteidigers**, insb. auch schon während des Ermittlungsverfahrens, vgl. *Püschel* StraFo **06**, 261 ff.

Kurze Freiheitsstrafe nur in Ausnahmefällen

47 **I Eine Freiheitsstrafe unter sechs Monaten verhängt das Gericht nur, wenn besondere Umstände, die in der Tat oder der Persönlichkeit des Täters liegen, die Verhängung einer Freiheitsstrafe zur Einwirkung auf den Täter oder zur Verteidigung der Rechtsordnung unerlässlich machen.**

II Droht das Gesetz keine Geldstrafe an und kommt eine Freiheitsstrafe von sechs Monaten oder darüber nicht in Betracht, so verhängt das Gericht eine Geldstrafe, wenn nicht die Verhängung einer Freiheitsstrafe nach Absatz 1 unerlässlich ist. Droht das Gesetz ein erhöhtes Mindestmaß der Freiheitsstrafe an, so bestimmt sich das Mindestmaß der Geldstrafe in den Fällen des Satzes 1 nach dem Mindestmaß der angedrohten Freiheitsstrafe; dabei entsprechen dreißig Tagessätze einem Monat Freiheitsstrafe.

1 **1) Allgemeines.** Die Vorschrift gilt idF des 2. StrRG/EGStGB (E EGStGB 212); sie ist verfassungsgemäß (BVerfGE **28**, 386).

1 a **Literatur:** *Eickhoff,* Das Verhältnis von Fahrerlaubnisentziehung u. kurzfristiger Freiheitsstrafe, NJW **71**, 272; *Koch,* Die „Verteidigung der Rechtsordnung" bei Verkehrsvergehen, NJW **70**, 842; *Kohlmann,* Triffterer-FS 603; *Kunert,* Kurze Freiheitsstrafe u. Strafaussetzung zur Bewährung (usw.), MDR **69**, 705; *Lenckner,* Die kurze Freiheitsstrafe nach den Strafrechtsreformgesetzen, JurA **71**, 319; *Maiwald,* Die Verteidigung der Rechtsordnung – Analyse eines Begriffs, GA **83**, 49; *Schaeferdiek,* Die kurze Freiheitsstrafe im schwedischen u. deutschen Strafrecht, 1997; *Weigend,* JZ **86**, 260.

2 **2) Regelungszweck.** § 47 soll die Zurückdrängung kurzer Freiheitsstrafen bewirken (Ber. BT-Drs. V/4094, 5; zur Entwicklung in der Praxis BT-Drs. 8/4130; 10/5828, 4), die als idR spezialpräventiv verfehlt angesehen werden (BGH **22**, 199; JR **56**, 426; KG StV **97**, 641; hierzu *Weigend* JZ **86**, 260), weil der Täter aus seinen sozialen Verflechtungen gerissen wird, nicht wirksam beeinflusst werden kann und in ein kriminogenes Umfeld gerät. Daher soll eine Freiheitsstrafe unter 6 Monaten nur als **ultima ratio** verhängt und bei günstiger Täterprognose stets zur Bewährung ausgesetzt werden. In einzelnen Kriminalitätsbereichen und für bestimmte Tätergruppen mag man an dieser Konzeption durchaus **Zweifel** haben; insb. bei sozial integrierten Gelegenheitstätern könnte eine der Tat rasch folgende Vollstreckung einer kurzen Freiheitsstrafe, die keine Beeinträchtigung der beruflichen Existenz mit sich bringt, durchaus ähnliche Besinnungs-Effekte auslösen wie etwa der Jugendarrest (vgl. *Weigend* JZ **86**, 260). Dies entspricht jedoch nicht der kriminalpolitischen Stimmung, die – aus Kostengründen, i. ü. aus (schwer verständlicher) Enttäuschung über das (angebliche) Scheitern von Strafvollzugskonzepten der 70 er Jahre – auf Zurücknahme des Freiheitsstrafvollzugs (bei gleichzeitiger Erhöhung der Strafrahmen!) setzt. § 47 kann heute nicht mehr als Teil eines „Reform"-Konzepts angesehen werden, das seine *Richtung* ersichtlich weitgehend verloren hat.

3 **3) Anwendungsbereich.** Abs. I enthält eine Anwendungsregel für die Fälle wahlweiser Androhung von Freiheitsstrafe und Geldstrafe. Für die übrigen Fälle eröffnet II eine Zusatzmöglichkeit der Verhängung von Geldstrafe und erweitert insoweit generell die Strafdrohungen der einzelnen Tatbestände. Im Bereich des ZDG (§ 56) und des WStG (§§ 10, 12) ist die Anwendung des § 47 insoweit eingeschränkt (mit dem GG vereinbar: BVerfGE **34**, 261), als die Wahrung der Disziplin die Verhängung einer Freiheitsstrafe erfordert (E EGStGB 335, 403). Es wäre jedoch rechtsfehlerhaft, Geldstrafe in diesen Fällen grundsätzlich auszuschließen (Hamm NJW **80**, 2425; Bremen StV **96**, 381). Für die Jugendstrafe scheidet die Vorschrift aus, weil deren Mindestmaß 6 Monate beträgt (§ 18 I JGG). § 47 **gilt allgemein,** wenn Freiheitsstrafe unter 6 Monaten in Betracht kommt, also auch bei Verbrechen, wenn infolge von Strafrahmenverschiebung (§§ 49, 50) Freiheitsstrafe unter 6 Monaten möglich ist. Kommt das Gericht auf Grund der Zumessungserwägung

nach § 46 zu dem Ergebnis, dass eine Freiheitsstrafe von 6 Monaten oder mehr zu verhängen ist, so ist § 47 ohne Bedeutung. Der Richter darf aber nicht allein deshalb, weil er Freiheitsentzug für erforderlich hält, eine Strafe von mehr als 6 Monaten verhängen; auch von der Frage einer Strafaussetzung ist die Anwendung des § 47 unabhängig (vgl. NStZ **01**, 311).

In den Fällen einer möglichen **Gesamtstrafe** ist § 47 für jede einzelne Tat zu prüfen (BGH **24**, 164; NJW **71**, 1415; NStZ **92**, 233; VRS **39**, 95; BGHR § 47 I Umstände 4; Frankfurt NJW **71**, 666; Hamm GA **70**, 117). Bei Zusammentreffen mit Einzelstrafen von mehr als 1 Jahr und mehr als 6 Monaten kann die Verteidigung der Rechtsordnung Freiheitsstrafen unerlässlich machen, ohne dass dies besonderer Begründung bedarf (Köln NStZ **83**, 264; vgl. MDR/D **70**, 380), jedoch genügt der Hinweis auf die Vielzahl von Einzelfällen noch nicht zur Begründung der Voraussetzungen des § 47 (StV **82**, 366 L). Bei der Gesamtstrafenbildung ist ggf § 53 II S. 2 zu beachten. **4**

4) Kurze Freiheitsstrafe bei gesetzlicher Geldstrafendrohung (Abs. I). Nach Abs. I darf Freiheitsstrafe unter 6 Monaten statt einer (möglichen) Geldstrafe nur verhängt werden, wenn **besondere Umstände** entweder **in der Tat** oder **in der Persönlichkeit** des Täters gegeben sind; die Freiheitsstrafe muss nach einer Gesamtwürdigung der Tat und Täterpersönlichkeit kennzeichnenden Umstände unerlässlich sein (StV **03**, 485 f.; BGHR § 47 I Umstände 6; KG StV **97**, 640; Köln NStZ **03**, 421, 422; Karlsruhe StV **05**, 275; KG StV **07**, 35 f.). Dies kann sich bei einer eng zusammenhängenden Serie von Taten in einem solchen Maß aufdrängen, dass eine ausdrückliche Darstellung im Urteil entbehrlich ist (NStZ **04**, 554). **5**

A. Besondere Umstände. Tat iS von I ist das Gesamtbild der Tatbestandsverwirklichung, wobei nicht nur die Art des verletzten Rechtsguts, die Schwere dieser Verletzung sowie sonstige objektive Tatfaktoren wie Art der Ausführung, Maß der Pflichtwidrigkeit und verschuldete Tatfolgen (32 ff. zu § 46) eine Rolle spielen, sondern auch psychische Tatfaktoren (26 ff. zu § 46). Unter der „Persönlichkeit des Täters" ist die Gesamtheit der intellektuellen, psychischen und sozialen Gegebenheiten zu verstehen, welche die Person des Täters prägen; hierzu zählen im weitesten Sinn seine „persönlichen Verhältnisse" iS von § 46 (dort 42). **Besondere Umstände** sind solche, die die konkrete Tat (vgl. Bay NJW **95**, 3264; **96**, 798; StV **95**, 472; Düsseldorf NJW **70**, 676; StV **91**, 264) oder die konkrete Täterpersönlichkeit (vgl. NJW **91**, 1315; NStZ **83**, 20; Bay NJW **95**, 2364; Frankfurt StV **95**, 27; Düsseldorf wistra **97**, 151) aus dem Durchschnitt üblicherweise abzuurteilender Fälle herausheben. Das Fehlen eines ggf. strafmildernden Umstands ist für sich allein kein besonderer Umstand iS von Abs. I (Jena NJW **06**, 3654 [„Handeln ohne Not"]). **6**

Bestimmte **Deliktsgruppen** (**zB** § 316; Ladendiebstahl) oder bestimmte Tätergruppen (zB Wohnungslose) dürfen nicht schematisch als solche behandelt werden, bei denen die Voraussetzungen des § 47 I *stets* oder *nie* vorliegen (Bay NJW **03**, 2926, 2927; Nürnberg StraFo **06**, 502 f. [gegen eine Kategorie des Diebstahls „absolut geringwertiger" Sachen]; **aA** Braunschweig NStZ-RR **02**, 75; Stuttgart NJW **02**, 3188 f.; Hamm StraFo **03**, 99 f.) Besondere Umstände iS von I *können* im Einzelfall vielmehr auch bei Taten mit besonders **geringem Erfolgsunwert** (Bagatelltaten) gegeben sein, wenn diesem ein besonders **hoher Handlungsunwert** gegenübersteht (hierzu **einerseits** Hamburg NStZ-RR **04**, 72, 73 [2 Monate *angemessen* bei Ladendiebstahl mit geringem Beutewert bei einschlägigen Vorstrafen, Bewährungsversagen und hoher Rückfallgeschwindigkeit]; **andererseits** Celle NStZ-RR **04**, 142 [3 Monate *unvertretbar* bei Ladendiebstahl mit geringem Beutewert bei einschlägigen Vorstrafen, Bewährungsversagen und hoher Rückfallgeschwindigkeit]; vgl. auch Nürnberg StraFo **06**, 502 [1 Monat 2 Wochen bei Diebstahl einer *Tageszeitung*!]; Stuttgart NStZ **07**, 37 [Freiheitsstrafe bei Leistungserschleichung von 1,65 €]). In Fällen absoluter Bagatellschäden im Vermögensbereich wird dies aber regelmäßig *besonders* gravierende schulderhöhende Umstände voraussetzen (zB vielfache Vorahndung ohne Lernerffekt; demonstrative Rechtsfeindlichkeit). **6a**

7 **B. Unerlässlichkeit.** Die Verhängung der Freiheitsstrafe muss **unerlässlich** sein, und zwar entweder zur Einwirkung auf den Täter, dh aus spezialpräventiven Gründen (7f. zu § 46), oder zur Verteidigung der Rechtsordnung, dh aus generalpräventiven Gründen. Der Begriff der Unerlässlichkeit bezieht sich, wie sich aus dem Zusammenhang der Vorschrift ohne Weiteres ergibt, nicht auf eine Abgrenzung zu *längeren* Freiheitsstrafen, sondern zu *Geld*strafen (StV **07**, 129). Dass eine Freiheitsstrafe „geboten" (dh angebracht, sinnvoll, präventiv Erfolg versprechend usw.) ist, reicht nicht aus (Frankfurt NStZ-RR **04**, 74, 75); die Unerlässlichkeit bedarf idR einer eingehenden, besonderen **Begründung** (zutr. Bay NStZ-RR **04**, 42f.; Hamburg StraFo **06**, 465 [Anm. *van Gemmeren* JR **07**, 214]; Nürnberg StraFo **06**, 502, 503; KG StV **07**, 35f.). Schwere der Schuld ist nur im Rahmen dieser Gründe von (mittelbarer) Bedeutung; sie ist *als solche* nicht geeignet, eine Freiheitsstrafe unerlässlich zu machen; der Gesichtspunkt ist bewusst weggelassen worden (Prot. V/2135, 2139; MDR/D **70**, 380; vgl. Köln NJW **70**, 258; Düsseldorf VRS **39**, 328; Schleswig SchlHA **76**, 166; LG Augsburg StV **06**, 473). Eine Erlaubnis, das schuldangemessene Strafmaß zu überschreiten, wird durch die Feststellung von „Unerlässlichkeit" nicht begründet (vgl. Karlsruhe NJW **03**, 1825f.; Stuttgart StV **03**, 661, 662; LK-*Theune* 7).

8 Der zuerst zu prüfende Gesichtspunkt der **Einwirkung auf den Täter** setzt, wie sich aus dem Zusammenspiel mit § 56 I, III ergibt, nicht voraus, dass auch der Vollzug und dessen Einwirkung auf den Täter geboten sein müssen (BGH **24**, 164; Köln NStZ-RR **07**, 266; *Lackner/Kühl* 1; *Horstkotte* JZ **70**, 127; LK-*Theune* 15; MK-*Franke* 4; str.; vgl. auch SK-*Horn* 10ff.). Es genügt, dass das gewichtigere Unwerturteil, das im Strafausspruch liegt, unerlässlich ist oder dass die Einwirkung während einer Bewährungszeit oder aber der Strafvollzug für den Fall der Nichtbewährung unerlässlich ist.

9 Bei dem Gesichtspunkt der **Verteidigung der Rechtsordnung** (vgl. dazu BGH **24**, 40; 9ff. zu § 46; NK-*Streng* 5) kommt es darauf an, welche Bedeutung die Tat und Taten dieser Art für den Rechtsgüterschutz haben, inwieweit Wiederholungs- und Nachahmungsgefahr bestehen (3 StR 127/79; Hamm VRS **39**, 479; Koblenz OLGSt. 21) und wie die Allgemeinheit in diesem konkreten Fall auf eine etwaige Geldstrafe reagieren würde (vgl. Celle StV **93**, 196). Aus der Schutzrichtung eines bestimmten Tatbestandes darf nicht geschlossen werden, dass stets bei seiner Verwirklichung eine Freiheitsstrafe unerlässlich sei. Einer Strafaussetzung zur Bewährung bei günstiger Sozialprognose (§ 56 I, III) steht die Annahme der Unerlässlichkeit einer Freiheitsstrafe zur Verteidigung der Rechtsordnung nicht entgegen (12 zu § 56).

10 Unerlässlichkeit setzt nicht voraus, dass die besonderen Umstände allein in der Tat *oder* nur in der Persönlichkeit des Täters liegen (Frankfurt VRS **42**, 188). Der Begriff „unerlässlich" ist strenger auszulegen als „geboten" (Bay NStE Nr. 8; Hamm MDR **86**, 72; Bremen StV **94**, 130; Düsseldorf VRS **82**, 126); gemeint ist, dass die Freiheitsstrafe als ausgesprochene Ausnahme nur dann verhängt werden darf, wenn auf Grund einer Gesamtwürdigung (vgl. BGHR § 47 I Umstände 6 mwN) nicht auf sie verzichtet werden kann (StV **94**, 370; Bay NStZ **89**, 75 [Anm. *Köhler* JR **89**, 697]; Schleswig NStZ **96**, 429; Hamm MDR **70**, 693; 779; VRS **97**, 410f.; Düsseldorf NStZ **86**, 512 [Anm. *Horn* JR **87**, 294]; StV **86**, 64; **91**, 264; StraFo **06**, 465 [Anm. *van Gemmeren* JR **07**, 214]; Köln NJW **01**, 3491; NStZ **03**, 421f.; Stuttgart StV **03**, 661, 662). Es ist anhand *bestimmter Tatsachen* darzulegen, warum im konkreten Fall jedes andere Reaktionsmittel die erforderliche Spezialprävention voraussichtlich nicht gewährleisten würde (Bay NJW **95**, 3265; Frankfurt/M StV **97**, 252). Zu prüfen ist zB auch, wie die Verhängung einer hohen Geldstrafe auf den Täter wirken würde (Hamburg VM **71**, 57; Köln StV **84**, 378). Das Argument, der (nicht vorbestrafte und sozial eingegliederte) Täter sei mit der Geldstrafe nicht zu beeindrucken (StV **93**, 360) genügt nicht; es darf auch von der Verhängung einer Geldstrafe nicht allein deshalb abgesehen werden, weil die Tagessatzhöhe sehr niedrig ausfallen müsste (Bay StV **95**, 472). Die gegenwärtige erstmalige Vollstreckung

einer Haftstrafe ist bei Prüfung der Unerlässlichkeit prognostisch zu berücksichtigen (Köln NStR-RR **07**, 266). Die Begründung muss erkennen lassen, dass sich das Gericht der Bedeutung des **Übermaßverbots** bewusst war (KG StV **07**, 35 f. [2 Monate ohne Bewährung wegen Beförderungserschleichung]); das Schuldprinzip darf nicht durch (General)Präventionsanliegen verdrängt werden (vgl. auch NK-*Streng* 7).

Einer kurzfristigen Freiheitsstrafe bedarf es zur Einwirkung auf den Täter dann **nicht**, wenn eine positive Veränderung in den persönlichen Verhältnissen die Erwartung begründet, dass er keine weiteren Straftaten mehr begeht (StV **03**, 485; Zweibrücken StV **92**, 323), oder wenn mit vertretbarer Wahrscheinlichkeit eine Freiheitsstrafe nicht erforderlich ist, um den Täter von weiteren Straftaten abzuhalten (Saarbrücken NStZ **94**, 192); das kann auch bei **einschlägigen Vorstrafen** der Fall sein (Schleswig NJW **82**, 116; LG Köln ZfS **82**, 158; vgl. auch Frankfurt StV **95**, 27; Stuttgart StV **03**, 661 f.; Karlsruhe StV **05**, 275 f. [Besitz geringer Menge Heroin zum Eigenverbrauch]; Hamburg StraFo **06**, 465 [Besitz äußerst geringfügiger Menge Crack bei einschlägiger Vorstrafe und laufender Bewährung]; **aA** LG Münster NStZ **94**, 191), ist aber dann näher zu begründen (Koblenz OLGSt. 55 zu § 185 StGB; Düsseldorf NZV **97**, 46). Ob der Täter sie bezahlen kann, spielt an sich keine Rolle (3 zu § 40); ebenso wenig, ob er sich das nötige Geld durch Kredit beschaffen wird (Frankfurt NJW **71**, 669) oder die Geldstrafe durch die Eltern des Täters bezahlt werden wird (Bay NJW **94**, 1167). **10 a**

Beharrliche **Wiederholungstaten** können die Unerlässlichkeit begründen; da Strafe nicht (vorwiegend) „Heilung" des Täters bezweckt, kann eine prognostische „Aussichtslosigkeit" nicht die Verhängung von Freiheitsstrafe „erlässlich" machen (vgl. aber Bay NStZ **89**, 75 [abl. Anm. *Köhler* JR **89**, 697]). Bei Trunkenheitsfahrten mit schweren Folgen kann im Einzelfall auch bei **Ersttätern** eine Freiheitsstrafe unerlässlich sein (Bay MDR **72**, 339; KG VRS **44**, 94). Bei nicht vorbestraften Tätern bedarf die Annahme der Unerlässlichkeit regelmäßig besonderer Begründung (Hamm VRS **97**, 410 f.; Köln NJW **01**, 3491 f.); eine nicht einschlägige Vorstrafe wird eine Freiheitsstrafe kaum unerlässlich machen (Hamm MDR **70**, 779; LK-*Theune* 19). Auch einschlägige Vorverurteilungen haben geringeres Gewicht, wenn die neue Tat Ausnahmecharakter hat (vgl. Bay VRS **82**, 339). Ein nur summarischer Hinweis wird auch bei einschlägigen Vorstrafen nur dann die Unerlässlichkeit begründen können, wenn die Vortaten hinreichend festgestellt sind (vgl. Köln NStZ **03**, 421 f.; Karlsruhe StV **05**, 275). Das Vorliegen eines besonders schweren Falles reicht für sich allein nicht aus (StV **86**, 198 L); bei geringfügigen BtM-Delikten kann nicht allein auf die Gefährlichkeit des Betäubungsmittels abgestellt werden (Bay NJW **96**, 798); bei Bagatelltaten nach dem BtMG (Erwerb oder Besitz geringer Mengen ausschließlich zum Eigenverbrauch) kann auch bei wiederholter Begehung und Bewährungsbruch der Verhältnismäßigkeitsgrundsatz der Verhängung einer Freiheitsstrafe entgegenstehen (Karlsruhe NJW **03**, 1825 f.). **11**

5) Geldstrafe bei ausschließlicher Freiheitsstrafen-Drohung (Abs. II). Die Regelung überträgt den Grundsatz des Abs. I auf diejenigen Fälle, in denen der gesetzliche Tatbestand eine Geldstrafe nicht androht. Hier hat **Abs. II S. 1** seine Bedeutung durch Art. 12 I EGStGB insoweit verloren, als danach *immer* neben der Androhung einer Freiheitsstrafe ohne erhöhtes Mindestmaß auch die wahlweise Androhung von Geldstrafe getreten ist, so dass für S. 1 nur noch die Strafdrohungen des WStG und des ZDG übrig bleiben, für die Art. 12 I EGStGB nach dessen Art. 10 II nicht gilt (Bay NJW **92**, 191 mwN; *Lackner/Kühl* 8; MK-*Franke* 19 ff.; **aM** *Horn* NStZ **90**, 270). Seine Bedeutung für das StGB ergibt sich aus der Verweisung des **II S. 2;** II ist daher im Wesentlichen in denjenigen Fällen anwendbar, in denen das angedrohte Mindestmaß des auf die einzelne Tat **konkret** anzuwendenden Strafrahmens (vgl. Köln MDR **70**, 694; SK-*Horn* 9 zu § 49) 3 Monate beträgt. Bei einem Mindestmaß von 6 Monaten oder mehr ist § 47 II unanwendbar; für Fälle des § 49 II kommt es auf § 47 nicht an. **12**

13 Abs. **II S. 1** setzt voraus, dass Freiheitsstrafe von 6 Monaten und mehr nicht in Betracht kommt. Dann ist Geldstrafe zu verhängen, wenn Freiheitsstrafe nach den für I geltenden Voraussatzungen nicht unerlässlich ist. Wie dort verhängt das Gericht unmittelbar die Geldstrafe nach den Grundsätzen der §§ 40, 46, ohne erst eine bestimmte Freiheitsstrafe bestimmen zu müssen, an deren Stelle die Geldstrafe tritt (BGH **24**, 230). Es genügt die Feststellung, dass eine Freiheitsstrafe von 6 Monaten oder mehr ausscheidet. Weitere Voraussetzung ist, dass die Verhängung von Freiheitsstrafe nicht **unerlässlich** ist.

14 Abs. **II Satz 2** bestimmt für die Fälle, in denen das Gesetz primär nicht nur keine Geldstrafe androht, sondern auch das Mindestmaß der angedrohten Freiheitsstrafe über dem gesetzlichen von 1 Monat liegt, einen Umrechnungsmaßstab dahingehend, dass sich die Mindestzahl der Tagessätze einer nach II S. 1 zu verhängenden Geldstrafe unter Anwendung des Grundsatzes ein Monat Freiheitsstrafe = 30 Tagessätze nach dem Mindestmaß der angedrohten Freiheitsstrafe richtet (Köln MDR **70**, 694). Es ist daher für die praktische Anwendung bei (auf 3 Monate) erhöhtem **Mindestmaß** (sowie bei **nach § 49 I, 3. Var.** gemildertem Mindestmaß) einer ausschließlich angedrohten Freiheitsstrafe zunächst die Strafe nach dem allgemeinen Grundsätzen des § 46 (fiktiv) insoweit zuzumessen, als zu entscheiden ist, ob eine Freiheitsstrafe von weniger als 6 Monaten *in Betracht* kommt; einer ausdrücklichen („hilfsweisen") Festlegung im Urteil bedarf es nicht. Liegt die angemessene Strafe in diesem Rahmen, so ist nach den Grundsätzen des II S. 1 iVm I zu entscheiden, ob eine Freiheitsstrafe unerlässlich ist; ist das nicht der Fall, so ist Geldstrafe nach den hierfür geltenden Regeln (vgl. § 40) zuzumessen. II S. 2 ordnet dabei keine schematische Umrechnung einer fiktiv zuzumessenden Freiheitsstrafe in Geldstrafe an; nur das **Mindestmaß** der Tagessatzanzahl ergibt sich aus der Umrechnung entspr. § 43. Ein **Höchstmaß** der Geldstrafe ist in § 47 nicht ausdrücklich bestimmt; es ist davon auszugehen, dass die Geldstrafe 180 Tagessätze nicht erreichen darf.

15 **6) Verfahrensrechtliche Hinweise.** Die Wahl zwischen Freiheitsstrafe und Geldstrafe in Fällen des § 47 ist eine Strafzumessungsentscheidung im pflichtgemäßen Ermessen des Gerichts (NStZ **83**, 20); die Entscheidung unterliegt im Revisionsverfahren daher nur der Kontrolle auf Rechtsfehler. Die Anwendung von § 47 muss aber im **Urteil** erörtert werden, wenn sie in Betracht kommt (vom Berufungsgericht selbst dann, wenn es einen Tatbestand mit Mindeststrafe von 6 Monaten annimmt, aber wegen § 331 StPO darunter bleiben muss, Köln MDR **74**, 774). Wenn eine Freiheitsstrafe unter 6 Monaten verhängt wird, so müssen die Gründe regelmäßig die Umstände angeben, die zu der Ablehnung von Geldstrafe geführt haben (§ 267 III S. 2 StPO; 1 StR 281/89; Braunschweig GA **70**, 87; Stuttgart Die Justiz **70**, 93; Schleswig StV **82**, 367; **93**, 30). Die Erörterung kann sich auch bei **Tatserien** selbstständiger, aber zeitlich und sachlich miteinander verschränkter Vermögensdelikte aufdrängen, wenn für die schweren Taten Einzelstrafen von 6 Monaten oder mehr geboten sind (NStZ **01**, 311).

§ 48 [Aufgehoben durch Art. 1 Nr. 1 des 23. StÄG (9 vor § 56)].

Besondere gesetzliche Milderungsgründe

49 **[I] Ist eine Milderung nach dieser Vorschrift vorgeschrieben oder zugelassen, so gilt für die Milderung folgendes:**

1. **An die Stelle von lebenslanger Freiheitsstrafe tritt Freiheitsstrafe nicht unter drei Jahren.**
2. **Bei zeitiger Freiheitsstrafe darf höchstens auf drei Viertel des angedrohten Höchstmaßes erkannt werden. Bei Geldstrafe gilt dasselbe für die Höchstzahl der Tagessätze.**
3. **Das erhöhte Mindestmaß einer Freiheitsstrafe ermäßigt sich**
   im Falle eines Mindestmaßes von zehn oder fünf Jahren auf zwei Jahre,
   im Falle eines Mindestmaßes von drei oder zwei Jahren auf sechs Monate,

im Falle eines Mindestmaßes von einem Jahr auf drei Monate,
im übrigen auf das gesetzliche Mindestmaß.

II Darf das Gericht nach einem Gesetz, das auf diese Vorschrift verweist, die Strafe nach seinem Ermessen mildern, so kann es bis zum gesetzlichen Mindestmaß der angedrohten Strafe herabgehen oder statt auf Freiheitsstrafe auf Geldstrafe erkennen.

1) Allgemeines. Die Vorschrift ist im Anschluss an § 64 E 1962 (Begr. 186) und § 61 AE durch das 2. StrRG (Ber. BT-Drs. V/4095, 23; Prot. V/389, 881, 1302, 1351, 2245, 2609, 2908, 3159, 3203) eingefügt und durch Art. 18 Nr. 13 EGStGB (E EGStGB 313) angepasst worden. 1

Literatur: *Bergmann,* Die Milderung der Strafe nach § 49 II StGB, 1988 [hierzu *Lemke* GA **89**, 239]; *Frisch,* Das Verhältnis der Milderung nach § 49 Abs. 2 StGB zu den „minderschweren Fällen", JZ **86**, 89; *Horn,* Probleme bei der Bestimmung der Mindest- u. Höchstgeldstrafe, NStZ **90**, 270; *Langer,* Gesetzlichkeitsprinzip u. Strafmilderungsgründe, Dünnebier-FS 421; *Schöch,* Abschied von der Strafmilderung bei alkoholbedingter Dekulpation?, GA **06**, 371; *Timpe,* Strafmilderungen des Allgemeinen Teils des StGB u. das Doppelverwertungsverbot, 1983. 1 a

2) Strafrahmenverschiebung. Wenn das Gesetz von Mildern der Strafe spricht, ist die vorgeschriebene oder zugelassene Wahl eines **niedrigeren Strafrahmens** gemeint, aus dem ggf. zunächst die Strafart (*Horn* NStZ **90**, 270) und dann unmittelbar die Strafe zuzumessen ist (MK-*Franke* 1). Der Tatrichter muss daher in den Urteilsgründen darlegen, von welchem Strafrahmen er ausgegangen ist (StV **84**, 205; NStZ **85**, 30; 2 StR 57/93; 3 StR 345/99; Schleswig NStZ **86**, 511). Abzulehnen ist die Auffassung, wonach der Richter innerhalb eines Gesamtrahmens zu wählen habe, der aus den zur Wahl stehenden Einzelrahmen gebildet wird, vielmehr ist zunächst auf Grund einer Gesamtwürdigung der Strafrahmen, ggf der zur Wahl stehende (MDR/H **79**, 279; 3 StR 456/85) oder der Ausnahmestrafrahmen zu finden (so auch *Bottke* 658; **aA** *M/Zipf* 62/37; SK-*Horn* 57 zu § 46; *Timpe* 82 ff.; *Frisch/Bergmann* JZ **90**, 949; *Frisch,* Spendel-FS 383). Wird der niedrigere Strafrahmen angewandt, so ergibt sich aus dem Prinzip, dass der Strafrahmen eine kontinuierliche Schwereskala möglicher Tatbestandsverwirklichungen darstellt (16 ff. zu § 46), zwingend, dass die Strafe für die Tat (da sie in eine niedrigere Skala rückt) niedriger ausfallen muss als bei Anwendung des Regelrahmens (ebenso JR **77**, 26). Bei § 49 geht es danach um eine Strafrahmenverschiebung nach unten, wenn eine einzelne Vorschrift eine Milderung nach § 49 unter Bezugnahme auf § 49 I oder II *zulässt* oder in den Fällen von I *vorschreibt.* 2

3) Milderung nach I ist entweder vorgeschrieben (**obligatorisch;** vgl. §§ 27 II, 28 I, 30 I, 35 II, 111 II) oder zugelassen (**fakultativ;** vgl. §§ 13 II, 17, 21, 23 II, 35 I, 46 a, § 239 a IV; §§ 5 II, 28 I, 34 I WStG). Ob der Gesichtspunkt, der das Gesetz zur Eröffnung der Möglichkeit nach I veranlasst, im Einzelfall in einer Weise konkretisiert ist, dass die Abweichung vom Regelstrafrahmen am Platze ist, ist in den Fällen fakultativer Milderung eine im pflichtgemäßen Ermessen des Gerichts stehende Entscheidung (BVerfGE **50**, 9; NJW **86**, 793 [Anm. *Bruns* JR **86**, 338]; vgl. dazu die Erl. bei den einzelnen Vorschriften). Dabei kommt dem vertypten Milderungsgrund erhebliches schuldminderndes Gewicht zu; dies kann aber durch schulderhöhende Umstände ausgeglichen werden. Nach **stRspr** ist die Entscheidung im Wege einer **Gesamtwürdigung** (krit. *Frisch/Bergmann* JZ **90**, 944; *Frisch,* Spendel-FS 381, 399; *Horn,* Arm. Kaufmann-GedS 573, 586) aller schuldrelevanten Umstände ohne Einschränkung der Tatsachengrundlage zu treffen (vgl. BGH **7**, 28 [zu § 21]; **16**, 351; **17**, 266 [zu § 13 II]; **26**, 311 [zu § 17 II]; NJW **98**, 3068 [zu § 13 II; Anm. *Rudolphi* JR **99**, 293]; zust. NK-*Lemke* 7; LK-*Theune* 8; *M/Gössel/Zipf* 62/61; *Schäfer,* Praxis der StrZ 383), wobei freilich den auf den jeweiligen Milderungsgrund bezogenen Umständen (zB Nähe zur Tatvollendung beim Versuch; schuldhaftes Sichberauschen bei verminderter Steuerungsfähigkeit [vgl. 25 ff. 3

zu § 21]) besonderes Gewicht zukommt (vgl. BGH **26**, 311; **35**, 347, 355; **36**, 1, 18; NJW **89**, 3230; NStZ **93**, 134; **95**, 285; **98**, 245; NStZ-RR **99**, 171).

3 a Die **Gegenansicht** in der Lit. lässt eine Abwägung nur auf eingeschränkter Tatsachengrundlage zu; danach sind für die Entscheidung nur solche Umstände zu berücksichtigen, die auf den vertypten Schuldmilderungsgrund bezogen sind (*Lackner/Kühl* 4; MK-*Franke* 5; SK-*Rudolphi* 69 zu § 46; 3 zu § 23; *Dreher* JZ **57**, 155 f.; *Jescheck/Weigend* § 83 VI 2; *Meier,* Strafrechtliche Sanktionen 158 f.). Die **neuere Rspr** hat sich in der praktischen Anwendung dieser Ansicht angenähert, ohne auf die Formel „umfassender" Gesamtwürdigung zu verzichten. Sieht der Regelstrafrahmen **lebenslange** Freiheitsstrafe vor, so müssen nach stRspr besonders gewichtige Umstände dafür sprechen, trotz Vorliegens eines vertypten Milderungsgrunds von der Strafrahmensenkung abzusehen (vgl. NStZ **84**, 184; **85**, 357; NStZ-RR **96**, 162; **99**, 295; StV **90**, 157 [zu § 211]). Zum Verhältnis zu **minder schweren Fällen** vgl. § 50.

4 Nach **Abs. I Nr. 1 bis 3** bestimmt sich im Fall der **Milderung** der niedrigere Strafrahmen dahin, dass sowohl Höchst- wie Mindestmaß gesenkt werden und ein ganz neuer Strafrahmen entsteht. Mit der angedrohten Strafe, um deren Milderung es geht, ist ggf. auch der Rahmen für besonders schwere oder minder schwere Fälle gemeint (85 ff., 88 ff. zu § 46 mwN; auch 2, 3 zu § 50; LK-*Theune* 11). Der Rahmen der Gesamtstrafe nach § 54 wird nicht betroffen. Ist lebenslange Freiheitsstrafe **(Nr. 1)** neben zeitiger Freiheitsstrafe angedroht (zB in §§ 239 a III, 251), so hat der Richter zunächst zu prüfen (MDR/H **79**, 279; NStZ **94**, 486; BGHR § 307 StrafrVersch 1), ob er den Rahmen der zeitigen Freiheitsstrafe zu wählen hat, und ggf diesen zu mildern (LK-*Theune* 13). Bei der Berechnung nach **Nr. 2 S. 1,** für die § 39 nicht gilt, sollte der Monat zu 30 Tagen gerechnet werden, so dass sich zB ein Höchstmaß von 6 Monaten (§§ 106 a I, 107 b, 160, 184 a, 285) auf 4 Monate 15 Tage senkt (vgl. auch 3 zu § 39). Bei **mehrfacher Milderung** (3 zu § 50) können sich sehr differenzierte Höchstmaße errechnen (vgl. NJW **75**, 743), die zugunsten des Täters abgerundet werden sollten. Sinkt in den Fällen der **Nr. 3** das Mindestmaß unter 6 Monate, so ist zunächst zu prüfen, ob nicht, vor allem nach § 47 II, Geldstrafe zu verhängen ist (Ber. 24; vgl. *Horn* NStZ **90**, 270 und 3, 12 zu § 47); deren Mindestmaß richtet sich dann nach dem nach § 49 gemilderten Mindestmaß iVm § 47 II S. 2.

5 **4)** Nach **Abs. II** kommt Milderung in Betracht, wenn ein Gesetz, das auf II verweist, dem Tatrichter die Möglichkeit gibt, die Strafe nach seinem Ermessen zu mildern (§§ 23 III, 83 a I, 84 IV, V, 90 II, 98 II, 113 IV, 129 VI, 129 a VI, VII, 157, 158 I, § 261 X, 314 a I, II, 320 I, II, 330 b I; vgl. *Bergmann* [1 a] 54 ff.). Für die Entscheidung, ob von der Milderungsmöglichkeit Gebrauch gemacht wird, gelten die oben genannten Grundsätze entsprechend. Die Milderungsmöglichkeiten des II erlauben es, die Strafe statt dem Regelstrafrahmen einem Rahmen zu entnehmen, dessen *Höchstmaß unverändert* bleibt (**aA** *Lackner/Kühl* 5; *Bergmann* [1 a] 34 [Herabsetzung nach Maßgabe des Abs. I]; and. *S/S-Stree* 11 [jedenfalls Höchststrafe ausgeschlossen]), dessen erhöhtes **Mindestmaß** aber auf das gesetzliche (§ 38 II; § 40 I) gesenkt wird; ist ohnehin das gesetzliche Mindestmaß angedroht, ist II insoweit ohne Bedeutung; der Milderungsgrund ist aber bei der Strafzumessung i. e. S. zu berücksichtigen. Da die meisten der auf Abs. II verweisenden Vorschriften daneben auch die Möglichkeit eines **Absehens von Strafe** vorsehen, ergeben sich Strafrahmen von der Straflosigkeit bis zur Höchststrafe, die gesetzliche Maßstäbe kaum noch erkennen lassen (krit. *B/Weber/Mitsch* 9/16 ff.; *S/S-Stree* 8). Wenn auch ein Milderungsgrund nach Abs. I gegeben ist, ist zunächst diese Milderung zu prüfen, um festzustellen, von welchem Rahmen bei der möglichen Milderung nach II auszugehen ist (LK-*Theune* 20).

6 Statt auf Freiheitsstrafe kann auf Geldstrafe erkannt werden, wenn diese nicht ohnehin angedroht ist. Das ist in den Fällen von Bedeutung, in denen eine Freiheitsstrafe von 6 Monaten und mehr in Betracht kommt; bei niedrigeren Freiheits-

strafen greift bereits § 47 ein, der dann dem II vorgeht (LK-*Theune* 14). Konkurriert ideell eine Tat mit dem Delikt, für das die Vergünstigung vorgesehen ist, so bleibt die Strafbarkeit jener Tat erhalten; dessen Mindeststrafe darf auch nicht unterschritten werden (vgl. Celle JZ **59**, 541). Bei Straftaten von Soldaten und Zivildienstleistenden sind § 10 WStG, § 56 ZDG zu beachten (3 zu § 47). Für das **JGG** ist nach dessen eigenem Strafsystem II unanwendbar (vgl. aber 84 zu § 46).

Zusammentreffen von Milderungsgründen

50 Ein Umstand, der allein oder mit anderen Umständen die Annahme eines minder schweren Falles begründet und der zugleich ein besonderer gesetzlicher Milderungsgrund nach § 49 ist, darf nur einmal berücksichtigt werden.

1) Allgemeines. Die Vorschrift, die wörtlich dem § 65 E 1962 (Begr. 187; Ndschr. **4**, 266, 394) sowie § 62 AE entspricht, wurde durch das 2. StrRG eingefügt (Ber. BT-Drs. V/4095, 24; Prot. V/390, 882, 1351, 2245, 2611) und durch das EGStGB angepasst. Sie betrifft nur die Strafrahmenwahl, nicht die Strafzumessung ieS (1 StR 431/97; LK-*Theune* 1). 1

Literatur: *Goydke,* Die Strafrahmenbestimmung in minder schweren Fällen u. beim Vorliegen gesetzlicher Milderungsgründe, Odersky-FS 371; *Hettinger,* Das Doppelverwertungsverbot bei strafrahmenbildenden Umständen, 1982; *Horstkotte,* Zusammentreffen von Milderungsgründen, Dreher-FS 265. 1 a

2) Regelungszweck. § 50 enthält ein **Verbot der Doppelverwertung** von Strafzumessungstatsachen in Bezug auf die Strafrahmenwahl für die Möglichkeit eines **minder schweren Falls** (85 zu § 46) mit einem gesetzlich **vertypten Milderungsgrund** (zB §§ 13 II, 21, 23 II, III, 27 II, 28 I, 30 I, 35 I, II) nach § 49 zusammentrifft (BGH **27**, 299; NJW **80**, 950; NStZ **85**, 261; 5 StR 578/88; vgl. *Goydke,* Odersky-FS 376; *Horstkotte,* Dreher-FS 278; *Bruns* JR **80**, 228; *R. Schmitt* JZ **83**, 400): Wenn ein solcher gesetzlich vertypter Milderungsgrund einen milderen Strafrahmen begründet, so ist er für eine weitere Strafrahmenverschiebung iS des § 50 „verbraucht" (NStZ **87**, 504; *Gribbohm,* Salger-FS 42; and. *Eser,* Middendorff-FS 79). Da die Annahme eines minder schweren Falles oder auch die Verneinung eines besonders schweren Falles ganz oder zT auch mit einem Milderungsgrund nach § 49 begründet werden kann, würde ohne das Verbot des § 50 insoweit eine Doppelverwertung von Strafzumessungstatsachen ermöglicht. Dieser Grundsatz hindert aber eine Milderung des Grundstrafrahmens nach §§ 21, 49 I nicht, wenn die der Minderung der Schuldfähigkeit zugrunde liegenden konkreten Auswirkungen einer festgestellten psychischen Störung der Annahme eines besonders schweren Falls (oder einer Qualifikation) entgegen stehen (NStZ **04**, 200, 201 [zu § 212 II]; vgl. 20 zu § 212; *Horstkotte*, Dreher-FS 265, 278). 2

3) Strafrahmenwahl. Sieht das Gesetz einen minder schweren Fall vor **und** ist im Einzelfall ein gesetzlicher Milderungsgrund nach § 49 gegeben, so stehen grds **zwei verschiedene Strafrahmen** zur Verfügung. Es ist daher zunächst zu entscheiden, welcher Strafrahmen zur Anwendung gelangt (vgl. dazu *Hettinger* [1 a] 233 ff.). Dabei ist nach stRspr **vorrangig** zu prüfen, ob – und ggf auf Grund welcher Umstände – ein **minder schwerer Fall** gegeben ist (1 StR 44/96; 1 StR 144/96; 2 StR 63/96); ist dies der Fall, so ist nun zu prüfen, ob der Strafrahmen des minder schweren Falls ohne Verletzung des § 50 nochmals gemildert werden kann (vgl. NStZ **84**, 357; **85**, 367; 453; 547; **87**, 72; **92**, 433; stRspr; vgl. *Theune* NStZ **86**, 155; 495; **89**, 215; StV **85**, 168; unten 7). 3

Bei der Wahl des Strafrahmens ist zu bedenken, dass schon das Vorliegen eines vertypten Milderungsgrundes für sich allein zur Annahme eines minder schweren Falles führen kann (NStZ **99**, 610; NStZ-RR **04**, 14; stRspr). Zu prüfen sind daher **zunächst die nicht vertypten Milderungsgründe** (MDR/H **85**, 793; 2 StR 450/06; Köln StV **01**, 111). Begründen schon sie allein einen minder schweren Fall, 4 so ist ein ggf. gegebener vertypter Milderungsgrund nicht verbraucht und kann eine *weitere* Strafrahmenmilderung nach § 49 rechtfertigen (NJW **80**, 950; **83**, 350; StV **81**, 124; **87**, 530; MDR/H **77**, 107; **79**, 635; 987; **80**, 453; **85**, 282; NStZ-RR **05**, 142; BGHR § 21 BAK 25; BGHR § 24 I S. 1 Freiw. 21; 5 StR 578/96). Begründen allgemeine (nicht vertypte) Milderungsgründe einen minder schweren Fall nicht, so sind bei der Prüfung, ob ein minder schwerer Fall anzunehmen ist, evtl gegebene **vertypte Milderungsgründe** heranzuziehen (StV **90**, 348 L; BGHR vor § 1 msF StrRahmW 7; 3 StR 336/95; 2 StR 557/06; Köln StV **01**, 111 f.). (*Nur*) wenn ein minder schwerer Fall erst bei gemeinsamer Berücksichtigung allgemeiner und vertypter Milderungsgründe gegeben ist, so sind die letzteren insoweit für eine weitere Strafrahmenverschiebung „verbraucht" (NStZ **84**, 357; **87**, 72; 3 StR 110/95; 3 StR 324/97). Diese **Sperrwirkung** des „Verbrauchs" vertypter Milderungsgründe für die Annahme eines minder schweren Falls regelt § 50 (MDR/H **85**, 793; StV **92**, 371).

4a Bei der Beurteilung sind die Bewertungen gedanklich voneinander zu trennen. Es besteht in der Praxis die Neigung, vertypte Milderungsgründe eher schematisch *stets* für „verbraucht" zu halten, wenn im Einzelfall der Strafrahmen für minder schwere Fälle gewählt wurde. Das Abzielen auf eine *im Ergebnis* für angemessen erachtete Strafe verstellt dann gelegentlich den Blick für die Begründungserfordernisse. So ist zB die Annahme eines „Verbrauch" von vertypten Milderungsgründen stets dann begründungsbedürftig, wenn gewichtige allgemeine Milderungsgründe gegeben sind, welche schon für sich die Prüfung eines minder schweren Falls nahe gelegt hätten (vgl. Karlsruhe NStZ-RR **05**, 142; vgl. auch LK-*Theune* 14).

5 Das Gericht hat nach stRspr im Rahmen einer **Gesamtabwägung** zu **prüfen,** ob statt des in § 49 bestimmten Rahmens der des minder schweren Falles anzuwenden ist (MDR/H **78**, 987; StV **99**, 490; BGHR vor § 1 StRWahl 4; zum Ganzen eingehend *Horstkotte* aaO 273 u. *Goydke* aaO 380; SK-*Horn* 3 ff.; **aA** *S/S-Stree* 3). Der Richter hat sich im Rahmen der gebotenen Gesamtwürdigung pflichtgemäß zu entscheiden, ob er den milderen Strafrahmen des minder schweren Falles für angemessen hält (NStZ **82**, 200; **84**, 118; 3 StR 360/86). Dabei hat er namentlich zu erwägen, ob das Schwergewicht der Milderung bei dem Grund nach § 49 oder den übrigen Umständen liegt. **Im Zweifel** wird er sich für den dem Täter günstigeren Strafrahmen zu entscheiden haben (so auch *Horstkotte* aaO 277; LK-*Theune* 19; wohl auch MK-*Franke* 5; vgl. hierzu BGH **33**, 92 und *Frisch* JR **83**, 93). Eine *Kombination* mit dem nach § 49 I gemilderten Rahmen iS einer Meistbegünstigung (etwa: untere Grenze aus § 49 I, obere Grenze aus minder schwerem Fall) ist unzulässig (NStZ **99**, 610). Dass sich der Tatrichter der unterschiedlichen Milderungsmöglichkeiten bewusst war und insoweit eine Ermessensentscheidung getroffen hat, müssen die Urteilsgründe erkennen lassen (BGH **27**, 229; StV **88**, 385; stRspr). So ist bei Vorliegen eines vertypten Milderungsgrunds die Anwendung des Rahmens des minder schweren Falls jedenfalls dann im Urteil zu begründen, wenn der nach § 49 I gemilderte Regelstrafrahmen niedriger wäre und die Strafe dem unteren Rahmenbereich entnommen wird (vgl. NStZ-RR **00**, 43). Bei Vorliegen von zwei vertypten Milderungsgründen ist die Annahme eines minder schweren Falls begründungsbedürftig, wenn eine doppelte Milderung nach § 49 I zu einem (noch) niedrigeren Strafrahmen geführt hätte (StV **01**, 572 f.; vgl. 2 StR 183/04).

6 **4) Strafzumessung im Einzelnen.** Hat sich der Tatrichter unter „Verbrauch" des vertypten Milderungsgrunds für die Annahme eines minder schweren Falls entschieden, so ist dessen Strafrahmen der Strafzumessung ieS uneingeschränkt zugrunde zu legen. § 50 verbietet dann die nochmalige Herabsetzung des **Strafrahmens** aus den Gründen des vertypten Milderungsgrunds; hingegen müssen die **Umstände,** die für die Annahme eines minder schweren Falles maßgebend waren, innerhalb der Strafzumessung ieS nochmals – wenn auch mit geringerem Gewicht – berücksichtigt werden (NStZ **98**, 30; NStZ-RR **98**, 295; StV **96**, 205; BGHR StHBem 1–4; GA **93**, 230; 1 StR 529/97; 2 StR 126/98; 2 StR 308/98; Düssel-

dorf StraFO **98**, 193). § 50 erlaubt also bei der Gesamtbewertung aller Umstände, insoweit auf die für die Findung des Sonderstrafrahmens maßgebenden Gesichtspunkte (zB §§ 21, 22, 27) zurückzukommen, als der Tatrichter diese Umstände ihrerseits *wertend* und nicht allein als solche mitberücksichtigt (BGH **16**, 351; **26**, 311; StV **83**, 60; **85**, 54; **86**, 340 L; **90**, 204; **94**, 315; NStZ **85**, 164; **86**, 115; MDR/H **85**, 445; NJW **87**, 2688; **89**, 3230; GA **89**, 569).

5) Mehrfache Strafrahmenmilderung. Eine mehrfache Milderung des Strafrahmens ist beim Zusammentreffen **mehrerer vertypter Milderungsgründe** durch § 50 nicht ausgeschlossen (oben 3; vgl. BGH **27**, 299; 4 StR 154/94; LK-*Theune* 4, 17; SK-*Horn* 9; NK-*Lemke* 15); das ergibt ein Gegenschluss aus § 50. Daher kann auch eine nochmalige – ggf auch zweimalige – Milderung nach § 49 I des Rahmens für den minder schweren Fall zulässig sein. **Unzulässig** ist eine Mehrfachmilderung aber, wenn **derselbe Umstand** nach verschiedenen Vorschriften Milderung vorschreibt oder zulässt (zB nach §§ 27 II, 28 I; BGH **26**, 54; NJW **80**, 950; NStZ **81**, 299; zust. *Bruns* JR **75**, 510; **80**, 227; ferner *R. Schmitt* JZ **83**, 400; *Langer,* E. Wolf-FS 337; vgl. jedoch MDR/H **79**, 105; zweifelnd *Blei* JA **75**, 447; **aA** *Horstkotte* Dreher-FS 281). Deshalb darf, wenn wegen verminderter Einsichtsfähigkeit nach § 21 gemildert wird, nicht nochmals nach § 17 gemildert werden (vgl. SK-*Horn* 10 ff.). Wird auf Grund erheblicher psychischer Defekte, die (erst) *in Verbindung* mit akuter Alkoholisierung zur Minderung der Steuerungsfähigkeit geführt haben, ein minder schwerer Fall angenommen, so kann dieser Strafrahmen nicht nochmals wegen der Alkoholisierung nach § 49 I gemildert werden (NStZ **01**, 642). Beruht der Schuldspruch wegen Beihilfe nur darauf, dass dem Gehilfen ein besonderes persönliches Merkmal iS von § 28 I fehlt, so ist nur einmal zu mildern (BGH **26**, 53 [Anm. *Bruns* JR **75**, 510]; wistra **88**, 303; *Lackner/Kühl* 5; *Herzberg* GA **91**, 159; **aA** *Gribbohm,* Salger-FS 39, 42 ff.). § 60 wird durch § 50 nicht eingeschränkt (BGH **27**, 301). 7

Anrechnung

51 **I Hat der Verurteilte aus Anlass einer Tat, die Gegenstand des Verfahrens ist oder gewesen ist, Untersuchungshaft oder eine andere Freiheitsentziehung erlitten, so wird sie auf zeitige Freiheitsstrafe und auf Geldstrafe angerechnet. Das Gericht kann jedoch anordnen, dass die Anrechnung ganz oder zum Teil unterbleibt, wenn sie im Hinblick auf das Verhalten des Verurteilten nach der Tat nicht gerechtfertigt ist.**

II Wird eine rechtskräftig verhängte Strafe in einem späteren Verfahren durch eine andere Strafe ersetzt, so wird auf diese die frühere Strafe angerechnet, soweit sie vollstreckt oder durch Anrechnung erledigt ist.

III Ist der Verurteilte wegen derselben Tat im Ausland bestraft worden, so wird auf die neue Strafe die ausländische angerechnet, soweit sie vollstreckt ist. Für eine andere im Ausland erlittene Freiheitsentziehung gilt Absatz 1 entsprechend.

IV Bei der Anrechnung von Geldstrafe oder auf Geldstrafe entspricht ein Tag Freiheitsentziehung einem Tagessatz. Wird eine ausländische Strafe oder Freiheitsentziehung angerechnet, so bestimmt das Gericht den Maßstab nach seinem Ermessen.

V Für die Anrechnung der Dauer einer vorläufigen Entziehung der Fahrerlaubnis (§ 111 a der Strafprozessordnung) auf das Fahrverbot nach § 44 gilt Absatz 1 entsprechend. In diesem Sinne steht der vorläufigen Entziehung der Fahrerlaubnis die Verwahrung, Sicherstellung oder Beschlagnahme des Führerscheins (§ 94 der Strafprozessordnung) gleich.

Übersicht

1) Allgemeines ... 1, 1 a
2) Anwendungsbereich ... 2, 3
3) Anrechung von UHaft und Freiheitsentziehung (Abs. I S. 1) ... 4–10
4) Unterbleiben der Anrechnung (Abs. I S. 2) ... 11–11 c
5) Anrechnung bei Einbeziehung früherer Straftaten (Abs. II) ... 12–14
6) Anrechnung ausländischer Freiheitsentziehung (Abs. III) ... 15–20
7) Anrechnung bei Fahrverbot (Abs. V) ... 21
8) Verfahrensrechtliche Hinweise ... 22–23

1 **1) Allgemeines.** Die Vorschrift gilt idF des 2. StrRG, II idF des 23. StÄG.

1 a **Literatur:** *Ackermann* NJW **50**, 367; *Dencker* MDR **71**, 627; *Dreher* MDR **70**, 965; *Löffler* MDR **78**, 726; *Müller-Dietz,* Salger-FS 155 [zu § 51 IV 2 StG]; *Schmidt* SchHA **64**, 131; *Eb. Schmidt* MDR **68**, 537; *Seibert* DRiZ **55**, 288; *Trennhaus,* Der Vollzug von „Organisationshaft", StV **99**, 511; *Siggelkow,* Anrechnung von Zahlungen auf eine nachträglich gebildete Gesamtstrafe, RPfleger **99**, 246; *Ullenbruch,* Strafzeitberechnung nach Maßregelabbruch, NStZ **00**, 287.

2 **2) Anwendungsbereich.** § 51 behandelt **vier Gruppen von Anrechnungen:** in **I, III S. 2** die Anrechnung einer mit der Tat zusammenhängenden Freiheitsentziehung, die nicht Strafe ist, auf die im gleichen Verfahren erkannte Strafe; in **I, III S. 1** die Anrechnung einer bereits vollstreckten oder durch Anrechnung erledigten Strafe auf eine in einem neuen Verfahren erkannte Strafe; **in IV** die Anrechnung einer Geldstrafe auf Freiheitsstrafe und von Freiheitsentziehungen auf Geldstrafe; in **V** die Anrechnung einer vorläufigen, das Führen von Kraftfahrzeugen verhindernden Maßnahme auf ein im gleichen Verfahren erkanntes Fahrverbot. Die Möglichkeit der Anrechnung von Leistungen, die der Verurteilte zur Erfüllung bestimmter Auflagen erbracht hat, auf eine zunächst zur Bewährung ausgesetzte Strafe eröffnen §§ 56f III, 58 II S. 2; ferner können Maßregelvollzug (§ 67 IV) und Suchtbehandlungszeiten (§ 36 I, III BtMG) unter bestimmten Voraussetzungen über II hinaus auf die Strafe angerechnet werden.

3 Für das **Jugendstrafrecht** vgl. §§ 52, 52a JGG. Wird von der Ausnahmevorschrift des § 52a JGG nicht Gebrauch gemacht, so ist, ohne dass es eines gesonderten Ausspruchs bedarf, im Ausland erlittene Freiheitsentziehung von Gesetzes wegen anzurechnen (3 StR 597/96 [insoweit in StV **98**, 324 nicht abgedr.]; 4 StR 634/98; *Eisenberg* JGG 9 zu § 52a, 22 zu § 54; **aA** Oldenburg NJW **82**, 2741; *Ostendorf* JGG 9 zu § 52a). In diesem Fall ist nach Abs. IV S. 2 der Anrechnungsmaßstab auch bei Verhängung von Jugendstrafe vom erkennenden Gericht festzusetzen (StV **98**, 324f.; 4 StR 643/98; *Eisenberg* 9 zu § 52a; *Ostendorf* 9 zu § 52a; *Brunner/Dölling* 4 zu § 52a; *Diemer/Schoreit/Sonnen* 11 zu § 52a). Beim **Freispruch** eines Jugendlichen oder Heranwachsenden ist die in diesem Verfahren erlittene U-Haft auf die in einem **anderen Verfahren** verhängte Jugendstrafe anzurechnen, wenn bei einer Verurteilung die Bildung einer Einheitsjugendstrafe nahegelegen hätte (BVerfG StV **00**, 252).

4 **3) Anrechnung von UHaft und Freiheitsentziehung (Abs. I S. 1).** Abs. I S. 1 enthält die Grundregel der Anrechnung; danach kommt dem zu zeitiger Freiheitsstrafe (entsprechend für die Mindestverbüßungszeit bei **lebenslanger** Freiheitsstrafe; vgl. NJW **04**, 3789) oder Geldstrafe Verurteilten idR eine Freiheitsentziehung zugute, die er vor der Vollstreckung der Strafe aus Anlass des Verfahrens erlitten hat.

5 **A. UHaft und andere Freiheitsentziehung.** Anrechungsfähig sind **UHaft** iS der §§ 112ff. StPO und § 72 JGG **oder eine andere** gerichtliche oder behördliche **Freiheitsentziehung,** zB die Unterbringung zur Beobachtung nach § 81 StPO (vgl. BGH **4**, 325) oder die einstweilige Unterbringung nach § 126a StPO (2 StR 514/98), Unterbringung nach Landesgesetzen (9 vor § 61; MDR/D **71**, 363), Ordnungshaft nach § 178 III GVG; Haft aufgrund Haftbefehls nach § 230 II StPO (*Meyer-Goßner* 23 zu § 230 StPO); die vorläufige Festnahme, insbesondere nach § 127 StPO; Unterbringung nach §§ 71 II, 72 III, 73 JGG; Auslieferungshaft (BGH **28**, 33;

33, 320, GA **56**, 120; Köln MDR **82**, 70), Durchlieferungshaft (GA **68**, 336), Abschiebehaft (Hamm NJW **77**, 1019, zw.; **aA** Koblenz GA **81**, 575; jedenfalls aber nicht nach Rechtskraft des Urteils, unten 6); persönlicher Sicherungsarrest gem. §§ 918, 933 ZPO, wenn dieser die Untersuchungshaft ersetzt (KG NStZ-RR **05**, 388). Auch der Disziplinararrest nach der WDO ist eine anzurechnende andere Freiheitsentziehung (str.) und nach BVerfGE **21**, 388 voll auf eine erkannte Freiheitsstrafe anzurechnen (vgl. auch Bay OLGSt. 23 zu § 60 aF; zur Anrechnung auf Geldstrafe vgl. Frankfurt NJW **71**, 852 und LG Zweibrücken NZWehrr **76**, 104; **aA** *Hennings* NZWehrr **72**, 81; zur Anrechnung einer Freiheitsstrafe auf Disziplinararrest § 8 S. 2 WDO; *Stauf* NZWehrr **79**, 100; *Lingens* NZWehrr **73**, 19; *Wickermeier* NZWehrr **74**, 121; **75**, 8; zur Anrechnung einer Disziplinargeldbuße auf Strafarrest Frankfurt NZWehrr **73**, 194, und auf eine Geldstrafe, Hamm NJW **78**, 1063; Oldenburg NZWehrr **82**, 157). Zur Anrechnung von **Organisationshaft** vgl. BVerfG NStZ **98**, 77; Braunschweig NStZ-RR **00**, 7; Zweibrücken NStZ **01**, 54; Celle NStZ-RR **06**, 388; StV **07**, 428; LG Bonn StV **03**, 34; *Trennhaus* StV **99**, 511; *Ullenbruch* NStZ **00**, 287, 289; *Linke* JR **01**, 358]; *Bartmeier* NStZ **06**, 544 ff.; weitere Nachw. vgl. 23 a zu § 67).

B. Verfahrensidentität. Die Freiheitsentziehung muss aus Anlass der Tat erlitten sein, die **Gegenstand des Verfahrens ist oder gewesen ist.** Es kommt also nur darauf an, dass die Tat mindestens einer der Anlässe der Freiheitsentziehung war und dass das zum Abschluss kommende Verfahren sich während irgendeiner Phase auch auf die Tat bezogen hat (BGH **4**, 326; **43**, 112; vgl. BVerfG NJW **94**, 2219; NStZ **99**, 24). Es genügt daher für die Verfahrensidentität die Verbindung zweier Verfahren während weniger Tage (Frankfurt MDR **88**, 794); die Erledigung im selben Verfahren, auch schon vor dem Urteil (zB Einstellung durch die StA); vor allem aber die Aburteilung, selbst bei Freispruch oder Einstellung hinsichtlich der Tat, die zur UHaft führte (*S/S-Stree* 10); das gilt auch dann, wenn das Verfahren zZ der Haftanordnung die bestrafte Tat noch nicht betraf (Karlsruhe OLGSt. 1) oder wenn das Verfahren wegen der Tat, die zur UHaft führte, in der Hauptverhandlung abgetrennt wurde (GA **66**, 210), mag auch während der Verbindung UHaft nicht bestanden haben (LK-*Theune* 9; **aA** Celle NJW **67**, 405). Eine Anrechnung ist auch dann geboten, wenn die UHaft schon beendet war, bevor die abgestrafte Tat begangen wurde (BGH **28**, 29; 1 StR 165/81; Schleswig NJW **78**, 115; MDR **80**, 70; LK-*Theune* 13). **6**

Verfahrensfremde UHaft ist nach der Rspr des **BVerfG** jedenfalls dann auf eine Freiheitsstrafe anzurechnen, wenn zumindest eine potentielle Gesamtstrafenfähigkeit der Strafe, auf welche anzurechnen ist, besteht (BVerfG NStZ **94**, 607; **99**, 24 f.; **00**, 277 ff.; **01**, 501). Der **BGH** (**43**, 112, 116 [Anm. *Stree* NStZ **98**, 136]) hat die Streitfrage, ob und ggf bei welcher Verfahrenslage es allgemein zulässig erscheint, **„verfahrensfremden" Freiheitsentzug** analog § 51 I S. 1 anzurechnen, nicht abschließend entschieden, folgt aber tendenziell einer weiten Auslegung der Vorschrift, indem er eine **„funktionale Verfahrenseinheit"** für die Anrechnung nach § 51 I S. 1 genügen lässt, die nicht notwendig eine förmliche Verbindung der in Betracht kommenden Verfahren voraussetzt ist (so auch BVerfG NStZ **99**, 24 f.; 125 f.; StV **99**, 546). Ausreichend ist danach, dass zwischen den Strafverfolgungen hinsichtlich der die Untersuchungshaft auslösenden Tat und der Tat, die der Verurteilung zugrunde liegt, ein Zusammenhang bestanden hat oder zwischen ihnen ein irgendwie gearteter sachlicher Bezug vorhanden ist oder war (ebenso BVerfG NStZ **99**, 477). Eine solche funktionale Verfahrenseinheit liegt in den Fällen der Einstellung des Verfahrens nach § 154 II StPO, für das UHaft verbüßt wurde, vor (KG StV **98**, 562). Dasselbe gilt, wenn sich eine formal verfahrensfremde vorläufige Freiheitsentziehung auf ein anderes Verfahren in sonstiger Weise verfahrensnützlich ausgewirkt hat (BGH **43**, 112, 120). Stets liegt eine Verfahrenseinheit in diesem Sinne vor, wenn im Verfahren eines inhaftierten Angeklagten, das zur Verurteilung führte, ein Haftbefehl zwar bestand, aber nicht vollzogen wurde, sondern **Über-** **6 a**

haft notiert war (Düsseldorf StV **01**, 517). Dieses Prinzip der Verfahrensidentität gilt, wie III S. 2 zeigt, auch durch ein **ausländisches Verfahren** gewahrt, das sich auf die Tat bezog. Daher reicht das in den Akten vermerkte staatsanwaltschaftliche Absehen von Strafverfolgung (§ 153 c I Nr. 1 StPO) für die Anrechnung aus, um eine Auslandstat zum Gegenstand des inländischen Ermittlungsverfahrens zu machen (NJW **90**, 1428).

7 Im Falle nachträglicher **Gesamtstrafenbildung** ist die im neuen Verfahren erlittene UHaft auf die in diesem Verfahren nachträglich zu bildende Gesamtstrafe auch dann in voller Höhe anzurechnen, wenn sie die Einzelstrafe übersteigt, die in der neuen Sache verhängt wurden (BGH **23**, 297; *Koffka* JR **71**, 336). In analoger Anwendung des § 51 I S. 1 ist auch die in einem nach § 154 II StPO **eingestellten Verfahren** erlittene UHaft auf eine in anderer Sache erkannte Gesamtfreiheitsstrafe, wenn über beide Verfahren einheitlich hätte entschieden werden können, anzurechnen (Frankfurt MDR **81**, 69; Nürnberg NStZ **90**, 406; Düsseldorf [3. StS] StV **94**, 549; [1. StS] NStZ-RR **96**, 379; Saarbrücken wistra **96**, 70; Naumburg NStZ **97**, 129; *Maatz* MDR **84**, 712; **aA** Hamm NStZ **81**, 480; NStZ-RR **96**, 378; Stuttgart NJW **82**, 2083; Oldenburg MDR **84**, 772; Celle NStZ **85**, 168 m. krit. Anm. *Maatz*; Düsseldorf [2. StS] NJW **86**, 269 [m. krit. Anm. *Puppe* StV **86**, 394]; StV **91**, 266 [m. krit. Anm. *Maatz*]; StV **97**, 85; KG NStE Nr. 13; Hamburg NStZ **93**, 204; LG München NStZ **88**, 554; *S/S-Stree* 10).

8 **C. Gegenstand der Anrechnung.** Angerechnet wird die erlittene Freiheitsentziehung"; das ist die tatsächlich vollzogene (BGH **22**, 306) Freiheitsentziehung **bis zur Rechtskraft** des Urteils (Frankfurt NJW **80**, 537; Düsseldorf MDR **90**, 172); UHaft jedoch nur bis zu dem Zeitpunkt, ab dem sie ohnehin nach **§ 450 I StPO** zwingend angerechnet wird. Diese *lex specialis* ist – entgegen einer Meinung im Schrifttum (*Baumgärtner* MDR **70**, 191; *Dencker* MDR **71**, 630; SK-*Horn* 7) – nicht obsolet geworden (LK-*Theune* 70; *Bringewat* StrVollstr. 4 zu § 450 StPO). Vielmehr hat sie insoweit begrenzte Bedeutung behalten, als mit Eintritt der relativen Rechtskraft eine richterlich angeordnete Nichtanrechnung der UHaft des § 51 I S. 2 ihre Wirkung verliert (LK-*Theune* 70; zu § 450 StPO vgl. LR-*Wendisch* 3, 5, KK-*Fischer* 2, 7; *Meyer-Goßner* 3) und einem Rechtsmittelgericht eine Entscheidung nach § 51 I S. 2 ab dem in § 450 StPO angegebenen Zeitpunkt (zB Verzicht oder Rücknahme des Rechtsmittels des Angeklagten) versagt ist.

9 Die tatsächlich erlittene Freiheitsentziehung ist grds die Obergrenze der Anrechnung (NStZ **83**, 524; NStZ/M **83**, 494; Braunschweig NStZ **96**, 280); für Auslandshaft vgl. Abs. III (unten 15 ff.). Wird auf Freiheitsstrafe angerechnet, so ist der Maßstab 1 : 1, so dass es nicht möglich ist, eine Strafe von 4 Monaten durch eine UHaft von 3 Monaten für verbüßt zu erklären oder eine Strafe von 3 Monaten durch UHaft von 4 Monaten (**aA** NK-*Lemke* 20). Wird auf Geldstrafe angerechnet, so entspricht ein Tag Freiheitsentziehung einem Tagessatz (**IV S. 1;** § 43). Dasselbe gilt bei der Anrechnung von Geldstrafe, was zwar nicht bei I, wohl aber bei II möglich ist (unten 12 ff.). Eine weniger als 24 Stunden dauernde Freiheitsentziehung ist auch dann als *ein* Tagessatz auf eine Geldstrafe anzurechnen, wenn sie sich über 2 Kalendertage erstreckte (Stuttgart NStZ **84**, 381).

10 **D. Strafe.** Eine Anrechnung findet nach I S. 1 statt auf **zeitige Freiheitsstrafe** iwS, also auch auf einen nach § 67 II vorweg zu vollstreckenden **Strafteil** (NJW **91**, 2431 [m. Anm. *Funck* JR **92**, 476]; **aA** Schleswig NStZ **90**, 407 m. Anm. *Volckart* StV **90**, 458; LG Hagen StV **91**, 218); ebenso auf **Strafarrest** nach dem WStG. Für die **lebenslange Freiheitsstrafe** gilt hinsichtlich der Mindestverbüßungszeit (vgl. § 57 a II) die Anrechnungsvorschrift entsprechend (NJW **04**, 3789; 3 StR 294/02; 2 StR 147/04). Anzurechnen ist gleichfalls auf eine **Geldstrafe** (BGH **10**, 237; MDR **52**, 16), nicht auf die Ersatzfreiheitsstrafe als solche (BGH **10**, 237). Auch wenn daneben (§ 41) auf Freiheitsstrafe erkannt ist, kann das Gericht auf die Geldstrafe anrechnen (1 StR 396/66). **Nicht anrechenbar** ist die Freiheitsentziehung auf **Nebenstrafen und Nebenfolgen.** Für das Fahrverbot gilt die Sonderrege-

lung in V. Auch auf den Wertersatz nach § 74 c kann nicht angerechnet werden (anders noch für die frühere Wertersatzstrafe BGH **5**, 163); ebenso wenig auf den Verfall (Ber. BT-Drs. V/4095, 41 – Prot. V/1026 ff.) oder den Verfall des Wertersatzes nach § 73 a (LK-*Theune* 35); ebenso wenig auf Maßregeln; auch nicht einstweilige Unterbringung nach § 126 a StPO auf eine Unterbringung nach § 67 d (SK-*Horn* 11). Zur Anrechnung von UHaft und **vorweg vollzogener Maßregel** (§ 67 IV) vgl. 23 a zu § 67.

4) Unterbleiben der Anrechnung (Abs. I S. 2). Die Anrechnung ist in I S. 1 gesetzlich vorgeschrieben und daher im Vollstreckungsverfahren **von Amts wegen** vorzunehmen; in diesem **Regelfall** ist eine Anordnung im Urteil überflüssig. Die Strafe ist stets ohne Rücksicht auf die Anrechnung zuzumessen (BGH **7**, 214; NJW **56**, 1164); die Anrechnung erfolgt nicht durch „Abzug" im Urteil. **11**

Nach **I S. 2** kann das Gericht jedoch **ausnahmsweise** anordnen, dass die Anrechnung ganz oder zT **unterbleibt**, wenn sie im Hinblick auf das Verhalten des Verurteilten nach der Tat nicht gerechtfertigt ist. Die unklare Formulierung kombiniert einen Beurteilungsspielraum („gerechtfertigt ist") mit einer Ermessensregel („kann"); hieraus abzuleiten, das Gericht dürfe die Anrechnung zulassen, wenn sie *nicht gerechtfertigt* ist, oder das Unterbleiben anordnen, wenn die Anordnung *gerechtfertigt* ist (vgl. Ber. 25), ist unzutreffend. Mit „Verhalten" iS von I S. 2 ist *nicht* ein unrechts- oder schuldrelevantes (Nachtat-)Verhalten gemeint (vgl. auch Ber. 25), sondern ein **Verhalten im Verfahren,** das die Anrechnung ungerechtfertigt macht (BGH **23**, 307 f.); insb. eine Verschleppung des Verfahrens (vgl. LG Freiburg StV **82**, 338; *M/Zipf* 64/34) gerade zu dem Zweck einer Verlängerung anrechnungsfähiger UHaft. MDR/H **79**, 454 lässt schon absichtliche Verschleppung und Absetzung ins Ausland genügen. Handlungen, die selbst Haftgründe darstellen (zB Fluchtvorbereitungen oder -versuche), stellen einen Versagungsgrund nur insoweit dar, als durch sie eine Verfahrensverschleppung herbeigeführt worden ist (BGH **23**, 307; MDR/D **70**, 730; StV **96**, 293 L; LK-*Theune* 45; *S/S-Stree* 18). **11 a**

Für eine Versagung **nicht ausreichend** ist ein Verhalten, das der **Verteidigung** dient und weder auf Verlängerung der UHaft im Hinblick auf eine spätere Anrechnung noch auf ein böswillige Verschleppung des Verfahrens aus anderen Gründen abzielt (NStZ **99**, 347); ebenfalls nicht Verdunkelungshandlungen (3 StR 27/72); Nichtbefolgen von mit der Außervollzugsetzung verbundenen Auflagen (MDR/H **79**, 455); unlauteres Einwirken auf Zeugen (MDR/H **78**, 459); fehlende Schuldeinsicht; Einlegung von Rechtsmitteln, auch wenn damit eine Verlängerung des Verfahrens erreicht werden soll (*Dreher* MDR **70**, 965; 4 StR 52/80); erst recht nicht, dass der Verurteilte vorbestraft ist (NJW **56**, 879); dass er nichts zur Aufklärung beigetragen (MDR/D **53**, 272); dass er die UHaft durch seine Tat verschuldet hat (MDR/D **54**, 16); dass er unbegründete Beweisanträge stellte (StV **89**, 152); dass das Rechtsmittel des Verurteilten aussichtslos war (Hamm MDR **63**, 333; Köln NJW **65**, 2309); dass das neue Urteil nicht günstiger ausfällt (NJW **54**, 847); dass der Verurteilte die UHaft durch eine unbegründete Haftbeschwerde verlängert hat (MDR **54**, 150). **11 b**

Eine Nichtanrechnung nach **§ 52 a I S. 2 JGG** kommt nur in Betracht, wenn im Falle der Anrechnung aus zeitlichen Gründen eine ausreichende **erzieherische Wirkung** nicht mehr gewährleistet ist (BGH **37**, 77 m. Anm. *Walter/Pieplow* NStZ **91**, 332). **11 c**

5) Anrechnung bei Einbeziehung früherer Strafen (Abs. II). Die Anrechnung nach II betrifft die Fälle, in denen eine rechtskräftig verhängte Strafe (auch eine Geldstrafe; dazu *Zeitler* RPfleger **98**, 460; *Siggelkow* RPfleger **99**, 245) in einem späteren Verfahren durch eine andere Strafe ersetzt wird. Das ist zB der Fall bei **nachträglicher Gesamtstrafenbildung,** wenn eine zT vollstreckte Strafe einbezogen wird (§ 55 I S. 1; § 460 StPO); wenn eine rechtskräftige Entscheidung nach § 31 oder § 66 JGG (BGH NJW **96**, 865 aS m. Anm. *Brunner* NStZ **94**, 280) **einbezogen** wird; wenn zufolge der Wiederaufnahme nach § 373 a StPO eine bereits **12**

erledigte Strafe aus einem Strafbefehl wegfällt (Bay NJW **76**, 2139); wenn mit dem Strafvollzug begonnen, hernach aber Wiedereinsetzung wegen Versäumung der Rechtsmittelfrist gewährt worden ist (BGH **18**, 36); im **Wiederaufnahmeverfahren,** wenn wegen derselben Tat eine andere Strafe gebildet wird (E 1962, 188); in entsprechender Anwendung des II aber auch dann, wenn der Angeklagte freigesprochen wird, er aber in **anderer Sache** eine Strafe zu verbüßen hat, hinsichtlich deren eine Gesamtstrafe im Falle einer abermaligen Verurteilung im Wiederaufnahmeverfahren zu bilden gewesen wäre (Frankfurt GA **80**, 262).

13 Es handelt sich bei Abs. II nur um **Anrechnung von Strafe** (auch Geldstrafe; einschließlich Nebenstrafen) **auf Strafe,** nicht aber von UHaft, die auf die früher verhängte Strafe angerechnet worden ist, auch nicht von Maßnahmen auf Strafe, erst recht nicht von Maßregeln auf Maßregeln (SK-*Horn* 17; **aA** *S/S-Stree* 25). Bay JR **87**, 511 (m. zust. Anm. *Berz*; hierzu *Maatz* StV **88**, 84; *Mürbe* JR **88**, 1) hat im Wege einer *analogen* Anwendung von I iVm II auf ein wegen einer Ordnungswidrigkeit verhängtes Fahrverbot eine Fahrerlaubnisentziehung angerechnet, die zuvor in einem zunächst rechtskräftig gewordenen Strafbefehl angeordnet wurde, der aber wegen Wiedereinsetzung in den vorigen Stand gegen die Versäumung der Einspruchsfrist später weggefallen war.

14 Nur **soweit** die frühere Strafe **vollstreckt** ist, wird sie zugunsten des Verurteilten berücksichtigt. Diesem Fall sind jedoch diejenigen Fälle gleichgestellt worden, in denen die frühere Strafe **durch Anrechnung erledigt** ist, **zB** durch Anrechnung von Freiheitsentziehungen (insb. UHaft) nach I; der Zeit des Maßregelvollzuges auf die Strafe nach § 67 IV; der Zeit des Aufenthalts in einer Einrichtung zur Behandlung Drogenabhängiger nach § 36 I, III BtMG (Anh. 4).

15 **6) Anrechnung ausländischer Freiheitsentziehung (Abs. III).** Nach III **S. 1** wird (zwingend) eine **im Ausland** gegen den Verurteilten **verhängte und vollstreckte Strafe** wegen derselben (möglicherweise im Inland begangenen) Tat, nach III **S. 2** eine im **Ausland** erlittene **Freiheitsentziehung** (zu Geldstrafe vgl. BGH **30**, 283), die nicht zu einer strafgerichtlichen Verurteilung geführt hat oder im ausländischen Urteil nicht angerechnet worden ist; bei Anrechnung ist sie als vollstreckte Strafe iS von III S. 1 zu behandeln.

16 **A. Ausschluss von Doppelbestrafung.** Die Vorschrift dient dem Ausgleich ungerechtfertigter Härten, wenn durch die Vollstreckung einer im Ausland rechtskräftig verhängten Strafe die inländische Verurteilung wegen **derselben Tat** (zum Begriff im Sinne von Art. 54 SDÜ vgl. EuGH NStZ **06**, 690 f.; StV **07**, 57; **07**, 113) nach den §§ 3 ff. nicht ausgeschlossen ist; denn das Verbot der Doppelbestrafung des Art. 103 III GG ist auf die Verurteilungen durch *denselben Staat* beschränkt und gilt daher bei ausländischen Verurteilungen nicht (BVerfG **12**, 66; BayVerfG GA **63**, 250; BGH **6**, 177; **24**, 54; NJW **69**, 1542; GA **77**, 111; Frankfurt/M NJW **97**, 1937), auch wenn für die im Ausland abgeurteilte Tat das Weltrechtsprinzip gilt (NStZ **98**, 150; Frankfurt NJW **79**, 1111; **aA** *Oehler* 906; vgl. auch *Rüter,* Tröndle-FS 861) oder die Tat im Ausland (nur) rechtlich abweichend beurteilt worden ist (vgl. Bay NJW **72**, 1631). Eine dem ne-bis-in-idem-Satz entsprechende allgemeine Regel des Völkerrechts ist nicht Bestandteil des Bundesrechts (BVerfGE **75**, 1 [BGBl. I 1338]; vgl. zur **Internationalisierung** des ne-bis-in-idem-Grundsatzes *Jung,* Schüler-Springorum-FS 493). Es bestehen jedoch verschiedene bi- und multilaterale völkerrechtliche Übk., die eine Doppelverfolgung ausschließen und Verfahrenshindernisse begründen (vgl. i. e. *Schomburg/Lagodny,* IRG, 4 zu Art. 53 SDÜ).

16a Erstmals im Rahmen des **Schengener Durchführungsabkommens** (SDÜ; vgl. BGBl. 1993 II 1010; 196 II 242) wurde der ne-bis-in-idem-Grundsatz unilateral auf ausländische Verurteilungen erstreckt (**Art. 54 bis 58 SDÜ**). Zur Reichweite vgl. EuGH StV **03**, 201 (Anm. *Mansdörfer* StV **03**, 313); EuGH StV **06**, 393 (Urt. v. 9. 3. 2006 – C-436/04; Anwendung auf Ein- und Ausfuhr derselben Btm-Menge, auch wenn in einem der beteiligten Staaten des SDÜ zur Tatzeit noch nicht in Kraft war); EuGH StV **07**, 113 (Freispruch wegen Verjährung der Tat); NStZ-RR **07**, 179 (Freispruch); BGH **45**, 423 (Einstellung aus Mangel an Beweisen durch französischen Untersuchungsrichter; vgl. auch EuGH StV **07**, 57); BGH **46**, 307 (Freispruch; Anm. *Radtke* NStZ **01**, 662); NStZ **99**, 250 (belgische *Transactie*; Anm. *Kühne* JZ **98**, 876; *Schomburg* StV **99**, 246; *Hecker* JA **00**, 15); Vorlagebeschl. an den EuGH im Vorabentscheidungsverfahren NStZ **06**, 106 [m. Anm. *Lagodny*; *5. StS*; zum Begriff der „Vollstreckung" in Art. 54 SDÜ]); vgl. dazu auch *Plöckinger/Leidenmüller* wistra **03**, 81; *Dannecker*, Kohlmann-FS [2003] 597 ff.; *Kühne* JZ **04**, 743 f. Das wortgleiche Übk v. 25. 5. 1987 zwischen den Mitgliedstaaten der Europäischen Gemeinschaften über das Verbot der doppelten Strafverfolgung (**EG-Ne-bis-in-idem-Übk.;** von Deutschland **ratifiziert** durch G v. 7. 9. 1998, BGBl. 1998 II 2226) hat den Grundsatz auf weitere Mitgliedstaaten der EU ausgeweitet (vgl. Denkschrift zum Übk. BR-Drs. 283/97; zur vorläufigen Anwendbarkeit des noch nicht in Kraft getretenen Übk. vgl. *Schomburg/Lagodny/Gleß/Hacker* IRG, 6 ff. vor Art. 1 EG-Ne-bis-in-idem-Übk.; *Meyer-Goßner* Einl. 177). Bei Auslieferung an einen **Mitgliedsstaat** der EU gilt § 83 Nr. 1 IRG. Auf eine Anklageerhebung kann auch nach § 153 c I Nr. 3 StPO verzichtet werden (vgl. BGH **34**, 340).

B. Voraussetzung der Anrechnung. Eine ausländische Haft ist unabhängig von einer Tatidentität iS des § 264 StPO immer dann anzurechnen, wenn der Angeklagte sie **aus Anlass einer Tat** erlitten hat, die **Gegenstand des inländischen Verfahrens** ist oder gewesen ist (I S. 1; BGH **35**, 178), und sei es auch nur dadurch, dass die StA von einer Verfolgung nach § 153 c I Nr. 1 StPO absieht (NJW **90**, 1428); der Anrechnung steht auch nicht entgegen, dass das Gericht im Hinblick auf eine gem. § 154 vorgenommene Einstellung an der Aburteilung dieser Tat gehindert ist (BGH **35**, 172, 177; NStZ **01**, 138 f.). Eine auf § 68 IRG gestützte Haft zur Sicherung der zugesagten Rücklieferung ist zugleich Freiheitsentziehung aus Anlass der nach Rücklieferung abgeurteilten Taten (NJW **00**, 1964). Die Tat kann im Ausland rechtlich abweichend beurteilt sein, zB ein anderes Rechtsgut verletzen oder eine bloße Ordnungswidrigkeit sein (Bay NJW **72**, 1631), darf aber nicht nur im umgekehrten Sinn strafbar sein (KG NJW **57**, 1935; **89**, 1374). 17

C. Maßstab der Anrechnung (IV S. 2). Nach IV S. 2 wird der Anrechnungsmaßstab, wenn eine **ausländische** Freiheitsentziehung angerechnet wird, vom Gericht nach seinem Ermessen bestimmt (zum Ganzen *Müller-Dietz,* Salger-FS 109). Das Gericht muss diese Ermessensausübung (MDR/H **82**, 101; StV **82**, 419 L; 4 StR 229/88) auch erkennen lassen (NStZ **82**, 326; **83**, 455; wistra **84**, 66; 1 StR 576/84; 5 StR 410/85), da die ausländischen Strafarten und die Haftbedingungen im Ausland (wistra **87**, 60) den deutschen vielfach nicht vergleichbar sind. Bei der Bestimmung ist ggf zu berücksichtigen, dass in einzelnen Ländern die Haftbedingungen in **verschiedenen Strafanstalten** extrem unterschiedlich sein können. Es empfiehlt sich in Zweifelsfällen, die konkrete Haftanstalt zu ermitteln; über das Auswärtige Amt kann eine gutachterliche Äußerung der Botschaften eingeholt werden. Die Entscheidung über den Anrechnungsmaßstab wirkt konstitutiv und gehört daher in die **Urteilsformel** (2 StR 652/97). Sie muss auch bei Verhängung **lebenslanger** Freiheitsstrafe getroffen werden (NJW **04**, 3789; vgl. oben 10). Das **Revisionsgericht** kann jedenfalls in den Fällen einer (offensichtlich allein in Betracht kommenden) 1 : 1-Anrechnung entspr. § 354 I StPO den Urteilsspruch selbst ergänzen (NJW **04**, 3789; NStZ-RR **03**, 364; 2 StR 538/93); aber auch dann, wenn alle für eine Abweichung vom 1 : 1-Maßstab maßgeblichen Umstände dem Urteil und dem Revisionsvortrag entnommen werden können (NStZ **97**, 337; wistra **99**, 463; NJW **00**, 1964). 18

Einzelfälle (Haft Ausland : Haft Deutschland): **Belgien:** 2 StR 2/95; 5 StR 78/96; NStZ **01**, 157 (jeweils 1 : 1; stRspr); **Brasilien:** LG Oldenburg StV **00**, 86 [1 : 2]; LG München II StV **01**, 19 [1 : 2,5]; **Dänemark:** 5 StR 288/91 (1 : 1); **Dominikanische Republik:** 2 StR 25/07 [1 : 3]; LG Chemnitz StV **07**, 138 [1 : 3]; **Ecuador:** 5 StR 151/04 (1 : 2; teilw. 1 : 3); **Estland:** NStZ-RR **97**, 205 L (1 : 1); 3 StR 221/03 (1 : 2); **Frankreich:** 1 StR 615/95; 4 StR 626/96; 4 StR 698/98 (je- 19 weils 1 : 1; stRspr); **Griechenland:** 3 StR 488/01; Celle NStZ **98**, 138 (jew. Haftanstalt Thessaloniki; Anrechnung 1 : 1,5); **Großbritannien:** NStZ **97**, 327; StraFo **01**, 433 (jeweils 1 : 1; Ausnahme in wistra **99**, 463); **Irland:** NJW **04**, 3789 (1 : 1); **Italien:** 1 StR 662/85; 5 StR 580/93; 2 StR 147/04; Frankfurt NStZ **88**, 20 (1 : 1); **ehem. Jugoslawien:** MDR/H **80**, 454; **Kamerun:** LG Köln NStE Nr. 20; **Kenia:** LG Zweibrücken MDR **97**, 279; **Kolumbien:** NStZ **97**, 385; **Kroatien:** 1 StR 446/96 (1 : 1); **Libanon:** LG Landau NStZ **81**, 64; **Luxemburg:** NStZ-RR **98**, 271 (1 : 1); **Mazedonien:** LG VerdenStV **07**, 362 (1 : 3); **Marokko:** Zweibrücken GA **93**, 126; **Niederlande:** NStZ **86**, 312; 3 StR 490/00; 2 StR 4/01; 2 StR 289/01; 1 StR 298/07 (jeweils 1 : 1; stRspr); **Österreich:** 3 StR 93/06 (1 : 1); **Paraguay:** wistra **84**, 21; LG Zweibrücken MDR **95**, 84; **Polen:** 5 StR 416/95 (1 : 1); **Portugal:** 1 StR 564/94 (1 : 2, *in dubio*); **Schottland:** wistra **99**, 463 (1 : 2 im Einzelfall; idR 1 : 1); **Schweden:** 2 StR 198/95 (1 : 1); **Schweiz:** MDR/H **86**, 271 (1 : 1); **Slowakei:** LG Kleve StraFo **03**, 281 (1 : 2); **Spanien:** StV **82**, 468 L; NStZ **85**, 21; 497; NStE Nr. 2; 2 StR 652/97 (1 : 2); 1 StR 401/99 (1 : 2); 4 StR 299/00 (1 : 3; *in dubio*); 5 StR 124/03 [1 : 1] Hamm NStZ-RR **03**, 152 [1 : 1; Haftanstalt Madrid III]; RPfleger **00**, 39; LG Stuttgart NStZ **86**, 362; LG Zweibrücken NStZ **88**, 71 [jeweils 1 : 2; Haftanstalt Madrid-Carabanchel]; Zweibrücken NStZ-RR **96**, 241; LG Bremen StV **92**, 326; München NStE Nr. 22; Düsseldorf StV **95**, 426; LG Kleve NStZ **95**, 192; LG Augsburg StV **97**, 81 [m. Anm. *Endriß*]; **Südafrik. Union:** 4 StR 229/88; **Tschechien:** NStZ-RR **96**, 356 (1 : 1); 1 StR 322/01 (1 : 1); **Türkei:** 4 StR 409/84; 2 StR 87/85; **Ungarn:** NStZ **94**, 325 (1 : 1); LG Baden-Baden StV **97**, 82 [Anm. *Endriß*]; **USA:** 2 StR 30/01 (1 : 1); Düsseldorf RPfleger **00**, 39 (1 : 1).

20 **D. Anrechnung im Vollstreckungsverfahren. § 450 a StPO** regelt die Anrechnung einer im Ausland erlittenen Freiheitsentziehung, die der Verurteilte in einem **Auslieferungsverfahren** zum Zweck der Strafvollstreckung (oder zugleich der Strafverfolgung) erlitten hat; § 450 a III enthält eine dem I S. 2 entsprechende Bestimmung (vgl. Hamburg MDR **79**, 603); die Strafzeitberechnung ist dem Vollstreckungsverfahren vorbehalten (4 StR 229/88). Die Vorschrift (insbesondere IV S. 2) findet auf eine im Ausland erkannte Freiheitsstrafe, deren Vollstreckung im Inland übernommen worden ist, keine Anwendung (Düsseldorf GA **91**, 271). Zum Vollstreckungshilfeverkehr vgl. § 56 III IRG.

21 **7) Anrechnung bei Fahrverbot (Abs. V).** Nach V wird auf das Fahrverbot, jedoch nur auf das nach § 44 als Nebenstrafe verhängte, eine das Führen von Kraftfahrzeugen verhindernde vorläufige Maßnahme angerechnet, und zwar die Dauer der Verwahrung, Sicherstellung oder Beschlagnahme des Führerscheins (V S. 2; § 94 StPO) oder die Dauer einer vorläufigen Fahrerlaubnisentziehung (V S. 1; § 111 a StPO), beginnend mit dem Zeitpunkt der Zustellung des Beschlusses, auch wenn der Führerschein nicht abgegeben wurde (LG Frankenthal DAR **79**, 341, hierzu *Maatz* StV **88**, 85). Die Verbotsfrist selbst kürzer zu bemessen, weil schon die vorläufige Maßnahme bestand, ist unzulässig, da das Fahrverbot Strafe ist (**aA** *Warda* GA **65**, 79 ff.). Dabei gelten die oben 6 dargestellten Grundsätze, wonach die vorläufige Maßnahme nicht wegen der abgeurteilten Tat getroffen zu sein braucht, wenn nur die **Aburteilung im gleichen Verfahren** erfolgt (MK-*Franke* 26; **aA** *Warda* GA **65**, 82; gegen ihn *Maatz* aaO). Hat die vorläufige Maßnahme zur Entziehung der Fahrerlaubnis und nicht zum Fahrverbot geführt, so gilt nicht II, sondern § 69 a IV bis VI (Karl DAR **87**, 283); dasselbe gilt bei **ausländischem Führerschein** für die Fälle des § 69 b I S. 1 (LG Köln MDR **81**, 954; zust. *Hentschel* MDR **82**, 107). Soweit ein Fahrverbot ausgesprochen ist, gilt es im Umfange der Dauer einer vorläufigen Fahrerlaubnisentziehung als vollstreckt (BGH **29**, 62), ohne dass es eines besonderen Ausspruches bedürfte (unten 22). Ausnahmsweise kann dadurch die Mindestverbotsfrist von einem Monat (§ 44 I) faktisch unterschritten werden. Die Anrechnung kann nur aus den Gründen von I S. 2 **abgelehnt** werden; doch zieht § 450 II StPO eine Schranke (*Bringewat* StVollstr. 20 zu § 450 StPO).

22 **8) Verfahrensrechtliche Hinweise.** Eine ausdrückliche Feststellung der Anrechnung im **Urteil** unterbleibt im Fall des Abs. **I S. 1,** denn § 51 richtet sich insoweit unmittelbar an die

Vollstreckungsbehörden (NStZ **94**, 335; Düsseldorf NStZ-RR **97**, 25). Ein Richterspruch kann eine längere Freiheitsstrafe durch eine kürzere UHaft auch nicht für verbüßt erklären (BGH **21**, 154; **27**, 288; MDR/D **52**, 658; **74**, 544; NStZ **83**, 524; KG JR **56**, 310). Vielmehr ist der überschießende Teil zu verbüßen, falls nicht Aussetzung nach §§ 56, 57, 57a bewilligt ist. Die Anrechnung gilt als Verbüßung der Strafe, auch iS der §§ 57, 57a, 66 (vgl. dort), nicht aber als vorweggenommene Strafhaft, so dass diese erst mit dem Strafantritt beginnt.

Erforderlich ist ein Ausspruch im Urteilstenor stets im Fall einer Anordnung nach Abs. **I S. 2;** sie ist auch regelmäßig zu **begründen.** Dasselbe gilt idR, wenn einem Antrag auf Nichtanrechnung nicht entsprochen worden ist (wistra **90**, 350). Einer Begründung bedarf ferner eine Anordnung nach V S. 1, sowie dann, wenn Anrechnungsmodus oder -maßstab klarzustellen sind (zB in den Fällen des IV S. 2) oder wenn zu klären ist, auf welche von mehreren Strafen, etwa in den Fällen der §§ 41, 53 II S. 2, anzurechnen ist (BGH **24**, 30; MDR/D **70**, 196; NStZ **85**, 497; NJW **90**, 1428; Bay NJW **72**, 1632; *Baumgärtner* MDR **70**, 190), wenn auf ein wegen Ordnungswidrigkeit verhängtes Fahrverbot die in derselben Sache auf Grund eines (zunächst rechtskräftig gewordenen) Strafbefehls entzogene Fahrerlaubnis anzurechnen ist (Bay VRS **72**, 278), wenn die Zeit einer Behandlung nach § 36 III BtMG nur teilweise auf die Strafe angerechnet wurde; darüber hinaus, wenn sich in den Fällen anderer Freiheitsentziehungen (oben 5) eine Hervorhebung im Urteilsspruch empfiehlt, damit die Vollstreckungsbehörde die Anrechnung nicht versehentlich unterlässt. Etwaige **Zweifel** in der Frage der Anrechnung sind vom zuständigen Gericht (§ 462a StPO) nach § 458 StPO zu klären (hierzu *Bringewat* StVollstr. zu § 458 StPO). Soweit eine richterliche Entscheidung über die Anrechnung geboten oder möglich ist, kann sie auch noch im **Berufungsverfahren** ergehen. Die **Revision** kann auf die Frage der Anrechnung von im Ausland erlittener Freiheitsentziehung beschränkt werden (Hamm VRS **98** [2000], 120; MK-*Franke* 27). Das **Revisionsgericht** kann Anrechnungsentscheidungen nach IV S. 2 selbst nachholen, wenn sich aus den tatrichterlichen Feststellungen die Grundlagen für den Anrechnungsmaßstab ohne jeden Zweifel ergeben (vgl. NStZ **97**, 337; wistra **99**, 463; StraFo **01**, 433). 23

Dritter Titel. Strafbemessung bei mehreren Gesetzesverletzungen

Vorbemerkungen

Übersicht

1) Überblick	1, 1a
2) Einheitliche Tat	2–36
3) Mehrheit von Taten	37, 38
4) Gesetzeseinheit (Gesetzeskonkurrenz)	39–46
5) Fortgesetzte Handlung	47–54
6) Behandlung von Serientaten	55–57
7) Dauerdelikt	58–60
8) Sammelstraftat; Gewerbsmäßigkeit; Gewohnheitsmäßigkeit	61–63
9) Vortat und Nachtat	64–66
10) Urteilsformel	67, 68

1) Überblick. Die §§ 52 bis 55 enthalten Regelungen zur Zumessung der Strafe bei **Einheit oder Mehrheit von Taten.** Ob **eine Tat** iS des materiellen Strafrechts vorliegt, richtet sich zunächst danach, ob nur eine Willensbetätigung (durch aktives Tun oder Unterlassen) gegeben ist. Ob eine einzige oder mehrere Handlungen und Taten vorliegen und ob eine Handlung den Tatbestand mehrerer Gesetze verwirklicht, ist eine Frage der sog. **Konkurrenz.** Mittelbar ist die Bestimmung der Konkurrenz für den Schuldspruch, für die Rechtsmittel und für die Wiederaufnahme von Bedeutung. Grundlage der Beurteilung ist die Feststellung der tatsächlichen Umstände der tatbestandlichen Handlungen. Es gilt insoweit der Zweifelssatz (BGH **38**, 86; MDR/H **80**, 628; **91**, 105; StV **92**, 54; GA **83**, 565; NStZ **97**, 121; NStZ-RR **02**, 75; **07**, 195, 196; BGHR § 52 I in dubio pro reo 1 bis 4, 7; BGHR § 29 BtMG StrafklV 6; NStE § 52 Nr. 5 u. 36; 1 StR 678/98; vgl. 20 zu § 1). Die Annahme von Tateinheit ist nicht in jedem Fall günstig; sie kann zur Verhängung einer Strafe führen, welche die Grenze des § 56 I oder II überschreitet oder die formellen Voraussetzungen des § 66 erfüllt (vgl. StV **01**, 1

618). Entsprechendes gilt für die Annahme einer Bewertungseinheit (vgl. unten 12ff.).

1a **Literatur (Auswahl):** *Abels,* Die „Klarstellungsfunktion" der Idealkonkurrenz, 1991; *Albrecht,* Die Abgrenzung von Tateinheit und Tatmehrheit bei mehreren gleichzeitig begangenen Straßenverkehrsordnungswidrigkeiten, NZV **05**, 62; *Altenhain* ZStW **107**, 382 [Tatbestandsalternativen, Einzelverbrechen oder Idealkonkurrenz?]; *Altvater,* Anklagerhebung nach Aufgabe der Rechtsfigur der fortgesetzten Handlung, BGH-FS 50, 495; *Blei* JA **72**, 711, **73**, 95; *Bohnert* ZStW **105**, 846 [Warum Gesamtstrafenbildung?]; *ders.,* GA **94**, 97 [nachträgliche Gesamtstrafenbildung]; *Cording,* Der Strafklageverbrauch bei Dauer- u. Organisationsdelikten, 1993; *Deiters,* Strafzumessung bei mehrfach begründeter Strafbarkeit, 1999 (Diss. Düsseldorf); *Erb,* Die Reichweite des Strafklageverbrauchs bei Dauerdelikten und bei fortgesetzten Taten, GA **94**, 265; *Geerds,* Zur Lehre von der Konkurrenz im Strafrecht, 1961; *v. Heintschel-Heinegg,* Die Konsumtion als eigenständige Form der Gesetzeskonkurrenz, Jakobs-FS (2007) 131; *Hochmayr,* Subsidiarität u. Konsumtion, Wien 1997; *Honig,* Studien zur juristischen u. natürlichen Handlungseinheit, 1925; *ders.,* Straflose Vor- u. Nachtat, 1927; *Jähnke,* Grenzen des Fortsetzungszusammenhangs, GA **89**, 376; *Jescheck* ZStW **67**, 529; *Keller,* Zur tatbestandlichen Handlungseinheit, 2004 (Diss. Passau); *Klug,* Zum Begriff der Gesetzeskonkurrenz, ZStW **68**, 399; *Kraß* JuS **91**, 821; *Maiwald,* Die natürliche Handlungseinheit, 1964; *Mitsch* MDR **88**, 1005 u. JuS **93**, 385; 471; *Momsen,* Die konkurrenzrechtliche „Tat" bei sukzessiver Tatausführung (usw.), NJW **99**, 982; *Montenbruck* JZ **88**, 332; NK-*Puppe* u. GA **82**, 143; *Rebmann,* Bengl-FS 99; *Schmidhäuser* GA-FS 191 [strafrechtliche Konkurrenzlehre]; *Rissing-van Saan,* Die Behandlung rechtlicher Handlungseinheiten in der Rechtsprechung nach Aufgabe der fortgesetzten Handlung (usw.), BGH-FS 50, 475; *R. Schmitt* ZStW **75**, 43; 179; *Schmoller,* Bedeutung u. Grenzen des fortgesetzten Delikts, 1988; *Sowada* Jura **95**, 245 u. NZV **95**, 465 [natürliche Handlungseinheit]; *Struensee,* Die Konkurrenz bei Unterlassungsdelikten, 1971; *Tadaki,* Tateinheit und Tatmehrheit bei Teilnahme, Schreiber-FS (2003) 487; *Timpe* JA **91**, 12; *Vogler,* Bockelmann-FS 715; *Wagemann,* Natürliche Handlungseinheit bei Angriffen auf höchstpersönliche Rechtsgüter, JA **06**, 580; *Warda,* Konstruktive Möglichkeiten u. Grenzen der Zusammenfassung eines mehraktigen Geschehens zu einer Tat, (usw.), H.J. Hirsch-FS 391; *ders.* JuS **64**, 81 u. Oehler-FS 241; *Zipf* JuS **74**, 137, 145. Umf. Literaturnachweise bei LK-*Rissing-van Saan* vor § 52.

2 **2) Einheitliche Tat.** Nur eine Tat im Rechtssinn liegt vor, wenn mehrere Handlungen einer Person für die strafrechtliche Bewertung zu einer **Handlungseinheit** verbunden werden. Gemeinhin wird zwischen **natürlicher** und **rechtlicher** Handlungseinheit unterschieden; freilich ist auch die sog. natürliche Handlungseinheit in Wahrheit eine *normative* Zusammenfassung mehrerer, objektiv und subjektiv auf die Verwirklichung eines gesetzlichen Tatbestands gerichteter menschlicher Handlungen (vgl. schon *Maiwald* JR **85**, 515: „Nichts ist ‚natürlich' an der natürlichen Handlungseinheit"; weiterhin *Sowada* Jura **95**, 245; *Lesch* JA **96**, 631; *Momsen* NJW **99**, 982f.).

3 **A. Natürliche Handlungseinheit.** Nur eine Tat liegt vor, wenn und soweit sich rechtsgutsverletzendes Handeln des Täters in **„natürlicher Betrachtung"** als Einheit darstellt. Der Begriff (abl. *Kindhäuser* JuS **85**, 105) setzt nach stRspr voraus, dass zwischen mehreren strafrechtlich erheblichen Verhaltensweisen ein unmittelbarer **räumlicher und zeitlicher Zusammenhang** besteht und dass das gesamte Tätigwerden (zum Unterlassen vgl unten 9) bei natürlicher Betrachtungsweise objektiv auch für einen Dritten **als ein einheitliches Tun erscheint** (vgl. schon RG **58**, 116; zu den Voraussetzungen BGH **4**, 219; **10**, 231; **16**, 397; **26**, 284; **41**, 368 [m. Anm. *Beulke/Satzger* NStZ **96**, 432; *Puppe* JR **96**, 513]; **41**, 394 [m. Anm. *Kindhäuser* JZ **97**, 101]; **43**, 315 [zu § 20 I Nr. 4 VereinsG]; BGH **43**, 387; GA **65**, 373; **66**, 208; **70**, 84; StV **86**, 293 [hierzu *Wolter* StV **86**, 315]; **94**, 537; NJW **90**, 2896; **96**, 1605; NStZ **93**, 234; **96**, 494; **97**, 276; **98**, 68; **00**, 30; wistra **93**, 18; **94**, 351; **96**, 348; **04**, 417; MDR/H **94**, 129; BGHR § 52 I Handl. dies. 31). Die Rspr hat diese Formel, die zumindest auch tautologischen Charakter hat, von jeher weit ausgelegt. Eine einheitliche Anwendung ist schon durch die auf den Einzelfall bezogene Wertungsabhängigkeit sehr erschwert.

4 **a)** Für die Bewertung, ob die „natürliche Lebensauffassung" das Tatbild als „einheitlich" beurteilt (vgl. dazu *Bringewat* 18ff.; *Warda,* H.J. Hirsch-FS 393), kommt

dem Vorliegen eines einheitlichen **Tatentschlusses** hohe Bedeutung zu (vgl. BGH **1**, 164; **10**, 129). Ein solcher ist aber bei **engem räumlichen und zeitlichen Zusammenhang** nicht stets erforderlich; eine Veränderung oder Ergänzung des Tatplans während der Tatausführung steht der Annahme natürlicher Handlungseinheit dann nicht entgegen (vgl. **zB** 4 StR 72/77 [Tötung aufgrund des ursprünglichen Tatantriebs nach kurzfristiger Aufgabe aufgrund Fehlgehen mehrerer Schüsse und Ladehemmung]; 4 StR 606/98 [Tötung des Opfers nach kurzfristiger Hinderung durch Dritte im unmittelbaren zeitlichen Zusammenhang, mit ähnlichen Mitteln und aufgrund desselben Motivs]; StV **95**, 635 [Vornahme mehrerer sexueller Handlungen während einer einheitlich fortdauernden Bedrohung]; 4 StR 154/79 [Fortsetzung sexueller Handlungen nach Störung an einem anderen]; NStZ **99**, 311 [Vergewaltigung im unmittelbaren Zusammenhang mit einer Einwirkung iS von § 180b II Nr. 1 aF auf das Opfer des Menschenhandels]; NStZ **96**, 493 [Aufbrechen mehrerer PKW]; Frankfurt NStZ-RR **04**, 74f. [Aufbrechen einer Vielzahl von Behältnissen nach vermuteter Werthaltigkeit]). Die Rspr wendet insoweit dieselben Grundsätze an wie bei der Abgrenzung des fehlgeschlagenen Versuchs (vgl. NStZ **05**, 263, 264 [Anm. *Puppe* JR **05**, 382; krit. Bespr. *Scheinfeld* NStZ **06**, 375, 378f.]; 11 zu § 24). Umgekehrt reicht ein einheitlicher *allgemeiner* Entschluss nicht zur Annahme von Handlungseinheit(vgl. zB BGH **26**, 287 [Taten im Rahmen eines auf Betrugstaten angelegten Geschäftsunternehmens]). Ein größerer **zeitlicher Abstand** zwischen einzelnen Akten eines Gesamtgeschehens steht der Annahme einer natürlichen Handlungseinheit nicht stets entgegen (StV **87**, 389).

Bei einem **zweiaktigen Delikt** liegt zB keine natürliche Handlungseinheit vor, 5
wenn der Täter vom ursprünglichen Körperverletzungsvorsatz mit anderer Motivation zum Tötungsvorsatz übergeht (NStZ-RR **99**, 101), wenn das Geschehen also eine **Zäsur** aufweist; anders ist es jedenfalls dann, wenn bei von vornherein zweiaktig geplantem Tatgeschehen die ursprüngliche Tatmotivation auch in einem anschließenden Handlungsabschnitt weiter verfolgt wird (vgl. NStZ **03**, 371f. [Versuch des Verdeckungsmords nach räuberischem Angriff auf Kraftfahrer und versuchter schwerer räuberischer Erpressung]). Bei zeitlich eng aufeinander folgenden **Versuchshandlungen** ist natürliche Handlungseinheit nicht gegeben, wenn aus Sicht des § 24 I eine Zäsur eingetreten ist (vgl. NStZ **05**, 263f.).

b) Einzelfälle. Natürliche Handlungseinheit ist **zB** in folgenden Fällen ange- 6
nommen worden: Gewaltsame Wegnahme der Schlüssel für eine Räumlichkeit, um dort befindliches Geld wegzunehmen (2 StR 639/85); Diebstahl und Hehlerei zum „Umfrisieren" des Fahrzeugs (MDR/H **81**, 452); kontinuierliche Lieferung von Material beim Landesverrat (BGH **24**, 77; Bay **91**, 131; **93**, 43); mehrere Embargo-Verstöße iS des § 34 IV AWG iVm § 69h I Nr. 1 AWV unter einer einheitlichen Registriernummer (NJW **96**, 604); Fortsetzen einer Trunkenheitsfahrt nach vorübergehender Fahrtunterbrechung (BGHR § 52 I Hdlg. dies. 9) oder nach Erkennen der Fahruntauglichkeit (Bay MDR **80**, 867); wiederholtes Ansetzen zur Erpressung durch Aufrechterhalten (Erneuern) der ursprünglichen Drohung (BGH **40**, 75; **41**, 368f.); mehrfache gescheiterte Versuche und anschließende Vollendung eines Kfz-Diebstahls, wenn der Täter sich jeweils unmittelbar nach dem Scheitern eines Versuchs einem anderen Fahrzeug zuwendet, bis er schließlich ein „geeignetes" Fahrzeug entwendet (NStZ **00**, 30); Aufbrechen mehrerer Pkw an demselben Ort sofort nacheinander, um daraus Gegenstände zu entwenden (NStZ **96**, 493f.; 2 StR 291/01); Aufbrechen und Durchsuchen mehrerer Gepäckstücke aus einer Vielzahl möglicher Objekte in engem räumlichen und zeitlichen Zusammenhang bei Auswahl nach vermuteter Werthaltigkeit (Frankfurt NStZ-RR **04**, 74); Vorenthalten von Sozialversicherungsbeiträgen für mehrere Arbeitnehmer zum gleichen Fälligkeitstermin und gegenüber derselben Einzugsstelle (Frankfurt NStZ-RR **99**, 104); neuer Angriff auf das Leben eines zunächst (erfolglos) im Schlaf überraschten Opfers bei fortbestehendem Tötungsvorsatz und engem räumlich-

zeitlichen Zusammenhang (NStZ **01**, 315); Raub und kurz darauf folgende räuberische Erpressung desselben Opfers im Rahmen des einheitlichen Entschlusses, dass Opfer zu misshandeln und „zur Rede zu stellen" (4 StR 313/00); (versuchter) Wohnungseinbruchsdiebstahl und Übergang zur Beraubung unvorhergesehen anwesender Wohnungsinhaber (NStZ-RR **05**, 202, 203).

6a Als natürliche Handlungseinheit ist weiterhin angesehen worden: das Schaffen mehrerer voneinander unabhängiger Gefahrenlagen (§ 315b) auf Grund eines einheitlichen Tatentschlusses (NJW **95**, 1766; [dazu *Sowada* NZV **95**, 465; *Zieschang* GA **97**, 462]); konkrete Gefährdung mehrerer Personen im Verlauf einer einheitlichen Fluchtfahrt (sog. **Polizeiflucht;** vgl. BGH **22**, 76; NJW **89**, 2551; BGH **48**, 233; NStZ-RR **97**, 331f.; BGHR § 142 Konk. 1; § 315b I Konk. 2; NZV **01**, 265; 4 StR 152/97; 4 StR 271/97; stRspr; einschr. NJW **95**, 1767; *Meyer-Goßner* NStZ **86**, 52; abl. *Warda,* Oehler-FS 248; *Seier* NZV **90**, 132; *Geisler* Jura **95**, 79; *Sowada* Jura **95**, 253 u. NZV **95**, 466; LK-*Rissing-van Saan* 16; NK-*Puppe* 40 zu § 52; SK-*Samson/Günther* 22, 39; mehrere zugleich begangene Vergehen nach § 142 stehen dann hierzu in Tateinheit [BGHR § 142 Konk. 1; NZV **01**, 265]); gleichzeitige Ausübung der tatsächlichen Gewalt über **mehrere Waffen** (vgl. StV **99**, 645; NStZ **01**, 101), auch wenn sie nicht unter dieselbe Strafbestimmung des WaffG fallen (NStZ **84**, 171; **00**, 150; BGHR WaffG § 52a I Kon. 1; 3 StR 579/00 [Kriegswaffen]; stRspr); das Führen einer dieser Waffen steht dazu in Tateinheit (BGHR § 53 III a WaffG Konk. 2); mehrere im Abstand von 1 Minute während derselben Fahrt begangene **Geschwindigkeitsüberschreitungen** (stRspr.; vgl. etwa Hamm VRS **46**, 370; Koblenz VRS **59**, 281; Düsseldorf VRS **100**, 311, 313; Köln StraFo **04**, 358). **Gleichzeitiger Besitz** unterschiedlicher BtM stellt nur eine Tat nach § 29 I BtMG dar (stRspr.; StV **82**, 525; NStZ-RR **97**, 227; NStZ **05**, 228f.; Bay **01**, 166, 168); das gilt auch dann, wenn die BtM-Mengen an unterschiedlichen Orten aufbewahrt werden (NStZ **05**, 228f.). Zur tatbestandlichen Handlungseinheit im Fall geheimdienstlicher **Agententätigkeit** vgl. BGH **42**, 217; **43**, 1 (dazu 10 zu § 99; *Rissing-van Saan*, BGH-FG 485f.); zur Handlungseinheit bei mitgliedschaftlicher Betätigung nach § 129a vgl. NStZ **02**, 329, 330f.

7 **c)** Eine natürliche Handlungseinheit liegt nach der Rspr des BGH idR nicht nahe, wenn mehrere **höchstpersönliche Rechtsgüter** verletzt werden (BGH **2**, 246f.; NStZ **84**, 311; **06**, 284, 285f.; StV **94**, 537f.; vgl. auch LK-*Rissing-van Saan* 38), ist aber auch in diesem Fall nicht ausgeschlossen (BGH **1**, 20; NStZ **03**, 366f.; **05**, 262f.; vgl. auch 109 zu § 211). Sie kann **zB** vorliegen, wenn 2 Personen in engem zeitlichen und räumlichen Zusammenhang durch zahlreiche Hiebe und Stiche verletzt werden (NStZ **01**, 219 [in BGH **46**, 204 nicht abgedr.]; StV **90**, 544); bei Abgabe mehrerer Schüsse aus einer Schnellfeuerwaffe auf mehrere Personen oder in eine Personenmenge (GA **66**, 208; NJW **85**, 1565 [m. krit. Anm. *Maiwald* JR **85**, 513]; BGHR vor § 1 nHE/Entschl. einh. 1); bei rasch aufeinander folgenden Schüssen auf zwei Personen aus Nahdistanz ohne Stellungswechsel auf Grund einheitlichen Entschlusses (NStZ-RR **01**, 82); bei zeitgleichen und wechselweise erfolgenden Misshandlungen mehrerer Personen (NStZ **85**, 217; **03**, 366f.; StV **90**, 544; **98**, 72; 2 StR 239/95); bei Tötungshandlungen gegen zwei Personen, wenn die Handlungen gegen die eine Person zur Tötung der anderen nur kurz unterbrochen werden soll (vgl. 3 StR 371/04); bei gleichzeitiger Erpressung mehrerer Personen (MDR/H **92**, 932); bei gleichzeitiger Nötigung von zwei Personen zu sexuellen Handlungen (NStZ-RR **98**, 103; BGHR § 52 I RGüter höchstp. 1).

8 Keine Handlungseinheit ist dagegen angenommen worden bei mehreren einander nachfolgenden Angriffen auf verschiedene Opfer (vgl. BGH **16**, 397; NStZ **87**, *20; StV* ***81***, *397;* **94**, 537; **98**, 72); insb. auch, wenn eine Mehrheit von Einzelhandlungen nicht auf einem einheitlichen Tatentschluss beruht (NJW **77**, 2321 [hierzu krit. *Maiwald* NJW **78**, 300]; **98**, 619 [m. Anm. *Satzger* JR **98**, 518; *Wilhelm* NStZ **99**, 80]; NStZ **84**, 215; 311; **85**, 217; NStZ-RR **98**, 233; vgl. dazu LK-*Rissing-van*

Saan 10 ff.; *Bringewat* 15; *Sowada* Jura **95**, 252 u. NZV **95**, 467); bei Geldabhebungen mittels gefälschter Sparbücher bei mehreren verschiednen Banken trotz einheitlicher Vorbereitung der Tatserie und der Reise (wistra **04**, 417). Wenn sich der Täter eines Tötungsdelikts erst während der Tathandlung gegen das erste Opfer zur Tat gegen das zweite Opfer entschließt, ist keine natürliche Handlungseinheit gegeben (NStZ **05**, 262, 263).

d) Auch bei **Unterlassungsdelikten** (vgl. BGH **18**, 379; LK-*Rissing-van Saan* 13 ff. zu § 52; *Albrecht* NZV **05**, 62, 67 ff.) ist eine natürliche Handlungseinheit möglich. Sie ergibt sich aber nicht schon aus der Gleichzeitigkeit des Nicht-Erfüllens mehrerer Handlungspflichten. Man wird vielmehr voraussetzen müssen, dass die Erfüllung der unterschiedlichen Pflichten nur durch eine einzige Handlung möglich ist. 9

e) In Fällen **sukzessiver Tatausführung**, die nach der Rspr des BGH als *tatbestandliche Handlungseinheit* zu behandeln sein kann (vgl. BGH **40**, 75; **41**, 368; **43**, 381; NJW **98**, 619; NStZ **96**, 398), ist bei der Beurteilung der Konkurrenzen für die Reichweite des Tatbegriffs im materiellen Sinne maßgebend, ob die Teilakte einen einheitlichen Lebensvorgang bilden, also die einzelnen Handlungen in engem räumlichen und zeitlichen Zusammenhang stehen, wobei ein Wechsel des Angriffsmittels hierbei ebenso wenig von Bedeutung ist, wie wenn – im Falle der Erpressung – durch die einzelnen Willensakte nur die ursprüngliche Drohung durchgehalten wird (BGH **40**, 77; wistra **99**, 140). Eine tatbestandliche Einheit einer Erpressung soll jedenfalls dort enden, wo der Täter nach den Regelungen über den Rücktritt nicht mehr strafbefreiend zurücktreten kann, dh entweder bei der vollständigen Zielerreichung oder beim fehlgeschlagenen Versuch (BGH **41**, 369 [*Fall „Dagobert"*; Anm. *Puppe* JR **96**, 513; *Beulke/Satzger* NStZ **96**, 432; *Lesch* JA **96**, 629]; NJW **98**, 619 [*Fall „Autobahnschütze"*; Anm. *Satzger* JR **98**, 518; *Wilhelm* NStZ **99**, 80 u. Bespr. *Momsen* NJW **99**, 982]; LK-*Rissing-van Saan* 37; 6 ff. zu § 24). Dies gilt grundsätzlich auch für andere Tatbestände (§ 99: BGH **43**, 5 m. Anm. *Rudolphi* NStZ **97**, 489 u. *Schlüchter/Duttke/Klumpe* JZ **97**, 995; § 370 I Nr. 1 AO: BGH **43**, 381 [*Fall Zwick*]; §§ 22, 211: StV **96**, 384). In solchen Fällen bildet das Fehlschlagen eines Versuchs (12 zu § 24) eine *Zäsur* (BGH **41**, 369; **43**, 387 m. Anm. *Gribbohm* NStZ **98**, 572). Daher sind mehrere Handlungen einer sukzessiven Tatausführung verschiedene Taten iS des § 53, wenn die vorausgegangenen Handlungen infolge des Fehlschlags des Versuchs eigenständiges Unrecht darstellen, das auch nicht durch späteren Rücktritt vom (weiteren) Versuch straflos bleibt (BGH **44**, 91 [Verhältnis des fehlgeschlagenen Beteiligungsversuchs zur späteren Beteiligung am Versuch]; vgl. auch NStZ **98**, 189 [m. Anm. *Geppert*]). 10

f) Für die Beurteilung der **Beteiligung** kommt es grds nicht darauf an, ob sich die Haupttat als natürliche Handlungseinheit darstellt (NStZ **96**, 493). Besteht die Beihilfe aus *einer Handlung*, so liegt in jedem Fall, unabhängig von der Konkurrenz mehrerer unterstützter Taten, nur eine Tat vor (MDR/D **57**, 266; MDR/H **80**, 272; StV **84**, 329; NStZ **93**, 584; **99**, 451; **00**, 83; **07**, 526 f.; NStZ-RR **99**, 297; wistra **07**, 100; **07**, 262, 266 f.; vgl. 31 zu § 27). Mehrere Beihilfehandlungen zu *einer* Haupttat führen grds nur zur Annahme einer Beihilfe (NStZ **99**, 513, 514; vgl. 31 zu § 27). Daher führt das Vorliegen einer Mehrzahl an sich selbstständiger *Beihilfehandlungen* zu einer Haupttat, die sich als *Bewertungseinheit* darstellt, auch hinsichtlich der Beihilfe nur zu *einer* Tat (NStZ **99**, 451; wistra **07**, 100 mwN). **Mehrfache Beteiligung** an derselben Handlung ist idR rechtlich nur eine Tat; maßgebend ist die schwerste Beteiligungsform (vgl. 11 vor § 25; vgl. dazu auch *Tadaki*, Tateinheit und Tatmehrheit bei Teilnahme, Schreiber-FS [2003] 487 ff.). 11

Dasselbe gilt für die **mittelbare Täterschaft:** Die Frage des Vorliegens einer oder mehrerer Handlungen iS von §§ 52, 53 ist nach seinem Tatbeitrag, nicht nach der Handlungseinheit oder -mehrheit des Tatmittlers zu beurteilen (NJW **95**, 2933 f.). Beruht eine Vielzahl von – durch gutgläubige Dritte vermittelten – betrügerischen Anlageverträgen auf einer einheitlichen Schulung und Instruktion durch 11 a den mittelbaren Täter, so liegt für ihn nur eine Tat im Rechtssinn vor (wistra **99**, 23). Das gilt entsprechend bei pflichtwidrigem **Unterlassen** *einer* gebotenen Handlung (BGH **37**, 106, 134; **48**, 77, 97).

12 **B. Bewertungseinheit.** Als *eine* Tat im Rechtssinn wird auch eine Mehrheit natürlicher Handlungen angesehen, die tatbestandlich zusammengefasst sind, sich als Verwirklichung eines einheitlichen Täterwillens darstellen und auch über eine enge **tatbestandliche Handlungseinheit** (vgl. **16**, 32 zu [§ 109 f]; **29**, 228 [zu § 129]; BGH **41**, 113 [zu § 225]; **42**, 215; **43**, 1; 125 [zu § 99]; **45**, 64 [zu § 220 a aF]) hinausgehen; die Abgrenzung ist i. e. unsicher (Überblick zur Einzelfalls-Anwendung bei *LK-Rissing-van Saan* 28 ff.; krit. zur begrifflichen Abgrenzung *Wolfslast/Schmeisser* JR **96**, 338; *Warda,* H.J. Hirsch-FS 393 f.). Die Rechtsfigur hat Bedeutung insb. bei mehrfacher Verwirklichung eines Tatbestands, die von einem „Gesamtplan" des Täters umfasst ist (vgl. auch BGH [*Kartellsenat*] NStZ **06**, 228 [zur Kartellabsprache gem. § 81 II S. 1 GWB]); sie nimmt insoweit einen wichtigen Teil der (früheren) **fortgesetzten Handlung** (unten 47 ff.) auf. Wenn eine rechtliche Bewertungshandlung vorliegt, sind Einzelakte der Ausführungshandlungen als **unselbstständige Teile** der einheitlichen (materiellen und prozessualen) Tat zu behandeln. Sind angeklagte aufgeführte Ausführungshandlungen nicht erwiesen, so erfolgt insoweit **kein Teilfreispruch** (2 StR 362/99). Die Aburteilung von Einzelakten einer als Bewertungseinheit anzusehenden Handlungsserie führt zum **Strafklageverbrauch** hinsichtlich aller Teilakte (4 StR 581/00; vgl. aber BGH **43**, 252, 257 zu den Grenzen der Kognitionspflicht). Der Schwerpunkt der **praktischen Anwendung** liegt bei den Absatzdelikten. Eine Ausweitung des materiell-rechtlichen Begriffs darf jedenfalls nicht so weit gehen, dass der Begrenzungsfunktion des *prozessualen* Tatbegriffs nicht mehr beachtet wird (einschränkend daher BGH **43**, 252, 255 ff. [Anm. *Erb* NStZ **98**, 253; *Fürstenau* StV **98**, 482]; vgl. auch BGH **46**, 6 [Mehrzahl von Handlungen nach § 20 I Nr. 4 VereinsG im Rahmen einer einheitlichen Tätigkeit als Funktionär; krit. dazu *Puppe* JZ **00**, 735]; 3 StR 325/02; *Warda,* H.J. Hirsch-FS 391 [zu BGH **41**, 113]).

13 **a)** Besondere Bedeutung kommt der Rechtsfigur der Bewertungseinheit im Bereich des BtM-Strafrechts und hier namentlich des **Handeltreibens mit BtM** zu. Unter Handeltreiben versteht die Rspr jede eigennützige (BGH **34**, 124, 125 f.; StraFo **06**, 388; NStZ **06**, 578 [Erstreckung auf immaterielle Vorteile]), auf Umsatz gerichtete Tätigkeit (BGH **25**, 290; **28**, 308; **29**, 240; **30**, 361; **35**, 58; **50**, 252, 264 ff. [GrSen] StV **84**, 248; **89**, 201; **92**, 232; 420; NJW **91**, 305; NStZ **84**, 413; **94**, 398; NStZ-RR **96**, 48; 70; NStZ/S **93**, 327; **94**, 326), soweit sie ein **konkretes Umsatzgeschäft** betrifft (vgl. NStZ **01**, 323 [*nicht* bei bloß vorbereitender Präparierung eines Fahrzeugs]; NStZ **96**, 507, 508; NStZ-RR **96**, 48 [*nicht* bei ergebnislosen Anfragen]; Hamm StV **05**, 271 [*nicht* bei nur allgemein vorbereitendem Ankauf eines Kfz]; NStZ **07**, 287 [*nicht* bei noch unkonkretisierten Planungen allein auf Käuferseite]; aber auch NStZ **06**, 578 [vollendet bei Mitwirkung bei *Anbau* von zukünftig zu verkaufendem Cannabis; zw.]; 1 StR 297/06 [NStZ-RR **06**, 350 LS: vollendet bei ernsthaften Verhandlungen über *Schein*drogen; vgl. dazu schon NJW **99**, 2683]). Ein Verkaufserfolg ist nicht vorausgesetzt (NJW **92**, 381; StV **96**, 663; stRspr); daher kommt es auch auf Abweichungen der gelieferten zur vereinbarten Menge oder Qualität grds. nicht an (NStZ **06**, 577) Zum Handeltreiben gehören neben Verkauf von BtM und Erwerb in der Absicht gewinnbringenden Weiterverkaufs auch alle späteren Veräußerungsakte, soweit sie dasselbe Rauschgift betreffen (BGH **30**, 31; NStZ **97**, 243; LK-*Rissing-van Saan* 39, 43); ebenso die erforderlichen Zahlungsvorgänge und Finanztransaktionen (BGH **43**, 162); das Bemühen um das Eintreiben des Kaufpreises (StV **95**, 586); u. U. das Weiterleiten des Erlöses an Hintermänner (StV **95**, 641 f.); auch der Umtausch einer zum Weiterverkauf erworbenen Menge wegen Qualitätsmängeln und die hierauf gerichteten Verhandlungen (NStZ-RR **07**, 58). Ein **unselbständiger Teilakt** täterschaftlichen Handeltreibens ist auch die **Einfuhr** von BtM, falls es sich nicht um eine nicht

geringe Menge handelt (vgl. NStZ **06**, 172f. mwN). **Bandenhandel** gem. § 30a BtMG (*nicht* schon gegeben bei Absatz-typischem Zusammenwirken von Personen auf Verkäufer- und Erwerberseite; BGH **42**, 255; NStZ-RR **07**, 153; 1 StR 203/07; stRspr) verbindet die im Rahmen desselben Güterumsatzes aufeinander folgenden Teilakte, insb. auch die unerlaubte Einfuhr (einer nicht geringer Menge), zu einer Bewertungseinheit (stRspr.; vgl. 1 StR 506/06). Handeltreiben ist nicht mehr möglich, „wenn der Waren- und Geldfluss zur Ruhe gekommen ist" (BGH **43**, 163; NStZ **99**, 467; StV **95**, 641; **98**, 25; NStZ-RR **98**, 25; BGHR § 29 I Nr. 1 Handeltreiben 50) und der Täter dies weiß. (zur tateinheitlichen Verknüpfung mehrerer Bewertungseinheiten vgl. unten 29).

Eine *engere* Bestimmung des Handeltreibens hat der *3. StS* im Vorlagebeschl. v. 13. 1. 2005 (NJW **05**, 1589 [Anm. *Gaede* HRRS **05**, 250; *Schmidt* NJW **05**, 3250]; vgl. dazu Anfragebeschl. NStZ **04**, 105 [Anm. *Gaede* StraFo **03**, 392; *Roxin* StV **03**, 619; Bespr. *Weber* NStZ **04**, 66; *Niehaus* JR **05**, 192]; zust. 4 ARs 23/03; abl. 1 ARs 21/03; 2 ARs 276/03 = NStZ **04**, 183; vgl. auch 5 ARs 46/03 = StV **05**, 271) angestrebt (vgl. dazu auch *Winkler* NStZ **05**, 315). Der **Große Senat** für Strafsachen hat im Urteil vom 26. 10. 2005 (BGH **50**, 252) aber im wesentlichen für die Beibehaltung der bisherigen Linie entschieden (grds. zust. Weber JR **06**, 139; krit. *Krumdiek/Wesemann* StV **06**, 634). Danach reicht es für die Annahme vollendeten Handeltreibens aus, dass der Täter bei einem beabsichtigten Ankauf von zum Gewinn bringenden Wiederverkauf bestimmten BtM in *ernsthafte Kaufverhandlungen* mit dem Verkäufer eintritt (BGH [GrSen] **50**, 252, 264ff. = NJW **05**, 3790). Diese weite Begriffsbestimmung des Handeltreibens ist mit Art. 103 II GG vereinbar (BVerfG NJW **07**, 1193). **14**

Die Grenze zwischen **Täterschaft und Teilnahme** soll sich nach den allgemeinen Grundsätzen der §§ 25, 27 bestimmen (stRspr; NStZ **00**, 482; StV **04**, 604; NStZ **06**, 454f.; **06**, 455; **06**, 578, 579; **07**, 288 [für Bandenhandel]; NStZ-RR **07**, 58; vgl. 16b zu § 25). In der Praxis ist die Beihilfe aber in der Vergangenheit zugunsten des vorverlagerten Bereichs der Täterschaft zu weit zurückgedrängt worden (BGH **51**, 219 [= NStZ **07**, 338]; vgl. auch BGH [GrSen] **50**, 252, 266f.). Der Bereich der Täterschaft ist in der neuen Rspr des BGH daher zu Recht wieder eingeschränkt worden; so liegt etwa bei (bloßer) **Kuriertätigkeit** ohne weitere Beteiligung oder Interesse an dem Umsatzgeschäft (vgl. 5 StR 74/07) regelmäßig nur Beihilfe zum Handeltreiben vor (BGH **51**, 219 [Anm. *Puppe* JR **07**, 299]; StraFo **07**, 300; 2 StR 138/07; 2 StR 196/07; 2 StR 221/07; 2 StR 223/07; 2 StR 267/07; 4 StR 49/07; vgl. zuvor schon NStZ **06**, 454; NStZ-RR **06**, 88; **06**, 350; 2 StR 199/06; 2 StR 458/06; 2 StR 568/06; 3 StR 87/06; 3 StR 105/06; 3 StR 177/06; wohl abweichend aber NStZ **07**, 530 [*1. StS*]; zur *Beweiswürdigung* bei unsubstantiierter Einlassung vgl. auch NStZ **07**, 529 [*1. StS*; Anm. *Puppe* JR **07**, 300]; zur Einschränkung des Gehilfen-*Vorsatzes* vgl. NStZ **07**, 531 f. [*3. StS*]; 27 zu § 27); erst recht bei nur unterstützender Tätigkeit für einen Kurier (vgl. NStZ **07**, 531 [*1. StS*]). Vgl. dazu auch Rahmenbeschluss des Rates zur Festlegung von Mindestvorschriften über die Tatbestandsmerkmale strafbarer Handlungen und die Strafen im Bereich des illegalen Drogenhandels (ABl Nr. L 335 v. 11. 11. 2004, 8). **15**

Entsprechendes gilt für die Grenze zwischen **Versuch und Vollendung**. Für die Vollendung reicht es auf der *Käuferseite* aus, dass der Täter das Stadium allgemeiner Anfragen verlässt und sich mit dem ernsthaften Anerbieten, Rauschgift zu erwerben, an eine Person wendet, die als Verkäufer oder Vermittler in Betracht kommt (BGHR § 29a I Nr. 2 BtMG Hdtr. 1). Anders als etwa im Fall des Anbietens von Falschgeld (vgl. 9 zu § 146) soll dies auch dann gelten, wenn die Bemühungen des Täters von vornherein objektiv nicht geeignet sind, BtM in den Verkehr zu bringen. Nicht ausreichend sind allerdings bloße Absprachen und Vereinbarungen *allein* auf der Käuferseite, solange ein konkreter Verkäufer noch nicht kontaktiert sowie ein BtM-Geschäft noch nicht konkretisiert wurde (NStZ **07**, 287). **Versuch** ist in seltenen Fällen (vgl. BGH[GrSen] **50**, 252, 263) **zB** angenommen **16** worden bei fehlgeschlagenen Bemühungen, als Rauschgiftkurier tätig zu werden (BGHR BtMG § 29 I Nr. 1 Handeltreiben 1); bei ernsthaften Anfragen an BtM-Verkäufer, die von vornherein nichts verkaufen können oder wollen (StV **06**, 136); bei Geldübergabe zur Durchführung eines gescheiterten BtM-Geschäfts (BGHR BtMG § 29 I Nr. 1 Handeltreiben 22). **Kein Handeltreiben** (auch kein Versuch) sind bloße Scheinangebote, bei welchen der Täter nicht existente (oder nicht zu diesem Verkauf bestimmte) Rauschgiftmengen allein zu dem Zweck anbietet, einen Vorschuss auf den Kaufpreis zu erlangen; hier liegt nach der Rspr des BGH § 263 (vgl. aber 64 ff. zu § 263) vor (NStZ-RR **03**, 185 [*4. StS*]; NStZ-RR **03**, 185 [*1. StS*]). Ernsthafte Angebote und Absprachen über zukünftige Lieferungen reichen weder zur Vollendung noch zum Versuch des Handeltreibens aus, wenn die betreffenden Rauschgiftmenge noch gar nicht auf dem Markt ist, sondern erst noch hergestellt werden soll, und wenn dies von weiteren Bedingungen abhängt (NStZ **07**, 100 [*2. StS*]).

17 **b)** Der Tatbestand des Handeltreibens mit BtM fasst die Teilakte des Erwerbs, des Besitzes und der Abgabe (5 StR 112/91) sowie der Einfuhr (BGH **30**, 28; **31**, 165; BGHR BtMG § 30 a Konk. 1; NStZ-RR **00**, 105) als **Bewertungseinheit** zusammen (BGH **28**, 308; **30**, 31; NStZ **94**, 135; **97**, 136; StV **94**, 658; **95**, 641; NJW **95**, 739; **96**, 469; 4 StR 341/98; Bay **98**, 96; Karlsruhe StV **98**, 28; *Bittmann/Dreier* NStZ **95**, 106; *Zschockelt* NStZ **95**, 324, **96**, 222 u. JA **97**, 414; *Warda,* H.J. Hirsch-FS 395; NK-*Puppe* 19 zu § 52; iErg. ebenso LK-*Rissing-van Saan* 40 [synonym tatbestandliche Handlungseinheit]; vgl. hierzu auch *Paeffgen,* Betäubungsmittel-Strafrecht und der Bundesgerichtshof, BGH-FG 695, 716 ff.; zur Entwicklung der Rspr. vgl. *Rahlf,* Der strafrechtliche Begriff des Handeltreibens, Strauda-FS [2006] 243 ff.). Alle Betätigungen, die sich auf den Erwerb zum Vertrieb sowie den Vertrieb **derselben konkreten BtM-Menge** richten (vgl. NStZ **00**, 262 f.), sind *eine Tat* des Handeltreibens bezüglich der *Gesamtmenge* (NJW **95**, 2300; NStZ **96**, 442; **97**, 192; **99**, 250; **00**, 207; **07**, 102; StV **96**, 366; **97**, 470; 471; **01**, 460; NStZ **05**, 232 [Umtausch mangelhafter Ware]). Der Annahme einer Bewertungseinheit steht in diesem Fall zB nicht entgegen, dass die Gesamtmenge an verschiedenen Tagen in Teilmengen erworben wurde (NStZ-RR **99**, 250 mwN). Bemühungen um eine Rückgabe mangelhafter und Nachlieferung fehlerfreier Ware sowie der Umtausch der zum Weiterverkauf erworbenen BtM verbinden das Gesamtgeschäft zu einer Bewertungseinheit (NStZ-RR **07**, 58). Bewertungseinheit liegt auch vor, wenn aus derselben Erwerbsmenge Teile an verschiedene erwachsene und minderjährige Käufer veräußert werden; das Handeltreiben steht dann mit der Abgabe an Minderjährige in Tateinheit (NStZ **04**, 105). Zur Feststellung der **Beteiligung** an einer als Bewertungseinheit anzusehenden Tat des Handeltreibens vgl. NStZ-RR **04**, 146 ff.; zu Fällen *unterschiedlicher* Beurteilung der Bewertungseinheit bei mehreren Beteiligten vgl. *Winkler* NStZ **06**, 328, 329 mwN.

18 Es müssen *konkrete Anhaltspunkte* dafür bestehen, dass mehrere Vertriebshandlungen **dieselbe Rauschgiftmenge** betreffen (NStZ **97**, 137; **00**, 540; **07**, 102; NStZ-RR **97**, 344; **06**, 55; StV **98**, 594; NJW **02**, 1810; LK-*Rissing-van Saan* 44). Besteht nur eine nicht näher konkretisierte *Möglichkeit,* dass mehrere veräußerte Mengen aus einer einheitlichen Gesamtmenge herrühren, so gebietet es der Zweifelssatz nicht, von einer Bewertungseinheit auszugehen (NJW **95**, 2300 f.; BGHR BtMG § 29 Bewertungseinh. 4, 5, 12, 14; StV **99**, 431; **02**, 257; 4 StR 547/98; 4 StR 581/00; NStZ-RR **06**, 55), und zwar auch dann nicht, wenn der Angeklagte die Tat bestreitet und deshalb nicht in der Lage ist, für ihn günstige Umstände vorzutragen (BGHR § 52 I in dubio 6). Andererseits ist ein sicherer Nachweis nicht erforderlich (StV **01**, 460 [zahlreiche Verkäufe in Kleinmengen]). Der **Zweifelssatz** gebietet *nicht,* allein auf Grund vager Annahmen über „übliche" Handelspraktiken zu eher zufälligen oder *willkürlichen* Annahmen von Bewertungseinheiten zu gelangen NStZ **97**, 137; NJW **02**, 1810; NStZ-RR **06**, 55). Eine im Zweifel *zugunsten* des Angeklagten angenommene Bewertungseinheit darf nicht zur Überschreitung der

Grenze zur **nicht geringen Menge** iS von § 29a I Nr. 2 BtMG führen; hierfür ist vielmehr eine ausreichende Tatsachengrundlage erforderlich (ebd.). Liegen hinreichende tatsächliche Anhaltspunkte hierfür vor, so sind die Voraussetzungen für die Annahme einer Bewertungseinheit im Urteil nachvollziehbar darzulegen (NStZ-RR **97**, 344; **99**, 218; BGHR BtMG § 29 BewEinh 8, 11, 12, 13; 4 StR 479/99; 4 StR 503/00). Auch bei einer Bewertungseinheit müssen die **Einzeltaten konkretisiert** sein. Ein unzumutbarer Ermittlungsaufwand wird nicht gefordert (BGHR § 29 BtMG BewEinh 14); ggf ist eine an den Umständen des Einzelfalls orientierte **Schätzung** zulässig (NJW **02**, 1810), die sich an den Grundsätzen der Schadens-Schätzung bei § 263 zu orientieren hat. Zu Einzelheiten vgl. die Kommentierungen zu § 29 BtMG.

c) Die Annahme einer Bewertungseinheit kommt darüber hinaus nicht nur bei Handeltreiben mit BtM, sondern **bei allen Absatzdelikten** in Betracht, somit auch beim *Veräußern* und *Abgeben* von BtM (NStZ **96**, 93f.; **97**, 243; **99**, 193, jew. mwN; StV **97**, 636f.; **99**, 431; 4 StR 341/98; *Zschockelt* NStZ **97**, 226f.; **98**, 238f., mwN), auch wenn BtM aus derselben Menge teils an Erwachsene *verkauft*, teils an Minderjährige *abgegeben* werden (StV **03**, 619; 3 StR 123/03; krit. LK-*Rissing-van Saan* 45). Bei gleichzeitiger Abgabe oder Verkauf *verschiedener* BtM, die nicht aus derselben Lieferung an den Täter stammen und daher bei ihm unterschiedliche zum (sukzessiven) Absatz bestimmte Gesamtmengen darstellen, liegt wegen der Teilidentität der Ausführungshandlungen Tateinheit zwischen den jeweiligen Vorrat betreffenden Taten vor (1 StR 80/98; StV **99**, 431). **Einheitliche Taten** stellen solche Delikte dar, bei denen sich der Täter eine Gesamtmenge in strafbarer Weise in der Absicht verschafft, sie später in mehreren Einzelakten abzusetzen, und diese Absicht umsetzt (für § 146 vgl. BGH **34**, 108f.; **42**, 162, 168; 12 zu § 146). Nach BGH **46**, 6 liegt bei mehrfachen Verstößen gegen ein **vereinsrechtliches Betätigungsverbot** bei fortdauernder Mitgliedschaft keine natürliche Handlungseinheit vor; jedoch wird durch die Übernahme eines bestimmten Amtes oder Tätigkeitsbereichs in der verbotenen Organisation eine **Bewertungseinheit** begründet, die verschiedene Zuwiderhandlungen zu einer Tat verbindet. 19

C. Rechtliche Handlungseinheit (Tateinheit). Rechtliche Handlungseinheit iS von § 52 I (Idealkonkurrenz, rechtliches Zusammentreffen) liegt vor, wenn die tatbestandliche Handlung entweder gleichzeitig mehrere Strafgesetze verletzt (§ 52 I, **1. Var.**) oder wenn sie dasselbe Strafgesetz mehrfach verletzt (§ 52 I, **2. Var.**). Vorausgesetzt ist in beiden Fällen, dass die Ausführungshandlungen in einem für alle Tatbestandsverwirklichungen notwendigen Teil zumindest teilweise identisch sind (BGH **22**, 208, **27**, 67; **33**, 164; **43**, 317; NJW **89**, 2141; MDR/H **92**, 17; 1 StR 661/96; NStZ **98**, 68; **04**, 329; zusf. *Altenhain* ZStW **107**, 393). Dabei können **drei Fallgruppen** unterschieden werden: 20

(1) Eine einheitliche Handlung hat **einen einzigen Erfolg,** der in mehrfacher rechtlicher Hinsicht zu würdigen ist; so liegt **zB** bei erzwungenem Beischlaf mit einem Kind in Tateinheit schwerer sexueller Missbrauch eines Kindes (§ 176a I Nr. 1) und Vergewaltigung (§ 177 II) vor; 21

(2) Eine einheitliche Handlung hat **mehrere ungleichartige Erfolge;** so liegt **zB** bei einer Tötung durch einen Schuss ins Fenster, der noch eine dritte Person verletzt, Tateinheit von Mord (§ 211), Körperverletzung (§ 224) und Sachbeschädigung (§ 303) vor. Tateinheit ist zB auch bei gleichzeitigem Besitz verschiedenartiger Waffen gegeben (NStZ **84**, 171; **97**, 446; GA **94**, 128; NStZ-RR **97**, 171; **97**, 260; StV **99**, 643; 645; 1 StR 310/96; 2 StR 597/96; 2 StR 102/97; 1 StR 129/97; 1 StR 206/98); ebenso bei Einfuhr von BtM in nicht geringer Menge und Handeltreiben (BGH **31**, 166); 22

(3) Eine Handlung hat **mehrere gleichartige Erfolge;** zB wenn ein Schuss zwei Personen tötet; wenn mehrere Personen durch eine einzige Täuschungshandlung betrogen (MDR/D **70**, 382) oder durch dieselbe Drohung erpresst (2 StR 23

495/82) oder genötigt (4 StR 220/07) werden; wenn durch dieselbe Irrtumserregung mehrere Vermögensverfügungen bewirkt (4 StR 81/87). Es wird hier durch eine Handlung dasselbe Strafgesetz mehrmals verletzt (§ 52 I); diese sog. **gleichartige Idealkonkurrenz** (BGH **1**, 20; dazu auch *Bringewat* 31; StV **87**, 20 L; **97**, 349; *Meyer-Goßner* NStZ **86**, 52) kommt auch bei Verletzung verschiedener höchstpersönlicher Rechtsgüter in Betracht (BGH **1**, 21). Vorausgesetzt ist stets, dass die Taten auf einer einzigen Entschließung beruhen (NJW **77**, 2321 [krit. *Maiwald* NJW **78**, 300]; wistra **86**, 262) und sich in mindestens einem Ausführungsakt überschneiden (zw. daher 1 StR 151/06: Tatmehrheit, weil *nach* Beginn der gemeinsamen Beraubung von zwei Personen eines der Opfer fliehen kann). Entsprechendes gilt, wenn eine einzige **Unterlassung** zu mehreren gleichartigen Erfolgen führt (BGH **37**, 134).

23 a Bei **Hinterziehung verschiedenartiger Steuern** liegt Tateinheit nur dann vor, wenn sie durch einheitliche oder gleichzeitig abgegebene Steuererklärungen bewirkt worden sind (BGH **33**, 163 [m. Anm. *Hamm* NStZ **86**, 68; krit. *Kniffka* wistra **86**, 89]; wistra **96**, 62; NJW **05**, 374; StV **05**, 212 f.; Köln NJW **04**, 3504 f.) oder wenn unterlassene Erklärungen einheitlich oder gleichzeitig abzugeben waren (MDR/H **79**, 987; NJW **85**, 1719 [m. Anm. *Puppe* JR **85**, 245]; wistra **86**, 65); sie kann uU auch gegeben sein, wenn (gleichartige) Steuererklärungen für mehrere Jahre zeitlich nahe zusammenfallen (MDR/H **81**, 100 zu § 370 AO; vgl. auch NJW **80**, 2591; wistra **82**, 145; 2 StR 237/84). In der Regel liegt bei Hinterziehung verschiedener Steuern, für **verschiedene Steuerzeiträume** oder für **verschiedene Steuerpflichtige** dagegen **Tatmehrheit** vor (stRspr.; StV **05**, 212; MDR/H **79**, 279; vgl. *Meine* BB **78**, 1309; *Behrendt* ZStW **94**, 912; *Bilsdorfer* NJW **89**, 1591; *Gribbohm/Utech* NStZ **90**, 209, 212; Bay GA **73**, 112; Bay **92**, 72). Die Abgabe jeder einzelnen unrichtigen Steuererklärung ist grds. als selbständige Tat iS von § 53 zu werten (NJW **05**, 374); das gilt auch für die Hinterziehung durch **Unterlassen** (§ 370 I Nr. 2 AO; vgl. BGH **18**, 376). Tatmehrheit besteht auch zwischen der Abgabe unrichtiger USt-Voranmeldungen eines Jahres und der unrichtigen USt-Jahreserklärung (stRspr; vgl. BGHR AO § 370 I Konkurrenzen 13; wistra **05**, 66, 67 f. [Anm. *Kudlich* JR **05**, 170]). Auch Gleichzeitigkeit von aktivem Handeln und Unterlassen verbindet verschiedene Hinterziehungshandlungen für sich allein noch nicht zur Tateinheit (NStZ **83**, 29; vgl. Köln NJW **04**, 3504 [Tatmehrheit zwischen Abgabe unrichtiger ESt-Erklärung und Unterlassen der Abgabe einer GewSt-Erklärung]). Bei Vortäuschen fingierter Steuerfälle durch einen Finanzbeamten zur Erlangung unberechtigter Erstattungsbeträge liegt Tateinheit zwischen § 370 AO und § 266 vor (wistra **98**, 64, 65); bei gleichzeitiger Eingabe fingierter Daten für mehrere Steuerfälle verbindet die Untreue die einzelnen Steuerhinterziehungen zur Tateinheit (5 Str 127/07 **aS**).

24 **a)** Tateinheit setzt somit voraus, dass mehrere Tatbestandsverwirklichungen in einer Handlung **objektiv zusammentreffen.** Ein Zusammentreffen (nur) in subjektiven Tatbestandsteilen ist nicht ausreichend (BGH **43**, 151); Tateinheit wird weder allein dadurch begründet, dass der Täter ein einheitliches Ziel verfolgt (BGH **14**, 109), noch dadurch, dass die Handlungen demselben Beweggrund entspringen (BGH **7**, 151), noch dadurch, dass der Täter den Entschluss zur Begehung mehrerer Taten gleichzeitig gefasst hat (BGH **43**, 152). Die **Einheitlichkeit des Ziels** schafft noch nicht eine Handlungseinheit; ebenso nicht das Ausnutzen einer durch eine erste Tat geschaffenen **Gelegenheit** zu einer weiteren Tat, wenn auf Grund eines neuen Entschlusses gehandelt wird. Anders ist dies, wenn Teile der Tatbestandsverwirklichung sich überschneiden (**zB** erpresserischer Menschenraub nach Vollendung einer schweren räuberischen Erpressung unter Aufrechterhaltung desselben Nötigungsmittels zur Entführung). Auch wenn beim **Versuch** einer gegen mehrere Personen gerichteten Tat Tateinheit vorliegt (zB: Auflauern), kann bei Vollendung Tatmehrheit gegeben sein (BGH **16**, 397; LK-*Rissing-van Saan* 22 zu § 52; **aA** SK-*Samson/Günther* 12 zu § 52).

25 **b)** Tateinheit setzt eine notwendige (Teil-)Identität voraus, so dass allein die **Gleichzeitigkeit** von Geschehensabläufen (wistra **00**, 17; NStZ **00**, 85 [Gleichzeitiger Betrug gegenüber mehreren Banken]), die Verfolgung eines Endzweckes *(3 StR 394/83), eine Mittel-Zweck-*Verknüpfung oder eine Grund-Folge-Beziehung nicht ausreicht (BGH **43**, 317, 319; NJW **84**, 2170; vgl. BGH **27**, 67). So kann *eine* Vorbereitungshandlung allein noch keine Tateinheit zwischen mehreren Betrugshandlungen schaffen (NStZ **85**, 70). Wohl aber ist Tateinheit zwischen Anstif-

tung zur uneidlichen Falschaussage und Prozessbetrug gegeben, da die Falschaussage des angestifteten Zeugen nicht nur das Mittel ist, mit dem der Prozessbetrüger seine Tat begeht, sondern zugleich auch dessen Tatausführungshandlung (BGH **43**, 319). Unerlaubte Ausübung der tatsächlichen Gewalt über Waffen steht mit unerlaubter Einfuhr (1 StR 697/88; 2 StR 20/90; 1 StR 621/98), mit unerlaubtem Erwerb und unerlaubtem Führen in Tateinheit (NStZ **84**, 171; NStE Nr. 7; StV **96**, 95; 1 StR 129/97; 2 StR 259/97; vgl. aber NStZ-RR **96**, 21; unten 33).

c) Tateinheit ist noch über den Zeitpunkt der Tatvollendung hinaus **bis zur Tatbeendigung** möglich (BGH **26**, 28; StV **83**, 104; BGHR § 52 I Hdlg. dies. 21; Bay NJW **83**, 406); **zB** wenn eine Widerstandsleistung (§ 113) der Sicherung der Erpressungsbeute (§ 255) dienen soll (MDR/H **88**, 453); wenn nach vollendetem Raub ein Verfolger ermordet wird, um den Gewahrsam der Beute zu sichern (BGHR § 52 I Hdlg. dies. 8, 13; StV **95**, 298; StraFo **99**, 100), auch wenn die Tötung nach Tatvollendung (im Zweifel) *zugleich* der Verdeckung und der Beutesicherung dient (NStZ **04**, 329; vgl. auch BGHR § 52 I Handlung, dieselbe 5, 8, 13, 21). Es können auch **vorsätzliche** mit **fahrlässigen** Taten rechtlich zusammentreffen (LK-*Rissing-van Saan* 16 zu § 52); ebenso wohl **Tätigkeits-** und unechte **Unterlassungsdelikte** (BGH **6**, 229, 230; **36**, 167, 169; NStZ-RR **98**, 204; **01**, 40; *Bringewat* 64; SK-*Samson/Günther* 9, NK-*Puppe* 36 jew. zu § 52; **aA** GA **56**, 120; vgl. auch Bay VRS **60**, 112; MDR **81**, 1035; *S/S-Stree/Sternberg-Lieben* 19 zu § 52; LK-*Rissing-van Saan* 14f. zu § 52); nicht aber Tätigkeits- und *echte* Unterlassungsdelikte (BGH **6**, 229, 230; Stuttgart NStZ **82**, 514; anderseits aber GA **56**, 120). NStZ **01**, 101 hat Tateinheit zwischen unerlaubter Einreise (§ 92 II Nr. 1a AuslG aF) und unerlaubtem Aufenthalt (§ 92 II Nr. 1b AuslG aF) angenommen (zw.; krit. *Wilhelm* NStZ **01**, 404). **26**

d) Trotz einer **Mehrheit von Erfolgen** kann rechtliche Handlungseinheit vorliegen (§ 52 I, 2. Alt.); **zB** beim einmaligen Betätigen eines Reizgassprühgeräts (§ 224) gegenüber mehreren Personen (4 StR 122/93); bei der Tötung mehrerer Personen durch eine Brandlegung (2 StR 615/84); beim gleichzeitigen Einwerfen mehrerer Erpresserbriefe in einen Briefkasten (2 StR 66/82). Gleichzeitigkeit führt für sich allein noch nicht zur Handlungseinheit, wenn statt der natürlichen Handlungsidentität verschiedene Willensbetätigungen mit besonderem ursächlichen Verlauf vorliegen (BGH **3**, 295; Hamburg NJW **62**, 755). Das RG hat zwei selbstständige Handlungen angenommen, wenn der Täter gleichzeitig mit jeder Hand auf je eine andere Person schießt (RG **32**, 139; zw.); dagegen liegt sicher Tateinheit vor bei Tötung zweier Personen durch einen Schuss (BGH **1**, 22; 4 StR 619/76); auch wenn der Täter in Sekundenschnelle zunächst auf A, dann auf B schießt (BGHR vor § 1 natürl. Handlungseinheit, Entschluss, einheitl. 5; insoweit in BGH **37**, 397 nicht abgedr.). **Gleichartige Tateinheit** ist gegeben, wenn ein Mittäter einen mehrere selbständige Taten fördernden Tatbeitrag im Vorfeld erbringt und sich an der weiteren Ausführung nicht mehr beteiligt (wistra **04**, 463 [Sammelüberweisung bei Embargoverstoß]; zur *Tenorierung* vgl. auch 5 StR 127/07 **aS**). Dagegen ist nicht gleichartige Tateinheit, sondern eine einzige Straftat gegeben, wenn der Täter durch eine Handlung mehrere Personen gefährdet (Bay NJW **84**, 68); ebenso im Fall einer Tat nach § 225, durch die dem einen Opfer körperliche Schmerzen und zugleich einem andern Opfer seelische Qualen zugefügt werden (3 StR 123/93). **27**

Tateinheit ist auch möglich bei **sexuellen Handlungen** nach §§ 174, 176, die gleichzeitig oder unmittelbar nacheinander gegenüber zwei Opfern vorgenommen werden (4 StR 265/95; NStZ-RR **99**, 329; vgl. StV **84**, 509); oder wenn durch eine Handlung (Transport) mehrere Personen der Prostitutionsausübung zugeführt werden (5 StR 449/80 zu § 180b II aF); oder bei Einschleusung mehrerer Personen durch dieselbe Handlung (vgl. Bay NStZ-RR **03**, 275f.). Sexuelle Handlungen an mehreren Personen werden zwar noch nicht durch deren gleichzeitige Anwesenheit zur Tateinheit verbunden (2 StR 486/78), wohl aber dadurch, dass **28** die Taten, etwa bei zweiaktigen Delikten (NStZ **85**, 546), durch eine *einzige* Ausführungs- (BGH **6**, 81; MDR/H **92**, 631; 3 StR 96/95; 2 StR 606/95; 3 StR 192/01) oder Nötigungshandlung (5 StR 102/92) oder Gewaltanwendung (NStZ-RR **98**, 234; 4 StR 268/98) begangen werden. Das gilt nach der Rspr des BGH auch bei mehreren Vergewaltigungen desselben Tatopfers innerhalb eines längeren Zeitraums bei über den Gesamtzeitraum fortwirkendem Nötigungsmittel der Gewalt oder Bedrohung (NStZ-RR **99**, 353); nach NStZ **02**, 199 f. aber nicht bei Ausnutzen derselben „schutzlosen Lage" iS von § 177 I Nr. 3 zu zeitlich getrennten, mehrfachen sexuellen Handlungen (vgl. dazu aber 100 zu § 177). Handlungseinheit liegt weiterhin vor bei einheitlichem Einsatz von **Nötigungsmitteln** gegenüber mehreren Personen, wenn nach vollendeter oder versuchter räuberischer Erpressung des einen Opfers unter Fortwirkung der Bedrohung eine andere Person beraubt wird (NStZ **99**, 618).

29 **e)** Tateinheit kann auch durch die **Teil-Überschneidung** von **Handlungseinheiten** (oben 3 ff.) hergestellt werden; von Bedeutung ist dies namentlich für das Zusammentreffen von Einzelakten mehrerer Bewertungseinheiten. So nimmt die Rspr an, dass zwei BtM-Geschäfte – die ihrerseits jeweils als Bewertungseinheit anzusehen sind – zur Tateinheit verknüpft werden, wenn bei einem Akt des Handeltreibens aus einer **Gesamtmenge** (etwa der Abwicklung einer Teil- oder Restzahlung; vgl. BGH **43**, 158, 162 mwN) ein Folgegeschäft hinsichtlich einer **anderen Gesamtmenge** eingeleitet wird (BGHR BtMG § 29 I Nr. 3 Konk. 5; § 29 Strafzumessung 29). Damit ergeben sich insb. im Hinblick auf die Kognitionspflicht des Gerichts und den Strafklageverbrauch hier dieselben Probleme wie (vor GrSBGH **40**, 138) bei der Verknüpfung zweier fortgesetzter Handlungen. Im Anschluss an BGH **43**, 252, 255 ff. hat der *4. StS* daher Bedenken geäußert, ob „der bloße Zahlungsvorgang die Kraft hat, mehrere an sich selbstständige Rauschgiftgeschäfte zu einer Tat im Rechtssinne zu verbinden" (NStZ **99**, 411), und mit der Vorinstanz die Annahme von Tatmehrheit für sachgerecht gehalten; er hat die Frage (nach Teileinstellung) jedoch dahinstehen lassen (and. dagegen 2 StR 294/02 [krit. *Winkler* NStZ **03**, 247, 248]).

30 **f) Verbindung durch ein drittes Delikt.** Zwischen zwei an sich selbstständigen Delikten kann durch das Vorliegen eines dritten Delikts Tateinheit hergestellt werden, wenn mit dem dritten jedes beider anderen Delikte ideell konkurriert (sog. **Klammerwirkung;** vgl. schon RG **68**, 216) und zwischen dem dritten und zumindest einem der beiden verbundenen Delikte „annähernde Wertgleichheit" besteht (NJW **75**, 986; StV **82**, 524; NStZ **89**, 20). Es steht der Klammerwirkung nicht entgegen, dass ein einbezogenes Delikt mangels Strafantrag nicht verfolgt werden kann (JR **83**, 210 [m. Anm. *R. Keller*]; NStE Nr. 14 zu § 52), dass das verbindende Delikt nach §§ 154, 154 a StPO ausgeschieden wurde (StV **83**, 457; NStZ **89**, 20; NStE Nr. 36 zu § 52), dass insoweit ein persönlicher Strafaufhebungsgrund eingreift (3 StR 202/04 [zu § 129 a VII iV mit § 129 VI) oder dass das verklammernde Delikt aus anderen Gründen nicht abgeurteilt wird (NStZ-RR **04**, 294 f.), denn die prozessuale Behandlung der Taten ist ohne Einfluss auf die materielle Rechtslage (LK-*Rissing-van Saan* 29 zu § 52). Danach kann **zB** eine Tat nach **§ 267** Taten nach § 348 und § 263 zur Tateinheit verbinden (vgl. RG **60**, 243), eine Tat nach **§ 239 III, IV** solche nach § 212 und § 177 (BGH **28**, 20); eine Tat nach § 266 solche nach § 263 und § 332 (MDR/H **85**, 627); das Dauerdelikt nach § 51 I oder § 52 I Nr. 2 Buchst. b **WaffG** Taten nach § 224 und §§ 212, 22 (NStZ **93**, 134 [zu § 53 aF]); das Führen einer halbautomatischen Selbstladewaffe (§ 53 I Nr. 3 a, b aF WaffG) Taten nach §§ 244 I Nr. 1 und §§ 240, 224 I Nr. 2 (NStZ **89**, 20; vgl. auch BGHR § 52 II, Klammerw. 6; 1 StR 229/95); Führen von Schusswaffen und Kriegswaffen eine Tat nach § 244 I Nr. 1 a und eine Widerstandshandlung nach § 113 während einer nachfolgenden Polizeiflucht (4 StR 150/04); der unerlaubte Waffenbesitz verschiedene weitere Verstöße gegen das WaffG hinsichtlich derselben Waffe (NStZ **99**, 513). Der Besitz von kinderpornographischen Schriften soll die

Weitergabe einzelner Exemplare an Dritte auf Grund jeweils neuen Tatentschlusses verbinden (Hamburg StV **00**, 204 [Anm. *Bertram* JR **00**, 126]); eine durch eine Vielzahl von Einzeltaten (Beleidigungen, Bedrohungen, öffentl. Aufforderung zu Straftaten) bewirkte Körperverletzung die verwirklichten Tatbestände (NStZ **00**, 25).

Keine Klammerwirkung hat eine Tat nach § 132a für Betrugstaten und Vergehen nach § 54 I Nr. 1 KWG (NStZ **99**, 448). Eine Klammerwirkung des Dauerdelikts des unerlaubten Waffenbesitzes ist ausgeschlossen, wenn dieser für die Ausführung der weiteren Delikte ohne Bedeutung war und daher mit ihnen nicht in Tateinheit steht (BGHR § 52 I Klammerwirkung 7; 3 StR 503/99; vgl. dazu auch *Lackner/Kühl* 4, LK-*Rissing-van Saan* 28 zu § 52). Der Verbrechenstatbestand des unerlaubten Besitzes von BtM in nicht geringer Menge (§ 29a I Nr. 2) hat nicht die Kraft, selbstständige Fälle des sonstigen strafbaren Umgangs mit BtM zu verklammern (BGH **42**, 166; NStZ **95**, 38; **97**, 243; 344). Mehrere selbstständige – und ggf jeweils als Bewertungseinheit (oben 12ff.) zu beurteilende – Taten des Handeltreibens mit BtM werden daher grds nicht dadurch zur Tateinheit verbunden, dass der Täter unterschiedliche BtM-Mengen zeitweise gleichzeitig besitzt. Anders ist es, wenn die Ausführungshandlungen des Handeltreibens sich teilweise überschneiden, etwa wenn zwei unterschiedliche Lieferungen für denselben Auftraggeber am selben Ort und für ein einheitliches Entgelt aufbewahrt werden (NStZ-RR **99**, 119); in diesem Fall liegt Tateinheit vor. Nach BGH **2**, 246 kann ein Raub nicht mehrere Morde zur Tateinheit verbinden. § 239 verbindet Taten nach § 224 und § 255 nicht zu einer Tat (2 StR 327/81). 31

Eine als *Vergehen* strafbare **Dauerstraftat** kann mehrere selbstständige *Verbrechen* nicht zur rechtlichen Handlungseinheit verklammern; **zB** nicht das Fahren ohne Fahrerlaubnis (§ 21 I Nr. 1 StVG) selbstständige Verbrechen nach § 316a (NStZ **84**, 135; DAR **85**, 189), Taten nach § 263 und § 255 (1 StR 329/88), oder Taten nach § 249 und § 142 (DRiZ **87**, 227); auch nicht das Dauerdelikt des § 129a Verbrechen nach § 249 und § 30 II (MDR/H **82**, 969), Verbrechen nach §§ 211, 22 und § 308 (BGHR § 129a Konk. 4); das Dauerdelikt des § 99 (vgl. aber dort 6) nicht mehrere Verbrechen nach § 239 III (KG NJW **89**, 1374) oder nach § 234a (BGH **41**, 300, hierzu *Schlüchter/Duttge* NStZ **96**, 461). Auch eine Verklammerung solcher **Vergehen** ist nicht möglich, deren im Strafrahmen zum Ausdruck kommendes **Gewicht** dasjenige des Dauerdelikts erheblich überwiegt. Keine Klammerwirkung entfaltet daher die Tat nach § 21 I Nr. 1 StVG zwischen mehreren Diebstahlstaten (NStE Nr. 19 zu § 52); der Besitz von BtM zwischen mehreren Taten des Handeltreibens (NStZ **82**, 512); das Ausüben tatsächlicher Gewalt über eine Waffe (§ 53 I Nr. 3a Buchst. a aF WaffG) zwischen zwei Taten nach §§ 255, 27 (2 StR 741/84) oder nach § 250 (1 StR 135/91) oder verschiedenartigen Verstößen gegen das WaffG (4 StR 183/91); das Führen einer Schusswaffe (§ 53 III Nr. 1b aF WaffG) zwischen Taten nach §§ 212, 22 und § 224 (NStE § 24 Nr. 25); die Förderung der Prostitution (§ 180a aF) zwischen mehreren Taten des Menschenhandels und des schweren Menschenhandels (Düsseldorf NStZ-RR **99**, 176; gilt wohl auch für den Ausbeutungstatbestand nach § 180a I nF); ein Verstoß gegen Aufenthaltsbeschränkungen nach dem AsylVerfG zwischen mehreren während der Dauer des Verstoßes begangenen Diebstählen (Hamburg NStZ-RR **99**, 247). 32

Das Dauerdelikt des unerlaubten **Waffenbesitzes** wird durch einen späteren Entschluss zur Begehung eines Verbrechens mit der Waffe unterbrochen; die vor und nach der neuen Tat liegenden Zeiträume des Dauerdelikts sind in diesem Fall selbstständige Taten (BGH **36**, 151, 154; NStZ-RR **99**, 8f. unter Aufgabe von BGH **31**, 29; vgl. 3 StR 503/99 sowie schon BGH **6**, 92). Das Verbrechen selbst steht in diesem Fall in Tateinheit mit dem (neuen) Vergehen gegen das Waffengesetz. Eine Verurteilung allein wegen dieses (zweiten) Dauerdelikts verbraucht die Strafklage hinsichtlich des Verbrechens nicht (BGH **36**, 154f.). Eine Klammerwirkung des unerlaubten Führens einer Waffe hat BGHR § 52 I Klammerwirkung 6 aber für den Fall angenommen, dass der Täter mit der Waffe zunächst eine fahrlässige Körperverletzung, anschließend eine versuchte gefährliche Körperverletzung und so- 33 dann auf Grund neuen Entschlusses einen versuchten Totschlag (an drei verschiedenen Personen) begeht (vgl. auch StV **83**, 148; oben 30). Die Rspr. ist unübersichtlich und uneinheitlich (vgl. i. e. LK-*Rissing-van Saan* 49ff.).

34 **g)** Bei **mehreren Beteiligten** ist für jeden nach der Art seines Tatbeitrags selbstständig zu ermitteln, ob Handlungseinheit oder -mehrheit gegeben ist (wistra **07**, 100, 101; stRspr); auch bei Mehrheit der Haupttaten ist eine **einheitliche Teilnahme** (Anstiftung oder Beihilfe) an ihnen möglich (BGH **49**, 306 = NJW **05**, 163, 165f.; BGHR § 52 I Hdlg. dies. 10; NStZ **97**, 121; NStZ-RR **98**, 234; wistra **04**, 417; **06**, 95; **06**, 226). Maßstab für die Beurteilung ist der Umfang des Tatbeitrags jedes Beteiligten (vgl. LK-*Rissing-van Saan* 82; *S/S-Stree/Sternberg-Lieben* 20f. zu § 52). Sind an einer Deliktsserie mehrere Personen in wechselnden Rollen als Mittäter, Anstifter oder Gehilfen beteiligt, so ist die Frage der Konkurrenz für jeden Beteiligten gesondert zu prüfen (StV **02**, 73).

35 So liegt bei *einer* **Anstiftung** zu 25 verschiedenen Diebstählen eines Haupttäters nur eine einzige Tat vor (BGH **1**, 21; NJW **51**, 666; StV **83**, 457; vgl. 13 zu § 26; LK-*Rissing-van Saan* 83), ebenso bei einer Anstiftungshandlung gegenüber mehreren Personen (BGH **40**, 314), denn die Tat des Teilnehmers ist nur dessen Tatbeitrag, nicht aber die Haupttat. Entsprechendes gilt für die **Mittäterschaft** (MDR/D **68**, 551; **76**, 14; NStZ **96**, 296; **97**, 121; wistra **96**, 261; NStZ-RR **96**, 227 [Vertrieb gefälschter Kunstwerke]; 1 StR 245/97; 1 StR 198/98; 2 StR 63/99 [Bandenhehlerei durch einmaliges Zur-Verfügung-Stellen eines Lagerraums]; vgl. auch NJW **95**, 2934 [*Glykol-Skandal*]; Karlsruhe NJW **06**, 1364, 1365 [zu § 263]). Hat ein Mittäter einer Tatserie, der sich an der Ausführung der einzelnen Taten nicht beteiligt, seinen täterschaftlich fördernden Beitrag bereits im Vorfeld erbracht, so sind ihm die Taten des oder der anderen Mittäter als in **gleichartiger Tateinheit** begangen zuzurechnen (StV **02**, 73; wistra **04**, 463). Dasselbe gilt bei **mittelbarer Täterschaft** (BGH **40**, 238; NStZ **94**, 35; wistra **96**, 303; **97**, 181f.; **98**, 262; **99**, 23f.; **04**, 264 [zu § 263]; 3 StR 52/01; 4 StR 65/01). Wenn der Anstifter in *einer* Äußerung verschiedene Personen zu *verschiedenen* Taten anstiftet, die unabhängig voneinander begangen werden, so stehen die drei Anstiftungen zueinander in Tateinheit (krit. *Tadaki*, Schreiber-FS [2003] 487, 490ff.).

36 **Mehrere Beihilfehandlungen** zu einer Tat des Haupttäters stellen idR nur eine Beihilfe dar, da sich ihr Unrecht nur aus dem Unrecht der Haupttat ableiten lässt (BGHR § 27 I Konk. 1/mehrere Hilfeleistungen; 1 StR 678/98; LK-*Rissing-van Saan* 83). Umgekehrt liegt auch dann nur **eine** Beihilfe vor, wenn durch **eine Handlung** des Gehilfen **mehrere** selbstständige Haupttaten gefördert werden (BGH **49**, 306 = NJW **05**, 163, 165f.; wistra **04**, 417; **06**, 95; **06**, 226).

37 **3) Tatmehrheit (Realkonkurrenz; § 53)** liegt vor, wenn der Täter durch mehrere selbstständige strafbare Handlungen (Handlungsmehrheit) entweder dasselbe Gesetz mehrmals (**gleichartige** Tatmehrheit) oder mehrere verschiedene Gesetze (**ungleichartige** Tatmehrheit) verletzt. Eine „Konkurrenz" im eigentlichen Sinn liegt hier gerade nicht vor; die Taten bleiben materiell und prozessual (§ 264 StPO) selbständig. Voraussetzung ist, dass kein Handlungsteil zugleich den Tatbestandes beider (mehrerer) Delikte verwirklicht, denn in diesem Fall liegt Tateinheit vor (BGH **18**, 33; Koblenz NZWehrr **75**, 227).

38 Ein zeitlich verschobenes Nebeneinander unterschiedlicher tatbestandlicher Handlungen, etwa indem die eine nach der Vollendung eines anderen Delikts noch fortdauert, führt allein nicht zur Tatmehrheit. Dass die eine Handlung nur „bei Gelegenheit" einer andern begangen ist, schließt umgekehrt Tatmehrheit nicht aus; so kann **zB** eine Sexualstraftat „gelegentlich" einer Trunkenheitsfahrt (Koblenz NJW **78**, 716) oder einer Körperverletzung (BGH **31**, 212) und daher in Tatmehrheit hierzu begangen werden. Auch ein innerer Zusammenhang schließt Tatmehrheit nicht aus; zB dass eine Tat eine andere vorbereitet.

39 **4) Gesetzeseinheit** (Gesetzeskonkurrenz; zum Begriff *Klug* ZStW **68** (1956), 399; krit. *Vogler*, Bockelmann-FS 715; *Seier* Jura **83**, 225; vgl. *Montenbruck*, Straf-

rahmen und Strafzumessung 1983, 162 ff.; *Tiedemann* JuS **87**, L 19; *Abels* [oben 1 a] 17 ff.; *Bringewat* 80 ff.) ist gegeben, wenn eine Handlung dem Wortlaut nach mehrere gesetzliche Tatbestände verwirklicht, diese jedoch nicht nebeneinander zur Anwendung kommen. Für die Beurteilung kommt es wesentlich auf das geschützte Rechtsgut an (vgl. BGH **11**, 17; **28**, 15); die Verletzung des durch den einen Straftatbestand geschützten Rechtsguts muss eine – wenn nicht notwendige, so doch regelmäßige – Erscheinungsform der Verwirklichung des anderen Tatbestands sein (BGH **9**, 30; **11**, 17; **25**, 373; **31**, 380; Bay NJW **57**, 720).

A. Als **Formen** der Gesetzeseinheit sind zu **unterscheiden** (vgl. dazu auch LK-*Rissing-van Saan* 89 ff.; NK-*Puppe* 9 ff.): **40**

Spezialität liegt vor, wenn ein Tatbestand einen in allgemeiner Form von einem anderen Tatbestand erfassten Sachverhalt durch Hinzutreten weiterer Merkmale besonders und genauer regelt. Der spezielle Tatbestand geht in diesem Fall dem allgemeinen Gesetz vor (Bay **88**, 60). **40 a**

Subsidiarität bedeutet das Zurücktreten eines Gesetzes, das nur hilfsweise, dh nur dann gelten soll, wenn kein anderes Gesetz die Strafbarkeit ausspricht (LK-*Rissing-van Saan* 125 ff.; NK-*Puppe* 22 ff.). **Materielle Subsidiarität** kann sich ergeben, wenn das geschützte Rechtsgut und die Angriffsrichtung (nicht aber die Angriffsform) dieselben sind oder ein leichteres Delikt im Tatbestand eines schwereren enthalten ist. So ist die Körperverletzung gegenüber dem (vollendeten; vgl. 22 zu § 212) Tötungsdelikt subsidiär; die uneidliche Falschaussage gegenüber dem Meineid (**aA** BGH **8**, 301: Konsumtion; LK-*Rissing-van Saan* 107: Spezialität). Ein Gefährdungsdelikt ist gegenüber dem gegen dasselbe Rechtsgut gerichteten Verletzungsdelikt grds. subsidiär; das gilt auch dann, wenn die Gefährdung quantitativ über die Verletzung hinausgeht. Nach NStZ-RR **05**, 201, 202 ist auch der Versuch gegenüber der tateinheitlich begangenen Vollendung subsidiär. Im Einzelfall, wenn die Verletzung eines Rechtsguts nicht typische Folge der (fortdauernden) Gefährdung ist, wird diese nicht verdrängt (vgl. BGH **8**, 243, 244; NK-*Puppe* 38). Subsidiarität ist ausgeschlossen, wenn sich der Schutzbereich des Gefährdungs- und des Verletzungsdelikts nicht decken; daher treten zB §§ 315 b, 315 c nicht hinter §§ 222, 229 zurück (LK-*Rissing-van Saan* 130). **41**

Der subsidiäre Charakter einer Vorschrift kann im Gesetz durch eine sog. **Subsidiaritätsklausel** gekennzeichnet sein (**formelle Subsidiarität;** vgl. LK-*Rissing-van Saan* 126), und zwar **allgemein** (gegenüber Vorschriften mit schwererer Strafdrohung, zB §§ 107 b, 109 e V, 109 f, 125 I, 145 d, 246 I, 248 b, 265 a) oder **speziell** (nur gegenüber bestimmten ausdrücklich genannten [zB § 109 g II, § 145 II, §§ 145 d, 183 a, 202 I, 218 b I S. 1, 2, 316] oder allgemein umschriebenen Vorschriften [zB § 372 II AO gegenüber § 29 I Nr. 1 BtMG, Anh. 4]). In den ersteren Fällen gilt die Klausel gegenüber allen in Betracht kommenden Tatbeständen. Eine einschränkende Auslegung nach dem Zweck und Schutzbereich der Vorschrift kommt in diesen Fällen nach der Rspr des BGH nicht in Betracht (BGH **43**, 238 [m. krit. Anm. *Rudolphi* JZ **98**, 471]; **47**, 243; unklar *S/S-Stree/Sternberg-Lieben* 108; offen gelassen von 2 StR 477/02; vgl. 23 a zu § 246). **42**

Konsumtion ist gegeben, wenn das eine (konsumierende) Gesetz, ohne dass ein Fall der Spezialität vorliegt, seinem Wesen und Sinn nach ein anderes Gesetz so umfasst, dass dieses in dem ersten aufgeht (hierzu LK-*Rissing-van Saan* 144 ff.; SK-*Samson/Günther* 97 ff.). Das ist namentlich gegeben, wenn eine Tatbestandsverwirklichung die regelmäßige Erscheinungsform einer anderen ist (Bay NJW **56**, 153); in diesem Fall tritt die erstere zurück. So konsumiert Körperverletzung mit Todesfolge die fahrlässige Tötung (BGH **8**, 54); Schwangerschaftsabbruch gegen den Willen der Schwangeren die vorsätzliche Körperverletzung (vgl. BGH **10**, 312, str.); der Einbruchsdiebstahl den Hausfriedensbruch und auch die Sachbeschädigung (ein Fall der Spezialität liegt hier nicht vor, da Einbruchsdiebstahl auch ohne Sachbeschädigung begangen werden kann); nach stRspr das bandenmäßige Handeltreiben mit BtM nach § 30 a I BtMG die bandenmäßige Einfuhr von BtM **43**

(BGHR § 30a BtMG, Bande 8; 3 StR 47/06); der Erwerb von BtM zum Eigenkonsum bei geringer Menge den Besitz, während bei nicht geringer Menge der Verbrechenstatbestand des Besitzes den Erwerb verdrängt (2 StR 641/97); vorsätzlicher unerlaubter Erwerb einer Waffe in Tateinheit mit vorsätzlichem unerlaubten Überlassen an einen Nichtberechtigten (§ 53 I Nr. 3a, III Nr. 2 aF WaffG) den unerlaubten Erwerb der Schusswaffe, um diese an Nichtberechtigte weiterzugeben (§ 53 I Nr. 3 aF WaffG; NStZ **99**, 513). Konsumtion tritt auch ein, wenn verschiedenartige Tatbestände vom Gesetz zu einem anderen Delikt verschmolzen werden; so Nötigung (§ 240) und Diebstahl (§ 242) zu dem sie konsumierenden Raub (§ 249). Der BGH (4 StR 582/78) hat den §§ 255, 250 I Nr. 2 [aF] gegenüber einem versuchten Diebstahl konsumierende Wirkung beigemessen, wenn das Diebesverhalten in ein erpresserisches übergeht (vgl. auch LK-*Rissing-van Saan* 146; *Geppert* Jura **82**, 425).

44 **B. Rechtliche Folge** der Gesetzeskonkurrenz ist, dass, anders als bei der Idealkonkurrenz, das eine Strafgesetz das andere verdrängt, so dass dieses nicht unmittelbar zur Anwendung kommt. Bestraft wird bei der Gesetzeskonkurrenz nur nach dem maßgebenden Gesetz; das zurücktretende wird auch im Urteilstenor nicht erwähnt.

45 Das zurücktretende Gesetz ist aber nicht bedeutungslos. Seine Verletzung darf bei der **Strafzumessung** als erschwerend berücksichtigt werden (BGH **1**, 155; **6**, 27; **19**, 189; NStE § 52 Nr. 40; NStZ-RR **96**, 21; stRspr). Das zurücktretende Gesetz entfaltet eine **Sperrwirkung** hinsichtlich der Mindeststrafe (BGH **1**, 152, 156; **8**, 46, 52; **19**, 188, 189; NStZ **01**, 419; StV **03**, 285; StraFo **03**, 322f.; vgl. *Pfister* NStZ-RR **00**, 358f.), wenn nicht das anzuwendende Gesetz eine mildere *lex specialis* ist (BGH **10**, 312). Das gilt, wenn der verdrängende Tatbestand einen **minder schweren Fall** vorsieht, auch für die höhere Mindeststrafdrohung des verdrängten Gesetzes (vgl. StV **03**, 285 [Sperrwirkung der §§ 29a I, 30 I BtMG gegenüber § 30a III BtMG]); ebenso grds. für die Mindeststrafdrohung eines von einer minder schwer verwirklichten Qualifikation verdrängten besonders schweren Falls (zu § 177 IV, V im Verhältnis zu § 177 II vgl. dort 56). Für die Höchststrafdrohung eines verdrängten Gesetzes gilt eine solche Sperrwirkung selbstverständlich nicht (BGH **30**, 167 [Anm. *Bruns* JR **82,** 166]). Aufgrund des zurücktretenden Gesetzes können auch **Nebenstrafen** und **Nebenfolgen**, **Maßregeln** der Besserung und Sicherung (BGH **7**, 312) sowie Verfall und Einziehung (BGH **8**, 46) angeordnet werden. Das Ergebnis entspricht also praktisch der Regelung bei der Tateinheit (§ 52 II S. 2, IV; vgl. *Puppe* GA **82**, 161 u. NK 17, 25).

46 Bei Nichtanwendbarkeit des verdrängenden Gesetzes kann das verdrängte wieder zur Anwendung kommen (dazu *Geerds* aaO 167ff.; *Dreher* JZ **71**, 32; LK-*Rissing-van Saan* 96; *S/S-Stree/Sternberg-Lieben* 137ff.; NJW **72**, 262). Dabei ist zu unterscheiden: Ist die an sich verdrängende Vorschrift nicht verletzt, weil es etwa an der Rechtswidrigkeit, an der Schuld oder an der Versuchsstrafbarkeit fehlt (BGH **30**, 236), so liegt nur scheinbare Konkurrenz vor; das andere Gesetz ist anzuwenden, wenn nicht das verdrängende eine **Sperrwirkung** ausübt. Ist die verdrängende Norm verletzt, kann sie aber aus materiellrechtlichen Gründen nicht angewendet werden, vor allem wenn Strafausschließungs- oder -aufhebungsgründe vorliegen, so ist grundsätzlich die verdrängte Norm anzuwenden (BGH **1**, 155); so § 145d, wenn § 257 wegen Selbstbegünstigung ausscheidet (vgl. Bay **55**, 127); das gilt insbesondere bei Rücktritt (3 zu § 24); möglicherweise auch bei Amnestie (NJW **72**, 262; Köln NJW **71**, 628; **aA** Bay JZ **71**, 31 mit krit. Anm. *Dreher*). Steht dem verdrängenden Gesetz das **Verfahrenshindernis** der *Verjährung* entgegen, so ist aus einem verdrängten subsidiären Gesetz zu strafen (Bay **55**, 126); ebenso beim Verfahrenshindernis der *Auslieferungsbeschränkung* (BGH **19**, 190). Fehlt es hingegen am *Strafantrag*, so kann nach dem Sinn des Gesetzes grundsätzlich nicht aus dem verdrängten Tatbestand gestraft werden (BGH **19**, 320; LK-*Rissing-van Saan* 96).

5) Die fortgesetzte Handlung (fH). Die fH war eine noch unter der Geltung des Kumulationsprinzips im Gemeinen Recht entwickelte Rechtsfigur zur einfacheren Erfassung und gerechteren Beurteilung von gleichartigen Wiederholungs- und Serientaten, insb. wenn eine Mehrzahl von Tatbestandsverwirklichungen der Erreichung eines von Anfang an geplanten „Gesamterfolgs" diente, darüber hinaus aber auch zur Erfassung eines auf „Wiederholung" oder auf „Fortsetzung" gleichartiger oder ähnlicher Tatbestandsverwirklichungen gerichteten Vorsatzes. Die Annahme einer fH (zu den **Anwendungsvoraussetzungen** i. e. vgl. 49. Aufl.) führte zur Behandlung aller in ihren Zusammenhang fallenden Einzeltaten als unselbstständige **Teilakte** einer einzigen Handlung im Rechtssinn. Die zunächst auf einen Kernbereich „natürlicher" Handlungseinheit beschränkte Rechtsfigur ist stetig ausgeweitet worden und blieb in ihrer Reichweite umstritten, so dass von einer gewohnheitsrechtlichen Geltung nicht gesprochen werden konnte (GrSenBGH **40**, 138, 167; **aA** *Jähnke* GA **89**, 376, 381). Nachweise zur **Literatur** zur fH vgl. 52. Aufl. Extensive Anwendung und zunehmend einzelfallsorientierte Rechtszersplitterung selbst in abgegrenzten Tatbestands- und Fallgruppen (zB Sexualdelikte, BtM-, Steuer- und Betrugskriminalität; vgl. die Nachw. bei *Fischer* NStZ **92**, 415 ff.) führten dazu, dass die der Rechtsfigur innewohnenden Vereinfachungsmöglichkeiten für die tatrichterliche Praxis sich weithin relativierten und die ohne gesetzliche Grundlage den Beschuldigten belastenden Rechtsfolgen in ihrer Bedeutung hervortraten (insoweit etwas unklar *Altvater,* BGH-FS 50, 495, 496 ff, 500 ff.). 47

In einer radikalen **Kehrtwendung** ist der Anwendungsbereich der fH schließlich durch den Beschluss des GrSenBGH v. 3. 5. 1994 (BGH **40**, 138; Vorlegungsbeschlüsse des 2. und 3. StS NStZ **93**, 436; 578) zwar nicht gänzlich bestritten, jedoch (theoretisch) auf seltene *Ausnahmefälle eingeschränkt* worden: Sie hat danach zur Voraussetzung, dass ihre Annahme, was am Straftatbestand zu messen ist, „zur sachgerechten Erfassung des verwirklichten Unrechts und der Schuld **unumgänglich** ist"; das hat der GrSen *jedenfalls* bei §§ 173, 174, 176 und 263 verneint; es widerspricht dem Sinn dieser Deliktstatbestände, eine *Vielzahl* von über Wochen, Monate oder gar Jahre erstreckter tatbestandsmäßiger Verhaltensweisen als *einen* Beischlaf zwischen Verwandten (§ 173) oder als *einen* sexuellen Missbrauch eines Schutzbefohlenen oder eines Kindes (§§ 174, 176) zu werten (hierzu *Zschockelt* NStZ **94**, 362). Zur **sachgerechten Erfassung des Gesamtunwerts** von Tatserien reichen die gesetzlichen Regeln über die Strafenbildung bei Tatmehrheit und die dazu in der Rspr entwickelten Grundsätze der Strafzumessung bei Serientaten aus (8 zu § 54; BGH **24**, 270; BGHR § 46 II Tatumst. 4; § 54 I Bem. 2, 4; LK-*Rissing-van Saan* 69 ff.; vgl. *Altvater,* BGH-FS 50, 495, 502 ff., 512 f.). Gleiches gilt für Tatserien nach § 263, da schon die Tatbestandsbeschreibung eine Zusammenfassung mehrerer tatbestandsmäßiger Verhaltensweisen zu einer Betrugstat nicht nahe legt (GrSenBGH aaO 167; wistra **95**, 102). Nichts anderes gilt für die vom GrSenBGH (aaO 167) beiläufig weiter erwähnten §§ 174 a, 174 b, 177 (NStZ **95**, 129), 179, 182. 48

Im **Fortgang der Rspr** (vgl. dazu *Zschockelt* NStZ **94**, 361; **95**, 109; StraFo **96**, 131; JA **97**, 414; SK-*Samson/Günther* 68 ff.; LK-*Rissing-van Saan* 64 f. u. BGH-FS 50, 475, 476 f.; *Lackner/Kühl* 15 a f., jew. mwN) ist die Annahme von Fortsetzungszusammenhang auch bei Taten nach §§ 94, 99 (NStZ **96**, 492), § 177 (1 StR 466/94), § 225 (223 b aF; BGH **41**, 113 m. abl. Anm. *Wolfslast/Schmeisser* JR **96**, 335; krit. *Hirsch* NStZ **96**, 37; *Zieschang* GA **97**, 360 f.), § 242 (5 StR 227/94), § 255 (5 StR 194/94), § 266 (StV **95**, 298; BGHR § 78 c I Hdlg. 3), § 266 a (Frankfurt NStZ-RR **99**, 104), § 267 (Bay wistra **96**, 236), § 332 (StV **95**, 84; Bay NJW **96**, 271); § 334 (BGH **40**, 302) abgelehnt worden; im **Nebenstrafrecht** bei Taten nach § 370 AO (BGH **40**, 196; StV **95**, 130, hierzu *Bittmann/Dreier* NStZ **95**, 108); § 373 I AO (HFR **95**, 227), § 29 I Nr. 1 BtMG (BGHR vor § 1 SerStr/BtM-StrR 1; NStZ **94**, 348; **95**, 38; 141; Düsseldorf MDR **95**, 737; **aA** *Geisler* Jura **95**, 81 [hierzu *Zschockelt* NStZ **94**, 364 u. JA **97**, 414, 416]); § 21 I Nr. 1 StVG (Bay NZV **95**, 456; Köln VRS **90**, 288; Zweibrücken StV **95**, 124; vgl. *Hentschel* NJW **96**, 637). In der höchstrichterlichen Rspr ist seit BGH **40**, 138 **kein einziger** Tatbestand bezeichnet worden, für dessen Anwendung die Rechtsfigur der fH „unumgänglich" sein könnte; die fH ist – jedenfalls terminologisch, s. u. – **in der Praxis abgeschafft** (LK-*Rissing-van Saan* 65; *S/S-Stree/Sternberg-Lieben* 31; *Geppert* NStZ **96**, 59; ähnlich, aber krit. *Gribbohm,* Odersky-FS 395). 49

In der **Literatur** ist diese Änderung der Rspr, die in der Praxis der Tatgerichte entgegen manchen Voraussagen ohne gravierende Mehrbelastungen und Schwierigkeiten mit vollzogen wurde, im Grundsatz ganz überwiegend auf Zustimmung gestoßen (und in gängigen Lehrbüchern fast nur noch beiläufig erwähnt; vgl. etwa *W/Beulke* 773 f.; *Köhler* AT 690; *B/Weber/Mitsch* 50

36/21 f.; *Jescheck/Weigend* § 66 V 2; **krit.** aber *Arzt* JZ **94**, 1002; *Aden* JZ **94**, 1109; *Gribbohm,* Odersky-FS 395; Bedenken auch bei *Beulke/Satzger* NStZ **96**, 432; *Schlüchter/Duttge* NStZ **95**, 457, 466; *Zieschang* GA **97**, 457, 461); dass die Entscheidung, *weil* sie mit wissenschaftlichen Erwägungen begründet ist, als „Anachronismus" erscheine (*Altvater,* BGH-FS 50, 495), ist jedenfalls missverständlich. Die Rechtsfigur war schon früher vielfältiger Kritik ausgesetzt, die sich namentlich gegen die den Beschuldigten beschwerenden Rechtsfolgen (dazu GrSenBGH **40**, 148 ff.) und gegen eine fast willkürlich wirkende, weder für den Beschuldigten noch für die Tatgerichte noch hinreichend vorhersehbare Anwendungspraxis wandte (*Schmitt* ZStW **75**, 59 ff.; *Wahle* GA **68**, 109; *Puppe* JR **85**, 244; *Jung* JuS **89**, 289, 299; StV **90**, 72 f. und NJW **94**, 916; *Jakobs* AT 32/50; *Jähnke* GA **89**, 376; *Foth,* Nirk-FS 293; *Fischer* NStZ **92**, 415; *Geppert* Jura **93**, 649; weitere Nachw. bei LK-*Rissing-van Saan* 60 f.).

51 Die **Probleme** bei der Behandlung zeitlich gestreckter Tatwiederholungen sind damit freilich nur *verlagert*, **nicht gelöst** (zutr. *Rissing-van Saan,* BGH-FS 50, 495; *B/Weber/Mitsch* 36/21). Sie können bei allen Tatbeständen auftreten, die zwar durch eine Einzelhandlung verwirklicht werden können, aber ihrem Sinn nach in erster Linie ein über den Einzelfall hinausgehendes, auf gleichartige Tatwiederholungen gerichtetes Verhalten, somit ganze Handlungskomplexe treffen sollen (GrSenBGH **40**, 164). So wurde zB schon bisher die geheimdienstliche Agententätigkeit nach § 99 als *Dauerstraftat* (BGH **28**, 171; vgl. aber jetzt BGH **42**, 215), die Rädelsführerschaft (§§ 84, 85, 88, 129 a IV), sowie das Nachrichtensammeln (§ 92 ff.) als *gesetzliche Handlungseinheit* (BGH **15**, 262; **16**, 33) und das unerlaubte Handeltreiben mit BtM (§ 29 I Nr. 1 BtMG) als *„tatbestandliche Bewertungseinheit"* (BGH **30**, 31) begriffen. Bei anderen Straftatbeständen, die auf über den Einzelfall hinausreichende mehrfache Tatbestandsverwirklichung abzielen, wie zB die §§ 171 und 225, ist auch bei mehrfachen zeitlich getrennten Verhaltensweisen dann von *einer* einheitlichen Straftat auszugehen, wenn erst durch die Vielzahl der einzelnen Handlungen das Tatbestandsmerkmal der *gröblichen* Pflichtverletzung (§ 171) erfüllt ist (BGH **8**, 95 [zu § 170 d aF]; BGHR § 170 d FürsPfl. 1), so bei Verstößen gegen die Buchführungspflicht iS des § 283 I Nr. 5 (NStZ **95**, 347).

51 a Nach der im Anschluss an GrSenBGH **40**, 138 ergangenen Rspr soll dies auch gelten beim Quälen iS des § 225 (BGH **41**, 115 [zu § 223 b aF] m. Anm. *H. J. Hirsch* NStZ **96**, 37, *Wolfslast/Schmeißner* JR **96**, 335; *Zieschang* GA **67**, 460; *Paeffgen* JR **99**, 89), in den Fällen des § 21 I Nr. 1 StVG im Falle von Fahrtunterbrechungen oder der Hin- und Rückfahrt (Bay NZV **95**, 456) oder bei Presseinhaltsdelikten (7 zu § 78; **aA** AG Weinheim NStZ **96**, 203, hiergegen aber zutr. *Wilhelm* NStZ **96**, 205; ferner *Geppert* NStZ **96**, 59 mwN) der Fall sein. Eine fH könnte nach BGH **40**, 165 bei diesen Tatbeständen in Betracht kommen, wenn einzelne Handlungskomplexe jeweils für sich betrachtet bereits tatbestandsmäßig sind und der **Gesamtunwert** des Verhaltens erst im Verbund mit nachfolgenden, auch für sich tatbestandsmäßigen Handlungskomplexen hervortritt. Die Beispiele zeigen, dass im Fall mehraktiger oder anderer zeitlich gestreckter Sonderformen von Vorsatztaten die „sachgerechte Würdigung des Gesamtunwerts" nicht stets oder auch nur – wie der GrSenBGH meint – „am Straftatbestand (des BT) zu messen" ist, sondern dass es (uU sogar vorrangig) Unrechtsmerkmale des *AT* sind, die erst den Gesamtunwert ausmachen (etwa im Fall eines eindeutig limitierten Gesamtvorsatzes). So kann etwa die Wegnahme einer von vornherein bestimmten Gesamtmenge aus einem Warenlager jeweils durch Bagatelldiebstähle (§ 248 a) als *Serientat* kaum zutreffend erfasst werden; ob der „Gesamtvorsatz" in diesem Fall mit der Einbeziehung in die Fallgruppe der „Bewertungseinheit" besser erfasst ist als mit dem Begriff der fH, ist zweifelhaft (vgl. auch *Wilhelm* NStZ **99**, 80 f.; and. *Rissing-van Saan,* BGH-FS 50, 475, 478 f.) und bisher nicht geklärt. Dasselbe gilt etwa, wenn der Täter sich entschließt, für die Dauer eines Fahrverbots „in allen notwendigen Fällen" dennoch zu fahren (§ 21 I StVG); oder bei der Bewertung eines überschießenden Gesamterfolgs im Rahmen der Strafzumessung bei Serientaten (vgl. unten 55 f.; 14 zu § 54; *Pfeiffer* StPO 7 zu § 267).

52 Die Praxis löst die problematischen Fallgruppen durch Anwendung der Rechtsfiguren der **natürlichen Handlungseinheit** (vgl. NStZ-RR **98**, 68; StV **98**, 335;

vgl. schon *Geisler* Jura **95**, 74, 80; enger *Jähnke* GA **89**, 376) und der **tatbestandlichen Handlungs- oder Bewertungseinheit** (oben 12ff.; vgl. BGH **41**, 113 [dazu *Warda,* H.J. Hirsch-FS 391, 399ff.]; **41**, 385 m. Anm. *Kindhäuser* JZ **97**, 101; **43**, 1 m. Bespr. *Schlüchter/Duttge/Klumpe* JZ **97**, 995; *Paeffgen* JR **99**, 89; StV **98**, 594; vgl. dazu *Rissing-van Saan,* BGH-FS 50, 475, 480ff. mwN; *Klumpe,* Probleme der Serienstraftat, 1998), im Wege einer „Gesamtschau" feststellbar sein soll (vgl. etwa wistra **07**, 262, 266f [Beihilfe zu mehreren selbständigen Haupttaten]). Zugleich werden im **Prozessrecht** die Anforderungen an die Feststellung von Einzeltaten gesenkt (vgl. BGH **42**, 107; NStZ **97**, 280; **98**, 208; **99**, 42; NStZ-RR **99**, 13; hierzu *Geppert* NStZ **96**, 63; *Zschockelt* JA **97**, 411; *Kalf* NStZ **97**, 66; *Bender* NStZ **97**, 423; *Zieschang* GA **97**, 465). Dass sich hieraus eine höhere **Rechtssicherheit** ergeben hat, ist zu bezweifeln (zweifelnd auch *Lackner/Kühl* 15a; überwiegend positiv aber die Bilanz von *Rissing-van Saan,* BGH-FS 50, 475ff., 494; krit. dagegen z.B. *Sowada* NZV **95**, 465 [„Die fortgesetzte Tat ist tot – es lebe die natürliche Handlungseinheit"]; *Zieschang* GA **97**, 457, 461 [„Etikettenschwindel"]; *B/Weber/Mitsch* 36/21). Die Abgrenzungen zwischen *natürlicher* und tatbestandlich-rechtlicher Handlungseinheit sind bei **mehraktigen Abläufen** zur sukzessiven Erreichung eines einheitlichen Erfolges zugunsten der tatbestandlichen Handlungseinheit verschoben worden (BGH **41**, 368 ([*Dagobert-Fall*]; krit. *Lesch* JA **96**, 329, 331, *Momsen* NJW **99**, 982, 986). Namentlich die Rspr zur Bewertungseinheit zeigt eine deutliche Nähe zu der von *Schmoller* entwickelten **Typus-Lehre** (*Schmoller,* Bedeutung und Grenzen des fortgesetzten Delikts, 1998, 67ff.; dazu auch *Fischer* NStZ **92**, 415, 419ff.), die der Große Senat des BGH noch als „nicht Erfolg versprechend" ansah (BGH [GrSen] **40**, 157). Die rechtlich-soziale Bewertungseinheit (*W/Beulke* 759) ist eben, wie weite Teile der sog. natürlichen Handlungseinheit (insoweit **aA** *Rissing-van Saan,* BGH-FS 50, 478), Ergebnis **normativer** Bewertung, die neben Merkmalen des Tatbestands auch allgemeine Unrechtsmerkmale einbezieht (vgl. auch *Warda,* H.J. Hirsch-FS 412f., der zutr. darauf hinweist, dass es auch sich bei der tatbestandlichen Handlungseinheit um ein „bewegliches System" von Merkmalen eines „Tatbildes" handelt). Sie ist notwendig fallgruppen-orientiert und steht daher der vom GrSen (für die „fortgesetzte Handlung") befürchteten Zersplitterung der Rechtsanwendung (BGH aaO) gar nicht entgegen (vgl. auch *Altvater* BGH-FG 495, 503f., der vor „neuen Formen fiktiver Handlungseinheiten" warnt und im praktischen Ergebnis eine „partielle Rückkehr zu dem Rechtszustand vor der Entscheidung des GrSen" feststellt). Bedenklich erscheint eine dogmatisch nur unklar abgesicherte Tendenz, die „strengen" Anforderungen an den Tatbegriff bei der Bemessung von **Gesamtstrafen** für Tatserien großzügig unbeachtet zu lassen, um zur „gerechten" Bestrafung des Gesamt-Schuldumfangs zu gelangen (vgl. 14 zu § 54).

Für das **Ordnungswidrigkeitenrecht** gelten die Regeln über die Handlungseinheit entsprechend; aus der Geltung des Kumulationsprinzips (vgl. § 20 OWiG) lassen sich insoweit keine Besonderheiten ableiten, obgleich hier durch die Summierung der Einzelgeldbußen der Schuldgrundsatz jedenfalls berührt sein kann (Bay NJW **94**, 2305; *Bohnert* KK-OWiG 7 zu § 20; SK-*Samson/Günther* 77; *Geisler* Jura **95**, 83f.) 53

Soweit auf der Grundlage der früher hM Taten als fortgesetzte Handlungen abgeurteilt wurden, kann dies noch **Folgewirkungen** haben: **a)** Für die formellen Voraussetzungen der **Sicherungsverwahrung** (§ 66) ist eine fH als **eine** Vortat anzusehen. Das gilt wegen der Bedeutung der materiellen Rechtskraft auch dann, wenn die Vorverurteilung zu einer Freiheitsstrafe von mindestens einem Jahr (§ 66 I Nr. 1) wegen einer fH erfolgte, die nach den Grundsätzen von GrSen BGH **40**, 138 jetzt nicht mehr angenommen werden dürfte (BGH **41**, 99; LK-*Rissing-van Saan* 66; **aA** SK-*Samson/Günther* 75 im Anschluss an LG Frankfurt/M. NStZ **95**, 192). **b)** Für die Frage der **Rechtskraft** und des **Strafklageverbrauchs** kommt es dagegen, wenn – wie idR anzunehmen – eine Verurteilung wegen fH aus Sicht von BGH **40**, 138 zu Unrecht erfolgte, hinsichtlich nicht abgeurteilter „Teilakte", die sich nun als selbstständige Einzeltaten darstellen, allein auf die Sicht des neuen Tatgerichts an (LK-*Rissing-van Saan* 67f.; vgl. auch BGH **41**, 100). 54

55 6) **Behandlung von Serientaten.** Bei Serientaten, dh einer Vielzahl gleichförmiger Verhaltensweisen, zB von Sexualdelikten (vgl. hierzu NStZ **94**, 352; NStZ **05**, 282; NStZ-RR **07**, 173; *Geppert* NStZ **96**, 61; LK-*Rissing-van Saan* 69 ff.), die die frühere Praxis in einer fH zusammengefasst hatte und für die nunmehr jeweils Einzelstrafen festzusetzen sind, ist bei der gem. § 54 vorzunehmenden **Gesamtstrafenbildung** das „Zusammenzählen" von Einzelstrafen eher geeignet, den Blick für die gesetzmäßige Strafe zu verstellen (BGHR § 54 I Bem. 5; NStZ **94**, 393 hierzu *Zschockelt* NStZ **94**, 363, 365; krit. *Zieschang* GA **97**, 466), die durch Erhöhung der Einsatzstrafe zu bilden ist (vgl. dazu Erl. zu § 54). Bei der **Feststellung** von Serienstraftaten in den Urteilsgründen kann das Gemeinsame zusammengefasst „vor die Klammer gezogen" werden. Soweit der Prozessstoff nicht nach den §§ 154, 154a StPO beschränkbar ist und sich die Häufigkeit von Tatbestandsverwirklichungen nicht sicher ermitteln lässt (wistra **96**, 62), ist unter Anwendung des Zweifelssatzes eine **individualisierbare Mindestzahl** festzustellen (GrSenBGH **40**, 159; BGHR vor § 1 SerStraft. Kindesmissbr. 1, § 176, SerStraft. 2; 4 StR 221/94; NStZ **05**, 113; **05**, 282, 283; vgl. auch *Jähnke* GA **89**, 390; *Ruppert* MDR **94**, 975; 42 zu § 176) und ggf der Schuldumfang zu **schätzen** (BGH **40**, 377 [hierzu krit. Anm. *Bohnert* NStZ **95**, 460; *Erb* GA **95**, 431; *Geppert* NStZ **96**, 63, 118; *Zschockelt* JA **97**, 416; *Zieschang* GA **97**, 465; LK-*Rissing-van Saan* 73]; 5 StR 478/96; NStZ-RR **04**, 242, 243 [Steuerhinterziehung]). Probleme ergeben sich hier im Hinblick auf die Berücksichtigung nicht erfasster Einzelakte (die verjährt, nicht angeklagt oder nach §§ 154, 154a StPO ausgeschieden sein können). Bei der Anklageerhebung empfiehlt es sich, die Höchstzahl der dem Angeklagten vorgeworfenen Handlungen anzugeben (vgl. BGH **40**, 44, 47; **48**, 221; NStZ **99**, 42; **05**, 282 f.; Koblenz NJW **95**, 3066; Düsseldorf NStZ **96**, 298; vgl. *Altvater* BGH-FS 50, 495, 505 ff.). Insb. bei eher vage umschriebenen Tatserien in einer Anklage, die (gerade noch) den Anforderungen des § 200 StPO entspricht, sind an die nachträgliche **Hinweispflicht** des Gerichts erhöhte Anforderungen zu stellen (NStZ **99**, 42, 43).

56 Im Übrigen steht bei Serientaten in erster Linie deren **Individualisierung** im Vordergrund der Sachverhaltsermittlung, weniger die Tatfrequenzen. Das strafbare Verhalten ist nach Ort, Zeit oder Begehung näher zu bestimmen und so konkret zu bezeichnen, dass erkennbar ist, welche **bestimmten Taten** von der Verurteilung erfasst werden (BGH **40**, 47; 376; **42**, 109; NStZ-RR **07**, 173). Es kommt für die Feststellung mehr auf die konkreten Lebenssachverhalte in ihren unterschiedlichen Handlungsabläufen und auf Details zur Tatausführung und zum Tatort an als auf „eine geschätzte und dann heruntergerechnete Anzahl von Straftaten" (NStZ **94**, 352; 393; *Zschockelt* JA **97**, 412; vgl. 14 zu § 54); allerdings kann, wenn bei **Vermögensstraftaten** ein strafbares Verhalten des Täters feststeht, die Bestimmung des Schuldumfangs im Wege der **Schätzung** erfolgen (BGH **36**, 328; **38**, 193; **40**, 376 f.; vgl. auch wistra **07**, 143 f. [zu § 278]); nur wenn sich auch bei sorgfältiger Beweiserhebung und -würdigung (die Möglichkeit einer Konkretisierung als *Erschwerung* der Sachbehandlung zu begreifen [so *Altvater,* BGH-FS 50, 504], ist nicht angemessen) keinerlei Kriterien für die Aufteilung des Mindestschuldumfangs auf bestimmbare Einzeltaten ergeben, kann im Extremfall (vgl. BGHR § 266 I Nachteil 31 zu § 266) der Zweifelssatz die Annahme nur *einer* Tat gebieten; ein Freispruch kommt auch hier nicht in Betracht (NStZ **99**, 581; NStZ-RR **07**, 195, 196 [zu § 176a]). Sind bei Serientaten im **Sexualbereich** (vgl. 41 zu § 176; 102 zu § 177) einzelne Tatvarianten festzustellen, aber weder ihre Zuordnung untereinander noch die Häufigkeit ihrer Begehung, so hat der Tatrichter „die einzelnen Tatbestandsverwirklichungen ohne Einschränkung wie selbstständige Taten festzustellen und sich bei der Strafzumessung bewusst zu sein, dass der Schuldspruch wegen einer einzigen Tat keine Entsprechung in der Wirklichkeit zu haben braucht" (so NStZ **97**, 280). „Der Richter darf sich nicht von einer Gesamtvorstellung des strafbaren Verhaltens in einem Zeitraum bestimmen lassen, sondern muss von der Tatbestandserfüllung und dem konkreten Schuldumfang bei jeder individuellen Straftat überzeugt sein" (BGH **42**, 109; NStZ **94**, 394; **98**, 208; and. NStZ **95**, 78);

nach 4 StR 309/94; BGHR StPO § 267 I 1 Sachdarst. 9 ist die Feststellung einer **Mindestzahl** von Einzeltaten nicht fehlerhaft (ebenso NStZ **94**, 502; **95**, 246; **05**, 113; vgl. auch 5 StR 252/96; *Zschockelt* JA **97**, 413; LK-*Rissing-van Saan* 72).

Probleme, namentlich auch bei der Beurteilung der Rechtskraft, ergeben sich durch den Wegfall der fH somit für den Bereich der Serientaten kaum, die oft nur durch einen vagen und oft lebensfremd unterstellten „Fortsetzungsvorsatz" verbunden waren; sie stellen sich aber weiterhin für auf **„Gesamterfolge"** abzielende Tatentschlüsse, die auf eine (bestimmte oder unbestimmte) Vielzahl von gleichartigen Tatbestandsverwirklichungen gerichtet sind; dass hier der **Begriff** der fH ohne weiteres durch den der Bewertungs- oder „natürlichen" Handlungseinheit ersetzt werden kann, erscheint zweifelhaft. So kann nach BVerfGE **23**, 191 der einheitliche und fortwirkende neuere Entschluss zur **Zivildienstverweigerung** uU dieselbe Tat iS des Art. 103 III GG darstellen (krit. Struensee JZ **84**, 645; auch Bringewat MDR **85**, 94), wenn ihm eine fortdauernde und ernsthafte, an den Kategorien von Gut und Böse orientierte Entscheidung zugrunde liegt *(Fall Zeugen Jehovas),* die sich nicht lediglich gegen die konkrete Ausgestaltung des Dienstes und die dahinter stehende politische und gesetzgeberische Zielsetzung richtet (Düsseldorf NJW **85**, 2429 m. Anm. *Nestler-Tremel* NStZ **86**, 80; *Friedeck* StV **86**, 9). Die für Zeugen Jehovas aufgestellten Grundsätze gelten auch für rechtskräftig anerkannte (BVerfGE **28**, 243, 264; **32**, 40) Kriegsdienstverweigerer (nicht aber für militärischen Ungehorsam, Fahnenflucht und Dienstflucht von *Totalverweigerern;* Bay JZ **70**, 609; Celle JZ **70**, 610 [m. Anm. *Evers*]; NJW **85**, 2428 [m. Anm. *Struensee* JZ **85**, 955]; Nürnberg NStZ **83**, 33; vgl. auch *Hoyer* NZWehrr **85**, 187; *Eisenberg/Wolke* JuS **93**, 285). Eine auf einmaligem, als verbindlich empfundenem Entschluss beruhende Serie von Taten, deren nähere Umstände noch gar nicht bekannt sein können, kann aber nicht als „natürliche" Handlungseinheit verstanden werden. Bei einer Einordnung als (tatbestandliche) Bewertungseinheit stellt sich aber die Frage, welche *Vorsatz*-qualifizierende Bedeutung dem „Gewissens"-Anteil überhaupt zukommen kann und ob nicht der unbedingte Entschluss, ein bestimmtes Kind fortan zu missbrauchen oder eine bestimmte Anzahl von Wohnungseinbrüchen zu begehen, genau dieselben Qualitäten aufweist. **57**

7) Ein **Dauerdelikt** liegt vor, falls der Täter einen von ihm begründeten rechtswidrigen Zustand ununterbrochen aufrecht erhält oder durch tatbestandserhebliche Handlungen weiter verwirklicht (MDR/H **87**, 93; BGH **42**, 216; Bay GA **75**, 55; krit. *Hruschka* GA **68**, 193; vgl. *Bringewat* 26)); **zB** bei fortdauernder Einsperrung (§ 239; BGH **36**, 257; NStE § 177 Nr. 16); bei Trunkenheit im Verkehr (§ 316, NJW **83**, 1744); bei Zuhälterei (§ 181 a, BGH **39**, 391; [m. Anm. *Geerds* JR **95**, 71]; MDR/H **83**, 620); bei Einrichtung eines Gewerbebetriebes ohne gewerbepolizeiliche Erlaubnis (NStZ **92**, 595); bei unerlaubtem Besitz von **BtM** (1 StR 100/81); beim Besitz und tatsächlicher Gewalt über **Waffen** (§ 53 I Nr. 3 a Buchst. a aF WaffG (BGH **36**, 152 [m. Anm. *Mitsch* JR **90**, 162 u. *Neuhaus* StV **90**, 342]; NStZ **97**, 446; hierzu *Schlüchter* JZ **91**, 1059 u. *R. Peters* JR **93**, 268; vgl. NStZ **92**, 276). Hier wird die Tat schon durch die Begründung des rechtswidrigen Zustandes vollendet, jedoch erst mit dessen Wiederaufhebung beendet (6 zu § 22), so dass bis dahin noch Teilnahme möglich ist; wegen der Verjährung vgl. 12 zu § 78 a. Rechtskräftige Aburteilung beendet eine Dauerstraftat (4 StR 340/80; einschränkend BVerfGE **23**, 203). Dagegen sind die sog. **Zustandsdelikte** beendet mit der Herbeiführung des rechtswidrigen Zustandes, so die Körperverletzung (1 StR 757/82; vgl. Rn. 7 zu § 223), die Doppelehe (§ 172) oder die Sachbeschädigung (§ 303); die Fortsetzung des Zustandes ist hier für das Delikt ohne Bedeutung (LK-*Rissing-van Saan* 49). **58**

Zeitgleicher unerlaubter **Besitz** an mehreren, auch verschiedenartigen Waffen verbindet diese Dauerstraftaten nach der Rspr des BGH insgesamt zur Tateinheit (NStZ **97**, 446; NStZ-RR **03**, 124 f.). Durch die Ausübung der unerlaubten Gewalt über eine Waffe werden auch der Erwerb dieser Waffe und eine spätere Überlassung an einen Dritten tateinheitlich verbunden (NStZ **84**, 171). Konsequent ist daher die Annahme, unerlaubter Besitz an einer Waffe oder sich zeitlich überschneidender Besitz an mehreren verbinde sämtliche während dieser Zeit begangenen Waffendelikte (Erwerb; Führen; Überlassen) unabhängig von einer waffenrechtlich verschiedenen Einordnung einzelner Waffen zu einer Tat (NStZ-RR **03**, 124, 125). **59**

60 **Tateinheit** zwischen einer Dauerstraftat und einem **anderen Delikt** ist gegeben, wenn sich die Ausführungshandlungen der beiden Taten mindestens zT decken (BGH **18**, 29; 70; VRS **30**, 283; *Oske* MDR **65**, 532); das andere Delikt muss daher einen **tatbestandserheblichen Tatbeitrag** zum Dauerdelikt darstellen (NStZ **81**, 401; vgl. auch NStZ **04**, 694f. [m. Anm. *Bohnen*; keine Tateinheit zwischen Besitz von BtM und Trunkenheitsfahrt]). Das Dauerdelikt des unerlaubten Waffenbesitzes erfährt aber eine **Zäsur,** wenn der Täter später einen Entschluss zur Verbrechensbegehung mit dieser Waffe fasst; in diesen Fällen ist die Tat vor und nach der Tat selbstständig zu beurteilen (NStZ-RR **99**, 8; zur **Klammerwirkung** in diesen Fällen vgl. oben 30).

61 **8)** Die sog. **Sammelstraftat** (vgl. Eb. Schmidt JZ **52**, 136), besteht aus Einzelhandlungen gewerbsmäßiger oder gewohnheitsmäßiger (§ 292 II Nr. 1) Begehung. Sie wurde vom RG als eine rechtliche Handlungseinheit betrachtet, vor allem unter dem Gesichtspunkt, dass hier ein „Betrieb" bestraft werde (vgl. RG **61**, 148). Der BGH ist dem nicht gefolgt; die Einzeltaten sind vielmehr grds. als **selbständige Straftaten** zu behandeln (BGH **1**, 41; **18**, 376; NJW **53**, 955; vgl. auch BGH **26**, 286; LK-*Rissing-van Saan* 80).

62 **A. Gewerbsmäßig** handelt, wer sich aus wiederholter Tatbegehung eine nicht nur vorübergehende Einnahmequelle von einigem Umfang (MDR/D **75**, 725; EzSt § 260 Nr. 1) verschaffen möchte, ohne dass er daraus ein „kriminelles Gewerbe" zu machen braucht (BGH **1**, 383); unter diesen Voraussetzungen kann schon eine einmalige Gesetzesverletzung ausreichen (JR **82**, 260 [m. Anm. *Franzheim*]; NStZ **95**, 85; **04**, 265, 266; NStZ-RR **06**, 106). Gewerbsmäßigkeit wird also durch ein **subjektives Moment** begründet (NStZ **95**, 85; **98**, 98; BGHR § 243 I Nr. 3 Gew. 1; Köln NJW **91**, 585; NStZ-RR **03**, 298, 299; Stuttgart NStZ **03**, 40f.). Das kann schon durch die erste der ins Auge gefassten Tathandlungen der Fall sein (NJW **98**, 2914; NStZ **95**, 85; StV **98**, 663; 4 StR 250/98; 5 StR 132/07); hierbei muss sich die Wiederholungsabsicht auf dasjenige Delikt beziehen, dessen Tatbestand durch das Merkmal der Gewerbsmäßigkeit qualifiziert ist (NJW **96**, 1069 [zu § 30 I Nr. 2 BtMG]; Hamm NStZ-RR **04**, 335); jedoch setzt BGH **29**, 189 ein Gewinnstreben mit einer gewissen Intensität voraus, sei es bezüglich des erstrebten Gewinns oder der Nachhaltigkeit des Tätigwerdens. Es braucht sich nicht um die Haupteinnahmequelle des Täters zu handeln (GA **55**, 212; Stuttgart NStZ **03**, 40f.); Gewerbsmäßigkeit ist nicht gleichbedeutend mit Gewerblichkeit. Die Zusammenfassung mehrerer Tathandlungen zu einer rechtlichen Handlungseinheit schließt die Annahme von Gewerbsmäßigkeit nicht aus (NStZ-RR **06**, 106 [Bandenbetrug]).

62a Eine Handelstätigkeit i. e. S. oder eine geldliche Bereicherung sind nicht erforderlich; es genügt zB, dass der Dieb Stehlgut für sich verwenden will (MDR/H **76**, 633; 3 StR 70/77; Stuttgart NStZ **03**, 40, 41), indem er es fortlaufend zur Deckung eigener Bedürfnisse einsetzt und eigene Aufwendungen einspart. Ausreichend ist, dass die Tat, wie etwa beim Ankauf von BtM oder Schumggelgut zum gewinnbringenden Weiterverkauf, *mittelbar* als Einnahmequelle dient (wistra **94**, 230, 232; **99**, 465; NStZ **99**, 622, 623; 5 StR 532/06). Kennzeichen der Gewerbsmäßigkeit ist nicht schon die Absicht, durch Verwertung eines durch die Tat erlangten Gegenstands einen Gewinn zu erzielen, sondern das Bestreben, sich durch **wiederholte Begehung** entsprechender Taten eine Einnahmequelle zu erschließen (Hamm NStZ-RR **04**, 335). Die Verwendung eines Teils der Tatbeute zur verschleiernden und damit die Fortsetzung des kriminellen Verhaltens ermöglichenden partiellen Schadenswiedergutmachung steht der Annahme von Gewerbsmäßigkeit nicht entgegen (NStZ-RR **03**, 297). Beim Erwerb von BtM allein zum Eigenverbrauch scheidet gewerbsmäßiges Handeln aus (4 StR 668/89; vgl. aber StV **83**, 282), weil BtM insgesamt nicht verkehrsfähig sind und daher ein legaler Markt nicht existiert (Stuttgart NStZ **03**, 40, 41). Gewerbsmäßigkeit kann auch vorliegen, wenn das strafrechtlich relevante Verhalten als eine materiell einheitliche Tat iS von § 52 I zu bewerten ist (NJW **04**, 2840, 2841).

B. Gewohnheitsmäßig handelt, wer mindestens 2 Taten begeht (GA **71**, 204) und einen durch Übung erworbenen, ihm aber vielleicht unbewussten Hang (BGH **15**, 379; EzSt § 260 Nr. 1) zu wiederholter Tatbegehung besitzt. Geschäftsmäßig handelt, wer die Wiederholung gleichartiger Taten zum Gegenstand seiner Beschäftigung machen möchte (Köln MDR **61**, 437), und zwar auch ohne Erwerbsabsicht. Eine Tat genügt (wie bei der Gewerbsmäßigkeit), wenn sich daraus die besondere Ausdehnungstendenz ergibt (Bay **80**, 58). Daraus folgt, dass jede Einzeltat aus sich heraus zu beurteilen ist und eine Verschmelzung zu einer rechtlichen Handlungseinheit nur ausnahmsweise eintritt. 63

9) Vortat und Nachtat (hierzu *Geppert* Jura **82**, 428). Auch im Bereich der Tatmehrheit gibt es Fälle, in denen ein Gesetz, dessen Verletzung mit der Haupttat in wesensmäßiger Verbindung steht, von vornherein zurücktritt. Man spricht dabei nicht von Gesetzeseinheit, sondern von strafloser **mitbestrafter Vortat** (LK-*Rissing-van Saan* 150; SK-*Samson/Günther* 100; NK-*Puppe* 36 f.), wenn sie das notwendige oder regelmäßige Mittel zur Begehung der Haupttat ist (zB bei Versuchshandlungen gegenüber der Vollendung [BGH **10**, 232; 4 StR 231/98]; § 123 im Verhältnis zu § 243; § 274 I Nr. 1 gegenüber § 276; versuchtem Raub gegenüber vollendeter räuberischer Erpressung [NJW **67**, 60]; Unterschlagung des Fahrzeugschlüssels gegenüber dem nachfolgenden Fahrzeugdiebstahl [Hamm MDR **79**, 421; vgl. auch Bay MDR **74**, 334]). 64

Mitbestrafte Nachtat ist eine selbständige, tatbestandsmäßige, rechtswidrige und schuldhafte Handlung, durch welche der Erfolg einer Vortat (nur) ausgenutzt oder gesichert wird (2 StR 69/07; dazu LK-*Rissing-van Saan* 151 ff.; SK-*Samson/Günther* 101; NK-*Puppe* 31 ff.) und der gegenüber der Vortat kein eigenständiger, weiter gehender Unrechtsgehalt zukommt; sie bleibt daher **straflos**. Das ist **zB** gegeben bei der Vernichtung zuvor gestohlener Urkunden; bei der Beseitigung von Motor- und Fahrgestellnummern am gestohlenen Kraftfahrzeug (NJW **55**, 876); beim Sicherungsbetrug gegenüber dem Opfer des zuvor begangenen Betrugs (neue Täuschung zur Abwehr von Schadensersatzforderungen); bei betrügerischer Vorlage eines zuvor entwendeten Sparbuchs (StV **92**, 272; NStZ **93**, 591; 2 StR 69/07). Nach hM ist auch die Zerstörung des Sachwerts nicht verbrauchbarer Sachen mitbestrafte Nachtat ihrer Entwendung ist (and. *Dreher* MDR **64**, 168; vgl. auch *Krauss* GA **65**, 173). Keine mitbestrafte Nachtat ist die Abgabe einer (falschen) Jahresumsatzsteuererklärung gegenüber den durch Einreichung unrichtiger Umsatzsteuervoranmeldungen begangenen Steuerhinterziehungen (NStZ **82**, 335); vielmehr besteht grds. Tatmehrheit (vgl. oben 23 a), obgleich eine Tat iS von § 264 StPO vorliegt (wistra **05**, 66, 67 f. [Anm. *Kudlich* JR **05**, 170]). 65

Die Nachtat kann bei der Strafzumessung berücksichtigt werden (*Spendel* NJW **64**, 1763). An ihr ist strafbare Teilnahme möglich (4 StR 398/56); sie kann Vordelikt für Begünstigung und Hehlerei sein (NJW **69**, 1260). Die Straflosigkeit der Nachtat entfällt, wenn die Vortat nicht verfolgbar ist (str.), zB wegen Amnestie (Nürnberg MDR **51**, 53), fehlenden Strafantrags oder Verjährung (BGH **38**, 368 [m. abl. Anm. *Stree* JZ **93**, 476]; **39**, 235; StV **94**, 5; str.; NJW **68**, 2115; **aA** Braunschweig NJW **63**, 1936; dagegen *Kohlmann* JZ **64**, 492) oder weil die Vortat nach § 154 a StPO ausgeschieden worden ist (GA **71**, 83). Die Nachtat bleibt selbstständig strafbar, wenn der angerichtete Schaden erweitert (BGH **6**, 67) oder ein neues Rechtsgut verletzt wird (BGH **5**, 297; NStZ **87**, 23); **zB** bei Betrug durch Verkauf einer gestohlenen Sache (RG **49**, 16; Düsseldorf OLGSt. 63 zu § 263); Urkundenfälschung (MDR **57**, 652) oder Wertzeichenweiterverwendung nach Diebstahl (BGH **3**, 289); Betrug nach einer Untreue, die dem Täter keinen Vorteil bringt (NJW **55**, 508). Nach BGH (GrSen) **14**, 38 fehlt es bei einem, einem Zueignungsdelikt nachfolgenden Delikt derselben Art bereits an der Tatbestandsmäßigkeit; die Neufassung des § 246 durch das 6. StrRG hat dem teilweise den Boden entzogen (vgl dazu 14 zu § 246). Über das Verhältnis von Teilnahme an Diebstahl und Hehlerei vgl. 12 vor § 25 und 26 zu § 259. 66

10) Die Urteilsformel muss bei Verurteilung wegen mehrerer Tatbestände diese im Einzelnen bezeichnen und eindeutig erkennen lassen, in welchem Ver- 67 hältnis sie zueinander stehen. Mehrere tateinheitlich verwirklichte Tatbestände sind mit den Worten „in Tateinheit mit“ (ggf. „und mit“) zu kennzeichnen; mehrere in Tatmehrheit stehende Delikte mit den Worten „wegen … und wegen“ oder „wegen …, sachlich zusammentreffend mit …“. Bei einheitlichen Beihilfehandlungen ist die Anzahl der Taten, zu denen Beihilfe geleistet wurde, anzugeben (NJW **81**, 1434). Hinsichtlich nicht erwiesener, selbstständig angeklagter Taten ist auch dann ausdrücklich (teil-)freizusprechen, wenn sie im Falle des Nachweises mit anderen tateinheitlich zusammengetroffen wären (2 StR 187/82).

68 Wird von zwei rechtlich selbstständigen Handlungen die eine infolge Teilaufhebung der anderen **teilrechtskräftig** und stellt sich nach der Zurückverweisung eine tateinheitliche Gesetzesverletzung heraus, so darf nach BGH **28**, 119 der neue Tatrichter sich mit den teilrechtskräftigen Feststellungen nicht in Widerspruch setzen und muss daher eine neue Einzelstrafe und eine neue Gesamtstrafe bilden (krit. hierzu *Grünwald* JR **79**, 300). Eine Änderung des Konkurrenzverhältnisses von Tatmehrheit in Tateinheit muss den Unrechts- und den Schuldgehalt der Tat, so wie er in einer früheren Gesamtstrafe zum Ausdruck kommt, nicht berühren (BGHR § 249 I Konk. 1 mwN), in diesen Fällen kann eine Gesamtstrafe als Einzelstrafe bestehen bleiben (BGHR § 263 I Konk. 10).

Tateinheit

52 **I Verletzt dieselbe Handlung mehrere Strafgesetze oder dasselbe Strafgesetz mehrmals, so wird nur auf eine Strafe erkannt.**

II Sind mehrere Strafgesetze verletzt, so wird die Strafe nach dem Gesetz bestimmt, das die schwerste Strafe androht. Sie darf nicht milder sein, als die anderen anwendbaren Gesetze es zulassen.

III Geldstrafe kann das Gericht unter den Voraussetzungen des § 41 neben Freiheitsstrafe gesondert verhängen.

IV *Läßt eines der anwendbaren Gesetze die Vermögensstrafe zu, so kann das Gericht auf sie neben einer lebenslangen oder einer zeitigen Freiheitsstrafe von mehr als zwei Jahren gesondert erkennen.* Im übrigen muss oder kann auf Nebenstrafen, Nebenfolgen und Maßnahmen (§ 11 Abs. 1 Nr. 8) erkannt werden, wenn eines der anwendbaren Gesetze sie vorschreibt oder zuläßt.

Zu Abs IV S. 1: § 43 a ist nach der Entscheidung des BVerfG vom 20. 3. 2002 (BGBl. I 1340) verfassungswidrig und nichtig.

1 **1) Allgemeines.** Die Vorschrift (idF des 2. StrRG/EGStGB iVm EGStGBÄndG; vgl. dazu BT-Drs. 7/2222; IV idF Art. 1 Nr. 3 OrgKG) regelt die Behandlung der **ungleichartigen Tateinheit** (Verletzung verschiedener Gesetze) und der **gleichartigen Tateinheit** (mehrmalige Verletzung desselben Gesetzes; 23 vor § 52; zur *Tenorierung* vgl. auch 5 StR 127/07 **aS**) bei Verbrechen und Vergehen sowohl bei Freiheitsstrafe wie bei Geldstrafe, aber auch bei Strafarrest. Im Jugendstrafrecht gilt hingegen das Prinzip der einheitlichen Strafe (§§ 31, 32 JGG). Tateinheit ist anzunehmen, wenn sie sich nach den Feststellungen nicht ausschließen lässt und dem Täter günstiger ist (NStZ **82**, 391; LK-*Rissing-van Saan* 5).

1 a **Neuere Literatur:** *Abels,* Die Klarstellungsfunktion der Idealkonkurrenz, 1991; *Altenhain,* Die Verwirklichung mehrerer Tatbestandsalternativen (usw.), ZStW **107**, 382; *Deiters,* Strafzumessung bei mehrfach begründeter Strafbarkeit, 1999 (Diss. Düsseldorf); *Kalf,* Muß die Veränderung der Konkurrenzverhältnisse die Strafe beeinflussen?, NStZ **97**, 66; *Lippold,* Die Konkurrenz bei Dauerdelikten (usw.), 1985; *Peters,* Was bleibt von der „Idealkonkurrenz durch Klammerwirkung“?, JR **93**, 265; *Puppe,* Idealkonkurrenz u. Einzelverbrechen, 1979; *dies.,* Funktion u. Konstruktion der ungleichartigen Idealkonkurrenz, GA **82**, 143; *Seier,* Die Handlungseinheit von Dauerdelikten im Straßenverkehr, NStZ **90**, 129. Nachw. zur älteren Lit. bei LK-*Rissing-van Saan* vor 1; *S/S-Stree*/Sternberg-Lieben vor 1.

2 **2)** Das sog. **Absorptionsprinzip,** das **Abs. I** aufstellt (vgl. dazu RG **5**, 420), wird durch II S. 2, III, IV im Sinne eines **Kombinationsprinzips** erweitert (LK-*Rissing-van Saan 42; S/S-Stree/Sternberg-Lieben* 34). Es besagt, dass bei ungleichartiger Tateinheit (nicht auch bei Gesetzeskonkurrenz; 39 ff. vor § 52) nur zu einer einzigen Strafe (I) verurteilt wird, die sich aus einer kombinierten Strafdrohung ergibt, die nach unten durch die höchste der Mindeststrafen (2 StR 449/91) und

nach oben durch die höchste der Höchststrafen der verletzten Strafgesetze (II) begrenzt ist. **Zusätzlich** zur Freiheitsstrafe können nach III die Geldstrafe (unten 6) und nach IV S. 2 Nebenstrafen, Nebenfolgen und Maßnahmen (7) verhängt werden, wenn die Voraussetzungen der III, IV vorliegen. Bei gleichartiger Tateinheit gibt es insoweit keine Probleme, weil nur ein einziges Gesetz angewendet wird. Ungleichartige Tateinheit ist nur gegeben, wenn die verschiedenen verletzten Gesetze auch anwendbar sind. Soweit Gesetze nicht anwendbar sind, weil ein Strafausschließungs- oder Aufhebungsgrund eingreift oder ein Verfahrenshindernis vorliegt, scheiden sie von vornherein aus (LK-*Rissing-van Saan* 49).

3) Nach **Abs. II S. 1** wird die Strafe unter den anwendbaren Gesetzen nach demjenigen bestimmt, das die **schwerste Strafe androht.** Im Gegensatz zu § 12, wo es um die abstrakte Einteilung der Deliktsarten geht, kommt es hier, wo es um die Findung der gerechten Strafe im Einzelfall geht, nach **spezialisierender** und nicht abstrakter Betrachtungsweise (8 ff. zu § 12) auf einen Vergleich der im **konkreten** Fall anwendbaren Strafrahmen an, nämlich auf die, die nach allgemeinen (§ 12 III) oder speziellen Milderungen (zB § 157) oder Schärfungen anzuwenden sind (NStZ **04**, 109, 110; BGHR § 52 II Andr. 1; NStE 4 zu § 239 a); also der Rahmen nach § 49, wenn das Gericht zur Milderung verpflichtet ist oder sie für angebracht hält (BGH **6**, 375); der für einen besonders schweren Fall nur dann, wenn ein solcher Fall anzunehmen ist. Auf dieser Grundlage droht dasjenige Gesetz die schwerste Strafe an, das **3**

bei ungleichartigen Strafen die der Art nach schwerste Hauptstrafe androht; dabei ist die Reihenfolge Freiheitsstrafe iS von § 38, Strafarrest (BGH **12**, 244). Geldstrafe allein wird nicht angedroht (vgl. aber 8 a vor § 324). Bei wahlweiser Androhung mehrerer Strafarten entscheidet die schwerste; **3 a**

bei gleichartigen Strafen das schwerste Höchstmaß androht, auch wenn es ein geringeres Mindestmaß vorsieht. Dabei ist zunächst auf die Hauptstrafen abzustellen. Führt das zu keinem Ergebnis, so sind Nebenstrafen und deren Schwere zu berücksichtigen; bleibt auch dies ergebnislos, so kommt es auf die Höhe der Mindeststrafen an. Bei gleichen Strafdrohungen hat das Gericht die Wahl. **3 b**

4) Ist das Gesetz festgestellt, nach dem die Strafe bestimmt wird **(II S. 1),** so ist auch das **Höchstmaß** des anzuwendenden Strafrahmens festgestellt. Dessen **Mindestmaß** ist hingegen das höchste Mindestmaß der anwendbaren Gesetze **(II S. 2);** es gilt insoweit also eine **Sperrwirkung** tateinheitlich verwirklichter Gesetze (vgl. etwa 5 StR 51/06; zur Sperrwirkung bei Gesetzeskonkurrenz vgl. 45 vor § 52). In diesem Rahmen ist die Strafe nach allgemeinen Grundsätzen (§§ 46, 47) zuzumessen; dabei kann aber die Verletzung der anderen Gesetze schärfend verwertet werden (VRS **32**, 437; **37**, 365; NStZ **89**, 72; 5 StR 178/92; Hamburg JR **51**, 86; Köln MDR **56**, 374); eine **Strafschärfung** kommt in Betracht, wenn die Handlung verschiedene Rechtsgüter verletzt und das tateinheitlich begangene Delikt selbstständiges Unrecht verkörpert (MDR/H **91**, 104), nicht aber dann, wenn die Tateinheit eher gesetzestechnischer Natur ist, zB beim Zusammentreffen von Erwerb und Einfuhr von BtM zum eigenen Verbrauch (NStZ **93**, 434). **4**

Aus Abs. II S. 2 ergibt sich auch, dass auf eine leichtere Strafart, als sie das mildeste anwendbare Gesetz zulässt, nicht erkannt werden darf (BGH **1**, 155; GA **67**, 21). **5**

5) Nach **Abs. III** kann das Gericht unabhängig davon, nach welchem Gesetz die Strafe bestimmt wird, zusätzlich neben der Freiheitsstrafe eine **Geldstrafe** verhängen, jedoch nur unter den Voraussetzungen des § 41. **6**

6) Nach **Abs. IV S. 2** kann oder muss unabhängig davon, nach welchem Gesetz die Hauptstrafe bestimmt wird, auf folgende Rechtsfolgen erkannt werden: **Nebenstrafen,** zB das Fahrverbot**; Nebenfolgen**, zB nach § 45, §§ 165, 200 und **Maßnahmen** (§ 11 I Nr. 8), wenn ein anwendbares Gesetz sie vorschreibt oder zulässt. Bei Zusammentreffen von Straftaten und **Ordnungswidrigkeiten** kann, obwohl nur das Strafgesetz angewendet wird, auf deren Nebenfolgen wie etwa Fahr- **7**

verbot (§ 25 StVG), Einziehung oder Abführung des Mehrerlöses erkannt werden (§ 21 I OWiG).

Tatmehrheit

53 **I Hat jemand mehrere Straftaten begangen, die gleichzeitig abgeurteilt werden, und dadurch mehrere Freiheitsstrafen oder mehrere Geldstrafen verwirkt, so wird auf eine Gesamtstrafe erkannt.**

II Trifft Freiheitsstrafe mit Geldstrafe zusammen, so wird auf eine Gesamtstrafe erkannt. Jedoch kann das Gericht auf Geldstrafe auch gesondert erkennen; soll in diesen Fällen wegen mehrerer Straftaten Geldstrafe verhängt werden, so wird insoweit auf eine Gesamtgeldstrafe erkannt.

III ***Hat der Täter nach dem Gesetz, nach welchem § 43 a Anwendung findet, oder im Fall des § 52 Abs. 4 als Einzelstrafe eine lebenslange oder eine zeitige Freiheitsstrafe von mehr als zwei Jahren verwirkt, so kann das Gericht neben der nach Absatz 1 oder 2 zu bildenden Gesamtstrafe gesondert eine Vermögensstrafe verhängen; soll in diesen Fällen wegen mehrerer Straftaten Vermögensstrafe verhängt werden, so wird insoweit auf eine Gesamtvermögensstrafe erkannt. § 43 a Abs. 3 gilt entsprechend.***

IV **§ 52 Abs. 3 und 4 Satz 2 gilt sinngemäß.**

Zu Abs. III: § 43 a ist nach der Entscheidung des BVerfG vom 20. 3. 2002 (BGBl. I 1340) verfassungswidrig und nichtig.

1 1) **Allgemeines.** Die Vorschrift idF des 2. StrRG (Ndschr. **2**, 283, 307, 358, Anh. 163; Prot. V/892, 904, 925, 2216, 2223; § 64 AE; E 1962, 189) wurde geändert durch das 23. StÄG und durch Art. 1 Nr. 4 OrgKG (Neufassung der III und IV).

1 a **Neuere Literatur:** *Bohnert,* Warum Gesamtstrafenbildung?, ZStW **105**, 846, *Bringewat,* Die Bildung der Gesamtstrafe, 1987; *Manthey,* Das Absehen von nachträglicher Gesamtstrafenbildung (§ 460 StPO) beim Zusammentreffen von Freiheitsstrafe und Geldstrafe gem. § 53 Abs. 2 S. 2 StGB, Strauda-FS (2006) 217; *Montenbruck,* Gesamtstrafe – ein verkappte Einheitsstrafe?, JZ **88**, 332; *Rebmann,* Überlegungen zur Einheitsstrafe im Erwachsenenstrafrecht, Bengl-FS 99; *Schoreit,* Zur Frage der Bildung einer Gesamtstrafe aus einer Jugendstrafe u. einer Freiheitsstrafe, NStZ **89**, 461; *Steinmetz,* Das Gleichzeitigkeitserfordernis des § 53 StGB (usw.), JR **93**, 228; *Wilhelm,* Die Konkurrenz der Regeln zur Gesamtstrafenbildung, ZIS **07**, 82.

2 **2)** § 53 hält bei Tatmehrheit (37 f. vor § 52) an der nach § 54 zu bildenden **Gesamtstrafe** fest, obgleich dieses System, namentlich im Hinblick auf seine rechtstechnische Kompliziertheit (§ 55!), auch erhebliche Nachteile aufweist. Die Sachgründe, die für die Einführung des Einheitsstrafensystems geltend gemacht werden (zB *Rebmann,* Bengl-FS 99) haben, seit durch BGH **40**, 138 (GrSen) die Fortgesetzte Handlung aufgegeben worden ist (47 ff. vor § 52), allerdings an Gewicht gewonnen.

3 **3) Tatmehrheit** (Realkonkurrenz; vgl. 37 f. vor § 52) ist gegeben, wenn jemand **mehrere** selbstständige **Straftaten begangen** hat, sei es durch mehrere Verletzungen desselben Gesetzes *(gleichartige TM),* sei es durch Verletzungen verschiedener Gesetze *(ungleichartige TM).* Die Bildung der Gesamtstrafe nach § 53 hängt weiter davon ab, dass die Taten gleichzeitig abgeurteilt werden, dh Gegenstand desselben Verfahrens sind; auch dann, wenn eine Einzelstrafe aus einem verbundenen Verfahren durch die erlittene UHaft bereits verbüßt ist (1 StR 350/95); das gilt nicht in Fällen der Verhandlungsverbindung nach § 237 StPO (BGH **36**, 348; **37**, 42 [m. Anm. *Bringewat* JR **91**, 74, hierzu *Steinmetz* JR **93**, 228]; 1 StR 709/90; NStZ/D **90**, 578). Um Zufälligkeiten auszuschalten, sehen § 55 sowie § 460 StPO eine nachträgliche Gesamtstrafenbildung vor.

4 **4)** Nach **Abs. I** ist die **Gesamtstrafe zwingend** zu bilden, wenn **mehrere Freiheitsstrafen** verwirkt sind (zum Strafarrest vgl. 13 WStG; Köln NJW **66**, 165). Wenn eine der Einzelstrafen eine lebenslange Freiheitsstrafe ist, wird nach § 54 I S. 1 als Gesamtstrafe auf lebenslange Freiheitsstrafe erkannt. Im **Jugendstrafrecht**

gibt es keine Gesamtstrafenbildung (§ 31 JGG; Anh. 3); eine Ausnahme gilt nach § 32 JGG, wenn das allgemeine Strafrecht angewendet wird. Aus Freiheitsstrafe iS von § 38 und Jugendstrafe darf keine Gesamtstrafe gebildet werden (BGH **10**, 100; **14**, 290; **29**, 67 [m. Anm. *Brunner* JR **80**, 262]; **36**, 295 [m. Anm. *Brunner* JR **90**, 524]; NStZ-RR **98**, 151; MDR/H **79**, 106, 281; Schleswig NStZ **87**, 225 m. krit. Anm. *Knüllig-Dingeldey*; *Bringewat* 110; LK-*Rissing-van Saan* 12). Eine **Ersatzfreiheitsstrafe** kann nicht zur Gesamtstrafenbildung herangezogen werden (Bay OLGSt. 10; LK-*Rissing-van Saan* 16; *Bringewat* 130; **aA** *S/S-Stree/Sternberg-Lieben* 27; NK-*Frister* 24). Auch im Fall von § 54 III wird die Gesamtstrafe nicht aus der Ersatzfreiheitsstrafe gebildet. Eine **Hauptstrafe** nach §§ 63, 64 StGB-DDR ist als Einzelstrafe zu behandeln; aus ihr sowie weiteren verhängten Einzelstrafen ist nach Maßgabe von § 54 eine Gesamtstrafe zu bilden (NStZ **96**, 275; **99**, 82f.; BGHR § 2 III DDR-StGB 12, 13; 4 StR 219/02; 5 StR 516/03; LK-*Rissing-van Saan* 12).

Zwingend ist die Gesamtstrafenbildung auch, wenn **mehrere Geldstrafen** als alleinige Hauptstrafen verwirkt sind (§ 54 I S. 2). Das gilt auch dann, wenn die Einzelstrafen nach § 47 I festgesetzt worden sind (NStZ **95**, 178; LK-*Rissing-van Saan* 13). Wird Geldstrafe im Rahmen des § 41 neben Freiheitsstrafe verwirkt, so gilt unten 8.

5) Nach **Abs. II S. 1** ist regelmäßig eine **Gesamtfreiheitsstrafe** (nicht Gesamtgeldstrafe) auch dann zu bilden, wenn **Freiheitsstrafe und Geldstrafe nebeneinander** verwirkt sind. Auch in diesem Fall ist zunächst die Einzel-Geldstrafe in Anzahl und Höhe der Tagessätze nach allgemeinen Regeln zuzumessen (BGH **30**, 93; **34**, 90; MDR/H **78**, 985; JR **79**, 386 [m. Anm. *K. Meyer*]; VRS **60**, 192; 2 StR 227/98; Bay NStZ **85**, 502; krit. zu dieser Regelung *R. Schmitt,* Noll-GedS 297); unterbleibt die Festsetzung der Tagessatzhöhe, so kann das Revisionsgericht (falls es nicht ausnahmsweise die Tagessatzhöhe auf den gesetzlichen Mindestbetrag festsetzt; vgl. 5 StR 73/98; 4 StR 14/99) die Sache an die Vorinstanz (2 StR 558/85; Hamm MDR **79**, 518) lediglich zur Nachholung dieses Ausspruchs zurückverweisen (BGH **34**, 90, 93; zur Bemessung durch den neuen Tatrichter vgl. BGH **30**, 97 [m. Anm. *D. Meyer* JR **82**, 72]; VRS **60**, 192; Karlsruhe Die Justiz **82**, 233). 5

Abs. II S. 2 erlaubt das **Absehen von der Einbeziehung** einer Geldstrafe in eine nach I zu bildende Gesamtfreiheitsstrafe. Die Gesamtstrafenbildung nach I ist die Regel (MDR/D **73**, 17; GA **87**, 80; JR **89**, 425, 426; wistra **94**, 61, 62; Bay MDR **82**, 770; KG NStZ **03**, 207; Köln NStZ-RR **05**, 169, 170; LK-*Rissing-van Saan* 16; *Lackner/Kühl* 4); die **Anwendung** der Ausnahmevorschrift ist idR besonders zu **begründen** (KG NStZ **03**, 207). Die **Nichtanwendung** bedarf jedenfalls dann der ausdrücklichen Erörterung, *wenn* die Gesamtstrafe als das schwerere Strafübel erscheint (NJW **99**, 3132, 3133; NStZ-RR **98**, 325; StV **86**, 58; wistra **86**, 256; **94**, 61; MDR/H **85**, 793; BGHR § 53 II Einbez. nachteilige 2, 6; GA **89**, 133; stRspr.; Bay NStZ-RR **98**, 49; KG NStZ **03**, 208, 209; Köln NStZ-RR **05**, 169, 171 [unter Aufgabe früherer Rspr.]); so **zB** wenn die Einbeziehung der Geldstrafe zu einer Gesamtfreiheitsstrafe führt, die den Verlust der Beamtenrechte zwingend vorschreibt (NJW **89**, 2900; NStZ **93**, 591; NStZ/D **90**, 223; wistra **04**, 264; NK-*Frister* 19), oder wenn es im Rahmen einer schuldangemessenen Ahndung der Taten nicht möglich wäre, die Vollstreckung der Gesamtfreiheitsstrafe zur Bewährung auszusetzen (NJW **90**, 2897; StV **01**, 618 L; **07**, 129; BGHR § 53 II Einbeziehung, nachträgliche 4; BGHR § 55 I S. 1 Strafen einbezogene 5). Die als gesetzliche Regel vorgesehene Bildung einer Gesamtstrafe ist aber nicht schon als solche in jedem Fall das schwerere Übel und besonders begründungsbedürftig. Das Fehlen einer ausdrücklichen **Darlegung in den Urteilsgründen,** dass der Tatrichter sich der Möglichkeit der Ermessensausübung gem. II S. 2 bewusst war, ist bei Nichtanwendung der Ausnahmeregelung nur dann rechtsfehlerhaft, wenn ihre Anwendung nahe lag (vgl. Köln NStZ-RR **05**, 169, 171; weiter KG NStZ **03**, 208f.; vgl. auch wistra **98**, 58; **94**, 61; and. BGHR § 53 II Einbeziehung nachtei- 6 lige 6; zum Begründungserfordernis bei Absehen von der Gesamtstrafenbildung vgl. NStZ-RR **98**, 207; NJW **99**, 2132f.).

7 Die Ausübung des Ermessens nach II S. 2 hat sich an **Strafzumessungsgrundsätzen** zu orientieren (*Lackner/Kühl* 4). Daher ist es etwa fehlerhaft, im Verfahren gegen einen Erwachsenen „aus erzieherischen Gründen" auf gesonderte Geldstrafe zu erkennen (KG NStZ **03**, 207), wenn damit nicht zulässige spezialpräventive Erwägungen umschrieben werden. **Für Gesamtstrafe** kann insb. sprechen, dass aus spezialpräventiven Gründen eine längere Freiheitsstrafe am Platze ist; auch dass eine gesonderte Geldstrafe mit Sicherheit gar nicht bezahlt werden könnte (**aA** Hamburg MDR **71**, 1022; *Bringewat* 121; einschr. auch KG NStZ **03**, 208, 209) oder im Zusammenhang mit der Freiheitsstrafe die Resozialisierung (vgl. JR **89**, 426 m. Anm. *Bringewat*) oder eine Wiedergutmachung gefährden würde; **dagegen,** dass das Schwergewicht bei Tat liegt, wegen derer Geldstrafe verhängt wurde (*Sturm* JZ **70**, 84); dass ohnehin eine zusätzliche Geldstrafe nach IV verhängt wird (4 StR 312/70); dass die Freiheitsstrafe zur Bewährung ausgesetzt werden kann (vgl. LG Flensburg MDR **85**, 160) und es angemessen erscheint, den Verurteilten auch mit einer sofort zu vollstreckenden Strafe zu treffen; dass die Freiheitsstrafe als solche bei Anrechnung der UHaft verbüßt oder dass bei Gesamtfreiheitsstrafe Aussetzung nicht möglich wäre.

7a Entscheidet sich das Gericht gegen Gesamtstrafe, so wird auf die Geldstrafe gesondert erkannt; handelt es sich jedoch um mehrere Geldstrafen, so muss aus ihnen neben der Freiheitsstrafe eine **Gesamtgeldstrafe** gebildet werden **(II S. 2),** auch wenn eine Geldstrafe für eine selbstständige Tat betroffen ist (BGH **25**, 383 [zust. *Küper* NJW **75**, 548]; StV **95**, 299). Einer Gesamtstrafenbildung im Rechtsmittelverfahren steht das Verbot der Schlechterstellung entgegen (NStZ-RR **98**, 136; 3 StR 71/75). Bei **nachträglicher Gesamtstrafenbildung** sind Einzelgeldstrafen, die neben einer Freiheitsstrafe verhängt wurden, so lange einbeziehungsfähig wie die Verurteilung insgesamt noch nicht erledigt ist (NStZ **07**, 232). Eine mögliche **Zäsurwirkung** (9 zu § 55) einer auf Geldstrafe lautenden Vor-Verurteilung entfällt durch Anwendung des II S. 2 nicht (stRspr.; vgl. BGH **32**, 190, 194; **44**, 179, 184; NStZ-RR **01**, 103, 104; 2 StR 294/03 [in NStZ **04**, 329 nicht angedr.]; 2 StR 391/03 [in NStZ **04**, 441 nicht abgedr.]; 5 StR 513/03).

8 **6) Nach IV** kann das Gericht, da **§ 52 III** sinngemäß gilt, im Rahmen des § 41 eine Geldstrafe gesondert verhängen. Eine solche zusätzlich verhängte Geldstrafe sollte nicht in eine Gesamtfreiheitsstrafe einbezogen werden (vgl. 5 zu § 41; LK-*Rissing-van Saan* 18; *Küper* NJW **75**, 548). IV ermöglicht auch die Verhängung einer Geldstrafe neben einer Gesamtfreiheitsstrafe (vgl. 6 zu § 52). Sind mehrere zusätzliche Geldstrafen verwirkt, so ist nach dem Prinzip von II S. 2, 2. HS aus ihnen eine Gesamtgeldstrafe zu bilden (BGH **23**, 260).

9 Auf **Nebenstrafen, Nebenfolgen und Maßnahmen,** für die nach IV die Regeln des § 52 IV Satz 2 auf die Gesamtstrafe sinngemäße Anwendung finden (*Bringewat* 134ff.), muss oder kann erkannt werden, wenn eines der in Betracht kommenden Gesetze sie vorschreibt oder zulässt. Sind sie nach keinem verletzten Gesetz möglich, sind sie es auch nicht neben der Gesamtstrafe (vgl. GA **58**, 367; NK-*Frister* 26). Sie sind nur einmal anzuordnen, auch wenn sie neben mehreren Einzelstrafen in Betracht kommen (*Bringewat* 144; LK-*Rissing-van Saan* 22). Wird die Gesamtstrafe vom Revisionsgericht aufgehoben, so entfallen die angeordneten Nebenstrafen usw., soweit sie nicht neben einer bestehen gebliebenen Einzelstrafe vorgeschrieben sind (BGH **14**, 381; LK-*Rissing-van Saan* 25; zur Problematik des Verschlechterungsverbots in solchen Fällen *Oske* MDR **65**, 13).

10 **7) Verfahrensrecht.** Zur **Darstellung** von in Tatmehrheit stehenden Serientaten in der Anklage vgl. BGH **40**, 44 und 55f. vor § 52. Ist ein Delikt in der Anklage als selbstständige Straftat gewürdigt, so hat, wenn es als nicht erwiesen angesehen wird, **Teilfreispruch** auch dann zu erfolgen, wenn es nach Ansicht des Gerichts bei einer Verurteilung in Tateinheit mit den Delikten stehen würde, deretwegen eine Verurteilung erfolgt (*Meyer-Goßner* 13 zu § 260). Kein Verstoß gegen § 24 II GVG liegt vor, wenn das SchöffG (oder die StK als Berufungsge-

richt) in einem Urteil zwei jeweils nicht mehr als 4 Jahre betragende, unter sich nicht gesamtstrafenfähige Gesamtstrafen verhängt, selbst wenn deren Summe 4 Jahre übersteigt (BGH **34**, 161, hierzu *Fezer* JR **88**, 89). Im Rahmen der nachträglichen Gesamtstrafenbildung (§ 55) ist aber der Strafbann des § 24 II GVG zu beachten (1 StR 11/88). Der auslieferungsrechtliche **Spezialitätsgrundsatz** (vgl. 22 vor § 3) verbietet es, eine mangels Zustimmung der ersuchten ausländischen Behörde nicht vollstreckbare Strafe in eine Gesamtstrafe einzubeziehen (NStZ **98**, 149). Ausnahmen gelten ins. bei der Vollstreckung von Geldstrafen im Verhältnis zu Mitgliedsstaaten der EU (§ 83 h II Nr. 4 IRG).

Bildung der Gesamtstrafe

54 **I Ist eine der Einzelstrafen eine lebenslange Freiheitsstrafe, so wird als Gesamtstrafe auf lebenslange Freiheitsstrafe erkannt. In allen übrigen Fällen wird die Gesamtstrafe durch Erhöhung der verwirkten höchsten Strafe, bei Strafen verschiedener Art durch Erhöhung der ihrer Art nach schwersten Strafe gebildet. Dabei werden die Person des Täters und die einzelnen Straftaten zusammenfassend gewürdigt.**

II Die Gesamtstrafe darf die Summe der Einzelstrafen nicht erreichen. Sie darf bei zeitigen Freiheitsstrafen fünfzehn Jahre, *bei Vermögensstrafen den Wert des Vermögens des Täters* und bei Geldstrafe siebenhundertzwanzig Tagessätze nicht übersteigen; *§ 43 a Abs. 1 Satz 3 gilt entsprechend.*

III Ist eine Gesamtstrafe aus Freiheits- und Geldstrafe zu bilden, so entspricht bei der Bestimmung der Summe der Einzelstrafen ein Tagessatz einem Tag Freiheitsstrafe.

Zu Abs. II: § 43 a ist nach der Entscheidung des BVerfG vom 20. 3. 2002 (BGBl. I 1340) verfassungswidrig und nichtig.

1) Allgemeines. Die Vorschrift idF des 2. StrRG, mit der Neufassung des II S. 2 zuletzt geändert durch Art. 1 Nr. 5 OrgKG, wurde durch Art. 1 Nr. 4 des 23. StÄG auch auf die (gesamtstrafenfähige) lebenslange Freiheitsstrafe erstreckt. Vgl. dazu BT-Drs. 13/4830. **Literatur:** 1

2) Grundsätze der Gesamtstrafenbildung. Für die Bildung der Gesamtstrafe ist zwischen Fällen der Einbeziehung einer lebenslangen Freiheitsstrafe und anderen Fällen zu unterscheiden: 2

A. Nach **I S. 1** ist, wenn eine (mehrere oder alle) der nach § 53 gesamtstrafenfähigen Einzelstrafen in **lebenslanger Freiheitsstrafe** besteht, **als Gesamtstrafe** auf lebenslange Freiheitsstrafe zu erkennen, was nach § 57 b wiederum in Bezug auf die Vollstreckung dieser Rechtsfolgenentscheidung zur Folge hat, dass die lebenslange Freiheitsstrafe sowohl zur Einsatzstrafe als auch zur Gesamtstrafe wird. Der zusätzliche Unrechtsgehalt kann, soweit nicht die Prüfung der besonderen Schwere der Schuld (§ 57 a I Nr. 2) schon dem Erkenntnisverfahren vorbehalten ist (14 zu § 57 a), erst bei der Aussetzung des Strafrestes nach § 57 b berücksichtigt werden. 3

B. Nach **I S. 2** gilt **in allen übrigen Fällen** folgendes: Zunächst wird für jede Tat die **Einzelstrafe** innerhalb des für sie konkret anzuwendenden Strafrahmens zugemessen (MDR/D **58**, 739; **73**, 554; LK-*Rissing-van Saan* 11). Zur Auswirkung des Fehlens von Einzelstrafen vgl. unten 15; bei nachträglicher Gesamtstrafenbildung vgl. BGH **4**, 346; **41**, 374; **43**, 34; 8 a f. zu § 55. Bei Geldstrafen ist die Ersatzfreiheitsstrafe nicht zu bestimmen (§ 43), wohl aber die Tagessatzhöhe (5 zu § 53). Bei Anwendung von Jugendstrafrecht gem. § 105 JGG ist § 31 JGG zu beachten (4 StR 32/78). Zur Einbeziehung von Hauptstrafen nach §§ 63, 64 StGB-DDR vgl. NStZ **99**, 82 u. 4 zu § 53. Dann wird festgestellt, welches die **ihrer Art nach schwerste** der zugemessenen Einzelstrafen ist (3 zu § 52); das ist eine freiheitsentziehende Strafe auch dann, wenn sie niedriger ist als die Ersatzfreiheitsstrafe für eine außerdem verhängte Geldstrafe (sie ist nach III nur für die Summe der Einzelstrafen maßgebend; LK-*Rissing-van Saan* 4). Bei Strafen gleicher Art ist die 4

dem Maß nach schwerste festzustellen. Hieraus folgt, dass aus Einzelstrafen, die nur aus Geldstrafen bestehen, stets nur eine Gesamt*geld*strafe gebildet werden kann (NStZ **95**, 178; StV **99**, 598). Die schwerste Strafe, die sog. **Einsatzstrafe**, wird dann in zusammenfassender Würdigung **erhöht** (sog. Asperationsprinzip).

5 Das **Mindestmaß** der Gesamtstrafe ist die nach I S. 2 geringstmöglich *erhöhte* Einsatzstrafe; Ausnahmen können sich aus § 358 II StPO ergeben (BGH **8**, 205; Bay NJW **71**, 1193). Das **Höchstmaß** der Gesamtstrafe ist dadurch begrenzt, dass sie nach **II S. 1** die Summe der Einzelstrafen nicht erreichen darf; die konkrete Gesamtstrafe muss also um mindestens eine Strafeinheit (§§ 39, 40; LK-*Rissing-van Saan* 6) **unter der Summe** der Einzelstrafen bleiben (vgl. 2 StR 507/96, 3 StR 172/97; 2 StR 478/06; 4 StR 472/06; 6 zu § 39). Die Summe wird, wenn nur gleichartige Strafen verwirkt sind, durch Addition gebildet. Das gilt auch, wenn Freiheitsstrafe nach § 38 und Strafarrest zusammentreffen. Treffen Freiheits- und Geldstrafe zusammen, so berechnet sich die Summe der Einzelstrafen nach Abs. III. Übersteigt die Summe **15 Jahre** Freiheitsstrafe, so bildet diese Grenze das Höchstmaß, selbst wenn bereits eine Einzelstrafe 15 Jahre beträgt (MDR/D **71**, 545; vgl. aber 3 zu § 38). Die Gesamtstrafe muss abweichend von § 39 nicht nach vollen Monaten bemessen werden, wenn dies den Grundsätzen des § 54 nicht entsprechen würde (NStZ-RR **04**, 137; vgl. 6 zu § 39).

6 **3) Bemessung der Gesamtstrafe.** Nach **Abs. I S. 3** werden durch einen besonderen Strafzumessungsakt (LK-*Rissing-van Saan* 10), der als solcher grds auch isoliert anfechtbar ist (NStZ **00**, 84; NStZ-RR **00**, 13), die Person des Täters und die einzelnen Straftaten zusammenfassend gewürdigt (krit. zur „Gesamtwürdigung" *Horn,* Arm. Kaufmann-GedS 573). Damit ist klargestellt, dass es nicht nur darum geht, die durch Verlängerung der Strafzeit gesteigerte Strafempfindlichkeit auszugleichen, sondern auch das **Verhältnis** der einzelnen Straftaten zueinander, ihren **Zusammenhang,** ihre größere oder geringere Selbständigkeit, namentlich die Verhältnisse des Verurteilten und sein gesamtes in den Straftaten hervortretendes Verschulden sowie eine etwaige Verletzung des Beschleunigungsgebots (NStZ **87**, 233) zu berücksichtigen.

7 **A.** Der **Summe der Einzelstrafen** kommt nur **geringes Gewicht** zu (NStZ-RR **03**, 295; LK-*Rissing-van Saan* 12); es kommt auf die angemessene Erhöhung der Einsatzstrafe unter Berücksichtigung der Person des Täters und seiner Taten an (NStZ-RR **97**, 131; 228; 4 StR 285/99). Die tatrichterliche **Praxis** orientiert sich oft zu sehr an schematischen Modellen, teilweise gar an *mathematischen* „Faustregeln" (zB: Erhöhung der Einsatzstrafe um die Hälfte der Summe der weiterem Strafen), die von vornherein verfehlt und daher rechtsfehlerhaft sind.

7a Die Erhöhung der Einsatzstrafe kann niedriger ausfallen, wenn zwischen den einzelnen Taten ein enger zeitlicher, sachlicher und situativer **Zusammenhang** besteht (NJW **95**, 1038 [m. Anm. *Joerden* JZ **95**, 907]; **95**, 2234; NStZ **88**, 126; **91**, 527; **95**, 77; **96**, 32; **98**, 247; **01**, 365; StV **92**, 226; **97**, 75; MDR/H **93**, 6; **95**, 879; 880; BGHR § 46 I Strafh. 13; BGHR § 54 I Bem. 2, 4; LK-*Rissing-van Saan* 14); zu berücksichtigen ist, dass die **wiederholte Begehung** gleichartiger Taten Ausdruck einer niedriger werdenden Hemmschwelle sein kann (StV **00**, 254; BGHR Bemess. 2, 4, 8; MDR/H **93**, 6; NJW **95**, 2234; NStZ-RR **03**, 9; wistra **06**, 257 f.; vgl. aber NStZ **96**, 187). Gründe, die den Unrechtsgehalt der Einzeltat bestimmen, sind nicht erst bei der Gesamtstrafe, sondern bei der Einzelstrafenbestimmung zu berücksichtigen (NJW **66**, 509). Eine völlige Trennung der für die Einzel- und Gesamtstrafenfestsetzung maßgeblichen Gesichtspunkte lässt sich nicht durchführen (BGH **24**, 270; 1 StR 622/92); vielmehr ist die Bemessung der Gesamtstrafe im Wege einer Gesamtschau des Unrechtsgehalts und Schuldumfangs vorzunehmen (StV **94**, 370; 425; **97**, 634; 1 StR 251/98; NStZ-RR **07**, 72). An die **Begründung** der Strafhöhe sind umso höhere Anforderungen zu stellen, je mehr sich die Strafe der unteren oder oberen Grenze des Zulässigen nähert. Diese allgemeine Regel gilt gleichermaßen für die Bemessung der Gesamtstrafe (NStZ **06**,

568; 2 StR 270/07); sie ist hier aber dahin gehend zu erweitern, dass eine starke Erhöhung der Einsatzstrafe ungeachtet des formell zulässigen Gesamtstrafrahmens regelmäßig *besonderer* Begründung bedarf (vgl. NStZ-RR **07**, 71 f. [rechtsfehlerhafte Verdreifachung der Einsatzstrafe bei Serientat]; StV **07**, 298 [300 Einzelstrafen von sechs Monaten wegen Handeltreibens mit jeweils 1 Gr. Haschisch, Gesamtstrafe vier Jahre]; NStZ **07**, 326 [6000 Einzelstrafen von neun Monaten; Gesamtstrafe vier Jahre ohne nähere Begründung]; aber auch NStZ-RR **07**, 72 [Berücksichtigung des *Gesamt*-Gewichts der abgeurteilten Taten]; vgl. auch NStZ-RR **03**, 9; **05**, 374, 375; 2 StR 266/05). Nach Düsseldorf wistra **07**, 235, 236 ist eine Gesamtstrafe, die die Einsatzstrafe auf das *Dreifache* oder mehr erhöht, „in aller Regel" fehlerhaft (im Fall: mehr als *6-fach*).

B. Das Gericht hat die für die Gesamtstrafe bestimmenden Zumessungsgründe ohne Doppelverwertung der Strafzumessungstatsachen zu finden und deshalb zunächst die Einzelstrafe für jede Tat ohne Rücksicht auf die übrigen Taten zuzumessen (LK-*Rissing-van Saan* 11). Ein **festgestelltes,** insb. vom Täter eingeräumtes **„Gesamtgeschehen"** ist bei der Gesamtstrafenbildung zum Nachteil des Täters zu berücksichtigen, auch soweit es nicht Gegenstand des Schuldspruchs ist (vgl. NStZ **95**, 439; NStZ-RR **97**, 130; **00**, 13). So können insb. nach § 154 StPO ausgeschiedene Taten berücksichtigt werden, sofern sie in ihrem Unrechtsgehalt hinreichend konkretisiert sind, allerdings nicht mit demselben Gewicht wie abgeurteilte Taten. 8

Ein **„Gesamterfolg" von Tatserien** kann aber nur insoweit strafschärfend in die Gesamtstrafe einbezogen werden, als er den konkret festgestellten Einzeltaten zuzuordnen und daher auch hier zu berücksichtigen ist. Insb. nach Wegfall der fortgesetzten Handlung (47 ff. vor § 52) kann aus nicht festgestellten selbstständigen Einzeltaten einer Tatserie nicht in einer „Gesamtbetrachtung" eine Erhöhung der Gesamtstrafe abgeleitet werden (vgl. *Pfeiffer* StPO, 7 zu § 267); **überschießende Gesamterfolge** können für die Gesamtstrafenbildung nur insoweit verwertet werden, wie sie im Rahmen des § 46 zur Einzelstrafenzumessung herangezogen werden können. Erst recht kann nicht eine nur *vermutete* „Vielzahl weiterer Taten", die nicht festgestellt sind, zur Bemessung der Gesamtstrafe herangezogen werden (NStZ-RR **97**, 130; 4 StR 228/99). Das darf nicht durch vage Schätzungen von Gesamtschäden oder „Gesamterfolgen" bei Serientaten oder nur verbal „eingeschränkter" strafschärfender Berücksichtigung nicht angeklagter, verjährter oder ausgeschiedener Einzelakte unterlaufen werden (tendenziell and. *Altvater,* BGH-FG 495, 502 ff., 508). 9

C. Im Übrigen können gleichförmig anzuwendende Regeln für die Gesamtstrafenbildung nicht angegeben werden; freilich werden zeitliche, örtliche, situative und motivatorische Zusammenhänge häufig für einen straffen Zusammenzug, zeitlich weit auseinander liegende Taten gegen verschiedene Rechtsgüter eher für eine deutliche Erhöhung der Einsatzstrafe sprechen. Andererseits können sich aus hartnäckiger Tatwiederholung in schneller Folge durchaus auch gesamtstrafen-schärfende Umstände ergeben. Rein schematische oder gar rein rechnerisch ermittelte Bemessungs-Erwägungen sind fehlerhaft (2 StR 487/00); ebenso etwa, trotz Vorliegens wesentlicher Milderungsgründe die Einsatzstrafe bis an die Obergrenze des Strafrahmens zu erhöhen (StV **93**, 622) oder die Einsatzstrafe, obgleich in den Urteilsgründen zur Bemessung fast nur strafmildernde Umstände angeführt werden, mehr als zu verdoppeln (Köln StV **05**, 90). 10

D. Abs. I S. 3 verlangt, dass das Gericht die **bestimmenden Zumessungsgründe** für die Gesamtstrafe ebenso angibt wie bei einer Einzelstrafe (BGH **24**, 268; NJW **53**, 1360; BGHR vor § 1 mind. schw. Fall, Gesamtwürd. unvollst. 10); Bezugnahmen auf die Strafzumessungserwägungen zu den Einzelstrafen sind in einfacheren Fällen zulässig (NStZ **87**, 183; BGHR Bemess. 1; BGHR § 55 I S. 1 Strafen einb. 6). Eine **eingehende Begründung** ist insbesondere erforderlich, wenn die Gesamtstrafe der oberen (StV **83**, 237; **94**, 424; **96**, 263; BGHR § 54 I, Bem. 8; 5 StR 11

367/92) oder der unteren Grenze des Zulässigen nahe kommt (BGH **24**, 271; 4 StR 417/97); wenn die Gesamtstrafe im Vergleich zur **Einsatzstrafe stark erhöht** werden soll (wistra **97**, 227; 228; **98**, 263; NStZ-RR **98**, 236; StV **03**, 555, 556; 5 StR 323/01; 2 StR 155/04); wenn die Strafe nur geringfügig oberhalb der Grenze liegt, welche noch eine **Aussetzung zur Bewährung** erlauben würde. Die Gesamtstrafe darf aber nicht unterhalb der schuldangemessenen Höhe verhängt werden, nur um die Grenze der Aussetzungsfähigkeit nicht zu überschreiten (vgl. NStZ **01**, 311; **01**, 365). Sind im Falle mehrerer Taten gegen dasselbe Opfer schwere psychische Schäden des Tatopfers Folge der Gesamtheit der Taten, so sind diese Schäden nur einmal bei der Gesamtstrafe zu berücksichtigen (NStZ **96**, 187); als Folge einzelner Taten können sie bei der Bemessung der Einzelstrafen nicht in ihrem vollen Gewicht in Ansatz gebracht werden (BGHR § 46 II Tatausw. 7).

12 **4) Bedeutung der Einzelstrafen.** Die Einzelstrafen sind, auch wenn im Tenor des Urteils nur die Gesamtstrafe genannt und auch nur diese allein vollstreckt wird (§ 449 StPO; vgl. BGH **30**, 234), insb. verfahrensrechtlich, aber auch materiell bedeutsam. Für die lebenslange Freiheitsstrafe folgt das aus § 57b; im Übrigen aus § 52 III, IV S. 2 (6 zu § 52) und daraus, dass, wenn eine Einzelstrafe vom Rechtsmittelgericht aufgehoben wird, die übrigen bestehen bleiben (BGH **1**, 253; **4**, 346), es sei denn, dass zu Unrecht Tateinheit statt Tatmehrheit angenommen wurde (NJW **63**, 1260) oder ihre Höhe durch die weggefallene Strafe beeinflusst ist. Die Einbeziehung von **Geldstrafen** regelt **Abs. III**. Die Tagessatzhöhe von Geldstrafen ist auch bei ihrer Einbeziehung festzusetzen (vgl. BGH **30**, 93, 96; 1 StR 214/03; 2 StR 571/05).

13 **5)** Mit der **Revision** kann eine fehlerhafte Gesamtstrafenbildung grds isoliert angegriffen werden. Eine ins einzelne gehende Richtigkeitskontrolle der Gesamtstrafenbemessung ist dem Revisionsgericht versagt; die Grundsätze von BGH **34**, 345, 349 (GrSen) gelten auch für die Bildung der Gesamtstrafe (BGHR § 54 I Bemessung 5; zu § 354 Abs. I b StPO vgl. auch 123 zu § 46). Ist fehlerhaft eine Einzelstrafe nicht festgesetzt worden, so kann das Revisionsgericht dies dadurch nachholen, dass es auf die gesetzliche **Mindeststrafe** erkennt (§ 354 I StPO; vgl. BGHR StPO § 354 I Strafausspruch 10); das Verschlechterungsverbot steht dem nicht entgegen. Wenn im Einzelfall eine Auswirkung auf die Gesamtstrafe **sicher auszuschließen** ist, bedarf es in diesem Fall einer Aufhebung der Gesamtstrafe nicht (BGHR StPO § 358 II S. 1 Einzelstrafe, fehlende 2; 5 StR 513/03).

13a In Fällen, in denen Einzelstrafen-Zumessungen rechtsfehlerhaft sind, einzelne Schuldsprüche vom Revisionsgericht aufgehoben und das Verfahren insoweit gem. § 154 II StPO eingestellt wird, oder in denen die Zumessung der Gesamtstrafe Rechtsfehler aufweist, neigt die **neuere BGH-Rspr** (vgl. etwa wistra **99**, 28; NStZ-RR **02**, 103; 2 StR 324/88; 1 StR 429/01; 1 StR 316/02; 4 StR 250/02) in wesentlich stärkerem Maße als früher dazu, Revisionen von Angeklagten gleichwohl im Ergebnis zu verwerfen. Die Begründungen sind unterschiedlich, aber gleichermaßen nicht ganz unproblematisch: Das **Beruhen** (§ 337 StPO) der Gesamtstrafe auf fehlerhaften Einzel-Strafaussprüchen entfällt, wenn **ausgeschlossen werden kann,** dass der Tatrichter bei rechtsfehlerfreier Behandlung auf eine mildere Gesamtstrafe erkannt *hätte* (nicht, dass ein neuer Tatrichter auf dieselbe erkennen *würde*!). Dieser revisionsgerichtlichen Beurteilung fehlt im Grunde, wenn es nicht um mathematisch zwingende Folgerungen geht, eine Grundlage; die Bewertung nähert sich daher in *sehr* weiter Auslegung des § 354 I StPO einer eigenen Strafzumessung nach Aktenlage an. Eine andere Begründungsfigur verneint schon eine **Beschwer;** dies insbesondere im Zusammenhang mit dem nach Wegfall der früheren Fortgesetzten Handlung entstandenen unübersichtlichen Dickicht von **Konkurrenz**-Regeln, die sich in einzelnen Bereichen (vgl. „Bewertungseinheit"; 12ff. vor § 52) unübersehbar der Sache nach einer **„Einheitsstrafe"** annähern. Die BGH-Rspr hat daher die Gesamtstrafe, wenn nicht die Einsatzstrafe betroffen ist, in zahlreichen Fällen fehlerhafter Einzelstrafenbildung bestehen lassen. Das **BVerfG** hat aber im

Einzelfall (vgl. BVerfG NStZ **91**, 499) eine objektiv willkürliche Anwendung des § 354 I StPO beanstandet (NJW **04**, 1790). Besser als eine unmerklich eingeführte **Einheitsstrafe praeter legem** wäre insoweit eine klare Entscheidung des Gesetzgebers.

Die Problematik ist durch Einfügung von **§ 354 Abs. I a und I b StPO** (durch Art. 3 Nr. 15 c des Ersten JustizmodernisierungsG v. 24. 8. 2004 [BGBl I 2198]) entschärft worden. Danach ist dem Revisionsgericht seit **1. 9. 2004** ein wesentlich breiterer Spielraum zur eigenen Sachentscheidung gegeben. Die Grenzen solcher Strafzumessungs-Entscheidungen des Revisionsgerichts sind durch die Entscheidung des **BVerfG** vom 14. 6. 2007 (StV **07**, 393 = 2 BvR 1447/05, 2 BvR 136/05) enger gezogen worden (vgl. 121 zu § 46; LK-*Rissing-van Saan* 17). **14**

Das **Verschlechterungsverbot** des § 358 II StPO ist verletzt, wenn nach Zurückverweisung auf alleiniges Rechtsmittel des Verurteilten auf höhere Einzelstrafen erkannt wird (BGH **1**, 252; 4 StR 385/82; vgl. BGHR § 331 I StPO Einzelstr. fehl. 1). Das liegt auch nahe, muss jedoch nicht zwingend gelten, wenn trotz Wegfalls einer Einzelstrafe vom neuen Tatrichter auf dieselbe Gesamtstrafe erkannt wird (BGH **7**, 86; NJW **53**, 1360; *LK-Rissing-van Saan* 19; NK-*Frister* 33); in diesem Fall ist sorgfältig zu begründen, warum der Wegfall der Einzelstrafe sich auf die neu bemessene Gesamtstrafe nicht ausgewirkt hat. Da bei einem Teil der Einzelstrafen Rechtskraft eintreten kann (BGH **1**, 253), ist deren Vollstreckung vor Rechtskräftigwerden der Gesamtstrafe zulässig (Bremen NJW **55**, 1243; Celle NJW **58**, 153; NK-*Frister* 27; näher KK-StPO-*Fischer* 15 ff. zu § 449 mwN; **aA** Frankfurt NJW **56**, 1290; Oldenburg NJW **60**, 62; *S/S-Stree/Sternberg-Lieben* 24; NK-*Frister* 26). Es ist auch möglich, dass bei Bildung einer neuen Gesamtstrafe nach Zurückverweisung eine Geldstrafe nicht mehr in die Gesamtstrafe einbezogen wird (§ 53 II S. 2). Hat das Gericht 1. Instanz versäumt, Einzelstrafen festzusetzen, so kann das Berufungsgericht das nachholen (Frankfurt NJW **73**, 1057; str.; LK-*Rissing-van Saan* 19), das Revisionsgericht hat aufzuheben und zurückzuverweisen (4 StR 564/83); § 358 II StPO steht dann aber einer Erhöhung der Gesamtstrafe entgegen, wenn nur der Angekl. Revision eingelegt hat (BGH **4**, 365). Hat der Tatrichter Tatmehrheit statt Tateinheit angenommen und auf eine Gesamtfreiheitsstrafe erkannt, so kann das Revisionsgericht, wenn auszuschließen ist, dass bei Annahme von Tateinheit eine andere (Einzel-)Strafe verhängt worden wäre, unter Änderung des Schuldspruchs auf eine Freiheitsstrafe derselben Höhe erkennen (BGH **7**, 86; NJW **53**, 1360; LK-*Rissing-van Saan* 16; MDR/H **78**, 110; krit. *Bringewat* 186). Umgekehrt darf bei irrtümlich angenommener Tateinheit und Zurückverweisung ohne Verstoß gegen § 358 II StPO jede der neuen Einzelstrafen sowie die neue Gesamtstrafe die frühere einheitliche Strafe erreichen, aber nicht übersteigen (StV **82**, 510). **15**

Nachträgliche Bildung der Gesamtstrafe

55 I **Die §§ 53 und 54 sind auch anzuwenden, wenn ein rechtskräftig Verurteilter, bevor die gegen ihn erkannte Strafe vollstreckt, verjährt oder erlassen ist, wegen einer anderen Straftat verurteilt wird, die er vor der früheren Verurteilung begangen hat. Als frühere Verurteilung gilt das Urteil in dem früheren Verfahren, in dem die zugrundeliegenden tatsächlichen Feststellungen letztmals geprüft werden konnten.**

II *Vermögensstrafen,* **Nebenstrafen, Nebenfolgen und Maßnahmen (§ 11 Abs. 1 Nr. 8), auf die in der früheren Entscheidung erkannt war, sind aufrechtzuerhalten, soweit sie nicht durch die neue Entscheidung gegenstandslos werden.** ***Dies gilt auch, wenn die Höhe der Vermögensstrafe, auf die in der früheren Entscheidung erkannt war, den Wert des Vermögens des Täters zum Zeitpunkt der neuen Entscheidung übersteigt.***

Zu Abs. II: § 43 a ist nach der Entscheidung des BVerfG vom 20. 3. 2002 (BGBl. I 1340) verfassungswidrig und nichtig.

Übersicht

1) Allgemeines	1, 1 a
2) Regelungsgegenstand	2
3) Anwendungsvoraussetzungen	3–13
4) Bildung der nachträglichen Gesamtstrafe	14–28
5) Aufrechterhaltung weiterer Rechtsfolgen (Abs. II)	29–33
6) Zwingende Anwendung des § 55	34–37 a
7) Tenorierung	38
8) Anrechnung	39
9) Verjährung	40

1 **1) Allgemeines.** Die Vorschrift (vgl. § 76 aF und E 1962, 194) geht in ihrer jetzigen Form auf das 2. StrRG zurück; Abs. II wurde durch Art. 1 Nr. 6 OrgKG neugefasst.

1 a **Literatur:** *Bender,* Art u. Weise nachträglicher Gesamtstrafenbildung, NJW **71**, 791; *Bohnert,* Tatmehrheit, Verfahrensmehrheit u. nachträgliche Gesamtstrafenbildung, GA **94**, 97; *Bringewat,* Straferledigung im Sinn des § 55 StGB u. angemessener Härteausgleich, NStZ **87**, 385; *ders.,* Sperrwirkung einer im Sinn des § 55 StGB „früher" erkannten Gesamtstrafe?, MDR **87**, 793; *ders.,* Zäsurwirkung des früher erkannten Urteils trotz Straferledigung? – BGH **33**, 367 –, JuS **88**, 25; *ders.,* Nachträgliche Bildung einer Gesamtfreiheitsstrafe in der Berufungsinstanz u. das Verschlechterungsverbot – BGH NStZ **88**, 284 –, JuS **89**, 527; *ders.,* Nachträgliche Bildung der Gesamtstrafe u. das Verbot der reformatio in peius, StV **93**, 47; *Greib,* Die nachträgliche Bildung der Gesamtstrafe nach §§ 55 StGB, 460 StPO, JuS **94**, 690; *Kadel,* Tagessatz – System u. Verschlechterungsverbot, GA **79**, 459; *Karl,* Zäsurwirkung bei Absehen von der Bildung einer Gesamtstrafe aus Freiheits- u. Geldstrafe?, MDR **88**, 365; *Maatz,* Zur Zäsurwirkung einer früheren Verurteilung im Rahmen nachträglicher Gesamtstrafenbildung, NJW **87**, 478; *Maiwald,* Nachträgliche Gesamtstrafenbildung u. das Verbot der reformatio in peius, JR **80**, 353; *Regel,* Gesamtstrafe aus Geldstrafe bei Tagessätzen unterschiedlicher Höhe, MDR **77**, 446; *Remmele,* Nachträgliche Gesamtstrafenbildung beim Strafbefehl, NJW **74**, 486; *Roos,* Bestimmung der Tagessatzhöhe bei nachträglicher Bildung einer Gesamtgeldstrafe, NJW **76**, 1483; *Sieg,* Nachträgliche Gesamtstrafenbildung u. Strafklageverbrauch beim Strafbefehl – Eine Erwiderung, NJW **75**, 530; *Siggelkow,* Vollstreckung der Ersatzfreiheitsstrafe aus einer nachträglich getilgten Gesamtgeldstrafe, Rpfleger **94**, 285; *Tietz-Bartram,* Gesamtstrafenbildung mit ausgelaufener Bewährungsstrafe, wistra **90**, 259; *Vogt,* Die nachträgliche Bildung einer Gesamtgeldstrafe bei differierenden Tagessatzhöhen, NJW **81**, 899; *Wilhelm,* Die Konkurrenz der Regeln zur Gesamtstrafenbildung, ZIS **07**, 82.

2 **2) Regelungsgegenstand.** Grundgedanke des § 55 I ist es, die durch eine getrennte Aburteilung entstandenen Vor- und Nachteile auszugleichen, so dass Taten, die bei gemeinsamer Aburteilung nach §§ 53, 54 behandelt worden wären, auch bei getrennter Aburteilung durch Einbeziehung in das letzte Urteil noch nachträglich so zu behandeln sind, der Täter also **im Ergebnis weder besser noch schlechter** gestellt ist (BGH **7**, 180; **8**, 203; **15**, 66; **17**, 173; **32**, 193; **33**, 131; **35**, 211; **43**, 80; NJW **91**, 1763 [m. Anm. *Bringewat* JR **91**, 514 u. StV **93**, 48]; MDR/H **93**, 1039; LK-*Rissing-van Saan* 2). Hierbei kommt es allein auf die materiellrechtliche Regelung (§ 55 iVm §§ 53, 54) und nicht auf die verfahrensrechtliche Situation an (BGH **32**, 193). Im **Unterschied zum Jugendstrafrecht** (§ 31 II JGG), wo frühere **Urteile** einbezogen werden, sind nach § 55 rechtskräftige **Strafen** einzubeziehen. In eine Einheitsjugendstrafe (§§ 31 II, III, 105 II JGG) kann uU auch ein auf Freiheitsstrafe lautendes Urteil wegen einer Tat eines Erwachsenen einbezogen werden (BGH **37**, 34 [m. Anm. *Brunner* JR **90**, 483; *Ostendorf* NStZ **91**, 185]; StV **94**, 603). Jedoch ist das allgemeine Strafrecht bei einer nach Jugendstrafrecht zu beurteilenden Tat eines bereits wegen einer Erwachsenentat rechtskräftig verurteilten Heranwachsenden anzuwenden, falls das Schwergewicht nicht bei der nach Jugendstrafrecht zu beurteilenden Tat liegt (BGH **40**, 2).

3 **3) Anwendungsvoraussetzungen. A. Grundsätze.** Nach **Abs. I S. 1** ist **Voraussetzung** für die nachträgliche Gesamtstrafenbildung zum einen eine **frühere Verurteilung** (durch Urteil oder eine diesem gleichstehende Entscheidung, zB durch Strafbefehl, bei dem es auf seinen Erlass [Unterzeichnung], nicht auf die [nichtrichterliche] Zustellung ankommt, BGH **33**, 231; 2 StR 612/88; *Lackner/Kühl* 2; NK-*Frister* 4; LK-*Rissing-van Saan* 8; **aA** Schleswig SchlHA **82**, 99; *Sieg* NJW **75**,

530; *S/S-Stree/Sternberg-Lieben* 10; vgl. auch § 59c II) zu Freiheits- oder Geldstrafe, die weder vollstreckt, verjährt noch erlassen ist; zum anderen eine **vor dem früheren Urteil** (auf dessen Appell- oder Warnfunktion es nicht ankommt, BGHR § 55 I S. 1 AnwPfl. 1; Koblenz OLGSt. 3) **begangene Tat,** die jetzt abgeurteilt werden soll. Kein Fall des § 55 (sondern ein Normalfall des § 54) liegt vor, wenn nach (teilweiser) Aufhebung und Zurückverweisung durch das Revisionsgericht der neue Tatrichter eine Gesamtstrafe aus rechtkräftigen und neu zugemessenen Einzelstrafen bilden muss (vgl. 2 StR 153/04).

Aus einer **Jugendstrafe** und einer wegen einer *vor* dieser Verurteilung begangenen Tat verhängten Freiheitsstrafe darf weder in analoger Anwendung des § 32 JGG eine Einheitsjugendstrafe noch nach § 55 eine Gesamtstrafe gebildet werden (BGH **10**, 100, 103; **14**, 287; **27**, 295, 296; **36**, 270 [m. Anm. *Böhm/Büsch-Schmitz* NStZ **91**, 131; *Bringewat* JuS **91**, 24]; vgl. auch BGH **36**, 294, 396f.; NStZ **87**, 24; NStZ-RR **98**, 152; wistra **06**, 246; BGHR § 32 JGG Aburteilung, getrennte 2; 3 StR 17/93; LK-*Rissing-van Saan* 26; **aA** *Schoreit* NStZ **89**, 461; ZRP **90**, 175; NK-*Frister* 26); die daraus folgende Härte ist bei der Bemessung der Erwachsenenstrafrecht zu verhängenden Strafe zu berücksichtigen (BGH **36**, 270, 275f.; **41**, 311 [m. Anm. *R. Peters* NStZ **96**, 383]; MDR/H **79**, 106; StV **96**, 263; NStZ-RR **07**, 168), und zwar sowohl bei der Festsetzung einer Einzelstrafe (BGHR § 55 I S. 1 HärteAusgl. 6; BGH **43**, 80) als auch bei einer Gesamtstrafenbildung nach § 53 I (BGH **36**, 275; NStZ-RR **98**, 151). Im Fall einer neuen Verurteilung zu Jugendstrafe wegen einer **Heranwachsendentat** gilt für die Einbeziehung einer früheren Verurteilung zu Freiheitsstrafe § 105 II JGG; dies auch dann, wenn das einzubeziehende Urteil nur wegen einer Straftat im Erwachsenenalter begangen ist (BGH **37**, 34). 4

a) Frühere Verurteilung. Das frühere Urteil muss **rechtskräftig** sein, bevor das 2. Urteil rechtskräftig wird (NJW **66**, 114). Früheres Urteil iS von I S. 1 ist auch die letzte tatrichterliche Entscheidung zur Straffrage (5 StR 69/96). Einzelstrafen, die zur Bildung einer Gesamtstrafe in einem noch nicht rechtskräftigen Urteil herangezogen wurden, dürfen auch dann nicht in eine weitere Gesamtstrafe einbezogen werden, wenn sie für sich genommen rechtskräftig sind (BGH **50**, 188, 191). Wurde ein Urteil im Wiederaufnahmeverfahren aufrechterhalten, so ist das Urteil des Wiederaufnahmeverfahrens und nicht das ursprüngliche Urteil frühere Verurteilung iS des § 55 (Bay **81**, 175 m. Anm. *Stree* JR **82**, 336; *S/S-Stree/Sternberg-Lieben* 11). **Ausländische Strafen** sind wegen des damit verbundenen Eingriffs in deren Vollstreckbarkeit nicht gesamtstrafenfähig (BGH **43**, 80; NJW **00**, 1964; NStZ **98**, 134; NStZ-RR **00**, 105; BGHR § 55 I Härteausgleich 8; 1 StR 130/97; Düsseldorf GA **91**, 271). 5

b) Keine Erledigung. Die in der früheren Verurteilung erkannte Strafe darf zum Zeitpunkt des letzten tatrichterlichen *Sachurteils* wegen der neuen Tat (BGH **12**, 94; *Lackner/Kühl* 3; NK-*Frister* 23; *Bringewat* 246; *S/S-Stree/Sternberg-Lieben* 25) **nicht vollstreckt, verjährt oder erlassen** sein (bei Geldstrafe: durch Zahlung oder Vollstreckung von Ersatzfreiheitsstrafe). Das ist in den Urteilsgründen festzustellen (NStE Nr. 10; wistra **95**, 307; Frankfurt NStE Nr. 11). Nach Einspruch gegen einen **Strafbefehl** kommt es auf den Zeitpunkt der Hauptverhandlung an (2 StR 286/00), auch wenn in ihr nur noch zur Straffrage verhandelt wurde (BGH **15**, 66). Anwendbar ist § 55 danach bei Vorbehalt einer Geldstrafe (§ 59c II); ebenso bei Aussetzung der 1. Strafe zur Bewährung (BGH **7**, 180; 4 StR 543/98; auch wenn die Bewährungsfrist abgelaufen ist; vgl. BGHR § 33 I S. 1, Einbeziehung 1, 2; Bay NStZ-RR **01**, 331f.), auch im Gnadenwege (BGH **9**, 384; NJW **55**, 1485). Da es auf den Zeitpunkt der letzten Tatsachen-Verhandlung ankommt, ist es für das **Revisionsverfahren** gleichgültig, ob die frühere Strafe zwischen dem *neuen* tatrichterlichen Urteil und der dieses Urteil betreffenden *Revisionsentscheidung* erledigt ist. Einzelgeldstrafen, die gem. § 53 II neben einer Freiheitsstrafe verhängt wurden, sind so lange einbeziehungsfähig wie die Verurteilung *insgesamt* noch nicht erledigt ist 6

(NStZ **07**, 232). Die gesonderte Vollstreckung einer (Geld-)Strafe scheidet aus, wenn diese rechtskräftig in eine nachträgliche Gesamtgeldstrafe einbezogen ist; *beide* Strafen sind daher in eine nach § 55 I neu zu bildende Gesamtstrafe einzubeziehen (NStZ-RR **06**, 337).

6a Eine unter Verletzung von § 55 unterbliebene Bildung einer Gesamtstrafe ist auch dann **nachzuholen**, wenn die früher verhängte Strafe inzwischen erledigt ist (BGH **4**, 366; **15**, 71; **43**, 195, 212; NJW **53**, 389; **82**, 2081; NStZ **83**, 261; **98**, 353; **01**, 645; BGHR § 55 I S. 1 Erl. 1; 2 StR 128/96; 4 StR 119/99; 3 StR 564/00; Stuttgart OLGSt. 5; MDR **83**, 337; Hamburg NJW **76**, 682; Hamm JMBlNW **82**, 104; Bay NStZ-RR **01**, 331 f.; vgl. LK-*Rissing-van Saan* 25); das Revisionsgericht kann dann allein zur Bildung der Gesamtstrafe zurückverweisen. **Nicht** in eine Gesamtstrafe einbezogen werden darf aber eine Strafe, die bereits in eine andere, noch *nicht rechtskräftige* Gesamtstrafe einbezogen ist (BGH **20**, 292; für das Jugendstrafrecht ebenso NJW **03**, 2036); zur Vermeidung einer Doppelbestrafung muss daher auch berücksichtigt werden, wenn einer Gesamtstrafe rechtskräftige, aber fehlerhaft einbezogene Einzelstrafen zugrunde liegen, und zwar selbst dann, wenn die Gesamtstrafenbildung im angefochtenen Urteil rechtsfehlerfrei war (BGH **44**, 2; LK-*Rissing-van Saan* 19).

7 **c) Neu abzuurteilende Tat.** Die neue **Tat** muss **vor der früheren Verurteilung begangen (I S. 2),** und zwar nicht nur vollendet, sondern **beendet** sein (NJW **97**, 750 f. [in BGH **42**, 268 nicht abgedr.]; **99**, 1344, 13 46 [in BGH **44**, 355 nicht abgedr.]; MDR/H **88**, 101; wistra **96**, 144; 4 StR 194/97; 5 StR 1/00; 5 StR 105/00; 1 StR 102/03 [Dauerstraftat]; Hamm NJW **54**, 324; **57**, 1937; LK-*Rissing-van Saan* 9; hM; **aA** *Bringewat* 219; NK-*Frister* 5; SK-*Samson/Günther* 6); das gilt nicht nur für den Haupttäter, sondern auch für den Teilnehmer (Stuttgart MDR **92**, 177). Im Zweifel ist zugunsten des Täters Beendigung anzunehmen (MDR/H **93**, 1039; 4 StR 516/93; Oldenburg GA **60**, 28). **Dauerstraftaten** (58 vor § 52) sind erst mit der Aufhebung des rechtswidrigen Zustandes beendet. Für die Gesamtstrafenfähigkeit kommt es nicht auf den Eintritt einer Strafbarkeitsbedingung, sondern auf den Zeitpunkt des schuldhaften Tuns oder Unterlassens, dh auf die Tatbegehung an (Bay wistra **83**, 162; LK-*Rissing-van Saan* 9). Das letzte tatrichterliche Urteil (oben 6) kann ein **Berufungsurteil** sein, wenn die dem angefochtenen Urteil zugrunde liegenden tatsächlichen Feststellungen geprüft werden konnten **(I S. 2),** das Berufungsurteil also nicht nur die Berufung als unzulässig verwirft oder nach § 329 I StPO vorgeht (MDR **62**, 492; LK-*Rissing-van Saan* 7 f.), sondern eine **Sachentscheidung** enthält (BGH **2**, 230; **4**, 366; 2 StR 231/90; Bay NStZ-RR **01**, 331 f.); dazu genügt eine Entscheidung über die Aussetzung zur Bewährung (BGH **15**, 66; 4 StR 116/85) oder über den Vorbehalt einer Geldstrafe (LK-*Rissing-van Saan* 6); ebenso eine die Gesamtstrafenbildung nachholende Entscheidung (aaO 71; Celle NJW **73**, 2214); jedoch **nicht** ein Beschluss nach § 460 StPO (Karlsruhe GA **74**, 347; vgl. KK-*Fischer* 3 zu § 460); auch nicht die Nachholung einer Entscheidung nach § 42 (Celle NdsRpfl. **79**, 207). Eine Tat ist nicht iS von Abs. I „begangen", wenn vor dem früheren Urteil nur ein **Versuch** vorlag und noch offen war, ob die Tat zur Vollendung gelangen werde (Hamburg wistra **05**, 187).

8 **B. Anwendung bei früherer Gesamtstrafe.** Bei der nachträglichen Gesamtstrafenbildung ist von der ersten unerledigten Vorverurteilung auszugehen. Die Grundsätze des § 55 gelten auch, wenn in der früheren unerledigten Verurteilung bereits nach den §§ 53 bis 55 auf **Gesamtstrafe** erkannt war. Dann ist zunächst zu prüfen, ob für *alle* (alten und neuen) Einzelstrafen die Einbeziehungsvoraussetzungen vorliegen; ggf. ist die *Zäsurwirkung* der Vorverurteilung zu beachten (unten 9, 11). Hat das frühere Tatgericht gem. § 53 II S. 2 von der Bildung einer Gesamtfreiheitsstrafe ausdrücklich abgesehen**,** so darf dem Angeklagten dieser Vorteil nicht mehr genommen werden (NStZ-RR **98**, 136; MDR/H **77**, 109; 2 StR 420/76; 4 StR 592/00); die Geldstrafe ist daher nicht einzubeziehen (zur Zäsurwirkung vgl.

aber BGHR § 55 I S. 1 Zäsurwirkung 9; unten 9, 12). Da eine Gesamtstrafe immer nur aus Einzelstrafen gebildet werden kann, kommt es zur **Auflösung der früheren Gesamtstrafe,** wenn die neu abzuurteilende(n) Tat(en) vor der früheren Verurteilung begangen ist/sind (BGH **8**, 203; **9**, 5; **35**, 245; vgl. auch Zweibrücken NJW **68**, 310; Hamm MDR **76**, 162); aus den früher verhängten und den neu erkannten Einzelstrafen ist in Anwendung von § 54 eine **neue Gesamtstrafe** zu bilden; dieser sind die (im Urteil mitzuteilenden; vgl. unten 15) Einzelstrafen zugrunde zu legen (BGH **35**, 243, 245; **41**, 374, 375; **43**, 34, 35); die Einbeziehung einer *Gesamtstrafe* ist rechtsfehlerhaft (2 StR 361/00). Zur Darlegung in den Urteilsgründen vgl. unten 35; zur Tenorierung unten 38.

a) Fehlen von Einzelstraf-Festsetzungen. Umstritten ist die Frage einer nachträglichen Gesamtstrafenbildung, wenn der frühere Tatrichter **versäumt** hat, für eine oder mehrere Taten bestimmte **Einzelstrafen festzusetzen.** **8a**

Der *4. StS* hat in 4 StR 550/74 entschieden, die unterbliebene Festsetzung von Einzelstrafen hindere die Einbeziehung in eine nachträgliche Gesamtstrafe nicht; der Gesamtstrafenbildung seien die denkbar günstigsten Einzelstrafen zugrunde zu legen. Dieser Ansicht hat sich der *5. StS* angeschlossen (NStZ **97**, 385). Der *3. StS* (BGH **41**, 374) hat im Fall des Fehlens einer von zwei einzubeziehenden Einzelstrafen dagegen entschieden, der Gesamtstrafenrichter dürfe die fehlende Einzelstrafe nicht durch eine *fiktive* ersetzen; er habe sie bei der neuen Gesamtstrafenbildung außer Betracht zu lassen und dürfe in die neue Gesamtstrafe nur die fehlerfrei festgesetzten Strafen einbeziehen, da es im Übrigen an einer früheren Entscheidung iS von § 55 I fehle (vgl. BGH **4**, 346f.). Dem ist der *2. StS* in BGH **43**, 34 für den Fall beigetreten, dass in dem früheren Urteil die Festsetzung von Einzelstrafen *gänzlich* fehlt. Danach kann (entgegen Stuttgart NJW **98**, 1731) die frühere Gesamtstrafe auch nicht als Einzelstrafe behandelt werden. Sie muss vielmehr außer Betracht gelassen werden; dem dadurch entstehenden Nachteil ist durch einen Härteausgleich Rechnung zu tragen [vgl. unten 21ff.]. Der *4. StS* ist dem beigetreten (NStZ-RR **98**, 296 [Fehlen einer von zwei Einzelstrafen]), ohne seine entgegenstehende frühere Rspr ausdrücklich aufzugeben (zweifelnd *Lackner/Kühl* 5; **aA** LK[10]-*Vogler* 23; *Bringewat,* Gesamtstrafe 268). Der *5. StS* hat im Anfragebeschluss NStZ **99**, 185 mitgeteilt, er beabsichtige, an seiner in NStZ **97**, 385 vertretenen Rechtsauffassung festzuhalten. Der *2.* und *4. StS* sind der beabsichtigten Entscheidung entgegengetreten (15. 1. 1999, 2 ARs 535/98; 23. 2. 1999, 4 ARs 11/98); der *3. StS* hat im Grundsatz an seiner Rechtsansicht festgehalten (NStZ-RR **99**, 137), jedoch zu erwägen gegeben, fehlerhaft ohne Einzelstrafzumessung zustande gekommene Gesamtstrafen wie „Hauptstrafen" nach dem Recht der DDR zu behandeln (zust. LK-*Rissing-van Saan* 12; dagegen *4. StS* aaO). Der *5. StS* hat daraufhin – unter Aufrechterhaltung seiner Rechtsansicht und mit dem Hinweis, er könne sich auch der Auffassung des *3. StS* anschließen – von einer Vorlage an den GrSen abgesehen und das Verfahren nach § 154 II StPO eingestellt (wistra **99**, 262); er hat die gesetzliche Regelung der Sanktionierung von Mehrfachtätern im Erwachsenenstrafrecht als **„dringend reformbedürftig"** bezeichnet (vgl. auch BGH **44**, 179, 181f. [m. Anm. *Bringewat* JR **99**, 514]). Der Streit zeigt beispielhaft, dass bei der Anwendung von § 55 allseits sachgerechte Lösungen oft kaum möglich sind. Die von BGH **41**, 374 und **43**, 34 umschriebene, derzeit herrschende Rspr (vgl. auch NStZ-RR **04**, 106 [*3. StS*]) hat zwar das gewichtige Wortlaut-Argument auf ihrer Seite; gleichwohl kann sie, wie NStZ **99**, 185 zutr. hervorhebt, zu wenig sachgerechten und ihrerseits dem Gesetzeswortlaut entgegenstehenden Ergebnissen führen, etwa weil bei dem nach BGH **43**, 34 gebotenen Härteausgleich die gesetzliche Mindeststrafe unterschritten werden muss. Die „Meistbegünstigungslösung" des *5. StS* führt ihrerseits zu – mathematisch bedingten – Zufälligkeiten der Einzelstrafbemessung, die sich von der fingierten tatrichterlichen Erkenntnis weit entfernen. Die vom *3. StS* vorgeschlagene pragmatische Lösung schließlich würde mit der Anerkennung einer fiktiven „Einheitsstrafe" zwar am ehesten zu **8b** gerechten Ergebnissen führen, widerspricht aber dem Wortlaut der gesetzlichen Regelung.

9 **b) Zäsurwirkung.** Die Anwendung des § 55 erfolgt nach den Regeln der §§ 53, 54; der Täter soll bei nachträglicher Gesamtstrafenbildung **weder besser noch schlechter** gestellt werden, als er gestanden hätte, wenn die neu abzuurteilende Tat zum Zeitpunkt von früheren Verurteilungen dem damaligen Tatrichter bekannt gewesen wäre. Daher entfaltet eine *unerledigte* Verurteilung eine **Zäsurwirkung**. Wenn also die neu abzuurteilende Tat vor *zwei* rechtskräftigen, unerledigten Vorverurteilungen begangen wurde, dann ist nur mit der (Einzel-)Strafe aus der *ersten* Verurteilung eine nachträgliche Gesamtstrafe zu bilden (unten 11); diese erste Vorverurteilung bildet eine Zäsur, so dass die *zweite* Vorverurteilung selbständig bestehen bleibt. Die Zäsur stellt nicht auf eine „Warnfunktion" der Vorverurteilung ab (NStZ-RR **01**, 368; BGHR § 55 I S. 1 Anwendungspflicht 1; NK-*Frister* 1, 8 zu § 53; and. *Stree* NStZ **99**, 185 [Zäsur nur bei tatsächlicher Warnkraft]), denn das Gericht ist zur nachträglichen Gesamtstrafenbildung auch dann verpflichtet (vgl. unten 34), wenn sich die Gesamtstrafenfähigkeit von Vorverurteilungen aus Sicht des Angeklagten als Zufall darstellt. Die Zäsurwirkung einer auf **Geldstrafe** lautenden unerledigten Vorverurteilung entfällt *nicht*, wenn in der neuen oder einer früheren *Gesamtstrafen*-Entscheidung gem. **§ 53 II S. 2** von der Einbeziehung abgesehen ist (stRspr; vgl. BGH **32**, 190, 194; **44**, 179, 184; NJW **98**, 3725 f.; NStZ-RR **01**, 103 f.; BGHR § 55 I S. 1 Zäsurwirkung 9; 2 StR 294/03; 2 StR 331/03; 5 StR 513/03; 4 StR 256/04; 3 StR 232/07) oder hätte abgesehen werden können (2 StR 335/04).

10 Eine **erledigte Strafe** hat **keine Zäsurwirkung** (vgl. BGH **32**, 190, 193; BGHR § 55 I S. 1 Zäsurwirkung 2; 2 StR 140/04). Hierdurch kann die Möglichkeit der Bildung einer bisher etwa ausgeschlossenen Gesamtstrafe eröffnet sein (BGHR § 55 I 1 ZäsW; 2 StR 740/93; Bay NJW **93**, 2127). Wenn die Erledigung einer Strafe erst *nach* Erlass eines neuen Urteils eintritt, entfällt die Zäsurwirkung des ihr zugrunde liegenden Urteils nicht und eine nachträgliche Gesamtstrafenbildung gem § 460 StPO ist möglich (vgl. 4 StR 266/07; *Meyer-Goßner* 13 zu § 460 StPO; KK-*Fischer* 10 zu § 460 StPO). **Keine Zäsurwirkung** entfalten auch Strafen, die nicht (mehr) nach § 55 einbeziehungsfähig sind (4 StR 204/07), zB eine nachträglich gem. § 105 II JGG (vgl. dazu BGH **37**, 34) in eine Einheitsjugendstrafe einbezogene Freiheitsstrafe (wistra **06**, 246; vgl. oben 4).

11 **c) Neue Taten vor mehreren Vorverurteilungen.** Liegen *sämtliche* neu abzuurteilende Taten vor dem *ersten* (oder nur *einem*) unerledigten Urteil, so kommt nur diesem eine Zäsurwirkung zu (NStZ **98**, 35; NStZ-RR **01**, 103 f.; NStZ **03**, 200; **07**, 28 f.; oben 9). Wenn die in mehreren Vorverurteilungen verhängten Strafen *nicht erledigt* sind (vgl. BGH **32**, 193; NStZ-RR **97**, 228; wistra **89**, 62), führt die Zäsurwirkung dazu, dass zunächst eine Gesamtstrafe mit der Strafe aus der **frühesten Vorverurteilung** zu bilden ist, mit der eine Gesamtstrafenbildung nach § 55 möglich ist (oben 8, 9). Für *spätere*, also nach dieser ersten Vorverurteilung liegende Taten sind dann je nach Sachlage **weitere selbstständige** Einzel- oder Gesamtstrafen zu bilden (BGH **9**, 384; 32, 190, 193; wistra 97, 264; BGHR § 55 I Begeh. 2; BGHR § 55 I S. 1 Zäsurwirkung 1, 4, 6; NStZ **07**, 28 f.; NK-*Frister* 11; LK-*Rissing-van Saan* 14 f.). Hierbei muss das Gericht, da auch für die nachträgliche Gesamtstrafenbildung die sachliche und nicht die verfahrensrechtliche Lage den Ausschlag gibt (BGH **32**, 190, 193; **35**, 245), ggf auch in frühere *rechtskräftige Gesamtstrafen* einzugreifen, muss diese also auflösen und die Einzelstrafen entsprechend der materiellen Rechtslage unter Beachtung der (jeweiligen) Zäsurwirkung neu zusammenfassen. Eine frühere Gesamtstrafe ist somit auch dann aufzulösen, wenn nicht alle in ihr zusammengefassten Einzelstrafen in eine neue Gesamtstrafe einzubeziehen sind, sondern sie zu verschiedenen Gesamtstrafen zusammengeführt werden (vgl. 5 StR 520/00; Bay NJW **55**, 1849; Zweibrücken NJW **73**, 2116) oder als Einzelstrafe bestehen bleiben (BGH **9**, 8; **35**, 245; LK-*Rissing-van Saan* 17).

Eine Gesamtstrafenbildung nach § 55 unter Einbeziehung zweier untereinander gesamtstrafenfähiger Vorverurteilungen ist auch zulässig und geboten, wenn die Bildung einer Gesamtstrafe aus einzelnen oder allen Strafen der beiden Vorverurteilungen bisher unterblieben ist (NJW **96**, 668 [krit. Anm. *Bringewat* NStZ **96**, 330]; 5 StR 33/96; LK-*Rissing-van Saan* 15, 17).

Für die Zäsurwirkung der früheren Verurteilung hat es keine Wirkung, wenn Einzelstrafen nicht festgesetzt worden sind (BGH **44**, 179 m. Anm. *Stree* NStZ **99**, 184 u. *Bringewat* JR **99**, 514; vgl. oben 8a, 8b). Da für die Anwendung des § 55 grds (krit. *Stree* aaO 185) nicht prozessuale Zufälligkeiten, sondern die tatsächlich gegebene materielle Gesamtstrafenlage maßgeblich ist, sind keine Gründe dafür ersichtlich, dass ein Urteil seine Zäsurwirkung dadurch verlieren könnte, dass dem damals entscheidenden Gericht Fehler bei der Gesamtstrafenfestsetzung unterlaufen sind (BGH **44**, 179; **aA** LK-*Rissing-van Saan* 20). **11 a**

d) Neue Taten zwischen mehreren Vorverurteilungen. Wurde eine neu abzuurteilende Tat *zwischen* zwei Verurteilungen begangen, so ist „frühere Verurteilung" iS von oben 5f. das Urteil in demjenigen Verfahren, in welchem die die *neue* Tat betreffenden tatsächlichen Feststellungen, und sei es auch nur zur Straffrage (BGH **15**, 71), *letztmals* hätten geprüft werden können. Wenn Taten neu abzuurteilen sind, die *teils vor, teils nach mehreren* unerledigten Vorverurteilungen begangen wurden, ist bei der Prüfung der Gesamtstrafenfähigkeit *jeweils* von der frühesten unerledigten Vorverurteilung auszugehen, so dass durch die erste Vorverurteilung eine *erste Zäsur* und eine Zusammenfassungsmöglichkeit nur für davor begangene Taten gegeben ist (vgl. NStZ **03**, 200; NStZ-RR **04**, 137). Die zweite Vorverurteilung bildet dann eine *zweite Zäsur* und die Möglichkeit zur Zusammenfassung zu einer Gesamtstrafe nur für Einzelstrafen wegen Taten, die *vor* dieser Verurteilung, aber *nach* der ersten Vorverurteilung begangen worden sind (BGH **35**, 243). Das kann folglich zu **mehreren Zäsuren** und zu mehreren selbstständigen Gesamtstrafen führen; diese sind ggf jeweils unter Auflösung bereits rechtskräftiger Gesamtstrafen neu zu bilden (BGH **9**, 8; 2 StR 394/03). Sind von mehreren neu abzuurteilenden Taten einige vor, einige nach einem früheren noch nicht erledigten **Gesamtstrafenurteil** begangen, so ist unter Auflösung dieser Gesamtstrafe aus deren Einzelstrafen und den Strafen für die vor diesem ersten Urteil begangenen, neu abzuurteilenden Taten eine neue erste Gesamtstrafe, aus den Strafen für die nachher begangenen Taten eine weitere Gesamtstrafe zu bilden (4 StR 601/97; Bay NStZ-RR **01**, 331). Eine Zusammenfassung von *Gesamt*strafen erfolgt nicht. **12**

Liegt die neu abzuurteilende Tat zwischen zwei Vorverurteilungen, aus denen nach **§ 460 StPO** eine Gesamtstrafe zu bilden ist, so kommt eine Gesamtstrafe für die neu abzuurteilende Tat und der Strafe aus der *letzten* Vorverurteilung nicht in Betracht (BGH **32**, 190, 193; 3 StR 8/88; 5 StR 430/04; 4 StR 266/07). An der Zusammenfassung mit der Strafe aus dem 1. Urteil hindert der Wortlaut des § 55 I (*„vor der früheren* Verurteilung begangen"). Eine Zäsurwirkung kommt hier nur der ersten der beiden Vorverurteilungen zu. **12 a**

e) Die Zäsurwirkung der ersten unerledigten Vorverurteilung gilt auch für eine solche, in der nach § 53 II S. 2 gesondert auf **Geldstrafe** erkannt wurde (BGH **32**, 190; **43**, 212; **44**, 179; NStZ/D **91**, 478; *Karl* MDR **88**, 365); sie entfällt auch *nicht dadurch*, dass in einer zwischenzeitlichen weiteren Vorverurteilung bewusst von der Möglichkeit des § 53 II S. 2 Gebrauch gemacht und von der Einbeziehung einer Geldstrafe aus der 1. Verurteilung abgesehen wurde (stRspr.; vgl. Nachw. oben 7). Hat die zweite Vorverurteilung Einzelstrafen der ersten Vorverurteilung in eine **nachträgliche Gesamtstrafe** einbezogen, so kann im neuen Urteil aus der Strafe für eine zwischen beiden Vorerurteilungen begangene Tat und den früheren Einzelstrafen keine (neue) Gesamtstrafe gebildet werden; hier ist ein **Härteausgleich** zu gewähren. Eine entspr. Anwendung von § 55 auf Taten, die *zwischen* zwei früheren Verurteilungen begangen wurden, ist auch von Verfassungs wegen nicht geboten (BVerfG NStZ **99**, 500f.). **13**

14 **4) Bildung der nachträglichen Gesamtstrafe.** Für die Bemessung der nachträglich zu bildenden Gesamtstrafe gelten die Grundsätze des § 54. Im Urteil darf nicht auf die Strafzumessungsgründe des früheren (einbezogenen) Urteils Bezug genommen werden (NStZ-RR **02**, 137; 5 StR 489/06).

15 **A. Einzubeziehende Strafen. a)** Nach § 55 I sind nicht die Urteile und Strafbefehle selbst, sondern nur die dem Straferkenntnis zugrunde liegenden **Einzelstrafen** in die Gesamtstrafe einzubeziehen, und zwar auch Freiheitsstrafen, die zur **Bewährung** ausgesetzt sind (BGH **7**, 180; NStZ-RR **97**, 228; *S/S-Stree/Sternberg-Lieben* 44); zur **Anrechnung** früherer im Rahmen von **Bewährungsauflagen** erbrachter Leistungen vgl. § 58 II S. 2 iV mit § 56f. III; zur Einbeziehung von nach § 59 **vorbehaltenen** Strafen vgl. § 59c II. Überschreitet die Gesamtstrafe die zeitlichen Schranken des § 56, so wird die Strafaussetzung gegenstandslos. Eine Gesamtstrafenbildung nach § 55 ist nur dann nicht zwingend, wenn **Freiheitsstrafe und Geldstrafe** zusammentreffen; dann kann nach § 53 II auf gesonderte Geldstrafe erkannt werden (6f. zu § 53; vgl. BGH **35**, 211).

16 Die **neue Gesamtstrafe** ist nach Maßgabe der §§ 53, 54 zu bilden (NStZ-RR **03**, 9). Sie muss abweichend von § 39 dann nicht nach vollen Monaten bemessen werden, wenn sonst den Grundsätzen der Gesamtstrafenbildung nicht entsprochen werden kann (NStZ-RR **04**, 137). Sind wegen der Zäsurwirkung früherer Verurteilungen (oben 9) mehrere selbstständige Gesamtstrafen oder neben Gesamtstrafe selbstständige Einzelstrafen zu bilden, so gilt die **Höchstgrenze** der §§ 54 II S. 2, 38 II nur für die einzelne (Gesamt-)Strafe, nicht für die Summe der verhängten Strafen (BGH **33**, 367, 368f.; **43**, 216, 218; **44**, 179, 185; NStZ **00**, 84; stRspr; vgl. unten 23). Das Gericht ist nur an die Feststellungen des früheren Urteils zu den Einzelstrafen gebunden; in der eigentlichen Bildung der neuen Gesamtstrafe ist es frei. Ein durch die Zäsurwirkung eintretender Nachteil ist im Einzelfall auszugleichen, wenn bei Verhängung mehrerer Strafen das **Gesamtstrafübel** dem Unrechts- und Schuldgehalt der Taten nicht mehr gerecht würde (vgl. NStZ **00**, 137; **02**, 196f.). Macht das Gericht bei Ausspruch einer Freiheitsstrafe hinsichtlich mehrerer früherer Geldstrafen nicht von § 53 II S. 1 Gebrauch, so hat es nach § 53 II S. 2 auf eine Gesamtgeldstrafe zu erkennen (3 zu § 53; BGH **25**, 383; zust. *Küper* NJW **75**, 547). Die **Strafzumessung** muss auch im Fall von § 55 begründet werden; hierbei sind Anzahl und Höhe der einbezogenen Einzelstrafen konkret zu bezeichnen (NStZ-RR **98**, 103; 4 StR 417/97), auch deren Strafzumessungsgründe anzugeben (2 StR 134/97). **Bezugnahmen** auf die Gründe des früheren Urteils sind unzulässig (NStZ **87**, 183). Wird eine aufgelöste frühere Gesamtstrafe in einem Maß erhöht, welches in Zahl und Höhe der neu einzubeziehenden Einzelstrafen keine erkennbare Erklärung findet, so ist die **Änderung des Bewertungsmaßstabs** für die neue Gesamtstrafenbildung ausdrücklich zu begründen (NStZ-RR **03**, 9, 10 [20 gleichartige Betrugstaten; erste Gesamtstrafe *3 Jahre* wegen 13 Taten; nachträgliche Gesamtstrafe *7 Jahre*]). Eine „vergleichende" Zumessung im Hinblick auf **Mittäter** und das durch eine Zäsur uU höhere **Gesamtstrafenübel** ist idR nicht veranlasst (NStZ-RR **02**, 105; vgl. 24f. zu § 46); eine ausdrückliche Erörterung in den Urteilsgründen ist bei gravierenden Differenzen, namentlich bei Überschreitung der Höchstgrenze des § 38 II durch die Summe mehrerer (Gesamt-)Strafen, geboten (NStZ **99**, 182, 184; 3 StR 84/00).

17 **b)** Zum **Härteausgleich** bei Unanwendbarkeit des § 55 wegen vollständiger Vollstreckung vgl. unten 21. Eine nachträgliche Gesamtstrafenbildung darf nicht unterbleiben, weil bei der früheren Strafzumessung im Hinblick auf die der Gesamtstrafenbildung entgegenstehende Strafverbüßung ein Härteausgleich gewährt worden ist (NJW **94**, 2493). Kommt sowohl die Einbeziehung der Strafe in eine nachträglich zu bildende, nicht aussetzungsfähige Gesamtfreiheitsstrafe in Betracht wie auch der Erlass einer zur Bewährung ausgesetzten Freiheitsstrafe wegen Ablaufs der Bewährungszeit, so hängt es unter Beachtung des Verhältnismäßigkeitsgrundsatzes (vgl. BVerfG NJW **91**, 558; hierzu *Thietz-Bartram* wistra **90**, 259; **aA** NK-

Frister 22) von den Umständen des Einzelfalls ab, welchem Verfahren der Vorrang zukommt (NJW **91**, 2847).

c) Die **neue Gesamtstrafe** braucht nicht höher zu sein als die frühere (NJW **73**, 63; NStZ-RR **97**, 228), darf diese aber auch nicht um mehr als die Summe der neu einzubeziehenden Einzelstrafen überschreiten (BGH **8**, 203; **15**, 166; NJW **57**, 32; NStZ **05**, 210; LK-*Rissing-van Saan* 31; vgl. *Bringewat* 273 u. MDR **87**, 793 mwN). **18**

B. Verschlechterungsverbot. a) Unbeschadet der umstrittenen Frage, ob für § 55 ein generelles **Verschlechterungsverbot** gilt (verneinend *Gollwitzer* JR **83**, 165; *Bringewat* StV **93**, 47; differenzierend LK-*Rissing-van Saan* 44f.), darf, wenn der Angeklagte durch einen rechtskräftigen oder einen nur von ihm angefochtenen Strafausspruch einen über das in §§ 53, 55 vorgesehene Maß hinausgehenden Vorteil erlangt hat, dieser durch die Gesamtstrafe nicht mehr beeinträchtigt werden (BGH **8**, 203, MDR/H **77**, 109; StV **96**, 265 L; Hamm GA **76**, 58). Führt die Anfechtung dazu, dass eine in 1. Instanz gebildete Gesamtstrafe aufgelöst werden muss, so darf die Summe der Strafen nicht höher sein als die frühere Gesamtstrafe (BGH **12**, 95; **15**, 164; BGHR § 55 I S. 1 Fehler 1; 3 StR 209/04). Zur Geltung des Verschlechterungsverbots bei erstmaliger Gesamtstrafenbildung im Berufungsrechtszug Düsseldorf wistra **92**, 33 (hierzu krit. *Bringewat* StV **93**, 50). **19**

b) § 55 gilt auch im **Berufungsverfahren;** hat jedoch der Erstrichter abgelehnt, eine Gesamt*freiheits*strafe zu bilden, dann muss es bei alleiniger Berufung des Angeklagten wegen des Verschlechterungsverbots (§ 331 I StPO) dabei sein Bewenden haben (BGH **35**, 212; MDR/H **77**, 109; BGHR § 55 I S. 1 Geldstr. 3; Düsseldorf JR **01**, 477 [Anm. *Bringewat*]). Hat hingegen der Erstrichter über die Gesamtstrafenbildung, etwa weil ihm die frühere Verurteilung gar nicht bekannt war, keine Entscheidung getroffen, so muss das Berufungsgericht die Gesamtstrafenbildung nachholen (BGH **35**, 212 [m. Anm. *Böttcher* JR **89**, 205]; Hamm MDR **77**, 861; NStZ **87**, 557; Bay JR **80**, 378 [abl. *Maiwald* aaO]; Düsseldorf StV **93**, 31). Hierin liegt kein Verstoß gegen § 331 I StPO (BGH **35**, 212; **aA** Karlsruhe MDR **83**, 137), denn die Gesamtstrafenbildung enthält in diesem Fall keine Abänderung der vorausgegangenen Rechtsfolgeentscheidungen, sondern einen im Berufungsurteil erstmals vorzunehmenden gesetzlich gebotenen richterlichen Gestaltungsakt (4 StR 120/96; *Bringewat* JuS **89**, 527 u. StV **93**, 50; *Lackner/Kühl* 10). Nach § 460 StPO ist zu verfahren, wenn bei der Gesamtstrafenbildung der Strafbann des Berufungsgerichts überschritten würde (BGH **34**, 206 [m. Anm. *Wendisch* JR **87**, 516]; 4 StR 236/89; unten 35). Auch eine wirksame Beschränkung der Berufung auf die Frage der Strafaussetzung zur Bewährung einer Gesamtstrafe hindert das Berufungsgericht an einer Entscheidung nach § 55 (Brandenburg NStZ-RR **07**, 196). Unterblieb im Berufungsrechtszug rechtsirrig eine Gesamtstrafenbildung, so hat das Revisionsgericht den gesamten Strafausspruch auch dann aufzuheben, wenn im Zeitpunkt der neuen Verhandlung die nicht einbezogene Strafe verbüßt sein wird (BGHR § 55 I S. 1 Erl. 1). **20**

C. Härteausgleich. Sind in einem früheren Urteil verhängte, an sich gesamtstrafenfähige Einzelstrafen bereits **vollstreckt** und daher nach I S. 1 nicht mehr in die Gesamtstrafe einzubeziehen, so verlangt das Prinzip des § 55 den **Ausgleich** der sich durch die getrennte Aburteilung ergebenden Nachteile. Solche können in einem Fall, in dem die Gesamtstrafenbildung aus einer Geld- und einer Freiheitsstrafe unterblieb, dann entstanden sein, wenn anstelle der Geldstrafe die **Ersatzfreiheitsstrafe** vollstreckt worden ist (NStZ **90**, 436; 4 StR 587/00). Kann der Nachteil, der durch die Nichteinbeziehung einer vollstreckten Strafe entstanden ist, durch eine anderweitig vorzunehmende Gesamtstrafenbildung ausgeglichen werden, bedarf es eines weiteren Härteausgleiches nicht (Bay NJW **93**, 2127). **Kein Härteausgleich** ist auch dann veranlasst, wenn die frühere Strafe nach Ablauf einer Bewährungszeit **erlassen** wurde, denn dem Angeklagten entsteht dadurch, dass mit dieser Strafe keine nachträgliche Gesamtstrafenbildung erfolgen kann, kein Nachteil, **21**

sondern ein Vorteil (NStZ-RR **04**, 330 [Anm. *Güntge* NStZ **05**, 208]). Entsprechendes gilt, wenn die Vollstreckung der früheren Strafe **verjährt** ist. Der Rechtsgedanke des § 55 ist auch anzuwenden, wenn im Inland und im Ausland begangene Straftaten nach dem zeitlichen Ablauf gemeinsam hätten abgeurteilt werden können (BGH **43**, 80; NStZ **98**, 134; NStZ-RR **98**, 204; wistra **98**, 22; 1 StR 130/97; zur Bemessung des Härteausgleichs vgl. NStZ-RR **00**, 105).

22 Der BGH hat offen gelassen (krit. *Stree* NStZ **99**, 184 f.), **wie** ein gebotener **Härteausgleich** vorzunehmen ist (ob zunächst eine „fiktive Gesamtstrafe gebildet wird, die sich dann um die vollstreckte Strafe mindert, oder ob der Nachteil unmittelbar bei der Festsetzung der neuen Strafe berücksichtigt wird; vgl. BGH **33**, 131); dieser muss jedoch angemessen sein (BGH **31**, 103) und **erkennbar** vorgenommen werden (BGH **12**, 94; **14**, 290; **31**, 103; **33**, 131; **41**, 312 [m. Anm. *R. Peters* NStZ **96**, 383; vgl. LK-*Rissing-van Saan* 27, 32]; **43**, 217; **44**, 179, 185 f.; NJW **89**, 236 [m. Anm. *Bringewat* JR **89**, 248]; NStZ **98**, 35; 79; 404; NStZ-RR **97**, 131; StV **81**, 235; **84**, 72; BGHR § 55 I 1 Zäsurwirkung 12; Härteausgleich 11; 1 StR 63/97; 2 StR 311/97; 4 StR 488/99; stRspr; Schleswig NStZ **81**, 438 L; SchlHA **82**, 97; Frankfurt StV **82**, 116; NStE Nr. 11; Stuttgart Die Justiz **82**, 336 L; vgl. *Bringewat* 251 u. NStZ **87**, 385; *Meyer-Goßner* NStZ **88**, 535; sLSK 3 zu § 46). Seine Bemessung entzieht sich einer exakten Richtigkeitskontrolle (BGH **43**, 80; NStZ **98**, 134). Der Ausgleich ist grds auf der Ebene der Gesamtstrafe vorzunehmen (BGH **31**, 102); ist dies nicht möglich, weil Gegenstand des neuen Verfahrens nur eine Tat ist, so ist die Einzelstrafe zu mildern. Im Rechtsmittelverfahren ist die „fiktive" Strafe nach allgemeinen Regeln unter Beachtung des Verschlechterungsverbots (vgl. München NJW **06**, 1302) zu bilden und ggf zu begründen; das gilt auch dann, wenn sie im Tenor nicht erscheint (vgl. Koblenz NStZ-RR **04**, 330). Zur Anwendung durch das **Revisionsgericht** vgl. 4 StR 232/97 (zu § 354 I StPO) und jetzt § 354 I a StPO idF des 1. JuModG.

23 Der Ausgleich ist selbst dann vorzunehmen, wenn hierfür die gesetzliche **Mindeststrafe unterschritten** werden muss (BGH **31**, 104 [m. Anm. *Loos* NStZ **83**, 260 und abl. *Vogt* JR **83**, 250]; MDR/H **80**, 454; *Bringewat* 257); andererseits muss im Rahmen der neuen Strafzumessung auch die Höchstgrenze des § 54 II S. 2 beachtet werden (BGH **33**, 131; **43**, 81; *Lackner/Kühl* 3), die auch im Falle getrennter Bestrafung nicht gegenstandslos ist (7, 8 zu § 54). Auch wenn die Zäsurwirkung zur Bildung **mehrerer Gesamtstrafen** nötigt (oben 9), muss der Tatrichter erkennen lassen, dass er das **Gesamtstrafenmaß** für schuldangemessen hält (NStZ-RR **96**, 227; 1 StR 624/95). Hieraus folgt aber nicht, dass ein (rechnerisch) vollständiger Ausgleich aller Nachteile vorzunehmen ist, die sich aus der mangelnden Gesamtstrafenfähigkeit ergeben (vgl. NStZ **98**, 79; *Stree* NStZ **99**, 185). Bei der Bildung mehrerer Gesamtstrafen kann deren Gesamtdauer daher nicht rechnerisch auf ein § 54 II S. 2 entsprechendes Höchstmaß beschränkt werden (NStZ **00**, 137). Für die **Summe mehrerer Gesamtstrafen** gilt § 54 II S. 2 nicht (BGH **33**, 368 f.; **43**, 218; **44**, 185; NStZ **00**, 84); etwas anderes gilt nur, wenn die Bildung *einer* Gesamtstrafe wegen der Erledigung einer einzubeziehenden Einzelstrafe nicht möglich ist (BGH **31**, 131). Welche Bedeutung der Härteausgleich im Einzelfall erlangt, hängt nicht nur von einem Vergleich mit einer ohne Zäsurwirkung zu bildenden Gesamtstrafe ab, sondern auch von der (absoluten) Höhe der Gesamtstrafensumme. Erreicht oder überschreitet diese die voraussichtliche Vollstreckungsdauer einer lebenslangen Freiheitsstrafe, so ist nach NJW **98**, 3725 f. (m. Anm. *Stree* NStZ **99**, 184 f.) diesem Umstand durch einen erheblichen Härteausgleich sichtbar Rechnung zu tragen. Ein **Härteausgleich entfällt** jedoch, wenn keine Benachteiligung des Angeklagten eintritt, weil entweder eine vollstreckte **Geldstrafe** nicht mehr in eine Gesamtfreiheitsstrafe einbezogen werden kann oder weil die Vollstreckung einer Freiheitsstrafe eine Zäsurwirkung entfallen ließ (Köln VRS **79**, 428).

24 **D. Strafaussetzung zur Bewährung.** War Strafaussetzung nach den §§ 56 bis 57 a für eine in der früheren Entscheidung verhängte Freiheitsstrafe gewährt, so gilt

§ 58. Eine zur Bewährung ausgesetzte Einzelstrafe kann auch dann in eine nachträgliche Gesamtstrafe einbezogen werden, wenn die Voraussetzungen des **Straferlasses** nach § 56g vorliegen. Im Spannungsverhältnis zwischen § 55 und § 56g kommt keiner der Vorschriften Priorität zu (3 StR 516/00); der Konflikt ist im Einzelfall unter Beachtung des Grundsatzes der Verhältnismäßigkeit zu lösen (BVerfG NJW **91**, 2847). Gegebenenfalls ist ein **Härteausgleich** zu gewähren (vgl. NStZ **93**, 235). Maßgeblicher **Beurteilungszeitpunkt** für die nach § 56 zu treffende Prognose ist stets derjenige der jetzigen Entscheidung (NStZ **04**, 85; vgl 11 zu § 56). Für den **Widerruf** der Strafaussetzung hinsichtlich einer einbezogenen Strafe gilt ab 31. 12. 2006 § 56f I S. 2, 2. Var. (vgl. 3b zu § 56f).

E. Nachträgliche Gesamtgeldstrafe. Ist eine Gesamtgeldstrafe aus **Einzelstrafen mit unterschiedlicher Tagessatzhöhe** zu bilden, so muss die Einsatzstrafe (5 zu § 54; unten 27) nicht nur in der Anzahl der Tagessätze, sondern auch in der Endsumme überschritten werden (§ 54 I S. 2; BGH **27**, 359; Bay MDR **77**, 244; Karlsruhe Die Justiz **78**, 144; *S/S-Stree/Sternberg-Lieben* 37a; *Lackner/Kühl* 11; *Vogt* NJW **81**, 899; hM; vgl. sLSK 3 zu § 46), andererseits darf die Summe der Einzelstrafen nicht erreicht werden (§ 54 II S. 1). Hierdurch treten idR Spannungen zwischen § 54 I, II und § 40 II zutage, die nur dadurch lösbar sind, dass im Falle der Verschlechterung der finanziellen Verhältnisse (unten 26) § 54 I dem § 40 II vorgeht und im Falle der Verbesserung (unten 27) das Verbot der Schlechterstellung (vgl. § 54 II) beachtet wird. Der Richter hat dann unter weitestgehender Berücksichtigung der wirtschaftlichen Verhältnisse (BGH **28**, 364) für die Gesamtstrafe einen **einheitlichen Tagessatz** festzusetzen (*Bringewat* 296 u. NStZ **88**, 73). 25

a) Soll zB im Falle der **Verschlechterung der wirtschaftlichen Verhältnisse** in eine Geldstrafe von 30 Tagessätzen zu je 20 Euro eine solche von 50 Tagessätzen zu je 30 Euro einbezogen und die Anzahl der Tagessätze auf 70 festgesetzt werden, so ist der Tagessatz der Gesamtstrafe auf 22 Euro festzusetzen (BGH **27**, 361). 26

b) Soll zB im Falle der **Verbesserung der wirtschaftlichen Verhältnisse** in eine Geldstrafe von 20 Tagessätzen zu je 45 Euro eine frühere von 10 Tagessätzen zu je 15 Euro einbezogen und die Anzahl der Tagessätze auf 25 festgesetzt werden, so darf der Endbetrag der Gesamtstrafe 1050 Euro nicht erreichen (§ 54 II S. 1), der Tagessatz darf somit nicht über 41 Euro liegen (so BGH **28**, 364; iErg. ebenso Bay MDR **78**, 1043; Frankfurt/M NStZ-RR **97**, 262; *Lackner/Kühl* 13). Auch hier wird nach BGH **28**, 364 nur die Festsetzung eines *einheitlichen* Tagessatzes den Zielen des Geldstrafensystems *und* den Grundsätzen der Gesamtstrafenbildung gerecht werde (ähnlich *Lackner/Kühl* 11). Die Bemessungsregel des § 40 II S. 1 darf nämlich keine stärkere Einschränkung erfahren, als § 54 I, II gebietet, es muss ihr aber in diesem Rahmen weitestgehend Geltung verschafft werden (ähnlich Bay MDR **78**, 1044; Zweibrücken OLGSt. 17 zu § 40 Abs. 2; zum Ganzen *Vogt* NJW **81**, 899; vgl. auch *Bringewat* 295, 299; LK-*Rissing-van Saan* 38ff.). **Einsatzstrafe** (4 zu § 54) ist die Einzelstrafe mit der höchsten Tagessatzanzahl (so BGH **27**, 362; vgl. LK-*Rissing-van Saan* 40; *Bringewat* 292). 27

c) Nach BGH **28**, 365 verbleibt es bei einem einheitlichen Tagessatz selbst dann, wenn von der einzubeziehenden Strafe **Teilbeträge bereits bezahlt** hat (überholt BGH **27**, 366). Sind im Fall oben 27 9 Tagessätze zu je 15 Euro geleistet, so sind diese Leistungen voll auf die Gesamtstrafe anzurechnen, so dass von den 25 Tagessätzen nur noch 16 Tagessätze zu je 41 Euro (656 Euro) zu erbringen sind. Zählt man die früher bezahlten 9 mal 15 Euro (135 Euro) hinzu, so bleibt der Gesamtbetrag der Zahlungen von 791 Euro sogar unter der verwirkten Einsatzstrafe von 900 Euro (20 mal 45 Euro), was in diesem Fall aber sachgerecht erscheint, weil dem Verurteilten der Betrag der neuen Gesamtstrafe gutzubringen ist, der anteilsmäßig der Strafbedrückung im Zahlungszeitpunkt entspricht (BGH **27**, 366; ebenso *Bringewat* 301; insoweit anders *Lackner/Kühl* 14; vgl. auch *S/S-Stree/Sternberg-Lieben* 37a). 28

5) Aufrechterhaltung weiterer Rechtsfolgen (Abs. II). Nach **II S. 1** sind **Nebenstrafen** (§§ 44, 45 II, V; vgl. auch 2 zu § 74), **Nebenfolgen** (§ 45 I, §§ 165, 200) **und Maßnahmen** (§ 11 I Nr. 8), auf die in einer früheren Entscheidung rechtskräftig erkannt war, als fortgeltende Bestandteile der früheren Entscheidung grundsätzlich **aufrechtzuerhalten,** wenn es zu einer Gesamtstrafenbildung kommt (BGH **30**, 305; NZV **01**, 45; LK-*Rissing-van Saan* 50), und zwar ausdrücklich im Tenor des Urteils (NJW **79**, 2113; 1 StR 598/93; LK-*Rissing-van Saan* 51), **soweit** sie **nicht** erledigt sind oder durch die neue Entscheidung **gegenstandslos** werden. 29

Das ist der Fall, wenn entweder ihre Voraussetzungen nicht mehr gegeben sind (zB wenn eine Sperrfrist nach § 69a sich infolge **Zeitablaufs** erledigt hat; vgl. BGH **42**, 308 [m. Anm. *Bringewat* JR **98**, 122]; NStZ **96**, 433; NStZ-RR **04**, 247f.; DAR **78**, 152; **85**, 192; *Himmelreich-Hentschel* 144 zu § 69a; LK-*Rissing-van Saan* 56); oder wenn sie infolge anderer Rechtsfolgen überflüssig, zB in der Gesamtstrafenentscheidung ihrer Wirkung nach ohnehin enthalten sind (*R. Schmitt* ZStW **75**, 191; *Bringewat* 308); oder wenn sie auf andere Weise ihre Erledigung gefunden haben, etwa weil sie unmittelbar mit der Rechtskraft des früheren Urteils wirksam geworden sind. Der ausdrücklichen Aufrechterhaltung bedarf es dann nicht; ihr Ausspruch ist aber unschädlich. Daher müssen **zB** eine durch Rechtskraft des früheren Urteils unmittelbar wirksame (und daher erledigte) Entziehung der Fahrerlaubnis (§ 69) sowie die Einziehung des Führerscheins auch dann nicht ausdrücklich aufrecht erhalten werden, wenn die Sperrfrist (§ 69a) noch nicht abgelaufen und insoweit II S. 1 anzuwenden ist (NStZ-RR **04**, 247f.; zur Sperrfrist vgl. auch unten 32).

30 **A. Erforderlichkeit der Aufrechterhaltung.** II unterstreicht wie § 53 III iVm § 52 IV, dass Einzelstrafen ihre Eigenbedeutung als unabhängige, der Rechtskraft fähige Entscheidungen (NJW **85**, 2838 mwN) durch die Gesamtstrafenbildung nicht verlieren. **Gegenstandslos** wird die Rechtsfolge, wenn das Gericht anlässlich der noch nicht abgeurteilten Tat eine *andere*, die frühere Rechtsfolge *überflüssig* machende Rechtsfolge verhängt (vgl. *Bringewat* 305); **zB** wenn die Entziehung der Fahrerlaubnis an die Stelle des Fahrverbots tritt; idR auch, wenn die Unterbringung nach § 63 oder § 66 an die Stelle derjenigen nach § 64 tritt). Eine Anordnung nach § 64 entfällt, wenn sie bereits vollzogen, die Strafe selbst aber noch nicht vollstreckt ist. Für Rechtsfolgen, auf die nicht in der früheren Entscheidung erkannt war, die aber neben einer neu einzubeziehenden Strafe in Betracht kommen, gilt § 52 IV. Über den **Verfall** ist im späteren Urteil einheitlich zu entscheiden (4 StR 130/03).

31 Ist dagegen die Rechtsfolge, die auf Grund der hinzukommenden Straftat anzuordnen wäre, **dieselbe** wie die des früheren Urteils, so ist diese **aufrechtzuerhalten** (BGHR § 55 II Aufr. erh. 4, 5; 3 StR 373/95). Das gilt auch für die Unterbringung nach § 64 (Karlsruhe NStE Nr. 16), denn der Grundgedanke des § 55 (oben 2), der auch für II gilt, hat „Vorrang" vor § 67f (BGH **30**, 306; Karlsruhe NStZ-RR **99**, 211; *Lackner/Kühl* 3 zu § 67f; *Pohlmann* Rpfleger **70**, 233; BT-Drs. V/4094).

32 **B. Festsetzung einer Sperrfrist.** Sind auch bei der neu abgeurteilten Tat die Voraussetzungen des § 69a gegeben, ist bei nachträglicher Gesamtstrafenbildung eine mit der Rechtskraft des früheren Urteils beginnende **einheitliche Sperrfrist** zu bestimmen (NStZ **01**, 245; vgl. dazu 27 zu § 69a). Der neue Richter hat nur nachzuprüfen, ob das Erstgericht die Maßnahme nach dem Gesetz verhängen durfte (NJW **79**, 2113). Die alte Sperre wird durch die Neufestsetzung gegenstandslos. Die Höchstdauer der neuen einheitlich Sperrfrist darf im Falle des § 69a I S. 1 5 Jahre nicht überschreiten (BGH **24**, 205; NJW **03**, 1613, 1615 [in BGH **48**, 233 nicht abgedr.]; Frankfurt VRS **55**, 195; Stuttgart VRS **71**, 276; Düsseldorf NZV **91**, 317; SK-*Horn* 10 zu § 69a; Köln VRS **61**, 349; *Bringewat* 313, 316). Für die Bestimmung der erforderlichen Dauer kommt es auf die Sachlage zum Zeitpunkt der *neuen* Entscheidung an. Die **Mindestfrist** darf aber nicht kürzer bemessen werden als der zum Zeitpunkt der neuen Entscheidung noch nicht verstrichene Rest der früheren Sperre (*Pohlmann* aaO 286). Das folgt aus der Bindung des Gesamtstrafenrichters an die Rechtskraft der früheren Entscheidung (NStZ **92**, 231). Hinsichtlich der **Höchstfrist** sind lediglich die Grenzen des § 69a I und die Grundsätze des § 55 (oben 2) zu beachten. Zum **Fristbeginn** vgl. 27 zu § 69a.

33 Wenn die neue Tat keine Grundlage für die Anordnung einer Sperre bietet, so muss die frühere Sperre, wenn die Frist nicht schon abgelaufen ist, bei der nachträglichen Gesamtstrafenbildung **aufrechterhalten** bleiben (vgl. NJW **79**, 2113;

NStZ **92**, 231; NStZ-RR **04**, 247 f.; 3 StR 318/93; 26 f. zu § 69 a). Das gilt auch, wenn die Anlasstat der früheren Anordnung durch Einstellung nach § 154 II StPO wegfällt und die verbleibenden und neu abzuurteilenden Taten die Maßregelanordnung nicht rechtfertigen (NStZ **01**, 245). Der Ausspruch über die Aufrechterhaltung kann auf Revision der Staatsanwaltschaft vom Revisionsgericht nachgeholt werden, wenn die Sperre noch nicht abgelaufen ist; das gilt auch dann, wenn die (gleichfalls) fehlende Aufrecht-Erhaltung der Entziehung der Fahrerlaubnis und der Einziehung des Führerscheins nicht angefochten, aber durch Rechtskraft des früheren Urteils wirksam und daher der Sache nach „erledigt" sind (NStZ-RR **04**, 247 f.).

6) Zwingende Anwendung des § 55. Die Anwendung des § 55 ist dem erkennenden Gericht **zwingend** vorgeschrieben, wenn die Voraussetzungen vorliegen (BGH [GrSen] **12**, 1, 5 f.; BGH **23**, 98, 99; NJW **75**, 126; NStZ **03**, 200, 201; **05**, 32; 1 StR 317/87; 1 StR 3/99; 4 StR 43/00; 2 StR 422/00; 5 StR 213/04; KG NJW **03**, 2468 f.; Köln StraFo **06**, 119; stRspr.). In den Urteilsgründen sind, wenn eine nachträgliche Gesamtstrafenbildung in Betracht kommt, die für die Entscheidung maßgeblichen Umstände darzulegen; insb. also die Daten von Vorverurteilungen oder aufzulösenden Gesamtstrafenbeschlüssen, Erledigungsstand der in Betracht kommenden Strafen sowie Höhe und wesentliche Zumessungsgründe von – ggf nach Auflösung früherer Gesamtstrafen – zur Gesamtstrafenbildung herangezogenen Einzelstrafen. Mängel der Darstellung führen, wenn nicht ausnahmsweise ein Beruhen iS von § 337 StPO ausgeschlossen werden kann, zur Aufhebung (vgl. zB 2 StR 471/00). In der Rechtsmittelinstanz kann bei fehlerhafter Nichteinbeziehung von Einzelstrafen durch den Tatrichter eine **Beschwer** des Angeklagten entfallen, wenn eine Zäsurwirkung hatte beachtet werden müssen und dadurch zwei Gesamtstrafen zu bilden gewesen wären (vgl. NStZ-RR **06**, 232). **34**

A. Anwendung durch das Tatgericht. Von einer nachträglichen Gesamtstrafenbildung darf nur **abgesehen** und die Entscheidung dem Verfahren nach **§ 460 StPO** überlassen werden, wenn die Entscheidung weitere, trotz zureichender Terminvorbereitung unvorhergesehene (4 StR 506/78), mit erheblichem Zeitaufwand verbundene Ermittlungen nötig machen würde (NStZ **83**, 261; **05**, 32; 2 StR 584/95; Köln MDR **83**, 423; StraFo **06**, 119); wenn die Einbeziehung einer Einzelstrafe in Betracht kommt, die bereits zur Gesamtstrafenbildung in einem anderen, noch nicht rechtskräftigen Urteil verwendet wurde (vgl. BGH **9**, 192; **20**, 293); wenn noch nicht sicher ist, ob ein Urteil heranzuziehen ist, weil es zwar rechtskräftig ist, gegen die Versäumung der Rechtsmittelfrist aber ein Wiedereinsetzungsantrag läuft (BGH **23**, 98; MDR **55**, 527; BGHR § 55 I 1 AnwPfl. 2; *Küper* MDR **70**, 885); wenn in absehbarer Zeit eine neue Verhandlung über andere Taten sowie über die im Schuldspruch rechtskräftige Tat zu erwarten ist und dann eine umfassende Gesamtstrafe gebildet werden muss (NJW **97**, 2892; StV **99**, 599); wenn eine bei Gesamtstrafenbildung notwendige Überschreitung des Strafbanns zum Wechsel vom Berufungs- in das erstinstanzliche Verfahren führen würde (Jena NStZ-RR **03**, 139). Wenn der Tatrichter das Erfordernis der nachträglichen Gesamtstrafenbildung *übersehen* hat, ist das Urteil insoweit regelmäßig aufzuheben (vgl. 2 StR 280/06; 4 StR 293/07). **35**

B. Nachträgliches Beschlussverfahren. Kein Fall des § 55, sondern ein Fall des **§ 460 StPO** (zuständig das Gericht des 1. Rechtszuges, das die höchste Einzelstrafe verhängt hat, BGH **11**, 293; NJW **76**, 1512; bei Geldstrafen kommt es auf die Tagessatz*anzahl,* nicht auf die Tagessatzhöhe an; MDR **86**, 69) ist gegeben, wenn bei mehreren rechtskräftigen Strafen die Bildung einer Gesamtstrafe unterblieben ist. Sind sie sämtlich verbüßt, kommt nachträgliche Gesamtstrafenbildung nicht mehr in Betracht (NJW **53**, 1880). Ist eine nachträgliche Gesamtstrafenbildung unter irrtümlichem Verstoß gegen das Verbot der Doppelbestrafung vorgenommen worden, so kann der Fehler des Tatgerichts weder im Wege des § 460 StPO noch – idR – allein durch Geltendmachung der Unzulässigkeit der *Vollstreckung* (§ 458 I StPO) korrigiert werden (vgl. Saarbrücken NStZ-RR **03**, 180 f.; KK-*Fischer* 15 zu § 458 **36**

StPO; jew. mwN). Ob bei nachträglicher Bildung einer Gesamt-Geldstrafe die wirtschaftlichen Verhältnisse zum Zeitpunkt der letzten tatrichterlichen Entscheidung (so zB LG Freiburg NStZ **91**, 135) oder zum Zeitpunkt der Nachtragsentscheidung (so zB LG Berlin NStZ-RR **06**, 373) zugrunde zu legen sind, ist umstr.

37 Zum Härteausgleich, falls an sich gesamtstrafenfähige Strafen bereits verbüßt sind, vgl. oben 22. *Unzulässig* ist die Bildung einer Gesamtstrafe nach § 460 StPO, wenn der Tatrichter bei der letzten Verurteilung § 55 geprüft und abgelehnt hat (BGH **35**, 214; Koblenz MDR **75**, 73; OLGSt. 15 zu § 460 StPO; KK-*Fischer* 4 zu § 460 StPO; vgl. aber LK-*Rissing-van Saan* 61 f.).

37 a **C. Revision.** Wird vom Revisionsgericht eine Gesamtstrafe aufgehoben (zur Beschwer bei fehlerhafter Einbeziehung einer Strafe vgl. NStZ-RR **07**, 107) Bildung und die Sache an das Tatgericht **zurückverwiesen**, so ist in der neuen Verhandlung die Gesamtstrafenbildung nach Maßgabe der Vollstreckungssituation zum Zeitpunkt der ersten tatrichterlichen Verhandlung vorzunehmen (NStZ-RR **06**, 232; 2 StR 170/04), so dass vom neuen Tatrichter ggf auch zwischenzeitlich erledigte Strafen einzubeziehen sind (vgl. NStZ **01**, 645), weil dem Angeklagten ein erlangter Rechtsvorteil nicht genommen werden darf (NStZ-RR **03**, 139; 4 StR 200/99; 4 StR 633/99). Eine eigene Entscheidung des Revisionsgerichts kommt nach Maßgabe des § 354 I StPO in Betracht (vgl. dazu 117 f. zu § 46). Darüber hinaus gilt **§ 354 I a StPO** auch bei (*nur*) fehlerhaften Entscheidungen über die Gesamtstrafe; das Revisionsgericht kann daher grds. die Revision auch mit der Begründung verwerfen, die (rechtsfehlerhaft gebildete) nachträgliche Gesamtstrafe sei angemessen (vgl. dazu 119 ff. zu § 46; LK-*Rissing-van Saan* 63). Bei Zurückverweisung durch das Revisionsgericht ist **§ 354 I b StPO** zu beachten; danach kann die Sache bei ausschließlich rechtsfehlerhafter Gesamtstrafenbildung (§ 354 I a S. 1 StPO) oder bei eigener Entscheidung des Revisionsgerichts über eine Einzelstrafe (§ 354 I b S. 2 StPO) in das Beschlussverfahren gem. § 460 StPO zurückverwiesen werden (vgl. dazu 123 zu § 46); **zuständig** ist dann nicht eine andere Kammer oder Abteilung des Tatgerichts, sondern das nach § 462 a III StPO zuständige Gericht (LK-*Rissing-van Saan* 64 f.).

38 **7) Tenorierung.** Im Tenor des Urteils, in dem die nachträgliche Gesamtstrafe gebildet wird, ist die neue Gesamtstrafe auszusprechen und ggf hinzuzufügen, dass eine alte Gesamtstrafe aufgelöst und die darin enthaltenen Einzelstrafen einbezogen werden. Es ist also nicht das Urteil, sondern die darin ausgesprochene **Strafe** einzubeziehen. Eine nach § 53 II S. 2 gesondert bestehen gebliebene Geldstrafe ist im Tenor nicht zu erwähnen (4 StR 367/88). Ist eine Einzelstrafe in die neue Gesamtstrafe nicht einzubeziehen, so ist im Urteil ihr Bestehenbleiben ausdrücklich festzustellen (BGH **35**, 243; BGHR § 55 I S. 1 Strafen, einbez. 4, 7; 5 StR 1/00). Aufrecht erhaltene weitere Rechtsfolgen (oben 29 ff.) sind zu bezeichnen; ist eine frühere Maßnahmenanordnung gegenstandslos, so kann es sich empfehlen, dies zur Klarstellung festzustellen. Insb. bei Bildung mehrerer Gesamtstrafen sollte eine übersichtliche und verständliche Tenorierung angestrebt werden, die zwischen dem (neuen) Schuldspruch, der Festsetzung der Gesamtstrafe(n) unter Bezeichnung der (jeweils) einbezogenen Einzelstrafen und der Bezeichnung aufgelöster früherer Gesamtstrafen trennt.

39 **8) Anrechnung.** Ist die in der früheren Entscheidung erkannte Strafe **zum Teil schon vollstreckt,** so müssen die verbüßte Zeit bzw. die gezahlten Beträge angerechnet werden (LK-*Rissing-van Saan* 26), das gilt auch, wenn eine Geldstrafe tatsächlich schon vollständig bezahlt war und daher fehlerhaft, aber rechtskräftig in die Gesamtstrafe einbezogen wurde (Hamm 1. 12. 1983, 7 Ws 360/83). Die Anrechnung ist Aufgabe der **Strafvollstreckungsbehörde** (BGH **21**, 186; LK-*Rissing-van Saan* 26; NK-*Frister* 25). Zur Frage der Anrechnung von **UHaft** auf die Gesamtstrafe vgl. 5 zu § 51.

40 9) Zur **Verjährung:** Vgl. 11 zu § 78 b; 3 zu § 79; zur registerrechtlichen Behandlung vgl. § 23 BZRG.

Vierter Titel. Strafaussetzung zur Bewährung

Strafaussetzung

56 **I Bei der Verurteilung zu Freiheitsstrafe von nicht mehr als einem Jahr setzt das Gericht die Vollstreckung der Strafe zur Bewährung aus, wenn zu erwarten ist, dass der Verurteilte sich schon die Verurteilung zur Warnung dienen lassen und künftig auch ohne die Einwirkung des Strafvollzugs keine Straftaten mehr begehen wird. Dabei sind namentlich die Persönlichkeit des Verurteilten, sein Vorleben, die Umstände seiner Tat, sein Verhalten nach der Tat, seine Lebensverhältnisse und die Wirkungen zu berücksichtigen, die von der Aussetzung für ihn zu erwarten sind.**

II Das Gericht kann unter den Voraussetzungen des Absatzes 1 auch die Vollstreckung einer höheren Freiheitsstrafe, die zwei Jahre nicht übersteigt, zur Bewährung aussetzen, wenn nach der Gesamtwürdigung von Tat und Persönlichkeit des Verurteilten besondere Umstände vorliegen. Bei der Entscheidung ist namentlich auch das Bemühen des Verurteilten, den durch die Tat verursachten Schaden wieder gutzumachen, zu berücksichtigen.

III Bei der Verurteilung zu Freiheitsstrafe von mindestens sechs Monaten wird die Vollstreckung nicht ausgesetzt, wenn die Verteidigung der Rechtsordnung sie gebietet.

IV Die Strafaussetzung kann nicht auf einen Teil der Strafe beschränkt werden. Sie wird durch eine Anrechnung von Untersuchungshaft oder einer anderen Freiheitsentziehung nicht ausgeschlossen.

Übersicht

1) Allgemeines ... 1, 1a
2) Anwendungsbereich ... 2, 2a
3) Günstige Sozialprognose (Abs. I) ... 3–11
4) Aussetzung von Freiheitsstrafen unter 6 Monaten ... 12
5) Aussetzung von Freiheitsstrafen von 6 Monaten bis 1 Jahr (Abs. I, III) ... 13–18
6) Aussetzung von Strafen über 1 Jahr (Abs. II) ... 19–25
7) Verfahrensrechtliche Hinweise ... 26, 27

1) Allgemeines. Die Vorschrift idF des 1./2. StrRG wurde durch Art. 1 Nr. 5 des 23. StÄG ergänzt; II S. 1 wurde geringfügig geändert; II S. 2 wurde durch das VerbrBekG (1 zu § 130) angefügt. Vgl. dazu RegE BT-Drs. 10/2720, 10; RA-BTag 59. Sitz. S. 12; 62. Sitz. S. 7; Ber. BT-Drs. 10/4391, 16; *Groß* StV **85**, 81; *Greger* JR **86**, 353; Bericht BReg. BT-Drs. 10/5828, 3; *Dölling* NJW **87**, 1042. Vorschläge der **Erweiterung** des Abs. II wurden mehrfach eingebracht (vgl. BT-Drs. 10/1116; 12/6141; BT-Drs. 13/4462). 1

Literatur: *Bock,* Zur dogmatischen Bedeutung unterschiedlicher Arten empirischen Wissens bei prognostischen Entscheidungen im Strafrecht, NStZ **90**, 457; *ders.*, das Elend der klinischen Kriminalprognose, StV **07**, 269; *Boetticher/Kröber/Müller-Isberner/Böhm/Müller-Metz/Wolf,* Mindestanforderungen für Prognosegutachten, NStZ **06**, 537; *Brettel,* Tatverleugnung und Strafrestaussetzung. Ein Beitrag zur Praxis der Kriminalprognose, 2007 (Diss. Mainz 2006); *Doleisch von Dolsperg,* Strafaussetzung zur Bewährung – Probleme aus der Praxis, StraFo **05**, 45; *Fenn,* Kriminalprognose bei jungen Straffälligen, 1981; *Frisch,* Prognoseentscheidungen im Strafrecht, 1983; *ders.,* Prognostisch fundierte Entscheidungen im Strafrecht, R & P **92**, 110; *Frisch/Vogt,* Prognoseentscheidung in der strafrechtlichen Praxis, 1994 [Bespr. *H.J. Schneider* GA **96**, 401]; *Geisler,* H. Kaufmann-GedS 253; *Göppinger,* Kriminologie 193 ff. mwN; *Müller-Dietz,* K. Meyer-GedS 753; *Schäfer/Sander,* Strafaussetzung zur Bewährung in der Rechtsprechung des Bundesgerichtshofs, BewH **00**, 186; *Schall/Schreibauer,* Prognose und Rückfall bei Sexualstraftätern, NJW **97**, 2412; *Sonnen,* Kriminologen als Sachverständige, Richter II-FS (2006) 495; *Spieß* MSchrKrim **81**, 303; *Streng* 226 ff. [Prognosemethoden]; *Tenckhoff* DRiZ **82**, 95; *Ventzke,* § 56 Abs. 2 StGB – eine Ermessensvorschrift?, StV **88**, 367; *Volckart,* Praxis der Kriminalprognose, 1997. Vgl. auch 3a vor § 61. 1a

2 **2) Anwendungsbereich.** Die §§ 56 bis 58 gelten für die **Freiheitsstrafe iS von § 38** (für die Jugendstrafe §§ 20 bis 26 JGG; für den Strafarrest modifiziert § 14a WStG die §§ 56 bis 58), gleichgültig, ob sie wegen eines Verbrechens oder Vergehens verhängt wird. **Geldstrafe** und **Ersatzfreiheitsstrafe,** können nen *nicht* ausgesetzt werden (vgl. jedoch 3 zu § 57, §§ 59ff. sowie §§ 459c II, 459d, 459f StPO). Für freiheitsentziehende **Maßregeln** gelten die §§ 67b, 67g, 68g, für die Aussetzung des Berufsverbots die §§ 70a, 70b. Dass eine Strafe neben einer Maßregel verhängt wird, hindert ihre Aussetzung an sich nicht (Stuttgart NJW **54**, 611), insbesondere nicht in den Fällen der §§ 69, 69a (BGH **15**, 316; **47**, 32, 36f.); soweit sich die Prognosegesichtspunkte überschneiden, können Umstände, die der Maßregelanordnung zugrunde liegen, freilich auch einer positiven Sozialprognose iS von I entgegenstehen. Auf einen *Teil der Strafe* darf die Aussetzung zur Vermeidung kurzer Freiheitsstrafen nicht beschränkt werden **(IV S. 1).** Hingegen wird die Aussetzung durch **Anrechnung** von UHaft oder sonstiger Freiheitsentziehung nach § 51 (vgl. dort 5) nicht ausgeschlossen (**IV S. 2**); dies kann jedoch nicht gelten, wenn die Strafe hierdurch **voll verbüßt** ist (BGH **31**, 25, 27; NJW **02**, 1356; StV **92**, 157 L; 2 StR 701/86; 4 StR 162/03; stRspr) oder für voll verbüßt erklärt wird (NJW **61**, 1220; BGH **31**, 28; 3 StR 259/97; 2 StR 514/98; *Stree* NStZ **82**, 327; LK-*Gribbohm* 7; **aA** *S/S-Stree* 13; *Stree* NStZ **82**, 327; offen gelassen von Köln NStZ **99**, 534). Ist die (durch erlittene U-Haft voll verbüßte) Freiheitsstrafe dennoch zur Bewährung ausgesetzt, so soll nach Köln NStZ **99**, 534 ein *Erlass* vor Ablauf der Bewährungszeit nicht möglich sein, da § 56g nicht dazu dienen dürfe, „eine Korrektur des rechtskräftigen Urteils zu erwirken"; das überzeugt schon im Hinblick auf §§ 56a II S. 2, 56e nicht.

2a Die vollstreckungsrechtliche Sonderregelung für **BtM-Abhängige** (§§ 35, 36 BtMG) lässt die §§ 56ff., 57, die vorrangig zu prüfen sind, unberührt. Strafen von **mehr als 2 Jahren** dürfen nicht ausgesetzt werden. Für die Strafhöhe ist das Maß der **erkannten Strafe** maßgebend, nicht ein nach Anrechnung von UHaft usw. (§ 51) bleibender Rest (BGH **5**, 377). Bei Gesamtstrafe kommt es auf deren Höhe an (§ 58 I); nachträgliche Gesamtstrafenbildung unter Einbeziehung einer vorher ausgesetzten Einzelstrafe regelt § 58 II. Nebeneinander verhängte Strafen dürfen nicht zusammengerechnet werden (BGH **33**, 96).

3 **3) Günstige Sozialprognose (Abs. I).** Die **Voraussetzungen** der Aussetzung der Vollstreckung sind in I bis III je nach der Höhe der erkannten Strafe unterschiedlich geregelt. Einheitlich wird jedoch eine **günstige Sozialprognose** verlangt; diese ist auch in Fällen des Abs. II **vorab zu prüfen** (StV **03**, 670; vgl. unten 19). Die Prognose ist ausschließlich *spezialpräventiv* zu stellen; die Schwere der Schuld und die Umstände der Tat sind nur insoweit von Bedeutung, als sie Rückschlüsse auf das künftige Verhalten zulassen. Generalpräventive Gesichtspunkte scheiden bei der Prognose aus; daher kann die Aussetzung auch nicht für bestimmte Deliktsarten von vornherein ausgeschlossen werden (NStZ-RR **05**, 38 [zu § 176]). Die Prognose ist ggf unter Heranziehung der Gerichtshilfe (§ 160 III StPO) oder eines **Sachverständigen** (Celle JR **85**, 32 [m. Anm. *Meyer*]; vgl. auch *Sonnen*, Richter II-FS [2006] 495ff.; *Boetticher u.a.* NStZ **06**, 537ff. [Qualitäts-Anforderungen an Gutachten]) zu treffen und bedarf einer individuellen Würdigung aller Umstände (StV **95**, 414). Nach Oldenburg NStZ-RR **07**, 197 darf auch ein erheblicher Verdacht weiterer, nach der abgeurteilten Tat begangener Straftaten ohne Verstoß gegen Art. 6 I MRK berücksichtigt werden.

4 **A. Erwartensklausel (I S. 1).** Die Erwartensklausel des **I S. 1** verlangt die *begründete* Erwartung, dass der Verurteilte sich **schon die Verurteilung zur Warnung dienen lassen** wird, sei es auch erst mit Hilfe von Auflagen (§ 56b) oder Weisungen (§§ 56c, 56d), und künftig, also nicht nur während der Dauer der Bewährungszeit (BGHR § 56 I SozPr. 22; Bay VRS **62**, 37; *Molketin* BA **82**, 443), auch ohne die Einwirkung des Strafvollzugs keine Straftaten mehr begehen wird. Es wird also keine sichere Gewähr, sondern lediglich eine **durch Tatsachen be-**

gründete Wahrscheinlichkeit straffreier Führung verlangt (BGH **7**, 6; VRS **25**, 426; NStE Nr. 2; NStZ **88**, 452; BGHR § 56 I SozPr. 13; StV **91**, 514; NStZ/D **91**, 478; **92**, 172; Hamburg NJW **64**, 876; Hamm VRS **32**, 23; Köln MDR **70**, 1026; Düsseldorf VRS **77**, 215; Stuttgart OLGSt Nr. 10; Braunschweig NStZ-RR **98**, 186); auch nicht – wie vor dem 1. StrRG – die Erwartung eines „gesetzmäßigen und geordneten Lebens"; ebenfalls nicht die sichere Erwartung, dass es auch zu keinen Bagatelldelikten kommen wird. Eine „bloße Hoffnung" reicht andererseits nicht aus (Bay JZ **00**, 330 L). Für die Prognose ist nicht allein auf die Wahrscheinlichkeit **einschlägiger** oder kriminologisch ähnlicher Straftaten abzustellen (Bay NStZ-RR **03**, 105 f.). Die der Gesamtwürdigung zugrunde liegenden **Tatsachen** müssen im Urteil dargelegt werden; ein vager Hinweis, das Gericht habe einen günstigen „Eindruck" gehabt, reicht nicht aus (vgl. Düsseldorf JR **01**, 202 [Anm. *Erb*]).

Für die Bejahung einer günstigen Prognose ist ausreichend, dass die **Wahrscheinlichkeit** künftig straffreien Verhaltens größer ist als diejenige neuer Straftaten (NStZ **97**, 594; NStZ-RR **05**, 38; LK-*Gribbohm* 11). Dies muss zur **Überzeugung** des Richters feststehen, der **Zweifelssatz** gilt insoweit nicht (StV **92**, 106; Bay **88**, 34; Koblenz VRS **74**, 272; Oldenburg NStZ-RR **07**, 197), wohl aber für die ihr zugrunde liegenden Tatsachen (vgl. 3 StR 165/71; Oldenburg OLGSt. 137 zu § 23 aF; Koblenz VRS **51**, 430; NJW **78**, 2044; OLGSt. 47, 57; Karlsruhe VRS **55**, 341; Bay StV **94**, 187; LK-*Gribbohm* 16; *S/S-Stree* 16; *Schöch* MSchrKrim **83**, 338; iErg ebenso SK-*Horn* 12 und 9 zu § 61; vgl. auch *Terhorst* MDR **78**, 973; *Dünkel* ZStW **95**, 1048; ferner *Frisch* aaO [1 a], 50 u. StV **88**, 360; *Montenbruck* aaO [14 zu § 1], 97, 100, *Löffeler* JA **87**, 81; *Schall/Schreibauer* NJW **97**, 2414; *Streng* 66; NStZ/T **89**, 217); für die Bejahung einer günstigen Prognose genügt es also nicht, dass sie sich nur nicht ausschließen lässt (StV **92**, 106; Hamm NStZ **04**, 685 [zu § 57]). Die **Umstände,** auf welche die Bejahung oder Verneinung einer günstigen Sozialprognose gestützt werden soll, müssen rechtsfehlerfrei **festgestellt** werden (NStZ-RR **98**, 327); nach BGHR § 56 I SozPr. 24 hat der Angeklagte insoweit weder eine Darlegungslast noch tritt der Zweifelssatz insoweit außer Kraft (vgl. Karlsruhe NStZ-RR **99**, 242). Die als Indizien zu verwertenden Umstände sind dem Beweis (und Beweisanträgen) zugängliche Tatsachen. Ein **Beweisantrag** auf Vernehmung eines Sachverständigen zum Beweis der Tatsache, dass eine günstige Prognose bestehe, ist daher nicht unzulässig (zutr. Bay JR **03**, 294 [m. Anm. *Ingelfinger*]); er wird aber im Hinblick auf die eigene Sachkunde des Gerichts abzulehnen sein, wenn er nicht substantiiert ist und letztlich nur Bewertungsfragen zum Gegenstand hat (vgl. Bay aaO). 4 a

B. Prognose-Gesichtspunkte (I S. 2). Die Prognose muss sich namentlich auf die **Persönlichkeit** des Verurteilten beziehen; Elemente der Lebensführung, die in keinem erkennbaren Zusammenhang zur Tat stehen (zB Berufsausbildung, Wohnung), können nicht ohne Weiteres herangezogen werden und für sich allein keine negative Prognose tragen (NStZ-RR **07**, 138; vgl. auch MK-*Groß* 30). Ob dem Täter negative Faktoren der Prognose vorzuwerfen sind, ist ohne Bedeutung. Die Prognose kann auch auf Eigenschaften gestützt werden, die auf krankhafter Grundlage oder Persönlichkeitsdefiziten beruhen (BGH **10**, 287). Umstände, die zur Aussetzung der Unterbringung Anlass geben, können auch eine hinreichende Wahrscheinlichkeit straffreier Lebensführung iS des § 56 I begründen (NStE Nr. 22). Dass der Rückfall bei **BtM-Abhängigen** eine nahe liegende Möglichkeit ist, steht einer Aussetzung nicht von vornherein entgegen (vgl. NJW **91**, 3289; StV **92**, 63; NStZ-RR **97**, 231; Bay StV **92**, 15; *Schäfer* StrZ 114 a; *Lesting* MSchrKrim **93**, 320; SK-*Horn* 11); daher ist bei Süchtigen Drogenfreiheit nicht Voraussetzung einer Strafaussetzung (Bay StV **92**, 16). Wird die günstige Prognose allein deswegen verneint, weil die Mittel für eine Langzeittherapie noch fehlen, so ist zu erwägen, ob die Zwischenzeit bis zum Therapieantritt nicht durch bewährungsbegleitende Maßnahmen straffrei überstanden werden kann (Düsseldorf NJW **93**, 805; vgl. Braun- 5 schweig StV **98**, 493). Ein allgemeiner Erfahrungssatz, nur eine stationäre Drogenentzugsbehandlung könne zum Erfolg führen, besteht nicht (Düsseldorf StV **93**, 476). Andererseits kann die Annahme einer günstigen Prognose bei BtM- sowie Alkoholabhängigkeit des Täters nicht schon auf vage Therapie-Bemühungen oder auf bloße Behauptungen von Therapiebereitschaft gestützt werden (vgl. Bay NJW **93**, 806).

6 Die Prognose muss das **Vorleben** (37 zu § 46) des Täters einbeziehen, insbesondere seine **Vorstrafen** (Koblenz VRS **40**, 96; **51**, 429; **53**, 338; **67**, 30; OLGSt. 23, 47, 57; Saarbrücken NJW **75**, 2215). Sind die Vorstrafen einschlägige oder gewichtige und liegen sie noch nicht lange zurück, so wird es besonderer Umstände bedürfen, um doch zu einer positiven Prognose zu kommen (vgl. 1 StR 192/79; Bay DAR **79**, 236; NStE Nr. 34; NStZ-RR **03**, 105 f.; KG VRS **38**, 330; **41**, 254; Karlsruhe VRS **50**, 98; NStZ-RR **05**, 200; Koblenz VRS **60**, 33, 36; **71**, 48; 448; **74**, 271; BA **81**, 50; **82**, 475; OLGSt. Nr. 8; NZV **88**, 231; Köln BA **81**, 470; OLGSt. 65). Das gilt namentlich auch, wenn schon frühere Bewährungsfristen nicht bestanden oder die neue Tat während des Laufs einer Bewährungsfrist begangen wurde. Freilich ist bei **Bewährungsbruch** eine erneute Aussetzung nicht ohne weiteres und schon allein aus diesem Grund ausgeschlossen (NStZ **83**, 454; StV **91**, 364 f.; NStZ-RR **97**, 68; **05**, 38; BGHR § 56 I Sozialprognose 15; Karlsruhe NJW **03**, 1263; NStZ-RR **05**, 200; Köln StV **96**, 322). Strafrechtlich irrelevantes Verhalten ist nicht geeignet, eine ungünstige Prognose zu begründen (NStZ-RR **03**, 264 [Verhältnis zu einer *15*-Jährigen bei Verurteilung nach § 176]).

6 a Eine günstige Prognose ist daher nicht stets schon ausgeschlossen, wenn der **Widerruf einer vorausgegangenen Aussetzung** zu erwarten ist (Köln NStZ **94**, 205 [abl. Anm. *Berg*]; and. Köln MDR **72**, 256; Saarbrücken NJW **75**, 2215). Zwar ist grds die Prognose nur einheitlich möglich; jedoch kann die voraussichtliche Wirkung einer wegen des Widerrufs zu verbüßenden Strafe im Einzelfall ein Faktor sein, der eine nochmalige Aussetzung rechtfertigt. Freilich ist zu berücksichtigen, dass im Widerrufsverfahren eine Entscheidung nach § 56f II gerade auf die der erneuten Aussetzung zugrunde liegende Prognose gestützt werden könnte; daher kann eine bloße *Möglichkeit* des Widerrufs in anderer Sache idR nicht ausreichen, um in der neuen Sache zu einer günstigen Prognose zu gelangen (vgl. hierzu *Radtke,* Müller-Dietz-FS 609, 618 ff.). Anders kann dies sein, wenn ein Widerruf schon erfolgt ist (vgl. aber 8 a zu § 56 f). Eine **Prärogative** der tatrichterlichen *günstigen* Beurteilung der Prognose besteht im Verhältnis zum Widerrufsgericht jedenfalls dann nicht, wenn der Tatrichter seine positive Prognose wesentlich auch auf die erwarteten Wirkungen des Strafvollzugs in der anderen Sache gestützt hat (zutr. *Radtke* aaO 621).

6 b Eine Rolle spielt, ob der Täter früher bereits **Strafe verbüßt** hat (vgl. § 66 I Nr. 2); so ist zB zu berücksichtigen, wie eine erstmalige Strafverbüßung (in anderer Sache) zwischen Begehung und Aburteilung gewirkt hat (Bay DAR **82**, 248; Karlsruhe NStZ-RR **05**, 200; Köln NStZ-RR **07**, 266), insbesondere wenn der Täter inzwischen sozial eingeordnet lebt (StV **91**, 346); ebenso die mögliche Wirkung erlittener **UHaft** als „Warneffekt" (vgl. StV **01**, 676; KG StV **99**, 605); auch ein inzwischen begonnener Vollzug einer anderen Strafe bei einem Erstverbüßer (Karlsruhe StV **01**, 626). Hieraus ist aber nicht abzuleiten, es bedürfe in den Fällen früherer Haftverbüßung einer Prüfung und Erörterung *sämtlicher* Folgen; ggf. kann die negative Feststellung ausreichen, es sei im Laufe früherer Strafvollstreckung eine Distanzierung vom eigenen Kriminellen verhalten nicht eingetreten (Köln NStZ-RR **07**, 266 f.). **Getilgte** oder tilgungsreife Vorstrafen sind nicht zu berücksichtigen (§ 51 I BZRG; 2 StR 302/72). Bruch früher gewährter Straf(rest)aussetzungen ist regelmäßig als gravierendes Indiz für eine ungünstige Prognose anzusehen (vgl. Karlsruhe NJW **03**, 1263; NStZ-RR **05**, 200).

7 Weiterhin sind zu berücksichtigen **die Umstände der Tat,** vor allem ihre psychischen Wurzeln, dh die Beweggründe und Tatziele (27 zu § 46), die Gesinnung (28 ff. zu § 46) und der bei der Tat aufgewendete Wille (31 zu § 46).

8 Das **Verhalten nach der Tat** und in Bezug auf sie (46 ff. zu § 46; 2 ff. zu § 46 a) ist zu berücksichtigen. Von einer Gesinnungsänderung des Täters schlechthin darf die Aussetzung aber nicht abhängig gemacht werden (BGH **7**, 6). Bedeutsam sein *können Reue, Wiedergutmachung* oder wenigstens der Wille dazu (§ 46 a), straffreies Verhalten nach der Tat, auch wenn sich der Täter längere Zeit verborgen gehalten hat (StV **88**, 385); freilich darf das Fehlen von Reue und Einsicht bei einem die Tat bestreitenden Täter nicht zur Begründung einer negativen Prognose

herangezogen werden (StV **98**, 482; **99**, 602; NStZ-RR **03**, 264). Steht die Verwertung der Verteidigungsstrategie nicht entgegen (insb. bei Geständnis), so sind Einsichtslosigkeit (VRS **26**, 22; Köln MDR **67**, 417) oder fehlende Wiedergutmachung (BGH **5**, 238) zwar für sich allein noch kein Ablehnungsgrund (StV **89**, 149), aber doch Faktoren für die Gesamtprognose, wenn sich hieraus Rechtsfeindschaft oder Gleichgültigkeit und deshalb die Gefahr künftiger Rechtsbrüche ergibt (BGHR § 56 III Vert. 12); hierfür nicht aussagekräftig ist aber ein Nachtatverhalten, das dem Zweck diente, sich den Taterfolg zu erhalten oder sich der Bestrafung zu entziehen (NStZ **87**, 406).

Das bloße Festhalten an einer (politischen) Gesinnung führt bei einem **Überzeugungstäter** nicht notwendig zu einer negativen Sozialprognose (StV **01**, 505 f.; NStZ-RR **04**, 201 f.); auch bei Überzeugungstätern (vgl. 29 zu § 46) kommt daher Aussetzung in Betracht (BGH **6**, 192; **7**, 9; 3 StR 434/78). Hält der Täter unverändert an der Auffassung fest, er habe „richtig" gehandelt, so ist sorgfältig zu prüfen, ob gewichtige Anhaltspunkte für die Erwartung vorliegen, dass er sich künftig auch ohne Strafverbüßung straffrei führen werde (NJW **95**, 341; Karlsruhe NStZ-RR **96**, 58). Dabei wird die (allgemeine) Überzeugung bei Gelegenheits- oder Konflikttaten eine geringe, bei planmäßigen Taten gerade zur *Umsetzung* der (aufrecht erhaltenen) Überzeugung eine wichtige Bedeutung haben Bei sog. **Totalverweigerern,** die ihre Einstellung zur Dienstleitung nicht ändern, aber im Übrigen Wohlverhalten erwarten lassen, darf im Hinblick auf die Rspr des BVerfG (E **78**, 393) die wegen der unumstößlichen Gewissensentscheidung höchstwahrscheinlich zu erwartende erneute Weigerung bei der Prognose schon deshalb nicht nachteilig verwertet werden (Oldenburg NJW **89**, 1231; Bremen StV **89**, 396; LG Köln NJW **89**, 1173; LG Darmstadt NJW **93**, 77; AG Dannenberg NStZ-RR **06**, 385 f.; zT **aA** Hamm NStZ **84**, 456; hierzu *Bringewat* MDR **85**, 93; m. *Herdegen* GA **86**, 101), weil insoweit die Gefahr einer neuen (verfolgbaren) Straftat gar nicht gegeben ist (SK-*Horn* 9). 8a

Von Bedeutung sind die **Lebensverhältnisse** des Angeklagten im Hinblick auf Familie, Beruf, soziale Einordnung (42 ff. zu § 46), insbesondere auch Veränderungen durch behördliche Maßnahmen (BGH **8**, 182; Köln OLGSt. 19; Koblenz BA **84**, 453). 9

Zu berücksichtigen sind schließlich **die Wirkungen, die von der Aussetzung für den Verurteilten zu erwarten sind** (vgl. NJW **78**, 599); **zB** einerseits die Erhaltung des Arbeitsplatzes (Hamm VRS **67**, 423) und die Einordnung in die Familie, andererseits die Gefahr, dass die Verurteilung nicht als Warnung genommen wird. In Betracht kommen auch solche Wirkungen, die erst der Rechtsfolgenausspruch erwarten lässt (NJW **78**, 599), wie die Anordnung eines Berufsverbots (4 StR 175/80). Immer ist aber vorausgesetzt, dass sich der Täter in Freiheit bewähren kann, eine unbefristete Freiheitsentziehung in anderer Sache (Sicherungsverwahrung) schließt eine günstige Prognose aus (Hamburg MDR **76**, 773; JR **77**, 515 m. Anm. *Grunau*). 10

C. Gesamtwürdigung. Die nach I S. 2 erforderliche Gesamtwürdigung (krit. dazu *Horn,* Arm. Kaufmann-GedS 573) kann auch solche Umstände einbeziehen, die schon für die Strafzumessung bedeutsam waren. Auch wenn zugleich **mehrere Strafen** verhängt werden, bedarf es stets einer **einheitlicher Prognose**; die Entscheidung über die Aussetzung kann nur einheitlich ergehen (BGH **11**, 342, 343; Braunschweig NStZ-RR **05**, 139; and. hier bis 52. Aufl. im Anschluss an Bay NJW **66**, 2370). Maßgeblicher Zeitpunkt für die Prognose ist derjenige der (jetzigen) Entscheidung; das gilt auch bei **nachträglicher Gesamtstrafenbildung** (NStZ **04**, 85; vgl. Erl. zu § 55). In den Fällen einer Maßregelaussetzung (§ 67 b I S. 1, dort 2) kommt auch eine Aussetzung nach § 56 I in Betracht (NStZ **88**, 452). Umgekehrt muss, wenn neben einer aussetzungsfähigen Freiheitsstrafe eine freiheitsentziehende Maßregel verhängt wurde, bei der Beurteilung der Sozialprognose nach § 56 I bedacht werden, dass uU eine Weisung nach § 56 c III Nr. 2 eine günstige Prognose 11 begründen könnte (vgl. § 67b I S. 1); die Verneinung einer günstigen Prognose darf, insb. wenn sich aus Vorleben und Persönlichkeit des Täters Anhaltspunkte für günstige Umstände ergeben, nicht allein darauf gestützt werden, dass die Voraussetzungen einer Maßregelanordnung vorliegen (vgl. StV **99**, 601). Bei der Beurteilung der Sozialprognose kommt dem Tatrichter ein weiter **Bewertungsspielraum** zu (5 StR 37/07; Karlsruhe NStZ-RR **05**, 200, 201); das **Revisionsgericht** kann nur in Ausnahmefällen eingreifen, wenn der Tatrichter erkennbar unzutreffende Maßstäbe angewandt, nahe liegende Umstände übersehen oder festgestellte Umstände fehlerhaft gewichtet hat (vgl. zB 5 StR 542/06).

12 **4) Aussetzung von Freiheitsstrafen unter 6 Monaten.** Bei kurzen Freiheitsstrafen hat eine günstige Prognose die Aussetzung **zwingend** zur Folge (**I** iVm **III,** Hamm DAR **73**, 101). Diese Regelung soll iVm § 47 den Vollzug kurzer Freiheitsstrafen eindämmen. § 14 I WStG schränkt den § 56 ein (vgl. auch § 14a WStG), aber auch in diesen Fällen sind die Grundgedanken des 1. und 2. StrRG zu beachten (Frankfurt NZWehrr **77**, 112; vgl. hierzu LG Koblenz StV **83**, 245). Aus dem Umstand, dass eine kurze Freiheitsstrafe nach § 47 unerlässlich ist, kann nicht schon auf eine ungünstige Sozialprognose geschlossen werden (LK-*Gribbohm* 24). Entsprechendes gilt, wenn eine kurze Freiheitsstrafe deshalb verhängt wird, weil sie zur Verteidigung der Rechtsordnung unerlässlich ist; trotzdem muss sie zur Bewährung ausgesetzt werden, wenn dem Täter eine günstige Sozialprognose zu stellen ist.

13 **5) Aussetzung von Freiheitsstrafen von 6 Monaten bis 1 Jahr (Abs. I, III).** Bei Freiheitsstrafen von 6 Monaten bis zu 1 Jahr (I) muss bei günstiger Sozialprognose, deren Vorliegen auch bei Anwendung des Abs. III im Urteil nicht offen bleiben darf (Köln NZV **93**, 357; Bay wistra **98**, 193; Dresden StV **00**, 560; LK-*Gribbohm* 50; SK-*Horn* 21), die Vollstreckung ausgesetzt werden, wenn die Verteidigung der Rechtsordnung sie nicht gebietet (III). Ist die Vollstreckung jedoch geboten, **muss** die **Aussetzung versagt werden** (3 StR 267/83).

14 **A. Verteidigung der Rechtsordnung (Abs. III).** Das Gebot der Verteidigung der Rechtsordnung steht der Aussetzung von Strafen ab 6 Monaten entgegen, wenn eine Aussetzung der Vollstreckung im Hinblick auf schwerwiegende Besonderheiten des Einzelfalls für das allgemeine Rechtsempfinden schlechthin unverständlich erscheinen müsste und das Vertrauen der Bevölkerung in die Unverbrüchlichkeit des Rechts und den Schutz der Rechtsordnung vor kriminellen Angriffen erschüttern könnte (BGH **24**, 40, 46; wistra **00**, 96f.; BGHR § 29 BtMG, Bew. 1; BGHR § 56 III Vert. 13, 15; Düsseldorf StV **95**, 527; Bay NStZ-RR **04**, 42, 43; LK-*Gribbohm* 46). Die Schwere der Schuld ist nicht als Kriterium, sondern nur als Beurteilungsgrundlage und damit mittelbar insoweit von Bedeutung (BGH **24**, 40), wie sie die Notwendigkeit mitbegründen kann, auf die Tat nicht mit bloßer Aussetzung der Strafe zu reagieren (BGH **6**, 127; Bay VM **60**, 51; krit. SK-*Horn* 24). Der Gedanke der **Generalprävention** iS der Abschreckung von Tätern, die in Versuchung sein könnten, ähnliche Taten zu begehen, spielt zwar eine Rolle (BGH **34**, 151; hierzu *Schall* JR **87**, 397); generalpräventive Erwägungen dürfen aber nicht dazu führen, bestimmte Tatbestände oder Tatbestandsgruppen von vornherein von der Möglichkeit einer Strafaussetzung auszuschließen (vgl. unten 17). Spezialpräventive Gesichtspunkte scheiden aus (StV **89**, 150; Bay wistra **98**, 194; NStZ-RR **98**, 300). Eine Versagung der Aussetzung nach Abs. III *allein* im Hinblick auf generalpräventive Erwägungen ohne Erörterung der Sozialprognose, insb. auch der Täterpersönlichkeit, ist regelmäßig rechtsfehlerhaft (Dresden VRS **98**, 432; vgl. auch Köln NZV **93**, 357).

15 **Mögliche Gründe für die Versagung** der Aussetzung sind: besonders schwere *Tatfolgen*; *erhebliche* verbrecherische Intensität (vgl. BGH **24**, 40; Frankfurt NJW **71**, 1813; **77**, 2176; Koblenz MDR **74**, 768; Bay DAR **81**, 244); hartnäckiges rechtsmissachtendes Verhalten (NStZ **85**, 165); ungewöhnliche Gleichgültigkeit gegenüber den Sicherheitsbelangen der Allgemeinheit; dreistes Spekulieren auf die

Aussetzung; rasche Wiederholungstaten; Rückfall in der Bewährungsfrist; einschlägige Vorstrafen (vgl. Bay NStZ-RR **04**, 42, 43). Solche Gründe sind ggf im Urteil näher darzulegen (BGHR § 56 III Vert. 12). Bei **Fahrlässigkeitstaten im Straßenverkehr** liegt eine Versagung der Strafaussetzung namentlich bei Trunkenheitsdelikten mit besonders schweren Tatfolgen nahe (vgl. BGH **24**, 64 ff.; NJW **90**, 193; Hamm DAR **90**, 308; NZV **93**, 317; Frankfurt NJW **77**, 2175; Koblenz VRS **75**, 37; Bay NStZ **05**, 272); aber auch dann, wenn ein Unfall mit besonders schweren, insb. tödlichen Folgen seine Ursache in einem besonders groben und rücksichtslosen Verkehrsverstoß findet (Karlsruhe NStZ-RR **03**, 246 f.). Auch in diesen Fällen sind aber besondere Umstände des Einzelfalls zu berücksichtigen; eine schematische Versagung allein aufgrund der Tatbegehung ist fehlerhaft (Bay NStZ **05**, 272).

Bei erheblicheren Taten von Strafgefangenen ist, soweit Freiheitsstrafen von **16**
mehr als 6 Monaten in Betracht kommen, die Vollstreckung nach III geboten (Hamburg JR **77**, 515 m. Anm. *Grunau*; vgl. aber NStZ **02**, 312, 313); das gilt insbesondere im Fall des Missbrauchs von Hafturlaub zu neuen Straftaten (Hamburg NStZ **84**, 140). Auch der Gesichtspunkt einer den Rechtsfrieden bedrohenden **Häufung von Straftaten** kann von Bedeutung sein (BGH **6**, 127; **11**, 396; NStZ **85**, 165; Hamm VRS **29**, 178); ebenso die Gefahr eines Nachahmungseffekts (Hamm NJW **73**, 1892; Schleswig SchlHA **79**, 202).

Die Frage, ob die Verteidigung der Rechtsordnung die Vollstreckung gebietet, **17**
kann stets nur im **Einzelfall** entschieden werden (vgl. **zB** NStZ **85**, 166; NJW **95**, 341 [Volksverhetzung]; NJW **72**, 832 [NS-Taten]; NJW **78**, 174 [Werben für terr. Vereinigung]; wistra **84**, 29; NStZ **85**, 459 [Steuerhinterziehung]; NStZ **88**, 126; Bay NJW **88**, 3027 [Vermögensstraftaten und Rechtspflegedelikte von RA]). Eine Strafaussetzung kann daher nicht unter Berufung auf Abs. III für bestimmte **Deliktsgruppen** von vornherein ausgeschlossen werden (vgl. BGH **6**, 126; 299; **22**, 196; **24**, 40, 46; **50**, 299, 308 [= NStZ **06**, 210, 212]; NStZ **01**, 319; NStZ-RR **98**, 7 f.; StV **89**, 59; 150; **96**, 266; **99**, 645; BGHR § 56 III Verteidigung 5, 6, 16; Karlsruhe NStZ-RR **03**, 246, 247); zB bei Fahnenflucht (LG Koblenz NZWehrr **83**, 234; LG Hildesheim NStE Nr. 24); bei Meuterei (StV **83**, 245; vgl. §§ 27, 14 I WStG); bei Wirtschaftsdelikten (1 StR 314/80); bei Geldfälschung (wistra **82**, 146); bei Sitzblockaden (NStZ-RR **98**, 7; StV **98**, 260); bei Handel mit Heroin oder Kokain (BGHR § 56 III Verteidigung 2; NStZ-RR **99**, 281); bei trunkenheitsbedingten fahrlässigen Tötungen (NJW **90**, 193; Hamm DAR **90**, 309; Stuttgart NZV **91**, 81); bei fahrlässigen Tötungen im Straßenverkehr (Karlsruhe NStZ-RR **03**, 246); bei Bestechung im geschäftlichen Verkehr (NStZ **06**, 210, 212).

B. Gesamtwürdigung. Eine *allseitige Würdigung von Tat und Täter* (NStZ **91**, **18**
485; vgl. BGH **11**, 396; **24**, 40; NJW **65**, 406; NStZ **94**, 336; Bay StV **94**, 187; ferner Düsseldorf VM **67**, 36; vgl. auch *Horn* JR **78**, 514; *Maiwald* GA **83**, 49; *Molketin* NZV **90**, 290) ist auch bei der Entscheidung erforderlich, ob es gerade wegen dieser Tat oder dieses Täters zur Durchsetzung der Rechtsordnung geboten ist, die Strafe zu vollstrecken, oder ob es ausreicht, sich zur Genugtuung für das begangene Unrecht mit Strafaussetzung und Auflagen zu begnügen (vgl. BGH **6**, 302; **24**, 40, 46; 64, 66; Zweibrücken MDR **92**, 977). Hierbei kann es freilich weder darauf ankommen, ob die Geschädigten oder Hinterbliebenen Wert auf eine Vollstreckung der Strafe legen noch darauf, ob bestimmte über den Fall unterrichtete Einzelpersonen Verständnis für eine Aussetzung hätten (Bay NJW **78**, 1337 m. Anm. *Horn* JR **78**, 514). Auf die Bewertung der örtlichen Presse (wistra **87**, 257; NStE Nr. 9) kommt es nicht an, wohl aber auf das Rechtsempfinden der über die Besonderheiten des Einzelfalls aufgeklärten Bevölkerung (vgl. NStZ-RR **99**, 136 [DDR-Taten]; hierbei kann freilich die Meinung von Einzelpersonen indizielle Bedeutung haben (Karlsruhe StV **94**, 188; NStZ-RR **96**, 200). Die **Sozialprognose** darf hierbei nicht offen gelassen werden (Köln VRS **53**, 264; NZV **93**, 357; Bay wistra **98**, 193; LK-*Gribbohm* 50). Stets zu berücksichtigen ist eine in der

Sache erlittene UHaft (wistra **89**, 305 f.; BGHR § 56 III Verteidigung 7; NStZ **01**, 319). Gesichtspunkte, die für die Bildung des gesetzlichen Strafrahmens maßgebend waren, dürfen als solche für III nicht verwertet werden (BGH **24**, 40; NJW **58**, 110; VRS **24**, 118; Hamm VRS **32**, 260; NJW **73**, 1891; vgl. 37 ff. zu § 46). Eine **ausdrückliche Erörterung** des Abs. III in den Urteilsgründen ist nicht geboten, wenn nach den Urteilsfeststellungen eine Versagung der Strafaussetzung eher fern liegt und aus dem Zusammenhang der Urteilsgründe auszuschließen ist, dass der Gericht die Vorschrift übersehen hat (Köln MDR **85**, 248; Bay NStZ-RR **03**, 117, 119). Sie ist aber stets dann erforderlich, wenn Umstände festgestellt sind, nach welchen eine Anwendung des III in Betracht kommt (Bay aaO).

19 **6) Aussetzung von Strafen von mehr als einem Jahr (Abs. II).** Die Ausnahmevorschrift des II ermöglicht dem Gericht, **besondere Umstände** zu berücksichtigen (BGH **29**, 324; NStZ **81**, 61). Die Umstände müssen **in der Tat oder der Persönlichkeit des Verurteilten** vorliegen. Das Gericht kann unter den **Voraussetzungen des I,** dh bei günstiger Sozialprognose (4 ff.), über die stets *zunächst* zu entscheiden ist (StV **95**, 20; NStZ **97**, 434; StV **03**, 670; 1 StR 333/03; NStZ-RR **06**, 375 f.), und wenn der Ausschlussgrund des III nicht vorliegt (der erst zu prüfen ist, wenn das Vorliegen der Voraussetzungen des II bejaht werden kann; NStZ **81**, 426; StV **91**, 20), auch die Vollstreckung einer höheren Freiheitsstrafe, die 2 Jahre nicht übersteigt, zur Bewährung aussetzen.

20 **A. Besondere Umstände** sind Milderungsgründe von besonderem Gewicht, die eine Strafaussetzung trotz des erheblichen Unrechts- und Schuldgehalts, der sich in der Strafhöhe widerspiegelt, als nicht unangebracht und als den vom Strafrecht geschützten Interessen nicht zuwiderlaufend erscheinen lassen (so BGH **29**, 371; NStZ **81**, 62; 389; 434; **82**, 114; 286 jeweils mwN; StV **82**, 419; **83**, 18; **84**, 376; wistra **85**, 20; **94**, 193; BGHR § 56 II Umst., bes. 1; GesW 4; GA **82**, 39; NStE Nr. 21, 25; Hamm NZV **93**, 317 m. Anm. *Molketin* BA **94**, 133). Zu diesen nach II zu berücksichtigenden Umständen können auch Umstände gehören, die schon für die Prognose nach I zu berücksichtigen waren (5 StR 80/92; 5 StR 152/92; NStZ-RR **06**, 375 f.); ebenso Umstände, die bei der Findung des Strafrahmens oder der Festsetzung der konkreten Strafhöhe berücksichtigt worden sind (NStZ **85**, 261); **zB** der Umstand, dass der Täter nicht vorbestraft ist (StV **98**, 260; **03**, 670); die Dauer der erlittenen UHaft (StV **90**, 303 L; **92**, 63, 156; **94**, 76 L); eine positive Änderung und Stabilisierung der Lebensverhältnisse (StV **91**, 20; **92**, 156); Aufklärungshilfe nach § 31 BtMG (1 StR 660/92); die Durchführung einer Substitutionsbehandlung (KG StV **97**, 250); ein umfassendes Geständnis (StV **92**, 63). Die Verneinung besonderer Umstände darf nicht darauf gestützt werden, der Angeklagte habe die Tat bestritten (2 StR 17/07).

21 Auch **nach der Tat eingetretene Umstände** können für die Beurteilung der Strafaussetzungswürdigkeit von Bedeutung sein (BGH **29**, 372; MDR **81**, 153; 5 StR 34/93); so zB wenn lange zurückliegende Taten abgeurteilt werden (BGH **29**, 372; StV **84**, 375; **85**, 411); wenn der nicht vorbestrafte Angeklagte sich im anhängigen Verfahren längere Zeit in UHaft befunden hatte (StV **90**, 454 L; 496; **01**, 676 [UHaft und monatelange Hauptverhandlung]; KG StV **99**, 605); wenn der Täter sich iS des § 31 Nr. 1 BtMG offenbart hat (NStZ **83**, 218; StV **83**, 283; MDR/S **84**, 12; 3 StR 358/82). Nach **II S. 2** ist namentlich ein **Bemühen um Wiedergutmachung** zu berücksichtigen; das gilt unabhängig davon, ob es die Voraussetzungen des § 46 a erfüllt. Umgekehrt dürfen die Voraussetzungen für eine Aussetzung bei einem die Tat bestreitenden Angeklagten aber nicht schon wegen mangelnder Reue oder fehlender Wiedergutmachungsbemühung verneint werden (wistra **01**, 96), wenn dem Täter damit iErg seine (zulässige) Verteidigungsstrategie vorgehalten wird (vgl. NStZ-RR **96**, 233). Auch nach der Tat eingetretene persönlichkeitsbezogene Umstände können für II erheblich sein (so schon DRiZ **74**, 62; MDR/D **74**, 365; 2 StR 149/86; aber auch NStZ **81**, 61); **zB** schwere Erkrankung (DAR **81**, 192); Verlust einer nahe stehenden Person (Hamm NStZ **81**,

352); Stabilisierung der Lebensverhältnisse (NStZ **87**, 21; 5 StR 151/92); Erfolg versprechende Methadontherapie (KG StV **97**, 259); gravierende Haftpsychose (StV **81**, 121); Verlust der Beamtenstellung (wistra **90**, 190).

Aus der Anforderung, dass Umstände iS von II „besondere" sein müssen, ergibt sich, dass einzelne allgemeine und durchschnittliche Gründe eine Aussetzung nicht rechtfertigen. Abs. II verlangt jedoch keine ganz besonderen Umstände, die den „Stempel des Außergewöhnlichen" (so noch NJW **77**, 639) tragen (vgl. NStZ **84**, 361 mwN; **86**, 27; VRS **69**, 121; wistra **87**, 65; NJW **90**, 2897; 4 StR 559/94; Köln NJW **86**, 2328). Da die „Besonderheit" der Umstände auf der Grundlage einer umfassenden Gesamtwürdigung zu beurteilen ist, kann sich das Vorliegen der Voraussetzungen des II auch aus dem **Zusammentreffen durchschnittlicher Milderungsgründe** ergeben (stRspr; vgl. NJW **83**, 1624; NStZ **83**, 118; **84**, 360; 361; **91**, 581; NStZ/D **90**, 579; StV **82**, 570; **83**, 503; **84**, 376; **92**, 13; **96**, 207; 271; **98**, 260: wistra **82**, 228; **87**, 252; **90**, 190; **91**, 21; BGHR § 56 II Umst. bes. 6, 7). Geht es um die Aussetzung einer **Gesamtstrafe,** so müssen, da § 58 I iVm § 56 II anzuwenden und auszulegen ist, nicht bei jeder einzelnen Tat besondere Umstände vorliegen (Bay StV **83**, 66; *Schlothauer* StV **83**, 210; vgl. BGH **29**, 373); es kommt vielmehr auf die Gesamtwürdigung aller in Betracht kommenden Taten an (BGH **29**, 370; StV **82**, 570; wistra **86**, 105). 22

B. Gesamtwürdigung. Auch bei der Prüfung, ob besondere Umstände iS von Abs. II vorliegen, verlangt die Rspr eine **Gesamtwürdigung** (krit. *Horn,* Arm. Kaufmann-GedS 579) von Tat und Persönlichkeit des Verurteilten, die in einer für das Revisionsgericht nachprüfbaren Weise vorzunehmen ist (BGH **29**, 324; NStZ **82**, 416; BGHR § 56 II Aussetz. fehlerh. 1; BGHR Begr. 1; Köln MDR **86**, 161; Celle BA **99**, 188 f.). Zwar ist eine erschöpfende Darstellung aller Erwägungen weder vorgeschrieben noch möglich; der Tatrichter darf aber Umstände nicht beiseite lassen, die dem Gesamtgeschehen das Gepräge geben (StV **94**, 126), und muss auch im Falle der Versagung der Bewährung die maßgeblichen Erwägungen in den Urteilsgründen in nachprüfbarer Weise darlegen (2 StR 85/96; Düsseldorf VRS **88**, 271; StV **96**, 217). Eine **Vermischung von Strafzumessungs- und Aussetzungserwägungen** ist nach der Rspr des BGH unzulässig (BGH **29**, 319; 321; NStZ **01**, 311; BGHR § 46 I Begründung 19; vgl. aber wistra **02**, 137). 23

Besondere Umstände müssen **umso gewichtiger** sein, je näher die Freiheitsstrafe an der 2-Jahresgrenze liegt (NStZ **87**, 21; wistra **85**, 148; **88**, 107; **94**, 193; StV **01**, 676; BGHR § 56 II Aussetz. fehlerh. 2); jedoch ist hierbei insbesondere in den Fällen des § 51 I S. 1 zu bedenken, dass nach § 57 II Nr. 1 schon nach Verbüßung der Hälfte der verhängten Strafe die Vollstreckung des Strafrestes ausgesetzt werden kann (NStZ **87**, 21). 24

Die Entscheidung nach II steht im pflichtgemäßen Ermessen des Tatrichters (BGH **6**, 300; **24**, 5), die das Revisionsgericht nur auf **Rechtsfehler** überprüfen und im Zweifel „bis zur Grenze des Vertretbaren" zu respektieren hat (NJW **77**, 639; **78**, 599; **95**, 1038; NStZ **81**, 62; 343; 389; **83**, 118; **94**, 336 [m. Anm. *Horn* BA **95**, 62]; **98**, 409; **01**, 366 f.; **02**, 312; **07**, 232; StV **81**, 69 [m. Anm. *Schlothauer*]; 120; 121; 337; **91**, 360; wistra **82**, 146; **83**, 146; **97**, 22; Karlsruhe NStZ-RR **96**, 199; Bay NStZ-RR **04**, 42, 43; *Volckart* [1 a] 85); vertretbare Entscheidungen des Tatrichters sind hinzunehmen. 25

7) Verfahrensrechtliche Hinweise. Für das Verfahren vgl. §§ 160 III, 260 IV, 263, 265 a, 267 III, 268 a, 305 a, 408 II, 453, 453 a, 453 b StPO; § 12 I Nr. 2 BZRG. Zur Behandlung von **Beweisanträgen** zu prognoserelevanten Tatsachen vgl. Bay JR **03**, 294 (m. Anm. *Ingelfinger*). Die Ablehnung eines Antrags auf Beiziehung eines Sachverständigen unter Hinweis auf eigene Sachkunde des Gerichts setzt die sorgfältige Prüfung voraus, dass diese Sachkunde *im Einzelfall* tatsächlich besteht; bloße Berufung auf „langjährige Erfahrung" reicht hierfür kaum aus. 26

Die Aussetzung kann nur mit dem Urteil erfolgen. Auch das **Revisionsgericht** kann in entsprechender Anwendung des § 354 I StPO aussetzen (NJW **53**, 1838; **90**, 193; BGHR § 56 II Gesamtwürd., unzur. 5; 2 StR 297/01); nach Bay NStZ-RR **04**, 42 f. auch die Aussetzung gem. Abs. III versagen. Setzt das Revisionsgericht die Vollstreckung aus, so bleiben 27 die Festsetzung der Bewährungszeit (§ 56 a), die Erteilung von Auflagen und Weisungen (§§ 56 b ff.) sowie die Belehrung des Angeklagten nach § 268 a StPO dem Tatgericht vorbehalten. Ein **Rechtsmittel** kann auf die Frage der Aussetzung **beschränkt** werden, wenn sich diese von der Strafzumessung **trennen** lässt (NJW **83**, 1624; Bay **88**, 33; NStZ-RR **03**, 105; **03**, 117 f.; **03**, 310; Bay NStZ-RR **04**, 336; Nürnberg StraFo **07**, 339). Hieran fehlt es zB, wenn die Feststellungen fehlerhaft, unzulänglich oder unzulässigerweise miteinander verknüpft sind (Frankfurt GA **80**, 188; Bay NStZ-RR **04**, 336 f.), oder wenn der Rechtsfehler die Bemessung der Strafhöhe und die Aussetzungsfrage beeinflusst hat (2 StR 537/83). Wurde neben der Ablehnung der Strafaussetzung zur Bewährung zugleich eine **Maßregel** nach §§ 69, 69 a angeordnet, so ist eine Beschränkung des Rechtsmittels auf die Frage der Strafaussetzung grds zulässig; unwirksam ist sie, wenn sich das Rechtsmittel gegen doppelrelevante Tatsachen wendet oder die Bewährungsentscheidung mit der Maßregelanordnung so eng verknüpft ist, dass die Gesamtentscheidung durch isolierte Beurteilung widersprüchlich würde (BGH **47**, 32 [auf Vorlage Schleswig; gegen Düsseldorf NZV **00**, 51; Anm. *Geppert* JR **02**, 114]; Nürnberg StraFo **07**, 339 f.; vgl. BGH **15**, 316).

Bewährungszeit

56a **I Das Gericht bestimmt die Dauer der Bewährungszeit. Sie darf fünf Jahre nicht überschreiten und zwei Jahre nicht unterschreiten.**

II Die Bewährungszeit beginnt mit der Rechtskraft der Entscheidung über die Strafaussetzung. Sie kann nachträglich bis auf das Mindestmaß verkürzt oder vor ihrem Ablauf bis auf das Höchstmaß verlängert werden.

1 **1) Die Dauer der Bewährungszeit,** die nur in § 57 a III S. 1 gesetzlich bestimmt ist, setzt das Gericht nach **I** in dem mit dem Urteil zu verbindenden und nach § 34 StPO zu begründenden Beschluss nach § 268 a StPO fest; die Aufnahme in die Urteilsformel beschwert den Verurteilten jedoch nicht. Das Gericht hat einen Spielraum von 2 bis zu 5 Jahren, der nicht unterschritten, wohl aber in den Fällen des § 56 f und des § 57 II überschritten werden darf. Bei der Bestimmung hat das Gericht nicht pauschal vorzugehen, sondern davon auszugehen, wie lange der Proband der Hilfe, Weisungen und Aufsicht bedarf, um ihm zu einem straffreien Leben zu verhelfen. Die BewZeit muss sich, wie sich auch aus § 57 a III S. 1 einerseits und § 59 a I S. 2 andererseits ergibt, auch in einem angemessenen Verhältnis zur Strafhöhe halten (RA-BTag 62. Sitz. S. 12; *S/S-Stree* 2; **aA** SK-*Horn* 3). Über die Dauer belehrt wird der Verurteilte (auch bei der Aussetzung nach § 57 a) nach §§ 268 a III, 453 a StPO.

2 **2) Nach II S. 1** ist der **Beginn der BewZeit** der Eintritt der Rechtskraft der Entscheidung über die Aussetzung, dh des Urteils, nicht des Beschlusses nach § 268 a StPO, der nur die Anordnungen betrifft, die sich auf die Aussetzung beziehen. Zum Fall der „vertikalen Teilrechtskraft" Schleswig NStZ **90**, 359. Der Beginn ist vor allem wegen § 56 f Nr. 1, § 56 g II wichtig. Die Dauer verlängert sich mangels einer Vorschrift entspr. § 66 IV S. 4, § 68 c IV S. 2 nicht um die Zeit, in der der Täter auf behördliche Anordnung in einer Anstalt, zB in Strafhaft, verwahrt wird (Braunschweig NJW **64**, 1581 [mit Anm. *Dreher*]; Köln MDR **72**, 437; Düsseldorf NStZ **94**, 559; *Oske* MDR **70**, 189; LK-*Gribbohm* 3; *S/S-Stree* 3; SK-*Horn* 4; **aA** Oldenburg NdsRpfl. **67**, 282; Zweibrücken MDR **69**, 861).

3 **3) Nach II S. 2** kann die BewZeit **nachträglich** (§ 56 e, § 453 StPO), möglicherweise mehrmals, bis auf das Mindestmaß **verkürzt oder** im Rahmen des § 56 f II S. 2 auch über das Höchstmaß des I S. 2 hinaus **verlängert werden,** jedoch nicht um mehr als die Hälfte der zunächst bestimmten BewZeit (Düsseldorf VRS **91**, 112; 17 zu § 56 f), aber dieses nur, wenn auf Grund **neuer Umstände** eine Veränderung der Prognose eintritt und bevor die zunächst festgesetzte Frist abgelaufen ist (II S. 2; Düsseldorf NStZ **91**, 53; *Sturm* JZ **70**, 85). Es ist dem Ge-

richt nicht erlaubt, eigene Fehler bei der Festsetzung der Dauer der BewZeit nachträglich zu korrigieren (Düsseldorf NStZ **91**, 53). Im Fall von § 56f II, der nur einen der möglichen Verlängerungsfälle darstellt, wie schon § 454a I StPO ergibt, ist auch eine Verlängerung *nach* Ablauf der BewZeit möglich (Stuttgart MDR **81**, 69; Koblenz NStZ **81**, 260; Düsseldorf MDR **81**, 1034; **85**, 516; Karlsruhe Die Justiz **82**, 437), das ist durch § 56f II klargestellt (*Horn* NStZ **86**, 356).

Auflagen

56b **I Das Gericht kann dem Verurteilten Auflagen erteilen, die der Genugtuung für das begangene Unrecht dienen. Dabei dürfen an den Verurteilten keine unzumutbaren Anforderungen gestellt werden.**

II Das Gericht kann dem Verurteilten auferlegen,

1. nach Kräften den durch die Tat verursachten Schaden wieder gutzumachen,
2. einen Geldbetrag zugunsten einer gemeinnützigen Einrichtung zu zahlen, wenn dies im Hinblick auf die Tat und die Persönlichkeit des Täters angebracht ist,
3. sonst gemeinnützige Leistungen zu erbringen oder
4. einen Geldbetrag zugunsten der Staatskasse zu zahlen.

Eine Auflage nach Satz 1 Nr. 2 bis 4 soll das Gericht nur erteilen, soweit die Erfüllung der Auflage einer Wiedergutmachung des Schadens nicht entgegensteht.

III Erbietet sich der Verurteilte zu angemessenen Leistungen, die der Genugtuung für das begangene Unrecht dienen, so sieht das Gericht in der Regel von Auflagen vorläufig ab, wenn die Erfüllung des Anerbietens zu erwarten ist.

1 **1) Allgemeines.** Die **Fassung** des § 56b geht auf das 2. StrRG (Einl. 6) zurück; sie wurde jedoch durch das VerbrBekG (1 zu § 130) geändert, das II neu fasste, um der Wiedergutmachung (II Nr. 1) gegenüber den übrigen Geldauflagen einen relativen Vorrang einzuräumen (Begr. 22).

1a **Literatur:** *Frehsee,* Wiedergutmachungsauflage u. Zivilrecht, NJW **81**, 1253; *Firgau,* Arbeitsauflagen nach § 56b StGB im Konflikt mit der Gewährung von Arbeitslosengeld nach §§ 100ff. AFG, NStZ **89**, 110; *Fünfsinn,* Die „Zumessung" der Geldauflage nach § 153a I Nr. 2 StPO, NStZ **87**, 97; *Horn,* Die Bemessung der Geldauflage nach § 56b Abs. 2 Nr. 2 StGB (usw.), StV **92**, 537; *Kaetzler,* Absprachen im Strafverfahren u. Bewährungsauflagen, wistra **99**, 253; *Lampe,* Wiedergutmachung als „dritte Spur" des Strafrechts?, GA **93**, 485; *Mrozynski,* Offene Fragen der gemeinnützigen Arbeit Straffälliger, JR **87**, 272; *Müller-Dietz,* Die Befreiung des Strafrechts vom zivilistischen Denken – am Beispiel der Schadenswiedergutmachung (§ 56b II Nr. 1), Schultz-GedS 253; *Weigend,* Sanktionen ohne Freiheitsentzug, GA **92**, 345.

2 **A. Anordnung von Auflagen.** Das Gesetz unterscheidet zwischen Auflagen, die der Genugtuung für das begangene Unrecht dienen, und den nach den §§ 56c und 56d möglichen Weisungen, die eine spezialpräventive Zielsetzung haben, eher eine Lebenshilfe für den Verurteilten sein sollen (zur **Rechtsnatur** der Auflagen vgl. *Baumann* GA **58**, 193; *Bruns* GA **59**, 191; NJW **59**, 1393; *Arloth* NStZ **90**, 149; *Horn* StV **92**, 538). Als Reaktion auf das Fehlverhalten und idR als Voraussetzung für die Strafaussetzung, wegen der Widerrufsmöglichkeit bei gröblichen oder beharrlichen Verstößen und wegen der Eignung, als Genugtuung für das begangene Unrecht zu dienen (Zweibrücken JR **91**, 290 mwN), wird man die Auflage als strafähnliche Maßnahme (*Lackner/Kühl* 1) und nicht als Maßnahme der Resozialisierung (so Frankfurt NJW **71**, 720) anzusehen haben. Der repressive Charakter der Auflage (*S/S-Stree* 2) tritt jedoch vorrangig nur dort in Erscheinung, wo die Geldauflage zugunsten der Staatskasse (I Nr. 4) zur Wiederherstellung des Rechtsfriedens und zur Einwirkung auf den Täter erteilt wird. Nach dem durch die Neufassung des II (oben 1) begründeten **Stufenverhältnis** mit relativem Vorrang der

Wiedergutmachung, das an die Stelle des gleichrangigen Nebeneinanders im Katalog der Auflagen getreten ist, liegt der Schwerpunkt der Zielsetzung in der stärkeren Berücksichtigung der **Belange des Opfers** an der Schadenskompensation und an friedenstiftenden Ausgleichsmaßnahmen.

3 Die (fakultative) Anordnung einer Auflage ist eine Maßnahme, das Bewährungsziel zu erreichen, den Täter für die Folgen seiner Tat zur Verantwortung zu ziehen und ihm bewusst zu machen, dass Straftaten – schon im Hinblick auf die Allgemeinheit – nicht ohne Reaktionen bleiben. Daher geht das Institut der Strafaussetzung davon aus, dass Auflagen idR erteilt werden (*S/S-Stree* 1). Es liegt im pflichtgemäßen Ermessen des Gerichts, ob es sich auf eine Auflage beschränkt oder mehrere erteilt, allein oder neben Weisungen nach den §§ 56c, 56d.

4 **B. Einschränkende Kriterien** enthalten **I Satz 2,** der das Gericht verpflichtet, an den Verurteilten **keine unzumutbaren Anforderungen** zu stellen, und die Einschränkung in **II S. 1 Nr. 2,** während **II Satz 2** lediglich das Stufenverhältnis des Katalogs verdeutlicht. Auflagen dürfen **nach III** dann nicht erteilt werden, wenn sich der Verurteilte **freiwillig** zu angemessenen Leistungen erbietet (unten 9). Eine Auflage nach II Nr. 1 ist idR zumutbar (Hamm NJW **76**, 527), jedoch dann rechtswidrig, wenn sie in krassem Missverhältnisses zur wirtschaftlichen Situation des Verurteilten steht (Düsseldorf NStZ **93**, 136; vgl. SK-*Horn* 2b). Unzulässig ist nach Art. 12 GG die Auflage, unverzüglich ein Arbeitsverhältnis zu begründen (BVerfGE **58**, 358 m. Anm. *Molketin/Jakobs* StV **82**, 366; *Pitschas* JA **82**, 313; hierzu *Zöbeley,* Faller-FS 345; vgl. auch NJW **83**, 442; Hamm NStZ **85**, 310; 6 zu § 56c); ferner folgt aus der Unschuldsvermutung, dass in die Schadenswiedergutmachungspflicht der Nr. 1 nach § 154a StPO ausgeschiedene Tatteile nur eingezogen werden dürfen, wenn im Erkenntnisverfahren die strafrechtliche Verantwortlichkeit des Angeklagten auch insoweit prozessordnungsgemäß festgestellt wurde (Frankfurt MDR **94**, 499). Nach Bremen StV **86**, 253 ist eine Auflage unzumutbar, die einen Zwang zur Selbstbezichtigung einschließt.

5 **2) Der Katalog des II** zählt die möglichen Auflagen, die in der Bewährungszeit zu erfüllen sind (§§ 56f, 56g) und nebeneinander erteilt werden dürfen, **abschließend** auf (Bay **70**, 124; eine Öffnung des Katalogs wie in § 153a I idF des G v. 20. 12. 1999 [BGBl. I 2491] ist nicht erfolgt):

6 **A. Nr. 1: Schadenswiedergutmachung** nach Kräften des Verurteilten. Diese Auflage genießt nach dem Stufenverhältnis der Auflagen Vorrang gegenüber den übrigen Geldauflagen (oben 2). Als **Schaden** ist die durch die Tat zurechenbar verursachte Vermögenseinbuße anzusehen; umfasst ist auch ein Anspruch auf **Schmerzensgeld** (LG Bremen NJW **71**, 153; LK-*Gribbohm* 5). Die Auflage nach Nr. 1, deren Erfüllung gerichtlich überwacht wird (§ 453b StPO), kann auch bei Verjährung des Anspruchs erteilt werden (Stuttgart MDR **71**, 1023; Hamm NJW **76**, 527; hierzu *Schall* NJW **77**, 1045), muss aber die **zivilrechtliche Lage** im Übrigen berücksichtigen (zB Mitverschulden; Schadensgrund und -höhe; vgl. BGHR Wiedergutmachung 1; Hamburg MDR **80**, 246; **82**, 304; Stuttgart NJW **80**, 1114; *v. Spiegel* NStZ **81**, 101; *Müller-Dietz,* Schultz-GedS 253; *Hirsch,* Arm. Kaufmann-GedS 706; LK-*Gribbohm* 5). Eine Bindung an ein zivilrechtliches Urteil folgt hieraus nicht (BrandbgOLG NStZ **98**, 196; SK-*Horn* 4); die Auflage soll aber entfallen, wenn eine entsprechende Schadensersatzklage rechtskräftig abgewiesen worden ist (LG Zweibrücken NJW **97**, 1084). Schadenswiedergutmachung kann nur angeordnet werden als Ausgleich bei dem unmittelbar geschädigten Tatopfer selbst. **Unzulässig** ist daher die Auflage, Zahlungen an einen nur mittelbar geschädigten **Dritten** zu erbringen, zB an eine Versicherung (Hamm NStZ **97**, 237). Das darf nicht dadurch umgangen werden, dass als Bewährungsauflage eine Zahlungsverpflichtung gegenüber einer gemeinnützigen Einrichtung unter dem Vorbehalt der Aufhebung bei Regresszahlungen an den mittelbar Geschädigten angeordnet wird (Hamm wistra **98**, 115). Gerichtskosten sind kein Schaden iS von Nr. 1 (BGH **9**, 365). Unzulässig ist auch die Auflage, die Einkommensverhältnisse offen zu legen,

um die Erfüllung der Auflage nach Nr. 1 nachzuweisen (BVerfG NStZ **95**, 25); ebenso die Auflage, eine Geldzahlung an einen Mittäter im Rahmen des Gesamtschuldnerausgleichs zu erbringen (Hamburg StV **04**, 657).

B. Nr. 2: Zahlung eines Geldbetrages zugunsten einer gemeinnützigen Einrichtung. Diese Auflage soll nur erteilt werden, soweit die Erfüllung der Auflage einer Wiedergutmachung des Schadens nicht entgegensteht (S. 2); hierdurch soll einerseits der Wiedergutmachung grundsätzlich Vorrang eingeräumt werden, andererseits eine zusätzliche Auflage nach Nr. 2 im Einzelfall nicht ausgeschlossen werden. Sie kann zB zweckmäßig erscheinen, wenn es zur Wiederherstellung des Rechtsfriedens und zur Einwirkung auf den Täter geboten ist, ihn neben der Auflage nach Nr. 1 zugleich zur Zahlung eines Geldbetrages zu verpflichten. Für den Geldbetrag besteht keine formelle Höchstgrenze (Stuttgart NJW **54**, 522; LK-*Gribbohm* 15; *S/S-Stree* 11; hierzu und zu den in der Praxis meist zu niedrig festgesetzten Bußen insg. krit. SK-*Horn* 9 f.). **Unzumutbarkeit** ist bei offensichtlichem Missverhältnis zur Tatschuld oder zu den wirtschaftlichen Verhältnissen des Verurteilten anzunehmen (Hamm GA **69**, 382). Eine Geldbuße, die der Verurteilte von vornherein nicht erbringen kann, darf nicht festgesetzt werden (Düsseldorf MDR **88**, 600 L). Die Grundsätze zur Errechnung des Nettoeinkommens (vgl. Erl. zu § 40) können auch bei II Nr. 2 herangezogen werden (Frankfurt StV **89**, 250; vgl. *Horn* StV **92**, 537). Zur Zumessung der Geldauflage am Beispiel des § 153 a I Nr. 2 StPO *Fünfsinn* NStZ **87**, 97; zur Regelung des Verfahrens bei der Zuweisung zugunsten gemeinnütziger Einrichtungen vgl. *Meyer-Goßner* 20 zu § 153 a mwN. 7

C. Nr. 3: Sonst gemeinnützige Leistungen. Bei der Auflage nach Nr. 3 ist insb. an die **Ableistung von Arbeit** zu denken. Nach BVerfGE **83**, 119 verstößt Nr. 3 (ebenfalls die ähnlich formulierte Weisung des § 10 I S. 3 Nr. 4 JGG [hierzu BVerfGE **74**, 122 m. Anm. *Böhm* NStZ **87**, 442, *Schaffstein* NStZ **87**, 502; *Ostendorf* EzSt Nr. 1 zu § 10 JGG, *Köhler* GA **88**, 749 u. *Gusy* JuS **89**, 710) nicht gegen das Verbot von Arbeitszwang und Zwangsarbeit *(Art. 12 II, III GG)*. Die Regelung ist hinreichend bestimmt (Art. 103 II GG; Frankfurt/M NStZ-RR **97**, 2) und verletzt grds weder das Grundrecht auf freie Berufswahl *(Art. 12 I GG)* noch das Grundrecht der allgemeinen Handlungsfreiheit (**aA** Hamburg NJW **69**, 1780; LG Lüneburg NJW **57**, 1246; krit. *Köhler* GA **87**, 145; *S/S-Stree* 14, 15; vgl. auch *Blau* H. Kaufmann-GedS 206). Es gelten Art. 293 II EGStGB und § 120 SGB III entsprechend (*Firgau* NStZ **89**, 110). Das Gericht darf die **Bestimmung** von Art, Maß, Zeit und Ort der gemeinnützigen Arbeit sowie der Institution, bei welcher die Leistungen zu erbringen sind, nicht einem Bewährungshelfer überlassen, sondern muss sie grds. selbst festsetzen, soweit dies konkret möglich ist (Frankfurt NStZ **97**, 2, 3; Hamm StV **04**, 657; Braunschweig StV **07**, 257 [unzulässig: „200 Stunden nach Weisung des BewH"]). Eine detaillierte Einzelanordnung ist freilich oft nicht möglich und auch nicht erforderlich. Wenn die Arbeitsleistung ihrer allgemeinen Art nach hinreichend bestimmt ist, genügt **zB** die Anordnung, „gemeinnützige Arbeit im Umfang von 50 Stunden nach Weisung der Gemeinde X binnen 3 Monaten" zu erbringen. Das Gericht muss dann aber anordnen und überwachen, dass die Heranziehung im Einzelfall den gesetzlichen und verfassungsrechtlichen Vorgaben entspricht. 8

Zu beachten ist die **Zumutbarkeit** der Auflage, die zu verneinen ist, wenn die Tätigkeit über die körperliche Leistungsfähigkeit des Verurteilten hinausgeht, zu tief in seine Lebensführung eingreift oder für politisch oder kirchlich orientierte Organisationen stattfinden soll, deren Richtung der Verurteilte möglicherweise ablehnt. Nach Celle NStZ **90**, 148 soll mangels „kriminalpädagogischer Rechtfertigung" eine Arbeitsauflage dann ausscheiden, wenn der Proband keine Defizite im Arbeitsverhalten aufweist (krit. *Arloth* aaO; *Lackner/Kühl* 5; SK-*Horn* 13). Die Auflage an einen Kriegsdienstverweigerer, den Zivildienst abzuleisten, ist unzulässig (Koblenz NStZ-RR **97**, 151; LG Köln NStE Nr. 3; **aA** Nürnberg NStZ **82**, 429). Zumindest zweifelhaft erscheint die Auflage an einen „Totalverweigerer", ein freies 8 a

Arbeitsverhältnis nach § 15 a ZDG einzugehen (vgl. auch Bay NZWehrr **73**, 27) mit der Folge, dass der Verurteilte sein weit vorangeschrittenes Studium für 2 Jahre unterbrechen und sodann teilweise wiederholen muss (vgl. Hamm NStZ-RR **01**, 91).

8b **D. Nr. 4: Zahlung eines Geldbetrages zugunsten der Staatskasse.** Diese Auflage steht gleichrangig neben den Auflagen der Nr. 2 und 3, jedoch soll sie wie diese nach Satz 2 nur erteilt werden, soweit die Erfüllung der Auflage einer Schadenswiedergutmachung nicht entgegensteht. Eine Auflage, eine verhängte Geldstrafe zu zahlen oder Wertersatz nach § 74 c zu entrichten, darf nicht erteilt werden (*S/S-Stree* 12). In der **praktischen** Funktion nähert sich die Auflage freilich einer Geld(summen)Strafe (mit zur „Bewährung" ausgesetzter „Ersatzfreiheitsstrafe"; vgl. § 56 f I Nr. 3) stark an.

9 **3) Abs. III** ermöglicht dem Verurteilten, freiwillig **angemessene Leistungen** zu erbringen, **die der Genugtuung für das begangene Unrecht** dienen. Die Leistung kann von anderer Art sein als die Auflagen nach II oder kann über sie hinausgehen. Sie muss angemessen sein, dh ihrem Gewicht nach eine Auflage ersetzen können. Ist sie das, so sieht das Gericht idR von Auflagen vorläufig ab, wenn die Erfüllung des Anerbietens zu erwarten ist. Seine Ablehnung ist zu begründen (LK-*Gribbohm* 23); es handelt sich um keine bloße Ermessensentscheidung (SK-*Horn* 14; **aA** wohl Bay NZWehrr **73**, 29). Enttäuscht der Verurteilte die Erwartung, so ist das noch kein Widerrufsgrund (§ 56 f I Nr. 3); das Gericht erteilt dann vielmehr entsprechende Auflagen (§ 56 e).

10 **4) Verfahrensrecht:** Die Auflagen werden in dem Beschluss nach § 268 a StPO erteilt (für nachträgliche Auflagen und Änderungen § 453 StPO); vgl. weiter §§ 305 a, 453 a StPO. Beruht die Aussetzung der Freiheitsstrafe zur Bewährung auf einer zulässigen (vgl. 107 zu § 46) **Absprache** zwischen den Verfahrensbeteiligten, so sind beabsichtigte Auflagen idR in eine solche Verständigung einzubeziehen und dürfen nicht – etwa nach Rechtsmittelverzicht des Angeklagten – in überraschendem Umfang erst im danach verkündeten Beschluss nach § 268 a StPO mitgeteilt werden (Köln NJW **99**, 373). Auf die Möglichkeit nach III weist das Gericht in geeigneten Fällen hin (§ 265 a S. 1 StPO). Die Auflagen hat das Gericht so bestimmt zu formulieren, dass Verstöße (§ 56 f I Nr. 3) einwandfrei festgestellt werden können (Bremen StV **86**, 253; Schleswig OLGSt. Nr. 1, 2). Hält das Berufungsgericht an der vom AG bewilligten Aussetzung fest, so hat es über etwaige Auflagen neu zu entscheiden (Hamm NJW **67**, 510; Celle MDR **70**, 68; LK-*Gribbohm* 10; **aA** Bay NJW **56**, 1728). Zur **Anfechtung des Beschlusses** nach § 268 a I StPO vgl. § 305 a StPO. Ob für Auflagenbeschlüsse gem. § 268 a I StPO das **Verschlechterungsverbot** gilt, ist umstritten (zutr. dagegen Stuttgart NJW **54**, 611; Bay **56**, 253; Koblenz NStZ **81**, 154 [Anm. *Gollwitzer*]; Hamburg NJW **81**, 470; Düsseldorf NStZ **94**, 198; Oldenburg NStZ-RR **97**, 9; KG NStZ-RR **06**, 137; LK-*Gribbohm* 28; LK-*Hanack* 96 vor § 61; einschränkend NJW **82**, 1544 [Anm. Meyer JR 82, 338]; **aA** Frankfurt NJW **78**, 959; Koblenz JR **77**, 346 [Anm. *Gollwitzer*]; Bay DAR **83**, 247; Hamm NJW **78**, 1597; Karlsruhe Die Justiz **79**, 211). Die Erfüllung von Auflagen und Anerbieten überwacht nach § 453 b StPO das Gericht, nicht die StA; auch etwaige Zahlungsfristen und Teilzahlungen bestimmt das Gericht, nicht die Vollstreckungsbehörde (BGH **10**, 288).

Weisungen

56c **I Das Gericht erteilt dem Verurteilten für die Dauer der Bewährungszeit Weisungen, wenn er dieser Hilfe bedarf, um keine Straftaten mehr zu begehen. Dabei dürfen an die Lebensführung des Verurteilten keine unzumutbaren Anforderungen gestellt werden.**

II Das Gericht kann den Verurteilten namentlich anweisen,

1. **Anordnungen zu befolgen, die sich auf Aufenthalt, Ausbildung, Arbeit oder Freizeit oder auf die Ordnung seiner wirtschaftlichen Verhältnisse beziehen,**
2. **sich zu bestimmten Zeiten bei Gericht oder einer anderen Stelle zu melden,**

3. zu der verletzten Person oder bestimmten Personen oder Personen einer bestimmten Gruppe, die ihm Gelegenheit oder Anreiz zu weiteren Straftaten bieten können, keinen Kontakt aufzunehmen, mit ihnen nicht zu verkehren, sie nicht zu beschäftigen, auszubilden oder zu beherbergen,
4. bestimmte Gegenstände, die ihm Gelegenheit oder Anreiz zu weiteren Straftaten bieten können, nicht zu besitzen, bei sich zu führen oder verwahren zu lassen oder
5. Unterhaltspflichten nachzukommen.

III Die Weisung,

1. sich einer Heilbehandlung, die mit einem körperlichen Eingriff verbunden ist, oder einer Entziehungskur zu unterziehen oder
2. in einem geeigneten Heim oder einer geeigneten Anstalt Aufenthalt zu nehmen,

darf nur mit Einwilligung des Verurteilten erteilt werden.

IV Macht der Verurteilte entsprechende Zusagen für seine künftige Lebensführung, so sieht das Gericht in der Regel von Weisungen vorläufig ab, wenn die Einhaltung der Zusagen zu erwarten ist.

1) Allgemeines. Die Vorschrift idF des 2. StrRG (Einl. 6) wurde in III Nr. 1 durch Art. 1 Nr. 1 SexualdelBekG (1 zu § 66) geändert. Die Formulierung des II Nr. 3 wurde durch G v. 13. 4. 2007 (BGBl I 513 [Mat.: GesE BReg BT-Drs. 16/1993; Ber. BT-Drs 16/4740]) dem Sprachgebrauch des § 68 I Nr. 3 angepasst (In-Kraft-Treten: 18. 4. 2007). 1

2) Erteilung von Weisungen (Abs. I). A. Nach Abs. I S. 1 muss das Gericht dem Verurteilten Weisungen (§§ 56c, 56d; 2 zu § 56b) für die Dauer der Bewährungszeit (§ 56a) erteilen, wenn nur mit ihrer Hilfe eine günstige Sozialprognose (3ff. zu § 56; vgl. auch § 67b) gestellt werden kann; sie zielen darauf ab, die Lebensführung des Verurteilten **spezialpräventiv** zu beeinflussen, damit der Verurteilte keine Straftaten mehr begeht; mit *dieser* Zielsetzung können die Weisungen darauf abgestellt werden, dass der Täter allgemein ein geordnetes und gesetzmäßiges Leben führt. Weisungen mit **anderer Zielsetzung**, denen jede Beziehung zum Resozialisierungsziel fehlt, sind **unzulässig** (LG Berlin NStZ **05**, 100); **zB** die Weisung, Gerichtskosten oder Wertersatzstrafe zu bezahlen (BGH **9**, 365; Köln NJW **57**, 1120; LG Baden-Baden StV **01**, 240; vgl. Saarbrücken NJW **58**, 722); „Anfragen der StVK unverzüglich zu beantworten" (Karlsruhe Die Justiz **84**, 427); die Anstaltsordnung einzuhalten und aus Urlauben zurückzukehren (*Horn* JZ **81**, 16); sich beanstandungsfrei zu führen (München NStZ **85**, 412). 1a

B. Nach **Abs. I S. 2** ist die Schranke der Gesetzmäßigkeit und **Zumutbarkeit** zu beachten; die Zulässigkeit einer Weisung setzt im übrigen deren **Bestimmtheit** voraus (vgl. Frankfurt NStZ-RR **03**, 199f). **Unzulässig** sind Weisungen, die gegen uneinschränkbare **Grundrechte** verstoßen; zB eine den Kirchenbesuch regelnde (Art. 4 GG) oder das Recht der freien Meinungsäußerung (Art. 5 GG; Art. 10 MRK) einschränkende Weisung (LK-*Gribbohm* 21; **aA** Braunschweig NJW **57**, 759); die Weisung, einem Verein beizutreten oder aus ihm auszutreten (*Schäfer* StrZ 138). Bei einschränkbaren Grundrechten enthält nicht schon die Generalklausel des Abs. I die verfassungsrechtlich erforderliche ausdrückliche Einschränkung (Art. 19 I S. 2 GG); eine solche ergibt sich vielmehr nur aus den ausdrücklich genannten Beispielen (ebenso *S/S-Stree* 8; LK-*Gribbohm* 20; *Lackner/Kühl* 2; SK-*Horn* 4; **aA** Stuttgart Justiz **87**, 235). Dagegen werden Einschränkungen der allgemeinen Handlungsfreiheit (Art. 2 I GG) durch I gedeckt (*S/S-Stree* 8). Die Weisung, die im Rahmen einer Psychotherapie behandelnden Personen von ihrer Schweigepflicht zu befreien, ist mit dem GG nicht vereinbar (BVerfG 2 BvR 1349/05; Nürnberg NStZ-RR **99**, 175). **Zulässig** ist die Weisung, in bestimmten Zeitabständen ein **Drogenscreening** durchführen zu lassen (BVerfG NJW **93**, 3315; Stuttgart OLGSt Nr. 1; Zweibrücken NStZ **89**, 578 [m. Anm. *Stree* JR **90**, 122] *Lackner/Kühl* 4); 2

3 **Unzulässig** sind nach **I S. 2** Weisungen, die einen so einschneidenden **Eingriff in die Lebensführung** des Verurteilten enthalten, dass er ihm nicht zuzumuten ist; **zB** eine (eheliche) Lebensgemeinschaft wiederherzustellen. **Zulässig** (wenngleich von zweifelhaftem Wert) ist zB die Weisung, sich jeglichen Alkoholgenusses zu enthalten (Düsseldorf NStZ **84**, 332); die Weisung an einen Sexualstraftäter, nicht fremde Kinder anzusprechen oder mit in die eigene Wohnung zu nehmen (MDR/H **78**, 623; Hamburg NJW **64**, 1814; zust. *Heinitz* JR **65**, 265); Weisungen, Treffen der Anonymen Alkoholiker zu besuchen (wegen der *Anonymität* aber bisweilen schwieriger Nachweis!); Spielhallen oder andere für den Verurteilten kriminogene Orte zu meiden; im Einzelfall auch die Weisung, für einen bestimmten Zeitraum nicht nach Deutschland einzureisen (vgl. LG Berlin NStZ **05**, 100). Unzumutbar können namentlich solche Weisungen sein, die in ihrer praktischen Wirkung einem Berufsverbot gleich kommen (KG NStZ-RR **06**, 137).Das Verbot, „Kinder unter 14 Jahren mit Ausnahme seiner eigenen Kinder in seine Wohnung zu lassen", kann nach StV **98**, 658 aber auch gegenüber einem nach § 176 Verurteilten ausgesprochen werden, der seinen Lebensunterhalt als „Kinderclown" verdient; unzulässig war jedoch die weitergehende Weisung, „mit Kindern unter 14 Jahren auch nicht in der Öffentlichkeit zusammen zu arbeiten". Weisungen, die nur der Anhaltung zu allgemeiner „Disziplin" in der Lebensführung oder der Erleichterung behördlicher Aufgabenerfüllung dienen, können im Einzelfall unzulässig sein (vgl. SK-*Horn* 5); allgemein auf eine stabilisierende **Kontrolle** des Probanden abzielende Weisungen (**zB** Weisung, jeden Wohnungswechsel [abl. Köln NStZ **94**, 509] oder jeden Wechsel der Wohnung oder des Aufenthalts [vgl. Celle NStZ **04**, 627] oder der Arbeitsstelle mitzuteilen), werden aber als idR zulässig angesehen. Ob solche – oft routinemäßig erteilten – Weisungen im Einzelfall *sinnvoll* sind, mag bezweifelt werden. Bei lange laufenden Bewährungsfristen provozieren sie Verstöße, die nicht stets prognoserelevant sind, aber Verfahren nach § 56f I Nr. 2 nach sich ziehen (zu den Anforderungen an den Erlass eines Sicherungshaftbefehls vgl. Celle NStZ **04**, 627).

4 **C.** Unzulässig sind idR Weisungen, die auf Maßnahmen gerichtet sind, welche als staatliche Reaktionen besonderer Art anderweitige ausdrückliche Regelung gefunden haben (LK-*Gribbohm* 23; **aA** *S/S-Stree* 12f.). Unzulässig ist daher ein Fahrverbot (§ 44; vgl. Düsseldorf NJW **68**, 2156 mit Anm. *van Els*); eine ein Berufsverbot darstellende Weisung (Hamm NJW **55**, 34; vgl. aber unten 5f.; anders aber bei einer nebenberuflich ausgeübten Tätigkeit; vgl. BGH **9**, 258); die Weisung an einen *Ausländer*, die BRep. nach Aussetzung des Strafrestes zu verlassen (Karlsruhe Die Justiz **64**, 90; Bay **80**, 101; Koblenz MDR **85**, 600 [Anm. m. *K. Meyer* NStZ **87**, 25]; LG Braunschweig StV **01**, 240).

5 **3) Einzelne Weisungen (Abs. II).** Der Katalog der Weisungen in II ist **nicht abschließend,** um dem Gericht alle Möglichkeiten zu eröffnen, die der einzelne Fall nahe legt (Ber. BT-Drs. V/4094, 12). In Betracht kommen namentlich:

6 **Nr. 1:** Anordnungen, die sich auf **Aufenthalt** (Einschränkung nach Art. 11 II GG), **Ausbildung** (zB eines ungelernten Arbeiters), **Arbeit** (Hilfsdienste in Krankenhäusern usw.; 8 zu § 56b) beziehen. Keine Weisung in diesem Sinne ist die Anordnung, jeden Wohnungswechsel mitzuteilen (Köln NStZ **94**, 509). Zur Anwendbarkeit auf den **elektronisch überwachten Hausarrest** vgl. *Schlömer* BewHi **99**, 31 (dazu auch *ders.,* Der elektronisch überwachte Hausarrest, 1998; krit. *Bammann,* Anwendbarkeit des elektronisch überwachten Hausarrests in Deutschland?, JA **01**, 471). Als **zulässig** angesehen wurden **zB** die Weisungen, während der Bewährungszeit keine selbstständige kaufmännische Tätigkeit auszuüben (Hamm JMBlNW **69**, 285; OLGSt. 7); unter weitestgehender Aufgabe eines eigenen Betriebs eine unselbstständige Arbeit anzunehmen (Celle NJW **71**, 718); sich um eine versicherungspflichtige Tätigkeit zu bemühen (BVerfG NJW **83**, 442; LG Würzburg NJW **83**, 463; Hamm NStZ **85**, 311; *Mrozynski* JR **83**, 400; vgl. *Zöbeley,* Faller-FS 345); nicht im Gaststättengewerbe tätig zu sein (Hamburg NJW **72**, 168); Woh-

nung und Arbeitsstelle nicht ohne vorherige Rücksprache mit dem BHelfer zu wechseln (Hamm NStZ **85**, 311, vgl. auch Koblenz OLGSt. Nr. 6 zu § 57); Kontakt zu Kindern im Zusammenhang mit beruflicher oder ehrenamtlicher Tätigkeit zu unterlassen (KG NStZ-RR **06**, 137). Als **unzulässig** angesehen wurde die Weisung, eine begonnene Ausbildung zu einem bestimmten Beruf in einem bestimmten Betrieb fortzusetzen und sich nach Kräften um einen erfolgreichen Abschluss zu bemühen (Jena NStZ-RR **04**, 138).

Weisungen könnten sich weiterhin auf das **Verhalten in der Freizeit** (Alkoholverbot, Düsseldorf NStZ **84**, 332) beziehen, wobei allenthalben die Schranken iS von oben 2ff. zu beachten sind. Ausländern und Asylbewerbern dürfen bezüglich Wohnung und Arbeitsplatz Weisungen nur erteilt werden, wenn Aufenthalts- und Arbeitserlaubnis vorhanden ist (Karlsruhe Die Justiz **81**, 238). **6 a**

Mit Weisungen zur **Ordnung** der **wirtschaftlichen Verhältnisse** kann insb. eine Planung zur Abtragung von Schulden veranlasst werden (Schuldnerberatung; Tilgungsplan). **6 b**

Nr. 2: Die Verpflichtung zur **Meldung,** dh persönlichem Erscheinen, bei Gericht oder einer anderen Stelle, die keine staatliche zu sein braucht (LK-*Gribbohm* 7), zu bestimmten Zeiten. **7**

Nr. 3: Das Verbot**, Kontakt** zur verletzten Person oder zu anderen bestimmten Personen oder Personengruppen aufzunehmen oder mit bestimmten Personen oder Angehörigen einer Gruppe zu **verkehren**, die dem Verurteilten Gelegenheit oder Anreiz zu weiteren Straftaten bieten könnten; weiterhin das Verbot, solche Personen zu beschäftigen, auszubilden oder zu beherbergen. Denkbar ist **zB** das Verbot, den Kontakt mit dem früheren Ehe- oder Lebenspartner gegen dessen Willen (MDR/H **88**, 1001) oder Kontakte mit fremden Kindern oder Jugendlichen (Hamburg NJW **64**, 1814) zu unterlassen. Weisungen nach Nr. 3 kommen auch in Betracht bei Tätern, die Delikte unter dem Einfluss gruppendynamischer Strukturen begangen haben (zB *Neonazi*-Szene); aber auch bei Sexualstraftätern (vgl. StV **98**, 658; oben 3). Entsprechende Weisungen sind – ebenso wie auf das Freizeitverhalten abstellende Weisungen nach Nr. 1 – aber nur zulässig, wenn sie hinreichend **bestimmt** sind (vgl. Jena NStZ **06**, 39: Unzulässig die Weisung, nicht mit „Personen aus der Rechten Szene/Neonazi-Szene" zu verkehren). **Sinnvoll** sind sie nur, wenn sie ggf. **kontrollierbar** und für den Betroffenen nach seinen persönlichen Voraussetzungen und Umständen realistisch **erfüllbar** sind. Es ist **zB** idR sinnlos, Personen mit langjährig verfestigter Lebensweise im Rotlicht- oder Alkoholikermilieu anzuweisen, entsprechende Kontakte zu unterlassen. Diskriminierende Weisungen (zB solche, die sich auf Personen bestimmter ethnischer Gruppen oder Religionszugehörigkeiten beziehen), sind unzulässig. **8**

Nr. 4: Das Verbot, bestimmte **Gegenstände zu besitzen,** bei sich zu führen oder verwahren zu lassen, **zB** Diebeswerkzeug, Waffen, Wildereigerät, Fälschungsmittel, Gerätschaften zum BtM-Konsum. Das Besitzverbot kann faktisch als Verpflichtung zur Weggabe wirken (vgl. BVerfG NJW **95**, 248). **9**

Nr. 5: Die Erfüllung von **Unterhaltspflichten;** die Weisung ist idR in den Fällen von § 170 zu erteilen (Bremen JR **61**, 226; Celle NJW **71**, 718), darf aber die zivilrechtliche Unterhaltspflicht nicht überschreiten; bei Rückständen sind die *Pfändungsfreigrenzen* der §§ 850c, 850d ZPO zu beachten (Schleswig NStZ **85**, 269 L). Die Einschränkung des § 153a I Nr. 4 StPO („in einer bestimmten Höhe") enthält II Nr. 5 nicht, so dass auch andere Unterhaltsleistungen als Geldzahlungen in Betracht kommen. **10**

4) Einwilligungsbedürftige Weisungen (Abs. III). Die **Weisungen nach III** dürfen grds (vgl. aber unten 12) nur mit **Einwilligung des Verurteilten** erteilt werden (vgl. Hamm StV **90**, 308 L; LG Berlin StV **97**, 642; zur Anwendung auf die Weisung regelmäßiger Drogen-Screening-Tests vgl. *Kropp* StV **02**, 284), die bei Erteilung der Weisung vorliegen muss und nur so lange zurücknehmbar ist, als **11**

noch über die Strafaussetzung entschieden werden kann (Celle MDR **87**, 956). Durch eine spätere Rücknahme der Einwilligung wird die Weisung nicht unrechtmäßig (Celle aaO; Karlsruhe MDR **82**, 341; Hamburg NStZ **92**, 301; offen gelassen in BGH **36**, 97 [krit. Anm. *Terhorst* JR **90**, 72]); ein Widerruf der Aussetzung nach § 56f I Nr. 2 bleibt grds möglich (BGH **36**, 97; vgl. aber Schleswig NStZ-RR **04**, 222 [kein Widerruf bei Rücknahme der Einwilligung nach nur *vorgespiegelter* Behandlungsbedürftigkeit]). Ob in der Rücknahme der Einwilligung oder im **Abbruch der Behandlung** (Nr. 1) oder des Aufenthalts (Nr. 2) ein gröblicher oder beharrlicher Verstoß (§ 56f I Nr. 2) liegt, ist nach dem Begleitverhalten des Verurteilten und nach den gesamten Umständen zu beurteilen (vgl. Düsseldorf NStZ **02**, 53), idR aber zu bejahen, wenn die Aussetzung unter Vorspiegelung des Einverständnisses erschlichen wurde; anderes gilt für einen Abbruch der Behandlung aus verständlichen Gründen (BGH **36**, 99; Hamburg NStZ **92**, 301; Frankfurt/M NStZ-RR **96**, 92; vgl. auch SK-*Horn* 17 zu § 56f; LG Berlin StV **89**, 114). Weisungen, die *gegen* den Willen des Verurteilten die Schranken unter 2 bis 4 verletzen würden, können mit seiner Einwilligung zulässig werden; dabei ist allerdings zu beachten, dass insbesondere bei **uneinschränkbaren Grundrechten** auch eine Weisung mit Einwilligung des Verurteilten **unzulässig** ist, dass die Einwilligung freiwillig erklärt werden muss und dass die Weisung bei Einwilligungsrücknahme nicht vollziehbar ist, so dass, wenn der Widerruf ausscheidet, nachträgliche Entscheidungen nach § 56e veranlasst sein können (BGH **36**, 100). **Gefährliche Methoden** (**zB** Elektroschock; Medikamente mit hohem Risiko gravierender Nebenfolgen) sind regelmäßig unzumutbar (*Bruns* GA **56**, 213). Die Weisung, behandelnde Ärzte von der **Schweigepflicht** zu befreien, ist rechtswidrig (KG NStZ-RR **07**, 169).

12 Nach **III Nr. 1** in der durch Art. 1 SexualDelBekG (1 zu § 66) erweiterten Fassung hat das Gericht – auch **ohne Einwilligung** des Verurteilten dazu – die Möglichkeit, die Weisung zu erteilen, dass sich der Verurteilte einer **Heilbehandlung** zu unterziehen hat, sofern diese **nicht mit einem körperlichen Eingriff verbunden ist.** Heilbehandlung ist auch die psychotherapeutische Behandlung (vgl. Hamm NStZ **00**, 373 [Therapie „zur Aufarbeitung der Sexualproblematik"]); die Weisung zu einer **stationären** Therapie ist, wie sich aus Nr. 2 ergibt, stets einwilligungsbedürftig. Die Erweiterung der Weisungsmöglichkeit ist im Zusammenhang mit der Ergänzung des StVollzG (§ 6 II, § 7 IV, § 9 und § 199) für Straftaten nach den §§ 174 bis 180 und 182 zu sehen, also im Zusammenhang mit den erweiterten Möglichkeiten sozialtherapeutischer Behandlungen im Strafvollzug bei Sexualstraftätern (vgl. Nürnberg NJW **99**, 804; *Boetticher,* Neue Aufgaben für die Bewährungshilfe, BewHi **00**, 196ff.; *Schüler-Springorum* GA **03**, 575ff.). Aus diesem Grunde sind gebotene therapeutische Maßnahmen möglichst frühzeitig schon während des Strafvollzugs in die Wege zu leiten (Karlsruhe NJW **98**, 3213). Die Möglichkeit zur Anordnung gegen den Willen des Betroffenen (krit. *Schöch* NJW **98**, 1257, 1259) entbindet nicht von der Prüfung, ob die Maßnahme sinnvoll ist. Eine *erstmalige* diagnostische Abklärung zur Vorbereitung einer Entscheidung nach §§ 68b II iVm § 56c III Nr. 1 ist nach langer Strafhaft idR nicht sinnvoll (Nürnberg NJW **99**, 804 [Entlassung nach vollständiger Verbüßung von 6 Jahren 9 Monaten wegen Vergewaltigung]). Die Zulässigkeitsvoraussetzung hinreichender **Bestimmtheit** ist zu beachten; eine Weisung, sich „in eine ambulante Drogentherapie zu begeben und diese bis zum Abschluss erfolgreich durchzuführen", ist unzulässig (Frankfurt NStZ-RR **03**, 199f.).

13 Nach **III Nr. 2** kann dem Verurteilten mit seiner Einwilligung die Weisung erteilt werden, in einem geeigneten **Heim** oder einer geeigneten **Anstalt** Aufenthalt zu nehmen. Maßregelvoraussetzungen nach §§ 61ff. können fehlen (**aA** *S/S-Stree* 25: analoge Anwendung; liegen die Voraussetzungen der §§ 63, 64 vor, so darf von der Maßregelanordnung nicht zugunsten einer Weisung nach Abs. III abgesehen werden (Bay JR **95**, 513 [Anm. *Müller-Dietz*]; zum Verhältnis zur Prognose nach § 56 I und § 67b vgl. 11 zu § 56, 3 zu § 67b).

5) Freiwillige Zusagen (Abs. IV). Abs. IV lässt freiwillige Zusagen des Verurteilten für seine künftige Lebensführung in Parallele zu § 56b III zu. Sie können über die dem Gericht möglichen Weisungen hinausgehen (zB das Versprechen, einem Enthaltsamkeitsverein beizutreten), insbesondere die Grenze der Zumutbarkeit hinausschieben. Ersetzen sie in ihrer Wirkung sonst notwendige entsprechende Weisungen und ist ihre Einhaltung zu erwarten, so sieht das Gericht idR (ergänzende Weisungen sind möglich) von Weisungen vorläufig ab. Zu bedenken ist, dass es nicht unter § 56f I Nr. 2 fällt, wenn die Zusage nicht eingehalten wird. 14

6) Zur **Anfechtung** des Beschlusses gem § 268a StPO vgl. § 305a StPO (vgl. auch 10 zu § 56b). Das Verschlechterungsverbot gilt nicht (KG NStZ-RR **06**, 137 mwN). 15

Bewährungshilfe

56d **I Das Gericht unterstellt die verurteilte Person für die Dauer oder einen Teil der Bewährungszeit der Aufsicht und Leitung einer Bewährungshelferin oder eines Bewährungshelfers, wenn dies angezeigt ist, um sie von Straftaten abzuhalten.**

II Eine Weisung nach Absatz 1 erteilt das Gericht in der Regel, wenn es eine Freiheitsstrafe von mehr als neun Monaten aussetzt und die verurteilte Person noch nicht 27 Jahre alt ist.

III Die Bewährungshelferin oder der Bewährungshelfer steht der verurteilten Person helfend und betreuend zur Seite. Sie oder er überwacht im Einvernehmen mit dem Gericht die Erfüllung der Auflagen und Weisungen sowie der Anerbieten und Zusagen und berichtet über die Lebensführung der verurteilten Person in Zeitabständen, die das Gericht bestimmt. Gröbliche oder beharrliche Verstöße gegen Auflagen, Weisungen, Anerbieten oder Zusagen teilt die Bewährungshelferin oder der Bewährungshelfer dem Gericht mit.

IV Die Bewährungshelferin oder der Bewährungshelfer wird vom Gericht bestellt. Es kann der Bewährungshelferin oder dem Bewährungshelfer für die Tätigkeit nach Absatz 3 Anweisungen erteilen.

V Die Tätigkeit der Bewährungshelferin oder des Bewährungshelfers wird haupt- oder ehrenamtlich ausgeübt.

1) Allgemeines. Die Vorschrift idF des 2. StrRG ist durch das 23. StÄG geändert worden. Durch das G zur Reform der Führungsaufsicht v. 13. 4. 2007 (BGBl I 513) ist sie neu gefasst und geschlechtsneutral formuliert worden (**Mat.:** GesE BReg BT-Drs. 16/1993; Ber. BT-Drs 16/4740; **In-Kraft-Treten:** 18. 4. 2007); eine inhaltliche Änderung ist nicht eingetreten. 1

Literatur: *Boetticher,* Neue Aufgaben für die Bewährungshilfe. Zum Umgang mit Sexualstraftätern, BewH **00**, 196; *Bockwoldt,* Bewährungshilfe u. Wissenschaft, GA **83**, 546; *Cornel,* Rechtliche Aspekte der Wahrnehmung der Dienst- u. Fachaufsicht im Bereich der Bewährungshilfe, GA **90**, 55; *Foth,* Grenzen der Berichtspflicht des Bewährungshelfers, BewH **87**, 194; *Kerner/Hermann/Bockwoldt,* Straf(rest)aussetzung u. Bewährungshilfe, 1983; *Schipholt,* Der Umgang mit dem zweischneidigen Schwert – zu den Aufgaben der Bewährungshilfe, NStZ **93**, 470; *Schöch,* Bewährungshilfe u. Führungsaufsicht in der Strafrechtspflege, NStZ **92**, 364; *Seifert/Möller-Mussavi,* Führungsaufsicht und Bewährungshilfe – Erfüllung gesetzlicher Auflagen oder elementarer Bestandteil forensischer Nachsorge?, NStZ **06**, 131. 1a

2) Voraussetzung der Unterstellung unter die Aufsicht und Leitung einer Bewährungshelferin oder eines Bewährungshelfers (**BewH**) ist, dass dies angezeigt ist, um die verurteilte Person von Straftaten abzuhalten, insbesondere, weil weniger einschneidende Weisungen keinen Erfolg versprechen (*Sturm* JZ **70**, 86) und die günstige Sozialprognose (§ 56 I) nur gestellt werden kann, wenn die verurteilte Person einem BewH unterstellt wird. Nach **Abs. II** ist dies idR zu vermuten, die Weisung nach I somit zu erteilen, wenn das Gericht eine Freiheitsstrafe von mehr als 9 Monaten aussetzt und die verurteilte Person noch nicht 27 Jahre alt ist; besonderer Feststellung bedarf es dann nicht. Verfassungsrechtlich ist die Regelung nicht zu beanstanden (BVerfG NStE Nr. 1). 2

3 **3)** Der BewH wird vom Gericht – namentlich – bestellt; dieses kann für die Tätigkeit (unten 4) Anweisungen erteilen **(IV)** auch dann erteilen, wenn der BewH organisatorisch nicht in die Justiz eingegliedert ist. *Zuständig* ist das Gericht 1. Instanz; bei Anordnung der Unterstellung erst im Berufungsverfahren das Berufungsgericht. Das Gericht 1. Instanz muss entsprechend §§ 453 I, 462 II S. 1 StPO die namentliche Bestellung nachholen, wenn sie in die Berufungsinstanz versehentlich oder bewusst unterblieben ist (Köln NStZ **91**, 454 [m. Anm. *Horn* JR **91**, 476]).

4 **4) Bewährungshelfer** üben ihre Funktion der Aufsicht und Leitung **(I)** in erster Linie so aus, dass sie dem Verurteilten **helfend und betreuend zur Seite** stehen **(III S. 1).** Der gesetzliche Auftrag umfasst die fürsorgerische Betreuung (zB rechtliche Hilfeleistung, aber keine rechtsgeschäftliche Vertretungsbefugnis), Lebenshilfe (zB bei der sinnvollen Freizeitgestaltung) und Resozialisierung, zB Hilfe, die sozialen Anpassungsschwierigkeiten zu überwinden, die zu neuen Straftaten führen könnten (Familie, Wohnung, Arbeitsplatz). Neben der Betreuungsaufgabe haben BewH aber auch eine Funktion in der Strafrechtspflege. Aus dem Amt des BewH und dessen Weisungsgebundenheit folgt, dass er nicht zugleich Verteidiger(in) oder vor Gericht Bevollmächtigte(r) des Probanden sein kann (Düsseldorf NStZ **87**, 340 [hierzu krit. *Bringewat* MDR **88**, 617]; Koblenz NStZ-RR **96**, 300; SK-*Horn* 6).

5 Der BewH achtet darauf, dass der Verurteilte Auflagen usw. erfüllt **(III S. 2).** In Zeitabständen, die das Gericht bestimmt **(III S. 3),** berichtet der BewH dem Gericht über die Lebensführung des Verurteilten, namentlich über etwaige Straftaten, die Erfüllung von Auflagen und Weisungen sowie von Anerbieten und Zusagen. Nach **III S. 4** teilt der BewH dem Gericht unabhängig von der Berichtspflicht nach S. 3 mit, wenn der Verurteilte sich seiner Aufsicht und Leitung beharrlich entzieht oder gröblich oder beharrlich gegen Auflagen, Weisungen, Anerbieten oder Zusagen verstößt. Eigene Weisungen darf der BewH dem Verurteilten nicht erteilen. Das Gericht kann seine Weisungsbefugnis auch nicht in der Form auf den BewH delegieren, dass es dem Verurteilten generell oder in Teilbereichen die Weisungen gibt, dessen Anordnungen zu befolgen (Frankfurt/M NStZ-RR **97**, 2). Ein Recht auf Zutritt zu dem Verurteilten hat der BewH nicht (anders nach § 24 II S. 4 JGG). Doch kann das Gericht dem Verurteilten die Weisung geben, dem BewH zu angemessenen Zeiten Zutritt zu gestatten. Vor Ablauf der Bewährungszeit sollte der BewH dem Gericht einen umfassenden Schlussbericht erteilen.

6 **5) Verfahrensrechtlich** stellt § 453 I S. 4 StPO sicher, dass der BewH unterrichtet wird, wenn eine Entscheidung über den Widerruf (§ 56 f) oder den Straferlass (§ 56 g) in Betracht kommt, vor allem um vom BewH die Hintergründe der Bewährung oder Nichtbewährung zu erfahren (BT-Drs. 10/2720 S. 14). Nicht zu unterrichten ist der BewH beim Widerruf des Straferlasses; denn die Bewährungshilfe endet mit dem Erlass der Strafe.

Nachträgliche Entscheidungen

56e Das Gericht kann Entscheidungen nach den §§ 56 b bis 56 d auch nachträglich treffen, ändern oder aufheben.

1 **1)** Das Gericht kann Entscheidungen nach den §§ 56 b bis 56 d **nachträglich**, dh nach Erlass dem mit dem Urteil über die Strafaussetzung (§ 260 IV S. 4 StPO) zu verkündenden Beschluss nach § 268 a StPO, **treffen, ändern oder aufheben.** Die Formulierung erfasst alle denkbaren Fälle nachträglicher Veränderung, Aufhebung, Ersetzung oder Hinzufügung von Auflagen, Weisungen oder Anordnungen über die Bewährungsüberwachung; für die nachträgliche Änderung der Bewährungszeit gilt § 56 a II S. 2. Sinn der Vorschrift ist, dass der Behandlungsplan, der in der Erteilung von Auflagen und Weisungen liegt, im Laufe der Bewährungszeit wechselnden **tatsächlichen Verhältnissen**, insbesondere den Fortschritten oder Rückschlägen angepasst werden kann. So hat das Gericht selbst dann, wenn Grün-

de für einen Widerruf vorliegen, von ihm abzusehen, wenn es ausreicht, weitere Auflagen oder Weisungen zu erteilen (§ 56f II). Daraus wird klar, dass die nachträgliche Entscheidung auch eine Änderung zuungunsten des Verurteilten zum Inhalt haben kann (Frankfurt NJW **71**, 720; Hamm NJW **76**, 527; Frankfurt/M. NStZ-RR **96**, 220; StV **03**, 345; vgl. auch *S/S-Stree* 3; SK-*Horn* 3, 4).

Die nachträgliche Änderung steht im **Ermessen** des Gerichts. Sie kommt namentlich in Betracht, wenn sich die objektive Situation geändert hat; oder wenn das Gericht von bestehenden Umständen erst nachträglich erfahren hat (Hamm NJW **78**, 1597). Eine bloße Änderung der **Bewertung** von Rechtsfragen durch das erkennende oder ein anderes Gericht oder eine Änderung von Bewertungsmaßstäben reichen für eine Abänderung oder Aufhebung von Auflagen idR nicht aus (Stuttgart NJW **68**, 1220; NStZ-RR **04**, 89; **04**, 362f.; Hamm 3 Ws 153/96, 30. 5. 1996). Die nachträgliche Erteilung einer Auflage nach § 56b II Nr. 2 ist daher nur zulässig, wenn das Gericht sich erst ein zutreffendes Bild von den wirtschaftlichen Verhältnissen des Täters machen musste oder sich diese Verhältnisse geändert haben (Stuttgart NJW **68**, 1220; Zweibrücken JR **91**, 290 m. Anm. *Horn*). Der Vorrang des Opferschutzes darf durch eine nachträgliche Änderung nicht in Frage gestellt werden (Frankfurt StV **03**, 345). 2

2) Das **Verfahren** bei nachträglichen Entscheidungen regelt § 453 StPO (vgl. Stuttgart NStZ-RR **04**, 362f.). Das an sich zuständige Gericht des 1. Rechtszuges kann die Entscheidungen mit *bindender* Wirkung an das AG abgeben, in dessen Bezirk der Verurteilte seinen Wohnsitz oder in Ermangelung eines Wohnsitzes seinen gewöhnlichen Aufenthalt hat (§ 462a II StPO); zum rechtlichen Gehör KK-*Fischer* 6ff. zu § 453. Zur Belehrung des Verurteilten vgl. § 453a StPO. Mit der **Beschwerde** können Ermessensfehler gerügt werden, wenn sie gesetzwidrig sind (§ 453 II S. 2 StPO), insb. wenn eine Ermessensüberschreitung des erstinstanzlichen Gerichts gegeben ist (Stuttgart NStZ-RR **04**, 89). 3

Widerruf der Strafaussetzung

56 f **I Das Gericht widerruft die Strafaussetzung, wenn die verurteilte Person**

1. in der Bewährungszeit eine Straftat begeht und dadurch zeigt, dass die Erwartung, die der Strafaussetzung zugrunde lag, sich nicht erfüllt hat,

2. gegen Weisungen gröblich oder beharrlich verstößt oder sich der Aufsicht und Leitung der Bewährungshelferin oder des Bewährungshelfers beharrlich entzieht und dadurch Anlass zu der Besorgnis gibt, dass sie erneut Straftaten begehen wird, oder

3. gegen Auflagen gröblich oder beharrlich verstößt.

Satz 1 Nr. 1 gilt entsprechend, wenn die Tat in der Zeit zwischen der Entscheidung über die Strafaussetzung und deren Rechtskraft oder bei nachträglicher Gesamtstrafenbildung in der Zeit zwischen der Entscheidung über die Strafaussetzung in einem einbezogenen Urteil und der Rechtskraft der Entscheidung über die Gesamtstrafe begangen worden ist.

II Das Gericht sieht jedoch von dem Widerruf ab, wenn es ausreicht,

1. weitere Auflagen oder Weisungen zu erteilen, insbesondere die verurteilte Person einer Bewährungshelferin oder einem Bewährungshelfer zu unterstellen, oder

2. die Bewährungs- oder Unterstellungszeit zu verlängern.

In den Fällen der Nummer 2 darf die Bewährungszeit nicht um mehr als die Hälfte der zunächst bestimmten Bewährungszeit verlängert werden.

III Leistungen, die die verurteilte Person zur Erfüllung von Auflagen, Anerbieten, Weisungen oder Zusagen erbracht hat, werden nicht erstattet.

Das Gericht kann jedoch, wenn es die Strafaussetzung widerruft, Leistungen, die die verurteilte Person zur Erfüllung von Auflagen nach § 56 b Abs. 2 Satz 1 Nr. 2 bis 4 oder entsprechenden Anerbieten nach § 56 b Abs. 3 erbracht hat, auf die Strafe anrechnen.

Übersicht

1) Allgemeines	1, 1 a
2) Widerruf der Strafaussetzung (Abs. I)	2–13
3) Absehen vom Widerruf (Abs. II)	14–17
4) Anrechnung von Leistungen (Abs. III)	18–18 b
5) Zeitpunkt der Entscheidung	19
6) Zuständigkeit	20
7) Verfahrensrechtliche Hinweise	21–23

1 **1) Allgemeines.** Die Vorschrift idF des 2. StrRG/EGStGB/20. StÄG (1 zu § 57 a), zu I S. 2, II idF des 23. StÄG wurde in III S. 2 durch Art. 1 Nr. 4 des 6. StrRG (2 f. vor § 174) klarstellend (unten 18) an § 56 b II S. 1 idF des VerbrBekG (1 zu § 130) angepasst. I S. 2 ist durch Art. 22 Nr. 2 des 2. JuMoG v. 22. 12. 2006 (BGBl I 3416; Mat.: GesE BReg BT-Drs. 16/3038; Ber. BT-Drs. 16/3640) für den Fall nachträglicher Gesamtstrafenbildung ergänzt worden (unten 3 b). Durch das G zur Reform der Führungsaufsicht u. a. vom 13. 4. 2007 (BGBl I 513) ist die Vorschrift geschlechtsneutral formuliert worden (**Mat.:** GesE BReg BT-Drs. 16/1993; Ber. BT-Drs 16/4740); eine inhaltliche Änderung ist nicht eingetreten.

1 a **Literatur:** *Berndt,* Bewährungsauflage u. Freiheitsstrafe, 1994; *Blumenstein,* Der Widerruf der Strafaussetzung zur Bewährung wegen der Begehung einer neuen Straftat, 1995; *Boetticher,* Zum Widerruf der Strafaussetzung zur Bewährung, NStZ **91**, 1; *Horn,* Der Aussetzungswiderruf und das Absehen davon, JR **81**, 5; *Katzenstein,* Der Widerruf der Strafaussetzung in Abwesenheit des Verurteilten und die nachträgliche Überprüfung der Widerrufsentscheidung nach erfolgter Festnahme, StV **03**, 359; *Lembert,* Die Beachtung des Grundsatzes der Verhältnismäßigkeit bei der Entscheidung über einen Bewährungswiderruf, NJW **01**, 3528; *Neubacher,* Der Bewährungswiderruf wegen einer neuen Straftat und die Unschuldsvermutung, GA **04**, 402; *Ostendorf,* Bewährungswiderruf bei eingestandenen, aber nicht rechtskräftig abgeurteilten neuen Straftaten, StV **92**, 288; *ders.,* Unschuldsvermutung und Bewährungswiderruf, StV **90**, 230; *Peglau,* Unschuldsvermutung (Art. 6 II MRK) u. Widerruf der Strafaussetzung zur Bewährung wegen noch nicht rechtskräftig abgeurteilter (neuer) Straftat, JA **01**, 244; *ders.,* Unschuldsvermutung und Widerruf der Strafaussetzung zur Bewährung, ZRP **03**, 242; *ders.,* Bewährungswiderruf und Unschuldsvermutung, NStZ **04**, 248; *Radtke,* Wechselwirkungen zwischen Widerruf der Strafaussetzung zur Bewährung u. der Sanktionierung des Bewährungsbruchs, Müller-Dietz-FS 609; *Schall,* Der rechtskräftige Widerruf (usw.), Stree/Wessels-FS 735; *Seher,* Bewährungswiderruf wegen Begehung einer neuen Straftat. Konsequenzen der Rechtsprechung des EGMR zur Unschuldvermutung, ZStW **118** (2006), 101; *Stree,* Probleme des Widerrufs einer Strafaussetzung wegen einer Straftat, NStZ **92**, 152; *Streck/Spatschek,* Bewährungswiderruf trotz Selbstanzeige?, NStZ **95**, 269; *Vogler,* Zum Aussetzungswiderruf wegen einer neuen Straftat, Tröndle-FS 423; *Wita,* Widerruf der Strafaussetzung zur Bewährung vor Aburteilung der Anschlusstat, 2006 (Diss. Bochum 2006).

2 **2) Widerruf der Strafaussetzung (Abs. I).** Abs. I ordnet den obligatorischen Widerruf einer Strafaussetzung unter bestimmten Voraussetzungen an; die **Widerrufsgründe** sind **in I** abschließend aufgezählt (*Frank* MDR **82**, 353; SK-*Horn* 5). Sie sind vor den Zusatzvoraussetzungen des II zu prüfen (unten 14) und müssen zur Überzeugung des Gerichts feststehen (BVerfG NStZ **87**, 118; *Lackner/Kühl* 8; SK-*Horn* 5).

3 **A. Neue Straftat (I S. 1 Nr. 1).** Voraussetzung nach Nr. 1 ist, dass der Verurteilte **in der Bewährungszeit,** dh in der Zeit zwischen der Entscheidung über die Strafaussetzung und dem Ende der Bewährungszeit, eine Straftat begeht (Düsseldorf VRS **85**, 103); begeht er sie *nach Ablauf* der Bewährungszeit, aber vor Erlass eines *Verlängerungsbeschlusses* nach II Nr. 2, so ist sie nicht in der Bewährungszeit begangen (Düsseldorf StV **94**, 382; Stuttgart StV **98**, 666; Jena NStZ-RR **07**, 220; **aA** Brandenburg StraFo **04**, 214, 215; vgl. aber auch BVerfG NStZ **95**, 437). Es reicht aus, dass ein Teilakt der neuen Tat in den Bewährungszeitraum fällt (Hamm

StV **98**, 214). Eine Anknüpfung ist auch dann möglich, wenn eine *nach* Beginn der Bewährungszeit begangene Tat hinter eine *vor* der Bewährungszeit begangene subsidiär zurücktritt (**zB** Besitz von BtM gegenüber früherem Erwerb; vgl. Düsseldorf NStZ **95**, 256). Der Widerruf setzt grds voraus, dass der Verurteilte vor Begehung der (neuen) Tat **Kenntnis** von seiner früheren Verurteilung erlangt hat (Hamburg StV **07**, 14); den Lauf der Bewährungsfrist muss er nicht notwendig kennen (ebd.). Wird die Tat nach einem Verlängerungsbeschluss begangen, von dem der Täter keine Kenntnis erlangt hat, so ist nach München NStZ **99**, 638 der Widerruf jedenfalls dann (weiter SK-*Horn* 5: stets) zulässig, wenn der Täter den Zugang des Verlängerungsbeschlusses durch bewährungswidriges Verhalten verursacht hat. Im Übrigen ist wegen einer Tat, die in der *zunächst* „bewährungsfreien Zeit" zwischen dem Ende der Bewährungsfrist und einer nachträglichen Verlängerung (II Nr. 2) begangen wurde, ein Widerruf nach hM zwar grds ausgeschlossen (Düsseldorf StV **94**, 382; Hamm StV **98**, 215), nicht aber, wenn (etwa auf Grund Kenntnis des Verurteilten von der beantragten Verlängerung) ein Vertrauenstatbestand nicht gegeben war (BVerfG NStZ **95**, 437 [abl. Anm. *Lammer* StV **96**, 161; *Bringewat* BewH **96**, 167]; **aA** Hamm StV **98**, 215). Einem Widerruf steht nicht entgegen, dass sich die Belehrung nach § 268a StPO nicht auch auf I S. 2 bezogen hatte (Hamm StV **92**, 22 [m. krit. Anm. *Budde*]; Düsseldorf VRS **91**, 115; vgl. BVerfG StV **92**, 283). **Auslandstaten** sind zu berücksichtigen; es geht im Widerrufsverfahren nicht um die Verfolgbarkeit der neuen Tat oder um eine „Bestrafung" für den Bewährungsbruch, sondern um eine Berichtigung der Prognose (LG Hamburg StV **97**, 90).

Nach **Abs. I S. 2** gilt I S. 1 Nr. 1 in der **1. Var.** entsprechend in dem Fall, dass **3a** die neue Tat in dem Zeitraum zwischen der Entscheidung über die Strafaussetzung und der Rechtskraft dieser Entscheidung begangen wird. Nach Ansicht des OLG Hamburg sind damit, wenn sowohl im erstinstanzlichen als auch im Berufungsurteil Strafaussetzung zur Bewährung gewährt wurde, nur solche Taten erfasst, die nach der *letzten* tatrichterlichen Entscheidung begangen wurden (Hamburg NStZ-RR **07**, 198; vgl. auch BT-Drs. 10/2720, 11; 10/4391, 5, 17). Dafür spricht insb., dass Taten zwischen der erstinstanzlichen und der Berufungsentscheidung grds. im Rahmen der selbständigen neuen Prognoseentscheidung des Berufungsgerichts (vgl. 10 zu § 56b) berücksichtigt werden können. Eine Lücke entsteht so allerdings infolge des Verschlechterungsverbots (§ 331 StPO), wenn nur der Angeklagte Berufung einlegt.

Nach I S. 2, **2. Var.** (eingefügt mit Wirkung v. 31. 12. 2006 durch das 2. JuMoG; **3b** vgl. oben 1) gilt I S. 1 Nr. 1 auch dann entsprechend, wenn bei einer **nachträglichen Gesamtstrafenbildung**, bei der eine zur Bewährung ausgesetzte frühere Strafe einbezogen wurde, eine neue Tat in der Zeit zwischen der früheren Aussetzungsentscheidung und der Rechtskraft der Gesamtstrafen-Entscheidung begangen wird. Ein Beschluss gem. § 460 StPO ist im Rahmen des § 56f wie ein sonstige Strafaussetzungsentscheidung zu behandeln (Karlsruhe NStZ **88**, 364; Stuttgart MDR **92**, 1068; Hamm StV **98**, 212). Die Regelung bezieht Fälle ein, in denen zum Zeitpunkt einer nachträglichen Gesamtstrafenentscheidung entweder noch *nicht bekannt* war, dass der Verurteilte während einer hinsichtlich einer einbezogenen Strafe laufenden Bewährungsfrist eine neue Straftat begangen hatte, oder in denen jedenfalls ein Widerruf der früheren Strafaussetzung wegen der neuen Tat insb. im Hinblick auf die Unschuldsvermutung (vgl. unten 4ff.) nicht möglich war (BT-Drs. 16/3938, 58). Damit ist die Lücke geschlossen worden, die dadurch entstand, dass die für eine frühere Strafe gewährte Strafaussetzung mit der Rechtskraft ihrer Einbeziehung in eine nachträgliche Gesamtstrafe gegenstandslos wird; eine in der Gesamtstrafenentscheidung neu bewilligende Entscheidung setzt eine neue BewZeit in Lauf. Auf eine erst *nach* Rechtskraft dieser Entscheidung bekannt gewordene vorherige Straffälligkeit kann ein Widerruf auch aufgrund der neufassung des des I S. 2 nicht gestützt werden (vgl. Hamm NStZ **87**, 382; Karlsruhe NStZ **88**, 365; Stuttgart MDR **89**, 282; **92**, 1067; StV **03**, 346; KG NJW **03**, 2468).

4 **a)** Die Begehung einer **Straftat** (nicht nur eine rechtswidrige Tat, KG JR **83**, 423, oder eine Ordnungswidrigkeit) muss **feststehen** (BVerfG NStZ **87**, 118). Das Widerrufsgericht muss davon überzeugt sein; ein bloßer Verdacht reicht nicht aus (BVerfGE **74**, 358, 370 ff.; BVerfG NJW **94**, 377; NStZ **91**, 30). Die ganz überwiegende Rspr und wohl hM hat bislang, gestützt auf den Wortlaut sowie eine systematische Auslegung, eine **rechtskräftige Verurteilung** wegen der neuen Tat nicht vorausgesetzt und angenommen, die **Unschuldsvermutung** aus Art. 6 II MRK stehe dem nicht entgegen (BVerfG NStZ **87**, 118; **91**, 30; NJW **88**, 1715; vgl. auch NJW **94**, 377; KG StV **88**, 26; Bremen StV **84**, 125; **86**, 165; **90**, 118; Hamburg NStZ **92**, 130; Hamm StV **92**, 284; Düsseldorf NStZ **92**, 131 [abl. Anm. *Blumenstein*]; NJW **92**, 1183; **93**, 1280; StV **95**, 31; Karlsruhe MDR **93**, 780; Köln NJW **91**. 506; Schleswig StV **92**, 327; Stuttgart NJW **76**, 200; MDR **91**, 982; Zweibrücken StV **85**, 465; *Lackner/Kühl* 3; LK-*Gribbohm* 9; *S/S-Stree* 3; *Stree* NStZ **92**, 153; *Wendisch* JR **92**, 126; *Mitsch* Jura **93**, 381, 384; *Peglau* JA **01**, 244, 246; enger aber *ders.* NStZ **04**, 248, 249 f.). **Art. 6 II MRK** soll danach einer belastende Verwertung von Tatsachen vor deren rechtskräftiger Feststellung nicht grds. entgegen stehen (vgl. BGH **34**, 209, 210 f. [abl. Anm. *Vogler* NStZ **87**, 127]; *Stuckenberg* ZStW **111**, 422, 460), wenn die Begehung der neuen Tat aufgrund anderer Erkenntnisquellen feststeht. **Umgekehrt** kann eine rechtskräftige Verurteilung dann nicht Grundlage eines Widerrufs sein, wenn sie auf materiellrechtlich **ersichtlich unzutreffender** Rechtsanwendung beruht (KG NStZ-RR **05**, 94, 95) oder wenn die Verfassungswidrigkeit der ihr zugrund liegenden Rechtsanwendung festgestellt ist (vgl. LG Frankfurt StV **04**, 554). Dagegen steht der Umstand, dass der Schuldspruch wegen der neuen Tat durch Rechtsmittel-Beschränkung rechtskräftig wurde, der Berücksichtigung im Rahmen von § 56 f nicht entgegen (Hamm StV **07**, 195 [m. Anm. *Kraft*]).

5 Nach KG NStZ-RR **01**, 136 bietet dagegen selbst eine rechtskräftige Verurteilung nur *in der Regel* einen hinreichend hohen Grad an Verlässlichkeit. Ist sie durch **Strafbefehl** ergangen, so muss das Widerrufsgericht die neue Straftat danach „noch einmal aufklären und beweisen", wenn der Strafbefehl nur auf *hinreichenden* Tatverdacht gestützt war und sich aus der Aktenlage eine an Sicherheit grenzende Überzeugung von der Schuld nicht ergibt, und wenn der Verurteilte sich gegen den Strafbefehl zur Wehr setzen *wollte* oder (?) dies getan hat und die Rechtskraft „ohne seine anerkennende Willensentschließung" eingetreten ist. Dies würde allerdings zu Schutzbehauptungen einladen; eine freibeweisliche „Hauptverhandlung" vor dem Widerrufsgericht findet im Gesetz keine Stütze.

6 Nach der **Gegenmeinung** (*Mrozynski* JZ **78**, 255; *Boetticher* NStZ **91**, 4; *Ostendorf* StV **90**, 230; **92**, 288; *Blumenstein* NStZ **92**, 132 f.; *Vogler*, Kleinknecht-FS 442; Tröndle-FS 423) ist regelmäßig eine **rechtskräftige Verurteilung** wegen der neuen Tat vorausgesetzt (vgl. auch Bamberg StV **91**, 174; Celle StV **90**, 504; **03**, 575; Koblenz StV **91**, 172; München NJW **91**, 2302; Schleswig StV **91**, 173; Jena StV **03**, 574; 575). Diese Ansicht stützt sich dabei namentlich auch auf die **Selbstverpflichtung der BRep** im Verfahren EuGRZ **92**, 451 der EMRK, die LJVen auf die Beachtung der Unschuldsvermutung hinzuweisen (vgl. dazu Hamm StV **92**, 284). Die EMRK selbst hat damals eine rechtskräftige Verurteilung nicht für erforderlich gehalten; vgl. EMRK StV **92**, 282; and. zuvor München NJW **91**, 2302; Schleswig NJW **91**, 2302; Koblenz NStZ **91**, 253). **Dafür** spricht nun auch die **Entscheidung des EGMR** v. 3. 10. 2002 (NJW **04**, 43 [zu einem Verfahren des OLG Hamburg; dazu Bespr. *Peglau* ZRP **03**, 242; NStZ **04**, 248; *Neubacher* GA **04**, 402; *Seher* ZStW **118** [2006] 101, 119 ff.]; zu möglichen Auswirkungen auf den Zeitpunkt des Befasst-Seins von Amts wegen und damit auf die Zuständigkeit gem. § 462 a StPO vgl. LG Bochum NStZ **03**, 567 f.); danach verstieß es gegen die Unschuldvermutung, die Überzeugung vom Vorliegen einer neuen Straftat auf die Vernehmung von Zeugen durch das Widerrufsgericht zu stützen und die Feststellung der neuen Tat somit nicht dem zuständigen erkennenden Gericht vorzubehalten (einschr. auch Celle StV **03**, 575; Jena StV **03**, 574; **03**, 575; Hamm 2 Ws 243/

03, 244/03; 2 Ws 269/03; 2 Ws 286/04; NStZ-RR **05**, 154, 155; Nürnberg NJW **04**, 2032; Stuttgart NJW **05**, 83, 84). **Dagegen,** ausschließlich rechtskräftige Verurteilungen und zweifelsfreie Geständnisse ausreichen zu lassen, spricht neben dem Wortlaut auch, dass der Widerruf aus den Gründen des I Nr. 2 und Nr. 3 solche Anforderungen an die Feststellung eines Weisungs- oder Auflagenverstoßes nicht voraussetzt. Gegen das Erfordernis einer rechtskräftigen Aburteilung könnten auch Gesichtspunkte des Resozialisierungsziels im Hinblick auf mögliche Verzögerungen sprechen (vgl. Düsseldorf NStZ **92**, 131, 132). Eine Klarstellung durch **gesetzliche Neuregelung** wäre wünschenswert. Bis dahin ist jedenfalls eine restriktive Handhabung angezeigt.

Ungeklärte Beweis- oder Rechtslage, plausibles Bestreiten oder Aufhebung einer Verurteilung im Rechtsmittelverfahren stehen einem Widerruf entgegen; auch eine nur im Freibeweisverfahren gewonnene Überzeugung des Widerrufsgerichts reicht bei Bestreiten des Verurteilten regelmäßig nicht aus. Liegt andererseits eine **rechtskräftige Verurteilung** vor (auch eine solche nach §§ 59, 60), so kann ein Widerruf hierauf regelmäßig gestützt werden, wenn sie nicht ersichtlich unrichtig ist (Düsseldorf StV **96**, 45 [fehlerhafte neue Verurteilung wegen Unterhaltspflichtverletzung]). Ob die Entscheidung EGMR NJW **04**, 43 dahin zu verstehen ist, dass ein Bewährungs-Widerruf *stets* eine rechtskräftige Verurteilung voraussetzt, hat Schleswig NStZ **04**, 628 offen gelassen. Nach ganz hM kann ein **Geständnis** der neuen Tat die erforderliche Überzeugung begründen (vgl. auch Jena NStZ-RR **03**, 316), wenn es nicht ersichtlich von prozesstaktischen Erwägungen bestimmt ist; dabei reicht jedenfalls ein **glaubhaftes Geständnis vor einem Richter** aus (BVerfG NStZ **05**, 204; Düsseldorf NStZ **04**, 269; Nürnberg NJW **04**, 2032; Stuttgart NJW **05**, 83; **aA** *Seher* ZStW **118** [2006] 101, 151); nach Köln NStZ **04**, 685 f. jedenfalls ein Geständnis in der Hauptverhandlung wegen der neuen Tat (ebenso Zweibrücken NStZ-RR **05**, 8 [auch bei nachträglichem Widerruf]). IdR ausreichend ist wohl auch eine erstinstanzliche, **nicht rechtskräftige Verurteilung**. Den Widerruf einer im Gnadenweg erfolgten Aussetzung hat Hamburg NJW **03**, 3574 für zulässig gehalten, obgleich die neue Verurteilung nicht rechtskräftig war und nicht auf einem Geständnis beruhte. **7**

Dagegen ist ein nur außergerichtliches Geständnis (zB gegenüber dem Bewährungshelfer) keine ausreichende Grundlage für einen Widerruf (Schleswig NStZ **04**, 628); auch nicht das Vorliegen eines nicht rechtskräftigen **Strafbefehls** (Nürnberg NZV **04**, 540) oder die Zustimmung zu einer Verfahrenseinstellung gem. § 153 a StPO (AG Lüdinghausen NJW **05**, 84 f.; *Seher* ZStW **118** [2006] 101, 146; SK-Horn 8; **aA** Düsseldorf NJW **04**, 790; *S/S-Stree* 3); auch nicht eine Selbstanzeige nach § 371 AO (*Streck/Spatschek* NStZ **95**, 269). Für die Prognoseentscheidung nach § 57 sind die vorgenannten Grundsätze nicht ohne weiteres anwendbar (Hamm NStZ-RR **05**, 154). **7 a**

b) Durch die Straftat muss sich zeigen, dass die **Erwartung,** die der Strafaussetzung zugrunde lag, sich **nicht erfüllt hat.** Das ist vor allem die Erwartung, dass der Verurteilte „keine Straftaten mehr begehen wird" (§ 56 I S. 1). Damit sind grds Straftaten jeder Art, nicht etwa nur solche gemeint, wie sie der ausgesetzten Strafe zugrunde lagen (and. *Stree* NStZ **92**, 153, 159 für Reststrafenaussetzungen hoher oder lebenslanger Strafen). Die Erwartung ist grds durch jede neue Tat von nicht ganz unerheblichem Gewicht jedenfalls in Frage gestellt (vgl. KG BA **01**, 60 f.); hieraus ist aber nicht abzuleiten, dass der Widerrufsbeschluss sich auf die Feststellung der neuen Tat beschränken könnte, ohne die Prognosefrage ausdrücklich zu prüfen (Stuttgart StV **03**, 346), denn der Widerruf dient nicht der Ahndung von Verfehlungen während der Bewährungszeit, sondern allein der Korrektur der ursprünglichen Prognose (LG München I StV **03**, 347). **8**

Nr. 1 setzt nicht voraus, dass die frühere Tat und die neue Verfehlung nach Art und Schwere miteinander vergleichbar sind (LK-*Gribbohm* 2; **aA** StV **83**, 338; OLGSt. Nr. 3; SK-*Horn* 12). Die Voraussetzung, dass sich die Erwartung nicht **8 a** erfüllt hat, stellt nicht auf bloßes Legalverhalten, sondern auf die Möglichkeiten zur Wiedereingliederung in die Gesellschaft ab (*Horn* JR **81**, 7; *Boetticher* NStZ **91**, 2); Taten geringen Gewichts, zB Zufalls- oder Gelegenheitsdelikte, fahrlässige Delikte, uU auch leichte einschlägige Rückfalltaten, stehen einer günstigen Prognose daher nicht stets entgegen (NStZ-RR **99**, 152; Hamm StV **82**, 262; Frankfurt StV **82**, 369; Zweibrücken MDR **89**, 477; Düsseldorf StV **83**, 338; **98**, 215; StraFO **96**, 144; Stuttgart NStZ-RR **02**, 106; vgl. *Stree* NStZ **92**, 158). Umgekehrt ist es *verfassungsrechtlich* nicht geboten, dies dahin auszulegen, dass ein Widerruf nur dann zulässig sei, wenn zum Zeitpunkt der Widerrufsentscheidung eine günstige Sozialprognose iS von § 56 I nicht vorliegt (BVerfG NStZ **94**, 558 [krit. *ter Veen* NStZ **85**, 437]; and. unter Bezugnahme auf den Grundsatz von „Treu und Glauben" LG Berlin StV **07**, 197). Widerruf ist bereits möglich, wenn mehrere – isoliert nicht schwerwiegende – Taten *zusammengenommen* nicht bedeutungslos sind. Andererseits genügt auch die Begehung einer schwerwiegenden Straftat für sich allein nicht ohne weiteres; es kommt auch hier darauf an, ob erneut Straftaten zu erwarten sind (Düsseldorf StV **96**, 444; LG Bremen StV **96**, 46).

8b Ein Widerruf kann jedenfalls in Ausnahmefällen auch dann in Betracht kommen, wenn **wegen der neuen Straftat Strafaussetzung** gewährt wurde (BVerfG NStZ **85**, 357; NJW **95**, 713; hierzu *Boetticher* NStZ **91**, 5); dass es wegen der besseren Erkenntnismöglichkeiten des die neuerliche Straftat aburteilenden Gerichts regelmäßig geboten ist, sich der sach- und zeitnäheren **Prognose des Tatrichters** anzuschließen (so Köln StV **93**, 429; Düsseldorf StV **94**, 198; **98**, 214; 216 L; LG Stuttgart StV **94**, 250 L; LG Berlin MDR **88**, 794; Frankfurt StV **90**, 556 L), erscheint allerdings fraglich. Eine solche Regel kann jedenfalls dann nicht gelten, wenn das neue Urteil, etwa weil es wegen nur geringfügiger Taten ergangen ist, sich mit den der früheren Aussetzungsentscheidung zugrunde liegenden Erwägungen nur unzureichend auseinandersetzt oder wenn die Prognoseentscheidung des neuen Urteils von unzutreffenden Voraussetzungen ausgeht oder nur formelhaft und schematisch ist (Düsseldorf VRS **89**, 33; **91**, 173; **94**, 261; NZV **98**, 163; 14. 1. 1998, 1 Ws 1003/97). Auch die Erwägung des neuen Tatrichters, die Verhängung einer **kurzen Freiheitsstrafe** sei nicht unerlässlich iS von § 47, bietet idR keinen Anlass anzunehmen, das Gericht habe sich intensiv mit der (gegenwärtigen) Prognose-Lage beschäftigt (**aA** Nürnberg StV **01**, 411 [mit zutr. Ergebnis: kein Widerruf von Reststrafe aus Totschlag wegen zweimaligem Diebstahl von Parfüm und Käse]). Zu bedenken ist auch, dass die Strafaussetzung in der neuen Verurteilung uU auf der Erwägung beruhen kann, dass die auf Grund des **zu erwartenden Widerrufs** der früheren Aussetzung zu verbüßende Strafe eine günstige Prognose begründe (vgl. 6 zu § 56; *Radtke,* Müller-Dietz-FS 609 ff.); in diesem Fall wäre es verfehlt, das über den Widerruf entscheidende Gericht in schematischer Weise als an eine „Beurteilungsprärogative" gebunden anzusehen (zutr. *Radtke* aaO 621). Das gilt in beiden Richtungen; das *später* entscheidende Gericht muss daher prüfen, ob für die Prognose des *zuerst* entscheidenden die vermutete Entscheidung in der anderen Sache überhaupt eine – und wenn ja, welche – Rolle gespielt hat. In jedem Fall bedarf ein Widerruf, wenn zeitgleich die Vollstreckung eines (anderen) Strafrestes zur Bewährung ausgesetzt wird, eingehender **Begründung** (Düsseldorf VRS **90**, 180). Eine erneute Inhaftierung durch Bewährungswiderruf nach erfolgter Entlassung aus dem Strafvollzug in anderer Sache ist dann nicht sinnvoll, wenn hierdurch eine begonnene Integration des Verurteilten gefährdet würde (Düsseldorf StV **91**, 29; **94**, 200; OLGSt Nr. 35).

9 Der **auslieferungsrechtliche Spezialitätsgrundsatz** (22 vor § 3) hindert den Widerruf einer früher gewährten Aussetzung einer Strafe nicht, indessen darf sie ohne Zustimmung des ersuchten Staates nicht vollstreckt werden (Stuttgart NJW **83**, 1987; Zweibrücken NStZ **91**, 497 m. Anm. *Lagodny* StV **93**, 37). Eine Strafaussetzung, bei der der in derselben Sache aus dem Ausland zugelieferte Verurteilte nach § 56 d der Aufsicht und Leitung eines Bewährungshelfers unterstellt wird, ist mit Rücksicht auf I Nr. 2 keine endgültige Freilassung iS des Art. 14 Ib

EuAlÜbk und beendet den Schutz des Spezialitätsgrundsatzes nicht (München StV **94**, 25). Zu Mitgliedsstaaten der EU vgl. auch § 83h II Nr. 1 IRG.

B. Verstoß gegen Weisungen (I Nr. 2). Ein auf Nr. 2 gestützter Widerruf setzt voraus, dass der Verurteilte **entweder** gegen zulässige (vgl. München NStZ **85**, 411; Frankfurt NStZ-RR **03**, 199f.; Jena NStZ **06**, 39) **Weisungen** (wenn auch nicht gegen alle erteilten) **gröblich oder beharrlich** verstößt **oder** sich der **Aufsicht** und **Leitung** des sich um den Probanden bemühenden BHelfers **beharrlich entzieht,** also immer wieder oder auf längere Dauer, vor allem durch Ortswechsel den Einfluss des BHelfers unmöglich macht. Die Rücknahme einer Einwilligung in eine **Therapie-Weisung** (§ 56c III) kann einen Widerruf grds. rechtfertigen (vgl. Hamburg NStZ **92**, 301), namentlich wenn die Einwilligung nur aus taktischen Gesichtspunkten erklärt wurde (vgl. BGH **36**, 97, 99); sinnvolle sachliche Gründe machen aber eine genaue Prüfung erforderlich, ob die Voraussetzungen von Nr. 2 gegeben sind (vgl. Düsseldorf NStZ **02**, 166; 11 zu § 56c). Gemeint sind in Nr. 2 Verstöße, die in ihrer Schwere auch dem Verurteilten bewusst sind (str.; vgl. Hamm GA **59**, 59; Oldenburg NJW **61**, 1368; Nürnberg GA **62**, 91; Bremen StV **90**, 119) oder die er wiederholt mit Nachdruck begeht. Es kommen nur Verstöße gegen ausdrücklich nach § 56c erteilte Weisungen in Betracht (Hamburg NJW **79**, 2623; Düsseldorf OLGSt. Nr. 5; Stuttgart MDR **86**, 687; Köln NStZ **94**, 509); reine Formalverstöße sind nicht „grob" (Düsseldorf VRS **89**, 291). Vorherige Abmahnungen sind nicht erforderlich (Prot. V 2163), können aber für die Beurteilung ebenso eine Rolle spielen (Karlsruhe NJW **60**, 495) wie das Fehlen einer Belehrung nach §§ 268a III, 454 III StPO (Celle NJW **58**, 1009, hierzu *Koch* NJW **77**, 419). Ein grober Verstoß ist grds anzunehmen, wenn eine aufgrund zulässiger Weisung begonnene stationäre Therapie von der Therapieeinrichtung aus disziplinarischen Gründen beendet und der Verurteilte entlassen werden muss (Düsseldorf NStZ **02**, 53). Verstöße gegen Zusagen fallen nicht unter Nr. 2, können aber unterstützend herangezogen werden. Die Unzulässigkeit einer Weisung (vgl. 2f. zu § 56c) steht einem Widerruf auch dann entgegen, wenn der Verurteilte sich hierauf im Beschwerdeverfahren nicht beruft (Frankfurt NStZ-RR **03**, 199f.). Unzulässig ist ein Widerruf auch, wenn der Verurteilte seine Einwilligung (§ 56c III) in eine Behandlungsmaßnahme widerruft, deren Erforderlichkeit er von vornherein nur *vorgespiegelt* hatte (Schleswig NStZ-RR **04**, 222). Erfüllt der Weisungsverstoß zugleich die Voraussetzungen des Widerrufsgrunds nach Nr. 1, so stehen beide nebeneinander. Aus EGMR NJW **04**, 43 (vgl. oben 6) dürfte sich nicht ableiten lassen, dass auch die Feststellung eines gröblichen Weisungsverstoßes, der *zugleich* eine neue Straftat darstellt, nur aufgrund rechtskräftiger Verurteilung möglich ist (**aA** LG Duisburg NStZ-RR **05**, 9f. [Spezialität von Nr. 1 wegen neuer Tat nach § 170 bei Verstoß gegen Weisung, Unterhalt zu leisten]). 10

In beiden Fällen der Nr. 2 muss der Verstoß gegen die Weisungen durch Art, Gewicht oder Zahl **Anlass zu der Besorgnis** geben, dass der Täter erneut Straftaten begehen wird (vgl. hierzu § 453c StPO). Das Gericht hat hier unter Würdigung der Verstöße in ihrer konkreten Bedeutung, also auf der Basis einer negativ gewordenen Prognose (*Horn* JR **81**, 6), in einer Gesamtwürdigung des Verhaltens des Verurteilten während der Bewährungszeit (unterstützend kann auch nachträglich bekannt gewordenes früheres Verhalten herangezogen werden) eine **erneute Prognose** zu stellen (Koblenz OLGSt. 13 u. NStZ-RR **96**, 301; Düsseldorf StV **83**, 70; **86**, 25; **96**, 44; LG Kassel NJW **71**, 475; LK-*Gribbohm* 22). Gleicher Art wie die frühere Tat müssen die zu befürchtenden nicht sein (and. SK-*Horn* 20). Der Widerruf ist keine *Strafe* für den Weisungsverstoß; es geht bei Nr. 2 um die (korrigierte) **Prognose,** nicht um Ahndung von allgemeinen Disziplinlosigkeiten in der Lebensführung oder Unbotmäßigkeit gegenüber dem Bewährungshelfer. Ein Verstoß oder das Sich-Entziehen für sich allein tragen die negative Prognose daher nicht. Dass sie sie auch nicht ohne weiteres *indiziere* (*Lackner/Kühl* 6 mit [wohl nicht zutr.] Hinweis auf Düsseldorf StV **86**, 25; **96**, 443), wird man aber 11 nach dem Gesetzeswortlaut nicht sagen können, der die Fälle der Nr. 2 gerade ausdrücklich als *indiziell* ansieht. Entscheidend ist, welches Gewicht dieses Indiz **im Einzelfall** gewinnt und ob es durch andere Tatsachen entkräftet oder gestützt wird. Die zahlreichen **praktischen Probleme** bei der Anwendung der I Nr. 2 zeigen, dass das Gericht schon bei der Erteilung von Weisungen nach § 56c deren Erforderlichkeit, Kontroll- und Durchsetzungsfähigkeit sorgfältig prüfen sollte (vgl. 8 zu § 56c).

12 **C. Verstoß gegen Auflagen (I Nr. 3).** Der Widerruf nach Nr. 3 setzt voraus, dass der Verurteilte gegen zulässig angeordnete Auflagen **gröblich** oder **beharrlich** verstößt. Gröblich ist ein Verstoß, wenn er objektiv und subjektiv schwer wiegt (Hamburg NStZ-RR **04**, 364; LK-Gribbohm 24); oben 10 gilt entsprechend. In diesem Fall brauchen (außer unten 14) weitere Voraussetzungen wie bei Nr. 1 und 2 nicht hinzuzutreten (Hamburg NStZ-RR **04**, 364, 365), da es gröbliche oder beharrliche Verstöße geben kann, die zwar keinen Anlass zu einer ungünstigen Sozialprognose bieten, der Aussetzung aber ihre Grundlage entziehen (*Horn* JR **81**, 7). Will das Gericht wegen Verstoßes gegen die Auflage zur Schadenswiedergutmachung widerrufen, so hat es freilich zu prüfen, ob überhaupt Zahlungsfähigkeit vorgelegen hat (Hamm StV **93**, 259; Düsseldorf StV **95**, 595; NStZ-RR **97**, 323). Dass diese hinsichtlich Einkünften aus Schwarzarbeit von vornherein ausscheide (LG Münster NStZ-RR **03**, 265), erscheint zweifelhaft. Die nachträgliche Erfüllung einer **Zahlungsverpflichtung** steht dem Widerruf wegen vorherigen gröblichen oder beharrlichen Verstoßes gegen die Zahlungs-Auflage nicht entgegen (Hamburg NStZ-RR **04**, 364f.).

13 **D. Feststellung des Widerrufsgrundes.** Die Voraussetzungen des I müssen **positiv festgestellt** sein, so dass insoweit *in dubio pro reo* gilt (LG Kassel NJW **71**, 476). In keinem der Fälle braucht sich der Verurteilte bewusst zu sein, dass sein Verhalten zum Widerruf führen könne (so schon für § 25 II Nr. 2ff. Düsseldorf NJW **67**, 1380; *S/S-Stree* 3). Kommt Widerruf **mehrerer Aussetzungen** in Betracht, so ist § 56f hinsichtlich jeder Aussetzung selbstständig zu prüfen.

14 **3) Absehen vom Widerruf (Abs. II).** Die Voraussetzungen des II sind nur zu prüfen, wenn eine der Voraussetzungen des I vorliegt; ein Widerrufsgrund also festgestellt ist (Düsseldorf VRS **80**, 20; NStZ-RR **96**, 91 L; LG Zweibrücken StraFo **06**, 466); dann ist II lex specialis nicht nur zu § 56a II S. 2 und § 56e, sondern auch zu I. Strengere Voraussetzungen an die Sozialprognose als im Fall der §§ 56, 57, 57a sind nicht zu stellen (Schleswig NJW **80**, 2320 [m. zust. Anm. *Schöch* JR **81**, 164]; vgl. auch *Dencker* NStZ **82**, 155; LK-*Gribbohm* 26; *U. Frank* MDR **82**, 359; *Boetticher* NStZ **91**, 3; **aA** *Klier* NStZ **81**, 301). Vom Widerruf ist **zwingend abzusehen,** wenn es ausreicht, zB im Hinblick auf eine inzwischen eingetretene wesentliche Änderung der Lebensführung des Verurteilten (Düsseldorf StV **96**, 218; NStZ-RR **97**, 323) oder andere Umstände (LG Düsseldorf StV **98**, 216: HIV-Infektion; Nürnberg StV **98**, 213: positive Einschätzung des Bewährungshelfers; Jena StV **07**, 194: Erfolg versprechende Therapiemöglichkeit bei drogenabhängiger Person), eine oder mehrere Maßnahmen nach II anzuordnen. Der Begriff des **„Ausreichens"** darf nicht als *Zumessungs*-Begriff iS von § 46 verstanden werden. Es geht in II nicht um eine „ausreichende" Sanktionierung, sondern darum, ob Maßnahmen ausreichen, um die nach Maßgabe des Abs. I widerlegte Aussetzungsprognose wieder herzustellen. Sind diese Voraussetzungen nicht gegeben, so ist die Aussetzung zwingend zu widerrufen (zw. daher München StraFo **03**, 315: Absehen als „Entgegenkommen", weil sonst wirtschaftliche Existenz der Familie bedroht sei); eine zusätzliche, *neben* Abs. II durchzuführende Verhältnismäßigkeitsprüfung (etwa wenn die ausgesetzte Strafe höher ist als die wegen einer neuen Tat verwirkte), widerspräche der gesetzlichen Systematik (so auch Oldenburg NStZ-RR **06**, 189f.; *Lembert* NJW **01**, 3528f.; **aA** Zweibrücken MDR **89**, 477; unklar Naumburg StV **07**, 197 [gegen „Drehtür-Effekt"; Absehen von Widerruf wegen zögerlicher Durchführung des Widerrufsverfahrens]).

A. Ergänzende Anordnungen (II Nr. 1). Das Gericht kann zur Vermeidung eines Widerrufs **weitere Auflagen** (§ 56 b) **oder Weisungen** (§ 56 c) beliebiger Art erteilen oder den Verurteiltem der Aufsicht eines **BHelfers** (§ 56 d) unterstellen; in Betracht kommt auch der Wechsel des BHelfers oder bei BtM-Abhängigen die Aufnahme einer Langzeittherapie (Celle StV **88**, 260; Düsseldorf StV **94**, 199). 15

B. Verlängerung der Bewährungszeit (II Nr. 2). Eine (innerhalb des Höchstmaßes auch mehrmals mögliche) **Verlängerung** der vom Gericht (im Falle des § 57 a III gesetzlich) festgesetzten **Bewährungszeit** ist anders als nach § 56 a II S. 2 auch noch nach deren Ablauf möglich (Düsseldorf MDR **91**, 556; BVerfG NStZ **95**, 437 m. Anm. *Lammer* StV **96**, 161), nicht aber nach Ablauf des im Verlängerungsbeschluss vorgesehenen Zeitraums (Schleswig NStZ **86**, 363; KG StV **86**, 165; Celle NStZ **91**, 206; KG JR **93**, 76; Düsseldorf StV **96**, 218). Die Möglichkeit einer Verlängerung der Unterstellungszeit (§ 56 d) wird durch das zulässige Höchstmaß der Bewährungszeit begrenzt (Düsseldorf NStZ **94**, 559). Eine Verlängerung wegen Verstoßes nach I Nr. 3 ist auch dann möglich, wenn dies weder zu spezialpräventiven Zwecken noch zu dem Zweck erfolgt, die Erfüllung der bislang nicht erfüllten Auflage innerhalb der (verlängerten) Bewährungszeit zu ermöglichen (Hamburg NStZ-RR **04**, 364, 365). 16

Das **Höchstmaß der Bewährungszeit** (nach § 56 a I S. 2, § 57 a III jeweils 5 Jahre) gilt weder für § 57 II noch für die obligatorische Entscheidung nach § 56 f II, die gegenüber dem Widerruf die mildere Maßnahme ist (Hamm JMBlNW **87**, 6; Schleswig SchlHA **88**, 31; Frankfurt StV **89**, 25; *S/S-Stree* 10 a, *Lackner/Kühl* 11; *Maatz* MDR **88**, 1017; *Dölling* NStZ **89**, 345; **aA** LG Kiel NStZ **88**, 501; *Schrader* MDR **90**, 391). Nach II S. 2 **ausgeschlossen** ist eine Verlängerung um **mehr als die Hälfte** der **zunächst bestimmten Bewährungszeit.** Diese Regelung schließt eine – uU mehrfache –Verlängerungsmöglichkeit bis zur Höchstgrenze des § 56 a II S. 2 nicht aus und wirkt sich daher eingrenzend nur bei deren Überschreitung aus (Hamm JMBlNW **87**, 6; Oldenburg NStZ **88**, 502 [m. krit. Anm. *Kusch*]; Braunschweig StV **89**, 25; Düsseldorf MDR **90**, 356; **94**, 931; StV **96**, 218; NStZ-RR **96**, 185; KG JR **93**, 76; Hamburg NStZ-RR **99**, 330; LG München I NStZ **03**, 317). Hatte das Gericht zB eine Bewährungszeit von 4 Jahren festgesetzt, so darf sie nach Verlängerung 6 Jahre nicht überschreiten. Das Anderthalbfache der **ursprünglichen** Frist ist aber die **absolute Grenze** auch im Fall der mehrfachen Verlängerung. Dem widerspricht es jedenfalls, als „zunächst bestimmte" Frist bei mehrfacher Verlängerung die (jeweils) *letzte* anzusehen (so LG Itzehoe SchlHA **87**, 186; wohl auch *Maatz* MDR **88**, 1017, 1020). Die **zunächst bestimmte** Frist ist daher stets die im **ersten Bewährungsbeschluss** festgesetzte Frist; zwischenzeitliche Veränderungen bleiben insoweit unberücksichtigt (Celle **87**, 496; StV **90**, 117; Frankfurt StV **89**, 25; Düsseldorf MDR **94**, 142; Stuttgart NStZ **00**, 478; LG München I NStZ **03**, 317; LK-*Gribbohm* 35; SK-*Horn* 30 d). Vielfach wird angenommen, die Höchstgrenze betrage *jedenfalls* 5 Jahre *zuzüglich* der Hälfte der ersten Frist (vgl. KG JR **93**, 75 f.; Zweibrücken NStZ **87**, 328; Hamm NStZ **88**, 291 f.; Frankfurt StV **89**, 25; Celle StV **90**, 117 f.; Düsseldorf MDR **94**, 931 f.; Hamburg NStZ-RR **99**, 330 f.; *S/S-Stree* 10 a). Das ist mit dem Wortlaut nicht unvereinbar, kann aber zum Aufbau übermäßig langer Bewährungsfristen führen (vgl. auch LG München NStZ **03**, 317). Nach der **Gegenansicht** ist eine Verlängerung bis auf 5 Jahre ohne Rücksicht auf Abs. II S. 2 zulässig (allg. Ans.), nicht aber eine Überschreitung dieser Grenze, wenn das Eineinhalbfache der ursprünglichen Frist weniger als 5 Jahre beträgt (Stuttgart NStZ **00**, 478; LK-*Gribbohm* 34 f.). Das führt iErg dazu, dass eine Überschreitung der Grenze des § 56 a I auch bei mehrmaliger Verlängerung in Betracht kommt, wenn die erste Bewährungsfrist länger als 3 Jahre und 4 Monate war. Das Argument, diese Ansicht stelle den schon bei der ersten Aussetzung *ungünstiger* Beurteilten besser, weil bei ihm bei Vorliegen von Widerrufsgründen iS von I weitergehende Verlängerungsmöglichkeiten bestehen als bei einer zunächst kurzen Bewährungsfrist (vgl. Oldenburg 17

NStZ **88**, 502 [Anm. *Kusch*]; KG JR **93**, 75 f.; Düsseldorf MDR **94**, 931 f.; Hamburg NStZ-RR **99**, 332), behandelt die Bestimmung der Bewährungsfrist wie ein *Straf*übel; die Bedenken gegen eine auch kriminologisch wenig sinnvolle übermäßig lange Bewährungsfrist für minder schwere Straftaten werden hierdurch nicht ausgeräumt. Die nach Ablauf der Bewährungszeit bis zur Entscheidung über die Verlängerung verstrichene Zeit ist auf das Höchstmaß anzurechnen (**aA** SK-*Horn* 30). Zum **Beginn der verlängerten Bewährungszeit** vgl. *Horn* NStZ **86**, 356. Nach § 57 a III S. 2 ist § 56 f II entsprechend anwendbar auf die (durch § 57 a III S. 1) gesetzlich bestimmte Bewährungszeit, so dass die Verlängerungsmöglichkeit auch hier gegeben ist.

18 **4) Anrechnung von Leistungen (Abs. III).** Nach **III S. 1** werden Leistungen, die der Verurteilte zur Erfüllung von Auflagen, Anerbieten, Weisungen oder Zusagen erbracht hat, nach einem Widerruf grundsätzlich nicht erstattet. Nach **III S. 2** kann das Gericht bei einem Widerruf jedoch die Zahlung eines Geldbetrages nach **§ 56 b II S. 1 Nr. 2 oder 4** (zur Rechtslage vor der Klarstellung durch das 6. StrRG vgl. Dresden NStZ **96**, 256 m. Anm. *Vollmering*) sowie eine gemeinnützige Leistung nach **§ 56 b II S. 1 Nr. 3** oder entsprechende Anerbieten nach **§ 56 b III** nach einem angemessenen Maßstab auf die zu vollstreckende Strafe **anrechnen** (nicht aber, wenn sie aus Erlösen von Vermögensdelikten erbracht wurden; NStZ-RR **02**, 137). **Nicht anrechnungsfähig** sind danach Leistungen zur Schadenswiedergutmachung**,** da auf § 56 b II Nr. 1 nicht verwiesen ist; Frankfurt NStZ-RR **04**, 262; LK-*Gribbohm* 50; vgl. aber 6 zu § 58); Zahlungen, die in Erfüllung einer *Weisung* nach § 56 c (insb. II Nr. 5) erbracht wurden; Zahlungen zur Erfüllung einer nach § 56 b *unzulässigen* Auflage, wenn sie auf einen tatsächlich bestehenden und durch die Leistung erloschenen Anspruch erfolgt sind (Frankfurt NStZ-RR **04**, 262). Eine analoge Anwendung des III S. 2 auf eine **Therapie** in staatlich anerkannten Einrichtungen kommt nicht in Betracht (LG Saarbrücken MDR **89**, 763; LK-*Gribbohm* 15, **aA** LG Freiburg StV **83**, 292; Düsseldorf NJW **86**, 1558). Die Regelung gilt auch, wenn die Aussetzung bei Bildung einer **nachträglichen Gesamtstrafe** wegfällt (§ 58 II S. 2; vgl. hierzu Bamberg MDR **88**, 600 [krit. Anm. *Funck* MDR **88**, 878]; Nürnberg NStZ-RR **07**, 72). Hat das Gericht bei Bildung einer Gesamtstrafe eine frühere Auflage (§ 56 b II Nr. 2) weder erneut angeordnet noch ausdrücklich aufrechterhalten, so sind im Falle des Widerrufs erbrachte Leistungen nach III S. 2 anrechenbar (Dresden NStZ-RR **98**, 155).

18 a **Maßstab der Anrechnung** sind, wenn sich die wirtschaftlichen oder persönlichen Verhältnisse wesentlich verändert haben, die Verhältnisse zur Zeit der Widerrufsentscheidung (so wohl auch Hamm NStZ **01**, 165). Das Tagessatzsystem ist für die Anrechnung von Geldzahlungsauflagen idR kein geeigneter Maßstab (Celle NStZ **92**, 336 [**aA** *Horn* StV **92**, 540 u. SK-*Horn* 40]; LG Köln Beschl. v. 31. 1. 2006, 1078–3/04; differenzierend LG Frankfurt NJW **70**, 2121; LK-*Gribbohm* 54), denn die Höhe einer Auflage, etwa zur Zahlung an eine gemeinnützige Organisation, orientiert sich ihrem Wesen nach nicht am Tagessatzsystem. Eine vollständige Erledigung der Strafe im Wege der Anrechnung ist ausgeschlossen (Celle NStZ **92**, 336 f.; Hamm NStZ **01**, 165; **aA** *Horn* StV **92**, 540).

18 b Die Anrechnung steht im **pflichtgemäßen Ermessen** der Gerichts (Bay JR **81**, 514 [Anm. *Bloy*]; Bamberg MDR **73**, 154; Koblenz VRS **71**, 180; **72**, 441; Hamm NStZ **01**, 165; BA **87**, 227; *Lackner/Kühl* 14; **aA** *S/S-Stree* 19; SK-*Horn* 39; NStZ/J **81**, 333; *U. Frank* MDR **82**, 361; zur Anfechtung vgl. Stuttgart MDR **80**, 1037; **81**, 335; Hamburg MDR **83**, 953). Wurde eine Anrechnung iS des III S. 2 versäumt, so ist dies im Falle einer späteren Gesamtstrafenbildung zu berücksichtigen (Celle NStE Nr. 12); das **Revisionsgericht** kann die Entscheidung entspr. § 354 I StPO nachholen (4 StR 98/99; 2 StR 200/02; 2 StR 391/02; 2 StR 225/03). Bei fehlerhafter Anrechnung, zB wenn entgegen III S. 2 eine Wiedergutmachungsleistung (§ 56 b II Nr. 1) angerechnet worden ist, gilt das Verschlechterungsverbot (München JZ **80**, 365; Hamm NStZ **96**, 303). Zur **Rückerstattung** von

nach Rechtskraft des Widerrufsbeschlusses erbrachten Geldbußen vgl. *Neumann* DRiZ **78**, 83; Hamann RPfleger **79**, 448.

5) Zeitpunkt der Entscheidung. Die Entscheidung über den Widerruf (oder Maßnahmen nach Abs. II) ist zu treffen, sobald Widerrufsgründe nach Abs. I feststehen (Hamburg NStZ-RR **05**, 221, 222). Jedoch kann es, wenn eine Strafvollstreckung **nach § 35 I BtMG** zurückgestellt ist, im Einzelfall zulässig sein, mit dem Widerruf zuzuwarten (Zweibrücken MDR **83**, 150; KG StV **84**, 341; Düsseldorf StV **89**, 150 [m. Anm. *Hellebrand* aaO]; Celle StV **98**, 216; offen gelassen von Hamburg NStZ-RR **05**, 221, 223); jedenfalls in anderen Fällen ist, wenn die Voraussetzungen von I S. 1 vorliegen und diejenigen von Abs. II nicht gegeben sind, eine „Zurückstellung" des Widerrufs nicht zulässig (Düsseldorf NStZ **00**, 55; Hamburg NStZ-RR **05**, 221, 223). Ein Widerruf ist **ausgeschlossen,** wenn die Strafe rechtskräftig in eine **nachträglich gebildete Gesamtstrafe** einbezogen wurde (Düsseldorf JR **00**, 302 m. Anm. *Wohlers*; vgl. auch oben 3 a). Zulässig ist der Widerruf grds auch **nach Ablauf der Bewährungszeit** (BT-Drs. 9/22, 5; 8/3857, 11; NStZ **98**, 586; KG JR **58**, 189; Karlsruhe MDR **93**, 780; Hamm NJW **74**, 1520; NStZ **98**, 479; Düsseldorf MDR **85**, 516; VRS **80**, 19; **89**, 33; **90**, 284), wenn auch zeitlich nicht unbeschränkt (KG JR **67**, 307; Hamm NJW **74**, 1520; LK-*Gribbohm* 47; *S/S-Stree* 13). Bei der Entscheidung ist aber ggf. der Gesichtspunkt des **Vertrauensschutzes** zu berücksichtigen (Stuttgart MDR **82**, 949 L; StV **85**, 380; Braunschweig StV **83**, 72 L; Düsseldorf MDR **83**, 509; GA **83**, 87; OLGSt. Nr. 3; VRS **83**, 335 [m. Anm. *Frister* StV **93**, 431]; **85**, 290; **89**, 35; NStZ-RR **97**, 254; Celle NStZ **91**, 206; Koblenz DAR **87**, 94; Karlsruhe StV **01**, 411; Oldenburg StV **03**, 346; KG NJW **03**, 2468; LG Frankfurt StV **04**, 554 f.), aber auch Art und Schwere der neuerlichen Taten (Hamm NStZ **84**, 363). Die Jahresfrist des § 56 g II S. 2 gilt für den Widerruf nach § 56 f nicht (StV **01**, 556; Hamm NJW **72**, 500; **74**, 1520; Karlsruhe NStZ-RR **97**, 253; Düsseldorf NStZ-RR **97**, 254; KG NJW **03**, 2468, 2469; **aA** *S/S-Stree* 13). Eine **Frist** für die Möglichkeit des Widerrufs nach Rechtskraft einer neuen Verurteilung (I Nr. 1) sieht das Gesetz allerdings nicht vor (Stuttgart Die Justiz **82**, 273; Koblenz MDR **85**, 70 [nahezu 2 Jahre]; Bremen StV **86**, 166 [1 Jahr]; Koblenz OLGSt. Nr. 1 [1 Jahr]; Hamm StV **85**, 198 [mehr als 9 Monate]; LG Kiel StV **90**, 556 [4 Jahre]; vgl. auch Düsseldorf MDR **69**, 683; Hamburg NJW **79**, 65; Karlsruhe MDR **74**, 245; Koblenz OLGSt. 19; NStZ **81**, 261; Schleswig MDR **79**, 1042; Zweibrücken NStZ **88**, 501; vgl. aber Köln StV **01**, 412 [unzulässig nach mehr als 2 Jahren]; Oldenburg StV **03**, 346 [unzulässig nach 9 Monaten]; **aA** Celle NdsRpfl **80**, 91 [1 Jahr]). 19

6) Zuständigkeit. Zuständiges Gericht ist idR das **des 1. Rechtszuges** (§ 462 a II iVm I, § 453 StPO); im Falle rechtskräftiger Verurteilungen durch mehrere Gerichte dasjenige, das auf die höchste Strafe erkannt oder bei gleich hohen Strafen zuletzt entschieden hat (vgl. § 462 a IV StPO). Die **StVK** (§ 462 a I StPO) ist zuständig, wenn sich der Verurteilte nicht in Freiheit befindet oder wenn die StVK schon zuvor iS des § 462 a StPO befasst war (vgl. KK-*Fischer* 16 ff. zu § 462 a StPO). 20

7) Verfahrensrechtliche Hinweise. Nach **§ 453 I S. 3 StPO** soll dem Verurteilten Gelegenheit zur **mündlichen Anhörung** gegeben werden, wenn über einen Widerruf wegen Verstoßes gegen Auflagen oder Weisungen zu entscheiden ist. Erfasst ist auch der Fall, dass sich der Verurteilte der Aufsicht und Leitung des BHelfers entzieht (I Nr. 2). Die **Sollvorschrift** ermöglicht es dem Gericht, aus schwerwiegenden Gründen (Düsseldorf VRS **73**, 50; **80**, 284; **84**, 345; **87**, 351) auf die Anhörung zu verzichten, zB wenn ein Auflagenverstoß neben einem Widerrufsgrund nach I Nr. 1 nicht ins Gewicht fällt und die Anhörung nach Sachlage keine weitere Aufklärung verspricht (KG JR **88**, 39). Jedoch ist die Anhörung **zwingend,** wenn sie weitere Aufklärung verspricht und schwerwiegende Umstände nicht entgegenstehen (Frankfurt/M NStZ-RR **96**, 92 [Anm. *Kropp* NStZ **98**, 536]; Düsseldorf NStZ **88**, 243; Karlsruhe StV **03**, 344; vgl. *Meyer-Goßner* 5 ff.; KK-*Fischer* 6 ff., jeweils zu § 453 StPO; zur Nachholung nach Rechtskraft vgl. Karlsruhe StV **03**, 343). Wurde rechtliches Gehör gewährt, so kann der Rechtsgrund für den Widerruf ausgetauscht werden (Düsseldorf MDR **83**, 68; zw.). Bei tatsächlich oder rechtlich schwieriger Sachlage ist die Beiordnung eines **Pflichtverteidigers** entspr. § 140 II S. 2 geboten (KG StV **07**, 96; vgl. dazu auch *Schütz* NStZ **85**, 21

347). Zur Unterrichtung des BHelfers nach **§ 453 I S. 4 StPO** vgl. 6 zu § 56 d. Der Widerruf ist auch gegen einen **Abwesenden,** zB gegen einen Verurteilten möglich, der **flüchtig** oder **unbekannten Aufenthaltsortes** ist (vgl. dazu *Katzenstein* StV **03**, 359 ff.).

21 a **Sicherungsmaßnahmen** nach § 453 c StPO darf das Gericht schon vor dem Widerrufsbeschluss treffen, wenn hinreichende Gründe einen Widerruf erwarten lassen; vor allem kann es nach § 112 II Nr. 1, 2 StPO oder wenn sonst bestimmte Tatsachen die Gefahr begründen, dass der Verurteilte erhebliche Straftaten begehen werde, Sicherungshaftbefehl erlassen (*Rieß* NJW **78**, 2272); das gilt auch, wenn sich der Verurteilte noch vor seiner förmlichen Entlassung (§§ 57, 57 a) der weiteren Strafvollstreckung entzogen und alsdann gegen Weisungen verstoßen hat (Hamburg MDR **77**, 512). Der Erlass eines Sicherungshaftbefehls ist unverhältnismäßig, wenn mildere Mittel ausreichen und nicht ausgeschöpft sind (vgl. Celle NStZ **04**, 627). Ist der Verurteilte **unerreichbar,** kann statt öffentlicher Zustellung des Widerrufsbeschlusses (so Hamburg StV **88**, 162 m. krit. Anm. *Burmann*) ein derartiger Haftbefehl erlassen werden. Jedoch müssen die Voraussetzungen des § 453 c erfüllt sein; ein Haftbefehl zur Erzwingung des rechtlichen Gehörs ist unzulässig (Bremen MDR **76**, 865; Celle MDR **76**, 948; Karlsruhe MDR **81**, 159; *Meyer-Goßner* 6; KMR-*Paulus* 27; KK-*Fischer* 11, jeweils zu § 453 StPO; **aA** Celle StV **87**, 30; Frankfurt StV **83**, 113; Hamburg NJW **76**, 1327; hier bis 49. Aufl.); das rechtliche Gehör ist dann ggf nach § 33 a StPO nachzuholen (vgl. *Katzenstein* StV **03**, 359, 362 f).

22 Gegen die **Ablehnung** des Widerrufs der Strafaussetzung steht der StA nach hM nur die **sofortige Beschwerde** und nicht die unbefristete einfache Beschwerde nach § 453 II S. 1 StPO zu (Hamm NStZ **88**, 291; Düsseldorf MDR **89**, 666; StV **03**, 344; Hamburg MDR **90**, 564; Saarbrücken MDR **92**, 505; Stuttgart NStZ **95**, 53 [krit. Anm. *Funck* NStZ **95**, 568]; Zweibrücken NStZ-RR **98**, 93; *Meyer-Goßner* 13; LR-*Wendisch* 30; HK-*Krehl* 6; jeweils zu § 453 StPO; **aA** Stuttgart MDR **94**, 195; Düsseldorf MDR **94**, 931; Köln NStZ **95**, 151; KMR-*Stöckel* 33, 40 zu § 453 StPO; vgl. dazu KK-*Fischer* 16 zu § 453 StPO).

23 Beschließt das Gericht **nach § 454 a StPO** die Strafrestaussetzung (§§ 57, 57 a) vor der Entlassung, so kann es, wenn auf Grund neuer Tatsachen eine schlechte Prognose gegeben ist, die Entscheidung bis zum Entlassungszeitpunkt wieder aufheben. Die Regeln über die **Wiederaufnahme** sind auf die Widerrufsentscheidung nicht anwendbar (Zweibrücken NStZ **97**, 55; Hamburg StV **00**, 568 [abl. Anm. Kunz]; LG Freiburg JR **79**, 161 [m. abl. Anm. *Peters*]; LG Hamburg NStZ **91**, 149 (m. krit. Anm. *Hohmann* NStZ **91**, 507); AG Lahn-Gießen MDR **80**, 594 [m. abl. Anm. *Groth*]; *Schmidt* SchlHA **63**, 109; *Gössel* JR **92**, 125; **aA** Oldenburg NJW **62**, 1169; Düsseldorf MDR **93**, 67; Karlsruhe Justiz **78**, 474; *Lackner/Kühl* 15; hier bis 51. Aufl.; vgl. dazu i. e. KK-StPO-*Fischer* 15 zu § 458 StPO).

Straferlass

56g **I Widerruft das Gericht die Strafaussetzung nicht, so erlässt es die Strafe nach Ablauf der Bewährungszeit. § 56 f Abs. 3 Satz 1 ist anzuwenden.**

II Das Gericht kann den Straferlass widerrufen, wenn der Verurteilte im räumlichen Geltungsbereich dieses Gesetzes wegen einer in der Bewährungszeit begangenen vorsätzlichen Straftat zu Freiheitsstrafe von mindestens sechs Monaten verurteilt wird. Der Widerruf ist nur innerhalb von einem Jahr nach Ablauf der Bewährungszeit und von sechs Monaten nach Rechtskraft der Verurteilung zulässig. § 56 f Abs. 1 Satz 2 und Abs. 3 gilt entsprechend.

1 **1) Straferlass (Abs. I).** Die Vorschrift (idF des 2. StrRG/EGStGB; II S. 3 idF des 23. StÄG) regelt in Abs. I den **Straferlass.** Das Gericht hat, wenn die Voraussetzungen für den Widerruf einer Strafaussetzung zur Bewährung nicht gegeben sind (vgl. Zweibrücken MDR **89**, 178), durch ausdrücklichen Beschluss nach § 453 StPO (der mit Rücksicht auf II mit sofortiger Beschwerde anfechtbar ist; Ber. BT-Drs. V/4094, 43; LK-*Gribbohm* 5; **aA** LG Frankfurt StV **82**, 118; es sei denn, er war vom OLG erlassen, BGH **32**, 365; vgl. § 304 IV S. 2 StPO) **nach Ablauf der Bewährungszeit** die Strafe zu erlassen. Sind noch Strafverfahren gegen den Verurteilten anhängig, ist die Entscheidung über den Straferlass zurückzustellen (NStZ **93**, 235; Düsseldorf VRS **89**, 365; 21. 4. 1997, 1 Ws 207/97; Hamm NStZ **98**, 479); jedoch darf die Entscheidung nicht ungebührlich in die

Länge gezogen werden (*Lackner/Kühl* 1); eine absolute Frist kann freilich nicht bestimmt werden. Die Strafe ist auch zu erlassen, wenn anstelle des Widerrufs eine Verlängerung der Bewährungszeit in Betracht kommt, aber wegen Erreichen des Höchstmaßes (§§ 56a I, 56f II S. 2) nicht mehr möglich ist (Celle StV **90**, 115; LG Zweibrücken MDR **94**, 1032). Kommt sowohl der Erlass einer zur Bewährung ausgesetzten Freiheitsstrafe wegen Ablaufs der Bewährungszeit als auch die Einbeziehung der Strafe in eine nachträglich zu bildende, nicht aussetzungsfähige Gesamtfreiheitsstrafe in Betracht, so hängt es unter Beachtung des Verhältnismäßigkeitsgrundsatzes (vgl. BVerfG NJW **91**, 558) von den Umständen des Einzelfalls ab, welchem Verfahren der Vorrang zukommt (NJW **91**, 2847). **§ 56f III S. 1 ist anzuwenden,** nicht jedoch § 56f III S. 2.

2) Widerruf des Erlasses (Abs. II). Das Gericht kann den Straferlass widerrufen, wenn der Verurteilte im räumlichen Geltungsbereich dieses Gesetzes (12 vor § 3) wegen einer **vorsätzlichen Straftat,** die er in der Bewährungszeit begangen hat, zu Freiheitsstrafe von mindestens 6 Monaten **rechtskräftig** verurteilt wird (Hamburg MDR **87**, 1046; Düsseldorf MDR **87**, 867; **92**, 506; Hamm NStZ **89**, 181); ob die Tat selbst im Inland begangen ist, ist gleichgültig. Da nach **II S. 3** § 56f I S. 2 entsprechend anwendbar ist, sind auch Straftaten, die der Verurteilte in der Zeit zwischen der Strafaussetzungsentscheidung und deren Rechtskraft begangen hat, erfasst; auch eine Verurteilung vor Rechtskraft des Straferlasses kommt in Betracht (LK-*Gribbohm* 8; SK-*Horn* 11). Für die Strafhöhe kommt es auf das verhängte Strafmaß an; eine Anrechnung nach § 51 ist ohne Bedeutung. Bei **Gesamtstrafe** muss mindestens eine Einzelstrafe diese Voraussetzungen erfüllen (LK-*Gribbohm* 9). Der Widerruf kommt nur in Betracht, wenn die Tat dem Gericht bei Ablauf der Bewährungszeit unbekannt oder nicht zur Überzeugung des Gerichts festgestellt war. Er liegt nahe, wenn das Gericht die Strafaussetzung widerrufen hätte, falls ihm die Tat bei Ablauf der Bewährungszeit bekannt gewesen wäre; freilich können neue Tatsachen zwischen der Verurteilung und der Widerrufsentscheidung einem Widerruf nach II entgegenstehen. Die Streitfrage, ob der Widerruf, wenn (auch) die normativen Voraussetzungen des § 56f I Nr. 1 gegeben sind, *obligatorisch* ist (*S/S-Stree* 10; SK-*Horn* 11), oder ob sie stets im **Ermessen** des Gerichts steht (*Lackner/Kühl* 2; LK-*Gribbohm* 12), hat angesichts der wenig klaren Unterscheidung zwischen Gesichtspunkten des Ermessens und des „Beurteilungsspielraums" kaum praktische Bedeutung. Ein Widerruf des rechtskräftigen(!) Erlasses bei Enttäuschung des Erwartens iS von § 56f I Nr. 1 *trotz* positiver Sozialprognose (vgl. BVerfG NStZ **94**, 558; 8 zu § 56f) wird eher fern liegen (zu widersprüchlichen Entscheidungen vgl. LG Neuruppin NStZ-RR **97**, 322). 2

3) Abs. II S. 2 setzt dem Widerruf **zeitliche Schranken:** Der Beschluss muss innerhalb von 1 Jahr nach Ablauf der Bewährungszeit und von 6 Monaten nach Rechtskraft des neuen Urteils ergehen; die Rechtskraft (§ 453 II StPO) kann später eintreten. Widerruft das Gericht, so bewirkt dies, dass auch die verhängte Freiheitsstrafe vollstreckt wird, ohne dass es eines gesonderten Ausspruchs über den Widerruf der Strafaussetzung bedarf (Düsseldorf [1. StS] MDR **87**, 865; Zweibrücken NStZ **95**, 206; LK-*Gribbohm* 6; **aA** Hamm NStZ **89**, 323; Düsseldorf [2. StS] MDR **92**, 506; *Lackner/Kühl* 4; *Jescheck/Weigend* § 79 I 10; vgl. auch *S/S-Stree* 11). Es gilt dann nach **II S. 3** § 56f III (nicht auch § 56f II; **aA** *S/S-Stree* 11) entsprechend (18 zu § 56f); auch im Übrigen sind die Wirkungen wie beim Widerruf der Aussetzung (21 zu 56f). 3

Aussetzung des Strafrestes bei zeitiger Freiheitsstrafe

57 **I Das Gericht setzt die Vollstreckung des Restes einer zeitigen Freiheitsstrafe zur Bewährung aus, wenn**

1. zwei Drittel der verhängten Strafe, mindestens jedoch zwei Monate, verbüßt sind,

2. dies unter Berücksichtigung des Sicherheitsinteresses der Allgemeinheit verantwortet werden kann, und
3. die verurteilte Person einwilligt.

Bei der Entscheidung sind insbesondere die Persönlichkeit der verurteilten Person, ihr Vorleben, die Umstände ihrer Tat, das Gewicht des bei einem Rückfall bedrohten Rechtsguts, das Verhalten der verurteilten Person im Vollzug, ihre Lebensverhältnisse und die Wirkungen zu berücksichtigen, die von der Aussetzung für sie zu erwarten sind.

II Schon nach Verbüßung der Hälfte einer zeitigen Freiheitsstrafe, mindestens jedoch von sechs Monaten, kann das Gericht die Vollstreckung des Restes zur Bewährung aussetzen, wenn

1. die verurteilte Person erstmals eine Freiheitsstrafe verbüßt und diese zwei Jahre nicht übersteigt oder
2. die Gesamtwürdigung von Tat, Persönlichkeit der verurteilten Person und ihrer Entwicklung während des Strafvollzugs ergibt, dass besondere Umstände vorliegen,

und die übrigen Voraussetzungen des Absatzes 1 erfüllt sind.

III Die §§ 56a bis 56e gelten entsprechend; die Bewährungszeit darf, auch wenn sie nachträglich verkürzt wird, die Dauer des Strafrestes nicht unterschreiten. Hat die verurteilte Person mindestens ein Jahr ihrer Strafe verbüßt, bevor deren Rest zur Bewährung ausgesetzt wird, unterstellt sie das Gericht in der Regel für die Dauer oder einen Teil der Bewährungszeit der Aufsicht und Leitung einer Bewährungshelferin oder eines Bewährungshelfers.

IV Soweit eine Freiheitsstrafe durch Anrechnung erledigt ist, gilt sie als verbüßte Strafe im Sinne der Absätze 1 bis 3.

V Die §§ 56f und 56g gelten entsprechend. Das Gericht widerruft die Strafaussetzung auch dann, wenn die verurteilte Person in der Zeit zwischen der Verurteilung und der Entscheidung über die Strafaussetzung eine Straftat begangen hat, die von dem Gericht bei der Entscheidung über die Strafaussetzung aus tatsächlichen Gründen nicht berücksichtigt werden konnte und die im Fall ihrer Berücksichtigung zur Versagung der Strafaussetzung geführt hätte; als Verurteilung gilt das Urteil, in dem die zugrunde liegenden tatsächlichen Feststellungen letztmals geprüft werden konnten.

VI Das Gericht kann davon absehen, die Vollstreckung des Restes einer zeitigen Freiheitsstrafe zur Bewährung auszusetzen, wenn die verurteilte Person unzureichende oder falsche Angaben über den Verbleib von Gegenständen macht, die dem Verfall unterliegen oder nur deshalb nicht unterliegen, weil der verletzten Person aus der Tat ein Anspruch der in § 73 Abs. 1 Satz 2 bezeichneten Art erwachsen ist.

VII Das Gericht kann Fristen von höchstens sechs Monaten festsetzen, vor deren Ablauf ein Antrag der verurteilten Person, den Strafrest zur Bewährung auszusetzen, unzulässig ist.

Übersicht

1) Allgemeines	1, 1a
2) Anwendungsbereich	2–4
3) Zwei-Drittel-Aussetzung (Abs. I)	5–20
4) Halbstrafen-Aussetzung (Abs. II)	21–30
5) Entscheidung des Gerichts	31–33b
6) *Absehen* von der Aussetzung (Abs. VI)	34, 34a
7) Sperrfrist bei Ablehnung (Abs. VII)	35
8) Anwendung der §§ 56a bis 56e (Abs. III)	36–40
9) Widerruf (Abs. V)	41–44
10) Erlass	45

1) Allgemeines. Die Vorschrift idF des 2. StrRG/EGStGB wurde in der Überschrift durch das 20. StÄG (1 zu § 57a), im Übrigen durch das 23. StÄG und in I Nr. 2 (nF) und I S. 2 durch Art. 1 Nr. 2 SexualdelBekG (1 zu § 66) geändert. Abs. III ist ergänzt, Abs. V eingefügt worden durch Art. 22 Nr. 3 des 2. JuMoG v. 22. 12. 2006 (BGBl I 3416; Mat.: BR-Drs. 550/06); die früheren Abs. V und VI wurden VI und VII. Durch das G zur Reform der Führungsaufsicht v. 13. 4. 2007 (BGBl I 513) wurde die Vorschrift ohne inhaltliche Änderung geschlechtsneutral formuliert. 1

Gesetzgebungsinitiativen: GesA Bayern (BR-Drs. 911/06): Einschränkung der Anwendung bei Freiheitsstrafen von mind. 4 Jahren wegen Sexual- oder Gewaltdelikten.

Statistisch ist die Vollverbüßung die Regel, die Reststrafenaussetzung die Ausnahme: ca. 30% Aussetzungen; Halbstrafenaussetzungen sind selten (unter 2%; vgl. Stat. BA, Fachserie 10, Reihe 4.2).

Literatur: *Bock*, Das Elend der klinischen Kriminalprognose, StV **07**, 269; *Bock/Schneider*, Die Bedeutung des Leugnens einer Straftat im Verfahren nach § 57 StGB, NStZ **03**, 337; *Bockwoldt*, Strafaussetzung u. Bewährungshilfe in Theorie und Praxis, 1982; *Böhm/Erhard* MSchrKrim **84**, 365; *dies.*, Strafrestaussetzung u. Legalbewährung. Ergebnisse einer Rückfalluntersuchung, 1988; *Böhm/K. H. Schäfer* (Hrsg.), Vollzugslockerungen, 2. Aufl. 1989; *Boetticher/Kröber/Müller-Isberner/Böhm/Müller-Metz/Wolf*, Mindestanforderunngen für Prognosegutachten, NStZ **06**, 537; *Dünkel* MSchrKrim **81**, 279; *Dünkel/Ganz* MSchrKrim **85**, 157; *Eisenberg/Ohder*, Aussetzung des Strafrests zur Bewährung, 1987; *Frisch* ZStW **102**, 707 [Grundfragen und Vollzugslockerungen]; *ders.*, InstKonfl. **12**, 1 [Aggressionstäter]; *Greger* JR **86**, 353; *Groß* StV **85**, 81; *ders.*, Reststrafenaussetzung von Ersatzfreiheitsstrafen?, StV **99**, 508; *Immel*, Die Einholung und Verwertung von Prognosegutachten gemäß § 454 II StPO, JR **07**, 183; *Katholnigg* NStZ **86**, 300; *Koepsel, Pollähne, Rüther* InstKonfl. **12**, 27, 41, 68 [Risiken bei Vollzugslockerungen]; *Laubenthal* JZ **88**, 951; *Lintz* PfälzOLG-FS 353; *Maatz* MDR **85**, 797; *Meynert* MDR **74**, 807; *Mittelbach* JR **56**, 165; *Mrozynski* JR **83**, 133; *Nedopil*, Prognosebegutachtungen bei zeitlich begrenzten Freiheitsstrafen – eine sinnvolle Lösung für problematische Fragestellungen?, NStZ **02**, 344; *Neubacher*, Strafrestaussetzung nach der neuen „Verantwortungs-Klausel", BewHi **99**, 209; *ders.*, Die Einholung eines Sachverständigengutachtens bei der Entscheidung über die Aussetzung eines Strafrestes (usw.), NStZ **01**, 449; *Rosenau*, Tendenzen u. Gründe der Reform des Sexualstrafrechts, StV **99**, 388; *H. W. Schmidt* SchlHA **61**, 154; *H. Schneider*, Die Verwandlung des § 57 StGB (usw.), StV **99**, 398 [zur Reform durch das SexualDelBekG]; *ders.*, Prognosevoraussetzungen u. Rückwirkungsverbot bei der Strafrestaussetzung zur Bewährung (usw.), BewHi **99**, 310; *Simson* ZStW **67**, 48; *Terhorst* MDR **73**, 627; *Ullenbruch* Vollstreckung u. erneute Aussetzung eines Strafrestes nach Bewährungswiderruf, NStZ **99**, 8; *Volckart*, Praxis der Kriminalprognose, 1997; *Walter/Geiter/Fischer*, Halbstrafenaussetzung ein ungenutztes Institut zur Verringerung des Freiheitsentzuges, 1988; *dies.*, Halbstrafenaussetzung – Einsatzmöglichkeiten dieses Instituts (usw.), NStZ **90**, 16; *Th. Wolf*, Die Nichtbeachtung des Zwei-Drittel-Zeitpunkts in der Vollstreckung des strafgerichtlichen Freiheitsentzugs, 1988. 1a

2) Anwendungsbereich. § 57 gilt für die Aussetzung des Strafrests bei **zeitiger Freiheitsstrafe** in (abgesehen von der Erstverbüßerregelung des II Nr. 1, unten 23) nach oben unbegrenzter Höhe, auch für **Gesamtfreiheitsstrafe.** Erneut aussetzungsfähig sind auch früher widerrufene **Strafreste** (Karlsruhe StV **03**, 348; vgl. unten 8). Für die Strafrestaussetzung von **Jugendstrafe** gilt **§ 88 JGG** (vgl. dazu aber LG Berlin NStZ **99**, 102 [m. Anm. *Schönberger*]); auch wenn Jugendstrafe nach den Vorschriften des Erwachsenenvollzugs vollzogen wird und die Vollstreckung gem. § 85 VI an die StA abgegeben wurde (Frankfurt NStZ-RR **99**, 91; Hamm StV **96**, 277; **01**, 184; Karlsruhe StV **07**, 12; *Böhm* JR **97**, 213; *Rzepka* StV **98**, 349; **aA** Düsseldorf MDR **92**, 1078; **93**, 171; StV **98**, 348; *Heinrich* NStZ **02**, 182, 184ff.). 2

A. Der Begriff der Freiheitsstrafe, der innerhalb des § 57 nach dem Sinngehalt der einzelnen Vorschriften auszulegen ist, umfasst in Abs. I S. 1 Nr. 1 **Ersatzfreiheitsstrafen nicht** (str.; offen gelassen in NJW **91**, 2030f.; BVerfG 2 BvR 204/06 v. 17. 2. 2006, Rdn. 13; wie hier Schleswig OLGSt. 23; Köln OLGSt. Nr. 7; Hamm [3. StS] MDR **77**, 422; u. [2. StS] wistra **98**, 274; KG GA **77**, 237; Stuttgart MDR **86**, 1043; Karlsruhe Die Justiz **78**, 146; **79**, 232; Celle JR **77**, 122 [m. abl. Anm. *Zipf*]; NStZ **98**, 534 [für Ersatzfreiheitsstrafe nach § 43a]; München NJW **77**, 309 L; Düsseldorf NJW **80**, 250; JMBlNW **86**, 262; Oldenburg MDR **88**, 1071; Bamberg NStE Nr. 43; NStZ-RR **98**, 380; Jena NStZ **99**, 317 [m. Anm. *Seebode*]; 3

Hamm [2. StS] StV **99**, 495; Oldenburg wistra **06**, 247; NStZ-RR **07**, 253; Zweibrücken StV **01**, 414 [unter Aufgabe früherer Rspr.]; *Lackner/Kühl* 1; LK-*Gribbohm* 5; LK-*Häger* 4 zu § 43; SK-*Horn* 3; *B/Weber/Mitsch* 34/18; vgl. KK-*Fischer* 4 zu § 454 b, 8 zu § 459 e StPO; **aA** Hamm [*4. StS*] MDR **76**, 159; Hamm [*1. StS*] StV **98**, 151; Koblenz MDR **77**, 423; NStZ **87**, 120; **95**, 254; Stuttgart NStZ **84**, 363 [m. Anm. *Ruß*]; Frankfurt StV **85**, 25; Düsseldorf [*1. StS*] NJW **77**, 308; StV **93**, 257; Oldenburg NStZ **98**, 271; *Jescheck/Weigend* § 73 III 2; *Weber,* Schröder-GedS 180; *Dölling* NStZ **81**, 86 u. ZStW **104**, 276; *Weigand* GA **92**, 357; *Ullenbruch* NStZ **99**, 8; *S/S-Stree* 4; *Streng* 104). **§§ 459 bis 459 i StPO** enthalten insoweit eine **abschließende Regelung** (für Regelung der Aussetzungsfähigkeit de lege ferenda *Groß* StV **99**, 508). Die praktische Bedeutung der Streitfrage ist recht gering, da 2 Monate der Ersatzfreiheitsstrafe nach I S. 1 Nr. 1 ohnehin zu verbüßen sind. Im Übrigen gilt § 459 f StPO; die **Unterbrechung** von Freiheits- und Ersatzfreiheitsstrafen (vgl. Hamm StV **98**, 151) zum Zwei-Drittel-Zeitpunkt zum Zweck gemeinsamer Entscheidung nach §§ 454, 459 f StPO ist zulässig (vgl. KK-*Fischer* 4 zu § 454 b StPO).

4 **B. Lebenslange Freiheitsstrafe.** § 57 gilt nicht bei **lebenslanger Freiheitsstrafe;** nach herrschender, jedoch zweifelhafter Ansicht auch dann nicht, wenn diese durch einen Gnadenakt der Exekutive in eine zeitige Freiheitsstrafe umgewandelt wurde (Hamm MDR **75**, 859 L; NStZ **89**, 267 [m. Anm. *Laubenthal* JR **89**, 434]; Düsseldorf MDR **84**, 599; LK-*Gribbohm* 5 zu § 57 a; **aA** SK-*Horn* 4 zu § 57 a; *Alex* NStZ **95**, 615; KK-*Fischer* 41 zu § 454 StPO). § 57 a soll daher für die Strafaussetzung auch maßgebend bleiben, wenn ein auf lebenslange Freiheitsstrafe lautendes DDR-Urteil nach dem Beitritt im Gnadenwege in eine zeitige Strafe umgewandelt worden ist (BrandbgOLG NStZ **95**, 408). Wurde hingegen das auf lebenslange Freiheitsstrafe lautende DDR-Urteil durch einen Amnestie-Beschluss des Staatsrates der DDR in eine zeitige Freiheitsstrafe umgewandelt, so ist für die Frage der Strafaussetzung die herabgesetzte Strafe, also § 57, maßgebend (Brandbg OLG NStZ **95**, 102; BVerfG NStZ **95**, 205 [m. Anm. *Alex* NStZ **95**, 615]; *Lackner/Kühl* 31 zu § 2; **aA** Rostock MDR **93**, 1099; BezG Potsdam NStZ **93**, 206 m. krit. Anm. *Alex*). Für den **Strafarrest** gelten die Einschränkungen des § 14 a WStG.

5 **3) Zwei-Drittel-Aussetzung (Abs. I).** Abs. I enthält die Voraussetzungen, die für eine **Zwei-Drittel**-Aussetzung vorliegen müssen; in diesem Fall ist die Strafrestaussetzung zwingend (unten 20).

6 **A. Bestimmung des Aussetzungstermins (I S. 1 Nr. 1).** Nach Abs. I S. 1 Nr. 1 müssen zwei Drittel der verhängten Strafe, mindestens jedoch 2 Monate verbüßt sein. Die Strafe muss daher 2 Monate übersteigen, doch braucht sie nicht mindestens 3 Monate zu betragen (vgl. Köln NJW **59**, 783; LG Bremerhaven MDR **75**, 241; str.).

7 **a)** Auf die **verhängte Strafe** kommt es an. Soweit sie durch **Anrechnung,** zB von UHaft oder anderer Freiheitsentziehung nach § 51 oder von Maßregelvollzug nach § 67 IV oder von Leistungen nach § 56 f III S. 2, auch iVm § 56 g II S. 3, oder von Therapiezeiten nach § 36 I, III BtMG **erledigt** ist, gilt sie nach IV als verbüßte Strafe iS I bis III (BGH **10**, 67).

8 Daraus folgt, dass sich die verurteilte Person zZ der Entscheidung **nicht in Strafhaft** befinden muss (Zweibrücken StV **91**, 430; Düsseldorf VRS **86**, 112). § 57 ist auch zu prüfen, wenn die Vollstreckung nach § 455 a StPO vorübergehend unterbrochen wurde (BGH **6**, 216; MDR **59**, 1022), oder wenn sich die verurteilte Person in anderer Sache in Strafhaft befindet (Bremen MDR **58**, 263). Der Anwendung von § 57 steht nicht entgegen, dass die Vollstreckung auf einem Widerruf nach § 56 f beruht; auch eine wiederholte Aussetzung des Strafrestes derselben Strafe ist möglich (Stuttgart MDR **83**, 150; Die Justiz **84**, 106; Frankfurt StV **83**, 71; Karlsruhe StV **03**, 348). Für eine Strafe, die nach der (maßgebenden) Strafzeitberechnung der Vollstreckungsbehörde als verbüßt gilt, kann nicht nachträglich

Strafaussetzung gewährt werden (Stuttgart MDR **85**, 160). Eine weitere Möglichkeit, unter den Voraussetzungen des § 57 I Nr. 2, 3 auch schon dann auszusetzen, wenn bei vorweggenommenem Vollzug freiheitsentziehender Maßregeln nach §§ 63, 64 erst die Hälfte der verhängten Strafe durch die Anrechnung nach § 67 IV erledigt ist, gibt § 67 V S. 1.

b) Gnadenweiser Erlass gilt, weil er nicht nach strafrechtlichen Maßstäben bewilligt wird, an die das Sanktionensystem anknüpfen könnte, nicht als verbüßte Strafe (Saarbrücken NJW **73**, 2037; Düsseldorf NJW **75**, 1526; Oldenburg MDR **84**, 772; *Schätzler* 20. 5. 3; **aA** Hamm NJW **70**, 2126; Hamburg NJW **70**, 2123; SK-*Horn* 4); ebenso wenig gnadenweise Anrechnung von Strafunterbrechungszeiten (Nürnberg MDR **75**, 949 L; Hamburg MDR **77**, 771). § 57 ist daher nicht anzuwenden, wenn die Strafe gnadenweise um ein Drittel oder die Hälfte herabgesetzt ist (Hamburg NJW **60**, 1535; Saarbrücken NJW **73**, 2073; str.; **aA** LK-*Gribbohm* 7; *S/S-Stree* 5; SK-*Horn* 4; *Streng* 99). Soweit die Freiheitsstrafe allerdings durch gnadenweise Anrechnung von Freiheitsentziehungen (zB von UHaft) erledigt ist, gilt sie nach IV als verbüßte Strafe (Hamburg MDR **70**, 781; **77**, 772; LK-*Gribbohm* 11; SK-*Horn* 6). Da IV auch auf Leistungen usw. anzuwenden ist, muss das auch bei gnadenweiser Anrechnung von Geldstrafe gelten (*Lackner/Kühl* 3). Hingegen ist im Fall einer Gesamtstrafe, von der im Hinblick auf den auslieferungsrechtlichen Spezialitätsgrundsatz (vgl. 22 vor § 3) nur ein Teil vollstreckbar ist, für die Berechnung des Zwei-Drittel-Zeitpunkts nur die vollstreckbare Teilfreiheitsstrafe maßgebend (München NStE Nr. 44; **aA** Düsseldorf JMBlNW **86**, 43; *S/S-Stree* 5). 9

c) Die **Unterbrechung** der Vollstreckung bei mehreren (nicht gesamtstrafenfähigen) nacheinander zu vollstreckenden Freiheitsstrafen regelt **§ 454 b StPO,** dessen I bestimmt, dass (zeitige und lebenslange) Freiheitsstrafen und Ersatzfreiheitsstrafen grundsätzlich unmittelbar nacheinander zu vollstrecken sind, was nicht ausschließt, die Vollstreckung in sachlich gebotenen Fällen zu unterbrechen (vgl. § 455 IV StPO, § 455 a StPO, §§ 45, 46 StVollstrO). In Ergänzung der §§ 57, 57 a sieht § 454 b II StPO **zwingend** die Unterbrechung der zunächst zu vollstreckenden Strafe (vgl. § 43 StVollstrO) vor, um sicherzustellen, dass die Entscheidungen nach den §§ 57, 57 a erst getroffen werden, wenn über die Aussetzung der Vollstreckung der Reste aller Strafen gleichzeitig entschieden werden kann (Entscheidungsreife nach § 454 b III StPO). Ist diese Entscheidungsreife für alle Strafreste gegeben, so wird über die Aussetzung gleichzeitig entschieden (vgl. KK-*Fischer* 24 zu § 454 b StPO; zur Anwendung beim Zusammentreffen von **Jugendstrafe** und Freiheitsstrafe vgl. Jena NStZ **05**, 167 f.). Diese Entscheidung kann nur einheitlich ergehen (*Greger* JR **86**, 357). Für eine ausdrückliche oder stillschweigende Zurückstellung der Entscheidung über die Aussetzung der Vollstreckung einzelner Strafreste ist kein Raum (Düsseldorf MDR **90**, 569), auch ist ein Antrag des Verurteilten auf eine vorzeitige Entscheidung unzulässig (Zweibrücken MDR **89**, 843; *Greger* JR **86**, 357). Das gilt auch für einen Antrag auf Aussetzung nach Halbverbüßung nach II Nr. 2 (Frankfurt/M NStZ-RR **97**, 95; *Lackner/Kühl* 33). Vgl. dazu die Kommentierungen zu § 454 b StPO. 10

d) Auch wenn auf eine **freiheitsentziehende Maßregel** der Besserung und Sicherung erkannt wurde, die Strafe aber vor der Maßregel vollzogen wird (sonst § 67 V), ist Aussetzung des Strafrestes zulässig, wenn feststeht, dass der Zweck der Maßregel auch die Unterbringung nicht mehr erfordert (§ 67 c I; Frankfurt NJW **80**, 2535; vgl. schon KG GA **56**, 155; JR **58**, 30; **62**, 227; Schleswig SchlHA **58**, 206; Stuttgart MDR **75**, 241; **aA** LK-*Gribbohm* 20); sonst wird die negative Prognose nach § 67 c I auch einer Aussetzung des Strafrestes entgegenstehen (vgl. KG GA **57**, 148). FAufsicht nach § 68 I steht der Aussetzung des Strafrestes nicht entgegen (dazu § 68 g mit Anm.). 11

B. Prognose (I S. 1 Nr. 2). Nach Abs. I S. 1 Nr. 2 ist eine **günstige Prognose** sachliche Voraussetzung der Aussetzung in allen Fällen (vgl. II letzter Satzteil) des § 57. Die Prognose ist sowohl von derjenigen des § 56 I als auch von derjenigen nach § 66 I Nr. 3 (dazu BVerfG NStZ-RR **03**, 282) verschieden. Anders als die in § 56 geforderte positive Prognose (krit. *Schall/Schreibauer* NJW **97**, 2416) stellt sie nicht darauf ab, ob der Verurteilte ohne (weiteren) Strafvollzug keine Straftaten mehr begehen werde; vielmehr ist eine **Abwägung** zwischen den zu erwartenden 12

Wirkungen des bereits erlittenen Vollzugs und den Sicherheitsinteressen der Allgemeinheit erforderlich (NStZ-RR **03**, 200, 201). Es kommt daher nicht auf isolierte Wahrscheinlichkeitsaussagen über mögliche neue Straftaten an; vielmehr sind je nach der Schwere möglicher neuer Taten ein **unterschiedliche Anforderungen** an die Wahrscheinlichkeit der Legalbewährung zu stellen (NStZ-RR **03**, 200 f.; vgl. BT-Drs. 13/7163, 7). Das erforderliche Maß an Erfolgswahrscheinlichkeit hängt daher vom bedrohten Rechtsgut ab (vgl. KG JR **70**, 428; NJW **73**, 1420; Karlsruhe Die Justiz **82**, 437 L; StV **93**, 260; NStZ-RR **05**, 172 [Sexualstraftaten]; Hamm StV **88**, 348); bei **besonders gefährlichen** vorausgegangenen Taten wird die Aussetzung weniger leicht zu verantworten sein (NStZ-RR **03**, 200, 201; Düsseldorf NJW **73**, 2255; Koblenz NJW **81**, 1522 L; OLGSt. 152; Saarbrücken NJW **99**, 439; Frankfurt NStZ-RR **99**, 346; *Hammerschlag/Schwarz* NStZ **98**, 323). Die Strafaussetzung darf aber nicht aus allein wegen der erheblichen Schuld des Täters oder wegen der besonderen Gefährlichkeit des begangenen Delikts versagt werden (BVerfG NJW **94**, 378; München StV **99**, 550; vgl. aber BVerfG NJW **95**, 713; Düsseldorf NStZ **99**, 478; JR **01**, 296 [Anm. *Götting*]; StV **03**, 679 [zu Abs. II; Anm. *Schüler-Springorum*]). Nach langer **Dauer des Vollzugs** nimmt die Bedeutung der Tat für die Prognoseentscheidung idR gegenüber Umständen ab, die Erkenntnisse über das Erreichen des Vollzugsziels (§ 2 StVollzG) vermitteln (BVerfG NStZ **00**, 109). Anders als in § 57 a (dort 7) spielen Gesichtspunkte der **Schuldschwere** (Hamm NJW **70**, 2124; **72**, 1583; OLGSt. 121; StV **88**, 348) und der **Generalprävention** keine Rolle als eigenständige, der Aussetzungsentscheidung zugrunde zu legende Gesichtspunkte (BVerfG NJW **94**, 378; Koblenz StV **98**, 389 mwN; **aA** [jedenfalls für Abs. II] Düsseldorf NStZ **99**, 478; StV **03**, 679 [m. Anm. *Schüler-Springorum*]); eine negative Prognose kann daher nicht unmittelbar auf die Schwere der Schuld gestützt (BVerfG aaO) und die Verteidigung der Rechtsordnung nicht als selbstständiger Gesichtspunkt einer im Übrigen *positiven* Prognose entgegen gestellt werden. Eine innerprozessuale Bindungswirkung früherer Prognosen (etwa der Ablehnung der Anordnung von Sicherungsverwahrung im Ausgangsverfahren) besteht nicht (vgl. BVerfG NStZ-RR **03**, 282 f.).

13 **a)** Durch die Neufassung der Nr. 2 durch Art. 1 Nr. 2 SexualDelBekG (vgl. 1 zu § 66) sind die **Kriterien,** die für die Erfolgswahrscheinlichkeit einer Aussetzung ausschlaggebend sind (vgl. Hamm NStZ **98**, 376), **substanziell nicht geändert** worden; dies wäre mit der Natur der erforderlichen Prognose-Entscheidung auch nicht vereinbar. In den Materialien ist daher nur von einer „Klarstellung" die Rede (Drs. 13/7163, 7; Hamm NStZ **98**, 376; Frankfurt StV **98**, 500 f.; NStZ-RR **99**, 346; KG NJW **99**, 1797; vgl. krit. hierzu *Schall/Schreibauer* NJW **97**, 2416; *Hammerschlag/Schwarz* NStZ **98**, 323; *Rosenau* StV **99**, 388, 394 f.; *Schneider* StV **99**, 398 ff.); dies ist vom BVerfG im Hinblick *darauf,* dass bei besonders gefährlichen Taten schon *vor* Neufassung von Nr. 2 eine erhöhte Wahrscheinlichkeit künftiger Straffreiheit zu verlangen war, für verfassungsrechtlich unbedenklich gehalten worden (NStZ **00**, 109, 110; and. *Schneider* BewHi **99**, 310 [Bespr. von Hamm StV **99**, 216]). Die Klausel von der Verantwortbarkeit der Vollstreckungsaussetzung „unter Berücksichtigung des Sicherheitsinteresses der Allgemeinheit" (I S. 1 Nr. 2 nF; krit. dazu *Feuerhelm* NStZ **99**, 270 f.) schließt daher ebenso wie schon vorher die von der Verantwortbarkeit der Erprobung (I S. 1 Nr. 2 aF) ein vertretbares **Restrisiko** ein (BVerfG NJW **98**, 2202 [m. abl. Anm. *Th. Wolf* NStZ **98**, 590]; KG NJW **99**, 1797; Hamm NJW **99**, 2453 f.; Köln StV **01**, 30; vgl. schon Hamm StV **98**, 501, 502; **aA** Koblenz NJW **99**, 734; Saarbrücken NJW **99**, 438; 439; vgl. auch BVerfGE **70**, 313; 6 zu § 67 d). Die Formel, bei Vorliegen von **Zweifeln** komme dem Sicherheitsinteresse der Allgemeinheit Vorrang vor dem Resozialisierungsinteresse zu (Saarbrücken aaO; dazu *Schneider* JZ **98**, 436, 439; *Schöch* NJW **98**, 1257), ist daher insoweit missverständlich, als die Aussetzung nicht etwa eine *zweifelsfreie* Sicherheit zukünftiger Straffreiheit voraussetzt. Ein **Vorrang** des Resozialisierungsinteresses gegenüber dem Sicherheitsinteresse (*Schall/Schreibauer* NJW **97**, 2414, 2416; *Schöch* NJW **98**, 1257 f.; *Schneider* JZ **98**, 436, 440) lässt sich umgekehrt dem Gesetz nicht mehr entnehmen.

14 **b)** Eine positive Entscheidung setzt **keine Gewissheit** künftiger Straffreiheit voraus, es genügt das Bestehen einer **nahe liegenden Chance** für ein positives Ergebnis (Düsseldorf NStZ **88**, 272; StV **97**, 91; Karlsruhe StV **93**, 260); aus der

Streichung der früheren *Erprobungsklausel* kann nicht geschlossen werden, es sei eine wesentlich höhere Wahrscheinlichkeit der Legalbewährung erforderlich (wie hier Frankfurt NStZ **98**, 639; Hamm NJW **99**, 2454; KG NJW **99**, 1797; Bamberg NJW **98**, 3508; Stuttgart StV **98**, 668 [Anm. *Schüler-Springorum*]; *Rosenau* StV **99**, 388; *Lackner/Kühl* 7; vgl. auch *Boetticher* MschrKrim **98**, 354, 363; *Rotthaus* NStZ **98**, 597, 599; *Streng* ZStW **111**, 827, 834; **aA** Koblenz NJW **99**, 734f. [krit. Anm. *Feuerhelm* NStZ **99**, 270]). (Düsseldorf StV **95**, 32). Verbüßt der Verurteilte **erstmals** eine Freiheitsstrafe, so spricht eine **Vermutung** dafür, dass der Vollzug seine Wirkung nicht verfehlt hat und dies der Regelung neuer Straftaten entgegenwirkt; diese Vermutung kann aber durch negative Umstände im Einzelfall **widerlegt** (vgl. Schleswig SchlHA **83**, 83 [Straftaten während Hafturlaub]; Zweibrücken StV **86**, 113 [dazu *Kreuzer* StV **86**, 129]; KG BA **01**, 60 [Vollzug nach Bewährungsbruch; mehrfache Vorahndung wegen Alkoholdelikten; Rückkehr vom Ausgang in alkoholisiertem Zustand]; KG NStZ-RR **06**, 354 [Bewährungsbruch]; Karlsruhe StV **07**, 12, 13 [Heranwachsender nach 7 Jahren Erstverbüßung]) und durch die Art der abgeurteilten Tat **eingeschränkt** werden (vgl. KG NStZ **07**, 472 [BtM-Handel]). Allein aus dem Umstand, dass der erstmaligen Strafverbüßung ein Bewährungsbruch vorausgegangen ist, folgt aber nicht generell ein strengerer Beurteilungsmaßstab (NStZ-RR **03**, 200f.). Eine Sachentscheidung nach I S. 1 Nr. 2 ist nicht möglich, wenn einer Erprobung außerhalb des Strafvollzuges ein zu erwartender Anschlussvollzug einer mehrjährigen Freiheitsstrafe im Wege steht (Karlsruhe NStZ **88**, 73). Bei Ausländern darf die Aussetzung nicht vom Vorliegen einer rechtskräftigen Ausweisungsverfügung abhängig gemacht werden (Braunschweig StV **83**, 338; vgl. auch Bamberg NStZ-RR **97**, 3; BVerfG StV **03**, 677, 678). In den Fällen des § 454 II StPO ist regelmäßig ein **Sachverständiger** beizuziehen (vgl. Zweibrücken NJW **99**, 1124; zu Ausnahmen vgl. unten 33; zu Anforderungen an Prognosegutachten *Boetticher u. a.* NStZ **06**, 537ff.; krit. *Bock* StV **07**, 269ff.). Die Grundlagen der Prognoseentscheidung sind vom Gericht selbstständig zu bewerten (BVerfG StV **99**, 548, 549).

c) Nach **Abs. I S. 2** sind bei der **Gesamtwürdigung** Umstände zu berück- **15**
sichtigen, die auch § 56 I S. 2 nennt (6ff. zu § 56, zur Frage der Überzeugungsbildung und des *Zweifelssatzes* vgl. 5 zu § 56; Düsseldorf VRS **86**, 113). Anstelle des Verhaltens nach der Tat, das aber auch hier von Bedeutung sein kann, nennt I S. 2 das **Verhalten im Vollzug** (vgl. StV **03**, 678; Hamm MDR **74**, 1038; StV **98**, 502). Welchen Umständen insoweit Gewicht beizumessen ist, bestimmt sich nach dem Einzelfall; eine schematische Gleichsetzung von **„Unauffälligkeit"** im Vollzug mit einer positiven Prognose wäre verfehlt. Klagloses Verhalten ist etwa bei rückfälligen Alkoholtätern (Hamm BA **81**, 109) nicht stets ein nur positiver Faktor (vgl. KG NJW **72**, 2228); Täter mit hoher innerer Starrheit und problematischem Verhältnis zwischen Selbstbild und Realität ihrer Taten und Tatantriebe (zB Sexualstraftäter) zeichnen sich oft durch *überangepasstes* Verhalten im Vollzug aus; das kann eine eher negative Prognose nahe legen. Andererseits sind Schwierigkeiten im Vollzug, etwa mangelnde Mitarbeit (Düsseldorf StV **86**, 346; Hamm GA **89**, 36), auch geringfügige Straftaten (zB §§ 185, 303), nicht stets nur ein negativer Faktor (LK-*Gribbohm* 19; vgl. aber LG Hamburg NStZ **92**, 455 L); idR aber wohl nachhaltig querulatorisches Verhalten unter wiederholter Aufstellung falscher Behauptungen über angebliche Beschwernisse; ebenso aktive Beteiligung am Aufbau subkultureller Strukturen, namentlich wenn diese auf Belohnungs- oder Einschüchterungs-Systemen beruhen; Fortführung krimineller Aktivitäten aus dem Vollzug heraus; Anstreben ungerechtfertigter Vergünstigungen oder Besserstellungen durch unredliche Verhaltensweisen; rücksichtslose Durchsetzung eigener Interessen gegenüber schwächeren Gefangenen. Wenn der Verurteilte erstmals eine Freiheitsstrafe verbüßt und sein Verhalten während des Vollzugs keinen Anlass zu gewichtigen Beanstandungen gibt, kann im Regelfall davon ausgegangen werden, dass es verantwortbar ist, den Strafrest auszusetzen (StV **03**, 678). Bei Prognosen nach **§ 88 JGG** sind ggf. auch

Reifeverzögerungen zur Tatzeit sowie Stabilisierungen der Persönlichkeit während des Vollzugs zu berücksichtigen (vgl. Karlsruhe StV **07**, 12, 13f.).

16 Im Zusammenhang mit Art, Häufigkeit und Schwere früherer Straftaten können auch die in Freiheit zu erwartenden **Lebensumstände** der verurteilten Person von Bedeutung sein (vgl. Düsseldorf StV **97**, 91). So kann der Aussetzung einer wegen Konflikttaten teilverbüßten Strafe der Umstand entgegenstehen, dass der Konflikt fortbesteht (Koblenz NStZ **99**, 734f.). Eine Ablehnung kann aber nicht *allein* darauf gestützt werden, dass die zu erwartende Lebenssituation als abgelehnter Asylbewerber ungünstig sei, wenn diese Erwägung sich nicht auf *konkrete* Umstände, sondern nur auf die im Allgemeinen kriminogene Wirkung schlechter Lebensverhältnisse stützt (Hamm StV **01**, 304). Dass die verurteilte Person mit ihrer **Abschiebung** rechnen muss, ist kein Umstand, der schon für sich einer günstigen Prognose entgegensteht (Stuttgart StV **03**, 677; StraFo **04**, 326); Strafhaft darf nicht – etwa durch eine regelmäßige Vermutung der Gefahr des Untertauchens – in unzulässiger Weise zur Abschiebehaft umfunktioniert werden (BVerfG StV **03**, 677, 678).

17 Zum Nachteil des Verurteilten darf bei der Entscheidung nach § 57 nicht gewertet werden, dass ihm *ohne zureichenden Grund* keine **Vollzugslockerungen** gewährt wurden (BVerfG NJW **00**, 502; StV **03**, 677; vgl. auch NJW **98**, 2202; Köln StV **91**, 568; *Volckart* [1 a zu § 56] 28). Hieraus ergibt sich aber nicht, dass das Vollstreckungsgericht, wenn bis zum Zeitpunkt seiner Entscheidung eine hinreichende Entlassungsvorbereitung nicht stattgefunden hat, ein (unterbliebenes) Verfahren nach §§ 109ff. StVollzG im Rahmen des § 454a StPO quasi ersetzen und die Vollzugsbehörden durch eine „Vorabentscheidung" über die Aussetzung zur Gewährung der erforderlichen Lockerungen anhalten darf (Frankfurt NStZ **01**, 311; vgl. dazu auch *Wolf* NStZ **98**, 591). Erst recht rechtfertigt eine *fehlerhafte* Lockerungsverweigerung nicht schon für sich die (fiktive) Annahme einer positiven Prognose (Jena NStZ-RR **06**, 354). Eine Rolle spielen Ergebnisse **sozialtherapeutischer Behandlung** (dazu *Eisenberg* ZStW **86**, 1042), deren Bedeutung das SexualDelBekG in § 56c III Nr. 1 sowie in §§ 6 II, 7 IV, §§ 9, 199 III StVollzG hervorgehoben hat (krit. zu überzogenen Erwartungen *Jäger* ZRP **01**, 28; zu Ergebnissen und Erfahrungen vgl. *Schüler-Springorum* GA **03**, 575).

17a Die Vereitelung oder Erschwerung der **Schadenswiedergutmachung** noch während des Strafvollzugs lässt unabhängig von V (unten 34) auf eine schlechte Prognose schließen (Hamburg NStZ **88**, 274 [m. Anm. *Geiter/Walter* StV **89**, 212]; Karlsruhe MDR **78**, 71 L; Hamm NStZ-RR **96**, 383; vgl. auch *Sturm* MDR **77**, 618). Einer positiven Prognose steht das **Leugnen der Tat** grds nicht entgegen (BVerfG NJW **98**, 2202; Saarbrücken NJW **99**, 438; Koblenz NStZ-RR **98**, 9; Frankfurt NStZ-RR **99**, 346; Hamm StV **97**, 92; **88**, 348), wenn es nicht ein erhebliches Defizit an Realitätseinschätzung offenbart (Hamm GA **89**, 36; **and.** aber Koblenz 2 Ws 234/02; 2 Ws 416/02; 2 Ws 632/02; dazu krit. Bespr. *Bock/Schneider* NStZ **03**, 337); mit derselben Einschränkung auch nicht der Umstand, dass der Verurteilte ein Wiederaufnahmeverfahren anstrebt (Hamm StV **88**, 348). Auch UHaft in **anderer Sache** steht nicht stets entgegen (Hamm JMBlNW **73**, 68; Bremen StV **84**, 384; zur Strafrestaussetzung bei **Überhaft** vgl. *Kölbel* StV **98**, 236); umgekehrt kann der Umstand, dass ein **weiteres Strafverfahren** anhängig ist, ohne Verstoß gegen die Unschuldsvermutung verwertet werden; denn Zweifel am Vorliegen einer positiven Prognose gehen zu Lasten des Verurteilten (Hamm NStZ **04**, 685; KG NStZ **07**, 472f. [neue nicht rechtskräftige Verurteilung]). Eine Verwertung des **dringenden Verdachts**, der Verurteilte habe während einer Entweichung erhebliche neue Straftaten begangen, setzt eine rechtskräftige Verurteilung nicht voraus (zutr. Hamm NStZ-RR **05**, 154; Frankfurt NStZ-RR **05**, 248). Die Versagung der Strafaussetzung kann nach Frankfurt NStZ-RR **05**, 248, 249 ohne Verstoß gegen die Unschuldsvermutung auch auf einen Sachverhalt gestützt werden, der Gegenstand eines zum Freispruch führenden Strafverfahrens war. Ein **Entweichen** aus dem Vollzug steht einer positiven Prognose nicht zwingend entgegen (vgl. München StV **86**, 25); auch nicht der Umstand, dass der Verurteilte schon einmal bewährungsbrüchig wurde (Braunschweig StV **92**, 588).

Die **Entscheidung** darf den Urteilsfeststellungen nicht widersprechen (Braunschweig StV **83**, 338). Eine Bindung an prognostische *Wertungen* des Urteils (insb. zur Versagung einer Aussetzung nach § 56) besteht nach der Natur der Sache nicht; die damals festgestellten Tatsachen sind freilich zusammen mit den neuen Tatsachen zu berücksichtigen. Ob das Gericht berechtigt und verpflichtet ist zu prüfen, ob der Verurteilte weitere, noch nicht abgeurteilte Straftaten begangen hat (vgl. Hamm NStZ **92**, 350; Düsseldorf StV **92**, 287; ebenso Karlsruhe NStZ-RR **97**, 87 [zu § 36 I S. 3 BtMG]), ist entspr. den Grundsätzen zu § 56f zu beurteilen (vgl. dort 5ff.). **18**

C. Einwilligung der verurteilten Person (I S. 1 Nr. 3). Die Aussetzung setzt die Einwilligung des Verurteilten voraus, die Maßnahme kann ihm nicht aufgezwungen werden (hM; **aA** *Laubenthal* JZ **88**, 951). Das ist *zweifelhaft*, denn wenn kein rechtsstaatlicher Strafzweck mehr besteht, kann es kein *Recht* des Verurteilten auf Haft geben. **19**

Wenn der Verurteilte zweifelsfrei und ausdrücklich erklärt, er sei einer mit einer Aussetzung nicht einverstanden, so ist nach wohl **hM** ein förmlicher Gerichtsbeschluss über die Nichtaussetzung nicht erforderlich; vielmehr genügt in Fällen eindeutiger Erklärung des Gefangenen gegenüber dem Gericht, er willige nicht ein (30% der Fälle; vgl. *Laubenthal* JZ **88**, 951f.; *Arnoldi* NStZ **01**, 503; jew. mwN), ein entsprechender **Aktenvermerk** (Celle NJW **72**, 2054; Hamburg MDR **79**, 516; Düsseldorf NStZ **94**, 454; Zweibrücken NStZ-RR **01**, 311; LG Zweibrücken MDR **91**, 173; *Meyer-Goßner* 39; LR-*Wendisch* 47; KK-*Fischer* 26, jew. zu § 454 StPO; SK-*Horn* 8; *Treptow* NJW **76**, 222; **aA** Hamm NJW **73**, 337; Zweibrücken MDR **74**, 329; Düsseldorf NJW **93**, 1665; KG JR **73**, 120; **94**, 372; Rostock NStZ **01**, 278 [abl. Anm. *Arnoldi* NStZ **01**, 503]; *Laubenthal* aaO [oben 1a] 955; LK-*Gribbohm* 77, 80); anders ist es, wenn am Vorliegen oder der Wirksamkeit einer solchen Erklärung Zweifel bestehen. Eine formlose Mitteilung des Vermerks an den Verurteilten mit dem Hinweis, dass die Einwilligung jederzeit erteilt werden kann (vgl. Zweibrücken NStZ-RR **01**, 311), ist aber geboten. Die Einwilligung muss noch vorliegen, wenn der Beschluss nach § 454 StPO rechtskräftig wird (Celle NJW **56**, 1608; Düsseldorf MDR **95**, 304). Bis zu diesem Zeitpunkt kann sie zurückgenommen werden (Koblenz GA **77**, 374, MDR **81**, 425; später nicht mehr, LK-*Gribbohm* 24; *S/S-Stree* 18; **aA** AG Schwäbisch-Hall Rpfleger **72**, 313 mit Anm. *Pohlmann*). Eine zunächst verweigerte Einwilligung in die Aussetzung kann noch im Beschwerdeverfahren erklärt werden (Karlsruhe MDR **77**, 333; Die Justiz **80**, 91 L; Stuttgart MDR **90**, 857). Die **mündliche Anhörung** der verurteilten Person (§ 454 I S. 3 StPO) kann in den Fällen des § 454 I S. 4 StPO entfallen; darüber hinaus, wenn eine Beeinflussung der Entscheidung von vornherein ausgeschlossen erscheint, etwa wenn der Verurteilte ausdrücklich erklärt, er wolle nicht angehört werden (NStZ **95**, 610; NJW **00**, 1663; Düsseldorf NStZ **87**, 524; **88**, 95; 243; Hamm MDR **75**, 775; **78**, 692; LR-*Wendisch* 47; KMR-*Stöckel* 58; *Meyer-Goßner* 30; KK-*Fischer* 26ff. [jew. zu § 454 StPO]). **19a**

D. Entscheidung des Gerichts. Das Gericht ist **zur Aussetzung verpflichtet,** wenn die Voraussetzungen des I gegeben sind (Zweibrücken MDR **74**, 329); auch dann, wenn eine Maßnahme nach § 456a StPO durchgeführt (Karlsruhe NStE Nr. 53; Düsseldorf StV **96**, 328 L) oder wenn die Vollstreckung nach § 455a StPO unterbrochen wurde (KG NStZ **83**, 334). **20**

4) Halbstrafen-Aussetzung (Abs. II). Nach Abs. II kann die Aussetzung der Vollstreckung des Strafrests schon nach **Verbüßung der Hälfte** einer zeitigen Freiheitsstrafe angeordnet werden. Die **Mindestverbüßungszeit** beträgt jedoch nicht 2, sondern **6 Monate.** Die Mindestverbüßungszeit beinhaltet keine Anwendungsbeschränkung auf Strafen von mindestens 1 Jahr, jedoch erlangt II seine Bedeutung schon im Hinblick auf I nur bei Freiheitsstrafen von mehr als 9 Monaten (Bamberg **21**

NStE Nr. 51; SK-*Horn* 15). In der **Praxis** hat die Aussetzung nach II Ausnahmecharakter; der Anteil von Halbstrafenaussetzungen beträgt nur etwa 1,5%. Die **Voraussetzungen** der Halbstrafenaussetzung, die im Unterschied zur Zwei-Drittel-Aussetzung nach I im pflichtgemäßen **Ermessen** des Gerichts steht, sind in **Nr. 1** (Aussetzung von Strafen bis 2 Jahre bei Erstverbüßern) und **Nr. 2** (Aussetzung beliebig hoher Strafen bei Vorliegen besonderer Umstände) unterschiedlich geregelt. In beiden Fällen müssen „die **übrigen Voraussetzungen**" des Abs. I erfüllt sein; dieser HS kann sich in beiden Fällen nur auf Abs. I S. 1 Nr. 2 und Nr. 3, S. 2 beziehen (vgl. dazu oben).

22 **A. Halbstrafen-Aussetzung bei Erstverbüßung (II Nr. 1).** Nach Abs. II Nr. 1 kann das Gericht bei einem **Erstverbüßer** mit **positiver Sozialprognose** nach 6 monatiger Verbüßung die Vollstreckung mit seiner Einwilligung aussetzen. Bei der Entscheidung zu berücksichtigen sind auch generalpräventive Gründe, die schon maßgebend dafür waren, nicht von der Vollstreckung nach § 56 abzusehen (BGH NStZ **88**, 495; Karlsruhe MDR **88**, 879; KG NStZ **07**, 472 [BtM-Handel]; **aA** Düsseldorf StV **89**, 213; Zweibrücken OLGSt. 24; *Lintz* aaO [oben 1 a] 361; SK-*Horn* 18); die Versagung der Aussetzung nach § 56 III schließt aber eine Halbstrafenaussetzung nach II nicht grundsätzlich aus (Hamburg StV **90**, 414). Wie weit eine positive Prognose im Wege einer „vollstreckungsrechtlichen Gesamtwürdigung" hinter andere Gesichtspunkte, namentlich Schuldausgleich, Prävention und generalpräventive Erwägungen, zurücktreten kann, ist str. (vgl. etwa Düsseldorf NStZ **99**, 478 f.; StV **03**, 679 [Anm. *Schüler-Springorum*]); nach BVerfG NJW **95**, 713 (and. wohl noch NStZ **94**, 53) gebietet eine günstige Prognose *nicht zwingend* die Strafaussetzung, wenn andere Strafzwecke den weiteren Vollzug der Strafe erfordern.

23 **a)** Der Verurteilte muss **erstmals** eine Freiheitsstrafe **verbüßen.** Der Begriff der **Freiheitsstrafe** ist nicht ieS des § 38 (vgl. dort 1), sondern hier teils weiter, teils enger auszulegen als sonst in § 57. Im Hinblick auf die Zielsetzung kommt auch vollstreckte **Jugendstrafe** in Betracht (Stuttgart MDR **88**, 251 [m. krit. Anm. *Eisenberg* JZ **87**, 1086]; Karlsruhe NStZ **89**, 324); entgegen der Begr. (BT-Drs. 10/2720, 11; ebenso *Eisenberg* NStZ **87**, 169) im Hinblick auf die eindeutige Regelung des § 14 a II WStG aber auch **Strafarrest** (SK-*Horn* 16 a; LK-*Gribbohm* 33; **aA** *Lackner/Kühl* 15; *Maatz* MDR **85**, 799). Die Verbüßung von Freiheitsstrafe in der ehem. DDR wegen Taten, die auch in der BRep. zur strafrechtlichen Ahndung geführt hätten, steht der Anwendung von II entgegen (Zweibrücken MDR **92**, 175). **Nicht** in Betracht kommt **Ersatzfreiheitsstrafe,** da ihre Einbeziehung auch in II Nr. 1 für den mittellosen Verurteilten eine Härte bedeuten würde (*Lackner/Kühl* 15 mwN; Begr. aaO; Zweibrücken MDR **88**, 984; Stuttgart StV **94**, 250; **aA** Karlsruhe Die Justiz **87**, 319; Stuttgart Die Justiz **88**, 376; NStZ **88**, 128; JZ **87**, 185; SK-*Horn* 16).

24 Umstritten ist die Frage, ob auch **angerechneter Freiheitsentzug,** insb. die **UHaft,** als „Verbüßung" iS von II Nr. 1 gilt und daher einer *Erst*-Verbüßung der dann (in derselben oder einer anderen Sache) vollzogenen Freiheitsstrafe entgegensteht. Die dies bejahende Ansicht (Karlsruhe StV **90**, 119 [krit. Anm. *Groß*]; *Greger* JR **86**, 356) kann sich nicht auf den Wortlaut des Abs. IV stützen, der nur die „verbüßte" Strafe und damit die in Abs. I bis III genannte vergangene (Mindest-)Verbüßungszeit betrifft. Systematisch steht dieser Ansicht schon entgegen, dass sie zu einem Ausschluss der Halbstrafen-Aussetzung in allen Fällen vorheriger UHaft führen muss, obgleich deren Voraussetzungen idR nicht in Zusammenhang mit Kriterien des § 57 stehen. Kriminologisch widerspricht die genannte Ansicht dem II Nr. 1 zugrunde liegenden Gedanken, dass gerade die erstmalige **Verbüßung** rechtskräftig verhängten Freiheitsentzugs idR einen besonders nachhaltigen und spezialpräventiv wirksamen Eindruck auf den Verurteilten macht. Das ist bei der UHaft (oder gar: bei in früherem Verfahren zu Unrecht erlittener UHaft) schon von deren Zweckrichtung her nicht der Fall; Abs. II Nr. 1 stellt nicht auf eine

bloße „Gewöhnung" an die Vollzugsgegebenheiten ab. **Zutr.** ist daher die **Gegenansicht,** wonach angerechnete UHaft, auch im Ausland erlittene, nicht als „Erstverbüßung" anzusehen ist (so Stuttgart NStZ **90**, 103; Düsseldorf NStZ-RR **96**, 186; Zweibrücken StV **98**, 670; Braunschweig NStZ **99**, 532 [*jedenfalls* bei kurzer UHaft]; *Maatz* MDR **85**, 800; *Volckart* BewH **91**, 84; *Lackner/Kühl* 15; *S/S-Stree* 23 a; LK-*Gribbohm* 38 f.; SK-*Horn* 16 a).

25 Bei Vollstreckung **mehrerer** Strafen im Wege der **Anschlussvollstreckung** (§ 43 II StVollstrO) kommt es für die Frage der Erstverbüßung nach hM darauf an, ob der Verurteilte sich insgesamt **erstmals im Vollzug** von Freiheitsstrafe befindet (Celle StV **90**, 271; Düsseldorf StV **89**, 215, MDR **89**, 92; RPfleger **99**, 147 f.; Hamburg StV **90**, 271; Karlsruhe NStZ **89**, 324; Köln NStZ-RR **07**, 251 [unter Aufgabe früherer gegenteiliger Rspr]; München MDR **88**, 601; Nürnberg NStE Nr. 32; Oldenburg NStE Nr. 12 u. NStZ **87**, 174 [m. Anm. *Maatz* StV **87**, 71]; Stuttgart NStZ **88**, 128 [m. Anm. *Maatz* NStZ **88**, 114]; StV **94**, 251; NStZ **00**, 593; Zweibrücken NStZ **86**, 572 [m. krit. Anm. *Greger*]; *S/S-Stree* 23 a; SK-*Horn* 16 a; KMR-*Paulus* 26 zu § 454 b; vgl. auch KK-*Fischer* 10 ff. zu § 454 b StPO). Nach der **Gegenansicht** ist nur hinsichtlich der Reihenfolge der Vollstreckung an **erster Stelle** stehenden Strafe Erstverbüßung gegeben (Hamm GA **87**, 268; *Greger* JR **86**, 356 und NStZ **86**, 573; *Lackner/Kühl* 16; LK-*Gribbohm* 37; *Meyer-Goßner* 2 zu § 454 b); im Hinblick auf den Wortlaut („*eine* Freiheitsstrafe") bleibt es danach bei der Selbständigkeit der Strafen. Diese Ansicht beachtet den **Zweck** der Vorschrift nicht hinreichend, denn es geht nicht um die **formelle** Frage, ob *eine* Freiheitsstrafe oder *mehrere hintereinander* zu vollstrecken sind, sondern um die **prognostische** Frage, ob der erstmalige Vollzug *(„verbüßt")* den Verurteilten in einer Weise beeindruckt, die eine Halbstrafenaussetzung rechtfertigen kann (vgl. KK-*Fischer* 12 zu § 454 b StPO); dass verfahrensrechtliche *Zufälligkeiten* (**zB** der Eintritt einer Zäsurwirkung nach § 55; vgl. *Lackner/Kühl* 16) sich für die Festsetzung einer Gesamtstrafe oder einer selbstständigen Anschlussstrafe ausgewirkt haben können, steht dem nicht entgegen; auch nicht, dass der Betroffene sich durch die erste **Verurteilung** nicht hat beeindrucken lassen (München GA **88**, 505; *Maatz* StV **87**, 71; *S/S-Stree* 23 a; LR-*Wendisch* 20 zu § 454 b StPO; **aA** Hamm GA **87**, 268).

25 a Der **Wortlaut** von Nr. 1 ist entgegen der o. g. Gegenansicht nicht „eindeutig" (so LK-*Gribbohm* 37; *Lackner/Kühl* 16); hierzu käme man nur, wenn man die Worte *„erstmals eine"* isoliert betrachtet. Nach dem Regelungssinn zusammen zu lesen ist aber *„erstmals … verbüßt"*. Der unbestimmte Artikel *„eine"* ist nicht als *Zahlwort* zu lesen; das erscheint schon deshalb nicht nahe liegend, weil auch Abs. I S. 1 von *„einer"* Freiheitsstrafe spricht und sich aus **§ 454 b II, III StPO** ausdrücklich ergibt, dass auch nacheinander vollstreckte selbstständige Freiheitsstrafen (die *jeweils* „eine" sind) ausgesetzt werden können. Das Wortlaut-Argument findet daher in der Gesetzessystematik keine Grundlage und wird von seinen Vertretern im Fall des Abs. I jedenfalls nach Einfügung von § 454 b II, III durch das 23. StÄG auch nicht angewandt (vgl. etwa LK-*Gribbohm* 12 ff.; *Lackner/Kühl* 6, 31 ff).

26 **b)** Die verhängte (dh die auszusetzende) Strafe darf **2 Jahre nicht** übersteigen; II Nr. 1 ist aus generalpräventiven Gründen (vgl. BT-Drs. 10/2720, 11) auf Strafen bestimmter Höhe beschränkt. Für die Vertreter der Ansicht, dass bei **Anschlussvollstreckungen** nur die erste von mehreren Freiheitsstrafen „Erstverbüßung" sei, stellt sich insoweit kein Problem. Folgt man der hier vertretenen hM, so ist str., ob sich die **Summe** mehrerer in den Erstvollzug einbezogener Strafen im Rahmen der 2-Jahresgrenze halten muss (so Karlsruhe Die Justiz **87**, 319; **88**, 436; NStZ **89**, 323 [aufgegeben aber in StV **06**, 255]; Stuttgart MDR **88**, 879 [1. StS; die Rspr ist aufgegeben; vgl. NStZ **00**, 593]; Nürnberg NStE Nr. 32; *S/S-Stree* 23 a) oder ob sich die gesetzliche 2-Jahresgrenze **jeweils auf die einzelnen** zur Hälfte auszusetzenden Strafen bezieht und im Fall der Anschlussvollstreckung ggf überschritten werden darf (so **hM**; vgl. Oldenburg MDR **87**, 602; Stuttgart MDR **88**, 250 [Anm. *Eisenberg* JZ **87**, 1086]; NStZ **88**, 128; StV **94**, 251; NStZ **00**, 593; Zweibrücken MDR **88**, 984 [m. Anm. *Bietz* JR **89**, 512]; München MDR **88**, 601; Hamburg StV **90**, 271; Karlsruhe StV **06**, 255, 256 [unter Aufgabe früherer Rspr];

SK-*Horn* 16b; *Maatz* NStZ **88**, 114; *Lintz* aaO [oben 1a] 359). Zutr. ist die letztgenannte Ansicht (vgl. auch KK-*Fischer* 11 zu § 454b StPO); das Erstverbüßerprivileg gilt somit auch für einen Verurteilten, bei dem die Summe unmittelbar nacheinander zu vollstreckender Freiheitsstrafen zwei Jahre übersteigt. Ausschlaggebend hierfür sind nicht formale Gründe der vollstreckungsrechtlichen Selbständigkeit (vgl. auch Stuttgart NStZ **00**, 593 mwN), sondern der **kriminalpolitische Sinn** der Vorschrift: Die Begrenzung auf Freiheitsstrafen von höchstens 2 Jahren ist im Hinblick auf die insb. generalpräventive Erwägung erfolgt, dass Strafen dieser Höhe für Taten verhängt werden, bei denen eine Halbstrafenaussetzung noch im allg. Rechtsbewusstsein akzeptabel und unter Gesichtspunkten der Prävention Erfolg versprechend ist. Diese Argumente verlieren nicht deshalb an Gewicht, weil (uU *zufällig*) mehrere solche Strafen nacheinander zu vollstrecken sind; die Sozialprognose verschlechtert sich allein durch die Länge eines zusammenhängenden Vollzugs. **Im Ergebnis** können bei Anschlussvollstreckungen daher auch mehrere, in ihrer Summe 2 Jahre übersteigende Strafen nach II Nr. 1 ausgesetzt werden, wenn der Verurteilte sich zu ihrer Vollstreckung (ohne Unterbrechung) *insgesamt erstmals im Vollzug* befunden hat.

27 Die Erstverbüßungsregelung gilt aber **nicht** bei zeitlicher **Unterbrechung** der Vollstreckung der mehreren Freiheitsstrafen, auch wenn der Täter alle zugrundeliegenden Taten *vor* der ersten Vollstreckung begangen hatte (so aber Zweibrücken NStZ **87**, 175; *S/S-Stree* 23a; hiergegen *Maatz* StV **87**, 72; SK-*Horn* 16; vgl. KK-*Fischer* 13 zu § 454b StPO). Übereinstimmung besteht auch insoweit, als eine Erstverbüßung iS II Nr. 1 bei Vollstreckungen nach Widerruf wegen erneuter Straffälligkeit nicht in Betracht kommt (Zweibrücken MDR **87**, 603 [m. Anm. *Bietz* JR **87**, 818]; Karlsruhe JR **89**, 512 m. Anm. *Bietz*). Getilgte oder tilgungsreife Taten (vgl. § 51 BZRG) bleiben unberücksichtigt. Der Anwendung der Nr. 1 steht eine vorverbüßte Strafe bei nach § 51 BZRG eingetretenem Verwertungsverbot nicht entgegen (*Maatz* MDR **85**, 802). Ist bei **nachträglicher Gesamtstrafenbildung** (§ 460 StPO) eine einzubeziehende Strafe bereits verbüßt, so kann die Anwendungsmöglichkeit der Nr. 1 (und § 454b StPO) durch Einrechnung in die Gesamtstrafe neu entstehen. Zu den Voraussetzungen, unter denen entgegen § 454b II Nr. 2 StPO die erneute Aussetzung eines auf Grund Widerrufs vollstreckbaren Strafrests von Amts wegen zu prüfen ist, vgl. Oldenburg NStZ **98**, 271.

28 **B. Halbstrafen-Aussetzung auf Grund besonderer Umstände (II Nr. 2).** Das Gericht kann die Vollstreckung unter den sonstigen Voraussetzungen iS von oben 21 auch bei Freiheitsstrafen von **mehr als 2 Jahren** zum Halbstrafen-Zeitpunkt aussetzen, **wenn** die **Gesamtwürdigung** von Tat, Persönlichkeit des Verurteilten **und** seiner Entwicklung während des Strafvollzugs ergibt, dass **besondere Umstände** (9ff. zu § 56) vorliegen. Da der betroffene Probandenkreis und die Beurteilungsperspektive von Nr. 2 nicht mit dem des § 56 II identisch sind, kann die Rspr zu § 56 II auf § 57 II Nr. 2 nicht unbesehen übertragen werden (BGHR § 57 II GesWürd. 1; Umst. 1; and. SK-*Horn* 17); es kann bei der Entscheidung nach II im einzelnen Fall gerechtfertigt sein, den besonderen Umständen in der Tat ein geringeres und den besonderen Umständen in der Persönlichkeit des Täters ein größeres Gewicht beizumessen als bei einer Entscheidung nach § 56 II (Stuttgart StV **95**, 261; Jena StV **98**, 503; Düsseldorf JR **01**, 296 [Anm. *Götting*]).

29 **a) Besondere Umstände** sind solche, die über die schon gestellte günstige Sozialprognose hinaus eine Aussetzung der Hälfte der Strafe rechtfertigen können (vgl. schon München NStZ **87**, 74; Beispiele für die Anwendung auch bei *Doleisch von Dolsperg* StraFo **05**, 45, 51). Die Schwere der Tat steht der Annahme besonderer Umstände nicht von vornherein entgegen, wie sich schon aus dem Fehlen einer Strafobergrenze ergibt (Karlsruhe NStZ-RR **97**, 323; wistra **05**, 153; LK-*Gribbohm* 45). In die Würdigung können auch Umstände einbezogen werden, die bereits bei der Strafzumessung des erkennenden Gerichts berücksichtigt wurden (München NStZ **87**, 74f.; Zweibrücken StV **91**, 223; Koblenz StV **91**, 428f.; Düsseldorf

MDR **91**, 173; StV **97**, 94; wistra **97**, 152; Hamburg StV **94**, 551; Karlsruhe NStZ-RR **97**, 323f.). Hat der Tatrichter das Vorliegen eines minder schweren Falles verneint, so steht das der Annahme besonderer Umstände iS von Nr. 2 nicht notwendig entgegen (München NStZ **88**, 129); andererseits begründet die Bejahung eines minder schweren Falls für sich noch keinen besonderen Umstand iS von Nr. 2 (Hamburg JR **91**, 344 [krit. Anm. *Barton*]; ebenso *Lackner/Kühl* 17). Es liegt nahe, dass nach längerem Vollzug Gesichtspunkte der Persönlichkeit und namentlich der Entwicklung des Verurteilten im Vollzug höheres Gewicht gewinnen können (vgl. zB Düsseldorf StV **88**, 160; Stuttgart MDR **93**, 157; Karlsruhe NStZ-RR **97**, 323); eine Berücksichtigung der Schuldschwere und generalpräventiver Erwägungen ist dadurch nicht ausgeschlossen (vgl. zu § 57 II aF schon Hamm MDR **72**, 161; **74**, 55; Karlsruhe JR **77**, 517 [Anm. *Bruns*]; Hamburg JR **77**, 167 [Anm. *Schreiber*]; Frankfurt NJW **79**, 1993; MDR **80**, 597; Celle NStZ **86**, 456 [Anm. *Schöch*]). Besondere Umstände können sich namentlich auch daraus ableiten, dass bei dem Verurteilten während des Vollzugs eine nachhaltige Veränderung der Persönlichkeit eingetreten ist (Karlsruhe wistra **05**, 153; Frankfurt StV **05**, 277, 278f.). Von erheblichem Gewicht kann auch sein, dass es sich bei einer Strafe von mehr als 2 Jahren um eine Erstverbüßung iS von II Nr. 1 handelt.

Liegen die Voraussetzungen des II Nr. 2 zum Halbstrafenzeitpunkt noch nicht **29a** vor, so bedeutet das nicht, dass eine Aussetzung nach Abs. II **zwischen Halbstrafen- und Zwei-Drittel-Zeitpunkt** nicht in Betracht kommt (zutr. KG NStZ-RR **97**, 27f.; Hamburg MDR **76**, 66; LG Osnabrück StV **88**, 161), denn zum einen müssen schon nach der gesetzlichen Systematik generalpräventive Gründe bis zum Zwei-Drittel-Zeitpunkt immer mehr zurücktreten (KG aaO); zum anderen ergäbe es spezialpräventiv keinen Sinn, „besondere Umstände" ausschließlich zum Halbstrafen-Zeitpunkt zu prüfen, ihr späteres Eintreten für unbeachtlich zu halten, zum Zeitpunkt des Abs. I aber gänzlich auf sie zu verzichten. Kein besonderer Umstand ist es, wenn dem Verurteilten im Erkenntnisverfahren Zusagen hinsichtlich einer Gesamtstrafenbildung gemacht worden sind, die nicht eingehalten werden konnten (Koblenz wistra **88**, 238 [Aufhebung von LG Koblenz NStZ **88**, 311]).

b) Die **Gesamtwürdigung,** die nach Nr. 2 zusätzlich zu der schon für die Prog- **30** nose nach I S. 2 geforderten Gesamtschau vorzunehmen ist, umfasst daher außer den Beurteilungselementen **von Tat** und **Persönlichkeit des Verurteilten** auch seine **Entwicklung während des Strafvollzugs** (nicht nur sein Verhalten im Vollzug; hierzu oben 16), dh Resozialisierungserfolge, insbesondere auf Grund sozialtherapeutischer Behandlung oder Berufsausbildung. Sie muss **ergeben,** dass besondere Umstände vorliegen. Die Ablehnung der Halbstrafenentlassung kann nicht *allein* darauf gestützt werden, dass der Verurteilte die Tat weiterhin leugnet und sich nach außen nicht mit ihr auseinandersetzt (Hamm StV **97**, 92).

5) Entscheidung des Gerichts. Die Entscheidung über die Aussetzung ergeht **31** entweder **von Amts wegen,** und zwar sowohl in den Fällen des **I** (BGH **27**, 303; Zweibrücken MDR **74**, 329; LR-*Wendisch* 6 zu § 454 StPO) als auch (im Hinblick auf § 454b II StPO) in den Erstverbüßungsfällen des **II Nr. 1** (*Greger* JR **86**, 355; *Maatz* StV **87**, 73 u. NStZ **88**, 116; *Laubenthal* JZ **88**, 955; **aA** Oldenburg StV **87**, 70); oder **auf Antrag,** wenn keine Frist nach VII läuft oder eine Halbstrafenaussetzung von Amts wegen geprüft und abgelehnt worden ist. Die Entscheidung setzt Rechtskraft der Verurteilung voraus; das erkennende Gericht kann daher den Strafrest auch dann nicht aussetzen, wenn bereits zwei Drittel der Strafe durch anrechenbare UHaft verbüßt sind (MDR/H **82**, 101; Düsseldorf DRiZ **73**, 24). Eine *rückwirkende* Aussetzung ist nicht möglich (Zweibrücken JR **77**, 292 [Anm. *Schätzler*]; Stuttgart MDR **85**, 160); der aussetzende Beschluss muss einen *konkreten Zeitpunkt* angeben, zu welchem die Aussetzung wirksam wird (Braunschweig NStZ **99**, 532). Eine **Aufhebung** des rechtskräftigen Aussetzungsbeschlusses nach § 454a II S. 1 StPO ist unzulässig, wenn der Verurteilte sich über den Entlassungszeitpunkt hinaus ohne Rechtsgrundlage in Haft befindet; es kommt hier nur ein Widerruf nach § 56f in Betracht (BVerfG StV **01**, 467).

32 **A. Zuständigkeit.** Für die Entscheidung zuständig ist idR die **Strafvollstreckungskammer** (StVK; §§ 78a, 78b GVG), in deren Bezirk die Strafanstalt (maßgebend ist hierbei die Hauptanstalt, nicht die Außenstelle, BGH **28**, 135; Celle NdsRpfl. **78**, 92) liegt, in die der Verurteilte zu dem Zeitpunkt aufgenommen (hierzu Düsseldorf NJW **79**, 1469 L) ist, in dem das Gericht **mit der Sache** (nicht aber notwendig mit einer bestimmten Entscheidung; vgl. NStZ **00**, 111; KK-*Fischer* 17f. zu 3462a StPO) **befasst** wird (§ 462a I S. 1 StPO). Das **Gericht des 1. Rechtszuges** ist zuständig, wenn die StVK nicht oder noch nicht mit der Sache befasst war (§ 462a II StPO; vgl. etwa Hamm StV **03**, 685). Mehrere Vollstreckungsverfahren gegen einen Verurteilten sind bei einem Gericht zu konzentrieren (§ 462a IV StPO). Eine zuständige StVK verdrängt in diesen Fällen das Gericht des 1. Rechtszuges (BGH **26**, 120, 277; vgl. Schleswig MDR **78**, 594; Karlsruhe MDR **78**, 331 L; *Valentin* NStZ **81**, 130). Auch bei Halbstrafenentscheidungen nach II Nr. 2 und Anschlussvollstreckung gilt der Grundsatz der **Entscheidungskonzentration** gem § 454b III StPO uneingeschränkt; eine isolierte Vorabentscheidung ist nicht zulässig (Frankfurt NStZ-RR **97**, 95; Düsseldorf VRS **91**, 293; Stuttgart NStZ-RR **03**, 253; **aA** Oldenburg MDR **87**, 75; Düsseldorf NStZ **91**, 103). Zu **Einzelheiten** vgl. die Kommentierungen zu § 462a StPO).

33 **B. Verfahren.** Die Regelungen zum Verfahren finden sich in §§ 454, 454a, 454b und 462a StPO. Ein Fall der **Pflichtverteidigung** ist bei lebenslanger Freiheitsstrafe (§ 57a) gegeben (BVerfG NJW **92**, 2947, 2954); im übrigen aber nicht schon durch die Höhe der auszusetzenden Freiheitsstrafe begründet (vgl. auch *Doleisch von Dolsperg* StraFo **05**, 45, 47 mwN). Bei **schwieriger Sachlage**, zB bei Einholung umfangreicher Gutachten und Anhörung von Sachverständigen, ist § 140 II S. 1 StPO entsprechend anzuwenden (Düsseldorf StV **07**, 94; Brandenburg StV **07**, 95f.). Für das Verfahren nach § 454 StPO gilt uneingeschränkt das **Beschleunigungsgebot** (vgl. BVerfG StV **06**, 654). Zur Zulässigkeit einer Anhörung per **Videokonferenz** vgl. Frankfurt NstZ-RR **06**, 357.

33a In Fällen des § 454 I StPO besteht keine regelmäßige Pflicht zur Zuziehung eines **Sachverständigen** (vgl. BVerfG NStZ-RR **03**, 282, 283); in Fällen des § 454 II StPO ist ein Sachverständiger zu hören, der nach Möglichkeit **nicht** der behandelnde Anstaltspsychologe sein sollte (str.; vgl. dazu *Tondorf* StV **00**, 171; *Neubacher* NStZ **01**, 449, 454; *Immel* JR **07**, 183ff.; krit. *Nedopil* NStZ **02**, 443ff.; jew mwN; vgl. auch Zweibrücken NJW **99**, 1124; Celle StV **99**, 384; Stuttgart StV **99**, 385; Hamm StV **01**, 30; Ausnahme: Zweibrücken StV **03**, 683; zur **Auswahl** KG NJW **99**, 1797 mwN; zu Anforderungen an Gutachten vgl. Nürnberg StraFO **02**, 107; StV **03**, 682; *Immel* JR **07**, 183. Zu den **Anforderungen an Prognosegutachten** hat eine private Autorengruppe unter Mitwirkung von Bundesrichtern Empfehlungen unter dem Begriff „Mindestanforderungen" vorgelegt (vgl. *Boetticher u. a.* NStZ **06**, 537ff.), deren Nichtanwendung „nicht in jedem Fall einen Rechtsfehler" begründe. Status, Legitimation und fachliche Repräsentativität der Gruppe sind allerdings – ungeachtet des verdienstvollen Ansatzes – unklar geblieben (zutr. krit. zB *Bock* StV **07**, 269).

33b Nach zutr. Ansicht entfaltet die Verfahrensvorschrift **keine materielle Wirkung;** die Beiziehung eines Sachverständigen dient auch hier (nur) der Schaffung einer möglichst eindeutigen Tatsachengrundlage und nicht der Delegation von Entscheidungsbefugnis. Das Gericht kann daher in **Ausnahmefällen** auf die Anhörung eines Sachverständigen verzichten, wenn die nach Abs. I heranzuziehenden Umstände **zweifelsfrei** eine Gefahr für die öffentliche Sicherheit ausschließen (Frankfurt NStZ **98**, 639f.; KG NJW **99**, 1797; Karlsruhe StV **00**, 156; Zweibrücken NStZ-RR **02**, 125). Im umgekehrten Fall kann die Zuziehung eines Sachverständigen unterbleiben, wenn das Gericht eine Aussetzung von vornherein nicht „erwägt" (§ 454 II StPO), weil eine vorzeitige Entlassung *offensichtlich* nicht in Betracht kommt (vgl. NStZ **00**, 279; Celle NStZ-RR **99**, 179; Jena NStZ **00**, 224; StV **01**, 27; Hamburg ZfStrVo **99**, 246; einschr. *Neubacher* NStZ **01**, 449, 453); besteht nach den materiellen Kriterien des I S. 1 Nr. 2 eine „realistische Chance", so muss die StVK, um sich ein umfassendes Bild über den Verurteilten zu verschaffen (vgl. BVerfG NJW **00**, 501), eine Begutachtung veranlassen (Köln StV **01**, 30 f.). Die Aussetzungsentscheidung kann schon dann zurückgestellt werden, wenn bei der Vollstreckung mehrerer Freiheitsstrafen (Anschlussvollstreckung nach § 454 b I StPO) die *Vollstreckungsunterbrechung* (oben 10) nach § 454 b II StPO zu erwarten ist, § 454 b III StPO. Ein Antrag auf Reststrafenaussetzung ist nicht deshalb prozessual überholt, weil der Verurteilte nach § 456 a StPO abgeschoben wurde (Celle StV **03**, 90). Die **sofortige Beschwerde** der StA gegen den Beschluss, der die Unterbrechung der Vollstreckung anordnet, hat aufschiebende Wirkung (§ 462 III StPO). Weitere Unterbrechungsgründe nennt § 455 IV StPO. Zur Überprüfung der Versagung vorbereitender Vollzugslockerungen vgl. Frankfurt NStZ-RR **01**, 311; **04**, 62 f.).

6) Absehen von der Aussetzung (Abs. VI). Nach Abs. VI kann das Gericht **34** von der Aussetzung dann absehen, wenn der Verurteilte bewusst **unzureichende oder falsche Angaben** über den Verbleib von Gegenständen (zB Tatbeute) macht, die dem Verfall unterliegen (6 ff. zu § 73) oder nur wegen der Ausschlussregelung des § 73 I S. 2 nicht unterliegen (*Terhorst* JR **88**, 295). Insoweit ist Vorsatz ausreichend; eine Vereitelungs-*Absicht* ist nicht vorausgesetzt (*Terhorst* JR **88**, 295; *Lackner/Kühl* 25). Dass die Weigerung, den Verbleib von Tatbeute zu offenbaren und noch vorhandene Tatbeute an den Berechtigten herauszugeben, regelmäßig schon eine negative Sozialprognose begründe, weil von dem „der sich so verhält, gerade nicht erwartet werden kann, dass er in Freiheit keine Straftaten mehr begeht" (Hamburg NStZ **88**, 274 [Anm. *Geiter/Walter* StV **89**, 212]), erscheint zweifelhaft; dieser Auffassung (so schon Karlsruhe MDR **78**, 79; *Sturm* MDR **77**, 618; *Lackner/Kühl* 25; vgl. auch BT-Drs. 8/322) dürfte eher das frühere Bemühen zugrunde liegen, schon vor Einfügung des Abs. VI Fälle des *beanstandungsfreien „Absitzens"* der Strafe bei gleichzeitigem Verheimlichen von Tatbeute von der Reststrafenaussetzung auszunehmen. Solche Fälle werden aber durch den am 1. 5. 1986 in Kraft getretenen Abs. VI (vgl dazu BT-Drs. 10/2720) erfasst, ohne dass es auf zusätzliche Erwägungen (so *hier* bis 53. Aufl.), zB Furcht vor Repressalien durch Mittäter (Hamburg NStZ **88**, 274), oder eine negative Legalprognose ankommt. Es ist idR dem Täter, wenn ihm die Reststrafe erlassen werden soll, zuzumuten, zumindest das aus der Tat Erlangte herauszugeben (Zweibrücken NStZ **99**, 104; München JR **88**, 294 [Anm. *Terhorst*] vgl. auch Hamburg ZfStrVo **92**, 67). Die Versagung der Aussetzung steht bei Vorliegen der Voraussetzungen im pflichtgemäßen Ermessen (zur Ausübung BT-Drs. 10/2720, 12; 10/4391, 18). Sie wird nahe liegen, wenn das Verhalten des Verurteilten ersichtlich darauf gerichtet ist, nach der Entlassung aus der Strafhaft die *Früchte der Tat* zu genießen; dagegen weniger, wenn das Erlangte vermutlich Dritten zugeflossen ist. Auch der Wert des Erlangten kann insoweit eine Rolle spielen.

An Feststellungen des Tatrichters über den Verbleib der Tatbeute ist das Vollstre- **34 a** ckungsgericht nicht gebunden. Abweichende Annahmen, die einer Entscheidung nach Abs. VI zugrunde gelegt werden sollen, dürfen jedoch nicht bloße Mutmaßungen sein; es bedarf hinreichend sicherer Tatsachengrundlagen (Karlsruhe NStZ-RR **05**, 370 f.). Ermittlungen zum Verbleib der Tatbeute sind im Vollstreckungsverfahren zulässig (ebd.; vgl. auch LR-*Rieß* [25. Aufl.] 31 ff. zu § 161; KK-*Fischer* 3 zu § 457 StPO).

7) Sperrfrist bei Ablehnung (Abs. VII). Nach Abs. VII kann das Gericht **35** eine Sperrfrist von höchstens 6 Monaten festsetzen, wenn während dieser Frist eine günstige Veränderung der Prognose nicht zu erwarten ist (Düsseldorf MDR **83**, 247). Die Frist, die auch festgesetzt werden kann, wenn über die Entlassung nicht auf Antrag, sondern von Amts wegen entschieden wurde, beginnt mit Erlass des Beschlusses, nicht erst mit dessen Rechtskraft (Hamm NJW **71**, 949; Braunschweig NJW **75**, 1847; LK-*Gribbohm* 68; KK-*Fischer* 24 zu § 454 StPO), und bindet nur, solange vor Ablauf der Frist sich die maßgebenden Verhältnisse nicht grundlegend ändern (München MDR **87**, 783; *Wittschier* NStZ **86**, 112; **aA** *Neumann* NJW **85**,

1889). Eine etwa später zuständig werdende StVK ist an die Sperrfrist eines anderen Gerichts nicht gebunden (BGH **26**, 280). Vor Fristablauf (VII) eingehende Anträge sind als unzulässig zurückzuweisen; Fristablauf heilt den Mangel (KG NStZ **85**, 524).

36 **8) Anwendung der §§ 56a bis 56e (Abs. III).** Wird die Reststrafe ausgesetzt, so gelten nach III die §§ 56a bis 56e über Bewährungszeit, Auflagen, Weisungen, Bewährungshilfe, nachträgliche Entscheidungen, Widerruf und Straferlass entsprechend.

37 **A. Bewährungszeit.** Die Bewährungszeit beginnt nach S. 1 iVm § 56a II S. 1 in den Fällen des § 57 mit der Rechtskraft des die Strafrestaussetzung anordnenden Beschlusses (Düsseldorf MDR **73**, 426; Hamm MDR **74**, 947; Hamburg MDR **77**, 512; NJW **79**, 2623; NStZ **99**, 330; Celle JR **78**, 338 m. Anm. *Stree*; Stuttgart MDR **79**, 955; MDR **86**, 687; LK-*Gribbohm* 56; *U. Frank* MDR **82**, 358; *Mrozynski* JR **83**, 140; *Maatz* MDR **85**, 100) und nicht mit der Entlassung (§ 56f I S. 2; § 454a StPO); sonst wäre ein Widerruf nicht möglich, wenn der Verurteilte in der die Entlassung vorbereitenden Phase (zB Freigänger), dh zwischen Rechtskraft des Aussetzungsbeschlusses und (förmlicher) Entlassung straffällig wird. Die Bewährungszeit darf auch bei nachträglicher Verkürzung die **Dauer des Strafrestes** nicht unterschreiten; sie kann daher im Einzelfall die Höchstgrenze des § 56a I S. 2 überschreiten und in den Fällen des § 57 II höher liegen als in denen des § 57a, der nur eine Verlängerung nach § 56f II zulässt (§ 57a III). Beschließt das Gericht die Aussetzung nach § 57 mindestens 3 Monate vor dem Entlassungszeitpunkt, so verlängert sich die Bewährungszeit um die Zeitspanne die zwischen der Rechtskraft der Entscheidung und der Entlassung liegt (§ 454a I StPO).

38 **B. Sonstige Anordnungen.** Für § 57 werden **Auflagen,** da sie der Genugtuung für das begangene Unrecht dienen (2 zu § 56b; *Horn* MDR **81**, 14), namentlich bei längeren Strafen, mit Ausnahme von § 56b II Nr. 1 kaum eine Rolle spielen (vgl. Zweibrücken OLGSt. 41; Frankfurt/M NStZ-RR **98**, 126; and. Celle NStZ **90**, 148 [abl. Anm. *Arloth*]). Erhebliche Bedeutung kommt aber den **Weisungen** (§ 56c) zu.

39 **C.** Die Bestellung eines **BHelfers (§ 56d**) ist bei geringen Strafresten idR nicht angezeigt (Koblenz MDR **76**, 946). § 56d II ist mit der Maßgabe anzuwenden, dass es darauf ankommt, ob die verhängte Strafe 9 Monate überstieg (vgl. LK-*Gribbohm* 62). **III S. 2** bestimmt weiter, dass der Verurteilte auch dann idR (3 zu § 56d) einem BHelfer zu unterstellen ist, wenn er vor der Aussetzung mindestens 1 Jahr seiner Strafe verbüßt hatte (IV gilt), um die dann regelmäßig gegebenen Schwierigkeiten des Übergangs in die Freiheit besser überwinden zu können. III S. 2 sollte daher auch angewendet werden, wenn die Verbüßung von Strafe, deren Rest ausgesetzt wird, noch nicht 1 Jahr gedauert hatte, der Verurteilte aber aus anderen Gründen insgesamt mindestens diese Zeit in Unfreiheit war (LK-*Gribbohm* 62). Die Bestellung erfolgt für die Dauer der BewZeit (§ 56a) oder **für einen Teil** derselben. Eine langjährige Unterstellung führt nicht notwendig zu einer Verbesserung der Sozialprognose. Liegen die Voraussetzungen des III S. 2 nicht vor, so darf dem Verurteilten ein BHelfer nur bestellt werden, wenn ihm sonst eine günstige Sozialprognose nicht gestellt werden könnte (vgl. § 56d I; Hamm OLGSt. 57). Zum Zusammentreffen mit **Führungsaufsicht** vgl. § 68g.

40 **E.** Durch das 2. JuMoG (oben 1) ist auch **§ 56e** einbezogen worden, so dass auch nachträgliche Entscheidungen möglich sind.

41 **9) Widerruf (Abs. V).** Für den Widerruf einer Reststrafenaussetzung gilt Abs. V (eingefügt durch das 2. JuMoG; vgl. oben 1), der in **V S. 1** auf **§ 56f** verweist (vgl. die Erl. dort).

42 **V S. 2** hat mit Wirkung vom 31. 12. 2006 einen zusätzlichen Widerrufsgrund eingeführt (Entsprechung in § 56f I S. 2). Ein Widerruf der Reststrafenaussetzung wegen einer neuen Straftat ist danach auch dann möglich, wenn die neue Tat im Zeitraum zwischen der letzten tatrichterlichen Entscheidung in dem Verfahren, in

dem die nach Abs. I oder II ausgesetzte Strafe verhängt wurde, und der Rechtskraft der Entscheidung über die Reststrafenaussetzung begangen wurde. Damit sollen vor allem Fälle erfasst werden, in denen neue Taten nach der Verurteilung, aber vor Beginn der Strafvollstreckung, in der Haft oder während Haftlockerungen begangen wurden (BT-Drs. 16/3038, 58).

Voraussetzung ist, dass die neue Tat bei der Reststrafenaussetzung aus **tatsächlichen Gründen** nicht berücksichtigt werden konnte. Das ist sowohl dann der Fall, wenn die Tat zum Zeitpunkt des Aussetzungsbeschlusses noch gar nicht bekannt war, als auch dann, wenn ein Verdacht ihrer Begehung bestand, im Hinblick auf die Unschuldsvermutung des Art. 6 II MRK aber nicht zur Versagung der Reststrafenaussetzung führen durfte (BT-Drs. 16/3938, 58). Insoweit gelten die Grundsätze von EGMR NJW **04**, 43 ff; BVerfG NJW **05**, 817 ff. (vgl. dazu 4 ff. zu § 56 f). Vorausgesetzt ist ferner, dass die neue Straftat zur **Versagung** der Strafrestaussetzung geführt *hätte*, wenn sie der STVK bei der Entscheidung bekannt gewesen oder verwertbar gewesen wäre. Das muss *nicht zwingend* bei *jeder* neuen Straftat der Fall sein; namentlich bei Bagatelltaten kommt auch ein Absehen vom Widerruf in entspr. Anwendung von **§ 56 f II** in Betracht. 43

Eine **Aufhebung** der Aussetzungsentscheidung kommt nach Ansicht der Rspr. gem. § 454 a II S. 2 StPO in Betracht, wenn es nach rechtskräftiger Aussetzung des Strafrestes noch nicht zu einer förmlichen Entlassung gekommen ist, weil sich die verurteilte Person zuvor der weiteren Strafvollstreckung entzogen und alsdann Verstöße gegen Weisungen begangen hat (Hamburg MDR **77**, 512; zu Fällen einer Entlassung vor Rechtskraft des Beschlusses und der Rechtskraft vor der förmlichen Entlassung eines beurlaubten Verurteilten vgl. *Horn* JZ **81**, 16; ferner Celle JR **78**, 338 [m. Anm. *Stree*]). 44

10) Erlass. Der Strafrest (nicht: die Strafe) wird gem. Abs. V iVm **§ 56 g** erlassen, wenn sich der Verurteilte bewährt. Insoweit gelten die Erl. zu § 56 g. 45

Aussetzung des Strafrestes bei lebenslanger Freiheitsstrafe

57a **I Das Gericht setzt die Vollstreckung des Restes einer lebenslangen Freiheitsstrafe zur Bewährung aus, wenn**

1. fünfzehn Jahre der Strafe verbüßt sind,
2. nicht die besondere Schwere der Schuld des Verurteilten die weitere Vollstreckung gebietet und
3. die Voraussetzungen des § 57 Abs. 1 Satz 1 Nr. 2 und 3 vorliegen.

§ 57 Abs. 1 Satz 2 und Abs. 6 gilt entsprechend.

II Als verbüßte Strafe im Sinne des Absatzes 1 Satz 1 Nr. 1 gilt jede Freiheitsentziehung, die der Verurteilte aus Anlass der Tat erlitten hat.

III Die Dauer der Bewährungszeit beträgt fünf Jahre. § 56 a Abs. 2 Satz 1 und die §§ 56 b bis 56 g, 57 Abs. 3 Satz 2 und Abs. 5 Satz 2 gelten entsprechend.

IV Das Gericht kann Fristen von höchstens zwei Jahren festsetzen, vor deren Ablauf ein Antrag des Verurteilten, den Strafrest zur Bewährung auszusetzen, unzulässig ist.

Übersicht

1) Allgemeines .... 1, 1 a
2) Anwendungsbereich 2–3
3) Voraussetzungen der Strafrestaussetzung (Abs. I, II) 4–21
4) Aussetzung bei mehreren Freiheitsstrafen 22
5) Entscheidung des Gerichts 23
6) Bewährungszeit; Widerruf (Abs. III) 24, 25
7) Sperrfrist (Abs. IV) 26
8) Verfahrensrecht 27, 28

1 **1) Allgemeines.** Die Vorschrift wurde durch das 20. StÄG v. 8. 12. 1981 (BGBl. I 1329) eingefügt, Abs. I S. 2 durch das 23. StÄG v. 13. 4. 1986 (BGBl. I 393) ergänzt. Das 2. JuMoG v. 22. 12. 2006 (BGBl I 3416) hat I und III redaktionell geändert. Die Regelung trägt der Entscheidung des BVerfG (E **45**, 187) Rechnung, wonach auch für zu lebenslanger Freiheitsstrafe Verurteilte eine konkrete Chance bestehen muss, wieder in Freiheit zu gelangen (BT-Drs. 8/3218, 5). **Materialien** zum 20. StÄG: BT-Drs. 8/3218 (RegE); 8/3857 (Ber.); BR-Drs. 385/81.

Statistische Daten zur Vollstreckung von lebenslanger Freiheitsstrafe, Unterbringung nach § 63 und nach § 66 ff. enthalten die Umfragen der **KrimZ** (für 2003: *Kröninger*, Lebenslange Freiheitsstrafe, Sicherungsverwahrung und Unterbringung in einem psychiatrischen Krankenhaus. Dauer und Gründe der Beendigung. Ergebnisübersicht zur bundesweiten Erhebung für das Jahr 2003, Wiesbaden [KrimZ] 2005, [www.krimz.de]). Zur Statistik vgl. auch BT-Drs. 13/4830.

1 a **Literatur:** *Boetticher,* Lebenslang. Das Dilemma einer lei(t) (d)-vollen Sanktion, Mahrenholz-FS 763; *Boetticher/Kröber/Müller-Isberner/Böhm/Müller-Metz/Wolf,* Mindestanforderunngen für Prognosegutachten, NStZ **06**, 537; *Bode,* Faller-FS 325; *Dessecker,* Strafaussetzung u. Vollzugslockerungen bei lebenslanger Freiheitsstrafe, BewH **98**, 406; *Dreher,* Zeitgeist II 325; Lange-FS 334; *Drescher*, „Umstände von Gewicht" – Rechtsprechung zur besonderen Schwere der Schuld nach § 57 a StGB, NJW-Sonderheft für Gerhard Schäfer, 2002, 18; *Eisenberg* JZ **92**, 1188; *Elf* NStZ **92**, 468; *Fünfsinn* GA **88**, 164; *Geis* NJW **92**, 2938; *Grünwald,* Überlegungen zur lebenslangen Freiheitsstrafe, Bemmann-FS 165; *Haffke* InstKonfl. **9**, 19; *Hoffmann-Holland,* Besondere Schwere der Schuld i. S. d. § 57 a StGB, StraFo **06**, 275; *Arth. Kaufmann,* Strafrecht zwischen Gestern u. Morgen, 1983, 1; *Kett-Straub,* Auch Terroristen haben einen Rechtsanspruch auf Freiheit. Die Aussetzung der Reststrafe in Mordfällen mit besonderer Schuldschwere, GA **07**, 332; *Lackner,* Leferenz-FS 609; *Laubenthal* Lebenslange Freiheitsstrafe, 1987 [Bespr. *Müller-Dietz* ZStW **102**, 140]; *ders.,* JA **84**, 471; *Lüderssen,* Schüler-Springorum-FS 627; *Meurer* JR **92**, 411; *Müller-Dietz,* Lebenslange Freiheitsstrafe und bedingte Entlassung, 1972; *ders.,* StV **83**, 162;Jura **83**, 570, 628; **94**, 72; *Mysegades,* Zur Problematik der Strafaussetzung bei lebenslanger Freiheitsstrafe, 1988; *Neumann,* Zur (Nicht-)Reform der lebenslangen Freiheitsstrafe, in: Inst. für Kriminalwiss. Frankfurt (Hrsg.), Irrwege der Strafgesetzgebung, 1999, 389; *Revel,* Anwendungsprobleme der Schuldschwereklausel des § 57 a, 1988; *Rolinski*, Lebenslange Freiheitsstrafe und ihr Vollzug, Schwind-FS (2006) 635; *Scheffler,* Von zeitiger lebenslanger und lebenslanger zeitiger Freiheitsstrafe, JR **96**, 485; *R. Schmidt,* Das Zusammentreffen von lebenslanger u. weiteren Freiheitsstrafen – zugleich ein Beitrag zur Schuldschwereklausel des § 57 a I S. 1 Nr. 2 StGB, 1986; *E. Stark* JZ **94**, 189; *Streng,* „Besonders schwer" in Relation wozu?, JZ **95**, 556; *H.-M. Weber,* Die Abschaffung der lebenslangen Freiheitsstrafe, 1999; *Wolf* NStZ **92**, 579; *Zuriel*, Neuere Rechtsprechung zu den Mordmerkmalen und der besonderen Schuldschwere, StraFo **05**, 404. **Rechtsvergleichend:** *Grasberger,* Verfassungsrechtliche Probleme der Höchststrafen in den USA u. der Bundesrepublik Deutschland, 1996; *van Zyl Smit/Oppert,* ZStW **111**, 558 [USA].

2 **2) Anwendungsbereich.** § 57 a gilt bei **lebenslanger Freiheitsstrafe** (unten 3; zum Zusammentreffen mit zeitiger Freiheitsstrafe vgl. unten 22). Die **Anzahl** der in Deutschland zu lebenslanger Freiheitsstrafe verurteilten Gefangenen lag von 1965 bis 1990 relativ konstant bei ca. 1000; seither ist sie stark gestiegen (2003: 1774; vgl. dazu *Rolinski*, Schwind-FS [2006] 635, 644).

2 a § 57 a lehnt sich in der Fassung eng an § 57 an und nimmt darauf Bezug. § 57 a, nicht § 57, ist anzuwenden, wenn eine lebenslange Freiheitsstrafe durch einen Gnadenakt der Exekutive in eine zeitige **umgewandelt** worden ist (4 zu § 57; dort auch zu den Fällen der Umwandlung von lebenslangen Freiheitsstrafen durch DDR-Amnestien; **aA** SK-*Horn* 4). Eine Maßregel nach den §§ 63, 64 (nicht nach § 66 bei ausschließlicher Verhängung lebenslanger Freiheitsstrafe, BGH **33**, 398 [m. Anm. *Maatz* NStZ **86**, 476; *Müller-Dietz* JR **87**, 28]; **34**, 143; KG NStZ **83**, 78; *Böhm* NJW **82**, 138; *Lackner/Kühl* 15) kann neben lebenslanger Freiheitsstrafe verhängt werden (BGH **37**, 160 m. Anm. *Schüler-Springorum* StV **91**, 561), kommt jedoch bei § 63 kaum in Betracht (17 zu § 63). § 57 a hat beim Vorwegvollzug der Strafe (§ 67 II) lediglich theoretische Bedeutung; jedenfalls müssen bei einer positiven Entscheidung nach § 67 e (mit der Folge der FAufsicht) die Voraussetzungen des § 57 a gegeben sein. Zur Aussetzung des Strafrests und zum Widerruf der Aussetzung bei lebenslangen Freiheitsstrafen, die in der **ehem. DDR** verhängt wurden, vgl. 55 vor § 3.

Die Anwendung des § 57a auf Fälle **nicht absolut angedrohter** lebenslänglicher Freiheitsstrafe, also über § 211, §§ 6 I, 7 I Nr. 1 u. 2, 8 I Nr. 1 VStGB hinaus auf solche Fälle, in denen die Verhängung lebenslanger Freiheitsstrafe eine ins einzelne gehende Schuldabwägung im Rahmen der **Strafzumessung** erfordert (zB §§ 176b, 178, 212 II, 239a III, 251, 306c, 316a III, weiterhin wenn bei *versuchtem* Mord von der Strafrahmensenkung des § 23 II abgesehen wird), ist streitig; das BVerfG hat sich hierzu in BVerfGE **86**, 288 nicht geäußert. Teilweise wird angenommen, auf Fälle einer nur *relativ* angedrohten lebenslangen Freiheitsstrafe sei die „Schwurgerichtslösung" des BVerfG nicht anwendbar (NStZ **93**, 135; LK-*Gribbohm* 49; *Lackner/Kühl* 3; *Kintzi* DRiZ **93**, 342). Es kommt aber in der Sache nicht darauf an, ob die lebenslange Freiheitsstrafe absolut angedroht ist und daher die Zumessung eine differenzierende Abgrenzung **nach unten** nicht verlangt, sondern darauf, dass die lebenslange Strafe grundsätzlich unbegrenzt ist und die Überschreitung der Schwelle zu ihrer Verhängung daher Differenzierungen **nach oben** idR nicht verlangt. Dies ist eben der Grund, aus welchem das BVerfG eine Entscheidung im Vollstreckungsverfahren über das Maß der Tatschuld für verfassungswidrig erklärt hat. Darlegungen zur besonderen Schwere der Schuld sind daher in **allen Fällen** der Verhängung lebenslanger Freiheitsstrafe erforderlich (so auch BGH **44**, 350 [m. Anm. *Martin* JuS **99**, 824; *Müller-Dietz* JR **00**, 122] für Verurteilung wegen versuchten Mordes; ebenso *S/S-Stree* 6). 3

3) Voraussetzungen der Strafrestaussetzung (Abs. I, II). Abs. I führt in den Nrn. 1 bis 3 Voraussetzungen für eine Strafrestaussetzung bei lebenslanger Freiheitsstrafe auf, die **kumulativ** vorliegen müssen: 4

A. Nr. 1: 15 Jahre der Strafe müssen verbüßt sein. Durch dieses gesetzliche **Mindestmaß** (die durchschnittliche tatsächliche Verbüßungszeit liegt bei etwa 20 Jahren) soll ein deutlicher Abstand zu dem bei der höchsten zeitigen Freiheitsstrafe (§ 57 I Nr. 1, § 38 II) gewahrt werden. Als **verbüßte Strafe** iS der Nr. 1 gilt nach II jede Freiheitsentziehung, die der Verurteilte **aus Anlass der Tat** (iS des § 264 StPO) erlitten hat, die Gegenstand des Verfahrens ist oder gewesen ist (5 zu § 51); daher ist auch bei Verhängung lebenslanger Freiheitsstrafe stets der Umrechnungsmaßstab anzurechnender Haft im Ausland festzusetzen (NJW **04**, 3789; 2 StR 147/04). Von § 57 IV unterscheidet sich die Anrechnungsregel des II erheblich dadurch, dass es nach II nicht auf einen gesetzlichen Anrechnungsanspruch ankommt. II gilt auch, wenn ausdrücklich angeordnet worden ist, dass die Anrechnung ganz oder zT unterbleibt (§ 51 I S. 2, BT-Drs. 8/3218, 8; LK-*Gribbohm* 9). Eine Unterschreitung der 15-Jahresfrist kommt auch bei Greisen nur im Gnadenwege in Betracht (Hamburg MDR **84**, 163; LK-*Gribbohm* 8). 5

B. Nr. 2: Die **besondere Schwere der Schuld** des Verurteilten darf nicht die weitere **Vollstreckung gebieten.** 6

a) Die **Schuldschwereklausel** soll – im Unterschied zur Regelung des § 57 – der besonderen Problematik der Aussetzung lebenslanger Freiheitsstrafen Rechnung tragen. Ob die weitere Vollstreckung geboten ist, hat im Rahmen einer **vollstreckungsrechtlichen Gesamtwürdigung** die zuständige StVK zu entscheiden (*Stree* NStZ **92**, 464); die Feststellung der besonderen Schwere der Schuld durch das Schwurgericht dient insoweit (nur) der *Vorbereitung* dieser vollstreckungsrichterlichen Entscheidung (BGH **39**, 209 [m. Anm. *Stree* JR **94**, 166]; GrSen. **40**, 366; NJW **97**, 878 m. Anm. *Stree* NStZ **97**, 277). Durch die Entscheidung des **BVerfG** zur Erforderlichkeit der tatrichterlichen Feststellung (BVerfGE **86**, 288; unten 14ff.) ist in das Verhältnis zwischen Tatrichter und Vollstreckungsgericht freilich über diese rechts-*technische* Differenzierung hinaus eingegriffen worden: In der **Praxis** wirkt die tatrichterliche Schuldschwere-Feststellung wie eine **Qualifikation des § 211** (insoweit zutr. *Lüderssen* StV **06**, 61). 7

Die lebenslange Freiheitsstrafe lässt als absolute Strafe kein genaues Schuldmaß erkennen, sondern bringt lediglich zum Ausdruck, dass die Schuld jedenfalls die Schwelle überschritten hat, die nach dem Gesetz für die Verhängung der lebenslangen Freiheitsstrafe vorausgesetzt ist 8 (vgl. RegE 7). Da Nr. 1 nur eine Mindestverbüßungszeit bestimmt, hat sich aus dem Gebot der Gerechtigkeit der Zeitpunkt der Aussetzung des Strafrestes wesentlich nach der Schuld des Täters zu richten, denn „das Prinzip der Schuldangemessenheit der Strafe beherrscht nicht nur die *Zumessung* der Strafe, sondern auch die Regelung der *Aussetzung eines Strafrestes* bei lebenslanger Freiheitsstrafe" (BVerfGE **64**, 271; **86**, 313; vgl. auch Karlsruhe NStE Nr. 4; Düsseldorf NStZ **90**, 509). **Anhaltspunkte** für die Entscheidung lassen sich durch „entsprechende Anwendung" der Regeln für die Bemessung der Strafe nach § 46 finden (BVerfGE **86**, 313; GrSenBGH **40**, 367; vgl. auch BVerfG 2 BvR 578/02, 796/02 [8. 11. 2006], Rdn. 94 ff.). Es ist daher auch bei der schwersten Strafe die Dauer der Vollstreckung – dem unterschiedlichen Schuldmaß entsprechend abgestuft – am Strafzweck des gerechten Schuldausgleichs zu bestimmen (Karlsruhe JR **83**, 377; **88**, 165 [m. Anm. *Müller-Dietz*]; NStZ **90**, 338; **91**, 38; Koblenz NStZ **84**, 167). Nach Ablauf der Mindestverbüßungszeit tritt auch bei guter Prognose im Unterschied zu § 57 I **keine Entlassungsautomatik** ein (RegE 5; BGH **31**, 192; Karlsruhe NStZ **83**, 75; *Laubenthal* 206; vgl. BVerfGE **86**, 321; LK-*Gribbohm* 11).

9 **b)** In der Frage, was unter **besonderer Schwere der Schuld** zu verstehen ist, hat GrSenBGH **40**, 360 [m. Anm. *Kintzi* JR **95**, 249; *Hauf* NJW **95**, 1072; *Krümpelmann* NStZ **95**, 337; *Streng* JZ **95**, 556] nicht an eine fiktive Vergleichsgröße, etwa das Schuldmaß der „erfahrungsgemäß gewöhnlich vorkommenden Mordfälle", das *„Normalmaß"* oder das „übliche" Schuldmaß angeknüpft (zum früheren Meinungsstand vgl. 47. Aufl.; *Kintzi,* Salger-FS 75). Vielmehr hat der Tatrichter, in einer „zusammenfassenden Würdigung von Tat und Täterpersönlichkeit die Schuld daraufhin zu bewerten, ob sie nach seiner Auffassung besonders schwer ist" (aaO 370; zum fraglichen Anknüpfungspunkt der „Schwere"-Relation vgl. auch *Kett-Straub* GA **07**, 332, 341 f.). Bei entspr. Anwendung von § 46 (aaO 367) kommt die Feststellung der besonderen Schuldschwere nur in Betracht, „wenn Umstände vorliegen, die Gewicht haben" (aaO): es müssen Umstände von *besonderem* Gewicht vorliegen (vgl. BGH **40**, 370; **41**, 57, 62; BGHR § 57 a I Schuldschwere 10, 19). Im Rahmen der erforderlichen **Gesamtwürdigung** des Tatgeschehens und der Täterpersönlichkeit (BGH **40**, 360, 370; **41**, 57, 62; **42**, 226, 227; NStZ **03**, 146, 148; **06**, 505, 506; NStZ-RR **06**, 236; stRspr) zu berücksichtigen sind etwa die besondere Verwerflichkeit der Tatausführung oder der Motive, mehrere Opfer bei einer Tat, die Begehung mehrerer Mordtaten oder weiterer schwerer Straftaten (aaO; vgl. zB NStZ **02**, 49 f.). Für die insoweit zu berücksichtigenden Tatsachen gilt der **Zweifelssatz** uneingeschränkt (StV **03**, 18). Zulässiges Verteidigungsverhalten (zB fehlendes Geständnis; Fehlen von Reue bei Bestreiten der Tat) darf auch bei der Schuldschwerebeurteilung nicht zu Lasten des Angeklagten gewertet werden (StV **03**, 17; **03**, 18 f.); ebenso nicht objektiv erschwerende Tatumstände, welche dem Täter nicht vorzuwerfen sind (vgl. 5 StR 341/03 [brutale Vorgehensweise bei verminderter Steuerungsfähigkeit]).

10 Wenn *„besonders* schwere" von *„nicht besonders* schwerer" Schuld differenziert werden soll, kommt es aber darauf an, einen **Bezugspunkt** zu bestimmen, an welchem sich das „Gewicht" einzelner Umstände messen lässt. Dies kann ersichtlich nur der **Tatbestand** sein, somit das gesetzlich festgelegte **Mindestmaß** der Schuld, welche die Verhängung der lebenslangen Freiheitsstrafe gebietet (vgl. *Streng* JZ **95**, 556, 558; *Hoffmann-Holland* StraFo **06**, 275, 279; *Lackner/Kühl* 3 a; SK-*Horn* 7 b; LK-*Gribbohm* 13), nicht aber ein empirisch ungesichertes und auf Vermutungen beruhendes „Normalmaß" einer „durchschnittlichen" Schuldschwere (GrSenBGH **40**, 368 f.; so auch NStZ **94**, 77 und Vorlagebeschl. NStZ **94**, 540; vgl. *Foth* NStZ **93**, 368; *Salger* DRiZ **93**, 391; *Kintzi,* Salger-FS 75), welches im Übrigen, um überhaupt als „durchschnittlich" gelten zu können, das Mindest-Maß stets mitdenken muss. Der GrSen hat mit der Formel, besonders schwer sei die Schuld, wenn der Tatrichter sie im Wege einer zusammenfassenden Würdigung für besonders schwer hält (370), die Maßstäbe zur Konkretisierung gerade offen gelassen (krit. *Lackner/Kühl* 3 a; *Heine* GA **00**, 305, 309; *Hoffmann-Holland* StraFo **06**, 275, 276 ff).

11 Die **Gewichtung der Schuldschwere** ist entsprechend den Regeln vorzunehmen, die für die Strafzumessungsschuld iS des § 46 I gelten (BVerfG NJW **95**, 3244; BGH **42**, 226, 228 f.; StV **03**, 18); daher gilt auch das Verbot der Doppel-

verwertung nach § 46 III (NStZ-RR **01**, 296). Die Annahme besonders schwerer Schuld ist die **Ausnahme** von der Regel; ihre Bejahung, nicht ihre Verneinung bedarf daher der Feststellung besonderer Umstände (StraFo **05**, 168).

Schuldsteigernde Umstände, die zu einer weiteren Vollstreckung führen können, sind **zB** die Art der Tatausführung oder der Motive; besondere Begleitumstände der Tat, so erbarmungslose Brutalität (BGHR § 57 a II; *S/S-Stree* 8); anders, wenn die Art der Tatbegehung auf unverschuldeten Elementen der Persönlichkeitsstruktur oder auf Gründen beruht, die zur Einschränkung der Steuerungsfähigkeit geführt haben; vgl. 5 StR 177/99; vgl. aber 3 StR 494/03); grausame, qualvolle Behandlung des Opfers; niederträchtige, das Opfer entwürdigende Verhaltensweisen; Intensität der Leiden des Opfers; Nichtigkeit des Tatanlasses (Karlsruhe NStZ **83**, 75; LK-*Gribbohm* 15); insbesondere aber auch eine Mehrheit von Mordmerkmalen (1 StR 532/94); Ermordung mehrerer Menschen durch eine Tat; Tatausführung unter besonders verwerflichen Umständen (BGH **39**, 125; 212 [m. Anm. *Stree* JR **94**, 166]; *Laubenthal* 221). Jedoch bedarf es auch beim Zusammentreffen mehrerer Mordmerkmale einer **Gesamtwürdigung** anhand der Umstände des Einzelfalls (StV **98**, 420; NJW **93**, 1999; NStZ **06**, 505, 506; BGHR § 57 a I; NStZ-RR **06**, 236, 237; Hamburg StV **94**, 257). Verminderte Steuerungsfähigkeit steht der Annahme besonders schwerer Schuld nicht von vornherein entgegen (3 StR 494/03). **11 a**

Eine **ausdrückliche Erörterung** drängt sich auf, wenn eine Mehrzahl erheblich schuldsteigernder Umstände in dem abgeurteilten Gesamtgeschehen und namentlich der Ausführung der Tat festgestellt sind; das Fehlen einer Auseinandersetzung damit macht in diesem Fall das Urteil rechtsfehlerhaft (NStZ **02**, 49). Einzelne Umstände sind dabei nicht schematisch zu bewerten; so führt etwa die Verwirklichung mehrerer Mordmerkmale nicht regelmäßig zum Vorliegen besonders schwerer Schuld (NStZ-RR **96**, 354; vgl. auch BGH **41**, 63; NStZ-RR **96**, 321; 243; 1 StR 503/93; 3 StR 151/95). IdR ohne schuldsteigernde Wirkung ist (zulässiges) **Verteidigungsverhalten** (vgl. StV **93**, 639 [fehlende Reue bei bestreitendem Täter]; StraFO **01**, 263; StV **01**, 571). Auch ein unzulässiges Verteidigungsverhalten hat aber für die Beurteilung der Schuldschwere nur insoweit Bedeutung, als es Rückschlüsse auf die Einstellung des Täters zu der Tat zulässt (vgl. StraFo **01**, 390 [Berufung auf eifersuchtsbedingte Affekttat wegen angeblicher sexueller Freizügigkeit des Opfers]). Auf einen bloßen „Eindruck" vom Verhalten des Angeklagten in der Hauptverhandlung kann die Annahme besonderer Schuldschwere schon wegen der Geltung des Zweifelssatzes nicht gestützt werden (4 StR 106/01); auch *scheinbar* „emotional unbeteiligtes" Auftreten in der Hauptverhandlung lässt sichere Schlüsse auf die Einstellung zur Tat idR nicht zu (vgl. NStZ **06**, 505). **11 b**

Mit einer **realkonkurrierenden Straftat** ist nicht stets eine wesentliche Schuldsteigerung verbunden (Frankfurt NStZ **94**, 55); sie kommt aber insb. bei Bestehen eines inneren (kriminologischen) Zusammenhangs in Betracht (vgl. 3 StR 162/01 [gefährliche Körperverletzung und Mord]); nicht aber bei Begehung eines mit dem Mord nicht zusammenhängenden Bagatelldelikts (NStZ **02**, 137 [Verstoß gegen AuslG]). Schuldsteigernd dürfen nicht solche Merkmale herangezogen werden, die überhaupt erst die Verhängung einer lebenslangen Strafe begründen (BGH **42**, 228). Entsprechend § 46 III genügt zB in den Fällen der Tötung aus niedrigen Beweggründen für die Feststellung der besonderen Schuldschwere daher nicht schon die besondere Verwerflichkeit der Tatmotive; der Tatrichter hat vielmehr zu prüfen, worin außerdem eine gegenüber der Tatbestandserfüllung *gesteigerte* Verwerflichkeit zu sehen ist (BGH **42**, 229 m. Anm. *Horn* JR **97**, 248; NStZ **97**, 124; **99**, 501). Ohne Verstoß gegen § 46 III darf als schuldsteigernd berücksichtigt werden, dass Verdeckungsmorden schwere Straftaten vorausgegangen sind (NStZ **98**, 458); andererseits kann auch berücksichtigt werden, dass die verdeckten Anlasstaten sehr lange zurücklagen und bereits verjährt sind (vgl. NStZ **06**, 505). **Verfahrensfremde Vor-Taten** können grds berücksichtigt werden; jedoch ist, wenn sich die besondere Schwere der Schuld nicht (schon) aus der mit lebenslanger Strafe geahndeten, son- **12** dern (erst) aus einer Mehrzahl von Taten ergibt, die Entscheidung über die besondere Schuldschwere dem Verfahren vorzubehalten, in welchem nach Maßgabe von § 57b über die Gesamtstrafenbildung zu entscheiden ist (NStZ **99**, 501 f.). Getilgte oder tilgungsreife **Vorstrafen** dürfen nicht verwertet werden (NStZ-RR **01**, 237; StV **98**, 17; 1 StR 630/96); ebenso nicht Vorfälle in strafunmündigem Alter (1 StR 398/00); das gilt auch dann, wenn der Angeklagte sich zu seiner Verteidigung auf Umstände solcher Taten berufen hat (BGH **27**, 108; NStZ-RR **01**, 237; BGHR BZRG § 51 Verwertungsverb. 5, 7). In Altfällen kann auch die Missachtung der Warnfunktion einer mehrjährigen, voll verbüßten Freiheitsstrafe zur Annahme einer besonderen Schuldschwere führen (Nürnberg NStZ **97**, 168).

13 Das BVerfG hat mehrfach (vgl. E **64**, 272; **72**, 116) gerade auch im Hinblick auf die Schuldschwereklausel entschieden, dass uU „im Einzelfall die Strafe im Wortsinn ein Leben lang vollstreckt" werden kann (vgl. auch Frankfurt NJW **86**, 598; LK-*Gribbohm* 11; **aA** *Stree* NStZ **83**, 293 u. *S/S-Stree* 7; *Beckmann* NJW **83**, 542; *Müller-Dietz* Jura **83**, 634; vgl. hierzu *Kerner* UniHD-FS 446; *Fünfsinn* GA **88**, 170; *Revel* [1 a] 19 ff. u. 72 ff.); es ist daher verfassungsrechtlich nicht zu beanstanden, dass § 57 a eine maximale Vollstreckungsdauer auch für Fälle positiver Sozialprognose nicht bestimmt (BVerfGE **86**, 334; BVerfG NJW **92**, 2345; **95**, 3246). Freilich wird eine lebenslange Vollstreckung allein aus Gründen gerechten Schuldausgleichs nur selten zu rechtfertigen sein, da auch dem Verurteilten mit besonders schwerer Schuld idR „eine Chance verbleiben" muss, „seine Freiheit wieder erlangen zu können" (BVerfGE **45**, 239; vgl. BVerfG NStZ **96**, 54 [Krebserkrankung eines seit 35 Jahren Inhaftierten, dessen Schuld „äußerst schwer" wiegt]; LK-*Gribbohm* 11).

14 **c) Entscheidungszuständigkeit des Tatgerichts.** In seinem Beschluss vom 3. 6. 1992 (BVerfGE **86**, 288) hat das BVerfG die Verfassungsmäßigkeit der Androhung, Verhängung und Vollstreckung der lebenslangen Freiheitsstrafe unter der Voraussetzung **verfassungskonformer Auslegung** der §§ 454, 462 a StPO und von § 74 I S. 1, II S. 1 Nr. 4 GVG bestätigt (310), zugleich aber die gesetzliche Regelung im Wege verfassungskonformer Auslegung weitreichend geändert (krit. diss. Votum *Mahrenholz,* 348; Karlsruhe NJW **93**, 2189; *Meurer* JR **92**, 441; *Kintzi* DRiZ **93**, 342; *Geis* NJW **92**, 2938; *Müller-Dietz* Jura **94**, 78; *Stark* JZ **94**, 189; *Boetticher,* Mahrenholz-FS 763, 773; *Krey* JR **95**, 223; *Bock/Mährlein* ZRP **97**, 378; *R. v. Hippel,* Geerds-FS 153; LK-*Häger* 22 f. zu § 38; abl. auch *Lackner/Kühl* 2). Danach müssen in Mordfällen die für die Bewertung der Schuld gem. § 57 I S. 1 Nr. 2 erheblichen Tatsachen im **Erkenntnisverfahren** vom **Schwurgericht** festgestellt und im Urteil dargelegt werden; darüber hinaus muss das Urteil auf dieser Grundlage die Schuld unter dem Gesichtspunkt ihrer besonderen Schwere gewichten; an diese Entscheidung ist das Vollstreckungsgericht gebunden. Da das *Nicht*-Vorliegen besonders schwerer Schuld im Urteil nicht auszusprechen ist, kann eine fehlende Feststellung von der StVK nicht „nachgeholt" werden (Jena NStZ **02**, 167). Die **Feststellung** besonders schwerer Schuld muss im **Urteilstenor** ausgesprochen (BGH **39**, 121 m. Anm. *Meurer* JR **93**, 251; NJW **93**, 2001; StV **93**, 244; NStZ **00**, 194) und in den Gründen entspr. § 267 III S. 1 StPO dargelegt werden (NStZ-RR **96**, 321; 354); die **Verneinung** ist lediglich in den Gründen darzulegen (NJW **93**, 2001). Eine ergänzende Feststellung durch das Revisionsgericht kommt nicht in Betracht (NStZ **00**, 194). Bei Bejahung besonders schwerer Schuld hat sich das Tatgericht auf die Feststellung des Vorliegens und des Ausmaßes der besonderen Schuldschwere zu beschränken; über die vollstreckungsrechtlichen Folgen entscheidet das Vollstreckungsgericht (NStZ **97**, 277; *Stree* NStZ **92**, 464; **97**, 278; LK-*Gribbohm* 21; *S/S-Stree* 7 f.; SK-*Horn* 10). Daher sind auch Ausführungen zu einer 15 Jahre überschreitenden Mindest- oder zur nach Ansicht des Tatrichters angemessenen Höchstverbüßungsdauer weder veranlasst noch für die StVK bindend (NJW **97**, 878; StV **03**, 17).

15 **d) Altfälle.** Für Altfälle, in denen über die Aussetzung von vor dem 3. 6. 1992 verhängten lebenslangen Freiheitsstrafen zu entscheiden ist, hat das BVerfG (E **86**,

324) eine **Übergangsregelung** getroffen (dazu LK-*Gribbohm* 16ff.; *S/S-Stree* 11; SK-*Horn* 12; *Lackner/Kühl* 7, jew. mwN). Danach ist das Vollstreckungsgericht in diesen Fällen an die im Urteil ausdrücklich festgestellten Tatsachen **gebunden;** für die Entscheidung über die Schuldschwere dürfen nur solche Umstände berücksichtigt werden, die das Tatgericht zur Schuldfeststellung herangezogen hat (BVerfG NStZ **99**, 102). Hinsichtlich *objektiv* schuldsteigernder Merkmale ist dies ohne weiteres zulässig (BVerfGE **86**, 333; **zB** Berücksichtigung tateinheitlich begangener Taten). Ausführungen über Beweggründe, Ziele und Gesinnung des Täters, soweit sie nicht der Annahme eines Mordmerkmals dienen, müssen aber außer Betracht bleiben; die zur Tatausführung getroffenen Feststellungen darf das Vollstreckungsgericht nicht in einer Weise bewerten, die über den Gehalt der unbezweifelbaren schwurgerichtlichen Wertung hinausgehen (BVerfGE **86**, 325; BVerfG NStZ **99**, 101; Frankfurt NStZ **94**, 55 m. krit. Anm. *Funck* NStZ **94**, 252; Brandenburg NStZ-RR **99**, 236). Nach Hamm NStZ-RR **98**, 71 können auch Feststellungen zum Vorleben und zu Vorstrafen berücksichtigt werden, soweit sie im tatrichterlichen Urteil, etwa durch Ausschluss einer Strafmilderung nach §§ 21, 49 schuldsteigernde Bedeutung erlangt haben (zust. *S/S-Stree* 11). Nach Brandenburg NStZ-RR **99**, 236f. binden auch solche Erwägungen des Tatgerichts, die sich unter zusammenfassender Würdigung mit der Frage auseinandersetzen, ob außergewöhnliche schuldmildernde Umstände der Verhängung lebenslanger Freiheitsstrafe entgegenstehen. Die Bindung des Vollstreckungsgerichts an die *Feststellungen* des Tatgerichts gilt auch für Umstände, die *zu Gunsten* des Verurteilten sprechen (Hamm NStZ-RR **01**, 288). Das Vollstreckungsgericht darf nicht die Annahme besonderer Schuldschwere auf ein vom Tatgericht *nicht bejahtes Mordmerkmal* stützen; eine wertende Einbeziehung der tatsächlichen Umstände, soweit sie für die tatrichterliche Feststellung von Tatbestandsmerkmalen von Bedeutung waren, ist möglich (*S/S-Stree* 11).

BVerfG NStZ **99**, 101f. macht die Schwierigkeit der Abgrenzung deutlich: Als verfassungswidrig hat das Gericht die Berücksichtigung von Tathandlungen angesehen, die im Rahmen eines einheitlichen Geschehens weit über das zur Tatbestandserfüllung Erforderliche hinausgingen (Misshandlung und 6 Kopfschüsse nach *erstem* – tödlichen – Schuss), und gerügt, dass die Vollstreckungsgerichte das einheitliche Tatgeschehen „zergliedert" und als besonders schuldsteigernd die (weiteren) Handlungen gewertet haben, „obwohl sich gerade darin die bereits (vom *SchwurG*) berechtigterweise schuldsteigernd gewerteten (niedrigen) Beweggründe verwirklichen" (ebd.). Dabei bleibt unberücksichtigt, dass bereits die ersten Tathandlungen die Annahme niedriger Beweggründe (Vergeltung für Ablehnung von Annäherungsversuch) tragen. Im **Ergebnis** führt die Beschränkung der vollstreckungsgerichtlichen Erkenntnisquellen zu problematischen Abgrenzungsfragen und zu einer kaum vertretbaren **Zufälligkeit** nach Maßgabe des Umfangs von Feststellungen des Tatrichters, die zurzeit ihrer Darlegung die vom BVerfG erkannten Kriterien gar nicht beachten konnten (krit. auch *Lackner/Kühl* 7; *S/S-Stree* 11; LK-*Häger* 23 zu § 38). Die Altfall-Regelung ist daher ein Beispiel *begriffsjurisprudentischer* Systematik auf Kosten der Sachgerechtigkeit: Weil es verfassungsrechtlich *geboten* ist, dass der Tatrichter sich über die Schuldschwere Gedanken macht, gilt deren *Fehlen* rückwirkend als ein solcher. **15a**

Gegen eine **isolierte Feststellung** der besonderen Schuldschwere vor der Entscheidung über die Mindestverbüßungsdauer bestehen in den Altfällen keine verfassungsrechtlichen Bedenken (BVerfG NStZ **97**, 333; vgl. Dresden StV **01**, 214f.); die gesetzliche Grundlage für eine solche isolierte Entscheidung ist allerdings fraglich (Nürnberg NStZ **97**, 408; NStZ-RR **98**, 220; vgl. auch Frankfurt NStZ **94**, 54). Ohne Einwilligung des Verurteilten in die Strafrestaussetzung (I Nr. 3 iVm § 57 I Nr. 3) dürfte eine isolierte (nachträgliche) Entscheidung über die besondere Schwere der Schuld unzulässig (Celle NStZ **98**, 248), jedenfalls nicht veranlasst sein. Das Vollstreckungsgericht hat die Entscheidung rechtzeitig (Karlsruhe MDR **94**, 390; vgl. KK-*Fischer* 49a zu § 454 StPO) nachzuholen und bei erstmaliger Ablehnung der Aussetzung bei Feststellung besonderer Schuldschwere darüber zu entscheiden, um welche **Mindest-** **16**

zeit – vorbehaltlich späteren Wegfalls des Gebotenseins – sich die Vollstreckungsdauer von 15 Jahren verlängert (BVerfGE **86**, 288). Die Anordnung einer **Vollverbüßung** ist *als solche* unzulässig, da sie BVerfGE **46**, 187 widersprechen und dem Sinn des § 57 a zuwiderlaufen würde (*S/S-Stree* 7; krit. *Neumann* [1 a] 393; vgl. aber oben 13).

17 **e)** Nr. 2 setzt für die Aussetzung weiter voraus, dass die besondere Schuldschwere die weitere Vollstreckung **nicht gebietet.** Die Entscheidung hierüber setzt eine eigenständige, von der Feststellung der Schuldschwere unabhängige Beurteilung voraus. Die **StVK,** die (nur) bei der Bewertung der Schuld an die Gewichtung des erkennenden Gerichts gebunden bleibt, hat eine eigene, auf den Entscheidungszeitpunkt bezogene Wertung vorzunehmen, ob die Schuldschwere mit Rücksicht auf die Schutzaufgabe des Strafrechts derzeit die weitere Vollstreckung noch gebietet (BVerfGE **86**, 323; vgl. Koblenz GA **83**, 279). Es ist also eine **vollstreckungsrechtliche Gesamtwürdigung** vorzunehmen, in die (wie der für entsprechend anwendbar erklärte § 57 I S. 2 zeigt) auch nichttatrelevante Umstände mit einfließen, wie Verschlechterung des Gesundheitszustandes (BVerfG NStZ **96**, 54: Krebserkrankung), positive Persönlichkeitsentwicklung, Sühneanstrengungen u. ä. (vgl. BVerfGE **72**, 116; Karlsruhe NStZ **83**, 75; **90**, 338; **91**, 38; MDR **91**, 893; JR **88**, 163 [m. Anm. *Müller-Dietz*]; Frankfurt NJW **86**, 598; NStZ **87**, 329; Hamm NStZ **86**, 315 [jew. in Fällen hochbetagter NS-Gewalttäter]; Düsseldorf NStZ **90**, 510; *Lenzen* NStZ **83**, 544; LK-*Gribbohm* 20; *Laubenthal* 223; *Revel* [1 a] 87 ff.). Solange die StVK in diesen Fällen in Bindung an das erkennende Gericht *schulderhöhende* Umstände, mögen sie auch die Verhängung der lebenslangen Strafe mitbegründet haben, im Auge behält, liegt hierin keine unerlaubte Doppelverwertung (*Lenzen* NStZ **83**, 545; **aA** SK-*Horn* 10 und JR **83**, 381; *Laubenthal* 222 u. JA **84**, 474), da § 57 a eine abermalige *Gesamt*würdigung voraussetzt (BVerfG aaO). Hierbei steht nicht nur die Schuldschwere, sondern auch die Frage zur Entscheidung, ob die weitere Vollstreckung der lebenslangen Freiheitsstrafe *derzeit* noch geboten ist (vgl. auch *Stree* NStZ **92**, 466). Da das Schwurgericht nur die Tatschuld, nicht aber die Vollstreckungsdauer *mindernde* nichttatrelevante Umstände (§ 57 a I S. 2 iVm § 57 I S. 2) schon bei der Gewichtung der Strafzumessungsschuld mit Verbindlichkeit für die StVK feststellen kann, muss diese die „Strafvollstreckungsschuld" eigenständig bewerten (zur Problematik Karlsruhe NJW **93**, 2190 [m. Anm. *Kintzi* JR **93**, 386, DRiZ **93**, 346 u. Salger-FS 76]; Frankfurt NStZ **94**, 54; Nürnberg NStZ-RR **97**, 169; insoweit **aA** *Streng* JZ **95**, 557).

18 Nach BVerfGE **86**, 331 hat die StVK, falls sie die bedingte Entlassung derzeit aus Gründen des I Nr. 2 *ablehnt,* zugleich in den Gründen *verbindlich* **mitzuteilen, bis wann die Vollstreckung** – vorbehaltlich einer Änderung der für die Beurteilung maßgebenden Verhältnisse des Verurteilten – *unter dem Gesichtspunkt der besonderen Schwere der Schuld* **fortzusetzen** ist (vgl. oben 16). Dies trägt nicht nur dem Bestimmtheitsgebot (Art. 103 II GG) Rechnung, sondern setzt auch die Vollzugsanstalten in die Lage, zeitgerecht die für die Entlassung erforderlichen Maßnahmen (§ 15 StVollzG) vorzubereiten (*Rotthaus* NStZ **93**, 218; *Kintzi* DRiZ **93**, 347).

19 **C. Nr. 3** (iVm § 57 I S. 1 **Nr. 2**): Die Aussetzung muss unter Berücksichtigung des **Sicherheitsinteresses der Allgemeinheit verantwortet** werden können (zur Prognose vgl. auch 12 ff. zu § 57). Die Verweisung **I S. 2,** wonach bei der Prognoseentscheidung § 57 I S. 2 und § 57 VI entsprechend gelten, soll Gewähr dafür bieten, dass auch bei der Aussetzung nach § 57 a dem Sicherungsbedürfnis der Allgemeinheit, dem bei Taten höchster Strafwürdigkeit besondere Bedeutung zukommt, entsprochen werden kann. Bezüglich möglicher zukünftiger Straftaten ist ggf. ein (unvermeidliches) **Restrisiko** einzugehen (BVerfG 2 BvR 578/02, 496/02 v. 8. 11. 2006, Rdn. 95); ob dieses vertretbar ist, ist durch **Gesamtabwägung** aller entscheidungserheblichen Umstände abzuwägen (Karlsruhe StraFo **04**, 287 f.). Dabei kommt dem Sicherheitsinteresse der Allgemeinheit besonderes Gewicht zu *(BVerfG NJW* **98**, 2202 ff.); je höherwertige Rechtgüter in Gefahr sind, desto geringer muss das Rückfallrisiko sein. Bei der Gefahr schwerer Gewalttaten gehen Zweifel an einer günstigen Prognose zu Lasten des Verurteilten (RegE 6; BVerfG NJW **92**, 2345; Karlsruhe StraFo **04**, 287, 288; LK-*Gribbohm* 24; *S/S-Stree* 5;

Kunert NStZ **82**, 93; *Müller-Dietz* Jura **83**, 633; *Bode,* Faller-FS 343). Dagegen steht zB die Gefahr der Begehung von Eigentumsdelikten einer Aussetzung nicht stets entgegen (vgl. Nürnberg StV **00**, 266). Der Freiheitsanspruch gewinnt gegenüber den Sicherheitsinteressen der Allgemeinheit mit der Dauer der Inhaftierung an Gewicht (vgl. BVerfGE **64**, 261, 272f.; **70**, 297, 315; BVerfG NJW **98**, 1133, 1134; NStZ **96**, 614; Karlsruhe StV **02**, 322f.; StraFo **04**, 288f.). Erfordert die Schwere der Schuld die weitere Vollstreckung einer lebenslangen Freiheitsstrafe nicht mehr, lässt sich aber dem Verurteilten **keine günstige Sozialprognose** stellen, so hindert die Gefahr der Begehung von Straftaten mittleren oder geringeren Gewichts die Aussetzung der Reststrafe nicht (KG NStZ-RR **97**, 382). Die Vollstreckung der lebenslangen Freiheitsstrafe über den durch besondere **Schwere der Schuld** bedingten Zeitpunkt hinaus aus Gründen der *Gefährlichkeit* verletzt aber grds. weder die Menschenwürde noch das Freiheitsgrundrecht (BVerfG JR **07**, 160 [= 2 BvR 578/02, 796/02 v. 8. 11. 2006]; Anm. *Kinzig* ebd. 165]; vgl. auch Lübeck StV **95**, 33). Aus dem verfassungsrechtlichen Gebot eines auf den Einzelfall abstellenden **Behandlungsvollzugs**, der dem zu lebenslanger Freiheitsstrafe Verurteilten eine konkrete Chance eröffnet, die Freiheit wieder erlangen zu können (BVerfGE **45**, 187, 245; BVerfG NStZ **96**, 614), kann sich im Einzelfall ein Anspruch auf eine psychotherapeutische Einzelbehandlung zur Vorbereitung einer möglichen späteren Aussetzungsentscheidung ergeben, auch wenn der Gefangene eine Gruppentherapie – uU krankheitsbedingt – abgelehnt hat (Karlsruhe NStZ-RR **04**, 287f.). Die Vollstreckungsgerichte dürfen sich im Verfahren nach §§ 454, 462 StPO auch nicht damit abfinden, dass die Vollstreckungsbehörde ohne hinreichenden Grund die einer Vollstreckungsaussetzung vorausgehende Gewährung von **Vollzugserleichterungen** verweigert (BVerfG StV **98**, 429; vgl. auch Karlsruhe StV **04**, 557).

§ 454 I S. 5 StPO schreibt vor, dass das Gericht das **Gutachten eines Sachverständigen** einholt. Die kriminalprognostische Begutachtung ist auch eine maßgebliche Beurteilungsgrundlage für die der Entscheidung nach § 57a vorangehende Vollzugsgestaltung (Karlsruhe MDR **93**, 1111). Weigert sich der Verurteilte, an der Begutachtung mitzuwirken, so kommt eine Aussetzung nicht in Betracht (Koblenz MDR **83**, 1044; Karlsruhe NStZ **91**, 207; LK-*Gribbohm* 25). **20**

D. Nr. 3 (iVm § 57 I S. 1 **Nr. 3**): Der **Verurteilte** muss **einwilligen** (vgl. dazu 19f. zu § 57). Rechtsstaatlich ist das zweifelhaft, denn es wird dem Verurteilten so ein *Recht* auf lebenslangen Strafvollzug eingeräumt, obgleich es dessen weder unter Schuld- noch Gefährlichkeits-Gesichtpunkten mehr bedarf (zutr. abl. daher *Laubenthal* JZ **88**, 951; *Kett-Straub* GA **07**, 332, 339). In der Praxis fehlt es in nicht seltenen Fällen an einer Einwilligung (Gründe sind Verlust jeder sozialen Anbindung nach langjähriger Haft; Abstumpfung und Verlust von Initiative und Lebensplanung; Furcht vor Verlust von Orientierung und Bedeutung; vgl. Düsseldorf NJW **93**, 1665). Eine zunächst verweigerte Einwilligung kann noch später erklärt werden, sie kann aber auch im Beschwerdeverfahren noch mit der Folge widerrufen werden, dass der – noch nicht rechtskräftige – Beschluss über die Festsetzung der Mindestverbüßungszeit aufzuheben ist (Celle StV **96**, 220). **21**

4) Aussetzung bei mehreren Freiheitsstrafen. Das Gesamtstrafenprinzip des § 54 gilt auch für die lebenslange Freiheitsstrafe. Ist lebenslange Freiheitsstrafe als **Gesamtstrafe** zu vollstrecken, so gilt für sie die Mindestverbüßungszeit nach Abs. I Nr. 1. **Verbüßte Strafe** iS des I S. 1 Nr. 1 bei der Ermittlung der Vollstreckungsdauer ist nach Abs. II jede Freiheitsentziehung, die der Verurteilte aus Anlass derjenigen Taten verbüßt hat, deren Strafen in die Gesamtstrafe einbezogen wurden. Der Begriff „aus Anlass der Tat" bezieht sich also auf jede bei der Gesamtstrafenbildung berücksichtigte Tat (*Lenzen* NStZ **83**, 545). Die in die Gesamtstrafe einbezogenen weiteren Taten werden jedoch nach Maßgabe des § 57b in die vollstreckungsgerichtliche Bewertung der besonderen Schwere der Schuld einbezogen (vgl. 1 zu § 54; 2f. zu § 57b). Mehrere **nicht gesamtstrafenfähige** Strafen werden dagegen selbstständig vollstreckt; nach § 454b StPO sollen sie unmittelbar **22**

nacheinander vollstreckt werden. Die zunächst zu vollstreckende Strafe (vgl. § 43 StVollstrO) wird nach § 454b II StPO **unterbrochen,** um sicherzustellen, dass über die Aussetzung der Vollstreckung der Reste aller Strafen nach den §§ 57 und 57a **gleichzeitig** entschieden werden kann (§ 454b III StPO; vgl. Nürnberg NStZ **99**, 269 für mehrere lebenslange Freiheitsstrafen). Hier kann insb. der Eintritt einer (zufälligen) Zäsurwirkung, die einer Gesamtstrafenbildung entgegensteht (vgl. 9 zu § 55), im Einzelfall zu besonderen Härten führen, weil sich nach der gesetzlichen Regelung kumulierte Mindestverbüßungszeiten ergeben können, welche eine reale Chance, noch einmal in Freiheit zu gelangen (vgl. BVerfGE **45**, 187), nicht mehr eröffnen (krit. *Lackner/Kühl* 8 zu § 57b; LK-*Gribbohm* 9 zu § 57b; *Lackner,* Leferenz-FS 611, 616; vgl. auch *Scheffler* JR **96**, 485, 489).

23 **5) Entscheidung des Gerichts.** Der Strafrest ist zwingend auszusetzen („setzt aus", *Böhm* NJW **82**, 135; LK-*Gribbohm* 34, 51 zu § 57), wenn die Voraussetzungen vorliegen. Der Gesichtspunkt der Verteidigung der Rechtsordnung (9 zu § 46), der im Gesetzgebungsverfahren als Versagungsgrund ausgeschieden worden ist (RegE 12), darf nicht berücksichtigt werden (LK-*Gribbohm* 34; SK-*Horn* 12; and. Nürnberg NStZ **82**, 509 m. abl. Anm. *Kunert*). Zur Geltung des **Beschleunigungsgebots** im Verfahren nach § 454 StPO vgl. BVerfG NStZ **02**, 333 (m. Anm. *Verrel*); StV **06**, 652. **Absehen** von der Aussetzung der Vollstreckung kann das Gericht aber nach **I S. 2 iVm § 57 V,** wenn der Täter absichtlich die Beute verheimlicht oder sonst die Schadenswiedergutmachung vereitelt (vgl. 34 zu § 57).

24 **6) Bewährungszeit; Widerruf (Abs. III).** Die Dauer der Bewährungszeit beträgt 5 Jahre **(III S. 1).** Abweichend von § 57 III iVm § 56a I ist sie gesetzlich festgelegt. Dem Richter ist auch deren nachträgliche Verkürzung versagt, da III S. 2 nur § 56a II S. 1, nicht dessen S. 2 für anwendbar erklärt; wohl aber ist deren Verlängerung unter den Voraussetzungen des § 56f II S. 2 bis zu 2 Jahren möglich. Nach **III S. 2** gelten neben § 56a II S. 1 die **§§ 56b bis 56g und § 57 III S. 2** entsprechend (vgl. dazu 36ff. § 57). Der Richter hat also für die Bewährungszeit **Anordnungen** zu treffen, wie sie für die Aussetzung zeitiger Strafen vorgesehen sind.

25 Für den **Widerruf der Aussetzung** sowie den Straferlass und dessen Widerruf sind nach III S. 2 die **§§ 56f, 56g** sowie **§ 57 III S. 2** entsprechend anzuwenden; für die Berücksichtigung nachträglicher neuer taten gilt **§ 57 V S. 2** (vgl. 41 zu § 57). Bei Anwendung dieser Vorschriften ist die besondere Situation von zu lebenslanger Freiheitsstrafe Verurteilten zu berücksichtigen KG NStZ-RR **97**, 382; NStZ **04**, 156f.; vgl. Nürnberg StV **00**, 266). Während nach § 56f I Nr. 1 der Täter durch die Begehung einer Straftat, sofern sie nicht nur geringes Gewicht hat (8 zu § 56f), zeigt, dass sich die in ihn gesetzte Erwartung nicht erfüllt hat und daher idR der Widerruf geboten ist, treten in diesem Zusammenhang bei zu lebenslanger Freiheitsstrafe Verurteilten im Hinblick auf den unbestimmbaren, weil von der Lebensdauer abhängigen Straf-"Rest" besondere Probleme auf. Der Widerruf der Aussetzung ist geboten, wenn es auf Grund der neuen Straftat nicht weiter verantwortet werden kann zu erproben, ob der Verurteilte außerhalb des Strafvollzugs keine Straftaten mehr begehen wird (iErg ebenso *S/S-Stree* 10). Fahrlässigkeitstaten oder Vorsatztaten minderen Gewichts werden aber die günstige Sozialprognose nicht stets widerlegen (LK-*Gribbohm* 44; *Lackner/Kühl* 16; *S/S-Stree* 10; 8 zu § 56f). Wenn der Strafrest ausgesetzt wurde, obgleich das Gericht mit der Begehung von Eigentums- oder Vermögensdelikten rechnete, so ist für einen Widerruf kein Raum, wenn sich diese Befürchtung bestätigt (KG NStZ **04**, 156), denn die Entscheidung über den Widerruf ist nach dem Maßstab zu treffen, der der Aussetzung zugrunde lag. Kommt es zu einem Widerruf der Aussetzung, so *kann* bei später günstiger Prognose auch eine lebenslange Freiheitsstrafe abermals ausgesetzt werden (RegE 8; *Kunert* NStZ **82**, 92).

26 **7)** Die **Sperrfrist des IV** beträgt anders als die des § 57 VI 2 Jahre. Im Übrigen gilt das in 35 zu § 57 Gesagte.

8) Verfahrensrecht. Die Feststellung besonders schwerer Schuld bedarf keines Hinweises nach § 265 StPO (NStZ **96**, 321; StV **06**, 60 f. [m. krit. Anm. *Lüderssen*]). Sie ist im **Urteilstenor** auszusprechen (BGH **39**, 121; NStZ **00**, 194) und unter erschöpfender Darlegung der bestimmenden Erwägungen zu begründen. Die **Verneinung** ist nicht im Tenor auszusprechen, sondern in den Gründen darzulegen (BGH **39**, 208, 212; NJW **93**, 2001). Aus der Tatsache, dass das Urteil des erkennenden Gerichts dem Vollstreckungsgericht die Gewichtung der besonderen Schwere der Schuld bindend vorgibt (BVerfGE **86**, 323/324), ergibt sich die **Revisibilität** dieser Schuldgewichtung (BGH **41**, 58). Dies fügt sich, da das Gesetz dem Tatrichter bei Mord grundsätzlich Schuldabwägung verwehrt, nur schwer in das Verfahrenssystem ein (vgl. BGH **39**, 209 m. Anm. *Stree* JR **94**, 166; *Lackner/Kühl* 18; SK-*Horn* 9; KK-*Fischer* 46 zu § 454 StPO). Die Feststellung besonderer Schuldschwere **beschwert** den Angeklagten, weil sie (schon jetzt) seine Ausgangslage im Vollstreckungsverfahren verschlechtert (LK-*Gribbohm* 58). Durch die ausdrückliche **Verneinung** der besonderen Schuldschwere sowie durch das Fehlen ihrer Feststellung ist die **StA beschwert** (BGH **39**, 124; 209 [m. Anm. *Stree* JR **94**, 166]; vgl. auch 3 StR 494/03). Eine **Beschränkung der Revision** auf die Prüfung der besonderen Schuldschwere ist zulässig, falls eine rechtliche und tatsächliche Trennung dieser vollstreckungsrechtlichen Vorfrage vom nicht angegriffenen Teil des Urteils möglich ist (BGH **39**, 209), und zwar selbst dann, wenn bei einer Verurteilung zu lebenslanger Strafe die Bejahung eines weiteren Mordmerkmals in Betracht kommt (BGH **41**, 61). Eine **Überprüfung** der tatrichterlichen Wertung durch das Revisionsgericht ist nur eingeschränkt möglich (BGH **39**, 159; **40**, 360; **41**, 57; NStZ **98**, 352 f.; **02**, 49 f.; **03**, 146, 148; **06**, 505, 506; NStZ-RR **96**, 354); zu prüfen ist aber, ob der Tatrichter die ihm obliegende Aufgabe erfüllt hat, die für die Beurteilung maßgeblichen, im Urteil festgestellten Umstände umfassend zu bewerten und im Rahmen einer Gesamtwürdigung von Tat und Täterpersönlichkeit eine Abwägung nach zutreffenden Maßstäben vorzunehmen (BGHR § 57 a I Schuldschwere 10). In Ausnahmefällen ist gem. § 354 I StPO eine eigene Sachentscheidung des Revisionsgerichts möglich (vgl. 1 StR 286/01). 27

Für das **vollstreckungsgerichtliche Aussetzungsverfahren** nach § 57 a ist die **StVK zuständig** (§§ 454, 462 a StPO). Hat jedoch das *OLG im 1. Rechtszug* entschieden (vgl. § 120 I Nr. 2, 3 GVG), so bleibt es, falls es die Nachtragsentscheidungen nicht an die StVK abgegeben hat, anstelle der StVK auch für die Entscheidung nach § 57 a zuständig (§ 462 a V S. 1, 2 StPO). Zum **Verfahren** vgl. i. ü. die Kommentierungen zu §§ 454 ff., 462 a StPO. 28

Aussetzung des Strafrestes bei lebenslanger Freiheitsstrafe als Gesamtstrafe

57b **Ist auf lebenslange Freiheitsstrafe als Gesamtstrafe erkannt, so werden bei der Feststellung der besonderen Schwere der Schuld (§ 57 a Abs. 1 Satz 1 Nr. 2) die einzelnen Straftaten zusammenfassend gewürdigt.**

1) Allgemeines. Die Vorschrift ist auf Anregung des BRats (BT-Drs. 10/2720, 23) durch das 23. StÄG zusammen mit § 54 I S. 1 eingefügt worden. 1

2) Anwendungsbereich. § 57 b regelt die Anwendung des § 57 a in Fällen, in denen nach § 54 I S. 1 (dort 2) auf lebenslange Freiheitsstrafe **als Gesamtstrafe,** sei es im Urteil, nach § 55 I oder nach § 460 StPO (*Kintzi* DRiZ **93**, 345) erkannt worden ist (LK-*Gribbohm* 6, 7; *Lackner/Kühl* 7; vgl. 22 zu § 57 a). Danach wird, wenn der Täter mehrere Straftaten begangen hat, für die er jeweils Freiheitsstrafe verwirkt hat, der schulderhöhende Umstand dieser Tatsache, der sich bei der Gesamtstrafenbildung nach § 54 I S. 1 nicht auswirken kann (2 zu § 54), bei der Prüfung der Voraussetzung des § 57 a I Nr. 2 berücksichtigt, ob eine **besondere Schwere der Schuld** vorliegt (vgl. 6 ff. zu § 57 a). **Anknüpfungspunkt** für die besondere Schwere ist nach § 57 b daher die Gesamtstrafe; mit den weiteren Straftaten ist nicht stets eine ins Gewicht fallende Schuldsteigerung verbunden (NStZ **98**, 353; vgl. 12 zu § 57 a). Der zusätzliche Unrechtsgehalt der weiteren Taten ist aber nicht nur in „besonders gravierenden Fällen“, sondern grds stets zu berücksichtigen (vgl. BT-Drs. 10/2720, 10, 20; and. *S/S-Stree* 2; einschr. auch *Lackner/Kühl* 3); Ausnahmen liegen bei Bagatellstrafen nahe (vgl. auch BT-Drs. 10/2720, 29). 2

3) Lebenslange Gesamtstrafe. § 57 a regelt ausdrücklich nur die Berücksichtigung besonders schwerer Schuld bei Festsetzung **einer** Gesamtstrafe. Für die insoweit vorzunehmende **zusammenfassende Würdigung** gilt das zu 6 ff. zu § 57 a 3

Gesagte entsprechend. Sie ist nur auf § 57a I Nr. 2, nicht also auf darüber hinausgehende präventive Strafzwecke zu beziehen (krit. *Lackner,* Leferenz-FS 621). Da aber in die Gesamtstrafe auch zeitige Freiheitsstrafen einbezogen werden können, ergibt sich aus § 57b andererseits, dass § 57a I Nr. 2 indirekt auf zeitige Freiheitsstrafe anwendbar ist, obgleich für § 57 I Schuldaspekte unberücksichtigt bleiben (14 zu § 57). Die Pflicht zur zusammenfassenden Würdigung hindert den Tatrichter nicht, die besondere Schwere der Schuld schon für eine Einzeltat festzustellen (NStZ **97**, 227; 3 StR 162/01); auch in diesem Fall ist aber eine (nochmalige) Gesamtwürdigung nicht entbehrlich (vgl. StV **01**, 571).

4 Die in die lebenslange Gesamtstrafe einzubeziehenden Strafen sind bei der Bewertung der besonderen Schuldschwere zusammenfassend zu bewerten; diese kann sich schon aus der einbezogenen lebenslangen Einzelstrafe, aber auch (erst) aus dem zusätzlichen Gewicht der weiteren Taten ergeben (vgl. NJW **97**, 878 [Anm. *Stree* NStZ **97**, 277]). Hierbei sind nach allgemeinen Grundsätzen das Gewicht der einzelnen Taten und ihr Verhältnis zueinander zu berücksichtigen. Daher werden gesondert begangene schwere Straftaten regelmäßig die (Gesamt-) Schuldschwere erhöhen (einschr. *Lackner/Kühl* 3); dagegen steht ein enger zeitlicher, örtlicher und situativer Zusammenhang der Begründung besonderer Schuldschwere eher entgegen; ebenso das Vorliegen einer Tat iS von § 264 StPO (vgl. BGH **39**, 126; NJW **93**, 1999; Koblenz StV **94**, 382). Andererseits ist auch bei engem motivatorischen Zusammenhang eine sich aus der Gesamtwürdigung ergebende Feststellung besonderer Schuldschwere keineswegs ausgeschlossen (**zB** bei Verdeckungsmord nach besonders gravierender Vortat).

4a Bei **nachträglicher Gesamtstrafenbildung** nach § 55 oder § 460 StPO (vgl. dazu Hamm NStZ **96**, 301; LK-*Gribbohm* 12) gilt § 57b gleichermaßen. Ist bei einer nachträglich einzubeziehenden lebenslangen Einzelstrafe die besondere Schwere der Schuld (bindend) festgestellt, so kann das nachträglich entscheidende Gericht hiervon nicht abweichen; die besondere Schuldschwere ist daher auch für die nachträgliche Gesamtstrafe festzustellen. Ist in eine nachträgliche Gesamtstrafe eine frühere lebenslange Einzelstrafe einzubeziehen, hinsichtlich derer die besondere Schuldschwere nicht festgestellt wurde, so ist hierüber mit der Festsetzung der nachträglichen Gesamtstrafe nach Maßgabe der §§ 57a, 57b zu entscheiden (**aA** LG Hannover StV **96**, 220 [Anm. *Plähn*]; vgl. *Kintzi* DRiZ **93**, 341, 345). Es stellt sich insoweit grds die für **„Altfälle"** geltende Problematik (vgl. dazu 15 zu § 57a). Hierbei gelten im Hinblick auf die Beurteilung der einzubeziehenden lebenslangen Einzelstrafe für sich allein auch die für sonstige Altfälle geltenden Feststellungs- und Beweiseinschränkungen (so auch *Lackner/Kühl* 4); freilich kann hinsichtlich der **erstmals** vorzunehmenden zusammenfassenden Würdigung nach § 57b insoweit keine Einschränkung gelten.

5 **4) Behandlung nicht gesamtstrafenfähiger Strafen.** Für die Anwendung des § 57a auf die Vollstreckung **mehrerer,** nicht gesamtstrafenfähiger Strafen, von denen eine oder mehrere lebenslange Freiheitsstrafe ist, enthält § 57b keine Regelung. Sie sind selbstständig und nacheinander (§ 454b StPO) zu vollstrecken und nach Maßgabe des § 454b II StPO zu unterbrechen. Werden mehrere Gesamtstrafen verhängt, so sind zur Beurteilung der besonderen Schuldschwere nur diejenigen Taten heranzuziehen, die der lebenslangen Gesamtfreiheitsstrafe zugrunde liegen (*S/S-Stree* 1; offen gelassen von NStZ-RR **99**, 170f.). Teilweise wird vertreten, wegen der eine Entlassung uU ausschließenden **Kumulationswirkung** gesetzlicher Mindestverbüßungszeiten (vgl. 22 zu § 57a), die sich auch aus zufälligen Zäsurwirkungen von Vorverurteilungen ergeben können (9ff. zu § 55), seien die Mindestverbüßungszeiten von der StVK „in dem verfassungsrechtlich gebotenen Umfang" (*Lackner/Kühl* 8) herabzusetzen (dagegen LK-*Gribbohm* 9). Die Begehung einer Mehrzahl selbstständiger Taten, die zur Verhängung mehrerer nicht gesamtstrafenfähiger (ggf lebenslanger) Einzel- oder Gesamtstrafen führt, gibt für sich allein aber keinen Anlass, die Mindestverbüßungszeit für die einzelne (Gesamt-)

Strafe unter das gesetzliche Mindestmaß zu senken. Das Gesetz gibt auch keinen Anhaltspunkt dafür, welche *contra legem* festzusetzende Gesamt-Mindestverbüßungsdauer verfassungsrechtlich geboten sein könnte. Auch eine solche Festsetzung würde überdies ihrerseits wieder unter dem Vorbehalt möglicher weiterer (nachträglicher) Neugruppierung stehen. Eine **Obergrenze** für die Gesamtverbüßungsdauer ergibt sich aus § 57b iVm § 54 nicht. Ein im Erkenntnisverfahren unterbliebene Härteausgleich kann nicht bei der Festsetzung der Mindestverbüßungsdauer (vgl. 26 zu § 57) „nachgeholt" werden (Saarbrücken NStZ-RR **07**, 219).

5) Für **Altfälle** gilt nach **Art. 316 II EGStGB** (Anh. 1) folgendes: Hätte die lebenslange Freiheitsstrafe bei einer Verurteilung nach dem 1. 5. 1986 nach § 54 **als Gesamtstrafe** verhängt werden müssen, was nach altem Recht wegen § 260 IV S. 5 StPO zT nicht geschah (wobei es einerlei ist, ob dies rechtlich zutreffend war oder nicht), so ist § 460 StPO sinngemäß anzuwenden (*Lackner/Kühl* 7). Nach dieser Übergangsregelung zum 23. StÄG ist es also möglich, mehrere *gesamtstrafenfähige* Strafen, von denen eine lebenslange ist, auf eine Gesamtstrafe zusammenzuführen, so dass auch in Altfällen § 57a anwendbar ist (LK-*Gribbohm* 8). Zuständig für die Entscheidung ist die StVK (§ 462a I StPO). 6

Gesamtstrafe und Strafaussetzung

58 **I Hat jemand mehrere Straftaten begangen, so ist für die Strafaussetzung nach § 56 die Höhe der Gesamtstrafe maßgebend.**

II Ist in den Fällen des § 55 Abs. 1 die Vollstreckung der in der früheren Entscheidung verhängten Freiheitsstrafe ganz oder für den Strafrest zur Bewährung ausgesetzt und wird auch die Gesamtstrafe zur Bewährung ausgesetzt, so verkürzt sich das Mindestmaß der neuen Bewährungszeit um die bereits abgelaufene Bewährungszeit, jedoch nicht auf weniger als ein Jahr. Wird die Gesamtstrafe nicht zur Bewährung ausgesetzt, so gilt § 56f Abs. 3 entsprechend.

1) **Allgemeines.** Die Vorschrift idF des 2. StrRG ergänzt die Regelungen der §§ 56, 57 für die Strafaussetzung und die Aussetzung des Strafrestes zur Bewährung bei Bildung primärer und nachträglicher Gesamtstrafe. 1

2) Nach **Abs. I** gelten die **zeitlichen Schranken des § 56** (dh die Jahresgrenze nach § 56 I, die Zweijahresgrenze nach § 56 II und die 6-Monats-Grenze nach § 56 III) auch für eine **Gesamtstrafe,** und zwar sowohl für eine nach §§ 53, 54 zu bildende primäre als auch für eine nachträgliche nach § 55. In den Fällen von § 56 II gilt das in 19ff. zu § 56 Gesagte. In die nach § 56 II erforderliche Gesamtwürdigung sind alle Taten einzubeziehen. In den Fällen von § 56 III ist, wenn die Gesamtstrafe 6 Monate erreicht oder übersteigt, nur hinsichtlich der Gesamtstrafe zu prüfen, ob die Verteidigung der Rechtsordnung (9 zu § 46; 14 zu § 56) die Vollstreckung gebietet (SK-*Horn* 4). Die Aussetzung eines Teils der Gesamtstrafe ist unzulässig (§ 56 IV S. 1). Die Höhe der Gesamtstrafe ist auch für die Verbüßungsgrenzen des § 57 I Nr. 1, II maßgebend. Zum Widerruf einer einbezogenen ausgesetzten Strafe vgl. 3a zu § 56f. 2

3) **Abs. II** betrifft nur **die nachträgliche Gesamtstrafe,** in die auch eine zur Bewährung ausgesetzte Strafe einzubeziehen ist. Mit der Gesamtstrafenbildung entfällt eine frühere Aussetzung, über die neu und selbstständig unter Prüfung der Voraussetzungen des § 56 iVm § 58 I zu entscheiden ist; Beurteilungszeitpunkt für die Sozialprognose ist der Zeitpunkt der nachträglichen Entscheidung (NStZ **04**, 85). **II S. 1** ergänzt die Vorschriften über die Bewährungszeit (§ 56a). 3

A. Wenn die im 1. Urteil verhängte Freiheitsstrafe ganz oder für den Strafrest zur Bewährung ausgesetzt war, die Aussetzung aber widerrufen wurde, ist grds. eine Aussetzung der nachträglich gebildeten Gesamtstrafe möglich (vgl. Zweibrücken NJW **68**, 311; LG Bayreuth NJW **70**, 2122; **aA** Oldenburg NJW **67**, 2370); bei ihrer Bildung ist neu und selbstständig über die Aussetzung zu entscheiden (BGH **7**, 180; vgl. weiter BGH **9**, 385; **30**, 170 [m. Anm. *Gollwitzer* JR **83**, 85]; NJW **55**, 4

1485; **56**, 1567; **64**, 1910; GA **66**, 208; Bay NJW **56**, 1210; Stuttgart NJW **68**, 1731; LK-*Gribbohm* 5; SK-*Horn* 6f.). Doch wird es nach Widerruf der früheren Aussetzung oft auch hier an den Voraussetzungen fehlen. Wird die Gesamtstrafe ausgesetzt, so ist wegen des Widerrufs der ursprünglichen Aussetzung eine Anrechnung nach II S. 1 nicht möglich.

5 **B.** Wenn die im ersten Urteil verhängte Strafe oder ein Strafrest noch ausgesetzt ist, gilt **Abs. II**:

6 **a)** Wenn die **Gesamtstrafe nicht ausgesetzt** wird, so gilt § 56f III (vgl. dort 18) entsprechend **(II S. 2).** Es sind daher nach § 56b II Nr. 2, 3 erbrachte **Leistungen anzurechnen**, und zwar zugleich mit der Bildung der Gesamtstrafe (BGH **36**, 378; BGHR § 58 II S. 2 Anrechung 3; Nürnberg NStZ-RR **07**, 72). Andere im Zusammenhang mit der früheren Tat geleistete Aufwendungen sind nicht anzurechnen (and. Bamberg MDR **88**, 600 [Schmerzensgeldzahlungen; abl. *Funck* MDR **88**, 876]). Anders als nach § 56f III S. 2 *müssen* die erbrachten Leistungen idR angerechnet werden (BGH **33**, 326 [m. Anm. *Stree* NStZ **86**, 163; *Frank* JR **86**, 378]; **36**, 378, 381; NStZ **01**, 163f. [in BGH **46**, 189 nicht abgedr.]; **02**, 137; StV **92**, 373 L; 4 StR 186/97; 5 StR 472/97; Bay MDR **81**, 599 [Anm. *Bloy* JR **81**, 515]; Celle NStZ **92**, 336 [Anm. *Horn* StV **92**, 537]). Die Anrechnung erfolgt *auf die Vollstreckungsdauer* (BGH **36**, 381 [Anm. *U. Weber* NStZ **91**, 35] auf Vorlage von Bay NStZ **89**, 432 [m. Anm. *Stree*]; 2 StR 297/91). Die Höhe der Gesamtfreiheitsstrafe bleibt daher unverändert; der Ausgleich für die Nichterstattung von Geldleistungen oder erfüllter Auflagen iS von § 56b II Nr. 2, 3 ist durch eine die Strafvollstreckung verkürzende Anrechnung auszusprechen (BGH **36**, 378, 382; wistra **92**, 296; NStZ **93**, 235; BGHR § 58 II S. 2 Anr. 3; NStZ-RR **96**, 162; StV **97**, 76 L; 4 StR 334/98; 4 StR 98/99; 2 StR 43/01; stRspr). Bei nachträglicher Einbeziehung von **Jugendstrafe** (§ 31 II JGG) ist für eine Anrechnung kein Raum (BGH **49**, 90).

6a Nach Bay **84**, 79 müssen die Urteilsgründe erkennen lassen, ob Leistungen erbracht wurden und ob über ihre Anrechnung entschieden worden ist (ebenso Nürnberg NStZ-RR **07**, 72; hier bis 54. Aufl.; zutr. dagegen *Schlothauer* StV **07**, 416). Danach könnte, wenn zur Bewährung ausgesetzte Strafe einbezogen wurde, das Fehlen von Feststellungen zu einer möglichen Anrechnung als Darlegungsmangel mit der Sachrüge gerügt werden (so Bay **84**, 79). Nach der Rspr des BGH setzt aber die Prüfung, ob eine Anrechnung erfolgt ist, idR eine zulässige Verfahrensrüge voraus (vgl. BGH **33**, 326; **35**, 238, 241; StraFo **07**, 249); eine *materiell-rechtliche* Pflicht, bei Anwendung von § 58 II stets ausdrückliche Feststellungen zu anrechenbaren Leistungen zu treffen, besteht nicht. Auf die Sachrüge kann der Verstoß geprüft werden, wenn die Urteilsgründe Feststellzungen zu früheren Bewährungsauflagen und anrechenbaren Leistungen enthalten (vgl. 2 StR 43/01).

7 **b)** Wird die **Gesamtstrafe ausgesetzt,** so verkürzt sich **nach II S. 1** das in § 56a I S. 2 bestimmte zweijährige Mindestmaß der neuen Bewährungszeit um die bereits abgelaufene alte Bewährungszeit, jedoch nicht auf weniger als 1 Jahr. Am Höchstmaß von 5 Jahren ändert sich nichts. Die nach II S. 1 verkürzte Bewährungsfrist ergibt sich nicht durch Anrechnung, sondern ist vom Gericht nach Lage des Falls ausdrücklich festzusetzen.

Fünfter Titel. Verwarnung mit Strafvorbehalt; Absehen von Strafe

Voraussetzungen der Verwarnung mit Strafvorbehalt

59 [I] ***Hat jemand Geldstrafe* bis zu einhundertachtzig Tagessätzen verwirkt, so kann das Gericht ihn neben dem Schuldspruch verwarnen, die Strafe bestimmen und die Verurteilung zu dieser Strafe vorbehalten, wenn**

1. zu erwarten ist, dass der Täter künftig auch ohne Verurteilung zu Strafe keine Straftaten mehr begehen wird,
2. nach der Gesamtwürdigung von Tat und Persönlichkeit des Täters besondere Umstände vorliegen, die eine Verhängung von Strafe entbehrlich machen, und
3. die Verteidigung der Rechtsordnung die Verurteilung zu Strafe nicht gebietet.

§ 56 Abs. 1 Satz 2 gilt entsprechend.

II Neben der Verwarnung kann auf Verfall, Einziehung oder Unbrauchbarmachung erkannt werden. Neben Maßregeln der Besserung und Sicherung ist die Verwarnung mit Strafvorbehalt nicht zulässig.

1 **1) Allgemeines.** Die Vorschrift wurde in I S. 1 Nr. 2 durch das 23. StÄG geändert. Art. 22 Nr. 5 des 2. JuMoG v. 22. 12. 2006 (BGBl I 3416; Mat.: GesE BReg BT-Drs. 16/3038; Ber. BT-Drs. 16/3640) änderte wiederum I S. 1 Nr. 2; zugleich wurde Abs. II a. F. aufgehoben; III a. F. wurde II.

1 a **Literatur:** *Baumann,* Über die Denaturierung eines Rechtsinstituts, JZ **80**, 464; *Cremer* NStZ **82**, 449; *Deckenbrock/Dötsch,* Nachträgliche Gesamtstrafenbildung unter Einbeziehung einer Verwarnung mit Strafvorbehalt, NStZ **03**, 346; *Dencker,* Ein Plädoyer für § 59 StGB, StV **86**, 399; *Dölling,* Die Weiterentwicklung der Sanktionen ohne Freiheitsentzug im deutschen Strafrecht, ZStW **104**, 259; *Dreher,* Die Verwarnung mit Strafvorbehalt, Maurach-FS 275; *Horn* NJW **80**, 106; *Kropp,* Ist die Verwarnung mit Strafvorbehalt noch zeitgemäß?, ZRP **04**, 241; *E. Müller,* Noch ein Plädoyer für die Verwarnung mit Strafvorbehalt, Jung-FS (2007) 621; *Neumayer-Wagner,* Die Verwarnung mit Strafvorbehalt, 1998 (Diss. Tübingen); *Rezbach,* Die Verwarnung unter Strafvorbehalt, 1970; *Scheel,* Die Rechtswirklichkeit der Verwarnung mit Strafvorbehalt, 1996; *Schöch,* in: *Jehle* [1 a zu § 46] 265, Baumann-FS 255, DJT C 90 u. aaO [10 vor § 38] 310; *Streng,* Strafrechtliche Sanktionen, 1991, 59 ff.

2 **2) Zielsetzung.** §§ 59 ff. eröffnen eine Möglichkeit, namentlich in Fällen von **Vergehen** (vgl. aber unten 3) im unteren Kriminalitätsbereich (BT-Drs. 16/3038, 58) mit einer Straferwartung im Geldstrafenbereich von der Verhängung einer Strafe zunächst abzusehen. Das Gericht kann sich unter den Voraussetzungen des Abs. I darauf beschränken, die Schuld des Täters festzustellen, ihn neben dem Schuldspruch verwarnen (in der Urteilsformel, § 260 IV S. 4 StPO; auch durch Strafbefehl, § 407 II Nr. 1 StPO), und die Verurteilung zu einer gem. §§ 40, 46, 46 a nach Zahl und Höhe der Tagessätze bestimmten Geldstrafe für den Fall **vorbehalten,** dass sich der Täter nicht bewährt (§§ 59 a, 59 b). Die Vorschriften haben nur geringe praktische Bedeutung erlangt (vgl. Düsseldorf wistra **07**, 235, 236: „Ausnahmecharater"); idR wird wegen der noch größeren Flexibilität eine Einstellung gem. § 153 a StPO vorgezogen (vgl. *Schöch,* Baumann-FS [1992] 255; *Dölling* ZtW **104** [1992] 259, 269). Die geringfügige gesetzliche Erweiterung durch das 2. JuMoG (oben 1) verfolgte das Ziel, eine häufigere Anwendung anzuregen (BT-Drs. 16/3038, 58 f.); der Eintritt dieses Erfolgs ist mehr als zweifelhaft (vgl. auch Stellungn. BRat, BT-Drs. 16/3038, 72: „durchgreifende Bedenken").

3 **3) Anwendungsbereich.** Bei Verwirkung von **Freiheitsstrafe** kommt die Anwendung von § 59 nicht in Betracht. Auch *neben* einer Geldstrafe darf grds. nicht gleichzeitig auch Freiheitsstrafe verwirkt sein (Prot. V/2184); das gilt nicht, wenn die gleichzeitig verwirkte Freiheitsstrafe durch Anrechnung (§ 51) als verbüßt gilt (*Lackner/Kühl* 3, LK-*Gribbohm* 3, *S/S-Stree* 6). Fälle des § 41 scheiden daher aus (Ber. II, 25). Nach **II S. 1** kann neben der Verwarnung auf Verfall, Einziehung oder Unbrauchbarmachung (§§ 73 ff.) erkannt werden. Neben **Maßregeln** der Besserung und Sicherung (§ 61), vor allem neben Entziehung der Fahrerlaubnis, ist § 59 nicht anwendbar **(II S. 2)**; aber auch nicht neben einem Fahrverbot, das Verurteilung zu Strafe voraussetzt (§ 44 I; Bay NStZ **82**, 258 [m. Anm. *Meyer-Goßner*]; Stuttgart MDR **94**, 933; LK-*Gribbohm* 3; SK-*Horn* 6 zu § 44; hM; vgl. *Berz* MDR **76**, 332; **aA** *Schöch* JR **78**, 75). Auch ein Fahrverbot selbst darf nicht vorbehalten werden (Bay NJW **76**, 301; LK-*Gribbohm* 3; zust. *Berz* MDR **76**, 332; krit. *Schöch* JR **78**, 74).

4 **4) Voraussetzungen.** Der Täter muss eine **Geldstrafe bis zu 180 Tagessätzen verwirkt** haben; seine Tat müsste somit, wenn es nicht zur Verwarnung käme, mit einer derartigen Strafe geahndet werden. Die Grenze gilt auch für eine Gesamtstrafe (§ 53 II S. 2; vgl. auch § 59c I). Ob die Geldstrafe über § 47 II (möglicherweise auch wegen eines *Verbrechens*; vgl. BGH **32**, 355; NJW **86**, 75) verwirkt ist, ist erst im Rahmen der Prüfung von I Nr. 2 und 3 von Bedeutung. Eine rechtskräftig verhängte Geldstrafe kann gem. § 55 in die Verwarnung einbezogen werden (BGH **46**, 279). Zur Anwendung im Rahmen der Kompensation rechtsstaatswidriger Verfahrensverzögerung vgl. BVerfG NStZ **04**, 335; 63 zu § 46.

5 **A.** Nach **I Nr. 1** muss zu erwarten sein, der Täter werde künftig auch ohne Verurteilung zu Strafe (möglicherweise aber erst durch die Verwarnung und aufgrund von Anweisungen nach § 59a II) keine Straftaten mehr begehen. Verlangt wird also eine **günstige Sozialprognose** (3ff. zu § 56). Der frühere Ausschlusstatbestand des Abs. II a. F., wonach eine Vorverurteilung innerhalb der letzten drei Jahre eine Anwendung des § 59 idR ausschloss, ist mit Wirkung vom 31. 12. 2006 aufgehoben worden (oben 1). Nach **I S. 2** muss sich die Gesamtwürdigung auf die in § 56 I S. 2 genannten Faktoren beziehen (vgl. dazu 5ff. zu § 56).

6 **B. Abs. I Nr. 2** setzt voraus, dass eine Gesamtwürdigung (11 zu § 56) der Tat *und* der Persönlichkeit des Täters bestimmte **besondere Umstände** (20ff. zu § 56) ergibt, welche die Verurteilung zu Strafe entbehrlich machen (zur alten Fassung vgl. wistra **02**, 22, 23; KG StV **97**, 473). Wie im Fall des § 56 II ist es nicht erforderlich, dass die (einzelnen) Umstände jeweils den „Stempel des Außergewöhnlichen" tragen, also in ihrem Gewicht gänzlich aus dem Rahmen durchschnittlicher Milderungsgründe herausfallen (vgl. auch Bay wistra **01**, 359). Bei tatbestandsbezogener Auslegung sind insoweit uU weniger strenge Anforderungen zu stellen als bei § 56 II oder § 57 II Nr. 2 (Bay NJW **90**, 58; Koblenz GA **78**, 207; LK-*Gribbohm* 14; vgl. auch die Rspr zu § 59 I Nr. 2 aF: Bay MDR **76**, 333; Düsseldorf NStZ **85**, 362 [m. krit. Anm. *Schöch* JR **85**, 378]). Nach Nürnberg NJW **07**, 526 (mehrjähriger systematischer BAFöG-Betrug) sind „einfache" Strafmilderungsgründe oder das bloße Fehlen von Strafschärfungsgründen keine besonderen Umstände iS von I Nr. 2. Im Zusammenhang mit Nr. 2 ist auch zu prüfen, ob eine **Vorstrafe** oder das Vorliegen schon früherer Verwarnungen besondere Umstände iS von Nr. 2 entfallen lässt. Ein regelmäßiger Ausschluss ist damit aber anders als vor dem 2. JuMoG nicht mehr verbunden.

7 **Einzelfälle.** Unter der Geltung der früheren Fassung von I S. 1 Nr. 2 sind als Anwendungsfälle zB angesehen worden: Taten, deren Motiv nicht unehrenhaft oder wenigstens einfühlbar ist, die ein nach Umfang und Intensität ungewöhnlich geringes Gewicht haben (MDR/D **76**, 14; Celle NdsRpfl. **77**, 89, 191) oder bei denen erhebliches Mitverschulden des Opfers gegeben ist (AG Landstuhl MDR **76**, 66; vgl. Köln VRS **53**, 349); bei allein altruistisch motivierter Beschaffung von BtM zur (als solcher straflosen) Beihilfe zum Suizid (BGH **46**, 279, 290f.); Täter, die bei ihrer sozialen Stellung schon durch eine bloße Verurteilung in unverhältnismäßige Schwierigkeiten kommen würden (Bay MDR **76**, 333; Hamm NJW **76**, 1221; AnwBl. **76**, 137 [verneint in einem Falle des § 356]; abw. SK-*Horn* 9ff.); auch uU eine als Akt zivilen Ungehorsams anzusehende Sachbeschädigung (AG Bremen StV **85**, 19); nach Bay (NJW **90**, 58) und LG Ellwangen (StV **89**, 112) auch im Falle von Sitzblockaden; im Falle der Beihilfe zur Unfallflucht von US-Soldaten (AG Tübingen NJW **95**, 2048); nach AG Wennigsen (NJW **89**, 786) im Fall eines Arztes, der durch eine unrichtige Todesbescheinigung die Ursache für einen weiteren unnatürlichen Tod gesetzt hat; nach AG Frankfurt (NJW **88**, 3029) im Falle eines Vermieters, der eine ihm überlassene Mietkaution aufbewahrt und verbraucht hat; im Falle eines Journalisten, der geglaubt hatte, zur Aufdeckung eines Rauschgifthandels auch ohne konkrete Erlaubnis iS des § 4 II BtMG erhebliche Mengen BtM in Besitz nehmen zu dürfen (NJW **96**, 1606); nach LG Bremen (StV **86**, 388) auch bei fortgesetztem Erwerb und Besitz von BtM, falls der Täter an der Bekämpfung der BtM-Kriminalität mitwirkt und sich aus der BtM-Abhängigkeit befreit hat (vgl. auch AG Berlin-Tiergarten StV **86**, 389); nach LG Bremen (StV **98**, 378) bei einer Verurteilung wegen eines Verbrechens („Kutten-Raub" unter Motorradrockern); im Falle einer groben Verletzung des Beschleunigungsgrundsatzes durch die Ermittlungs- und Justizbehörden bei umweltgefährdender Abfallbeseitigung (§ 326) durch einen Oberbürgermeister nach jahrelanger Prozessdauer (NStZ **97**, 189); bei Taten früherer DDR-Bürger, die sie

in Erfüllung ihrer damaligen beruflichen Aufgaben begangen haben ([Vergehen gegen MRG Nr. 53]; vgl. BGH **42**, 113, 123); versuchte Strafvereitelung durch Falschauskunft eines Bankmitarbeiters über Kundenschließfach im Zusammenwirken von „Kurzschlusshandlung", Alkohol- und familiären Problemen und „falsch verstandener Solidarität" (Bay wistra **01**, 359).

Eine Anwendung von § 59 a. F. ist **nicht** als ausreichend angehen worden: bei Herstellen von salmonellenverseuchtem Speiseeis (Stuttgart wistra **95**, 112); bei wiederholter betrügerischer Erlangung von Sozialleistungen (Karlsruhe Die Justiz **00**, 152); bei DDR-Wahlfälschungen (BGH **40**, 307: *Fall Modrow;* zust. *K. Weber* JR **95**, 405; **aA** insoweit LG Dresden NJ **93**, 493; *Lorenz* JZ **94**, 397); bei Tätlichkeiten im Straßenverkehr (KG NZV **97**, 125); bei Taten nach § 266 a mit einer Schadenssumme von 10.000 € (Düsseldorf wistra **07**, 235 f.). **8**

Auch bei Straßenverkehrs-Delikten ist § 59 grundsätzlich anwendbar (Zweibrücken NStZ **84**, 312 [m. Anm. *Lackner/Gehrig*]; Stuttgart MDR **94**, 933; ferner NStZ/J **84**, 255; vgl. aber unten 10), jedoch legen der Ausnahmecharakter der Vorschrift und die sonst unvermeidbare Spannung zum Bußgeldverfahren eine zurückhaltende Anwendung nahe (Prot. IV/428; Hamm MDR **76**, 418; Düsseldorf NStZ **85**, 362 [m. Anm. *Horn* und *Schöch* JR **85**, 378]; NZV **91**, 435; *Schöch* JR **78**, 74; *Wiss* Jura **89**, 625; vgl. aber LK-*Gribbohm* 10 ff.; *S/S-Stree* 14 f.; AG Alzey DAR **75**, 163; Zweibrücken VRS **66**, 196; zutr. aber Celle NdsRpfl. **77**, 89: Tat nach § 21 I Nr. 1, II Nr. 1 StVG im Falle einer technisch überholten Fahrerlaubnisbeschränkung); dass bei Verkehrsdelikten Schuld- und/oder Tatfolgen gering sind, genügt für die Anwendung des § 59 nicht (Düsseldorf NStZ **85**, 362 m. Anm. *Horn*). **9**

C. Nach **I Nr. 3** darf die **Verteidigung der Rechtsordnung** (9 ff. zu § 46) die Verurteilung zu Strafe nicht gebieten. Hier sind dieselben Gesichtspunkte zu berücksichtigen wie im Rahmen der §§ 47 I, 56 III (vgl. dort; krit. SK-*Horn* 13). Doch ist zu beachten, dass es bei Nr. 3 darum geht, ob nicht wenigstens die Verurteilung zu der Geldstrafe als solche, ohne Rücksicht auf ihre etwaige Vollstreckung, geboten ist (vgl. Nürnberg NJW **07**, 526). Bestimmte Deliktsgruppen aus generalpräventiven Gründen von vornherein regelmäßig auszunehmen (zB Verkehrsdelikte; vgl. *Dreher* [1 a] 290; *Zipf* JuS **74**, 146; **aA** LK-*Gribbohm* 5, 16; *Dencker* StV **86**, 403; *Jescheck/Weigend* § 80 III 4), besteht kein Anlass. **10**

5) Entscheidung des Gerichts. Die Anwendung des § 59 ist nicht zwingend; wenn die Voraussetzungen des Abs. I aber gegeben sind und Abs. II nicht entgegen steht, ergeben sich aus dem Zweck der Vorschrift aber keineweiteren rechtlichen Versagungsgründe (vgl. BGH **46**, 279, 291; *Lackner/Kühl* 10; SK-*Horn* 14; *Jescheck/Weigend* § 80 III 5); Der Ermessensspielraum des Gerichts ist durch die gesetzlichen Versagungsgründe begrenzt. Die Beschränkung eine Rechtsmittels auf die Anwendung des § 59 ist idR wegen des engen Zuammenhangs der Strafzumessung nicht zulässig (Celle MDR 46, 1041). Das Revisionsgericht kann im Einzelfall nach § 354 I StPO auch selbst entscheiden (BGH **46**, 279, 291; Celle StV **88**, 109; zust. *Lackner/Kühl* 10; *S/S-Stree* 14). **11**

Wird § 59 angewendet, so ist der Angeklagte in der Urteilsformel **schuldig** zu sprechen und die Verurteilung zu einer schon jetzt **bestimmten Geldstrafe** ausdrücklich **vorzubehalten** („Der/die Angeklagte ist der … schuldig. Er/sie wird deshalb verwarnt. Die Verurteilung zu einer Geldstrafe von … bleibt vorbehalten"). Problematisch ist, dass das Gericht bei der Bestimmung der Höhe der Tagesätze von den Verhältnissen des Täters zum Zeitpunkt der Verwarnung auszugehen hat (**aA** SK-*Horn* 19). Wenn die Verhältnisse sich zum Zeitpunkt einer etwaigen späteren Verurteilung verschlechtert haben, kann das aber mit Hilfe des § 42 sowie nach § 459 f StPO ausgeglichen werden. **12**

Bewährungszeit, Auflagen und Weisungen

59a **I Das Gericht bestimmt die Dauer der Bewährungszeit. Sie darf zwei Jahre nicht überschreiten und ein Jahr nicht unterschreiten.**

II Das Gericht kann den Verwarnten anweisen,

1. sich zu bemühen, einen Ausgleich mit dem Verletzten zu erreichen oder sonst den durch die Tat verursachten Schaden wieder gutzumachen,

2. seinen Unterhaltspflichten nachzukommen,

3. einen Geldbetrag zugunsten einer gemeinnützigen Einrichtung oder der Staatskasse zu zahlen,
4. sich einer ambulanten Heilbehandlung oder einer ambulanten Entziehungskur zu unterziehen oder
5. an einem Verkehrsunterricht teilzunehmen.

Dabei dürfen an die Lebensführung des Verwarnten keine unzumutbaren Anforderungen gestellt werden; auch dürfen die Auflagen und Weisungen nach Satz 1 Nr. 3 bis 5 zur Bedeutung der vom Täter begangenen Tat nicht außer Verhältnis stehen. § 56 c Abs. 3 und 4 und § 56 e gelten entsprechend.

1 **1) Allgemeines.** Die Vorschrift idF des 2. StrRG wurde durch das 23. StÄG ergänzt; Abs. II durch das VerbrBekG (1 zu § 130) neu gefasst. Abs. I S. 2 wurde durch Art. 22 Nr. 6 des 2. JuMoG v. 22. 12. 2006 (BGBl I 3416; Mat.: BR-Drs. 550/06) geändert.

2 **2) Nach I S. 1** bestimmt das Gericht die **Dauer der Bewährungszeit** (1 zu § 56 a) in dem Beschluss nach § 268 a StPO, der mit dem Urteil zu verkünden ist (sonst Aufnahme in den Strafbefehl). **Nach I S. 2** darf sie (abw. von § 56 a) zwei Jahre nicht überschreiten und ein Jahr nicht unterschreiten; die Höchstfrist ist durch das 2. JuMoG (oben 1) verkürzt worden, um dem idR geringen Gewicht der zugrunde liegenden Straftaten Rechnung zu tragen (vgl, BT-Drs. 16/3038, 59). Nachträgliche Verlängerung oder Verkürzung, die § 59 a anders als § 56 a nicht vorsieht, ist grundsätzlich unzulässig (LK-*Gribbohm* 2; *S/S-Stree* 3; **aA** *Lackner/Kühl* 1; SK-*Horn* 3). Eine Ausnahme gilt für § 56 f II, den § 59 b I für entsprechend anwendbar erklärt, vgl. 1 zu § 59 b. Die Bewährungszeit beginnt auch hier mit der Rechtskraft der Entscheidung über die Verwarnung. 2 zu § 56 a gilt entsprechend.

3 **3) Abs. II S. 1 fasst** die nach II, III aF möglichen **Auflagen und Weisungen** in einem begrenzten Katalog **zusammen,** erweitert sie jedoch um die Anweisungen der Nr. 1 (4 zu § 46 a und unten 4) und der Nr. 5 (unten 5), verzichtet andererseits auf die Auflage, sonst gemeinnützige Leistungen zu erbringen (§ 56 b II Nr. 3) und auf die Geldauflage zugunsten der Staatskasse (§ 56 b II Nr. 4). Der bei der Zusammenfassung von Auflagen und Weisungen gewählte Begriff „anweisen" klärt nicht die Natur der Anweisungen (vgl. *Jescheck/Weigend* § 80 IV 2).

4 **A. Satz 1 Nr. 1** normiert in Anlehnung an § 46 a Nr. 1 die Anweisung an den Verwarnten, sich ernsthaft zu bemühen, einen **Ausgleich mit dem Verletzten** zu erreichen (vgl. § 153 a I Nr. 5 StPO). Der Natur dieser Ausgleichsmaßnahme nach ist die Anweisung nicht auf die *Durchführung* des Täter-Opfer-Ausgleichs, sondern auf „umfassende Ausgleichsbemühungen" (Begr. 21 zu § 46 a) gerichtet. Das gilt in gleicher Weise für die Anweisung, sonst den durch die Tat verursachten **Schaden wieder gutzumachen** (6 zu § 56 b).

5 **B. Satz 1 Nr. 2** enthält die Anweisung an den Verurteilten, seinen Unterhaltspflichten nachzukommen. Diese Weisungsmöglichkeit (vgl. BT-Drs. 10/2720, 23; 10/4391, 18) tritt neben die Weisung des § 153 a I Nr. 4 StPO, weil diese weniger Eindruck macht als eine am Ende der Hauptverhandlung erteilte Weisung nach Nr. 2, die Erfüllungspflicht des § 153 a I S. 2 StPO nur 1 Jahr beträgt und sich ein gerichtliches Einstellungsverfahren nach § 153 a II StPO nur rechtfertigen lässt, wenn sich die frühere Beurteilungsgrundlage nach dem Ergebnis der Hauptverhandlung entscheidend geändert hat (*Meyer-Goßner* 48 zu § 153 a StPO).

6 **C. Satz 1 Nr. 3** umschreibt die Auflage, **einen Geldbetrag zugunsten einer gemeinnützigen Einrichtung oder der Staatskasse** zu erbringen, abw. von *§ 56 b II; denn die dort in Nr. 2 ent*haltene Einschränkung (wenn dies im Hinblick auf die Tat und die Persönlichkeit des Täters angebracht ist), welche nach der Begr. zu § 56 b der Wiedergutmachung den grundsätzlichen Vorrang vor den Auflagen des § 56 II Nr. 2 bis 4 einräumt, enthält Satz 1 Nr. 3 nicht. Offensichtlich hielt der

Gesetzgeber ein so weitgehendes Zurückdrängen repressiver Reaktionen in § 59a nicht für angezeigt.

D. Satz 1 Nr. 4 entspricht der Weisungsmöglichkeit des III Nr. 2 aF: Das Gericht kann den Verwarnten anweisen, sich einer ambulanten **Heilbehandlung oder** einer ambulanten **Entziehungskur** zu unterziehen. Der Ber. (BT-Drs. V/4095, 25) verwarf diese Weisungsmöglichkeit aus der Erwägung, dass kein Raum für § 59 sei, wenn ein Bedürfnis für eine solche Weisung bestehe. Es kann im Einzelfall aber angezeigt sein, einen sich wohlverhaltenden Ersttäter, der in eine fachärztliche Behandlung einwilligt, schon von einer Verurteilung zu verschonen, wenn die Voraussetzungen 3 ff. zu § 59 vorliegen. Denn diese Einwilligung kann uU als „besonderer Umstand" iS § 59 I Nr. 2 in Betracht kommen (vgl. LK-*Gribbohm* 4). Die Weisung darf aber nur eine **ambulante** Behandlung, nicht also eine stationäre betreffen, weil sonst eine Abgrenzung zu den Maßregeln des § 61 zu undeutlich und der Verhältnismäßigkeitsgrundsatz verletzt wäre. 7

E. Satz 1 Nr. 5 enthält die Weisung an den Verwarnten, **an einem Verkehrsunterricht teilzunehmen.** Sie ist im Zusammenhang mit der freiwillig übernommenen verkehrserzieherischen Nachschulung zu sehen, die als positives Nachtatverhalten ebenfalls für die Strafaussetzung Bedeutung erlangt (8 zu § 56) und schon nach § 56c (ohne dortige ausdrückliche Erwähnung) als Weisung in Betracht kommt (5 zu § 56c). 8

4) Abs. II Satz 2 schränkt die Anweisungsmöglichkeiten nach II entsprechend § 56b I S. 2 ein. Danach dürfen an den Verwarnten **keine unzumutbaren Anforderungen gestellt werden** (vgl. insoweit 4, 7 zu § 56b); das ist bei einer Weisung nach II Nr. 3 zB der Fall, wenn die Geldauflage fast das gesamte verfügbare Einkommen der nächsten eineinhalb Jahre beansprucht (LG Marburg NStZ-RR **06**, 337 [Auflage entsprechend 300 Tagessätzen bei BAföG-Betrug mit 42 € Schaden]). Auch dürfen die Anweisungen nach **Satz 1 Nr. 3 bis 5** zur Bedeutung der vom Täter begangenen Tat **nicht außer Verhältnis** stehen, was lediglich eine Konkretisierung des im Strafrecht ohnehin geltenden Verhältnismäßigkeitsgrundsatzes ist. 9

5) Abs. II Satz 3 erfordert für die Weisung nach **Nr. 4** die **Einwilligung** des Verwarnten in eine ambulante Heilbehandlung, wenn sie mit einem körperlichen Eingriff verbunden ist (12 zu § 56c). **Freiwillige Zusagen** des Verwarnten für seine künftige Lebensführung honoriert II S. 3 durch die Bezugnahme auf § 56c IV. **Nachträglich** kann das Gericht, da **§ 56e** entsprechend gilt, seine Entscheidung über die Anweisungen treffen, ändern oder aufheben. 10

Verurteilung zu der vorbehaltenen Strafe

59b **I Für die Verurteilung zu der vorbehaltenen Strafe gilt § 56f entsprechend.**

II Wird der Verwarnte nicht zu der vorbehaltenen Strafe verurteilt, so stellt das Gericht nach Ablauf der Bewährungszeit fest, dass es bei der Verwarnung sein Bewenden hat.

1) Nach I gilt **§ 56f** für die **Verurteilung zu der vorbehaltenen Strafe entsprechend;** dh, dass dann, wenn im Falle des § 56f die Strafaussetzung zu widerrufen wäre, das Gericht den Verwarnten zu der vorbehaltenen Strafe zu verurteilen hat (*Jescheck/Weigend* § 80 IV 3; enger *Lackner/Kühl* 1; *S/S-Stree* 2; LK-*Gribbohm* 2, 8). Freilich kommen hier nur die Widerrufsgründe nach § 56f I Nr. 1 und 3 in Frage, und § 56f II ist nur in Bezug auf die Verlängerung der Bewährungszeit und die Erteilung weiterer Anweisungen nach § 59a anwendbar. Die Verurteilung wird durch das erkennende Gericht 1. Instanz (§ 462a II StPO mit der dort eröffneten 1

Abgabemöglichkeit) **ohne mündliche Verhandlung** nach Anhörung von StA und Verwarnten durch Beschluss ausgesprochen, gegen den sofortige Beschwerde zulässig ist (§ 453 I, II StPO). Die Entscheidung, die in das BZReg eingetragen wird (§ 12 II S. 1 BZRG), hat auf die vorbehaltene Geldstrafe zu lauten; eine Änderung der Tagessatzhöhe im Falle geänderter wirtschaftlicher Verhältnisse kommt nicht in Betracht (*S/S-Stree* 5), allenfalls Zahlungserleichterungen (§ 42).

2 **2) Nach II** stellt das Gericht (oben 1), wenn der **Verwarnte nicht** nach I **verurteilt** wird, durch Beschluss nach § 453 I StPO nach Ablauf der Bewährungszeit fest, dass es bei der Verwarnung sein Bewenden hat. Eine dem § 56g II entsprechende Möglichkeit gibt es nicht. Auch wenn § 59b insoweit schweigt, werden Leistungen, die der Verwarnte zur Erfüllung von Auflagen oder Anerbieten erbracht hat, nicht erstattet (LK-*Gribbohm* 15; SK-*Horn* 10). War neben der Verwarnung auf Verfall, Einziehung oder Unbrauchbarmachung erkannt (§ 59 III S. 1), so hat es dabei sein Bewenden.

Gesamtstrafe und Verwarnung mit Strafvorbehalt

59c **I Hat jemand mehrere Straftaten begangen, so sind bei der Verwarnung mit Strafvorbehalt für die Bestimmung der Strafe die §§ 53 bis 55 entsprechend anzuwenden.**

II Wird der Verwarnte wegen einer vor der Verwarnung begangenen Straftat nachträglich zu Strafe verurteilt, so sind die Vorschriften über die Bildung einer Gesamtstrafe (§§ 53 bis 55 und 58) mit der Maßgabe anzuwenden, dass die vorbehaltene Strafe in den Fällen des § 55 einer erkannten Strafe gleichsteht.

1 **1)** Nach **I** wird die **Gesamtstrafe** bei einer vorbehaltenen Strafe nach den Regeln der §§ 53 bis 55 gebildet. Da Verwarnung nur bei einer Gesamtgeldstrafe in Betracht kommt (3 zu § 59), sind praktisch nur die insoweit geltenden Regeln anwendbar (§§ 53 I, II S. 2; 54 II, III); da außerdem § 59 III zu beachten ist, ist § 53 III iVm § 52 IV nur hinsichtlich der danach zulässigen Maßnahmen anzuwenden. Die entsprechende Anwendbarkeit von § 55 meint in Abs. I nur den Fall, dass aus einer vorbehaltenen Strafe mit einer anderen vorbehaltenen Strafe eine vorbehaltene Gesamtstrafe gebildet werden kann, wenn auch für diese die Voraussetzungen von § 59 gegeben sind.

2 **2) II** ermöglicht die **nachträgliche Gesamtstrafenbildung** zwischen einer vorbehaltenen Strafe und einer Strafe ohne Vorbehalt. Sie kommt ausnahmsweise nach § 55 iVm §§ 53, 54, 58 in Betracht, wenn der Verwarnte wegen einer Tat zu verurteilen ist, die er vor der Verwarnung begangen hat, und eine Feststellung nach § 59b II noch nicht getroffen ist. Ist der Verwarnte bereits zu der vorbehaltenen Strafe verurteilt (§ 59b I), so gilt nicht II, sondern allein § 55. Durch die Gesamtstrafenbildung nach II wird die Verwarnung gegenstandslos. Nur für die Fälle des § 55 wird die vorbehaltene Strafe durch die Entscheidung des Gesetzes in II (Prot. V/831) im Wege einer Fiktion (*Lackner/Kühl* 3) einer erkannten Strafe gleichgestellt, nicht für die Fälle des § 460 StPO, da die Anpassung des § 460 StPO an II versäumt wurde und sich das mit II iVm § 55 verfolgte Ziel auch nicht im Wege der Analogie erreichen lässt (**aA** *Deckenbrock/Dötsch* NStZ **03**, 346f.). Denn diese würde sich zuungunsten des Täters auswirken, weil auf eine vor der Verwarnung begangene Tat § 59 II, nicht aber § 59b I iVm § 56f anwendbar ist, so dass es, falls § 59 II nicht beachtet wurde, zur Feststellung nach § 59b II kommt mit der Folge, dass § 460 StPO, der verschiedene rechtskräftige Verurteilungen zur Strafe voraussetzt, unanwendbar ist (AG Dieburg NStZ **96**, 613; *S/S-Stree* 5; **aM** LK-*Gribbohm* 10; *Lackner/Kühl* 3). BGH **46**, 279, 291 hat – entspr. § 58 I – die Zusammenfassung einer zuvor unbedingt verhängten mit einer später vorbehaltenen Geldstrafe im Wege eines „nachträglichen Gesamtvorbehalts" selbst vorgenommen.

Absehen von Strafe

60 Das Gericht sieht von Strafe ab, wenn die Folgen der Tat, die den Täter getroffen haben, so schwer sind, dass die Verhängung einer Strafe offensichtlich verfehlt wäre. Dies gilt nicht, wenn der Täter für die Tat eine Freiheitsstrafe von mehr als einem Jahr verwirkt hat.

1) Allgemeines. Die Vorschrift idF des 2. StrRG geht auf § 58 AE zurück (vgl. Prot. V/ 2116; 2119; Ber. BT-Drs. V/4094, 6). 1

Literatur: *Bassakou,* Beiträge zur Analyse u. Reform des Absehens von Strafen nach § 60 StGB, 1991; *Bringewat,* Das Absehen von Erziehungsmaßregeln: ein Absehen von Strafe?, NStZ **92**, 315; *Eser,* Absehen von Strafe, Maurach-FS 257; *Hassemer,* Das „Absehen von Strafe" als kriminalpolitisches Instrument, Sarstedt-FS 65; *Maiwald,* Das Absehen von Strafe nach § 16 StGB, ZStW **83** (1971), 663; *Mausperger,* Absehen von Strafe auch im Strafbefehlsverfahren?, NStZ **84**, 258; *Müller-Dietz,* Absehen von Strafe, Lange-FS 303. 1 a

2) Regelungszweck. Die Regelung, die nicht auf bestimmte Tatbestände beschränkt (Celle NJW **71**, 575) und auch bei Verbrechen anzuwenden ist, schreibt dem Gericht unter besonderen Voraussetzungen vor (Düsseldorf OLGSt. 6), von Strafe abzusehen (6 zu § 23). Es handelt sich in der Praxis um eine Tatfolgen-Ausnahmeregelung. Der **Anwendungsbereich** der Vorschrift ist auf besondere Ausnahmefälle beschränkt, doch zeigt die Grenze, dass es nicht nur um Fälle geringeren Verschuldens geht (Düsseldorf OLGSt. 5). Die Rechtsfolge kann auch durch **Strafbefehl** festgesetzt werden (*Mansperger* NStZ **84**, 258). § 60 wird durch **§ 153 b StPO** ergänzt. Nach Bay NJW **92**, 1520 (Anm. *Scheffler* NStZ **92**, 491; *Brunner* JR **92**, 387) ist § 60 wegen des Verbots der Schlechterstellung von Jugendlichen und Heranwachsenden auch im Jugendstrafrecht anwendbar (**aA** *Fahl,* Schreiber-FS [2003] 63, 78f.). 2

3) Strafobergrenze. Es darf **keine Freiheitsstrafe von mehr als einem Jahr** für die Tat **verwirkt** sein (in Betracht kommt hier auch die Jugendstrafe; Bay NJW **92**, 1520 [m. Anm. *Brunner* JR **92**, 387 u. *Scheffler* NStZ **92**, 491]; AG Osterode NdsRpfl. **71**, 262; vgl. hierzu *Bringewat* NStZ **92**, 315), und zwar unter Berücksichtigung aller Zumessungsgründe einschließlich der den Täter treffenden Tatfolgen (LK-*G. Hirsch* 3; *S/S-Stree* 10; SK-*Horn* 3; *Stree* NStZ **97**, 122; **aA** *Streng* NStZ **88**, 487; krit. auch *Maiwald* JZ **74**, 775; *Müller-Dietz* aaO 318). Ist **Gesamtstrafe** zu verhängen, so gilt § 60 für jede Einzelstrafe (LK-*G. Hirsch* 19; SK-*Horn* 4). 3

4) Tatfolgen. Die Tat muss für den Täter **schwere Folgen** gehabt haben. Das können körperliche (vgl. AG Freiburg VRS **83**, 50; Köln VRS **100**, 117) oder wirtschaftliche sein (vgl. Bay NJW **71**, 766; Frankfurt NJW **72**, 456; Zweibrücken VRS **45**, 107; LK-*G. Hirsch* 6; *S/S-Stree* 4); aber auch Verlust von Angehörigen oder nahe stehenden Menschen, namentlich bei Fahrlässigkeitsdelikten (vgl. NJW **96**, 3350 [Anm. *Stree* NStZ **97**, 122]; Stuttgart DAR **74**, 221; AG Köln DAR **80**, 188; ZfS **81**, 126; AG Lüdinghausen NStZ-RR **04**, 331 [Tötung der Lebensgefährtin bei fahrlässig verschuldetem Verkehrsunfall]). Auch mittelbare Folgen sind zu berücksichtigen (zB Verlust der wirtschaftlichen Existenz); ebenso gravierende psychische Folgen (LK-*G. Hirsch* 8; *Horstkotte* aaO). Abzustellen ist auf die individuelle Situation und die Persönlichkeit des Täters (LK-*G. Hirsch* 29; SK-*Horn* 8; and. *S/S-Stree* 3; 50. Aufl.). Auch **mittelbare,** erst durch die Strafverfolgung bewirkte Folgen können die Anwendung von § 60 rechtfertigen (NStZ-RR **04**, 230); im Einzelfall auch erhebliche gesundheitliche Belastungen durch eine rechtsstaatswidrige überlange Verfahrensdauer (wistra **04**, 337). 4

5) *Die den Täter treffenden Tatfolgen* müssen (*für ihn;* vgl. oben 4) so schwer sein, dass die Verhängung einer Strafe **offensichtlich verfehlt** wäre. Das ist der Fall, wenn sie unter keinem ihrer Leitgesichtspunkte (2ff. zu § 46) eine sinnvolle Funktion hätte (BGH **27**, 300; NStZ-RR **04**, 230, 231; LK-*G. Hirsch* 12f.; vgl. Celle NJW **71**, 575; Bay aaO; Frankfurt NJW **72**, 456); wenn die Folgen der Tat derartige waren, dass angesichts ihrer Wirkungen auf den Täter irgendeine Strafe daneben auf ihn selbst keinen Eindruck mehr machen würde, der Vorgang selbst für ihn Warnung genug ist und auch vom Standpunkt der Rechtsgemeinschaft her die Verwirklichung eines Schuldvorwurfs nicht mehr sinnvoll erscheint (BGH **24**, 132; Bay MDR **76**, 333); (Frankfurt NJW **71**, 767; Karlsruhe NJW **74**, 1006). Die 5

Strafe ist **offensichtlich** verfehlt, wenn sich dies bei Würdigung des gesamten Sachverhalts dem verständigen Betrachter unmittelbar aufdrängt (BGH **27**, 300; NJW **96**, 3350 [m. Anm. *Stree* NStZ **97**, 122]; krit. *Müller-Dietz* [1a] 311). Der Zweifelssatz gilt nur im Hinblick auf die tatsächlichen Feststellungen, auf welche sich die Würdigung stützt (BGH **27**, 301; LK-*G. Hirsch* 16; SK-*Horn* 14). Bei der Prüfung sind sämtliche strafzumessungsrelevanten Gesichtspunkte nochmals zusammenfassend zu würdigen; § 50 steht dem nicht entgegen (NStZ-RR **04**, 230f.).

6 Es reicht nicht aus, dass die in Betracht kommende Strafe gegenüber dem vom Täter erlittenen wirtschaftlichen Schaden nicht ins Gewicht fiele (Stuttgart Die Justiz **70**, 423; Bay NJW **71**, 766). Dass Dritte zu Schaden gekommen sind, steht der Anwendung von § 60 nicht grds entgegen (vgl. Bay NJW **72**, 69; Düsseldorf OLGSt 5); in Fällen vorsätzlicher Gewaltdelikte (insb. bei einseitig misslungenem Doppelselbstmord; vgl. BGH **27**, 298; MDR **72**, 750) ist freilich ein „offensichtliches" Verfehltsein von Strafe nicht nahe liegend (vgl. auch *Maiwald* ZStW **83**, 663, 688; *Jescheck/Weigend* § 81 I 2). In Betracht kommt ein Absehen von Strafe auch als **Kompensation** einer rechtsstaatswidrigen Verfahrensverzögerung (NStZ-RR **04**, 230f.; vgl. 62 zu § 46).

7 **6) Gerichtliche Entscheidung.** Das Absehen von Strafe ist nach § 60 obligatorisch, wenn die Voraussetzungen erfüllt sind, und zwar bei Tateinheit und Gesetzeseinheit unter allen rechtlichen Gesichtspunkten (Köln NJW **71**, 2037; Bay NJW **72**, 696; Karlsruhe NJW **74**, 1005 m. Anm. *Zipf* JR **75**, 162; LK-*G. Hirsch* 17; SK-*Horn* 4). Bei Tatmehrheit kommt es auf die einzelne Tat und die dafür verwirkte Strafe an; der Rechtsfolgenausspruch nach § 60 betrifft aber sowohl die Einzelstrafen als auch die Gesamtstrafe (NStZ-RR **04**, 230f.). Maßregeln der Besserung und Sicherung (nicht aber ein Fahrverbot nach § 44) sind neben dem Absehen von Strafe sowohl in den Fällen der §§ 63, 64 (LK-*Hanack* 90 zu § 63, 27 zu § 64), als auch im Fall des § 69 möglich (Bay MDR **72**, 437; Hamm VRS **43**, 19; Seib aaO). Einziehung und Verfall sind nach § 76a III zulässig oder vorgeschrieben. Der Täter wird schuldig gesprochen; ihm werden die Verfahrenskosten auferlegt (§ 465 I S. 2 StPO).

Sechster Titel. Maßregeln der Besserung und Sicherung

Vorbemerkungen

1 **1)** Die geltende Fassung des Titels geht auf das 1. und 2. StrRG sowie den EGStGB zurück; sie verwirklicht das System der **Zweispurigkeit** strafrechtlicher Rechtsfolgen, das durch das GewohnheitsverbrecherG vom 24. 11. 1933 (RGBl. I 995) eingeführt wurde (unklar *Frommel* KJ **04**, 81, 83). Strafe ist an die Feststellung von Schuld gebunden (§ 46); Zweck der schuldunabhängigen Maßregeln ist es dagegen, gefährliche Täter zu bessern oder die Allgemeinheit vor ihnen zu schützen. Die Anordnung von Maßregeln ist daher auch bei Schuldunfähigkeit möglich (§§ 63, 64, 69) und tritt bei Schuldfähigen ggf. neben die Strafe.

2 Spricht das Gesetz von **Maßregeln der Besserung und Sicherung,** sind stets nur die des § 61 gemeint, während der Begriff der **Maßnahme** zusätzlich noch Verfall, Einziehung und Unbrauchbarmachung umfasst (§ 11 I Nr. 8; vgl. auch 39 zu § 11; 1 zu § 61). Maßregeln im Nebenrecht (zB Verbot der Tierhaltung, § 20 TierschG; Entziehung des Jagdscheins, § 41 BJagdG) sind dort selbstständig geregelt. In der freiwilligen Gerichtsbarkeit sind insbesondere die Regelungen der **Unterbringungsgesetze** (PsychKG) der Länder von Bedeutung.

3 **2)** Ob die Anordnung einer Maßregel erforderlich ist, hängt regelmäßig von einer **Prognose** ab, die im Gegensatz zu der positiven Sozialprognose in §§ 56, 57, 57a eine **negative Gefährlichkeitsprognose** ist. Zur Prognosestellung schreibt das Gesetz vielfach die Hinzuziehung von **Sachverständigen** vor oder lässt sie

jedenfalls zu; ihre Gutachten hat der Richter nach fachwissenschaftlichen Kriterien zu verstehen und zu prüfen. Dies setzt Kenntnis der angewendeten **Methoden** der Prognoseerstellung voraus (Nachw. unten 3 a); überdies die Beachtung der Kompetenzgrenzen zwischen Sachverständigem und Gericht (vgl. dazu auch *Foerster,* Schreiber-FS [2003] 81, 85). Die Prognose braucht künftige Straftaten nicht mit Sicherheit erwarten zu lassen; *Wahrscheinlichkeit* genügt. Von dieser Wahrscheinlichkeit muss der Richter überzeugt sein (BGH **5**, 151; vgl. aber § 66 a I und Erl. dort); insoweit gilt der Zweifelsgrundsatz (LK-*Hanack* 38, 50; *S/S-Stree* 9; SK-*Horn* 14 zu § 61; *Bruns* JZ **58**, 647; *Stree,* In dubio pro reo, 1962, 91 ff.; *Geppert* NJW **71**, 2156; hM; vgl. auch *Terhorst* MDR **78**, 973; *Hentschel* DAR **80**, 170; **aA** Schleswig DAR **54**, 139; Hamm NJW **71**, 1620; *Montenbruck,* In dubio pro reo, 1985, 131). Eine allgemeine Schranke und bindende Auslegungsregel für die Erforderlichkeit einer Maßregel, die nur bei § 69 nicht zu prüfen ist, bildet der Grundsatz der **Verhältnismäßigkeit** (§ 62). Zum verfassungsrechtlichen Maßstab zur Überprüfung von Prognoseentscheidungen im Maßregelvollzug vgl. BVerfGE **70**, 297, 307 ff. (vgl. dazu auch BVerfG NStZ-RR **04**, 76, 77).

Neuere Literatur zur **Prognoseentscheidung (Auswahl):** *P. Albrecht,* Die allg. Voraussetzungen der Anordnung freiheitsentziehender Maßnahmen gegenüber erwachsenden Delinquenten, 1981; *Baur,* Probleme der unbefristeten Unterbringung u. der Entlassungsprognose bei psychisch kranken Tätern (§ 63 StGB), MDR **90**, 473; *Baurmann,* Zweckrationalität u. Strafrecht, Argumente für ein tatbezogenes Maßnahmerecht, 1987; *Bock,* Gegenwärtiger Stand kriminologischer Prognoseforschung, Forensia 3 [1992], 29; *ders.,* Das Elend der klinischen Kriminalprognose, StV **07**, 269; *Boetticher/Kröber/Müller-Isberner/Böhm/Müller-Metz/Wolf,* Mindestanforderungen für Prognosegutachten, NStZ **06**, 537; *Buck,* Zur dogmatischen Bedeutung unterschiedlicher Arten empirischen Wissens bei prognostischen Entscheidungen im Strafrecht, NStZ **90**, 457; *Dölling* (Hrsg.), Die Täter-Individualprognose, 1994; *Egg,* Prognosebegutachtung im Straf- und Maßregelvollzug, Rolinki-FS (2002) 309; *Feltes,* Rückfallprognose und Sicherungsverwahrung – die Rolle des Sachverständigen, StV **00**, 281; *Foerster,* Von der Verantwortung des psychiatrischen Sachverständigen, Schreiber-FS (2003) 81; *Frisch,* Die Maßregeln der Besserung u. Sicherung im strafrechtlichen Rechtsfolgensystem, ZStW **102**, 343; *ders.,* Prognoseentscheidungen im Strafrecht, 1983; *Frisch/Vogt* (Hrsg.), Prognoseentscheidungen in der strafrechtlichen Praxis, 1994; *Habermeyer,* Psychiatrische Kriminalprognose in einer „fachfremden" Maßregel: Erfahrungen mit Probanden vor bzw. in Sicherungsverwahrung, MschrKrim **05**, 12; *Habermeyer/Puhlmann/Passow/Vohs,* Kriminologische und diagnostische Merkmale von Häftlingen mit angeordneter Sicherungsverwahrung, MschrKrim **07**, 317; *Kröber,* Gang und Gesichtspunkte der kriminalprognostischen psychiatrischen Begutachtung, NStZ **99**, 593; *Müller-Dietz,* Unterbringung in der Entziehungsanstalt u. Verfassung, JR **95**, 354; *Noll,* Rückfallgefahr bei Gewalt- und Sexualstraftätern: tatistische Prognosemethoden, 2006; *Nowara,* Gefährlichkeitsprognosen bei psychisch kranken Straftätern, 1995; *Rettenberger/Eber,* Die deutsche Übersetzung des Static-99 zur aktuarischen Kriminalprognose verurteilter Sexualstraftäter, MSchrKrim **06**, 532; *Rode/Kammeier/Leipert* (Hrsg.), Prognosen im Strafverfahren und bei der Vollstreckung, 2004; *Ross/Pfäfflin,* Risk Assessment im Maßregelvollzug: Grenzen psychometrischer Gefährlichkeitsprognose im therapeutischen Umfeld, MSchrKrim **05**, 1; *Schall,* Prognoseentscheidungen im Strafrecht, in: *Kernbach-Wighton/Reinhardt/Saternus/Wille* (Hrsg.), Beurteilung von Sexualstraftätern – Therapie u. Prognose, 2000, 107; *H. J. Schneider,* Grundlagen der Kriminalprognose, 1996; *ders.,* Rückfallprognose bei Sexualstraftätern, MSchrKrim **02**, 251; *ders.,* Die Kriminalprognose bei der nachträglichen Sicherungsverwahrung, StV **06**, 99; *Stadtland/Nedopil,* Vergleichende Anwendung heutiger Prognoseinstrumente zur Vorhersage krimineller Rückfälle bei psychiatrisch begutachteten Probanden, MschrKrim **04**, 77; *Volckart,* Praxis der Kriminalprognose, 1997; *ders.,* Die Aussetzungsprognosen nach neuem Recht, R & P **98**, 3; *Woynar,* Methodische u. pragmatische Probleme der Diagnose- u. Prognosestellung bei psychisch gestörten Straffälligen nach Langzeitunterbringung, 1998. **3 a**

3) Freiheitsentziehende Maßregeln der Besserung und Sicherung sind die in § 61 Nr. 1 bis 3 genannten Maßregeln. Im Rahmen einer wohl überwiegend als „*Trendwende*" betrachteten Änderung der Kriminalpolitik seit Mitte der 90er Jahre (vgl. *Haffke*,, Vom Rechtsstaat zum Sicherheitsstaat?, KJ **05**, 17 ff. mwN) ist ihre **praktische Bedeutung** wieder stark angestiegen (vgl. dazu ausführlich *Heinz,* Schwind-FS [2006] 893, 897 ff.). Die Behandlung in einer **sozialtherapeutischen Anstalt** ist weiterhin, obwohl § 65 idF des 2. StrRG ursprünglich als Kernstück **4**

der Reform für vier Gruppen von Tätern geschaffen wurde (Rückfalltäter mit schwerer Persönlichkeitsstörung und erheblicher krimineller Praxis, Sexualstraftäter, besonders gefährliche Jungtäter und psychisch gestörte Täter), nur im Rahmen des Strafvollzugs auf der Rechtsgrundlage des § 9 StVollzG möglich, da die §§ 65, 63 II sowie die Vorschriften zur Überweisung in den Vollzug dieser Maßregel auf Grund des **StVollzÄndG** (BT-Drs. 10/309 [GesE]; BT-Drs. 10/2213 [Ber.]); zugunsten einer reinen Vollzugslösung aufgehoben wurden (zum Stand der Versorgung vgl. auch *Schüler-Springorum* GA **03**, 575, 578 ff.).

4 a **Literatur zu freiheitsentziehenden Maßregeln (Auswahl):** *Athen,* Möglichkeiten u. Grenzen der Behandlung von Alkoholkranken im Maßregelvollzug, MSchrKrim **89**, 115; *F. R. Baur,* Probleme der unbefristeten Unterbringung u. der Entlassungsprognose bei psychisch kranken Tätern (§ 63 StGB), MDR **90**, 473; *ders.,* Nochmals: Zwangstherapie im Maßregelvollzug, StV **93**, 160; *Bertram,* Der Strafrichter zwischen Therapie u. Sühne, BewH,**85**, 10; *Blau,* Regelungsmangel beim Vollzug der Unterbringung gemäß § 63 StGB, Jescheck-FS 1015; *Boetticher,* Zu den Schwierigkeiten der Handhabung der Vorschriften über die Unterbringung in einer Entziehungsanstalt nach § 64 StGB, StV **91**, 75; *Buck,* Zur dogmatischen Bedeutung unterschiedlicher Arten empirischen Wissens bei prognostischen Entscheidungen im Strafrecht, NStZ **90**, 457; *Dahle/Egg* MSchrKrim **96**, 253 [Aufbau des Maßregelvollzugs im Beitrittsgebiet]; *Dessecker,* Gefährlichkeit und Verhältnismäßigkeit 2004 (Rez. *Pollähne* GA **06**, 191); *Egg* Sozialtherapeutische Behandlung u. Rückfälligkeit im Längerfristigen Vergleich, MSchrKrim **90**, 358; *ders.* (Hrsg.), Der Aufbau des Maßregelvollzugs in den neuen Bundesländern, 1996; *Exner,* Die Theorie der Sicherungsmittel, 1914; *Frankhauser,* Wohin mit den psychisch kranken Rechtsbrechern?, MSchrKrim **86**, 131; *Frisch,* Die Maßregeln der Besserung u. Sicherung im strafrechtlichen Rechtsfolgensystem, ZStW **102**, 343; *ders.,* Dogmatische Grundfragen der bedingten Entlassung u. der Lockerungen des Vollzuges von Strafen u. Maßregeln, ZStW **102**, 707; *ders.,* Prognostisch fundierte Entscheidungen im Strafrecht, R & R, **92**, 110; *ders.,* Das Marburger Programm u. die Maßregeln der Besserung u. Sicherung, ZStW **94**, 565; *Grünwald,* Sicherheitsverwahrung, Arbeitshaus, vorbeugende Verwahrung u. Sicherungsaufsicht im E 62, ZStW **76**, 633; *Haddenbrock,* Forensische Psychiatrie u. die Zweispurigkeit unseres Kriminalrechts, NJW **79**, 1235; *Hein,* Psychiatrisch-psychologische Begutachtung im Jugendstrafverfahren, 1986; *Heinz,* Fehlerquellen forensisch-psychiatrischer Gutachten, 1982; *ders.,* Freiheitsentziehende Maßregeln der Besserung und Sicherung – Stand und Entwicklung anhand statistischer Eckdaten der amtlichen Strafrechtspflegestatistiken, Schwind-FS (2006) 893; *Hinz,* Gutachtliche Vorhersage von Gefährlichkeit, R & P **87**, 50; *ders.,* Gefährlichkeitsprognose im Maßregelvollzug, R & R, **86**, 122; *Kaiser,* Befinden sich die kriminalrechtlichen Maßregeln in der Krise? 1990; *ders.,* R.-Schmitt-FS 359 [Menschenrechte im Vollzug]; *Kaiser/Dünkel/Ortmann* ZRP **82**, 198; *Kammeier* (Hrsg.), Maßregelvollzugsrecht, 2. Aufl. 2002; *Köhler,* Die Aufhebung der Sicherungsmaßregeln durch die Strafgerechtigkeit, Jakobs-FS (2007) 273; *Konrad,* Maßregelaussetzung zugleich mit der Anordnung [zu § 63], R & P **91**, 2; *Kruis,* Die Vollstreckung freiheitsentziehender Maßregeln u. die Verhältnismäßigkeit, StV **98**, 94; *Kühl/Schumann,* Prognosen im Strafrecht – Probleme der Methodologie u. Legitimation, R & P **89**, 126; *Markwardt,* Reformbedürftigkeit des Maßregelrechts, Kolloquium f. Walter Gollwitzer, 2004; *Marschner,* Stufen der Zwangsbehandlung, R & P **88**, 19; *Mrozynski,* Krankheit – Hang – Schädliche Neigungen, MSchrKrim **85**, 1; *Musco,* Die Maßregeln der Besserung u. Sicherung im strafrechtlichen Rechtsfolgensystem Italiens, ZStW **102**, 415; *Müller,* Anordnung u. Aussetzung freiheitsentziehender Maßregeln der Besserung u. Sicherung, 1981; *Müller-Isberner/Thomas,* Psychotherapie von Sexualstraftätern im Maßregelvollzug, R & P **92**, 42; *Nedopil,* Verständigungsschwierigkeiten zwischen dem Juristen u. dem psychiatrischen Sachverständigen, NStZ **99**, 433; *Penners,* Zum Begriff der „Aussichtslosigkeit einer Entziehungskur" in § 64 Abs. 2 StGB, 1987; *Pfäfflin,* Rückfallprognose bei Sexualdelinquenz, R & P **95**, 106; *Rasch,* Sozialtherapie im Maßregelvollzug, MSchrKrim **89**, 115; *Radtke,* Materielle Rechtskraft bei der Anordnung freiheitsentziehender Maßregeln der Besserung u. Sicherung, ZStW **110**, 297; *Rinke,* Therapeutische Zwangsmaßnahmen im Maßregelvollzug im psychiatrischen Krankenhaus; NStZ **88**, 10; *Rotmann,* Rechtliche Voraussetzungen der Behandlung geistesgestörter Straftäter in den USA, Blau-FS 555; *Rüping,* Therapie u. Zwang bei untergebrachten Patienten, JZ **82**, 744; *Schüler-Springorum,* Sicherungsverwahrung ohne Hang?, MSchrKrim **89**, 147; *Schüler-Springorum, Berner u. a.,* Sexualstraftäter im Maßregelvollzug, Gutachten MSchrKrim **96**, 147; ders., *Sexualstraftäter-Sozialtherapie*, GA **03**, 575; *Stolpmann,* Bietet mehr Sicherung mehr Sicherheit?, NStZ **97**, 316; *Stratenwerth,* Zur Rechtsstaatlichkeit der freiheitsentziehenden Maßnahmen im Strafrecht, SchwZStr **82**; (1966), 337; *Streng,* Vikariierens-Prinzip u. Leidensdruck, StV **87**, 41; *ders.,* Das Legitimations-Dilemma sichernden Freiheitsentzugs – Überlegungen zur neueren Rechtsentwicklung, Lampe-FS

[2003] 611; *Venzlaff, Wagner,* Psychiatrische Zwangsbehandlung u. rechtfertigender Notstand (§ 34 StGB), R & P **90**, 166; *ders.,* Kriminalprognose bei neuem Tatverdacht, R & P, **92**, 16; *Victor,* Maßregeln der Besserung u. Sicherung im strafrechtlichen Rechtsfolgensystem. Eine schwedische Perspektive, ZStW **102**, 435; *Volckart/Grünebaum* Maßregelvollzug, 6. Aufl. 2003 [zit. MRVollz]; *Volckart,,* Praxis der Kriminalprognose, 1997; *ders.,* Die Aussetzungsprognosen nach neuem Recht, R & P, **98**, 3; *F. Weber,* Die Vorhersage der Gefährlichkeit bei § 63 StGB-Patienten, R & P **95**, 128; *Wolf,* „Fehleinweisung" in das psychiatrische Krankenhaus (§ 63 StGB) – Erledigungserklärung oder Wiederaufnahme?, NJW **97** 779. Vgl. i. Ü. die Angaben bei den einzelnen Vorschriften.

4) Die **Anordnung** einer Maßregel erfolgt im Urteil (§ 260 StPO) **aus Anlass** und **als Rechtsfolge** einer **rechtswidrigen Tat;** vorläufige Sicherungsmaßnahmen sind möglich (vgl. einstweilige Unterbringung nach § 126 a StPO; vorläufige Entziehung der Fahrerlaubnis nach § 111 a StPO; vorläufiges Berufsverbot nach § 132 a StPO). **5**

Maßregeln können auch gegen **Ausländer** angeordnet werden (LK-*Hanack* 69); auch ist zum Zwecke der Verhängung oder Vollstreckung von Maßregeln **Auslieferung** möglich (vgl. LK-*Hanack* 70). **6**

Bei Anwendung von **Jugendstrafrecht** sind nur die Maßregeln des § 61 Nr. 1, 2, 4 und 5 zulässig (§ 7 JGG), die Unterbringung nach § 61 Nr. 1 bei einem knapp 17jährigen Jugendlichen jedoch nur in besonderen Ausnahmefällen (NJW **92**, 1570 m. Anm. *Walter* NStZ **92**, 100), wenn weniger einschneidende Maßnahmen nicht ausreichen. Stets ist **§ 5 III JGG** zu beachten (vgl. BGH **39**, 92, 95; NStZ-RR **02**, 182; StraFo **03**, 254; BGHR JGG § 5 III Absehen 1, 2; 4 StR 152/03). Die Maßregel nach **§ 66 a** kann gegen **Heranwachsende** angeordnet werden, die nach Erwachsenenstrafrecht abgeurteilt werden (§ 106 III, IV JGG; Art. 1 a III EGStGB). Die nachträgliche Sicherungsverwahrung gegen Heranwachsende regelt § 106 V, VI JGG idF des G v. 23. 7. 2004 (vgl. 1 zu § 66 b). **7**

Vollstreckt werden die freiheitsentziehenden Maßregeln der §§ 63, 64 grundsätzlich vor der Strafe (§ 67). Zum **Vollzug** vgl. §§ 129 bis 138 StVollzG und § 93 a JGG iVm den **Vollzugsvorschriften der Länder** (vgl. die Zusammenstellung bei *Volckart/Grünebaum,* Maßregelvollzug; dazu auch *Müller-Dietz* For. **83**, 117; NStZ **83**, 205; *Volckart* NStZ **82**, 500). Gnadenmaßnahmen sind nicht ausgeschlossen, aber idR dem Wesen der Maßregeln fremd (*Schätzler* 5. 2. 2.5; LK-*Hanack* 74). **Statistische Daten** zur Vollstreckung: vgl. Nachw. 1 zu § 63. **8**

Verjährung von Anordnung und Vollstreckung ist möglich (§§ 78 I; 79 I, IV, V). Die Vollstreckung der Sicherungsverwahrung verjährt nicht (§ 79 IV S. 1) **9**

Durch **Strafdrohungen** abgesichert wird die Durchführung der Maßregeln in den §§ 120, 121, 145 a, 145 c, 323 b. Registerpflichtig ist die Maßregelanordnung, vgl. § 4 Nr. 2, § 32 II Nr. 2, III Nr. 1, §§ 37 II, 46, 47 II BZRG. **10**

Übersicht

61 Maßregeln der Besserung und Sicherung sind

1. die Unterbringung in einem psychiatrischen Krankenhaus,
2. die Unterbringung in einer Entziehungsanstalt,
3. die Unterbringung in der Sicherungsverwahrung,
4. die Führungsaufsicht,
5. die Entziehung der Fahrerlaubnis,
6. das Berufsverbot.

1) Allgemeines. Die Vorschrift idF des 2. StrRG/EGStGB (Einl. 6) enthält den für das StGB abschließenden **Katalog** der bessernden und sichernden Maßregeln, von denen die ersten drei freiheitsentziehende Maßregeln sind, für die die §§ 63 bis 67 a gelten. Zur Unterbringung in einer sozialtherapeutischen Anstalt vgl. vor § 61. Nr. 4 bis 6 nennen die nicht freiheitsentziehenden Maßregeln, wobei für die durch das 2. StrRG eingeführte Führungsaufsicht die §§ 68 bis 68 g, für die Entziehung der Fahrerlaubnis die §§ 69 bis 69 b und das Berufsverbot die §§ 70 bis 70 b gelten. Gemeinsame Vorschriften: §§ 62, 71, 72. **1**

2 **2) Die gleichzeitige Anordnung** mehrerer Maßregeln nebeneinander ermöglicht § 72 II; doch ist, wenn die Voraussetzungen für mehrere gegeben sind, nur eine anzuordnen, wenn sie den erstrebten Zweck erreicht (§ 72 I).

Grundsatz der Verhältnismäßigkeit

62 Eine Maßregel der Besserung und Sicherung darf nicht angeordnet werden, wenn sie zur Bedeutung der vom Täter begangenen und zu erwartenden Taten sowie zu dem Grad der von ihm ausgehenden Gefahr außer Verhältnis steht.

1 **1) Allgemeines.** Das **Rechtsprinzip der Verhältnismäßigkeit** hat Verfassungsrang, der aus dem Rechtsstaatsprinzip und aus dem Wesen der Grundrechte selbst herzuleiten ist (BVerfGE **16**, 302; **19**, 347; **20**, 49; **23**, 127; **29**, 360; **65**, 44; **70**, 311; NJW **93**, 778; BGH **20**, 232; **26**, 102; Celle MDR **89**, 928; zur allgemeinen Geltung im Strafrecht vgl. *Weigend,* H.J. Hirsch-FS 917 ff.); er ist aber als regulatives Prinzip nicht ohne weiteres mit dem Schuldprinzip vergleichbar (LK-*Hanack* 2, 3; **aA** *Zipf* JuS **74**, 278). In § 62 ist er durch das 1. StrRG eingeführt worden.

1a **Literatur:** *Bae,* Der Grundsatz der Verhältnismäßigkeit im Maßregelrecht des StGB, 1985; *Dessecker,* Gefährlichkeit und Verhältnismäßigkeit, 2004; *Eickhoff,* Die Benachteiligung des psychisch kranken Rechtsbrechers im Strafrecht, NStZ **87**, 65; *Gribbohm,* Der Grundsatz der Verhältnismäßigkeit bei den mit Freiheitsentziehung verbundenen Maßregeln der Besserung und Sicherung, JuS **67**, 349; *Hirschberg,* Der Grundsatz der Verhältnismäßigkeit, 1981; *Arth. Kaufmann,* Schuldprinzip u. Verhältnismäßigkeitsgrundsatz, Lange-FS 27; *Kruis,* Die Vollstreckung freiheitsentziehender Maßregeln u. die Verhältnismäßigkeit, StV **98**, 94; *Müller-Dietz,* Unterbringung im psychiatrischen Krankenhaus u. Verfassung, 1987, 45; *Theyssen,* Die Entscheidung über die Aussetzung der Unterbringung im Lichte der Verfassung, Überlegungen zu BVerfGE 70, 297, Tröndle-FS 408; *Schüler-Springorum,* Sachverständiger u. Verhältnismäßigkeit, Stutte-FS 307.

2 **2)** Der Grundsatz der Verhältnismäßigkeit ist für **alle Maßregeln** zu beachten (zur Sonderregelung des § 69 I S. 2 vgl. dort). § 62 geht davon aus, dass der tief in Grundrechte einschneidende Eingriff, den vor allem eine freiheitsentziehende Maßregel darstellt, nur gerechtfertigt werden kann, wenn die Gefahr, die von dem Täter ausgeht, so groß ist, dass ihm, auch wenn er ohne Schuld gehandelt hat, ein solcher Eingriff im überwiegenden Interesse der Allgemeinheit zuzumuten ist (vgl. dazu i.e. BVerfGE **70**, 297, 316; BVerfG NJW **92**, 2344; **94**, 510; BVerfGE **109**, 190 = 2 BvR 834/02, Rn. 178 f.; **109**, 133 = 2 BvR 2029/01, Rn. 104 ff. mwN).

3 Unter diesem Ausgangspunkt sind die drei in § 62 genannten, voneinander zu unterscheidenden Kriterien zu prüfen. Dabei darf die Zulässigkeit der Maßregel nicht nach ihrem Verhältnis zu jedem einzelnen Kriterium beurteilt werden; vielmehr „sind alle Merkmale insgesamt zu würdigen und zur Schwere des mit der Maßregel verbunden Eingriffs ins Verhältnis zu setzen" (BGH **24**, 134 f.; StV **99**, 489; 2 StR 136/01 [in BGH **47**, 52 nicht abgedr.]):

a) die **Bedeutung,** dh nicht nur Schwere (Bagatelldelikte scheiden aus; BGH **20**, 232; NStZ-RR **97**, 230), Art (Bedeutung für die Allgemeinheit), Häufigkeit (auch frühere Taten sind heranzuziehen; 4 StR 478/69), sondern vor allem die indizielle Bedeutung der **begangenen Taten** für künftige Taten;

4 **b)** die **Bedeutung** der zu **erwartenden Taten,** vor allem ihre Art und Schwere;

5 **c)** der **Grad** der vom Täter ausgehenden **Gefahr.** Dabei kann der Umstand, *dass künftig Taten* besonderer Schwere zu erwarten sind, eine Maßregel auch dann rechtfertigen, wenn die bisherigen Taten für sich betrachtet weniger gewichtig erscheinen (BGH **24**, 134 f.; NStZ **86**, 237; JR **77**, 169; 2 StR 136/01 [Beleidigungsdelikte auf Grund wahnhafter Verkennung]). Freilich ist die Verhältnismäßig-

keit einer Unterbringung nach § 63 im Urteil besonders zu erörtern, wenn die Anlasstaten nur dem Bereich der unteren oder mittleren Kriminalität zuzuordnen sind (StV **99**, 499; vgl. *Kruis* StV **98**, 94 ff.).

Eine im Einzelfall unverhältnismäßige Maßregel darf nicht angeordnet werden (vgl. NJW **70**, 1242; MDR/D **70**, 729; NStZ **92**, 178; KG StV **91**, 69). Möglicherweise kommt dann eine schwächere in Betracht (Subsidiaritätsprinzip; vgl. BGH **20**, 232; NStZ-RR **98**, 359; LK-*Hanack* 58 vor § 61). Wenn § 62 sich auch ausdrücklich nur auf die **Anordnung** der Maßregeln bezieht, so ist sein Gedanke auch bei den **nachträglichen Entscheidungen** (§§ 67 a, 67 c, 67 d II, 67 e, 67 g) mit heranzuziehen (Ber. 17; BVerfGE **70**, 312; NJW **95**, 3048; BVerfGE **109**, 133; vgl. Celle NJW **70**, 1199; Hamm NJW **70**, 1982; GA **71**, 56; Karlsruhe NJW **71**, 204; NStZ **99**, 37; StV **00**, 268; Hamburg NStZ-RR **05**, 40, 41). Die Unverhältnismäßigkeit weiterer Vollstreckung führt auch bei negativer Prognose zur Erledigung der Unterbringung in einem psychiatrischen Krankenhaus (§ 67 d VI S. 1; vgl. BVerfG NJW **95**, 3048; Celle NJW **89**, 491 f.; Karlsruhe NStZ **99**, 37; Hamburg NStZ-RR **05**, 40 f. 6

Freiheitsentziehende Maßregeln

Unterbringung in einem psychiatrischen Krankenhaus

63 **Hat jemand eine rechtswidrige Tat im Zustand der Schuldunfähigkeit (§ 20) oder der verminderten Schuldfähigkeit (§ 21) begangen, so ordnet das Gericht die Unterbringung in einem psychiatrischen Krankenhaus an, wenn die Gesamtwürdigung des Täters und seiner Tat ergibt, dass von ihm infolge seines Zustandes erhebliche rechtswidrige Taten zu erwarten sind und er deshalb für die Allgemeinheit gefährlich ist.**

Übersicht

1) Allgemeines .... 1, 1 a
2) Anwendungsbereich .... 2, 2 a
3) Rechtswidrige Tat 3, 4
4) Schuldunfähigkeit oder Erheblich verminderte Schuldfähigkeit 5–12
5) Gefährlichkeitsprognose 13–20
6) Anordnung 21–24
7) Verfahrensrecht .... 25–26 a

1 **1) Allgemeines.** Die Vorschrift ist in Anlehnung an § 82 I E 1962 (Begr. 209; Ndschr. **4**, 180, 203, 234; **12**, 337, 343), aber abw. von § 67 AE durch das 2. StrRG eingefügt worden (Ber. BT-Drs. V/4095 = Ber. II, 26; Prot. V/9, 261, 1792, 2022, 2257, 2448, 2619). Eine vom BRat vorgeschlagene Änderung des § 63 (BT-Drs. 16/1344) mit einer Erweiterung auf „nicht auszuschließende" Schuldunfähigkeit (dazu *Eisenberg* GA **07**, 348) ist nicht Gesetz geworden (vgl. BT-Drs. 16/5137). Das G zur Sicherung der Unterbringung in einem psychiatrischen Krankenhaus und in einer Entziehungsanstalt v. 16. 7. 2007 (BGBl I 1327) hat weitreichende Änderungen der Vorschriften über **Folgeentscheidungen** (§§ 67 ff.) vorgenommen.

Statistische Daten zur Vollstreckung von Unterbringung nach § 63, § 66 ff. und von lebenslanger Freiheitsstrafe enthalten die Umfragen der **KrimZ** (für 2003: *Kröninger*, Lebenslange Freiheitsstrafe, Sicherungsverwahrung und Unterbringung in einem psychiatrischen Krankenhaus. Dauer und Gründe der Beendigung. Ergebnisübersicht zur bundesweiten Erhebung für das Jahr 2003, Wiesbaden [KrimZ] 2005, [www.krimz.de]). Daten zur Anordnung und Vollstreckung auch bei *Dessecker,* Straftäter u. Psychiatrie, 1997 u. BewH **97**, 286; *Leygraf,* Psychisch kranke Straftäter, 1988; *Seifert/Leygraf* DRiZ **97**, 338. Am 31. 3. 2006 befanden sich in Deutschland **5917 Personen** im Vollzug einer Maßregel nach § 63 (vgl. auch BT-Drs. 16/5660).

1 a **Literatur:** *Bechtoldt*, Die Erledigungserklärung im Maßregelvollzug des § 63 StGB, 2002 (Diss. Saarbrücken); *Bock*, Das Elend der klinischen Kriminalprognose, StV **07**, 269; *Boetticher/Kröber/Müller-Isberner/Böhm/Müller-Metz/Wolf,* Mindestanforderunngen für Prognosegutachten, NStZ **06**, 537; *Eisenberg*, Die Maßregel der Unterbringung in einem psychiatrischen Kranken-

haus gemäß § 63 StGB und die so genannte „Nicht-Therapiegeeignetheit", NStZ **04**, 240; *Faller*, Unterbringung ... nach Diagnose „Borderline"-Persönlichkeitsstörung, NJW **97**, 3073; *Fankhauser/Rathert*, Wohin mit psychisch kranken Rechtsbrechern? MSchrKrim **86**, 130, 354; *Jockusch/Keller*, Praxis des Maßregelvollzugs nach § 63 StGB. Unterbringungsdauer und strafrechtliche Rückfälligkeit, MSchrKrim **01**, 453; *Konrad*, Fehleinweisungen in den psychiatrischen Maßregelvollzug, NStZ **91**, 315 u. MSchrKrim **95**, 245 [Maßregelvollzug in den neuen Bundesländern]; *Laubenthal*, Krause-FS 357; *Less*, Die Unterbringung von Geisteskranken, 1988; *Leygraf* For. **84**, 89; *ders.*, Psychisch kranke Straftäter, 1988; *Müller-Isberner/Graßl/Gliemann* MedR **94**, 319 [Erledigung der Maßregel]; *Nedopil*, Kriterien der Kriminalprognose, For. **7** (1986), 167 u. Schüler-Springorum-FS 571; *ders.*, Grenzziehung zwischen Patient und Straftäter, NJW **00**, 837; *Nedopil/Müller-Isberner* MSchrKrim **95**, 236; *Nowara*, Stationäre Behandlungsmöglichkeiten im Maßregelvollzug nach § 63 StGB u. der Einsatz von Lockerungen als therapeutisches Instrument, MSchrKrim **97**, 116; *Pollähne*, Wiederholte Anordnung der Unterbringung gemäß § 63 StGB?, JR **06**, 316; *Rincke* NStZ **88**, 10; *Schneider*, Beendigung der Unterbringung in einem psychiatrischen Krankenhaus bei „Zweckerreichung" – Eine kriminalpolitische Herausforderdung, NStZ **04**, 649; *Seifert/Möller-Mussavi/Lösch*, Wegweiser aus dem Maßregelvollzug (gemäß § 63 StGB), StV **03**, 301; *Schreiber*, Venzlaff-Hdb. 47 ff.; *Schroth*, Schüler-Springorum-FS 593 [strafrechtliche Regelung u. Unterbringung nach § 63]; *Speier/Nedopil* MSchrKrim **92**, 1 [Prognose von Sexualdelinquenten]; *v. Stockert u. a.* For. **8** (1987), 195 [Behandlung schizophrener Kranker im Maßregelvollzug]; *Streng*, „Komorbidität", Schuld-(un)fähigkeit und Maßregelanordnung, StV **04**, 614; *Wolfslast*, Rechtliche Grenzen der Behandlung, ZfStrVO **87**, 323. Vgl. auch 1 a vor § 61.

2 2) **Anwendungsbereich.** Die Unterbringung nach § 63 dient dem **Schutz** der Allgemeinheit (unten 19) vor aufgrund psychischer Erkrankung oder Behinderung **gefährlichen** Tätern, gegen die wegen dieses Zustands hinsichtlich der Tat ein Schuldvorwurf nicht (§ 20) oder nur eingeschränkt (§ 21) erhoben werden kann. Sie dient anders als die Sicherungsverwahrung regelmäßig auch dazu, diese Personen von der vorliegenden psychischen Störung jedenfalls soweit zu **heilen,** dass von ihrem Zustand keine unvertretbare Gefahr für fremde Rechtsgüter mehr ausgeht, oder sie in ihrem Zustand zu **pflegen** (NStZ **83**, 429; **86**, 572; **90**, 122; NJW **92**, 1570). **Fehlende Heilungsaussichten** stehen der Unterbringung nicht entgegen (MDR/H **78**, 110; NStZ **90**, 122; StV **95**, 300; R&P **06**, 102; Hamburg NJW **95**, 2424; *Kruis* StV **98**, 96 f.; *Müller-Dietz* NStZ **83**, 148; vgl. dazu ausf. *Eisenberg* NStZ **04**, 240 ff.); umgekehrt rechtfertigt das bloße (Fort-)Bestehen einer psychischen Störung und deren Behandlungsbedürftigkeit weder die Anordnung noch die Fortdauer der gravierenden, uU lebenslangen Unterbringung, wenn die Voraussetzungen einer negativen **Gefahrprognose** nicht mehr gegeben sind (vgl. 5 StR 489/03). Bei **Jugendlichen,** die (nur) infolge mangelnder Reife nicht verantwortlich sind, kommt § 63 nicht in Betracht (vgl. BGH **26**, 67; NStZ-RR **03**, 186; *Brunner* JR **76**, 116; LK-*Hanack* 15 ff. mwN). Die Anordnung ist nicht deshalb ausgeschlossen, weil die Maßregel schon in einem früheren, nicht einbeziehungsfähigen Urteil angeordnet wurde (NJW **76**, 1949; Bay NStZ-RR **04**, 295, 296).

2 a Im Zuge der starken Aufwertung des präventiv orientierten **Therapieansatzes** namentlich im Zusammenhang mit der „Bekämpfung" von Sexualstraftaten im Laufe des letzten Jahrzehnts ist das allgemeine Interesse für den Maßregelvollzug erheblich gestiegen (vgl. auch *Leygraf* in DRiZ **03**, 331, 332). Die **Rechtspolitik** hat – in bisweilen populistisch anmutender Weise – mit einer *Erschwerung* der Aussetzung reagiert (vgl. § 454 StPO; dazu *Fischer* in KK-StPO Erl. zu § 454), die **Rechtspraxis** mit einer starken Erhöhung der Anzahl von Anordnungen nach § 63, insb. in Verfahren wegen Sexualdelikten. **Faktisch** ist die Zahl der nach § 63 Untergebrachten seit Mitte der 90 er Jahre sprunghaft angestiegen; die durchschnittliche Unterbringungsdauer hat sich deutlich erhöht (vgl. *Seifert/Möller-Mussavi/Lösch* StV **03**, 301, 302). **Materiellrechtlich** ist darauf hinzuweisen, dass die Maßregelanordnung ebenso wenig wie die Schuldfähigkeitsbeurteilung einem allein empirischen Modell folgt, sondern von **normativen Voraussetzungen** abhängig ist, derer sich das anordnende Gericht bewusst sein sollte. Dass **Sexualstraftäter** (die einen hohen Anteil der Untergebrachten ausmachen) *im Durchschnitt* „kränker" oder „gestörter" seien als zB notorische **Körperverletzer** oder **Betrüger,** ist keine Erkenntnis empirischer Forschung, sondern Ergebnis einer gesellschaftlichen **Wertung**.

3) Rechtswidrige Tat. Der Beschuldigte (im subjektiven oder objektiven Verfahren) muss eine rechtswidrige Tat (§ 11 I Nr. 5) begangen haben **(Anlasstat).** Eine strafrechtliche Unterbringung allein aus Anlass der *Gefahr* solcher Taten ist nicht möglich; insoweit gelten die Unterbringungsgesetze der Länder. Der objektive und subjektive Tatbestand (ggf. iS des sog. „natürlichen Vorsatzes") sowie die Rechtswidrigkeit der Anlasstat sind nach allgemeinen Regeln festzustellen. An der Unterbringungsvoraussetzung fehlt es daher zB, wenn ein **Rechtfertigungsgrund** vorliegt (NStZ **96**, 434). Den **inneren Tatbestand** berührt es nach der Rspr des BGH nicht, wenn der Täter infolge seines Zustandes Tatsachen verkennt, die jeder geistig Gesunde richtig erkannt hätte (BGH **3**, 287, 289; **10**, 355, 357; **18**, 235; MDR/H **83**, 90; NStZ **91**, 528; NStZ-RR **03**, 11; stRspr.; str.); wenn er also **zB** infolge von Verfolgungswahn glaubt, im Notstand oder Notwehr zu handeln (vgl. BGH **10**, 355; Stuttgart NJW **64**, 413; vgl. LK-*Hanack* 23f., 27; str.; vgl. *Bruns* JZ **64**, 473; *Jescheck/Weigend* § 77 II 2a; 5ff. zu § 323a); oder wenn er infolge einer Wahnerkrankung annimmt, einen Anspruch auf erpresste Vermögenswerte zu haben (NStZ-RR **03**, 11). Im Fall persönlicher Strafausschließungs- oder -aufhebungsgründe (zB beim Rücktritt nach § 24) scheidet § 63 aus (BGH **31**, 133 [m. Anm. *Blau* JR **84**, 27]; *Jescheck* § 77 II 2a; LK-*Hanack* 34; *Schreiber,* Venzlaff-Hdb. 48; *S/S-Stree* 6; **aA** *Geilen* JuS **72**, 79). Die Anlasstat muss grds. nicht „erheblich" sein (beachte aber § 62); sie muss verfolgbar, also unverjährt sein; bei Antragsdelikten muss Strafantrag gestellt sein (BGH **31**, 134). 3

Die Unterbringung ist nicht dazu bestimmt, an sich gesunde Personen wegen eines vorübergehenden **Rauschzustands** zu verwahren (BGH **34**, 27; EzSt Nr. 4; BGHR Zust. 16). Soll daher die Unterbringung anlässlich einer Verurteilung nach § 323a angeordnet werden, so ist die auslösende rechtswidrige Tat iS des § 63 das Vergehen des **Vollrauschs** (§ 323a). Danach muss grds. die Tathandlung des § 323a, also das Sich-Berauschen, im Zustand der Schuldunfähigkeit oder verminderten Schuldfähigkeit begangen worden sein (NStZ **96**, 41 [*5. StS*]; NStZ-RR **97**, 102; **97**, 299, 300; 1 StR 735/97; 2 StR 441/95; zur Anwendung des **Zweifelssatzes** vgl. aber NStZ **04**, 96; unten 12a und 22a zu § 323a). 4

4) Schuldunfähigkeit oder erheblich verminderte Schuldfähigkeit. Die Tat muss (regelmäßig; vgl. aber unten 12a) unter den Voraussetzungen des § 20 oder des § 21 begangen sein; vorausgesetzt ist somit ein **zum Tatzeitpunkt** bestehender Zustand zumindest *möglicher* Schuld*unfähigkeit* oder *sicher erheblich verminderter* Schuldfähigkeit, auf welchem die Begehung der Tat beruht (vgl. NStZ **99**, 128; **99**, 612f.; **04**, 197; NStZ-RR **03**, 232; **04**, 38f.; **07**, 73; 3 StR 455/00; unten 11). Auf die Feststellung einer nur eingeschränkten Einsichts*fähigkeit* bei tatsächlich bestehender Unrechtseinsicht (vgl. dazu 3 zu § 21) kann die Maßregelanordnung nicht gestützt werden (BGH **34**, 22, 26f.; NStZ **06**, 682, 683; 4 StR 64/07). 5

A. Der zur Zeit der Tat bestehende, die Schuldfähigkeit beeinträchtigende **Zustand** muss, wie sich aus der Anknüpfung der Prognose an den Zustand ergibt, ein **länger dauernder** sein (BGH **44**, 369ff.; NStE Nr. 19; StV **90**, 260; BGHR, Gefährl. 10; NStZ **93**, 181; NStZ/D **90**, 224; **92**, 480; NStZ-RR **97**, 229; **98**, 174; **03**, 232; **07**, 105f.; stRspr; LK-*Hanack* 62). § 63 setzt daher eine mit der Schuldfähigkeits-Beurteilung nicht identische „Zustands"-Feststellung voraus. Hierbei wird, schon wegen des Kausalitäts-Erfordernisses, regelmäßig an den sog. Eingangsmerkmalen des § 20 anzusetzen sein (vgl. StraFo **03**, 282; **06**, 339). 6

Problematisch kann die Feststellung des von § 63 vorausgesetzten „Zustands" bei Vorliegen von **Persönlichkeitsstörungen** sein. Der Begriff ist für § 63 ebenso zu verstehen wie bei der Beurteilung der Schuldfähigkeit (36ff., 42 zu § 20). Die Diagnose „Persönlichkeitsstörung" erfüllt daher nicht schon ohne Weiteres die Voraussetzungen einer schweren seelischen Abartigkeit iS von § 20 (vgl. NStZ-RR **07**, 105, 106; 2 StR 532/06). Persönlichkeitsstörungen können nach stRspr eine Unterbringung nach § 63 rechtfertigen, wenn sie „in ihrem Gewicht den krankhaften seelischen Störungen *entsprechen* und Symptome aufweisen, die in ihrer 6a

Gesamtheit das Leben des Täters vergleichbar schwer und mit ähnlichen – auch sozialen – Folgen stören, belasten oder einengen" (NStZ-RR **98**, 174; **02**, 197; NStZ **04**, 197, 198; **05**, 326, 327), *wenn* also ihre Auswirkungen auch im *Alltag* des Betroffenen außerhalb von Straftaten zu gravierenden Einschränkungen des beruflichen und sozialen Handlungsvermögens geführt haben (stRspr; vgl. 4 StR 210/06; 4 StR 603/06; NStZ-RR **06**, 154; **07**, 6f.), und wenn *feststeht*, dass der Täter aus einem starken, wenn auch nicht unwiderstehlichen Zwang gehandelt hat (BGH **42**, 385, 388; NStZ/M **98**, 132; NStZ-RR **03**, 165f.; StV **05**, 20; oben 4). Psychische Auffälligkeiten, die die Voraussetzungen einer schweren seelischen Abartigkeit nicht erreichen, in bestimmten *ungewöhnlichen* Grenzsituationen bei besonderer psychischer Belastung jedoch dieses Gewicht erreichen und zur erheblichen Einschränkung der Steuerungsfähigkeit führen *können,* reichen nicht aus (BGH **42**, 385, 390; NStZ **06**, 154, 155; StV **07**, 410, 411; 4 StR 367/98; 2 StR 378/99). Ein Zustand iS von § 63 ist aber schon dann gegeben, wenn aufgrund der dauerhaft vorliegenden psychischen Störung des Täters bereits *alltägliche Ereignisse* eine erhebliche Beeinträchtigung der Schuldfähigkeit auslösen können (BGH **44**, 369, 374f.; NStZ-RR **05**, 370, 371).

7 Regelmäßig erforderlich ist die **Feststellung,** welche der in § 20 genannten Voraussetzungen vorliegen; die **Ursachen** der Störung und ihre **Auswirkungen** auf die Schuldfähigkeit sind zweifelsfrei aufzuklären (vgl. NStZ-RR **03**, 232; StraFo **03**, 282; **06**, 339); der Zweifelssatz findet insoweit keine Anwendung (BGH **42**, 385, 388). Dass ein „Zustand" iS von § 63 zur Tatzeit bestanden hat, muss *festgestellt* sein. Eine bloße *Möglichkeit* oder Wahrscheinlichkeit, dass eine psychische Störung iS von § 20 vorgelegen habe, reicht nicht aus (stRspr.; vgl. NStZ **07**, 266). **Nicht ausreichend** sind allgemeine, eher vage Diagnosen oder Symptom-Schilderungen, bei denen offen bleibt, welche der Eingangs-Voraussetzungen der §§ 20, 21 vorliegt oder wie diese sich *konkret* auf die Schuldfähigkeit und die Gefährlichkeit des Täters auswirkt (BGH **49**, 365, 369f. [= NStZ **05**, 207; Spielsucht]; NStZ **04**, 197f.; 4 StR 174/03; StraFo **04**, 390 [Stalking; m. Anm. *Pollähne* R&P **05**, 86]; NStZ **07**, 29). Das schließt nicht aus, bei einer in ihren Ursachen und Symptomen i. E. aufgeklärten schwerwiegenden Persönlichkeitsstörung die Zuordnung zu einem der Merkmale des § 20 offen zu lassen, wenn die *Auswirkungen* der Störung (oder *sämtlicher* in Betracht kommender Störungen) zweifelsfrei eine dauernde Beeinträchtigung der Schuldfähigkeit begründen (NJW **98**, 2986f.; NStZ-RR **03**, 168f.; zum **Zusammentreffen mehrerer Störungen** ausf. *Streng* StV **04**, 614, 618f.). Eine psychiatrisch-klinische **Diagnose,** etwa nach den gängigen Diagnose-Systemen (vgl. dazu 7 zu § 20), kann die (sichere) Feststellung einer zumindest erheblich eingeschränkten Schuldfähigkeit weder ersetzen noch für sich allein schon begründen (NStZ **07**, 29f.; 5 StR 557/06).

7a **Beispiele** (alphabetisch nach Stichworten)**:** *„Borderline"-Persönlichkeitsstörung* (BGH **42**, 385 [krit. Anm. *Kröber* NStZ **98**, 80]; NJW **97**, 1645 [Bespr. *Faller* NJW **97**, 3073]; NStZ **02**, 142; dazu auch NStZ-RR **03**, 165f.; 4 StR 583/99; 4 StR 174/03); *„dissoziale Persönlichkeitsstörung"* (NStZ-RR **99**, 77; 4 StR 67/98; 2 StR 378/99; 4 StR 174/03; vgl. auch NStZ **99**, 395 [m. Anm. *Winckler/Foerster* NStZ **00**, 192]); *„dissoziale Fehlentwicklung"* (NStZ-RR **99**, 136; vgl. dazu auch BGH **37**, 397, 401; NStZ **96**, 380 m. Anm. *Winckler/Foerster* NStZ **97**, 334; NStZ **97**, 485); *„geistige Subnormalität und dissoziale Fehlentwicklung"* (NStZ **99**, 128); *„Eifersuchtswahn"* (NStZ-RR **97**, 166; NStZ-RR **99**, 137; 4 StR 629/96; NJW **97**, 3103 m. Anm. *Winckler/Foerster* NStZ **98**, 296; *Blau* JR **98**, 206); *„Entwicklungsstörung"* (5 StR 106/98); *„gemischte Persönlichkeitsstörung"* (NStZ **99**, 612); *„hypomanische Episode* einer *bipolaren affektiven Störung"* (NStZ-RR **05**, 75); *„kindliche Retardierung"* (NStZ-RR **97**, 229); *„kombinierte Persönlichkeitsstörung"* (NStZ **04**, 197; NStZ-RR **04**, 137); *„narzisstische Persönlichkeitsstörung"* (NStZ **02**, 427f.); *„paranoide Störung"* (BGHR § 63 Zustand 10, 14, 15; NStZ **97**, 335); *„Paraphilie"* (NStZ-RR **98**, 174); *„Psychopathie"* (NStZ-RR **98**, 106); *„schizotype Persönlichkeit"* (NStZ-RR **98**, 294); *„Pädophilie"* (NJW **98**, 2753 [m. Anm. *Winckler/Foerster* NStZ **99**,

126]; NStZ **99**, 610; NStZ-RR **04**, 201; StV **05**, 20); *„bisexuelle Kernpädophilie"* (4 StR 282/99); *„schizoid-antisoziale Persönlichkeitsstörung"* (NStZ-RR **04**, 38); *„schizoide Persönlichkeitsstörung"* (NStZ **05**, 326); *„Störung des Sozialverhaltens"* (NStZ-RR **07**, 105); *„wahnhafte Verblendung"* als Grundlage hartnäckiger Nachstellungen iS sog. „Stalkings" (StraFo **04**, 390 [Anm. *Pollähne* R&P **05**, 86]); vgl. auch 36ff. zu § 20.

Bei der Feststellung ist auf eine klare **Abgrenzung** zwischen den Aufgaben des **Sachverständigen** und der Bewertung durch das Gericht zu achten. Der Sachverständige hat seine Bewertung dem Gericht „verständlich, übersetzbar und plausibel" zu machen (*Mauthe* DRiZ **99**, 262, 268f.; vgl. dazu auch 64 zu § 20). Mehr noch als bei der Schuldfähigkeits-Beurteilung besteht bei der Feststellung von Unterbringungs-Voraussetzungen die (aus Sicht des meist auch klinisch tätigen Sachverständigen verständliche) Gefahr, empirische und normative Gesichtspunkte zu vermischen, und die Neigung, die Prognose vorwiegend aus einem *therapeutischen* Blickwinkel zu stellen (vgl. hierzu *Rasch,* Forensische Psychiatrie, 370ff.; zur *Grenzbestimmung* auch zutr. *Nedopil* NJW **00**, 837). Das Gericht muss sich darüber im Klaren sein, dass ein aus der Sicht der klinischen Psychologie und Psychiatrie möglicherweise vorrangiges „Heilungs"-Erfordernis, gerade bei den sog. Persönlichkeitsstörungen, für sich allein nicht ausreicht, um den mit der Unterbringung verbundenen schwerwiegenden Eingriff zu rechtfertigen; umgekehrt kann eine prognostizierte „Schwierigkeit" des Beschuldigten im Maßregelvollzug oder gar eine diagnostizierte *Unheilbarkeit* der Störung das Absehen von der Maßregelanordnung nicht rechtfertigen (vgl. oben 2). Das Gericht darf sich daher der Bewertung durch den Sachverständigen nicht ohne weiteres anschließen, ohne sie kritisch zu hinterfragen (BGH **42**, 385, 388f.; zur Darlegung in den Urteilsgründen vgl. auch BGH **34**, 29, 31; NStZ-RR **96**, 258; **03**, 232). 8

B. Alkohol-, Medikamenten- oder Betäubungsmittelabhängigkeit, die nicht auf einer psychischen Störung beruhen, reichen grds. nicht aus; auch nicht, dass eine persönlichkeitsgestörte Person unter Alkohol Straftaten begeht (vgl. BGH **34**, 28; **44**, 338; NStZ **82**, 218; **85**, 309; **86**, 427; **88**, 24; NStZ-RR **97**, 102 StV **93**, 244; **01**, 677; BGHR Zust. 18; stRspr); ebenso wenig „neurotische Strukturierung" (NStZ **83**, 429). *Infolge* langdauernden Alkohol- oder BtM-Missbrauchs eingetretene Persönlichkeitsstörungen unterfallen idR dem Bereich des § 63 nicht; es darf auch nicht eine suchtbedingte psychische Störung, die eine Behandlung in einer Entziehungsanstalt (§ 64) *schwierig* macht, schon deshalb zum Anlass für eine Unterbringung nach § 63 genommen werden. Eine manifeste Suchterkrankung kommt aber nach stRspr des BGH als Grundlage einer Unterbringung nach § 63 in Betracht, wenn sie ihrerseits auf einer psychischen Störung **beruht** (BGH **7**, 35; **34**, 313f.; **44**, 338f.; NStZ **82**, 218; **83**, 429; **85**, 309; **86**, 331; **98**, 191; **98**, 406; **02**, 197; NStZ/M **83**, 496; NStZ/T **87**, 166; 498; NStZ/D **89**, 471; StV **98**, 72; **01**, 677; NStZ-RR **06**, 38f.; BGHR § 63 Zustand 2, 4, 5, 6, 12, 13, 17, 19), welche in ihren Auswirkungen den krankhaften seelischen Störungen iS von §§ 20, 21 gleichkommt (NStZ-RR **99**, 267; zum „Schwere"-Maßstab vgl. 37f., 42f. zu § 20) und das Fortbestehen der Abhängigkeit bedingt (BGH **44**, 338, 341; NStZ **94**, 31 [m. Anm. *Müller-Dietz* NStZ **94**, 336]; NStZ-RR **98**, 271; vgl. auch NStZ-RR **04**, 331); ebenso, wenn eine „krankhafte Alkoholsucht" vorliegt (vgl. BGH **34**, 313, 314; **44**, 369; NZV **00**, 213; NStZ-RR **07**, 138, 139). Die Rspr verlangt, dass die Suchterkrankung immer wieder – regelmäßig – zu einem Zustand führt, in welchem die Steuerungsfähigkeit erheblich vermindert ist (NStZ **90**, 538; **98**, 406; 3 StR 36/99). 9

Ausreichend ist es, wenn infolge einer dauerhaften und behandlungsbedürftigen psychischen Störung eine verhältnismäßig geringe Alkoholmenge zur Beeinträchtigung der Einsichts- und Steuerungsfähigkeit führt, oder wenn im Zusammenwirken der psychischen Störung und einer aktuellen Alkoholisierung als Auslöser für den Zustand iS von §§ 20, 21 schon geringfügige, alltägliche Ereignisse in Betracht kommen (BGH **34**, 313, 314; **44**, 369, 373ff.; NStZ-RR **99**, 267; **00**, 299; BGHR, Zust. 9; Konk. 1; StV **92**, 572 L; 1 StR 256/95; 5 StR 11/00; 4 StR 50/00; stRspr; vgl. auch NStZ-RR **05**, 370f.). Daher kann die Beurteilung des Zusammenwirkens von Faktoren nicht allein aus dem Blickwinkel der Abgrenzung 9a zwischen § 63 und § 64 erfolgen; auch eine allein *quantitative* Abgrenzung etwa zwischen akuter Alkohol-Intoxikation und Störungs-Wirkung ist kaum sinnvoll. Eine Maßregelanordnung nach § 63 setzt voraus, dass die – in ihrer *qualitativen* Wirkung konkret bestimmte – dauerhafte psychische Störung für die Einschränkung der Einsichts- oder Steuerungsfähigkeit zur Zeit der Anlasstat *ursächlich* war (vgl. NStZ-RR **06**, 38, 39; **07**, 138f.; jew. mwN). Das ist auch dann gegeben, wenn zugleich eine Alkoholisierung – gleichgültig welcher Höhe – wirksam war, die (nur) im Zusammenwirken mit der psychischen Dauerstörung die Beeinträchtigung der Schuldfähigkeit verursacht hat.

10 Eine klare **Abgrenzung** zwischen psychischer Störung und Suchterkrankung sowie eine iS der genannten Grundsätze eindeutige Kausalbeziehung ist bisweilen nur schwer möglich (vgl. etwa 1 StR 557/00); in die Beurteilung fließen notwendig **normative** Bewertungen ein, derer sich das Gericht bewusst sein muss. Namentlich bei der Beurteilung von **Persönlichkeitsstörungen** ist stets eine **Gesamtbeurteilung** von Tat und Täter erforderlich (vgl. oben 6). In Fällen, in denen Auffälligkeiten in der Person oder den Handlungen des Beschuldigten ihre Erklärung möglicherweise auch in anderen Umständen (zB. Alkoholisierung) finden können, ist zu seinen Gunsten hiervon auszugehen (NStZ-RR **97**, 335). Die bloße *Möglichkeit* des Vorliegens eines einer Krankheit gleichwertigen psychischen Defekts reicht nicht aus (BGH **34**, 22, 26; vgl. unten 11f.). Für immer wieder auftretende **drogeninduzierte** psychotische Zustände bei Betäubungsmittel-Abhängigkeit und dauerhafter krankhafter Überreaktion gilt Entsprechendes (5 StR 540/05 = R&P **06**, 102 [m. krit. Anm. *Pollähne*].

11 **C.** Die Voraussetzungen des § 20 oder des § 21 zum Zeitpunkt der Anlasstat müssen **zweifelsfrei festgestellt** sein (BGH **34**, 27; NJW **83**, 350; MDR/H **81**, 98; **95**, 1090; StV **81**, 71; 543 L; NStZ **90**, 538; 4 StR 268/01; 4 StR 174/03; stRspr); ihre bloße Möglichkeit genügt nicht (BGHR Gefährl. 3; NStZ-RR **96**, 193; **98**, 174; **03**, 39f.; NStZ/M **81**, 427; **82**, 456; **98**, 132; NStZ/T **86**, 160; NStZ/D **90**, 579; **91**, 277; **93**, 476; **94**, 177; 477; **96**, 186; NStZ-RR **04**, 38, 39). Auf die Feststellung, eine Aufhebung der **Einsichts**fähigkeit sei **nicht ausgeschlossen,** kann die Anordnung der Maßregel nicht gestützt werden, weil damit die Voraussetzungen des § 21 nicht zweifelsfrei festgestellt sind (3 StR 3/05; vgl. auch NStZ-RR **07**, 73). § 21 ist nicht anwendbar, wenn der Täter trotz erheblicher Verminderung seiner Einsichts*fähigkeit* das Unerlaubte seines Handelns tatsächlich erkennt (vgl. BGH **21**, 27; **34**, 25; **40**, 341, 439; **42**, 385, 389; NStZ **06**, 682f.; NStZ-RR **04**, 38f.; stRspr.; vgl. 3f. zu § 20). Eine bloße Verminderung der Einsichtsfähigkeit, die nicht ein *Fehlen* der Einsicht ausgelöst und dadurch zu Straftaten geführt hat, veranlasst daher keine Unterbringung nach § 63 (BGH **34**, 22, 26f.; NStZ **06**, 682f.; NStZ-RR **07**, 73; 4 StR 268/01). Es genügt die Feststellung, dass zum Tatzeitpunkt **entweder** die Voraussetzungen des § 20 **oder** die des § 21 sicher gegeben waren (BGH **18**, 167 [abl. *Foth* JZ **63**, 605]; NJW **67**, 297; 5 StR 352/92; LK-*Hanack* 38). Es darf idR nicht offen bleiben, ob die psychische Störung die **Einsichts-** oder **Steuerungsfähigkeit** des Beschuldigten vermindert oder aufgehoben hat (StV **99**, 485; NStZ-RR **03**, 232; **04**, 38f.; zu Einschränkungen vgl. die Nachw. in 44 zu 20).

12 **D.** Bei Verurteilung wegen **Vollrauschs** (§ 323a) ist nach bisher stRspr als rechtswidrige Tat iS von § 63 das Sich-Berauschen, nicht die Rauschtat angesehen worden (NStZ **96**, 41; NStZ-RR **97**, 299, 300; 2 StR 441/95; 1 StR 735/97; vgl. aber 1 StR 256/95). Der *4. StS* hat im **Anfrage**-Beschluss v. 5. 8. 2003 (NStZ **04**, 96 [Anm. *Neumann* NStZ **04**, 198]) diese Rspr für den Fall in Frage gestellt, dass das Sich-Berauschen in voll schuldfähigem Zustand, die Rauschtat *möglicherweise* im Zustand der Schuldunfähigkeit begangen wurde und die Voraussetzungen des § 66 gegeben sind, denn in diesem Fall dürfe dem Angeklagten nicht dadurch ein Nachteil erwachsen, dass er in Anwendung des Zweifelssatzes nicht wegen der Rauschtat, sondern wegen Vollrauschs verurteilt wird. Die Frage ist im Anfrage-

verfahren (1 ARs 29/03; 2 ARs 343/03; 5 ARs 63/03) nicht geklärt worden; der *4. StS* hat für den Einzelfall unter (erneuter) Anwendung des Zweifelssatzes eine Unterbringung nach § 63 zugelassen (NStZ **04**, 384; vgl. 22a zu § 323a). Das setzt freilich voraus, dass eine Unterbringung nach § 63 bei einer Verurteilung nach § 323a *grundsätzlich* auch dann möglich ist, wenn der Täter beim Sich-Berauschen uneingeschränkt schuldfähig war (*Neumann* NStZ **04**, 198, 199; vgl. auch 11f. zu § 323a).

5) Gefährlichkeitsprognose. Die Gesamtwürdigung des Täters (dh der festge- **13**
stellten psychischen **Störung**) und seiner Tat (dh der Anlasstat als **Symptomtat**) muss zu einer **negativen Gefährlichkeitsprognose** führen. Die Unterbringung nach § 63 darf als außerordentlich beschwerende Maßnahme nur angeordnet werden, wenn eine Wahrscheinlichkeit höheren Grades (unten 15) besteht, dass der Täter infolge seines fortdauernden Zustands in Zukunft erhebliche rechtswidrige Taten begehen (NStZ-RR **05**, 303 [*4. StS*]; **07**, 73 [*2. StS*]; 5 StR 215/07), also eine Störung des Rechtsfriedens verursachen wird, die zumindest in den Bereich der mittleren Kriminalität hineinreicht (NStZ-RR **05**, 303, 304 [*2. StS*]). „Gefährlichkeit" ist – entgegen üblichem Sprachgebrauch – nicht als empirisch „diagnostizierbare" *Eigenschaft* einer Person zu verstehen, sondern im Wesentlichen als Beschreibung eines Verhältnisses der Person zur Allgemeinheit (zutr. *Eisenberg* NStZ **04**, 240, 243 mwN).

A. Von dem Täter müssen **infolge seines Zustandes** (Kausalität) **weitere Ta-** **14**
ten zu erwarten sein (NJW **98**, 2986); das ist bei Anordnung der Maßregel im Urteil im Einzelnen darzutun (2 StR 133/94). Aus dieser Formulierung lässt sich schließen, dass eine **eindeutige Bewertung des „Zustands"** erforderlich ist (MDR/H **87**, 93; NStE Nr. 15) und die Anlasstat (oben 2a) für die künftige Gefährlichkeit des Täters **symptomatisch** sein muss, indem sie Ausdruck des Zustands ist, der als solcher erhebliche künftige Taten erwarten lässt (BGH **5**, 143; **20**, 232; **24**, 98; 134; **27**, 248; 4 StR 60/06). Die Verknüpfung zwischen Anlasstat und für die Zukunft zu erwartenden Taten wird daher durch den *Zustand* hergestellt, durch den die Anlasstat (mit-)ausgelöst wurde und als dessen Folgewirkung sich die zukünftig zu erwartenden Taten darstellen würden. Es ist nicht erforderlich, dass zu erwartende Taten der Anlasstat ähnlich oder vergleichbar sind (NStZ **91**, 528; NJW **98**, 2986); diese darf andererseits aber auch nicht bloßer „Auslöser" für die Unterbringung wegen einer psychischen Störung sein (vgl. 5 StR 489/03). Erforderlich ist, dass die zu erwartenden Taten auf **derselben psychischen Störung** wie die Anlasstat beruhen und dass sie sich als Folgewirkung dieses Zustands darstellen (NStZ **91**, 528; StV **99**, 482 [m. Anm. *Müller-Dietz*]; NStZ-RR **03**, 168f.; StraFo **06**, 295); die Einschränkung der Schuldfähigkeit und die Gefährlichkeit des Täters müssen **dieselbe „Defektquelle"** haben (NStZ-RR **04**, 331, 332). Nicht erforderlich ist, dass die Gefahr *gleichartiger* Taten, also der Anlasstat entsprechender Taten besteht (2 StR 135/07). Bei geringfügiger Anlasstat bedarf die Gefährlichkeitsprognose besonderer Prüfung (NStZ **86**, 237; StV **99**, 489; NJW **01**, 3560; NStZ-RR **05**, 303; vgl. auch NStZ-RR **05**, 72, 73; **07**, 74f.; 5 zu § 62.

Die Taten müssen **zu erwarten** sein. Das setzt die Feststellung voraus, dass sie **15**
nicht nur *möglicherweise* (NJW **89**, 2959; NStZ **86**, 572; **99**, 611f.; NStZ-RR **01**, 238; **03**, 232; **05**, 303; BGHR § 63 Gefährlichkeit 16, 19; StV **05**, 21; 5 StR 481/69; 4 StR 623/99), sondern *wahrscheinlich* begangen würden, wenn nicht vorgebeugt wird; erforderlich ist nach der Rspr des BGH eine „**Wahrscheinlichkeit höheren Grades**" (NStZ **86**, 572,; **91**, 528; **93**, 78; StV **01**, 676; NStZ-RR **06**, 265; BGHR § 63 Gefährl. 16, 25; 3 StR 58/06). Nicht erforderlich, dass von der betroffenen Person eine *ständige* Gefahr ausgeht (4 StR 67/98) oder dass eine „hohe Wahrscheinlichkeit" besteht (2 StR 135/07). Wenn der Täter trotz bestehenden Zustands psychischer Störung lange Zeit keine rechtswidrigen Taten begangen hat, so ist dies ein gewichtiges Indiz gegen die Annahme von Gefährlichkeit (NStZ-RR **05**, 303; StV **06**, 579; vgl. auch NStZ-RR **07**, 73f.); bei

der Prognose ist nicht auf den Zeitpunkt der Anlasstat, sondern auf den **Zeitpunkt der Hauptverhandlung** abzustellen (unten 20). Ein persönlichkeitsuntypischer Aggressionsausbruch kann (1 StR 450/93), muss aber ebenso wenig wie die Begehung einer nur krankheits- und nicht konfliktbedingten oder einer nicht nachvollziehbar motivierten erheblichen rechtswidrigen Tat für sich allein schon die Erwartung weiterer erheblicher rechtswidriger Taten und die daraus folgende Gemeingefährlichkeit indizieren (5 StR 641/93). **Nicht ausreichend** ist **zB** die nur allgemeine, weder auf die Anlasstat noch auf eine Darlegung der *konkreten* Auswirkungen der psychischen Störung gestützte Feststellung, es sei zukünftig mit „impulshaftem Verhalten" zu rechnen (NStZ-RR **03**, 232); auch nicht die Feststellung, es sei beim Täter zwar keine Tendenz zu Regelverstößen erkennbar, jedoch bestehe die *Möglichkeit*, dass sich die Tat wiederhole (vgl. StV **05**, 21). Hat ein schwachsinniger Täter eine Brandstiftung begangen, so kann seine Unterbringung nicht darauf gestützt werden, er sei (außerdem) *pädophil,* und es sei die Gefahr sexuellen Missbrauchs von Kindern gegeben, weil ein Zusammenhang zwischen Brandstiftung und sexueller Devianz „nicht selten" sei (NStZ-RR **03**, 168 f.).

16 **B.** Die zu erwartenden rechtswidrigen Taten müssen **erheblich** sein. Dieses Erfordernis gilt auch für die Anordnung der Fortdauer der Maßregel (BVerfG NJW **95**, 3049). An den Begriff der Erheblichkeit sind nach hM hier nicht so hohe Anforderungen zu stellen wie in § 66 (MDR **76**, 767 [m. Anm. *Hanack* JR **77**, 170]; BGH **27**, 248; NJW **89**, 2959; BGHR Gefährl. 9; 3 StR 103/91; Karlsruhe Die Justiz **79**, 301; krit. LK-*Hanack* 49; *Müller-Dietz* NStZ **83**, 149; *Streng* 137). Die Erheblichkeit drohender zukünftiger Taten kann sich im Einzelfall, ohne dass weitere Darlegungen im Urteil erforderlich sind, aus der Anlasstat ergeben (NStZ-RR **05**, 72, 73).

17 Die Gefahr von **Bagatelltaten** (vgl. zur Abgrenzung BGH **27**, 246, 248; NStZ **92**, 178; BGHR § 62 Verhältnismäßigkeit 2; § 63 Gefährlichkeit 8, 16, 17, 20, 22) reicht nicht aus (NStZ-RR **05**, 303, 304; **06**, 338 f.), auch wenn ggf. serienweise Begehung zu erwarten ist (vgl. KG StV **92**, 380). Angesichts des äußerst belastenden Charakters der Maßregel nach § 63 müssen die Anforderungen hoch sein; die Anordnung ist daher nur bei der Gefahr von solchen Störungen des Rechtsfriedens verhältnismäßig, die mindestens in den Bereich der **mittleren Kriminalität** hineinragen (BVerfGE **70**, 297, 312; BGH **27**, 246, 248; NJW **89**, 2959; NStZ-RR **97** 166; **05**, 72, 73; **05**, 303 f.; wistra **94**, 95; 1 StR 702/95; 3 StR 455/00; LG Gera NStZ-RR **96**, 95; eher einschränkend KG JR **92**, 390); **zB** Diebstähle oder Betrügereien mittleren Ausmaßes; besonders schwere Fälle von Diebstahl (§ 243; MDR **76**, 767, krit. *Hanack* JR **77**, 171; MDR/H **89**, 1051); Körperverletzungen durch exzessive Ausübung von (vermeintlichen) Festnahmerechten nach § 127 I StPO (5 StR 37/07); unterschiedliche Taten bei einer Vielfalt krimineller Verhaltensweisen (BGH **27**, 246, 248). Auch die Gefahr konkretisierter, von den Betroffenen ernst genommener Bedrohungen mit schweren Gewalttaten kann *im Einzelfall* ausreichen (NStZ-RR **06**, 338 f.). Bei der Beurteilung kommt es angesichts der großen Spannbreite tatbestandlichen Verhaltens auch auf die *konkret* zu erwartende Art der Tatbestandserfüllung an.

18 **Nicht ausreichend** sind **zB** lediglich belästigende Taten (KG JR **60**, 351; Koblenz NStE Nr. 26), etwa nur einzelne Personen betreffende Falschanzeigen (KG JR **60**, 351; vgl. 3 StR 9/78); beleidigende Flugblätter, deren Herkunft von einem Geisteskranken offensichtlich ist (NJW **68**, 1483; LG Zweibrücken NStE Nr. 31); von vornherein wenig ernst zu nehmende Drohungen (vgl. NStZ-RR **05**, 303, 304; **06**, 338 f.); kleine Diebstähle (NStZ-RR **97**, 230 [m. Anm. *Laubenthal* JZ **97**, 687]); Beleidigungen oder nicht ernst zu nehmende Bedrohungen (vgl. NStZ-RR **06**, 338, 339); Zechprellereien (BGH **20**, 232; NJW **67**, 297; NStZ **92**, 178); von vornherein durchschaubare Betrugsversuche (Hamm MDR **71**, 1026); Beleidigungen von Polizeibeamten (4 StR 408/99); unangemessenes sexualbezogenes Verhalten (§ 183 a) an der Grenze der Erheblichkeitsschwelle des § 184 f (NStZ-

RR **00**, 299); exhibitionistische Handlungen ohne nahe liegende Möglichkeit gewalttätiger Übergriffe (5 StR 565/00; vgl. auch NStE Nr. 30); wiederholte Verstöße gegen aufenthaltrechtliche Vorschriften (NStZ-RR **97**, 290); Taten nach § 176 IV Nr. 1 sind, wie sich aus § 183 IV Nr. 2 iVm § 183 III ergibt, ohne wesentliche Erschwerungsgründe oder konkrete Anhaltspunkte für eine Gefahr einer Steigerung zu aggressivem Verhalten kein Anlass für eine Unterbringung (NStZ **95**, 228; **98**, 408; NStZ-RR **99**, 298); ebenso nicht Taten nach § 183. Auch sonstige eher geringfügige Taten nach § 176 IV sind nicht schon ohne weitere Anhaltspunkte als „erheblich" anzusehen (vgl. NStZ-RR **05**, 72f.). Eine Unterbringung kommt hier in Betracht, wenn konkreter Anlass zu der Annahme besteht, dass zukünftig zu erwartende Taten in erhebliche Schädigungs- oder Gefährdungshandlungen übergehen (NStZ-RR **99**, 298; vgl. 10 zu § 183; zu § 176 I vgl. NStZ **95**, 228; **98**, 617; NStZ-RR/P **01**, 368 Nr. 82; BGHR Gefährlichkeit 25). Diebstahlstaten nach § 243 oder § 244 sind nicht schon deshalb der Bagatellkriminalität zuzurechnen, weil bei früheren Taten die Beute gering war und keine Raubmittel eingesetzt wurden (vgl. 3 StR 533/00).

C. Der Täter muss **für die Allgemeinheit gefährlich** (vgl. 35 zu § 66) sein, 19
weil **aufgrund seines Zustands** erhebliche Taten von ihm zu erwarten sind. Das setzt voraus, dass die zu erwartenden Taten den Rechtsfrieden der Allgemeinheit nicht ganz unerheblich zu stören geeignet sind. Richten sich Anlasstaten nur gegen eine bestimmte Person und haben sie eine Ursache allein in dem konkreten persönlichen Verhältnis des Beschuldigten zu dieser, so bedarf die Würdigung, dass der Täter für die *Allgemeinheit* tatsächlich gefährlich sei, genauer Prüfung und Darlegung auf der Grundlage konkreter tatsächlicher Feststellungen (NZV **90**, 77). Eine Gefährdung der Allgemeinheit ist in diesem Fall gegeben, wenn eine einzelne Person in einer für die Allgemeinheit nicht hinnehmbaren Weise gefährlich ist (JR **96**, 290 [m. Anm. *Laubenthal*]), da sonst der Bestand der Rechtsordnung und damit die öffentliche Sicherheit bedroht wären (BGH **26**, 323; vgl. auch 5 StR 6/83; MDR/H **94**, 433). Eine nur allgemeine Möglichkeit, dass der Beschuldigte zukünftig in eine *ähnliche Konfliktlage* kommen könnte, wie sie der Anlasstat zugrunde lag, und dann aufgrund seiner Störung erneut eine gleichartige Tat begehen *könnte*, reicht nicht aus (vgl. NStZ **07**, 29f.; **07**, 73, 74). Die Unterbringung einer wegen Tötung ihres Kindes verurteilten Frau kann daher nicht mit der Befürchtung gerechtfertigt werden, ohne Unterbringung und Behandlung könne die Verurteilte wieder schwanger werden und es erneut „zur Katastrophe kommen" (5 StR 166/95).

D. Gesamtwürdigung. Das Gesetz verlangt eine Gesamtwürdigung von Täter 20
und (Anlass-)Tat (vgl. dazu BGH **27**, 248; NJW **83**, 350; StV **81**, 606; NZV **90**, 77; 37 zu § 66); die wesentlichen Gründe der Bewertung sind im Urteil darzulegen (NStZ-RR **03**, 232). Einzubeziehen ist die gesamte Persönlichkeit des Beschuldigten einschließlich etwaiger früherer Taten (NStE Nr. 9; 4 StR 766/94; 4 StR 146/95; NStZ-RR **06**, 136). Insbesondere wenn nur Taten aus dem unteren Bereich strafbaren Verhaltens zu erwarten sind, bedarf die Bejahung der Voraussetzungen des § 63 besonders sorgfältiger Darlegung (NStZ **86**, 237; 4 StR 485/99; 4 StR 623/99) und einer schöpfenden Abwägung der maßgeblichen Umstände (NStZ-RR **07**, 73, 74). Maßgebender **Zeitpunkt für die Prognose** ist derjenige der Hauptverhandlung (NStZ-RR **05**, 370; StV **06**, 579; vgl. 4 StR 91/95; 4 StR 385/98; BGHR Zust. 11).

6) Anordnung. Das **Gericht** hat, wenn die Voraussetzungen vorliegen, die 21
Unterbringung **zwingend** anzuordnen, die Anordnung liegt also nicht im Ermessen des Gerichts (NJW **92**, 1570 [Anm. *Walter* NStZ **92**, 100]; NStZ-RR **05**, 370). Eine (**wiederholte**) Anordnung ergeht grds. auch dann, wenn die Maßregel schon in einem früheren, nicht nach § 55 einbeziehungsfähigen Urteil verhängt wurde (vgl. auch MDR/D **56**, 525; NJW **76**, 1949 [zu § 66]; BGH **50**, 199 [abl. Bespr. *Pollähne* JR **06**, 316]; vgl. auch Bay NStZ-RR **04**, 295, 296; *Grünebaum* R&P **04**, 190). Voraussetzung ist aber, dass die erneute Anordnung mit dem Grundsatz der **Verhält-**

nismäßigkeit vereinbar ist (NStZ-RR **07**, 8). Eine erneute Anordnung ist dann zur Erreichung des Maßregelziels geeignet und erforderlich, wenn von ihr voraussichtlich weitergehende *Wirkungen* ausgehen, zB weil die neue Anlasstat den symptomatischen Zusammenhang zwischen Störung und Gefährlichkeit besonders deutlich macht oder wenn das neue Urteil erhebliche Auswirkungen auf die Länge des Maßregelvollzugs haben kann (NStZ-RR **07**, 8, 9).

22 Bei Feststellung von (sicherer oder nicht auszuschließender) **Schuldunfähigkeit** kommt nur die Unterbringung in Betracht. Erweist sich der Angeklagte im Strafverfahren als schuldunfähig, so ist freizusprechen (NStZ-RR **98**, 142) und die Maßregel anzuordnen. Wenn ein subjektives Strafverfahren wegen Schuld- oder Verhandlungsunfähigkeit des Täters nicht durchgeführt werden kann, ist das **Sicherungsverfahren** nach § 71 iVm §§ 413 ff. StPO vorgesehen. Stellt sich im Sicherungsverfahren heraus, dass Schuldfähigkeit vorlag, so ist ein Übergang ins subjektive Verfahren nach § 416 StPO möglich; dagegen ist umgekehrt ein Übergang vom Straf- ins Sicherungsverfahren unzulässig (vgl. BGH **46**, 345 [Anm. *Gössel* JR **01**, 521]; *Pfeiffer* StPO 1 zu § 416).

23 Das **Subsidiaritätsprinzip** soll nach zahlreichen Entscheidungen der – nicht einheitlichen – Rspr. nur für die Frage der Aussetzung der Vollstreckung (§ 67 b), nicht aber für die der Anordnung der Maßregel gelten (vgl. BGH **34**, 313, 316; NStZ **00**, 470 f.; NStZ-RR **98**, 205; BGHR Gefährlichkeit 28; 3 StR 455/00; vgl. auch Naumburg R&P **07**, 37; and. aber Bay NStZ-RR **04**, 295, 296 für Fälle, in denen bereits eine Maßregel nach § 63 verhängt ist); danach ist bei der Prognosestellung die Wirkung möglicher milderer Maßnahmen, etwa einer medizinischen Behandlung, Heimunterbringung, Unterbringung oder Betreuerbestellung, grds. nicht zu berücksichtigen (BGHR § 63 Beweiswürdigung 1; Gefährlichkeit 6; 3 StR 595/99; vgl. auch *S/S-Stree* 19; SK-*Horn* 19; *Lackner/Kühl* 8). Künftige, in ihren Voraussetzungen von anderen Stellen zu prüfende Maßnahmen können die Anordnung nach § 63 danach nicht entbehrlich machen (BGH **15**, 279; NJW **78**, 599; MDR **91**, 1188; NStZ-RR **05**, 370); grds auch nicht die Bereitschaft zur Überwachung in der eigenen Familie, zur ambulanten psychotherapeutischen Behandlung, zur Kastration, zur freiwilligen stationären Therapie; andere Maßnahmen wie Entziehung der Fahrerlaubnis, Anordnung der Unterbringung in einem anderen Verfahren oder nach den UnterbringungsG (BGH **24**, 98; 3 StR 455/00); diese Umstände sollen idR nur für § 67 b von Bedeutung sein (2 zu § 67 b; SK-*Horn* 15; hM; **aA** LK-*Horstkotte* 9 zu § 67 b).

23 a **Andere Entscheidungen** haben bei der Prüfung der Verhältnismäßigkeit zutr. gerade die Bedeutung des Subsidiaritätsprinzips hervorgehoben (vgl. etwa NStZ-RR **00**, 138; [Entfallen der Gefährlichkeit bei Betreuerbestellung]; 1 StR 735/97; 4 StR 609/99 [Entfallen der Wiederholungsgefahr durch Bereitschaft, Weisungen der Betreuerin zu folgen]; 5 StR 215/07 [mögliche Verringerung der Gefährlichkeit durch Betreuerbestellung]; StV **07**, 412; ebenso LK-*Hanack* 82 ff. und 61 ff. vor § 61; vgl. auch *Müller-Dietz* NStZ **83**, 149); 1 StR 248/07 hat insoweit darauf hingewiesen, dass im *Sicherungsverfahren* das Legalitätsprinzip nicht gilt (vgl. *Meyer-Goßner* 10 zu § 413 StPO; KK-*Fischer* 14 zu § 413 StPO). Eine zivilrechtliche oder polizeirechtliche Unterbringung steht einer Maßregelanordnung, vorbehaltlich der Prüfung nach § 62, nicht entgegen, wenn die Anlasstat vor oder während einer Unterbrechung einer solchen Maßnahme begangen wurde. Wenn die Anlasstat im Rahmen einer schon angeordneten Unterbringung gegen Angehörige des *Pflegepersonals* begangen wurde und den Charakter einer krankheits-*typischen* Entgleisung aufweist, steht einer Maßnahme nach § 63 aber idR § 62 entgegen (NStZ **98**, 405; **99**, 611 f.; 4 StR 385/98; vgl. auch StV **07**, 411). Bei schon vorliegender Heimunterbringung sind idR zunächst andere organisatorische und außerstrafrechtliche Mittel auszuschöpfen (NStZ-RR **98**, 359 [Körperverletzung mit Todesfolge im Pflegeheim durch „Schubsen" einer gebrechlichen Mitpatientin]). Freilich haben weder Pflegekräfte noch (Mit)-Patienten eine erhöhte Gefahrtragungs-Pflicht etwa im Hinblick auf gravierende Gewalttaten oder ständige ernst zu nehmende Bedrohungen.

Sind auch die Voraussetzungen der **Sicherungsverwahrung** erfüllt (zur **Abgrenzung** vgl. BGH **51**, 191, 194 ff. [= NJW **07**, 1074]; 37 zu § 66 und 2 a zu § 72), so hat nach § 72 I grds § 63 Vorrang (BGHR § 72 Sicherungszweck 1, 7; 4 StR 199/97; 5 StR 193/04). Für die Entscheidung, ob stattdessen Sicherungsverwahrung anzuordnen ist, ist der Gesichtspunkt der öffentlichen Sicherheit nicht allein entscheidend; die Gesamtpersönlichkeit des Täters ist im Hinblick auf seine Behandlungsfähigkeit nach Strafverbüßung (NJW **60**, 393) sowie auf die **unterschiedliche Zielsetzung** beider Maßregeln in Betracht zu ziehen (BGH **5**, 313). Für Fälle der Fehleinweisung oder der Zweckerreichung vgl. § 67 d VI (dazu auch *Schneider* NStZ **04**, 749); zur Anordnung **nachträglicher Sicherungsverwahrung** vgl. § 66 b III. 24

7) Verfahrensrecht. Zum Verfahren vgl. § 80 a StPO (Sachverständigengutachten schon im Vorverfahren); § 81 StPO (Beobachtung in einem öffentlichen psychiatrischen Krankenhaus zur Vorbereitung des Gutachtens); § 126 a StPO (einstweilige Unterbringung in einem psychiatrischen Krankenhaus); notwendige Verteidigung im Ermittlungsverfahren (§ 140 I Nr. 6, § 81 StPO) und Hauptverfahren (§ 140 I Nr. 1 StPO; § 24 II GVG); im Vollstreckungsverfahren wird häufig nach § 140 II StPO eine Verteidigerbestellung geboten sein (*Meyer-Goßner* 33 zu § 140 StPO); § 171 a GVG (Möglichkeit des Ausschlusses der Öffentlichkeit für die Hauptverhandlung); § 246 a StPO (die Zuziehung eines Sachverständigen ist unerlässlich und die Untersuchung und Begutachtung ist „maßnahmespezifisch“ – spätestens in der Hauptverhandlung – durchzuführen, BVerfG NJW **95**, 3047; BGH **9**, 1; NStZ **94**, 592; NStZ-RR **97**, 166). Zu den **Anforderungen an Prognosegutachten** hat eine private Autorengruppe unter Mitwirkung von Bundesrichtern Empfehlungen unter dem Begriff „Mindestanforderungen“ vorgelegt (vgl. *Boetticher u. a.* NStZ **06**, 537 ff.) und mitgeteilt, die Nichtanwendung begründe „nicht in jedem Fall einen Rechtsfehler“; Status, Legitimation und fachliche Repräsentativität der Gruppe sind freilich – ungeachtet des verdienstvollen Ansatzes – unklar geblieben (zutr. krit. zB *Bock* StV **07**, 269). In der Revision sind die §§ 331 II, 358 II, 373 II StPO zu beachten (Einschränkung des Verschlechterungsverbots). Wird auf die Revision eines Freigesprochenen die Unterbringungsanordnung aufgehoben, so hat der Tatrichter unabhängig vom bestehen bleibenden Freispruch eigene Feststellungen zu treffen (BGHR § 353 II StPO, TeilRKr. 8). 25

Die Unterbringung nach § 63 ist nach BGH **5**, 267; **15**, 285 grds **selbständig anfechtbar** (vgl. auch NJW **63**, 1414; **69**, 1578; zum **Jugendstrafverfahren** aber NStZ-RR **98**, 188; 2 StR 135/07; vgl. i. e., insbesondere zur Wirkung des Verschlechterungsverbots, *Meyer-Goßner* 23 f. zu § 318 StPO; zum Sicherungsverfahren BGH **11**, 319). Ob die Anordnung oder Nicht-Anordnung grundsätzlich **vom Rechtsmittelangriff ausgenommen** werden kann, hat der *2. StS* in NStZ-RR **03**, 18 ausdrücklich **offen gelassen** (vgl. dazu BGH **46**, 257, 260; NStZ **95**, 609 [Anm. *Laubenthal* JR **96**, 291]); er hat in Einzelfällen eine solche Beschränkung aber wegen der untrennbaren Verknüpfung der Maßregelanordnung nach § 63 mit den Feststellungen zum Strafausspruch, aus denen sich der Voraussetzungen der positiv festgestellten erheblich verminderten Schuldfähigkeit ergeben, **ausgeschlossen** (StV **04**, 651, 652; NStZ-RR **03**, 18; 2 StR 268/04 [b. *Becker* NStZ-RR **06**, 5]; **anders** aber in 2 StR 135/07); Düsseldorf StraFo **07**, 66 hat sie (mit Verweisungen auf Entscheidungen zu *§ 57 a*) als wirksam angesehen (zw.). 26

Eine Änderung der **rechtlichen Bewertung** der Anlasstat führt nicht zur Aufhebung der Anordnung, wenn auch nach zutreffender Bewertung eine Tat vorliegt, welche in ihrer konkreten Ausgestaltung die Unterbringung rechtfertigt (NStZ-RR **03**, 11 [Nötigung statt schwerer räuberischer Erpressung bei wahnhafter Annahme eines rechtmäßigen Anspruchs]). Erweist sich die Entscheidung, von der Anordnung der Maßregel **abzusehen,** als fehlerhaft, so kann das Urteil aufgehoben und die Sache insoweit zurückverwiesen werden, auch wenn nur der Angekl. Revision eingelegt hat (NStZ **98**, 191; vgl. 19 zu § 64). Wird ein Maßregelausspruch „mit den zugehörigen Feststellungen“ aufgehoben, so erfasst die Aufhebung auch die Feststellungen, die sich auf die rechtswidrigen Taten beziehen (NStZ **88**, 309; vgl. auch NStZ **89**, 84; *Meyer-Goßner* DRiZ **89**, 55). Einer Ersetzung der Unterbringung nach § 63 durch Anordnung der Sicherungsverwahrung steht das **Verschlechterungsverbot** entgegen (NJW **73**, 107 [dazu *Maurach* JR **73**, 162]; vgl. aber BGH **5**, 312); eine vom BRat vorgeschlagene Änderung des § 358 II StPO (BT-Drs. 1344, 17 f.) ist nicht Gesetz geworden. Nach § 358 II S. 2 StPO idF des Gesetzes vom 16. 7. 2007 (BGBl I 1327) gilt aber das Verschlechterungsverbot nicht, wenn auf eine (alleinige) Revision des Angeklagten eine Unterbringung nach § 63 aufgehoben wurde und der neue Tatrichter zur Feststellung von (zumindest eingeschränkter) Schuld-*Fähigkeit* gelangt; in diesem Fall kann eine **Strafe** verhängt werden (vgl. dazu BT-Drs. 16/1344, 17 [GesE BRat); BT-Drs. 16/5137, 28 f. [Ber.]). 26 a

Unterbringung in einer Entziehungsanstalt

64 Hat eine Person den Hang, alkoholische Getränke oder andere berauschende Mittel im Übermaß zu sich zu nehmen, und wird sie wegen einer rechtswidrigen Tat, die sie im Rausch begangen hat oder die auf ihren Hang zurückgeht, verurteilt oder nur deshalb nicht verurteilt, weil ihre Schuldunfähigkeit erwiesen oder nicht auszuschließen ist, so soll das Gericht die Unterbringung in einer Entziehungsanstalt anordnen, wenn die Gefahr besteht, dass sie infolge ihres Hanges erhebliche rechtswidrige Taten begehen wird. Die Anordnung ergeht nur, wenn eine hinreichend konkrete Aussicht besteht, die Person durch die Behandlung in einer Entziehungsanstalt zu heilen oder eine erhebliche Zeit vor dem Rückfall in den Hang zu bewahren und von der Begehung erheblicher rechtswidriger Taten abzuhalten, die auf ihren Hang zurückgehen.

Übersicht

1) Allgemeines ... 1, 1 a
2) Zweck der Maßregel ... 2
3) Voraussetzungen der Anordnung ... 3–17
A. Hang ... 4–12
B. Anlasstat ... 13, 14
C. Gefahrprognose ... 15–17
4) Erfolgsaussicht ... 18–21
5) Anordnung ... 22–25
6) Verhältnis zu anderen Unterbringungsmöglichkeiten ... 26
7) Verfahrensrechtliche Hinweise ... 27–29
8) Sonstige Vorschriften ... 30

1 **1) Allgemeines.** Die Vorschrift, die § 42 c aF entspricht, wurde durch das 2. StrRG (Ber. BT-Drs. V/4095, 26; Prot. V/10, 427, 1972, 2258, 2908) mit einer terminologischen Änderung durch das EGStGB (E EGStGB 214) eingefügt. Im Hinblick auf die Entscheidung BVerfGE **91**, 1 (16. 3. 1994) ist die Vorschrift durch G v. 16. 7. 2007 (BGBl I 1327) neu gefasst worden; Satz 2 wurde eingefügt, Abs. II a. F. gestrichen. **Mat.**: **GesE BReg.** BT-Drs. 16/1110; **GesE BRat** BT-Drs. 16/1993; **Ber.** BT-Drs. 16/5137 (frühere Entwürfe: vgl. GesE BRat, BT-Drs. 14/8200; GesE BRat, BT-Drs. 15/3652; 16/1344; GesE BReg. BR-Drs. 400/05; BT-Drs. 16/1110; GesE BRat, BT-Drs. 15/3652); **In-Kraft-Treten: 20. 7. 2007.**

1 a **Literatur:** *Adams/Gerhardt,* Die Berücksichtigung der Behandlungsbedürftigkeit von Drogenabhängigen im Rahmen des Ermittlungs-, Erkenntnis- u. Vollstreckungsverfahrens, NStZ **81**, 241; *Athen,* Möglichkeiten u. Grenzen der Behandlung von Alkoholkranken im Maßregelvollzug, MSchrKrim **89**, 63; *Baur,* Besserung und Sicherung – Zur Problematik des Vollzugs der Maßregeln der Besserung und Sicherung (usw.), StV **82**, 33; *Bötticher,* Zu den Schwierigkeiten der Handhabung der Vorschriften über die Unterbringung in einer Entziehungsanstalt, StV **91**, 75; *Dessecker,* Hat die strafrechtliche Unterbringung in einer Entziehungsanstalt eine Zukunft?, NStZ **95**, 318; *ders.,* Suchtbehandlung als strafrechtliche Sanktion, 1996; *ders.*, Unterbringungen nach § 64 StGB in kriminologischer Sicht, R&P **04**, 192; *ders.*, Gefährlichkeit und Verhältnismäßigkeit, 2004; *ders./Egg* (Hrsg.), Die strafrechtliche Unterbringung in einer Entziehungsanstalt, 1995 [m. empirischem und stat. Material]; *Eisenberg,* Entwurf eines Gesetzes zur Reform des Rechts der Unterbringung in einem psychiatrischen Krankenhaus und in einer Entziehungsanstalt, GA **07**, 348; *Ermer-Externbrink,* Das psychiatrische Gutachten zur Unterbringung nach § 64 StGB, MSchrKrim **91**, 106; *Konrad,* Zur Beachtung der Einweisungskriterien bei Unterbringungen in einer Entziehungsanstalt gemäß § 64 StGB, StV **92**, 597; *Kreuzer,* Therapie u. Strafe. Versuch einer Zwischenbilanz zur Drogenpolitik, NJW **89**, 1505; *Kühne,* Therapie statt Strafe?, MSchrKrim **84**, 379; *ders.,* in: *Kreuzer* (Hrsg.), Handbuch des BtM-Strafrechts, 1998, § 22 [BtM-Straftäter im Maßregelvollzug]; *Marneros,* Motivation und subjektive Einstellung zur Therapie von alkoholkranken Straftätern, untergebracht nach § 64 StGB, MSchrKrim **93**, 169; *ders.,*Die Vorgeschichte alkoholkranker Straftäter, untergebracht nach § 64 StGB, MSchrKrim **94**, 13; *Menges,* Entziehungsanstalten als Verwahrungsanstalten?, StV **81**, 415; *Metrikat,* Die Unterbringung in einer Entziehungsanstalt nach § 64 StGB – Eine Maßregel im Wandel?, 2002 (Diss. Hannover); *Meyer,* Zur Rechtslage bei der Unterbringung drogenabhängiger Jugendlicher, die nach § 93 a JGG vollzogen wird, MDR **82**, 177; *Müller-Dietz,* Unterbringung in der Entziehungsanstalt u. Verfassung, JR **95**, 353; *Müller-Gerbes,* Auf dem Prüfstand des BVerfG: Das Recht der Unterbringung in einer Entziehungsanstalt, StV **96**, 633; *Penners,* Zum Begriff der „Aussichtslosigkeit" einer Entziehungskur in § 64 Abs. 2 StGB, 1985;

Rebsam-Bender, Neuregelungen für alkoholabhängige Straftäter?, NStZ **95**, 158; *Schalast/Leygraf,* Maßregelvollzug gemäß § 64 StGB: Unterbringungsgutachten über alkoholabhängige Patienten, MSchrKrim **94**, 1; *dies.*, Urteile zur Anordnung des Maßregelvollzugs gemäß § 64 StGB, DRiZ **94**, 174; *dies.*, Die Unterbringung in einer Entziehungsanstalt: Auswirkungen des Beschlusses des BVerfG (usw.), NStZ **99**, 485; *Schalast/Dessecker/von der Haar,* Unterbringung in der Entziehungsanstalt: Entwicklungstendenzen und gesetzlicher Regelungsbedarf, R&P **05**, 3;.*Strasser,* Der Begriff der „anderen berauschenden Mittel" im Strafrecht, 2007 (Diss. München 2006); *Stree,* Probleme der Unterbringung in einer Entziehungsanstalt, Geerds-FS 581; *Spaniol,* in: *Arnold u. a.* (Hrsg.), Grenzüberschreitungen, 1996, 39; *Täschner,* Forensisch-psychiatrische Probleme bei der Beurteilung von Drogenkonsumenten, NJW **84**, 638. Vgl. auch 10 a vor § 61.

2) Zweck der Maßregel. Die Unterbringung nach § 64 ist als Maßregel der Besserung nach auf **Heilung** von stoffgebundenen Abhängigkeiten ausgerichtet (nicht Heilung im engen Sinn, sondern: Einübung in Abstinenz oder Bewahrung vor einem Rückfall in akute Sucht für eine gewisse Zeitspanne; vgl. unten 16), hat aber auch **sichernden** Charakter (Nürnberg NStZ **90**, 253 [m. Anm. *Baur*]); weder ist sie Mittel der bloßen Suchtfürsorge noch darf diese unsachgemäß in den Vordergrund treten (BGH **28**, 332; NStZ **90**, 103; **03**, 86; LK-*Hanack* 4; *Schreiber,* Venzlaff-Hdb. 52; unten 7). Gegenüber der Sonderregelung der **§§ 35, 36 BtMG** hat § 64 Vorrang (MDR/H **92**, 932; NStZ-RR **96**, 228; NStZ/D **96**, 186; 428; StV **93**, 302; **95**, 635; BGHR § 64 Ablehnung 8; 4 StR 235/98; 4 StR 77/99; stRspr). Die Unterbringung nach § 64 ist auch neben lebenslanger Freiheitsstrafe möglich (BGH **37**, 160 [Anm. *Schüler-Springorum* StV **91**, 560]). Die Anwendung des § 64 auf **Jugendliche** und **Heranwachsende** folgt aus §§ 7, 105 JGG; vgl. auch § 10 II JGG. **Empirische** Daten zur Anordnung und zum Maßregelerfolg bei *Dessecker* R&P **04**, 192 ff. mwN. Auf **nicht stoffgebundene** Abhängigkeiten (vgl. 41 zu § 20) kann § 64 nicht, auch nicht entsprechend angewendet werden (NJW **05**, 230 [m. Anm. *Bottke* NStZ **05**, 327; *Schramm* JZ **05**, 418]). 2

3) Voraussetzungen für die Unterbringung (S. 1). 3

A. Es muss ein **Hang** vorliegen, **Rauschmittel** im **Übermaß** zu sich zu nehmen. Ein solcher Hang muss **sicher festgestellt** sein; nicht ausreichend ist, dass sein Vorliegen (und das Beruhen der Anlasstat darauf) nur nicht auszuschließen ist (NStZ-RR **03**, 106 f.). Zwischen dem Hang und der abgeurteilten Straftat muss ein **symptomatischer Zusammenhang** bestehen (unten 10). 4

a) Berauschende Mittel iS des § 64 sind **psychotropen Substanzen;** außer **Alkohol** also vor allem **Betäubungsmittel** iS des BtMG (Anh. 4; umfangreiche Darstellung von Arten, Funktionen und Wirkungen bei *Uchtenhagen* in: *Kreuzer* [oben 1 a] § 1; *Geschwinde,* Rauschdrogen: Marktformen und Wirkungsweisen, 6. Aufl. 2007). **Arzneimittel** sind nach hM berauschende Mittel, wenn sie ohne therapeutische Zielsetzung eingenommen werden (4 StR 104/78; vgl. auch LK-*Hanack* 61 ff.; LK-*Spendel* 93 ff. zu § 323 a; *Gerchow* BA **87**, 233; *Burmann* DAR **87**, 136; *Grohmann* MDR **87**, 630 [auch VGT **87**, 38, 50, 64 u. BA **88**, 173]; 3 a zu § 323 a). Das trifft den Kern der Sache nicht, denn sowohl Betäubungsmittel als auch (sonstige) Arzneimittel können *mit oder ohne* therapeutische Zielsetzung eingenommen werden. Die genannte Definition spiegelt daher *Wertungen,* die der Anwendung des § 64 zugrunde liegen; es geht dabei um die erfahrungsgemäß kriminogene Wirkung der Abhängigkeit von *irgendwelchen* Substanzen. Im Begriff des Hangs zum Rauschmittelkonsum ist daher der Gedanke des „Missbrauchs" enthalten (unten 6 f.). 5

Entgegen dem (aus Sicht der Alkohol-Wirkung formulierten) Begriff der „Berauschung" kommt es nicht darauf an, ob das Mittel allgemein oder bei dem konkreten Täter geeignet oder bestimmt ist, einen **„Rausch"** zu erzeugen; es reicht aus, wenn die Einnahme zur Vermeidung von Entzugssymptomen, psychischer Verstimmung oder Auffälligkeiten, zur Herstellung „paradoxer" Wirkungen (insb. bei Arzneimittelabhängigkeit) oder zur (*scheinbaren*) Sicherung oder Erhöhung von Leistungs- und Arbeitsfähigkeit erfolgt. Ohne Bedeutung ist, ob das Mittel **erlaubt** (Alkohol) oder (für den Beschuldigten) **verboten** ist. Die Durchführung einer 6

Substitutionstherapie zB mit *Methadon* (zur Rauschmitteleigenschaft vgl. NStZ **98**, 414; 2 StR 87/00; 2 StR 204/01) steht der Feststellung eines Hangs iS von § 64 für sich nicht entgegen (StV **03**, 276; vgl. aber *Ullmann* StV **03**, 293ff.). Auch *Cannabis*-Konsum kann in seltenen *Einzelfällen* die Anwendung des § 64 rechtfertigen (vgl. NStZ **93**, 339 [Anm. *Gebhardt* StV **94**, 77]; **02**, 142f.). Eine bemerkenswerte **Ausnahme** von der strafrechtlichen Sucht-Bekämpfung gilt für die (psychisch opiatähnliche) *Nikotin*-Abhängigkeit; ob Straftaten sich als Symptomtaten behandlungsbedürftiger Nikotin-Abhängigkeit darstellen, wird in der Praxis nie geprüft. Substanz-*unabhängige* Abhängigkeiten (vgl. 41 zu 20) sind von § 64 nicht erfasst.

7 **b) Hang** iS des § 64 ist eine den Täter treibende oder beherrschende Neigung, das Rauschmittel **im Übermaß,** dh in einem Umfang (Maß und Häufigkeit) zu konsumieren, durch welchen Gesundheit, Arbeits- und Leistungsfähigkeit erheblich beeinträchtigt werden (stRspr.; vgl. etwa BGH **3**, 340; NStZ-RR **03**, 106f.; NStZ **04**, 494; NStZ-RR **06**, 103; 2 StR 416/97; 1 StR 406/03; 1 StR 451/03; 2 StR 205/04; 1 StR 332/07; LK-*Hanack* 44; vgl. auch *Weber,* BtMG, 28ff. zu § 1). Nach ähnlicher Definition setzt der Hang **entweder** eine chronische körperliche Abhängigkeit **oder** eine „eingewurzelte intensive Neigung, Rauschmittel im Übermaß zu sich zunehmen", voraus (NStZ **04**, 384, 385; **04**, 494; **04**, 681; BGHR § 64 I Hang 1, 4, 5; 1 StR 591/96; 2 StR 583/96; 2 StR 416/97); neben einem dauerhaften übermäßigen Konsum ist danach „zumindest erforderlich, dass der Täter aufgrund seiner Abhängigkeit sozial gefährdet oder gefährlich erscheint" (NStZ **05**, 210; 2 StR 216/97; 2 StR 213/04). **Kontrollverlust** über den Konsum, d.h. die Unfähigkeit, die Zufuhr *im Einzelfall* zu begrenzen, ist nicht vorausgesetzt; auch nicht ein manifestes Abhängigkeitssyndrom (BGHR§ 64 Hang 2; § 64 I Hang 5; 5 StR 279/07); auch nicht eine **Depravation** (1 StR 332/07). Nicht ausreichen soll „eine Tendenz zum Betäubungsmittelmissbrauch ohne Depravation und erhebliche Persönlichkeitsstörung" (NStZ **04**, 494). Eine Rauschmittelabhängigkeit kann die Annahme eines Hangs iS von § 64 auch dann begründen, wenn sie als solche die Voraussetzungen einer schweren anderen seelischen Abartigkeit (vgl. 13 zu § 21) nicht erfüllt (NStZ-RR **03**, 295; **07**, 193; 4 StR 91/99; 2 StR 212/03). Nicht erforderlich ist, dass sich die Neigung (nur) auf ein spezielles Rauschmittel bezieht; Wechsel von einem Mittel zum anderen, **Politoxikomanie** oder **Substitution** stehen der Annahme eines Hangs selbstverständlich nicht entgegen (vgl. 2 StR 212/03; 3 StR 194/07).

8 Der Hang ist abzugrenzen von der (bloßen) Neigung zum Rauschmittel-**Missbrauch.** Nach der Natur von Suchterkrankungen sind die Übergänge fließend; das gilt gleichermaßen für die unklare Grenze zwischen dem sozial tolerierten oder erwünschten „mäßigen" und dem „missbräuchlichen" Konsum. Nach stRspr. reichen für § 64 gelegentlicher oder häufiger Rauschmittelkonsum sowie die Begehung von Straftaten im Rausch nicht aus (NStZ **98**, 407; 622; **04**, 384f.; NStZ-RR **97**, 29; **04**, 365f.; BGHR § 64 I Hang 1, 6); entscheidend für die Bestimmung des „Hangs" ist die **handlungsleitende Auswirkung** der Neigung. Bei sog. „harten" Drogen mit hohem Suchtpotential (insb. Crack und Heroin) ist aber in der Rspr bislang nicht hinreichend geklärt, ob und unter welchen Voraussetzungen wiederholter oder Dauerkonsum *ohne* „Übermaß" überhaupt möglich sind (offen gelassen in NStZ **05**, 210; vgl. auch 2 StR 213/04 [Kein Hang bei „regelmäßigem, aber nicht täglichem" Heroinkonsum]).

9 Schon hieraus ergibt sich, dass eine **körperliche Abhängigkeit** nicht vorliegen muss (StV **95**, 635; MDR/H **94**, 432; NStZ-RR **03**, 41; BGHR § 64 I Hang 5; 5 StR 158/96; 3 StR 194/07); eine solche ist aber ein regelmäßig sicheres Indiz für das Vorliegen eines Hangs. Ausreichend ist eine **psychische Abhängigkeit** im Sinne einer auf Disposition beruhenden oder durch Übung erworbenen intensiven Neigung, Rauschmittel im Übermaß zu konsumieren (NStZ **04**, 384f.; BGHR § 64 I Hang 4, 5; 2 StR 416/97; 1 StR 542/00; stRspr; vgl. auch 41 zu § 20).

Auffälligstes Merkmal ist ein **Entzugssyndrom,** dh eine Abstinenzerscheinung, die bei Unterbrechung der Zufuhr des Mittels als Zustand starken körperlichen und/oder psychischen Unbehagens empfunden wird, von der eine im Einzelfall außerordentlich starke Aufforderung zum erneuten Konsum ausgeht und die so eine starke Bindung an das Rauschmittel schafft (vgl. ICD-10, F1x.3,4). Ein in der Vergangenheit gelegentliches oder regelmäßiges Auftreten *körperlicher* Entzugssymptomatik ist aber nicht Voraussetzung für das Vorliegen einer Abhängigkeit und eines Hangs iS von § 64. Intervalle **vorübergehender Abstinenz** stehen der Annahme eines Hangs nicht entgegen; sie sind, insb. wenn sie mit Phasen massiven Konsums abwechseln, suchttypisch.

Formen und Ausprägungen der Abhängigkeit hängen von der Dauer des Kon- 10
sums, von der Art des Mittels, insb. aber auch von der Persönlichkeit des Betroffenen ab (vgl. BGHR § 64 Nichtanordnung 1; 1 StR 542/00; zu den **Abhängigkeitstypen** vgl. auch ICD-10, F1x.2; *Täschner* BA **93**, 313ff.; *Uchtenhagen* in: *Kreuzer* [oben 1a] 1/10). Die **Beurteilung in der Praxis** ist oft zu stark von **Alltagstheorien** auf dem Hintergrund der Bewertung des Rauschmittel-, insbesondere Alkoholkonsums in unserer Gesellschaft geprägt. Diese ist dadurch gekennzeichnet, dass rauscharmer Überkonsum und nach außen unauffälliger Rauschmittelmissbrauch im Privatbereich **verharmlost,** sozial auffällige *Folgen* hieraus jedoch **dämonisiert** werden. Die Vorstellung von § 64 unterfallenden Personen konzentriert sich auf das Bild sozial auffälliger oder depravierter Süchtiger, deren Rauschmittelkonsum durch Kontrollverlust gekennzeichnet ist; dabei werden weniger auffällige, jedoch gleichfalls strafrechtlich relevante Formen der Abhängigkeit vernachlässigt.

Indizien für einen Hang iS zumindest psychischer Abhängigkeit sind **zB** Vor- 11
ratshaltung und Unruhe bei zur Neige gehender Reserve; Unfähigkeit des Konsumaufschubs; Verheimlichen und Verharmlosen des Konsums sowie von Beschaffungsbemühungen; konsumbedingte erhebliche Störungen der Beziehungen im sozialen Nahraum; Einschränkungen der Arbeitsfähigkeit; Ausrichtung sozialer Kontakte auf Gelegenheiten zum Konsum; körperliche und psychische Verwahrlosung; typische Beschaffungskriminalität. **Gegen** einen Hang iS von § 64 sprechen **zB** die Fähigkeit zur Kontrolle des Konsums, etwa zur Erhaltung der Arbeitsfähigkeit; ein reflektierter Umgang mit dem Rauschmittel, zB Einnahme nur zu bestimmten Gelegenheiten, ohne dass diese planvoll gesucht oder herbeigeführt werden; Fähigkeit, aus eigenem Antrieb ohne erhebliche fremde Hilfe den Rauschmittelkonsum für längere Zeit einzustellen oder wesentlich einzuschränken (vgl. NJW **95**, 3131, 3133; 1 StR 139/01); das ist zB nicht gegeben bei den alkoholismus-typischen mehrwöchigen Abstinenzphasen, etwa nach sozial auffällig gewordenem exzessivem Trinken. Ein kontrollierter, *nicht* „übermäßiger" Konsum dürfte bei harten Drogen wie Heroin oder Crack ausgeschlossen sein (offen gelassen von 2 StR 416/97). Bei der Feststellung anhand von **Selbstbeschreibungen** des Beschuldigten hat der – ggf. sachverständig beratene – Tatrichter abhängigkeits-typische Bagatellisierungstendenzen ebenso in Rechnung zu stellen wie verfahrenstaktisch bedingte Dramatisierungen. Die **Ursache des Hangs** ist grds. unerheblich; er kann (ausnahmsweise) anlagebedingt oder (verschuldet oder unverschuldet) erworben sein. Er kann sich über einen physiologischen Anpassungsprozess unter Entwicklung von Toleranzen und dem begleitenden Drang zur Dosissteigerung entwickelt haben, im Einzelfall bei entsprechender psychischer Disposition aber auch schon nach dem Konsum „harter" Betäubungsmittel in wenigen Fällen vorliegen.

c) Möglich und in der Praxis häufig ist ein **Zusammentreffen** chronischen 12
Rauschmittelmissbrauchs oder von Abhängigkeit iS eines Hangs **mit anderen psychischen Defekten.** Die Voraussetzungen des § 64 können nicht schon deshalb verneint werden, weil außer dem Rauschmittelmissbrauch noch weitere Störungen eine Disposition für die Begehung von Straftaten begründen (NStZ **04**, 681 [dissoziale Persönlichkeitsstörung]; NStZ-RR **05**, 304 [schizoide Persönlichkeitsstörung]; NStZ **07**, 326 [Borderline-Störung]). *Beruht* die Abhängigkeit auf

einer geistigen oder seelischen Erkrankung oder einer gleichwertigen Persönlichkeitsstörung oder ist diese *ursächlich für den Fortbestand* der Sucht, kommt allerdings auch die **Unterbringung nach § 63** in Betracht (vgl. BGH **44**, 338, 343; 4 StR 486/99; stRspr.; vgl. 3f. zu § 63); in *Extremfällen* auch bei langjährig verfestigter chronischer Sucht, die in einer Entziehungsanstalt nicht mehr behandelbar ist und zu einer *dauerhaften* psychischen Beeinträchtigung iS von §§ 20, 21 führt (offen gelassen von BGH **44**, 341). Dagegen steht ein Zusammentreffen von Rauschmittelabhängigkeit mit Persönlichkeitsstörungen, wenn diese nicht den Schweregrad der in § 20 bezeichneten Störungen erreichen und für den Hang nicht ursächlich sind, der Anordnung nach § 64 nicht entgegen; auch nicht das Vorliegen weiterer **Persönlichkeitsstörungen,** die neben dem Hang eine Disposition für die Begehung von Straftaten begründen (NStZ **00**, 25; **04**, 681, 682; NStZ-RR **97**, 291; StV **01**, 677; NStZ-RR **02**, 107; BGHR Zusammenhang, symptomatischer 1; 2 StR 46/00; 2 StR 526/00). Das gilt namentlich auch für solche Störungen, die erst *infolge* chronischen Suchtmittelmissbrauchs entstanden sind (vgl. 2 StR 476/00 [Verflachung der Persönlichkeit und tatbegünstigende Enthemmung]); nach NStZ **07**, 326 aber auch bei einer dem Hang zugrunde liegenden Störung, wenn die Abhängigkeit zu massiver Beschaffungskriminalität geführt hat. Die Erwägung, eine erfolgreiche Alkohol- oder Drogentherapie setze die therapeutische Behandlung einer der Abhängigkeit zugrunde liegender oder mit ihr einhergehender Persönlichkeitsstörungen voraus, rechtfertigt für sich weder die Ablehnung einer Anordnung nach § 64 noch die Bejahung der Voraussetzungen des § 63.

13 **B. Anlasstat.** Es muss eine **rechtswidrige Tat** beliebiger Art (auch § 323a) vorliegen (36 zu § 11; 9ff. vor § 25), die der Täter entweder im Rausch begangen hat oder die auf seinen Hang zurückgeht, dh ihre Wurzel im übermäßigen Genuss von Rauschmittel oder in der Gewöhnung daran hat; die Tat muss somit **Symptomwert für den Hang** haben (NJW **90**, 3282 [Anm. *Stree* JR **91**, 102]; NStZ-RR **97**, 67; NStZ-RR **07**, 171). Die Feststellung des symptomatischen Zusammenhangs setzt eine sorgfältige Differenzierung hinsichtlich Art, Ausmaß und bereits eingetretener Folgen des Rauschmittelkonsums an. Hierbei sind auch suchttypische **Verschleierungsbemühungen,** etwa bei sozial scheinbar integrierten Alkoholikern, zu beachten. So können sich auch Vermögens- oder Wirtschaftsdelikte äußerlich integrierter Täter als Ausdruck des Bemühens erweisen, die Folgen einer bestehenden Abhängigkeit (zB geschäftlicher oder beruflicher Abstieg; „Abrutschen" in soziale Auffälligkeit; Zerfall persönlicher Beziehungen) zu vertuschen oder zu verhindern. Umgekehrt sind auch wiederholte Straftaten im Rausch (etwa Gewaltdelikte unter Alkoholeinfluss) nicht stets Ausdruck einer bestehenden Abhängigkeit; gerade bei schweren Persönlichkeitsstörungen oder hirnorganischen Schädigungen kann vielmehr der Alkohol- oder Drogenmissbrauch umgekehrt *Folge* der (ggf nach §§ 20, 21, 63 zu prüfenden) Grundstörung sein. Der Zusammenhang kann jedoch nicht schon deshalb verneint werden, weil *neben* dem Hang zu übermäßigem Rauschmittelkonsum auch weitere Persönlichkeitsmängel eine Disposition für die Begehung von Straftaten begründen (BGHR § 64 Zusammenhang, symptomatischer 1; NStZ-RR **07**, 171, 172; 2 StR 599/98; vgl. aber unten 22); er ist auch dann zu bejahen, wenn der Hang *neben* anderen Umständen zur Begehung der Anlasstat (Symptomtat) beigetragen hat (vgl. NStZ-RR **04**, 78), oder wenn der Hang (nur) Einfluss auf die *Qualität* und *Intensität* der Anlasstat(en) hatte (NStZ-RR **06**, 104 [Sexualstraftaten gegen Kinder]). Bei Einfuhr von und Handeltreiben mit BtM liegt die Annahme eines symptomatischen Zusammenhangs zB dann nicht nahe, wenn sich die Tat auf andere Arten von BtM bezieht als der Hang des Täters (vgl. NStZ **03**, 86; 1 StR 406/03) und nur der allgemeinen Finanzierung des Lebens- und Rauschmittelbedarfs dient.

14 Es reicht das Vorliegen einer **rechtswidrigen Tat** (§ 11 Nr. 5). Ob der Täter sie im Zustand der **Schuld(un)fähigkeit** begangen hat, ist, anders als bei § 63, uner-

heblich (StV **98**, 75; E 1962; 212; LK-*Hanack* 30). § 64 **setzt nicht voraus,** dass bei der rechtswidrigen Tat die **Voraussetzungen des § 21** vorlagen (vgl. NJW **90**, 3282; NStZ-RR **03**, 41; BGHR § 64 I Hang 2; 3 StR 343/00; 3 StR 187/03; 5 StR 218/04 [in NStZ **05**, 93 nicht abgedr.]; StraFo **06**, 505). Sicher feststehen muss allein, dass die Tat im Rausch begangen wurde oder auf die Rauschmittelabhängigkeit des Täters zurückzuführen ist. Daher kann eine Verneinung der Gefahrprognose nicht darauf gestützt werden, der Angeklagte weise zwar einen Hang in Form körperlicher und psychischer Heroinabhängigkeit auf, sei aber bei Begehung der Beschaffungstaten voll schuldfähig gewesen (2 StR 431/00). War der Täter schuldunfähig oder lässt sich das nicht ausschließen, so kommt § 71 iVm §§ 413 ff. StPO in Betracht.

C. Gefahrprognose. Es muss die Gefahr bestehen, dass der Täter zumindest *auch* (vgl. NStZ-RR **04**, 78) infolge seines Hangs **erhebliche rechtswidrige Taten** begehen wird. Eine bloße Selbstgefährdung reicht nicht aus (Hamm NJW **74**, 614); jedoch kommt es auf die Frage, ob der Täter zukünftig (nur) sich selbst oder (auch) andere gefährden oder schädigen wird, nicht an, wenn erhebliche Straftaten zu erwarten sind, die der Beschaffung zum Eigenverbrauch dienen (2 StR 496/97 [Einfuhr von BtM]). Die Feststellung verlangt einen geringeren Grad an Wahrscheinlichkeit als der Begriff des Erwartens in § 63 I (3 StR 568/88; LK-*Hanack* 69; *Schreiber,* Venzlaff-Hdb. 55; **aA** SK-*Horn* 13 zu § 63; LK-*Horstkotte* 58 zu § 67 d; vgl. aber NStZ **94**, 31 [Anm. *Müller-Dietz* NStZ **94**, 336]). Die zu befürchtenden Taten müssen der Anlasstat nicht gleich oder ähnlich sein. Zwar setzt § 64 einen symptomatischen Zusammenhang zwischen dem Hang zum Rauschmittelmissbrauch, der Anlasstat und zukünftiger Gefährlichkeit voraus; eine darüber hinausgehende „Konnexität" zwischen der Abhängigkeit und zu erwartenden Straftaten ist jedoch nicht erforderlich (NStZ **00**, 25; 4 StR 377/00), ebenso kein „zwingender Zusammenhang" (5 StR 307/99). 15

Es reicht grds. die Gefahr beliebiger Taten, wenn diese **suchtbedingt** und **erheblich** sind (NStZ-RR **96**, 257). Die Maßregel kann nicht unabhängig von dieser Gefahr allein zum Zweck der Heilung des Täters angeordnet werden. Lassen zB Drogenabhängigkeit und psychosoziale Desintegration weitere Taten nur des Erwerbs kleiner Rauschgiftmengen zum Eigenkonsum erwarten, so kann dies allein eine Unterbringung nach § 64 nicht rechtfertigen (NStZ **94**, 280; 1 StR 192/04). Dass neben der Abhängigkeit auch andere, insb. charakterbedingte Gründe zukünftige Straftaten erwarten lassen, steht der Maßregelanordnung nicht entgegen (NStZ-RR **97**, 231; NStZ **03**, 86; 2 StR 46/00). Die bloße Feststellung des *Willens* eines Angeklagten, zukünftig abstinent zu leben, kann bei massiver Beschaffungskriminalität idR keine positive Prognose begründen (5 StR 13/07 [in NStZ **07**, 326 nicht abgedr.]). 16

Dass der Täter für die **Allgemeinheit** gefährlich ist, braucht abweichend von § 63 nicht festgestellt zu werden. Bei der Beurteilung der Gefahr zukünftiger Taten ist auch die Schwere der auf den Hang zurückzuführenden Anlasstat zu berücksichtigen (5 StR 29/97; vgl. 2 StR 281/98 [erpresserischer Menschenraub, um Strafanzeige wegen suchtbedingten Sparbuchdiebstahls zu vermeiden]). Zum **maßgebenden Zeitpunkt** für die Gefahrenprognose vgl. 14 zu § 63. 17

4) *Erfolgsaussicht* (S. 2). Durch das G v. 16. 7. 2007 (BGBl. I 1327) ist Abs. II a. F. gestrichen und durch S. 2 ersetzt worden. Die frühere Regelung war wegen Unvereinbarkeit mit Artikel 2 I, II S. 2 GG verfassungswidrig und nichtig, soweit sie die Unterbringung auch in Fällen erlaubte, in denen keine hinreichend konkrete Aussicht eines Behandlungserfolgs besteht, und allein Fälle der „Aussichtlosigkeit" ausschied (BVerfGE **91**, 1). Die Neuregelung hat – mit erheblicher Verspätung – umgesetzt, was in Konkretisierung der verfassungsgerichtlichen Entscheidung von der Rspr des BGH entwickelt worden war. 18

Anordnung und Vollzug der Maßregel setzen die **hinreichend konkrete Aussicht** voraus, die süchtige Person zu heilen oder über eine erhebliche Zeitspanne 19 vor einem Rückfall in den suchtbedingten Rauschmittelkonsum zu bewahren. Die frühere Rspr, die sich am Begriff der „Aussichtslosigkeit" orientierte, ist, wie der BGH vielfach klargestellt hat (vgl. NStZ-RR **05**, 10), seit langer Zeit überholt und nun auch mit dem Gesetzes*wortlaut* nicht mehr zu vereinbaren. Die auch 13 Jahre nach dem Urteil des BVerfG (und nach Hunderten von BGH-Entscheidungen, in denen die Rechtslage dargelegt ist) in Urteilen von Tatgerichten noch immer *häufig* zu lesende Erwägung, ein Behandlungserfolg sei „*nicht ausgeschlossen*", ist daher rechtsfehlerhaft und führt schon auf die allgemeine Sachrüge zur Urteilsaufhebung durch das Revisionsgericht. Erforderlich ist die **Prognose**, dass bei erfolgreichem Verlauf die Gefährlichkeit aufgehoben oder deutlich herabgesetzt wird (NStZ **03**, 86) und dass sich in Persönlichkeit und Lebensumständen des Täters konkrete Anhaltspunkte finden, die einen solchen Verlauf erwarten lassen. Was als „erhebliche" Zeitspanne anzusehen ist, kann nicht abstrakt, sondern wohl nur in Bezug auf den Einzelfall bestimmt werden. „Unabsehbarkeit" ist nicht erforderlich; positiv prognostizierte Zeitspannen von wenigen Jahren reichen idR aus.

20 Das Fehlen von **Therapiewilligkeit** steht einer Anordnung nicht grds. entgegen (MDR/H **96**, 880; NStZ-RR **04**, 263; Köln NStZ-RR **97**, 360), kann aber ein gegen die Erfolgsaussicht sprechendes Indiz sein (NJW **00**, 3015f. mwN; NStZ **00**, 587; 4 StR 577/06). Ein bloßer Hinweis auf Therapieunwilligkeit des Angeklagten in den Urteilsgründen belegt daher das Fehlen der Erfolgsaussicht nicht. Das Gericht hat ggf. zu prüfen, ob die konkrete Aussicht besteht, dass eine Therapiebereitschaft für eine Erfolg versprechende Behandlung *geweckt* werden kann (NStZ **96**, 274; NStZ-RR **97**, 70; **07**, 171, 172; 2 StR 406/97; 3 StR 422/97; 2 StR 215/98; 4 StR 492/98; *Stree,* Geerds-FS 587; grds. abl. zur „Zwangstherapie" aber NK-*Böllinger* 53ff.; vgl. 4ff. zu § 68c).

21 Dass der Angeklagte bereits **erfolglose Therapieversuche** oder eigene Entgiftungsversuche unternommen hat, steht der Annahme einer hinreichend konkreten Erfolgsaussicht grds. nicht entgegen (NStZ-RR **97**, 131). Ein Absehen von der Unterbringung kann aber geboten sein, wenn nur die Fortsetzung einer Substitutionsbehandlung einen Rückfall in die akute Sucht verhindern kann (NStZ-RR **97**, 231; vgl. auch 5 StR 94/00). Umgekehrt ergibt sich aus einer – auch langfristigen – Substitutionsbehandlung nicht schon ohne Weiteres, dass eine konkrete Erfolgsaussicht nicht mehr besteht (NStZ-RR **01**, 12). Eine uU erhöhte Fluchtgefahr bei Lockerungen im Maßregelvollzug hat bei der Prognose außer Betracht zu bleiben (NStZ **02**, 7 [Anm. *Stange* StV **01**, 678]; 4 StR 328/99).

22 **5) Anordnung.** § 64 S. 1 idF des G vom 16. 7. 2007 (BGBl. I 1327; oben 1) gebietet selbst dann, wenn die Voraussetzungen festgestellt sind, die Anordnung der Maßregel *nicht zwingend* (zur früheren Regelung vgl. BGH **37**, 5, 7; **38**, 362f.; NStZ-RR **03**, 12; **03**, 295; 3 StR 228/04); vielmehr ist die Regelung, die dem E des BRats entspricht (BT-Drs. 16/1344), als **Soll-Vorschrift** gestaltet und dem Gericht insoweit ein (eng begrenztes) Ermessen eingeräumt. Es soll damit einer Blockierung von Therapieplätzen durch Verurteilte mit *ungünstiger Prognose* entgegen gewirkt werden (vgl. BT-Drs. 16/1344, 10; 16/5137, 28). Zugleich ist in § 246a StPO die Verpflichtung zur Beiziehung eines Sachverständigen etwas gelockert worden.

23 Damit ist § 64 *nicht* zu einer „Ermessensvorschrift" i. e. S. umgestaltet: Von der Anordnung darf, wenn die Voraussetzungen des Hangs und der konkreten Erfolgsaussicht gegeben sind, auch nach der Absicht des Gesetzgebers nur in **Ausnahmefällen** abgesehen werden (vgl. BT-Drs. 16/5137, S. 10). Als **Beispiele** für Fälle, in denen trotz Vorliegens der Voraussetzungen des S. 1 von der Unterbringung abzusehen ist, sind im Gesetzgebungsverfahren angeführt worden (BT-Drs. 16/1344, 12): Sprachunkundigkeit (NStZ **01**, 418; NStZ-RR **02**, 7; vgl. aber auch unten 24); Erwartung baldiger Ausweisung (vgl. *Kotz/Rahlf* NStZ-RR **06**, 225, 228f. mwN); Zusammentreffen des Hangs mit kriminogenen Persönlichkeitsstörungen, durch die Erprobungen unter Lockerungsbedingungen ausgeschlossen sind (GesE BRat, BT-Drs. 16/1344, S. 12). In diesen Fällen fehlt es freilich bei zutreffender Auslegung idR schon an einer hinreichend konkreten Erwartung eines Behandlungserfolgs (S. 2). Es ist daher zweifelhaft, dass die „Soll"-Formulierung überhaupt einen eigenständigen, über S. 2 hinaus gehenden Regelungsgehalt haben kann: Wenn die Voraussetzungen des S. 1 und eine konkrete Erfolgsaussicht gegeben sind, so sind *sachliche Kriterien* der Ermessensausübung, auf welche gleichwohl ein Absehen von der Maßregelanordnung gestützt werden könnte, *außerhalb* dieser Voraussetzungen nicht ersichtlich. Für ein weiteres Ermessen ist daher bei Vorliegen konkreter Erfolgsaussicht idR kein Platz mehr; die Maßregel ist anzuordnen.

Für die Übergangszeit, in der über Revisionen in **Altfällen** zu entscheiden ist, **23 a** ist daher regelmäßig jedenfalls das **Beruhen** des Urteils auf der Nicht-Ausübung von Ermessen auszuschließen, wenn sich aus den tatrichterlichen Feststellungen keine konkreten Anhaltspunkte für das Vorliegen von Ausnahme-Gesichtspunkten ergeben.

Von der Anordnung darf nicht schon deshalb abgesehen werden, weil einem Er- **24** folg der Maßregel Schwierigkeiten entgegenstehen (StV **98**, 74; 2 StR 496/97; 1 StR 430/99) oder weil die Finanzausstattung der Landesjustizverwaltungen zur Sparsamkeit mahnt. Es ist auch rechtsfehlerhaft, „zu Gunsten" des Täters von der Anordnung abzusehen, weil er in der UHaft drogenfrei gelebt hat und eine Maßnahme nach § 35 BtMG anstrebt (StraFo **04**, 359). Bei weitgehender **Sprachunkundigkeit** des Angeklagten liegt die Annahme, eine Behandlung habe keine konkrete Erfolgsaussicht, schon nach bisheriger Rspr nahe (NStZ **01**, 418; vgl. auch LG Bad Kreuznach NStZ-RR **04**, 107; **aA** StV **98**, 74; 1 StR 430/99; zweifelnd BGH **36**, 199). Sprachkenntnisse, die zur Verständigung im Alltag hinreichen, stehen einer Erfolgsaussicht aber nicht grds. entgegen (NStZ-RR **02**, 7).

Mehrfache Anordnung. Dass die Maßregel schon in einem früheren Verfahren **25** angeordnet wurde, steht der Unterbringung nicht entgegen (NStZ **92**, 432; 4 StR 314/97). Wenn in dem späteren Verfahren die Voraussetzungen des § 64 hinsichtlich solcher Taten als gegeben angesehen werden, die *nach* der früheren Verurteilung begangen wurden (vgl. NStZ **98**, 79), ist die Maßregel anzuordnen (NStZ-RR **07**, 38 f.). Mit der Rechtskraft der zweiten Anordnung ist dann die frühere Anordnung gem. § 67 f erledigt (ebd.; vgl. 1 zu § 67 f).

6) Verhältnis zu anderen Unterbringungsmöglichkeiten. Zum Verhältnis **26** zu **§ 63** vgl. dort 3. Im Verhältnis des § 64 zur vollstreckungsrechtlichen Sonderregelung des **BtMG** geht § 64 den Sonderregelungen des BtMG vor (NStZ-RR **03**, 12; StraFo **04**, 359; stRspr.). Das Gericht darf sich schon wegen des hohen Anteils der Abbrüche von auf freiwilliger Basis begonnenen Therapien nicht auf die Möglichkeit des **§ 35 BtMG** verlassen, sondern hat in erster Linie § 64 anzuwenden und ggf. § 67 b zu prüfen (MDR/H **92**, 932; NStZ-RR **03**, 12; BGHR § 64 Ablehnung 7, 8; 4 StR 235/98; 3 StR 228/04; 5 StR 257/04). Im Verhältnis zur **Sicherungsverwahrung** (§ 66) oder deren Vorbehalt (§ 66 a) ist zu beachten, dass die Anordnung *nachträglicher* SV (§ 66 b) nicht als Korrektiv einer enttäuschten Prognose nach § 64 verstanden werden darf; die Möglichkeit des § 66 b kann daher den Prognosemaßstab des § 64 nicht einschränken (NStZ **07**, 328). Das Gericht darf daher, wenn (auch) die formellen Voraussetzungen des § 66 gegeben sind, bei unsicherer Erfolgsaussicht nicht eine Maßregel nach § 64 mit der Begründung anordnen, bei fehlender Therapiebereitschaft könne ggf. nachträglich nach § 66 b entschieden werden (ebd.).

7) Verfahrensrechtliche Hinweise. Zum Verfahren vgl. §§ 81, 126 a, 246 a, **27** 373 II, 456 b, 463 StPO. Die nach § 246 a StPO erforderliche Hinzuziehung eines **Sachverständigen** kann nicht durch eigene Sachkunde des Gerichts ersetzt werden (4 StR 231/99; StV **01**, 665). Erforderlich ist die Zuziehung eines für die in § 64 zu behandelnden Fragen sachkundigen Gutachters (NStZ **00**, 215).

Die **Nichtanordnung der Maßregel** ist vom Berufungsgericht, auf die Revisi- **28** on des Angeklagten auf Grund der (allgemeinen) Sachrüge auch vom **Revisions-**

gericht zu überprüfen (BGH **37**, 7; NStZ **92**, 33, 432; **94**, 280; MDR/H **93**, 1039; NStE Nr. 9; 1 StR 808/94, 1 StR 187/94; 3 StR 93/94; 4 StR 563/95; 4 StR 667/98; 4 StR 245/99; 4 StR 405/99; 3 StR 202/03; 3 StR 321/03; 2 StR 372/03; stRspr.); aus dieser Sicht erscheint die Unterbringung quasi als (zusätzliche) „Wohltat". **Andererseits** ist der Angeklagte nach stRspr. durch die Nichtanordnung der Unterbringung nicht beschwert (BGH **28**, 327, 333; **37**, 5, 7; **38**, 4, 7; BGHR Ablehnung 1; 5 StR 224/85; 1 StR 794/94; NStZ **07**, 213 [*2 StS*]; offen gelassen von NStZ-RR **00**, 43; StV **01**, 100; **aA** LK-*Hanack* 66 vor § 296; *Tolksdorf,* Stree-Wessels-FS 753 ff.); auch ein therapiewilliger Angeklagter hat danach kein Rechtsschutzbedürfnis für die Überprüfung der *Nicht*-Anordnung; ein vom GBA wegen der Nichtanordnung gestellter Aufhebungsantrag wirkt zu Lasten, nicht zugunsten des Angeklagten, so dass dessen Revision trotz dieses Antrags nach § 349 II StPO verworfen werden kann (NStZ-RR **98**, 142; 4 StR 94/00; vgl. dazu i. e. *Senge,* Riess-FS [2002] 547, 555 ff.). Überzeugend ist diese unterschiedliche Sichtweise nicht; vor allem stößt sie bei den Betroffenen regelmäßig auf Unverständnis: Wer mit der Revision *keinesfalls* eine Therapie, sondern nur eine niedrigere Strafe erstrebt, erlangt oft – zu seiner Überraschung – in beidem das Gegenteil; wer *unbedingt* eine Therapie wollte, kann sich gegen ihre Versagung nicht beschweren.

29 Die **Nichtanwendung** des § 64 kann aber **vom Rechtsmittelangriff ausgenommen** werden (BGH **38**, 362 m. krit. Anm. *Hanack* JR **93**, 430; 4 StR 732/95; 5 StR 87/98; 5 StR 53/98; 1 StR 87/00; stRspr; vgl. *Tolksdorf,* Stree/Wessels-FS 753; zur Auslegung unklarer Anfechtungen vgl. zB 2 StR 212/03). Eine **Beschränkung der Revision** auf die Entscheidung über die Aussetzung der Maßregel ist idR nicht zulässig (NStZ **94**, 449; 1 StR 35/98; iErg. offen gelassen von NStZ-RR **98**, 189; vgl. 4 zu § 67 b). Sind im tatrichterlichen Urteil die gesetzlichen Voraussetzungen des § 64 hinreichend festgestellt, kann auch das Revisionsgericht in entspr. Anwendung des § 354 I StPO die Unterbringung anordnen (2 StR 298/97); eine *Erstreckung* auf nicht revidierende Mitangeklagte gem. § 357 StPO kommt wegen der Individualität der Entscheidung idR nicht in Betracht (BGHR StPO § 357 Erstreckung 4; 4 StR 407/98; 4 StR 231/99; 3 StR 366/99; stRspr.).

30 **8) Sonstige Vorschriften: Materieller Schutz** der Maßregeln in §§ 120, 258, 258 a, 323 b. Zum **Vollzug** vgl. MaßregelvollzugsG (6 vor § 61) und §§ 137, 138 StVollzG; LK-*Hanack* 129 ff.

§ 65 *(weggefallen)*

Unterbringung in der Sicherungsverwahrung

66 **I Wird jemand wegen einer vorsätzlichen Straftat zu Freiheitsstrafe von mindestens zwei Jahren verurteilt, so ordnet das Gericht neben der Strafe die Sicherungsverwahrung an, wenn**

1. **der Täter wegen vorsätzlicher Straftaten, die er vor der neuen Tat begangen hat, schon zweimal jeweils zu einer Freiheitsstrafe von mindestens einem Jahr verurteilt worden ist,**
2. **er wegen einer oder mehrerer dieser Taten vor der neuen Tat für die Zeit von mindestens zwei Jahren Freiheitsstrafe verbüßt oder sich im Vollzug einer freiheitsentziehenden Maßregel der Besserung und Sicherung befunden hat und**
3. **die Gesamtwürdigung des Täters und seiner Taten ergibt, dass er infolge eines Hanges zu erheblichen Straftaten, namentlich zu solchen, durch welche die Opfer seelisch oder körperlich schwer geschädigt werden oder schwerer wirtschaftlicher Schaden angerichtet wird, für die Allgemeinheit gefährlich ist.**

II Hat jemand drei vorsätzliche Straftaten begangen, durch die er jeweils Freiheitsstrafe von mindestens einem Jahr verwirkt hat, und wird er we-

gen einer oder mehrerer dieser Taten zu Freiheitsstrafe von mindestens drei Jahren verurteilt, so kann das Gericht unter der in Absatz 1 Nr. 3 bezeichneten Voraussetzung neben der Strafe die Sicherungsverwahrung auch ohne frühere Verurteilung oder Freiheitsentziehung (Absatz 1 Nr. 1 und 2) anordnen.

III **Wird jemand wegen eines Verbrechens oder wegen einer Straftat nach den §§ 174 bis 174 c, 176, 179 Abs. 1 bis 4, §§ 180, 182, 224, 225 Abs. 1 oder 2 oder nach § 323 a, soweit die im Rausch begangene Tat ein Verbrechen oder eine der vorgenannten rechtswidrigen Taten ist, zu Freiheitsstrafe von mindestens zwei Jahren verurteilt, so kann das Gericht neben der Strafe die Sicherungsverwahrung anordnen, wenn der Täter wegen einer oder mehrerer solcher Straftaten, die er vor der neuen Tat begangen hat, schon einmal zu Freiheitsstrafe von mindestens drei Jahren verurteilt worden ist und die in Absatz 1 Nr. 2 und 3 genannten Voraussetzungen erfüllt sind. Hat jemand zwei Straftaten der in Satz 1 bezeichneten Art begangen, durch die er jeweils Freiheitsstrafen von mindestens zwei Jahren verwirkt hat und wird er wegen einer oder mehrerer dieser Taten zu Freiheitsstrafe von mindestens drei Jahren verurteilt, so kann das Gericht unter den in Absatz 1 Nr. 3 bezeichneten Voraussetzungen neben der Strafe die Sicherungsverwahrung auch ohne frühere Verurteilung oder Freiheitsentziehung (Absatz 1 Nr. 1 und 2) anordnen. Die Absätze 1 und 2 bleiben unberührt.**

IV **Im Sinne des Absatzes 1 Nr. 1 gilt eine Verurteilung zu Gesamtstrafe als eine einzige Verurteilung. Ist Untersuchungshaft oder eine andere Freiheitsentziehung auf Freiheitsstrafe angerechnet, so gilt sie als verbüßte Strafe im Sinne des Absatzes 1 Nr. 2. Eine frühere Tat bleibt außer Betracht, wenn zwischen ihr und der folgenden Tat mehr als fünf Jahre verstrichen sind. In die Frist wird die Zeit nicht eingerechnet, in welcher der Täter auf behördliche Anordnung in einer Anstalt verwahrt worden ist. Eine Tat, die außerhalb des räumlichen Geltungsbereichs dieses Gesetzes abgeurteilt worden ist, steht einer innerhalb dieses Bereichs abgeurteilten Tat gleich, wenn sie nach deutschem Strafrecht eine vorsätzliche Tat, in den Fällen des Absatzes 3 eine der Straftaten der in Absatz 3 Satz 1 bezeichneten Art wäre.**

Übersicht

1) Allgemeines ... 1, 1 a
2) Maßregelcharakter; Anwendungsbereich ... 2, 3
3) Anwendungsbereich ... 4
4) Formelle Voraussetzungen ... 5–22
  A. Anordnung nach zwei Vorverurteilungen (Abs. I) ... 6–10
  B. Anordnung bei Erstverurteilung (Abs. II) ... 11–13
  C. Anordnung wegen besonderer Anlasstat (Abs. III) ... 14–19
  D. Verjährungsregelung (Abs. IV S. 3, 4) ... 20, 21
  E. Vorverurteilungen im Ausland (Abs. IV S. 5) ... 22
5) Materielle Voraussetzungen (Abs. I Nr. 3) ... 23–38
  A. Hang ... 24–32
  B. Prognose ... 33–38
6) Anordnung der Sicherungsverwahrung ... 39–41
7) Verfahrensrechtliche Hinweise ... 42

1) Allgemeines. Die Vorschrift ist erstmals durch das GewohnheitsverbrecherG vom 24. 11. 1933 (RGBl. I 995) als § 42 e eingeführt (vgl. aber schon *v. Liszt,* Der Zweckgedanke im Strafrecht, 1905, 126, 169) und durch das 1./2. StrRG neu gefasst worden (vgl. auch die Darstellung der **Gesetzesgeschichte** in BVerfGE **109,** 133 ff. = NJW **04,** 739 ff. [2 BvR 2029/01]; dazu auch *Laubenthal* ZStW **116** [2004], 703 ff., 711 ff.; zur Entwicklung ab 1998 vgl. *Milde* [1 a]). Durch das **SexualdelBekG** vom 26. 1. 1998 (BGBl. I 160) wurden Abs. III eingefügt und Abs. IV S. 5 ergänzt; der frühere Abs. III wurde IV. Zugleich wurden die Höchstfrist der ersten Unterbringung in der SV in § 67 d aufgehoben und eine Erweiterung 1 der FAufsicht eingeführt. **Mat.:** RegE BT-Drs. 13/8586; E-BRat BR-Drs. 876/96; Ber. BT-Drs. 13/8989, 13/9062. **Inkrafttreten**: 31. 1. 1998. Das **6. StrRG** (2f. vor § 174) brachte redaktionelle Änderungen in Abs. III S. 1. Durch das G zur **Einführung der vorbehaltenen Sicherungsverwahrung** v. 21. 8. 2002 (BGBl. I 3344) ist in Abs. I, II und III S. 1 und 2 jeweils das Wort „zeitiger" gestrichen worden (**Mat.:** GesE SPD/B90/GR, BT-Drs. 14/8586 [textidentisch E-BReg, BT-Drs. 14/9041]; GesE BRat, BT-Drs. 14/9456; Ber. BT-Drs. 14/9264. Abs. III S. 1 wurde durch das G v. 27. 12. 2003 (BGBl. I 3007) redaktionell geändert (vgl. 3f. vor § 174).

Die **praktische Bedeutung** hat seit Mitte der 90er Jahre wieder stark zugenommen (1996: 176 Untergebrachte; 2003: 306; 2005: 350; vgl. Stat. Bundesamt, FS 10, R.4.1). Weitere Vorschläge zur gesetzlichen Ausweitung: vgl. 1 zu § 66b. **Statistische Daten** zur Vollstreckung von Unterbringung nach § 63, § 66ff. und von lebenslanger Freiheitsstrafe enthalten die Umfragen der **KrimZ** (für 2003: *Kröninger*, Lebenslange Freiheitsstrafe, Sicherungsverwahrung und Unterbringung in einem psychiatrischen Krankenhaus. Dauer und Gründe der Beendigung. Ergebnisübersicht zur bundesweiten Erhebung für das Jahr 2003, Wiesbaden [KrimZ] 2005, [www.krimz.de]).

1a **Literatur:** *Albrecht*, Antworten auf Gefährlichkeit – Sicherungsverwahrung und unbestimmter Freiheitsentzug, Schwind-FS (2006) 191; *Barton* (Hrsg.), „... weil er für die Allgemeinheit gefährlich ist!". Prognosegutachten, Neurobiologie, Sicherungsverwahrung, 2006; *Bock*, Das Elend der klinischen Kriminalprognose, StV **07**, 269; *Boetticher*, MSchrKrim **98**, 354; *ders.*, Aktuelle Entwicklungen im Maßregelvollzug und bei der Sicherungsverwahrung, NStZ **05**, 417; *de Boor*, Zum Begriff des Hangtäters, Zeitschr. f. d. ges. SachverstWesen **81**, 176; *Chang*, Rückfall u. Strafzumessung, 1993; *Dessecker*, Kriminalitätsbekämpfung durch Jugendstrafrecht?, StV **99**, 678 [zum SexualdelBekG]; *Düx*, Sexualstraftaten und Sicherungsverwahrung – Abschied vom rechtsstaatlichen Strafverfahren?, ZRP **06**, 82; *Eisenberg*, Die Maßregel der Unterbringung in einem psychiatrischen Krankenhaus gemäß § 63 StGB und so genannte „Nicht-Therapiegeeignetheit", NStZ **04**, 240; *Eisenberg/Hackethal*, ZfStrVo **98**, 196; *Eisenberg/Schlüter*, Extensive Gesetzesauslegung bei Anordnung von Sicherungsverwahrung, NJW **01**, 188; *Feltes*, Rückfallprognose und Sicherungsverwahrung – die Rolle des Sachverständigen, StV **00**, 281; *Habermeyer*, Psychiatrische Kriminalprognose in einer „fachfremden" Maßregel: Erfahrungen mit Probanden vor bzw. in Sicherungsverwahrung, MschrKrim **05**, 12; *Habermeyer/Kunert/Herpertz*, Bedeutung des „Psychopathy"-Konzepts von Hare für die Maßregel der Sicherungsverwahrung, Archiv für Kiminologie 2004, 65; *Habermeyer/Puhlmann/Passow/Vohs*, Kriminologische und diagnostische Merkmale von Häftlingen mit angeordneter Sicherungsverwahrung, MschrKrim **07**, 317; *Hall* ZStW **70**, 41; *Hörnle*, Verteidigung und Sicherungsverwahrung, StV **06**, 383; *Feltes*, Rückfallprognose und Sicherungsverwahrung: Die Rolle des Sachverständigen, StV **00**, 281; *Goerdeler*, Sicherungsverwahrung auch für Heranwachsende? (Stellungn. des DVJJ), ZJJ **03**, 185; *Hammerschlag/Schwarz* NStZ **98**, 321; *Hellmer*, Der Gewohnheitsverbrecher u. die Sicherungsverwahrung, 1961; *Hinz*, Gefährlichkeitsprognosen bei Straftätern: Was zählt?, 1987; *Kern*, Aktuelle Befunde zur Sicherungsverwahrung, ZfStrVO **97**, 19; *ders.*, Brauchen wir die Sicherungsverwahrung?, 1997 (Diss. Heidelberg [Bespr. *Blau* GA **99**, 204]); *Kinzig*, Die Sicherungsverwahrung auf dem Prüfstand, 1996; *ders.* ZStW **109**, 122 [Bespr. *Schönberger/Eisenberg* GA **98**, 248]; *ders.*, Der Hang zu erheblichen Straftaten – und was sich dahinter verbirgt, NStZ **98**, 14; *ders.*, Die Einführung der Sicherungsverwahrung in den neuen Bundesländern (usw.), NJ **97**, 63; *ders.*, Die Gutachtenpraxis bei der Anordnung von Sicherungsverwahrung, R & P **97**, 9; *ders.*, Als Bundesrecht gescheitert – als Landesrecht zulässig?, NJW **01**, 1455; *Köhne*, Sicherungsverwahrung und Resozialisierung, StraFo **03**, 230; *Kröber*, Psychiatrische Aspekte der Sicherungsverwahrung, MSchRKrim **04**, 261; *Laubenthal*, Die Renaissance der Sicherungsverwahrung, ZStW **116** (2004), 703; *Lüderssen*, Die ewige Versuchung des Täterstrafrechts – Das Verhalten im Strafvollzug als Voraussetzung für vorbehaltene oder nachträgliche Sicherungsverwahrung, KJ **06**, 361; *Milde*, Mit Vollrausch in die Sicherungsverwahrung, StraFo **06**, 217; *ders.*, Die Entwicklung der Normen zur Anordnung der Sicherungsverwahrung in den Jahren von 1998 bis 2004, 2006 (Diss. FU Berlin 2006); *Mrozynski* MSchrKrim **85**, 9; *Müller-Metz*, Die Sicherungsverwahrung. Tätigkeit des Sachverständigen im Erkenntnis- und Vollstreckungsverfahren, StV **03**, 42; *Naucke* MSchrKrim **62**, 84; *Nedopil*, Grenzziehung zwischen Patient und Straftäter, NJW **00**, 837; *Peglau*, „Nachträgliche Sicherungsverwahrung" – eine mögliche strafrechtliche Sanktion in Deutschland?, ZRP **00**, 147; *ders.*, Zur Anordnung der Sicherungsverwahrung neben lebenslanger Freiheitsstrafe, NJW **00**, 2980; *ders.*, Das baden-württembergische *StrUBG – tatsächlich* als Landesrecht zulässig?, NJW **01**, 2436; *Pollähne*, Sicherungsverwahrung, Rückfallverjährung und Rechtsstaat, JR **04**, 165; *Rautenberg*, Wegschließen für immer?, NJW **01**, 2609; *Röhl* JZ **55**, 145; *Rudolph* DRiZ **56**, 176; *Schall/Schreibauer*, Prognose u. Rückfall bei Sexualstraftätern, NJW **97**, 2412; *Schneider*, Die Verbesserung des Schutzes der Gesellschaft vor gefährlichen Sexualstraftätern, JZ **98**, 436; *Schöch*, Das Gesetz zur Bekämpfung von

Sexualdelikten u. anderen gefährlichen Straftaten vom 26. 1. 1998, NJW **98**, 1257; *Schüler-Springorum* MSchrKrim **89**, 147; *Ullenbruch,* Verschärfung der Sicherungsverwahrung auch rückwirkend – populär, aber verfassungswidrig?, NStZ **98**, 326; *Weber/Reindl,* Argumente zur Abschaffung eines umstrittenen Rechtsinstituts, NKrimPol **01**, 16; *Woynar,* Das Risiko von Gefährlichkeitsprognosen, 2000. **Rechtsvergleichend:** *Mir,* Die strafrechtliche Behandlung der gefährlichen Gewohnheitsverbrecher im spanischen Strafrecht, Gössel-FS (2002), 317.

2) Maßregelcharakter. Die Sicherungsverwahrung beruht auf der Idee des zweispurigen Systems, das die Verhängung strafrechtlicher Sanktionen von der *Schuld* des Täters löst und an präventive Gesichtspunkte, also die Gefährlichkeit des Betroffenen knüpft (Bedenken wegen der Entstehungsgeschichte bei *Weichert* StV **89**, 265; *Uhlenbruck* NStZ **98**, 326; weit. Nachw. bei LK-*Hanack* 20; unzutr. dargestellt von *Frommel* KJ **04**, 81, 83 f.). Voraussetzung der Anwendung ist wie bei den übrigen Maßregeln iS von § 61, dass die abgeurteilte *Anlasstat* sich als *Symptomtat* für die Gefährlichkeit des Täters darstellt. Konstruktiv stellt § 66 den „**Hang**, Straftaten zu begehen" (vgl. I Nr. 3), einem psychischen Ausnahme-„Zustand" iS von §§ 63, 64 gleich; dies rechtfertigt es, *unabhängig* von der Schuld des Betroffenen präventive freiheitsentziehende Maßnahmen gegen ihn zu verhängen, soweit diese nicht *unverhältnismäßig* sind. Von den Maßregeln nach §§ 63, 64 unterscheidet sich § 66 trotz dieser konstruktiven Übereinstimmung aber dadurch, dass hier die *Zustands*-Beschreibung „Hang", die schon begrifflich *Bewertung* und Gefahrprognose verschmilzt (vgl. insoweit die treffende Terminologie in § 20 a iVm § 42 e aF: *„gefährlicher Gewohnheits-Verbrecher"*), wie eine *empirische* Gegebenheit behandelt wird (vgl. unten 24). Auch das **BVerfG** hat den „Hang" in NJW **06**, 3483 (BvR 226/06) erneut als „psychologische Tatsache" und „Basistatsache" für die Gefahrprognose bezeichnet (ebd. Rn. 21), ohne Kriterien für seine Abgrenzung von der Prognose zu erwähnen (vgl. unten 24, 26 f.). 2

Es ist daran zu erinnern, dass die Einführung des Begriffs „Hang zu Straftaten" im Jahr 1933 vor allem ein *sprachlicher* Kunstgriff gewesen ist, mit dem das **Schuldprinzip** im Weg eines *Etikettenschwindels* umgangen werden sollte. Der NS-Gesetzgeber befürchtete, die deutschen Richter würden es „als ungerecht ablehnen (!), gegen gefährliche Täter bei geringer Schuld langjährige *Strafen* zu verhängen" (*Rietzsch*, in: *Gürtner*, Das Kommende Deutsche Strafrecht, AT, 2. Aufl. 1935, S. 151). Aus diesem *praktischen* Grund wurde die „Theorie" geboren, eine *Gewohnheit*, Straftaten zu begehen, habe mit *Schuld* nichts zu tun. Diese Behauptung, die in sich wenig Plausibilität hat, wird seit jeher nicht zuletzt durch die regelmäßig *strafschärfende* Bewertung des *Rückfalls* konterkariert. Die Theorie ist daher mit dem als für ein rechtsstaatliches Strafrecht konstituierend angesehenen Prinzip individueller Zurechnung kaum vereinbar und nimmt insoweit in bemerkenswerter Weise Postulate der sog. *modernen* **Neurobiologie** vorweg (vgl. dazu 10 vor § 13). Das *schlechte Gewissen* des Rechtsstaats, der mit der Regelung auch ihre Begründungsdefizite übernahm, drückte sich lange Zeit in der Ansicht aus, die SV sei *ultima ratio*, also ein verfassungsrechtlich *gerade noch* hinnehmbares, unter besonderem Verhältnismäßigkeitsvorbehalt stehendes Mittel der Rechtsgemeinschaft gegen schuldfähige gefährliche Personen (vgl. BGH **30**, 220, 222; vgl. auch *Lüderssen* KJ **06**, 361). Die Renaissance der SV seit Mitte der 90er Jahre (ausführlich dazu *Laubenthal* ZStW **116** [2004], 703 ff.), die solche Bedenken kaum noch erwähnt, spiegelt vor allem eine kriminal*politische* Wende (vgl. Einl. 12). Der kriminologisch-empirische Befund und die rechtliche Problematik haben sich dadurch freilich nicht geändert. 3

3) Anwendungsbereich. Gegenüber § 66 a ist § 66 vorrangig (BGH **50**, 188). Gegen **Jugendliche** und **Heranwachsende** ist die **Anordnung** der SV nach § 66 unzulässig (vgl. §§ 7, 106 II S. 1 JGG); der **Vorbehalt** der SV kann gegen Heranwachsende, auf die Erwachsenenstrafrecht angewendet wird, nach § 106 III JGG (idF des G v. 27. 12. 2003, BGBl. I 3007) unter bestimmten Umständen angeordnet werden (vgl. 3 a zu § 66 a), die **nachträgliche SV** gem. § 106 V, VI JGG (zu Vorschlägen einer Erweiterung vgl. 1 zu § 66 b). Für das Gebiet der neuen Bundesländer gilt § 66 hinsichtlich Taten nach dem 1. 8. 1995 (vgl. StV **98**, 480) un- 4 eingeschränkt (dazu MK-*Ullenbruch* 305); zur Anwendung des Abs. III vgl. unten 11.

5 4) **Formelle Voraussetzungen.** In den Abs. I Nr. 1 und Nr. 2, Abs. II, III sind unterschiedliche formelle Voraussetzungen für die obligatorische Anordnung nach Abs. I und die Ermessensentscheidungen nach Abs. II und III in unübersichtlicher Form aufgeführt; Abs. IV ergänzt diese Regelungen. Zu unterscheiden ist danach zwischen der Anordnung nach Abs. I, die **zwei Vorverurteilungen** voraussetzt, der Anordnungen nach **einer Vorverurteilung** (III S. 1) und der Anordnung **ohne Vorverurteilung** (II, III S. 2), die aber nach hM auch Fälle *mit* Vorverurteilung erfasst (vgl. unten 8f., 13a). Hiervon abzugrenzen ist jeweils die Prüfung der **Anlasstat,** die unterschiedlich geregelt ist. Die allen Varianten **gemeinsame materielle Voraussetzung** enthält I Nr. 3 mit der Voraussetzung der Feststellung eines gefährlichen **Hangs** (dazu unten 17ff.).

6 **A. Anordnung nach zwei Vorverurteilungen (Abs. I).** Abs. I setzt eine **Verurteilung** wegen **einer vorsätzlichen Straftat,** wenn auch nur wegen Versuchs (vgl. NJW **99**, 3723), Teilnahme (vgl. NJW **56**, 1078) oder strafbarer Vorbereitung voraus. Fahrlässige Vergehen und Ordnungswidrigkeiten scheiden danach aus. Es muss eine Verurteilung zu **Freiheitsstrafe** iS des § 38 von mindestens 2 Jahren vorliegen, wobei es auf die Verhängung ankommt und etwaige Anrechnung nach § 51 außer Betracht bleibt. Bei der Bemessung der Freiheitsstrafe darf das Interesse der Allgemeinheit, vor einem gefährlichen Täter durch Anordnung der SV geschützt zu werden, nicht zu Lasten des Täters berücksichtigt werden (4 StR 178/01). Bei Verurteilung zu **Gesamtstrafe** ist erforderlich, dass darin mindestens eine **Einzelstrafe** von 2 Jahren oder mehr wegen einer vorsätzlichen Tat enthalten ist; es reicht nicht aus, wenn die Summe von Einzelstrafen wegen solcher Taten oder die tatsächliche oder eine hypothetische Gesamtstrafe daraus 2 Jahre erreichen (NJW **72**, 834; MDR/H **80**, 272; GA **91**, 224; NStZ/M **82**, 456; StraFo **03**, 282f.; LK-*Hanack* 44). Dies ergibt sich aus dem verschiedenen Wortlaut von I und II (Ber. 19; *Horstkotte* JZ **70**, 155; *Bringewat* 139). Die Einschränkung, dass die SV neben **lebenslanger Freiheitsstrafe** nicht in Betracht kam, wenn *ausschließlich* auf diese Strafe erkannt war, ist durch G v. 21. 8. 2002 gestrichen worden (oben 1).

7 a) **Vorverurteilungen (I Nr. 1).** Vorausgesetzt sind nach I Nr. 1 mindestens zwei rechtskräftige (hM; LK-*Hanack* 43 mwN; vgl. aber unten 5) Vorverurteilungen wegen vorsätzlicher Straftaten zu **jeweils** einer freiheitsentziehenden Strafe von **mindestens 1 Jahr.** Es kommt nicht auf die Höhe von Gesamtstrafen, sondern auf die ihnen zugrundeliegenden Einzelstrafen an (5 StR 259/95; NStZ-RR **98**, 135). Es genügt auch Verurteilung zu **Jugendstrafe** oder zu einer zur Bewährung ausgesetzten Strafe (LK-*Hanack* 33); ein Urteil, durch das eine Jugendstrafe von unbestimmter Dauer oder eine einheitliche Jugendstrafe verhängt wurde (§§ 19, 31 JGG), muss erkennen lassen, dass der Täter bei einer der ihr zugrunde liegenden Straftaten eine Jugendstrafe von mindestens 1 Jahr verwirkt hätte (BGH **26**, 152, 154f.; NJW **99**, 3723; NStZ **96**, 331; StV **88**, 296f.; **98**, 343; **02**, 29; MDR/H **87**, 799; BGHR § 66 I Vorverurt. 9). Die erforderliche Feststellung kann der Tatrichter nur treffen, wenn das Gericht des Vorverfahrens hinreichende Feststellungen zur Bewertung der einzelnen Taten getroffen hat; der über die SV entscheidende Richter darf nicht im Nachhinein eine eigene Strafzumessung vornehmen (NJW **99**, 3723; NStZ-RR **07**, 171). Dass die frühere Strafe wegen einer Fortsetzungstat verhängt worden ist, die nach GrSenBGH **40**, 138 (25ff. von § 52) nicht mehr angenommen hätte werden dürfen, steht der Berücksichtigung nicht entgegen (BGH **41**, 97).

8 Nach **Abs. IV S. 1** gilt eine Verurteilung zu **Gesamtstrafe,** auch bei nachträglicher Gesamtstrafenbildung nach § 55 oder § 460 StPO, nur als einzige *Verurteilung* (StV **82**, 420 L; NStZ-RR **04**, 9f.; 2 StR 231/90). Das gilt selbst dann, wenn die Vorverurteilungen zwar gesamtstrafenfähig waren, die Bildung der Gesamtstrafe aber unterblieben ist (vgl. 14 zu § 55; NJW **71**, 2318; GA **76**, 182; 5 StR 829/79).

Abs. IV S. 1 bezieht sich aber nur auf I Nr. 1, so dass eine Gesamtstrafenbildung erst mit der die SV auslösenden Tat außer Betracht bleibt.

9 Nr. 1 setzt nach dem Wortlaut nicht voraus, dass die 1. Vorverurteilung bereits bei *Begehung* der 2. Vortat rechtskräftig war; dies ist jedoch nach Rspr und hM erforderlich (BGH **35**, 6; **38**, 258; vgl. schon BGH **7**, 178f. [zu § 20a aF]; *S/S-Stree* 7; SK-*Horn* 6; LK-*Hanack* 30; *Lackner/Kühl* 5a; **aA** BGH **26**, 387 [zu § 48 aF]). Stets sind **zwei** gesonderte Vorverurteilungen notwendig (BGH **30**, 222). Rspr und hM setzen zudem voraus, dass in jeder Vorverurteilung zu einer **Gesamtstrafe** *eine* (noch nicht rückfallverjährte: IV S. 3!) **Einzelstrafe von mindestens 1 Jahr** enthalten ist (BGH **24**, 345; **30**, 221; **34**, 322; NJW **72**, 1869; 3 StR 540/88; NStZ-RR **98**, 135; LK-*Hanack* 32; *Lackner/Kühl* 5; SK-*Horn* 8). Eine einheitliche **Jugendstrafe** nach § 31 JGG reicht für I Nr. 1 nur aus, wenn wenigstens hinsichtlich einer Einzeltat eine Strafe von mindestens 1 Jahr verwirkt gewesen wäre (BGH **26**, 152, 155; NJW **99**, 3723, 3725 [krit. *Eisenberg/Schlüter* NJW **01**, 188, 189]; 1 StR 152/87); zur (hypothetischen) Bewertung des früheren Tatrichters muss der Tatrichter in den Urteilsgründen Stellung nehmen (NJW **85**, 2840; 5 StR 725/94; NStZ/M **81**, 427).

10 **b) Vorverbüßung (I Nr. 2).** Vorausgesetzt ist nach Nr. 2 weiterhin die Verbüßung von Freiheitsstrafe oder der Vollzug einer freiheitsentziehenden Maßregel wegen einer oder mehrerer Taten, welche die Voraussetzungen der Nr. 1 erfüllen. Der Freiheitsentzug muss wegen der in Nr. 1 genannten Taten erfolgt sein; Freiheitsentzug aus anderen Gründen, insb. wegen anderer Straftaten, wird nicht eingerechnet. Nr. 2 setzt eine **Mindestgesamtdauer** des Vollzugs von **2 Jahren** voraus; diese kann auch durch Addition von Straf- und Maßregelvollzug erreicht werden (Ber. 20; LK-*Hanack* 36); eine etwaige Vorverlegung des Entlassungszeitpunkts (§ 16 III StVollzG) ist für die Verbüßungsdauer nicht zu beachten (NJW **82**, 2390). **Angerechnete Freiheitsentziehung** gilt als verbüßte Strafe iS des II Nr. 2 **(IV S. 2);** jedoch dann nicht, wenn die Strafe zur Bewährung ausgesetzt und später erlassen wurde (LK-*Hanack* 37; *S/S-Stree* 15; SK-*Horn* 12). Nach § 36 I, III BtMG angerechnete Zeiten bleiben wegen des Analogieverbots unberücksichtigt. Bei verbüßter Gesamtstrafe gilt das oben 6 Ausgeführte entsprechend.

11 **B. Anordnung auch bei Erstverurteilung (Abs. II).** Die Regelung des Abs. II ist in erster Linie für unentdeckt gebliebene gefährliche Serientäter gedacht (Ber. 21; NJW **76**, 300); aus dieser gesetzgeberischen Zielsetzung kann aber keine zusätzliche Anwendungsvoraussetzung abgeleitet werden (NStZ **99**, 614). Abs. II ist als subsidiäre Vorschrift nur anzuwenden, wenn I ausscheidet (1 StR 194/85; LK-*Hanack* 51). Im Unterschied zu Abs. I brauchen Vorverurteilungen und Vorverbüßungen nicht gegeben zu sein; liegen sie vor, tritt II nach hM als zusätzlicher Anordnungsfall neben I Nr. 1. Abs. II iVm I Nr. 3 genügt den Anforderungen des Art. 104 I GG sowie dem in Art. 103 II GG enthaltenen Gebot der Gesetzesbestimmtheit (BVerfG NStZ-RR **96**, 122).

12 **a)** Der Täter muss **drei Verbrechen** oder **vorsätzliche Vergehen** (oben 3) als rechtlich selbstständige Taten begangen haben (LK-*Hanack* 54); Er muss für **jede** dieser Taten Freiheitsstrafe von mindestens 1 Jahr **verwirkt** haben. Das ist auch dann der Fall, wenn wegen der Tat eine Verurteilung bereits ergangen ist (BGH **1**, 317; NJW **64**, 115), aber auch dann, wenn sie im Zusammenhang mit dem Verfahren, in dem über die Frage der Sicherungsverwahrung zu entscheiden ist, ausgesprochen wird (BGH **25**, 44; NJW **99**, 3723). Bei Verurteilung zu **Gesamtstrafe** muss jede Einzelstrafe 1 Jahr erreichen (BGHR § 66 II, Vorverurt. 1; 1 StR 152/87). Sind Straftaten sowohl im Jugendlichen- oder Heranwachsendenalter als auch als Erwachsener begangen, so reicht es aus, wenn eine der Symptomtaten als Erwachsener begangen wurde (NJW **76**, 301; NStZ-RR **02**, 183).

13 **b)** Der Täter muss in der neuen Verurteilung (BGH **33**, 399; 1 StR 789/97) zu Freiheitsstrafe iS von § 38 von mindestens **3 Jahren** verurteilt werden, und zwar entweder wegen aller drei Taten; oder wegen zwei der Taten zu einer **Gesamtstrafe** von mindestens 3 Jahren, in der eine Einzelstrafe in dieser Höhe nicht ent-

halten sein muss (NStZ **02**, 536, 537); oder nur wegen einer der drei Taten zur **Einzelstrafe** von mindestens 3 Jahren. In den letztgenannten Fällen können die übrigen Taten bereits abgeurteilt sein. Wird zB aus drei Einzelstrafen von je 13 Monaten und einer von 6 Monaten eine Gesamtstrafe in einer Höhe gebildet, die aus sich nicht erkennen ließe, ob aus den drei Strafen von je 13 Monaten allein eine Gesamtstrafe von mindestens 3 Jahren gebildet worden wäre, so ist, um diese Voraussetzung darzutun, eine **hypothetische Gesamtstrafe** zu bilden (NJW **95**, 3263 [m. Anm. *Dölling* StV **96**, 542]).

14 **C. Anordnung wegen besonderer Anlasstat (Abs. III).** Die Regelung des Abs. III ist durch das SexualdelBekG v. 28. 1. 1998 (oben 1) eingefügt worden (krit. *Kinzig* NStZ **98**, 14; *Eisenberg/Hackethal* ZfStrVo **98**, 199; *Schall/Schreibauer* NJW **97**, 2418; *Boetticher* MSchrKrim **98**, 354; *Laubenthal* ZStW **116** [2004] 703, 717 ff.; RA-BTag Prot. Nr. 93, S. 32 ff.; *Weigend* ebd. 21 f., 47 f.; zust. für den Bereich schwerer Sexualstraftaten aber *Schöch* ebd., 38 f. und NJW **98**, 1261; *Hammerschlag/Schwarz* NStZ **98**, 321). Die Vorschrift findet nur Anwendung, wenn der Täter eine der Taten iS von III S. 1 **nach dem 31. 1. 1998 begangen** hat (vgl. NStZ-RR **99**, 294; NStZ **05**, 265; zur Geltung des Rückwirkungsverbots auf die Maßregel vgl. BVerfG NJW **04**, 739, 744 ff.). Abweichend von I und II knüpft III – neben der allgemeinen Anknüpfung an Verbrechen – an *bestimmte* Anlass- und Vortaten an; über § 323 a können nach dem Wortlaut erstmals auch **Fahrlässigkeiten** die Anordnung der SV nach sich ziehen (bei zweimaligem fahrlässigen Vollrausch mit jeweils mit „natürlichem" Vorsatz begangenen Rauschtaten iS von III S. 1; zust. zu der umstr. Regelung *Milde* StraFo **06**, 217, 220 f.; LK-*Hanack* Nachtrag 6; abl. zB *Laubenthal* ZStW **116** [2004], 719; *S/S-Stree* 59 [idR vorsätzliche Berauschung erforderlich]). Anlasstaten nach III können neben Verbrechen auch die in S. 1 genannten Vergehen gegen die sexuelle Selbstbestimmung und die körperliche Unversehrtheit sowie entsprechende Rauschtaten sein.

15 **a) Nach III S. 1** ist die Anordnung von SV zulässig, wenn wegen **einer Anlasstat** eine Freiheitsstrafe von **mindestens 2 Jahren** verhängt wird. Für die Verhängung von Gesamtstrafe gilt oben 6. Es muss mindestens **eine Vorverurteilung** wegen einer oder mehrerer – nicht notwendig derselben – Katalogtat zur Freiheitsstrafe von mindestens 3 Jahren vorliegen. Eine *Einzel*strafe in dieser Höhe ist nach BGH **48**, 100 (krit. Anm. *Ullenbruch* NStZ **03**, 255) nicht vorausgesetzt (ebenso *S/S-Stree* 61; *Lackner/Kühl* 10 e; offen gel. noch von NStZ-RR **02**, 230 f.; **aA** LK-*Hanack* Nachtr. 8). Der BGH hat dies aus dem Wortlaut des III S. 1 abgeleitet, der anders als I Nr. 1, II und III S. 2 nicht eine „jeweils" in der genannten Höhe verhängte Einzelstrafe voraussetzt (ebd. 103). Als Vorverurteilung genügt danach eine **Gesamtfreiheitsstrafe** von wenigstens 3 Jahren jedenfalls dann, wenn ihr ausschließlich Katalogtaten zugrunde lagen. **Nicht ausreichend** ist dagegen eine Vorverurteilung zu einer Gesamtfreiheitsstrafe von 3 Jahren, in der nur eine niedrigere Einzelstrafe wegen einer Katalogtat neben mehreren weiteren Strafen wegen Nichtkatalogtaten enthalten sind (NStZ **05**, 88 f.). Überdies muss gegen den Täter wegen Katalogtaten mindestens 2 Jahre Freiheitsentzug vollzogen worden sein (S. 1, letzter HS, iVm I Nr. 2).

16 Der „zwischen" den beiden genannten Fällen liegende Fall, dass in einer Gesamtfreiheitsstrafe von *mehr* als 3 Jahren neben Einzelstrafen für andere Taten auch Einzelstrafen für **Katalogtaten** enthalten sind, aus denen eine Gesamtstrafe von 3 Jahren **hätte gebildet werden können,** ist noch nicht entschieden. Dem Anliegen des Gesetzgebers „widerspräche es, wenn als Anzeichen der Gefährlichkeit Strafen herangezogen werden könnten, deren Höhe nicht durch die Schwere der Tat, sondern durch eine Mehrzahl minder gewichtiger strafbarer Handlungen zu erklären ist" (NStZ **02**, 536 f. [zu Abs. I]). Diese Erwägung gilt im Grds. für *Abs. III nicht anders als für Abs. I.* Eine früher wegen Katalog- und anderen Taten verhängte Gesamtstrafe kann daher, in Anknüpfung an NStZ **05**, 88, jedenfalls dann **nicht ausreichen,** wenn **mehrere** wegen Katalogtaten verhängten Einzelstrafen schon in der Summe 3 Jahre nicht erreichten. Möglich erscheint dagegen die Anwendung des III S. 1 auf der Grundlage von BGH **48**, 100, wenn bei mehreren wegen Katalogtaten verhängten Einzelstrafen eine so

knapp unter der Grenze lag, dass eine Gesamtstrafe nur wegen der Katalogtaten schon rechnerisch (§ 54) die Grenze erreichen musste. In den **dazwischen** liegenden Fällen ist eine **restriktive** Auslegung geboten.

b) III S. 2 erlaubt die Anordnung von SV auch bei **erstmaliger Verurteilung,** und zwar abweichend von II schon bei Vorliegen von **zwei selbstständigen Taten,** wenn diese dem Katalog des S. 1 unterfallen, der Täter für jede der beiden Taten eine Freiheitsstrafe von mindestens 2 Jahren „verwirkt" hat und nun wegen einer oder beider Taten zu Freiheitsstrafe von mindestens 3 Jahren verurteilt wird (vgl. oben 10). Wie im Fall des Abs. II reicht es aus, wenn wenigstens eine der Symptomtaten im Erwachsenenalter begangen wurde (NStZ-RR **02**, 183). III S. 1 tritt daher für den Bereich der Katalogtaten neben I; III S. 2 tritt neben II, deren Vorschriften nicht verdrängt werden **(III S. 3)**. Liegen zwei Vorverurteilungen wegen Katalogtaten vor, so wird vielmehr III S. 1 von der obligatorischen Anordnung nach I verdrängt. **17**

S. 2 ist nach der Rspr des BGH nicht auf Fälle erstmaliger Verurteilung beschränkt. „Verwirkt" ist danach eine Strafe, wenn wegen der Tat eine Verurteilung bereits ergangen ist oder im Zusammenhang mit dem Verfahren, in welchem die Frage der SV zu entscheiden ist, ausgesprochen wird (NJW **99**, 3723, 3724; NStZ **06**, 156, 158; **07**, 212 f.). Eine der Taten, durch die Freiheitsstrafe von zwei Jahren „verwirkt" ist, kann somit schon abgeurteilt sein (so auch *Lackner/Kühl* 8 f., 10 d; unklar MK-*Ullenbruch* 240). Im Verhältnis von S. 2 zu S. 1 gilt insoweit das zum Verhältnis von II zu I Nr. 1 Ausgeführte (oben 8). Diese auf den Wortlaut abstellende Auslegung führt zu weiterer Unübersichtlichkeit; dass sie vom Gesetzgeber beabsichtigt und sachgerecht ist, ist eher zweifelhaft. **18**

Steht eine von zwei Katalogtaten in *Tateinheit* mit einer Nichtkatalogtat, so ist die Anwendbarkeit von § 66 III S. 2 namentlich dann problematisch, wenn insoweit auf eine Einzelstrafe von 2 Jahren oder knapp darüber erkannt wird. Der BGH (NJW **99**, 3723 [m. Anm. *Schöch* NStZ **00**, 138; Bespr. *Eisenberg/Schlüter* NJW **01**, 188]) hat hier angenommen, dass vom Tatrichter eine Darlegung, die Einzelstrafe von 2 Jahren wäre *auch ohne* Hinzutreten der Nichtkatalogtat verhängt worden, nicht verlangt werden kann. Voraussetzung ist in diesem Fall, dass im Übrigen die abgeurteilten Taten eine hinreichend sichere Grundlage für die Gefährlichkeitsprognose bilden; die Voraussetzungen des Abs. I Nr. 3 sind in diesem Fall besonders sorgfältig zu prüfen. Ob dies auch in solchen Fällen gelten kann, in denen die an der Strafgrenze von 2 Jahren liegende Einzelstrafe des Abs. III in Anwendung von § 52 II S. 1 dem Strafrahmen der Nichtkatalogtat entnommen ist, erscheint freilich nicht unzweifelhaft; jedenfalls dürfte es hier idR an der von NJW **99**, 3723 geforderten hinreichend sicheren Prognosegrundlage fehlen. Die Anwendung des III S. 2 ist auch bei einem Täter nicht ausgeschlossen, der das 21. Lebensjahr noch nicht wesentlich überschritten hat (NStZ-RR **01**, 13). **19**

D. Verjährungsregelung (Abs. IV, S. 3, 4). Die Berücksichtigung einer früheren Tat zur Begründung der formellen Voraussetzungen ist ausgeschlossen, wenn zwischen der Begehung der früheren Tat (dh Beendigung, bei Dauerstraftaten Ende der Strafbarkeit, bei echten Unterlassungsdelikten Ende der Handlungspflicht; vgl. § 8) und der folgenden Tat (dh ihrem strafbaren Beginn) mehr als *5 Jahre verstrichen sind. Die* **Tatzeiten** der Vorverurteilungen sind daher im Urteil festzustellen (Köln MDR **84**, 335). Auf den Zeitpunkt der Verurteilung und der Strafverbüßung kommt es nicht an (BGH **25**, 106; StV **85**, 503 L; 1 StR 503/85). Bei **Gesamtstrafe** kommt es auf den Begehungszeitpunkt der einzelnen Taten an, so dass diejenigen ausscheiden, für die Rückfallverjährung eingetreten ist (BGH **25**, 106). Die Vorschrift bezieht sich sowohl auf die Frist zwischen den jeweiligen Vortaten (I Nr. 1) als auch auf die zwischen der letzten Vortat und der neuen Tat (BGH **25**, 106); jedoch immer nur auf die Frist zwischen einer und der ihr folgenden Tat, wobei immer nur relevante Taten iS des I Nr. 1, 2 zu berücksichtigen sind (MDR/H **90**, 97; 1 StR 530/95; NStZ/D **90**, 225). Taten, die wegen Eintritts der **20**

sog. Rückfallverjährung (krit. zum Begriff BGH **49**, 25, 28) als Symptomtaten für die *formellen* Voraussetzungen des § 66 nicht mehr herangezogen werden dürfen, können im Rahmen der Beurteilungen des „Hanges“ iS von I Nr. 3 (unten 18) zur Gesamtwürdigung herangezogen werden (NStZ **99**, 502 f.; vgl. unten 26). Nach **§ 51 I BZRG** sind für Nr. 1 und 2 solche Taten nicht zu berücksichtigen, deren Eintragung im Zentralregister getilgt oder tilgungsreif ist (vgl. BGH **20**, 205).

21 In die Fünfjahresfirst wird nach **IV S. 4,** weil der Täter sich in dieser Zeit nicht in Freiheit bewähren kann (NJW **69**, 1678), die Zeit nicht eingerechnet, in der er sich auf behördliche, dh vor allem auf gerichtliche Anordnung in einer Anstalt befand (vgl. 3 zu § 120). Die Verwahrung braucht nicht in Beziehung zu den in I Nr. 1, 2 genannten Taten zu stehen; bei Verbüßung einer Gesamtstrafe ist es daher gleichgültig, ob und inwieweit sie sich auf eine Tat nach I Nr. 1, 2 bezieht. Die **Verwahrungszeiten** müssen genau festgestellt werden (NStZ **87**, 85; MDR/H **90**, 97). In Betracht kommt nicht nur Strafverbüßung, sondern auch Verbüßung von Ordnungshaft (zB nach §§ 51, 70 StPO), Erzwingungshaft nach § 96 OWiG oder Unterbringung im Maßregelvollzug; auch im Ausland (BGH **24**, 62; LK-*Hanack* 30); die Regelung des IV S. 4 setzt nicht voraus, dass die Verwahrung auf einem schuldhaften Verhalten des Täters beruhte. **Untersuchungshaft** ist daher auch dann als Verwahrungszeit anzusehen, wenn das Verfahren, in welchem sie verbüßt wurde, zum Freispruch oder zu einer Einstellung gem. § 170 II StPO führte und der Täter gem. § 2 I StrEG entschädigt wurde (BGH **49**, 25 [krit. Bespr. *Pollähne* StraFo **04**, 156; abl. Anm. *Böhm* StV **05**, 131), denn der gesetzlichen Regelung liegt in der Sache keine „Rückfall-Verschärfung“ zugrunde, sondern die nahe liegende Vermutung, dass eine in behördlicher Verwahrung befindliche Person unabhängig von dem Grund der Verwahrung deutlich geringere Möglichkeiten als in Freiheit hat, Straftatanreizen zu widerstehen. Hierdurch entsteht dem Täter kein unverhältnismäßiger Nachteil (and. aber LK-*Hanack* 40; NK-*Böllinger* 60); vielmehr wäre es ein ungerechtfertigter Vorteil, eine Zeitspanne, in welcher er sich gerade nicht in Freiheit bewähren konnte, so zu behandeln, als habe er dies getan (BGH **49**, 25, 28 f.). Die Gegenansicht würde überdies zu erheblichen praktischen Schwierigkeiten führen (Aussetzung des neuen Verfahrens bei laufendem Wiederaufnahmeantrag; vgl. auch MDR **69**, 855) und stünde in ersichtlichem Widerspruch zur Behandlung anderer Verwahrungsgründe. Als Verwahrzeit ist auch die Zeit einer planmäßig abgeschwächten Überwachung anzusehen, namentlich Freigang (NStZ **05**, 265, 266), Außenbeschäftigung und Ausgang, jedenfalls wenn tägliche Rückkehr des Verwahrten vorgesehen ist und kontrolliert wird (ebd.).

22 **E. Verurteilungen im Ausland (Abs. IV S. 5).** Gemeinsam für I bis III gilt nach IV S. 5, dass eine außerhalb des räumlichen Geltungsbereichs des StGB rechtskräftig abgeurteilte Tat iS von I Nr. 1, 2, II und III einer innerhalb dieses Bereichs abgeurteilten Tat gleichsteht, wenn sie nach dem Recht der BRep. eine vorsätzliche Straftat wäre (und die Aburteilung rechtsstaatlichen Grundsätzen entsprach).

23 **5) Materielle Voraussetzungen (I Nr. 3).** Gemeinsame materielle Voraussetzung für die Anordnung der SV ist nach I Nr. 3, dass der Täter infolge eines Hanges zu erheblichen Straftaten für die Allgemeinheit gefährlich ist.

24 **A. Hang.** Hang iS von I Nr. 3 ist nach Ansicht des **BVerfG** eine **„psychologische Tatsache“** (BVerfG NJW **06**, 3483, 3484 [2 BvR 226/06, Rn. 21), nach 2 StR 207/07 ein „eingeschliffener innerer Zustand“. Er wird vom BGH in stRspr definiert als eine „auf charakterlicher Anlage beruhende oder durch Übung erworbene *intensive Neigung* zu Rechtsbrüchen“ (vgl. NStZ **00**, 578; **02**, 537; **03**, 201; 310; **05**, 265; ebenso LK-*Hanack* 84 ff.; *Lackner/Kühl* 13; krit. NK-*Böllinger/Pollähne* 30 ff., 87 ff.; *Schreiber/Rosenau*, in: *Venzlaff/Foerster*, Psychiatrische Begutachtung, 2004, 53, 98, *Kinzig* NStZ **98**, 14). Seine Feststellung aufgrund zurückliegender Taten setzt voraus, dass diese sich nicht nur als Konflikts- oder Spontantaten darstellen (zur Erfassung von Gelegenheitstaten aber NJW **80**, 1055 [Bespr. *Hanack*

JR **80**, 340]; NStZ **94**, 280; NStZ-RR **07**, 107, 108), sondern auf einem „eingeschliffenen Verhaltensmuster" beruhen (NStZ **88**, 496; **95**, 178; wistra **88**, 304). Der Begriff des Hangs ist ein *Rechtsbegriff* (BGHR § 66 I Gefährlichkeit 3); die Feststellung des **Zustands** „Neigung zu Rechtsbrüchen" ist, obgleich § 246a StPO davon ausgeht und auch die Rspr an dem Postulat festhält (oben 2f.; vgl. auch BVerfG NJW **06**, 3438), im Grunde keine empirische Aufgabe, welche vollständig an einen *Sachverständigen* delegiert werden könnte (zutr. *Müller-Metz* StV **03**, 42, 44). In der Praxis fließen in seine Begründung *Schuld*gesichtspunkte (insb. Häufigkeit und Schwere des Rückfalls) ein (*Schüler-Springorum* MSchrKrim **89**, 147; auch *Weichert* StV **89**, 269; krit. LK-*Hanack* 4). Das **BVerfG** behandelt ihn als eines unter mehreren „limitierenden Merkmalen", welches in einer Art *Gesamtschau der Verhältnismäßigkeit*, in Abhängigkeit vom Gewicht sonstiger Indizien der Gefährlichkeit, festzustellen sei oder nicht (NJW **06**, 3438ff.; vgl. dazu 35 zu § 66b).

Die **Ursachen des Hangs** sind grds. unerheblich (vgl. BGH **24**, 160f.; NStZ **95**, 179; **99**, 502; **03**, 201f.; StV **95**, 300; MDR/H **89**, 682; **90**, 97; **94**, 761; BGHR § 66 I Hang 1; 2 StR 486/01; 2 StR 207/07; *Kinzig* [1a] 53ff. u. NStZ **98**, 14f.). Sie können in bewussten Entscheidungen liegen („Berufs"-Verbrecher; vgl. aber wistra **03**, 20, 22); in charakterlich verfestigten dissozialen oder rechtsfeindlichen **„Einstellungen";** auch in innerer Haltlosigkeit und Willensschwäche, aufgrund derer der Täter Versuchungen immer wieder nachgibt (BGH **24**, 160, 161; NStZ **99**, 502; **03**, 310; NStZ-RR **03**, 107; 2 StR 486/01); nach der Rspr des BGH auch in psychischen Dispositionen, die zugleich die Grundlage für eine erhebliche Einschränkung der Schuldfähigkeit sind (vgl. NStZ **03**, 310). **25**

Die **Feststellung** eines Hangs setzt nach stRspr eine **Gesamtwürdigung** voraus (vgl. etwa NStZ **05**, 265); dieser ist eine Beurteilung der Gesamtheit der die Persönlichkeit des Angeklagten prägenden Umstände einschließlich seiner psychischen Befindlichkeit zugrunde zu legen (NStZ **94**, 281; **05**, 265; BGHR § 66 I Hang 8; vgl. auch NStZ **03**, 310); nach BGH **50**, 188, 196 erfordert dies eine „umfassende Vergangenheitsbetrachtung". Zur Beurteilung heranzuziehen sind daher auch *nicht strafbare* Verhaltensweisen (vgl. etwa 2 StR 207/07 [*einvernehmliche* Sexualpraktiken]). Der Hang muss vom Täter nicht verschuldet sein. Die Feststellung von „Wertindifferenz", also mangelnder Gewissens-Ausbildung und moralischer Verankerung, belegt für sich allein noch keinen Hang (NStZ-RR **03**, 20, 22). **25a**

Die **Abgrenzung von Hang und Gefährlichkeit** ist umstritten (vgl. auch oben 2f.; *Hammerschlag/Schwarz* NStZ **98**, 322). Der Gesetzgeber hat zwischen beidem in neueren Gesetzen nur undeutlich unterschieden und dies auch ausdrücklich gar nicht für erforderlich gehalten (vgl. 5ff. zu § 66a). Für die Anordnung des Vorbehalts (§ 66a) und der nachträglichen Sicherungsverwahrung (§ 66b) wollte er auf die Feststellung eines Hangs ausdrücklich ganz verzichten (vgl. dazu aber BGH **50**, 188, 196; **50**, 121; 5b zu § 66a, 20f. zu § 66b), zugleich aber am Erfordernis der Gefährlichkeit festhalten; das würde voraussetzen, dass die Begriffe inhaltlich Unterschiedliches beschreiben. Der **BGH** hat an der Unterschiedlichkeit beider Voraussetzungen festgehalten (BGH **50**, 188, 196; teilw. anders aber **BVerfG** NJW **06**, 3483 (vgl. dazu 35 zu § 66b]). In der **Literatur** wird dem Merkmal des Hangs teilweise eine eigenständige Bedeutung abgesprochen (vgl. *Volckart*, Praxis der Kriminalprognose, 1997, 95; krit. *Müller-Metz* StV **03**, 42, 44; NK-*Böllinger/Pollähne* 87 [„ein Konstrukt, das nicht empirisch belegbar und im Sinne rationaler Theoriebildung erklärbar ist"]; **aA**, aber unklar *Ullenbruch* NJW **06**, 1377, 1383). **26**

Die Ansicht, „Hang" sei ein (empirisch feststellbarer) „Zustand" der Person, die Gefährlichkeit eine daran *anknüpfende* prognostische Bewertung (vgl. dazu oben 2f.), wird von der Rspr des **BGH** nicht grundsätzlich in Frage gestellt (BGH **50**, 188, 196; vgl. auch *Rissing-van Saan*, Nehm-FS [2006] 191, 199). Sie stützt sich dabei überwiegend auf die bloße Wiedergabe des aus dem Wortlaut von § 66 I Nr. 3 und § 67d III abzuleitenden Postulats selbst (vgl. etwa BGH **50**, 188, 196) und hat die **Kriterien**, nach denen die Abgrenzung vorgenommen werden soll, meist offen gelassen (vgl. zB 2 StR 486/01 [in BGHR § 72 Sicherungszweck 6 insoweit nicht **27** abgedr.]; NStZ **03**, 310 [Abgrenzung sei „schwer möglich"]). In vielen Entscheidungen des BGH stehen Beschreibungen des Hangs als *Ursache* und zugleich als *Wahrscheinlichkeit* der Begehung neuer Straftaten unverbunden nebeneinander (vgl. zB NStZ-RR **05**, 39); das Verhältnis von **Ursache und Wirkung** bleibt unklar: 2 StR 486/01 hat es als „Widerspruch" angesehen, Gefährlichkeit zu bejahen, einen „Hang" aber zu verneinen (ebenso 2 StR 207/07). In BGH **50**, 188, 196 heißt es, der Hang sei „ein wesentliches Kriterium der Prognose". Wenn ein Hang festgestellt sei, sei *regelmäßig* Gefährlichkeit iS § 66 gegeben; es seien aber auch Fälle denkbar, in denen dies nicht so ist (ebenso *Hanack* in LK 11. Aufl. 144; vgl. unten 28). Nach BGH **50**, 121, 132 *liegt es nahe*, aus der Bejahung von Gefährlichkeit, also einer hohen Wahrscheinlichkeit zukünftiger Taten, auf das Vorliegen eines „Hangs" zu schließen; nach BGH **50**, 188, 196 ist umgekehrt Gefährlichkeit regelmäßig gegeben, wenn ein Hang festgestellt ist (so auch NStZ **07**, 464); es wird somit teils vom Hang auf die Gefährlichkeit geschlossen, teils gerade umgekehrt von der Gefährlichkeit auf den Hang. Der Anwendung des Hang-Begriffs mangelt es insgesamt an Vorhersehbarkeit (vgl. die Untersuchung von *Kinzig* NStZ **98**, 14, 16 ff. [„weitgehend inhaltsleer"]; sehr krit. NK-*Böllinger/Pollähne* 78 [„niederschmetternde Willkür"]).

28 Die postulierte *einschränkende* Funktion für die Anordnung von SV hat das Erfordernis eines Hangs daher im praktischen Regelfall nicht. **Bedeutung** kann die Abgrenzung zur Gefährlichkeits-Prognose nur in Fällen gewinnen, in denen *äußere* Umstände oder Veränderungen der Bedingungen die Wahrscheinlichkeit zukünftiger Begehung von Straftaten bei fortbestehender innerer Disposition erheblich mindern: Auf den *inneren* „Hang" zur Begehung von Banküberfällen kommt es zB nicht an, wenn der Täter dauerhaft bettlägerig erkrankt ist. Die Nähe der Begriffe stellt somit auch die **Kompetenz-Abgrenzung** zwischen gerichtlicher (Hang) und sachverständiger (Gefährlichkeit) Feststellung in Frage, denn wenn ein *qualitativer* Unterschied zwischen Hang-Feststellung und Gefährlichkeits-Prognose in Wahrheit nicht begründet werden kann, weil der Hang ein „Kriterium" der Gefährlichkeit ist, so ist die Annahme, der Hang könne ohne Sachverständigen, die Gefährlichkeit aber nur mit einem Sachverständigen (§ 246 a StPO) festgestellt werden, ohne Sinn.

29 Die abgeurteilten Taten müssen nach stRspr. **Symptomcharakter** *sowohl* für den Hang *als auch* für die Gefährlichkeit des Täters haben (vgl. zB NStZ **03**, 107; NStZ-RR **07**, 10 f.). Nicht erforderlich ist, dass die Symptomtaten gleichartig sind oder dasselbe Rechtsgut verletzt haben; bei Straftaten ganz verschiedener Art bedarf die Feststellung ihres Symptomcharakters aber sorgfältiger Begründung (MDR/H **87**, 445; **96**, 881; NStZ-RR **98**, 6; **03**, 107; vgl. unten 29). Auch **Gelegenheitstaten** können Symptomtaten sein (NStZ-RR **06**, 105 [*5. StS*]; **07**, 10 f. [5. StS]; **07**, 107 [*4. StS*]); Voraussetzung ist auch nicht, dass sie in größerem zeitlichen Abstand oder gegen verschiedene Personen begangen wurden (vgl. 2 StR 207/07). Liegen Vorverurteilungen Taten nach § 176 IV Nr. 1 (§ 176 V a. F.), 183 zugrunde, so ist bei der Indizwirkung der Vorstrafen zu berücksichtigen, dass der Gesetzgeber bei der Sonderregelung des § 183 III, IV Nr. 2 iVm § 176 IV Nr. 1 davon ausgegangen ist, dass *allein* **exhibitionistische Handlungen,** auch vor Kindern, idR folgenlos sind und keine erhöhte Gefahr begründen (vgl. i. e. NStZ-RR **05**, 11, 12). Anders ist es, wenn die Taten, insb. auch in Verbindung mit der Anlasstat, eine ansteigende Intensität unter Überschreitung eines allein exhibitionistischen Verhaltens zeigen (ebd.).

30 Der Hang muss sich auf **erhebliche rechtswidrige Taten** richten. Die Auslegung dieses Begriffs (vgl. auch 12 zu § 63) hat sich, unter dem Blickwinkel des § 62, an den **Beispielen** in I Nr. 3 zu orientieren. Taten **leichter** Kriminalität, namentlich Bagatelltaten und Erscheinungsformen der Gemeinlästigkeit, scheiden aus (**zB** Ladendiebstahl; Beförderungserschleichung; Beleidigungen; Taten nach §§ 183, 183 a); gemeint sind vielmehr nur den Rechtsfrieden erheblich bedrohende Taten (BGH **24**, 162; NJW **68**, 1484; **71**, 1322; wistra **88**, 23; MDR/H **91**, 1020; NStZ **00**, 587 [Verkauf von BtM an erwachsene, bereits abhängige Abnehmer; Anm.

Neubacher NStZ **01**, 322; *Janssen* StV **00**, 617]; NStZ-RR **02**, 38; **03**, 73). Dies ist nicht allein am früher eingetretenen Erfolg zu messen (NStZ **86**, 165); ein „gewisser Anhaltspunkt" ergibt sich aus der formellen Voraussetzung einer Vorverurteilung zur Freiheitsstrafe von mindestens einem Jahr (NStZ-RR **03**, 73, 74). Bei der Annahme eines Hangs zu Taten der **mittleren Kriminalität** (zB Taten nach §§ 223; 243; 263) ist die Verhältnismäßigkeit der Anordnung kritisch zu prüfen (BGH **27**, 248; BGHR Gefährlichkeit 9; wistra **98**, 262); da der Gesetzgeber die Anordnung der Sicherungsverwahrung auf ganz schwere Fälle der Kriminalität beschränken wollte, ist insoweit eine **restriktive Auslegung** geboten (StV **05**, 129). **Vermögensdelikte** kommen als Grundlage der Anordnung nur dann in Betracht, wenn sie einen hohen Schweregrad aufweisen und den Rechtsfrieden empfindlich stören (StV **05**, 129). Die Erheblichkeit kann sich auch aus einer Vielzahl von Einzeltaten ergeben, wobei auch eine besonders hohe Rückfallgeschwindigkeit von Bedeutung sein kann (BGH **24**, 153, 155; NStZ-RR **03**, 73 f.; BGHR § 66 I Erheblichkeit 2). Bei Anordnung aufgrund rasch aufeinander folgender Taten in Fällen des Abs. II (und III) bedarf aber die Feststellung, dass jede einzelne Tat geeignet ist, einen verfestigten Hang zu belegen, uU besonderer Prüfung (NStZ **02**, 313 f.).

Erheblich sind nach der **1. Var.** Straftaten, durch welche die **Opfer seelisch** 31
oder körperlich schwer geschädigt werden. Schwere seelische Schädigungen kommen zB bei Sexualdelikten in Betracht (NJW **76**, 300), jedoch auch bei schweren Gewalttaten; körperliche Schädigungen vor allem bei Gewaltdelikten; es sind keine solchen iS von § 226 vorausgesetzt (MDR/D **72**, 16; LK-*Hanack* 133). Dass Schädigungen sicher voraussehbar sind, ist nicht erforderlich.

Die **2. Var.** nennt Taten, durch welche **schwerer wirtschaftlicher Schaden** 32
angerichtet wird. Die Rspr legt für die Beurteilung der „Schwere" einen *objektiven* Maßstab an (BGH **24**, 163; MDR/H **76**, 986; NStZ **84**, 309). Allein auf die absolute **Schadenshöhe** kann nicht abgestellt werden (NStZ-RR **02**, 38; StV **83**, 503); freilich erscheint es nicht zutreffend, die Beurteilung von dem Gesichtspunkt des „wirtschaftlichen" Schadens dahingehend zu lösen, dass die Erheblichkeit sich unabhängig von der Schadenshöhe aus der Hartnäckigkeit krimineller Lebensführung ergeben kann (2 StR 38/80), insbesondere aus Taten, die den Rechtsfrieden in besonders schwerwiegender Weise zu stören (Ber. 20; BGH **24**, 162; NStZ **88**, 496) und der Bevölkerung das Gefühl der Rechtssicherheit zu nehmen geeignet sind (Celle NJW **70**, 1200; krit. LK-*Hanack* 108, 142). Nr. 3 ist **zB bejaht** worden bei Straßenraub (Ber. 20), bei Taten nach § 316 a (NStZ **86**, 165); bei nächtlichen Wohnungseinbrüchen (NJW **80**, 1055, hiergegen *Frommel* NJW **81**, 1084); bei Kraftfahrzeugdiebstählen (NStZ **88**, 496; Celle NJW **70**, 1200); bei Einbruchsdiebstählen (wistra **88**, 23); bei Wohnungseinbrüchen zur Begehung gewerbsmäßiger Diebstähle gegen alte und gebrechliche Personen bei Inkaufnahme körperlicher Konfrontation (NStZ-RR **02**, 38). Schwerer wirtschaftlicher Schaden kann nach hM auch aus einer aus dem Hang sich ergebenden Vielzahl von Taten zu erwarten sein (BGH **24**, 153; NStZ **84**, 309; *S/S-Stree* 40; krit. LK-*Hanack* 110 ff.; **aA** SK-*Horn* 16).

B. Prognose. Aus dem Hang (vgl. aber oben 27 f.) muss sich eine **ungünstige** 33
Prognose ergeben, nämlich die **Erwartung** (dh die bestimmte Wahrscheinlichkeit, BGH **25**, 61; NStZ-RR **03**, 108, 109), dass von dem Täter weitere erhebliche rechtswidrige Taten (19 ff.) ernsthaft (JR **68**, 430) zu erwarten sind und er deshalb **für die Allgemeinheit gefährlich** ist (zur Prognose-Methodik sowie zur *Verantwortung* zutr. *Müller-Metz* StV **03**, 42, 45). Diese Beurteilung ist keine allein *empirische*: Wäre sie es, so müsste eine Vielzahl tatrichterlicher Feststellungen hierzu als rechtsfehlerhaft angesehen werden, weil sie weder empirische Grundlagen noch überhaupt die *Methodik* der Prognose-Stellung offen legen (sehr krit. NK-*Böllinger/Pollähne* 111). Die Prognosestellung kann daher nicht in vollem Umfang auf einen Sachverständigen delegiert werden (so auch BGH **50**, 188, 194). Erforderlich ist vielmehr eine *rechtliche* **Gesamtbewertung der Persönlichkeit** des Angeklagten,

der Symptom- und Anlasstaten unter Einbeziehung aller objektiven und subjektiven Umstände, aus welchen sich Anhaltspunkte für die Beurteilung der Gefährlichkeit ergeben (vgl. auch BVerfGE **109**, 133 = NJW **04**, 739 [2 BvR 2029/01], Rn. 120ff.; BGH **45**, 164, 178f.; NStZ-RR **05**, 39; **05**, 232, 233f.).

34 **a)** Bei der Beurteilung spielt **zB** der zeitliche Abstand früherer Taten eine Rolle (5 StR 772/82; vgl. NStZ **02**, 313; NStZ-RR **03**, 108f.); aber auch, ob etwa mit sorgfältig geplanter oder raffinierter Tatausführung zu rechnen ist, die das Gelingen der Taten wahrscheinlich macht. Eine „extrem hohe" Gefahr künftiger Tatbegehung braucht nicht gegeben zu sein (wistra **88**, 23; LK-*Hanack* 145); andererseits reicht zur Begründung idR nicht schon die Feststellung, die Wahrscheinlichkeit gehe „deutlich über das zufällig Maß hinaus" (NStZ-RR **03**, 108f.). Eine nahe liegende Gefahr künftiger Übergriffe gegenüber Menschen im sozialen Nahbereich genügt (NStE Nr. 13). Die bloße Möglichkeit künftiger Besserung (BGH **1**, 66; GA **66**, 181; NJW **68**, 997) oder eine Hoffnung darauf (NStZ **90**, 335) räumen die Gefahr nicht aus (and. *Schöch* NStZ **00**, 139f.). Bei Tätern, die das 21. Lebensjahr noch nicht wesentlich überschritten haben, bedarf die Gefährlichkeitsprognose besonderer Prüfung (NStZ **89**, 67; für Heranwachsende vgl. auch § 106 III S. 2 Nr. 3 JGG [zu § 66a])). Die Gefahr kann entfallen, wenn in der Person (Lebensalter; Krankheit; vgl. BGH **5**, 350) oder den Verhältnissen des Täters (Heirat, Aufnahme in einer Familie, Alter oder langjähriger Strafvollzug, NStZ **88**, 496) seit der Tat **Änderungen** eingetreten sind (StV **81**, 622; 5 StR 482/82); solche neuen Umstände müssen feststehen (NStE Nr. 11; MDR/H **90**, 97; **93**, 7). Eine indizielle Verwertung **getilgter** oder tilgungsreifer **Vorstrafen** zu Lasten des Angeklagten ist unzulässig; § 51 I BZRG gilt auch bei der Anordnung von Maßregeln (BGH **25**, 100; vgl. auch BGH **27**, 108, 109; BGHR BZRG § 51 Verwertungsverbot 7).

35 **b)** Der Täter muss **für die Allgemeinheit** gefährlich sein. Das ist dahin zu verstehen (Ber. 20), dass auch der *Einzelne* als Mitglied der Allgemeinheit anzusehen ist, wenn ihm schwere Schädigung droht (vgl. NStZ **07**, 464f.); lässt sich dies allerdings durch Änderung der Beziehungen zwischen Täter und Opfer abwenden, so ist keine Gefahr für die Allgemeinheit gegeben; sie scheidet auch bei Gefahr bloßer wirtschaftlicher Schäden für einen einzelnen in aller Regel aus.

36 **c)** Maßgebender **Zeitpunkt** für die Gefährlichkeitsprognose ist derjenige der **Aburteilung** (BGH **24**, 164; **25**, 61; NJW **65**, 2840; NStZ **85**, 261; **88**, 496, **89**, 67; **90**, 335; **07**, 401; NStZ-RR **98**, 206; **99**, 301; **05**, 337; MDR/H **89**, 682; 1 StR 271/94; 1 StR 295/95; 1 StR 443/00; 1 StR 102/03; stRspr). Maßgebend ist, ob nach dem *derzeitigen* Persönlichkeitsbild des Täters (14 zu § 63) zu erwarten ist, dass er nach der Strafverbüßung (nicht: im Fall des Entweichens; StV **81**, 71) die Freiheit zu neuen Straftaten missbrauchen wird (NStZ/M **81**, 428; BGHR § 66 II Ermessensentsch 6). Gleichwohl darf der Tatrichter jedenfalls bei **Ermessens**-Entscheidungen nach Abs. II oder III S. 2 (NStZ-RR **99**, 301; BGHR § 66 II Ermessententsch 6) die voraussichtlichen Wirkungen eines **bevorstehenden langjährigen Strafvollzugs** berücksichtigen, soweit dieser eine Haltungsänderung erwarten lässt (NStZ **02**, 30f.; **05**, 211; BGHR § 66 II Ermessensentsch. 6; Gefährlichkeit 1; 1 StR 532/99; 1 StR 576/94); ebenso das hohe Alter des Angeklagten nach der Strafverbüßung (BGHR § 66 II Ermessensentsch. 3, 4, 5; NStZ **96**, 331f.; StV **96**, 541; 5 StR 121/96 [insoweit in BGH **42**, 191 nicht abgedr.]). Dabei kommt dem Alter zum Zeitpunkt der Haftentlassung nicht schon als solches ein erhebliches Gewicht zu (vgl. NStZ **02**, 31; 1 StR 377/00); es ist vielmehr im Zusammenhang der *konkreten* Prognose zu berücksichtigen. Denkbare, aber nur *erhoffte* positive Veränderungen im Strafvollzug bleiben regelmäßig der obligatorischen Prüfung gem. § 67c I an deren Ende vorbehalten, ob die Unterbringung noch erforderlich ist (NStZ-RR **05**, 337; MK-*Ullenbruch* 135). Daher reicht die nicht nur theoretische Möglichkeit, der Angeklagte werde während der Strafhaft eine Psychotherapie erfolgreich durchstehen, zur Widerlegung einer negativen Gefährlichkeitsprognose nicht aus (NStZ **07**, 401). Bei **obligatorischer** Anordnung nach I können das

Lebensalter bei Entlassung und die Wirkungen des Strafvollzugs allenfalls dann Bedeutung gewinnen, wenn die *Gewissheit* besteht, dass bei Strafende eine weitere Gefährlichkeit nicht mehr bestehen wird. Dies spricht dann aber nicht für eine Aussetzung nach § 67b, sondern schon gegen die Anordnung (NStZ **93**, 78; NStZ-RR **05**, 337; *Lackner/Kühl* 15).

d) Für die Gefährlichkeitsprognose kommt es auf das Ergebnis einer **Gesamtwürdigung** des Täters und seiner Taten an (NStZ **95**, 178; **01**, 595f.; NStZ-RR **05**, 39; **05**, 232, 233f.), die sich einer generell abstrakten Beurteilung entzieht und daher für das Revisionsgericht nur in begrenztem Umfang nachprüfbar ist (StV **81**, 621; **82**, 114; BGHR § 66 Darstellung 2; zu empirischen Grundlagen der Prognose vgl. *Kinzig* [1a] 79ff., 349ff.; bedenkenswerte Hinweise zu Verlässlichkeit und Anwendungspraxis **Score**-gestützter Prognosen bei *Bock* StV **07**, 269, 274f.). Da die SV nach Änderung von § 67d durch das SexualdelBekG auch bei der ersten Anordnung grds unbefristet ist, kommt der Beachtung des **Verhältnismäßigkeitsgrundsatzes** besondere Bedeutung zu (vgl. BVerfGE **109**, 133 [= NJW **04**, 739] mwN). Das Gericht hat die Persönlichkeit des Täters mit allen kriminologisch wichtigen Tatsachen einschließlich der sonstigen Vorstrafen und Vortaten (auch nach Verjährung, NStZ **83**, 71; **99**, 502f.; LK-*Hanack* 42; vgl. oben 14f.) aufzuklären, auch wenn der Angeklagte von seinem Schweigerecht Gebrauch macht (BGHR § 66 Darst. 1). Der Aufgabe einer umfassenden Würdigung der Persönlichkeit des Angeklagten und seiner Taten ist das Gericht nicht deshalb enthoben, weil sich der Sachverständige aufgrund eines hohen Widerstands des Beschuldigten oder der Unzuverlässigkeit von dessen Angaben an einer eindeutigen Diagnose gehindert sieht (NStZ-RR **05**, 232, 233f.). 37

Hinzu kommt die **wertende Würdigung** der abzuurteilenden Anlasstaten und der Symptomtaten. Gerade sie müssen in Verbindung mit der Würdigung des Täters, die auch die Heranziehung seiner sonstigen Vorstrafen zulässt (NStZ **90**, 335), für die Gefährlichkeit des Täters maßgebend sein (BGH **21**, 263; **24**, 153; 244; NJW **71**, 1322; 1416; MDR/H **77**, 106; NStZ **84**, 309; NStZ-RR **96**, 197); im Fall des III S. 2 sind die Anlasstaten daraufhin zu würdigen, ob aus ihnen bereits auf einen Hang iS von I Nr. 3 geschlossen werden kann (NStZ-RR **01**, 13). Auch Taten sehr unterschiedlicher Art (zB Tötungs- und Vermögensdelikte) können uU Symptomtaten sein; es kommt darauf an, ob sie eine gemeinsame Wurzel in dem Hang des Täters haben (NStZ-RR **98**, 6; 4 StR 376/93; vgl. aber oben 18a). **Für die Gefährlichkeit** können **zB** sprechen: hohe Rückfallgeschwindigkeit (3 StR 437/77); Rückfall trotz günstiger Arbeitsgelegenheit; kontinuierliche Steigerung der Intensität und Gefährlichkeit begangener Taten (NJW **99**, 3723 [Anm. *Heinz* NStZ **00**, 138; *Eisenberg* NJW **01**, 188]; 5 StR 149/99); wiederholte Rückkehr in ein kriminogenes Milieu; Beteiligung an kriminellen Vereinigungen; Wirkungslosigkeit von Freiheitsstrafen; Einsichtslosigkeit (VRS **34**, 347); auch Persönlichkeitsmerkmale, welche die Voraussetzungen einer schweren seelischen Abartigkeit erfüllen (**zB** Merkmale einer „dissozialen Persönlichkeitsstörung" [vgl. die Nachw. 11 zu § 63], wie geringe Frustrationstolerenz, Unfähigkeit zur Verinnerlichung sozialer Normen, zum Aufschub von Bedürfnisbefriedigung und zur Übernahme von Verantwortung für eigene Fehler, usw., Fehlen von Empathie-Fähigkeit). Aus zulässigem Verteidigungsverhalten dürfen idR keine negativen Schlüsse im Hinblick auf die Prognose gezogen werden (NJW **92**, 3247); so kann zu Lasten eines die Tat bestreitenden Angeklagten nicht gewertet werden, dass er sich mit seiner Tat „nicht auseinandersetzt" (2 StR 555/99); ebenso wenig idR abwehrende Reaktionen des Angeklagten auf Zeugenaussagen (vgl. NStZ **01**, 595f.) oder „fehlende Schuldeinsicht" bei einem bestreitendem Täter (StV **02**, 19; BGHR § 46 II Nachtatverhalten 4, 24). Auszuscheiden sind solche Taten, die nicht als symptomatisch angesehen werden können, etwa solche, die in einem ungewöhnlichen Affekt oder in einer sonstigen Ausnahmesituation (2 StR 554/69) oder auf Drängen eines verdeckten Ermittlers (BGHR § 66 I Hang 9) begangen wurden. 38

39 **6) Anordnung der Sicherungsverwahrung.** Liegen die Voraussetzungen des **Abs. I** vor und steht § 72 I nicht entgegen, so **muss** das Gericht die SV anordnen (vgl. NJW **68**, 997; **80**, 1056). Die Maßregel ist auch dann (nochmals) anzuordnen, wenn sie schon durch ein früheres Urteil angeordnet war (NJW **95**, 3263 [m. Anm. *Dölling* StV **96**, 542]; LK-*Hanack* 170), aber noch nicht (oder noch nicht vollständig) vollstreckt ist (NStZ-RR **98**, 135). Allerdings kommt hier der Beachtung des Verhältnismäßigkeitsgrundsatzes besondere Bedeutung zu (StV **00**, 258). Zum **Verhältnis zur nachträglichen SV** vgl. 19 zu § 66b; zu **§ 63** vgl. BGHR § 72 Sicherungszweck 1, 6; 24 zu § 63; 2a zu § 72.

40 In den Fällen von **Abs. II und III** trifft der Richter eine **Ermessensentscheidung** (BGH **24**, 348; StV **96**, 541; NStZ **03**, 310f.); hat er sich rechtsirrig für iS des Abs. I gebunden gehalten, so kann das Revisionsgericht die unterlassene Ermessensentscheidung nicht ersetzen (NStZ-RR **04**, 12; 3 StR 272/04; 2 StR 486/06). Der Tatrichter ist an die Wert- und Zweckvorstellungen des Gesetzes gebunden (NStZ **85**, 261; 1 StR 194/85; vgl. auch BVerfGE **109**, 133 [2 BvR 2029/01], Rn. 100, 192). Obwohl vor dem Ende des Strafvollzuges ohnehin eine Gefährlichkeitsprüfung stattfindet (§ 67c I), hat der Tatrichter stets zu prüfen, ob die Anordnung angesichts der Strafhöhe unerlässlich ist (NStZ **96**, 331; Ber. 21). Bei der Ermessensentscheidung sind auch die Wirkungen eines langjährigen Strafvollzugs und die mit dem Fortschreiten des Lebensalters erfahrungsgemäß eintretenden Haltungsänderungen zu berücksichtigen (NStZ **84**, 309; **85**, 261; **89**, 67; **96**, 331; **04**, 438, 439; NStZ/M **82**, 456; BGHR § 66 II Ermessensentscheidung 3, 6; vgl. LK-*Hanack* 173; *S/S-Stree* 57).

41 Die formellen und materiellen Voraussetzungen der Maßregelanordnung sind in den Urteilsgründen darzulegen. Eine verfahrensrechtliche **Begründungspflicht** ergibt sich aus § 267 VI S. 1 StPO (zu den Anforderungen vgl. NStZ-RR **01**, 103f.). Darüber hinaus ist das Tatgericht jedoch aus *sachlich-rechtlichen* Gründen verpflichtet, seine Entscheidung zu begründen, wenn die formellen Voraussetzungen des II oder III vorliegen und die Feststellungen die Annahme eines Hanges iS von I Nr. 3 nahe legen (NJW **99**, 2606 [m. Anm. *Schöch* JR **00**, 208]; NStZ **96**, 331; NStZ-RR **96**, 196; BGHR § 66 II Ermessentsch. 2, 4, 5; 3 StR 488/01). Die Prognose ist vom Revisionsgericht nur in begrenztem Umfang nachprüfbar (StV **81**, 621; 1 StR 295/95; 1 StR 443/00).

42 **7) Verfahrensrechtliche Hinweise.** Die Anhörung eines **Sachverständigen** ist vorgeschrieben (§§ 80a, 246a StPO; hierzu 2 StR 355/93); zu Auswahl und Anforderungen vgl. *Feltes* StV **00**, 281ff.; *Müller-Metz* StV **03**, 42ff. Das Gericht darf sich nicht mit einem uU auf eingeschränkter Tatsachengrundlage zustande gekommenes Gutachten begnügen, sondern ist zu eigener und ggf. weiter gehender Aufklärung verpflichtet (vgl. NStZ-RR **05**, 232, 233f.). Zur Notwendigkeit eines Hinweises nach § 265 II StPO: 4 StR 584/93. Die Große StVK ist im Verfahren über die **Aussetzung** zuständig (§ 78b I Nr. 1 GVG), und zwar, falls *mehrere* Sicherungsverwahrungen angeordnet sind und vollzogen werden, nur *eine,* nämlich die, in deren Bezirk die Vollzugsanstalt liegt, in der die Sicherungsverwahrung vollzogen wird (§§ 462a, 463 StPO; § 78a GVG; NJW **95**, 3263). Zum Verfahren bei der **Prüfung der Fortdauer der Unterbringung** (§§ 67d III, 67e I) vgl. § 463 III iVm § 454 II StPO und 8 zu § 67d; zu den **Fristen** der Überprüfung § 67e I (zur Fristversäumung vgl. BVerfG NStZ-RR **05**, 92). **Beschränkung eines Rechtsmittels** auf die Anordnung der Maßregel ist möglich, wenn zwischen ihr und der verhängten Strafe ersichtlich kein untrennbarer Zusammenhang besteht (BGH **7**, 101; NJW **68**, 998; Bay NJW **55**, 353; *Hennke* GA **56**, 41). Hat der Tatrichter SV zu Unrecht abgelehnt, so hat das Revisionsgericht den gesamten Rechtsfolgenausspruch aufzuheben, da idR nicht auszuschließen ist, dass die Strafen bei Anordnung der SV niedriger ausgefallen wären (NStE Nr. 13); im Einzelfall kann eine Abhängigkeit zwischen Strafe und Maßregel ausgeschlossen sein (NJW **96**, 329; NStZ **94**, 281; 1 StR 576/94; vgl. 4 StR 404/95; 4 StR 17/98).

Vorbehalt der Unterbringung in der Sicherungsverwahrung

66a **I Ist bei der Verurteilung wegen einer der in § 66 Abs. 3 Satz 1 genannten Straftaten nicht mit hinreichender Sicherheit feststellbar, ob der Täter für die Allgemeinheit im Sinne von § 66 Abs. 1 Nr. 3 gefährlich ist, so kann das Gericht die Anordnung der Sicherungsverwah-**

rung vorbehalten, wenn die übrigen Voraussetzungen des § 66 Abs. 3 erfüllt sind.

II Über die Anordnung der Sicherungsverwahrung entscheidet das Gericht spätestens sechs Monate vor dem Zeitpunkt, ab dem eine Aussetzung der Vollstreckung des Strafrestes zur Bewährung nach § 57 Abs. 1 Satz 1 Nr. 1, § 57 a Abs. 1 Satz 1 Nr. 1, auch in Verbindung mit § 454 b Abs. 3 der Strafprozessordnung, möglich ist. Es ordnet die Sicherungsverwahrung an, wenn die Gesamtwürdigung des Verurteilten, seiner Taten und seiner Entwicklung während des Strafvollzuges ergibt, dass von ihm erhebliche Straftaten zu erwarten sind, durch welche die Opfer seelisch oder körperlich schwer geschädigt werden.

III Die Entscheidung über die Aussetzung der Vollstreckung des Strafrestes zur Bewährung darf erst nach Rechtskraft der Entscheidung nach Absatz 2 Satz 1 ergehen. Dies gilt nicht, wenn die Voraussetzungen des § 57 Abs. 2 Nr. 2 offensichtlich nicht vorliegen.

1) Allgemeines. Die Vorschrift idF des G zur Einführung der vorbehaltenen Sicherungsverwahrung v. 21. 8. 2002 (BGBl. I 3344; vgl. dazu 1 zu § 66) beruht auf dem GesE SPD/B90/GR, BT-Drs. 14/8586 (Ber.: 14/9264). Zur Gesetzgebungsgeschichte, namentlich im Zusammenhang mit Regelungen zur nachträglichen SV, vgl. auch die Darstellung in BVerfG, BvR 834/02 v. 10. 2. 2004, BVerfGE **109**, 190 = NJW **04**, 750. Art. 5 Nr. 3 des G v. 27. 12. 2003 (BGBl. I 3007; vgl. dazu 3 f. vor § 174) hat die Anwendbarkeit auf **Heranwachsende** begründet (unten 3 a; vgl. auch Art. 1 a EGStGB-Anh. 1). 1

Literatur: *Alex*, Sozialtherapie unter den Bedingungen der Gesetzesverschärfungen seit 1998 unter besonderer Berücksichtigung von vorbehaltener und nachträglicher Sicherungsverwahrung, StV **06**, 105; *Kinzig*, Das Gesetz zur Einführung der vorbehaltenen Sicherungsverwahrung, NJW **02**, 3204; *Rzepka*, Sicherheits- statt Rechtsstaat – Überblick und Anmerkungen zu bundes- und landesrechtlichen Konzepten einer nachträglichen Sicherungsverwahrung, R&P **03**, 127; 191; *Wolf*, Vorbehaltene und nachträgliche Sicherungsverwahrung, RPfleger **04**, 665. Vgl. auch 1 a zu § 66 b. 1 a

2) Kriminalpolitische Bedeutung. Der (seit jeher bekannte) Umstand, dass Straftäter durch die Verbüßung einer Freiheitsstrafe nicht zwingend und noch nicht einmal regelmäßig „gebessert" werden, gilt *rechtspolitisch* seit Ende der 90er Jahre als „unerträglich", weil er im Einzelfall dazu führen kann, dass Verurteilte nach Vollstreckung der Strafe in Freiheit zu setzen sind, obgleich prognostische Erwägungen sie als *gefährlich* erweisen. Die Sicherung der Rechtsgemeinschaft vor den von solchen Personen ausgehenden Gefahren, dh **Verhütung zukünftiger Straftaten**, wird, ausgehend von spektakulären Einzelfällen, nun als vordringliche Aufgabe des *Straf*rechts angesehen. Die Regelung des § 66 a, deren Einfügung 2002 wohl als rechtspolitischer „Kompromiss" im Hinblick auf die kontrovers diskutierte Frage der Gesetzgebungszuständigkeit zu verstehen war, verwischt die rechtsstaatliche Abgrenzung zwischen Prävention (Polizeirecht) und Repression (Strafrecht). Hieraus folgen besondere Probleme der Legitimation und der Bestimmung der Anwendungsvoraussetzungen. Dass die Anordnung langjährigen Freiheitsentzugs noch als **Rechtsfolge** gelten kann, welche „aus Anlass" einer bestimmten Straftat verhängt wird, wenn sie aufgrund „der Entwicklung während des Strafvollzuges" erfolgt, ist nicht unzweifelhaft (vgl. aber EGMR EuGRZ **84**, 6; BVerfG, BvR 834/02, Rn. 108 ff.); *wenn* dies so ist, stellt sich die Frage, ob die *nachträgliche* Verhängung der (weiteren) Sanktion für dieselbe Tat mit dem **Verbot der Doppelbestrafung** vereinbar ist (vgl. *Kinzig* NJW **02**, 3204, 3206; zur Kritik auch NK-*Böllinger/Pollähne* 5 ff.). Dass die Regelung mit der **Verfassung** nicht vereinbar sei, kann aber im Hinblick auf die Entscheidung BVerfGE **109**, 190 (= NJW **04**, 750) kaum angenommen werden (vgl. dazu 3 zu § 66 b). 2

Sie ist freilich **unzweckmäßig:** Im Fall der Verhängung **lebenslanger Freiheitsstrafe** wäre eine gleichzeitige Anordnung eines Vorbehalts nach § 66 a widersinnig, denn § 57 a verbietet schon jetzt eine Aussetzung bei negativer Prognose; trotz formeller Selbständigkeit kann schwerlich in enger zeitlicher Folge (vgl. KK-*Fischer* 49 zu § 454 StPO) eine Reststrafen- 2 a aussetzung und die nachträgliche Anordnung der SV angeordnet werden. Bei Verhängung **zeitiger Freiheitsstrafe** führt die Regelung zu einer bedenklichen *Flexibilisierung* in einem Bereich, in welchem der Tatrichter sich *entscheiden* müsste: Wenn die **formellen** Voraussetzungen des § 66 III erfüllt sind und ein **Hang** iS von § 66 I Nr. 3 festgestellt ist (vgl. unten 5), so drängt es sich (mangels hellseherischer Fähigkeiten) für den Tatrichter geradezu auf, „vorsichtshalber" *nicht hinreichend* davon überzeugt zu sein, dass der Täter sich *nicht* irgendwann als gefährlich erweisen wird. Die Begründungspflicht des § 267 VI S. 1 StPO führt bei Ablehnung eines auf Anordnung des Vorbehalts zielenden Antrags zu einer Art „Verantwortungs-Umkehr": Der Tatrichter muss im einzelnen begründen, warum er die *zukünftige* Entwicklung einer Gefährlichkeit mit Sicherheit ausschließen kann; eine Fehlprognose wird man ihm ggf. noch nach einem Jahrzehnt als „Versagen" anlasten. Entscheidet er sich dagegen dafür, unsicher zu sein, so ist er auf der sicheren Seite. § 66 a könnte daher zur Entlastung von Verantwortung durch unverbindliche (!) Androhung der Unterbringung gegen *möglicherweise* gefährliche Täter missbraucht werden. Nach Einführung der Anordnungsmöglichkeit nach **§ 66 b** wird nach bisheriger Beobachtung der Vorbehalt nach § 66 a in der Praxis allerdings nur in **Ausnahmefällen** angeordnet (vgl. *Römer* JR **06**, 5: „ohne jede praktische Relevanz"; für eine „deutliche Ausweitung" der Anwendung *Rau/Zschieschack* JR **06**, 477, 479). Dazu mag auch die Erwägung beitragen, dass im **Strafvollzug** die Anordnung eines Vorbehalts oft mehr Probleme schaffen als lösen dürfte.

3 **3) Formelle Voraussetzungen.** Die Anordnung des Vorbehalts kann nur „bei der Verurteilung" wegen einer Tat nach § 66 III S. 1, also entweder eines Verbrechens oder eines dort genannten Vergehens erfolgen; es handelt sich um eine **tatrichterliche Entscheidung,** die nur zusammen mit der Aburteilung der Anlasstat getroffen werden kann (zum Verfahren vgl. §§ 246 a S. 1, 267 VI S. 1, 268 d StPO). Der Vorbehalt kommt sowohl bei Verurteilungen nach § 66 III S. 1 als auch bei solchen nach § 66 III S. 2 in Betracht (RegE 9); eine Anknüpfung an Verurteilungen nach § 66 I oder II (über § 66 III S. 3) ist ausgeschlossen, wenn nicht die Anlasstat eine solche nach § 66 III ist. Bei Verhängung **lebenslanger Freiheitsstrafe** ist der Sinn einer Anordnung im Hinblick auf § 57 a I Nr. 3 iV mit § 57 I Nr. 2 schwer zu erkennen (vgl. oben 2 b).

3 a Da nach I die **übrigen Voraussetzungen** des § 66 III erfüllt sein müssen, ist in vollem Umfang auf die formellen Voraussetzungen des § 66 III S. 1 und S. 2 verwiesen (vgl. dazu 14 ff. zu § 66). Eine Anordnung des Vorbehalts gegen **Heranwachsende,** die nach Erwachsenenstrafrecht beurteilt werden, ist nach § 106 III S. 2 und 3 JGG (Anh 3) zulässig (vgl. auch Art. 1 a III EGStGB; Anh. 1; zu Vorschlägen der gesetzlichen Ausweitung vgl. Nachw. in 1 zu § 66 b).

4 **4) Materielle Voraussetzungen.** Nach Abs. I müssen „die übrigen Voraussetzungen" des § 66 III erfüllt sein. Dies verweist insb. auch auf **§ 66 I Nr. 3** mit Ausnahme der Feststellung der Gefährlichkeit für die Allgemeinheit. Hieraus ergibt sich auch das **Verhältnis zu § 66** im Sinne eines Ausschließlichkeitsverhältnisses: Vorrangig ist stets § 66 zu prüfen (vgl. auch StV **06**, 63., 64). Erst wenn die für eine Anordnung nach § 66 erforderliche Gefährlichkeit des Täters nicht sicher festgestellt werden kann, kommt eine Vorbehaltsanordnung nach § 66 a in Betracht (BGH **50**, 188, 193 [= NJW **05**, 3155; Anm. *Renzikowski* NStZ **06**, 280]).

5 **a)** Es muss ein **Hang** iS von § 66 I Nr. 3 mit Sicherheit festgestellt sein (dazu 24 ff. zu § 66); sein Vorliegen darf nicht ungewiss sein (so auch BGH **50**, 188, 194 ff. [= NJW **05**, 3155, 3156 f.; Anm. *Renzikowski* NStZ **06**, 280]; *Müller-Metz* StV **03**, 42, 49; krit. *S/S-Stree* 3; **aA** Kindhäuser LPK 4). Für das Erfordernis dieser Feststellung spricht schon der insoweit eindeutige Wortlaut (BGH **50**, 188, 195). Nach Ansicht des *Gesetzgebers* (RegE 7, 10) sollte allerdings die Anordnung des Vorbehalts (gerade) auch dann zulässig sein, wenn ein Hang „nicht sicher festgestellt, aber auch nicht ausgeschlossen" werden kann. Da auch Abs. II die (nachträgliche) Feststellung eines Hangs nicht vorsieht (vgl. dazu RegE 12 f.), könnte danach Sicherungsverwahrung angeordnet werden, ohne dass jemals ein Gericht einen Hang iS von § 66 I Nr. 3 festgestellt hat. Der BGH ist dem entgegen getreten (BGH **50**, 188, 194 f.).

5 a In den genannten Gesetzesmaterialien spiegelt sich die **Unklarheit** der Abgrenzung zwischen Hang-Feststellung und Gefährlichkeits-Prognose (vgl. 26 f. zu § 66). Hinter dieser

Unklarheit verbirgt sich aber auch die konstruktive Schwäche des § 66 a: Wenn „Hang" und „Gefährlichkeit" *in der Sache* gar nicht zu unterscheiden wären und § 66 a voraussetzt, dass eine (sichere) Feststellung der Gefährlichkeit zum Zeitpunkt des Urteils nicht möglich ist, dann verliert die Maßregelanordnung ihren behaupteten Charakter als *Rechtsfolge der Anlasstat* (RegE 12). Als Verhängung von (ggf. lebenslangem) Freiheitsentzugs *bei Gelegenheit* der Vollstreckung einer Strafe wäre sie aber mit dem strafrechtlichen **Schuldprinzip** nicht vereinbar (vgl. auch *Kinzig* NJW **02**, 3204, 3207 f.; and. i. E. aber BVerfG NJW **04**, 750 = BVerfGE **109**, 190).

b) Voraussetzung des Vorbehalts ist, dass die von § 66 I Nr. 3 vorausgesetzte **Gefährlichkeit** für die Allgemeinheit (vgl. dazu 33 ff. zu § 66) *nicht mit hinreichender Sicherheit feststellbar* ist. Zur Bedeutung dieser Voraussetzung hat der RegE (S. 10) auf § 27 JGG und die „gefestigte (jugend)gerichtliche Praxis" verwiesen. Freilich unterscheidet sich die Beurteilung nach § 27 JGG schon im Ansatz von der Gefährlichkeitsprognose des § 66 I Nr. 3; eine Ähnlichkeit, auf Grund derer Zweifelsfragen unaufwändig gelöst werden können (so RegE 10), ist kaum ersichtlich (vgl. auch *Müller-Metz* StV **03**, 42, 50 Fn. 140). **6**

Auch insoweit besteht ein Widerspruch zwischen Gesetzesbegründung und Wortlaut: Wenn die Gefährlichkeit „nicht mit hinreichender Sicherheit feststellbar" sein muss, so reicht schon eine unterhalb dieser Schwelle liegende **Wahrscheinlichkeit** aus. Einer Anordnung des Vorbehalts schon bei der bloßen **Möglichkeit** einer negativen Prognose soll nach Ansicht des Gesetzgebers die Formulierung als Ermessens-Vorschrift entgegenwirken; dies soll „einem denkbaren *Net-Widening-Effekt*" vorbeugen (RegE 11). Wie einer „Tendenz, generell einen Vorbehalt zu treffen" (vgl. oben 2 c), durch eine *Ermessens*-Klausel „vorgebeugt" sein könnte, ist nicht ersichtlich. **7**

c) Voraussetzung der Anordnung ist, dass eine **erhebliche, nahe liegende Wahrscheinlichkeit** dafür besteht, dass der Täter für die Allgemeinheit iS von § 66 I Nr. 3 *gefährlich ist* und dies auch zum Zeitpunkt einer möglichen Entlassung aus dem Strafvollzug *sein wird.* Eine Anordnung allein aufgrund einer bloßen *Möglichkeit* dieser Gefahr oder wenn die Voraussetzungen der SV nicht sicher ausgeschlossen sind, kommt schon auf Grund der Belastung nicht in Betracht, die ein uU viele Jahre lang „schwebender" Vorbehalt darstellt. Der Vorbehalt, auf Grund einer „Gesamtwürdigung" unter Einbeziehung des Vollzugsverhaltens nachträglich die SV anzuordnen, bedeutet für diejenigen Verurteilten, die sich als *nicht gefährlich* erweisen, eine mit dem **Verhältnismäßigkeitsgrundsatz** und dem Schuldprinzip kaum zu vereinbarende zusätzliche Belastung (vgl. auch DissVot. der Richter *Broß, Osterloh* und *Gerhardt* in BVerfGE **109**, 244, 254 f.; *Waterkamp* StV **04**, 267, 269 f.; *Streng* StV **06**, 92, 97); es ist schwer erkennbar, wie dies als Rechtsfolge einer Tat legitimiert sein könnte, aus welcher sich eine Gefährlichkeit *gerade nicht* „hinreichend" ergibt (so auch *Rzepka* R & P **03**, 191, 201 f.; zur Wirkung auf den Vollzug vgl. auch *Alex* StV **06**, 105, 107 f.). **8**

d) Problematisch ist die Verknüpfung der Vorbehalts-Anordnung mit der zugleich verhängten **Strafe.** Da die (unbedingte) Anordnung der SV idR nicht isoliert vom Strafausspruch beurteilt werden kann, muss die Bemessung der verhängten Strafe der Anordnung des Vorbehalts Rechnung tragen (vgl. auch *Kinzig* NJW **02**, 3204, 3207). Da sich die spätere Entscheidung nicht vorhersehen lässt, ist für die Beurteilung des **Gesamt-Rechtsfolgenausspruchs** der Vorbehalt wie eine unbedingte Verhängung von SV zu behandeln. **8 a**

5) Nachträgliche Anordnung der SV (Abs. II). Über die nachträgliche Anordnung der SV entscheidet das **Gericht des ersten Rechtszugs** (§§ 74 f I, 120 a I GVG) nach Abs. II „spätestens" 6 Monate vor dem Zwei-Drittel-Zeitpunkt des § 57 I Nr. 1 (was bei Strafen bis etwa 5 Jahren und vorangegangener U-Haft Raum für „nachträgliche Erkenntnisse" praktisch nicht lässt); bei lebenslanger Freiheitsstrafe 6 Monate vor Ablauf von 15 Jahren (§ 57 a I Nr. 1), bei Vollstreckung mehrerer Freiheitsstrafen 6 Monate vor dem Zeitpunkt möglicher gemeinsamer Reststrafenaussetzung (§ 454 b III StPO). Die Entscheidung ergeht nach Maßgabe von § 275 a II bis IV StPO **durch Urteil;** dieses lautet auf Anordnung der nachträg- **9**

lichen SV oder auf Absehen von dieser Anordnung; ein weiterer Vorbehalt ist nicht zulässig. Regelmäßig ist ein **Sachverständiger** hinzuzuziehen (§ 275 IV StPO). Die Rechtsfolgen einer **Fristüberschreitung** sind noch nicht abschließend geklärt: Der *1. StS* hat offen gelassen, ob sich aus einer erheblichen Fristüberschreitung ein Verfahrensfehler ergeben könnte, auf welchem das Urteil beruht, und einen solchen bei einer Überschreitung von wenigen Tagen ausgeschlossen (StV **06**, 63; vgl. auch BGHH **51**, 159, 165 [= NJW **07**, 1011 f., *3. StS*]). Nach Ansicht des *3. StS* (BGH **51**, 159, 161 ff.]) ist II S. 1 aber keine bloße Ordnungsvorschrift; die Einhaltung der Frist stellt eine grds. *verbindliche* materiell-rechtliche Voraussetzung der Anordnung dar.

9a **Voraussetzung** für die nachträgliche Anordnung ist, dass von dem Verurteilten **erhebliche Straftaten** (29 zu § 66), durch welche die Opfer seelisch oder körperlich **schwer geschädigt** werden (30 zu § 66), **zu erwarten** sind. Die Anordnung setzt somit die Gefahr schwerwiegender Delikte gegen die Person voraus (NStZ **07**, 267, 268); Vermögensstraftaten (iS von § 66 I Nr. 3, 2. Var.) sind grds ausgeschlossen (StV **06**, 63, 64; BT-Drs. 14/8586, 7); nach dem Wortlaut des II ist die Erwartensklausel nicht auf Taten iS von I iVm § 66 III begrenzt.

9b Unklar ist, auf welcher **tatsächlichen Grundlage** und nach welchen **Kriterien** die erforderlichen nachträglichen Erkenntnisse gewonnen und bewertet werden sollen. Die Gesetzesbegründung meint (zutr.), Erkenntnisse zum Vorliegen eines Hangs seien idR im Strafvollzug nicht zu gewinnen (RegE 7, 10; vgl. schon oben 5 ff.). Da es aber schon die Aufgabe des ersten Tatrichters ist, unter Zuziehung eines Sachverständigen (§ 246a S. 1 StPO) „den Verurteilten" (also die *Persönlichkeit* des Täters) und „seine *Taten*" zu beurteilen, bleibt für Abs. II S. 2 *außer* der „Entwicklung während des Strafvollzugs" wenig übrig; auch der Gesetzgeber stellt auf „Fehlentwicklungen während des Strafvollzugs" ab (RegE 13). Nach gesicherter Erkenntnis ist freilich gerade das Verhalten im Strafvollzug eine recht unsichere Quelle prognostischer Erkenntnis (vgl. auch *Nedopil* NStZ-RR **02**, 344, 349), die in den Fällen des § 66a noch weiter dadurch eingeschränkt werden dürfte, dass *Lockerungen* bei Bestehen eines Anordnungsvorbehalts kaum in Betracht kommen (vgl. auch *Adams* StV **03**, 51, 53). Soweit es die Gefahr weiterer Taten iS von § 66 III S. 1 betrifft, kann, da es auf *formale* Anpassungsleistungen im Vollzug allenfalls eingeschränkt und mittelbar ankommt, uU auf das Kriterium einer „Aufarbeitung" der früheren Taten abzustellen sein. Freilich kann, wenn der Verurteilte seine Schuld bestreitet und im Übrigen außer „Unauffälligkeit" zu weiteren Erkenntnissen nichts beiträgt, hierauf schwerlich die Feststellung einer „Fehlentwicklung" und die Anordnung der SV gestützt werden. Soweit es die Gefahr *anderer* Taten iS von II S. 2 betrifft, bleiben die Beurteilungskriterien unklar; ebenso das Verhältnis zur *Reststrafenaussetzung* (vgl. dazu auch KK-Fischer 49 zu § 454 StPO).

9c Als **indiziell** wird man namentlich entsprechende Straftaten während des Vollzugs ansehen können; weiterhin Drohungen und aggressive oder gewalttätige Handlungen gegen Vollzugsbedienstete oder Mitgefangene; führende Beteiligung in gewalttätigen oder auf Einschüchterung beruhenden subkulturellen Strukturen. Bloße „Aufsässigkeit" im Vollzug, einzelne Sachbeschädigungen oder Beleidigungen reichen idR nicht aus (vgl. StV **06**, 63, 64 [Rückläufer erneut aufgehoben durch NStZ **07**, 267]; 29 zu § 66b). Auch ein unfreundliches und gemeinschaftswidriges Sozialverhalten im Vollzug kann ein vollzugstypisches Verhalten sein, das für sich allein die Feststellung erheblicher Gefährlichkeit nicht rechtfertigt (NStZ **07**, 267, 268).

10 **6)** Die Anordnung oder Nichtanordnung des Vorbehalts sind im **Rechtsmittelverfahren** isoliert anfechtbar (zur Auswirkung auf die Strafhöhe vgl. oben 8a). Die Entscheidung ist *jedenfalls* ***rechtsfehlerhaft,*** *wenn sich* der Tatrichter bei der Entscheidung auf nur *allgemeine* Risiko-Erwägungen stützt; bloße Mutmaßungen über die „Entwicklung während des Strafvollzuges" reichen weder für die Anordnung noch für deren Ablehnung (vgl. § 267 VI S. 1 StPO) aus. Das Tatgericht hat im Urteil vielmehr im einzelnen die Tatsachen darzulegen, welche zum einen die nahe liegende Wahrscheinlichkeit einer Gefahr iS von § 66 I Nr. 3 (vgl.

oben 6) begründen, zum anderen einer hinreichende Sicherheit der Beurteilung entgegenstehen. Ob eine Bindung des nach § 275 a StPO entscheidenden Gerichts an Feststellungen des Tatgerichts besteht, ist fraglich. Die Beurteilung selbst kann vom **Revisionsgericht** allenfalls dahin überprüft werden, ob die rechtlichen Maßstäbe „hinreichender" Sicherheit zutreffend gesehen sind. Das Urteil nach **Abs. II** ist mit der **Revision** anfechtbar.

Nachträgliche Anordnung der Unterbringung in der Sicherungsverwahrung

66b **I Werden nach einer Verurteilung wegen eines Verbrechens gegen das Leben, die körperliche Unversehrtheit, die persönliche Freiheit oder die sexuelle Selbstbestimmung oder eines Verbrechens nach den §§ 250, 251, auch in Verbindung mit den §§ 252, 255, oder wegen eines der in § 66 Abs. 3 Satz 1 genannten Vergehen vor Ende des Vollzugs dieser Freiheitsstrafe Tatsachen erkennbar, die auf eine erhebliche Gefährlichkeit des Verurteilten für die Allgemeinheit hinweisen, so kann das Gericht die Unterbringung in der Sicherungsverwahrung nachträglich anordnen, wenn die Gesamtwürdigung des Verurteilten, seiner Taten und ergänzend seiner Entwicklung während des Strafvollzugs ergibt, dass er mit hoher Wahrscheinlichkeit erhebliche Straftaten begehen wird, durch welche die Opfer seelisch oder körperlich schwer geschädigt werden, und wenn im Zeitpunkt der Entscheidung über die nachträgliche Sicherungsverwahrung die übrigen Voraussetzungen des § 66 erfüllt sind. War die Anordnung der Sicherungsverwahrung im Zeitpunkt der Verurteilung aus rechtlichen Gründen nicht möglich, so berücksichtigt das Gericht als Tatsachen im Sinne des Satzes 1 auch solche, die im Zeitpunkt der Verurteilung bereits erkennbar waren.**

II Werden Tatsachen der in Absatz 1 Satz 1 genannten Art nach einer Verurteilung zu einer Freiheitsstrafe von mindestens fünf Jahren wegen eines oder mehrerer Verbrechen gegen das Leben, die körperliche Unversehrtheit, die persönliche Freiheit, die sexuelle Selbstbestimmung oder nach den §§ 250, 251, auch in Verbindung mit § 252 oder § 255, erkennbar, so kann das Gericht die Unterbringung in der Sicherungsverwahrung nachträglich anordnen, wenn die Gesamtwürdigung des Verurteilten, seiner Tat oder seiner Taten und ergänzend seiner Entwicklung während des Strafvollzugs ergibt, dass er mit hoher Wahrscheinlichkeit erhebliche Straftaten begehen wird, durch welche die Opfer seelisch oder körperlich schwer geschädigt werden.

III Ist die Unterbringung in einem psychiatrischen Krankenhaus nach § 67 d Abs. 6 für erledigt erklärt worden, weil der die Schuldfähigkeit ausschließende oder vermindernde Zustand, auf dem die Unterbringung beruhte, im Zeitpunkt der Erledigungsentscheidung nicht bestanden hat, so kann das Gericht die Unterbringung in der Sicherungsverwahrung nachträglich anordnen, wenn

1. **die Unterbringung des Betroffenen nach § 63 wegen mehrerer der in § 66 Abs. 3 Satz 1 genannten Taten angeordnet wurde oder wenn der Betroffene wegen einer oder mehrerer solcher Taten, die er vor der zur Unterbringung nach § 63 führenden Tat begangen hat, schon einmal zu einer Freiheitsstrafe von mindestens drei Jahren verurteilt oder in einem psychiatrischen Krankenhaus untergebracht worden war und**
2. **die Gesamtwürdigung des Betroffenen, seiner Taten und ergänzend seiner Entwicklung während des Vollzugs der Maßregel ergibt, dass er mit hoher Wahrscheinlichkeit erhebliche Straftaten begehen wird, durch welche die Opfer seelisch oder körperlich schwer geschädigt werden.**

Übersicht

1) Allgemeines ... 1, 1 a
2) Entstehung; Legitimation; Anwendungsbereich; kriminalpolitische Bedeutung ... 2–8
3) Anwendungsfälle (Formelle Voraussetzungen) ... 9–15
A. Anordnung bei Vorliegen früherer Verurteilungen (Abs. I S. 1) ... 10–11 a
B. Anordnung ohne frühere Verurteilung (Abs. II) ... 12, 13
C. Anordnung nach Unterbringung in psychiatrischem Krankenhaus (Abs. III) ... 14, 15
4) Neue Tatsachen (Abs. I, II) ... 16–24
A. Tatsachen ... 17
B. Neuheit der Tatsachen ... 18–22
C. Berücksichtigung von Rechtsgründen (Abs. I S. 2) ... 23, 23 a
D. Erkennbarkeit vor Vollzugsende ... 24
5) Antragsschrift der Staatsanwaltschaft ... 25
6) Materielle Voraussetzungen ... 26–44
A. Indizcharakter der (neuen) Tatsachen; Prognose ... 27–32
B. Hang (§ 66 Abs. 1 Nr. 3) ... 33–35
C. Gefährlichkeit ... 36–39
D. Anordnung nach Erledigungserklärung gem. § 67 d VI ... 40
E. Gesamtwürdigung ... 41–44
7) Entscheidung des Gerichts ... 45, 46
8) Verfahrensrechtliche Hinweise ... 47

1 **1) Allgemeines.** Die Vorschrift ist durch das G v. 23. 7. 2004 eingefügt worden (BGBl. I 1838). **Mat.**: GesE BReg, BT-Drs. 15/2887; GesE CDU/CSU, BT-Drs. 15/2576; GesE BRat, BT-Drs. 15/3146; Ber. RA-BTag, BT-Drs. 15/3346 (vgl. unten 3). Zur Gesetzgebungsgeschichte vgl. *Haffke* KJ **05**, 17, 13 ff. **In-Kraft-Treten: 29. 7. 2004**. Die **rückwirkende Anwendbarkeit** der Vorschrift auf Personen, die aufgrund verfassungswidriger Landesgesetze (unten 2) untergebracht waren, regelt **Art. 1 a EGStGB (Anh 1).** Die Anordnung nachträglicher Sicherungsverwahrung gegen **Heranwachsende,** auf die Erwachsenenstrafrecht angewendet wurde, regelt § 106 V, VI JGG (Anh 3; Vorschläge zur Ausweitung vgl. BR-Drs. 876/05, 181/06; BT-Drs. 16/1992). Für die Staatsanwaltschaften und den Strafvollzug sind durch **Verwaltungsvorschriften** der Länder Hinweise zur Handhabung eingeführt worden (vgl. unten 28). Durch das G zur Reform der Führungsaufsicht v. 13. 4. 2007 (BGBl I 513) wurden I S. 1 geändert, I S. 2 angefügt und II redaktionell angepasst (**Mat.:** GesE BReg BT-Drs. 16/1993; Ber. BT-Drs 16/4740; **In-Kraft-Treten:** 18. 4. 2007).

Gesetzgebung: Nach einigen die Anwendung vorsichtig *begrenzenden* Entscheidungen des BGH (vgl. den Überblick bei *Rissing-van Saan*, Nehm-FS [2006] 191 ff.) und des BVerfG (NJW **06**, 3483) zielten **neue Gesetzesvorschläge** auf eine vereinfachte Anwendung und eine Ausweitung des Anwendungsbereichs des § 66 b (vgl. BR-Drs. 139/05; BT-Drs. 16/1992 [BRat]; BR-Drs. 181/06 [Bay]; BR-Drs. 876/05 [Meck-Vorp.]; BR-Drs. 50/06 [Bad.-Württ.]; vgl. dazu auch *Marquardt*, Strauda-FS [2006] 223 ff.; *Schneider*, Schwind-FS [2006] 413, 427 ff.). Sie sind durch das G vom 13. 4. 2007 nur teilweise umgesetzt.

Die BReg hat im August 2007 einen GesE zur Einführung der nachträglichen SV bei Verurteilungen nach **Jugendstrafrecht** eingebracht (BR-Drs. 551/07; krit. zum RefE *Ostendorf/Bochmann* ZRP **07**, 146).

1 a **Literatur:** *Bender,* Die nachträgliche Sicherungsverwahrung, 2007 (Diss. Passau 2007); *Blau,* Anmerkungen eines Zeitzeugen zur nachträglichen Sicherungsverwahrung, Schwind-FS (2006) 256; *Bock*, Das Elend der klinischen Kriminalprognose, StV **07**, 269; *Folkers*, Die nachträgliche Sicherungsverwahrung in der Rechtsanwendung, NStZ **06**, 426; *Frommel*, Nachträgliche polizeiliche Sicherungsverwahrung – Geschichte eines bemerkenswerten Tabubruchs, KJ **04**, 81; *Gazeas*, Nachträgliche Sicherungsverwahrung – Ein Irrweg der Gesetzgebung?, StraFo **05**, 9; *Haffke* KJ **05**, 17; *Hörnle*, Verteidigung und Sicherungsverwahrung, StV **06**, 383; *Hofstetter/Rohner*, „Wenn der Zustand nicht mehr vorliegt ...". Die Praxis der Erledigung der Maßregel in Hessen vor dem Hintergrund der §§ 67 d Abs. 6 und 66 b Abs. 3 StGB, R & P **07**, 51; *Jansing*, Nachträgliche Sicherungsverwahrung. Entwicklungslinien in der Dogmatik der Sicherungsverwahrung, 2004; *Harrendorf*, Die nachträgliche Sicherungsverwahrung und die Schweigepflicht des Therapeuten im Strafvollzug, JR **07**, 18; *Kinzig,* Die Sicherungsverwahrung nach den Urteilen des BVerfG vom 5. und 10. 2. 2004, NJW **04**, 911; *ders.*, Umfassender Schutz vor dem gefährlichen Straftäter? – Das Gesetz zur Einführung der nachträglichen Sicherungsverwahrung, NStZ **04**, 655; *Koller*, Erledigung der Unterbringung und nachträgliche Sicherungsverwahrung, R&P **07**, 57; *Laubenthal*, Die Renaissance der Sicherungsverwahrung, ZStW **116** (2004), 703; *Lüderssen*, Die ewige Versuchung des Täterstrafrechts – Das Verhalten im Strafvollzug als Voraus-

setzung für spätere oder nachträgliche Sicherungsverwahrung, in: Inst. F. Kriminalwiss. Frankfurt (Hrsg), Jenseits des rechtsstaatlichen Strafrechts, 2006, 405 (=KJ **06**, 361); *Marquardt*, „Neue Tatsachen" und nachträgliche Sicherungsverwahrung, Strauda-FS (2006) 223; *Peglau*, Die nachträgliche Sicherungsverwahrung, das Rechtsmittelverfahren und das Verschlechterungsverbot, NJW **04**, 3599; *ders.*, Mehrfache Verfahren zur nachträglichen Verhängung der Sicherungsverwahrung – ein prozessuales Problem der strafrechtlichen Gefahrenabwehr, JR **06**, 14; *ders.*, Das Gesetz zur Reform der Führungsaufsicht und zur Änderung der Vorschriften über die nachträgliche Sicherungsverwahrung, NJW **07**, 1558; *Pieroth*, Gesetzgebungskompetenz- und Grundrechtsfragen der nachträglichen Sicherungsverwahrung, JZ **02**, 922; *Poseck*, Das Gesetz zur Einführung der nachträglichen Sicherungsverwahrung, NJW **04**, 2559; *Renzikowski*, Die nachträgliche Sicherungsverwahrung und die Europäische Menschenrechtskonvention, JR **04**, 271; *Richter*, Nachträgliche Sicherungsverwahrung und kein Ende, ZfStrVO **03**, 201; *Rissing-van Saan*, Vorbehaltene und nachträgliche Anordnung der Sicherungsverwahrung als Bewährungsproben für den Rechtsstaat, Nehm-FS (2006) 191; *Römer*, Verwahrung gegen die nachträgliche Sicherungsverwahrung, JR **06**, 5; *Schalast*, Nachträgliche Sicherungsverwahrung nach Erledigung der Unterbringung gemäß § 63 StGB: Wirkungslose Norm oder Auftakt zum Verschiebespiel?, R&P **07**, 69; *Schneider*, Beendigung der Unterbringung in einem psychiatrischen Krankenhaus bei „Zweckerreichung" – Eine kriminalpolitische Herausforderung, NStZ **04**, 649; *H. Schneider*, Die Kriminalprognose bei der nachträglichen Sicherungsverwahrung. An den Grenzen der klinischen Kriminologie, StV **06**, 99; *ders.*, Nachträgliche Sicherungsverwahrung: Ein kriminalpolitischer Sündenfall?, Schwind-FS (2006) 413; *Streng*, „Erkennbar gewordene Tatsachen" und rechtsstaatliche Anforderungen an nachträgliche Sicherungsverwahrung, StV **06**, 92; *Ullenbruch*, Nachträgliche Sicherungsverwahrung – Fragen über Fragen, NStZ **02**, 466; *ders.*, Nachträgliche Sicherungsverwahrung – heikle Materie in Händen des BGH!, NJW **06**, 1377; *ders.*, Nachträgliche Sicherungsverwahrung – ein legislativer „Spuk" im judikativen „Fegefeuer"?, NStZ **07**, 62; *Veh*, Nachträgliche Sicherungsverwahrung und nachträgliche Tatsachenerkennbarkeit, NStZ **05**, 307; *Wolf*, Vorbehaltene und nachträgliche Sicherungsverwahrung, RPfleger **04**, 665; *Zschieschack/Rau*, Probleme der nachträglichen Sicherungsverwahrung unter besonderer Berücksichtigung der aktuellen Rechtsprechung des Bundesgerichtshofs, JR **06**, 8; *dies.*, Die nachträgliche Sicherungsverwahrung in der aktuellen Rechtsprechung des BGH, JZ **06**, 895. Vgl. auch die Angaben 1 a zu § 66. **Ausland:** *Lau*, Zum Umgang mit gefährlichen Menschen. Die britische Diskussion um die „Dangerous Severe Personality Disorder", MschrKrim **04**, 451.

2) Legitimation; Anwendungsbereich; kriminalpolitische Bedeutung. 2
Das zu Anlass und Bedeutung des § 66 a Ausgeführte (vgl. dort 2 ff.) gilt im Grundsatz auch für § 66 b.

A. Entwürfe zur Einführung einer nachträglichen SV wurden seit Ende der 90 er Jahre vor- 3
gelegt (vgl, zB BR-Drs. 699/97; 144/00; 159/00; 176/01; 48/02; 304/02; 507/02; 850/02; 860/02; BT-Drs. 154/6709; 15/29). Der Bund hat von seiner Regelungskompetenz (Art. 74 I Nr. 1 GG) zunächst durch Schaffung des § 66 a (G v. 21. 8. 2002, BGBl I 3344) Gebrauch gemacht; die Schaffung weiter gehender Möglichkeiten nachträglicher Unterbringung wurde zunächst der Zuständigkeit der Länder zugeordnet. Mehrere Länder erließen daraufhin **polizeirechtliche Landesgesetze** zur „nachträglichen Straftäter-Unterbringung" (Baden-Württemberg [dazu Karlsruhe NStZ-RR **02**, 503], Bayern [dazu Bamberg NStZ-RR **02**, 502; Nürnberg StV **03**, 36], Niedersachsen, Sachsen-Anhalt [dazu Naumburg NStZ **02**, 501], Thüringen; vgl. die Aufzählung in Art. 1 a EGStGB; zu diesen Regelungen *Ullenbruch* NStZ **01**, 292; *Kinzig* NJW **01**, 1455; *Peglau* NJW **01**, 2436; ZRP **00**, 147; *Würtenberger/Sydow* NVwZ **01**, 1201; *Adams* StV **03**, 51; *Laubenthal* ZStW **116** [2004], 703; umf. Nachw. bei *Rzepka* R & P **03**, 127 ff., 191 ff.). Die Landesgesetze Bayerns und Sachsen-Anhalts hat das **BVerfG** durch Urt. v. 10. 2. 2004 (BVerfGE **109**, 190 = NJW **04**, 750) wegen Verstoßes gegen die Kompetenzregelungen des GG für **mit dem GG unvereinbar** erklärt, jedoch ihre Anwendbarkeit bis zum 30. 9. 2004 angeordnet (dagegen das DissVot von drei Richtern: BVerfGE **109**, 190, 244 ff. [= NJW **04**, 759 ff.]; krit. auch *Baier* Jura **04**, 552, 556 f.; *Gärditz* NVwZ **04**, 693 ff.; *Kinzig* NJW **04**, 911, 913; *Laubenthal* ZStW **116** [2004], 703, 743 ff.; *Renzikowski* JR **04**, 271, 274 f.; *Foth* NStZ **07**, 89 f.). Die Entscheidung wurde als expliziter „**Gesetzgebungs-Auftrag**" verstanden (vgl. *Kinzig* NJW **04**, 911, 913; *ders.* NStZ **04**, 655; *Foth* NStZ **07**, 89), insb. weil die für mit dem GG unvereinbar erklärten Ländergesetze, aufgrund derer in den Ländern nachträgliche Unterbringung bereits vollzogen wurde, für eine Übergangsfrist in Kraft blieben (dagegen DissVot NJW **04**, 750, 759 ff.; *Foth* NStZ **07**, 89). Das Gesetzgebungsverfahren zur Einfügung des § 66 b wurde daraufhin *zügig* unter dem Vorzeichen durchgeführt, ein *Auftrag des BVerfG* müsse umgesetzt werden (GesE CDU/CSU, BT-Drs. 15/2576; GesA Bay, TH, BR-Drs. 177/04; GesE BReg, BT-Drs. 15/2887 v. 10. 3. 2004; Stellungn. BRat mit

Gegenäußerung BReg., BT-Drs. 15/2945; Sachverständigenanhörung des RA-BTag am 5. 5. 2004; Ber. BT-Drs. 15/3346; Gesetzesbeschluss 18. 6. 2004; Beschl BRat BR-Drs. 510/04).

Zur **Anwendungshäufigkeit** vgl. *Ullenbruch* NStZ **07**, 62, 63.

4 Die Einführung der nachträglichen Sicherungsverwahrung entsprach der kriminalpolitischen „Stimmungslage" seit dem Ende der 90er Jahre (vgl. *Boetticher* NStZ **05**, 417 f.; *Blau*, Schwind-FS [2006] 525, 526 f.; vgl. auch Einl. 12 f., 9 vor § 13). In der außerjuristischen Wahrnehmung wird die Maßregel von der *Strafe* nicht unterschieden (Stichwort: „*Wegsperren*"); die für die Legitimation entscheidende Differenzierung zwischen Schuldausgleich und Prävention (vgl. BVerfG NJW **04**, 750, 753, 757) ist für die soziale *Wirklichkeit* daher fast ohne Bedeutung. Den Ankündigungen von Verbesserungen des *Vollzugs* der Maßregel, der empirischen *Forschung* und der *Qualifikation* von Prognosegutachtern sowie von Erweiterungen sozial- und individualpsychologischer *Behandlungs*-Möglichkeiten (vgl. dazu auch *Böhm* ZRP **07**, 41 ff.) folgt in der Wirklichkeit leider idR nichts nach, da solche Maßnahmen teuer sind und keine schnellen, medienwirksamen Erfolge versprechen. Rechtspraxis und Öffentlichkeit scheint dieser **Widerspruch** zwischen dem (angeblich) höchstrangigen *Ziel* einer Erhöhung von Sicherheit und der Unzureichendheit der zu seiner Erreichung eingesetzten *Mittel* aber nicht wirklich wichtig; ob Kriminalpolitik *erfolgreich* ist oder nicht, wird oft nach Maßgabe einer *gefühlten* Bedrohung beurteilt, die auf Vermutungen und selektiv skandalisierte Einzelfälle gegründet ist. Durch eine an den Verwertungszyklen der Massenmedien orientierte Rechtspolitik wird leider, allen bedeutsam vorgetragenen Sicherheits-Versprechen zum Trotz, das *Rechtsbewusstsein* der Bevölkerung langfristig eher untergraben.

5 **B.** Ob es sich bei § 66 b in der Sache um eine (gesetzliche) Durchbrechung des **Ne-bis-in-idem**-Grundsatzes handelt, ist in der Entscheidung des BVerfG, den Erwägungen des Gesetzgebers und der Rspr und Literatur zu § 66 b unklar geblieben (vgl. aber MK-*Ullenbruch* 41: Fall der Wiederaufnahme; *Peglau* NJW **04**, 3599, 3600 f.; *Streng* StV **06**, 92, 86). Das ist schon deshalb verständlich, weil die Frage unmittelbar an die Gesetzgebungskompetenz des Straf-Gesetzgebers rührt: Wenn die *strafrechtliche* (Art. 74 I Nr. 1 GG) Regelung voraussetzt, dass entscheidender Anknüpfungspunkt der Prognose weiterhin die *Anlasstat* bleibt (vgl. BT-Drs. 15/2887, 12 f.; BVerfG NJW **04**, 750, 753), so geht es im Kern der Sache nicht um die Bewertung der „neuen" Tatsachen (vgl. unten), sondern um eine neue, ggf. abweichende **Bewertung der Anlasstat auf verbreiterter Bewertungsgrundlage** und aufgrund neuer Maßstäbe (vgl. unten 25; auch *Braum* ZRP **04**, 105, 107; and. Koblenz StV **04**, 665, 667; Rostock NStZ **05**, 105). Dass dies eine **Durchbrechung** des genannten Grundsatzes ist, kann kaum bestritten werden (konsequent *Veh* NStZ **05**, 307, 309 f.; krit. zu einem Verstoß *Kinzig* NStZ **04**, 655, 660; *Gazeas* StraFo **05**, 9, 12 ff.; zu einem Verstoß gegen **Art. 5 EMRK** *Kinzig*, NJW **04**, 911, 914; *Renzikowski* JR **04**, 271 ff.; *Ullenbruch* NJW **06**, 1377, 1378; *Römer* JR **06**, 5 f.; *Streng* StV **06**, 92, 98).

6 Die vielfältige **Kritik**, die die empirische Begründetheit (vgl. etwa *Kinzig* NStZ **04**, 655, 656; *Gazeas* StraFo **05**, 9, 11 f.; MK-*Ullenbruch* 25 ff.; *Streng* StV **06**, 92, 96 f.; jew. mwN) und die **Verfassungsmäßigkeit** des § 66 b (und des § 66 a) in Zweifel zieht, bemängelt zwar Verstöße gegen formelles oder materielles Verfassungsrecht im einzelnen, wendet sich im Kern aber wohl gegen die *rechtspolitische Richtung* der §§ 66 a, 66 b insgesamt (vgl. etwa NK-*Böllinger/Pollähne* 3 f.; *Kinzig* NStZ **04**, 655, 656 ff.; *Ullenbruch* NJW **06**, 1377, 1378; *Römer* JR **06**, 5 f.; *Streng* StV **06**, 92, 98; *Lüderssen* KJ **06**, 361 ff.). Die Rspr. des **BVerfG** (vgl. BVerfGE **109**, 133, 167 ff.; NJW **06**, 3483 [= 2 BvR 226/06; Anm. *Rau/Zschieschack* JR **06**, 477; *Foth* NStZ **07**, 89; *Rosenau/Peters* JZ **07**, 584]) und der **Fachgerichte** (vgl. BGH **50**, 121, 130) ist diesen Einwänden daher nicht gefolgt. Nach der Rspr des BVerfG stellt der Schutz der Gesellschaft vor Personen, von denen auch nach Verbüßung ihrer Strafhaft schwerwiegende Straftaten mit hoher Wahrscheinlichkeit zu erwar-

ten sind, ein *überragendes Gemeinschaftsinteresse* dar (BVerfG NJW **06**, 3483, 3484); der Staat hat die Aufgabe, seine Bürger vor schwerwiegenden Verletzungen von Leben, körperlicher Unversehrtheit und Freiheit zu schützen. Er kann dies mittels Strafrecht tun, daneben, unabhängig davon oder im *Sachzusammenhang* damit (vgl. BVerfG NJW **04**, 750, 751 f.) aber auch durch präventive Maßnahmen. Grundsätzlich darf er, um schwerwiegenden Gefahren zu begegnen, die Gefährlichkeit seiner Bürger prüfen, damit ggf. rechtzeitig präventive Maßnahmen ergriffen werden können (zust. auch *Blau*, Schwind-FS [2006] 525, 530 f.). Geht es um den besonders schwerwiegenden Eingriff langfristigen Freiheitsentzugs durch Sicherungsverwahrung, so verlangt der Grundsatz der **Verhältnismäßigkeit**, die Überprüfung der Gefährlichkeit „auf das dem Betroffenen zurechenbare Indiz der Anlasstat zu beschränken" (BVerfG NJW **04**, 750, 753; vgl. dazu auch *Hörnle* StV **06**, 383, 384).

Gegen verfassungsrechtliche Einwände ist dieses Verständnis des § 66 b im Übrigen schon durch die begriffliche Konstruktion immunisiert, welche dem Verständnis der SV als *Maßregel* zugrunde liegt: Danach ist der Hang zu Straftaten (§ 66 I Nr. 3) ein „Zustand", der dem einer *Geisteskrankheit* (§ 63) insoweit gleichzustellen ist, als die Feststellung von *Gefährlichkeit* die Anknüpfung an (aktuelle) *Schuld* begrifflich überflüssig macht; damit ist auch das *Rückwirkungsverbot* suspendiert (vgl. BVerfG 2 BvR 226/06, Rdn. 12 f.; 2 zu § 66); **Maßstab für die Begrenzung** des Eingriffs ist nurmehr die **Verhältnismäßigkeit** (so auch –konsequent – BVerfG NJW **06**, 3483 [2 BvR 226/06, Rdn. 18]). Die Verfassungsgemäßheit der Regelung ergibt sich so aus dem *Begriff* (und dem Gewicht) der Maßnahme quasi von selbst (vgl. auch BVerfGE **109**, 133, 167; BGH **50**, 121, 124 f., 130 [*1. StS*]; **50**, 180, 185 [*2. StS*]). In der praktischen Rechtsanwendung wird diese Konstruktion, deren Zweifelhaftigkeit lange Zeit zur Anwendung des § 66 nur mit *schlechtem Gewissen* und als „ultima ratio der Kriminalpolitik" geführt hat, derzeit kaum mehr hinterfragt (vgl. auch 2, 26 zu § 66). 7

C. Die **Anwendung** des § 66 b (Überblick zur Rechtsprechung bei *Zschieschack/Rau* JZ **06**, 895) soll auf **„seltene Einzelfälle"** beschränkt sein. Dieses vom Gesetzgeber aufgestellte Postulat (vgl. BT-Drs. 15/2887, 10, 12, 13; auch BT-Drs. 16/4740, 48) ist vom **BVerfG** (vgl. BVerfGE **109**, 190, 236 [= NJW **04**, 750, 757: „einige wenige Verurteilte"]; ebenso BVerfG NJW **06**, 3483, 3484 [= 2 BvR 226/06, Rn 18; ebd. Rn 25: „seltene Ausnahmefälle"]), vom **BGH** (vgl. BGH **50**, 121, 125 [= NJW **05**, 2022: „geringe Anzahl denkbarer Fälle"]; BGH **50**, 275, 278 [= NJW **06**, 384, 385]; BGH **50**, 284, 296 [= NJW **06**, 531, 533; Anm. *Zschieschack/Rau* JR **06**, 213]; **50**, 373, 378 [= NJW **06**, 1142]; **51**, 25 [= NJW **06**, 1745, 1746]; 1 StR 476/05; 1 StR 482/05 [aufgehoben durch BVerfG NJW **06**, 3483]; StV **07**, 29 [1 StR 306/06]; NStZ **07**, 92, 93 [*2. StS*]; StraFo **07**, 122 [*2 StS*]) sowie in Entscheidungen von OLGen (vgl. Koblenz NStZ **05**, 97 [„einige wenige Verurteilte"]) wiederholt und auch in der Literatur bestätigt worden. Niederschlag im *Wortlaut* des Gesetzes hat es freilich nicht gefunden (so auch *Rissing-van Saan*, Nehm-FS [2006] 191, 193). Es ergibt sich auch nicht, wie der Gesetzgeber formuliert hat, aus dem Erfordernis einer *Gesamtwürdigung* (vgl. BT-Drs. 15/2887, 12: „Die maßgebliche Beschränkung erfolgt … durch die Gesamtwürdigung. [Sie] stellt den Kern der Neuregelung dar"), denn der Begriff der Gesamtwürdigung, der sich gleichermaßen in § 66 I Nr. 3, § 66 a II S. 2 findet, enthält keinerlei materielle Kriterien für eine Beschränkung ihres Ergebnisses (vgl. unten 24). Da dies dem Gesetzgeber gewiss geläufig war, sind Zweifel daran angebracht, dass die (gesetzgeberische) Absicht einer „engen Begrenzung" nicht nur eine *rhetorische Prophylaxe* gegen verfassungsrechtliche Bedenken sein sollte. Diese Zweifel werden durch die alsbald entfalteten Bemühungen um Erweiterung bestärkt (vgl. oben 1 aE). Für die praktische Rechtsanwendung kann dies dahin stehen. Eine Beschränkung muss sich nach der Rspr des BVerfG nach Kriterien der **Verhältnismäßigkeit** ergeben, deren Konturen in der Rspr zu entwickeln sind. 8

3) Anwendungsfälle. Als **formelle** Voraussetzungen sind die Anforderungen an Anlass- und Vorverurteilungen des Verurteilten anzusehen. Sie sind in den Abs. I bis III wie folgt unterschieden: 9

10 **A. Anordnung bei Vorliegen früherer Verurteilungen (Abs. I S. 1).** Der Betroffene muss wegen einer der in I genannten Straftaten verurteilt sein. Die genannten Schutzbereiche sind im Sinn der gesetzlichen Abschnittseinteilung des Besonderen Teils zu verstehen (BGH **51**, 25, 26f. [= NJW **06**, 1745]). Der **Straftatenkatalog** ist daher gegenüber § 66 III S. 1, § 66a I eingeschränkt. Er umfasst zum einen **Verbrechen** (§ 12 I) aus den genannten Straftatbereichen; das sind Taten nach §§ 176a, 177, 178, 179 V; §§ 211, 212, 213, 221 II und III, 225 III, 226, 227; §§ 232 III und IV, 233 III iVm § 232 III, IV, 234, 234a, 235 III und IV, 239 III und IV, 239a, 239b; §§ 250, 251 (auch iV mit §§ 252, 255). Zum anderen sind die in § 66 III S. 1 einzeln aufgeführten **Vergehen** erfasst; das sind insbesondere solche gegen die sexuelle Selbstbestimmung (§§ 174 bis 174c, 176, 179, 180, 182; weiterhin Körperverletzungstaten nach §§ 224, 225; schließlich der (vorsätzliche oder *fahrlässige*) Vollrausch, wenn die Rauschtat eine der genannten Straftaten war (vgl. dazu 14 zu § 66). **Gemeingefährliche** Verbrechen, durch deren Bestrafung *auch* die in Abs. I genannten Rechtsgüter geschützt werden sollen (zB §§ 306a, 306b, 306c, 307, 308, 309, aber auch § 315 III) sind daher von der Vorschrift nicht erfasst (ebenso BGH **51**, 25, 26. f.).

11 In den Fällen des Abs. I setzt die Anordnung voraus, dass „die **übrigen Voraussetzungen des § 66** erfüllt" sind. Damit ist insb. auch auf die **formellen** Voraussetzungen nach § 66 I bis III hinsichtlich der Dauer der bei der Anlassverurteilung verhängten Strafe, der Anzahl vorangegangener Verurteilungen sowie der durch die früheren Verurteilungen verhängten Strafen und der Verbüßungsdauer (vgl. auch § 66 IV) verwiesen. Hieraus ergeben sich auch für § 66b I verschiedene Fallgruppen entsprechend denjenigen des § 66 (NStZ **06**, 178, 179; vgl. i.e. MK-*Ullenbruch* 58ff.). Das Gericht hat auch einen allein auf Abs. II gestützten Antrag auch im Hinblick auf eine Anordnung nach Abs. I zu prüfen und auf die mögliche Veränderung gegebenenfalls gem. § 265 StPO hinzuweisen (NStZ **06**, 178f.).

11a Problematisch im Hinblick auf das Rückwirkungsverbot oder den allgemeinen rechtsstaatlichen Vertrauensgrundsatz kann die Verweisung auf **§ 66 III** in Fällen sein, in denen es zum Zeitpunkt der Anlasstaten die Regelung des § 66 III noch nicht gab (vgl. auch Art. 1a EGStGB). Der *1. StS* hat die Frage, ob hierdurch der Vertrauensgrundsatz verletzt sein könnte, ausdrücklich offen gelassen (BGH **50**, 121, 130; vgl. BGH **50**, 284, 295); die Erwägungen des BVerfG in NJW **04**, 739ff. sprachen eher dagegen. Durch das G v. 13. 4. 2007 (oben 1) ist in I S. 1 daher *„zur Klarstellung"* (BT-Drs. 16/4740, 51) der Hinweis eingefügt worden, dass die (übrigen) Vorausetzungen des § 66 zum **Zeitpunkt der Entscheidung** über die nachträgliche SV gegeben sein müssen. Entsprechendes gilt für Vorverurteilungen wegen Taten, die vor dem 1. 8. 1995 im **Beitrittsgebiet** begangen wurden (offen gelassen in BGH **50**, 373, 377 [= NJW **06**, 1442, 1443]; vgl. dazu auch I S. 2 und unten 23f.).

12 **B. Anordnung ohne frühere Verurteilungen (Abs. II).** Die Anordnung nach Abs. II setzt eine Verurteilung wegen eines der oben 9 genannten **Verbrechen** voraus. Der Straftatenkatalog ist gegenüber Abs. I eingeschränkt; eine Verurteilung wegen eines *Vergehens* reicht nicht aus. Allerdings reicht als Anlassverurteilung auch eine solche nach § 176a Abs. I aus, deren *Verbrechens*-Charakter allein auf dem Rückfall hinsichtlich eines *Vergehens* nach § 176 I, II beruht. Zwar liegt dann tatsächlich gar keine Anordnung *ohne* frühere Verurteilung vor; die formelle Hürde fällt jedoch hinter Abs. I und § 66 III S. 1 zurück, weil weder ein Mindestmaß der Vorstrafe noch insoweit eine Mindestverbüßungszeit vorausgesetzt sind. Im Ergebnis ist daher bei (mehreren) Taten nach § 176 I oder II die Verhängung nachträglicher SV *leichter* als diejenige originärer oder vorbehaltener. Da es bei Wahrscheinlichkeit neuer Taten nach § 176 an der *Erheblichkeit* nicht fehlt (vgl. unten 21), ist eine rechtsstaatlich erforderliche Beschränkung der Anordnung jedenfalls im Rahmen der Prüfung der *Verhältnismäßigkeit* vorzunehmen (unten 27).

13 Vorausgesetzt ist eine Verurteilung zu einer Freiheitsstrafe von mindestens **fünf Jahren** wegen **einer oder mehrerer** der genannten Taten. Insoweit gelten die für

§ 66 I Nr. 2, II, III entwickelten Grundsätze (vgl. 10, 12f. zu § 66); es reicht aus, wenn eine Gesamtstrafe von mindestens fünf Jahren allein wegen Katalogtaten verhängt wurde, oder wenn in einer Gesamtstrafe von mehr als fünf Jahren Einzelstrafen für Katalogtaten enthalten sind und es ausgeschlossen ist, dass bei Wegfall der Einzelstrafen für Nicht-Katalogtaten die Gesamtstrafe unter fünf Jahren gelegen hätte (vgl. auch BGH **48**, 100). Liegt bei Gesamtstrafen von mindestens fünf Jahren schon die *Summe* der Einzelstrafen für Katalogtaten nicht über dieser Grenze (vgl. § 54 II), so ist die Anwendung von II ausgeschlossen (vgl. auch *Kinzig* NStZ **04**, 655, 658; *Folkers* NStZ **06**, 427 Fn. 4). Das sollte auch gelten, wenn das Erreichen der Grenze allein durch Einzelstrafen für Katalogtaten rechnerisch *möglich*, ggf. auch nahe liegend, aber nicht sicher ist (vgl. 16 zu § 66). Dass die Anlasstat vor dem 1. 8. 1995 im **Beitrittsgebiet** begangen wurde, so dass eine Maßregel nach § 66 nicht hätte angeordnet werden können, steht einer Anordnung nach Abs. II nicht entgegen (BGH **50**, 373, 377 [= NJW **06**, 1442, 1443]).

C. Anordnung nach Unterbringung in psychiatrischem Krankenhaus (Abs. III). Die an den neu geschaffenen § 67d VI anknüpfende (vgl. 25 zu § 67d) Regelung des III setzt der Natur der Sache nach weder die Verhängung einer Strafe für eine Anlasstat voraus noch (in Nr. 1, Var. 1 und 3) frühere Verurteilungen zu *Strafe* (krit. *Waterkamp* StV **04**, 267, 272f.; MK-*Ullenbruch* 49; and. *Koller* R&P **07**, 57, 64ff.). 14

Formelle Voraussetzung nach III ist, dass die Strafvollstreckungskammer gem. § 67d VI die Unterbringung in einem psychiatrischen Krankenhaus für **erledigt erklärt** hat, weil der „Zustand“, auf welchem die Unterbringung beruhte, nicht oder nicht mehr gegeben ist (dazu *Schalast* R&P **07**, 69, 72f.; zur Praxis der Anwendung vgl. *Hofstetter/Rohner* R&P **07**, 51ff.). Da es sich um eine formelle Voraussetzung für einen Antrag gem. § 275a I S. 3 StPO handelt, kommt es auf die materielle Richtigkeit des Erledigungsbeschlusses insoweit nicht an; freilich hat das nach § 275a StPO iV mit §§ 74f, 120a GVG zuständige Gericht ggf. in eigener Verantwortung zu prüfen, ob der Betroffene an einem „Zustand“ iS von § 20 leidet, welcher seine Unterbringung nach § 66b ausschließt.

Formelle Voraussetzung einer Anordnung ist nach III Nr. 1 weiterhin, **(Var. 1)** dass die letzte (für erledigt erklärte) Unterbringung des Betroffenen wegen mehrerer, also mindestens zwei rechtswidrigen Taten iS von § 66 III S. 1 erfolgt ist, oder **(Var. 2)** dass die letzte Unterbringung zwar aufgrund einer anderen Tat erfolgte, der Verurteilte aber *früher* wegen einer oder mehrerer Katalogtaten iS von § 66 III S. 1 zu einer Freiheitsstrafe von mindestens drei Jahren verurteilt wurde (zu den Anforderungen vgl. 15f. zu § 66; unzutr. **aA** *Koller* R&P **07**, 57, 65 Fn. 76), oder **(Var. 3)** dass er wegen einer oder mehrerer Katalogtaten nach § 66 III S. 1 früher schon einmal gem. § 63 untergebracht war. Die Hürde der von III Nr. 1 vorausgesetzten Anforderungen ist somit jedenfalls in der 3. Var. nicht hoch. Sie kann schon durch lange zurück liegende Taten im unteren Unrechtsbereich überschritten sein. 15

4) Neue Tatsachen (Abs. I, II). Abs. I S. 1 und II setzen voraus, dass *nach* der Anlassverurteilung, jedoch vor Vollzugsende der deswegen verhängten Freiheitsstrafe, **neue Tatsachen erkennbar** werden, die auf eine erhebliche Gefährlichkeit des Verurteilten für die Allgemeinheit hinweisen. Das Vorliegen neuer Anlass-Tatsachen ist insoweit eine *formelle* Voraussetzung für das Verfahren nach § 275a StPO (zur *Doppelfunktion* der Tatsachen auch als *materielle* Voraussetzung der Anordnung vgl. NStZ **05**, 561, 562; NStZ-RR **06**, 146, 147; *Peglau* JR **06**, 14f.; *Ullenbruch* NStZ **05**, 564; *ders.* NJW **06**, 1377, 1382; *Rissing-van Saan*, Nehm-FS [2006] 191, 197; *Zschieschack/Rau* JR **06**, 8, 10). 16

A. Tatsachen. Die Anordnung muss sich grds. auf (neue) **Tatsachen** stützen. Schon an dieser Voraussetzung fehlt es bei bloßen *Bewertungen.* Daher stellt die neue *Bewertung* von Umständen, die bereits bei der Anlassverurteilung bekannt oder erkennbar waren, keine ihrerseits neue Tatsache dar (BGH **50**, 275, 278; **50**, 17

373, 379; vgl. auch Frankfurt NStZ-RR **05**, 106, 107; Jena StV **06**, 186 [m. Anm. *Hörnle*]; *Rissing-van Saan*, Nehm-FS [2006] 191, 196); auch nicht das bloße Faktum einer (ggf. von früheren abweichenden) neuen Diagnose (vgl. 4 StR 393/05) oder (Prognose-)Beurteilung in einem **Sachverständigen-Gutachten** (vgl. NJW **06**, 3154, 3155; StV **06**, 243 f.; Koblenz NStZ **05**, 97; Frankfurt NStZ-RR **05**, 106, 107 [krit. dazu *Schneider* StV **06**, 99, 104]). Auch *rechtliche* Bewertungen und die **Gesetzeslage** selbst sind keine Tatsachen (str.; vgl. unten 23).

18 **B.** Die Tatsachen müssen **„nach der Verurteilung ... erkennbar"** werden; Rspr und Lit verlangen daher die Feststellung **„neuer"** Tatsachen. An die Bewertung von Tatsachen als „neu" sind strenge Anforderungen zu stellen (BGH **51**, 185, 187 [= NJW **07**, 1148]). Es gilt der Grundsatz des **Vorrangs des Erkenntnisverfahrens** (BGH **50**, 373 [= NStZ **06**, 568]). Nach stRspr darf die Anordnung nach § 66 b daher nicht auf Umstände gestützt werden, die der frühere Tatrichter erkannt hat oder die er hätte erkennen müssen (BGH **50**, 121, 125 f. [= NJW **05**, 2022, 1 StR 37/05; Anm. *Ullenbruch* NStZ **05**, 563; *Kinzig* JZ **05**, 1066; *Böhm* StraFo **05**, 304]; **50**, 275, 278 [= NJW **06**, 384, 4 StR 483/05]; **50**, 284, 297 f. [= NJW **06**, 531, 2 StR 272/05]; **50**, 373, 379 [= NJW **06**, 1442, 5 StR 585/05]; **51**, 185, 187 f. [= NJW **07**, 1148]; **51**, 191, 195; NJW **06**, 1446 [4 StR 222/05]; **06**, 3154 [1 StR 274/06]; StV **06**, 243 [4 StR 485/05]; StV **07**, 29, 30 [1 StR 306/06]; 5 StR 552/05; 5 StR 113/06; Jena StV **06**, 640; vgl. auch BVerfG NJW **06**, 3483 f. [= 2 BvR 226/06, Rn. 29; Anm. *Rau/Zschieschack* JR **06**, 477; *Foth* NStZ **07**, 89]), denn § 66 b darf, schon aus verfassungsrechtlichen Gründen, nicht der nachträglichen Korrektur rechtskräftiger Urteile dienen (stRspr.; so auch BT-Drs. 16/4740, 48, 50).

19 **a) Nicht neu** sind danach jedenfalls Umstände, die dem Ausgangsgericht tatsächlich **bekannt waren** und ggf. Anlass zur Prüfung einer Anordnung nach §§ 66, 66 a Anlass gegeben hatten. Aber auch wenn dies nicht der Fall ist, das frühere Gericht also *fehlerhaft* die nahe liegende Möglichkeit einer Maßregelanordnung übersehen hat, können die damals bekannten Tatsachen nicht zur nachträglichen *Korrektur* herangezogen werden (BGH **50**, 121, 125 f. [= NJW **05**, 2022]; BGH **50**, 180, 187 f. [= NJW **05**, 3078]; BGH **50**, 275, 278 [= NJW **06**, 384]; BGH **50**, 373, 379 [= NJW **06**, 1442, 1444]; NStZ-RR **06**, 172, 173; 2 StR 4/06 [in StV **06**, 413 nicht abgedr.]; 5 StR 552/05; Frankfurt StV **05**, 145, 146; *Laubenthal* ZStW **116**, 703, 741; krit. aber *Veh* NStZ **05**, 307, 309 f.; *Schneider*, Schwind-FS [2006] 413, 427 f.). Es reicht für die „Neuheit" von Tatsachen daher nicht aus, dass sie dem früheren Tatrichter zwar bekannt waren, ihm aber keinen „zwingenden" Anlass zur Anordnung der Maßregel gegeben haben (in diese Richtung Jena StV **06**, 71, 73).

20 **b) Nicht neu** sind nach der Rspr des BGH weiterhin solche Tatsachen, die bei der früheren Verurteilung **„erkennbar"** waren. Dies kann nicht aus Sicht eines nachträglich *optimal* informierten Beobachters beurteilt werden; daher sind etwa vor der Anlass-Verurteilung liegende frühere Straftaten nicht schon deshalb nicht neu iS von I, weil sie *theoretisch* hätten bekannt sein können (vgl. Rostock NStZ **05**, 105; Brandenburg NStZ **05**, 272, 274; Jena StV **06**, 186, 187 [m. Anm. *Hörnle*]).

21 Tatsachen, die ein sorgfältiger Tatrichter nach dem **Maßstab des § 244 II StPO** (NStZ-RR **06**, 172) hätte aufklären müssen, um entscheiden zu können, ob eine Maßregel nach §§ 63, 64, 66, 66 a anzuordnen war, waren erkennbar und sind daher nicht neu iS von § 66 b (stRspr; vgl. BGH **50**, 275, 278; **51**, 185, 188; StV **06**, 243 [4 StR 485/05: „kombinierte Persönlichkeitsstörung"]; NStZ-RR **06**, 172 [einschlägige Vorverurteilung]; 2 StR 4/06 [Pädophilie]; Jena StV **06**, 640 [Psychiatrische Befundtatsachen]; NStZ **07**, 328 [Suchtproblematik]; vgl. auch **BVerfG** [Kammer] StV **06**, 574 Rn 20). Eine Tatsache, die zur Zeit des Ausgangsverfahrens schon bestanden hat, aber nicht positiv bekannt war, darf nur dann zur Grundlage einer Anordnung nach § 66 b gemacht werden, wenn der frühere Tat-

richter nicht gegen § 244 II StPO verstoßen hat (BGH **51**, 185, 188). Dies muss das über die nachträgliche Anordnung entscheidende Gericht umfassend und unter Berücksichtigung der Aktenlage zum Zeitpunkt des früheren Urteils prüfen (ebd.).

Im Fall **psychischer Störungen** des Verurteilten kommt es nicht darauf an, wann erstmals eine entsprechende *Diagnose* gestellt wurde, sondern ob die ihr zugrunde liegenden *Anknüpfungstatsachen* zum Zeitpunkt der Anlassverurteilung bereits vorlagen oder erkennbar waren (BGH **51**, 191, 195 ff. [= NJW **07**, 1074]; **51**, 185, 186 [„gefestigte und genuine Pädophilie"]; NStZ **06**, 276; NStZ-RR **06**, 302). Tatsachen, die zwar nach der Anlassverurteilung auftreten, aber lediglich einen im Ausgangsverfahren *bekannten* Zustand bestätigen, sind nicht neu (StV **07**, 29, 30). Eine neue Tatsache liegt daher nicht vor, wenn sich die Gefährlichkeit des Verurteilten ausschließlich als Folge einer unbewältigten **Suchtproblematik** darstellt, deren Grundlagen zum Zeitpunkt der Verurteilung bereits bekannt waren. Daher darf bei zweifelhafter Erfolgsaussicht einer Maßregel nach § 64 nicht *deshalb* von der Anordnung von SV nach § 66 abgesehen werden, weil die Möglichkeit der späteren Anordnung (§ 66 b) den Prognose und Verhältnismäßigkeitsmaßstab verändere (NStZ **07**, 328). Das gilt nach BGH **50**, 373, 379 f. (= NJW **06**, 1442, 1444) nicht nur für die Anlassverurteilung, sondern entsprechend auch für die Aburteilung späterer Straftaten, namentlich während des **Strafvollzugs** begangener Taten). In BGH **51**, 185 (= NJW **07**, 1148) hat der *3. StS* dagegen entschieden, das Vorliegen einer schon 10 Jahre *vor* der Ausgangsverurteilung bestehenden „genuinen Pädophilie" sei für den früheren Tatrichter *nicht erkennbar* und daher eine „neue" Tatsache gewesen, obgleich die Ausgangsverurteilung wegen 16 Fällen des sexuellen Missbrauchs von Kindern (!) erfolgt war und das Urteil keine Feststellungen darüber enthielt, ob der Verurteilte im Ausgangsverfahren sachverständig untersucht wurde. Dass diese Einzelfalls-Beurteilung dem in demselben Urteil dargelegten Maßstab des § 244 II StPO (vgl. oben 21) entsprach und mit den Entscheidungen NJW **06**, 3154, 3155; StV **06**, 243 f. bruchlos vereinbar ist, ist nicht zweifelsfrei. 22

C. Berücksichtigung von Rechtsgründen (I S. 2). Keine „neue Tatsache" ist die gesetzliche Einführung des § 66 b selbst. Der BGH hat daher entschieden, tatsächliche Umstände, die erst aufgrund der Gesetzesänderung **rechtlich relevant** geworden sind, könnten nicht nachträglich erkennbaren Umständen gleichgestellt werden (NJW **06**, 3154); die Anordnung nachträglicher SV hat die Rspr in Fälle abgelehnt, in denen zum Zeitpunkt der Anlassverurteilung aus **Rechtsgründen** keine (originäre) SV gem. § 66 angeordnet werden durfte. Dies betraf **zum einen** Verurteilungen wegen Taten, die im **Beitrittsgebiet** vor dem 1. 8. 1995 (vgl. Art. 1 a Nr. 2 EGStGB idF v. 29. 9. 1990) oder zwischen 1. 8. 1995 und 29. 7. 2004 (Inkrafttreten des G zur Einführung der nachträglichen SV und Streichung von Art. 1 a II EGStGB aF; vgl. oben 1) begangen wurden; **zum anderen** waren Altfälle betroffen, in denen Verurteilungen wegen Taten erfolgten, die zwar *heute* die Voraussetzungen des am 1. 4. 1998 in Kraft getretenen § 66 III erfüllen würden, jedoch *vor* dem Zeitpunkt von dessen In-Kraft-Treten begangen und vor Einführung des § 66 b (29. 7. 2004) abgeurteilt wurden. Betroffen waren schließlich Taten von Heranwachsenden vor dem 1. 4. 2004, also dem Zeitpunkt, von welchem an eine Anordnung des Vorbehalts der SV zulässig war (dazu jetzt **§ 106 V S. 2 JGG**). 23

Nach Auffassung der BReg. lag insoweit eine „*nicht gewollte Lücke*" des Gesetzes vor (vgl. BT-Drs. 16/1992, 8; 16/4740, 48 ff.; and. *Veh* NStZ **05**, 307, 309, der diese Fälle schon nach der alten Fassung einbeziehen wollte; ebenso *Marquardt*, Strauda-FS [2006] 223, 226 f.). Durch G vom 13. 4. 2007 (BGBl I 513) ist daher „*zur Klarstellung*" (BT-Drs. 16/4740, 50) **Abs. I S. 2** eingefügt worden (vgl. dazu *Peglau* NJW **07**, 1558, 1561). Danach sind bei der Entscheidung über die nachträgliche SV auch Tatsachen zu berücksichtigen, die zwar zum Zeitpunkt der Ausgangsverurteilung schon **bekannt oder erkennbar** waren, also nach den oben 23 a genannten Maßstäben nicht „neu" sind, die aber damals **aus rechtlichen Gründen** nicht zur Prüfung der Anordnung von Sicherungsverwahrung (oder deren Vorbehalt) herangezogen werden durften, weil eine solche Anordnung gar nicht zulässig war. Auch in diesen Fällen erfolgt die Anordnung nachträglicher SV somit nicht als „Korrektur" der rechtskräftigen tatrichterlichen Entscheidung, da eine auf Rechtsprüfung beruhende Entscheidung dem Tatrichter gerade nicht möglich war (BT-Drs. 16/4740, 50).

24 **D.** Die neuen Tatsachen müssen **vor Vollzugsende erkennbar** geworden sein. Das schließt es aus, die Anordnung an Tatsachen zu knüpfen, die erst nach Ende des Vollzugs eintreten. Damit ist aber nichts darüber gesagt, ob auch die *Anordnung* nur während der Vollzugsdauer zulässig ist. Die Gesetzesmaterialien äußern sich hierzu unklar (BT-Drs. 15/2887, 12; 15/3346, 17). Danach soll „die Anordnung … nur in Betracht (kommen), solange die Freiheitsstrafe aus dem Ausgangsurteil vollzogen wird" (ebd.); andererseits soll sie auch dann möglich sein, wenn eine *andere* Freiheitsstrafe vollstreckt wird oder wenn der Verurteilte nach Widerruf einer zwischenzeitlichen Reststrafen-Aussetzung den Rest der Freiheitsstrafe verbüßt (ebd.; vgl. auch NStZ **07**, 30). Es wäre aber *in der Sache* nicht nachvollziehbar, warum, wenn alle materiellen Voraussetzungen einer nachträglichen Anordnung während der Dauer des Vollzugs eingetreten sind, die Anordnung selbst ausgeschlossen sein sollte, nur weil der Verurteilte uU kurzfristig in Freiheit gelangt ist. Daher ist eine Anordnungsentscheidung auch dann noch möglich, wenn der Verurteilte zwischenzeitlich in Freiheit gelangt ist (so auch BGH **50**, 180, 182ff. [= NStZ-RR **05**, 684; Anm. *Renzikowski* NStZ **06**, 280]; 2 StR 4/06; **aA** *Ullenbruch* NStZ **07**, 62, 69). Dass in diesem Fall mögliche Erkenntnisse aus dem Zeitraum der Freiheit prognostisch zu berücksichtigen sind, ergibt sich aus der Natur der Sache. Eine Anordnung kann auf Tatsachen aus einem Zeitraum *nach*, aber auch *vor* **Widerruf einer Reststrafenaussetzung** gestützt werden, im letzteren Fall also aus dem Verhalten des Verurteilten in Freiheit, wenn der Antrag der StA erst nach dem Widerruf gestellt wird, also zu einem Zeitpunkt, in welchem sich der Verurteilte wieder im Vollzug der Freiheitsstrafe befindet (NStZ **07**, 30).

25 **5)** Zulässigkeitsvoraussetzung ist in allen Fällen überdies eine **Antragsschrift der Staatsanwaltschaft** (vgl. § 275a StPO; *Muster*-Vorschlag bei *Folkers* NStZ **06**, 426, 432f.), die für das Verfahren nach § 66b an die Stelle einer Anklageschrift tritt. Die Antragsschrift muss **spätestens** bis zum Ende des Vollzugs eingehen (zu der – ungeklärten – Frage möglicher „Überholung" durch *abermals* neue Tatsachen vgl. *Peglau* JR **06**, 14ff.). Die oben 14b aE genannten Erwägungen sind auf die Antragsschrift nicht übertragbar, denn sonst könnten unter Verstoß gegen den Vertrauensgrundsatz Verfahren nach §§ 66b auf unabsehbare Zeit nach Vollzug der Freiheitsstrafe beantragt werden (**aA** *Folkers* NStZ **06**, 426, 431). Die Antragsschrift muss eine **Begründung** enthalten; diese muss, entsprechend einer Anklageschrift im Strafverfahren, mitteilen, auf welche Variante des § 66b sich der Antrag stützt und welche neuen Tatsachen Anlass zur Antragstellung geben (BGH **50**, 284, 289ff. = NJW **06**, 531, 533 [2 StR 272/05; Anm. *Zschieschack/Rau* JR **06**, 213]; NJW **06**, 852, 854; NStZ-RR **06**, 145, 146; Rostock NStZ-RR **05**, 105; *Zschieschack/Rau* JR **06**, 8, 9; *Rissing-van Saan*, Nehm-FS [2006] 191, 201; and. *Kinzig* NStZ **04**, 655, 659). Ein **Zwischenverfahren** mit der Möglichkeit einer Entscheidung durch Beschluss entspr. §§ 202ff. StPO gibt es nicht (NStZ **06**, 178; Hamm NStZ-RR **05**, 109, 110). Eine **Rücknahme** des Antrags ist bis zur Entscheidung des Gerichts zulässig und führt zur Einstellung des Verfahrens; nach Ansicht des *3. StS* (NStZ-RR **06**, 145) ist nach Beginn der Hauptverhandlung (§ 275a StPO) die Zustimmung des Verurteilten erforderlich.

26 **6) Materielle Voraussetzungen.** Materielle Voraussetzung der Anordnung ist in allen Fällen des § 66b die Gefährlichkeit des Verurteilten (I S. 1; II, III Nr. 2). Deren Feststellung setzt in den Fällen der Abs. I und II das Vorliegen von (neuen; vgl. oben 18ff.) **Indiztatsachen** voraus; Abs. III Nr. 2 verlangt das nicht. Streitig

ist, ob darüber hinaus mit den „übrigen Voraussetzungen des § 66“ auch auf das Erfordernis der Feststellung eines **Hangs** verwiesen ist (unten 33). Schließlich setzt die Ermessensentscheidung des I eine auf einer Gesamtwürdigung beruhende **Prognose** voraus.

A. Die neuen **Tatsachen,** an welche die Prüfung einer Anordnung nachträglicher SV anknüpft, müssen **erheblich** sein, also **Indizcharakter** haben (BGH **50**, 275, 279; **51**, 185, 187). Sie müssen *schon für sich Gewicht* haben und ungeachtet der notwendigen Gesamtwürdigung aller Umstände auf eine erhebliche Gefahr der Beeinträchtigung der in I genannten Rechtsgüter hindeuten (BGH **50**, 284, 296 [Anm. *Zschieschack/Rau* JR **06**, 213]; 1 StR 476/05; StV **07**, 29, 30; Rostock NStZ-RR **05**, 105; Frankfurt NStZ-RR **05**, 106, 107; *Hörnle* StV **06**, 188, 190; vgl. auch die zusammenfassende Übersicht bei *Zschieschack/Rau* JR **06**, 8, 11 ff.). Die Erheblichkeit ist vor dem Hintergrund der bei der **Anlassverurteilung** hervorgetretenen Gefährlichkeit zu beurteilen; die neuen Tatsachen müssen in einem prognoserelevanten **symptomatischen Zusammenhang** hiermit stehen (BGH **50**, 275, 279; **51**, 185, 187; **51**, 191, 195 [= NJW **07**, 1074; schizophrene Erkrankung]; NStZ **06**, 276, 278; StV **07**, 29, 30). Die Frage der Erheblichkeit ist eine **Rechtsfrage**, die vom Gericht ohne Bindung an die Wertung eines Sachverständigen zu beurteilen ist (BGH **50**, 275, 278 [= NJW **06**, 384, 385]). Der **Gesetzgeber** hat darauf hingewiesen, die neuen Tatsachen müssten „eine gewisse Erheblichkeitsschwelle“ überschreiten, um auf eine erhebliche Gefährlichkeit des Verurteilten hinweisen zu können (ebenso StV **06**, 243; *Lackner/Kühl* 4). Diese eher tautologische Anforderung zeigt, dass die Abgrenzung zwischen Indiz*tatsachen* und Gefahr*prognose* hier ebenso wenig klar ist wie in § 66 I die Abgrenzung zwischen Hang und Prognose. 27

Als **Beispiele** für Indiztatsachen sind im Gesetzgebungsverfahren genannt worden: wiederholte verbal-aggressive Angriffe auf Bedienstete der JVA (dagegen MK-*Ullenbruch* 70; vgl. auch 4 StR 393/05); Drohung, nach der Entlassung weitere Straftaten zu begehen; intensive Kontakte zu einem gewaltbereiten Milieu; Begehung einer neuen Straftat während des Vollzugs (BT-Drs. 15/2887, 12). Denkbar sind auch: Missbräuche von Lockerungen; Herstellen, Erwerb oder Besitz von waffenähnlichen Gegenständen in der Haft; konkrete Straftatplanungen für die Zeit nach der Entlassung; nach München StraFo **05**, 168 „Therapieresistenz“ durch Verweigerung von Drogentests, Besitz und Konsum von Drogen während der Haft; Desinteresse an Sucht-Therapie (vgl. auch den Rspr.-**Überblick** bei *Folkers* NStZ **06**, 426, 429 f. mwN). Vorfälle im Vollzug können die Anordnung nur rechtfertigen, wenn sie auf eine Bereitschaft des Verurteilten hinweisen, schwere Straftaten gegen Leben, Leib, Freiheit oder sexuelle Selbstbestimmung zu begehen (StV **07**, 29, 30 [nicht gegeben bei Weitergabe geringfügiger Menge BtM im Vollzug]). *Vollzugstypische* Übertretungen, Disziplinverstöße und Verhaltensweisen reichen hierfür idR nicht aus (BGH **50**, 2584, 297; NJW **06**, 1446, 1447; StV **07**, 29, 30; BVerfG NJW **06**, 3483, 3485 f.). 28

a) Die **Prognose** muss die neuen Tatsachen *bewerten* (zu Methodik und Anforderungen an die Begutachtung vgl. u. a. *Schneider* StV **06**, 99, 101 ff.; *Boetticher u. a.* NStZ **06**, 537 ff.; jew. mwN). Diese Bewertung muss nach **BVerfG** NJW **06**, 3483 f. (2 BvR 226/06) „anerkannten und überprüfbaren Maßstäben“ folgen. Welche Maßstäbe als „anerkannt“ anzusehen sind, hat die Entscheidung offen gelassen; übereinstimmende wissenschaftliche Standards bestehen bislang nicht. Aus der Rspr des BVerfG und des BGH ergibt sich aber jedenfalls, dass die *Anforderungen* an die Erfüllung der „Maßstäbe“ *hoch* sein sollen. Die Beurteilung aufgrund einer **Gesamtwürdigung** bezieht notwendig auch *intuitive*, von Vor-Verständnis, gesellschaftlichen Wertungen und Stimmungen abhängige Momente ein. Alle genannten Beispiele können je nach den Umständen des Einzelfalls unterschiedliches Gewicht haben (vgl. auch MK-*Ullenbruch* 67). So wird **zB** allein die „Gewaltbereitschaft“ des *Milieus*, mit dem ein Strafgefangener „intensive Kontakte“ pflegt, schwerlich die Anordnung von SV *gegen ihn* rechtfertigen können, wenn sich nicht in seinen eigenen Handlungen, Einstellungen oder Absichten Anhaltspunkte für die vorausgesetzte Gefahr finden. Das gilt ähnlich für „verbal-aggressive Angriffe“ und Drohungen gegen Bedienstete der JVA. Sie sind in der oft spannungsgelade- 29 nen Atmosphäre der JVA alltäglich und geben für sich allein kaum zuverlässige Auskunft über tatsächliche zukünftige Gefahren (zutr. gegen „Maßstäbe des Wohlverhaltens“ auch BVerfG NStZ **07**, 87, 89). Das aggressive Beschimpfen von JVA-Personal oder Mitgefangenen, den gelegentlichen bloßen Besitz verbotener Gegenstände in der Haft, Sachbeschädigungen, aber auch einzelne Widerstandshandlungen iS von § 113 *regelmäßig* als Gefahr-indizierenden Anhaltspunkt für die Anordnung nachträglicher SV anzusehen, wäre mit der gesetzlichen Absicht, § 66b für „seltene Ausnahmefälle“ vorzubehalten, nicht vereinbar. Auch die Bedeutung der neuen Tatsache im *Zeitablauf* des Vollzugs ist ggf. zu berücksichtigen (NStZ **07**, 92, 93).

30 **b)** Unfreundliches und sozialwidriges **Vollzugsverhalten** reicht für sich allein nicht aus (vgl. NStZ **07**, 267 f. [zu § 66a II S. 2]). **Problematisch** ist auch die Einbeziehung von Erkenntnissen aus Maßnahmen des *Behandlungsvollzugs* i. w. S., also zB aus vollzugsinterner Psychotherapie (zur Schweigepflicht von Therapeuten vgl. *Harrendorf* JR **07**, 18: Offenbarung nur nach Maßgabe von § 182 II S. 2 StVollzG); aus Gesprächsgruppen; Seelsorge; Suchtbehandlung oder -prophylaxe; aus Außenkontakten im Rahmen von Schriftverkehr; Ausgang oder Urlaub; ehrenamtlicher Straffälligenhilfe von externen Personen; usw. In diesen Bereich können sich vielfältige „neue Tatsachen“ ergeben, die für eine Beurteilung der Gefährlichkeit von Belang sein können. Ihre generelle Einbeziehung müsste aber zwangsläufig dazu führen, dass es gerade für besonders problematische Gefangene nahe läge, sich solchen Bereichen der „Erkennbarkeit“ gezielt zu entziehen. Folge wären ein kontraproduktiver Rückzug oder das Bemühen um oberflächlich angepasstes Verhalten gerade bei hochproblematischen Personen einerseits, eine Überlastung der Behandlungs-Angebote mit demonstrativ-eifrigen Behandlungs-Willigen, die der Therapie uU viel weniger bedürfen, andererseits.

31 **c)** Auch **innere Tatsachen**, insb. Veränderungen in Persönlichkeit und Psyche des Verurteilten, können neue Tatsachen iS von § 66b sein (BGH **51**, 191, 195 [= NJW **07**, 1074]; StraFo **07**, 120, 121; vgl. oben 22). Daher *kann* eine „grundlegende Haltungsänderung“ (von Schuldeinsicht und Therapiemotiviertheit zum Zeitpunkt der Verurteilung zu Obstruktion und Therapieabbruch im Vollzug) eine indizielle neue Tatsache sein (1 StR 482/05 [aufgehoben durch BVerfG StV **06**, 574]; *Rissing-van Saan*, Nehm-FS [2006] 191, 198); nach Ansicht des BVerfG aber nur dann, „wenn gerade der Wegfall der Therapie-Motivation die gesteigerte Gefährlichkeit indiziert“; neu ist die Tatsache aber *nicht*, wenn die Gefährlichkeit sich „nur als Folge der zum Zeitpunkt der Verurteilung bereits bekannten unbewältigten Suchtproblematik darstellt“ (BVerfG NJW **06**, 3483, 3485 [m. krit. Anm. *Foth* NStZ **07**, 89, 90]). Diese Differenzierung ist psychologisch derart feinsinnig, dass ihre Praktikabilität bezweifelt werden muss. Nach 5 StR 113/06 ist ein **Behandlungsabbruch** nur dann eine neue Tatsache, wenn das frühere Gericht begründet annehmen konnte, der Verurteilte werde sich im Vollzug einer Erfolg versprechenden Therapie unterziehen. Eine **psychische Erkrankung** während des Vollzugs kann die Anordnung nur dann rechtfertigen, wenn sie sich nach außen *manifestiert* und in prognoserelevanter Weise ausgedrückt hat (1 StR 476/05; 1 StR 27/06; BGH **51**, 191, 195). Nach BGH **50**, 121, 126 f. (= NJW **05**, 2022, 2024, 1 StR 37/05) *können* **Verweigerung** oder **Abbruch einer Therapie** während des Vollzug grds. Indiztatsachen sein (ebenso BGH **50**, 275, 280 f. [= NJW **06**, 384, 386; krit. *Kinzig* JZ **05**, 1056 ff.; *Brettel* StV **06**, 64, 65 f.; *Schneider* StV **06**, 99, 104; Ullenbruch NStZ **07**, 62, 66]), reichen *für sich allein* aber nicht aus (ebenso LG Frankfurt StV **05**, 145, 146; weiter gehend Jena StV **06**, 186 [m. krit. Anm. *Hörnle*]; vgl. auch BVerfG NJW **06**, 3483 f.), wenn sie nicht in einem prognoserelevanten symptomatischen Zusammenhang mit der Anlasstat stehen (BGH **51**, 191, 196).

32 **d)** Die Bewertung von **neuen Straftaten** und damit das Verhältnis des § 66b zu §§ 66, 66a hat sich am Vorrang der tatrichterlichen Bewertbarkeit nach §§ 66, 66a zu orientieren (BGH **50**, 373, 380 [= NJW **06**, 1442, 1444 f.]; vgl. auch *Ullen-*

bruch NStZ **02**, 466, 470 f.; MK-*Ullenbruch* 71): Wenn ein Verurteilter während des Vollzugs der Strafhaft eine neue Straftat begeht, sei es innerhalb der JVA oder im Rahmen von Lockerungen, so ist deswegen ein *neues Strafverfahren* durchzuführen; in diesem Verfahren ist ggf. zu prüfen, ob eine Maßregel nach §§ 66, 66 a zu verhängen ist (vgl. 39 f. zu § 66). Soweit der Tatrichter eine solche Prüfung vorgenommen hat oder die Voraussetzungen hierfür vorgelegen hätten, ist die neue Straftat keine *neue* Tatsache iS von § 66 b; sie steht daher für eine nachträgliche Korrektur der tatrichterlichen Entscheidung ebenso wenig zur Verfügung wie die Anlasstat (BGH **50**, 373, 380 f.]; Frankfurt NStZ-RR **05**, 106 [m. Anm. *Eisenberg* StV **05**, 345]; iErg. wohl auch Karlsruhe NStZ **05**, 97; vgl. oben 14 a; **aA** iErg. Brandenburg NStZ **05**, 272, 275; vgl. auch München StraFo **05**, 168, 169). Gegen die Berücksichtigung einer neuen, zur Prüfung von § 66 oder § 66 a Anlass gebenden Straftat als neue Tatsache iS von I oder II spricht vor allem, dass die Gefährlichkeit iS von §§ 66 ff. nur einheitlich festgestellt werden kann. Den Einwand, es ergebe sich bei dieser Auslegung ein *Wertungswiderspruch*, weil die Anordnung nach § 66 b auf nach der Anlassverurteilung begangene *gravierende* Straftaten, die ihrerseits Anlass für die Verhängung von SV nach § 66 geben können, *nicht* gestützt werden darf, wohl aber auf die Begehung von Taten *geringeren* Gewichts (so *hier* 53. Aufl.), hat der *5. StS* verworfen (BGH **50**, 373, 381 [= NJW **06**, 1442, 1444 f.]).

B. Hang. Ob § 66 b die Feststellung eines „Hangs" iS von § 66 I Nr. 3 voraussetzt, ist im Gesetzgebungsverfahren unklar geblieben. Der Gesetzgeber ist ausdrücklich davon ausgegangen, dass die Feststellung eines Hangs unter den „künstlichen" Bedingungen des Strafvollzugs weder möglich noch erforderlich sei (BT-Drs. 15/2887, 13; ebenso *Lackner/Kühl* 8; *Kinzig* NStZ **04**, 655, 656; dagegen MK-*Ullenbruch* 95). Der **BGH** hat dagegen in BGH **50**, 121, 132 [= NJW **05**, 2022; Anm. *Ullenbruch* NStZ **05**, 563; *Kinzig* JZ **05**, 1066; *Böhm* StraFo **05**, 304]) jedenfalls für den Fall des **Abs. I** im Hinblick auf die uneingeschränkte Verweisung auf die „übrigen Voraussetzungen des § 66" die Feststellung eines „Hangs" für erforderlich gehalten (ebenso BVerfG NJW **06**, 3483, 3484 [m. Anm. *Foth* NStZ **07**, 89]; Frankfurt NStZ-RR **05**, 106, 108 f.; zur gleich gelagerten Problematik in § 66 a vgl. BGH **50**, 188). **33**

Für Anordnungen nach **Abs. II** gilt das nach der zutr. Entscheidung BGH **50**, 373, 381 f. (= NJW **06**, 1442, 1445, 5 StR 585/05) gleichermaßen (ebenso BGH **51**, 191, 198 f. [= NJW **07**, 1074]; NStZ **05**, 561, 563 [zu § 66 a]; Frankfurt StV **05**, 142; *Zschieschack/Rau* JR **06**, 8, 13; *dies.* JR **06**, 477, 478 f.; *Rissing-van Saan*, Nehm-FS [2006] 191, 199; offen gelassen in NJW **06**, 1446, 1447 [4 StR 222/05]; auch bei *Folkers* NStZ **06**, 426, 427). In II ist zwar nicht auf die „Voraussetzungen des § 66" verwiesen. Dies beruht aber darauf, dass Vorverurteilungen hier nicht erforderlich sind (vgl. oben 11), und spricht jedenfalls nicht zwingend dafür, im Fall des Abs. II keinen Hang zu verlangen. Überdies setzt § 67 d III, der auch für die nachträgliche SV gilt, gerade die Prüfung *Hang*-bedingter Gefährlichkeit voraus (BGH aaO; vgl. auch Streng StV **06**, 92, 96). Vor allem aber ist *in der Sache* kein Grund erkennbar, warum man bei Vorliegen einer *breiteren* Beurteilungsgrundlage (I) einen Hang verlangen, bei *schmalerer* Grundlage (II) darauf aber verzichten sollte. Das Argument des **Gesetzgebers**, auf die Feststellung eines Hangs sei zu verzichten, weil sie *zu schwierig* sei (BT-Drs. 15/2887, 13), zeigt freilich mit bemerkenswerter Klarheit, dass das Merkmal vorwiegend *rhetorische Bedeutung* haben sollte (vgl. 25 zu § 66, 5 a zu § 66 a), denn wenn man in *schwierigen* Fällen auf seine Feststellung verzichten kann, kann es schwerlich in den *leichteren* Fällen von ernsthaftem Gewicht sein. **34**

Überraschend (und in der Sache **unzutreffend**) hat das **BVerfG** (NJW **06**, 3483 [Beschl. v. 23. 8. 2006, 2 BvR 226/06]; iE ebenso *S/S-Stree* 2; *Lackner/Kühl* 8; *Kinzig* NStZ **04**, 655, 657 f.) dagegen (in *fachgerichtlicher* Auslegung des einfachen Rechts; dazu auch *Rosenau/Peters* JZ **07**, 584, 595 f.) ausgeführt, ein Hang sei im Fall des Abs. II *nicht erforderlich*, denn (?) die Feststellung des Hangs sei „nicht gleichbe- **35** deutend" mit der Gefahrprognose (ebd.). Das Fehlen der „psychologischen Tatsache" eines Hangs sei in § 66b Abs. II dadurch *aufgewogen*, dass hier „*weitere* limitierende Merkmale" die Verhältnismäßigkeit der Anordnung gewährleisten: höhere Mindeststrafe der Ausgangsverurteilung und eingeschränkter Katalog drohender Straftaten. „Im Einzelfall" soll gleichwohl die Feststellung eines Hangs *geboten* sein, wenn dies (*zusätzlich* zum Vorliegen der „weiteren limitierenden Merkmale") für die Annahme der Gefährlichkeit erforderlich ist (NJW **06**, 3483, 3484). Diese in der Sache wohl nicht veranlasste Auslegung, die hinter dem Niveau der dogmatischen Diskussion zurück bleibt, hat die Anwendung um eine weitere Variante kompliziert. Dass eine *Kammer*-Entscheidung des BVerfG eine Grundsatzentscheidung des obersten Fachgerichts (BGH **50**, 373, 381) *ohne Begründung* ausdrücklich als unzutreffend verwirft, ist ungewöhnlich; ihre Überzeugungskraft wird dadurch nicht gesteigert, dass sie den entgegenstehenden Wortlaut der §§ 67d III S. 1 StGB, 463 III S. 4 StPO nicht einmal erwähnt. *Sachlich* verschwimmen in der Entscheidung „Basistatsachen", Schuldschwere der Vortaten, Voraussetzungen der Gefahr und Gewicht der Rechtsfolge zu einer kaum noch entwirrbaren Einheit, die nurmehr nach Maßgabe der „Verhältnismäßigkeit" zu prüfen sein soll. Diese **Reduzierung dogmatisch klarer Kriterien** auf eine „*Gesamtschau*" der Verhältnismäßigkeit müsste freilich voraussetzen, dass man weiß, welches *Verhältnis* überhaupt gemeint ist. Gerade *hierfür* ist die Aufgabe aller begrifflichen Abgrenzungen aber ersichtlich nicht hilfreich.

36 **C. Gefährlichkeit.** Es muss die Gefährlichkeit des Verurteilten festgestellt werden. Dies setzt voraus, dass eine hohe Wahrscheinlichkeit dafür besteht, dass er (in Freiheit) eine **erhebliche Straftat** begehen wird, durch welche das Opfer seelisch oder körperlich **schwer geschädigt** würde. Diese zentrale materielle Voraussetzung ist in allen Fallen des § 66b I bis III Nr. 2 gleich und entspricht § 66a II S. 2 (vgl. 9a zu § 66a, 31 zu § 66). Die pluralische Fassung ist nur sprachlich bedingt; die Gefahr *einer* Tat reicht.

37 Die Gefahr der Begehung neuer erheblicher Straftaten muss mit **hoher Wahrscheinlichkeit** bestehen. Das ist *sprachlich* mehr als die Feststellung der Gefährlichkeit in § 66 I Nr. 3 und als die Erwartung in § 66a II Nr. 2. Der Gesetzgeber hat hierzu ausgeführt, die Formulierung weise auf das Erfordernis eines „gegenüber § 66a weiter gesteigerten Wahrscheinlichkeitsgrads" (BT-Drs. 15/2887, 13) hin; dieser Maßstab trage dem Verhältnismäßigkeitsgrundsatz Rechnung (ebd.). Um so erstaunlicher ist es, wenn dann ausgeführt wird, der Begriff „Wahrscheinlichkeit" sei „*nicht im empirischen Sinne*" zu verstehen (ebd.), sondern als „Ergebnis einer *wertenden Abwägung*". Das ist unverständlich, denn einen *anderen* als einen empirischen Sinn kann der Begriff der Wahrscheinlichkeit gar nicht haben; er bezeichnet ja gerade die Häufigkeit des Eintritts eines Ereignisses. Gemeint sein könnte, dass man die für § 66b I erforderliche Prognose nicht quantifizieren könne. Dann ist es aber sinnlos, zugleich von einem „gesteigerten Wahrscheinlichkeitsgrad" zu sprechen. Wenn die Wahrscheinlichkeit nicht empirisch festzustellen, sondern durch Abwägung zu *finden* ist, hat es überdies keinen Sinn, diese angeblich *nicht-empirische Abwägung* vom Vorliegen neuer *Tatsachen* abhängig zu machen. Es dürfte sich bei der Rede von der „gesteigerten" Wahrscheinlichkeit somit tatsächlich um „*verbalen Schönklang*" (so MK-*Ullenbruch* 83) handeln, der die Behauptung stützen sollte, die Anwendung des § 66b habe „Ausnahmecharakter" (vgl. oben 7).

38 Nach Brandenburg NStZ **05**, 272, 275 müssen „weitaus mehr *oder* weitaus gewichtigere Umstände" für als gegen die Begehung einer neuen Tat sprechen. Der **BGH** hat entschieden, ein **über 50%** liegendes Rückfallrisiko (zur Problematik statistisch gestützter *Individual*-Prognosen vgl. ausf. *Schneider* StV **06**, 99, 101 ff.) könne „für sich allein" nicht die Gefährlichkeit begründen, da sonst der Anwendungsbereich des § 66b zu breit werde (BGH **50**, 121, 131 [*1. StS*]). Das überzeugt nicht, denn ein Risiko von mehr als 50% ist offenkundig als *sehr hoch* zu bezeichnen. Stünde eine solche Wahrscheinlichkeit schwerer Gewalttaten tatsäch-

lich „für sich allein" fest, gäbe es also keine weiteren Umstände, welche sie verändern könnten, so wären die Voraussetzungen des Abs. I erfüllt. In Wahrheit kann aber die Wahrscheinlichkeit des Rückfalls *im Einzelfall* gar nicht allein aus überindividuellen statistischen Erfahrungen abgeleitet werden. Das Maß *konkreter* Wahrscheinlichkeit des Rückfalls steht daher *nie* „für sich allein" fest; seine Bestimmung setzt die Bewertung einer Vielzahl individueller Umstände des Einzelfalls voraus.

Das **BVerfG** hat entschieden, es reiche verfassungsrechtlich nicht aus, eine hohe **39**
Wahrscheinlichkeit anzunehmen, wenn *überwiegende Umstände* auf die künftige Begehung von Katalogtaten hindeuten (NJW **06**, 3483, 3485 [= 2 BvR 226/06, Rn. 33]). Vielmehr sei „eine gegenwärtige erhebliche Gefährlichkeit" erforderlich; „Erwägungen zur Rückfallwahrscheinlichkeit" genügten dem nicht (ebd.). Auch diese Anforderungen sind schwer verständlich und für die Praxis nicht weiterführend: Worin der *Unterschied* zwischen „Rückfallwahrscheinlichkeit" und „Gefährlichkeit" liegen soll, bleibt unklar. Gerade hierauf käme es aber an, denn allein aus der hohen Rückfallwahrscheinlichkeit kann sich ja die Gefährlichkeit iS von § 66b ergeben.

D. Anordnung nach Erledigungserklärung gem. § 67d VI. Eine Anord- **40**
nung nach Erledigungserklärung gem. § 67d VI setzt nach III Nr. 2 keine Feststellung eines **Hangs** voraus. Erforderlich ist vielmehr nur die Prognose, dass der Betroffene mit hoher Wahrscheinlichkeit erhebliche Straftaten begehen werde, durch welche die Opfer seelisch oder körperlich schwer geschädigt werden (zur Begutachtung vgl. *Heering/Konrad* R&P **07**, 76ff.; auch *Schalast* R&P **07**, 69, 72f.). Sie soll auf eine Beurteilung der Persönlichkeit des Betroffenen, der zur früheren Unterbringung oder Bestrafung führenden Taten und „ergänzend" ergänzend der Entwicklung des Betroffenen während des Maßregelvollzugs nach § 63 gestützt werden (vgl. dazu oben 29ff.; unten 43).

E. Gesamtwürdigung. Die Feststellung der Gefährlichkeit hat in allen Fällen **41**
(I, II, III Nr. 2) im Wege einer Gesamtwürdigung zu erfolgen; sie ist Aufgabe des Gerichts (vgl. BGH **50**, 121, 127; **50**, 275, 281), das gem. § 275a IV StPO **zwei Sachverständige** anhören muss. Es ist zulässig und kann sich im Einzelfall empfehlen, Sachverständige unterschiedlicher Fachrichtungen zu beauftragen (BGH **50**, 121, 129f.). Der Gesetzgeber hat der Gesamtwürdigung eine *inhaltliche*, materiell begrenzende Funktion zugeschrieben (BT-Drs. 15/2887, 12; vgl. dazu schon oben 8). Eine solche ergibt sich aber weder aus dem Begriff noch aus der Struktur einer Gesamtwürdigung. Diese ist seit jeher Voraussetzung der Maßregel-Anordnung nach § 66 (vgl. NStZ **95**, 178; **01**, 595f.; 37 zu § 66); aus dem selbstverständlichen Erfordernis, sie durchzuführen, kann sich daher eine „wesentlich höhere" Anordnungsschwelle nicht ergeben.

Im Übrigen ist auch in der Sache nicht erkennbar, *warum* eigentlich für die An- **42**
wendung des § 66b *höhere* Anforderungen an die Wahrscheinlichkeit gestellt werden sollen: Wenn die nachträgliche Maßregelanordnung, da das Rückwirkungsverbot für sie nicht gilt (BVerfG NJW **04**, 739, 744; **04**, 750, 757f.; BGH **50**, 121, 130; **50**, 180, 185), weder gegen Art. 103 II GG noch gegen Art. 5 MRK verstößt (vgl. dazu aber *Renzikowski* JR **04**, 271ff.; *Kinzig* NStZ **04**, 655, 660; *Römer* JR **06**, 5f.; *Ullenbruch* NJW **06**, 1377f.), sondern der legitimen Verwirklichung des Anliegens der Rechtsgemeinschaft dient, überragend wichtige Rechtsgüter vor nahe liegenden Gefahren zu schützen, dann besteht kein sachlicher Grund, Prüfung und Anordnung bei wegen gefährlicher Taten bereits rechtskräftig verurteilten, inhaftierten Personen von höheren Anforderungen abhängig zu machen als bei noch nicht verurteilten. Der widersinnigen Umkehrung der Anforderungen an die Feststellung der Gefahr dürfte in Wahrheit das *schlechte Gewissen* des Rechtsstaats zu Grunde liegen, wegen längst rechtskräftig abgeurteilter Anlasstaten *nachträglich* lebenslange Inhaftierung anzuordnen.

43 Die Gesamtwürdigung soll die **Person** des Verurteilten, seine **Taten** (dh. Anlasstat; frühere Symptomtaten; sonstige Vortaten; ggf. neue oder neu bekannt gewordene Taten) und **ergänzend seine Entwicklung** während des Strafvollzugs (im Fall von III Nr. 2: während des Maßregelvollzugs) einbeziehen. Die Einschränkung, dass die Entwicklung nur „ergänzend" zu berücksichtigen sei, beruht auf der Befürchtung, das BVerfG könnte bei einer erneuten Prüfung ein Abstellen auf relativ banale Erkenntnisse aus dem Vollzug, auf „Wohlverhaltens"-Kriterien und neue Tatsachen aus der „künstlichen" Welt des Strafvollzugs usw. als zu geringgewichtig ansehen, um den Anforderungen des Verhältnismäßigkeitsprinzips zu genügen (vgl. BVerfG NJW **04**, 750, 757). Da das BVerfG der überragend wichtigen Anknüpfung an der Anlasstat im Hinblick auf die Beurteilung der Kompetenzabgrenzung (Art. 74 I Nr. 1 GG) besonderes Gewicht beigemessen hat, lag es in der Tat nahe, das Gewicht der prognostischen Gesamtwürdigung als eine **Neubewertung** auf erweiterter Grundlage (vgl. oben 5) zu sehen. Dass dies der Regelung in **§ 66 a II** widerspricht (vgl. auch 9 a zu § 66 a), ist freilich nicht zu übersehen.

44 Die einzelnen materiellen Bewertungsschritte der Gesamtwürdigung, also die Beurteilung des Indizcharakters der neuen Tatsachen; des Hangs, des Zusammenhangs mit der Anlasstat und den sonstigen Umständen, lassen sich nur schwer systematisch trennen. Im **Ergebnis** müssen sie zu der „**wertenden Beurteilung**" führen, dass von dem Verurteilten eine seine Entlassung nicht rechtfertigende Gefahr ausgeht, weil eine hohe, d. h. nahe liegende konkrete Wahrscheinlichkeit besteht, dass er in Freiheit erhebliche Straftaten der in I genannten Art begehen wird (vgl. auch 2 StR 324/06). **Zweifel** an dieser Gefahr wirken zu Gunsten des Verurteilten. Mildere Maßnahmen, insb. Führungsaufsicht, uU auch Maßnahmen einer Bewährungsüberwachung, sind zu berücksichtigen. Für die Entscheidung nach **Abs. III** gelten insoweit keine Besonderheiten.

45 **7)** Die **Entscheidung** steht in allen Fällen im **Ermessen des Gerichts.** Insoweit gelten die Erl. zu § 66 II und III (vgl. 39 zu § 66). Zum **Anordnungszeitpunkt** vgl. oben 25.

46 Eine Überweisung in den Vollzug der Unterbringung in einem **psychiatrischen Krankenhaus** analog § 67 a II *zugleich* mit der nachträglichen Anordnung der Sicherungsverwahrung ist **nicht zulässig**. Zwar soll nach dem Willen des Gesetzgebers § 67 a II bei nachträglicher Anordnung der Sicherungsverwahrung ebenso anwendbar sein wie in Fällen der §§ 66 und 66 a (vgl. BT-Drs. 15/2887, 14; in diese Richtung auch BVerfGE **109**, 190, 242 f.). Eine nachträgliche Anordnung der Unterbringung nach § 63 ist aber gesetzlich *gerade nicht* vorgesehen (vgl. auch 2 a zu § 72). Die Möglichkeit *gleichzeitiger* Anordnungen nach § 66 b und nach § 67 a II würde dies umgehen und die faktische Einführung einer „nachträglichen Unterbringung" nach § 63 bedeuten; sie ist daher nach der zutr. Rspr des **BGH** nicht zulässig (StV **06**, 413 [2 StR 4/06]; StraFo **07**, 120, 122), auch wenn sie „Leerlauf" verhindern (so MK-*Veh* 5 zu 67 a) und im Einzelfall wünschenswert erscheinen mag. Im Übrigen ist für die Entscheidung nach § 67 a II die Strafvollstreckungskammer zuständig; die Überweisung zugleich mit der nachträglichen Anordnung der SV entzöge den Verurteilten insoweit seinem gesetzlichen Richter (2 StR 4/06).

47 **8)** Zum **Verfahren** vgl. § 275 a StPO und die Kommentierungen hierzu. Nebenklage ist nicht zulässig (1 StR 27/06; Brandenburg NStZ **06**, 183). Im Fall des Abs. III setzt die Anordnung voraus, dass die Maßregel nach § 63 von der StVK „für erledigt erklärt worden" ist; sie knüpft also an eine rechtskräftige Entscheidung gem. § 67 d VI an. Eine Bindung des gem. § 275 a StPO entscheidenden Tatgerichts ergibt sich aus der Erledigungsentscheidung nicht. Die Ablehnung der beantragten Anordnung kann nicht wegen fehlender Anhörung eines Sachverständigen angefochten werden, wenn sie schon auf das Fehlen einer Anlasstat gestützt ist (BGH **51**, 25, 29 [= NJW **06**, 1745, 1746]). Das nach § 74 f GVG für das Verfahren über die Anordnung nachträglicher SV zuständige Gericht entscheidet bei

Ablehnung der Anordnung auch über Weisungen im Rahmen der nach § 68f eintretenden Führungsaufsicht, da es sachnäher ist als die nach §§ 463 VI, 462a I grds. zuständige StVK (BGH **50**, 373, 385 = NJW **06**, 1442, 1446). Für die Praxis der **Staatsanwaltschaften** und des **Strafvollzugs** sind die „**Hinweise** zur nachträglichen Sicherungsverwahrung" zu beachten, die im Jahr 2005 von einer Bund-Länder-Arbeitsgruppe erarbeitet und in den Ländern – teilweise mit Ergänzungen – in Kraft gesetzt wurden. Von der Fassung einer bundeseinheitlichen Richtlinie wurde im Interesse höherer Flexibilität abgesehen.

Reihenfolge der Vollstreckung

67 **I Wird die Unterbringung in einer Anstalt nach den §§ 63 und 64 neben einer Freiheitsstrafe angeordnet, so wird die Maßregel vor der Strafe vollzogen.**

II Das Gericht bestimmt jedoch, dass die Strafe oder ein Teil der Strafe vor der Maßregel zu vollziehen ist, wenn der Zweck der Maßregel dadurch leichter erreicht wird. Bei Anordnung der Unterbringung in einer Entziehungsanstalt neben einer zeitigen Freiheitsstrafe von über drei Jahren soll das Gericht bestimmen, dass ein Teil der Strafe vor der Maßregel zu vollziehen ist. Dieser Teil der Strafe ist so zu bemessen, dass nach seiner Vollziehung und einer anschließenden Unterbringung eine Entscheidung nach Absatz 5 Satz 1 möglich ist. Das Gericht soll ferner bestimmen, dass die Strafe vor der Maßregel zu vollziehen ist, wenn die verurteilte Person vollziehbar zur Ausreise verpflichtet und zu erwarten ist, dass ihr Aufenthalt im räumlichen Geltungsbereich dieses Gesetzes während oder unmittelbar nach Verbüßung der Strafe beendet wird.

III Das Gericht kann eine Anordnung nach Absatz 2 Satz 1 oder Satz 2 nachträglich treffen, ändern oder aufheben, wenn Umstände in der Person des Verurteilten es angezeigt erscheinen lassen. Eine Anordnung nach Absatz 2 Satz 4 kann das Gericht auch nachträglich treffen. Hat es eine Anordnung nach Absatz 2 Satz 4 getroffen, so hebt es diese auf, wenn eine Beendigung des Aufenthalts der verurteilten Person im räumlichen Geltungsbereich dieses Gesetzes während oder unmittelbar nach Verbüßung der Strafe nicht mehr zu erwarten ist.

IV Wird die Maßregel ganz oder zum Teil vor der Strafe vollzogen, so wird die Zeit des Vollzugs der Maßregel auf die Strafe angerechnet, bis zwei Drittel der Strafe erledigt sind.

V Wird die Maßregel vor der Strafe oder vor einem Rest der Strafe vollzogen, so kann das Gericht die Vollstreckung des Strafrestes unter den Voraussetzungen des § 57 Abs. 1 Satz 1 Nr. 2 und 3 zur Bewährung aussetzen, wenn die Hälfte der Strafe erledigt ist. Wird der Strafrest nicht ausgesetzt, so wird der Vollzug der Maßregel fortgesetzt; das Gericht kann jedoch den Vollzug der Strafe anordnen, wenn Umstände in der Person des Verurteilten es angezeigt erscheinen lassen.

Übersicht

1) Allgemeines ... 1, 1a
2) Anwendungsbereich ... 2
3) Reihenfolge des Vollzugs: Grundsatz (Abs. I) ... 3
4) Ausnahme: Vorwegvollzug der Strafe (Abs. II) ... 4–15
   A. Allgemeine Ausnahme bei Maßregeln nach §§ 63 oder 64 (II S. 1) ... 5–9
   B. Ausnahme-Konkretisierung bei Maßregeln nach § 64 (II S. 2) ... 10–12
   C. Vorwegvollzug bei zu erwartender Ausreise (II S. 4) ... 13–15
5) Nachträgliche Änderung der Reihenfolge (Abs. III) ... 16–20
6) Anrechnung des Maßregelvollzugs (Abs. IV) ... 21–24
7) Aussetzung des Strafrests (Abs. V) ... 25, 26
8) Übergangsregelungen ... 27

1 **1) Allgemeines.** Die Vorschrift ist abw. von § 87 E 1962 (Begr. 216) und § 77 AE durch das 2. StrRG (Ber. BT-Drs. V/4095, 30; Prot. V/12, 331, 357, 379, 1302, 2025, 2053, 2318, 2445, 3247) eingefügt und durch Art. 18 Nr. 23 EGStGB (E EGStGB 214) sowie das StVollzÄndG (4 vor § 61) und in II, IV, V S. 1 durch Art. 1 Nr. 15 des 23. StÄG (BR-Drs. 5/86; 107/86) geändert worden. Durch das Gesetz v. 16. 7. 2007 (BGBl. I 1327) ist die seit langem geforderte (vgl. dazu BT-Drs. 16/1110, 9) Reform umgesetzt worden (vgl. auch 1 zu § 64): Abs. II S. 3 bis 5 sowie Abs. III S. 2 und 3 wurden eingefügt, III S. 1 und V redaktionell geändert, der frühere Abs. IV S. 2, der vom BVerfG für verfassungswidrig und nicht erklärt worden war (BVerfGE **91**, 1), wurde aufgehoben (**Mat.:** GesE BReg BT-Drs. 16/1110; GesE BRat BT-Drs. 16/1993; Ber. BT-Drs. 16/5137). **In-Kraft-Treten: 20. 7. 2007 (Rückwirkung: § 2 VI).**

1a **Literatur:** *Boehm,* Vollstreckungsreihenfolge u. Anrechnung bei Unterbringung u. Freiheitsstrafe aus verschiedenen Urteilen, NStZ **96**, 583; *Boetticher,* Zu den Schwierigkeiten der Handhabung der Vorschriften über die Unterbringung in einer Entziehungsanstalt, StV **91**, 75; *Brandstätter,* Vikariierendes System bei Strafe u. Maßregel aus verschiedenen Erkenntnissen?, MDR **78**, 453; *Eisenberg,* Entwurf eines Gesetzes zur Reform des Rechts der Unterbringung in einem psychiatrischen Krankenhaus und in einer Entziehungsanstalt, GA **07**, 348; *Fischer,* Vorwegvollzug der Strafe (§ 67 II StGB) mit unbestimmter Dauer?, NStZ **91**, 324; *Hanack,* Probleme des Vikariierens und der Unterbringung in einer Entziehungsanstalt (§ 67, 64 StGB), JR **78**, 399; *Marquardt,* Dogmatische u. kriminologische Aspekte des Vikariierens von Strafe u. Maßregel, 1972; *Maul/Lauven,* Die Vollstreckungsreihenfolge von Strafe u. Maßregel gemäß § 67 II StGB, NStZ **86**, 397; *Morgenstern,* Die Anrechnung von „Organisationshaft" bei Unterbringung nach § 64 StGB und gleichzeitig verhängter Freiheitsstrafe, StV **07**, 441; *Müller-Dietz,* Die Reihenfolge der Vollstreckung von Strafen u. Maßregeln aus verschiedenen Urteilen, NJW **80**, 2789; *ders.,* Unterbringung in der Entziehungsanstalt u. Verfassung, JR **95**, 353; *Ostermann,* Haft ohne Rechtsgrundlage. Zum Übergang von der Untersuchungshaft in den Maßregelvollzug, StV **93**, 53; *Stree,* Probleme der Unterbringung in einer Entziehungsanstalt, Geerds-FS 581; *Streng,* Vikariierens-Prinzip u. Leidensdruck, StV **87**, 41; *Volckart,* Die Höchstfrist der Unterbringung in einer Entziehungsanstalt (§ 67 IV 1, § 67 d I 3 StGB), NStZ **87**, 215.

2 **2) Anwendungsbereich.** Das sog. vikariierende System des § 67 gilt für die Maßregeln nach §§ 63 und 64. § 67 gilt nur, wenn die Unterbringung *neben* einer Freiheitsstrafe iwS in *demselben Urteil* angeordnet wird (§ 44 a StVollstrO; Stuttgart MDR **80**, 778; Die Justiz **80**, 447; Karlsruhe Die Justiz **82**, 163 L; Celle NStZ **83**, 188; Düsseldorf NStZ **83**, 383; Hamm MDR **79**, 957; Nürnberg MDR **78**, 72; SchlHA **84**, 85; *Lackner/Kühl* 1; **aA** München NJW **80**, 1910; Köln MDR **80**, 511; NK-*Böllinger* 14). §§ 67, 67 a sind – auch im Vollstreckungsverfahren – nicht analog anwendbar (Karlsruhe MDR **91**, 892).

3 **3) Reihenfolge des Vollzugs: Grundsatz (Abs. I).** Eine Maßregel nach § 63 oder § 64 wird, wenn sie neben der Strafe in demselben Verfahren angeordnet wird, nach Abs. I grds **vor der Strafe** vollzogen; Abs. II regelt Ausnahmen von diesem Grundsatz. Beim Zusammentreffen von Freiheitsstrafe mit Unterbringungsanordnungen in *verschiedenen* Verfahren bestimmt die Vollstreckungsbehörde die Reihenfolge der Vollstreckung (vgl. § 44 b StVollstrO; Düsseldorf NStE Nr. 23).

4 **4) Ausnahme: Vorwegvollzug der Strafe (Abs. II).** Abs. II idF durch das G v. 16. 7. 2007 (vgl. oben 1) enthält Regelungen zur Umkehr oder Veränderung der Vollstreckungsreihenfolge; dabei gelten II S. 1 und 4 für Maßregeln nach §§ 63, 64, II S. 2 und 3 nur für Maßregeln nach § 64 (unten10).

5 **A. Allgemeine Ausnahme bei Maßregeln nach § 63 oder § 64 (II S. 1).** Nach II S. 1 hat das Gericht in Umkehrung der Reihenfolge des I den Vorwegvollzug eines Teils der Strafe oder der ganzen Strafe anzuordnen, wenn hierdurch der **Zweck** einer Maßregel nach § 63 oder § 64 **leichter erreichbar** wird. Es geht auch bei hohen Freiheitsstrafen darum, den Täter im Interesse der Verwirklichung des Vollzugsziels schon frühzeitig zu heilen (§ 63) oder von seinem Hang zu befreien (BGH **37**, 161 [m. Anm. *Schüler-Springorum* StV **91**, 561]; vgl. aber 3 zu § 64). Für die Zweckmäßigkeit des Vorwegvollzugs reichen nach stRspr *allgemeine Erwägungen* rechtspolitischer oder kriminologischer Art nicht aus; etwa Alltagstheorien der Art, „erfahrungsgemäß" wirke es sich nicht vorteilhaft aus, wenn sich eine

längere Haftstrafe an die Unterbringung anschließe (vgl. NStZ-RR **98**, 70), oder der *Leidensdruck* im Strafvollzug verbessere die Erfolgsaussichten einer anschließenden Maßregelbehandlung (vgl. BGH **33**, 286 [m. Anm. *Wendisch* NStZ **86**, 140]; *Maul/Lauven* NStZ **86**, 398]). Die Anordnung des Vorwegvollzugs bedarf vielmehr einer sorgfältigen Prüfung im Einzelfall, ob gerade der Vorwegvollzug den Therapieerfolg zu fördern in der Lage ist. Die Prüfung hat darauf abzustellen, ob der **Zweck der Maßregel** (nicht: der Strafe) leichter erreichbar wird. Würden bei sofortigem Beginn der Maßregel deren Erfolgsaussichten entscheidend gemindert, so ist der Vorwegvollzug jedenfalls eines Teils der Strafe angezeigt (1 StR 375/98). Der Abweichung von der regelmäßigen Vollstreckungsreihenfolge bedarf es nur, wenn und soweit nicht nach IV, V S. 1 die Möglichkeit besteht, den Angeklagten aus der Therapie in die Freiheit zu entlassen (BGHR § 67 II VorwVollz. 4; GA **92**, 178; NStZ/D **91**, 278). Für ein Abweichen von der Vollzugsreihenfolge müssen **auf den Einzelfall bezogene** Gründe vorliegen (NStZ-RR **98**, 70; 272; 3 StR 594/94; vgl. 3 StR 238/95; 2 StR 212/97; 1 StR 481/00); es ist darauf zu achten, dass die Begründung für einen Vorwegvollzug nicht im **Widerspruch** zur Begründung der Annahme einer hinreichend konkreten Erfolgsaussicht bei der **Anordnung** der Maßregel stehen darf (vgl. 22 ff. zu § 64; 3 StR 222/01). Richtschnur für die Entscheidung ist das Rehabilitationsinteresse des Verurteilten (NStZ-RR **99**, 44; **01**, 93; BGHR § 67 II Vorwegvollz., teilweiser 11; 1 StR 521/00). *Insoweit* gilt für II S. 1 (und damit uneingeschränkt für **Maßregeln nach § 63**) weiterhin die **frühere Rspr** zu § 67 II aF. (vgl. NStZ **99**, 613 f.). Soweit diese – zumeist – zu Maßregeln nach § 64 ergangen ist, gelten hierfür allerdings die abweichenden Regeln der S. 2 und 3 (unten 10 ff.).

Nach dieser Rspr ist der **Vorwegvollzug gerechtfertigt**, wenn der Entlassung in die Freiheit eine Behandlung nach § 64 oder nach § 63 (NJW **90**, 1124 [Anm. *Funck* NStZ **90**, 509]; NJW **99**, 613; BGHR § 67 II Zweckerr., leichtere 9) unmittelbar vorausgehen sollte, weil im Einzelfall ein nachfolgender Strafvollzug die positiven Auswirkungen des Maßregelvollzugs wieder gefährden würde (NJW **86**, 143; MDR/H **86**, 442; NStZ **86**, 428; NStZ-RR **98**, 296; **03**, 295), oder wenn sonst der vorgezogene Strafvollzug als *sinnvolle Vorstufe* der Behandlung (4 StR 9/84) für deren Zwecke erforderlich ist (BGH **33**, 286; stRspr). Soll der Vorwegvollzug der Strafe auf die Gefahr gestützt werden, dass ein sich anschließender Strafvollzug die positiven Wirkungen des Maßregelvollzugs gefährden würde (vgl. etwa NStZ-RR **02**, 26; 1 StR 714/96; 3 StR 125/03), müssen *konkrete* Anhaltspunkte hierfür dargelegt werden (NStZ **86**, 428; JR **88**, 378 [m. Anm. *Hanack*]; NStZ-RR **03**, 295; 2 StR 680/97). 6

Nicht ausreichend sind bloße Zweckmäßigkeitserwägungen (1 StR 310/91; Bay DAR **84**, 239; NK-*Böllinger* 26; so auch BT-Drs. 16/1110, 14) oder Belegungsschwierigkeiten (NStZ **90**, 103; Bay NJW **81**, 1522); die Absicht, von der Möglichkeit einer Zurückstellung der Vollstreckung (§ 35 BtMG) Gebrauch machen zu wollen (NStZ **84**, 573 [m. Anm. *Müller-Dietz* JR **85**, 119; hierzu auch *Maul/Lauven* NStZ **86**, 399]; NStZ **85**, 571; 1 StR 456/85; MDR/S **85**, 970; NStZ/T **86**, 161; **87**, 167; vgl. *Kaiser* aaO [10 a vor § 61] 25; 15 vor § 56); das Sicherheitsbedürfnis des Tatopfers (4 StR 34/98); das Abstellen auf den „strengeren Rahmen" des Strafvollzugs (NStZ **86**, 332); dass eine Einrichtung nach § 93 a JGG (NStZ **82**, 132) oder ein Platz in einem psychiatrischen Krankenhaus nicht zur Verfügung steht (Dresden NStZ **93**, 511); dass der Verurteilte in der Strafanstalt besser überwacht werden könne als im Maßregelvollzug (NStZ-RR **99**, 44); dass der ausländische Verurteilte im Strafvollzug seine Deutschkenntnisse und damit die Erfolgsaussichten der therapeutischen Behandlung verbessern könne (StV **00**, 355); die bloße allgemeine Gefahr eines Misserfolges des Maßregelvollzugs (StV **85**, 12; NStZ **85**, 572; NStZ-RR **02**, 26); die Feststellung, der Angeklagte neige dazu, seine Taten zu bagatellisieren (1 StR 109/01; StraFo **06**, 299); die Erwägung, der Maßregelvollzug sei auf schrittweise Lockerung ausgerichtet, an deren Ende die Entlassung in die Freiheit stehen soll (1 StR 77/01); die Erwägung, in Haftanstal- 7 ten bestehe ein „schwunghafter Handel mit BtM", was den Angeklagten einer Gefährdung aussetze (5 StR 262/99; 5 StR 218/99; vgl. aber auch NStZ-RR **01**, 93). Überhaupt können allgemeine **Mängel des Strafvollzugs** den Vorwegvollzug nicht begründen, wenn sie nicht gerade in der Person des Verurteilten *besonderes* Gewicht erlangen; der konkrete Einzelfall muss sich bei Anwendung von II S. 1 als *Ausnahmefall* darstellen. Das Argument, der „**Motivationsdruck**" müsse durch Vorwegvollzug der Strafe erhöht werden, reicht für eine Ausnahmeanordnung gem. II S. 1 nicht aus, wenn nicht *konkrete* Umstände des Einzelfalls dies nahe legen (vgl. NStZ-RR **02**, 26; BGHR § 67 II Zweckerreichung, leichtere 10; Vorwegvollzug, teilw. 12 [jew. zu § 64; *insoweit* überholt]). Eine (nur) *gegenwärtig* **fehlende Bereitschaft** des Verurteilten, „an sich zu arbeiten", lässt jedenfalls den Vorwegvollzug der *ganzen* Freiheitsstrafe nicht geboten erscheinen; die Therapiebereitschaft kann gerade auch durch den Vollzug der Maßregel gefördert werden (BGHR § 67 II Zweckerreichung, leichtere 14; StraFo **06**, 299).

8 II S. 1 sieht die Möglichkeit des Vorwegvollzugs der **ganzen Strafe** oder eines **Teils der Strafe** vor. Eine Anordnung des Vorwegvollzugs der *gesamten* Strafe mit der Begründung, ein weiterer Strafvollzug nach dem Maßregelvollzug könne mögliche Therapieerfolge zunichte machen, ist nicht von vornherein unzulässig (vgl. BGHR § 67 II Vorwegvollz., teilw. 7; 3 StR 94/98), erfordert aber eine am Einzelfall orientierte Auseinandersetzung mit der Möglichkeit des Vorwegvollzugs eines Strafteils (NJW **88**, 216 [m. Anm. *Hanack* JR **88**, 379]; NStE Nr. 12 u. 24; BGHR § 67 II, VorwegV 3; NStZ/D **90**, 224; **91**, 479; **92**, 173; 3 StR 227/94; 3 StR 382/94; 5 StR 545/95; 2 StR 549/95; 5 StR 653/95).

9 Der sich durch den Vorwegvollzug grds. ergebenden **Zusatzbelastung** hat das Gericht dadurch Rechnung zu tragen, dass es sich bei der Bemessung des Teils der Strafe am voraussehbaren Zeitpunkt einer Reststrafenaussetzung (§ 57) orientiert; das gilt unabhängig von II S. 3 (unten 11) auch für Anordnungen nach II S. 1 (vgl. schon BGHR § 67 II Vorwegvollz., teilweiser 7, 10; NStZ-RR **01**, 93). Eine Anordnung des Vorwegvollzugs von **zwei Dritteln** der Strafe muss erkennen lassen, dass sich das Gericht des Umstands bewusst war, dass die Anordnung im Ergebnis wie ein zusätzliches Strafübel wirkt. Das gilt in allen Fällen, in denen sich durch die Dauer des angeordneten Vorwegvollzugs eine Überschreitung des Zwei-Drittel-Zeitpunkts ergeben würde (vgl. NStZ **07**, 30 [Vorwegvollzug von 3 Jahren bei Freiheitsstrafe von 5 Jahren und Maßregel nach § 64]). Es muss – für das Revisionsgericht nachprüfbar – geprüft werden, ob es nicht ausreicht, so viel Freiheitsstrafe vorweg zu vollziehen, dass ihre Dauer zusammen mit der voraussichtlichen Dauer des Maßregelvollzugs zwei Drittel der Strafe ausmacht (NStZ-RR **03**, 295). Auf den nach II vorweg zu vollstreckenden Strafteil ist erlittene UHaft **anzurechnen** (§ 51; vgl. NJW **91**, 2431 [Anm. *Funck* JR **92**, 476]; **aA** Schleswig NStZ **90**, 407 [Anm. *Volckart* StV **90**, 438]). Unzulässig ist es, den Umfang des Vorwegvollzugs von der (zum Urteilszeitpunkt fortdauernden) Länge der UHaft abhängig zu machen (NStZ **03**, 257 [Anordnung von „12 Monaten über die anzurechnende UHaft hinaus"]).

10 **B. Ausnahme-Konkretisierung bei Maßregeln nach § 64 (II S. 2, 3).** Abs. II S. 2 (idF des G v. 16. 7. 2007; oben 1) enthält (mit Wirkung vom 10. 7. 2007) eine nochmalige Umkehrung des Regel-Ausnahme-Verhältnisses von I und II S. 1 dahingehend, dass bei Anordnung einer Maßregel nach **§ 64** neben *zeitiger* Freiheitsstrafe von mehr als drei Jahren der **Vorwegvollzug eines Teils** der Strafe angeordnet werden soll. Diese **Soll-Regelung**, die auf dem GesE der BReg beruht, setzt um, was die Praxis seit jeher – mit im Einzelfall mehr oder weniger guten Argumenten – für zweckmäßig gehalten hat; die umfangreiche Rspr des BGH zur Frage des Vorwegvollzugs beruhte schon in den vergangenen Jahrzehnten vor allem darauf, dass die Tatgerichte die von ihnen als zu eng angesehene Möglichkeit des II S. 1 über die Grenzen der gesetzlichen Fassung hinaus auszuweiten versuchten (vgl. auch Empfehlungen der Arbeitsgruppen der JuMiKo:

„Reihenfolge der Vollstreckung von Maßregel und Strafe" [70. JuMiKo 1999] und „Fragen der Maßregelvollstreckung" [74. JuMiKo 2003]). Die **Neuregelung** trägt dem Rechnung und verfolgt zum einen das **Ziel**, bei Verhängung längerer zeitiger Freiheitsstrafen, bei denen nach dem Vollzug der Maßregel nach § 64 (§ 67 I S. 1) eine Reststrafenaussetzung gem. § 57 noch nicht möglich ist (Abs. IV), eine Rückverlegung der Verurteilten vom Maßregelvollzug in den Vollzug der Freiheitsstrafe zu vermeiden, da diese idR den Behandlungserfolg gefährden kann. Unter der alten Regelung blieb, um dies zu vermeiden, nur der *Weitervollzug* der Maßregel bis zur verlängerten Höchstfrist (§ 67 d I S. 3) oder darüber hinaus (Abs. V S. 2), was zur dauerhaften Belegung kostenintensiver Therapieplätze führte. Die Neuregelung soll daher auch die Kapazitäten der Suchtkliniken entlasten (BT-Drs. 16/1110, 11, 14). Bei **lebenslanger** Freiheitsstrafe gilt II S. 1.

Nach **II S. 3** ist der nach II S. 2 zum Vorwegvollzug bestimmte **Teil der Strafe** so zu bemessen, dass nach seiner Vollziehung und einer anschließenden Unterbringung eine Entscheidung nach Absatz 5 Satz 1, also eine **Halb**- oder **Zwei-Drittel-Reststrafenaussetzung** möglich ist. Die Neuregelung enthält die Möglichkeit einer *Halbstrafen*-Aussetzung auch bei Vorwegvollzug nur eines *Teils* der Strafe (zur Anwendbarkeit des neuen Rechts vgl. § 2 VI; dazu 15 zu § 2 und 3 StR 231/07). Trotz der Schwierigkeiten, den Zeitpunkt vorauszubestimmen, zu dem der Maßregelvollzug Erfolg verspricht (BGHR § 67 II, ZwErr. leicht. 6; hierzu *Boetticher* StV **91**, 77; *Lackner/Kühl* 6), hat der Tatrichter eine bestimmte Prognoseentscheidung zu treffen und eine **bestimmte Dauer des Vorwegvollzugs** der Freiheitsstrafe festzusetzen (NStZ **92**, 205; NStZ-RR **00**, 7; LK-*Hanack* 45; *Fischer* NStZ **91**, 325 mwN). Das Gericht muss sich bei seiner – nach Anhörung eines Sachverständigen zu treffenden (§ 264 a StPO) – Entscheidung der Zusatzbelastung bewusst sein, die ein Vorwegvollzug der Strafe für den Verurteilten darstellen kann (vgl. NStZ **85**, 92; **99**, 613; **07**, 30; NStZ-RR **99**, 44; **03**, 295; 5 StR 217/03). Die zugrunde zu legende Dauer der Unterbringung hat sich an der **voraussichtlichen Dauer** der Suchtbehandlung bis zur Erzielung eines Behandlungserfolgs zu orientieren (BT-Drs. 16/1110, 14); diese liegt in der Praxis bei ca. einem Jahr. **11**

Die Formulierung als **Soll-Vorschrift** gibt dem Gericht die Möglichkeit, auch bei einer Maßregelanordnung gem. § 64 eine abweichende Entscheidung zu treffen und es bei der Grundregel des Abs. I zu belassen. Das kann namentlich dann nahe liegen, wenn eine **dringende Therapiebedürftigkeit** der betroffenen Person besteht. Es wäre verfehlt, wenn die Praxis aufgrund der Neuregelung des Abs. II in Abwendung von der als zu eng empfundenen Rspr zu II S. 1 nun in das andere Extrem fallen und *praktisch immer* den Vorwegvollzug eines Straf-Teils anordnen würde. Das ist auch bei Maßregeln nach § 64 nicht angebracht; die Argumente, welche dem Grundsatz des Abs. I zugrunde liegen, haben trotz II S. 2 Gewicht. So kann etwa bei *neben* einer Suchterkrankung vorliegenden kriminogenen Persönlichkeitsstörungen eine (zumindest zeitweise) erfolgreiche Suchtbehandlung erforderlich sein, um einen sinnvollen Behandlungsvollzug überhaupt zu ermöglichen. Eine schwer betäubungsmittelabhängige Person langjährig in einen Strafvollzug einzuweisen, in dem nach allgemeiner Erkenntnis ein „schwunghafter Handel" mit BtM einschließlich der dazu gehörigen Subkultur eher die Regel als die Ausnahme ist (vgl. 5 StR 262/99; 5 StR 218/99), und sie darauf hinweisen, sie werde (kostengünstiger) erst *später* (vor Ablauf des Zwei-Drittel-Zeitpunkts) *geheilt*, um einen sonst im Strafvollzug drohenden *Rückfall* in die Sucht zu vermeiden, wäre dem Vorwurf des Zynismus ausgesetzt. **12**

C. Vorwegvollzug bei zu erwartender Ausreise (II S. 4). Die Regelung des II S. 4, die an den GesE der BReg anknüpft (BT-Drs. 16/1110), demgegenüber aber durch den Rechtsausschuss enger gefasst wurde (vgl. BT-Drs. 16/5137, 26), enthält eine weitere Ausnahme von dem Grundsatz des I und eine Erweiterung des II S. 1 für den Fall, dass die verurteilte Person **Ausländer** ist. In diesem Fall **soll** das Tatgericht den (vollständigen) Vorwegvollzug der Strafe anordnen, **13**

wenn eine vollziehbare Ausreiseverpflichtung besteht *und* zu erwarten ist, dass der Aufenthalt des Verurteilten im räumlichen Geltungsbereich des StGB während oder unmittelbar nach der Verbüßung der Strafe beendet wird. Diese Regelung gilt für Maßregeln nach **§ 63 und § 64**; sie gilt *neben* II S. 1 und 2 (BT-Drs. 16/5137, 26).

14 Ob die Verpflichtung zur Ausreise vollziehbar festgestellt ist, bestimmt sich nach den Regeln des Aufenthaltsrechts, ggf. in Verbindung mit verfassungsrechtlichen Grundsätzen und Anforderungen des Verwaltungsvollstreckungsrechts; über die Vorfrage entscheidet das Strafgericht. Zusätzlich muss die alsbaldige Ausreise der ausländischen Person während oder nach Vollstreckung der Strafe zu erwarten sein. Das bestimmt sich nach objektiver ex-ante-Betrachtung zum Zeitpunkt des (letzten) tatrichterlichen Urteils. Treten die Voraussetzungen des II S. 4 erst später, insb. auch während des Vollzugs einer Maßregel gem. Abs. I ein, so kann der Vorwegvollzug auch nachträglich angeordnet werden (III S. 2). Unwägbarkeiten zukünftiger Entwicklungen *nach* Anordnung des Vorwegvollzugs (Verheiratung mit Deutschem; Einbürgerungs-Verfahren; Abschiebeverbot; Asylgewährung) kann durch eine Aufhebung gem. Abs. III S. 3 Rechnung getragen werden.

15 Die Regelung kann zB eingreifen bei Verurteilung selbst BtM-abhängiger ausländischer Drogenkuriere, deren baldige Abschiebung zu erwarten ist. Therapie-Planung und -Ziel sind in diesen Fällen meist zweifelhaft und unsicher (zutr. BT-Drs. 16/1110, 15). II S. 4 erlaubt nicht die Anordnung des Vorwegvollzugs der Strafe etwa wegen Sprachschwierigkeiten, wegen fehlender Integration des Verurteilten in die deutsche Gesellschaft oder wegen der bloßen *Absicht* späterer Ausreise.

16 **5) Nachträgliche Änderung der Reihenfolge (Abs. III).** Das Gericht, dh die **StVK** (§§ 78a, 78b GVG, §§ 463 V, 462a I, 454 StPO; vgl. BGH **36**, 230), kann, wenn die Höchstfrist (§ 67d I S. 1 bis 3) noch nicht abgelaufen ist, nach **III S. 1** nachträglich eine Anordnung nach II S. 1 oder 2 treffen, wenn zunächst nach I verfahren wurde; **oder** es kann eine nach II S. 1 oder 2 getroffene Anordnung aufheben, also I wiederherstellen, **oder** die Anordnung nach II S. 1 oder 2 abändern, so dass nur ein teilweiser Vorwegvollzug der Strafe eintritt **oder** statt des teilweisen Vorwegvollzugs nunmehr die ganze Strafe vor der Maßregel zu vollziehen ist (*Lackner/Kühl* 6; **aA** *Maul/Lauven* NStZ **86**, 397). Maßgebend dafür sind in allen Fällen Umstände in der Person des Verurteilten, welche die Änderung angezeigt erscheinen lassen. Eine Änderung der Reihenfolge nach III S. 1 kommt nur in Betracht, um den **Maßregelzweck** leichter zu erreichen (LK-*Hanack* 60; hM). Eine im GesE der BReg (BT 16/1110) vorgesehene Möglichkeit der nachträglichen Umkehr der Vollstreckungsreihenfolge in Fällen der Unterbringung nach § 63 bei *therapeutischer Stagnation* ist nicht Gesetz geworden: Soweit eine Verlegung in den Strafvollzug aufgrund eines Therapie*erfolgs* in Betracht kommt, ist dies schon nach III S. 1 möglich; Fehleinweisungen (mangels psychischer Störung nicht „therapierbarer" Personen) können nach § 67d VI korrigiert werden. Eine Veranlassung, schwer oder nicht therapierbare psychisch gestörte Personen vom psychiatrischen Krankenhaus in den (preisgünstigeren) Strafvollzug abzuschieben, besteht nicht (zutr. Stellungn. des BRats, BT-Drs. 16/1110, 22).

17 Das Fehlen eines Therapieplatzes (Hamburg MDR **93**, 1100) oder fehlende Sicherungsmöglichkeiten von Maßregelvollzugseinrichtungen rechtfertigen auch nachträgliche Änderungen der Anordnung nicht (Oldenburg StV **01**, 25); auch nicht das Fehlen einer adäquaten Therapiemethode bei fortbestehendem Behandlungsbedarf (Hamm NStZ-RR **05**, 251). Die StVK darf die Urteilsfeststellungen des erkennenden Gerichts nicht nach Art eines Rechtsmittelgerichts korrigieren (KG JR **79**, 77 [m. Anm. *Horn*]; Düsseldorf MDR **89**, 1013; vgl. *Boetticher* StV **91**, 75).

18 Ergibt sich im Vollzug der Maßregel *mit Sicherheit,* dass eine die Anordnung rechtfertigende psychische Störung gar nicht vorliegt, so ist eine Umkehr der Vollstreckungsreihenfolge jedenfalls unzureichend (Frankfurt NStZ-RR **02**, 27 [mit missverständlichem Leitsatz]); vielmehr ist § 67d zu prüfen. Nach § 67d VI S. 1 ist die Maßregel für erledigt zu erklären, wenn die Störung (§ 63) oder der Hang (§ 64; § 66) sowie die darauf beruhende Gefährlichkeit nicht oder nicht mehr vorliegen. Wenn ein Gefährlichkeits-begründender Hang iS von § 64 S. 1 zwar (noch) vorliegt, eine konkrete Erfolgsaussicht iS von § 64 S. 2 aber nicht (mehr) gegeben ist, ist die Maßregel des § 64 nach § 67 d V S. 1 für erledigt zu erklären (vgl. Erl. dort).

Nach **III S. 2** kann eine Anordnung nach II S. 4, also die des Vorwegvollzugs der Strafe wegen zu erwartender Aufenthaltsbeendigung des Verurteilten bei vollziehbarer Ausreisepflicht, auch nachträglich ergehen, wenn die Voraussetzungen erst später eintreten (Zuständigkeit: StVK). Die Formulierung als **Ermessens**-Vorschrift eröffnet keinen über II S. 4 hinausgehenden richterlichen Spielraum; es gilt vielmehr auch hier dessen ermessenseinschränkende Soll-Regelung. 19

III S. 3 schließlich verpflichtet das Gericht, eine Anordnung nach II S. 4 wieder aufzuheben, wenn die Voraussetzungen nicht mehr gegeben sind. Eine Anordnung aus *anderen* Gründen (S. 1) kann aber zugleich ergehen. 20

6) Anrechnung des Maßregelvollzugs (Abs. IV). Soweit die Maßregel vor der Strafe vollzogen wird, wird nach **IV** die Zeit des Vollzugs der Maßregel auf die Strafe **angerechnet,** auch wenn die Freiheitsstrafe zur Bewährung ausgesetzt ist (*Lackner/Kühl* 7; *S/S-Stree* 3; LK-*Hanack* 20; SK-*Horn* 5). Die Rechtsfolge des IV tritt (auch in den Fällen des III) automatisch ein (*S/S-Stree* 3); die Strafvollstreckungsbehörde hat sie bei der Strafzeitberechnung zu berücksichtigen. Die Anrechnungsregel des IV ist unabhängig davon anzuwenden, ob der mit der Maßregel erstrebte Behandlungserfolg erreicht wird oder ausbleibt BVerfG NStZ **95**, 174, 175). Zur **Konkurrenz** der Anrechnungsregeln von § 51 I und § 67 IV vgl. Düsseldorf RPfleger **96**, 82; Zweibrücken NStZ **96**, 357; LG Stade R&P **95**, 95 [m. Anm. *Volckart* ebd. 63]; LG Wuppertal StV **96**, 329; BVerfG NStZ **98**, 77). 21

Der Maßregelvollzug wird nicht stets in vollem Umfang auf die Strafe angerechnet, sondern nur soweit, bis **zwei Drittel der Strafe** durch die Anrechnung erledigt sind (vgl. 6 zu § 67 d). S. 1 nimmt ein Drittel der Strafe von der Anrechnungsmöglichkeit aus, dh den Zeitraum, der bei einer guten Sozialprognose des Verurteilten in jedem Falle aussetzungsfähig ist (BT-Drs. 10/2720, 13; vgl. NStZ-RR **99**, 45). Diese Beschränkung der Anrechnung kann zur Folge haben, dass die Gesamtdauer von Maßregelvollzug und Strafvollstreckung die Dauer der erkannten Freiheitsstrafe übersteigt. Bei kürzeren Freiheitsstrafen kann die begrenzte Anrechnung einer „Regelunterbringung" von 2 Jahren (§ 67 d I) dazu führen, dass auch nach dem Vollzug einer derartigen Maßregel noch ein Drittel der Strafe zu verbüßen ist, obwohl die Dauer der Maßregel die Dauer der erkannten Strafe bereits erreicht oder übersteigt. Diese gesetzliche Entscheidung ist verfassungskonform (BVerfGE **91**, 35; BVerfG NStZ **94**, 578, 579; **98**, 77; NJW **95**, 1080; 2406). Ob die Begrenzung auf zwei Drittel der Strafe auch dann gilt, wenn die Voraussetzungen für die Anordnung einer Maßregel nach § 63 von Anfang an nicht vorgelegen haben, und deshalb die Maßregel gem § 67 d VI für erledigt erklärt wird, ist str. (vgl. Frankfurt/M NStZ **93**, 252 [krit. Anm. *Loos*; Bespr. *Wolf* NJW **97**, 779]; StV **07**, 430; Dresden OLG-NL **96**, 23; **aA** *Berg/Wiedner* StV **07**, 434, 437 f.; ausdr. offen gelassen in BVerfG NStZ **95**, 174, 195). 22

Das verfassungsrechtliche **Übermaßverbot** ist zu beachten, wenn vor Beginn des Vorwegvollzugs der Maßregel ein (erheblicher) Teil der Strafe durch **Anrechnung der UHaft** bereits vollstreckt ist (vgl. BVerfG NStZ **94**, 578, 579 f.; NJW **95**, 1080, 1081). Es steht in diesem Fall für die Anrechnung des Maßregelvollzugs nur der um die UHaft-Zeit *verkürzte* Zwei-Drittel-Zeitraum zur Verfügung (Düsseldorf NStZ-RR **97**, 25 [2. StS]; Frankfurt NStZ-RR **96**, 380; Hamm NStZ **97**, 54; NStZ-RR **96**, 381; Jena StV **07**, 427; Köln StraFo **06**, 120; Nürnberg ZfStrV **98**, 368; Stuttgart NStZ-RR **02**, 191; Zweibrücken NStZ **96**, 357; **aA** [in diesem Fall Anrechnung der UHaft auf das *letzte* Drittel der Strafe] Celle StV **97**, 477; Düsseldorf StV **96**, 47; NStZ-RR **06**, 251 [4. StS]), da nach dem 23

Wortlaut des Abs. IV ein Drittel der Strafe idR anrechnungsfrei bleibt. Anders ist nur zu entscheiden, wenn bei Kumulation von UHaft- und Vorwegvollzug einer Maßregel im Einzelfall eine unverhältnismäßige Härte entsteht.

23 a Die Zeit, die der Verurteilte zwischen Rechtskraft des Urteils und Beginn der Unterbringung in einer JVA verbringt **(Organisationshaft**; BVerfG StV **06**, 420 [2 BvR 1019/01]; vgl. dazu ausf. *Bartmeier* NStZ **06**, 544 ff.**),** ist auf den Teil der Freiheitsstrafe anzurechnen, dessen Vollzug sich nicht durch Anrechnung der Unterbringung erledigt, also auf das **letzte Drittel** der Strafe (BVerfG NStZ **98**, 77 [m. Anm. *Lemke* ebd.; *Blechinger* RPfleger **98**, 81]; BVerfG StV **06**, 420, 421; Celle StV **06**, 422; StV **07**, 428 [krit. Bespr. *Morgenstern* StV **07**, 441]; Düsseldorf StV **06**, 423 f.; NStZ-RR **06**, 251; Stuttgart DJ **02**, 63; Zweibrücken NStZ **01**, 54 f.; LG Bonn StV **03**, 34; zur früher str. Auffassung der OLGe vgl. Düsseldorf MDR **97**, 85; zur Grenze der Zulässigkeit BVerfG NStZ-RR **98**, 77; Hamm NStZ-RR **89**, 549; Brandenburg NStZ-RR **00**, 500; 504; Celle StV **03**, 32 f.; zur Erforderlichkeit einer gesetzlichen Regelung der sog. Organisationshaft vgl. schon Beschl. der JuMiKo v. 24./25. 5. 2000, TOP II.19; vgl. auch *Rautenberg* NStZ **00**, 502, 503; *Linke* JR **01**, 358; *Bartmeier* NStZ **06**, 544, 547 mwN). Erst wenn die anzurechnende Haftdauer die Dauer des Restdrittels übersteigt, ist danach eine Kompensation durch Anrechnung des überschießenden Zeitraums auf die Unterbringungshöchstdauer möglich (vgl. auch BVerfG NStZ **98**, 77; and. *Morgenstern* StV **07**, 441, 442 f.).

24 Die Anrechnung des Maßregelvollzugs auf die Strafe unterliegt lediglich der in IV bestimmten Einschränkung, und die Verlängerung der Unterbringung (§ 67 d I S. 2) bestimmt sich ausschließlich nach der Zeit ihrer Anrechnung auf die Strafe, also unabhängig von der 2jährigen Grunddauer der Unterbringung nach § 67 d I S. 1. Demgemäß kann der bis zu zwei Drittel der Strafe unbegrenzt anzurechnende Maßregelvollzug auch im gleichen Maße verlängert werden (Frankfurt/M NStZ **93**, 454; Hamm StV **95**, 89; vgl. 3 zu § 67 d).

25 **7) Aussetzung des Strafrests (Abs. V).** Das Gericht (StVK) kann nach **V S. 1,** wenn die Maßregel vor der Strafe oder einem Strafrest vollzogen wird, die Vollstreckung des Strafrestes unter den Voraussetzungen des § 57 I S. 1 Nr. 2 und 3, dh bei einer günstigen Prognose und mit Einwilligung des Verurteilten (19 zu § 57), zur Bewährung aussetzen, wenn **die Hälfte der Strafe** durch die Anrechnung erledigt ist. Der vollständige und der teilweise Vorwegvollzug der Maßregel sind aufgrund der Einfügung der Worte „oder vor einem Rest der Strafe" durch das G v. 16. 7. 2007 gleichgestellt; es werden daher auch Fälle erfasst, in den nach II S. 1 oder III die Freiheitsstrafe teilweise vor der Maßregel vollstreckt worden ist (vgl. BT-Drs. 16/1110, 23).

26 **V S. 2, 1. HS** bestimmt, dass der Vollzug der Maßregel fortgesetzt wird, wenn der **Strafrest nicht ausgesetzt** wird. Dadurch soll ein Anstaltswechsel vermieden werden (Ber. 2 StrRG, 32; LK-*Hanack* 24 ff.); die Unterbringung kann daher auch bei erreichtem Therapieziel weiter bis zum Entlassungszeitpunkt vollzogen werden (vgl. § 67 d I S. 3). Hierdurch kann – unter Beibehaltung der gesetzlichen Regel des I – vermieden werden, dass Erfolge des Maßregelvollzugs durch nachfolgenden Strafvollzug wieder beeinträchtigt werden (vgl. 1 StR 176/01). Nach **S. 2, 2. HS** kann die StVK den Vollzug der Strafe anordnen, wenn Umstände in der Person dies angezeigt erscheinen lassen, zB wenn eine Besserung durch Weiterbehandlung im Maßregelvollzug nicht zu erwarten, aber noch eine lange Freiheitsstrafe zu vollstrecken ist (Celle NStZ **83**, 384; KG NStZ **01**, 166; Ber. 32; LK-*Hanack* 27 ff.). Umstände in der Person sind namentlich solche, die für die Gefährlichkeitsprognose von Bedeutung sind; generalpräventive Gründe scheiden aus (KG NStZ **01**, 166). Insb. bei Unterbringungen nach § 64 kommt eine Überstellung in den Strafvollzug in Betracht, wenn die Sucht des Verurteilten nicht alleinige Ursache der Tat gewesen ist und nach ihrer Behandlung die Gefährlichkeit fortbesteht (Karlsruhe MDR **81**, 867 L; KG NStZ **01**, 166).

8) Übergangsregelungen für § 67 IV und § 67 d V enthält Art. 316 b I EGStGB; er bringt eine gesetzliche Ausnahme von dem Grundsatz des § 2 VI (15 zu § 2; vgl. BT-Drs. 10/2720, 18) und gilt für Unterbringungen, die **vor dem 1. 5. 1986** angeordnet waren. 27

Überweisung in den Vollzug einer anderen Maßregel

67a **I Ist die Unterbringung in einem psychiatrischen Krankenhaus oder einer Entziehungsanstalt angeordnet worden, so kann das Gericht die untergebrachte Person nachträglich in den Vollzug der anderen Maßregel überweisen, wenn ihre Resozialisierung dadurch besser gefördert werden kann.**

II Unter den Voraussetzungen des Absatzes 1 kann das Gericht nachträglich auch eine Person, gegen die Sicherungsverwahrung angeordnet worden ist, in den Vollzug einer der in Absatz 1 genannten Maßregeln überweisen. Dies gilt bereits dann, wenn sich die Person noch im Vollzug der Freiheitsstrafe befindet und bei ihr ein Zustand nach § 20 oder § 21 vorliegt.

III Das Gericht kann eine Entscheidung nach den Absätzen 1 und 2 ändern oder aufheben, wenn sich nachträglich ergibt, dass die Resozialisierung der untergebrachten Person dadurch besser gefördert werden kann. Eine Entscheidung nach Absatz 2 kann das Gericht ferner aufheben, wenn sich nachträglich ergibt, dass mit dem Vollzug der in Absatz 1 genannten Maßregeln kein Erfolg erzielt werden kann.

IV Die Fristen für die Dauer der Unterbringung und die Überprüfung richten sich nach den Vorschriften, die für die im Urteil angeordnete Unterbringung gelten. Im Falle des Absatzes 2 hat das Gericht erstmals nach Ablauf von einem Jahr, sodann im Falle des Satzes 2 bis zum Beginn der Vollstreckung der Unterbringung jeweils spätestens vor Ablauf von weiteren zwei Jahren zu prüfen, ob die Voraussetzungen für eine Entscheidung nach Absatz 3 Satz 2 vorliegen.

1) Allgemeines. Die Vorschrift ist durch das 2. StrRG (Ber. BT-Drs. V/4095, 32) eingefügt und durch das EGStGB (Ber. BT-Drs. 7/1261, 7) sowie das StVollzÄndG (4 vor § 61) geändert worden. Durch G v. 16 7. 2007 (BGBl. I 1327; **In-Kraft-Treten:10. 7. 2007**) ist sie geschlechtsneutral formuliert und sind Abs. II S. 2 und IV S. 2 eingefügt worden. 1

Literatur: *Eisenberg,* Die Maßregel der Unterbringung in einem psychiatrischen Krankenhaus gemäß § 63 StGB und so genannte „Nicht-Therapiegeeignetheit", NStZ **04**, 240. 1 a

2) Anwendungsbereich. Die Überweisungs- und Rücküberweisungsmöglichkeiten nach I bis III Satz 1 bestehen nur innerhalb des **Maßregelvollzugs,** wenn die Unterbringung noch vollzogen wird (Hamburg MDR **86**, 1044); II S. 2 regelt eine nur *zeitlich* vorverlagerte Ausnahme. Im Verhältnis von Strafe und Maßregel ist die Vorschrift nicht anwendbar (Karlsruhe Die Justiz **97**, 342; **98**, 532). Die Verlegung innerhalb des Freiheitsstrafenvollzuges in eine sozialtherapeutische Anstalt regelt § 9 StVollzG; die Überweisung einer nach § 63 oder § 64 untergebrachten Person in eine sozialtherapeutische Anstalt ist nicht möglich. 2

3) Änderung bei Unterbringung nach §§ 63, 64 (Abs. I). Das Gericht (zuständig ist die die StVK, §§ 463 V, 462, 462 a StPO), kann eine durch das erkennende Gerichts in einem psychiatrischen Krankenhaus nach § 63 untergebrachte Person nachträglich in den Vollzug einer Maßregel nach § 64 überweisen; umgekehrt kann eine nach § 64 untergebrachte Person nachträglich in ein psychiatrisches Krankenhaus überwiesen werden (**I S. 1**). Die Überweisung nach I ist schon möglich, *bevor* der Vollzug in der ursprünglichen Anstalt begonnen hat, zB wenn der Vollzug der Strafe oder eines Teils der Strafe vorausgegangen ist (§ 67 II). Voraussetzung für die Überweisung ist, dass die **Resozialisierung,** dh die künftige Eingliederung der untergebrachten Person in die Gesellschaft, dadurch besser als durch den zunächst vorgesehenen Vollzug gefördert werden kann (LG Marburg StV **91**, 72). Diese Prog- 3 nose wird regelmäßig sachverständiger Beurteilung bedürfen (Hamm NStZ **87**, 93; Frankfurt NStZ-RR **07**, 221).

4 **4) Änderung bei Anordnung der Sicherungsverwahrung (Abs. II).** Auch eine Person, gegen die Sicherungsverwahrung angeordnet worden ist, kann nachträglich in eine Anstalt nach § 63 oder § 64 überwiesen werden (**II S. 1**). Eine *umgekehrte* Überweisung eines nach § 63 oder § 64 Untergebrachten in die Sicherungsverwahrung ist unzulässig (NStZ **00**, 587; Frankfurt NStZ-RR **98**, 90; vgl. BVerfG NJW **95**, 775). Die Überweisung nach II kommt, da die Sicherungsverwahrung stets nach der Strafe zu vollziehen ist (§ 67 I),. grds. nur für die Zeit nach Strafverbüßung in Betracht (Karlsruhe Die Justiz **97**, 342). **II S. 2**, der durch Gesetz v. 16. 7. 2007 (oben 1) eingefügt wurde, enthält insoweit eine Ausnahme: Danach kann eine Überweisung in den Vollzug einer Maßregel nach § 63 oder § 64 erfolgen, wenn eine zu Sicherungsverwahrung verurteilte Person sich noch im Vollzug der Strafhaft befindet und (schon) zu *diesem* Zeitpunkt bei ihr „ein Zustand nach § 20 oder § 21" gegeben ist. Der GesE der BReg (Drs. 16/1110) enthielt die Anforderung eines solchen „Zustands" nicht; die Stellungnahme des BRats lehnte die Ergänzung ganz ab (ebd. 23), weil es zweifelhaft erscheine, ob durch die Überweisung eine bessere Resozialisierung erreicht werden könne, wenn die untergebrachte Person keine Aussicht habe, in absehbarer Zeit in Freiheit zu gelangen; dies begründe erhebliche Mehrbelastungen der Kliniken. Die „Zustands"-Anforderung ist vom Rechtsausschuss eingefügt worden, um den Bedenken des BRats Rechnung zu tragen (BT-Drs. 16/5137, 27).

5 Der Sinn der Neuregelung ist gleichwohl zweifelhaft. Die vom RA angenommene *Einschränkung* durch die Anforderung, es müsse „ein Zustand nach § 20 oder § 21" vorliegen, geht weitgehend ins Leere, denn die genannten Vorschriften betreffen die *Schuldfähigkeit* im Hinblick auf eine *bestimmte* Tat; ein „Zustand nach § 21" kann ohne Bezug auf eine rechtswidrige Tat überhaupt nicht festgestellt werden. Vermutlich ist allerdings gar nicht der „Zustand der Schuldunfähigkeit oder der eingeschränkten Schuldfähigkeit" (vgl. § 63, **1. HS**) gemeint, sondern eine **psychische Erkrankung**, also ein Zustand iS von § 63, **2. HS**, auf welchem im Einzelfall eine Einschränkung der Schuldfähigkeit beruhen *könnte*. Für § 64 ergibt sich hieraus gleichwohl nichts; für § 63 müsste in merkwürdige *Spekulationen* darüber eingetreten werden, ob eine festgestellte psychische Störung zur mindestens erheblichen Verminderung der Schuldfähigkeit führen *könnte*, wenn der Verurteilte eine (neue) rechtswidrige Tat begehen *würde*. Für eine („bessere") *Resozialisierung* einer Person, die zunächst noch eine (langjährige) Freiheitsstrafe zu verbüßen hat und gegen die im Anschluss daran (Arg. § 67 I) Sicherungsverwahrung zu vollstrecken ist, ergibt sich hieraus nichts (zutr. Stellungn. BRat, BT-Drs. 16/1110, 23). Auch bisher kann, wenn im Vollzug einer Freiheitsstrafe eine behandlungsbedürftige psychische Erkrankung auftritt, eine Verlegung zur Behandlung nach § 65 StVollzG erfolgen; für die Zeit des Vollzugs der Sicherungsverwahrung gilt schon II S. 1. Die Neuregelung stellt daher einen Fremdkörper innerhalb der Gesamtregelung dar: Die *formale* Anknüpfung an den Maßregel-Charakter der (später zu vollstreckenden) Sicherungsverwahrung ändert nichts daran, dass II S. 2 eine (nachträgliche) Unterbringung von *Strafgefangenen* im Maßregelvollzug wegen des nachträglichen Eintritts von Umständen erlaubt, die weder mit der Strafe noch mit der später zu vollziehenden Maßregel etwas zu tun haben. Man könnte daher ebenso gut eine Überweisung von psychisch erkrankten Strafgefangenen *ohne* spätere SV zulassen; dies ist aber nach allg. Ansicht ausgeschlossen (vgl. oben 2). Dass die (zeitweise) Unterbringung eines Strafgefangenen in einer Entziehungsanstalt oder in einem psychiatrischen Krankenhaus die im Urteil angeordnete Unterbringung in der SV „überflüssig" machen könnte (GesE BReg, S. 11), ist eine recht vage, *praktisch* vermutlich fern liegende Hoffnung.

6 Im Fall **nachträglicher Sicherungsverwahrung** gem. § 66b hat LG Hildesheim R&P **06**, 45 (m. Anm. *Pollähne*) in *analoger* Anwendung von II (in Annahme

einer „planwidrigen Regelungslücke") eine Überweisung in den Vollzug einer Unterbringung in einem psychiatrischen Krankenhaus *schon bei Anordnung* der nachträglichen SV für zulässig gehalten (i. E. wohl zust. *Pollähne* aaO). Das ist unzutreffend, weil damit faktisch eine gesetzlich nicht vorgesehene „nachträgliche Unterbringung gem. § 63" eingeführt wird, etwa wenn die Unterbringung auf Vollzugsmaßnahmen abzielt (vgl. LG Hildesheim aaO: *Zwangsmedikation*), die in der SV gerade nicht zulässig wären. Die gleichzeitige Anordnung entzieht den Verurteilten überdies seinem gesetzlichen Richter (vgl. dazu 46 zu § 66b). Der **BGH** hat daher eine Überweisung nach Abs. II zugleich mit der Anordnung nach § 66b zutr. für unzulässig gehalten (StV **06**, 413 [2 StR 4/06]; 1 StR 476/05).

5) Aufhebung von Anordnungen nach I und II (Abs. III). das Gericht kann 7 nach **III S. 1** Entscheidungen nach Abs. I oder II nachträglich aufheben (Rücküberweisung). Dies setzt voraus, dass die Resozialisierung der betroffenen Person durch die Änderung oder Aufhebung besser gefördert werden kann, orientiert sich also an denselben Kriterien wie die Anordnung selbst. Die Anforderung einer „*besseren* Förderung" bezieht sich jedenfalls auf einen Vergleich mit der *derzeit*, also nach der früheren Anordnung vollzogenen Maßnahme. Es dürfte nach dem Gesetzeszweck aber darüber hinaus ausreichen, dass der Vollzug der Maßregel, in welche in Abweichung von dem zugrunde liegenden Urteil zunächst überwiesen worden ist, entgegen der Annahme zur Zeit der Überweisung *nicht besser* geeignet ist als die urspünglich angeordnete. **Erfolglosigkeit** ist somit regelmäßig ein Fall des III S. 1. Eine Rücküberweisung behandlungsunfähiger oder -unwilliger Untergebrachter in den *Strafvollzug* ist für die Fälle des § 63 nach § 67 III S. 1 ausgeschlossen, da sie die Resozialisierung nicht fördert; nach § 67d V ist sie allerdings beim Vorwegvollzug der Maßregel nach § 64 vor einer Freiheitsstrafe (§ 67 I) mit der Folge möglich, dass die Anrechnung nach § 67 IV S. 2 unterbleibt und FAufsicht eintritt (§ 67d V S. 2).

Eine Rücküberweisung in die Sicherungsverwahrung ist darüber hinaus dann 8 möglich und angezeigt **(III S. 2),** wenn sich im Verlauf der Überweisung in den Vollzug einer Maßregel nach § 63 oder § 64 ergibt, dass damit **kein Erfolg** erzielt werden kann. Damit ist sowohl der Fall gemeint, dass zB eine Suchtbehandlung misslingt, als auch der Fall, dass sich die Annahme, ein in ein psychiatrisches Krankenhaus überwiesener Sicherungsverwahrter sei psychisch krank, als Irrtum herausstellt (vgl. schon Prot. 7/1069). Nur im Fall des II S. 2 kann die StVK die Entscheidung nach III nicht nur aufheben (= Zurückverweisung in die Sicherungsverwahrung), sondern auch **ändern** (= Weiterüberweisung in eine andere Anstalt nach § 63 oder § 64).

6) Anzuwendendes Recht; Überprüfungsfristen (Abs. IV). Nach **IV S. 1** 9 ändert sich durch Entscheidungen nach I bis III nichts an der **Rechtsnatur** der vom erkennenden Gericht angeordneten Maßregel. Die Fristen für die Dauer der Unterbringung (§ 67d) und die Überprüfung (§ 67e) richten sich nach der *im Urteil* angeordneten Unterbringungsart. **IV S. 2** ist durch G v. 16. 7. 2007 angefügt worden (oben 1) und betrifft Anordnungen nach Abs. II. Hier ordnet S. 2 eine regelmäßige gerichtliche Prüfung der Frage einer möglichen Rückverlegung gem. III S. 2 an, um lang dauernde Fehlplatzierungen von Personen zu vermeiden, gegen die SV angeordnet wurde (BT-Drs. 16/1110, 11, 17). Sobald die Vollstreckung der Unterbringung begonnen hat, ergibt sich die Prüfungspflicht aus § 67e I S. 2, II.

Aussetzung zugleich mit der Anordnung

67b **I Ordnet das Gericht die Unterbringung in einem psychiatrischen Krankenhaus oder einer Entziehungsanstalt an, so setzt es zugleich deren Vollstreckung zur Bewährung aus, wenn besondere Umstände die Erwartung rechtfertigen, dass der Zweck der Maßregel auch dadurch erreicht werden kann. Die Aussetzung unterbleibt, wenn der Täter**

noch Freiheitsstrafe zu verbüßen hat, die gleichzeitig mit der Maßregel verhängt und nicht zur Bewährung ausgesetzt wird.

II Mit der Aussetzung tritt Führungsaufsicht ein.

1 **1) Allgemeines.** Die Vorschrift wurde in Anlehnung an §§ 105 ff. E 1962 (Begr. 234) durch das 2. StrRG (Ber. BT-Drs. V/4095; Prot. V/462, 467, 2335, 2445, 2908) eingefügt und durch Art. 18 Nr. 25 EGStGB sowie das StVollzÄndG (4 vor § 61) geändert.

2 **2) Aussetzung der Vollstreckung zur Bewährung** zugleich mit der die Unterbringung anordnenden Entscheidung des **erkennenden Gerichts** in einem mit dem Urteil zu verkündenden Beschluss (§ 268 a II StPO), ermöglicht § 67 b hinsichtlich der Vollstreckung der Unterbringung in einem psychiatrischen Krankenhaus oder einer Entziehungsanstalt, und zwar auch im Verfahren nach § 71 iVm §§ 413 ff. StPO, aber nicht in den Fällen der Sicherungsverwahrung (krit. NK-*Böllinger* 8). Diese Möglichkeit, Aussetzung zur Bewährung anders als bei § 56 auch in den Fällen negativer Sozialprognose zuzulassen, findet ihre Rechtfertigung darin, dass das Maßregelrecht eine Erforderlichkeit ieS bei freiheitsentziehenden Maßregeln nicht voraussetzt und deren **Anordnung** schon dann vorschreibt, wenn der Täter gefährlich ist, und zwar nach hM ohne Rücksicht darauf, ob die Gefahr durch anderweitige Maßnahmen oder Umstände abgewendet werden könnte (NJW **78**, 599; NStZ **88**, 452; NStZ-RR **00**, 300; vgl. 14 zu § 63).

3 **3) Voraussetzung** der (zwingenden) Aussetzung der Vollstreckung ist, dass **besondere Umstände** die Erwartung (3 ff. zu § 56) rechtfertigen, dass der **Zweck der Maßregel** (5 zu § 67) auch durch die Aussetzung erreicht werden kann. Besondere Umstände sind solche in der Tat, in der Person des Täters, seiner gegenwärtigen oder künftigen Lage, die erwarten lassen, dass die von ihm ausgehende Gefahr weiterer Taten abgewendet oder so abgeschwächt wird, dass zunächst ein Verzicht auf den Vollzug der Maßregel gewagt werden kann (BGH **34**, 313, 316; MDR/D **75**, 724; MDR/H **78**, 280; 4 StR 651/84; StV **00**, 613; **01**, 679; 4 StR 354/97; 1 StR 68/01; NStZ **07**, 465); bei der Feststellung steht dem Tatrichter wie bei § 56 ein weiter Beurteilungsspielraum zu (5 StR 37/07).

Die Möglichkeit, Weisungen zu erteilen, sowie der Eintritt von Führungsaufsicht (II) sind für sich allein keine „besonderen Umstände" (NStZ **07**, 465). Als solche kommen zB in Betracht (wobei allerdings Art und Schwere nicht nur der begangenen Tat, sondern vor allem der zu erwartenden Taten entgegenstehen können) die Bereitschaft zur psychotherapeutischen oder medikamentösen (NStZ **88**, 309) **Behandlung** in einer offenen oder geschlossenen staatlich anerkannten Einrichtung unter den in 6 f. zu § 56 c genannten Voraussetzungen; eine bevorstehende Kastration (**aA** LK-*Horstkotte* 75). Eine *bereits laufende* Unterbringung nach den Landesgesetzen (9 vor § 61) kann ein besonderer Umstand iS des § 67 b sein, wenn sich die landesrechtliche Maßnahme als günstiger erweist und eine gezieltere Krankenhausbehandlung ermöglicht (BGH **34**, 313, 317; BGHR § 67 b I bes. Umst. 3; 5 StR 310/92); ihre Anordnung kann aber nicht Gegenstand einer Bewährungsauflage sein (NStZ **07**, 465 f.). Auch die Möglichkeit einer **Betreuung** und der Unterbringung in einem Heim oder einer Einrichtung betreuten Wohnens ist ggf zu erörtern (StV **01**, 679). Die Bereitschaft zu einer selbst zu finanzierenden Psychotherapie genügt bei einer halt- und willensschwachen Person nicht (NStZ **83**, 167). Zu berücksichtigen ist, dass der Verurteilte mit der nach II automatisch eintretenden **FAufsicht** der Aufsichtsstelle untersteht (NStZ **88**, 310), einen **BHelfer** erhält (§ 68 a) und ihm Weisungen nach § 68 b erteilt werden oder uU auch Vorkehrungen im Zusammenhang mit einer Betreuung in Betracht kommen können (NStZ **92**, 538; 1 StR 888/92; 5 StR 99/97); dabei handelt es sich zwar nicht um „besondere Umstände" iS von I, doch können sie zu der positiven Erwartung beitragen (NStZ **88**, 309; StV **88**, 104; BGHR § 67 b I Umstände bes. 2; 1 StR 68/01; 4 StR 154/01).

4 **4) Ausgeschlossen** ist die Aussetzung nach **I S. 2, wenn** der Täter **noch** eine gleichzeitig mit der Maßregel verhängte **Freiheitsstrafe** iwS (1 zu § 38) **zu ver-**

büßen hat (gleichgültig, ob anschließend oder vorher; § 67, das ist nicht der Fall, wenn sie nach § 51 I erledigt ist; StV **94**, 260), **die nicht** nach § 56 zur Bewährung **ausgesetzt wird.** Denn dann erlangt der Täter ohnehin die Freiheit nicht, und bei etwa vorgezogenem Vollzug der Freiheitsstrafe tritt an dessen Ende die Prüfung nach § 67c I ein, die wiederum zur Aussetzung der Maßregel führen kann. Auch wenn Verbüßung von Freiheitsstrafe oder Maßregelvollzug in anderer Sache zu erwarten ist, empfiehlt sich Aussetzung der Maßregel idR (LK-*Horstkotte* 90ff.) nicht.

5) FAufsicht (II) tritt mit der Aussetzung kraft Gesetzes ein (§§ 68ff.). 5

6) Erledigung der Maßregel nach der Führungsaufsicht oder **Widerruf der Aussetzung** nach § 67g. 6

Späterer Beginn der Unterbringung

67c **I Wird eine Freiheitsstrafe vor einer zugleich angeordneten Unterbringung vollzogen, so prüft das Gericht vor dem Ende des Vollzugs der Strafe, ob der Zweck der Maßregel die Unterbringung noch erfordert. Ist das nicht der Fall, so setzt es die Vollstreckung der Unterbringung zur Bewährung aus; mit der Aussetzung tritt Führungsaufsicht ein.**

II Hat der Vollzug der Unterbringung drei Jahre nach Rechtskraft ihrer Anordnung noch nicht begonnen und liegt ein Fall des Absatzes 1 oder des § 67b nicht vor, so darf die Unterbringung nur noch vollzogen werden, wenn das Gericht es anordnet. In die Frist wird die Zeit nicht eingerechnet, in welcher der Täter auf behördliche Anordnung in einer Anstalt verwahrt worden ist. Das Gericht ordnet den Vollzug an, wenn der Zweck der Maßregel die Unterbringung noch erfordert. Ist der Zweck der Maßregel nicht erreicht, rechtfertigen aber besondere Umstände die Erwartung, dass er auch durch die Aussetzung erreicht werden kann, so setzt das Gericht die Vollstreckung der Unterbringung zur Bewährung aus; mit der Aussetzung tritt Führungsaufsicht ein. Ist der Zweck der Maßregel erreicht, so erklärt das Gericht sie für erledigt.

1) Allgemeines. Die Vorschrift wurde durch das 2. StrRG/EGStGB (Ber. BT-Drs. V/4095, 33) dem neuen Maßregelsystem angepasst. § 67c I hat Vorrang vor § 35 BtMG (LK-*Horstkotte* 89). 1

2) Abs. I ist, da § 67 I grundsätzlich den Vorwegvollzug der Maßregeln nach §§ 63 und 64 vor der zugleich (dh in derselben Sache) verhängten Freiheitsstrafe vorschreibt, einmal für die Fälle der Abweichung nach § 67 II, vor allem aber für die **Sicherungsverwahrung** wichtig, die § 67 vom Vorwegvollzug ausnimmt. I trifft aber nicht die Fälle, in denen der Vollzug der Sicherungsverwahrung zum Zwecke des Strafvollzugs unterbrochen wird (Stuttgart Die Justiz **77**, 18), in anderer Sache noch eine Maßregel zu vollziehen ist (Karlsruhe Die Justiz **77**, 464, KG JR **84**, 213) oder der Maßregelvollzug nach misslungener Bewährung fortgesetzt werden soll (Hamm JMBlNW **78**, 89 L; LK-*Horstkotte* 21). Im Fall der Anordnung des **Vorbehalts der Sicherungsverwahrung** gilt § 66a II und § 454c StPO. Nach einer Anordnung der SV gem. § 66a II gilt § 67c unbeschränkt. 2

Wird die Strafe vor der Maßregel vollzogen, so **prüft die StVK** (§§ 463 III, 454, 462a I StPO), im Falle des Vollzugs einer Jugendstrafe der Vollstreckungsleiter (§ 82 JGG), ob der **Zweck der Maßregel** die Unterbringung noch **erfordert,** dh ob die bei der Entscheidung getroffene Gefährlichkeitsprognose (BVerfGE **42**, 9) noch aufrechtzuerhalten ist; im Falle mehrerer Sicherungsverwahrungen einheitlich (Karlsruhe Die Justiz **80**, 359 L). 3

Zu entscheiden ist nach Anhörung der Strafvollzugsbehörde (Hamm NJW **71**, 1280; NStE Nr. 6) und des Untergebrachten so **rechtzeitig** vor dem Ende des Vollzugs der zugleich mit der Maßregel verhängten Strafe oder einer anderen Strafe (Hamburg MDR **75**, 70; Koblenz MDR **83**, 863; **aA** Karlsruhe MDR **75**, 1040; 4

LK-*Horstkotte* 25; vgl. KG JR **84**, 213), dass die Entscheidung noch vorher rechtskräftig werden kann (Koblenz OLGSt. Nr. 2, 3; Stuttgart MDR **88**, 251), jedoch nicht früher (§ 454 II StPO; Hamm GA **72**, 373; Düsseldorf NJW **74**, 198 mit Anm. *Maetzel* NJW **74**, 614; StV **00**, 269); nach LK-*Horstkotte* 39 spätestens 6 Monate vor Strafende (vgl. auch LG Traunstein NStZ-RR **96**, 94) oder dem in § 57 bestimmten Zeitpunkt. Die Entscheidung darf von dem Ende der Strafe nicht so weit entfernt sein, dass in der Zwischenzeit noch mit neuen Erkenntnissen gerechnet werden muss, welche die Prognose wesentlich beeinflussen (BVerfG NStZ-RR **03**, 169; Stuttgart NStZ **88**, 45). Ein zu früh gestellter Antrag ist unzulässig (Köln OLGSt. 5). Übersteigt die verhängte Strafe **2 Jahre,** so ist nach § 463 III S. 3 StPO § 454 II StPO entspr. anzuwenden; es ist daher stets ein **Sachverständigengutachten** einzuholen (dazu KK-*Fischer* 12 a ff., 29 a zu § 454 StPO, 4 zu § 463 StPO), wenn das Gericht **erwägt,** die Vollstreckung auszusetzen; diese Regelung ist mit der Verfassung vereinbar (BVerfG NStZ-RR **03**, 251 f.). Kommt es trotz rechtzeitig eingeleiteter Prüfung vor Ende des Strafvollzugs noch nicht zu einer rechtskräftigen Entscheidung, so ist der Untergebrachte, bis sie in angemessener Frist ergeht, auf Grund der fortwirkenden Unterbringungsanordnung in Verwahrung zu halten (BVerfGE **42**, 10; Hamm OLGSt. 1; vgl. Koblenz MDR **80**, 1039; Düsseldorf NJW **93**, 1087).

5 Der Maßregelzweck **erfordert die Unterbringung nicht mehr,** wenn das Risiko der Entlassung in die Freiheit verantwortet werden kann. In diesem Fall erklärt das Gericht die Maßregel nicht für erledigt (**aA** LK-*Horstkotte* 10), sondern setzt die Vollstreckung der Unterbringung zur Bewährung aus mit der Folge, dass kraft Gesetzes FAufsicht eintritt (I S. 2; vgl. § 67 b sowie §§ 68 ff.; BGH **34**, 145). Zum Verfahren vgl. auch 26 ff. zu § 67 d. Im Falle der **Anschlussvollstreckung** mehrerer Freiheitsstrafen (10 zu § 57) ist die Prüfung, ob der Zweck einer daneben angeordneten Maßregel die Unterbringung noch erfordert, erst geboten, wenn über die Aussetzung der Vollstreckung der Reste aller Strafen entschieden werden kann (KG NStZ **90**, 54).

6 **3) Abs. II** gilt für die Fälle einer freiheitsentziehenden Maßregel, in denen 3 Jahre nach Rechtskraft der Entscheidung die Maßregel noch nicht einmal teilweise vollzogen worden ist, ohne dass ein Fall von I oder § 67 b vorliegt. Für die Fristberechnung gilt die Klausel des II S. 2, die § 66 IV S. 4 entspricht (vgl. dort). Vollzug der Maßregel ist nur noch zulässig, wenn noch keine Vollstreckungsverjährung (§ 79 IV) eingetreten ist (LK-*Horstkotte* 116) und wenn das Gericht (§§ 463 II, 462, 462 a I oder II StPO) ihn **anordnet**. Das darf es nur tun, wenn der Zweck der Maßregel die nachträgliche Unterbringung erfordert; dafür gilt oben 1.

7 Ist der **Zweck der Maßregel erreicht,** so muss das Gericht sie für erledigt erklären (II S. 5); bei Erreichen des Therapieziels einer Unterbringung nach § 64 auch dann, wenn eine neben der Sucht bestehende, für die Anlasstaten ebenfalls ursächliche Persönlichkeitsstörung fortbesteht (Karlsruhe GA **83**, 87 f.; R&P **06**, 43 [m. zust. Anm. *Pollähne*]; *Volckart/Grünebaum*, Maßregelvollzug, 249 f.). In Fällen der Zweckerreichung nach § 63 ist gem. § 67 d VI die Maßregel für erledigt zu erklären; § 66 b III eröffnet die Möglichkeit nachträglicher Anordnung von **Sicherungsverwahrung.**

8 In Fällen, in denen der *Zweck* gar nicht erreicht werden kann, weil die Voraussetzungen für die Anordnung von Anfang an nicht vorlagen (sog. **Fehleinweisung**), hat die frühere Rspr. II S. 5 entspr. angewandt (vgl. Frankfurt NStZ-RR **02**, 59; **03**, 222; dazu auch *Radtke* ZStW **110** [1998], 297, 303 ff.; *Schneider* NJW **04**, 649 ff.). Durch das Gesetz zur Einführung der nachträglichen Sicherungsverwahrung v. 23. 7. 2004 (BGBl. I 1838) ist das für die Fehleinweisung in eine Maßregel nach § 63 in § 67 d VI ausdrücklich geregelt worden (vgl. 23 zu § 67 d). Für Unterbringungen nach § 64 gilt § 67 d V S. 1.

9 Ist der Zweck der Maßregel nicht erreicht, rechtfertigen aber besondere Umstände die Erwartung, dass er auch durch Aussetzung erreicht werden kann (3 zu

§ 67b), zB im Fall der Bereitschaft des Untergebrachten zu einer vorbehaltlosen Mitwirkung an einer stationären Psychotherapie (Düsseldorf 15. 3. 1994, 2 Ws 69/93), so setzt das Gericht die Maßregel zur Bewährung aus mit der Folge, dass kraft Gesetzes FAufsicht eintritt (SK-*Horn* 13). II ist in den Fällen des § 456a II StPO entsprechend anwendbar.

Dauer der Unterbringung

67d **I Die Unterbringung in einer Entziehungsanstalt darf zwei Jahre nicht übersteigen. Die Frist läuft vom Beginn der Unterbringung an. Wird vor einer Freiheitsstrafe eine daneben angeordnete freiheitsentziehende Maßregel vollzogen, so verlängert sich die Höchstfrist um die Dauer der Freiheitsstrafe, soweit die Zeit des Vollzugs der Maßregel auf die Strafe angerechnet wird.**

II Ist keine Höchstfrist vorgesehen oder ist die Frist noch nicht abgelaufen, so setzt das Gericht die weitere Vollstreckung der Unterbringung zur Bewährung aus, wenn zu erwarten ist, dass der Untergebrachte außerhalb des Maßregelvollzugs keine rechtswidrigen Taten mehr begehen wird. Mit der Aussetzung tritt Führungsaufsicht ein.

III Sind zehn Jahre der Unterbringung in der Sicherungsverwahrung vollzogen worden, so erklärt das Gericht die Maßregel für erledigt, wenn nicht die Gefahr besteht, dass der Untergebrachte infolge seines Hanges erhebliche Straftaten begehen wird, durch welche die Opfer seelisch oder körperlich schwer geschädigt werden. Mit der Entlassung aus dem Vollzug der Unterbringung tritt Führungsaufsicht ein.

IV Ist die Höchstfrist abgelaufen, so wird der Untergebrachte entlassen. Die Maßregel ist damit erledigt. Mit der Entlassung aus dem Vollzug der Unterbringung tritt Führungsaufsicht ein.

V Das Gericht erklärt die Unterbringung in einer Entziehungsanstalt für erledigt, wenn die Voraussetzungen des § 64 Satz 2 nicht mehr vorliegen. Mit der Entlassung aus dem Vollzug der Unterbringung tritt Führungsaufsicht ein.

VI Stellt das Gericht nach Beginn der Vollstreckung der Unterbringung in einem psychiatrischen Krankenhaus fest, dass die Voraussetzungen der Maßregel nicht mehr vorliegen oder die weitere Vollstreckung der Maßregel unverhältnismäßig wäre, so erklärt es sie für erledigt. Mit der Entlassung aus dem Vollzug der Unterbringung tritt Führungsaufsicht ein. Das Gericht ordnet den Nichteintritt der Führungsaufsicht an, wenn zu erwarten ist, dass der Betroffene auch ohne sie keine Straftaten mehr begehen wird.

Übersicht

1) Allgemeines ... 1, 1a
2) Dauer der Maßregelvollstreckung (Abs. I) ... 2–7
3) Aussetzung zur Bewährung (Abs. II) ... 8–13
4) Erledigung bei Anordnung von Sicherungsverwahrung (Abs. III) ... 14, 15
5) Prognosegutachten bei Aussetzung ... 16
6) Erledigung bei Ablauf der Höchstfrist (Abs. IV) ... 17–19
7) Führungsaufsicht bei Erledigung oder Aussetzung ... 20
8) Erledigung bei Unterbringung nach § 64 (Abs. V) ... 21, 22
9) Erledigung bei Unterbringung nach § 63 (Abs. VI) ... 23–25
10) Verfahrensrechtliche Hinweise ... 26–28
11) Übergangsregelung ... 29

1) Die Vorschrift idF des 2. StrRG (Einl. 6) und des EGStGB wurde durch das 23. StÄG 1
durch Anfügung des V und durch das SexualdelBekG (1 zu § 66) durch Neuformulierung des I S. 1 u. 2, II S. 1 sowie Einfügung von III geändert. Der frühere Abs. III wurde IV; IV aF

wurde gestrichen. **Abs. VI** ist durch das G zur Einführung der nachträglichen Sicherungsverwahrung v. 23. 7. 2004 (BGBl. I 1838) eingefügt worden. Durch G vom 13. 4. 2007 (BGBl I 513) wurden Abs. III S. 2 und VI S. 2 geändert und Abs. IV S. 2 angefügt (**Mat.:** GesE BReg: BT-Drs. 17/1993; Ber.: BT-Drs. 16/4740); **In-Kraft-Treten: 18. 4. 2007**. Abs. V S. 1 wurde durch G v. 16. 7. 2007 (BGBl. I 1327) neu gefasst (GesE BReg: BT-Drs. 16/1110; Ber.: BT-Drs. 16/5137); **In-Kraft-Treten: 20. 7. 2007**.

Die Einbeziehung von Altfällen in Abs. III in den **Wegfall der Höchstfrist** für eine erstmalig angeordnete SV ist **verfassungsgemäß** (BVerfG, 2 BvR 2029/01 = NJW **04**, 739).

1a **Literatur:** *Baur,* Probleme der unbefristeten Unterbringung (usw.), MDR **90**, 473; *Berg/Wiedner,* Die Erledigterklärung nach § 67 d Abs. 6 StGB bei „Fehleinweisungen" in den psychiatrischen Maßregelvollzug, StV **07**, 434; *Boetticher,* Aktuelle Entwicklungen im Maßregelvollzug und bei der Sicherungsverwahrung, NStZ **05**, 417; *Bock,* Das Elend der klinischen Kriminalprognose, StV **07**, 269; *Boetticher/Kröber/Müller-Isberner/Böhm/Müller-Metz/Wolf,* Mindestanforderungen für Prognosegutachten, NStZ **06**, 537; *Eisenberg,* Die Maßregel der Unterbringung in einem psychiatrischen Krankenhaus gemäß § 63 StGB und die so genannte „Nicht-Therapie-Geeignetheit", NStZ **04**, 240; *Eisenberg/Hackethal,* ZfStrVo **98**, 196; *Habermeyer,* Psychiatrische Kriminalprognose in einer „fachfremden" Maßregel: Erfahrungen mit Probanden vor bzw. in Sicherungsverwahrung, MschrKrim **05**, 12; *Hofstetter/Rohner,* „Wenn der Zustand nicht mehr vorliegt …". Die Praxis der Erledigung der Maßregel in Hessen (usw.), R & P **07**, 51; *Koller,* Erledigung der Unterbringung und nachtägliche Sicherungsverwahrung, R&P **07**, 57; *Maatz,* Aussetzung der Unterbringung in einer Entziehungsanstalt nach Zurückstellung der Vollstreckung?, MDR **88**, 10; *Müller-Metz,* Die Sicherungsverwahrung, StV **03**, 42; *Nedopil,* Prognostizierte Auswirkungen der Gesetzesänderung vom 26. 1. 1998 auf die Forensische Psychiatrie und was daraus geworden ist, MSchrKrim **02**, 208; *Schall/Schreibauer,* Prognose und Rückfall bei Sexualstraftätern, NJW **97**, 2412; *Schalast,* Nachträgliche Sicherungsverwahrung nach Erledigung der Unterbringung gemäß § 63 StGB: Wirkungslose Norm oder Auftakt zum Verschiebespiel?, R&P **07**, 69; *Seifert/Schiffer/Bode/Schmidt-Quernheim,* Forensische Nachsorge – unverzichtbar, wenn es um die Entlassung eines psychisch kranken Rechtsbrechers geht, NStZ **05**, 125; *Seyfert/Möller-Mussavi/Lösch,* Wegweiser aus dem Maßregelvollzug (gemäß § 63 StGB), StV **03**, 301; *Schneider,* Beendigung der Unterbringung in einem psychiatrischen Krankenhaus bei „Zweckerreichung" – Eine kriminalpolitische Herausforderung, NStZ **04**, 649; *Stree,* Probleme der Unterbringung in einer Entziehungsanstalt, Geerds-FS 581; *Ungewitter,* Verfassungswidrigkeit der Anrechnungsversagung nach § 67 IV 2 StGB, MDR **89**, 685; *Volckart,* Die Aussetzungsprognose nach neuem Recht, R & P **98**, 3; *Volckart/Grünebaum,* Maßregelvollzug, 6. Aufl. 2003.

2 **2) Abs. I** regelt die **Dauer** der freiheitsentziehenden Maßregeln wie folgt:

A. Unbefristet sind (wie sich im Gegenschluss ergibt, so dass sich eine Befristung im Urteil verbietet, BGH **30**, 307) die Unterbringung in einem **psychiatrischen Krankenhaus** (§ 63; krit. zur fehlenden Obergrenze in den Fällen des § 63 *Laubenthal,* Krause-FS 368 mwN; *G. Kaiser* aaO [10 a vor § 61] 36; *Schroth,* Schüler-Springorum FS 599) und in der **Sicherungsverwahrung** (§§ 66, 66 a II, 66 b).

3 **B.** Eine **gesetzliche Höchstdauer** besteht nach **I S. 1** bei der Unterbringung in einer Entziehungsanstalt (§ 64: zwei Jahre; vgl. aber I S. 3). Es ist unzulässig, die Dauer der Unterbringung in einer Entziehungsanstalt von vornherein auf 1 Jahr zu begrenzen (Düsseldorf NStZ-RR **96**, 293).

4 **C.** Nach **I S. 2** läuft die Höchstfrist vom tatsächlichen Beginn des Maßregelvollzugs an (vgl. Stuttgart MDR **85**, 601; Hamm MDR **89**, 1120; Karlsruhe NStZ **92**, 456). Das ist im Fall einer einstweiligen Unterbringung (§ 126 a StPO) der Zeitpunkt der Rechtskraft des auf Unterbringung lautenden Urteils, ohne dass es auf die förmliche Einleitung der Vollstreckung ankommt (Hamm OLGSt. 5 zu § 67 e). Für eine Unterbrechung durch Aussetzung und Widerruf gilt § 67 e IV.

5 **D.** Nach **I S. 3** verlängert sich in den Fällen des § 64 (bei § 66 gibt es keinen Vorwegvollzug der Maßregel), wenn auf Freiheitsstrafe neben der Maßregel erkannt ist, deren Höchstfrist um die Dauer der Freiheitsstrafe, soweit auf sie die Zeit des Maßregelvollzuges nach § 67 IV angerechnet wird (21 zu § 67), so dass die Maßregel noch nicht nach IV erledigt ist und noch nach II ausgesetzt werden kann. Die Höchstfrist des S. 1 hat nicht nur Bedeutung für die Fälle, in denen die Maßregel des § 64 selbstständig angeordnet worden ist, sondern auch für die

Höchstfristverlängerung nach I S. 3 bei einer nach § 67 IV S. 1 gebotenen Anrechnung der Unterbringung auf die Strafe beim Vorwegvollzug der Maßregel.

Die Unterbringungsdauer ist *voll bis zu der Grenze* des § 67 IV S. 1 anzurechnen 6
(Frankfurt NStZ **93**, 454; Hamm StV **95**, 89; SK-*Horn* 5; *Lackner/Kühl* 12; vgl. 11 zu § 67; **aA** *Volckart* NStZ **87**, 215). Danach beträgt die Obergrenze der Höchstfristverlängerung (I S. 2) 2 Jahre (I S. 1) *zuzüglich* der Strafe (§ 67 IV S. 1), abzüglich desjenigen Teils der Strafe, der anderweitig (zB durch Anrechnung nach § 51) erledigt wurde. Die Frist des I S. 1 ist nur als *Grundfrist,* nicht als Begrenzung der Höchstfrist nach I S. 3 zu verstehen; anrechenbar ist die gesamte Zeit der Unterbringung bis zur Grenze des § 67 IV S. 1 (vgl. auch Stuttgart NStZ-RR **02**, 94 f.). Diese Anrechnungsweise ist für die Berechnung der verlängerten Höchstfrist nach I S. 3 maßgebend.

Die Anrechnungsbeschränkung des § 67 IV gilt nach Art. 316 I EGStGB für 7
Unterbringungsanordnungen vor dem 1. 5. 1986 *nicht* (Düsseldorf NStZ **91**, 608; vgl. unten 9). Der Vorwegvollzug der Maßregel soll den Untergebrachten nicht ungerechtfertigt besser stellen. Bei ausgesetzten Strafen gilt dies jedenfalls dann, wenn die Voraussetzungen für einen Widerruf vorliegen (Hamm MDR **79**, 157; **aA** LK-*Horstkotte* 13 ff. mwN). Wird vor Erledigung einer Maßregel nach § 63 oder § 64 die gleiche Maßregel nochmals angeordnet, so ist die frühere Anordnung nach § 67 f erledigt (für den Fall der nachträglichen Gesamtstrafenbildung vgl. aber 29 zu § 55). Für die Sicherungsverwahrung gilt § 67 f nicht, da die Unterbringung ohnehin unbefristet ist (vgl. dort). Dass sich aus I S. 3 die Befugnis ergebe, bei gleichzeitiger Verhängung von Maßregeln nach § 64 und § 63 den Vollzug der erstgenannten über die Grenze des I S. 1 fortzusetzen, wenn er noch Erfolg verspricht (so Stuttgart NStZ-RR **02**, 94 f.), ist nicht unzweifelhaft.

3) Aussetzung zur Bewährung (Abs. II). In **II S. 1** sind die Voraussetzung 8
für die Aussetzung der Unterbringung zur Bewährung vor Ablauf der Höchstfrist und bei unbefristeter Unterbringung (oben 2 f.) entspr. § 57 I Nr. 2 bestimmt; das Gericht setzt danach die Vollstreckung einer Unterbringung bei **günstiger Täterprognose** durch Beschluss zur Bewährung aus. Die Vollstreckung ist auch **vor Vollstreckungsbeginn**, zB bei dessen Aufschub (§§ 455 ff. StPO) oder bei Zurückstellung nach § 35 I BtMG, bei positiver Prognose auszusetzen (Düsseldorf StV **00**, 269; *Maatz* MDR **88**, 12; vgl. 4 zu § 67 c). Mit der Aussetzung tritt nach **II S. 2** von Gesetzes wegen **Führungsaufsicht** ein (vgl. unten 20).

Eine **Beurlaubung** untergebrachter Personen kennt das StGB nicht; jedoch ist Beurlau- 8 a
bung im Rahmen der §§ 13, 15, 35 StVollzG möglich (vgl. auch §§ 11, 15 StVollzG); sie stellt sich als Vorstufe zur Vorbereitung der gerichtlichen Entscheidung über die Maßregelaussetzung dar (Hamm StV **88**, 115 m. Anm. *Pollähne; Frisch* ZStW **102**, 750, 776). Ferner kommt Unterbrechung der Vollstreckung nach § 455 IV, § 455 a StPO in Betracht.

A. Die frühere Fassung („sobald verantwortet werden kann zu erproben"; dazu 9
Laubenthal, Krause-FS 363; *Frisch* InstKonfl. **12**, 25; krit. *Baur* MDR **90**, 474) ist durch das SexualdelBekG durch die Formulierung „wenn zu erwarten ist" ersetzt worden (insoweit zust. auch *Schöch* NJW **98**, 1258); das sollte eine *Klarstellung* hinsichtlich der von den Strafvollstreckungskammern zugrunde zu legenden **Maßstäbe** bewirken (**aA** Koblenz NJW **99**, 876, 877; vgl. 13 f. zu § 57); sie ist im Zusammenhang mit den Änderungen der §§ 454 I und II, 454 a II S. 1, 463 III StPO durch Art. 6 des SexualdelBekG zu sehen. Intention des Gesetzgebers war es, die frühere Präferenz des *Resozialisierungs*-Interesses (Aussetzung auch bei unsicherer Prognose) zu korrigieren (zutr. *Schall/Schreibauer* NJW **97**, 2416; *Volckart* R & P **98**, 8 f.; *Eisenberg/Hackethal* ZfStrV **98**, 199 f.; *Schöch* NJW **98**, 1258; *Nedopil* MSchrKrim **98**, 44; hierzu *ders.* MSchrKrim **02**, 208; vgl. 13 f. zu § 57). Zu bedenken ist, dass damit der Anteil der *umgekehrt* fehlerhaften Prognosen, also der zu Unrecht untergebrachten Personen, fast zwangsläufig ebenfalls erhöht wird.

B. Bei der **Prognose** (dazu LK-*Horstkotte* 34 ff.; vgl. auch *Frisch,* Prognoseent- 10
scheidungen im Strafrecht, 1983, 153 ff. u. ZStW **102**, 766; *Baur* aaO 476; *Volckart*

R & P **98**, 3) kommt es wegen ihrer Bindung an den Zweck der Unterbringung nur auf solche Taten an, die der *Art und Schwere* nach ausreichen, die Anordnung einer entsprechenden Maßregel zu rechtfertigen (LK-*Horstkotte* 31), also auf erhebliche Taten iS der §§ 63 ff. (BVerfGE **70**, 313; Düsseldorf MDR **80**, 779; **87**, 957); das erforderliche **Maß an Wahrscheinlichkeit** einer günstigen Prognose hängt wesentlich vom Gewicht des bei möglichen neuen Taten bedrohten Rechtsguts ab (KG NStZ-RR **02**, 138). Für die Entscheidung, die idR mit Hilfe eines – uU anstaltsfremden (Düsseldorf StV **94**, 552) – Sachverständigen zu treffen ist (*Krauß* StV **85**, 513) und für die im Hinblick auf den **Verhältnismäßigkeitsgrundsatz (§ 62)** umso strengere Grundsätze gelten, je länger die Unterbringung bereits dauert (BVerfGE **70**, 297, 315 [m. Anm. *Trechsel* EuGRZ **86**, 543]; BVerfG NJW **93**, 778; **95**, 3048; BVerfG R&P **05**, 79, 80 [m. Anm. *Volckart*]; 5 StR 287/93; Karlsruhe NStZ **99**, 37; Koblenz NJW **99**, 876, 878; Hamburg NStZ-RR **05**, 40, 41), kommt es auf eine Gesamtbewertung der veränderten Umstände, insbesondere von Änderungen in der Person und den Lebensumständen des Untergebrachten an (vgl. auch Hamm EuGRZ **86**, 545).

11 Bei der **Prognosestellung** ist zu berücksichtigen, dass äußerlich *angepasstes Vollzugsverhalten* einer günstigen Prognose bisweilen geradezu entgegenstehen kann; es ist zB bei zur äußerlichen Überangepasstheit neigenden Sexualstraftätern anders zu bewerten als bei sozial desintegrierten Gewalttätern. Einer sorgfältigen und differenzierenden Beurteilung des Legal- und des sonstigen Sozialverhaltens im Rahmen von Lockerungen kommt besondere Bedeutung zu (Karlsruhe StV **06**, 256; *Stolpmann* NStZ **97**, 316; *Boetticher* NStZ **05**, 417, 419 ff.). Im Gegensatz zur Anordnung der Maßregel sind hier außerdem **künftige Maßnahmen** von erheblicher Bedeutung, so zB Unterbringung in einer Anstalt durch den Vormund (Saarbrücken NJW **64**, 1633), Unterbringung in einer Pflegestelle (Braunschweig NJW **63**, 403) und vor allem die von der FAufsicht (LK-*Horstkotte* 57), dem BHelfer und Weisungen nach § 68 b ausgehenden Wirkungen (vgl. 3 zu § 67 b). Eine Aussetzung nach II ist aber nicht schon zulässig, wenn der Vormund mit vormundschaftsgerichtlicher Genehmigung seinerseits die Unterbringung des gefährlichen Verurteilten in einem psychiatrischen Krankenhaus anordnet (Düsseldorf OLGSt. 5); ebenso wenig wenn bei unzureichender psychiatrischer Versorgung erhebliche rechtswidrige Taten in einem anderen Land zu befürchten sind, wohin der Verurteilte abgeschoben würde (Celle NStZ **89**, 588). Ein **vertretbares Risiko ist einzugehen,** da insbesondere bei lang andauerndem bisherigen Vollzug eine sichere Erwartung künftigen Wohlverhaltens praktisch nie angenommen werden kann (Celle StV **95**, 90).

12 Dass das Regel-Ausnahme-Verhältnis des II S. 1 dem der §§ 56 I, 57 I Nr. 2 entspricht, die durch das Tatgericht angenommene *negative* Prognose also bis zum Eintritt einer *positiven* Prognose die Unterbringung rechtfertigt (*Baur* MDR **90**, 481; *Streng,* Strafrechtliche Folgenorientierung nach Kriminalprognose, in: *Dölling* [Hrsg.], Die Täter-Individualprognose, 1994, 97, 112), ist nicht unzweifelhaft, denn die Unterbringung beruht von Anfang an allein auf der jederzeit veränderlichen Feststellung von Gefährlichkeit (SK-*Horn* 8; LK-*Horstkotte* 79). Ihre Fortdauer setzt daher strukturell nicht das *Fehlen* einer positiven, sondern die (neue) Feststellung einer negativen Prognose voraus (vgl. auch BVerfGE **109**, 133 ff. [2 BvR 2029/01, Rdn. 111]).

13 **C.** Der Grundsatz der **Verhältnismäßigkeit** gebietet es, die Unterbringung nur solange zu vollstrecken, wie der Zweck der Maßregel es unabweisbar erfordert und weniger belastende Maßnahmen nicht genügen (Düsseldorf NStZ **91**, 104). Bei langandauernder Unterbringung wachsen die Anforderungen an die Verhältnismäßigkeit des Freiheitsentzugs; damit auch die verfassungsgerichtliche Kontrolldichte (BVerfGE **70**, 316; BVerfG NJW **93**, 778; **95**, 3048 f.; 2 BvR 983/04; Hamburg NStZ-RR **05**, 40 f.; Dresden NStZ-RR **05**, 338 f.). Die Dauer der Freiheitsentziehung ist mit den Anlasstaten und dem Gewicht möglicherweise im Fall einer

Freilassung zu erwartenden Taten abzuwägen (BVerfGE **70**, 297, 315); hierbei kommt es namentlich auf den Grad der Wahrscheinlichkeit neuer Tatbegehung sowie auf das Gewicht der gefährdeten Rechtsgüter an. Das BVerfG (NJW **95**, 3048) hat die Fortdauer des insgesamt 24 Jahre langen Vollzugs einer Maßregel nach § 63, deren Anordnung auf rechtswidrigen Taten von mittlerer und geringer Kriminalität beruhte, als unverhältnismäßig angesehen (vgl. auch Karlsruhe NStZ **99**, 37; Hamburg NStZ-RR **05**, 40 f.). Den Maßregelvollzug zu einem „Ort von Resignation und Aussichtslosigkeit" zu machen (vgl. *Nedopil* MSchrKrim **98**, 46), wäre eine auch im Sicherheitsinteresse der Allgemeinheit verfehlte Konsequenz vergangener Fehlentwicklungen. Unrealistische Erwartungen an Prognoseentscheidungen und eine Risikoverlagerung auf Sachverständige (vgl. § 454 II StPO) werden die Sicherheit vor gefährlichen Tätern iErg nicht erhöhen (vgl. *Müller-Isberner/Nedopil/Horstkotte/Schöch/Schüler-Springorum* MSchrKrim **98**, 47 ff.; StA Paderborn NStZ **99**, 51 [m. Anm. *Pollähne*]).

4) Erledigung bei Anordnung von Sicherungsverwahrung (Abs. III). 14
Abs. III enthält eine Regelung für die Sicherungsverwahrung. Die frühere Höchstfrist von 10 Jahren bei der ersten Anordnung (I S. 1 aF) ist durch das SexualdelBekG gestrichen worden. Da damit auch bei **erster Anordnung** die Sicherungsverwahrung unbefristet sein kann (kein Verstoß gegen das Rückwirkungsverbot; vgl. BVerfGE **109**, 133 = NJW **04**, 739 [2 BvR 2029/01]; vgl. dazu auch BVerfG NStZ **99**, 156; NStZ-RR **00**, 281; Frankfurt NStZ **02**, 90 f.; *Boetticher* NStZ **05**, 417, 418 ff.; krit. *Ullenbruch* NStZ **98**, 326; *Kinzig* StV **00**, 330), ist in III eine obligatorische Prüfungs- und Entscheidungspflicht nach Vollzug von 10 Jahren eingeführt worden; sie gilt für die erste und weitere Anordnungen der Maßregel gleichermaßen.

Nach dem Regel-Ausnahme-Verhältnis des **III S. 1** ist die Maßregel zwingend 15
für erledigt zu erklären, wenn nicht die Gefahr weiterer Straftaten der in S. 1 genannten Art besteht; Es wird also nicht die Erledigung der Maßregel von einer positiven, sondern ihr Fortbestand von einer negativen Prognose abhängig gemacht (BVerfGE **109**, 133 [2 BvR 2029/01, Rdn. 111]; vgl. dazu ausf. *Boetticher* NStZ **05**, 417, 418 ff.). Die Fortdauer der erstmals vollzogenen SV über die Frist von 10 Jahren hinaus wird auf Ausnahmefälle beschränkt sein. Der Begriff der **Gefahr** in III S. 1 entspricht dem der Gefährlichkeit in § 66 I Nr. 3 (*Müller-Metz* StV **03**, 42, 48); freilich wird das Gewicht der der Anordnung der SV zugrunde liegenden Taten durch die im Vollzug gewonnenen Erkenntnisse relativiert. Eine bloß abstrakte, auf die statistische Rückfallwahrscheinlichkeit gestützte Gefahrprognose reicht nicht aus; andererseits ist auch keine nahe liegende, konkrete Gefahr erforderlich. Dass bei Ausschöpfung aller Prognosemöglichkeiten die Wahrscheinlichkeit des Rückfalls nicht geringer ist als die der Bewährung, kann im Sicherheitsinteresse der Allgemeinheit für eine Freilassung nicht ausreichen (and. SK-*Horn* 16). Zum Überprüfungsverfahren vgl. unten 26 ff. und § 67 e. An die Gewährung von ggf. abgestuften **Vollzugslockerungen** als Basis für eine Prognoseerstellung darf kein unverhältnismäßig strenger Maßstab angelegt werden (Karlsruhe NStZ **05**, 56; zur sehr restriktiven Praxis vgl. *Boetticher* NStZ **05**, 417, 420 f. mwN). Dass in der Vergangenheit Lockerungen uU zu Unrecht unterblieben sind, hat grds keine Auswirkung auf den Prognosemaßstab (vgl. Köln NStZ-RR **05**, 191 L).

5) Prognosegutachten bei Aussetzung. Bei Entscheidungen nach Abs. II und 16
III ist regelmäßig ein **Sachverständigengutachten** einzuholen (vgl. unten 27). Zu den *inhaltlichen Anforderungen* BVerfGE **109**, 133 ff. [= NJW **04**, 739; Rdn. 120 ff.]; Karlsruhe StV **06**, 426, 427 f. mwN). Den Versuch einer Beschreibung allgemeiner Qualitäts-Anforderungen an Prognosegutachten hat eine private Arbeitsgruppe von Juristen und Psychowissenschaftlern unternommen (*Boetticher* u. a. NStZ **06**, 537; vgl. dazu auch BVerfGE **109**, 133 [Rdn. 111 ff.; StV **05**, 124; *Boetticher* NStZ **05**, 417, 419), die Empfehlungen unter dem Begriff „Mindestanforde-

rungen“ vorgelegt hat, deren Nichtanwendung „nicht in jedem Fall einen Rechtsfehler“ begründe. Status, Zusammensetzung, Legitimation und fachliche Repräsentativität der Gruppe sind – ungeachtet des verdienstvollen Ansatzes – unklar geblieben (zutr. krit. zB *Bock* StV **07**, 269). Zu den Maßstäben für die (strafrechtliche) *Verantwortlichkeit* von Ärzten und Therapeuten bei der Prognosestellung vgl. BGH **49**, 1 ff. Die **Auswahl** eines nichtärztlichen Psychologen ist grds. möglich (vgl. BVerfG StV **06**, 426 [2 BvR 792/05]; Hamm StV **06**, 424; vgl. auch *Boetticher* NStZ **05**, 417, 420; *Tondorf* StV **06**, 428); nach Karlsruhe StV **06**, 426 ist aber bei schweren Persönlichkeitsauffälligkeiten regelmäßig ein Facharzt für Psychiatrie zu beauftragen.

17 **6) Erledigung bei Ablauf der Höchstfrist (Abs. IV).** Nach **IV S. 1** ist nach Ablauf der Höchstfrist (Abs. I S. 1), in den Fällen von I S. 3 der verlängerten Höchstfrist, der Untergebrachte aus dem Maßregelvollzug zu **entlassen**. Der nach § 67 IV verbleibende Strafrest ist zu vollstrecken, sofern nicht eine Aussetzung in Betracht kommt; vgl. 13 zu § 67. Nach **IV S. 2** ist die Maßregel **erledigt,** sobald die Höchstfrist abgelaufen ist. Diese Regelung hinsichtlich der Maßregel nach § 64 trägt dem Grundsatz der Verhältnismäßigkeit Rechnung. Die Entlassung bei Ablauf der Höchstfrist ist unabhängig davon vorzunehmen, ob die Therapie *erfolgreich* war. Da in der Praxis oft eine besonders problematische Personengruppe von der Regelung erfasst wird (vgl. BT-Drs. 16/1993, 16), ist durch Einfügung des **IV S. 3** durch das G v. 13. 4. 2007 (oben 1) sichergestellt worden, dass

18 Auch in Fällen des Maßregelvollzugs **ohne Höchstfrist** oder **vor Ablauf** einer solchen ist Erledigung nach § 67c II S. 5 und den §§ 67f, 67g V möglich (bei Unterbringung nach den §§ 63, 64 auch durch Vollstreckungsverjährung, die aber bei der Sicherungsverwahrung ausgeschlossen ist; § 79 IV, V). Trotz fortbestehender negativer Prognose ist die Unterbringung nach § 66 für erledigt zu erklären, wenn der weitere Vollzug der Maßregel *unverhältnismäßig* wäre (Karlsruhe StV **00**, 268).

19 Erledigung ist auch dann anzunehmen, wenn die **Grundlage** für die Anordnung weggefallen ist, insb. wenn sich in einem Fall des § 63 herausstellt, dass § 20 zu Unrecht angenommen worden war und daher eine **Fehleinweisung** vorlag (Nürnberg MDR **61**, 342; Frankfurt NStZ-RR **02**, 59; vgl. 6 zu § 67c). Nach früherer Rechtslage galt das auch dann, wenn weitere schwere Straftaten zu befürchten waren (vgl. BGH **42**, 306 [m. Anm. *Bringewat* JR **98**, 122]; Frankfurt NJW **78**, 2347; StV **85**, 117 L; NStZ **93**, 252; Hamm NStZ **82**, 300 L; Karlsruhe MDR **83**, 151; **aA** *Radtke* ZStW **110**, 297, 305 ff.; LK-*Horstkotte* 48 mwN). Für diese Fälle gilt seit 29. 7. 2004 Abs. VI.

20 **7) Führungsaufsicht bei Erledigung oder Aussetzung.** Nach **II S. 2, III S. 2, V S. 2** tritt **Führungsaufsicht** kraft Gesetzes (§ 68 II) ein, nach II S. 2 mit der Rechtskraft des Aussetzungsbeschlusses (3 zu § 68c), nach III S. 2 mit der Entlassung, nicht aber im Falle der Erledigung der Maßregel wegen Unverhältnismäßigkeit (Celle MDR **89**, 928); sie tritt unabhängig davon ein, ob der Verurteilte noch Strafhaft zu verbüßen hat (KG NStZ-RR **02**, 138). Eine Rücküberführung in die Sicherungsverwahrung ist dann aber ausgeschlossen, auch wenn der Verurteilte gegen Weisungen nach § 68b verstößt. Nach V S. 2 tritt FAufsicht auch bei nachträglicher Aufhebung der Maßregel nach § 64 wegen Therapieresistenz mit der Entlassung aus dem Vollzug der Unterbringung ein, und zwar unabhängig davon, ob noch eine Freiheitsstrafe zu vollziehen ist und ohne dass es – wie in § 68f II – auf eine Prognoseentscheidung ankommt (Düsseldorf NStZ **96**, 567). Zur Möglichkeit der Anordnung **unbefristeter FAufsicht** vgl. § 68c III Nr. 1.

21 ***8) Erledigung bei Unterbringung nach § 64 (Abs. V).*** Abs. **V S. 1** ist durch das G v. 16. 7. 2007 (oben 1) anstelle des durch BVerfGE **91**, 1 als mit Art. 2 I, II S. 2 GG nicht vereinbar erklärten S. 1 aF eingefügt worden; dieser ließ die Erledigung einer Maßregel nach § 64 frühestens nach einem Jahr zu. Es muss aber zu *jedem* Zeitpunkt eine hinreichend konkrete Aussicht (§ 64 S. 2) auf einen Behandlungserfolg bestehen, um die zwangsweise Unterbringung zu rechtfertigen. Das Gericht ist daher nach V S. 1 *verpflichtet*, den Vollzug der Unterbringung zu beenden, wenn ihr Zweck aus Gründen, die in der Person des Untergebrachten liegen, nicht erreicht werden kann (vgl. schon BVerfGE **91**, 1, 34), sobald sich also auf zuverlässiger Erkenntnisgrundlage der Zweck der Unterbringung als unerreichbar erweist. Auf Wünsche des Verurteilten kommt es insoweit nicht an (vgl. KG NStZ-RR **02**, 138 f.). Eine *Krise* im Rahmen einer Entziehungsbehandlung rechtfertigt noch nicht ohne Weiteres die Annahme von Unerreichbarkeit des Maßregelzwecks und damit die Beendigung des Maßregelvollzugs (vgl. Zweibrücken NStZ-RR **03**, 157). Ist umgekehrt das Maßregelziel *erreicht*, so ist die Maßregel nach § 67 c II S. 5 für erledigt zu erklären (Karlsruhe GA **83**, 87 f.; R&P **06**, 43 [m. Anm. *Pollähne*]; vgl. 6 a zu § 67 c).

Die Maßregel ist bis zur Rechtskraft der Entscheidung weiter zu vollstrecken, auch wenn eine (weitere) *Anrechnung* gem. § 67 IV nicht möglich ist, weil zwei Drittel der Strafe schon als verbüßt gelten (Frankfurt NStZ-RR 06, 387). Mit der Entscheidung nach V S. 1 ist der Vollzug der Unterbringung endgültig beendet; sie kann nicht – nach zwischenzeitlicher Verbüßung von Strafhaft – nach § 67 III erneut angeordnet werden (Hamm NStZ **00**, 168). Nach **V S. 2** tritt mit der Entlassung aus dem Vollzug der Unterbringung **FAufsicht** ein (oben 20). **22**

9) Erledigung bei Unterbringung nach § 63 (Abs. VI). Abs. VI, der durch das G zur Einführung der nachträglichen Sicherungsverwahrung v. 23. 7. 2004 (BGBl I 1838) eingefügt wurde, enthält eine Regelung für Fälle, in denen sich *nach* Beginn der Vollstreckung (nach LG Marburg NStZ-RR **07**, 28 nicht *vor* deren Beginn) der Unterbringung in einem **psychiatrischen Krankenhaus** (§ 63) herausstellt, dass die Voraussetzungen der Maßregelanordnung entweder von Anfang an nicht bestanden (**Fehleinweisung** aufgrund Simulation oder fehlerhafter Begutachtung im Ausgangsverfahren) oder nicht mehr bestehen (aA Dresden StraFo **05**, 432: nur bei späterem Wegfall der Unterbringungsvoraussetzungen). Dies kann darauf beruhen, dass **a)** der **Zustand,** auf Grund dessen Feststellung die Unterbringung erfolgt ist, nicht oder nicht mehr besteht; oder dass **b)** die von § 63 vorausgesetzte **Gefährlichkeit** des Untergebrachten nicht (mehr) besteht; oder dass **c)** eine weitere Unterbringung nicht mehr **verhältnismäßig** wäre (oben 6 c; vgl. Karlsruhe NStZ-RR **05**, 338, 339 [Fortdauer der Unterbringung gem. § 63 wegen sieben Diebstahlstaten trotz fortbestehender Restgefahr nach 21 Jahren [!] unverhältnismäßig]; KG StV **07**, 432). Die Rspr hatte zuvor in Fällen der Fehleinweisung § 67 c II S. 5 entspr. angewandt (vgl. BVerfG NStZ **95**, 174, 175; BGH **42**, 306, 310); der Gesetzgeber hat diese Rspr in Abs. VI ausdrücklich festschreiben wollen (vgl. BT-Drs. 15/2887, 13 f.). Auf Fälle ausschließlich *rechtlich* fehlerhafter Anordnung der Maßregel ist Abs. VI nach hM nicht anwendbar (BVerfG NStZ-RR **07**, 29, 30; Frankfurt StV **07**, 430, 431; vgl. auch LG Landau StV **07**, 433; *Schalast* R&P **07**, 69, 70; **aA** *Berg/Wiedner* StV **07**, 434, 436 ff.). **23**

In diesen Fällen ist die Maßregel zwingend für **erledigt** zu erklären. Das gilt auch dann, wenn zwischenzeitlich eine (weitere) psychische Erkrankung eingetreten ist, die zwar behandlungsbedürftig ist, jedoch ohne Wechselwirkung oder additiven Effekt mit dem der Unterbringung zugrunde liegenden Zustand; aus einer psychischen Erkrankung ohne Zusammenhang mit vergangener oder zukünftig zu befürchtender Straffälligkeit dürfen dem Verurteilten keine Nachteile erwachsen (Oldenburg StraFo **05**, 80). Eine **Anrechnung** auf die neben der Unterbringung verhängte Freiheitsstrafe ist auch im Fall der Erledigungserklärung grds. nur möglich, bis zwei Drittel der Strafe erledigt sind (§ 67 IV). Ob das auch bei Erledigung wegen Fehleinweisung gilt und eine weiter gehende Anrechung nur im Weg der Wiederaufnahme möglich ist (Frankfurt NStZ-RR **05**, 252; StV **07**, 430), ist str. (vgl. *Berg/Wiedner* StV **07**, 434, 437 f.; offen gel. von BVerfG NStZ **95**, 174, 175; vgl. auch 22 zu § 67). **24**

25 Mit dem Erledigungsbeschluss tritt, wenn nicht das Gericht ausdrücklich etwas anderes bestimmt, regelmäßig **Führungsaufsicht** ein (VI S. 2 und 3; § 68 II); das gilt nach Dresden StraFo **05**, 432 unbeschadet § 68f aber nicht, wenn schon die Anordnung der Unterbringung auf einer Fehldiagnose beruhte (**aA** MK-*Veh* 30). In Fällen der Variante c), in denen bei **hochgefährlichen Personen** nur der der Unterbringung zugrunde liegende Zustand nicht oder nicht mehr besteht, die Gefährlichkeit aber fortbesteht, kommt die Anordnung **nachträglicher Sicherungsverwahrung** in Betracht (§ 66b III; vgl. die Erl. dort).

26 **10) Verfahrensrecht.** Zuständig ist die StVK (§§ 463 III, 454, 462a I StPO); in Jugendsachen der Jugendrichter als Vollstreckungsleiter (§§ 82, 84 I JGG; BGH **26**, 163; **27**, 189). Dem Verurteilten ist nicht nur Gelegenheit zu geben, Anträge zu stellen und zu begründen (§ 462 II StPO), sondern auch **rechtliches Gehör** in der Weise, dass er zu entscheidungserheblichen Äußerungen, insbesondere der Tatsachendarstellung der Anstalt Stellung nehmen kann (BVerfGE **17**, 143; **18**, 422; vgl. auch Jena NJW **06**, 3794; Hamburg NJW **64**, 2315). Es ist uU von Verfassungs wegen (vgl. hierzu *Teyssen,* Tröndle-FS 407) geboten, dem Untergebrachten einen **Pflichtverteidiger** zu bestellen (EGMR StV **93**, 88 [m. Anm. *Bernsmann*]; BVerfGE **70**, 323 [hierzu *Müller-Dietz* JR **87**, 51]; BVerfG 2 BvR 792/05; Zweibrücken NStZ-RR **06**, 355), dessen Teilnahme bei der mündlichen Anhörung (§§ 463 II S. 1, 454 I S. 3 StPO) nicht ausgeschlossen werden darf (fair trial, Düsseldorf NJW **89**, 2338); im Fall des § 463 III S. 5 StPO ist die Bestellung zwingend.

27 In den Fällen der Abs. II und III ist nach § 463 III S. 3 bis 5 iVm § 454 Abs. II StPO **zwingend** das Gutachten eines **Sachverständigen** einzuholen, **wenn es erwägt,** die Vollstreckung auszusetzen (vgl. Karlsruhe StV **99**, 385; KG NStZ-RR **06**, 252); im Übrigen ist ein (externes) Gutachten einzuholen, wenn die Unterbringung lange andauert, die letzte Begutachtung schon länger zurückliegt und eine (der Gefahr der Routinebeurteilung ausgesetzte) Stellungnahme der Vollzugseinrichtung nicht ausreichend erscheint (KG ebd.). Zu den Anforderungen an das Gutachten Koblenz StV **03**, 686; Hamm StV **06**, 424). Es darf daher keine Aussetzung ohne vorheriges Sachverständigengutachten erfolgen. Verweigert sich der Untergebrachte einer Exploration, so ist die Aufklärung unter Zuhilfenahme anderer Erkenntnisquellen, insb. auch von Vorgutachten, vorzunehmen. Eine Verpflichtung zur Bestellung eines dem Untergebrachten genehmen Sachverständigen besteht grds. nicht (vgl. Karlsruhe StV **06**, 256). Die Beauftragung eines **externen Sachverständigen** ist nicht erforderlich, wenn eine Aussetzung von vornherein nicht in Frage kommt und das Gericht eine solche daher nicht „erwägt" (Karlsruhe StV **99**, 385; Hamburg NJW **00**, 2758; Jena NStZ **00**, 224 [Anm. *Volckart* StV **01**, 27]; *Meyer-Goßner,* 6a zu § 463 StPO; KK-*Fischer* 12a zu § 454 StPO; i. E. wohl auch Nürnberg NStZ-RR **03**, 283f.; **aA** Celle NStZ **99**, 159; Koblenz NStZ-RR **99**, 345).

28 Liegt ein Gutachten eines externen Sachverständigen vor, der zu einer vollständig negativen Prognose gelangt ist, so besteht Anlass zu einer erneuten Vollbegutachtung erst dann, wenn ein nicht gänzlich unbedeutender Behandlungsfortschritt erkennbar geworden ist (Koblenz NStZ-RR **05**, 30). Der Sachverständige ist regelmäßig mündlich anzuhören (vgl. *Kröber* RA-BTag Prot. Nr. 59, S. 9f.; zum **Verfahren** vgl. KK-*Fischer* 12a ff., 29a zu § 454, 4 zu § 463 StPO). Angesichts des Mangels an geeigneten Sachverständigen und der weiter fehlenden Bereitschaft, ausreichende Mittel zur Verfügung zu stellen, liegt der Vorwurf einer nur kosmetischen Reform, die mehr auf Verschiebung der Verantwortung als auf Lösung der Probleme abzielt, nicht ganz fern. Gegen die bedingte Entlassung, auch wenn sie mit Weisungen verbunden ist, hat der Verurteilte mangels Beschwer kein Rechtsmittel (Düsseldorf NStZ **85**, 27); beschwert ist er aber idR durch den Ausspruch der Erledigung der Maßregel wegen Erfolglosigkeit nach V (Celle NStZ-RR **97**, 240 m. Bespr. *Kopp* StV **99**, 121).

29 **11)** Die **Übergangsregelung** für Unterbringungen, die **vor dem 1. 5. 1986** angeordnet waren (vgl. Art. 316 I EGStGB), durchbricht den Grundsatz des § 2 VI.

Überprüfung

67e **I Das Gericht kann jederzeit prüfen, ob die weitere Vollstreckung der Unterbringung zur Bewährung auszusetzen oder für erledigt zu erklären ist. Es muss dies vor Ablauf bestimmter Fristen prüfen.**

***II Die Fristen* betragen bei der Unterbringung**
in einer Entziehungsanstalt sechs Monate,
in einem psychiatrischen Krankenhaus ein Jahr,
in der Sicherungsverwahrung zwei Jahre.

III **Das Gericht kann die Fristen kürzen. Es kann im Rahmen der gesetzlichen Prüfungsfristen auch Fristen festsetzen, vor deren Ablauf ein Antrag auf Prüfung unzulässig ist.**

IV **Die Fristen laufen vom Beginn der Unterbringung an. Lehnt das Gericht die Aussetzung oder Erledigungserklärung ab, so beginnen die Fristen mit der Entscheidung von neuem.**

1) Die Vorschrift ist durch das 2. StrRG (Ber. BT-Drs. V/4095, 34) und Art. 18 Nr. 28 EGStGB angepasst und zur selbstständigen Vorschrift gemacht worden. Zur Reform vgl. 11 vor § 61. I S. 1 und IV S. 2 sind durch das G v. 16. 7. 2007 (BGBl. I 1327) zur Klarstellung um die Variante der Erledigungserklärung ergänzt worden (Mat.: GesE BReg BT-Drs. 16/1110; Ber. BT-Drs. 16/5137; In-Kraft-Treten: 20. 7. 2007). 1

2) Die **StVK** (§§ 463 III, 454, 462a I StPO) kann die Aussetzungsreife (vgl. dazu 8 zu § 67d) und Fälle der Erledigung (14f., 17ff. zu § 67d) oder Überweisung (§ 67a) und des Vorwegvollzuges nach § 67 III **jederzeit** prüfen **(I S. 1),** auch vor Beginn der weiteren Vollstreckung nach Widerruf der Aussetzung (Hamm JMBlNW **78**, 89; NStE Nr. 4), oder nach Unterbrechung einer begonnenen Unterbringung (Hamm OLGSt. 3). Zur Prüfung nach § 67e **verpflichtet** ist sie, sobald Anhaltspunkte vorliegen, die eine Prüfung nach § 67d II angezeigt erscheinen lassen (Hamm NStZ **90**, 252; LK-*Horstkotte* 8); **spätestens** aber muss die StVK rechtzeitig vor Ablauf einer bestimmten **Frist**, deren Lauf mit der Unterbringung beginnt (**IV S. 1;** Karlsruhe NStZ **92**, 456) und die in den Fällen von § 64 sechs Monate, von § 63 ein Jahr und von § 66 zwei Jahre beträgt, über die Aussetzungsfrage nach vorheriger mündlicher Anhörung durch die StVK (Koblenz MDR **84**, 163) entscheiden **(II)**. Entweichen aus dem Maßregelvollzug hemmt den Lauf der Frist nach II (Karlsruhe aaO). Die Missachtung der Fristvorschrift durch nicht vertretbare Untätigkeit des zuständigen Gerichts verletzt das Grundrecht aus Art. 2 II S. 2 GG (BVerfG NStZ-RR **05**, 92, 93f.; **05**, 187, 188). Im Verfahren nach § 67e ist ein **Pflichtverteidiger** zu bestellen (vgl. BVerfG 2 BvR 792/05; Oldenburg StV **06**, 429; Zweibrücken NStZ-RR **06**, 355; zur Anwesenheit im Anhörungstermin vgl. auch Köln StV **06**, 430). 2

Die StVK kann sich selbst im Voraus eine kürzere Frist setzen **(III S. 1).** Anderseits kann sie zur Abwehr vor allem querulatorischer Wiederholung von Anträgen im Rahmen der genannten Prüfungsfristen eine Frist festsetzen, vor deren Ablauf ein Antrag auf Prüfung unzulässig ist (Sperrfrist **III S. 2**). Nach Ablauf der Frist ist – auch noch im Beschwerdeverfahren – der Zulassungsmangel geheilt (Düsseldorf MDR **90**, 173 L). Lehnt das Gericht eine Entlassung ab, so beginnen die Prüfungsfristen mit der Entscheidung von neuem **(IV S. 2).** Nach hM kommt es auf deren Rechtskraft nicht an (Hamm NJW **71**, 949; MDR **76**, 159; Karlsruhe StraFo **07**, 125; LK-*Horstkotte* 13; *S/S-Stree* 5; SK-*Horn* 7). 3

Mehrfache Anordnung der Maßregel

67f Ordnet das Gericht die Unterbringung in einer Entziehungsanstalt an, so ist eine frühere Anordnung der Maßregel erledigt.

Die Vorschrift bezieht sich nur auf mehrfache rechtskräftige Unterbringungen nach § 64. Jedoch betrifft § 67f grundsätzlich nur eine solche frühere Unterbringung, die noch nicht oder nicht ganz **erledigt** ist, zB infolge Vorwegvollzug der Strafe (§ 67 II) oder Maßregelaussetzung (§ 67d IV S. 2, § 67g V), bevor die wegen einer neuen (*nach* der früheren Verurteilung begangenen; NStZ **98**, 79) Tat angeordnete gleiche Unterbringungsanordnung rechtskräftig geworden ist. Bei *vor* der früheren Verurteilung begangenen Taten sind die Grundsätze der **Gesamtstrafenbildung** zu beachten (BGH **30**, 306); aus § 55 II folgt, dass in diesem Fall eine frühere Anordnung nach § 64 grundsätzlich aufrechtzuerhalten ist (vgl. NStZ **98**, 79). Ist eine Anwendung des § 55 II auf Grund der *Zäsurwirkung* eines weiteren, nach der ersten Verurteilung ergangenen Urteils nicht möglich, so kommt eine 1 erneute Anordnung der Maßregel nicht in Betracht, wenn die frühere, nun abgeurteilte Tat bei der bereits getroffenen Anordnungsentscheidung hätte mitberücksichtigt werden können (NStZ **98**, 79; 2 StR 409/91). Bei *neuer* Anordnung addieren sich nicht die Restfrist aus der 1. Unterbringung und die zweijährige Höchstfrist aus der 2. Anordnung; vielmehr ist die 1. Anordnung erledigt (4 StR 85/85; NStZ-RR **07**, 38 f.), so dass die Höchstfrist wieder nur 2 Jahre beträgt. Die bisherige Vollzugszeit wird nicht auf die neue Frist angerechnet. Lief der alte Vollzug noch, so wird er ohne Unterbrechung (jedoch unter Mitwirkung der jetzt zuständigen Vollstreckungsbehörde, *Pohlmann* Rpfleger **70**, 235) kraft der neuen Anordnung fortgesetzt. War die 1. Unterbringung zur Bewährung ausgesetzt, so kommt es wegen der Erledigung nicht zum Widerruf nach § 67 g; vielmehr wird sofort die neu angeordnete Maßregel vollstreckt (LK-*Horstkotte* 9; *Lackner* 2). Die Erledigung erfasst auch die nach § 67 d II S. 2 eintretende FAufsicht (LG Heilbronn, NStE Nr. 1).

2 Anders ist die Rechtslage bei **nachträglicher Gesamtstrafenbildung,** denn die 1. Unterbringung ist aufrecht zu erhalten (BGH **30**, 306; 29 zu § 55; hM), so dass es gar nicht zu einer 2. Anordnung kommt, sondern der Vollzug unter Anrechnung seiner bisherigen Dauer weiterläuft. Wird die Unterbringung in Unkenntnis der Anordnung über deren Rechtskraft hinaus vollstreckt, so ist die unzulässig vollstreckte Zeit im Gnadenwege anzurechnen (*Pohlmann* Rpfleger aaO). Wenn eine nachträgliche Gesamtstrafenbildung wegen Erledigung der Hauptstrafe ausscheidet, so ist, soweit nicht §§ 67 d IV, 67 g V gegeben sind, § 55 II entsprechend anzuwenden (SK-*Horn* 6).

Widerruf der Aussetzung

67g **I Das Gericht widerruft die Aussetzung einer Unterbringung, wenn die verurteilte Person**

1. **während der Dauer der Führungsaufsicht eine rechtswidrige Tat begeht,**
2. **gegen Weisungen nach § 68 b gröblich oder beharrlich verstößt oder**
3. **sich der Aufsicht und Leitung der Bewährungshelferin oder des Bewährungshelfers oder der Aufsichtsstelle beharrlich entzieht**

und sich daraus ergibt, dass der Zweck der Maßregel ihre Unterbringung erfordert. Satz 1 Nr. 1 gilt entsprechend, wenn der Widerrufsgrund zwischen der Entscheidung über die Aussetzung und dem Beginn der Führungsaufsicht (§ 68 c Abs. 4) entstanden ist.

II Das Gericht widerruft die Aussetzung einer Unterbringung nach den §§ 63 und 64 auch dann, wenn sich während der Dauer der Führungsaufsicht ergibt, dass von der verurteilten Person infolge ihres Zustands rechtswidrige Taten zu erwarten sind und deshalb der Zweck der Maßregel ihre Unterbringung erfordert.

III Das Gericht widerruft die Aussetzung ferner, wenn Umstände, die ihm während der Dauer der Führungsaufsicht bekannt werden und zur Versagung der Aussetzung geführt hätten, zeigen, dass der Zweck der Maßregel die Unterbringung der verurteilten Person erfordert.

IV Die Dauer der Unterbringung vor und nach dem Widerruf darf insgesamt die gesetzliche Höchstfrist der Maßregel nicht übersteigen.

V Widerruft das Gericht die Aussetzung der Unterbringung nicht, so ist die Maßregel mit dem Ende der Führungsaufsicht erledigt.

VI Leistungen, die die verurteilte Person zur Erfüllung von Weisungen erbracht hat, werden nicht erstattet.

1 **1) Die Vorschrift** ist durch das 2. StrRG (Ber. BT-Drs. V/4095 = Ber. I, 34; Prot. V/431, 471, 790, 861, 2019, 2338, 2447, 3161) unter Änderung durch Art. 18 Nr. 29 EGStGB

(Ber. BT-Drs. 7/1261, 8; Prot. 7/744) eingefügt worden. Durch G vom 13. 4. 2007 (BGBl I 513) ist I S. 2 eingefügt worden; im Übrigen wurde die Vorschrift geschlechtsneutral formuliert (**Mat.:** GesE BReg BT-Drs. 16/1993; Ber. BT-Drs. 16/4740; In-Kraft-Treten: 18. 4. 2007).

2) Die Vorschrift ist die Parallele zu §§ 56f, 70b; doch ist dabei zu beachten, dass die Aus- **2**
setzung bei den freiheitsentziehenden Maßregeln mit dem an sich selbstständigen Institut der FAufsicht gekoppelt ist (vgl. unten 11). Die Widerrufsgründe beziehen sich in I und III auf sämtliche Maßregeln der §§ 63 bis 66, in II nur auf die in den §§ 63, 64. § 67g bezieht sich sowohl auf die Fälle der Aussetzung zugleich mit dem Urteil (§ 67b) wie auf die Fälle der §§ 67c I, II, 67d II.

3) Allgemeine **Vorausetzung** eines Widerrufs nach Abs. I bis III ist, dass der **3**
Zweck der Maßregel (6 zu § 67) die Unterbringung erfordert, dh dass sie zur Verhütung neuer, erheblicher rechtswidriger Taten im Hinblick auf den jeweiligen Unterbringungszweck der §§ 63, 64, 66 gerechtfertigt ist (vgl. LK-*Horstkotte* 7; Karlsruhe MDR **89**, 664; BVerfG NStZ **85**, 381). Auch im Hinblick auf den Widerruf der Aussetzung der Unterbringung nach § 64 ist BVerfGE **91**, 1 zu beachten; die Entscheidung hat nicht nur die Anordnung dieser Maßregel, sondern in demselben Umfang auch deren Fortdauer eingeschränkt (Hamm StV **95**, 648; Frankfurt/M NStZ-RR **96**, 93; Düsseldorf NStZ **96**, 408; **02**, 53; vgl. Erl. zu § 64). Wegen des Subsidiaritätsgrundsatzes im Maßregelrecht sind alternative Maßnahmen zu prüfen. Aus § 68e iVm § 68b folgt, dass der Zweck der Maßregel die Unterbringung uU nur dann erfordert, wenn auch weitere Weisungen der in 3 zu § 67b genannten Art zu keiner günstigeren Beurteilung mehr führen können.

4) Die **Widerrufsgründe** nach **Abs. I S. 1** entsprechen weitgehend § 56f **4**
(dort 3ff.):

Nr. 1 setzt voraus, dass die verurteiolte Person während der Dauer der FAuf- **5**
sicht (§ 68c) eine **rechtswidrige Tat** (§ 11 I Nr. 5) begeht. Bei einer Tat *vor* Beginn der FAufsicht kommt **III** in Frage, da § 67g eine § 56f I S. 2 entsprechende Regelung nicht enthält. Die Tat muss auf eine schlechte Prognose hinweisen (vgl. Erl. zu § 56f). Dafür sind Art, Gewicht und Zahl der Verstöße von Bedeutung, wobei die rechtswidrige Tat nicht von der Art zu sein braucht, die eine neue Anordnung rechtfertigen würde (sonst könnte dies an die Stelle des Widerrufs treten); es genügt, dass sie weitere Taten von entsprechendem Gewicht besorgen lässt (Karlsruhe Die Justiz **79**, 300; **81**, 238; MDR **89**, 664; Düsseldorf StV **91**, 71);

Nr. 2 setzt voraus, dass die verurteilte Person gegen **Weisungen** nach § 68b **6**
gröblich oder beharrlich (vgl. 10, 12 zu § 56f) verstößt;

Nr. 3 setzt voraus, dass sich die verurteilte Person der Aufsicht und Leitung des **7**
Bewährungshelfers oder der **Aufsichtsstelle** (§ 68a) beharrlich entzieht (vgl. 10 zu § 56f). In Fällen der Nrn. 2 und 3 ist ein Widerruf vor allem dann erforderlich, wenn die verurteilte Person die FAufsicht sabotiert oder sich so der Kontrolle entzieht, dass eine zuverlässige Beurteilung seines Verhaltens in der Freiheit unmöglich wird. In den Fällen des § 63, vor allem aber des § 66 (anders bei § 64 wegen § 67f; **aA** LK-*Horstkotte* 23) setzt der Widerruf voraus, dass Weisungsverstöße dem Gewicht der Maßregel entsprechend symptomatisch für den Hang zur Begehung erheblicher Taten sind (Karlsruhe MDR **80**, 71). Zum Verhältnis des § 145a zu § 67g vgl. LK-*Hanack* zu § 145a.

Abs. I S. 2 ist durch G v. 13. 4. 2007 eingefügt worden (oben 1). Die Rege- **7a**
lung entspricht § 56f I S. 2 (vgl. 3a f. zu § 56f). Der Widerruf ist danach auch dann möglich, wenn der Widerrufsgrund in dem Zeitraum zwischen der Entscheidung über die Aussetzung und dem Beginn der FAufsicht (§ 68c IV S. 1) eingetreten ist; dies war nach der früheren Rechtslage nicht möglich (vgl. BT-Drs. 16/1993, 16).

5) Nach **Abs. II** ist die Aussetzung einer Unterbringung nach den §§ 63, 64 **8**
auch dann zu widerrufen, wenn sich aus sonstigen konkreten Anhaltspunkten während der FAufsicht ergibt, dass von dem Verurteilten **infolge seines Zustandes**

rechtswidrige Taten zu erwarten sind und deshalb der Maßregelzweck die Unterbringung erfordert. Gedacht ist vor allem an eine Verschlechterung einer vorliegenden psychischen Störung (vgl. auch Schleswig NStZ **82**, 88). Es muss sich bei den zu erwartenden Taten um solche handeln, die nicht nur geringfügig sind und deren Gefahr eine neue Anordnung begründen würde.

9 **6)** Nach **Abs. III** ist zu widerrufen, wenn dem Gericht (unten 13) während der FAufsicht, also nicht schon vorher oder erst nach deren Ende (möglicherweise also schon vor Entlassung des Täters, Bamberg NJW **69**, 564), tatsächliche **Umstände** bekannt werden, die, wenn das Gericht sie bei seinem früheren Beschluss gekannt hätte, zur Versagung der Aussetzung geführt hätten, aber auch noch zZ der Widerrufsentscheidung zeigen, dass der Maßregelzweck die Unterbringung erfordert. Das können zB Delikte, Vorstrafen, psychische Erkrankungen, auch andere frühere Maßnahmen sein.

10 **7) Nach IV** ändert sich an der **gesetzlichen Höchstdauer** der Unterbringung (2ff. zu § 67d) auch durch den **Widerruf** nichts, der im Übrigen dazu führt, dass der Verurteilte erstmals (§§ 67b, 67c I, II) oder erneut untergebracht wird. War er es schon vor der Aussetzung, so darf die Gesamtdauer der Unterbringung vor und nach dem Widerruf im Fall des § 64 die Höchstfrist nicht übersteigen.

11 **8) Nach V** ist die Maßregel, wenn sie **nicht widerrufen** wird, mit dem Ende der FAufsicht erledigt, also entweder mit einem Beschluss nach § 68e II oder automatisch mit dem Ablauf der Aufsichtszeit nach § 68c (Karlsruhe Die Justiz **80**, 26). Aus dieser Regelung folgt, dass der Beschluss, der den Widerruf ausspricht und der mit sofortiger Beschwerde anfechtbar ist (§ 462 I, III StPO), anders als bei § 56g mangels einer dem § 56g I S. 1 entsprechenden Bestimmung innerhalb der Aufsichtszeit ergehen, wenn auch nicht rechtskräftig werden muss (Düsseldorf NStZ **86**, 525). Bei abgekürzter Höchstfrist (§ 68c I S. 1, § 68d) kommt eine Verlängerung nach § 68d bei neuen Verdachtsmomenten für einen Widerruf in Betracht (LK-*Horstkotte* 27). VI gilt auch, wenn der Widerruf unterbleibt.

12 **Leistungen** zur Erfüllung von Weisungen (§ 68b) werden nicht erstattet **(VI);** eine Anrechnung auf eine Maßregel mit Höchstfrist gibt es abw. von § 56 III S. 2 nicht; sie würde dem Wesen der Maßregel widersprechen.

13 **9) Verfahrensrecht.** Vgl. 9 zu § 67d. Das **Gericht** ist das erkennende in den Fällen von § 67b, die StVK in den übrigen Fällen (§§ 463 V, 462, 462a I bzw. II StPO; zum Fall mehrerer Verfahren NJW **75**, 1238). Vorläufige Maßnahmen nach § 453c StPO; zB Haftbefehl bei Unerreichbarkeit (Hamburg MDR **75**, 1042) oder bei Fluchtgefahr (dazu *Rieß* NJW **75**, 91; **78**, 2272) sind möglich (§ 463 I StPO). Erneute Nachprüfung eines rechtskräftigen Widerrufs ist in gewissen Fällen möglich (Hamm OLGSt. 6; vgl. 9 zu § 56f). Im Verfahren nach § 67g ist uU die Beiordnung eines Pflichtverteidigers von Verfassungs wegen geboten (Bremen, Celle NStE Nr. 1, 2.

Befristete Wiederinvollzugsetzung; Krisenintervention

67h **I Während der Dauer der Führungsaufsicht kann das Gericht die ausgesetzte Unterbringung nach § 63 oder § 64 für die Dauer von höchstens drei Monaten wieder in Vollzug setzen, wenn eine akute Verschlechterung des Zustands der aus der Unterbringung entlassenen Person oder ein Rückfall in ihr Suchtverhalten eingetreten ist und die Maßnahme erforderlich ist, um einen Widerruf nach § 67g zu vermeiden. Unter den Voraussetzungen des Satzes 1 kann es die Maßnahme erneut anordnen oder ihre Dauer verlängern; die Dauer der Maßnahme darf** ***insgesamt sechs Monate nicht*** **überschreiten. § 67g Abs. 4 gilt entsprechend.**

II Das Gericht hebt die Maßnahme vor Ablauf der nach Absatz 1 gesetzten Frist auf, wenn ihr Zweck erreicht ist.

1) Die **Vorschrift** ist durch Art. 1 Nr. 8 des Gesetzes zur Reform der Führungsaufsicht u. a. v. 13. 4. 2007 (BGBl I 513) eingefügt worden (**Mat.:** GesE BReg BT-Drs. 16/1993; Ber. BT-Drs. 16/4740). **In Kraft-Treten: 18. 4. 2007**. 1

Literatur: *Peglau*, Das Gesetz zur Reform der Führungsaufsicht und zur Änderung der Vorschriften über die nachträgliche Sicherungsverwahrung, NJW **07**, 1558. 1a

2) Regelungszweck. Bei Aussetzung von Maßregeln nach §§ 63 oder 64 kann sich oft die Situation ergeben, dass sich der der Maßregelanordnung zugrunde liegende Zustand (§ 63) oder die Suchterkrankung (§ 64) der verurteilten Person akut verschlechtern, so dass die Voraussetzungen der die Maßregelaussetzung rechtfertigenden günstigen Prognose entfallen oder jedenfalls konkret gefährdet sind. Die Praxis hat sich in solchen Fällen u. a. mit dem Erlass von Sicherungsunterbringungsbefehlen (§ 453 c I StPO) beholfen; dies ersetzt jedoch das (ggf. aufwändige) Widerrufs- und ggf. neuerliche Aussetzungsverfahren nicht. In einzelnen Bundesländern besteht darüber hinaus die Möglichkeit, nach Maßgabe der Maßregelvollzugsgesetze *freiwillige* Wiederaufnahmen zu erreichen. Diese Möglichkeit besteht nicht bei mangelnder Krankheitseinsicht oder Therapiewilligkeit der Betroffenen. Um einen ansonsten drohenden Widerruf der Aussetzung zu vermeiden, sieht § 67 h die Möglichkeit einer befristeten Invollzugsetzung der Unterbringung vor. Damit soll eine höhere Durchlässigkeit zwischen ambulanter und stationärer Behandlung geschaffen und dadurch eine insgesamt bessere Betreuungs- und Kontrolldichte erreicht werden, um der Gefahr weiterer erheblicher Straftaten vorzubeugen (BT-Drs. 16/1993, 16 f.). Zugleich wird nach Ansicht des Gesetzgebers einer *Stigmatisierung* vorgebeugt, die schon dadurch eintreten könne, dass ein Bewährungswiderruf formal in Betracht gezogen wird (ebd. S. 16). Dass eine (ggf. *zwangsweise*) Invollzugsetzung solche Folgen verhindern kann, erscheint aber eher zweifelhaft; die auf Vermeidung eines *Widerrufs* abstellende, sozialfürsorgerische Terminologie darf nicht den Blick darauf verstellen, dass es um Verhinderung von *Straftaten* und um gravierende, freiheitsbeschränkende strafrechtliche Maßnahmen handelt. 2

3) Voraussetzungen (I. S. 1). Abs. I S. 1 setzt voraus, dass die gegen eine Person angeordnete Maßregel nach § 63 oder § 64 zur Bewährung ausgesetzt wurde und Führungsaufsicht eingetreten ist (§ 67 d II S. 2, IV S. 3, V S. 2). Während des Laufs der FAufsicht muss eine akute **Verschlechterung des Zustands** der Person oder ein **Rückfall in das Suchtverhalten** eingetreten sein. Die *Gründe* hierfür sind grds. gleichgültig; auf *Verschulden* kommt es nicht an. Bei psychischen Erkrankungen ist eine Verschlechterung grds. jede Intensivierung des Störungsbildes, soweit sie im Hinblick auf den Zweck der Maßregel von Belang ist. Äußeres Verhalten ist nicht unmittelbar erfasst, kann aber indiziell sein; zB bei Weigerung, eine ambulante Behandlung fortzuführen oder erforderliche Medikamente einzunehmen. Ein Rückfall in Suchtverhalten mag bei einem einmaligen „Ausrutscher" noch nicht anzunehmen sein; idR liegt er aber vor, sobald das jeweils spezifische, die Sucht prägende Konsum- und Beschaffungsverhalten wieder aufgenommen wird. 3

Aus § 67 h ergibt sich nicht, welches **Maß** die „Verschlechterung" des Zustands oder der Sucht-Rückfall erreicht haben müssen, um eine Maßnahme nach § 67 h zu rechtfertigen. Nach Auffassung des Gesetzgebers ergibt sich dies aber daraus, dass die Invollzugsetzung **erforderlich** sein muss, um einen **Widerruf zu vermeiden** (BT-Drs. 16/1993, 17). Hieraus soll folgen, das die Intervention „nicht bei jeder akuten Verschlechterung des Gesundheitszustands", sondern nur bei Eintritt einer *Risikosituation* gerechtfertigt ist, die bei ungehinderter Fortentwicklung *voraussichtlich* einen Widerruf der Aussetzung erforderlich machen würde, um neue erhebliche Straftaten zu verhindern (ebd.). Erforderlichkeit und **Verhältnismäßigkeit** der Maßnahme müssen daher am Maßstab des **§ 67 g** gemessen werden; dabei kommen sowohl die Voraussetzungen des § 67 g I Nr. 2 und 3 als auch vor allem die des § 67 g II in Betracht (so auch *Peglau* NJW **07**, 1558, 1561); die Anordnung kann aber auch ergehen, wenn Widerrufsgründe nach § 67 g I zwar 4 schon vorliegen, die Prognose aber aufgrund einer vorübergehenden Intervention wieder positiv ausfällt.

4a Nicht ganz klar ist insoweit allerdings der Hinweis der Gesetzesmaterialien, ein Widerruf sei „regelmäßig unabwendbar", wenn eine Behandlung nicht innerhalb der Höchstfrist des Abs. I erfolgreich gewesen sei (BT-Drs. 16/1993, 17). Hieraus ergibt sich, das eine *qualitative* Differenzierung nach *Maß* oder *Schwere* der Zustands-Verschlechterung kaum nachvollziehbar begründet werden kann; die subtile Einordnung der *Interventions*-Prognose zwischen *günstiger* (Aussetzung) und *ungünstiger* (Widerruf) Prognose ist rational kaum nachvollziehbar. Tatächlich verschiebt sich durch § 67 h nur der Prognose- und **Eingriffszeitpunkt** zu Lasten der verurteilten Person nach vorn: Eine (bis zu 6 Monate andauernde) Unterbringung kann trotz vorheriger Aussetzung schon angeordnet werden, wenn die nahe liegende *Gefahr* besteht, dass eine Gefährdung iS von § 67 g II eintreten wird.

5 **4) Anordnung.** Zuständig für die Anordnung ist das Gericht (I S. 1), also idR die StVK (13 zu § 67 g). Sie wird **von Amts wegen** oder auf Anregung einer an der Führungsaufsicht beteiligten Stelle (auch der forensischen Ambulanz) tätig; eines förmlichen Antrags bedarf es nicht. Für die Beurteilung der Voraussetzungen des I S. 1, namentlich den Eintritt einer Zustandsverschlechterung, sowie der Erforderlichkeit der Invollzugsetzung, wird das Gericht idR einen **Sachverständigen** zuziehen müssen. Das gilt auch für die Beurteilung der erforderlichen Dauer der Maßnahme. Hinsichtlich der Anordnung räumt Abs. I S. 1 dem Gericht **Ermessen** ein; doch wird, wenn die „Erforderlichkeit" im Sinn von I S. 1 festgestellt ist, für ein weiteres Ermessen regelmäßig kein Platz sein. Schon im Rahmen der Erforderlichkeit ist zu prüfen, ob **andere Maßnahmen**, insb. eine freiwillige Krisenintervention, weitergehende ambulante Maßnahmen oder die Anordnung von (zusätzlichen) Weisungen ausreichend sind, um eine günstige Prognose aufrecht zu erhalten.

6 Mit der durch **Beschluss** auszusprechenden Anordnung hat das Gericht zugleich die **Dauer** der Invollzugsetzung konkret zu bestimmen. Diese kann für jede einzelne Anordnung höchstens drei Monate betragen; eine Untergrenze besteht nach dem Gesetz nicht, sondern ergibt sich nur aus dem Zweck der Maßnahme. Die Anordnung einer Serie jeweils ganz kurzer „Invollzugsetzungen" zur Erzwingung ambulanter Behandlungsmaßnahmen entspricht dem Regelungszweck nicht. Die Bestimmung einer „**Höchstfrist**" im Anordnungsbeschluss dürfte zulässig, wenngleich im Hinblick auf Abs. II überflüssig sein; sie ist dann zugleich *Mindest*frist.

7 Eine **Verlängerung** der zunächst festgesetzten Dauer vor deren Ablauf ist einmal oder mehrmals zulässig, wenn die Voraussetzungen des I S. 1 fortbestehen (**I S. 2**); unter denselben Voraussetzungen sind auch – nach Entlassung der verurteilten Person – wiederholte Anordnungen zulässig. Insgesamt gilt aber die **Höchstfrist** des I S. 2, 2. HS: In Bezug auf dieselbe Maßregelverhängung darf die **Summe** aller Invollzugsetzungen nach 67 h insgesamt sechs Monate nicht übersteigen. Wenn diese Grenze erreicht ist, ist die verurteilte Person zu entlassen; ggf. ist ein Widerrufsverfahren nach § 67 g durchzuführen. Im Übrigen ist die **Höchstfristregelung** des § 67 g IV zu beachten (**Abs. I S. 3**).

8 **5) Aufhebung.** Die Fortdauer der Anordnung steht unter dem Vorbehalt ihrer Erforderlichkeit und Verhältnismäßigkeit. Nach **Abs. II** ist sie aufzuheben und die verurteilte Person freizulassen, sobald der Zweck der Maßnahme erreicht, also die Gefahr einer den Widerruf erfordernden Zustandsverschlechterung beseitigt ist. Das kann auch durch Wirksamwerden anderer, insb. ambulanter oder freiwilliger Maßnahmen der Fall sein, wenn deren Durchführung hinreichend gesichert erscheint. Unabhängig von Abs. II gelten die Anforderungen an die Fortdauer der Maßregel selbst. So darf etwa eine „Krisenintervention" nach Rückfall in die Sucht auch dann nicht aufrecht erhalten werden, wenn eine hinreichend konkrete Aussicht iS von § 64 I S. 2 gar nicht (mehr) besteht.

Anders als § 67 e II ordnet Abs. II keine obligatorischen Prüfungsfristen an; vielmehr ergibt sich nach dem Sinn der Regelung eine **fortlaufende Prüfungspflicht** des Gerichts; diese wird es idR durch enge **Berichtspflichten** der Vollzugsanstalt zu erfüllen haben. Auf einen **Antrag** der verurteilten Person hat das Gericht alsbald zu entscheiden; die Bestimmung von Wiederholungsfristen kommt nach Lage des Einzelfalls zur Vermeidung unsinnigen Mehrfach-Aufwands in Betracht. Ob sich hierdurch tatsächlich ein „flexiblerer" und weniger aufwändiger Ablauf ergibt, wie es dem Gesetzgeber vorschwebte (vgl. BT-Drs. 16/1993, 17), bleibt abzuwarten. 9

6) Zum **Verfahren** vgl. auch 13 zu § 67 g. Die Beiordnung eines **Pflichtverteidigers** kann auch für das Anordnungsverfahren nach § 67 h geboten sein. Für Anordnung und Anfechtung gilt § 463 V StPO iV mit § 462 StPO. Das Gericht wird danach idR die **sofortige Vollziehbarkeit** der Maßnahme anordnen (vgl. BT-Drs. 16/1993, 24; *Peglau* NJW **07**, 1558, 1561 [*zwingende* Regelung]). 10

Führungsaufsicht

Vorbemerkung

1) Das Institut der Führungsaufsicht (= **FAufsicht**) ist im Anschluss an die Sicherungsaufsicht des E 1962 durch das 2. StrRG (Ber. BT-Drs. V/4095, 34) mit einigen Änderungen durch Art. 18 Nr. 31 bis 33 EGStGB und durch Art. 1 Nr. 17 des 23. StÄG eingeführt worden. Änderungen in §§ 68 c, 68 e, 68 f sind durch das SexualdelBekG vom 26. 1. 1998 (1 zu § 66) erfolgt; dadurch wurden insb. in § 68 c II die Möglichkeit unbefristeter FAufsicht eingeführt und in § 68 f I S. 1 der obligatorische Anwendungsbereich der FAufsicht erweitert. Eine weitgehende **Neufassung der Vorschriften** ist durch das G zur Reform der FAufsicht und zur Änderung der Vorschriften über die nachträgliche Sicherungsverwahrung vom 13. 4. 2007 (BGBl I 513) vorgenommen worden (**Mat.:** GesE BReg BT-Drs. 16/1993 [mit Stellungnahme BRat, BR-Drs. 276/06, und Gegenäußerung BReg], dem ein **RefE** des BMJ vom Juli 2005 voranging (krit. dazu *Schalast* R&P **06**, 59; *Vollbach* MSchrKrim **06**, 40; *Gross*, Böttcher-FS [2007] 579 ff.); vgl. schon Art. 2-E des GesE des BRats (BT-Drs. 15/5909; GesA BR-Drs. 276/05); Ber. BT-Drs. 16/4740). **In-Kraft-Treten: 18. 4. 2007.** 1

Statistik: Eine bundesweite Statistik existiert nicht (krit. zum weitgehenden Fehlen empirischer Daten *NeubacherBewHi* **04**, 73, 84; *Vollbach* MSchrKrim **06**, 40, 46). Nach Berichten der Länder ist mit insgesamt etwa 15–20.000 FAufsichts-Probanden zu rechnen (BT-Drs. 16/1993, 11; stark ansteigend, namentlich wegen „Vollverbüßung"); davon nur ein kleiner Anteil aufgrund gerichtlicher Anordnung (vgl. auch *Schneider* NStZ **07**, 441, 442).

Neuere Literatur (Auswahl): *Aulinger*, Zwischen justizieller Nachsorge und strafrechtlicher Sozialkontrolle – ambulante Handlungsstrategien bei gefährlichen Sexualstraftätern und ihre rechtlichen Rahmenbedingungen, Böttcher-FS (2007) 555; *Boetticher,* Rechtliche Rahmenbedingungen, in: *Egg* (Hrsg.), Ambulante Nachsorge usw., 2004, 22; *ders.*, Aktuelle Entwicklungen im Maßregelvollzug und bei der Sicherungsverwahrung – Ambulante Nachsorge für Sexualstraftäter ist Aufgabe der Justiz!, NStZ **05**, 417; *Dertinger/Marks* (Hrsg.), Führungsaufsicht. Versuch einer Zwischenbilanz zu einem umstrittenen Rechtsinstitut, 1990 [Bespr. *Lemke* GA **92**, 235]; *Dölling,* Die Weiterentwicklung der Sanktionen ohne Freiheitsentzug im dt. Strafrecht, ZStW **104**, 259; *ders.*, Voraussetzungen der Führungsaufsicht, JR **04**, 165; *Egg* (Hrsg.), Ambulante Nachsorge nach Straf- und Maßregelvollzug. Kriminologie und Praxis. Schriftenreihe KrimZ Bd. 22, 2004; *Floerecke,* Die Entstehungsgeschichte der Gesetzesnorm zur Führungsaufsicht, 1989; *Gross*, Kriminalgesetzgebung und Zeitgeist – am Beispiel des Entwurfs eines Gesetzes zur Reform der Führungsaufsicht, Böttcher-FS (2007) 579; *Horn* ZStW **89**, 554; *Jacobsen,* Führungsaufsicht u. ihre Klientel, 1985; *Kurze*, Soziale Arbeit und Strafjustiz. Eine Untersuchung zur Arbeit von Gerichtshilfe, Bewährungshilfe, Führungsaufsicht, 1999; *Mainz,* Vollstreckungsverjährung bei Führungsaufsicht, NStZ **89**, 61; *Neubacher*, Führungsaufsicht, quo vadis?, BewH **04**, 73; *Nißl,* Die Führungsaufsicht, NStZ **95**, 525; *Peglau*, Das Gesetz zur Reform der Führungsaufsicht und zur Änderung der Vorschriften über die nachträgliche Sicherungsverwahrung, NJW **07**, 1558; *Preiser,* Bewährungs- u. Sicherungsaufsicht, Kritik u. Vorschläge zur Strafrechtsreform, ZStW **81**, 240; *H.J. Schneider,* Die Verbesserung des Schutzes der Gesellschaft vor gefährlichen Sexualstraftätern, JZ **98**, 436; *U. Schneider*, Die Reform der Führungsaufsicht, NStZ **07**, 441; *Schöch,* Empfehlen sich Änderungen u. Ergänzungen bei den strafrechtlichen Sanktionen ohne Freiheitsentzug?, Gutachten C 109 zum 59. DJT, 1 a

1992; *ders.*, Bewährungshilfe u. Führungsaufsicht in der Strafrechtspflege, NStZ **92**, 364; *Schulz*, Die Führungsaufsicht. Entstehungsgeschichte, Charakter u. praktische Handhabung in Bad-Württ. 1975 bis 1978, 1982; *Seifert/Schiffer/Bode/Schmidt-Quernheim*, Forensische Nachsorge – unverzichtbar, wenn es um die Entlassung eines psychisch kranken Rechtsbrechers geht, NStZ **05**, 125; *Vollbach*, Die reformierte Maßregel Führungsaufsicht (usw.). Anmerkungen zum Entwurf eines Gesetzes zur Reform der Führungsaufsicht vom 4. Juli 2005, MSchrKrim **06**, 40; *Weigelt/Hohmann-Fricke*, Führungsaufsicht – Unterstellungspraxis und Legalbewährung, BewHi **06**, 216.

2 **2) Aufgabe der FAufsicht** als Maßregel der Besserung und Sicherung ist es, den Versuch zu machen, auch Tätern mit vielfach *schlechter* Sozialprognose nach Strafverbüßung oder im Zusammenhang mit einer freiheitsentziehenden Maßregel eine Lebenshilfe vor allem für den Übergang von der Freiheitsentziehung in die Freiheit zu geben und sie dabei zu führen und zu überwachen. Da es sich danach anders als bei § 56 um gefährdete und gefährliche Täter handelt, ist nicht nur die Bestellung eines BewH vorgeschrieben, sondern auch eine Aufsichtsstelle eingeschaltet (§ 68 a). Die Maßregel ist verfassungsgemäß (BVerfGE **55**, 28). Ihre Ausgestaltung und praktischen Wirksamkeit war lange der Kritik ausgesetzt (vgl. *Streng*, Strafrechtliche Sanktionen, 332; *Nißl* NStZ **95**, 525; LK-*Hanack* 25 ff. mwN); die Neuregelung durch das G vom 13. 4. 2007 verfolgte daher das Ziel, durch Einführung einer forensischen Ambulanz (§ 68 a VII), Ausweitung des Weisungskatalogs des § 68 b und Erweiterung der Möglichkeit zur Anordnung unbefristeter FAufsicht (§ 68 c) den Anwendungsbereich zu erweitern und die Effektivität der Maßregel zu erhöhen (vgl. BT-Drs. 16/1993, 12 ff.). Erfolg versprechend kann das freilich nur dann sein, wenn die Aufwendungen und Bemühungen der Länder deutlich erhöht werden; ansonsten bliebe es (wieder) bei leeren Worten.

3 **3)** Folgende **Anwendungsfälle der FAufsicht** sind zu unterscheiden:

A. FAufsicht nach Strafverbüßung

a) bei bestimmten rückfallträchtigen Delikten (§ 68 I);

b) nach Vollverbüßung einer längeren Freiheitsstrafe (§ 68 f);

B. FAufsicht im Zusammenhang mit einer freiheitsentziehenden Maßregel (§ 68 II)

a) nach Aussetzung der Vollstreckung zur Bewährung (§§ 67 b, 67 c I, II, 67 d II und III);

b) nach § 67 d V S. 2 außerdem mit der Entlassung aus der Unterbringung nach § 64, wenn das Gericht sie wegen Aussichtslosigkeit aufhebt (§ 67 d V S. 1).

4 **4)** Tritt FAufsicht nicht kraft Gesetzes ein (vgl. § 68 II), so muss sie vom Gericht angeordnet werden (§ 68 I). Im Fall des § 67 g ist die FAufsicht durch die Möglichkeit des Widerrufs der Aussetzung abgesichert, im Übrigen durch § 145 a (vgl. 11 III JGG; krit. *Grünewald* ZStW **76**, 662; *Preiser* ZStW **81**, 258; *Jescheck/Weigend* § 78 I 4; vgl. *Schöch* NStZ **92**, 370). FAufsicht kommt auch gegenüber **Jugendlichen** in Betracht (§ 7 JGG), sowohl im Bereich des § 68 I als auch des § 68 f; bei § 68 II nur, soweit §§ 63, 64 in Betracht kommen (§ 7 JGG).

5 **5) Übergangsregelung** für die Fälle des § 67 d V S. 2: Art. 316 I EGStGB; vgl. 9 zu § 67 d; für vor dem 3. 10. 1990 in der ehem. DDR begangene Taten: Art. 315 I S. 2, 3, IV.

Voraussetzungen der Führungsaufsicht

68 **I Hat jemand wegen einer Straftat, bei der das Gesetz Führungsaufsicht besonders vorsieht, zeitige Freiheitsstrafe von mindestens sechs Monaten verwirkt, so kann das Gericht neben der Strafe Führungsaufsicht** ***anordnen, wenn die Gefahr*** **besteht, dass er weitere Straftaten begehen wird.**

II Die Vorschriften über die Führungsaufsicht kraft Gesetzes (§§ 67 b, 67 c, 67 d Abs. 2 bis 6 und § 68 f) bleiben unberührt.

Im Gebiet der ehem. DDR wird die FAufsicht nach § 68 I bei DDR-Alttaten nicht angeordnet. Wegen einer vor dem 3. 10. 1990 begangenen Tat tritt FAufsicht nach § 68f nicht ein, Art. 315 I S. 2, 3 EGStGB.

1) Die Vorschrift idF des 2. StrRG/EGStGB (1 vor § 68) wurde durch das 23. StÄG geändert, das I neu fasste und II um den Fall des § 67 d V S. 2 ergänzte. Abs. II wurde durch das G zur Einführung der nachträglichen Sicherungsverwahrung v. 23. 7. 2004 (BGBl I 1838) redaktionell geändert; durch G vom 13. 4. 2007 (BGBl. I 513) ist die Verweisung auf § 67 d (auch Abs. IV) erweitert worden. **Statistik**: NK-*Frehsee-Ostendorf* 20 vor § 68. 1

2) In I sind **die Voraussetzungen einer** vom Gericht **angeordneten FAufsicht** umschrieben (vgl. 2, 3 vor § 68), während II lediglich einen klarstellenden Hinweis auf die Fälle der kraft Gesetzes eintretenden FAufsicht gibt. 2

A. Besonders vorgesehen ist die FAufsicht ausdrücklich wegen der in den §§ 129 a, 181 b, 228, 239 c, 245, 256, 262, 263, 263 a II, 321 und der in § 34 BtMG (Anh. 4) bezeichneten Straftaten. 3

B. Zeitige Freiheitsstrafe iwS (1 zu § 38) **von mindestens 6 Monaten** muss der Täter wegen der in den vorgenannten Vorschriften genannten Taten **verwirkt** haben. Da aber eine isolierte FAufsicht nicht vorgesehen ist, muss die Strafe nicht nur verwirkt, sondern auch **verhängt** sein. Bei **Gesamtstrafe** kommt es darauf an, ob eine Einzelstrafe wegen einer entsprechenden Tat 6 Monate erreicht; es reicht nicht aus, wenn eine Gesamtstrafe von 6 Monaten wegen Taten gebildet wird, die sämtlich solche zB nach § 242 iVm § 245 sind (LK-*Hanack* 6; **aA** *S/S-Stree* 5; hier bis 52. Aufl.). 4

C. Die ungünstige Prognose, deren Vorliegen I als materielle Voraussetzung fordert, ist gegeben, wenn die **Gefahr** besteht, dass der Täter weitere Straftaten (also nicht nur rechtswidrige Taten) **begehen** wird. Die Gefahrprognose ist für den Zeitpunkt der Entscheidung zu stellen (SK-*Horn* 11; abw. *S/S-Stree* 10; differenzierend LK-*Hanack* 15). Eine Aussetzung der zugleich verhängten Freiheitsstrafe gem. § 56 scheidet idR, aber nicht zwingend aus (vgl. § 68 g; 3 StR 419/78; LK-*Hanack* 23 sowie dort 11 zu § 68 g; SK-*Horn* 14). Die zu befürchtenden Straftaten müssen nach dem Wortlaut weder einschlägig noch erheblich sein. Schon aus § 62 folgt aber, dass die Anordnung wegen der Gefahr weiterer Bagatelldelikte idR ausscheidet (vgl. auch LK-*Hanack* 10; SK-*Horn* 12). 5

3) Im pflichtgemäßen Ermessen des Gerichts steht die nach I zulässige Anordnung. Trotz gegebener Voraussetzungen wird das Gericht auf die Maßregel verzichten, wenn weniger einschneidende Maßnahmen die Gefahr beseitigen können; wenn die Wahrscheinlichkeit weiterer Taten nicht groß ist und die Taten voraussichtlich unter der mittleren Kriminalität bleiben (vgl. LK-*Hanack* 19 ff.). Auch bei Verhängung mehrjähriger Freiheitsstrafen ist die Anordnung idR entbehrlich, weil dann entweder § 57 oder § 68 f eingreift (BGHR § 256 FA 1; 4 StR 488/99). 6

4) Kraft Gesetzes tritt FAufsicht in den in **II** genannten Fällen ein, und zwar außer im Falle des § 67 b im Vollstreckungsverfahren. Für die Entscheidungen nach §§ 68 a I, 68 b, 68 c I S. 2 der StVK gilt § 463 II iVm § 453 StPO; für die Zuständigkeit §§ 463 I, VI iVm § 462 a I StPO. 7

Aufsichtsstelle, Bewährungshilfe, forensische Ambulanz

68a **I Die verurteilte Person untersteht einer Aufsichtsstelle; das Gericht bestellt ihr für die Dauer der Führungsaufsicht eine Bewährungshelferin oder einen Bewährungshelfer.**

II Die Bewährungshelferin oder der Bewährungshelfer und die Aufsichtsstelle stehen im Einvernehmen miteinander der verurteilten Person helfend und betreuend zur Seite.

III Die Aufsichtsstelle überwacht im Einvernehmen mit dem Gericht und mit Unterstützung der Bewährungshelferin oder des Bewährungshelfers das Verhalten der verurteilten Person und die Erfüllung der Weisungen.

IV Besteht zwischen der Aufsichtsstelle und der Bewährungshelferin oder dem Bewährungshelfer in Fragen, welche die Hilfe für die verurteilte Person und ihre Betreuung berühren, kein Einvernehmen, entscheidet das Gericht.

V Das Gericht kann der Aufsichtsstelle und der Bewährungshelferin oder dem Bewährungshelfer für ihre Tätigkeit Anweisungen erteilen.

VI Vor Stellung eines Antrags nach § 145 a Satz 2 hört die Aufsichtsstelle die Bewährungshelferin oder den Bewährungshelfer; Absatz 4 ist nicht anzuwenden.

VII Wird eine Weisung nach § 68 b Abs. 2 und 3 erteilt, steht im Einvernehmen mit den in Absatz 2 Genannten auch die forensische Ambulanz der verurteilten Person helfend und betreuend zur Seite. Im Übrigen gelten die Absätze 3 und 6, soweit sie die Stellung der Bewährungshelferin oder des Bewährungshelfers betreffen, auch für die forensische Ambulanz.

VIII Die in Absatz 1 Genannten und die in § 203 Abs. 1 Nr. 1, 2 und 5 genannten Mitarbeiterinnen und Mitarbeiter der forensischen Ambulanz haben fremde Geheimnisse, die ihnen im Rahmen des durch § 203 geschützten Verhältnisses anvertraut oder sonst bekannt geworden sind, einander zu offenbaren, soweit dies notwendig ist, um der verurteilten Person zu helfen, nicht wieder straffällig zu werden. Darüber hinaus haben die in § 203 Abs. 1, 2 und 3 genannten Mitarbeiterinnen und Mitarbeiter der forensischen Ambulanz solche Geheimnisse gegenüber der Aufsichtsstelle und dem Gericht zu offenbaren, soweit aus ihrer Sicht

1. **dies notwendig ist, um zu überwachen, ob die verurteilte Person einer Vorstellungsweisung nach § 68 b Abs. 1 Satz 1 Nr. 11 nachkommt oder im Rahmen einer Weisung nach § 68 b Abs. 2 Satz 2 und 3 an einer Behandlung teilnimmt,**
2. **das Verhalten oder der Zustand der verurteilten Person Maßnahmen nach § 67 g, § 67 h oder § 68 c Abs. 2 oder Abs. 3 erforderlich erscheinen lässt, oder**
3. **dies zur Abwehr einer erheblichen gegenwärtigen Gefahr für das Leben, die körperliche Unversehrtheit, die persönliche Freiheit oder die sexuelle Selbstbestimmung Dritter erforderlich ist.**

In den Fällen der Sätze 1 und 2 Nr. 2 und 3 dürfen Tatsachen im Sinne von § 203 Abs. 1, die von Mitarbeiterinnen und Mitarbeitern der forensischen Ambulanz offenbart wurden, nur zu den dort genannten Zwecken verwendet werden.

1 **1) Die Vorschrift**, die ebenso wie die §§ 68 b bis 68 e und 68 g für sämtliche Gruppen der FAufsicht (3 vor § 68) gilt, wurde zunächst durch Art. 18 Nr. 31 EGStGB gefasst (Ber. BT-Drs. 7/1261, 8). Durch das G zur Reform der FAufsicht u. a. vom 13. 4. 2007 (BGBl I 513) wurde sie geschlechtsneutral formuliert; Abs. VII und VIII wurden angefügt (Mat.: GesE BReg BT-Drs. 16/1993; Ber. BT-Drs. 16/47 430; In-Kraft-Treten: 18. 4. 2007).

1 a **Literatur:** *Egg* (Hrsg.), Ambulante Nachsorge nach Straf- und Maßregelvollzug, 2004; *Mainz*, Gericht u. Aufsichtsstelle als beteiligte Organe in § 68 a StGB, NStZ **87**, 541; *Peglau*, Das Gesetz zur Reform der Führungsaufsicht und zur Änderung der Vorschriften über die nachträgliche Sicherungsverwahrung, NJW **07**, 1558; *Pitzing*, Ambulante Psychotherapie mit Sexualstraftätern bei Strafaussetzung, in: Egg (Hrsg.), Ambulante Nachsorge (usw.), 2004, 68; *U. Schneider*, Die Reform der Führungsaufsicht, NStZ **07**, 441; *Steinböck/Groß/Nedopil u. a.*, Ambulante Betreuung forensischer Patienten – vom Modell zur Institution, R & P **04**, 199.

2) Aufsichtstelle; Bewährungshelfer (Abs. I). Die verurteilte Person untersteht nach Abs. I, sobald Führungsaufsicht eintritt, zwingend einer Aufsichtsstelle. Die Aufsichtsstellen gehören zum Geschäftsbereich der LJustizverwaltungen (Art. 295 I EGStGB; Anh. 1); ihr Leiter muss die Befähigung zum Richteramt (§§ 5 bis 7 DRiG) besitzen oder Beamter des höheren Dienstes sein; die Aufgaben der Stelle werden von Beamten des höheren oder gehobenen Dienstes, idR aber von BHelfern, staatlich anerkannten Sozialarbeitern oder Sozialpädagogen (§ 203 I Nr. 5) wahrgenommen (Art. 295 II EGStGB). Örtlich ist die Stelle zuständig, in deren Bezirk die verurteilte Person ihren Wohnsitz (ersatzweise den gewöhnlichen Aufenthaltsort oder letzten Wohnsitz oder Aufenthaltsort) hat (§ 463 a II StPO). 2

Für die Dauer der FAufsicht wird der verurteilten Person durch das Gericht ein Bewährungshelfer oder eine Bewährungshelferin (**BewH**; vgl. 1 f. zu § 56 d) bestellt; in den Fällen von § 68 durch das erkennende Gericht (§ 268 a II StPO), sonst, wenn der Verurteilte (zB in Fällen des § 67 b) auf freiem Fuß ist, durch das Gericht 1. Instanz mit Abgabemöglichkeit an das Wohnsitz-AG (§§ 463 II, 453, 462 a II StPO), in den übrigen Fällen durch die StVK (§ 462 a I StPO; ausnahmsweise das OLG, § 462 a V StPO). Die Bestellung kann zurückgestellt werden, solange der Verurteilte die Strafe verbüßt (LK-*Hanack* 16 sowie 28 zu § 68). 3

3) Abs. II bis VI regeln die **Aufgabenverteilung** und **Zusammenarbeit** zwischen Gericht, Aufsichtsstelle und BewH. Die Praxis hat sich von dieser Konzeption allerdings weitgehend gelöst, weil in den meisten Ländern Überwachungs- *und* Betreuungsaufgaben ausschließlich beim BewH liegen und die Aufsichtsstelle nur als Geschäftsstelle betrieben wird. 4

Das **Gericht** als übergeordnetes Organ erteilt, soweit es das für erforderlich hält, Aufsichtsstelle und BewH **Anweisungen** für ihre Tätigkeit **(V).** Es wird sich iS von § 56 d III S. 3 regelmäßig Bericht erstatten lassen. Nach **IV** entscheidet das Gericht, wenn zwischen Aufsichtsstelle und BewH in Fragen, die Hilfe und Betreuung für den Verurteilten betreffen, keine Übereinstimmung zu erzielen ist (hierzu *Mainz* [1 a] 541). 5

Die **Aufsichtsstelle** hat eine doppelte Funktion: **a)** die Aufgabe der Hilfe und Betreuung für die verurteilte Person, vor allem wenn noch kein BewH bestellt ist, sonst im Einvernehmen mit dem BewH **(II);** in Betracht kommen dabei zB Vermittlung von Heimplätzen, Berufsförderungsmaßnahmen, therapeutischen Behandlungen, Unterstützung bei der Beschaffung von Arbeitsstellen, Regelung von Zahlungsverpflichtungen, Geltendmachung von Ansprüchen auf Sozialleistungen und juristischer Rat für BewH, Besprechungen mit ihnen zur Vermeidung von Parallelbetreuungen; 6

b) die der Überwachung des Verhaltens der verurteilten Person, vor allem was die Erfüllung von Weisungen nach § 68 b betrifft, und zwar im Einvernehmen mit dem Gericht und mit Unterstützung durch den BewH **(III).** Bei Verstößen gegen Weisungen entscheidet die Aufsichtsstelle über Stellung von Strafantrag nach § 145 a S. 2; vorher hat sie den BewH zu hören, der aber bei Meinungsverschiedenheiten nicht die Entscheidung des Gerichts nach IV herbeiführen kann **(VI);** die Aufsichtsstelle entscheidet selbstständig. In ihrer Überwachungsfunktion kann die Aufsichtsstelle (§ 463 a I StPO) von allen öffentlichen Behörden (29 zu § 11) *und aus dem* Zentralregister (unbeschränkte, § 41 I Nr. 1 BZRG) **Auskunft** verlangen und selbst **Ermittlungen** (§ 161 StPO) jeder Art (mit Ausnahme von eidlichen Vernehmungen) vornehmen oder durch andere Behörden, insbesondere die Polizei im Rahmen ihrer Zuständigkeit vornehmen lassen (vgl. *Meyer-Goßner* 10 zu § 161 StPO). 6 a

Der **BewH** steht dem Verurteilten helfend und betreuend zur Seite **(II);** er hat also dieselbe Funktion wie bei § 56 d (dort 5) und § 57. Er ist nicht selbst Überwacher des Verurteilten, hat aber die Anweisungen des Gerichts nach V zu befolgen und muss im Einvernehmen mit der Aufsichtsstelle (II) handeln und diese Stelle unterstützen (III); das bedeutet, dass er nicht nur sein Verhalten mit der Stelle ab- 7 stimmen, sondern ihr (dem Gericht nur auf dessen Verlangen) auch **Bericht erstatten** muss, nicht zuletzt über Verstöße des Verurteilten gegen Weisungen (5 zu § 56d). Hält er die Haltung der Aufsichtsstelle in einer Frage der Lebenshilfe im Interesse des Verurteilten nicht für vertretbar, soll er die Entscheidung des Gerichts verlangen **(IV).**

8 **4) Forensische Ambulanz (Abs. VII, VIII).** Die Regelungen der Abs. VII und VIII ist durch das G vom 13. 4. 2007 (oben 1) eingefügt worden. Die Einrichtung forensischer Ambulanzen als Einrichtungen zur (psychiatrischen, sozialtherapeutischen oder psychotherapeutischen) **Nachsorge** im Anschluss an eine Unterbringung im Maßregelvollzug nach §§ 63, 64 oder im Strafvollzug ist **Ländersache**. Unterschiedlich breite Ansätze verschiedener Zielrichtung gibt es bislang in einigen Ländern (vgl. auch *Vollbach* MSchrKrim **06**, 40, 45); sie sind überwiegend auf einige spezielle Gruppen von Personen beschränkt (Sexualstraftäter; aus Maßregelvollzug oder sozialtherapeutischer Anstalt entlassene Personen; vgl. die Darstellungen in: *Egg* 2004 [1 a]; *Schneider* NStZ **07**, 441, 445). Der (Bundes)-Gesetzgeber hat diese Ansätze, auch in freier Trägerschaft, für sinnvoll gehalten und einen Ausbau angestrebt. Daher hat er – „zur Verbesserung der gesetzlichen Rahmenbedingungen" – Kompetenzen und Pflichten solcher Ambulanzen (wenn und soweit es sie gibt) im Verhältnis zu den anderen an der FAufsicht beteiligten Personen geregelt (vgl. BT-Drs. 16/1993, 17 f.).

9 Grundsätzlich gilt der Vorrang der Therapie; Gericht und FAufsichtsstelle haben sich Weisungen gegenüber der forensischen Ambulanz hinsichtlich therapeutischer Fragen zu enthalten. Umgekehrt muss die forensische Ambulanz im **Einvernehmen** mit den übrigen Beteiligten zu handeln (vgl. VII S. 2).

10 **Mitteilungspflichten** sowie die Befugnis zur **Offenbarung von Geheimnissen** (§ 203) sind im Einzelnen in **Abs. VIII** geregelt. Dabei betrifft **VIII S. 1** die Offenbarungspflichten von Mitarbeitern iS von § 203 I Nr. 1, 2 und 5 *untereinander* (insb. im Rahmen von Therapie-Konferenzen; Supervision); diese sind generalklauselartig anhand des Kriteriums geregelt, der verurteilten Person zu „helfen, nicht wieder straffällig zu werden". **VIII S. 2** regelt dagegen in dem abschließenden Katalog der Nrn. 1 bis 3 Fälle der Offenbarungspflicht von Mitarbeitern der forensischen Ambulanzen iS von § 203 I, II oder III gegenüber dem Gericht oder der Aufsichtsstelle. Diese dienen neben Anliegen der Behandlung vor allem auch der Überwachung und der Verhinderung der Gefahr neuer schwerwiegender Straftaten. VIII S. 3 enthält hinsichtlich der in Erfüllung der genannten Pflichten offenbarten Geheimnisse eine Verwendungs-Beschränkung, aus der sich idR ein Verwertungsverbot ergibt. *Weisungen* an Probanden, Therapeuten allgemein von der Schweigepflicht zu entbinden, sind verfassungswidrig (BVerfG 2 BvR 1349/05).

Weisungen

68b **I Das Gericht kann die verurteilte Person für die Dauer der Führungsaufsicht oder für eine kürzere Zeit anweisen,**

1. **den Wohn- oder Aufenthaltsort oder einen bestimmten Bereich nicht ohne Erlaubnis der Aufsichtsstelle zu verlassen,**
2. **sich nicht an bestimmten Orten aufzuhalten, die ihr Gelegenheit oder Anreiz zu weiteren Straftaten bieten können,**
3. **zu der verletzten Person oder bestimmten Personen oder Personen einer bestimmten Gruppe, die ihr Gelegenheit oder Anreiz zu weiteren Straftaten bieten können, keinen Kontakt aufzunehmen, mit ihnen *nicht zu verkehren*, sie nicht zu beschäftigen, auszubilden oder zu beherbergen,**
4. **bestimmte Tätigkeiten nicht auszuüben, die sie nach den Umständen zu Straftaten missbrauchen kann,**

5. bestimmte Gegenstände, die ihr Gelegenheit oder Anreiz zu weiteren Straftaten bieten können, nicht zu besitzen, bei sich zu führen oder verwahren zu lassen,
6. Kraftfahrzeuge oder bestimmte Arten von Kraftfahrzeugen oder von anderen Fahrzeugen nicht zu halten oder zu führen, die sie nach den Umständen zu Straftaten missbrauchen kann,
7. sich zu bestimmten Zeiten bei der Aufsichtsstelle, einer bestimmten Dienststelle oder der Bewährungshelferin oder dem Bewährungshelfer zu melden,
8. jeden Wechsel der Wohnung oder des Arbeitsplatzes unverzüglich der Aufsichtsstelle zu melden,
9. sich im Falle der Erwerbslosigkeit bei der zuständigen Agentur für Arbeit oder einer anderen zur Arbeitsvermittlung zugelassenen Stelle zu melden,
10. keine alkoholischen Getränke oder andere berauschende Mittel zu sich zu nehmen, wenn aufgrund bestimmter Tatsachen Gründe für die Annahme bestehen, dass der Konsum solcher Mittel zur Begehung weiterer Straftaten beitragen wird, und sich Alkohol- oder Suchtmittelkontrollen zu unterziehen, die nicht mit einem körperlichen Eingriff verbunden sind, oder
11. sich zu bestimmten Zeiten oder in bestimmten Abständen bei einer Ärztin oder einem Arzt, einer Psychotherapeutin oder einem Psychotherapeuten oder einer forensischen Ambulanz vorzustellen.

Das Gericht hat in seiner Weisung das verbotene oder verlangte Verhalten genau zu bestimmen.

II Das Gericht kann der verurteilten Person für die Dauer der Führungsaufsicht oder für eine kürzere Zeit weitere Weisungen erteilen, insbesondere solche, die sich auf Ausbildung, Arbeit, Freizeit, die Ordnung der wirtschaftlichen Verhältnisse oder die Erfüllung von Unterhaltspflichten beziehen. Das Gericht kann die verurteilte Person insbesondere anweisen, sich psychiatrisch, psycho- oder sozialtherapeutisch betreuen und behandeln zu lassen (Therapieweisung). Die Betreuung und Behandlung kann durch eine forensische Ambulanz erfolgen. § 56 c Abs. 3 gilt entsprechend, auch für die Weisung, sich Alkohol- oder Suchtmittelkontrollen zu unterziehen, die mit körperlichen Eingriffen verbunden sind.

III Bei den Weisungen dürfen an die Lebensführung der verurteilten Person keine unzumutbaren Anforderungen gestellt werden.

IV Wenn mit Eintritt der Führungsaufsicht eine bereits bestehende Führungsaufsicht nach § 68 e Abs. 1 Satz 1 Nr. 3 endet, muss das Gericht auch die Weisungen in seine Entscheidung einbeziehen, die im Rahmen der früheren Führungsaufsicht erteilt worden sind.

V Soweit die Betreuung der verurteilten Person in den Fällen des Absatzes 1 Nr. 11 oder ihre Behandlung in den Fällen des Absatzes 2 nicht durch eine forensische Ambulanz erfolgt, gilt § 68 a Abs. 8 entsprechend.

1) Allgemeines. Die Vorschrift ist durch G vom 13. 4. 2007 (BGBl I 513; vgl. dazu 1 vor § 68) neu gefasst worden; Abs. I Nr. 3, Nr. 7 und Nr. 8 wurden geändert, I Nr. 10 und Nr. 11 neu eingefügt; Abs. II S. 2 und 3, Abs. IV und V wurden neu eingefügt. Im Übrigen wurde die Vorschrift redaktionell geändert und geschlechtsneutral formuliert. **In-Kraft-Treten:** 18. 4. 2007. 1

Literatur: *Egg* (Hrsg.), Ambulante Nachsorge nach Straf- und Maßregelvollzug, 2004; *U. Schneider*, Die Reform der Führungsaufsicht, NStZ **07**, 441; *Seifert/Bolten/Möller-Mussavi*, Gescheiterte Wiedereingliederung nach Behandlung im Maßregelvollzug oder wie lassen sich Rückfälle verhindern?, MSchrKrim **03**, 127. Weitere Nachw. 1 a vor § 68. 1 a

2) Regelungszweck. § 68 b ermächtigt in Parallele zu § 56 c das Gericht (4 zu § 68 a) in allen Fällen der FAufsicht (3 vor § 68) für deren gesamte Dauer (§§ 68 c, 2

68e) oder für eine kürzere Zeit der verurteilten Person Weisungen zu erteilen, um damit den **Maßregelzweck** der Beseitigung oder Verringerung der Gefahr weiterer Straftaten (§ 68 I) besser zu erreichen. Für alle Weisungen gilt die Anforderung der **Zumutbarkeit (III)** wie in § 56c I S. 2; dies gilt schon aufgrund des verfassungsrechtlichen Grundsatzes der Verhältnismäßigkeit. § 68b **unterscheidet** Weisungen, nämlich solche, deren Verletzung eine Straftat nach § 145a darstellt (Abs. I), und solche, deren Verletzung nicht strafbewehrt ist (Abs. II).

3 **3) Strafbewehrte Weisungen (Abs. I).** Abs. I enthält einen abschließenden Katalog von Weisungen, deren Verletzung in § 145a mit Strafe bedroht ist.

3a **Nr. 1:** Weisung, den Wohn- oder Aufenthaltsort (vgl. Düsseldorf MDR **90**, 743: Station eines psychiatrischen Krankenhauses) oder einen bestimmten örtlichen Bereich nicht ohne vorherige Erlaubnis der Aufsichtsstelle zu verlassen. Das Gericht hat den Ort oder Bereich konkret zu bezeichnen. Die Weisung soll der Sicherstellung der planmäßigen Überwachung durch die Aufsichtsstelle dienen. „Verlassen" ist der Ort daher nicht erst bei endgültigem Wegzug, aber auch nicht schon bei kurzfristiger, zB eintägiger Entfernung (SK-*Horn* 6; LK-*Hanack* 19). Gegen die Versagung der Erlaubnis zu einem Aufenthaltswechsel kann der Verurteile das Gericht anrufen, das mit der FAufsicht befasst ist und die Weisung nach Nr. 1 erteilt hat (Düsseldorf StraFo **04**, 426);

4 **Nr. 2:** Weisung, sich nicht an Orten aufzuhalten, die der verurteilten Person Gelegenheit oder Anreiz zu weiteren Taten bieten können. Es genügt, wenn das Gericht die Örtlichkeiten ihrer Art nach genau bezeichnet. Eine Verletzung der Weisung aus beachtlichem Grund unterfällt § 145a nicht, weil dadurch der Maßregelzweck nicht gefährdet wird (dort 5; SK-*Horn* 8);

5 **Nr. 3:** Weisung, mit der durch die abgeurteilte Tat verletzten Person (vgl. auch § 406d II Nr. 2 StPO) oder bestimmten, möglichst namentlich zu bezeichnenden Personen oder Personen einer bestimmten Gruppe, die Gelegenheit oder Anreiz zu weiteren Straftaten bieten könnten, keinen Kontakt aufzunehmen, mit ihnen nicht zu verkehren, sie nicht zu beschäftigen, auszubilden oder zu beherbergen. Insoweit gelten die Erl. 8 zu § 56c entspr.;

6 **Nr. 4:** Weisung, bestimmte Tätigkeiten nicht auszuüben, die die verurteilte Person nach den dann gegebenen Umständen zu Straftaten missbrauchen könnte (**zB** Tätigkeit als Bademeister, Erzieher, Jugendleiter, Türsteher). Auf ein Berufsverbot darf die Weisung nicht hinauslaufen (vgl. 4 zu § 56c; SK-*Horn* 10; and. *S/S-Stree* 8; eingrenzend LK-*Hanack* 24ff.; vgl. Karlsruhe NStZ **95**, 291). Verfassungsrechtlich unbedenklich ist die Weisung, einer vom BewH gebilligten, versicherungspflichtigen Arbeit nachzugehen (BVerfGE **55**, 28);

7 **Nr. 5:** Weisung des Besitz- oder Führungsverbots von Gegenständen (entspr. § 56c II Nr. 4);

8 **Nr. 6:** Weisung, Kraftfahrzeuge oder bestimmte Arten von Kraftfahrzeugen oder von anderen Fahrzeugen (zB Fahrräder, Kähne in Hafengebieten) nicht zu halten oder zu führen, die die verurteilte Person nach den gegebenen Umständen zu Straftaten missbrauchen könnte. Das Führen von Kraftfahrzeugen darf im Hinblick auf die Sonderregelung des § 69 wohl nicht allgemein verboten werden (vgl. 4 zu § 56c; LK-*Hanack* 29f.; **aA** *S/S-Stree* 11);

9 **Nr. 7:** Weisung, sich zu bestimmten Zeiten bei der Aufsichtsstelle oder einer bestimmten, vom Gericht bezeichneten Dienststelle (zB der Polizei) oder beim BewH (vgl. Stuttgart NStZ **90**, 279) zu melden. Die Weisung muss wegen des Bestimmtheits- und Zumutbarkeitserfordernisses nähere terminliche Bestimmungen insbesondere über den Meldeturnus enthalten; der Aufsichtsstelle können nur Einzelheiten der Terminsbestimmung zur Vereinbarung überlassen werden;

10 **Nr. 8:** Weisung, jeden Wechsel der Wohnung (nicht nur des Wohn-*Orts*) oder des Arbeitsplatzes (umfasst auch: Verlust des Arbeitsplatzes) unverzüglich der Aufsichtsstelle zu melden;

Nr. 9: Weisung, sich im Fall der Erwerbslosigkeit bei der zuständigen Agentur für Arbeit oder einer anderen zur Arbeitsvermittlung zugelassenen Stelle zu melden. Die *Ernsthaftigkeit* von Bemühungen zur Arbeitsplatzsuche lässt sich über § 68 b nicht erzwingen. Die Weisung, sich um eine Arbeitsstelle zu bemühen, ist, da sie nach § 145 a nicht erfassbar ist, allenfalls nach II möglich (vgl. Hamm JMBlNW **82**, 153); 11

Nr. 10: Weisung, keine Rauschmittel zu konsumieren, sowie Weisung, sich Konsumkontrollen ohne körperliche Eingriffe zu unterziehen. Die Weisungsmöglichkeit, die vor allem für im Vollzug erfolgreich behandelte rauschmittelabhängige Probanden in Betracht kommt (*Schneider* NStZ **07**, 441, 443), ist durch G vom 13. 4. 2007 eingefügt worden; zuvor war sie nur nach Abs. II möglich. Voraussetzung ist, dass *bestimmte Tatsachen* die Annahme begründen, dass der Rauschmittelkonsum zur Gefahr weiterer Straftaten *beitragen* könnte. Maßgeblich ist somit nicht das Rückfallrisiko an sich, sondern die Wahrscheinlichkeit eines „Beitrags" zu strafbaren Handlungen; das kann zB auch bei der Gefahr von Beschaffungskriminalität der Fall sein (*Peglau* NJW **07**, 1558, 1559). Umstände iS von Nr. 10 liegen bei Probanden, die wegen Ablaufs der Höchstfrist (§ 67 d IV S. 1) oder mangels konkreter Erfolgsaussicht (§ 67 d V) aus dem Maßregelvollzug nach § 64 entlassen wurden, regelmäßig vor. 12

Mit der Weisung eines Konsumverbots sollte idR eine **Kontroll-Weisung** verbunden werden. Nach Nr. 10 zulässig sind nur Weisungen zu Kontrollen ohne körperliche Eingriffe (**zB** Urinkontrollen; Atemalkoholmessungen; Kontroll-Vorstellungen und -gespräche bei Drogenberatungsstellen); Kontrollweisungen mit körperlichen Eingriffen (Blutproben) können mit Einverständnis der verurteilten Person nach Abs. II erteilt werden (vgl. BT-Drs. 16/1993, 19). Im Hinblick auf die Anforderung der Zumutbarkeit ist bei der Erteilung der Weisung auch auf mögliche *Kosten* zu achten (ebd.); 13

Nr. 11: Weisung, sich bei einem Arzt, einem Psychotherapeuten oder bei einer **forensischen Ambulanz** (vgl. dazu 8 zu § 68 a) zu bestimmten Zeiten oder in bestimmten, zumutbaren Abständen vorzustellen. Mehr als der **Kontakt** zu diesen Stellen ist durch Nr. 11 nicht erzwingbar; eine Weisung zur strafbewehrten (Zwangs-)*Therapie*, deren Einführung im Gesetzgebungsverfahren gefordert, aber von allen Sachverständigen abgelehnt wurde (RA-BTag, 16. WP, Prot. Nr. 51), ist nicht zulässig (vgl. BT-Drs. 16/1993, 19 f., 26; dazu auch *Schneider* NStZ **07**, 441, 443); eine Therapieweisung kann aber nach II S. 2 ergehen. Auch eine Weisung, behandelnde Ärzte von der Schweigepflicht zu befreien, ist rechtswidrig (KG NStZ-RR **07**, 169). 14

4) Nicht strafbewehrte Weisungen (Abs. II). Weitere Weisungen, die dem Einzelfall angepasst sind, aber nicht unter dem Schutz des § 145 a stehen (zB sich zu einem Betreuungsgespräch beim BewH einzufinden, Stuttgart NStZ **90**, 279), ermöglicht Abs. II, wobei in **II S. 1** als in Betracht kommende wichtige Weisungen solche genannt sind, die sich auf Ausbildung, Arbeit, Freizeit, Ordnung der wirtschaftlichen Verhältnisse sowie die Erfüllung von Unterhaltspflichten beziehen. Hierbei sind die Grundrechte zu beachten (Hamm JMBlNW **82**, 154). Die Weisung muss **hinreichend bestimmt** sein, da sie nur dann gerichtlich überwacht und ihre Nichtbefolgung ggf sanktioniert werden kann (vgl. Erl. zu § 56 c). Die Weisung, sich einer ambulanten Psycho- oder Sozialtherapie zu unterziehen (**Therapieweisung**), ist nach **II S. 2** zulässig; dabei kann für die Durchführung der Therapie auch eine forensische Ambulanz (8 zu § 68 a) bestimmt werden (**II S. 3**). Die Dauer einer solchen Therapie muss nicht in jedem Fall von vornherein festgelegt sein; jedoch sind ihre organisatorische Gestaltung und insb. die dem Verurteilten obliegenden Pflichten *möglichst genau* zu bestimmen; die Weisung, „Kontakt zu halten", genügt dem Bestimmtheitsgebot nicht (Frankfurt NStZ **98**, 318). Zu den Anforderungen an die Verhältnismäßigkeit einer Weisung vgl. StV **98**, 658. § 56 c III ist anzuwenden (**II S. 4**); die dort genannten Weisungen können, aller- 15 dings nur mit **Einwilligung** der verurteilten Person, erteilt werden. Der Verstoß auch gegen solche Weisungen kann zum Aussetzungswiderruf nach § 67g I Nr. 2 führen.

Dauer der Führungsaufsicht

68c **I Die Führungsaufsicht dauert mindestens zwei und höchstens fünf Jahre. Das Gericht kann die Höchstdauer abkürzen.**

II Das Gericht kann eine die Höchstdauer nach Absatz 1 Satz 1 überschreitende unbefristete Führungsaufsicht anordnen, wenn die verurteilte Person

1. in eine Weisung nach § 56c Abs. 3 Nr. 1 nicht einwilligt oder
2. einer Weisung, sich einer Heilbehandlung oder einer Entziehungskur zu unterziehen, oder einer Therapieweisung nicht nachkommt

und eine Gefährdung der Allgemeinheit durch die Begehung weiterer erheblicher Straftaten zu befürchten ist. Erklärt die verurteilte Person in den Fällen des Satzes 1 Nr. 1 nachträglich ihre Einwilligung, setzt das Gericht die weitere Dauer der Führungsaufsicht fest. Im Übrigen gilt § 68e Abs. 3.

III Das Gericht kann die Führungsaufsicht über die Höchstdauer nach Absatz 1 Satz 1 hinaus unbefristet verlängern, wenn

1. in Fällen der Aussetzung der Unterbringung in einem psychiatrischen Krankenhaus nach § 67d Abs. 2 aufgrund bestimmter Tatsachen Gründe für die Annahme bestehen, dass die verurteilte Person andernfalls alsbald in einen Zustand nach § 20 oder § 21 geraten wird, infolge dessen eine Gefährdung der Allgemeinheit durch die Begehung weiterer erheblicher rechtswidriger Taten zu befürchten ist, oder
2. gegen die verurteilte Person wegen Straftaten der in § 181b genannten Art eine Freiheitsstrafe oder Gesamtfreiheitsstrafe von mehr als zwei Jahren verhängt oder die Unterbringung in einem psychiatrischen Krankenhaus oder in einer Entziehungsanstalt angeordnet wurde und sich aus dem Verstoß gegen Weisungen nach § 68b Abs. 1 oder Abs. 2 oder aufgrund anderer bestimmter Tatsachen konkrete Anhaltspunkte dafür ergeben, dass eine Gefährdung der Allgemeinheit durch die Begehung weiterer erheblicher Straftaten zu befürchten ist.

IV In den Fällen des § 68 Abs. 1 beginnt die Führungsaufsicht mit der Rechtskraft ihrer Anordnung, in den Fällen des § 67b Abs. 2, des § 67c Abs. 1 Satz 2 und Abs. 2 Satz 4 und des § 67d Abs. 2 Satz 2 mit der Rechtskraft der Aussetzungsentscheidung oder zu einem gerichtlich angeordneten späteren Zeitpunkt. In ihre Dauer wird die Zeit nicht eingerechnet, in welcher die verurteilte Person flüchtig ist, sich verborgen hält oder auf behördliche Anordnung in einer Anstalt verwahrt wird.

1 **1) Allgemeines.** Abs. II wurde durch das SexualdelBekG vom 26. 1. 1998 (1 zu § 66) eingefügt. Die Vorschrift ist durch G vom 13. 4. 2007 (BGBl I 513) geändert worden. Abs. II Nr. 2 wurde erweitert, Abs. III und IV wurden neu eingefügt; im Übrigen wurde Abs. II redaktionell geändert.

1a **Literatur:** *Simons,* Unterschreitung der Mindestdauer der Führungsaufsicht, NJW **78**, 984.

2 **2)** § 68c regelt die Dauer der FAufsicht in Anlehnung an § 56a. Nach **Abs. I** beträgt die **Mindestdauer** 2 Jahre, sowohl bei richterlich angeordneter wie bei gesetzlich eingetretener FAufsicht nach § 68 II (Hamm MDR **83**, 953; Düsseldorf NStZ **95**, 34; LK-*Hanack* 3; insoweit **aA** SK-*Horn* 14 zu § 68; hiergegen *Maier* NJW **77**, 371). Die **Höchstdauer** beträgt grds 5 Jahre; sie kann sich nach § 68g I S. 2 verlängern, wenn die Bewährungszeit noch nicht abgelaufen ist (vgl. auch § 68g II S. 2). Die Dauer der FAufsicht ist unbestimmt durch gleichzeitige (I S. 2)

oder nachträgliche (§ 68 d) Entscheidungen, durch Aufhebungs- und Beendigungsgründe des § 68 e I, III und § 67 g sowie durch die Vollstreckungsverjährung nach § 79 IV S. 3.

Abs. I S. 2 gibt dem Gericht die Möglichkeit, eine von vornherein verfehlt erscheinende Höchstdauer bis auf das Mindestmaß von 2 Jahren zu verkürzen. Die Entscheidung hängt von der Art der Maßregel und der Gefährlichkeit der verurteilten Person ab. Bei Prognosenunsicherheit empfiehlt es sich uU nicht, die Dauer von vornherein abzukürzen, sondern dies einer späteren Entscheidung nach § 68 d vorzubehalten (Koblenz NStZ **00**, 92). *Wenn* aber eine zuverlässige Prognose schon zu Beginn der FAufsicht möglich ist, ist die Festsetzung einer verkürzten Dauer auch bei kraft Gesetzes eingetretener FAufsicht schon zu deren Beginn zulässig (Oldenburg StraFo **06**, 505); Liegt kein Fall gerichtlicher Fristbestimmung nach I S. 2 oder § 68 d vor, so hat die Vollstreckungsbehörde (§ 451 StPO) über das gesetzliche Fristende zu befinden; eine Entscheidung nach § 458 StPO ist unzulässig (Düsseldorf NStZ-RR **97**, 220). 3

3) Unbefristete FAufsicht bei Heilbehandlung (Abs. 2). Nach Abs. II, der durch das SexualdelBekG (1 zu § 66) eingefügt und durch G v. 13. 4. 2007 (oben 1) erweitert wurde, ist die Anordnung unbefristeter FAufsicht in zwei Fällen zulässig: 4

A. wenn die verurteilte Person einer nach § 68 b II S. 2 iV mit § 56 c III Nr. 1 erteilten Weisung nicht zustimmt, sich einer **Heilbehandlung** zu unterziehen, die mit *körperlichen Eingriffen* verbunden ist; 5

B. wenn die verurteilte Person einer nach § 68 b II S. 4 iVm § 56 c III mit seiner Einwilligung erteilten Weisung, sich einer Heilbehandlung, einer Entziehungskur oder einer Therapie (§ 68 b II S. 2) zu unterziehen, nicht nachkommt. Umfasst sind auch Heilbehandlungen, die nicht mit einem körperlichen Eingriff verbunden sind. Da für sie das Einwilligungserfordernis des § 56 c III Nr. 1 nicht gilt, stehen sie unter der Drohung des Widerrufs der Aussetzung nach §§ 56 f I Nr. 2, 67 g I Nr. 2. In den Fällen der §§ 67 d III S. 2, 68 I, 68 f I ist, da § 145 a nur für Weisungen nach § 68 b I gilt, die Anordnung unbefristeter Führungsaufsicht – mit der Möglichkeit, sanktionsbewehrte Weisungen nach § 68 b I nachträglich (§ 68 d) zu erteilen – die einzige Sanktionsmöglichkeit für die Nichtdurchführung von Heil- oder Entziehungsbehandlungen. 6

Die Einführung einer sanktionsbewehrten Verpflichtung zur Heilbehandlung (**„Zwangstherapie";** zur Problematik bei der Suchttherapie vgl. *Kreuzer/Kühne,* Hdb. des BtM-Strafrechts, § 22 Rn. 5 f.) war im Gesetzgebungsverfahren des SexualdelBekG (1 zu § 66) umstritten (krit. etwa *Flügge* RA-BTag Prot. Nr. 59, S. 5; *Goderbauer* ebd. 7 f., 28; *Mirus* ebd. 15; **aA** *Leygraf* ebd. 31; *Winkler* ebd. 33; *Pfäfflin* ebd. 32; vgl. *Dahle,* Therapiemotivation hinter Gittern; Bedenken auch im GesA Bayern, BR-Drs. 877/96, 22; zutr. krit. zur Neuregelung *Schöch* NJW **98**, 1260; anders *Schall/Schreibauer* NJW **97**, 2419). Der RegE sah die Einführung einer eigenständigen Sanktion (§§ 39 a, 39 b-E) durch Einweisung auch voll schuldfähiger Sexualstraftäter in sozialtherapeutische Anstalten oder psychiatrische Krankenhäuser durch das erkennende Gericht vor. Aus sachlichen Gründen, vor allem aber wegen der noch immer unzureichenden Anzahl von Therapieplätzen und eines Mangels an hinreichend qualifiziertem Personal im Bereich der forensischen Psychiatrie und Psychotherapie (vgl. die übereinstimmenden Stellungn. bei der Sachverständigen-Anhörung, RA-BTag, Prot. Nr. 59; zur Entwicklung *Schüler-Springorum* GA **03**, 575, 578 ff.), ist in späteren Entwürfen hiervon abgesehen worden. Eine Abkopplung der Maßregel nach § 63 von der Schuldfähigkeit und ihre Orientierung auf die Behandlungsbedürftigkeit (vgl. Maßnahmenkatalog des BMJ v. 24. 1. 1997, Recht 1/97) würde das bestehende Verhältnis von Strafe und Maßregel gravierend verändern; hiergegen sind auch verfassungsrechtliche Bedenken erhoben worden (vgl. auch RA-BTag, Prot. Nr. 59, S. 29, 39 *[Kröber],* 30 *[Leygraf]*. Zudem ist die Öffentlichkeit nicht bereit, die hohen Folgekosten solcher Änderungen zu tragen. Zur Vollzugslösung vgl. § 9 I StVollzG. Die Durchführung (psycho-)therapeu- 7 tischer *Behandlungen* außerhalb des Maßregelvollzugs (§ 68b II S. 2) kann daher nicht über § 145a erzwungen werden. Sofern eine entsprechende Weisung nicht unter der Drohung des Widerrufs einer Aussetzung der Vollstreckung von Strafe oder Maßregel steht, ist eine Sanktionierung nur durch Anordnung unbefristeter Führungsaufsicht nach II möglich.

8 **C.** Neben den in II S. 1 Nr. 1 und 2 genannten Voraussetzungen ist erforderlich, dass gerade *auf Grund* der Nichtdurchführung der Heilbehandlung oder Entziehungskur die **Gefahr** weiterer *erheblicher* Straftaten besteht. Aus Gründen der Verhältnismäßigkeit müssen die Anforderungen an die Anordnung unbefristeter FAufsicht strenger sein als bei der nach Abs. I befristeten Dauer (BT-Drs. 13/7559, 11). Zur Gefahr erheblicher Straftaten vgl. 7ff. zu § 63; der Begriff entspricht dem der §§ 66 I Nr. 3, 67d III S. 1.

9 **D.** Eine **Entscheidung** nach II S. 1 kann zugleich mit der Anordnung der FAufsicht nach § 68 I erfolgen; dies wird regelmäßig nur im Fall des II S. 1 Nr. 1 in Betracht kommen. Eine nachträgliche Entscheidung (vgl. § 68d) kommt vor allem im Fall des II S. 1 Nr. 2 sowie dann in Betracht, wenn eine nach § 56c III Nr. 1 gegebene Einwilligung vom Verurteilten widerrufen wird. Die Anordnung nach II S. 1 ergeht **unbefristet;** sie enthält keine bestimmte Verlängerung der Höchstfrist, wie sich aus II S. 2 ergibt.

10 Die Bestimmung des **Fristendes** der FAufsicht erfolgt im Fall des II S. 1 daher stets nachträglich: entweder nach § 68e Abs. IV iVm Abs. I oder nach § 68c II S. 2. Danach ist die weitere Dauer der FAufsicht dann von Amts wegen festzusetzen, wenn der Anordnungsgrund nach S. 1 Nr. 1 durch nachträgliche Einwilligung wegfällt. Dies kann vor oder nach Ablauf der Höchstfrist des I der Fall sein. Im ersten Fall ist das Gericht an die ohne die Anordnung geltende Frist nicht gebunden; andernfalls könnte der Verurteilte durch Erklärung der Einwilligung kurz vor Ablauf der Höchstfrist die Regelung unterlaufen. Jedoch darf die Höchstfrist des I nur um den Zeitraum verlängert werden, der vom Eintritt der FAufsicht bis zur Einwilligung verstrichen ist. Wird die Einwilligung nachträglich erklärt, so ist die Weisung nach § 56c III Nr. 1 zu erteilen und zugleich das neue Fristende der FAufsicht festzusetzen. **Entsprechende Anwendung** muss S. 3 im Fall des S. 2 Nr. 2 finden, wenn der Verurteilte nachträglich die Weisung, sich einer Heilbehandlung oder Entziehungskur zu unterziehen, befolgt (ebenso SK-*Horn* 6). Erfolgt eine nachträgliche Einwilligung nicht oder kommt der Verurteilte der Weisung nicht nach, so gilt nach **II S. 4** für das weitere Verfahren § 68e IV.

11 **4) Unbefristete FAufsicht bei Maßregelanordnung (Abs. III).** Abs. III ist durch G vom 13. 4. 2007 (oben1) eingefügt worden und ermöglicht die Anordnung unbefristeter FAufsicht in zwei Fällen:

12 **Nr. 1:** Wenn FAufsicht nach Aussetzung einer Maßregel nach § 63 zur Bewährung eingetreten ist (§ 67d II S. 2) und **bestimmte Tatsachen** die Annahme begründen, die verurteilte Person werde „alsbald", d. h. bei Fortgang der Dinge in nächster Zeit, in einen „Zustand nach § 20 oder § 21" geraten, der (erneut) zu einer negativen Gefahrprognose iS von § 63 (vgl. dazu 13ff. zu § 63) führen werde. Hinsichtlich des Merkmals eines **Zustands** gelten dieselben Vorbehalte wie zu § 67a II (vgl. 20 zu § 67a); §§ 20, 21 beschreiben keine Krankheits-*Zustände*, sondern Schuld-Einschränkungsgründe im Hinblick auf eine *konkrete* rechtswidrige *Tat*. Gemeint sein dürfte auch in III Nr. 1 ein den Eingangs-Voraussetzungen des § 20 entsprechender *Störungs*-„Zustand" iS von § 63 (vgl. dort 6ff.). Die Voraussetzungen von Nr. 1 liegen somit im Vorfeld einer Intervention nach § 67h I; Fälle von III Nr. 1 können gegeben sein, wenn prognoserelevante Weisungsverstöße nach II Nr. 2 aktuelle noch nicht gegeben, aber nach dem Ende der noch laufenden FAufsicht zu erwarten sind (vgl. BT-Drs. 16/1993, 21).

13 **Nr. 2:** Die Anordnung nach Nr. 2 setzt voraus, dass gegen die verurteilte Person eine Freiheitsstrafe von mehr als zwei Jahren oder eine Maßregel nach § 63 wegen einer **Sexual-Straftat** iS von § 181b (§§ 174 bis 174c, 176 bis 180, 181a, 182)

verhängt worden war **und** konkrete tatsächliche Anhaltspunkte dafür gegeben sind, dass eine **Gefährdung** der Allgemeinheit (vgl. 19 zu § 63) durch Begehung zukünftiger **erheblicher Straftaten** (vgl. 16ff. zu § 63) besteht. Nach dem Gesetzeswortlaut ist die Anordnung nicht auf die Gefahr von Taten iS von § 181b beschränkt; der Gesetzeszweck legt eine solche Beschränkung nahe. Anhaltspunkte können sich insb. aus Verstößen gegen Weisungen nach § 68b ergeben; aber auch aus beliebigen anderen prognoserelevanten Umständen. Die Taten müssen nicht „zu erwarten" (§§ 63, 67g II) sein; ein Gefahr-Maß wie in § 68 reicht aus. Nr. 2 setzt keine vorangegangene Aussetzung zur Bewährung voraus.

In beiden Fällen des Abs. III ist dem Gericht auch bei Vorliegen der Voraussetzungen **Ermessen** eingeräumt. Eine Anordnung kommt nur in Betracht, wenn gerade die Fortführung der FAufsicht mit ggf. zu erteilenden Weisungen (§ 68b) geeignet ist, die Gefahr der Begehung neuer Straftaten soweit zu beseitigen, dass weitergehende Maßnahmen nicht erforderlich sind. Eine regelmäßige **Überprüfung** der Fortdauer ordnet **§ 68e III** an. **14**

5) Der Beginn der FAufsicht ist in **IV S. 1, 1. HS** für die gerichtlich angeordnete FAufsicht geregelt. Es kommt auf die Rechtskraft des Urteils an (LK-*Hanack* 12), nicht auf diejenige des Beschlusses nach § 268a II StPO (vgl. 2 zu § 56a). **15**

In den Fällen des gesetzlichen Eintritts der FAufsicht (§§ 67b II; 67c I S. 2, II S. 4, 67d II S. 2) tritt die FAufsicht nach der Neuregelung des **IV S. 1, 2. HS** mit der Rechtskraft der Aussetzungsentscheidung oder zu dem Zeitpunkt ein, der in dieser Entscheidung bestimmt ist (vgl. BT-Drs. 16/1993, 21; zur aF schon *Lackner/Kühl* 3; LK-*Hanack* 15). In den Fällen der §§ 67d V und 68f beginnt die FAufsicht mit der Haftentlassung (§ 67d V S. 2, § 68f I S. 1). **16**

In die **Dauer der FAufsicht** wird nach **IV S. 2** abw. von § 56a (dort 2) die Zeit **nicht eingerechnet**, dh abgezogen, in welcher der Verurteilte flüchtig ist oder sich verborgen hält (§ 112 II Nr. 1 StPO; zur Vollstreckungsverjährung vgl. 4a zu § 79a) oder auf behördliche Anordnung in einer Anstalt verwahrt wird (vgl. 21 zu § 66). Erfasst wird damit auch der Vollzug der wegen derselben Tat verhängten Freiheitsstrafe, so dass der Verurteilte auch *während* des (nicht angerechneten) Strafvollzuges unter FAufsicht steht. Sie kann aber wegen des Vorrangs des Strafvollzugs (LK-*Hanack* 14) nur begrenzt wirksam werden. Nicht erfasst sind Fälle freiwilliger Aufnahme in eine Rehabilitationseinrichtung auf Grund einer Weisung (§ 56 III Nr. 1) oder im Hinblick auf § 35 BtMG; ebenso wenig Anstaltsunterbringungen durch den Vormund (LG Mönchengladbach NStZ **92**, 51; LG Landau NStE Nr. 3; *S/S-Stree* 6; **aA** LG Hamburg NStZ **87**, 188; LK-*Hanack* 23). Zu der in die Dauer der FAufsicht nicht einzurechnenden Zeit gehört UHaft-Vollzug auch dann, wenn der Verurteilte in dem Verfahren, in dem die UHaft angeordnet worden ist, freigesprochen und entschädigt wurde (Düsseldorf VRS **82**, 341). **17**

Nachträgliche Entscheidungen

68d **Das Gericht kann Entscheidungen nach § 68a Abs. 1 und 5, den §§ 68b und 68c Abs. 1 Satz 2 und Abs. 2 und 3 auch nachträglich treffen, ändern oder aufheben.**

1) Die Vorschrift idF des Art. 18 Nr. 32 EGStGB (E EGStGB 214) entspricht hinsichtlich § 68c I S. 2 dem § 56a II S. 2, im Übrigen § 56e. Durch G vom 13. 4. 2007 (BGBl I 513) wurde der Hinweis auf § 68c III eingefügt. **Gericht** ist dann, wenn die Ausgangsentscheidung das erkennende Gericht traf, das Gericht 1. Instanz mit Abgabemöglichkeit an das WohnsitzAG (§ 462a II StPO), sonst die StVK (§ 462a I StPO). **1**

2) Nachträglich, dh nach dem Beginn der FAufsicht bis zu deren Ende kann das Gericht **Entscheidungen** treffen, ändern oder aufheben, und zwar **2**

A. solche **nach § 68a I** (womit nur die Auswechslung des BHelfers gemeint sein kann) und nach **§ 68a V,** so dass Anweisungen an Aufsichtsstelle oder BHelfer nach Sachlage neu getroffen oder geändert werden können; **3**

4 **B.** solche **nach § 68b.** Insoweit gilt 1 zu § 56e sinngemäß; § 68d ist auch anzuwenden, um einen Widerruf nach § 67a zu vermeiden oder um eine Weisung nach § 68b I genauer zu fassen;

5 **C.** solche **nach § 68c I S. 2;** das bedeutet, dass das Gericht eine ungekürzte Maßregeldauer nachträglich kürzen kann, aber auch eine Kürzung ändern kann, also einerseits weiter bis auf 2 Jahre kürzen, aber auch statt dessen verlängern kann, und zwar bis zu 5 Jahren Dauer (LK-*Hanack* 11), aber nicht mehr *nach* Ablauf der verkürzten Frist (Düsseldorf MDR **89**, 89), insoweit gilt 1 zu § 56a entsprechend.

6 **D.** solche **nach § 68c II und III.** Die Vorschrift sichert insoweit die in § 68c II und III geregelten Möglichkeiten zur Durchsetzung einer auf Heilbehandlung oder Entziehungskur gerichteten Weisung verfahrensrechtlich ab.

Beendigung oder Ruhen der Führungsaufsicht

68e **I Soweit sie nicht unbefristet ist, endet die Führungsaufsicht**
1. mit Beginn des Vollzugs einer freiheitsentziehenden Maßregel,
2. mit Beginn des Vollzugs einer Freiheitsstrafe, neben der eine freiheitsentziehende Maßregel angeordnet ist,
3. mit Eintritt einer neuen Führungsaufsicht.

In den übrigen Fällen ruht die Führungsaufsicht während der Dauer des Vollzugs einer Freiheitsstrafe oder einer freiheitsentziehenden Maßregel. Tritt eine neue Führungsaufsicht zu einer bestehenden unbefristeten hinzu, ordnet das Gericht das Entfallen der neuen Maßregel an, wenn es ihrer neben der bestehenden nicht bedarf.

II Das Gericht hebt die Führungsaufsicht auf, wenn zu erwarten ist, dass die verurteilte Person auch ohne sie keine Straftaten mehr begehen wird. Die Aufhebung ist frühestens nach Ablauf der gesetzlichen Mindestdauer zulässig. Das Gericht kann Fristen von höchstens sechs Monaten festsetzen, vor deren Ablauf ein Antrag auf Aufhebung der Führungsaufsicht unzulässig ist.

III Ist unbefristete Führungsaufsicht eingetreten, prüft das Gericht
1. in den Fällen des § 68c Abs. 2 Satz 1 spätestens mit Verstreichen der Höchstfrist nach § 68c Abs. 1 Satz 1,
2. in den Fällen des § 68c Abs. 3 vor Ablauf von zwei Jahren,

ob eine Entscheidung nach Abs. 2 Satz 1 geboten ist. Lehnt das Gericht eine Aufhebung der Führungsaufsicht ab, hat es vor Ablauf von zwei Jahren von neuem über eine Aufhebung der Führungsaufsicht zu entscheiden.

1 **1) Allgemeines.** Die Vorschrift galt zunächst idF des 2. StrRG (Ber. BT-Drs. V/4095, 36) und wurde durch das SexualdelBekG v. 26. 1. 1998 (1 zu § 66) ergänzt (Abs. IV a. F.). Durch das G vom 13. 4. 2007 (BGBl I 513) ist sie neu gefasst worden (**Mat.:** GesE BReg BT-Drs. 16/1993; Ber. BT-Drs. 16/4743; **In-Kraft-Treten:** 18. 4. 2007).

2 Die Neuregelung durch das G vom 13. 4. 2007 hatte das Ziel, den nach der früheren Fassung häufig auftretenden mehrfachen Verwaltungsaufwand durch *parallele* FAufsichten zu vermeiden (BT-Drs. 16/1993, 22). Die Neufassung unterscheidet zwischen gesetzlich zwingender Beendigung (I S. 1), Aufhebung durch das Gericht (II) und Ruhen der FAufsicht (I S. 2). Abs. III enthält eine Sonderregelung für die Prüfung unbefristeter FAufsicht (§ 68c II S. 1, III).

3 **2) Gesetzliche Beendigung befristeter FAufsicht (I S. 1).** Die befristete FAufsicht endet ohne Weiteres bei Ablauf der Höchstdauer (§ 68c I); mögliche sich daraus für § 67g ergebenden Schwierigkeiten (vgl. dort 11) sind hinzunehmen. Der Erlass einer Strafe oder eines Strafrestes oder die Erledigung eines Be-

rufsverbots führen nach § 68g III zur Beendigung einer wegen derselben Tat angeordneten FAufsicht. Bei Verjährung gem. § 79 IV S. 2 kann die FAufsicht nicht mehr vollzogen werden.

3) Abs. I S. 1 regelt darüber hinaus die von Gesetzes wegen eintretende Beendigung einer befristeten FAufsicht in drei Fällen: 4

Nr. 1: Mit Beginn des Vollzugs einer **freiheitsentziehenden Maßregel** nach §§ 63, 64 oder 66. Die Regelung dient der Vermeidung von Doppelbetreuungen, denn nach der zur aF vertretenen hM sollte die FAufsicht während des Maßregelvollzugs nach §§ 63 oder 64 weiterlaufen (vgl. 54. Aufl. Rn. 7 mwN). Die Betreuungsangebote und Kontrollmöglichkeiten in einer Maßregelvollzugsanstalt gehen aber regelmäßig über die Möglichkeiten von FAufsichtsstelle und BewHilfe hinaus (BT-Drs. 16/1993, 22), so dass ein Weiterlaufen der FAufsicht nach Beginn der Unterbringung überflüssig erscheint; Entsprechendes war nach der aF schon für die Sicherungsverwahrung geregelt. 5

Nr. 2: Mit Beginn des Vollzugs einer **Freiheitsstrafe**, neben der eine Maßregel nach §§ 63, 64 oder 66 angeordnet ist. Nach früherem Recht lief die FAufsicht auch während des Vollzugs von Freiheitsstrafe oder Maßregeln nach §§ 63, 64 weiter; eine Anrechnung unterblieb nach § 68c IV S. 2 (III S. 2 aF). Die Neuregelung soll auch hier eine uneffektive Doppelbetreuung vermeiden (BT-Drs. 16/1993, 22). Die Beendigung tritt somit sowohl dann ein, wenn der Vollzug der *vor* der Freiheitsstrafe zu vollstreckenden Maßregel (§ 67 I) beginnt, als auch mit dem Beginn einer Freiheitsstrafe, nach deren Vollzug Sicherungsverwahrung zu vollstrecken ist. 6

Nr. 3: Mit Beginn einer **neuen FAufsicht**. Die Neuregelung schließt den früheren, praktisch nutzlosen parallelen Lauf mehrerer FAufsichten aus, der nur zu überflüssigem Verwaltungsaufwand führte. Eine zeitlich befristete FAufsicht ist daher bei Eintritt einer neuen FAufsicht ohne weiteres beendet. Für die *unbefristete* FAufsicht gilt in diesem Fall **I S. 3**. 7

4) Ruhen unbefristeter FAufsicht (I S. 2). In den übrigen Fällen, also bei unbefristeter FAufsicht nach § 68c II S. 1, III, tritt die Beendigungswirkung des I S. 1 bei Vollzug von Freiheitsstrafe oder freiheitsentziehender Maßregel nicht ein. In diesem Fall **ruht** vielmehr die FAufsicht. In der praktischen Wirkung dürfte diese Regelung nicht über die Nicht-Anrechnungsregel des § 68 IV S. 2 hinaus gehen; doch ist klargestellt, dass eine (reghelmäßig überflüssige) Betreuung durch FAufsichtsstelle und Bewährungshelfer schon *während* des Vollzugs einer Freiheitsstrafe oder Maßregel unterbleibt. 8

5) Aufhebung befristeter FAufsicht (Abs. II). Voraussetzung einer Aufhebung der befristeten FAufsicht durch gerichtliche Entscheidung ist nach **II S. 1,** dass nach richterlicher Überzeugung **zu erwarten** ist, der Verurteilte werde auch ohne die Maßregel keine Straftaten mehr begehen. Für die **positive Sozialprognose** gelten grds die Erläuterungen zu § 56 sinngemäß (zu den erhöhten Anforderungen jedenfalls bei § 68f II vgl. aber KG NStZ **06**, 580); jedoch ist zu beachten, dass über die Entlassung in die Freiheit zu entscheiden ist (LK-*Hanack* 5). Es kommt also darauf an, dass der Verurteilte auch ohne die FAufsicht keine Straftaten mehr begehen wird. Ist das anzunehmen, zB bei schwerer Erkrankung (vgl. Koblenz OLGSt. 7 zu § 68c [multiple Sklerose]), so *muss* das Gericht die FAufsicht aufheben. Dabei ist die gesetzliche **Mindestdauer** (§ 68c I) zu beachten (**II S. 2**). Nach **II S. 3** kann das Gericht zugleich mit einer ablehnenden Entscheidung eine Mindestfrist von höchstens sechs Monaten bestimmen, vor deren Ablauf ein neuer Antrag auf Aufhebung zur Vermeidung von Verwaltungsaufwand und wegen der Unwahrscheinlichkeit wesentlicher Veränderungen der Prognose binnen kurzer Zeit unzulässig ist. 9

6) Überprüfung unbefristeter FAufsicht (Abs. III). Abs. III ergänzt die Regelungen des § 68c II, III, unterscheidet aber hinsichtlich der Frist für die erstmalige gerichtliche Überprüfung der unbefristeten FAufsicht zwischen beiden 10

Fällen. S. 1 gilt sowohl bei anfänglicher als auch bei nachträglicher Anordnung der unbefristeten FAufsicht.

11 **Nr. 1:** Im Fall des § 68 c II ist *spätestens* nach Ablauf der Höchstfrist des § 68 c I S. 1, also von fünf Jahren, eine Prüfung und Entscheidung des Gerichts erforderlich. Diese lautet auf *Ablehnung der Aufhebung* der FAufsicht, womit nach III S. 2 die (gegenüber der aF verkürzte) Frist neu zu laufen beginnt, oder auf Aufhebung gem. I S. 1. Eine neue Mindestfrist gilt nach Wortlaut und Sinn der Vorschrift nicht (**aA** SK-*Horn* 9: Frist nach § 68 c I S. 1).

11 a **Nr. 2:** Im Fall unbefristeter FAufsicht nach § 68 c III beträgt die Frist für die erstmalige gerichtliche Überprüfung *höchstens* zwei Jahre.

12 Bei Ablehnung der Aufhebung bestimmt **III S. 2** für beide Fälle des III eine einheitliche neue Frist von *höchstens* zwei Jahren, binnen derer erneut über die Fortdauer der Maßregel entschieden werden muss. Eine Mindestfrist besteht nicht. Das Gericht hat sich unabhängig von den jeweiligen Höchstfristen grds. ständig zu vergewissern, ob Aufhebungsreife eingetreten ist; es wird das durch entsprechende Anweisungen an Aufsichtsstelle und BewHelfer sicherstellen, die auch von sich aus berichten haben (LK-*Hanack* 26). **Aufhebungsanträge** des Verurteilten sind vor Ablauf der Fristen des III S. 1 unzulässig; später dann, wenn sie vor Ablauf einer nach III S. 2 vom Gericht gesetzten Frist gestellt werden. Einer mündlichen Anhörung bedarf es nicht (§ 463 III S. 2 StPO); ebenso wenig einer Stellungnahme der früheren Vollzugsanstalt, aus der der Verurteilte ja schon seit Jahren entlassen ist (E EGStGB 314). Die StA ist zu hören (§§ 463 III S. 1, 454 I S. 2 StPO). Dass das Gericht vor der Entscheidung die Stellungnahme der Aufsichtsstelle und des BHelfers herbeiführen wird, liegt in der Natur der Sache.

Führungsaufsicht bei Nichtaussetzung des Strafrestes

68f **I Ist eine Freiheitsstrafe oder Gesamtfreiheitsstrafe von mindestens zwei Jahren wegen vorsätzlicher Straftaten oder eine Freiheitsstrafe oder Gesamtfreiheitsstrafe von mindestens einem Jahr wegen Straftaten der § 181 b genannten Art vollständig vollstreckt worden, tritt mit der Entlassung der verurteilten Person aus dem Strafvollzug Führungsaufsicht ein. Dies gilt nicht, wenn im Anschluss an die Strafverbüßung eine freiheitsentziehende Maßregel der Besserung und Sicherung vollzogen wird.**

II Ist zu erwarten, dass die verurteilte Person auch ohne die Führungsaufsicht keine Straftaten mehr begehen wird, ordnet das Gericht an, dass die Maßregel entfällt.

1 **1) Allgemeines.** Die Vorschrift wurde im Anschluss an § 97 E 1962 durch das 2. StrRG eingefügt, durch das EGStGB vereinfacht und durch das SexualdelBekG v. 26. 1. 1998 (1 zu § 66) in I S. 1 im Hinblick auf die in § 181 b genannten Straftaten erweitert. Durch das G vom 13. 4. 2007 (BGBl I 513) wurde sie redaktionell geändert; zur Klarstellung ist in I S. 1 die Variante einer Gesamtstrafe ausdrücklich aufgenommen worden (vgl. unten 3; BT. Drs. 16/1993, 22 f.).

1 a **Literatur:** *Peglau,* Das Gesetz zur Reform der Führungsaufsicht und zur Änderung der Vorschriften über die nachträgliche Sicherungsverwahrung, NJW **07**, 1558; *Stree,* Probleme der Führungsaufsicht bei Vollverbüßern, Baumann-FS 281.

2 **2)** § 68 f. regelt die besondere Gruppe der **FAufsicht nach Vollverbüßung** längerer Freiheitsstrafen, die eine Betreuung gem. § 57 wegen ihrer *negativen* Prognose nicht (oder nicht mehr) erfahren.

3 **3) Voraussetzung** nach **I S. 1** ist die **vollständige Vollstreckung** einer **Freiheitsstrafe** (1 zu § 38) oder einer **Gesamtfreiheitsstrafe** von mindestens *2 Jahren* wegen beliebiger vorsätzlicher Straftaten oder von mindestens *1 Jahr* wegen einer der in § 181 b genannten Sexualstraftaten. Diese Differenzierung ist im Hinblick auf die bei Sexualstraftätern häufig besonders problematische Persönlichkeitsstruk-

tur und das Rückfallrisiko vorgenommen worden (vgl. BT-Drs. 13/7559, 12); dem Verhältnismäßigkeitsgrundsatz ist durch Abs. II Rechung getragen.

A. Nach der aF war es streitig, ob bei Verbüßung von Gesamtfreiheitsstrafe ausreicht, dass die Gesamtstrafe die genannte Dauer erreicht, oder ob wenigstens eine Einzelstrafe diese Höhe erreicht haben musste. Der Gesetzgeber hat sich mit der Neufassung vom 13. 4. 2007 (oben 1) für die erste Variante entschieden (so schon zur aF zB Bamberg 1 Ws 637/06; Düsseldorf MDR **81**, 70; 336; NStZ-RR **99**, 138; JMBlNW **98**, 91; JR **04**, 163; Frankfurt MDR **82**, 164; Hamburg JR **79**, 116; MDR **82**, 689; NStZ-RR **96**, 262; Köln OLGSt. 14; München NStZ **84**, 314; NStZ-RR **02**, 183; Nürnberg NStZ-RR **98**, 124; Schleswig SchlHA **95**, 2; **98**, 167; weitere Nachw. 54. Aufl.), so dass die Streitfrage erledigt ist (*überholt* daher Frankfurt NStZ-RR **07**, 30). Das gilt entsprechend auch für die Vollstreckung von **Einheitsjugendstrafen**; auch hier ist keine (fiktive) „Einzelstrafe" in der genannten Höhe erforderlich. 4

Für die **Höhe der Strafe** kommt es auf die verhängte Strafe ohne Rücksicht auf eine **Anrechnung** an, die ebenso wie bei § 57 IV als verbüßte Strafe anzusehen ist (vgl. 7 zu § 57; KG NStZ-RR **05**, 42, 43; SK-*Horn* 4; *Lackner/Kühl* 1; *S/S-Stree* 5; **aA** LK-*Hanack* 16 ff.). Entsprechendes hat für die Anrechnung nach § 67 IV S. 1 zu gelten. Str. ist, ob dies auch dann gilt, wenn die verhängte Strafe sich durch Anrechnung vollständig erledigt hat, bevor sie angetreten wurde; denn in diesem Fall findet eine „Entlassung" nicht statt. Dieses Wortlaut-Argument überzeugt aber nicht, wenn man *angerechnete* Haft überhaupt als „vollstreckte Strafhaft" anerkennt und sich hinsichtlich der materiellen *Voraussetzungen* der FA damit vom Wortlaut gerade – zu Recht – gelöst hat. Es wirkt gekünstelt, den Eintritt von FA davon abhängig zu machen, ob der Verurteilte sich zB nach seiner Auslieferung noch *eine Woche* lang in deutscher Strafhaft befand, aus der er sodann entlassen wurde. Der Sicherungszweck der FA spricht für einen Eintritt von FA auch bei vollständiger Erledigung durch Anrechnung (SK-*Horn* 4; *S/S-Stree* 5; *Lackner/Kühl* 1; **aA** LK-*Hanack* 16 ff). Nach KG NStZ-RR **05**, 42, 43 ist die Frage nach den Umständen des *Einzelfalls* zu entscheiden (zw.). 5

B. Die Freiheitsstrafe muss **in vollem Umfang vollstreckt** worden sein, wenn auch nicht ohne Unterbrechung. I ist auch bei vollständiger Vollstreckung nach Widerruf der Aussetzung eines Strafrestes (Köln OLGSt. 14; Düsseldorf NStZ-RR **02**, 190 [zust. Anm. *Dölling* JR **03**, 170]; *S/S-Stree* 5; **aA** Hamm NStZ-RR **96**, 31); ebenso, wenn die verurteilte Person nach § 35 BtMG behandelt worden ist (München NStZ **90**, 455 [m. Anm. *Stree*]). Wird von der Strafe auch nur ein Teil nach § 57 III S. 1 iVm § 56g I, durch Gnadenerweis oder Amnestie **erlassen**, so entfällt I (KG JR **79**, 293; Prot. 7/744; LK-*Hanack* 15); nicht jedoch im Falle der Vorverlegung nach § 16 III StVollzG (Düsseldorf MDR **87**, 603 L; Zweibrücken MDR **92**, 1166; KG NStZ **04**, 228; *S/S-Stree* 5). 6

C. Rechtsfolge des I S. 1 ist Eintritt von FAufsicht mit der Entlassung. Die FAufsicht nach I S. 1 tritt kraft Gesetzes ein, sie bedarf keiner besonderen richterlichen Anordnung (LG Zweibrücken MDR **91**, 273; *S/S-Stree* 6). **Entlassung** aus dem Strafvollzug bedeutet im Falle der Anschlussvollstreckung die endgültige tatsächliche Entlassung in die Freiheit, nicht das Ende der 1. Strafe (Bremen MDR **80**, 512, Hamm OLGSt. 11; NStZ-RR **01**, 59; Düsseldorf VRS **88**, 187; München NStZ-RR **98**, 125; *S/S-Stree* 6, 10). Eine Entlassung aus dem Strafvollzug liegt nach KG NStZ **06**, 580 auch dann vor, wenn eine Anschlussvollstreckung nach § 35 BtMG zurückgestellt wurde; es kommt danach auf die *tatsächliche* Entlassung, nicht auf das Weiter-Laufen der Vollstreckung im weiteren Sinn an. 7

4) Anschlussvollzug einer Maßregel (I S. 2). Nach Abs. I S. 2 tritt FAufsicht nicht ein, wenn im Anschluss an eine volle Strafverbüßung eine freiheitsentziehende Maßregel nach den §§ 63 bis 66 tatsächlich vollzogen wird. In den Fällen der §§ 63, 64 kommt das nur in Betracht, wenn in derselben Sache nach § 67 II die Strafe vor der Maßregel vollzogen worden ist (Köln NStZ-RR **98**, 123); 8

Hauptanwendungsfall ist die Sicherungsverwahrung, bei der stets zunächst die Strafe vollzogen wird (vgl. § 67 I; 4 zu 67a). In allen Fällen muss das Gericht nach § 67c I zu dem Ergebnis gekommen sein, dass der Maßregelzweck die Unterbringung noch erfordert; sonst träte nach § 67c I S. 2 FAufsicht ein.

9 **5) Entfallen der FAufsicht (Abs. II).** Nach Abs. II ordnet das Gericht bei **positiver Sozialprognose** (9f. zu § 68e) an, dass die FAufsicht iS von I S. 1 entfällt; II gilt bei richterlich angeordneter FAufsicht nicht (Düsseldorf NStZ **95**, 34). Eine Anordnung nach II hat Ausnahmecharakter (Düsseldorf MDR **90**, 180; KG JR **93**, 302; NStZ **06**, 580); Zweifel gehen daher zu Lasten des Verurteilten (Karlsruhe MDR **87**, 784). Praktisch wird II, wenn die Aussetzung des Strafrestes an der fehlenden Einwilligung des Verurteilten nach § 57 I Nr. 3 gescheitert ist. Divergierende Entscheidungen kommen hier, da für die Entscheidung nach § 57 wie für die nach II dieselbe StVK zuständig ist (§§ 454, 463 III S. 1, 462a I StPO), kaum in Betracht (vgl. Düsseldorf StV **82**, 117; **83**, 115). Seltene Ausnahme ist der Fall, dass im letzten Stadium des Strafvollzugs Umstände eingetreten sind, die eine positive Prognose ermöglichen, eine Aussetzung des Strafrestes aber nicht mehr beschlossen werden konnte (LK-*Hanack* 25; vgl. Karlsruhe Die Justiz **81**, 444; MDR **82**, 595; Koblenz OLGSt. Nr. 1). Die positiven Umstände müssen dann aber nicht nur für die Prognose nach § 57 I Nr. 2, sondern auch für die in den Anforderungen *strengere* des § 68f II ausreichen (KG JR **88**, 295; Düsseldorf MDR **90**, 356; StV **95**, 539; wistra **00**, 314). Die rechtskräftige Ablehnung einer Anordnung nach II stellt zugleich fest, dass die Voraussetzungen für den Eintritt der FAufsicht nach I vorliegen (Hamm NStZ **96**, 337).

10 **6) Zum Verfahren:** Die Vollstreckungsbehörde hat 3 Monate vor der Entlassung des Verurteilten (oben 5) der StVK die Akten vorzulegen (§ 54a II StVollstrO), und zwar bei Nacheinandervollstreckung vor der tatsächlichen Entlassung aus der letzten Strafe (Hamm 21. 2. 1980, 6 Ws 30/80). **Zuständig** ist die StVK, in deren Bezirk der Verurteilte 3 Monate vor Vollzugsende einsitzt, und zwar gleichgültig, ob ihr die Akten vorgelegt wurden oder nicht, NStZ **84**, 322 L; 23. 8. 1995, 2 ARs 225/95). Sie hat die Entscheidungen nach §§ 68a bis 68c alsbald zu treffen und ggf auch **von Amts wegen** zu prüfen, ob II anzuwenden ist. In jedem Fall hat die StVK, gleichgültig, ob ein Antrag nach II gestellt ist, grundsätzlich nach vorheriger, beim Verurteilten mündlicher Anhörung (§§ 463 III, 454 I StPO; Hamm OLGSt. 5; Düsseldorf MDR **86**, 255; Celle NStZ **86**, 238) förmlich zu entscheiden (Koblenz NStZ **84**, 189; Zweibrücken MDR **92**, 1166; and. Saarbrücken MDR **83**, 598). Der Verurteilte verwirkt sein Recht auf mündliche Anhörung, wenn er sich für die StVK unerreichbar hält (Hamm MDR **88**, 75; Zweibrücken MDR **92**, 1166); von der mündlichen Anhörung darf im Übrigen nur im Fall eines Verzichts abgesehen werden (Düsseldorf 24. 11. 1994, 1 Ws 915/94). Der Beschluss ist nach § 454 III StPO mit der sofortigen Beschwerde anfechtbar (Hamm OLGSt. 6; teilw. abw. LK-*Hanack* 27); nicht jedoch, wenn er vom OLG ergangen ist (BGH **30**, 250). Hat die StVK entschieden, dass die FÜ nicht entfällt, so geht die örtliche Zuständigkeit für deren Überwachung auf diejenige StVK über, in deren Bezirk der Verurteilte zur Verbüßung von Strafhaft in anderer Sache aufgenommen wird (NStZ-RR **04**, 124).

Führungsaufsicht und Aussetzung zur Bewährung

68g **I Ist die Strafaussetzung oder Aussetzung des Strafrestes angeordnet oder das Berufsverbot zur Bewährung ausgesetzt und steht der Verurteilte wegen derselben oder einer anderen Tat zugleich unter Führungsaufsicht, so gelten für die Aufsicht und die Erteilung von Weisungen nur die §§ 68a und 68b. Die Führungsaufsicht endet nicht vor Ablauf der Bewährungszeit.**

II Sind die Aussetzung zur Bewährung und die Führungsaufsicht auf Grund derselben Tat angeordnet, so kann das Gericht jedoch bestimmen, dass die Führungsaufsicht bis zum Ablauf der Bewährungszeit ruht. Die Bewährungszeit wird dann in die Dauer der Führungsaufsicht nicht eingerechnet.

III Wird nach Ablauf der Bewährungszeit die Strafe oder der Strafrest erlassen oder das Berufsverbot für erledigt erklärt, so endet damit auch eine wegen derselben Tat angeordnete Führungsaufsicht. Dies gilt nicht, wenn die Führungsaufsicht unbefristet ist (§ 68 c Abs. 2 Satz 1 oder Abs. 3).

1) Allgemeines. Die Vorschrift wurde durch das 2. StrRG eingefügt. Durch das G vom 13. 4. 2007 (BGBl I 513) ist Abs. III S. 2 angefügt worden. 1

2) Die Vorschrift regelt die Konkurrenz zwischen der FAufsicht und einer gleichzeitig bestehenden Aussetzung der Strafe (§ 56), des Strafrestes (§§ 57, 57 a) oder des Berufsverbots (§ 70 a) zur Bewährung; auch die (praktisch allerdings kaum möglichen) Fälle einer nach § 59 a laufenden Bewährung sind einzubeziehen (**aA** LK-*Hanack* 4). 2

Auf Grund **verschiedener Taten** ist ein Nebeneinander von FAufsicht und Aussetzung zB denkbar, wenn eine (Erfolg versprechende) FAufsicht läuft und der Täter wegen einer nicht schwerwiegenden Tat Strafaussetzung erhält oder ihm nach § 57 Aussetzung eines Strafrestes bewilligt wird. Auch Fälle nach § 67 V S. 1 sind nicht ausgeschlossen. Auch die Aussetzung eines Berufsverbots kann weiterlaufen, wenn der Verurteilte eine Tat anderer Art als der in § 70 b I Nr. 1 bezeichneten begeht und FAufsicht eintritt. 3

Auf Grund **derselben Tat** (und zwar trotz des Wortes „angeordnet" auch in den Fällen des gesetzlichen Eintritts der FAufsicht in den in § 68 II genannten Fällen; LK-*Hanack* 10; *S/S-Stree* 10, 15; **aA** Hamm OLGSt. 2) ist ein Fall der Konkurrenz vor allem möglich, wenn FAufsicht nach § 68 I angeordnet war und Aussetzung des Strafrestes nach § 57 bewilligt wird oder ein mit dem Urteil angeordnetes Berufverbot nach § 70 a ausgesetzt wird. 4

Das mögliche Zusammentreffen von **mehrfacher FAufsicht** (vgl. 6 zu § 68 f) ist in § 68 g nicht geregelt. Wegen einer Tat gibt es nur eine einzige FAufsicht (vgl. 6 zu § 68 f). Die FAufsicht wird in den übrigen Fällen einheitlich geführt, soweit sich die Dauer der Maßregeln überschneidet (LK-*Hanack* 2). 5

3) Nach **Abs. I** hat grundsätzlich die FAufsicht Vorrang vor der Aussetzung; jedoch ist nach II eine Ausnahme dann möglich, wenn es sich um FAufsicht in derselben Sache handelt. Der nach **Abs. I** geltende Vorrang der FAufsicht bedeutet jedoch nur, dass für die Aufsicht ausschließlich § 68 a (nicht § 56 d; § 453 b StPO) und für etwaige Weisungen ausschließlich § 68 b (nicht § 56 c) gelten. Sonstige Vorschriften der Strafaussetzung wie §§ 56 a, 56 b, 56 f, 56 g bleiben unberührt (aaO; LK-*Hanack* 14 f.). 6

Die FAufsicht endet nicht vor Ablauf einer über ihre Dauer nach § 68 c hinausreichenden Bewährungszeit (**I S. 2;** *Mainz* NStZ **89**, 62; **aA** Hamm NStZ **84**, 188). Über Widerruf und Erlass ist nach §§ 56 f, 56 g, 70 b einerseits und über Beendigung der FAufsicht nach § 68 e I jeweils selbstständig zu entscheiden; III gilt hier nicht. 7

4) Nach **Abs. II** gilt auch in den Fällen von III grundsätzlich dasselbe. Doch kann das Gericht (Zuständigkeit nach § 462 a I oder II StPO) abw. von I anordnen, dass die FAufsicht einschließlich ihrer Weisungen während der Bewährungszeit *ruht*, dh dass ausschließlich die §§ 56 ff., 70 a gelten (Karlsruhe MDR **89**, 663; LK-*Hanack* 19 ff.; SK-*Horn* 9). Das Gericht wird das tun, wenn sich nach der Entwicklung des Verurteilten zeigt, dass seine Sozialisierung im Rahmen einer reinen Bewährungsaufsicht besseren Erfolg verspricht (weitergehend LK-*Hanack* 23). Wird die Aussetzung widerrufen, so bewirkt **II S. 2,** dass die FA nach Entlassung des 8

Verurteilten aus dem dann eingetretenen Strafvollzug mit entsprechender Dauer fortgesetzt werden kann (krit. SK-*Horn* 8).

9 **5)** Nach **Abs. III S. 1** endet eine wegen derselben Tat *angeordnete* **befristete** FAufsicht, wenn die Aussetzung Erfolg hat, also entweder Strafe oder Strafrest erlassen werden (§ 56 g) oder das Berufsverbot nach § 70 b V für erledigt erklärt wird. Die Bewährung wirkt also auch für die FAufsicht, so dass diese sowohl in den Fällen von 2 wie in denen von 3, ohne dass es einer Entscheidung nach § 68 e II bedarf, kraft Gesetzes beendet ist. Für eine *kraft Gesetzes* eintretende FA gilt Abs. III nach dem Wortlaut der Vorschrift nicht (Hamm OLGSt Nr. 1 zu § 68 g; NStZ **84**, 188; LG Marburg NStZ-RR **07**, 39; **aA** Hamm NStE Nr. 1 zu § 68 g). **III S. 2**, der durch G vom 13. 4. 2007 (oben 1) angefügt wurde, nimmt die Fälle **unbefristeter** FAufsicht von der Beendigungswirkung des S. 1 aus; sie bleibt vom Ende der Bewährung und vom Straferlass unberührt; es verbleibt bei der Möglichkeit der Aufhebung durch das Gericht gem. § 68 e II. Grund hierfür war, dass bei unbefristeter FAufsicht idR eine längerfristige Begleitung und Überwachung der verurteilten Person über das Ende der Bewährungszeit hinaus erforderlich ist (BT-Drs. 16/1993, 23). Wenn unbefristete FAufsicht als Folge einer in derselben Sache angeordneten freiheitsentziehenden Maßregel besteht (§ 68 c III), kann die Aussetzung der Maßregel während des Fortbestehens der FAufsicht gem. § 67 g widerrufen werden, auch wenn die Strafe inzwischen erlassen ist (ebd.).

Entziehung der Fahrerlaubnis

Entziehung der Fahrerlaubnis

69 **I Wird jemand wegen einer rechtswidrigen Tat, die er bei oder im Zusammenhang mit dem Führen eines Kraftfahrzeuges oder unter Verletzung der Pflichten eines Kraftfahrzeugführers begangen hat, verurteilt oder nur deshalb nicht verurteilt, weil seine Schuldunfähigkeit erwiesen oder nicht auszuschließen ist, so entzieht ihm das Gericht die Fahrerlaubnis, wenn sich aus der Tat ergibt, dass er zum Führen von Kraftfahrzeugen ungeeignet ist. Einer weiteren Prüfung nach § 62 bedarf es nicht.**

II Ist die rechtswidrige Tat in den Fällen des Absatzes 1 ein Vergehen

1. **der Gefährdung des Straßenverkehrs (§ 315 c),**
2. **der Trunkenheit im Verkehr (§ 316),**
3. **des unerlaubten Entfernens vom Unfallort (§ 142), obwohl der Täter weiß oder wissen kann, dass bei dem Unfall ein Mensch getötet oder nicht unerheblich verletzt worden oder an fremden Sachen bedeutender Schaden entstanden ist, oder**
4. **des Vollrausches (§ 323 a), der sich auf eine der Taten nach den Nummern 1 bis 3 bezieht,**

so ist der Täter in der Regel als ungeeignet zum Führen von Kraftfahrzeugen anzusehen.

III Die Fahrerlaubnis erlischt mit der Rechtskraft des Urteils. Ein von einer deutschen Behörde ausgestellter Führerschein wird im Urteil eingezogen.

Übersicht

1) Allgemeines ... 1, 1 a
2) Kriminalpolitische Bedeutung; Anwendungsbereich ... 2–4
3) Anlasstat ... 5–12
4) Ungeeignetheit ... 13–45 b
A. Begriff der Ungeeignetheit ... 14–18
B. Symptomcharakter der Anlasstat ... 19, 20
C. Regelbeispiele (Abs. II) ... 21–36
D. Sonstige Straftaten ... 37–45 b

5) Zeitpunkt der Feststellung, Gefahrprognose ... 46–48
6) Verhältnismäßigkeit (I S. 2) ... 49, 50
7) Anordnung ... 51, 52
8) Einziehung des Führerscheins (Abs. III S. 2) ... 53
9) Verfahrensrechtliche Hinweise ... 54–59

1) Allgemeines. Die Vorschrift ist durch das Erste StraßenverkSichG v. 19. 12. 1952 (BGBl. I 832 [Mat.: GesE BT-Drs. I/2674; Ber. BT-Drs. I/3774]) eingeführt worden; Abs. II wurde durch das Zweite StraßenverkSichG v. 26. 11. 1964 (BGBl. I 921 [Mat.: GesE BT-Drs. IV/651]) eingefügt. Zum **EU-Recht** vgl. Übk. über den Entzug der Fahrerlaubnis v. 17. 6. 1998 (ABl. EG Nr. C 216, 2; noch nicht ratifiziert). 1

Neuere Literatur: *Berz,* Das EU-Übereinkommen über den Entzug der Fahrerlaubnis, NZV **00**, 145; *Bode/Winkler,* Fahrerlaubnis. Eignung, Entzug, Wiedererteilung, 3. Aufl. 2000; *Gehrmann,* Die Neuregelungen im Führerscheinrecht ab 1. 1. 1999, NJW **99**, 455; *ders.*, Das Sachverständigengutachten von Ärzten und Verkehrspsychologen als Grundlage der Entziehung der Fahrerlaubnis durch den Strafrichter, NZV **04**, 442; *Geiger*, Neuere Rspr zur Fahreignung bei Alkohol- und Drogenauffälligen, DAR **03**, 97; *Geppert*, Rechtliche Überlegungen zur Fahreignung bei neurologischen und neuropsychologischen Erkrankungen, Gössel-FS (2002), 303; *ders.*, Neuere Rechtsprechung des BGH zur Entziehung der Fahrerlaubnis bei Nicht-Katalogtaten, NStZ **03**, 288; *Hentschel*, Trunkenheit, Fahrerlaubnisentziehung, Fahrverbot, 10. Aufl,. 2006 (zit. *Hentschel* TFF, Rn); *Himmelreich/Hentschel,* Fahrverbot, Führerscheinentzug, Bd. I, 8. Aufl. 1995, Bd. II, 7. Aufl. 1992; *Jagow,* Das neue Fahrerlaubnisrecht, DAR **98**, 453; *Janker,* Grundzüge des neuen Fahrerlaubnisrechts, NZV **99**, 26; *Krehl*, Regel und Ausnahmen bei der Entziehung der Fahrerlaubnis, DAR **86**, 33; *Kühl*, Entziehung der Fahrerlaubnis und Erforderlichkeit eines verkehrsspezifischen Gefahrzusammenhangs zwischen Tat und Verkehrssicherheit, JR **04**, 125; *Kulemeier,* Fahrverbot u. Entzug der Fahrerlaubnis, 1991; *ders.*, Fahrverbot und Fahrerlaubnisentzug – Sanktionen zur Bekämpfung allgemeiner Kriminalität?, NZV **93**, 212; *Molketin,* Entziehung der Fahrerlaubnis durch den Strafrichter bei Sexualdelikten, NZV **95**, 383; *ders.*, Anwendung von §§ 44 I, 69 I StGB nur bei „Zusammenhangstaten" im öffentlichen Straßenverkehr?, DAR **99**, 536; *ders.*, BtM-Beschaffungsfahrten mit dem Kfz und (vorläufige) Entziehung der Fahrerlaubnis, ZfS **02**, 209; *Mollenkott,* Fahrlässige Rücksichtslosigkeit bei § 315 c und Entziehung der Fahrerlaubnis, BA **85**, 298; *Pießkalla/Leitgeb*, Fahrerlaubnisentziehung nach § 69 I 1 StGB auch bei „nicht verkehrsspezifischen" Straftaten?, NZV **06**, 185; *Schäfer*, Ist auch dann vom Regelbeispiel des § 69 II Nr. 3 StGB auszugehen, wenn die Anwendung des § 142 IV n. F. StGB ausschließlich daran scheitert, dass ein „bedeutender Sachschaden" vorliegt?, NZV **99**, 190; *Schulz*, Wegfall der Ungeeignetheit iS des § 69 StGB durch Zeitablauf, NZV **97**, 62; *Sowada*, Die Entziehung der Fahrerlaubnis bei Taten der allgemeinen Kriminalität, NStZ **04**, 169; *Wölfl*, Die Geltung der Regelvermutung des § 69 II StGB im Jugendstrafrecht, NZV **99**, 69. 1 a

2) Kriminalpolitische Bedeutung; Anwendungsbereich. A. Die Entziehung der Fahrerlaubnis (= **FE**) ist (zusammen mit der Anordnung einer isolierten Sperrfrist nach § 69 a I S. 3) die mit weitem Abstand am häufigsten verhängte **Maßregel.** Sie dient (allein) präventiv der **Verkehrssicherheit** (vgl. schon BT-Drs. I/2674; IV/651); Zweck der Maßregel ist nicht die Bekämpfung der *allgemeinen* Kriminalität (vgl. BGH [GrSen] **50**, 93, 100 [vgl. unten 44]; *Geppert* NStZ **03**, 288, 289). Die Maßregel ähnelt in ihrer Struktur dem Berufsverbot (§ 70); faktisch kann sie dieselben (Berufskraftfahrer) oder ähnliche (Fernpendler; Handelsvertreter; Außendienst-Mitarbeiter) Wirkungen bis zur wirtschaftlichen Existenzvernichtung haben. Die **Anordnungspraxis** war lange (zu) großzügig und tendierte zur Ausweitung in den Bereich allgemeiner Kriminalität; dies ist nach der Entscheidung des **Großen Senats** v. 27. 4. 2005 (BGH **50**, 93) nicht mehr zulässig (vgl. unten 40 ff., 44). Das Verhältnis zur Nebenstrafe des **Fahrverbots** ist nur *begrifflich* klar (unten 4), da für § 44 der Täter „noch geeignet", für § 69 „ungeeignet" sein muss (vgl. 3 zu § 44). Zur Anwendung im **Jugendstrafrecht** vgl. § 7 JGG (unten 5, 11). 2

B. Der **Begriff der FE** in § 69 I wird regelmäßig dem des **§ 2 I S. 1 StVG** gleichgesetzt, obgleich § 1 II StVG den Begriff des Kraftfahrzeugs ausdrücklich nur „für dieses Gesetz" als maschinengetriebenes, nicht schienengebundenes Landfahrzeug definiert und so mittelbar den in §§ 2, 3 StVG verwendeten Begriff der FE auf den **Straßenverkehr** beschränkt. Dass § 69 I gleichfalls diesen engen verwal- 3 tungsrechtlichen Begriff verwendet (LK-*Geppert* 22), ist dogmatisch weder zwingend noch nahe liegend; systematisch spricht dagegen schon die ausdrückliche Anknüpfung (II Nr. 2) an § 316, dessen Schutzbereich gerade nicht auf die Gefährdung des *Straßen*verkehrs beschränkt ist (so auch LG Kiel NStZ-RR **07**, 59; **aA** Bay MDR **93**, 1100f.).

3a **C.** Aus der Anknüpfung an eine verwaltungsrechtliche Erlaubnis folgt zum einen, dass nur solche Erlaubnisse entzogen werden können, die von einer **deutschen Behörde** erteilt wurden; von ausländischen Behörden erlassene Verwaltungsakte können nicht als solche aufgehoben werden (vgl. dazu i. e. § 69b). Zum anderen folgt daraus, dass die Maßregel nur soweit **Wirkung** entfalten kann, wie die verwaltungsrechtliche FE reicht. Für das Führen **fahrerlaubnisfreier Kraftfahrzeuge** (§ 4 I S. 2 FeV; insb. Mofas und landwirtschaftliche Zugmaschinen) haben §§ 69, 69a daher keine Bedeutung; die Verhängung eines Fahrverbots (das diese erfasst) neben der Maßregelanordnung ist grds zulässig (vgl. 3 zu § 44), aber in der Praxis nicht häufig. Ist eine FE gar nicht erteilt (oder schon früher entzogen), so erlaubt § 69a I S. 3 die Festsetzung einer sog. **isolierten Sperre,** die in ihrer Präventionswirkung der Maßregel nach § 69 gleichkommt.

4 **D.** Anders als die Nebenstrafe des **Fahrverbots** (§ 44; zum Verhältnis vgl. 3 zu § 44), das von einer verwaltungsrechtlichen Erlaubnis zum Führen von Kfz unabhängig ist und diese grds. unberührt lässt, greift die Maßregel nach § 69 auf die öffentlich-rechtliche Erlaubnis (§ 2 StVG; vgl. aber oben 3) selbst zu und hebt diese mit Wirkung vom Zeitpunkt der Rechtskraft der strafgerichtlichen Entscheidung endgültig auf; sie lebt nicht nach Ablauf einer Frist wieder auf, sondern muss von den zuständigen Verwaltungsbehörden auf Antrag neu erteilt werden (§ 69a). Die Erlaubnis zur **Fahrgastbeförderung** (§ 48 FeV) ist nicht nach § 69 zu entziehen (vgl. BGH **6**, 183; 4 StR 526/70); sie erlischt mit der Entziehung der allgemeinen FE ohne weiteres (§ 48 X S. 1 FeV).

5 **3) Anlasstat.** Die strafrechtliche Maßregelanordnung nach § 69 kann nur aus Anlass einer rechtswidrigen Tat iS von § 11 I Nr. 5 erfolgen. Der Täter muss eine (grds beliebige) **rechtswidrige Tat,** also eine **Straftat** (§ 11 I Nr. 5) begangen haben; eine Ordnungswidrigkeit reicht nicht aus. Entziehungen der FE ohne eine solche Anlasstat sind nach § 3 StVG möglich, Untersagungen des Führens von Kraftfahrzeugen nach § 3 FeV.

6 **A. Aburteilung.** Der Täter muss wegen der Anlasstat **verurteilt** oder **nur deshalb nicht verurteilt** werden, weil er erwiesenermaßen oder möglicherweise schuldunfähig war.

7 **a)** Die **Verurteilung** kann durch Urteil (auch im beschleunigten Verfahren, § 212b I S. 3 StPO, und im Abwesenheitsverfahren, § 232 I S. 3; § 233 I S. 3 StPO) oder durch Strafbefehl erfolgen (§ 410 III StPO; vgl. aber § 407 II Nr. 2 StPO). Auf die Art der Strafe kommt es nicht an; die Aussetzung einer Freiheitsstrafe zur Bewährung ist für die Maßregelanordnung grds ohne Bedeutung (BGH **15**, 316; VRS **29**, 14; NZV **01**, 434 [Anm. *Geppert* JR **02**, 114]). Ausreichend ist auch ein Schuldspruch unter Absehen von Strafe; ebenso die Verhängung von Erziehungsmaßregeln oder Zuchtmitteln nach **Jugendstrafrecht** (BGH **6**, 394) sowie ein Schuldspruch nach § 27 JGG. Neben Verwarnung mit Strafvorbehalt ist § 69 ausgeschlossen (§ 59 III S. 2). Unerheblich ist, ob eine Bestrafung gerade aus dem Strafrahmen der Anlasstat erfolgt oder ob dieser nach § 52 II S. 1 zurücktritt. Verurteilt ist der Täter wegen der Tat auch dann, wenn sie infolge von Gesetzeseinheit im Schuldspruch nicht erscheint (vgl. VM **55**, 34); dagegen schließt eine Verfahrenseinstellung nach §§ 154, 154a oder §§ 153f. die Maß*regelanordnung* aus.

8 **b)** Wird der Täter wegen der Anlasstat **nicht verurteilt,** so darf dies **nur deshalb** der Fall sein, weil Schuldunfähigkeit iS von § 20 erwiesen ist oder nicht ausgeschlossen werden kann oder weil nicht feststeht, ob § 323a oder eine in schuld-

fähigem Zustand begangene Tat vorliegt (Bay DAR **82**, 248). Ausgeschlossen ist § 69 bei Nichtverurteilung aus anderen Gründen; auch bei Einstellung des Verfahrens wegen eines Verfahrenshindernisses (Bay DAR **55**, 44; LK-*Geppert* 20; *S/S-Stree* 26; **aA** Köln NJW **54**, 611).

B. Zusammenhang mit dem Führen eines Kfz. Die Tat muss entweder **bei dem Führen** (vgl. hierzu auch Erl. zu § 316a) oder **im Zusammenhang** mit dem Führen eines KFZ oder unter **Verletzung der Pflichten eines Kraftfahrzeugführers** begangen worden sein. Die Voraussetzungen dieser drei Varianten entsprechen denen des § 44 I (vgl. 7ff. zu § 44; enger NK-*Herzog* 13). 9

Nach Ansicht der Rspr setzt die Anordnung der Maßregel nicht zwingend voraus, dass der Täter ein Kfz **eigenhändig** geführt hat (vgl. NJW **57**, 1287; MDR/H **81**, 453; Stuttgart NJW **61**, 690; Koblenz NJW **88**, 152 [Überlassen des Kfz an fahruntüchtige Person]; München NJW **92**, 2777; ebenso *S/S-Stree* 14; zweifelnd NZV **03**, 46; **aA** LG Köln NZV **90**, 445; LK-*Geppert* 45; *Hentschel* TFF 587; *Körfer* NZV **93**, 326; *Kulemeier* [1a] 70, 285). Das ist zweifelhaft: Jedenfalls Straftaten „beim Führen" setzen schon nach dem Wortlaut eigenhändiges Führen voraus. Nach zutreffender Ansicht muss sich aber nach dem Sinn des Gesetzes auch der „Zusammenhang" auf das *eigene* Führen eines Kfz beziehen (LK-*Geppert* 45). Es reicht daher zB die bloße Beteiligung als **Beifahrer** jedenfalls dann nicht aus, wenn der Täter keinen bestimmenden Einfluss auf das Führen des Kfz nimmt (vgl. BGH **10**, 333, 336). Auch nach der Rspr des BGH kommt eine Maßregelanordnung gegen einen Beifahrer daher allenfalls dann in Betracht, wenn *besonders gewichtige* Hinweise für seine Ungeeignetheit vorliegen (NStZ **04**, 617; NStZ-RR **04**, 57; vgl. auch LG Koblenz VRS **100** [2001], 36). 10

Pflichten eines Kraftfahrzeugführers iS von § 69 sind nur solche, die sich auf das verkehrssichere Führen beziehen; daher zB nicht die Pflicht, eine Kaskoversicherung nicht zu schädigen (1 StR 269/94; überholt BGH **5**, 179, 182; vgl. auch unten 37ff., 44). Es kommt grds. nicht darauf an, ob die Tat vor, während oder nach dem Führen eines KFZ, ob sie gerade durch das Führen begangen wurde oder mit diesem nur zusammentrifft. Aus dem Wortlaut des I ergibt sich, dass mögliche **Anlasstaten** nicht nur solche sein können, durch welche – unter Verstoß gegen Pflichten eines Kraftfahrzeugführers – eine Gefährdung der Verkehrssicherheit eingetreten ist; vielmehr reichen grds. auch Taten der nicht-verkehrsspezifischen, allgemeinen Kriminalität aus (BGH [GrSen] GSSt 2/04 **aS**; vgl. aber unten 37ff., 44), wenn ein Zusammenhang zwischen der Anlasstat und dem Führen des Kfz besteht. Für die erforderliche **Prognose** ist hiermit noch nichts gesagt. 11

Das Merkmal des **Zusammenhangs** ist von der Rspr seit jeher weit ausgelegt worden (krit. LK-*Geppert* 33); es reicht aus, wenn die rechtswidrige Tat entweder unmittelbar durch die konkrete Art des Führens (**zB** durch Einsatz als Tatmittel zur Begehung von Tötungs-, Körperverletzungs- oder Nötigungsdelikten) begangen wurde oder wenn die Ausführung der Tat durch das Führen eines Kraftfahrzeugs ermöglicht oder gefördert wurde (vgl. zB BGH **22**, 328f.; NStZ **95**, 229; NStZ-RR **98**, 271; BGHR § 69 I Entziehung 3, 6, 8). Ein Einsatz allein für die Vorbereitung, Ausnutzung oder Verdeckung der rechtswidrigen Tat außerhalb des von § 264 StPO umfassten Tatgeschehens oder die Planung eines solchen Einsatzes (so NStZ **01**, 477 [*2. StS*]) reichen aber für sich allein nicht aus (so jetzt auch StV **04**, 132); auch nicht die Begehung einer ohne diesen täterbezogenen Zusammenhang *gegen* einen Kraftfahrer gerichteten Tat (VRS **100**, 21 [versuchter Mord durch Werfen von schweren Gegenständen von einer Brücke]); daher auch nicht, dass von der abgeurteilten Tat Gefahr für den Straßenverkehr ausging. 12

4) Ungeeignetheit. Der Täter muss **ungeeignet** zum Führen von Kraftfahrzeugen sein. Diese Ungeeignetheit muss sich **aus der Anlasstat ergeben** und mit Sicherheit feststehen; die bloße Möglichkeit reicht nicht aus. 13

A. Begriff der Ungeeignetheit. Der Begriff der Ungeeignetheit ist im StGB nicht definiert. Er ist im Hinblick auf den Charakter der Maßnahme als **Maßregel** 14 zu verstehen; Ungeeignetheit ist daher eine nicht nur ganz vorübergehende Eigenschaft des Täters. Für die Auslegung des Begriffs geben die in II aufgeführten Katalogtatbestände einen gesetzlichen Auslegungshinweis. Ungeeignetheit liegt vor, wenn eine Würdigung seiner **körperlichen**, **geistigen** oder **charakterlichen** Voraussetzungen und der sie wesentlich bestimmenden objektiven und subjektiven Umstände ergibt, dass die Teilnahme des Täters am Kraftfahrzeugverkehr zu einer nicht hinnehmbaren **Gefährdung der Verkehrssicherheit** führen würde (StV **04**, 132). Eine Gefahr für verkehrs-unspezifische Rechtsgüter reicht nicht aus; § 69 dient nicht der allgemeinen Verhinderung von Kriminalität ohne Bezug zu Verkehrssicherheitsinteressen (BGH [GrSen] GSSt 2/04 **aS** und schon zuvor stRspr; die auf jeden Bezug verzichtende Entscheidung BGH **5**, 179, 181 f. [vgl. auch 4 StR 370/55] ist überholt). In stRspr wird angenommen, dass für die **Feststellung** der Ungeeignetheit regelmäßig die **Sachkunde** des Gerichts ausreicht (krit. *Gehrmann* NZV **04**, 442, 444 f.).

14 a Mittelbar kann die Bedeutung des Begriffs aus den Vorschriften über (verwaltungsrechtliche) Erteilung und Entziehung der FE erschlossen werden (BGH [GrSen] GSSt 2/04 **aS;** vgl. § 2 II Nr. 3, IV S. 1, § 3 I S. 1 StVG). Die **Legaldefinition** des § 2 IV S. 1 StVG nennt als mögliche Gründe der Ungeeignetheit das Fehlen körperlicher Anforderungen, die Nichterfüllung geistiger Anforderungen sowie erhebliche oder wiederholte Verstöße gegen verkehrsrechtliche Vorschriften oder Strafgesetze. Diese Definition, die sich teilweise mit dem Begriff der „Befähigung" iS von § 2 II Nr. 5, V StVG überschneidet (zur Abgrenzung *Hentschel* 5 zu § 2 StVG; *Geppert*, Gössel-FS 303, 305), kann nicht ohne weiteres auf § 69 I übertragen werden, weil sie inhaltlich ihrerseits teilweise auf diesen verweist. Es ist zu **unterscheiden** zwischen Umständen, aus denen sich eine Unfähigkeit des Täters ergibt, die zum Führen von Kraftfahrzeugen im öffentlichen Verkehr erforderlichen körperlichen und geistigen **Leistungen** im Wesentlichen und dauerhaft zu erbringen, und psychischen Mängeln des **Charakters** oder der **Persönlichkeit,** welche eine Gefährdung von Rechtsgütern Dritter begründen, wenn der Täter weiter Kraftfahrzeuge führt. Für die praktische Anwendung des § 69 steht die letztere Fallgruppe bei weitem im Vordergrund.

15 **a) Mängel der Leistungsfähigkeit** begründen die Ungeeignetheit, wenn der Täter nicht in der Lage ist, Kraftfahrzeuge technisch sicher zu führen (BGH **7**, 175) oder die regelmäßigen geistigen Anforderungen des Kraftfahrzeugsverkehrs im Wesentlichen zu erfüllen, wobei **körperliche oder geistige Mängel** die Ursache sein können. Insoweit kann auf die (umfangreiche) Rspr und die Kommentierungen zu §§ 2, 3 StVG verwiesen werden.

16 **Beispiele** für im Einzelfall zur Ungeeignetheit führende **körperliche** Mängel: Schwere und nicht kompensierbare Lähmungen oder Sehfehler; schwere Formen von Krampfleiden (Epilepsie) oder sonstigen anfallartigen Bewusstseinsstörungen; fortgeschrittene Parkinson-Symptomatik; schwere Diabetes; für **geistige** Mängel: Schwere hirnorganische Erkrankungen oder Verletzungen; Zustand nach Schlaganfall usw. (vgl. dazu *Geppert*, Gössel-FS 303 ff.); psychotische Erkrankungen (vgl. Bay DAR **85**, 240; LG Meiningen NZV **07**, 97 [Amokfahrt bei bipolarer affektiver Störung]); Altersdebilität oder fortgeschrittene Alzheimer-Erkrankung; schwere Formen der Intelligenzminderung; schwere Persönlichkeitsstörungen, etwa mit unkontrollierten Aggressionsausbrüchen; schwere Depressionen; usw.

17 **Nicht** ohne Weiteres zur Ungeeignetheit führen allein hohes Alter (vgl. etwa *Eisenmenger/Bouska* NZV **01**, 15; *Eisenmenger* BA **02**, 57); körperliche Behinderung; psychische Störungen iS eines Diagnosesystems (vgl. 7 zu § 20). Auch **Suchterkrankungen** begründen nicht schon für sich allein, wenn sie nicht **in der Anlasstat** in verkehrsgefährdender Weise zum Ausdruck gekommen sind (vgl. unten 40 ff.), die Annahme der Ungeeignetheit iS von I; erst recht nicht eine allgemeine Neigung zum Missbrauch von Rauschmitteln (insb. Alkohol; Cannabis) ohne Bezug zur Teilnahme am Kfz-Verkehr; die **verwaltungsgerichtliche** Rspr. zu § 3 StVG und zu **Anl. 4 Nr. 9 zur FeV** (vgl. etwa OVG Bremen NJW **00**, 2438; OVG Saarlouis ZfS **01**, 188; [jeweils: regelmäßiger **Haschisch**-Konsum; vgl. aber BVerfG ZfS **98**, 447 und insb. ZfS **02**, 454; **02**, 460; BVerwG NZV **96**, 467; Bay VGH VM **97**, 7; BA **00**, 266]; OVG Rheinl.-Pfalz BA **00**, 272; VGH Mannheim NZV **02**, 475 [einmaliger Konsum von Ecstasy]; OVG Koblenz VRS **99**, 238; OVG Lüneburg DAR **02**, 471; VGH Mannheim ZfS **02**, 410; BA **02**, 384 [jeweils: Kokain; einschr. OVG Koblenz BA **02**, 385]; OVG Saarlouis ZfS **01**, 188; OVG

Weimar DAR **01**, 183; ZfS **02**, 406 [jeweils Amphetamin]; OVG Hamburg DAR **98**, 323 [Heroin]; vgl. dazu auch *Lutze/Seidel* NZV **97**, 421; *Gehrmann* NZV **97**, 457; *Geiger* DAR **03**, 97; *Hentschel* 17 zu § 2 StVG) kann insoweit nicht übertragen werden.

b) Charakterliche Mängel können die Ungeeignetheit begründen, wenn sich aus ihnen eine Unzuverlässigkeit im Hinblick auf die Sicherheit des öffentlichen Kraftfahrzeugverkehrs und **verkehrsspezifische Gefahren** für Rechtsgüter Dritter ergibt (vgl. BGH [GrSen] GSSt 2/04 **aS**; dazu unten 44). In der Praxis überwiegt diese – ihrerseits zu differenzierende – Fallgruppe bei weitem. Persönlichkeitsmängel, welche zur Ungeeignetheit führen können, sind **zB** besondere Rücksichtslosigkeit oder Gleichgültigkeit gegenüber Interessen und Rechtsgütern anderer; aggressive Durchsetzungsbereitschaft auf Kosten Schwächerer; fehlendes Einfühlungsvermögen; Rechtsfeindlichkeit oder Gleichgültigkeit gegenüber allgemein geltenden Regeln; Bedenkenlosigkeit gegenüber eigenem Fehlverhalten oder durch eigenes Verhalten verursachten Gefährdungen oder Schädigungen. Bei der Beurteilung kommt es stets auf eine **individuelle Gefährlichkeitsprognose** an (DAR **95**, 185; Frankfurt VRS **44**, 184); diese hat die Wahrscheinlichkeit zu beurteilen, dass der Täter aufgrund des Mangels zukünftig Pflichten eines Kraftfahrzeugführers verletzen werde. **Generalpräventive** Erwägungen, wonach etwa *allgemein* charakterlich „unzuverlässige" Personen vom Kfz-Verkehr auszuschließen seien, sind der Maßregel fremd (2 StR 161/03). 18

B. Symptomcharakter der Anlasstat. Die Ungeeignetheit des Täters muss sich **„aus der Tat ergeben".** Zwischen den konkreten Umständen der Anlasstat (oder mehrerer, zusammen abgeurteilter Taten) und der Ungeeignetheit muss also ein indizieller Zusammenhang (nicht ein *funktionaler*; so noch NStZ **03**, 658, 659) bestehen; die Anlasstat muss zugleich **Symptomtat** sein (BGH-GrSen GSSt 2/04 **aS** [unten 44]; StV **04**, 132, 134). Eine Feststellung von Ungeeignetheit allein bei Gelegenheit der Verfolgung der abgeurteilten Tat reicht daher in keinem Fall aus (vgl. schon BGH **5**, 168; **7**, 165; **15**, 393); es muss vielmehr festgestellt sein, dass Mängel der oben genannten Art die Tat verursacht oder beeinflusst haben (BGH **15**, 393; Frankfurt NStZ-RR **96**, 235). Verhalten nach der Tat, insb. im Rahmen des Strafverfahrens, kann der Beurteilung nur dann zugrunde gelegt werden, wenn es Rückschlüsse auf in der Tat selbst zum Ausdruck kommende Motive zulässt; etwa bei rechtsfeindlicher Uneinsichtigkeit gegenüber eingeräumtem Fehlverhalten (*Hentschel* 12). 19

Für die **Feststellung des Symptomcharakters** der Anlasstat ist zwischen den Regelbeispielsfällen des Abs. II und solchen Taten zu **differenzieren,** für welche eine Regelvermutung nicht gilt; bei diesen wiederum zwischen **verkehrssicherheits-spezifischen** (unten 38) und Taten der **allgemeinen Kriminalität** (unten 40 ff.): 20

C. Regelbeispiele (Abs. II). Abs. II führt **Regelbeispiele** für den von I vorausgesetzten Zusammenhang zwischen Symptomtat und Eignungsmangel auf. Sie gelten auch im Rahmen des § 7 JGG (AG Bremen StV **02**, 372; LK-*Geppert* 93; *Hentschel* 15; *Molketin* BA **88**, 313; *Janiszewski* NStZ **85**, 112; **88**, 543; einschr. *Wölfl* NZV **99**, 69; **aA** LG Oldenburg BA **85**, 186; **88**, 199 f.; *Eisenberg* JGG 6, 35 zu § 7). Sie enthalten eine **Regelvermutung** (*Bandemer* NZV **88**, 172: Erfahrungssatz) dafür, dass bei der Begehung einer der in Nr. 1 bis 4 genannten Taten Umstände in der Person des Täters wirksam geworden sind, welche die Schlussfolgerung auf Ungeeignetheit zulassen (krit. *Schünemann* DAR **98**, 430). Dabei kann diese Vermutung idR nur **charakterliche** Mängel betreffen (vgl. aber 3 StR 321/98). 21

Die **Wirkung der Vermutung** geht dahin, dass eine die Ungeeignetheit positiv begründende Gesamtwürdigung nur erforderlich ist, wenn ernsthafte Anhaltspunkte dafür vorliegen, dass sich ein **Ausnahmefall** ergeben könnte (NStZ **00**, 26 f.; 3 StR 575/99; Köln VRS **31**, 263; MDR **66**, 690; Frankfurt VRS **55**, 182; Koblenz VRS **55**, 357; **64**, 127; **71**, 280; Düsseldorf VRS **70**, 138; vgl. auch Bay 22

70,181; VRS **30**, 276; Hamm VRS **32**, 260; 432; VRS **25**, 426; Stuttgart VRS **35**, 19; OLGSt. 11; Karlsruhe Die Justiz **79**, 442), dass also die Tat **Ausnahmecharakter** im Hinblick auf die Frage mangelnder **Eignung** hat (Stuttgart NZV **97**, 317). Umstände, welche die **Indizwirkung** einer Katalogtat widerlegen und daher zu einer **Ausnahme** von der Regelvermutung führen, sind positiv festzustellen. Der Grad von Unrecht und Schuld der Anlasstat nach II ist insoweit grds. unerheblich; freilich ist eine isolierte Betrachtung kaum möglich.

23 **a) Nr. 1** begründet die Vermutung der Ungeeignetheit bei Taten nach **§ 315 c (Gefährdung des Straßenverkehrs).** Ausreichend sind auch Versuchstaten (§ 315 c II), Fahrlässigkeitstaten (§ 315 c III Nr. 2) sowie die Teilnahme; wie in den anderen Fällen reicht grds auch die Tatbegehung mit einem fahrerlaubnisfreien Kraftfahrzeug (*S/S/Stree* 34).

24 Eine **Ausnahme** im Hinblick auf in der Tat selbst liegende Umstände kann hier namentlich bei unbewusster Fahrlässigkeit in den Fällen des § 315 c I Nr. 2 in Betracht kommen (*Hentschel* 18; *Mollenkott* BA **85**, 298). Vgl. i. ü. 21 ff.

25 **b) Nr. 2** begründet die Vermutung für Taten der **Trunkenheit im Verkehr** nach **§ 316.** Die Vermutung besteht aber nur, wenn die Tat mit einem **Kraftfahrzeug** begangen wurde (LG Mainz DAR **85**, 390; *Janiszewski* NStZ **90**, 272; *S/S/Stree* 36; *Hentschel* 19; einschr. LG Oldenburg BA **85**, 186 [Jugendliche]; DAR **90**, 72 [Leichtmofa]; Nürnberg StraFo **07**, 339 f. [kurze Fahrstrecke mit Leichtmofa aus altruistischer Motivation]); die bloße Teilnahme an fremden Taten nach § 316 (Koblenz DAR **87**, 297; LG Koblenz VRS **100**, 36; *Hentschel* 19) sowie Taten mit Kraftfahrzeugen einer anderen Verkehrsart (zB Sportboot; vgl. Karlsruhe VRS **100**, 348; 6 zu § 316) haben die Regelwirkung nicht.

26 Eine **Ausnahme** wegen in der Tat liegender Umstände setzt voraus, dass diese sich hinsichtlich Gewicht, Anlass, Motivation oder sonstiger Umstände vom Durchschnittsfall *deutlich* abhebt (Stuttgart NZV **97**, 317 [nicht bei relativer Fahruntüchtigkeit und Fahrstrecke von 1 km]); dies setzt nach stRspr **außergewöhnliche Umstände** voraus, welche die Vermutung widerlegen, dass das Fahren in fahruntüchtigem Zustand die Ungeeignetheit des Täters offenbart. Das kann **im Einzelfall** in Betracht kommen (vgl. **zB** Bay DAR **84**, 239) bei gänzlich fehlender Alkohol-Erfahrung des Täters; bei unvorhersehbarer Alkoholwirkung (vgl. KG VRS **26**, 198); bei Fahruntüchtigkeit infolge heimlicher Drogenzuführung durch Dritte; bei unvorhersehbaren Wirkungen von Medikamenten (vgl. Oldenburg DAR **56**, 253; Celle NJW **63**, 2385); bei notstandsnaher Tatmotivation (Arzt wird überraschend zu Patienten gerufen); bei Trunkenheitsfahrt nach Benachrichtigung von schwerem Unfall eines Angehörigen (LG Heilbronn DAR **87**, 29; vgl. LG Potsdam NZV **01**, 360); bei ganz kurzer Fahrstrecke in der Absicht, einen verkehrsstörenden Zustand zu beseitigen (Düsseldorf NStE Nr. 12), etwa durch Vorfahren um wenige Meter, um eine Einfahrt frei zu machen (Hamburg VRS **8**, 290; Hamm VRS **52**, 25; Düsseldorf VRS **74**, 259; **79**, 104; AG Wiesbaden ZfS **84**, 319) oder um das Fahrzeug ordnungsgemäß zu parken (Stuttgart NJW **87**, 142 [Anm. *Middendorff* BA **87**, 432]; Düsseldorf NZV **88**, 29; NStZ/J **87**, 112; **90**, 581; Köln VRS **81**, 21; LG Köln ZfS **88**, 331; AG Bonn DAR **80**, 52; AG Regensburg ZfS **85**, 123; vgl. auch NJW/H **89**, 1846; einschr. LG Dessau ZfS **95**, 73); wenn seit der Trunkenheitsfahrt eines Ersttäters bei geringer Überschreitung des BAK-Grenzwerts und längerfristiger vorläufiger Entziehung der Fahrerlaubnis zwischen Tat und Aburteilung ein erheblicher Zeitraum verstrichen ist (Karlsruhe NStZ-RR **04**, 371, 372). Die Absolvierung eines Kurses zum „kontrollierten Trinken" (AG Bad Hersfeld StraFo **04**, 427) begründet idR keinen solchen Ausnahmefall.

27 **c) Nr. 3** begründet die Regelvermutung bei **unerlaubtem Entfernen vom Unfallort (§ 142)**, wenn bei dem Unfall (nicht unbedingt durch ein Verhalten des Täters) ein Mensch **getötet** oder nicht nur unerheblich **verletzt** wurde oder an fremden Sachen ein **bedeutender Schaden** entstanden ist. Ein Schaden an dem vom Täter selbst *berechtigt* geführten fremden Fahrzeug reicht grds. nicht aus (Hamm

NJW **90**, 1925 [Leasingfahrzeug]; vgl. Erl. zu § 142; anders bei *unbefugt* geführtem fremdem Fahrzeug; Hamburg NStZ **87**, 228). Vorausgesetzt ist, dass der Täter von den genannten Unfallfolgen bei der Tatbegehung **wusste** oder **wissen konnte,** dh sie vorwerfbar nicht kannte (vgl. LG Oldenburg ZfS **81**, 191; Bonn DAR **91**, 35; *Bär* DAR **91**, 271; *Himmelreich* DAR **97**, 84; and. hier bis 51. Aufl.); auf seine *rechtliche* Bewertung kommt es nicht an. Die Anforderungen an das subjektive Element dürfen nicht zu niedrig angesetzt werden; allein aus der nachträglichen Feststellung eines hohen Schadens ergibt sich nicht ohne weiteres, dass dies bei laienhafter Betrachtung erkennbar war (vgl. etwa AG Saalfeld DAR **04**, 168).

Eine **Verletzung** ist idR unerheblich, wenn sie der ärztlichen Versorgung nicht **28** bedarf. Der Begriff des **bedeutenden Schadens** ist nicht in Abgrenzung zum „völlig unbedeutenden" Schaden zu verstehen, welcher den Tatbestand des § 142 erst begründet (vgl. dort 11); er entspricht vielmehr dem in **§ 142 IV** verwendeten Begriff (vgl. 64 zu § 142) und umfasst Bergungs- und Reparaturkosten (Stuttgart VRS **62**, 123; Celle VRS **64**, 367; Bay DAR **82**, 248; and. *Mollenkott* DAR **80**, 328) sowie den merkantilen Minderwert (Naumburg NZV **96**, 204), nicht aber eine Nutzungsausfallentschädigung (LG Hamburg NZV **94**, 373 [Anm. *Notthoff* NStZ **95**, 91]); er deckt sich insoweit nicht mit dem des „bedeutenden Werts" in § 315 I (SK-*Horn* 18) und § 315 c I (Schleswig DAR **84**, 122; **and.** [„Anlehnung" an § 315 c] Hamm DAR **74**, 21; Karlsruhe DAR **78**, 50; LK-*Geppert* 84; *S/S-Stree* 37; *Hentschel* 17). Es handelt sich um eine von der wirtschaftlichen Entwicklung abhängige Größe (Düsseldorf NZV **91**, 238; Naumburg NZV **96**, 204; *Himmelreich* DAR **97**, 83; *Hentschel* NJW **03**, 716, 726), die auch die „Bedeutung" von bei Taten nach § 142 üblicherweise vorkommenden Schäden berücksichtigen muss.

Die früher vielfach angenommene **Wertgrenze** von 2000 DM (vgl. zB Köln **29** NZV **02**, 278; 306; LK-*Geppert* 85; SK-*Horn* 18 [jeweils 2000 DM]) wird inzwischen überwiegend als *zu niedrig* angesehen; die Grenze dürfte für Schäden ab dem Jahr 2002 eher bei **1300 EUR** liegen (so auch LG Düsseldorf DAR **03**, 103; Jena NStZ-RR **05**, 183; Dresden NZV **06**, 104; LG Verden Beschl. v. 15. 6. 2004, 1 Qs 132/04; LG Braunschweig ZfS **05**, 100; LG Gera NZV **06**, 105; LG Berlin NStZ-RR 07, 281*Himmelreich/Lessing* NStZ **02**, 302; *Himmelreich/Halm* NStZ **05**, 319, 320 mwN; *Janker* DAR **02**, 570; **abw**. LG Berlin NZV **06**, 106 [1100 Euro]; vgl. auch LG Hamburg DAR **01**, 521 [2400 DM]; DAR **05**, 168 [1250 EUR]; LG Bielefeld NZV **02**, 48; LG Brandenburg DAR **02**, 469; LG Braunschweig DAR **02**, 469 [jeweils 2500 DM]; LG Zweibrücken ZfS **03**, 208 [1250 EUR]; AG Oschersleben DAR **02**, 369 [nicht bei 2400 DM]; AG Köln DAR **02**, 569 [nicht bei 1030 EUR]; AG Frankfurt ZfS **02**, 594 [1200 EUR]; Überblick über die **Rspr.** auch bei *Himmelreich/Halm* NStZ **04**, 317, 319; **05**, 319, 320). Schäden an **mehreren Sachen** sind zusammenzuzählen.

Eine **Ausnahme** kann **zB** in Betracht kommen (vgl. auch 21 ff.), wenn der **30** Täter ein achtenswertes Motiv für die Weiterfahrt hat (vgl. *Scherer* DAR **83**, 218); wenn die Anwendung des § 142 IV (Tätige Reue) allein an der Schadenshöhe (LG Gera StV **01**, 357; *Schäfer* NZV **99**, 190; *Hentschel* 17) oder daran scheitert, dass der Täter die Frist von 24 Stunden *knapp* und aus nachvollziehbarem Grund versäumt oder (nachweislich!) gerade auf dem Weg zur Meldung bei der Polizei anderweitig ermittelt wurde (vgl. Zweibrücken NZV **03**, 439).

d) Nr. 4 begründet die Vermutung für Vergehen des **Vollrauschs (§ 323 a),** **31** wenn die Rauschtat eine Tat nach den §§ 142, 315 c oder 316 ist. Für deren inneren Tatbestand gilt 13 zu § 323 a. In den Fällen von II Nr. 3 ist natürliches Wissen von den Unfallfolgen oder Wissen-Können iS objektiver Fahrlässigkeit nach § 323 a (dort 15) erforderlich.

Eine **Ausnahme** von der Regelwirkung ist auch bei Rauschtaten nicht ausge- **32** schlossen (LG Gera StV **00**, 262, AG Regensburg ZfS **85**, 123; AG Lüneburg StV **96**, 439 [jew. bei folgenlosen Fahrten von nur wenigen Metern]; vgl. auch LK-*Geppert* 90).

33 e) **Widerlegung der Regelvermutung.** Neben den oben 24, 26, 30, 32 genannten, in spezifischen Besonderheiten der jeweiligen Tat liegenden Ausnahmen kommt eine Vielzahl sonstiger, namentlich in der Persönlichkeit des Täters liegender, der Tat vorausgehender sowie in einer Veränderung der maßgeblichen Umstände in der Zeit zwischen Tatbegehung und Zeitpunkt der Entscheidung begründeter Gründe in Betracht, welche die Indizwirkung der Regelbeispiele widerlegen und im Rahmen einer **Gesamtwürdigung** Anlass zum Absehen von der Maßregelanordnung geben können:

34 Es müssen **besondere Umstände** objektiver oder subjektiver Art gegeben sein, welche die Vermutung mangelnder Eignung zum Zeitpunkt der Tat widerlegen oder einen Eignungsmangel jedenfalls zum Zeitpunkt der Aburteilung ausschließen (vgl. auch *Zabel* BA **80**, 393; *Grohmann* BA **86**, 117). Es kommt insoweit stets auf den **Einzelfall** an; Entscheidungen in anderen Fällen können nur als Anhaltspunkte dienen und dürfen nicht schematisch übernommen werden. Großzügige Maßstäbe bei der Eignungsbeurteilung sind unangebracht (LG Hamburg BA **85**, 64; and. LG Flensburg StV **84**, 518); von einem *generellen* Gebot zur „Zurückhaltung" bei jugendlichen Tätern ist nicht auszugehen (**aA** AG Saalfeld VRS **101**, 194, 196f.; vgl. auch LG Oldenburg BA **88**, 200 [keine Bindung des Jugendrichters an II; dagegen *Molketin* BA **88**, 310]; NStZ/J **88**, 543).

35 aa) **Beispiele:** Ausnahmefälle wurden **zB** angenommen bei Tatbegehung unter dem Eindruck einer Ehekrise (Frankfurt VM **77**, 30); Ertsttat nach § 316 bei vieljährig unbeanstandeter Fahrpraxis (Zweibrücken StV **89**, 250; LG Saarbrücken DAR **81**, 395; BA **92**, 398 [m. Anm. *Zabel*]; LG Wuppertal NStE Nr. 2; AG Esslingen BA **82**, 382 [Anm. *Zabel*]; AG Köln DAR **87**, 233; AG Homburg ZfS **96**, 354; AG St. Ingbert ZfS **98**, 153 *Jescheck/Weigend* § 78 II 3b; einschr. LG Saarbrücken ZfS **98**, 152; BA **99**, 310 [Anm. Zabel]; **aA** Düsseldorf VM **71**, 59; KG VRS **60**, 109); bei fehlender Vorbelastung und günstiger Persönlichkeitswertung (Bay VRS **60**, 110); bei notstandsähnlichen Fällen (LG Heilbronn DAR **87**, 29); wenn der Täter zwischen Tat und Aburteilung schon lange Zeit ohne Führerschein war (Köln VRS **41**, 101; Bay NJW **71**, 206; VRS **60**, 110; Saarbrücken NJW **74**, 1393; vgl. aber Stuttgart VRS **46**, 103; Karlsruhe NZV **90**, 278); wenn die Tat geraume Zeit zurückliegt und der Täter seither nicht mehr aufgefallen ist (StV **92**, 64); bei einer Trunkenheitsfahrt von 300 m mit 1,46‰ zu verkehrsarmer Zeit, langjähriger unbeanstandeter Teilnahme am Straßenverkehr und vorläufiger Entziehung von 6 Monaten Dauer (Karlsruhe DAR **01**, 469); bei einmaliger fahrlässiger Entgleisung eines Minderjährigen unter besonderen Umständen (AG Saalfeld VRS **101**, 194).

36 bb) Umstritten ist die Bedeutung der Teilnahme an einem **Nachschulungskurs** (ausf. dazu *Himmelreich/Hentschel* 57a ff.; *Himmelreich* DAR **03**, 110; **04**, 8; LK-*Geppert* 97ff.; zu den Anforderungen vgl. auch *Himmelreich/Halm* NStZ **04**, 317, 318 mwN) zur Entwicklung einer risikobewussten Einstellung im Straßenverkehr (vgl. §§ 2a, 2b StVG). Sie kann jedenfalls nicht in schematischer Weise die Regel des II widerlegen (Koblenz BA **84**, 93; *Seib* DRiZ **81**, 166; *S/S/Stree* 44), ist aber bei der Entscheidung nach Lage des Einzelfalls zu berücksichtigen (Hamburg VRS **60**, 193; Köln VRS **59**, 25; **60**, 375; 61, 118); es obliegt tatrichterlicher Beurteilung (Düsseldorf DAR **82**, 26), ob die erfolgreiche (!) Teilnahme an einer Nachschulung im Rahmen einer Gesamtwürdigung von Tat und Persönlichkeit ein Abweichen von II rechtfertigt (vgl. AG Hanau BA **80**, 79; AG St. Ingbert BA **83**, 168; Homburg **BA** 84, 188 [Anm. *Zabel*]). So kann ein solcher Kurs uU auf die Dauer des Eignungsmangels und damit auf die **Dauer der Sperrfrist** Einfluss nehmen (AG Hanau BA **80**, 79; LG Köln ZfS **81**, 30; AG Brühl DAR **81**, 233; AG Köln DAR **80**, 222; ZfS **81**, 32; AG Bersenbrück DAR **82**, 374; LG Aschaffenburg VRS **74**, 28; *Himmelreich/Hentschel* 116), den gesetzlich vermuteten **Eignungsmangel** nach II als solchen aber nur ausnahmsweise ausräumen (LG Köln BA **82**, 377; AG Mainz BA **83**, 166; *Himmelreich* DAR **97**, 465). Daher ist im Erkenntnisverfahren die Bedeutung einer Kursteilnahme, anders als im Nachverfahren nach § 69a VII (vgl. dazu LG Hof NZV **01**, 92; PVR **03**, 339; *Himmelreich* DAR **03**, 110) vergleichsweise gering (zutr. *Janiszewski* 751 und GA **81**, 401; NStZ **81**, 334; 470; **82**, 107; 238; **84**, 404; *Seib* DRiZ **81**, 167; vgl. auch NK-*Herzog* 31; **aA** *Bode* BA **84**, 34). Bei der Beurteilung sind §§ 2b II S. 2, *4 VIII S. 4 StVG; § 153a I S. 2* Nr. 6 StPO sowie § 36 VI FeV zu berücksichtigen (vgl. dazu LG Hildesheim NStZ-RR **03**, 312f.); gewerblich angebotene Kurse sind kritisch zu prüfen (*Hentschel* 19a). Namentlich bei einer vorangegangenen Entziehung wird das Gutachten einer amtlich anerkannten medizinisch-psychologischen Untersuchungsstelle beizubringen sein (vgl. § 2a V StVG).

D. Sonstige Straftaten. Wenn **andere Delikte** als die in II bezeichneten abgeurteilt werden, so setzt die Entziehung der FE eine umfassende Prüfung voraus, ob bei Teilnahme des Täters am öffentlichen Verkehr als Führer eines KFZ künftig Verletzungen von Kraftfahrerpflichten zu befürchten sind, aus denen sich Gefahren für die Allgemeinheit ergeben (NStZ-RR **98**, 43; StV **94**, 315; BGHR § 69 I Entziehung 6; NStZ **97**, 197; VRS **96**, 103; Köln StV **00**, 261; LG Mannheim ZfS **03**. 208). Es ist hierbei eine **Gesamtwürdigung der Täterpersönlichkeit** erforderlich, soweit sie **in der Tat** zum Ausdruck gekommen ist (BGH **6**, 185; StV **95**, 301; NStZ-RR **97**, 197; **98**, 43 f.; StV **94**, 314; **99**, 18; NZV **03**, 46; **03**, 199; BA **01**, 123; 4 StR 5/04 [in NStZ **04**, 683 nicht abgedr.]; Düsseldorf StV **03**, 623; LK-*Geppert* 68 ff.; *ders.*, Gössel-FS 303, 305). Zu berücksichtigen sind grds alle Umstände objektiver und subjektiver Art, aus welchen sich eignungs-spezifische Indizien ergeben können; **zB** soziale Eingliederung; früheres Verhalten im Straßenverkehr (VRS **7**, 353), insoweit auch Anzahl, Häufigkeit, Art und Begehungsweise von Verkehrsordnungswidrigkeiten; früheres Fahrverbot (BGH **29**, 62); Vorstrafen (VRS **14**, 282; KG VRS **6**, 384) namentlich wegen Verkehrsstraftaten, uU aber auch wegen nicht einschlägiger Taten (vgl. *Schöch* NJW **71**, 1857; *Hentschel* 14). Ungeeignetheit ist zu verneinen, wenn die Tat sich im Hinblick auf die Beeinträchtigung der Verkehrssicherheit als einmaliges situationsbedingtes Fehlverhalten darstellt (krit. zum „Gnadencharakter" von Ausnahme-Entscheidungen NK-*Herzog* 28). Die **Anforderungen an die Begründung** der Gesamtwürdigung im Urteil bestimmen sich nach den Umständen des Einzelfalls (BGH [GrSen] GSSt 2/04 **aS**; vgl. auch NStZ **92**, 586; **00**, 26; StV **99**, 18 f.; BGHR § 69 I Entziehung 3, 6, 7); außergesetzliche „Regelvermutungen" neben denjenigen des Abs. II gibt es hierfür nicht (StV **04**, 132, 134). Hinsichtlich der Indizwirkung in II nicht aufgeführter Anlasstaten ist zu unterscheiden: **37**

a) Relativ unproblematisch ist die Beurteilung bei solchen Taten, die ihrer Natur nach oder wegen ihrer Begehung gerade als Kraftfahrzeugführer die Sicherheit des Straßenverkehrs sowie von Rechtsgütern von Verkehrsteilnehmern betreffen, also von **verkehrs-spezifischen Anlasstaten** im engeren und in einem weiteren Sinn („typische Verkehrsstraftaten" nach der Definition von BGH[GrSen] **50**, 93, 97, 103). In diesen Fällen ist die Annahme eines Eignungsmangels, wenn nicht erhebliche Umstände dagegen sprechen, eher **nahe liegend.** Hierzu gehören **zB** Fahren ohne FE (NStZ-RR **07**, 40; 89) oder trotz Fahrverbots (§ 21 StVG); auch Urkundenfälschungen durch Verwenden gefälschter Führerscheine (Hamm VRS **63**, 346) oder Kennzeichen; Fahren ohne Haftpflichtversicherung (§ 6 PflVersG); Einsatz des Kfz zur Vortäuschung von Unfällen (§§ 315 b, 263; vgl. StV **92**, 64; München NJW **92**, 2776; NStE Nr. 15); körperliche Misshandlung eines Verkehrsteilnehmers aus Anlass eines Verkehrsvorgangs (Karlsruhe Die Justiz **80**, 53 [dazu *Molketin* DAR **81**, 380]); Benutzung eines Kfz als Tatmittel eines Tötungsdelikts (vgl. etwa NStZ **96**, 81), einer Körperverletzung (NZV **98**, 418) oder von Nötigungen (§ 240) im Straßenverkehr; auch Verbrechen nach § 316 a, soweit sie unter eigener Teilnahme am Kfz-Verkehr begangen werden. **38**

Anders sind Taten zu beurteilen, bei denen der Täter entweder **von außen** auf den Verkehr einwirkt (vgl. etwa VersR **01**, 119; VRS **100**, 21 [Werfen von Gegenständen von einer Brücke]); hierzu gehören zB auch Taten nach § 315 b; Taten nach § 316 a ohne eigene Verkehrsteilnahme; Beleidigungen oder Nötigungen von Verkehrsteilnehmern; gegen die Verkehrssicherheit gerichtete gemeingefährliche Delikte), oder Straftaten nur **im Hinblick** auf den Kraftfahrzeugverkehr begeht (zB Fälschen von Fahrzeug- oder Führerscheinen; Kfz-Diebstahl sowie Verwertungstaten hieraus). In diesen Fällen liegt meist schon eine Verletzung spezifischer Pflichten eines Kraftfahrzeugführers nicht vor; im Übrigen liegt hier ein sich „aus der Tat" ergebender Eignungsmangel regelmäßig nicht nahe. Auch Handlungen unter Benutzung eines Kfz, die allein der Verhinderung der Aufklärung einer anderen Tat dienen, begründen die Indizwirkung nicht (NStZ-RR **97**, 197 [Weg- **39**

schaffen einer Leiche]; vgl. auch NStZ **95**, 229; NStZ-RR **98**, 271; **02**, 232; missverständlich NStZ **01**, 477).

40 **b)** Taten der allgemeinen, **verkehrs-unspezifischen Kriminalität** können eine **Indizwirkung** für die Nichteignung entfalten (zutr. *Gehrmann* NZV **04**, 442, 444); das ergibt sich schon aus dem Wortlaut des Abs. I (vgl. schon BT-Drs. I/2674, 12 f.; IV/651, 18). Voraussetzung ist aber auch hier, dass sich die (regelmäßig: charakterliche) Ungeeignetheit iS von oben 14 **aus der Tat ergibt** (StV **04**, 128, 129 [Anfrage *4. StS*]; **04**, 132, 134 [*2. StS*]; zust. insoweit auch StV **04**, 129, 131 [*1. StS* = NStZ **03**, 658]). Das ist problematisch bei Anlasstaten der allgemeinen Kriminalität unter („missbräuchlicher") Verwendung von Kfz. Hier hat sich in der Rspr des **BGH** ein **Richtungswechsel** vollzogen:

41, 42 Die Rspr hat in der Vergangenheit – anknüpfend an BGH **5**, 179 – die Anforderungen an einen verkehrsspezifischen Zusammenhang zwischen Charaktermangel und Ungeeignetheits-Feststellung weit gesenkt (krit. LK-*Geppert* 34; *ders.* NStZ **03**, 288 f.; *Hentschel* TFF 582; *Kulemeier* [1 a] 68 ff., 282 ff.; *ders.* NZV **93**, 212; *Molketin* DAR **99**, 536 ff.; *Stange* StV **02**, 262 f.). Die am weitesten gehende Ansicht nahm Ungeeignetheit schon dann an, wenn der Täter ein Kfz zur Begehung einer erheblichen Straftat eingesetzt hat (BGH **5**, 179; ähnlich zuletzt NStZ **03**, 658, 661); der Bezug zur Verkehrssicherheit sollte sich daraus ergeben, dass der Täter *beim* Missbrauch des Kfz eine *potentielle Gefahr* im Sinne einer „erhöhten Betriebsgefahr" schaffe (NStZ **03**, 658, 660; der Rspr. zust. etwa *Winkler* NStZ **03**, 247, 251; auch *Detter* NStZ **03**, 471, 476). Der BGH hat daher zB vielfach entschieden, dass das Handeltreiben mit BtM in größerer Menge unter Einsatz eines **Kfz als Transportmittel** idR eine charakterliche Ungeeignetheit belege (vgl. zB NStZ **92**, 586 [krit. *Kulemeier* NZV **93**, 215; zust. *S/S/Stree* 46]; **00**, 26 f.; **01**, 477; NStZ-RR **97**, 197; 232; **00**, 297); ebenso Beschaffungs- oder Einfuhrfahrten. Ähnliches galt für den Einsatz eines Kfz als Transport- oder Fluchtmittel bei Raubtaten (BGH **10**, 333, 336; 2 StR 78/01; NStZ **03**, 658); beim Einsatz zum Abtransport von Diebesbeute; bei Benutzung zur Begehung von **Sexualdelikten** (vgl. BGH **7**, 165; DRiZ **78**, 278; vgl. dazu Überblick bei *Molketin* NZV **95**, 383).

43 Diese Rspr war seit Längerem auf **Kritik** gestoßen (vgl. LK-*Geppert* 34; ders. NStZ **03**, 288 f; *Kulemeier* [1 a] 68 ff., 282 ff.; *ders.* NStZ **03**, 212; *Stange* StV **02**, 262 f.; einschr. auch *Hentschel* TFF 583; OLGe Düsseldorf StV **03**, 623 [Einfuhr von BtM]; Hamm StV **03**, 624 [Fahrt zum Diebstahlstatort]; Koblenz StV **04**, 320 [Transport von BtM]). In nicht tragenden Erwägungen ist sie zunächst vom *3. StS* (vgl. BGHR § 69 I Entziehung 6) und insb. vom *4. StS* in Frage gestellt worden (NStZ **03**, 74 [Kurierfahrten]; **03**, 311 [Transport von 120 Gr. Marihuana]; 4 StR 264/02 [Führen eines Begleitfahrzeugs zur Absicherung eines BtM-Transports]; 4 StR 392/02 [Fahrt zum Tatort eines Raubs]; 4 StR 409/02; 4 StR 480/02 [Benutzung eines Kfz nur zur Tatvorbereitung]; 4 StR 488/02; vgl, dazu auch *Tepperwien* DAR **03**, 289, 292 ff.). Dem ist der *1. StS* in NStZ **03**, 658 (Raub; Anm. *Kühl* JR **04**, 125) entgegen getreten; dagegen hat der *2. StS* die Bedenken geteilt (NStZ **04**, 144 [Einsatz von Kfz zum Auskundschaften von Einbruchsobjekten und Abtransport der Beute]; vgl. auch 2 StR 434/03 [Kurierfahrt]). Nach der Anfrage des *4. StS* (NStZ **04**, 86) gem. § 132 II GVG (Stellungnahmen: 1 ARs 31/03; 2 ARs 347/03; 3 ARs 30/03; 5 ARS 67/03 = NStZ **04**, 148; zu den Positionen im einzelnen *Sowada* NStZ **04**, 169 ff.) hat der *4. StS* die Frage dem Großen Senat vorgelegt (Vorlagebeschluss NJW **04**, 3497).

44 Der **GrSen für Strafsachen** hat mit Beschl. v. 27. 4. 2005 (BGH **50**, 93 = NJW **05**, 1957 [Anm. *Lampe* BA **05**, 315; *Hentschel* DAR **05**, 455; *ders.* NJW **06**, 477 ff., 482; *Ternig* VD **05**, 263; Bespr. *Pießkalla/Leitgeb* NZV **06**, 185) den Anwendungsbereich des § 69 im Sinne der Vorlage eingeschränkt: Danach setzt die Entziehung der Fahrerlaubnis wegen charakterlicher Ungeeignetheit bei Taten im Zusammenhang mit dem Führern eines Kfz voraus, dass sich **aus der Anlasstat** tragfähige Rückschlusse darauf ergeben, dass der Täter bereit ist, die **Sicherheit des Straßenverkehrs** seinen kriminellen Interessen unterzuordnen. Maßstab hierfür ist die Gefährlichkeit des Täters für den öffentlichen Straßenverkehr; Grundlage dieser Beurteilung ist die Anlasstat.

45 Ungeeignetheit des Täters kann sich bei Begehung verkehrs-unspezifischer Anlasstaten nur dann „aus der Tat" ergeben, „wenn konkrete Umstände der Tatausführung im Zusammenhang mit einer Gesamtwürdigung von Tat und Täterpersönlichkeit Anhaltspunkte dafür ergeben, dass der Täter bereit ist, zur Erreichung seiner – auch nicht-kriminellen – Ziele die Sicherheit des Verkehrs zu beeinträch-

tigen" (vgl. NStZ **04**, 144 [2. StS]; **04**, 148 [5. StS]; 2 StR 211/04 [Entführung mit Kfz]; NStZ-RR **05**, 307, 308). Das setzt nicht stets eine Verletzung der Pflichten eines Kfz-Führers voraus (zutr. NStZ **03**, 658, 660); es reichen aber auch nicht Anhaltspunkte für die Gefahr bloß weiteren *Missbrauchs* des Kfz; § 69 dient nicht der Verhinderung allgemeiner Kriminalität, sondern der Verkehrssicherheit.

Als **nicht ausreichend** für die Annahme verkehrsspezifischer Ungeeignetheit ist zB angesehen worden: der Umstand, dass der Täter eines Raubes mit dem Kfz auf einen Parkplatz *in der Nähe* des Tatorts und nach *beendeter* Tat von dort aus wieder nach Hause fährt (vgl. 2 StR 291/04); das Verbringen einer Person unter Anwendung von List an einen abgelegenen Ort, um dort eine Sexualstraftat zu begehen (NStZ **05**, 307, 308); Benutzung eines Kfz zum Transport von Btm, insb. in präpariertem Versteck (StV **06**, 186). Der bloße **Missbrauch eines Kfz** zur Begehung von allgemeinen Straftaten ohne solche konkreten Anhaltspunkte reicht dagegen nicht aus; er kann Anlass zur Verhängung eines **Fahrverbots** nach § 44 sein. Das gilt gleichermaßen für **Beifahrer** (vgl. NStZ **04**, 617). **45 a**

Eine **Indizwirkung** wird zu bejahen sein, wenn die Feststellungen zu objektiven und subjektiven Umständen der Anlasstat **konkrete Anhaltspunkte** dafür ergeben, dass ein verkehrsgefährdender Einsatz des PKW geplant oder vom Täter in Kauf genommen wurde (**zB** Ausrüstung des Kfz für Polizeiflucht; Abstellen in Fußgängerzone zur Flucht nach Bankraub; ebenso *Sowada* NStZ **04**, 169, 172). Auch Taten im Zusammenhang mit dem Führen von Kfz, die auf ein erhöhtes Aggressionspotential hinweisen, können unabhängig von der Schwere der Rechtsgutsverletzung auf Eignungsmängel hinweisen (BGH [GrSen] **50**, 93 ff. = NJW **05**, 1957; vgl. dazu auch *Wendlinger* NZV **06**, 505, 509); im Einzelfall auch äußere Einwirkungen auf Kfz, durch die verkehrsspezifische Gefahren gezielt verursacht oder erhöht werden (vgl. Karlsruhe NStZ-RR **06**, 57 f. [Sachbeschädigungen mittels Durchstechen von Reifen]). Der *1. StS* hat eine Indizwirkung bejaht bei ungesichertem Transport eines Hundes bei einer Fahrt zum Zweck der Begehung einer Tat nach § 176 (NStZ **06**, 334). **45 b**

5) Zeitpunkt der Feststellung; Gefahrprognose. Die Ungeeignetheit des Täters muss sich aus der Tat ergeben, aber nach allgemeinen Grundsätzen **zurzeit der** (letzten tatrichterlichen) **Aburteilung** (NStE Nr. 5) bestehen. Daher sind bei der Beurteilung zum einen auch Vorgänge aus der Zeit zwischen Tatbegehung und Aburteilung zu berücksichtigen (BGH **7**, 165; Düsseldorf NJW **69**, 438); **zB** die Wirkung einer **vorläufigen Entziehung** der FE (Bay NJW **71**, 206; Saarbrücken MDR **72**, 533; LG Münster NZV **05**, 656; LK-*Geppert* 58; SK-*Horn* 19); der Umstand einer längerfristigen beanstandungsfreien Teilnahme am Verkehr zwischen Tat und Urteil (mangels vorläufiger Entziehung der FE; vgl. LG Berlin ZfS **02**, 548); Veränderungen der persönlichen Verhältnisse; Verhalten des Täters unter dem Eindruck der Tat oder der Strafverfolgung (zB Anschluss an Selbsthilfegruppe für Alkoholabhängige und festgestellte [!] Abstinenz; erfolgreiche Sucht-Therapie; nachweisliche [!] grundlegende Veränderung der Lebensgewohnheiten). **46**

Bloße **Absichtserklärungen** sowie „Ansätze" zur Veränderung (Finden einer Arbeitsstelle; Beginn einer Therapie) machen eine Maßregelanordnung nicht überflüssig; sie können, wenn sie auf ernstlicher Motivation beruhen, durch die Anordnung gerade gefördert werden. Nach diesem Maßstab ist auch die Teilnahme an „Nachschulungskursen" zu beurteilen (vgl. oben 36). Die praktische Erfahrung legt insgesamt *Skepsis* hinsichtlich der Glaubhaftigkeit nachträglich eignungsbegründender Behauptungen nahe. So liegt etwa Wiederholungstaten nach § 316 und § 315 c I Nr. 1 Buchst. a häufig Alkoholismus zugrunde (vgl. zutr. VGH Mannheim DAR **02**, 570); Verschleierung und Selbstbetrug gehören hier zum Krankheitsbild. **47**

Die im Wege der **Prognose** festzustellende **Gefahr** muss zum Zeitpunkt des Urteils **für die Zukunft** bestehen. Diese Gefahrprognose ergibt sich aus der Feststellung der Ungeeignetheit (BGH **7**, 165; Stuttgart NJW **55**, 918); die Anord- **48** nung der Maßregel setzt keine zusätzliche ausdrückliche Gefährlichkeitsprognose voraus, weil diese in der Feststellung von „Ungeeignetheit" schon enthalten ist.

49 **6) Verhältnismäßigkeit.** Nach **Abs. I S. 2** bedarf es, wenn Ungeeignetheit festgestellt ist, einer *weiteren* Prüfung der **Verhältnismäßigkeit** (vgl. § 62) nicht. Das Gesetz geht davon aus, dass bei Ungeeignetheit die Maßregel stets verhältnismäßig sei (Ber. 24; Zweibrücken VM **76**, 77; vgl. *Lackner/Kühl* 9; *S/S-Stree* 56; LK-*Geppert* 67; **aA** AG Bad Homburg NJW **84**, 2840; zweifelnd NK-*Herzog* 34 f.). Hieraus schließt die **hM**, dass persönliche, berufliche, insb. auch **wirtschaftliche Auswirkungen** einer Entziehung bei der Anordnung außer Betracht bleiben (NJW **54**, 1167; MDR/D **54**, 398; Oldenburg NdsRpfl. **54**, 232; Köln MDR **67**, 514; *Himmelreich/Hentschel* I 120; hier bis 51. Aufl.; krit. *Grohmann* DAR **78**, 63; **aA** AG Bückeburg NJW **83**, 1746 [Anm. *Scherer* BA **83**, 544]).

50 **Kritik.** Das ist nur formal zutreffend, weil im Begriff der „Ungeeignetheit" die Gesamtheit *diagnostischer* und *prognostischer* Erwägungen zusammengefasst ist. Eine **unverhältnismäßige** Entziehung der FE wäre aber ebenso unzulässig wie jede andere unverhältnismäßige staatliche Zwangsmaßnahme. Die Bedeutung von I S. 2 besteht daher nicht darin, *unverhältnismäßige* Eingriffe zuzulassen. Vielmehr wird iErg der Kreis möglicher Kriterien für die Feststellung der **Gefahr** eingeschränkt (so auch NJW **04**, 3497, 3502 [Vorlagebeschl.]): Wer körperlich, geistig oder charakterlich ungeeignet zum Führen von Kraftfahrzeugen ist, kann hiergegen nicht einwenden, man müsse ihm dies aus wirtschaftlichen Gründen gleichwohl erlauben. Das schließt aber nicht aus, dass Gesichtspunkte der wirtschaftlichen Existenz die Beurteilung der (zukünftigen) Eignung beeinflussen können.

51 **7) Anordnung.** Die Entziehung der FE ist **zwingend** (I S. 1), wenn die Voraussetzungen gegeben sind; ein Ermessen ist dem Gericht nicht eingeräumt (BGH **5**, 176; **6**, 185; **7**, 165; VRS **6**, 26; 356; **30**, 274; Stuttgart NJW **54**, 1657; Köln NJW **56**, 113; Bay **70**, 181; krit. *Baumann* For. **8** [1987], 19). Das gilt auch bei gleichzeitigem Fahrverbot (dazu 3 zu § 44). Die Anordnung der Maßregel wird nicht dadurch gehindert, dass noch ein anderes Entziehungsverfahren anhängig ist. Auch ein nachträglicher Verzicht des Täters auf die FE steht der Maßregelanordnung grds nicht entgegen (vgl. *Bussfeld* DÖV **76**, 765); im Revisionsverfahren ist er unbeachtlich (NStZ-RR **97**, 232). Im Hinblick auf den Vorrang des Strafverfahrens wird ein zurzeit der Aburteilung vorhandener Eignungsmangel nicht dadurch hinfällig, dass die Verwaltungsbehörde in Unkenntnis der Tat zwischenzeitlich eine FE erteilt hat (NStE Nr. 5; NStZ/J **87**, 546).

52 Die FE **erlischt** mit Rechtskraft der Entscheidung (III S. 1) ohne räumliche Einschränkung (1 StR 83/95) in vollem Umfang (BGH **6**, 183; Celle NJW **61**, 133; Oldenburg MDR **65**, 406), auch hinsichtlich der Erlaubnis zur Fahrgastbeförderung (VRS **40**, 263; vgl. dazu § 2 III StVG; § 48 FeV) und von Sonderfahrerlaubnissen (Bay NZWehrr **90**, 173). Eine **Beschränkung auf einzelne Fahrzeugarten** gibt es bei § 69 I nicht (NStZ **83**, 168; VG München NZV **00**, 271), sondern nur bei Bestimmung der **Sperre** (§ 69 a II; NJW **83**, 1745; Karlsruhe VRS **63**, 200) und in den Fällen der § 111 a StPO, § 46 II FeV. Zur **Vollstreckung** vgl. *Zeitler* RPfleger **00**, 486. Fährt der Verurteilte nach der Entziehung, so macht er sich nach § 21 StVG strafbar; das Fahrzeug kann eingezogen werden (§ 21 III StVG). Bei **nachträglicher Gesamtstrafenbildung** ist § 55 II S. 1 zu beachten (vgl. dazu NStZ-RR **04**, 247 f.; 29, 32 zu § 55).

53 **8) Einziehung des Führerscheins (Abs. III S. 2).** Bei Entziehung der FE ist ein von einer **deutschen Behörde** ausgestellter **Führerschein einzuziehen** (zur Urteilsformel vgl. 2 zu § 69 a); dabei gilt § 74 IV. Für **ausländische Fahrausweise** gilt § 69 b. Die Entscheidung kann noch vom Revisionsgericht (vgl. 2 StR 218/98; 2 StR 210/01) und nach Zurückverweisung (vgl. BGH **5**, 168, 178) nachgeholt werden; § 358 II StPO steht dem nicht entgegen. Erfasst werden alle Führerscheine des Verurteilten (vgl. Hamm VRS **12**, 429). Die Einziehung ist auch dann anzuordnen, wenn der Verurteilte seinen Führerschein (angeblich) verloren hat

(Köln VM **64**, 12). Für von Behörden der **ehemaligen DDR** ausgestellte Führerscheine gelten keine Besonderheiten.

9) Verfahrensrechtliche Hinweise. A. Auf die Möglichkeit einer Entziehung der FE ist in der Anklage, ggf. nach § 265 StPO in der Hauptverhandlung **hinzuweisen** (BGH **18**, 288; ZfS **92**, 102; **93**, 355). Nach Einspruch gegen einen Strafbefehl, in dem ein Fahrverbot angeordnet war, setzt die Entziehung der FE gleichfalls einen Hinweis voraus (Bay NStZ-RR **04**, 248). Für die **Urteilsbegründung** gilt § 267 VI StPO (zur Bindungswirkung für die Verwaltungsbehörde vgl. § 3 StVG). Liegt ein Regelfall des Abs. II vor und sind Anhaltspunkte für eine Ausnahme nicht gegeben, so ist das Gericht nicht gehalten, alle denkbaren Ausnahmegründe zu erörtern. Die **Nachholung** einer im Urteil versehentlich nicht angeordneten Entziehung ist durch das Tatgericht nicht (vgl. VRS **47**, 283) und nach Rechtskraft gar nicht möglich (LG Freiburg ZfS **01**, 332); eine **Berichtigung** kommt ausnahmsweise in Betracht, wenn im Tenor (nur) eine Sperrfrist angeordnet wurde und sich aus den Urteilsgründen unzweifelhaft ergibt, dass (auch) eine Entziehung der FE angeordnet werden sollte (VRS **16**, 317; *Hentschel* 27; and. LK-*Geppert* 248). 54

B. Die Maßregel kann durch die **vorläufige Entziehung der FE** nach § 111 a StPO, aber auch durch Verwahrung, Sicherstellung oder Beschlagnahme des Führerscheins nach § 94 StPO (vgl. § 69 a VI, § 111 a III bis V StPO) vorbereitet werden (zur Anwendung von § 111 a im **Rechtsmittelverfahren** vgl. LG Berlin ZfS **02**, 548; *Schmid* BA **96**, 357; *Hentschel* NJW **85**, 1320; *Himmelreich/Lessing* ZfS **02**, 304). Zur verfahrensrechtlichen Konkurrenz zwischen der **Beschwerde** gegen eine vorläufige Entziehung durch das Berufungsgericht und der Revision gegen die im Urteil angeordnete Entziehung vgl. Düsseldorf NZV **95**, 459; VRS **80**, 214 f.; Brandenburg NStZ-RR **96**, 170 f. (Unzulässigkeit der Beschwerde); **aA** Düsseldorf VRS **98**, 190; Schleswig NZV **95**, 238; Frankfurt NStZ-RR **96**, 205 (jew. mwN; vgl. auch *Schwarzer* NZV **95**, 239). 55

C. Beschränkte Anfechtung. Die Entziehung der FE berührt den **Schuldspruch** idR nicht (vgl. Düsseldorf VRS **70**, 138; Stuttgart NZV **97**, 317; LR-*Gollwitzer* 93 zu § 318 StPO; LR-*Hanack* 59 zu § 344 StPO). Eine Rechtsmittelbeschränkung auf die **Maßregelanordnung** ist zulässig, wenn die sie tragenden Feststellungen nicht angegriffen werden und der **Strafausspruch** von der Maßregelanordnung nicht beeinflusst ist (Frankfurt NZV **02**, 382; Dresden NStZ-RR **05**, 385); andernfalls ist eine Beschränkung unwirksam (vgl. VRS **18**, 350; DAR **78**, 152; vgl. auch LG Potsdam NStZ-RR **03**, 19). **Untrennbarkeit** liegt insb. nahe, wenn die Entziehung auf **Charaktermängel** gestützt ist und das Rechtsmittel zugleich für das Strafmaß und die Maßregelanordnung bedeutende Tatsachen angreift (Frankfurt NStZ-RR **97**, 46 mwN; vgl. auch BGH **38**, 362; NStZ **94**, 449; BGHR § 344 I StPO Beschränkung 1); ebenso, wenn die Anordnung der Maßregel bei der Zumessung der Strafe (mildernd) berücksichtigt wurde (2 StR 575/99). Eine auf das Vorliegen körperlicher oder geistiger Mängel gestützte Entziehung ist dagegen nach hM isoliert anfechtbar (Frankfurt aaO; *Meyer-Goßner* 29 zu § 318; KK-*Ruß* 8 zu § 318 StPO; *Pfeiffer* StPO 7 zu § 318). 56

Strafaussetzung zur Bewährung und Maßregelanordnung beruhen idR auf unterschiedlichen materiellen Voraussetzungen und sind getrennt anfechtbar (and. Düsseldorf NZV **00**, 51), wenn nicht der Beschwerdeführer sich gegen insoweit doppelrelevante Tatsachen wendet oder ein so enger inhaltlicher Zusammenhang zwischen Bewährung- und Maßregelentscheidung besteht, dass eine isolierte Anfechtung zu einer in sich widersprüchlichen **Gesamtentscheidung** führen könnte (BGH **47**, 32 [auf Anfrage Schleswig]). Nach BGH DAR **78**, 152; DRiZ **78**, 278; Stuttgart NZV **97**, 317 ist auch eine Beschränkung der **Revision der StA** auf das Unterbleiben einer Anordnung nach § 69 möglich. Die Anfechtung der Dauer der Sperrfrist ergreift die Anordnung nach § 69 selbst nicht notwendig (VRS **21**, 262; DAR **78**, 152; Oldenburg OLGSt. 5; Bremen DAR **65**, 216; KG VRS **33**, 276; Koblenz OLGSt. 1 zu § 69 a; Hamburg NJW **81**, 592 L; Zweibrücken NJW **83**, 1007; and. DRiZ **80**, 114). Eine **Beschränkung** der Revision auf die Ausnahme nach § 69 a II ist unwirksam (Düsseldorf MDR **84**, 165; vgl. auch GA **91**, 323). 57

D. Die Maßregel unterliegt dem **Verschlechterungsverbot** der §§ 331 I, 358 II StPO (BGH **5**, 178; Köln NJW **65**, 2309; LK-*Geppert* 243 ff.). Erhöhung der Sperre von 6 Monaten auf zB 2 Jahre ist auch dann **Verschlechterung,** wenn eine zunächst unbedingt verhängte 58

Freiheitsstrafe zur Bewährung ausgesetzt wird (Oldenburg MDR **76**, 162, zw.). Das Berufungsgericht darf dem Berufungsführer die FE nicht entziehen, wenn er diese zwischen den Instanzen erworben hat (Koblenz VRS **60**, 431). Die Ersetzung eines Fahrverbots durch eine Maßregel nach § 69 nach Einspruch gegen einen Strafbefehl bedarf eines Hinweises gem. § 265 I, II StPO (Bay NJW **04**, 2607).

59 **E.** Im **verwaltungsrechtlichen Entziehungsverfahren** darf nach § 3 III StVG die Verwaltungsbehörde, solange gegen den Inhaber der FE ein **Strafverfahren anhängig** ist (dh vom Beginn des polizeilichen oder staatsanwaltlichen Ermittlungsverfahren an), in dem die Maßregel des § 69 in Betracht kommt, den Sachverhalt, der Gegenstand dieses Verfahrens ist, idR nicht zur Begründung der Entziehung heranziehen (Koblenz NZV **06**, 559; vgl. auch *Wendlinger* NZV **06**, 505, 507); eine Entziehung aus anderen Gründen ist möglich (vgl. etwa § 2 a III StVG). Eine **Bindung** der Verwaltungsbehörde an Feststellungen und Beurteilungen eines **rechtskräftigen Urteils** tritt nach Maßgabe des **§ 3 IV StVG** ein (vgl. dazu im einzelnen *Hentschel* 18 ff. zu § 3 StVG; *Himmelreich/Hentschel* II 180 ff.; *Himmelreich* DAR **89**, 285). Die **Bindung** tritt nur bei Urteilen ein, die in der Sache entscheiden (also nicht bei Einstellung wegen eines Verfahrenshindernisses) und nach § 3 IV Satz 2 StVG bei gerichtlichen Entscheidungen, durch welche die Eröffnung des Hauptverfahrens abgelehnt wird (§ 204 I und II StPO).

Sperre für die Erteilung einer Fahrerlaubnis

69a **I Entzieht das Gericht die Fahrerlaubnis, so bestimmt es zugleich, dass für die Dauer von sechs Monaten bis zu fünf Jahren keine neue Fahrerlaubnis erteilt werden darf (Sperre). Die Sperre kann für immer angeordnet werden, wenn zu erwarten ist, dass die gesetzliche Höchstfrist zur Abwehr der von dem Täter drohenden Gefahr nicht ausreicht. Hat der Täter keine Fahrerlaubnis, so wird nur die Sperre angeordnet.**

II Das Gericht kann von der Sperre bestimmte Arten von Kraftfahrzeugen ausnehmen, wenn besondere Umstände die Annahme rechtfertigen, dass der Zweck der Maßregel dadurch nicht gefährdet wird.

III Das Mindestmaß der Sperre beträgt ein Jahr, wenn gegen den Täter in den letzten drei Jahren vor der Tat bereits einmal eine Sperre angeordnet worden ist.

IV War dem Täter die Fahrerlaubnis wegen der Tat vorläufig entzogen (§ 111 a der Strafprozessordnung), so verkürzt sich das Mindestmaß der Sperre um die Zeit, in der die vorläufige Entziehung wirksam war. Es darf jedoch drei Monate nicht unterschreiten.

V Die Sperre beginnt mit der Rechtskraft des Urteils. In die Frist wird die Zeit einer wegen der Tat angeordneten vorläufigen Entziehung eingerechnet, soweit sie nach Verkündung des Urteils verstrichen ist, in dem die der Maßregel zugrunde liegenden tatsächlichen Feststellungen letztmals geprüft werden konnten.

VI Im Sinne der Absätze 4 und 5 steht der vorläufigen Entziehung der Fahrerlaubnis die Verwahrung, Sicherstellung oder Beschlagnahme des Führerscheins (§ 94 der Strafprozessordnung) gleich.

VII Ergibt sich Grund zu der Annahme, dass der Täter zum Führen von Kraftfahrzeugen nicht mehr ungeeignet ist, so kann das Gericht die Sperre vorzeitig aufheben. Die Aufhebung ist frühestens zulässig, wenn die Sperre drei Monate, in den Fällen des Absatzes 3 ein Jahr gedauert hat; Absatz 5 Satz 2 und Absatz 6 gelten entsprechend.

Übersicht

1) Allgemeines ... 1, 1 a
2) Wirkungsbereich ... 2
3) Anordnung der Sperre (Abs. I S. 1, S. 3) ... 3–5
4) Rahmen der Sperrfrist (Abs. I S. 1, 2; III, IV) ... 6–14
5) Bemessung der Sperrfrist ... 15–23

6) Behandlung früherer Sperrfristanordnung 24–27
7) Beschränkung der Sperre (Abs. II) 28–34
8) Berechnung der Sperrfrist (Abs. V) 35–39
9) Vorzeitige Aufhebung (Abs. VII) 40–45
10) Verfahrensrechtliche Hinweise 46
11) Entscheidung über Neuerteilung 47

1) Allgemeines. Die Vorschrift ist als § 42n aF durch Art. 1 Nr. 3 des Zweiten Straßenverkehrssichg eingefügt (**Mat.:** BT-Drs. IV/651; vgl. 1 zu § 69); zur Entstehungsgeschichte vgl. 1 zu § 44, auch BT-Drs. 8/836 = DRiZ **78**, 27. Die Mindestsperrfrist in VII wurde durch Art. 3 Nr. 3 des StVGÄndG (1 zu § 44) herabgesetzt. **1**

Neuere Literatur: *Bandemer,* Die Voraussetzungen einer nachträglichen Sperrzeitverkürzung im Rahmen des § 69a VII StGB, insbesondere bei Anwendung im Jugendstrafrecht, NZV **91**, 300; *Dencker,* Strafzumessung bei der Sperrfristbemessung?, StV **88**, 454; *Himmelreich,* Sperrfristabkürzung für die Widererteilung der Fahrerlaubnis (§ 69a Abs. 7 S. 1 StGB) durch eine Verkehrstherapie, DAR **03**, 110; *Himmelreich/Hentschel,* Fahrverbot, Führerscheinentzug, Bd. I, 8. Aufl. 1995, Bd. II, 7. Aufl. 1992; *Geppert,* Die Bemessung der Sperrfrist, 1968; *ders.,* NJW **71**, 2154; *Grohmann* BA **86**, 119; *Martens* NJW **63**, 132; *Möhl* DAR **65**, 45; *Michel,* Probleme mit der Dauer der Sperre, DAR **99**, 539; *Molketin,* Zur Sperrfristbemessung bei der Entziehung der Fahrerlaubnis und (teilweiser) Inhaftierung des Betroffenen, NZV **01**, 65; *Wölfl,* Nachträgliche Ausnahmen von der Fahrerlaubnissperre nach § 69a Abs. 2 StGB?, NZV **01**, 369; *W.H. Schmid* DAR **68**, 1; *W. Winkler* BA **95**, 305; *Wölfl,* Nachträgliche Ausnahmen von der Fahrerlaubnissperre nach § 69a II?, NZV **01**, 369; *Zabel* BA **92**, 62; *Zabel/Zabel,* Abkürzung der Fahrerlaubnissperre bei Alkoholtätern nach verkehrspsychologischer Nachschulung, BA **91**, 345. Vgl. auch 1a zu § 69. **1a**

2) Wirkungsbereich. Die Anordnung einer Sperrfrist für die (Wieder-) Erteilung einer Fahrerlaubnis **(= FE)** knüpft an die materiellen Voraussetzungen der Maßregelanordnung nach § 69 an und setzt diese voraus. Für den **Anwendungsbereich** gilt das in 2 zu § 69 Ausgeführte; in der Praxis ist allein die Sperre für die FE nach **§ 2 StVG** von Belang. Die Sperre wird im subjektiven oder objektiven Verfahren gegen den Täter (vgl. § 69 I) festgesetzt; sie richtet sich mittelbar an die für eine Erlaubniserteilung zuständige Verwaltungsbehörde **(= VB)** und bindet diese; eine evtl. in Unkenntnis der Sperre erteilte FE muss sie ohne Prüfung nach § 3 StVG aufheben (OVG Bremen DAR **75**, 307; *Hentschel* 1). Die rechtskräftig festgesetzte Sperre verbietet für eine bestimmte Dauer die Erteilung einer FE, indem sie unwiderleglich feststellt, dass der Verurteilte während dieser Frist zum Führen von Kraftfahrzeugen ungeeignet ist (BVerfGE **20**, 371). **2**

3) Anordnung der Sperre (I S. 1, S. 3). Die Bestimmung der Sperre ist **zwingend,** wenn die Voraussetzungen des § 69 I gegeben sind. Von der Festsetzung der Sperrfrist darf das Gericht auch dann nicht absehen, wenn sie voraussichtlich noch während der Vollstreckung einer zugleich verhängten Freiheitsstrafe abläuft (1 StR 674/86). **3**

A. Wenn eine Entziehung der FE nach § 69 I erfolgt, so ist die Sperre nach I S. 1 **zugleich** mit dieser Entscheidung im Urteil festzusetzen (zur Urteilsformel vgl. BGH **15**, 393). Eine Nachholung ist grds unzulässig. Ob noch ein weiteres Entziehungsverfahren läuft, ist ohne Bedeutung; bei in einem Verfahren verbundenen Strafsachen kann die Sperre nur einheitlich angeordnet werden. **4**

B. Wenn zum Zeitpunkt der Verurteilung (7 zu § 69) die Voraussetzungen des § 69 gegeben sind, der Täter aber eine FE, gleichgültig aus welchem Grunde, nicht besitzt, so ordnet das Gericht nach **I S. 3** eine **isolierte Sperre** an (vgl. schon GrSenBGH **10**, 94 [zu § 42m aF]). Dass diese in formeller Alternativität zur Sperrfrist nach I S. 1 steht, ändert nichts an ihrer gleichgerichteten materiellen Wirkung (vgl. VRS **100**, 21 f.; 1 StR 107/06); sie ist zugleich selbständige **Maßregel** iS des § 61 (Zweibrücken GA **83**, 423 [keine Beschränkung des § 55 I JGG]) und Fristbestimmung iS von I S. 1. Dass sie regelmäßig nicht in die Entziehung der FE umgedeutet werden dürfe, wenn das Gericht irrtümlich davon ausging, der Angeklagte besitze keine FE (4 StR 63/70; *S/S/Stree* 23), ist daher nicht unzwei- **5**

felhaft. Wenn das Verschlechterungsverbot einer Entziehung der FE im Berufungsverfahren entgegensteht und die Verwaltungsbehörde dem Angeklagten zwischen den Tatsachenverhandlungen (versehentlich) eine neue FE erteilt hat, soll die Wiederholung der erstinstanzlich angeordneten isolierten Sperrfrist geboten sein (Karlsruhe VRS **59**, 111; Bay DAR **84**, 239; vgl. Bremen VRS **51**, 278; vgl. *Hentschel* 18).

6 **4) Rahmen der Sperrfrist (Abs. I S. 1, 2, III, IV).** § 69a unterscheidet zwischen **zeitiger** und **lebenslanger** Sperre; für den Rahmen der zeitigen Anordnung enthält die Vorschrift abschließende Regelungen.

7 **A. Höchstmaß der Sperrfrist.** Nach **I S. 1** beträgt die gesetzliche Höchstfrist der **zeitigen Sperre** 5 Jahre. Die Dauer sollte, obwohl nicht ausdrücklich vorgeschrieben, nach Jahren oder (vollen) Monaten bestimmt werden; die Bestimmung eines kalendermäßig festgelegten Endtermins scheidet bei anfechtbaren Urteilen aus (4 StR 513/66; Bay NJW **66**, 2371; Saarbrücken NJW **68**, 460).

8 Nach **I S. 2** kann die Sperre **„für immer"**, dh **auf Lebenszeit** angeordnet werden, wenn die Höchstfrist zur Gefahrabwehr nicht ausreicht. Welche Bedeutung diesem Sprung für die materiellen Prognoseanforderungen zukommt, ist **umstritten** (vgl. dazu unten 19). Ausgeschlossen jedenfalls die Bestimmung irgendeiner Frist *zwischen* 5 Jahren und lebenslang. Die Abs. II, V und VII gelten auch für die lebenslange Sperre.

9 **B. Mindestmaß der Sperrfrist.** Das gesetzliche Mindestmaß der Sperrfrist ist im Hinblick auf die mögliche vom Täter ausgehende Gefährdung abgestuft. Eine **Unterschreitung** der Mindestfrist ist unzulässig; Zweifel am Vorliegen der Voraussetzungen des § 69 I können nicht durch gesetzwidrige „Kombination" von Maßregel und Fahrverbot (§ 44) ausgeglichen werden, sondern müssen zur Ablehnung der Maßregelanordnung führen. Zum Fall, dass bereits eine andere Sperre läuft, vgl. unten 11, 24 ff.

10 **a)** Nach **Abs. I S. 1** beträgt die Mindestfrist im Regelfall **6 Monate.** Dies beruht auf der Überlegung, dass ein Eignungsmangel iS von § 69 I *regelmäßig* (vgl. aber VII) mindestens für diese Zeitspanne besteht; darin liegt umgekehrt auch ein Anhaltspunkt für die Auslegung des Begriffs der Ungeeignetheit (vgl. 14 f. zu § 69).

11 **b)** Nach **Abs. III** beträgt die Mindestfrist **1 Jahr,** wenn gegen den Täter in den letzten 3 Jahren, zurückgerechnet von dem Tag der Tat (§ 8), bereits (mindestens) einmal von einem deutschen Gericht eine Sperre rechtskräftig angeordnet war; das gilt auch, wenn die vorausgegangene Sperre noch läuft. Eine Entziehung der FE durch die Verwaltungsbehörde (Hamm VRS **53**, 343) oder die Anordnung einer Sperrfrist in der Zeit zwischen der Tat und der neuen Entscheidung reichen nicht aus (LK-*Geppert* 33); sie sind nach Lage des Einzelfalls bei der Bemessung zu berücksichtigen (unten 15 ff.; Begr. 19 f.). Nach hM gilt Abs. III nicht, wenn eine der beiden Entziehungen körperliche oder psychische, die andere charakterliche Mängel zur Grundlage hat (Hamm DAR **78**, 23; *Geppert* MDR **72**, 281; *Himmelreich/Hentschel* [1 a] I 102; *Hentschel* 8 und TFF 691), weil idR nur die letzteren vorwerfbar seien; das ist mit der Schuldunabhängigkeit der Maßregelanordnung schwer vereinbar (vgl. dazu unten 17);

12 **c)** Nach **Abs. IV, VI** beträgt die Mindestfrist zwischen **3 Monaten und unter 1 Jahr,** wenn der Entscheidung des Tatrichters eine vorläufige Entziehung der FE nach § 111 a StPO (IV) oder eine Verwahrung, Sicherstellung oder Beschlagnahme des Führerscheins nach § 94 StPO (VI) vorausgegangen war. War eine dieser Maßnahmen wirksam getroffen, so verkürzt sich das Mindestmaß der Sperre um die Zeit der vorläufigen Maßnahme, jedoch nicht weiter als auf 3 Monate (Zweibrücken MDR **86**, 1046). Eine weitere Anrechnung ist ausgeschlossen; insoweit ist auch die Regelung über das **Verschlechterungsverbot** verdrängt (Hamm VM **78**, 21; *Hentschel* 9).

Die vorläufige Maßnahme muss „wegen der Tat“ (iS von § 69 I) getroffen worden sein; Maßnahmen aus anderem Anlass führen nicht zur Ermäßigung der Mindestfrist. Die Aufzählung der Maßnahmen ist **abschließend;** eine analoge Anwendung bei der Entscheidung vorausgehender *faktischer* Unmöglichkeit, von einer FE Gebrauch zu machen, etwa wegen vorläufiger Unterbringung oder **UHaft,** kommt nicht in Betracht (Koblenz VRS **70**, 284; **aA** AG Lüdinghausen NStZ-RR **04**, 342 [analoge Anwendung bei *irrtümlicher* Annahme einer iS von VI wirksamen Sicherstellung]). Abs. IV, VI enthalten keine allgemeine Ausnahmeregelung für (schon) „beeindruckte“ Täter. Sie sind auch keine allgemeinen Anrechnungsvorschriften (5 StR 506/65; Bay NJW **66**, 2371; NZV **91**, 358; Bremen VM **65**, 57; Oldenburg OLGSt. 5; Stuttgart NJW **67**, 2071; and. Schleswig SchlHA **78**, 183). Wenn der Täter durch die Maßnahme so beeindruckt ist, dass zum Zeitpunkt der Entscheidung der Eignungsmangel nicht mehr vorliegt, so kann dies keine weitere „Anrechnung“ zur Folge haben; vielmehr entfällt schon § 69 (vgl. Bay NJW **71**, 206). 13

Wenn eine vorläufige Maßnahme **nicht getroffen** wurde, weil der Täter keine FE hatte, kommt eine Ermäßigung nicht in Betracht (Düsseldorf VRS **39**, 259; Schleswig SchlHA **78**, 183 Nr. 21; Hamburg MDR **79**, 73; Karlsruhe VRS **57**, 108; Bay NZV **91**, 358; DAR **93**, 371; Zweibrücken NZV **97**, 279; *Himmelreich/Hentschel* [1 a] I 141; *D. Meyer* DAR **79**, 157; *Hentschel* 9; DAR **84**, 250; BA **86**, 8; **aA** Saarbrücken NJW **74**, 1391 [analoge Anwendung von IV]; LG Dortmund NJW **73**, 1336; LG Nürnberg-Fürth NJW **77**, 446; LG Heilbronn NStZ **84**, 263; *Mollenkott* ZRP **80**, 200; VGT **80**, 302; *Geppert* NStZ **84**, 265 und LK 37; *Saal* NZV **97**; 279), denn nicht getroffene Maßnahmen können sich nicht in einer die Prognose beeinflussenden Weise ausgewirkt haben. 14

5) Bemessung der Sperrfrist. Die Bemessung der Sperrfrist im Einzelfall hat sich an den Kriterien zu orientieren, die für die Anordnung der Maßregel bestimmend sind (BGH **15**, 397). Es kommt (allein) darauf an, wie lange die Ungeeignetheit (14 ff. zu § 69) voraussichtlich bestehen wird (VRS **20**, 430; **21**, 262; **31**, 106; **37**, 424; NStE Nr. 2; NStZ **90**, 225; **91**, 183; DAR **92**, 244; NStZ-RR **97**, 332; Bay DAR **92**, 364; **99**, 560; BA **02**, 392; Koblenz VRS **71**, 431; Düsseldorf NZV **93**, 117; StV **02**, 261). Dass generalisierende Erwägungen (Taxen; vgl. Hamm StV **96**, 420 f.; Celle DAR **72**, 334) ebenso wie generalpräventive Gesichtspunkte (StV **90**, 349 L; Düsseldorf NZV **93**, 117; NStZ/D **90**, 332; *Geppert* NJW **71**, 2156; *Michel* DAR **99**, 540; and. NJW **68**, 1788; Hamm NJW **71**, 1618; Düsseldorf VRS **91**, 179; LG Hamburg BA **85**, 334) keine Rolle spielen dürfen, ergibt sich aus dem Charakter der Anordnung als Maßregel (NStZ **90**, 225; vgl. auch StV **04**, 132, 133 f.); die **Praxis** orientiert sich gleichwohl in hohem Maß an Gesichtspunkten der Gleichmäßigkeit (krit. NK-*Herzog* 5). 15

A. Bei **körperlicher oder geistiger Ungeeignetheit** können Mängel nicht berücksichtigt werden, die erst *durch* die Tat oder zwischen Tat und Entscheidung eingetreten sind (BGH **15**, 393, 396 f.; *Geppert* MDR **72**, 280; **aA** Bay **54**, 10; hier bis 52. Aufl.), denn es können nicht Mängel berücksichtigt werden, die zur Straftat nichts beigetragen haben (*Hentschel* 2). 16

B. Bei **charakterlicher Ungeeignetheit** haben die **Tatschuld** sowie **Folgen der Tat** allenfalls mittelbar insoweit Bedeutung, als sie Rückschlüsse auf den Grad der Ungeeignetheit zulassen (StV **89**, 388 L; DAR/N **92**, 244; vgl. BGH **15**, 397; VRS **7**, 303; **21**, 262; StV **87**, 20 [hierzu *Dencker* StV **88**, 454]; **91**, 261; NStZ **91**, 183; ZfS **98**, 353; 2 StR 161/03; Frankfurt VRS **44**, 184; Düsseldorf StV **02**, 261). Als **zentrale Gesichtspunkte** in die Gesamtwürdigung einzustellen sind – schon im Hinblick auf den Charakter der Entziehung als schuldunabhängige Maßregel – das Maß einer bei der Anlasstat verursachten Verkehrsgefährdung im Zusammenhang mit einer prognostischen Würdigung der Persönlichkeit des Täters (BGH **6**, 400; **7**, 303; VRS **8**, 460; **16**, 350; **37**, 423), soweit sich hierfür konkrete Anhaltspunkte „aus der Tat ergeben“ (§ 69 I; vgl. dazu 45 zu § 69). Die voraussichtliche 17

Dauer eines verwaltungsrechtlichen Verfahrens zur Wieder- oder Neuerteilung der FE ist für die Bemessung ohne Bedeutung.

18 **a)** Eine bevorstehende **Inhaftierung** kann berücksichtigt werden; dabei darf aber nicht ein „Straf"-Gesichtspunkt in den Vordergrund treten und die Sperrfrist verlängert werden, um den FE-Entzug nach Haftentlassung noch (zusätzlich) „fühlbar" zu machen. Auch hier geht es allein um die **Gefahrprognose;** es gibt keinen Erfahrungssatz, wonach kraftfahrzeug-spezifische charakterliche Mängel in der Haft länger anhalten als in Freiheit; Ausnahmen im Einzelfall sind ggf. eingehend zu erörtern (vgl. 1 StR 410/88; Köln NJW **01**, 3491).

19 **b)** Umgekehrt kann auch berücksichtigt werden, dass die Sperre den Täter faktisch, insbesondere **beruflich** oder aus persönlichen, etwa familiären Gründen, **besonders hart** trifft. Auch dies gilt freilich nur unter **prognostischen** Kriterien; eine Verkürzung kommt in Betracht, wenn zu erwarten ist, dass sich der Täter die Maßregel in besonderem Maße zur Warnung dienen lassen und dass hierdurch die Eignungsmängel früher beseitigt sein werden (Bay DAR **99**, 560f.; **02**, 392; Koblenz VRS **71**, 431; *Hentschel* 2).

20 Die Frage ist für die **praktische Anwendung** von besonderer Bedeutung, da sich Einsprüche gegen Strafbefehle und Berufungen vielfach auf das Vorbringen beruflicher und wirtschaftlicher „Milderungsgründe" für die Sperrfristbemessung beschränken. Die Handhabung muss sich zunächst an den gesetzlichen Regelvermutungen orientieren; sie muss auch Gesichtspunkte der **Gleichmäßigkeit** der Rechtsanwendung sowie (anders als in § 69 I S. 2) der **Verhältnismäßigkeit** berücksichtigen. So entspricht etwa der Umstand, dass der Täter (zB als Pendler) auf den Besitz der FE „angewiesen" und ohne sie Erschwernissen ausgesetzt ist, in einem solchen Maße den allgemeinen Lebensbedingungen, dass er als solcher eine besonders günstige Prognose idR nicht rechtfertigt. Andererseits ist eine rein schematische Handhabung verfehlt. **Ausnahmen** von Regelvermutungen können namentlich dann geboten sein, wenn die Gründe für eine weit überdurchschnittliche Härte (und *daher* für eine möglicherweise günstigere Prognose) erst *nach* der Tat eingetreten sind. Dagegen ist nicht plausibel, dass ein Täter, dem schon zur Tatzeit sein besonderes berufliches oder persönliches Angewiesensein auf das Führen von Kfz bekannt war, gerade dadurch eine günstigere Prognose haben sollte, dass sich dieses Risiko realisiert.

21 **C.** Die **Mindestsperrfrist** wird idR nur in Betracht kommen, wenn über die Regelvermutung des § 69 II hinaus keine zusätzlichen die Ungeeignetheit begründenden Besonderheiten der Tat oder der Person des Täters festgestellt werden (Düsseldorf VRS **91**, 179). Die Anordnung einer sehr langen Sperrfrist, insb. der **Höchstfrist** bedarf, wenn nicht außergewöhnliche Tatumstände vorliegen (VRS **34**, 272), besonderer Begründung (BGH **5**, 179; VRS **16**, 350; **22**, 37; **23**, 443; **29**, 15; **33**, 424; **36**, 16; Köln OLGSt. 9; Koblenz VRS **71**, 432; NK-*Herzog* 6). Anlass für eine lange Sperre kann insb. (mehrfache) Rückfälligkeit sein, wenn in der neuen Tat derselbe Eignungsmangel zum Ausdruck kommt; bei einer **Ersttat** kommt eine Sperre nahe an der Höchstfrist nur bei besonders schwerwiegenden Mängeln in Betracht, etwa bei bedenkenloser Gleichgültigkeit gegenüber Schädigungen anderer Verkehrsteilnehmer oder planmäßiger, bewusster Herbeiführung gravierender Gefahren. **Problematisch** ist die Anordnung langer isolierter Sperrfristen gegen Wiederholungstäter nach § 21 StVG, namentlich in jungem Lebensalter.

22 **D.** Eine **lebenslange Sperre (Abs. I S. 2)** bedarf stets besonders sorgfältiger Prüfung und erschöpfender Begründung (BGH **5**, 177; NStZ **91**, 183; VRS **17**, 340; **34**, 194; Bay DAR **89**, 365; Köln DAR **57**, 23; NJW **01**, 3491; Braunschweig VRS **14**, 356; KG VRS **15**, 414; Hamburg VM **62**, 27; Zweibrücken MDR **65**, 506; Hamm VRS **54**, 30). Sie setzt voraus, dass eine Sperre von 5 Jahren zur Abwendung der vom Täter drohenden Gefahr „nicht ausreicht". Das schließt nach stRspr Fälle ein, in welchen die Ungeeignetheit des Täters voraussichtlich ***jedenfalls* länger als 5 Jahre** andauern wird (vg. VRS **35**, 416; NStZ-RR **97**, 331; Hamm

VRS **50**, 274; Koblenz BA **75**, 273; Köln NJW **01**, 3491). Nach **aA** setzt der Sprung von der Höchstfrist zur unbefristeten Sperre eine **„Unbehebbarkeitsprognose"** voraus (*Hentschel* 4 und DAR **76**, 289; LK-*Geppert* 39; *Molketin* NZV **01**, 67).

Lebenslange Sperre ist bei körperlich oder geistig begründeter **Fahrunfähigkeit** anzuordnen, wenn eine Besserung ausgeschlossen erscheint. Sie kommt bei charakterlichen Mängeln in Betracht **zB** bei schwerster Verkehrskriminalität (so BGH **15**, 398; VRS **16**, 350; 1 StR 526/79; Karlsruhe VRS **17**, 117; Köln VM **71**, 77); insbesondere auch bei chronischer Trunkenheitsdelinquenz (Koblenz BA **75**, 273; *Hentschel* 4) und sonstiger auf fest verwurzeltem Hang beruhender Verkehrsdelinquenz bei mehreren Vorstrafen und mehrfacher Entziehung der FE. Sie kann bei langfristiger Haftstrafe nicht damit begründet werden, die Maßregel müsse nach Haftentlassung noch „wirksam" werden (*Molketin* NZV **01**, 65, 67; vgl. oben 17). **22 a**

E. Diese Grundsätze gelten auch für die **Berufungsinstanz** (Köln MDR **67**, 142; *Hruby* NJW **79**, 854). Das Berufungsgericht hat die Frage des Eignungsmangels selbständig und für den Zeitpunkt der Berufungsverhandlung zu beurteilen (vgl. Karlsruhe DAR **01**, 469); daher ist auch das Verhalten des Täters nach dem Ersturteil zu berücksichtigen (BGH **7**, 175). Die Ansicht, der bloße Zeitablauf genüge nicht, um die Regelvermutung des § 69 II zu widerlegen (*Hentschel* DAR **88**, 330; *Kürschner* ZRP **86**, 307), trifft den Kern der Sache nicht ganz, denn dass „bloßer" Zeitablauf die Prognose beeinflussen kann, ergibt sich schon aus dem Wesen der Sperrfrist selbst. Von Bedeutung ist dies im Hinblick auf die Regelung des **Abs. IV** (vgl. oben 12). Danach kann sich im Hinblick auf die Untergrenze des IV S. 2 bei erfolgloser Berufung des Angeklagten eine **faktische Sperrfristverlängerung** ergeben, wenn der Rest der im Ersturteil festgesetzten Sperrfrist weniger als 3 Monate betragen würde und zum Zeitpunkt des Berufungsurteils die **Ungeeignetheit** noch besteht. Dies verstößt nicht gegen das Verschlechterungsverbot (hM; vgl. oben 12; Begr. 20; VRS **21**, 335; Bay NJW **66**, 896; 2371; Hamm JZ **78**, 656; LK-*Geppert* 252 zu § 69; *S/S-Stree* 13; SK-*Horn* 8; *Hentschel* 9; jew. mwN). Das gilt gleichermaßen für eine durch erfolglose Berufung der StA eintretende faktische Sperrfristverlängerung. Es fehlt eine gesetzliche Grundlage dafür, in diesen Fällen die Sperre unabhängig von der Prognose herabzusetzen oder den Eignungsmangel „aus Gerechtigkeitsgründen" als beseitigt anzusehen (vgl. *S/S-Stree* 13; SK-*Horn* 8; iErg auch *Jescheck/Weigend* § 78 II 5). Selbstverständlich kann sich aber bis zum Zeitpunkt des Berufungsurteils eine Änderung der Sachlage ergeben haben, so dass Ungeeignetheit nicht mehr vorliegt. **23**

6) Behandlung früherer Sperrfristanordnung. Ist zum Zeitpunkt der Entscheidung eine früher festgesetzte Sperre noch nicht abgelaufen, so ist zu unterscheiden: **24**

A. Wenn noch eine Sperrfrist aus einem früheren Urteil läuft und eine Gesamtstrafenbildung ausscheidet, so ist eine **weitere** selbstständige Sperre zu bestimmen (Hamm VRS **21**, 338), bei deren Bemessung auch Abs. III zu berücksichtigen ist (3 StR 560/92); wie sich aus III ergibt, darf die laufende Sperre nicht nur bestätigt werden. Die neue Sperre läuft ab Rechtskraft der Entscheidung und daher neben einer ggf. schon bestehenden (Koblenz DAR **73**, 137; Zweibrücken NJW **83**, 1007; NStZ/J **83**, 108; LK-*Geppert* 6; *Hentschel* 13; SK-*Horn* 10; **aA** Hamburg VRS **10**, 355; KG VRS **18**, 273). **25**

B. Bei einer **Gesamtstrafenbildung** gilt für eine frühere Maßregelanordnung **§ 55 II** (vgl. dort 32f.). Wenn wegen der neu abzuurteilenden Tat eine Maßregel nach § 69 nicht verhängt wird, ist eine frühere Anordnung **aufrecht zu erhalten;** die Dauer der Sperre bestimmt sich vom Zeitpunkt der Rechtskraft des früheren Urteils (NJW **00**, 3654; NStZ **92**, 231; **96**, 433). Ist die frühere Sperre bereits abgelaufen, so ist nur die Maßregelanordnung nach § 69 aufrecht zu erhalten. Eine frühere eine isolierte Sperre nach Abs. I S. 3 ist nur aufrecht zu erhalten, wenn sie noch nicht durch Zeitablauf **erledigt** ist (NStZ **96**, 433). **26**

27 Wenn auch die neu abgeurteilte Tat zur Verhängung einer Maßregel nach § 69 führt, so ist die Sperrfrist neu und *einheitlich* aufgrund einer Gesamtprognose auf der Grundlage der jetzigen Verhältnisse festzusetzen (NJW **00**, 3654; Stuttgart NJW **67**, 2071; VRS **71**, 275; Zweibrücken NJW **68**, 310; Karlsruhe VRS **57**, 111; Düsseldorf NZV **91**, 317; Bay DAR **92**, 365; vgl. 32 zu § 55); dabei ist die Wirkung bisheriger Sperrfristen zu berücksichtigen; I, IV bis VI sind zu beachten. Die neue Sperrfrist darf auch bei Einbeziehung früherer Fristen fünf Jahre nicht übersteigen (BGH **24,** 205; *Hentschel/König* 12), darf diese Höchstfrist aber auch ausnutzen. Die einheitliche neue Sperrfrist **beginnt** nach zutr. hM mit der Rechtskraft des Urteils, in dem die *frühere* Sperrfrist festgesetzt wurde (BGH **24**, 205, 207; NStZ **92**, 231; BGHR § 55 II Aufrechterhalten 3; Karlsruhe VRS **57**, 111; Köln VRS 61, 348, 349; Stuttgart **71**, 275; Düsseldorf VM **91**, 31; Bay DAR **92**, 365; LG Zweibrücken NZV **07**, 431; *Lackner/Kühl* 18 zu § 55; LK-*Rissing-van Saan* 56 zu § 55; MK-*v. Heintschel-Heinegg* 47 zu § § 55; NK-*Frister* 57 zu § 55); die bereits verstrichene frühere Sperrfrist ist anzurechnen (NJW **00**, 3654). Nach **aA** beginnt die einheitliche Frist als prognostische, d. h. in die *Zukunft* gerichtete Entscheidung gem. Abs. V S. 1 stets mit der Rechtskraft der *neuen* Entscheidung (Stuttgart NJW **67**, 2071; *Hentschel/König* 12; *S/S-Stree/Sternberg-Lieben* 69/70 zu § 55; LK-*Geppert* 64); eine *formelle* Anrechnung schon verstrichener (einbezogener) Fristen erfolgt nicht, vielmehr kann der Zeitablauf bei der Neumessung berücksichtigt werden (vgl. Stuttgart NJW **67**, 2070 f.; *Geppert* MDR **72**, 286; *Hentschel/König* 12). Diese Grundsätze gelten entsprechend bei nachträglicher Gesamtstrafenbildung durch Beschluss (§ 460 StPO).

28 **7) Beschränkung der Sperre (Abs. II).** Nach II können von der Sperre bestimmte Arten von Kraftfahrzeugen ausgenommen werden. Die Ausnahme gilt nicht für die Entziehung der FE; vgl. 52 zu § 69; diese ist daher auch in diesen Fällen in vollem Umfang zu entziehen; der bisherige Führerschein wird eingezogen (Oldenburg NJW **65**, 1287; Hamm NJW **71**, 1193; VG Berlin NZV **01**, 139). Die Beschränkung der Sperre eröffnet der Verwaltungsbehörde die Möglichkeit, für die ausgenommenen Fahrzeugarten eine neue FE zu erteilen.

29 **A. Umfang der Ausnahme.** Die Ausnahme kann nur für **bestimmte Kraftfahrzeugarten** erteilt werden. Der Begriff deckt sich nicht mit dem Erlaubnis-Bereich der **FE-Klassen** iS von § 6 FeV. Ausgenommen werden können zunächst alle von **einer FE-Klasse** umfassten Fahrzeuge; weiterhin Fahrzeugarten, auf welche nach § 6 I Satz 2 FeV die FE **beschränkt** werden kann (Braunschweig OLGSt. 9; Saarbrücken NJW **70**, 1052; Bay VRS **66**, 445; Frankfurt NJW **73**, 815; VM **77**, 30; Celle DAR **96**, 64); schließlich auch innerhalb einer FE-Klasse (oder übergreifend) Fahrzeuge mit einem bestimmten objektiv-konstruktiven **Verwendungszweck** (Hamm VRS **62**, 124; Stuttgart DAR **75**, 305; Oldenburg BA **81**, 373; Celle DAR **96**, 64; Brandenburg VRS **96**, 233; LG Frankenthal DAR **99**, 374). Möglich ist daher auch die Festsetzung verschiedener Sperrfristen für verschiedene Kraftfahrzeugarten (LG Verden VRS **48**, 265; AG Hannover ZfS **92**, 283). Die Begrenzung der Ausnahmemöglichkeit auf „Arten" von Fahrzeugen wird seit langem als zu eng kritisiert (vgl. etwa *Janiszewski* GA **81**, 397 f.; DAR **89**, 140; *Schultz* BA **82**, 325; *Hentschel* 7).

30 **Einzelfälle.** Die Möglichkeit einer Ausnahme ist **zB bejaht** worden für: Lkw der (früheren) **Klasse 3** (Karlsruhe VRS **63**, 200; LG Hannover VRS **65**, 430; AG Kiel DAR **81**, 395; LG Nürnberg DAR **82**, 26; LG Essen ZfS **82**, 61; LG Memmingen DAR **82**, 373; LG Köln NStE Nr. 3; AG Karlsruhe BA **83**, 167; AG Monschau DAR **90**, 310; Feuerlöschfahrzeuge (Bay NZV **91**, 397); Straßenwachtfahrzeuge des ADAC (LG Hamburg NZV **92**, 422); landwirtschaftliche Zugmaschinen und LKW der (früheren) **Klasse 2** (Köln VM **85**, 28; LG Kempten DAR **83**, 367; LG Zweibrücken ZfS **95**, 194; AG Dortmund DAR **87**, 30; AG Wittmund DAR **87**, 392; AG Monschau ZfS **90**, 33; AG Emden NZV **91**, 365); Radlader (LG Kempten DAR **84**, 127); bestimmt bezeichnete Baustellenfahrzeuge

auf abgegrenztem Baustellengelände (AG Mölln ZfS **95**, 314); Omnibusse (Hamm VRS **62**, 124) der (früheren) Klasse 2 (Celle DAR **85**, 90); Panzerfahrzeuge der BWehr (LG Detmold DAR **90**, 34); Fahrzeuge der (früheren) **Klasse 4** (LG Köln DAR **90**, 112); Rettungsdienstfahrzeuge, wenn die Ausrüstung (nur) eine bestimmte Verwendungsart bedingt (Bay NJW **89**, 2959; LG Hamburg DAR **92**, 191; AG Itzehoe DAR **93**, 108); Fahrzeuge zum Behindertentransport (LG Hamburg NJW **87**, 3211); für dienstliche Zwecke genutzte Fahrzeuge der Bundeswehr (AG Lüdinghausen NStZ-RR **03**, 248); Fahrzeuge der Erlaubnisklassen **L und T** (AG Lüdinghausen NStZ-RR **04**, 26); **Klasse T** (AG Auerbach NZV **03**, 207); allein zu dienstlichen Zwecken zu führende Müllfahrzeuge nach Trunkenheitsfahrt mit Privat-PKW (AG Frankfurt NStZ-RR **07**, 25).

Verneint worden ist die Ausnahmemöglichkeit für: Lieferwagen (Saarbrücken VRS **43**, 22); Taxifahrzeuge (Stuttgart DAR **75**, 305; Hamm VRS **62**, 124); Pkw-Gespanne (LG Hamburg DAR **91**, 470); bestimmte Arten von Transporten (Celle Celle DAR **96**, 64); Fahrzeuge eines bestimmten Halters (Saarbrücken NJW **70**, 1052; Hamm NJW **71**, 1193; Frankfurt NJW **73**, 815); einzelne KFZ oder mehrere besonders gekennzeichnete KFZ (Hamm NJW **75**, 1983; Bay VRS **66**, 445; Frankfurt VM **77**, 1180); Fahrten mit einem bestimmten Zweck oder innerhalb eines bestimmten Gebietes (Hamm NJW **71**, 1193; Düsseldorf VRS **66**, 42; MDR **84**, 105; Bay VRS **66**, 445; Celle DAR **96**, 64); beruflich bedingte Fahrten (Hamm NJW **71**, 1618; VRS **62**, 124; Oldenburg BA **81**, 373; München NJW **92**, 2777). 31

B. Voraussetzung einer Ausnahme. Eine Ausnahme nach II setzt voraus, dass besondere objektive oder subjektive Umstände die Annahme rechtfertigen, dass der Zweck der Maßregel trotz einer eingeschränkten Teilnahme des Täters am Verkehr erreicht werden kann und durch die Ausnahme nicht gefährdet wird (Bay JZ **83**, 33; Hamm VM **71**, 78; Frankfurt VM **77**, 30). Wirtschaftliche und berufliche Gesichtspunkte sollen hierbei nach hM keine Bedeutung haben (Hamm VM **71**, 78; Koblenz BA **83**, 534; **89**, 294; einschr. *Zabel* BA **83**, 484; vgl. aber unten 32 aE). 32

Beim Fehlen der **charakterlichen Zuverlässigkeit** ist meist nicht anzunehmen, dass sich die Unzuverlässigkeit des Täters auf bestimmte Kfz-Arten beschränkt (vgl. BVerwG DÖV **62**, 265; Schleswig VM **65**, 34; Saarbrücken NJW **70**, 1052; Hamm NJW **71**, 1618; Stuttgart VM **73**, 60; Frankfurt VM **77**, 30; Karlsruhe VRS **55**, 122; Koblenz VRS **60**, 44; **68**, 281; LG Köln BA **81**, 277). Das gilt namentlich bei **Alkoholdelikten** mit hoher BAK, die die Vermutung regelmäßigen Missbrauchs oder der Abhängigkeit nahe legen (vgl. Celle BA **88**, 196; LG Osnabrück ZfS **98**, 273; LG Saarbrücken ZfS **02**, 307; vgl. dazu auch *Brockmeier* NVwZ **82**, 540; *Zabel* BA **83**, 483; *Hentschel* DAR **84**, 249); auch bei **Aggressionsdelikten** im Straßenverkehr (zB § 315 b; § 240) wird eine Ausnahme kaum in Betracht kommen. Ausnahmen bedürfen einer umfassenden Prüfung im Einzelfall; sie sind namentlich denkbar hinsichtlich Fahrzeugarten mit deutlich geringerem Gefährdungspotential (*Hentschel* 6); weiterhin in Fällen, in denen sich die Unzuverlässigkeit auf einen klar abgegrenzten Bereich beschränkt (zB langjähriges unbeanstandetes Fahren mit landwirtschaftlichen Fahrzeugen, Trunkenheitsfahrt mit Motorrad [Celle NJW **54**, 1170]) oder für einen bestimmten Bereich sicher ausgeschlossen werden kann (vgl. AG Alzenau DAR **81**, 232 [Rallye-Fahrzeuge]). Dagegen ist die Ausnahme-*Möglichkeit für solche* Fahrzeuge, von denen eine erhöhte *Betriebsgefahr* ausgeht, eher restriktiv zu handhaben. Von besonderer **praktischer Bedeutung** ist die Frage, ob bei Vorliegen von Trunkenheitsdelikten hinsichtlich der Ungeeignetheit zwischen einer **privaten** (Pkw; Motorrad) und einer **beruflichen** Sphäre (Lkw; Bus) unterschieden werden kann (eher einschränkend zB Karlsruhe VRS **63**, 200; Bay VRS **63**, 271; NStZ/J **86**, 401; Düsseldorf VRS **66**, 42; Köln VRS **68**, 278; eher großzügig zB LG Düsseldorf DAR **83**, 273; LG Kempten DAR **83**, 367; LG Bielefeld DAR **90**, 274; LG Hamburg DAR **96**, 108; LG Zweibrücken ZfS **92**, 356; **95**, 193; krit. *Hentschel* 6 mwN). Weitere Ausnahmen können außerhalb des Bereichs der Trunkenheitsdelinquenz angezeigt sein. 33

34 Eine **nachträgliche** Ausnahme (entspr. Abs. VII) nach Rechtskraft der Entscheidung ist nach der insoweit klaren Regelung des VII S. 2 nicht zulässig (LG Koblenz DAR **77**, 193; AG Alsfeld VM **80**, 96; *Hentschel* 6, DAR **75**, 296 und BA **80**, 13; **aA** AG Hagen DAR **75**, 246; Pirmasens DAR **76**, 193; AG Westerburg DAR **76**, 274; AG Alzenau DAR **81**, 232; AG Wismar DAR **98**, 32; SK-*Horn* 15; für Verurteilungen im Strafbefehlsverfahren auch AG Kempten DAR **81**, 234; *Wölfl* NZV **01**, 369).

35 **8) Berechnung der Sperrfrist (Abs. V).** Die Sperre beginnt mit der Rechtskraft der Entscheidung, durch welche sie angeordnet wurde **(V S. 1)**; sie läuft auch, wenn der Täter Freiheitsstrafe verbüßt sich in sonstiger amtlicher Verwahrung befindet (Stuttgart NJW **67**, 2071).

36 Nach **Abs. V S. 2** ist in die Frist zwingend die Zeit **vorläufiger Maßnahmen** nach § 111a StPO oder § 94 StPO **einzurechen,** soweit diese nach der **letzten tatrichterlichen** Entscheidung wirksam waren, eine Überprüfung also nicht mehr möglich war; das gilt vor allem, wenn nur noch ein Revisionsurteil folgt oder ein eingelegtes Rechtsmittel zurückgenommen wird. Die Zeit der vorläufigen Entziehung ist auch dann einzurechnen, wenn der Führerschein nicht sichergestellt war (Köln VRS 52, 271). Abs. V ist für die Entscheidung des Tatrichters ohne Bedeutung (NZV **98**, 418); es handelt sich nicht um eine Frage der Anrechnung (§ 51), sondern um eine solche der Berechnung in der Strafvollstreckung (Saarbrücken MDR **72**, 533). Letztes Tatrichterurteil ist die **Berufung** auch dann, wenn sie auf Strafmaß und §§ 69, 69a beschränkt war (LG Aachen DAR **68**, 330). Im **Strafbefehlsverfahren** kommt es auf den Zeitpunkt des Erlasses (vgl. dazu KK-*Fischer* 16 zu § 409; *Meyer-Goßner* 14 zu § 409 StPO) des Strafbefehls, nicht erst dessen Zustellung an (AG Düsseldorf NJW **67**, 586; LG Freiburg NJW **68**, 1791; *S/S-Stree* 14; **aA** LG Coburg DAR **65**, 245; LG Düsseldorf NJW **66**, 897). Kommt es (nach Einspruch im Strafbefehlsverfahren oder auf die Berufung) zu einer **neuen tatrichterlichen Prüfung,** so gilt nicht V Satz 2, sondern IV (Karlsruhe NJW **75**, 456); ebenso bei Aufhebung und Zurückverweisung durch das Revisionsgericht (*Hentschel* 10).

37 S. 2 regelt nur die Anrechnung einer wegen der Tat erfolgten vorläufigen Maßnahme. Auf Fälle der Anordnung einer **isolierten Sperrfrist** ist V S. 2, VI **nicht anwendbar** (Düsseldorf VRS **39**, 259; Nürnberg DAR **87**, 28; LG Gießen NStZ **85**, 112; AG Idstein NStZ-RR **05**, 89; *Hentschel* 10; *D. Meyer* DAR **79**, 157; **aA** Saarbrücken NJW **74**, 1391; LG Nürnberg-Fürth NJW **77**, 446; LG Heilbronn NStZ **84**, 263 [zust. Anm. *Geppert*]; LG Stuttgart VRS **100**, 20 [analoge Anwendung wegen planwidriger Regelungslücke]; LK-*Geppert* 74; *Saal* NZV **97**, 281).

38 Erreicht oder übersteigt die nach V Satz 2 einzurechnende Zeit die Dauer der Sperre, so ist, wenn das Rechtsmittel zurückgenommen wird, die Sperre abgelaufen. Ein Revisionsurteil, das die Entziehung bestätigt, verwirft die Revision auch dann, wenn zum Zeitpunkt der Revisionsentscheidung die festgesetzte Frist bereits abgelaufen ist. Ein Ausspruch über die Erledigung der Sperre ist entbehrlich, da sich der Fristablauf schon aus dem Gesetz ergibt (Düsseldorf VM **77**, 29; LK-*Geppert* 77; *S/S-Stree* 17; vgl. NJW **78**, 384).

39 Der Umstand allein, dass während des **Revisionsverfahrens** die tatrichterlich verhängte Sperrfrist abgelaufen ist, rechtfertigt nach **hM** die Aufhebung der vorläufigen Entziehung und die Herausgabe des Führerscheins nicht (NZV **98**, 418; Karlsruhe MDR **77**, 948; Die Justiz **78**, 78 L; Frankfurt VRS **58**, 420; Hamburg NJW **66**, 2373; NJW **81**, 2590 [m. Anm. *Rüth* JR 81, 338]; Hamm JMBlNW **81**, 228; Schleswig SchlHA **80**, 171; Stuttgart VRS **63**, 364; Düsseldorf VRS **64**, 262; vgl. *S/S-Stree* 17a; SK-*Horn* 11; KK-*Nack* 11 zu § 111a StPO); **aA** Celle NdsRpfl. **67**, 182; Saarbrücken MDR **72**, 533; Zweibrücken VM **76**, 76; *Koblenz MDR 78, 337; Hohenester* NJW **66**, 2372; *Hentschel* MDR **78**, 185; DAR **80**, 172; ZfS **81**, 188; NJW **81**, 1081; **82**, 1080; NStZ/J **81**, 471). Verweist das Revisionsgericht, wenn nur die Dauer der Sperrfrist angefochten war, zurück, so wird man hinsichtlich der seit dem angefochtenen Urteil verstrichenen Frist V S. 2 zugunsten des Verurteilten analog anzuwenden haben (*Beine* BA **81**, 438; SK-*Horn* 11).

9) Vorzeitige Aufhebung (Abs. VII). Die Sperre endet regelmäßig mit Ablauf der in der Entscheidung bestimmten Frist, ohne dass es hierzu einer gesonderten Feststellung bedarf. Abs. VII erlaubt eine vorzeitige Aufhebung im Wege der §§ 463 V, 462 StPO. Eine vorzeitige Aufhebung ist auch bei einer lebenslangen Sperre möglich (Düsseldorf VRS **63**, 273; NZV **91**, 477; München NJW **81**, 2424; Karlsruhe NStZ-RR **02**, 54; LK-*Geppert* 78; *Hentschel* 14). Die Aufhebung kann **entspr. II** auf bestimmte Arten von KFZ beschränkt werden oder für verschiedene Kfz-Arten unterschiedliche Verkürzungen vorsehen. 40

A. Formelle Voraussetzung. Die Sperre muss mindestens **drei Monate,** im Fall von III **ein Jahr** gedauert haben; diese Frist verkürzt sich unter den Voraussetzungen von V Satz 2, VI um die Zeit vorläufiger Maßnahmen. Die Mindestfrist der 1. Var. ist durch das G v. 24. 4. 1998 (vgl. 1 zu § 44) auf 3 Monate herabgesetzt worden, da die frühere Dauer von 6 Monaten der Teilnahme an einem Aufbauseminar entgegenwirkte, wenn eine Sperrfrist von unter 1 Jahr festgesetzt war (vgl. BT-Drs. 13/6914, 93). Abs. IV ist nicht entsprechend anzuwenden (LG Berlin DAR **65**, 303); ist daher in der Entscheidung eine unter 6 Monaten liegende Sperre bestimmt, so scheidet vorzeitige Aufhebung aus (vgl. *Seib* DAR **65**, 209). Eine vorzeitige Aufhebung kann idR nicht für einen noch Monate voraus liegenden Zeitpunkt erfolgen (LG Ellwangen BA **02**, 223). 41

B. Materielle Voraussetzungen. Die vorzeitige Aufhebung setzt voraus, dass **Grund zu der Annahme** besteht, dass der Täter im Zeitpunkt der Beschlussfassung (Köln NJW **60**, 2255) zum Führen von Kfz **nicht mehr ungeeignet** ist. Hierfür reicht bloßer Zeitablauf ebenso wenig aus wie die Aussetzung eines Strafrests nach §§ 57, 57 a (Hamm VRS **30**, 93; Koblenz VRS **45**, 348; **52**, 272; **66**, 21; **68**, 353); auch eine lebenslange Sperre ist nicht schon wegen Ablaufs einer langen Zeit aufzuheben (München NJW **81**, 2424; Düsseldorf NZV **91**, 478; vgl. aber Hamm BA **01**, 381 [jahrelange Abstinenz bei alkoholabhängigem Trunkenheitstäter]; *Hentschel* 14). Eine neue (abweichende) Würdigung der früher vorliegenden Tatsachen rechtfertigt eine Aufhebung nicht; vielmehr müssen **neue Tatsachen** (Koblenz OLGSt. 5; VRS **65**, 362; **66**, 447; **67**, 344; **68**, 353; **69**, 29; **71**, 27; BA **86**, 154; Karlsruhe NJW **60**, 587; LG Kassel DAR **92**, 33; *Hentschel* BA **86**, 12; **aA** Köln NJW **60**, 2255; Düsseldorf VRS **63**, 274; NZV **91**, 477) den Verurteilten als nicht mehr als ungeeignet erscheinen lassen. 42

a) Das kann insb. sein **Verhalten** seit Beginn der Maßnahme sein; weiterhin **zB** der Eintritt neuer, besonders gravierender beruflicher, wirtschaftlicher oder persönlicher Umstände. **Wirtschaftliche Gesichtspunkte** können freilich *als solche* für die Prognose kein Gewicht haben (vgl. Saarbrücken VRS **19**, 31; Koblenz VRS **60**, 433; ZfS **82**, 348; LG Kassel DAR **92**, 33; LK-*Geppert* 86); anders ist es, wenn sie zum Zeitpunkt der Tat und der Entscheidung unvorhersehbar waren und im Einzelfall geeignet sind, die verkehrsspezifische Zuverlässigkeit des Verurteilten wesentlich zu fördern (vgl. 46 ff. zu § 69). Wenn die Entziehung auf dem Einsatz eines Kfz im Bereich allgemeiner Kriminalität beruhte (vgl. 40 ff. zu § 69) kann die Prüfung nach VII mit der Sozialprognose iS von § 57 I zusammenfallen (Karlsruhe NStZ-RR **02**, 54 [Aufhebung lebenslanger Sperre bei Reststrafenaussetzung lebenslanger Freiheitsstrafe]). 43

b) Berücksichtigung kann insb. auch finden, dass der Verurteilte durch eine **Nachschulung** (vgl. dazu 36 zu § 69) eine risikobewusstere Einstellung im Straßenverkehr entwickelt hat; von Bedeutung sind insb. **Aufbauseminare für alkoholauffällige Täter** (vgl. Düsseldorf VRS **66**, 347 [hierzu *Janiszewski* NStZ **84**, 255]; LG Hamburg MDR **81**, 70; LG München DAR **81**, 230; LG Hildesheim ZfS **85**, 316; ZfS **02**, 548; 595 [Anm. *Bode*]; NStZ-RR **03**, 312; LG Oldenburg DAR **96**, 470; LG Hof NZV **01**, 92; LG Dresden DAR **02**, 280; AG Hannover BA **83**, 169; AG Düren ZfS **90**, 429; AG Hof DAR **02**, 328; vgl. dazu auch Entschließung VGT **79**, 7; SK-*Horn* 14; *Hentschel* 14; *ders.* TFF 635 ff.; *ders.* NJW **96**, 638; *Himmelreich* DAR **03**, 110; **05**, 134; *Himmelreich/Hentschel* [1 a] I 187; *Himmelreich/Halm* 44

NStZ **05**, 319; *Hillmann* DAR **03**, 106; *Seib* DRiZ **81**, 168; *Gebhardt* VGT **81**, 51; *Grohmann* DRiZ **82**, 343; *Stephan,* Leferenz-FS 175; *Geppert* BA **84**, 55; *Goderbauer/Wulf* BA **86**, 36; *Piesker* BA **02**, 203; zusf. Rspr.-Übers. *Zabel/Zabel* BA **91**, 345; zur Erfolgsquote vgl. *Birnbaum/Biehl* NZV **02**, 164; **einschr.** aber LG Dortmund DAR **81**, 28; LG Kassel DAR **81**, 28; **92**, 33; LG Nürnberg-Fürth ZfS **81**, 32 L; LG Bremen BA **81**, 272 [m. Anm. *Zabel*]; LG Ellwangen BA **02**, 223) sowie **Verkehrstherapien** (vgl. auch Oldenburg ZfS **97**, 35; **02**, 354; LG Dresden DAR **02**, 280; AG Hof DAR **02**, 328; zur **Rspr. i. e.** vgl. *Himmelreich/Lessing* NStZ **03**, 301, 302; *Himmelreich/Halm* NStZ **04**, 317, 318f.; **06**, 380, 381f.). Zu den **Anforderungen** an die Ausgestaltung solcher Nachschulungen vgl. LG Hildesheim NStZ-RR **03**, 312f. (unter Aufgabe von ZfS **02**, 548; DAR **03**, 88); LG Köln DAR **05**, 702; *Himmelreich* DAR **03**, 110 (jew. mwN); zu unterscheiden ist zwischen extern überprüften und nicht überprüften Therapien (vgl. *Himmelreich/Halm* NStZ **06**, 380f.). Auch die Teilnahme an einer **Selbsthilfegruppe** für Suchtmittelabhängige stellt grds. eine neue Tatsache iS von Abs. VII dar. Sie ist aber bei einem vielfach wegen rauschmittelbedingter Verkehrsstraftaten Vorbestraften nicht geeignet, für sich eine alleine eine hinreichende charakterliche Eignung zu belegen (KG NZV **05**, 162f.).

45 **C. Entscheidung.** Die **Zuständigkeit** für die vorzeitige Aufhebung bestimmt sich nach § 462a StPO; zuständig ist daher grds. das **Gericht des ersten Rechtszugs;** eine Abgabe an das Wohnsitzgericht nach § 462a II S. 2 StPO kommt nicht in Betracht (BGH **30**, 387). Während der Vollstreckung einer Freiheitsstrafe oder einer freiheitsentziehenden Maßregel ist nach § 463 V iV mit §§ 462, 462a I S. 1 StPO die **StVK** zuständig; zur Zuständigkeit bei Entscheidung während einer Zurückstellung gem. § 35 BtMG vgl. Düsseldorf NStZ **03**, 53 mwN.

46 **10) Verfahrensrechtliche Hinweise.** Zur Zulässigkeit der Beschränkung eines Rechtsmittels auf die Maßregelananordnung vgl. 56 zu § 69 mwN. Eine Beschränkung auf die Sperrfrist-Bestimmung oder die Nichtzulassung einer Ausnahme nach II ist idR unzulässig (Düsseldorf VRS **66**, 42; Köln VRS **68**, 278; Bay NZV **91**, 397; Frankfurt NZV **96**, 414). Einer Verlängerung der Sperrfrist auf Rechtsmittel des Angeklagten steht das **Verschlechterungsverbot** entgegen (BGH **5**, 178; Köln NJW **65**, 371; Stuttgart NJW **67**, 2071); eine zu Lasten des Angeklagten geänderte Begründung der (unveränderten) Sperre durch das Berufungsgericht ist zulässig (Bay BA **02**, 302; *Hentschel* 18 mwN).

47 **11) Entscheidung über (Neu-)Erteilung der FE.** Über die Wiedererteilung (oder, bei isolierter Sperrfrist, die Neuerteilung) einer FE entscheidet nach Ablauf oder vorzeitiger Aufhebung der Sperre allein **die Verwaltungsbehörde** (DAR **61**, 199; BVerwGE **17**, 347; **20**, 365; Bay MDR **60**, 243); sie ist an die strafgerichtliche Prognosebeurteilung nicht gebunden (vgl. § 2a V StVG, §§ 11, 13, 14, 20 FeV). Der Ablauf der Sperrfrist verpflichtet nicht zur Erteilung (BVerfGE **20**, 365; HessVGH VM **62**, 25; **63**, 17; OVG Bremen VM **63**, 28; *Hentschel* 19); im Fall der vorzeitigen Aufhebung (VII) darf die Verwaltungsbehörde die Ablehnung eines Antrags auf (Wieder-)Erteilung aber nicht allein auf die Tatsachen stützen, die zur Sperre geführt haben (OVG Berlin VM **63**, 18; vgl. *Martens* NJW **63**, 139; NK-*Herzog* 2; vgl. auch *Bode* BA **98**, 81).

Wirkung der Entziehung bei einer ausländischen Fahrerlaubnis

69b **I Darf der Täter auf Grund einer im Ausland erteilten Fahrerlaubnis im Inland Kraftfahrzeuge führen, ohne dass ihm von einer deutschen Behörde eine Fahrerlaubnis erteilt worden ist, so hat die Entziehung der Fahrerlaubnis die Wirkung einer Aberkennung des Rechts, von der Fahrerlaubnis im Inland Gebrauch zu machen. Mit der Rechtskraft der Entscheidung erlischt das Recht zum Führen von Kraftfahrzeugen im Inland. Während der Sperre darf weder das Recht, von der ausländischen Fahrerlaubnis wieder Gebrauch zu machen, noch eine inländische Fahrerlaubnis erteilt werden.**

II Ist der ausländische Führerschein von einer Behörde eines Mitgliedstaates der Europäischen Union oder eines anderen Vertragsstaates des Abkommens über den Europäischen Wirtschaftsraum ausgestellt worden und hat der Inhaber seinen ordentlichen Wohnsitz im Inland, so wird der Führerschein im Urteil eingezogen und an die ausstellende Behörde zurückgesandt. In anderen Fällen werden die Entziehung der Fahrerlaubnis und die Sperre in den ausländischen Führerscheinen vermerkt.

1) Allgemeines. Die Vorschrift wurde in Abs. I durch das 32. StÄG (1 zu § 44) neugefasst. Durch Art. 3 Nr. 4 des StVGÄndG v. 24. 4. 1998 (BGBl. I, 747) wurde die Vorschrift der Terminologie des StVG sowie den Bestimmungen der Richtlinie 91/439 EWG des Rates vom 29. 7. 1991 über den Führerschein (ABl. EG Nr. L 237 S. 1; EG-Führerschein-RL) angepasst. 1

Neuere Literatur: *Bouska*, Fahrberechtigung von Berufspendlern mit ausländischer Fahrerlaubnis im Inland, NZV **00**, 321; *Gehrmann,* Das Gesetz zur Änderung des Straßenverkehrsgesetzes u. anderer Gesetze, NJW **98**, 3534; *ders.,* Die Neuregelungen im Führerscheinrecht ab 1. 1. 1999, NJW **99**, 455; *Heinrich*, Führerscheinmaßnahmen bei ausländischen Fahrzeugführern, Polizei, Verkehr + Technik **98**, 27; *Hentschel,* Die Teilnahme am inländischen Kfz-Verkehr mit ausländischen Führerscheinen, Meyer-GedS (1990), 789; *ders.*, Der Einfluss einer gem. § 69 b in der bis zum 31. 12. 1998 geltenden Fassung angeordneten Entziehung einer ausländischen Fahrerlaubnis auf die Berechtigung gem. §§ 28 FeV, 4 IntVO, NZV **01**, 193; *Jagow,* Das neue Fahrerlaubnisrecht, DAR **98**, 453; *Zelenka*, EU-Übereinkommen über den Entzug der Fahrerlaubnis, DAR **01**, 148. 1 a

2) Anwendungsbereich. § 69 b regelt die Besonderheiten, die bei der Entziehung der Fahrerlaubnis **(= FE)** gelten, wenn der Täter nach besonderen Befugnissen der IntVO im Inland Kraftfahrzeuge führen darf, ohne dass ihm von einer deutschen Behörde eine FE erteilt worden ist. Die Regelung gilt für Inhaber ausländischer Fahrberechtigungen, idR **Ausländer,** die einen internationalen Führerschein oder eine ausländische Fahrerlaubnis besitzen; sie erfasst aber auch **Deutsche,** deren ständiger Wohnsitz oder tatsächlicher Schwerpunkt ihrer Lebensverhältnisse im **Ausland** liegt (Düsseldorf VM **79**, 85; JR **84**, 82 [m. Anm. *Hentschel*]), sowie Ausländer, die in ihrem Land einer Fahrerlaubnis nicht oder für die Fahrzeugart nicht bedürfen (vgl. *Hentschel* NJW **75**, 1350). Sie gilt auch für Inhaber von Führerscheinen, die nach Art. 9 ZusatzAbk zum NTS zum Führen von KFZ im Inland berechtigen (NStZ **93**, 340). Zur Anerkennung von **EU-Fahrerlaubnissen** vgl. EuGH NJW **04**, 1725; **06**, 2173; Saarbrücken NStZ-RR **05**, 50; Düsseldorf StV **07**, 37 f.; jew. mwN; *Ternig* ZfS **06**, 428). 2

3) Entziehung der FE (Abs. I). Hinsichtlich der **Voraussetzungen** einer Entziehung der FE sind Inhaber ausländischer Fahrberechtigungen durch das 32. StÄG v. 1. 6. 1995 Inhabern deutscher FE **gleichgestellt** (vgl. MDR **97**, 80). 3

A. Anordnung. Zwar kann eine von einer ausländischen Behörde erteilte FE von deutschen Gerichten oder Behörden nicht entzogen werden. Gleichwohl sind § 69 I und II sowie § 69 a nach Maßgabe von § 69 b I anwendbar. Es ist daher, wie sich aus I. S. 1 ergibt, bei Vorliegen der Voraussetzungen des § 69 im Urteil nicht nur eine Untersagung des Gebrauchmachens von der FE auszusprechen, sondern die **Entziehung der FE** anzuordnen und nach § 69 a eine **Sperrfrist** festzusetzen. Fehlt dem Täter die Befugnis, am innerdeutschen Kraftverkehr nach der IntVO teilzunehmen, so ist nach § 69 a I S. 3 zu verfahren, also eine **isolierte Sperrfrist** anzuordnen, wenn er (auch) **keine ausländische** Fahrerlaubnis besitzt (BGH **42**, 235 = NZV **96**, 500). Anders ist es nach BGH **44**, 194, wenn der Täter eine ausländische Fahrerlaubnis besitzt, mit der er jedoch in Deutschland nicht fahren darf (insb. weil er zum Zeitpunkt der Erteilung seinen ständigen Aufenthalt in Deutschland hatte [§ 4 II S. 1 Buchst. a IntVO] und nach Ablauf der Frist des § 4 I S. 3 IntVO); in diesem Fall ist im Urteil auch die Fahrerlaubnis zu entziehen (ebenso LG Aachen BA **01**, 382). Die **Gegenansicht** (AG Eschweiler NZV **02**, 332; *Hentschel* 2; *ders.* NZV **99**, 134 und Meyer-GedS 789, 810 f.; *Lackner/Kühl* 1 a; vgl. auch LK-*Geppert* 2; *Spendel* JR **97**, 137) stützt sich auf das nahe liegende Argument, dass eine „Entzie- 4 hung" der inländischen Fahrberechtigung ins Leere gehe, wenn eine solche gar nicht besteht. Der **BGH** hat die Erforderlichkeit einer Entziehung der FE aus pragmatischen Gründen auf Sinn und Zweck der §§ 69ff. gestützt: In Fällen, in denen eine Einziehung des ausländischen Führerscheins nicht zulässig ist (II S. 2), bliebe, wenn II nicht unabhängig von I anwendbar ist, der Anschein einer Berechtigung weiterhin bestehen; das will die Regelung gerade verhindern (BGH **44**, 194, 195f.). Eine **Einziehung des** (ausländischen) **Führerscheins** erfolgt nur in den Fällen des Abs. II S. 1 (unten 9).

5 **B. Wirkung.** Die Entziehung der Fahrerlaubnis hat nach **I S. 1** die Wirkung der **Aberkennung des Rechts,** von der Fahrerlaubnis in der BRep. Gebrauch zu machen. Der Täter verliert seine besonderen Befugnisse aus der IntVO; das Recht, fahrerlaubnispflichtige KFZ im Inland zu führen, **erlischt** nach **I. S. 2** mit der Rechtskraft des Urteils (**anders** § 69b I idF bis zum 1. 1. 1999, wonach nur ein *Verbot* begründet wurde, KFZ im Inland zu führen). Diese gesetzliche Folge ist nicht gesondert anzuordnen (BGH **42**, 235).

6 Dem Täter darf für die Dauer der Sperrfrist von einer *deutschen* Behörde keine Fahrerlaubnis erteilt werden **(I S. 3, 2. HS),** auch nicht durch Umschreibung gem. §§ 29ff. FEV (*Hentschel* 4; vgl. auch München NJW **07**, 1152, 1153; Stuttgart StV **07**, 192). Nach Ablauf der Sperrfrist lebt die Erlaubnis nicht ohne Weiteres wieder auf (**anders** bei Entziehung vor dem 1. 1. 1998; vgl. Köln NZV **01**, 225 [abl. Anm. *Ternig* DAR **01**, 293]; LG Aachen NZV **00**, 511 [abl. Anm. *Bouska*]; *Hentschel* NZV **01**, 193; vgl. BT-Drs. 13/6914, 93; zur Rückwirkung vgl. Vorlagebeschl. Karlsruhe NStZ **02**, 92); sie muss von der Verwaltungsbehörde neu erteilt werden (§ 28 V FeV); Inhaber einer EU- oder EWR-FE mit Wohnsitz im Inland haben eine deutsche FE zu beantragen (§ 2 II S. 1 Nr. 1 StVG); die Neuerteilung ist nach deutschem Rechtsmaßstab zu prüfen (OVG Saarlouis ZfS **01**, 142).

7 Wird dem Inhaber einer **deutschen FE** diese entzogen oder eine isolierte Sperrfrist angeordnet, so hat er *während der Dauer der Sperrfrist* im Inland auch keine Berechtigung aus §§ 4, 5 IntVO (vgl. *Bouska* DAR **83**, 130; *Slapnicar* NJW **85**, 2861; *Ostendorf* JZ **87**, 336). Das gilt grds. auch dann, wenn nach der Entziehung der deutschen FE eine **ausländische FE** erworben wurde (Koblenz VRS **39**, 365; VGH Mannheim NJW **73**, 1571; Hamm NJW **78**, 1757, 2562]; für tschechische FE vgl. Stuttgart NStZ **07**, 182), und auch dann, wenn der Täter einen Wohnsitz im Ausland begründet (vgl. § 4 III Nr. 3, Nr. 4, IV IntVO). Nach dem Beschl. des **EuGH** v. 6. 4. 2006 (C-227/05) darf ein Mitgliedsstaat aber eine in einem anderen Mitgliedsstaat erworbene FE nicht deshalb als ungültig ansehen, weil der Inhaber, dem die FE durch den erstgenannten Staat unter Festsetzung einer Sperrfrist für die Neuerteilung entzogen war, sich *nach Ablauf der Sperrfrist* nicht einer Fahreignungsprüfung nach den Regeln dieses Staats unterzogen hat. Im Beschl. v. 28. 9. 2006 (C-340/05, NJW **07**, 1863) hat der EuGH klargestellt, dass ein Mitgliedsstaat, der dem Betroffenen die FE *ohne* Festsetzung einer Sperrfrist entzogen hat, eine in einem anderen Mitgliedsstaat erteilte FE auch dann anerkennen muss, wenn der Inhaber Bedingungen des erstgenannten Staats für die Neuerteilung nach Entzug der FE nicht erfüllt. Jedenfalls eine *nach* Ablauf einer (deutschen) Sperrfrist in einem EU-Mitgliedsland erworbene FE berechtigt daher auch zum Fahren in Deutschland (AG Straubing StraFo **07**, 85; vgl. auch OVG Hamburg NJW **07**, 1160; OVG Weimar NJW **07**, 1163). Dasselbe gilt nach München NJW **07**, 1152 auch für eine *vor* Ablauf der Sperrfrist erworbene ausländische FE zum Fahren in Deutschland *nach* Ablauf der Sperrfrist (ebenso Nürnberg NStZ-RR **07**, 269; Jena StraFo **07**, 216; **aA** Stuttgart NStZ **07**, 271; vgl. auch VGH Kassel NJW **07**, 102ff.; **07**, 1897ff; OVG Münster NJW **07**, 199 L). Dem durch diese Rechtslage *entstehenden sog. „Führerscheintourismus"* kann nur durch Hamonisierung des FE-Rechts entgegen gewirkt werden (zutr. Jena StraFo **07**, 216, 217).

8 **4) Vollstreckung (Abs. II).** Hinsichtlich der weiteren, den ausländischen Führerschein betreffenden Maßnahmen unterscheidet Abs. II zwischen Fahrerlaubnis-

sen aus EU- bzw. EWR-Staaten (S. 1) und solchen aus Drittstaaten (S. 2); bei den ersteren überdies danach, ob der Täter einen Wohnsitz (vgl. § 7 FeV) im Inland hat (Einzelheiten bei *Hentschel* TFF 817ff.).

A. Wenn die ausländische Fahrerlaubnis von einer Behörde eines **Mitgliedstaats der EU** oder eines **EWR-Staats** (Island, Liechtenstein, Norwegen) erteilt wurde und der Inhaber seinen **ordentlichen Wohnsitz in der BRep.** hat (zu möglichen Ausnahmen bei Berufspendlern vgl. *Bouska* DAR **00**, 321 f.; *Hentschel* TFF 816), ist der Führerschein im Urteil **einzuziehen (II S. 1).** Er wird an die ausstellende ausländische Behörde zurückgesandt (vgl. Art. 8 II und III EG-FührerscheinRL; zur Geltung im Verhältnis zu EWR-Staaten vgl. Beschluss des Gemeinsamen EWR-Ausschusses Nr. 7/94 v. 21. 3. 1994, ABl. Nr. L 160 S. 80); hieran ist die Erwartung geknüpft, dass die ausstellende Behörde die Fahrerlaubnis ihrerseits entzieht (BT-Dr. 13/6914, 93). 9

B. In **anderen Fällen** tritt nach **II S. 2** an die Stelle der Einziehung ein **Vermerk** über die Entziehung und die Dauer der Sperre in dem ausländischen Führerschein (vgl. 1 StR 677/95; 21 zu § 44). Das betrifft zum einen Fälle, in welchen der Führerschein von Behörden eines nicht zur EU oder zum EWR gehörenden **Drittstaats** ausgestellt wurde; zum anderen Fälle, in welchen der Inhaber einer ausländischen FE eines EU- oder EWR-Staats **keinen ordentlichen Wohnsitz** in der BRep. hat. Für die **EU** ist zukünftig die gegenseitige Vollstreckung im Wohnsitzstaat vorgesehen (Übk. v. 17. 6. 1998 (ABl. EG Nr. C 216, S. 1; bislang nur von Spanien, der Slowakei und Zypern ratifiziert). Ein Vermerk erfolgt auch dann, wenn aufgrund einer ausländischen Fahrerlaubnis eine Berechtigung zum Führen von Kfz in Deutschland nicht besteht (BGH **44**, 194; vgl. oben 4). Eine gesonderte Anordnung des Vermerks im Urteil erfolgt nicht; seine Anbringung ist Sache der Vollstreckungsbehörde (Bay NJW **79**, 1788; Einwendungen richten sich nach §§ 458 I, 462, 462 a StPO). Zur Eintragung des Vermerks kann der ausländische Führerschein vorübergehend **beschlagnahmt** werden (§ 463 b II StPO); nach Eintragung ist er dem Verurteilten zurückzugeben (*S/S-Stree* 6; *Lackner/Kühl* 4; SK-*Horn* 4; *Hentschel* 5). 10

5) Vorläufige Maßnahmen. Für die vorläufigen Entziehung der FE und die Beschlagnahme eines von einer Behörde eines EU- oder EWR-Staats ausgestellten Führerscheins eines Beschuldigten mit Wohnsitz im Inland gilt § 111 a III S. 2 StPO. In sonstigen Fällen (oben 10) ist die vorläufige Entziehung zu vermerken (§ 111 a VI S. 1 StPO); eine vorläufige Beschlagnahme ist hier nach § 111 a VI S. 2 StPO zulässig. 11

Berufsverbot

Anordnung des Berufsverbots

70 [I] **Wird jemand wegen einer rechtswidrigen Tat, die er unter Missbrauch seines Berufs oder Gewerbes oder unter grober Verletzung der mit ihnen verbundenen Pflichten begangen hat, verurteilt oder nur deshalb nicht verurteilt, weil seine Schuldunfähigkeit erwiesen oder nicht auszuschließen ist, so kann ihm das Gericht die Ausübung des Berufs, Berufszweiges, Gewerbes oder Gewerbezweiges für die Dauer von einem Jahr bis zu fünf Jahren verbieten, wenn die Gesamtwürdigung des Täters und der Tat die Gefahr erkennen lässt, dass er bei weiterer Ausübung des Berufs, Berufszweiges, Gewerbes oder Gewerbezweiges erhebliche rechtswidrige Taten der bezeichneten Art begehen wird. Das Berufsverbot kann für immer angeordnet werden, wenn zu erwarten ist, dass die gesetzliche Höchstfrist zur Abwehr der von dem Täter drohenden Gefahr nicht ausreicht.**

II War dem Täter die Ausübung des Berufs, Berufszweiges, Gewerbes oder Gewerbezweiges vorläufig verboten (§ 132 a der Strafprozessordnung), so verkürzt sich das Mindestmaß der Verbotsfrist um die Zeit, in der das vorläufige Berufsverbot wirksam war. Es darf jedoch drei Monate nicht unterschreiten.

III Solange das Verbot wirksam ist, darf der Täter den Beruf, den Berufszweig, das Gewerbe oder den Gewerbezweig auch nicht für einen anderen ausüben oder durch eine von seinen Weisungen abhängige Person für sich ausüben lassen.

IV Das Berufsverbot wird mit der Rechtskraft des Urteils wirksam. In die Verbotsfrist wird die Zeit eines wegen der Tat angeordneten vorläufigen Berufsverbots eingerechnet, soweit sie nach Verkündung des Urteils verstrichen ist, in dem die der Maßregel zugrunde liegenden tatsächlichen Feststellungen letztmals geprüft werden konnten. Die Zeit, in welcher der Täter auf behördliche Anordnung in einer Anstalt verwahrt worden ist, wird nicht eingerechnet.

1 **1) Die Vorschrift** ist unter weitgehender Übereinstimmung mit § 101 E 1962 (Begr. 231; Ndschr. **4**, 91, 371) durch das 2. StrRG (Ber. BT-Drs. V/4095, 37; Prot. IV/830, 841; V/16, 431, 445, 467, 1792, 2333, 3204) unter technischen Änderungen durch das EGStGB (RegE 214) eingefügt worden. § 70 findet eine wichtige Ergänzung in § 132 a StPO (hierzu BGH **28**, 84; Düsseldorf JZ **84**, 440; *Möhrenschlager* HWiStR „Berufsverbot"). Vgl. ferner *G. Kaiser* aaO [4 a vor § 61] 41 ff.

1 a **Literatur:** *Bettermann,* Die allgemeinen Gesetze als Schranken der Pressefreiheit, JZ **64**, 601; *Büchner,* Abtreibung u. Berufsfreiheit, NJW **99**, 833; *Copic,* Berufsverbot u. Pressefreiheit, JZ **96**, 494; *Lang-Hinrichsen,* Umstrittene Probleme bei der strafgerichtlichen Untersagung des Berufsverbots, Heinitz-FS 477; *Lehmann,* Der Verstoß gegen das berufsverbot (§ 145 c StGB), 2007 (Diss. Köln 2006); *Olischläger,* Zeitliches Berufsverbot (in der Ehrengerichtsbarkeit für Rechtsanwälte), AnwBl. **73**, 321; *Rapsch,* Das Berufsverbot gegen Journalisten (usw.), 1978; *M.J. Schmid,* Kein Berufsverbot für Rechtsanwälte durch den Strafrichter?, ZRP **75**, 79; *Stettner,* Art. 18 Grundgesetz u. das strafrechtliche Berufsverbot, 1973; *Walter,* Zur Zulässigkeit journalistischen Berufsverbots nach der Europäischen Menschenrechtskonvention, DÖV **66**, 380; *Weber,* Strafersatz durch Berufsverbote, 1964; *Wilke,* Die Verwirkung der Pressefreiheit u. das strafrechtliche Berufsverbot, 1964.

Voraussetzungen der Maßregel (§ 61 Nr. 6) sind:

2 **2)** Der Täter muss eine **rechtswidrige Tat** (§ 11 I Nr. 5) begangen haben. Abs. I S. 1 führt zwei Varianten auf:

3 **A.** Die **1. Variante** setzt voraus, dass die Anlasstat unter **Missbrauch des Berufs oder Gewerbes** begangen wurde. Der Täter muss die ihm durch Beruf oder Gewerbe (LK-*Hanack* 12 ff.) gegebene Möglichkeit bewusst und planmäßig zu der Tat ausgenutzt haben (NJW **68**, 1730; **89**, 3232; NStZ/D **90**, 225). Die Tat muss Ausfluss der beruflichen oder gewerblichen Tätigkeit selbst sein oder zumindest in Beziehung zu ihrer regelmäßigen Gestaltung stehen (BGH **22**, 144; NJW **83**, 2099; **89**, 32 f.; **01**, 3349; NStZ **95**, 124; StV **87**, 20; BGHR § 70 Pflichtverletzung 1, 2, 6, 7; 3 StR 188/03; Brandenburg StV **01**, 106; Frankfurt NStZ-RR **03**, 113 f.). **Beispiele:** Übermittlung von Info-Material an inhaftierte Terroristen sowie Waffenschmuggel durch Verteidiger (BGH **28**, 84; LK-*Hanack* 21); strafbare Schwangerschaftsabbrüche durch Arzt oder Hebamme; Verfehlungen nach §§ 58, 59 LFGB durch Gewerbetreibende; die Entwendung von Opiaten durch eine Krankenschwester (Hamburg NJW **55**, 1568) oder durch einen Anästhesisten und Konsum während des Dienstes (Frankfurt NStZ-RR **01**, 16 f.); sexueller Missbrauch von Schülern durch Lehrer (NStZ **02**, 198).

3 a **Nicht** ausreichend ist das bloße Ausnutzen von sich anlässlich der Berufsausübung ergebenden Möglichkeiten zur Tatbegehung (NJW **83**, 2099 [betrügerische Darlehenserlangung von Patienten durch Arzt]; 3 StR 188/03 [betrügerische Darlehenserlangung von Fahrschülern]; Bay NJW **57**, 958; Karlsruhe NStZ **95**, 291; Oldenburg NJW-RR **97**, 1287; Frankfurt NStZ-RR **03**, 113 f. [Missbrauch von

Titeln durch RA]); ebenso wenig, dass die Straftaten im Zusammenhang mit einer nur *beabsichtigten* oder *vorgetäuschten* Berufs- oder Gewerbeausübung begangen wurden (BGH **22**, 144 [Filmproduzent]; NStZ **88**, 176; **98**, 567 [Rechtsanwalt]; 3 StR 242/90; wistra **99**, 222 [Anlageberater]; NStZ-RR **00**, 326 [Kreditvermittlung]).

B. Die **2. Variante** setzt voraus, dass die Anlasstat unter **grober Verletzung** der mit Beruf oder Gewerbe **verbundenen Pflichten** begangen wurde. Erfasst sind berufspezifische Pflichten, aber auch allgemeine Pflichten, die aus der Berufs- oder Gewerbstätigkeit erwachsen (zB betrügerische Warenbestellungen eines Kaufmanns (NJW **89**, 3232 [m. Anm. *Geerds* JR **90**, 296]; Beitragsabführungspflichten [LG München wistra **87**, 261; LK-*Hanack* 29; NK-*Lemke* 13; **aA** Bay NJW **57**, 958]; vgl. BGH **22**, 146; Hamburg NJW **55**, 1568; KG JR **80**, 247). Die Pflichten können nicht erschöpfend umschrieben werden (BVerfGE **45**, 351), sind aber für den Kreis der Berufsangehörigen im Allgemeinen leicht zu erkennen (6. 12. 1982, StbStR 2/82). **Beispiele:** Umweltgefährdende Abfallbeseitigung (§ 326) bei einem Galvanik-Betrieb (LG Frankfurt NStZ **83**, 171; hierzu *Pfohl* wistra **94**, 7); Zur-Verfügung-Stellen der Einrichtungen einer Anwaltskanzlei zur Sicherung der Kommunikation zwischen inhaftierten und in Freiheit lebenden Terroristen (BGH **28**, 84); Parteiverrat (§ 356). 4

Die Pflicht, **Steuern** abzuführen (auch USt und GewSt), trifft jedermann und ist keine berufsspezifische Pflicht iS des § 70 (KG JR **80**, 247). Anders ist es bei einem *Steuerberater*, hier kann eine Verletzung solcher Pflichten als „innerberuflicher" (§ 89 I StBerG) Verstoß zum Berufsausschluss (§ 90 I Nr. 4 StBerG) führen (BGH **29**, 97). Auch kann die erforderliche berufstypische Verbindung bei der Hinterziehung betrieblicher Steuern dann gegeben sein, wenn sie mit schwerwiegenden Verletzungen der Buchführungs- und Aufzeichnungspflichten und zur Verdeckung von Schwarzarbeit und Einschaltung von Subunternehmen einhergeht (NStZ **95**, 124). 4a

C. § 70 bezieht sich auf **alle Berufe und Gewerbe,** auch auf solche mit Ehrengerichtsbarkeit wie Rechtsanwälte und Ärzte und mit Berufsgerichtsbarkeit wie Steuerberater, Steuerbevollmächtigte (LK-*Hanack* 47). Die Frage der Möglichkeit eines Berufsverbots gegen **Journalisten** war lange Zeit str. (vgl. BVerfGE **10**, 118; BGH **17**, 38 [m. Anm. *Copic* JZ **63**, 494]; NJW **65**, 1388); problematisch ist dies bei Meinungsäußerungstaten (NK-*Lemke* 8). Nach BVerfGE **25**, 88 widerspricht § 70 jedenfalls dann nicht Art. 18 GG, wenn die Maßregel neben einer Strafe nach Bestimmungen zum Schutz des Staates vor verfassungswidrigen Parteien angeordnet wird (dazu *Schmitt Glaeser* JZ **70**, 59). Einschränkungen können sich aus Art. 10 II MRK ergeben (*Walter* DÖV **66**, 380). Ist der Täter **Beamter,** so wird § 70 grds von § 45 verdrängt (NJW **87**, 2686 f.); ein Verbot nach § 70 kommt aber in Betracht, wenn der Täter fachliche Qualifikationen ausgenutzt hat, von denen er auch außerhalb des öffentlichen Dienstes gefährlichen Gebrauch machen könnte (NStZ **02**, 198). 5

3) Der Täter muss wegen der Tat verurteilt oder nur deshalb nicht verurteilt werden, weil seine Schuldunfähigkeit (§ 20) erwiesen oder nicht auszuschließen ist (vgl. § 71 I); insoweit gelten die Erl. zu § 69 sinngemäß. Die auslösende rechtswidrige Tat muss als **Symptomtat** von solcher Art und solchem Gewicht sein, dass sie die Gefährlichkeitsprognose (unten 7) mitzutragen vermag (Begr. 38). 6

4) Eine **Gesamtwürdigung des Täters und der Tat** muss die **Gefahr** erkennen lassen, dass der Täter bei weiterer Ausübung seines Berufs (bzw. Berufszweiges, Gewerbes oder Gewerbezweiges) **erhebliche rechtswidrige Taten** der bezeichneten Art unter Missbrauch seines Berufs oder grober Verletzung von Berufspflichten begehen wird (3 StR 59/89; vgl. LK-*Hanack* 35; zu den Anforderungen an die Feststellung der Wiederholungsgefahr vgl. NStE Nr. 2; Koblenz OLGSt Nr. 1). An die Erheblichkeit der Taten darf bei der einschneidenden Bedeutung der Maßregel, die Art. 12 GG wesentlich einschränkt, kein zu niedriger Maßstab angelegt werden 7

(LK-*Hanack* 38). Da es an einer § 67b entsprechenden Vorschrift fehlt, ist stets zu prüfen, ob andere, weniger einschneidende Maßnahmen die Gefahr entfallen lassen würden (LK-*Hanack* 45; *S/S-Stree* 13). Ein bereits vollzogener oder beabsichtigter Berufswechsel des Täters steht der Anordnung nicht entgegen, da es nur darauf ankommt, ob von ihm für den Fall weiterer Ausübung seines Berufs Gefahr ausgehen würde.

8 Auch bei der Gefahrprognose darf **zulässiges Verteidigungsverhalten** nicht zu Lasten des Angeklagten gewertet werden (NJW **01**, 3349; NStZ-RR **04**, 54, 55; BGHR § 46 Nachtatverhalten 2; § 70 I Dauer 1; 2 StR 411/02), etwa der Umstand, dass er die Tat oder die Strafbarkeit der Tathandlung bestreitet. Dass ein die Tat bestreitender Angeklagter nicht „Reue und Einsicht" zeigt, darf der Anordnung nicht zugrunde gelegt werden (NStZ **03**, 543, 544).

9 **5)** Bei der **Anordnung** hat das Gericht einen **Ermessensspielraum** (LK-*Hanack* 75; Ber. 37f.), dessen Ausübung zu begründen ist (wistra **94**, 100; 5 StR 452/95). Wird die Gefahr rechtsfehlerfrei festgestellt, so kann von der Anordnung der Maßregel nicht schon deshalb abgesehen werden, weil dem Täter Wiedergutmachung ermöglicht werden soll oder weil eine andere berufliche Eingliederung schwierig ist (NStZ **81**, 392). Von der Anordnung ist abzusehen, wenn weder die auslösende Tat noch die zu erwartenden Taten besonderes Gewicht haben und die Wahrscheinlichkeit künftiger Taten keine hohe ist oder seit der Tat lange Zeit verstrichen ist (NStZ **81**, 392; wistra **82**, 67; LK-*Hanack* 78). Dass der Täter den Beruf bereits aufgegeben hat (MDR **54**, 529) oder dass ihm schon ein verwaltungsrechtliches Verbot auferlegt ist oder ein ehrengerichtliches Verbot droht (MDR/D **52**, 530), steht der Anordnung nicht entgegen, ebenso wenig die UHaft einer Maßnahme nach § 132a StPO (BGH **28**, 94). Zur **Verhältnismäßigkeit** vgl. auch 1, 2 zu § 62.

10 **6)** Gegenstand des Verbots kann nur die Ausübung des Berufs sein, in dem die Straftat begangen worden ist (BGH **22**, 144; 5 StR 278/83). Das Urteil (§ 260 II StPO) muss den untersagten Beruf oder Berufszweig bzw. das Gewerbe oder den Gewerbezweig **genau bezeichnen** (wistra **86**, 257; 5 StR 59/87), was schon im Hinblick auf § 145c (dort 2) geboten ist (Karlsruhe NStZ **95**, 446 m. Anm. *Stree* u. *St. Cramer* NStZ **96**, 136). Die Untersagung muss auf die Art des Missbrauchs zugeschnitten und auf einen **speziellen Teilbereich** beschränkt werden, wenn hierdurch die Gefahr abgewendet werden kann. Zulässig und ggf. geboten ist daher **zB** (Übersicht über Einzelfälle auch bei *Lehmann* [1a] 69ff.) eine Beschränkung auf „Handel mit Südfrüchten" (statt: Tätigkeit im Lebensmittelhandel); „Kinderkrankenschwester" (statt: Tätigkeit als Krankenschwester); Unterrichten oder Betreuen von Kindern und Jugendlichen männlichen Geschlechts unter 16 Jahren (statt: Tätigkeit als Lehrer oder Erzieher; vgl. BGHR § 70 I Umf. zul. 2; NStZ/M **96**, 124); „medizinische Behandlung von Personen weiblichen Geschlechts" (StV **04**, 653 [m. Anm. *Kugler*]). Zulässig ist die Untersagung jedes (nicht bloß eines bestimmten) Handelsgewerbes (NJW **58**, 1404; **65**, 1389); aber **nicht** „jede selbstständige Geschäftstätigkeit" oder Gewerbetätigkeit (MDR/D **52**, 530; MDR/H **79**, 455; GA **60**, 183; **67**, 153; 3 StR 229/80 stRspr; LK-*Hanack* 55); „das Kaufmannsgewerbe" (MDR/D **56**, 143; **58**, 783); „eine Tätigkeit, die die Möglichkeit gibt, über fremde Gelder zu verfügen" (MDR/D **74**, 12); Betätigung „als Manager" (MDR/D **58**, 139); oder „Ausübung des Vertreterberufs im weitesten Sinn" (NK-*Lemke* 21; **aA** Celle NJW **65**, 265; *S/S-Stree* 16). Gegenüber einem RA ist das Verbot der „Verteidigung terroristischer Straftäter" nicht zulässig (BGH **28**, 84).

11 **7) Folge des Verbots** (10) ist nach III, dass der Täter den Beruf usw., solange das Verbot wirksam ist (12ff.), weder für sich selbst oder für einen anderen ausüben noch für sich selbst durch einen anderen (3 zu § 145c) ausüben lassen darf. Untersagt ist daher auch die Tätigkeit als gesetzlicher Vertreter einer Kapitalgesellschaft, deren Unternehmensgegenstand ganz oder zT mit dem Gegenstand des verbotenen übereinstimmt. Zulässig ist es dagegen, dass ein selbstständiger Dritter das Ge-

werbe betreibt und dessen Erträge dem Verbotsbetroffenen zuwendet. Das Verbot erstreckt sich bereits auf die Bestellung zum Geschäftsführer, so dass das Registergericht die Eintragung einer Bestellung ablehnen kann (vgl. LK-*Hanack* 83). Der Verstoß gegen das Verbot ist strafbar nach § 145 c. Zur Eintragung in das Führungszeugnis bei Verurteilung wegen Straftaten, die bei oder im Zusammenhang mit der Ausübung eines Gewerbes oder dem Betrieb einer sonstigen wirtschaftlichen Unternehmung begangen worden sind, vgl. § 32 IV BZRG.

8) Die Dauer des Verbots hat das Gericht in der Urteilsformel auszusprechen. 12
Es hat sie danach zu bestimmen, wie lange voraussichtlich die Gefährlichkeit des Täters anhalten wird.

A. Die Dauer kann das Gericht entweder zeitlich **befristen,** idR auf 1 Jahr bis 13
zu 5 Jahren **(I S. 1).** Ausnahmsweise verkürzt sich das Mindestmaß von 1 Jahr **nach II S. 2** um die Zeit, in der wegen derselben Tat ein vorläufiges Berufsverbot nach § 132 a StPO wirksam war; doch wirkt die Verkürzung nur bis auf ein Mindestmaß von 3 Monaten, das keinesfalls unterschritten werden darf **(II S. 2);** 9 zu § 69 a gilt entsprechend (LK-*Hanack* 61). Ein zutreffend angeordnetes, aber rechtsfehlerhaft befristetes Verbot kann das Revisionsgericht entspr. § 354 I StPO auf die gesetzliche Mindestdauer festsetzen (vgl. 4 StR 182/01 mwN). Nachträgliche Verlängerungen oder Verkürzungen sieht das Gesetz nicht vor.

B. Für immer kann das Gericht das Berufsverbot in den seltenen Fällen anord- 14
nen, in denen zu erwarten ist, dass selbst eine Frist von 5 Jahren zur Abwehr der vom Täter drohenden Gefahr nicht ausreicht **(I S. 2).** Stets bedarf das lebenslange Berufsverbot besonderer Begründung (vgl. 6 zu § 69 a; LK-*Hanack* 63).

C. Wirksam wird das Berufsverbot mit der Rechtskraft des Urteils **(IV S. 1);** 15
von dem Tage an rechnet auch die vom Gericht nach 13, 14 bestimmte Dauer. In den Fällen von 13 wird jedoch **a)** einerseits die Zeit eines vorläufigen Berufsverbots im Umfang von **IV S. 2** abgezogen; 13 zu § 69 a gilt sinngemäß; **b)** anderseits die Zeit nicht eingerechnet, in der der Täter auf behördliche Anordnung in einer Anstalt verwahrt wird (21 zu § 66). Aufschieben kann das Gericht das Wirksamwerden des Berufsverbots unter den Voraussetzungen des § 456 c StPO auf höchstens 6 Monate, eine Zeit, die auf die Verbotsfrist nicht angerechnet wird (§ 456 c IV StPO; später kann die Vollstreckungsbehörde unter denselben Voraussetzungen das Berufsverbot aussetzen, § 456 c II bis IV StPO).

9) A. Andere Maßregeln der Besserung und Sicherung können neben dem Berufsverbot 16
angeordnet werden (§ 72 II), so zB nach §§ 69, 64 oder 66. Doch wird bei freiheitsentziehenden Maßregeln längerer Dauer zu prüfen sein, inwieweit sie ein Berufsverbot entbehrlich machen.

B. Das strafrechtliche Berufsverbot ist selbständig und unabhängig von den Berufsuntersa- 17
gungen durch die **Verwaltungsbehörden** nach anderen Vorschriften (NJW **75**, 1712; BGH **28**, 84; NJW **91**, 1069; LK-*Hanack* 86); im Einzelfall hat jedoch das Verfahren nach § 70 Vorrang und entfaltet eine Bindungswirkung (vgl. LK-*Hanack* 88). Das Gericht kann ein Verbot nach § 70 selbst dann noch aussprechen, wenn bereits ein Verbot der Verwaltungsbehörden vorliegt (NJW **75**, 1712; 2249).

10) Ein Rechtsmittel, das nur das Berufsverbot angreift, umfasst idR die ganze Straffrage 18
(LK-*Hanack* 94; NK-*Lemke* 28; **aA** Hamm NJW **57**, 1773; *S/S-Stree* 17; vgl. auch MDR/D **76**, 15). Zur Berücksichtigung eines Berufsverbots bei der **Strafzumessung** vgl. NStZ **87**, 550 (Rechtsanwalt); StV **91**, 207 (Steuerberater) und 44 zu § 46.

11) Zum Verbot der Tierhaltung vgl. § 20 TierschG; vgl. auch § 41 a BJagdG. 19

Aussetzung des Berufsverbots

70a **I Ergibt sich nach Anordnung des Berufsverbots Grund zu der Annahme, dass die Gefahr, der Täter werde erhebliche rechtswidrige Taten der in § 70 Abs. 1 bezeichneten Art begehen, nicht mehr besteht, so kann das Gericht das Verbot zur Bewährung aussetzen.**

II Die Anordnung ist frühestens zulässig, wenn das Verbot ein Jahr gedauert hat. In die Frist wird im Rahmen des § 70 Abs. 4 Satz 2 die Zeit eines vorläufigen Berufsverbots eingerechnet. Die Zeit, in welcher der Täter auf behördliche Anordnung in einer Anstalt verwahrt worden ist, wird nicht eingerechnet.

III Wird das Berufsverbot zur Bewährung ausgesetzt, so gelten die §§ 56a und 56c bis 56e entsprechend. Die Bewährungszeit verlängert sich jedoch um die Zeit, in der eine Freiheitsstrafe oder eine freiheitsentziehende Maßregel vollzogen wird, die gegen den Verurteilten wegen der Tat verhängt oder angeordnet worden ist.

1 **1) Die Vorschrift** ist in Anlehnung an §§ 106, 107 I E 1962 (Begr. 237 f.) durch das 2. StrRG eingefügt worden (Ber. BT-Drs. V/4095, 38; Prot. V/272, 296, 470, 2338, 2448).

2 **2)** Zur **Bewährung aussetzen** kann das Gericht 1. Instanz mit Abgabemöglichkeit an das Wohnsitz-AG (§§ 463 V, 462, 462a II StPO) nach Anhörung von StA und Verurteiltem (§ 462 II StPO) das Berufsverbot, sobald neue Fakten die Annahme rechtfertigen, dass die Gefahr, die zu dem Verbot führte (§ 70 I), nicht mehr besteht. § 70a bezieht sich auch auf das lebenslange Berufsverbot nach § 70 I S. 2 (vgl. 15 zu § 69a; LK-*Hanack* 4).

3 **A.** In das **Ermessen** des Gerichts ist die Aussetzung abw. von §§ 56, 67b gestellt. Doch werden sich, wenn wirklich eine positive Prognose vorliegt, kaum zureichende Gründe für eine Ablehnung finden (vgl. 11 zu § 59; LK-*Hanack* 7; *S/S-Stree* 5).

4 **B. Zulässig** ist die Aussetzung **(II S. 1),** da nach Bejahung der Voraussetzungen des § 70 I wenigstens eine gewisse Zeit der Erprobung abgewartet werden soll, erst **1 Jahr nach Beginn** der Verbotsdauer (15 zu § 70). Von da an hat das Gericht die Aussetzungsmöglichkeit zu prüfen (vgl. 11 zu § 68e). Von dem Jahr wird im Rahmen des § 70 IV S. 2 ein vorläufiges Berufsverbot abgezogen (15 zu § 70; 13 zu § 69a); anderseits die Zeit behördlicher Anstaltsverwahrung (21 zu § 66) nicht mitgezählt **(II S. 2).**

5 **3) Für die Aussetzung** gelten die §§ 56a, 56c bis 56e entsprechend. § 56a gilt für die Bewährungszeit mit der Maßgabe, dass sich diese um die Zeit verlängert, in der wegen derselben Tat, die zum Berufsverbot geführt hat, eine Freiheitsstrafe iwS (1 zu § 38) oder freiheitsentziehende Maßregel vollzogen wird **(III S. 2).** Erteilung von Auflagen scheidet aus, die von Weisungen ist nach §§ 56c, 56d möglich, also auch die Bestellung eines BHelfers. Der Verurteilte kann Zusagen nach § 56c IV machen. Nachträgliche Änderungen nach §§ 56a II S. 2, 56e. Zum Nebeneinander von Aussetzung nach § 70a und FAufsicht § 68g siehe dort; vgl. ferner § 12 I Nr. 1, 2 BZRG.

Widerruf der Aussetzung und Erledigung des Berufsverbots

70b **I Das Gericht widerruft die Aussetzung eines Berufsverbots, wenn die verurteilte Person**

1. während der Bewährungszeit unter Missbrauch ihres Berufs oder Gewerbes oder unter grober Verletzung der mit ihnen verbundenen Pflichten eine rechtswidrige Tat begeht,
2. gegen eine Weisung gröblich oder beharrlich verstößt oder
3. sich der Aufsicht und Leitung der Bewährungshelferin oder des Bewährungshelfers beharrlich entzieht

und sich daraus ergibt, dass der Zweck des Berufsverbots dessen weitere Anwendung erfordert.

II Das Gericht widerruft die Aussetzung des Berufsverbots auch dann, wenn Umstände, die ihm während der Bewährungszeit bekannt werden

und zur Versagung der Aussetzung geführt hätten, zeigen, dass der Zweck der Maßregel die weitere Anwendung des Berufsverbots erfordert.

III Die Zeit der Aussetzung des Berufsverbots wird in die Verbotsfrist nicht eingerechnet.

IV Leistungen, die die verurteilte Person zur Erfüllung von Weisungen oder Zusagen erbracht hat, werden nicht erstattet.

V Nach Ablauf der Bewährungszeit erklärt das Gericht das Berufsverbot für erledigt.

1) Die Vorschrift ist in Parallele zu § 67 g durch das 2. StrRG (Ber. BT-Drs. V/4095, 38) mit einer Ergänzung in IV durch Art. 18 Nr. 36 EGStGB eingefügt worden. Durch das G vom 13. 4. 2007 (BGBl I 513) wurde sie redaktionell geändert und geschlechtsneutral formuliert. 1

2) Zu den **Widerrufsvoraussetzungen** vgl. 2 ff. zu § 67 g. Das Gericht (2 zu § 70 a) muss den Widerruf (in einem Beschluss nach § 462 StPO) aussprechen, wenn die Voraussetzungen der I, II vorliegen, dh 2

A. nach **Abs. I,** wenn der Verurteilte 3

während der Bewährungszeit, also nach Rechtskraft des Beschlusses zu § 70 a und vor dem Ende der nach § 56 a, § 70 a III bestimmten Frist (LK-*Hanack* 3), erneut eine verbotsspezifische rechtswidrige Tat iS von § 70 I begeht **(Nr. 1)**;

oder gegen eine **Weisung** (§ 56 c), nicht eine bloße Zusage nach § 56 c IV, gröblich oder beharrlich verstößt (**Nr. 2;** 4 zu § 56 f); 4

oder sich der Aufsicht und Leitung des BewHelfers (§ 70 a III S. 1 iVm § 56 d) beharrlich entzieht (**Nr. 3**); jedoch in allen Fällen nach a bis c nur dann, wenn der Verstoß den Schluss rechtfertigt, dass der Zweck des Berufsverbots, nämlich der Schutz vor der spezifischen Gefährlichkeit des Täters (7 zu § 70), die weitere Anwendung der Maßregel erfordert; insoweit gilt 3 zu § 67 g sinngemäß;

B. nach **Abs. II,** wenn dem Gericht während der Bewährungszeit tatsächliche Umstände bekannt werden, die, wenn sie das Gericht bei seiner Entscheidung nach § 70 a I gekannt hätte, damals zur Versagung der Aussetzung geführt hätten, aber auch noch zZ der Widerrufsentscheidung zeigen, dass der Maßregelzweck die weitere Anwendung des Verbots erfordert; insoweit gilt 3 zu § 67 g sinngemäß. 5

C. Im Fall des **Widerrufs,** den das Gericht nach entsprechenden Ermittlungen auch noch nach Ablauf der Bewährungszeit erklären kann (2 zu § 56 f; ebenso *Lackner/Kühl* 2; *S/S-Stree* 7), beginnt mit dem Ablauf der Bewährungszeit, die selbst nicht eingerechnet wird **(III),** die nach § 70 bestimmte Verbotsfrist erneut zu laufen, so dass der Verurteilte, wenn zB von einer dreijährigen Verbotsfrist bis zum Beginn der Bewährungszeit 1 Jahr verstrichen war, nach deren Ende noch 2 Jahre unter dem Verbot steht (LK-*Hanack* 14). **IV** trifft dieselbe Regelung wie § 67 g VI unter Einbeziehung von Zusagen nach § 56 c IV. 6

3) Nach **Abs. V** erklärt das Gericht, wiederum durch Beschluss nach § 462 StPO, das Berufsverbot nach Ablauf der Bewährungszeit für erledigt. Anders als bei § 67 g V wird die Maßregel nicht durch bloßen Ablauf der Bewährungszeit, sondern erst durch den ausdrücklichen Akt des Gerichts erledigt. IV gilt auch im Fall von V. 7

Gemeinsame Vorschriften

Selbständige Anordnung

71 **I Die Unterbringung in einem psychiatrischen Krankenhaus oder in einer Entziehungsanstalt kann das Gericht auch selbständig anordnen, wenn das Strafverfahren wegen Schuldunfähigkeit oder Verhandlungsunfähigkeit des Täters undurchführbar ist.**

II Dasselbe gilt für die Entziehung der Fahrerlaubnis und das Berufsverbot.

1 **1) Die Vorschrift** ist durch das 2. StrRG (Einl. 6) unter einer terminologischen Änderung durch Art. 18 Nr. 37 EGStGB eingefügt orden.

1a **2)** Die selbstständige Anordnung ist **nach I** bei den freiheitsentziehenden Maßregeln der §§ 63, 64 und **nach II** bei den nicht freiheitsentziehenden nach §§ 69, 70 möglich. § 71 schafft damit die **materielle Grundlage für das Sicherungsverfahren** nach den §§ 413 ff. StPO (LK-*Hanack* 2).

2 **3) Voraussetzung** ist, dass der Täter entweder
zur Tatzeit **schuldunfähig** (§ 20) war oder seine Schuldunfähigkeit nicht auszuschließen ist; oder

3 zwar schuldfähig oder vermindert schuldfähig war, aber später **verhandlungsunfähig** (*Meyer-Goßner* Einl. 97) geworden ist; auch in diesem Fall kann nur die Maßregel allein im Sicherungsverfahren angeordnet werden (E EGStGB 307 zu § 413 StPO).

4 **Verfahrensrechtlich** kommt es darauf an, dass die StA ein Strafverfahren gegen den Täter nicht durchführt, weil sie von dessen Schuld- oder Verhandlungsunfähigkeit überzeugt ist (§ 413 StPO); stellt sich das im Verlauf des Sicherungsverfahrens als Irrtum heraus, so gilt § 416 StPO. Im **Urteilsspruch** unterbleibt die Kennzeichnung der begangenen Anlasstat (MDR/H **85**, 449; NStE § 260 StPO Nr. 1; LR-*Gössel* 26 zu § 414, *Meyer-Goßner* 6 zu § 414, KK-*Fischer* 18 zu § 414, jew. StPO).

5 Für die Anordnung der Maßregel gelten **materiellrechtlich** die §§ 62 ff., soweit sie nicht Schuldfähigkeit voraussetzen; immer ist aber eine Handlung im Rechtssinne vorausgesetzt (36 zu § 11). So ist auch § 67 b im Sicherungsverfahren anwendbar.

Verbindung von Maßregeln

72 **I Sind die Voraussetzungen für mehrere Maßregeln erfüllt, ist aber der erstrebte Zweck durch einzelne von ihnen zu erreichen, so werden nur sie angeordnet. Dabei ist unter mehreren geeigneten Maßregeln denen der Vorzug zu geben, die den Täter am wenigsten beschweren.**

II Im übrigen werden die Maßregeln nebeneinander angeordnet, wenn das Gesetz nichts anderes bestimmt.

III Werden mehrere freiheitsentziehende Maßregeln angeordnet, so bestimmt das Gericht die Reihenfolge der Vollstreckung. Vor dem Ende des Vollzugs einer Maßregel ordnet das Gericht jeweils den Vollzug der nächsten an, wenn deren Zweck die Unterbringung noch erfordert. § 67 c Abs. 2 Satz 4 und 5 ist anzuwenden.

1 **1) Die Vorschrift** ist durch das 2. StrRG (Einl. 6) unter geringfügiger Änderung durch Art. 18 Nr. 38 EGStGB eingefügt worden.

1a **Literatur:** *Bringewat* JR **98**, 124; *Grünebaum*, Zur Konkurrenz der Maßregeln, R&P **04**, 187.

2 **2) Grundsatz** der Entscheidung über eine Maßregelanordnung ist die Erreichung des erstrebten **Gesamtzwecks der Maßregeln,** dh Abwendung der Gefahr weiterer rechtswidriger Taten durch den Verurteilten; ist dieser Zweck nur durch mehrere Maßregeln zu erreichen, so sind sie **nach II** nebeneinander anzuordnen, wenn das Gesetz nichts anderes bestimmt. Jedoch hat zB, wenn eine Unterbringung in der Sicherungsverwahrung in Betracht kommt, der Tatrichter zu prüfen, ob auch die Voraussetzungen des § 64 vorliegen und der vom Angeklagten ausgehenden Gefahr schon durch Anordnung allein dieser Maßregel begegnet werden kann (5 StR 704/95; 5 StR 699/95; 4 StR 268/98).

2a **Neben Sicherungsverwahrung** kann eine Maßregel nach **§ 64** in Betracht kommen (GA **65**, 342; NStZ-RR **06**, 103; LK-*Hanack* 22). Das Absehen von der Anordnung von Sicherungsverwahrung im Hinblick auf die Maßregel nach § 64 erfordert ein hohes Maß an prognostischer Sicherheit, dass hierdurch die vom Täter ausgehende Gefahr beseitigt werden kann; die hinreichend konkrete Aussicht eines Therapieerfolgs reicht hierfür nicht ohne weiteres aus (NStZ **00**, 587 [Anm.

Janssen StV **00**, 617; *Neubacher* NStZ **01**, 322]; 4 StR 464/99). Im **Einzelfall** ist auch eine Maßregel nach **§ 63 neben § 66** möglich, da die Unterbringung nach § 63 kein geringeres, sondern ein *anderes* Übel darstellt (stRspr; vgl. BGH **5**, 312, 314; **42**, 306, 308; NStZ **98**, 35; NStZ-RR **99**, 77); sie ist schon aufgrund § 67 I und IV idR weniger belastend (StV **07**, 410). Für eine Anordnung nach § 66 besteht schon keine Grundlage, wenn der Hang des Täters (iS von § 66) ausschließlich auf einer psychischen Störung beruht, die auch Grundlage einer Maßregel nach § 63 ist (NStZ **03**, 310; 2 StR 486/01); dann hat § 63 Vorrang (vgl. auch BGHR § 72 Sicherungszweck 1, 6; 5 StR 193/04; NStZ-RR **07**, 138 f.). Hiergegen spricht insb. nicht das Vorliegen einer schlechten Prognose, denn § 63 setzt das Bestehen einer Heilungsaussicht nicht voraus (2 StR 486/01). Unzulänglichkeiten des Maßregelvollzugs nach § 63 oder die schlechte Heilungsprognose eines psychisch kranken Täters, der *nur* wegen seiner Störung die Voraussetzungen des § 66 erfüllt und keinen **defekt-unabhängigen Hang** aufweist, können daher eine gleichzeitige Anordnung von § 63 und § 66 nicht rechtfertigen. Das ergibt sich schon aus dem neben dem Heilungszweck bestehenden Sicherungszweck der Maßregel nach § 63 (vgl. 2 StR 486/01). Die Anordnung einer **nachträglichen Sicherungsverwahrung** (§ 66 b) und eine *gleichzeitige* Überweisung in den Vollzug der Maßregel nach § 63 *entsprechend* § 67 a II (so LG Hildesheim R&P **06**, 45 [m. Anm. *Pollähne*]) ist jedenfalls dann unzulässig, wenn sie auf eine *Zwangsmedikation* des Betroffenen abzielt, die nach den für die SV geltenden Regeln des StVollzG gerade nicht zulässig wäre. Darüber hinaus darf durch fehlerhafte Anwendung des § 66 b auf psychische Erkrankungen nicht die klare gesetzliche Regelung umgangen werden die eine „nachträgliche Unterbringung nach § 63" gerade *nicht* erlaubt (vgl. auch (StV **06**, 413 [2 StR 4/06]; 1 StR 476/05; NJW **07**, 1074 **aS** [1 StR 605/06]; 46 zu § 66 b). Die Anordnung eines **Vorbehalts** nach § 66 a ist neben § 64 möglich, neben § 63 nur in Ausnahmefällen.

Neben einer Maßregel nach **§ 63** kommt eine solche nach **§ 64** in Betracht **2 b**
(StV **98**, 72; vgl. *Bruns* ZStW **60**, 474; JZ **54**, 730; *Grünebaum* R&P **04**, 187 f.); die durch § 67 a gegebene Möglichkeit des Wechsels im Vollzug macht die Anordnung Maßregeln, wenn deren Voraussetzungen gegeben sind, nicht überflüssig (LK-*Hanack* 20; and. hier bis 51. Aufl.). Neben allen freiheitsentziehenden Maßregeln sind die **Entziehung der Fahrerlaubnis** (BGH **13**, 91; GA **66**, 180; VRS **30**, 274) oder ein **Berufsverbot** möglich; diese nicht freiheitsentziehenden Maßregeln können durch freiheitsentziehende idR nicht ersetzt werden (LK-*Hanack* 29). **Führungsaufsicht** kommt neben freiheitsentziehenden Maßregeln wohl nur bei § 64 in Betracht; neben Führungsaufsicht können Berufsverbot oder Entziehung der Fahrerlaubnis erforderlich sein.

3) Ist der Maßregelzweck durch einzelne oder eine einzige der in Betracht **3**
kommenden Maßregeln zu erreichen, so gilt als **2. Grundsatz** der der **Subsidiarität (I S. 1);** es ist dann nur eine (oder einzelne von mehreren) anzuordnen (NStZ **95**, 588; NStZ-RR **96**, 162). Für die Auswahl unter mehreren geeigneten Maßregeln stellt **I S. 2** den **3. Grundsatz** dahin auf, dass derjenigen Maßregel der Vorzug zu geben ist, die den Täter am wenigsten beschwert (so schon BGH **5**, 312; NStZ **81**, 390; **95**, 284; NStZ-RR **99**, 77). Danach wird eine nicht freiheitsentziehende Maßregel idR den Vorrang haben und die Unterbringung nach § 64 gegenüber der nach § 63 (5 StR 174/92; StV **98**, 72). Im Übrigen gibt es eine Rangfolge der Maßregeln nicht (vgl. BGH **5**, 315). Unterbringung nach § 63 ist gegenüber der nach § 66 kein geringeres, sondern ein anderes Übel (NStZ **81**, 390; oben 2 a). Immer ist zuerst zu entscheiden, welche Maßregeln überhaupt zulässig sind und dann, welche davon am ehesten zweckentsprechend sind und ggf den Täter am wenigsten beschweren (NStZ **81**, 390). Liegen die Voraussetzungen der §§ 64 und 66 vor, so liegt, wenn die Symptomtaten letztlich der Befriedigung des Alkoholbedarfs des Täters dienten, die Annahme nahe, dass der von ihm ausge-

henden Gefahr schon durch die Anordnung nach § 64 begegnet werden kann (NStZ-RR **97**, 291). Im Fall der **nachträglichen Gesamtstrafenbildung** geht I dem § 55 II S. 1 vor, so dass eine frühere Maßregelanordnung, die in Konkurrenz zu einer neu zu verhängenden Maßregel treten würde, als gegenstandslos iS des § 55 II 1 anzusehen ist, wenn die Voraussetzungen ihrer Vollstreckung zum Zeitpunkt der nachträglichen Gesamtstrafenbildung nicht mehr vorliegen (BGH **42**, 306 m. krit. Anm. *Bringewat* JR **98**, 122). Ist eine frühere rechtskräftige Maßregelanordnung nicht einbeziehungsfähig, so ist der Rechtsgedanke der Subsidiarität schon bei der Entscheidung über die erneute Anordnung derselben Maßregel zu berücksichtigen (Bay NStZ-RR **04**, 295, 296 [zu § 63]).

4 **4) Die Reihenfolge** der Vollstreckung mehrerer von ihm angeordneten Maßregeln bestimmt

A. das **erkennende Gericht (III S. 1)** unter dem Gesichtspunkt optimaler Erreichung des Maßregelzwecks. Entziehung der Fahrerlaubnis und Berufsverbot scheiden dabei aus, da es bei ihnen keine Vollstreckung gibt (§§ 69 III S. 1, 70 IV S. 1). Vor einer nach § 68 I angeordneten FAufsicht wird eine freiheitsentziehende Maßregel, auch unter Berücksichtigung von § 67, stets den Vorrang haben. Innerhalb der freiheitsentziehenden Maßregeln kommt es auf den Einzelfall an (**aA** LK-*Hanack* 32). Bei der Entscheidung ist grds auf den Zeitpunkt des tatrichterlichen Urteils abzustellen; die Wirkung der zuerst zu vollziehenden Maßregel ist bei der Entscheidung nach Abs. III S. 2 zu berücksichtigen (3 StR 311/98).

5 **B.** Vor dem Ende des Vollzugs einer Maßregel prüft das nach § 462a StPO zuständige **Gericht** (§ 463 III S. 1 StPO), ob die Vollstreckung der nächsten noch erforderlich ist. Dabei sind auch § 67a und § 67e zu beachten. Nach § 463 III S. 3 StPO idF durch das SexualdelBekG (1 zu § 66) ist im Fall des III das Begutachtungsverfahren nach § 454 Abs. 2 StPO durchzuführen (dazu KK-*Fischer* 12ff., 29a zu § 454, 4 zu § 463 StPO); es ist daher ein Prognosegutachten eines Sachverständigen einzuholen und idR mündlich zu erörtern. Ist der Zweck der nächsten Maßregel schon erreicht, so erklärt das Gericht sie für erledigt (**III S. 3** iVm § 67c II S. 5); erscheint Aussetzung zur Bewährung Erfolg versprechend, so wird ausgesetzt (III S. 3 iVm § 67c S. 4); ist auch das nicht zu verantworten, wird der Vollzug der nächsten Maßregel angeordnet **(III S. 2);** dagegen erscheint die Fortsetzung der früheren Maßregel über deren gesetzliche Höchstgrenze hinaus (so Stuttgart NStZ-RR **02**, 94 für § 64 bei nachfolgender Unterbringung nach § 63) fraglich. Diese Regelung gilt bei nicht freiheitsentziehenden Maßregeln nur hinsichtlich der Möglichkeit, sie für erledigt zu erklären; Entziehung der Fahrerlaubnis und FAufsicht sind ihrer Natur nach nicht aussetzungsfähig; beim Berufsverbot muss ihrem Sinn nach (4 zu § 70a) die Jahresfrist nach § 70a II S. 1 gewahrt werden. Sind zwei oder mehrere gleichartige freiheitsentziehende Maßregeln *aus verschiedenen Urteilen* zu vollstrecken, kann im Hinblick auf die obligatorische Anrechnung auf die Strafe (§ 67 I, IV) ein wichtiger Grund für die Unterbrechung der Maßregelvollstreckung gegeben sein (Hamm NStE § 67 Nr. 11).

Siebenter Titel. Verfall und Einziehung

Voraussetzungen des Verfalls

73 **I Ist eine rechtswidrige Tat begangen worden und hat der Täter oder Teilnehmer für die Tat oder aus ihr etwas erlangt, so ordnet das Gericht dessen Verfall an. Dies gilt nicht, soweit dem Verletzten aus der Tat ein Anspruch erwachsen ist, dessen Erfüllung dem Täter oder Teilnehmer den Wert des aus der Tat Erlangten entziehen würde.**

II Die Anordnung des Verfalls erstreckt sich auf die gezogenen Nutzungen. Sie kann sich auch auf die Gegenstände erstrecken, die der Täter oder Teilnehmer durch die Veräußerung eines erlangten Gegenstandes oder

als Ersatz für dessen Zerstörung, Beschädigung oder Entziehung oder auf Grund eines erlangten Rechts erworben hat.

III **Hat der Täter oder Teilnehmer für einen anderen gehandelt und hat dadurch dieser etwas erlangt, so richtet sich die Anordnung des Verfalls nach den Absätzen 1 und 2 gegen ihn.**

IV **Der Verfall eines Gegenstandes wird auch angeordnet, wenn er einem Dritten gehört oder zusteht, der ihn für die Tat oder sonst in Kenntnis der Tatumstände gewährt hat.**

Übersicht

1) Allgemeines ... 1, 1 a
2) Rechtsnatur; systematische Einordnung; Anwendungsbereich ... 2–5
3) Verfall des Erlangten (Abs. I) ... 6–16
4) Ausschluss bei Ansprüchen von Verletzten (I S. 2) ... 17–24
5) Nutzungen und Surrogate (Abs. II) ... 25–28
6) Verfall bei Handeln für Dritte (Abs. III) ... 29–38
7) Verfall bei Dritteigentum (Abs. IV) ... 39
8) Verfahrensrechtliche Hinweise ... 40

1) Allgemeines. Die Vorschrift ist mit den §§ 73 a bis 73 d in Anlehnung an § 109 E 1962 durch das 2. StrRG (Ber. BT-Drs. V/4095) eingefügt worden. Eine **Neufassung** des § 73 I, IV und des § 73 b sowie die Änderung des § 73 III erfolgte durch das G v. 28. 2. 1992 (BGBl. I 372). **Materialien: RegE** (BT-Drs. 12/1134, 12/1475); inhaltsgleich E-CDU/CSU und FDP (BT-Drs. 12/899); **Ber.** (BT-Drs. 12/1952; BR-Drs. 380/91). Eine **Reform** der Verfalls- und Einziehungsvorschriften wurde längerer Zeit als dringlich angesehen (vgl. auch Gemeinsame Maßnahme des Rates der EU v. 3. 12. 1998 [ABl. EG L 333, 1). Der im Februar 1998 eingebrachte **Entwurf** eines Gesetzes zur verbesserten Abschöpfung von Vermögensvorteilen aus Straftaten (GesE CDU/CSU, SPD, FDP; BT-Drs. 13/9742) strebte eine **Gesamtreform** unter Zusammenfassung beider Institute unter dem Begriff der Einziehung an, wurde aber nicht abschließend beraten (vgl. dazu auch *Heghmanns* ZRP **98**, 477; *Hetzer* JR **99**, 146; *Kaiser* ZRP **99**, 147). In den Ländern sind Anstrengungen unternommen wurden, um die Gewinnabschöpfung aus Straftaten zu effektivieren. Das Gesetz zur Stärkung der Rückgewinnungshilfe und der Vermögensabschöpfung bei Straftaten v. 24. 10. 2006 (BGBl I 2350; vgl. dazu 1 zu § 73 d; *Greeve* NJW **07**, 14) hat u. a. in § 111i Abs. V StPO einen Auffang-Erwerb des Staates eingeführt. 1

EU-Recht: RB des Rates vom 26. 6. 2001 über Geldwäsche sowie Ermittlung, Einfrieren, Beschlagnahme und Einziehung von Tatwerkzeugen und Erträgen von Straftqaten (ABl EG Nr. L 182, S. 1); **RB** des Rates vom 24. 2. 2005 über die Einziehung von Erträgen, Tatwerkzeugen und Vermögensgegenständen aus Straftaten (ABl. EU Nr. L 68, S. 49). Die Vorgaben sind durch § 73 d erfüllt; **RB** des Rates vom 6. 10. 2006 über die Anwendung des Grundsatzes der gegenseitigen Anerkennung auf Einziehungsentscheidungen an (ABl. EU Nr. L 328, S. 59); er ist am 25. 11. 2006 in Kraft getreten und verpflichtet die Mitgliedsstaaten, Maßnahmen zur Umsetzung bis 24. 11. 2008 zu treffen (vgl. dazu i. E. Möhrenschlager wistra **07**, H. 2, VII). Europäische Zusammenarbeit und Informationsaustausch zwischen den nationalen **Vermögensabschöpfungsstellen**: vgl. legislative Entschließung des EP v. 12. 12. 2006, BR-Drs. 168/07.

Literatur: *Arzt,* Verfallsanordnung gegen juristische Personen, Zipf-GedS 165; *Dessecker,* Gewinnabschöpfung im Strafrecht u. in der Strafrechtspraxis, 1991; *Eser,* Die strafrechtlichen Sanktionen gegen das Eigentum, 1969 u. Stree/Wessels-FS 833 [Neue Wege der Gewinnabschöpfung]; *Firgau* HWiStR „Verfall"; *Franzheim* wistra **86**, 253, **89**, 87 u. Gaul-FS 135; *Göhler* wistra **92**, 133; *Grotz* JR **91**, 182 [Internationale Zusammenarbeit bei Gewinnabschöpfung – Straßburger Übk. v. 8. 11. 1990]; *Güntert,* Gewinnabschöpfung als strafrechtliche Sanktion, 1983; *Hansen/Wolff-Rojczyk,* Effiziente Schadenswiedergutmachung für geschädigte Unternehmen der Marken- und Produktpiraterie, GRUR **07**, 468; *Hohn,* Die Bestimmung des erlangten Etwas iSd § 73 StGB durch den BGH, wistra **03**, 321; *ders.,* Wertersatzeinziehung und Wertersatzverfall bei verbrauchten Betäubungsmitteln (usw.), StraFo **03**, 302; *ders.,* Abschöpfung der Steigerung des Firmenwerts als Bruttowertersatzverfall?, wistra **06**, 321; *Hoyer* GA **93**, 406; *Janssen,* Gewinnabschöpfung im Strafverfahren, 2007 (Praxis der Strafverteidigung); *Keusch,* Probleme des Verfalls im Strafrecht, 2005 (Diss. Augsburg 2005); *Kiethe/Hohmann,* Das Spannungsverhältnis von Verfall und Rechten Verletzter (§ 73 I 2 StGB), NStZ **03**, 505; *Kiethe/Groeschke/Hohmann,* Die Vermögenszurückgewinnung beim Anlagebetrug im Spannungsverhältnis zur Insolvenzordnung, ZIP **03**, 185; *Kilchling,* Die vermögensbezogene Be- 1 a kämpfung der Organisierten Kriminalität, wistra **00**, 241; *Krey/Dierlamm* JR **92**, 353; *Kudlich/Noltensmeier,* Die Anordnung des Verfalls (§§ 73 ff. StGB) bei verbotenem Insiderhandel nach § 38 i. V. m. § 14 WpHG, wistra **07**, 121; *Kube/Poerting/Störzer* KR **87**, 44 [TagBer.]; *Kube/Seitz* DRiZ **87**, 46; *Leonhard/Merz* KR **89**, 194, 609, 612 [Kontroverse zur Gewinnabschöpfung]; *J. Meyer/Dessecker/Smettan* (Hrsg.), Gewinnabschöpfung bei BtM-Delikten. Rechtsvergleichende kriminologische Untersuchung, 1989 u. MSchrKrim **92**, 19; *Moldenhauer/Momsen,* Beschlagnahme in die Insolvenzmasse?, wistra **01**, 456; *Nack,* Aktuelle Rechtsprechung des Bundesgerichtshofs zum Verfall, GA **03**, 879; *Odenthal,* Anrechnung von Steuern beim Verfall, wistra **02**, 246; *ders.*, Gewinnabschöpfung und illegales Glücksspiel, NStZ **06**, 14; *Podolsky/Brenner,* Vermögensabschöpfung im Strafverfahren, 2003; *Rönnau,* Vermögensabschöpfung in der Praxis, 2003; *ders.*, Zeitliche Grenzen der Aufrechterhaltung von Maßnahmen zur Sicherung von Ansprüchen Tatgeschädigter, StV **03**, 581; *Rönnau/Hohn,* Wertverlust sichergestellter Gegenstände, wistra **02**, 445; *Schmid/Winter,* Vermögensabschöpfung in Wirtschaftsstrafsachen (usw.), NStZ **02**, 8; *Schmidt,* Gewinnabschöpfung im Straf- und Bußgeldverfahren, 2006 (zit: *Schmidt*); *Schmitt,* Noll-GedS 296; *Schmoller,* ÖJZ **90**, 257, 300; *Tiedemann* HWiStR „Gewinnabschöpfung"; *Wächter,* Zivilrechtliche Zweifelsfragen und Unklarheiten beim Verfall (§§ 73 ff. StGB, StraFo **06**, 221; *Wolters,* Die Neufassung der strafrechtlichen Verfallsvorschrift, 1995.

2 **2) Rechtsnatur; systematische Einordnung; Anwendungsbereich.** Das Institut des Verfalls gilt für das gesamte Strafrecht (für das OWi-Recht vgl. §§ 17 IV, 30 III OWiG sowie § 29 a OWiG; für das Verwaltungsrecht zB § 37 b GWB); für das WiStG (§§ 8 bis 10) tritt die Abführung des Mehrerlöses an die Stelle des Verfalls (§ 8 IV WiStG, Anh. 17). Die Rechtsnatur des Instituts, das auch gegenüber **ohne Schuld** handelnden Tätern und unbeteiligten schuldlosen Dritten (unten 29 ff.) angewendet werden muss, war schon vor der Neufassung des I umstritten (zur Entstehungsgeschichte umf. LK-*Schmidt* vor § 73; Keusch [1 a] 15 ff.). Der Verfall war jedoch nach hM keine Nebenstrafe, sondern eine **Maßnahme** (§ 11 I Nr. 8) **eigener Art,** die *Eser* (*S/S-Eser* 18 vor § 73 mwN) als *quasi-kondiktionelle Ausgleichsmaßnahme* bezeichnet, die im Wege des öffentlich-rechtlichen Erstattungsanspruchs das durch eine rechtswidrige Tat Erlangte dem illegitimen Empfänger wieder abnehmen soll. Eine solche Gewinnabschöpfung ist mit der Geldstrafe, die sich allein nach Schwere von Unrecht und Schuld bemisst, nicht zu erreichen.

3 Seit der Neufassung 1992 (oben 1), durch die der frühere Begriff „Vermögensvorteil" durch das Wort „Etwas" ersetzt wurde, gilt für den Verfall das **Bruttoprinzip;** der Zugriff erfolgt danach nicht nur auf Tat-*Gewinne,* sondern auf das *Erlangte.* Es wird vielfach vertreten, nach Einführung des Bruttoprinzips könne der Verfall nicht mehr als quasi-konditionelle Maßnahme ohne Wechselwirkung mit der Strafe verstanden werden; mit dem Zugriff auf sämtliche aus der Tat erlangten Gegenstände und Rechte ohne Rücksicht auf das, was der Täter für das Erlangte aufgewendet hat (unten 7 ff.), sei der Verfall keine Ausgleichsmaßnahme mehr, sondern ein über die Gewinnabschöpfung hinausgehendes Übel, das nach seinem Inhalt **Strafcharakter** habe (*Hoyer* GA **93**, 406, 421; *Perron* JZ **93**, 918; *Eser,* Stree/Wessels-FS 833, 844; *Lackner/Kühl* 4 b; SK-*Horn* 5; *Dessecker* [1 a] 362; *Hellmann* GA **97**, 503, 521; *Jescheck/Weigend* § 76 I 5; *Keusch* [1 a] 59; vgl. auch *S/S-Eser* 2, 4; NK-*Herzog* 13 f.; *Julius* ZStW **109**, 58, 91; *Rönnau* [1 a] 189 ff., 556; hier bis 50. Aufl.).

4 Der **BGH** hat sich dieser Auffassung nicht angeschlossen (BGH **47**, 260, 265 [Anm. *Wohlers* JR **03**, 157]; **47**; 369, 372 f. [Anm. *Best* JR **03**, 337]; **51**, 65, 67 [= NJW **06**, 2500; krit. Anm. *Dannecker* NStZ **06**, 683]; NJW **95**, 2235; NStZ **94**, 123 f.; **01**, 312); die Abschöpfung des über den Netto-Gewinn hinaus Erlangten verfolgt danach vor allem einen **präventiven Zweck** (BGH **51**, 65, 67). Auch bei Verfallsanordnung gegen einen Drittbegünstigten ist der Verfall keine Strafe und kein Teil einer Gesamtsanktion (NStZ-RR **04**, 214, 215); die Anwendung des Bruttoprinzips begegnet auch in diesem Fall keinen verfassungsrechtlichen Bedenken (BGH **47**, 369, 374 f. [Anm. *Hohn* wistra **03**, 321; *Best* JR **03**, 337]; wistra **04**, 227; wistra **04**, 465 [m. Anm. *Schäfer* JR **04**, 518]). Das **BVerfG** hat bestätigt, dass der Verfall unter der Geltung des Bruttoprinzips keine strafähnliche Maßnahme ist

und daher dem Schuldgrundsatz nicht unterliegt (NJW **04**, 2073, 2074ff.). Daher rechtfertigt der Umstand, dass der Täter bei der Tat **Aufwendungen** gehabt hat (die nach § 74 I der Einziehung unterlagen), nicht, ihm dies bei der **Strafzumessung** zugute zu halten (ebenso LK-*Schmidt* 11ff.; *Schmidt* 29, 33). Unverhältnismäßige Belastungen können nach §§ 73c, 73d IV vermieden werden (vgl. 1 StR 453/02 [in NStZ **04**, 457 nicht abgedr.]; BGH **51**, 65, 69ff. [= NJW **06**, 2500]). Aus dem fehlenden Strafcharakter des Verfalls folgt, dass für verfallen erklärte Vermögenswerte grds. *steuermindernd* geltend gemacht werden können (vgl. BGH **47**, 260, 265ff.; **51**, 65, 67). Dass die vom Willen des Gesetzgebers ausgehende, auf das Ergebnis abstellende Auffassung der Rspr (vgl. auch Bay NStZ-RR **97**, 339f. [zu § 29a OWiG]) von vornherein „ohne tragfähige Begründung" sei (*Lackner/Kühl* 4b), wird man nicht sagen können. Die hM in der Lit. folgert aus dem von ihr angenommenen Strafcharakter des (Brutto-) Verfalls (and. zB *Krey/Dierlamm* JR **92**, 353; 358), dass er nur bei **schuldhaften** Anknüpfungstaten zulässig sei, während bei schuldlosen Taten weiterhin das Nettoprinzip gelte (*S/S-Eser* 19 vor § 73; *Lackner/Kühl* 4b; ähnl. SK-*Horn* 5) und eine **Strafmilderung** zu gewähren sei, wenn der Täter insg. einen „Verlust" erzielt (so iErg *S/S-Eser* 44). Dass dies die Verfassung gebieten sollte überzeugt nicht.

Im **Verhältnis** zum **erweiterten Verfall** nach **§ 73 d** gilt einerseits das Verwei- 5
sungserfordernis des § 73d I S. 1; andererseits ist es durch die **Beweiserleichterungen** des § 73d S. 1 gekennzeichnet. Schon aus dem Verhältnismäßigkeitsgrundsatz, aber auch aus dem Gedanken des Opferschutzes ist geboten, dass das Gericht vor der Anwendung des § 73d unter Ausschöpfung aller Beweismöglichkeiten prüft, ob die Voraussetzungen des § 73 vorliegen (NStZ-RR **03**, 75; 5 StR 30/02, NStZ/D **03**, 141); das Gericht hat nicht die Auswahl zwischen den §§ 73 und 73d. Ausgeschlossen ist der Verfall, wenn nach § 30 OWiG gegen eine juristische Person oder Personenvereinigung wegen einer Straftat eine **Geldbuße** festgesetzt wird (§ 30 V OWiG), da die Geldbuße auch der Gewinnabschöpfung dient. Die Eröffnung des **Insolvenzverfahrens** steht der Anordnung des Verfalls nicht grds. entgegen (BGH **50**, 299, 312 = NStZ **06**, 210, 213; Schleswig wistra **01**, 312 [Anm. *Goos*]; vgl. LG Neubrandenburg ZinsO **00**, 676; *Moldenhauser/Momsen* wistra **01**, 456; *Achenbach* NStZ **01**, 401; *Kiethe/Groeschke/Hohmann* ZIP **03**, 185ff.); § 39 I Nr. 3 InsO regelt nur die rangmäßige Behandlung der Verfalls-Forderung. Zum **Konkurrenzverhältnis** strafprozessualer und insolvenzrechtlicher Beschlagnahmen vgl. *Rönnau* [1a] 478ff.

3) Verfall des Erlangten (Abs. I). Voraussetzung der **obligatorischen** Ver- 6
fallsanordnung nach I S. 1 ist das Vorliegen einer von der Anklage umfassten und vom Tatrichter festgestellten (NStZ-RR **04**, 347) **rechtswidrigen Tat** (§ 11 I Nr. 5). Bei Vorsatztaten muss der Tatbeteiligte mit mindestens natürlichem Vorsatz gehandelt haben (LK-*Schmidt* 15; SK-*Horn* 4); erfasst sind auch Fahrlässigkeitstaten. Die Tat muss von der Anklage erfasst und vom Tatrichter festgestellt sein (BGH **28**, 369; StV **81**, 627; StraFo **03**, 283; 3 StR 182/98); ist das Verfahren wegen einer Tat nach § 154 StPO eingestellt worden, so kommt eine Verfallsanordnung insoweit nur nach Wiederaufnahme (§ 154 III StPO) in Betracht; die Anordnung kann nicht ersatzweise auf § 73d gestützt werden (NStZ **03**, 422). Wenn die Tat in der Hauptverhandlung nach § 154 II StPO eingestellt wird, so ist das Verfahren insoweit beendet; eine Verfallsanordnung im subjektiven Verfahren ist nicht mehr möglich (NStZ **03**, 422), ggf. aber eine Überleitung nach § 76a I, III. Ist sicher, dass ein Vermögensgegenstand insgesamt aus einer oder mehreren der angeklagten Taten stammt, so ist die Feststellung, aus welcher oder welchen einzelnen dieser Taten er erlangt wurde, nicht erforderlich (BGHR § 73 Vorteil 5; StraFo **03**, 283). Bei **nachträglicher Gesamtstrafenbildung** muss das spätere Urteil den Verfall einheitlich anordnen (§ 55 II; 4 StR 130/03).

A. Verfallsgegenstand. Der Beteiligte muss für die Tat oder aus der Tat etwas 7
erlangt haben. Der Begriff **„Etwas"** umfasst die Gesamtheit des aus der Tat mate-

riell Erlangten (BT-Drs. 12/989, 23). Nach diesem **Bruttoprinzip** sind wirtschaftliche Werte, die in irgendeiner Phase des Tatablaufs iS von oben 6 unmittelbar erlangt wurden, **in ihrer Gesamtheit** abzuschöpfen (BGH **47**, 369, 372; **51**, 65 [= NJW **06**, 2500]; NStZ **94**, 123; **95**, 495; **00**, 481; StV **98**, 599; stRspr; Nachw. zu einzelnen Fallgruppen bei *Nack* GA **03**, 879, 880 f.; zur Anwendung im OWi-Recht vgl. *Brenner* NStZ **04**, 256). **Gegenleistungen** oder **Unkosten** des Täters bei der Tatdurchführung sind nach stRspr nicht in Abzug zu bringen und müssen daher auch nicht ermittelt werden (BVerfG StV **04**, 409, 410; BGH **47**, 369, 370 f.; **51**, 65, 66; NStZ **94**, 123; NStZ-RR **00**, 57; wistra **01**, 389; vgl. auch 1 StR 479/00; 1 StR 547/00; 1 StR 12/01; zur Rückwirkung bei vor Inkrafttreten der Neuregelung [7. 3. 1992] liegenden Handlungsteil vgl. BGH **41**, 284 [Anm. *Park* JR **96**, 380]; zur beweisrechtlichen Bedeutung dieser Rspr vgl. *Hohn* wistra **03**, 321, 326 f.). Diese Rspr. zur Anwendung des Bruttoprinzips ist **verfassungskonform** (BVerfG NJW **04**, 2073, 2074 ff.); unter Gerechtigkeits-Gesichtspunkten wird sie in der Literatur kritisiert (vgl. *Rönnau* [1 a] 191; *Lackner/Kühl* 4 c; *S/S-Eser* 19 vor § 73; NK-*Herzog* 13 f. mwN).

8 Die Anwendung des Bruttoprinzips beschränkt sich nicht auf bestimmte **Deliktsbereiche,** sondern gilt allgemein (vgl. **zB** zu BtM-Delikten NStZ **94**, 123; **95**, 491, 495; **00**, 480; **01**, 312; NStZ-RR **00**, 57; BGH **51**, 65 [= NJW **06**, 2500]; zu geheimdienstlicher **Agententätigkeit** NJW **98**, 1723, 1728; zu **Bestechungsdelikten** wistra **01**, 389; BGH **47**, 260, 268 ff. [Anm. *Wohlers* JR **03**, 157]; NStZ-RR **04**, 242; zu korruptiver Auftragsvergabe BGH **50**, 299 [*Kölner Müllskandal*; Bespr. *Saliger* NJW **06**, 3377; *Hohn* wistra **06**, 321]; zu **Embargoverstößen** BGH **47**, 369; 2 StR 511/98; zu Insidergeschäften im **Wertpapierhandel** LG Augsburg NStZ **05**, 109, 111 [ausf. dazu *Kudlich/Noltensmeier* wistra **07**, 121 ff.; vgl. unten 11]). Seine Anwendung befreit aber nicht von der *vorrangigen* Notwendigkeit**,** das **erlangte Etwas** (oben 6) zunächst genau zu bestimmen (vgl. dazu *Hohn* wistra **03**, 321 ff.); das Bruttoprinzip hat für die Frage, worin der Vorteil besteht, keine Bedeutung (BGH **47**, 260, 269; **50**, 299, 310 [= NStZ **06**, 210, 212]). Hieraus kann sich auch die Berücksichtigung einer Gegen-Leistung ergeben, wenn oder soweit diese nicht *unmittelbar* zu einem Vermögenszuwachs geführt hat (BGH **50**, 309 f. [zweifelnd zur Abgrenzung gegenüber der Anwendung bei BtM-Geschäften *Achenbach* NStZ **06**, 614, 615]; vgl. auch BGH **47**, 260, 268 ff.; *Odenthal* NStZ **06**, 14, 16 f. [ausgezahlte Gewinne beim illegalen Glücksspiel]).

9 In Betracht kommen bewegliche **Sachen** aller Art sowie Grundstücke (§ 111 c StPO); dingliche oder obligatorische **Rechte;** Erlangtes ohne Substrat wie zB **Nutzungen** oder geldwerte Vorteile etwa in Form von **ersparten Aufwendungen** (vgl. Düsseldorf wistra **95**, 47; **99**, 477; AG Köln NStZ **88**, 274 [ersparte Entsorgungskosten]; AG Gummersbach NStZ **88**, 460 [Unterlassen umweltschützender Investitionen]; Prot. V/1001); in den letzteren Fällen richtet sich der Verfall nach § 73 a (MDR/H **81**, 630); auch hinterzogene **Steuern**. Erlangt sein können auch konkrete *Chancen* auf einen Vertragsabschluss; ein wirtschaftlich werthaltiger *Goodwill;* die Vermeidung von Verlusten; die Verbesserung der Marktposition (vgl. BGH **50**, 299, 310 f. = NStZ **06**, 210, 212; dazu *Schünemann* NStZ **06**, 196; *Hohn* wistra **06**, 321; *Saliger* NJW **06**, 3377; *Radtke* NStZ **07**, 57). *Immaterielle* Vorteile sind nicht erfasst; auch nicht mittelbar durch den Einsatz des Erlangten erzielte Gewinne (vgl. NStZ **02**, 477, 479 f.). „Etwas" ist auch eine Belohnung (BGH **32**, 63 m. Anm. *Horn* JR **84**, 211; 6 zu § 140) oder das **Entgelt** (§ 11 I Nr. 9) für die Tat, bei Bestechungsdelikten insb. die (ggf. gem. § 73 b zu schätzende) Leistung des Vorteilgebers (vgl. BGH **30**, 46, 47; NStZ-RR **04**, 242, 244; 11 zu § 331; NK-*Herzog* 3); bei korruptiv erlangter Auftragsvergabe der wirtschaftliche *Wert des Auftrags* (nicht: der vereinbarte *Werklohn*) im Zeitpunkt des Vertragsschlusses (BGH **50**, 299, 310 [= NJW **06**, 925; vgl. unten 11]; 5 StR 482/05); bei BtM-Delikten der **Kurierlohn** (NStZ-RR **00**, 57) unabhängig von den Besitz- und Eigentumsverhältnissen zwischen den Tatbeteiligten (1 StR 127/03; der **Einziehung** [§ 74] unterfällt dagegen **Spesengeld** [BGHR § 73 Erlangtes 3; 2 StR 14/

93] sowie zum Erwerb von BtM bestimmtes Geld [3 StR 182/98; 1 StR 229/03]). Verfallsgegenstände sind auch der **Gewinn** (NStE § 74 Nr. 1, 3) etwa aus illegalem Glücksspiel (*nicht* der Gesamtbetrag der Spieleinsätze; vgl. *Odenthal* NStZ **06**, 14, 16f.) sowie die (Brutto-)Einnahmen aus Taten nach §§ 180a, 181a, 184a, 184b (LK-*Schmidt* 26; vgl. auch Stuttgart wistra **90**, 165 [Kettenbriefaktion]). Nicht erlangt ist Geld, welches dem Täter im Rahmen eines verbotenen Geschäfts von einem als Scheinkäufer auftretenden Polizeibeamten ausgehändigt wird (BGH **31**, 147; NStZ **95**, 540; **04**, 554). Bei **Erlass von Schulden** als Entlohnung für eine Straftat ist tatsächlich nichts erlangt, da das Rechtsgeschäft nichtig ist (2 StR 54/07; vgl. 2 StR 739/85).

B. „Aus der Tat" sind alle Vermögenswerte erlangt, die dem Täter oder Teilnehmer **unmittelbar** aus der Verwirklichung des Tatbestands in irgendeiner Phase des Tatablaufs zufließen (BGH **47**, 260, 268; **50**, 299, 309 [*Kölner Müllfall*]; NStZ **01**, 123; **01**, 155; BGHR § 73 Erlangtes 1, 4 [*Flowtex*-Fall]; BGH **51**, 65, 66). Das ist namentlich die Tatbeute; sie ist aus der Tat auch dann erlangt, wenn sie zunächst zu einem **Mittäter** gelangt und dann aufgeteilt wird (NStZ-RR **03**, 10f.). Eine Bestechung, die zum Erlass eines Bebauungsplans für zuvor günstig erworbenes Bauerwartungsland führt, welches sodann mit hohem Gewinn wieder verkauft wird, führt *unmittelbar* nur zum Erwerb der Chance auf den Spekulations-*Gewinn*; nach dessen Realisierung ist das aus der Tat Erlangte somit der Verkaufspreis *abzüglich* der Erwerbskosten (BGH **47**, 260, 269f. [Anm. *Wohlers* JR **03**, 157]). Hat ein Täter des § 29 I Nr. 1 BtMG aus der Tat nur das BtM selbst als **Beziehungsgegenstand** (NStZ-RR **02**, 208) erlangt, so kommt nur dessen Einziehung oder die Einziehung nach § 74c I in Betracht, nicht aber eine Verfallsanordnung nach §§ 73, 73a (NStZ-RR **02**, 118; Dresden NStZ **03**, 214 [krit. Bespr. *Hohn* StraFo **03**, 302]; and. wohl NStZ **01**, 381). 10

Bei korruptiv erlangter **Auftragserteilung** ist nach Ansicht des *5. StS* unmittelbar aus der Tat nur die *Auftragserteilung* erlangt, *nicht* der gesamte vereinbarte Werklohn (BGH **50**, 299, 309f. [= NStZ **06**, 210, 212; Bespr. *Saliger* NJW **06**, 3377; *Noltensmeier* StV **06**, 132; *Salditt* PStR **06**, 33; *Schünemann* NStZ **06**, 196; *Hohn* wistra **06**, 321]; 5 StR 482/05 [NStZ-RR **06**, 338 LS]; **aA** zuvor Köln ZIP **04**, 2013; Jena wistra **05**, 114). Der Wert des iS von Abs. I Erlangten bemisst sich danach vielmehr nach dem zum Zeitpunkt der Auftragserteilung zu erwartenden wirtschaftlichen *Gewinn* (ebd.; krit. *Saliger* NJW **06**, 3377, 3380f.; *Hohn* wistra **06**, 321, 322f.; vgl. aber NStZ-RR **02**, 208f.; *Winkler* NStZ **03**, 247, 250); im Ergebnis sind somit („synallagmatische") *Gegenleistungen* des Bestechenden zu berücksichtigen (so schon *Sedemund* DB **03**, 323, 326f.; *Wehnert/Mosiek* StV **05**, 568, 574; ähnlich MK-*Joecks* 29f.). Mit dem Bruttoprinzip des § 73 I ist diese Ansicht nicht ohne Weiteres vereinbar (krit. *Hohn* wistra **06**, 321, 323f.); die Entscheidung nähert sich, indem sie auf die wirtschaftlichen „Vorteile" abstellt, jedenfalls für solche Geschäfte dem **Netto-Prinzip** an, bei denen nicht die Vertrags-Durchführung als solche verboten ist (BtmG-Geschäfte, Embargoverstöße). Auch für typische Fälle von **Insidergeschäften** nach dem WpHG wird (mit guten Gründen) vertreten, dass „erlangt" nicht der Gesamt-Wert oder Erlös der (mit legalen Mitteln erworbenen) Wertpapiere sei, sondern nur die „unzulässige Sonderchance" (*Kudlich/Noltensmeier* wistra **07**, 121, 123f.). 11

„Für die Tat" sind Vorteile dann erlangt, wenn sie dem Beteiligten als **Gegenleistung** für sein rechtswidriges Handeln gewährt werden („Lohn"), jedoch nicht auf der Tatbestandsverwirklichung selbst beruhen (BGH **50**, 299, 309f. [= NStZ **06**, 210, 212]; NStZ **07**, 150; NStZ-RR **03**, 10f.; **03**, 366; vgl auch *Nack* GA **03**, 879, 880 mwN), zB Provision (vgl. wistra **04**, 463); Kurierlohn (NStZ **07**, 150). Die Unterscheidung ist für I S. 2 von Bedeutung. Beziehungsgegenstände unterliegen nicht dem Verfall, sondern ggf. der Einziehung (vgl. NStZ **04**, 400). 12

C. Erlangen ist ein **tatsächlicher Vorgang** (NStZ **04**, 440); es setzt voraus, dass der Tatbeteiligte (im Fall von III der andere) zumindest die faktische Verfügungs- 13 gewalt für sich über eine Sache oder ein Recht erlangt hat (arg. § 73 e; vgl. NStZ-RR **97**, 262; NStZ **03**, 198; BGH **51**, 65, 68 [= NJW **06**, 2500, 2501]; LK-*Schmidt* 29). Es kann nur für verfallen erklärt werden, was **tatsächlich erlangt** ist; nicht erfasst ist, was der Täter nur erlangen **wollte** (wistra **99**, 464 [nicht erfüllte Forderungen bei Bestechlichkeit]; NStZ **00**, 481 [uneinbringliche Außenstände aus deliktischen Absatzgeschäften]; NStZ **03**, 198 [nicht werthaltige Forderung aus BtM-Geschäft]) oder was er hätte erlangen **können,** aber tatsächlich nicht erlangt hat (NStZ-RR **01**, 82; StV **02**, 485); nach NStZ-RR **06**, 266 (ErmRi) sind aber auch Mittel, die zunächst eine **Mittelsperson** erlangt, die aber dem Täter zugute kommen sollen, von *diesem* erlangt. Wenn dem Täter ein wirtschaftlicher Wert nicht zufließt, sondern er diesen nur „gelegentlich" der Tat in die Hände bekommt, scheidet eine Verfallsanordnung aus (NStZ-RR **02**, 366 [Transport von Bargeld durch BtM-Kurier]).

14 Bei Einbindung in eine **Handelskette** (zB im Rahmen eines – nichtigen – Kommissionsgeschäfts mit BtM) hat der Tatbeteiligte aber alles erlangt, was ihm tatsächlich zufließt, was also in seine Verfügungsgewalt übergegangen ist; es kommt für § 73 I S. 1 nicht darauf an, ob ihm diese Vermögenswerte bar oder unbar zugegangen sind, ob er sie mit sonstigem Vermögen vermischt oder gesondert aufbewahrt hat und ob er sie ganz oder teilweise (zB an einen Lieferanten) weitergegeben hat (BGH **51**, 65, 66 ff. [= NJW **06**, 2500). Auch der einem BtM-**Kurier** von Abnehmern ausgehändigte Kaufpreis unterliegt danach in voller Höhe dem Verfall, auch wenn er diesen absprachegemäß an seine Auftraggeber abzuliefern hat, unabhängig von zivilrechtlichen Eigentums- und Besitzverhältnissen (BGH **51**, 65, 68 [Verfall des *gesamten* bei BtM-Verkauf vereinnahmten Kaufpreises bei Einkauf auf Kommission]; NStZ **04**, 440; vgl. auch BGH **36**, 251, 253 f.; **and.** *Winkler* NStZ **03**, 247, 250 mit Hinweis auf NStZ-RR **02**, 366 f. [*3. StS*]). Spätere Mittel-Abflüsse können nur im Rahmen des § 73 c I S. 2 berücksichtigt werden (ebd.).

15 Der Tatbeteiligte muss das „Etwas", uU auch über eine dritte Person, **unmittelbar erlangt** haben (BGHR § 73 Erlangtes 2). Was erst später durch den Einsatz des Erlangten oder „bei Gelegenheit" einer Straftat (vgl. StV **03**, 160) oder durch deren „Vermarktung" in das Vermögen einfließt, ist nicht von Abs. I erfasst, sondern uU von II S. 2 (vgl. unten 19). Während irgendeiner Phase eines Dauerdelikts durch *andere* Handlungen erlangte Vorteile unterliegen dem Verfall nicht (vgl. Frankfurt NStZ **06**, 531 [Prostitutionserlös bei illegalem Aufenthalt gem § 95 I Nr. 2 AufenthG *durch* Prostitutionstätigkeit]). **Fremdes** Eigentum und fremde Rechte können nur im Rahmen von III, IV für verfallen erklärt werden (unten 26). Im Übrigen kommt es zunächst nur darauf an, ob der Tatbeteiligte den Vorteil erlangt hat (NJW **89**, 3165; BGHR Gew. 1); was bis zur Verfallentscheidung damit geschehen ist, insbesondere ob der Beteiligte den Vorteil noch hat, ist nur für II S. 2 und §§ 73 a, 73 c von Bedeutung.

16 Bei **mehreren Beteiligten** kann das für verfallen erklärt werden, was der jeweilige Beteiligte *selbst* tatsächlich erlangt hat. Eine wirtschaftliche Mitverfügungsgewalt reicht insoweit aus. Bei dem Beteiligten, der zunächst die gesamte Tatbeute erhält, um die Anteile der Übrigen später auszukehren, kann die Gesamtheit des Erlangten für verfallen erklärt werden (NStZ **03**, 422 f.); das gilt selbst dann, wenn der gesamte Erlös weitergeleitet wurde (Gesamtschuldnerschaft; vgl. NStZ **03**, 198; 1 StR 127/03; krit. *Rönnau* [1 a] 231 ff.; ggf. § 73 c I S. 2). Eine darüber hinaus gehende „Zurechnung" von Gegenständen, die *nur* von **anderen** an der Tat **Beteiligten** erlangt worden sind, erlaubt § 73 aber nicht (NStZ-RR **07**, 121; unklar Zweibrücken NStZ **03**, 446, 447); § 25 II kann nur herangezogen werden, wenn die Beteiligten einig sind, dass jedem die Mitverfügungsgewalt über die Gesamtheit des Erlangten zukommen soll.

17 **4) Ausschluss bei Ansprüchen von Verletzten (I S. 2).** Abs. I S. 2 enthält eine Ausnahmeregelung (freilich nicht auf „Ausnahmefälle" beschränkt; vgl. LK-*Schmidt* 35; *Schmitt,* Noll-GedS 299), die eine doppelte Inanspruchnahme des Täters verhindern und die Schwierigkeiten vermeiden, die bei einer Konkurrenz zwischen staatlichem Rückerstattungs- und zivilrechtlichem Schadensersatzanspruch entstehen würden (Ndschr. **3**, 277 ff.; Prot. V, 544 ff.; 995 ff.; vgl. LK-*Schmidt* 34; *Rönnau* StV **03**, 581). Ansprüche eines **Verletzten** (vgl. unten 21; 2 zu § 77; § 111 g StPO) stehen der Verfallsanordnung hinsichtlich solcher Vermögensvorteile nicht entgegen, die der Täter oder Teilnehmer **für die Tat,** dh als Tatentgelt oder Belohnung, erhalten hat (LK-*Schmidt* 37), wenn dieser Vorteil nicht seinerseits durch Verletzung einer das Interesse des Verletzten schützenden Norm erlangt ist (zB durch Untreue gegenüber dem Dienstherrn; NStZ **99**, 559 f.; anders idR bei Bestechungsdelikten). Auf den **erweiterten Verfall** nach § 73 d ist I S. 2 zunächst nicht anwendbar gewesen (NJW **01**, 2239; NStZ-RR **06**, 138 f.); die Neufassung des § 73 d I S. 3 durch das G zur Stärkung der Rückgewinnungshilfe hat eine entsprechende Anwendung des § 73 I S. 2 eingeführt (vgl. dazu 16 zu § 73 d). Eine **Einziehung** gem. § 74 a ist, wenn dessen Voraussetzungen vorliegen, auch bei Ausschluss des Verfalls nach I S. 2 möglich (vgl. 2 StR 125/04). Die *verfahrensrechtliche* Regelung eines „Auffangrechtserwerbs" des Staates zur Sicherung von Geschädigtenansprüchen (vgl. § 111i StPO idF des G vom 24. 10. 2006 [BGBl I 2350]) darf nicht durch Verfallserklärung zugunsten des Staats in das *materielle* Recht übertragen werden (NStZ **06**, 621).

A. Für I S. 2 kommt es nur auf die **rechtliche Existenz** des Anspruchs, nach **stRspr** aber nicht auf seine Geltendmachung an (NStZ **84**, 409; **96**, 332; **01**, 257; NStZ/T **86**, 497; NStZ-RR **06**, 138; wistra **93**, 336; **02**, 57; **06**, 380, 381; StV **95**, 301; StraFo **06**, 383; BGHR § 73 Anspr. 1, 2; Schleswig wistra **01**, 312 [Anm. *Goos*]); es ist danach unerheblich, ob der Verletzte schon **ermittelt** ist (NStZ-RR **04**, 242, 244; BGHR Tatbeute 1; LK-*Schmidt* 39; *Schmidt* 81); nach dem Wortlaut aber grds. auch, ob er seinen Anspruch tatsächlich **geltend** macht. Das führt zu einem weitgehenden Ausschluss des Verfalls bei Verletzung individualschützender Normen (vgl. auch BGH **45**, 235, 249 unter Bezugnahme auf *Eberbach* NStZ **87**, 487, 491: Abs. I S. 2 sei „der Totengräber des Verfalls"; *Wächter* StraFo **06**, 221, 222 f.). Zu praktischen Schwierigkeiten und iE unverständlichen Privilegierungen kann es zum einen bei Taten mit einer Vielzahl von (noch unbekannten) Geschädigten führen (vgl. Hamm NStZ **99**, 583; Schleswig wistra **01**, 312; *Rönnau* [1 a) 383 f.), zum anderen bei Taten von Organen juristischer Personen zu deren Lasten, wenn Ansprüche nicht geltend gemacht oder durchgesetzt werden können. 18

Die **Gegenansicht** vertritt daher unter teleologischen Gesichtspunkten eine Auslegung, wonach die bloße rechtliche Existenz von Verletzten-Ansprüchen nicht ausreicht (vgl. *S/S-Eser* 26; *Kiethe/Hohmann* NStZ **03**, 505, 510 f. [Ausschluss nur, wenn Verletzter ermittelt ist und Ansprüche geltend macht]; ähnlich *Achenbach*, Blau-FS 7, 20 [Ausschluss, wenn „realistische Chance" der Ermittlung und Geltendmachung besteht]). Dem ist der BGH grds. zurecht entgegen getreten (NStZ **06**, 621 [m. Anm. *Brettschneider* wistra **06**, 461; abl. *Brettschneider* wistra **06**, 461 m. wohl nicht zutr. Verweisung auf 1 StR 482/03]). Danach reicht ein „bloßes" faktisches Nicht-Geltendmachen eines (*bestehenden*; insoweit schon anders 1 StR 482/03) Anspruchs nicht aus, um trotz I S. 2 den Verfall anzuordnen (wistra **07**, 102; NStZ-RR **07**, 110). Eine **einschränkende Auslegung** des I S. 2 ist aber jedenfalls dann geboten, wenn der Verletzte seinen Ersatzanspruch *kennt* und auf seine Geltendmachung **verzichtet** (zutr. München NStZ **04**, 443; ebenso NStZ-RR **04**, 54, 55; NStZ **06**, 621, 622 [mit unzutr. Wiedergabe der hier vertreten Ansicht]). Soweit NStZ **06**, 621 ausdrücklich *offen gelassen hat*, ob das auch bei *konkludenter* Verzichtserklärung möglich ist, ist das unzutreffend, denn konkludente Erklärungen haben keinen minderen Erklärungswert. Ausgeschlossen ist I S. 2 auch dann, wenn der Anspruch **verjährt** ist (NStZ **06**, 621 f.). Bei Verurteilung zu **Geldstrafe** ist bei Verpflichtung zur Wiedergutmachung von Vermögensschäden § 42 S. 2 zu beachten. 19

20 **B.** Ein **Anspruch jeder Art** ist gemeint, insb. auf Schadensersatz (§ 823 BGB; aber auch § 97 UrhG, §§ 14 VI, VII MarkenG, § 139 II PatG; vgl. *Hansen/Wolff-Rojczyk* GRUR **07**, 468, 472f.) in Geld, auf Naturalherstellung, auf Herausgabe nach dinglichem Recht, wegen ungerechtfertigter Bereicherung (§§ 812ff. BGB) oder aus Geschäftsführung ohne Auftrag (§ 687 BGB). **Schmerzensgeld**-Ansprüche gehören nicht dazu (Zweibrücken StV **03**, 160, 162; SK-Horn 18); vielmehr muss sich der Anspruch auf Rückerstattung des Erlangten richten. Ein **Ausschluss** des Rückforderungsanspruchs kann sich aus § 817 S. 2 BGB ergeben (vgl. auch IV; LK-*Schmidt* 41; *U. Meyer* NJW **83**, 1301). Bei Taten nach § 181a I Nr. 1 steht dem Schadensersatzanspruch der ausgebeuteten Prostituierten § 817 S. 2 BGB jedenfalls seit Erlass des ProstG (vgl. 1 zu § 180a) nicht entgegen (NStZ **03**, 533; Zweibrücken StV **03**, 160f.).

21 **C.** Der Anspruch muss dem **Verletzten,** dh einer durch die Tat individuell geschädigten Person, als Folge der Tat (iS des § 264 StPO; vgl. BGH **47**, 22, 32) erwachsen sein (NJW **89**, 2139: 4 StR 718/93). Verletzter kann auch eine **juristische Person** oder der **Fiskus** sein (auch der **Steuerfiskus;** NStZ **01**, 155 [Anm. *Rönnau/Hohn* JR **02**, 298]; NStZ **03**, 423; NStZ-RR **04**, 242, 244; **07**, 237, 238; LG Berlin wistra **06**, 358; *Lackner/Kühl* 6; *S/S-Eser* 26; NK-*Herzog* 18; *Meurer* NStZ **91**, 438f.; *Büttner* wistra **07**, 47, 48; **aA** SK-*Horn* 17; zur Rechtslage in Fällen der Rechtshilfe durch die Schweiz vgl. *Goos* wistra **04**, 414); auch der **Dienstherr** eines bestochenen öffentlich Bediensteten (BGHR § 73 Verletzter 5 [in BGH **46**, 310 insoweit nicht abgedr.]; 5 StR 323/06); auch der **Rechtsnachfolger** des Tatgeschädigten (Schleswig NStZ **94**, 99f.; Stuttgart NStZ-RR **99**, 383; *Rönnau* [1a] 394; *Kiethe/Hohmann* NStZ **03**, 505, 508; **aA** Karlsruhe MDR **84**, 336; *Meyer-Goßner* 2 zu § 111g StPO; *Frohn* RPfl **01**, 10f.); **nicht** aber der Insolvenzverwalter einer geschädigten juristischen Person (Frankfurt NStZ-RR **06**, 342); auch nicht ein Tatbeteiligter, der den Verletzten im Rahmen seiner gesamtschuldnerischen Haftung entschädigt hat (Karlsruhe wistra **04**, 478).

22 Bei Verletzung von **Allgemeinrechtsgütern** gilt I S. 2 nicht. Bei **Bestechungsdelikten** nach §§ 331ff. ist der Dienstherr des Amtsträgers daher grds. nicht Verletzter (BGH **33**, 38; **47**, 22, 31; NStZ **99**, 560; **00**, 589; **03**, 423; NStZ-RR **04**, 242, 244); ein Herausgabeanspruch besteht grds nicht (vgl. 3 zu § 73c; and. aber BVerwG NJW **02**, 1968; zust. *Wächter* StraFo **06**, 221, 223ff.); dasselbe gilt im Fall des § 299 für den Geschäftsherrn eines bestochenen Angestellten (LK-*Schmidt* 38). Stellt aber ein Bestechungslohn zugleich quasi *spiegelbildlich* den (Mindest-)Schaden oder Nachteil im Rahmen einer Betrugs- oder Untreuehandlung des Bestochenen dar, so muss eine Verfallsanordnung unterbleiben, um eine doppelte Inanspruchnahme auszuschließen (BGH **47**, 22, 31f.; NStZ **03**, 423 [Bestechungslohn für das Unterlassen einer Mietzinsvereinbarung]; BGHR § 73 Verletzter 4). In diesem Fall gehen allerdings Ansprüche des **Steuerfiskus** (aus ESt-Hinterziehung hinsichtlich des Bestechungslohns) solchen des **Justizfiskus** vor (NStZ **03**, 423; NStZ-RR **04**, 242, 244; vgl. BGH **47**, 260, 265). Daher ist bei der Bemessung des Verfalls von (unversteuerten) Bestechungszahlungen die hierauf entfallende Einkommensteuer – ggf. im Wege der Schätzung – auszunehmen (NStZ-RR **04**, 242, 244 [Anm. *Odenthal* wistra **04**, 427; *Zetzsche* wistra **04**, 428; vgl dazu auch *Odenthal* wistra **02**, 338; *Wohlers* JR **03**, 163). Im Bereich der **Umweltdelikte** ist zB der Eigentümer eines durch eine Tat nach § 324 verunreinigten Gewässers nicht Verletzter iS von I S. 2 (*Kiethe/Hohmann* NStZ **03**, 505, 509; krit. *Rönnau* [1a] 399).

23 **D.** I S. 2 schließt die Verfallsanordnung aus, **soweit** sie das aus der Tat Erlangte dem Täter zu Lasten des Verletzten entziehen würde; im Übrigen ist der Verfall anzuordnen. Insoweit können sich Probleme der **Zivilrechts-Akzessorietät** des Strafrechts ergeben: Nach Düsseldorf NStZ **86**, 222 muss eine Verfallsanordnung auch dann unterbleiben, wenn der Verletzte durch eine Versicherung bereits entschädigt wurde (vgl. dazu *Rönnau* [1a] 393); danach wirkt I S. 2 jedenfalls auch im Fall eines (gesetzlichen) Anspruchs-Übergangs. Für den Fall der Verfügung über

den Anspruch hat Zweibrücken StV **03**, 160, 162 (m. Anm. *Lüderssen*) entschieden, dass, wenn der Verletzte im Wege eines **Vergleichs** mit dem Täter wirksam auf einen Teil des Anspruchs verzichtet, eine Verfallsanordnung hinsichtlich des darüber hinaus Gehenden möglich bleibt. Der Entscheidung ist – entgegen *Lüderssen* aaO – zuzustimmen, weil der *Schutz*zweck der Ausnahmevorschrift des Abs. I S. 2 den *Abschöpfungs*zweck des I S. 1 nicht aushebeln kann: Der Verletzte kann zwar darüber entscheiden, was er vom Täter herausverlangen will, nicht aber darüber, was dieser für oder aus der Tat erlangt hat.

E. Vorläufige Sicherung. Zwar dient das Strafrecht grds. nicht der Durchsetzung zivilrechtlicher Ansprüche (vgl. KK-Nack 18 zu § 111 b StPO). Um auch dem **Verletzten** den **Zugriff auf den Tatvorteil** zu sichern, sehen aber die §§ 111 b ff. StPO (zur praktischen Durchsetzung vgl. *Kiethe/Groeschke/Hohmann* wistra **03**, 92; *dies.* ZIP **03**, 185, 190 ff.) ein Sicherstellungs- und Beschlagnahmeverfahren schon im Ermittlungsstadium nicht nur zur Sicherstellung des Verfalls, sondern auch als **Zurückgewinnungshilfe für den Verletzten** vor (§ 111 b V; zur Arrestanordnung vgl. Zweibrücken NStZ **03**, 446; Frankfurt NStZ-RR **05**, 111, 112; Düsseldorf NStZ-RR **05**, 345; *Meyer-Goßner* 6 zu § 111 b StPO), wobei die Beschlagnahme bekannten Tatverletzten zur Geltendmachung ihrer Rechte unverzüglich mitzuteilen ist (§ 111 e III) und Maßnahmen der Verletzten einen gewissen Vorrang genießen (§§ 111 g I, 111 h); zur **zeitlichen Grenze** vgl. Düsseldorf NStZ-RR **02**, 173; **05**, 345. Sichergestellte bewegliche Sachen sind bekannten Verletzten herauszugeben (§ 111 k). Daraus ergibt sich nach hM, dass I S. 2 auch dann gilt, wenn vorauszusehen ist, dass es (**zB** bei Betrugsfällen von im Einzelnen geringem Umfang, aber gegenüber einer großen Zahl **unbekannter Verletzter;** bei Taten zu Lasten Verletzter, die sich nicht offenbaren wollen [betrügerische Anlage-Geschäfte mit Schwarzgeld; Erpressungen mit Offenbarung sozial anstößigen Verhaltens; Peinlichkeit der öffentlichen Einräumung besonderer Dummheit und Leichtgläubigkeit) nicht oder kaum zur **Geltendmachung** von Ansprüchen kommen wird (vgl. oben 11; str). Bewegliche Sachen, die nach § 111 i StPO nur für die Dauer von **3 Monaten** beschlagnahmt bleiben können (vgl. zum Problem des **Wertverlusts** während der Zeit der Sicherstellung *Rönnau/Hohn* wistra **02**, 445), sind, wenn der Geschädigte nicht zu ermitteln ist und feststeht, dass sie unrechtmäßig erlangt sind, in entspr. Anwendung der Fundregeln zu versteigern; der Erlös ist nach 3 Jahren der Staatskasse zuzuführen (vgl. NStZ **94**, 409 f.; BGHR § 73 Tatbeute 1; Anspruch 2; dazu KK-*Nack* 7 zu § 111 i; *Rönnau* [1 a] 384, 462 ff.; *Kiethe/Hohmann* NStZ **03**, 505, 510). Im übrigen sind Vermögenswerte nach Ablauf von 3 Monaten an den Täter oder Teilnehmer herauszugeben; eine „Gewinnabschöpfung" ist allenfalls durch Auflagen nach § 56 b II Nr. 2 möglich. 24

5) Nutzungen und Surrogate (Abs. II). Abs. II erweitert die Anwendung über das unmittelbar Erlangte hinaus entweder nach S. 1 *zwingend* oder nach der Kann-Vorschrift des S. 2 nach *pflichtgemäßem Ermessen* auf mittelbar Erlangtes. 25

Nutzungen (§§ 99, 100 BGB) sind für verfallen zu erklären, soweit sie tatsächlich gezogen, nicht nur zu erwarten sind (zB künftige Mieteinnahmen, MDR/H **81**, 630). II S. 1 erfasst auch Nutzungen aus Ersatzgegenständen iS von II S. 2; unterliegt ein Gegenstand selbst nicht dem Verfall, werden die Nutzungen unmittelbar von I S. 2 erfasst (oben 8; LK-*Schmidt* 44); da in diesem Fall der Verfall vorgeschrieben ist, schreibt ihn II S. 1 auch für den Fall der zusätzlichen Nutzungen vor (Prot. V/1022). 26

Für verfallen können auch **Surrogate** (§ 818 I Halbs. 2 BGB) erklärt werden, die der Täter oder Teilnehmer entweder durch **Veräußerung** einer erlangten Sache oder eines Rechts erworben hat oder als **Ersatz** für die Zerstörung, Beschädigung oder Entziehung des Gegenstandes (zB von einer Versicherung) erhalten oder auf Grund eines erlangten **Rechts** erworben hat, zB durch Einziehung einer Forderung, Realisierung eines Pfandrechts). Die Verfallsanordnung steht im Ermessen des Gerichts, das vor allem dann absehen wird, wenn der Verfall des Surrogats auf Schwierigkeiten stößt; doch hat das Gericht dann Verfall des Wertersatzes nach § 73 a S. 1 anzuordnen. Nach seinem Sinn und Zweck gilt I S. 2 auch für die in II S. 2 genannten Surrogate (NJW **86**, 1186; StV **96**, 541). 27

C. Auf **mittelbaren Gewinn** über II hinaus erstreckt sich der Verfall nicht (MDR/H **81**, 630; NStZ **06**, 334 f.; NK-*Herzog* 22; LK-*Schmidt* 43). Daher wird zB nicht erfasst, was der Tatbeteiligte mit erlangtem Geld mittelbar gewinnt (zB 28 durch Glückspiel [NStZ **96**, 332], Spekulation oder betriebliche Investition; vgl. Prot. V/1014). Ist durch Bestechung eine Liste mit Daten potentieller Versicherungskunden erlangt worden, so erstreckt sich der Wertersatz (§ 73 a) nicht auf die Gesamtheit der durch ihre Verwertung erlangten Provisionen abzüglich Stornoquote und Steuersatz, sondern nur auf den Marktwert vergleichbarer Listen im Anschriftenhandel (NStZ **06**, 334, 335).

29 **6) Verfall bei Handeln für Dritte (Abs. III).** Der Verfall nach Abs. I, II richtet sich grds gegen den Tatbeteiligten, der selbst etwas erlangt hat. Abs. III macht hiervon eine Ausnahme; danach richtet sich die Anordnung des Verfalls, auch der Nutzungen und Surrogate nach II, gegen einen **Tatunbeteiligten,** wenn der Tatbeteiligte **für ihn** gehandelt und dieser *dadurch* etwas selbst erlangt hat (vgl. § 822 BGB); Voraussetzung ist auch für III, dass kein Ersatzanspruch des Verletzten nach I S. 2 besteht (NStZ-RR **07**, 109 f.). Es gilt § 442 II StPO. Eine selbstständige Verjährung läuft gegen den Verfallsbeteiligten nicht (NStE Nr. 17). „Anderer" kann **jede natürliche oder juristische Person** sein (BGH **47**, 369, 373 [Anm. *Best* JR **03**, 337]; wistra **99**, 477, 478); im Hinblick auf BGHZ **146**, 341 ff. wohl auch eine Gesellschaft bürgerlichen Rechts (*Kiethe/Hohmann* NStZ **03**, 505, 508; *Keusch* [1 a] 83; **aA** LK-*Schmidt* 51). Auch die Verfallsanordnung nach III ist nach der Rspr des BGH primär Präventionsmaßnahme und nicht Strafe (BGH **47**, 369; i. E. zust. *Best* JR **03**, 337, 430; krit. *Hohn* wistra **03**, 321, 325; vgl. oben 4). Das Schuldprinzip ist auf den Verfall auch im Fall des III nicht anwendbar (BGH **47**, 369, 375; wistra **04**, 465 [Anm. *Schäfer* JR **04**, 518]). Der **Brutto-Verfall** ist danach auch gegenüber dem gutgläubigen Dritten im Hinblick auf die rechtswidrige Herkunft des Erlangten gerechtfertigt (BGH **47**, 369, 374 f.; NJW **95**, 2235, 2236; StV **05**, 22 f.; krit. *Hohn* wistra **03**, 321, 326 f.); ggf. ist § 73 c I S. 1 zu prüfen (vgl. NStZ-RR **07**, 109, 110). Auch hinsichtlich des Dritten gilt bei Drittansprüchen die Beschränkung des I S. 2 (wistra **06**, 384 f.).

30 **A. Handeln für einen anderen.** Der Tatbeteiligte handelt für einen anderen nicht nur in den Fällen des § 14 und der offenen Stellvertretung, sondern auch dann, wenn er, nach außen nicht erkennbar, *faktisch* für den anderen und in dessen Interesse handelt (1 StR 538/89 [in BGH **37**, 191 nicht abgedruckt]; NStZ **01**, 257 f.; Düsseldorf NJW **79**, 992; LK-*Schmidt* 54 f.; *Güntert,* aaO [oben 1 a] 57; *Franzheim* wistra **89**, 87; einschr. *S/S-Eser* 36 f.; NK-*Herzog* 24 f.). Der Empfänger kann hinsichtlich der rechtswidrigen Tat bösgläubig, aber auch gutgläubig sein; ist er das, so kommt § 73 c I S. 1 in Frage.

31 **B. Zurechnung des Erlangten.** Der Dritte muss „dadurch", dh **unmittelbar** durch die Tat (BGH **45**, 237 ff.; NStZ **01**, 257 f.), wenn auch nicht durch dieselbe Handlung (vgl. Jena StV **05**, 90, 91; krit. zur Vereinbarkeit des Unmittelbarkeitserfordernisses mit bereicherungsrechtlichen Grundsätzen *Arzt,* Zipf-GedS 165 ff.; *Hohn* wistra **03**, 321, 325 f.) den dem Verfall unterliegenden Gegenstand erlangt haben (vgl. dazu *Rönnau* [1 a] 268 ff.; *Keusch* [1 a] 107 ff.). Das ist unproblematisch, wenn das **Ziel** der Tat gerade die Erlangung von Vermögensvorteilen durch den Dritten war, so etwa bei Betrugshandlungen des Organs oder Stellvertreters (§ 14) zugunsten des Geschäftsherrn; Straftaten eines Rechts- oder Steuerberaters zugunsten eines Klienten; Zuwendung des Bestechungsentgelts an den vom Bestochenen bezeichneten Dritten; Diebstahl, Unterschlagung oder Raub in Drittzueignungsabsicht oder Erpressung in Drittbereicherungsabsicht (soweit nicht I S. 2 eingreift). Unmittelbar „durch" die Tathandlung ist ein Gegenstand nicht erlangt, den der Dritte unabhängig von der Tat auf Grund eines für sich gesehen unbemakelten Erwerbsvorgangs erlangt (4 StR 485/00 [Erlangung durch Erbfolge von einer ihrerseits „dritten" Person]).

32 **Problematisch** ist die Anwendung namentlich in Fällen vermittelnder Rechtsgeschäfte, wenn der Täter oder ein bösgläubig unmittelbar begünstigter Dritter den zunächst selbst erlangten Gegenstand oder den entsprechenden Wertersatz an eine (bös- oder gutgläubige) andere Person weitergibt. Für die Zurechnung kommt es

dann auf die Feststellung eines „Bereicherungszusammenhangs" zwischen Tat, Taterlös und vom Dritten Erlangtem an (Hamburg wistra **05**, 157).

a) Nach BGH **45**, 235 sind die in Rspr und Literatur zur Abgrenzung genannten Kriterien (Erkennbarkeit des Verhältnisses zwischen Täter und Drittem nach außen; Kenntnis des Dritten von der Tat; Unmittelbarkeit der Vermögensverschiebung; Handeln des Täters im Einflussbereich oder im Interesse des Dritten; Art und Umfang zwischengeschalteter Geschäfte; Entgeltlichkeit) nur im Blick auf jeweils bestimmte **Fallgruppen** aussagekräftig: **33**

aa) In **Vertretungsfällen** ergibt sich danach „der Bereicherungszusammenhang aus dem (betrieblichen) Zurechnungsverhältnis"; auf eine *Unmittelbarkeit* des Dritterwerbs durch die Tathandlung sowie auf Bösgläubigkeit des Dritten kommt es hier nicht an (BGH **45**, 235, 245 f.; wistra **04**, 465, 466; vgl. auch BGH **47**, 369, 377). Ist der Dritte eine juristische Person, insb. ein Wirtschaftsunternehmen, so bedarf es einer Organstellung des Handelnden nicht; zurechenbar sind auch Taten von Angestellten; bei Gutgläubigkeit der Unternehmensleitung ist idR § 73 c I S. 1 zu prüfen (BGH **47**, 369, 376 [Anm. *Best* JR **03**, 337; *Hohn* wistra **03**, 321]; wistra **04**, 465, 466 [Anm. Schäfer JR **04**, 518]). **34**

bb) In **Verschiebungsfällen** wendet der Täter oder Teilnehmer primär im eigenen Interesse einem Dritten Tatvorteile unentgeltlich oder auf Grund eines bemakelten Rechtsgeschäfts zu, um sie dem Zugriff des Geschädigten zu entziehen oder um die Tat zu verschleiern (vgl. 1 StR 538/89; Düsseldorf NJW **79**, 992). Auch hier kommt es auf Unmittelbarkeit und Bösgläubigkeit des Dritten nicht an. Die Verfallsanordnung ist in einem Verschiebungsfall auch dann möglich, wenn der Taterlös mit legalem Vermögen vermischt und erst dann an den Dritten weitergeleitet wurde (Hamburg wistra **05**, 157, 158 f.). **35**

cc) Ein **Erfüllungsfall** liegt vor (vgl. BGH **45**, 235, 247), wenn der Täter einem gutgläubigen Dritten Tatvorteile in Erfüllung einer nicht bemakelten entgeltlichen Forderung zuwendet, deren Entstehung und Inhalt nicht im Zusammenhang mit der Tat steht. Hier soll der *Unmittelbarkeit* „entscheidende Bedeutung" zukommen und das entgeltliche Rechtsgeschäft eine *Zäsur* bewirken, so dass es an einem (mittelbaren) Erlangen *„durch"* die Tat fehle. Dies entspreche dem Rechtsgedanken des § 822 BGB und sei auch prozessual und verfahrensökonomisch geboten, da andernfalls alle (nach der Tat befriedigten) Gläubiger des Täters zu ermitteln wären und als Verfallsbeteiligte am Verfahren beteiligt werden müssten; dies könne auch den mit Mitteln aus der Tatbeute bezahlten *Verteidiger* betreffen und so eine effektive Verteidigung gefährden (ebd. 248; vgl. hierzu aber auch 33 zu § 261). **36**

b) Kritik. Diese enge Anbindung von § 73 III an die Grundsätze der zivilrechtlichen Kondiktion ist – jedenfalls nach Einführung des Bruttoprinzips – nicht unzweifelhaft (vgl. NStZ **00**, 481 zu § 73 c; *Arzt,* Zipf-GedS 165, 168 ff.; *Hohn* wistra **03**, 321, 325; *Keusch* [1 a] 111 ff.; zust. aber LK-*Schmidt* 63; *Schmid/Winter* NStZ **02**, 8, 12). Es erscheint problematisch, die Begründung der Verfallsbeteiligung nach Maßgabe des § 822 BGB vorzunehmen, den Betroffenen dann aber im Bereich von § 818 III BGB auf § 73 c zu verweisen. Schon geringe Verschiebungen des Sachverhalts können überdies dazu führen, dass sich die genannten **Fallgruppen überschneiden;** in diesem Fall kommt es auf *materielle* Abgrenzungskriterien an. Dass es in den „Erfüllungsfällen" auf Entgeltlichkeit des Rechtsgeschäfts sowie auf Gutgläubigkeit des Dritten ankommen soll, ergibt sich aus dem vom *5. StS.* herangezogenen § 261 (vgl. § 261 I Nr. 1, V; dazu 33 zu § 261) gerade nicht. Auch das verfahrensrechtliche Argument überzeugt nicht ganz: Wenn es bei den „Erfüllungsfällen" auf die Art des Rechtsgeschäfts und die Kenntnis des Dritten ankommt, so können Feststellungen hierzu *gerade nicht* außerhalb des Verfahrens getroffen werden. **37**

Dass der Anwendungsbereich des Abs. III durch Übertragung der Grundsätze der §§ 812 ff. BGB oder durch Einbeziehung von Wertungsgesichtspunkten des § 73 c schon in die Bestimmung des Verfallsbeteiligten bestimmt werden kann, erscheint daher zweifelhaft; auch Wertungsfragen der *Sozialadäquanz* sollten hier außer Betracht bleiben. Wortlaut und Entstehungsgeschichte der Vorschrift (vgl. die Nachw. in BGH **45**, 235 ff.) legen es nahe, § 73 III eng auszulegen: Die Annahme, der Täter handele im Grundsatz stets auch „für" seine Gläubi- **38** ger, und Abs. III bedürfe daher insoweit der *einschränkenden* Auslegung nach Billigkeitsgesichtspunkten, führt zu kaum tragfähigen Ergebnissen. Dagegen sprechen auch Wortlaut und Systematik der Vorschrift: Das „Handeln" iS von Abs. III kann nur die Tatbegehung, nicht aber der davon unabhängige Abschluss von Verträgen sein; „etwas" iS von III ist das „aus der Tat" (I S. 1) Erlangte. Der Begriff „dadurch" ist nicht anders zu verstehen als die Formulierung „durch die Tat"; sie bezeichnet daher keinen (bloßen) Kausalitäts-, sondern einen Unmittelbarkeitszusammenhang. Schließlich ist die **materielle Strafbarkeitsgrenze** der §§ 259, 261 zu beachten: Wer sich einen Gegenstand iS von § 259 I vorsätzlich oder einen solchen iS von § 261 I vorsätzlich oder leichtfertig **verschafft,** ist selbst Täter iS von § 73 I S. 1 und nicht Verfallsbeteiligter nach Abs. III; auf die Entgeltlichkeit des Erwerbs kommt es nicht an.

39 **7) Verfall bei Dritteigentum (Abs. IV).** Nach **IV** hindern **Dritteigentum** oder Fremdheit eines Rechtes eine Verfallsanordnung nicht, wenn der Dritte den Gegenstand entweder für die Tat (oben 6 ff.) oder in Kenntnis der Tatumstände (vgl. 7 zu § 74 a) gewährt hat. Erfasst sind damit Fälle, in denen eine nicht notwendig tatbeteiligte dritte Person (vgl. *S/S-Eser* 41) dem Täter einen Gegenstand zugewendet hat, dieser aber – wegen Nichtigkeit des Übereignungsgeschäfts nach §§ 134, 138 BGB (vgl. BGH **36**, 253 [Anm. *Meyer* JR **90**, 209]; 1 StR 547/00) – nicht Eigentümer geworden ist, so dass Verfall nach I S. 1 ausscheidet. Der Dritte ist nach §§ 442 I, 431 StPO am Verfahren zu beteiligen. Für IV kommt es auf die Rechtslage zZ der Entscheidung an, so dass auch der Fall einer Rückübereignung an den Geber nach der Tat gedeckt sein kann (dann aber möglicherweise § 73 c S. 1). Nicht erfasst ist der Fall, dass der Dritte dem Tatbeteiligten den Gegenstand nur zum Gebrauch überlassen hat (LK-*Schmidt* 68); dann besteht das Gewährte nur im Erlangten, das nach I S. 1 verfällt (**aA** *M/Zipf* 61/16; *S/S-Eser* 40, 42). Die Anordnung richtet sich im Fall von IV nicht gegen den Dritten, sondern den Tatbeteiligten, der den Gegenstand erlangt hat (ausf. *Rönnau* [1 a] 292 ff.).

40 **8) Verfahrensrechtliche Hinweise.** Zur Sicherung und zur Anordnung sind die §§ 111 b ff. (oben 24), §§ 430 bis 441 iVm § 442 StPO zu beachten, ferner §§ 232 I S. 1, 233 I S. 1, 407 II Nr. 1, 459 g I StPO. Zur entspr. Anwendung von § 89 InsO nach Eröffnung des Insolvenzverfahrens vgl. LG Saarbrücken NStZ-RR **04**, 274 f. Einer Verfallsentscheidung bedarf es nicht hinsichtlich solcher Vermögenswerte, auf deren Rückgabe der Angeklagte **verzichtet** hat (ausf. zur Vermögensabschöpfung durch Verzicht *Rönnau* [1 a] 606 ff.). Im Urteilstenor sind die für verfallen erklärten Sachen und Rechte konkret zu bezeichnen; vgl. 21 zu § 74. Liegt die Annahme eines Härtefalls nach § 73 c nahe, so ist dies im Urteil zu erörtern; ein stillschweigendes Absehen von der Verfallsanordnung ist rechtsfehlerhaft (2 StR 653/98). Ein **Rechtsmittel** kann auf die Höhe der Verfallsanordnung beschränkt werden (NStZ-RR **97**, 270 f.; BGHR § 73 b Schätzung 2; 3 StR 541/00).

Verfall des Wertersatzes

73a Soweit der Verfall eines bestimmten Gegenstandes wegen der Beschaffenheit des Erlangten oder aus einem anderen Grunde nicht möglich ist oder von dem Verfall eines Ersatzgegenstandes nach § 73 Abs. 2 Satz 2 abgesehen wird, ordnet das Gericht den Verfall eines Geldbetrags an, der dem Wert des Erlangten entspricht. Eine solche Anordnung trifft das Gericht auch neben dem Verfall eines Gegenstandes, soweit dessen Wert hinter dem Wert des zunächst Erlangten zurückbleibt.

1 **1) Allgemeines.** Die Vorschrift gilt idF des 2. StrRG (vgl. § 110 E 1962, Begr. 244; § 84 AE; Ber. BT-Drs. V/4095, 40). **Literatur:** vgl. 1 a zu § 73.

2 **2) Anwendungsbereich.** § 73 a bestimmt, dass das erkennende Gericht nach Lage der Sache zum Zeitpunkt seiner Entscheidung (für nachträgliche Anordnung gilt § 76) anstelle des nicht möglichen Verfalls des Erlangten (§ 73) den Verfall des Wertersatzes, dh eines dem Wert des Erlangten entsprechenden Geldbetrages anzuordnen hat. Auch der Wertersatzverfall setzt daher voraus, dass der **Täter** zunächst **etwas** iS von § 73 **erlangt** hat (NStZ **03**, 198; NStZ-RR **06**, 39), knüpft also an die Voraussetzungen des Verfalls an; daher ist zB ein Wertersatzverfall hinsichtlich eines Beziehungsgegenstands (der nicht dem Verfall, sondern der Einziehung un-

terliegt), nicht möglich (NStZ **04**, 400 [zu § 33 II BtMG]); auch nicht Verfall von Wertersatz für einen nur erzielbaren, aber nicht tatsächlich erzielten Vermögenszuwachs. § 73a setzt aber nicht voraus, dass der Tatbeteiligte *noch* bereichert ist; ist er es nicht mehr, so ist allerdings § 73c I S. 2 zu prüfen (BGH **38**, 23, 24; **48**, 40f.; NStZ-RR **03**, 144, 145; wistra **00**, 298; 3 StR 28/04; 2 StR 184/04). Die Anordnung gegen eine **dritte Person** ist zulässig, wenn sie einen Teil des dem Verfall unterliegenden Tatlohnes erhalten und die wirtschaftlichen Interessen des Täters mitverfolgt hat (vgl. NStZ-RR **06**, 266f. [ErmRi; Anordnung gegen Ehefrau des Täters]). Eine **nachträgliche** Anordnung ist nach § 76, eine **selbstständige** Anordnung nach § 76a möglich. In Fällen von § 30 V OWiG ist auch der Wertersatzverfall ausgeschlossen.

Eine betragsmäßige Anrechnung von im **Ausland** eingezogenen Vermögenswerten auf den nach § 73a angeordneten Verfall ist gesetzlich nicht vorgesehen und ergibt sich auch nicht aus einer entsprechenden Anwendung von § 51 III (NStZ **05**, 455, 456); Vermögenseinbußen durch ausländische Maßnahmen sind daher nur im Rahmen einer Entscheidung nach § 73c zu berücksichtigen. **2a**

3) Anordnung anstelle des Verfalls (S. 1). S. 1 schreibt die obligatorische (StV **98**, 599) Anordnung des Wertersatzes, dh eines dem Wert des zu ersetzenden Verfallsgegenstands entsprechenden bestimmten **Geldbetrags** in zwei Fällen der Undurchführbarkeit des Verfalls sowie im Fall des Absehens von der Anordnung nach § 73 II S. 2 vor. Für die Wertbestimmung kommt es auf den Verkehrswert (*S/S-Eser* 11) zum Zeitpunkt der (letzten) tatrichterlichen Entscheidung an (vgl. BGH **4**, 305; LK-*Schmidt* 13; krit. *Keusch* [1a zu § 73] 127f.). Das **Wertverlust**-Risiko trägt der Verfalls-Beteiligte (vgl. dazu *Rönnau/Hohn* wistra **02**, 445, 451; keusch [1a zu § 73] 129ff.). **3**

A. Wegen der Beschaffenheit des Erlangten ist die Anordnung nicht möglich, wenn das Erlangte im Ersparen sonst notwendiger Aufwendungen oder in Gebrauchsvorteilen bestand (9 zu § 73); aber auch, wenn das Erlangte mit einer anderen Sache vermischt oder verbunden (§§ 946, 947 BGB; vgl. 3 StR 371/01 [Vermischung von Geld]) oder verarbeitet worden ist (§ 950 BGB). **4**

B. Aus einem anderen Grund ist die Anordnung nicht möglich, wenn der Tatbeteiligte das Erlangte verbraucht, verloren oder unauffindbar beiseite geschafft, vor allem aber, ohne dass § 73 III vorliegt, den Gegenstand einem anderen übereignet oder rechtswirksam abgetreten hat, sei es durch Verkaufen, Verschenken (5 StR 542/96) oder in anderer Weise (NStZ-RR **97**, 270; NStE Nr. 2; NK-*Herzog* 3; vgl. auch *Hohn* StraFo **03**, 302, 304f. [Gebrauchsvorteil bei BtM]). **5**

C. Obligatorisch ist die Anordnung auch, wenn von einer Verfallsanordnung nach § 73 II S. 2 abgesehen wird (27 zu § 73; LK-*Schmidt* 8). Hierfür können prozessökonomische Gründe sprechen (LK-*Schmidt* 8); daneben kommt I S. 1 insb. in Betracht, wenn das Surrogat ein körperlicher Gegenstand ist, dessen Verwertbarkeit zweifelhaft erscheint. **6**

4) Anordnung neben dem Verfall (S. 2). Gleichfalls zwingend ist der Wertersatzverfall *neben* dem Verfall eines Gegenstandes nach § 73 anzuordnen, wenn dessen Wert hinter dem Wert des zunächst Erlangten zurzeit der Entscheidung zurückbleibt (LK-*Schmidt* 10). Das kommt zB in Frage, wenn die erlangte Sache beschädigt worden ist. In diesen Fällen ist neben dem Verfall des Gegenstandes der Verfall des Wertersatzes in Höhe der Differenz zwischen dem ursprünglichen Wert und dem Zeitwert des Gegenstandes (zum Wertverlust sichergestellter Gegenstände vgl. *Rönnau/Hohn* wistra **02**, 445) anzuordnen. **7**

5) Mit der Anordnung entsteht ein entsprechender **staatlicher Zahlungsanspruch** gegen den nach § 73 Betroffenen, der wie eine Geldstrafe beigetrieben wird. Zur Verfahrensbeteiligung Dritter nach § 442 II StPO vgl. 40 zu § 73; zur Vollstreckung vgl. §§ 459 StPO; § 57 StVollstrO; LK-*Schmidt* 17. **8**

Schätzung

73b Der Umfang des Erlangten und dessen Wert sowie die Höhe des Anspruchs, dessen Erfüllung dem Täter oder Teilnehmer das aus der Tat Erlangte entziehen würde, können geschätzt werden.

1 1) **Allgemeines.** Die Vorschrift gilt idF des 2. StrRG (vgl. § 109 VI E 1962, Begr. 244; Ber. BT-Drs. V/4095, 40; Prot. V/1025; vgl. ferner E-BRat-OrgKG, BT-Drs. 11/7663) und des Art. 3 Nr. 2 AWG/StGBuaÄndG (1 zu § 73). **Literatur:** vgl. 1 a zu § 73.

1 a 2) § 73 ermächtigt das Gericht, Werte, die für die §§ 73, 73 a maßgebend sind, zu schätzen; sie ist auf Fälle zugeschnitten, in denen nicht mit hinreichender Sicherheit festgestellt werden kann, in welcher Form oder in welcher genannten Höhe Gewinne angefallen sind (NStZ **01**, 327). Geschätzt werden können:

2 **A.** der Umfang des Erlangten iS des § 73 I S. 1 (vgl. zB NStZ-RR **04**, 242, 244 [Bestechungsgelder]); dazu gehört auch der Differenzwert nach Wertminderung (§ 73 a S. 2);

3 **B.** der Wert, dh der Verkehrswert des Erlangten zZ der Entscheidung; von Bedeutung ist das nicht für Sachen und Rechte, die zZ der Entscheidung noch vorhanden sind, sondern vor allem für den Wert von Gebrauchsvorteilen nach § 73 I S. 1, II S. 1 sowie für den Verfall des Wertersatzes nach § 73 a S. 1. Auch der Wert von Surrogaten nach § 73 II S. 2 kann geschätzt werden, obwohl das Gesetz das nicht ausdrücklich sagt;

4 **C.** die Höhe des Anspruchs, dessen Erfüllung dem Täter oder Teilnehmer das aus der Tat Erlangte entziehen würde (§ 73 I S. 2). Das kann sich auch auf einen Teil des Erlangten beziehen, so dass insofern auch die Minderung des Vermögensvorteils erfasst ist (RegE 23).

5 3) **Schätzung** heißt, dass sich der Richter unter Befreiung vom Strengbeweis nach § 244 StPO, ggf unter Zuziehung eines Sachverständigen, in Fällen, in denen Menge oder Verkehrswert nicht klar sind, mit einer **vermutlichen Wertannahme** begnügen kann. Doch muss er Beweismittel, die ohne unverhältnismäßige Schwierigkeiten zu erlangen sind, ausschöpfen (Ber. 40; Prot. V/1025; LK-*Schmidt* 3; NK-*Herzog* 2; *Rönnau* [1 a zu § 73] 599; *Vogel* HWiStR „Schätzung"); für das Ausmaß einer erforderlichen Beweisaufnahme kommt es wesentlich auf die Höhe der Werte an, die in Frage stehen (vgl. auch § 40 III). Einzelheiten müssen so weit geklärt werden, dass eine hinreichend sichere Schätzgrundlage gegeben ist (NStZ **01**, 327 f.; BGHR § 73 b Schätzung 1); diese ist im Urteil darzulegen. Die Grundsätze, die Rspr und Literatur zu § 287 ZPO entwickelt haben, sind heranzuziehen. Für die Ermittlung der Schätzungsgrundlage, nicht jedoch für die Schätzung selbst, ist der Zweifelsgrundsatz anzuwenden (NStZ **89**, 361; NStZ/D **89**, 472; NK-*Herzog* 3). Auch bei der Schätzung gilt (selbstverständlich) das Bruttoprinzip (7 zu § 73); es sind daher nicht „geschätzte Aufwendungen" in Abzug zu bringen.

Härtevorschrift

73c I Der Verfall wird nicht angeordnet, soweit er für den Betroffenen eine unbillige Härte wäre. Die Anordnung kann unterbleiben, soweit der Wert des Erlangten zur Zeit der Anordnung in dem Vermögen des Betroffenen nicht mehr vorhanden ist oder wenn das Erlangte nur einen geringen Wert hat.

II Für die Bewilligung von Zahlungserleichterungen gilt § 42 entsprechend.

1 1) **Allgemeines.** Die Vorschrift gilt idF des 2. StrRG (§ 111 E 1962, Begr. 245; Ber. BT-Drs. V/4095, 41; Prot. V/1026). **Literatur:** vgl. 1 a zu § 73.

2 2) **Regelungszweck; Systematik.** § 73 c regelt in Abs. I Anwendungsfälle des Verhältnismäßigkeits-Grundsatzes im Hinblick auf Verfallsanordnungen nach §§ 73,

73a. Durch die Geltung des **Bruttoprinzips** hat § 73c eine erhebliche praktische Bedeutung gewonnen (vgl. LK-*Schmidt* 4f.); die Vorschrift ermöglicht eine flexible und verfahrensökonomisch sinnvolle Berücksichtigung von Härten im Einzelfall. Dabei enthält I S. 1 eine **Generalklausel,** deren Prüfung nur dann angezeigt ist, wenn ein Fall des S. 2 nicht vorliegt. Zugleich ergibt sich aus S. 2, dass das Nichtmehrvorhandensein des Wertes des Erlangten im Vermögen des Betroffenen *für sich allein* keine unbillige Härte iS von S. 1 sein kann, denn derselbe Umstand kann nicht Grundlage einer Ermessensentscheidung sein und zugleich *zwingend* zum Absehen von der Verfallsanordnung führen (NStZ **00**, 589, 590).

3) Unbillige Härte (I S. 1). Unzulässig ist die Anordnung sowohl nach § 73 wie nach § 73a, aber auch gegen einen Tatbeteiligten oder einen Unbeteiligten nach § 73 III, wenn der Verfall für den Betroffenen (auch den Dritten iS von § 73 IV) eine **unbillige Härte** wäre (I S. 1). I S. 1 gilt auch, wenn das Erlangte im Vermögen des Betroffenen **noch vorhanden** ist (vgl. 1 StR 291/01). Der unbestimmte Rechtsbegriff der „unbilligen Härte" (vgl. § 459f StPO; § 765a I ZPO) setzt voraus, dass der Verfall den Betroffenen empfindlich treffen und dass diese Härte Grundsätze der Billigkeit und das Übermaßverbot verletzen würde, also ungerecht wäre (StV **95**, 635; NStZ **95**, 495). Dass der Verfallsgegenstand sich nicht mehr im Vermögen des Betroffenen befindet, reicht, wie sich aus I S. 2 ergibt, hierfür nicht ohne weiteres aus (NStZ **00**, 589; vgl. unten 4f.); vielmehr müssen (ggf. zusätzlich) erhebliche Umstände vorliegen, welche die Anordnung des Verfalls im Einzelfall als übermäßig und vom Zweck des Verfalls nicht mehr getragen einscheinen lassen (vgl. NStZ **00**, 589; wistra **01**, 388, 389). Entscheidend ist, wie sich die Verfallsanordnung konkret auswirken würde (NStZ-RR **00**, 365); an die Voraussetzungen der Unbilligkeit sind hohe Anforderungen zu stellen (1 StR 291/01). Bei einer Verfallsanordnung gegen einen Dritten (§ 73 III) kann namentlich dessen *Gutgläubigkeit* einen wichtigen Ermessens-Gesichtspunkt darstellen (NStZ-RR **07**, 109, 110). 3

I S. 1 **kommt zB in Betracht,** wenn der Täter den Vermögensvorteil an einen nicht unter § 73 III, IV fallenden Dritten unentgeltlich weitergegeben hat (hierzu LK-*Schmidt* 8); UHaft länger gedauert hat als die schließlich verhängte Strafe (Prot. V/1027); der Angeklagte die Tat in einer (unverschuldeten) finanziellen Notlage begangen hat (2 StR 653/98); der nach § 73 III betroffene Tatunbeteiligte unvorwerfbar gutgläubig war (Prot. V/547f.); wenn der Täter auf Grund von Zwangsvollstreckungsmaßnahmen des Geschädigten voraussichtlich sein gesamtes Vermögen verlieren wird (wistra **99**, 464); wenn der Täter die Sache in den Fällen des § 73 IV vor Tatentdeckung an den Dritten zurückgegeben oder der Bestochene das Bestechungsgeld reuig einer gemeinnützigen Einrichtung zugewendet (vgl. Hamm NJW **73**, 719) hat; eine Wertminderung iS von § 73a S. 2 durch einen unverschuldeten Zufall eingetreten ist; möglicherweise auch, wenn der Gewinn eines Unternehmens so reinvestiert wurde, dass dessen Existenz durch den Verfall gefährdet wäre (*S/S-Eser* 2). Zu berücksichtigen kann auch sein, ob die Zahlungsverpflichtung die Resozialisierung des Angeklagten nach der Haftentlassung wesentlich erschweren wird (NStZ-RR **03**, 75). Einem Verfall des durch Bestechlichkeit Erlangten steht S. 1 schon deshalb nicht entgegen, weil der Dienstherr nicht Verletzter iS von § 73 I S. 2 ist und Herausgabe nicht verlangen kann (NStZ **00**, 589); anders ist es, wenn der Bestechungslohn zugleich ein Schaden des Dienstherrn (iS von §§ 263, 266) ist (wistra **01**, 295). Zu erwartende **steuerliche Forderungen** begründen nach wistra **01**, 388, 389f. keine unbillige Härte; dagegen ist nach StV **05**, 22, 23 eine **Doppelbelastung** infolge Steuerzahlungen aus dem Verfall unterliegenden Bruttoeinnahmen im Rahmen des § 73c zu berücksichtigen (unten 4a). 3a

4) Wegfall der Bereicherung (I S. 2, 1. Var.). Nach Abs. I S. 2, 1. Var. **kann** eine Anordnung unterbleiben, *soweit* das Erlangte oder dessen Wert zum Zeitpunkt der Entscheidung im Vermögen des Betroffenen (oben 2) **nicht mehr vorhanden** 4

ist; bei Vorliegen konkreter Anhaltspunkte ist das ggf. von Amts wegen zu prüfen (Oldenburg StV **07**, 416f.). Nur wenn auch ein möglicher *Gegenwert* des Erlangten nicht mehr vorhanden ist, kann die Verfallsanordnung unterbleiben (NStZ **95**, 495; **00**, 480f.; NStZ-RR **02**, 7f.), also grds dann nicht, wenn der Täter zum Zeitpunkt der Verfallanordnung über Vermögen verfügt, das wertmäßig nicht hinter dem Erlangten zurückbleibt (BGH **48**, 40, 41; **51**, 65 [= NJW **06**, 2500]; NStZ **05**, 455; NStZ-RR **02**, 7; **05**, 104, 105; **06**, 376). Es kommt grds. nicht darauf an, ob das noch vorhandene Vermögen einen konkreten oder unmittelbaren Bezug zu den Straftaten hat (wistra **00**, 298; BGH **51**, 65 [Anm. *Dannecker* NStZ **06**, 683]): Wenn der Täter über Vermögen verfügt, liegt die Annahme nahe, dass der Wert des Erlangten darin noch vorhanden ist (NStZ-RR **05**, 104, 105); diese **Vermutungswirkung** (vgl. *Winkler* NStZ **03**, 247, 250) soll aber nach BGH **48**, 40 (*4. StS*; zust. Anm. *Rönnau* NStZ **03**, 367) dann nicht eintreten, wenn im Einzelfall *feststeht*, dass das vorhandene Vermögen in *keinem denkbaren Zusammenhang* mit den verfahrensgegenständlichen Straftaten steht; eine entsprechende Beurteilung setzt die Feststellung der Vermögensverhältnisse voraus (vgl. StraFo **03**, 283; NStZ **05**, 454). Von dieser Einschränkung hat sich BGH **51**, 65, 69 (*1. StS;* krit. Anm. *Dannecker* NStZ **06**, 683f.) allerdings wieder abgewandt (vgl. auch 3 StB 8/06). Ist das unmittelbar Erlangte im Vermögen nicht mehr vorhanden, so ist § 73c I S. 2 zu prüfen; es kann nicht ohne weiteres § 73a angewandt werden (NStZ-RR **03**, 145).

4a Für einen möglichen Wegfall kommt es darauf an, ob Ereignisse zu verzeichnen sind, die den Wert des Erlangten **gemindert** oder **beseitigt** haben. So sind zB geleistete Steuern in Anrechnung zu bringen (NJW **89**, 2140; NK-*Herzog* 5). Sind dem Verfall unterliegende Mittel zur **Schuldentilgung** verwendet worden, so kommt es nicht auf einen abstrakten Vergleich der früheren und jetzigen Vermögenslage, sondern darauf an, ob die Erfüllung der Verbindlichkeiten zu einem jetzt noch vorhandenen positiven Vermögenswert geführt hat. Daher ist der Wert von Grundstücken (BGH **38**, 23, 25) dem vorhandenen Vermögen zuzurechnen, wenn der Verurteilte **Verbindlichkeiten** aus ihrem (früheren) Erwerb getilgt hat; dasselbe gilt für die Erfüllung von Ratenzahlungsverpflichtungen, wenn der erworbene Gegenstand sich noch im Vermögen des Verurteilten befindet. Dagegen sind Mittel, die zur allgemeinen Schuldentilgung ausgegeben wurden, nicht mehr vorhanden (BGH **38**, 25); sie sind Aufwendungen für verbrauchbare (und verbrauchte) Gegenstände gleichzustellen (wistra **00**, 298). Bei der Feststellung, ob dem Verfall unterliegende Vermögenswerte noch vorhanden sind, bleiben Billigkeitsgesichtspunkte außer Betracht; diese können aber im Rahmen der Ermessensausübung oder bei der Prüfung einer unbilligen Härte berücksichtigt werden. Unterliegt das Erlangte der **Besteuerung,** so ist dies bei der Verfallsanordnung zu berücksichtigen, da eine **Doppelbelastung** zu vermeiden ist (vgl. NJW **02**, 2257, 2259, StV **05**, 22f.); dabei kommt es für die Frage der Berücksichtigung auf die zeitliche Abfolge von Besteuerungs- und Strafverfahren an (ebd.), so dass im Strafverfahren eine nur *voraussichtliche* Besteuerung nicht zum Wegfall des Erlangten führt. Wenn der Erlös aus BtM-Verkaufsgeschäften nicht mehr vorhanden ist und der Verbleib ungeklärt bleibt, kann der Tatrichter nach NStZ **05**, 232 grds davon ausgehen, dass ein Wegfall der Bereicherung nicht eingetreten ist.

5 Abs. I S. 2 verlangt die Ausübung tatrichterlichen **Ermessens.** Voraussetzung hierfür ist zunächst die **Feststellung** des Werts des Erlangten, um diesem den Wert des vorhandenen Vermögens gegenüber stellen zu können, weiterhin ggf. die Feststellung, **aus welchem Grund** das Erlangte bzw. sein Wert im Vermögen nicht mehr vorhanden ist (NStZ-RR **05**, 104, 105; NStZ **05**, 455; **anders** aber BGH **51**, 65, 69f. [= NJW **06**, 2500, 2501f.). Auch bei der auf dieser Grundlage zu treffenden Entscheidung nach I S. 2 sind Billigkeitserwägungen maßgebend (BGH **33**, 39 [m. Anm. *Rengier* JR **85**, 249]; **38**, 25f.; BGHR Härte 3; zum Fall verbrauchten Agentenlohns *Dölp* NStZ **93**, 26). So ist zB zu berücksichtigen, ob der Betroffene die Mittel „in Massagesalons und Bars" verbracht (NJW **82**, 774) oder anderweitig verprasst oder ob er sie in einer Notlage verbraucht hat. Es kann auch berücksichtigt werden, für welche Art von Verbindlichkeiten (oben 4) Mittel eingesetzt wurden (BGH **38**, 25); sind sie zB zur Finanzierung des allgemeinen Lebensunterhalts oder zum Erwerb von BtM zum Eigenverbrauch eines Süchtigen verwendet worden, so liegt es nahe, von der Anordnung abzusehen. Einer Bewährungsauflage nach § 56b II Nr. 2 kommt für die Entscheidung idR keine Bedeutung zu; vielmehr sind deren Bemessung umgekehrt gerade die Vermögensverhältnisse unter Berücksichtigung des Verfalls zugrunde zu legen (NStZ-RR **02**, 7f.). Berücksichtigt werden kann auch das Anliegen, die **Resozialisierung** des Angeklagten nicht durch zu hohe finanzielle Belastungen zu gefährden (BGH **48**, 40f.; NStZ **01**, 42; BGHR § 73c Härte 4, 6; Oldenburg StraFo **07**, 167).

5) Geringwertige Gegenstände (I S. 2, 2. Var.). Die Anordnung kann nach dem **Ermessen** des Gerichts weiter unterbleiben, wenn **das Erlangte** (dh das zunächst Erlangte nach § 73 I S. 1) **nur einen geringen Wert** (3 zu § 248a) hat; dh in Bagatellfällen. Daneben ist § 430 iVm § 442 I StPO zu beachten. 6

6) Zahlungserleichterungen nach § 42 kann das erkennende Gericht und später die Vollstreckungsbehörde (§ 459g II StPO) vor allem in den Fällen von § 73a bewilligen (vgl. Erl. zu § 42; zu Ratenzahlungen *Rönnau* [1a zu § 73] 574). 7

7) Die **Beurteilung,** ob eine unbillige Härte vorliegt, ist in erster Linie Sache des **Tatrichters** (wistra **03**, 424, 425); die *Gewichtung* der maßgeblichen Umstände ist daher vom Revisionsgericht grds. nicht zu überprüfen (wistra **04**, 465, 466). Mit der Revision kann aber angegriffen werden, dass das Tatgericht den Begriff und die Voraussetzungen der unbilligen Härte unzutreffend ausgelegt hat (ebd.). 8

Erweiterter Verfall

73d **I Ist eine rechtswidrige Tat nach einem Gesetz begangen worden, das auf diese Vorschrift verweist, so ordnet das Gericht den Verfall von Gegenständen des Täters oder Teilnehmers auch dann an, wenn die Umstände die Annahme rechtfertigen, dass diese Gegenstände für rechtswidrige Taten oder aus ihnen erlangt worden sind. Satz 1 ist auch anzuwenden, wenn ein Gegenstand dem Täter oder Teilnehmer nur deshalb nicht gehört oder zusteht, weil er den Gegenstand für eine rechtswidrige Tat oder aus ihr erlangt hat. § 73 Abs. 1 Satz 2, auch in Verbindung mit § 73b, und § 73 Abs. 2 gelten entsprechend.**

II Ist der Verfall eines bestimmten Gegenstandes nach der Tat ganz oder teilweise unmöglich geworden, so finden insoweit die §§ 73a und 73b sinngemäß Anwendung.

III Ist nach Anordnung des Verfalls nach Absatz 1 wegen einer anderen rechtswidrigen Tat, die der Täter oder Teilnehmer vor der Anordnung begangen hat, erneut über den Verfall von Gegenständen des Täters oder Teilnehmers zu entscheiden, so berücksichtigt das Gericht hierbei die bereits ergangene Anordnung.

IV § 73c gilt entsprechend.

Übersicht

1) Allgemeines 1, 1a
2) Regelungszweck; Legitimation 2–7
3) Systematische Einordnung 8, 9
4) Anknüpfungstat 10
5) Verfallsgegenstand (I S. 1) 11–14
6) Verfall bei Dritteigentum (I S. 2) 15
7) Verfall bei Drittberechtigten; Nutzungen; Surrogate (I S. 3) 16, 16a
8) Wertersatz; Schätzung (II) 17
9) Mehrfache Verfallsanordnung (III) 18
10) Härteregelung (IV) 19
11) Verfahrensrecht 20

1 1) **Allgemeines.** Die Vorschrift ist durch Art. 1 Nr. 7 OrgKG auf Grund einer im Rahmen des Nationalen Rauschgiftbekämpfungsplanes im Vorgriff auf eine umfassendere Reform der §§ 73ff. ergriffenen Initiative der BReg. Eingefügt worden. **Mat.:** RegE eines StÄndG – Erweiterter Verfall – BT-Drs. 11/6623; E-BRat eines OrgKG, BT-Drs. 11/7663, 12/989; E-SPD BT-Drs. 12/31. Abs. I S. 3 ist durch das G zur Stärkung der Rückgewinnungshilfe und der Vermögensabschöpfung bei Straftaten v. 24. 10. 2006 (BGBl I 2350) geändert worden (GesE BReg: BT-Drs. 16/700; Ber.: BT-Drs. 16/2021; BRat: BR-Drs. 940/06; **In-Kraft-Treten: 1. 1. 2007**); vgl. dazu unten 16. **EU-Recht:** vgl. 1 zu § 73.

1a **Literatur:** Vgl. die Angaben 1 a zu § 73. Zum erweiterten Verfall: *Albrecht,* Gewinnabschöpfung bei Betäubungsmitteldelikten, in: *Meyer/Dessecker/Smettau* (Hrsg.), Gewinnabschöpfung, 1989; Dt. Anwaltsverein AnwBl. **90**, 247; *Arzt,* Geldwäsche u. rechtsstaatlicher Verfall, JZ **93**, 913; *ders.,* Verfallsanordnung gegen juristische Personen, Zipf-GedS 165; *Benseler,* Die Gewinnabschöpfung u. deren Beweislast (usw.), 1998; *Brenner,* Gewinnabschöpfung, NStZ **98**, 557; *Göhler,* Die neue Regelung zum Verfall, wistra **92**, 133; *Heckmann,* Die Einziehung verdächtigen Vermögens, ZRP **95**, 1; *Hellmann,* Richterliche Überzeugungsbildung u. Schätzung bei der Bemessung strafrechtlicher Sanktionen, GA **97**, 503; *Herzog,* Gewinnabschöpfung unter der Flagge der positiven Generalprävention, JR **04**, 494; *Hoyer,* Die Rechtsnatur des Verfalls angesichts des neuen Verfallsrechts, GA **93**, 406; *Jekewitz,* Verfassungsrechtliche Aspekte des strafrechtlichen Zugriffs auf Geldvermögen (usw.), GA **98**, 276; *Julius,* Einziehung, Verfall und Art. 14 GG; ZStW **109** (1997), 58; *Katholnigg,* Die Neuregelungen beim Verfall, JR **94**, 353; *Kilching,* Möglichkeiten der Gewinnabschöpfung (usw.), 1997; *Köhler/Beck,* Gerechte Geldstrafe statt konfiskatorischer Vermögenssanktionen, JZ **91**, 797; *Krey/Dierlamm,* Gewinnanschöpfung und Geldwäsche (usw.), JR **92**, 353; *Möhrenschlager,* Das OrgKG – eine Übersicht nach amtlichen Materialien (I), wistra **92**, 281; *Perron,* Vermögensstrafe und erweiterter Verfall (usw.), JZ **93**, 918; *Pieth,* Gewinnabschöpfung bei Betäubungsmitteldelikten: Zu den Hintergründen und Risiken der neuen Gesetzgebung, StV **90**, 558; *Schultehinrichs,* Gewinnabschöpfung bei Betäubungsmitteldelikten – Erweiterter Verfall, 1991 (Diss. Mainz); *Rönnau,* Vermögensabschöpfung in der Praxis, 2003; *Weigend,* Bewältigung von Beweisschwierigkeiten durch Ausdehnung des materiellen Strafrechts?, Triffterer-FS 695 [Bewältigung von Beweisschwierigkeiten durch Ausdehnung des materiellen Strafrechts]; *Weßlau,* Neue Methoden der Gewinnabschöpfung? (usw.), StV **91**, 226; *dies.,* Verfassungsrechtliche Probleme der Vorschrift über den Erweiterten Verfall, 20. Strafverteidigertag 1996, 141; *Wolters,* Die Neufassung der strafrechtlichen Verfallsvorschriften, 1995.

2 **2) Regelungszweck; Legitimation.**

A. § 73d ist in seiner Zielrichtung im Zusammenhang mit § 261 einerseits, mit der Umstellung auf das Bruttoprinzip beim Verfall andererseits (vgl. 2 zu § 73) zu sehen. Der Erweiterte Verfall hat nach der Rspr des BGH **keinen Strafcharakter** (so auch BVerfG 2 BvR 564/95 = NJW **04**, 2073), sondern dient der Gewinnabschöpfung und damit dem Ausgleich unrechtmäßiger Vermögensverschiebung; Vermögenseinbußen durch seine Anordnung bilden **keinen** Strafmilderungsgrund (NJW **95**, 2235; NStZ **00**, 137; **01**, 531; BGHR § 73d StrZ 3; vgl. auch *Schmidt* 39). Seine Anwendung setzt eine ausdrückliche **Verweisung** voraus. Solche Verweisungen finden sich namentlich in Vorschriften über Banden- und gewerbsmäßig begangene Delikte (vgl. zB §§ 150 I, 181c, 184 VII, 244 III, 244a III, 256 II S. 1, 260 III, 260a III, 261 VII S. 3, 263 VII, 286 I, 302, 338; § 33 I BtMG), umfassen aber nicht alle Deliktsbereiche, in denen Organisierte Kriminalität „vorwiegend" festgestellt wird (vgl. RiStBV Anl. E, Nr. 2.3). In der **Praxis** steht die Anwendung nach **§ 33 BtMG** weithin im Vordergrund. § 73d ist im Hinblick auf das **Rückwirkungsverbot** nur bei solchen Anknüpfungstatsachen anwendbar, deren Regelung schon zurzeit der Tat auf § 73d verwies (BGH **41**, 278, 283f.; NStZ **01**, 419 [zu §§ 263 VII, 282 I]).

3 **B.** Wie § 261 ist § 73d im Kern **beweisrechtlicher** Natur (vgl. Art. 5 VII Suchtstoff-Übk. [BT-Drs. 12/3346]; BT-Drs. 12/989, 23). Nach **I S. 1** ist für die Anwendung des § 73d ausreichend, dass **Umstände die Annahme rechtfertigen,** dass die Gegenstände **für** rechtswidrige Taten **oder aus** ihnen erlangt worden sind. Dabei sollte es nach dem RegE (S. 8) genügen, „dass die Herkunft des Verfallsgegenstandes mit den Erkenntnismöglichkeiten des Gerichts nicht feststellbar ist", dass sich aber „eine **ganz hohe Wahrscheinlichkeit** der Herkunft aus rechtswidrigen Taten in dem Sinne ergibt, dass sich die Herkunft für einen objektiven Beobachter geradezu aufdrängt" (Beweislast-Umkehr E-SPD [oben 1]).

4 **a) Verfassungsrechtliche Einwände** hiergegen (vgl. hierzu u.a. *Eser,* Stree/Wessels-FS 833; *S/S-Eser* 2; *Herzog* in NK 3 sowie in JR **04**, 494ff.; *Hoyer* GA **93**, 413; *Perron* JZ **93**, 919; *Julius* ZStW **109**, 58; *Weigend,* Triffterer-FS 695; *Jescheck/Weigend* § 76 I 6; *Albrecht* [1a]

59f.; *Weßlau* StV **91**, 229; *Keusch* [1a zu § 73] 135ff.; jew. mwN; **aA** zB *Krey/Dierlamm* JR **92**, 353, 357; *Katholnigg,* JR **94**, 353, 355; *Lackner/Kühl* 1; LK-*Schmidt* 12ff., 19f.) richteten sich gegen eine Verletzung der **Eigentumsgarantie** des Art. 14 GG und gegen einen in der Beweiserleichterung liegenden Verstoß gegen das **Schuldprinzip** und die **Unschuldsvermutung,** wonach strafähnliche Sanktionen einen rechtskräftigen gesetzlichen Schuldnachweis voraussetzen (vgl. BVerfGE **74**, 371; **82**, 140).

b) Diesen Einwänden ist der **BGH** im Hinblick auf die Möglichkeit einer **verfassungskonformen Auslegung** nicht gefolgt (BGH **40**, 371f.). Eine „ganz hohe Wahrscheinlichkeit" deliktischer Herkunft kann danach für die Anordnung des erweiterten Verfalls nicht ausreichen (BGH **40**, 371f. [m. Anm. *Katholnigg* JR **95**, 297]); vielmehr kommt die Anordnung nur in Betracht, wenn der Tatrichter nach erschöpfender Beweiserhebung und -würdigung die **uneingeschränkte Überzeugung von der deliktischen Herkunft** der betreffenden Gegenstände gewonnen hat, ohne dass diese selbst im Einzelnen festgestellt werden müssen (BGH **40**, 373; NStZ-RR **98**, 297; NStZ **00**, 137; **01**, 531; 4 StR 186/04; 4 StR 226/04; stRspr.). An die Überzeugung dürfen freilich keine überspannten Anforderungen gestellt werden; eine Wahrscheinlichkeit deliktischer Herkunft, die sich einem objektiven Betrachter geradezu aufdrängt, reicht für die Verfallsanordnung aus (BGH **40**, 373; vgl. auch 1 StR 482/95; 1 StR 115/04; *Nack* GA **03**, 879, 885). Vernünftige, nicht fern liegende Zweifel an der deliktischen Herkunft schließen die Anordnung aus (BGH **40**, 373; NStZ-RR **98**, 25). Das **BVerfG** hat diese Rspr bestätigt (BVerfG NJW **04**, 2073 [=2 BvR 564/95; krit. Bespr. Herzog JR **04**, 494; *Keusch*, Probleme des Verfalls im Strafrecht, 2005, 150ff.]). § 73d ist danach keine dem Schuldgrundsatz unterliegende strafähnliche Maßnahme und verletzt die Unschuldsvermutung nicht. 5

c) Kritik. Dass damit die angesprochenen Probleme ausgeräumt sind, mag bezweifelt werden (krit. auch *Herzog* JR **04**, 494ff.; **aA** LK-*Schmidt* 19f.; *Lackner/Kühl* 1). Dabei geht es in erster Linie um die Anknüpfung des Verfalls an die Anlasstat. Wie immer man auch die Anforderungen an die „Rechtfertigung der Annahme" (I S. 1) bestimmen mag, ist diese jedenfalls nicht inhaltsgleich mit der für einen Schuldspruch erforderlichen Überzeugung, denn das Gericht kann die „uneingeschränkte Überzeugung" von rechtswidrigen Taten gewinnen, „ohne dass diese selbst im Einzelnen festgestellt werden müssten" (BGH **40**, 373; vgl. auch LK-*Schmidt* 20). § 73d ähnelt damit einer **Wahlfeststellung unter Weglassen der Tatbestandsgarantie:** Die Anordnung des erweiterten Verfalls stützt sich auf die uneingeschränkte Überzeugung des Gerichts, der Angeklagte habe *irgendeine* (nicht feststellbare) Tat begangen (vgl. krit. hierzu *Perron* JZ **93**, 919). Die Annahme, der erweiterte Verfall habe gleichwohl keinen **strafähnlichen** Charakter, da eine *schuldhafte* Tat nicht vorausgesetzt und deliktisch Erworbenes überdies nicht geschützt sei, nimmt die (systematischen) *Begriffe* für die materielle Wirklichkeit: Über die Schuldhaftigkeit von Taten, die nicht festgestellt werden müssen, lässt sich nur spekulieren, und *ob* die Gegenstände illegal erworben sind, ist gerade die Frage, die das Gericht unter „Einbeziehung" der Anknüpfungstat als *Indiz* (BGH **40**, 373) zur uneingeschränkten Überzeugung zu klären hat. 6

Unklar bleibt iErg. auch die Anknüpfung an eine der auf § 73d verweisenden **Katalogtaten,** denn weder müssen die *nicht* festgestellten früheren Taten Katalogtaten sein (hM; **aA** SK-*Horn* 6), noch ist etwa die Wahrscheinlichkeit, dass sich **zB** bei einem gewerbsmäßig *Bestechenden* (vgl. § 338 II S. 2) verdächtige Gegenstände iS von I S. 1 finden, auch nur annähernd so hoch wie etwa bei einem gewerbsmäßigen Dieb. Je enger die Anbindung an eine („schwerwiegende"; vgl. LK-*Schmidt* 22) Anlasstat und je höher die Anforderungen an die richterliche Überzeugung von einer (weder angeklagten noch festgestellten) sonstigen Tat sind, desto mehr erweist sich die Verfallsanordnung als **straf**ähnlich. 7

3) Systematische Einordnung. 8

§ 73d schafft eine eigenständig ausgestaltete und eingriffsintensivere Eingriffsbefugnis (BGH **41**, 284; vgl. dazu unten 9). Die §§ 111b ff. StPO sind auch auf § 73d anwendbar.

Eine **vollinhaltliche Anwendung** der §§ 73 bis 73c ist **ausgeschlossen;** es sind **§ 73 II** (nicht III, IV!) nach I S. 3 entsprechend, die §§ 73a und 73b nach II und § 73c nach IV sinngemäß anzuwenden: **§ 73 a** bezieht sich für den Wertersatzverfall nur auf das nachgewiesenermaßen durch die Tat Erlangte bezieht, während § 73d sich ganz allgemein und umfassender auf Gegenstände des Täters oder Teilnehmers auch dann bezieht, wenn der Nachweis der Herkunft aus einer konkreten Tat nicht geführt werden kann. **§ 73 b,** der im Bereich des § 73 die Schätzung ermöglicht, ist sinnvoll nicht in gleicher Weise auf § 73d anzuwenden, denn während sich bei § 73 der Entzug auch auf einen *Teil* des Erlangten beziehen kann, setzt § 73d Ermittlungen des Tatgewinns nicht voraus (zur sinngemäßen Anwendung nach II vgl. unten 17). **§ 73 c** setzt eine unmittelbare Verknüpfung des Verfallsgegenstandes mit der abzuurteilenden Herkunftstat voraus, während bei § 73d eine Ableitung des Gegenstandes aus einer konkreten Tat nicht nachgewiesen zu werden braucht. Die sinngemäße Anwendung aber schreibt IV vor (unten 19). **§ 73 I S. 2,** der die Verfallsanordnung ausschließt, soweit Schadensersatzansprüche des durch die Tat Verletzten vorliegen, ist auf den erweiterten Verfall nicht anwendbar (zu hieraus folgenden Problemen vgl. *Rönnau* [1a zu § 73] 590ff.).

9 Das **Verhältnis zu § 73** ist iS des **Vorrangs des § 73** geregelt (vgl. 5 zu § 73). § 73d ist also nicht lex specialis gegenüber § 73 mit der Folge, dass dieser zurücktritt, sobald die Voraussetzungen des § 73d vorliegen. Vor der Anwendung des § 73d muss unter Ausschöpfung der zulässigen Beweismittel ausgeschlossen werden können, dass die Voraussetzungen des § 73 erfüllt sind (NStZ **03**, 422f.; NStZ-RR **03**, 75; **06**, 138f.; 5 StR 30/02; stRspr.; vgl. 5 zu § 73).

10 **4) Anknüpfungstat.** Voraussetzung für die Anwendung des § 73d ist, dass eine bestimmte rechtswidrige Anknüpfungstat begangen ist, wie sie die das Blankett ausfüllende rückverweisende Norm beschreibt („Katalogtat": BGH **41**, 284). Steht fest, dass Gegenstände eines unbekannt gebliebenen (Mit-)Täters im subjektiven Verfahren dem erweiterten Verfall unterlägen, so soll nach AG Bln-Tiergarten NStZ-RR **97**, 213 seine Anordnung entspr. § 76a I zulässig sein.

11 **5) Verfallsgegenstand.** Nach Abs. **I S. 1** bezieht sich die Anordnung des Verfalls nicht auf „etwas" (vgl. 7 zu § 73), sondern auf **Gegenstände,** dh Sachen und Rechte (nicht zB ersparte Aufwendungen; vgl. *Katholnigg* JR **94**, 354), die dem an der rechtswidrigen Tat Beteiligten **gehören** oder zustehen oder wegen eines zivilrechtlich unwirksamen Erwerbsakts (vgl. BGH **31**, 145) nur deshalb nicht gehören oder zustehen, weil er sie für eine rechtswidrige Tat oder aus ihre erlangt hat, sowie Surrogate solcher Gegenstände (3 StR 541/00). Der Gegenstand muss **für eine rechtswidrige Tat** oder **aus ihr** erlangt sein und bei Begehung der Anknüpfungstat **noch vorhanden** (gewesen) sein (NStZ **03**, 422f.). Dass es sich um eine „Katalogtat" gehandelt hat, ist nicht erforderlich. Die Tat muss weder Gegenstand der Anklage (oder einer Nachtragsanklage) noch **bewiesen** sein; es reicht aus, wenn das Gericht aus „Umständen" die Annahme gewinnt, eine Tat sei – von dem Täter oder Teilnehmer – begangen worden. Diese Annahme ist nach BGH **40**, 371, 373 nur dann gerechtfertigt, wenn das Gericht die **uneingeschränkte Überzeugung** gewonnen hat (vgl. auch StV **95**, 17; oben 5), dass (irgend-)eine *Tat begangen* wurde und dass der Gegenstand *gerade aus dieser* Tat herrührt und nicht auf andere Weise erlangt wurde. Dabei kann freilich die Kette *möglicher* Vortaten und Erlangens-Prüfungen theoretisch beliebig verlängert werden, da eine Bindung iS von § 264 StPO nicht besteht.

12 Die Überzeugung von der deliktischen Herkunft kann das Gericht aus **„Umständen"** gewinnen. Damit ist der Bereich des Strengbeweises nicht verlassen; das Gericht kann daher nicht etwa außerhalb der Hauptverhandlung freibeweisliche Erkundigungen einziehen. Umstände iS von Abs. I S. 1 sind nur solche Tatsachen, die in prozessordnungsgemäßer Weise im Anlassverfahren bewiesen wurden. Daher kann nach Einstellung des Verfahrens wegen einer Tat nach § 154 II StPO eine Verfallsanordnung nicht ohne Weiteres auf § 73d gestützt werden (NStZ **03**, 422). Umstände können in der Anknüpfungstat selbst liegen (BGH **40**, 373); sie können sich aus dem Fundort des Gegenstands ergeben (1 StR 238/95); aus den persönlichen Verhältnissen, insb. den Einkommensverhältnissen (NStZ-RR **96**, 116) des Täters (**zB** Beschränkung sozialer Kontakte auf kriminelles Milieu; Besitz erheblicher

Bargeldbeträge oder verschleierter Vermögenswerte; Diskrepanz zwischen Lebensstil und Vermögenslage des Täters und legalen Einkunftsquellen; usw.). Bloße Vermutungen reichen keinesfalls aus (vgl. auch NStZ-RR **03**, 366); namentlich bei (auch) legaler Einkommensquelle kann die Verfallsanordnung nicht auf das bloße Auffinden von Geldmitteln ohne nähere Feststellungen gestützt werden (NStZ-RR **04**, 347).

Der Gegenstand muss durch die frühere Tat **unmittelbar** erlangt oder ein **Surrogat** des ursprünglich erlangten Taterlöses sein (BGHR § 73d Gegenstände 4; 1 StR 115/04); allein mittelbare Vorteile scheiden aber wie bei § 73 aus. Lässt sich die deliktische Herkunft von Vermögensgegenständen nicht hinreichend sicher feststellen (vgl. BGH **40**, 371), wohl aber ihre Bestimmung zur Finanzierung weiterer Taten, so ist § 74 anzuwenden (2 StR 185/98). 13

Bei der **Ermittlung** eines dem erweiterten Verfall unterliegenden Vermögenswerts darf der Tatrichter nicht auf unsubstantiierte Schätzungen zurückgreifen; § 73d erlaubt nicht Verfallsanordnungen in „plausibler" oder nach *Ermessen* festgesetzter Höhe (vgl. dazu auch NStZ **95**, 125). Nach der Rspr des BGH (vgl. 3 StR 541/00) sind, wenn die sonstigen Voraussetzungen des § 73d vorliegen, idR zunächst die Vermögenswerte des Betroffenen festzustellen; hiervon sind sodann – ggf unter Anwendung des Zweifelssatzes – solche Gegenstände in Abzug zu bringen, die legal erworben wurden; ggf auch das § 73 unterfallende aus der Anknüpfungstat Erlangte; überdies die erforderlichen Ausgaben zur Bestreitung des Lebensunterhalts (vom Zeitpunkt der Begehung der rechtswidrigen Tat bis zur Entscheidung; vgl. Abs. IV iV mit § 73c I S. 2). Der **restliche** Vermögensbestand ist sodann daraufhin zu untersuchen, „ob es sich um plausible Einkünfte aus legalen Einkommensquellen handeln kann oder nicht" (3 StR 541/00). Diese Feststellungsmethode erscheint rechtlich angreifbar und tatsächlich **zweifelhaft;** sie setzt auf problematische Weise Tatbestand und Rechtsfolge in eins. In der Praxis beschränken sich Ermittlungen auf einen schmalen Bereich der **Evidenz.** 14

6) Verfall bei Dritteigentum (I S. 2). Durch Abs. I S. 2 wird Rechtsgeschäften der Schutz der Rechtsordnung entzogen, die offensichtlich im Widerspruch zu ihr stehen. Da die Verfallanordnung nach S. 1 **Eigentum des Betroffenen** an dem Verfallgegenstand voraussetzt, § 134 BGB aber das verbotswidrige dingliche Verfügungsgeschäft des betroffenen Veräußerers nichtig werden lässt (vgl. BGH **31**, 145), wäre die Verfallanordnung bei verbotswidriger Übertragung ausgeschlossen, zumal § 73 IV nicht direkt anwendbar ist, weil er den *Nachweis* erfordert, dass der Gegenstand von dem Dritten für die Tat oder in Kenntnis der Tatumstände gewährt worden ist. § 73d will aber seiner Zielsetzung nach gerade die hierzu notwendigen Ermittlungen der Ursprungstat ersparen. 15

7) Ausschluss des Verfalls bei Drittberechtigung. Abs I S. 3 idF des G zur Stärkung der Rückgewinnungshilfe (vgl. oben 1) sieht eine entsprechende Anwendung des § 73 I S. 2, auch in Verbindung mit § 73b, vor. Die ab 1. 1. 2007 geltende Neuregelung beruht auf dem Prüfauftrag des BVerfG im Beschl. v. 14. 1. 2004 (2 BvR 564/94, Rn. 109). Sie soll dem Umstand Rechnung tragen, dass § 73d in den vergangenen Jahren zunehmend nicht mehr allein bei Verurteilungen wegen häufig „opferloser" Delikte der sog. OK, sondern auch bei Verurteilungen wegen Vermögensdelikten angewendet wird, so dass die Wahrscheinlichkeit hoch ist, dass **Ersatzansprüche von Tatverletzten** bestehen. Diesen soll entspr. § 73 S. 2 der Vorrang gegenüber dem staatlichen Verfallsanspruch gegeben werden (BT-Drs. 16/700, 20), denn bisher galt ein Ausschluss der Anordnung bei Drittansprüchen für § 73d nicht (NStZ-RR **06**, 138f.). Problematisch kann die Neuregelung sein, weil die der Anordnung des erweiterten Verfalls zugrunde liegenden Taten nur „irgendwelche" rechtswidrige Taten sein müssen (vgl. oben 11). Das könnte bei weiter Auslegung dazu führen, dass die Verfallsanordnung auf der Grundlage bloßer *Vermutungen* unterbleibt, ohne dass jemals tatsächlich Geschädigte ermittelt werden oder über das Geltendmachen von Ersatzansprüchen entscheiden. Der Gesetzgeber 16 hat diese Gefahr nicht gesehen, weil eine Herausgabe an den Täter nach § 111i StPO verhindert werden könne und nach der Rspr des BGH (wistra **04**, 391, 393) auch ein erweiterter Verfall ausscheide, wenn nach den Feststellungen **keine Anhaltspunkte** für das Bestehen von Drittansprüchen gegeben sind (BT-Drs. 16/700, 20). Die **Höhe der Ansprüche** von Geschädigten kann nach I S. 3 iV mit § 73b auch **geschätzt** werden; Abs. II bezieht sich nur auf den Wert des Verfallsgegenstands.

16a **Nutzungen; Surrogate (I S. 3).** Nach Abs. I S. 3 gilt überdies § 73 II *entsprechend,* da die vollinhaltliche Anwendung des § 73 II aus den oben 8 dargelegten Gründen ausgeschlossen ist. Doch sollen auch Nutzungen und Surrogate dem erweiterten Verfall unterworfen sein, um seine Umgehung durch den Austausch der Gegenstände auszuschließen (BGHR § 73d Gegenstände 4; 1 StR 115/04).

17 **8) Wertersatz; Schätzung (II).** Nach Abs. II gelten die **§§ 73a und 73b sinngemäß.** Der (erweiterte) Wertersatzverfall entspr. § 73a ist zulässig, wenn der Zugriff auf einen *bestimmten* Gegenstand, der bei Begehung der Anknüpfungstat beim Täter noch vorhanden war, **später unmöglich** geworden ist (NStZ **03**, 422, 423; BGHR § 73d Gegenstände 4; 4 StR 226/04). Nicht erfasst sind Gegenstände oder Ersatzwerte, die sich schon zum Zeitpunkt der Anknüpfungstat nicht mehr im Vermögen des Täters befanden. § 73b gilt ebenfalls nur sinngemäß, dh nur hinsichtlich des Wertersatzverfalls, so dass nicht etwa das Tätervermögen als solches, sondern nur der Wert des ursprünglich dem Verfall unterliegenden Gegenstandes geschätzt werden darf.

18 **9) Mehrfache Verfallanordnung (III).** Abs. III schließt den mehrfachen Zugriff auf denselben Gegenstand aus. Da § 73d nicht an die Ermittlung der Vermögensherkunft aus einer konkreten Ursprungstat anknüpft, könnte es zu einer Verfallanordnung von Gegenständen kommen, die bereits in einem vorausgegangenen Verfahren für verfallen erklärt worden sind. Daher ist das Gericht verpflichtet, eine bereits ergangene Anordnung zu **berücksichtigen,** dh zu prüfen, ob derselbe Gegenstand von einer vorausgegangenen Anordnung nach § 73d I umfasst war (vgl. dazu *Rönnau* [1a zu § 73] 308f.). *Im Zweifel* gilt der Vermögensgegenstand als bereits früher für verfallen erklärt (RegE 20; NK-*Herzog* 13). *Mittelbar* bestätigt daher Abs. III den Verdachts-Charakter des erweiterten Verfalls.

19 **10) Härteregelung (IV).** Abs. IV verpflichtet das Gericht zur *sinngemäßen* Anwendung der Härteregelung des § 73c I. Die Verfallanordnung kann (§ 73c I S. 2) auch unterbleiben, wenn die Bereicherung weggefallen oder die Anordnung der Resozialisierung des Täters abträglich wäre.

20 **11)** Zum **Verfahrensrecht** vgl. 40 zu § 73. Die Revision kann auf die Anordnung oder die Nichtanordnung des erweiterten Verfalls beschränkt werden (NStZ-RR **97**, 270).

Wirkung des Verfalls

73e **I Wird der Verfall eines Gegenstandes angeordnet, so geht das Eigentum an der Sache oder das verfallene Recht mit der Rechtskraft der Entscheidung auf den Staat über, wenn es dem von der Anordnung Betroffenen zu dieser Zeit zusteht. Rechte Dritter an dem Gegenstand bleiben bestehen.**

II Vor der Rechtskraft wirkt die Anordnung als Veräußerungsverbot im Sinne des § 136 des Bürgerlichen Gesetzbuches; das Verbot umfasst auch andere Verfügungen als Veräußerungen.

1 ***1) Allgemeines.*** *Die* Vorschrift, die bis auf den durch Art. 18 Nr. 39 EGStGB (E EGStGB 214f.; 293 zu § 111c StPO) in II eingefügten 2. Halbs. fast wörtlich dem § 112 E 1962 (Begr. 245) entspricht, ist durch das 2. StrRG als § 73d eingefügt (Ber. BT-Drs. V/4095, 41) und durch Art. 1 Nr. 8 OrgKG (1 zu § 43a) § 73e geworden. **Literatur:** vgl. 1a zu § 73, 1a zu § 73a.

2) Anwendungsbereich. § 73e regelt die Wirkungen des Verfalls eines Gegenstandes, dh einer Sache oder eines Rechts nach den §§ 73, 73d; für den Verfall des Wertersatzes nach § 73a ist § 73e ohne Bedeutung (dort aber Möglichkeit des dinglichen Arrests nach § 111d StPO). § 73e ist mit den §§ 111bff. StPO zusammen zu sehen; so dass insgesamt drei Wirkungsstufen zu unterscheiden sind: 2

A. Die Beschlagnahme einer Sache oder eines Rechts, die bei dringenden Gründen für die Annahme der Voraussetzungen des § 73 oder des § 73d (§ 111b I StPO) nach § 111c StPO vorgenommen wird, hat bereits die Wirkung eines Veräußerungsverbots nach § 136 BGB (§ 111c V StPO), und zwar nur eines relativen Verbots zugunsten des Fiskus nach § 135 BGB. Es gilt 3 zu § 74e entsprechend. Das Verbot, das zunächst auch gegen einen Nichtbetroffenen iS von I S. 1 wirkt (zw.), da es an einer entsprechenden Vorschrift in den §§ 111bff. StPO fehlt, macht wertbeeinträchtigende Verfügungen jeder Art dem Fiskus gegenüber unwirksam (E EGStGB 214f.), zB auch eine Verpfändung. 3

B. Die nicht rechtskräftige Verfallanordnung hat nach **II** dieselbe Wirkung wie die Beschlagnahme, wenn es zu einer solchen vorher nicht gekommen war. 4

C. Mit der Rechtskraft der Verfallanordnung geht das **Eigentum** an der Sache oder **das verfallene Recht** auf den Staat über, aber abw. von § 74e nur dann, wenn das Eigentum oder das andere Recht zZ der Letzten tatrichterlichen Entscheidung (12 zu § 74) dem Betroffenen, dh einem Tatbeteiligten, einem anderen unter den Voraussetzungen des § 73 III, einem Dritten unter den Voraussetzungen des § 73 IV, zusteht oder herrenlos ist (*S/S-Eser* 6). Das gilt auch hinsichtlich eines möglichen Auszahlungsanspruchs gegen einen **ausländischen Schuldner** (vgl. wistra **01**, 379), der im Wege der Rechtshilfe zu realisieren ist. **Nimmt** das Gericht das nur irrig an, so ist seine Anordnung unwirksam; dem Rechtsträger bleibt sein Recht erhalten und er darf es geltend machen, insbesondere rechtswirksame Verfügungen darüber treffen. Er ist dann, auch wenn er nicht an einem Verfahren nach §§ 431ff. iVm § 442 II StPO beteiligt war, nicht gezwungen, seine Rechte in einem Nachverfahren nach § 439 StPO wahrzunehmen (ebenso *S/S-Eser* 3; LK-*Schmidt* 7). Im Übrigen gilt 1 zu § 74e entsprechend. 5

Rechte Dritter an dem verfallenen Gegenstand (vgl. 4 zu § 74e) bleiben nach I S. 2 bestehen, gleichgültig, ob das Gericht von ihrer Existenz Kenntnis hat. Über die Ablösung solcher Rechte hat sich der Fiskus mit dem Dritten auseinanderzusetzen; § 74f gilt auch nicht entsprechend. 6

Voraussetzungen der Einziehung

74 **I Ist eine vorsätzliche Straftat begangen worden, so können Gegenstände, die durch sie hervorgebracht oder zu ihrer Begehung oder Vorbereitung gebraucht worden oder bestimmt gewesen sind, eingezogen werden.**

II Die Einziehung ist nur zulässig, wenn

1. die Gegenstände zur Zeit der Entscheidung dem Täter oder Teilnehmer gehören oder zustehen oder

2. die Gegenstände nach ihrer Art und den Umständen die Allgemeinheit gefährden oder die Gefahr besteht, dass sie der Begehung rechtswidriger Taten dienen werden.

III Unter den Voraussetzungen des Absatzes 2 Nr. 2 ist die Einziehung der Gegenstände auch zulässig, wenn der Täter ohne Schuld gehandelt hat.

IV Wird die Einziehung durch eine besondere Vorschrift über Absatz 1 hinaus vorgeschrieben oder zugelassen, so gelten die Absätze 2 und 3 entsprechend.

1) Allgemeines. Die Vorschriften über die Einziehung und Unbrauchbarmachung im StGB und Nebenrecht sind durch das EGOWiG reformiert und redaktionell durch das 1

EGStGB geändert worden. Zur Entstehungsgeschichte vgl. LK-*Schmidt* 1f. vor § 73. § 21 III StVG geht der allgemeinen Regel des § 74 I vor (vgl. Nürnberg NZV **06**, 665 f.).

1a **Literatur:** *Eser,* Die strafrechtlichen Sanktionen gegen das Eigentum, 1969; *Mitsch*, Einziehung von nicht im Eigentum des Angeklagten stehenden oder mit dinglichen Rechten Dritter belasteter Gegenstände, NStZ **05**, 534; *Thode,* Die außergerichtliche Einziehung von Gegenständen im Strafprozeß, NStZ **00**, 62. Zur Einziehung beim unerlaubten Handel mit BtM vgl. *Eberbach* NStZ **85**, 294; *Firgau* HWiStR „Einziehung". *Schmidt,* Gewinnabschöpfung im Straf- und Bußgeldverfahren, 2006 (zit.: *Schmidt*). Vgl. auch 1 a zu § 73.

2 **2)** Die Einziehung ist nach ihrem Wesen kein einheitliches Rechtsinstitut. Soweit sie einen Täter oder Teilnehmer trifft (I, II Nr. 1), ohne dass II Nr. 2 gegeben ist, handelt es sich um eine **Strafe** (BGH **6**, 62; **8**, 214; **10**, 29; 338; **16**, 47; NJW **52**, 191; StV **84**, 453 [m. Anm. *Schlothauer*]; **93**, 360; vgl. 2 zu § 74 a; LK-*Schmidt* 4; NK-*Herzog* 10 vor § 73; str.), die nicht stets **Nebenstrafe** zu sein braucht (vgl. § 76 a); die Anordnung ist insoweit eine **Strafzumessungsentscheidung** (NJW **83**, 2710; NStZ **85**, 382; **96**, 435; **99**, 451; StV **89**, 592; **99**, 436; 4 StR 367/98; 2 StR 205/01). In den Fällen von III ist die Einziehung reine **Sicherungsmaßnahme** (jedoch nicht Maßregel iS der §§ 61 ff.), auch wenn sie Dritte trifft (vgl. BGH **6**, 62; 3 StR 273/79; Schleswig StV **89**, 156), dies gilt auch für II Nr. 2 allein (Düsseldorf NStE Nr. 4; einschr. LK-*Schmidt* 7). Trifft die Einziehung nach III mit II Nr. 1 zusammen, so ist ein gemischter Charakter gegeben. Eine Art Strafe stellt die Dritte treffende Einziehung nach § 74 a dar (vgl. dort). Der Eintritt der Verfolgungsverjährung steht der selbstständigen Anordnung der Einziehung dann nicht entgegen, wenn diese sichernde Maßnahme ist (10 zu § 76 a).

3 **3) Gegenstände** können eingezogen werden, dh nicht nur **Sachen,** sondern, wie die Gesetzesfassung zeigt (II Nr. 1: „gehören oder zustehen"; § 74 a Nr. 1: „die Sache oder das Recht"), auch **Rechte,** nicht hingegen Gesamthandseigentum oder Teile einer unteilbaren Sache (Bay **61**, 277). Auch **Tiere** können der Einziehung unterliegen (vgl. § 90 a BGB; Karlsruhe NJW **01**, 2488). **Sicherungs- und Vorbehaltseigentum** sowie Sicherungszessionen sind nach hM im Schrifttum wie Pfandrechte zu behandeln (*S/S-Eser* 24; *Lackner/Kühl* 7; SK-*Horn* 16; vgl. auch *Eser* [1 a] 309 ff.; *Bruns* JR **84**, 140). Nach der **Rspr.** ist dagegen auf die formale Rechtsposition des Sicherungsnehmers und Vorbehaltsverkäufers abzustellen (BGH **24**, 222; NStZ-RR **99**, 11; Karlsruhe NJW **74**, 709; Hamm VRS **50**, 420; JMBlNW **76**, 81); eingezogen werden kann das **Anwartschaftsrecht** (BGH **25**, 10; NStZ-RR **99**, 11; ebenso LK-*Schmidt* 27, 30 ff.). Bei **Miteigentum** des Beteiligten kann nach hM der **Miteigentumsanteil** eingezogen werden (NStZ **91**, 496; *S/S-Eser* 6, 23; NK-*Herzog* 25; LK-*Schmidt* 49; **aA** *Lackner/Kühl* 7; *Göhler* 11 zu § 22 OWiG; hier bis 50. Aufl.).

4 **4)** Der Gegenstand muss bei der Begehung gerade der abgeurteilten Tat (3 StR 121/98) eine bestimmte Rolle gespielt haben**,** die im Urteil eindeutig festzustellen ist (vgl. zB 1 StR 440/91; 3 StR 14/02; 2 StR 197/03; NStZ-RR **04**, 347 f.). Die einzuziehenden Gegenstände sind in der **Urteilsformel** so konkret zu bezeichnen, dass für die Beteiligten und die Vollstreckungsbehörde Klarheit über den Umfang der Einziehung besteht (stRspr; vgl. etwa BGHR § 74 I Urteilsformel 1; 4 StR 391/99; 2 StR 150/04).

5 **A.** Nach **Abs. I, 1. Var.,** muss der Gegenstand **durch die Tat hervorgebracht** sein (sog. producta sceleris), nämlich unmittelbar durch die mit Strafe bedrohte Handlung. Das sind **zB** gefälschte Urkunden oder Münzen. **Nicht** in diesem Sinn hervorgebracht ist das durch die Tat **Erworbene, zB** das gewilderte Tier oder das gestohlene **Geld** (vgl. aber unten 19); das beim Glückspiel gewonnene Geld (1 StR 643/76); das bei einer unerlaubten Straßensammlung erhaltene Geld (2 StR 791/79); der **Erlös** aus dem Verkauf von BtM, es sei denn, er wäre zur Begehung weiterer rechtswidriger Taten bestimmt (NStZ-RR **03**, 57; BGHR § 74 I Tatmittel 2; vgl. auch 2 StR 282/90; 1 StR 50/92; 3 StR 50/92), Auch das **Entgelt** für die Tat kann nur dann eingezogen werden, wenn der jeweilige konkrete Geldbetrag zur Durchführung weiterer bestimmter Straftaten bestimmt war, die wiederum Gegenstand der Anklage sind (NStZ-RR **97**, 318; NStE Nr. 5); i. Ü. kommt § 73 d in Betracht. Nicht „hervorgebracht" ist das im Austausch gegen einen durch die Tat hervorgebrachten Gegenstand Erworbene.

B. Nach **Abs. I, 2. Var.,** muss der Gegenstand **zur Begehung oder Vorbereitung** der Tat **gebraucht** worden oder **bestimmt** gewesen sein. Dies sind namentlich die **Tatmittel** („Werkzeuge", „Instrumente" im nichttechnischen Sinne; sog. instrumenta sceleris); das sind Gegenstände, die bei der Begehung der angeklagten und festgestellten Tat (NStZ-RR **97**, 318; NStZ **98**, 166; BGHR § 74 I Tatmittel 6) verwendet wurden oder verwendet werden sollten und die Tat gefördert haben oder fördern sollten (BGH **8**, 205, 213; **10**, 28; NJW **87**, 2883; NStZ-RR **97**, 318; StV **05**, 201 f.). **Nicht** erfasst sind dagegen solche Gegenstände, die lediglich *im Zusammenhang* mit der Tat stehen oder *gelegentlich* der Begehung einer Straftat benutzt wurden; **zB** bei der Tat vorschriftswidrig benutzte Gegenstände; ein Flugticket bei der Einfuhr von BtM auf dem Luftweg, 2 StR 14/93; LG Frankfurt StV **84**, 518); ein zur Einreise nach Deutschland, aber nicht zum hier begangenen Handeltreiben mit BtM benutztes Kfz (StV **05**, 210 f.). Auch unbewegliche Sachen können Tatmittel und damit Einziehungsgegenstände sein. Insoweit lässt sich aber aus der bloßen Tatsache, dass eine Straftat auf dem **Grundstück** des Täters stattfindet, nicht schon die Einziehungsfähigkeit ableiten. Ein Grundstück mit einem mehrgeschossigen Gebäude, in dem *ein Kellerraum* zur Veranstaltung eines unerlaubten Glücksspiels (§ 284) zur Verfügung gestellt wurde, ist kein Tatmittel iS von § 74 (zutr. Köln NStZ **06**, 225 f. [m. abl. Anm. *Burr*]). 6

Zur Tatbegehung bestimmt sind danach zB **Mobiltelefone,** mit denen auf das Handeltreiben mit BtM bezogene Verabredungen ermöglicht wurden (BGHR § 74 I Tatm. 5; stRspr.); gegenständlich sichergestellte **Reisespesen** zur Begehung der Tat (NStZ **93**, 340; stRspr.); **Kfz,** das als Tatwerkzeug zum Handeltreiben mit BtM eingesetzt wurde (NStZ **05**, 232 [kein „verkehrsspezifischer Zusammenhang" erforderlich]). Dagegen kann zB ein Computer, mit dem der Täter einen beleidigenden Brief geschrieben hat, nicht nach Abs. I eingezogen werden (Düsseldorf NJW **92**, 3050; **93**, 1486 m. krit. Anm. *Achenbach* JR **93**, 516). 6a

Einziehbar sind daher auch solche Gegenstände, die für die Verwendung zu einer später mit anderen Mitteln begangenen Tat vorgesehen waren (vgl. etwa BGH **8**, 212; **13**, 311; 3 StR 439/80; 2 StR 212/89); allerdings muss die später begangene Tat in jedem Falle schon bei der Vorbereitung in der Vorstellung des Täters hinreichend konkretisiert gewesen sein (BGH **8**, 213). 7

a) Einzelfälle. Einziehbar sind **zB:** die zur Tat verwendete **Waffe** (stRspr); das zur Auskundschaftung des Tatorts (BGH **8**, 212) oder zur Hinfahrt zum Tatort oder zur Flucht (Bay NJW **63**, 600) benutzte oder bestimmte Fahrzeug; ein **Kfz,** mit dem der Täter sein Opfer entführte (NJW **55**, 1327), mit dem er Unfallflucht begangen hat (BGH **10**, 337), das er zum Absatz des gefälschten Geldes benutzt hat (MDR/D **70**, 559; NStZ **97**, 30 [Hubschrauber]), mit dem er wenig frequentierte Parkplätze ansteuerte, um eine Tat nach § 176 III Nr. 1 zu begehen (StV **94**, 315), das er zum Wildern verwendet hat (Stuttgart NJW **53**, 354; Bay **58**, 203); der nach Entziehung der Fahrerlaubnis benützte, ungültige Führerschein (Bay VM **76**, 68); das zur Begehung der Tat bestimmte **Funktelefon** (2 StR 622/96); das für ein verbotenes Glücksspiel (vgl. schon RG **35**, 391) oder für den Erwerb von BtM bestimmte **Geld,** soweit diese Erwerbsgeschäfte Gegenstand der Anklage sind (NStZ/Sch **85**, 61; **93**, 340; NStZ/Z **96**, 226; 3 StR 182/98); das zur Begehung von Straftaten zu nutzende Geld (NStZ **84**, 262); ein zum Zweck der Bestechung zugewendeter oder zuzuwendender Gegenstand (vgl. Frankfurt NStZ-RR **00**, 45 [Ferienwohnung]); Reisespesen für BtM-Kurier (NStZ **93**, 340); Transportbehälter für BtM (NStZ/Z **97**, 267). Eine bei Begehung einer Rauschtat verwendete Sache ist nicht nach Abs. I, sondern nur unter den Voraussetzungen des Abs. III einziehbar, da sie nicht Werkzeug des Betrinkens war (BGH **31**, 80, 81 [m. Anm. *Hettinger* JR **83**, 207]; NJW **79**, 1370). 8

b) Begehung der Tat ist dabei das gesamte Stadium bis zur Beendigung der Tat (1 StR 582/77), so dass auch das zum Abtransport der Beute oder zur Flucht verwendete Fahrzeug eingezogen werden kann (NJW **52**, 892; Bay NJW **63**, 600; NK-*Herzog* 10; **aA** Hamburg NStZ **82**, 246 L). 9

c) Sog. **Beziehungsgegenstände** werden **nicht** von I (wohl aber nach Sondervorschriften, unten 19) erfasst. Das sind solche Sachen und Rechte, die nicht Werkzeuge für oder Produkte der Tat sind, sondern **der notwendige Gegenstand der** 10

Tat selbst (BGH **10**, 28; LK-*Schmidt* 19; *Eser* [1a] 318ff. u. *S/S-Eser* 12a); **zB** unbefugt besessene Sprengstoffe und Waffen (RG **57**, 331; Hamm NJW **54**, 1169); geschmuggelte Waren (RG **48**, 33); zum Zwecke des Versicherungsbetrugs versteckte Gegenstände (MDR/H **84**, 441); Betäubungsmittel nach § 33 BtMG (NStZ **91**, 496); das Tier bei der Tierquälerei; das Kraftfahrzeug beim Fahren ohne Fahrerlaubnis (BGH **10**, 28; Frankfurt NJW **54**, 652; Karlsruhe VRS **9**, 459; KG VRS **57**, 20; NK-*Herzog* 11; vgl. aber unten 16) oder bei einer Tat nach § 315c (dort 17; anders bei der Verkehrsunfallflucht, die auch ohne Fahrzeug begangen werden kann; vgl. BGH **10**, 337); **nicht** das Erlangte iS von § 73 I.

11 **5) Einziehung als Strafe** nach § 74 I, II setzt voraus, dass die Tat, bei der der Gegenstand die unter 4 bis 10 bezeichnete Rolle spielte (MDR/D **72**, 386), eine **vorsätzliche Straftat** war; der Täter oder Teilnehmer muss mindestens vermindert schuldfähig gewesen sein (BGH **31**, 80, 81). Bei Rechtfertigungs- und Schuldausschließungsgründen scheidet II aus (MDR **52**, 530; LK-*Schmidt* 9); ebenso wenn Bedingungen der Strafbarkeit fehlen (vgl. *Eser* [1a] 210ff.). Auch die Rauschtat (§ 323a) ist keine Straftat in diesem Sinne (vgl. oben 8, aber auch unten 13).

12 Der **Täter oder Teilnehmer** muss **Eigentümer** der Sache (zB durch Herstellung, Vermischung, Verarbeitung, §§ 947ff. BGB) oder Inhaber des Rechts sein, und zwar zurzeit der **letzten tatrichterlichen Entscheidung,** so dass es auf die Rechtsverhältnisse vor der Tat, zZ der Tat und bis zum Urteil dann nicht ankommt (BGH **8**, 212; Frankfurt NJW **52**, 1068; Hamm VRS **32**, 33; Düsseldorf VM **72**, 45). Maßgebend ist regelmäßig der Eigentumsbegriff des bürgerlichen Rechts (NStZ **97**, 30 m. Anm. *Achenbach* JR **97**, 205); die bloß tatsächliche Verfügungsgewalt über eine Sache reicht nicht aus (MDR/D **69**, 722; NK-*Herzog* 6). Der im Eigentum einer **juristischen** Person stehende Gegenstand kann daher auch im Verfahren gegen den einzigen Gesellschafter nicht nach II Nr. 1, sondern nur nach § 75 Nr. 1 eingezogen werden. War der Tatbeteiligte zZ der Tat Rechtsinhaber, hat er aber den Gegenstand vor der Entscheidung veräußert, so kommt nach § 74c I Einziehung des Wertersatzes in Betracht; ebenso nach § 76, wenn die Veräußerung der Einziehungsanordnung nachfolgt. Die Einziehung einer Kreditkarte ist unzulässig, da sie im Eigentum des ausstellenden Unternehmens bleibt (BGHR § 74 II Nr. 1 Eig. 1, 2). Beim strafbaren BtM-Handel bleibt zwar der Käufer nach § 134 BGB Eigentümer des übergebenen Geldes (9 zu § 73; 2 StR 739/85), der Verkäufer hat aber trotz unwirksamen obligatorischen Vertrags und Erfüllungsgeschäfts (BGH **31**, 147; **33**, 233) die Einziehung iS des § 74c I tatsächlich unmöglich gemacht. Eigentumsübergang (und damit Anwendung des § 74c) kann aber uU bei Auslandsgeschäften in Betracht kommen, wenn eine § 134 BGB entsprechende ausländische Norm fehlt (BGH **33**, 233 m. Anm. *Eberbach* NStZ **85**, 556; vgl. NStZ/S **86**, 58; auch 2 StR 739/94). Täter oder Teilnehmer ist iS der §§ 25ff. zu verstehen, und zwar Zustehen als quasidingliche Inhaberschaft (BGH **24**, 222; MDR/D **69**, 722), so dass Hehler oder Begünstiger ausscheiden (BGH **19**, 27; vgl. dazu SK-*Horn* 14; NK-*Herzog* 19). Hat der Täter als Vertreter einer juristischen Person oder Personenvereinigung gehandelt, der die verwendete oder gewonnene Sache gehört, so kommt Einziehung nach § 75 in Betracht. Hat nur einer von mehreren Tatbeteiligten ein Werkzeug benutzt, das im Eigentum eines anderen Beteiligten steht, so kommt eine Einziehung nur in Betracht, wenn der andere die Verwendung gebilligt oder jedenfalls leichtfertig zu ihr beigetragen hat (vgl. LK-*Schmidt* 23 mwN).

13 **6) Einziehung zum Schutz gegen Gefahren** ist nach **II Nr. 2** als gemischtes Institut (oben 2) und nach III als reine Sicherungsmaßnahme zulässig. Im Falle von II Nr. 2 müssen die unter 11 geschilderten Voraussetzungen vorliegen. Im Falle von **III** braucht nur eine rechtswidrige, aber nicht notwendig auch schuldhafte Tatbestandsverwirklichung gegeben zu sein (dazu 9ff. vor § 25), es genügt also die Begehung während eines Vollrausches (BGH; **31**, 80, 81 m. Anm. *Hettinger* JR **83**,

207), wenn die Besorgnis begründet ist, dass der Täter den Gegenstand erneut zu rechtswidrigen Taten missbrauchen wird (NStZ-RR **96**, 100). Im Übrigen gilt für beide Fällen der **Sicherungseinziehung** gemeinsam:

A. Die Einziehung ist auch mit Wirkung gegenüber **Dritteigentümern** zulässig, denn II Nr. 1 entfällt. Deren etwaige Entschädigung richtet sich nach § 74f, ihre prozessuale Stellung nach §§ 431 ff. StPO. Weitere Fälle von Dritteinziehung finden sich in § 74a und im Nebenrecht (vgl. dazu *Mitsch* NStZ **05**, 534). **14**

B. Voraussetzung ist, dass die Gegenstände im Zeitpunkt der Entscheidung **15**

a) entweder **generell gefährlich** sind, dh nach ihrer Art und den Umständen die Allgemeinheit, dh Rechtsgüter individuell nicht bestimmter Personen (vgl. *S/S-Eser* 32), gefährden. Damit sind Gegenstände gemeint, die beim Hinzutreten besonderer Umstände in der Person des Verwahrers und bei der Verwahrung allgemein gefährlich sind, so **zB** Sprengstoffe, Gifte, gefährliche Lebensmittel (vgl. LK-*Schmidt* 53). Karlsruhe NJW **01**, 2488 hat dies für **Hunde** der in § 1 HundBekG genannten Rassen verneint;

b) oder dass die Gegenstände **individuell gefährlich** sind, dh dass die Gefahr besteht, dass sie der Begehung mit Strafe bedrohter Handlungen durch irgendwelche Täter dienen werden, eine solche Tat also irgendwie erleichtern würden. Damit sind Gegenstände gemeint, die nur durch das Hinzutreten besonderer Umstände beim Verwahrer und bei der Verwahrung konkret gefährlich sind (BGH **23**, 69); bleiben sie in der Hand eines Tatbeteiligten, so muss die konkrete Gefahr bestehen, dass er oder andere sie zu mit Strafe bedrohten Handlungen irgendwelcher Art benutzen werden, so **zB** Messer, relatives Diebeswerkzeug, bei Mitgliedern einer terroristischen Vereinigung beschlagnahmtes Geld, da es der Begehung rechtswidriger Taten dient (NStZ **85**, 262); pornographische Darstellungen (§ 184 III), Rauschgift, Kopien von Bildern namhafter Künstler nur im Falle nahe liegender rechtswidriger Verwendung (JZ **88**, 936; MDR/H **91**, 701; NStE Nr. 7) als **Tatmittel,** nicht aber als Beziehungsgegenstand iS von oben 10 (Bay **63**, 110; LK-*Schmidt* 57; SK-*Horn* 22; NK-*Herzog* 35; *S/S-Eser* 33; **aA** hier bis 50. Aufl.); hierfür gilt Abs. IV. **16**

7) Das Gericht **kann** nach I bis III die Einziehung anordnen; sie liegt im pflichtgemäßen Ermessen des Tatrichters (BGH **19**, 256; 4 StR 718/93; vgl. aber unten 19). Zulässig ist die Einziehung nur, wenn die gesetzlichen Voraussetzungen gegeben sind; eine bloße *Zustimmung* ersetzt diese nicht (Koblenz StV **04**, 320). In jedem Fall unterliegt die Anordnung dem **Verhältnismäßigkeitsgrundsatz** nach § 74b (Schleswig SchlHA **80**, 171; NK-*Herzog* 39). Zu den für die Anordnung maßgebenden Gesichtspunkten vgl. 2, 3 zu § 74b. Ausdrücklich **ausgeschlossen** ist die Anwendung der §§ 74 bis 76a in § 110 S. 3 UrhG; § 143 V S. 3 MarkenG; § 14 IV GeschmMG; § 142 V S. 3 PatentG; § 25 V S. 3 GebrMG; § 10 V HalbleiterSchG; § 39 V S. 3 SortenSchG. Nach BGH **20**, 253 (zu § 86 I aF) kann von der förmlichen Einziehung geringwertiger Gegenstände abgesehen werden, wenn der Angeklagte oder Einziehungsbeteiligte auf die Rückgabe des (beschlagnahmten) Gegenstands ausdrücklich **verzichtet** (vgl. Bay NStZ-RR **97**, 51). Die weitreichenden Einwendungen von *Thode* (NStZ **00**, 62) gegen die entsprechende allgemeine Praxis sind unbegründet. **17**

8) Treffen II Nr. 1 und 2 zusammen, so stützt das Gericht die Einziehung auf beide Nummern (wegen der Konsequenzen in §§ 74b, 74c, 74e II, 76a II; vgl. LK-*Schmidt* 59; NK-*Herzog* 14 vor § 73). Es kann sich aber mit einer Nummer begnügen, wenn die Feststellungen zur anderen Schwierigkeiten machen und Nachteile für die Betroffenen nicht zu erwarten sind. **18**

9) Eine **weitergehende Einziehungsmöglichkeit,** nämlich eine, die von den Voraussetzungen nach I abweicht, kann nach IV durch eine besondere gesetzliche Vorschrift geschaffen werden, bleibt dann aber, wenn das Gesetz nichts Abweichendes bestimmt, an die Voraussetzungen von II oder III geknüpft (vgl. auch § 74b II; **19**

ferner Hamm NJW **73**, 1141). Das bedeutet zunächst, dass sie **Einziehung von Tatbeteiligtenrechten** (II Nr. 1) oder **Sicherungseinziehung** (II Nr. 2, III) sein muss, aber in der zweiten Form keine schuldhafte Tat voraussetzt. Die Voraussetzungen der Nr. 2 können auch abgewandelt werden, wie das in §§ 101 a S. 3, 109 k S. 3; § 24 I S. 2 KriegswaffG geschehen ist. Im Übrigen kommen folgende Abweichungen in Betracht: Die Einziehung kann **a)** an eine **fahrlässige Tat** geknüpft werden (§ 311 V mit § 322 und im Nebenrecht; Hamm OLGSt. 5) oder **b)** sich auf **Beziehungsgegenstände** (oben 10) erstrecken, zB § 92 b Nr. 2, § 101 a Nr. 2, § 109 k Nr. 2, §§ 132 a IV, 219 b III, 264 V S. 2, §§ 282, 322 Nr. 2; § 330 c Nr. 2, und vielfach im Nebenrecht, zB § 61 LFGB; § 33 BtMG; § 56 I Nr. 1 WaffG; § 21 III StVG; § 375 II AO (wistra **95**, 30); oder **c)** nicht nur zugelassen, sondern **vorgeschrieben** sein, wenn die Voraussetzungen von II Nr. 1 oder 2 oder III gegeben sind (nur noch selten, zB in §§ 150, 285 b S. 1 und § 56 I WaffG). Da in aller Regel Gefährlichkeit gegeben ist, kommt auch insoweit Einziehung von Drittrechten in Betracht (vgl. aber § 285 b S. 1); **d)** sich über II Nr. 2, III hinaus auf **Drittrechte** erstrecken; dafür sind besondere Voraussetzungen aufgestellt in § 74 a, auf den eine Vorschrift verweisen muss (so in §§ 285 b S. 2, 295 S. 2).

20 **10) Nur denselben Gegenstand** kann das Gericht einziehen, der bei der Tat die unter 4 ff. beschriebene Rolle gespielt hat. Ob die Sache zZ der Entscheidung noch als **identisch** anzusehen ist, bestimmt sich nach der Verkehrsanschauung (NStZ **93**, 538; vgl. BGH **8**, 102), so dass eine Sache eingezogen werden kann, wenn sie zwar wesentlicher Bestandteil einer anderen geworden ist, aber unschwer wieder abzutrennen ist (Bay **61**, 279; *Eser* [1 a] 304); anders hingegen, wenn die Sache durch Verarbeitung oder Vermischung eine neue von anderem Wesen und Gehalt geworden ist (Bay **63**, 107; **65**, 15). Eine Ersatzsache oder der Erlös einer veräußerten Sache können nicht eingezogen werden, wenn nicht Sonderregelungen das gestatten wie § 111 l StPO für den Fall der Notveräußerung (BGH **8**, 53). Hingegen ist Einziehung des Wertersatzes gem. § 74 c möglich.

21 **11) Verfahrensrechtlich** ist von Bedeutung: Die Einziehung wird gegen den Täter angeordnet, auch wenn sie einen anderen trifft, dem der Gegenstand gehört oder zusteht; dieser ist nur Einziehungsbeteiligter (§§ 431 ff. StPO). Ist der Eigentümer oder Rechtsinhaber **tatbeteiligt,** so kann die Einziehung nur im Strafverfahren gegen ihn, nicht aber in einem Verfahren angeordnet werden, das nur gegen den nicht einziehungsbetroffenen Tatbeteiligten geführt wird (*S/S-Eser* 43; NK-*Herzog* 44; **aA** LK-*Schmidt* 24; offen gelassen. von 4 StR 442/97). Trifft die Einziehung einen **tatunbeteiligten Dritten,** so wird sie im Verfahren gegen denjenigen ausgesprochen, auf dessen Tat sie gestützt ist; für den Ditten gelten die §§ 431 ff. StPO. Die Anordnung ist in der **Entscheidung** (ggf nach § 354 StPO vom Revisionsgericht, BGH **26**, 266; NStE § 33 BtMG Nr. 1) auszusprechen, im Urteil im **Tenor** unter **konkreter Bezeichnung** (und uU des Werts, NStZ **85**, 362) der einzelnen Gegenstände (BGH **8**, 212; **9**, 88; NJW **94**, 1421 [insoweit in BGH **40**, 97 nicht abgedr.]; 1 StR 251/07). **Bezugnahme** auf die Anklageschrift oder ein Adressatenverzeichnis (NStZ **98**, 505) genügen nicht. Doch reicht bei besonders umfangreichem Material die Benennung mit einer Sammelbezeichnung im Tenor oder in einer besonderen Anlage aus (BGH **9**, 88 2 StR 326/78; für Sachgesamtheiten vgl. Düsseldorf NStZ-RR **99**, 114). Eine nachträgliche nähere Bezeichnung in einem Beschluss ist ebenso unzulässig wie eine Nachholung der im rechtskräftigen Urteil unterbliebenen Einziehung (vgl. Düsseldorf NJW **72**, 1382). Ein **Rechtsmittel** kann auf die Einziehung **beschränkt** werden, wenn sie ausschließlich Sicherungscharakter hat (Hamm NJW **75**, 67); wenn sie allein oder zugleich Strafcharakter hat, ist eine Beschränkung dann zulässig, wenn ein Einfluss auf die Strafbemessung ausgeschlossen ist (Hamm NJW **78**, 1018 L; OLGSt. 4; LK-*Schmidt* zu § 74 b; **aA** NK-*Herzog* 46; hier bis 50. Aufl.).

Erweiterte Voraussetzungen der Einziehung

74a Verweist das Gesetz auf diese Vorschrift, so dürfen die Gegenstände abweichend von § 74 Abs. 2 Nr. 1 auch dann eingezogen werden, wenn derjenige, dem sie zur Zeit der Entscheidung gehören oder zustehen,

1. wenigstens leichtfertig dazu beigetragen hat, dass die Sache oder das Recht Mittel oder Gegenstand der Tat oder ihrer Vorbereitung gewesen ist, oder

2. die Gegenstände in Kenntnis der Umstände, welche die Einziehung zugelassen hätten, in verwerflicher Weise erworben hat.

1) Allgemeines. Die Vorschrift idF des 2. StrRG (vgl. 1 zu § 74) erweitert als **Blankettvorschrift,** die erst durch Verweisung bei einzelnen Tatbeständen dort anwendbar wird, die in das **tatrichterliche Ermessen** gestellte **Dritteinziehung** über die Sicherungseinziehung nach § 74 II Nr. 2, III hinaus. Aus dem Schuldprinzip lassen sich Bedenken gegen § 74a nicht herleiten (so auch LK-*Schmidt* 4; **aA** NK-*Herzog* 3; vgl. *S/S-Eser* 1, 2). Sind die Voraussetzungen der Sicherungseinziehung gegeben, ist § 74a nicht anzuwenden; unter den Voraussetzungen der Nr. 1, 2 entfällt dann nach § 74f II Nr. 1, 2 die Entschädigungspflicht. 1

2) Betroffen von der Einziehung ist jemand, der nicht Tatbeteiligter iS der §§ 25ff. ist (sonst § 74 II Nr. 1), aber zZ der Entscheidung (12 zu § 74) Inhaber eines Rechts oder Eigentümer eines Gegenstandes ist, der, wenn ein Tatbeteiligter zZ der Entscheidung Berechtigter wäre, eingezogen werden könnte. Dazu müssen die weiteren Voraussetzungen entweder der Nr. 1 oder der Nr. 2 erfüllt sein. 2

3) Nr. 1 erfordert, dass 3

A. der Gegenstand **Mittel** der Tat selbst oder ihrer Vorbereitung (6 bis 9 zu § 74) oder **Gegenstand** (3 zu § 74) der Tat (dh Beziehungsgegenstand iS von 10, 19 zu § 74; unten 9) gewesen ist, wenn auch vielleicht nur im Vorbereitungsstadium, die jeweilige Vorschrift auf § 74a verweist und

B. der **Dritte wenigstens leichtfertig** (20 zu § 15) **dazu beigetragen,** dh es erleichtert hat, dass der Gegenstand die unter 3 bezeichnete Rolle gespielt hat. Im Fall der Leichtfertigkeit handelt es sich um grob fahrlässige Unterstützung, wobei es genügt, wenn der Dritte eine Tat dieser Art in allgemeinen Umrissen hätte voraussehen können (LK-*Schmidt* 10; NK-*Herzog* 6). Im Fall des Vorsatzes muss das Verhalten des tatunbeteiligten Eigentümers, der eine Vorbereitungshandlung des Beteiligten unterstützt, ohne hierbei zum Gehilfen zu werden (dann § 74 II Nr. 1), zur Verwendung „beigetragen", also der späteren Tat förderlich geworden sein; die Einziehung gegen den nicht tatbeteiligten „Quasi-Gehilfen" nach § 74a Nr. 1 kann nicht weiter gehen als die gegen den Tatbeteiligten nach § 74 II Nr. 1 (*S/S-Eser* 5; LK-*Schmidt* 11; **aA** hier bis 50. Aufl.) Insgesamt erfasst Nr. 1 den Fall einer **unechten,** idR fahrlässigen **Beihilfe,** so dass die Einziehung auch gegenüber dem Dritten **repressiven Charakter** hat, auch wenn er im Verfahren nicht Angeklagter, sondern nur Einziehungsbeteiligter ist (§ 431 StPO). Kann ein Vorwurf gegen den Dritten nicht erhoben werden, so entfällt Nr. 1. 4

4) Nr. 2 beruht auf dem Gedanken, dass ein zunächst der Einziehung unterliegender Gegenstand auch dann eingezogen werden soll, wenn er vor der Entscheidung von einem Dritten in verwerflicher Weise erworben wurde. Zur Frage der Einziehung des Wertersatzes gegen den Tatbeteiligten in den Fällen der Nr. 2 vgl. § 74c mit Anm. 5

A. Nach der Tat, aber vor der Entscheidung muss der Dritte den Gegenstand **erworben** haben, sei es durch Eigentumsübertragung, sei es durch Zession einer Forderung an ihn oder sonstige Rechtsübertragung, also durch einverständliches Zusammenwirken mit dem Vorbesitzer (vgl. 5 StR 289/80), auch von einem nicht an der Tat Beteiligten. 6

B. In Kenntnis der Umstände, welche die Einziehung zugelassen hätten, muss der Gegenstand erworben sein, nämlich dann, wenn es nicht zu dem Erwerb durch den Dritten gekommen wäre. Das bedeutet, dass der Dritte beim Erwerb gekannt haben muss **a) die Straftat** als solche in ihrer Qualifikation, und zwar in einer Weise, wie sie Voraussetzung auch einer Begünstigung ist (8 zu § 257), **b) die Rolle,** die der Gegenstand dabei gespielt hat als Tatmittel, Tatprodukt oder Beziehungsgegenstand, und **c)** die in § 74 II Nr. 1 beschriebenen **Um-** 7

stände; dabei ist § 74 II Nr. 1 hier so zu verstehen, dass es genügt, wenn ein Tatbeteiligter oder ein anderer, auf den die Voraussetzungen der Nr. 1 oder 2 zutreffen, zZ des Erwerbs durch den Dritten Gegenstandsinhaber war, so dass Einziehung nach § 74 II Nr. 1 oder § 74 a zZ der Entscheidung möglich gewesen wäre. Für die **Kenntnis** dieser Umstände reicht nach hM **bedingter Vorsatz** aus (LK-*Schmidt* 16; *Lackner/Kühl* 3; NK-*Herzog* 9; **aA** *S/S-Eser* 9).

8 **C. In verwerflicher Weise** erwirbt der, dem es auf die Vereitelung der Einziehung ankommt oder dessen Handeln in einem erhöhten Grade sittliche Missbilligung verdient (vgl. LK-*Schmidt* 18 f.), zB deshalb, weil er daraus vorwerfbar Vorteile erstrebt. Da es sich bei Nr. 2 um eine Quasi-Hehlerei an Gegenständen handelt, die zwar nicht durch die Vortat erlangt worden sind, aber die spezifische Rolle bei ihr gespielt haben, welche die Einziehungsmöglichkeit eröffnet, wird die Kenntnis der Umstände iS von oben 7 das Handeln des Dritten häufig verwerflich erscheinen lassen, vor allem wenn dieser auch von der drohenden Einziehung gewusst hat. Ausnahmen sind zB gegeben, wenn der Dritte im Wege der Notveräußerung erwirbt (E EGOWiG 55) oder schon vor der Tat ein Recht auf Erwerb des Gegenstandes hatte (enger *S/S-Eser* 10; SK-*Horn* 9; *Lackner/Kühl* 3).

9 **5) Die Verweisung** in besonderen Einziehungsvorschriften auf § 74 a und die Beachtung des Grundsatzes der **Verhältnismäßigkeit** (§ 74) müssen zu den unter 2 bis 8 geschilderten Voraussetzungen hinzukommen. Im StGB ist auf § 74 a verwiesen in § 92 b Nr. 2, § 101 a Nr. 2, § 109 k Nr. 2, §§ 201 V, § 261 VII S. 2, § 264 V, 285 b, 295.

10 **6) Beim Zusammentreffen** von § 74 a und 74 II Nr. 2 ist nur die letzte Vorschrift anzuwenden (LK-*Schmidt* 21; **aA** SK-*Horn* 11). Kann nicht geklärt werden, ob § 74 II Nr. 1 oder § 74 a gegeben ist (zweifelhafte Eigentumsverhältnisse), so ist, wenn sonst die eine oder die andere Vorschrift mit Sicherheit anwendbar wäre, wahlweise Einziehung möglich (LK-*Schmidt* 22; NK-*Herzog* 11). Der Tatbeteiligte und der Dritte sind dann im weiteren Verfahren so zu behandeln, als wäre jeder von ihnen von der Einziehung betroffen.

11 **7) Zum Verfahren** vgl. 21 zu § 74.

Grundsatz der Verhältnismäßigkeit

74b **I Ist die Einziehung nicht vorgeschrieben, so darf sie in den Fällen des § 74 Abs. 2 Nr. 1 und des § 74 a nicht angeordnet werden, wenn sie zur Bedeutung der begangenen Tat und zum Vorwurf, der den von der Einziehung betroffenen Täter oder Teilnehmer oder in den Fällen des § 74 a den Dritten trifft, außer Verhältnis steht.**

II Das Gericht ordnet in den Fällen der §§ 74 und 74 a an, dass die Einziehung vorbehalten bleibt, und trifft eine weniger einschneidende Maßnahme, wenn der Zweck der Einziehung auch durch sie erreicht werden kann. In Betracht kommt namentlich die Anweisung,

1. die Gegenstände unbrauchbar zu machen,
2. an den Gegenständen bestimmte Einrichtungen oder Kennzeichen zu beseitigen oder die Gegenstände sonst zu ändern oder
3. über die Gegenstände in bestimmter Weise zu verfügen.

Wird die Anweisung befolgt, so wird der Vorbehalt der Einziehung aufgehoben; andernfalls ordnet das Gericht die Einziehung nachträglich an.

III Ist die Einziehung nicht vorgeschrieben, so kann sie auf einen Teil der Gegenstände beschränkt werden.

1 **1) Allgemeines.** Die Vorschrift gilt hinsichtlich I und III nicht in den Fällen, in denen die Einziehung vorgeschrieben ist, weil man davon ausging, dass sie dort praktisch keine Rolle spielen könne (19 zu § 74; vgl. dazu NJW **70**, 1964; LK-*Schmidt* 6; *Eser* NJW **70**, 786; *S/SEser* 2) und stellt für alle Fälle **fakultativer Einziehung** nach dem Grundsatz der Verhältnismäßigkeit in I eine Strafzumessungsregel auf und eröffnet in II und III die Möglichkeit weniger einschneidender Maßnahmen. Überdies gilt II auch in den Fällen vorgeschriebener Einziehung (NStZ **81**, 104; 1 StR 411/93).

2) Hat die **Einziehung strafähnlichen Charakter** (§ 74 II Nr. 1, § 74 a; vgl. 2 zu § 74), so ist die Entscheidung über ihre Anordnung eine Frage der Strafzumessung (§ 46; 3 StR 180/70; Saarbrücken NJW **75**, 66; Nürnberg NJW **06**, 3448 [zu § 21 III StVG]). Stände die Einziehung in ihrer Wirkung für den von ihr Betroffenen außer Verhältnis zum Unrechtsgehalt der Tat und dem ihn für sein eigenes Handeln treffenden Schuldvorwurf, so darf die Einziehung nicht angeordnet werden (vgl. BVerfGE **23**, 133; **24**, 404; BGH **10**, 338; **16**, 285, 288; **18**, 282; StV **83**, 107 L; NK-*Herzog* 2). Das gilt vor allem in Bagatellfällen und Fällen sehr leichter Schuld (*S/S-Eser* 3), wobei insbesondere bei § 74 a zugunsten des Dritten ein strenger Maßstab anzulegen ist. Nach Nürnberg NJW **06**, 3448 ist die Einziehung eines Tatfahrzeugs im Wert von 14.000 € nach zweimaligem vorsätzlichen Fahren ohne Fahrerlaubnis jedenfalls dann nicht unverhältnismäßig, wenn sie sich nicht existenzbedrohend auswirkt. Entsprechend Unrechts- und Schuldgehalt kann die Einziehung nach III auf einen ausscheidbaren Teil der Gegenstände beschränkt werden; nach II muss das Gericht die Einziehung vorbehalten und eine weniger einschneidende Maßnahme treffen, wenn der Zweck der Einziehung, hier also der Strafzweck, auch durch sie erreicht werden kann (Braunschweig MDR **74**, 594; iErg zw. Köln OLGSt. 1 zu § 74). **II** kommt vor allem bei abstrakter Gefährlichkeit der Gegenstände in Betracht (Prot. V/1047 f.); insbesondere eine Anweisung nach Nr. 1 ist aber auch ohne diesen Gesichtspunkt denkbar. Wird die Einziehung angeordnet, so muss der Tatrichter erkennen lassen, dass er deren Strafcharakter erkannt und eine Gesamtschau mit der Hauptsache vorgenommen hat (NJW **83**, 2710; MDR **84**, 241; StV **84**, 287; **86**, 58; **89**, 529; **92**, 570 L; **94**, 76). 2

3) In den Fällen der **Sicherungseinziehung** gilt zwar **I** nicht ausdrücklich, doch ist der **Grundsatz der Verhältnismäßigkeit** auch hier zu beachten (Saarbrücken NJW **75**, 66; Schleswig StV **89**, 156; vgl. § 62). Das Gericht hat auch bei der fakultativen Sicherungseinziehung deren wirtschaftliche Wirkung abzuwägen, wobei es insbesondere auch auf den Wert des Einziehungsgegenstandes (2 StR 665/85; NK-*Herzog* 7), die Bedeutung der Tat und den Vorwurf gegen den Dritteigentümer ankommt (StV **83**, 106 L). Vor allem aber hängt es von Art und Bedeutung der Gefahr sowie dem Grade der Wahrscheinlichkeit eines Schadenseintritts ab, ob die Einziehung am Platze ist (Oldenburg VRS **90**, 286). Bei genereller Gefahr (15 zu § 74) kommt Einziehung eher in Betracht als bei nur individueller. Geht die Gefahr nur von einem Teil der Gegenstände aus, ist die Einziehung trotz des „Kann" in **III** schon nach § 74 II Nr. 2, III auf diese zu beschränken, wenn das möglich ist (vgl. Bay **61**, 277). **II** hat bei der Sicherungseinziehung besondere Bedeutung und zwingt das Gericht zu der weniger einschneidenden Maßnahme (Schleswig SchlHA **83**, 83), wenn die Gefahr dadurch beseitigt werden kann: **zB** unter Vorbehalt der Einziehung **nach Nr. 1** zur Unbrauchbarmachung der pornographischen Schriften (NK-*Herzog* 9), **nach Nr. 2** auf Umetikettierung falsch bezeichneten Weines, auf Schwärzung des Hakenkreuzes auf einer Schallplattenhülle (BGH **23**, 79; vgl. zum Begriff der „Einrichtung" BGH **31**, 1), **nach Nr. 3** auf Verkauf der unbefugt geführten Arzneimittel an eine Apotheke usw. (vgl. auch 1 StR 441/80). Kann der Gefahr nur durch Einziehung begegnet werden, so ist sie geboten. Ist die Einziehung vorgeschrieben, so muss das Gericht, wenn es die Voraussetzungen von § 74 II Nr. 2 oder III bejaht, mindestens eine Anordnung nach II treffen. In den Fällen des II S. 3 hat das Gericht, falls der Verurteilte die Anweisung nach II nicht befolgt hat, zu prüfen, ob eine nachträgliche Einziehung dem Grundsatz der Verhältnismäßigkeit entspricht (BVerfG NJW **96**, 246). 3

4) Beim Zusammentreffen der Voraussetzungen von § 74 II Nr. 1 und 2 ist die Einziehung schon dann anzuordnen, wenn sie nach einem der beiden Gesichtspunkte (Strafe oder Maßregel) am Platze erscheint. § 74 b II gilt auch in diesen Fällen. Kommt Wahlfeststellung nach § 74 I Nr. 1 und § 74 a in Betracht, so kann die Einziehung nur angeordnet werden, wenn sie sowohl dem Tatbeteiligten als auch dem Dritten gegenüber gerechtfertigt erscheint. 4

5 **5) Verfahrensrechtlich** bedeutsam ist die durch § 430 StPO gegebene Möglichkeit, auf Einziehung zu verzichten, auch wenn sie im materiellen Recht vorgeschrieben ist. Dabei handelt es sich aber nicht um eine Frage der Zumessung, sondern um einen verfahrensrechtlichen Akt aus prozessökonomischen Gründen. In den Fällen von § 74 b II behält sich das Gericht die Einziehung der konkret bezeichneten Gegenstände (21 zu § 74) im Tenor der Entscheidung vor und trifft dort die Anordnung der **Ersatzmaßnahme.** Befolgt der Betroffene die Anordnung, so wird der Vorbehalt der Einziehung durch Beschluss aufgehoben; andernfalls ordnet das Gericht auf diesem Wege die Einziehung nachträglich an (§ 462 I S. 2 StPO).

Einziehung des Wertersatzes

74c **I Hat der Täter oder Teilnehmer den Gegenstand, der ihm zur Zeit der Tat gehörte oder zustand und auf dessen Einziehung hätte erkannt werden können, vor der Entscheidung über die Einziehung verwertet, namentlich veräußert oder verbraucht, oder hat er die Einziehung des Gegenstandes sonst vereitelt, so kann das Gericht die Einziehung eines Geldbetrags gegen den Täter oder Teilnehmer bis zu der Höhe anordnen, die dem Wert des Gegenstandes entspricht.**

II Eine solche Anordnung kann das Gericht auch neben der Einziehung eines Gegenstandes oder an deren Stelle treffen, wenn ihn der Täter oder Teilnehmer vor der Entscheidung über die Einziehung mit dem Recht eines Dritten belastet hat, dessen Erlöschen ohne Entschädigung nicht angeordnet werden kann oder im Falle der Einziehung nicht angeordnet werden könnte (§ 74e Abs. 2 und § 74f); trifft das Gericht die Anordnung neben der Einziehung, so bemisst sich die Höhe des Wertersatzes nach dem Wert der Belastung des Gegenstandes.

III Der Wert des Gegenstandes und der Belastung kann geschätzt werden.

IV Für die Bewilligung von Zahlungserleichterungen gilt § 42.

1 **1) Allgemeines.** Die Vorschrift gilt für alle strafrechtlichen Einziehungsfälle (BGH **28**, 370) unter der Voraussetzung, dass ein Gegenstand (3 zu § 74), dessen Inhaber ein Tatbeteiligter zZ der Tat war, nach § 74 I, II Nr. 1 nicht mehr (I) oder nur noch nach Belastung mit dem Recht eines Dritten (II) eingezogen werden kann, weil der Tatbeteiligte die Anordnung unmöglich gemacht oder ihr die Wirkung ganz oder zT genommen hat. Als strafartige Maßnahme (BGH **3**, 164; **4**, 407; **5**, 163; NK-*Herzog* 2), idR als **Nebenstrafe,** aber nach § 76 a auch selbstständig kann dann nach I, II die **Einziehung** von **Wertersatz** gegen ihn angeordnet werden. Fälle von § 74 III scheiden aus. Vereitelt oder stört der Tatbeteiligte die Einziehung erst nach deren Anordnung, so kann das Gericht nach § 76 die Einziehung des Wertersatzes nachträglich anordnen; dabei geht es nicht um eine Art. 103 III GG verletzende nochmalige Bestrafung, sondern um einen in der Anordnung bereits immanent vorbehaltenen Ersatz des primär eingezogenen Vermögens.

2 **2) Nur gegen** denjenigen Tatbeteiligten, der zZ der Tat **Eigentümer** der Sache oder Inhaber des Rechts ist und die Einziehung später vereitelt, richtet sich die **Wertersatzeinziehung;** nicht hingegen bei Dritteinziehung nach § 74 a, wenn der Dritte vereitelt, und nicht gegen einen Tatbeteiligten, der nicht Rechtsinhaber war und der ohne dessen Wissen vereitelt; dann ist auch Wertersatzeinziehung gegen den früheren Eigentümer nicht möglich, es sei denn, dass dieser die Veräußerung genehmigt und den Erlös annimmt. Wenn unter mehreren Tatbeteiligten, die vereiteln, sich auch der Rechtsinhaber befindet, ist Einziehung von Wertersatz möglich. Hat der Gegenstand mehrere Rechtsinhaber und sind nicht alle an der Vereitelung beteiligt, so ist Einziehung von Wertersatz nur in Höhe des Anteils des Vereitelnden möglich.

3 **3)** An die Stelle der Einziehung tritt nach **Abs. I** der Wertersatz, wenn der Tatbeteiligte als früherer Rechtsinhaber die Einziehung ganz **unmöglich gemacht** hat, und zwar auf irgendeine Weise, sei es rechtlich oder tatsächlich, zB durch Verbrauchen (BGH **16**, 282), Veräußern, Zerstören, Beiseiteschaffen, Verschenken usw. (BGH **28**, 370); nicht aber bei Verlust durch Zwangsvollstreckung (NK-*Herzog* 7;

aA SK-*Horn* 7; LK-*Schmidt* 13). I greift allerdings nicht ein, wenn der veräußerte Gegenstand noch in einem anderen Verfahren, zB nach § 74a Nr. 2 eingezogen werden kann (BGH **8**, 98), wohl aber, wenn der Tatbeteiligte den Gegenstand an einen Unbekannten veräußert hat (BGH **28**, 370), auch wenn diesem gegenüber die Voraussetzungen des § 74a Nr. 2 vorliegen könnten. Gegen Erwerber von **BtM** kann nach deren Verbrauch eine Anordnung nach Abs. I nicht ergehen, da das Erwerbsgeschäft gem. § 134 BGB nichtig ist (Dresden NStZ-RR **03**, 214; vgl. BGH **33**, 233). Im Fall des Verwertens braucht, da der Tatbeteiligte einen Wert für den Gegenstand erhalten hat, Vorwerfbarkeit nicht festgestellt zu werden; anders in den sonstigen Fällen, wie der Ausdruck „vereiteln" zeigt (Prot. V/1048; **aA** wohl SK-*Horn* 8); Vorwerfbarkeit ist idR gegeben, wenn der Tatbeteiligte damit rechnet, dass sein Vorgehen die Einziehung unmöglich machen kann. Anordnungen nach § 74c begründen lediglich einen Zahlungsanspruch des Staates (2 StR 791/78); sichergestellte Gelder können auf diese Weise nicht „eingezogen", sondern auf sie kann nur im Wege der Vollstreckung dieses Zahlungsanspruchs (§ 459g II StPO; Sicherstellung: §§ 111d, 111e StPO) zurückgegriffen werden (BGH **28**, 370; LG München NStZ **89**, 285).

4) An die Stelle der Einziehung oder neben sie tritt nach **II** Wertersatz, 4
wenn der Tatbeteiligte zwar die Einziehung selbst nicht vereitelt, ihr aber dadurch ganz oder zT die Wirkung genommen hat, dass er den Gegenstand nach der Tat und vor der Entscheidung mit dem dinglichen Recht eines Tatunbeteiligten, zB einem Pfandrecht belastet hat, und zwar in einer Weise, dass das Gericht das Erlöschen dieses Rechts nicht entschädigungslos anordnen könnte. Hierin liegt ein teilweises Verwerten, das besonderer Vorwerfbarkeitsfeststellung nicht bedarf (LK-*Schmidt* 19; NK-*Herzog* 8). Hat die Belastung dazu geführt, dass der Wert des Gegenstandes wirtschaftlich aufgebraucht ist, so wird das Gericht den Wertersatz an die Stelle der Einziehung treten lassen; ist der Wert nur zT aufgebraucht, kann das Gericht neben der Einziehung des Gegenstandes, der mit dem Recht des Dritten belastet bleibt (§ 74e II S. 1), auf Wertersatz erkennen, aber je nach den Umständen auch hier allein Wertersatz anordnen; bei abstrakter Gefährlichkeit des Gegenstandes wird Einziehung neben Wertersatz am Platze sein.

5) Handelt der Tatbeteiligte erst **nach Anordnung der Einziehung** iS von I 5
oder II oder wird seine vorher liegende Handlung erst nach der Anordnung dem Gericht bekannt, so gilt § 76; vgl. dort.

6) Die Höhe des Wertersatzes ist nach I durch den Wert des ursprünglichen 6
Einziehungsgegenstandes begrenzt, kann aber, auch mit Rücksicht darauf, dass der Wertersatz den Tatbeteiligten schwerer treffen kann, hinter ihm zurückbleiben. Dasselbe gilt für II, wenn die Einziehung entfällt; wird Wertersatz neben der Einziehung angeordnet, so bemisst sich der Wertersatz nach dem Wert der Belastung. Der Wert des Gegenstandes ist der aktuelle Marktwert; ein etwa erzielter höherer Gewinn ist im Wege der Verfallsanordnung (§§ 73, 73d) abzuschöpfen; beim Zusammentreffen von Verfall und Ersatzeinziehung ist darauf zu achten, dass derselbe Betrag nicht doppelt erfasst wird (BGH **28**, 370; 3 StR 167/80); vgl. auch § 73d III. Zum Wertersatz gehören auch die Zinsen (2 StR 791/78). **Nach III** können der Wert, sowie Gewinn, Preis und Gegenansprüche (vgl. auch §§ 287, 813 ZPO) vom Gericht **geschätzt** werden.

7) Der Wertersatz ist keine Geldstrafe (NK-*Herzog* 2). Stundung und Teil- 7
zahlungen können gewährt werden; § 43 und § 51 sind nicht anwendbar.

Einziehung von Schriften und Unbrauchbarmachung

74d [I] **Schriften (§ 11 Abs. 3), die einen solchen Inhalt haben, dass jede vorsätzliche Verbreitung in Kenntnis ihres Inhalts den Tatbestand eines Strafgesetzes verwirklichen würde, werden eingezogen, wenn mindestens ein Stück durch eine rechtswidrige Tat verbreitet oder zur Ver-**

breitung bestimmt worden ist. Zugleich wird angeordnet, dass die zur Herstellung der Schriften gebrauchten oder bestimmten Vorrichtungen, wie Platten, Formen, Drucksätze, Druckstöcke, Negative oder Matrizen, unbrauchbar gemacht werden.

II Die Einziehung erstreckt sich nur auf die Stücke, die sich im Besitz der bei ihrer Verbreitung oder deren Vorbereitung mitwirkenden Personen befinden oder öffentlich ausgelegt oder beim Verbreiten durch Versenden noch nicht dem Empfänger ausgehändigt worden sind.

III Absatz 1 gilt entsprechend bei Schriften (§ 11 Abs. 3), die einen solchen Inhalt haben, dass die vorsätzliche Verbreitung in Kenntnis ihres Inhalts nur bei Hinzutreten weiterer Tatumstände den Tatbestand eines Strafgesetzes verwirklichen würde. Die Einziehung und Unbrauchbarmachung werden jedoch nur angeordnet, soweit

1. **die Stücke und die in Absatz 1 Satz 2 bezeichneten Gegenstände sich im Besitz des Täters, Teilnehmers oder eines anderen befinden, für den der Täter oder Teilnehmer gehandelt hat, oder von diesen Personen zur Verbreitung bestimmt sind und**
2. **die Maßnahmen erforderlich sind, um ein gesetzwidriges Verbreiten durch diese Personen zu verhindern.**

IV Dem Verbreiten im Sinne der Absätze 1 bis 3 steht es gleich, wenn eine Schrift (§ 11 Abs. 3) oder mindestens ein Stück der Schrift durch Ausstellen, Anschlagen, Vorführen oder in anderer Weise öffentlich zugänglich gemacht wird.

V § 74b Abs. 2 und 3 gilt entsprechend.

1 **1) Allgemeines.** Die Vorschrift ist in Abs. III und IV durch Art. 4 Nr. 2 des Informations- und KommunikationsdiensteG **(IuKDG)** v. 22. 7. 1997 (BGBl. I 1870) geändert worden, durch das der Schriftenbegriff des § 11 III im Hinblick auf die veränderten Verbreitungs- und Nutzungsmöglichkeiten der elektronischen Datenverarbeitung um **Datenspeicher** erweitert wurde (vgl. 46 zu § 11). **Inkrafttreten:** 1. 8. 1997. **Materialien:** RegE (BT-Drs. 13/7385); Ber. (BT-Drs. 13/7934).

2 **2) Anwendungsbereich. § 74d** enthält für **Schriften** und ihnen gleichgestellte Sachen eine Sonderregelung (Bay NStE Nr. 1 zu § 76a), die über die §§ 74, 74a, und zwar auch über § 74 IV insoweit hinausgeht, als sie die Einziehung unter bestimmten Voraussetzungen nicht nur zulässt, sondern, allerdings unter Berücksichtigung von § 74b II, III, **vorschreibt,** die Einziehung von **Exemplaren im Verbreitungsprozess,** die weder Tatmittel, Taterzeugnis oder Beziehungsgegenstand gewesen zu sein brauchen, dh also von „tatunbeteiligten" Stücken (LK-*Schmidt* 1) sowie die **Unbrauchbarmachung** von **Herstellungsvorrichtungen** vorschreibt. Einziehung und Unbrauchbarmachung nach § 74d sind vorbeugende sichernde Maßnahmen (§ 11 I Nr. 8; NK-*Herzog* 1), da sie keine Straftat voraussetzen, vom Eigentum des Täters unabhängig sind (Hamm MDR **70**, 943) und künftigen Taten vorbeugen sollen (vgl. BGH **5**, 178; **16**, 56; Düsseldorf NJW **67**, 1142). Dabei unterscheidet das Gesetz zwei **Gruppen von Fällen** (einerseits in I, II, andererseits in III). Erfasst werden **Schriften,** Ton- und Bildträger, Abbildungen und Darstellungen sowie Datenspeicher (43 ff. zu § 11).

3 **3) Voraussetzung** ist zunächst, dass mindestens ein Stück durch eine rechtswidrige Tat (§ 11 I Nr. 5) von einem beliebigen Täter an einem Ort, an dem für die Tat das deutsche Strafrecht gilt, entweder

4 **A. verbreitet,** dh an eine andere Person mit dem Ziel weitergegeben worden ist, sie dadurch einem größeren Personenkreis zugänglich zu machen (BGH **13**, 257; 375; **19**, 63; **36**, 56; Bay **51**, 422; **63**, 38; NStZ **02**, 258); dabei liegt schon im Versenden vollendetes Verbreiten (vgl. II „Verbreiten durch Versenden"; NJW **65**, 1973; 3 StR 440/80; Bay NStZ **96**, 436). Verbreitet werden muss die Schrift der **Substanz** nach, also in **körperlicher Form,** nicht nur ihr Inhalt (BGH **18**, 63;

Hamburg MDR **63**, 1027; Bay NJW **79**, 2162; NStZ **83**, 121; Hamburg NStZ **83**, 127 [m. Anm. *Franke* NStZ **84**, 126 u. GA **84**, 457 sowie *Bottke* JR **83**, 299]; Frankfurt NJW **84**, 1128; MDR **84**, 423; Karlsruhe NStZ **93**, 390; vgl. aber 31 ff. zu § 184 [Internet]), so dass öffentliches Zugänglichmachen allein des Inhalts erst über IV oder Sonderregelungen wie § 131 I Nr. 2 und § 184 III Nr. 2 und über Tatbestände erfasst ist, die allein das Verbreiten pönalisieren (§§ 80 a, 86, 86 a, 90 ff., 103 II, 111, 140 Nr. 2, 166, 186, 187, 187 a, 219 a), sich wegen des Fehlens einer dem IV entsprechenden Klausel als zu eng erweisen können (**aA** *Lackner/Kühl* 6, *S/S-Stree/Sternberg Lieben* 14, jeweils zu § 86; vgl. hierzu auch KG JR **84**, 249). Zur **Verbreitung im Internet** vgl. 5 ff. zu § 9 (Tatort), 23 ff. zu § 184. Zum Beginn des Verbreitens (bedeutsam für die Presseverjährung) vgl. 8 zu 78; oder

B. zum Verbreiten durch den Täter **bestimmt** worden ist (vgl. BGHZ **139**, 5
67), zB durch Handlungen nach § 86, § 131 I Nr. 3, § 184 I; bei Plakaten oder beschrifteten größeren Tüchern (NStE § 86 Nr. 1) ist dies der Fall, wenn sie an öffentlich zugänglichen und in fremdem Eigentum befindlichen Stellen angeschlagen werden sollen (Bay **84**, 71; NK-*Herzog* 5); oder

C. öffentlich zugänglich gemacht (IV) worden ist. Mit öffentlich ist wie bei 6
§ 111 und § 183 a die Möglichkeit der Wahrnehmung durch unbestimmt viele Personen gemeint, auch wenn sie zunächst ein Eintrittsgeld oder einen Mitgliedsbeitrag zu zahlen haben (Hamm NJW **73**, 817) oder einem bestimmten größeren Personenkreis angehören. Als **Beispiele** nennt IV das Ausstellen, dh den Blicken zugänglich machen; hieran fehlt es, wenn der anstößige Teil der Schrift oder Abbildung abgedeckt ist (Karlsruhe NJW **84**, 1976); das Anschlagen, zB von Plakaten (BGH **19**, 310; auch Führen von Aufklebern; vgl. Frankfurt NJW **84**, 1128; MDR **84**, 423); das Vorführen, zB von Filmen, Abbildungen oder Tonträgern. Dem Begriff des öffentlichen Zugänglichmachens unterfallen auch andere Arten der Ermöglichung gegenständlichen Zugangs (Schaukästen; Videokabinen [KG NStZ **85**, 220]; Einstellung in eine **Webseite** [vgl dazu BGH **47**, 55; 45 zu § 184).

4) Die Vorschrift unterscheidet **zwei Fallgruppen**, für welche gemeinsam die 7
Erl. oben 2 bis 6 gelten. Für die **1. Fallgruppe** (**I, II** mit IV, V) gelten darüber hinaus folgende Besonderheiten:

A. Voraussetzung der Maßnahme ist, dass **jedes** vorsätzliche **Verbreiten** oder allgemeine Zugänglichmachen **(IV)** der Schrift usw. in **Kenntnis ihres Inhalts** den Tatbestand eines Strafgesetzes verwirklichen würde; dh dass jeder, der den Inhalt der Schrift kennt, sich, wenn ihm kein Schuldausschließungsgrund zur Seite stände (vgl. MDR/D **53**, 721), schon allein durch das Verbreiten als solches strafbar machen würde (vgl. BGH **19**, 63); daher muss Grundlage der Strafbarkeit der Inhalt der Schrift als solcher sein (NJW **69**, 1818; **70**, 819; NK-*Herzog* 7), nicht aber ihre äußere Gestalt (RG **66**, 146), zB das Fehlen des Impressums. Es reicht aus, wenn die Schrift die zum äußeren Tatbestand eines Strafgesetzes gehörende Erklärung enthält. Merkmale wie zB die Nichterweislichkeit nach § 186 brauchen aus dem Inhalt nicht hervorzugehen (vgl. Bay **53**, 168). Anderseits sind Rechtfertigungsgründe, die sich aus dem Inhalt nicht ergeben (zB § 193), unberücksichtigt zu lassen, da das Hinzutreten Strafe verhindernder Umstände im Einzelfall keine Rolle spielen kann (LK-*Schmidt* 6). Ist § 193 aus Gründen außerhalb des Inhalts gegeben, so scheitert die Einziehung möglicherweise daran, dass es an der Verbreitung durch eine rechtswidrige Tat fehlt. Ob Prozessvoraussetzungen (Strafantrag) hinzutreten müssen, ist ohne Bedeutung. Der Begriff des Verbreitens iS von oben 4 braucht im Tatbestand des verletzten Strafgesetzes nicht genannt zu sein (BGH **36**, 58).

B. Rechtsfolge. Wenn die Voraussetzungen unter 2, 3 bis 6, 7 gegeben sind, 8
sind nach **Abs. I** grds **sämtliche Stücke** (vgl. BGH **19**, 63, 76; Düsseldorf NStE Nr. 3) der Schrift obligatorisch einzuziehen; **Abs. II** beschränkt die Einziehung

aber auf solche Stücke, die sich **entweder im Besitz** der bei ihrer Verbreitung oder deren Vorbereitung mitwirkenden Personen, insbesondere beim Verfasser, Verleger, Herausgeber, Redakteur, Drucker, Buch- oder Filmhändler befinden (dabei genügt Mitbesitz sowie mittelbarer Besitz; BGH **19**, 63); **oder** die **öffentlich ausgelegt** sind, dh zur möglichen Kenntnisnahme eines unbestimmten größeren Personenkreises, insbesondere in Läden, Schaufenstern, Ausstellungen, Gaststätten, Vorräumen bei Veranstaltungen (nicht aber bei geschlossenen Gesellschaften); **oder** die sich im **Verbreitungsprozess durch Versenden** befinden und dem Empfänger noch nicht ausgehändigt sind, sich zB noch nicht in dessen Postfach befinden; idR werden solche Stücke im Besitz von Personen sein, die bei der Verbreitung, wenn auch nicht schuldhaft, mitwirken. In allen Fällen braucht selbstständige Strafbarkeit nicht gegeben zu sein (vgl. BGH **8**, 165). Von den Maßnahmen des § 74 d kann nicht allein deswegen abgesehen werden, weil sich der Angeklagte mit der außergerichtlichen Einziehung einverstanden erklärt hat (3 StR 121/90).

9 Dazu kommt die nach **I S. 2** vorgeschriebene **Unbrauchbarmachung** der zur **Herstellung** der Einziehungsstücke **gebrauchten,** dh bereits verwendeten, aber auch der zur weiteren **Herstellung** gleichartiger Stücke **bestimmten Vorrichtungen.** Wie die Beispiele in I S. 2 zeigen, sind dabei nicht etwa die Tatwerkzeuge gemeint, deren Einziehung nach §§ 74, 74 a in Betracht kommt, sondern nur solche Gegenstände, die bereits den Inhalt des späteren Endprodukts in einem Vorstadium enthalten und im Vervielfältigungsprozess dazu verwendet werden, diesen Inhalt immer wieder zu übertragen wie Platten, Formen, Drucksätze, Negative und Datenträger jeder Art. Abs. II gilt hier nicht (LK-*Schmidt* 18).

10 **5)** Für die **2. Fallgruppe** (**III** mit I, IV, V) gelten folgende Besonderheiten:

A. Voraussetzung ist hier, dass nicht jedes vorsätzliche Verbreiten oder allgemeine Zugänglichmachen in Kenntnis des Inhalts und seiner Bedeutung den Tatbestand eines Strafgesetzes verwirklichen würde; es müssen vielmehr **weitere Tatumstände hinzutreten,** die nicht im Inhalt des Gegenstandes vorgegeben sind und nicht in jedem Falle gegeben zu sein brauchen. Das trifft zB zu bei §§ 90 b, 109 d und 219 a, wo der Täter mit einem bestimmten Wissen und einer bestimmten Absicht handeln muss; praktisch wichtige weitere Beispiele finden sich vor allem in § 184 I JuSchG. Auch hier braucht das Verbreiten nicht als Tatbestandshandlung im Gesetz genannt zu sein (NK-*Herzog* 13; zw. und str. vgl. Prot. V/1071; LK-*Schmidt* 19); fahrlässige Taten kommen ebenfalls in Betracht.

11 **B. Folge** sind Einziehung und Unbrauchbarmachung zwar auch obligatorisch (zu den Ausnahmen vgl. 17 zu § 74), aber eingeschränkt

12 **a)** auf **Stücke und Vorrichtungen** (vgl. oben 9), die sich im unmittelbaren oder mittelbaren Besitz befinden

aa) eines Tatbeteiligten, **bb)** eines anderen, für den der Tatbeteiligte, etwa als dessen Vertreter gehandelt hat, zB als Organ oder Vertreter einer juristischen Person, oder ein Angestellter in einer Filiale, der nicht selbst Besitzer ist (NK-*Herzog* 14), **cc)** Stücke, die von den unter aa) und bb) genannten Personen zur künftigen Verbreitung bestimmt sind, aber sich nicht in ihrem Besitz befinden, etwa beim Spediteur. Doch müssen sich die Stücke noch im Verbreitungsprozess befinden und dürfen noch nicht zu einem daran unbeteiligten Empfänger gelangt sein (LK-*Schmidt* 21; **aA** *S/S-Eser* 14).

13 **b)** Auch wenn die Voraussetzungen unter 12 erfüllt sind, dürfen die Maßnahmen nur angeordnet werden, soweit sie erforderlich sind, um ein gesetzwidriges, dh ein Verbreiten durch eine rechtswidrige Tat iS von § 11 Nr. 5 (LK-*Schmidt* 22; SK-*Horn* 18; **aA** [auch ordnungswidriges Verbreiten]; NK-*Herzog* 13; hier bis 50. Aufl.; zweifelnd *S/S-Eser* 15) durch die unter aa) und bb) genannten Personen zu verhindern (III Nr. 2). Das Gericht muss eine **konkrete Verbreitungsgefahr** feststellen.

6) Die Folgen stehen **bei beiden Fallgruppen** nach **V** unter dem Grundsatz der **Verhältnismäßigkeit** nach § 74b II und auch III. Danach hat sich das Gericht ggf. auf die Anordnung zu beschränken, dass Teile der Schrift und der Herstellungsvorrichtung unbrauchbar zu machen sind (§ 74b II Nr. 1). Auch auf einen Teil der Gegenstände können die Maßnahmen beschränkt werden, wenn von den übrigen keine konkrete Gefahr droht (BGH **19**, 257). Nach BGH **23**, 267 ist auch § 74b I anzuwenden (vgl. dort). **Zur verfassungsrechtlichen Problematik** vgl. 10 zu § 86; auch 12 zu § 131; BVerfGE **27**, 71; BGH **20**, 192; **23**, 208; *Faller* MDR **71**, 1. 14

7) Verfahrensrecht. Die Maßnahmen sind im Urteilstenor auszusprechen (21 zu § 74), und zwar auch die Beschränkung nach III Nr. 1. Die Anordnung ergeht unter den Voraussetzungen von § 76a II auf Antrag der StA auch dann, wenn im subjektiven Verfahren wegen mangelnder Schuld freigesprochen (MDR **53**, 721) oder nach § 76a III verfahren wird. Der Inhalt einer Schrift muss in seinem Kern im Text des Urteils wiedergegeben werden (BGH **11**, 31; **17**, 388; **23**, 78; 226; NK-*Herzog* 17). Die Betroffenen sind im Verfahren zum mindesten Einziehungsbeteiligte (§§ 431, 442 StPO). Die Beschlagnahme steht unter den Beschränkungen der §§ 111m, 111n StPO. 15

Wirkung der Einziehung

74e **I Wird ein Gegenstand eingezogen, so geht das Eigentum an der Sache oder das eingezogene Recht mit der Rechtskraft der Entscheidung auf den Staat über.**

II Rechte Dritter an dem Gegenstand bleiben bestehen. Das Gericht ordnet jedoch das Erlöschen dieser Rechte an, wenn es die Einziehung darauf stützt, dass die Voraussetzungen des § 74 Abs. 2 Nr. 2 vorliegen. Es kann das Erlöschen des Rechts eines Dritten auch dann anordnen, wenn diesem eine Entschädigung nach § 74f Abs. 2 Nr. 1 oder 2 nicht zu gewähren ist.

III § 73e Abs. 2 gilt entsprechend für die Anordnung der Einziehung und die Anordnung des Vorbehalts der Einziehung, auch wenn sie noch nicht rechtskräftig ist.

1) Mit der Rechtskraft der Entscheidung (der die Möglichkeit eines Nachverfahrens nach § 439 StPO nicht entgegensteht) geht das Eigentum an der eingezogenen Sache oder das eingezogene Recht nach § 74e (idF des 2. StrRG; Einl. 6, III geändert durch Art. 1 Nr. 9 OrgKG) auf den Staat (Justizfiskus) über (vgl. § 60 StVollstrO). Der Rechtswechsel tritt unmittelbar durch die konstitutive Anordnung des Gerichts ein; ein durch die Anordnung unrichtig gewordenes Grundbuch muss berichtigt werden. Mit einem Beschluss nach § 370 II StPO auf Wiederaufnahme des Verfahrens lebt das Eigentum des Voreigentümers wieder auf (LK-*Schmidt* 5; NK-*Herzog* 1). 1

2) Vor Rechtskraft der Entscheidung wirken die Anordnung der Einziehung oder ihres Vorbehalts nach **III** in entsprechender Anwendung des § 73e II als Veräußerungsverbot iS des § 136 BGB; ebenso die Beschlagnahme (nicht die Sicherstellung) nach §§ 111b ff. StPO. Eine entgegenstehende Veräußerung nach der Anordnung im 1. Rechtszuge hindert danach die Anordnung im 2. Rechtszug nicht. 2

3) Schutz für gutgläubige Erwerber gilt, soweit § 135 II BGB anzuwenden ist, für bewegliche Sachen nach §§ 932ff. BGB; für Grundstücksrechte nach §§ 892, 1138, 1155 BGB; nicht hingegen für Forderungen. Grobe Fahrlässigkeit iS von § 932 II BGB wird idR anzunehmen sein, wenn der Erwerber weiß, dass ein Strafverfahren wegen einer Tat eingeleitet ist, bei der der Einziehungsgegenstand eine Rolle gespielt hat (LK-*Schmidt* 14). Hat nach Eintritt des Veräußerungsverbots, aber vor Rechtskraft der Einziehungsanordnung ein Dritter gutgläubig erworben, so verliert er zwar sein Recht mit der Rechtskraft, es gilt aber § 74b. 3

4) Rechte Dritter am Einziehungsgegenstand erlöschen durch die Anordnung der Einziehung grundsätzlich **nicht (II S. 1),** da sonst Art. 14 GG ver- 4 letzt sein könnte und der Drittberechtigte außerdem stets als Einziehungsbeteiligter zum Verfahren zugezogen werden müsste. Unter Rechten sind hier nur die beschränkt dinglichen Rechte wie Pfandrecht oder Nießbrauch zu verstehen; auch Pfandrechte an Forderungen (§§ 1279 ff. BGB) gehören hierher (Karlsruhe MDR **74**, 154); ferner Sicherungs- und Vorbehaltseigentum, die wie bestehen bleibende Pfandrechte behandelt werden (str.), während das Eigentum auf den Staat übergeht, sowie zur Sicherung zedierte Forderungen (vgl. 12 zu § 74). Zwei Ausnahmen von S. 1 sehen S. 2, 3 vor: Das Gericht muss das Erlöschen der Drittrechte anordnen, wenn es die Einziehung auf § 74 II Nr. 2 stützt (Sicherungseinziehung), und zwar einschließlich der Fälle des § 74 III sowie einer zwingenden Sicherungseinziehung zB nach § 150 (*S/S-Eser* 9; NK-*Herzog* 4); dann kommt Entschädigung der Dritten in Frage. In den Fällen des § 74 d muss S. 2 entsprechend gelten, da es sich dort generell um gefährliche Gegenstände iS von § 74 II Nr. 2 handelt (LK-*Schmidt* 9). Das Gericht kann das Erlöschen des Rechtes des Dritten anordnen, wenn bei einer Einziehung nach § 74 II Nr. 1, § 74 a die Voraussetzungen des § 74 f Nr. 1 oder 2 bei dem Dritten gegeben sind. In beiden Fällen sind die Dritten Einziehungsbeteiligte (§ 431 I Nr. 2 StPO); im 1. Fall hat über eine etwaige Entschädigung der Zivilrichter zu entscheiden; im 2. Fall spricht der Strafrichter in der Entscheidung aus, dass dem Beteiligten eine Entschädigung nicht zusteht, es sei denn, dass er aus Billigkeitsgründen nach § 74 f III doch eine Entschädigung gewähren will; deren Höhe setzt er dann fest (§ 436 III StPO).

Entschädigung

74f **I Stand das Eigentum an der Sache oder das eingezogene Recht zur Zeit der Rechtskraft der Entscheidung über die Einziehung oder Unbrauchbarmachung einem Dritten zu oder war der Gegenstand mit dem Recht eines Dritten belastet, das durch die Entscheidung erloschen oder beeinträchtigt ist, so wird der Dritte aus der Staatskasse unter Berücksichtigung des Verkehrswertes angemessen in Geld entschädigt.**

II Eine Entschädigung wird nicht gewährt, wenn

1. **der Dritte wenigstens leichtfertig dazu beigetragen hat, dass die Sache oder das Recht Mittel oder Gegenstand der Tat oder ihrer Vorbereitung gewesen ist,**
2. **der Dritte den Gegenstand oder das Recht an dem Gegenstand in Kenntnis der Umstände, welche die Einziehung oder Unbrauchbarmachung zulassen, in verwerflicher Weise erworben hat oder**
3. **es nach den Umständen, welche die Einziehung oder Unbrauchbarmachung begründet haben, auf Grund von Rechtsvorschriften außerhalb des Strafrechts zulässig wäre, den Gegenstand dem Dritten ohne Entschädigung dauernd zu entziehen.**

III In den Fällen des Absatzes 2 kann eine Entschädigung gewährt werden, soweit es eine unbillige Härte wäre, sie zu versagen.

1 **1) Allgemeines.** Die Vorschrift (idF des 2. StrRG; Einl. 6) bestimmt mit Rücksicht auf die Eigentumsgarantie des Art. 14 GG, dass Inhaber von Rechten, soweit sie sie nicht im Zusammenhang mit einer Straftat missbräuchlich eingesetzt oder erworben haben, dann eine angemessene Entschädigung erhalten, wenn durch die Maßnahme ihr Recht verlorengegangen oder beeinträchtigt worden ist.

2 **2)** Als **Entschädigungsberechtigte** kommen danach in Betracht nur **Dritte,** dh solche Personen, welche die Maßnahme nicht selbst betrifft, so dass nicht nur Täter und Teilnehmer ausscheiden, sondern auch Tatunbeteiligte, welche die Einziehung nach § 74 a betrifft; bei beiden Fallgruppen kommen Billigkeitserwägungen nur bei der Anordnung, insbesondere nach § 74 b in Betracht.

3 **A.** Entschädigungsberechtigter Dritter kann danach zum einen sein, wer zZ der Rechtskraft der Entscheidung **Eigentümer** der eingezogenen Sache oder, was

selten sein wird, **Inhaber** des eingezogenen Rechtes in den Fällen der Sicherungseinziehung nach § 74 II Nr. 2, III war und aus den dort genannten Gründen die Einziehung und den Verlust seines Rechtes gegen sich dulden muss. Entsprechendes gilt für die Einziehung und Unbrauchbarmachung nach § 74 d. In Betracht kommt auch der Fall, dass sich nachträglich herausstellt, dass der auf den Staat übergegangene Gegenstand in Wirklichkeit einem Dritten zustand, der am Verfahren nicht beteiligt war. Ihm steht zwar das Nachverfahren nach § 439 StPO offen, er kann aber stattdessen, auch während des Fristenlaufs nach § 439 II StPO, Entschädigung nach § 74 f beanspruchen (NK-*Herzog* 3). Ist hingegen einem Einziehungsbeteiligten Entschädigung nach § 436 III StPO rechtskräftig abgesprochen, so kann er sich auf § 74 f nicht berufen. In Betracht kommt schließlich auch der Fall, dass bei einer Sicherungseinziehung von Dritteigentum die Einziehung selbst nach § 74 b II vorbehalten bleibt, das Eigentum aber durch eine dort vorgesehene Maßnahme beeinträchtigt wird.

B. Dritter kann zum anderen sein, wer ein **Recht am Gegenstand** der Einziehung oder Unbrauchbarmachung hatte, das durch die Maßnahme erloschen oder (etwa durch eine weniger einschneidende Maßnahme nach § 74 b II) in seinem Wert beeinträchtigt worden ist. Da nach § 74 e II S. 1 die Rechte Dritter grundsätzlich bestehen bleiben und ihr Erlöschen in den Fällen des § 74 e II S. 3 gerade den Wegfall einer Entschädigung voraussetzt (3 zu § 74 e), kommt eine Entschädigung hier nur in Betracht, wenn es sich 4

a) um eine Sicherungseinziehung nach § 74 II Nr. 2, III handelt und das Gericht das Erlöschen des Rechts nach § 74 e II S. 2 angeordnet hat; oder **b)** wenn bei einer Einziehung anderer Art das an sich bestehen bleibende Recht beeinträchtigt worden ist. Als Rechte an der Sache sind die beschränkt dinglichen Rechte iS von 3 zu § 74 e anzusehen. Diese Rechte können aber dadurch gewahrt sein, dass andere ausreichende Sicherungen zur Verfügung stehen (vgl. BGH **4**, 345); außerdem kann der Staat anstelle der Entschädigung die Forderung der Rechtsinhaber befriedigen.

3) Nach II wird Entschädigung **nicht gewährt,** auch wenn die Voraussetzung von I an sich gegeben sind, wenn

A. der Dritte im Zusammenhang mit dem Einziehungsgegenstand die in Nr. 1, 2 beschriebene selbe vorwerfbare Rolle gespielt hat, wie sie schon in § 74 a Nr. 1 und 2 mit fast gleichem Wortlaut umschrieben ist; so zB der Besteller pornographischer Schriften nach § 184 III (vgl. Hamm MDR **70**, 944). Da § 74 f von vornherein ausscheidet, wenn die Einziehung nach § 74 a unmittelbar den Dritten betrifft (oben 2 ff.), kommen II **Nr. 1 und 2** in Betracht 5

a) bei einer **Sicherungseinziehung,** gleichgültig, ob sich die Einziehung zugleich auf eine Vorschrift stützt, die auf § 74 a verweist oder nicht. Dabei ist Nr. 2 anders als bei § 74 a Nr. 2 auch auf Fälle anwendbar, in denen der Dritte die Umstände kennt, welche die Einziehung aus Sicherungsgründen (§ 74 II Nr. 2, III) zulassen und in denen der Dritte den Gegenstand von einem beliebigen anderen erwirbt; **b)** in Fällen der **Unbrauchbarmachung** (§ 74 d), wenn das Recht des Dritten dadurch beeinträchtigt wird; **c)** ausnahmsweise in Fällen der Einziehung nach § 74 II Nr. 1, wenn sich **nachträglich herausstellt,** dass in Wirklichkeit ein Dritter Rechtsinhaber war, aber eine Rolle nach Nr. 1 oder 2 gespielt hat. Im Übrigen gelten für Nr. 1 und 2 die Ausführungen unter 3 bis 8 zu § 74 a;

B. die **Voraussetzungen der Nr. 3** zutreffen. In Betracht kommen zB Polizeigesetze der Länder, welche die Sicherstellung von gefährlichen Gegenständen aus Präventivgründen anordnen; bei Verwertbarkeit des Gegenstandes ist dann aber dem Rechtsinhaber der Erlös nach Abzug der Kosten herauszugeben (vgl. NK-*Herzog* 9). 6

4) Nach III kann aus **Billigkeitsgründen** trotz der Voraussetzungen von II eine volle oder teilweise Entschädigung gewährt werden, soweit die Versagung nach den 7

Umständen des Einzelfalles eine unbillige Härte (vgl. 3 zu § 73c; LK-*Schmidt* 9) wäre, zB wenn das Recht des Dritten in seinem Wert außer Verhältnis zur Bedeutung der Straftat steht oder der Dritte in den Fällen von II Nr. 3 ohnehin den Erlös erhalten müsste (vgl. auch Hamm MDR **70**, 944; NK-*Herzog* 10). Die Vorschrift ergänzt den § 74b, der nur für Personen gilt, gegen die sich die Einziehung unmittelbar richtet.

8 **5) Die Entschädigung** wird von der Kasse des Staates, zu dessen Gunsten die Maßnahme wirkt (1 zu § 74e) in Geld geleistet; bei der Einziehung von Kriegswaffen trifft sie den Bund (§ 24 II KriegswaffG). Die Entschädigung muss angemessen sein, wobei der Verkehrswert (vgl. 6 zu § 74c) nur einen wesentlichen Anhaltspunkt bietet (NK-*Herzog* 12). Im Fall von III kann ein angemessener Teil des Wertes ersetzt werden. Über die Entschädigung entscheidet der Strafrichter nur in den Fällen des § 436 III StPO, sonst die oberste Justizbehörde oder die von ihr bestimmte Stelle, und zwar, wenn der Gegenstand noch nicht verwertet ist, auch über die Verwertung, § 68a StVollstrO.

Sondervorschrift für Organe und Vertreter

75 **Hat jemand**

1. **als vertretungsberechtigtes Organ einer juristischen Person oder als Mitglied eines solchen Organs,**
2. **als Vorstand eines nicht rechtsfähigen Vereins oder als Mitglied eines solchen Vorstandes,**
3. **als vertretungsberechtigter Gesellschafter einer rechtsfähigen Personengesellschaft,**
4. **als Generalbevollmächtigter oder in leitender Stellung als Prokurist oder Handlungsbevollmächtigter einer juristischen Person oder einer in Nummer 2 oder 3 genannten Personenvereinigung oder**
5. **als sonstige Person, die für die Leitung des Betriebs oder Unternehmens einer juristischen Person oder einer in Nummer 2 oder 3 genannten Personenvereinigung verantwortlich handelt, wozu auch die Überwachung der Geschäftsführung oder die sonstige Ausübung von Kontrollbefugnissen in leitender Stellung gehört,**

eine Handlung vorgenommen, die ihm gegenüber unter den übrigen Voraussetzungen der §§ 74 bis 74c und 74f die Einziehung eines Gegenstandes oder des Wertersatzes zulassen oder den Ausschluß der Entschädigung begründen würde, so wird seine Handlung bei Anwendung dieser Vorschriften dem Vertretenen zugerechnet. § 14 Abs. 3 gilt entsprechend.

1 **1) Allgemeines.** Die Fassung der Vorschrift geht auf das 2. StrRG (Einl. 6) und zu Satz 1 Nr. 4 auf das 2. UKG (1a vor § 324) zurück. Die Einfügung der Nr. 4 ist eine Folgeregelung der Erweiterung des § 30 OWiG, der die Möglichkeit bietet, eine Geldbuße auch gegen Personen des Leitungsbereichs zu verhängen. Eine Parallelregelung zu § 75 enthält § 29 OWiG, der ebenfalls den Kreis der Personen, der für die Zurechnung bei der Einziehung maßgebend ist, durch eine neue Nr. 4 ergänzt (vgl. *Achenbach,* Stree/Wessels-FS 554 u. Coimbra-Symp. 291). Das AusfG zum Zweiten Protokoll v. 19. Juni 1997 zum Übk. über den Schutz der finanziellen Interessen der EG usw. v. 22. 8. 2002 (BGBl. I 3387; vgl. dazu BT-Drs. 14/8998; 1 zu § 14) hat Nr. 3 geändert und Nr. 5 neu eingefügt.

1a **2)** Die Sondervorschrift der Einziehung bei Handlungen von bestimmten zur Vertretung von juristischen Personen (JP), nicht rechtsfähigen Vereinen und Personenhandelsgesellschaften (Personenvereinigungen, PV) stellt sicher, dass diese Handlungen, die jemand als Organ oder Vertreter einer JP oder PV vornimmt, iS der §§ 74 bis 74c und § 74f dem Vertretenen so zugerechnet werden, als wenn es dessen eigene Handlungen wären. Dabei stellen die Nrn. 1 bis 3 auf eine formale Rechtsstellung ab, die durch eine besondere Vertretungsmacht gekennzeichnet ist, während bei Nr. 4 für die strafrechtliche Zurechnung das Verhalten der Vertreter maßgeblich ist, die die Geschicke der JP oder PV *tatsächlich* und im Innenverhältnis verantwortlich bestimmen.

3) S. 1 Nr. 1 erfasst Handlungen bestimmter Vertreter einer JP, wobei der Handelnde nicht zur alleinigen rechtsgeschäftlichen Vertretung befugt sein muss. Er muss jedoch *als* vertretungsberechtigtes Organ oder als Mitglied eines solchen Organs handeln (s. unten 3). Der Personenkreis ist auf die **vertretungsberechtigten Organe** (zB Vorstand) und Organmitglieder (zB Vorstandsmitglieder) einer JP beschränkt. Nicht erfasst sind Gesellschaften des bürgerlichen Rechts. Die Organe der JP sind je nach Gestaltung verschieden. **2**

S. 1 Nr. 2 erfasst Handlungen, die jemand **als Vorstand eines nicht rechtsfähigen Vereins** oder als Mitglied eines solchen Vorstandes vornimmt. Nicht rechtsfähige Vereine (§ 54 BGB) sind körperschaftliche Personenzusammenschlüsse mit Bestellung von Vereinsorganen (zB Vorstand, Mitgliederversammlung) mit Vereinsnamen, Satzung usw. **2 a**

S. 1 Nr. 3 erfasst Handlungen, die jemand **als vertretungsberechtigter Gesellschafter einer rechtsfähigen Personengesellschaft** vornimmt, also offenen Handelsgesellschaften (§ 105 HGB), die Kommanditgesellschaften (§ 161 HGB) und Partnerschaftsgesellschaften iS des PartGG sowie Gesellschaften des bürgerlichen Rechts, die am Rechtsverkehr teilnehmen (vgl. dazu 3 ff. zu § 14). Die Gesetzesänderung durch das AusfG zum Zweiten Protokoll (oben 1) ist eine Folgeänderung zu § 30 OWiG (vgl. dazu BT-Drs. 14/8998, 8). **2 b**

S. 1 Nr. 4 erweitert den Personenkreis auf solche Personen, die besondere Verantwortung tragen und **in leitender Stellung** nicht vom Personenkreis der Nrn. 1 bis 3 erfasst sind. Gemeint sind nicht sämtliche leitenden Angestellten; vielmehr in *abschließender* Aufzählung **Generalbevollmächtigte** (die zur Vertretung auf allen Bereichen berufen sind), **Prokuristen** *in leitender Stellung* und Personen, die *in leitender Stellung* **als Handlungsbevollmächtigte** handeln. Nr. 4 will Umgehungsmöglichkeiten nach früherem Recht ausschließen, das nur auf *formale* Gesichtspunkte abstellte (zB gesetzliche Vertretung). Statt dessen soll der materielle Gesichtspunkt der eigentlichen Geschäftsführung, die tatsächlich ausgeübte Funktion im Leitungsbereich einer JP (oben 2) oder PV (oben 2 a, 2 b) maßgeblich sein, wobei die Beispiele verdeutlichen sollen, dass nur eine qualifizierte Rechtsstellung des Vertreters, keineswegs jedweder leitende Angestellte gemeint ist (vgl. LK-*Schmidt* 12). **2 c**

S. 1 Nr. 5 entspricht, wie auch die Änderung des § 29 OWiG, der in Ausführung des Zweiten Protokolls erforderlichen Ausweitung des § 30 OWiG. Die Vorschrift erweitert den Kreis der für juristische Personen und Personenvereinigungen verantwortlich Handelnden auf alle **Leitungspersonen mit Kontrollbefugnissen** (BT-Drs. 14/8998, 8), soweit sie in Ausübung dieser Leitungsfunktion handeln. Nach Art. 3 I des **Zweiten Protokolls** vom 19. 6. 1997 (ABl EG Nr. C 221, 2) knüpft die Verantwortlichkeit juristischer Personen an einem Handeln im Rahmen einer **Führungsposition** des Täters an. Diese kann nicht allein auf Vertretungs- und Geschäftsführungsbefugnis beruhen, sondern sich auch aus für die Leitung wesentlichen **Kontrollbefugnissen** ergeben (vgl. dazu Erläuternder Bericht, BT-Drs. 14/8998, 10 f.). Dies betrifft neben Mitgliedern eines **Aufsichtsrats** (zum **Verwaltungsrat** einer SE vgl. § 39 SEAG iV mit § 93 AktG) namentlich auch Personen, denen in einem Unternehmen die **Leitungsverantwortung** innerhalb eines bestimmten Bereichs (**zB** Rechnungsprüfung; Finanzkontrolle; Ausschreibung) obliegt und die bislang teilweise über eine „faktische Betrachtungsweise" (krit. dazu *Joerden* JZ **01**, 310) dem Kreis vertretungsbefugter Personen zugerechnet wurden (BT-Drs. 14/8998, 11). Eine exakte Unterscheidung zwischen Leitungs- und Kontrollbefugnissen, die im Einzelfall schwierig sein kann, ist damit nach Nr. 5 nicht (mehr) erforderlich. **2 d**

4) In seiner Eigenschaft als Organ, Vertreter oder Leitungsperson muss der Betreffende handeln, also nicht für sich persönlich, sondern auf Grund seiner be- **3**

sonderen Stellung in Wahrnehmung von Angelegenheiten des Vertretenen (nicht nur gelegentlich solcher Wahrnehmung), auch wenn er im Innenverhältnis nicht zu der konkreten Handlung berechtigt sein sollte (NStZ **97**, 30 m. Anm. *Achenbach* JR **97**, 205 f.; NK-*Herzog* 7; LK-*Schmidt* 13; vgl. 5 zu § 14).

4 **5) Zugerechnet** wird eine Handlung, die unter den Voraussetzungen von 2 bis 3 vorgenommen wird, dem Vertretenen dann, wenn die Handlung, falls der Handelnde sie für sich selbst vorgenommen hätte, ihm gegenüber die Einziehung nach §§ 74 bis 74 c oder den Ausschluss einer Entschädigung nach § 74 f begründet hätte. Die Einziehung ist also nach §§ 74 II Nr. 1, 74 a zulässig oder nach § 74 IV zulässig oder vorgeschrieben, wenn nicht der Handelnde, wohl aber die JP oder die PV zZ der Entscheidung Rechtsinhaberin ist. Für den Ausschluss der Entschädigung nach § 74 f gilt Entsprechendes. Vereitelungshandlungen des Organs iS von § 74 c I werden dem Vertretenen zugerechnet, so dass dann Einziehung von Wertersatz gegen ihn möglich ist (NK-*Herzog* 10). Im Fall von § 74 f sind auch der Vertretene und seine Verhältnisse in die Billigkeitserwägung einzubeziehen; LK-*Schmidt* 15; *S/S-Eser* 13. § 74 d III Nr. 1 bringt für den dortigen Bereich eine gewisse Sonderregelung gegenüber § 75.

5 **6) Beteiligungsanordnung** nach § 431 III StPO.

Gemeinsame Vorschriften

Nachträgliche Anordnung von Verfall oder Einziehung des Wertersatzes

76 **Ist die Anordnung des Verfalls oder der Einziehung eines Gegenstandes nicht ausführbar oder unzureichend, weil nach der Anordnung eine der in den §§ 73 a, 73 d Abs. 2 oder 74 c bezeichneten Voraussetzungen eingetreten oder bekanntgeworden ist, so kann das Gericht den Verfall oder die Einziehung des Wertersatzes nachträglich anordnen.**

1 **1) Allgemeines.** Die Vorschrift idF des 2. StrRG und Art. 1 Nr. 10 OrgKG ermächtigt das Gericht, durch Beschluss nach § 462 I StPO ohne mündliche Verhandlung nachträglich, dh nach Rechtskraft einer Anordnung des Verfalls eines Gegenstandes (Sache oder Recht) nach den §§ 73, 73 d oder der Einziehung eines Gegenstandes nach § 74 oder § 74 a ohne Beseitigung dieser nur praktisch ganz oder zT undurchführbar gewordenen Anordnung **noch Verfall oder Einziehung des Wertersatzes** nach § 73 a bzw. 74 c in vollem oder beschränktem Umfang anzuordnen.

2 **2)** Die **1. Var.** setzt voraus, dass die Anordnung von Verfall oder Einziehung **nicht ausführbar** ist, weil nach der ursprünglichen Anordnung eine der in § 73 a, § 73 d II bzw. § 74 c bezeichneten Voraussetzungen eingetreten ist oder eine, die schon vorher eingetreten war, dem Gericht erst nach diesem Zeitpunkt bekannt geworden ist (NK-*Herzog* 4). Beim Verfall ist damit gemeint, dass er iS von § 73 a bzw. § 73 d II iVm § 73 a „aus einem anderen Grunde" nicht mehr möglich ist, dass also einer der in 3 zu § 73 a geschilderten Umstände eingetreten oder bekannt geworden ist. Bei der Einziehung ist damit gemeint, dass ein Tatbeteiligter nachträglich eine Handlung nach § 74 c I vorgenommen hat oder seine entsprechende schon vorher liegende Handlung erst später bekannt wird. In Betracht kommt das, wenn eine Beschlagnahme versäumt wurde; bei gutgläubigem Erwerb auch Dritte; bei irriger Annahme des Gerichts, ein Gegenstand stehe dem Betroffenen zu; wenn der Betroffene im Nachverfahren nach § 439 StPO eine Entscheidung zu seinen Gunsten erlangt; das gilt auch, wenn das Gericht nach § 439 V StPO verfährt, nicht aber, wenn der Fiskus aus Gründen des Verfahrensaufwandes auf einen Zivilprozess verzichtet, den er gegen einen Dritten auf Grund des nach § 73 e oder § 74 e erlangten Titels führen müsste (LK-*Schmidt* 4).

3 **3)** Die **2. Var.** setzt voraus, dass die Anordnung **unzureichend** ist, dh nur zu einem Teilerfolg führt, und zwar aus denselben Gründen wie oben 2. Gemeint

sind damit beim Verfall der Fall des § 73a S. 2 bzw. § 73d II iVm § 73a, beider Einziehung der Fall des § 74c II, wenn sie sich später einstellen oder herausstellen.

Selbständige Anordnung

76a **I Kann wegen der Straftat aus tatsächlichen Gründen keine bestimmte Person verfolgt oder verurteilt werden, so muss oder kann auf Verfall oder Einziehung des Gegenstandes oder des Wertersatzes oder auf Unbrauchbarmachung selbständig erkannt werden, wenn die Voraussetzungen, unter denen die Maßnahme vorgeschrieben oder zugelassen ist, im übrigen vorliegen.**

II Unter den Voraussetzungen des § 74 Abs. 2 Nr. 2, Abs. 3 und des § 74d ist Absatz 1 auch dann anzuwenden, wenn

1. die Verfolgung der Straftat verjährt ist oder

2. sonst aus rechtlichen Gründen keine bestimmte Person verfolgt werden kann und das Gesetz nichts anderes bestimmt.

Einziehung oder Unbrauchbarmachung dürfen jedoch nicht angeordnet werden, wenn Antrag, Ermächtigung oder Strafverlangen fehlen.

III Absatz 1 ist auch anzuwenden, wenn das Gericht von Strafe absieht oder wenn das Verfahren nach einer Vorschrift eingestellt wird, die dies nach dem Ermessen der Staatsanwaltschaft oder des Gerichts oder im Einvernehmen beider zulässt.

1) Allgemeines. Die Vorschrift idF des 2. StrRG/Art. 1 Nr. 1 des 21. StÄG (1 zu § 194) ermöglicht die selbstständige Anordnung des Verfalls (§§ 73, 73d) und des Verfalls des Wertersatzes (§ 73a, § 73d II iVm § 73a) sowie die Einziehung des primären Einziehungsgegenstandes (§§ 74, 74a), des Wertersatzes (§ 74c) und die Unbrauchbarmachung (§ 74d). 1

2) Die selbstständige Anordnung von Verfall, Einziehung und Unbrauchbarmachung lässt § 76a zu, wenn ein subjektives Verfahren nicht durchführbar ist (unten 5, 6) und zwar bei der Sicherungseinziehung (§ 74 II Nr. 2, III) und Unbrauchbarmachung (§ 74d) unter den weniger strengen Voraussetzungen des II. Das Absehen von Strafe und die prozessuale Einstellung des Verfahrens stehen einer selbstständigen Anordnung nach III nicht entgegen. Für I bis III gilt, dass alle Voraussetzungen der jeweiligen Maßnahme (oben 1) erfüllt sein müssen. 2

3) Einziehung. Die Einziehung kann **im subjektiven Verfahren** gegen einen Tatbeteiligten angerechnet werden, wenn aus rechtlichen Gründen eine Verurteilung zur Strafe nicht möglich und **II** gegeben ist (BGH **6**, 62; NJW **69**, 1818) oder das Gericht nach **III** verfährt (vgl. BrandenbgVerfG NStZ **97**, 93: Kein Verstoß gegen Unschuldsvermutung). Dass in den Fällen von Schuldausschließungsgründen, insbesondere von § 20, die Maßnahmen unter Umständen neben Freispruch möglich sind, ergibt sich schon aus § 74 III. 2a

A. Die Einziehung ist, wenn ein subjektives Verfahren nicht möglich ist, im **objektiven Verfahren** der §§ 440–442 StPO anzuordnen. Die Unmöglichkeit der Durchführung eines subjektiven Verfahrens hat das Gericht festzustellen; ist sie nicht gegeben, so ist das objektive Verfahren einzustellen (BGH **21**, 57). Ein subjektives Verfahren kann bei Eintritt eines endgültigen Verfahrenshindernisses, soweit dieses nicht auch einer selbstständigen Einziehung entgegensteht, in ein objektives Verfahren übergehen (BGH **23**, 67; LK-*Schmidt* 21; *S/S-Eser* 12; *Hanack* JZ **74**, 58). Auch wenn die Maßnahme im materiellen Recht vorgeschrieben ist, gilt für den Antrag nach § 440 StPO das Opportunitätsprinzip; wird er gestellt, so ist das Gericht jedoch zu der Maßnahme verpflichtet, wenn deren Voraussetzungen gegeben sind (BGH **2**, 34; **23**, 208; Koblenz OLGSt. 1). 3

Im Übrigen müssen alle sonstigen Voraussetzungen der Maßnahme, wie sie in §§ 74–74d und in den einzelnen Vorschriften des StGB und des Nebenrechts aufgestellt sind, erfüllt sein (BGH **13**, 314). Ist das aber der Fall, so ist die Vorschrift 4 stets anwendbar; dies gilt auch für II, weil dessen Verweisung auf § 74 II Nr. 2, III auch die in § 74 IV bezeichneten Fälle erfasst.

5 **B. Voraussetzungen nach I und II:** Die selbstständige Anordnung ist zulässig, wenn **aus tatsächlichen Gründen**

a) eine bestimmte Person nicht verfolgt oder verurteilt werden kann; dh, dass entweder ein bestimmter Tatbeteiligter nicht festgestellt werden kann, oder dass der Täter zwar bekannt ist, aber nicht verurteilt werden kann (NK-*Herzog* 5). Ein selbständiges Verfahren gegen ein Unternehmen (§ 75) findet nicht statt, wenn der für dieses handelnde Angestellte rechtskräftig verurteilt ist (vgl. Köln NStZ **04**, 700 [zu § 29a IV OWiG]). Im Übrigen unterscheidet das Gesetz zwei Fallgruppen:

6 **b)** Hat die Maßnahme **strafähnlichen Charakter** (§§ 74 II Nr. 1; 74a), so ist sie nur zulässig, wenn *tatsächliche* Gründe die Verfolgung oder wenigstens die Verurteilung wegen der Straftat verhindern (NK-*Herzog* 6). Es muss also eine rechtswidrige und schuldhafte Tatbestandsverwirklichung festgestellt werden, wobei eine strafbare Vorbereitungshandlung (zB § 30) genügt (BGH **13**, 311), nicht jedoch ein strafloser Versuch (BGH **8**, 212; **13**, 311). Ausgeschlossen ist die Anordnung, wenn *rechtliche* Gründe (unten 7) der Strafverfolgung entgegenstehen (vgl. Hamm NJW **76**, 2222), zB dauernde Verhandlungsunfähigkeit (Celle NStZ-RR **96**, 209). Der **Tod** gehört nicht hierher, weil es dann an der Voraussetzung des Eigentums zZ der Entscheidung fehlt (Frankfurt NStZ-RR **06**, 39; *S/S-Eser* 5; MK-*Joecks* 6; SK-*Horn* 4; LK-*Schmidt* 9; NK-*Herzog* 6; *Rönnau*, Vermögensabschöpfung, 159f.; **aA** Stuttgart NJW **00**, 2598 [zu § 73d]; *Lackner/Kühl* 2; KK-*Nack* 2 zu § 440 StPO). Das gilt auch gegenüber einem *Erben* des verstorbenen Tatbeteiligten (Frankfurt NStZ-RR **06**, 39, 40f.).

7 **c)** Hat die Maßnahme **sichernden Charakter** (§ 74 II Nr. 2, III; § 74d), so setzt sie in den Fällen von § 74 III und § 74d nur eine rechtswidrige, nicht notwendig schuldhafte Tatbestandsverwirklichung voraus; es muss aber zumindest „natürlicher" Vorsatz gegeben sein (vgl. BGH **13**, 32; **19**, 63); persönliche Strafausschließungs- und -aufhebungsgründe stehen der Maßnahme nicht entgegen.

8 Die Maßnahme ist auch dann möglich oder vorgeschrieben, wenn die Verfolgung der Straftat **verjährt** ist (II S. 1 Nr. 1); der Gesetzgeber geht für § 73d von der Möglichkeit der Verfallsanordnung in analoger Anwendung des § 76a II aus (so auch AG Bln-Tiergarten NStZ-RR **97**, 213; vgl. 8 zu § 73d). Gleichfalls zulässig ist die Maßnahme, wenn sonst **rechtliche Gründe** der Verfolgung einer bestimmten Person entgegenstehen (II S. 1 Nr. 2), zB Immunität, Amnestie oder dauernde Verhandlungsunfähigkeit des Täters.

9 Eine **Ausnahme** hiervon gilt nach II S. 1 Nr. 2, wenn das Gesetz etwas anderes bestimmt; das ist der Fall bei der Verfolgungsverjährung (II S. 1 Nr. 1), wenn Art. 103 III GG *(ne bis in idem)* eingreift (Prot. V/1092), auch beim Fehlen deutscher Gerichtsbarkeit (§§ 18, 19 GVG; Art. VII NATO-Truppenstatut). Weitere Ausnahmen gelten nach II S. 2, wenn der Strafantrag (§ 77) oder ihm gleichstehende Prozessvoraussetzungen (§ 77e) fehlen. In den 3 vor § 77 bezeichneten Mischformfällen wird das Antragserfordernis jedoch durch das Einschreiten der Verfolgungsbehörde entbehrlich (LK-*Schmidt* 13).

10 **4) Verfall.** Für den Verfall ist Abs. II unanwendbar; da es sich dabei niemals um eine Maßnahme mit sicherndem Charakter handelt, ist die selbstständige Anordnung außer in den Fällen von III (unten 11) nur im Rahmen von I möglich, so dass es **tatsächliche** Gründe sein müssen (oben 6), die Verfolgung oder Verurteilung eines bestimmten Tatbeteiligten ausschließen. Stehen rechtliche Gründe im Wege (oben 8), so ist die selbstständige Anordnung ausgeschlossen. Anderseits scheitert die Anordnung nach I nicht daran, dass der Tatbeteiligte ohne Schuld gehandelt hat; denn abw. von §§ 74, 74a lassen die §§ 73, 73a, 73d in allen Fällen eine rechtswidrige Tat als Voraussetzung genügen. Weiter ist zu beachten, dass der Ver-

fall nach I grundsätzlich vorgeschrieben ist, da das auch in den §§ 73, 73 a, 73 d der Fall ist; doch gilt § 73 c auch für I.

5) Abs. III sieht für eine dritte Fallgruppe die Möglichkeit oder Notwendigkeit **11**
selbstständiger Anordnung von Verfall, Einziehung oder Unbrauchbarmachung vor, die sowohl im subjektiven (oben 2) als auch im objektiven Verfahren (nach Einstellung auch durch die StA) möglich ist. Es ist die Gruppe der Fälle, in denen das Gericht trotz Schuldspruches **von Strafe absieht** oder Gericht oder StA nach Vorschriften, die das Legalitätsprinzip lockern, das **Verfahren einstellen** (§§ 153 ff., § 383 II StPO; §§ 45, 47 JGG; § 37 BtMG). Der Ausdruck „Einstellen" in III meint auch die Fälle, in denen das Gesetz davon spricht, dass von Verfolgung oder Erhebung der Anklage „abgesehen" werden kann (LK-*Schmidt* 15).

Vierter Abschnitt

Strafantrag, Ermächtigung, Strafverlangen

Vorbemerkungen

1) Die Vorschriften der §§ 77 bis 77 e sind mit Änderungen durch Art. 18 Nr. 42 bis 44 EGStGB in §§ 77 a, 77 b und 77 d (EEGStGB 215; Ber. BT-Drs. 7/1261, 9; Prot. 7/167) und Art. 6 Nr. 2 AdoptionsG (§ 77 II S. 3) durch das 2. StrRG eingefügt worden (Ber. BT-Drs. V/4095, 4). 1

Neuere Literatur: *Barnstorf,* Unwirksamkeit des Strafantrags, NStZ **85**, 67; *Geerds* JZ **84**, 786; *Maiwald,* Die Beteiligung des Verletzten am Strafverfahren, GA **70**, 33; *M.-K. Meyer,* Zur Rechtsnatur und Funktion des Strafantrages, 1984 [hierzu *Günther* GA **85**, 524]; *Naucke,* „Missbrauch" des Strafantrags?, Mayer-FS 565; *Reiss* Rpfleger **67**, 375; *Rieß* NStZ **89**, 102 [Strafantrag und Nebenklage]; *Schwarz/Sengbusch,* Die Wirksamkeit von Strafanträgen minderjähriger Verletzter, NStZ **06**, 673; *Schröter,* Der Begriff des Verletzten im Strafantragsrecht (§ 77 Abs. 1 StGB), 1998; *Zielinski,* Strafantrag – Strafantragsrecht, H. Kaufmann-GedS 875. 1 a

2) Seinem Wesen nach ist der Antrag eine **Prozessvoraussetzung;** also weder Tatbestandsmerkmal noch Bedingung der Strafbarkeit (BGH **6**, 155 hM; **aA** *Maiwald* GA **70**, 38; SK-*Rudolphi/Wolter* 8; krit. *Zielinski,* H. Kaufmann-GedS 880), so dass die Tat, auch wenn der Antrag nicht gestellt wird, eine rechtswidrige bleibt (wichtig zB für §§ 32, 259). Das **Rückwirkungsverbot** gilt für das Antragserfordernis nicht (BGH **46**, 310, 317); auf die Feststellung wirksamer Antragstellung ist der Zweifelssatz anzuwenden (BGH **22**, 90, 93). Es gibt absolute und relative Antragsdelikte; letztere sind nicht stets antragsbedürftig, sondern nur unter bestimmten Voraussetzungen (zB Angehörigeneigenschaft); hier entscheidet deren Vorliegen zur Tatzeit (BGH **29**, 56; Celle NJW **86**, 733; Hamm NJW **86**, 734). Verbrechen sind stets, Vergehen idR von Amts wegen zu verfolgen **(Offizialdelikte).** Bei bestimmten Vergehen ist Strafantrag erforderlich **(Antragsdelikte),** und zwar auch bei Versuch, Anstiftung und Beihilfe; ebenso zur Durchführung eines Sicherungsverfahrens (§§ 413 ff. StPO, MDR **54**, 52; vgl. auch BGH **1**, 384; **aA** BGH **5**, 140). Eine **Mischung** stellen die Taten dar, die zwar grundsätzlich nur auf Antrag verfolgt werden, bei denen aber Strafverfolgung ohne Antrag möglich ist, wenn die StA wegen des besonderen öffentlichen Interesses an der Strafverfolgung ein Einschreiten von Amts wegen für geboten hält (im Einzelnen Erl. zu § 230). 2

Antragsberechtigte

77 **I Ist die Tat nur auf Antrag verfolgbar, so kann, soweit das Gesetz nichts anderes bestimmt, der Verletzte den Antrag stellen.**

II Stirbt der Verletzte, so geht sein Antragsrecht in den Fällen, die das Gesetz bestimmt, auf den Ehegatten, den Lebenspartner und die Kinder über. Hat der Verletzte weder einen Ehegatten, oder einen Lebenspartner noch Kinder hinterlassen oder sind sie vor Ablauf der Antragsfrist gestorben, so geht das Antragsrecht auf die Eltern und, wenn auch sie vor Ablauf der Antragsfrist gestorben sind, auf die Geschwister und die Enkel über. Ist ein Angehöriger an der Tat beteiligt oder ist seine Verwandtschaft erloschen, so scheidet er bei dem Übergang des Antragsrechts aus. Das Antragsrecht geht nicht über, wenn die Verfolgung dem erklärten Willen des Verletzten widerspricht.

III Ist der Antragsberechtigte geschäftsunfähig oder beschränkt geschäftsfähig, so können der gesetzliche Vertreter in den persönlichen An-

gelegenheiten und derjenige, dem die Sorge für die Person des Antragsberechtigten zusteht, den Antrag stellen.

IV **Sind mehrere antragsberechtigt, so kann jeder den Antrag selbständig stellen.**

1 **1) Allgemeines.** Die Vorschrift gilt idF des 2. StrRG/Art. 6 Nr. 2 AdoptionsG. II S. 1 u. S. 2 wurden durch das LPartG v. 16. 2. 2001 (BGBl. I 266) ergänzt.

1 a **Literatur:** *Hefendehl,* Der Begriff des Verletzten im Klageerzwingungsverfahren bei modernen Rechtsguts- und Deliktsstrukturen, GA **99**, 584.

2 **2) Nach I** ist **antragsberechtigt**

A. der Verletzte, dh der Träger des durch die Tat unmittelbar verletzten Rechtsguts; also derjenige, in dessen Rechtskreis eingegriffen worden ist (BGH **31**, 210; LK-*Jähnke* 25 ff.); es kommt dabei auf den Zeitpunkt der Tat an. **Unmittelbar Verletzter** ist bei Vermögensdelikten idR der Eigentümer (vgl. § 247); bei der **Sachbeschädigung** nach zutr. Auffassung nur der Eigentümer, nicht aber ein allein Nutzungsberechtigter (vgl. 3 zu § 303 c mwN; **aA** Frankfurt NJW **87**, 389). Auch eine **juristische Person** kann antragsberechtigt sein (Frankfurt NStZ-RR **06**, 342 [zur Vertretung durch den *Insolvenzverwalter*, vgl. unten 22]); ebenso eine Personengesellschaft; ein rechtsfähiger Verband zur Förderung gewerblicher Interessen (1 StR 538/89 [in BGH **37**, 191 nicht abgedr.]). Wer den Strafantrag zu stellen hat, bestimmt sich nach der gesetzlichen oder satzungsmäßigen Vertretungsregelung (vgl. etwa Düsseldorf MDR **88**, 695 L [Bürgermeister]); Köln NStZ **82**, 333 [Oberstadtdirektor; beauftragter Sachbearbeiter]; Celle NdsRpfl. **81**, 90 [Leiter einer Straßenmeisterei als Organ des Straßenbauamts]). Auch Gesamthandbildungen des privaten und öffentlichen Rechts können antragsberechtigt sein (LK-*Jähnke* 39); ebenso politische Parteien (Düsseldorf NJW **79**, 2525) und deren Untergliederungen (NStZ **82**, 508; vgl. aber auch Karlsruhe NJW **79**, 2056). In der Einleitung eines Ermittlungsverfahrens durch einen durch die Tat selbst geschädigten Staatsanwalt liegt jedenfalls dann keine wirksame Antragstellung, wenn dem Geschädigten die Führung eines solchen Verfahrens durch landesgesetzliche Regelung, Verwaltungsvorschrift oder Weisung untersagt ist (NStZ **04**, 33 [Beleidigung einer Staatsanwältin]).

3 **B. Andere** als der Verletzte haben ein Antragsrecht **a)** anstelle des Verletzten oder neben ihm die in III Genannten; neben dem Verletzten **b)** Dienstvorgesetzte und Behördenleiter sowie die entsprechenden Amtsträger der Religionsgesellschaften des öffentlichen Rechts in den Fällen der §§ 194 III, 230 II (dazu § 77 a); **c)** in diesen Fällen auch die BReg. bzw. die LReg, wenn Verletzte ihre Mitglieder sind (§ 77 a IV); **d)** die in § 8 III UWG genannten Verbände; Handwerkskammern (BGH **2**, 400); im Fall des § 299 auch der Geschäftsherr (vgl. § 301 II), wenn die verbotene Handlung ihm gegenüber pflichtwidrig ist (BGH **31**, 210).

4 **3) Abs. II** regelt den **Übergang des Antragsrechts.** In den gesetzlich bestimmten Fällen (§§ 165 I, 194 I, II, 205 II, 232 I); geht das Antragsrecht auf bestimmte Angehörige über, wenn der Verletzte **nach der Tat vor** Antragstellung stirbt; hat er den Antrag noch vorher gestellt, so bleibt dieser wirksam (§ 77 d II; vgl. auch § 393 II StPO).

5 **A. Ergänzt** wird II durch die Sonderregelungen des § 145 a S. 2, 194 I S. 2 bis 5, durch ein Übergangsrecht auf die Erben (§ 205 II S. 2) sowie durch ein Antragsrecht für den Fall, dass jemand nach seinem Tode verunglimpft wird (§ 194 II), und durch das Antragsrücknahmerecht nach § 77 d II. Das **Nebenklagerecht** hinsichtlich einer ohne Tötungsvorsatz zugefügten vorsätzlichen Körperverletzung geht beim späteren Tod des Opfers nicht nach II auf die Angehörigen über (BGH **44**, 97 unter Aufgabe von BGH **33**, 114).

6 **B. Angehörige** iS des II sind der bisherige (auch der inzwischen wieder verheiratete) **Ehegatte,** wenn die Ehe im Zeitpunkt des Todes des Verletzten noch be-

stand (*S/S-Stree/Sternberg-Lieben* 12); weiterhin der **Lebenspartner** (vgl. dazu 7 zu § 11), sofern die Lebenspartnerschaft zum Zeitpunkt des Todes nicht aufgehoben war, sowie etwaige **Kinder** des Verstorbenen (vgl. dort), und zwar so, dass jeder ein eigenes, selbstständiges Antragsrecht nach **IV** erhält. Hat der Verstorbene weder einen Ehegatten oder Lebenspartner noch ein Kind hinterlassen, so geht das Antragsrecht auf die **Eltern** des Verstorbenen über, dh sowohl die leiblichen Eltern (auch bei nichtehelicher Geburt; vgl. 3ff. zu § 11) als auch die Adoptiveltern (§ 1754 BGB), nicht aber auf Stief- und Pflegeeltern; auch hier kommen mehrere Antragsberechtigte in Betracht (IV). Dasselbe gilt, wenn auch Eltern nicht mehr vorhanden sind, für die 3. Gruppe, welche die **Geschwister,** und zwar auch halbbürtige (8 zu 11), und die **Enkel** des Verletzten (auch bei Vermittlung durch nichteheliche Geburt oder Adoption) zusammen bilden. Ohne Bedeutung für den Rechtsübergang auf einen Angehörigen ist es für II, ob dieser auch Erbe des Verletzten ist (abw. jedoch § 205 II S. 2).

C. Ausgeschlossen ist der Übergang des Antragsrechts **7**

a) nach II S. 4 allgemein dann, wenn eine etwaige Strafverfolgung dem von dem erklärungsfähigen Verletzten (3 b vor § 32) erklärten Willen widerspricht. Die Erklärung muss zum Ausdruck bringen, dass der Verletzte die Verfolgung nicht wünscht (LK-*Jähnke* 57). Bei sich widersprechenden Erklärungen gilt die letzte; bei Zweifeln *in dubio pro reo,* so dass das Recht nicht übergeht.

b) nach II S. 3, wenn der Angehörige **an der Tat beteiligt** war. Begünstige **8** sind nicht Beteiligte (*Lackner/Kühl* 8; NK-*Lemke* 19; aA hier bis 52. Aufl.); auch nicht Hehler (**aA** LK-*Jähnke* 58). Da die Tat, um die es geht, noch nicht abgeurteilt ist, muss die Frage der Beteiligung schon vorher durch die Strafverfolgungsbehörden beantwortet werden; möglich ist aber Klärung auch erst in der Hauptverhandlung (vgl. § 77 d II S. 3), so dass dann § 260 III StPO in Betracht kommen kann. Die Beteiligung muss positiv festgestellt werden.

c) hinsichtlich eines Angehörigen iS von § 11 I Nr. 1 a, dessen Verwandt- **8 a** schaftsverhältnis zum Verletzten aber bei dessen Tod infolge von Adoption oder Aufhebung einer Adoption erloschen war (vgl. 10 zu § 11).

4) Nach III kann **der gesetzliche Vertreter** den Antrag stellen. Wer das ist **9** und wer geschäftsfähig ist, bestimmt das bürgerliche Recht.

A. Ist der nach I oder II Antragsberechtigte entweder **geschäftsunfähig** (§ 104 **10** BGB) oder **beschränkt geschäftsfähig** (§ 106 BGB), so darf er selbst den Antrag nicht stellen; das können für ihn allein sein gesetzlicher Vertreter in den persönlichen Angelegenheiten und derjenige, dem die Personensorge für den an sich Berechtigten zusteht (NStZ **81**, 479; NJW **94**, 1165), und zwar auch dann, wenn es sich um Vermögensdelikte handelt (E 1962, 254). In erster Linie kommen in Betracht:

B. Minderjährige. Für sie sind **11**

a) bei bestehender Ehe der Eltern diese gemeinsam (FamRZ **60**, 197) gesetzliche Vertreter und Personensorgeberechtigte (§§ 1626, 1626 a I Nr. 2 BGB, LK-*Jähnke* 47). Die Strafantragsfrist beginnt zu laufen, sobald ein Elternteil von Tat und Täter Kenntnis erhält (BGH **22**, 103; BGHR § 77 b II 1 Elt.; LK-*Jähnke* 10 zu § 77 b). Ein Elternteil allein ist antragsberechtigt, wenn die elterliche Sorge des anderen ruht (§§ 1673 bis 1675 BGB) oder der andere an der Ausübung tatsächlich verhindert ist (§ 1678 BGB; vgl. NJW **67**, 942; MDR/D **72**, 923; Stuttgart NJW **71**, 2237). Ist einem Elternteil die Personensorge entzogen (§§ 1666 a, 1680 BGB), so ist der andere Teil antragsberechtigt. Der **Ehegatte** des allein sorgeberechtigten Elternteils ist in den Fällen des § 1687 b BGB antragsberechtigt; die Antragstellung ist idR als zum Wohl des Kindes notwendige Rechtshandlung iS von § 1687 b II anzusehen. Für den **Lebenspartner** des allein sorgeberechtigten

Elternteils gilt § 1687 b BGB nicht. Ist ein Elternteil der Täter, so ist er rechtlich an der Antragstellung verhindert, so dass der andere Teil allein antragsberechtigt ist (BGH **6**, 157; Bay NJW **56**, 1608; LK-*Jähnke* 48).

12 **b)** Nach **Scheidung** der Ehe kommt es darauf an, ob einem Elternteil allein die elterliche Sorge übertragen wird (§§ 1671, 1672 BGB); dieser ist dann allein antragsberechtigt.

13 **c)** Für das **nichteheliche Kind** hat grundsätzlich die Mutter die elterliche Sorge (§ 1626 a I BGB) und damit das Antragsrecht. Steht die elterliche Sorge bei gemeinsamen Sorgeerklärungen beiden Eltern zu, so gilt oben 11 entspr.

14 **d)** Für Minderjährige **ohne Eltern** oder mit Eltern ohne Vertretungs- und Sorgerecht (zB § 1671 V, § 1680 II S. 2 BGB) ist der **Vormund** (§§ 1773, 1793 BGB; nicht aber ein Gegenvormund nach § 1792 BGB) antragsberechtigt. Ein **Pfleger** ist zB zu bestellen, wenn der gesetzliche Vertreter an der Antragstellung verhindert ist oder sich weigert, den Antrag zu stellen Dessen Fristversäumnis wirkt aber auch gegen den Pfleger (GA **56**, 78); das Antragsrecht eines zweiten gesetzlichen Vertreters geht also durch Versäumnis des ersten verloren, es sei denn, dass dieser an der Antragstellung rechtlich verhindert war, weil er selbst der Täter ist (BGH **6**, 157; vgl. oben 11). Ein **Betreuer** vertritt den Betreuten nur in seinem Aufgabenkreis. Die Vertretungsmacht für Vermögensangelegenheiten bevollmächtigt nicht zum Strafantrag (LG Hamburg NStZ **02**, 39; vgl. unten 19 und Hamm NJW **60**, 834); ein (nur) für den Aufgabenkreis „Vertretung bei Behörden und Vermögenssorge" bestellter Betreuer ist nicht berechtigt, Strafantrag gegen einen Angehörigen des Betreuten zu stellen (Köln wistra **05**, 392). Auch das nach § 1712 BGB als **Beistand** des Kindes bestellte **Jugendamt** kann keinen Strafantrag stellen.

15 **e) Bei Pflegschaften** nach den §§ 1909, 1915 oder 1630 III BGB hat im Rahmen seines Geschäftsbereichs der Pfleger das Antragsrecht. Der **Erziehungsbeistand** (§§ 58 ff. JGG) hat kein Antragsrecht.

16 **C. Volljährige,** denen wegen psychischer Krankheit, einer körperlichen, geistigen oder seelischen Behinderung ein **Betreuer** bestellt ist (§ 1896 BGB), werden in diesem Aufgabenkreis allein von diesem vertreten (§ 1902 BGB; vgl. Hamm NStZ-RR **04**, 111, 112).

17 **D.** Für den an sich Berechtigten übt der andere in den Fällen von 11 ff. und 16 das Antragsrecht aus.

a) Stirbt der eigentlich Antragsberechtigte, so kann der gesetzliche Vertreter das Antragsrecht nicht mehr ausüben; vielmehr gilt dann **II.** Andererseits kann ein volljährig gewordener Verletzter den Strafantrag seines bisherigen gesetzlichen Vertreters zurücknehmen (LK-*Jähnke* 43). Der gesetzliche Vertreter stellt den Antrag **im Namen** des Kindes oder Mündels.

18 **b) Der Ablauf** der Antragsfrist für den Vertretenen, bevor er seinen (ersten) gesetzlichen Vertreter erhält, gilt auch gegen den Vertreter. Dagegen berührt ein Teilablauf ihn nicht; vielmehr läuft die ganze Frist neu, weil sein Antragsrecht formell selbstständig ist (zw., **aA** LK-*Jähnke* 15 zu § 77 b); anders ist es bei **Nachfolge.** Wird der Minderjährige **antragsmündig** (mit 18 Jahren) und ist die Frist für seinen Vertreter noch nicht abgelaufen, so beginnt die Antragsfrist für ihn von neuem zu laufen, da er selbstständig antragsberechtigt ist. Ein vor der Antragsmündigkeit unwirksam gestellter Strafantrag wird mit der Volljährigkeit auch dann nicht wirksam, wenn die Antragsfrist noch läuft (NJW **94**, 1165).

19 **E. Betreute** Volljährige (§ 1896 BGB) können, soweit sie geschäftsfähig sind und keine Einschränkung nach § 1903 BGB (Einwilligungsvorbehalt) angeordnet ist, den Antrag selbstständig stellen; sind sie (voll oder partiell) **geschäftsunfähig,** so kann das nur ein Betreuer.

20 **5) Nach IV** kann von **mehreren Antragsberechtigten** jeder den Antrag selbstständig stellen, dh das Recht des einen ist hinsichtlich Frist (§§ 77 b, c), Ver-

zicht und Rücknahmerecht (§ 77 d I; vgl. aber II) unabhängig von dem des anderen (vgl. Bay **64**, 156); vgl. auch § 375 StPO. Der Antrag des einen kann den des anderen nicht ersetzen. Ein Antragsrecht mehrerer kann sich nicht nur dann ergeben, wenn durch eine Tat mehrere verletzt sind, sondern auch hinsichtlich desselben Verletzten in den Fällen von II und III (oben 4 bis 19). Anders ist die Lage, wenn der Antrag gemeinsam gestellt (oben 11 ff.) oder zurückgenommen werden muss (§ 77 d II S. 2).

6) Vertretung bei der Antragsstellung ist außer in den Fällen von III (oben 9 ff.) zulässig, und zwar in doppelter Art: 21

A. Als **Vertretung in der Erklärung** (Koblenz OLGSt. 3). Es genügt mündliche Beauftragung (Hamburg JR **83**, 298; LK-*Jähnke* 52). Die Vollmacht kann auch nach Ablauf der Antragsfrist nachgewiesen werden; ein von einem Nichtberechtigten gestellter Antrag kann aber grundsätzlich nicht durch nachträgliche Genehmigung wirksam werden (vgl. schon RG **36**, 416).

B. Als **Vertretung im Willen;** diese ist nur bei Verletzungen **vermögenswerter** Rechtsgüter zulässig (vgl. RG **68**, 265). Voraussetzung der Wirksamkeit ist, dass der Vertretene den Vertreter mit der Wahrnehmung seiner Interessen beauftragt hat (NStZ **85**, 407). Bei Verletzung immaterieller **höchstpersönlicher Rechtsgüter** ist Vertretung im Willen nicht zulässig (LK-*Jähnke* 52). Der **Insolvenzverwalter** hat neben dem Gemeinschuldner ein Antragsrecht (Frankfurt NStZ-RR **06**, 342, 343), und zwar auch für zeitlich vor seiner Bestellung liegende Delikte, zB nach §§ 288, 289; er handelt kraft Amtes aus eigenem Recht (vgl. BGHZ **24**, 396). 22

7) Der Antrag ist bei den in § 158 I StPO genannten Stellen in der dort in II vorgesehenen Form zu stellen. Das Erfordernis der Schriftlichkeit (NJW **71**, 903) wird auch durch Telegramm oder E-Mail gewahrt; bei einem behördlichen Antrag genügt Einreichung einer beglaubigten Abschrift. Zur Problematik bei einer Auslandstat vgl. Stuttgart Die Justiz **66**, 16; Bay NJW **72**, 1631. 23

A. Der **Inhalt des Antrags** braucht nur das Begehren eines strafrechtlichen Einschreitens wegen einer bestimmten Handlung erkennbar zum Ausdruck zu bringen (Hamm OLGSt. 7 zu § 223); das kann auch im Rahmen einer Vernehmung geschehen (5 StR 639/82); auch die in einem Vermerk eines Amtsträgers an seinen Dienstvorgesetzten enthaltene Bitte um Weiterleitung an die StA enthält ein hinreichend deutliches Strafverlangen (nicht aber, wenn der Verletzte nur eine eigene Antragstellung des Dienstvorgesetzten anregt oder anheim stellt [vgl. § 194 III]). Eine rechtliche Qualifizierung der Tat ist nicht, eine falsche unschädlich (BGH **6**, 156; MDR/D **74**, 546; Bay NJW **96**, 272); auch die Bezeichnung einer vom Verletzten gewünschten Rechtsfolge ist weder erforderlich noch bindend. Privatklageerhebung oder der Anschluss als Nebenkläger reichen idR aus (BGH **33**, 116; Düsseldorf VRS **71**, 31; LG Köln ZfS **84**, 220 L); ebenso eine **Strafanzeige,** wenn sich aus ihr dieses Verlangen unzweideutig ergibt (NJW **92**, 2167; GA **57**, 17; Düsseldorf MDR **86**, 165); dagegen **nicht** die Beantragung eines Sühnetermins; eine belastende Zeugenaussage (MDR/D **74**, 13); eine der Vermisstenmeldung eines Polizeibeamten vorgeheftete Formblatt-Strafanzeige (BGHR § 158 II StPO, Formerf. 2). 24

a) Die Bezeichnung einer konkret beschuldigten **Person,** die verfolgt werden soll, ist idR nicht erforderlich (4 StR 490/70). Daher ist die Verfolgung der an der Straftat Beteiligten auch zulässig, wenn der Antrag sich irrigerweise gegen einen gar nicht Beteiligten richtet. Bei **relativen** Antragsdelikten muss jedoch der vom Antrag betroffene Beschuldigte bezeichnet werden, wenn nicht ersichtlich „jedermann" verfolgt werden soll (LK-*Jähnke* 16; vgl. auch *S/S-Stree/Sternberg-Lieben* 40). Zulässig ist die **Beschränkung** auf einen von mehreren Tätern; eine Ausdehnung der Strafverfolgung auf andere Mitbeteiligte ist dann nicht möglich (MDR/H **77**, 637). 25

26 **b) Bedingungen** im Strafantrag sind unbeachtlich, wenn sie auflösend sind (abw. SK-*Rudolphi/Wolter* 19); der aufschiebend bedingte Antrag ist dagegen kein wirksamer Antrag (Oldenburg MDR **54**, 55; LK-*Jähnke* 14); es sei denn, dass der Antragsteller innerhalb der Antragsfrist anzeigt, die Bedingung sei eingetreten. Der Zusatz „für alle Fälle" ist unschädlich (BGH **16**, 58).

27 **c)** Die **Handlung,** auf die sich der Antrag bezieht, ist gleichbedeutend mit der Tat iS von 264 StPO; sie ist das gesamte historische Geschehnis, das der Antrag mit einer § 264 StPO genügenden Konkretisierung bezeichnet; Umfang und rechtliche Einordnung sind vom Gericht unabhängig vom Antragsinhalt zu ermitteln.

28 **aa)** Bei einer **einheitlichen Tat** (vgl. 2ff. vor § 52) sind daher auch Handlungsteile *nach* Stellung des Antrags zu berücksichtigen der Strafantrag ist umgekehrt hinsichtlich aller Handlungsteile rechtzeitig, wenn er es nur bezüglich ihres Schlussteils ist (vgl. 4a zu § 77b).

29 **bb)** Bei **idealkonkurrierenden Delikten** gilt der Antrag daher grds. für sämtliche in der Handlungseinheit verwirklichten Antragsdelikte. Eine Teilung des Strafantrags durch **Beschränkung** auf eines von mehreren ideell konkurrierenden Delikten ist aber zulässig (VRS **34**, 423; Frankfurt NJW **52**, 1388; Köln NJW **65**, 408; OLGSt. 18 zu § 185; OLGSt. 1 zu § 194aF; LK-*Jähnke* 29). Wird hinsichtlich eines Antragsdelikts der Antrag nicht gestellt, so darf ein damit in Tateinheit stehendes Offizialdelikt nur allein verfolgt werden (BGH **7**, 306; **17**, 158). Die bloße Aktenvorlage zur Prüfung, ob ein Offizialdelikt vorliegt, ist noch kein Strafantrag (Stuttgart NStZ **81**, 184). Ergeht ein Urteil, so ist damit die Strafklage für die mit der abgeurteilten Tat ideell konkurrierenden Antragsdelikte auch dann verbraucht, wenn zum Zeitpunkt der Entscheidung ein Antrag nicht vorlag.

30 **B.** Die **Wirkung des Antrages** ist, dass die StA die Verfolgung aufnehmen kann. Eine frühere **Verzeihung** oder ein **Verzicht** auf den Strafantrag gegenüber dem Täter stehen der Wirksamkeit eines gleichwohl erklärten Strafantrags nicht entgegen; anders beim Verzicht gegenüber dem Gericht oder den in § 158 I StPO genannten Stellen (NJW **57**, 1368; Oldenburg DAR **59**, 298; LK-*Jähnke* 8 zu § 77d). Zum Antragsverzicht eines Elternteils bei Minderjährigen 5 zu § 77d. Ein Verzicht auf den Antrag *vor* der Tat ist Einwilligung in diese (NK-*Lemke* 34; *S/S-Stree/Sternberg-Lieben* 31). Der Vergleich im Sühnetermin (§ 380 StPO) beseitigt nur das Privatklagerecht, nicht auch den Strafantrag; doch ist ein dort erklärter Verzicht grds. wirksam (*Holland* RPfl **68**, 45). Der Wirksamkeit des Antrags steht nicht entgegen, dass der Verletzte Schmerzensgeld oder Genugtuung erlangt hat (LK-*Jähnke* 2 vor § 77; **aA** *Barnstorf* NStZ **85**, 67); die Durchführung eines **Täter-Opfer-Ausgleichs** (§ 46a) führt nicht zur Unwirksamkeit eines zuvor gestellten Strafantrags; die Ausgleichsvereinbarung kann aber eine Rücknahme enthalten oder den Verletzten zu einer solchen verpflichten.

Antrag des Dienstvorgesetzten

77a **I Ist die Tat von einem Amtsträger, einem für den öffentlichen Dienst besonders Verpflichteten oder einem Soldaten der Bundeswehr oder gegen ihn begangen und auf Antrag des Dienstvorgesetzten verfolgbar, so ist derjenige Dienstvorgesetzte antragsberechtigt, dem der Betreffende zur Zeit der Tat unterstellt war.**

II Bei Berufsrichtern ist an Stelle des Dienstvorgesetzten antragsberechtigt, wer die Dienstaufsicht über den Richter führt. Bei Soldaten ist Dienstvorgesetzter der Disziplinarvorgesetzte.

III Bei einem Amtsträger oder einem für den öffentlichen Dienst besonders Verpflichteten, der keinen Dienstvorgesetzten hat oder gehabt hat, kann die Dienststelle, für die er tätig war, den Antrag stellen. Leitet der Amtsträger oder der Verpflichtete selbst diese Dienststelle, so ist die staatliche Aufsichtsbehörde antragsberechtigt.

IV **Bei Mitgliedern der Bundesregierung ist die Bundesregierung, bei Mitgliedern einer Landesregierung die Landesregierung antragsberechtigt.**

1) Allgemeines. Die Vorschrift, die durch das 2. StrRG (Ber. BT-Drs. V/4095, 42) eingefügt worden ist, regelt im Einzelnen die Antragsberechtigung in den Fällen, in denen das Gesetz einen Antrag des Dienstvorgesetzten zur Prozessvoraussetzung macht, wenn die Tat entweder von einem Amtsträger oder für den öffentlichen Dienst besonders Verpflichteten (§ 355 III S. 1) oder aber gegen eine solche Person (§§ 194 III S. 1, 230 II S. 1) begangen ist; in allen Fällen handelt es sich um eine zusätzliche Berechtigung neben der des Verletzten. Die Strafantragsstellung ist kein Verwaltungsakt, unterliegt nicht dem Gleichheitssatz (Art. 3 GG) und darf daher bei mehreren Tatbeteiligten unterschiedlich (25 zu § 77) ausgeübt werden (so LK-*Jähnke* 8 vor § 77; **aA** *Lackner/Kühl* 17 zu § 77; SK-*Rudolphi/Wolter* 20 zu § 77; *Stree* DÖV **58**, 175; *Tiedemann* GA **64**, 358; JZ **69**, 726; *Ostendorf* JuS **81**, 642). 1

2) Nach I ist **derjenige Dienstvorgesetzte** antragsberechtigt, dem der Betreffende als Tatbeteiligter oder Verletzter zZ der Tat unterstellt war. Dabei kommt es auf die Funktion an, in der sich der Verletzte als solcher befindet. Dienstvorgesetzter iS von § 77a ist nicht die konkrete Person, die gerade die Funktion innehatte, sondern die Institution als solche. Bei der Versetzung des Verletzten sowie bei seinem Ausscheiden aus dem Dienst bleibt der letzte Dienstvorgesetzte antragsberechtigt. 2

A. Wer bei **Amtsträgern und besonders Verpflichteten** (12ff., 32ff. zu § 11) Dienstvorgesetzter ist, bestimmt sich nach den maßgebenden dienstrechtlichen Vorschriften und dem Behördenaufbau. Für Bundesbeamte gilt § 3 II BBG. Neben dem unmittelbaren hat auch jeder höhere Dienstvorgesetzte ein Antragsrecht (NK-*Lemke* 5). Vgl. auch Erl. zu § 194 III. 3

B. Bei Berufsrichtern (29ff. zu § 11), die keinen Dienstvorgesetzten im beamtenrechtlichen Sinn haben (Celle MDR **73**, 774), tritt an dessen Stelle der dienstaufsichtsführende Richter (**II S. 1;** § 26 DRiG). 4

C. Bei Soldaten ist Dienstvorgesetzter der Disziplinarvorgesetzte (**II S. 2;** §§ 23ff. WDO), und zwar auch hier nicht nur der nächste Disziplinarvorgesetzte (§ 25 WDO), sondern auch ein höherer entsprechend der Abstufung bis hinauf zum BMinister der Verteidigung, der auch antragsberechtigt ist, wenn die BWehr als Personengesamtheit beleidigt ist (Hamm NZWehrr **77**, 70). 5

D. Fehlt bei Amtsträgern oder besonders Verpflichteten jeder Dienstvorgesetzte zZ der Tat, so zB beim ehrenamtlichen Richter oder bei solchen Verpflichteten, die lediglich für eine Behörde tätig sind (33 zu § 11), so kann die Dienststelle, für die der betreffende zZ der Tat tätig war, dh deren Leiter zZ der Antragstellung, den Antrag stellen **(III S. 1)**, ggf. der Leiter der Aufsichtsbehörde **(III S. 2).** 6

E. Bei Regierungsmitgliedern, die ebenfalls keinen Dienstvorgesetzten haben, tritt an dessen Stelle sowohl bei der BReg. wie bei einer LReg die Regierung als solche, dh das gesamte Kabinett, und zwar in seiner Zusammensetzung zZ seiner Beschlussfassung. 7

Antragsfrist

77b I **Eine Tat, die nur auf Antrag verfolgbar ist, wird nicht verfolgt, wenn der Antragsberechtigte es unterlässt, den Antrag bis zum Ablauf einer Frist von drei Monaten zu stellen. Fällt das Ende der Frist auf einen Sonntag, einen allgemeinen Feiertag oder einen Sonnabend, so endet die Frist mit Ablauf des nächsten Werktags.**

II **Die Frist beginnt mit Ablauf des Tages, an dem der Berechtigte von der Tat und der Person des Täters Kenntnis erlangt. Hängt die Verfolgbarkeit der Tat auch von einer Entscheidung über die Nichtigkeit oder**

Auflösung einer Ehe ab, so beginnt die Frist nicht vor Ablauf des Tages, an dem der Berechtigte von der Rechtskraft der Entscheidung Kenntnis erlangt. Für den Antrag des gesetzlichen Vertreters und des Sorgeberechtigten kommt es auf dessen Kenntnis an.

III Sind mehrere antragsberechtigt oder mehrere an der Tat beteiligt, so läuft die Frist für und gegen jeden gesondert.

IV Ist durch Tod des Verletzten das Antragsrecht auf Angehörige übergegangen, so endet die Frist frühestens drei Monate und spätestens sechs Monate nach dem Tod des Verletzten.

V Der Lauf der Frist ruht, wenn ein Antrag auf Durchführung eines Sühneversuchs gemäß § 380 der Strafprozessordnung bei der Vergleichsbehörde eingeht, bis zur Ausstellung der Bescheinigung nach § 380 Abs. 1 Satz 3 der Strafprozessordnung.

1 **1) Allgemeines.** Die Vorschrift gilt idF des 2. StrRG/EGStGB und (zu V) des StVÄG 1987 (Materialien: BR-Drs. 546/83; BRat 531. Sitz.; BT-Drs. 10/1313, 10/6592; BR-Drs. 592/86); sie wurde durch das 1. JuMoG v. 24. 8. 2004 (BGBl I 2198) redaktionell geändert.

2 **2)** Die **Antragsfrist** ist eine Ausschlussfrist. Sie beträgt idR **drei Monate** (Ausnahmen in IV, § 77c S. 2, § 388 StPO; zum Ruhen vgl. unten 12). **Nach II S. 1** beginnt die Frist, wenn der Berechtigte, dessen gesetzlicher Vertreter oder Sorgeberechtigter **Kenntnis** von Tat und Täter erlangt (unten 3f.); der Tag der Kenntniserlangung wird nicht mitgezählt. **I S. 2** bestimmt, dass, wenn das Fristende an sich auf einen Sonnabend, Sonntag oder allgemeinen Feiertag fallen würde, die Frist erst mit Ablauf des nächsten Werktages (also bei Fristende mit Ablauf des Sonnabend erst mit Ablauf des Montag) endet. **Nach II S. 2** beginnt die Frist, wenn die Verfolgbarkeit der Tat auch von einer Entscheidung über die Nichtigkeit oder Auflösung einer Ehe abhängt, nicht vor Ablauf des Tages, an dem der Berechtigte von der Rechtskraft der Entscheidung erfährt. Die Antragsfrist läuft unabhängig von der Verjährungsfrist und umgekehrt, so dass ein Strafantrag nach eingetretener Verjährung wirkungslos ist. Schon *vor der Tat* kann der Antrag (ggf gegen Unbekannt, Düsseldorf NJW **82**, 2680) gestellt werden, wenn die Tat unmittelbar bevorsteht (hieran fehlt es, wenn zwischen Strafantrag und Tatzeit 2 Jahre liegen, LG Berlin StV **85**, 239 L) und genau bezeichnet wird (BGH **13**, 363; Bay NJW **66**, 942; Schleswig SchlHA **80**, 171; Düsseldorf NJW **87**, 2526 m. Anm. *R. Keller* JR **87**, 521 mwN; *S/S-Stree/Sternberg-Lieben* 45; SK-*Rudolphi/Wolter* 17 zu § 77; *Lackner/Kühl* 4 zu § 77; vgl. auch LK-*Jähnke* 22 zu § 77; **aA** *M/Zipf* 74/18; *Schroth* NStZ **82**, 1; *Ott* StV **82**, 46). Tritt das Antragserfordernis erst nach der Tat ein, so kann die Frist erst mit der Gesetzesänderung zu laufen beginnen (Hamm NJW **70**, 578).

3 **3)** Der Beginn des Fristlaufs setzt **Kenntnis** des Antragsberechtigten von der **Tat** und der **Person** des Täters voraus (Abs. II S. 1; Abs. III).

4 **A.** Erforderlich ist danach zunächst Kenntnis **der Tat,** dh der Tatbestandsverwirklichung, nicht allein schon der Tathandlung. Die Möglichkeit der Kenntnisnahme genügt nicht (LK-*Jähnke* 7). Kenntnis ist das Wissen von Tatsachen, welche einen Schluss auf die wesentlichen Tatumstände, also namentlich die Richtung und den Erfolg der Tat zulassen, so dass der Verletzte vom Standpunkt eines besonnenen Menschen aus zu beurteilen in der Lage ist, ob er Strafantrag stellen soll (1 StR 406/84). Bloße Vermutungen oder ein Verdacht reichen nicht aus (1 StR 606/78). Erfährt der Berechtigte, dass die Tat einen wesentlich anderen Charakter hat, als er bisher angenommen hatte, so beginnt die Frist erst mit dieser Kenntnis (Bay *NJW* **96**, 272; Frankfurt NJW **72**, 65). Bei einer **einheitlichen Tat** (vgl. 2ff. vor § 52) entscheidet die Kenntnis des letzten Handlungsteils für den Fristbeginn.

5 **B.** Erforderlich ist darüber hinaus auch Kenntnis von der **Person des Täters,** wobei sich aus III ergibt, dass darunter nicht nur Haupttäter, sondern jeder Tatbe-

teiligte (§ 28 II) zu verstehen ist (E 1962, 255). Der Täter ist **bekannt,** wenn er in dem Antrag, **zB** als Fahrer eines Pkw mit einem bestimmten amtlichen Kennzeichen (Bay NStZ **94**, 86), individuell erkennbar gemacht werden kann; Kenntnis des Namens ist nicht erforderlich (5 StR 2/63; LK-*Jähnke* 9).

C. Der **Antragsberechtigte** (§ 77) persönlich muss die Kenntnis nach **II S. 1** haben; auf die Kenntnis eines Vertreters oder (später) Bevollmächtigten kommt es grds. nicht an. Die Kenntnis muss so beschaffen sein, dass einem besonnenen Menschen bei Abwägung aller Umstände die Antragstellung zugemutet werden kann (1 StR 406/84). Erst vom Eintritt der Antragsberechtigung ab, also mit Eintritt der Volljährigkeit oder mit Vollendung des 18. Lebensjahres nach § 77 III S. 2, wird die Frist berechnet (vgl. aber 18 zu § 77). **Bei einer juristischen Person** ist die Kenntnis aller Vorstandsmitglieder nötig, wenn sie die Vertretung nur insgesamt ausüben können (vgl. RG **68**, 265; NK-*Lemke* 5; abw. LK-*Jähnke* 10). Bei einer **Behörde** ist die Kenntnis des Vertreters der Behörde nötig; private Kenntniserlangung reicht aus (BGH **44**, 209 [Anm. *Lampe* JR **99**, 519]). 6

Nach **II S. 3** kommt es für den Antrag des **gesetzlichen Vertreters** und des **Sorgeberechtigten** (§ 77 III S. 1; 9 ff. zu § 77) auf dessen Kenntnis an; wenn ein Vormund oder Pfleger zu bestellen ist, beginnt die Frist auch dann erst mit der Bestellung, wenn er schon vorher von der Tat wusste. 7

D. Nach **III** läuft die Frist bei **mehreren Antragsberechtigten** (20 zu § 77) und bei **mehreren Tatbeteiligten** für jeden gesondert. Die Fristversäumnis eines von mehreren Verletzten schließt daher einen Strafantrag eines anderen nicht aus, der selbst erst später Kenntnis erlangt hat; bei Kenntnis erst eines Beteiligten beginnt die Frist hinsichtlich der noch unbekannten anderen nicht zu laufen (NK-*Lemke* 6). In der Kombination mehrerer Verletzter und mehrerer Tatbeteiligter kann dies zu gänzlich unterschiedlichen, sich teilweise oder gar nicht überschneidenden Antragsfristen führen. 8

4) Fristende bei Übergang des Antragsrechts (Abs. IV). Nach IV gilt für den Fall des Übergangs des Antragsrechts nach § 77 II (4 ff. zu § 77), dass die Frist frühestens 3 Monate nach dem Tode des Verletzten endet. Für den Angehörigen, auf den das Antragsrecht übergegangen ist, beginnt daher mit dem Beginn des dem Tode nachfolgenden Tages eine *eigene Dreimonatsfrist* zu laufen, und zwar auch dann, wenn er selbst schon vor dem Übergang des Antragsrechts Kenntnis von Tat und Täter hatte. Erlangt er die Kenntnis aber erst nach dem Todestag, so beginnt die Dreimonatsfrist für ihn erst mit dem der Kenntnisnahme folgenden Tag. Doch setzt IV, damit sich die Frist nicht in unangemessener Weise hinausschieben kann, insoweit eine **absolute Grenze** von 6 Monaten nach dem Tode des Verletzten, nach deren Verstreichen jedes Antragsrecht eines Angehörigen erlischt. 9

5) Folge der Fristversäumnis (Abs. I S. 1). Die Einhaltung der Frist muss **feststehen,** da es sich um eine Prozessvoraussetzung handelt (2 vor § 77). Bei **Zweifelhaftigkeit** ist das Verfahren einzustellen (BGH **22**, 93; StV **84**, 509 L; Hamm VRS **14**, 33). Ist die Frist noch nicht verstrichen, so kann der Antrag selbst nach Beginn der Hauptverhandlung noch gestellt werden; dies auch noch in der Revisionsinstanz (BGH **3**, 73; vgl. auch § 77 c; § 388 StPO). 10

Das **Unterlassen** der Antragstellung innerhalb der Frist führt nach Abs. I S. 1 zur Unverfolgbarkeit der Tat (Ausnahme in § 77 c S. 2). Die Antragsfrist ist keine Prozessfrist, so dass es gegen ihre Versäumung keine Wiedereinsetzung gibt (NJW **94**, 1166; Bremen NJW **56**, 392). An einem Unterlassen soll es aber zB fehlen bei Unmöglichkeit der Antragstellung wegen schwerer Erkrankung; wenn wegen Geistesschwäche die Bedeutung des Antrages nicht erkannt wurde (Schleswig MDR **80**, 247); aber auch bei rechtlicher Verhinderung (BGH **2**, 124; Bremen NJW **56**, 392; Hamm NJW **70**, 578). 11

12 **6) Ruhen den Antragsfrist (Abs. V).** Nach V ruht der Lauf der Frist vom Eingang des Antrages auf Durchführung eines Sühneversuchs nach § 380 StPO bei der Vergleichsbehörde bis zur Ausstellung der Erfolglosigkeitsbescheinigung.

Wechselseitig begangene Taten

77c Hat bei wechselseitig begangenen Taten, die miteinander zusammenhängen und nur auf Antrag verfolgbar sind, ein Berechtigter die Strafverfolgung des anderen beantragt, so erlischt das Antragsrecht des anderen, wenn er es nicht bis zur Beendigung des letzten Wortes im ersten Rechtszug ausübt. Er kann den Antrag auch dann noch stellen, wenn für ihn die Antragsfrist schon verstrichen ist.

1 **1) Allgemeines.** Die Vorschrift (vgl. Begr. 255, Ber. BT-Drs. V/4095, 42) erstreckt den vorher nur für bestimmte Delikte in den §§ 198, 232 III aF enthaltenen Rechtsgedanken auf alle Antragsdelikte.

2 2) **Wechselseitig** sind Taten begangen, wenn sie derart miteinander zusammenhängen, dass eine isolierte Bewertung unangebracht ist, so zB wenn Antragsdelikte gegnerisch begangen bzw. erwidert werden, so dass dieselbe Person einmal Täter oder Teilnehmer (§ 28 I), das andere Mal Verletzter (2 zu § 77) ist. Auf die Art der Taten kommt es nicht an; es können zB Beleidigungen gegen Beleidigungen, Körperverletzungen nach §§ 223 oder 229 oder Sachbeschädigungen stehen; ferner ein Diebstahl nach § 248a gegen eine Beleidigung; § 248b gegen § 223; auch Fahrlässigkeitsdelikte gegeneinander (NK-*Lemke* 2; vgl. Bay **60**, 27); doch muss es sich beiderseits um Antragsdelikte handeln (Bay **30**, 68); das Hinzutreten von Offizialdelikten auch in Tateinheit steht jedoch nicht entgegen; auch nicht der Umstand, dass die StA nach gestelltem Antrag öffentliche Klage nach § 376 StPO erhoben hat (Bay **60**, 27). Schreitet die StA jedoch in den Fällen der §§ 248a, 230 I von Amts wegen ein, so scheidet § 77c aus, da es am Antrag der einen Seite fehlt. Die Taten müssen „miteinander **zusammenhängen**", dh es muss eine Beziehung tatsächlicher Art zwischen ihnen bestehen, etwa dahin, dass sie einen einheitlichen Ursprung haben oder die eine aus der anderen erwachsen ist, so dass eine gemeinsame Würdigung geboten ist. Zeitlicher Zusammenhang allein genügt nicht, weiter Zeitabstand braucht nicht entgegenzustehen (jahrelange Feindschaft; vgl. Bay **30**, 185; NJW **59**, 304); auf der Stelle (§ 199) erwidert brauchen sie also nicht zu sein; idR wird es sich um Motivationszusammenhang handeln; es genügt aber zB auch gegenseitige fahrlässige Körperverletzung bei demselben Verkehrsunfall. Hinsichtlich der einen Tat muss von einem dazu Berechtigten (ev. nach § 77 II, III oder § 77a) Strafantrag wirksam gestellt sein. Dann gilt für den Strafantrag der anderen Seite, und zwar auch den nach § 77 III oder § 77a, aber nur dann, wenn das Recht dazu nicht schon durch Rücknahme, Verzicht oder Verjährung (Bay NJW **59**, 305) erloschen ist, folgendes:

3 **3) A. Nach I S. 1** tritt eine **Verkürzung** einer noch laufenden Antragsfrist (vgl. Hamm JMBlNW **63**, 145) für den Betreffenden (aber evtl. nicht für andere Antragsberechtigte) dadurch ein, dass er seinen Antrag spätestens zu stellen hat, wenn ihm in dem gegen ihn laufenden Verfahren in der Hauptverhandlung des 1. Rechtszuges (nicht erst nach Zurückverweisung, LK-*Jähnke* 8) das letzte Wort (§ 258 II StPO) eingeräumt wird (LK-*Jähnke* 5). Voraussetzung ist, dass er bis zu diesem Zeitpunkt Kenntnis von der Tat der anderen Seite hatte.

4 **B. Nach I S. 2** tritt eine **Verlängerung** (vgl. Hamm aaO) einer schon verstrichenen Frist dadurch ein, dass er den Antrag noch bis zu dem in S. 1 bezeichneten Zeitpunkt stellen kann. Allerdings gilt das nicht, wenn die Antragsfrist für die gegnerische Tat vor der Begehung der eigenen bereits abgelaufen war (Bay **59**, 61).

5 **4) Die Stelle,** bei welcher der Antrag des andern Teils zu stellen ist, braucht nicht das erkennende Gericht in dem gegen ihn gerichteten Verfahren zu sein; es

gilt auch hier § 158 StPO. **Bei Privatklagen** wird zur gemeinsamen Aburteilung die Widerklage durch § 388 StPO zugelassen. **Beim Offizialverfahren** ist gleichzeitige Verhandlung und Entscheidung nur möglich, falls die StA auch für das Gegendelikt die Verfolgung übernimmt und das Gericht nach § 237 StPO die Verbindung beschließt; andernfalls ist das schon anhängige Verfahren selbstständig zu beendigen (NK-*Lemke* 5).

Zurücknahme des Antrags

77d **I Der Antrag kann zurückgenommen werden. Die Zurücknahme kann bis zum rechtskräftigen Abschluss des Strafverfahrens erklärt werden. Ein zurückgenommener Antrag kann nicht nochmals gestellt werden.**

II Stirbt der Verletzte oder der im Falle seines Todes Berechtigte, nachdem er den Antrag gestellt hat, so können der Ehegatte, der Lebenspartner, die Kinder, die Eltern, die Geschwister und die Enkel des Verletzten in der Rangfolge des § 77 Abs. 2 den Antrag zurücknehmen. Mehrere Angehörige des gleichen Ranges können das Recht nur gemeinsam ausüben. Wer an der Tat beteiligt ist, kann den Antrag nicht zurücknehmen.

1) Allgemeines. Die Vorschrift (vgl. Ber. BT-Drs. V/4095, 42) idF des EGStGB (E EGStGB 215, Ber. BT-Drs. 7/1261, 9) ist durch Art. 3 § 32 Nr. 3 LPartG v. 16. 2. 2001 (BGBl. I 266) in Abs. II S. 1 ergänzt worden. Sie stellt sicher, dass jeder Strafantrag zurückgenommen werden kann. Ob die StA auf Grund des Antrags öffentliche Klage nach § 376 StPO erhoben hat, ist ohne Bedeutung. 1

2) A. Eine **Form** für die Rücknahme des Antrags schreibt das Gesetz anders als für die Stellung (23 ff. zu § 77) nicht vor (BGHR § 77 d Rückn. 1); erforderlich ist aber selbstverständlich, dass die Rücknahme gegenüber dem (mit der Sache befassten) Antragsadressaten erklärt wird und diesem zugeht; eine mündliche Erklärung etwa gegenüber dem Beschuldigten genügt daher nicht, eine solche gegenüber der Polizei nur dann, wenn sie über die informelle Mitteilung, „kein Interesse" mehr an der Strafverfolgung zu haben, hinausgeht und eindeutig auf die Rücknahme des Strafverfolgungsbegehrens gerichtet ist. **Rücknahmeadressat** ist die Behörde, welche zZ der Rücknahme mit der Sache befasst ist (Koblenz GA **76**, 282); das ist nach Anklageerhebung das Gericht (BGH **16**, 105); die Rücknahme bei einer anderen Behörde ist nicht unzulässig, wahrt aber nicht die Rücknahmefrist nach **I S. 2.** 2

B. Inhaltlich genügt die zweifelsfreie (LK-*Jähnke* 2) Erkennbarkeit des Willens, dass der Antragsteller die Verfolgung nicht mehr will. Die Rücknahme darf von Bedingungen und einschränkenden Voraussetzungen grundsätzlich nicht abhängig gemacht werden (BGHR Rückn. 1; *S/S-Stree/Sternberg-Lieben* 6; NK-*Lemke* 2; vgl. 26 zu § 77), jedoch ist die Bedingung, dass den Antragsteller keine Kosten treffen, zulässig (BGH **9**, 149); ebenso die Beschränkung der Rücknahme in gegenständlicher, rechtlicher und persönlicher Hinsicht (LK-*Jähnke* 2). Die Rücknahme einer Privatklage (§ 391 I StPO) innerhalb des Zeitraums von I S. 2 enthält nicht notwendig die Rücknahme des Antrags (LK-*Jähnke* 2). 3

C. Ein **Widerruf der Rücknahme** ist durch **I S. 3** ausgeschlossen; auch die nochmalige Stellung eines Strafantrags nach Zurücknahme eines früheren ist danach nicht zulässig. 4

3) Rücknahmeberechtigt ist 5

A. grundsätzlich **der Antragsteller** selbst, und zwar nur für seinen eigenen Antrag (NK-*Lemke* 3). Stellvertretung ist jedoch wie bei der Stellung des Antrags möglich (21 ff. zu § 77); nur dürfen sich bei der Vertretung im Willen nicht aus dem Inhalt der Vollmacht Bedenken gegen die Rücknahmebefugnis ergeben; sie kann eingeschränkt werden (BGH **9**, 149). Der Vertreter im Willen kann auch zurücknehmen, wenn die Tat ein höchstpersönliches Rechtsgut verletzt hat. Nimmt bei Minderjährigen nur ein Elternteil ohne Zustimmung des andern den Antrag zurück, oder verzichtet er auf ihn, so ist die Erklärung schwebend unwirksam (LG Heilbronn Die Justiz **80**, 480; vgl. LK-*Jähnke* 5).

6 **B. Nach dem Tode des Verletzten** oder desjenigen, auf den das Antragsrecht nach § 77 II übergegangen war, kann ein von diesem oder jenem gestellter Antrag **nach II** zurückgenommen werden, und zwar je nach der Person des Verletzten in 1. Linie von seinem Ehegatten, seinem Lebenspartner und seinen Kindern, wenn diese fehlen, von seinen Eltern und, wenn auch diese fehlen, von seinen Geschwistern und Enkeln **(II S. 1).** Angehörige einer späteren Ranggruppe können also, solange Angehörige einer vorausgehenden Gruppe eine Erklärung abgeben können, den Antrag nicht zurücknehmen. Besteht die maßgebende Gruppe aus mehreren Angehörigen, so können diese den Antrag nur durch gemeinsame Erklärung zurücknehmen (II S. 2).

7 **4) Bis zum rechtskräftigen Abschluss** des durch den Antrag in Gang gesetzten Verfahrens, also zB auch nach Beschränkung der Berufung auf den Rechtsfolgenausspruch bis zu dessen Rechtskraft (*Zweibrücken* MDR **91**, 1078) und auch noch nach Zurückverweisung, aber auch in der Revisionsinstanz, kann der Antrag bei der unter 2 bezeichneten Stelle zurückgenommen werden. Dadurch soll erreicht werden, dass auch Offizialverfahren zB wegen Beleidigung ohne Mitwirkung der StA in 2. Instanz erledigt werden können, wenn der Angeklagte eine Ehrenerklärung abgibt und der Verletzte Fortsetzung des Verfahrens nicht mehr wünscht (Ber. I, 42). Die rechtskräftige Erledigung des Verfahrens gegen einen Täter hindert nicht die Rücknahme des Antrags gegen einen anderen.

8 **5) Folge der Rücknahme** ist, dass hinsichtlich der Tat und des Täters, die die Rücknahme betrifft, Verfahrenshindernis eintritt. Ein in Tateinheit damit stehendes Offizialdelikt bleibt verfolgbar (3 StR 520/87); ebenso bei einem relativen Antragsdelikt (zB § 247) der Tatbeteiligte, gegen den kein Antrag erforderlich ist. **Prozessual** führt die Rücknahme, soweit sie das Verfahren hemmt, zur Einstellung (§§ 206a, 260 III StPO) und Kostenlast für den Zurücknehmenden (§ 470 StPO).

Ermächtigung und Strafverlangen

77e **Ist eine Tat nur mit Ermächtigung oder auf Strafverlangen verfolgbar, so gelten die §§ 77 und 77d entsprechend.**

1 **1) Allgemeines.** Die Vorschrift bringt eine Regelung für die dem Strafantrag verwandten Institute der Ermächtigung (§§ 90 IV, 90b II, 97 III, 104a, 194 IV, 353a II, 353b IV) und des Strafverlangens (§ 104a). Diese sind wie der Strafantrag (2 vor § 77) Prozessvoraussetzungen (LK-*Jähnke* 1). Ihre Erklärung ist strafrechtlich an keine Form gebunden. Sie können wie der Strafantrag (25, 27 ff. zu § 77) sachlich und personell eingeschränkt und noch in der Revisionsinstanz nachgebracht werden. Die Strafverfolgungsbehörden haben von Amts wegen zu klären, ob Ermächtigung oder Strafverlangen erklärt werden.

2 **2) Dass die §§ 77 und 77d** für Ermächtigung und Strafverlangen entsprechend anzuwenden sind, bedeutet

A. dass von **§ 77** nur I und IV anwendbar sind, wobei I auch dadurch weitgehend bedeutungslos ist, dass die einzelnen Vorschriften (oben 1) angeben, wer die Erklärung abzugeben hat. IV ist für § 90b II wichtig und gibt dem betroffenen Verfassungsorgan wie dessen Mitglied ein selbstständiges Ermächtigungsrecht. II ist unanwendbar, weil das Gesetz nirgends einen Übergang des Rechts vorsieht; III scheidet nach der Natur der Sache aus;

B. dass **§ 77 d II** nur in den Fällen von § 90 IV und § 90 b II anwendbar ist, soweit dort ein betroffenes Mitglied die Ermächtigung erteilt hat und der Amtsnachfolger nicht widerspricht, vgl. 6 zu § 90 b.

C. Nicht entsprechend anwendbar sind die §§ 77 a bis 77 c. Praktisch bedeutsam ist dabei die Nichtanwendbarkeit des § 77 b. Ermächtigung und Strafverlangen sind danach an keine Frist gebunden (MDR **53**, 401) und können daher noch bis zum Eintritt der Verjährung erklärt werden.

Fünfter Abschnitt
Verjährung
Erster Titel. Verfolgungsverjährung
Vorbemerkung

Neuere Literatur (Auswahl): *Bloy,* Die dogmatische Bedeutung von Strafausschließungs- u. Strafaufhebungsgründen, 1976; *Braum,* „Emotionen des Augenblicks" – Die Verlängerung von Verjährungsfristen NJ **98**, 75 f.; *Burian,* Verjährung u. Vertrauensschutz, GA **97**, 162 ff.; *Erhard,* Die Verjährung im Strafrecht, 1979; *Gallandi,* Verjährung bei langfristig geplanter Wirtschaftskriminalität, wistra **93**, 255; *Gössel,* Bindung der Wiederaufnahme zugunsten des Verurteilten an die Verjährungsfrist, NStZ **88**, 537; *Hardtke/Leib,* Strafverfolgungsverjährung bei Steuerhinterziehung infolge verdeckter Gewinnausschüttung?, NStZ **96**, 217 ff.; *Heuser,* Unterbricht ein Durchsuchungsbeschluß gegen die Verantwortlichen eines Unternehmens die Verjährung?, wistra **87**, 170; *Pelz,* Wann verjährt die Beihilfe zur Steuerhinterziehung?, wistra **01**, 11; *Reiche,* Verjährungsunterbrechende Wirkung finanzbehördlicher oder fahndungsdienstlicher Ermittlungsmaßnahmen (usw.), wistra **88**, 329; *Riehl,* Zur Frage der Tatbeendigung in den Fällen der Umsatzsteuerhinterziehung nach § 370 AO (usw.), wistra **96**, 130; *Schöne,* Verfolgungsverjährung nach Bundes- u. Landesrecht, NJW **75**, 1544; *Schäfer,* Einige Fragen zur Verjährung in Wirtschaftsstrafsachen, Dünnebier-FS 541; *Schlüchter/Duttge/Klumpe,* Verjährung eines tatbestandlichen Handlungskomplexes am Beispiel geheimdienstlicher Agententätigkeit, JZ **97**, 995 ff.; *Schmitz,* Der Beginn der Verjährungsfrist nach § 78 a StGB bei der Hinterziehung von Einkommenssteuer durch Unterlassen, wistra **93**, 248 ff.; *Triffterer,* Können Mord-Gehilfen der Nationalsozialisten heute noch bestraft werden?, NJW **80**, 2049; *Walter,* Neue Verjährungsbestimmungen in Auslieferungsverträgen, GA **81**, 250. 1

Speziell zu DDR-Straftaten: *Breymann,* Zur Auslegung der Verjährungsregelung in Art. 315 a EGStGB, NStZ **91**, 463; *Cramer,* Anmerkung zum Verjährungsgesetz, NStZ **95**, 114 f.; *Grünwald,* Zur Frage des Ruhens der Verjährung von DDR-Straftaten, StV **92**, 333 ff.; *Jordan,* Die Regelung des 2. Verjährungsgesetzes zur „Vereinigungskriminalität", NJ **96**, 294 ff.; *König,* Zur Verfolgungsverjährung von SED-Unrechtstaten, NStZ **91**, 566; *Kramer,* Zur Verjährungsproblematik bei SED-Unrechtstaten – Kritische Betrachtung zum Beschluß des OLG Braunschweig vom 22. 11. 1991, NJ **92**, 235; *Krehl,* Die Verjährung der in der ehemaligen DDR begangenen Straftaten, DtZ **92**, 13 ff.; *Küpper,* Strafrechtsprobleme im vereinten Deutschland, JuS **92**, 723 ff.; *Küpper/Wilms,* Die Verfolgung von Straftaten des SED-Regimes, ZRP **92**, 91 ff.; *Lemke/Hettinger,* Zur Verjährung von in der ehemaligen DDR begangenen Straftaten u. den Möglichkeiten des Gesetzgebers, NStZ **92**, 21 ff.; *Letzgus,* Unterbrechung, Ruhen u. Verlängerung strafrechtlicher Verjährungsfristen für im Beitrittsgebiet begangene Straftaten, NStZ **94**, 57 ff.; *Otto,* Grundsätze der Strafverfolgungsverjährung von Straftaten auf dem Gebiet der ehemaligen DDR, Jura **94**, 61 ff.; *Pieroth/Kingreen,* Die verfassungsrechtliche Problematik des Verjährungsgesetzes, NJ **93**, 385 ff.; *Puls,* Analoge Anwendung des § 78 b I Nr. 1 StGB auf Sexualstraftatbestände des DDR-StGB, DtZ **95**, 392 ff.; *Riedel,* „Schießbefehl" u. Verjährung – Zum Problem der Strafverfolgungsverjährung bei Schusswaffengebrauch an der ehemaligen DDR-Grenze, DtZ **92**, 162 ff.; *Schreiber,* Die strafrechtliche Aufarbeitung von staatlich gesteuertem Unrecht, ZStW **107**, 157 ff.; *Schroeder,* Zur Verjährung von SED-Unrechtstaten, ZRP **93**, 244 ff.; *Tröndle,* Verjährungsprobleme bei der strafrechtlichen Verfolgung von SED-Unrechtstaten, GA-FS 241 ff.; *Weber,* Die Verfolgung des SED-Unrechts in den neuen Ländern, GA **93**, 195 ff.; *Willnow,* Die Rechtsprechung des 5. [Berliner] Strafsenats des Bundesgerichtshofes zur strafrechtlichen Bewältigung der mit der deutschen Vereinigung verbundenen Probleme, JR **97**, 221; 265. Vgl. auch 31 vor § 3.

1) Sowohl die **Strafverfolgung** (§§ 78 bis 78 c) als auch die **Strafvollstreckung** (§§ 79 bis 79 b) unterliegen mit Ausnahme von Mord und Völkermord (§ 78 II) grundsätzlich der Verjährung, die im ersten Fall Verfolgungshandlungen wegen einer Straftat, im zweiten die Vollstreckung einer rechtskräftig angeordneten Strafe oder Maßnahme verhindert. Die Rechtseinrichtung soll dem Rechtsfrieden und damit der Rechtssicherheit dienen und einer Untätigkeit der Strafverfolgungsbehörden entgegenwirken (BGH **11**, 393, 396; **12**, 335, 337; NJW **06**, 2339, 2340). Die Verfolgungsverjährung endet mit der Rechtskraft des Strafausspruchs oder Freispruchs (BGH **20**, 198; vgl. § 78 b III), jedoch nicht, solange die Ent- 2 scheidung über die Strafaussetzung zur Bewährung noch aussteht (BGH **11**, 394). Zur Wiederaufnahme vgl. 11 a zu § 78 b.

3 **2)** Die Rspr hat die Verfolgungsverjährung zunächst als Institution des materiellen Rechts (vgl. RG **40**, 90), später als aus materiellem und prozessualem Recht **gemischt** angesehen (vgl. RG **41**, 176; **66**, 328; so auch *Lackner/Kühl* 1; SK-*RudolphiWolter* 10; *B/Weber/Mitsch* 4/5; *Jescheck/Weigend* § 86 I). Der **BGH** und Teile der Lit. behandeln sie als prozessuales Institut und als **Verfahrenshindernis** (BGH **2**, 307; **4**, 379; **8**, 269; **50**, 138, 139; BVerfGE **1**, 423; **25**, 269; BVerfG NStZ **00**, 251; LK-*Jähnke* 8; *S/S-Stree/Sternberg-Lieben* 3; MK-*Mitsch* 3 f.; NK-*Lemke* 2; *M/Zipf* 75/14; *Roxin* AT I 23/52, vgl. dazu auch *Bloy* [1] 192 ff.); nach NStZ-RR **05**, 44 enthält die Verjährung aber *auch* materielles Recht. Die Verjährung wird vom *Rückwirkungsverbot* nicht erfasst (vgl. BGH **50**, 138, 139 f.; Düsseldorf NStZ-RR **99**, 183); der **Zweifelssatz** ist bei ihrer Feststellung anwendbar BGH **18**, 274; vgl. dazu *Meyer-Goßner*, Jung-FS [2007] 543 ff.). **Rechtsfolge** der Verfolgungsverjährung ist die **Einstellung des Verfahrens** durch Urteil (§ 260 III StPO) oder durch Beschluss (§ 206 a StPO).

4 **3)** Die **Vollstreckungsverjährung** hat die Wirkung, dass das Vollstreckungsverfahren nach den §§ 449 ff. StPO gehindert wird, und kann der Sache nach mit der materiellrechtlichen Überlegung begründet werden, dass das Bedürfnis nach dem Vollzug von Strafe oder Maßnahme (vgl. schon § 67 c II) mit der Zeit nach Tatschwere (§ 79 III) schwindet (vgl. SK-*Rudolphi/Wolter* 1 zu § 79; str.).

5 **4) DDR-Alttaten. Art. 315 a EGStGB** (Anh. 1) wurde durch das (1.) VerjährungsG v. 26. 3. 1993 (BGBl. I 392; III 450–24), das 2. VerjährungsG v. 27. 9. 1993 (BGBl. I 1657; III 450–25) und das 3. VerjährungsG v. 22. 12. 1997 (BGBl. I 3223) ergänzt. Art. 50 Nr. 1 des Entw. der BReg eines 2. Ges. zur Bereinigung von Bundesrecht im Zuständigkeitsbereich des BMJ (BT-Drs. 16/5051) sieht eine Erweiterung um die Abs. IV und V vor; das Gesetzgebungsverfahren war bei Redaktionsschluss der 55. Aufl. nicht abgeschlossen. Die Vorschrift enthält für die am 3. 10. 1990 noch nicht eingetretene Verfolgungs- und Vollstreckungsverjährung für **Taten in der ehemaligen DDR** eine spezielle und damit **vorgehende Regelung** (BGH **39**, 358; **40**, 56; 115; 242 [Anm. *St. Cramer* NStZ **95**, 114]; **41**, 247; 319; NJW **95**, 2732; BGHR § 78 b I VerfHind. 2; NStZ-RR **96**, 323 stRspr; vgl. auch NStZ **01**, 248; NStZ-RR **01**, 328; 4 StR 334/00; 4 StR 476/00; 2 StR 287/00; *Arnold/Kreicker* NJ **01**, 225 ff.), die allgemein den Fall regelt, dass ein Strafanspruch nach DDR-Recht am 3. 10. 1990 noch nicht verjährt war. Keine Anwendung findet die Regelung auf solche Taten, sie sich – wenngleich aus „politischen" Gründen nur auf das staatliche System der DDR bezogen, aber in der der BRep. begangen wurden (vgl. NJ **01**, 493 [zu MRG Nr. 53]; vgl. BGH **43**, 129).

6 **Nach Art. 315 a I Satz 3 EGStGB** gilt die Verjährung, wenn sie bis zum Wirksamwerden des Beitritts nach DDR-Recht noch nicht eingetreten war, am 3. 10. 1990 als **unterbrochen** (§ 78 c), was nach § 78 c III S. 1 die Wirkung hat, dass die Frist von neuem voll zu laufen beginnt (2 zu § 78 c) und für diese Taten nunmehr die §§ 78 ff. gelten (NStZ **98**, 36; NStZ-RR **01**, 328; vgl. *König* NStZ **91**, 566; *Lemke/Hettinger* NStZ **92**, 22; *Schneiders* MDR **90**, 1051). **Nach DDR-Recht bereits verjährte** DDR-Alttaten waren nach dem Beitritt auch dann nicht verfolgbar, wenn sie nach den §§ 78 ff. noch nicht verjährt gewesen wären (*Breymann* NStZ **91**, 463). Bei der Bestimmung der absoluten Verjährungsfrist ist § 78 IV zu beachten (vgl. NStZ **98**, 36 und 5 zu § 78). **Art. 315 a I Satz 3 Halbs. 2 EGStGB** lässt die Regelung des § 78 c III unberührt (vgl. dort); Art. 315 a II EGStGB ist aber eine § 78 c S. 2 vorrangige Norm (vgl. NStZ-RR **01**, 328; 2 zu § 78 c).

7 **5)** Für **SED-Unrechtstaten** ist das **Ruhen der Verjährung** durch das (1.) **VerjährungsG** v. 26. 3. 1993 (BGBl. I 392; III 450–24) festgestellt worden (**Mat.:** vgl. 50. Aufl.; Nachw. zur Literatur: 52. Aufl.), dessen Art. 1 das **Zweite BerechnungsG** enthielt (vgl. i. e. 50. Aufl). Das Ruhen der Verjährung von SED-Unrechtstaten in der Zeit **vom 11. 10. 1949 bis 2. 10. 1990** sollt in **Art. 315 a V EGStGB** idF des 2. BundesrechtsbereinigungsG (oben 5) geregelt werden.

8 **A. Bejaht** worden ist ein Ruhen der Verjährung für folgende Taten: Tötungs- und Körperverletzungsdelikte an der innerdeutschen Grenze (BGH **40**, 48; 113); Verschleppung von Bundesbürgern in die DDR auf Veranlassung des MfS (BGH **23**, 137; **40**, 113, 118); Rechtsbeu-

gung in politischen Strafsachen sowie die damit in Tateinheit stehenden Delikte (BGH **41**, 247 f.; 317, 320); Aussageerpressung gegen Beschuldigte politischer Straftaten (NStZ-RR **01**, 239); Körperverletzungen an **Strafgefangenen** (BGHR § 78 b I Ruhen 2, 6); staatlich gelenkte Vergabe staatlicher **Dopingmittel** an Minderjährige (NStZ **00**, 252; NJ **01**, 605); weiterhin bei den im Zusammenhang mit illegalen Wohnungsdurchsuchungen und Observationen durch das MfS begangenen Straftaten. Die Verfolgung muss **aus politischen Gründen,** dh am mangelnden Willen zur Ahndung, **gescheitert** sein (BVerfGE **1**, 426; BGH **40**, 55 m. Anm. *König* JR **94**, 339; NJ **98**, 546; vgl. i. e. 50. Aufl.); das war bei einer im Jahre 1959 begangenen Körperverletzung mit Todesfolge durch einen Polizisten im Rahmen des Einsatzes gegen jugendliche Störer auch dann nicht der Fall, wenn gegen den Täter kein Strafverfahren eingeleitet wurde (NStZ **02**, 143). In der DDR erlassene Amnestien stehen der Verfolgbarkeit nicht entgegen, soweit sie sich nach dem Willen der Amnestiegesetzgeber von vornherein nicht auf Taten beziehen sollten, die außerhalb jeder Verfolgung standen (BGH **41**, 248; NJW **94**, 3238 – insoweit in BGH **40**, 169 nicht abgedr.; BGH **42**, 332; noch offen gelassen in BGH **39**, 358 ff.). Der **Beginn** des Ruhens ist auf den **1. 10. 1949** (Wahl des ersten Präsidenten der ehem. DDR), das **Ende** des Ruhens auf den **2. 10. 1990** festgesetzt worden. Da die Bestimmung des Endes der Ruhens-Frist keine konstitutive Wirkung hat, sind die Voraussetzungen für ein Ruhen der Verjährung im Einzelfall festzustellen (vgl. i. e. 50. Aufl. 15).

B. Das **2. VerjährungsG** v. 27. 9. 1993 (BGBl. I 1657; III 450–25; **Mat.:** vgl. 50. Aufl.; 9
Auflösung: Art. 52 des 2. BundesrechtsbereinigungsG; oben 5) hat den **Art. 315 a EGStGB** durch die Absätze II und III **ergänzt** und für die dort genannten Taten, soweit sie bis zum 30. 9. 1993 noch nicht verjährt waren (Art. 315 a IV EGStGB), die **strafrechtlichen Verjährungsfristen verlängert.** Zur praktischen Bedeutung dieser Verjährungsvorschriften für die sog. „Vereinigungskriminalität" *Letzgus* NStZ **94**, 60; *Heuer/Lilie* DtZ **93**, 356; *Schreiber* ZStW **107**, 179; krit. *Otto* Jura **94**, 613.

C. Das **3. VerjährungsG** v. 22. 12. 1997 (BGBl. I 3223; **Mat.:** vgl. 50. Aufl.) hat die Frist 10
für die in Art. 315 a Abs. II geregelte **mittlere Kriminalität** erneut **bis zum 2. 10. 2000**, verlängert; diese Verlängerung war nicht auf bestimmte Delikte beschränkt (NStZ **01**, 248). Praktisch bedeutsam war dies insb. für die Verfolgung von Rechtsbeugung, Freiheitsberaubung, Körperverletzung und Nötigung aus politischen Gründen sowie für die sog. vereinigungsbedingte Wirtschaftskriminalität (Betrug, Untreue). Vor diesem Zeitpunkt konnte auch die **absolute Verjährung** nach § 78 c III S. 2 nicht eintreten (NStZ-RR **01**, 328 [Misshandlung und sexueller Missbrauch von Jugendlichen in „Spezial-Kinderheim"]; BGHR EGStGB Art. 315 a, Verjährungsfrist 2; 3 StR 3/01). Der weitaus größte Teil von DDR-Alttaten ist daher inzwischen verjährt (vgl. i. e. *Arnold/Kreicker* NJ **01**, 225 ff.).

Eine Verschiebung der Grenze der **absoluten Verjährung** für die in Art. 315 a II, 1. HS. 11
EGStGB genannten Delikte stand im Gesetzgebungsverfahren des 3. VerjährungsG zu Recht nicht zur Diskussion (vgl. dazu BGH **47**, 245 ff.).

Verjährungsfrist

78 **I Die Verjährung schließt die Ahndung der Tat und die Anordnung von Maßnahmen (§ 11 Abs. 1 Nr. 8) aus. § 76 a Abs. 2 Satz 1 Nr. 1 bleibt unberührt.**

II Verbrechen nach § 211 (Mord) verjähren nicht.

III Soweit die Verfolgung verjährt, beträgt die Verjährungsfrist

1. **dreißig Jahre bei Taten, die mit lebenslanger Freiheitsstrafe bedroht sind,**
2. **zwanzig Jahre bei Taten, die im Höchstmaß mit Freiheitsstrafen von mehr als zehn Jahren bedroht sind,**
3. **zehn Jahre bei Taten, die im Höchstmaß mit Freiheitsstrafen von mehr als fünf Jahren bis zu zehn Jahren bedroht sind,**
4. **fünf Jahre bei Taten, die im Höchstmaß mit Freiheitsstrafen von mehr als einem Jahr bis zu fünf Jahren bedroht sind,**
5. **drei Jahre bei den übrigen Taten.**

IV Die Frist richtet sich nach der Strafdrohung des Gesetzes, dessen Tatbestand die Tat verwirklicht, ohne Rücksicht auf Schärfungen oder Milderungen, die nach den Vorschriften des Allgemeinen Teils oder für besonders schwere oder minder schwere Fälle vorgesehen sind.

1 **1) Allgemeines.** Die Vorschrift (vgl. Vorbem. 2, 4), deren I S. 2 durch Art. 1 Nr. 2 des 21. StÄG eingefügt wurde, ist in Abs. II durch das EinfG zum VStGB v. 26. 6. 2002 (BGBl. I 2254) geändert worden. Sie regelt die Wirkung der Verfolgungsverjährung (I), bestimmt die Unverjährbarkeit des Mordes (II), setzt die Verjährungsfristen fest (III) und gibt in IV die Grundlage für die Fristberechnung. **II** wurde eingefügt durch das **9. StÄG** (BR-Drs. 131/69) und durch das **16. StÄG,** das die Verjährung auch für den Mord beseitigt hat, erweitert.

2 **2) Nach I schließt** die **Verfolgungsverjährung**

A. die Ahndung der Straftat aus, nämlich die Verhängung von Strafen, Nebenstrafen und Nebenfolgen (5 vor § 38) sowie die Anordnung von Maßnahmen (§ 11 I Nr. 8) wegen einer Straftat oder rechtswidrigen Tat, also auch von Maßregeln der Besserung und Sicherung, Verfall (vgl. 10 zu § 76a) und Einziehung, auch soweit sie sichernden Charakter hat (7 zu § 76a), jedoch bleibt **nach I S. 2** iVm § 76a II Nr. 1 eine selbstständige Einziehungsanordnung möglich (vgl. 7a zu § 76a). Ist die Strafe rechtskräftig verhängt, Nebenstrafe, Nebenfolge oder Maßnahme aber noch nicht, so läuft für ihre Anordnung eine selbstständige Frist nach III (vgl. Neustadt GA **56**, 286; Celle NJW **65**, 2413; LK-*Jähnke* 3). I S. 1 ist in seinen rechtlichen Wirkungen auf die Beseitigung der Verfolgbarkeit beschränkt (vgl. BGH **50**, 138, 139); im Rahmen der **Strafzumessung** können verjährte Taten, soweit sie festgestellt sind, berücksichtigt werden (*Jähnke,* Salger-FS 49).

3 **B.** Die Verjährung ist **von Amts wegen** in jeder Lage des Verfahrens zu beachten, also auch im Rechtsmittelverfahren. Die Verjährung ist auch noch zu beachten, wenn das Rechtsmittel nur die Strafzumessung (4 StR 145/58), die Strafaussetzung zur Bewährung (BGH **11**, 394), die Auferlegung der dem Nebenkläger erwachsenen notwendigen Auslagen (BGH **13**, 128) oder nur eine Tat betrifft, deren Strafe mit der für die verjährte Tat zu einer Gesamtstrafe zusammengezogen wurde (BGH **8**, 269). Das gilt aber nicht, wenn ein unzulässiges Rechtsmittel eingelegt und die Verjährung schon vor dem angefochtenen Urteil eingetreten ist (BGH **16**, 115; **22**, 216; **25**, 259; Bay NJW **70**, 620; vgl. aber auch BGH **23**, 365). Ist der Zeitpunkt der Begehung zweifelhaft, so ist nach dem Grundsatz *in dubio pro reo* der dem Täter günstigste maßgebend (BGH **33**, 277 [m. Anm. *Bottke* JR **87**, 167]; 1 StR 407/96).

4 **3) Abs. II** schließt die Verjährung bei **Mord** aus, und zwar auch bei Versuch, Teilnahme (§ 28 I), § 30 (9, 10 zu § 12; Frankfurt NJW **88**, 2900; hM; **aA** *Triffterer* NJW **80**, 2049; LG Hamburg NStZ **81**, 141 m. Anm. *Schünemann*); zum Ausschluss der Vollstreckungsverjährung vgl. 2 zu § 79. Die Aufhebung der Verjährung wirkt jeweils auch für Taten *vor* dem Inkrafttreten des 9. StÄG (6. 8. 1969) und des 16. StÄG (22. 7. 1979), wenn Verjährung noch nicht eingetreten war (NJW **88**, 2898 [*Thälmann-Urteil*]; LK-*Jähnke* 6). War sie aber schon vor dem 9. StÄG durch Ablauf der Verjährungsfrist eingetreten, so bleibt es dabei, zB im Falle von eigenmächtig begangenen Morden an der Zivilbevölkerung während des 2. Weltkrieges (NJW **95**, 1297 [m. Anm. *St. Scholz* JR **96**, 121; krit. ferner *Habel* NJW **95**, 2830; hierzu auch *Widmaier* NStZ **95**, 364]: *Fall Caiazzo*). Die Unverjährbarkeit des **Völkermords** (§ 6 VStGB), von **Verbrechen gegen die Menschlichkeit** (§ 7 VStGB) und von **Kriegsverbrechen** (§§ 8ff. VStGB) ist in § 5 VStGB geregelt.

5 **4) Nach III** verjährt in allen übrigen Fällen die Verfolgung nach Ablauf der **Verjährungsfrist,** deren Beginn in § 78a geregelt ist und für deren Länge die Stufen der Nr. 1 bis 5 gelten (unten 6); ihr Lauf ist auf das Erkenntnisverfahren beschränkt ist (11 zu § 78b). Die Frist bestimmt sich im Falle mehrerer Taten desselben Täters **für jede Tat gesondert,** und zwar auch bei Tateinheit, so dass die eine früher verjähren kann als die andere (StV **89**, 478; **90**, 404; NStZ **90**, 81; 5 StR 193/94; 5 StR 583/95; 2 StR 158/04; stRspr).

5a **A.** Die Länge der Verjährungsfrist bestimmt sich nach **der Höhe der angedrohten Strafe** für die Verwirklichung des betreffenden Tatbestandes (Abs. IV; bei Tateinheit für jeden Tatbestand gesondert; 10 zu § 78a), und zwar nach der Hauptstrafe, bei wahlweise angedrohten Strafen nach der schwersten. Maßgebend ist die für den Einzelfall *angedrohte* (nicht die verwirkte) Strafe. Die Verwirklichung von Privilegierungs- oder Qualifikationstatbeständen ist zu berücksichtigen (NStZ **96**, 275 [m. Anm. *Dölling* NStZ **97**, 77]; NStZ **98**, 36; 8 zu § 12). Bei Änderung der Strafandrohung nach Tatbegehung kommt es auf den nach den Grundsätzen des § 2 anzuwendenden Strafrahmen an (vgl. BGH **2**, 305; **50**, 138; MDR/D **54**, 335; GA **54**, 22; 4ff. zu § 2). Eine **Ausnahme** gilt nach § 78b IV für bestimmte Fälle des III Nr. 4. In allen übrigen Fällen bleiben nach **IV** ebenso wie bei der Einordnung nach § 12 Schärfungen oder Milderungen, die der AT vorschreibt oder zulässt, unberücksichtigt; ebenso Strafrahmenveränderungen für besonders schwere oder minder schwere Fälle;

B. Von den **Verjährungsfristen III Nr. 1 bis 5** gilt für die **Geldstrafe** allein Nr. 5. Zur Veränderung der Fristen durch Ruhen und Unterbrechung der Verjährung vgl. §§ 78b und 78c. 6

5) Für das **Nebenstrafrecht** des Bundes und der Länder gelten die §§ 78ff. ebenfalls (Art. 1 EGStGB; **Anh. 1**). Sondervorschriften für **Presseinhaltsdelikte** (vgl. hierzu NStZ **94**, 313; *Franke* GA **82**, 404; Bay **91**, 35) finden sich in den **Pressegesetzen** der Länder (vgl. *Göhler/Buddendiek/Lenzen* Nr. 619; *Groß* NStZ **94**, 312). Die kurze Presseverjährung beginnt nach der **presserechtlichen Verjährungstheorie,** die sich im Hinblick auf die Regelungen der LPressegesetze durchgesetzt hat, mit dem **ersten Verbreitungsakt** (BGH **25**, 347; 3 StR 193/80 [hierzu MDR/S **81**, 89]; Celle NJW **68**, 715; NdsRpfl. **84**, 241; Karlsruhe Die Justiz **72**, 18; KG JR **90**, 124; LK-*Jähnke* 17; *Schröder,* Gallas-FS 336), im Falle eines zwischenzeitlich aufgegebenen, aber erneut gefassten Tatentschlusses mit dem ersten darauf beruhenden Verbreitungsakt (BGH **33**, 273 [m. Anm. *Bottke* JR **87**, 167]; anders noch die strafrechtliche Verjährungstheorie [BGH **14**, 258 zu § 22 RPressG, wonach es auf den letzten Verbreitungsakt ankommt). Die besondere Presseverjährung beginnt gesondert für jedes einzelne Druckwerk mit dem ersten Verbreitungsakt (BGH **27**, 18; 3 StR 379/80; Stuttgart NJW **74**, 1149; Schleswig SchlHA **78**, 191 Nr. 120; **aA** noch Bay **62**, 177; **74**, 177, wonach der Tag entscheidend sein soll, an dem die zuletzt verbreitete Schrift erstmals verbreitet wurde); sie kann freilich durch eine versteckte Vorwegverbreitung einzelner Exemplare nicht in Gang gesetzt werden (BGH **25**, 355). Zu beachten ist, dass die Verjährung für jeden an der Verbreitung Beteiligten gesondert läuft und immer erst mit dessen Verbreitungshandlung beginnen kann (BGH **25**, 354 mwN). Die presserechtl. Verjährung gilt auch für **Beihilfehandlungen** (NStZ **82**, 25) sowie für die vor einer erstmaligen Veröffentlichung liegenden Handlungen, zB Verfassen, Drucken, Vorrätighalten (BGH **33**, 273); § 78 gilt insoweit, wenn noch keine Verbreitung stattgefunden hat (vgl. BGH **8**, 247; **14**, 258; MDR/H **77**, 809). Zum **Rundfunkinhaltsdelikt** vgl. BGH **44**, 209, 215ff. [Anm. *Lampe* JR **99**, 519]. Zu **Schallplatten** vgl. NJW **95**, 893; zu **Aufklebern** BGH **33**, 271; Bay NJW **87**, 1711; KG StV **90**, 208; zu **Videokassetten** Bay **87**, 98. 7

Nicht zu den Presseinhaltsdelikten gehören Straftaten, durch welche strafbare Äußerungen insb. von Personen, die nicht berufsmäßig mit der Herstellung und Vorbereitung von Pressemedien beschäftigt sind, sich *primär* an einen anderen oder darüber hinaus gehenden Empfängerkreis richten. So unterfallen strafbare öffentliche Äußerungen, über die in Pressemedien nur berichtet wird und die daher aus Sicht des Täters in keinem Zusammenhang mit der Ausübung der Pressefreiheit stehen, nicht der presserechtlichen Verjährung. Für Äußerungen in **talk-shows** vor einem vom Fernsehsender eingeladenen Studiopublikum hat BGH **44**, 209, 215ff. aber die Anwendung der presserechtlichen Verjährung bejaht, weil (und soweit) die Studio-Öffentlichkeit hier nur Teil der Dramaturgie der Fernsehproduktion ist. Die kurze presserechtliche Verjährung findet nur auf Straftaten Anwendung, bei denen die Strafbarkeit im **Inhalt des Druckwerks** (Prospekts) begründet ist (wistra **04**, 339); **nicht** dagegen auf Taten, bei denen sie im Verstoß gegen Vorschriften über Zeit, Ort oder Art des Verbreitens liegt; für diese gilt § 78. Das gilt 8

zB für Taten nach § 89 (BGH **27**, 355; MDR **79**, 707; NJW **96**, 1905; **96**, 2585; Bay MDR **80**, 73; NStZ-RR **96**, 136); nach § 264 a durch unrichtige Angaben in Prospekten (BGH **40**, 389); nach § 184 (Düsseldorf MDR **87**, 604 L); für Taten durch das Führen von *Aufklebern* (Hamburg NStZ **83**, 127 m. Anm. *Franke* NStZ **84**, 126; Frankfurt NJW **84**, 1128; MDR **84**, 423; Hamm NStZ **89**, 578; **aA** Schleswig SchlHA **84**, 87; Bay NJW **87**, 1711; KG JR **90**, 124; *Groß* NStZ **94**, 313). Auch das öffentliche Anschlagen von Plakaten ist kein Verbreiten iS des § 15 I BayPrG (München MDR **89**, 180). Die Einstellung von Texten in eine webseite des **Internet** steht der Verbreitung von Druckwerken (Art. 14 I S. 1 iV mit Art. 6 I BayPrG) nicht gleich (Bay NStZ **04**, 702); es gilt daher nicht die kurze presserechtliche Verjährungsfrist.

9 Weitere Sonderregelungen ergeben sich aus **einzelnen Spezialgesetzen;** eine **entsprechende Anwendung** des § 78 I, § 78 a S. 1 und der §§ 78 b, 78 c I–IV bei der berufsgerichtlichen Ahndung von Pflichtverletzungen sehen vor § 115 S. 2 BRAO, § 93 S. 2 StBerG (BGH **33**, 55), § 70 S. 2 WirtschPrüfO, § 97 S. 2 PatentanwaltsO.

Beginn

78a Die Verjährung beginnt, sobald die Tat beendet ist. Tritt ein zum Tatbestand gehörender Erfolg erst später ein, so beginnt die Verjährung mit diesem Zeitpunkt.

1 **1) Allgemeines.** Die Vorschrift (§ 67 IV aF) wurde durch das 2. StrRG und Art. 18 Nr. 46 EGStGB neu gefasst (vgl. unten 2).

1a **Literatur:** *Hau,* Die Beendigung der Straftat, 1974; *Kühl,* Die Beendigung des vollendeten Delikts, Roxin-FS 665; *Schmitz*, Versuchsbeginn, Vollendung und Beginn der Verfolgungsverjährung bei ausgebliebener Steuerfestsetzung, Kohlmann-FS (2003) 517; *Stoffers/Landowski*, Verjährung der Beihilfe zur Steuerhinterziehung, StraFo **05**, 228; *Tondorf*, Zum Beginn der Strafverfolgungsverjährung beim unbewusst fahrlässigen Erfolgsdelikt durch Unterlassen, Kohlmann-FS (2003), 71; *Wulf*, Beginn der Verjährung der Steuerhinterziehung bei ausgebliebener Steuerfestsetzung, wistra **03**, 89.

2 **2) Anwendungsbereich.** § 78 a regelt den **Beginn der Verjährung,** dh des Laufs der in § 78 III genannten Fristen. Wegen ihrer unklaren Fassung ist die Anwendung der Vorschrift im einzelnen umstritten: Nach § 67 IV aF in der bis zum 2. StrRG geltenden Fassung begann die Verjährung „mit dem Tag, an welchem die *Handlung begangen* ist, ohne Rücksicht auf den Zeitpunkt des eingetretenen Erfolges". Die Rspr ergänzte dies, weil eine Tat schwerlich verjähren kann, bevor sie *vollendet* ist (and., aber unklar *Tondorf*, Kohlmann-FS 71, 78), dahin, dass die Verjährung grds mit Abschluss des auf die Verwirklichung gerichteten *Handelns*, aber nicht vor Eintritt des *tatbestandsmäßigen Erfolgs* beginne (RG **42**, 171 f.; BGH **11**, 119, 121); das 2. StrRG (Ber. BT-Drs. V/4095, 44) übernahm dies (wie § 128 E 1962) in die Neufassung (vgl. Begr. 259; Ndschr. **2**, 360). Art. 18 Nr. 46 EGStGB ersetzte dann in S. 1 die Worte „das strafbare Verhalten" durch die Formulierung „die Tat". Damit war „eine Anpassung an den allgemeinen Sprachgebrauch" bezweckt (BT-Drs. 7/550, 215), was freilich missglückte: Der Begriff „Tat" verweist auf das *tatbestandsmäßige Gesamtgeschehen*; hierin ist der Taterfolg zwingend enthalten (vgl. § 11 I Nr. 5). Nach wortlautnaher Auslegung ist die Regelung des S. 2 daher überflüssig (LK-*Jähnke* 1; hier bis 51. Aufl.; vgl. dazu auch *S/S-Stree/Sternberg-Lieben* 1); nach **aA** hat sie einen Anwendungsbereich allein bei erfolgsqualifizierten Delikte iS von § 18 (so SK-*Rudolphi* 4.; unklar *Tondorf*, Kohlmann-FS 71, 76). Es ist aber davon auszugehen, dass der Gesetzgeber an die Auslegung des § 67 IV aF anknüpfen wollte, wonach es auf den Abschluss der auf demselben Vorsatz beruhenden Gesamttätigkeit des Täters ankam (vgl. BGH **16**, 207, 209; **24**, 218, 220; vgl. dazu auch *Kühl* JZ **78**, 549; JuS **82**, 189, 193; *Lackner/Kühl* 1; *S/S-Stree/Sternberg-Lieben* 1; *Otto,* Lackner-FS 715).

3 **3) Grundsatz.** Die Verjährung beginnt nach **S. 1**, sobald das auf Verwirklichung des Tatbestands gerichtete Täterverhalten beendet ist (*S/S-Stree/Sternberg-Lieben* 1; *Lackner/Kühl* 1; vgl. BGH **11**, 121; 347; **16**, 207; **24**, 220; **36**, 116; **37**, 145 [m. Anm. *Temming* NStZ **90**, 584; and. *Foth,* Nirk-FS 293]; NJW **98**, 2373; zur Rspr vgl. *Wickern* NStZ **94**, 572); auf den Zeitpunkt der Tatvollendung kommt es grds. nicht an. **S. 2** bestimmt, dass, wenn ein zum Tatbestand gehörender Erfolg (also nicht nur ein qualifizierender Erfolg iS von § 18) zeitlich der Be-

endigung des Täterverhaltens nachfolgt, die Verjährung erst mit dem Zeitpunkt seines Eintritts zu laufen beginnt. Es kommt also darauf an, dass das tatbestandsmäßige Verhalten sowie ein ggf. zu ihm gehörender Taterfolg vollständig abgeschlossen sind und sonstige Voraussetzungen der Strafbarkeit erfüllt sind, so dass eine Strafverfolgung möglich wäre (BGH **16**, 207). Wenn eine den Tatbestand verwirklichende Handlung auch nach Tatvollendung möglich ist (Dauerdelikte), beginnt die Verjährung erst mit Abschluss des Verhaltens (BGH **24**, 218; **28**, 169; Bay NJW **96**, 669).

Bei der **Mittäterschaft** entscheidet die letzte Handlung eines Mittäters für alle Beteiligten, da dessen Handlung als ihre eigene gilt (BGH **36**, 117, hierzu *Kratzsch* JR **90**, 177). Bei **Anstiftung und Beihilfe** beginnt die Verjährung grds. erst mit derjenigen der Haupttat (BGH **20**, 227; NJW **51**, 727; Bay NJW **96**, 271 [hierzu *St. Cramer* WiB **96**, 108]; vgl. wistra **84**, 21; str.; **aA** LG Bremen StV **01**, 113; LK-*Jähnke* 15; einschr. *Pelz* wistra **01**, 11, 13 f.). Wird durch eine einheitliche Handlung Beihilfe zu mehreren selbständigen Haupttaten geleistet, so beginnt danach die Verjährung erst mit dem Abschluss der letzten Haupttat (zur Problematik *Jäger* wistra **00**, 344, 347; vgl. auch LG Oldenburg wistra **05**, 69, 70). Wenn sich eine Teilnahmehandlung nur auf einen Teilakt einer Handlungseinheit bezieht, so soll nach teilw. vertretener Ansicht ihre Verjährung mit dessen Beendigung beginnen (vgl. *Lackner/Kühl* 10). Beim **Versuch** kommt es auf das Ende der Tätigkeit an, die der Vollendung der Tat dienen sollte (BGH **36**, 117 [m. Anm. *Schlüchter* NStZ **90**, 180]; wistra **88**, 185; **90**, 23; NJW **89**, 2140; Stuttgart MDR **70**, 64). 4

Bei **Tateinheit** läuft für jedes Delikt die dafür vorgesehene Verjährungsfrist (NStZ **90**, 80 f.; wistra **82**, 188; **90**, 150; NJW **87**, 3144; **91**, 1309; StV **89**, 478; **90**, 405; 3 StR 472/00; Bay JR **58**, 468; LK-*Jähnke* 3 zu § 78; *S/S-Stree/Sternberg-Lieben* 1). Der Tatbegriff des § 264 wird hiervon nicht berührt (vgl. 6 zu § 78 c). 5

Fristbeginn ist Tag, an dem der Erfolg eingetreten und das tatbestandsmäßige Gesamtgeschehen beendet ist. Er ist der erste Tag der Frist, der Letzte der ihm im Kalenderjahr vorangehende (Karlsruhe VRS **57**, 115). Ob der letzte Tag auf einen Sonn- oder Feiertag fällt, ist anders als bei § 77 b I S. 2 ohne Bedeutung. Steht die Tatzeit nicht fest, so gilt *in dubio pro reo* (BGH **18**, 274 [mit Anm. *Dreher* MDR **63**, 857]; Stuttgart DAR **64**, 46; vgl. *Montenbruck,* In dubio pro reo, 1985, 17, 174); es ist wie auch sonst in Verjährungsfragen bei unklarem Beweisergebnis von der dem Angeklagten günstigeren Fallgestaltung auszugehen (NJW **95**, 1298 [m. Anm. *Scholz* JR **96**, 123; krit. *Habel* NJW **95**, 2831]; LK-*Jähnke* 15 vor § 78). 6

3) Einzelne Deliktsgruppen: 7

A. Bei vorsätzlichen wie fahrlässigen (vgl. zB Bay NJW **59**, 900 [fahrlässige Brandstiftung]) **Erfolgsdelikten** beginnt die Verjährung mit dem vollständigen Eintritt des tatbestandsmäßigen Erfolgs; das gilt auch bei **erfolgsqualifizierten** Delikten (LK-*Jähnke* 13; *S/S-Stree/Sternberg-Lieben* 3; SK-*Rudolphi/Wolter* 4).

Bei **Bestechung** und Bestechlichkeit beginnt die Frist daher, wenn der Bestochene den (gesamten) Vorteil aufgrund der Unrechtsvereinbarung erhalten hat (BGH **11**, 347; NStZ **93**, 538; Bay NJW **96**, 269; hierzu *St. Cramer* WiB **96**, 108); bei auf derselben Unrechtsvereinbarung beruhenden ratenweise zu leistenden Vorteilen also erst mit Annahme der letzten Teilleistung (vgl. BGH **11**, 347; **16**, 209); auf eine der Unrechtsvereinbarung nachfolgende, sie erfüllende oder nur ausnutzende Handlung kommt es nicht an (NJW **98**, 2373). Bei **Unterschlagung** beginnt die Verjährung mit der Sicherung des Erlangten, bei von vornherein geplanten Verschleierungshandlungen erst mit diesen (BGH **24**, 218; NJW **83**, 559); bei **Verletzung von Privatgeheimnissen** (§ 203) mit der unbefugten Offenbarung (NStZ **93**, 538); bei **Erpressung** mit der vollständigen Erlangung des erpressten Vermögensvorteils; bei Baugefährdung (§ 319) mit der Vollendung und Abnahme des Baues (vgl. schon RG **26**, 261); bei der **Strafvereitelung** erst, wenn die Tat, auf die sich die Vereitelung bezieht, nicht mehr verfolgt werden kann (MDR/H **90**, 887); bei **Bankrott** mit Eröffnung des Insolvenzverfahrens oder Zahlungs- 8 einstellung, da die Strafbarkeit erst mit dem Eintritt dieser Bedingungen beginnt (LK-*Jähnke* 12); bei unerlaubter Einreise mit dem Überschreiten der Grenze (Bay NStZ-RR **99**, 314). Bei der **Körperverletzung** beginnt die Verjährung mit dem Eintritt des letzten von mehreren Körperschäden; auf mittelbare Spätschäden kommt es nicht an (*Lackner/Kühl* 4; *S/S-Stree-Sternberg-Lieben* 2). Beim **Betrug** beginnt die Verjährung nach stRspr nicht schon mit dem Zeitpunkt der (ersten) Vermögensverfügung; sondern erst mit der Erlangung des letzten vom Tatvorsatz umfassten Vermögensvorteils (NJW **74**, 914; **84**, 376; StraFo **04**, 215; wistra **92**, 254; Stuttgart wistra **95**, 154; ebenso LK-*Jähnke* 5; SK-*Rudolphi/Wolter* 5; and. [vollständiger Eintritt des *Schadens*] *Lackner/Kühl* 4; NK-*Lemke* 4; *Otto*, Lackner-FS 715, 723). Das gilt grds. auch bei Eintritt eines **Gefährdungsschadens**. Wird eine Tat nach **§ 266** durch Eintritt eines Gefährdungsschadens vollendet, so beginnt, wenn dieser sich durch ein nachfolgendes Ereignis *realisiert*, die Verjährung erst mit diesem Ereignis (wistra **03**, 379; vgl. auch wistra **04**, 429, 430 f. [Fall *Krause*]). Beim Vorenthalten von Arbeitsentgelt (§ 266 a) beginnt die Verjährung nicht mit Eintritt von Zahlungsunfähigkeit, sondern erst mit Erlöschen der Beitragspflicht (Jena NStZ-RR **06**, 170).

9 Wenn der Taterfolg in einer **Mehrzahl von Ereignissen** besteht, so beginnt die Verjährung erst mit Abschluss des letzten vom Tatvorsatz umfassten Ereignisses (wistra **89**, 97; **96**, 30 [Untreue]). Das gilt insb. auch bei auf wiederholte Leistungen gerichtetem **Betrug;** daher verjährt **Rentenbetrug** erst ab Erlangung der letzten Leistung (BGH **27**, 342; *Brause* NJW **78**, 2104; *Reißfelder* NJW **79**, 990; *Kühl* JZ **78**, 549; LK-*Jähnke* 5; *S/S-Stree/Sternberg-Lieben* 4); ebenso beim **Anstellungsbetrug,** der nicht schon mit der Eingehung der Verpflichtung, sondern erst mit Erlangung des letzten Entgelts beendet ist (*Schröder* JR **68**, 345; *S/S-Stree/Sternberg-Lieben* 4; LK-*Jähnke* 5; SK-*RudolphiWolter* 5; **aA** BGH **22**, 38 [hierzu *Otto* Lackner-FS 708, 732]; MDR/D **58**, 564). Beim Vermieterbetrug beginnt die Verjährung mit der letzten Mietzahlung durch den Mieter (Koblenz MDR **93**, 70); bei der **Untreue** mit dem Eintritt des letzten vom Vorsatz umfassten Nachteils (NStZ **01**, 650; **03**, 540 f.; wistra **89**, 97); beim **Anlagebetrug** mit dem vollständigen Erbringen der Einlagen (NStZ **00**, 85).

10 Bei der **Steuerhinterziehung** (von Veranlagungssteuern) durch falsche Erklärung beginnt die Verjährungsfrist mit der **Festsetzung** der Steuer (vgl. BGH **36**, 111; NStZ **84**, 414 [Einkommensteuer; Anm. *Streck*]), und zwar nicht mit der Unterzeichnung des Steuerbescheides, sondern mit dessen Bekanntgabe an den Steuerpflichtigen (wistra **84**, 182 [m. Anm. *Schomburg*]; Hamburg wistra **85**, 110 [hierzu *Herdemerten* wistra **85**, 98]; **87**, 189; zusf. *Otto* aaO 733). Der Verjährungsbeginn bei fehlender Festsetzung ist streitig (unten 15).

11 **B.** Bei schlichten **Tätigkeitsdelikten** beginnt die Verjährung mit dem vollständigen Abschluss der auf demselben Vorsatz beruhenden tatbestandlichen Ausführungshandlung; bei geheimdienstlicher (§ 99) der landesverräterischer (§ 98) **Agententätigkeit** daher nicht schon bei vorübergehender Unterbrechung, sondern erst mit der Beendigung des Auftrags, sei es aufgrund Unmöglichkeit, „Ausstiegs" oder einseitig vom Auftraggeber angenommener „Abschaltung" oder Erschöpfung der Quelle (vgl. dazu BGH **28**, 173; **43**, 1; NStZ **84**, 310 [m. Anm. *H. Wagner* StV **84**, 189]; NStZ **96**, 129; Bay MDR **96**, 191; *Lampe/Schneider* GA **99**, 105, 114; **aA** *Rudolphi* NStZ **97**, 489; *Schlüchter/Duttge* NStZ **98**, 618; 14 zu § 99). Bei **Aussagedelikten** beginnt die Verjährung mit Abschluss der Vernehmung.

12 **C.** Bei **Dauerdelikten** beginnt die Verjährung nach der Beseitigung des rechtswidrigen Zustandes (BGH **20**, 227; vgl. schon RG **44**, 424); zB bei der Freiheitsberaubung nach dem Zeitpunkt der Freilassung des Opfers (*B/Weber/Mitsch* 8/56; vgl. *Kühl,* Roxin-FS 665, 676 ff.); bei der Unterhaltspflichtverletzung mit der (Wieder-)Aufnahme der Unterhaltsleistungen oder dem Wegfall der Unterhaltspflicht. Bei Zustandsdelikten (58 vor § 52) läuft die Verjährung vom Ende der Handlung an trotz Weiterbestehens des Zustandes (*S/S-Stree/Sternberg-Lieben* 11).

D. Bei **Gefährdungsdelikten** ist Erfolg iS des § 78 a die Gefährdung als solche und nicht die daraus erwachsene Verletzung (BGH **32**, 294 [zu § 241 a, BGH **36**, 257 für die des § 326 [m. Anm. *Laubenthal* JR **90**, 513]; Köln NJW **00**, 598; LK-*Jähnke* 11; Düsseldorf NJW **89**, 537 für § 330; diff. SK-*Rudolphi/Wolter* 6; *Dannecker* NStZ **85**, 49, 51). Bei **abstrakten** Gefährdungsdelikten, die schlichte Tätigkeitsdelikte sind, beginnt die Verjährung mit dem Abschluss der Ausführungshandlung (BGH **36**, 255, 257; Köln NJW **00**, 598); bei **konkreten** Gefährdungsdelikten mit Abschluss der Handlung und Eintritt der Gefahr (BGH **32**, 293, 294; Düsseldorf NJW **89**, 537; LK-*Jähnke* 11; *Lackner/Kühl* 5). 13

E. Bei **echten Unterlassungsdelikten** beginnt die Verjährung, sobald die Pflicht zum Handeln fortfällt (wistra **92**, 23; Stuttgart VRS **33**, 273; Hamm GA **68**, 377); das ist, wenn die Handlung fristgebunden ist (zB § 64 I GmbHG), nicht schon bei Fristablauf der Fall (BGH **28**, 379; wistra **88**, 69; Düsseldorf MDR **85**, 342; Stuttgart NStZ **92**, 592), wenn die Handlungspflicht fortbesteht; im Fall des § 266 a daher nicht schon mit dem Zeitpunkt, zu dem die Beiträge zu entrichten wären, sondern erst mit dem Erlöschen der Beitragspflicht (wistra **92**, 23). 14

Bei **Steuerhinterziehung** durch Unterlassen pflichtgemäßer Erklärung, wenn eine Steuerfestsetzung nicht erfolgt, beginnt die Verjährung nach der **Rspr** zu dem Zeitpunkt, in welchem bei rechtzeitiger Abgabe der Steuererklärung eine Veranlagung durch das FinA stattgefunden hätte; das ist (im Hinblick auf den Zweifelsgrundsatz) der Fall, wenn die Veranlagungsarbeiten in dem betreffenden Bezirk im Wesentlichen, dh zu etwa 95% **abgeschlossen** sind (BGH **30**, 122 ff.; **36**, 105, 111; wistra **99**, 385 f.; **01**, 194; München wistra **02**, 34; vgl. auch NJW **02**, 762 [Vermögenssteuer]; Bay wistra **03**, 117, 119 [Vermögenssteuer]). Nach **aA** muss bei der Anwendung des Zweifelssatzes zwischen (unsicherem) **Vollendungs-** und (unsicherem) **Beendigungs-**Zeitpunkt unterschieden werden; für den letzteren ist danach auf den denkbar frühesten Festsetzungszeitpunkt abzustellen, daher auf den **Beginn** der Veranlagungsarbeiten (Hamm wistra **01**, 474, 476; *Schmitz* wistra **93**, 248 ff.; *ders.*, Kohlmann-FS [2003] 517, 533 f.; *Wulf* wistra **03**, 89 f.; *Franzen/Gast/Joecks*, Steuerstrafrecht, 5. Aufl., 27 f. zu § 376 AO; jew. mwN). Bei der Hinterziehung von **Umsatzsteuer** durch Unterlassen läuft die Verjährungsfrist von dem Zeitpunkt an, zu dem die Jahresanmeldung abzugeben war (BGH **38**, 170; **39**, 234; wistra **94**, 58; NJW **91**, 1315; Hamburg wistra **93**, 272 [dazu *Schmitz* wistra **93**, 248; *Hees* wistra **94**, 81]). Zur **Körperschaftssteuerverkürzung** vgl. *Hardtke/Leip* NStZ **96**, 270. 15

F. Bei **unechten Unterlassungsdelikten** beginnt, wenn die Handlungspflicht sich auf die Verhinderung eines bestimmten Erfolgs richtet, die Verjährung mit dem Eintritt dieses Erfolgs (Köln VRS **65**, 73 f.; LK-*Jähnke* 9; *Schröder* JZ **59**, 30), da das Verhalten zuvor die Bedeutung einer Straftat noch nicht erlangt hat (vgl. auch *S/S-Stree/Sternberg-Lieben* 6). 16

Eine **Ausnahme** hat die Rspr zu § 67 IV aF in Fällen **unbewusst fahrlässigen** Unterlassens anerkannt; danach setzt der Verjährungsbeginn in diesen Fällen eine *Strafbarkeit* des Verhaltens (die mangels Erfolgseintritts noch nicht gegeben ist) nicht zwingend voraus, weil es hier an dem inneren psychischen Zusammenhang zwischen Verhalten und Erfolg fehle, der es bei vorsätzlichem und bewusst fahrlässigem Verhalten rechtfertige, eine Einheit zwischen Verhalten und Erfolg anzunehmen (BGH **11**, 119, 124 [vgl. dazu *Bruns* NJW 58, 1257]). Danach beginnt die Verjährung hier in dem Zeitpunkt, „von dem ab der Täter ohne seine Schuld seine Pflicht nicht mehr im Gedächtnis hat, das Unterlassen also nicht mehr fahrlässig ist, ein schuldhaftes Verhalten mithin nicht mehr vorliegt“ (BGH **11**, 119, 124 [fahrlässige Brandstiftung]). 17

Ob nach der Neufassung der Vorschrift hieran festzuhalten ist, hat der BGH nicht ausdrücklich entschieden, in NJW **98**, 2373 allerdings (für das vorsätzliche Begehungs-Delikt nach § 334) hervorgehoben, dass „§ 78 a nicht an solche inneren Tatsachen anknüpft, die dem Beweis schwerer zugänglich sind als der äußere Ge- 18 schehensablauf und die keine ebenso präzise zeitliche Grenzziehung zulassen wie dieser." Bay NJW **91**, 711 hat für die Dauer-OWi der Nichterfüllung der Meldepflicht entschieden, es sei anerkannt, dass bei durch fahrlässiges Unterlassen begangenen Dauerordnungsdelikten der Pflichtverstoß nicht mehr vorwerfbar ist, wenn der Täter „die ihm obliegende Pflicht nicht mehr im Gedächtnis haben kann". In der Literatur wird daher teilw. in Anknüpfung an BGH **11**, 119 die Ansicht vertreten, das „Ende der Strafbarkeit" und damit der Verjährungsbeginn könne im Wegfall des Verschuldens begründet sein, wenn dem Täter seine Unterlassung nicht mehr vorgeworfen werden kann (LK-*Jähnke* 11; *Tondorf*, Kohlmann-FS [2003] 71, 75 ff.; *Göhler* 12 zu § 31 OWiG). Diese Anknüpfung ist jedoch zweifelhaft; eine schlichte Übernahme der Rspr zu § 67 IV aF ist mit S. 2 nicht vereinbar (*S/S-Stree/Sternberg-Lieben* 5). Unklar ist schon die Bestimmung eines Zeitpunkts, zu welchem der Täter die Handlungspflicht nicht mehr „im Gedächtnis hat" (BGH **11**, 124) oder haben kann (Bay NJW **91**, 711). Es wäre auch nicht recht ersichtlich, was *insoweit* Fälle unbewusst fahrlässigen Unterlassens von solchen bewusst fahrlässigen Unterlassens oder unbewusst fahrlässigen aktiven Tuns unterscheiden sollte: Auch wer auf den glücklichen Ausgang einer pflichtwidrigen Unterlassung vertraut, kann dies nach geraumer Zeit, wenn nichts passiert, vergessen; auch wer unbewusst pflichtwidrig durch aktives Tun eine Gefahr schafft, muss sich nicht jahrzehntelang an seine frühere Pflicht erinnern. LG Düsseldorf StV **02**, 53 (*Flughafenbrand Düsseldorf*; Verfahrenseinstellungen nach §§ 153, 153a StPO) hat ein Verfahrenshindernis wegen Verjährung (fahrlässige Brandstiftung durch 25 Jahre zurückliegendes unbewusst fahrlässiges Unterlassen) nicht angenommen. Das wird mittelbar bestätigt durch die Rspr zur Abgrenzung von Tun und Unterlassen beim fahrlässigen Erfolgsdelikt (vgl. NStZ **03**, 657, 658): Es hat wenig Sinn, von der „Verjährung" eines *folgenlosen* und daher *nicht strafbaren* Unterlassens zu sprechen.

19 4) Für **Presseinhaltsdelikte** gelten Besonderheiten nach Maßgabe der landesrechtlichen Pressegesetze; vgl. dazu BGH **25**, 347; **33**, 271; 7 zu § 78.

Ruhen

78b I **Die Verjährung ruht**

1. **bis zur Vollendung des achtzehnten Lebensjahres des Opfers bei Straftaten nach den §§ 174 bis 174 c und 176 bis 179,**
2. **solange nach dem Gesetz die Verfolgung nicht begonnen oder nicht fortgesetzt werden kann; dies gilt nicht, wenn die Tat nur deshalb nicht verfolgt werden kann, weil Antrag, Ermächtigung oder Strafverlangen fehlen.**

II **Steht der Verfolgung entgegen, dass der Täter Mitglied des Bundestages oder eines Gesetzgebungsorgans eines Landes ist, so beginnt die Verjährung erst mit Ablauf des Tages zu ruhen, an dem**

1. **die Staatsanwaltschaft oder eine Behörde oder ein Beamter des Polizeidienstes von der Tat und der Person des Täters Kenntnis erlangt oder**
2. **eine Strafanzeige oder ein Strafantrag gegen den Täter angebracht wird (§ 158 der Strafprozessordnung).**

III **Ist vor Ablauf der Verjährungsfrist ein Urteil des ersten Rechtszuges ergangen, so läuft die Verjährungsfrist nicht vor dem Zeitpunkt ab, in dem das Verfahren rechtskräftig abgeschlossen ist.**

IV **Droht das Gesetz strafschärfend für besonders schwere Fälle Freiheitsstrafe von mehr als fünf Jahren an und ist das Hauptverfahren vor dem Landgericht eröffnet worden, so ruht die Verjährung in den Fällen des § 78 Abs. 3 Nr. 4 ab Eröffnung des Hauptverfahrens, höchstens jedoch für einen Zeitraum von fünf Jahren; Absatz 3 bleibt unberührt.**

V Hält sich der Täter in einem ausländischen Staat auf und stellt die zuständige Behörde ein förmliches Auslieferungsersuchen an diesen Staat, ruht die Verjährung ab dem Zeitpunkt des Zugangs beim ausländischen Staat

1. bis zur Übergabe des Täters an die deutschen Behörden,
2. bis der Täter das Hoheitsgebiet des ersuchten Staates auf andere Weise verlassen hat,
3. bis zum Eingang der Ablehnung dieses Ersuchens durch den ausländischen Staat bei den deutschen Behörden oder
4. bis zur Rücknahme dieses Ersuchens.

Lässt sich das Datum des Zugangs des Ersuchens beim ausländischen Staat nicht ermitteln, gilt das Ersuchen nach Ablauf von einem Monat seit der Absendung oder Übergabe an den ausländischen Staat als zugegangen, sofern nicht die ersuchende Behörde Kenntnis davon erlangt, dass das Ersuchen dem ausländischen Staat tatsächlich nicht oder erst zu einem späteren Zeitpunkt zugegangen ist. Satz 1 gilt nicht für ein Auslieferungsersuchen, für das im ersuchten Staat auf Grund des Rahmenbeschlusses des Rates vom 13. Juni 2002 über den Europäischen Haftbefehl und die Übergabeverfahren zwischen den Mitgliedsstaaten (Abl. EG Nr. L 190 S. 1) oder auf Grund völkerrechtlicher Vereinbarung eine § 83 c des Gesetzes über die internationale Rechtshilfe in Strafsachen vergleichbare Fristenregelung besteht.

1) Allgemeines. Die Vorschrift übernahm in I und III fast wörtlich § 129 E 1962 (Begr. 259; Ndschr **2**, 342; 360, **4**, 381; **12**, 292), während II durch das 2. StrRG hinzugefügt ist (vgl. auch 2 vor § 78). I regelt das eigentliche Ruhen. Die Neufassung des I geht auf das **30. StÄG** zurück. Abs. IV wurde durch Art. 6 des Gesetzes zur Entlastung der Rechtspflege v. 11. 1. 1993 (BGBl. I 50) angefügt. Durch das Sexualdelikts-ÄndG vom 27. 12. 2003 (BGBl. I 3007) ist I Nr. 1 erweitert worden (**In-Kraft-Treten**: 1. 4. 2004). **Abs. V** ist durch das 38. StÄG vom 4. 8. 2005 (BGBl. I 2272) eingefügt worden. **Materialien:** GesE BReg BT-Drs. 15/5653; Ber. BT-Drs. 15/5856; Gesetzesbeschluss BR-Drs. 522/05; BRat BR-Drs. 522/05 (Beschluss). **In-Kraft-Treten:** 11. 8. 2005. 1

Gesetzgebung: Der E eines Zweiten KorrBekG sieht die Anfügung eines Abs. VI vor, wonach die Verjährung in Fällen des § 78 III Nr. 1 bis 3 ruht. Gesetzgebungsverfahren bei Redaktionsschluss 55. Aufl. nicht abgeschlossen (vgl. Abdruck im **Anhang unter Nr. 23 b**).

Literatur: *Mitsch*, Neuregelung beim Ruhen der Verjährung während des Auslieferungsverfahrens, NJW **05**, 3036. 1 a

2) Das Ruhen der Verjährung **(I)** hemmt deren Beginn oder Weiterlauf, gewinnt aber (anders als § 78 c, dort 2) keine Bedeutung für den bereits abgelaufenen Teil der Frist; diese läuft vielmehr nach dem Aufhören des Ruhens weiter, so dass der absolute Verjährungszeitpunkt (§ 78 c III S. 2) nur hinausgeschoben wird (vgl. BGH **47**, 245, 247). Bedeutungslos für das Ruhen ist es grundsätzlich, ob die Strafverfolgung schon deshalb nicht begonnen oder fortgesetzt werden kann, weil die Straftat der StA noch unbekannt ist (BGH **18**, 368; NJW **62**, 2308); das gilt jedoch nicht im Fall der Immunität (unten 6, 10). Stehen mehrere Täter in Frage, so beurteilt sich das Ruhen für sie verschieden. 2

3) Nach I Nr. 1 ruht die Verjährung bei **Straftaten nach den §§ 174 bis 174 c und 176 bis 179** bis zur Volljährigkeit des Opfers. Die durch das 30. StÄG eingefügte und durch das SexualdelÄndG vom 27. 12. 2003 (oben 1; vor § 174 mit Geltung ab 1. 4. 2004) erweiterte Regelung soll dem Umstand Rechnung tragen, dass der Entschluss, entsprechende Straftaten zur Anzeige zu bringen, häufig erst nach dem Ende altersbedingter und familiärer Abhängigkeiten gefasst werden kann. Aus Art. 103 II GG, dem Rechtsstaatsprinzip oder aus Art. 6 I MRK können durchgreifende Bedenken gegen die Verfassungsmäßigkeit der Regelung nicht erhoben werden (BVerfG NStZ **00**, 251; NStZ-RR **97**, 199). Durch das G vom 27. 12. 2003 ist die Regelung um Taten nach **§§ 174 bis 174 c** erweitert 3 worden; von einer Erweiterung auf § 182 wurde zu Recht abgesehen (BT-Drs. 15/350, 13f.) Erfasst sind auch Taten nach dem Recht der ehemaligen DDR, die den Voraussetzungen der genannten Vorschriften entsprechen (BGH **47**, 245, 248; NStZ-RR **03**, 295; 4 StR 75/03; Naumburg NStZ **98**, 411f.; vgl. auch *Puls* DtZ **95**, 392; *Ebert* JR **03**, 120). Durch die Erweiterung des Tatkatalogs um § 174 ist eine häufige Fehlerquelle bei Verurteilungen wegen tateinheitlicher Verwirklichung von § 176 und § 174 beseitigt worden (vgl. dazu BGH **46**, 85, 87). Die Regelung gilt auch **rückwirkend** für solche Taten, deren Opfer das 18. Lebensjahr bereits vor Inkrafttreten des 30. StÄG am **30. 6. 1994** bzw. des SexualdelÄndG am **1. 4. 2004** vollendet hatte, **wenn** die Tat zum Zeitpunkt des Inkrafttretens noch nicht verjährt war (BGH **47**, 245, 246f.; NStZ **97**, 296; **98**, 244; **00**, 251 [Anm. *Wollweber* NStZ **01**, 81]; NStZ-RR **99**, 139 L; NStZ **05**, 89f.; BGHR § 78b I Ruhen 3, 5; 1 StR 385/98; 5 StR 645/99; 4 StR 75/03; 4 StR 184/04; 2 StR 158/04; 5 StR 437/04; stRspr). [Durch einen *vorgeschlagenen* neuen **Art. 316c EGStGB** (GesE eines zweiten Gesetzes zur Bereinigung von Bundesrecht/Justiz (BT-Drs. 16/5051) soll das auch positiv geregelt werden; vgl. Abdruck im Anhang Nr. 1. Das Gesetzgebungsverfahren war bei Redaktionsschluss der 55. Aufl. nicht abgeschlossen]

3a Die Regelung ist **systematisch** in das Regelungsgefüge der §§ 78ff. und der §§ 174ff. nicht überzeugend eingepasst. Sie ist im Hinblick auf die Grundgedanken der Verjährung nicht unproblematisch (vgl. BT-Drs. 15/350, 13); ihre Beschränkung auf Sexualstraftaten ist kriminologisch nicht überzeugend (krit. auch *Geppert* NStZ **96**, 62); unklar bleibt, aus welchem Grund für *nichtsexuelle* Gewaltdelikte an Kindern und Jugendlichen nicht dasselbe gelten soll, da etwa bei §§ 171, 225 ein Abhängigkeitsverhältnis *stets* besteht. Da das Gesetz in § 182 davon ausgeht, dass 16-Jährige regelmäßig die Fähigkeit zur sexuellen Selbstbestimmung besitzen, ist die **Altersgrenze** der Nr. 1 mit der *Schutz*altersgrenze des § 182 nur im Hinblick auf die langfristige Sondersituation Schutzbefohlener zu vereinbaren (zutr. BT-Drs. 15/350, 13). Nicht überzeugend ist deshalb, dass in den Beratungen des Rechtsausschusses (BT-Drs. 15/1311, 21f.) die im GesE nicht vorgesehenen Delikte nach **§§ 174a, 174b und 174c** in die am *Lebensalter* des Tatopfers anknüpfende Regelung eingefügt wurden, denn die **sachliche Verknüpfung** von möglichen Anzeige-Hemmnissen und Lebensalter ist dadurch gerade aufgegeben.

3b **4)** Nach **I Nr. 2** ruht die Verjährung, **solange nach dem Gesetz** (dh einem der BRep.) die Verfolgung mit dem Ziel der Bestrafung oder Anordnung einer Maßnahme **nicht** so **begonnen oder fortgesetzt** werden kann, dass eine Unterbrechung nach § 78c möglich ist. *Alle* Verfolgungshandlungen, nicht nur einzelne, müssen durch das Gesetz so ausgeschlossen sein (wie zB bei Exterritorialen, §§ 18, 19, 20 GVG), dass eine wirksame Unterbrechungshandlung nach § 78c unmöglich ist. Nr. 2 greift also bei nur tatsächlichen Hindernissen nicht ein, zB bei Abwesenheit (vgl. § 78c I Nr. 10, 12), auch nicht, wenn rechtliche Hindernisse hinzutreten wie bei Verhandlungsunfähigkeit des Angeschuldigten (vgl. § 78c I Nr. 11). Ein rechtskräftiges freisprechendes Urteil führt nicht zum Ruhen, da die Wiederaufnahme zu ungunsten des Täters vorbereitet werden kann (Nürnberg NStZ **88**, 556). Ausdrücklich normiert ist das Ruhen in **§§ 153a III, 154e III StPO** (vgl. 16 zu § 164). Auch während der Aussetzung nach § 396 AO kann die Verfolgung nicht verjähren (§ 369 II iVm § 396 III AO; Karlsruhe NStZ **85**, 228 [hierzu *Schlüchter* JR **85**, 360; *Isensee* NJW **85**, 1010] u. MDR **90**, 654; Bay NStZ **90**, 280 [hierzu *Grezesch* wistra **90**, 289]; *Meine* wistra **86**, 58 mwN; **aA** *Franzen/Gast/Samson* 26 zu § 396 AO). Ein **gesetzliches Hindernis** iS von Nr. 2 liegt in folgenden Fällen vor:

4 **A.** Wenn der Beginn oder die Fortsetzung des Strafverfahrens **von einer Vorfrage** abhängt, die in einem anderen Verfahren zu entscheiden ist; die Vorentscheidung muss allerdings eine unbedingte Notwendigkeit für das Strafverfahren sein (BGH **24**, 6; LK-*Jähnke* 10); § 78b gilt nicht für ein Abwarten aus Zweckmäßigkeitsgründen gem. § 262 II StPO. Die Verjährung ruht in der Zeit, in der wegen des auslieferungsrechtlichen Grundsatzes der **Spezialität** (vgl. 22 vor § 3) das Verfahren nicht fortgeführt werden kann (BGH **29**, 96); wohl auch, solange das Ver-

fahren nach Art. 100 GG ausgesetzt ist (Schleswig NJW **62**, 1580; Düsseldorf NJW **68**, 117; str.; vgl. auch BVerfGE **7**, 36; Celle VRS **25**, 32); anders, wenn ohne Vorlage an das BVerfG ausgesetzt wird, weil dort bereits ein Verfahren schwebt (BGH **24**, 6; Köln NJW **61**, 2269); es ist allerdings anzunehmen, dass in diesem Fall I S. 1 eingreift. Die Verjährung ruht auch bei einer Vorlage nach Art. 126 GG (Hamm GA **69**, 63). Die Erhebung einer Verfassungsbeschwerde bewirkt dagegen kein Ruhen (Düsseldorf NJW **68**, 117; vgl. dazu SK-*Rudolphi/Wolter* 10);

B. wenn eine **Verwarnung mit Strafvorbehalt** rechtskräftig ausgesprochen ist. Vollstreckungsverjährung kann dann noch nicht einsetzen, weil die Geldstrafe vorbehalten ist. Doch kann die Verfolgung bis zur Entscheidung nach § 59b nicht fortgesetzt werden, so dass die Verjährung bis dahin ruht (LK-*Jähnke* 9; *S/S-Stree/Sternberg-Lieben* 3a). Ist neben der Verwarnung eine Maßnahme nach § 59 I S. 3 angeordnet, so tritt mit deren Rechtskraft Vollstreckungsverjährung ein (6 zu § 79); 5

C. in den Fällen der **Immunität** (RiStBV 191ff.) der Mitglieder des BTags nach Art. 46 II und 49 GG und von LTagsAbgeordneten (§ 152a StPO) nach den Landesverfassungen. Diese Vorschriften gelten in erster Linie für noch einzuleitende Strafverfahren (LK-*Jähnke* 5). Durch die Grundsätze in Immunitätsangelegenheiten (Anl. 6 GeschOBTag iVm Bek. zur Übernahme v. 6. 2. 1995, BGBl. I 248) ist das Verfolgungshindernis aufgelockert. Bei Beginn der Wahlperiode schwebende Strafverfahren sind von Amts wegen auszusetzen (aaO Nr. 16; vgl. Prot. V/2181). 6

Nach **Abs. II** gilt der Grundsatz, dass das Ruhen des Verfahrens davon unabhängig ist, ob die Strafverfolgungsbehörde **Kenntnis von der Tat** hat (oben 2), nicht für Abg. des BTags oder eines Landtags (2 zu § 36), weil der Zweck der Immunität, die ungestörte Tätigkeit des Parlaments zu sichern, erst beim Bekanntwerden einer Tat aktuell wird (Ber. 44). Um Abgeordnete nicht zu benachteiligen, bestimmt II, dass das Ruhen erst beginnt (dh also, dass bis dahin die Verjährungsfrist läuft) mit Ablauf des Tages (11 zu § 78a), an dem entweder **(Nr. 1)** die StA, eine Polizeibehörde oder ein Polizeibeamter (§ 158 StPO) von der Tat und der Person des Täters (4, 5 zu § 77b) Kenntnis erhält, oder **(Nr. 2)** eine Anzeige oder ein Strafantrag bei den in § 158 StPO genannten Stellen eingebracht wird. Dass der Täter Abgeordneter ist, braucht im Zeitpunkt von Nr. 1 oder 2 noch nicht bekannt zu sein. Kenntnisnahme durch ein Gericht reicht, wenn Nr. 2 nicht gegeben ist, nicht aus. II Nr. 1 ist mit dem GG vereinbar (BVerfGE **50**, 42). 7

D. Quasigesetzliches Verfolgungshindernis. Bei Straftaten in der **NS-Zeit** (ab 30. 1. 1933), die damals aus politischen Gründen nicht verfolgt wurden, hat die Verjährung in jener Zeit geruht (näheres hierzu 41. Aufl.; *S/S-Stree/Sternberg-Lieben* 5ff. mwN). Zur Verjährung politisch motivierter **Straftaten,** die **vor** dem 30. 1. 1933 begangen wurden, vgl. im einzelnen BGH **41**, 76ff. (*„Mord am Bülow-Platz 1931"; Fall Mielke)*; dazu die Kritik *Widmaiers* (NStZ **95**, 364) u. *Schusters* (NJW **95**, 2698). Zur Verjährung von **DDR-Alttaten** 9ff. vor § 78. 8

E. Nach Ende des 2. Weltkrieges ruhte die Verjährung während der Zeit, in der auf Grund von besatzungsrechtlichen Vorschriften die deutschen Gerichte geschlossen waren oder ihnen die Gerichtsbarkeit entzogen war, BGH **1**, 89; **2**, 54 (BVerfGE **25**, 282 nimmt an, dass die Besatzungsgerichte damals treuhänderisch für die deutschen Gerichte Strafverfolgung iS von I S. 1 ausgeübt haben). Vgl. im Übrigen 41. Aufl. 9

F. Abs. I Nr. 2 gilt nicht, wenn ein Prozesshindernis nur deshalb gegeben ist, weil es an dem für die Verfolgung erforderlichen **Antrag,** der **Ermächtigung** oder dem **Strafverlangen** fehlt (§§ 77ff., 77e). 10

5) Nach **Abs. III** wird die Verjährung **gehemmt,** wenn vor Fristablauf ein **erstinstanzliches** Urteil ergangen ist **(Ablaufhemmung).** Dann läuft die Verjährungsfrist nicht vor dem **rechtskräftigen Abschluss** des Verfahrens, der in den Fällen der §§ 53, 55 erst mit Rechtskraft des Ausspruchs über die Gesamtstrafe 11 erreicht ist (BGH **30**, 234), ab, und zwar selbst dann, wenn die Frist nach § 78c III S. 2 verstrichen wäre (§ 78c III S. 3; Düsseldorf wistra **92**, 108 m. Anm. *Ulsenheimer* u. *Stree* JR **93**, 79; krit. *Kohlmann,* Pfeiffer-FS 203, 212). Verfassungsrechtlich ist diese Hinausschiebung nicht zu beanstanden (BVerfG NJW **95**, 1145; BGH **46**, 159, 167; Bedenken bei *Lackner/Kühl* 7). Ein noch nicht rechtskräftiges Urteil 1. Instanz muss verkündet sein, gleichgültig, ob es auf Verurteilung, Einstellung oder Freispruch lautet und ob es rechtlich fehlerhaft ist. Die Wirkung des Abs. III tritt auch durch ein auf Einstellung laufendes **Prozessurteil** unabhängig von dessen sachlicher Richtigkeit ein (BGH **32**, 209, 210; **46**, 159, 167 [Bespr. *Kempf* StV **01**, 134]; NStZ-RR **01**, 328). Auch auf Mängel der Anklage oder des Eröffnungsbeschlusses kommt es hierbei grds nicht an (BGH **46**, 167; NJW **94**, 808f.); die Wirkung der Ablaufhemmung bestimmt sich nach der Reichweite des § 264 StPO (NStZ-RR **97**, 167). Dagegen reichen ein nichtiges Urteil, ein Strafbefehl oder ein Beschluss nach § 441 II StPO nicht aus (vgl. § 78c I Nr. 9; zu § 32 II OWiG vgl. BGH **34**, 79).

11a Wird das Urteil durch **Wiederaufnahme** des Verfahrens hinfällig, so beginnt mit der Rechtskraft des Beschlusses nach § 370 II StPO keine *neue* Verfolgungsverjährung (*S/S-Stree/Sternberg-Lieben* 15 zu § 78a; SK-*Rudolphi/Wolter* 11a und 7 vor § 78; *Lackner/Kühl* 7 zu § 78; *Meyer-Goßner* 14 zu § 370 StPO; Nürnberg NStZ **88**, 555; str.; **aA** MDR/D **73**, 191; Hamburg VRS **29**, 359; Bay JR **54**, 150; Frankfurt MDR **78**, 513; Köln DAR **79**, 344; Stuttgart MDR **86**, 608; Düsseldorf NJW **88**, 2251 [abl. Anm. *Lenzen* JR **88**, 520]; NStZ-RR **01**, 142f.; LR-*Gössel* 40 zu § 370 StPO u. NStZ **88**, 537; LK-*Jähnke* 11 zu § 78). Bei Wiederaufnahme zu ungunsten des Angeklagten ist die Verjährungsfrist so zu bemessen, als ob keine Hemmung durch III eingetreten wäre (Nürnberg NStE Nr. 1). Entsprechendes gilt, wenn ein einstellendes Urteil die Strafklage nicht verbraucht hat (vgl. BGH **18**, 5). Es handelt sich bei Abs. III daher nicht um einen Fall des Ruhens der Verjährung iS von Abs. I., sondern um eine **Hemmung des Verjährungseintritts** (Düsseldorf wistra **92**, 108 m. Anm. *Ulsenheimer* u. *Stree* JR **93**, 79; LK-*Jähnke* 13; *Jescheck/Weigend* § 86 I 6; **aA** *M/Zipf* 75/35).

12 **6)** Das in **Abs. IV** angeordnete Ruhen der Verjährung nach **Eröffnungsbeschluss** soll verhindern, dass große Strafverfahren, denen Taten von erheblichem Unrechtsgehalt zugrunde liegen, wegen Eintritts der absoluten Grenze nach § 78c III S. 2 und wegen der abstrakten Betrachtungsweise des § 78 IV nicht mit einer Sachentscheidung enden können. Das Hinausschieben des Verjährungseintritts bis zu 15 Jahre nach Tatbeendigung, falls zum Zeitpunkt des Eröffnungsbeschlusses absolute Verjährung noch nicht eingetreten war, ist von Verfassungs wegen nicht zu beanstanden (BVerfG NJW **95**, 1145; vgl. BGH **46**, 159, 167). IV soll für die erfassten Fälle nur dazu führen, dass bis zur Verkündung des erstinstanzlichen Urteils seit dem in § 78a bezeichneten Zeitpunkt für den Eintritt der Verjährung maximal 15 Jahre verstrichen sein dürfen. Ist sie bereits vor dem 1. 3. 1993 eingetreten, hat es damit sein Bewenden (StV **95**, 585). IV setzt in den Fällen des § 78 III Nr. 4 nur voraus, dass die in Betracht kommende Strafvorschrift einen Sonderstrafrahmen für besonders schwere Fälle aufweist und das Hauptverfahren vor dem LG eröffnet ist (*Siegismund/Wickern* wistra **93**, 141), nicht aber, dass ein besonders schwerer Fall angeklagt und wegen einer solchen Tat das Hauptverfahren eröffnet worden ist (Koblenz NStZ-RR **96**, 229; *S/S-Stree/Sternberg-Lieben* 14). Dass ein (etwa unter Verstoß gegen § 201 StPO erlassener) i. e. fehlerhafter Eröffnungsbeschluss *in erster Linie* mit dem Ziel ergeht, die Wirkung des Abs. IV herbeizuführen, hindert deren Eintritt nicht, wenn die Eröffnung i. ü. wirksam ist (vgl. BGH **46**, 159, 168).

13 **7) Abs. V** ist durch das 38. StÄG eingefügt worden (vgl. oben 1a; zur Neuregelung *Mitsch* NJW **05**, 3036) und ergänzt die Regelung des Ruhens der Verfolgungsverjährung für solche Fälle, in denen die Dauer ausländischer Auslieferungsverfahren zur Überschreitung der absoluten Verjährungsfrist führen kann,

ohne dass die Verzögerung deutschen Strafverfolgungsbehörden zugerechnet oder von ihnen beeinflusst werden kann (vgl. BT-Drs. 15/5653, 1, 6). Die Regelung *allein* als *Lex Schreiber* zu verstehen, wäre wohl übertrieben; nach Auffassung der BReg ist immerhin mit einer Anwendung in „einigen, vermutlich seltenen Einzelfällen" zu rechnen (ebd. S. 2). Die endgültige Fassung durch den RA-BTag beruht u. a. auf Prüfbitten des BRats (vgl. BT-Drs. 15/5653, 8; 15/5856, 4). Da das Rückwirkungsverbot nicht greift (NStZ **04**, 380; BVerfG NStZ **00**, 251), gilt die Regelung auch für solche Verfahren, die zurzeit des Inkrafttretens anhängig sind.

A. Der Täter muss sich in einem (bestimmten) **ausländischen Staat** aufhalten. Gleichgültig ist, ob dieser Aufenthalt freiwillig ist oder nicht, ob der Täter im Ausland inhaftiert oder in Freiheit ist. Die Ausnahmeregelung des V gilt gem. **S. 3** aber nur, wenn es sich um einen Staat handelt, für den **weder** die Regelungen über das Auslieferungs- und Übergabeverfahren entsprechend dem RB des Rates v. 13. 6. 2002 über den **Europäischen Haftbefehl** (Abl. EG Nr. L 190, S. 1) gelten (vgl. dazu Einl. 11 c; EuHbG v. 20. 7. 2006 [BGBl I 1721]) **noch** entsprechende Fristenregelungen aufgrund **völkerrechtlicher Vereinbarungen.** Solche Vereinbarungen der Bundesrepublik bestehen derzeit mit keinem Staat; zukünftig soll voraussichtlich mit Norwegen und Island eine Fristenregelung vereinbart werden (BT-Drs. 15/5653, 7). Auslieferungsverfahren innerhalb der EU werden inzwischen regelmäßig so zügig abgewickelt, dass für eine Durchbrechung des Verjährungs-Grundsatzes kein Bedürfnis besteht (BT-Drs. 15/5653, 7). Vorbehaltlich wirksamer innerstaatlicher Umsetzungen des RB kommen für eine Anwendung des V S. 1 und 2 somit nur **ausländische Staaten außerhalb der EU** in Betracht. 14

B. Voraussetzung des Ruhens des Verfahrens ist die Stellung eines gezielten **förmlichen Auslieferungsersuchens** durch die zuständige Behörde der Bundesrepublik an den Aufenthaltsstaat. Die Wirkung iS von oben 2 tritt „ab dem Zeitpunkt des **Zugangs"** des Ersuchens, also am Tag seines Zugangs ein. Dieser muss „beim ausländischen Staat" erfolgen; ausreichend ist somit der Zugang bei einer staatlichen Behörde oder sonstigen Stelle, die für die Bearbeitung oder Weiterleitung des Auslieferungsersuchens zuständig ist. Zweifelsfälle des Zugangs regelt **S. 2.** Ist das Ersuchen nach Kenntnis der ersuchenden Behörde überhaupt nicht zugegangen, so tritt die Ruhens-Wirkung nicht ein; die Monatsfrist wird dann durch ein erneutes Ersuchen wiederum in Lauf gesetzt. Ist sicher, dass das Ersuchen **vor** Ablauf eines Monats zugegangen ist, ist jedoch das genaue Datum nicht zu ermitteln, so ist der Zeitpunkt maßgebend, zu dem das Ersuchen *spätestens* zugegangen ist; es wäre widersinnig, zB im Zeitraum zwischen einem *sicheren,* aber nicht *taggenau* bekannten Zugang und dem Ablauf der Monatsfrist (absolute) Verjährung eintreten zu lassen. 15

C. In V. S. 1 Nr. 1 bis 4 sind alternativ die Zeitpunkte aufgeführt, bis zu welchen die Verjährung ruht. Eine Übergabe des Täters an die deutschen Behörden **(Nr. 1)** beendet die Ruhens-Wirkung auch dann, wenn sie nicht aufgrund einer Bewilligung des Ersuchens erfolgt (BT-Drs. 15/5653, 7). Das Ruhen endet ferner, *wenn der* Täter den ersuchten Staat anders als durch Übergabe verlassen hat **(Nr. 2),** sei es durch freiwillige Ausreise, sei es durch Übergabe an einen dritten Staat. Auf die Dauer des Verlassens kommt es nicht an. **Nr. 3** trägt der souveränen Entscheidung des ausländischen Staats Rechnung, indem die Bindungswirkung der dort ergangenen endgültigen Entscheidung respektiert wird (BT-Drs. 15/5653, 7). Eine Rücknahme des Ersuchens **(Nr. 4)** kommt in Betracht, wenn der Täter sich freiwillig den deutschen Behörden stellt, wenn der ausländische Staat mitteilt, der Täter sei dort nicht auffindbar, wenn aus politischen Gründen ein offener Konflikt mit dem betreffenden Staat über eine Auslieferung vermieden werden soll (ebd.). 16

Unterbrechung

78c I Die Verjährung wird unterbrochen durch

1. die erste Vernehmung des Beschuldigten, die Bekanntgabe, dass gegen ihn das Ermittlungsverfahren eingeleitet ist, oder die Anordnung dieser Vernehmung oder Bekanntgabe,
2. jede richterliche Vernehmung des Beschuldigten oder deren Anordnung,
3. jede Beauftragung eines Sachverständigen durch den Richter oder Staatsanwalt, wenn vorher der Beschuldigte vernommen oder ihm die Einleitung des Ermittlungsverfahrens bekannt gegeben worden ist,
4. jede richterliche Beschlagnahme- oder Durchsuchungsanordnung und richterliche Entscheidungen, welche diese aufrechterhalten,
5. den Haftbefehl, den Unterbringungsbefehl, den Vorführungsbefehl und richterliche Entscheidungen, welche diese aufrechterhalten,
6. die Erhebung der öffentlichen Klage,
7. die Eröffnung des Hauptverfahrens,
8. jede Anberaumung einer Hauptverhandlung,
9. den Strafbefehl oder eine andere dem Urteil entsprechende Entscheidung,
10. die vorläufige gerichtliche Einstellung des Verfahrens wegen Abwesenheit des Angeschuldigten sowie jede Anordnung des Richters oder Staatsanwalts, die nach einer solchen Einstellung des Verfahrens oder im Verfahren gegen Abwesende zur Ermittlung des Aufenthalts des Angeschuldigten oder zur Sicherung von Beweisen ergeht,
11. die vorläufige gerichtliche Einstellung des Verfahrens wegen Verhandlungsunfähigkeit des Angeschuldigten sowie jede Anordnung des Richters oder Staatsanwalts, die nach einer solchen Einstellung des Verfahrens zur Überprüfung der Verhandlungsfähigkeit des Angeschuldigten ergeht, oder
12. jedes richterliche Ersuchen, eine Untersuchungshandlung im Ausland vorzunehmen.

Im Sicherungsverfahren und im selbständigen Verfahren wird die Verjährung durch die dem Satz 1 entsprechenden Handlungen zur Durchführung des Sicherungsverfahrens oder des selbständigen Verfahrens unterbrochen.

II Die Verjährung ist bei einer schriftlichen Anordnung oder Entscheidung in dem Zeitpunkt unterbrochen, in dem die Anordnung oder Entscheidung unterzeichnet wird. Ist das Schriftstück nicht alsbald nach der Unterzeichnung in den Geschäftsgang gelangt, so ist der Zeitpunkt maßgebend, in dem es tatsächlich in den Geschäftsgang gegeben worden ist.

III Nach jeder Unterbrechung beginnt die Verjährung von neuem. Die Verfolgung ist jedoch spätestens verjährt, wenn seit dem in § 78 a bezeichneten Zeitpunkt das Doppelte der gesetzlichen Verjährungsfrist und, wenn die Verjährungsfrist nach besonderen Gesetzen kürzer ist als drei Jahre, mindestens drei Jahre verstrichen sind. § 78 b bleibt unberührt.

IV Die Unterbrechung wirkt nur gegenüber demjenigen, auf den sich die Handlung bezieht.

V Wird ein Gesetz, das bei der Beendigung der Tat gilt, vor der Entscheidung geändert und verkürzt sich hierdurch die Frist der Verjährung, so bleiben Unterbrechungshandlungen, die vor dem Inkrafttreten des neuen Rechts vorgenommen worden sind, wirksam, auch wenn im Zeitpunkt der Unterbrechung die Verfolgung nach dem neuen Recht bereits verjährt gewesen wäre.

1) Allgemeines. Die Vorschrift geht auf § 130 E 1962 zurück, ist dann aber erst durch das 2. StrRG, das EGStGB und das 2. WiKG (2 vor § 263; unten 16) geändert worden. 1

Literatur: *Geilen*, Missbräuchliche Unterbrechung der Verjährung, Schreiber-FS (2003) 89. 1 a

2) Unterbrechung der Verjährung bedeutet (im Gegensatz zum bloßen Ruhen; vgl. 2 zu § 78b) die Beseitigung des schon abgelaufenen Teils einer noch laufenden Verjährungsfrist durch bestimmte Prozesshandlungen (**I** Nr. 1 bis 12) mit der **Wirkung**, dass die Frist von neuem voll zu laufen beginnt **(III S. 1),** und zwar mit dem Tag der Unterbrechung, der somit schon ein Tag der neuen Verjährungsfrist ist. **Bsp:** Wurde eine seit 1. Januar 2000 laufende Frist von 10 Jahren am 1. August 2003 unterbrochen, so endet sie mit Ablauf des 31. Juli 2013. Da die Folgen weitreichend sind, ist § 78 c eng auszulegen (BGH **4**, 135; **18**, 278; **26**, 83; **28**, 381; NJW **06**, 2339, 2340). Die Unterbrechungswirkung kann, wie sich aus Nr. 1, 2, 5, 10, 12 ergibt, auch ohne Kenntnis des Beschuldigten von der Unterbrechungshandlung eintreten (vgl. wistra **07**, 28, 31 [Online-Durchsuchung]). 2

Die Verjährungsfrist kann grds **beliebig oft** unterbrochen werden; doch setzt **III S. 2** der Fristverlängerung im Interesse des Grundgedankens der Verjährung eine **absolute Grenze.** Sie beträgt, gerechnet vom Beginn des Fristenlaufs nach § 78 a an, **das Doppelte** der durch § 78 III bestimmten Frist, jedoch, wenn nach besonderen Gesetzen die Verjährungsfrist kürzer ist als 3 Jahre und deren Verdoppelung 3 Jahre nicht erreicht, 3 Jahre, sonst ebenfalls das Doppelte. Die Vorschrift über das **Ruhen der Verjährung (§ 78 b)** bleibt dabei unberührt (**III S. 3;** ebenso die in 3 aE zu § 78 b genannten anderen Ruhensregelungen). Die Zeit des Ruhens nach § 78 b I oder IV wird daher in die absolute Frist nicht eingerechnet; die **Ablaufshemmung** nach § 78 b III geht auch gegenüber der verlängerten Frist vor (vgl. BGH **47**, 245, 246 f.), so dass nach einem Urteil 1. Instanz die Verjährung trotz Ablaufs der doppelten Frist nicht eintritt (vgl. Bay NStZ **90**, 280, hierzu *Grezesch* wistra **90**, 289). Fallen dem Täter mehrere Taten zu Last, so berechnet sich auch hier (vgl. 6 zu § 78) die doppelte Frist unter Heranziehung von § 78 III für jede Tat gesondert, und zwar auch im Fall von Tateinheit. 2 a

Art. 315 a II EGStGB ist eine gegenüber III S. 2 vorrangige Norm (NStZ-RR **01**, 328; BGHR EGStGB Art. 315 a Verjährungsfrist 3; LK-*Jähnke* 44; *Letzgus* NStZ **94**, 57, 63). Der Gesetzgeber hat für bestimmte Fälle des § 78 III Nr. 4 den Grundgedanken, dass eine Verurteilung des Täters in diesen Fällen nach Ablauf von 10 Jahren idR der Wiederherstellung des Rechtsfriedens nicht mehr dient, durch § 78 b IV (vgl. dort) aufgegeben. 2 b

3) Nach IV wirkt die Unterbrechung nur demgegenüber, auf den sich die Unterbrechungshandlung nach I bezieht (vgl. *Groß* NStZ **94**, 350). 3

A. Die Handlung muss sich von Anbeginn an auf eine **bestimmte Person** beziehen, nämlich auf den bereits bekannten Tatverdächtigen (vgl. BGH **9**, 199). Über die persönliche Reichweite der Maßnahme darf aber kein Zweifel herrschen (LK-*Jähnke* 7), was sich bei I Nr. 1, 2, 5 bis 11 schon aus der Natur der Sache ergibt; die Person muss einer Straftat als Täter oder Teilnehmer (auch wegen Versuchs oder strafbarer Vorbereitung) verdächtig sein (StV **93**, 71). Verfolgung gegen „Unbekannt" genügt nicht, sondern nur eine solche gegen einen bestimmten Tatverdächtigen (BGH **2**, 55); der **individuell bestimmt** sein muss, bevor die Maßnahme angeordnet wird. Es genügt, dass er sich aus den Akten ergibt (GA **61**, 239; BGH **24**, 323; wistra **91**, 217). Auch eine ausschließlich bei Dritten vorgenommene Maßnahme wirkt zu Lasten des Tatverdächtigen und bezieht sich auf ihn (StV **95**, 584). Der Tatverdächtige darf nicht erst durch die richterliche Handlung ermittelt werden (BGH **24**, 323; vgl. *Heuer* wistra **87**, 170). Löst eine Straftat einer natürlichen Person die Haftung einer **juristischen Person** nach **§ 30 OWiG** aus, so gelten im Verfahren gegen die juristische Person die für die Tat der natürlichen Person maßgeblichen Verjährungsvorschriften (BGH **46**, 207, 208). Wenn daher gegen die juristische Person kein selbstständiges Verfahren (§§ 444 III, 440 StPO) 4 geführt wird, wirken verjährungsunterbrechende Handlungen gegen die natürliche Person verjährungsunterbrechend auch gegenüber der juristischen Person. Auch vor Einleitung eines selbstständigen Verfahrens gegenüber der natürlichen Person erfolgte Unterbrechungshandlungen wirken gegen die juristische Person fort (§ 30 IV S. 3, 33 I S. 2 OWiG; BGH **46**, 207, 211; NStZ-RR **96**, 147).

5 Bei **mehreren Verdächtigen** wirkt die nur gegen den einen gerichtete Unterbrechungshandlung nicht auch gegen den anderen (LG Köln StV **90**, 553), auch wenn die Unterbrechungshandlung zugleich auch der Sachverhaltsaufklärung in Richtung gegen den anderen dienen soll (Bay MDR **79**, 604 L, Karlsruhe JR **87**, 434 [m. Anm. *Franzheim*], jew. zu § 33 OWiG; Karlsruhe Die Justiz **83**, 130; LK-*Jähnke* 7; zw.; **aA** *S/S-Stree/Sternberg-Lieben* 25; SK-*Rudolphi/Wolter* 6; zum Ganzen *Heuer*, wistra **87**, 170; *Teske* wistra **88**, 287). Zur Wirkung der Unterbrechung gegenüber einem Unternehmensorgan in Verfahren gem. § 30 I OWiG vgl. BGH (*Kartellsenat*) NStZ **06**, 228 (vgl. auch unten 14).

6 **B.** Die Unterbrechungshandlung muss eine **bestimmte Tat** betreffen (wistra **93**, 104; NStZ **04**, 275). Erfolgt die Unterbrechungshandlung wegen eines „Tatkomplexes", dessen Einzelheiten, namentlich zu Beginn der Ermittlungen, noch nicht geklärt sind, so erfasst die Unterbrechung alle (selbstständigen) Taten, die unter der zusammenfassenden Kennzeichnung hinreichend bestimmbar sind (NStZ **01**, 191 [Anm. *Bohnert*]; **07**, 213; vgl. auch StV **06**, 632). In Verfahren wegen einer Mehrzahl selbstständiger Taten wirkt die Unterbrechung idR für alle (NStZ **00**, 427 [Anm. *Jäger* wistra **00**, 227]; wistra **02**, 57), es sei denn, dass die Unterbrechungshandlung erkennbar nur eine der Taten betraf, weil die andere erst später in die Untersuchung einbezogen worden war (NStZ **90**, 436; **96**, 274), oder dass vorher eine Trennung stattfand (MDR/D **56**, 395; **70**, 897; 4 StR 216/79), oder dass die Unterbrechungshandlung sich ausdrücklich nur auf eine später nach § 154 I StPO eingestellte selbstständige Tat bezog (NStZ **00**, 85), oder dass der Verfolgungswille der Strafverfolgungsbehörden sich erkennbar auf eine oder mehrere Taten *beschränkt* hat; für die Feststellung des Umfangs des Verfolgungswillens ist ggf. neben der unterbrechenden Verfügung auf den sonstigen Akteninhalt (NStZ **00**, 427; **01**, 191; wistra **02**, 57) und den Sach- und Verfahrenszusammenhang abzustellen (NStZ **07**, 213, 214 f.). Bleiben Zweifel, ob eine von mehreren Taten von der Unterbrechungswirkung der Untersuchungshandlung erfasst wird, ist zugunsten des Angeklagten zu entscheiden (NStZ **96**, 274).

6a Eine lediglich pauschale Bezeichnung von Taten *ihrer Art nach* etwa in einem Durchsuchungsbeschluss (I Nr. 4) reicht zur Bestimmung jedenfalls dann nicht aus, wenn die Anordnung selbst den verfassungsrechtlichen Mindestvoraussetzungen nicht genügt (NStZ **04**, 275 [Durchsuchungsbeschluss „wegen Verdachts des Betrugs, Bestechung pp" ohne jede tatsächliche Konkretisierung]). Auch bei **Tateinheit** kommt es darauf an, welchen geschichtlichen Vorgang die prozessuale Handlung betrifft; ob dabei alle Gesetzesverletzungen berücksichtigt werden, ist ohne Bedeutung (BGH **22**, 105; Hamm NJW **67**, 1433; OLGSt. 73 zu § 68 aF). Nach **§ 154 a I oder II StPO** vorläufig ausgeschiedene, jedoch nicht verjährte Gesetzesverletzungen sind gleichfalls erfasst; sie sind wieder in das Verfahren einzubeziehen, wenn ohne sie die Verjährung nicht beurteilt werden kann (BGH **22**, 105 f.; **29**, 315 ff.; **32**, 84 f.; 3 StR 472/00). Ermittlungen von Finanzbehörden haben hinsichtlich tatmehrheitlich oder tateinheitlich begangenen allgemeinen Straftaten keine verjährungsunterbrechende Wirkung (Frankfurt wistra **87**, 32; *Reiche* wistra **88**, 330; SK-*Rudolphi/Wolter* 5).

7 **4) Abs. I S. 1** enthält einen **abschließenden Katalog** der Unterbrechungshandlungen (BGH **25**, 8). Eine Analogie zu ungunsten des Täters ist nicht zulässig, da es sich auch um materielles Recht handelt (NStZ-RR **05**, 44; vgl. 3 vor § 78; 10 zu § 1). § 78 c bezieht sich nach I Nr. 12 nur auf Handlungen **deutscher Verfolgungsbehörden** (vgl. BGH **1**, 326; München GA **83**, 89 [m. Anm. *Bartholy*]; Bay NStZ **93**, 442). Das **Auslieferungshindernis** der Verjährung wird bei kon-

kurrierender Gerichtsbarkeit (§ 9 Nr. 2 IRG) im Verkehr nach dem EuAlÜbk nach dem allein maßgebenden Art. 10 EuAlÜbk, und zwar unter Verzicht auf das Gegenseitigkeitserfordernis des § 5 IRG (BGH **30**, 63), auch durch § 78c entsprechende Handlungen der Strafverfolgungsbehörden des **ersuchenden** Staates ausgeräumt (BGH **33**, 26 m. Anm. *Vogler* JR **85**, 304). Ob die Handlung objektiv dazu geeignet und subjektiv (*nur*) dazu bestimmt ist, den Fortgang des Strafverfahrens zu fördern, ist für den aus Gründen der Klarheit formalisierten Katalog ohne Bedeutung (Bay **76**, 30; *S/S-Stree/Sternberg-Lieben* 3; LK-*Jähnke* 11; and. SK-*Rudolphi/Wolter* 7; *Geilen*, Schreiber-FS [2003] 89, 98ff.; wohl auch BGH **25**, 8); bloße Schein-Maßnahmen reichen freilich nicht aus. Die Prozesshandlung unterbricht auch dann, wenn sie später rückgängig gemacht wird, so zB die nach **II** wirksame Anordnung einer richterlichen Beschuldigtenvernehmung wieder aufgehoben (Stuttgart NJW **68**, 1340; Bremen StV **90**, 25) oder die Anklage zurückgenommen wird (4 StR 459/77; vgl. hierzu *Beulke* JR **86**, 53; LK-*Jähnke* 10). Über die **Form** der einzelnen Handlung entscheidet grundsätzlich das Prozessrecht. Nur zulässige und wirksame Prozesshandlungen unterbrechen. Die Vorschriften über die Unterbrechung der Verjährung sind eng auszulegen (BGH **26**, 83; **28**, 382). Beweiserhebungen zur Aufklärung der tatsächlichen Grundlage von Unterbrechungshandlungen sind zulässig (BGH **30**, 219).

Nr. 1: A. die erste Vernehmung des Beschuldigten (§ 136 StPO), gleichgültig, ob es eine durch den Richter, den StA (§ 163a III iVm § 136 StPO) oder die Polizei (§ 163a IV iVm § 136 I S. 2, 3, II, III StPO) oder in Steuerstrafsachen durch die Zollfahndungsämter (BGH **36**, 285) ist und ob der Beschuldigte sich zur Sache äußert (Ber II, 9). Eine Vernehmung durch eine ausländische Behörde in einem ausländischen Verfahren genügt auch bei Zuziehung deutscher Beamter nicht (1 StR 804/79), ebenso wenig eine Beschuldigtenvernehmung in einem ausländischen Strafverfahren durch einen deutschen Rechtshilferichter (Bay NStZ **93**, 442) oder eine Vernehmung als Zeuge oder eine informatorische Befragung, es sei denn, dass sie in eine Beschuldigtenvernehmung übergeht. **8**

B. Die **Bekanntgabe an den Beschuldigten** durch Polizei, StA oder Gericht, dass gegen ihn das **Ermittlungsverfahren eingeleitet** ist (§§ 136 I S. 1, 163a IV S. 1 StPO). Die Bekanntgabe kann auch über einen für den Beschuldigten tätigen Rechtsanwalt geschehen (3 StR 170/90 [in BGH **37**, 245 nicht abgedruckt]; 4 StR 272/01). Daher ist auch ohne Bedeutung, ob eine Vernehmung iS von Nr. 1 auch anzunehmen ist, wenn dem Beschuldigten nach § 163a I S. 2 StPO Gelegenheit gegeben wird, sich schriftlich zu äußern; denn die Hinweise nach §§ 136, 163a StPO müssen dann ebenfalls schriftlich gegeben werden (*Meyer-Goßner* 11 zu § 163a). Die Versendung eines entsprechenden polizeilichen **Anhörungsbogens** an den Beschuldigten reicht dafür aus (BGH **24**, 321; Dresden NZV **96**, 210; Hamburg NStZ-RR **99**, 20), unterbricht aber im Falle eines Verkehrsdelikts nur gegen den beschuldigten Fahrzeughalter, aber nicht gegen den noch unbekannten Fahrer, selbst wenn dieser den Bogen wunschgemäß erhalten und ausgefüllt zurückgesandt hat (BGH **24**, 321; dazu *Göhler* JR **71**, 301; krit. *Kleinknecht* JZ **72**, 748). Eine **Form** für die Bekanntgabe ist nicht vorgeschrieben (BGH **30**, 215, 217; NStZ **02**, 429; vgl. auch NJW **06**, 2339, 2340); **inhaltlich** muss sie deutlich machen, dass der Adressat Beschuldigter eines wegen einer **bestimmten Tat** (oben 6) gegen ihn eingeleiteten Ermittlungsverfahrens ist (StV **90**, 405 L). Ein hektographiertes Schreiben mit formelhaftem Text (Hamburg wistra **87**, 190) oder ein pauschal formuliertes Formblatt (Bay wistra **88**, 81) genügt hierfür nicht. Die bloß allgemeine Mitteilung, dass „ein Ermittlungsverfahren" eingeleitet wurde, reicht nicht aus; der Beschuldigte muss erkennen können, auf welche **konkreten Taten** sich die Verfahrenseinleitung bezieht (5 StR 584/00 [zu § 370 AO]; NStZ **02**, 429 [zu § 223a aF]). Eine solche Kenntnis kann sich aber durch eine nach der (zunächst allgemeinen) Mitteilung dem Verteidiger gewährten **Akteneinsicht** ergeben (NStZ **02**, 429). Diese Voraussetzungen können auch bei der **Ter-** **9**

minsmitteilung an den Beschuldigten über die ermittlungsrichterliche Vernehmung eines Zeugen vorliegen, auch wenn diese formlos erfolgt ist und den Gegenstand des Ermittlungsverfahrens nicht ausdrücklich bezeichnet (3 StR 65/04), wenn nach den Umständen für den Beschuldigten eindeutig ist, welcher Tatvorwurf inmitten steht (zB Mitteilung über Vernehmung des Opfers bei Kenntnis des Beschuldigten von der Anzeigeerstattung).

10 **C.** Die **Anordnung** der ersten Vernehmung oder der Bekanntgabe der Einleitung des Ermittlungsverfahrens, gleichgültig, ob sie vom Gericht, der StA oder einer Polizeidienststelle stammt und ob der Beschuldigte davon erfährt. Jedoch reicht ein **allgemeiner Ermittlungsauftrag** an die Polizei (Auftrag, „die notwendigen Ermittlungen durchzuführen") selbst dann nicht aus, wenn er die Vernehmung des Beschuldigten einschließt (Hamburg NJW **78**, 435; MDR **78**, 689). Die Anordnung kann grds. auch mündlich oder durch schlüssige Handlung erfolgen (vgl. BGH **28**, 381, 382; NJW **06**, 2339, 2340 mwN; 3 StR 280/82). Erteilt aber die StA den Auftrag, den namentlich bekannten Beschuldigten zu einem konkreten Fall verantwortlich zu vernehmen, so hindert die Nichtausführung des Auftrags die Verjährungsunterbrechung nicht (NStZ **85**, 546; LG Hmb NStZ-RR **97**, 265; vgl. Frankfurt NJW **98**, 1328 [zu § 33 OwiG]). Die Unterbrechungswirkung tritt grundsätzlich **mit der Unterzeichnung** ein (Abs. II), wenn die Anordnung auch später in den Geschäftsgang gegeben wird (vgl. BGH **25**, 8; Bay NJW **70**, 1935; LK-*Jähnke* 17). Im OWi-Verfahren reicht die Anordnung der Versendung eines Anhörungsbogens durch individuellen, elektronisch erteilten Befehl (BGH **51**, 72).

11 **D.** Treffen Bekanntgabe und Anordnung **zusammen,** so kommt es nur zu einer einzigen Unterbrechung der Verjährung (3 StR 384/77; vgl. Bay NJW **76**, 1760; Hamburg NJW **78**, 435 sowie zu § 29 aF OWiG Bay VRS **39**, 119; Düsseldorf VRS **40**, 56; Hamm NJW **70**, 1934; Köln OLGSt. 20). Auch die Anordnung der Vernehmung und diese selbst bilden eine **Einheit,** so dass sie nur alternativ eine Unterbrechung bewirken; es unterbricht nur die erste der vorgenommenen Maßnahmen (NStZ **05**, 33). Fehlt eine Anordnung, so unterbricht die der Vernehmung vorausgehende Bekanntgabe; andernfalls diese mit der Vernehmung gemeinsam. Werden in das Ermittlungsverfahren später weitere selbständige Taten einbezogen, so gelten für diese die Voraussetzungen von Nr. 1 selbständig (NStE Nr. 5).

12 **Nr. 2: jede richterliche Vernehmung des Beschuldigten,** dh jede zweite und weitere, falls die Erste nach Nr. 1 schon eine richterliche war; auch nach § 21 IRG, vor allem nach § 162 I StPO, und zwar auch eine wiederholte, gleichgültig, ob sie erforderlich oder zweckmäßig war (BGH **7**, 205) oder der angestrebte Zweck erreicht wurde (BGH **9**, 201; NStZ **83**, 135). Eine Verjährungsunterbrechung tritt nicht schon dadurch ein, dass der Beschuldigte im Laufe einer Vernehmung zu einer *anderen* Tat, die mit der ihm angelasteten Tat nicht in Zusammenhang steht, von sich aus Angaben macht (Bay NStZ **01**, 320). Nicht erst die Vernehmung unterbricht, sondern schon deren **Anordnung** (oben 10, 11), sowie eine Terminsbestimmung oder Ladungsverfügung, die auf Grund der Anordnung durch einen ersuchten Richter ergeht (BGH **27**, 110; 3 StR 280/82).

13 **Nr. 3: jede Beauftragung eines Sachverständigen** durch den Richter (§ 73 StPO) oder die StA (*Meyer-Goßner* 1, 10 zu § 73), wenn zuvor eine Voraussetzung nach Nr. 1 so erfüllt ist, dass der Beschuldigte tatsächlich **Kenntnis** von dem Verfahren erhalten hat. Auf die Zweckmäßigkeit der Beauftragung kommt es grds. nicht an. Die Beauftragung muss für die Verfahrensbeteiligten **erkennbar** (MDR/H **78**, 986), nach Zeitpunkt und Inhalt aktenkundig sein (BGH **30**, 220), den konkreten Fall betreffen (vgl. wistra **96**, 260) und ein bestimmtes **Beweisthema** haben (BGH **28**, 382; **30**, 217; NStZ **84**, 215; **90**, 436). Die interne Beauftragung eines in die Organisation der StA eingegliederten **Wirtschaftsreferenten** genügt idR nicht (**aA** wistra **86**, 257; Zweibrücken NJW **79**, 1995; vgl. auch

BGH **28**, 384). Auch ein Auftrag an einen Systembetreuer der Polizei, in dem zur Verfügung stehenden EDV-Material Ermittlungen durchzuführen, ist kein Gutachtensauftrag iS von Nr. 3 (Zweibrücken NStZ-RR **04**, 298). Abs. II gilt auch für die Beauftragungsanordnung, nicht erst für das später an den Sachverständigen gerichtete Auftragsschreiben (BGH **27**, 76; Bay GA **76**, 116; **aA** Hamm NJW **76**, 1472); es sei denn, der Sachverständige würde erst im Auftragsschreiben benannt (BGH **27**, 79).

Nr. 4: jede richterliche Anordnung einer Beschlagnahme oder Durchsuchung (§§ 98, 100, 111 a I, III, 111 e; 105 StPO); auch richterliche Entscheidungen, die Beschlagnahme- oder Durchsuchungsanordnungen (auch nichtrichterliche; vgl. § 98 II, III StPO) bestätigen und aufrechterhalten (StraFo **06**, 339 f.), insb. Beschwerdeentscheidungen nach §§ 304 ff. StPO. Anordnungen durch die StA oder ihre Ermittlungspersonen (§ 152 I GVG) bei Gefahr im Verzug reichen nicht aus; eine analoge Anwendung auf Maßnahmen der TK-Überwachung (§§ 100 a, 100 b StPO) ist nicht zulässig (NStZ-RR **05**, 44; oben 7). Als Durchsuchung iS von §§ 102, 105 StPO hat der BGH auch eine heimliche **Online-Durchsuchung** eines PC angesehen (wistra **07**, 28 [3 BGs 31/06]). Die Anordnung richtet sich idR gegen jeden bekannten Tatverdächtigen, auch wenn im Rubrum nur ein bestimmter Beschuldigter genannt worden ist (StV **95**, 585; Hamburg wistra **93**, 272; hiergegen krit. *Hees* wistra **94**, 81). Dies gilt auch dann, wenn der Verdächtige dem Namen nach nicht bekannt ist, solange wenigstens individuell bestimmbare Merkmale vorliegen (Karlsruhe NStZ **87**, 331 [zu § 33 I Nr. 4 OWiG]); das ist nicht der Fall, wenn sich die richterliche Durchsuchungsanordnung allgemein „gegen die Verantwortlichen" eines größeren Unternehmens (LG Dortmund wistra **91**, 186) oder gegen „Verantwortliche in Verkauf, Kalkulation und Akquisition" (NJW **07**, 2648 [ErmRi]) richtet (vgl. oben 5). Die Beschlagnahmeanordnung unterbricht die Verjährung auch dann, wenn die Beschlagnahme bei Dritten erfolgen soll und der Beschuldigte zuvor von der Einleitung des Ermittlungsverfahrens nicht in Kenntnis gesetzt wurde (StV **06**, 632). Anordnungen, die den verfassungsrechtlichen Mindestanforderungen an die **Konkretisierung** des Tatvorwurfs nicht genügen, unterbrechen die Verjährung nicht (NStZ **04**, 275). Abs. II ist anzuwenden (vgl. oben 3 ff.). 14

Nr. 5: Haftbefehl (§ 114 StPO, § 17 IRG), **Unterbringungsbefehl** (§ 126 a StPO), **Vorführungsbefehl** (§ 134 StPO) gegen den davon Betroffenen, sowie jede **richterliche Entscheidung,** die den Befehl **aufrechterhält,** vor allem Entscheidungen nach §§ 117 ff. und 121 ff. StPO. Auch die Entscheidung nach § 116 StPO erhält inzidenter den Haftbefehl aufrecht (BGH **39**, 237; vgl. NJW **75**, 1523; LK-*Jähnke* 29; **aA** *S/S-Stree/Sternberg-Lieben* 13; SK-*Rudolphi/Wolter* 20); ebenso die Zusammenfassung zweier Haftbefehle (vgl. Karlsruhe NJW **74**, 510) und ein späterer Auslieferungshaftbefehl, dem stets eine erneute, uU sogar eine erweiterte Zulässigkeits- und Verhältnismäßigkeitsprüfung vorausgehen muss, ferner die Anordnung des Richters, die Fahndungsmaßnahmen zu erneuern. II gilt. 15

Nr. 6: die Erhebung der öffentlichen Klage (§§ 152 I, 199, 200, 212, 266, 407 StPO), d. i. der Eingang der Akten mit einer den Anforderungen des § 200 StPO entsprechenden (Bremen StV **90**, 25) Anklageschrift bei Gericht (StV **93**, 71; NStZ-RR **97**, 282; Karlsruhe VRS **57**, 115), also nicht auch einer Privatklage (Bay **77**, 125). Nach Bay NJW **98**, 3213 (zu § 33 I S. 1 Nr. 10 OWiG) reicht Übermittlung der Akte per Fax. 16

Nr. 7: die Eröffnung des Hauptverfahrens (§ 203 StPO), selbst wenn ein kraft Gesetzes ausgeschlossener Richter mitgewirkt hat (BGH **29**, 351). 17

Nr. 8: jede Anberaumung einer Hauptverhandlung (§ 213 StPO), auch nach ausgesetzter (§§ 228, 265 StPO), nicht aber nach unterbrochener (§ 229 StPO; LK-*Jähnke* 32; SK-*Rudolphi/Wolter* 23; MK-*Mitsch* 15) Hauptverhandlung (E EGStGB 215) oder in einem nach § 154 vorläufig eingestellten Verfahren (Celle NStZ **85**, 218 m. Anm. *Schoreit*; hierzu *Beulke* JR **86**, 50). Abs. II gilt. Eine Verschiebung der Hauptverhandlung um lediglich 5 Minuten reicht nach Düsseldorf 18

NJW **99**, 2055 nicht aus; nach Köln VRS **69**, 451 aber eine solche um 15 Minuten. I Nr. 8 ist gegenüber der Vernehmungsanordnung in I Nr. 2 Spezialvorschrift, die Vernehmung in der Hauptverhandlung unterbricht aber nach I Nr. 2 selbstständig (BGH **27**, 144).

19 **Nr. 9: Strafbefehl** (§§ 407ff. StPO) oder eine andere dem **Urteil entsprechende Entscheidung,** so einen Beschluss nach § 59b I, nach § 441 II iVm § 440 StPO (vgl. aber zu Nr. 6) oder nach § 70 I OWiG (Oldenburg VRS **55**, 138). Zur Unterbrechung durch Erlass eines **Bußgeldbescheides** nach dem 1. 3. 1998 (OWiG-ÄndG v. 26. 1. 1998, BGBl. I, 156) vgl. BGH **45**, 261. Für das Urteil selbst gilt § 78b III.

20 **Nr. 10: die vorläufige gerichtliche Einstellung** des Verfahrens wegen **Abwesenheit** des Angeschuldigten (§§ 205, 282 StPO; Nr. 10 setzt also die Erhebung der öffentlichen Klage voraus; NStZ-RR **96**, 163) sowie jede Anordnung des Richters oder StA, die nach einer solchen Einstellung oder im Abwesenheitsverfahren (§§ 276ff. StPO) zur **Aufenthaltsermittlung** oder **Beweissicherung** (§§ 205 S. 2, 285, 289 StPO) gegen einen bestimmten Täter getroffen wird; so ein Ersuchen der StA an eine andere Behörde um Aufenthaltsermittlung; jedoch nicht Maßnahmen dieser Behörde selbst (vgl. Bay VRS **42**, 305). Unter Nr. 10 fällt auch die „Erneuerung der Fahndung", wenn sich der Beschuldigte im Ausland aufhält, seine Gestellung aber nicht ausführbar ist (BGH **37**, 146 m. Anm. *Temming* NStZ **90**, 584). Die vorläufige Einstellung wegen Abwesenheit eines **Mitangeklagten** hat keine unterbrechende Wirkung (NStZ **04**, 148).

21 **Nr. 11: die vorläufige gerichtliche Verfahrenseinstellung** wegen voraussichtlich vorübergehender **Verhandlungsunfähigkeit** nach § 205 StPO sowie jede dem folgende Anordnung von Gericht oder StA zur Überprüfung der Verhandlungsfähigkeit.

22 **Nr. 12:** jedes (deutsche) **richterliche Ersuchen,** eine **Untersuchungshandlung** (*Meyer-Goßner* 4 zu § 162) **im Ausland** vorzunehmen, dh idR das an eine ausländische Behörde gerichtete Rechtshilfeersuchen (NStZ **86**, 313; vgl. dazu die RiVASt), aber auch innerstaatliche Rechtshilfe durch eine konsularische Vertretung der BRep. im Ausland. Das Ersuchen an einen anderen Staat um Übernahme der Verfolgung ist nicht auf eine Untersuchungshandlung gerichtet (LK-*Jähnke* 36).

22a **5) I Satz 2** entspricht § 33 OWiG und enthält eine umfassende Unterbrechungsregelung für das **Sicherungsverfahren** nach § 414 StPO und für das **selbstständige Verfahren** nach den §§ 440, 442 StPO; vgl. §§ 71, 76a. In diesen Verfahrensarten unterbrechen alle dem Satz 1 Nr. 1 bis 12 entsprechenden Handlungen, die der Durchführung dieser Verfahren dienen, die Verjährung. Dies bedeutet, dass es zB auf die Vernehmung der Person ankommt, gegen die sich die Nebenfolge richtet (oben 3ff.). § 76a I ist jedoch auch anzuwenden, wenn die Verfolgung der Straftat verjährt ist (§ 76a II Nr. 2). Auch § 76a III ist iVm den §§ 153ff. StPO von großer Bedeutung; vgl. 11 zu § 76a.

23 **6) Abs. V** bestimmt, dass bei Verkürzung der Verjährungsfrist nach Beendigung der Tat, auch während eines Strafverfahrens, durch irgendein Gesetz, sei es unmittelbar durch ausdrückliche Verkürzung, sei es mittelbar durch Umwandlung eines Verbrechens in ein Vergehen oder Herabsetzung der Strafdrohung, Unterbrechungshandlungen unter der Geltung des alten Gesetzes, die damals fristgemäß waren, auch nach Inkrafttreten des neuen Gesetzes wirksam bleiben, selbst wenn zZ der Unterbrechung die Verfolgung nach dem neuen Recht (infolge von § 2) bereits verjährt gewesen wäre, so dass mit dem Unterbrechungstag eine neue Frist nach neuem Recht beginnt. V gilt auch dann, wenn zZ der Unterbrechung ein neues Gesetz gilt, das dann durch ein drittes geändert wird.

Zweiter Titel. Vollstreckungsverjährung

Verjährungsfrist

79 **I Eine rechtskräftig verhängte Strafe oder Maßnahme (§ 11 Abs. 1 Nr. 8) darf nach Ablauf der Verjährungsfrist nicht mehr vollstreckt werden.**

II Die Vollstreckung von lebenslangen Freiheitsstrafen verjährt nicht.

III Die Verjährungsfrist beträgt

1. **fünfundzwanzig Jahre bei Freiheitsstrafe von mehr als zehn Jahren,**
2. **zwanzig Jahre bei Freiheitsstrafe von mehr als fünf Jahren bis zu zehn Jahren,**
3. **zehn Jahre bei Freiheitsstrafe von mehr als einem Jahr bis zu fünf Jahren,**
4. **fünf Jahre bei Freiheitsstrafe bis zu einem Jahr und bei Geldstrafe von mehr als dreißig Tagessätzen,**
5. **drei Jahre bei Geldstrafe bis zu dreißig Tagessätzen.**

IV Die Vollstreckung der Sicherungsverwahrung und der unbefristeten Führungsaufsicht (§ 68 c Abs. 2 Satz 1 oder Abs. 3) verjähren nicht. Die Verjährungsfrist beträgt

1. **fünf Jahre in den sonstigen Fällen der Führungsaufsicht sowie bei der ersten Unterbringung in einer Entziehungsanstalt,**
2. **zehn Jahre bei den übrigen Maßnahmen.**

V Ist auf Freiheitsstrafe und Geldstrafe zugleich oder ist neben einer Strafe auf eine freiheitsentziehende Maßregel, auf Verfall, Einziehung oder Unbrauchbarmachung erkannt, so verjährt die Vollstreckung der einen Strafe oder Maßnahme nicht früher als die der anderen. Jedoch hindert eine zugleich angeordnete Sicherungsverwahrung die Verjährung der Vollstreckung von Strafen oder anderen Maßnahmen nicht.

VI Die Verjährung beginnt mit der Rechtskraft der Entscheidung.

1) Allgemeines. Die Vorschrift wurde durch das 2. StrRG eingefügt und durch das EinfG zum VStGB v. 26. 6. 2002 (BGBl. I 2254) geändert. Abs. IV wurde durch das G vom 13. 4. 2007 (BGBl I 513) neu gefasst . 1

2) § 79 regelt gemeinsam mit §§ 79 a, 79 b die Vollstreckungsverjährung (vgl. vor § 78) für Strafen und Maßnahmen (§ 11 I Nr. 8), die rechtskräftig verhängt sind. **Ausgeschlossen** von der Vollstreckungsverjährung (Ber. 45) sind die **lebenslange Freiheitsstrafe (I)** sowie die **Sicherungsverwahrung** und die unbefristete FAufsicht (**IV S. 1**); der Natur der Sache nach auch die mit der Rechtskraft eintretenden Nebenstrafen und Nebenfolgen (5 vor § 38), soweit sie keiner Vollstreckung bedürfen, sowie die Entziehung der Fahrerlaubnis und das Berufsverbot. Strafen wegen Völkermords oder Verbrechen gegen die Menschlichkeit unterliegen nach § 5 VStGB der Vollstreckungsverjährung nicht. 2

3) Beginn der Vollstreckungsverjährung ist der Tag der Rechtskraft der Entscheidung **(VI),** dh des Strafausspruchs (BGH **11**, 393), im Fall des § 55 des Ausspruchs der Gesamtstrafe (BGH **30**, 232, 234). Der Tag der Rechtskraft ist der erste Verjährungstag (vgl. 6 zu § 78 a). Entscheidungen sind, neben Urteilen, auch Strafbefehle und Beschlüsse nach §§ 441 II, 460 StPO (*Zweibrücken* NStZ **91**, 454). Für Beschlüsse nach § 460 StPO hat BGH **30**, 232, 234 die Frage offen gelassen; auch auf sie dürfte VI anzuwenden sein. Der Beginn kann bei der Strafe ein anderer sein als bei einer gleichzeitig angeordneten Maßnahme, zB wenn ein Rechtsmittel auf diese beschränkt war (beachte aber V S. 1). Im Fall von § 68 f beginnt die Verjährung mit der Entlassung. 3

4 **4) Die Verjährungsfristen,** die mit dem Beginn einsetzen, richten sich

A. nach der Höhe der **erkannten Strafe,** wobei angerechnete UHaft (§ 51) oder ein gnadenweise erlassener Teil außer Betracht bleiben. Bei Gesamtstrafe entscheidet deren Höhe (BGH **30**, 234); für den Fall einer ausländischen Freiheitsstrafe vgl. BGH **34**, 304. Für die Fristen bei den Hauptstrafen sieht **III** fünf Stufen vor, von denen die fünfte Geldstrafen bis zu 30 Tagessätzen vorbehalten ist; höhere Geldstrafen verjähren (da eine Freiheitsstrafe von 1 Monat einer Geldstrafe von 30 Tagessätzen entspricht) nach der 4. Stufe.

5 **B.** Bei den **Maßnahmen** (§ 11 I Nr. 8), dh den Maßregeln der Besserung und Sicherung (soweit nicht oben 2) sowie bei Verfall, Einziehung und Unbrauchbarmachung beträgt die Frist durchgängig 10 Jahre. Eine Ausnahme gilt nach **IV S. 3** für die nach § 68 I *angeordnete* FAufsicht (die Fälle des § 68 II sind „übrige Maßnahmen" iS des IV S. 2; Mainz NStZ **89**, 61; **aA** *S/S-Stree* 7 und zu § 68f I; *Lackner/Kühl* 3) und die erstmalige Unterbringung in einer Entziehungsanstalt, für welche die Frist 5 Jahre beträgt.

6 **5) Abs. V S. 1** regelt den **Grundsatz gemeinsamer Verjährung** für Fälle, in denen im selben Verfahren (sonst kann § 79a Nr. 3 in Betracht kommen; vgl. dort) neben Freiheitsstrafe auf Geldstrafe (§§ 41, 52 III, 53 II S. 2) oder neben Freiheits- oder Geldstrafe auf eine freiheitsentziehende Maßregel (§ 61 Nr. 1 bis 3), Verfall, Einziehung oder Unbrauchbarmachung erkannt ist. Dann verjährt keine Strafe oder Maßnahme vor der anderen, so dass (unter Berücksichtigung von Ruhen oder Verlängerung) die im Einzelfall längste Frist der verhängten Rechtsfolgen entscheidet.

7 Ausgenommen von diesem Grundsatz ist die Sicherungsverwahrung **(V S. 2)**, weil es bei ihr keine Vollstreckungsverjährung gibt (IV S. 1), so dass andere Strafen und Maßnahmen neben ihr selbstständig oder nach V S. 1 verjähren. Nicht erfasst sind auch die Fälle, dass zB neben einer freiheitsentziehenden Maßregel nach §§ 63, 64 Entziehung der Fahrerlaubnis oder Berufsverbot (jeweils gegen Schuldunfähige) oder neben solchen Maßregeln andere Maßnahmen wie Einziehung oder Verfall angeordnet sind. Einziehung, Verfall oder Unbrauchbarmachung, die neben Verwarnung mit Strafvorbehalt rechtskräftig angeordnet sind (§ 59 III), verjähren ebenfalls selbstständig.

Ruhen

79a Die Verjährung ruht,

1. solange nach dem Gesetz die Vollstreckung nicht begonnen oder nicht fortgesetzt werden kann,
2. solange dem Verurteilten
a) Aufschub oder Unterbrechung der Vollstreckung,
b) Aussetzung zur Bewährung durch richterliche Entscheidung oder im Gnadenweg oder
c) Zahlungserleichterung bei Geldstrafe, Verfall oder Einziehung
bewilligt ist,
3. solange der Verurteilte im In- oder Ausland auf behördliche Anordnung in einer Anstalt verwahrt wird.

1 **1) Allgemeines.** Die Vorschrift ist durch das 2. StrRG (Einl. 6) unter Ergänzung durch das EGStGB eingefügt worden.

2 **2)** Die **Vollstreckungsverjährung** ruht (2 zu § 78b), und zwar mit Beginn des *Tages, an dem das auslösende Ereignis eintritt,*

3 **A.** so lange **nach** einem **Gesetz** der BRep. die Vollstreckung nicht begonnen oder nicht fortgesetzt werden kann (**Nr. 1,** die auf die Fälle des § 68c II S. 2 daher nicht zutrifft; vgl. aber Nr. 3). Wichtigster Fall ist die Immunität der Abgeordneten

(vgl. 6 zu § 78b; LK-*Jähnke* 3), bei denen die Vollstreckung der Genehmigung des Parlaments bedarf (für BTagsAbgeordnete Art. 46 III, IV GG; BT-Drs. V/4112 Nr. 8); weiterhin der Vollstreckungsaufschub gem. § 455 I, II StPO;

B. solange dem Verurteilten gewisse **Erleichterungen bewilligt** sind **(Nr. 2),** 4
nämlich

a) Aufschub (§§ 455 III, 455a, 456, 456c, 360 II StPO) oder **Unterbrechung** (§ 360 II, § 455 IV StPO; §§ 19, 45, 46 StVollstrO; durch Gnadenakt) der Vollstreckung einer Freiheitsstrafe oder freiheitsentziehenden Maßregel;

b) Aussetzung zur Bewährung durch richterliche Entscheidung sowohl bei Freiheitsstrafen (§§ 56, 57, 57a, 67 V) als auch bei Maßregeln der Besserung und Sicherung (§§ 67b, 67c, 67d II, 70a) oder im Gnadenwege (§ 452 StPO);

c) Zahlungserleichterungen bei Geldstrafe, Verfall oder Einziehung bewilligt sind (§§ 42, 73c II, 74c IV; §§ 459a, 459g II StPO), nicht aber die endgültigen Anordnungen nach §§ 459d, 459f StPO (LK-*Jähnke* 6). Zur Verwarnung mit Strafvorbehalt 5 zu § 78b, 6 zu § 79;

C. solange der Verurteilte im In- oder Ausland auf behördliche Anordnung **in** 5
einer Anstalt verwahrt wird (**Nr. 3;** 21 zu § 66). Das gilt nach überwiegender Ansicht auch bei Verwahrung in derselben Sache (Hamm NStZ **84**, 237; KG JR **87**, 31; Stuttgart NStZ **04**, 404; LG Ellwangen NStZ-RR **98**, 274; *S/S-Stree/Sternberg-Lieben* 7; **aA** LK-*Jähnke* 7; NK-*Lemke* 6; *van Laak* StV **05**, 296, 298); nach LG Ellwangen NStZ-RR **98**, 274 auch bei Durchführung einer stationären Drogentherapie nach §§ 35, 36 BtMG. Auch eine FAufsicht ruht sowohl während ihres Vollzuges (Mainz NStZ **89**, 62) als auch während behördlicher Verwahrung, denn sie ist ihrer Natur nach Aufsicht in Freiheit. Zur Ablaufhemmung der FAufsicht nach § 68g I S. 2 vgl. dort 6. Es fehlt jedoch an einer § 68c II S. 2 entsprechenden Vorschrift über das Ruhen der Verjährung, wenn der Täter sich der FAufsicht durch Flucht (Verborgenhalten) entzieht (Analogieverbot!); Lösungsvorschläge bei Mainz (NStZ **89**, 62). Bei Zweifeln über eine Verwahrung im Ausland gilt auch hinsichtlich deren Dauer *in dubio pro reo.*

Verlängerung

79b Das Gericht kann die Verjährungsfrist vor ihrem Ablauf auf Antrag der Vollstreckungsbehörde einmal um die Hälfte der gesetzlichen Verjährungsfrist verlängern, wenn der Verurteilte sich in einem Gebiet aufhält, aus dem seine Auslieferung oder Überstellung nicht erreicht werden kann.

1) Allgemeines. Die Vorschrift idF des 2. StrRG ersetzt bis zu einem gewissen Grad die 1
nicht mehr vorgesehene Unterbrechung der Vollstreckungsverjährung.

2) Das Gericht des ersten Rechtszugs (§ 462a II StPO) kann auf Antrag der 2
Vollstreckungsbehörde (vgl. § 451 StPO, § 82 JGG) durch Beschluss nach § 462 StPO eine noch nicht abgelaufene Vollstreckungsverjährungsfrist für eine Strafe oder Maßnahme verlängern, auch wenn sie durch Ruhen nach § 79a bereits verlängert ist. **Voraussetzung** hierfür ist, dass sich der Verurteilte zZ der Entscheidung in einem Gebiet außerhalb der BRep. aufhält (was positiv feststehen muss), aus dem seine Auslieferung oder Überstellung nicht erreicht werden kann, gleichgültig ob kein Rechtshilfeverkehr mit dem Gebiet besteht, ob die besonderen Voraussetzungen der Rechtshilfe fehlen oder sonst ein Grund entgegensteht. Das Bedürfnis nach Strafvollstreckung muss noch fortbestehen (Hamm NStZ **91**, 186). Besteht Rechtshilfeverkehr, so muss die Auslieferung **erfolglos versucht** worden sein. Eine Verlängerung ist auch dann möglich, wenn eine Auslieferung zwar weder tatsächlich noch rechtlich ausgeschlossen ist, eine Entscheidung des Vertragsstaats aber innerhalb der Vollstreckungsverjährungsfrist nicht mehr zu erreichen ist (Stuttgart NStZ **04**, 404; *S/S-Stree/Sternberg-Lieben* 2).

3 Die **Verlängerung** ist nur einmal möglich. Sie beträgt die Hälfte der gesetzlichen Frist nach § 79 III, IV ohne Rücksicht auf ein inzwischen eingetretenes Ruhen und beginnt mit Ablauf des Tages, an dem sonst (einschließlich eines etwaigen Ruhens) die Frist abgelaufen wäre. Zur Bedeutung von Verjährungsverlängerungen im Ausland für die Zulässigkeit der Auslieferung vgl. BGH **35**, 67 (Schweiz); Stuttgart NStZ-RR **01**, 345 (Österreich; Vorlagebeschl.; dazu BGH **47**, 326, 329 ff.).

4 Die **Entscheidung** hat das Gericht nach pflichtgemäßem Ermessen unter Berücksichtigung aller Umstände des Falles, der Bedeutung der Tat, der Höhe der zu vollstreckenden Strafe, der verstrichenen Zeit seit der Rechtskraft, des Verhaltens des Verurteilten, auch des vergeblich um Rechtshilfe ersuchten Staats zu treffen. Von der Anhörung des Verurteilten kann bei Nichtausführbarkeit abgesehen werden. Der Beschluss ist mit **sofortiger Beschwerde** anfechtbar (§ 462 I, III S. 1 StPO).

Besonderer Teil

Vorbemerkung zum 1. und 2. Abschnitt (§§ 80 bis 101 a)

Das **Staatsschutzstrafrecht** des 1. und 2. Abschnitts des BT wurde nach Gründung der Bundesrepublik grundlegend geändert (vgl. dazu *Schiffers* [unten 3]), nachdem die Bestimmungen des NS-Strafrechts schon durch das **Kontrollratsgesetz Nr. 1** vom 20. 9. 1945 aufgehoben worden waren. Das **1. StÄG brachte** eine umfassende Neuregelung. Seitdem wurden zunächst § 93 durch das **3. StÄG** und §§ 91 I, 94 I durch das **4. StÄG** geändert, § 96 a durch das **6. StÄG** eingefügt und durch das VereinsG (1 zu § 129) § 90 a, der in seiner alten Fassung zT für verfassungswidrig erklärt war, neu gefasst, § 90 b eingefügt (LK-*Laufhütte/Kuschel* 7 ff.). Eine umfassende Reform des Abschnitts brachte das **8. StÄG.** Materialien: BT-Drs. V/102 (SPDE); BT-Drs. V/898 (RegE); AE-Pol. Strafrecht 1968 (AE); BT-Drs. V/2860 (Ber.); BTag V/9523. Kleinere Änderungen brachten das **1. StrRG**, so in §§ 95, 96, 129, und Art. 19 Nr. 2 bis 22 EGStGB (Einl. 6). Durch das **14. StÄG** (1 zu § 86) wurde § 86 III neu gefasst. Zur Einfügung und Wiederaufhebung des § 88 a vgl. zu § 130 a, zur Änderung der §§ 86 a, 194 durch das **21. StÄG** 1 zu § 194. Vgl. auch 1 zu § 86 a. 1

Zur Anwendung von Strafvorschriften zum **Schutz der Vertragsstaaten der NATO** vgl. § 1 des 4. StÄG (Anh. 14). Zur Rechtsstellung der in der BRep. stationierten verbündeten Streitkräfte vgl. Ges. v. 3. 1. 1994 (BGBl. II 26, 40 iVm Bek. v. 21. 10. 1994, BGBl. II 3703). Mitglieder von Truppen eines NATO-Vertragsstaats sind nach deutschem Staatsschutzrecht strafbar, wenn sie Taten (zB § 99) im Auftrag dieses Staates begehen (Art. VII Abs. 2 b NTS). 2

Literatur: *Basten*, Von der Reform des politischen Strafrechts bis zu den Anti-Terror-Gesetzen. Die Entwicklung des Strafrechts zur Bekämpfung politisch motivierter Kriminalität in der sozialliberalen Ära, 1983; *v. Brünneck*, Politische Justiz gegen Kommunisten in der Bundesrepublik Deutschland 1945–1968, 1978; *Copic*, Politisches Strafrecht neuer Art, 1967; *Evers*, Das Achte Strafrechtsänderungsgesetz und die Strafrechts- und Staatswissenschaft, AöR **69**, 323; *Gössner* (Hrsg.), Politische Justiz, 1996; *Hefendehl*, Politisches Strafrecht zwischen dem Schutz von Staat und Verfassung und einem Kampf gegen die Feinde, Schroeder-FS (2006) 453; *Kirchheimer*, Politische Justiz, 1961; *Krauth/Kurfess/Wulf*, Zur Reform des Staatsschutz-Strafrechts durch das Achte Strafrechtsänderungsgesetz, JZ **68**, 577; *Lüttger*, Das Staatsschutzstrafrecht gestern und heute, JR 69, 121; *Müller-Emmert*, Die Reform des politischen Strafrechts, NJW **68**, 2134; *Posser*, Politische Strafjustiz. Aus der Sicht des Verteidigers, 1961; *Schiffers*, Zwischen Bürgerfreiheit und Staatsschutz. Wiederherstellung und Neufassung des politischen Strafrechts in der Bundesrepublick Deutschland 1949–1951, 1989; *Schroeder*, Der Schutz von Staat und Verfassung im Strafrecht, 1970; *Sippel/Süß*, Staatssicherheit und Rechtsextremismus, 1994; *Willms*, Staatsschutz im Geiste der Verfassung, 1962; *ders.*, Ist § 93StGB zu entbehren?, NJW *65*, 1457; *Ziercke*, Die Entwicklung der Politisch motivierten Kriminalität in den vergangenen zehn Jahren, Nehm-FS (2006), 169. Zur älteren Literatur vgl. auch 52. Aufl. 3

Rechtsprechungsübersichten: *Schmidt* NStZ **96**, 172; 481; **98**, 610; **00**, 359; NStZ-RR **02**, 161.

Erster Abschnitt

Friedensverrat, Hochverrat und Gefährdung des demokratischen Rechtsstaates

Erster Titel. Friedensverrat

Vorbereitung eines Angriffskrieges

80 **Wer einen Angriffskrieg (Artikel 26 Abs. 1 des Grundgesetzes), an dem die Bundesrepublik Deutschland beteiligt sein soll, vorbereitet und dadurch die Gefahr eines Krieges für die Bundesrepublik Deutschland herbeiführt, wird mit lebenslanger Freiheitsstrafe oder mit Freiheitsstrafe nicht unter zehn Jahren bestraft.**

1 **1) Allgemeines.** Die Vorschrift (idF des 8. StÄG; 1 vor § 80), die den Verfassungsauftrag des Art. 26 I S. 2 GG im Wesentlichen erfüllt (Vorläufer: § 12 I E Ges. gegen die Feinde der Demokratie, BT-Drs. I/563; § 80 E StÄG BT-Drs. I/1307), stellt ein zweiaktiges Erfolgsdelikt unter Strafe, bei dem eine Vorbereitungshandlung zur selbstständigen Straftat wird. Die an Art. 26 I GG angelehnte Tatbestandsfassung behandelt das **Hauptproblem** der **völkerrechtlichen Rechtfertigung** schon auf der Tatbestandsebene. Eine **praktische Bedeutung** hat die Vorschrift bislang nicht erlangt (*S/S-Stree/Sternberg-Lieben* 1; *Wilkitzki* ZStW **99**, 455, 466; iErg auch NK-*Paeffgen* 2; vgl. aber GBA JZ **03**, 908 [m. Bespr. *Kreß* ebd. 911]). Zum Einsatz der Bundeswehr im Kosovo-Konflikt vgl. BT-Drs. 14/912; zum Einsatz bei militärischen Operationen in Afghanistan vgl. BT-Drs. 14/7296.

1 a **Literatur:** *v. Block-Schlesier,* Zur Rolle und Akzeptanz des humanitären Völkerrechts am Beginn des 21. Jahrhunderts, 2003; *Klug,* in: *Baumann* (Hrsg.), Mißlingt die Strafrechtsreform?, 1969, 162; *Geppert,* Strafrechtliche Gedanken zum Kosovo-Krieg, Meurer-GedS (2002), 315; *Jescheck* GA **81**, 51; *Krajewski,* Terroranschläge in den USA und Krieg gegen Afghanistan – Welche Antworten gibt das Völkerrecht?, KJ **02**, 363; *Kreß,* Strafrecht und Angriffskrieg im Licht des „Falles Irak", ZStW **115** (2003), 294; *Kurth,* Der Angriffskrieg und seine völkerstrafrechtliche Bewertung, NZWehrr **05**, 59; *Laubach,* Angriffskrieg oder humanitäre Intervention?, ZRP **99**, 276; *Roggemann,* Anmerkungen zum Friedensschutz im Strafrecht, ROW **88**, 209; *Schilling,* Zur Rechtfertigung der einseitigen gewaltsamen humanitären Interventionen, ArchVölkR **97**, 430; *Schroeder,* Der Schutz des äußeren Friedens im Strafrecht, JZ **69**, 41; *Steinhausen,* Der Straftatbestand des Friedensverrats und die Erfordernisse des Bestimmtheitsgrundsatzes, 1969; *Wilkitzki,* Die völkerrechtlichen Verbrechen und das staatliche Strafrecht, ZStW **99** (1987), 466; *Wilms,* Der Kosovo-Einsatz u. das Völkerrecht, ZRP **99**, 227; *Zumbansen,* Die vergangene Zukunft des Völkerrechts, KJ **01**, 46.

2 **2) Tathandlung.** Tatbestandliche Handlung ist das **Vorbereiten eines Angriffskriegs.** Täter kann grds. jeder (vgl. aber unten 5), auch ein Ausländer (vgl. aber unten 6), **Tatort** auch das Ausland (§ 5 Nr. 1) sein.

3 **A. Angriffskrieg.** Der in § 80 verwendete, nicht definierte Begriff des Angriffskriegs stimmt mit dem des Art 26 GG nicht überein (GBA JZ **03**, 808, 809); auch nicht der mit dem des Bewaffneten Konflikts iS der §§ 8 ff. VStGB. Er bezeichnet eine **völkerrechtswidrige bewaffnete Aggression** (LG Köln NStZ **81**, 261; hierzu *Klug,* Jescheck-FS 583; *Kurth* NZWehrr **05**, 59 f.) und bereitet durch die Verweisung auf das sowohl materiell als auch formell weiterhin ungeklärte völkerrechtliche Verständnis dieses Begriffs (GBA JZ **03**, 908, 910; vgl. Art. 5 I Buchst. d, II IStGH-Statut; dazu *Kreß* ZStW **115** [2003], 294, 296 ff.; *Geppert,* Meurer-GedS 315, 317 ff.; NK-*Paeffgen* 5 f. mwN) Probleme hinsichtlich der verfassungsmäßigen **Bestimmtheit** (*Zweifel* im Hinblick auf Art. 103 II GG bei *Schroeder* JZ **69**, 45 [and. aber in *M/Schroeder/Maiwald* 90/2]; *Lackner/Kühl* 2; *S/S-Stree/Sternberg-Lieben* 4; SK-*Rudolphi* 3; LK-*Laufhütte/Kuschel* 4 ff.; *Kreß* ZStW **115**, 294, 312 f.; *Kurth* NZWehrr **05**, 59, 60; nach GBA JZ **03**, 808, 811 „jedenfalls nicht von vornherein von der Hand zu weisen"; vgl. auch *Blumenwitz,* Krause-FS [1990], 79, 89; hinreichende Bestimmtheit ablehnend NK-*Paeffgen* 13; **aA** AK-*Sonnen* 18; *Steinhausen* [1 a] 3; zu den wenig präzisen Erwägungen des **Gesetzgebers** vgl. GBA JZ **03**, 808 f.). Eine Orientierungshilfe ergibt sich aus der UN-Resolution Nr. 3314 (*Definition of Aggression;* abgedr. bei LK-*Laufhütte/Kuschel* 5 Fn. 26; GBA JZ **03**, 808, 810; NK-*Paeffgen* 7); kaum hingegen aus Art. 2 Nr. 4 Charta der Vereinten Nationen; KRG Nr. 10. In der Entschließung zur Beteiligung deutscher Regierungsmitglieder an einem möglichen Angriffskrieg der USA gegen den Irak hat der GBA eine Gleichsetzung des Begriffs des Angriffskriegs iS von § 80 mit dem Begriff der Angriffshandlung iS von Art. 3 f der Resolution 3314 abgelehnt (JZ **03**, 908, 910 f.; zust. *Kreß* ebd. 912 f.).

4 Die Schlussfolgerung, die Vorschrift solle im Hinblick auf Art. 103 II GG einschränkend ausgelegt und nur auf **eindeutige Fälle** angewandt werden (*Weber* NJW **79**, 1283; *Geppert,* Meurer-GedS 325; *Lackner/Kühl* 2; SK-*Rudolphi* 3; *S/S-Stree/Sternberg-Lieben* 4; *LK-Laufhütte/Kuschel* 6; *Kurth* NZWehrr **05**, 59, 66; auch GBA JZ **03**, 811; **aA** *Busse* NStZ **00**, 633; offen gel. von KG JR **01**, 472, 474; zur völkerrechtlichen Diskussion des Kriteriums der Eindeutigkeit *Kreß* ZStW **115** [2003], 294, 302 ff.), führt freilich kaum weiter. Sie wiederholt Selbstverständliches

und fordert zugleich Unmögliches: Durch „Einschränkung" kann Unbestimmtes nicht bestimmt werden, ohne materielle Kriterien zu formulieren, an welchen sich „eindeutige" Fälle erkennen lassen (krit. auch NK-*Paeffgen* 9). Wenn **zB** der Angriff **Deutschlands** auf Polen oder des **Irak** auf Kuweit als „eindeutige Fälle" beschreibbar sind, müssen dieser Beurteilung Kriterien zugrunde liegen, welche auch eine Beurteilung **zB** der Angriffe der **USA** auf Nordvietnam, der **NATO** auf Afghanistan oder des **Bündnisses der Willigen** auf den Irak (vgl. dazu einerseits *Schünemann* GA **03**, 306 Fn 29; andererseits *Kreß* ZStW **115**, 294, 313 ff.) zulassen (für *offene* Anlehnung der Definition an historische Präzedenzfälle auch *Kreß* ZStW **115**, 306 f., 311). Die vielfach geäußerten Zweifel an der Bestimmtheit des Tatbestands sind daher zurückhaltend zu bewerten; die Abhängigkeit seiner *Anwendung* von politischen Opportunitäten und Möglichkeiten kann man nicht dem Tatbestand vorwerfen.

Schon nach dem Wortlaut **nicht erfasst** sind Gewaltaktionen **nichtkriegerischer** Art, also zB innere Unruhen, Unterstützung von innerstaatlichen Aufständen; auch nicht **Terroraktionen** nichtstaatlicher Organisationen (daher gewiss nicht der Anschlag auf das *World Trade Center* vom 11. 9. 2001, trotz Einstufung als „Angriff" durch den UN-Sicherheitsrat [Res. 1368] und als möglicher Bündnisfall iS von Art. 5 NATO-Vertrag; zweifelnd auch NK-*Paeffgen* 10; vgl. aber *Kreß* JZ **03**, 911, 915 Fn 58). Auch fremdstaatliche „Hilfeleistungen" sind kein Angriffskrieg, wenn sie auf Veranlassung der völkerrechtlich (noch) legitimen Regierung eines Staats erfolgen (**zB** Einmarsch des Warschauer Pakts in die CSSR; Einmarsch der Sowjetunion in Afghanistan; Intervention der USA in *Süd*vietnam). Nicht erfasst sind auch **Abwehraktionen** iS einer militärischen Abwehr kriegerischer Angriffe (gegen die Bundesrepublik); nach **hM** auch nicht **humanitäre Interventionen** (SK-*Rudolphi* 3; vgl. *Laubach* ZRP **99**, 279 f.; *Maurer* JZ **99**, 696; *Blanke* ArchVölkR **98**, 280 ff.; *Schilling* ArchVölkR **97**, 430; *Wilms* ZRP **99**, 227; krit. *Merkel* KJ **99**, 526, 536 ff.), also über polizeiliche Maßnahmen hinausgehende aktive kriegerische Angriffe mit dem Ziel der Verhinderung oder Beendigung von Völkermord oder elementaren Menschenrechtsverletzungen. Dass sich hierfür aus **Art. 39 UN-Charta** ein Tatbestandsausschluss selbst bei Fehlen eines **Mandats des UNSicherheitsrats** (zur Ermächtigung einzelner Staaten zum Gewalteinsatz durch den Sicherheitsrat vgl. *Kreß* ZStW **115**, 317 f. mwN) ergibt (so *S/S-Stree/Sternberg-Lieben* 4; vgl. dazu *Krajewski* KJ **02**, 370 ff.; krit. NK-*Paeffgen* 11), erscheint zweifelhaft. In jedem Fall kommt ein Ausschluss nur dann in Betracht, wenn Beginn oder Fortsetzung der Anlass gebenden Menschenrechts-Verbrechen *unmittelbar* drohen und die militärische Intervention zur Abwendung geeignet, erforderlich und verhältnismäßig ist (vgl. *Lange* EuGRZ **99**, 313, 315 f.; Entschließung des EP v. 20. 4. 94, BT-Drs. 12/7513 [Kosovo]). Frühere Menschenrechtsverletzungen, deren Fortsetzung nicht droht, können eine militärische Intervention nicht rechtfertigen. 5

Fragwürdig ist die teilweise angenommene Ausnahme von **Präventiv-Kriegen** (verharmlosend „Präventiv-*Schlag*", *preemtive strike*), also militärischer Angriffe, die einem feindlichen kriegerischen Angriff zuvorkommen sollen (so etwa *S/S-Stree/Sternberg-Lieben* 4; LK-*Laufhütte/Kuschel* 6 mwN); die *Definition* obliegt weitestgehend dem Angreifer. Eine Einordnung als Verteidigungsmaßnahme kommt hier nur bei unzweifelhaft unmittelbar bevorstehendem Angriff in Betracht. 6

B. Beteiligung der BRep. Bei dem Krieg (zum Begriff auch *Moritz* NZWehrr **66**, 145; *Schwenck, Lange*-FS 102) muss es sich um einen solchen handeln, an dem nach der Vorstellung des Täters die **BRep. Deutschland** unter Einsatz ihrer Streitkräfte als Krieg führende Macht **beteiligt** sein soll. Jedenfalls diese Voraussetzung ist bei der bloßen Gewährung von Überflug- Transport- und Bewegungsrechten für fremde Streitkräfte unabhängig davon nicht gegeben, ob diese selbst völkerrechtswidrig handeln (zutr. GBA JZ **03**, 908, 911 [m. zust. Anm. *Kreß*]). § 80 schützt den Völkerfrieden nicht umfassend, sondern nur den Frieden 7 zwischen der Bundesrepublik Deutschland und den übrigen Staaten (GBA JZ **03**, 808, 811; LK-*Laufhütte/Kuschel* 1; SK-*Rudolphi* 3 vor § 80). Erfasst sind daher zum einen solche Fälle, in denen die BRep. auf der **Angreiferseite** stehen soll, zum anderen solche, in denen sie selbst **angegriffen** werden soll (hM; LK-*Laufhütte/Kuschel* 6; *Lackner/Kühl* 2; SK-*Rudolphi* 4; NK-*Paeffgen* 18; *S/S-Stree/Sternberg-Lieben* 2; vgl. auch BT-Drs. V/2860, 2; **aA** *Schroeder* JZ **69**, 41, 47; *M/Schroeder/Maiwald* 90/6). Unerheblich ist, ob eine völkerrechtliche **Kriegserklärung** vorliegt. Beteiligt ist die BRep. aber auch dann, wenn Teile ihrer Streitkräfte unter fremdem Oberbefehl an dem Krieg teilnehmen (zum Begriff des „Einsatzes bewaffneter Streitkräfte" der Bundesrepublik vgl. BT-Drs. 15/1985; 15/2742; dazu *Pofalla* ZRP **04**, 221 ff.).

8 **C. Vorbereitung.** Der Täter muss den Angriffskrieg vorbereiten. Das umfasst jede den geplanten Krieg fördernde Tätigkeit beliebiger, auch an sich wertneutraler Art; grds. genügen auch mittelbare und Vorbereitung der Vorbereitung (vgl. aber unten 9). Auch eine nur intellektuelle, propagandistische Vorbereitung (§ 80 a) reicht grds. aus; freilich tritt hier im Ergebnis durch das Erfordernis des Gefahreintritts (unten 9) eine weitgehende Einschränkung ein. Allgemein werden Aktivitäten „von Gewicht" vorausgesetzt (GBA JZ **03**, 908, 911; vgl. LK-*Laufhütte/Kuschel* 8; *S/S/Stree/Sternberg-Lieben* 6; SK-*Rudolphi* 5; krit. zur Unbestimmtheit NK-*Paeffgen* 14). Mit Rücksicht auf den Taterfolg kommen als **Täter** praktisch nur **Inhaber von Schlüsselstellungen** staatlicher Macht (LK-*Laufhütte/Kuschel* 15; SK-*Rudolphi* 10; NK-*Paeffgen* 24; AK-*Sonnen* 31; *Kreß* ZStW **115**, 293, 340 f.) in Betracht; nach weitergehender Ansicht auch Personen unterhalb der Ebene des Führungspersonals im Fall von *Massenverbrechen* (*M/Schroeder/Maiwald* 90/8; hier bis 51. Aufl.; zw.). Handlungen unterhalb der Schwelle „gewichtiger" Aktivitäten können **Beihilfe** sein; § 80 erfasst auch eine solche zu Taten im Ausland, wenn diese auf den Taterfolg (unten 6) gerichtet sind (vgl. dazu *Kreß* JZ **03**, 914 f.; *ders.* ZStW **115** [2003], 294, 334 ff.).

9 **3) Taterfolg.** Die Vorbereitungshandlung muss zu einer **Kriegsgefahr** für die BRep., dh zu der **konkreten Gefahr** (Ber. S. 2; vgl. 3 zu § 34) eines Kriegsausbruchs führen. Dieses Erfordernis schränkt die Anwendbarkeit des Tatbestands auf besonders gewichtige, idR der Staatsmacht zugerechnete oder von staatlichen Stellen unterstützte Handlungen ein und führt zum Ausschluss **zB** allgemein kriegsfördernder Handlungen Privater insb. aus kommerziellen Interessen, etwa ungenehmigter Auslandsgeschäfte iS des § 4 a KriegswaffG (*Weber* NJW **79**, 1282; AK-*Sonnen* 26); aber auch von Kriegshetze iS von § 80 a. Es muss zu einem Spannungszustand kommen, welcher den Ausbruch eines Krieges zumindest als nahe liegende Möglichkeit erscheinen lässt; ein Spannungsfall im technischen Sinn des Art. 80 a GG ist nicht vorausgesetzt. Die konkrete Gefahr muss **Folge der Tathandlung** sein. Gerade in den problematischen Fällen etwa des „präventiven Angriffs" wird die Anwendung des Tatbestands durch die Nicht-Ausschließbarkeit einer *unabhängig* von der Tathandlung eingetretenen Gefahr (oder deren irrtümliche Annahme) weiter eingeschränkt.

10 **4) Subjektiver Tatbestand.** Hinsichtlich aller Tatbestandsmerkmale, auch der Bestimmtheit des geplanten Krieges und der konkreten Kriegsgefahr, ist **Vorsatz** erforderlich; bedingter Vorsatz genügt. Nach hM ergibt sich aus dem Zitat von Art. 26 I GG und aus der dort gebrauchten Wendung „in der Absicht, das friedliche Zusammenleben der Völker zu stören" für § 80 kein Absichtserfordernis (*Schroeder* JZ **69**, 47; LK-*Laufhütte/Kuschel* 14; SK-*Rudolphi* 9; i. E. auch *Kreß* ZStW **115** [2003] 294, 310 f.); der Eintritt einer konkreten Gefahr ist andererseits keine besondere Folge iS von § 18, so dass Fahrlässigkeit insoweit nicht ausreicht. Der Vorsatz muss wenigstens zwei konkrete Parteien der kriegerischen Auseinandersetzung umfassen; weiterhin die Eignung der Vorbereitungshandlung sowie ihre mögliche Ursächlichkeit für den Eintritt der Kriegsgefahr. Ein **Tatbestandsirrtum** ist gegeben, wenn der Täter irrig tatsächliche Voraussetzungen für das Vorliegen

eines Tatbestandsausschlusses (oben 3 a) annimmt. Ein **Verbotsirrtum** liegt **zB** vor, wenn der Täter die Grenzen der Völkerrechtswidrigkeit verkennt – angesichts der vollständigen Unklarheit der völkerrechtlichen Beurteilung ein wohlfeiler Irrtum an der Grenze zur *Beliebigkeit.*

5) Rechtswidrigkeit. Völkerrechtliche Rechtfertigungsgründe, zu denen namentlich das Vorliegen eines UNO-Mandats zu Kriegshandlungen unter Beteiligung der Bundeswehr gehört, schließen nach **hM** schon den Tatbestand aus (vgl. oben 3; umfangr. Nachw. bei *S/S-Stree/Sternberg-Lieben* 4). Dass bei ihrem Fehlen innerstaatliche Rechtfertigungsgründe, etwa aus Art. 1 und 2 II GG, eingreifen können, erscheint nach der Formulierung von Art. 26 S. 1 GG zweifelhaft. 11

6) Versuch. Der Versuch der Vorbereitung ist nach **hM** strafbar (LK-*Laufhütte/Kuschel* 17; *S/S-Stree/Sternberg-Lieben* 9; SK-*Rudolphi* 11; *Lackner/Kühl* 5; zw.; **aA** NK-*Paeffgen* 29); danach beschreibt § 80 nicht eine Beteiligung an einem anderen Verbrechenstatbestand, sondern ist selbst Haupttat (LK-*LaufhütteKuschel* 17). Freilich sieht das Gesetz selbst die Vorbereitung, die nicht zum Eintritt einer Kriegsgefahr führt, nicht als strafbaren Versuch an, denn sonst wären praktisch alle Fälle des § 80 a zumindest untaugliche Versuche des § 80. Auch gegenüber § 30 ist § 80 *lex specialis* (**aA** LK-*Laufhütte/Kuschel* 17). 12

7) Konkurrenzen: Tateinheit ist möglich mit §§ 94, 99, 100 a (LK-*Laufhütte/Kuschel* 20), während §§ 30, 80 a, 100 zurücktreten. Der **Angriffskrieg** selbst ist nach § 80 nicht strafbar, so dass auch die Beteiligung an einem von anderen vorbereiteten Angriffskrieg nicht strafbar ist; eine Vorschrift wie § 81 im Verhältnis zu § 83 fehlt hier. 13

8) Sonstige Vorschriften. Nichtanzeige geplanter Taten § 138 I Nr. 1. 14

Aufstacheln zum Angriffskrieg **RiStBV 202 bis 208**

80a **Wer im räumlichen Geltungsbereich dieses Gesetzes öffentlich, in einer Versammlung oder durch Verbreiten von Schriften (§ 11 Abs. 3) zum Angriffskrieg (§ 80) aufstachelt, wird mit Freiheitsstrafe von drei Monaten bis zu fünf Jahren bestraft.**

1) Allgemeines. Die Vorschrift gilt idF des 8. StÄG iVm Art. 19 Nr. 2 EGStGB. **Mat.:** BT-Drs. V/898 (GesE); V/2860 (Ber. 9). 1

Literatur: *Buddeberg,* Der Tatbestand des § 80 a StGB: „Aufstacheln zum Angriffskrieg", 1976 (Diss. Köln); *Klug,* Das Aufstacheln zum Angriffskrieg (§ 80 a StGB), Jescheck-FS (1985), 583. Vgl. auch 1 a zu § 80. 1 a

2) Schutzbereich. § 80 a bedroht die erfolglose intellektuelle **Vorbereitung** des Angriffskrieges (5 zu § 80) mit Strafe und ergänzt damit § 80. Durch § 111 wird der Tatbestand schon deshalb nicht überflüssig gemacht, weil der Angriffskrieg als solcher nicht nach § 80 strafbar ist (10 zu § 80). Das geschützte **Rechtsgut** ist dasselbe wie bei § 80. § 80 a verlagert den Schutz weit ins Vorfeld; die Legitimität der Vorschrift wird daher teilw. bestritten (NK-*Paeffgen* 2; vgl. auch ders., BGH-FG [2000] 695, 705 ff.). § 80 a ist ein **abstraktes Gefährdungsdelikt;** ein Erfolg im Sinn des Eintritts einer kriegsgeneigten Stimmung ist nicht vorausgesetzt. 2

3) Tathandlung ist das **Aufstacheln,** dh ein gesteigertes, auf die Gefühle des Adressaten abzielendes propagandistisches Anreizen (LG Köln NStZ **81**, 261, krit. hierzu *Klug,* Jescheck-FS 583) zum **Angriffskrieg** (3 ff. zu § 80). Dieser muss in der Darstellung durch den Täter eine hinreichende Bestimmtheit haben (7 zu § 80); daher genügt das bloße Schüren von Ressentiments oder der propagandistische Aufbau eines Feindbildes für sich allein nicht. „Aufstacheln" ist aber keine *Anstiftung* zu Taten nach § 80 oder zum völkerrechtswidrigen Krieg selbst; es umfasst nach Sinn und Schutzzweck daher gerade auch solche Kriegshetze, die das Vorliegen einer (tatbestandsausschließenden; vgl. 2 f. zu § 80) Legitimation vorspiegelt. Die Tathandlungsbeschreibung zielt auf den Bereich der „Hetze" ab, also auf ein vor allem auf Emotionen und irrational begründete Zustimmung abzielendes Einwirken. Daher soll die „seriöse" (?) Darlegung von rationalen Gründen (für einen völkerrechtswidrigen Angriffskrieg!), etwa in „angesehenen Fachzeitschriften", nicht erfasst sein (vgl. LG Köln NStZ **81**, 161; NK-*Paeffgen* 5; einschr. LK-*Laufhütte/* 3

Kuschel 4). Das mag im Einzelfall zutreffen; freilich kann es für eine einschränkende Auslegung nicht auf eine *äußere* „Seriosität" der Äußerung ankommen, sondern nur auf ihre vom Täter intendierte Wirkung. Irrationale Kriegsbegeisterung oder Furcht vor einem angeblich unmittelbar bevorstehenden feindlichen Angriff können durch „angesehene Fachzeitschriften", wissenschaftliche Dossiers oder Berechnungen über die Auswirkungen eines angeblich drohenden Angriffs effektiver hervorgerufen werden als durch wirres Kriegsgeschrei; Aufstacheln kann auch das „Einstimmen" auf die Unvermeidbarkeit der *Opfer* sein, welche das Schicksal angeblich fordert.

4 Die Äußerungshandlung muss entweder **öffentlich,** dh mit der Möglichkeit der Kenntnisnahme durch unbestimmt viele Personen, also auch durch allgemeines Zugänglichmachen an öffentlichen Orten (6 zu § 74d; BGH **29**, 83; Koblenz MDR **77**, 335), oder durch **Verbreiten** von Schriften, Ton- oder Bildträgern, Abbildungen oder Darstellungen (42ff. zu § 11, 4 zu § 74d), oder in einer **Versammlung** begangen werden; auch eine geschlossene Versammlung wird erfasst. Eine zufällig anwesende Personenmehrheit an einem Informationsstand ist mangels innerer Bindung der Versammelten eine bloße Ansammlung (BVerwGE **56**, 69); hier wird idR Öffentlichkeit der Äußerung gegeben sein.

5 **4) Subjektiver Tatbestand**. § 80a setzt **Vorsatz** voraus; bedingter Vorsatz genügt nach hM (vgl. LK-*Laufhütte/Kuschel* 6; *S/S-Stree/Sternberg-Lieben* 6; SK-*Rudolphi* 5; zw.; **aA** NK-*Paeffgen* 10; *M/Schroeder/Maiwald* 90/13 [im Hinblick auf die Tathandlung „Aufstacheln" Absicht erforderlich]). Er muss die Voraussetzungen eines (völkerrechtswidrigen) Angriffskriegs unter Beteiligung der Bundesrepublik umfassen (vgl. Erl. zu § 80); bei irriger Annahme der tatsächlichen Voraussetzungen einer völkerrechtlichen Legitimation ist ein Tatbestandsirrtum gegeben.

6 **5) Beteiligung. Täter** des § 80a kann jeder sein (LK-*Laufhütte/Kuschel* 7), auch ein Ausländer. **Teilnahme** ist nach allg. Regeln möglich. Eine Straflosigkeit von Beihilfehandlungen unter dem Gesichtspunkt der Sozialadäquanz bei berufsmäßigen Handlungen kommt bei entsprechendem Vorsatz nicht in Betracht.

7 **6)** Der **Tatort** muss, wie sich im Umkehrschluss aus § 5 Nr. 1 ergibt, im **Inland** liegen; hierzu reicht ein Eintritt des Verbreitungserfolgs im Inland aus (vgl. 2ff. zu § 9). Nicht erfasst sind inländische Taten (von Deutschen oder Ausländern), die sich allein auf zwischen *anderen* Staaten zu führende Kriege beziehen (krit. *M/Schroeder/Maiwald* 90/10); ebenso nicht Taten von Deutschen im Ausland, die allein dort zum Angriffskrieg (gegen die Bundesrepublik) aufstacheln (ggf. § 83).

8 **7) Konkurrenzen.** Tateinheit ist möglich zB mit §§ 89, 90a, 100, 111. Hinter § 80 tritt § 80a zurück.

9 **8) Sonstige Vorschriften:** Zu Nebenfolgen vgl. §§ 92a, 92b. Überwachungsmaßnahmen 4 vor § 80.

Zweiter Titel. Hochverrat

Hochverrat gegen den Bund

81 **I Wer es unternimmt, mit Gewalt oder durch Drohung mit Gewalt**

1. den Bestand der Bundesrepublik Deutschland zu beeinträchtigen oder

2. die auf dem Grundgesetz der Bundesrepublik Deutschland beruhende verfassungsmäßige Ordnung zu ändern,

wird mit lebenslanger Freiheitsstrafe oder mit Freiheitsstrafe nicht unter zehn Jahren bestraft.

II In minder schweren Fällen ist die Strafe Freiheitsstrafe von einem Jahr bis zu zehn Jahren.

1 **1) Allgemeines.** Die Vorschrift idF des 8. StÄG (1 vor § 80) iVm Art. 19 Nr. 3 EGStGB betrifft den Bestandshochverrat (I Nr. 1) und den Verfassungshochverrat (I Nr. 2) gegen den Bund.

1a **Literatur:** *Gusy,* Der Schutz des Staates gegen seine Staatsform. Die Landesverratsrechtsprechung in der Weimarer Republik, GA **92**, 195; *Hennke,* Zur Abgrenzung der strafbaren Vorbereitungshandlung beim Hochverrat, ZStW **66**, 390; *Livos,* Grundlagen der Strafbarkeit wegen Hochverrats, 1984; *Ruhrmann,* Der Hochverrat in der Rechtsprechung des BGH, NJW **57**, 281; *Schroeder,* Der Schutz von Staat und Verfassung, 1970; *Wagner,* Terrorismus, Hochverrat und Abhörgesetz, NJW **80**, 913. **Rechtsprechungsübersichten:** *Wagner,* Hochverrat und Staatsgefährdung (HuSt) I (1957), II (1958); *ders.,* Aus der Rspr in Staatsschutzverfahren, GA **60**, 4; **65**, 225; **66**, 289; **67**, 97.

2 **2) Tathandlung.** § 81 ist ein **Unternehmensdelikt;** der Tatbestand erfasst daher Versuch und Vollendung (§ 11 I Nr. 6; daher die besondere Rücktrittsvorschrift in § 83a I); ein Versuch des Unternehmens ist ausgeschlossen (str.). Abs. I unterscheidet zwei Fälle:

3 **A.** in **Nr. 1** das Unternehmen, den **Bestand** der BRep. (Angriffsgegenstand iS des § 92 I) zu **beeinträchtigen** (Bestandshochverrat; vgl. *Schroeder* JZ **67**, 681), nämlich **a)** die **Freiheit** der BRep. von fremder Botmäßigkeit aufzuheben (2 zu § 92); **b)** die staatliche **Einheit** der BRep. zu beseitigen (3 zu § 92); oder **c)** ein zur BRep. gehörendes **Gebiet** abzutrennen (4 zu § 92).

4 **B.** in **Nr. 2** das Unternehmen, die auf dem GG beruhende **verfassungsmäßige Ordnung** zu ändern (Verfassungshochverrat). Die verfassungsmäßige Ordnung umfasst die das Wesen der freiheitlichen Demokratie ausmachenden Grundlagen des Zusammenlebens im Staat, soweit sie auf dem GG „beruhen", also die diese Grundlagen konstituierenden Verfassungsnormen sowie ihre Ausprägung in der Verfassungswirklichkeit (Verfassung im materiellen Sinn; BGH **7**, 222; JZ **66**, 281; LK-*Laufhütte/Kuschel* 67 ff.; SK-*Rudolphi* 12; krit. zum Begriff NK-*Paeffgen* 12), insbesondere die die Grundlage des politischen Staatslebens bildenden Einrichtungen, die Regelung des Verhältnisses zwischen Volk, BTag und BReg. (BGH **6**, 336). Der Begriff, der in den §§ 85 I Nr. 2, 89 im selben Sinne verwendet wird, greift weiter als die Verfassungsgrundsätze des § 92 II (vgl. GA **60**, 5) und umfasst auch die Grundrechte, die nach Art. 79 III GG unabänderlichen Grundsätze wie das föderalistische Prinzip und die in Art. 1, 20 GG niedergelegten Grundsätze (vgl. *S/S-Stree/Sternberg-Lieben* 8; ausf. NK-*Paeffgen* 12 ff., 16).

5 Eine **Änderung** der Ordnung kann Beseitigung oder Nichtanwendung verfassungsrechtlicher Normen sein, aber auch ein faktischer Eingriff, der grundlegende Verfassungseinrichtungen in ihrer konkreten Gestalt beseitigt (vgl. BGH **6**, 338; HuSt. II, 308; zB gewaltsamer Sturz der Regierung; str.) oder auf gewisse Dauer funktionsunfähig macht; hingegen scheiden bloße Störungen, Verfassungswidrigkeiten oder Angriffe gegen die Entscheidungsfreiheit der Verfassungsorgane im Einzelfall aus (BGH **6**, 352; NJW **57**, 282 Anm. 11, 12, 14–16); hier kommen die §§ 105, 106 in Betracht. Ob die angestrebte Ordnungsänderung mit den Grundsätzen der freiheitlichen Demokratie in Widerspruch steht, ist ohne Bedeutung (GA **60**, 7 Nr. 8, 9).

6 **C. Tatmittel.** Mittel des Unternehmens sind entweder **Gewalt** oder **Drohung mit Gewalt.**

6a **a)** Der Begriff der **Gewalt** ist wie in § 105 (dort 4) tatbestandsbezogen restriktiv auszulegen; die Schwelle liegt hier höher als in dem Individualschutz dienenden Vorschriften (BGH **32**, 170, 172 m. Anm. *Willms* JR **84**, 120; *Arzt* JZ **84**, 428; *Scholz* Jura **87**, 192). Für das Vorliegen von Gewalt iS der §§ 81, 105 ist das Vorliegen der Voraussetzungen des § 125 nicht indiziell (BGH **32**, 165, 172; NK-*Paeffgen* 18; vgl. auch 3 zu § 105). Erfasst ist nicht nur unwiderstehlicher körperlich wirkender Zwang (so hier bis 51. Aufl.), sondern auch *vis compulsiva;* auch mittelbare Einwirkungen reichen aus, daher im Einzelfall auch körperliche Wirkungen zB von Ausfällen der Energie-, Wasser- oder Lebensmittelversorgung, des Zusammenbruchs des öffentlichen Verkehrs, etwa als Folge von Massendemonstrationen, Sabotage- oder Blockadeaktionen. Unter diesen Voraussetzungen können auch

Streiks Gewaltaktionen iS von I sein; freilich nur solche rechtswidrigen Streikaktionen, die zu einer ernstlichen Bedrohung von Versorgung oder Gesundheit führen (i. e. str.; vgl. BGH **6**, 340; **8**, 102; LM Nr. 6 zu § 81; aber auch BGH **32**, 165, 169; NStZ **81**, 218; LK-*Laufhütte/Kuschel* 15 ff.; SK-*Rudolphi* 6; *S/S-Stree/Sternberg-Lieben* 4; NK-*Paeffgen* 20 f.; *M/Schroeder/Maiwald* 83/4; *Geilen*, H. Mayer-FS 448). Nicht ausreichend sind jedenfalls Streiks mit allein demonstrativer (*Studenten*-„Streiks"), ökonomischer (*Fluglotsen*-Streik; vgl. BGH **32**, 169) oder politischer Wirkung (zutr. NK-*Paeffgen* 20), auch wenn sie sich als Nötigungen darstellen; auch nicht Aktionen, deren (Gewalt-)Wirkung durch Einsatz von (regulären) Notdiensten verhindert werden kann.

6b **b)** Die **Drohung** (vgl. allg. dazu Erl. zu § 240) muss sich auf den Einsatz von Gewalt im oben 7 dargelegten Sinn richten. Das **Unternehmen beginnt** mit dem Anfang der Gewaltausübung oder -androhung.

7 **3) Täter** kann auch ein Ausländer im Ausland sein (§ 5 Nr. 2). Das **Parteienprivileg** des Art. 21 GG hindert die Verfolgung des Funktionärs einer unverbotenen Partei in der BRep. nicht (BVerfGE **9**, 162; BGH **6**, 344; HuSt. I, 376; II, 26; Köln NJW **54**, 973; LK-*Laufhütte/Kuschel* 30; *S/S-Stree/Sternberg-Lieben* 17; SK-*Rudolphi* 9).

8 **4) Vorsatz** ist erforderlich, bedingter Vorsatz genügt. Ob sich der Täter mit den *politischen* Zielen einer Umsturzbewegung identifiziert, ist bedeutungslos (vgl. GA **60**, 7 Nr. 8; *Laubenthal* MSchrKrim **89**, 331).

9 **5) Rechtsfolgen.** Zu **Abs. II** (minder schwere Fälle) vgl. 11 zu § 12 und 85 ff. zu § 46. Tätige Reue § 83 a; Nebenfolgen § 92 a, Einziehung § 92 b.

10 **6) Konkurrenzen.** Tateinheit ist möglich zB mit Tötungs- oder Körperverletzungsdelikten, auch wenn sich diese Taten gegen Personen als Repräsentanten des Staats richten. §§ 113, 114 werden idR verdrängt. § 83 I wird von § 81 verdrängt.

11 **7) Sonstige Vorschriften.** Nichtanzeige § 138 I Nr. 2; Zuständigkeit und Verfahren vgl. 4 vor § 80.

Hochverrat gegen ein Land

82 [I] **Wer es unternimmt, mit Gewalt oder durch Drohung mit Gewalt**

1. **das Gebiet eines Landes ganz oder zum Teil einem anderen Land der Bundesrepublik Deutschland einzuverleiben oder einen Teil eines Landes von diesem abzutrennen oder**
2. **die auf der Verfassung eines Landes beruhende verfassungsmäßige Ordnung zu ändern,**

wird mit Freiheitsstrafe von einem Jahr bis zu zehn Jahren bestraft.

[II] **In minder schweren Fällen ist die Strafe Freiheitsstrafe von sechs Monaten bis zu fünf Jahren.**

1 **1) Allgemeines.** Die Vorschrift idF des 8. StÄG (1 vor § 80) iVm Art. 19 Nr. 4 EGStGB betrifft Gebietshochverrat (I Nr. 1) und Verfassungshochverrat (I Nr. 2) gegen ein Land der BRep. Vgl. die Anm. zu § 81.

2 **2) Tathandlung.** Der Tatbestand entspricht § 81. **Bestandshochverrat** kann entweder Einfügen eines Landes oder des Teils eines Landes in ein anderes Land der BRep. oder Abtrennen des Teils eines Landes unter Verselbstständigung innerhalb der BRep. sein.

3 **Der Verfassungshochverrat** entspricht § 81 I Nr. 2 mit der Maßgabe, dass es um die Verfassung im materiellen Sinne des jeweiligen Landes geht. Soweit diese auf dem GG beruht (vgl. BVerfGE **1**, 232), kommt § 81 I Nr. 2 in Betracht.

4 **3) Konkurrenzen:** I Nr. 1 tritt hinter § 81 I Nr. 1 zurück. Zwischen I Nr. 2 und § 81 I Nr. 2 ist Tateinheit möglich. Vgl. i. ü. 10 zu § 81.

4) Sonstige Vorschriften. Tatort und Täter 7 zu § 81; Tätige Reue § 83 a; Nebenfolgen § 92 a, Einziehung § 92 b, Nichtanzeige § 138 I Nr. 2. 5

Vorbereitung eines hochverräterischen Unternehmens

83 **I Wer ein bestimmtes hochverräterisches Unternehmen gegen den Bund vorbereitet, wird mit Freiheitsstrafe von einem Jahr bis zu zehn Jahren, in minder schweren Fällen mit Freiheitsstrafe von einem Jahr bis zu fünf Jahren bestraft.**

II Wer ein bestimmtes hochverräterisches Unternehmen gegen ein Land vorbereitet, wird mit Freiheitsstrafe von drei Monaten bis zu fünf Jahren bestraft.

1) Allgemeines. Die **Vorbereitung des Hochverrats** wird durch § 83 idF des 8. StÄG (1 vor § 80) zum selbstständigen Delikt erhoben. Bei § 83 liegt das Schwergewicht in der Abwehr hochverräterischer Unternehmen. 1

Literatur: *Hennke* ZStW **66**, 390. 1 a

2) Tathandlung. Ein **bestimmtes hochverräterisches Unternehmen** muss **vorbereitet** werden. Hochverräterisches Unternehmen ist iS der §§ 81, 82 zu verstehen. Bestimmt ist ein Unternehmen, das nach Angriffsgegenstand und -ziel feststeht und nach Ort und Art der Durchführung in seinen Grundzügen umrissen ist (GA **60**, 12 Nr. 7; OVG Hamburg NJW **74**, 1523; SK-*Rudolphi* 2). Hinsichtlich der zeitlichen Bestimmtheit fordert BGH **7**, 11, dass, wenn der Hochverrat erst unter geänderten politischen Verhältnissen begonnen werden soll, die Änderung als unmittelbar bevorstehend erwartet wird (vgl. LK-*Laufhütte/Kuschel* 2 ff.). 2

Vorbereitung ist jede das künftige Unternehmen nach der Vorstellung des Täters, aber auch objektiv fördernde Tätigkeit, auch wenn sie an sich wertneutral ist. Auch mittelbare oder Vorbereitung der Vorbereitung fällt unter § 83 (vgl. GA **60**, 10 Nr. 7). Die bloße (auch öffentliche) Aufforderung zum Hochverrat (Köln NJW **54**, 1259) oder zum Sturz der Regierung (GA **60**, 11 Nr. 14) genügt nach zutr. hM zur Tatvollendung nicht; hier kommt § 111 in Betracht. Eine **konkrete Gefahr** für den Staat braucht noch nicht eingetreten zu sein; nach hM muss die Vorbereitung aber „einen gewissen Gefährlichkeitsgrad" erreichen (HuSt. II, 40; SK-*Rudolphi* 7; *S/S-Stree/Sternberg-Lieben* 8; *M/Schroeder/Maiwald* 83/11; offen gelassen in BGH **6**, 342), so dass offenkundig nicht erfolgsgeeignete Planungen ebenso ausscheiden wie individuelle Vorbereitungen für vage erwartete (fremde) Umsturzversuche (zB Anlegen von Waffenlagern) oder von Feindschaft gegen den Staat getragene Ausbildungs- oder Trainingsprogramme für den (erwarteten) „Ernstfall" (zB Schulungen oder „Kampfausbildung" gewaltbereiter politischer Gruppierungen). Zum **Versuch der Vorbereitung** vgl. 9 zu § 80. 3

Die **Mittel** der Vorbereitung können grds. beliebiger Art sein. Die in Rspr und Literatur genannten Beispiele sind stark zeitbedingt (vgl. etwa RG **16**, 169 [Sammlung von Geld]; LM Nr. 1 zu § 81 aF [„geistige oder seelische Beeinflussung der Bevölkerung des Staates"]; NJW **55**, 110 [Verbreitung von Schriften mit „zwischen den Zeilen" stehenden hochverräterischen Gedanken]); sie zeigen, dass schon der objektive Tatbestand in hohem Masse von politischen Einschätzungen der Bedrohungslage abhängt. 4

3) Für **Tatort** und **Täter** gilt 7 zu § 81; **sonstige Vorschriften** 5 zu § 82. 5

4) Vorsatz ist erforderlich, bedingter genügt. Er muss auch die Bestimmtheit des Unternehmens umfassen (HuSt. I, 368); als Angriffsmittel müssen Gewalt oder Drohung damit mindestens eventuell in Aussicht genommen sein (BGH **6**, 340). Der Täter braucht sich nicht selbst an dem vorbereiteten Unternehmen beteiligen zu wollen. 6

5) Tateinheit ist möglich mit §§ 84, 85, 87 bis 89; 129, 129 a. §§ 86, 86 a treten hinter § 83 zurück, ebenso §§ 30 (Köln NJW **54**, 1259; str.; **aA** SK-*Rudolphi* 11; AK-*Sonnen* 23) und 111. § 83 tritt hinter §§ 81, 82 zurück. 7

Tätige Reue

83a **I In den Fällen der §§ 81 und 82 kann das Gericht die Strafe nach seinem Ermessen mildern (§ 49 Abs. 2) oder von einer Bestrafung nach diesen Vorschriften absehen, wenn der Täter freiwillig die weitere Ausführung der Tat aufgibt und eine von ihm erkannte Gefahr, dass andere das Unternehmen weiter ausführen, abwendet oder wesentlich mindert oder wenn er freiwillig die Vollendung der Tat verhindert.**

II In den Fällen des § 83 kann das Gericht nach Absatz 1 verfahren, wenn der Täter freiwillig sein Vorhaben aufgibt und eine von ihm verursachte und erkannte Gefahr, dass andere das Unternehmen weiter vorbereiten oder es ausführen, abwendet oder wesentlich mindert oder wenn er freiwillig die Vollendung der Tat verhindert.

III Wird ohne Zutun des Täters die bezeichnete Gefahr abgewendet oder wesentlich gemindert oder die Vollendung der Tat verhindert, so genügt sein freiwilliges und ernsthaftes Bemühen, dieses Ziel zu erreichen.

1 **1) Allgemeines.** Die **Sondervorschrift über Tätige Reue** (idF des 8. StÄG; 1 vor § 80, vgl. auch Art. 19 Nr. 5 EGStGB) ist notwendig, weil die §§ 81, 82 iVm § 11 I Nr. 6 den Versuch der Vollendung gleichstellen und daher § 24 unanwendbar ist (I) und weil § 30 von § 83 verdrängt wird (dort 7) und dadurch § 31 unanwendbar ist, § 83 außerdem aber über § 30 hinausgeht.

2 **2) Voraussetzungen.** In allen Fällen setzt die Anwendung des § 83a **Freiwilligkeit** des Handelns voraus; insoweit gelten die Grundsätze des § 24 (dort 18ff.).

3 **A.** Nach **Abs. I** muss der Täter **in den Fällen der §§ 81, 82 a)** wenn der von ihm begonnene Versuch noch nicht beendet ist, jede weitere Ausführungstätigkeit einstellen; **b)** wenn seine Ausführungstätigkeit nach seinem Tatplan abgeschlossen, deren Erfolg aber noch nicht eingetreten ist, dessen Eintritt und damit „die Vollendung der Tat" verhindern. **c)** Handlungen nach a) und b) reichen allein nicht aus, wenn mit der Begehung derselben Tat durch andere zu rechnen ist und der Reuige das erkennt; dann muss er sie abwenden, dh ihren Eintritt verhindern oder die schon eingetretene Gefahr endgültig beseitigen, oder aber wesentlich mindern. **d)** Hat der Täter die Gefahr der Begehung durch andere nicht erkannt, so genügt, auch wenn ihm die Unkenntnis vorgeworfen werden kann, eine Handlung nach a) bzw. b).

4 **B.** Nach **Abs. II** muss der Reuige **in den Fällen des § 83** sein „Vorhaben" aufgeben, dh seinen Tatentschluss endgültig fallen lassen und jede weitere Vorbereitungstätigkeit einstellen. Die Gefahr, die der Täter ggf abzuwenden oder wesentlich zu mindern hat, ist auch schon die der Vorbereitung durch andere. Mit Verhinderung der Vollendung der Tat ist hier nur der Fall gemeint, dass der Reuige selbst die Tat lediglich vorbereitet hat, andere aber bereits ihre Ausführungshandlung beendet haben, so dass nur noch der Erfolg aussteht. Abwendungspflicht besteht, wenn der Reuige die Gefahr des Erfolgseintritts erkannt hat.

5 **C.** Nach **Abs. III** genügt, wenn der **Taterfolg** infolge anderer Ursachen **nicht** eintritt, zB weil andere, etwa Behörden, von sich aus eingreifen, das ernst gemeinte Bemühen des Täters um Verhinderung oder wesentliche Minderung des Taterfolgs. Kommt es jedoch zur Tatbegehung durch andere, so hilft es dem Reuigen im Gegensatz zu §§ 24 II und 31 II nicht, wenn er seinen eigenen Tatbeitrag unwirksam macht und sich um Verhinderung der Tat bemüht.

6 **3) Die Rechtsfolgen** der tätigen Reue schreibt das Gesetz im Gegensatz zu *den §§ 24, 31 nicht* zwingend vor. Der Richter kann nach pflichtgemäßem Ermessen die Strafe mildern (6ff. zu § 49) oder von einer Bestrafung nach den §§ 81, 82 bzw. 83 absehen (8 zu § 23), nicht aber wegen anderer damit in Tat- oder Gesetzeseinheit stehender Delikte; tritt also der Täter nach I zurück, so müssen auch

die Voraussetzungen nach II erfüllt sein, wenn Tätige Reue auch nach II gegeben sein soll (zw.; **aA** LK-*Laufhütte/Kuschel* 8; *S/S-Stree/Sternberg-Lieben* 13; SK-*Rudolphi* 9).

Dritter Titel. Gefährdung des demokratischen Rechtsstaates

Fortführung einer für verfassungswidrig erklärten Partei

84 **I Wer als Rädelsführer oder Hintermann im räumlichen Geltungsbereich dieses Gesetzes den organisatorischen Zusammenhalt**

1. einer vom Bundesverfassungsgericht für verfassungswidrig erklärten Partei oder

2. einer Partei, von der das Bundesverfassungsgericht festgestellt hat, dass sie Ersatzorganisation einer verbotenen Partei ist,

aufrechterhält, wird mit Freiheitsstrafe von drei Monaten bis zu fünf Jahren bestraft. Der Versuch ist strafbar.

II Wer sich in einer Partei der in Absatz 1 bezeichneten Art als Mitglied betätigt oder wer ihren organisatorischen Zusammenhalt unterstützt, wird mit Freiheitsstrafe bis zu fünf Jahren oder mit Geldstrafe bestraft.

III Wer einer anderen Sachentscheidung des Bundesverfassungsgerichts, die im Verfahren nach Artikel 21 Abs. 2 des Grundgesetzes oder im Verfahren nach § 33 Abs. 2 des Parteiengesetzes erlassen ist, oder einer vollziehbaren Maßnahme zuwiderhandelt, die im Vollzug einer in einem solchen Verfahren ergangenen Sachentscheidung getroffen ist, wird mit Freiheitsstrafe bis zu fünf Jahren oder mit Geldstrafe bestraft. Den in Satz 1 bezeichneten Verfahren steht ein Verfahren nach Artikel 18 des Grundgesetzes gleich.

IV In den Fällen des Absatzes 1 Satz 2 und der Absätze 2 und 3 Satz 1 kann das Gericht bei Beteiligten, deren Schuld gering und deren Mitwirkung von untergeordneter Bedeutung ist, die Strafe nach seinem Ermessen mildern (§ 49 Abs. 2) oder von einer Bestrafung nach diesen Vorschriften absehen.

V In den Fällen der Absätze 1 bis 3 Satz 1 kann das Gericht die Strafe nach seinem Ermessen mildern (§ 49 Abs. 2) oder von einer Bestrafung nach diesen Vorschriften absehen, wenn der Täter sich freiwillig und ernsthaft bemüht, das Fortbestehen der Partei zu verhindern; erreicht er dieses Ziel oder wird es ohne sein Bemühen erreicht, so wird der Täter nicht bestraft.

1) Allgemeines. Die Vorschrift (idF des 8. StÄG/EGStGB; 1 vor § 80) unterscheidet sich 1
von § 90a aF vor allem dadurch, dass sie Ersatzorganisationen nur insoweit erfasst, als sie als Parteien auftreten und vom BVerfG als Ersatzorganisationen festgestellt werden, und dass sie das **Feststellungsprinzip** ebenso wie § 85 auf Ersatzorganisationen ausdehnt (anders noch nach altem Recht BVerfGE **16**, 4; BGH **20**, 45). Ferner bezieht III auch Entscheidungen des BVerfG in Verfahren nach § 33 II ParteienG ein.

Literatur: *Rapp,* Das Parteienprivileg des GG u. seine Auswirkungen auf das Strafrecht, 1a
1970.

2) Parteien. Abs. **I und II** beziehen sich auf Parteien iS des Art. 21 GG, § 2 I 2
S. 2 ParteienG. **Partei** (vgl. BVerfGE **1**, 228; **3**, 401; **5**, 85; 112; **6**, 367; **24**, 260; **91**, 262; 276; JR **69**, 395; BGH **19**, 51; NJW **74**, 585) ist iS von § 2 ParteienG zu verstehen, dh als eine Vereinigung der dort näher bezeichneten Art in der BRep. Die Partei muss **nach Nr. 1** vom BVerfG nach Art. 21 II S. 2 GG iVm § 46 BVerfGG für **verfassungswidrig** erklärt sein; oder das BVerfG muss **nach Nr. 2** von ihr festgestellt haben, dass sie **Ersatzorganisation** einer iS von Nr. 1 verbote-

nen Partei ist, dh dass sie verfassungswidrige Bestrebungen der verbotenen Partei an deren Stelle weiter verfolgt. Das BVerfG ist für diese Feststellung nur zuständig und § 84 damit nur anwendbar, wenn die Partei, die Ersatzorganisation ist, schon vor dem Verbot der ursprünglichen Partei (wenn auch nicht als Ersatzorganisation) bestand oder im BTag oder in einem LTag vertreten ist (§ 33 II ParteienG); in anderen Fällen trifft die Verwaltungsbehörde eine Feststellungsverfügung nach § 8 II VereinsG (§ 33 III ParteienG), nach deren Rechtskraft § 85 eingreift. Die Tat ist **Organisationsdelikt,** formell Ungehorsam gegen Entscheidungen des BVerfG, materiell ein **abstraktes Gefährdungsdelikt** (NStZ **06**, 356, 357; SK-*Rudolphi* 3). Nicht in die Partei eingegliederte, aber von ihr abhängige Organisationen (dazu BVerfGE **2**, 78; **5**, 392) sowie im Geltungsbereich des Gesetzes bestehende Teilorganisationen von Parteien außerhalb dieses Bereichs können unter § 85 fallen (vgl. § 18 S. 1 VereinsG); bei bloßer Tätigkeit im Geltungsbereich greift § 18 S. 2 mit § 20 I Nr. 4 VereinsG ein, so dass auch § 85 ausscheidet.

3 **3) Tathandlung nach I.** Abs. I verlangt das **Aufrechterhalten des organisatorischen Zusammenhalts,** dh eine Tätigkeit, die mindestens einen Teil des organisatorischen Apparats der Partei oder Ersatzorganisation in bisheriger oder dem Verbot angepasster Gliederung offen oder geheim, vielleicht auch ohne Tätigkeit nach außen, mit Hilfe bisheriger oder neuer Mitglieder am Bestehen erhält oder erneuert (vgl. BGH **20**, 287; NStE § 20 VereinsG Nr. 3). Der Tatbestand setzt daher wie § 85 und wie § 20 I Nr. 1 und 3 VereinsG einen **organisationsbezogenen Erfolg** voraus (BGH **42**, 35 f.; NStZ-RR **98**, 276) und unterscheidet sich insoweit von § 20 I Nr. 4 VereinsG (**aA** Düsseldorf MDR **97**, 90). Der Aufbau einer Fünfergruppe reicht dazu aus (BGH **20**, 74), ebenso das Innehaben und Wahrnehmen einer zum Apparat gehörenden Stellung, insbesondere eines Parteiamts (BGH **16**, 298; **20**, 291), nicht hingegen das bloße Aufbewahren und Verteilen von Parteidruckschriften (anders noch NJW **57**, 1846). Stets muss es sich um den organisatorischen Zusammenhalt der verbotenen Partei handeln; deren Identität wird aber nicht dadurch beseitigt, dass die Vereinigung nur einen neuen Namen annimmt, ihre Identität sonst tarnt oder ihre Zielsetzung ändert (BGH **26**, 265; 3 StR 11/98; 3 StR 179/98 [*„Devrimci Sol"*]). Die bloße – ideologisch begründete – *Behauptung,* die (einzig) „legitime" Nachfolgerin der verbotenen Organisation zu unterstützen, reicht nicht aus, wenn es sich hierbei tatsächlich um eine aus einer Spaltung hervorgegangene Organisation mit neuer Organisationsstruktur handelt (BGH aaO). In solchen Fällen hat der Strafrichter, ohne dass es eines neuen Verbots- oder Feststellungsverfahrens bedarf, die Identität selbst festzustellen (vgl. Ber. 5; LK-*Laufhütte/Kuschel 10*; *S/S-Stree/Sternberg-Lieben* 7); dabei wird es vor allem darauf ankommen, ob der organisatorische Apparat und seine Träger im Wesentlichen dieselben geblieben sind. Unter I fällt die Tathandlung nur, wenn der Täter als **Rädelsführer** oder **Hintermann** handelt. Rädelsführer ist, wer als Mitglied (BGH **15**, 136; **18**, 296), Hintermann, wer als Außenstehender geistig oder wirtschaftlich de facto eine maßgebende Rolle für die Vereinigung spielt (BGH **6**, 129; **7**, 279; **11**, 233; **19**, 109; **20**, 45; 121; NJW **54**, 1254; **57**, 1897). Der **Versuch,** auch schon der, sich zum Rädelsführer oder Hintermann zu machen und als solcher den organisatorischen Zusammenhalt aufrechtzuerhalten, ist nach I S. 2 strafbar.

4 **4) Tathandlungen nach II** sind

A. die Betätigung als **Mitglied** in der Partei oder Ersatzorganisation iS von I Nr. 1 oder 2. Dabei kommt es nicht auf die formelle Mitgliedschaft an (vgl. NJW **60**, 1772; **63**, 1315), sondern darauf, dass der Täter seinen Willen dem der Organisation mit deren Einverständnis unterordnet und fortdauernd für sie tätig *sein soll oder will* (vgl. GA **60**, 225 D Nr. 5; **66**, 293 Nr. 21, 22; vgl. auch BGH **29**, 122 f.; 294 [zu § 129]), so dass Besuch von Veranstaltungen (BGH GA **66**, 294 Nr. 25), Bezug von Zeitschriften (BGH **20**, 74), Aufbewahren von Druckschriftenmaterial für die Organisation (**aA** 3 StR 37/65) oder von Material zur Herstellung von Druckschriften (GA **67**, 99 Nr. 32), Verfassen oder Verteilen von Druckschriften oder Kassieren von Mitgliedsbeiträgen (vgl. BGH **20**, 291), Erteilen von Druckaufträgen, das Drucken und Mitgliederwerben durch Propagandaschriften (die nicht verfassungsfeindlich zu sein brauchen; vgl. BGH **26**, 258) für sich allein noch keine Mitgliedschaft begründet. Das **Betätigen** als Mitglied verlangt mehr als die bloße Beteiligung iS von § 90 a II aF, so dass „die bloße Bezahlung eines Mitgliedmindestbeitrages" (Ber. 6) oder eines als üblich anzusehenden Beitrages noch nicht genügt (SK-*Rudolphi* 12; **aA** LK-*Laufhütte/Kuschel* 19), sondern Aktivität darüber hinaus erforderlich ist (vgl. BGH **26**, 261; MDR/S **79**, 705);

B. die **Unterstützung des organisatorischen Zusammenhalts** durch ein Nichtmitglied, womit eine diesen Zusammenhalt als solchen *unmittelbar* fördernde Tätigkeit, nicht nur ein mittelbarer Beistand, zB durch Eintreten für die politischen Auffassungen und Ziele der Organisation, gemeint ist (vgl. Ber. S. 6; BVerfGE **25**, 44; 79; LK-*Laufhütte/Kuschel* 20); auch der bloße Bezug einer Zeitschrift reicht nicht aus (NStZ **06**, 355). Die Tätigkeitsformen können dieselben sein wie die unter 4 beschriebenen; der Unterschied besteht darin, dass der Täter nicht Mitglied iS von 4 sein darf. Ein konkreter Förderungserfolg ist nicht erforderlich; es reicht aus, wenn der Täter ihn will und die Unterstützungshandlung hierzu geeignet ist (vgl. NStZ **06**, 356, 357 [zu § 20 I Nr. 3 VereinsG]). Eine Rolle spielt praktisch vor allem die finanzielle Unterstützung der Organisation. 5

5) Die Teilnahme ist auf die Anstiftung beschränkt, da **I** nur Rädelsführer und Hintermänner betrifft und die Unterstützung der Organisation zu Täterschaft verselbstständigte Beihilfe ist (BGH **20**, 89; NJW **68**, 1100; *Sommer* JR **81**, 491), so dass es Beihilfe iS des § 27 nicht geben kann und Beihilfe zu Handlungen nach I nur strafbar ist, wenn sie eine Tat nach II ist (**aA** LK-*Laufhütte/Kuschel* 26). 6

6) Tathandlung des III. Abs. III stellt **Verstöße gegen andere Entscheidungen des BVerfG und gegen Maßnahmen** zum Vollzug von Entscheidungen des BVerfG unter Strafe, und zwar Zuwiderhandlungen gegen 7

A. Sachentscheidungen des BVerfG selbst 8

a) im **Parteiverbotsverfahren** nach Art. 21 GG iVm § 46 BVerfGG oder im **Feststellungsverfahren** nach § 33 II ParteienG, die nicht unter I fallen, insbesondere gegen einstweilige Anordnungen nach § 32 BVerfGG, nicht aber gegen prozessuale Entscheidungen wie Beschlagnahme- und Einziehungsanordnungen nach § 38 BVerfGG (LK-*Laufhütte/Kuschel* 22; zT abw. SK-*Rudolphi* 15; *S/S-Stree/Sternberg-Lieben* 19);

b) in Grundrechtsentziehungsverfahren nach Art. 18 GG;

B. Maßnahmen, die das BVerfG oder eine Verwaltungsbehörde im Vollzug einer der Sachentscheidungen nach I, III trifft und die, wenn auch vielleicht nur vorläufig, vollziehbar sind (vgl. den Fall BVerfGE **6**, 300). **Tathandlung** ist das Zuwiderhandeln; der bloße Unterstützungsversuch ist nicht strafbar. 9

7) Tatort. Für den **Tatort** gilt über die irreführende Regelung in I hinaus die Sonderregelung in § 91 (vgl. BGH **30**, 330). Danach bleibt straflos, wer durch eine Tätigkeit außerhalb des Geltungsbereichs des Gesetzes den organisatorischen Zusammenhalt der verbotenen Partei unterstützt (hM; **aA** *S/S-Stree/Sternberg-Lieben* 6 zu § 91). 10

8) Vorsatz ist bei allen Tathandlungen erforderlich; bedingter genügt. Das gilt insbesondere hinsichtlich des Verbots der Partei, der Feststellung als Ersatzorganisation und der Vollziehbarkeit einer Maßnahme. Ob der Täter die Entscheidung für rechtsirrig hält, ist ohne Bedeutung. Motiv und Zielsetzung des Täters sind ohne Bedeutung. Im Fall von 5 muss sich der Täter bewusst sein, den organisatorischen Zusammenhalt als solchen zu fördern. 11

12 **9) Rechtsfolge.** Abs. **IV und V,** die sich nicht auf die Fälle des Art. 18 GG beziehen und keine Beteiligung im technischen Sinne voraussetzen, ermöglichen dem Richter

13 **A.** von Strafe **abzusehen** (8 zu § 23), wenn **a)** in den Fällen von II und III S. 1 sowie der versuchten Tat nach I den Täter oder Anstifter nur geringe Schuld trifft (vgl. § 153 StPO) und seine Mitwirkung nur untergeordnete Bedeutung für die Organisation hatte (Mitläuferklausel); **b)** der Täter sich in den Fällen von I bis III S. 1 freiwillig (18 ff. zu § 24) und ernsthaft (36 zu § 24), aber erfolglos bemüht, das tatsächliche Fortbestehen der Partei zu verhindern;

14 **B.** in diesen Fällen statt dessen die Strafe nach seinem Ermessen zu **mildern** (§ 49 Abs. 2).

15 **C.** Abs. **V, 2. HS** sieht einen persönlichen **Strafaufhebungsgrund** für den Fall vor, dass das Bemühen des Täters in den Fällen 14 (b) Erfolg hat oder die Partei ohne sein Zutun auch tatsächlich aufgelöst wird.

16 **10) Konkurrenzen. A.** Rechtlich **eine einzige Tat** stellen die sich häufig über längere Zeit erstreckenden Tathandlungen des I und II dar; sie bilden eine gesetzliche Handlungseinheit (BGH **43**, 312; NStZ-RR **97**, 282; NStZ **99**, 411 f.; SK-*Rudolphi* 20; LK-*Laufhütte/Kuschel* 33; *Schüchter/Duttge/Klumpe* JZ **97**, 995, 997); das gilt auch für die Rädelsführer (BGH **15**, 259) und Hintermänner. Nach BGH **46**, 6, 13 f. (zu § 20 I Nr. 4 VereinsG) liegt eine **Bewertungseinheit** vor, wenn der Täter im Interesse der verbotenen Organisation ein Amt oder einen bestimmten Tätigkeitsbereich auf Dauer übernimmt, um zur Aufrechterhaltung der verbotenen Tätigkeit beizutragen; sämtliche in Ausübung des Amtes begangenen Zuwiderhandlungen gegen das Verbot sind dann zu **einer Tat** zusammengefasst (vgl. dazu *Puppe* JZ **00**, 735 f.). Wenn sich ein Täter durch unterschiedliche Handlungen in **verschiedenen Vereinigungen** betätigt, denen er gleichzeitig angehört, so liegt Tatmehrheit vor (NStZ **07**, 401 f. [zu § 129 b]; MK-*Steinmetz* 27).

17 **B. Tateinheit** ist möglich mit §§ 83; 86 bis 89; 129, 129 a. Wird § 84 durch Verbreiten von Propagandamitteln (§ 86) oder Vorbereitungshandlungen dazu begangen, ohne dass § 86 erfüllt ist, ist die Tat nach § 84 strafbar (BGH **26**, 258; *Krauth,* BGH-FS 237; **aA** Ber. 9; *S/S-Stree/Sternberg-Lieben* 16; vgl. aber Prot. V, 1672). § 85 und § 20 I Nr. 1 bis 3 VereinsG treten hinter § 84 zurück. Innerhalb von § 84 wird II von I aufgezehrt (BGH **20**, 45; 74), es sei denn, dass der Täter für mehrere Organisationen tätig wurde. Bei mehreren Verstößen liegen grds selbstständige Taten nach § 84 vor (vgl. BGH **43**, 314; NStZ **99**, 38).

18 **11) Sonstige Vorschriften.** Anwendungsbereich § 91, Nebenfolgen § 92 a, Einziehung § 92 b.

Verstoß gegen ein Vereinigungsverbot

85 **I Wer als Rädelsführer oder Hintermann im räumlichen Geltungsbereich dieses Gesetzes den organisatorischen Zusammenhalt**

1. **einer Partei oder Vereinigung, von der im Verfahren nach § 33 Abs. 3 des Parteiengesetzes unanfechtbar festgestellt ist, dass sie Ersatzorganisation einer verbotenen Partei ist, oder**
2. **einer Vereinigung, die unanfechtbar verboten ist, weil sie sich gegen die verfassungsmäßige Ordnung oder gegen den Gedanken der Völkerverständigung richtet, oder von der unanfechtbar festgestellt ist, dass sie Ersatzorganisation einer solchen verbotenen Vereinigung ist,**

aufrechterhält, wird mit Freiheitsstrafe bis zu fünf Jahren oder mit Geldstrafe bestraft. Der Versuch ist strafbar.

II Wer sich in einer Partei oder Vereinigung der in Absatz 1 bezeichneten Art *als Mitglied* betätigt oder wer ihren organisatorischen Zusammenhalt unterstützt, wird mit Freiheitsstrafe bis zu drei Jahren oder mit Geldstrafe bestraft.

III § 84 Abs. 4 und 5 gilt entsprechend.

1) Allgemeines. Die Vorschrift (idF des 8. StÄG; 1 vor § 80) bezieht sich auf Verstöße gegen die Entscheidungen der Verbotsbehörden des § 3 II VereinsG. Sie dient dem Schutz der verfassungsmäßigen Ordnung und der Sicherung der Völkerverständigung (Art. 9 II GG); Rechtsgut ist insoweit die äußere Sicherheit der BRep. 1

2) Tathandlung. § 85 bedroht wie § 84 I, II die Aufrechterhaltung eines organisatorischen Zusammenhalts einer verbotenen Organisation mit Strafe. Die Tathandlungen sind dieselben wie in § 84 Abs. I und II (vgl. dort). Unterstützungshandlungen von untergeordneter Bedeutung, die nur mittelbar zu einer Förderung des organisatorischen Zusammenhalts führen, erfüllen den Tatbestand nicht (NStZ **06**, 355 [Bezug einer Zeitschrift]). Die Handlungen müssen sich in Abgrenzung zu § 84 auf eine der folgenden **Vereinigungen** beziehen: 2

A. Nach I Nr. 1 die **Ersatzorganisation** einer vom BVerfG nach Art. 21 GG/§ 46 BVerfGG verbotenen **Partei**. Die Ersatzorganisation kann entweder selbst eine Partei sein, die vor dem Verbot der Ersatzpartei noch nicht bestand oder weder im BTag noch in einem LTag vertreten ist (§ 33 ParteienG), oder eine Vereinigung anderer Art. Im Verfahren nach § 33 III ParteienG muss unanfechtbar festgestellt sein, dass sie Ersatzorganisation (§ 33 I ParteienG; 2ff. zu § 84) der verbotenen Erstpartei ist. Ist die Entscheidung noch nicht rechtskräftig, liegt aber schon eine vollziehbare Feststellung vor, tritt Strafbarkeit nach § 20 I Nr. 2, 3 VereinsG ein (hiergegen verfassungsrechtliche Bedenken SK-*Rudolphi* 4). 3

B. Nach I Nr. 2 entweder 4

a) eine Vereinigung, die sich **gegen die verfassungsmäßige Ordnung oder den Gedanken der Völkerverständigung** richtet (Art. 9 II GG) und deshalb unanfechtbar verboten ist; zB *„Wiking-Jugend e. V."* (Bek. v. 10. 11. 1994, BAnz. 11393). Laufen Zwecke oder Tätigkeit den Strafgesetzen zuwider (Art. 9 II GG), so greifen §§ 129, 129a ein; oder

b) die **Ersatzorganisation** (§ 8 I VereinsG) einer verbotenen Vereinigung iS von 4, sobald unanfechtbar festgestellt ist, dass sie diesen Charakter hat. Sind Verbote oder Feststellung noch nicht rechtskräftig, aber bereits vollziehbar (§ 3 IV, § 8 II VereinsG), so tritt Strafbarkeit nach § 20 I Nr. 1, 3 VereinsG ein. Vor diesem Zeitpunkt kann man straflos eine Ersatzorganisation schaffen, fortführen und sich für sie betätigen. 5

C. Unter § 20 I Nr. 1, 3 VereinsG und nicht unter § 85 fällt auch das rechtskräftige oder wenigstens vollziehbare Verbot eines **Ausländervereins** oder ausländischen Vereins (zB PKK, Bek. v. 22. 11. 1993, BAnz. 10313) nach §§ 14 I, 15 I, 17 iVm § 3 VereinsG, welches darauf gestützt ist, dass dessen politische Betätigung die innere oder äußere Sicherheit, die öffentliche Ordnung oder sonstige erhebliche Belange der BRep. verletzt oder gefährdet (Zur Unterstützung durch Teilnahme an Propagandaveranstaltungen vgl. NJW **97**, 2251 m. Anm. *G. Hartmann* StV **98**, 138; NStZ **97**, 497; zur Sympathiewerbung durch Verbreiten von Texten in Presseveröffentlichungen BGH **43**, 41; zur Unterstützung durch allgemein fördernde Handlungen, auch durch Unterlassen, vgl. BGH **46**, 6). Schließlich ist die Zuwiderhandlung gegen ein rechtskräftiges oder vollziehbares **Tätigkeitsverbot** nach §§ 3 I, 18 S. 2 VereinsG, das sich an eine Vereinigung wendet, die ihre Organisation lediglich außerhalb des räumlichen Geltungsbereichs dieses Gesetzes hat, aber durch eine Tätigkeit innerhalb dieses Bereichs gegen Art. 9 II GG verstoßen hat, nur nach § 20 I Nr. 4 VereinsG strafbar (vgl. NJW **97**, 2251 [m. Anm. *Hartmann* StV **98**, 138]). Eine Tätigkeit, die für die verbotene inländische Tätigkeit des betroffenen Vereins nicht vorteilhaft ist, unterfällt § 20 I Nr. 4 VereinsG nicht (NStZ **03**, 42 [m. Anm. *Heinrich*]). 6

Mit diesen Ausnahmen und mit der in den §§ 129, 129a gibt es Organisationsdelikte nur, wenn ein mindestens vollziehbares Verbot der Vereinigung vorausgegangen ist (**Feststellungsprinzip;** zu den erforderlichen Urteilsfeststellungen vgl. NStZ **98**, 603). Bei **grenzüberschreitenden** Organisationen kann, wie § 18 S. 1 VereinsG ergibt, ein Organisationsverbot nur ausgesprochen werden, wenn die 7

Vereinigung eine Teilorganisation im Geltungsbereich des Gesetzes unterhält. Nur diese allein kann dann verboten werden; Strafbarkeit nach § 85 wird aber nur ausgelöst, wenn die Teilorganisation eine Vereinigung ist; ist sie es nicht (vgl. BGH **20**, 45), so kommt nur § 20 I Nr. 1, 3 VereinsG in Betracht (NStZ-RR **96**, 219; *Köhler* NStZ **95**, 534). Ein Verbot kann sich auf Teilvereinigungen innerhalb einer Gesamtvereinigung beschränken (§ 3 I, II VereinsG); das Verbot einer Vereinigung nach Maßgabe des § 3 III VereinsG erstreckt sich auch auf ihre Teilorganisationen, nicht ohne weiteres auch auf Hilfs- und Nebenorganisationen. Für den **Tatort** gilt 10 zu § 84.

7a 3) **Vorsatz.** Bedingter Vorsatz genügt; insbesondere hinsichtlich des Verbots der Vereinigung, des Verbotsgrundes und der Feststellung als Ersatzorganisation sowie der Unanfechtbarkeit der Entscheidungen. Hält der Täter das Verbot noch für anfechtbar, kommt § 20 I Nr. 1, 3 VereinsG in Betracht. Vgl. 11 zu § 84.

8 4) Die **Mitläuferklausel** des § 84 IV und die Vorschrift des 84 V über **Tätige Reue** gelten auch hier (vgl. 12 ff. zu § 84). **Sonstige Vorschriften** 18 zu § 84.

9 5) **Tateinheit** möglich mit §§ 83; 86 bis 89; 129, 129 a. Von § 84 wird § 85 verdrängt, der seinerseits dem § 20 I Nr. 1 bis 3 VereinsG vorgeht. Zur **Handlungseinheit** bei länger dauernder Tätigkeit vgl. BGH **46**, 6, 13 f.; 16 zu § 84. Für das Verhältnis zu § 86 gilt dasselbe wie für das von § 86 zu § 84 (dort 16).

Verbreiten von Propagandamitteln verfassungswidriger Organisationen

86 I **Wer Propagandamittel**

1. **einer vom Bundesverfassungsgericht für verfassungswidrig erklärten Partei oder einer Partei oder Vereinigung, von der unanfechtbar festgestellt ist, dass sie Ersatzorganisation einer solchen Partei ist,**
2. **einer Vereinigung, die unanfechtbar verboten ist, weil sie sich gegen die verfassungsmäßige Ordnung oder gegen den Gedanken der Völkerverständigung richtet, oder von der unanfechtbar festgestellt ist, dass sie Ersatzorganisation einer solchen verbotenen Vereinigung ist,**
3. **einer Regierung, Vereinigung oder Einrichtung außerhalb des räumlichen Geltungsbereichs dieses Gesetzes, die für die Zwecke einer der in den Nummern 1 und 2 bezeichneten Parteien oder Vereinigungen tätig ist, oder**
4. **Propagandamittel, die nach ihrem Inhalt dazu bestimmt sind, Bestrebungen einer ehemaligen nationalsozialistischen Organisation fortzusetzen,**

im Inland verbreitet oder zur Verbreitung im Inland oder Ausland herstellt, vorrätig hält, einführt oder ausführt oder in Datenspeichern öffentlich zugänglich macht, wird mit Freiheitsstrafe bis zu drei Jahren oder mit Geldstrafe bestraft.

II **Propagandamittel im Sinne des Absatzes 1 sind nur solche Schriften (§ 11 Abs. 3), deren Inhalt gegen die freiheitliche demokratische Grundordnung oder den Gedanken der Völkerverständigung gerichtet ist.**

III **Absatz 1 gilt nicht, wenn das Propagandamittel oder die Handlung der staatsbürgerlichen Aufklärung, der Abwehr verfassungswidriger Bestrebungen, der Kunst oder der Wissenschaft, der Forschung oder der *Lehre, der Berichterstattung über* Vorgänge des Zeitgeschehens oder der Geschichte oder ähnlichen Zwecken dient.**

IV **Ist die Schuld gering, so kann das Gericht von einer Bestrafung nach dieser Vorschrift absehen.**

Übersicht

1) Allgemeines ... 1, 1 a
2) Rechtsgut; Kriminalpolitische Bedeutung ... 2
3) Tatgegenstände ... 3–11
A. Inhaltliche Anforderungen (Abs. II) ... 4, 5
B. Organisatorische Anforderungen (Abs. I Nr. 1–4) ... 6–11
4) Tathandlung ... 12–14
5) Subjektiver Tatbestand ... 15, 16
6) Sozialadäquanz (Abs. III) ... 17–25
7) Ausländische periodische Druckwerke ... 26
8) Teilnahme ... 27
9) Rechtsfolgen ... 28–30
10) Konkurrenzen ... 31
11) Sonstige Vorschriften ... 32

1) Allgemeines. Die Vorschrift gilt idF des 8. StÄG/EGStGB (1 vor § 80) und des VerbrBekG (1 zu § 130) und des IuKDG (1 zu § 74 d); Abs. III idF des **14. StÄG** (zum 14. StÄG *Blei* JA **76**, 169; *Jung* JuS **76**, 477; *Laufhütte* MDR **76**, 441; *Stree* NJW **76**, 1177; *Sturm* JZ **76**, 347). **Materialien:** BT-Drs. 7/2854 (E BRat), 7/2772 (E CDU/CSU); 7/4582; 7/3030 (RegE); BT-Drs. 7/4549 (Ber.). 1

Literatur: *Bonefeld,* Hakenkreuz u. „Hitlergruß", DRiZ **93**, 430; *Bottke,* Das öffentliche Anbieten von Hitlers „Mein Kampf" – Versagt unser Rechtsstaat?, Buch und Bibliothek **80**, 254; *Copic,* Grundgesetz und politisches Strafrecht neuer Art, 1967; *Deiters,* Der Schutz der freiheitlichen demokratischen Grundordnung durch das Strafrecht, in: *Thiel* (Hrsg.), Wehrhafte Demokratie, 2003, 291; *Derksen,* Strafrechtliche Verantwortung für in internationalen Computernetzen verbreitete Daten mit strafbarem Inhalt, NJW **97**, 1878; *Ebert* JR **78**, 136; *Frisch,* DRiZ **03**, 200; *Greiser,* Verbreitung verfassungsfeindlicher Propaganda, NJW **72**, 1556; *Kohlmann,* Verfassungsfeindliche Parteien für immer mundtot?, JZ **71**, 681; *Kubiciel,* Rechtsextremistische Musik von und mit V-Leuten – Sozialadäquanz und Rechtfertigung im Normbereich der §§ 86, 86 a, 130 StGB, NStZ **03**, 57; *Laufhütte* MDR **76**, 441; *Müller-Dietz,* Vom Wort der Gewalt und der Gewalt des Wortes, Würtenberger-FS (1977) 172; *Rautenberg,* Zur „Abwehr verfassungswidriger Bestrebungen" in § 86 III StGB, GA **03**, 623; *Rahe,* Die Sozialadäquanzklausel des § 86 Abs. 3 StGB und ihre Bedeutung für das politische Kommunikationsrecht, 2002; *Rebmann,* Terrorismus und Rechtsordnung, DRiZ **79**, 369; *Rogall,* Die verschiedenen Formen des Veranlassens fremder Straftaten, GA **79**, 11; *Schmitt Glaeser,* Missbrauch und Verwirkung von Grundrechten im politischen Meinungskampf, 1968; *Schulz* ZRP **75**, 19; *Stegbauer,* Rechtsextremistische Propaganda im Lichte des Strafrechts, 2000; *Traeger/Mayer/Krauth,* Staatsschutzstrafrecht in der Praxis, BGH-FS (1975) 227; *Wagner,* Verfassungsfeindliche Propaganda, 1970 (Diss. Berlin). Lit. zur **Verbreitung in Datennetzen:** Vgl. 1 a zu § 9, 1 a zu § 184. 1 a

2) Rechtsgut; Kriminalpolitische Bedeutung. § 86 ist, anders als die problematische Vorläufer-Vorschrift des § 93 aF, kein gegen individuelle Meinungsäußerungen gerichteter Tatbestand. Es handelt sich vielmehr um ein **Staatsschutzdelikt** im Sinne eines **„mittelbaren Organisationsdelikts"** (BGH **23**, 64, 70), welches als **abstraktes Gefährdungsdelikt** eine inhaltliche Werbung für die Ziele verfassungsfeindlicher **Organisationen** verhindern will. Mit dieser Wirkungsrichtung ist die Vorschrift verfassungsgemäß; sie verstößt nicht gegen Art. 5 I GG (BGH **23**, 64, 70; hM; vgl. *S/S-Stree/Sternberg-Lieben* 1; SK-*Rudolphi* 2; NK-*Paeffgen* 2; **aA** AK-*Sonnen* 11; *Schmitt Glaeser* [1 a] 305 ff.). **Schutzgut** des § 86 ist der demokratische Rechtsstaat als Verwirklichung der in Abs. II beschriebenen Prinzipien. Der erforderliche **Organisationsbezug** ist freilich in I Nr. 3 problematisch und in I Nr. 4 so weit gelockert, dass die praktische Anwendung vielfach nur holzschnittartig das Verbreiten „symbolischer" Äußerungen erfassen kann, welche eher § 86 a oder § 130 nahe stehen. Dass sich damit iErg die Äußerung von und die Werbung für verfassungsfeindliches „Gedankengut" nur sehr begrenzt verhindern lassen, steht der Legitimität einer solchen **Tabuisierung** nicht von vornherein entgegen (zweifelnd NK-*Paeffgen* 9 mwN). 2

3) Tatgegenstände. Gegenstand des Verbreitens sind **Propagandamittel;** dies können, wie sich aus Abs. II ergibt, nur **Schriften** iS von § 11 III sein (vgl. dort 42 ff.); das kann auch ein bedrucktes T-Shirt sein (BGHR § 86 a Kennzeichen 1); ein Transparent (BGHR § 86 I Nr. 4 NS-Parole 1); eine auf eine Wand gesprühte Parole (MDR/H **77**, 809). Der Begriff der „Propaganda" ist durch Abs. II nicht definiert; er enthält neben einem inhaltlich werbenden auch einen auf Verwirklichung oder Unterstützung gerichteten Aspekt. Abs. II begrenzt die möglichen Tatgegenstände inhaltlich und konkretisiert zugleich die Schutzrichtung. 3

4 **A. Inhaltliche Anforderungen (Abs. II).** Taugliche Tatgegenstände sind solche Schriften, deren **Inhalt** sich in aggressiver Weise (BGH **23**, 64, 72; vgl. BGH **19**, 51, 55; krit. NK-*Paeffgen* 13) entweder gegen die **freiheitliche demokratische Grundordnung** (vgl. BVerfGE **2**, 1, 12), dh die tragenden Grundsätze des freiheitlichen demokratischen Verfassungsstaates der BRep., insbesondere die in 5f. zu § 92 genannten Prinzipien (BGH **23**, 72; **29**, 75; NStE Nr. 1; LK-*Laufhütte/Kuschel* 6; *Gusy* AöR **105** (1980), 249ff.; vgl. etwa BGH **13**, 32 [*Fall Nieland*]; **16**, 49; **17**, 28), oder gegen den **Gedanken der Völkerverständigung** wendet, dh gegen das Ziel, ein friedliches Zusammenleben der Völker auf der Grundlage einer Einigung ohne Gewalt zu erreichen. Umfasst ist damit insb. das verfassungsrechtliche Friedensgebot des Art. 26 GG (vgl. § 80; BVerfGE **47**, 327, 382). Nach zutr. hM unterfallen § 86 nur **nachkonstitutionelle Schriften** (BGH **29**, 80; MDR/S **81**, 89; Celle NStZ **97**, 495 [m. Anm. *Popp* JR **98**, 80]; SK-*Rudolphi* 11f.; *Lackner/Kühl* 4, *S/S-Stree/Sternberg-Lieben* 3; LK-*Laufhütte/Kuschel* 8; iErg. auch NK-*Paeffgen* 16; **aA** BGH **14**, 293; **16**, 70; **19**, 249 [zu § 93 aF]; **23**, 75; *Bottke,* Buch und Bibliothek **80**, 254; AK-*Sonnen* 26; *Popp* JR **98**, 81), da Schutzgut des § 86 (wie des ganzen 3. Titels) der demokratische Rechtsstaat *des Grundgesetzes* ist. Das Verbreiten vorkonstitutioneller Schriften reicht daher nicht aus; erfasst sind aber bearbeitete, kommentierte oder aktualisierte Schriften; Zusammenstellungen von Auszügen (vgl. BGH **23**, 64, 73ff.); auch die Verbreitung unter Hinweis auf die „heutige Bedeutung" usw. (krit. NK-*Paeffgen* 16).

5 Die aggressive Tendenz muss **Inhalt** der Schrift sein, also in ihr selbst zum Ausdruck kommen (BGH **23**, 64, 73; NStZ **82**, 25). Für die Bestimmung des objektiven Inhalts gelten die allgemeinen Auslegungsgrundsätze (zu den erforderlichen Urteilsfeststellungen vgl. auch BGH **11**, 29; **17**, 388; NJW **62**, 2019); allgemeinkundige Tatsachen sind zur Auslegung heranzuziehen, können aber konkrete Anhaltspunkte im Inhalt der Schrift nicht ersetzen. Das betrifft insb. auch den erforderlichen Organisationsbezug (unten 6); es kann daher zB nicht die Äußerung mit Verfassungsgrundsätzen nicht vereinbarer Meinungen aus allgemeinkundigen „historischen Erfahrungen" um einen solchen Bezug ergänzt werden, der in der Schrift selbst nicht zum Ausdruck kommt (zutr. NK-*Paeffgen* 13). Auf Motive oder (politische) Tendenz des Autors sowie von Tatbeteiligten kommt es für die Bestimmung des Inhalts der Schrift grds nicht an (vgl. BGH **8**, 245; **12**, 174; **13**, 34; **14**, 293; **16**, 49; **17**, 28; **23**, 73; NStZ **82**, 25).

6 **B. Organisatorische Anforderungen.** Die Propagandamittel müssen in einem organisatorischen Zusammenhang stehen, der sich gegen die freiheitlich demokratische Grundordnung der BRep. oder den Gedanken der Völkerverständigung richtet. Abs. I unterscheidet dabei zwischen tatsächlich **bestehenden Vereinigungen** oder anderen Stellen (Nr. 1 bis 3) und **ehemaligen Organisationen** (Nr. 4). Während im ersten Fall das Propagandamittel ein solches *der Vereinigung* sein, also ihr als Urheberin zuzurechnen sein muss, genügt in Nr. 4 die bloße Bezugnahme auf die Bestrebungen der Organisation.

7 **a) Nr. 1** und **Nr. 2** erfassen Propagandamittel einer unanfechtbar verbotenen **Vereinigung** iS der §§ 84, 85, also einer **Partei, Ersatzorganisation** (2 zu § 84) oder **sonstigen Vereinigung** (3 zu § 85). Vor Rechtskraft von Verbot oder Feststellung greift § 20 VereinsG nur ein, wenn dessen I Nr. 1, 2 oder 3 verletzt sind (NJW **97**, 2251 m. Anm. *G. Hartmann* StV **98**, 138). Die Werbung für Gründung oder Aufbau einer (noch nicht als solche festgestellten) **Ersatzorganisation** unterfällt dem Tatbestand grds. nicht (*S/S-Stree/Sternberg-Lieben* 13); freilich wird sich hieraus vielfach ein Bezug zur verbotenen Vereinigung ergeben. Ein Propagandamittel ist einer Vereinigung **zuzurechnen,** wenn es von ihr oder in ihrem Einverständnis verfasst, hergestellt, vervielfältigt oder verbreitet wird (LK-*Laufhütte/Kuschel* 12; *S/S-Stree/Sternberg-Lieben* 12; NK-*Paeffgen* 19). Der Verfasser der Schrift usw. braucht der Vereinigung nicht anzugehören; nicht ausreichend ist aber ein Handeln ohne jede Verbindung zu der Organisation (*S/S-Stree/Sternberg-Lieben* 12).

Umgekehrt reicht es aus, wenn ein Angehöriger der Vereinigung die Schrift herstellt, wenn diese „gleichsam offizielles Propagandamittel" ist (zutr. NK-*Paeffgen* 19); einzelne Abweichungen zu einer „Parteilinie" usw. sind unerheblich. Angaben im Impressum einer Schrift sind nur von indizieller Bedeutung.

b) Nr. 3 erfasst Propagandamittel einer **Regierung** (einschließlich der nachgeordneten Behörden), **Vereinigung** (zB einer Partei [2ff. zu § 85]) oder einer **Einrichtung,** dh einer auf längere oder kürzere Zeit für eine bestimmte Funktion geschaffenen Stelle (BGH **31**, 1; vgl. etwa BGH **10**, 163; GA **61**, 149). Diese muss außerhalb des räumlichen Geltungsbereichs des StGB (vgl. 12ff. vor § 3) bestehen; das ist auch dann gegeben, wenn es sich um eine grenzüberschreitende Organisation handelt (zum vereinsrechtlichen Verbot vgl. §§ 18 S. 2, 20 I Nr. 4 VereinsG). Die Regierung usw. muss, **quasi stellvertretend,** für die konkreten verfassungswidrigen Zwecke einer im Inland verbotenen Vereinigung iS von Nr. 1 oder 2 tätig sein (and. LK-*Laufhütte/Kuschel* 16; hier bis 51. Aufl.). Es ist daher auch für Nr. 3 ein (innerstaatlicher) Organisationsbezug erforderlich; nicht ausreichend ist eine allgemeine ideologische Übereinstimmung. Nicht erforderlich ist aber, dass die verbotene Partei oder Vereinigung als solche noch (im Untergrund) fortbesteht (*S/S-Stree/Sternberg-Lieben* 10; **aA** NK-*Paeffgen* 21), denn dann wäre die Schrift idR schon über Nr. 1 oder Nr. 2 erfasst; auch eine Propaganda den „Wiederaufbau" der verbotenen Vereinigung reicht aus. Das **Tätigsein** der ausländischen Regierung oder Vereinigung muss gerade in der Unterstützung oder Förderung der wesentlichen **Zwecke** der innerstaatlich verbotenen Vereinigung bestehen; Nr. 3 (iVm Abs. II) erfasst nicht allgemeine politische Tätigkeiten oder Ideologien ausländischer Regierungen oder Vereinigungen. Der früher wichtigste Anwendungsbereich von Nr. 3 (staatliche und Partei-Organisationen der ehemaligen DDR nach dem Verbot der KPD) ist mit der Wiedervereinigung entfallen; erfasst sind heute insb. ausländische Propagandamittel verbotener Ausländer-Vereinigungen. 8

c) Nr. 4 erfasst Propagandamittel, deren Inhalt darauf gerichtet ist, die **Bestrebungen** einer **ehemaligen NS-Organisation** (dh der NSDAP, ihrer Gliederungen oder eines ihr angeschlossenen Verbands [vgl. dazu **Kontrollrats-Gesetz Nr. 2** v. 10. 10. 1945]; die ehemalige Deutsche Wehrmacht zählte nicht dazu [BGH **23**, 64; BVerfGE **3**, 288]) **fortzusetzen.** Dabei kommt es nicht auf die Bestrebung an, *die Organisation* fortzusetzen; vielmehr auf die Fortsetzung von *deren* „Bestrebungen", dh auf die Verwirklichung ihrer politischen Ziele (vgl. BGH **23**, 64, 73; krit. NK-*Paeffgen* 13). Das Gesetz geht davon aus, dass es Bestrebungen ehemaliger NS-Organisationen gab, die der freiheitlich demokratischen Grundordnung und der Völkerverständigung *nicht* entgegen stehen und deren Propagierung in Schriften also die Voraussetzungen des Abs. II daher nicht erfüllt; sog. *unpolitische* Ziele und Bestrebungen von NS-Organisationen (deren Abgrenzung bekanntlich „umstritten" geblieben ist) sind von Nr. 4 daher nicht erfasst; ebenfalls nicht (originale) Propagandamittel der früheren Organisation ohne aktualisierenden Bezug zur Bundesrepublik (BGH **29**, 73 [„mein Kampf"; Anm. *Bottke* JA **80**, 125]; Celle JR **98**, 79 [Anm. *Popp*]; *S/S-Stree/Sternberg-Lieben* 3, 11; vgl. oben 4). 9

Auf einen gewissen inhaltlichen **Organisationsbezug** kann auch für Nr. 4 nicht verzichtet werden, wenn man Nr. 4 nicht als vage Beschreibung von Schriften mit NS-„Gedankengut" verstehen will. Der Inhalt der Schrift muss daher zum einen die Voraussetzungen des Abs. II erfüllen; in seinem inhaltlichen Kern muss er von einer NS-Organisation vertreten worden sein; die Schrift muss die Verwirklichung gerade dieses Ziels unter aktualisierten Bedingungen propagieren. Die Grenze verschwimmt mit zunehmendem zeitlichen Abstand zum NS-Regime immer mehr (zweifelnd daher zB *Lüttger* JR **69**, 121, 129; NK-*Paeffgen* 23); dies führt zu einer *Enttabuisierung* ideologischer Formeln (vgl. etwa aus letzter Zeit sorgenvolle Äußerungen prominenter Politiker zur *„Durchrassung"* Deutschlands; zur mangelnden „Integrations"-Wirkung *jüdischer* Fernsehstars; zum *Kampf der Kulturen*), bei welchen ein Zusammenhang mit Bestrebungen von NS-Organisa- 10 tionen, namentlich solchen, die der Mehrheit der Bevölkerung nicht mehr bekannt sind, nicht mehr gesehen wird.

11 Als ausreichend angesehen wurden **zB** die Darstellung einer Hammer und Sichel zerschlagenden Faust mit der Inschrift „Rotfront verrecke" (MDR/S **94**, 238); Schriften der „NSDAP-Aufbauorganisation" (BGH **28**, 296); ein Transparent mit der Inschrift „Rotfront verrecke – Nationale Sozialisten" (BGHR § 86 I Nr. 4 Parole 1; abl. NK-*Paeffgen* 22); als nicht ausreichend eine lobende Hervorhebung der NS-Familienpolitik (MDR/S **81**, 89).

12 **4) Tathandlung.** Mit Strafe bedroht ist zunächst das **Verbreiten** der genannten Schriften im Inland (12ff. vor § 3). Der Begriff des Verbreitens entspricht § 74d I (vgl. dort 3) sowie § 184 I Nr. 5 (vgl. dort); er umfasst jedenfalls auch das Verbreiten von Datenspeichern (vgl. 31ff. zu § 184). Nach hM sind auch alle Varianten des § 74d IV erfasst, also (körperliches; vgl. BGH **19**, 308) öffentliches **Zugänglichmachen eines Stücks** der Schrift durch Ausstellen, Anschlagen, Verführen oder auf sonstige Weise (MDR/H **77**, 809 [Plakat]; NStE Nr. 1 [Transparent]; Bay NJW **79**, 2162; Hamburg NStZ **83**, 127 [Plakat; dazu *Bottke* JR **83**, 299; *Franke* NStZ **84**, 126]; *Lackner/Kühl* 6; *S/S-Stree/Sternberg-Lieben* 14; krit. NK-*Paeffgen* 25). Diese Auslegung mag dem Strafbedürfnis entsprechen, ist aber jedenfalls seit der Änderung durch das IuKDG (vgl. oben 1) mit dem Wortlaut kaum vereinbar, denn der 1997 eingefügten Variante des „Zugänglichmachens in Datenspeichern" bedürfte es nicht, wenn dies schon als Verbreiten strafbar wäre.

13 Darüber hinaus sind selbständige **Vorbereitungshandlungen** zum Verbreiten erfasst, nämlich **Herstellen, Vorrätighalten, Einführen, Ausführen** und öffentliches **Zugänglichmachen in Datenspeichern** (vgl. § 11 III; zu den einzelnen Handlungsformen 15ff. zu § 184; zum Zugänglichmachen in Datenspeichern, insb. auch durch Verbreitung im **Internet,** vgl. 23ff., 31 zu § 184). Zugänglichmachen setzt eine inhaltliche Kenntnisnahme durch beabsichtigte oder zufällige Adressaten nicht voraus; es reicht die Möglichkeit dazu (vgl. BGH **19**, 308; Bay NJW **00**, 2911). Die Vorbereitungshandlung muss **zur Verbreitung** im Inland oder Ausland vorgenommen werden. Sie muss sich daher (unmittelbar) auf die zu verbreitenden Schriften beziehen; die Herstellung usw. von Schriften, aus welchen diese erst „gewonnen" werden sollen (vgl. § 130 II Nr. 1 Buchst. d, § 131 I Nr. 4; § 184 I Nr. 8), reicht nach **hM** nicht aus (LK-*Laufhütte/Kuschel* 30; NK-*Paeffgen* 33; *S/S-Lenckner/Perron* 43 zu § 184; nach BGH **32**, 1, 3 ist eine weitergehende Auslegung „nicht nahe liegend"; vgl. auch BGH **13**, 375f. [zu § 93 aF]). Das ist im Hinblick auf **digitale Speichermedien** zweifelhaft geworden, deren Wesen gerade auch die „Gewinnung von Stücken" unbegrenzter Zahl in Sekundenbruchteilen ist; das Brennen oder Einführen von 10 kopierten CD-ROM steht dem Verbreitungs-Erfolg idR ferner als das Herstellen *einer* Datei in der Absicht, den Inhalt alsbald ins Internet einzustellen (zweifelnd wohl auch *Lackner/Kühl* 6). Bloße Vorbereitungen des Herstellens, Einführens usw. können freilich den Tatbestand nicht erfüllen (vgl. BGH **32**, 3 [Anfertigen eines erst noch zu druckenden Manuskripts]).

14 Der **Tatort** ergibt sich aus § 9 I iVm §§, 3, 7 II; Auslandstaten sind als solche nicht strafbar; § 91 gilt nicht. Zum **Erfolgsort** iS von § 9 I, insb. bei Verbreitung durch Datenspeicher, vgl. 4ff. zu § 9.

15 **5) Subjektiver Tatbestand.** § 86 setzt **Vorsatz** voraus; bedingter Vorsatz genügt (BGH **6**, 318 zu § 93aF). Er muss das Verbot oder die Feststellung iS von I Nr. 1 bis 3 umfassen; weiterhin den in Abs. II vorausgesetzten inhaltlichen Charakter der Schrift; der Täter muss diesen Inhalt grds. nicht selbst billigen (BGH **19**, 221; *Bonefeld* DRiZ **93**, 437; *S/S-Stree/Sternberg-Lieben* 16; LK-*Laufhütte/Kuschel* 42; vgl. aber unten 21). Im Fall von I Nr. 4 muss sich der Vorsatz darauf erstrecken, dass es sich um Bestrebungen einer (früher tatsächlich bestehenden) NS-Organisation handelt. In allen Fällen reicht insoweit eine Parallelwertung in der Laiensphäre.

In den Fällen der selbständigen Vorbereitungshandlungen (oben 13) muss der Täter **„zur Verbreitung"** handeln. Das setzt nach hM insoweit **Absicht** voraus; es muss dem Täter gerade auf das Verbreiten ankommen (LK-*Laufhütte/Kuschel* 42; *Lackner/Kühl* 6; *S/S-Stree/Sternberg-Lieben* 14 iVm 9c zu § 86a; **aA** NK-*Paeffgen* 37 [sicheres Wissen reicht]); ob er weitergehende Folgeziele hat, ist unerheblich. Die Absicht muss sich auf die konkreten Tatobjekte (Endprodukte) beziehen; nicht ausreichend ist eine Absicht hinsichtlich des *gedanklichen Inhalts* und erst noch „zu gewinnender Stücke" (anders zB § 130 II Nr. 1 Buchst. d, § 131 I Nr. 4; *Lackner/Kühl* 6). 16

6) Sozialadäquanz (Abs. III). Die Sozialadäquanz-Klausel des Abs. III (vgl. auch §§ 86a III, § 130a III, § 131 III) geht auf § 96a I S. 2 aF zurück und ist durch das 14. StÄG neu gefasst worden. Danach gilt I nicht, wenn Propagandamittel oder Handlung einem der in III genannten **Zwecke dienen.** Die Sozialadäquanzklausel begründet nach **hM** einen **Tatbestandsausschluss** (vgl. BGH **46**, 36, 43; LK-*Laufhütte/Kuschel* 36; LK-*v. Bubnoff* 33 zu § 130a; *S/S-Stree/Sternberg-Lieben* 17; SK-*Rudolphi* 16; *Lackner/Kühl* 8; *Bottke* JR **82**, 77; *R. Keller,* Baumann-FS 230; *Bonefeld* DRiZ **93**, 431; differenzierend NK-*Paeffgen* 38; vgl. auch 12 zu § 86a; allgemein zur Sozialadäquanz vgl. BGH **23**, 226, 228; 12 vor § 32). Hieran mag man zweifeln, da das Verbreiten aggressiv verfassungsfeindlicher Propaganda ja gerade *keine* „übliche, von der Allgemeinheit gebilligte und daher in strafrechtlicher Hinsicht im sozialen Leben gänzlich unverdächtige Handlung" (BGH **23**, 228) ist, vielmehr die Straflosigkeit nach Abs. III differenzierte *Abwägungen* voraussetzt. Von praktischer Bedeutung ist die Frage für Rspr und hM im Hinblick auf den Rechtfertigungs-Tatbestandsirrtum nicht. Dass Abs. III neben Art. 5 GG einen eigenständigen Inhalt hat, wird bezweifelt (LK-*Laufhütte/Kuschel* 36). 17

A. Einzelne Zweckbestimmungen. Nach dem Wortlaut reicht es aus, wenn **entweder** das Propagandamittel **oder** die Handlung einem der anerkannten Zwecke dienen. Das ergibt keinen Sinn, denn eine nach ihrem objektiven Inhalt aggressiv gegen die freiheitlich demokratische Grundordnung oder die Völkerverständigung gerichtete Schrift kann nicht zugleich den Zwecken des Abs. III dienen (ebenso *Lackner/Kühl* 8); erst recht ist kein Grund ersichtlich, warum für ein aus *nicht* anerkennenswerten Gründen vollzogenes Verbreiten von Schriften iS von Abs. II der Tatbestand „nicht gelten" sollte. Es kommt für Abs. III daher allein auf den **Zweck der Handlung** an. 18

a) Staatsbürgerliche Aufklärung sind Handlungen, welche auf die Vermittlung von Wissen zur Anregung politischer Willensbildung abzielen (BGH **23**, 226, 227). Sie wird, außer durch Schulen, Hochschulen und andere Bildungseinrichtungen, namentlich auch durch Presse, Fernsehen und Rundfunk sowie durch die (nicht verbotenen) politischen Parteien vermittelt. Der Begriff ist aber nicht auf die Wahrnehmung eines öffentlich-rechtlichen Bildungsauftrags beschränkt; auch Privatpersonen sowie juristische Personen des Privatrechts können in diesem Sinn tätig werden. Die Aufklärung kann sowohl die inhaltlichen Ziele einer verbotenen Vereinigung (unter Verwendung von Originalmaterial) als auch gerade deren Agitationsmethoden betreffen (vgl. Hamm NJW **82**, 1656 [NS-Propagandamittel]; vgl. MDR/S **84**, 184). Angehörige der verbotenen Vereinigung können nach BGH **23**, 226, 228f. (Anm. *Kohlmann* JZ **71**, 681) nicht Propagandamittel der Vereinigung zum Zweck der Aufklärung verbreiten, wenn damit *zugleich* für die Vereinigung geworben werden soll, da „Sinn und Zweck der staatsbürgerlichen Aufklärung" auf eine *objektive* Information gerichtet sind. Das ist *im Ergebnis* wohl richtig, zeigt aber die Schwierigkeit der Abgrenzung objektiver und subjektiver Zwecke (krit. *Kohlmann* JZ **71**, 681, 683; AK-*Sonnen* 35). 19

b) Die **Abwehr verfassungswidriger Bestrebungen** obliegt regelmäßig nicht Privatpersonen, sondern staatlichen Organen. Sowohl präventiv als auch zur Verfolgung von Organisationsdelikten kann es für Angehörige dieser Organe geboten sein, Handlungen iS von Abs. I vorzunehmen oder sich an ihnen zu beteiligen. 20

Soweit es schon am Vorsatz des Verbreitens fehlt, bedürfte es Abs. III nicht (vgl. auch *M/Schroeder/Maiwald* 84/36; AK-*Sonnen* 36: Regelung des III insoweit wegen Deckungsgleichheit mit § 34 überflüssig; NK-*Paeffgen* 39: notstandsartige Zielsetzung, daher rechtfertigend). Es ist auf **Kongruenz** zwischen der Zielrichtung der „Abwehr" und der Tathandlung zu achten; nicht ausreichend ist daher zB der *allgemeine* Auftrag, mit nachrichtendienstlichen Mitteln oder durch Einsatz von polizeilichen **V-Personen** Aufklärung über mögliche Entwicklungen innerhalb oder im Umfeld *nicht* verbotener Vereinigungen zu betreiben. Ein von staatlichen Organen verdeckt (durch V-Personen) gesteuertes oder gar selbst durchgeführtes erfolgreiches Verbreiten von Propagandamaterial iS von II kann nicht als „sozialadäquat" angesehen werden (so auch zutr. LG Cottbus NJ **05**, 377; *Kubiciel* NStZ **03**, 57, 58; *Rautenberg* GA **03**, 623, 624 ff.; *Rahe* [1 a], 250 ff.), denn der **Aufklärungs- und Abwehrzweck** bleibt hier – nach der Natur der Sache – *geheim*, so dass die Handlung weder als „allgemein üblich" noch als in ihrem objektiven Sinngehalt von vornherein unbedenklich angesehen werden kann (and. *Frisch* DRiZ **03**, 200 f.). Mangels gesetzlicher Grundlage (vgl. aber § 6 III Nieders. VerfSchG; § 6 III Nr. 1 Brandenb. VerfSchG [Bedenken dagegen bei *Rautenberg* GA **03**, 623, 631]; zum Einsatz zur Strafverfolgung vgl. RiStBV Anlage D; zum Eingriffscharakter BVerfG NStZ **00**, 489, 490 [Anm. *Rogall*]) kommt hier *allenfalls* eine **Rechtfertigung** nach § 34 in Betracht. Meist dürften die Voraussetzungen freilich nicht erfüllt sein; Das bloße staatliche Interesse an (*möglicherweise* vorbeugenden) Erkenntnissen über „Strukturen" kann idR nicht ernsthafte propagandistische Gefährdungen des Rechtsstaats rechtfertigen.

21 **c)** Für den Begriff der **Kunst** und die häufig schwierigen Abgrenzungsfragen gelten die Erl. 20 ff. zu § 131 und 8 zu § 184 entsprechend. Entgegen dem Wortlaut kann die Strafbarkeit nicht schon ausgeschlossen sein, wenn die Handlung „der Kunst dient", denn das würde einen *materiellen* Kunstbegriff voraussetzen, von welchem sich die Rspr des BVerfG (BVerfGE **83**, 147) und des BGH (BGH **37**, 58) gerade abgewandt haben; nach dem von Rspr und hM vertretenen **„offenen Kunstbegriff"** (vgl. 8 zu § 184) schließen sich der Kunst-Charakter einer Schrift und die Strafbarkeit ihres Verbreitens nicht von vornherein aus. Es kommt daher auf eine „Gesamtabwägung" an, die – namentlich in Fällen des I Nr. 4 – mit vielen Unsicherheiten belastet ist (vgl. 21 f. zu § 131). Die Annahme, es komme für § 86 nicht darauf an, ob der Täter die inhaltliche Zielrichtung des Propagandamittels teilt (vgl. oben 15), würde hier vollends zur **Unanwendbarkeit** führen, denn dann bliebe für eine Abwägung der Kunstfreiheit gegen die Schutzzwecke des § 86 gar nichts übrig. In der **Praxis** (vgl. oben 19) und den in der Literatur genannten Beispielen für die Anwendung des III (Satire; Karikatur; historischer Roman; Spielfilm; NS-kritisches Theaterstück) kommen Fälle, in welchen ein *Künstler* die Bestrebungen einer der genannten Vereinigungen durch Verbreitung *künstlerisch* gestalteter Propagandamittel fördern will, bisher nicht vor.

22 **d)** Entsprechendes gilt für Zwecke der **Wissenschaft, Forschung** und **Lehre** (vgl. 20, 22 f. zu § 131). Auch hier kann es nicht um einen *inhaltlichen* **Begriff** zB der Lehre (Art. 5 III GG) gehen (denn lehren kann man auch Verfassungswidriges), wohl aber um einen Begriff *inhaltlich richtiger* Lehre: Zwischen der Verteilung von Ablichtungen programmatischer Schriften des *NS-Rechtswahrerbundes* (I Nr. 4) an Jura-Studenten zum Zweck ihrer *Überzeugung* und dem Verteilen zur Erreichung von *Verachtung* besteht *äußerlich* kein Unterschied, und „Lehre" mag allemal beides sein.

23 **e) Berichterstattung über Vorgänge des Zeitgeschehens oder der Geschichte** ist eine – insb. auch „meinungs"-neutrale – Informationstätigkeit über aktuelle oder vergangene Vorgänge von herausgehobener Bedeutung für einen größeren, nicht notwendig unbegrenzten Personenkreis. Sie muss ein wahres, tatsächliches Geschehen zum Gegenstand haben (München NStZ-RR **05**, 371; MK-*Steinmetz* 39). Auf eine im weitesten Sinn pädagogische Aufklärung über (politische) Zusammenhänge oder Konsequenzen kommt es grds nicht an. Eine Begrenzung erfolgt auch hier nach *Missbrauchs*-Gesichtspunkten unter Heranziehung von Kriterien, welche für die Beteiligung an Organisationsdelikten entwickelt worden sind; danach ist eine berichterstattende „Dokumentation" fremder Propagandamittel dann nicht als sozialadäquat anzusehen, wenn sie „gleichsam als **Sprachrohr**" der verbotenen Vereinigung wirkt und sich (durch einseitige Auswahl von Beiträgen) in deren Dienst stellt; vom Tatbestand nicht erfasst sind dagegen „distanzierte, kritische Berichterstattung" oder „bewertungsfreie Dokumentation" (BGH **43**, 41, 44f.; NStZ-RR **97**, 282 [jeweils zu § 20 I Nr. 4 VereinsG]; NJW **95**, 3395f.; ebenso für § 86 *S/S-Stree/Sternberg-Lieben* 17; ähnlich *Lackner/Kühl* 8). Die Übertragbarkeit dieser „Deckmantel"-Rechtsprechung zu Teilnahme an *Organisations*-Delikten, bei der es gerade auf die Frage der subjektiven Unterstützungs- und Förderungs-Absicht ankommt, auf Verbreitungs-Tatbestände ist zweifelhaft; mit der Annahme, auf eine solche Absicht komme es für § 86 nicht an (vgl. BGH **23**, 73; NStZ **82**, 25), ist sie schwer vereinbar.

B. Ähnliche Zwecke. Abs. III verweist darüber hinaus auf „ähnliche Zwecke". 24
Das ist zumindest unklar, denn zwischen „Kunst" und „Abwehr verfassungswidriger Bestrebungen" gibt es keine Ähnlichkeit, und was der Kunst oder der Forschung (nur) „ähnlich" ist, trägt in sich keine Vermutung der Legitimität. Definitionen dahingehend, „ähnlich" seien solche Zwecke, die den ausdrücklich genannten „an Gewicht gleichkommen" (LK-*Laufhütte/Kuschel* 39) oder „den sogenannten legitimen Zwecken gleichgewichtig zu erachten sind" (BGH **46**, 36, 45), führen kaum weiter, da sie den *Maßstab* des „Gewichts" offen lassen; dass Handlungszwecke den legitimen dann gleichgewichtig seien, wenn ihnen eine legitime Zielsetzung des Handelns zugrunde liegt (ebd.), verweist auf sich selbst. In Rspr und Lit. zu § 86 finden sich keine sinnvollen Beispiele. Es lässt sich zwar sagen, dass Zwecke iS von III wohl nur solche sein können, die sich auf einen den in Abs. II genannten Verfassungsgrundsätzen entspringenden Geltungsgrund stützen und die deshalb geeignet sind, die durch die Tathandlung geschaffene abstrakte Gefährdung dieser Grundsätze als hinnehmbar erscheinen zu lassen. Auch dies geht aber nicht über eine allgemeine **„Abwägungs"**-Formel hinaus.

Für **§ 130 V,** der auf III verweist, hat BGH **46**, 36, 45 (zu § 130) als „ähnlichen" Zweck 25
den einer effektiven **Strafverteidigung** angesehen, der in der verfassungsrechtlichen Gewährleistung eines fairen, rechtsstaatlichen **Verfahrens** seine Grundlage hat. Diese Legitimation gilt nur dann nicht, wenn der Verteidiger mit der Tathandlung dem Zweck der *Verteidigung* gar nicht dienen will und *ausschließlich* verteidigungsfremde Ziele verfolgt (ebd. 45f.; ebenso BGH **47**, 278, 284f.; vgl. schon BGH **29**, 99, 105f.; NStZ **87**, 554; **90**, 183, 184). Die Betonung der fundamentalen Bedeutung *verfahrensrechtlich zulässiger* Strafverteidigung für die rechtsstaatliche Verfassungsordnung verstellt ein wenig den Blick darauf, dass es letztlich wohl um eine **inhaltliche Begrenzung** des Begriffs der Strafverteidigung geht: Sozialadäquat ist ein Verteidigungsverhalten danach dann nicht, wenn es zur Strafverteidigung „nach den Maßstäben des Strafverfahrensrechts und des materiellen Strafrechts nichts ... beizutragen vermag" (BGH **46**, 45), wenn es „keinerlei ... Erfolgsaussichten im Hinblick auf Schuldspruch oder Strafmaß" haben kann (ebd. 39). Die Entscheidung lässt die Abgrenzung zwischen **Zweck** und **Vorsatz** im Unklaren; setzt im Ergebnis aber eine **objektive** Grenze zulässiger Zweck-Bestimmung (krit. insoweit NK-*Paeffgen* 44): Wenn verfassungsfeindliche Propaganda und Strafverteidigung *in eins fallen*, kommt es auf die subjektive Absicht, sich gerade mit dieser Propaganda (zB gegen den Vorwurf der Verbreitung von Propaganda) zu verteidigen, nicht mehr an (vgl. auch BGH **47**, 278, 284). Diese Grundsätze müssen für andere **Rechtszwecke** entsprechend gelten, da etwa der Anspruch auf **rechtliches Gehör** oder die Gewährleistung effektiven Rechtsschutzes im **Verwaltungsverfahren** für die Verfassungsordnung nicht weniger bedeutend sind als das Beweisantragsrecht im Strafverfahren. Ob die zu § 130 V entschiedene Abgrenzung durch BGH **46**, 36 auch bei *unmittelbarer* Anwendung in Fällen des § 86 gelten kann, das Verbreiten oder öffentliche Zugänglichmachen von verfassungswidrigen Propagandamitteln durch einen Strafverteidiger also so lange als *legitim* anzusehen ist, wie er damit *nicht ausschließlich* werbende Zwecke verfolgt, erscheint zweifelhaft.

7) Ausländische Periodika. Nach **Art. 296 EGStGB** (Anh Nr. 1) ist § 86 I 26
auf Zeitungen und Zeitschriften nicht anzuwenden, die im Ausland in ständiger, regelmäßiger Folge erscheinen und dort allgemein und öffentlich vertrieben wer-

den (zu Gesetzesgeschichte und Zweck der Norm vgl. BGH **28**, 296, 297f.). Hieraus ergibt sich für solche ausländischen Periodika nach allg. Ansicht ein Tatbestandsausschluss (*S/S-Stree/Sternberg-Lieben* 20; SK-*Rudolphi* 18; LK-*Laufhütte/Kuschel* 41; NK-*Paeffgen* 46). Erforderlich ist vollständige (sprachliche und inhaltliche) Identität der im Ausland verbreiteten und der eingeführten Schriften; „Inhaltsgleichheit" reicht nicht aus, so dass insb. „Deutschlandausgaben" ausländischer Zeitschriften nicht erfasst sind (BGH **28**, 296, 298 [zum „NS-Kampfruf"). Ein „öffentliches Vertreiben" setzt einen offenen, allgemein zugänglichen Verkauf voraus (ebd.).

27 **8) Teilnahme.** Beihilfe ist nach allgemeinen Grundsätzen möglich. Die Verbreitungsabsicht ist kein besonderes persönliches Merkmal iS von § 28 I. Handelt nur der Haupttäter zu einem der in Abs. III genannten Zwecke, so entfällt auch die Teilnahme. Umgekehrt bleibt die Strafbarkeit des Haupttäters von einem möglichen legitimen Handlungszweck eines Gehilfen unberührt.

28 **9) Rechtsfolgen.** Bei der Strafzumessung sind die Nähe zum oder der Umfang des Verbreitungserfolgs zu berücksichtigen, aber auch die von dem Propagandamittel ausgehende Gefahr. Dabei kommt es auf die organisationsbezogene Gefahr an, nicht auf einen abstrakten Gefährlichkeits-Vergleich des verbreiteten „Gedankenguts".

29 Nach **Abs. IV** kann das Gericht bei geringer Schuld **von Strafe absehen** (vgl. auch § 153b StPO). Die Annahme liegt bei vollendetem Verbreiten nicht schon wegen der inhaltlichen Abwegigkeit des Schriftinhalts und des Fehlens einer konkreten Gefährdung nahe.

30 Neben Freiheitsstrafe von mindestens 6 Monaten ist die Anordnung von **Nebenfolgen** nach **§ 92a** möglich. Eine **Einziehung** der Beziehungsgegenstände kann nach **§ 92b Nr. 2** angeordnet werden (vgl. dazu BGH **23**, 64, 68); die zwingende Einziehung nach **§ 74d** bleibt unberührt (BGH **23**, 208, 209f.; vgl. auch BGH **23**, 267, 269f.). Eine (Dritt-)Einziehung gegenüber einem einzelnen Bezieher eines Presseerzeugnisses kann unzulässig sein, wenn sie sein Recht auf Information nach Art. 5 I S. 1 GG verletzt (BVerfGE **27**, 71; BGH **23**, 208).

31 **10) Konkurrenzen.** Mit den Organisationsdelikten der §§ 84, 85 ist grds **Tateinheit** möglich (BGH **26**, 258, 261ff.; SK-*Rudolphi* 22; einschr. *Lackner/Kühl* 9; **aA** NK-*Paeffgen* 50; vgl. dazu *Krauth/Kurfess/Wulf* JZ **68**, 577, 581); ebenso mit § 83 (LM Nr. 1 zu § 93 aF); § 86a; §§ 89 bis 90b.

32 **11) Sonstige Vorschriften.** Soweit die Tat ein **Presseinhaltsdelikt** ist (vgl. BGH **44**, 209, 215), gilt die kurze **presserechtliche Verjährungsfrist** (BGH **25**, 347); auch für die selbständigen Vorbereitungstaten (MDR/S **81**, 973) und für die Beihilfe (NStZ **82**, 25).

Verwenden von Kennzeichen verfassungswidriger Organisationen

86a I **Mit Freiheitsstrafe bis zu drei Jahren oder mit Geldstrafe wird bestraft, wer**

1. **im Inland Kennzeichen einer der in § 86 Abs. 1 Nr. 1, 2 und 4 bezeichneten Parteien oder Vereinigungen verbreitet oder öffentlich, in einer Versammlung oder in von ihm verbreiteten Schriften (§ 11 Abs. 3) verwendet oder**
2. **Gegenstände, die derartige Kennzeichen darstellen oder enthalten, zur Verbreitung oder Verwendung im Inland oder Ausland in der in Nummer 1 bezeichneten Art und Weise herstellt, vorrätig hält, einführt oder ausführt.**

II **Kennzeichen im Sinne des Absatzes 1 sind namentlich Fahnen, Abzeichen, Uniformstücke, Parolen und Grußformen. Den in Satz 1 genannten Kennzeichen stehen solche gleich, die ihnen zum Verwechseln ähnlich sind.**

III **§ 86 Abs. 3 und 4 gilt entsprechend.**

Übersicht

1) Allgemeines ... 1, 1 a
2) Rechtsgut; kriminalpolitische Bedeutung ... 2–2 b
3) Kennzeichen ... 3–12 a
A. Verkörperte Symbole ... 4–8 a
B. Nichtkörperliche Symbole ... 9–12 a
4) Tathandlung ... 13–19
A. Abs. I Nr. 1 ... 14–16
B. Abs. I Nr. 2 ... 17
C. Tatbestandliche Begrenzung ... 18, 19
5) Sozialadäquanzklausel, Abs. III ... 20–22
6) Subjektiver Tatbestand ... 23
7) Rechtsfolgen ... 24
8) Konkurrenzen ... 25

1) Allgemeines. Die Vorschrift idF des 8. StÄG/EGStGB (vgl. 1 vor § 80) ersetzte § 96 a idF des 6. StÄG (1 zu § 130). Das VerbrBekG (1 zu § 130) fasste I neu und fügte II S. 2 an. **1**

Neuere Literatur: *Bartels/Kollorz,* Rudolf Heß – Kennzeichen einer verfassungswidrigen Organisation?, NStZ **02**, 297; *Beisel,* Kunstfreiheitsgarantie des Grundgesetzes und ihre strafrechtlichen Grenzen, 1997; *Bemmann,* Meinungsfreiheit und Strafrecht, 1981; *Bonefeld,* Hakenkreuz und Hitler-Gruß, DRiZ **93**, 430; *Dahm,* Freibrief für Rechtsextremisten, DRiZ **01**, 404; *Frank,* Die Strafbarkeit der Verwendung nationalsozialistischer Kennzeichen, 1994 (Diss. Regensburg); *Greiser,* Die Sozialadäquanz der Verwendung von NS-Kennzeichen bei Demonstrationen, NJW **69**, 155; *Hörnle,* Aktuelle Probleme aus dem materiellen Strafrecht bei rechtsextremistischen Delikten, NStZ **02**, 113; *dies.*, Grob anstößiges Verhalten, 2005 (Rez. *Wohlers* ZStW **118** [2006] 758); *Jahn,* Strafrechtliche Mittel gegen Rechtsextremismus, 1998; *Köbler,* Die Strafbarkeit von Verstößen gegen das Kennzeichenverbot in Fällen des Betätigungsverbotes nach § 18 S. 2 Vereinsgesetz, NStZ **95**, 531; *Köster,* Drei Finger gegen die Freiheit, DRiZ **93**, 36; *Kubiciel,* Rechtsextremistische Musik von und mit V-Leuten, NStZ **03**, 57; *Kurth,* § 86 a StGB und der Schatten des Gesinnungsstrafrechts, StraFo **06**, 483; *Molsberger/Wax*, § 86 a StGB im Horizont des Art. 20 Abs. 4 GG, JZ **06**, 140; *Reuter,* Verbotene Symbole – Eine strafrechtsdogmatische Untersuchung zum Verbot von Kennzeichen verfassungswidriger Organisationen in § 86 a StGB, 2005; *Schafheutle* JZ **60**, 473; *Stegbauer,* Rechtsextremistische Propaganda im Lichte des Strafrechts, 2000; *ders.,* Rechtsextremistische Propaganda und das Kennzeichenverbot des § 86 a StGB, JR **02**, 182; *Steinmetz,* „Ruhm und Ehre der Waffen-SS – Verwechselbares Kennzeichen iS des § 86 a II 2 StGB?, NStZ **02**, 118. *Wassermann,* Neue Herausforderungen – alte Antworten, KR **93**, 748; *Wilhelm,* Der Reichsadler mit Hakenkreuz – ein verbotenes Kennzeichen iSd § 86 a StGB?, DRiZ **94**, 339. Vgl. auch die Nachw. 1 a zu § 86 und 1 a zu § 130. **1 a**

2) Rechtsgut; kriminalpolitische Bedeutung. Geschützte **Rechtsgüter** sind nach **hM** der demokratische Rechtsstaat und der öffentliche (politische) Friede (Oldenburg NStZ **86**, 166; Bay NJW **88**, 2902; NStZ **03**, 89; Frankfurt NStZ **99**, 356, 357; Jena NJW **02**, 310 f.; einschr. *Beisel* [1 a] 371; *Stegbauer* [1 a] 242; krit. zum Rechtsgut „politischer Friede" NK-*Paeffgen* 2); jedenfalls in I Nr. 2 auch das Ansehen der Bundesrepublik im Ausland unter dem Gesichtspunkt der Völkerverständigung (*M/Schroeder/Maiwald* 84/40; NK-*Paeffgen* 2; vgl. unten 17). Verletzt iS von § 172 StPO ist daher nicht der einzelne Staatsbürger (Düsseldorf NJW **88**, 2906). § 86 a ist ein **Organisationsdelikt;** bestraft wird nach hM die **abstrakte Gefahr** (vgl. BGH **25**, 30, 32 f.; Bay NJW **62**, 1878; KG NJW **99**, 3500; Bay NStZ **03**. 89; krit. NK-*Paeffgen* 3 [„äußerster Vorposten des Vorfeldschutzes"]; für verfassungsrechtlich nicht legitimierbar hält die Vorschrift *Hörnle* [1 a; 2005], 267 ff.) einer inhaltlichen Identifizierung mit dem Bedeutungsgehalt symbolträchtiger Kennzeichen, deren Verbreitung oder Verwendung den Anschein (NStZ **83**, 262) erwecken können, verfassungswidrige Organisationen könnten trotz ihres Verbots ungehindert ihre Wiederbelebung betreiben (vgl. aber unten 18 f.). **2**

Die *allgemeine* Zielbeschreibung einer vorbeugenden Abwehr organisierter verfassungswidriger Bestrebungen überdeckt die Gegenläufigkeit der Zielbestimmungen im einzelnen: Dient der Tatbestand der *formalen* Ausgrenzung bestimmter Symbole aus den zulässigen Kommunikationsformen **(Tabuisierung),** um „einem Gewöhnungseffekt vorzubeugen" (vgl. BGH **28**, 394), so kann es grds auf inhalt- **2 a** liche Identifikation des Handelnden oder mögliche Identifikation Dritter nicht ankommen; daher könnte zB eine polemische, *Gegnerschaft* zu den symbolisierten Inhalten ausdrückende Verwendung regelmäßig nicht als „sozialadäquat" angesehen werden (vgl. unten 18). Dient der Tatbestand dagegen der *inhaltlichen* Ausgrenzung verfassungswidriger Bestrebungen im Vorfeld organisierter Propagierung **(Propagandaverbot),** so müsste jede dem entgegenstehende, aber auch eine inhaltlich indifferente oder neutrale, etwa aus Gründen des *Humors* oder aus bedeutungsfreiem Erwerbsinteresse unternommene Verwendung vom Tatbestand ausgenommen werden. Beide Zielrichtungen sind im Grunde **unvereinbar:** Was aus Sicht des **Propagandaverbots**-Konzepts wünschenswert und zulässig ist (zB: massenhaftes Verwenden des *Hakenkreuzes* als Symbol explizit *abgelehnter* „Rechtsstaatswidrigkeit" schon bei geringfügigen Anlässen), ist aus Sicht des **Tabuisierungs**-Konzepts *besonders* gefährlich („Verharmlosung"; „Gewöhnungseffekt"). Umgekehrt ließe die Durchsetzung eines sinnfreien Tabus *inhaltlich* begründete Ausnahmen („legitime Zwecke" insb. der „Auseinandersetzung"; vgl. Abs. III) nicht zu. Der Schutzzweck des Gesetzes könnte nicht erreicht werden, wenn die Strafbarkeit vom Nachweis einer *bekenntnishaften* Verwendung des Kennzeichens abhinge. Der **BGH** folgt daher grds. dem Tabuisierungs-Konzept (vgl. BGH **25**, 30, 33; **28**, 394, 396 f.). Aufgrund der besonderen Anforderungen des Grundrechts der Meinungsfreiheit sind aber Ausnahmen von der Strafbarkeit geboten, wenn das Verhalten trotz äußerer Verwendung der Kennzeichen dem Schutzzweck des Gesetzes *erkennbar* nicht zuwiderläuft (vgl. BGH **25**, 30, 32 f.; **25**, 133, 136 f.; **51**, 244 [= NJW **07**, 1602; Anm. *Schroeder* JZ **07**, 851]; Stuttgart MDR **82**, 246; Oldenburg NJW **86**, 1275; vgl. unten 18). Diese Rspr. ist mit der Verfassung vereinbar (BVerfG 1 BvR 204/03 v. 23. 3. 2006).

2 b Auch nach seinem **Wortlaut** folgt § 86 a dem **Tabuisierungs**-Konzept, wenn man nicht die Begriffe „verwenden" und „verbreiten" in intentionalem Sinn deutet. Hieraus folgen besondere Schwierigkeiten der Anwendung. Eine vom Äußerungs- und Handlungskontext abstrahierende Tabuisierung von Zeichen oder Worten kann unter den Bedingungen einer Gesellschaft kaum als legitim gelten, welche ihre Legitimität gerade auch aus der *formalen Offenheit* der Kommunikation gewinnt. Sie begründet die Gefahr, dass die **Dämonisierung** von Symbolen des Totalitarismus dessen absurde Überbewertung solcher Zeichen gleichsam spiegelt, ohne eine inhaltliche Auseinandersetzung anders als in vorgegebenen Formen des Abscheus zuzulassen. Dadurch wird eine inhaltliche Auseinandersetzung eher verhindert als erleichtert, da sich tabuisierte Symbole nicht kommunikativ abnutzen; ihre Provokationskraft wird dauerhaft erhalten, indem sie in einen irrationalen Bereich geheimer Rituale abgedrängt wird. In der Praxis bedeutsam ist diese Problematik allein im Hinblick auf **NS-Kennzeichen**; sie kann, jedenfalls vorerst, auch nicht ohne weiteres aufgelöst werden: Ein Eingang insb. des *Hakenkreuzes* in die Alltagskultur, etwa durch Verwendung als Werbe-Motiv, ist nicht vorstellbar (vgl. BGH **28**, 394; so iErg. auch auch *Schroeder* JZ **07**, 851, 852). Schon **Abs. III** zeigt andererseits, dass eine vollständige Tabuisierung weder möglich noch angestrebt ist: *Legitimer Zweck* des Umgangs mit den unheilvollen Zeichen (ganz abl. aber *Hörnle* [1 a] 267 ff.) ist eben nicht das *Bannen* ihrer Kraft durch Auserwählte, sondern die rationale Auseinandersetzung mit den symbolisierten Inhalten. Der *Prozess* inhaltlicher Kritik und Verarbeitung als Verwirklichung der Verfassungsordnung bedeutet zugleich Unsicherheit der Grenzbestimmung; der Streit um die Grenzen der „Sozialadäquanz" (vgl. unten 18 f.) kann nicht schlicht *gelöst* werden, da er Teil dieses Prozesses ist. Das *Programm* der Rationalisierung ist aus dem Tabu nicht abzuleiten; es ergibt sich aus Art. 5 GG.

3 **3) Kennzeichen.** Tatobjekte sind **Kennzeichen verbotener Vereinigungen** iS von § 86 I Nr. 1, 2 und 4 (vgl. Erl. zu § 86). **Abs. II S. 1** führt **Beispiele** von Kennzeichen auf und beschreibt zugleich die Reichweite des Tatbestands; erfasst sind **verkörperte** und **nichtkörperliche** Erkennungszeichen. Durch **I Nr. 2** sind

auch Gegenstände erfasst, die Kennzeichen iSv Nr. 1 darstellen oder enthalten. Dies sind vor allem Trägermaterialien (zB Kleidungsstücke; Plakate) sowie Schriften (§ 11 III) einschließlich elektronischer Datenträger.

Der **Name** einer Vereinigung ist *als solcher* kein „Kennzeichen" (**aA** *Reuter* [1 a] 140); auch von der Vereinigung verwendete **Namensabkürzungen** haben nicht schon als (*sprachlich*-symbolische) Bezeichnungen den von § 86 a vorausgesetzten (vgl. Abs. III) Symbolcharakter (zB „NSDAP"; „SRP"; „KPD"; „PKK"); sie können aber, etwa durch Formgebung (zB Parteiabzeichen) oder stilisierte Darstellung (zB SS-Runen), zu Kennzeichen (oder Teilen von Kennzeichen) werden (vgl. auch unten 8). Die **Gegenansicht** (vgl. etwa Hamm NStZ-RR **04**, 12, 13 [Druckbuchstaben „NSDAP" sind Kennzeichen; zust. Anm. *Steinmetz* NStZ **04**, 444]) vermischt den (uU werbenden) Charakter der (bloßen) *Benennung* mit dem Symbolcharakter nichtsprachlicher Zeichen. Die Verwendung von Namensbezeichnungen kann, wenn sie demonstrativ-auffordernden Charakter hat, § 86 unterfallen. 3 a

A. Verkörperte Symbole sind zunächst die in **Abs. II S. 1** genannten, also Kennzeichen, welche die Zugehörigkeit zu der verbotenen Organisation symbolisieren. Es muss sich um Kennzeichen „der Vereinigung" handeln; also um solche Erkennungs-, Identifikations- oder Organisationszeichen, die von der Vereinigung selbst verwendet wurden und ihr zuzurechnen sind. Ausreichend ist eine Übernahme schon bestehender neutraler oder anderweit verwendeter Zeichen, wenn sie – durch Satzung, Anweisung oder Übung – zum *Kenn*zeichen gerade der Vereinigung gemacht wurden. Dabei kommt es bei von der Organisation autorisierten Kennzeichen nicht auf ihren Bekanntheitsgrad in der Öffentlichkeit an (and. NK-*Paeffgen* 7). Zeichen, die nur von außen stehenden Dritten der Vereinigung zugeschrieben werden, unterfallen I Nr. 1 nicht; auch nicht Symbole, die organisationsunabhängig als Kennzeichen einer Weltanschauung (Hammer und Sichel; fünfzackiger Stern) oder einer Religion (Kreuz) Verwendung finden. 4

a) Kennzeichen iS von I Nr. 1 sind **zB** das Hakenkreuz (BGH **23**, 65, 73) als Zeichen allein oder in einer seiner zahlreichen Verwendungen (Fahnen; Armbinden; Abzeichen; usw.) unabhängig von seiner Verwendung auch als **staatliches** Hoheitszeichen, also etwa auch in Verbindung mit anderen staatlichen Symbolen (BGH **23**, 64, 77 [Kriegsorden]; **28**, 394, 395 f. [Hoheitszeichen an Flugzeugen]; AG Weinheim NJW **94**, 1545 [Reichsadler; vgl. Bay NStZ-RR **03**, 233; krit. *Wilhelm* DRiZ **94**, 339]; vgl. *Lüttger* GA **60**, 132); weiterhin alle durch das „HeimtückeG" v. 20. 12. 1934 (RGBl I 1269) geschützten Zeichen; zB SA-Standarten (GA **67**, 106). Kennzeichen ist nach **hM** auch das Kopfbild *Hitlers* (BGH **25**, 133, 135; **28**, 394, 396; MDR **65**, 923, Schleswig SchlHA **78**, 70; Rostock NStZ **02**, 320; München NStZ **07**, 97; LG Frankfurt NStZ **86**, 167; zw.; **aA** NK-*Paeffgen* 14), soweit es in ikonenhafter Darstellung als (partei-)amtliches Portrait verwendet wurde; **nicht** jedoch sonstige körperliche, fotographische oder filmische Darstellungen *Hitlers* (LK-*Laufhütte/Kuschel* 6; *S/S-Stree/Sternberg-Lieben* 6; SK-*Rudolphi* 3); auch nicht Portraitfotos von *Rudolf Heß* (Rostock NStZ **02**, 320; krit. *Bartels/Kollorz* NStZ **02**, 297, 300). 5

Uniformstücke sind als Teile von Uniformen Kennzeichen iS von III, soweit sie eine Identifikation (mit) der verbotenen Organisation zulassen. Das kommt insb. in Betracht bei Mützen, Jacken, Mänteln, Schulterstücken, Gürteln, Schulterriemen, usw. Kennzeichen von NS-Organisationen sind namentlich alle Teile der SA-Uniform sowie die Uniformen der *SS* (auch sog. *Waffen-SS*); auch Uniformen von Parteigliederungen (*Hitlerjugend; NS-Frauenschaft*; usw.); nicht Uniformen der ehemaligen Wehrmacht oder sonstige staatliche Uniformen; sie sind nur in Verbindung mit sonstigen Kennzeichen erfasst. Kein Kennzeichen ist das Symbol der *„Rael-Gemeinschaft"*, das Davidstern und Hakenkreuz miteinander verknüpft (Bay NJW **88**, 2901); das sog. **Keltenkreuz** nur dann, wenn es mit einem konkreten Hinweis auf eine verbotene Organisation verwendet wird (LG Heidelberg NStE Nr. 8; vgl auch NStZ **96**, 81); nicht eine an einer Halskette befestigte kleine „Le- 6 bensrune“ aus Metall ohne weiteren Hinweis auf die SA (Bay NStZ **99**, 191 L). Die Abbildung einer Hammer und Sichel durchschlagenden Faust mit einer Einrahmung der Worte *„Rotfront verrecke“* ist kein Kennzeichen, sondern Propagandamittel iS von § 86 I (vgl. MDR/S **94**, 238; BGHR Kennz. 1).

7 Das sog. **FDJ-Hemd** mit Abzeichen, also das Uniformhemd der in *Westdeutschland* verbotenen (BVerwG NJW **54**, 1947) „Freien Deutschen Jugend“, unterfällt grds dem Verbot des § 86a I Nr. 1 iVm § 86 I Nr. 2 (Bay NJW **87**, 1178; vgl. dazu aber BVerfGE **77**, 240 *[Herrnburger Bericht]*); das wird auch nicht dadurch in Frage gestellt, dass eine überwiegende Mehrheit der ostdeutschen Bevölkerung in Erinnerung an frohe Jugendtage diesem Verbot wenig Verständnis entgegenbringt. Jedoch ist im Fall satirischer oder verfremdender Verwendung eine weite Auslegung von Abs. III iVm § 86 III angezeigt; überdies liegt die Annahme eines Tatbestandsirrtums nahe.

8 **b)** Nach **II S. 2** sind auch Gegenstände erfasst, die (tatsächlich *existierenden*; vgl. BVerfG NJW **06**, 3050 f.) Kennzeichen **zum Verwechseln ähnlich sind** und eine dem Symbolgehalt entsprechende Richtung auf die verbotene Organisation, **zB** durch eine „sehr lebhafte Verbindung zum Hakenkreuz“ (Begr. 23) aufweisen. Es kommt darauf an, ob der Anschein eines Kennzeichens der Organisation erweckt und dessen Symbolgehalt vermittelt wird (NStZ **96**, 81; NJW **05**, 3223; *S/S-Stree/Sternberg-Lieben* 4; zweifelnd an der Wirksamkeit *Bonefeld* DRiZ **93**, 430, 437 f.; *Lackner/Kühl* 2a; krit. NK-*Paeffgen* 9; zur Vereinbarkeit mit Art. 103 II GG vgl. *Jahn* [1a] 219, 233; *Stegbauer* [1a] 109). Damit sind jedenfalls auch (verfremdete) *Darstellungen* von Kennzeichen erfasst, bei welchen etwa wegen Veränderung von Material, Größe oder Farbgebung unsicher ist, ob sie noch als „originales“ Kennzeichen identifiziert werden (vgl. etwa Hamburg NStZ **81**, 393 [Abbildung, die auf einige Meter Entfernung auf Passanten optisch wie ein Hakenkreuz wirkt; Anm. *Bottke* JR **82**, 77]; Köln MDR **84**, 960 [Hakenkreuz mit verkürzten Querbalken]; Oldenburg NStZ **88**, 74).

8a Verwechslungsfähige **Ähnlichkeit** setzt nicht voraus, dass das geschichtliche Vorbild dem Durchschnittbürger bekannt ist (so Jena NJW **02**, 310, 312; ähnl. NStZ **96**, 81; Bay NStZ **99**, 190) und einen gewissen Bekanntheitsgrad als Kennzeichen einer verfassungswidrigen Organisation hat (BGH **47**, 354 [auf Vorlage KG NStZ **02**, 148]; ebenso Brandenburg 7. 2. 2001, 1 Ss 87/00; **aA** Bay NStZ **99**, 190; Dresden NJ **00**, 551 [krit. *Bartels/Kollorz* NStZ **00**, 648; iErg zust. *Hörnle* NStZ **02**, 114 f.]; Jena NJW **02**, 310); ausreichend ist, dass der unbefangene, nicht genau prüfende Beobachter das Zeichen für ein solches der Organisation halten kann und dass es den Symbolgehalt eines tatsächlichen Kennzeichens vermittelt (BGH **47**, 354; NStZ **96**, 81; NJW **05**, 3223; Köln NStZ **84**, 508; Hamm NStZ-RR **02**, 231; **04**, 12, 13 [Anm. *Steinmetz* NStZ **04**, 444]; vgl. auch BVerfG NJW **06**, 30350, 3051). Daher sind so genannte **„Armdreiecke“,** welche den Abzeichen des *Bundes Deutscher Mädel* oder der *Hitlerjugend* ähneln, von II S. 1 erfasst (vgl. auch *Weimann* NJ **98**, 552). Das ist folgerichtig, weil auch die Strafbarkeit des Verbreitens oder Verwendens der *Original*-Kennzeichen deren konkrete Bekanntheit nicht voraussetzt (vgl. oben 4). NJW **99**, 435 hat das öffentliche Tragen eines Abzeichens, das die sog. *„Odalrune“* der durch Verfügung des BMI v. 10. 11. 1994 verbotenen *„Wiking-Jugend e. V.“* so verändert, dass sie mit dem Dienstrangabzeichen eines Hauptfeldwebels der Bundeswehr identisch ist, auch dann nicht als Verstoß gegen § 20 I Nr. 5 VereinsG angesehen, wenn dieses Abzeichen an der typisch uniformen *Skinhead*-Kleidung getragen wird; die Frage, ob ein entspr. Fall von § 86a II erfasst werden kann, hat der BGH offen gelassen. Sie dürfte trotz der Erweiterung des II zu verneinen sein, denn das Abzeichen könnte nur dann (zugleich) Kennzeichen einer verbotenen Organisation sein, wenn diese das Zeichen „als eigenes Symbol usurpiert hätte“ (BGH aaO). Versuche, die Ähnlichkeitsklausel des II durch Angleichung an offiziell verwendete Kennzeichen zu umgehen, können uU von § 132a I Nr. 4 erfasst werden.

B. Nichtkörperliche Symbole. Die Kennzeichen müssen nicht verkörpert sein; Abs. II S. 1 führt beispielhaft auch **Parolen** und **Grußformen** auf. Voraussetzung ist auch hier, dass solchen Äußerungsformen ein symbolischer Erklärungsgehalt zukommt, der über die bloße Äußerung von *Gesinnung* hinausgeht und nach hM von dieser unabhängig ist (vgl. unten 18), vielmehr eine (formale) **Identifizierung** der verbotenen Organisation zum Ausdruck bringt. Daher reichen formelhafte Wendungen mit inhaltlichem Appellcharakter („mit revolutionären Grüßen") ebenso wenig aus wie körperliche Zeichen, die nur *allgemein* politische Gesinnungen zum Ausdruck bringen (demonstratives Heben der geballten Faust). 9

a) Kennzeichencharakter haben bestimmte **NS-Grußformen,** insb. die körperliche Ausführung des sog. *„Hitlergrußes"* (BVerfG NJW **06**, 3052 f.; KG NJW **99**, 3500; Bay NStZ **03**, 89); die Formeln *„Heil Hitler"* (BVerfG aaO; Celle NJW **70**, 2257; Bay NStZ-RR **03**, 233) oder *„mit deutschem Gruß"*; die Parole *„Sieg-Heil"* (Düsseldorf MDR **91**, 174); ebenso die Parole *„Alles für Deutschland!"* (Hamm Ss 432/05, NStZ **07**, 45). Kein Kennzeichen sind **Sprechweise,** körperliches Aussehen und Selbstdarstellung sowie **gestischer Habitus** von Personen, namentlich Anführern der verbotenen Organisation; daher unterfallen Imitationen der Haar- und Barttracht *Hitlers* ebenso wenig § 86 a wie Nachahmungen seiner karikaturhaften Sprechweise und Gestikulation. **Musik** kann Kennzeichen sein, wenn und soweit sie die Funktion einer *Hymne*, also einen unmittelbar der Identifikation (mit) der Organisation dienenden Symbolcharakter hat; allgemein die **Gesinnung** ausdrückende Musikformen und **Liedtexte** sind nicht erfasst; sie können Propagandamaterial iS von § 86 sein. Als Kennzeichen in diesem Sinn wird insb. das sog. *Horst-Wessel-Lied* angesehen (MDR **65**, 923; Bay NJW **62**, 1878); auch das SA-Kampflied *Es zittern die morschen Knochen* (Celle NJW **91**, 1497); kein (NS-)Kennzeichen sind die beiden ersten Strophen der deutschen Nationalhymne; auch nicht von staatlichen Organen des NS-Regimes verwendete „Erkennungsmelodien" (Rundfunk). Fanfaren-Geschmetter und Getrommel *kann* Kennzeichen sein, soweit es, namentlich in kurzen, einprägsamen musikalische Figuren, reine Wiedererkennungs- und Identifikationsfunktion hat; das bei Neonazis übliche Gelärme zur Erweckung von Begeisterung reicht nicht aus (zur praktischen Bedeutung im Bereich rechtsextremistischer Propaganda vgl. zB BT-Drs. 16/3993 [Kleine Anfrage]). 10

b) Auch als nichtkörperliche Kennzeichen reichen **zum Verwechseln ähnliche** aus (II S. 2; vgl. oben 8). Auch insoweit kann freilich die (symbolische) Äußerung von Gesinnung und inhaltlicher Sympathie für die Ziele der verbotenen Organisation das Erfordernis **objektiver Verwechslungsfähigkeit** nicht ersetzen. *Soweit* eine solche besteht, insb. durch Beibehaltung wesentlicher Teile des tatsächlichen Kennzeichens, ist II S. 2 gegeben. So soll bei dem Kennzeichen *„Horst-Wessel-Lied"* die Melodie als Symbol so stark im Vordergrund stehen, dass die Verwendung eines verfremdeten Texts dem Kennzeichencharakter nicht entgegensteht (Oldenburg NJW **88**, 351; Celle NJW **91**, 1498; **hM**); es reichen „markante Takte oder Textteile" (Bay NJW **90**, 2006; *S/S-Stree/Sternberg-Lieben* 3). Damit stellt sich die Schwierigkeit, Texte, Zeichen oder musikalische Formen vom Tatbestand auszunehmen, die solche „markanten Teile" nur *enthalten* oder *zitieren* oder denen die Kennzeichen ihrerseits nur *entnommen* sind. Nach Bay NJW **90**, 2006 unterfällt das Lied vom *Wildschützen Jennerwein*, dessen Melodie in den ersten Takten mit dem *Horst-Wessel-Lied* identisch ist, § 86 a dann nicht, wenn es *vollständig* gespielt oder gesungen wird. Dem ist *im Ergebnis* zuzustimmen; es ergibt sich aber wohl eher aus dem Gesichtspunkt der Sozialadäquanz (unten 18), denn markante Teile von Kennzeichen behalten diesen Charakter auch in unmarkantem Umfeld. 11

II S. 2 kann **nicht** den Gebrauch von Zeichen erfassen, die von keiner NS-Organisation je verwendet wurden und tatsächlich verwendeten nur im Gestus „nachempfunden" sind. Daher ist **zB** die Parole „Ruhm und Ehre der Waffen-SS" durch II S. 2 nicht erfasst (zutr. *Steinmetz* NStZ **02**, 118 f. und MK-*Steinmetz* 14; so auch BVerfG NJW **06**, 3050 f.; BGH NJW **05**, 3223 [Anm. *Steinmetz* NStZ **06**, 12

337]). Auch die Parole „*Heil!*" ist für sich allein kein zum Verwechseln ähnliches Zeichen. **Problematisch** ist die Verwendung des sog. *Kühnen-Grußes* („*Widerstands"-Gruß* = nachempfundener *Hitlergruß* unter Abspreizen von drei Fingern). Der Gesetzgeber wollte ihn erfassen (BT-Drs. 12/4825, 5 ff.; vgl. Begr. 23; dafür auch *Köster* DRiZ **93**, 36); nach wohl hM fehlt eine Verwechslungsfähigkeit (NK-*Paeffgen* 9; *Steinmetz* NStZ **02**, 118 f.; *Stegbauer* [1 a] 105 ff.; *Kurth* StraFo **06**, 483, 485). Dass ihn niemand mit dem „Original"-Kennzeichen verwechseln könnte (so NK-*Paeffgen* 9), trifft freilich nicht zu, denn *weil* er „verwechselt" werden *soll*, wurde er ja ersonnen. Freilich verschwimmen hier die Grenzen zu irgendwelchen anderen, allein im *Gesinnungs*-Zusammenhang erklärbaren Zeichen (ausgestreckter Arm mit *geballter Faust*; mit *hochgerecktem Mittelfinger*, usw.).

12 a Vom Wortsinn sicher nicht mehr umfasst sind solche Zeichen, die tatsächliche Kennzeichen ihrerseits nur *symbolisieren* sollen, auch wenn die inhaltliche Identifikationswirkung gleichermaßen hoch ist (vgl. Bay NStZ-RR **03**, 233 f. [Erheben des *abgewinkelten* rechten Arms]). Ebenfalls nicht erfasst sind die oft abstrus erscheinenden „**Geheimzeichen**", die von Anhängern verbotener Organisationen (quasi als *Spiegelbild* des Verbots tatsächlicher Kennzeichen) zur pseudo-heimlichen Demonstration ihrer Gesinnung ersonnen werden. Dazu gehört etwa der bei NS-Anhängern verbreitete Zahlen- und Buchstaben-Fetischismus (zB die Zahlen **18** [alphabetisch AH = „Adolf Hitler"] oder **88** [alphabetisch HH = „Heil Hitler"]). Da der *Name* einer Organisation kein „Kennzeichen" iS von § 86 a ist (oben 3 a), kommt es auf die Verwechslungsfähigkeit *ähnlicher Wörter* nicht an (**aA** Hamm NStZ-RR **04**, 12 f.: Verwechslungsfähigkeit des außer Darstellung der vier mittleren Buchstaben sinnfreien Kunstworts „*CONSDAPLE*").

13 **4) Tathandlung.** Der Tatbestand umfasst ähnlich § 86 sowohl die erfolgreiche Verbreitung iwS (I Nr. 1) als auch Vorbereitungshandlungen, die mit dem Ziel einer solchen Verbreitung unternommen werden (I Nr. 2).

14 **A.** Tathandlungen nach **Abs. I Nr. 1** sind das **Verbreiten** (4 zu § 74 d), dh das Überlassen an andere zur Weitergabe an beliebige Dritte (Bremen NJW **87**, 1427; nach Bay NStZ **83**, 120 [m. krit. Anm. *Keltsch*]); weiterhin das **Verwenden,** dh jeder Gebrauch, der das Kennzeichen optisch oder akustisch wahrnehmbar macht (BGH **23**, 267 f.; Bay NJW **62**, 1878; Koblenz MDR **81**, 601; KG NJW **99**, 3500, 3502; München NStZ **07**, 97; vgl. *Lüttger* GA **60**, 129; 137; *Bonefeld* DRiZ **93**, 433; *S/S-Stree/Sternberg-Lieben* 6; LK-*Laufhütte/Kuschel* 13 ff.), also insbesondere das Tragen, Zeigen, Ausstellen, Vorführen, Vorspielen, Ausrufen usw. Verwenden ist auch das Einstellen in **Webseiten** oder die Aufnahme in eine **Mailbox** (Frankfurt wistra **99**, 30 m. Anm. *Rückert*). Auf einen werbenden Charakter der Verwendung kommt es grds. nicht an (vgl. unten 18).

15 I Nr. 1 erfasst das Verwenden nur, wenn es **öffentlich** oder **in einer Versammlung** oder **durch Verbreiten von Schriften** (§ 11 III) geschieht. Öffentlichkeit liegt vor, wenn die Handlung in einem größeren, durch persönliche Beziehungen nicht zusammenhängenden Personenkreis wahrgenommen und der Symbolgehalt des Kennzeichens von einer nicht überschaubaren Anzahl von Personen zur Kenntnis genommen werden kann (so etwa in Bay NStZ **03**, 89 f. [*Hitlergruß* in belebter Einkaufspassage]; anders in Bay NStZ-RR **03**, 233 [*Hitlergruß* gegenüber einer Person im Straßenverkehr]). Die Öffentlichkeit des **Ortes** begründet als solche nicht schon die Öffentlichkeit der Verwendung; es kommt auf sie nur für die Möglichkeit der Wahrnehmung durch einen größeren, nicht beschränkten Personenkreis an (Celle NStZ **94**, 440; Frankfurt wistra **99**, 30 f.; Bay NStZ-RR **03**, 233). Unerheblich ist, ob mögliche Adressaten der symbolischen Bedeutung zustimmen, sie ablehnen oder ihr indifferent gegenüberstehen; auf eine *konkrete* Gefährdung der geschützten Rechtsgüter kommt es nicht an. Entscheidend ist nicht die Öffentlichkeit des Verwendungsorts an sich, sondern die vom Täter nicht überschaubare kommunikative Wirkung der Verwendung. Zur Verbreitung in **Datennetzen,** insb im **Internet,** vgl. Erl. zu § 184 a. Öffentlich ist die Verwendung in

einem **Mailbox-System,** zu dem der Täter nach Art eines „Schneeballsystems" einem nicht überschaubaren Personenkreis den Zugang ermöglicht (Frankfurt NStZ **99**, 356 [Anm. *Rückert* wistra **99**, 31]). An der Öffentlichkeit **fehlt** es **zB** beim Ausstellen von „Volkssturm"-Armbinden bei verdecktem Hakenkreuz (Köln MDR **80**, 420); auch beim Feilbieten von Büchern, die im Innern Kennzeichen enthalten (BGH **29**, 82; MDR/S **81**, 89; vgl. aber I Nr. 2); bei Verwenden des *Hitlergrußes* auf einem öffentlichen Platz leise gegenüber einer persönlich bekannten Person (Celle NStZ **94**, 440).

Ein **inländischer Tatort** (§ 3) ist nach § 9 I auch dann gegeben, wenn die Handlung im Ausland so begangen wird, dass sie im Inland **wahrnehmbar** ist, und der Täter dies in seinen Vorsatz aufgenommen hat (KG NJW **99**, 3500 [Zeigen des *„Hitlergrußes"* bei im Fernsehen übertragenem Fußballspiel im Ausland; dazu Anm. *Heinrich* NStZ **00**, 533 und *Heinrich*, Weber-FS 2004, 91, 95 f.]). Zum Tatort bei Verbreitung in **Datennetzen** vgl. 5 ff. zu § 9; 31 f. zu § 184. **16**

B. Tathandlungen nach **Abs. I Nr. 2** sind das **Herstellen;** das **Vorrätighalten** (vgl. 20 zu § 184), solange es zur Verbreitung und Verwendung iS des I Nr. 1 erfolgt (Bremen NJW **87**, 1427); das **Einführen** sowie das **Ausführen** von **Gegenständen**, die Kennzeichen (oben 2 ff.) darstellen oder enthalten (vgl. dazu Erl. zu § 86). Diese Handlungen müssen in der **Absicht** vorgenommen sein, einer Verbreitung oder Verwendung im **Inland oder Ausland** in der in Nr. 1 bezeichneten Art und Weise zu dienen. Nach dem insoweit eindeutigen Wortlaut (**aA** *Lackner/Kühl* 6), der nicht auf „Taten nach Nr. 1", sondern nur auf die „Art und Weise" verweist, genügt (als Inlandstat iS von § 3) eine Handlung, welche auf eine Verbreitung oder Verwendung **ausschließlich im Ausland** gerichtet ist, auch wenn dies dort nicht strafbar ist (so auch *S/S-Stree/Sternberg-Lieben* 9 a); *insoweit* beschreibt I Nr. 2 keine Vorbereitungshandlungen, sondern enthält einen selbständigen Gefährdungstatbestand, dessen Schutzgut *auch* das Ansehen der Bundesrepublik im Ausland ist. **17**

C. Tatbestandsbegrenzung. Nach stRspr setzt § 86 a als abstraktes Gefährdungsdelikt weder eine inhaltliche Zustimmung des Täters zum Symbolgehalt des Kennzeichens (vgl. BGH **23**, 267 f.; **25**, 30, 31 f.; oben 9) noch den Eintritt oder die konkrete Gefahr einer identifizierenden Wirkung der Verwendung voraus (BGH **25**, 30, 33; **28**, 394, 396 f.; München NStZ **07**, 97; vgl. auch BVerfG NJW **06**, 3052, 3053). Gleichwohl nimmt die Rspr eine aus „Sinn und Zweck" der Vorschrift erwachsende tatbestandliche Begrenzung auf solche Handlungen an, welche nach den Umständen des Einzelfalls *geeignet* sind, bei objektiven Beobachtern den Eindruck einer Identifikation des Handelnden mit den Zielen der verbotenen Organisation zu erwecken; umgekehrt die Tatbestandslosigkeit solcher Handlungen, die dem **Schutzzweck der Norm** *erkennbar* nicht zuwiderlaufen (oben 2 a; vgl. BGH **25**, 30, 32 f. [*Hitlergruß* und Parole *„Sieg Heil!"* linksgerichteter Demonstranten gegenüber Einsatzkräften der Polizei]; **25**, 133, 136 f. [Abbildung eines Hakenkreuzes mit abgerundeten Ecken, eines Teil-Hakenkreuzes und eines „HS 30"-Panzers mit zum *Hitlergruß* erhobenem Abschussrohr als Protest gegen einen Politiker der Bundesrepublik]; vgl. auch BGH **28**, 394, 396 f.; Hamburg NStZ **81**, 393 [Anm. *Bottke* JR **82**, 77]; Stuttgart MDR **82**, 246 [Darstellung der *SS*-Runen im Namen eines konservativen Politikers; and. Frankfurt NStZ **82**, 333]; Köln NStZ **84**, 508; Oldenburg NStZ **86**, 166; Bay NJW **88**, 2901; NStZ **03**, 89 [dazu BVerfG 1 BvR 204/03 v. 23. 3. 2006]; Karlsruhe NStZ-RR **98**, 10; vgl. auch *Träger/Mayer/Krauth*, BGH-FS 240; *Molsberger/Wax* JZ **06**, 1409). Diese tatbestandliche Restriktion greift danach **unabhängig von Abs. III** (iV mit § 86 III) ein (krit. AK-*Sonnen* 18; NK-*Paeffgen* 14; auch LK-*Laufhütte/Kuschel* 15). Der Tatbestand ist danach nicht verwirklicht, wenn das Kennzeichen *offenkundig* gerade zum Zwecke einer Kritik der verbotenen Organisation eingesetzt wird (vgl. BGH **51**, 244 [= NJW **07**, 1602; Anm. *Schroeder* JZ **07**, 851; *durchgestrichenes* Hakenkreuz]; **aA** Stuttgart 1 Ws 120/06) oder der Kontext der Ver- **18**

wendung ergibt, dass eine Wirkung auf Dritte in einer dem Symbolgehalt des Kennzeichens entsprechenden Richtung ausscheidet (BGH **25**, 133, 136), insb. bei erkennbar verzerrter, karikaturhafter Verwendungsweise wird (vgl. BGH **25**, 128, 130; so auch BVerfG NJW **06**, 3052, 3053; zutr. auch schon LG Tübingen 23 Ns 15 Js 11 522/05). Eine Verwendung allein in kritischer *Absicht*, die nach außen aber nicht deutlich wird, wird von der Tatbestandsbegrenzung nicht erfasst.

18 a Die **hM** in der Literatur gelangt zu ähnlichen Ergebnissen, indem sie voraussetzt, dass die Verwendung nach den konkreten Umständen als **Bekenntnis** des Täters zu den inhaltlichen Zielen der Organisation aufgefasst werden kann (vgl. etwa *Lackner/Kühl* 4; LK-*Laufhütte/Kuschel* 13 ff.; *S/S-Stree/Sternberg-Lieben* 6; NK-*Paeffgen* 14; *Kurth* StraFo **06**, 483, 484). Als **Fallgruppen** tatbestandlicher Ausnahmen werden genannt: Fälle einer Verwendung in *ironischer* Bedeutung und als erkennbarer Ausdruck einer **Gegnerschaft** zu den Zielen der Organisation; Verwendung als „entlarvender" Vorwurf an Dritte (Politiker; Staatsorgane), mit diesen Zielen zu sympathisieren; Fälle des schlichten *Frohsinns* („Faschingsumzug"; vgl. aber AG Münsingen MDR **78**, 73). Die **kommerzielle** Verbreitung von NS-Kennzeichen, etwa „originaltreuer" mit Hakenkreuzen versehener Flugzeugmodelle, ist dagegen wegen des Gewöhnungseffekts insb. bei Jugendlichen (BGH **28**, 394, 397; SK-*Rudolphi* 6; *Bonefeld* DRiZ **93**, 434) vom Tatbestand nicht ausgenommen (München NStZ-RR **05**, 371; vgl. auch BGH **25**, 30, 32; abl. *S/S-Stree/Sternberg-Lieben* 6).

19 Die tatbestandlichen Ausnahmen stützen sich idR auf Argumente der **Sozialadäquanz,** deren Herausnahme aus den „ähnlichen Zwecken" des Abs. III (iV mit § 86 III) die Zweifel an der Tatbestands-ausschließenden Wirkung des § 86 III bestätigt (vgl. dort). Wenn der Schutzzweck des § 86 a jedenfalls auch die Vermeidung des Eindrucks ist, die Verwendung der Kennzeichen sei „ungeachtet der damit verbundenen Absichten" in beliebig harmloser Funktion gebräuchlich (BGH **25**, 30, 32 f.; vgl. auch Bay NStZ **03**, 89 f.), so ist kaum erklärbar, warum dem ausgerechnet die Verwendung als Ausdruck *sinnfreien* Humors nicht entgegenstehen sollte. Die Fallgruppe der „Protest"-Verwendung bleibt unklar, wenn sie einen *Tatbestands*-Ausschluss von einer *Rechtfertigungs*-Prüfung abhängig macht, wonach etwa der *Hitlergruß* als Unmutsäußerung „aus *nichtigem Anlass*" (Bay NStZ **03**, 89) dem Tatbestand unterfällt, nicht aber als ein für objektive Beobachter irgendwie nachvollziehbarer Vorwurf an Staatsorgane, sich NS-Methoden zu bedienen. Inhaltliche (Identifikation; Propagandawirkung) und formale (Gewöhnung; Alltäglichkeit) Gesichtspunkte überschneiden sich, wenn eine erkennbar auf Gegnerschaft beruhende Verwendung im Wege der Gegenausnahme dem Tatbestand dann wieder unterfallen soll, wenn Dritte *zugleich* eine zustimmende Verwendung unternehmen (vgl. BGH **25**, 30, 34 f.), wenn also eine (*konkrete*) Gefahr der Verwirrung des Publikums besteht. Die für Ausnahmen bei „sozialadäquater" Verwendung angeführten Argumente sind im Hinblick auf die unterschiedlichen Konzepte des Tatbestands (vgl. oben 2 b) in sich nicht ohne Widerspruch: Der Zweck, die Verwendung von Kennzeichen verfassungswidriger Vereinigungen als **sozial unüblich** aus den zulässigen Formen der Kommunikation auszugrenzen, kann durch **sozialübliche** Verwendung schlechterdings nicht „unberührt" sein.

20 **5) Sozialadäquanzklausel.** Nach **Abs. III** iVm § 86 III sind Fälle der Verbreitung und Verwendung zu **legitimen Zwecken** von der Strafbarkeit ausgenommen; nach hM handelt es sich um einen **Tatbestandsausschluss** unter dem Gesichtspunkt der Sozialadäquanz (*S/S-Stree/Sternberg-Lieben* 10; MK-*Steinmetz* 36 zu § 86; vgl. BGH **46**, 36, 43; **46**, 212, 217; **47**, 278, 282; München NStZ **07**, 97, 98; dazu 17 zu § 86).

21 **A.** Für die **ausdrücklich** genannten Zwecke gelten grds. die Erl. zu § 86 III. Staatsbürgerlicher Aufklärung soll **zB** auch der Vergleich aktueller mit NS-Argumentationsmethoden dienen (Hamm NJW **82**, 1656 [gedankliche Nähe unterstellende Gegenüberstellung von linksgerichteten und NS-Graphiken]). Verbreitung und Herstellung zur Verbreitung von NS-**Kunst** sind nicht schon deshalb legitim, weil sie „der Kunst dienen"; umgekehrt nicht schon deshalb von Abs. III ausgenommen, weil dies keine (richtige) „Kunst" sei (vgl. BVerfGE **67**, 213, 225 ff.; **77**, 240 ff.; **82**, 1 ff.; i. e. dazu Erl. zu § 131 und zu § 184).

B. Die Bestimmung einer Fallgruppe **ähnlicher Zwecke** begegnet denselben Schwierigkeiten und Bedenken wie bei § 86. Als „ähnliche" Zwecke sind **zB** angesehen worden: antiquarischer Handel mit Büchern aus der NS-Zeit (BGH **29**, 84); Ausstellen eines Schmuckstücks in Hakenkreuzform (Celle NStZ **81**, 221 [Anm. *Foth* JR **81**, 382]); Ausstellen von NS-Uniformen und sonstiger NS-Militaria im Rahmen einer Versteigerung, wenn die Besucher „seriöse Kunden" sind (BGH **31**, 384; *Bonefeld* DRiZ **93**, 435; LK-*Laufhütte/Kuschel* 36; *Lackner/Kühl* 7); Briefmarkensammeln (*S/S-Stree/Sternberg-Lieben* 10); **keine** legitimen Zwecke sind angenommen worden beim Verkauf oder Ausstellen von Flugzeugmodellen mit Hakenkreuz-Emblem (BGH **28**, 394; München NStZ-RR **05**, 371; zust. LK-*Laufhütte/Kuschel* 36; abl. NK-*Paeffgen* 21); bei Verwendung zu „reißerischer" Werbung auf Buch- oder Tonträgerhüllen (BGH **23**, 64, 78 f.; LG München I NStZ **85**, 311 [Anm. *Keltsch*]); bei scherzhafter Verwendung (Bay NJW **62**, 1878 [Singen des *Horst-Wessel-Lieds*]); bei (polemischer) Verwendung durch Aufmalen von Hakenkreuzen auf Plakate (nicht verbotener) politischer Parteien. Eine systematisch plausible Abgrenzung zu Fällen der nach hM Abs. III vorgelagerten Sozialadäquanz (oben 18) lässt sich dem kaum entnehmen. 22

6) Subjektiver Tatbestand. § 86 a setzt **Vorsatz** voraus. Bedingter Vorsatz reicht aus; bei I Nr. 2 muss die Absicht der Vorbereitung hinzukommen (vgl. dazu Erl. zu § 86). Der Vorsatz muss die tatsächlichen Voraussetzungen für die Charakterisierung des Symbols als Kennzeichen umfassen. Hierzu gehört idR auch die Zuordnung zu einer *bestimmten* Organisation; das unkonkretisierte Bewusstsein, *irgendein* „verbotenes" Zeichen zu verwenden, reicht nicht aus. Ausreichend ist aber, insb bei NS-Kennzeichen, eine allgemeine laienhafte Zuordnung. Der Irrtum über den Kennzeichen*begriff* ist Subsumtionsirrtum (*Bonefeld* DRiZ **93**, 437). In den Fällen von § 86 I Nr. 1, 2 muss der Vorsatz sich auch auf die Unanfechtbarkeit von Verbot oder Feststellung erstrecken. Eine verfassungsgefährdende Absicht oder ein Bekenntnis zu der verbotenen Organisation sind nach hM nicht vorausgesetzt (BGH **23**, 267; **25**, 30; str.). Ein Verbotsirrtum soll vorliegen, wenn der Täter glaubt, dass es trotz Anwesenheit unverbundener Personen am Merkmal „öffentlich" fehle (Celle NStZ **94**, 440; zw.; eher Subsumtionsirrtum). 23

7) Rechtsfolgen. Neben **Freiheitsstrafe** von mindestens 6 Monaten sind Statusfolgen möglich (§ 92 a). **Absehen** von Strafe ist nach **Abs. III** iVm § 86 IV möglich (vgl. dazu Erl. zu § 86 sowie § 153 b StPO). **Einziehung** ist nach § 92 b Nr. 2 auch hinsichtlich der Kennzeichen selbst möglich (10 zu § 74). Hinsichtlich der Darstellungen ist § 74 d anzuwenden, da jedes vorsätzliche Verbreiten in Kenntnis des Inhalts ein Verwenden iS von I ist; die Sozialadäquanzklausel schließt das nicht aus (7 zu § 74 d). Die Möglichkeit der Dritteinziehung folgt aus § 74 a (§ 92 b S. 2); der Verfall eines etwaigen Entgelts aus § 73. 24

8) Konkurrenzen. Tateinheit ist zB mit §§ 84 bis 86 (3 StR 379/80), 89 bis 90 b möglich; ebenso mit § 130; § 131; § 140; § 185. Für das Verhältnis zu § 15 OrdenG gilt § 21 OWiG. 25

Agententätigkeit zu Sabotagezwecken

87 **I Mit Freiheitsstrafe bis zu fünf Jahren oder mit Geldstrafe wird bestraft, wer einen Auftrag einer Regierung, Vereinigung oder Einrichtung außerhalb des räumlichen Geltungsbereichs dieses Gesetzes zur Vorbereitung von Sabotagehandlungen, die in diesem Geltungsbereich begangen werden sollen, dadurch befolgt, dass er**

1. sich bereit hält, auf Weisung einer der bezeichneten Stellen solche Handlungen zu begehen,

2. Sabotageobjekte auskundschaftet,
3. Sabotagemittel herstellt, sich oder einem anderen verschafft, verwahrt, einem anderen überläßt oder in diesen Bereich einführt,
4. Lager zur Aufnahme von Sabotagemitteln oder Stützpunkte für die Sabotagetätigkeit einrichtet, unterhält oder überprüft,
5. sich zur Begehung von Sabotagehandlungen schulen läßt oder andere dazu schult oder
6. die Verbindung zwischen einem Sabotageagenten (Nummern 1 bis 5) und einer der bezeichneten Stellen herstellt oder aufrechterhält,

und sich dadurch absichtlich oder wissentlich für Bestrebungen gegen den Bestand oder die Sicherheit der Bundesrepublik Deutschland oder gegen Verfassungsgrundsätze einsetzt.

II Sabotagehandlungen im Sinne des Absatzes 1 sind

1. Handlungen, die den Tatbestand der §§ 109 e, 305, 306 bis 306 c, 307 bis 309, 313, 315, 315 b, 316 b, 316 c Abs. 1 Nr. 2, der §§ 317 oder 318 verwirklichen, und
2. andere Handlungen, durch die der Betrieb eines für die Landesverteidigung, den Schutz der Zivilbevölkerung gegen Kriegsgefahren oder für die Gesamtwirtschaft wichtigen Unternehmens dadurch verhindert oder gestört wird, dass eine dem Betrieb dienende Sache zerstört, beschädigt, beseitigt, verändert oder unbrauchbar gemacht oder dass die für den Betrieb bestimmte Energie entzogen wird.

III Das Gericht kann von einer Bestrafung nach diesen Vorschriften absehen, wenn der Täter freiwillig sein Verhalten aufgibt und sein Wissen so rechtzeitig einer Dienststelle offenbart, dass Sabotagehandlungen, deren Planung er kennt, noch verhindert werden können.

1 **1) Allgemeines.** Die Vorschrift (idF des 8. StÄG/1. StrRG/EGStGB/18. StÄG, II Nr. 1 redaktionell geändert durch Art. 1 Nr. 7 des 6. StrRG (2 f. vor § 174), richtet sich gegen die in I Nr. 1 bis 6 umschriebenen **Vorbereitungshandlungen zu Sabotagezwecken.**

2 **2) Auftrag.** Der Tatbestand setzt den Auftrag (iwS, nicht nur iS von § 662 BGB) einer Regierung, Vereinigung oder Einrichtung (6 zu § 86) außerhalb des räumlichen Geltungsbereichs des Gesetzes (12 ff. vor § 3) an den Täter voraus; dieser muss ihn durch seine Tathandlung befolgen. Handlungen ohne solchen Auftrag oder über ihn hinaus fallen nicht unter § 87. Der Auftrag muss erteilt sein zur Vorbereitung von Sabotagehandlungen iS des II. Diese Handlungen müssen von einer Stelle geplant sein, mit der die auftraggebende Stelle mindestens in Zusammenhang steht. Eine Konkretisierung nach Zeit, Ort, Täter, Angriffsgegenstand und Art der Durchführung ist nicht erforderlich.

3, 4 **3) Sabotagehandlungen.** Die Tat muss der Vorbereitung von Sabotagehandlungen dienen. Diese sind in **Abs. II** abschließend beschrieben. Es sind nach **Nr. 1** Handlungen, die den Tatbestand einer der in II Nr. 1 genannten Delikte erfüllen; nach **Nr. 2** Handlungen, durch die der Betrieb (6 ff. zu § 316 b) eines Unternehmens (entspricht hier dem Betrieb oder Unternehmen iS von § 14), das für die Landesverteidigung, den Schutz der Zivilbevölkerung gegen Kriegsgefahren (3 zu § 109 e) oder die Gesamtwirtschaft (Schlüsselindustrie) wichtig ist, verhindert oder gestört wird (5 f. zu § 316 b).

5 **4) Tathandlung.** In **Abs. I Nr. 1 bis 6** sind die tatbestandlichen **Vorbereitungshandlungen** abschließend dahin umschrieben, dass der Täter

a) sich **bereit hält,** auf Weisung einer Stelle, die als Auftraggeber in Betracht kommt (oben 2), aber nicht der Auftraggeber selbst zu sein braucht, irgendeine Sabotagehandlung, die erst mit der Weisung konkretisiert zu werden braucht, zu begehen **(Stillhalteagent);** die Tat ist beendet, wenn der Täter nach außen, nicht unbedingt gegenüber dem Auftraggeber, deutlich macht, dass er nicht mehr bereit sei;

b) Sabotageobjekte, dh Angriffsgegenstände iS von **II,** vielleicht auch nur eine technisch besonders empfindliche Stelle innerhalb eines Unternehmens (Ber. 10), **auskundschaftet,** dh ausfindig macht, wobei Weitergabe des Erkundeten nicht erforderlich ist; vgl. LK-*Laufhütte/Kuschel* 12; 6

c) Sabotagemittel, dh zur Begehung von Sabotagehandlungen unmittelbar geeignete Sachen herstellt, sich oder einem anderen verschafft (evtl. durch einen Dritten), verwahrt, einem anderen überlässt oder in den Geltungsbereich des Gesetzes einführt; 7

d) Lager, dh Aufbewahrungsstätten zur Aufnahme von Sabotagemitteln, die noch nicht dort gelagert zu sein brauchen, oder **Stützpunkte** für eine spätere Sabotagetätigkeit (Begehung von Sabotagehandlungen) einrichtet, unterhält oder derartige Stellen auf ihre Tauglichkeit überprüft; 8

e) sich zur Begehung von Sabotagehandlungen **schulen** lässt oder selbst mindestens einen anderen dazu **schult,** wobei die Schulung eine gewisse Zeit in Anspruch nehmen muss, ihr Erfolg aber ohne Bedeutung ist; 9

f) die **Verbindung** zwischen einem Täter iS der Nr. 1 bis Nr. 5 (= Sabotageagenten) und einer Stelle iS von 2 herstellt (dh zu einer anderen als der ursprünglichen Auftragsstelle) oder aufrechterhält (Führungsmann; Resident). 10

5) Zum **Tatort** vgl. 12ff. vor § 3; 2ff. zu § 9. Auftraggeber und Hintermänner außerhalb des Geltungsbereichs des Gesetzes sind nicht erfasst. 11

6) Subjektiver Tatbestand. Vorsatz ist erforderlich; er muss sich auf den Auftrag, dessen Befolgung, die eigentliche Tathandlung und die Vorbereitung von Handlungen iS von II (die Beurteilung „Sabotage" braucht der Täter nicht mit zu vollziehen) beziehen; insoweit genügt überall bedingter Vorsatz. Darüber hinaus muss die Tathandlung psychisch davon getragen sein, dass sich der Täter durch sie **absichtlich oder wissentlich** für *Bestrebungen gegen den Bestand oder die Sicherheit der BRep.* (§ 92 III) oder *gegen Verfassungsgrundsätze* (§ 92 II) **einsetzt.** Es muss dem Täter darauf ankommen, die genannten Bestrebungen zu fördern (vgl. BGH **32**, 333); das bloße Bewusstsein, sie zu fördern, reicht nicht aus; ob er sie selbst verfolgt, ist nur für die Strafzumessung von Bedeutung. Der Täter kann also aus politischer Überzeugung, aber auch nur um des Geldes willen handeln. „Wissentlich" kann in § 87 nur auf die Bestrebungen bezogen werden, die der Täter danach kennen muss; hier genügt bedingter Vorsatz nicht, wohl aber bei den übrigen Tatbestandsmerkmalen (*M/Schroeder/Maiwald* 84/56). 12

7) Tätige Reue. Auf Grund der weiten Vorverlagerung der Vollendungsstrafbarkeit sieht **Abs. III** die Möglichkeit Tätiger Reue vor. Diese kann der Täter nur dadurch üben, dass er nicht nur freiwillig (18ff. zu § 24) sein Verhalten (im Fall von I Nr. 1 die Bereitschaft) aufgibt, sondern auch sein gesamtes Wissen von seinem Auftrag, seiner Tätigkeit und den geplanten Sabotagehandlungen so rechtzeitig (30ff. zu § 138) einer **Dienststelle,** dh außer einer Behörde (29 zu § 11) einer sonstigen Stelle, die Aufgaben der öffentlichen Verwaltung wahrnimmt (19ff. zu § 11; zB Bundesamt für Verfassungsschutz, BGH **27**, 309) offenbart (und zwar ebenfalls freiwillig, BGH **27**, 120), dass die Handlungen, von deren Planung er weiß, noch verhindert werden könnten, falls ihre Durchführung bevorstände (Ber. 11). 13

8) Teilnahme. Anstiftung und Beihilfe sind nach den allgemeinen Regeln strafbar (wie hier *S/S-Stree/Sternberg-Lieben* 17; **aA** SK-*Rudolphi* 17); der Teilnehmer muss gleichfalls im Inland gehandelt haben. 14

9) Rechtsfolgen. Zur Strafe vgl. weiter § 92a; zur Einziehung § 92b. 15

10) Konkurrenzen. Tateinheit ist möglich mit § 83. Hinter §§ 30, 310 tritt § 87 zurück (**aA** AK-*Sonnen* 22), ebenso hinter die in II Nr. 1 genannten Vorschriften. 16

11) Sonstige Vorschriften. Schutz der NATO-Staaten 2 vor § 80. 17

Verfassungsfeindliche Sabotage

88 **I Wer als Rädelsführer oder Hintermann einer Gruppe oder, ohne mit einer Gruppe oder für eine solche zu handeln, als einzelner absichtlich bewirkt, dass im räumlichen Geltungsbereich dieses Gesetzes durch Störhandlungen**

1. Unternehmen oder Anlagen, die der öffentlichen Versorgung mit Postdienstleistungen oder dem öffentlichen Verkehr dienen,
2. Telekommunikationsanlagen, die öffentlichen Zwecken dienen,
3. Unternehmen oder Anlagen, die der öffentlichen Versorgung mit Wasser, Licht, Wärme oder Kraft dienen oder sonst für die Versorgung der Bevölkerung lebenswichtig sind, oder
4. Dienststellen, Anlagen, Einrichtungen oder Gegenstände, die ganz oder überwiegend der öffentlichen Sicherheit oder Ordnung dienen,

ganz oder zum Teil außer Tätigkeit gesetzt oder den bestimmungsmäßigen Zwecken entzogen werden, und sich dadurch absichtlich für Bestrebungen gegen den Bestand oder die Sicherheit der Bundesrepublik Deutschland oder gegen Verfassungsgrundsätze einsetzt, wird mit Freiheitsstrafe bis zu fünf Jahren oder mit Geldstrafe bestraft.

II Der Versuch ist strafbar.

1 1) **Allgemeines.** Die Vorschrift (idF des 8. StÄG; 1 vor § 80, Abs. 1 Nr. 1 und 2 geändert durch das Begleitgesetz zum Telekommunikationsgesetz, 1 vor § 206) ergänzt die auf einen Substanzeingriff beschränkten §§ 316b, 317, mit denen jedoch Tateinheit möglich ist. Geschützte Rechtsgüter sind die Sicherheit und die verfassungsmäßige Ordnung der BRep.; insoweit ist § 88 **abstraktes Gefährdungsdelikt.** Die in Abs. I aufgeführten Schutzobjekte sind durch § 88 als solche nicht geschützt; insoweit gelten §§ 316b, 317.

2 2) **Schutzobjekte.** Die Tat muss sich gegen eines der in **Abs. I Nr. 1 bis 4** abschließend aufgeführten Schutzobjekte richten. Diese entsprechen im Wesentlichen denen in §§ 316b, 317 (dort 1 ff.). Nicht dem öffentlichen Verkehr zugängliche Anlagen, die Nr. 1 nicht erfasst, können unter Nr. 3 fallen. Nr. 3 erfasst Unternehmen und Anlagen ohne die Unterscheidung in § 316b Nr. 3. Hinzu kommen in Nr. 4 Dienststellen, Anlagen, Einrichtungen und Gegenstände; überwiegendes Dienen reicht hier aus.

3 3) **Tathandlung.** Der Täter muss **bewirken,** dh eigenhändig oder durch andere erreichen, dass Schutzobjekte durch Störhandlungen außer Tätigkeit gesetzt oder ihrer Zweckbestimmung entzogen werden.

4 **A. Störhandlungen** sind einmal solche des § 316b, zum anderen auch nicht in die Sachsubstanz eingreifende Handlungen oder Unterlassungen wie zB das Blockieren des Betriebes durch Menschenansammlungen, das Abziehen von Betriebsangehörigen durch Bedrohung oder falsche Nachrichten, das Verseuchen des Betriebes; schließlich auch Aussperrung und Streik (unten 10), nicht jedoch solche Handlungen, die allein auf ansehensschmälernde Kritik gegenüber der betreffenden Dienststelle (Nr. 4) abzielen (BGH **27**, 310).

5 **B. Taterfolg.** Abs. I ist ein Erfolgsdelikt. Erforderlich ist, dass Schutzobjekte ganz oder zT, dh sowohl durch Herabsetzung ihrer Gesamteffektivität als auch Ausfall in einzelnen Bereichen, **außer Tätigkeit gesetzt,** dh stillgelegt oder in ihrer Funktion gestoppt, oder dass sie ihren bestimmungsmäßigen Zwecken **entzogen** werden (BGH **27**, 310).

6 **C. Täterschaft.** Abs. I erfasst zwei Gruppen von Tätern: **Rädelsführer oder Hintermänner einer Gruppe** und **Einzeltäter.** Eine Gruppe iSd I ist eine zu bestimmten Zwecken zusammengeschlossene Anzahl von mindestens 3 Personen; eine Vereinigung iS von § 85 muss nicht vorliegen. Auch ein spontaner Zusammenschluss genügt. Die Gruppe muss keine feste Organisations-Struktur aufweisen; jedoch muss bei der konkreten Tat zwischen Rädelsführern oder Hintermän-

nern und anderen Gruppenmitgliedern unterschieden werden können; das setzt idR eine jedenfalls tatbezogene Hierarchie voraus (vgl. 3 zu § 84). Die Tat muss **als** Rädelsführer oder Hintermann begangen werden; das verlangt regelmäßig die Mitwirkung mindestens eines anderen Gruppenmitglieds, wenngleich auch nicht ein räumlich und zeitlich gemeinsames Handeln. Die Tat ist insoweit **Sonderdelikt.** Mitglieder der Gruppe, die nicht Hintermänner oder Rädelsführer sind, können daher nicht Täter sein. Sie sind, auch wenn sie die Störhandlung selbst ausführen, nur als **Gehilfen** zu bestrafen (LK-*Laufhütte/Kuschel* 8; *S/S-Stree/Sternberg-Lieben* 16; **aA** SK-*Rudolphi* 13). § 28 I gilt daneben nicht.

Taugliche Täter sind daneben Einzelpersonen, die nicht **mit** oder **für** eine 7
Gruppe handeln. Damit sind zum einen Alleintäter erfasst, zum anderen aber auch *Mittäter* ohne Gruppenzusammenhang (LK-*Laufhütte/Kuschel* 7; *S/S-Stree/Sternberg-Lieben* 17). Täter können daher allein, mit der Gruppe nicht angehörenden Dritten oder mit einem anderen Mitglied handelnde Gruppenmitglieder sein; im letzteren Fall aber nur, wenn sie nicht „für" die Gruppe handeln. Die gesetzliche Formulierung „als einzelner" kann nur der Abgrenzung zur Gruppe dienen, denn es wäre abwegig, gruppenunabhängig handelnde Mittäter straflos zu lassen.

D. Bewirken. Zu Formen des Bewirkens vgl. oben 4. Die weite Formulierung 8
bezieht namentlich Anstiftungshandlungen mit ein.

4) Vorsatz. Nach hM genügt bedingter Vorsatz hinsichtlich des Bewirkens 9
nicht; vielmehr muss es dem Täter in allen Fällen darauf ankommen, dass der Taterfolg erreicht wird (BGH **27**, 308; *S/S-Stree/Sternberg-Lieben* 20; zw.). Außerdem muss er sich durch die Tat für verfassungswidrige Bestrebungen (§ 92 III) einsetzen.

5) Rechtswidrigkeit. Die Störhandlung muss rechtswidrig sein. Das kann aus- 10
geschlossen sein zB durch Ausübung des Widerstandsrechtes (10 vor § 32), vor allem aber in den Fällen von **Aussperrung** und **Streik** (für Tatbestandsausschluss LK-*Laufhütte/Kuschel* 10). Ist der Streik nicht rechtswidrig, weil er arbeitsrechtlich zulässig oder sonst sozialadäquat ist, so kann die verfassungswidrige Zielrichtung des Rädelsführers oder Hintermanns den Streik nicht rechtswidrig, wohl aber ihn selbst nach § 88 strafbar machen (**aA** SK-*Rudolphi* 16).

6) Zur Strafe vgl. § 92a; zur Einziehung § 92b. **Tateinheit** zB mit §§ 316b, 317, 318 11
möglich, während §§ 81 bis 83 vorgehen (**aA** *S/S-Stree-Sternberg-Lieben* 24 [Tateinheit]).

Verfassungsfeindliche Einwirkung auf Bundeswehr und öffentliche Sicherheitsorgane

89 **I Wer auf Angehörige der Bundeswehr oder eines öffentlichen Sicherheitsorgans planmäßig einwirkt, um deren pflichtmäßige Bereitschaft zum Schutz der Sicherheit der Bundesrepublik Deutschland oder der verfassungsmäßigen Ordnung zu untergraben, und sich dadurch absichtlich für Bestrebungen gegen den Bestand oder die Sicherheit der Bundesrepublik Deutschland oder gegen Verfassungsgrundsätze einsetzt, wird mit Freiheitsstrafe bis zu fünf Jahren oder mit Geldstrafe bestraft.**

II Der Versuch ist strafbar.

III § 86 Abs. 4 gilt entsprechend.

1) Allgemeines. Die Vorschrift (idF des 8. StÄG; 1 vor § 80; iVm Art. 19 Nr. 9 EGStGB) 1
ersetzt in eingeschränkter Form (Prot. V 983ff., 1906ff.) den § 91 aF (dazu *Lackner* JZ **57**, 405). **Schutzobjekte** sind Sicherheit und verfassungsmäßige Ordnung der BRep.

2) Tathandlung ist das **Einwirken,** dh jede Tätigkeit zur Beeinflussung von 2
Angehörigen der BWehr (aber erst ab Beginn des Wehrdienstverhältnisses, § 2 SG, BGH **36**, 68; Schutz der NATO-Staaten 3 vor § 80) oder eines öffentlichen Sicherheitsorgans, zB der Polizei, des Grenzschutzes, der Verfassungsschutzämter und der Nachrichtendienste, nicht jedoch von Justizorganen, gleichgültig, ob sie Erfolg

hat (BGH **4**, 291), zu einer Gefahr führt (BGH **19**, 344; MDR **63**, 326) oder von vornherein ungeeignet ist (MDR **54**, 628; **aA** SK-*Rudolphi* 4). Sie muss die betroffene Person erreichen (BGH **6**, 64); diese braucht sie aber nicht zur Kenntnis zu nehmen (GA **61**, 4 Nr. 8). Zur Frage der presserechtlichen Verantwortung NStZ **81**, 300; MDR/S **81**, 973. Eines ausdrücklichen Aufrufs zur Befehlsverweigerung oder Sabotage bedarf es nicht, wenn sonst erkennbar und nachhaltig bei den Soldaten die Bereitschaft zur Erfüllung ihrer Aufgabe untergraben wird (MDR/H **77**, 282). Beim Einwirken mittels einer Schrift kommt es nicht allein auf deren Inhalt, sondern auch auf Erkenntnismittel außerhalb der Schrift an (NStZ **88**, 215; MDR/S **88**, 353). Aus Art. 21 GG ergibt sich kein Recht zu einem strafrechtlich beachtlichen Verstoß gegen das gesetzliche Verbot politischer Betätigung von Soldaten in der Truppe (BGH **27**, 59; **29**, 52; BVerfGE **47**, 139; **aA** SK-*Rudolphi* 8 vor § 80).

3 **3)** Für den **Tatort** gilt § 5 Nr. 3a (3 zu § 5).

4 **4) Vorsatz** ist erforderlich, bedingter genügt. Darüber hinaus muss der Täter

a) planmäßig handeln, dh nach einer von ihm oder anderen entworfenen, nicht unbedingt auf längere Zeit abgestellten Gesamtvorstellung;

5 **b)** die **Absicht** haben (BGH **18**, 151; **29**, 160), die pflichtmäßige Einsatzbereitschaft des anderen zum Schutz der äußeren oder inneren Sicherheit der BRep. (§ 92 III Nr. 2) oder der verfassungsmäßigen Ordnung (4f. zu § 81) im Allgemeinen zu erschüttern, was auch durch Ansinnen einer pflichtwidrigen Einzelhandlung möglich ist (BGH **4**, 291; **6**, 64; NStZ **88**, 215);

6 **c)** sich durch die Tathandlung für verfassungswidrige Bestrebungen (§ 92 III) einsetzen (12 zu § 87). Die Tat ist kein Presseinhaltsdelikt (7 zu § 78), auch wenn sie durch Druckschriften begangen wird (vgl. Schleswig SchlHA **76**, 167).

7 **5) Zur Strafe** vgl. MDR/H **76**, 986 mit Anm. *Schroeder* JR **77**, 30; § 86 IV gilt entsprechend (vgl. dort); Nebenfolgen § 92a; Einziehung § 92b; Zuständigkeit, Verfahren, Überwachungsmaßnahmen 4 vor § 80.

8 **6) Tateinheit** ist mit §§ 86, 86a, 90 bis 90b, 109d möglich. Hinter §§ 81 bis 83 tritt § 89 zurück.

Verunglimpfung des Bundespräsidenten

90 **I Wer öffentlich, in einer Versammlung oder durch Verbreiten von Schriften (§ 11 Abs. 3) den Bundespräsidenten verunglimpft, wird mit Freiheitsstrafe von drei Monaten bis zu fünf Jahren bestraft.**

II In minder schweren Fällen kann das Gericht die Strafe nach seinem Ermessen mildern (§ 49 Abs. 2), wenn nicht die Voraussetzungen des § 188 erfüllt sind.

III Die Strafe ist Freiheitsstrafe von sechs Monaten bis zu fünf Jahren, wenn die Tat eine Verleumdung (§ 187) ist oder wenn der Täter sich durch die Tat absichtlich für Bestrebungen gegen den Bestand der Bundesrepublik Deutschland oder gegen Verfassungsgrundsätze einsetzt.

IV Die Tat wird nur mit Ermächtigung des Bundespräsidenten verfolgt.

1 **1) Allgemeines.** Die Vorschrift (idF des 8. StÄG; 1 vor § 80; iVm Art. 1 Nr. 30 des 1. StrRG, Art. 1 Nr. 4 des 4. StrRG, Art. 19 Nr. 10 EGStGB, Art. 1 Nr. 8 des 6. StrRG, hierzu 2f. vor § 174) schützt Amt und Person des BPräs. (vgl. BGH **16**, 341). Das Auffordern zur Verunglimpfung wird meist von §§ 26, 111 iVm § 90 erfasst.

1a **Literatur:** *Liourdi,* Herkunft u. Zweck der Strafbestimmungen zum Ehrenschutz des Staatsoberhauptes, 1990.

2 **2) Tathandlung** ist das **Verunglimpfen,** dh eine nach Form, Inhalt, den Begleitumständen oder dem Beweggrund erheblichere Ehrenkränkung (etwa: Zuruf *„Vaterlandsverräter"* bei einer Rede des BPräs. vor Mitgliedern von Vertriebenen-

verbänden) in den Formen der §§ 185 bis 187 (BGH **12**, 364; **16**, 338; Bay JZ **51**, 786; Hamm GA **63**, 28; Frankfurt NJW **84**, 1129) des BPräs. während seiner Amtsdauer, auch wenn er nur privat oder aus privaten Gründen angegriffen wird (vgl. BGH **11**, 13). Auch der Vertreter des BPräs. nach Art. 57 GG kann Verletzter sein, solange er die Befugnisse des BPräs. wahrnimmt, da § 90 sowohl Person wie Amt des BPräs. schützt (BGH **16**, 338, str.; **aA** LK-*Laufhütte/Kuschel* 1; *S/S-Stree/Sternberg-Lieben* 1; SK-*Rudolphi* 2).

Die Tat muss entweder **öffentlich** (vgl. 5 zu § 111) oder in einer **Versammlung** (2 zu § 80 a) oder durch **Verbreiten** von Schriften usw. (2, 3 ff. zu § 74 d) begangen werden. Vollendet ist die Verunglimpfung mit Kenntnisnahme durch einen Dritten, sei es auch durch eine Strafverfolgungsbehörde (GA **61**, 20 Nr. 5). Die Beweisregel des § 186 ist anzuwenden. **Tatort** kann auch das Ausland sein (§ 5 Nr. 3 b). 3

3) Vorsatz ist erforderlich; bedingter genügt. 4

4) Rechtsfolgen. Die **Strafe** ist nach **III** in den Fällen der §§ 187, 188 II und unter den Voraussetzungen von 13 zu § 87 qualifiziert. Liegt § 188 nicht vor, so kann nach **II** in minder schweren Fällen (11 zu § 12; 85 zu § 46) die Strafe nach § 49 II gemildert werden. Nebenfolgen § 92 a, Einziehung § 92 b. 5

5) Tateinheit möglich zB mit §§ 83, 86, 90 a, 90 b. Hingegen treten §§ 185 bis 187 a zurück (BGH **16**, 338). Doch bleiben §§ 188, 190 bis 193, 200 anwendbar. 6

6) Zur **Ermächtigung (IV)** vgl. Anm. zu § 77 e; *Schlichter* GA **66**, 360; Nebenklage § 395 III StPO; Zuständigkeit § 74 a I Nr. 2 GVG. 7

Verunglimpfung des Staates und seiner Symbole

90a **I Wer öffentlich, in einer Versammlung oder durch Verbreiten von Schriften (§ 11 Abs. 3)**

1. die Bundesrepublik Deutschland oder eines ihrer Länder oder ihre verfassungsmäßige Ordnung beschimpft oder böswillig verächtlich macht oder

2. die Farben, die Flagge, das Wappen oder die Hymne der Bundesrepublik Deutschland oder eines ihrer Länder verunglimpft,

wird mit Freiheitsstrafe bis zu drei Jahren oder mit Geldstrafe bestraft.

II Ebenso wird bestraft, wer eine öffentlich gezeigte Flagge der Bundesrepublik Deutschland oder eines ihrer Länder oder ein von einer Behörde öffentlich angebrachtes Hoheitszeichen der Bundesrepublik Deutschland oder eines ihrer Länder entfernt, zerstört, beschädigt, unbrauchbar oder unkenntlich macht oder beschimpfenden Unfug daran verübt. Der Versuch ist strafbar.

III Die Strafe ist Freiheitsstrafe bis zu fünf Jahren oder Geldstrafe, wenn der Täter sich durch die Tat absichtlich für Bestrebungen gegen den Bestand der Bundesrepublik Deutschland oder gegen Verfassungsgrundsätze einsetzt.

Übersicht

1) Allgemeines ... 1, 1 a
2) Schutzbereich ... 2
3) Beschimpfung des Staats und seiner Symbole (Abs. I) ... 3–7
4) Einwirken auf Staatssymbole (Abs. II) ... 8–11
5) Subjektiver Tatbestand ... 12
6) Verfassungsrechtliche Tatbestandseinschränkungen ... 13–19
7) Qualifikation (Abs. III) ... 20
8) Konkurrenzen ... 21
9) Sonstige Vorschriften ... 22

1) Allgemeines. Die Vorschrift (idF des 8. StÄG; 1 vor § 80; iVm Art. 1 Nr. 4 des 4. StrRG und Art. 19 Nr. 11 EGStGB) entspricht im Tatbestand dem § 96 aF (hierzu *Schroe-* 1 *der* JR 79, 89). Zu **Auslandstaten** vgl. § 5 Nr. 3; zu Symbolen von NATO-Vertragsstaaten vgl. § 1 II Nr. 3 des 4. StÄG.

1 a **Literatur:** *Allgaier,* Ist das Deutschlandlied geltende Nationalhymne?, MDR **88**, 1022; *Beisel,* Die Kunstfreiheitsgarantie des Grundgesetzes u. ihre strafrechtlichen Grenzen, 1997; *Burkiczak,* Der straf- und ordnungswidrigkeitenrechtliche Schutz der deutschen Staatssymbole, JR **05**, 50; *Buscher,* Die Entwicklung der straf- u. ehrenrechtlichen Schranken der Meinungsfreiheit u. der Kunstfreiheit, NVwZ **97**, 1057; *Henschel,* Die Kunstfreiheit in der Rechtsprechung des BVerfG, NJW **90**, 1937; *Hörnle,* Grob anstößiges Verhalten. Strafrechtlicher Schutz von Moral, Gefühlen und Tabus, 2005 (Rez. *Bloy* GA **06**, 656; *Wohlers* ZStW **118** [2006] 758); *Lüttger,* Ist § 90 a StGB verfassungswidrig?, GA **58**, 181; *Roggemann,* Der Schutz von Bären, Löwen und Adlern – Zur Reichweite der §§ 90 a und b StGB, JZ **92**, 934; *Würtenberger,* Kunst, Kunstfreiheit u. Staatsverunglimpfung, JR **79**, 309.

2 **2) Schutzbereich.** § 90 a schützt Bestand und verfassungsmäßige Ordnung (§ 81 I Nr. 2) der Bundesrepublik Deutschland und ihrer Länder in ihrer konkreten Gestalt als freiheitliche repräsentative Demokratien (BGH **6**, 324; **aA** LK-*Laufhütte/Kuschel* 3; SK-*Rudolphi* 3). In weiter Vorverlagerung dieses Schutzes stellt das **abstrakte Gefährdungsdelikt** Angriffe auf das **Ansehen** der BRep. unter Strafe (*Schroeder* JR **79**, 90; *Würtenberger* JR **79**, 311; NJW **83**, 1146; vgl. auch BVerfGE **47**, 231; Frankfurt NStZ **84**, 120; NJW **84**, 1130). Eine konkretisierte staatsfeindliche Absicht ist von I und II nicht vorausgesetzt; sie führt zur Qualifizierung nach Abs. III. Nicht geschützt sind einzelne Staatsorgane oder Beamte (NStZ **00**, 643).

3 **3) Beschimpfung des Staats und seiner Symbole (Abs I).** Abs I bedroht **Äußerungen** mit Strafe; unterscheiden wird zwischen Angriffen auf die Schutzgüter selbst **(Nr. 1)** und, in weiterer Vorverlagerung, solchen auf bestimmte Symbole **(Nr. 2).** Ein **Erfolg** iS eines tatsächlichen Ansehensverlusts oder weitergehender vom Täter angestrebter Wirkungen ist nicht erforderlich.

4 **A. Beschimpfen (I Nr. 1)** ist eine durch Form oder Inhalt besonders verletzende Äußerung der Missachtung, namentlich durch den Vorwurf eines besonders schimpflichen oder verachtungswürdigen Verhaltens oder Zustandes (BGH **7**, 110; Köln NJW **82**, 658). Die Beschimpfung muss die BRep. gerade in ihrer verfassungsgemäßen Ordnung treffen (Hamm NJW **77**, 1932 L; MDR/S **79**, 707), sie muss also (im weiteren Sinn) *politisch* gerichtet sein. Nicht ausreichend sind daher allgemein beschimpfende Charakterisierungen, welche an Bestand, Gestalt oder Ordnung der BRep nur *anknüpfen,* ohne sie als solche in Frage zu stellen. Harte politische Kritik (vgl. BVerfGE **69**, 271 m. Anm. *Schroeder* NStZ **85**, 451), sei sie auch offenkundig unberechtigt, unsachlich und uneinsichtig (BGH **19**, 317), ist noch kein Beschimpfen (NStZ **00**, 643; JZ **63**, 402; Celle StV **83**, 285; enger Karlsruhe NStZ **86**, 363 [m. zust. Anm. *Otto*; dagegen *Katholnigg* NStZ **86**, 555]). Eine Beschimpfung nur individueller Personen reicht nicht aus, kann aber konkludent eine Beschimpfung des Staats enthalten (vgl. BGH **7,** 111; **11**, 11); andererseits kann in einem allgemein formulierten Angriff auf den Staat tatsächlich nur ein Angriff auf einzelne Staatsorgane (§ 90 b), auf Unzulänglichkeiten der Verwaltung („*die Bürokraten*") oder auf einzelne Beamte liegen (vgl. BGH **6**, 324; Köln OLGSt. 2). Eine Beschimpfung wurde **zB** angenommen bei der Gleichsetzung der BRep mit dem NS-Staat (Bay RReg. 5 St 96/88, in Bay **88**, 139 nicht abgedr.); bei der Behauptung, der deutsche Staat habe 19 politische Gegner ermordet (Bay NStZ-RR **96**, 135); bei Herabwürdigung der verfassungsmäßigen Grundordnung der BRep. im Gesamten (BGH **7**, 111; NStZ **03**, 145; LG Göttingen NJW **79**, 1560; Köln GA **72**, 215).

5 **B. Verächtlichmachen (I Nr. 1)** bedeutet, dass der Staat oder die verfassungsmäßige Ordnung durch Werturteil oder Tatsachenbehauptung als der Achtung der Bürger unwert oder unwürdig hingestellt wird (BGH **3**, 346 [Vergleich der BRep. mit einer „frischgestrichenen *Coca-Cola-Bude*"]; **7**, 111 [Bezeichnung eines Landes als „*Unrechtsstaat*"]; NStZ **03**, 145 [Bezeichnung der BRep als „*Bimbes-Republik*" und „*käuflicher Saustall*"]; Bay NJW **95**, 145; Hamburg NJW **75**, 1088;

VGH Mannheim NJW **76**, 2177 [Bezeichnung der BTagswahl als *„Betrugsmanöver"*]; 3 StR 229/77 [*„Staat der Verbrecher und Vaterlandsverräter"*]; 3 StR 334/79 [Darstellung des Bundeskanzlers in der Gestalt Hitlers]; anders KG JR **80**, 290 m. Anm. *Volk* [Bezeichnung des Berliner Abgeordnetenhauses als *„Allerheiligstes des bürgerlichen Volksbetruges"*]; weitere Beispiele bei *Würtenberger* NJW **83**, 1147). Das Verächtlichmachen muss **böswillig** erfolgen, also aus bewusst feindlicher Gesinnung (vgl. RG **66**, 140). Ein **Wahrheitsbeweis** ist bei Tatsachenbehauptungen nicht grds ausgeschlossen (NStZ **00**, 643). Die Böswilligkeit ist besonderes persönliches Merkmal iSv § 28 I (*S/S-Stree/Sternberg-Lieben* 9).

C. I Nr. 2 bezieht **Symbole** des Staats und der verfassungsmäßigen Ordnung ein, die für die Identifizierung mit deren Bestand und Ansehen hohe Bedeutung haben (vgl. *Würtenberger* JR **79**, 311). Zu den **Farben, Flaggen und Wappen** vgl. Art. 22 GG (vgl. *Burkiczak* Jura **03**, 806, 808 f.). Auch (isoliert dargestellte) **Wappentiere** (zB Bundesadler) sollen, soweit sie in ihrer konkreten Verwendung den Staat symbolisieren, dem Schutzbereich des I Nr. 2 unterfallen (Köln JR **79**, 26; zw.; **aA** Frankfurt NJW **91**, 117; *S/S-Stree/Sternberg-Lieben* 10; vgl. dazu *Roggemann* JZ **92**, 934). **Hymne** der BRep. ist (lediglich) die 3. Strophe des Deutschlandliedes (BVerfG NJW **90**, 1986; **aA** *Hellenthal* NJW **88**, 1294; *Spendel* JZ **88**, 744; vgl. *Allgaier* MDR **88**, 1022; *Hümmrich/Beucher* NJW **87**, 3227). **Tathandlung** ist das **Verunglimpfen** durch Äußerungen (2 zu § 90); das ist **zB** angenommen worden bei verächtlicher Bezeichnung der *Bundesflagge* als „schwarz-rot-gelb" (3 StR 45/59); bei Pfui-Rufen beim Absingen der Nationalhymne (Hamm GA **63**, 267); bei böswilliger Entstellung des Textes der Nationalhymne (LG Baden-Baden NJW **85**, 2431). 6

D. Öffentlichkeit der Tathandlung. Gemeinsam für I Nr. 1 und 2 gilt, dass der Täter öffentlich (5 zu § 111), in einer Versammlung (2 zu § 80 a) oder durch Verbreiten von Schriften usw. (2, 3 ff. zu § 74 d) handeln muss. Für Druckwerke gilt die presserechtliche Verjährung (vgl. NStZ-RR **99**, 10). 7

4) Einwirkungen auf Staatssymbole (Abs. II). Auch Abs. II schützt Symbole des Staates, im Unterschied zu I Nr. 2 aber nur **körperliche Gegenstände.** Abs. II ist in den Varianten 1 bis 5 eine durch die (abstrakte) Staatsgefährdung **qualifizierte Sachbeschädigung,** die einen konkreten Schädigungserfolg voraussetzt. Dagegen gehört die Variante des Verübens beschimpfenden Unfugs der Sache nach eher zu Abs. I Nr. 2. 8

A. Schutzobjekte. Nach Abs. II sind geschützt: eine **öffentlich gezeigte** (nicht erforderlich: durch eine Behörde; auch Zeigen durch Private reicht aus; *S/S-Stree/Sternberg-Lieben* 14; *Burkiczak* JR **05**, 50, 52) **Flagge** der BRep. (oben 2 ff.) oder eines ihrer Länder oder deren **Hoheitszeichen,** dh Zeichen, welche die Staatsgewalt öffentlich und autoritativ zum Ausdruck bringen sollen (Braunschweig NJW **52**, 518). Die Flagge muss **öffentlich gezeigt,** das Hoheitszeichen von der Behörde, dh kraft Hoheitsgewalt **öffentlich,** dh für jedermann sichtbar, **angebracht** sein (enger GA **61**, 18 Nr. 3). 9

B. Tathandlungen. Von Abs. II erfasst sind das **Entfernen** (dh räumliche Trennung, wenn auch am gleichen Ort, zB Niederholen der Flagge), **Zerstören** (14 zu § 303), **Beschädigen** (6 ff. zu § 303), **Unbrauchbarmachen** (7 zu § 316 b) und **Unkenntlichmachen** (zB durch Übermalen) sowie das Verüben **beschimpfenden Unfugs** an der Sache, dh ein Kundgeben der Missachtung des Symbols in roher Form, ohne dass eine Substanzverletzung oder Funktionsstörung eintreten muss (vgl. GA **61**, 18 Nr. 3; 11 zu § 167). Die beschimpfende Tendenz des Unfugs muss sich gegen die symbolisierte staatliche Ordnung richten. Hinsichtlich der für die Herstellung und die Veröffentlichung von Druckwerken presserechtlichen Verantwortlichen gilt eine strafrechtliche Sonderhaftung (NJW **80**, 67). 10

C. Versuch (II S. 2). Der Versuch einer Tat nach II S. 1 ist strafbar. Er ist auch gegeben, wenn der Täter irrtümlich einen Abs. II nicht unterfallenden Gegenstand 11 für ein taugliches Schutzobjekt hält (vgl. aber § 104). Ein strafloses Wahndelikt liegt vor, wenn der Täter ein zutreffend erkanntes Hoheitszeichen (zB Stadtwappen) irrtümlich für nach II geschützt hält.

12 **5) Subjektiver Tatbestand.** Für I und II ist Vorsatz erforderlich, bedingter genügt (NJW **61**, 1933). Der Täter muss sich der Bedeutung seiner Handlung für den unbefangenen Beobachter bewusst sein (GA **61**, 19; Köln GA **72**, 216), dass er hierbei den Zweck verfolgte, andere Täter von künftigen Gewalttaten abzubringen, schließt die Täterschaft nach § 90a nicht aus (5 StR 642/78).

13 **6) Verfassungsrechtliche Einschränkungen des Tatbestands.** Wie jedes Äußerungsdelikt, steht auch § 90a in einem Spannungsverhältnis insb. zu den in **Art. 5 GG** garantierten Grundrechten (vgl. dazu 35 ff. zu § 193); dabei ist namentlich zu berücksichtigen, dass das Grundrecht gerade aus dem besonderen Schutzbedürfnis der Machtkritik erwachsen ist (NStZ **03**, 145, 146). § 90a verbietet nicht, ablehnende und scharfe Kritik am Staat zu formulieren und sich dabei Übertreibungen, auch Geschmacklosigkeiten und Entstellungen zu bedienen; auch verfassungsfeindliche Ziele zu propagieren ist nicht schon an sich verboten (BVerfGE **47**, 198, 232).

14 **A.** Äußerungen, die neben Tatsachenbehauptungen auch **Meinungen** enthalten, ebenso Tatsachenbehauptungen, die der Stützung von Werturteilen dienen sollen, unterfallen dem Schutzbereich von Art. 5 I S. 1 GG (vgl. BVerfGE **61**, 1, 8; **90**, 241, 247). Die in Art. 5 I GG garantierte Freiheit der Meinungsäußerung fordert insb. im politischen Meinungskampf eine restriktive Auslegung der Tatbestandsmerkmale (Bay NStZ-RR **96**, 135; Celle StV **83**, 284; Frankfurt NJW **84**, 1128; vgl. *Schroeder* NStZ **85**, 451). Bei **mehrdeutigen** Äußerungen setzt eine strafbarkeitsbegründende Auslegung voraus, dass andere Deutungsmöglichkeiten ausgeschlossen werden können; es darf daher keine zur Verurteilung führende Auslegung zugrunde gelegt werden, wenn nicht andere Deutungsmöglichkeiten mit tragfähigen Gründen ausgeschlossen werden können (BVerfGE **93**, 266, 299 ff.; BVerfG NJW **99**, 204, 205; NJW **01**, 596 ff.; 3 StR 446/01). Darüber hinaus bedarf es einer fallbezogenen Abwägung zwischen der Meinungsfreiheit und dem Rechtsgut, in dessen Interesse sie eingeschränkt ist (BVerfG NJW **99**, 204, 206); im Bereich des § 90a ist zwischen erlaubter – wenngleich verfehlter – Polemik und tatbestandlichem Beschimpfen oder böswilligem Verächtlichmachen „besonders sorgfältig" zu unterscheiden (NStZ **03**, 145 f.).

15 Ob die Grundsätze zur sog. **„Schmähkritik"** (vgl. 18 zu § 185) auf Äußerungen iS von § 90a übertragbar sind, hat das BVerfG offen gelassen (NJW **99**, 206); es hat festgestellt, „dass Schmähkritik bei Äußerungen in einer die Öffentlichkeit wesentlich berührenden Frage [*im Fall:* Behinderung der Aufklärung des *Oktoberfest-Attentats* und Ausnutzen neonazistischer Umtriebe durch die Staatsorgane; Sympathie von Staatsorganen mit Anschlägen von Neonazis und „Anheizung der Mordstimmung"; Wiedererrichten von „Großdeutschland" durch die Wiedervereinigung] nur ausnahmsweise vorliegen ... wird" (aaO). Eine bloße Aufforderung zum Umsturz durch gewaltfreie Beseitigung der bisherigen staatlichen Ordnung" ist kein böswilliges Verächtlichmachen der BRep. (NJW **03**, 685).

16 **B.** Auch Äußerungen, die den Bereich der **Kunstfreiheit** (Art. 5 III S. 1 GG) berühren, können § 90a unterfallen, wenn ihnen im Gesamtzusammenhang des Täterverhaltens ein über Geschmacklosigkeiten und Übertreibungen deutlich hinausgehendes Gewicht zukommt (NStZ **98**, 276). Eine Äußerung oder Gestaltung ist nicht *entweder* Kunst *oder* strafbare Beschimpfung (vgl. Erl. zu § 131 und zu § 193); der vom BVerfG und dem BGH zutr. vertretene „offene" Kunstbegriff bedingt eine am Wesensgehalt des Grundrechts orientierte Auslegung unter Beachtung der spezifischen Formgesetzlichkeiten des Kunstwerks selbst (vgl. dazu 35 ff. zu § 193). Der Gebrauch künstlerischer Formen kann freilich kein Freibrief dafür sein, durch von Feindschaft und Rechtsfeindlichkeit geprägte Herabwürdigungen die Bereitschaft der Bürger zu kritischer Identifizierung mit der verfassungsmä-

ßigen Ordnung zu zerstören, welche die Freiheitsrechte gerade garantiert (vgl. NStZ **98**, 407).

Kunstwerke, die verfassungsrechtlich geschützte Werte beeinträchtigen, unterliegen nicht erst dann Schranken, wenn sie den Bestand des Staates oder der Verfassung *unmittelbar* gefährden (**aA** AK-*Sonnen* 37); vielmehr ist der schonenste Ausgleich widerstreitender verfassungsrechtlich geschützter Interessen zu suchen. Dies setzt eine **Abwägung** der Kunstfreiheit mit anderen Verfassungsgütern voraus (BVerfGE **30**, 191; **77**, 253). Dass eine Äußerung oder Darstellung Kunst ist, schließt eine Verunglimpfung nicht aus (vgl. **zB** BVerfGE **81**, 298 [Urinieren auf Bundesflagge noch von Art. 5 III S. 1 GG gedeckt; **aA** Frankfurt NJW **84**, 1144; **86**, 1672]; vgl. auch Köln OLGSt. 5 [Plakat „Isolationsfolter"]; Frankfurt NJW **84**, 1128; MDR **84**, 423 [„Hessenlöwe"; vgl. dazu BVerfG NJW **85**, 263]; LG Frankfurt NJW **89**, 594 [Verbindung von Bundesadler und Reichsadler mit Hakenkreuz]; LG Heidelberg NStE Nr. 8 [„Skelettvogel"]). Plakative, drastische, auch provozierende Kritik an tatsächlichen (oder vermeintlichen) staatlichen Missständen ist, namentlich bei satirisch-künstlerischer Verfremdung und Überspitzung, von Art. 5 III S. 1 GG geschützt und durch § 90 a nicht verboten; das gilt insb. dann, wenn die künstlerische Äußerung sich in provokativer Weise auf andere Kunstäußerungen bezieht (vgl. BVerfG NJW **01**, 596 f. [Lied *„Deutschland muss sterben, damit wir leben können"* einer *Punk*-Band als *Antithese* zum NS-Denkmal *„Deutschland muss leben, und wenn wir sterben müssen"*]). 17

C. Entsprechendes gilt für Tathandlungen in der Form von **wissenschaftlichen Meinungsäußerungen** oder von Darstellungen (angeblich) mit wissenschaftlichen Methoden erforschter **Tatsachen.** Die von Verfassungs wegen garantierte Freiheit wissenschaftlicher Forschung und Lehre schließt die Anwendung von § 90 a nicht von vornherein aus; das gilt – wie bei der Kunstfreiheit (vgl. BGH **37**, 57) – nicht nur dann, wenn die Ausübung wissenschaftlicher Tätigkeit nur missbräuchlich vorgetäuscht wird, sondern auch im Schutzbereich des Art. 5 III GG. 18

D. Parteienprivileg. Das Parteienprivileg (Art. 21 GG) schließt eine Bestrafung nach 90 a nicht aus (BVerfG **47**, 198, 231; **69**, 257 [dazu *Schroeder* NStZ **85**, 451]; BGH **19**, 311; **29**, 50), wohl aber eine Strafschärfung nach Abs. III (LK-*Laufhütte/Kuschel* 31 vor § 80; SK-*Rudolphi* 8 vor § 80; *S/S-Stree/Sternberg-Lieben* 19 und 7 vor § 80; **aA** BGH **29**, 159 f.; *Volk* JR **80**, 291, 294; zweifelnd *Lackner/Kühl* 11). Für Verunglimpfungen nach Abs. I stellt Art. 21 GG keinen Rechtfertigungsgrund dar. 19

7) Qualifikation (Abs. III). Nach III ist die Tat **qualifiziert,** wenn sich der Täter durch die Tat für **verfassungswidrige Bestrebungen** (§ 92 III Nr. 1, 3; ferner 4 zu § 90 b) einsetzt (13 zu § 87); es handelt sich insoweit um ein Tatbestands- und nicht nur um ein Strafschärfungsmerkmal (BGH **32**, 332). Ein Erfolg ist auch hier nicht vorausgesetzt. 20

8) Konkurrenzen. Tateinheit ist möglich zB mit §§ 86, 89, 90 b, 304. § 303 tritt hinter II zurück (LK-*Laufhütte/Kuschel* 15; SK-*Rudolphi* 17). Verwirklicht der Täter II in mehreren Formen, so ist das nur eine Tat (GA **61**, 18 Nr. 3). 21

9) Sonstige Vorschriften: Nebenfolgen § 92 a, Einziehung § 92 b; Schutz der NATO-Staaten 2 vor § 80. 22

Verfassungsfeindliche Verunglimpfung von Verfassungsorganen

90b **I Wer öffentlich, in einer Versammlung oder durch Verbreiten von Schriften (§ 11 Abs. 3) ein Gesetzgebungsorgan, die Regierung oder das Verfassungsgericht des Bundes oder eines Landes oder eines ihrer Mitglieder in dieser Eigenschaft in einer das Ansehen des Staates gefährdenden Weise verunglimpft und sich dadurch absichtlich für Bestrebungen gegen den Bestand der Bundesrepublik Deutschland oder gegen Verfassungsgrundsätze einsetzt, wird mit Freiheitsstrafe von drei Monaten bis zu fünf Jahren bestraft.**

II Die Tat wird nur mit Ermächtigung des betroffenen Verfassungsorgans oder Mitglieds verfolgt.

1 **1) Allgemeines.** Die Vorschrift (idF des 8. StÄG; 1 vor § 80; iVm Art. 1 Nr. 4 des 4. StrRG und Art. 19 Nr. 11 EGStGB) entspricht weitgehend dem § 97 aF. Geschütztes **Rechtsgut** ist nicht die Ehre betroffener Personen, sondern die **staatliche Ordnung** der BRep. Zur Aufforderung zur Verunglimpfung vgl. §§ 26, 111 iVm § 90b und zum **Tatort** 3 zu § 5.

2 **2) Schutzobjekte.** Der Angriff kann sich gegen **Gesetzgebungsorgane** (2 zu § 105), die **Regierung,** die **Verfassungsgerichte** des Bundes und der Länder oder **deren Mitglieder** richten, soweit diese in ihrer Eigenschaft als Mitglieder des Verfassungsorgans angegriffen werden (BGH **8**, 191; NJW **57**, 837).

3 **3) Tathandlung.** Der Täter muss das betroffene Verfassungsorgan oder sein Mitglied **verunglimpfen** (2 zu § 90), und zwar in der erweiterten Öffentlichkeit, vgl. 11 zu § 90a. Im Gegensatz zu §§ 90, 90a muss der Täter aber außerdem in einer **das Ansehen des Staates gefährdenden Weise** handeln. Die Tat ist also auch im Falle des Angriffes gegen Mitglieder Staatsschutzdelikt und konkretes Gefährdungsdelikt. Die Tat ist ein Presseinhaltsdelikt (7 zu § 78, BGH **26**, 44). Die Gefährdung kann sich auch mittelbar ergeben, etwa wenn nach dem Wortlaut der Äußerung nur einzelne Mitglieder von Verfassungsorganen schwerwiegender Straftaten beschuldigt werden (vgl. Düsseldorf NJW **80**, 603).

4 **4) Subjektiver Tatbestand.** Die Strafbarkeit setzt **Vorsatz** voraus, der bedingt sein kann (GA **61**, 21, Nr. 2, 3, 5). Das Bewusstsein, iS des § 185 Unrecht zu tun, genügt nicht (StV **82**, 218; MDR/S **83**, 1), es muss hinzutreten, dass sich der Täter durch die Tat für **verfassungswidrige Bestrebungen** (§ 92 III Nr. 1, 3) einsetzt (12 zu § 87). Aus den Schriften usw. selbst braucht das nicht unmittelbar hervorzugehen (GA **61**, 21 Nr. 4; BGH **29**, 160; einschränkend wohl Düsseldorf NJW **80**, 603). Will er zugleich eine unverbotene Partei in der BRep. durch die Tat unterstützen, so steht, da Verunglimpfungen keine sozialadäquate Parteitätigkeit sind, Art. 21 GG der Anwendung des § 90b nicht entgegen (BGH **29**, 51; 20 zu § 90a; **aA** SK-*Rudolphi* 6). Wer glaubt, iS der §§ 90a, 90b keine Rechtsverletzung zu begehen, handelt im Verbotsirrtum (StV **82**, 218).

5 **5)** Zur **Strafe** beachte § 92a; zur Einziehung § 92b.

6 **6)** Zur **Ermächtigung** vgl. Erl. zu § 77e; *Schlichter* GA **66**, 362. Bei Verunglimpfung von Kollegialorganen bedarf es deren Beschlusses (BVerfGE **6**, 323). Ist ein verunglimpftes Mitglied aus dem Amt ausgeschieden, so kann der Amtsnachfolger die Ermächtigung nicht erteilen; es handelt sich um ein persönliches, nicht übertragbares Recht (BGH **29**, 282; LK-*Laufhütte/Kuschel* 12; SK-*Rudolphi* 7; *S/S-Stree/Sternberg-Lieben* 9; **aA** *M/Schroeder/Maiwald* 84/79). Nebenklage § 395 III StPO.

7 **7) Tateinheit** ist mit §§ 185 ff. möglich, welche die Ehre der Person als solcher schützen (so schon für § 97 aF BGH **6**, 159; str.; **aA** MDR **79**, 857; *Schmidt* MDR **81**, 90; LK-*Laufhütte/Kuschel* 14; *Lackner/Kühl* 6); nimmt man Gesetzeskonkurrenz gegenüber § 187a an, so ist die Mindeststrafe in § 187a II einzuhalten. Auch mit §§ 86, 90, 90a (BGH **11**, 11) ist Tateinheit möglich.

Anwendungsbereich

91 Die §§ 84, 85 und 87 gelten nur für Taten, die durch eine im räumlichen Geltungsbereich dieses Gesetzes ausgeübte Tätigkeit begangen werden.

1 **1) Allgemeines.** Die Vorschrift ist durch Art. 19 Nr. 12 EGStGB in dieser Form eingefügt worden.

2 ***2) Regelungszweck.*** § 91 beschränkt in ungewöhnlicher und Spannungen nicht vermeidender Weise (10 zu § 84; 11 zu § 87; *Lüttger* JR **69**, 129) die Anwendung der §§ 84, 85 und 87 auf Taten, die durch eine im räumlichen Geltungsbereich des Gesetzes (3 ff. vor § 3) ausgeübte Tätigkeit begangen werden. Damit wird der sich aus § 9 iVm § 3 ergebende Anwendungsbereich des deutschen Strafrechts eingeschränkt. Grund hierfür war insb., Taten, die in

der ehem. DDR begangen wurden, im Interesse der Aufrechterhaltung persönlicher Beziehungen von der Anwendung der genannten Vorschriften auszuschließen (vgl. BT-Drs. V/2860, 6; SK-*Rudolphi* 1).

3) Tätigkeit. Mit dem Begriff der Tätigkeit ist nicht die Tatbestandsverwirklichung in ihrer Gesamtheit, sondern nur das gemeint, was der Täter selbst tut, sein eigener Tätigkeitsakt, also nicht das, was er durch andere tut, und vor allem nicht der tatbestandsmäßige Erfolg, so dass Distanzdelikte (2ff. zu § 9) ausscheiden. § 91 ist jedoch gegeben, wenn sich nur ein Teil der Tätigkeit im Geltungsbereich abspielt (**aA** AK-*Sonnen* 4), zB Teilakte einer natürlichen Handlungseinheit (vgl. 16 zu § 84) oder eines Dauerdelikts. 3

Auch ein **Unterlassen** kann Tätigkeit iS von § 91 sein. Für § 91 kommt es dann darauf an, ob sich der Unterlassende im Augenblick, wo er handeln müsste, im Geltungsbereich aufhält (LK-*Laufhütte/Kuschel* 4; SK-*Rudolphi* 3; *Lackner/Kühl* 2; **aA** *S/S-Stree/Sternberg-Lieben* 5). 4

Für die **Teilnahme** gilt im Gegensatz zu den sonstigen Grundsätzen (§ 9 II) folgendes: Wird der Haupttäter im Geltungsbereich tätig, der Mittäter, Anstifter oder Gehilfe aber ausschließlich außerhalb dieses Bereiches, so ist dieser nicht strafbar (Prot. V 1734). Ob dasselbe gilt, wenn jemand iS von § 111 StGB zu Straftaten nach §§ 84, 85 und 87 auffordert (so Prot. V 1920), ist zw. Hingegen ist nach allgemeinen Grundsätzen der im Geltungsbereich tätig werdende Teilnehmer nicht strafbar, wenn der Haupttäter nur außerhalb des Bereichs tätig wird und die Tat dort nicht strafbar ist (LK-*Laufhütte/Kuschel* 5; SK-*Rudolphi* 4; *Lackner/Kühl* 1; **aA** *S/S-Stree/Sternberg-Lieben* 6; AK-*Sonnen* 5). Im Übrigen spielt die Teilnahmeproblematik bei den §§ 84, 85 keine erhebliche Rolle, weil es dort eine Beihilfe im technischen Sinne nicht gibt (8 zu 84) und der Anstifter häufig als Hintermann anzusehen sein wird. 5

Vierter Titel. Gemeinsame Vorschriften

Begriffsbestimmungen

92 **I Im Sinne dieses Gesetzes beeinträchtigt den Bestand der Bundesrepublik Deutschland, wer ihre Freiheit von fremder Botmäßigkeit aufhebt, ihre staatliche Einheit beseitigt oder ein zu ihr gehörendes Gebiet abtrennt.**

II Im Sinne dieses Gesetzes sind Verfassungsgrundsätze

1. **das Recht des Volkes, die Staatsgewalt in Wahlen und Abstimmungen und durch besondere Organe der Gesetzgebung, der vollziehenden Gewalt und der Rechtsprechung auszuüben und die Volksvertretung in allgemeiner, unmittelbarer, freier, gleicher und geheimer Wahl zu wählen,**
2. **die Bindung der Gesetzgebung an die verfassungsmäßige Ordnung und die Bindung der vollziehenden Gewalt und der Rechtsprechung an Gesetz und Recht,**
3. **das Recht auf die Bildung und Ausübung einer parlamentarischen Opposition,**
4. **die Ablösbarkeit der Regierung und ihre Verantwortlichkeit gegenüber der Volksvertretung,**
5. **die Unabhängigkeit der Gerichte und**
6. **der Ausschluss jeder Gewalt- und Willkürherrschaft.**

III Im Sinne dieses Gesetzes sind

1. **Bestrebungen gegen den Bestand der Bundesrepublik Deutschland solche Bestrebungen, deren Träger darauf hinarbeiten, den Bestand der Bundesrepublik Deutschland zu beeinträchtigen (Absatz 1),**

2. **Bestrebungen gegen die Sicherheit der Bundesrepublik Deutschland solche Bestrebungen, deren Träger darauf hinarbeiten, die äußere oder innere Sicherheit der Bundesrepublik Deutschland zu beeinträchtigen,**
3. **Bestrebungen gegen Verfassungsgrundsätze solche Bestrebungen, deren Träger darauf hinarbeiten, einen Verfassungsgrundsatz (Absatz 2) zu beseitigen, außer Geltung zu setzen oder zu untergraben.**

1 **1) Allgemeines.** Die Vorschrift idF des 8. StÄG (1 vor § 80) enthält Begriffsbestimmungen von Bedeutung für die §§ 81 I Nr. 1, 83, 87 bis 90b.

2) Abs. I: Den Bestand der BRep. beeinträchtigen bedeutet

2 **A. die Freiheit der BRep. von fremder Botmäßigkeit aufheben,** also deren völkerrechtliche Souveränität oder auch nur faktisch deren Handlungsfreiheit beseitigen und die BRep. unter die Entscheidungsgewalt außerdeutscher Mächte bringen. Einschränkung oder Übertragung eigener Hoheitsrechte zugunsten überstaatlicher Organisationen (insb. EU) ist keine „fremde Botmäßigkeit".

3 **B. die staatliche Einheit der BRep. beseitigen,** dh sie in einen Staatenbund verwandeln oder in einzelne Staaten aufsplittern, während die Verwandlung in einen Einheitsstaat ein Fall der Nr. 2 wäre;

4 **C. ein zur BRep. gehörendes Gebiet abtrennen,** dh einem anderen Staat einverleiben oder selbstständig machen.

5 **3) Abs. II: Verfassungsgrundsätze** sind die wesentlichen Grundlagen der demokratischen Staatsordnung. Der Begriff kann nicht durch Auslegung erweitert werden (krit. LK-*Laufhütte/Kuschel* 3ff.) und deckt sich nicht mit dem weiteren Begriff der verfassungsmäßigen Ordnung in §§ 81 I Nr. 2, 82 I Nr. 2, 85 I Nr. 2, 86 I Nr. 2, 89 I, 90a I Nr. 1 (vgl. BGH **46**, 238, 248ff., 251; 3f. zu § 81).

6 Die in II aufgeführten Grundsätze schützen in **Nr. 1** Volkssouveränität, Gewaltenteilung und demokratisches Wahlrecht (Art. 20 II, 79 III, 28 I, 38 I GG). Gegen Nr. 1 (und 4) verstößt zB die Forderung eines „Volkskampfes gegen Demokratie und Ausbeutung" und für eine „Volksmiliz" unter Übernahme der Befehlsgewalt durch die „werktätige Bevölkerung" (JR **77**, 30 m. Anm. *Schroeder*); in **Nr. 2** die rechtsstaatliche Bindung der drei Gewalten (Art. 20 III, 79 III GG); in **Nr. 3** die parlamentarische Opposition (vgl. Art. 21 GG), so dass die Bildung einer Einheitspartei oder die Einführung eines „volksdemokratischen Regimes" (GA **61**, 2 Nr. 5) den Grundsatz verletzte; in **Nr. 4** die verfassungsmäßige Parlamentskontrolle über die Regierung (Art. 67 GG), die in deren Ablösbarkeit und ihrer materiellen Verantwortlichkeit gegenüber dem Parlament zum Ausdruck kommt; in **Nr. 5** die richterliche Unabhängigkeit (Art. 97 I GG); in **Nr. 6,** die eine Art Generalklausel enthält, den Ausschluss eines Regimes, das an die Stelle des freiheitlichen Rechtsstaates Gewalt und Willkür setzt (§§ 194 II, 234a, 241a). Nr. 6 hat eine über die übrigen Nummern hinausreichende selbstständige Bedeutung; dabei spielen auch die Grundrechte eine wesentliche Rolle. Willkürherrschaft wäre es nicht schon, wenn einzelne, die keine maßgeblichen Staatsämter bekleiden, gegen Grundrechte und Geist der Verfassung handeln (BGH **13**, 375).

7 **4) Abs. III: Bestrebungen** iS der §§ 87 bis 90b werden in Abs. III dahin definiert, dass es sich um solche Bestrebungen handeln muss, deren Träger auf den in Nr. 1 bis 3 bezeichneten Erfolg hinarbeiten; dh es muss sich um tatsächlich im Gang befindliche Bemühungen mindestens eines Menschen handeln (vgl. LK-*Laufhütte/Kuschel* 7; *S/S-Stree/Sternberg-Lieben* 13; SK-*Rudolphi* 10), der dem Täter namentlich nicht bekannt zu sein braucht und dem es darauf ankommt, allein oder mit anderen den Erfolg zu erreichen, und der für dieses Ziel aktiv tätig ist. Das Ziel ist in **Nr. 1,** den **Bestand der BRep.** (oben 2ff.); in **Nr. 2,** die **äußere oder** *die* ***innere Sicherheit*** der BRep. zu beeinträchtigen, dh die Fähigkeit der BRep., sich nach außen und innen gegen Störungen zur Wehr zu setzen (BGH **28**, 316; NStZ **88**, 215); in **Nr. 3** einen Verfassungsgrundsatz (oben 5ff.) zu **beseitigen,** dh förmlich abzuschaffen, **außer Geltung zu setzen,** dh seine faktische Nichtan-

wendung, wenn auch zeitlich oder örtlich begrenzt, herbeizuführen oder zu **untergraben,** dh die Wirksamkeit der formell bestehen bleibenden Grundsätze herabzusetzen, indem sie unglaubwürdig gemacht werden (vgl. Düsseldorf NJW **80**, 604 [Behauptung, die politischen Verantwortlichen der BRep. hielten sich nicht an die Verfassungsgrundsätze]; zu weit BGH **4**, 291, 292; vgl. auch MK-*Steinmetz* 19).

Nebenfolgen

92a Neben einer Freiheitsstrafe von mindestens sechs Monaten wegen einer Straftat nach diesem Abschnitt kann das Gericht die Fähigkeit, öffentliche Ämter zu bekleiden, die Fähigkeit, Rechte aus öffentlichen Wahlen zu erlangen, und das Recht, in öffentlichen Angelegenheiten zu wählen oder zu stimmen, aberkennen (§ 45 Abs. 2 und 5).

Die Vorschrift idF des Art. 19 Nr. 13 EGStGB ergänzt die §§ 45 bis 45b, die anwendbar bleiben. Sie ermöglicht neben Freiheitsstrafe von mindestens 6 Monaten wegen Straftaten nach den Vorschriften des Abschnitts die Statusfolgen nach § 45 II, V, und zwar einzeln oder insgesamt. Im Fall einer Gesamtstrafe müssen mindestens Einzelstrafen nach den genannten Vorschriften die Höhe von insgesamt 6 Monaten erreichen.

Einziehung

92b Ist eine Straftat nach diesem Abschnitt begangen worden, so können

1. Gegenstände, die durch die Tat hervorgebracht oder zu ihrer Begehung oder Vorbereitung gebraucht worden oder bestimmt gewesen sind, und
2. Gegenstände, auf die sich eine Straftat nach den §§ 80a, 86, 86a, 90 bis 90b bezieht,

eingezogen werden. § 74a ist anzuwenden.

1) Allgemeines. Die Vorschrift idF des 8. StÄG (1 vor § 80) iVm Art. 19 Nr. 14 EGStGB erweitert die Möglichkeiten der Einziehung über § 74 I hinaus. Einschränkungen können sich aus Art. 5 GG (Grundrecht auf **Informationsfreiheit**) ergeben. 1

2) A. Satz 1 Nr. 1 wiederholt nur, was schon nach § 74 I gilt. 2

Nr. 2 erweitert die Einziehungsmöglichkeit auf die sog. Beziehungsgegenstände 3
(10 zu § 74). Solche sind bei § 86 die verbreiteten, vorrätig gehaltenen und eingeführten Propagandamittel und bei § 86a die verwendeten oder verbreiteten Kennzeichen (BGH **23**, 69). Ob die Darstellungen (Schriften usw.) in den Fällen der §§ 80a, 90 bis 90b nicht schon als *instrumenta sceleris* und die nach § 86 hergestellten Propagandamittel nicht schon als *producta sceleris* eingezogen werden können, ist zw. Sind sie als Beziehungsgegenstände anzusehen, so sichert Nr. 2 über § 74 IV die Anwendung von § 74 II. Daraus ergibt sich keine Erweiterung gegenüber § 74d. Das Verhältnis ist vielmehr umgekehrt folgendes (vgl. 1 zu § 74d): Soweit die Schriften Tatmittel, Taterzeugnisse oder Beziehungsgegenstände einer konkreten Tat nach §§ 80a, 86, 86a, 90 bis 90b waren (vgl. GA **67**, 97 Nr. 30), ist ihre Einziehung nach § 74 II, infolge von § 92b S. 2 auch nach § 74a möglich. Das bedeutet, dass die Schriften, soweit sie tatsächlich verbreitet worden sind, nicht nur gegenüber dem Tatbeteiligten, wenn er Eigentümer ist (§ 74 II Nr. 1), und unter den Voraussetzungen von § 74a gegenüber bestimmten Dritteigentümern eingezogen werden können, sondern auch dann, wenn sie gefährlich iS von § 74 II Nr. 2 sind, gegenüber jedermann. Dasselbe gilt für § 86, soweit der abgeurteilte Täter die Schriften iS dieser Vorschrift hergestellt, vorrätig gehalten oder eingeführt hat. Einziehung nach § 74 II Nr. 2 wird vielfach in Betracht kommen, seltener weil die Schriften die Allgemeinheit (zB in Fällen des § 80a) gefährden, sondern vor allem, weil die Gefahr besteht, dass sie wiederum in mit Strafe bedrohter Weise verbreitet werden.

4 Die **Bedeutung** des § 74 d liegt gegenüber den geschilderten Einziehungsmöglichkeiten in einer Erweiterung auf solche Exemplare, die bei der konkreten Tat weder die Rolle des Tatmittels oder Taterzeugnisses noch die eines Beziehungsgegenstands gespielt haben. Ist auch nur ein einziges Exemplar durch irgendeine mit Strafe bedrohte Handlung verbreitet, allgemein zugänglich gemacht oder zur Verbreitung bestimmt worden, so werden auch die „tatunbeteiligten" Stücke im Umfang von § 74 d II oder III eingezogen; außerdem werden die Herstellungsvorrichtungen im Umfang von § 74 d I S. 2 unbrauchbar gemacht (vgl. im Einzelnen § 74 d mit Anm.). Das bedeutet im Bereich des § 92 b vor allem, dass in den Fällen der §§ 80 a, 90 und 90 a auch sonstige Stücke der Schrift, die iS von § 74 d II vor der Verbreitung stehen, und in den Fällen des § 90 b andere Stücke wenigstens im Umfang von § 74 d III (da Tatbestandsverwirklichung nur beim Hinzutreten absichtlichen Sicheinsetzens für verfassungswidrige Bestrebungen eintritt; vgl. 10 ff. zu § 74 d) eingezogen werden können. Aus 74 d ergibt sich im übrigen eine *Pflicht* zur Einziehung (vgl. BGH **23**, 208).

5 **B. Satz 2** erweitert die Einziehungsmöglichkeit über § 74 hinaus gegenüber Dritteigentümern unter den Voraussetzungen des § 74 a. Die Erweiterung ist ohne Bedeutung, soweit zB im Bereich des § 92 b Gefährlichkeit iS von § 74 II Nr. 2 besteht, da gegenüber einer solchen Sicherungseinziehung der § 74 a ausscheidet (dort 1). Außerdem greift bei Schriften usw. § 74 d auch gegenüber Dritteigentümern in weitem Umfang ein.

Zweiter Abschnitt

Landesverrat und Gefährdung der äußeren Sicherheit

Begriff des Staatsgeheimnisses

93 **I Staatsgeheimnisse sind Tatsachen, Gegenstände oder Erkenntnisse, die nur einem begrenzten Personenkreis zugänglich sind und vor einer fremden Macht geheimgehalten werden müssen, um die Gefahr eines schweren Nachteils für die äußere Sicherheit der Bundesrepublik Deutschland abzuwenden.**

II Tatsachen, die gegen die freiheitliche demokratische Grundordnung oder unter Geheimhaltung gegenüber den Vertragspartnern der Bundesrepublik Deutschland gegen zwischenstaatlich vereinbarte Rüstungsbeschränkungen verstoßen, sind keine Staatsgeheimnisse.

1) Allgemeines. Die Vorschrift idF des 8. StÄG (1 vor § 80) definiert den Begriff des Staatsgeheimnisses, jedoch nur den Grundbegriff, der lediglich in § 94 I Nr. 2, § 96 iVm § 94 I Nr. 2 und § 98 gilt. Diesem materiellen Grundbegriff steht ein eingeschränkter materiell-faktischer Begriff gegenüber, der in den §§ 95, 96 II, 97 gilt. Schließlich erweitert das Gesetz den Grundbegriff in § 94 I Nr. 1 und in § 96 iVm § 94 I Nr. 1 (inkonsequenterweise nicht auch in § 98) durch Einbeziehung der in § 93 II definierten illegalen Geheimnisse (§ 97 a). Als Auffangvorschriften kommen noch die §§ 99, 353 b in Betracht. 1

Literatur: *Gusy* GA **92**, 195 [Landesverratsrechtsprechung in der WeimRep.]; *Jescheck,* Pressefreiheit u. militärisches Staatsgeheimnis, 1964; *Kohlmann,* Der Begriff des Staatsgeheimnisses u. das verfassungsrechtliche Gebot der Bestimmtheit von Strafvorschriften, 1969; *Schroeder,* Der Schutz von Staat u. Verfassung usw., 1970. 1 a

2) Staatsgeheimnis. Nach Abs. I sind Staatsgeheimnisse begrenzt zugängliche und im Interesse der äußeren Sicherheit der BRep. geheimhaltungsbedürftige Tatsachen, Gegenstände oder Erkenntnisse. **Gegenstände,** dh hier Sachen wie zB Flugzeuge, Waffen, aber auch Schriften, Zeichnungen, Modelle, ein Code (GA **66**, 303 Nr. 72); weiterhin **Tatsachen** (vgl. Erl. zu § 186 und zu § 263) und **Erkenntnisse,** also gedankliche Sachverhalte, so zB Jahresabschlussberichte des BND über die militärische Bedeutung von Staaten eines Bündnissystems außerhalb der NATO oder über die Gesamtheit der Einrichtungen und die organisatorische und personelle Struktur des BND (vgl. Bay **91**, 128), Dokumente und Unterlagen, die das Gebiet der Aufklärung des Heeres, den Einsatz und die Ausrüstung sowie die Leistungsdaten von Kampfpanzern betreffen (Bay MDR **94**, 821), ferner andere Nachrichten über Gegenstände usw., die selbst wiederum Tatsachen zum Inhalt haben (weitergegeben werden können nur Sachen oder Nachrichten); nicht aber ein Mensch (zB ein Geheimnis*träger;* str.; wie hier *S/S-Stree/Sternberg-Lieben* 3; AK-*Sonnen* 34; **aA** GA **61**, 129 D Nr. 5; GA/W **68**, 294 Nr. 74 [verschleppter V-Mann-Führer als Staatsgeheimnis]; LK-*Schmidt* 2; SK-*Rudolphi* 6); wohl aber ihn betreffende Tatsachen wie zB seine Bereitschaft zum Landesverrat (BGH **6**, 385; **10**, 108) oder seine Stellung innerhalb eines Abwehrdienstes (BGH **20**, 342; GA **61**, 129 ff. B Nr. 19, 23, 24, 51; GA **64**, 134 Nr. 15; **66**, 303 Nr. 71). 2

A. Die Gegenstände der Tat müssen zZ der Tat noch **geheim,** also **nur einem begrenzten Personenkreis zugänglich sein,** dh einem zahlenmäßig zwar nicht immer bestimmten oder bestimmbaren Kreis, der aber so begrenzt sein muss, dass von der Zahl her gesehen allgemeines Bekanntwerden nicht erwartet zu werden braucht (Bay **91**, 128; vgl. *M-Schroeder/Maiwald* 85/14; LK-*Schmidt* 3; *Klug,* Engisch-FS 570). Gemeint ist das tatsächliche **Geheimsein,** das durch die Kenntnis eines kleineren Personenkreises nicht aufgehoben wird (**personell relativer** Geheimnisbegriff; vgl. BGH **7**, 234; **20**, 377; NJW **65**, 1190). Der Personenkreis kann ein beliebiger sein und sich nicht nur aus Amtsträgern oder Soldaten, sondern zB 3 auch aus Angehörigen der Wirtschaft oder der Wissenschaft zusammensetzen. Ein Staatsgeheimnis ist also auch ohne Kenntnis einer staatlichen Stelle möglich (Prot. V 148). Doch muss der Personenkreis mindestens zT in der BRep. bestehen. Auch ein einzelner kann der alleinige Geheimnisträger sein, zB derjenige, der eine geheimhaltungsbedürftige (unten 5 ff.) wehrwichtige Erfindung macht; dieser kann aber nur nach § 94 oder § 52 PatentG strafbar werden.

4 Mit dem Ausdruck **zugänglich** soll nach Ber. 15 die sog. **Mosaiktheorie** ausgeschlossen werden, die bereits die **bloße** Zusammenstellung zahlreicher offener Einzeltatsachen als Staatsgeheimnis ansah (bgl. etwa RG **25**, 45: Beschaffenheit der deutschen Küste von Emden bis Kiel; BGH **7**, 234: Einzelheiten eines größeren Straßenabschnitts). Ein Zugänglich-Machen kann aber vorliegen, wenn aus zahlreichen, im einzelnen jeweils offenen Tatsachen durch systematische Arbeit eine gegenüber der bloßen Zusammenstellung *neue* Erkenntnis gewonnen wird, die anders als die offenen Tatsachen nur einem begrenzten Personenkreis zugänglich ist (vgl etwa BGH **15**, 17 [Erarbeitung des Rüstungspotentials der BRep. in einem bestimmten Bereich]; ebenso LK-*Schmidt* 5; MK-*Lampe/Hegmann* 12); ähnlich *Laufhütte* GA **74**, 55; enger SK-*Rudolphi* 17). Das BVerfG hat die Frage der Verfassungsmäßigkeit der „Mosaiktheorie" offen gelassen (vgl. BVerfGE **20**, 180; vgl. auch *Krauth* JZ **68**, 609; *S/S-Stree/Sternberg-Lieben* 11, 12; Frankfurt GA **61**, 130 Nr. 10; Bay GA **66**, 67 Nr. 70; *Woesner* NJW **64**, 1877; **68**, 2133; *Jescheck* JZ **67**, 9; *Lüttger* JR **69**, 126; aus der Rspr BGH **24**, 369). Soweit sie anwendbar ist, kommen auch §§ 95, 97 in Betracht, da die für den Erarbeiter neue Erkenntnis bereits von einer amtlichen Stelle geheimgehalten werden kann (vgl. Prot. V 1505 f.).

5 **B. Geheimhaltungsbedürftig** müssen die Tatsachen usw. zZ der Tat sein; es muss objektiv, dh ohne Rücksicht auf einen bestehenden oder fehlenden Geheimhaltungswillen einzelner (*Lüttger* GA **70**, 144 ff.; *S/S-Stree/Sternberg-Lieben* 22; LK-*Schmidt* 7, 14; **aA** Köln MDR **53**, 374; *Klug,* Engisch-FS 570; anders bei §§ 95, 96 II, 97) erforderlich sein, sie ihres Gehalts wegen **(materieller Geheimnisbegriff)** geheim zu halten, und zwar

6 **a) vor einer fremden Macht,** dh einer fremden Regierung oder einer ähnlichen mit entsprechenden Machtmitteln ausgerüsteten Institution bzw. einer zwischen- oder überstaatlichen Einrichtung (Prot. V 1269) außerhalb der BRep. (GA **61**, 141 Nr. 3), also im Hinblick auf die Möglichkeiten eines potentiellen Gegners, zB des ehem. Warschauer Pakts (Bay **91**, 129; **93**, 43), uU auch gegenüber der Einrichtung eines befreundeten Landes (GA **61**, 130 Nr. 12). Es genügt Notwendigkeit der Geheimhaltung vor nur einer einzigen fremden Macht (**richtungsmäßig relativer** Geheimnisbegriff; Ber. 17), auch wenn idR mehrere in Betracht kommen werden. Eine formelle Sekretur (Geheimvermerk nach Verschlusssachenanweisung) kann kein Staatsgeheimnis begründen, sondern hat höchstens indizielle Bedeutung (dazu näher *Lüttger* GA **70**, 144 ff.); ihr Fehlen schließt ein Staatsgeheimnis nicht aus.

7 **b)** Die Geheimhaltung muss erforderlich sein, um die Gefahr eines schweren Nachteils für die äußere Sicherheit der BRep. abzuwenden; dh es muss anzunehmen sein, dass für den Fall eines Bekanntwerdens des Geheimnisses im jeweiligen Handlungszeitpunkt (Bay **91**, 130; **zeitlich relativer** Geheimnisbegriff) die konkrete Gefahr (3 zu § 34) eines Nachteils eintreten würde, der bei Geheimhaltung ausbliebe (vgl. im Einzelnen 6 zu § 94). Der Nachteil muss dadurch drohen, dass eine Macht, die das Geheimnis bisher nicht kannte, es nun selbst benützen oder in irgendeiner Form auswerten kann, so dass indirekte Nachteile etwa bei befreundeten Staaten, die das Geheimnis selbst schon kannten, nicht ausreichen. Der Nachteil muss für die **äußere Sicherheit** der BRep. drohen, dh ihrer Fähigkeit, sich gegen Angriffe und Störungen von außen, auch durch nachrichtendienstliche Aufklärung im militärischen Bereich (Bay **91**, 130), zur Wehr zu setzen. Darunter ist nicht nur eine Schwächung der BRep. oder eine Stärkung eines potentiellen Gegners im engeren Bereich der Landesverteidigung zu verstehen, sondern eine Verschiebung der allgemeinen Machtpositionen, welche die BRep. gegen Angriffe anfälliger macht (zB Änderungen in einem Bündnissystem; Blockade; Embargo;

politische Pressionen; vgl. MK-*Lampe/Hegmann* 17; LK-*Schmidt* 13; BGH-FS 232; *Schroeder* aaO 390; *Möhrenschlager* JZ **80**, 164). **Wirtschaftliche Geheimnisse** (vgl. BGH **18**, 336; *v. Weber* JZ **64**, 127; *Kragler,* Wirtschaftsspionage 1982; BT-Drs. 8/2145 Art. 1 Nr. 9ff.) oder solche aus dem diplomatischen oder nachrichtendienstlichen Bereich (NJW **62**, 2283; GA **63**, 290) sind nur noch dann Staatsgeheimnisse, wenn ihr Verrat zugleich Auswirkungen für die äußere Sicherheit hätte (*Krauth* JZ **68**, 610; krit. *Lüttger* JR **69**, 126); bei nachrichtendienstlichen Geheimnissen wird das vielfach der Fall sein (vgl. BGH **24**, 72).

c) Schwer muss der drohende Nachteil sein. Als schwer wird ein Nachteil dann 8
zu gelten haben, wenn er für die gesamte äußere Machtposition der BRep. deutlich ins Gewicht fällt (vgl. auch im Anschluss an *Krauth* JZ **68**, 610, BGH **24**, 72; MK-*Lampe/Hegmann* 25f). Ist eine Gesamtheit von Unterlagen verraten worden, so kommt es auf das Gesamtgewicht der daraus gewonnenen Erkenntnis an (BGH aaO; Bay **91**, 129).

C. Der Tatbestand ist bei einer Mitteilung von Staatsgeheimnissen vor allem 9
ausgeschlossen, wenn das Geheimnis über den begrenzten Personenkreis **hinausgedrungen** ist; das ist allerdings nur bei bestimmter und zuverlässiger Kenntnis anzunehmen (LK-*Schmidt* 6). Was noch der Überprüfung und Bestätigung bedarf, ist noch nicht zugänglich (vgl. GA **66**, 65 Nr. 17; 20; KG GA **61**, 129 Nr. 4).

Darüber hinaus muss der **Mitteilungsempfänger** in den Fällen der §§ 94 I 10
Nr. 2, 95, 97 sowie von § 96 iVm §§ 94 I Nr. 2, 95 und von § 97b iVm §§ 94 I Nr. 2, 95 bis 97 **ein Unbefugter** sein. Befugt ist **a)** wer ein Recht auf Kenntnis hat (vgl. Bay GA **55**, 213); dazu gehören auch die Mitglieder des BTags im Rahmen der Auskunftsverpflichtungen der BReg.; doch wird man nicht jeden BTagsabgeordneten als Befugten anzusehen haben (vgl. LK-*Schmidt* 28; SK-*Rudolphi* 11 zu § 94; **aA** Ber. 17; Prot. V 1472, 1493; der auf vermeintlich illegale Geheimnisse abgestellte § 97 I S. 2 sagt darüber nichts aus), sondern nur Mitglieder zuständiger Ausschüsse. Auch das BPatentamt ist im Rahmen der §§ 50ff. PatentG zur Entgegennahme von Staatsgeheimnissen befugt (vgl. auch Art. 45b GG); **b)** wer der Natur der Sache nach mit dem Geheimnis **befasst** ist wie derjenige, der im Rahmen der Regierungstätigkeit sowie der industriellen Erwerbung oder Produktion Kenntnis erhalten muss; **c)** wer von einem Befugten im Rahmen der dafür vorgesehenen Vorschriften (Verschlusssachenanweisung) **zum Befugten gemacht** wird.

Der Tatbestand ist schließlich auch dann nicht gegeben, wenn die **tatbestands-** 11
mäßige Gefahr (§§ 94 bis 97b) nicht eintritt. Ein derartiger Tatbestandsausschluss kommt bei einer öffentlichen Bekanntmachung nicht in Frage, da nach der Definition in I dann stets eine tatbestandsmäßige Gefahr eintreten muss (publizistischer Landesverrat). Zu dieser Kategorie des Tatbestandsausschlusses gehört es auch, wenn der Mitteilungsempfänger das Geheimnis bereits kennt und die Mitteilung daher für den Eintritt der Gefahr nicht kausal sein kann, aber auch der Fall, dass durch die Tathandlung zwar eine Nachteilsgefahr eintritt, aber damit gleichzeitig ein sie ausgleichender Vorteil für die äußere Sicherheit gewonnen wird (**Saldierung;** oben 7); das kann auch bei öffentlicher Bekanntmachung der Fall sein.

3) Illegale Staatsgeheimnisse. Die Rechtsnatur der sog. illegalen Staatsge- 12
heimnisse ist zw.; die begriffliche Einordnung war lange str. (vgl. BGH **20**, 342; *Stree* ZStW **78**, 663; *Krey* ZStW **79**, 103; *Noll* ZStW **77**, 12; *Gusy* GA **92**, 208 [*Fall Ossietzky*]; jew. mwN). Die Frage, ob die Illegalität den Tatbestand oder nur die Rechtswidrigkeit ausschließen könne (für schwere Verstöße auch in BGH **20**, 342 offen gelassen), löst **Abs. II** dahin, dass illegale Geheimnisse schon tatbestandsmäßig keine Staatsgeheimnisse sind (negatives Tatbestandsmerkmal; LK-*Schmidt* 20; SK-*Rudolphi* 34; MK-*Lampe/Hegmann* 29; **aA** *Jescheck,* Engisch-FS 584; *Paeffgen* 190; vgl. 1 zu § 97b). Es handelt sich zu einen um **Tatsachen,** die objektiv gegen die 13
freiheitliche demokratische Grundordnung (Art. 18, 21 GG; 3 zu § 86) verstoßen. Der Begriff ist enger als der der verfassungsmäßigen Ordnung in §§ 81, 85,

86, 89 und 90 a und nicht ganz der der Verfassungsgrundsätze in § 92 II, umfasst aber mindestens „die Achtung vor den im GG konkretisierten Menschenrechten, vor allem vor dem Recht der Persönlichkeit auf Leben und freie Entfaltung, die Volkssouveränität, die Gewaltenteilung, die Verantwortlichkeit der Regierung, die Gesetzmäßigkeit der Verwaltung, die Unabhängigkeit der Gerichte, das Mehrheitsprinzip und die Chancengleichheit für alle politischen Parteien mit dem Recht auf verfassungsmäßige Bildung und Ausübung einer Opposition" (BVerfGE **2**, 13). Auch die Wahrung von Art. 26 I GG gehört hierher. Die Grenzen des Begriffs sind unscharf, was im Hinblick auf die strenge Irrtumsregelung in § 97 b bedenklich ist. Zum anderen handelt es sich um Tatsachen (Sachverhalte, Vorgänge, Re-
14 gelungen), die gegen **zwischenstaatlich vereinbarte Rüstungsbeschränkungen** verstoßen, wie sie die BRep. in NATO-Vereinbarungen, vor allem aber innerhalb der WEU vereinbart hat (vgl. die Aufstellung bei MK-*Lampe/Hegmann* 31). Illegal iS von II ist hier ein Verstoß nur, wenn er unter Geheimhaltung gegenüber den Vertragspartnern der BRep. durchgeführt wird; Kenntnis nur einzelner Vertragspartner hebt die Illegalität nicht auf (SK-*Rudolphi* 36; LK-*Schmidt* 23).

15 Soweit der Tatbestand ausgeschlossen ist, ist Mitteilung illegaler Geheimnisse, auch im Wege der Veröffentlichung und ohne Rücksicht auf das Motiv, also auch bei böser Absicht iS von § 94 I Nr. 2 (Ber. 20) strafrechtlich grundsätzlich irrelevant; glaubt der Mitteilende, strafbar zu handeln, begeht er nur ein Wahndelikt. Eine Ausnahme macht allerdings § 97 a für den Fall, dass illegale Geheimnisse iS von § 94 I Nr. 1 mitgeteilt oder ausgespäht werden; auch § 353 b kann verletzt sein. Nimmt der Mitteilende irrig an, es handle sich um ein illegales Geheimnis, so greift § 97 b ein.

16 Durch **Rechtsverstöße anderer Art** kann, wie die abschließende Aufzählung in II zeigt, ein Staatsgeheimnis tatbestandsmäßig nicht ausgeschlossen werden (andernfalls würde sonst bei irriger Annahme ein Tatbestandsirrtum gegeben sein, der zum Freispruch führen müsste, da ein allgemeiner Fahrlässigkeitstatbestand fehlt und § 97 b nicht eingriffe). Jedoch ist Rechtfertigung nicht ausgeschlossen (vgl. *S/S-Stree/Sternberg-Lieben* 27). Auch ist Verbotsirrtum möglich; da Entschuldigung angenommen werden muss, wenn er nicht vermeidbar war, entstehen Spannungen zu § 97 b, der sogar bei nicht vorwerfbarem Irrtum uU Strafe vorsieht (vgl. dort 2 ff.).

17 **4) Rechtfertigung.** Die Problematik der Rechtfertigung taucht erst auf, wenn der Mitteilungsempfänger unbefugt ist oder der Täter öffentlich bekannt macht und wenn eine tatbestandsmäßige Gefahr eintritt.

18 Bei **Mitteilungen an fremde Mächte** im Rahmen internationaler Verträge kommt Rechtfertigung in Betracht; weiterhin, wenn ein **höherwertiges Interesse** das Interesse an der Geheimhaltung zurücktreten lässt. **Meinungs- und Pressefreiheit** können als solche die Offenbarung eines Staatsgeheimnisses noch nicht rechtfertigen (Hamm GA **66**, 67 Nr. 12; **aA** *Heinemann* NJW **63**, 4; *A. Arndt* NJW **63**, 24; 465; Landesverrat, 1966; vgl. weiter *Güde,* Die Geheimsphäre des Staates und die Pressefreiheit, 1959; *Jagusch* NJW **63**, 177; *Stree* JZ **63**, 527; ZStW **78**, 663); wohl aber kann sich aus Grundsätzen der Güterabwägung unter Heranziehung des Art. 5 I GG ein übergesetzlicher Rechtfertigungsgrund ergeben (ähnlich BVerfGE **21**, 239 m. abl. Anm. *Arndt* NJW **67**, 871; LK-*Schmidt* 33). Auch wenn das Geheimhaltungsinteresse zurücktritt, muss die Mitteilungshandlung ein angemessenes Mittel zum Zweck sein. Die Grundsätze, die § 97 b I S. 1 Nr. 3, S. 2, II auch für den Fall entwickelt, dass jemand ein Geheimnis mitteilt, das er unvorwerfbar für illegal hält, müssen erst recht für die bewusste Weitergabe eines Staatsgeheimnisses gelten. Was für Art. 5 I GG gilt, gilt iErg entsprechend für das Grundrecht des Art. 5 III GG, das dort eine Grenze finden muss, wo durch Veröffentlichung ein schwerer Nachteil für die Allgemeinheit droht. Ein besonderes **Abgeordnetenprivileg** sieht das Gesetz **nicht** vor. Für Äußerungen in den parlamentarischen Gremien ist Straflosigkeit durch Art. 46 I GG, § 36 StGB gesichert.

5) Subjektiver Tatbestand. Vorsatz hinsichtlich des Tatbestandsmerkmals Staatsgeheimnis ist bei den Mitteilungsdelikten nach §§ 94 bis 97, aber auch bei § 98 erforderlich; bedingter Vorsatz genügt (MDR **64**, 68; GA **61**, 143 Nr. 9; Bay **91**, 130). Er muss sich auf das beschränkte Zugänglichsein, die Geheimhaltungsbedürftigkeit, die fehlende Befugnis des Empfängers (bei §§ 94 I Nr. 2, 95 bis 97) und die Gefährdung im Falle des Bekanntwerdens erstrecken (vgl. GA **63**, 291 Nr. 11; Bay **61**, 142 Nr. 5), also auch darauf, dass der zu erwartende Nachteil schwer sein würde; doch genügt es, wenn der Täter die Voraussetzungen kennt, die den Nachteil zu einem schweren machen würden. Die Beurteilung „Staatsgeheimnis" braucht der Täter nicht zu vollziehen. Glaubt er irrig, ein Staatsgeheimnis sei nur bei formeller Sekretur gegeben, so ist das ein Subsumtionsirrtum, der als Verbotsirrtum erheblich sein kann (7 StE 3/60). Der Irrtum, dass die Tat gerechtfertigt sei, ist nur dann Tatbestandsirrtum, wenn sich der Täter einen entsprechenden Sachverhalt vorstellt, sonst Verbotsirrtum (vgl. aber BGH **20**, 372). 19

6) Militärische Geheimnisse der NATO-Vertragsstaaten (Begriff: § 1 I Nr. 1 4. StÄG [Anh. 14]), die ihre Truppen im Gebiet der BRep. [vor dem Beitritt] stationiert haben, sind, soweit die Tat im räumlichen Geltungsbereich des 4. StÄG [alte Bundesländer ohne Westberlin] begangen wird, nach § 1 I des 4. StÄG geschützt (BGH **32**, 113; **38**, 77 [m. Anm. *Schroeder* JR **92**, 205]; 3 StR 58/83; MDR/H **80**, 106). 20

7) Für Erfindungen und dem Arbeits- oder Gebrauchszweck dienende Gegenstände, die Staatsgeheimnisse sind, gelten die §§ 50, 53 PatentG, Art. II § 4 IntPatÜbkG, § 3 a GebrMG. 21

Landesverrat

94 **I Wer ein Staatsgeheimnis**

1. einer fremden Macht oder einem ihrer Mittelsmänner mitteilt oder
2. sonst an einen Unbefugten gelangen läßt oder öffentlich bekannt-macht, um die Bundesrepublik Deutschland zu benachteiligen oder eine fremde Macht zu begünstigen,

und dadurch die Gefahr eines schweren Nachteils für die äußere Sicherheit der Bundesrepublik Deutschland herbeiführt, wird mit Freiheitsstrafe nicht unter einem Jahr bestraft.

II In besonders schweren Fällen ist die Strafe lebenslange Freiheitsstrafe oder Freiheitsstrafe nicht unter fünf Jahren. Ein besonders schwerer Fall liegt in der Regel vor, wenn der Täter

1. eine verantwortliche Stellung missbraucht, die ihn zur Wahrung von Staatsgeheimnissen besonders verpflichtet, oder
2. durch die Tat die Gefahr eines besonders schweren Nachteils für die äußere Sicherheit der Bundesrepublik Deutschland herbeiführt.

1) Allgemeines. Die Vorschrift idF des 8. StÄG (1 vor § 80) iVm Art. 19 Nr. 15 EGStGB betrifft den Landesverrat ieS und grenzt ihn teils durch objektive (I Nr. 1), teils subjektive Merkmale (II Nr. 2) vom bloßen Offenbaren (§ 95) und Preisgeben (§ 97) von Staatsgeheimnissen ab. Die Ausspähung als Vorbereitungshandlung zum Landesverrat stellt § 96 selbstständig unter Strafe (zu weiteren Vorbereitungshandlungen vgl. dort 5). Das Delikt ist **zweiaktig** aufgebaut. Bei nicht nur einmaliger Tätigkeit kann eine Handlungseinheit gegeben sein (Bay **93**, 43; vgl. BGH **4**, 219; **8**, 95; **24**, 72). Es handelt sich um kein Dauerdelikt (58 vor § 52; NStZ **96**, 492; LK-*Schmidt* 18). Die Vorschrift ist **verfassungsgemäß** (BVerfGE **25**, 78; 98; **45**), auch soweit Handlungen der Mitarbeiter des MfS der ehem. DDR auf dem Staatsgebiet der DDR oder im Ausland erfasst sind (BVerfGE **92**, 317); zu insoweit geltenden Einschränkungen der Strafverfolgung nach den §§ 94, 99 vgl. 1

1 b ff. zu § 99. Ohne Rücksicht auf **Tatort** und **Staatsangehörigkeit** des Täters ist die Tat strafbar (4 zu § 5), also auch bei Begehung in der ehem. DDR durch deren Bewohner (NJW **91**, 2498).

2 **2) Tathandlung des Abs. I.** Abs. I unterscheidet, auch im Hinblick auf illegale Geheimnisse (§§ 93 II, 97 a), zwischen einer Mitteilung von Staatsgeheimnissen an **fremde Mächte** (Nr. 1) und der **sonstigen** Mitteilung oder Offenbarung, die in besonderer Absicht vorgenommen wird (Nr. 2).

3 **A. Abs. I Nr. 1** betrifft die **Mitteilung** eines zZ der Tat bestehenden Staatsgeheimnisses (§ 93) oder eines illegalen Geheimnisses (§ 97 a S. 1; § 93 II; 9 ff. zu § 93) an eine fremde Macht (6 zu § 93) bzw. ihre Organe oder einen ihrer Mittelsmänner. Täter können nicht solche Personen sein, die die fremde Macht repräsentieren **(Repräsentanten),** soweit sie sich auf die Entgegennahme des Staatsgeheimnisses beschränken (BGH **39**, 275; hierzu *Loos/Radtke* StV **94**, 565). Abweichend von Bay (NStZ **92**, 251, 543) gehören zum Kreis der Repräsentanten nur solche Personen, die bei der fremden Macht der Leitung der Exekutive auf höchster Ebene angehören, idR also Regierungsmitglieder oder Leiter zentraler Exekutivorgane, weil nur von deren Handeln letztlich Nachteile für die äußere Sicherheit der BRep. ausgehen (BGH **39**, 277; zust. *Träger* NStZ **94**, 282; SK-*Rudolphi* 5 b; *Lackner/Kühl* 2; MK-*Lampe/Hegmann* 6; krit. *Loos/Radtke* StV **94**, 565; *Ignor/Müller* StV **91**, 574 f.; *Rittstieg* NJW **94**, 912). **Mittelsmänner** sind dagegen Personen, die in der Weise in einem Dienst- oder Auftragsverhältnis zur fremden Macht stehen, dass von ihnen die Weitergabe der Staatsgeheimnisse ggf über weitere Mittelsmänner an die Repräsentanten zu erwarten ist. Sie begehen ihrerseits Landesverrat als Täter oder uU – je nach wertender Betrachtung der Gesamtumstände – als Teilnehmer (BGH **39**, 278). Angehörige der für die fremde Macht tätigen **Nachrichtendienste** gehören idR daher nicht zu den Repräsentanten; sie sind bei entsprechendem Einsatz vielmehr Mittelsmänner iS des I Nr. 1 und kommen als Täter eines Landesverrats ebenso in Betracht wie als Täter nach § 99 I (aaO 279). Die Mitteilung muss, wie Nr. 2 zeigt, unmittelbar an die Genannten gemacht werden; das ist auch dann der Fall, wenn sich der Mitteilende eines Werkzeugs (Funkgerät), eines sonstigen Nachrichtenmittels (verschlüsselte Zeitungsanzeige), eines gutgläubigen Boten oder bösgläubigen Mittelsmannes bedient (Ber. 17); vorheriges Einverständnis mit der fremden Macht ist nicht erforderlich. **Mitteilen** ist durch Tun oder Unterlassen (Liegenlassen) möglich; es ist vollendet, wenn mindestens der Mittelsmann Kenntnis (dazu NJW **65**, 1190) oder bei Sachen Gewahrsam erlangt hat.

4 **B. Abs. I Nr. 2** betrifft das sonstige **Gelangenlassen** an einen Unbefugten (10 zu § 93) oder das **öffentliche Bekanntmachen,** dh jede Handlung, die einer unbestimmten Personenmehrheit die Kenntnisnahme von dem Geheimnis selbst ermöglicht, insbesondere also die unverschlüsselte Mitteilung in Massenkommunikationsmitteln, aber auch sonstiges allgemeines Zugänglichmachen (6 zu § 74 d); erforderlich ist zudem die **Absicht** der Benachteiligung bzw. Begünstigung (unten 7). Im Gegensatz zu Nr. 1 erfasst Nr. 2 **illegale Geheimnisse nicht** (§§ 93 II, 97 a).

5 **C. Täter** ist jeder, der das Staatsgeheimnis iS von Nr. 1 mitteilt oder nach Maßgabe der Nr. 2 offenbart. Die bloße Entgegennahme des Staatsgeheimnisses ist durch Nr. 1 nicht unter Strafe gestellt (BGH **39**, 275); jedoch kommt, falls die Tätigkeit des Adressaten über die bloße Empfangnahme hinausgeht, Beihilfe zu § 94 in Betracht (BGH **39**, 276 [m. Anm. *Träger* NStZ **94**, 282; *Loos/Radtke* StV **94**, 570]; NJW **91**, 2499; Bay NStZ **92**, 281; 543; krit. *Ignor/Müller* StV **91**, 575). Ein Täter, dem es nur auf Geldgewinn ankommt und der seine Mitteilungen veröffentlicht, kann nur nach § 95 bestraft werden. Fehlt dem **Teilnehmer** die böse Absicht, so wird er nur nach § 95 bestraft (**aA** LK-*Schmidt* 14; *S/S-Stree/Sternberg-Lieben* 21), jedoch nach § 94 I Nr. 2, wenn er diese Absicht hat, der Haupttäter aber nicht. In den Fällen von Nr. 1 sind Motiv und Zweck nur für die Strafzumessung von Bedeutung.

3) Die **konkrete Gefahr** (Bay NJW **57**, 1327) eines **schweren Nachteils** für die Sicherheit der BRep. (8 ff. zu § 93) muss der Täter durch die Tat nach Nr. 1 oder 2 herbeiführen. Sie tritt zB ein, wenn einer fremden Macht die Möglichkeit eröffnet wird, den Einsatzwert der Waffen und die Schlagkraft der Truppe zu vermindern (Bay MDR **94**, 821). Dieser Erfolg des konkreten Gefährdungsdelikts tritt selbst bei einer Auslandstat im Inland ein (§ 9 I; NJW **91**, 2498). Die Sicherheit der BRep. kann je nach Sachlage schon dadurch gefährdet sein, dass das Staatsgeheimnis in die Hände eines unkontrollierbaren Dritten gerät (LM Nr. 5). 6

4) Subjektiver Tatbestand. Vorsatz ist erforderlich (dazu gilt 19 zu § 93), der sich auch auf den Eintritt der konkreten Gefahr erstrecken muss. Im Allgemeinen genügt bedingter Vorsatz. Doch muss es dem Täter in den Fällen der **Nr. 2** darauf ankommen **(Absicht),** durch seine Handlung entweder die BRep. zu benachteiligen oder irgendeine fremde Macht zu begünstigen. Dabei ist davon auszugehen, dass ein Nachteil für die BRep. zwar vielfach ein Vorteil für eine fremde Macht sein wird, aber nicht stets (**aA** SK-*Rudolphi* 14), und dass bei Substanzgleichheit die Zielrichtung des Täters doch verschieden sein kann. 7

5) Versuch. Der strafbare **Versuch** beginnt mit dem unmittelbaren Ansetzen zur Mitteilungshandlung, § 22 (BGH **24**, 72), vorher kommt § 96 I in Frage. 8

6) Rechtsfolge. Die **Strafe** richtet sich in besonders schweren Fällen (11 zu § 12; 90 ff. zu § 46) nach **Abs. II. Nr. 1** ist anzunehmen, wenn der Täter für die Tat eine mit Eigenverantwortung ausgestattete, von ihm bekleidete Stelle, vor allem als Amtsträger, Soldat oder in der Industrie bewusst ausnutzt, die ihn zur Wahrung von Staatsgeheimnissen gerade besonders verpflichtet. **Nr. 2** ist gegeben, wenn es sich um die konkrete Gefahr eines außergewöhnlichen Nachteils für die äußere Sicherheit handelt (zB Verrat von Atomgeheimnissen; Begr. E 1962, 574). Da bereits I von einem schweren Nachteil ausgeht, werden die Voraussetzungen von II Nr. 2 nur in außergewöhnlichen Fällen vorliegen (NStZ **84**, 165; Bay MDR **94**, 821). Neben Freiheitsstrafe von mindestens 6 Monaten **Statusfolgen** nach § 101. 9

7) Konkurrenzen. Tateinheit ist möglich zB mit §§ 133, 242 (GA **61**, 146 Nr. 10, 11), 334, 353 b, § 16 WStG (vgl. auch MK-*Lampe/Hegmann* 21 mwN). § 353 b II wird von § 94 verdrängt. Zum Verhältnis zu § 96 und §§ 98, 99 vgl. 1, 5 zu § 96 und 20 zu § 99. 10

8) Sonstige Vorschriften. Einziehung § 101 a; Anzeigepflicht § 138 I Nr. 3; Zuständigkeit § 120 I Nr. 3 GVG; Verfahren §§ 138 b, 153 c IV, 153 d, 153 e, 443 I StPO; Schutz der NATO-Staaten 2 vor § 80; 20 zu § 93. 11

Offenbaren von Staatsgeheimnissen

95 **I Wer ein Staatsgeheimnis, das von einer amtlichen Stelle oder auf deren Veranlassung geheimgehalten wird, an einen Unbefugten gelangen läßt oder öffentlich bekanntmacht und dadurch die Gefahr eines schweren Nachteils für die äußere Sicherheit der Bundesrepublik Deutschland herbeiführt, wird mit Freiheitsstrafe von sechs Monaten bis zu fünf Jahren bestraft, wenn die Tat nicht in § 94 mit Strafe bedroht ist.**

II Der Versuch ist strafbar.

III In besonders schweren Fällen ist die Strafe Freiheitsstrafe von einem Jahr bis zu zehn Jahren. § 94 Abs. 2 Satz 2 ist anzuwenden.

1) Allgemeines. Die Vorschrift idF des 8. StÄG (1 vor § 80) iVm Art. 1 Nr. 32 des 1. StrRG und Art. 19 Nr. 16 EGStGB behandelt die Veröffentlichung oder das Gelangenlassen eines Staatsgeheimnisses an einen Unbefugten, ohne dass der Tatbestand des Landesverrats nach § 94 erfüllt ist. Mit dem dann **subsidiär** gegebenen Tatbestand des Offenbarens soll vor allem der nicht gerechtfertigte (17 f. zu § 93) publizistische Verrat vom eigentlichen Landesverrat abgegrenzt werden. Die Vorschrift umfasst nicht das illegale Geheimnis (§ 93 II) und engt den rein materiellen Geheimnisbegriff des § 93 I ein. 1

2 **2) Staatsgeheimnis. Abs. I** verwendet einen **materiell-faktischen Geheimnisbegriff.** Das Geheimnis iS von § 93 I muss zZ der Tat von einer **amtlichen Stelle** oder auf deren Veranlassung faktisch geheimgehalten werden. Amtlich sind alle Stellen, „die einen fest umrissenen Kreis staatlicher Aufgaben erfüllen, gleich ob sie gesetzgebenden Organen, der vollziehenden Gewalt oder der Rechtsprechung angehören" (Ber. 18). Es genügt, wenn eine amtliche Stelle im Rahmen ihres Aufgabenbereichs die Geheimhaltung an anderem Ort, etwa in der Wirtschaft oder Industrie, herbeigeführt hat. Eine derartige Veranlassung kann auch generell geschehen. Es muss irgendeine tatsächliche Vorsorge bestehen, um das Geheimnis vor Bekanntwerden über den begrenzten Personenkreis hinaus zu schützen, so vor allem durch faktische Absperrung oder Verschluss, durch formelle Sekretur oder Verpflichtung der Beteiligten zur Geheimhaltung, wenn diese Maßnahmen im Wesentlichen beachtet werden; hier bedarf es also eines Geheimhaltungswillens (vgl. *Krauth* JZ **68**, 611; *Lüttger* GA **70**, 150; *S/S-Stree/Sternberg-Lieben* 7; SK-*Rudolphi* 6).

3 **3) Tathandlungen** sind Gelangenlassen (4 zu § 94) des Staatsgeheimnisses (§ 93) an einen Unbefugten (10 zu § 93) oder die öffentliche Bekanntmachung (§ 94) und Herbeiführen der Gefahr eines schweren Nachteils für die Sicherheit der BRep. (6 zu § 94; 7 ff. zu § 93).

4 **4)** Eine **Rechtfertigung** kommt insb. aus dem Gesichtspunkt des **rechtfertigenden Notstands** in Betracht (vgl. *S/S-Stree/Sternberg-Lieben* 12 ff.). Zur **Abwägung** im Rahmen des Art. 5 GG vgl. 18 zu § 93.

5 **5)** Zum **strafbaren Versuch** vgl. 8 zu § 94; Ber. 19; **Vorbereitungshandlungen** sind nach § 96 II strafbar; vgl. dort 2 bis 5; zum **Tatort** vgl. 1 zu § 94. **Zu III** (besonders schwere Fälle), insbesondere zur Anwendung von § 94 II S. 2 vgl. dort 9. Zu den **Konkurrenzen** 10 zu § 94; gegenüber § 94 tritt § 95 zurück. **Sonstige Vorschriften** 11 zu § 94.

Landesverräterische Ausspähung; Auskundschaften von Staatsgeheimnissen

96 **I Wer sich ein Staatsgeheimnis verschafft, um es zu verraten (§ 94), wird mit Freiheitsstrafe von einem Jahr bis zu zehn Jahren bestraft.**

II Wer sich ein Staatsgeheimnis, das von einer amtlichen Stelle oder auf deren Veranlassung geheimgehalten wird, verschafft, um es zu offenbaren (§ 95), wird mit Freiheitsstrafe von sechs Monaten bis zu fünf Jahren bestraft. Der Versuch ist strafbar.

1 **1) Allgemeines.** Die Vorschrift idF des 8. StÄG (1 vor § 80) iVm Art. 1 Nr. 33 des 1. StrRG und Art. 19 Nr. 17 EGStGB stellt **Vorbereitungshandlungen** zum Landesverrat (§ 94), nämlich die landesverräterische Ausspähung in I, und zum Offenbaren von Staatsgeheimnissen (§ 95), nämlich das Auskundschaften von Staatsgeheimnissen in II, als selbstständige Delikte unter Strafe. Diese treten jedoch zurück, wenn die Tat auch nur zum Versuch nach § 94 bzw. § 95 fortschreitet (BGH **6**, 390). Nach BGH **24**, 72 ist Tateinheit möglich, wenn sich die Taten auf verschiedene Staatsgeheimnisse beziehen.

2 **2) Tathandlung** ist in allen Fällen, dass sich der Täter ein Staatsgeheimnis **verschafft,** dh entweder ein verkörpertes Geheimnis in seinen Gewahrsam bringt oder sonst gesicherte Kenntnis von einem Geheimnis erhält. Dass jemand ein Staatsgeheimnis ohne sein Zutun erlangt oder sich rechtmäßiger Gewahrsam in unberechtigten verwandelt, reicht auch bei Verrats- oder Offenbarungsabsicht nicht aus (LK-*Schmidt* 3). **Staatsgeheimnis** ist dabei verschieden zu verstehen, nämlich in I iS von § 93, wenn eine Tat nach § 94 I Nr. 2 beabsichtigt ist, während illegale Geheimnisse (§ 93 II) einbezogen werden, wenn eine Tat nach § 94 I Nr. 1 beabsichtigt ist. In II ist Staatsgeheimnis materiell-faktisch iS von § 95 (dort 2) zu verstehen.

3 **3)** Von einer bestimmten **Absicht** muss die Tathandlung getragen sein; wird die Absicht erst nach Beendigung der Handlung gefasst, so scheidet § 96 aus (DRiZ **61**, 173; str.). In den Fällen von **I** muss es dem Täter entweder (§ 94 I Nr. 1) darauf

ankommen, das Geheimnis unmittelbar einer fremden Macht mitzuteilen oder iS von § 94 I Nr. 2 zu handeln. In den Fällen von **II** muss es dem Täter darauf ankommen, das Geheimnis an einen Unbefugten gelangen zu lassen oder zu veröffentlichen, ohne dass er dabei Vorsatz nach § 94 I Nr. 1 oder Absicht nach § 94 I Nr. 2 hat. Auf den Eintritt der Gefahr des Nachteils für die BRep. braucht sich die Absicht iS von § 96 nicht zu beziehen, denn damit wären stets die Voraussetzungen von § 94 I Nr. 2 erfüllt. Es genügt bedingter Vorsatz.

4) Der Versuch ist nach I und II strafbar, da § 96 nur eine bestimmte Vorbereitungshandlung unter Strafe stellt. Er kann mit der Kontaktaufnahme zu einem Geheimnisträger beginnen (BGH bei *Wagner* GA **61**, 143 C Nr. 1; sehr weit Frankfurt aaO Nr. 6 und 10) und auch noch in dessen Anwerbung liegen (vgl. Bay aaO Nr. 4). Auf einen Rücktritt vom vollendeten § 96 ist § 98 II nicht anwendbar, denn Rücktritt vom Versuch nach § 94 führt auch nicht zur Straffreiheit nach § 96 (SK-*Rudolphi* 11; LK-*Schmidt* 8; MK-*Lampe-Hegmann* 12; **aA** *S/S-Stree/Sternberg-Lieben* 16; AK-*Sonnen* 9). 4

5) Weitere Vorbereitungshandlungen kommen zwar nicht bei II in Betracht, da § 30 ausscheidet (Taten nach § 95 und § 96 II sind nur Vergehen) und die §§ 98, 99 den § 95 praktisch ausschließen, wohl aber bei **I.** Hier kommt zunächst § 30 iVm § 94, § 96 I in Frage. Er ist gegeben, wenn sich die dort bezeichneten Vorbereitungshandlungen auf ein konkretes Geheimnis beziehen (BGH **6**, 346; 385). Ein Rücktritt nach § 31, der auch in der Offenbarung gegenüber einer Dienststelle der BRep. zu sehen ist (BGH aaO 142 A Nr. 4), befreit nicht von Strafe wegen einer vollendeten Tat nach § 96 I. Im Übrigen tritt § 30 zurück, sobald es zum Versuch nach § 94 kommt (16 zu § 30); ebenso tritt § 30 iVm § 96 I zurück, wenn es zum Versuch der Tat nach § 96 I kommt (**aA** wohl BGH **6**, 390; SK-*Rudolphi* 13). Hingegen wird man zwischen § 30 iVm § 94 und versuchtem oder vollendetem § 96 I Tateinheit anzunehmen haben (vgl. 17 zu § 30; **aA** BGH **6**, 390; *Lackner/Kühl* 9 zu § 94, nach denen § 96 I zurücktritt; wie hier *S/S-Stree/Sternberg-Lieben* 18; MK-*Lampe/Hegmann* 14; LK-*Schmidt* 8). §§ 98, 99 treten nach der in beiden Vorschriften enthaltenen Subsidiaritätsklausel hinter §§ 94, 96 I zurück (BGH **24**, 72). Das wird man auch anzunehmen haben, wenn § 30 iVm § 94 oder 96 I gegeben ist. Was für die §§ 94 und 96 I gilt, gilt entsprechend für § 97 a und für § 97 b iVm §§ 94, 96 I. 5

6) Zum **Tatort** vgl. 1 zu § 94; zur **Strafe** auch § 101; **sonstige Vorschriften** 11 zu § 94. 6

Preisgabe von Staatsgeheimnissen

97 **I Wer ein Staatsgeheimnis, das von einer amtlichen Stelle oder auf deren Veranlassung geheim gehalten wird, an einen Unbefugten gelangen lässt oder öffentlich bekannt macht und dadurch fahrlässig die Gefahr eines schweren Nachteils für die äußere Sicherheit der Bundesrepublik Deutschland verursacht, wird mit Freiheitsstrafe bis zu fünf Jahren oder mit Geldstrafe bestraft.**

II Wer ein Staatsgeheimnis, das von einer amtlichen Stelle oder auf deren Veranlassung geheim gehalten wird und das ihm kraft seines Amtes, seiner Dienststellung oder eines von einer amtlichen Stelle erteilten Auftrags zugänglich war, leichtfertig an einen Unbefugten gelangen lässt und dadurch fahrlässig die Gefahr eines schweren Nachteils für die äußere Sicherheit der Bundesrepublik Deutschland verursacht, wird mit Freiheitsstrafe bis zu drei Jahren oder mit Geldstrafe bestraft.

III Die Tat wird nur mit Ermächtigung der Bundesregierung verfolgt.

1) Allgemeines. Die Vorschrift idF des 8. StÄG (1 vor § 80) iVm Art. 19 Nr. 18 EGStGB stellt die fahrlässige Verursachung der Gefahr eines schweren Nachteils für die äußere Sicherheit durch Preisgabe von Staatsgeheimnissen unter Strafe. 1

2 **2) Tathandlung. In beiden Fällen** (I, II) lässt der Täter ein Staatsgeheimnis iS von § 95 (im Falle anderer Geheimnisse evtl. § 353b) an einen Unbefugten (10 zu § 93) gelangen (4 zu § 94) und verursacht dadurch die Gefahr eines schweren Nachteils für die äußere Sicherheit der BRep. (6 zu § 94; 7 ff. zu § 93).

3 **A.** Im **Fall** des **Abs. I** begeht der Täter die **Tathandlung vorsätzlich** (vgl. Stuttgart GA **61**, 147 Nr. 2), verkennt aber **fahrlässig** den Eintritt der Gefahr (MDR **63**, 426; vgl. auch BGH **20**, 343). Da zum Vorsatz hinsichtlich des Merkmals Staatsgeheimnis die Vorstellung gehört, dass bei Kenntnisnahme durch eine fremde Macht die konkrete Gefahr eines schweren Nachteils eintritt (7 zu § 93), hat der Täter bei Veröffentlichung wohl idR auch die Vorstellung, dass die fremde Macht Kenntnis erlangt und die konkrete Gefahr eintritt (enger *M/Schroeder/Maiwald* 85/49; weiter SK-*Rudolphi* 4; LK-*Schmidt* 5).

4 **B.** Im **Fall** des **Abs. II** muss der Täter das Geheimnis kraft seines Amtes, dh hier einer Funktion in einer amtlichen Stelle, seiner Dienststellung (zB als Soldat) oder eines von einer amtlichen Stelle (2 zu § 95) erteilten Auftrages zugänglich sein. Die Tat ist hier **Sonderdelikt.** Bei dem Täter muss hinsichtlich des Staatsgeheimnisses und der Art, wie es ihm zugänglich geworden ist, **Vorsatz** vorliegen (Prot. V/1462 ff., insbesondere 1468; **aA** *S/S-Stree/Sternberg-Lieben* 14); hingegen muss er das Geheimnis **leichtfertig** (20 zu § 15) an einen Unbefugten gelangen lassen, also entweder vorsätzlich an einen anderen gelangen lassen, den er leichtfertig für befugt hält; oder leichtfertig gelangen lassen (zB durch Liegenlassen der Aktentasche im Zug; unverschlossene Aufbewahrung in der Wohnung) und durch die Tathandlung **fahrlässig** die Gefahr herbeiführen.

5 **3)** Nur mit **Ermächtigung** (vgl. §§ 77 d, 77 e) der BReg. werden die Taten nach I und II verfolgt (III). Sie ist von dem Fachminister zu erteilen, in dessen Geschäftsbereich das Geheimnis gehört (*Schlichter* GA **66**, 365; *Krauth* JZ **68**, 611; vgl. auch 18 zu § 353 b).

6 **4) Tateinheit** ist möglich mit §§ 353 b I, 355; kaum hingegen mit §§ 98, 99 (**aA** AK-*Sonnen* 11; vgl. auch BGH **8**, 243). **Tatort, sonstige Vorschriften** 12 zu § 94; § 120 GVG iVm § 153 e StPO.

Verrat illegaler Geheimnisse

97a **Wer ein Geheimnis, das wegen eines der in § 93 Abs. 2 bezeichneten Verstöße kein Staatsgeheimnis ist, einer fremden Macht oder einem ihrer Mittelsmänner mitteilt und dadurch die Gefahr eines schweren Nachteils für die äußere Sicherheit der Bundesrepublik Deutschland herbeiführt, wird wie ein Landesverräter (§ 94) bestraft. § 96 Abs. 1 in Verbindung mit § 94 Abs. 1 Nr. 1 ist auf Geheimnisse der in Satz 1 bezeichneten Art entsprechend anzuwenden.**

1 **1) Allgemeines.** Die Vorschrift idF des 8. StÄG (1 vor § 80) dehnt für den Fall der Mitteilung an eine fremde Macht oder einen ihrer Mittelsmänner (nicht auch für den Fall des § 94 I Nr. 2; dazu krit. *Breithaupt* NJW **68**, 1712) den Schutz über Staatsgeheimnisse hinaus auf illegale Geheimnisse iS von § 93 II aus, so dass § 94, aber auch § 96 I iVm § 94 I Nr. 1 anzuwenden ist (vgl. Anm. zu §§ 94 und 96; *Krauth* JZ **68**, 611). **Satz 1** stellt den Verrat illegaler Geheimnisse unter Strafe; **Satz 2** enthält einen Vorbereitungstatbestand der Ausspähung. Wahlfeststellung zwischen § 94 I Nr. 1 und § 97 a ist möglich.

2 **2) Das Geheimnis** darf nur wegen eines Verstoßes iS von § 93 II kein Staatsgeheimnis sein; die Voraussetzungen von § 93 I müssen also im Übrigen erfüllt sein (*S/S-Stree/Sternberg-Lieben* 6). Daher ist auch bei illegalen Geheimnissen Geheimhaltungsbedürftigkeit zur Abwendung einer Nachteilsgefahr möglich.

3 **3)** Für den **Vorsatz** ist es gleichgültig, ob der Täter das Geheimnis für illegal oder für ein Staatsgeheimnis hält. § 97 b scheidet für § 97 a aus. Meint der Täter irrig, dass man illegale Staatsgeheimnisse auch iS von § 94 I Nr. 1 verraten dürfe,

so ist das ein Verbotsirrtum, der idR vorwerfbar sein wird; immerhin ist dann anders als bei § 97b Strafmilderung möglich (vgl. dort 9).

4) Tatort, sonstige Vorschriften 11 zu § 94. 4

Verrat in irriger Annahme eines illegalen Geheimnisses

97b **I Handelt der Täter in den Fällen der §§ 94 bis 97 in der irrigen Annahme, das Staatsgeheimnis sei ein Geheimnis der in § 97a bezeichneten Art, so wird er, wenn**

1. dieser Irrtum ihm vorzuwerfen ist,
2. er nicht in der Absicht handelt, dem vermeintlichen Verstoß entgegenzuwirken, oder
3. die Tat nach den Umständen kein angemessenes Mittel zu diesem Zweck ist,

nach den bezeichneten Vorschriften bestraft. Die Tat ist in der Regel kein angemessenes Mittel, wenn der Täter nicht zuvor ein Mitglied des Bundestages um Abhilfe angerufen hat.

II War dem Täter als Amtsträger oder als Soldat der Bundeswehr das Staatsgeheimnis dienstlich anvertraut oder zugänglich, so wird er auch dann bestraft, wenn nicht zuvor der Amtsträger einen Dienstvorgesetzten, der Soldat einen Disziplinarvorgesetzten um Abhilfe angerufen hat. Dies gilt für die für den öffentlichen Dienst besonders Verpflichteten und für Personen, die im Sinne des § 353b Abs. 2 verpflichtet worden sind, sinngemäß.

1) Allgemeines. Die Vorschrift gilt idF des 8. StÄG (1 vor § 80) iVm Art. 19 Nr. 19 EGStGB und Art. 1 Nr. 1 des 17. StÄG (1 zu § 353b). 1

Literatur: *Paeffgen,* Der Verrat in irriger Annahme eines illegalen Geheimnisses (§ 97b) u. die allgemeine Irrtumslehre, 1979 [dazu *Jakobs* ZStW **93**, 901]. 1a

2) § 97b behandelt in einer besonderen **Irrtumsvorschrift** den Fall, dass jemand ein **wirkliches Staatsgeheimnis** in den Begehungsweisen der §§ 94–97 an einen anderen gelangen lässt und dabei **irrig annimmt,** es handle sich um ein illegales Geheimnis (§§ 97a, 93 II). Als **Tatbestandsirrtum** hat auch die falsche rechtliche Würdigung des Sachverhalts (vgl. „verstoßen" in § 93 II) zu gelten. In den Fällen des § 94 I Nr. 1 und § 96 I iVm § 94 I Nr. 1 scheidet § 97b allerdings aus, da es insoweit gleichgültig ist, ob es sich um ein illegales Geheimnis handelt und welche Vorstellung der Täter davon hat (SK-*Rudolphi* 3; **aA** *S/S-Stree/Sternberg-Lieben* 1). Da in den übrigen Fällen die Illegalität eines Geheimnisses den Begriff des Staatsgeheimnisses tatbestandsmäßig ausschließt (§ 93 II; 12 ff. zu § 93), regelt § 97b den Fall eines Tatbestandsirrtums. Darüber hinaus muss man aber, da sonst das Ziel der Vorschrift nicht erreicht werden könnte, annehmen, dass in die Regelung auch ein auf diesem Tatbestandsirrtum beruhender **Verbotsirrtum** mit einbezogen ist. Von seinem Irrtum abgesehen, muss der Täter sonst einen Tatbestand der §§ 94 bis 97 (mit der oben gemachten Ausnahme) objektiv und subjektiv erfüllen; vor allem müssen die Voraussetzungen des § 93 I grundsätzlich auch subjektiv gegeben sein; insbesondere muss sich der Vorsatz darauf erstrecken, dass, wenn eine fremde Macht Kenntnis von dem Geheimnis erhält, die Nachteilsgefahr eintritt. Abs. I stellt eine dogmatische Anomalie dar, deren Vereinbarkeit mit dem Schuldgrundsatz fraglich ist (krit. *M-Schroeder/Maiwald* 85/25; *S/S-Stree/Sternberg-Lieben* 1; *Lackner/Kühl* 6; SK-*Rudolphi* 13; MK-*Lampe/Hegmann* 3; jew. mwN; **aA** *Krauth* JZ **68**, 611; zusf. zur Kritik LK-*Schmidt* 13 ff.). 2

3) Abs. I stellt **alternativ drei Voraussetzungen** für die Strafbarkeit des Täters auf. **Fehlt auch nur eine der drei Voraussetzungen,** so wird der Täter je nach dem von ihm verwirklichten Tatbestand nach den §§ 94 bis 97 bestraft. 3

A. Voraussetzungen der Strafbarkeit. Nr. 1: Dem Täter muss der Irrtum **vorzuwerfen** sein. Das ist dann der Fall, wenn der Täter nicht alle ihm möglichen und zumutbaren Erkundigungen in dem Maße ausgeschöpft hat, wie er für fahrläs- 4

sige Tatbestandsverwirklichung in 14 ff. zu § 15 beschrieben ist; **Nr. 2:** Der Täter darf nicht in der **Absicht** handeln, dem vermeintlichen Verstoß entgegenzuwirken; insoweit gilt der Zweifelssatz; **Nr. 3:** Die Tat darf bei Berücksichtigung aller Umstände, zu denen auch der ggf nicht vorwerfbare Irrtum des Täters zählt, kein **angemessenes,** also bei Abwägung der aus der Tat erwachsenden Nachteilsgefahr, der Schwere des vermeintlichen Verstoßes und den Möglichkeiten der Abwehr kein **billigenswertes Mittel** sein, um der angenommenen Illegalität möglichst erfolgreich entgegenzuwirken. Der Täter muss danach das für die Sicherheit der BRep. gefahrloseste Mittel wählen, das Erfolg verspricht (vgl. dazu BGH **20**, 342; ferner *Paeffgen* 207).

5 **Nach I S. 2** ist die Tat idR kein angemessenes Mittel, wenn sich der Täter nicht vor Mitteilung des Geheimnisses mit der Bitte um Abhilfe an einen BTAbgeordneten gewendet hat. Eine Ausnahme kommt in Betracht, wenn nach der Vorstellung des Täters von anderer Seite, etwa einer Behörde, sofortige Abhilfe zu erwarten ist oder die Hilfe eines Abgeordneten zu spät kommen müsste.

6 In den Fällen des **Abs. II** kann die Tat *niemals* als angemessenes Mittel angesehen werden: Ist der Täter **Amtsträger** (§ 11 I Nr. 2), **Soldat** der BWehr, für den öffentlichen Dienst **besonders Verpflichteter** (§ 11 I Nr. 4; vgl. dort) oder **Verpflichteter** iS des § 353b II (vgl. 1, 6 zu § 353b) und ist ihm das Geheimnis dienstlich anvertraut oder zugänglich, so ist er ausnahmslos verpflichtet, vor einer Weitergabe als Soldat einen Disziplinarvorgesetzten (§§ 16 bis 20 WDO), als Amtsträger einen Dienstvorgesetzten um Abhilfe anzurufen; ein Verpflichteter hat sich an den Leiter der Stelle zu wenden, die ihn verpflichtet hat. Hilfsweise gilt die Regel in I S. 2. Nimmt der Täter in den Fällen der Nr. 3 irrig Voraussetzungen an, welche seine Handlung als angemessenes Mittel zum Zweck des Entgegenwirkens erscheinen lassen würden, so ist Nr. 3 zu seinen Gunsten mindestens dann anzuwenden, wenn der Irrtum nicht vermeidbar war.

7 **B. Einschränkungen der Anwendbarkeit.** In den **Fällen von § 97 II** kann die Alternativität der Strafbarkeitsvoraussetzungen (oben 3) der Natur der Sache nach allerdings nicht gelten. Denn wenn der Täter glaubt, das Geheimnis an einen befugten Dritten gelangen zu lassen, vor allem aber, wenn er es nur leichtfertig an den andern gelangen lässt, kann er damit weder die in Nr. 2 geforderte positive Absicht verbinden, noch seine Handlung als Mittel zu diesem positiven Zweck einsetzen. Hier genügt es zur Straflosigkeit, wenn der Irrtum dem Täter nicht vorzuwerfen ist.

8 In den **übrigen Fällen ist** die Regelung mit dem Schuldgrundsatz kaum vereinbar, soweit sie die Vorwerfbarkeit des Irrtums nicht voraussetzt, denn sie führt dazu, dass jemand wegen vorsätzlicher Begehung bestraft werden kann, obwohl er sich in einem nicht vorwerfbaren Irrtum über ein das Tatunrecht mit konstituierendes negatives Tatbestandsmerkmal befand. Bei einer verfassungskonformen Auslegung des § 97b wird man, wenn man nicht die Nummern 2 und 3 für nichtig halten will (vgl. SK-*Rudolphi* 13; AK-*Sonnen* 7), mindestens die Möglichkeit einer Strafmilderung nach § 49 I anzunehmen haben (so auch *Paeffgen* 170). In solchen Fällen verbietet es sich auch, besonders schwere Fälle iS von § 94 II iVm § 94 I Nr. 2 oder von § 95 II anzunehmen (ähnlich SK-*Rudolphi* 14; vgl. auch LK-*Schmidt* 15).

9 Wer glaubt, ein Staatsgeheimnis, von dem er annimmt, dass es in anderer als der in § 93 II beschriebenen Weise gegen das Recht verstößt, offenbaren zu dürfen, handelt in einem **Verbotsirrtum.** Da sich eine analoge Anwendung von § 97b zuungunsten des Täters auf diesen Fall verbietet (vgl. LK-*Schmidt* 20 zu § 93), handelt er ohne Schuld, wenn ihm sein Irrtum nicht vorzuwerfen ist; andernfalls kann, anders als bei § 97b, die Strafe nach §§ 17, 49 I gemildert werden. Ähnliches ergibt sich in den Fällen des § 97a, wenn der Täter bewusst ein illegales Geheimnis verrät, aber irrig glaubt, illegale Geheimnisse dürften auch einer fremden Macht straflos mitgeteilt werden. Auch insoweit gelten die allgemeinen Regeln.

Landesverräterische Agententätigkeit

98 **I Wer**

1. **für eine fremde Macht eine Tätigkeit ausübt, die auf die Erlangung oder Mitteilung von Staatsgeheimnissen gerichtet ist, oder**
2. **gegenüber einer fremden Macht oder einem ihrer Mittelsmänner sich zu einer solchen Tätigkeit bereit erklärt,**

wird mit Freiheitsstrafe bis zu fünf Jahren oder mit Geldstrafe bestraft, wenn die Tat nicht in § 94 oder § 96 Abs. 1 mit Strafe bedroht ist. In besonders schweren Fällen ist die Strafe Freiheitsstrafe von einem Jahr bis zu zehn Jahren; § 94 Abs. 2 Satz 2 Nr. 1 gilt entsprechend.

II Das Gericht kann die Strafe nach seinem Ermessen mildern (§ 49 Abs. 2) oder von einer Bestrafung nach diesen Vorschriften absehen, wenn der Täter freiwillig sein Verhalten aufgibt und sein Wissen einer Dienststelle offenbart. Ist der Täter in den Fällen des Absatzes 1 Satz 1 von der fremden Macht oder einem ihrer Mittelsmänner zu seinem Verhalten gedrängt worden, so wird er nach dieser Vorschrift nicht bestraft, wenn er freiwillig sein Verhalten aufgibt und sein Wissen unverzüglich einer Dienststelle offenbart.

1) Allgemeines. Die Vorschrift idF des 8. StÄG (1 vor § 80) iVm Art. 1 Nr. 29 des 1. StrRG und Art. 19 Nr. 20 EGStGB ist ein **abstrakter Gefährdungstatbestand,** der sich mit § 99 dahin ergänzt, dass das Schwergewicht in § 98 bei der auf Staatsgeheimnisse gerichteten Tätigkeit im Vorfeld des Landesverrats, bei § 99 auf der geheimdienstlichen Tätigkeit für einen fremden Geheimdienst liegt. 1

Literatur: *Jagusch* MDR **58**, 829; *Lackner* ZStW **78**, 395; *Lüttger* GA **60**, 46; *Mittelbach* NJW **57**, 649; *Roth-Stielow* NJW **67**, 2244; *Ruhrmann* NJW **59**, 1201.Rspr bei *Wagner* GA **61**, 321; **62**, 1; **63**, 295; **66**, 70; 305; **67**, 109. 1a

2) Tathandlung. A. Abs. I Nr. 1 betrifft das aktive **Ausüben** einer ihrer Art nach beliebigen **Tätigkeit,** die zB im Einholen oder Weitergeben von Mitteilungen (BGH **25**, 145; **31**, 318), Anknüpfen oder Vermitteln von Verbindungen, aber auch im einmaligen Beschicken eines toten Briefkastens bestehen kann; eine für längere Zeit angelegte Tätigkeit ist nicht vorausgesetzt (BGH **31**, 318; *Stree* NStZ **83**, 551 und krit. *Schroeder* JZ **83**, 671; ferner NJW **81**, 2281), auch einzelne Tätigkeiten können das Merkmal „ausüben" erfüllen (BGHR Ausüben 1), das sein Unwerturteil durch die Verknüpfung mit dem Adjektiv „geheimdienstlich" erhält und auf Dauer angelegt ist (NStZ **96**, 130). 2

Die Tätigkeit muss **für eine fremde Macht** (6 zu § 93) ausgeübt werden, dh wenn auch ohne Auftrag (ebenso *S/S-Stree/Sternberg-Lieben* 3; vgl. die abweichende Formulierung in § 87; die zu enge Überschrift des § 98 steht nicht entgegen), so doch zugunsten dieser Macht, so dass auch eine Tätigkeit ohne Kontakt zu ihren Mittelsmännern erfasst wird, wenn nur letztlich Mitteilung der Geheimnisse an die Macht oder Ausnutzung zu deren Gunsten geplant ist (BGH **25**, 145). 3

Die Tätigkeit muss **auf die Erlangung oder Mitteilung von Staatsgeheimnissen gerichtet** sein. Das ist nicht schon dann der Fall, wenn die Tätigkeit nach der Vorstellung des Täters oder eines mit ihm in Verbindung stehenden Mittelsmannes der fremden Macht möglicherweise einmal zur Erlangung oder Mitteilung von Staatsgeheimnissen führen könnte, sondern erst dann, wenn die Tätigkeit plangemäß unmittelbar zur Gewinnung von Staatsgeheimnissen für die fremde Macht führen soll (BGH **25**, 145). **Andere Geheimnisse** als Staatsgeheimnisse iS von § 93 scheiden aus, insbesondere auch illegale Geheimnisse (§ 93 II), obwohl § 97a die Ausspähung solcher Geheimnisse unter Strafe stellt; hier kommt nur § 99 in Betracht. Unter **Mitteilung** ist die an die fremde Macht oder einen Mittelsmann zu verstehen (vgl. i. ü. 2f. zu § 94). Unter **Erlangung** ist auch Kenntnisnahme oder Herstellen eigenen Gewahrsams durch den Täter allein zu verstehen, wenn 4 sich auch aus dem Merkmal „für eine fremde Macht" ergibt, dass der Täter mindestens an Auswertung zu deren Gunsten denken muss. Anderseits wird der Tatbestand auch dadurch erfüllt, dass als Folge der Tathandlung zwar nicht der Täter selbst, aber ein anderer das Geheimnis erlangen oder mitteilen soll. **§ 98 scheidet aus,** wenn die Staatsgeheimnisse, auf welche die Tätigkeit gerichtet ist, in der Vorstellung des Täters und eines Mittelsmannes bereits so **konkretisiert** sind, dass § 30 iVm § 96 erfüllt ist (17 zu § 30) und den § 98 verdrängt (5 zu § 96). Geht der Täter selbstständig vor, so ist § 98 hingegen auch bei Konkretisierung auf ein bestimmtes Staatsgeheimnis so lange gegeben, bis das Stadium eines Versuches nach § 96 I erreicht ist (Subsidiaritätsklausel). Eines vorherigen Sichbereiterklärens bedarf es im Fall I Nr. 1 nicht (BGH **25**, 145).

5 **B. Abs. I Nr. 2** betrifft die ernst gemeinte, ausdrückliche oder verschlüsselte, mündliche oder schriftliche **Erklärung** des Täters gegenüber einer fremden Macht oder einem ihrer Mittelsmänner (2f. zu § 94), dass er zu einer Tätigkeit iS von Nr. 1 **bereit** sei. Die Erklärung kann unmittelbar, aber auch mit Hilfe von gutgläubigen oder bösgläubigen Boten abgegeben werden und muss den Adressaten erreichen (Celle NJW **91**, 579; vgl. auch 10 zu § 30; LK-*Schmidt* 7; SK-*Rudolphi* 9; zweifelnd *S/S-Stree/Sternberg-Lieben* 13). Ob sie angenommen wird, ist ohne Bedeutung. Die Strafbarkeit entfällt nicht auch schon dadurch, dass der Täter entgegen seiner Erklärung keine Tätigkeit entfaltet.

6 **3) Vorsatz** ist erforderlich; bedingter genügt. Doch muss sich der Täter zum unmittelbaren Ziel seiner Tätigkeit die Erlangung oder Mitteilung von Geheimnissen machen, bei denen er die Voraussetzungen des § 93 I mindestens für möglich hält. Erweckt der Täter nur den Schein, dass seine Tätigkeit auf Staatsgeheimnisse gerichtet sei, während er solche Tätigkeit ernstlich gar nicht will, so ist der Tatbestand des § 98 nicht gegeben (LK-*Schmidt* 6; krit. *Lackner* ZStW **78**, 702). Die Vorschrift ist damit praktisch weitgehend entwertet. Wer eine Tatsache irrtümlich für ein Staatsgeheimnis hält, ist straflos; **Versuch** ist nicht strafbar.

7 **4) Gerechtfertigt** sein kann die Tat durch rechtfertigenden Notstand (§ 34; vgl. Hamm und Bay GA **61**, 341f. Nr. 14, 15, 17) oder durch Erlaubnis einer deutschen Dienststelle (vgl. Rspr Nachw. GA **62**, 3ff. Nr. 1, 6, 8, 12). Als **Entschuldigungsgrund** kommt § 35 in Betracht (vgl. dazu BGH **15**, 230; Nachw. GA **61**, 340f. Nr. 1, 7, 8, 19, 22, 23). Ist der Täter gedrängt worden, ohne dass § 35 erreicht ist, kommt II S. 2 in Betracht (unten 10).

8 **5) An jedem Ort** ist die Tat nach § 5 Nr. 4 strafbar.

9 **6) Die Strafe** richtet sich in besonders schweren Fällen (11 zu § 12; 88f. zu § 46) nach II S. 1; das Regelbeispiel des § 94 II S. 2 Nr. 1 gilt auch hier. Tritt § 98 hinter § 30 iVm § 96 zurück und läge bei § 98 ein besonders schwerer Fall vor, so ist die Mindeststrafe von 1 Jahr einzuhalten (45 vor § 52). Nebenfolgen § 101; Einziehung § 101a.

10 **7) Tätige Reue** kann der Täter nach **II** üben, wenn er freiwillig (18ff. zu § 24) sein Verhalten aufgibt, dh seine Tätigkeit endgültig abbricht oder im Fall des Sichbereiterklärens nicht aufnimmt und außerdem sein Wissen von all dem, was mit seiner Tat zusammenhängt, insbesondere, was seine Mittelsmänner und die Beziehungen zu ihnen sowie seine eigene Tätigkeit angeht, einer Dienststelle (13 zu § 87) freiwillig (BGH **27**, 120) offenbart, also sein gesamtes Wissen dem Erklärungsempfänger vermittelt. Eine rechtzeitige Offenlegung ist (abw. von 13 zu § 87 und 21 zu § 129) nicht vorausgesetzt (3 StR 163/80), jedoch kann der Zeitpunkt der Offenbarung bei der Entscheidung nach II eine Rolle spielen (BGH aaO). Abs. II S. 1 gilt auch in besonders schweren Fällen des Abs. I S. 2. Das Gericht kann dann die Strafe nach seinem Ermessen mildern (§ 49 II) oder von Strafe nach § 98 absehen (4 zu § 83a; *Bergmann* [1a zu § 49] 205).

11 Ein **persönlicher Strafaufhebungsgrund** hinsichtlich der Strafe nach Abs. I S. 1 (nicht aber S. 2) ist nach II S. 2 gegeben, wenn der Täter **a)** zu seinem Verhalten von der fremden Macht oder einem ihrer Mittelsmänner gedrängt oder unter einen Druck gesetzt worden ist, der zwar nicht zu einer Entschuldigung nach § 35 führt, den Täter aber in eine psychische

Zwangslage versetzt hat (*Krauth* JZ **68**, 613), und **b)** sich unverzüglich, dh unmittelbar nach Wegfall der Drucksituation offenbart hat.

8) Konkurrenzen. Zum Verhältnis zu §§ 94, 96 I, 30 vgl. 5 zu § 96; oben 2 ff., 9. Tateinheit ist möglich mit §§ 86, 89, 99 (Ber. S. 21, 23), 100 a, 211, 234 a, 242, 263, 267, 353 b, möglicherweise auch mit §§ 16, 19 WStG bei verbotenem Grenzübertritt. § 109 f tritt hinter § 98 zurück. Nach BGH **28**, 169 werden mehrere Aktivitäten des Täters bei fortbestehender Beziehung zu derselben fremden Macht zu einer Bewertungseinheit verbunden. Zum Verhältnis zu § 1 I des 4. StÄG (Anh. 14) vgl. 20 zu § 93. **Sonstige Vorschriften** 11 zu § 94; § 142 a II Nr. 1 a, c GVG. 12

Geheimdienstliche Agententätigkeit

99 ᴵ **Wer**

1. für den Geheimdienst einer fremden Macht eine geheimdienstliche Tätigkeit gegen die Bundesrepublik Deutschland ausübt, die auf die Mitteilung oder Lieferung von Tatsachen, Gegenständen oder Erkenntnissen gerichtet ist, oder

2. gegenüber dem Geheimdienst einer fremden Macht oder einem seiner Mittelsmänner sich zu einer solchen Tätigkeit bereit erklärt,

wird mit Freiheitsstrafe bis zu fünf Jahren oder mit Geldstrafe bestraft, wenn die Tat nicht in § 94 oder § 96 Abs. 1, in § 97 a oder in § 97 b in Verbindung mit § 94 oder § 96 Abs. 1 mit Strafe bedroht ist.

II In besonders schweren Fällen ist die Strafe Freiheitsstrafe von einem Jahr bis zu zehn Jahren. Ein besonders schwerer Fall liegt in der Regel vor, wenn der Täter Tatsachen, Gegenstände oder Erkenntnisse, die von einer amtlichen Stelle oder auf deren Veranlassung geheimgehalten werden, mitteilt oder liefert und wenn er

1. eine verantwortliche Stellung missbraucht, die ihn zur Wahrung solcher Geheimnisse besonders verpflichtet, oder

2. durch die Tat die Gefahr eines schweren Nachteils für die Bundesrepublik Deutschland herbeiführt.

III § 98 Abs. 2 gilt entsprechend.

1 **1) Allgemeines.** Die Vorschrift idF des 8. StÄG (1 vor § 80) hat gemeinsam mit § 98 den § 100 e aF ersetzt (vgl. 1 zu § 98; BVerfGE **28**, 175). Sie ist verfassungsgemäß (BVerfGE **57**, 250 [hierzu auch *Krüger* NJW **82**, 855]; **92**, 317; NJW **91**, 930).

2 **Neuere Literatur:** *Albrecht,* Das Rechtsstaatsprinzip des Gesamtstaates, NJ **95**, 337; *Amelung,* Die strafrechtliche Bewältigung des DDR-Unrechts durch die deutsche Justiz – Ein Zwischenbericht, GA **96**, 51; *Arndt,* Das Grundgesetz u. die Strafverfolgung von Angehörigen der Hauptverwaltung Aufklärung, NJW **91**, 2466; *ders.,* Bestrafung von Spionen der DDR, NJW **95**, 1803; *Bottke,* in: *Lampe* (Hrsg.), Die Verfolgung von Regierungskriminalität der DDR nach der Wiedervereinigung, Bd. II 1993, 203; *Classen,* Anmerkung zu BGH B. v. 30. 1. 1991– 2 BGs 38/91 –, JZ **91**, 717; *ders.,* Straffreiheit für DDR-Spione: Verschlungene Pfade zu einem vernünftigen Ergebnis, NStZ **95**, 371; *v. Danwitz,* Qualifizierte Mehrheiten für normverwerfende Entscheidungen des BVerfG? Thesen zur Gewährleistung des Juridical Self-Restraint, JZ **96**, 481; *Doehring,* Zur Ratio der Spionenbestrafung – Völkerrecht u. nationales Recht, ZRP **95**, 293; *Engberding* KR **93**, 409 [nachrichtendienstlich gesteuerte Wirtschaftsspionage]; *Frowein/Wolfrum/Schuster* (Hrsg.), Völkerrechtliche Fragen der Strafbarkeit von Spionen aus der ehemaligen DDR, 1995 [Bespr. *Dannecker* AöR **96**, 647]; *Gerhardt,* ZRP-Rechtsgespräch mit Sabine Leutheusser-Schnarrenberger: Amnestie für Spione? ZRP **95**, 308; *Gehrlein,* Die Strafbarkeit der Ost-Spione auf dem Prüfstand des Verfassungs- u. Völkerrechts, 1997 (Diss. Saarbrücken 1996 [Bespr. *Kreß* GA **99**, 397]); *Hannich,* Die Zuständigkeitsregelungen für die Strafverfolgung von Proliferation – Staatsschutz oder Wortschaftsstraftat?, Nehm-FS (2006), 139; Hillenkamp, Offene oder verdeckte Amnestie – über Wege strafrechtlicher Vergangenheitsbewältigung, JZ **96**, 179; *Hirsch* [31 vor § 3] 26; *Huber,* Die aktuelle Entscheidung: Die Strafbarkeit von MfS-Spionen, Jura **96**, 301; *Ignor/Müller,* Spionage u. Recht. Bemerkungen zur Strafverfolgung der ehemaligen DDR-Spionage, StV **91**, 573; *Kasper,* Die Strafbarkeit von DDR-Ge-

heimdienstmitarbeitern, MDR **94**, 545; *Kinkel,* Wiedervereinigung u. Strafrecht, JZ **92**, 485; *Küpper,* Strafrechtsprobleme im vereinten Deutschland, JuS **92**, 723; *Lackner/Kühl,* Landesverräterische Agententätigkeit, ZStW **78**, 695; *Lampe/Schneider,* Neuere Entwicklungen in der Rsrp. des BGH zur Beendigung der geheimdienstlichen Agententätigkeit (usw.), GA **99**, 105; *Lippold* Die Strafbarkeit der DDR-Spionage u. ihre Verfassungsmäßigkeit, NJW **92**, 18; *Loos/Radtke,* Mfs-Offiziere als (Mit-)Täter des Landesverrats (§ 94 StGB)? (usw.), StV **94**, 565; *Lüderssen,* Zu den Folgen des „Beitritts" für die Strafjustiz der Bundesrepublik Deutschland, StV **91**, 483; *Pabst,* Zum Begriff der geheimdienstlichen Tätigkeit in § 99 Abs. 1 StGB, JZ **77**, 427; *Paeffgen,* Unterbrechung der geheimdienstlichen Tätigkeit (§ 99 StGB) u. konkurrenzrechtlicher Handlungsbegriff, JR **99**, 89; *Popp,* Konkurrenzen u. Verjährung bei jahrelanger geheimdienstlicher Agententätigkeit, Jura **99**, 577; *Schlüchter/Duttge,* Spionage zugunsten des Rechtsvorgängerstaates als Herausforderung für die Strafrechtsdogmatik, NStZ **96**, 457; *dies.,* Beteiligung an Spionagestraftaten zugunsten der DDR – Fall Wienand, NStZ **98**, 618; *Schlüchter/Duttge/Klumpe,* Verjährung eines tatbestandlichen Handlungskomplexes am Beispiel geheimdienstlicher Agententätigkeit, JZ **97**, 995; *F. C. Schroeder,* Die Strafbarkeit der Ausforschung der Bundesrepublik durch die DDR (usw.), JR **95**, 441; *Schünemann,* in: *Lampe* (Hrsg.), Die Verfolgung von Regierungskriminalität der DDR nach der Wiedervereinigung, Bd. II 1993, 173; *Simma/Volk,* Der Spion, der in die Kälte kam. Zur BGH-Entscheidung über die Strafbarkeit der DDR-Spionage (usw.), NJW **91**, 871; *Volk,* Übermaß u. Verfahrensrecht. Zur Spionage-Entscheidung des BVerfG, NStZ **95**, 367; *Wassermann,* Regierungskriminalität u. justitielle Aufarbeitung – Möglichkeiten u. Grenzen, DRiZ **93**, 137; *Widmaier,* Strafbarkeit der DDR-Spionage gegen die Bundesrepublik – auch noch nach der Wiedervereinigung? NJW **90**, 3169; *ders.,* Verfassungswidrige Strafverfolgung der DDR-Spionage: Verstoß gegen das Rückwirkungsverbot des Art. 103 II GG, NJW **91**, 2460; *ders.,* DDR-Spionage u. Rechtsstaat (usw.), NJ **95**, 345; *Wilke,* Das Kammergericht im Irrgarten des Ostwestrechts, NJW **91**, 2465; *Zuck,* Spione in Ost u. West, MDR **91**, 1009.

3 **2) Regelungszweck; Anwendungsbereich.** § 99 bestraft die **„einfache" nachrichtendienstliche Tätigkeit** ohne Beschränkung auf Staatsgeheimnisse iSd § 93. § 5 Nr. 4 (vgl. dort) bezieht auch die im Ausland begangenen Tätigkeiten aller Personen unabhängig vom Recht des Tatorts ein, die sie für ausländische Geheimdienste ausüben (BGH **24**, 277; **aA** *Schroeder* NJW **81**, 2282). Die Tat nach Abs. I ist ein **abstraktes Gefährdungsdelikt** (*S/S-Stree/Sternberg-Lieben* 18). Angriffsziel sind die **Interessen der Bundesrepublik** (vgl. unten 8), Rechtsgut die vom Begriff des „Staatsschutzes" iS von Art. 96 V GG umfassten Werte (*Lampe* NStZ **04**, 210, 211).

4 Auf hauptamtliche **Mitarbeiter des MfS der ehem. DDR** und deren Agenten waren wegen ihrer vor dem Beitritt gegen die BRep. begangenen Spionagetätigkeit nach **BVerfGE 92**, 277 § 99 und § 94 auch dann grds. anwendbar, wenn die Tätigkeit im früheren DDR-Staatsgebiet und im Ausland ausgeführt wurde (BVerfGE **92**, 277, 318 ff.). Für einzelne Tätergruppen ergaben sich aber aus dem Verhältnismäßigkeitsgrundsatz **Einschränkungen** der Strafbarkeit (325 ff.; **aA DissVot** ebd. 341 ff.; *Doehring* ZRP **95**, 293; *Naucke* [31 vor § 3] 39 Fn. 59; *H. W. Schmidt* NStZ **96**, 373]): **(1)** Für *DDR-Staatsbürger* mit dem Lebensmittelpunkt in der DDR, die ihrer Spionagetätigkeit ausschließlich *auf dem Boden der DDR* oder solcher Staaten nachgegangen sind, in denen ihnen weder eine Strafverfolgung noch eine Auslieferung an die BRep. drohte, besteht *unmittelbar von Verfassungs wegen ein Verfolgungshindernis* [335], das auf die Tatbestände der §§ 94, 99 beschränkt ist (und nicht auf Verbrechen gegen Leben ausgedehnt werden kann: 5 StR 322/95). Der BGH (**41**, 301; BGHR Ausüben 2) hat daher seine insoweit abw. Rspr (BGH **39**, 260) aufgegeben (vgl. auch BGH **42**, 314; 324 [m. Anm. *Dehn* NStZ **97**, 143 zur Wiederaufnahme nach § 79 I BVerfGG]). **(2)** Im Fall von *DDR-Staatsbürgern,* die *auf dem Gebiet der BRep.* Spionagestraftaten begangen haben, war im Einzelfall *abzuwägen, ob* und inwieweit die Verfolgung und Bestrafung ihrer Taten nach der Wiedervereinigung mit dem *Übermaßverbot* in Einklang stand [336]. **(3)** Nur in eingeschränktem Umfang gilt das Verfolgungshindernis für *DDR-Staatsbürger,* die Spionage gegen die BRep. *vom Boden eines ausländischen Staates aus* betrieben haben, in dem ihnen Strafverfolgung oder Auslieferung an die BRep. drohte (vgl. dazu NStZ-RR **96**, 129). Auch von Autoren, die die Nichtbestrafung von DDR-Spionen iErg befürworten, wurde die Begründung des BVerfG kritisiert (*Hillenkamp* JZ **95**, 180; *Schroeder* JR **95**, 441; *Volk* NStZ **95**, 367; *Classen NStZ* **95**, *374; W. Schmidt* JR **96**, 432; vgl. auch *Schlüchter/Duttge* NStZ **96**, 460 sowie *C. Arndt* NJW **95**, 1803; *H.J. Hirsch* [31 vor § 3] 26). In der Tat war das aus dem Verhältnismäßigkeitsgrundsatz abgeleitete **Verfolgungshindernis** weder dem materiellen noch dem Prozessrecht eindeutig zuzuordnen; es hatte die Wirkung einer **Amnestie** (vgl. *Lampe* NStZ **04**, 210, 212).

Sein **politischer Charakter** wurde gerade auch dadurch deutlich, dass die *dogmatische* Einordnung *bewusst* offen gelassen wurde. Dass das Verfassungsgericht für eine Entscheidung dieser Art *zuständig* war, ist zu bezweifeln. Inzwischen ist der Gesamtkomplex durch Verfahrenserledigung oder Verjährung weitgehend abgeschlossen.

3) Tathandlung des **Abs. I Nr. 1.** Tatbestandliche Handlung nach Nr. 1 ist das **Ausüben** (2ff. zu § 98; BVerfGE **57**, 265) einer **geheimdienstlichen Tätigkeit**. Dem Merkmal der „Geheimdienstlichkeit" kommt eine eingrenzende Bedeutung zu (BVerfGE **57**, 250, 265ff.; BGH NStZ **07**, 93 [ErmRi]; MK-*Lampe/Hegmann* 9). "Geheimdienstlich" ist eine Tätigkeit, deren *äußeres Bild* dem entspricht, was für die Arbeit von Agenten und anderen Hilfspersonen solcher Dienste *typisch* und kennzeichnend ist (BGH **24**, 369; **31**, 318 [dazu *Stree* NStZ **83**, 551; *Schroeder* JZ **83**, 673]; vgl. auch NStZ **07**, 93 [ErmRi]); namentlich also Geheimhaltung und Anwendung konspirativer Methoden. Die Strafbarkeit nach § 99 erstreckt sich auf Tätigkeiten in allen Bereichen und unabhängig von der Qualifizierung der Informationen (BVerfGE **57**, 265; BGHR Ausüben 1). Maßgebend ist das Gesamtverhalten des Täters (BGH **24**, 373 [krit. *Pabst* JZ **77**, 427]; **30**, 294). *Charakteristisch* sind zB Unterschreiben einer Verpflichtungserklärung, Verwendung von Decknamen und Deckadressen, Zuteilung eines Führungsmannes, konspirative Treffs, getarnte Nachrichtenübermittlung (Code), Verwendung von Kurieren, Kleinsendern, Mikrofotografie, toten Briefkästen. Es genügt aber auch die Erteilung lückenloser und rückhaltloser Auskünfte unter Entfaltung aktiver Mitarbeit für den fremden Geheimdienst (BGH **27**, 133 [krit. zum Ganzen *Schroeder* NJW **81**, 2280]; NStZ **86**, 166, hierzu MDR/S **86**, 178), ferner die Ausforschung einer Fluchthilfeorganisation im Geltungsbereich des GG (BGH **43**, 125; KG NJW **89**, 1374), ebenso jede (nicht nur typisch konspirative) Form des Zugänglichmachens erkenntniswerter Objekte (vgl. Hamburg NJW **89**, 1371), **nicht** hingegen die bloße Erteilung von Auskünften, auch gegenüber dem Angehörigen eines Geheimdienstes, wenn sie nicht in geheimdienstlichen Formen vor sich geht oder sich zur geheimdienstlichen Tätigkeit entwickelt, oder Aussagen im Rahmen von Vernehmungen (BGH **24**, 375; **30**, 294; LK-*Schmidt* 4; SK-*Rudolphi* 6; and. Bay NJW **71**, 1417); erforderlich ist vielmehr das Entfalten einer eigenen Aktivität (BGHR Ausüben 1); das gilt zB für Auskünfte auf wissenschaftlichen Kongressen (BGH aaO; *Schroeder* NJW **81**, 2280; *F. Vogel* ZRP **82**, 39). **5**

a) Die Tätigkeit muss für den **Geheimdienst einer fremden Macht** (6 zu § 93; *Schroeder* NJW **81**, 2280) ausgeübt werden. Geheimdienst ist eine ständige Einrichtung im **staatlichen Bereich** (private Pressedienste scheiden aus; vgl. aber *S/S-Stree/Sternberg-Lieben* 6), die insbesondere für die politische Führung Nachrichten systematisch und unter Anwendung konspirativer Methoden sammelt, um vor allem die politische Lage fremder Mächte und deren militärisches wie wirtschaftliches Potential abzuklären. Auf die Organisationsform kommt es nicht an; zur Bestimmung einer Organisationsstruktur als Geheimdienst kommt es auf eine **funktionelle Betrachtung** an (NStZ **06**, 160). Von **Privatunternehmen** unterhaltene Organisationen allein zur Wirtschaftsspionage sind nicht erfasst (*S/S-Stree/Sternberg-Lieben* 5; LK-*Schmidt* 5); wohl aber Privatunternehmen, die als **Tarnfirmen** in das geheimdienstliche Netzwerk einer fremden Macht eingebunden sind (vgl. BGH [*Ermittlungsrichter*] 2 BGs 87/98; NStZ **06**, 160 [Anm. *Schmidt/Wolff*]; *Hannich*, Nehm-FS [2006] 139, 143f.; zur Abgrenzung vgl. aber NStZ-RR **05**, 305, 306; StV **06**, 466f.); Zusammenarbeit mit einem von einem fremden Geheimdienst gesteuerten privatrechtlich organisierten Unternehmen unterfällt § 99. Die *Hauptverwaltung Aufklärung* (HVA) des MfS der DDR war bis zum 30. 6. 1990 und die übrigen Diensteinheiten des MfS waren bis zum 31. 3. 1990 Geheimdienste einer fremden Macht (*Schmidt* NStZ **95**, 263). **6**

b) Die Tätigkeit muss **für den Geheimdienst** ausgeübt werden; erforderlich ist also ein zielgerichtetes Handeln zur Leistung von Diensten. Damit werden sowohl **7**

auf eigene Faust tätig werdende Agenten erfasst als auch alle Personen, die an der Aktivität eines geheimdienstlichen Apparates beteiligt sind, um Nachrichten von dem Dienst zum Agenten oder umgekehrt zu übermitteln (Ber. 23). Der Täter muss sich **funktionell** durch aktive Mitarbeit in den fremden Dienst und dessen Ausforschungsbestrebungen **eingliedern** (BGH **24**, 369; NStZ-RR **05**, 305, 306; NStZ **07**, 93 [ErmRi]); einer *organisatorischen* Eingliederung in den Dienst bedarf es nicht. „Probeaufträge" sind erfasst, wenn sie nicht nur der Schulung dienen, sondern zur Prüfung der Eignung oder Ergiebigkeit einer Quelle schon Erkenntnisse für den fremden Geheimdienst liefern sollen. Untergeordnete technische Bedienstete scheiden aus. Der Täter muss nicht selbst Agent im technischen Sinne sein (Ber. 23); für die mittäterschaftliche Beteiligung genügt das Sich-Einspannenlassen in die konspirative Nachrichtenübermittlung (NStZ **86**, 166). Eine einmalige Tätigkeit kann ausreichen (LK-*Schmidt* 3); bei einer bloßen einmaligen Lieferung von Gegenständen oder Erkenntnissen liegt aber eine für § 99 erforderliche *funktionelle* Eingliederung nicht nahe (vgl. NStZ-RR **05**, 305, 306 [krit. Anm. *Schmidt/Wolff* NStZ **06**, 161). Bei einer **vereinzelten Tätigkeit**, die nicht in der Form einer „*klassischen*" Agententätigkeit erfolgt, kann für eine funktionelle Eingliederung namentlich sprechen, dass der Täter sich konspirativ verhält und dass die Verbindung zu dem fremden Geheimdienst maßgeblich dessen Informationsgewinnung dient (NStZ **07**, 93, 94 [ErmRi]). Str. ist, ob Nr. 1 voraussetzt, dass der Täter sich zuvor zur Ausübung der Tätigkeit bereit erklärt hat, also auf der Grundlage eines **bereits bestehenden Kontakts** handelt (dagegen BGH **25**, 145; Hamburg NJW **89**, 1371; *Schroeder* NJW **81**, 2281; LK-*Schmidt* 5; MK-*Lampe/Hegmann* 13). Dafür spricht, anders als bei § 98 I Nr. 1 (vgl. dort), dass das rein „vorsorgliche" Sammeln von Informationen, die keine Staatsgeheimnisse sind, ohne Kontaktaufnahme mit einem Geheimdienst idR nicht die für den Tatbestand spezifische Gefährlichkeit aufweist (*S/S-Stree/Sternberg-Lieben* 12). Die Einbeziehung von *Möchtegern*-Agenten, die nutzlose Informationen sammeln, wäre unangemessen.

8 **c)** Die Tätigkeit muss **gegen die Bundesrepublik** gerichtet sein. Das Merkmal dient der Tatbestandsbegrenzung nach Streichung des Erfordernisses eines „Staatsgeheimnisses" durch das 8. StÄG (vgl. BT-Drs. V/2860, 22, 23; KG NStZ **04**, 209). Es ist nicht eng im Sinn eines unmittelbar gegen Bestand oder staatliche Organisation gerichteten Handelns zu verstehen; ausreichend ist vielmehr eine Tätigkeit **gegen die Interessen** der Bundesrepublik (vgl. BVerfGE **57**, 267; BGH **29**, 325, 328; KG NStZ **04**, 209). Das ist nicht schon ohne weiteres der Fall, wenn es sich lediglich um das Interesse der BRep. handelt, dass Erkenntnisse ihrer Verbündeten nicht an eine fremde Macht gelangen (BGH **32**, 106; **37**, 307; vgl. MDR/S **84**, 184; **85**, 184; zu Interessen von NATO-Vertragsstaaten vgl. 20 zu § 93). Es kann aber im Einzelfall auch dann gegeben sein, wenn sich die Tätigkeit ausschließlich gegen **Ausländerorganisationen** in der BRep. oder gegen hier lebende Ausländer richtet (BGH **29**, 325, 329 ff. [Ausspähung von Exil-Bulgaren; krit. *Schroeder* NJW **81**, 2281]; enger unter Zugrundelegen einer „Lagertheorie" KG NStZ **04**, 209 [Ausspähung von Exil-Iranern; krit. Anm. *Lampe* ebd. 210]; vgl. dazu auch MK-*Lampe/Hegmann* 15 ff. vor 93). Eine Tätigkeit ist nach BGH (*Ermittlungsrichter*) NStZ **06**, 160 nicht „gegen die Bundesrepublik" gerichtet, wenn ihr eigentliches Zielland ein Drittland ist und die Verbindung zur Bundesrepublik sich darin erschöpft, dass ein deutscher Mittäter hier seinen Wohnsitz und Firmensitz hat (krit. Anm. *Schmidt/Wolff* NStZ **06**, 161, 163 f.). Auch eine nur mittelbare Beeinträchtigung des *Ansehens* der Bundesrepublik durch Beteiligung eines Deutschen an einem allein auslandbezogenen Tatgeschehen reicht nicht aus (StV **07**, 298 [ErmRi; Beteiligung eines Deutschen an Beschaffungsvorhaben für iranisches Atomprogramm]).

9 **d)** Die Tätigkeit muss auf die **Mitteilung** (2 f. zu § 94) oder **Lieferung** von **Tatsachen, Gegenständen oder Erkenntnissen** (2 zu § 93) gerichtet sein, dh hier auf Mitteilung an den Geheimdienst oder dessen Mittelsmänner (vgl. 4 zu § 98),

die mittelbar über den Täter laufen kann, aber auch auf andere Weise möglich ist (vgl. BGH **25**, 145). Die Mitteilung braucht nur das letzte Ziel der Tätigkeit zu sein (vgl. Prot. V 1527 f.). Hinsichtlich der Art der Tatsachen ergibt sich eine gewisse Eingrenzung nur durch das Merkmal „gegen die BRep." Im Übrigen kann es sich im Gegensatz zu § 100 I Nr. 1 RegE um beliebige Tatsachen aus jedem Bereich handeln, auch wenn der politische, wirtschaftliche und wissenschaftliche Bereich vorherrschen wird. Die Nachrichten können in Ausnahmefällen auch ausländische Angelegenheiten betreffen. Die sog. Personenabklärung ist erfasst. Die Tatsachen brauchen nicht geheim zu sein, können es aber sein, solange es sich nicht um Staatsgeheimnisse iS von § 93 handelt (dann §§ 94 I Nr. 1, 96 I, 98); in Betracht kommen danach Geheimnisse, deren Verrat keinen schweren Sicherheitsnachteil bringen würde, Mosaikgeheimnisse und diplomatische Geheimnisse (BGH **24**, 376; hiergegen *Pabst* JZ **77**, 429), soweit sie nicht unter § 93 fallen, Regierungsgeheimnisse, innenpolitische sowie illegale Geheimnisse (§ 93 II).

e) Die Tat ist **keine Dauerstraftat** (BGH **42**, 215 [dazu *Lampe/Schneider* GA **99**, 105, 107 ff.]; zust. *S/S-Stree/Sternberg-Lieben* 2; *Lackner/Kühl* 7 zu § 98; SK-*Rudolphi* 7; LK-*Schmidt* 2 zu § 98; *Geppert* NStZ **96**, 59; *Lampe/Schneider* GA **99**, 107; *Paeffgen* JR **99**, 89; *Schlüchter/Duttge/Klumpe* JZ **97**, 995; **aA** noch BGH **28**, 171; NStZ **84**, 310 [m. Anm. *H. Wagner* StV **84**, 189]; Bay NJW **96**, 670; offen gelassen BGHR Ausüben 1; NStZ **96**, 492; krit. *Lampe* in: *Geisler* (Hrsg.), Zur Rechtswirklichkeit nach Wegfall der „fortgesetzten Handlung", 1998, 95, 101), denn es kommt für § 99 nicht auf die Aufrechterhaltung eines rechtswidrigen **Zustands** an. Eine Mehrzahl von Einzeltätigkeiten, die von dem fortdauernden Willen zur Zusammenarbeit getragen werden, stellt sich vielmehr regelmäßig als **tatbestandliche Handlungseinheit** dar (BGH **42**, 217; **43**, 1 [m. krit. Anm. *Rudolphi* NStZ **97**, 489, *Schlüchter* JZ **97**, 995 u. *Paeffgen* JR **99**, 89; *Popp* Jura **99**, 577]; **43**, 125; *Geppert* NStZ **96**, 57, 59), soweit und solange sie insgesamt eine gegen die BRep. gerichtete Tätigkeit enthalten. Unterbrechungen, die nicht im normalen Lauf dieser Tätigkeit liegen, führen zur **Beendigung** der Tat iS des § 78 a (krit. *Lampe/Schneider* GA **99**, 112). Eine durch – mehrfaches – Ausspähen von Fluchthilfeorganisationen begangene Tat war daher mit dem Abschluss der Letzten hierauf gerichteten Handlung beendet, wenn der Täter danach als IM des MfS zur Ausspähung DDR-interner Vorgänge eingesetzt war (BGH **43**, 125). Nach diesen Grundsätzen ist auch zu beurteilen, ob das bloße Sich-Bereithalten eines Agenten ohne jedes Tätigwerden den Tatbestand des I Nr. 1 erfüllt (offen gelassen von NStZ **96**, 130): Lag vor der „Wartephase" noch keine Tätigkeit iS von oben 5 vor, so ist idR nur I Nr. 2 gegeben. Eine inaktive Zeitspanne nach vollständigem Abschluss eines Tätigkeitskomplexes bis zu einem – eventuellen – erneuten Einsatz unterbricht den Zusammenhang und stellt selbst keine Tätigkeit iS der Nr. 1 dar. Soweit in dieser Phase die *generelle* Bereitschaft zur Zusammenarbeit (Nr. 2) fortwirkt, verklammert sie die Taten nach Nr. 1 nicht. Andererseits unterbricht nach BGH **43**, 1 ein Wechsel des Einsatzortes oder des Ausspähungsobjekts die Tätigkeit auch dann nicht, wenn ihm eine längere inaktive Vorbereitungsphase – etwa aus Gründen der Konspiration – vorausgeht. Denn § 99 erfasst gerade auch langdauernde Agententätigkeiten mit „open-end"-Charakter; die bloße Unterbrechung der Tätigkeit eines aktiven Agenten führt nicht zur Beendigung der Tat. Die weitergehende Ansicht *Rudolphis* (NStZ **97**, 490 und SK 7 a; ähnlich *Schlüchter/Duttge/Klumpe* JZ **97**, 995, 999 f.; *Schlüchter/Duttge* NStZ **98**, 618) setzt zwar zutreffend daran an, dass nicht allein die böse (fortbestehende) *Gesinnung* des Täters den Beginn der Verjährung hindern kann; das Ergebnis, „jede längerfristige Einstellung" der aktiven Tätigkeit als Beendigung iS des § 78 S. 1 anzusehen, führt aber gerade nicht zu der gewünschten Differenzierung, denn was eine „längere Frist" ist, bestimmt sich nach dem *konkreten* Inhalt des Auftrags. Für die Bestimmung des Beendigungszeitpunkts kann es daher nur darauf ankommen, wann dieser konkrete Auftrag erfüllt oder seine Erfüllung abgebrochen worden ist (iErg ebenso *S/S-Stree/Sternberg-Lieben* 2; wohl auch MK-*Lampe/Hegmann* 11). **10**

11 **4) Tathandlung des Abs. I Nr. 2:** Tatbestandliche Handlung nach Nr. 2 ist das **Sichbereiterklären** zu einer Tätigkeit nach I Nr. 1 gegenüber dem fremden Geheimdienst oder einem Mittelsmann (dazu 4 zu § 98).

12 **5) Vorsatz** ist erforderlich, bedingter genügt (BGH **31**, 321 m. Anm. *Stree* NStZ **83**, 552). Der Einwand des Täters, dass er nur eine Scheintätigkeit habe entwickeln wollen, ist widerlegt, sobald er die erste Nachricht mitgeteilt hat.

13 **6) Rechtfertigung** kommt namentlich auf Grund behördlichen **Auftrags** in Betracht; bei Doppelagenten mag es je nach Sachlage auch bereits am Tatbestand (*„gegen"* die BRep.) fehlen. In Betracht kommt auch § 34. Hier kann es zu schwierigen Abgrenzungsfragen auch zu § 35 kommen; ein „besonnenes Standhalten" und eine Abwendung durch Selbstanzeige dürfte in Einzelfällen die Grenze der Zumutbarkeit überschreiten, wenn (zunächst) relativ geringfügige Taten mit der Drohung der Vernichtung wirtschaftlicher Existenz, der sozialen Stellung oder der privaten Lebenssituation abgepresst werden.

14 **7) Täterschaft und Teilnahme.** Täter nach Nr. 1 ist jeder, der die geheimdienstliche Tätigkeit ausübt, also an der Informationsgewinnung oder Übermittlung mitwirkt (NStZ **86**, 165); so etwa ein Kurier (BGH **31**, 317; NStZ **86**, 166). Wer eigene Tätigkeit entfaltet, ist kein Gehilfe, selbst bei untergeordneter Bedeutung (BGH **24**, 377). Eine Eingliederung in die Organisation des Geheimdienstes ist nicht erforderlich (BGH **24**, 369). **Teilnehmer** sind nach zutr. Ansicht nur Außenstehende, namentlich Anstifter; Beihilfe ist bei unspezifischen Unterstützungen denkbar (*S/S-Stree/Sternberg-Lieben* 22; MK-*Lampe/Hegmann* 24; ähnlich *Lackner/Kühl* 3; **aA** SK-*Rudolphi* 16 [Straflosigkeit der Beihilfe]).

15 **8) Besonders schwere Fälle (Abs. II).** Als Regelbeispiel (dazu 88 ff. zu § 46) nennt **II S. 2** den Fall, dass der Täter selbst Geheimnisse dem fremden Dienst oder einem seiner Mittelsmänner mitteilt oder liefert, die von einer amtlichen Stelle oder auf deren Veranlassung faktisch geheimgehalten werden (2 zu § 95). Da § 99 hinter § 94 I Nr. 1 zurücktritt, können das Staatsgeheimnisse iS von § 93 I nur dann sein, wenn der Täter insoweit ohne Vorsatz handelt. I setzt einen Geheimnisbruch nicht voraus, erfasst ihn aber insofern, als die geheimdienstliche Tätigkeit gerade wegen dieser Zielrichtung unter Strafe gestellt und der erfolgte Geheimnisbruch ein gesetzliches Anzeichen (vgl. II S. 2) für höhere Strafwürdigkeit ist (BGH **28**, 325). Zur Mitteilung muss im Regelbeispielsfall hinzutreten, dass der Täter entweder eine **verantwortliche Stellung missbraucht,** die ihn zur Wahrung *solcher* Geheimnisse, also nicht nur von Staatsgeheimnissen, besonders verpflichtet, **oder** dass er durch die Tat die **Gefahr eines** schweren (nicht wie in § 94 II Nr. 2 eines besonders schweren) **Nachteils** für die BRep., also nicht nur für deren äußere Sicherheit, vorsätzlich herbeiführt (vgl. Koblenz StV **91**, 464).

16 **9) Tätige Reue (Abs. III).** Für die Tätige Reue gilt § 98 II entsprechend (vgl. dort 10; krit. *S/S-Stree/Sternberg-Lieben* 29).

17 **10) Konkurrenzen.** I Nr. 2 ist gegenüber Nr. 1 subsidiär (BGH **43**, 1 m. Anm. *Rudolphi* NStZ **97**, 489 u. *Schlüchter* NStZ **97**, 995). Nach der Subsidiaritätsklausel in I tritt § 99 zurück hinter die §§ 94, 96 I (BGH **24**, 72), 97 a sowie 97 b iVm §§ 94, 96 I. Handlungen, die ein Agent im Rahmen ein und derselben Beziehung vornimmt, sind – über die Fälle der natürlichen Handlungseinheit hinaus – aus der Natur des Delikts des I Nr. 1 zu einer tatbestandlichen Handlungseinheit verbunden (BGH **42**, 215; **43**, 1; 125; BGHR Ausüben 1), jedoch wird durch eine Anklage nach § 99 die Strafklage wegen eines im Verlauf der Spionagetätigkeit begangenen schweren Verbrechens nach § 234 a nicht verbraucht (BGH **41**, 300). Zum Verhältnis zu § 30 vgl. 5 zu § 96. Im Übrigen gilt 12 zu § 98.

18 **11) *Sonstige Vorschriften*** 11 zu § 94; Rechtfertigungs- und Entschuldigungsgründe, Tatort, Tätige Reue 10 zu § 98; **Zuständigkeit** § 142 a GVG (zur Zuständigkeit des GBA für Zusammenhangstaten vgl. NStZ **07**, 117). Zur Anwendung des § 99 auf geheimdienstliche Tätigkeit gegen den betroffenen NATO-Vertragsstaat vgl. § 1 I Nr. 4 4. StÄG (Anh. 14) und BGH **32**, 108 ff., 113; MDR/S **84**, 184.

Friedensgefährdende Beziehungen

100 **I Wer als Deutscher, der seine Lebensgrundlage im räumlichen Geltungsbereich dieses Gesetzes hat, in der Absicht, einen Krieg oder ein bewaffnetes Unternehmen gegen die Bundesrepublik Deutschland herbeizuführen, zu einer Regierung, Vereinigung oder Einrichtung außerhalb des räumlichen Geltungsbereichs dieses Gesetzes oder zu einem ihrer Mittelsmänner Beziehungen aufnimmt oder unterhält, wird mit Freiheitsstrafe nicht unter einem Jahr bestraft.**

II In besonders schweren Fällen ist die Strafe lebenslange Freiheitsstrafe oder Freiheitsstrafe nicht unter fünf Jahren. Ein besonders schwerer Fall liegt in der Regel vor, wenn der Täter durch die Tat eine schwere Gefahr für den Bestand der Bundesrepublik Deutschland herbeiführt.

III In minder schweren Fällen ist die Strafe Freiheitsstrafe von einem Jahr bis zu fünf Jahren.

1) Allgemeines. Die Vorschrift gilt in der Fassung des 8. StÄG (1 vor § 80). Geschütztes **Rechtsgut** ist die äußere Sicherheit der BRep. 1

2) Täter kann nur ein Deutscher sein, der seine Lebensgrundlage in der BRep. hat; die Tat ist also Sonderdelikt. Der **Tatort** kann ein beliebiger sein (§ 5 Nr. 4). 2

3) Tathandlung ist das Aufnehmen oder Unterhalten von **Beziehungen,** dh einer in Übereinstimmung der Beziehungspartner auch ohne Initiative des Täters (MDR **61**, 614; BGH **15**, 231; **16**, 252; **17**, 63; Neustadt GA **59**, 156) eingegangenen, auf gewisse Dauer angelegten geistigen und tatsächlichen Verbindung zu **a)** einer außerhalb des räumlichen Geltungsbereichs des Gesetzes bestehenden beliebigen **Regierung, Vereinigung oder Einrichtung** (2ff. zu § 85) oder **b)** zu einem inländischen (vgl. BGH **16**, 298) oder ausländischen **Mittelsmann** einer solchen Stelle. Eine entsprechende Bereitschaftserklärung ist nur strafbarer Versuch (*Lackner/Kühl* 3; SK-*Rudolphi* 5; **aA** *S/S-Stree/Sternberg-Lieben* 4; Bay **62**; 125; Celle NJW **65**, 457; vgl. auch LK-*Schmidt* 4). Das Unterhalten von Beziehungen ist Dauerstraftat (BGH **15**, 231; **16**, 26). 3

4) Vorsatz ist erforderlich, bedingter genügt. Doch muss die Tathandlung von der **Absicht** getragen sein, einen **Krieg oder ein bewaffnetes Unternehmen,** dh irgendein organisiertes, umfangreicheres Vorgehen mit Waffengewalt gegen die BRep. (Zwangsmaßregeln wie Sanktionen, Blockaden, Abschneiden von wichtigen Verkehrswegen reichen nicht mehr aus) herbeizuführen (ähnlich *Krauth* JZ **68**, 613). Absicht der Förderung eines schon im Gang befindlichen Unternehmens genügt nicht (*M/Schroeder/Maiwald* 85/86). 4

5) Nach II liegt ein besonders schwerer Fall (vgl. 11 zu § 12; 88ff. zu § 46) idR vor, wenn der Täter durch die Tat eine konkrete Gefahr (3 zu § 34) für den Bestand der BRep. (2ff. zu § 92) vorsätzlich herbeiführt. Die Gefahr muss eine schwere, dh entweder besonders nahe oder die Gefahr eines schweren Nachteils sein. **Zu III** vgl. 9ff. zu § 12 und 85ff. zu § 46. Neben der Strafe sind auch in den Fällen von I und III Statusfolgen nach § 101 möglich; erweiterte Einziehungsmöglichkeit nach § 101 a. 5

6) Tateinheit möglich zB mit §§ 84 bis 86, 87 bis 89, 98, 99, 109f. **Sonstige Vorschriften** 11 zu § 94. 6

Landesverräterische Fälschung

100a **I Wer wider besseres Wissen gefälschte oder verfälschte Gegenstände, Nachrichten darüber oder unwahre Behauptungen tatsächlicher Art, die im Falle ihrer Echtheit oder Wahrheit für die äußere Sicherheit oder die Beziehungen der Bundesrepublik Deutschland zu einer fremden Macht von Bedeutung wären, an einen anderen gelangen lässt oder öffentlich bekanntmacht, um einer fremden Macht vorzutäuschen, dass es sich um echte Gegenstände oder um Tatsachen handele,**

und dadurch die Gefahr eines schweren Nachteils für die äußere Sicherheit oder die Beziehungen der Bundesrepublik Deutschland zu einer fremden Macht herbeiführt, wird mit Freiheitsstrafe von sechs Monaten bis zu fünf Jahren bestraft.

II Ebenso wird bestraft, wer solche Gegenstände durch Fälschung oder Verfälschung herstellt oder sie sich verschafft, um sie in der in Absatz 1 bezeichneten Weise zur Täuschung einer fremden Macht an einen anderen gelangen zu lassen oder öffentlich bekanntzumachen und dadurch die Gefahr eines schweren Nachteils für die äußere Sicherheit oder die Beziehungen der Bundesrepublik Deutschland zu einer fremden Macht herbeizuführen.

III Der Versuch ist strafbar.

IV In besonders schweren Fällen ist die Strafe Freiheitsstrafe nicht unter einem Jahr. Ein besonders schwerer Fall liegt in der Regel vor, wenn der Täter durch die Tat einen besonders schweren Nachteil für die äußere Sicherheit oder die Beziehungen der Bundesrepublik Deutschland zu einer fremden Macht herbeiführt.

1 **1) Allgemeines.** Die Vorschrift idF des 8. StÄG (1 vor § 80)richtet sich gegen landesverräterische Fälschungen, die im Falle ihrer Echtheit oder Wahrheit für die **äußere Sicherheit** der BRep. oder ihre Beziehungen zu einer fremden Macht von Bedeutung wären. Bestraft wird somit die **politische Verleumdung** der BRep. (*S/S-Sternberg-Lieben* 1).

2 **2) Tatobjekte.** Die Tathandlung muss sich auf bestimmte Gegenstände beziehen, die ihrer Natur und Zweckbestimmung nach Einfluss auf die äußeren Beziehungen der BRep. haben können. Dies sind nach Abs. I:

a) gefälschte oder **verfälschte Gegenstände,** worunter hier Sachen zu verstehen sind, bei denen durch ihre Herstellung oder Veränderung der Schein hervorgerufen wird, als hätten sie eine Herkunft, Bedeutung oder Verwendung, die sie in Wahrheit nicht haben (Unechtheit);

b) Nachrichten (zum Begriff BGH **30**, 16) über solche Gegenstände, die zur Irreführung über deren Echtheit geeignet sind. Dies können auch **wahre** Nachrichten sein (MK-*Lampe/Hegmann* 4; LK-*Schmidt* 2; SK-*Rudolphi* 4; *S/S-Stree/Sternberg-Lieben* 3);

c) unwahre Behauptungen tatsächlicher Art (1 ff. zu § 186).

3 Diese Tatobjekte müssten, wenn die Gegenstände echt oder die Mitteilungen wahr wären, für die äußere Sicherheit der BRep. oder deren Beziehungen zu einer fremden Macht (5 ff. zu § 93) von Bedeutung sein, dh die Sicherheit oder die Beziehungen durch ihre Existenz oder ihr Bekanntwerden beeinträchtigen können (zB Modelle angeblicher Geheimwaffen, vorgetäuschte militärische Planungen, gefälschte Geheimverträge, angebliche illegale Geheimnisse; vgl. BGH **10**, 172). Doch braucht Geheimhaltung oder Geheimhaltungsbedürftigkeit nicht vorgetäuscht zu werden. Bei dem öffentlichen Bekanntmachen muss Echtheit vorgetäuscht werden, hingegen kann der andere im Falle des Gelangenlassens eingeweiht sein, wenn der Täter nur beabsichtigt, dass die fremde Macht getäuscht wird.

4 **3) Tathandlung des Abs. I.** Der Täter muss die Gegenstände oder Mitteilungen an einen anderen gelangen lassen oder öffentlich bekannt machen (hierzu 4 zu § 94). Der Empfänger muss nicht unbefugt sein (*S/S-Stree/Sternberg-Lieben* 5); er muss auch hinsichtlich der Echtheit oder Wahrheit nicht gutgläubig sein (vgl. unten 6; **aA** *S/S-Stree/Sternberg-Lieben* 9).

5 Durch die Tathandlung muss die **Gefahr** eines **schweren Nachteils** für die äußere Sicherheit der BRep. (7, 8 zu § 93; 6 zu § 94) oder ihre Beziehungen zu einer fremden Macht herbeigeführt werden; dabei können auch durch die Täuschungshandlung ausgelöste Maßnahmen von Organen der BRep. eine Rolle spielen (Begr. RegE 36). Die Gefahr kann auch eintreten, wenn die fremde Macht tatsächlich nicht getäuscht, sondern nur unsicher wird oder die Täuschung erkennt, aber zum

Vorwand für nachteilige Reaktionen gegen die BRep. nimmt (LK-*Schmidt* 5; *S/S-Stree/Sternberg-Lieben* 6).

4) Subjektiver Tatbestand des I. Der Täter muss **wider besseres Wissen** 6
(7 zu § 15) handeln, dh er muss wissen, dass die Gegenstände unecht, die Nachrichten oder Tatsachenbehauptungen unwahr sind. Er muss ferner handeln, **um** einer fremden Macht die Echtheit der Gegenstände oder die Wahrheit der Nachrichten oder Tatsachenbehauptungen **vorzutäuschen.** Endzweck des Handelns muss das nicht sein (anders wohl *S/S-Stree/Sternberg-Lieben* 9; LK-*Schmidt* 7), denn die Täuschung der fremden Macht kann nach dem Sinn der Vorschrift stets nur *Mittel zum Zweck* des Täters sein. Die Gegenansicht würde zur Einschränkung des Tatbestands auf solche Täter führen, deren *Motivation* sich allein im Täuschungserfolg erschöpft (zB Computer-Hacker). Ausreichend ist daher der **direkte Vorsatz** der Täuschung iS sicheren Wissens. Im Übrigen, zB hinsichtlich der Herbeiführung der Gefahr (anders bei II), genügt bedingter Vorsatz. Glaubt der Täter irrig, es handle sich um echte Staatsgeheimnisse, so kommt untauglicher Versuch nach §§ 94, 95 in Betracht; hält er umgekehrt echte Staatsgeheimnisse für unecht, so ist das strafbarer **(III)** untauglicher Versuch nach I.

5) Tathandlung des Abs. II. Die Regelung des Abs. II stellt **Vorbereitungs-** 7
handlungen zu I unter Strafe, nämlich a) das fälschliche Herstellen oder Verfälschen sowie b) das Sichverschaffen (2 zu § 96) von Gegenständen iS von I in der Absicht, sie zur Täuschung einer fremden Macht an einen anderen gelangen zu lassen oder öffentlich bekannt zu machen **und** dadurch die Gefahr iS von I herbeizuführen. Rücktritt vom Versuch einer Tat nach I führt nicht zur Straflosigkeit einer vorausgegangenen Tat nach II, so dass auch für II eine analoge Anwendung von § 83 a nicht in Betracht kommt (LK-*Schmidt* 10; **aA** *S/S-Stree/Sternberg-Lieben* 17 f.).

6) Die Strafe richtet sich in besonders schweren Fällen (11 zu § 12; 88 f. zu § 46) nach **IV.** 8
Besonders schwer ist der Fall idR, wenn der Täter durch die Tat einen besonders schweren Nachteil für die äußere Sicherheit der BRep. (6 zu § 94) oder die Beziehungen der BRep. zu einer fremden Macht bewusst herbeiführt. Der Nachteil muss eintreten, die bloße Gefahr genügt hier nicht. Statusfolgen nach § 101; erweiterte Einziehungsmöglichkeit nach § 101 a (vgl. dort 2 bis 5).

7) Tateinheit ist möglich mit §§ 83, 84, 85, 99; auch mit § 267; hingegen keine Wahlfest- 9
stellung mit Landesverrat (BGH **20**, 100; SK-*Rudolphi* 17; *S/S-Stree/Sternberg-Lieben* 14). **Sonstige Vorschriften** 11 zu § 94; Tatort 8 zu § 98.

Nebenfolgen

101 **Neben einer Freiheitsstrafe von mindestens sechs Monaten wegen einer vorsätzlichen Straftat nach diesem Abschnitt kann das Gericht die Fähigkeit, öffentliche Ämter zu bekleiden, die Fähigkeit, Rechte aus öffentlichen Wahlen zu erlangen, und das Recht, in öffentlichen Angelegenheiten zu wählen oder zu stimmen, aberkennen (§ 45 Abs. 2 und 5).**

Fassung durch Art. 19 Nr. 21 EGStGB. Vgl. Anm. zu § 92 a.

101 a **Ist eine Straftat nach diesem Abschnitt begangen worden, so können**

1. **Gegenstände, die durch die Tat hervorgebracht oder zu ihrer Begehung oder Vorbereitung gebraucht worden oder bestimmt gewesen sind, und**
2. **Gegenstände, die Staatsgeheimnisse sind, und Gegenstände der in § 100 a bezeichneten Art, auf die sich die Tat bezieht,**

eingezogen werden. § 74 a ist anzuwenden. Gegenstände der in Satz 1 Nr. 2 bezeichneten Art werden auch ohne die Voraussetzungen des § 74

Abs. 2 eingezogen, wenn dies erforderlich ist, um die Gefahr eines schweren Nachteils für die äußere Sicherheit der Bundesrepublik Deutschland abzuwenden; dies gilt auch dann, wenn der Täter ohne Schuld gehandelt hat.

1 **1) Allgemeines.** Die Vorschrift idF des 8. StÄG (1 vor § 80) iVm Art. 19 Nr. 22 EGStGB ist weitgehend dem § 92b nachgebildet (dort 1) und enthält eine Sonderregelung für die Einziehung; die allgemeinen Regeln (insb. § 74d für die Einziehung von Schriften) gelten ergänzend.

2 **2) A.** In **Nr. 1** könnte hier, anders als in § 92b, eine Erweiterung des § 74 zu finden sein, nämlich in den Fällen von § 97 II, wenn man die Tat dort als Fahrlässigkeitsdelikt auffassen wollte, das von § 74 nicht erfasst wird.

3 **B. Nr. 2,** die durch S. 3 ergänzt wird, erweitert die Einziehungsmöglichkeit auf Gegenstände (hier wohl nur Sachen),

a) die **Staatsgeheimnisse** sind; sie sind idR als Beziehungsgegenstände anzusehen (10 zu § 74). Als solche Gegenstände kommen nicht nur Sachen in Betracht, in denen Staatsgeheimnisse unmittelbar verkörpert sind (neuartige Waffen), sondern auch Sachen, insbesondere Schriften, die Nachrichten über Staatsgeheimnisse in einer Form enthalten, dass sie selbst Staatsgeheimnisse sind.

b) der in § 100 a bezeichneten Art. Sie sind idR Beziehungsgegenstände. Nur im Fall der Herstellung in § 100 a II wird man sie als producta sceleris ansehen können, so dass § 74 I bis III unmittelbar anzuwenden ist.

4 **C. Satz 2** erweitert die Einziehungsmöglichkeit über § 74 hinaus gegenüber **Dritteigentümern** unter den Voraussetzungen des § 74 a. Die Erweiterung kann vor allem bei Tatmitteln (Kfz, Fotoapparate) von Bedeutung sein.

5 **D. Satz 3** enthält schließlich eine dem § 92b fremde Erweiterung, die das Gericht zur Einziehung von Gegenständen nach Nr. 2 verpflichtet, wenn die Einziehung erforderlich ist, um die Gefahr eines schweren Sicherheitsnachteils abzuwenden (ebenso LK-*Schmidt* 6; *S/S-Stree/Sternberg-Lieben* 8); dies gilt auch dann, wenn der Täter aus irgendeinem Grund ohne Schuld gehandelt hat (vgl. § 74 III), und über § 74 II hinaus ohne Rücksicht darauf, wer Eigentümer der Sache und ob diese iS von § 74 II Nr. 2 generell oder individuell gefährlich ist (15 f. zu § 74). Im Bereich der Staatsgeheimnisse liegt die Bedeutung der Vorschrift im Wesentlichen darin, dass sie die Einziehung vorschreibt (vgl. 4 zu § 94). Wichtiger ist Satz 3 für Gegenstände nach § 100 a, weil dort zur Strafbarkeit Wissen von der Unechtheit und eine bestimmte Absicht erforderlich sind.

6 **3) Zum Verfahren** 7 zu § 92b und 11 zu § 94.

Dritter Abschnitt

Straftaten gegen ausländische Staaten

Angriff gegen Organe und Vertreter ausländischer Staaten RiStBV 210, 211

102 **I Wer einen Angriff auf Leib oder Leben eines ausländischen Staatsoberhaupts, eines Mitglieds einer ausländischen Regierung oder eines im Bundesgebiet beglaubigten Leiters einer ausländischen diplomatischen Vertretung begeht, während sich der Angegriffene in amtlicher Eigenschaft im Inland aufhält, wird mit Freiheitsstrafe bis zu fünf Jahren oder mit Geldstrafe, in besonders schweren Fällen mit Freiheitsstrafe nicht unter einem Jahr bestraft.**

II Neben einer Freiheitsstrafe von mindestens sechs Monaten kann das Gericht die Fähigkeit, öffentliche Ämter zu bekleiden, die Fähigkeit, Rechte aus öffentlichen Wahlen zu erlangen, und das Recht, in öffentlichen Angelegenheiten zu wählen oder zu stimmen, aberkennen (§ 45 Abs. 2 und 5).

1) A. Geschützt sind die **in I bezeichneten Personen,** soweit sie das bezeichnete Amt zZ der Tat innehaben und sich zZ der Tat **in amtlicher Eigenschaft** im Inland aufhalten, nämlich 1

a) ein ausländisches Staatsoberhaupt; nicht geschützt sind die Familienangehörigen solcher Staatsoberhäupter; 1a

b) das Mitglied einer ausländischen Regierung. Wer dazu gehört, bestimmt sich nach dem Auslandsrecht; 2

c) jeder im Bundesgebiet beglaubigte Leiter einer ausländischen diplomatischen Vertretung (zB Botschafter, Gesandte oder Geschäftsträger des Auslandstaates). Von ihnen sind Botschafter und Gesandte beim BPräsidenten beglaubigt, der Geschäftsträger beim Außenminister des Bundes. Der Schutz beginnt mit der Überreichung des Beglaubigungsschreibens und endet mit der Übergabe des Abberufungsschreibens; beim Abbruch der diplomatischen Beziehungen aber mit der Überreichung der Pässe (vgl. *S/S-Eser* 5; weiter LK-*Bauer/Gmel* 2). 3

B. Nur beim amtlichen Aufenthalt im Inland (LK-*Bauer/Gmel* 2 vor § 102) werden die Genannten durch § 102 geschützt; im Übrigen gelten die allgemeinen Strafvorschriften. Doch ist nicht erforderlich, dass sich die Tat gegen ihre amtliche Tätigkeit richtet oder der Verletzte gerade dienstlich tätig ist. 4

2) Die Tat besteht im Angriff auf Leib oder Leben des Betreffenden, dh in einer unmittelbar auf den Körper zielenden feindseligen Einwirkung, ohne dass es zur Körperberührung zu kommen braucht (*S/S-Eser* 7; LK-*Bauer/Gmel* 4; NK-*Wohlers* 3). 5

3) Zu den **besonders schweren Fällen** vgl. 11 zu § 12 und 88 f. zu § 46. Zu **II** vgl. § 92 a mit Anm. 6

4) Zuständigkeit und **Verfahren** § 120 I Nr. 4, § 142 a II Nr. 1 a, c GVG; §§ 153 c bis 153 e StPO. Verfolgungsvoraussetzung § 104 a. 7

Beleidigung von Organen und Vertretern ausländischer Staaten

103 **I Wer ein ausländisches Staatsoberhaupt oder wer mit Beziehung auf ihre Stellung ein Mitglied einer ausländischen Regierung, das sich in amtlicher Eigenschaft im Inland aufhält, oder einen im Bundesgebiet beglaubigten Leiter einer ausländischen diplomatischen Vertretung beleidigt, wird mit Freiheitsstrafe bis zu drei Jahren oder mit Geldstrafe,**

im Falle der verleumderischen Beleidigung mit Freiheitsstrafe von drei Monaten bis zu fünf Jahren bestraft.

II Ist die Tat öffentlich, in einer Versammlung oder durch Verbreiten von Schriften (§ 11 Abs. 3) begangen, so ist § 200 anzuwenden. Den Antrag auf Bekanntgabe der Verurteilung kann auch der Staatsanwalt stellen.

1 **1) Die Vorschrift** schützt drei Gruppen von Personen, die denen des § 102 entsprechen. **Besonderheiten** des Schutzes. Er ist **erweitert** für das Staatsoberhaupt und den ausländischen Missionsleiter, die sich nicht in amtlicher Eigenschaft im Inland aufzuhalten brauchen; er ist **eingeengt** bei ausländischen Regierungsmitgliedern, bei denen (neben dem amtlichen Aufenthalt im Inland) verlangt wird, dass sie mit Beziehung auf ihre Stellung beleidigt werden.

1 a **Literatur:** *Heinen*, Beleidigung eines ausländischen Staatsoberhaupts. Historische Entwicklung und aktuelle Gesetzeslage in den Niederlanden (Art. 118 Sr.) und in Deutschland (§ 103 StGB), 2006 (Diss. Hagen 2005).

2 **2) Die Tat ist Beleidigung** (§§ 185 bis 187); dagegen entfällt § 187 a, der sich auf inländische Politiker beschränkt. Wahrheitsbeweis (§ 190) und Wahrnehmung berechtigter Interessen (§ 193) beseitigen auch hier die Strafbarkeit (*Dreher* JZ **53**, 427). Nicht anwendbar ist § 199 (**aA** NK-*Wohlers* 6; LK-*Bauer/Gmel* 4). Dagegen ist **nach II S. 1,** wenn die Tat öffentlich, in einer Versammlung oder durch Verbreiten von Schriften (§ 11 III) begangen ist (5 zu § 111), § 200 anwendbar. Dabei kann den Antrag auf Bekanntmachung der Verletzte, seine Regierung (§ 104 a iVm § 200 I) oder auch die StA **(II S. 2)** stellen.

3 **3) Gesetzeskonkurrenz** liegt gegenüber §§ 185 ff. vor, falls § 103 nach § 104 a zur Anwendung kommt. Privatklage ist dann ausgeschlossen, da § 374 I Nr. 2 StPO den § 103 nicht erwähnt. Kommt § 103 nicht zur Anwendung, greifen die §§ 185 ff. ein. Verfolgungsvoraussetzung § 104 a.

Verletzung von Flaggen und Hoheitszeichen ausländischer Staaten

104 **I Wer eine auf Grund von Rechtsvorschriften oder nach anerkanntem Brauch öffentlich gezeigte Flagge eines ausländischen Staates oder wer ein Hoheitszeichen eines solchen Staates, das von einer anerkannten Vertretung dieses Staates öffentlich angebracht worden ist, entfernt, zerstört, beschädigt oder unkenntlich macht oder wer beschimpfenden Unfug daran verübt, wird mit Freiheitsstrafe bis zu zwei Jahren oder mit Geldstrafe bestraft.**

II Der Versuch ist strafbar.

1 **1) Die Vorschrift** schützt zum einen **Flaggen eines ausländischen Staates,** die auf Grund von Rechtsvorschriften oder nach anerkanntem Brauch öffentlich gezeigt werden, sei es auch von Privatpersonen; zum anderen **fremde staatliche Hoheitszeichen,** die von einer anerkannten Vertretung ihres Auslandsstaates (Botschaft, Konsulat) öffentlich (befugt) angebracht sind.

2 **2) Die Tathandlungen** entsprechen im Wesentlichen denen des § 90 a (vgl. dort); Verfolgungsvoraussetzung § 104 a.

3 **3) Tateinheit** ist möglich bei Wegnahme mit § 242, Gesetzeskonkurrenz bei Beschädigung und Zerstörung mit §§ 303, 304 gegeben, wobei § 104 vorgeht (LK-*Bauer/Gmel* 7; vgl. auch 21 zu § 90 a).

Voraussetzungen der Strafverfolgung

104a ***Straftaten nach* diesem Abschnitt werden nur verfolgt, wenn die Bundesrepublik Deutschland zu dem anderen Staat diplomatische Beziehungen unterhält, die Gegenseitigkeit verbürgt ist und auch zur Zeit der Tat verbürgt war, ein Strafverlangen der ausländischen**

Regierung vorliegt und die Bundesregierung die Ermächtigung zur Strafverfolgung erteilt.

1) Zwei objektive Bedingungen der Strafbarkeit werden durch § 104 a (27 zu § 16) für alle Delikte des Abschnitts vom Gesetz vorgeschrieben. Sie sind nicht Tatbestandsmerkmale, so dass sie der Vorsatz des Täters nicht zu umfassen braucht. 1

A. Solche Auslandsstaaten müssen es sein, zu denen die BRep. diplomatische Beziehungen unterhält; sie muss mit ihnen in völkerrechtlicher Gemeinschaft leben 2

B. Die Gegenseitigkeit muss ferner verbürgt sein; und zwar sowohl zZ der Tat als auch bei der Aburteilung. Es muss also die BRep. im betreffenden Auslandsstaat einen entsprechenden Rechtsschutz genießen. 3

2) Zwei Prozessvoraussetzungen werden außerdem aufgestellt: 4

A. Ein Strafverlangen (§ 77 e) der betroffenen ausländischen Regierung. Zu stellen ist es durch das Organ, das den Auslandsstaat gegenüber der BRep. vertritt

B. Zur Ermächtigung der BReg. vgl. 5 zu § 97 5

3) Vorläufige Festnahme und Haftbefehl nach § 127 III, 130 StPO sind auch dann zulässig, wenn Strafverlangen und Ermächtigung noch nicht vorliegen (vgl. *Meyer-Goßner* 21 zu § 127; 1 zu § 130 StPO). 6

Vierter Abschnitt
Straftaten gegen Verfassungsorgane sowie bei Wahlen und Abstimmungen

Nötigung von Verfassungsorganen RiStBV 202 bis 208

105 ^I^ **Wer**

1. ein Gesetzgebungsorgan des Bundes oder eines Landes oder einen seiner Ausschüsse,
2. die Bundesversammlung oder einen ihrer Ausschüsse oder
3. die Regierung oder das Verfassungsgericht des Bundes oder eines Landes

rechtswidrig mit Gewalt oder durch Drohung mit Gewalt nötigt, ihre Befugnisse nicht oder in einem bestimmten Sinne auszuüben, wird mit Freiheitsstrafe von einem Jahr bis zu zehn Jahren bestraft.

II In minder schweren Fällen ist die Strafe Freiheitsstrafe von sechs Monaten bis zu fünf Jahren.

1) Die Vorschrift idF des 8. StÄG (1 vor § 80) bezieht sich auf die Nötigung bestimmter Verfassungsorgane in ihrer Gesamtheit; die Nötigung einzelner ihrer Mitglieder sowie die des BPräs. behandelt § 106. 1

Literatur: *Geilen,* Der Tatbestand der Parlamentsnötigung, Bonn 1957 u. LdR 1107; *Lindenstruth,* Die Nötigung von Verfassungsorganen (usw.), 1988 (Diss. Bochum); *Niese,* Streik u. Strafrecht, 1954, 110 ff.; *Sax,* Parlamentsnötigung durch Streik?, NJW **53**, 368; *Scholz,* Nötigung von Verfassungsorganen (§ 105 StGB) durch Streik, Jura **87**, 190. 1 a

2) Abs. I schützt die Funktionsfähigkeit und -freiheit (vgl. SK-*Rudolphi* 1 a; NK-*Wohlers* 1; and. *Wallau* JR **00**, 314) bestimmter Verfassungsorgane, und zwar **Nr. 1:** der Gesetzgebungsorgane des Bundes, nämlich des BTages und BRates (die nach Art. 81 GG tätig werdende BReg. ist durch Nr. 3 geschützt) sowie der Länder (2 zu § 36) und ihrer verfassungsmäßig eingesetzten Ausschüsse; **Nr. 2:** der Bundesversammlung (Art. 54 GG) und ihrer Ausschüsse (2, 3 zu § 36); **Nr. 3:** der BReg., der LRegierungen, des BVerfG und der Verfassungsgerichte der Länder. Täter kann auch ein Mitglied des Organs sein. 2

A. Tathandlung ist das Nötigen (allg. zum Begriff vgl. BGH **45**, 253 ff.) des Organs, seine gesetzmäßigen Befugnisse entweder überhaupt nicht auszuüben, zB durch Verhinderung des Zusammentretens oder der Fassung von Beschlüssen; oder in einem bestimmten Sinn auszuüben, also zB an einem bestimmten Tag zusammenzutreten oder bestimmte Beschlüsse zu fassen oder nicht zu fassen, wobei es sich um Ausübung einer dem Organ an sich zustehenden Befugnis handeln muss (sonst nur § 240, offen gelassen BGH **32**, 176), die abgenötigte Handlung aber als solche durchaus rechtmäßig, ja staatsrechtlich geboten sein kann. Nötigung im Einzelfall genügt (BGH **32**, 170 m. Anm. *Willms* JR **84**, 120; *Wolter* NStZ **85**, 197). Soll das Organ für längere Zeit ausgeschaltet werden, kommen §§ 81, 82 in Betracht. Unbeschadet der eingesetzten Nötigungsmittel (unten 4) genügt für § 105 irgend eine mit körperlicher Einwirkung verbundene Gewalt nicht, es ist weiter erforderlich, dass der hierdurch auf das Verfassungsorgan ausgehende Druck unter Berücksichtigung sämtlicher die Nötigung kennzeichnenden Umstände geeignet erscheint, den Willen des Verfassungsorgans zu beugen (BGH **32**, 170 m. Anm. *Willms* JR **84**, 120); hierbei ist maßgebend, dass Verfassungsorgane auch im Rahmen heftiger politischer Auseinandersetzungen Drucksituationen standzuhalten haben (BGH **32**, 174). Die Tat muss **rechtswidrig** sein. Ob § 240 II entspr. anwendbar ist, ist fragl. (vgl. LK-*Bauer/Gmel* 16; MK-*Müller* 22; *S/S-Eser* 10). Zu **Vorsatz** und **Versuch** vgl. 53 f., 56 zu § 240. 3

4 **B. Nötigungsmittel** sind nur Gewalt oder Drohung mit Gewalt (6 zu § 81; vgl. SK-*Rudolphi* 5 ff.). Der Gewaltbegriff ist in Anlehnung an § 81 zu bestimmen; Drohungen mit einem empfindlichen Übel genügen nicht (BGH **32**, 169). Die Nötigungsmittel brauchen sich nicht unmittelbar gegen das Organ zu richten (*Bohnert* JuS **83**, 947); vgl. aber MK-*Müller* 16).

5 **3) Zu II** (minder schwere Fälle) vgl. 11 zu § 12; 85 f. zu § 46. **Konkurrenzen:** § 105 kann von §§ 81, 82 verdrängt werden (oben 3); es kommt aber auch Tateinheit in Betracht (LK-*Laufhütte/Kuschel* 20 zu § 81); dasselbe gilt für das Verhältnis von § 106 zu § 105 (oben 1, 3). § 105 ist eine Sonderregelung, die den § 240 verdrängt und selbst dann ausschließt, wenn § 105 auf Grund seiner engen tatbestandlichen Voraussetzungen nicht greift (BGH **32**, 176; zust. *Arzt* JZ **84**, 429; *R. Scholz* Jura **87**, 192).

6 **4) Sonstige Vorschriften.** Zuständigkeit § 120 I Nr. 5, § 142 a II Nr. 1 b GVG; Verfahren §§ 153 c bis 153 e StPO.

Nötigung des Bundespräsidenten und von Mitgliedern eines Verfassungsorgans **RiStBV 202 bis 208**

106 ^I^ **Wer**

1. den Bundespräsidenten oder
2. ein Mitglied
a) eines Gesetzgebungsorgans des Bundes oder eines Landes,
b) der Bundesversammlung oder
c) der Regierung oder des Verfassungsgerichts des Bundes oder eines Landes

rechtswidrig mit Gewalt oder durch Drohung mit einem empfindlichen Übel nötigt, seine Befugnisse nicht oder in einem bestimmten Sinne auszuüben, wird mit Freiheitsstrafe von drei Monaten bis zu fünf Jahren bestraft.

II **Der Versuch ist strafbar.**

III **In besonders schweren Fällen ist die Strafe Freiheitsstrafe von einem Jahr bis zu zehn Jahren.**

1 **1) Die Vorschrift** idF des 8. StÄG (vgl. 1 vor § 80) schützt den **Bundespräsidenten** sowie die Funktionsfähigkeit und -freiheit der **Mitglieder** der in 2 zu § 105 genannten **Verfassungsorgane** sowie die des BPräs., aber auch seines Vertreters nach Art. 57 GG, solange dieser die Befugnisse des BPräs. wahrnimmt (ebenso LK-*Bauer/Gmel* 2; SK-*Rudolphi* 1; NK-*Wohlers* 1; str.). Minister sind nicht nur als Regierungsmitglieder, sondern auch als Leiter ihrer Ministerien nach I Nr. 2 c geschützt (*Schoreit* MDR **79**, 633; LK-*Bauer/Gmel* 2; SK-*Rudolphi* 4; *M/Schroeder/Maiwald* 86/11; **aA** Düsseldorf NJW **78**, 2562; *S/S-Eser* 1 a).

2 **2) Tathandlung** ist das Nötigen (3 zu § 105), **Nötigungsmittel** sind **Gewalt** (5 ff. zu § 240) oder **Drohung mit einem empfindlichen Übel** (30 ff. zu § 240). Eine Tat, die nur deshalb nicht unter § 105 fällt, weil lediglich mit einem empfindlichen Übel gedroht wird, kann unter § 106 fallen. Befugnisse sind nur die, die durch die Mitgliedschaft in dem Organ verliehen sind, so dass zB Teilnahme oder Stimmabgabe in einem Ausschuss erfasst wird, nicht aber die Wahlrede eines Abgeordneten. Auch hier brauchen sich die Nötigungsmittel nicht unmittelbar gegen das Mitglied zu richten.

3 **3) Zu III** (besonders schwere Fälle) vgl. 11 zu § 12; 88 f. zu § 46). **Konkurrenzen:** § 240 wird von § 106 verdrängt. Im Übrigen gilt 5 zu § 105. **Zuständigkeit** § 120 I Nr. 5, § 142 a II Nr. 1 b *GVG;* **Verfahren** §§ 153 c bis 153 e StPO.

§ 106 a [Aufgehoben durch Gesetz v. 11. 9. 1999 (BGBl. I 1818)]

Störung der Tätigkeit eines Gesetzgebungsorgans

106b **I Wer gegen Anordnungen verstößt, die ein Gesetzgebungsorgan des Bundes oder eines Landes oder sein Präsident über die Sicherheit und Ordnung im Gebäude des Gesetzgebungsorgans oder auf dem dazugehörenden Grundstück allgemein oder im Einzelfall erlässt, und dadurch die Tätigkeit des Gesetzgebungsorgans hindert oder stört, wird mit Freiheitsstrafe bis zu einem Jahr oder mit Geldstrafe bestraft.**

II Die Strafvorschrift des Absatzes 1 gilt bei Anordnungen eines Gesetzgebungsorgans des Bundes oder seines Präsidenten weder für die Mitglieder des Bundestages noch für die Mitglieder des Bundesrates und der Bundesregierung sowie ihre Beauftragten, bei Anordnungen eines Gesetzgebungsorgans eines Landes oder seines Präsidenten weder für die Mitglieder der Gesetzgebungsorgane dieses Landes noch für die Mitglieder der Landesregierung und ihre Beauftragten.

1) Die Strafvorschrift (idF des 1. StrRG iVm Art. 19 Nr. 29 EGStGB) enthält 1
einen **Blankett-Tatbestand** (vgl. 5a zu § 1), der durch eine dem Bestimmtheitsgebot (Art. 103 II GG) genügende, hinreichend konkretisierte Anordnung ausgefüllt wird. Geschützt ist die Freiheit der Gesetzgebungsorgane des Bundes und der Länder vor äußeren Störungen ihrer Tätigkeit und ihre Sicherheit vor störenden oder drohenden Einflussnahmen.

2) Abs. I setzt eine **Anordnung** eines gesetzgebenden Organs selbst (BTag, BRat; Länder-Parlament) oder seines Präsidenten (zu Hausrecht und Polizeigewalt der Präsidenten des BTags und des BRats vgl. Art. 40 II, 52 III GG) voraus, welche die Sicherheit und Ordnung im Parlamentsgebäude (dh des Gebäudes, in dem das Parlament gerade tagt; *Sturm* JZ **75**, 8) oder auf dem dazugehörigen Grundstück betrifft. Die Anordnung kann **generell** oder für den **Einzelfall** erlassen sein (Celle NStZ **86**, 410 [zu § 89 GeschO-LTagNds]; Hamburg NStZ-RR **07**, 233 [zu § 51 GeschO der Hamb. Bürgerschaft]). Sie muss den möglichen „Störungs"-Sachverhalt, wenn auch in abstrakter Form, hinreichend beschreiben (vgl. Hamburg NStZ-RR **07**, 233 [Äußern von Beifall oder Missfallen durch Zuschauer]) und in ausreichender Weise bekannt gemacht sein; das kann durch Aushändigung einer Eintrittskarte mit Aufdruck des das Verhaltensgebot betreffenden Teils der GeschO an Besucher erfolgen (Hamburg aaO).

3) Der Tatbestand setzt einen mindestens bedingt vorsätzlichen **Verstoß** gegen die Anordnung sowie eine dadurch verursachte **Störung oder Hinderung** der Tätigkeit des Gesetzgebungsorgans voraus. Gravierende oder längerfristige Unterbrechungen der Tätigkeit sind nicht vorausgesetzt (vgl. Hamburg NStZ-RR **07**, 233 [Störung durch Werfen von Wattebäuschchen]); auch nicht eine förmliche Feststellung des Störungsfalls.

4) Kommt es nicht zu einer Störung oder Hinderung, ist nur eine Ordnungswidrigkeit nach § 112 OWiG gegeben, die sonst von § 106b verdrängt wird.§ 123 wird von § 106b nicht verdrängt (MK-*Müller* 10; LK-*Bauer/Gmel* 4; SK-*Rudolphi* 7; *Lackner/Kühl* 4).

5) Nicht erfasst werden, auch bei entgegenstehendem Inhalt der Anordnung, 2
die in **Abs. II** genannten Personen.

Wahlbehinderung

107 **I Wer mit Gewalt oder durch Drohung mit Gewalt eine Wahl oder die Feststellung ihres Ergebnisses verhindert oder stört, wird mit Freiheitsstrafe bis zu fünf Jahren oder mit Geldstrafe, in besonders schweren Fällen mit Freiheitsstrafe nicht unter einem Jahr bestraft.**

II Der Versuch ist strafbar.

1 **1)** Die **Vorschrift** idF des 3. StÄG (Einl. 6) schützt die **Wahlen** und die Abstimmung als Gesamtvorgang (iS des § 108 d) sowie die **Feststellung** ihrer Ergebnisse. Wahl ist der Vorgang, durch den der einzelne Wähler sein Wahlrecht ausübt.

2 **2) Verbotene Handlungen** sind die Verhinderung oder Störung der Wahl (oder der Abstimmung) selbst oder der Feststellung ihres Ergebnisses durch Gewalt oder Drohung mit Gewalt (5 ff., 30 ff. zu § 240). Es muss die Wahl insgesamt oder die Stimmabgabe einer größeren Personenzahl betroffen sein (MK-*Müller* 10); sonst gilt § 108.

3 **3) Die Strafe.** Verlust des aktiven und passiven Wahlrechts § 108 c. Zu den besonders schweren Fällen vgl. 11 zu § 12; 88 f. zu § 46.

Wahlfälschung

107a **I Wer unbefugt wählt oder sonst ein unrichtiges Ergebnis einer Wahl herbeiführt oder das Ergebnis verfälscht, wird mit Freiheitsstrafe bis zu fünf Jahren oder mit Geldstrafe bestraft.**

II Ebenso wird bestraft, wer das Ergebnis einer Wahl unrichtig verkündet oder verkünden lässt.

III Der Versuch ist strafbar.

1 **1) Die Vorschrift** idF des 3. StÄG (Einl. 6) schützt das Ergebnis einer Wahl iS von § 108 d; vgl. 1 zu § 107. Die Verletzung wesentlicher Verfahrensvorschriften bei der Wahl hindert die Anwendung des § 107 a nicht. **Rechtsgut** ist das Interesse der Allgemeinheit an ordnungsgemäßen Wahlen (BGH **29**, 386).

2) Tathandlungen sind

2 **A. in Abs. I a)** das **Herbeiführen** eines unrichtigen Ergebnisses der Wahl (hierzu NJW **81**, 588); dazu genügt auch eigenes unbefugtes Mitwählen. Der Irrtum über die Befugnis ist Tatbestandsirrtum. Die Feststellung der Wahlberechtigung oder die Wählbarkeit durch die Wahlorgane ist für die Frage des Bestehens des aktiven oder passiven Wahlrechts des Täters nicht bindend (BVerfG NStE Nr. 1). Der Tatbestand ist erfüllt, wenn unter der Form einer gesetzmäßig vollzogenen Wahl die Wahlausübung tatsächlich in ungesetzlicher Weise stattgefunden hat und das dadurch herbeigeführte Stimmverhältnis ein anderes geworden ist, als es beim ordnungsgemäßen Vollzug der Wahl gewesen wäre; jede Tat, die ein solch unrichtiges Ergebnis verursacht, fällt unter § 107 a (BayOLGSt. 3 zu § 348; Zweibrücken NStZ **86**, 554). Es kommen in Betracht: Wahl unter falschem Namen; Behandlung einer ungültigen Stimme im Wahlprotokoll als gültig, Abgabe eines Stimmzettels unter Missbrauch des Namens des Wahlberechtigten, selbst wenn dieser ebenso abgestimmt hätte (BGH **29**, 380 m. Anm. *Oehler* JR **81**, 520; vgl. auch Hamm NJW **57**, 639); Entfernung von Stimmzetteln aus der Urne; unzulässige Beeinflussung eines Wahlberechtigten bei der Briefwahl (Zweibrücken NStZ **86**, 554);

b) das **Verfälschen** eines Wahlergebnisses. Es kommt erst nach Abschluss der Wahlhandlung (vgl. BGH **29**, 380) in Betracht, das Ergebnis braucht aber noch nicht ausgezählt zu sein (Koblenz NStZ **92**, 134). In Betracht kommen zB Entfernen oder Hinzufügen von Urnenwahlzetteln, falsches Zählen der Stimmen, falsche amtliche Protokollierung (RG **56**, 387).

3 **B. in Abs. II** unrichtiges Verkünden (oder Verkündenlassen) des Ergebnisses einer Wahl oder Abstimmung. Doch muss hier der Täter mit der öffentlichen Aufgabe des Verkündens *beauftragt sein* oder sich solchen Auftrag anmaßen (Begr. z. 3. StÄG; **aA** LK-*Bauer/Gmel* 6).

4 **3) Täter** können Wähler und Nichtwähler sein. Wegen des Verkündens siehe aber auch 3.

4) Tateinheit ist möglich mit § 107 (RG **63**, 387); mit §§ 271, 348 (RG **56**, 390); mit § 267 (Köln NJW **56**, 1609); mit § 274 Nr. 1 (RG **22**, 282). Von §§ 108, 108 a wird § 107 a verdrängt (*S/S-Eser* 10; LK-*Bauer/Gmel* 9; SK-*Rudolphi* 9; and. NK-*Wohlers* 6; hier bis 50. Aufl.). 5

5) Zur Strafe gilt 3 zu § 107; **Nebenfolgen:** § 108 c. 6

Fälschung von Wahlunterlagen

107b

I Wer

1. seine Eintragung in die Wählerliste (Wahlkartei) durch falsche Angaben erwirkt,

2. einen anderen als Wähler einträgt, von dem er weiß, dass er keinen Anspruch auf Eintragung hat,

3. die Eintragung eines Wahlberechtigten als Wähler verhindert, obwohl er dessen Wahlberechtigung kennt,

4. sich als Bewerber für eine Wahl aufstellen lässt, obwohl er nicht wählbar ist,

wird mit Freiheitsstrafe bis zu sechs Monaten oder mit Geldstrafe bis zu einhundertachtzig Tagessätzen bestraft, wenn die Tat nicht in anderen Vorschriften mit schwererer Strafe bedroht ist.

II Der Eintragung in die Wählerliste als Wähler entspricht die Ausstellung der Wahlunterlagen für die Urwahlen in der Sozialversicherung.

1) Die Vorschrift idF des 3. StÄG (Einl. 6) iVm Art. 12 IV, 19 Nr. 3 EGStGB hat durch Art. II § 11 Nr. 1 SGB IV (RegE BT-Drs. 7/4122; Ber. BT-Drs. 5457) einen Absatz 2 erhalten, der durch Art. 3 III des Ges. v. 27. 7. 1984, BGBl. I 1029 geändert wurde. 1

2) Abs. I betr. besonders gefährliche **Vorbereitungshandlungen** zu Wahldelikten durch Fälschung in Nr. 1 bis 3 (hinsichtlich des aktiven Wahlrechts) des **Wählerverzeichnisses** (§ 17 BWahlG, § 14 BWO) und in Nr. 4 (hinsichtlich des passiven Wahlrechts) der Beteiligungsanzeige (§ 18 BWahlG); **Nr. 1:** Erwirken der Eintragung in das Wählerverzeichnis durch falsche Angaben; **Nr. 2:** Eintragung eines anderen, obwohl der Täter weiß, dass dieser keinen Anspruch auf die Eintragung hat. Ob der Einzutragende die Tat kennt oder gar billigt, ist gleichgültig; **Nr. 3: Verhinderung** der Eintragung eines Wahlberechtigten, obwohl er dessen Wahlberechtigung kennt. 1a

3) Abs. II bezieht sich auf die Wahlunterlagen, auf Grund deren nach § 55 I SGB I die Wahlberechtigten bei den Wahlen in der Sozialversicherung nach §§ 43 ff. SGB I wählen und die von den in § 55 II SGBI Genannten auszustellen sind (vgl. hierzu BT-Drs. 10/1067). Es gelten insoweit die Tatbestände nach I Nr. 1 bis 3 entsprechend. Eine Parallele zu I Nr. 4 enthält II nicht. 2

4) Nach der Subsidiaritätsklausel tritt § 107 b hinter Vorschriften mit schwererer Strafdrohung zurück, so hinter §§ 107 a, 271, 274 Nr. 1, § 348. 3

Verletzung des Wahlgeheimnisses

107c

Wer einer dem Schutz des Wahlgeheimnisses dienenden Vorschrift in der Absicht zuwiderhandelt, sich oder einem anderen Kenntnis davon zu verschaffen, wie jemand gewählt hat, wird mit Freiheitsstrafe bis zu zwei Jahren oder mit Geldstrafe bestraft.

1) Dem **Schutz des Wahlgeheimnisses** dienen zB § 33 BWahlG, §§ 6 III, 45, 46, 50, 51, 89 BWahlO; zum Landeswahlrecht vgl. *Göhler* 178 B. Die Blankettvorschrift des § 107 c idF des 3. StÄG (Einl. 6) fügt dem eine strafrechtliche Sicherung hinzu, die allerdings unvollkommen ist (vgl. Celle NdsRpfl. **61**, 134; LK-*Bauer/* 1

Gmel 2). Zur Frage der Zulässigkeit des Zeugenbeweises über die Ausübung des Wahlrechts BGH **29**, 384 m. Anm. *Oehler* JR **81**, 520.

2 **2) Die Handlung besteht** in der Verletzung einer Vorschrift zum Schutze des Wahlgeheimnisses.

3 **A. In der Absicht** (6 zu § 15) muss der Täter handeln, sich oder einem anderen Kenntnis davon zu verschaffen, *wie* jemand gewählt hat. Auch die Erkundung der Abgabe eines ungültigen Wahlzettels fällt hierunter. *Nicht* durch § 107 c strafbewehrt ist die Mitteilung des Mitgliedes **a)** eines Wahlausschusses an einen Unberechtigten, dass jemand einen bestimmten Wahlvorschlag unterstützt hat, da die Unterstützungsunterschrift nichts darüber besagt, wie gewählt wurde (vgl. Karlsruhe GA **77**, 312), **b)** eines Wahlvorstandes darüber, *ob* jemand überhaupt gewählt hat, jedoch ist § 203 II zu prüfen.

4 **B. Die Verletzung der Schutzvorschriften** ohne jene Absicht oder das Handeln mit solcher Absicht, aber ohne Verletzung jener Vorschriften fallen nicht unter § 107 c (LK-*Bauer/Gmel* 3). Die Veröffentlichung von Wählerbefragungen vor Ablauf der Wahlzeit ahndet die Bußgeldvorschrift § 49 a I Nr. 2 BWahlG.

Wählernötigung

108 **I Wer rechtswidrig mit Gewalt, durch Drohung mit einem empfindlichen Übel, durch Missbrauch eines beruflichen oder wirtschaftlichen Abhängigkeitsverhältnisses oder durch sonstigen wirtschaftlichen Druck einen anderen nötigt oder hindert, zu wählen oder sein Wahlrecht in einem bestimmten Sinne auszuüben, wird mit Freiheitsstrafe bis zu fünf Jahren oder mit Geldstrafe, in besonders schweren Fällen mit Freiheitsstrafe von einem Jahr bis zu zehn Jahren bestraft.**

II Der Versuch ist strafbar.

1 **1) Die Handlung** besteht in der **Nötigung** oder **Hinderung** eines anderen, zu wählen oder sein Wahlrecht in einem bestimmten Sinne auszuüben. Daher fällt unter § 108 (idF des 8. StÄG; 1 vor § 80) auch der Zwang zum Wählen, nicht bloß der Zwang zum Unterlassen des Wählens und der Zwang, anders zu wählen, als man wollte. Handlungen *nach* der Wahl sind nicht erfasst.

2 **2) Mittel der Tat** können zunächst **Gewalt** (5 ff. zu § 240) **oder Drohung** mit einem empfindlichen Übel (30 ff. zu § 240) sein; es gelten die Erläuterungen zu § 240. § 108 enthält insoweit einen qualifizierten Fall des § 240 I, der von jedermann begangen werden kann. Unklar ist freilich das Verhältnis zu § 240 IV: Man wird kaum annehmen können, dass eine *qualifizierte* Nötigung (§ 108 I) nicht stets ein besonders schwerer Fall der *einfachen* Nötigung (§ 240 IV) sei, deren Strafrahmen im Mindestmaß höher liegt. Dass § 240 durch § 108 verdrängt werde (allg. Ans.), ist daher zweifelhaft, denn damit würde der Regelfall der qualifizierten Nötigung zum Privilegierungs-Tatbestand für besonders schwere Nötigungen. Vollends unklar wird das Verhältnis bei Einbeziehung des besonders schweren Falles des § 108 I; der Strafrahmensprung zwischen § 240 IV und § 108 I, **2. HS** ist nicht nur unverhältnismäßig, sondern steht auch im Widerspruch zum Verhältnis zwischen § 108 I, 1. HS und § 240 IV.

3 Darüber hinaus nennt Abs. I den **Missbrauch** eines beruflichen oder wirtschaftlichen Abhängigkeitsverhältnisses „oder **sonstigen wirtschaftlichen Druck**" als Mittel der Nötigung. Da der Missbrauch des Abhängigkeitsverhältnisses nur als Unterfall des „sonstigen wirtschaftlichen Drucks" genannt ist (vgl. BVerfGE **66**, *369, 380 ff.; NK-Wohlers 2)* und der allgemeine Begriff der „Nötigung" stets die Überwindung eines **entgegenstehenden Willens** voraussetzt (vgl. BGH **45**, 253 [m. Anm. *Fischer* NStZ **00**, 142]), ist nicht ersichtlich, wie ein nötigender „Druck" ausgeübt werden könnte, *ohne* zumindest konkludent mit einem empfindlichen

Übel zu drohen (so auch SK-*Rudolphi* 3f.; *S/S-Eser* 6; LK-*Bauer/Gmel* 2; NK-*Wohlers* 3; MK-*Müller* 2); die entgegenstehende Ansicht, der Anwendungsbereich des § 108 sei gegenüber § 240 erweitert (*Lackner/Kühl* 2), lässt offen, wie diese Erweiterung beschaffen sein soll.

Der **Missbrauch** des beruflichen oder wirtschaftlichen Abhängigkeitsverhältnisses muss sich für das Opfer als **wirtschaftlicher Druck** darstellen, der für den Wähler als unausweichliche Handlungsanweisung erscheint (BVerfGE **66**, 384 [krit. *Breitbach* DuR **84**, 432; *Oppermann* JuS **85**, 517; *Scholz* Jura **87**, 190]). Das wird regelmäßig nur der Fall sein, wenn der Täter für den Fall eines bestimmten Wahlverhaltens einen beruflichen oder wirtschaftlichen Nachteil (dh ein empfindliches Übel) in Aussicht stellt (zB Entlassung; Versetzung; Abbruch der geschäftlichen Beziehung). Ein sonstiger wirtschaftlicher Druck außerhalb eines Abhängigkeitsverhältnisses muss gleichfalls auf den betroffenen Wähler nötigende Wirkung haben. Das ist bei der Ankündigung eines Unternehmers, im Fall eines bestimmten Wahlausgangs Investitionen zu unterlassen, Beschäftigte zu entlassen oder den Betrieb einzustellen, ersichtlich nicht der Fall (BVerfGE **66**, 369); ebenso wenig bei einer Streikdrohung oder bei Wahlkampf-Aussagen von Politikern, bei „falschem" Wahlausgang werde es zu wirtschaftlichen Nachteilen, höheren Steuern, Zunahme von Arbeitslosigkeit usw. kommen. 4

3) Rechtswidrig muss die Handlung sein. Dazu kann § 240 II herangezogen werden, so dass sozialadäquate Handlungen jedenfalls nicht rechtswidrig sind (vgl. *S/S-Eser* 6; SK-*Rudolphi* 5; LK-*Bauer/Gmel* 5). 5

4) Vollendung setzt voraus, dass durch die Handlung jedenfalls ein Wahlberechtigter zu einem seinem Willen entgegenstehenden Wahlverhalten veranlasst wird. Ein wirtschaftlicher Nachteil muss nicht eintreten; auf eine für die Gültigkeit der Wahl oder Abstimmung relevante Beeinflussung des Ergebnisses kommt es nicht an. Der **Versuch** ist strafbar **(Abs. II).** 6

5) Die **Strafe** ist Freiheitsstrafe bis zu 5 Jahren oder Geldstrafe. Zu den **Nebenfolgen** vgl. § 108c. Abs. I, **2. HS** droht Freiheitsstrafe von 1 bis 10 Jahren für unbenannte **besonders schwere Fälle** an. Ein solcher kann etwa bei besonders massiver Nötigungshandlung (zB qualifizierte Drohungen, auch gegen Angehörige; erhebliche Gewaltanwendung; erzwungene „Kontrolle" des abgenötigten Wahlverhaltens) vorliegen. 7

6) Konkurrenzen. Nötigungen einer Mehrzahl von Personen durch eine Handlung stehen in natürlicher Handlungseinheit, Gegenüber § 107a ist § 108 lex specialis (hM; **aA** RG **63**, 387; hier bis 50. Aufl.). Mit § 107 ist Tateinheit möglich. Nach hM wird § 240 von § 108 verdrängt (vgl. *S/S-Eser* 10; SK-*Rudolphi* 9; LK-*Bauer/Gmel* 5); das ist im Hinblick auf § 240 IV fraglich (vgl. oben 2). 8

Wählertäuschung

108a **I Wer durch Täuschung bewirkt, dass jemand bei der Stimmabgabe über den Inhalt seiner Erklärung irrt oder gegen seinen Willen nicht oder ungültig wählt, wird mit Freiheitsstrafe bis zu zwei Jahren oder mit Geldstrafe bestraft.**

II Der Versuch ist strafbar.

1) Die Handlung nach § 108a (idF des 3. StÄG; Einl. 6) besteht in einer täuschenden Einwirkung auf einen Wahlberechtigten. Die muss zu dem **Erfolg** führen, dass der Getäuschte **bei der Stimmabgabe** über den Inhalt seiner Erklärung bei der Stimmabgabe irrt oder nicht einmal erkennt, dass er wählt oder (§ 108d) einen Wahlvorschlag unterschreibt (BGH **9**, 338, zw.); oder dass er nicht wählt oder ungültig wählt, obwohl er dies nicht will; so durch Abgabe eines ungültigen Wahlzettels; durch Versäumen des Wahltermins. Der Täter muss also die **eigene** 1

Willensentschließung des Wählers verhindern; eine lügnerische Wahlpropaganda, die nur den eigenen Willen des Wählers lenkt, unterfällt 108a nicht.

2 **2) Tateinheit** ist mit § 267 möglich (Köln NJW **56**, 1609). Gegenüber § 107a ist § 108a lex specialis (*S/S-Eser* 4; SK-*Rudolphi* 5; LK-*Bauer/Gmel* 5), denn sonst verbliebe für § 108a kein Anwendungsbereich (and. bis 50. Aufl.).

Wählerbestechung

108b **I Wer einem anderen dafür, dass er nicht oder in einem bestimmten Sinne wähle, Geschenke oder andere Vorteile anbietet, verspricht oder gewährt, wird mit Freiheitsstrafe bis zu fünf Jahren oder mit Geldstrafe bestraft.**

II Ebenso wird bestraft, wer dafür, dass er nicht oder in einem bestimmten Sinne wähle, Geschenke oder andere Vorteile fordert, sich versprechen lässt oder annimmt.

1 **1)** Die **Vorschrift** idF des 3. StÄG (iVm Art. 19 Nr. 13 EGStGB) schützt die Sachlichkeit der Stimmabgabe des wahlberechtigten Bürgers bei Wahlen iS von § 108d (BGH **33**, 336 m. Anm. *Dölling* NStZ **87**, 69). Die Fälle der Abgeordnetenbestechung regelt § 108e.

2 **2) Gegenstand** des § 108b ist eine den Bestechungstatbeständen (§§ 331ff.) entsprechende korruptive Beziehung zwischen einem Wahlberechtigten und einem Dritten, die ein bestimmtes Wahlverhalten zum Inhalt hat. Dabei erfasst **Abs. I** den **Stimmenkäufer,** dh jeden, der dem Stimmberechtigten für dessen Stimme Vorteile anbietet, verspricht oder gewährt. Auch ein Nichtwahlbewerber kann Täter sein. **Abs. II** enthält eine spiegelbildliche Regelung für den **Stimmenkäufer,** dh eines Wahlberechtigten, der für ein bestimmtes Wahlverhalten Vorteile fordert, sich versprechen lässt oder annimmt. Für die Tathandlungen gelten die Erläuterungen zu §§ 331, 333 entsprechend. Nicht erfasst sind Vorteile für die **Ausübung** des Wahlrechts, wenn damit nicht die Erwartung einer Stimmabgabe „in einem bestimmten Sinne" verbunden ist; vom Tatbestand nicht erfasst ist die Auslobung von Geldzuwendungen für die bloße Teilnahme an der Wahl. **Ernstlichkeit** des Versprechens oder der Forderung ist für § 108b ebenso wenig erforderlich wie eine tatsächliche Beeinflussung des Wahlverhaltens; auch wer sich für sein von vornherein so geplantes Wahlverhalten einen Vorteil gewähren lässt, ist nach Abs. II strafbar (vgl. *S/S-Eser* 3; SK-*Rudolphi* 3).

3 **3)** Unter **Vorteil** ist dasselbe zu verstehen wie in den §§ 331ff. (11 zu § 331; BGH **33**, 338 m. Anm. *Geerds* JR **86**, 253; *Dölling* NStZ **87**, 69). § 108b knüpft an eine konkrete Täter-Begünstigten-Beziehung und daher an das Bestehen einer „Unrechtsvereinbarung" (21 zu § 331; vgl. auch 11 zu § 108e) an, um die Tat von bloßen (sozialadäquaten, vgl. 25 zu § 331) Wahlversprechen oder Wählerforderungen abzugrenzen, die nicht unter den Tatbestand fallen (vgl. BGH **33**, 338f.; *S/S-Eser* 2; SK-*Rudolphi* 4).

4 **4) Nebenfolgen:** Vgl. § 108c.

Nebenfolgen

108c **Neben einer Freiheitsstrafe von mindestens sechs Monaten wegen einer Straftat nach den §§ 107, 107a, 108 und 108b kann das Gericht die Fähigkeit, Rechte aus öffentlichen Wahlen zu erlangen, und das Recht, in öffentlichen Angelegenheiten zu wählen oder zu stimmen, aberkennen (§ 45 Abs. 2 und 5).**

Fassung des Art. 19 Nr. 32 EGStGB. Vgl. §§ 45ff. In den Fällen der §§ 107b, 107c und 108a kommt Verlust des Wahlrechts nicht in Betracht.

Geltungsbereich

108d Die §§ 107 bis 108c gelten für Wahlen zu den Volksvertretungen, für die Wahl der Abgeordneten des Europäischen Parlaments, für sonstige Wahlen und Abstimmungen des Volkes im Bund, in den Ländern, Gemeinden und Gemeindeverbänden sowie für Urwahlen in der Sozialversicherung. Einer Wahl oder Abstimmung steht das Unterschreiben eines Wahlvorschlags oder das Unterschreiben für ein Volksbegehren gleich.

1) Die Vorschrift gilt idF des 3. StÄG (Einl. 6) und Art. 2 Nr. 4, Art. 19 Nr. 33 EGStGB. 1

2) Wahl ist eine Abstimmung, durch die eine Person aus dem Kreis mehrerer 2 Personen auserlesen wird. **Abstimmung** ist die Regelung sonstiger Angelegenheiten durch Entscheidung mehrerer Personen, insbesondere der Volksentscheid, die Volksbefragung und das Volksbegehren nach Art. 29 GG (vgl. dazu GG Art. 29 Abs 6 G). **Einer Wahl steht gleich** das Unterschreiben eines Wahlvorschlages (zB § 20 II BWahlG), einer Abstimmung das Unterschreiben für ein Volksbegehren (Art. 29 IV GG). Erfasst sind daher zunächst **Volkswahlen und -abstimmungen,** sei es im Bund (BTagswahl), in den Ländern (Landtagswahl), in den Gemeinden (Kommunalwahl) oder in den Gemeindeverbänden (Kreis- und Provinzialwahlen). Durch § 27 EuWG wurde der Anwendungsbereich der §§ 107 bis 108c auch auf die Wahl der Abgeordneten des **Europäischen Parlaments** und durch Art. II § 11 Nr. 2 SGB IV auf die **Urwahlen** in der Sozialversicherung (§§ 43ff. SGB IV) ausgedehnt (vgl. auch 1 zu § 107b). Nicht zu den Wahlen iS von § 108d gehören kirchliche und Berufswahlen (für Ärzte und Handelskammern, für Betriebsräte oder Ortskrankenkassen).

Abgeordnetenbestechung

108e **I Wer es unternimmt, für eine Wahl oder Abstimmung im Europäischen Parlament oder in einer Volksvertretung des Bundes, der Länder, Gemeinden oder Gemeindeverbände eine Stimme zu kaufen oder zu verkaufen, wird mit Freiheitsstrafe bis zu fünf Jahren oder mit Geldstrafe bestraft.**

II Neben einer Freiheitsstrafe von mindestens sechs Monaten wegen einer Straftat nach Absatz 1 kann das Gericht die Fähigkeit, Rechte aus öffentlichen Wahlen zu erlangen, und das Recht, in öffentlichen Angelegenheiten zu wählen oder zu stimmen, aberkennen.

1) Allgemeines. Die Vorschrift ist durch das **28. StÄG** v. 13. 1. 1994 (BGBl. I 84; vgl. 1 §§ 404, 409 E 1962) eingeführt worden. **Materialien:** E SPD: BT-Drs. 12/1630; E B90/GR: BT-Drs. 12/1739; Zwischenbericht: BT-Drs. 12/4151; E CDU/CSU u. FDP: BT-Drs. 12/5927. Weitere Mat., Gesetzgebungsgeschichte und zu früheren Initiativen vgl. 50. Aufl. 3 und ausführlich *Möhrenschlager*, Weber-FS (2004), 217ff. An der **Verfassungsmäßigkeit** der Vorschrift bestehen keine Zweifel (zweifelnd NK-*Wohlers* 4; MK-*Müller* 19). **Ergänzende Vorschrift: § 2 IntBestG** v. 10. 9. 1998 (BGBl. I, 2327; Anh. 22; vgl. dazu *Zieschang* NJW **99**, 105, 107; *Schubert* in: *Wabnitz/Janovsky*, Hdb. des Wirtschafts- und Steuerstrafrechts, 2000, 12/51f., 102; *Gänßle* NStZ **99**, 543, 544f.; *Korte* wistra **99**, 81; *Möhrenschlager*, Weber-FS [2004], 217, 227ff.).

Gesetzgebung: Im Hinblick auf den CDU-Spendenskandal 1999/2000 brachte das Saarland einen E eines Gesetzes zur Änderung des PartG im BRat ein (BR-Drs. 98/00), nach dem Verstöße gegen die Buchführungs- und Rechnungslegungspflicht von Parteien und Parteimitgliedern strafrechtlich geahndet werden sollten (zu weitergehenden Forderungen vgl. *Möhrenschlager* wistra **00**, H. 4, S. VI. Vgl. auch GesE PDS, BT-Drs. 14/2719). Der GesA wurde nicht weiter behandelt.

Zur möglichen **Neufassung** zur Umsetzung internationaler Verpflichtungen vgl. *Möhrenschlager*, Weber-FS (2004) 217, 230ff. **Gesetzgeberischen Handlungsbedarf** hat der *5. StS* des BGH in BGH **51**, 44, 59f. (= NStZ **06**, 389, 392) angemahnt (vgl. auch *Wolf* NJW **06**, 2735, 2737; *ders.* ZRP **07**, 43, 46). Im GesE der BReg eines Zweiten KorrBekG (vgl. 1 zu

§ 299) ist der noch im RefE enthaltene Vorschlag einer Neuregelung entfallen. Ein GesE aus der Mitte des BTags war angekündigt, ist aber nicht vorgelegt worden (vgl. dazu auch *Möhrenschlager* wistra **07**, H. 7, S. VI ff.); sogar die entsprechende *Pressemitteilung* des BMJ v. 30. 5. 2007 ist auf der homepage des BMJ nachträglich *berichtigt* worden. Das Schicksal eines von der Fraktion B90/GR im Mai 2007 beschlossenen GesE eines StÄG – Bestechung und Bestechlichkeit von Abgeordneten (Abdruck bei *Möhrenschlager* wistra **07**, H. 7, S. VII) ist (Stand: Sept. 2007) unklar.

1 a **Literatur:** *v. Arnim,* Abgeordnetenkorruption, JZ **90**, 1014; *ders.*, Der gekaufte Abgeordnete – Nebeneinkünfte und Korruptionsproblematik, NVwZ **06**, 249; *Barton*, Der Tatbestand der Abgeordnetenbestechung, NJW **94**, 1098; *Dahs/Müssig*, Strafbarkeit kommunaler Mandatsträger als Amtsträger? – Eine Zwischenbilanz, NStZ **06**, 191; *Deiters*, Zur Frage der Strafbarkeit von Gemeinderäten wegen Vorteilsannahme und Bestechlichkeit, NStZ **03**, 453; *Epp*, Die Abgeordnetenbestechung, 1997 (Diss. Trier 1997); *Erdsiek* NJW **59**, 25; *Eschenburg,* Paragraphen gegen Parlamentarier. Zur politischen Praxis in der Bundesrepublik, 1967, Bd. 1, 124; *Gänßle,* Das Antikorruptionsstrafrecht, NStZ **99**, 543; *Geilen* LdR 1115; *Grüll,* Strafbarkeit der Abgeordnetenbestechung (usw.), ZRP **92**, 371; Niederschriften über die Sitzungen der Großen Strafrechtskommission [zit. Ndschr.] Bd. **10**, 282, 342, 344; Bd. **13**, 257 f., 260 ff., 710 ff., 722 ff.; *Greeve*, Korruptionsdelikte in der Praxis, 2005; *Hartmann*, Zur Frage der Strafbarkeit der Gemeinderatsmitglieder wegen Bestechlichkeit und Geheimnisverrats im geltenden Recht und im Entwurf eines Strafgesetzbuches (E 1962), DVBl **66**, 809; *Marel*, Die Strafbarkeit kommunaler Mandatsträger gem. §§ 331, 332 StGB, StraFo **03**, 259; *Möhrenschlager*, Die Struktur des Straftatbestandes der Abgeordnetenbestechung auf dem Prüfstand – Historisches und Künftiges, Weber-FS (2004), 217; *Nolte*, Das freie Mandat der Gemeindevertretungsmitglieder, DVBl **05**, 870; *Richter,* Lobbyismus und Abgeordnetenbestechung, 1997 (Diss. Aachen); *Rudolphi*, Spenden an politische Parteien als Bestechungsstraftaten, NJW **82**, 1417; *Saliger*, Parteiengesetz und Strafrecht, 2005 (Rez. *Wolf* GA **06**, 659); *ders.*, Korruption und Betrug durch Parteispenden, NJW **05**, 1073; *Rübenstahl*, Die Angehörigen kommunaler Parlamente als Amtsträger (§ 11 Abs. 1 Nr. 2 b StGB) und ihre Strafbarkeit nach den Bestechungsdelikten (§§ 108 e, 331 ff. StGB), HRRS **06**, 23; *Schlüchter,* Zur (Un-) Lauterkeit in den Volksvertretungen, Geerds-FS 713; *Schreiber/Rosenau/Combé/Wrackmeyer,* Zur Strafbarkeit der Annahme von geldwerten Zuwendungen durch Städte und Gemeinden nach § 331 StGB; GA **05**, 265; *Schulze*, Zur Frage der Strafbarkeit der Abgeordnetenbestechung, JR **73**, 485; Welp, Der Amtsträgerbegriff, Lackner-FS (1987) 761; *de With,* Zwischen Lobbyismus u. politischer Korruption, KR **97**, 400; *G. Wolf,* Straftaten bei Wahlen u. Abstimmungen, 1961; S. *Wolf,* Die Modernisierung des deutschen Antikorruptionsstrafrechts durch internationale Vorgaben, NJW **06**, 2735.

2 2) **Rechtsgut.** Die Vorschrift schützt das öffentliche Interesse an der Integrität parlamentarischer Prozesse und an der Unabhängigkeit der Mandatsträger sowie der Sachbezogenheit ihrer Entscheidungen (BTag 12/11 699); dahinter steht der Erhalt der **Legitimität** der parlamentarischen Demokratie. Hinter dem (teilweise auch überzogenen) rechtspolitischen Erwartungen bleibt der Tatbestand zurück (vgl. unten 3, aber auch 10); eine bisweilen populistisch gefärbte pauschale Kritik ist gleichwohl nicht gerechtfertigt (scharf ablehnend zB *Tröndle* 48. Aufl. 1; vgl. auch *Barton* NJW **94**, 1100: „symbolische Gesetzgebung mit einem hohen Maß an Täuschungselementen"; ähnlich *Geilen* LdR 1115: „parlamentarische Selbstbedienung im Strafrecht"; einschr. *Schlüchter* [1 a] 724; *S/S-Eser* 1; *de With* KR **97**, 401) und trägt ihrerseits zu dem beklagten **Vollzugsdefizit** bei, indem sie populistischen Ressentiments Vorschub leistet. Die **praktische Bedeutungslosigkeit** (krit. auch *v. Arnim* JZ **90**, 1014) steht in krassem Gegensatz zu den „Dunkelfeld"-Vermutungen, die das Wahlvolk in Umfragen äußert.

3 3) **Anwendungsbereich.** § 108 e erfasst nur verwerfliches Abstimmungsverhalten von Mandatsträgern **in** den parlamentarischen Gremien und das hiermit korrespondierende Verhalten Außenstehender. Die Vorschrift erfasst die Abgeordnetenbestechung daher nur im Teilbereich des sog. „**Stimmenkaufs**", nicht aber Fälle der allgemeinen wirtschaftlichen Interessenverflechtung; die hiergegen gerichtete Kritik (*v. Arnim* NVwZ **06**, 249, 252 f.) lässt freilich meist offen, welche *strafrechtlichen* Regelungen dieses Defizit beheben könnten. Die Anwendung ist auf **Wahlen und Abstimmungen** innerhalb der Volksvertretung, dh im **Plenum** und in den **Ausschüssen** (*Lackner/Kühl* 2), aber auch in den **Fraktionen** (2 StR 557/05 [in NStZ **07**, 36 insoweit nicht abgedr.]; ebenso *Dölling* DJT C 83; str., vgl. auch *Geerds* JR **96**, 312), beschränkt.

3 a Einbezogen sind Abgeordnete des **Europäischen Parlaments,** des **Bundestags** sowie die Volksvertretungen der **Länder, Gemeinden** und **Gemeindeverbände**

(vgl. unten 5; zu kommunalen Mandatsträgern vgl. BGH **51**, 44 [= NJW **06**, 2050; Bespr. *Feinendegen* NJW **06**, 2014]; NStZ **07**, 36 f.; 23 zu § 11; *Marel* StraFo **03**, 259; *Deiters* NStZ **03**, 453 f.; *Rübenstahl* HRRS **06**, 23; *Bernsmann* StV **03**, 521; **aA** *Dahs/Müssig* NStZ **06**, 191; jew. mwN). Vom Wortlaut des Abs. I sind auch **nichtdeutsche** Parlamentarier des EP erfasst; eine Strafbarkeit setzt aber einen inländischen Anknüpfungspunkt nach §§ 3, 9 oder nach § 7 II Nr. 1 voraus (*S/S-Eser* 5; *Lackner/Kühl* 9). Im Zusammenhang mit § 2 IntBestG **(Anh. 22)** geht die Strafbarkeit ausländischer Abgeordneter weiter als die nationaler Abgeordneter (krit. *Zieschang* NJW **99**, 105, 107). Die Voraussetzung, dass sich die Tat auf „eine Wahl oder Abstimmung" beziehen muss, bedeutet nicht, dass dies eine bestimmte einzelne Mandatsausübung sein muss; die Tat kann auch mehrere oder alle Abstimmungen betreffen, die in einem bestimmten Zusammenhang vorgenommen werden (E 1962, 590). § 108 e bezieht sich nur auf Entgeltsvereinbarungen für **künftige Stimmabgaben,** nicht aber auf Angebote oder Annahme nachträglicher „Belohnungen" (*Barton* NJW **94**, 1099; vgl. aber unten 8). *Beratende Tätigkeiten* eines Abg. bleiben ebenso außer Betracht wie Abstimmungen in *Arbeitskreisen.* Die **Indemnität** (Art. 46 I GG) steht § 108 e nicht entgegen, da dieser nicht das Abstimmungsverhalten als solches pönalisiert (vgl. *Schlüchter,* Geerds-FS 723).

4) Tathandlung. Abs. I setzt das **Unternehmen** (Versuch und Vollendung, 37 zu § 11; vgl. *Barton* NJW **94**, 1100) voraus, eine Stimme zu **kaufen** oder zu **verkaufen.** Die Worte „kaufen" und „verkaufen" sind umgangssprachlich iS von Leistung und Gegenleistung zu verstehen (NK-*Wohlers* 4) und sollen die typischen Merkmale der **Bestechung und Bestechlichkeit** zum Ausdruck bringen und dem Richter „einen konkreten Anhaltspunkt für die Verwerflichkeit tatbestandsmäßigen Verhaltens geben" (GrStrafrechtskomm., Ndschr. **13**, 268 ff.). Der „Leistung" des Abg. muss ein messbarer, in einem Geldbetrag ausdrückbarer materieller Vorteil entsprechen; immaterielle oder dem rein persönlichen Bereich zugehörige Vorteile werden von § 108 e nicht erfasst. Das Merkmal der „Käuflichkeit" soll das Wesen der Stimmbestechung verdeutlichen, aber nur diejenigen Fälle verwerflicher Gewährung oder Annahme von Vorteilen erfassen, bei denen das **Stimmverhalten,** das auch in einer **Stimmenthaltung** bestehen kann, zum Gegenstand eines sittenwidrigen Geschäfts gemacht wird. 4

Täter des Stimmen**kaufs** kann jedermann sein, hingegen ist der Stimmen**verkauf** Sonderdelikt des Mandatsträgers. Die Frage, ob ein **Gemeinderatsmitglied** als Teil der *Legislative* handelt (zB bei der Abstimmung über einen Bebauungsplan) oder als Teil der Administration (zB bei der Abstimmung über eine Auftragsvergabe im Verwaltungsausschuss), ist landesrechtlich unterschiedlich geregelt. Nach Ansicht des **BGH** und wohl hM sind Ratsmitglieder nur insoweit Amtsträger iS von §§ 331 ff., als sie nicht in Ausübung ihres freien Mandats tätig sind (vgl. BGH **51**, 44, 49 ff. [=NJW **06**, 2050, 2054; Bespr. *Feinendegen* NJW **06**, 2014]; NStZ **07**, 36; LG Krefeld NJW **94**, 2036; *S/S-Eser* 23 zu § 11; SK-*Rudolphi* 21 zu § 11; *Heinrich,* Der Amtsträgerbegriff im Strafrecht, 2001, 675 ff.; and. *Deiters* NStZ **03**, 453, 45 ff.; enger LK-*Gribbohm* 37 zu § 11; weiter LG Köln StV **03**, 507 [auch bei Erlass von Satzungen], Überblicke zum Meinungsstand einerseits bei *Rübenstahl* HRRS **06**, 23; andererseits bei *Dahs/Müssig* NStZ **06**, 191; vgl. auch 23 zu § 11). 5

A. Unrechtsvereinbarung. Der vollendete Kauf oder Verkauf einer Stimme setzt eine *konkrete* Unrechtsvereinbarung voraus, die derjenigen der §§ 331 ff. entspricht (vgl. 21 zu § 331). Sie kann **zB** zum Inhalt haben: Vereinbarung über eine mandatsbezogene Zuwendung zu eigennützigem Gebrauch, die auf eine sachfremde Ausübung des Stimmrechts zielt; Überlassung eines Geldbetrags zum persönlichen Nutzen für eine dem Gewissen des Abg. widersprechende Stimmabgabe; Teilnahme an Abstimmungen, in denen der Abg. sich (zB als bezahlter Anwalt des Mandanten) für befangen hätte erklären müssen; Weiterzahlung des Gehalts oder sonstiger Zuwendungen (zB aus Nebenämtern), wenn dies nicht für erbrachte oder 6 zu erbringende reguläre Dienste, sondern als Entgelt für eine konkrete Abstimmungsleistung erwartet und zugesagt wird.

7 Die Vereinbarung muss sich auf das Verhalten des Abgeordneten bei einer *bestimmten zukünftigen Stimmabgabe* beziehen. Daher reicht die Honorierung einer allgemeinen „Gewogenheit" grds nicht aus (*Lackner/Kühl* 3). Freilich muss der Zeitpunkt der Abstimmung noch nicht feststehen; ausreichend ist eine Übereinkunft über ihren Gegenstand sowie über das konkrete Abstimmungsverhalten des Abg. Unter diesen Umständen sind auch (ausdrückliche oder konkludente) Vereinbarungen erfasst, sich bei *jeder* Abstimmung über diesen Gegenstand in einem bestimmten Sinn zu verhalten (*Lackner/Kühl* 4).

8 Eine **Abgrenzung** erlaubter von unerlaubten Vereinbarungen und Zuwendungen (vgl. auch Anl. 1 zur GeschOBTag) ist auf der Grundlage des § 108 e schwierig (Bedenken im Hinblick auf Art. 103 II GG bei SK-*Rudolphi* 4; MK-*Müller* 19); allerdings ist es nicht gerechtfertigt, dem Tatbestand im Hinblick auf eine **Grauzone** (politisch) „sozialadäquaten" Verhaltens von vornherein jede Bedeutung abzusprechen (so *Tröndle* 48. Aufl. 1, 10f. in Anlehnung an *Barton* NJW **94**, 1099; vgl. aber zB NStZ **07**, 36, 37).

8a **Nicht erfasst** sind – nach der Natur der Sache – Vereinbarungen in *allgemeiner* „Beziehung" auf die Abgeordnetentätigkeit, Spenden für Wahlkreisarbeit oder für einen Wahlkampf, wenn sie der *allgemeinen „Klimapflege"* gelten (anders bei Wahlkampfspenden in Beziehung auf ein für den Fall der Wahl erwartetes konkretes Abstimmungsverhalten; vgl. 2 StR 557/5); abweichend von §§ 331 ff. auch nicht erst *nach* der Abstimmung vereinbarte Belohnungen. Auch die Sicherung *moralischer Standards der politischen Tätigkeit* kann nicht über eine Strafdrohung erzwungen werden: Das Fordern oder Anbieten von Ämtern in Koalitionsgesprächen, von „sicheren" Listenplätzen oder herausgehobenen Funktionen in Partei oder Fraktion kann nur im Ausnahmefall § 108 e unterfallen (vgl. SK-*Rudolphi* 14; *Lackner/Kühl* 3). Dasselbe gilt für entgeltliche Tätigkeiten als **Lobbyist** (zB als Leiter von Verbands-Büros am Sitz eines Parlaments), selbst wenn die Einkünfte aus solcher – einem Einzelinteresse verpflichteten – Tätigkeit bei Berufspolitikern nicht selten die Abgeordneten-Bezüge übersteigen. Das ist weder verwerflich noch gar strafwürdig; der verbreiteten *Heuchelei* ist durch Offenlegungs- und Transparenzpflichten entgegen zu wirken.

8b Die **Feststellung einer Unrechtsvereinbarung** iS von Abs. I ist nach allgemeinen Grundsätzen des Beweisrechts vorzunehmen: Wer seine Meinung in einer zur Abstimmung stehenden Frage plötzlich ändert, nachdem er ein „klärendes Gespräch" über die Besetzung eines Amts oder die Erteilung eines lukrativen Auftrags geführt hat, schafft jedenfalls **Indizien.** Ebenfalls indiziellen Wert dürfte der (inhalts- oder zeitnahe) Abschluss von Berater- und sonstigen Nebentätigkeitsvereinbarungen haben, bei welchen die Honorierung ersichtlich nicht für eine tatsächlich zu erbringende Leistung erfolgt (*S/S-Eser* 8).

9 **B. Vollendung.** Der Tatbestand des Abs. I verlangt das **Unternehmen** des Kaufs oder Verkaufs einer Stimme. Er ist daher jedenfalls erfüllt, wenn ein solcher Kauf (durch einen **Dritten,** auf dessen eigene Abgeordneten-Eigenschaft es nicht ankommt) oder Verkauf (durch den Abg.) tatsächlich stattgefunden hat; dies setzt voraus, dass die bestochene Person ihr Abstimmungs- oder Wahlverhalten **auf Grund** der Unrechtsvereinbarung vollzogen hat, somit einen **kausalen Zusammenhang** zwischen Vermögensvorteil und Abstimmungsverhalten (BT-Drs. 12/5927, 5f.; *S/S-Eser* 9; krit. dazu *Barton* NJW **94**, 1099).

10 **Vollendet** ist der Tatbestand aber **darüber hinaus** bereits mit dem **Versuch** (§ 11 I Nr. 6), dh mit dem Ansetzen zu einer Handlung, die nach der Vorstellung des Täters *zu einem Stimmen*kauf oder -verkauf führen soll. Auf den tatsächlichen Abschluss der Unrechtsvereinbarung kommt es insoweit ebenso wenig an wie auf einen inneren Vorbehalt: Über die Vollendungsstrafbarkeit auch für den (untauglichen) Versuch sind auch schon die in §§ 331 ff. genannten Handlungen des **For-**

derns, Anbietens, Versprechens oder **Versprechenlassens** erfasst (*Lackner/Kühl* 5); auf die Kausalität der Handlung für das Stimmverhalten kommt es insoweit jedenfalls für den **Stimmenkäufer** nicht an. Vollendung wird man aber auch für den **Abgeordneten** anzunehmen haben, der einen „Verkauf" seines Stimmverhaltens anbietet oder vereinbart, sich jedoch **innerlich vorbehält,** sein zukünftiges Stimmverhalten nicht an der Unrechtsvereinbarung zu orientieren (vgl. BGH **15**, 88, 97; wistra **85**, 22; *S/S-Eser* 9; vgl. hierzu 10 zu § 331; zum **Betrug** in diesen Fällen vgl. 64 zu § 263). Ein **Rücktritt** vom Versuch ist nicht möglich, **Tätige Reue** vom Gesetz nicht vorgesehen. Die weite Vorverlagerung der Vollendungsgrenze führt daher zu weitreichenden Ahndungsmöglichkeiten korruptiven Verhaltens, welche weder den pauschalen Unwirksamkeits-Vorwurf noch die erstaunliche Zurückhaltung von Ermittlungsbehörden rechtfertigen.

5) Vorsatz. § 108 e setzt Vorsatz voraus; bedingter Vorsatz genügt. Er hat sich **11**
auch auf die Unrechtsvereinbarung, insbesondere auf die tatsächlichen Umstände zu beziehen, die die Verwerflichkeit der Vereinbarung ausmachen. Irrt der Täter über solche Umstände, so ist ein Tatbestandsirrtum (§ 16) gegeben. Bewertet er sie falsch und hält er daher die Tat irrig für erlaubt oder iS dieser Vorschrift nicht für verwerflich, so ist ein – idR vermeidbarer – Verbotsirrtum gegeben (vgl. 8 zu § 17).

6) Rechtsfolgen. Die **Strafe** ist gegenüber der Bestechlichkeit und der Beste- **12**
chung (§§ 332, 334) im Höchstmaß gleich, im Mindestmaß (schon im Hinblick auf die Vollendungsstrafe für uU untauglichen Versuch) niedriger. **Abs. II** erweitert die nach § 108 c für die Wahldelikte gegebene **Möglichkeit,** neben einer Mindeststrafe von 6 Monaten Freiheitsstrafe auf Verlust des aktiven und passiven Wahlrechts zu erkennen, wobei im Falle der Verurteilung eines Abg. des BTages § 47 I Nr. 3 BWahlG anzuwenden ist, der vorsieht, dass der Ältestenrat durch Beschluss über den Verlust der Mitgliedschaft im BTag entscheidet, wenn der Verlust der Wählbarkeit durch rechtskräftigen Richterspruch eingetreten ist (vgl. § 45).

7) Teilnahme. Eine Teilnahme ist nach allgemeinen Regeln möglich. Stim- **13**
menkäufer und -verkäufer sind an der Tat des jeweils anderen notwendige Teilnehmer; die Strafbarkeit tritt hinter die eigene Täterschaft zurück. Für Teilnehmer an der Tat eines Abgeordneten gilt § 28 I nicht (zutr. SK-*Rudolphi* 16; *S/S-Eser* 13).

8) Für die **Konkurrenzen** gelten 13 zu § 332, 12 zu § 334 entsprechend. Tateinheit mit **14**
§ 263 ist möglich (oben 10). Soweit ein Mandatsträger **zugleich Amtsträger** oder für den öffentlichen Dienst besonders Verpflichteter (§ 11 I Nr. 2, 4) ist *und* als solcher handelt, gehen die §§ 331 ff. dem § 108 e vor (NK-*Wohlers* 3; SK-*Rudolphi* 8; **aA** wohl *Deiters* NStZ **03**, 453, 457 f.).

Fünfter Abschnitt
Straftaten gegen die Landesverteidigung

Vorbemerkung

1 Das 4. StÄG fügte die §§ 109 bis 109 i als 5 a. Abschnitt ein (RegE BT- Drs. II/3039; Ber. BT-Drs. II/3407). Das 8. StÄG (1 vor § 80) änderte § 109 i und fügte § 109 k ein; weitere Änderungen brachte Art. 19 Nr. 34 bis 41 EGStGB.

2 Der Abschnitt dient dem Schutz der **Landesverteidigung;** er soll die Aufgebenerfüllung und Funktionsfähigkeit der **Bundeswehr** sichern. Daneben sind die §§ 109 d bis 109 g, 109 i, 109 k auch zum Schutz der **Vertragsstaaten der NATO** und ihrer in der BRep. stationierten Truppen einer der Drei Mächte anzuwenden (§ 1 II Nr. 4 des 4. StÄG, Anh. 14); in den Fällen der §§ 109 f, 109 g auch § 153 d StPO; in den Fällen der §§ 109 d, 109 f auch die §§ 153 c, 153 d StPO nach Maßgabe des Art. 9 des 4. StrRG.

3 Ein weiter gehender, auf einen funktionsbezogenen Aspekt der **Ehre** abstellender Strafrechtsschutz von BWehr-Soldaten ist weder durch eine Strafbarkeitslücke geboten (BVerfG NJW **95**, 3306) noch rechtspolitisch veranlasst (vgl. 22, 26 zu § 193). Entspr. GesE (BT-Drs. 14/985; vgl. schon BT-Drs. 13/3971; vgl. dazu *Nolte* AfP **96**, 313; *Mahrenholz* AfP **96**, 330; *Gounalakis* AfP **96**, 357; *Scholz* AfP **96**, 327; *v. Arnault* ZRP **97**, 110; *Hohmann/Grote* JR **97**, 364) sind zu Recht gescheitert (vgl. NK-*Wohlers* 1; *S/S-Eser* 3). Einem speziellen Ehrenschutztatbestand für die Bundeswehr steht nicht nur das Fehlen einer Strafbarkeitslücke entgegen (so auch BVerfG NJW **95**, 3306), sondern vor allem auch der dogmatische Einwand, dass sich die durch Art. 5 GG gezogene Grenze des Beleidigungstatbestands schwerlich dadurch verschieben lässt, dass man die Beleidigung „Verunglimpfung" nennt, also gerade eine *schwere* Beleidigung voraussetzt (krit. auch *Hohmann/Grote* JR **97**, 366 ff. mwN).

Wehrpflichtentziehung durch Verstümmelung

109 **I Wer sich oder einen anderen mit dessen Einwilligung durch Verstümmelung oder auf andere Weise zur Erfüllung der Wehrpflicht untauglich macht oder machen lässt, wird mit Freiheitsstrafe von drei Monaten bis zu fünf Jahren bestraft.**

II Führt der Täter die Untauglichkeit nur für eine gewisse Zeit oder für eine einzelne Art der Verwendung herbei, so ist die Strafe Freiheitsstrafe bis zu fünf Jahren oder Geldstrafe.

III Der Versuch ist strafbar.

1 **1) Die Vorschrift** idF des 4. StÄG iVm Art. 19 Nr. 35 EGStGB (vgl. 1 vor § 109) wird durch § 17 WStG ergänzt, der einen Soldaten mit Strafe bedroht, der sich oder einen anderen Soldaten wehruntauglich macht. Zur rechtspolitischen Kritik vgl. MK-*Müller* 7.

2 **2)** Die **Wehrpflicht** ergibt sich aus §§ 1 bis 3 WPflG. Auch der Zivildienst des Kriegsdienstverweigerers fällt darunter (§§ 3 I, 25 WPflG). Die Tat kann an jedem begangen werden, der wehrpflichtig ist oder es einmal werden kann (SK-*Rudolphi* 3; NK-*Wohlers* 3; LK-*Schroeder* 5).

3 **A.** Der Betroffene muss **wehruntauglich** gemacht (§ 17 WStG), dh in einen vorher noch nicht bestehenden Zustand versetzt werden, in dem er wegen körperlicher oder geistiger Mängel nicht mehr in der Art oder in dem Umfang (§§ 8 a, 9 WPflG) wehrtauglich ist wie vor der Tat. **Abs. I** ahndet die Herbeiführung der **absoluten,** dh aller Voraussicht nach unbehebbaren **Untauglichkeit.** Die Tötung – auch: Selbsttötungsversuch – eines Wehrpflichtigen unterfällt § 109 auch dann nicht, wenn der Täter im Fall des Misslangens mit Wehruntauglichkeit gerechnet hat (vgl. NK-*Wohlers* 7; SK-*Rudolphi* 8; *S/S-Eser* 9). **Abs. II** erfasst die Verursachung der **relativen,** nämlich nur für eine **gewisse Zeit** (auch eine kurze kann genügen) oder **für eine einzelne Art der Verwendung,** zB für eine bestimmte Waffengattung oder einen bestimmten Truppenteil (Bay NJW **73**, 2257 m. zust.

Anm. *Schroeder* NZWehrr **74**, 33) oder auf eine innerhalb einer Waffengattung oder eines Truppenteils vorkommende allgemeine Verwendungsart beschränkt sein. Untauglichkeit zu einzelnen Dienstverrichtungen (zB Nachtmarsch, Übungsflug) reicht anders als bei § 17 WStG nicht aus (SK-*Rudolphi* 7; NK-*Wohlers* 4).

4 **B.** Die Untauglichkeit muss herbeigeführt werden durch **Verstümmelung** (unmittelbare mechanische Einwirkung auf den Körper, die zum Verlust oder zur Zerstörung eines Organs oder Körpergliedes führt; weiter [jede Handlung] NK-*Wohlers* 5; **aA** SK-*Rudolphi* 11) **oder auf andere Weise,** dh durch sonstige Einwirkung, die zu körperlichen oder geistigen Mängeln führt, zB durch eine Operation, Bay NJW **73**, 2257 (Herbeiführen rechtlicher Wehruntauglichkeit nach § 10 WPflG genügt nicht). Das kann auch durch Unterlassen geschehen, aber nicht durch Verweigerung einer Operation, der sich auch ein Soldat nach § 17 IV S. 3 SG nicht zu unterziehen braucht. Strafbar ist, wer sich selbst verstümmelt oder sich von einem anderen verstümmeln lässt (Selbstverstümmelung), oder wer einen anderen verstümmelt oder als mittelbarer Täter (LK-*Schroeder* 17) verstümmeln lässt (Fremdverstümmelung).

5 **C. Einwilligung** des untauglich Gemachten ist bei der Fremdverstümmelung Tatbestandsmerkmal. Sonst kommen §§ 223 ff. in Frage.

6 **D.** Bei der Fremdverstümmelung sind sowohl der Verstümmelnde wie der Verstümmelte **Täter.** Täter kann auch ein Soldat sein, wenn § 17 WStG ausscheidet, weil der Verstümmelte nicht Soldat ist. Ist nur der Tatbestand des weitergefassten § 17 WStG gegeben, kann ein Zivilist nur Anstifter oder Gehilfe sein (§ 1 III WStG). Überschneiden sich § 17 WStG und § 109, so wird ein Soldat nur aus § 17 WStG, ein Zivilist nur aus § 109 bestraft.

7 **E. Tatort** kann auch das Ausland sein (5 zu § 5).

8 **3) Vorsatz** ist erforderlich; bedingter genügt. Der Zweck, zB ein Versicherungsbetrug, kann nur für die Strafzumessung von Bedeutung sein.

9 **4) Tateinheit** ist zwischen Versuch nach I und Vollendung nach II sowie mit §§ 223 ff. möglich (LK-*Schroeder* 23; str.), da die Einwilligung nicht rechtfertigt. Durch § 17 WStG wird § 109 verdrängt.

Wehrpflichtentziehung durch Täuschung

109a **I Wer sich oder einen anderen durch arglistige, auf Täuschung berechnete Machenschaften der Erfüllung der Wehrpflicht dauernd oder für eine gewisse Zeit, ganz oder für eine einzelne Art der Verwendung entzieht, wird mit Freiheitsstrafe bis zu fünf Jahren oder mit Geldstrafe bestraft.**

II Der Versuch ist strafbar.

1 **1) Die Vorschrift** idF des 4. StÄG (1 vor § 109) iVm Art. 19 Nr. 35 EGStGB schützt gegen Wehrpflichtentziehung durch Täuschung und richtet sich gegen Nichtsoldaten, während für Soldaten § 18 WStG gilt. Während § 109 schon die Untauglichkeit zu einem möglichen **Wehrdienst** (2 zu § 109) erfasst, stellt § 109a auf den tatsächlichen Entziehungserfolg ab. **Tatort** kann auch das Ausland sein, wenn der Täter Deutscher ist und seine Lebensgrundlage in der BRep. hat (§ 5 Nr. 5 Buchst. b).

2 **2) Mittel zur Tat** ist die Anwendung arglistiger, auf Täuschung berechneter Machenschaften (*Dreher* JZ **57**, 397).

3 **A. Machenschaft** ist die bloße Lüge noch nicht (hM), vielmehr ein methodisch berechnetes Gesamtverhalten (vgl. Bay **61**, 223; Hamm aaO; SK-*Rudolphi* 6; **aA** LK-*Schroeder* 5); das ist gegeben etwa bei Vorlegen von (selbst echten, aber inhaltlich *unwahren) schriftlichen* Belegen (ärztliches Attest, Koblenz NZWehrr **75**, 226) oder durch ein System von Lügen (Hamm NZWehrr **83**, 36); so zur Glaubhaftmachung eines angeblichen Leidens, Wohnortwechsels (Hamburg NJW **65**, 1674; Celle NJW **65**, 1675; NStZ **86**, 168) oder einer schwierigen fami-

liären Lage. Flucht ins Ausland oder bloße Ausnutzung eines nicht vom Täter hervorgerufenen Irrtums ist keine Machenschaft (Bay NZWehrr **62**, 71). Bei Handeln zugunsten eines **Dritten** muss dieser nicht beteiligt sein.

4 **B. Die Anwendung** der Machenschaften muss zum Entziehungserfolg führen; hierzu reicht es aus, dass die Täuschung das Verhalten einer Behörde beeinflusst und zu einer jedenfalls vorübergehenden Entziehung führt (Celle NJW **65**, 1675; NStZ **86**, 168; LK-*Schroeder* 7; SK-*Rudolphi* 8; NK-*Wohlers* 4; **aA** hier bis 50. Aufl.) eintreten. Wurde die Erfüllung der Wehrpflicht nicht vereitelt oder wenigstens hinausgezögert, liegt Versuch (II) vor (Celle NStZ **86**, 168).

5 **3) Vorsatz** ist erforderlich; bedingter Vorsatz reicht (vgl. i. e. vgl. *Schölz/Lingens* 8 ff. zu § 18 WStG).

§§ 109 b und 109 c [Aufgehoben durch Art. 19 Nr. 36 EGStGB]

Störpropaganda gegen die Bundeswehr **RiStBV 202 bis 205**

109d **I Wer unwahre oder gröblich entstellte Behauptungen tatsächlicher Art, deren Verbreitung geeignet ist, die Tätigkeit der Bundeswehr zu stören, wider besseres Wissen zum Zwecke der Verbreitung aufstellt oder solche Behauptungen in Kenntnis ihrer Unwahrheit verbreitet, um die Bundeswehr in der Erfüllung ihrer Aufgabe der Landesverteidigung zu behindern, wird mit Freiheitsstrafe bis zu fünf Jahren oder mit Geldstrafe bestraft.**

II Der Versuch ist strafbar.

1 **1) Gegen Lügenpropaganda** soll § 109 d (idF des 4. StÄG; 1 vor § 109) die BWehr schützen (potentielles Gefährdungsdelikt, 19 vor § 13). Eine Beeinträchtigung der freien Meinungsäußerung enthält die Vorschrift nicht; denn Art. 5 II GG gibt keinen Freibrief für die Verbreitung bewusster Unwahrheiten (enger LK-*Schroeder* 3). Die Vorschrift hat keine praktische Bedeutung (vgl. *Greiser* NJW **73**, 231; SK-Rudolphi 1). **Tatort** kann auch das Ausland sein, wenn der Täter Deutscher ist und seine Lebensgrundlage in der BRep. hat (§ 5 Nr. 5 Buchst. b).

1 a **Literatur:** *Kreutz,* Der Straftatbestand der Störpropaganda gegen die Bundeswehr (§ 109 d StGB) u. der Bestimmtheitsgrundsatz im Strafrecht, NZWehrr **00**, 230.

2 **2) Die Handlung** besteht im Aufstellen oder Verbreiten unwahrer oder gröblich entstellter Behauptungen tatsächlicher Art; beide Varianten überschneiden sich (*S/S-Eser* 12; *Kreutz* NZWehrr **00**, 233).

3 **A. Aufstellen** entspricht dem Behaupten des § 186. Dem Täter muss es dabei auf Verbreitung durch irgendwen ankommen. **Verbreiten** muss in § 109 d entsprechend dem Sinn der Vorschrift nicht wie in § 186 als bloße Weitergabe der fremden Behauptung an einen anderen (10 zu § 186) verstanden werden, sondern wie in § 86 als Weitergabe, wenn auch nur an einen einzelnen (**aA** SK-*Rudolphi* 10; AK-*Ostendorf* 8), so doch mit dem Willen, die Behauptung einem größeren Personenkreis zugänglich zu machen. Öffentlichkeit der Äußerung ist nicht erforderlich.

4 **B.** Die Behauptung muss **tatsächlicher Art** sein; bloße Werturteile genügen nicht; so nicht „die Offiziere sind alle Lumpen" (LG Karlsruhe bei *Greiser* NJW **73**, 231), oder „die Soldaten sollen durch Schinderei und Unterdrückung zum Mord auf andere Völker abgerichtet werden" (JR **77**, 28 [krit. Anm. *Schroeder*; zw.]; MDR/S **79**, 708; vgl. aber 1 ff. zu § 186). Die Behauptung muss **unwahr** und **gröblich entstellt** sein. Die Entstellung besteht im Verdrehen des Sachverhalts, im Weglassen oder im Hinzudichten wesentlicher Einzelheiten. **Objektiv geeignet** sein muss die Behauptung, die Tätigkeit der BWehr zu stören, und zwar in allen in Betracht kommenden Bereichen (LK-*Schroeder* 8; *Hoyer* 153).

5 **3) Vorsatz:** Der Täter muss, soweit nicht mehr verlangt wird, mindestens mit bedingtem Vorsatz handeln, so hinsichtlich des Umstandes, dass die Tat geeignet

ist, die Schädigung zu 1 herbeizuführen; bei irriger Annahme liegt Versuch vor. Hingegen muss der Täter hinsichtlich des Wahrheitsgehaltes **wider besseres Wissen** handeln (vgl. JR **77**, 29 m. Anm. *Schroeder*). Schließlich muss es dem Täter in allen Fällen darauf ankommen, die BWehr in der Erfüllung ihrer Aufgabe der **Landesverteidigung** (krit. zur Bestimmtheit *Kreutz* NZWehrr **00**, 230), also nicht nur in anderen Bereichen, zu behindern (vgl. *Jescheck, Schwenck* NZWehrr **69**, 128; 135). Motiv braucht diese Absicht nicht zu sein (vgl. 6 zu § 15; **aA** Celle NJW **62**, 1581).

6 **4) Tateinheit** möglich u. a. mit §§ 86, 89, 100a, 164, 186, 187.

7 **5) Sonstige Vorschriften.** Nebenfolgen § 109i; Einziehung § 109k; Zuständigkeit § 74a I Nr. 3, II, §§ 120 II, 142a I GVG; Verfahren §§ 100a, 153c bis 153e StPO.

Sabotagehandlungen an Verteidigungsmitteln **RiStBV 202 bis 205**

109e **I Wer ein Wehrmittel oder eine Einrichtung oder Anlage, die ganz oder vorwiegend der Landesverteidigung oder dem Schutz der Zivilbevölkerung gegen Kriegsgefahren dient, unbefugt zerstört, beschädigt, verändert, unbrauchbar macht oder beseitigt und dadurch die Sicherheit der Bundesrepublik Deutschland, die Schlagkraft der Truppe oder Menschenleben gefährdet, wird mit Freiheitsstrafe von drei Monaten bis zu fünf Jahren bestraft.**

II Ebenso wird bestraft, wer wissentlich einen solchen Gegenstand oder den dafür bestimmten Werkstoff fehlerhaft herstellt oder liefert und dadurch wissentlich die in Absatz 1 bezeichnete Gefahr herbeiführt.

III Der Versuch ist strafbar.

IV In besonders schweren Fällen ist die Strafe Freiheitsstrafe von einem Jahr bis zu zehn Jahren.

V Wer die Gefahr in den Fällen des Absatzes 1 fahrlässig, in den Fällen des Absatzes 2 nicht wissentlich, aber vorsätzlich oder fahrlässig herbeiführt, wird mit Freiheitsstrafe bis zu fünf Jahren oder mit Geldstrafe bestraft, wenn die Tat nicht in anderen Vorschriften mit schwererer Strafe bedroht ist.

1 **1) Die Vorschrift** (idF des 4. StÄG; 1 vor § 109; iVm Art. 19 Nr. 37 EGStGB) richtet sich gegen die Sabotage an bestimmten Gegenständen (vgl. auch §§ 88, 316b). **Tatort** kann auch das Ausland sein (§ 5 Nr. 5 Buchst. a).

Gegenstand der Tat sind:

2 **A. Nach I: a) Wehrmittel.** Sie sind Gegenstände, die nach ihrer Natur oder auf Grund besonderer Zweckbestimmung für den bewaffneten Einsatz der Truppe geeignet und bestimmt sind; auch technische Geräte oder optische Instrumente sowie Nachrichtenmittel (Begr. 13) und alle Waffen der BWehr; nicht aber bloßes Ausbildungs- und Übungsmaterial (NK-*Wohlers* 2);

3 **b) Einrichtungen und Anlagen,** die ganz oder überwiegend der Landesverteidigung oder dem Schutz der Zivilbevölkerung gegen Kriegsgefahr dienen, nicht nur die unmittelbar von der Truppe benutzten, sondern auch solche, die ihrer Natur nach oder auf Grund besonderer Zweckbestimmung Aufgaben der Landesverteidigung erfüllen, wie militärische Versuchsanstalten, Befestigungswerke, ortsfeste Anlagen des Flugmeldedienstes wie Radaranlagen, gewerbliche Betriebe zur Herstellung und Ausbesserung oder Aufbewahrung von Gegenständen für die BWehr (Begr. 13), Kasernen, Eisenbahnen, Brücken.

4 **B. Nach II** Gegenstände oder **Werkstoffe,** die für diese Gegenstände konkret bestimmt sind.

5 **2) Die Handlung** besteht **in Abs. I** im **Zerstören** (14 zu § 303), Beschädigen (6 ff. zu § 303), Verändern, Unbrauchbarmachen, Beseitigen (7 zu § 316b)

in Abs. II im **fehlerhaften Herstellen** oder Liefern der Gegenstände zu 2, 3 oder des Werkstoffs. Die bloße Nichterfüllung eines Vertrages ist straflos. Das Merkmal der **Unbefugtheit** ist **Tatbestandsmerkmal** (vgl. 15 zu § 132). 6

3) Die Folge der Tat (nach I und II) muss sein, dass die **Sicherheit** der BRep., die Schlagkraft der Truppe (dazu *Heinen* NZWehrr **97**, 71; *Schölz/Lingens,* WStG, 59 zu § 2) oder Menschenleben **gefährdet** werden. Die konkrete Gefährdung muss tatsächlich eingetreten sein (SK-*Rudolphi* 10) und spürbare Auswirkungen auf die Einsatzbereitschaft gezeigt haben (LG Flensburg NZWehrr **84**, 80). 7

4) Vorsatz ist für die Handlung erforderlich; und zwar nicht nur für I, sondern auch für V. Dagegen verlangt nur I auch für die Gefährdung Vorsatz; nach V reicht dagegen insoweit Fahrlässigkeit aus. Für II wird aber direkter Vorsatz („wissentlich") gefordert. Der Irrtum über die Befugnis ist Verbotsirrtum (LK-*Schroeder* 8, 13). 8

5) Die Strafe. Zu **IV** (besonders schwere Fälle) vgl. 11 zu § 12; 88 f. zu § 46. Statusfolgen nach § 109 i, Einziehung nach § 109 k. 9

6) Tateinheit ist möglich zB mit §§ 100, 123 bis 125, 242. Von § 109 e verdrängt werden die §§ 87, 303 ff., 316 b (str.; teilw. abw. LK-*Schroeder* 17; *M/Schroeder/Maiwald* 87/29; SK-*Rudolphi* 16); hingegen tritt V hinter Vorschriften mit schwererer Strafdrohung zurück. 10

7) Sonstige Vorschriften. Zuständigkeit und Verfahren 7 zu § 109 d. 11

Sicherheitsgefährdender Nachrichtendienst RiStBV 202 bis 205

109f **[I] Wer für eine Dienststelle, eine Partei oder eine andere Vereinigung außerhalb des räumlichen Geltungsbereichs dieses Gesetzes, für eine verbotene Vereinigung oder für einen ihrer Mittelsmänner**

1. Nachrichten über Angelegenheiten der Landesverteidigung sammelt,
2. einen Nachrichtendienst betreibt, der Angelegenheiten der Landesverteidigung zum Gegenstand hat, oder
3. für eine dieser Tätigkeiten anwirbt oder sie unterstützt

und dadurch Bestrebungen dient, die gegen die Sicherheit der Bundesrepublik Deutschland oder die Schlagkraft der Truppe gerichtet sind, wird mit Freiheitsstrafe bis zu fünf Jahren oder mit Geldstrafe bestraft, wenn die Tat nicht in anderen Vorschriften mit schwererer Strafe bedroht ist. Ausgenommen ist eine zur Unterrichtung der Öffentlichkeit im Rahmen der üblichen Presse- oder Funkberichterstattung ausgeübte Tätigkeit.

[II] Der Versuch ist strafbar.

1) Die Vorschrift idF des 4. StÄG (1 vor § 109) iVm Art. 19 Nr. 38 EGStGB will den Gefahren einer Ausforschung von Landesverteidigungsangelegenheiten schon im Vorfeld begegnen (MDR/H **80**, 454), stellt den die äußere Sicherheit der BRep. gefährdenden Nachrichtendienst unter Strafe und ist ein **abstraktes Gefährdungsdelikt** (19 vor § 13; BGH **23**, 308). **Tatort** kann auch das Ausland sein (§ 5 Nr. 5 Buchst. a). 1

2) Tathandlungen sind in **Nr. 1** das Sammeln, dh ein auf systematisches Beschaffen angelegtes Zusammentragen von Nachrichten (vgl. BGH **30**, 16 zu § 15 FAG aF; ferner auch Celle GA **63**, 305 Nr. 10); in **Nr. 2** das Unterhalten einer Einrichtung zur Sammlung von Nachrichten = Betreiben eines Nachrichtendienstes; in **Nr. 3** das Anwerben, dh auch der erfolglose Versuch (hM), andere für eine Tätigkeit nach Nr. 1 oder 2 zu gewinnen, und die zur Täterschaft erhobene Beihilfe zu diesen Tätigkeiten (BGH **23**, 308; vgl. GA **61**, 5 Nr. 8). Der Täter braucht nicht geheim zu handeln. Es braucht sich auch nicht um eine „typisch nachrichtendienstliche" Betätigung im technischen Sinne zu handeln (vgl. zu § 92 aF BGH **15**, 167; *Lüttger* MDR **66**, 630; GA **61**, 5 Nr. 4 bis 6; **63**, 355 Nr. 13–15). Das Beschaffen *einer* Nachricht genügt, wenn sie der Beginn einer Sammlung sein soll (BGH **16**, 15) oder einem Nachrichtendienst zugeht. Weitergabe von Nachrichten ist zur Vollendung der Tat nicht erforderlich (BGH **15**, 161). Das Nachrichtensammeln bildet eine Handlungseinheit kraft Gesetzes (BGH **16**, 26). 2

3 Die Nachrichten müssen die **Landesverteidigung betreffen,** dh die Aufgaben und Interessen der Verteidigung der BRep. (BGH **15**, 164), einschließlich des Zivilschutzes. Es ist nicht erforderlich, dass die Nachrichten geheim sind. **Unwahre** Nachrichten sind nicht erfasst (*S/S-Eser* 2; LK-*Schroeder* 3; SK-*Rudolphi* 3; AK-*Ostendorf* 7; NK-*Wohlers* 3; **aA** hier bis 50. Aufl.).

4 Die Nachrichten müssen entweder für Dienststellen oder Vereinigungen außerhalb des Geltungsbereichs des Gesetzes (12 vor § 3), für förmlich verbotene Vereinigungen (§§ 84, 85; Art. 9 II GG) oder für Mittelsmänner **bestimmt sein.** Die ausländischen Stellen usw. müssen nicht gegen die BRep. eingestellt sein (MDR/H **80**, 454; MDR/S **81**, 90; *Schroeder* NJW **81**, 2283; vgl. *Lüttger* MDR **66**, 632). Die Stellen brauchen die Nachrichten nicht zu erhalten (BGH **15**, 163), noch brauchen sie von der Tat zu wissen. Der Täter muss jedoch Auswertung der Nachrichten durch diese Stellen ermöglichen wollen.

5 **3) Nicht anzuwenden** ist § 109f (Begr. 14) nach **Abs. I S. 2** auf eine Tätigkeit im Rahmen der „üblichen" (vgl. LK-*Schroeder* 17; *S/S-Eser* 7), dh in der BRep. erlaubten und sozialüblichen, durch Art. 5 GG geschützten Presse-Berichterstattung; diese muss dem Ziel der **Unterrichtung der Öffentlichkeit** dienen. Privilegiert ist auch das Sammeln von „Hintergrundinformationen" sowie das im genannten Rahmen „übliche" Recherchieren ohne konkrete Veröffentlichungsabsicht. I S. 2 gilt auch für Vertreter ausländischer Nachrichtenagenturen. Das Presseprivileg des **I Satz 2** schließt schon den Tatbestand aus (*Lüttger* MDR **66**, 517; allgM).

6 **4) Vorsatz** ist erforderlich, bedingter genügt. Staatsgefährdende Absicht wird *nicht* verlangt. Der Täter braucht nur billigend in Kauf zu nehmen, dass er Bestrebungen dient, dh für sie tätig ist, die gegen die Sicherheit der BRep. oder die Schlagkraft der Truppe gerichtet sind; das bloße Tätigwerden in diesem Sinne genügt (BGH **19**, 344); eine erfolgreiche Förderung der Bestrebungen (BGH **15**, 161) oder eine konkrete Gefährdung ist hier (abw. von §§ 109e, 109g) nicht erforderlich (oben 1).

7 **5) Tateinheit** ist mit § 109g möglich. Hinter Vorschriften mit schwererer Strafandrohung tritt § 109f zurück, so hinter §§ 94 bis 96, 97a und 97b iVm §§ 94 bis 96; §§ 98, 99 (BGH **27**, 134).

8 **6) Sonstige Vorschriften.** Zuständigkeit und Verfahren 7 zu § 109d. Statusfolgen § 109; Einziehung § 109k.

Sicherheitsgefährdendes Abbilden **RiStBV 202 bis 205**

109g **I Wer von einem Wehrmittel, einer militärischen Einrichtung oder Anlage oder einem militärischen Vorgang eine Abbildung oder Beschreibung anfertigt oder eine solche Abbildung oder Beschreibung an einen anderen gelangen lässt und dadurch wissentlich die Sicherheit der Bundesrepublik Deutschland oder die Schlagkraft der Truppe gefährdet, wird mit Freiheitsstrafe bis zu fünf Jahren oder mit Geldstrafe bestraft.**

II Wer von einem Luftfahrzeug aus eine Lichtbildaufnahme von einem Gebiet oder Gegenstand im räumlichen Geltungsbereich dieses Gesetzes anfertigt oder eine solche Aufnahme oder eine danach hergestellte Abbildung an einen anderen gelangen lässt und dadurch wissentlich die Sicherheit der Bundesrepublik Deutschland oder die Schlagkraft der Truppe gefährdet, wird mit Freiheitsstrafe bis zu zwei Jahren oder mit Geldstrafe bestraft, wenn die Tat nicht in Absatz 1 mit Strafe bedroht ist.

III Der Versuch ist *strafbar.*

IV Wer in den Fällen des Absatzes 1 die Abbildung oder Beschreibung an einen anderen gelangen lässt und dadurch die Gefahr nicht wissentlich, aber vorsätzlich oder leichtfertig herbeiführt, wird mit Freiheitsstrafe

bis zu zwei Jahren oder mit Geldstrafe bestraft. Die Tat ist jedoch nicht strafbar, wenn der Täter mit Erlaubnis der zuständigen Dienststelle gehandelt hat.

1) Die Vorschrift gilt idF des 4. StÄG (1 vor § 109) iVm Art. 19 Nr. 39 EGStGB. Zum **Tatort** vgl. § 5 Nr. 5 Buchst. a. 1

2) Tatobjekte sind nach Abs. I und IV Wehrmittel, militärische Einrichtungen oder Anlagen sowie militärische Vorgänge. Zum Begriff **Wehrmittel** vgl. 2 zu § 109 e. **Militärische Einrichtungen oder Anlagen** (3 zu § 109 e) sind hier nur solche, die unmittelbar dem Zwecke der BWehr dienen und deren Verfügungsgewalt unterworfen sind (NK-*Wohlers* 2; *S/S-Eser* 7; SK-*Rudolphi* 3). **Militärische Vorgänge** sind vor allem militärische Versuche, Transporte geheimhaltungsbedürftiger Wehrmittel, Marschbewegungen (Begr. 15). 2

3) Verbotene Handlungen sind das Anfertigen (nur in I) oder das Gelangenlassen (4 zu § 94) an andere (in I und IV) von Abbildungen jeder Art und Beschreibungen, aber auch Abbildungen und Beschreibungen von geschützten Gegenständen selbst (Beispiele 3 StR 533/92), gleichgültig, ob rechtmäßig entstanden oder nicht. Mündliche Beschreibungen scheiden aus (LK-*Schroeder* 6). **Folge** dieser Handlungen muss sein, dass die Sicherheit der BRep. oder die Schlagkraft der Truppe konkret gefährdet wird; belanglose Abbildungen reichen dafür nicht aus, NJW **71**, 441; wohl aber das Fotografieren von militärisch genutzten Gegenständen eines Sondermunitionslagers (AG Pinneberg NZWehrr **86**, 170; LG Frankfurt NZWehrr **88**, 218). 3

4) Der innere Tatbestand erfordert Vorsatz. Für die Gefährdung nach I ist aber direkter Vorsatz („wissentlich") nötig, während für IV bedingter Vorsatz oder grobe Fahrlässigkeit („leichtfertig") genügen; bewusste Fahrlässigkeit reicht nicht aus (StV **94**, 480). Hat der Täter zu jener Tat aber die **Erlaubnis** der zuständigen Dienststelle, so ist er nicht strafbar. Die Erlaubnis schließt nicht schon den Tatbestand des Abs. IV aus (so hier bis 50. Aufl. im Anschluss an BT-Drs. II/3039, 16) und ist auch kein Schuldausschließungsgrund (so *S/S-Eser* 13; SK-*Rudolphi* 10; LK-*Schroeder* 13; MK-*Müller* 29; *M/Schroeder/Maiwald* 87/52; iErg auch NK-*Wohlers* 5); sie hat vielmehr **rechtfertigende** Wirkung (so auch *Lackner/Kühl* 4 für den Fall *befugter* Erlaubnis). Die Einwendung, die „zuständige Dienststelle" sei stets diejenige, welche Gegenstand der Abbildung usw. ist, und diese könne zur Erlaubnis der Gefährdung der Sicherheit der BRep. nicht befugt sein (SK-*Rudolphi* 10), geht fehl. Zuständige Dienststelle kann etwa eine solche des MAD sein; diese ist im Rahmen ihrer Aufgabenerfüllung auch befugt. Eine vom Täter also solche erkannte *unbefugte* Erlaubnis hat keine strafausschließende Wirkung; i. ü. gelten die allgemeinen Irrtumsgrundsätze (**aA** hM: Verbotsirrtum bei irriger Annahme befugter Erlaubnis; Strafausschluss nur bei Unvermeidbarkeit). 4

5) Abs. II betrifft **Lichtbildaufnahmen** von einem Luftfahrzeug (§ 1 II LuftVG) aus. Gegenüber I ist Abs. II **subsidiär. Luftfahrzeuge** sind Flugzeuge, Drehflügler (Hubschrauber), Luftschiffe, Segelflugzeuge, Motorsegler, Frei- und Fesselballone, Drachen, Flugmodelle und sonstige für die Benutzung des Luftraums bestimmte Geräte, zB Raumfahrzeuge, Raketen und ähnliche Flugkörper (§ 1 II LuftVG). 5

A. Ein Gebiet oder Gegenstände im räumlichen Geltungsbereich dieses Gesetzes muss die Aufnahme betreffen; also nicht das Ausland und das freie Meer. Doch sind jene Gegenstände auch gegen das Fotografieren von außerhalb der BRep. geschützt; so von einem Beobachtungsturm hart an der Grenze oder von einem Flugzeug im Luftraum über fremdem Grenzgebiet. 6

B. Verbotene Handlungen sind auch hier die Herstellung der Lichtbildaufnahme oder das Gelangenlassen der Aufnahme selbst oder einer nach ihr hergestellten Abbildung an andere. Handlungserfolg muss eine **Gefährdung der Sicherheit** der BRep. oder der Schlagkraft der Truppe sein; vgl. 7 zu § 109 e. 7

8 **C. Nur vorsätzlich** kann die Tat begangen werden. Die Gefahr muss der Täter hier in jedem Fall wissentlich herbeiführen.

9 **6)** Von den §§ 94 bis 96, 97 I, 97a, 97b wird § 109g verdrängt. Tateinheit ist mit den §§ 98, 99, 109f möglich (BGH **27**, 133).

10 **7) Sonstige Vorschriften.** Zuständigkeit und Verfahren 7 zu § 109d. OWi-Tatbestand in § 58 LuftVG; Straftatbestand gegen Verletzung von Luftsperrgebieten und Gebieten mit Flugbeschränkungen in § 62 LuftVG.

Anwerben für fremden Wehrdienst

109h **I Wer zugunsten einer ausländischen Macht einen Deutschen zum Wehrdienst in einer militärischen oder militärähnlichen Einrichtung anwirbt oder ihren Werbern oder dem Wehrdienst einer solchen Einrichtung zuführt, wird mit Freiheitsstrafe von drei Monaten bis zu fünf Jahren bestraft.**

II Der Versuch ist strafbar.

1 **1) Die Vorschrift** geht auf § 83 E 1. StÄG (BT-Drs. I/1307) zurück.

1a **2) Das Opfer** kann nur ein Deutscher sein. Soweit auch deutsche Volkszugehörige, die im Ausland leben, als taugliche Opfer angesehen werden (*S/S-Eser* 2; *Lackner/Kühl* 2), verfehlt das den Regelungszweck und muss zu merkwürdigen Anwendungsproblemen insb. im Hinblick auf Deutsche führen, die dort ggf der Wehr*pflicht* unterliegen (so auch SK-*Rudolphi* 3; NK-*Wohlers* 1). Wehrdiensttauglichkeit ist nicht vorausgesetzt; auch das Anwerben von Frauen ist strafbar (hM).

2 **3) Tathandlungen** sind eigenes Anwerben oder Zuführung zur Anwerbung durch andere.

A. Anwerben ist das Verpflichten zum Wehrdienst in einer militärischen oder militärähnlichen Einrichtung iS des Unterwerfens einer Befehlsgewalt (NStZ **94**, 79). Militärdienst ist auch die Tätigkeit als ausländischer Militärbeamter (hM). Zugunsten einer ausländischen Macht (6 zu § 93) muss der Täter handeln, mag sie auch befugt eigene Truppen im deutschen Inland halten. Nach dem Normzweck fallen auch ausländische Bürgerkriegsparteien, Einheiten Aufständischer usw. darunter, nicht jedoch zwischenstaatliche Einrichtungen, an denen die BRep. beteiligt ist (E 1962, 601). In **einer militärischen oder militärähnlichen Einrichtung** muss der Wehrdienst geplant sein, zu dem geworben wird; auf deren *Bezeichnung* kommt es nicht an. Die erwarteten Dienste des Opfers können auch im Inland geplant sein.

3 **B. Zuführen** setzt voraus, dass der Täter das Opfer in den **Einflussbereich** einer ausländischen Macht oder militärischen Einrichtung oder von Werbern gebracht hat (*S/S-Eser* 7; NK-*Wohlers* 3). **Werber** sind Personen, die das Anwerben geschäftsmäßig betreiben. Vom Täter selbst wird solche Geschäftsmäßigkeit nicht verlangt. Das Zuführen genügt zur Vollendung, auch wenn das Werben misslingt. Es kann auch hinterlistig oder gewaltsam geschehen.

4 **4) Täter kann sein:** bei der **Inlandstat** jeder Inländer oder Ausländer, bei der **Auslandstat** aber nur ein Deutscher, der seine Lebensgrundlage in der BRep. und nicht im Ausland hat (§ 5 Nr. 5 Buchst. b).

5 **5) Der innere Tatbestand** setzt voraus, **a)** dass der Täter weiß, dass das Opfer Bundesbürger ist, **b)** dass er das Werbungsziel kennt; im Übrigen genügt bedingter Vorsatz.

6 **6) Der Versuch** ist strafbar **(II).** Doch ist zu beachten, dass bei der zweiten Alternative schon das „Zuführen" zur Vollendung genügt, vgl. 3.

7 **7) Tateinheit** ist möglich mit §§ 100, 144, 234, 239, 240.

8 **8) Sonstige Vorschriften.** Beschäftigungsverbot für nach § 109h Verurteilte § 25 I Nr. 3 JArbSchG.

Nebenfolgen

109i Neben einer Freiheitsstrafe von mindestens einem Jahr wegen einer Straftat nach den §§ 109 e und 109 f kann das Gericht die Fähigkeit, öffentliche Ämter zu bekleiden, die Fähigkeit, Rechte aus öffentlichen Wahlen zu erlangen, und das Recht, in öffentlichen Angelegenheiten zu wählen oder zu stimmen, aberkennen (§ 45 Abs. 2 und 5).

Fassung des Art. 19 Nr. 40 EGStGB. Vgl. die Anm. zu § 92 a, die mit der Maßgabe gilt, dass die Freiheitsstrafe mindestens 1 Jahr betragen muss.

Einziehung

109k Ist eine Straftat nach den §§ 109 d bis 109 g begangen worden, so können

1. Gegenstände, die durch die Tat hervorgebracht oder zu ihrer Begehung oder Vorbereitung gebraucht worden oder bestimmt gewesen sind, und

2. Abbildungen, Beschreibungen und Aufnahmen, auf die sich eine Straftat nach § 109 g bezieht,

eingezogen werden. § 74 a ist anzuwenden. Gegenstände der in Satz 1 Nr. 2 bezeichneten Art werden auch ohne die Voraussetzungen des § 74 Abs. 2 eingezogen, wenn das Interesse der Landesverteidigung es erfordert; dies gilt auch dann, wenn der Täter ohne Schuld gehandelt hat.

1) Die Vorschrift gilt idF des 8. StÄG (1 vor § 80) iVm Art. 19 Nr. 41 EGStGB 1

2) § 109 k erweitert die nach § 74 I gegebenen Einziehungsmöglichkeiten, soweit es sich um Straftaten nach den §§ 109 d bis 109 g handelt. Bei Schriften und anderen Darstellungen, die in den Fällen von §§ 109 d, 109 f eine Rolle spielen können, ist außerdem § 74 d zu beachten. Vgl. auch 2 vor § 109 2

3) Nr. 1 wiederholt, was schon nach § 74 I gilt (LK-*Schroeder* 2). **Nr. 2** erweitert die Einziehungsmöglichkeit in den Fällen von § 109 g auf Abbildungen, Beschreibungen und Darstellungen, soweit sie **Beziehungsgegenstände** sind (10 zu § 74). Das ist der Fall, soweit der Täter einen solchen Gegenstand an einen anderen gelangen lässt. Im Fall des Anfertigens ist schon ein productum sceleris anzunehmen. **Satz 2** erweitert die Einziehungsmöglichkeit gegenüber **Dritteigentümern** über § 74 hinaus unter den Voraussetzungen des § 74 (vgl. dort mit Anm.), was insbesondere bei Tatmitteln wie Druckmaschinen (§ 109 d), Luftfahrzeugen oder Fotogeräten (§ 109 g) von Bedeutung ist. **Satz 3 verpflichtet** das Gericht zur Einziehung der in Nr. 2 genannten Gegenstände (wobei hier auch die producta sceleris unter den Oberbegriff der Beziehungsgegenstände fallen), wenn das Interesse der Landeserteidigung es erfordert. Dies gilt auch dann, wenn die Tat nur eine nicht schuldhafte, mit Strafe bedrohte Handlung war und über § 74 II hinaus ohne Rücksicht darauf, wer Eigentümer der Sache und ob diese iS von § 74 II Nr. 2 generell oder individuell gefährlich ist. 3

Sechster Abschnitt
Widerstand gegen die Staatsgewalt

§ 110 [Aufgehoben durch Art. 1 Nr. 1 des 3. StrRG]

Öffentliche Aufforderung zu Straftaten

111 **I Wer öffentlich, in einer Versammlung oder durch Verbreiten von Schriften (§ 11 Abs. 3) zu einer rechtswidrigen Tat auffordert, wird wie ein Anstifter (§ 26) bestraft.**

II Bleibt die Aufforderung ohne Erfolg, so ist die Strafe Freiheitsstrafe bis zu fünf Jahren oder Geldstrafe. Die Strafe darf nicht schwerer sein als die, die für den Fall angedroht ist, dass die Aufforderung Erfolg hat (Absatz 1); § 49 Abs. 1 Nr. 2 ist anzuwenden.

1) Allgemeines. Die Vorschrift idF des 3. StrRG (Einl. 6) iVm Art. 1 Nr. 4 des 4. StrRG (1 f. vor § 174), Art. 19 Nr. 42 EGStGB und Art. 1 Nr. 3 des 14. StÄG (1 zu § 86), greift systematisch in den AT zurück, sie ergänzt die §§ 26, 30. Ihre praktische Bedeutung ist gering (dazu NK-*Paeffgen* 9 f.). **Rechtsgut** ist einmal das durch die Straftat verletzte, zu der aufgefordert wird, zum anderen aber auch der innere Gemeinschaftsfrieden (hM; krit. *Kissel* 103 ff.; NK-*Paeffgen* 3 ff.). Die Tat ist insoweit **abstraktes Gefährdungsdelikt** (BGH **29**, 267; Bay JR **93**, 119; m. Anm. *Nehm* aaO 122; LK-*v. Bubnoff* 5; *Lackner/Kühl* 1), Strafgrund ist die Gefährlichkeit, die in der qualifizierten Aufforderung an unbestimmt viele Menschen liegt, auf die der Täter idR nach der Tat keinen Einfluss mehr hat (Bay NJW **94**, 377). 1

Literatur: *Dreher,* Der Paragraph mit dem Januskopf, Gallas-FS 307; *Fincke,* Das Verhältnis des AT zum BT des Strafrechts, 1975, 76; *Geppert*, Strafrechtliche Gedanken zum Kosovo-Krieg, Meurer-GedS (2002), 315; *Jakobs* ZStW **97**, 751; *Kissel,* Aufrufe zum Ungehorsam u. § 111 StGB, 1996 [Diss. Frankfurt/M; Rez. *Schroeder,* JZ **98**, 1006]; *Naucke* § 6 II; *Paeffgen,* Überlegungen zu § 111 StGB, Hanack-FS 591; *ders.,* Unzeitgemäße (?) Überlegungen zum Gewalt- u. Nötigungsbegriff, Grünwald-FS 433; *Rogall,* Die verschiedenen Formen des Veranlassens fremder Straftaten, GA **79**, 15; *Rudolphi,* Gewerkschaftliche Beschlüsse über Betriebsbesetzungen usw., RdA **87**, 160; *Schroeder,* Straftaten 12, 20. 1a

2) Tathandlung. § 111 ist ein **Äußerungsdelikt;** bestraft wird die in bestimmter Weise vollzogene Aufforderung zu rechtswidrigen Taten. Dabei betrifft **Abs. I** solche Aufforderungen, die **erfolgreich** sind (unten 7), **Abs. II** erfolglose Aufforderungen (unten 8). 2

A. Aufforderung ist eine bestimmte, über eine bloße Befürwortung hinausgehende (BGH **28**, 314; **32**, 310; KG StV **81**, 526; Köln MDR **83**, 338; LG Koblenz NJW **88**, 1609; LK-*v. Bubnoff* 8; NK-*Paeffgen* 12; weiter SK-*Horn* 14 d; *Jakobs* ZStW **97**, 777 und AT 22/22), sich aus der Schrift ergebende (vgl. LG Berlin StV **82**, 472; LG Bremen NStE Nr. 1) Erklärung, dass andere etwas tun oder unterlassen sollen (Bay **88**, 61; Köln NJW **88**, 1103); eine an die Motivation Dritter gerichtete Erklärung, die erkennbar ein bestimmtes Tun verlangt (BGH 32, 310; Frankfurt NStZ-RR **03**, 327, 328). Wird lediglich eine fremde Äußerung, die eine Aufforderung iS des § 111 enthält, veröffentlicht, so greift § 111 nur ein, wenn der Veröffentlichende sie unmissverständlich zu seiner eigenen machen will (Frankfurt NJW **83**, 1207; NStZ-RR **03**, 327 f.). In einer nichtwörtlichen Wiedergabe einer Pressemitteilung liegt noch keine öffentliche Aufforderung des Verfassers der Pressemitteilung (Frankfurt StV **90**, 209). Es gelten die allgemeinen Auslegungsgrundsätze. Die Aufforderung muss nach hM nicht ernst gemeint sein; es reicht aus, wenn sie nach dem Willen des Täters diesen Eindruck erzeugt (unten 6). 2a

B. Adressat der allgemeinen Aufforderung sind **unbestimmt** viele Menschen (Hamm JMBlNW **63**, 212); wegen des Strafgrundes (oben 1) greift § 111 bei Aufforderung an bestimmte Personen auch dann nicht ein, wenn die §§ 26, 30 aus 3

anderen Gründen ausscheiden (LK-*v. Bubnoff* 10; NK-*Paeffgen* 14; *Rogall* GA **79**, 17;). Die Aufforderung muss die Adressaten erreichen können. Nicht vorausgesetzt ist andererseits, dass die Empfänger einer Aufforderung taugliche Täter derjenigen Tat sind, zu welcher aufgefordert wird (Bay NJW **94**, 397). Es ist auch nicht erforderlich, dass alle Personen, an welche die – ggf. konkludente – Aufforderung gerichtet ist, sie nach ihrer kulturellen Prägung und ihrem sprachlichen Verständnis als solche verstehen; es werden auch verschleierte oder nur bestimmten Menschengruppen verständliche Aufforderungen erfasst (Oldenburg NJW **06**, 3735, 3736).

4 **C.** Die Aufforderung muss auf eine **rechtswidrige** Tat (36 zu § 11) gerichtet sein. Sie muss nach Bundes- oder Landesrecht mit Strafe, nicht lediglich mit Geldbuße bedroht sein (vgl. aber § 116 OWiG). Es muss sich um eine **vorsätzliche** Tat handeln (LK-*v. Bubnoff* 18, 22a; *S/S-Eser* 12; NK-*Paeffgen* 18; *Geppert*, Meurer-GedS 315, 322; **aA** Hamm aaO). Auch die Aufforderung zu strafbaren Teilnahme- oder Vorbereitungshandlungen (zB § 83) oder zu strafbarer Aufforderung fällt unter § 111; denkbar ist auch eine Aufforderung zum (demonstrativen) Versuch. Es muss sich wegen des Rechtsguts um eine Tat handeln, die im Inland begangen werden soll (LK-*v. Bubnoff* 21); die Aufforderung kann sich aber an im Ausland Befindliche richten.

4a Der Täter muss zu einer **bestimmten Tat** auffordern, doch kann sie nach hM weniger konkretisiert sein als bei § 26 (dort 5 ff.) und § 30 (dort 7; Bay JR **93**, 117 [m. Anm. *Nehm*]; KG JR **71**, 255), so dass es **genügt,** wenn nur die Art der Tat gekennzeichnet ist (*Herzberg* JuS **87**, 618; zweifelnd LK-*v. Bubnoff* 23; NK-*Paeffgen* 15 f.; **aA** *Rogall* GA **79**, 17; LG Lübeck StV **84**, 207, wohl auch BGH **31**, 22 m. krit. Anm. *Gössel* JR **83**, 119), nicht aber Zeit, Ort und Opfer (zB *„Zündet die Kaufhäuser an!"*; hM; **aA** *Jescheck* JZ **67**, 7). Die Anforderungen an die notwendige Konkretisierung können jedenfalls nicht Umstände einbeziehen, die sich erst *nach* der Tatbegehung feststellen lassen (BVerfG NJW **91**, 971 m. Anm. *Schmitt Gläser* JR **91**, 16; NStZ **91**, 279; NJW **92**, 2688 [Aufforderung zu Sitzblockaden]; zur Aufforderung zur Schienendemontage bei Castor-Transporten vgl. LG Dortmund NStZ-RR **98**, 139). Die Parole *„Haut die Bullen platt wie Stullen"* kann je nach Äußerungssituation eine tatbestandliche Aufforderung sein; im Einzelfall aber auch eine unkonkretisierte „Widerstands"-Parole (Jena NStZ **95**, 445; **aA** MK-*Bosch* 14). Das bloße Gutheißen von Straftaten ist kein Auffordern (BGH **32**, 310; Karlsruhe NStZ **93**, 390; KG NStZ-RR **02**, 10). Die Aufforderung, keinerlei Strafgesetze zu beachten, reicht daher nicht aus, möglicherweise aber die, ein bestimmtes Strafgesetz nicht zu respektieren. Nicht hinreichend konkretisiert sind Parolen wie „Tod den Imperialisten!" oder „Tod dem Faschismus!" (Karlsruhe NStZ-RR **04**, 254). Auch ein in einem Internetforum veröffentlichtes „Gebet", Gott möge einen namentlich bezeichneten „Hassprediger" gegen den Islam „bestrafen", enthält keine hinreichende Konkretisierung möglicherweise gegen den Betroffenen zu begehender Straftaten (Oldenburg NJW **06**, 3735, 3736).

4b Bei der Auslegung ist auf den Kontext der Äußerung vor dem Hintergrund des Geschehens, in dessen Zusammenhang sie abgegeben worden ist, abzustellen (KG NStZ-RR **02**, 10 f.). Eine als *isolierte* Formulierung tatbestandsmäßige Äußerung kann daher diesen Charakter verlieren, wenn sie sich im Gesamtzusammenhang nicht (mehr) als Aufforderung zu *konkreten* Taten, sondern zB als plakative Befürwortung ihrer *allgemeinen* Begehung erweist. Die Parolen: *„Kriegdienste verweigern! Desertiert aus allen kriegführenden Armeen"* sind daher wohl zutr. nicht als hinreichend konkretisierte Aufforderung angesehen worden (KG NStZ-RR **02**, 10; vgl. auch AG Tiergarten NStZ **00**, 144). Das gilt aber nicht für die Aufforderung „an alle Soldaten der Bundeswehr, die am Jugoslawien-Krieg beteiligt sind …: „Verweigern Sie Ihre Einsatzbefehle! Entfernen Sie sich von der Truppe!", die KG *JR* **01**, 472 (krit. Anm. *Schroeder*) nicht als Aufforderung, sondern „lediglich als kritische Meinungsäußerung in einer politisch hoch brisanten und für die gesamte Weltöffentlichkeit bedeutungsvollen Frage" angesehen hat. Das Fehlen einer Aufforderung ergibt sich hier weder daraus, dass „namhafte Vertreter der Wissenschaft" den Jugoslawien-Krieg für völkerrechtswidrig hielten, noch daraus, dass der Aufruf in einer dem „linken" Spektrum zuzurechnenden Zeitung erschien (so KG JR **01**, 472 f.; vgl. auch *Busse* NStZ **00**, 631, 635). Die Annahme des KG, § 111 setze voraus, dass mit der Gefahr „massenhafter Straftaten zu rechnen war", findet im Gesetz keine Stütze.

D. Die vorausgesetzte **Aufforderungsweise** ist entweder 5

a) öffentlich, dh, ohne dass es auf die Öffentlichkeit des Ortes ankommt, in einer Weise, dass die Aufforderung von unbestimmt vielen, nicht durch persönliche Beziehungen verbundenen Personen wahrgenommen werden kann (Bay **56**, 188), die in den Fällen verbaler Aufforderung auch anwesend sein müssen (Braunschweig NJW **53**, 875); bei Aufforderung durch Plakatanschlag oder in ähnlicher Weise (vgl. § 74 d IV) genügt hingegen entsprechende Zugänglichkeit des Ortes (vgl. LK-*v. Bubnoff* 13 a ff.). Die Aufforderung muss sich allgemein an den angesprochenen Personenkreis richten; werden nur einzelne, bestimmte Personen, wenngleich öffentlich, aufgefordert, so liegt Anstiftung vor (NStZ **98**, 402 m. Anm. *Bär* MMR **99**, 30; Bay NJW **98**, 2542);

b) in einer **Versammlung** (2 zu § 80 a), und zwar einer nichtöffentlichen (LK-*v. Bubnoff* 14; NK-*Paeffgen* 24; SK-*Horn* 6); sonst ist bereits a) gegeben; auch auf die Größe der Versammlung kommt es nicht an; oder

c) durch **Verbreiten** von Schriften usw. (2, 3 ff. zu § 74 d; LK-*v. Bubnoff* 17); zB auch durch Einstellen ins Internet. Begehung durch **Unterlassen** ist grds möglich (vgl. BGH **36**, 369; zweifelnd SK-*Horn* 8).

3) Zur Frage der **Rechtfertigung** vgl. *Kissel* [1 a] 179 ff., der einen unmittelbar aus Art. 5 I GG abgeleiteten Rechtfertigungsgrund annimmt (235 ff., 265 ff.). BGH **31**, 16, 21 ff. hat im Fall einer im Rahmen einer Verteidigerhandlung liegenden Aufforderung eine Tatbestandsbeschränkung angenommen. Der **Kunstfreiheit** kommt nicht von vornherein ein abwägungsfreier Vorrang zu; dies gilt namentlich, wenn der künstlerische *Rahmen* allein für öffentlichkeitswirksame programmatische Aufrufe genutzt wird (vgl. LG Mainz NJW **00**, 2220). Auf allgemeine politische *Fernziele* oder Motivationen kann eine Rechtfertigung nicht gestützt werden (vgl. auch 44 zu § 240); so ist eine Aufforderung zum Landfriedensbruch nicht dadurch gerechtfertigt, dass damit dem *Frieden* oder einer gesunden *Umwelt* gedient werden soll; die Aufforderung an LKW-Fahrer, eine Autobahn zu blockieren, nicht durch das Streben nach Standortsicherung durch Subventionen. 5 a

4) Vorsatz ist, wenn auch nur als bedingter, wie bei einem Anstifter erforderlich, braucht sich also auf die Rechtswidrigkeit der Handlung, zu der der Täter auffordert, nicht zu erstrecken (Bay NJW **94**, 397; Braunschweig NJW **53**, 714; LK-*v. Bubnoff* 30; NK-*Paeffgen* 32; **aA** *S/S-Eser* 16). Doch braucht der Täter nicht zu wollen, dass die Tat, zu der er auffordert, begangen wird; es genügt, wenn er billigend in Kauf nimmt, dass seine Aufforderung ernst genommen wird (Frankfurt NStZ-RR **03**, 327, 328). Auch der *agent provocateur* (8 zu § 26) fällt unter § 111 (LK-*v. Bubnoff* 27; SK-*Horn* 7; **aA** *S/S-Eser* 17; vgl. *Dreher,* Gallas-FS 313). Am Vorsatz fehlt es daher, wenn der Täter nicht damit rechnet, dass sich irgendjemand zur Begehung der Tat aufgefordert fühlt. Zur Frage des Verbotsirrtums vgl. LK-*v. Bubnoff* 30 a. Zur Tat des § 111 I, II ist auch **Beihilfe** möglich (BGH **29**, 266); § 111 ist keine verselbstständigte Teilnahmevorschrift. Die Vorschrift setzt auch dort, wo zu einem Antragsdelikt aufgefordert wird, keinen Strafantrag voraus (Stuttgart NJW **89**, 1940; **aA** SK-*Horn* 9 b; AK-*Zielinski* 23). 6

5) Rechtsfolge. A. Nach **Abs. I** wird der Auffordernde, wenn die Aufforderung **Erfolg** hat, wie ein Anstifter bestraft (§ 26; krit. *Paeffgen,* Hanack-FS 591 ff.). Voraussetzung ist also, dass die Aufforderung die rechtswidrige Tat unmittelbar verursacht hat (krit. zum Kriterium der Kausalität NK-*Paeffgen* 29, der allerdings über dasjenige des „motivationalen Beitrags" zum selben Ergebnis gelangt). 7

8 **B.** Nach **Abs. II** gilt für **die erfolglose Aufforderung,** dh wenn es nicht einmal zu einer strafbaren Vorbereitungs- oder Versuchshandlung gekommen ist oder wenn für die begangene Tat die Aufforderung nicht kausal war, zB weil der Aufgeforderte schon zur Begehung entschlossen war, folgende Regelung: Bei der Aufforderung zu Straftaten, für welche die **Höchststrafe nicht mehr als 5 Jahre** beträgt, so ist der Strafrahmen der Anstiftung zugrundezulegen, aber im Höchstmaß nach § 49 I Nr. 2 zu mildern ist (**II S. 2;** vgl. Anm. zu § 49 I). Bei Taten, die im **Höchstmaß mit mehr als 5 Jahren** bedroht sind, gilt der selbstständige Strafrahmen nach **II S. 1.** Diese Regelung, die vor allem gewählt worden ist, weil man bei der erfolglosen Aufforderung zum Mord die Mindeststrafe von 3 Jahren in „leichteren Fällen" zB bei „Äußerungen in der erregten Atmosphäre von Versammlungen" als zu hoch ansah (RegE 14. StÄG, 7), ist zweifelhaft (krit. auch *Lackner/Kühl* 8; NK-*Paeffgen* 40; MK-*Bosch* 37; **aA** *Stree* NJW **76**, 1179; vgl. auch LK-*v. Bubnoff* 2). Sie ist ungerecht, weil sie das Strafmaß bei Aufforderung zu schwersten Delikten fast auf das Niveau bei der Aufforderung zu wesentlich leichteren Taten herabdrückt. Sie verkennt, dass die Aufforderungen an viele unbestimmte Adressaten, weil sie sich einer späteren Einwirkung durch den Auffordernden entziehen, grundsätzlich gefährlicher sind als solche an einzelne (weshalb II auch die erfolglose Aufforderung zu Vergehen mit Strafe bedroht, § 30 hingegen nicht), und dass das für die Schuld maßgebliche Handlungsunrecht dasselbe ist wie bei der erfolgreichen Aufforderung und es für den Täter ein Zufall bleibt, ob er Erfolg hat oder nicht (vgl. *Dreher,* Gallas-FS 325 f.). Die Frage, ob die Aufforderung an unbestimmt viele zu einer konkreten Tat Anstiftung bzw. erfolglose Anstiftung oder nur eine Tat nach § 111 ist (oben 4; 3 zu § 26; 9 zu § 30), gewinnt somit bei Aufforderung zu schweren Taten unangemessenes Gewicht. Gleichwohl dürfte eine *„Korrektur"* des Gesetzes durch Orientierung der Strafzumessung an den Strafrahmen des § 49 I (hier bis 52. Aufl.) rechtsfehlerhaft sein. Einen strafbefreienden **Rücktritt** von der erfolglosen Aufforderung gibt es nicht (**aA** SK-*Horn* 15).

9 **6) Tateinheit** ist möglich mit §§ 80a, 89, 125 (Hamm NJW **51**, 206), aber auch mit §§ 26, 30 nicht ausgeschlossen (differenzierend LK-*v. Bubnoff* 33; *Rogall* GA **79**, 18; *M/Schroeder/Maiwald* 93/7; anders hM), weil die Rechtsgüter sich nicht decken und die Anstiftung keinen bestimmten Adressaten fordert (3 zu § 26). Führt die Aufforderung zu mehreren Taten, so liegt doch nur eine nach I vor. Begeht der Auffordernde auch selbst die Tat, zu der er auffordert, so tritt § 111 zurück (2 StR 699/77, offen gelassen für § 129: BGH **31**, 22); ebenso hinter die lex spec. des § 53 I Nr. 5 mit § 37 I S. 1 Nr. 7, S. 3 WaffG.

10 **7)** Die **Verjährung** solcher Tathandlungen, die Presseinhaltsdelikte sind, richtet sich nach den PresseG der Länder (7 zu § 78).

§ 112 [Aufgehoben durch KRG Nr. 11]

Widerstand gegen Vollstreckungsbeamte

113 **I Wer einem Amtsträger oder Soldaten der Bundeswehr, der zur Vollstreckung von Gesetzen, Rechtsverordnungen, Urteilen, Gerichtsbeschlüssen oder Verfügungen berufen ist, bei der Vornahme einer solchen Diensthandlung mit Gewalt oder durch Drohung mit Gewalt Widerstand leistet oder ihn dabei tätlich angreift, wird mit Freiheitsstrafe bis zu zwei Jahren oder mit Geldstrafe bestraft.**

II In besonders schweren Fällen ist die Strafe Freiheitsstrafe von sechs Monaten bis zu fünf Jahren. Ein besonders schwerer Fall liegt in der Regel vor, wenn

1. **der Täter oder *ein anderer* Beteiligter eine Waffe bei sich führt, um *diese* bei der Tat zu verwenden, oder**
2. **der Täter durch eine Gewalttätigkeit den Angegriffenen in die Gefahr des Todes oder einer schweren Gesundheitsschädigung bringt.**

III Die Tat ist nicht nach dieser Vorschrift strafbar, wenn die Diensthandlung nicht rechtmäßig ist. Dies gilt auch dann, wenn der Täter irrig annimmt, die Diensthandlung sei rechtmäßig.

IV Nimmt der Täter bei Begehung der Tat irrig an, die Diensthandlung sei nicht rechtmäßig, und konnte er den Irrtum vermeiden, so kann das Gericht die Strafe nach seinem Ermessen mildern (§ 49 Abs. 2) oder bei geringer Schuld von einer Bestrafung nach dieser Vorschrift absehen. Konnte der Täter den Irrtum nicht vermeiden und war ihm nach den ihm bekannten Umständen auch nicht zuzumuten, sich mit Rechtsbehelfen gegen die vermeintlich rechtswidrige Diensthandlung zu wehren, so ist die Tat nicht nach dieser Vorschrift strafbar; war ihm dies zuzumuten, so kann das Gericht die Strafe nach seinem Ermessen mildern (§ 49 Abs. 2) oder von einer Bestrafung nach dieser Vorschrift absehen.

Übersicht

1) Allgemeines ... 1, 1 a
2) Rechtsgut; kriminalpolitische Bedeutung ... 2
3) Persönlicher Schutzbereich ... 3–6
4) Sachlicher Schutzbereich; Diensthandlung ... 7–8
5) Rechtmäßigkeit der Diensthandlung ... 9–20
6) Tathandlungen ... 21–28
7) Subjektiver Tatbestand; Irrtumsregelung (III, IV) ... 29–33
8) Beteiligung ... 34
9) Rechtsfolgen; besonders schwere Fälle (Abs. II) ... 35–39
10) Konkurrenzen ... 40

1) Allgemeines. Die Vorschrift wurde durch 3. StrRG (Einl. 6) iVm Art. 19 Nr. 43 EGStGB neu gefasst, II Nr. 2 durch Art. 1 Nr. 9 des 6. StrRG (2f. vor § 174) geändert. **1**

Neuere Literatur: *Backes/Ransiek,* Widerstand gegen Vollstreckungsbeamte, JuS **89**, 624; *Deiters,* Rechtsgut und Funktion des § 113 StGB, GA **02**, 259; *Erb,* Notwehr gegen rechtswidriges Verhalten von Amtsträgern, Gössel-FS (2002), 217; *Geppert,* Zum strafrechtlichen „Rechtsmäßigkeits"-Begriff (§ 113 StGB), usw., Jura **89**, 274; *Küpper,* Die „Sperrwirkung" strafrechtlicher Tatbestände, Meurer-GedS (2002), 123; *Lenz,* Die Diensthandlung u. ihre Rechtmäßigkeit in § 113 StGB, 1987; *Reil,* Die „wesentliche Förmlichkeit" beim Rechtmäßigkeitsbegriff des § 113 III StGB, JA **98**, 143; *Reinhart,* Das BVerfG wechselt die Pferde: Der strafrechtliche Rechtmäßigkeitsbegriff, StV **95**, 101; *ders.,* Abschied vom strafrechtlichen Rechtswidrigkeitsbegriff, NJW **97**, 911; *Roxin,* Der strafrechtliche Rechtswidrigkeitsbegriff beim Handeln von Amtsträgern – eine überholte Konstruktion, Pfeiffer-FS 45; *Sander,* Können unbeteiligte Dritte i. S. d. § 113 I StGB Widerstand leisten?, JR **95**, 491; *Schall,* Die „Sperrwirkung" strafrechtlicher Tatbestände, Meurer-GedS (2002), 123; *Seebode,* Die Rechtmäßigkeit der Diensthandlung in § 113 Abs. 3 und 4 StGB, 1988; *Vitt,* Gedanken zum Begriff der „Rechtmäßigkeit der Diensthandlung", ZStW **106** 581. **1 a**

2) Rechtsgut; systematische Stellung. Rechtsgut der Vorschrift ist die Autorität staatlicher Vollstreckungsakte (*Dreher,* Schröder-GedS 366; *Schmid* JZ **80**, 58; *Otto* JR **83**, 74; krit., aber iErg ebenso NK-*Paeffgen* 3 ff.; vgl. auch *Deiters* GA **02**, 259; **aA** SK-*Horn* 2 f.), damit auch das Gewaltmonopol des Staats. Im **Verhältnis zu § 240** ist § 113, soweit er Nötigungshandlungen umfasst, nach stRspr **lex specialis** (BGH **48**, 233; MDR/D **68**, 895; VRS **35**, 174 f.; DAR **81**, 189; NStE § 315 b Nr. 1; BGHR § 113 Konkurrenzen 3; 4 StR 150/04; Bay MDR **88**, 517; JR **89**, 24 [m. Anm. *Bottke*]; KG VRS **11**, 198; Frankfurt NJW **73**, 1806; vgl. unten 40) und enthält einerseits eine **Privilegierung** (BT-Drs. VI/502, 3) durch den niedrigeren Grundstrafrahmen und die günstigere Irrtumsregelung mit der Möglichkeit der Strafmilderung sowie des Absehens von Strafe (IV), deren Grund der bei durch staatliche Vollstreckungsakte Betroffenen durch die Konfrontation mit dem Vollstreckenden leicht entstehende Affekt ist (BT-Drs. VI/502, 3). Andererseits gilt § 240 II für § 113 nicht; das Gesetz sieht eine Nötigung gegenüber einem rechtmäßigen staatlichen Akt regelmäßig als rechtswidrig an. Soweit der Tatbestand des § 113 Nötigungshandlungen nicht erfasst, soll nach teilw. vertretener Ansicht der allgemeine Nötigungstatbestand anwendbar sein; insb. beim Widerstand durch Drohung mit einem empfindlichen Übel (Hamm NStZ **95**, 548 [Drohung mit Selbstverbrennung]; vgl. auch Bay JR **89**, 24 [Anm. *Bottke*]; LK-*v. Bubnoff* 3, 63 ff.; *Lackner/Kühl* 26; hier bis 51. Aufl.); allerdings sollen dann § 113 III und IV analog anzuwenden und der Strafrahmen des § 240 durch den des § 113 limitiert sein. Das ist in sich wenig überzeugend, da es das **2**

Verhältnis der Schutzrichtungen im Unklaren lässt (**aA** daher etwa *Arzt/Weber* 45/25; SK-*Horn* 23; *S/S-EserS/S-Eser* 43, 45, 68; NK-*Paeffgen* 90; *Arzt/Weber* 45/25; *W/Hettinger* 629; *Backes/Ransiek* JuS **89**, 629; *Zopfs* GA 00, 527, 538ff.; *Deiters* GA **02**, 259; *Küpper*, Meurer-GedS 123, 125f.).

3 **3) Persönlicher Schutzbereich.** Die Tat kann sich nach Abs. I gegen **Amtsträger** (12 zu § 11) der **BRep.** (Ausnahmen in § 1 II Nr. 5 des 4. StÄG [Anh. 14]; vgl. Hamm NJW **61**, 1983) sowie gegen solche **ausländischen Amtsträger** richten, die nach internationalen Verträgen auch im Inland Hoheitsakte vornehmen dürfen (vgl. dazu *Möhrenschlager*, in: *Wabnitz/Janowsky*, 2. Aufl., 2004, 3/19; *ders.*, in wistra **05**, H. 10 S. VII, H. 12 S. VIII, **06**, H 5 S. V; jew. mwN). Voraussetzung ist stets, dass sie **zur Vollstreckung** von **Gesetzen**, **Rechtsverordnungen**, **Verfügungen**, **Urteilen** oder **Beschlüssen,** dh zur Verwirklichung des auf einen bestimmten Fall konkretisierten Staatswillens gegenüber Personen und Sachen berufen sind. Es geht, wie sich aus der Formulierung „bei der Vornahme einer solchen Diensthandlung" ergibt, in allen Fällen um die Zuständigkeit für die unmittelbare Verwirklichung eines hoheitlichen Willens im Einzelfall, also um eine aus allgemeiner Zuständigkeit erwachsenen Veranlassung einer konkreten Vollzugshandlung. In der Praxis sind vor allem **Polizeibeamte** und **Gerichtsvollzieher** betroffen; daneben die zur Anwendung unmittelbaren Zwanges befugten Vollzugsbediensteten; auch Gemeindebedienstete (vgl. auch 2ff. zu § 114).

4 Berufen zur Vollstreckung von Gesetzen oder Rechtsverordnungen (Gesetzen im materiellen Sinn) sind nur Amtsträger, die im Einzelfall Entscheidungen zur unmittelbaren Verwirklichung der gesetzlichen Vorschrift treffen. Als Amtsträger kommen auch Richter in Betracht (§ 11 I Nr. 2a), wenn sie selbst Vollstreckungstätigkeit ausüben (zB bei Maßnahmen der Sitzungspolizei, der Jugendrichter als Vollstreckungsleiter, § 82 JGG). **Verfügungen** iS von I sind allgemeine oder individualisierte hoheitliche Handlungsanweisungen, denen Gesetze nur mittelbar zugrunde liegen, also Verwaltungsvorschriften, Allgemeinverfügungen, aber auch Einzelverfügungen mit Außenwirkung (vgl. BGH **25**, 313, 314). Erfasst sind überdies Personen, die Vollstreckung **gerichtlicher Entscheidungen** obliegt.

5 Der persönliche Schutzbereich erstreckt sich darüber hinaus auf **Soldaten der Bundeswehr** (nach § 1 II Nr. 5 des 4. StÄG [Anh. 14] auch Soldaten der in der BRep. stationierten Truppen der NATO), soweit sie zu Vollstreckungen berufen sind, was gegenüber Zivilpersonen idR nur für Feldjäger, militärische Wachen und ihnen gleichgestellte Soldaten im Rahmen des UZwGBw zur Sicherung militärischer Anlagen oder der ungestörten Dienstausübung militärischer Einheiten in Betracht kommt (*Heinen* NZWehrr **94**, 89). **Feldjäger** der Bundeswehr sind daher Vollstreckungsbeamte iS von § 113, wenn sie gegen Zivilpersonen nach dem UZwGBw vorgehen (KG NStZ **04**, 45, 46f.). Im Verhältnis zu Soldaten verdrängen, da der Vollstreckende als Vorgesetzter auftritt (LK-*v. Bubnoff* 10), die §§ 24, 25 WStG den § 113.

6 Gleichgestellt sind den Amtsträgern und Soldaten nach **§ 114 Abs. II** bestimmte Jagdschutzberechtigte usw. (2 zu § 114); weiterhin Personen, die zur **Unterstützung** der Diensthandlungen von Soldaten amtlich oder dienstlich zugezogen sind; nicht erfasst sind Helfer, die nur freiwillig tätig werden.

7 **4) Sachlicher Schutzbereich.** Die genannten Personen sind durch § 113 nur bei der Vornahme einer **Vollstreckungshandlung,** d.h. einer gezielten hoheitlichen Maßnahme zur Regelung eines konkreten Einzelfalls geschützt (vgl. dazu LK-*v. Bubnoff* 11, 11a). Hierfür ist nicht erforderlich, dass eine Diensthandlung sich gerade oder allein gegen solche Personen richtet, die von der Vollstreckung betroffen sind; so reicht etwa aus, dass bei amtlicher Tätigkeit ein *bestimmter* Täter gesucht oder verfolgt wird oder dass durch hoheitliche Tätigkeit ein bestimmter Zustand hergestellt werden soll; es genügt, wenn es in diesen Fällen zu rechtmäßiger Anwendung staatlicher Zwangsgewalt kommen kann (Schleswig SchlHA **83**, 84).

7a Zur Vollstreckungshandlung gehören auch solche Handlungen, die der unmittelbaren Vorbereitung, Abwicklung und Absicherung der eigentlichen Vollzugshandlung dienen. Die Vollstreckungshandlung muss schon **begonnen** haben oder wenigstens **unmittelbar bevorstehen** (vgl. auch BGH **18**, 133, 134f.; KG JR **88**, 432; Bay **51**, 377; Hamm DAR **58**, 330) und darf noch **nicht beendet** sein (LK-*v. Bubnoff* 12; vgl. *Ruß* NJW **63**, 1165). Vollstreckungshandlungen sind daher **zB** auch Anhalte-Verfügungen von Polizeibeamten im Straßenverkehr im Rahmen der Verfolgung von Straftaten oder Ordnungswidrigkeiten (vgl. BGH **48**, 233, 238; NStZ-RR **97**, 261, 262); ebenso konkretisierte (Anhalte-)**Weisungen von Polizeibeamten** nach § 36 StVO im Rahmen allgemeiner Verkehrskontrollen (BGH **25**, 313, 314; VRS **46**, 106, 107; Hamm NJW **73**, 1240; Celle NJW **73**, 2214; zweifelnd *Lackner/Kühl* 3); das Festhalten einer Person zur Feststellung ihrer Identität gem. § 163b I S. 2 StPO (LK-*v. Bubnoff* 11a); die gezielte Suche nach dem Täter einer Zueignungshandlung zur Erzwingung der Rückgabe der Sache (NJW **82**, 2081); das Entfernen einer durch eine bevorstehende Straftat konkret gefährdeten Person (JR **89**, 24 [zust. Anm. *Bottke*]). Die Vollstreckung dauert an, solange das Verhalten des Amtsträgers nach natürlicher Auffassung (*W/Hettinger* 626) noch in unmittelbarem Zusammenhang mit ihrem konkreten Vollzug steht. Als Vollstreckungshandlungen sind daher **zB** auch angesehen worden der Rückweg des Amtsträgers zum Dienstfahrzeug (NJW **82**, 2081 [Anm. *Otto* JR **83**, 72]; Bay MDR **88**, 517 [Versiegelung einer Baustelle]) oder die gewaltsame Entfernung eines Beschuldigten nach seiner Vernehmung aus der Dienststelle (Hamm NJW **74**, 1832). Widerstandshandlungen vor Beginn oder nach Abschluss der Vollstreckungshandlung können § 240 unterfallen.

Ausgenommen sind Handlungen, mit denen ein Amtsträger nur bei Gelegenheit seiner Berufstätigkeit private Interessen wahrnimmt; vor allem aber auch solche Diensthandlungen, die nicht darauf gerichtet sind, einen hoheitlichen Willen gegenüber bestimmten Personen durchzusetzen, **zB** der allgemeine **Streifendienst** der Polizei (BGH **25**, 313, 314f.; Hamm JMBlNW **65**, 44; Zweibrücken NJW **66**, 1086; Celle NJW **73**, 2215) oder von BWehrsoldaten (MDR/H **83**, 621) ohne konkretisierende hoheitliche Maßnahme; schlichte Überwachungs- und Ermittlungstätigkeiten der Polizei (NJW **82**, 2081); **präventiv**-beobachtende Tätigkeit durch Polizeibeamte (KG StV **88**, 437; NStZ **89**, 121); die Überprüfung der Reifen eines Kfz (Frankfurt NJW **73**, 1806); die Vernehmung eines Beschuldigten durch einen Polizeibeamten (Bay NJW **62**, 2072 [zust. *Dünnebier* JR **63**, 68]); die Überwachung des ruhenden Verkehrs durch gemeindliche Bedienstete. 8

5) Rechtmäßigkeit der Diensthandlung. Abs. III setzt die **Rechtmäßigkeit** der Diensthandlung des Amtsträgers oder Soldaten voraus. Dies gilt auch für den Fall des tätlichen Angriffs und für die Fälle des § 114. 9

A. Die **dogmatische Einordnung** der Rechtmäßigkeit ist umstritten. Nach verbreiteter Auffassung ist die Rechtswidrigkeit kein Tatbestandsmerkmal; ihr Fehlen ist danach, wenn nur § 113 in Betracht kommt, Rechtfertigungsgrund; bei Tateinheit mit anderen Delikten entfällt für § 113 das Rechtswidrigkeitselement (Bremen NJW **77**, 160; LK-*v. Bubnoff* 23; *Dreher* NJW **70**, 1158; Heinitz-FS 221; Schröder-GedS 379; *Niemeyer* JZ **76**, 314; *Paeffgen* JZ **79**, 521; *Schölz,* Dreher-FS 483; iErg auch *Lackner/Kühl* 18; **aA** SK-*Horn* 22; *Jescheck/Weigend* § 53 I 2b; *Gössel* GA **80**, 153; *Thiele* JR **79**, 397; AK-*Zielinski* 18; *S/S-Eser* 20; *Naucke,* Dreher-FS 472). Dagegen will *Hirsch* (Klug-FS 235, 250; *Schünemann* GA **85**, 366) die Grundsätze des Irrtums über die Rechtswidrigkeit des Angriffs bei der Notwehr anwenden. KG NJW **72**, 782 hat die Rechtmäßigkeit als objektive Strafbarkeitsbedingung angesehen (ähnlich *W/Hettinger* 633); nach Ansicht von *Sax* (JZ **76**, 16; 430) ist sie objektive Strafwürdigkeitsvoraussetzung (ähnlich *S/S-Eser* 1, 19ff.); nach *Bottke* (JA **80**, 98) ist ihr Fehlen Strafausschließungsgrund. Die praktische Bedeutung der Streitfrage ist gering (zutr. SK-*Horn* 22, *W/Hettinger* 634). 10

B. Strafrechtlicher Rechtmäßigkeitsbegriff. Die **Rspr** hat, um der kriminalpolitischen Zielrichtung des Tatbestands gerecht zu werden, einen spezifisch strafrechtlichen Rechtmäßigkeitsbegriff (in Abgrenzung zum verwaltungsrechtlichen) entwickelt. Hiernach kommt es grds nicht auf die materielle Richtigkeit, sondern auf die **formelle Rechtmäßigkeit** an (BGH **4**, 164; **21**, 363; Bay MDR **88**, 517; JR **89**, 24 [Anm. *Bottke*]; Celle NJW **71**, 154; KG NJW **72**, 781; *Zweibrücken* VRS **40**, 193; Karlsruhe NJW **74**, 2142; KG NJW **75**, 887; Köln NJW **75**, 890; MDR **76**, 67; NStZ **86**, 235; VRS **71**, 185; Düsseldorf NStE Nr. 9; vgl. auch 11

Lackner/Kühl 7, 10 f.; LK-*v. Bubnoff* 25; LK-*Hirsch* 146 vor § 32; *W/Hettinger* 636 ff.; *Vitt* ZStW **106**, 581; **krit.** *Roxin*, Pfeiffer-FS 45, 48; *Herzberg*, Stree/Wessels-FS 203, 205 ff.; *Reinhart* StV **95**, 101 ff.; *Erb*, Gössel-FS [2002] 217, 219, 225 ff.; NK-*Herzog* 42 zu § 32); hiervon ist auch der Gesetzgeber ausgegangen (Prot. VI/309; Ber. 5; *Schlee* 39. Sitz. BTag VI/1944). Nach **aA** kommt es auf die **Vollstreckbarkeit** der Anordnung an („Wirksamkeitslehre"); die Rechtmäßigkeit setzt daher die (sofortige) Vollstreckbarkeit der Maßnahme voraus (vgl. mit i. e. unterschiedlicher Begründung *Schellhammer* NJW **72**, 319; *Schünemann* JA **72**, 704; 775; GA **85**, 366; *Thiele* JR **75**, 353; **79**, 397; *Ostendorf* JZ **81**, 168; *Benfer* NStZ **85**, 255; *Amelung* JuS **86**, 335 u. ZRP **91**, 143; *Roxin*, Pfeiffer-FS 46; *Backes/Ransiek* JuS **89**, 627; *Lüke*, Arth. Kaufmann-FS 567; *Reinhart* StV **95**, 101 ff.; *Erb*, Gössel-FS 217, 230 f.; AK-*Zielinski* 22; NK-*Paeffgen* 41; *Jakobs* AT 16/2; *Otto* BT 91/13). Bei **Zwangsvollstreckungen** genügt ein ordnungsmäßiger Titel, auch wenn der Anspruch nicht besteht.

12 **C. Praktische Anwendung.** Für die praktische Anwendung gehen Rspr und hM von den folgenden **Grundsätzen** aus:

13 **a)** Für die Vollstreckungshandlung muss eine **gesetzliche Eingriffsgrundlage** gegeben sein. Für **polizeiliche** Handlungen kann diese sich aus **strafprozessualen** oder aus Regelungen zur **Gefahrenabwehr** ergeben. Probleme im Hinblick auf die Rechtmäßigkeit iS von § 113 können sich namentlich im Übergangsbereich von repressiven und präventiven Maßnahmen (vgl. dazu auch *Meyer-Goßner* 17 zu § 163 StPO) sowie bei Zwangsmaßnahmen ergeben, die der Vorbereitung, Absicherung oder Durchführung gesetzlich legitimierter Eingriff dienen oder die auf eine entsprechende Anwendung von Eingriffsgrundlagen gestützt werden; Zweifelsfragen treten darüber hinaus häufig hinsichtlich Umfang, Erforderlichkeit und **Verhältnismäßigkeit** der Maßnahme im Einzelfall auf (**zB** bei Durchsuchung der Person unter Zwang zur Öffnung des Mundes [NStZ **98**, 87]; **Anhalten** eines Verkehrsteilnehmers zum Zweck der Verkehrserziehung [nach Hamburg VRS **24**, 193 auch durch Polizeibeamte in Zivil; zw.]; **Schutzgewahrsam** und vorläufiges Fesseln zur Verhinderung einer Selbsttötung [Bay NJW **89**, 1815 m. Anm. *Bottke* JR **89**, 475]). Soweit polizeiliche Vollstreckungsmaßnahmen nur von Ermittlungspersonen der StA (§ 152 GVG) durchgeführt werden dürfen, muss der Dienstgrad des anordnenden Polizeibeamten festgestellt werden (Schleswig StV **83**, 204; Köln VRS **71**, 184; Düsseldorf NStE Nr. 9).

14 Zur aktiven Beteiligung an einem **Alkoholtest** (Blasen in ein Röhrchen) dürfen Beschuldigte nicht gezwungen werden (MDR/D **70**, 897; Bay NJW **63**, 772; Schleswig VRS **30**, 344); wohl aber dürfen Ermittlungspersonen der StA (Düsseldorf NJW **91**, 580) unmittelbaren Zwang zur **Blutentnahme** (§§ 81 a, 81 c StPO; §§ 46, 53 OWiG) nach Androhung (Bay DAR **85**, 240; LK-*v. Bubnoff* 36) anwenden (BGH **24**, 125); einen betrunkenen Kraftfahrer an der Weiterfahrt hindern (VRS **39**, 184); auch dürfen sie – unter Beachtung des § 163 a IV S. 1 StPO (Düsseldorf NJW **91**, 580) – die zur **Identitätsfeststellung** erforderlichen Maßnahmen treffen (§§ 163 b, 163 c StPO, auch iVm § 46 I OWiG; BGH **32**, 248; vgl. hierzu *Volk* JR **79**, 208; vgl. ferner BGH **36**, 30; 241), zB die Personalien einer nachts im Auto schlafenden Person feststellen (Koblenz VRS **45**, 110), nach Sachlage einen Beschuldigten zur Identifizierung fotografieren (Köln MDR **76**, 67; vgl. LK-*v. Bubnoff* 37 a). Befugnis zur **Wegnahme von Gegenständen** durch Polizeibeamte kann sich aus Eingriffsgrundlagen des Strafprozessrechts (Beweismittel; Einziehungsgegenstände), aber auch des Polizeirechts zur Gefahrenabwehr ergeben (zur Wegnahme eines Fotoapparats vgl. Celle NJW **79**, 57 [Anm. *Teubner* JR **79**, 424; str.; vgl. Nachw. 52. Aufl.]; Karlsruhe NJW **80**, 1701; StV **81**, 408). Eine **Vorführung** von Beschuldigten oder Zeugen zur Erzwingung von Aussagen vor der Polizei ist nicht zulässig (vgl. i. e. §§ 163, 163 a StPO und die Kommentierungen hierzu). Zwangsmaßnahmen zur **Exkorporation** von Beweismitteln (insb. zwangsweise Zuführung von **Brechmitteln** oder **Abführmitteln**) sind nach hM gegen den Beschuldigten grds. zulässig (vgl. dazu *Senge* in KK-StPO 6, 14 zu § 81 a).

15 Auch die Durchführung von Maßnahmen nach §§ 84, 86 ff. StVollzG ist eine Vollstreckungshandlung nach § 113. Ganz allgemein ist die **Verhütung von Straftaten** die Aufgabe aller Polizeibeamten (BGH **4**, 113; Bremen NJW **77**, 159); recht-

mäßig sind daher **zB** die kurzfristige Wegnahme des Führerscheins, um einen Angetrunkenen von der Weiterfahrt abzuhalten; das Betreten fremder Wohnungen oder eine Ingewahrsamnahme von Störern nach Maßgabe landesrechtlicher Eingriffsbefugnisse; Zwangsmaßnahmen zur Verhinderung der Begehung oder Fortsetzung strafbarer Handlungen; aber uU auch gegen eine Person, die durch eine drohende Straftat gefährdet ist (Bay JR **89**, 24 m. Anm. *Bottke*). **Radarmessungen** zur Feststellung überhöhter Geschwindigkeiten von Kraftfahrzeugen sind Dienstausübung iS von § 113, wenn sie von Amtsträgern durchgeführt werden. Bedienstete **privater** Unternehmen, die nicht Beliehene sind (vgl. 22 zu § 11), sind durch § 113 nicht geschützt; Widerstandshandlungen können § 240 unterfallen (oben 2).

b) Die **Zuständigkeit** des Vollstreckenden muss **sachlich** (BGH **4**, 110; Bay MDR **56**, 170; **54**, 274) und **örtlich** (Hamm NJW **54**, 206; Koblenz OLGSt. 59) gegeben sein. Ausnahmsweise kann ein Beamter auch außerhalb seines Bezirks zuständig sein, so bei der befugten Nacheile (vgl. zB § 167 GVG); ebenso beim Eingreifen in Not- und Eilfällen (Bay **60**, 40); vor allem bei vorbeugender Verbrechensverhütung (BGH **4**, 113). Die Zuständigkeit endet – vorbehaltlich abweichender Staatsverträge – immer an der Landesgrenze (Koblenz MDR **87**, 957). **16**

c) Wesentliche Förmlichkeiten sind einzuhalten (BGH **21**, 334; KG GA **75**, 213; NK-*Paeffgen* 52 ff.; vgl. auch *Reif* JA **98**, 143); Verstöße gegen reine Ordnungsvorschriften stehen der Rechtmäßigkeit nicht entgegen. **Wesentlich** sind **zB** das Eröffnen des Vorführungsbefehls nach § 134 StPO (NStZ **81**, 22); das Vorzeigen des Haftbefehls bei der Verhaftung des Schuldners im Verfahren nach §§ 901 ff. ZPO; die Belehrung des Schuldners bei der Durchsuchung nach § 758 ZPO über seine Rechte aus Art. 13 GG (BVerfGE **51**, 97); die Zuziehung von Zeugen zur Zwangsvollstreckung (§ 759 ZPO, Hamm NStZ **96**, 281), und zur Durchsuchung nach § 105 II StPO (Bay JZ **80**, 109 [hierzu *Küper* JZ **80**, 633; *Thiele* JR **81**, 30]; LK-*v. Bubnoff* 30 ff.; *S/S-Eser* 26; vgl. aber BGH **5**, 93); die Mitwirkungsbereitschaft des Betroffenen im Verwarnungsverfahren nach § 56 OWiG (Düsseldorf NJW **84**, 1571; *Ostendorf* JZ **87**, 336); die Androhung der Anwendung unmittelbaren Zwangs (AG Schwandorf NStZ **87**, 280). **17**

d) Steht die Art der Ausführung im **pflichtgemäßen Ermessen** des Amtsträgers, so handelt er rechtmäßig, wenn er zu einem richtigen Ergebnis kommt; nach hM aber auch dann, wenn er nach den bestehenden Umständen das Ermessen sorgsam ausübt, hierbei aber in **tatsächlicher** Hinsicht zu einem unzutreffenden Ergebnis gelangt (BGH **4**, 164; **21**, 334; 363; **24**, 125; NJW **62**, 1020; VRS **38**, 115; Bay NJW **65**, 1088; Celle NJW **71**, 154; KG NJW **72**, 782; NStZ **89**, 121; Bremen NJW **77**, 159; Koblenz OLGSt. 48; Schleswig SchlHA **78**, 184 Nr. 31; **aA** NK-*Paeffgen* 57; SK-*Horn* 11 a; vgl. dazu *Erb*, Gössel-FS 217, 221), zB irrtümlich einen Unbeteiligten festnimmt (Prot. V/2923; LK-*v. Bubnoff* 33). Irrt der Amtsträger in **rechtlicher** Hinsicht, zB über seine Zuständigkeit, ist seine Handlung unrechtmäßig (BGH **24**, 127; SK-*Horn* 11 a; differenzierend *S/S-Eser* 29; **aA** LK-*v. Bubnoff* 34; *Reinhart* StV **95**, 103). **18**

e) Liegt die **Anweisung** eines Vorsetzten vor, eine Diensthandlung auszuführen, so ist die Ausführung auch bei rechtlichen Mängeln des Auftrags rechtmäßig, wenn dieser für den Vollstreckungsbeamten **bindend** ist; das ist der Fall, wenn der Vorgesetzte sachlich und örtlich zuständig ist, sich in den vorgeschriebenen Formen hält (BGH **4**, 110; 162; KG NJW **72**, 781; Köln NJW **75**, 889; Karlsruhe NJW **74**, 2143; Köln NJW **75**, 889; LK-*v. Bubnoff* 35) und die Anweisung nicht offensichtlich rechtswidrig ist (vgl. Bay VRS **29**, 263; KG NJW **72**, 781). Ist allerdings das befohlene Handeln rechtswidrig, so kann es der Befehl allein nicht iS des § 113 rechtmäßig machen (str.; **aA** LK-*v. Bubnoff* 35; zum militärischen Befehl vgl. *Schölz/Lingens* 18 b zu § 2 WStG). Es gelten für Beamte § 56 BBG, für Soldaten § 11 II SG und § 5 I WStG; vgl. *Schölz/Lingens* 16 ff., 26 ff. zu § 2 WStG. Das gilt entsprechend im Bereich der **Amtshilfe** (Köln NJW **75**, 889; vgl. auch BGH **4**, 161). **19**

20 **f)** Die **Unrechtmäßigkeit** der Vollstreckungshandlung lässt die Rechtswidrigkeit einer Widerstandshandlung entfallen (**Abs. III S. 1;** vgl. oben 10) und macht umgekehrt die Diensthandlung zum rechtswidrigen Angriff gegen den Betroffenen, gegen den grds. Notwehr zulässig ist (vgl. BGH **4**, 163); das gilt nicht in Fällen des **III S. 2,** weil dem Betroffenen hier der Wille fehlt, sich gegen Unrecht zu wehren (vgl. auch 23 zu § 16). Eine gewaltsame Verteidigung wird freilich in Anlehnung an **IV S. 2** mit Rücksicht auf das grundsätzliche Selbsthilfeverbot dann als nicht geboten (36 ff. zu § 32) anzusehen sein, wenn dem Betroffenen die Einlegung eines Rechtsbehelfs zuzumuten ist.

21 **6) Tathandlungen:** Abs. I unterscheidet grds. zwei verschiedene Formen des Widerstands, die sich teilweise überschneiden: Das **Widerstand-Leisten,** das auf nötigende Verhinderung der Vollstreckung gerichtet ist, und den **tätlichen Angriff.** In den meisten Fällen wird dieser zugleich eine gewaltsame Widerstands-Handlung sein; vorausgesetzt ist dies nicht. Abs. I erfasst daher, über den Wortlaut der gesetzlichen Überschrift hinaus, auch solche Handlungen, welche eine konkrete Vollstreckungshandlung nur zum *Anlass* des Angriffs auf den Amtsträger nehmen und denen eine konkretisierte „Widerstands"- Tendenz gerade fehlt.

22 **A. Widerstand leisten** ist das – auch untaugliche oder erfolglose – Unternehmen, den Amtsträger durch ein aktives Vorgehen zur Unterlassung der Vollstreckungshandlung als solcher zu nötigen oder diese zu erschweren (Koblenz NStE Nr. 2). **Täter** kann jedermann sein, nicht nur der von der Diensthandlung Betroffene (*S/S-Eser* 60; *Lackner/Kühl* 5; hM; **aA** SK-*Horn* 16; *Sander* JR **95**, 491). Abs I führt abschließend **zwei Handlungsformen** des Widerstands auf:

23 **a) Gewalt** (8 ff. zu § 240) ist (für eine weitgehende Restriktion gegenüber § 240 NK-*Paeffgen* 21 ff., 23 und Grünwald-FS 433, 464) ein Einsatz materieller Zwangsmittel, vor allem körperlicher Kraft, durch tätiges Handeln **gegen die Person** des Vollstreckenden, der geeignet ist, die Vollendung der Diensthandlung zumindest zu erschweren (BGH **18**, 133; Bay JR **89**, 24; Hamm OLGSt. 19; Karlsruhe NJW **74**, 2142; Hamburg NJW **76**, 2174). Aus dem Wortlaut der Vorschrift ergibt sich, dass Gewalt iS von Abs. I etwas anderes und weniger ist als die Gewalttätigkeit iS von **II Nr. 2,** die ein aggressives Verhalten verlangt (BGH **23**, 46; LK-*v. Bubnoff* 14; unten 29). Der Einsatz körperlich wirkender Kraft **gegen Sachen** reicht aus, wenn er mittelbar gegen die Person wirkt (BGH aaO; 3 StR 224/83; vgl. auch Bay MDR **89**, 376 [m. Anm. *Bottke* JR **89**, 25]; AG Tiergarten NJW **88**, 3218 [Werfen eines Gegenstandes gegen ein auf dem Weg zur Vollstreckungshandlung befindliches Polizeifahrzeug]). Die Gewalt kann namentlich auch durch den Einsatz von Sachen ausgeübt werden; zB mittels der Motorkraft eines Kfz (VRS **19**, 188); durch versperrendes Abstellen eines schweren Fahrzeuges (Bay MDR **88**, 517); schnelles Zufahren auf den Vollstreckenden (NJW **53**, 762; MDR/D **55**, 144; Düsseldorf NJW **82**, 1111; zum „knappen Vorbeifahren" in den Fällen der **Polizeiflucht** vgl. NStZ-RR **97**, 261).

24 Die tatrichterliche Praxis ist bei der Annahme von Gewalt, namentlich bei Widerstand gegen polizeiliche Vollstreckungsmaßnahmen, recht großzügig; so ist es **zB** als ausreichend angesehen worden, wenn der Täter sich von dem Amtsträger **losreißt;** wenn er eine von ihm festgehaltene Sache wegreißt (vgl. Oldenburg NdsRpfl. **53**, 152); wenn er sich mit aller Kraft am Lenkrad **festhält** (VRS **56**, 144; zw.) oder sich gegen den Boden, gegen Türrahmen oder andere Hindernisse **stemmt,** um sein Wegbringen zu verhindern; wenn er heftige Bewegungen ausführt, um sich aus dem Griff eines Polizeibeamten zu befreien (Köln VRS **71**, 185). Solche Ausweitungen sind nicht unbedenklich, wenn der eingesetzte unmittelbare Zwang selbst, etwa aus Gründen der **Eigensicherung,** von vornherein an der *oberen Grenze der Angemessenheit* liegt.

25 Jedenfalls **nicht ausreichend** ist Gewalt gegen sich selbst (absichtliche Selbstverletzung; zu Verletzungen führende riskante Fluchtversuche); erst recht nicht die Drohung mit solchen Handlungen (vgl. Hamm NStZ **95**, 548 [Drohung mit

Selbstverbrennung]). Auch rein **passiver Widerstand** ist keine Gewalt, so **zB** nicht das Sich-Hinwerfen, bevor der Amtsträger zufasst (Hamm OLGSt. 19); ein bloßes Sitzen-Bleiben; das Nichtentfernen eines Zugangshindernisses (BGH **18**, 135; zum Nichtentfernen eines Hundes **aA** Neustadt GA **61**, 60); das Verriegeln einer Fahrzeugtür von innen (Celle OLGSt Nr. 8; NStE Nr. 6; *W/Hettinger* 628; **aA** Düsseldorf NZV **96**, 458 [Verriegeln der Fahrzeugtür und Weigerung auszusteigen; abl. Anm. *Seier/Rohlfs*]), auch wenn hierdurch die Vollstreckungshandlung erschwert oder zu ihrem Vollzug seinerseits Gewalt erforderlich wird (**aA** Bay JR **89**, 24 f.; *Geppert* Jura **89**, 275; unklar NK-*Paeffgen* 26). Das ist insb. auch in den Fällen des **Ein- und Aussperrens** zu beachten: Während sich das Einsperren des Amtsträgers idR als Gewalt iS von I darstellt, erfüllt das (bloße) Aussperren den Tatbestand nicht, wenn es sich in dem Unterlassen der Entfernung einer bereits vorhandenen Sperre erschöpft (BGH **18**, 135; LK-*v. Bubnoff* 15; *S/S-Eser* 42; NK-*Paeffgen* 26; SK-*Horn* 13; hM); anders ist es nach hM, wenn ein körperlich wirkendes Hindernis (*Lackner/Kühl* 65) gerade zur Verhinderung der bevorstehenden Vollstreckungshandlung errichtet wird (BGH **18**, 135; Düsseldorf NZV **96**, 458 f. m. abl. Anm. *Seier/Rohlfs*, **aA** *S/S-Eser* 42; AK-*Zielinski* 27; wohl auch NK-*Paeffgen* 26).

b) Der Begriff der **Drohung** entspricht dem des § 240 I (vgl. 30 ff. zu § 240). Es muss **mit Gewalt** iS von oben 19 ff. gedroht werden. Die Drohung muss sich auf eine die Vollstreckungshandlung unmittelbar verhindernde oder erschwerende Gewalt-Ausübung beziehen. Hiervon unabhängige Drohungen mit Gewalt, die erst nach der Vollstreckungshandlung ausgeübt werden soll (zB Rachehandlungen), dürften daher § 113 nicht unterfallen (ggf. aber § 240; and. hier bis 51. Aufl.). Dafür spricht auch, dass Drohungen mit einem sonstigen empfindlichen Übel (§ 240 I) für § 113 I in keinem Fall ausreichen. 26

B. Tätlicher Angriff ist eine unmittelbar auf den Körper zielende gewaltsame Einwirkung (vgl. schon RG **59**, 265); der Begriff entspricht dem des § 121 I Nr. 1. Zur körperlichen Verletzung muss es nicht kommen; eine solche braucht auch nicht gewollt zu sein. Auch eine Freiheitsberaubung ist von der Rspr als tätlicher Angriff angesehen worden (vgl. RG **41**, 181); ein nur verbaler Angriff, auch durch massive Drohungen, reicht aber nicht aus (BGH **20**, 305). 27

Der Angriff muss „bei", also **während** der Dauer der Vollstreckungshandlung erfolgen; hierzu zählt die gesamte Zeitspanne vom Beginn des auf die Maßnahme abzielenden Verhaltens (zB Hinfahrt; Eintreten; Mitteilung des Bevorstehens oder des Grundes der Maßnahme) bis zu deren vollständigem Abschluss. Nicht vorausgesetzt ist, dass der Angriff **gegen** die Vollstreckungshandlung verübt wird. Eine Vereitelung oder Erschwerung der Vollstreckungshandlung wird zwar häufig Folge eines Angriffs sein; der Tatbestand setzt einen **Erfolg** aber weder insoweit noch im Hinblick auf eine Verletzung voraus; ausreichend ist daher auch eine versuchte Körperverletzung (NJW **82**, 2081), **zB** ein den Vollstreckungsbeamten verfehlender Stein- oder Flaschenwurf (KG StV **88**, 437). Anders als bei den Widerstandshandlungen ist es somit gleichgültig, ob der Angriff auf die Verhinderung oder Erschwerung der Diensthandlung abzielt (hM; vgl. etwa *S/S-Eser* 47; **aA** NK-*Paeffgen* 31); es reicht aus, wenn er zB aus allgemeiner Feindseligkeit gegen „den Staat", aus persönlichen Motiven gerade gegen diesen Amtsträger oder aus anderen Beweggründen begangen wird (Rache, Wut; vgl. *Lackner/Kühl* 6; LK-*v. Bubnoff* 17; *S/S-Eser* 47; SK-*Horn* 15; AK-*Zielinski* 29; **aA** NK-*Paeffgen* 31). Jedoch wird man, um die Tatbestandsvariante nicht zu einem unklaren Sondertatbestand zum Schutz von Amtsträgern zu machen, auf einen **Bezug** des Angriffs zu der (allgemeinen) Vollstreckungs-Zuständigkeit der angegriffenen Person nicht verzichten können. Es reicht daher nicht aus, wenn ein tätlicher Angriff aus rein persönlichen Motiven allein „bei Gelegenheit" der Dienstausübung begangen wird. 28

7) Subjektiver Tatbestand; Irrtumsregelung (Abs. III, IV). Hinsichtlich sämtlicher in I und in § 114 II beschriebener Merkmale ist **Vorsatz** erforderlich; 29

bedingter Vorsatz reicht aus. Er muss sich vor allem darauf erstrecken, einem zu Vollstreckungen berufenen Amtsträger oder Soldaten bei einer Vollstreckungshandlung Widerstand zu leisten oder ihn während deren Ausführung tätlich anzugreifen. Weiss der Täter nicht, dass sich seine Handlung gegen einen Amtsträger richtet (zB bei Festnahme durch Zivilstreife), so ist nach hM, entsprechend der subjektiven Vorstellung des Täters, § 240 anzuwenden (LK-*v. Bubnoff* 66; grds. auch *S/S-Eser* 51; **aA** *M/Schroeder/Maiwald* 71/19).

30 **A. Irrige Annahme der Rechtmäßigkeit (III S. 2).** Vom Vorsatz nicht erfasst sein muss die **Rechtmäßigkeit** der Diensthandlung. Ist die Vollstreckungshandlung **rechtmäßig** und macht sich der Täter keine Gedanken darüber, so ist die Tat, wenn im übrigen Vorsatz gegeben ist, nach § 113 strafbar (Köln VRS **71**, 186). Umgekehrt entfällt eine Strafbarkeit nach § 113 (nicht aber zB nach § 223), wenn die Diensthandlung **nicht rechtmäßig** ist **(III S. 1).** Den **Irrtum** des Täters regelt § 113 insoweit abweichend von den für den Irrtum über Rechtfertigungsgründe geltenden Regeln: Eine Strafbarkeit nach § 113 entfällt nach **III S. 2** auch dann, wenn der Täter die Handlung irrig für rechtmäßig hält. Eines **subjektiven Rechtfertigungselementes** bedarf es also (wie bei § 22 I S. 2 WStG) nicht.

31 **B. Irrige Annahme der Unrechtmäßigkeit (IV).** Nimmt der Täter **irrig** an, die Vollstreckungshandlung sei **nicht rechtmäßig,** so gilt **IV** als Spezialregel gegenüber den Verbotsirrtumsgrundsätzen (krit. *Schünemann* JA **72**, 706 u. Coimbra-Symp. 169; NK-*Paeffgen* 75 ff.); außerhalb des von IV erfassten Bereichs ist ein nach § 17 zu behandelnder Verbotsirrtum grds möglich. Für Delikte, die mit § 113 konkurrieren (zB §§ 223 ff. oder §§ 303 ff.), gilt IV nicht; insoweit sind ggf die Grundsätze über die Putativnotwehr anzuwenden (50 zu § 32; vgl. Hamm GA **73**, 244; LK-*v. Bubnoff* 41). Für die **Vermeidbarkeit** des Irrtums gelten die für § 17 entwickelten Grundsätze auch hinsichtlich der Pflicht zur möglichen vorherigen Erkundigung und der Bewertung von Auskünften, die der Täter erhalten hat.

32 **a)** Bei **vermeidbarem Irrtum (IV S. 1)** kann das Gericht die Strafe nach seinem Ermessen mildern (§ 49 II), was aber nur in den Fällen von **II** praktisch werden kann (vgl. Prot. VI/320), oder von Strafe nach § 113, nicht aber auch nach konkurrierenden Vorschriften absehen, wenn eine Gesamtwürdigung des Falles unter Berücksichtigung in erster Linie des Irrtums eine nur geringe Schuld des Täters ergibt. Im Fall des tätlichen Angriffs wird kaum Anlass bestehen, den vermeidbaren Irrtum mildernd zu berücksichtigen.

33 **b)** Bei **unvermeidbarem Irrtum (IV S. 2)** ist die Tat nur dann nach § 113 strafbar, wenn dem Täter nach den ihm bekannten Umständen, also auch unter Berücksichtigung seines Irrtums zuzumuten war, sich mit irgendeinem **Rechtsbehelf** gegen die vermeintliche Rechtsverletzung zu wehren. In diesem Fall stehen dem Gericht die gleichen Milderungsmöglichkeiten zur Verfügung wie im Fall des IV S. 1; das Vorliegen geringer Schuld ergibt sich hier schon aus der Unvermeidlichkeit des Irrtums. Ein etwaiger Bewertungsirrtum in der Zumutbarkeitsfrage ist unbeachtlich (LK-*v. Bubnoff* 47; *Lackner/Kühl* 22; **aA** AK-*Zielinski* 42; NK-*Paeffgen* 79; *Hirsch,* Klug-FS 235, 252). Einem von der Diensthandlung nicht betroffenen **Dritten** steht mindestens die Beschwerde an die zuständige Stelle nach Art. 17 GG zu (ebenso LK-*v. Bubnoff* 50; *S/S-Eser* 58; **aA** *Sander* JR **95**, 491, 494; SK-*Horn* 16; NK-*Paeffgen* 80; AK-*Zielinski* 12, 43). Im Übrigen kommt es auf die Abwägung zwischen der Bedeutung des drohenden Nachteils und der Möglichkeit seiner Abwendung durch einen Rechtsbehelf einerseits und der Schwere der Gefahr an, die dem Amtsträger durch Leisten des für einen Erfolg erforderlichen Widerstandes droht (vgl. BGH **21**, 366; *M/Schroeder/Maiwald* 69/35).

34 **8) Beteiligung.** § 113 ist kein Sonderdelikt; Täter kann daher jedermann sein, auch wenn er nicht von der Vollstreckungshandlung betroffen ist (vgl. oben 22). Für die **Teilnahme** gelten die allgemeinen Regeln.

9) Rechtsfolge. Abs. I sieht einen Regelstrafrahmen mit gegenüber § 240 niedrigerem Höchstmaß vor; der Strafrahmen des Abs. II für besonders schwere Fälle entspricht § 240 IV. Zu Milderungen nach Abs. IV vgl. oben 32 f. **35**

A. Regelstrafrahmen. Bei der Bemessung der Strafe sind namentlich auch das Gewicht der Vollstreckungsmaßnahme, Art und Intensität der Widerstandshandlung sowie das Verhältnis des eingesetzten Widerstandsmittels zu dem durch die Maßnahme drohenden Nachteil zu berücksichtigen. **36**

B. Besonders schwere Fälle (Abs. II). Abs. II führt zwei **Regelbeispiele** für besonders schwere Fälle auf (vgl. allg. 11 zu § 12; 90 ff. zu § 46). Ein **unbenannter** besonders schwerer Fall kann insb. bei eklatanter Unverhältnismäßigkeit des eingesetzten Tatmittels gegeben sein; ebenso bei erheblichen Körperverletzungen; bei besonders rechtsfeindlicher Motivation; bei massiver gemeinschaftlicher Gewalttätigkeit. Gegen die Annahme eines besonders schweren Falles und für die Anwendung des Grundstrafrahmens trotz Vorliegens eines Regelbeispiels kann eine (nicht vorwerfbare) alkoholbedingte Enthemmung sprechen; auch eine vom Amtsträger verursachte Eskalation der Lage. Es besteht auch hier die Möglichkeit, die Strafe nach IV (iV mit § 49 II) zu mildern (oben 32 f.), doch wird dann meistens schon kein besonders schwerer Fall gegeben sein. **37**

a) II Nr. 1 setzt voraus, dass der Täter oder ein anderer Beteiligter, der eine **Waffe bei sich führt,** und zwar in der **Absicht,** sie bei der Tat zu verwenden. Aus der Entstehungsgeschichte (Prot. VI/306, 324, 325 f.), dem kriminalpolitischen Ziel der Vorschrift sowie dem Verwendungserfordernis wird geschlossen, dass hier nicht nur Schusswaffen und andere Waffen im technischen Sinn, sondern auch solche im untechnischen Sinn gemeint seien (2 StR 264/72; *Lackner/Kühl* 24; *Kindhäuser* LPK 33; LK-*v. Bubnoff* 53; **aA** NK-*Paeffgen* 84 mwN), also gefährliche Werkzeuge iS von § 244 I (vgl. Erl. dort), nicht aber sog. „Scheinwaffen"; **zB** ein Kraftfahrzeug (BGH **26**, 176; MDR/H **78**, 988; DRiZ **79**, 149; Düsseldorf NJW **82**, 1111); eine Pistole als Schlagwaffe (EzSt § 53 WaffG Nr. 1); eine Fahnenstange (Celle NStZ-RR **97**, 265), wenn sich der Täter einer erheblichen Gefährdung bewusst war (Karlsruhe Die Justiz **81**, 239). Es reicht aus, dass der Täter die Waffe in Verwendungsabsicht erst während der Tat führt (BGH aaO; LK-*v. Bubnoff* 54; vgl. 13 zu § 244). Für die Absicht genügt es, wenn der Täter die Waffe *gegebenenfalls* verwenden will (Prot. VI/324 f.; *Dölling* JR **87**, 467, 469; LK-*v. Bubnoff* 55; *S/S-Eser* 65; *Lackner/Kühl* 24; *W/Hettinger* 645; **aA** NK-*Paeffgen* 85). **38**

b) II Nr. 2 setzt voraus, dass der Täter durch eine **Gewalttätigkeit** den Angegriffenen, dh den Vollstreckenden oder eine von ihm zugezogene Person in die konkrete **Gefahr des Todes** oder einer **schweren Gesundheitsschädigung** iS von § 225 III Nr. 1 bringt. Gewalttätigkeit ist die Entfaltung physischer Kraft **unmittelbar gegen die Person,** und zwar, wie die Formulierung „den Angegriffenen" zeigt, als aggressives Handeln (BGH **23**, 52; BVerfGE **37**, 310; vgl. auch 5 zu § 124). In Betracht kommen **zB** Schüsse, Steinwürfe, fehlgegangene Stiche, schnelles Zufahren mit einem Kfz (NStE § 315 b Nr. 1; Koblenz DAR **73**, 219; VRS **56**, 39). Die konkrete Gefahr muss mindestens bedingt **vorsätzlich** herbeigeführt werden (BGH **26**, 180; vgl. *S/S-Eser* 67; LK-*v. Bubnoff* 61). **39**

10) Konkurrenzen. Zum Verhältnis zu § 240 vgl. BGH **48**, 233 und oben 2 (§ 113 ist grds *lex specialis*); zu §§ 24, 25 WStG oben 5. Wenn der Täter zugleich ein empfindliches Übel androht oder zur Vornahme einer Handlung nötigt, ist nach hM **Tateinheit** mit § 240 möglich (Bay JR **89**, 24 [m. Anm. *Bottke*]; *Lackner/Kühl* 26). Sie ist weiter möglich mit § 123 (Bay JR **57**, 148); § 142 (VRS **13**, 135); § 185 (LK-*v. Bubnoff* 68); §§ 223 ff. (auch bei § 113 II); mit § 303. Auch mit § 242 (vgl. BGHR Konk. 2) oder mit § 255 ist Tateinheit möglich, wenn der bei der Tat überraschte Täter Widerstand leistet und damit *auch* zum Zweck der Beutesicherung handelt. Dagegen liegt **Tatmehrheit** vor, wenn die vorangehende Tat beendet (oder ihr Versuch fehlgeschlagen) war und die Widerstandshandlungen allein noch der Verhinderung der Festnahme dienen (vgl. 2 StR 183/04). Zur **Polizeiflucht** 6 vor § 52. § 241 wird von § 113 verdrängt (MDR/D **73**, 902; 4 StR 516/91; 1 StR 96/98), wenn der Widerstand durch eine Drohung nach § 241 geleistet wird. Hinter § 125 tritt § 113 zu- **40**

rück (**aA** LK-*v. Bubnoff* 68; *M. J. Schmid* JZ **80**, 58); ebenso hinter § 116 SeemannsG und § 22 VersammlG. Zwischen II Nr. 1 und Delikten nach dem WaffG ist Tateinheit möglich (vgl. 4 StR 359/86; 4 StR 150/04).

Widerstand gegen Personen, die Vollstreckungsbeamten gleichstehen

114 **I Der Diensthandlung eines Amtsträgers im Sinne des § 113 stehen Vollstreckungshandlungen von Personen gleich, die die Rechte und Pflichten eines Polizeibeamten haben oder Ermittlungspersonen der Staatsanwaltschaft sind, ohne Amtsträger zu sein.**

II § 113 gilt entsprechend zum Schutz von Personen, die zur Unterstützung bei der Diensthandlung zugezogen sind.

1 **1) Allgemeines.** Die Vorschrift (idF des 3. StrRG [Einl. 6]; iVm Art. 19 Nr. 44 EGStGB) erweitert den § 113 (dort 2) durch Ausdehnung des Kreises der geschützten Personen. Abs. I wurde durch Art. 12 c des 1. JuMoG v. 24. 8. 2004 (BGBl I 2198) sprachlich an § 152 I GVG angepasst.

2 **2) Jagdschutzberechtigte** sowie Forst-, Fischerei- und Feldschutzberechtigte betrifft praktisch I, der insoweit einen Überrest der aufgehobenen §§ 117 bis 119 darstellt (vgl. im einzelnen Prot. VI/327 ff.; 333 ff.; *Dreher* NJW **70**, 1159). Dabei sind **drei Gruppen** zu unterscheiden:

3 **A.** Ein Teil der Berechtigten, insbesondere **Forst-** und **Feldhüter** sind als öffentlich-rechtlich Bestellte auch Amtsträger iS von § 11 I Nr. 2 und daher durch § 113 unmittelbar geschützt. Entsprechendes gilt weitgehend für die **Fischereiaufseher** nach Landesrecht. Fehlt es am Anstellungsakt, so greift I ein.

4 **B.** Dies gilt vor allem für die **bestätigten Jagdaufseher** nach § 25 II BJagdG, die ihre Funktion nicht durch Bestellung, sondern kraft Gesetzes erhalten. Soweit sie Vollstreckungshandlungen vornehmen, zB Wilderer anhalten, ihnen die Beute und Waffen abnehmen, fällt nach I der Widerstand unter § 113.

5 **C. Die Jagdausübungsberechtigten** selbst und die **bestätigten Jagdaufseher,** die weder Berufsjäger noch forstlich ausgebildet sind, fallen, wenn sie den ihnen ebenfalls als öffentlich-rechtliche Funktion kraft Gesetzes in § 25 I BJagdG übertragenen Jagdschutz ausüben, wenig folgerichtig nicht unter I, so dass Widerstandshandlungen gegen sie, soweit sie zugleich Nötigung zum Unterlassen der Handlung darstellen, nicht unter die Privilegierungsvorschrift des § 113 (dort 1 ff.), sondern unter den strengeren § 240 fallen (LK-*v. Bubnoff* 3; **aA** *S/S-Eser* 3; NK-*Paeffgen* 5). Doch wird man, wenn die Vollstreckungshandlung nicht rechtmäßig ist, den Widerstand nicht als verwerflich iS von § 240 II ansehen können. Ein Irrtum über die Rechtmäßigkeit der Handlung ist Verbotsirrtum (54 zu § 240).

6 **3)** Zur Ausdehnung des Schutzes auf **zugezogene Hilfspersonen** durch II vgl. 6 zu § 113.

§§ 115–119 [weggefallen]

Gefangenenbefreiung

120 **I Wer einen Gefangenen befreit, ihn zum Entweichen verleitet oder dabei fördert, wird mit Freiheitsstrafe bis zu drei Jahren oder mit Geldstrafe bestraft.**

II Ist der Täter als Amtsträger oder als für den öffentlichen Dienst besonders Verpflichteter gehalten, das Entweichen des Gefangenen zu verhindern, so ist die Strafe Freiheitsstrafe bis zu fünf Jahren oder Geldstrafe.

III Der Versuch ist strafbar.

IV Einem Gefangenen im Sinne der Absätze 1 und 2 steht gleich, wer sonst auf behördliche Anordnung in einer Anstalt verwahrt wird.

1) Allgemeines. Die Vorschrift idF des Art. 19 Nr. 45 EGStGB entspricht § 425 E 1962 (Begr. 610; Ndschr. **13**, 85, 594, 623, 628). Krit. *Siegert* JZ **73**, 308. 1

Literatur: *Bergemann* NStZ **92**, 276 [Anm. zu BGH **37**, 388]; *Diekmann,* Das Entweichen Gefangener, 1964; *Grünebaum,* Zur Strafbarkeit des Therapeuten im Maßregelvollzug bei fehlgeschlagenen Lockerungen, 1996; *Kusch,* Die Strafbarkeit von Vollzugsbediensteten bei fehlgeschlagenen Lockerungen, NStZ **85**, 385; *Laubenthal,* Ein verhängnisvoller Hafturlaub, JuS **89**, 827; *ders.*, Schutz des Strafvollzugs durch das Strafrecht, Otto-FS (2007) 659; *Nagel,* Gefangenenbefreiung durch Richter?, NStZ **01**, 233; *Ostendorf,* Das Verbot einer strafrechtlichen und disziplinarrechtlichen Ahndung der Gefangenenselbstbefreiung, NStZ **07**, 313; *Rössner,* Die strafrechtliche Beurteilung der Vollzugslockerungen, JZ **84**, 1065; *Rudolphi,* Kleinknecht-FS 379; *Schatz,* Der Pflichtwidrigkeitszusammenhang beim fahrlässigen Erfolgsdelikt (usw.). Zum Einwand rechtmäßigen Alternativverhaltens bei fehlgeschlagenen Lockerungen, NStZ **03**, 581; *Siegert,* Die Gefangenenbefreiung, JZ **73** 308. Ältere Literatur bei LK-*v. Bubnoff* vor 1. 1 a

2) Gefangene iS des § 120 sind (abw. von § 121) 2

A. Personen, die sich in einem formell ordnungsgemäß angeordneten Gewahrsam befinden, so dass ihnen die körperliche Bewegungsfreiheit entzogen ist und sie unter Kontrolle der die Verwahrung vollziehenden Organe stehen. Von einer zuständigen Behörde der BRep. (BGH **37**, 394; KG JR **80**, 513; *Vogler* NJW **77**, 1867) muss die Freiheit entzogen oder beschränkt worden sein (ähnlich *W/Hettinger* 651). Es fallen darunter: **Strafgefangene; Untersuchungsgefangene** (BGH **9**, 62; **12**, 306); die auf Grund eines Haftbefehls oder nach § 127 II StPO, § 17 WDO oder § 56 EBO von Amtsträgern **vorläufig Festgenommenen** (BGH **20**, 307; Koblenz OLGSt. 3; *nicht* aber die von einer *Privatperson* nach § 127 I StPO Festgenommenen, RG **67**, 299); auch nicht die dem Arzt nach § 81 a StPO zur Blutprobenentnahme zwangsweise zugeführten Beschuldigten (Bay MDR **84**, 511 m. Anm. *Händel* BA **84**, 451), jedoch sind die nach § 81 a StPO vorübergehend *Untergebrachten* nach IV Gefangenen **gleichgestellt.** Gefangene sind ebenfalls die nach § 457 StPO Festgenommenen; Personen in Auslieferungshaft (§§ 15 ff. IRG; vgl. BGH **13**, 97), im Disziplinararrest nach der WDO (§§ 22, 49), im Jugendarrest (§§ 16, 90 JGG; MK-*Bosch* 9; *Laubenthal*, Otto-FS [2007] 650, 661; **aA** NK-*Ostendorf* 7) oder in Ordnungshaft (zB nach §§ 70 StPO, 390, 890 ZPO, 178 GVG) Befindlichen; sowie die zwangsweise **Vorgeführten** (zB nach §§ 51, 134, 230, 329, 387 StPO; §§ 380, 619, 654 ZPO). Der Rechtmäßigkeitsbegriff iS des § 113 (dort 10 ff.) ist hier nicht maßgebend (KG JR **80**, 513 [m. Anm. *Ostendorf* JR **81**, 292]). Der Gefangenenstatus beginnt mit der Begründung der Unterstellung unter die Vollzugsgewalt und endet mit deren faktischer Aufhebung (LK-*v. Bubnoff* 21). Bei Zuweisung an einen besonders verpflichteten Privatunternehmer reicht es uU aus, dass dieser sich nur in Abständen von der Anwesenheit des Gefangenen überzeugt (BGH **37**, 391 m. krit. Anm. *Zielinski* StV **92**, 227; *Begemann* NStZ **92**, 277).

B. nach Abs. IV sonst auf behördliche Anordnung in einer Anstalt Verwahrte, dh solche Verwahrte, die nicht Gefangene, ihnen aber iS der Abs. I, II lediglich gleichgestellt sind, während iS des § 121 nur die dort in IV Genannten als Gefangene behandelt werden. Unter § 120 IV fallen: **Sicherungsverwahrte;** nach §§ 63, 64 **Untergebrachte;** nach § 81 StPO zur Beobachtung (**aA,** solange Haftbefehl besteht, GA **65**, 205; vgl. LK-*v. Bubnoff* 16, 18), nach § 126 a StPO einstweilig Untergebrachte (BGH aaO) oder die in Heimerziehung oder in einer sonstigen betreuten Wohnform iS des § 34 SGB VIII Untergebrachten (vgl. Koblenz GA **76**, 283); nach landesrechtlichen Unterbringungs- oder Polizei- und Ordnungsgesetzen Untergebrachte und Verwahrte; nach § 656 ZPO, § 71 II JGG Untergebrachte. Wer von seinem Vormund in einem psychiatrischen Krankenhaus untergebracht wird, ist nicht behördlich verwahrt (BGH **9**, 262; vgl. BGHZ **17**, 124), auch nicht bei gerichtlicher Bestätigung iS von BVerfGE **10**, 302 (LK-*v. Bubnoff* 18). 3

3) Gefangenschaft und **Verwahrung. Der Gefangenenstatus** besteht auch während **Vollzugslockerungen** und freien Vollzugsformen (§§ 10 I, 11, 13 4

StVollzG) fort, denn (halb)offener Vollzug, Ausgang, Freigang oder Urlaub dienen auch dem Vollzugsziel (§ 2 S. 1 StVollzG) eines behandlungsorientierten Strafvollzugs (*Rössner* JZ **84**, 1066; *Lackner/Kühl* 7; *Laubenthal* JuS **89**, 830; **aA** *Kusch* NStZ **85**, 387; LK-*v. Bubnoff* 23; *S/S-Eser* 6; SK-*Horn* 5; NK-*Ostendorf* 11). Der Gefangenenstatus endet bei gegebenen Rückkehrkontrollen erst mit der Entlassung, durch Unterbrechung der Strafvollstreckung bei Vollzugsuntauglichkeit (§§ 45, 46 StVollstrO) oder – faktisch – durch Haftbruch. Bei der Unterbringung nach einem Behandlungskonzept, das stufenweise Möglichkeiten des ungehinderten Verlassens einer Suchtkrankenabteilung einräumt, darf kein Zweifel über das Aufenthaltsbestimmungsrecht und am Willen bestehen, den Verbleib am Therapieplatz durchzusetzen (BGH **37**, 392).

5 **4) Tathandlungen** sind

A. Befreien des Gefangenen oder Verwahrten. Das umfasst jede Form widerrechtlicher Aufhebung der behördlich angeordneten Unterstellung unter die Zuständigkeit der Vollstreckungs- oder Vollzugsbehörde durch einen Dritten. Als Mittel der Befreiung kann jede Maßnahme dienen, die in unberechtigter Form sich gegen die Vollstreckungs- oder Vollzugsgewalt richtet; so körperliche Gewalt, Täuschung oder Drohung, das Entweichenlassen (durch Unterlassen gebotener Maßnahmen) durch Vollzugsbedienstete oder andere Beauftragte (vgl. unten 8). Das bloße Verlangen, den Gefangenen ordnungsmäßig zu entlassen, genügt hingegen nicht, wohl aber jede Tätigkeit (möglicherweise auch ein Unterlassen; vgl. hierzu LK-*v. Bubnoff* 32) zur Förderung der Selbstbefreiung (BGH **9**, 62); grundsätzlich auch eine widerrechtliche Entlassung. Auch der Anstaltsleiter kann Täter sein; eine rechtsförmliche, aber dem materiellen Recht widersprechende Entlassung aus der Haft ist aber kein Befreien iS des § 120 (BGH **37**, 392 [m. krit. Anm. *Zielinski* StV **92**, 227; *Begemann* NStZ **92**, 277]; *Lackner/Kühl* 5; *Kusch* NStZ **85**, 388; *Ostendorf* JZ **94**, 556). Vollzugslockerungen, die von der Vollzugsbehörde ergangen und dem Vollzugsziel zu dienen bestimmt sind, unterfallen dem Tatbestand nicht (*Rössner* JZ **84**, 1070; SK-*Horn* 8; vgl. *Schaffstein,* Lackner-FS 795, 801), auch wenn der Gefangene sie missbraucht;

6 **B. Verleiten zum Entweichen,** dh jede erfolgreiche Beeinflussung des Willens eines Gefangenen oder Verwahrten, um ihn zur Selbstbefreiung zu veranlassen, gleichgültig durch welche Mittel, zB auch durch Drohungen. Verleiten bedeutet im Wesentlichen dasselbe wie Anstiften (BGH **4**, 305; *Siegert* aaO 309);

7 **C. Fördern des Entweichens,** dh die Beihilfe zur Selbstbefreiung oder zu einer Tat nach 5; sie kann durch Rat oder Tat, aber auch durch Unterlassen gewährt werden (*Sturm* JZ **75**, 8). Vom Behandlungswillen getragene Vollzugslockerungen können zwar uU eine Selbstbefreiung des Gefangenen fördern, sind aber, soweit sie sich im Rahmen vollzugsrechtlicher Vorschriften und des verwaltungsrechtlich gewährten Ermessensspielraums halten, nicht tatbestandsmäßig (*Rössner* JZ **84**, 1068; *Kusch* NStZ **85**, 388). Die **Verhinderung der Wiederergreifung** eines schon entflohenen Gefangenen unterfällt § 120 nicht (LK-*v. Bubnoff* 29). Auch bei der Beihilfe zur Selbstbefreiung ist Versuch nach Abs. III möglich (vgl. BGH **9**, 62 [Beliefern mit Ausbruchswerkzeug]).

8 **5) Täter** kann grundsätzlich jeder sein, und zwar sowohl ein Außenstehender wie jemand, der mit Begleitung oder Beaufsichtigung des Gefangenen beauftragt ist (§ 121 aF); auch ein **Mitgefangener** (BGH **9**, 62; **17**, 373; *Küper* BT 55 f.; vgl. aber unten 9). **Abs. II** sieht für den Fall, dass der Täter als **Amtsträger** (12 zu § 11), als für den öffentlichen Dienst besonders **Verpflichteter** (32 zu § 11) oder als Soldat (§ 48 WStG) **gehalten,** dh dienstlich kraft Stellung, Auftrag oder sonst *als Garant* verpflichtet ist, das Entweichen zu verhindern (so Vollzugsbedienstete in den Anstalten; nicht aber Anstaltsgeistliche oder -ärzte, lediglich Akten bearbeitende Bürobeamte, Arbeiter oder Angestellte, die nicht unter § 11 I Nr. 2, 4 fallen, E 1962, 611; LK-*v. Bubnoff* 41), eine Strafschärfung vor. Ist die behördliche Vollstre-

ckungs- oder Vollzugsmaßnahme ordnungsgemäß begründet (oben 2), so kann eine Tat nach § 120 nicht durch Nothilfe (11 zu § 32) gerechtfertigt sein (KG JR **80**, 513 m. Anm. *Ostendorf* JR **81**, 292). **Teilnahme** ist bei allen Tatformen möglich.

Ein **Gefangener** kann nicht Beteiligter an seiner *eigenen* Befreiung sein (dazu auch *Ostendorf* NStZ **07**, 313 f.). Selbstbefreiung ist außer nach § 121 I Nr. 2 straflos, nachdem das 3. StÄG abweichende Vorschriften in Bayern und Württemberg-Baden aufgehoben hat (vgl. BGH **4**, 396; *Laubenthal*, Otto-FS [2007] 659, 660). **Beihilfe** zur eigenen Befreiung ist nach Auffassung der Rspr. insoweit straflos, wie der Gefangene nicht mehr tut als ein notwendiger Teilnehmer oder bei **gemeinsamem Entweichen** nur das, was zum Gelingen nötig ist (BGH **17**, 373; Celle NJW **61**, 183; Hamm NJW **61**, 2232; weiter Ostendorf NStZ **07**, 313, 314), anders im qualifizierten Fall nach § 121 Nr. 3. Nach Auffassung der hM in der Literatur ist das Selbstbefreiungsprivileg aufgrund der notstandsähnlichen Lage des Gefangenen weiter zu fassen. Auch eine Strafbarkeit wegen **Anstiftung** zur (eigenen) Befreiung scheidet nach zutr. hM aus, da sonst die Straflosigkeit der Selbstbefreiung unterlaufen würde (LK-*v. Bubnoff* 35; SK-*Horn* 13; AK-*Zielinski* 28; *Lackner/Kühl* 11; *S/S-Eser* 15; *Arzt/Weber* 45/65; *W/Hettinger* 656; *Küper* BT 53, 55 f.; *Laubenthal*, Otto-FS [2007] 659, 662 f.; zu eng BGH **17**, 373 [Straflosigkeit nur bei Anstiftung eines Mitfliehenden]). Zur disziplinarrechtlichen Ahndung *Ostendorf* NStZ **07**, 313, 314 f. 9

6) Vorsatz ist als mindestens bedingter erforderlich; er hat sich auch, unter Parallelwertung in der Laienspäre, auf die Eigenschaft des Befreiten als Gefangenen oder Verwahrten zu erstrecken (LK-*v. Bubnoff* 35, 36). Fahrlässige Gefangenenbefreiung ist nicht mehr strafbar. 10

7) Der Versuch ist nach **Abs. III** strafbar. Versuchstäter kann sein, wer einen vermeintlich vorläufig Festgenommenen, der einer Blutprobe zugeführt werden soll, der Polizei entzieht (Bay DAR **82**, 248). **Vollendung** setzt voraus, dass der Gefangene die Freiheit wiedererlangt hat (BGH **9**, 62 f.; NStZ-RR **00**, 139). 11

8) Konkurrenzen. Tateinheit ist möglich mit §§ 113, 114; 223 ff. (GA **65**, 205), auch mit §§ 258, 258 a, da die Vorschriften nicht dasselbe Rechtsgut schützen (*Laubenthal*, Otto-FS [2007], 659, 668; **aA** NK-*Ostendorf* 21; SK-*Horn/Wolters* 16); mit § 303; § 334 (BGH **6**, 309). Für das Verhältnis zu § 115 OWiG gilt § 21 OWiG. 12

Gefangenenmeuterei

121 **I Gefangene, die sich zusammenrotten und mit vereinten Kräften**

1. **einen Anstaltsbeamten, einen anderen Amtsträger oder einen mit ihrer Beaufsichtigung, Betreuung oder Untersuchung Beauftragten nötigen (§ 240) oder tätlich angreifen,**
2. **gewaltsam ausbrechen oder**
3. **gewaltsam einem von ihnen oder einem anderen Gefangenen zum Ausbruch verhelfen,**

werden mit Freiheitsstrafe von drei Monaten bis zu fünf Jahren bestraft.

II Der Versuch ist strafbar.

III In besonders schweren Fällen wird die Meuterei mit Freiheitsstrafe von sechs Monaten bis zu zehn Jahren bestraft. Ein besonders schwerer Fall liegt in der Regel vor, wenn der Täter oder ein anderer Beteiligter

1. **eine Schusswaffe bei sich führt,**
2. **eine andere Waffe bei sich führt, um diese bei der Tat zu verwenden, oder**
3. **durch eine Gewalttätigkeit einen anderen in die Gefahr des Todes oder einer schweren Gesundheitsschädigung bringt.**

IV **Gefangener im Sinne der Absätze 1 bis 3 ist auch, wer in der Sicherungsverwahrung untergebracht ist.**

1 **1) Allgemeines.** Die Vorschrift idF des Art. 19 Nr. 45 EGStGB iVm Art. 3 Nr. 2, 13 StVollzÄndG, III Nr. 3 geändert durch Art. 1 Nr. 9 des 6. StrRG (2f. vor § 174), entspricht §§ 423, 424 E 1962 (Begr. 609; Ndschr. **13**, 593, 623). Die Tat ist Sonderdelikt.

1a **Literatur:** *H. Mayer,* Teilnahme u. Gefangenenmeuterei, JZ **56**, 434; *Laubenthal*, Schutz des Strafvollzugs durch das Strafrecht, Otto-FS (2007) 659; *Ostendorf*, Das Verbot einer strafrechtlichen und disziplinarrechtlichen Ahndung der Gefangenenselbstbefreiung, NStZ **07**, 313; *Schroeder,* Die Teilnahme bei § 122 Abs. 3 StGB, NJW **64**, 1113; *Schomaker,* Der Tatbestand der Gefangenenmeuterei (usw.), 1967 (Diss. Berlin).

2 **2) Täter** sein können nur **Gefangene** (iS von 2 zu § 120) sowie nach IV Sicherungsverwahrte, die iS von I bis III Gefangene sind. Die sonstigen unter 3 zu § 120 genannten Verwahrten scheiden aus.

3 **3) Zu Abs. I: Zusammenrotten** ist das Zusammentreten zu einem gemeinschaftlichen bedrohlichen oder gewalttätigen Handeln (teilw. abw. SK-*Horn* 5; vgl. NJW **54**, 1694; NZWehrr **68**, 112; OGHSt. **2**, 366). **Zwei Personen** sollen ausreichen (BGH **20**, 305; LK-*v. Bubnoff* 12; SK-*Horn* 5). Eine Zusammenrottung setzt gemeinsame körperliche Anwesenheit, zumindest unmittelbaren Kontakt voraus (vgl. Koblenz OLGSt. 7, Düsseldorf MDR **71**, 774; LK-*v. Bubnoff* 14). Andererseits setzt der Begriff keine (erstmalige) Herstellung gemeinsamer Anwesenheit voraus; Zusammenrottung ist daher auch dann möglich, wenn die Beteiligten, etwa in der Zelle, ohnehin beisammen sind (BGH **20**, 305). Die Zusammenrottung eines einzelnen Gefangenen mit Nichtgefangenen (zB Verwahrten iS von 3 zu § 120, die nicht unter IV fallen) reicht nicht aus (GA **65**, 205).

4 Die Gefangenen müssen **mit vereinten Kräften** eine der in I Nr. 1 bis 3 genannten Handlungen begehen. Das bedeutet nicht Mittäterschaft im technischen Sinn (vgl. RG **58**, 207) oder Eigenhändigkeit der Nötigungshandlungen (Karlsruhe NJW **99**, 805f.), wohl aber, dass Ausschreitungen Verübende ihre Kräfte dazu vereinigen (AG Tiergarten NJW **88**, 3218). Entspricht die Tat der bedrohlichen Tendenz der Zusammengerotteten, so genügt es, dass einer Täter ist und andere bloß Gehilfen (vgl. 4 StR 582/65; Bay NJW **55**, 1806). Für die Strafbarkeit des einzelnen ist es ausreichend, dass er sich der Zusammenrottung in dem Bewusstsein angeschlossen hat, es werde zu einer der Handlungen des § 121 kommen. Nicht nötig ist, dass ein jeder sich an ihnen selbst beteiligt; auch nicht, dass alle Beteiligten **schuldhaft** handeln (Karlsruhe NJW **99**, 805f.). **Die Handlungen,** die sowohl in der Anstalt wie im Außendienst geschehen können (Bay **66**, 153), sind, dass Zusammengerottete

5 **a) I Nr. 1:** einen **Anstaltsbeamten,** dh einen der im Dienst der Vollzugsanstalt stehenden Amtsträger (12 zu § 11), einen **anderen Amtsträger** (sinngemäß aber wohl nur solche, die wie Richter, Staatsanwälte oder beamtete Ärzte eine dienstliche Aufgabe in der Anstalt wahrnehmen, nicht etwa einen Beamten, der sich zufällig in einer Besuchergruppe befindet) oder einen mit ihrer **Beaufsichtigung, Betreuung** (Geistliche, Lehrer, Sozialarbeiter) oder **Untersuchung Beauftragten** (medizinische, nichtbeamtete Sachverständige)

6 **aa) nötigen,** was iS von § 240 zu verstehen ist: Gewalt oder Drohung mit einem empfindlichen Übel sind als Mittel erforderlich. Nötigen ist auch in der Form des Widerstandes iS von § 113 (dort 18ff.) möglich; passiver Widerstand reicht nicht aus (vgl. BGH **20**, 305). § 240 II ist anwendbar; oder

7 **bb) tätlich angreifen** (21 zu § 113). Ein nur verbaler Angriff genügt nicht (BGH **20**, 305).

8 ***b) I Nr. 2:* gewaltsam ausbrechen,** dh ihre Freiheitsentziehung, wenn auch vielleicht nicht für dauernd, aufheben, auch wenn das nur für einzelne von ihnen gelingt (soll nur einzelnen zum Ausbruch verholfen werden, so gilt I Nr. 3). Die Gewalt kann sich gegen andere Personen als die in Nr. 1 Genannten (entgegentretende Polizisten oder Mitgefangene; **aA** LK-*v. Bubnoff* 33; SK-*Horn* 11) oder gegen Sachen richten (vgl. BGH **16**, 35; zu § 122 aF str.).

aa) Dabei genügt ein solches Maß, das zur Überwindung von Hindernissen konkret erforderlich ist (vgl. BGH **12**, 307). Die Benutzung eines falschen Schlüssels gehört idR nicht hierher (BGH **16**, 35). **9**

bb) Der Ausbruch richtet sich, soweit Gewalt gegen Sachen angewendet wird, gegen die sachlichen Abschlusseinrichtungen, welche den Gefangenen von der Freiheit trennen (LK-*v. Bubnoff* 32; vgl. Bay GA **66**, 280). **10**

cc) Auch gegen **mittelbare Abschlussvorrichtungen** kann sich die Gewalt wenden; so durch Aufbrechen von Räumen zur Beschaffung von Zivilkleidern für die Flucht (Hamburg JZ **51**, 656). **11**

c) I Nr. 3: gewaltsam einem anderen iS oben 2 bis 11 Meuternden oder einem **anderen Gefangenen zum Ausbruch verhelfen,** dh dessen Entweichen fördern. Die Tat ist insoweit ein qualifizierter Fall des § 120 I (dort 7), bei dem aber die Ausnahmen zugunsten von Mitgefangenen, die sich bei der Flucht gegenseitig helfen (9 zu § 120), nicht gelten. **12**

4) Vorsatz ist als mindestens bedingter erforderlich. Die Regelbeispiele des Abs. III gelten für einen Zusammengerotteten nur dann, wenn er den erschwerenden Umstand kennt oder billigend in Kauf nimmt. **13**

5) Teilnahme sowohl von Gefangenen, die nicht mit zusammengerottet sind, wie von Außenstehenden ist möglich (BGH **9**, 120). Für sie gilt nach hM § 28 I nicht, weil es bei Außenstehenden am eigenen Freiheitsinteresse fehlt; die Gefangeneneigenschaft ist danach ein *tat*bezogenes Merkmal (LK-*v. Bubnoff* 10; *Lackner/Kühl* 2; SK-*Horn* 13; *S/S-Eser* 16). Die Anwendbarkeit des Abs. III ist für alle Beteiligte selbstständig zu prüfen. **14**

6) Zu Abs. III: In besonders schweren Fällen (11 zu § 12; 88 f. zu § 46) gilt der strengere Strafrahmen nach S. 1. Als **Regelbeispiele** nennt III S. 2, dass der Täter oder ein anderer Beteiligter, dh ein anderer Beteiligter **Nr. 1:** eine **Schusswaffe** bei sich führt (3 zu § 244); hierfür genügt nicht der bloße *Plan* der Bewaffnung (NStZ **95**, 339 m. Anm. *Wolters*); **Nr. 2:** eine **andere Waffe** bei sich führt, und zwar in der Absicht, sie bei der Tat gegebenenfalls zu verwenden (28 zu § 113); **Nr. 3:** durch eine **Gewalttätigkeit** einen anderen, der unbeteiligt sein kann, aber nicht einen der Zusammengerotteten, in die **Gefahr des Todes** oder einer **schweren Gesundheitsschädigung** iS von § 225 III Nr. 1 bringt. Ein besonders schwerer Fall kann auch gegeben sein, wenn eine große Zahl von Gefangenen ausbricht, erheblicher Sachschaden angerichtet wird oder zahlreiche Menschen verletzt werden (LK-*v. Bubnoff* 45). Vgl. auch 30 zu § 113. **15**

7) Konkurrenzen. Innerhalb von § 121 ist zwischen den einzelnen Nummern Tateinheit möglich; doch tritt Nr. 3 1. Alt. hinter Nr. 2 zurück. Nach LK-*v. Bubnoff* 48 gehen I Nr. 2, 3 der Nr. 1 vor. Tateinheit auch mit §§ 223 ff. (MDR/D **68**, 727), Tötungsdelikten (1 StR 508/69), Diebstahl und Raub möglich. §§ 113, 114, 240 werden von § 121 verdrängt. **16**

§ 122 *(weggefallen)*

Siebenter Abschnitt

Straftaten gegen die öffentliche Ordnung

Hausfriedensbruch

123 **I Wer in die Wohnung, in die Geschäftsräume oder in das befriedete Besitztum eines anderen oder in abgeschlossene Räume, welche zum öffentlichen Dienst oder Verkehr bestimmt sind, widerrechtlich eindringt, oder wer, wenn er ohne Befugnis darin verweilt, auf die Aufforderung des Berechtigten sich nicht entfernt, wird mit Freiheitsstrafe bis zu einem Jahr oder mit Geldstrafe bestraft.**

II Die Tat wird nur auf Antrag verfolgt.

Übersicht

1) Allgemeines .... 1, 1 a
2) Rechtsgut 2
3) Begründung des Hausrechts 3, 4
4) Geschützte Örtlichkeiten 5–12
5) Tathandlung 13–32
6) Rechtswidrigkeit 33–40
7) Subjektiver Tatbestand 41
8) Beteiligung 42
9) Rechtsfolge 43
10) Strafantrag (Abs. II) 44
11) Konkurrenzen 45
12) Sonstige Vorschriften 46

1) Allgemeines. Die Vorschrift wurde zuletzt geändert durch Art. 19 Nr. 47 EGStGB. 1
Eine (jedenfalls teilweise; vgl. unten 5) konkurrierende Strafdrohung enthält § 4 iV mit § 1 I S. 1, S. 3, II S. 1 **GewaltschutzG** v. 11. 12. 2001 (BGBl. I 3513; **Anh. Nr. 5;** vgl. dazu BT-Drs. 14/5429 [GesE BReg.]; 14/7279 [Ber.]).

Neuere Literatur: *Allgaier,* Hausfriedensbruch in städtischer Tiefgarage, MDR **87**, 723; 1 a
Amelung, Der Hausfriedensbruch als Mißachtung physisch gesicherter Territorialität, ZStW **98**, 355; *ders.* Bemerkungen zum Schutz des „befriedeten Besitztums" in § 123 StGB, NJW **86**, 2075; *Artkämper,* Hausbesetzer, Hausbesitzer, Hausfriedensbruch, 1995; *Behm,* Zur Bedeutung des Einfriedungserfordernisses beim „befriedeten Besitztum" in § 123 I StGB, JuS **87**, 950; *Bernsmann,* Tatbestandsprobleme des Hausfriedensbruchs, Jura **81**, 337, 403, 465; *Bohnert,* Die Willensbarriere als Tatbestandsmerkmal des Hausfriedensbruchs, GA **83**, 1; *Engeln,* Das Hausrecht und die Berechtigung zu seiner Ausübung, 1989 [Diss. Trier 1987]; *Frister,* Zur Frage der Vereinbarkeit verdeckter Ermittlungen in Privatwohnungen mit Art. 13 GG, StV **93**, 151; *Geppert,* Zu einigen immer wiederkehrenden Streitfragen im Rahmen des Hausfriedensbruchs, Jura **89**, 378; *Heinrich,* Der Umfang der Ausübung des Hausrechts in einer Wohnung bei mehreren Berechtigten im Rahmen des § 123 StGB, JR **97**, 89; *Hümmerich,* Hausverbot bei Kündigung – Kraftmeierei oder Rechtsinstitut?, DB **01**, 1778; *Janiszewski,* Eindringen durch Unterlassen?, JA **85**, 570; *Kareklas,* „Eindringen" durch Unterlassen (usw.), Lenckner-FS 459; *Kargl,* Rechtsgüter u. Tatobjekte der Strafbestimmung gegen Hausfriedensbruch, JZ **99**, 930; *Knoke,* Betriebliche Ordnungsgewalt in Räumlichkeiten des Verwaltungsvermögens, AöR **94**, 388; *Krüger,* Verdeckte Ermittlungen im Strafverfahren u. die Unverletzlichkeit der Wohnung, ZRP **93**, 124; *Küchenhoff,* Hausbesetzer vor Gericht. Neue Tendenzen in der strafrechtlichen Beurteilung von Hausbesetzungen, KJ **82**, 156; *Ludwig/Lange,* Mutmaßliche Einwilligung und willensbezogene Delikte (usw.), JuS **00**, 446; *Malunat,* Hausbesetzungen im Zeichen des Widerstandes, RuP **82**, 143; *Marnitz,* Eindringen durch Unterlassen im Rahmen des Hausfriedensbruchs, 2006 (Diss. Bielefeld 2005); *Mewes,* Mittäterschaft beim Hausfriedensbruch, Jura **91**, 628; *Müller-Christmann,* Warenhauspassage als Geschäftsraum oder befriedetes Besitztum?, JuS **87**, 19; *Olizeg,* Hausrecht u. Hausfriedensbruch (…) in Gerichtsgebäuden, 2001; *Ostendorf,* Der unliebsame Testkäufer, JuS **80**, 664; *ders.,* Strafbarkeit und Strafwürdigkeit von Hausbesetzungen, JuS **81**, 640; *Ronellenfitsch,* Das Hausrecht der Behörden, VerwArch **73** [1982], 465; *Rutkowsky,* Legalität und Legitimität nach Hausbesetzungen, JuS **82**, 235; *Schall,* Die Schutzfunktionen der Strafbestimmung gegen Hausfriedensbruch, 1974

[Diss. Göttingen 1973]; *ders.*, Hausbesetzungen im Lichte der Auslegung des § 123 StGB, NStZ **83**, 241; *Schild*, „Eindringen" (§ 123 StGB) bei individuellem Betretungsverbot, NStZ **86**, 346; *Schön*, Besetzung leerstehender Häuser – Hausfriedensbruch?, NJW **82**, 1126; *Steinmetz*, Hausfriedensbruch bei Räumen mit genereller Zutrittserlaubnis, JuS **85**, 94; *Sternberg-Lieben*, Die objektiven Schranken der Einwilligung im Strafrecht, 1997; *M. Weber*, Hausbesetzung als strafbarer Hausfriedensbruch, 1991 [Diss. Trier 1990]; *Weil*, Verdeckte Ermittlungen im Strafverfahren u. die Unverletzlichkeit der Wohnung, ZRP **92**, 243; *Zeiler*, Das Hausrecht an Verwaltungsgebäuden, DVBl. **81**, 1000. **Österreich**: *Schmoller*, Unzureichender Schutz des Hausrechts in Österreich, FS f. Jesionek, 2002, 483.

2 **2) Rechtsgut;** Geschütztes Rechtsgut ist das individuelle **Hausrecht** (LK-*Lilie* 1; *S/S-Lenckner/Sternberg-Lieben* 1; SK-*Rudolphi/Stein* 1 ff.; *M/Schroeder/Maiwald* 30/1); nur mittelbar auch die öffentliche Sicherheit. Hausrecht iS von § 123 ist die Gesamtheit der rechtlichen Befugnisse, über den Aufenthalt Dritter innerhalb der dem Herrschaftsbereich einer Person zugeordneten geschützten räumlichen Bereiche tatsächlich frei zu bestimmen (vgl. Köln NJW **82**, 2740); es ist insoweit ein Teilbereich persönlicher Handlungsfreiheit (zu Art. 13 GG vgl. auch BVerfGE **32**, 54; Celle OLGSt. 24; für eine soziologisch orientierte Rechtsgutauffassung: *Schall* [oben 1 a; einschränkend NStZ **83**, 241]; hiergegen Hamm NJW **82**, 1824; 2677; LK-*Lilie* 7; *S/S-Lenckner/Sternberg-Lieben* 2; *Hirsch* ZStW **88**, 756; *Schroeder* JZ **77**, 39; *Bockelmann* BT/3 § 19 IV 1; *Ostendorf* JuS **80**, 666; *Geppert* Jura **89**, 378; vgl. dazu auch *Wagner* GA **76**, 156; *Otto* JR **78**, 220; SK-*Rudolphi/Stein* 4 ff.; *Amelung* ZStW **98**, 355 u. NJW **86**, 2075; *Kargl* JZ **99**, 930 ff.; *Engeln* [1 a] 26; *Heinrich* JR **97**, 89).

3 **3) Begründung des Hausrechts.** § 123 setzt das Bestehen eines für den Täter **fremden Hausrechts** voraus; hieraus ergibt sich das Recht, **Außenstehenden** eine Überschreitung der räumlichen Grenzen des „befriedeten" Bereichs zu verwehren. Der Inhaber des Hausrechts braucht nicht Eigentümer zu sein; er muss nur zum Tatzeitpunkt ein stärkeres Recht als der Störer haben; so **zB** als **Mieter** auch gegenüber dem Vermieter (vgl. Düsseldorf MDR **98**, 46; *W/Hettinger* 575 f.), selbst wenn er nicht mit Ablauf der Mietzeit räumt. Für Einschränkungen des Mieter-Hausrechts kommt es auf den Inhalt des Mietvertrags, insb. auch auf die Art der gemieteten Räume an (vgl. Hamm GA **61**, 181; Braunschweig NJW **66**, 263 [m. abl. Anm. *Schröder*]; *Amelung/Schall* JuS **75**, 566; LK-*Lilie* 28 ff.; *S/S-Lenckner/Sternberg-Lieben* 17; SK-*Rudolphi/Stein* 15; *M/Schroeder/Maiwald* 30/13; *Bernsmann* Jura **81**, 342). Bei Miete eines Hotelzimmers auf wenige Tage ist das Hausrecht des Wirts das stärkere; gegenüber Dritten hat es auch der Hotelgast (LK-*Lilie* 31). **Pächtern** und Nießbrauchsinhabern steht ebenfalls das Hausrecht zu; ebenso Personen, denen ein Grundstück vertraglich zur Nutzung überlassen wurde (vgl. Hamburg NJW **06**, 2131 [an einen Verein befristet überlassener städtischer Standplatz für „Wohnwagenszene"]). Für Räumlichkeiten im Gemeingebrauch kann die Einräumung eines Sondernutzungsrechts ein Hausrecht schaffen (BGHZ **19**, 92; **21**, 321; Celle OLGSt. 23). Dem für eine Lehrveranstaltung Verantwortlichen steht in dem für seine Tätigkeit bestimmten räumlichen Bereich das Hausrecht zu (NJW **82**, 189). Obwohl das Hausrecht des Gerichtspräsidenten (als Behördenleiter) seine Grenze in der Sitzungspolizei hat (BGH **24**, 330), verletzt zugleich § 123, wer einer sitzungspolizeilichen Anordnung zuwider in einen Gerichtssaal eindringt (BGH **30**, 350), gleichgültig ob der Behördenleiter dem Gerichtsvorsitzenden das Hausrecht übertragen hat oder nicht (Oldenburg NJW **80**, 1416; NStZ **81**, 183). Eine rein **tatsächliche Benutzung** gibt noch kein Hausrecht (**aA** *Bernsmann* Jura **81**, 342); daher hat nach Düsseldorf NJW **91**, 187 (Anm. *Dölling* JR **92**, 167) ein früherer Mieter kein Hausrecht mehr, wenn er sich den Besitz nach Beendigung des Mietverhältnisses „offen anmaßt" (Hausbesetzung).

4 An der **ehelichen Wohnung** hat, unabhängig von der formalen Position als Partei eines Mietvertrags, jeder Ehegatte das Hausrecht (Hamm NJW **65**, 2067; Stuttgart OLGSt. 38 zu § 113); er darf, auch gegen dessen Willen, Personen Zutritt gewähren, deren Anwesenheit dem anderen Ehegatten zuzumuten ist (vgl. LK-*Lilie* 33; *M/Schroeder/Maiwald 30/18*). Leben Ehegatten getrennt, so gilt § 1361 b BGB. Ist einem Ehepartner die Nutzung der bislang gemeinsamen Wohnung durch gerichtliche Verfügung nach § 1 des **GewaltschutzG** (vgl. Anh. Nr. 5; oben 1) untersagt, so endet sein Hausrecht oder ruht für die Zeit der gerichtlichen Befristung. Das

gilt unter den Voraussetzungen des GewSchG gleichermaßen für eingetragene Lebenspartner sowie Partner nichtehelicher Lebensgemeinschaften bei (bislang) gemeinsamem Haushalt. Von **Mitinhabern einer Wohnung** hat jeder das Hausrecht, grds auch Minderjährige (BGH **21**, 226). Inwieweit dies auch gegenüber Angehörigen und Besuchern anderer Berechtigter gilt, hängt von Vereinbarungen im Einzelfall (vgl. Braunschweig NdsRpfl. **62**, 119; *Bernsmann* Jura **81**, 344) und von der konkreten Abgrenzung der möglicherweise betroffenen Rechtsgutssphären ab: Grds kann das Hausrecht von jedem Mitinhaber allein ausgeübt werden. Eine Einwilligung zum Betreten kann daher von jedem Berechtigten allein, uU auch gegen den Willen anderer Berechtigter, wirksam erteilt werden; umgekehrt kann grds jeder Mitberechtigte auch mit Wirkung gegenüber anderen Berechtigten eine Einwilligung versagen. Die **Abgrenzung** zwischen diesen im Ergebnis widersprüchlichen Berechtigungen ist nach allg. Ansicht mit Hilfe des Kriteriums der (konkreten) **Unzumutbarkeit** gegenüber Mitberechtigten vorzunehmen (vgl. *Heinrich* JR **97**, 89). Eine solche kann sich einerseits etwa aus vorangegangenen Rechtsbrüchen ergeben (keine Verpflichtung, zB Besucher von Mitberechtigten zu dulden, die bei früherer Anwesenheit erhebliche Rechtsgutsverletzungen begingen); andererseits begrenzt sie willkürliche einseitige Beschränkungen der Freiheits- und Gestaltungsrechte (keine Berechtigung, zB pauschal alle Besuche Dritter in Abwesenheit des „Familienoberhaupts" zu untersagen). In der Praxis liegt der Schwerpunkt der Strafantragstellungen hier in einem vom Strafrecht nur in *Evidenz*-Fällen steuerbaren Bereich (Ehe-, Beziehungs- und Erziehungskonflikte).

4) Geschützte Örtlichkeiten. Abs. I beschreibt abschließend den Kreis der dem Hausrecht unterfallenden Örtlichkeiten. Soweit Untersagungen nach § 1 GewSchG (oben 1) auch sonstige Örtlichkeiten umfassen („Umkreis" der Wohnung; andere Orte regelmäßigen Aufenthalts der verletzten Person), unterfallen Zuwiderhandlungen nicht § 123, sondern nur § 4 GewSchG. 5

A. Wohnung. Die Wohnung ist der Inbegriff von Räumlichkeiten, deren Hauptzweck darin besteht, Menschen zur ständigen Benutzung zu dienen, ohne dass sie in erster Linie Arbeitsräume sind. Die Möglichkeit, dort nächtigen zu können, ist nicht erforderlich (LK-*Lilie* 8). Auf längere Dauer braucht der Aufenthalt nicht angelegt zu sein; auch der Reisende „wohnt" im Hotel (*S/S-Lenckner/Sternberg-Lieben* 4). Bloße Schlafstätten genügen nicht, wohl aber die Unterkunft in einer Obdachlosenbaracke (Köln, NJW **66**, 265; Bremen NJW **66**, 1766). Auch eine begliche Sache kann als Wohnung dienen; so zB Wohnanhänger (vgl. aber Bay **74**, 76) oder Schiffe (RG **13**, 312); dagegen sind leer stehende Wohnungen (Hamm NJW **82**, 2677), Rohbauten oder Abbruchhäuser keine Wohnungen iS von § 123, sondern befriedetes Besitztum (vgl. unten 9). Zur Wohnung iS von § 123 gehören aber auch dem „Wohnen" funktional zugeordnete Räume; auch Treppen, Waschküchen, Kellerräume (Düsseldorf NJW **97**, 3383 [Z]; *Lackner/Kühl*; *S/S-Lenckner/Sternberg-Lieben* 4; LK-*Lilie* 11). In **Mehrfamilienhäusern** sind nach stRspr und hM solche Räume, die einer einzelnen Wohnung zugeordnet sind (**zB** Keller-, Vorrats,- Waschräume), Teile dieser Wohnung (nicht aber für § 244 I Nr. 3; vgl. die Erl. dort; Schleswig NStZ **00**, 479 [Anm. *Hellmich* NStZ **01**, 511]). Dagegen sind im Gemeinschaftsgebrauch stehende Räume (**zB** gemeinsame Treppenhäuser; Trockenräume; Fahrradkeller), ebenso offene Bereiche wie Höfe oder Gärten, nicht Wohnung, sondern befriedetes Besitztum (*S/S-Lenckner/Sternberg-Lieben* 4; LK-*Lilie* 11). 6

B. Geschäftsraum. Geschäftsräume sind abgeschlossene (auch mobile) Betriebs- und Verkaufsstätten, die vorübergehend oder dauernd gewerblichen (nicht notwendig erwerbswirtschaftlichen), künstlerischen, wissenschaftlichen oder ähnlichen Zwecken dienen(vgl. Köln NJW **82**, 2740); Nebenräume gehören dazu (Bay MDR **69**, 778; hierzu LK-*Lilie* 15; SK-*Rudolphi/Stein* 23 f.). 7

C. Befriedetes Besitztum. Der Begriff „befriedet" (*historisch: Amelung* ZStW **98**, 370 u. NJW **86**, 2075; *Behm* GA **86**, 552; *Artkämper* [1 a] 110) setzt gleichfalls 8 einen abgegrenzten, einer konkreten berechtigten Person zugeordneten räumlichen Bereich voraus, erfordert aber keine enge räumliche Beziehung zu einem bewohnten oder sonst genutzten Gebäude; die „Befriedung" setzt daher nicht voraus, dass der räumliche Bereich des „Besitztums" Teil eines tatsächlich bestehenden Wohnungs- oder Hausfriedens ist (Hamm NJW **82**, 1824). Vielmehr ist befriedet gleichbedeutend mit **„eingehegt",** dh in einen Schutzbereich einbezogen, wenn auch weitab vom Hause liegend. Eine vollständige Abschließung oder eine tatsächlich wesentliche Erschwerung des Zugangs sind nicht erforderlich (vgl. Celle OLGSt. 22). Eine Befriedung iS von § 123 setzt jedoch eine äußerlich erkennbare, nicht allein symbolische Eingrenzung (vgl. etwa RG **20**, 150 [Bodenrinne]; dazu *Amelung* NJW **86**, 2079; *Behm* GA **86**, 548, 556) des räumlichen Bereichs voraus, die den Zugang Unberechtigter von der – wenngleich uU einfachen – Überwindung eines physischen Hindernisses abhängig macht (vgl. Frankfurt NJW **06**, 1746, 1747 mwN). Die allein rechtliche Befugnis, einen räumlichen Bereich zu nutzen, begründet kein befriedetes Besitztum; so sind **zB** Verkaufsstände von Drittfirmen in Kaufhäusern nicht „befriedet"; ebenso nicht ineinander übergehende Verkaufs-, Geschäfts- und Verkehrsbereiche in Einkaufszentren, Ladenpassagen usw., wenn äußere Abgrenzungen nicht vorhanden sind. Die Anforderungen hieran sind freilich nicht hoch.

9 **Einzelfälle.** Als befriedetes Besitztum sind **zB** angesehen worden: ein Friedhof (RG **36**, 395); ein Hofraum (Bay MDR **69**, 778); eingefriedete Äcker und Wiesen, Weiden und Schonungen; Feldgrundstücke mit zusammenhängenden Schutzwehren (Köln OLGSt. 36); Hausgarten, auch bei leicht überwindbarer Eingrenzung; Hofraum oder Geschäftsgrundstück mit erkennbarer Einfriedung, auch wenn über jederzeit geöffnete Zufahrten Kundenverkehr stattfindet (Bay JR **65**, 265 [Tankstelle]); in das Gebäude eines Kaufhauses hineinversetzte, zum Bürgersteig parallel laufende Schaufensterpassage (Oldenburg NJW **85**, 1352 m. zust. Anm. *Bloy* JR **86**, 80; *S/S-Lenckner/Sternberg-Lieben* 5; krit. *Amelung* JZ **86**, 247; *Müller-Christmann* JuS **87**, 17; *Behm* GA **86**, 547 u. JuS **87**, 950); durch Ketten gesicherter Privatparkplatz (*Franke* JuS **80**, 892; krit. *Amelung* NJW **86**, 2078; vgl. *S/S-Lenckner/Sternberg-Lieben* 6; SK-*Rudolphi/Stein* 10, 36a); ein Schwimmdock (Schleswig OLGSt. Nr. 1); Rohbauten (vgl. oben 6); **leer stehende Wohnungen** und zum Abbruch bestimmte Häuser (Hamm NJW **82**, 1824; 2677; Köln NJW **82**, 2675 [m. Anm. *Degenhart* JR **84**, 30]; Stuttgart NStZ **83**, 123; AG Wiesbaden NJW **91**, 188; *S/S-Lenckner/Sternberg-Lieben* 6a; *Krey* BT/1, 124; *Ostendorf* JuS **81**, 640; *Amelung* ZStW **98**, 405; einschränkend *Schall* NStZ **83**, 243; *Schön* NJW **82**, 1126; 2649; *Küchenhoff* JuS **82**, 235). Sog. **Besetzungen** solcher Räumlichkeiten sind daher grds von § 123 erfasst (vgl. BGH **31**, 239; NJW **75**, 985; Hamm NJW **82**, 1824; LG Bückeburg NStZ **82**, 71; LG Münster NStZ **82**, 202; LG Mönchengladbach NStZ **82**, 424); aus Art. 14 II GG lassen sich nicht unmittelbar (tatbestands-ausschließende) subjektive Rechte Dritter herleiten (*Degenhart* JuS **82**, 331; JR **84**, 31; *Seier* JA **82**, 233; *Schall* NStZ **83**, 247; *Amelung* NJW **86**, 2081; *Artkämper* [1a] 30ff.; *S/S-Lenckner/Sternberg-Lieben* 6a, 33). Nach § 1 II Nr. 7 des 4. StÄG ist auch das befriedete Besitztum der in der BRep. stationierten Truppen der nichtdeutschen **NATO-Staaten** vom Schutz des § 123 erfasst (Stuttgart NStZ **87**, 121 m. Anm. *Lenckner* JuS **88**, 349; SK-*Rudolphi/Stein* 30). Wer auf seinem Grundstück allgemeinen Fußgängerverkehr duldet, kann gleichwohl darüber hinausgehende Nutzung untersagen (Bay NJW **65**, 1924; Karlsruhe MDR **79**, 73; SK-*Rudolphi/Stein* 37). **Keine** befriedeten Besitztümer sind unterirdische Fußgängerpassagen (AG Frankfurt NStZ **82**, 334); unterhalb des Straßenniveaus liegende Passagen, die nicht dem Personen- und Gütertransport, sondern ausschließlich dem Fußgängerverkehr als Zugang zu U- und S-Bahnanlagen und zu Geschäftslokalen dient (Frankfurt NJW **06**, 1746, 1747f. [„*B-Ebene Konstablerwache*"]); bewegliche Sachen; nur kurzfristig durch Plastikketten abgetrennte, sonst dem Gemeingebrauch unterliegende, nicht eingezäunte Grundstücke (LG Lübeck StV **89**, 157).

D. Zum öffentlichen Dienst oder Verkehr bestimmte Räume. Der Begriff bezeichnet Räumlichkeiten, die weitgehend auch von den Begriffen des Geschäftsraums und des befriedeten Besitztum erfasst würden, stellt jedoch eher auf die Funktion ab. Erforderlich ist auch hier stets eine **räumliche Abgrenzung;** der Begriff umfasst auch Zubehörflächen (**aA** Oldenburg JR **81**, 166 m. abl. Anm. *Volk;* vgl. auch *Behm* GA **86**, 558), sofern sie selbst eingefriedet sind. Die Abgeschlossenheit des Raums muss zumindest auch im Hinblick auf den Schutzzweck des § 123 bestehen und darf nicht allein funktionalen Zwecken dienen; daher gehören zB Telefonzellen nicht zu den geschützten Räumen. Räume **innerhalb eines Gebäudekomplexes,** zB Zellen einer Strafanstalt, Räume einer Schule (LG Lüneburg NJW **77**, 1832), Büros in einem Verwaltungsgebäude, stellen im **Verhältnis zueinander** grds keine abgeschlossenen Räume dar, da das Hausrecht nur **Störungen durch Außenstehende** abwehrt (LK-*Lilie* 20; *S/S-Lenckner/Sternberg-Lieben* 14f.; SK-*Rudolphi/Stein* 29; *Bernsmann* Jura **81**, 466). Daher ist das Büro eines Beamten nicht gegen das dienstliche Betreten anderer Bediensteter der Behörde geschützt (LG Lüneburg NJW **77**, 1832; *Lackner/Kühl* 8; SK-*Rudolphi/Stein* 29). Ein Recht Außenstehender zur persönlichen Vorsprache bei Sachbearbeitern oder deren Vorgesetzten besteht dagegen nur in den Grenzen des Hausrechts; der Anspruch auf **rechtliches Gehör** steht insoweit der Verhängung eines **Hausverbots** grds nicht entgegen. Auch **bewegliche Sachen** können abgeschlossene Räume sein oder enthalten (Gepäckwagen, Dienstabteil, Bauwagen, Flugzeuge [vgl. *Bohnert* JuS **83**, 944]). 10

Zum öffentlichen Dienst bestimmt sind Räume, in denen Tätigkeiten erledigt werden, die wenigstens mittelbar im öffentlichen Interesse liegen; **zB** Amtsräume des Rathauses (Düsseldorf NJW **82**, 2679); in öffentlichrechtlicher Form betriebene städtische Tiefgarage (Bay NJW **86**, 2065, abl. *Allgaier* MDR **87**, 723); der Sitzungssaal eines Parlaments (vgl. aber 1 zu § 106b) oder eines Gemeinderats (Karlsruhe JR **80**, 342 m. Anm. *Schwabe*); die Kirchen der privilegierten Religionsgemeinschaften (vgl. Jena NJW **06**, 1892 [Erfurter Dom]); ein eingezäuntes Militärgelände (Stuttgart NStZ **87**, 121); **nicht** jedoch die Räume ausländischer Missionen und Konsulate (Köln NJW **82**, 2740). 11

Zum öffentlichen Verkehr bestimmte Räume sind **zB** Bahnhofshallen und Warteräume in Bahnhöfen (Bremen NJW **62**, 1453; Bay NJW **77**, 261 [m. Anm. *Stürner* JZ **77**, 312] Koblenz OLGSt. 2 zu § 123); auch wenn es sich um private Verkehrsunternehmen handelt (vgl. Hamburg NStZ **05**, 276); **nicht** jedoch unterirdische Fußgängerpassagen (AG Frankfurt NStZ **82**, 334); städtische Tiefgarage oder Räumlichkeiten, die zu öffentlichen Zwecken dem Gemeingebrauch gewidmet sind (Bay VRS **79**, 106; vgl. aber oben 11). Der Verstoß gegen einen polizeilichen **Platzverweis** führt *als solcher* nicht zum Bruch eines Hausrechts, da der Platzverweis nicht auf abgegrenzte Räumlichkeiten beschränkt ist und daher das „Ortsverbot" einem Hausverbot nicht gleichsteht. 12

5) Tathandlungen. Abs. I unterscheidet zwischen **widerrechtlichem Eindringen** und **unbefugtem Verweilen** entgegen einer Aufforderung des Berechtigten. In beiden Varianten liegt ein Dauerdelikt vor; das unbefugte Verweilen ist echtes **Unterlassungsdelikt.** Störungen der Unbehelligtheit innerhalb eines räumlich begrenzten Bereichs, die von einer der Tatvarianten nicht erfasst werden, unterfallen § 123 nicht; das gilt insb. für belästigende Einwirkungen von außen *ohne* körperliche Anwesenheit („Telefon-Terror"; externe Blockade von Kommunikationsmöglichkeiten; Eindringen in die Privatsphäre durch Abhören, Fotografieren oder Beobachten [vgl. insoweit aber Erl. zu § 201, § 202a]). 13

A. Eindringen. Eindringen ist das **Betreten** des geschützten Raums **gegen den Willen** des Berechtigten; die Formulierung, ausreichend sei ein Betreten *ohne* den Willen des Berechtigten (*Amelung* NStZ **85**, 457; *Schröder* JR **67**, 305; SK-*Rudolphi/Stein* 13; dagegen *Bohnert* GA **83**, 10; LK-*Lilie* 47; vgl. *Schild* NStZ **86**, 346; *Geppert* Jura **89**, 379; *Küper* BT 120), trifft im Kern dasselbe (SK-*Rudolphi/Stein* 13; vgl. *Ludwig/Lange* JuS **00**, 446ff.). 14

a) Erforderlich ist in jedem Fall die **körperliche Überschreitung** einer gegenständlichen, den räumlichen Schutzbereich umgebenden **Grenze,** gleichgültig, ob diese sich als „Hindernis" und ob das Betreten der Räumlichkeit sich in seiner 15 äußeren Form als schwierig oder leicht, sozialüblich darstellt. § 123 schützt eine räumliche, keine „geistige" Herrschaftssphäre. Der bisweilen verwendete Begriff einer vom Täter zu überwindenden „geistigen Barriere" (vgl. MDR/D **68**, 551; *M/Schroeder/Maiwald* 30/13; *Bohnert* GA **83**, 3; *Schild* NStZ **86**, 346) ist insoweit missverständlich, als der bloße Beherrschungswille keine Sphäre räumlichen „Hausfriedens" schaffen kann, in welche ein „Eindringen" möglich wäre. Die **Vollendung des Eindringens** setzt nach hM nicht voraus, dass der Täter mit seinem ganzen Körper in den Raum hineingelangt ist; er muss aber zumindest mit einem Teil seines Körpers in den Raum gelangt sein (hM; MDR/D **68**, 551; Düsseldorf NJW **82**, 2678; *Lackner/Kühl* 5; SK-*RudolphiStein* 12a; *S/S-Lenckner/Sternberg-Lieben* 12; *W/Hettinger* 584f.; jew. mwN) Es genügt **zB** das Stellen des Fußes in die Wohnungstür (MDR/D **55**, 144); das Hineinfahren in ein befriedetes Besitztum (Bay MDR **69**, 779 m. Anm. *Schröder* JR **69**, 468); wohl nicht schon das Hineingreifen in den Raum zwecks Lösung einer Sicherungskette (NK-*Ostendorf* 26; *Joecks* 19; **aA** RG **39**, 440; hier bis 51. Aufl.). **Nicht ausreichend** sind Handlungen, die von vornherein nicht auf ein *Betreten* des Raums, sondern nur auf körperliche Einwirkungen *von außen* gerichtet sind. Daher reichen **zB** nicht das bloße Hineinlangen in einen Türbriefkasten; das Hineinwerfen von Gegenständen in den Raum; Einwirkungen durch Licht, Schall oder Gerüche.

16 **b)** Tatbestandliches Eindringen setzt voraus, dass das körperliche Überschreiten der gegenständlichen Grenze des geschützten Raums **gegen den Willen des Berechtigten** geschieht. Erforderlich ist somit das tatsächliche Vorliegen einer Willensbildung des Berechtigten dahin, dem Betreten des geschützten Raums durch den Täter nicht zuzustimmen. Die *Äußerung* dieses Willens kann sich aus einer besonderen (**zB** durch individuelles **Hausverbot**) oder allgemeinen Erklärung ergeben, aber auch konkludent insb. aus Vorhandensein und Art eines Verschlusses oder sonstigen Zugangshindernisses; äußere Umstände und sozialübliche Gegebenheiten können indiziell auf einen solchen Willen hindeuten. Im Begriff des Eindringens sind daher objektive und subjektive Elemente verbunden: Die Merkmale des körperlichen **Betretens** und des **entgegenstehenden Willens** des Berechtigten gehören zum objektiven Tatbestand (**aA** *Schild* NStZ **86**, 346; *Kargl* JZ **99**, 930); der **Vorsatz** muss sich auf beide Elemente beziehen.

17 Umgekehrt können der innere Wille und die **Motivation** des Täters das objektive Erfordernis eines tatsächlich entgegenstehenden Willens nicht ersetzen; es ist insoweit verkürzt zu sagen, ein für die Verwirklichung des „Eindringens" erforderliches Hindernis ergebe sich „konkludent", wenn der Täter die Absicht hat, eine Straftat gegen den Hausrechtsinhaber zu begehen (NStZ-RR **97**, 97 [Schutzgelderpressung]). Ein (zum Zeitpunkt des Eintretens unerkannter) böser Wille (**zB** in einem Kaufhaus zu stehlen; in einem öffentlichen Gebäude zu demonstrieren; in einer Gaststätte andere Personen zu belästigen, usw.) reicht nach zutr. hM nicht aus; ein „hypothetischer" (d.h. bei Kenntnis der subjektiven Absichten des Eintretenden „richtiger") Wille des Berechtigten vermag dessen *wirklichen* Willen nicht zu verdrängen; seine Bestimmung muss notwendig vage bleiben; seine nachträgliche Feststellung ist idR nicht zuverlässig möglich (ebenso LK-*Lilie* 50; *S/S-Lenckner/Sternberg-Lieben* 22; *Lackner/Kühl* 5; *Bernsmann* Jura **81**, 403f.; *Amelung* NStZ **85**, 457; *Otto* Jura **86**, 333; *Arzt*, Baumann-FS [1992] 201, 211; *Arzt/Weber* 8/12; *W/Hettinger* 587f.; einschr. *Amelung/Schall* JuS **75**, 565, 567 [für Privatwohnungen]). Eine **generelle Eintrittserlaubnis** (insb. für Geschäftsräume) kann im Hinblick auf den Schutzzweck des § 123 grds. nicht „konkludent" mit der **Bedingung** verbunden werden, sich nach dem Eintritt in bestimmter Weise zu verhalten (vgl. auch Zweibrücken StV **96**, 60 [„Tag der offenen Tür" in Militäreinrichtung]) oder verhalten *zu wollen;* abzustellen ist auf den das Eintreten selbst betreffenden tatsächlichen Willen des Hausrechtsinhabers. Ein Ausschluss **bestimmter Gruppen** von Personen setzt daher jedenfalls mehr voraus als einen Hinweis auf bestimmte Verhaltensanforderungen (**zB** Abgabe von mitgeführten Taschen [BGHZ **124**, 39

m. Bespr. *v. Westphalen* NJW **94**, 367]; Tragen bestimmter Kleidung; Einhalten von Rauchverbot, usw.).

Der dem Eintreten entgegenstehende Wille muss freilich weder konkret ausdrücklich geäußert werden (unter Anwesenden oder etwa durch schriftliche Hinweise), noch müssen konkludente Erklärungen stets eine offenkundig als (körperliches) **Hindernis** erkennbare Form haben (Türen; Schlösser; Zäune; Mauern); der Wille kann vielmehr auch den für die konkrete Situation üblichen Verkehrsformen entnommen werden (eine offen stehende Ladentür signalisiert, anders als die offen stehende Terrassentür eines Wohnhauses, dass der Wille des Berechtigten dem Eintritt Fremder nicht entgegensteht). Nur insoweit ist es zutreffend, dass sich aus (erkennbarer) Motivation oder Verhalten des Täters Rückschlüsse auf den Willen des Hausrechtsinhabers ziehen lassen. Das gilt jedenfalls dann, wenn dieser nicht anwesend ist; hier kann unter Gesichtspunkten der **Sozialüblichkeit** aus tatsächlichen äußeren Umständen auf einen entgegenstehenden Willen und damit auf die Tatbestandsverwirklichung geschlossen werden, **zB** wenn Umstände vorliegen, welche den Berechtigten, wenn dieser das Betreten beobachten würde, regelmäßig zur Versagung des Zutritts veranlassen würden (**zB** Maskierung; offene Bewaffnung; unbeobachteter Eintritt Fremder in Privatwohnungen; vgl. unten 18). Bei **genereller Eintrittserlaubnis** (insb. bei Geschäftsräumen und Räumen des öffentlichen Dienstes oder Verkehrs) kommt dies nur in Betracht, wenn das Betreten nach seinem äußeren Erscheinungsbild offenkundig von dem allgemein erlaubten Verhalten abweicht (Düsseldorf NJW **82**, 2678; *S/S-Lenckner/Sternberg-Lieben* 26; SK-*Rudolphi/Stein* 26; LK-*Lilie* 52f.; *Mitsch* JuS **98**, 308). Freilich handelt es sich hierbei nur um ein **Indiz** (vgl. auch *W/Hettinger* 588); der Hausrechtsinhaber kann konkret jederzeit anders entscheiden (*will* der Berechtigte, dass der maskierte Einbrecher den geschützten Raum betritt, etwa weil er dort leichter festgenommen werden kann, so liegt nur – strafloses – versuchtes Eindringen vor). 18

Ein dem Betreten entgegenstehender tatsächlicher Wille des Berechtigten ist *unbeachtlich*, wenn die Rechtsausübung nach Maßgabe höherrangigen Rechts gesetzwidrig oder sittenwidrig ist oder wenn der Hausrechtsinhaber sich damit in Widerspruch zu eigenen Erklärungen setzt. Es handelt es sich daher nicht erst um eine Frage der Rechtfertigung, ob dem Gleichbehandlungsgebot widersprechende („Ausländer unerwünscht") oder widersprüchliche Erklärungen („Testkäufer unerwünscht" bei gleichzeitiger Öffnung eines Ladengeschäfts für die Allgemeinheit; vgl. BGHZ **43**, 359: NJW **80**, 701; *M/Schroeder/Maiwald* 30/14; *Hirsch* ZStW **88**, 759; *Schild* NStZ **86**, 350) einem Eintreten entgegenstehen können. 19

c) Der entgegenstehende Wille kann namentlich auch in der Erklärung eines **Hausverbots** zum Ausdruck kommen. Dieses ist auch bei Räumlichkeiten der öffentlichen Hand privatrechtlicher Natur, soweit sie zum Fiskalvermögen gehören (vgl. OVG Münster NVwZ-RR **89**, 316 [Mietwohnungen kommunaler Wohnungsgesellschaft]). Das Verbot kann die Person des Täters individuell oder nach der Zugehörigkeit zu einer Personengruppe bestimmen; im letzteren Fall muss es freilich hinreichend konkretisiert sein (ausreichend wohl: Hausverbot „für Staubsaugervertreter", „für Zeitschriftenwerber"; nicht ausreichend Verbot „für alkoholisierte Personen"); es kann inhaltlich nicht weiter gehen als eine im Einzelfall konkretisierte Erklärung (daher kein Hausverbot „für [potentielle] Ladendiebe"; „für Demonstranten"; usw.). Das Verbot kann **räumlich** oder **zeitlich beschränkt** sein. *Inhaltliche* Beschränkungen (Zweck) können mangels hinreichender objektiver Merkmale („Hausverbot für Nazis"), wegen Verstoßes gegen höherrangiges Recht (Art. 3 GG; §§ 226, 242 BGB) oder wegen Widerspruchs zu sonstigen Erklärungen des Hausrechtsinhabers („Tag der offenen Tür") unwirksam sein. 20

Hinsichtlich zum **öffentlichen Dienst** bestimmter Räume wurde früher vielfach zwischen **privatrechtlichen** und **öffentlich-rechtlichen** Hausverboten danach unterschieden, welcher Natur die Rechtsbeziehungen zwischen den Beteiligten sind (daher zB privatrechtliche Verbote gegen private Erwerbstätigkeit in 21

Räumen des öffentlichen Dienstes; vgl. BGHZ **33**, 230; NJW **67**, 1911; ähnlich auch noch OVG Münster NJW **95**, 1573; **98**, 1425; NVwZ-RR **98**, 595; VGH Mannheim NJW **94**, 2500). Die inzwischen wohl hM geht von einem öffentlich-rechtlichen Charakter des Hausverbots bei Gebäuden und Räumlichkeiten des Verwaltungsvermögens aus (VGH München NJW **80**, 2722; NJW **82**, 1717; OVG Münster NVwZ-RR **89**, 316; VGH Kassel NJW **90**, 1250; OVG Schleswig NJW **94**, 340; **00**, 3440; vgl. *Kopp/Schenke* 22 zu § 40 VwGO mwN). Ein Hausverbot ergeht danach jedenfalls dann als **Verwaltungsakt,** wenn es der Aufrechterhaltung der Sicherheit und Funktionsfähigkeit dient (vgl. auch *Schenke* JZ **96**, 999 f.). Es kommt insoweit für die (sofortige) Wirksamkeit des Verbots nach hM nicht auf dessen materielle Rechtmäßigkeit, sondern auf die Vollziehbarkeit des Verwaltungsakts an. Ein Verstoß gegen das Verbot ist, wenn dieses mit aufschiebender Wirkung angefochten ist, nicht strafbar (vgl. Hamm MDR **79**, 516); nach hM aber dann, wenn die **sofortige Vollziehbarkeit** angeordnet ist, selbst wenn es angefochten (NJW **82**, 189 m. krit. Anm. *Dingeldey* NStZ **82**, 160) oder später verwaltungsgerichtlich aufgehoben wurde (Karlsruhe NJW **78**, 116; Hamm NJW 79, 728; Hamburg NJW **80**, 1007 [m. Anm. *Oehler* JR **81**, 33]; ebenso LK-*Lilie* 57; *Lackner/Kühl* 8; *Ostendorf* JZ **81**, 171; vgl. auch BGH **23**, 86, 91 f. [Verkehrszeichen]; zweifelnd *S/S-Lenckner/Sternberg-Lieben* 20; SK-*Rudolphi/Stein* 35; *Arnold* JZ **77**, 789; *Gerhards* NJW **78**, 86; *Schroeder* JuS **82**, 494; abl. *Dingeldey* NStZ **82**, 160 ff.; *Rengier* BT II 30/24).

22 Beschränkungen der Zulässigkeit von Hausverboten ergeben sich im Hinblick auf **Widmung** und **Zweckbestimmung** von zum öffentlichen Dienst und Verkehr bestimmten Räumen: Verbote sind auf die Abwendung von Gefährdungen der Sicherheit oder der Funktionsfähigkeit der Behörde zu beschränken (Bay VRS 79 [1990], 106) und dürfen dem Betroffenen im Einzelfall die Möglichkeit des Zugangs, insb. im Bereich der Daseinsfürsorge und zur Gewährung des rechtlichen Gehörs, nicht vollständig abschneiden. Daher darf etwa durch den Leiter einer Behörde mit Publikumsverkehr wegen vorausgegangener Störungen, Bedrohungen oder Gewalttätigkeiten zwar ein Verbot des Aufenthalts im Gebäude und des Zugangs zu Diensträumen verhängt werden; es ist dem Betroffenen aber die Möglichkeit einzuräumen, in seiner Sache tätig zu werden (zB Abgabe von Schriftstücken beim Pförtner). Die Verhängung eines Verbots des Aufenthalts in Räumen des **öffentlichen Verkehrs** darf die bestimmungsgemäße Benutzung nicht ausschließen; das gilt auch bei privatisierten Unternehmen nach Wegfall der unmittelbaren Gemeinwohl- und Grundrechtsbindung (Hamburg NStZ **05**, 276). Unbeschadet eines *Bahnhofsverbots* darf sich daher der Betroffene, wenn er reisewillig ist, angemessene Zeit vor Abfahrt des Zuges im Bahnhof einfinden und die Wartezeit an einer dem Publikum zugänglichen Stelle verbringen (Köln VRS **90**, 116).

23 **d)** Ein ausdrückliches oder stillschweigendes **Einverständnis** des Berechtigten schließt den **Tatbestand** aus (vgl. schon oben 16 ff.; 3 a vor § 32), mag dieses Einverständnis auch durch **Täuschung** (über Motiv oder Absichten) erschlichen oder dem Täter unbekannt oder gleichgültig sein, denn es kommt allein auf den wirklichen, nicht auf den „richtigen“ Willen des Berechtigten an (*S/S-Lenckner/Sternberg-Lieben* 22; LK-*Lilie* 50; *Lackner/Kühl* 5; SK-*Rudolphi/Stein* 18 b; *W/Hettinger* 588; *Arzt/Weber* 8/12; *Ostendorf* JuS **80**, 666; *Bernsmann* Jura **81**, 404; *Bohnert* GA **83**, 20; *Schild* NStZ **86**, 349 f.; *Krey* BT 1, 126; *Geppert* Jura **89**, 380; *Mewes* Jura **91**, 631; str.; **and.** München NJW **72**, 2275; *Amelung/Schall* JuS **75**, 567; vgl. oben 17). Ein wirksames Einverständnis fehlt selbstverständlich, wenn die Zustimmung vom Täter erzwungen worden ist (*S/S-Lenckner/Sternberg-Lieben* 22); es kann auch dann fehlen, wenn etwa durch **Identitäts-Täuschung** ein bestehendes Hausverbot umgangen wird (*Eindringling gibt sich* an der Sprechanlage als Hausbewohner aus; mit Hausverbot belegte Person weist falschen Ausweis vor; vgl. auch *Bohnert* GA **83**, 14). Das gilt auch, wenn der Berechtigte die Einwilligung von der Erfüllung bestimmter objektiver Zugangsvoraussetzungen (**zB** Erwerb einer Eintrittskarte; Zu-

gehörigkeit zu einer bestimmten Personengruppe) abhängig gemacht hat; ein durch Vortäuschung einer solchen Berechtigung erschlichenes Einverständnis schließt den Tatbestand nicht aus (SK-*RudolphiStein* 27; **aA** *S/S-Lenckner/Sternberg-Lieben* 24f.).

24 Nach diesen Grundsätzen ist auch die Einwilligung beim Betreten von Wohnungen durch **verdeckt ermittelnde Polizeibeamte** zu beurteilen, die nicht verdeckte Ermittler iS von § 110e StPO sind (vgl. NStZ **97**, 488 [Anm. *Wollweber* StV **97**, 507; *Felsch* StV **98**, 285; *Hilger* NStZ **97**, 449; *Frister* StV **93**, 151; *ders.* JZ **97**, 1130; *Nitz* JR **98**, 211; *Roxin* StV **98**, 43]; *Krey,* Rechtsprobleme des strafprozessualen Einsatzes Verdeckter Ermittler, 1993, Rn 226ff.; *S/S-Lenckner/Sternberg-Lieben* 22; *Weil* ZRP **92**, 243; *Schneider* NStZ **04**, 359, 365). Hier ist die umstr. Frage, ob sich aus § 110c StPO eine hinreichende **Rechtsgrundlage** für einen **Eingriff** (in den Schutzbereich des Art. 13 GG) ergibt (abl. zB *Schneider* aaO 366f. mwN), von der nach einer Strafbarkeit des Polizeibeamten zu trennen. Da § 123 nicht die irrtumsfreie Willensbildung, sondern allein den tatsächlichen Willen des Berechtigten schützt, greift die Vorschrift idR nicht ein (vgl aber oben 16 aE).

25 **e)** Die Tatbestandsvariante des **Eindringens** kann durch **(unechtes) Unterlassen** begangen werden (BGH **21**, 224 [Anm. *Schröder* JR **67**, 304]), wenn ein Garant eine von ihm zu überwachende Person nicht am Eindringen hindert (vgl. *Lackner/Kühl* 5; *S/S-Lenckner/Sternberg-Lieben* 13; *W/Hettinger* 592; *Kareklas,* Lenckner-FS 459). Nach Ansicht des **BGH** (BGH **21**, 224, 225f.; ebenso Bay MDR **69**, 778) und Teilen der Literatur ist Unterlassungstäterschaft aber auch in der Form möglich, dass ein garantenpflichtiger Täter nach Ablauf eines ihm erlaubten Zeitraums in dem geschützten Raum verbleibt, wenn er hierzu von vornherein entschlossen war; weiterhin dadurch, dass ein Garant den seinem Eintreten entgegenstehenden Willen des Hausrechtsinhabers erst nachträglich erkennt (*S/S-Lenckner/Sternberg-Lieben* 13; MK-*Schäfer* 26; *Heinrich* JR **97**, 89, 97f.); der für die Tatbestandsalternative des Verweilens erforderlichen Aufforderung des Berechtigten bedarf es danach in diesem Fall nicht (vgl. dazu auch *Küper* BT 122f.). Die **Gegenansicht** (vgl. etwa LK-*Lilie* 58f.; SK-*Rudolphi/Stein* 19; NK-*Ostendorf* 27; *Joecks* 29; *Rengier* BT II 30/17; *Seier* JA 78, 624; *Bernsmann* Jura **81**, 405; *Geppert* Jura **89**, 382; *Herzberg/Hardtung* JuS **94**, 492; *Marnitz* [1a]) wendet ein, dass dies die ausdrückliche gesetzliche Abgrenzung zum **(echten) Unterlassungsdelikt** der 2. Var. verwische.

26 Die Herleitung einer **Garantenstellung** für den Schutz eines fremden Hausrechts ist jedenfalls aus dem Umstand früheren *erlaubten* Eintretens nicht zu begründen; ein *Eindringen* durch Unterlassen kann dann nicht in Betracht kommen, wenn der dem Aufenthalt entgegenstehende Wille des Hausrechtsrechtsinhabers erst *nach* dem Eintreten gebildet wird; dieser Fall ist in der 2. Var. abschließend geregelt (unklar BGH **21**, 224, 225, wo offen bleibt, aus welchem Grunde ein Eindringen durch aktives Tun nicht vorlag). Eine (unechte) Unterlassungstäterschaft scheidet aus, wenn einem nach *erlaubtem* Eintreten fortdauernden Aufenthalt keine – auch keine konkludente – Aufforderung zum Verlassen entgegensteht, weil der Hausrechtsinhaber entweder keinen dahingehenden Willen hat (weil er sich keinerlei Gedanken macht) oder einen solchen Willen (idR: mangels Kenntnis von der Anwesenheit des Täters) nicht äußert; die weitaus meiste Zahl solcher Fälle dürfte sich bei sachgerechter **Auslegung** tatsächlichen Verhaltens als jedenfalls konkludente Aufforderung lösen lassen. Für ein Eindringen durch Unterlassen des Sich-Entfernens bleiben somit nur Fälle, in welchen – anders als in der 2. Var. – von Anfang an ein dem Eintritt entgegenstehender Wille des Hausrechtsinhabers bestand, in denen jedoch entweder dieser Wille dem Täter unbekannt war (Lage nach unvorsätzlichem Eindringen; so wohl BGH **21**, 224, 226), oder in denen ein zunächst bestehender Rechtfertigungsgrund nachträglich entfallen ist. Gegen eine Parallele zum Dauerdelikt des § 239 (iS eines fortdauernden Bruchs der Willens-"Barriere") sprechen die auf ein aktives „Hinein-Bewegen" abstellende Handlungsbeschreibung und die ausdrückliche Regelung der 2. Tatvariante.

27 **B. Nichtentfernen trotz Aufforderung.** Die zweite Tatvariante, die ein **echtes Unterlassungsdelikt** ist, setzt nach ihrem Wortlaut voraus, dass der Täter in dem geschützten Raum **unbefugt verweilt** und sich **auf Aufforderung nicht entfernt.** Das ist, sofern man mit der heute ganz hM die Unbefugtheit als Rechtswidrigkeitsmerkmal ansieht (vgl. unten 33), insoweit missverständlich, als es für die Tatbestandsverwirklichung auf eine „Unbefugtheit" des Aufenthalts **vor** der Aufforderung nicht ankommt (unklar insoweit *Lackner/Kühl* 10; LK-*Lilie* 60; wie hier aber ebd. 64; *S/S-Lenckner/Sternberg-Lieben* 27; NK-*Ostendorf* 44); eine Frage der Rechtswidrigkeit ist es, ob das weitere Verweilen **trotz** Aufforderung unbefugt ist. Auf den Status des Aufenthalts vor der Aufforderung kommt es daher für die Tatbestandsmäßigkeit des Verhaltens nicht an. Die Tatvariante hat keine selbstständige Bedeutung, wenn dem Verweilen ein widerrechtliches Eindringen vorausgeht (BGH **21**, 224; *Schröder* JR **67**, 304; vgl. *Kareklas,* Lenckner-FS 466). Auch sie gilt nur für **Außenstehende;** daher greift § 123 zB nicht ein, wenn ein Beamter das Dienstzimmer seines Vorgesetzten (LG Lüneburg NJW **77**, 1832) oder ein Schüler das Klassenzimmer auf Aufforderung nicht verlässt. Anders ist es, wenn die Voraussetzungen für ein Hausverbot vorliegen, etwa wegen grober Störungen einer Sitzung (Karlsruhe JR **80**, 341 m. Anm. *Schwabe* [Gemeinderat]; Entsprechendes gilt für Gerichtsverhandlungen; vgl. dazu BGH **30**, 350).

28 Tatbestandliche Voraussetzung auch der 2. Var. ist ein dem Aufenthalt des Täters in dem geschützten Raum **entgegenstehender Wille** des Berechtigten. An die Stelle des in der 1. Var. vorausgesetzten **anfänglichen,** schon dem Betreten des Raums entgegenstehenden (wenngleich uU nicht ausdrücklich erklärten; vgl. oben 15 ff.) Willens tritt hier eine **nachträgliche Willensbildung**. Da der Täter, der sich zunächst erlaubt in dem fremdem Hausrecht unterliegenden Raum aufhält, einen Wechsel der inneren Willensrichtung des Hausrechtsinhabers idR nicht ohne weiteres erkennen kann, setzt der Tatbestand eine **Erklärung des Willens** in Form einer **Aufforderung** an den Täter voraus, sich zu entfernen; die Regelung enthält daher eine formalisierte und typisierende Behandlung zugleich eines Vorsatz- und eines Beweisproblems. Wie für die Tatbestandsvariante des Eindringens ist für die 2. Var. zwischen dem **entgegenstehenden Willen** des Hausrechtsinhabers, seiner **Erklärung** (= Aufforderung) und der **Rechtswidrigkeit** (= Unbefugtheit) des (weiteren) Aufenthalts (= Verweilen) zu unterscheiden. Auf eine „Unbefugtheit" kommt es nicht an, wenn der Aufenthalt erlaubt und eine Aufforderung zum Verlassen der Räumlichkeit nicht ergangen ist; umgekehrt „ergibt" sich aus der Aufforderung nicht schon (abschließend) die Unbefugtheit, sondern allein die Tatbestandsvoraussetzung des entgegenstehenden Willens.

29 Die **Aufforderung** muss vom Inhaber des Hausrechts ausgehen. Bei **Mitberechtigung** (vgl. oben 4) kann grds jeder Berechtigte allein in den Aufenthalt Dritter einwilligen, so dass eine Aufforderung durch einen Berechtigten allein nicht ohne weiteres ausreicht; jedoch ist hier die Grenze des Rechtsmissbrauchs und der **Unzumutbarkeit** zu beachten (vgl. Hamm NJW **65**, 2058; *Heinrich* JR **97**, 89; *S/S-Lenckner/Sternberg-Lieben* 18; and. NK-*Ostendorf* 36). Die Aufforderung kann (idR aufgrund Bevollmächtigung durch den Hausrechtsinhaber; SK-*Rudolphi/Stein* 22; LK-*Lilie* 62) auch von **dritten Personen** erklärt werden; namentlich von Bediensteten, Familienangehörigen, ggf. auch von anwesenden Dritten; von Kindern dann, wenn sie „fähig sind, den Sinn des Hausrechts zu begreifen und die Sachlage vernünftig zu beurteilen" (BGH **21**, 224, 227).

30 Die **Form** der Erklärung des Willens ist grds. gleichgültig. Der Begriff der **Aufforderung** enthält zwei Elemente: Es muss der einem weiteren Aufenthalt entgegenstehende **Wille** des Hausrechtsinhabers zum Ausdruck kommen; darüber hinaus eine auf ein aktives Tun des anwesenden Täters, nämlich auf das (alsbaldige) Verlassen des Raums *gerichtete* ***Handlungsaufforderung***. Beide Elemente werden idR in einer Erklärung verbunden sein; wenn es an einem von beiden fehlt, ist der Tatbestand nicht gegeben: Offenbart **zB** der Hausrechtsinhaber einer uneingeladen erschienenen Person, er „finde es nicht gut", dass sie anwesend sei, so äußert er zwar seinen

Widerwillen gegen ihr Verweilen, spricht aber damit idR keine Aufforderung zum sofortigen Verlassen des Raums aus.

Unproblematisch ist eine Aufforderung in Form einer **ausdrücklichen Erklärung** unter Anwesenden. Eine solche liegt auch vor, wenn der Hausrechtsinhaber, ohne den Täter individuell zu identifizieren, eine Aufforderung an **alle Anwesenden** oder an eine durch bestimmte Merkmale verbundene **Gruppe** von Anwesenden richtet (**zB** bei der bei Ladenschluss an „alle Kunden" gerichteten Aufforderung, ein Kaufhaus zu verlassen). Daneben kann die Aufforderung auch durch **konkludente Erklärung** erfolgen. Diese kann in mündlichen, ggf. auch schriftlichen Äußerungen enthalten sein; sie kann sich aber auch aus tatsächlichen Handlungen (Deuten auf den Ausgang; demonstratives Öffnen der Tür) ergeben. Hierzu sind je nach den Umständen auch Handlungen zu zählen, welche auf eine „Schließung" der zuvor zugänglichen Räumlichkeit gegen weiteres Betreten gerichtet sind; in der (konkludenten) Erklärung des Willens, weiteren Eintritt nicht zu erlauben, kann die Aufforderung an – auch nicht individuell bekannte – evtl. noch anwesende Personen liegen, sich aus der Räumlichkeit zu entfernen. Der Konstruktion einer *Garantenpflicht* (vgl. oben 25 f.) bedarf es hier nicht. 31

Schwieriger ist die Frage zu beurteilen, ob sich eine im Einzelfall konkretisierte Aufforderung auch aus allgemeinen Erklärungen des Hausrechtsinhabers, etwa aus **Geschäftsbedingungen** oder aus Hinweisen auf gesetzliche Regelungen, ergeben können. Der Begriff der „Aufforderung" legt nahe, dass *abstrakte Regelungen* nicht ausreichen, sondern dass ein auf den Einzelfall (wenn auch nicht auf eine individuell bestimmte Person) **konkretisiertes Handlungsgebot** erforderlich ist. Nicht ausreichend sind daher abstrakte Hinweise, die auf bestimmtes (verbotenes) **Verhalten** möglicher Anwesender abstellen oder für den Fall verbotenen Verhaltens (Ladendiebstahl; Randalieren; Alkoholisierung) eine Aufforderung zum Verlassen oder die Verhängung eines Hausverbots erst **androhen.** Auch der (schriftliche) Hinweis etwa darauf, dass Jugendliche ohne Begleitung eine Gaststätte um 24 Uhr verlassen müssen (vgl. § 4 I JuSchG), ist keine Aufforderung iS von Abs. I. Aus **allgemeinen Zutrittsverboten** für abstrakt bestimmte Personengruppen, die einen dem *Eintreten* entgegenstehenden Willen nicht wirksam konkretisieren können (zB „Testkäufer" [vgl. dazu BGHZ 124, 39; *S/S-Lenckner/Sternberg-Lieben* 23; NK-Ostendorf 30; *SK-Rudolphi/Stein* 27 b]; Angehörige von NATO-Truppen [„off limits"]), lässt sich auch keine nachträgliche (konkludente) Aufforderung ableiten. 32

6) Rechtswidrigkeit. Abs. I führt die Merkmale der „Widerrechtlichkeit" und der „Unbefugtheit" ausdrücklich auf. Es handelt sich nach allg. Ansicht gleichwohl in beiden Tatbestandsvarianten nicht um Merkmale des objektiven Tatbestands. 33

A. Widerrechtlichkeit des Eindringens (1. Var.). Das Eindringen muss widerrechtlich sein; es muss das fremde Hausrecht verletzen, ohne ein stärkeres Recht zu verwirklichen. Es handelt sich insoweit nicht um ein zusätzliches Tatbestandsmerkmal, sondern um das allgemeine Deliktsmerkmal der **Rechtswidrigkeit** (vgl. hierzu 27 ff. zu § 203; *S/S-Lenckner/Sternberg-Lieben* 31; LK-*Lilie* 68; SK-*Rudolphi/Stein* 38; *Seier* JA **78**, 622; differenzierend *M/Schroeder/Maiwald* 30/7, 21). Nach hM macht die Widerrechtlichkeit des erstrebten **Zwecks** oder gehegter Absichten (**zB** Betreten eines Geschäfts in Diebstahlsabsicht; vgl. *Mitsch* JuS **98**, 308; *Ranft* Jura **93**, 89) das Eindringen selbst noch nicht widerrechtlich (MDR/D **68**, 551); wohl aber dann, wenn ein Fehlen des Einverständnisses des Hausrechtsinhabers offensichtlich ist (vgl. StV **96**, 660 [Schutzgelderpressung]; Düsseldorf NJW **82**, 2679 [Auskippen von Schutt in Diensträumen]; Eindringen maskierter Bankräuber; vgl. *W/Hettinger* 591), weil das **äußere Verhalten** des Täters den Rahmen des allgemein oder im Einzelfall bestehenden Zutrittsrechts überschreitet (vgl. auch *Lagodny* Jura **92**, 659 f.; *Geppert* Jura **89**, 378, 381; *Küper* BT 120 mwN); andererseits soll auch ein erlaubter Zweck eine etwaige Widerrechtlichkeit des Eindringens nicht beseitigen. 34

35 Die **Begründung** dieser Differenzierung überzeugt insoweit nicht, als sie Gesichtspunkte des tatbestandsausschließenden Einverständnisses mit solchen der Rechtfertigung und der *Beweiswürdigung* vermischt. Wenn nach zutr. hM durch ein tatsächlich vorliegendes Einverständnis des Berechtigten der Tatbestand des Hausfriedensbruchs auch dann ausgeschlossen wird, wenn es durch Täuschung – etwa über den Zweck des Eintretens in die Räumlichkeit – erschlichen wurde, so kann dies nicht auf der Rechtswidrigkeits-Ebene „korrigiert" werden, weil sich der *wirkliche Zweck* als besonders überraschend oder sozialethisch *verwerflich* erweist: Auf die „Widerrechtlichkeit" einer Maskierung oder Bewaffnung beim Betreten einer Bank kommt es nicht an, wenn der Hausrechtsinhaber dem – fern liegend, aber im Einzelfall denkbar – zugestimmt hat.

36 Bei klarer Trennung von Tatbestands- (Wille) und Rechtswidrigkeits- (Widerrechtlichkeit) Ebene wird die Zahl der Zweifelsfragen reduziert: Liegt ein *wirksames* Einverständnis vor, so kommt es auf „Widerrechtlichkeit" nicht an. Liegt eine (ausdrückliche oder konkludente) Untersagung durch den Hausrechtsinhaber vor, so kommt es, wenn der Täter gleichwohl eindringt, für die Rechtswidrigkeit darauf an, ob ihm ein **stärkeres Recht** die Befugnis hierzu gibt. Ein solches kann sich etwa aus § 32 (Nothilfe) ergeben (Eindringen in Wohnung zur Rettung); auch im Fall des **Notstands** nach § 34 (München NJW **72**, 2275; krit. *Otto* NJW **73**, 668; *Amelung/Schall* JuS **75**, 569); auch aus zivilrechtlichen Notstandsregelungen. § 229 BGB (Selbsthilfe) rechtfertigt nicht das Eindringen eines Wohnungseigentümers in eine Mietwohnung zum Zweck des Ausräumens ohne Vollstreckungstitel (Köln NJW **96**, 472). Darüber hinaus kommen insb. Eingriffsgrundlagen des **öffentlichen Rechts,** namentlich des Strafprozessrechts (**zB** §§ 102 ff., 110 c StPO) und des **Polizeirechts**, in Betracht (vgl. BVerfGE **32**, 75). Vom Gesetzgeber offen gelassen ist die Frage, ob eine Anordnung der **akustischen Wohnraumüberwachung** nach §§ 100 c I Nr. 3, 100 d StPO, welche den „Einsatz" von Abhöreinrichtungen ohne Wissen (und regelmäßig gegen den Willen) der betroffenen Person legitimiert (vgl. Art. 13 Abs. III bis VI GG idF des G v. 26. 3. 1998 [BGBl. I 610]; dazu *Meyer-Goßner* 4 zu § 100 c mwN), auch ein „vorbereitendes" heimliches Eindringen in deren Wohn- oder Geschäftsräume zum Einbau der Einrichtungen rechtfertigt (bejahend *Meyer-Goßner* 12 zu § 100 c StPO; *Meyer/Hetzer* NJW **98**, 1026; *Brodag* KR **99**, 746; abl. *Heger* JR **98**, 165; vgl. auch *Nack* in KK-StPO 13 zu § 100 c). **Pressevertreter** haben ein Recht auf Anwesenheit bei öffentlichen Versammlungen, § 6 II VersammlG. Soweit **Grundrechte** die Ausübung insb. der Glaubens- (Art. 4 I, II GG) und Meinungsfreiheit (Art. 5 I GG) grds. auch an einem vom Bürger frei bestimmbaren Ort garantieren, können diese Rechte durch das Eigentumsrecht von Hausrechtsinhabern eingeschränkt sein; sie haben dann keine rechtfertigende Wirkung (vgl. Jena NJW **06**, 1892 [Eindringen in für die Öffentlichkeit geschlossenen Dom, um für die eigene Glaubensüberzeugung zu demonstrieren]).

37 **B. Unbefugtheit des Verweilens (2. Var.).** Das Merkmal **„ohne Befugnis"** entspricht dem Begriff „widerrechtlich" beim Eindringen. Es ist zu unterscheiden zwischen Fällen, in denen der Aufenthalt des Täters schon **vor der Aufforderung** unbefugt ist, ohne dass ein „Eindringen" iS der 1. Var. vorliegt, und den Fällen, in denen der Aufenthalt **durch die Aufforderung** unbefugt wird.

38 **a)** Eine Befugnis zum Aufenthalt kann sich aus **öffentlichem Recht** ergeben; **zB** bei Abgabe einer Erklärung gegenüber einer Behörde; beim Verweilen eines Betriebsratsmitglieds in den Betriebs- und Unternehmensräumen (BAG NJW **79**, 1844). In dem Publikumsverkehr geöffneten **Behörden** ist dem Bürger, der Auskunft suchen, Anträge stellen oder Beschwerden vorbringen will, der Aufenthalt *grds gestattet* (jedoch ist hier *Eindringen* in einzelne Amtsräume möglich); Unbefugt ist der Aufenthalt in Räumen des öffentlichen Dienstes, wenn er in keinerlei Verbindung zur Aufgabenerfüllung der Behörde steht (Aufenthalt zum Aufwärmen).

Aus **privatrechtlichen Verhältnissen** können sich Befugnisse zum Aufenthalt ergeben; für die Dauer des Rechtsverhältnisses folgt dies idR schon aus dessen Natur sowie aus der Beschränkung des § 123 auf außenstehende Personen. So begründet **zB** die Kündigung eines Wohnungsmietverhältnisses kein Recht des **Vermieters** zum Betreten oder Verweilen in den Räumen des Mieters während der Kündigungsfrist, auch wenn er einen vertraglichen Anspruch auf Besichtigung hat (*Glaser* MDR **59**, 723; *S/S-Lenckner/Sternberg-Lieben* 33). Nach Hamburg wistra **06**, 248 endet das Hausrecht eines vertraglichen Nutzers nicht schon mit der Kündigung oder der rechtskräftigen Verurteilung zur Räumung, sonders erst, wenn der Eigentümer aufgrund eines Räumungstitels zB im Wege der Zwangsräumung wieder den unmittelbaren Besitz an dem Besitztum erlangt hat. Der **Arbeitnehmer** verweilt während der Dauer seiner Beschäftigung grds nicht unbefugt iS von § 123 in betriebszugehörigen Räumlichkeiten, auch wenn diese nicht zu dem ihm zugewiesenen Arbeitsbereich gehören; er hat aber kein Recht zum Verweilen in den Arbeitsräumen gegen den Willen des Arbeitgebers (Hamm JMBlNW **52**, 12; *S/S-Lenckner/Sternberg-Lieben* 33; MK-*Schäfer* 63; **aA** NK-*Ostendorf* 31); auch nicht, um nach ungerechtfertigter Kündigung seine Arbeitskraft anzubieten. Bei fristloser Kündigung eines Vertrags, der ein Aufenthaltsrecht voraussetzt, ist das Verweilen so lange befugt, wie dies zur ordnungsgemäßen Abwicklung erforderlich ist. Das kann sich bei einem Arbeitnehmer auf den Zeitraum zum Zusammenpacken seiner persönlichen Sachen beschränken (*S/S-Lenckner/Sternberg-Lieben* 33; LK-*Lilie* 73). **Betriebsbesetzungen** erfüllen den Tatbestand; weder ein rechtmäßiger Streik noch eine rechtswidrige Aussperrung begründen ein Recht zum Verweilen iS einer Inbesitznahme der Räumlichkeiten des Arbeitgebers (str.; vgl. BAG **30**, 59; wie hier *S/S-Lenckner/Sternberg-Lieben* 33; *Rudolphi* RdA **87**, 161; vgl. auch SK-*Rudolphi/Stein* 40; **aA** NK-*Ostendorf* 31). 39

b) Problematisch kann die Unbefugtheit des Verweilens bei **Zweckänderung** des Aufenthalts sein. Soweit schon nach den äußeren Umständen offenkundig ist, dass die Einwilligung des Berechtigten nicht fortbesteht (**zB** Ladenschluss eines Kaufhauses), endet die Befugtheit des Verbleibens ohne weiteres (vgl. schon oben 15). Nach GA **50**, 289 soll der Aufenthalt eines Hotelgastes **unbefugt werden,** wenn dieser das Zimmer zur Begehung eines Sexualdelikts nutzt. Das ist nicht richtig, denn die Rechtswidrigkeit von geplanten oder ausgeführten Handlungen allein ersetzt nicht die für die 2. Alt. erforderliche Aufforderung zum Verlassen; und eine solche kann auch nicht als „konkludent" erklärt gelten, wenn ein befugt Verweilender innerhalb der Räume rechtswidrige Handlungen vornimmt, die mit dem Schutz des Hausrechts in keinerlei Zusammenhang stehen. Das gilt entspr. auch für durch **Täuschung** erschlichene Einwilligungen (vgl. *S/S-Lenckner/Sternberg-Lieben* 22; *W/Hettinger* 587). 40

7) Subjektiver Tatbestand. § 123 setzt **Vorsatz** voraus; bedingter Vorsatz genügt. Er muss zunächst die tatsächlichen Voraussetzungen eines fremden Hausrechts, also namentlich der Merkmale einer geschützten Räumlichkeit iS von I umfassen; weiterhin die äußeren Merkmale der Tathandlungen. Darüber hinaus erfordert er das Bewusstsein (oder das billigende Inkaufnehmen) des Umstands, gegen den Willen des Hausrechtsinhabers zu handeln; in der 2. Var. daher auch Kenntnis der Aufforderung zum Verlassen. Unkenntnis führt zum Tatbestandsirrtum (§ 16 I); das kann namentlich bei nicht ausdrücklich geäußertem Willen sowie in Fällen widersprechender Erklärungen mehrerer Hausrechtsinhaber in Betracht kommen. Nimmt der Täter irrig an, ein das Hausrecht brechendes stärkeres Recht zu haben, so befindet er sich im Verbotsirrtum (Hamburg NJW **77**, 1831 m. Anm. *Gössel* JR **78**, 292; **80**, 1007 m. Anm. *Oehler* JR **81**, 33; Düsseldorf NJW **82**, 2678). 41

8) Beteiligung. Täter des § 123 kann jedermann sein; im Einzelfall auch ein Mitberechtigter gegenüber dem Inhaber eines (stärkeren) Hausrechts. Im Fall der Überschreitung der Zumutbarkeits-Grenze für die tatbestandsausschließende Einwilligung 42 eines von mehreren Berechtigten ist **Teilnahme** an der Tat des (eindringenden oder unbefugt verweilenden) Dritten möglich.

43 **9) Rechtsfolge.** Abs. I droht Freiheitsstrafe bis 1 Jahr oder Geldstrafe an. Die weitaus meisten (Bagatell-)Fälle werden durch Verweisung auf den Privatklageweg, im Übrigen nach §§ 153, 153a StPO erledigt. Die Verhängung von Freiheitsstrafe kommt namentlich bei wiederholter Begehung in gravierender Form, bei auf Rechtsfeindlichkeit beruhender Motivation oder bei Taten in Betracht, welche auf gravierende Verletzungen von Persönlichkeitsrechten gerichtet sind (**zB** sexuell motivierte Wohnungseinbrüche von „Spannern"; auf Bedrohung gerichtetes verbotswidriges Eindringen nach Verweisung aus der [Ehe-]Wohnung; usw.). Strafmildernd kann insb. ein vermeidbarer, aber nicht gänzlich fern liegender Verbotsirrtum wirken.

44 **10) Strafantrag (Abs. II).** Nach Abs. II ist ein Strafantrag erforderlich. **Antragsberechtigt** ist der Inhaber des Hausrechts. Die Befugnis zur Ausübung des Hausrechts für dessen Inhaber (etwa durch Angestellte) umfasst nicht ohne weiteres eine Übertragung der Antragsbefugnis (Brandenburg NJW **02**, 693); eine nachträgliche Billigung eines zunächst unwirksamen „Antrags" durch den Berechtigten ist möglich (NJW **94**, 1165; BGHR § 77b II S. 1 Eltern 1; and. KG NStZ **90**, 144), muss aber nach außen hinreichend deutlich werden (Brandenburg NJW **02**, 693f.). Antragsberechtigt hinsichtlich einer ehelichen Wohnung ist auch der Ehegatte, der nicht Mieter ist (LK-*Lilie* 83), idR aber nicht eine Person, die sich nur besuchsweise in der Wohnung aufhält (vgl. 5 StR 541/93).

45 **11) Konkurrenzen.** § 123 ist ein **Dauerdelikt** (BGH **36**, 257; Bay **69**, 778). Das Verweilen ohne Befugnis ist gegenüber dem widerrechtlichen Eindringen idR **subsidiär** (BGH **21**, 225; str.). **Tatmehrheit** kann vorliegen mit Delikten, die nur gelegentlich des Eindringens oder Verweilens begangen werden, so bei Körperverletzung (RG **54**, 288) oder Sexualdelikten (BGH **21**, 224). Wird eine mit der Hausrechtsverletzung zusammenhängende Tat nach dem Eindringen begangen, so liegt idR Tatmehrheit vor (BGH **18**, 33; Köln NJW **58**, 838; Hamm OLGSt. 28; LK-*Lilie* 79; *Seier* JA **78**, 623; *Geppert* Jura **89**, 383; str.). In **Tateinheit** steht Hausfriedensbruch mit solchen Delikten, die zu seiner Ermöglichung oder Aufrechterhaltung begangen werden; **zB** mit Waffendelikten; mit § 113 (Bay JR **57**, 148; *Mitsch* JuS **93**, 387; **aA** LK-*Lilie* 79); § 240 (MDR/D **55**, 144); § 303 (1 StR 644/57). Mit **§ 4 GewSchG** (oben 1) besteht **Tateinheit,** da die Schutzrichtung beider Vorschriften nicht übereinstimmt und der durch § 4 GewSchG pönalisierte spezifische Gefährdungs- und Bedrohungsgehalt durch § 123 nicht konsumiert wird. Beim Eindringen **zur Begehung** eines einfachen Diebstahls ist Tateinheit gegeben (**aA** 3 StR 90/81; *S/S-Lenckner/Sternberg-Lieben* 36), während § 123 durch §§ 242/243 Nr. 1 sowie durch § 244 I Nr. 3 verdrängt wird.

46 **12) Sonstige Vorschriften.** Privatklage § 374 I Nr. 1 StPO. Zum unbefugten Betreten militärischer Anlagen vgl. § 114 OWiG.

Schwerer Hausfriedensbruch

124 **Wenn sich eine Menschenmenge öffentlich zusammenrottet und in der Absicht, Gewalttätigkeiten gegen Personen oder Sachen mit vereinten Kräften zu begehen, in die Wohnung, in die Geschäftsräume oder in das befriedete Besitztum eines anderen oder in abgeschlossene Räume, welche zum öffentlichen Dienst bestimmt sind, widerrechtlich eindringt, so wird jeder, welcher an diesen Handlungen teilnimmt, mit Freiheitsstrafe bis zu zwei Jahren oder mit Geldstrafe bestraft.**

1 **1) Allgemeines.** Die Vorschrift zählt zu den wenigen seit 1871 nicht geänderten Vorschriften des StGB.

1a **Literatur:** Vgl. 1a zu § 123.

2 **2) Rechtsgut.** § 124 bedroht *einen* **qualifizierten Fall** des Hausfriedensbruchs, der im *Übergangsbereich* zu § 125 liegt, mit höherer Strafe. Allerdings wird das unbefugte Verweilen hier nicht erfasst. Auch sind zum öffentlichen Verkehr bestimmte Räume nicht geschützt. Neben dem Hausrecht sind auch öffentliche Sicherheit und Ordnung geschützt (*W/Hettinger* 603; *Lackner/Kühl* 1; *S/S-Lenckner/Sternberg-Lieben* 1; **aA** NK-*Ostendorf* 3; SK-*Rudolphi/Stein* 1).

3) Qualifizierende Merkmale. Zu den **Begriffen** Wohnung, Geschäftsraum, befriedetes Besitztum, zum öffentlichen Dienst bestimmter abgeschlossener Raum vgl. 5 ff. zu § 123, zum **widerrechtlichen Eindringen** 13 ff. zu § 123. Entsprechend der im Übergangsbereich zum Landfriedensbruch liegenden Schutzrichtung erfassen die qualifizierenden Merkmale des § 124 aggressive, von einer Mehrzahl von Personen ausgehende Verletzungen des Hausrechts. 3

A. Menschenmenge. Vorausgesetzt ist eine räumlich zusammengeschlossene (BGH **33**, 307; NStZ **94**, 483) Personenmehrheit, die so groß ist, dass jeder Einzelne darin nicht mehr in der Lage ist, mit jedem anderen einzelnen in unmittelbare Kommunikation zu treten, und die in ihrer Zusammensetzung nicht unmittelbar überschaubar ist (NStZ **94**, 483; LG Frankfurt NStZ **83**, 26; vgl. hierzu auch 8 zu § 330; ferner *Sieber* Prot. VI, 181; *Senge* in: *Erbs/Kohlhaas* 2 a zu § 113 OWiG; vgl. auch Düsseldorf NJW **90**, 2699; LG Berlin StV **83**, 464; LK-*v. Bubnoff* 3, 9, *S/S-Lenckner/Sternberg-Lieben* 10 ff., beide zu § 125), so dass es auf das Hinzukommen oder Weggehen Einzelner nicht mehr ankommt (NStZ **93**, 538). Im Fall einer auf räumliche Enge zurückzuführenden Unübersichtlichkeit kann eine Gruppe von 10 Personen ausreichen (NStZ **94**, 483); sicher auch eine Gesamtzahl von 70 Personen in mehreren Gruppen (vgl. NStZ-RR **01**, 239). Nicht erforderlich ist, dass die Menschenmenge „in irgendeiner Form zusammengehört" (so AG Tiergarten NJW **88**, 3219). **Bejaht** worden ist das Merkmal bei einer Anzahl von 15 bis 20 Personen (BGH **33**, 308 [Anm. *Otto* NStZ **86**, 71]); im Einzelfall bei 11 Personen (2 StR 291/60); **nicht** aber bei 6 bis 7 Personen (Schleswig SchlHA **76**, 167); bei kaum mehr als 10 Personen (LG Nürnberg-Fürth StV **84**, 207). 4

B. Zusammenrottung. Der Begriff entspricht dem des § 121 (dort 3); er ist abzugrenzen von dem der **Versammlung** und dem der (friedlichen) **Ansammlung** (7 f. zu § 125). Werden aus einer friedlichen Menge isolierte Gewalttätigkeiten begangen, so entsteht dadurch noch keine Zusammenrottung; es kann sich aber eine zunächst friedliche Menge zu einer Zusammenrottung entwickeln (vgl. NJW **53**, 1031; Bay NJW **69**, 63; *Eb. Schmidt* JZ **69**, 395). 5

Die Zusammenrottung muss **öffentlich** sein; vorausgesetzt ist daher die Möglichkeit des Anschlusses weiterer Personen in beliebiger Zahl (OGHSt **1**, 244; **2**, 184; BGH NJW **54**, 1694; Bay NJW **55**, 1806; Schleswig SchlHA **76**, 167). Das setzt eine Zugänglichkeit für jedermann nicht stets voraus. 6

C. Eindringen in gewalttätiger Absicht. Die Menge muss in eine der geschützten Örtlichkeiten **eindringen** (13 ff. zu § 123); ein unbefugtes Verweilen ist von § 124 nicht erfasst. Nicht erforderlich ist das Eindringen der *gesamten* Menge, ausreichend das Eindringen **einzelner** Beteiligter oder einer kleineren Gruppe, die selbst keine Menschenmenge sein muss (**aA** SK-*Rudolphi/Stein* 7; LK-*Lilie* 7; NK-*Ostendorf* 13), wenn dies von den übrigen Beteiligten mittäterschaftlich mitgetragen wird (*S/S-Lenckner/Sternberg-Lieben* 8/9; *Lackner/Kühl* 2). Das Eindringen muss **widerrechtlich** geschehen (18 ff. zu § 123). 7

D. Absicht zu Gewalttätigkeiten. Das Eindringen muss in der Absicht geschehen, Gewalttätigkeiten (vgl. 27 zu § 113) **mit vereinten Kräften** (4 zu § 121) gegen Personen oder Sachen zu begehen. Gewalttätigkeit ist das Inbewegungsetzen physischer Kraft **unmittelbar** gegen eine andere Person oder Sache in einem aggressiven Handeln (BGH **23**, 46; vgl. 4 zu § 125), so dass die passive Verwendung des Körpers als Hindernis nicht ausreicht; ebenso wenig die Ankündigung einer Selbstverbrennung (Hamm NStZ **95**, 548) oder geringfügige Sachbeschädigungen (Düsseldorf NJW **93**, 869). Anderseits braucht ein Verletzungs- oder Beschädigungs-**Erfolg** nicht einzutreten (RG **47**, 178); ein Angriff auf Personen muss auch nicht zur Lebensgefahr führen (BGH **23**, 51). Es genügt daher **zB** ein fehlgegangener Steinwurf (MDR/D **68**, 895); Werfen von Erdklumpen (Bay NStZ **90**, 36 m. Anm. *Geerds* JR **90**, 384); das aggressive Versperren eines Zugangs; das Errichten von Barrikaden (Bay NJW **69**, 54; Stuttgart NJW **69**, 1543; 1776; Celle NJW **70**, 206; 8

Köln NJW **70**, 260; **aA** LK-*v. Bubnoff* 25 zu § 125; SK-*Rudolphi/Stein* 6; *Lackner/Kühl* 4 zu § 125; *Kreuzer* NJW **70**, 670).

9 Die **Absicht** muss spätestens **bei dem Eindringen** vorliegen. Die Ansicht, dass **Träger** der Absicht **„die Menge"** sein müsse (hM; *S/S-Lenckner/Sternberg-Lieben* 11) und es darauf, ob der Täter diese Absicht teilt, nicht ankomme (vgl. RG **51**, 423), ist schon deshalb fraglich, weil „die Menge" nur aus der Gesamtheit von Tätern besteht. Hiervon nicht berührt ist die Frage, ob der einzelne Beteiligte die Absicht eigener Gewalttätigkeiten haben muss (vgl. unten 13).

10 Die Absicht braucht sich nicht allein gegen die Personen oder Sachen innerhalb des Raumes zu richten; der Wille, ein Haus *auch* gegen Angriffe von außen besetzt zu halten, genügt aber nur dann, wenn damit in dem von § 124 vorausgesetzten besonderen Maße in den Hausfrieden der Örtlichkeit eingegriffen wird (*S/S-Lenckner/Sternberg-Lieben* 13; SK-*Rudolphi/Stein* 9 a; NK-*Ostendorf* 8). Es reicht daher nicht aus, dass die beabsichtigten Gewalttätigkeiten sich *ausschließlich* gegen Personen oder Sachen *außerhalb* des Gebäudes richten sollen (**aA** RG **53**, 64; *Lackner/Kühl* 2). Die Absicht muss auf Verübung **mit vereinten Kräften** und auf Gewalttätigkeiten *nach* dem Eindringen gerichtet sein; die Absicht der Gewaltanwendung *zum Zweck* des Eindringens reicht allein nicht aus. Daher ist § 124 zB nicht anwendbar auf (gewaltsame) **Hausbesetzungen** (*Arzt/Weber* 44/34).

11 **4) Tathandlung.** Voraussetzung für die **Täterschaft** ist die **Teilnahme** „an diesen Handlungen", dh sowohl an der **Zusammenrottung** als auch am **Eindringen.** Hinsichtlich der Beteiligung an der Zusammenrottung reicht eine Teilnahme iS von §§ 25 ff. nicht aus; es ist räumliche Anwesenheit und körperliche Beteiligung erforderlich. Dagegen setzt die Beteiligung am Hausfriedensbruch Eigenhändigkeit nicht voraus; es genügt, wenn der Beteiligte das Eindringen von außen fördert (RG **55**, 35). Der Täter muss **beim Eindringen** beteiligt sein. Dafür reicht es zwar aus, dass er das Eindringen anderer Beteiligter als Mittäter fördert, nicht aber, dass jemand sich erst nach dem Eindringen der Menge anschließt und sich in die Räume begibt (*S/S-Lenckner/Sternberg-Lieben* 18 f.). Personen, die sich nur deshalb in die Menge begeben, um sie von ihrer bedrohlichen Tendenz abzubringen (**„Abwiegler"**; NJW **54**, 1694), sind nicht als Teilnehmer anzusehen (*S/S-Lenckner/Sternberg-Lieben* 18; SK-*Rudolphi/Stein* 16; LK-*Lilie* 21). Ein besonderer, etwa aus Art. 5 GG abgeleiteter Rechtfertigungsgrund für **Journalisten** (*Dose* aaO) ist nicht gegeben; sie sind aber nicht Teilnehmer, wenn sie nicht in der Ansicht handeln, Gewalttätigkeiten selbst zu begehen oder zu begünstigen (LK-*Lilie* 20; SK-*Rudolphi/Stein* 16; vgl. dazu BVerfGE **20**, 177). **Vollendet** ist die Tat mit dem (zumindest teilweisen) Eindringen eines Beteiligten, wenn dies mittäterschaftlich getragen wird.

12 Echte **Teilnahme** an der Tat ist als Anstiftung oder Beihilfe möglich für solche Personen, die sich der Menge nicht anschließen (zB Vorbereitungshandlungen; Zur-Verfügung-Stellen von Material; Auskundschaften der Örtlichkeit). Eine Teilnahme iS von §§ 26, 27 am **Eindringen** führt nicht zur Täterschaft nach § 124, da Täter der Qualifikation nur sein kann, wer den Grundtatbestand verwirklicht (*S/S-Lenckner/Sternberg-Lieben* 19; **aA** *M/Schroeder/Maiwald* 30/26). Dabei kann der Bereich des § 25 II von dem des § 27 nicht allein danach abgegrenzt werden, ob der Beteiligte **eigenhändig** in die geschützten Räume eindringt (so iErg *M/Schroeder/Maiwald* 30/26; SK-*Rudolphi/Stein* 13); ausreichend, aber auch erforderlich ist eine nach allg. Regeln als Mittäterschaft anzusehende Beteiligung.

13 **5) Subjektiver Tatbestand.** § 124 setzt **Vorsatz** voraus; bedingter Vorsatz reicht sowohl für die Beteiligung an der Zusammenrottung als auch für das Eindringen. Hinsichtlich des gewalttätigen **Ziels** reicht die bloße Kenntnis von der Absicht der übrigen Personen nicht aus (zutr. *S/S-Lenckner/Sternberg-Lieben* 20; **aA** *Lackner/Kühl* 5; *M/Schroeder/Maiwald 30/27*). Zwar muss der Täter nicht die Absicht haben, selbst Gewalttätigkeiten zu begehen; jedoch kann Täter nur sein, wer diese Absicht teilt und weiß, dass seine Beteiligung sie fördert (*S/S-Lenckner/Sternberg-Lieben* 20; and. SK-*Rudolphi/Stein* 15 f.; LK-*Lilie* 17).

6) Konkurrenzen. Tateinheit ist möglich mit § 125 (RG **37**, 28; **55**, 41), mit §§ 239, 240 (2 StR 699/77) und §§ 242/243 Nr. 1 (vgl. RG **47**, 25) sowie § 250, aber auch mit §§ 223 ff., 303 ff. **14**

Landfriedensbruch

125 **I Wer sich an**
1. Gewalttätigkeiten gegen Menschen oder Sachen oder
2. Bedrohungen von Menschen mit einer Gewalttätigkeit,
die aus einer Menschenmenge in einer die öffentliche Sicherheit gefährdenden Weise mit vereinten Kräften begangen werden, als Täter oder Teilnehmer beteiligt oder wer auf die Menschenmenge einwirkt, um ihre Bereitschaft zu solchen Handlungen zu fördern, wird mit Freiheitsstrafe bis zu drei Jahren oder mit Geldstrafe bestraft, wenn die Tat nicht in anderen Vorschriften mit schwererer Strafe bedroht ist.

II Soweit die in Absatz 1 Nr. 1, 2 bezeichneten Handlungen in § 113 mit Strafe bedroht sind, gilt § 113 Abs. 3, 4 sinngemäß.

Übersicht

1) Allgemeines ... 1, 1 a
2) Rechtsgut ... 2
3) Gewalttätige Menschenmenge ... 3–9
4) Tathandlungen ... 10–15
5) Subjektiver Tatbestand ... 16
6) Irrtumsregelung (Abs. II) ... 17
7) Täterschaft und Teilnahme ... 18
8) Subsidiaritätsklausel ... 19
9) Rechtsfolgen ... 20
10) Konkurrenzen ... 21, 22

1) Allgemeines. Die Vorschrift geht in ihrem Abs. I ebenso wie § 125 a auf das 3. StrRG (vor § 111), Art. 19 Nr. 48 EGStGB zurück; Abs. II wurde durch das **StÄG 1989** [1 f. zu § 239 a] geändert (zum strafbewehrten Verbot der **Vermummung** und **passiven Bewaffnung** §§ 17 a, 27 II, 30 VersammlG; krit. dazu *S/S-Lenckner/Sternberg-Lieben* 1 mwN; vgl. auch *Maatz* MDR **90**, 577; Bay NStZ **89**, 28 [Anm. *Joerden* JZ **89**, 544; *Meurer* JR **89**, 305]; *Amelung* StV **89**, 52; *Baumann* StV **88**, 37; *Bemmann* Pfeiffer-FS 53 ff.; *Kunert/Bernsmann* NStZ **89**, 453 f.). Zur Entstehungsgeschichte vgl. 48. Aufl. 1; *Kast* [1 a], 11 ff. und *Weingärtner* [1 a], 41 ff. Neue Vorschläge zur Erweiterung haben in der 14. WP keine Mehrheit gefunden (GesA Bay, BR-Drs. 124/99). **1**

Literatur: *Achenbach* KR **89**, 633; *Amelung/Hassemer/Rudolphi* StV **89**, 72; *Baumann* StV **88**, 37; *Bemmann,* Friedlicher Landfriedensbruch, Pfeiffer-FS 53; *Benrath* JR **84**, 1; *Brause,* Landfriedensbruch u. Individualbegriff, NJW **83**, 1640; *Broß* Jura **86**, 194; *Dencker* StV **88**, 262; *Frowein* NJW **85**, 2378; *Jahn* JZ **89**, 345; *Hamm* AnwBl. **84**, 97; *Kast,* Das neue Demonstrationsrecht, 1986; *Kostaras,* Zur strafrechtlichen Problematik der Demonstrationsdelikte, 1982 [hierzu *H. Schäfer* GA **85**, 385]; *Krauß* StV **89**, 315; *Kühl,* Demonstrationsfreiheit u. Demonstrationsstrafrecht, NJW **85**, 2379; *ders.,* Landfriedensbruch durch Vermummung u. Schutzbewaffnung, NJW **86**, 874; *Kunert/Bernsmann* NStZ **89**, 453; *Lücke* DRiZ **88**, 353; *Maatz,* Zur Strafbewehrung des Verbots der Vermummung, MDR **90**, 577; *Meiski,* Der strafrechtliche Versammlungsschutz, 1995; *Schnoor* ZRP **83**, 185; *Scholz* NJW **83**, 705; *M. Schreiber* KR **88**, 1; *Schultz* MDR **83**, 183; *Strohmaier,* Die Reform des Demonstrationsstrafrechts, 1985; *ders.,* Das Demonstrationsrecht u. seine Reglementierung, ZRP **85**, 153; *ders.,* Das neue Demonstrationsrecht, StV **85**, 469; *Werle,* Die „Teilnahme" am Landfriedensbruch (usw.), Lackner-FS 481; *Wolter,* Gewaltanwendung u. Gewalttätigkeit, NStZ **85**, 123; 245; *Zuck* MDR **89**, 1065 u. **90**, 119. **Rechtsvergleichend:** *Weingärtner,* Demonstration u. Strafrecht. Eine rechtsvergleichende Untersuchung zum deutschen, französischen, niederländischen u. schweizerischen Recht, 1986. **1 a**

2) Rechtsgut. Durch § 125 geschützt ist die **öffentliche Sicherheit** (Bay NStZ **89**, 29 m. Anm.*Meurer* JR **89**, 305) im Sinne eines objektiven Zustands der Rechtsgütersicherheit (vgl. auch *Arzt/Weber* 44/4 ff.); daneben sind aber vor allem, wie sich aus I Nr. 1, 2 ergibt, **Individualrechtsgüter** geschützt, wie Leben, Gesundheit und Eigentum der durch Gewalt- **2**

tätigkeiten bedrohten Personen (LK-*v. Bubnoff* 1; vgl. auch *S/S-Lenckner/Sternberg-Lieben* 2; SK-*Rudolphi/Stein* 2 ff., 12). Das ergibt sich insb. auch daraus, dass § 125 gegenüber individualverletzenden Vorschriften zurücktritt (Abs. I, letzter HS; vgl. SK-*Rudolphi/Stein* 2). § 125 ist kein Schutzgesetz iS des § 823 II BGB (BGHZ **89**, 383; *Kornblum* JuS **86**, 607; *S/S-Lenckner/Sternberg-Lieben* 2). Die Vorschrift, die in I drei verschiedene Tatformen kennt, *kollidiert nicht mit Art. 5, 8 GG,* da diese Normen nur friedliche Versammlungen schützen (vgl. BGH **23**, 57; *Kühl* NJW **85**, 2379; **86**, 875; LK-*v. Bubnoff* 1, *S/S-Lenckner/Sternberg-Lieben* 1, 3). Nach Celle StV **01**, 516 [Anm. *Hoyer* JR **02**, 34] ist bei Tatbegehung durch einen Deutschen im Ausland (§ 7 II) auch die **ausländische** öffentliche Sicherheit geschützt, soweit sie (zugleich) dem Schutz von Individualrechtsgütern dient.

3 **3) Gewalttätige Menschenmenge.** In allen Tatvarianten des Abs. I vorausgesetzt ist das Vorhandensein einer **Menschenmenge,** aus welcher **Gewalttätigkeiten** oder **Bedrohungen** hiermit begangen werden. Zum Begriff der Menschenmenge vgl. 3 zu § 124 (vgl. auch BGH **33**, 308; NStZ **93**, 538; **94**, 483; Düsseldorf NJW **90**, 2699; Köln NStZ-RR **97**, 235; *S/S-Lenckner/Sternberg-Lieben* 8/9; LK-v. *Bubnoff* 31 f.).

4 **A. Gewalttätigkeiten (Abs. I Nr. 1).** Gewalttätigkeit (vgl. 8 zu § 124) ist ein gegen die körperliche Unversehrtheit von Personen oder Sachen gerichtetes aggressives Tun von einiger Erheblichkeit unter Einsatz physischer Kraft (BGH **20**, 305; **23**, 52 m. Anm. *Ott* NJW **69**, 2023 u. *Eilsberger* JuS **70**, 164; NJW **95**, 2644; Bay NStZ **90**, 37 m. Anm. *Geerds* JR **90**, 384; Hamburg NJW **83**, 2273 m. Anm. *Rudolphi* JR **83**, 252; Karlsruhe NJW **79**, 2415; Düsseldorf NJW **93**, 869; Köln NStZ-RR **97**, 234; *Lackner/Kühl* 4; SK-*Rudolphi/Stein* 4 a; *S/S-Lenckner/Sternberg-Lieben* 5; LK-*v. Bubnoff* 47; *Wolter* NStZ **85**, 251). Die Gewalthandlungen müssen sich gegen Menschen, dh unmittelbar gegen die körperliche Integrität, oder gegen Sachen richten. Ein Verletzungs-**Erfolg** oder eine konkrete Gefährdung (Köln NStZ-RR **97**, 234) ist nicht erforderlich; § 125 ist insoweit unechtes Unternehmensdelikt. **Keine** Gewalttätigkeiten sind Handlungen, die nicht geeignet sind, zu Körperverletzungen oder Sachbeschädigungen zu führen, **zB** das bloße Wegdrängen von Personen oder das Beschmutzen von Sachen (i. e. str.; vgl. SK-*Rudolphi/Stein* 5; *S/S-Lenckner/Sternberg-Lieben* 6 mwN); Sitzblockaden (vgl. 10 ff. zu § 240) sowie rein passives Verhalten (BGH **23**, 51).

5 **Einzelfälle.** Als Gewalttätigkeiten **gegen Menschen** sind etwa angesehen worden: Rollen von Stahlrohren gegen Polizeibeamte (AG Frankfurt JZ **69**, 200); „Barrikadenkampf" gegen Polizeibeamte (BGH **32**, 180); Bespritzen von Polizeibeamten mit Benzin (NJW **95**, 2644); Durchsuchung von Personen mit körperlicher Gewalt (Stuttgart NJW **69**, 1776); Anheben oder Schaukeln eines Pkw (Bay JZ **69**, 208; NStZ **90**, 37 m. Anm. *Geerds* JR **90**, 384); Werfen von Steinen, Erdklumpen, Molotow-Cocktails, Feuerwerkskörpern etc.; auch von Eiern oder Farbbeuteln (Köln NStZ-RR **97**, 234); Schüsse aus scharfen oder Gaswaffen, aber auch mit Präzisionsschleudern oder ähnlichen Schussvorrichtungen; das Einsperren oder sonstiges „Gefangennehmen" von Personen; als Gewalttätigkeit **gegen Sachen:** Zerstechen von Autoreifen (Karlsruhe NJW **79**, 2415); Einschlagen oder Einwerfen von Fenstern; Einschlagen oder Eindrücken einer Tür (RG **55**, 33); Umwerfen von Gegenständen (BGH **23**, 53); Aufbrechen von Schränken; Durchbrechen von Absperrungen (Bay JZ **69**, 208).

6 **B. Bedrohungen von Menschen (Abs. I Nr. 2).** Der bedrohende Landfriedensbruch setzt voraus, dass Bedrohungen von Menschen mit einer Gewalttätigkeit begangen werden. Die Drohung kann ausdrücklich oder konkludent erfolgen; im Einzelfall kann auch ein bedrohendes „Vorrücken" der Menge genügen. Nach **hM** soll sich die Formulierung **„von Menschen"** nicht auf die angedrohten Gewalttätigkeiten, sondern (nur) auf die Bedrohung selbst beziehen, so dass hiernach auch die Bedrohung von Menschen (die nicht anwesend zu sein brauchen; LK-*v. Bubnoff* 53; SK-*Rudolphi/Stein* 15) mit Gewalttätigkeiten **gegen Sachen** ausreichen soll (*S/S-Lenckner/Sternberg-Lieben* 17/18; SK-*Rudolphi/Stein* 16; *Lackner/Kühl* 5; LK-*v. Bubnoff* 54; *jew. mwN). Das* ist nach dem Gesetzeswortlaut eher fern liegend, weil Drohungen als Äußerungshandlungen *stets* Menschen als Adressaten haben und die Formulierung „von Menschen" nach der Auslegung der hM daher jedenfalls überflüssig wäre (vgl. auch Hamm NStZ **95**, 547 f. [Drohung mit Selbstver-

brennung nicht ausreichend, da „nicht unmittelbar gegen eine Person gerichtet]"). Die hM setzt überdies den Begriff der „Bedrohung" iErg mit dem einer *allgemeinen* „Androhung" iS von § 126 gleich („Bedrohung" nicht anwesender Personen mit der Beschädigung von Sachen *Dritter*); das führt zu kaum plausiblen Überschneidungen. Auch die *ratio legis* zwingt nicht zu dieser extensiven Auslegung: Zwar reicht in der 3. Var. auch das Aufwiegeln zu Gewalttätigkeiten gegen *Sachen;* jedoch ist hier die Teilnahme im Unterschied zur 1. und 2. Alt. nicht zur Täterschaft aufgewertet und der Unrechtsgehalt daher grundlegend anders bestimmt. Die Ausdehnung des Tatbestands führt in Verbindung mit der Weite des Begriffs der Gewalttätigkeit und dem Erfordernis, dass nur *einzelne* die Bedrohungen begehen müssen, zur Einbeziehung bagatellhafter Sachverhalte, die dem Zweck des Tatbestands kaum gerecht wird.

C. Handlungen aus der Menschenmenge. Gewalttätigkeiten oder Bedrohungen müssen aus der Menge heraus, dh **nach außen** begangen werden. Nicht unter § 125 fallen Ausschreitungen **innerhalb** einer Menschenmenge (BGH **33**, 307; Hamm NStZ **95**, 547); auch nicht Handlungen von Außenstehenden, entweder zur Unterstützung der Menge oder gegen sie. Eine Wirkung nach außen liegt aber auch bei **Teilmengen** vor; so etwa bei Gewalttätigkeiten zwischen verschiedenen Demonstrantengruppen. 7

Die Handlungen müssen **mit vereinten Kräften** begangen werden. Hierzu ist nicht erforderlich, dass die gesamte Menge Gewalttätigkeiten oder Bedrohungen bejaht; es muss sich also nicht um eine insgesamt unfriedliche Menge handeln (LK-*v. Bubnoff* 36). Andererseits reicht es nicht aus, dass von **einzelnen** Teilnehmern Gewalthandlungen begangen werden (SK-*Rudolphi/Stein* 11). Problematisch ist die Abgrenzung, wenn entweder eine **Gruppe** von Teilnehmern Gewalthandlungen mit (ihrerseits) „vereinten Kräften" begeht (zB Gewalttätigkeiten kleiner Gruppen zusammenwirkender Personen aus einer im ganzen friedlichen Menschenmenge), oder wenn Einzeltäter eine friedliche Menschenmenge als Deckung für Gewalttätigkeiten benutzen (vgl. *Arzt/Weber* 44/29). IdR wird man fordern müssen, dass Gewalttätigkeiten einzelner oder kleinerer Gruppen zumindest in einer Teilmenge einen Rückhalt finden, der das Merkmal der „vereinten Kräfte" erfüllt, zB durch Abschirmung der Einzeltäter gegen polizeilichen Zugriff, Vermummung oder Bewaffnung der Menge. Übergriffe einzelner aus einer friedlichen Menschenmenge, selbst wenn sie von mehreren ausgeführt werden, unterfallen § 125 nicht; die Menge darf nicht nur *Kulisse,* sondern muss *Basis* der Ausschreitungen sein (Köln NStZ-RR **97**, 235; ebenso AG Freiburg StV **82**, 582; AG Tiergarten NJW **88**, 3219; *Lampe* ZStW **106**, 684; *S/S-Lenckner/Sternberg-Lieben* 10; SK-*Rudolphi/Stein* 10f.; NK-*Ostendorf* 14; **aA** LK-*v. Bubnoff* 37; *Arzt* JA **82**, 270 und *Arzt/Weber* 44/29; der BGH hat die Frage offen gelassen; vgl. NJW **95**, 2644). 8

D. Gefährdung der öffentlichen Sicherheit. Die Handlungen, müssen darüber hinaus in einer die **öffentliche Sicherheit gefährdenden Weise** begangen werden; dh es muss für **unbestimmte** Personen oder Sachen die Gefahr eines Schadens eintreten. Sind die Handlungen gegen bestimmte **einzelne** Menschen oder Sachen gerichtet oder tritt nur bei einzelnen Personen ein Schaden ein, so genügt es, wenn diese stellvertretend für andere gleicher Art angegriffen werden (NStZ **04**, 618; vgl. NStZ **93**, 538; Hamburg NJW **83**, 2273 [m. Anm. *Rudolphi* JR **83**, 252]; Bay NStZ-RR **99**, 269), wenn die Gefahr der Ausbreitung (zB bei Brandstiftung) oder der Begehung weiterer ähnlicher Taten besteht oder auch nur das Sicherheitsgefühl unbestimmt vieler Menschen beeinträchtigt wird (Karlsruhe NJW **79**, 2415; *S/S-Lenckner/Sternberg-Lieben* 11; Prot. V/2954; 3017ff.; LK-*v. Bubnoff* 39ff.; *Blei* JA **70**, 618; *Arzt* JA **82**, 270). Bei Bedrohungen kann die öffentliche Sicherheit nur dann gefährdet werden, wenn sie ernst gemeint erscheinen und ihre Verwirklichung nicht ausgeschlossen erscheint (LK-*v. Bubnoff* 44). 9

4) Tathandlung. Abs. I unterscheidet drei Tatvarianten. Während der **gewalttätige** und der **bedrohende** Landfriedensbruch die Teilnahme an durch die Ge- 10 fährdung der öffentlichen Sicherheit qualifizierten Angriffen auf Individualrechtsgüter zur Täterschaft aufstuft, wird in der Tatvariante des **aufwieglerischen** Landfriedensbruchs eine Vorbereitungshandlung als selbstständige Täterschaft erfasst (vgl. SK-*Rudolphi/Stein* 3; LK-*v. Bubnoff* 1).

11 **A. Beteiligung an Gewalttätigkeiten oder Bedrohungen (Var. 1 und 2).** Tathandlung ist die Beteiligung an **Handlungen** nach Nr. 1 oder 2 **als Täter oder Teilnehmer** *(Einheitstäter)*.

12 **Umstr.** ist, ob eine Beteiligung iS von Abs. I die **Anwesenheit** in der Menschenmenge voraussetzt. Für die Beteiligung als **Täter** hat BGH **32**, 165 [Anm. *Arzt* JZ **84**, 429; *Wilms* JR **84**, 120] das verneint, für **Teilnehmer** offen gelassen (vgl. auch BGH **33**, 307 [Anm. *Otto* NStZ **86**, 70]; dazu BVerfGE **82**, 236, 269 [Bespr. *Rinken* StV **94**, 95]; für Einbeziehung auch außenstehender und abwesender Täter und Teilnehmer *Dreher* NJW **70**, 1160; LK-*v. Bubnoff* 9; dagegen für Erfassung nur von Angehörigen der Menschenmenge *Kostaras* [1 a] 14; *Strohmaier* [1 a] 87). Die wohl **hM** in der Lit. hält jedenfalls für **Anstifter** und **Gehilfen** eine Einschränkung für erforderlich, da sonst eine nicht-täterschaftliche Teilnahme am Delikt des § 125 gar nicht mehr möglich wäre und selbst Teilnahmehandlungen Außenstehender zur Täterschaft aufgestuft würden, durch welche die spezifische Gefährlichkeit der Menschenmenge nicht begründet oder erhöht wird (vgl. *Lackner/Kühl* 10; *S/S-Lenckner/Sternberg-Lieben* 13; *M/Schroeder/Maiwald* 60/29; *Arzt/Weber* 44/31: **aA** SK-*Rudolphi/Stein* 13). Dem ist auch im Hinblick auf die Abgrenzung zur 3. Var. zuzustimmen; eine Einbeziehung Außenstehender in den Täterkreis der 1. und 2. Tatvariante ist daher nur für Mittäter oder mittelbare Täter möglich, wenn diesen die Gewalttätigkeiten gegen Menschen oder Sachen nach allgemeinen Grundsätzen als eigene Tat zuzurechnen sind (BGH **32**, 165, 178 [*Startbahn-West*]; krit. *S/S-Lenckner/Sternberg-Lieben* 14).

13 Die bloße **Zugehörigkeit** zu einer unfriedlichen Menge ist (anders § 125 aF) daher nicht tatbestandsmäßig (vgl. dazu *Werle,* Lackner-FS 481, 491); auch nicht das passive Dabei-Bleiben in einer unfriedlich *werdenden* Demonstration, auch bei Inkaufnahme einer Ausnutzung durch gewalttätige Dritte (vgl. i. e. *S/S-Lenckner/Sternberg-Lieben* 14; SK-*Rudolphi/Stein* 13 b, jew. mwN). Sind die Handlungen nicht als solche schon strafbar, so gelten die sonst unmittelbar anwendbaren §§ 25 ff. entsprechend. Die Handlungen nach Nr. 1 oder 2 müssen begangen werden; der bloße Versuch dazu reicht nicht aus. Ein **„inaktives Dabeisein"** oder bloßes Mitmarschieren reicht anders als in § 125 aF nicht aus (NStZ **84**, 549), da auch unter dem Gesichtspunkt einer psychischen Beihilfe hier kein die Gewalttätigkeiten oder Bedrohungen unterstützendes Verhalten vorliegt (Naumburg NJW **01**, 2034). Anders soll es sein, wenn sich der Täter einer bereits gewalttätigen Gruppe innerhalb der Menschenmenge anschließt und dort auch während schwerer Gewalttätigkeiten durch Vermummung und Schutzbewaffnung seine Solidarität mit den Gewalttätern bekundet (NStZ **84**, 549; Bay NStZ-RR **96**, 102; *Kühl* NJW **85**, 2380; *Lackner/Kühl* 10; einschr. AG Freiburg NStZ **82**, 247; LG Krefeld StV **84**, 250; SK-*Rudolphi/Stein* 13 b; *S/S-Lenckner/Sternberg-Lieben* 14). Ein erhebliches **Indiz** für eine täterschaftliche Begehung schafft zB, wer während gewalttätiger Ausschreitungen in vorderster Front Wurfgeschosse aufsammelt (Bay aaO; krit. SK-*Rudolphi/Stein* 13 b).

14 **B. Einwirkung zur Förderung (Var. 3).** Beim sog. aufwieglerischen Landfriedensbruch muss der Täter auf eine **bereits vorhandene,** nicht erst zu bildende Menschenmenge einwirken. Diese braucht nicht von vornherein unfriedlich zu sein; gerade auch wer auf eine friedliche Menge in einer Weise einzuwirken versteht, dass eine zunächst nicht vorhanden gewesene Bereitschaft zu Gewalttätigkeiten geweckt wird, erfüllt den Tatbestand (LK-*v. Bubnoff* 55 ff.; *S/S-Lenckner/Sternberg-Lieben* 23;SK-*Rudolphi/Stein* 18; *Lackner/Kühl* 12; *Rogall* GA **79**, 25); auf den Begriff des „Förderns" der Bereitschaft lässt sich eine gegenteilige Auffassung (vgl. etwa *Dreher* NJW **70**, 1161) nicht stützen, die sinnwidrig gerade Aufwieglungs-

handlungen mit besonderer krimineller Energie straflos lassen müsste (zutr. SK-*Rudolphi/Stein* 18). **Tathandlung** ist hier jedes **Einwirken,** dh ein aktives Tun oder Unterlassen (insoweit **aA** NK-*Ostendorf* 23), das mindestens auf Teile der Menge einen Eindruck machen soll, wenn es in der **Absicht** (6 zu § 15) geschieht, die **Bereitschaft** der Menge **zu Handlungen** nach I Nr. 1 oder Nr. 2 zu steigern oder zu unterstützen, gleichgültig, ob es schon zu Gewalttätigkeiten kam (vgl. Braunschweig NStZ **91**, 492). Die Einwirkung muss „auf die Menschenmenge" erfolgen. Dazu ist nicht erforderlich, dass alle Anwesenden von ihr Kenntnis erlangen; andererseits reicht etwa versuchte Anstiftung eines einzelnen Teilnehmers nicht aus (*S/S-Lenckner/Sternberg-Lieben* 20). In Betracht kommen auch Provokationen **zB** durch vorgetäuschte Übergriffe der anderen Seite; aufgebauschte oder Panik oder Wut erzeugende Meldungen über angebliche oder tatsächliche Aktionen der Polizei usw. Ob das Einwirken Erfolg hat oder auch nur geeignet ist, Erfolg zu haben, ist ohne Bedeutung (LK-*v. Bubnoff* 33 f.); die Tat ist mit dem Beginn der Einwirkung **vollendet.** Bloße erfolglose Teilnahme an einzelnen Handlungen, die nicht zugleich Einwirkung auf die Menge ist, reicht nicht aus (vgl. LG Krefeld StV **84**, 250). **Täter** der 3. Var. kann auch ein **Außenstehender** sein.

Der Täter muss in der **Absicht** („um") handeln, die Bereitschaft der Menge zu Taten nach I Nr. 1 oder Nr. 2 zu fördern. Eine ausdrückliche Aufforderung zu solchen Taten, sei es zu bestimmten Handlungen oder nur allgemein, ist daher nicht erforderlich; freilich wird der **Beweis** der Absicht in der Praxis selten zu führen sein, wenn solche Aufforderungen nicht (jedenfalls konkludent) vorliegen. Ausgeschlossen sind damit Einwirkungen, die zwar objektiv die Bereitschaft fördern und dies ggf auch in Kauf nehmen, es jedoch nicht anstreben. Weder die Förderung der Bereitschaft noch die Gewalttaten müssen alleiniger, vorrangiger oder Endzweck der Aufwieglung sein; es reicht, wenn sie als notwendige Zwischenschritte zur Erreichung eines weitergehenden (zB politischen) Ziels angestrebt werden. **15**

5) Subjektiver Tatbestand. Bei allen Begehungsformen des § 125 ist **Vorsatz** erforderlich; bedingter Vorsatz genügt. Bei den Tatformen der Nrn. 1 und 2 muss Teilnehmervorsatz gegeben sein. Für die Konkretisierung der Tathandlungen in der Vorstellung der Beteiligten gelten die allgemeinen Grundsätze (5 ff. zu § 26; 22 zu § 27; 7 zu § 30); hat sich zB ein Gehilfe vorgestellt, dass mit den von ihm beschafften Wurfgeschossen Fensterscheiben eingeworfen werden, so ist es, wenn er nicht konkrete abweichende Vorstellungen zum Ausdruck gebracht hat, gleichgültig, an welchen Gebäuden und zu welchem Zeitpunkt der Aktion das geschieht und welche Teilnehmer im Einzelnen die Werfer sind. Beim aufwieglerischen Landfriedensbruch muss sich der Vorsatz auch auf die Bereitschaft der Menge beziehen; der Täter muss die Absicht (oben 15) der Einwirkung haben und seine Handlung für geeignet halten, dies zu erreichen. **16**

6) Irrtumsregelung (Abs. II). Die Regelung (idF Art. 3 II StÄG 1989) bestimmt, dass in den Fällen, in denen die Tathandlungen nach I Nr. 1, 2 **zugleich Widerstand** (iS des mit niedrigerer Strafe bedrohten § 113) gegen *nicht* rechtmäßige Diensthandlungen sind, § 113 III, IV sinngemäße Anwendung findet (vgl. dazu 10 zu § 113). Solche Taten sind demnach auch nicht nach § 125 strafbar. Irrt sich der Täter hierüber, so gelten die Grundsätze 23 bis 26 zu § 113. **17**

7) Täterschaft und Teilnahme. Zur Abgrenzung von Täterschaft und Teilnahme bei den Tatvarianten 1 und 2 vgl. oben 12; eine Teilnahme ist nach allg. Regeln möglich, soweit der Beteiligte nicht selbst Mitglied der Menge ist (str.); in der Menge Anwesende, die sich an Gewalttätigkeiten oder Bedrohungen beteiligen, sind stets Täter. Allein passives Dabeisein (oder Dabei-Bleiben) ist straflos; eine (psychische) **Beihilfe** kann aber darin liegen, dass ein Beteiligter sich einer zum *Zweck* von Gewalttätigkeiten losmarschierenden Menschenmenge in Kenntnis dieses Zwecks demonstrativ anschließt und am Ort der Gewalttätigkeiten nach einem „gemeinsamen Kommando" agiert, um die Gewalttätigen in ihrem Vorhaben zu **18**

bestärken (Naumburg NJW **01**, 2034). Bei der Tatvariante des Einwirkens kann Täter auch ein Außenstehender sein.

19 **8) Subsidiaritätsklausel.** Nach Abs. I, letzter HS, wird der Täter nach § 125 I bestraft, wenn die Tat nicht in anderen Vorschriften mit schwererer Strafe bedroht ist. Die Bedeutung dieser Klausel ist umstritten; es ist insoweit auf die Erl. zu § 246 I zu verweisen (dort 23 f.). Der **BGH** hat die Klausel als Anordnung **formeller Subsidiarität** verstanden; danach gestattet der Wortlaut eine einschränkende Auslegung nicht, so dass Abs. I unabhängig von der Schutzrichtung konkurrierender Tatbestände namentlich von §§ 211, 212, 223 bis 227 verdrängt wird (BGH **43**, 237 [krit. Anm. *Rudolphi* JZ **98**, 471; zust. *Martin* JuS **98**, 375]; zutr. **aA** zB LK-*Rissing-van Saan* 127 f. vor § 52; vgl. dazu auch 23 f. zu § 246; *S/S-Lenckner/Sternberg-Lieben* 38 ff.). Die Subsidiarität darf danach nicht aus „Klarstellungsgründen" zur Verdeutlichung des spezifischen tatbestandlichen Unrechts außer Betracht gelassen werden (BGH aaO 238 f.; **aA** SK-*Rudolphi/Stein* 26; LK-*v. Bubnoff* 40).

20 **9) Rechtsfolgen.** Die **Strafe** ist, soweit die Subsidiaritätsklausel nicht eingreift, Freiheitsstrafe bis zu 3 Jahren oder Geldstrafe. Eine Strafzumessungsregel für **besonders schwere Fälle** enthält § 125 a (vgl. dort).

21 **10) Konkurrenzen.** Hinsichtlich der Tatvariante des Einwirkens kommt **Tateinheit** mit § 111 in Betracht, der aber im Fall höherer Strafdrohung § 125 verdrängen kann (*Rogall* GA **79**, 25). Von § 30 wird die dritte Variante stets verdrängt. Beteiligt sich der Täter an mehreren Gewalttätigkeiten oder Bedrohungen aus derselben Menschenmenge, so liegt, wenn § 124 nicht verdrängt wird, nur eine einzige Tat vor (*S/S-Lenckner/Sternberg-Lieben* 32). Von § 125 verdrängt wird § 303 (Karlsruhe NJW **79**, 2416), ferner § 113 OWiG (dazu Karlsruhe NJW **74**, 2144; Düsseldorf NStZ **84**, 513). § 113 OWiG (Anh. 7) spielt im Vorfeld des § 125 keine praktisch wichtige Rolle (**aA** offenbar LK-*v. Bubnoff* 1 vor § 125; vgl. auch *Arzt* JA **82**, 273).

22 **Tatmehrheit** ist gegeben mit § 27 II VersammlG ist dann möglich, wenn zuvor ein Landfriedensbruch bereits rechtlich abgeschlossen war (*S/S-Lenckner/Sternberg-Lieben* 32). Im Übrigen tritt § 27 II VersammlG gegenüber I zurück; in Fällen, in denen die Tathandlung des § 27 II VersammlG schon eine psychische Beihilfe zur Tat nach § 125 darstellt (vgl. *Kühl* NJW **85**, 2380), ist aber Tateinheit gegeben (**aA** LK-*v. Bubnoff* 77).

Besonders schwerer Fall des Landfriedensbruchs

125a **I In besonders schweren Fällen des § 125 Abs. 1 ist die Strafe Freiheitsstrafe von sechs Monaten bis zu zehn Jahren. Ein besonders schwerer Fall liegt in der Regel vor, wenn der Täter**

1. **eine Schusswaffe bei sich führt,**
2. **eine andere Waffe bei sich führt, um diese bei der Tat zu verwenden,**
3. **durch eine Gewalttätigkeit einen anderen in die Gefahr des Todes oder einer schweren Gesundheitsschädigung bringt oder**
4. **plündert oder bedeutenden Schaden an fremden Sachen anrichtet.**

1 **1) Allgemeines.** Die Vorschrift idF des 3. StrRG (ergänzt durch Art. 1 Nr. 2 ÄndGStGB/VersG, S. 2 Nr. 3 geändert durch Art. 1 Nr. 9 des 6. StrRG) enthält besonders schwere Fälle (11 zu § 12; 88 f. zu § 46), die auch für § 126 I Nr. 1 iVm §§ 140, 145 d sowie für § 1 II Nr. 5 des 4. StÄG bedeutsam sind. § 125 a enthält keine Qualifikation des § 125, sondern eine **Strafzumessungsregel,** deren Verwirklichung **nicht in den Urteilstenor** aufzunehmen ist (BGH **23**, 256; **27**, 289; NStZ **00**, 194; BGHR § 125 a Waffe 1; 3 StR 591/97).

2 **2) Regelbeispiele (S. 2).** § 125 S. 2 enthält in Nrn. 1 bis 4 Regelbeispiele besonders schwerer Fälle, die den Regelungen in § 244 I Nr. 1 Buchst. a (Nr. 1), § 113 II Nr. 1, Nr. 2 (Nr. 2, 3) entsprechen; Nr. 4 enthält eine eigenständige, auf die spezifische Gefahr des § 125 ausgerichtete Strafschärfungsregel.

3 **A. Führen einer Schusswaffe (Nr. 1).** Das Regelbeispiel setzt voraus, dass der Täter eine **Schusswaffe** bei sich führt. Der Begriff der Schusswaffe, der nach bisheriger Rspr eine Untergruppe der Waffen im strafrechtlichen Sinn bezeichnete (vgl. BGH **24**, 137 [zu § 244 aF]; **45**, 93 [zu § 250 aF]), ist durch die Entscheidung

des GrSen in BGH **48**, 197, 201 zweifelhaft geworden (vgl. dazu *Fischer* NStZ **03**, 569, 574; SK-*Rudolphi/Stein* 2). Erforderlich ist jedenfalls, dass nach der Bauart des Gegenstands ein Geschoss durch einen Lauf getrieben wird (BGH **24**, 137). Vgl. dazu auch 3 ff. zu § 244.

3 a Zum Begriff des **Bei-sich-Führens** vgl. 12 zu § 244. Im Gegensatz zu § 244 I Nr. 1 ist nach dem Wortlaut das Beispiel nur gegeben, wenn **der Täter selbst,** nicht auch ein anderer Beteiligter die Waffe bei sich führt (BGH **27**, 56; vgl. auch BGH **42**, 370; **43**, 240; StV **81**, 74; Bay NStZ-RR **96**, 101; Karlsruhe StV **98**, 255; LK-*v. Bubnoff* 11 f.; **aA** SK-*Rudolphi/Stein* 5; *S/S-Lenckner/Sternberg-Lieben* 6); für Mittäter, die die Verwirklichung von Nr. 1 oder Nr. 2 kennen und billigen, kam nach bisheriger Rspr die Annahme eines unbenannten besonders schweren Falles (unten 9) in Betracht (BGH **43**, 240). Der GrSen hat die Frage in BGH **48**, 189 = NStZ **03**, 435 [zu § 30 a II Nr. 2 BtMG] offen gelassen; jedoch im Hinblick auf den Charakter des § 125 als *Massendelikt* zu Recht auf die Notwendigkeit einer praktikablen Abgrenzung mittäterschaftlicher Zurechnung hingewiesen. Für die Tatformen des gewalttätigen und bedrohenden Landfriedensbruchs ist überdies zu beachten, dass dort jeder Teilnehmer an den Handlungen nach § 125 I Nr. 1 oder 2 Täter nach § 125 ist (vgl. auch unten 10). Für eine *allgemeine* Privilegierung von **Berufswaffenträgern** besteht sachlich kein Anlass (*S/S-Lenckner/Sternberg-Lieben* 4; SK-*Rudolphi/Stein* 5; **aA** LK-*v. Bubnoff* 2; vgl. 4 zu § 244). Nr. 1 ist auch auf den „Aufwiegler" (§ 125, 3 Var.) ohne Einschränkung anwendbar (**aA** NK-*Ostendorf* 3; SK-*Rudolphi/Stein* 5; wie hier *S/S-Lenckner/Sternberg-Lieben* 6; LK-*v. Bubnoff* 2).

4 **B. Führen anderer Waffen in Verwendungsabsicht (Nr. 2).** Vorausgesetzt ist, dass der Täter (oben 3) eine **andere Waffe** in **Verwendungsabsicht** bei sich führt (vgl., dazu 12 zu § 244). **Waffe** ist hier auch ein solche im **nichttechnischen Sinn** zu verstehen, also ein (objektiv; vgl. Erl. zu § 244) **Gefährliches Werkzeug** iS von §§ 244 I Nr. 1 a, 250 I Nr. 1 a. Erfasst sind **zB** Hartgummistöcke, größere Steine (AG Tiergarten StV **83**, 465; NStZ **91**, 493); Baseballschläger (NStZ **98**, 633); scharfkantige Schottersteine (LG Berlin NStZ **92**, 37); Holzknüppel (NStZ **00**, 307); Explosivkörper (Molotow-Cocktails; vgl. NJW **95**, 2645). Der Täter muss **beabsichtigen,** die Gegenstände zumindest mittelbar als Waffe gegen Personen zu **verwenden** (Bay JR **87**, 466 m. Anm. *Dölling; S/S-Lenckner/Sternberg-Lieben* 9; SK-*Rudolphi/Stein* 7; LK-*v. Bubnoff* 6). Eine Absicht, tatsächlich gravierende Verletzungen von Personen zu verursachen, ist nicht vorausgesetzt (LG Berlin NStZ **92**, 37).

5 **C. Konkrete Gefährdung (Nr. 3).** Das Regelbeispiel setzt voraus, dass der Täter des § 125 (oben 3) durch eine **Gewalttätigkeit** (8 zu § 124) einen anderen in die **Gefahr des Todes** oder der in 6 zu § 176 a beschriebenen **schweren Gesundheitsschädigung** bringt; diese muss also aus der Menschenmenge mit vereinten Kräften (vgl. 8 zu § 125) begangen sein. Die Vorschrift stellt nur auf den Täter (oben 2) ab (BGH **27**, 58) und entspricht § 113 II Nr. 2 mit der Maßgabe, dass es genügt, wenn **irgendein Mensch** in diese Gefahr gebracht wird (vgl. Bay NStZ-RR **96**, 101). Dass durch Nr. 3 auch Angehörige der gewalttätigen Menschenmenge geschützt sind, ist zw. (abl. *S/S-Lenckner/Sternberg-Lieben* 11). Im Übrigen gilt 29 zu § 113, auch hinsichtlich des Vorsatzes (BGH **26**, 245; LK-*v. Bubnoff* 13); § 18 ist nicht entsprechend anwendbar (MDR/D **75**, 21; *S/S-Lenckner/Sternberg-Lieben* 16; SK-*Rudolphi/Stein* 14).

6 **D. Plündern oder Anrichten bedeutenden Schadens (Nr. 4).** Das Regelbeispiel enthält zwei Fälle der Verwirklichung tatbestandsspezifischer Gefahren. Die Strafschärfung kommt nur für **Täter** des § 125 in Betracht; Teilnehmer sind ggf (nur) nach §§ 242 ff.; §§ 303 ff. erfasst; so **zB** nicht „Mitläufer", die einen von Dritten begangenen Landfriedensbruch zur Plünderung ausnutzen (*S/S-Lenckner/Sternberg-Lieben* 12; SK-*Rudolphi/Stein* 10).

7 **a) Plündern.** Die Anwendung der Regel setzt voraus, dass der Täter unter Ausnutzung der durch das Auftreten der Menge, insbesondere durch Gewalttätigkeiten (zB Einschlagen von Geschäftstüren, Schaufensterscheiben) entstandenen Lage **stiehlt** oder anderen fremde bewegliche Sachen in Zueignungsabsicht **abnötigt** (BGH JZ **52**, 369), wobei allerdings Beteiligte des § 125 als Opfer ausscheiden. §§ 240, 242, 243 werden dann durch Nr. 4 verdrängt, während mit §§ 244, 249 ff. Tateinheit möglich ist. Insb. bei geringfügigen Diebstählen im Rahmen des Gesamtgeschehens ist zu prüfen, ob das konkrete Tatbild die **Indizwirkung** des Regelbeispiels bestätigt (NStZ **00**, 194 [Diebstahl von 3 Flaschen alkoholischer Getränke]).

8 **b) Anrichten bedeutenden Schadens.** Der Täter muss an **fremden Sachen** (auch unbeweglichen, vor allem Gebäuden) vorsätzlich **bedeutenden Schaden** anrichten. Damit ist nicht ein gravierender Schaden auch an einer geringwertigen Sache, sondern ein für sich gesehen bedeutender Schaden gemeint (LK-*v. Bubnoff* 9). 29 zu § 69, 16 zu § 315 gelten sinngemäß; bei einem Schaden von mehr als 1300 Euro ist Nr. 4 jedenfalls erfüllt (vgl. BGH **43**, 240 [3000 DM]; Karlsruhe StV **98**, 255 [7500 DM]). Der Schaden muss nicht an *einer* Sache entstehen; bedeutend kann der Schaden auch dadurch werden, dass der Täter verschiedene Sachen beschädigt.

9 **3) Unbenannte besonders schwere Fälle.** Außerhalb der Regelbeispiele kommen besonders schwere Fälle zB in Frage, wenn der Täter Rädelsführer oder Hintermann ist (4 StR 88/98; 3 zu § 84); wenn Gewalttätigkeit oder Bedrohung sich gegen jemand richten, der für die Allgemeinheit eine Stellung von besonderer Bedeutung erfüllt; wenn die Funktion lebenswichtiger Betriebe (§§ 88, 316 b) erheblich gestört wird (vgl. Bay NStZ-RR **96**, 103); wenn die öffentliche Sicherheit in besonders schwerwiegender Weise gestört wurde (besonders bedenkenlose und brutale Kampfstrategie; billigende Kenntnis des Führens von Waffen durch andere). Die Ahndung einer besonders massiven, die Tatbestandsvoraussetzungen weit überschreitenden Tat unter Verwirklichung des Regelbeispiels der Nr. 2 mit einer die Mindeststrafe um nur 3 Monate überschreitenden Bewährungsstrafe wird der Bestimmung der Strafe als gerechter Schuldausgleich nicht mehr gerecht (NStZ **00**, 307 [Stürmung des israelischen Generalkonsulats nach Festnahme des PKK-Führers *Öcalan*]).

10 **4)** Wirkt ein **Beteiligter** des § 125 mit einem Täter des § 125 zusammen, bei dem ein Regelbeispiel gegeben ist, so kann, wenn das Beispiel nicht auch auf ihn zutrifft, ein besonders schwerer Fall bei ihm nur angenommen werden, wenn sich aus seiner Kenntnis des Regelbeispiels beim Täter, seinem Zusammenwirken mit ihm und dem sonstigen Tatbild ein solcher Fall ergibt (BGH **27**, 59; StV **81**, 74; Bay NStZ-RR **96**, 102; LK-*v. Bubnoff* 12; vgl. auch SK-*Rudolphi/Stein* 15; **aA** *S/S-Lenckner/Sternberg-Lieben* 6, 10 mwN; vgl. 105 zu § 46). Im Übrigen gelten für die **Teilnahme** grds die allgemeinen Regeln. Die Anstiftung zu einem Regelbeispiel durch einen Täter des § 125 führt für diesen idR zu einem besonders schweren Fall (*S/S-Lenckner/Sternberg-Lieben* 17). Die Merkmale des § 125 a sind keine besonderen persönlichen Merkmale iS von § 28, sondern tatbezogen (SK-*Rudolphi/Stein* 15). Außenstehende, die nicht Täter oder Teilnehmer des § 125 sind, können nicht aus § 125 a bestraft werden (vgl. *S/S-Lenckner/Sternberg-Lieben* 17).

11 **5) Konkurrenzen.** Bei Verwirklichung mehrerer Begehungsweisen des § 125 a liegt nur eine **einheitliche Tat** vor. Die Subsidiaritätsklausel des § 125 I gilt auch für § 125 a; **Tateinheit** mit den § 125 verdrängenden Vorschriften (20 f. zu § 125) ist auch in den Fällen des § 125 a nicht möglich, da keine Qualifikation, sondern eine Strafzumessungsregel vorliegt und die Vorschrift insgesamt auf § 125 I verweist (NStZ **94**, 483; BGHR § 125 a Konk 1; *S/S-Lenckner/Sternberg-Lieben* 18; LK-*v. Bubnoff* 73 zu § 125; AK 10; offen gelassen in BGH **43**, 240); allerdings spielt diese Streitfrage angesichts der hohen Strafdrohung des § 125 a nur eine geringe Rolle. Tateinheit ist auch möglich zwischen Nr. 1, 2 und §§ 52 a, 53 I S. 1 Nr. 3 a, 4, 7, III Nr. 1, 3, 5 bis 7 WaffG (1 StR 752/79). § 303 wird von Nr. 4 verdrängt (vgl. MDR/D **68**, 727), ebenso § 27 VersammlG durch Nr. 2 (GA **84**, 474; NStZ **84**, 453 L; NJW **85**, 501). Zu den Konkurrenzfragen im Falle der Plünderung vgl. oben 7.

Störung des öffentlichen Friedens durch Androhung von Straftaten

126 **I Wer in einer Weise, die geeignet ist, den öffentlichen Frieden zu stören,**

1. einen der in § 125 a Satz 2 Nr. 1 bis 4 bezeichneten Fälle des Landfriedensbruchs,
2. einen Mord (§ 211), Totschlag (§ 212) oder Völkermord (§ 6 des Völkerstrafgesetzbuches) oder ein Verbrechen gegen die Menschlichkeit (§ 7 des Völkerstrafgesetzbuches) oder ein Kriegsverbrechen (§§ 8, 9, 10, 11 oder 12 des Völkerstrafgesetzbuches),
3. eine schwere Körperverletzung (§ 226),
4. eine Straftat gegen die persönliche Freiheit in den Fällen des § 232 Abs. 3, 4 oder Abs. 5, des § 233 Abs. 3, jeweils soweit es sich um Verbrechen handelt, der §§ 234, 234 a, 239 a oder 239 b,
5. einen Raub oder eine räuberische Erpressung (§§ 249 bis 251 oder 255),
6. ein gemeingefährliches Verbrechen in den Fällen der §§ 306 bis 306 c oder 307 Abs. 1 bis 3, des § 308 Abs. 1 bis 3, des § 309 Abs. 1 bis 4, der §§ 313, 314 oder 315 Abs. 3, des § 315 b Abs. 3, des § 316 a Abs. 1 oder 3, des § 316 c Abs. 1 oder 3 oder des § 318 Abs. 3 oder 4 oder
7. ein gemeingefährliches Vergehen in den Fällen des § 309 Abs. 6, des § 311 Abs. 1, des § 316 b Abs. 1, des § 317 Abs. 1 oder des § 318 Abs. 1

androht, wird mit Freiheitsstrafe bis zu drei Jahren oder mit Geldstrafe bestraft.

II Ebenso wird bestraft, wer in einer Weise, die geeignet ist, den öffentlichen Frieden zu stören, wider besseres Wissen vortäuscht, die Verwirklichung einer der in Absatz 1 genannten rechtswidrigen Taten stehe bevor.

1) Allgemeines. Die Vorschrift gilt idF des Art. 1 Nr. 4 des 14. StÄG/18. StÄG (1 zu § 86, 1 vor § 324; I Nr. 7 idF des Art. 3 Ges. v. 24. 4. 1990, BGBl. II 326); sie wurde durch Art. 1 Nr. 10 des 6. StrRG (2f. vor § 174) in Nr. 3, 6 und 7 redaktionell geändert. Abs. I Nr. 2 wurde durch Art 2 Nr. 5 des G zur Einführung des VStGB v. 26. 6. 2002 (BGBl. I 2254) geändert; Nr. 4 durch Art. 1 Nr. 3 des 37. StÄG. Die gesetzliche **Überschrift** ist irreführend, da sich der Tatbestand in der Androhung nicht erschöpft und eine „Störung" gar nicht voraussetzt. Zu Vorschlägen einer Aufstufung zum Verbrechen vgl. 52. Aufl. (dazu auch BT-Drs. 14/9328). Zum **Tatort** vgl. § 9 I; zur Anwendung auf **Auslandstaten** auch § 7 I. 1

Literatur: *Blei* JA **75**, 27; **76**, 169; *Fischer,* Die Eignung, den öffentlichen Frieden zu stören, NStZ **88**, 159; *ders.,* Das Verhältnis der Bekenntnisbeschimpfung (§ 166 StGB) zur Volksverhetzung (§ 130 StGB), GA **89**, 445; *ders.,* Öffentlicher Friede u. Gedankenäußerung, 1986 (Diss. Würzburg); *Goehrs,* Der Rechtsfrieden, 1900; *Hoyer,* Die Eignungsdelikte, 1987; *Jakobs,* Kriminalisierung im Vorfeld einer Rechtsgutsverletzung, ZStW **97** (1985), 751; *Jung* JuS **76**, 477; *Laufhütte* MDR **76**, 441; *Schramm,* Zur Strafbarkeit des Versendens von Pseudo-Milzbrandbriefen, NJW **02**, 419; *Schroeder,* Die Straftaten gegen das Strafrecht, 1985; *Schulz* ZRP **75**, 19; *Streng,* Lackner-FS 501; *Sturm* JZ **76**, 347; *Stree* NJW **76**, 1177; *Wehinger,* Kollektivbeleidigung – Volksverhetzung, 1994; *Weidemann,* Die Strafbarkeit falscher Bombendrohungen u. falscher „Milzbrand-Briefe", JA **02**, 43; vgl. auch die Nachw. zu § 130. 1a

2) Rechtsgut der Vorschrift ist nach hM der **öffentliche Friede.** Das sind nach **hM** ein (objektiver) **Zustand** allgemeiner Rechtssicherheit *und* das (subjektive) **Bewusstsein** der Bevölkerung, in Ruhe und Frieden zu leben (BGH **34**, 331 [zu § 126]; **16**, 56; **29**, 27; Celle NJW **70**, 2257; Hamburg NJW **75**, 1088 [Anm. *Geilen* NJW **76**, 279]; MDR **81**, 71; Koblenz MDR **77**, 334; Schleswig MDR **78**, 333 [zu § 130]; NJW **78**, 58 [zu § 140]; Celle NJW **86**, 1275; Nürnberg NStZ-RR **99**, 238, 240 [zu § 166]; *Berkemann/Hesselberger* NJW **72**, 1789; LK-*v. Bubnoff* 8; *S/S-Lenckner/Sternberg-Lieben* 1; *v. Dewitz* [oben 1 a] 187 ff.). **Gestört** ist der Friede danach, wenn eine allgemeine Beunruhigung der Bevölkerung (Prot. 7/2267) innerhalb der BRep., mindestens aber unter einer nicht unbeträchtlichen Personenzahl, etwa einem Bevölkerungsteil iS von § 130 Nr. 1 eintritt (vgl. BGH **46**, 36; **46**, 212, 219; *Berkemann/Hesselberger* aaO; Prot. 7/2268). Das Verhältnis des Begriffs zu 2 dem der **öffentlichen Sicherheit** ist unklar: Nach BGH **41**, 47, 53 [zu § 129; Anm. *Krehl* JR **96**, 208; *Ostendorf* JZ **96**, 55; *Schittenhelm* NStZ **95**, 343] ist der „innere Friede" ein Teil der öffentlichen Sicherheit; die überwiegende Ansicht in der Lit. sieht den Begriff des öffentlichen Friedens als den **weiteren** Begriff an (vgl. *Lackner/Kühl* 1 zu § 125; LK-*v. Bubnoff* 41 zu § 125; *S/S-Lenckner/Sternberg-Lieben* 1; SK-*Rudolphi/Stein* 1; jew. mwN) und versteht darunter auch Zustände wie ein „Mindestmaß an Toleranz" oder ein nicht durch Unruhe und Unsicherheit geprägtes „öffentliches Klima" (vgl. E 1962, 462; dazu auch 2, 24 f. zu § 130 a).

3 Die Definitionsversuche zeigen ein erhebliches Maß an **„Rechtsgutslyrik"** (zutr. *Wohlers* ZStW **118** [2006] 768: „Nichtssagendes Scheinrechtsgut"). Auch der Hinweis *Kargls,* „Friede" im strafrechtlichen Sinn könne nur der durch Strafrecht gesicherte Zustand sein, dieser sei gleichbedeutend mit „Rechtsfriede" und bestehe in der Institutionalisierung staatlicher Gewalt unter Ausschluss von Selbstjustiz (Jura **01**, 176, 181), geht über die Beschreibung eines allgemeinen Legitimationsgrundes für einen **strafrechtlichen Schutz des Strafrechts** kaum hinaus (vgl. auch *Hefendehl,* Kollektive Rechtsgüter im Strafrecht, 2002, 284 ff.: Schutz gegen die Gefahr, dass eine unbestimmte Vielzahl von Personen Vorkehrungen zum Selbstschutz trifft). Da in Nr. 2 bis 5 auch die Androhung von Straftaten erfasst ist, die sich gegen Individualrechtsgüter richten, geht das Gesetz ersichtlich davon aus, dass in der Öffentlichkeitswirksamkeit der Drohung oder Vortäuschung ein *über § 241 hinaus gehender* Unrechtsgehalt liegt. Die von den Katalog-Tatbeständen geschützten Rechtsgüter werden daher mittelbar geschützt, indem schon die Ankündigung ihrer Verletzung als Rechtsfriedensstörung bestraft wird (missverstanden von *v. Dewitz* [oben 1 a] 173 ff.). Dahinter steht nichts anderes, aber auch nicht mehr als der Schutz der Rechtsordnung als Ganzer und ihrer **Legitimität** (vgl. *Fischer* GA **89**, 453 f.; 14 ff. zu § 130). Es reicht hier (vgl. aber § 130 IV, unten 9) bereits eine **(abstrakte) Gefährdung** des Rechtsfriedens aus, denn die objektive Sicherheit der Rechtsgüter ist von den genannten Strafnormen, im Vorfeld auch durch §§ 111, 130 a geschützt (*Schroeder* [1 a] 12 ff.). Das **subjektive Gefühl** eines nicht bestimmten Teils der Bevölkerung ist mit einer dem Bestimmtheitsgebot genügenden Sicherheit ersichtlich nicht feststellbar (und wird in der Praxis selbstverständlich auch nicht *geprüft,* sondern vom Richter intuitiv „festgestellt"). Der Begriff beschreibt daher nicht, was über die Sicherheit der Rechtsgüter alle tatsächlich denken, sondern **was alle denken sollen** (vgl. auch *Jakobs* ZStW **97** (1985), 775 f.; *Kühl* NJW **87**, 745; ähnlich wie hier *Niggli,* Rassendiskriminierung, Zürich 1996, 154 [zu Art. 261bis Schweiz. StGB]); die Friedensschutzklausel ist daher eine **„Strafwürdigkeits-Klausel"** (vgl. auch *Streng,* Lackner-FS 501, 509 f.; *Huster* NJW **96**, 487, 490). Zur Abgrenzung von **Gefährdung** und **Verletzung** vgl. unten 9.

4 **3) Androhen von Straftaten (Abs. I).** Tathandlung des Abs. I ist das Androhen von Straftaten. Eine rechtswidrige Tat genügt; schuldhaft muss sie nicht sein (*Lackner/Kühl* 2; SK-*Rudolphi/Stein* 5; LK-*v. Bubnoff* 5; **aA** NK-*Ostendorf* 15).

5 **A. Androhen.** Erforderlich ist ein ausdrückliches oder konkludentes Ankündigen oder In-Aussicht-Stellen einer der in Nrn. 1 bis 7 aufgeführten Taten; hierbei muss der Täter zum Ausdruck bringen, dass er die Tat entweder selbst begehen wird oder auf ihre Begehung durch Dritte bestimmenden Einfluss hat (vgl. Erl. zu § 240). Nicht erforderlich ist, dass die Tatbegehung als von irgendwelchen Bedingungen abhängig dargestellt wird; Abs. I setzt daher keine weitergehenden Ziele des Täters voraus, schließt sie aber auch nicht aus (vgl. BGH **34**, 329 [Erpressung mit der Drohung von Bombenanschlägen]). Der Täter muss die Verwirklichung der Androhung nicht ernstlich wollen; es reicht aus, wenn er beim Äußerungsempfänger oder Dritten den Eindruck der Ernstlichkeit erzeugen will. Abs. I erfasst daher auch *die Vortäuschung* des Bevorstehens, wenn sich die Erklärung auf *eigene* oder auf vom Täter *beeinflussbare* Taten bezieht (and. *Schramm* NJW **02**, 419 ff.). Am Drohungscharakter (**aA** *S/S-Lenckner/Sternberg-Lieben* 5: an der Eignung zur Friedensstörung) kann es fehlen, wenn die Tat als erst in ferner Zukunft

möglicherweise zu begehende angekündigt wird. Liegt nur eine **Warnung** vor, weil der Äußerung nicht entnommen werden kann, dass der Täter die Verwirklichung der Drohung billigt oder einen bestimmenden Einfluss darauf zu haben (zumindest) vorgibt (vgl. zur Abgrenzung BGH **34**, 329), so kommt nur eine Bestrafung aus Abs. II in Betracht. Die (konkludente) Mitteilung, eine Tat schon *begangen* zu haben oder zugleich mit der Äußerung zu *begehen,* ist keine Drohung (zutr. *Schramm* NJW **02**, 419 f.).

B. Katalogtaten. Der Täter muss die Begehung einer der in I Nr. 1 bis 7 aufgeführten rechtswidrigen Taten androhen. Der Katalog ist abschließend. Er geht über die gemeingefährlichen Taten der Nr. 6 erheblich hinaus, ist aber in seiner Zielrichtung auf Gewalttaten ausgerichtet, von denen angenommen wird, dass ihre Androhung zu einer besonderen Beunruhigung führen kann. Die Auswahl der Katalogdelikte wirkt teilweise etwas willkürlich; sie vermischt Elemente der Gemein- und Individualgefahr. Staatsschutzdelikte ieS sind nicht aufgenommen. Sehr weitgehend erscheint die Einbeziehung von Taten, für die das **Weltrechtsprinzip** gilt (Nr. 2, Nr. 6); sie führt zur Strafbarkeit von im Inland begangenen Androhungen von Taten ohne jeden Inlandsbezug (vgl. § 1 VStGB); insoweit wird idR der *inländische* öffentliche Friede nicht gefährdet sein. Dies ist aber bei **Internet-**Taten aus dem Ausland ohne weiteres möglich. Im Hinblick auf die weite Vorverlegung der Vollendung durch die Rspr ergibt sich insoweit eine sehr weite Strafbarkeitsausdehnung, da etwa der vom BGH angenommene inländische „Gefährdungserfolg" iS von § 9 I bei im Internet „verbreiteten" (vgl. BGH **47**, 55, 60 f.) Androhungen irgendwelcher *islamistischer* Terror-Organisationen keinesfalls geringer sein dürfte als bei der Hetze gegen australische Juden in Australien (vgl. BGH **46**, 212 ff.; dazu 31 f. zu § 184; 5 ff. zu § 9). Namentlich die Weite der in §§ 7 ff. VStGB aufgeführten Tatbestände und der Umstand, dass Androhungen zahlreicher dieser Taten ohne Zweifel in der von BGH **46**, 212 als ausreichend angesehenen Weise in Deutschland verbreitet werden, birgt die Gefahr einer fast *zufälligen* Strafverfolgung. 6

Soweit in dem Katalog Delikte mit **Fahrlässigkeitselementen** aufgeführt sind, nämlich bei **erfolgsqualifizierten Delikten,** kann der Natur der Sache nach nur die Androhung des vorsätzlich herbeigeführten Erfolges erfasst werden (Ber. 8; *Laubenthal* JR **88**, 336; *S/S-Lenckner/Sternberg-Lieben* 4; LK-*v. Bubnoff* 4; **aA** SK-*Rudolphi/Stein* 5). Für Nr. 1 reicht es, wenn die angedrohte Tat die Merkmale des Regelbeispiels nach § 125 a erfüllt; unerheblich ist, ob die Regelwirkung aus anderen Gründen entfallen würde (*S/S-Lenckner/Sternberg-Lieben* 4). Die Androhung kann sich auf Taten beziehen, die nach Zeit, Ort und Opfer noch nicht („Bei uns werden bald Köpfe rollen!") oder aber schon mehr oder weniger **konkretisiert** sind (vgl. BGH **29**, 268); zumindest konkludent müssen aber die tatbestandlichen Merkmale der Katalogtat in der Drohung erkennbar sein. Eine juristisch zutreffende *Bezeichnung* des Tatbestands ist nicht erforderlich. 7

4) Vortäuschen des Bevorstehens (Abs. II). Tathandlung des Abs. II ist die Vortäuschung einer bevorstehenden rechtswidrigen Tat. Vortäuschen bedeutet, dass der Täter den **Irrtum** zu erregen sucht, die Verwirklichung einer Katalogtat stehe bevor; ob ein Irrtum eintritt, ist grds ohne Bedeutung, doch wird man offenkundig unsinnige und daher ungeeignete Ankündigungen hier ebenso wie bei der Drohung schon tatbestandlich ausscheiden müssen (nach **aA** erfüllen sie jedenfalls nicht die Anforderungen der Eignungsformel; vgl. *S/S-Lenckner/Sternberg-Lieben* 10). Täuschen über das **Bevorstehen** heißt, dass der Täter eine Begehung, die unmittelbar oder in naher Zukunft zu erwarten, oder schon in der Ausführung begriffen ist, vorspiegelt (RegE 8; Prot. 7/2292). Täuscht er nur eine Planung vor, so reicht das nicht aus, wohl aber die Vortäuschung einer **Dauergefahr** der Verwirklichung (vgl. NStZ-RR **99**, 266). Abs. II ist auf den Fall beschränkt, dass der Täter die bevorstehende Tat als eine von ihm unabhängige darstellt; das Vortäuschen des Bevorstehens einer *eigenen* Tat unterfällt Abs. I (LK-*v. Bubnoff* 13; **aA** *Schramm* 8

NJW **02**, 419 f.; SK-*Rudolphi/Stein* 4; unklar NStZ-RR **99**, 266, 267). Die angebliche Begehung kann nach dem Erklärungsinhalt gegen Dritte, aber auch gegen den Äußerungsempfänger selbst gerichtet sein. Hieraus kann nicht ohne weiteres geschlossen werden, die täuschende Zusendung angeblich gefährlicher Substanzen (vgl. **„Trittbrettfahrer"**-Fälle der Zusendung harmlosen Pulvers als angeblich tödliche *Anthrax*-Bakterien im Herbst 2001) unterfalle (neben § 145 d) auch Abs. II, weil das Bevorstehen der *Vollendung* der Katalogtat vorgetäuscht werde (so Frankfurt NStZ-RR **02**, 209; *Schramm* NJW **02**, 419 f.; *S/S-Lenckner/Sternberg-Lieben* 6; ohne nähere Begründung auch *Weidemann* JA **02**, 43, 47). Das Vortäuschen iS von II unterscheidet sich hinsichtlich der bevorstehenden Katalogtat nicht von der Androhung. Die Katalogtat muss daher als in nächster Zeit bevorstehend dargestellt werden; dies umfasst Vorbereitungshandlungen sowie den unbeendeten Versuch, andererseits nicht die Vortäuschung, eine Tat iS von I sei **bereits begangen** worden. In Fällen der Vortäuschung eines **beendeten Versuchs** erscheint die Anwendung des II jedenfalls dann nicht zweifelsfrei, wenn nach dem Erklärungsgehalt die Vollendung nicht mehr abwendbar ist, denn das Opfer eines (beendeten) Versuchs ist durch dessen Ausführung nicht zugleich mit dem Eintritt des Erfolgs „bedroht" (ebenso *Hoffmann* GA **02**, 388; **aA** Frankfurt NStZ-RR **02**, 209; *Schramm* NJW **02**, 420; *Weidemann* JA **02**, 47; SK-*Rudolphi/Stein* 4). Anders stellt sich der Erklärungsgehalt der genannten „Trittbrettfahrer"-Fälle ggf im Hinblick auf die (konkludente) Erklärung dar, dass *weitere* (eigene) Taten gegen Dritte bevorstehen; hierin liegt eine Androhung iS von Abs. I.

9 **5) Eignung zur Friedensstörung.** In allen Fällen muss der Täter in einer Weise handeln, die geeignet ist, den öffentlichen Frieden zu stören. Zu einer tatsächlichen *Störung* braucht es also nicht zu kommen (LK-*v. Bubnoff* 9); auch eine *konkrete Gefährdung* ist nicht erforderlich (BGH **16**, 56; Köln NJW **86**, 657; Düsseldorf NJW **86**, 2518; Nürnberg NStZ-RR **99**, 238; *Lackner/Kühl* 4; *Hoyer* aaO 134; *S/S-Lenckner/Sternberg-Lieben* 9). Nach **hM** reicht es vielmehr aus, wenn die Handlung die (konkrete) Besorgnis begründet, der Friedenszustand **oder** das Vertrauen in seine Fortdauer (vgl. oben 2 f.) werde mindestens in Teilen der Bevölkerung erschüttert **oder** in Teilen der Bevölkerung werde eine Neigung zu Rechtsbrüchen angereizt (BGH **29**, 26; **34**, 329; **46**, 212, 219; Hamburg MDR **81**, 71; Koblenz StV **85**, 12 [abl. Bespr. *Giehring* StV **85**, 30, 35]; *Lackner/Kühl* 4; SK-*Rudolphi/Stein* 7). § 126 ist daher – wie §§ 130 I bis III, 140 Nr. 2, 166 – **abstraktes Gefährdungsdelikt** mit einer tatbestandlich-normativen (vgl. oben 3) Restriktionsmöglichkeit (**hM;** vgl. auch *Fischer* GA **89**, 452 ff.; **aA** [konkrete Gefährdungsdelikte] *Gallas,* Heinitz-FS 181 f.; NK-*Herzog* 1, 16 zu § 166; SK-*Rudolphi* 1 f. vor § 166; diese Ansicht lässt freilich offen, wie die *konkrete* Gefährdung von einer Verletzung des Rechtsguts abgegrenzt werden (zutr. *S/S-Lenckner/Sternberg-Lieben* 9) und auf welche Weise sie *festgestellt* werden könnte [vgl. oben 3]). Die Beschreibung als „potentielles Gefährdungsdelikt" (vgl. auch BGH **46**, 212, 218; NJW **99**, 2129 [„Unterfall der abstrakten Gefährdungsdelikte"]) ändert hieran nichts (zutr. *v. Dewitz* [oben 1 a] 177 f.). Durch das G vom 24. 3. 2005 (BGBl. I 969) ist in § 130 IV erstmals ein Friedensstörungs-Tatbestand als **Erfolgsdelikt** eingefügt worden (vgl. dazu BT-Drs. 15/5051, 5 f.). Das führt zu dem auch für § 126 bedeutsamen Erfordernis, *Gefährdung* und *Verletzung* des (nach hM empirisch überprüfbaren; vgl. oben 2 f.) öffentlichen Friedens hinreichend bestimmt zu unterscheiden (vgl. 14 b zu § 130).

10 Die Verbindung der Eignungsklausel mit dem normativen Rechtsgut des öffentlichen Friedens führt zu Unsicherheiten in der praktischen Anwendung der Vorschrift und setzt die Norm dem Einwand aus, eine Strafbarkeit von Äußerungen nach Maßgabe moralischer Entrüstung zu bestimmen (vgl. auch 14 zu § 130 mwN). Auf die **Öffentlichkeit der Äußerung** *kommt* es nach hM grds nicht an; **öffentliche** Äußerungen (Zuschriften an Zeitungsredaktionen [BGH **29**, 27; **34**, 332]; Internet-Veröffentlichung [Nürnberg CR **98**, 687]) sollen ausreichen (vgl. *S/S-Lenckner/Sternberg-Lieben* 11); nach BGH **46**, 36, 42 (zu § 130 III) „ist es ein gewichtiges Indiz für die Eignung zur Friedensstörung, wenn tatsächlich eine erhebliche

unruhestiftende Wirkung ... eintritt". Ausreichen sollen auch an einen einzelnen gerichtete Äußerungen, wenn mit ihrer Veröffentlichung gerechnet werden kann (*Lackner/Kühl* 4). Das erscheint jedenfalls dann zu weitgehend, wenn eine Veröffentlichung *nur* in Form einer *ablehnenden* Kommentierung erfolgt und auch allein in dieser Form zu erwarten ist (zutr. *Hörnle* NStZ **02**, 113, 117 [zu § 130]; zur Problematik bei Einsendung von Leserbriefen vgl. BGH **29**, 27). Eine Veröffentlichung ist nach BGH **34**, 329 dann nicht zu erwarten, wenn die Äußerung an staatliche Organe gerichtet ist (Bombendrohung an die Bundesbahn). In der **Praxis** wird die Eignungs-Formel regelmäßig auf die **Öffentlichkeit der Äußerung** bezogen (vgl. auch BGH **46**, 36, 42 [Berichterstattung über Äußerungen in einer Hauptverhandlung]; **46**, 212, 219 [Internet]). Unter diesem Gesichtspunkt wäre de lege ferenda eine Beschränkung auf öffentliche Äußerungen (entspr. § 111) ohne Verlust an effektivem Rechtsgüterschutz nahe liegend.

6) Subjektiver Tatbestand. Vorsatz ist erforderlich. Im Fall des II muss der Täter wider besseres Wissen (7 zu § 15) handeln. Im Übrigen genügt für I und II bedingter Vorsatz (1 StR 665/85). Das gilt sowohl für die Tathandlung als auch für die Eignung zur Friedensstörung. Dagegen ist die rechtliche Bewertung der angedrohten oder vorgetäuschten Tatsachen nicht Tatbestandsmerkmal; auf eine zutreffende Subsumtion kommt es daher nicht an (vgl. *S/S-Lenckner/Sternberg-Lieben* 12; LK-*v. Bubnoff* 11; SK-*Rudolphi/Stein* 8). Ein **Irrtum** des Täters, der sich auf das Verbotensein des Androhens oder Vortäuschens bezieht, unterfällt § 17. 11

7) Vollendung. Vollendung liegt vor, wenn die Äußerung dem Adressaten zugegangen ist; bei öffentlichen Äußerungen, sobald die Möglichkeit der Kenntnisnahme besteht (*S/S-Lenckner/Sternberg-Lieben* 13; LK-*v. Bubnoff* 16). **Versuch** ist nicht strafbar. 12

8) Konkurrenzen. I und II schließen einander hinsichtlich derselben Katalogtat aus (oben 8). **Tateinheit** des I ist möglich zB mit §§ 83, 125, 240, 241 (Prot. 7/2275), 255 (vgl. StV **99**, 377); ferner zwischen II und §§ 145 I Nr. 2, 145d I Nr. 2, 241 II. 13

Bildung bewaffneter Gruppen

127 **Wer unbefugt eine Gruppe, die über Waffen oder andere gefährliche Werkzeuge verfügt, bildet oder befehligt oder wer sich einer solchen Gruppe anschließt, sie mit Waffen oder Geld versorgt oder sonst unterstützt, wird mit Freiheitsstrafe bis zu zwei Jahren oder mit Geldstrafe bestraft.**

1) Allgemeines. Die Vorschrift wurde durch Art. 1 Nr. 11 des 6. StrRG (2f. vor § 174) mit dem Ziel sprachlicher Aktualisierung neu gefasst. 1

Literatur: *Lenckner,* Zur Strafgesetzgebung unserer Zeit: Der zu neuem Leben erweckte § 127 StGB, Keller-GedS (2003) 151; *Ostendorf,* Bürgerwehren – ein Fall für den Staatsanwalt (usw.), RuP **82**, 139; *Volkersen,* § 127 StGB – Von der vergessenen Norm zum Schwert des Damokles, in: Kriminalwiss. Institut Frankfurt (Hrsg.), Irrwege der Strafgesetzgebung, 1999, 285. 1a

2) Rechtsgut. Die Neufassung durch das 6. StrRG ist über eine Modernisierung der Terminologie weit hinausgegangen und hat den Anwendungsbereich des Tatbestands erheblich erweitert (krit. *Volkersen* [1 a], die iErg wohl Verfassungswidrigkeit annimmt [ebd. 294 f.], dies aber mit überwiegend tatbestandsfernen Beispielen illustriert [„Strickgruppe"; „Wandergruppe"; „Sieben Zwerge"]). § 127 ist ein **abstraktes Gefährdungsdelikt** (19 vor § 13) im Vorfeld der §§ 81 ff., 100, 105 ff., jedoch auch von §§ 125a, 129a. Die Vorschrift schützt vor allem das **Gewaltmonopol** des Staates und damit den **inneren Rechtsfrieden,** zusätzlich die Wehrhoheit der BRep. und das Interesse an der Wahrung ihrer Neutralität in einer kriegerischen Auseinandersetzung anderer Staaten (hM; einschr. *S/S-Lenckner/Sternberg-Lieben* 1). 2

3) Bewaffnete Gruppe. Eine Gruppe iS von § 127 setzt das Zusammentreten einer Mehrheit von Personen (mindestens 3 Personen; vgl. BT-Drs. 13/8587, 57; 13/9064, 9) zum gemeinsamen bedrohlichen oder gewalttätigen Handeln voraus (vgl. LK-*v. Bubnoff* 3; str.). Die Ersetzung des Begriffs „Haufen" durch den der Gruppe durch das 6. StrRG stellt klar, dass § 127 nicht etwa nur für iS des Völkerrechts kriegerische Auseinandersetzungen gebildete Gruppierungen gilt. Unerheblich ist auch, 3 ob die Gruppe als dauerhafte oder nur für einen speziellen Einsatz gebildet wird. Rechtsextremistische „Wehrsportgruppen" unterfallen dem Begriff daher ebenso wie „Kampfgruppen" zum Einsatz bei einzelnen Gelegenheiten (Demonstrationen; Besetzungen, Angriffe auf Einrichtungen etc.). Eine Gruppe iS der Vorschrift setzt jedoch eine insoweit § 129 ähnliche, wenn auch nicht auf Dauer angelegte **Organisationsstruktur** voraus. Diese muss nicht auf Befehl und Gehorsam gegründet, also im herkömmlichen Sinn „militärisch" sein. Reine ad-hoc-Gruppierungen und zufällige Personenmehrheiten unterfallen § 127 aber idR nicht (**aA** *Lackner/Kühl* 2; nach *S/S-Lenckner/Sternberg-Lieben* 2 auch „vom Sportplatz kommende, mit Baseballschlägern ausgerüstete Jugendliche") denn die Gruppe iS von § 127 muss, wie sich aus dem Wortlaut ergibt, „befehligt" werden können; dass ist mehr als ein vages „Das-Sagen-Haben" [so *S/S/Lenckner/Sternberg-Lieben* 4]).

4 Die Gruppe muss **bewaffnet** sein. Dabei ist **Waffe** im technischen Sinne zu verstehen (LK-*v. Bubnoff* 4; vgl. 3 zu § 244; *Fischer* NStZ **03**, 569 ff.). **Andere gefährliche Werkzeuge** sind solche iS von § 244 I Nr. 1 Buchst. a; eine Verwendungsabsicht ist nicht erforderlich; daher stellen sich hier dieselben Abgrenzungsprobleme wie zB in § 244 I Nr. 1 Buchst. a, § 250 I Nr. 1 Buchst. a (vgl. die Erl. dort). Entgegen dem zu weiten Wortlaut der Vorschrift kommt es nicht nur darauf an, ob die Gruppe über Waffen oder gefährliche Werkzeuge „verfügt", dh die tatsächliche Gewalt über sie ausübt (vgl. LK-*v. Bubnoff* Nachtr. 9), sondern dass die Bewaffnung *der Gruppe* einen wesentlichen Kern der Gruppenstruktur ausmacht; alleiniger oder Endzweck muss sie freilich nicht sein (**aA** *Lackner/Kühl* 2). Es reicht, wenn ein erheblicher Teil bewaffnet ist. **Erlaubte** mit Waffen ausgerüstete Vereinigungen (Schützenvereine, Jagdvereine, Sportvereine) schon aus dem *Begriff der Gruppe* auszuscheiden oder eine „latente Bereitschaft" zum Einsatz der Waffen usw. zu fordern (so *S/S-Lenckner/Sternberg-Lieben* 2, 4; SK-*Rudolphi/Stein* 3; ähnl. LK-*v. Bubnoff* Nachtr. 11), besteht kein Anlass (vgl. BT-Drs. 13/9064, 9; vgl. aber unten 11).

5 **4) Tathandlungen.** Mit Strafe bedroht sind das unbefugte **Bilden oder Befehligen** einer **bewaffneten Gruppe,** das unbefugte **Sich-Anschließen** an eine solche Gruppe, ihre **Versorgung** mit Waffen oder Geld sowie ihre **Unterstützung.**

6 **A. Bilden** ist möglich durch die Zusammenbringung von bewaffneten oder durch Bewaffnung von schon zusammengebrachten Personen. Das Anstreben oder Erreichen einer längerfristigen Organisationsform ist nicht erforderlich; Bildung für einzelne „Einsätze" reicht aus.

7 **B. Befehligen** ist die Ausübung der Befehlsgewalt (**aA** *S/S-Lenckner/Sternberg-Lieben* 4; vgl. oben 3) über die gesamte, aber auch über Organisationseinheiten der Gruppe. Das gilt namentlich, wenn Teile der Gruppe als selbstständige Einheiten ohne gemeinsamen Oberbefehl organisiert sind. Unerheblich ist, worauf die Kommandogewalt beruht (LK-*v. Bubnoff* Nachtr. 13); eine rein tatsächliche Führungsposition reicht, wenn Befehle des Täters *befolgt* werden.

8 **C.** Das in § 127 II aF mit minderer Strafe bedrohte **Sich-Anschließen** an eine Gruppe iS von I ist zur Tathandlungsvariante des I aufgewertet. Welche eigenständige Bedeutung unter diesen Umständen das Befehligen hat, erscheint zweifelhaft. Der Täter muss sich „einer solchen Gruppe" anschließen; er muss sich zum Glied der Gruppe machen; bloße Teilnahme iS von §§ 26, 27 genügt nicht.

9 **D.** Das **Versorgen** einer bereits gebildeten Gruppe **mit Waffen oder Geld** ist in der Sache eine zur Täterschaft aufgewertete Beihilfe. Die Tatbestandsformulierung ist sprachlich missglückt, denn nach dem Sinn der Vorschrift kann es nicht darauf ankommen, ob eine Versorgung gerade mit *Waffen* und nicht mit sonstigen gefährlichen Werkzeugen stattfindet; ebenso wenig darauf, ob eine schon bestehende Gruppe „versorgt" wird oder ob einem Täter der 1. Var. (Bilden) Mittel zur Bildung zur Verfügung gestellt werden (**aA** *S/S-Lenckner/Sternberg-Lieben* 6; wie

hier auch LK-*v. Bubnoff* Nachtr. 16). Der Täter muss nicht selbst Mitglied der Gruppe sein; Zuwendungen über Mittelsmänner, auch anonym, reichen aus. Eine **Versorgung** liegt nicht nur bei dauerhaften, wiederholten Zuwendungen vor; einmalige Leistung genügt, auch Kreditgewährung. Jedoch wird man geringfügige Leistungen („Spenden") tatbestandlich ausnehmen müssen. Auf die (Un-)Entgeltlichkeit kommt es hingegen nicht an; mit Waffen versorgt die Gruppe auch, wer in Kenntnis des Gruppencharakters gefährliche Werkzeuge im eigenen oder fremden Interesse liefert, verkauft oder sonst zur Verfügung stellt. Dass ein von der Gruppe zu „Schutzgeld"-Zahlungen genötigtes Erpressungsopfer dem Tatbestand unterfällt (so wohl *S/S-Lenckner/Sternberg-Lieben* 6), erscheint hingegen zweifelhaft, weil der Begriff des „Versorgens" eine unterstützende innere Tendenz voraussetzt.

E. Die Tathandlung der **Unterstützung** der Gruppe in sonstiger Weise entspricht §§ 129 I, 129 a V. 10

5) Unbefugtheit. Das Merkmal der Unbefugtheit ist nur für die Tathandlungen des **Bildens** oder **Befehligens** ausdrücklich aufgeführt. Es ist nach verbreiteter Ansicht auch insoweit nicht als **Tatbestandsmerkmal** aufzufassen (LK-*v. Bubnoff* Nachtr. 2, 18; SK-*Rudolphi* [6. Aufl.] 8; *Lackner/Kühl* 5; hier bis 52. Aufl.). Nach wohl zutr. **aA** ist der Tatbestand grammatikalisch fehlerhaft formuliert und so zu lesen, dass er das Bilden, Befehligen usw. einer „**unbefugten Gruppe**" unter Strafdrohung stellt (*Lenckner* [1 a] 162; *S/S-Lenckner/Sternberg-Lieben* 3; SK-*Rudolphi/Stein* 7), also einer unbefugt existierenden Gruppe. Dafür sprechen auch Erwägungen des Reformgesetzgebers [BT-Drs. 13/9064, 9: „entscheidendes Kriterium"]); mit dem Merkmal sollten insbesondere auch Gruppierungen wie Jagd- und Schützenvereine ausgenommen werden (vgl. oben 3; krit. aber NK-*Ostendorf* 11). In der Tat wäre eine Strafdrohung gegen das „unbefugte" (d.h.: satzungswidrige) Befehligen einer *legal* existierenden Gruppierung in sich wenig sinnvoll und entspräche nicht Stellung und Schutzrichtung des § 127. 11

6) Allgemeine **Rechtfertigungsgründe** spielen praktisch keine Rolle. Angesichts des **Gewaltmonopols** des Rechtsstaats lassen sie sich insb. aus Notstands-Gesichtspunkten – etwa bei Bildung von „Selbstverteidigungs-Einheiten" ethnischer, nationaler oder religiöser Minderheiten; Organisierung bewaffneter „Bürgerwehren" zur Abwehr von Kriminalität – regelmäßig nicht ableiten (so auch LK-*v. Bubnoff* Nachtr. 18; SK-*Rudolphi/Stein* 9; and. *S/S-Lenckner/Sternberg-Lieben* 3). 11 a

7) Subjektiver Tatbestand. Vorsatz ist erforderlich; bedingter Vorsatz genügt. Er muss auch den Charakter der Gruppe als (para-)militärische Einheit umfassen. Dagegen ist nicht erforderlich, dass der Täter weitergehende, etwa politische Ziele der Gruppe unterstützt oder auch nur kennt. 12

8) Vollendung. Die Tat ist im Fall des Bildens mit der Entstehung der Gruppe vollendet; beim Befehligen mit dem Erlangen einer Position, in welcher die Befehle befolgt werden; beim Anschließen mit der tatsächlichen Aufnahme in die Gruppe; beim Unterstützen mit der Verfügbarkeit des Nutzens (*S/S-Lenckner/Sternberg-Lieben* 9). **Versuch** ist straflos. Für die **Teilnahme** gilt 38 zu § 129 entsprechend. 13

9) Rechtsfolgen. Die **Strafe** ist Freiheitsstrafe bis zu 2 Jahren oder Geldstrafe. Eine entsprechende Anwendung von § 129 V und VI (*S/S-Lenckner/Sternberg-Lieben* 12) liegt angesichts der Überschneidung der Angriffsrichtung nahe. 14

10) Konkurrenzen. Tateinheit ist möglich mit §§ 129, 129 a, mit §§ 52 a, 53 WaffG., § 22 a KriegswaffG. Mit von der Gruppe begangenen Straftaten steht § 127 idR in **Tatmehrheit.** 15

§ 128 [Aufgehoben durch Art. 2 Nr. 8 des 8. StÄG]

Bildung krimineller Vereinigungen **RiStBV 202 bis 208**

129 **I Wer eine Vereinigung gründet, deren Zwecke oder deren Tätigkeit darauf gerichtet sind, Straftaten zu begehen, oder wer sich an einer solchen Vereinigung als Mitglied beteiligt, für sie um Mitglieder oder Unterstützer wirbt oder sie unterstützt, wird mit Freiheitsstrafe bis zu fünf Jahren oder mit Geldstrafe bestraft.**

II Absatz 1 ist nicht anzuwenden,

1. wenn die Vereinigung eine politische Partei ist, die das Bundesverfassungsgericht nicht für verfassungswidrig erklärt hat,
2. wenn die Begehung von Straftaten nur ein Zweck oder eine Tätigkeit von untergeordneter Bedeutung ist oder
3. soweit die Zwecke oder die Tätigkeit der Vereinigung Straftaten nach den §§ 84 bis 87 betreffen.

III Der Versuch, eine in Absatz 1 bezeichnete Vereinigung zu gründen, ist strafbar.

IV Gehört der Täter zu den Rädelsführern oder Hintermännern oder liegt sonst ein besonders schwerer Fall vor, so ist auf Freiheitsstrafe von sechs Monaten bis zu fünf Jahren zu erkennen; auf Freiheitsstrafe von sechs Monaten bis zu zehn Jahren ist zu erkennen, wenn der Zweck oder die Tätigkeit der kriminellen Vereinigung darauf gerichtet ist, in § 100 c Absatz 2 Nr. 1 Buchstabe a, c, d, e und g mit Ausnahme von Straftaten nach § 239 a oder § 239 b, Buchstabe h bis m, Nr. 2 bis 5 und 7 der Strafprozessordnung genannte Straftaten zu begehen.

V Das Gericht kann bei Beteiligten, deren Schuld gering und deren Mitwirkung von untergeordneter Bedeutung ist, von einer Bestrafung nach den Absätzen 1 und 3 absehen.

VI Das Gericht kann die Strafe nach seinem Ermessen mildern (§ 49 Abs. 2) oder von einer Bestrafung nach diesen Vorschriften absehen, wenn der Täter

1. sich freiwillig und ernsthaft bemüht, das Fortbestehen der Vereinigung oder die Begehung einer ihren Zielen entsprechenden Straftat zu verhindern, oder
2. freiwillig sein Wissen so rechtzeitig einer Dienststelle offenbart, dass Straftaten, deren Planung er kennt, noch verhindert werden können;

erreicht der Täter sein Ziel, das Fortbestehen der Vereinigung zu verhindern, oder wird es ohne sein Bemühen erreicht, so wird er nicht bestraft.

Übersicht

1) Allgemeines ..... 1, 1 a
2) Rechtsgut und kriminalpolitische Bedeutung 2–4
3) Kriminelle Vereinigung (Abs. I) 5–16
4) Tatbestandliche Ausnahmen (Abs. II) 17–21
5) Tathandlungen 22–33
6) Subjektiver Tatbestand 34
7) Vollendung; Versuch (Abs. III) 35, 36
8) Rechtswidrigkeit 37
9) Teilnahme 38
10) Rechtsfolgen 39–48
11) Konkurrenzen 49, 50
12) Sonstige Vorschriften 51

1 **1) Allgemeines.** Die Vorschrift *idF des Art.* 2 Nr. 4 des 1. StÄG v. 30. 8. 1951 (BGBl. I *739) ist* mehrfach geändert worden, und zwar durch § 22 Nr. 5 VereinsG (BT-Drs. IV/430, IV/2145 (neu), Art. 2 Nr. 9 des 8. StÄG (1 vor § 80), Art. 1 Nr. 41 des 1. StrRG und Art. 19 Nr. 49 EGStGB; Abs. I ist durch das **34. StÄG** v. 22. 8. 2002 (BGBl. I 3390) geändert worden (vgl. dazu BT-Drs. 14/7025 [GesE BReg]; 14/8893 [Ber.]; i. e. 1 zu § 129 b). Zur **Aus-**

lieferung EuTerrÜbk (hierzu *Rebmann* NJW **85**, 1735); für die europ. Länder, in denen es nicht gilt, Art. 3 EuAlÜbk und § 6 IRG; im Verhältnis der **EU-Mitgliedsstaaten** § 81 Nr. 4 IRG iV mit Art. 2 II des Beschlusses (2002/584/JI) des Rates v. 13. 6. 2002 über den Europäischen Haftbefehl (Abl. EG Nr. L 190, 1); EuHBG vom 20. 7. 2006 (BGBl I 1721). **§ 30 b BtMG** idF Art. 2 Nr. 5 OrgKG erweitert den **Anwendungsbereich** des § 129 im Bereich des Vertriebs von BtM; eine allgemeine Erweiterung auf **ausländische kriminelle Vereinigungen** hat **§ 129 b** idF durch das 34. StÄG gebracht. Abs. IV, 2. HS wurde durch Art. 5 des G vom 24. 6. 2005 (BGBl. I 1841) eingefügt (**In-Kraft-Treten: 1. 7. 2005**). Zu **Kronzeugenregelungen** vgl. 33 zu § 129 a, 1 zu § 46. **Statistik:** im Jahr 2006 insgesamt 15 Verurteilungen (§§ 129–129 b).

Literatur: *Altvater,* Das 34. StÄG – § 129 b StGB, NStZ **03**, 179; *Fezer,* §§ 129, 129 a StGB u. der strafprozessuale Tatbegriff, in: Rechtsdogmatik u. Rechtspolitik, 1990, 129; *Fürst,* Grundfragen und Grenzen der §§ 129, 129 a StGB, 1989 [Bespr. *Schroeder* GA **92**, 475]; *Giehring,* Politische Meinungsäußerung u. die Tatmodalitäten des Werbens u. der Unterstützung in den §§ 129, 129 a StGB, StV **83**, 296; *Gräßle-Münscher,* Der Tatbestand der kriminellen Vereinigung (§ 129 StGB) aus historischer und systematischer Sicht, 1982 (Diss); *Grünwald,* Der Verbrauch der Strafklage bei Verurteilungen nach den §§ 129, 129 a StGB, Bockelmann-FS 737; *Haberstrumpf,* Konkurrenzprobleme bei der Anwendung der §§ 129, 129 a StGB, MDR **79**, 977; *v. Heintschel-.Heinegg,* Gemeinschaftsrechtskonforme Auslegung des Vereinigungsbegriffs in den §§ 129 ff. StGB, Schroeder-FS (2006) 799; *Hohmann,* Zur eingeschränkten Anwendbarkeit von § 129 StGB auf Wirtschaftsdelikte, wistra **92**, 85; *Krehl,* § 129 StGB als Auffangtatbestand bei der Verfolgung der sog. Regierungskriminalität in der früheren DDR?, DtZ **92**, 113; Kreß, Das Strafrecht in der Europäischen Union vor der Herausforderung durch organisierte Kriminalität und Terrorismus, JA **05**, 220; *Lampe* ZStW **106**, 706; 725; *Langer-Stein,* Legitimation u. Interpretation der strafrechtlichen Verbote krimineller u. terroristischer Vereinigungen 1987; *Lüttger* GA **60**, 54; *Meliá,* Zum Unrecht der kriminellen Vereinigung: Gefahr und Bedeutung, Jakobs-FS (2007) 27; *Ostendorf,* Entwicklungen in der Rechtsprechung zur „Bildung krimineller bzw. terroristischer Vereinigungen“ (usw.), JA **80**, 449; *Rudolphi,* Verteidigerhandeln als Unterstützung einer kriminellen oder terroristischen Vereinigung, Bruns-FS 315; *Scheiff,* Wann beginnt der Strafrechtsschutz gegen kriminelle Vereinigungen (§ 129 StGB)?, 1997 (Diss. Bonn 1996); *Schroeder,* Die Straftaten gegen das Strafrecht, 1985; *Schultz* SchweizZSt **89**, 15; *Wagner* GA **60**, 230 (= BGH/W I); **63**, 241 (= BGH/W II); DRiZ **61**, 171; **62**, 347; **64**, 361; *Sieber/Bögel,* Logistik der Organisierten Kriminalität, 1993; *Weinmann* HWiStR „Kriminelle Vereinigung“; *Werle,* Die Beteiligung an kriminellen Vereinigungen u. das Problem der Klammerwirkung, JR **79**, 93; *ders.,* Konkurrenz u. Strafklageverbrauch bei der mitgliedschaftlichen Beteiligung an kriminellen u. terroristischen Vereinigungen, NJW **80**, 2671; *Willms* NJW **57**, 565 u. Lackner-FS 473. Zu ausländischen Regelungen vgl. auch *Arzt,* in: *Schmid* (Hrsg.), Einziehung – Organisiertes Verbrechen – Geldwäsche I, 1998, 300; *Federle* ZStW **110**, 768. Vgl. auch die Angaben 1 a zu § 129 a, 1 a zu § 129 b. **1 a**

2) Rechtsgut und kriminalpolitische Bedeutung. Die Vorschrift **schützt** die **öffentliche Sicherheit** und die **staatliche Ordnung** (BGH **30**, 331; **41**, 53 [m. Anm. *Krehl* JR **96**, 208]; NJW **66**, 313; Bay StV **98**, 266; Düsseldorf NJW **94**, 399; NStZ **98**, 249 [m. Anm. *Hofmann*]; *Arzt/Weber* 44/11; *S/S-Lenckner/Sternberg-Lieben* 1; LK-*v. Bubnoff* 1; **aA** *Rudolphi* ZRP **79**, 216 und SK 2: Vorfeldschutz der in den Tatbeständen des BT geschützten Rechtsgüter; ähnl. *Fürst* [1 a] 68; *Langer-Stein* [1 a] 150 ff.; *Scheiff* [1 a] 25 ff.; vgl. auch *Ostendorf* JA **80**, 500; hiergegen BGH **30**, 328 [m. krit. Anm. *Rudolphi* NStZ **82**, 198]; and., aber iErg wohl auch auf die (objektive) öffentliche Sicherheit abstellend *M/Schroeder/Maiwald* 95/3; als „Scheinproblem“ bezeichnet *Arzt* die Auseinandersetzung [BT 44/11]; ähnlich *Griesbaum*, Nehm-FS [2006] 125, 129 f. [„eher akademisch“]). Die Vorschrift ist verfassungsgemäß (3 StR 2/72). **2**

Die **kriminelle Vereinigung** unterscheidet sich im Grad der von ihr ausgehenden Gefährdung von der **Bande** (BGH **31**, 207; 17 ff. zu § 244), weil sie kraft der ihr innewohnenden Eigendynamik eine erhöhte Gefährlichkeit für wichtige Rechtsgüter in der Gemeinschaft mit sich bringt (NJW **92**, 1518; abw. jetzt aber Art. 2 I des **Rahmenbeschlusses** des Rates der EU v. 13. 6. 2002 [ABl. EG Nr. L 164, 4]; vgl. 1 zu § 129 a). Nach zutr. Auffassung der Rspr betrifft diese Gefährlichkeit zwar vor allem die in den einzelnen Tatbeständen geschützten Rechtsgüter (vgl. auch *Schroeder* [1 a] 27 ff.); im Hinblick auf die weite Vorverlagerung in den Bereich **abstrakter Gefährdung** steht aber der Schutz öffentlicher, dh allgemeiner Sicherheit im Vordergrund. Hinzu kommt, dass Täter in festgefügten Strukturen, wie sie von § 129 (und § 129 a) erfasst werden, idR *mehr* und *gefährlichere* Straftaten begehen als Einzeltäter oder lockere Zusammenschlüsse von Beteiligten, dass vielfach Strukturen von **Berufs**-Kriminellen erfasst werden, von denen Straftaten mit hoher Intensität und eher emotionslos-geschäftlicher Motivation begangen werden, die überdies zu Vermischung mit *legaler* Geschäftstätigkeit tendieren (vgl. auch §§ 261, 299, 331 ff.). **3**

4 Die **praktische Anwendung** des § 129 war in der Vergangenheit (vgl. aber NJW **05**, 1668, 1670) zu einseitig auf die Verfolgung **politisch motivierter** krimineller Vereinigungen konzentriert; im Bereich der „allgemeinen", dh durch Erwerbsinteresse motivierten organisierten Kriminalität fristet die Vorschrift ein Schattendasein als Anknüpfungstatbestand für **strafprozessuale Maßnahmen** (vgl. § 74a I Nr. 4 GVG und daran anknüpfend §§ 98a I Nr. 2 [Rasterfahndung], 100a I Nr. 1 Buchst. c [Überwachung des Fernmeldeverkehrs], 100c I Nr. 2, Nr. 3 Buchst. c [iVm § 30b BtMG], Buchst. e [Abhören u. Aufzeichnen von Gesprächen; Wohnraumüberwachung], 110a I Nr. 2 [verdeckte Ermittler]). **Ermittlungsverfahren** wegen § 129 sind selten (1998: 11; 1999: 36; 2000: 20), Anklagen und **Verurteilungen** sind Ausnahmen (1998: 1; 1999: 3; 2000: 0; vgl. Antw. der BReg., BT-Drs. 14/5687 v. 28. 3. 2001; BT-Drs. 16/49). Das mag historisch mit der Anknüpfung an den Geheimbund-Tatbeständen der §§ 128, 129 RStGB zusammenhängen; dogmatisch mit dem Bemühen, eine zu weite Vorverlagerung des Rechtsgüterschutzes zu vermeiden (vgl. BGH **41**, 54). Gleichwohl bestehen gegen die auf „Vereine" und parteiähnliche Gruppen abstellenden Anforderungen von Rspr (vgl. etwa BGH **31**, 239; NJW **92**, 1518) und hM an den „Organisationswillen" (vgl. unten 7) **Bedenken,** weil sie der Wirklichkeit verfestigter organisierter Kriminalitätsstrukturen nicht gerecht werden (zutr. *Sieber/Bögel* [1a] 359; LK-*v. Bubnoff* 3 vor § 129; vgl. auch *Kress* JA **05**, 220, 224 f.). Möglicherweise könnte die Abkehr der Rspr von der Fiktion eines *zwischen* dem Mittäterplan und dem Vereinigungswillen liegenden „gefestigten Bandenwillens" (BGH **46**, 321) Anlass geben, die Auslegung weniger am eher überholten Bild von Vereinssatzungen oder Parteibeschlüssen als an dem wirklichkeitsnäheren Bild weitaus gefährlicherer, **hierarchisch strukturierter** Verbrecherorganisationen (vgl. unten 7) zu orientieren.

5 **3) Kriminelle Vereinigung (Abs. I).** Der Tatbestand setzt das Bestehen einer auf die Begehung von Straftaten gerichteten Vereinigung voraus.

6 **A. Vereinigung.** Die Vereinigung iS des § 129 I ist nach stRspr und hM der auf eine **gewisse Dauer** angelegte organisatorische Zusammenschluss von **mindestens drei Personen,** die bei Unterordnung des Willens des einzelnen unter den **Willen der Gesamtheit** gemeinsame Zwecke verfolgen und unter sich derart in Beziehung stehen, dass sie sich untereinander als einheitlichen **Verband** fühlen (BGH **10**, 16; **28**, 147; **31**, 240 [m. Anm. *Rudolphi* JR **84**, 33]; NJW **66**, 310; **78**, 433; **92**, 1518; **05**, 1668, 1670 [*Musikband „Landser"*]; NStZ **99**, 503 f. [*Fall Kaplan*; vgl. dazu BVerfG NJW **04**, 47]; wistra **06**, 462 [Schmuggel]; BGHR § 129a I, Verein. 1; 30. 6. 1999, 2 BJs 95/97 Köln NStE Nr. 2). In dieser Ausrichtung liegt der Unterschied zur bloßen Mittäterschaft (BGH **31**, 204; krit. *Scheif* [1a] 47), aber auch zur **Bande** (vgl. dazu 17 ff. zu § 244). Die objektive Eingrenzung, die der Bandenbegriff durch die Entscheidung BGH (GrSen) **46**, 321 gefunden hat, führt nicht zu Veränderungen der Voraussetzungen einer Vereinigung.

7 Die Vereinigung setzt ein Mindestmaß an **fester Organisation** voraus; der Zusammenschluss muss auf einige Dauer angelegt sein und darf sich nicht in der Vereinbarung eines einmaligen gemeinsamen Zwecks erschöpfen (BGH **28**, 147; **31**, 242 [Hausbesetzung; Anm. *Rudolphi* JR **84**, 33]; NStZ **82**, 68; *Lackner/Kühl* 2; *S/S-Lenckner/Sternberg-Lieben* 4; SK-*Rudolphi* 6; LK-*v. Bubnoff* 9 ff.). Auch der bloße Wille mehrerer Personen, gemeinsam Straftaten zu begehen, verbindet diese noch nicht zu einer Vereinigung, „solange der Wille des Einzelnen maßgeblich bleibt und die Unterordnung unter einen Gruppenwillen unterbleibt" (wistra **06**, 462). Wesentliche Voraussetzungen sind somit zum einen eine **Koordinierung** der (idR arbeitsteilig) zu erbringenden Leistungen für den gemeinsamen Zweck (SK-*Rudolphi* 6), zum anderen das Vorhandensein verbindlicher **Regeln für die Willensbildung,** deren Anerkennung Voraussetzung für die Mitgliedschaft ist; insoweit kommt es also auf einen „Gesamtwillen" der Organisation an (BGH **10**, 16; **31**, 204 f.; 239; NJW **92**, 1518; **99**, 1878; NStZ **99**, 504; vgl. auch StB 3/03 v. 22. 4. 2003 [*Musikgruppe „Landser"*]). Wie diese Regeln beschaffen sind, ist grds gleichgültig; nach hM nicht ausreichend ist aber die bloße Durchsetzung eines autoritären *„Anführer"-Willens* (BGH **31**, 205; NJW **92**, 1518; NStZ **82**, 68; LG Berlin wistra **85**, 241; vgl. auch Düsseldorf NJW **94**, 398; Bay StV **98**, 265; krit. *Sieber/Bögel* [1a] 358); ebenso nicht der Wille, gemeinsam Straftaten zu begehen. **Ausgenommen** vom Tatbestand sind damit insb. **hierarchisch strukturierte**

Organisationen, die über einseitige Befehlswege und strikt getrennte Informationsbereiche verfügen und keine *„Gruppen-Identität"* aufbauen. Hierdurch wird der Anwendungsbereich des § 129 erheblich eingeschränkt, da er die Strukturen organisierter Kriminalität teilweise nicht erfasst, sondern sich am Bild von (politischen) „Geheimbünden" orientiert (vgl. oben 4; krit. dazu auch *Sieber/Bögel* aaO; *Kress* JA **05**, 220, 224 f.).

Bei der **Abgrenzung** ist zu beachten, dass die Übergänge fließend sind; eine „Banden"-Struktur mit Führungspositionen Einzelner kann sich durchaus in eine Vereinigung iS von § 129 wandeln; dasselbe gilt umgekehrt namentlich bei Zweckänderungen (unten 15) oder bei Hinzutreten neuer Mitglieder. Kriminelle Vereinigungen können innerhalb einer größeren Organisation mit gemeinsamer Zielsetzung bestehen, die als solche § 129 nicht unterfällt (vgl. BGH **49**, 268 [Führungsebene der PKK]). Entsprechend können Mitglieder einer kriminellen Vereinigung innerhalb derselben eine Vereinigung iS von § 129a bilden. Eine Vereinigung kann zugleich eine **Gruppe** iS von § 127 sein; das ergibt sich aber nicht schon daraus, dass Mitglieder der kriminellen Vereinigung bewaffnet sind (**aA** *S/S-Lenckner/Sternberg-Lieben* 4). Die Inhaftierung von Mitgliedern schließt das Fortbestehen der Organisation nicht aus (SK-*Rudolphi* 11 a; *S/S-Lenckner/Sternberg-Lieben* 4; vgl. Hamburg JZ **79**, 275; *Rudolphi,* Bruns-FS 322 ff.); es ist auch nicht erforderlich, dass die Vereinigung rechtskräftig verboten (zB durch Vereinsverbot; vgl. *„Hell's Angels"* Hamburg, BAnz 1988, 4881) oder verfassungsfeindlich ist (BGH b. *Wagner* GA **60**, 230). **7 a**

B. Ausländische Vereinigungen; Straftaten im Ausland. Vor Einfügung des § 129b nicht erfasst waren nach Rspr und wohl hM solche Vereinigungen, die ihren organisatorischen Mittelpunkt oder eine selbstständige organisatorische Verankerung ausschließlich außerhalb des Geltungsbereichs des StGB, also im **Ausland** haben, gleichgültig, ob dies innerhalb oder außerhalb der EU ist (vgl. § 18 VereinsG und dazu BGH **20**, 164). Auch eine ausländische Vereinigung, deren Ziel die Begehung von Straftaten (ausschließlich) im Inland ist, konnte danach von § 129 nicht erfasst werden (vgl. BGH **30**, 328; **31**, 202, 204; **31**, 239 f.; NJW **92**, 1518; AK 9/01, 10/01, 11/01 [zu § 129a; *„Non-aligned Mudjahedin"*]; *S/S-Lenckner/Sternberg-Lieben* 4 a; **aA** *Rudolphi* NStZ **82**, 198; Bruns-FS 318 f. und SK 13; *Langer-Stein* [1 a] 222 f.; *M/Schroeder/Maiwald* 95/12; *Ostendorf* JZ **79**, 253). Die von § 129 (auch § 129a) erfasste Vereinigung musste vielmehr nach stRspr zumindest eine **Teilorganisation in Deutschland** unterhalten (BGH **30**, 329 [Anm. *Rudolphi* NStZ **82**, 198; *Bohnert* JuS **83**, 943]; NJW **66**, 310; **99**, 1878); das ist **zB** angenommen worden für die in der Bundesrepublik selbstständig operierenden Organisationseinheiten der kurdischen PKK (Bay NStZ-RR **97**, 251); für die *„Hell's Angels Hamburg e. V."* als im Verhältnis zur „Mutter"-Organisation *(„Hell's Angels California).* Das MfS sowie andere staatliche Organisationen aus der DDR waren keine Vereinigungen iS von § 129 (*Krehl* DtZ **92**, 113; *Weber* GA **93**, 200). **8**

Der **Gesetzgeber** hat mit der Schaffung des **§ 30 b BtMG** durch das OrgKG im Bereich der BtM-Kriminalität (§ 6 Nr. 5) ausländische Organisationen in vollem Umfang in die Anwendung des § 129 einbezogen. Die Einfügung des **§ 129 b** (vgl. dazu 1 zu § 129b) hat den Anwendungsbereich der §§ 129, 129a auf ausländische Organisationen ohne inländische organisatorische Anknüpfung ausgedehnt (vgl. Erl. dort); für Vereinigungen außerhalb des Bereichs der EU ist dies eingeschränkt (vgl. die Erl. zu § 129b). Es ist danach grds. ausreichend, wenn Mitglieder einer ausländischen Organisation ohne selbstständige Organisationsstruktur im Inland operieren (**zB** „Residenten" oder andere Angehörige ausländischer krimineller Vereinigungen, die bei längerfristigem Einsatz im Inland etwa die Einfuhr oder den Vertrieb von Waren organisieren, dabei aber keine eigene Teilorganisation aufbauen; ebenso etwa im Inland wohnende Personen, die für ausländische Organisationen Geldwäschegeschäfte durchführen). § 30b BtMG bleibt davon unberührt (*Altvater* NStZ **03**, 179, 182). **9**

Sind die Voraussetzungen an den Inlandsbezug der Vereinigung gegeben, so kommt es nicht darauf an, ob die zu begehenden **Straftaten** im Ausland stattfinden sollen, wenn insoweit die Voraussetzungen der §§ 3 bis 7 erfüllt sind. § 129, auch iV mit § 129b, macht andererseits von der Vereinigung im Ausland begangene Taten nicht zu Inlandstaten iS von §§ 3, 9 (unklar insoweit § 129b I S. 2). **10**

C. Vereinigungszweck. Kennzeichen der kriminellen Vereinigung ist vor allem ihr **Ziel, Straftaten zu begehen;** es muss daher zZ der Tat das verbindlich festgelegte (BGH **49**, 268 [*PKK*]) Ziel der (bestehenden oder zu gründenden Verei- **11**

gung) sein, mit einem durch die Organisationsstruktur gewährleisteten Gesamtwillen, wenn auch ggf in wechselnder Zusammensetzung, Straftaten zu begehen (vgl. auch BGH **31**, 204, 206). Es **reicht nicht aus,** dass sich eine Vereinigung die Begehung von Straftaten nur unter bestimmten Bedingungen **vorbehält** (BGH **49**, 268, 271 f.). Dass eine der Straftaten, auf deren Begehung die Vereinigung gerichtet ist, schon konkret geplant oder vorbereitet ist, ist andererseits nicht erforderlich (BGH **49**, 268, 272 f.; NJW **05**, 1668, 1670 [*Musikgruppe „Landser"*]).

12 **a)** Die Taten müssen dem Zusammenschluss zeitlich nachfolgen und dürfen sich nicht schon in dessen Aufrechterhaltung erschöpfen (*S/S-Lenckner/Sternberg-Lieben* 6); es muss sich um eine Mehrzahl (auch gleichförmiger) Taten im Rahmen des organisatorischen Zusammenschlusses handeln (NJW **75**, 985; Bay NStZ-RR **97**, 251), die nicht im Einzelnen konkretisiert zu sein brauchen (BGH **27**, 325, 328; zur Abgrenzung vgl. aber BGH **49**, 268 ff.). Nach **hM** ist der Tatbestand auf solche Vereinigungen zu begrenzen, die eine **erhebliche Gefahr für die öffentliche Sicherheit** darstellen (BGH **31**, 202, 207; **41**, 47, 51 [Anm. *Krehl* JR **96**, 208; *Ostendorf* JZ **96**, 55; *Schittenhelm* NStZ **95**, 343]; NJW **95**, 3396; Düsseldorf NStZ **98**, 249 [Anm. *Hofmann*]). Eine Beschränkung auf *besonders* schwerwiegende Straftaten (vgl. LG Berlin NStZ **82**, 203; *Hohmann* wistra **92**, 85) lässt sich hieraus aber nicht ableiten (zutr. *Lackner/Kühl* 3). Im Bereich von geringfügigen Straftaten werden oft schon die organisatorischen Voraussetzungen einer Vereinigung fehlen oder die des Ausnahmefalls des Abs. II Nr. 2 (vgl. unten 20) gegeben sein. Nach BGH **41**, 47, 51 ff. (Sachbeschädigungen zB durch ausländerfeindliche Sprühaktion) sind bei der Beurteilung der Gefahr für die öffentliche Sicherheit auch **Umstände** heranzuziehen, die **außerhalb des Tatbestands** der Straftaten liegen, insb. das aktuelle gesellschaftliche Klima, in welchem die geplanten Taten Wirkung entfalten sollen (krit. *S/S-Lenckner/Sternberg-Lieben* 6; SK-*Rudolphi* 10 b; *Krehl* JR **96**, 208; *Schittenhelm* NStZ **95**, 343; dem BGH zust. LK-*v. Bubnoff* 37, 40; zweifelnd *Lackner/Kühl* 3).

13 Nach diese Maßstäben ist **zB** die Entschlossenheit von **Hausbesetzern,** sich etwa durch Verbarrikadierungen im Besitz des Hauses zu halten, als **nicht ausreichend** angesehen worden (BGH **31**, 242 [Anm. *Rudolphi* JR **84**, 33]; LG Berlin NStZ **82**, 203; zust. *Rudolphi,* ZRP **79**, 216; *Ostendorf* JuS **81**, 642; vgl. auch SK-*Rudolphi* 10; **and.** NJW **75**, 985; LK-*v. Bubnoff* 17); auch nicht die Planung von Wirtschaftsstraftaten durch die Führung eines Unternehmens (BGH **31**, 207 [zust. *Hohmann* wistra **92**, 88]); ein Zusammenschluss zum Zweck der Organisation unerlaubter Glücksspiele, wenn die Spieler sich an den Spielen jeweils freiwillig beteiligen (Bay StV **98**. 265 f.; vgl. auch NJW **92**, 1518; 5 StR 22/92). Als **ausreichend** angesehen worden ist ein Zusammenschluss zum Zweck öffentlichkeitswirksamer ausländerfeindlicher Sachbeschädigungen (BGH **41**, 47; Düsseldorf NJW **94**, 399; vgl. oben 12). Eine Gefahr für die öffentliche Sicherheit (vgl. BGH **27**, 325) lag auch im Zweck der Fortführung des „bewaffneten Kampfes" der RAF (vgl. 3 StR 484/82; NJW **95**, 3396 [*„Autonome Antifa"*]).

14 **b) Ziel** der Vereinigung muss die Begehung **eigener Straftaten** sein. Von hierher ist umstr., ob die Unterstützung oder Förderung **fremder** Straftaten ein für § 129 hinreichender Vereinigungszweck sein kann; **zB** der Zweck, eine terroristische Vereinigung (§ 129 a) zu **unterstützen** (so Düsseldorf NStZ **98**, 249 [m. zust. Anm. *Hofmann*] gegen Koblenz, 5. 3. 1997, OJs 13/95 [aufgehoben durch StB 7/97]) oder Straftaten nach §§ 130 a I, 140 Nr. 2 und § 111 zu begehen (Düsseldorf aaO; **aA** BGH **27**, 328 [für §§ 111, 140]; offen gelassen in BGH **41**, 54). Da auch die genannten Tatbestände ihrerseits auf weitere Tatbestände verweisen, kann dies nur von einer **Gesamtbewertung** der Gefahr für den Rechtsfrieden abhängen; das *setzt eine konkrete* Bewertung der Gefahr für diejenigen Rechtsgüter voraus, die (doppelt) mittelbar geschützt sind. Bei §§ 129 a V, 130 a, 140 Nr. 2 sind diese Rechtsgüter durch die Kataloge der §§ 129 a I, II, 126 I, 138 I hinreichend bestimmt, so dass hier *regelmäßig* von einer Anwendbarkeit des § 129 auszugehen sein

wird (bejahend auch LK-*v. Bubnoff* 37; *S/S-Lenckner/Sternberg-Lieben* 7a). Dagegen kommt § 111 I als Anknüpfungsstraftat nur nach Maßgabe des Einzelfalls in Betracht (vgl. *Lackner/Kühl* 3; offen gelassen von BGH **41**, 27; anders BGH **27**, 328), wobei sowohl das Gewicht des Delikts, zu welchem aufgefordert wird, zu berücksichtigen ist als auch das konkrete Ausmaß der durch die Aufforderung selbst erzielten oder beabsichtigten Rechtsgutsgefährdung. Nach NStZ **00**, 27 ist Abs. I auf Taten nach § 111 jedenfalls dann anwendbar, wenn nach den konkreten Umständen des Einzelfalls durch die Aufforderung eine erhebliche Gefahr für die öffentliche Sicherheit heraufbeschworen wird. Jedenfalls **ausscheiden** müssen freilich Ketten-Verweisungen, die auf eine Umgehung von § 129 II hinauslaufen.

c) Entweder der **Zweck** der Vereinigung oder ihre **Tätigkeit** muss **darauf gerichtet sein,** Straftaten zu begehen. Das setzt voraus, dass die **organisatorische Struktur** der Vereinigung hierauf ausgerichtet ist. Die Abgrenzung zwischen „Zweck" und „Tätigkeit" ist kaum jedenfalls praktisch erkennbar, die Formulierung daher eher irreführend (zutr. *M/Schroeder/Maiwald* 95/5), denn beide müssen auf die Straftatbegehung „gerichtet" sein. **Tätigkeit** iS von Abs. I kann sowohl die Vorbereitung oder Durchführung von Straftaten selbst als auch eine andere, insb. auch eine legale Tätigkeit (etwa zum Zweck der Tarnung) sein. **Zweck** der Vereinigung muss selbstverständlich nicht sein, dass ihre Mitglieder sich *strafbar machen;* daher kann es nur um den Zweck gegen, Handlungen zu begehen oder Erfolge zu erzielen, die als Straftaten verboten sind. Dieser Zweck kann offen vertreten werden (insb. bei Verfolgung politischer [vgl. StB 3/03: Volksverhetzung], religiöser [vgl. zum vereinsrechtlichen Verbot des sog. *Kalifatstaats* BVerfG NJW **04**, 47] oder weltanschaulicher Ziele); nach der Natur der Sache wird er in den meisten Fällen nach außen verheimlicht werden (vgl. BGH **7**, 224; **9**, 103). Die organisatorische Struktur der Vereinigung kann schon vor der kriminellen Zwecksetzung gegeben sein; mit der **Zweckänderung** wandelt sich die legale Vereinigung (= Gründung; vgl. unten 23) in eine solche nach § 129 I (BGH **27**, 325; GA/W **60**, 193). Der Tatbestand setzt nicht voraus, dass die Begehung von Straftaten der alleinige, der Hauptzweck oder das Endziel der Vereinigung ist; es reicht, wenn die Straftaten der Erreichung eines **weitergehenden Zwecks** nur dienen oder sie vorbereiten sollen (BGH **15**, 260; **27**, 326; **41**, 56; NJW **66**, 312; **75**, 985; LK-*v. Bubnoff* 32; *S/S-Lenckner/Sternberg-Lieben* 7; vgl. auch *Rudolphi,* Bruns-FS 322; *Lampe* ZStW **106**, 707). Einzelne Straftaten müssen weder schon vorbereitet noch konkret geplant sein; die Vorverlagerung des § 129 geht also weiter als die des § 30 (**hM;** vgl. BGH **27**, 325, 328); die einschränkende Kritik hieran (*M/Schroeder/Maiwald* 95/5; *Arzt/Weber* 44/14; vgl. auch SK-*Rudolphi* 9) weist aber zutr. darauf hin, dass gerade in der „Gründungsphase" einer Vereinigung die Strafbarkeit eine hinreichende Konkretisierung zu begehender Taten jedenfalls ihrer Art nach schon deshalb voraussetzt, weil eine *Ausrichtung* der Gruppenstruktur auf die Straftatbegehung erforderlich ist. Bei allein dem kriminellen Erwerbsinteresse (**zB** BtM-Vertrieb; Menschenhandel; Schutzgelderpressung) dienenden Organisationen ist das regelmäßig unproblematisch; insb. bei politisch motivierten Vereinigungen, von denen die Begehung von Straftaten nur als „*notwendiges* Übel" zur Erreichung des Ziels angesehen wird (**zB** „alle Gefängnisse abzuschaffen" [vgl. BGH **27**, 325 f.]; „Deutschland ausländerfrei zu machen" [vgl. BGH **41**, 47, 55 f.]; einen „Gottesstaat" zu errichten [vgl. NStZ **99**, 503]), muss es im Einzelfall darauf ankommen, ob Straftaten hinreichenden Gewichts als bloße (uU „unvermeidliche") *Möglichkeit* angesehen werden oder ob die Organisationsstruktur gerade hierauf „gerichtet" ist, ob also zB die Gründung und der besondere Aufbau (Gliederung; Willensbildung; Aufbau tarnender Tätigkeiten usw.) gerade deshalb erfolgen, weil sich die ins Auge gefassten Straftaten nur so erfolgreich oder mit geringerem Verfolgungsrisiko begehen lassen. 15

Nicht ausreichend ist, dass einzelne Mitglieder einer Vereinigung (wenn auch mit Kenntnis der übrigen) Straftaten begehen wollen, auf welche die Organisa- 16 tionsstruktur nicht „gerichtet" ist; ebenso nicht, dass es zu Straftaten nur gelegentlich oder beiläufig kommt (BGH **27**, 328; **31**, 206; BGHR § 129 Gruppenwille 2; *S/S-Lenckner/Sternberg-Lieben* 7; LK-*v. Bubnoff* 12). Andererseits setzt § 129 nicht voraus, dass alle Mitglieder Straftaten begehen oder diese billigen. Auch hier kommt es auf den **Einzelfall** an: Schließt sich *innerhalb* einer größeren Organisation ein kleinerer Kreis in dem von Abs. I vorausgesetzten Sinn zusammen, so bildet nur diese Gruppierung eine (mitgliedschaftliche) kriminelle Vereinigung; außenstehende Angehörige der Gesamtorganisation können nur Unterstützer sein (vgl. NJW **99**, 1878 [zu § 129 a]); dagegen ändert es an der täterschaftlichen Beteiligung *aller* Mitglieder nichts, wenn innerhalb einer Vereinigung die *Ausführung* der geplanten Straftaten nur Einzelnen obliegt.

17 **4) Tatbestandliche Ausnahmen (Abs. II).** Nach Abs. II ist der **Tatbestand des I** in den Fällen Nr. 1 bis 3 **ausgeschlossen,** die nach dem Wortlaut der Vorschrift unterfallen würden. Während Nr. 1 im Wesentlichen dem Schutz legaler politischer **Parteien** dient und damit eher einen verfassungsrechtlich begründeten Rechtfertigungsgrund formuliert, stellt Nr. 2 eine Ausprägung des **Verhältnismäßigkeitsgrundsatzes** dar, deren Ergebnis auch durch Auslegung von I zu erreichen wäre; Nr. 3 soll verhindern, dass dasselbe Verhalten zweimal bestraft wird, und formuliert daher iErg eine **Subsidiaritätsklausel.**

18 **A. Parteienprivileg (Nr. 1).** Politische inländische **Parteien** (§ 2 PartG; vgl. BVerfG NJW **87**, 769; BVerwG NJW **86**, 2654) können nach **II Nr. 1** nur unter § 129 fallen, wenn das BVerfG sie für verfassungswidrig erklärt hat. Jedenfalls soweit die *politische* Tätigkeit einer nicht verfassungswidrigen Partei reicht, ist die Anwendbarkeit von § 129 ausgeschlossen. Das hindert nicht, selbstständige Organisationen *innerhalb* der Partei als kriminelle Vereinigungen anzusehen, wenn sie sich zu den in Abs. I genannten Zwecken organisiert haben (vgl. oben 16); Abs. II Nr. 1 schützt nicht Partei*mitglieder,* die sich zur Begehung von erheblichen Straftaten organisieren. Auf ausländische Vereinigungen (§ 129 b) II Nr. 1 nicht anwendbar (*Altvater* NStZ **03**, 179, 180).

19 Darüber hinaus ist es aber str., ob II Nr. 1 nur *politisch* motivierte Tätigkeiten von Parteien ausschließt (so *S/S-Lenckner/Sternberg-Lieben* 9) oder sich auf die **gesamte Tätigkeit** politischer Parteien erstreckt (so LK-*v. Bubnoff* 39; wohl auch SK-*Rudolphi* 12; *Arzt/Weber* 44/18). Das Problem ist vor dem Hintergrund von §§ 84 ff., Abs. I Nr. 3 (iVm Art. 21 GG) und in der Abgrenzung zu Abs. I zu sehen: Die in der bloßen Aufrechterhaltung einer verfassungswidrigen, aber (noch) nicht verfassungswidrig erklärten Partei liegenden oder ihr dienenden Straftaten machen die Partei nicht zur kriminellen Vereinigung; *nach* der Entscheidung des BVerfG wird § 129 von §§ 84 ff. verdrängt. Andererseits erfüllt eine Begehung von Straftaten, die § 129 I unterfällt und nicht schon nach II Nr. 2 ausgeschlossen ist, nicht stets die Voraussetzungen von Art. 21 II GG, §§ 43 ff. BVerfGG. In diesem Fall die Mitgliedschaft in der Partei nach § 129 zu bestrafen, würde das Parteienprivileg des Art. 21 GG unterlaufen; i. ü. dürfte schon die Abgrenzung unpolitisch motivierter „Gerichtetheit" iS von Abs. I in diesen Fällen kaum möglich sein (zutr. LK-*v. Bubnoff* 39).

20 **B. Untergeordnete Zwecke und Tätigkeiten (Nr. 2).** Nach **II Nr. 2** ist Abs. I dann nicht anzuwenden, wenn die Begehung von Straftaten nur ein Zweck oder eine Tätigkeit von **untergeordneter Bedeutung** ist. Damit sollen Vereinigungen ausgenommen werden, die auf die Begehung nur gelegentlicher oder geringfügiger Straftaten gerichtet sind (BT-Drs. IV/2145). „Untergeordnet" kann die Begehung solcher Taten nur dem **Gesamtzweck** der Vereinigung sein; wenn die Vereinigung nur aus einem Teil der Mitglieder einer Gesamtorganisation besteht, kommt es auf die Zwecke und Tätigkeit der **Teilorganisation** an (BGH **49**, 268, 275). Bei der Beurteilung geht es nicht um die Frage der Abgrenzung zwischen möglichen weiteren *Zielen* und dem Straftat-*Zweck* iS von I, sondern um das Verhältnis *zwischen legalen und illegalen* Zwecken der Organisationsstruktur selbst. Dient diese im Kern einer legalen Tätigkeit, so ist sie als solche schon nicht auf die Straftatbegehung „gerichtet" (vgl. oben 15). Die zu begehenden Taten müssen aber nicht alleiniger oder Hauptzweck oder ausschließliche Tätigkeit der Vereinigung

sein (BGH **41**, 47, 56; dazu *Schittenhelm* NStZ **95**, 343; *Krehl* JR **96**, 208; *Ostendorf* JZ **96**, 55; oben 15); es kommt darauf an, ob sie das Erscheinungsbild der Organisation in nennenswerter Weise mitprägen (BGH **41**, 56; *S/S-Lenckner/Sternberg-Lieben* 10). Die Ausnahme nach Nr. 2 ist **zB** verneint worden für Vereinigungen, deren wesentliche Tätigkeiten in verleumderischer Hetze gegen Staatsorgane (BGH **20**, 88), in massiven Gewaltmaßnahmen gegen Polizeikräfte zur Aufrechterhaltung von Hausbesetzungen (NJW **75**, 986; and. LG Berlin NStZ **82**, 203) oder in ausländerfeindlichen Sprühaktionen (BGH **41**, 47; Düsseldorf NJW **94**, 398) bestanden.

C. Organisationsdelikte (Nr. 3). Nach **II Nr. 3** ist Abs. I auf Vereinigungen nicht anzuwenden, deren Zweck oder Tätigkeit die Begehung von Organisationsdelikten nach §§ 84 bis 87 ist, zu denen man aber noch die nur aus technischen Gründen weggelassenen Delikte des § 20 I Nr. 1 bis 4 VereinsG rechnen muss (LK-*v. Bubnoff* 37). Nr. 3 gilt aber nicht, soweit die Vereinigung neben diesen Taten noch die Begehung anderer Straftaten zum Zweck hat, **zB** solche nach § 89, § 90 a (vgl. DRiZ **64**, 362), §§ 90 b, 126, 185 ff. (vgl. BGH **20**, 87), soweit diese nicht nur untergeordnete Bedeutung haben. Auch Straftaten im Ausland können in Betracht kommen (NJW **66**, 312; LK-*v. Bubnoff* 30; **aA** *Rudolphi,* Bruns-FS 318 und SK 13). 21

5) Tathandlungen. Abs. I stellt Handlungen teils als **Erfolgsdelikte,** teils als reine **Tätigkeitsdelikte** unter Strafe, die eine Vorverlagerung des Strafrechtsschutzes zur Folge haben; der Sache nach als Teilnahme oder als Versuch zu qualifizierende Handlungen sind zur Täterschaft aufgestuft. 22

A. Gründen ist die Neubildung einer Vereinigung. Der BGH hatte in BGH **27**, 327; NJW **54**, 1254 (vgl. auch *Lackner/Kühl* 4; *S/S-Lenckner/Sternberg-Lieben* 12 a; SK-*Rudolphi* 14; LK-*v. Bubnoff* 43) entschieden, Täter des Gründens seien nicht alle mit Gründungswillen am Gründungsvorgang Beteiligten, sondern nur solche Personen, die beim ursprünglichen Gründungsakt (der auch in einem nachträglichen „Umfunktionieren" einer Vereinigung liegen kann; BGH **27**, 325) eine **richtungsweisende** und **führende Rolle** spielen. Diese Rspr führte zu Spannungen mit Abs. IV und V, denn danach müsste es einerseits unter „führenden" Tätern (= Gründern) wiederum „Rädelsführer" (IV), aber auch solche geben, deren Mitwirkung „von untergeordneter Bedeutung" (V) ist; andererseits würde *nicht* „führenden" Mitgründern die Möglichkeit nach Abs. V abgeschnitten, wenn nicht eine gleichzeitige Beteiligung für sich allein „untergeordnet" ist. Von Bedeutung ist die Frage insoweit, als das Gründen eine mitgliedschaftliche Beteiligung nicht voraussetzt (LK-*v. Bubnoff* 43; *S/S-Lenckner/Sternberg-Lieben* 12 a). Zutreffend ist daher, dass ein bloßes „Mitmachen" oder die Erklärung der Bereitschaft dazu, wenn dies auf eine bereits vorgegebene Planung bezogen ist, nicht als täterschaftliches Gründen, sondern idR als Sich-Beteiligen anzusehen ist. Findet dagegen die Gründung der Organisation durch gemeinsame Absprachen und Planung statt, so kann Täter des Abs. I nicht nur derjenige sein, der sich hierbei besonders hervortut (IV, 1. Var.). Der *3. StS* des **BGH** hat dies in NStZ-RR **06**, 267, 269 klargestellt; Gründer ist danach jeder, der die Gründung **wesentlich fördert**. Vollendet ist die Tatvariante nicht schon mit jeder auf die Entstehung der Organisation hinwirkenden Handlung (Abs. III); vielmehr ist deren Existenz als funktionsfähige organisatorische *Struktur* als **Erfolg** erforderlich. 23

B. Sich-Beteiligen als Mitglied ist eine – einverständlich mit der Vereinigung (NStZ **93**, 37) – auf Dauer ausgerichtete, wenn auch vorerst einmalige **Teilnahme an der Tätigkeit** der Organisation (BGH **29**, 115; abl. *Ostendorf* JA **80**, 502); diese muss sich in aktiven Handlungen zur Förderung von Aufbau, Fortdauer oder Tätigkeit der Organisation ausdrücken (vgl. BVerfGE **56**, 33; BGH **29**, 294; NStZ **02**, 328, 330); dagegen ist nicht erforderlich, dass es bereits zu konkreten Tatplanungen oder zu vorbereitenden Aktivitäten gekommen ist (BGH **49**, 268 ff. [Führungsebene der PKK]). Bloßes Beitreten durch Erklärung oder formelle Mitgliedschaft reichen nicht aus (BGH **29**, 121); auch nicht *allein* passives Verhalten im Hinblick auf mög- 24 liche spätere Beteiligungshandlungen (zur Verfolgung sog. „Schläfer" vgl. 10 zu § 129 b); andererseits ist eine Beteiligung an einzelnen Straftaten nicht erforderlich. Es reicht **zB** eine Unterrichtung der Organisationsleitung über den Stand der Planung und Ausführung von Taten (NStE § 129 a Nr. 7); das Zahlen von Mitgliedsbeiträgen (Karlsruhe NJW **77**, 2223; **aA** LK-*v. Bubnoff* 45); die Beteiligung an Planungen oder das Erbringen organisatorischer oder logistischer Leistungen zur Vorbereitung, Durchführung oder Tarnung von Straftaten. Allein werbende oder bestätigende (öffentliche) Erklärungen, die der Rechtfertigung begangenen Unrechts dienen, fallen für sich allein noch nicht darunter (BGH **31**, 23 [Prozesserklärungen]), auch wenn durch sie andere Straftatbestände, wie §§ 111, 140, erfüllt werden (BGH aaO; NStZ **90**, 183; abl. *Gössel* JR **83**, 119; vgl. hierzu LK-*v. Bubnoff* 30 b zu § 111; *S/S-Lenckner/Sternberg-Lieben* 14; SK-*Rudolphi* 16). Längere Pausen zwischen einzelnen Beteiligungsakten führen für sich allein nicht zur Beendigung der einheitlichen Tat, solange eine Fortsetzung der Tätigkeit im Einvernehmen mit der Organisation geplant ist; die Tat endet jedoch, wenn der Täter sich in der Absicht der Beendigung vollständig zurückzieht (NJW **01**, 1734; vgl. auch BGH **43**, 1 [zu § 99]; 14 zu § 99; LK-*Rissing-van Saan* 23 vor § 52; unten 50).

25 **C. Werben um Mitglieder oder Unterstützer** für die Vereinigung ist jede an einzelne gerichtete oder öffentliche Propagandatätigkeit eines **Nichtmitglieds** (sonst schon Beteiligung) zugunsten der Vereinigung, soweit diese Werbung auf die organisatorische Aufrechterhaltung oder Stärkung durch Beitritt von Mitgliedern oder Unterstützungshandlungen Dritter gerichtet ist. Durch das 34. StÄG ist die Tatvariante *eingeschränkt* worden; die frühere, auch auf sog. **Sympathiewerbung** ausgedehnte weite Definition von Rspr und hM (BGH **28**, 26; **33**, 16 f.; NJW **88**, 1679; **90**, 2828) ist in der Neufassung **nicht mehr erfasst** (vgl. StB 3/07 [zu § 129 a]). Sie ist schon früher in der Lit. als zu weitgehend kritisiert worden; teilweise wurde als Werben nur das Anwerben von neuen Mitgliedern angesehen (so insb. SK-*Rudolphi* 18 sowie *ders.* JR **79**, 33; ZRP **79**, 218; *Langer-Stein* [1 a] 227 ff.; *Scheiff* [1 a] 110 ff.; weitere Nachw. bei LK-*v. Bubnoff* 58 ff.); eine weitergehende Ansicht bezog die Werbung von tätigen Anhängern und (nicht mitgliedschaftlichen) Unterstützern mit ein (*Ostendorf* JA **80**, 502; wohl auch *Fürst* [1 a] 138, 142). Dieser Auffassung hat sich der Gesetzgeber namentlich im Hinblick auf die Ausdehnung des Anwendungsbereichs auf ausländische Vereinigungen angeschlossen (vgl. BT-Drs. 14/7025; dazu *Altvater* NStZ **03**, 179; krit. aber BT-Drs. 15/540 [Antrag CDU/CSU]; 15/2001 [BRat]).

26 Nach Rspr und hM setzt die Tatvariante des Werbens voraus, dass die Vereinigung tatsächlich **schon** oder **noch besteht** und dass die werbende Äußerung sich auf eine eindeutig identifizierbare, existierende Vereinigung bezieht (KG StV **81**, 525; Bay NJW **98**, 2542 [Anm. *Radtke* JR **99**, 84]; iErg auch Koblenz StV **89**, 205; vgl. auch BGH **33**, 18; NJW **88**, 1677; NStZ-RR **05**, 73 f [ErmRi]; *S/S-Lenckner/Sternberg-Lieben* 14; *Lackner/Kühl* 7; **aA** LK-*v. Bubnoff* 49; SK-*Rudolphi* 18; *Haberstrumpf* MDR **79**, 977 f.). Die sog. **Gründungswerbung,** dh das werbende Suchen von Gründungsmitgliedern, unterfällt dem Tatbestand des Werbens daher nicht; sie ist je nach Zielrichtung und eigener (geplanter) Position des Werbenden als versuchte Gründung (§§ 129 III, 129 a I, II iVm § 23 I) oder (im Fall des § 129 a) als versuchte Anstiftung zur Gründung (§ 30 I iVm § 129 a I, II) strafbar (vgl. i. e. Bay NJW **98**, 2542 f. u. dazu *Radtke* JR **99**, 84 ff.; vgl. auch unten 36). Der erforderliche Organisationsbezug kann auch dann gegeben sein, wenn der Täter mehrere jedenfalls bestimmbare Organisationen benennt und dem Adressaten anheim stellt, welcher von ihnen er sich als Mitglied anschließt. Nicht ausreichend ist aber ein Werben für die Unterstützung einer nur vagen Vielzahl „förderungswürdiger" Organisationen (NStZ-RR **05**, 73 [ErmRichter; zu § 129 b]).

27 Werben ist eine ausdrückliche oder konkludente **Äußerung** (vgl. *Giering* StV **83**, 296) gleich welcher Form, die von einer **werbenden Zielrichtung** des Täters selbst (also nicht schon bei Veröffentlichung *fremder* werbender Äußerungen ohne eigene affirmative Stellungnahme; vgl. BGH **36**, 370f.; **43**, 44; Schleswig NJW **88**, 352; *Rebmann* NStZ **81**, 461) getragen ist, dh Existenz und Zwecke der Vereinigung nach objektiver Auslegung aus der Sicht eines informierten Adressaten (vgl. NJW **88**, 1679; **95**, 3395; NStZ **85**, 21f.; MDR **87**, 1040; 3 StR 438/83) jedenfalls im Grundsatz (nicht unbedingt einzelne vergangene Straftaten) befürwortet **und** eine individuell bestimmte oder an noch unbekannte beliebige Adressaten gerichtete **Aufforderung** zur **mitgliedschaftlichen Beteiligung** oder zu **Unterstützungshandlungen** enthält, die auf eine Aufrechterhaltung oder Stärkung des der Vereinigung innewohnenden Gefährdungspotentials abzielen. Der Übergangsbereich von einer „reinen" Sympathiewerbung zur „Werbung um Unterstützer" ist – angesichts des seinerseits weiten Begriffs des Unterstützens (unten 30ff.) – auch weiterhin schwierig abzugrenzen (vgl. dazu StB 3/07 [zu § 129a]). Bei der Auslegung *allgemein* zur „Unterstützung" auffordernder Äußerungen ist die Bedeutung des § 5 I GG zu beachten; das Bestimmtheitsgebot verlangt eine einschränkende Auslegung (vgl. BGH **33**, 18).

Einzelfälle. Schon in der Vergangenheit als **nicht ausreichend** ist **zB** angesehen worden: die (wenngleich überzogene) Forderung nach verbesserten Haftbedingungen inhaftierter Mitglieder (BGH **33**, 16 [Anm. *Bruns* NStZ **85**, 22]; NStZ **85**, 263; BGHR § 129a III aF Werben 4; Stuttgart StV **84**, 76); die Herausgabe einer Dokumentation „zensierter Texte" einer Vereinigung (KG StV **90**, 210) oder einer Broschüre „Ausgewählte Dokumente" ohne Distanzierung oder Affirmation (NJW **95**, 3396); die Verwendung eines fünfzackigen Sterns (ohne weitere Hinweise) auf Flugblatt mit Forderung nach „Zusammenlegung der Gefangenen aus RAF und Widerstand" (BGHR § 129a III aF Werben 4); die Verbreitung eines Plakats mit der Behauptung, „der Staat" habe eine Vielzahl von Mitgliedern einer Organisation (RAF) „ermordet", bei allein beiläufigem Hinweis auf den Namen der Vereinigung (Bay NStZ-RR **96**, 135); das offene Zurschautragen des Symbols einer terroristischen Vereinigung (RAF) auf einer Wahlveranstaltung zur Provokation der bürgerlichen Gesellschaft (Bay NStZ-RR **96**, 71; StV **87**, 393; vgl. aber NJW **88**, 1677, 1679); der Abdruck von Briefen inhaftierter Organisationsmitglieder aus dokumentarischen Gründen (Schleswig NJW **88**, 352); das Verbreiten der Parole „Es lebe die RAF" *nach* deren Selbstauflösung (Bay NJW **98**, 2542); die Interessenpropagierung für eine bestehenden Organisation nicht eindeutig angehörenden Personengruppe (NJW **90**, 2828, 2830). Kein Werben ist auch die Akquisition von Geldmitteln bei Personen, *gegen* die sich die von der Organisation begangenen Straftaten richten (vgl. aber zutr. *Arzt/Weber* 44/17 zur mit dem „Erfolg" der Organisation zunehmend fließenden Grenze), etwa das „Abwerben" von Schutzgeld-Zahlern (hier liegt Sich-Beteiligen vor) oder das Akquirieren von Kunden (Opfern) durch Anlagebetrugs-Firmen; anders bei Vereinigungen, deren Hauptzweck die Begehung oder Verschleierung von Steuerhinterziehungen ist. 28

Nach **hM** handelt es sich bei der Tatvariante des Werbens um ein **unechtes Unternehmensdelikt**; die **Vollendung** setzt daher keinen **Erfolg** der Äußerung iS einer tatsächlichen Stärkung der Organisation durch Dritte voraus (vgl. auch BGH **41**, 47, 54f.; **aA** *Langer-Stein* [1a] 227ff.; dagegen zutr. LK-*v. Bubnoff* 63; einschr. aber auch SK-*Rudolphi* 18 und JR **79**, 33f.; *Giehring* StV **83**, 296ff.); das ist durch die Neufassung (*„Werben um"* statt *„Werben von"*) bestätigt worden (*Altvater* NStZ **03**, 179). Zutr. ist aber die Forderung nach einer **Einschränkung** insoweit, als die Werbungs-Handlung ihrer Art und nach den konkreten Umständen der Äußerung **geeignet** sein muss, das in der Existenz der Vereinigung bestehende Gefährdungspotential zu stärken (vgl. *Lackner/Kühl* 7; *S/S-Lenckner/Sternberg-Lieben* 14b; *M/Schroeder/Maiwald* 95/10) und der Vereinigung neue Mitglieder oder Unterstützer zuzuführen. Bei der Auslegung von Äußerungen ist zu bedenken, dass es sich der Sache nach um den (ggf untauglichen) *Versuch* einer *Anstiftung* zur *Beihilfe* zu Handlungen handeln kann, welche eine konkrete Rechtsgutsgefährdung weder anstreben noch erreichen. 29

D. Unterstützen ist nach hM eine zur Täterschaft verselbstständigte Beihilfe (BGH **20**, 89; **29**, 101; *Lackner/Kühl* 6; SK-*Rudolphi* 17; LK-*v. Bubnoff* 65; im Grundsatz auch *S/S-Lenckner/Sternberg-Lieben* 15; krit. *Sommer* JR **81**, 490; *Lampe* ZStW **106**, 726) eines **Nichtmitglieds,** für die im Grundsatz die zu § 84 II ent- 30 wickelten Regeln gelten (vgl. dort; krit. SK-*Rudolphi* 17). Es reicht nicht schon jede als Förderung *gemeinte* Handlung; andererseits ist nicht vorausgesetzt, dass der von dem Unterstützungstäter beabsichtigte **Erfolg** eintritt (BGH **29**, 101; **32**, 244). Tatbestandsmäßig ist nur eine Handlung, die als **Förderung, Stärkung oder Absicherung** des spezifischen Gefährdungspotentials der kriminellen Vereinigung wirksam und der Organisation vorteilhaft ist (vgl. BGH **20**, 90; **29**, 101; **32**, 244; **33**, 17; NJW **88**, 1677 f.; MDR/S **81**, 91; **86**, 178), gleichgültig, ob diese den Vorteil tatsächlich nutzt (*S/S-Lenckner/Sternberg-Lieben* 15; vgl. auch LK-*v. Bubnoff* 65; *M/Schroeder/Maiwald* 95/8). Die Unterstützung muss nicht speziell die organisatorische Struktur fördern (vgl. § 84 II), sondern kann auch die Tätigkeit oder den Zweck der Vereinigung betreffen; sie muss aber auf die Förderung der Organisation *als solcher* gerichtet sein.

31 **Einzelfälle.** Als Unterstützen angesehen worden ist **zB** die Beschaffung von Informationen, Material oder Werkzeugen, die für die Organisation von Vorteil sind; das Erbringen von Kurierdiensten (MDR/S **90**, 104); Zur-Verfügung-Stellen von Räumlichkeiten, Kfz oder Telekommunikationsmöglichkeiten (vgl. LK-*v. Bubnoff* 66 mwN); das Beherbergen von Personen, die für die Organisation Straftaten begehen sollen und ihre Beratung bei deren Vorbereitung (vgl. 2 StE 4/01–6); das Ausspähen von Tatopfern oder Tatgelegenheiten; „Öffentlichkeitsarbeit" zB durch gewalttätige Demonstrationen oder Teilnahme an öffentlichkeitswirksamen „Kampfmaßnahmen" zur Stärkung der Organisationsstruktur und Förderung ihrer (kriminellen) Ziele (vgl. NJW **89**, 2002; NStE § 129 a Nr. 5 [Hungerstreik]; je nach dem Einzelfall auch eine psychische Unterstützung durch Stärkung der „Gruppenmoral" (vgl. **zB** BGH **32**, 244; **33**, 17; NJW **75**, 985). Auch **Geldwäsche** (§ 261 I Nr. 5) wird, wenn sie (auch) der Aufrechterhaltung der Organisationsstruktur dient, idR als Unterstützung anzusehen sein. Tatbestandliches Unterstützen ist auch die **Zahlung von Schutzgeld** an die Vereinigung; Rechtfertigung nach § 34 scheidet hier idR aus; jedoch kommt Entschuldigung unter dem Gesichtspunkt des *Nötigungsnotstands* in Betracht (ebenso *S/S-Lenckner/Perron* 41 b zu § 34; *S/S-Lenckner/Sternberg-Lieben* 17).

32 **Keine Unterstützung** ist **zB** das bloße Vorrätighalten von Propagandamaterial (Bay StV **84**, 77); der Besitz von werbenden Broschüren der Organisation (BGHR § 129 a III aF Unterst. 5); das öffentliche Eintreten für nicht kriminelle Endziele einer Vereinigung (BGH **33**, 18); eine **sozial übliche** Förderung des bloßen Lebensunterhalts für einzelne Mitglieder (zB Verkauf von Kleidung oder Nahrungsmitteln; Vermietung von Wohnungen oder Kfz, usw.; vgl. SK-*Rudolphi* 17 a und Bruns-FS 331 f.).

33 Nicht tatbestandsmäßig ist auch ein **Verteidigerhandeln** im Rahmen prozessual zulässiger Verteidigungstätigkeit (BGH **29**, 102 m. Anm. *Kuckuk* NJW **80**, 298 u. *Müller-Dietz* JR **81**, 76; **31**, 16 m. Anm. *Gössel* JR **83**, 118; 3 StR 323/79; *Rudolphi*, Bruns-FS 334; ZRP **79**, 217; SK-*Rudolphi* 17 a; vgl. 16 ff. zu § 258; zum Irrtum unten 34); anders ist dies, wenn durch **verteidigungsfremde** Aktivitäten die Vereinigung gefördert wird, etwa durch Mitwirkung an einem Informationssystem oder Weiterleitung von Kassibern an UHäftlinge (3 StR 323/79; hierzu MDR/S **81**, 91), das den Zusammenhalt der Mitglieder aufrechterhält (NJW **82**, 2510; BGH **32**, 244 m. Anm. *Bottke* JR **85**, 122; Hamburg JZ **79**, 275; krit. *Ostendorf* JZ **79**, 252; GA **84**, 324; *Rudolphi* ZRP **79**, 218); erst recht bei Einbringen von verbotenen Gegenständen (Waffen; Mobiltelefone). Unterstützen liegt auch vor, wenn ein Verteidiger inhaftierter Mitglieder die Aufrechterhaltung der Organisationsstrukturen oder der Tätigkeit der Vereinigung sicherstellt, etwa durch Übermittlung von Anweisungen für die „Geschäftstätigkeit", Sicherung der Gewinne aus der weiter laufenden kriminellen Tätigkeit des Mandanten (Schutzgeld; Ausbeutung von Prostituierten; Menschenhandel; BtM-Handel; Drohungen an Zeugen etc.).

34 **6) Subjektiver Tatbestand.** In allen Fällen des § 129 ist **Vorsatz** erforderlich. Bedingter Vorsatz genügt in allen Fällen hinsichtlich der strafbaren Zwecksetzung oder Betätigung der Vereinigung; Unkenntnis oder die irrige Annahme eines nur untergeordneten Zwecks (II Nr. 2) führen zum Tatbestandsirrtum (LM Nr. 6). Bedingter Vorsatz reicht auch für die Varianten des Gründens und der Beteiligung sowie in den Fällen des Unterstützens (BGH **29**, 102) aus; nicht aber für das Werben, da dies auf eine Förderungshandlung durch Dritte abzielen muss (NJW **88**, 1679; BGHR § 129 a III aF Werben 3, 4; and. Bay NStZ **83**, 123).

35 **7) Vollendung; Versuch (Abs. III).** Bei der **Gründung** muss zur Tatvollendung die Vereinigung jedenfalls soweit zustandegekommen sein, dass die Zwecke bestimmt und die Organisations- und Kommandostruktur eingerichtet ist; zur Be-

gehung einzelner Straftaten muss es noch nicht gekommen sein. Die mitgliedschaftliche Beteiligung ist mit der Vornahme einer der oben 24 genannten Handlungen vollendet; ein Erfolg ist hier ebenso wenig vorausgesetzt wie bei den Varianten des Werbens und des Unterstützens (vgl. oben 29, 30).

Versuch ist nach **Abs. III** nur bei der **Gründung** strafbar (dazu BGH **27**, 325 [Ansetzen zur „Umwandlung" einer legalen in eine kriminelle Vereinigung]). Soweit in den Varianten des Werbens und des Unterstützens der Sache nach Versuchshandlungen als Täterschaft erfasst werden (vgl. *S/S-Lenckner/Sternberg-Lieben* 18; LK-*v. Bubnoff* 72), setzt die Vollendung die Verwirklichung der entspr. Tathandlung voraus; wird *zu ihr* nur angesetzt, so bleibt es bei der Straflosigkeit des Versuchs (vgl. MDR/S **86**, 178 [erfolgloses Absenden von unterstützenden Briefen]; 3 StR 441/81 [Bereitstellen werbender Flugblätter]). **Rücktritt** vom Versuch des Gründens ist nach allgemeinen Regeln des § 24 möglich (weitergehend will *Lenckner/Sternberg-Lieben* [*S/S* 18] einen Rücktritt vom *vollendeten* Werben zulassen). Zur Tätigen Reue unten 44. **36**

8) Rechtswidrigkeit. Eine **Rechtfertigung** kann für das **Unterstützen** unter dem Gesichtspunkt prozessual erlaubter Verteidigung eingreifen (vgl. BGH **32**, 243, 246 f.). Art. 5 I GG wird idR tatbestandliche (oben 27) werbende Äußerungen nicht rechtfertigen; dasselbe gilt für die Unterstützung, soweit sie durch Äußerungen erfolgen kann. Eine Rechtfertigung Schutzgeld zahlender Erpressungsopfer nach § 34 scheidet idR aus (vgl. oben 31). Soweit **verdeckte Ermittler** oder verdeckt operierende Polizeibeamte Unterstützungshandlungen begehen, kann § 34 in engen Grenzen (vgl. *Hilger* NStZ **92**, 525; *Lesch* StV **93**, 94; *Eisenberg* NJW **93**, 1039; *Schwarzburg* NStZ **95**, 473; *Amelung/Schall* JuS **75**, 565; *Seelmann* ZStW **95**, 808 ff.) eingreifen. **37**

9) Teilnahme. Die Möglichkeit der Teilnahme an den einzelnen Tatvarianten ist umstritten; der Meinungsstand ist unübersichtlich (vgl. dazu LK-*v. Bubnoff* 73 f. mwN). Möglich sind Anstiftung und Beihilfe zum Gründen (vgl. Bay NJW **98**, 2542 [Anm. *Radtke* JR **99**, 84]; **aA** LK-*v. Bubnoff* 49, 73; SK-*Rudolphi* 18, 21, die die Gründungswerbung als täterschaftliches Werben verstehen; dazu oben 23) sowie zum Werben um Mitglieder oder Unterstützer (BGH **29**, 265; vgl. auch BGH **36**, 369). Anstiftung zur Beteiligung ist täterschaftliches Werben (oben 25); Beihilfe zur Beteiligung sowie Anstiftung und Beihilfe zum Unterstützen (vgl. BGH **20**, 89) sind täterschaftliches Unterstützen (3 StR 438/83). Teilnahme an dieser zur eigenständigen Täterschaft aufgewerteten Teilnahme ist nicht möglich (hM; **aA** *S/S-Lenckner/Sternberg-Lieben* 15, 24; weitergehend SK-*Rudolphi* 21; AK-*Ostendorf* 28; dagegen LK-*v. Bubnoff* 74; vgl. hierzu auch *Sommer* JR **81**, 490 ff.; *Fürst* [1 a] 240 ff.). **38**

10) Rechtsfolgen. § 129 enthält in Abs. I, IV bis VI Strafzumessungsregeln, die einerseits der Vorverlagerung der Vollendung in den Bereich von Teilnahmehandlungen (VI Nr. 1), andererseits den tatsächlichen (IV, V) und kriminologischen (VI Nr. 2) Besonderheiten verfestigt organisierter Kriminalität Rechnung tragen sollen. Die rechtstechnisch detaillierte Regelung verbirgt, dass die Zumessung von der Straflosigkeit bis zur Obergrenze des besonders schweren Falls in bemerkenswerter Weise an *wertende* Einzelfallsbeurteilungen gebunden ist. **39**

A. Allgemeiner Strafrahmen (Abs. I). Die Strafdrohung des I ist für alle Tatvarianten Freiheitsstrafe bis 5 Jahre oder Geldstrafe. Soweit die **hM** als Täter des Gründens nur „führend und richtungsweisend" Beteiligte ansieht (vgl. oben 23), gerät sie schon bei der Anwendung des Regelstrafrahmens des I in Schwierigkeiten: Wenn *nicht ganz belangloses* Unterstützen und *richtungsweisendes* Gründen derselben Strafdrohung unterworfen wären, stimmte die Einordnung *im Grundsatz* nicht. Bei der **Strafzumessung** sind Gesichtspunkte der Gefährlichkeit der Vereinigung zu berücksichtigen, insb. etwa Größe, Verfestigung und Funktionsfähigkeit der Organisation, aber auch die Art und Schwere der Straftaten (vgl. auch StB 14/01). **40**

41 **B. Besonders schwere Fälle (Abs. IV).** Die Regelung des Abs. IV, **1. HS**, hebt für zwei benannte sowie für unbenannte besonders schwere Fälle das **Mindestmaß** der Strafe auf 6 Monate (vgl. § 47!); das Höchstmaß bleibt unverändert. Bei den benannten Fällen handelt es sich nicht um **Regel**beispiele, sondern um **zwingende** tatbestandliche Voraussetzungen einer Strafschärfung; sie sind daher einer Qualifikation insoweit gleichzustellen. Zu den Begriffen des **Rädelsführers** und des **Hintermanns** vgl. 3 zu § 84. Rädelsführer kann auch sein, wer selbst von Weisungen abhängig ist (GA/W **60**, 235); erfasst werden damit insb. **Mitglieder** der Organisation, die auf Struktur, Planungen, Gewinnverteilung usw. einen **bestimmenden Einfluss** haben (vgl. auch BGH **15**, 262; **20**, 123f.; LK-*v. Bubnoff* 76). Auch die Tatvariante des Gründens kennt „einfache" Täter und Rädelsführer; die Beschränkung des Tatbestand auf Täter mit „führendem" Einfluss durch die hM (oben 23) ist daher unzutreffend. **Hintermann** ist, wer als **Nichtmitglied** auf die Organisationsstruktur, die Zielsetzung oder die konkreten Planungen bestimmenden Einfluss ausübt. Voraussetzung ist auch hier stets eine Verwirklichung des Tatbestands des Abs. I, so dass eine „Hintermann"-Stellung bei mitgliedschaftlicher Beteiligung ausscheidet. Abs. IV, **2. HS**, ist durch Art. 5 des G v. 24. 6. 2005 (BGBl. I 1841) zur Ausführung des Urteils des BVerfG vom 3. März 2004 (akustische Wohnraumüberwachung) eingefügt worden; die Regelung beruht auf dem Vorschlag des RA-BRat (BR-Drs. 359/05) und ist erst im Vermittlungsverfahren eingefügt worden (vgl. BT-Drs. 15/5737). Die (sprachlich misslungene) Regelung sieht einen nochmals erhöhten Strafrahmen vor, wenn Zweck oder Tätigkeit der Vereinigung auf die Begehung einer besonders **schweren Straftat** iS des § 100c Nr. 1 StPO gerichtet sind. Verwiesen ist auf den Katalog des § 100c II StPO, soweit die dort genannten Straftaten nicht schon im Katalog des § 129a I und II enthalten sind. Die Regelung knüpft nicht unmitelbar an Abs. I, sondern an Abs. IV, HS I an, erfasst also nur Rädelsführer oder Hintermänner.

42 **Unbenannte** besonders schwere Fälle sind vor der Einfügung von § 129a insb. bei politisch motivierten Taten angenommen worden (vgl. NJW **78**, 175; 3 StR 323/79; Hamburg JZ **79**, 277; vgl. auch *S/S-Lenckner/Sternberg-Lieben* 25; LK-*v. Bubnoff* 78). Ihre Annahme liegt nahe **zB** bei besonderem Gewicht der von der Vereinigung geplanten oder durchgeführten Straftaten, aber auch bei besonderer Gefährlichkeit der einzelnen Tathandlung, soweit nicht schon Rädelsführerschaft vorliegt (**zB** Bedrohung von „Aussteigern", Konkurrenten oder Mitarbeitern von Strafverfolgungsbehörden; Schaffung eines Systems existenzieller **Abhängigkeit** von Mitgliedern; usw.).

43 **C. Mitläuferklausel (Abs. V).** Die Regelung entspricht § 84 IV (vgl. dort) mit der Maßgabe, dass fakultativ allein ein **Absehen von Strafe** in Betracht kommt. Erforderlich sind **kumulativ** geringe Schuld und untergeordnete Bedeutung der Tathandlung für die Gesamtgefährlichkeit der Vereinigung. Der Begriff der „Mitwirkung" umfasst hier alle Tatvarianten (*S/S-Lenckner/Sternberg-Lieben* 26); im Fall des III kann aber wohl nur Teilnahme am Gründen in Betracht kommen. Zur erweiterten **Einstellungs-**Möglichkeit bei Vereinigungen im Ausland vgl. § 153c I Nr. 4 StPO.

44 **D. Tätige Reue (Abs. VI).** Die Regelung des Abs. VI, die § 84 V nachgebildet ist, enthält mehrere, teilweise wenig aufeinander abgestimmte Fälle **Tätiger Reue** bei **vollendeter Tat** (vgl. dazu *Bernsmann* JZ **88**, 542). Die Möglichkeiten des VI bestehen in den Fällen des I, IV und grds auch V; für den Versuch nach III gilt § 24.

45 **a) HS 1, Nr. 1, 1. Var.** gestattet eine fakultative Strafmilderung nach **§ 49 II** oder ein **Absehen von Strafe,** wenn ein Täter (oder Teilnehmer) sich **freiwillig** (dazu 18ff. zu § 24) und **ernsthaft** (dazu BGH **33**, 301; 32ff. zu § 24) **bemüht** (zum erforderlichen Maß vgl. 35 zu § 24), das Fortbestehen der Vereinigung zu verhindern. Voraussetzung der Anwendung ist, dass vor Beginn der Bemühungen die Vereinigung als solche noch bestanden hat (NStZ-RR **06**, 232, 233); die Vor-

stellung des Täters muss überdies dahin gehen, dass ohne sein Eingreifen die Vereinigung fortbestehen würde (ebd.) und dass ihre Zielsetzung aus seiner Sicht nicht gescheitert ist (NStZ **06**, 652, 653 [zu § 129a]). Aus dem Zusammenhang mit HS 2 ergibt sich, dass nur erfolglose Bemühungen gemeint sein können. Folgt man der zu § 24 II vertretenen Ansicht, es seien „optimale" Verhinderungsbemühungen erforderlich (vgl. 35, 40ff. zu § 24), so dürfte idR eine (erfolglose!) Offenbarung iS von Nr. 2 erforderlich sein; wird weniger für erforderlich gehalten (also insb. aus Sicht des Täters Erfolg versprechende, aber nicht „optimale" Bemühungen), so wird schon wegen der unsicheren Beweisbarkeit solcher *internen* Bemühungen (die, wenn sie *trotz* oder *wegen* Erfolglosigkeit aufgegeben wurden, selten als hinreichend „ernsthaft" anzusehen sein werden) die Anwendung dieser Variante fraglich.

b) HS 1, Nr. 1, 2. Var. setzt das erfolglose oder erfolgreiche freiwillige und ernsthafte Bemühen voraus, die Begehung einer den Zielen der Vereinigung entsprechenden Straftat zu verhindern. Unter „Begehung" ist die Vollendung der Tat zu verstehen (*S/S-Lenckner/Sternberg-Lieben* 21; LK-*v. Bubnoff* 81); unter den „Zielen" die Zwecke iS von Abs. I. Besteht die Bemühung in einer Offenbarung (vgl. NStZ **84**, 319), so gilt bei erfolgreicher Verhinderung Nr. 2. Wird die Tat aus anderen Gründen nicht vollendet, so reicht schon das Bemühen (vgl. § 24 II S. 2 und dazu 42 zu § 24). Nach dem Wortlaut reicht schon das Bemühen um Verhinderung **einer Tat;** eine Strafmilderung oder ein Absehen von Strafe wäre hier freilich verfehlt, wenn es sich um eine unbedeutende Tat handelt und der Täter zugleich oder danach an der Planung schwerer Straftaten weiter mitwirkt (*S/S-Lenckner/Sternberg-Lieben* 21; LK-*v. Bubnoff* 84). Im umgekehrten Fall kann das anders sein; die Regelung zeigt, dass Straffreiheit auch ein Mitglied erlangen *kann,* welches trotz fortbestehender Beteiligung **zB** die Begehung einer schweren Tat ernsthaft zu verhindern versucht; das gilt auch, wenn ein Rücktritt nach § 24 II nicht in Betracht kommt (*S/S-Lenckner/Sternberg-Lieben* 23). 46

c) HS 1, Nr. 2 setzt voraus, dass der Tatbeteiligte freiwillig sein Wissen über die Vereinigung einer staatlichen Stelle offenbart, so dass Straftaten „verhindert werden können", deren Planung er kennt. Die Regelung passt mit Nr. 1 nur schwer zusammen: Fraglich ist schon, ob Nr. 2 eine **erfolgreiche** Verhinderung voraussetzt (so **hM;** vgl. *S/S-Lenckner/Sternberg-Lieben* 22; SK-*Rudolphi* 28) oder nur eine Offenbarung, die bei pflichtgemäßem Handeln der staatlichen Stellen eine Verhinderung *ermöglicht* („können"; so LK-*v. Bubnoff* 82). Verlangt man – wohl mit der *ratio legis* – erfolgreiche Verhinderung, so ist das Risiko des Täters bei Offenbarung größer als bei Nichtoffenbarung (oben 46). Die hM entnimmt dem Wortlaut darüber hinaus, dass der Täter im Fall Nr. 2 sein **gesamtes** Wissen über **alle** geplanten Straftaten offenbaren muss und dass sie alle verhindert werden („können"); auch dies steht im Missverhältnis zu Nr. 1, 2. Var. und wird die Bereitschaft von Beteiligten zur Offenbarung idR nicht steigern. Schließlich ist nicht klar, warum eine auf seiner Offenbarung beruhende Verhinderung von *(sonstigen)* Straftaten, deren konkrete Planung der Täter *nicht* kannte, ihm im Fall von Nr. 2 nicht nützen sollte. 47

d) HS 2 setzt voraus, dass Bemühungen des Täters nach HS 1 Nr. 1, 1. Var., oder Nr. 2, wenn sie das Fortbestehen der Vereinigung betreffen, entweder **erfolgreich** sind, dh kausal zur Beendigung des Bestands der Vereinigung führen, **oder** dass dieses Ziel (des Täters) **unabhängig** von seinem Bemühen erreicht wird, dh tatsächlich eintritt; das kann sowohl durch Bemühungen anderer Täter oder Einschreiten der Verfolgungsbehörden als auch durch Selbstauflösung der Organisation geschehen. Voraussetzung für die obligatorische Strafaufhebung ist nach dem Wortlaut in beiden Fällen des HS 2 nicht nur freiwilliges, sondern auch **ernsthaftes Bemühen** iS von HS 1 Nr. 1; das wäre im Fall der Erreichung des Ziels ersichtlich ohne Sinn, wenn damit „optimale" Bemühungen erwartet werden (vgl. oben 45 und 35 zu § 24; and. *S/S-Lenckner/Sternberg-Lieben* 19). 48

49 **11) Konkurrenzen.** Gründen und anschließende Beteiligung sind **eine Tat** (NStZ **04**, 385; hM). **§ 20 I Nr. 1 bis 4 VereinsG** tritt hinter § 129 zurück. Von § 129a wird § 129 verdrängt. Mitgliedschaftliche Beteiligung sowie Rädelsführerschaft sind **tatbestandliche Handlungseinheiten** (vgl. NStZ **02**, 328, 330 f.; ebenso LK-*Rissing-van Saan* 23 vor § 52: tatbestandliche Handlungseinheit), deren Einzelakte nach hM insgesamt zu einer rechtlichen Einheit verbunden sind (BGH **15**, 262; BGH **29**, 114, 132; **29**, 288, 294; **43**, 3; LK-*v. Bubnoff* 87; *S/S-Lenckner/Sternberg-Lieben* 27; **aA** *Werle* NJW **80**, 2671; 2675; *Puppe* JR **86**, 205, 207). Diese Einheit entfällt nicht dadurch, dass dem Täter der persönliche Strafaufhebungsgrund des Abs. VI, 2. HS zugute kommt (3 StR 202/04). Betätigungsakte eines Mitglieds während der Dauer seiner Mitgliedschaft bilden eine **tatbestandliche Handlungseinheit** (vgl. BGH **29**, 114, 123; **29**, 288, 294); wenn sich ein Täter durch unterschiedliche Handlungen in **verschiedenen Vereinigungen** betätigt, denen er gleichzeitig angehört, so liegt Tatmehrheit vor (NStZ **07**, 401 f. [zu § 129b]; MK-*Steinmetz* 27 zu § 84).

50 Nach **stRspr** besteht zwischen mitgliedschaftlicher Beteiligung und Straftaten, die **zugleich** eine Betätigung zur Verfolgung der Zwecke der Vereinigung oder zu ihrer organisatorischen Aufrechterhaltung oder Stärkung sind, **Tateinheit** (**BGH 29**, 288 [dazu *Schmidt* MDR **81**, 91; *Rieß* NStZ **81**, 74; *Werle* NJW **80**, 2171; *Krauth,* Kleinknecht-FS 219; *Kröpil* DRiZ **86**, 449]; NJW **80**, 2029 f.; NStZ **82**, 517 f.; **84**, 212; StV **99**, 353; BGHR § 129 Konk. 1 [insoweit in BGH **41**, 47 nicht abgedr.]; Bay NJW **91**, 2577; Stuttgart JZ **92**, 539; and. noch Karlsruhe NJW **77**, 2222 f.). Diese Auffassung wird in der **Literatur** im Grundsatz überwiegend geteilt (vgl. LK-*v. Bubnoff* 87; SK-*Rudolphi* 30; NK-*Ostendorf* 33; *S/S-Lenckner/Sternberg-Lieben* 29; *Grünwald* StV **86**, 241 u. Bockelmann-FS 737, 740 ff.; *Krauth,* Kleinknecht-FS 215, 217; *Rieß* NStZ **81**, 74; *Neuhaus* NStZ **87**, 138; *Schlüchter* JZ **91**, 1057; jew. mwN; *S/S-Lenckner/Sternberg-Lieben* 91 vor § 52; einschr. *Fleischer* NJW **79**, 249; anders *Meyer* JR **78**, 34 sowie hier bis 50. Aufl. [stets Tatmehrheit]. Eine **Verklammerung** zur („Gesamt"-)Tateinheit zwischen selbstständiger, als Mitglied der Vereinigung und in Umsetzung von deren Zwecken begangenen **schweren** Straftaten findet aber nicht statt (BGH **29**, 288, 295 f.; NStZ-RR **06**, 232 [3 StR 284/05]; LK-*Rissing-van Saan* 30 zu § 52 mwN). Im Hinblick auf damit verbundene Probleme der **Rechtskraft** und des **Strafklageverbrauchs** nimmt die Rspr eine Durchbrechung des Grundsatzes der Deckung materieller Tateinheit und **prozessualer Tatidentität** iS von § 264 I StPO an, so dass eine Aburteilung der mitgliedschaftlichen Beteiligung nicht zum Strafklageverbrauch hinsichtlich zugleich mit den Einzelakten der Betätigung begangener schwererer Straftaten führt (BGH **29**, 288, 292; NStZ **84**, 135; NStZ-RR **99**, 177; StV **99**, 353; stRspr; vgl. dazu BVerfGE **45**, 434 f.; **56**, 22 [Anm. *Gössel* JR **82**, 111]; krit. *obiter dictum* in NStZ **97**, 508 f. [„Systembruch"]; zur Kritik auch *Werle* NJW **80**, 2671; *Grünwald* StV **81**, 326; *Puppe* JR **86**, 205; vgl. dazu zusf. *Beulke* BGH-FS 50, 781, 798 ff. mwN). Das gilt enstpr. auch für das Organisationsdelikt des **§ 20 I Nr. 1 VereinsG** (BGH **43**, 312; NStZ **01**, 436). Auf **Unterbrechungen** mitgliedschaftlicher Betätigung durch längerfristige Inaktivität sind nach NStZ **02**, 328, 330 f. die für § 99 entwickelten Grundsätze (vgl. BGH **42**, 217; **43**, 1; 10 zu § 99) anwendbar (dazu *Paeffgen* NStZ **02**, 281). Die Einführung des § 129b hat für mitgliedschaftliche Betätigungen (nach § 129a) und § 20 I Nr. 1 VereinsG zu einer Zäsur geführt (NStZ **07**, 401).

51 **12) Sonstige Vorschriften. Geldwäsche** § 261 I Nr. 5. **Erweiterter Verfall und Einziehung:** § 129b II. **Zuständigkeit** § 74a I Nr. 4, II, §§ 120 II, 142a GVG; **Verfahren** §§ 100a, 110a ff., 153c bis 153e StPO. Speicherung von Daten eines Ausländers nach § 2 I Nr. 7 AZR. Zu **Kronzeugenregelungen** vgl. 33 zu § 129a, 1 zu § 46.

Bildung terroristischer Vereinigungen **RiStBV 202 ff.**

129a

I Wer eine Vereinigung gründet, deren Zwecke oder deren Tätigkeit darauf gerichtet sind,

1. Mord (§ 211) oder Totschlag (§ 212) oder Völkermord (§ 6 des Völkerstrafgesetzbuches) oder Verbrechen gegen die Menschlichkeit (§ 7 des Völkerstrafgesetzbuches) oder Kriegsverbrechen (§§ 8, 9, 10, 11 oder § 12 des Völkerstrafgesetzbuches) oder

2. Straftaten gegen die persönliche Freiheit in den Fällen des § 239a oder *des § 239b*

zu begehen, oder wer sich an einer solchen Vereinigung als Mitglied beteiligt, wird mit Freiheitsstrafe von einem Jahr bis zu zehn Jahren bestraft.

II Ebenso wird bestraft, wer eine Vereinigung gründet, deren Zwecke oder deren Tätigkeit darauf gerichtet sind,

1. einem anderen Menschen schwere körperliche oder seelische Schäden, insbesondere der in § 226 bezeichneten Art, zuzufügen,
2. Straftaten nach den §§ 303 b, 305, 305 a oder gemeingefährliche Straftaten in den Fällen der §§ 306 bis 306 c oder § 307 Abs. 1 bis 3, des § 308 Abs. 1 bis 4, des § 309 Abs. 1 bis 5, der §§ 313, 314 oder 315 Abs. 1, 3 oder 4, des § 316 b Abs. 1 oder 3 oder des § 316 c Abs. 1 bis 3 oder des § 317 Abs. 1,
3. Straftaten gegen die Umwelt in den Fällen des § 330 a Abs. 1 bis 3,
4. Straftaten nach § 19 Abs. 1 bis 3, § 20 Abs. 1 oder 2, § 20 a Abs. 1 bis 3, § 19 Abs. 2 Nr. 2 oder Abs. 3 Nr. 2, § 20 Abs. 1 oder 2 oder § 20 a Abs. 1 bis 3, jeweils auch in Verbindung mit § 21, oder nach § 22 a Abs. 1 bis 3 des Gesetzes über die Kontrolle von Kriegswaffen oder
5. Straftaten nach § 51 Abs. 1 bis 3 des Waffengesetzes

zu begehen, oder wer sich an einer solchen Vereinigung als Mitglied beteiligt, wenn eine der in den Nummern 1 bis 5 bezeichneten Taten bestimmt ist, die Bevölkerung auf erhebliche Weise einzuschüchtern, eine Behörde oder eine internationale Organisation rechtswidrig mit Gewalt oder durch Drohung mit Gewalt zu nötigen oder die politischen, verfassungsrechtlichen, wirtschaftlichen oder sozialen Grundstrukturen eines Staates oder einer internationalen Organisation zu beseitigen oder erheblich zu beeinträchtigen, und durch die Art ihrer Begehung oder ihre Auswirkungen einen Staat oder eine internationale Organisation erheblich schädigen kann.

III Sind die Zwecke oder die Tätigkeit der Vereinigung darauf gerichtet, eine der in Absatz 1 und 2 bezeichneten Straftaten anzudrohen, ist auf Freiheitsstrafe von sechs Monaten bis zu fünf Jahren zu erkennen.

IV Gehört der Täter zu den Rädelsführern oder Hintermännern, so ist in den Fällen der Absätze 1 und 2 auf Freiheitsstrafe nicht unter drei Jahren, in den Fällen des Absatzes 3 auf Freiheitsstrafe von einem Jahr bis zu zehn Jahren zu erkennen.

V Wer eine in Absatz 1, 2 oder Absatz 3 bezeichnete Vereinigung unterstützt, wird in den Fällen der Absätze 1 und 2 mit Freiheitsstrafe von sechs Monaten bis zu zehn Jahren, in den Fällen des Absatzes 3 mit Freiheitsstrafe bis zu fünf Jahren oder mit Geldstrafe bestraft. Wer für eine in Absatz 1 oder Absatz 2 bezeichnete Vereinigung um Mitglieder oder Unterstützer wirbt, wird mit Freiheitsstrafe von sechs Monaten bis zu fünf Jahren bestraft.

VI Das Gericht kann bei Beteiligten, deren Schuld gering und deren Mitwirkung von untergeordneter Bedeutung ist, in den Fällen der Absätze 1, 2, 3 und 5 die Strafe nach seinem Ermessen (§ 49 Abs. 2) mildern.

VII § 129 Abs. 6 gilt entsprechend.

VIII Neben einer Freiheitsstrafe von mindestens sechs Monaten kann das Gericht die Fähigkeit, öffentliche Ämter zu bekleiden, und die Fähigkeit, Rechte aus öffentlichen Wahlen zu erlangen, aberkennen (§ 45 Abs. 2).

IX In den Fällen der Absätze 1, 2 und 4 kann das Gericht Führungsaufsicht anordnen (§ 68 Abs. 1).

Übersicht

1) Allgemeines .... 1, 1 a
2) Anwendungsbereich 2, 3
3) Terroristische Vereinigungen .... 4–6 a
4) Schwerstkriminelle Vereinigungen (Abs. I) 7

5) Vereinigungen mit tatübergreifenden Zwecken (Abs. II) 8–17
6) Vereinigungen zum Zweck der Drohung (Abs. III) 18
7) Verfassungsrechtliche Einschränkungen 19
8) Tathandlungen (Abs. I, II, V) 20, 21
9) Subjektiver Tatbestand 22
10) Versuch 23
11) Teilnahme 24
12) Rechtsfolgen; Qualifikation (IV); Mitläufer (VI); Tätige Reue (VII) 25–30
13) Konkurrenzen 31
14) Sonstige Vorschriften; Kronzeugenregelung 32, 33

1 **1) Allgemeines.** Die Vorschrift wurde eingefügt durch G v. 18. 8. 1976 (BGBl. I 2181) und durch Art. 1 Nr. 1 des TerrorBekG (1 zu § 130 a) geändert; Abs. I Nr. 3 wurde durch das **6. StrRG** (2 f. vor § 174) geändert, um den Katalog der neuen Nummerierung anzupassen. Abs. I Nr. 1 wurde sodann durch Art 2 Nr. 6 des G zur Einführung des VStGB v. 26. 6. 2002 (BGBl. I 2254) geändert. Abs. III dieser Fassung (jetzt Abs. V) wurde durch das **34. StÄG** v. 22. 8. 2002 (BGBl. I 3390) geändert (vgl. dazu i. e. 1 zu § 129 b). Durch das **G zur Umsetzung des Rahmenbeschlusses** des Rates vom 13. Juni 2002 zur **Terrorismusbekämpfung** v. 22. 12. 2003 (BGBl. I 2836) wurde Abs. II neu gefasst; II Nr. 1, 3, 4 und 5 wurden eingefügt, Nr. 2 erweitert; Abs. III wurde neu eingefügt; die früheren Abs. III bis VII wurden als Abs. V bis IX neu gefasst. Die **Strafdrohungen** wurden den Vorgaben des Rahmenbeschlusses (ABl. EG 2002 Nr. L 164; 3; zit: **RB**) entsprechend angehoben. **Mat.:** GesE SPD, B90/GR, BT-Drs. 15/813; Ber. BT-Drs. 15/1730. **In-Kraft-Treten:** 28. 12. 2003.

EU-Recht und **Völkerrecht:** Vgl. die Nachw. in 1 a zu § 129 b.

Statistik: BT-Drs. 11/1012; 11/3971, 5; BT-Drs. 14/2860; 14/5522; BT-Drs. 16/4007 (Kleine Anfrage); vgl. auch LK-*v. Bubnoff* 15 vor § 129 a.

Gesetzgebung: Aufgrund des Koalitionsvertrags vom 11. Nov. 2005 prüft die BReg eine Erweiterung der §§ 129 ff., insb. zur Erfassung des Bereichs *nicht-organisierter* terroristischer Straftaten (vgl. BT-Drs. 16/5820, 3).

1 a **Literatur** (Nachw. auch 1 a zu § 129): *Achenbach,* Das Terrorismusgesetz 1986, KR **87**, 296; *ders.,* NJW **78**, 87; *Baudisch,* Zum Entwurf eines KriminalitätsbekämpfungsG 1994, StV **94**, 153; *Birkenmaier,* Mit falschen Mitteln gegen den Terrorismus, DRiZ **87**, 68; *Dahs* NJW **76**, 2147; *Dencker,* Kronzeuge, terroristische Vereinigung und rechtsstaatliche Strafgesetzgebung, KJ **87**, 36; *ders.,* Das Gesetz zur Bekämpfung des Terrorismus, StV **87**, 117; *Ebert* JR **78**, 141; *Eisenberg,* Straf(verfahrens)rechtliche Maßnahmen gegenüber „Organisiertem Verbrechen", NJW **93**, 1033; *Fürst,* Grundlage u. Grenzen der §§ 129, 129 a StGB, 1989; *Griesbaum,* Zum Verhältnis von Strafverfolgung und Gefahrenabwehr vor dem Hintergrund der Bedrohung durch den internationalen islamistischen Terrorismus, Nehm-FS (2006) 125; *Hetzer,* Terrorismusbekämpfung zwischen Risikosteuerung und Rechtsgüterschutz, MschrKrim **05**, 111; *Jakobs,* Kriminalisierung im Vorfeld einer Rechtsgutsverletzung, ZStW **97**, (1985), 751; *Jung,* Das Antiterrorgesetz 1986, JuS **87**, 249; *Krekeler,* Strafverfahrensrecht u. Terrorismus, AnwBl. **79**, 212; *Kühl;* Neue Gesetze gegen terroristische Straftaten, NJW **87**, 737; *Kühne,* Unzeitgemäße Betrachtungen zum Problem des Terrorismus, Schwind-FS (2006) 103; *Lameyer* ZRP **78**, 49; *Löchner,* Politische Verteidigung im Verfahren gegen terroristische Gewalttäter, Rebmann-FS 303; *ders.,* DRiZ **80**, 99; *Maul* DRiZ **77**, 207; *Nolte,* Die Anti-Terror-Pakete im Lichte des Verfassungsrechts, DVBl **02**, 573; *Paeffgen,* § 129 a StGB und der prozessuale Tatbegriff, NStZ **02**, 281; *Rebmann,* Terrorismus u. Rechtsordnung, DRiZ **79**, 363; *ders.,* Inhalt u. Grenzen des Straftatbestands „Werben für eine terroristische Vereinigung", NStZ **81**, 457; *ders.,* Die Zuständigkeit des GBA für die Verfolgung terroristischer Straftaten, NStZ **86**, 289; *ders.,* Beschlagnahme von terroristischen Bekennerschreiben bei Presseunternehmen, Pfeiffer-FS 225; *ders.,* Strafverfolgung im Bereich terroristischer Publikationen, NStZ **89**, 97; *Rudolphi,* Verteidigerhandeln als Unterstützung einer kriminellen oder terroristischen Vereinigung (usw.), Bruns-FS 315; *ders.,* Die Gesetzgebung zur Bekämpfung des Terrorismus, JA **79**, 1; *ders.,* Werben für terroristische Vereinigung, Jura **80**, 258; *G. Schulz* MDR **78**, 573; *Sturm,* Zur Bekämpfung terroristischer Vereinigungen, MDR **77**, 6; *Vogel* NJW **78**, 1217; *Weigend,* Terrorismus als Rechtsproblem, Nehm-FS (2006) 151; *v. Winterfeld,* Terrorismus – „Reform" ohne Ende?, ZRP **77**, 265 u. NJW **87**, 2634.

2 **2) Anwendungsbereich.** § 129 a enthält **Qualifikationstatbestände** zu § 129, dessen Voraussetzungen hinsichtlich der Organisationsform und der in Abs. I Nr. 1 und 2 und Abs. II Nr. 1 bis 5 genannten Straftaten erfüllt sein müssen. Abs. III enthält einen **selbständigen Tatbestand,** soweit der Straftatenkatalog der I und II über denjenigen des § 126 I hinausgeht (vgl. auch 14 zu § 129). § 129 a richtet sich seiner Zielrichtung nach gegen kriminelle Organisationen mit schwerkrimineller

Zwecksetzung oder Tätigkeit und stuft bereits die Organisationsdelikte des Gründens und der Mitgliedschaft zum **Verbrechen** auf. Die gesetzliche Überschrift ist irreführend, soweit sie allein auf politisch motivierte Vereinigungen verweist (vgl. auch 3f. zu § 129; *Weigend*, Nehm-FS [2006] 151, 155ff.). Zur Beteiligung an **Organisationen im Ausland** vgl. **§ 129b.**

Die **statistische Bedeutung** der Vorschrift ist gering (vgl. BT-Drs. 11/1012, 11/2774, 11/6166; zul. 14/5522; LK-*v. Bubnoff* 16 vor § 129a); ihr materielles Gewicht ist wie bei § 129 eher *„symbolisch"* (*Hassemer* NStZ **89**, 553f.; *Dencker* KJ **87**, 36, 50; *Jung* JuS **87**, 250; LK-*v. Bubnoff* 15 vor § 129a); das gilt erst recht im Hinblick auf **ausländische** Vereinigungen (vgl. 4, 12f. zu § 129b). Ob sich insoweit eine Veränderung durch das TerrorismusbekämpfungsG v. 22. 12. 2003 (vgl. oben 1) ergeben wird, bleibt abzuwarten (vgl. dazu auch *Hetzer* MschrKrim **05**, 111, 122ff.). Eine erhebliche Bedeutung hat § 129a aber als **verfahrensrechtliche Bezugsnorm** (§§ 100a Nr. 1 Buchst. c; 100c I Nr. 2, 3 Buchst. e, 103 I S. 2, 111, 112 III, 138a II, V, 148 II, 163d I Nr. 1 StPO; §§ 120 I Nr. 6, II, 142a I GVG; vgl. 4 zu § 129). Die **Internationalisierung** der Verfolgung krimineller Vereinigungen durch § 129b (vgl. Erl. dort) müsste zu einer erheblichen Ausweitung der Verfolgungstätigkeit führen. Nach Erfahrungen der Vergangenheit, auch mit § 30b BtMG, ist das in der praktischen Umsetzung zweifelhaft. 3

3) Terroristische Vereinigungen. Für die Voraussetzungen einer Vereinigung gelten grds. die Erläuterungen 5ff. zu § 129 entspr. Der **Rahmenbeschluss** vom 13. Juni 2002 (oben 1; im Folgenden: RB) strebt eine Angleichung der **Definition** der terroristischen Straftaten in allen Mitgliedsstaaten an (Präambel Abs. 6); im Sinne des RB „bezeichnet der Begriff ‚terroristische Vereinigung' einen auf längere Dauer angelegten organisierten Zusammenschluss von mehr als zwei Personen, die zusammenwirken, um terroristische Straftaten zu begehen (zu den umstrittenen Definitionsversuchen vgl. *Weigend*, Nehm-FS [2006] 151, 155ff.; zur Kritik an der Definition des RB ebd. 163ff.). Der Begriff ‚organisierter Zusammenschluss' bezeichnet einen Zusammenschluss, der nicht nur zufällig zur unmittelbaren Begehung einer strafbaren Handlung gebildet wird und der nicht notwendigerweise förmlich festgelegte Rollen für seine Mitglieder, eine kontinuierliche Zusammensetzung oder eine ausgeprägte Struktur hat" (Art. 2 Abs. I). Die Rspr des **BGH** verlangt darüber hinaus eine Unterordnung des Willens des Einzelnen unter den Willen der Gesamtheit zur Verfolgung terroristischer Zwecke, so dass sich die Mitglieder als einheitlicher Verband fühlen (vgl. BGH **28**, 147; **31**, 202, 204f.; **31**, 239f.; **45**, 26, 35; NJW **05**, 1668). Ob an dieser engeren Definition festgehalten werden kann oder ob im Hinblick auf Art. 2 Abs. 1 Satz 1 des RB die Anforderungen an Struktur und Willensbildung solcher Zusammenschlüsse herabgesetzt werden müssen, hat der *3. StS* in NStZ-RR **06**, 267 (*„Freikorps Havelland"*) offen gelassen; er hat jedoch mitgeteilt, er neige dieser Auffassung zu (vgl. dazu auch MK-*Miebach/Schäfer* 40f.; zur rahmenbeschlusskonformen Auslegung *Tinkl* StV **06**, 36, 38). 4

Während die **Abgrenzung** der Vereinigungen nach §§ 129, 129a zur „Bande" sich nach – im einzelnen streitigen (vgl. 6f. zu § 129) – organisationsspezifischen Merkmalen richtet, bestimmt sich die Definition der terroristischen Vereinigung und ihre Abgrenzung zur Vereinigung nach § 129, der Struktur des Tatbestands entsprechend, im wesentlichen nach ihrem **Zweck;** dieser ist mit den Tatkatalogen der Abs. I und II, den einschränkenden Voraussetzungen des II, HS 3 und 4 und der Verweisung in III abschließend umschrieben. Wie bei § 129 ist nicht erforderlich, dass die Straftatbegehung der einzige oder der Hauptzweck ist; es reicht, wenn den Organisationsmitgliedern bewusst ist, dass es bei der Verfolgung ihrer möglicherweise weitergehenden Ziele zu Katalogtaten kommen kann, und dass sie dies wollen (NStZ **99**, 504). Die einmalige Begehung einer Katalogtat macht eine Vereinigung noch nicht zu einer terroristischen (LK-*v. Bubnoff* 8; *S/S-Lenckner/Sternberg-Lieben* 2; SK-*Rudolphi* 4); ebenso wenig die Begehung von Katalogtaten durch einzelne Mitglieder. **Zweckänderungen** sind in beide Richtungen möglich (vgl. auch 15 zu § 129; Bay NJW **98**, 2542, 2543f. [RAF]). Der Täter wird dann danach beurteilt, in welches Stadium seine Organisationstat fällt; liegt ein Teilakt 5 einer Handlungseinheit in einem § 129a unterfallenden Zeitraum, so ist bei entsprechendem Vorsatz die ganze Tat nach § 129a zu beurteilen; bei irrtümlicher Annahme ist in den Fällen des I oder II Versuch gegeben.

6 Die Neufassung durch das TerrorismusbekämpfungsG vom 22. 12. 2003 (oben 1) hat **drei verschiedene Arten** terroristischer Vereinigungen eingeführt, die sich einerseits hinsichtlich über die Tatbegehung hinaus gehender weiterer Zwecke (Abs. I, II), andererseits schon hinsichtlich des Zwecks der Tatbegehung (Abs. III) selbst unterscheiden: Der Katalog des **Abs. I** beschränkt sich auf die Aufzählung besonders schwerwiegender Straftaten; die im Katalog des **Abs. II** aufgeführten Taten müssen darüber hinaus noch die in HS 2 aufgeführte **Bestimmung** (unten 14f.) und die in HS 3 aufgeführte **Eignung** (unten 16f.) aufweisen; **Abs. III** erweitert das auf Taten im Vorfeld von § 126. Da grds. jede beliebige Straftat jedenfalls die Voraussetzungen der Bestimmung (II, HS 3) erfüllen könnte, handelt es sich im Ergebnis um eine Einschränkung des Vereinigungszwecks.

6a Damit wird eine **besondere Schwierigkeit** der Umsetzung des RB in das deutsche Strafrecht deutlich: Der RB knüpft, wie die Strafgesetze der meisten Mitgliedsstatten, an den **Straftaten** selbst an und verlangt eine Qualifizierung, wenn diese terroristischen Zwecken dienen (vgl. Art. 5 II, III RB). Auch soweit der RB (Art. 2 II) eine Bestrafung selbständiger Organisationshandlungen (Anführen; Beteiligung an Handlungen terroristischer Organisationen einschließlich Finanzierung) verlangt, knüpft der Vereinigungsbegriff an Straftaten an, die mit terroristischen Zwecken „begangen werden" (Art. 1 I). Die **Umsetzung** dieser Vorgaben in das deutsche Organisationsdelikt des § 129a führt zu einer teilweise schwer durchschaubaren Verschachtelung von *objektiven* Zwecken, *subjektiven* Absichten und Ketten-Verweisungen (vgl. auch *Weigend*, Nehm-FS [2006] 151, 163ff.).

7 **4) Schwerstkriminelle Vereinigungen (Abs. I).** Zweck oder Tätigkeit (vgl. 11ff. zu § 129) einer Vereinigung nach Abs. I müssen auf die Begehung von Taten nach Abs. Nr. 1 oder Nr. 2 gerichtet sein. Die durch das EinfG zum VStGB eingefügte Verweisung auf die sehr weiten Tatbestände der **§§ 6 bis 12 VStGB** in Nr. 1 führt, insb. im Hinblick auf § 129b, zu einer Erweiterung des Anwendungsbereichs in einen von vielen Unklarheiten, wohl auch Zufälligkeiten und politischen Erwägungen geprägten Bereich, in welchem sich Strafverfolgung und **nachrichtendienstliche** Aufklärung kaum zuverlässig unterscheiden lassen.

8 **5) Vereinigungen mit tatübergreifenden Zwecken (Abs. II).** Abs. II ist durch das TerrorismusbekämpfungsG v. 22. 12. 2003 (oben 1) grundlegend geändert worden. Neben einer Erweiterung des Straftaten-Katalogs beruht dies insbesondere auf den in HS 3 und HS 4 neu aufgenommenen Voraussetzungen.

9 **A.** In **II Nr. 1** wurden Straftaten in den Katalog aufgenommen, die einem anderen Menschen schwere körperliche oder seelische Schäden zufügen **(Nr. 1).** Die Regelung beruht auf Art. 5 III iV mit Art. 2, 1 I Buchst. b des RB, wonach „Angriffe auf die körperliche Unversehrtheit einer Person" als terroristische Straftaten unter Strafe zu stellen sind. Der Gesetzgeber hat die Verweisung auf die Folgen einer schweren Körperverletzung gem. § 226 als „ausreichend" angesehen (vgl. BT-Drs. 15/813, 7; anders BR-Drs. 15, 2001: alle Körperverletzungsdelikte), die Regelung aber gleichwohl nicht darauf beschränkt. Nach dem **Wortlaut** des II Nr. 1 wäre es ausreichend, dass der Vereinigungszweck die *Schäden* sind; zu ihrer Herbeiführung wäre noch nicht einmal eine **Straftat** erforderlich. Das kann nicht gemeint sein. Die Formulierung „*Schäden* der in § 226 bezeichneten Art" ist nach der Vorgabe des RB daher wohl dahin auszulegen, dass es sich um **Körperverletzungen** mit **Folgen** der in § 226 genannten Art handeln muss und nicht beliebige andere Straftaten oder gar der Zweck strafloser Zufügung entsprechender Schäden ausreichen. Dass die Begriffe „seelischer Schaden" in II Nr. 1 und „geistige Krankheit oder Behinderung" in § 226 I Nr. 3 übereinstimmen, ist zu bezweifeln (vgl. 13 zu § 226). Neben „insbesondere" erfassten Straftaten nach § 226 unterfallen daher wohl namentlich solche gegen die körperliche Integrität gerichteten Taten II Nr. 1, die ähnlich gravierende psychische Beeinträchtigungen des Opfers zur Folge haben. Dennoch bleibt die Abgrenzung i. E. vage; auch ein *Vorsatz* des Gründens

einer Vereinigung mit einem entsprechenden Zweck ist praktisch nicht nahe liegend.

B. In II Nr. 2 wurde der Katalog der in I Nr. 3 aF aufgeführten Straftaten übernommen und (im Hinblick auf Art. 5 III iV mit Art. 2, 1 I Buchst. d des RB) um die Vergehenstatbestände der §§ 303b, 305, 317 I erweitert. Seine Ausdehnung führt etwa dazu, dass die (gefährliche, aber folgenlose) Vereinigungstätigkeit zur Vorbereitung von Vergehen nach §§ 305a, 316b I doppelt so hoch (im Fall von Abs. IV: dreimal so hoch) bestraft wird wie die mittäterschaftliche Ausführung dieser Taten (vgl. zur Kritik auch *Achenbach* KR **87**, 120f.; *Kühl* NJW **87**, 746; *Dencker* StV **87**, 121; *S/S-Lenckner/Sternberg-Lieben* 1; SK-*Rudolphi* 3). Nach § 138 II ist die Nichtanzeige einer geplanten Unterstützung einer Organisation, die Vergehen nach § 305a oder § 316b begehen will, mit derselben Strafe bedroht wie diese Taten selbst. 10

C. II Nr. 3 verweist auf § 330a I bis III (Umsetzung von Art. 1 I Buchst. g des RB: „Freisetzung gefährlicher Stoffe"), **I Nr. 4** auf Straftaten nach dem KWKG, **II Nr. 5** auf § 51 I bis III WaffG (Umsetzung von Art. 1 I Buchst. f RB). Auf eine Verweisung auf Tatbestände des SprengG wurde im Hinblick auf § 308 iV mit II Nr. 2 verzichtet (BT-Drs. 15/813, 7); dass damit die Vorgabe des RB ausgeschöpft ist (Art. 1 I Buchst. f: „Herstellung, Besitz, Erwerb, Beförderung oder Bereitstellung oder Verwendung von ... Sprengstoffen"), ist zu bezweifeln. 11

D. Art. 3 des RB verlangt von den Mitgliedsstaaten darüber hinaus, folgende Handlungen als terroristische Straftaten einzustufen, wenn sie terroristischen Zwecken dienen: Schwerer Diebstahl; Erpressung; Ausstellung gefälschter Verwaltungsdokumente. Dass das deutsche Strafrecht dem bereits entspricht (vgl. BT-Drs. 15/813, 5), wird man kaum sagen können. 12

E. Terroristische Zwecksetzung. Organisationstaten sind im Hinblick auf Katalogtaten nach Abs. II nur nach § 129a strafbar (im übrigen aber nach § 129), wenn eine der Taten die in Abs. II, HS 3 bezeichnete **Bestimmung** hat und die in Abs. II, HS 4 beschriebene **Eignung** aufweist; beides überschneidet sich. Es reicht aus, wenn eine der in Nr. 1 bis 5 genannten Taten die erforderliche Bestimmung und Eignung erst im Zusammenhang mit weiteren von der Vereinigung geplanten Taten aufweist (NStZ-RR **06**, 267, 268). 13

a) Die Aufzählung der möglichen Bestimmungen zielt – entsprechend der Zielsetzung des RB – auf Vereinigungen mit im weiteren Sinn **politisch** motivierter Zielsetzung. Nach ihrem sachlichen Gehalt ist sie darauf aber nicht beschränkt. Sie ist grds. aus Art. 1 I des RB übernommen, aber in der Formulierung nicht unerheblich geändert; die Abweichungen haben teils einschränkende, teils erweiternde Wirkung. Da die Strafbarkeit nach § 129a eine Begehung der Katalogtaten nicht voraussetzt (and. RB Art. 1 I; vgl. oben 6a), kommt es im Ergebnis nicht auf die Bestimmung „der Taten", sondern auf den Zweck der Vereinigung an, Taten mit solcher Bestimmung zu begehen. 14

Das Merkmal einer **erheblichen Einschüchterung der Bevölkerung** ist mit Blick auf § 126 und auf die in HS 4 bezeichnete Eignung auszulegen. Es muss nicht die *Gesamtbevölkerung* eingeschüchtert werden; ausreichend ist, dass die Tat gegen nennenswerte Teile der Gesamtbevölkerung gerichtet ist (so auch NStZ-RR **06**, 267, 268 [„*Freikorps ausländerfreies Havelland*"]; **aA** *Weigend*, Nehm-FS [2006] 151, 165). Die Beunruhigung über die Begehung schwerer Straftaten reicht nicht aus; „Einschüchterung" zielt vielmehr darauf ab, *Widerstand* gegen die weitergehenden Ziele der Vereinigung zu überwinden oder zu verhindern. Was man sich unter der **„Nötigung einer Behörde"** vorzustellen hat, ist nicht klar; § 105 ist nur eingeschränkt heranzuziehen. Ausreichen dürfte die Nötigung einzelner Behörden-Mitarbeiter zu einem Tun oder Unterlassen im Hinblick auf die ihnen als solche obliegenden dienstlichen Aufgaben. Das Merkmal des **Beeinträchtigens von Grundstrukturen** eines Staats oder einer internationalen – öffentlichen, nicht privatwirtschaftlichen – Organisation bezieht eine kaum bestimmbare Vielzahl von Handlungen und Wertungen sowie von jeweils konkreten Umständen 15 ein. Aktivitäten von Streitkräften eines Staats sowie ihre Androhung sind nicht erfasst (vgl. RB, Präambel Abs. XI). Ein einzelnes **Bundesland** ist kein Staat iS von Abs. II (NStZ-RR **06**, 267, 268).

16 **b)** Die (bezweckte) Tat muss darüber hinaus **geeignet** sein, einen Staat oder eine internationale Organisation erheblich zu schädigen; diese mögliche Schädigung muss sich aus der **„Art ihrer Begehung"** oder ihrer **„Auswirkung"** ergeben (II, HS 4). Staat iS dieser Regelung kann jeder beliebige Staat sein; es muss sich nicht um den Staat handeln, auf dessen Gebiet die Tathandlung erfolgen oder der tatbestandsmäßige Erfolg eintreten soll. Erforderlich ist jedenfalls eine **konkrete Eignung,** dh eine nach den Umständen der (vorgestellten) Tatbegehung bestehende Wahrscheinlichkeit, dass der Erfolg eintreten wird; eine bloße Möglichkeit oder Zielsetzung des Täters reicht nicht aus.

17 Damit begibt sich die Tatbestandsfassung freilich in einen kaum noch fassbaren Bereich subjektiver (Fehl-)Vorstellungen: Nach der *Vorstellung* eines Täters des § 129a II werden *beliebige* Taten aus dem Katalog des II Nr. 1 bis 5 die genannte Eignung häufig, wenn nicht gar regelmäßig aufweisen: Kennzeichen von Vereinigungen mit dem Ziel der Beseitigung von „Grundstrukturen" ist es gerade, Taten mit hohem *Symbol*-Gehalt zu begehen. Indem § 129a die Vorgabe des RB, *wirkliche* Straftaten mit *wirklicher* Bestimmung und Eignung unter Strafe zu stellen, in ein Geflecht subjektiver Zwecke und individueller Vorstellungen im Vorfeld solcher Taten integriert, werden die Grenzen zwischen realer Gefahr und irrationaler Verblendung leicht verwischt: Mit Freiheitsstrafe von 1 bis 10 Jahre wird auch bestraft, wer *versucht*, sich an einer Vereinigung zu beteiligen, die nach seiner irrigen Ansicht beabsichtigt, ein Kriegerdenkmal zu sprengen oder Viren in das Internet einzuspeisen, wenn er *denkt*, dies werde die werktätige oder rechtgläubige Bevölkerung „aufrütteln" und zur Abschaffung der Bundeswehr oder zur Veränderung der wirtschaftlichen Grundstrukturen veranlassen.

18 **6) Vereinigungen zum Zweck der Drohung (Abs. III).** Abs. III soll die Vorgabe von Art. 1 I Buchst. i des RB (oben 1) umsetzen; danach ist die Drohung, eine der im Straftatenkatalog aufgeführte terroristische Straftat zu begehen, ihrerseits als terroristische Straftat unter Strafe zu stellen. Die Regelung übersetzt dies in die Vorfeld-Struktur der §§ 129, 129a (oben 6a) und steht daher im Spannungsverhältnis zu § 126 I, der *niedrigere* Freiheitsstrafe für die *tatsächliche* Drohung vorsieht, wenn diese geeignet ist, den öffentlichen Frieden zu stören. **Zweck oder Tätigkeit** der Vereinigung iS von III sind mehrfach vermittelt: Sie müssen sich nicht auf die Begehung, sondern nur auf die Androhung von Taten iS von I oder II richten; zugleich aber die besonderen Voraussetzungen des II, HS 3 und 4 umfassen, wenn es um die Androhung von Katalogtaten des II geht. Es reicht also aus, wenn der Täter sich an einer Vereinigung beteiligt, welche nach seiner Vorstellung Straftaten androhen will, die, würden sie tatsächlich ausgeführt, die in II genannte Bestimmung und Eignung hätten. **Praktisch handhabbar** dürfte dies nur dann sein, wenn Bestimmung und Eignung auf die Drohung selbst bezogen werden. Da eine Drohung, die „einen Staat erheblich schädigen" kann, wohl regelmäßig auch eine Eignung zur Störung des öffentlichen Friedens (§ 126 I) aufweist, erscheinen die Strafrahmenunterschiede nicht überzeugend. Eine § 126 II entsprechende Regelung fehlt.

19 **7) Verfassungsrechtliche Einschränkungen.** Die in § 129 II genannten Ausnahmen gelten für § 129a nicht; allerdings ist nach hM der Ausschluss des § 129 II Nr. 1 mit dem Parteienprivileg (2 zu § 84) unvereinbar (*Sturm* MDR **77**, 8; *Blei* JA **77**, 92); § 129 II Nr. 1 (nicht jedoch die Nrn. 2 und 3) soll daher entspr. gelten (LK-*v. Bubnoff* 15; SK-*Rudolphi* 5). Dass Art. 21 GG die Privilegierung einer Partei gebietet, deren *Zwecke* etwa auf Mord oder Völkermord gerichtet sind, ist zu bezweifeln (zutr. *S/S-Lenckner/Sternberg-Lieben* 3); anders mag dies im Einzelfall bei Taten nach Abs. II sein, bei denen der Zweck einer „Beseitigung von Grundstrukturen" *und die Eignung zur Schädigung* eines (uU fremden) Staats sich in vielfältiger Weise mit Zielen einer Partei berühren können.

20 **8) Tathandlungen.** Die Tathandlungen des **Gründens** und des **Sich-Beteiligens als Mitglied** in Abs. I, II und III sind dieselben wie in § 129 I. Für die Tat-

handlungen des Gründens und der mitgliedschaftlichen Beteiligung gelten insoweit keine Besonderheiten. Das gilt auch für die Vergehens-Tatbestände des **Unterstützens** in **Abs. V S. 1** (vgl. 30ff. zu § 129) und des **Werbens** um Mitglieder oder Unterstützer in **Abs. V S. 2** (vgl. dazu 25ff. zu § 129; StB 3/07). Der Tatbestand des Werbens nach V S. 2 ist auf Vereinigungen nach Abs. I oder II beschränkt. Das (vollendete) Werben um Mitglieder oder Unterstützer setzt die tatsächliche **Existenz** nicht nur irgendeiner, sondern gerade einer solchen Vereinigung voraus, die die Voraussetzungen des § 129a erfüllt (vgl. Bay NJW **98**, 2542). Allgemeine Aufrufe an eine „Anhängerschaft" reichen nicht aus (vgl. NStZ **99**, 503f.).

Zu beachten ist, dass die überwiegende Mehrzahl der zu §§ 129, 129a ergangenen Entscheidungen Fälle des § 129a III aF betrafen und hier wiederum auf wenige, politisch motivierte Vereinigungen beschränkt waren (umfangr. Nachw. zu einzelnen Fallgruppen [insb. propagandistische Unterstützung; Werben; Verteidigungsverhalten; Hungerstreik; unzulässiges Verteidigerverhalten] bei LK-*v. Bubnoff* 17ff., 20ff.). Erst in den 90er Jahren sind daneben Fälle rechtsterroristischer und insb. in der BRep. operierender ausländischer Organisationen in nennenswerter Zahl abgeurteilt worden. Die Erweiterung auf Taten zugunsten von Vereinigungen im **Ausland** durch § 129b müsste hier, auch soweit Vereinigungen in EU-Staaten betroffen sind (§ 129b I S. 1), eine nicht unerhebliche Ausweitung der Verfolgungspflicht namentlich im Hinblick auf inländische Unterstützungshandlungen für rechtsradikale terroristische Vereinigungen mit sich bringen. 21

9) Subjektiver Tatbestand. Der **Vorsatz** muss sich als mindestens bedingter (Prot. 7/2453) auch darauf beziehen, dass **Zweck** oder **Tätigkeit** der Vereinigung auf mindestens eine Art von Katalogtaten nach I oder II oder auf die Androhung solcher Taten (III) gerichtet ist; nimmt der Täter nur Taten anderer Art an, wird er nur nach § 129 bestraft (§ 29). In den Fällen des Abs. II und solchen des Abs. III, soweit sie sich auf Taten nach II beziehen, muss der Vorsatz darüber hinaus auch die Bestimmung iS von II, HS 3 und die Eignung iS von II, HS 4 umfassen. Hinsichtlich der Bestimmung ist ein – in vermittelter Weise – direkter Vorsatz zu verlangen; d.h. der Täter muss mindestens bedingt in Kauf nehmen, dass die Vereinigung Katalogtaten begehen oder androhen will, die, *wenn* dies geschieht, die genannte Bestimmung sicher haben. Hinsichtlich der Eignung iS von II, HS 4 reicht bedingter Vorsatz. Mittelbar einbezogen sind auch besondere **Absichten,** die über die objektive Verwirklichung einzelner Katalogtaten hinausgehen (zB I Nr. 2); eine Konkretisierung ist insoweit nicht erforderlich. 22

10) Versuch. Der Versuch der **Gründung** oder der **Beteiligung** als Mitglied nach Abs. I und II ist als Verbrechen stets strafbar; nicht aber versuchtes Unterstützen oder Werben (Abs. V); auch nicht Versuch des Gründens oder Sich-Beteiligens an Vereinigungen nach Abs. III (anders im Fall des IV, HS. 2). Für die Bestimmung des Vollendungszeitpunkts gilt 35f. zu § 129 entspr. Versuch der Beteiligung kommt daher insb. bei fehlgeschlagenen Kontaktaufnahmen in Betracht; daneben wohl auch bei misslungenen Förderungshandlungen eines Hintermanns (vgl. *Kühl* JuS **80**, 124; LK-*v. Bubnoff* 37). Das „Werben" für eine nicht (mehr) bestehende Vereinigung mit dem Ziel des Anwerbens von (Neu-)Gründungsmitgliedern ist versuchtes Gründen oder versuchte Anstiftung hierzu (§ 30 I; **aA** LK-*v. Bubnoff* 38). Die Schwelle zum Versuch des Gründens ist idR überschritten, wenn der Täter eine Person mit dem konkreten Ansinnen angesprochen hat, diese als Mitglied der zu gründenden Vereinigung zu gewinnen (NStZ-RR **04**, 40). Zur **Vollendung** vgl. 35 zu § 129. 23

11) Teilnahme. Für die Teilnahme gilt grds 38 zu § 129. Zur Beihilfe zum Werben vgl. BGH **29**, 264f.; **36**, 363; **43**, 51. Über § 30 I ist auch die versuchte Anstiftung zur Gründung oder zur Mitgliedschaft erfasst (vgl. Bay NJW **98**, 2542f.; 38 zu § 129; **and.** LK-*v. Bubnoff* 38 und 73 zu § 129; SK-*Rudolphi* 21; *Scheiff* [1a zu § 129] 126). Die über § 30 II bewirkte Strafbarkeit schon vorbereitender Erklärungen verlagert die Grenze insb. bei der Mitgliedschaft in einen Bereich, in welchem der Strafrahmen für die (folgenlose!) Erklärung der Bereitschaft zur Mitgliedschaft höher ist als für eine täterschaftliche Unterstützung. 24

25 **12) Rechtsfolgen.** Die **Strafdrohungen** wurden zunächst durch das TerrorBekG 1986 (vgl. 1 zu § 130a) gegenüber § 129 verschärft (krit. *Dencker* StV **87**, 121). Das TerrorismusbekämpfungsG 2003 (oben 1) hat die Strafrahmen den Vorgaben des Rahmenbeschlusses (oben 1) angepasst (vgl. BT-Drs. 15/813, 5f; RB Art. 5 II, III (vgl. aber oben 6a). Gründen und mitgliedschaftliches Sich-Beteiligen sind in den Fällen der Abs. I und II mit Verbrechensstrafe gleicher Höhe bedroht, im Fall des Abs. III mit Vergehensstrafe. Die Strafdrohung für das Unterstützen (stets Vergehen) ist in Abs. V S. 1 gleichermaßen differenziert; das Werben ist nur für Vereinigungen nach I und II strafbar (V S. 2).

26 **Abs. IV** enthält eine **Qualifikation** für **Rädelsführer** und **Hintermänner;** insoweit gelten die Erl. 3 zu § 84, 41f. zu § 129. Die Strafrahmen sind für Täter des I und II und solche des III differenziert; auch Taten nach Abs. III werden durch die Qualifikation zum Verbrechen (Strafbarkeit des Versuchs!).

27 Die **Mitläuferklausel** in **Abs. VI** (dazu 13 zu § 84) ist gegenüber der in § 84 IV und § 129 V dahin variiert, dass kein Absehen von Strafe möglich ist und in den Fällen von I, II, III und V lediglich eine Ermessensmilderung nach § 49 II eröffnet wird. Abs. VI ist besonders zu prüfen, wenn der Tatbeitrag nicht erheblich ins Gewicht fällt (3 StR 213/83). Für die Fälle von Abs. IV scheidet Abs. VI aus.

28 Für die **Tätige Reue** gilt § 129 VI entsprechend **(Abs. VII);** vgl. die Erl. dort.

29 **Statusfolgen** (§§ 45 bis 45b) ermöglicht **VIII** (vgl. § 92a).

30 **Führungsaufsicht (IX)** kann das Gericht abw. von § 129 in den Fällen von I, II und IV, also nicht in den Fällen des Unterstützens und Werbens (Abs. V; 3 StR 484/87), im Rahmen des § 68 I anordnen (2ff. zu § 68).

31 **13) Konkurrenzen:** Vgl. 49, 50 zu § 129.

32 **14) Sonstige Vorschriften:** Vgl. 51 zu § 129; 15 zu § 129b. **Erweiterter Verfall und Einziehung:** § 129b II. § 2 I Nr. 7 AZR lässt bei Taten nach § 129a, deren Begehung oder Planung die Speicherung von Daten eines Ausländers zu. **Antiterror-Datei**: Vgl. Gemeinsame-Daten-Gesetz v. 22. 12. 2006 (BGBl I 3409).

33 **Kronzeugenregelung.** Die Regelung des Art. 4 StÄG 1989 (1f. zu § 239a) für das Offenbaren einer Straftat nach § 129a idF des Ges. v. 16. 2. 1993 (BGBl. I 238) war bis zum 31. 12. 1999 befristet (vgl. 2. Kronzeugen-VerlängerungsG v. 19. 1. 1996, BGBl. I 58; vgl. dazu 49. Aufl.). Die kriminalpolitisch umstrittene Regelung hat keine praktische Bedeutung erlangt und ist daher nicht verlängert worden. Im Anschluss an das Gutachten der Kommission zur Prüfung des strafrechtlichen Sanktionensystems (vgl. vor § 38) ist eine allgemeine gesetzliche Regelung im AT (§ 46b) erwogen worden. Dagegen haben ein GesA Bayerns (BR-Drs. 395/00), ein E-BRat (BT-Drs. 14/5938) sowie ein GesE CDU/CSU (BT-Drs. 14/6834) jeweils Einzelregelungen in zahlreichen Tatbeständen des BT vorgeschlagen (abl. Stellungn. des DAV 7/2001 v. März 2001 und v. Oktober 2001; vgl. StV **01**, 317; vgl. dazu auch *Mühlhoff/Pfeiffer* ZRP **00**, 121; *Peglau* ZRP **01**, 103).

Der GesE der BReg eines ... StÄG – Strafzumessung bei Aufklärungs- und Präventionshilfe (BR-Drs. 353/07) vom 25. 5. 2007 hat die Einfügung eines **neuen § 46 b** sowie Ergänzungen der §§ 145d und 164 zur Einführung einer allgemeinen fakultativen Strafmilderungsmöglichkeit bei freiwilliger Aufklärungs- oder Präventionshilfe vorgeschlagen. Das Gesetzgebungsverfahren war bei Redaktionsschluss der 55. Aufl. nicht abgeschlossen. Abdruck des GesE im **Anhang unter Nr. 23 c**.

Kriminelle und terroristische Vereinigungen im Ausland; Erweiterter Verfall und Einziehung

129b **I Die §§ 129 und 129a gelten auch für Vereinigungen im Ausland. Bezieht sich die Tat auf eine Vereinigung außerhalb der Mitgliedstaaten der Europäischen Union, so gilt dies nur, wenn sie durch eine im räumlichen Geltungsbereich dieses Gesetzes ausgeübte Tätigkeit begangen wird oder wenn der Täter oder das Opfer Deutscher ist oder sich im Inland befindet. In den Fällen des Satzes 2 wird die Tat nur mit Ermächtigung des Bundesministeriums der Justiz verfolgt. Die Ermächtigung kann für den Einzelfall oder allgemein auch für die Verfolgung künftiger Taten erteilt werden, die sich auf eine bestimmte Vereinigung**

beziehen. Bei der Entscheidung über die Ermächtigung zieht das Ministerium in Betracht, ob die Bestrebungen der Vereinigung gegen die Grundwerte einer die Würde des Menschen achtenden staatlichen Ordnung oder gegen das friedliche Zusammenleben der Völker gerichtet sind und bei Abwägung aller Umstände als verwerflich erscheinen.

II In den Fällen der §§ 129 und 129 a, jeweils auch in Verbindung mit Absatz 1, sind die §§ 73 d und 74 a anzuwenden.

1) Allgemeines. Die Vorschrift wurde durch das **34. StÄG** v. 22. 8. 2002 (BGBl. I 3390) eingefügt (**Mat.: RegE** BT-Drs. 14/7025; **Ber.** BT-Drs. 8893). **In-Kraft-Treten:** 30. 8. 2002. Gegen den Gesetzesbeschluss hatte der BRat den VermA angerufen (BR-Drs. 379/02); dessen Einigungsvorschlag (BR-Drs. 528/02) stimmte der BRat nicht zu (BR-Drs. 528/02; Prot. 777, 339 A–C). Der Einspruchdes BRats wurde am 4. 7. 2002 gem. Art. 77 IV GG zurückgewiesen (BT-Drs. 14/9656; Prot. 25 077). Mit der Vorschrift reagierte der Gesetzgeber auf die terroristischen Anschläge in den USA im September 2001; die Einfügung war aber schon zuvor – mit Beschränkung auf Vereinigungen im Gebiet der EU – als Umsetzung der Gemeinsamen Maßnahme des Rates v. 21. 12. 1998 (ABl. EG 1998 Nr. L 351, 1) geplant. Der RegE (BT-Drs. 14/7025), der eine allgemeine Erstreckung der §§ 129 aF, 129 a aF auf Vereinigungen im Ausland vorsah, wurde im Hinblick auf Anwendungsprobleme (politische Bewertung terroristischer Vereinigungen im Ausland; Legalitätsprinzip) aus dem „1. Anti-Terror-Paket" herausgenommen und erfuhr im RA-BTag einschränkende Veränderungen (vgl. BT-Drs. 14/8893). Zugleich wurde die Tatvariante des **Werbens** in § 129 I, § 129 a V S. 2 eingeschränkt. Die für das BtM-Strafrecht geltende Regelung des **§ 30 b BtMG** wurde im Hinblick auf die Einschränkungen des § 129 b I S. 2 unverändert gelassen. Danach gilt das deutsche Strafrecht **uneingeschränkt** auch für Vereinigungen außerhalb der EU; die Regelung geht daher als **speziellere** dem I S. 2 vor (*Altvater* NStZ **03**, 179, 182). Zum Gesetzgebungsverfahren vgl. auch *Kress* JA **04**, 220, 226 f. **Statistik:** Vgl. BT-Drs. 16/4007 (Kleine Anfrage). Bis 25. 6. 2007 lagen 5 Anklagen und 1 Verurteilung vor (BT-Drs. 16/5820, 4). Die BReg hat die praktische Effizienz der Vorschrift als sehr positiv bewertet (BT-Drs. 16/5820, 3). 1

EU-Recht: Gemeinsame Maßnahme des Rates v. 21. 12. 1998 (ABl. EG Nr. L 351, 1); Aktionsplan zur Bekämpfung der organisierten Kriminalität (ABl. EG 1997 Nr. C 251, 1, abgedr. in ZFIS **97**, 101); Europol-Übk. 1995 (BGBl. 1997 II, 2150); Leitgedanken der Konferenz von Tampere, Nr. 40 ff.; NJW **00**, 339 (vgl. dazu BR-Drs. 273/99); Gemeinsamer Standpunkt des Rates v. 27. 12. 2001 über die Bekämpfung des Terrorismus (ABl. EG Nr. L 344, 90); Gemeinsamer Standpunkt des Rates v. 27. 12. 2001 über die Anwendung besonderer Maßnahmen zur Bekämpfung des Terrorismus (ABl. EG Nr. L 344, 93); **VO (EG) Nr. 2580/2001** v. 27. 12. 2001 über spezifische, gegen bestimmte Personen und Organisationen gerichtete restriktive Maßnahmen zur Bekämpfung des Terrorismus (ABl. EG Nr. L 344, 70; vgl. dazu *Schlarmann/Spiegel* NJW **07**, 870 ff.); **VO (EG) 881/2002** (ABl. EG NR. L 139 v. 29. 5. 2002, S. 9; zum Inhalt *Schlarmann/Spiegel* aaO); Beschl. des Rates v. 27. 12. 2001 zur Aufstellung der Liste nach Art. 2 Abs. 3 der VO (EG) Nr. 2580/2001 (ABl. EG Nr. L 344, 83); geänd, durch Beschl. des Rates v. 6. 6. 2005 (ABl. EU Nr. L 144, 59); Beschl. des Rates v. 28. 2. 2002 über die Errichtung von Eurojust (ABl. EG Nr. L 63, 1; UmsetzungsG v. 12. 5. 2004; BGBl. I 902); **Rahmenbeschluss** des Rates zur Terrorismusbekämpfung v. 13. 6. 2002 (ABl. EG Nr. L 164, 4; UmsetzungsG v. 22. 12. 2003; BGBl. I 2836; vgl. 1 zu § 129 a); Beschl. des Rates v. 19. 12. 2002 über die Anwendung besonderer Maßnahmen im Bereich der polizeilichen und justiziellen Zusammenarbeit bei der Bekämpfung des Terrorismus gemäß Art. 4 des Gemeinsamen Standpunkts 2001/931/GASP (ABl. EG Nr. L 16, 68).

Völkerrecht: Resolutionen der Generalversammlung der Vereinten Nationen 49/60 vom 9. 12. 1994 und 51/210 vom 17. 12. 1996; Internationales Übereinkommen der Vereinten Nationen vom 9. Dezember 1999 zur Bekämpfung der Finanzierung des Terrorismus; dazu Vertragsgesetz (GesE der BReg v. 2. 9. 2003, BT-Drs. 15/1507; Ber. BT-Drs. 15/1863; Gesetzesbeschluss BTag am 6. 11. 2003, Prot. 15/72). VN-Übereinkommen vom 13. 4. 2005 zur Bekämpfung nuklearterroristischer Handlungen; dazu E eines VertragsG (BR-Drs. 121/07, mit Text des Übk. und Denkschrift der BReg), GesE eines UmsetzungsG (BR-Drs. 122/07; Änderung §§ 309, 310).

Literatur: *Altvater,* Das 34. StÄG – § 129 b StGB, NStZ **03**, 179; *von Bubnoff,* Herausforderungen grenzüberschreitender Strafrechtspflege aus europäischer Sicht, 1997; *ders.,* Aktuelle Fragen der Verfahrensabwicklung u. Vereinfachung im Europäischen Auslieferungsverkehr, ZEuS **99**, 393; *Griesbaum,* Zum Verhältnis von Strafverfolgung und Gefahrenabwehr vor dem Hintergrund durch den internationalen islamistischen Terrorismus, Nehm-FS (2006), 125; 1 a

Kempf, Strafrecht goes global, Richter II-FS (2006) 283; *Kress*, Das Strafrecht in der Europäischen Union vor der Herausforderung durch organisierte Kriminalität und Terrorismus, JA **05**, 220; *Möhrenschlager*, Bericht zum europäischen u. internationalen Recht u. dessen innerstaatlicher Umsetzung, wistra **99**, H. 8, S. VI; *Rebmann*, Die Zuständigkeit des Generalbundesanwalts zur Verfolgung terroristischer Straftaten – Vorschläge zu notwendiger Ergänzung, NStZ **86**, 289. Vgl. i. ü. die Angaben 1 a zu § 129.

2 **2) Schutzzweck; kriminalpolitische Bedeutung.** § 129 b erfüllt zunächst für den **Gesamtbereich organisierter Kriminalität** (zum **Vertrieb von BtM** vgl. schon § 30 b BtMG) die Verpflichtung (Art. K 3 EUV) der BRep. zur Umsetzung der Gemeinsamen Maßnahme des EU-Rats v. 21. 12. 1998; danach haben die Mitgliedsstaaten dafür zu sorgen, dass die Beteiligung an einer kriminellen Vereinigung „unabhängig von dem Ort im Hoheitsgebiet der Mitgliedsstaaten, an dem die Vereinigung ihre Operationsbasis hat oder ihre strafbaren Tätigkeiten ausübt", geahndet werden kann. Die im ursprünglichen VorE der BReg. enthaltene Beschränkung auf das Gebiet der EU-Mitgliedsstaaten (für eine weitere Auslegung aber schon LK-*v. Bubnoff* 13) ist entfallen (BT-Drs. 14/7025); damit sind unter vor allem präventiv orientierten Handlungsdruck die **Grenzen des StGB** in einem Maß ausgedehnt worden, das die Frage nach dem **praktischen Sinn** aufdrängt. Das betrifft zum einen die Frage des **Rechtsgutsbezugs,** zum anderen Probleme der **Anknüpfung** des deutschen Strafrechts (§§ 3 ff.) an Auslandssachverhalte; schließlich Fragen der **Kompetenzkonkurrenz** und der Umsetzung im strafprozessualen und im Bereich der Rechtshilfe. Darüber hinaus zeigt aber die Umsetzung **Mängel,** namentlich durch das Fehlen einer sinnvollen Abstimmung mit den Regelungen der §§ 3 ff., (vgl. unten 4–11; dazu auch *Kress* JA **05**, 220, 226 f.; MK-*Miebach/Schäfer* 9, 11, 17 ff.), dass die Vorschrift unter dem Verdacht einer praktisch bedeutungslosen „Symbol"-Verlautbarung steht. Es ist **offensichtlich,** dass die deutsche Strafjustiz weder beabsichtigt noch fähig ist, die „Organisierte Krimininalität" in 16 EU-Ländern oder gar außerhalb der EU (!) zu verfolgen. Vorschriften, die das dem Unkundigen vorgaukeln, tragen zur Sicherheit letztlich nicht bei.

3 **A. Rechtsgutsbezug.** Nach hM schützen die §§ 129, 129 a die **innere Sicherheit** (der Bundesrepublik); nach **aA** handelt es sich (jedenfalls vorrangig) um Vorverlagerungen des Strafrechtsschutzes für die in den Straftatbeständen des StGB geschützten (individuellen oder kollektiven) Rechtsgüter einschließlich der von § 6 und von § 1 VStGB erfassten international geschützten Rechtsgüter. Die Regelung des § 30 b BtMG, wonach § 129 auch für nicht oder nicht nur im Inland bestehende Vereinigungen gilt, deren Zweck oder Tätigkeit auf den Vertrieb von BtM gerichtet ist, knüpft daher an die Regelung des § 6 Nr. 5 an. Dasselbe würde für § 129 b gelten, soweit er über § 129 a I, II an in den §§ 5 und 6 aufgeführten Tatbeständen anknüpft. Dieser Bezug ist jedoch mit der allgemeinen Ausdehnung des § 129 b auf § 129 und damit auf Organisationen mit dem Ziel der Begehung von **Straftaten jeder Art** aufgegeben. Dass damit zum Rechtsgut der §§ 129 ff. die „öffentliche Sicherheit einschließlich des allgemeinen Rechtssicherheitsgefühls" auf der **ganzen Welt** geworden sei (so LK-*v. Bubnoff* 5 für den Europäischen Rechtsraum), mag als sicherheits-*politische* Formel akzeptabel sein, gibt jedoch keine Orientierung für die Verfolgungspflicht deutscher Strafverfolgungsbehörden.

4 **B. Verhältnis zu §§ 3 ff.** Es muss leider festgestellt werden, dass die Formulierung der Vorschrift schon im Hinblick auf ihren Anwendungsbereich **weitgehend missglückt** ist. Abs. I enthält eine Kette von Unklarheiten, die mit den allgemeinen Regeln der §§ 3 ff. nicht zusammen passen und, wörtlich genommen, zu teilweise abwegigen Ergebnissen führen müssten.

4 a § 129 b Abs. I S. 1 erklärt die §§ 129, 129 a anwendbar „für **Vereinigungen im Ausland**". Hieraus folgt trotz des wenig klaren Wortlauts des I S. 2 nicht eine Ausdehnung des deutschen Strafrechts über §§ 3 ff. hinaus auf **Taten** nach § 129, 129 a **im Ausland;** Gründen, Sich-Beteiligen, Unterstützen und Werben sind nur nach Maßgabe der §§ 3, 7 strafbar (ebenso *Altvater* NStZ **03**, 179 f.; unklar insoweit Stellungn. des BRats, BT-Drs. 14/7025, 7, wonach sicherzustellen sei, dass der GBA „für die Verfolgung der terroristischen Vereinigungen im Ausland" zuständig ist; vgl. § 120 I Nr. 8 GVG). Gleichwohl öffnet § 129 b insb. über die Katalog des § 129 a I und II eine mittelbare Verfolgungspflicht in einem Umfang, welchem die praktischen Möglichkeiten nicht entsprechen (vgl. dazu i. e. auch *Kress* JA **05**, 220, 226 ff.; weniger skeptisch aber MK-*Miebach/Schäfer* 9; *Altvater* NStZ **03**, 179,

180 f.). Das gilt sowohl für terroristische als auch insb. für die Anwendung auf ausländische Organisationen nach § 129; freilich zeigt die Erfahrung mit § 30 b BtMG, dass die Verfolgung inländischer Unterstützungs- und Beteiligungstaten an ausländischen (europäischen) rein *kriminellen* Vereinigungen (insb. Diebes-, Erpressungs- oder BtM-Handelsorganisationen) vermutlich auch weiterhin nur geringe praktische Relevanz gewinnen wird.

3) Anwendungsbereich. Abs. I unterscheidet nicht zwischen **kriminellen** (§ 129) und **terroristischen** (§ 129 a) Vereinigungen, vielmehr zwischen Vereinigungen im **Bereich der EU** (S. 1) und solchen **außerhalb der EU** (S. 2 bis 5). 5

A. Vereinigungen in Mitgliedsstaaten der EU (I S. 1). Für Vereinigungen iS von §§ 129, 129 a, die jedenfalls eine Teilorganisation innerhalb eines Mitgliedstaates der EU aufweisen, gelten die §§ 129, 129 a grds uneingeschränkt; es kommt daher nicht darauf an, ob in der BRep. selbst zumindest eine (selbstständige) Teilorganisation existiert (*Altvater* NStZ **03**, 179, 180). Im Gegenschluss zu I S. 2 ergibt der Wortlaut darüber hinaus, dass der Täter weder Deutscher sein noch sich im Inland „befinden" muss. Hieraus ergibt sich aber keine deutsche Alleinzuständigkeit für Auslandstaten, denn eine solche Ausweitung auf vereinigungsbezogene Handlungen in Europa ohne jede Anknüpfung an das Inland findet in §§ 3 ff. keine Grundlage (ebenso MK-*Miebach/Schäfer* 17; **aA** offenbar *Lackner/Kühl* 3). Da §§ 129, 129 a abstrakte Gefährdungsdelikte im **Vorfeld** von Rechtsgutsverletzungen beschreiben (unklar daher I S. 2 hinsichtlich des „Opfers" der Tat; vgl. unten 9), kann sich eine deutsche Strafverfolgungs-Zuständigkeit nicht schon aus der inländischen Tathandlung ergeben, wenn es an jedem inlandsbezogenen **Anknüpfungspunkt** fehlt (LK-*v. Bubnoff* Nachtr. 9; **aA** *Altvater* NStZ **03**, 180); dieses Erfordernis wird freilich hinsichtlich von Organisationen im Gebiet der EU durch Art. 2 II der Gemeins. Maßnahme (oben 1) eingeschränkt, der zur Unterstützung insb. durch **Auslieferung** verpflichtet (dazu LK-*v. Bubnoff* Nachtr. 15 ff.). Im Übrigen wird sich ein Inlandsbezug namentlich dann ergeben, wenn die Ziele oder die Tätigkeit der ausländischen Organisation auf Taten (auch) in der BRep. gerichtet ist. Nach der rechtspolitischen Zielsetzung sollen dies „schwerwiegende Formen der organisierten Kriminalität mit grenzübergreifender Stoßrichtung" sein (LK-*v. Bubnoff* Nachtr. 8); genannt werden im Bereich des § 129 **zB** Geldfälschung, Geldwäsche, Menschenhandel, Umweltstraftaten, Bestechung, Betrug oder Subventionsbetrug zu Lasten der EG-Haushalte, Datennetzkriminalität. Wie die **Realität** dieser hochgesteckten Ziele aussehen könnte, ergibt sich aus den internationalen Absichtserklärungen bisher aber nur undeutlich. Einer Verfolgungspflicht hinsichtlich Unterstützungshandlungen für **Korruptions-Organisationen** in Ländern, in denen größere Geschäftsabschlüsse *ohne* Korruption nur schwer möglich sind, haftet ein Moment der Unernsthaftigkeit an. Ähnliches gilt für die **Geldwäsche.** 6

B. Vereinigungen außerhalb der EU (I S. 2). Nach I S. 2 sind die §§ 129, 129 a auf Vereinigungen, die nicht zumindest über eine selbstständige Teilorganisation in einem Mitgliedsstaat der EU verfügen (zu den Organisationen „Al Qaida" und „Al Qaida im Zweistromland" vgl. etwa 2 BJs 21/06), nur dann anzuwenden, wenn die Beteiligungstat **entweder** im Inland begangen wird **oder** wenn der Täter oder das Opfer Deutscher ist **oder** sich *Täter* oder *Opfer* im Inland „befinden". Die Regelung ist in mehrfacher Hinsicht unklar und teilweise ohne Sinn (zutr. krit. auch MK-*Miebach/Schäfer* 17 ff.; Kress JA **05**, 220. 226 ff.). 7

a) Die **1. Var.** führt zu dem Gegenschluss, Taten im Hinblick auf innereuropäische Vereinigungen (S. 1) seien unabhängig von §§ 3 bis 7 von der BRep. aus stets zu verfolgen (vgl. oben 6). Die **2. Var.** entspricht § 7 II Nr. 1, weitet diesen nach ihrem Wortlaut aber auf Auslandstaten eines Deutschen auch in solchen Fällen aus, in denen die Tat am Tatort *nicht* mit Strafe bedroht ist. Der *Sinn* einer solchen Regelung erscheint zweifelhaft; sie würde überdies zur Notwendigkeit führen, schon das Vorhandensein einer kriminellen oder terroristischen Vereinigung iS des 8 deutschen Strafrechts in Ländern zu prüfen, in denen entsprechende Organisationsdelikte gar nicht existieren; es ist unerfindlich, wie eine solche Ermittlungstätigkeit (von Amts wegen!) geleistet werden sollte. Nimmt man andererseits an, dass § 7 II Nr. 1 durch die Regelung des S. 2 nicht verdrängt wird, so ist diese überflüssig.

9 **b)** Kaum verständlich ist die **3. Var.**, wonach **„das Opfer"** Deutscher sein muss, denn §§ 129, 129 a enthalten *opferlose* „Vorfeld"-Delikte. Nach Ansicht des Gesetzgebers sollen damit „Fälle erfasst werden, in denen das Opfer einer Straftat, die der Vereinigung zuzurechnen ist, Deutscher ist" (Ber. 8; ebenso i. E. *Altvater* NStZ **03**, 179, 181). Die Regelung, dass die §§ 129, 129 a für außereuropäische Vereinigungen „gelten", wenn eine einer Vereinigung zuzurechnende *Straftat* gegen einen Deutschen (im In- oder Ausland) begangen wurde, ist überflüssig, da die Tat dann ja schon nach §§ 3 ff., § 7 I verfolgt werden kann. Darüber hinaus öffnet die Regelung aber einen (kaum überschaubaren) Anwendungsbereich der *Organisationsdelikte* bei Auslandstaten gegen einen Deutschen (§ 7 I); danach besteht grds eine Verfolgungspflicht für vereinigungsbezogene *Unterstützungs*-Handlungen im außereuropäischen Ausland, wenn dort ein deutscher Staatsbürger Opfer einer Organisationstat wird. Das ist praktisch fern liegend; eine *Ermittlungs*-Pflicht des GBA etwa in Ländern des mittleren Ostens (gegen dortige „Unterstützer") wäre offensichtlicher Unsinn. Soweit *Altvater* (NStZ **03**, 179, 181) daher gerade für diesen Fall einen „zusätzlichen" Anknüpfungspunkt nach §§ 3 ff. verlangt, ist das fraglich, denn dann hätte Abs. II neben § 7 I gar keinen Anwendungsbereich. *Insgesamt* kann *Miebach/Schäfer* (MK 18) beigepflichtet werden: Ein sachlicher Gehalt der Norm ist kaum ersichtlich.

9 a Ihre **Brisanz** gewinnt die unpraktische Regelung erneut aus dem Gegenschluss zu **I S. 1**, also im Hinblick auf Vereinigungen *innerhalb* der EU, deren Verfolgung von Amts wegen nicht von einer Verfolgungsermächtigung abhängig ist: Da die Verfolgung von Taten in außereuropäischen Ländern schwerlich weitergehend sein kann als innerhalb der EU (zutr. *Kress* JA **05**, 220, 226), ergäbe sich hieraus eine Verfolgungspflicht zB nicht nur für eine in irgendeinem EU-Staat gegen einen Deutschen begangene Schutzgelderpressung (diese unterfällt schon § 7 I), sondern auch für alle vereinigungsbezogenen, mit der konkreten Tat gar nicht zusammenhängenden Unterstützungshandlungen durch Ausländer in diesem oder irgendeinem anderen EU-Mitgliedsstaat.

10 **c)** Ebenso wenig einleuchtend sind die **4. und 5. Var.**, die voraussetzen, dass sich der **Täter** (der §§ 129, 129 a) oder das **Opfer** (einer der Vereinigung zuzurechnenden Straftat) **im Inland befinden,** *ohne* dass die Tat nach §§ 129, 129 a *oder* die von einem Mitglied der Vereinigung verübte Tat im Inland begangen wurde (krit. auch MK-*Miebach/Schäfer* 19, 21; *Kress* JA **05**, 220, 227; zust. aber *Altvater* NStZ **03**, 179, 181). Nach Auffassung des **Gesetzgebers** liegt ein die Anwendung der §§ 129, 129 a rechtfertigender „spezifischer Inlandsbezug" hier etwa vor, „wenn sich der Täter während der Tathandlung (?) im Inland aufhält, ohne (!) eine solche Tätigkeit auszuüben" (Ber. 9). Das soll gegeben sein, wenn „das Mitglied einer kriminellen oder terroristischen Vereinigung das Gebiet der Bundesrepublik Deutschland *bereist* und hierbei *nicht* (!) vereinigungsbezogen tätig wird" (ebd.). Was dies für das in I S. 1 angeordnete „Gelten" der §§ 129, 129 a bedeuten soll, erschließt sich kaum: Wenn eine Tat nach §§ 129, 129 a im Inland gar nicht begangen wird, so fehlt es schon an einem Sachverhalt, für welchen diese Vorschriften „gelten" könnten. Daher können nur *frühere,* im Ausland begangene Taten gemeint sein; für diese gilt, soweit es sich um Taten von Ausländern handelt, bislang § 7 II Nr. 2. Mit der Regelung sollten offenbar Personen erfasst werden, die sich früher im Ausland an einer Vereinigung beteiligt haben, dies aber in der BRep. gerade nicht tun. Dass deren Strafverfolgung hierdurch ermöglicht oder erleichtert wird, ist freilich nicht gesichert: Begeht eine Person in der BRep. eine Tat nach §§ 129, 129 a, so bedarf es der Anknüpfung an das „Befinden" nicht (Abs. I S. 1 iV mit § 3). Insoweit überzeugt die Auslegung *Altvaters* (NStZ **03**, 179, 180 f.) nicht, wonach die Regelung auf den Tatbestand der mitgliedschaftlichen

Beteiligung (*ohne* Entfaltung spezifischer Tätigkeiten) abstellt: *Wenn* der Tatbestand des Sich-Beteiligens auch bei vorübergehender Untätigkeit erfüllt wird (vgl. dazu 24 zu § 129), so ist eine *tatbestandliche Handlung* gegeben, die grds. § 3 unterfällt. Wenn aber **Handlungen**, die das Tatbestands-Merkmal des Sich-Beteiligens erfüllen, gar nicht vorliegen, dann bleibt unerfindlich, warum §§ 129, 129 a „gelten" könnten, weil sich eine Person „im Inland aufhält" (unklar auch *Lackner/Kühl* 3: Einer „uferlosen Ausdehnung" sei entgegengewirkt, wenn ein „Bereisen Deutschlands" vorliege; zutr. dagegen *Kress* JA **05**, 220, 227).

Einen **Sinn** ergibt die Regelung daher nur, wenn sie sich auf Taten bezieht, die **früher im Ausland begangen** wurden. Erfasst werden also Personen, die sich *vor* ihrer Einreise in die BRep. an Vereinigungen beteiligt haben. In diesen Fall *gelten* §§ 129, 129 a; es sind daher solche im Ausland begangenen Beteiligungstaten zu verfolgen. Die hiermit verbundenen Ermittlungsschwierigkeiten liegen auf der Hand: Da die bloße *passive* Mitgliedschaft von §§ 129, 129 a nicht erfasst wird (vgl. 24 zu § 129) und das schlichte „Sich-Befinden" (dh. *Nichts*-Tun) weder strafbar ist noch einen Anknüpfungspunkt über §§ 6 Nr. 9, 7 II Nr. 2 hinaus begründet, setzt die Bestrafung zum einen den Nachweis der Existenz einer Vereinigung voraus, deren Ziele auf die Begehung von Straftaten gegen inländische oder internationale Rechtsgüter gerichtet sind, zum anderen den Nachweis einer früher im Ausland begangenen Beteiligungstat des Beschuldigten. Die Verweisung auf § 129 a I Nr. 1 iVm §§ 6 bis 12 VStGB führt überdies, da nach § 1 VStGB ein inländischer Anknüpfungspunkt nicht erforderlich ist, insoweit zur **Allzuständigkeit** deutscher Strafverfolgung. 10 a

d) Auf das „Opfer" **(5. Var.)** lässt sich auch dies wiederum nicht übertragen: Wurde eine (organisationsbezogene) Tat gegen eine Person im Inland begangen, so gilt § 3. Ein eigenständiger Anwendungsbereich kann sich allein dann ergeben, wenn das **ausländische** Opfer einer Tat, die von einem Mitglied einer **ausländischen** Vereinigung **im Ausland** begangen wurde, (zufällig) „die BRep. bereist". Welcher „spezifische Inlandsbezug" sich hieraus für (frühere!) Unterstützungshandlungen zugunsten einer kriminellen Vereinigung in irgendeinem Land der Welt (oder, im Fall von S. 1: der EU) ergeben könnte, ist nicht ersichtlich. 11

C. Verfolgungsermächtigung (I S. 3 bis 5). Für Taten, die sich auf Vereinigungen außerhalb der EU beziehen (S. 2), ist die Strafverfolgung nach I S. 3 nur mit **Ermächtigung** (§ 77 e) des **Bundesministeriums der Justiz** zulässig. Diese Regelung soll bei Taten, die ihre Wirkung vorwiegend im entfernten Ausland entfalten, im Hinblick auf die (strafrechtliche) Bewertung sog. Befreiungsbewegungen „eine Verlagerung der Verantwortung auf die Staatsanwaltschaften und Gerichte (verhindern), die einem Sachverhalt, bei dem es auch um die (außen-)politisch sinnvolle Handhabung der Strafrechtspflege gehen kann, nicht angemessen wäre" (Ber. 8). Der hiermit erstrebte, ein wenig merkwürdige (zust. aber *Altvater* NStZ **03**, 179, 181 f.) *Schutz der Gerichte vor „unangemessener" Verantwortung* findet seine Grenze freilich in Art. 97 I, 103 II GG; es geht in I S. 2 daher allein um die **Prozessvoraussetzung** der Verfolgungsermächtigung. 12

Für die **Ausübung des Ermessens** bei der Erteilung der Ermächtigung enthalten **S. 3 bis 5** Anhaltspunkte; die dort ausdrücklich genannten Gesichtspunkte sind nicht abschließend, sondern durch die Verweisung auf „alle Umstände" für eine **einzelfallsbezogene politische Bewertung** offen (vgl. dazu Ber. 9). Da die Verfolgung völker- oder menschenrechtlich anerkannter Rechtspositionen und politischer Ziele der Beurteilung einer (ausländischen) Vereinigung als kriminell oder terroristisch nicht von vornherein entgegensteht (vgl. BVerfG NStZ **01**, 187; BGH NJW **66**, 312; **00**, 3079), ergeben sich für die Ermessensausübung vielfältige Schwierigkeiten, die in der Praxis wohl nur in **Evidenzfällen** zu klaren Ergebnissen führen werden. Trotz der jederzeitigen Rücknahmemöglichkeit (§ 77 e iV mit § 77 d I) kann es, namentlich im Hinblick auf die mögliche Verfahrensdauer und auf unvorhergesehene Veränderungen des (außen-)politischen Sachverhalts, zu Abläufen kommen, die dem Ansehen der Strafrechtspflege nicht dienlich sind: Das bloße *Obsiegen* einer ausländischen Putschistengruppe oder nach Ermächtigungserteilung begonnene Verhandlungen zwischen Bürgerkriegs- 13

Parteien oder Guerilla-Organisationen und Regierungen ändert am *inländischen* Unrechtsgehalt früherer Taten nichts; eine eilige Rücknahme der Ermächtigung, nachdem der ausländische Terrorist über Nacht zum Justizminister avanciert ist, mag den (peinlichen) Eindruck macht-politischer Beliebigkeit erwecken (vgl. auch *Kempf*, Richter II-FS [2006]283, 290). Die Gefahr unverständlicher **Wertungswidersprüche** erscheint nicht ganz fern liegend.

14 **4) Verfall und Einziehung (Abs. II).** Nach II finden die Rechtsfolgen des Erweiterten Verfalls (§ 73 d) und der Dritteinziehung (§ 74 a) Anwendung. Dabei zielt die Anwendung des § 73 d wohl nur auf mutmaßliche Erlöse aus Straftaten der Vereinigung ab; der Dritteinziehung dürfte bei Taten nach §§ 129, 129 a kein großes Gewicht zukommen. Vgl. auch § 443 I Nr. 1 StPO.

15 **5) Sonstige Vorschriften.** Vgl. 32 f. zu § 129 a. Eine **Verfahrenseinstellung** nach Opportunitätsgrundsätzen erlaubt **§ 153 c I Nr. 4 StPO**; danach kann von der Strafverfolgung abgesehen werden, wenn eine Vereinigung nach §§ 129, 129 a nicht oder nicht überwiegend im Inland besteht und die im Inland begangenen Tathandlungen von untergeordneter Bedeutung sind (vgl. *Altvater* NStZ **03**, 179, 183: zB geringfügige Sachbeschädigungen durch Sprühen von Parolen) oder sich auf die bloße Mitgliedschaft beschränken.

16 **Zuständigkeit:** §§ 74 a I Nr. 4, 120 I Nr. 6 GVG. **Wohnraumüberwachung:** § 100 c S. 1 Nr. 3 Buchst. e StPO. Vgl. i. ü. §§ 103 I S. 2, 111 I S. 1, 138 a II S. 1, V S. 1, 148 II S. 1 StPO; § 112 III S. 1 StPO; § 3 I S. 1 Nr. 6 Buchst. a, § 7 IV S. 1 Nr. 1 Buchst. a G 10; § 20 I S. 1 VereinsG; § 4 I S. 1 Nr. 3 Buchst. a, § 32 IV S. 5 BKAG. **Anti-Terror-Datei:** Gemeinsame-Daten-Gesetz v. 22. 12. 2006 (BGBl I 3409).

Volksverhetzung RiStBV 208

130 **I Wer in einer Weise, die geeignet ist, den öffentlichen Frieden zu stören,**

1. zum Hass gegen Teile der Bevölkerung aufstachelt oder zu Gewalt- oder Willkürmaßnahmen gegen sie auffordert oder

2. die Menschenwürde anderer dadurch angreift, dass er Teile der Bevölkerung beschimpft, böswillig verächtlich macht oder verleumdet,

wird mit Freiheitsstrafe von drei Monaten bis zu fünf Jahren bestraft.

II Mit Freiheitsstrafe bis zu drei Jahren oder mit Geldstrafe wird bestraft, wer

1. Schriften (§ 11 Abs. 3), die zum Hass gegen Teile der Bevölkerung oder gegen eine nationale, rassische, religiöse oder durch ihr Volkstum bestimmte Gruppe aufstacheln, zu Gewalt- oder Willkürmaßnahmen gegen sie auffordern oder die Menschenwürde anderer dadurch angreifen, dass Teile der Bevölkerung oder eine vorbezeichnete Gruppe beschimpft, böswillig verächtlich gemacht oder verleumdet werden,

a) verbreitet,

b) öffentlich ausstellt, anschlägt, vorführt oder sonst zugänglich macht,

c) einer Person unter achtzehn Jahren anbietet, überlässt oder zugänglich macht oder

d) herstellt, bezieht, liefert, vorrätig hält, anbietet, ankündigt, anpreist, einzuführen oder auszuführen unternimmt, um sie oder aus ihnen gewonnene Stücke im Sinne der Buchstaben a bis c zu verwenden oder einem anderen eine solche Verwendung zu ermöglichen, oder

2. eine Darbietung des in Nummer 1 bezeichneten Inhalts durch Rundfunk, Medien- oder Teledienste verbreitet.

III Mit Freiheitsstrafe bis zu fünf Jahren oder mit Geldstrafe wird bestraft, wer eine unter der Herrschaft des Nationalsozialismus begangene Handlung der in § 6 Abs. 1 des Völkerstrafgesetzbuches bezeichneten Art in einer Weise, die geeignet ist, den öffentlichen Frieden zu stören, öffentlich oder in einer Versammlung billigt, leugnet oder verharmlost.

IV **Mit Freiheitsstrafe bis zu drei Jahren oder mit Geldstrafe wird bestraft, wer öffentlich oder in einer Versammlung den öffentlichen Frieden in einer die Würde der Opfer verletzenden Weise dadurch stört, dass er die nationalsozialistische Gewalt- und Willkürherrschaft billigt, verherrlicht oder rechtfertigt.**

V **Absatz 2 gilt auch für Schriften (§ 11 Abs. 3) des in den Absätzen 3 und 4 bezeichneten Inhalts.**

VI **In den Fällen des Absatzes 2, auch in Verbindung mit Absatz 5, und in den Fällen der Absätze 3 und 4 gilt § 86 Abs. 3 entsprechend.**

Übersicht

1) Allgemeines ... 1, 1 a
2) Rechtsgut; kriminalpolitische Bedeutung; Aufbau ... 2–3
3) Angriffsobjekte ... 4–6
4) Friedensstörende Hetze (Abs. I) ... 7–14 b
A. Tathandlung des Abs. I Nr. 1 ... 8–10
B. Tathandlung des Abs. I Nr. 2 ... 11–12 a
C. Eignung zur Friedensstörung ... 13–14 b
5) Volksverhetzende Schriften und Übertragungen (Abs. II) ... 15–22
6) Billigen, Leugnen, Verharmlosen von NS-Verbrechen (Abs. III) ... 23–32
7) Rechtfertigen der NS-Herrschaft (Abs. IV) ... 33–40
8) Verbreitung von NS-Verharmlosung durch Schriften (Abs. V) ... 41
9) Subjektiver Tatbestand ... 42–45
10) Sozialadäquanzklausel (Abs. VI) ... 46, 46 a
11) Rechtsfolgen ... 47
12) Konkurrenzen ... 48
13) Sonstige Vorschriften ... 49

1) Allgemeines. Die Vorschrift wurde durch Art. 1 Nr. 2 des **6. StÄG** eingefügt (**Materialien:** RegE BT-Drs. III/918 iVm FDP-Antrag BT-Drs. III/1527, SPD-Antrag BT-Drs. III/1551; Ber. BT-Drs. III/1143, zu 1143 iVm BT-Drs. III/1551, 1746). Neu gefasst wurde § 130 durch das **VerbrBekG** v. 28. 10. 1994 (BGBl. I 3186); die „Aufstachelung zum Rassenhass" wurde aus § 131 ausgegliedert und in Abs. II neu und erweiternd gefasst; Abs. III, IV betreffen die sog. „Auschwitzlüge"; Abs. V hat § 131 aF ersetzt. Abs. III wurde durch Art 2 Nr. 7 des G zur Einführung des VStGB v. 26. 6. 2002 (BGBl.I 2254) geändert. Abs. II Nr. 2 wurde durch das SexualdelÄndG vom 27. 12. 2003 (BGBl.I 3007) erweitert. 1

Durch das G zur Änderung des **VersammlungsG** und des StGB v. 24. 3. 2005 (BGBl. I 969) wurde Abs. IV eingefügt; Abs. V und VI wurden redaktionell geändert. Die Neuregelung verzichtet auf die noch im GesE SPD/B90/GR (BT- Drs. 15/4832) vorgesehene Umsetzung der Vorgaben aus Art. 6 I des Zusatzprot. zum Übk. über Computerkriminalität betreffend die Kriminalisierung mittels Computersystemen begangener Handlungen rassistischer und fremdenfreindlicher Art. Die Umsetzung soll gemeinsam mit dem geplanten EU-Rahmenbeschluss zur Bekämpfung von Rassismus und Fremdenfeindlichkeit (ABl. EG 2002 Nr. C 75E, 269) erfolgen (vgl. BT-Drs. 15/5051, 5).

Materialien zum VerbrBekG: Initiative Niedersachsens (BR-Drs. 887/92; E-BRat, BT-Drs. 12/4825); Koalitions-E (BT-Drs. 12/6853); BR-Drs. 416/94; 416/1/94 (Zustimmungsverweigerung), BT-Drs. 12/7584 (= Ber.); 12/7872; 12/7841; 12/7837 (= Beschl.-Empf. des Vermittlungsausschusses); PlenProt. BTag 243, BRat 670, 674; BR-Drs. 416/94, 575/94 u. 872/94; BTag: PlenProt. 12/243. Zu **Abs. III:** E-21. StÄG (BT-Drs. 9/2090; vgl. auch BT-Drs. 10/1286); E-BRat (BT-Drs. 12/4825); Koalitions-E (BT-Drs. 12/6853); E-B90/GR (BT-Drs. 12/7421; PlenProt. 12/227); Ber. (BT-Drs. 12/7584); PlenProt. BTag 12/229; BR-Drs. 416/94. Zum **Sex-DelÄndG:** BT-Drs. 15/350 (GesE); Bt-Drs. 15/1311 (Ber). Mat. zu **Abs. IV:** GesE (SPD, B90/GR) BT-Drs. 15/4832; Ber. IN, BT-Drs. 15/5051.

Neuere Literatur: *Bandisch* StV **94**, 153; *Bastian*, Auschwitz und die „Auschwitz-Lüge". Massenmord und Geschichtsfälschung, 5. Aufl. 1997; *Beisel,* Die Kunstfreiheitsgarantie des Grundgesetzes u. ihre strafrechtlichen Grenzen, 1997; *ders.,* Die Strafbarkeit der Auschwitzlüge, NJW **95**, 997; *Bertram*, Der Rechtsstaat und seine Volksverhetzungs-Novelle, NJW **05**, 1476; *Brockelmann,* § 130 StGB u. antisemitische Schriften, DRiZ **76**, 213; *Brugger*, Hassrede, Beleidigung, Volksverhetzung, JA **06**, 687; *Cobler*, Das Gesetz gegen die „Auschwitz-Lüge", KJ **85**, 159; *von Dewitz*, NS-Gedankengut und Strafrecht, 2006 (Diss. Berlin 2005); *Dietz,* Die Lüge von der „Auschwitzlüge" – Wie weit reicht das Recht auf freie Meinungsäußerung?, 1 a

KJ **95**, 210; *Fischer,* Öffentlicher Friede u. Gedankenäußerung (usw.), 1986 (Diss. Würzburg); *ders.,* Verhältnis der Bekenntnisbeschimpfung (§ 166 StGB) zur Volksverhetzung (§ 130 StGB), GA **89**, 445; *Frommel,* Das Rechtsgut der Volksverhetzung (usw.), KJ **95**, 402; *Geilen,* Zur Problematik des volksverhetzenden Leserbriefs, NJW **76**, 279; *ders.,* LdR 8/1880 u. 1168; *Giehring,* Pazifistische radikale Kritik als Volksverhetzung?, StV **85**, 30; *Hörnle,* Aktuelle Probleme aus dem materiellen Strafrecht bei rechtsextremistischen Delikten, NStZ **02**, 113; *dies.*, Grob anstößiges Verhalten, 2005 (Rez. *Wohlers* ZStW **118** [2006] 758; *Schroeder* JZ **07**, 518); *Hoyer,* Die Eignungsdelikte, 1987; *Huster,* Das Verbot der „Auschwitzlüge", die Meinungsfreiheit u. das Bundesverfassungsgericht, NJW **96**, 487; *Jahn,* Strafrechtliche Mittel gegen Rechtsextremismus, 1998; *Jakobs,* Kriminalisierung im Vorfeld einer Rechtsgutsverletzung, ZStW **97** (1985), 751; *Junge,* Das Schutzgut des § 130 StGB, 2000 (Diss. Augsburg); *Kargl,* Rechtsextremistische Parolen als Volksverhetzung, Jura **01**, 176; *Koch,* Zur Strafbarkeit der „Auschwitzlüge" im Internet, JuS **02**, 123; *Köhler,* Zur Strafbarkeit des Leugnens von Völkermordtaten, NJW **85**, 2389; *Krone,* Die Volksverhetzung als Verbrechen gegen die Menschlichkeit (usw.), 1979 (Diss. Mainz); *Kubiciel,* Rechtsextremistische Musik von und mit V-Leuten, NStZ **03**, 57; *Kübler,* Rassenhetze u. Meinungsfreiheit, AöR **00**, 109; *Kühl,* Auschwitz-Leugnen als strafbare Volksverhetzung?, in *Bernsmann/Ulsenheimer* (Hrsg.), Symposion f. Gerd Geilen, Bochumer Beiträge zu aktuellen Strafrechtsthemen, 2003, 103; *Leukat,* Die strafrechtliche Erfassung des Auschwitzleugnens, 2005 (Diss. Tübingen); *Lömker,* Die gefährliche Abwertung von Bevölkerungsteilen (§ 130 StGB), 1970 (Diss. Hamburg); *Lohse,* Werden Gastarbeiter u. a. Ausländer durch § 130 StGB gegen Volksverhetzung wirksam geschützt?, NJW **71**, 1245; *ders.,* „Türken ist der Zutritt verboten" – Volksverhetzung durch Zugangsverweigerung, NJW **85**, 1677; *M/Schroeder/Maiwald* 60 V/56; *Maiwald,* Zur Beleidigung der Bundeswehr u. ihrer Soldaten, JR **89**, 485; *Ostendorf,* Im Streit: die strafrechtliche Verfolgung der „Auschwitzlüge", NJW **85**, 1062; *v. Pollern,* Wann liegt der Tatbestand des § 130 StGB (Volksverhetzung) vor?, Verwaltungspraxis **67**, 250; *Poscher,* Neue Rechtsgrundlagen gegen rechtsextremistische Versammlungen, NJW **05**, 1316; *Renzikowski,* Toleranz und die Grenzen des Strafrechts, Meurer-GedS (2002), 179; *Römer,* Zum Merkmal des Aufstachelns zum Haß gegen Teile der Bevölkerung, NJW **71**, 1735; *Schafheutle,* Das sechste Strafrechtsänderungsgesetz, JZ **60**, 470; *Stegbauer,* Der Straftatbestand gegen die Auschwitzverleugnung – eine Zwischenbilanz, NStZ **00**, 281; *ders.,* Rechtsextremistische Propaganda im Lichte des Strafrechts, 2000; *ders.*, Die Rechtsprechung zu § 130 StGB nach der Neufassung, JR **04**, 281; *Eric Stein,* History against Free Speech: The new German Law against the „Auschwitz" – and other – „lies", Mich. Law Rewies 1986, 85; *Streng,* Das Unrecht der Volksverhetzung, Lackner-FS 501; *ders.,* JZ **01**, 207; *Vogelsang,* Die Neuregelung zur sog. „Auschwitzlüge" (usw.), NJW **85**, 2386; *Wandres,* Die Strafbarkeit des Auschwitz-Leugnens, 2000; *Wehinger,* Kollektivbeleidigung – Volksverhetzung. Der strafrechtliche Schutz von Bevölkerungsgruppen durch die §§ 185 ff. und § 130 StGB, 1994; *Werle,* Der Holocaust als Gegenstand der bundesdeutschen Strafjustiz, NJW **92**, 2529. **Rechtsvergleichend**: *Laitenberger,* Die Strafbarkeit der Verbreitung rassistischer, rechtsextremistischer und neonazistischer Inhalte, 2003 (Diss. Würzburg). **Zu Art. 261bis SchweizStGB:** *Niggli,* Rassendiskriminioerung, Kommentar zu Art. 261bis StGB und Art. 171 c MStG, 1996; *Hänni,* plädoyer **97**, 28. **Weitere Nachw.** 1 a zu § 126.

2 **2) Rechtsgut; kriminalpolitische Bedeutung; Aufbau.** Durch § 130, der ursprünglich die „Anreizung zum Klassenkampf" mit Strafe bedrohte (vgl. dazu RG **22**, 293; **35**, 96; *Goehrs,* Die Äußerungsdelikte, 1900; *Weil,* Aufreizung zum Klassenkampf, 1906; *Endemann,* Hetze als Gefährdungsproblem, 1924; zur Geschichte des Tatbestands vgl. auch *Kübler* AöR **00**, 109 ff.; *Fischer* [1 a]; *Stein* [1 a]; jew. mwN), ist jedenfalls in Abs. I, II und IV in erster Linie das **Allgemeininteresse** an einem friedlichen Zusammenleben im Staat geschützt (NStZ **94**, 140), soweit es sich auf „Teile der Bevölkerung" (I, II) oder „Gruppen" (II) im Sinn abgrenzbarer Personenmehrheiten bezieht. Damit ist aber nicht allein ein „Klimaschutz" (vgl. BT-Drs. 12/8588, 8; BGH **34**, 331; **46**, 212, 221 f.; **47**, 278, 280; NJW **78**, 59; *Streng,* Lackner-FS 501, 508) bezweckt (allg. krit. dazu *Jakobs* ZStW **97**, 774, 781 ff.; *Amelung* ZStW **92**, 55 ff.; *Kühl* NJW **87**, 745; vgl. 2 zu § 130 a), sondern zunächst vor allem der Schutz von **Individualrechtsgütern** der von aufhetzenden Äußerungen Betroffenen; daneben die **öffentliche Sicherheit** als Zustand eines von Gewalthandlungen und Selbsthilfe freien gesellschaftlichen Zusammenlebens (iErg wohl nur auf das Letztere abstellend *Kargl* Jura **01**, 176, 181: „Vertrauen der Bevölkerung in die sozialen Institutionen der Rechtsbewährung"). Die **Menschenwürde** (vgl. I Nr. 2, II Nr. 1) ist als solche durch § 130 nur mittelbar und insoweit geschützt, als die aus ihr abgeleiteten Gebote den Regeln eines in diesem Sinn friedlichen Zusammenlebens zugrunde liegen (insoweit ähnl. *S/S-Lenckner/Sternberg-Lieben* 1 a; vgl. auch Stuttgart Die Justiz **92**, 186; offen gelassen von Celle JR **98**, 79 [Anm. *Popp*]; **aA** *Streng,* Lackner-FS 508, 510 ff.; *M/Schroeder/Maiwald* 60/58 ff; AK-*Ostendorf* 4 [zur aF; Rechtsgut allein die Menschenwürde]; and. auch *Lackner/Kühl* 1; SK-*Rudolphi/Stein* 1 b ff.; LK-*v. Bubnoff* 4).

Die hM sieht den **öffentlichen Frieden** teils als alleiniges, teils als kumulatives, jedenfalls als bestimmendes Rechtsgut des § 130 an (vgl. *S/S-Lenckner/Sternberg-Lieben* 1 a; SK-*Rudolphi/Stein* 1 b ff.; LK-*v. Bubnoff* 4 ff.; *Junge* [1 a] 30 ff.,; *v. Dewitz* [oben 1 a] 171 ff. [mit unzutr. Darstellung der *hier* vertretenen Ansicht]; jew. mwN; krit. *Kargl* Jura **01**, 176, 181; *Streng* JZ **01**, 205; unklar aber zB in BVerfG NJW **02**, 660; vgl. dazu 3 zu § 126). Das „Bewusstsein, in Frieden zu leben", mag aber bei *Tätern* der Volksverhetzung gleichermaßen gestört sein wie bei den Opfern (vgl. aber zB BGH **16**, 56; **29**, 26; **46**, 36; **46**, 212, 219; NStZ **81**, 258; Hamburg MDR **81**, 71 [wo auf das Sicherheitsvertrauen des angegriffenen Bevölkerungsteils abgestellt wird]; ebenso *S/S-Lenckner/Sternberg-Lieben* 10). § 130 enthält jedenfalls in **I bis III abstrakte Gefährdungstatbestände** (**aA** *Gallas,* Heinitz-FS 171, 182; *Zieschang,* Die Gefährdungsdelikte, 1998, 275 [konkretes Gefährdungsdelikt]; *Hoyer* [1 a] 134 ff.; vgl. auch *M/Schroeder/Maiwald* 50/38; 60/12; *Fischer* GA **89**, 453, 463; krit. insb. im Hinblick auf Abs. II *Popp* JR **98**, 80, 82); freilich ist selbst unter diesem Gesichtspunkt ein **legitimierender Rechtsgutsbezug** jedenfalls für **Abs. III** nicht unstreitig (vgl. unten 24 ff.; abl. *Hörnle* [oben 1 a] 482 f.). Dass Abs. II Nr. 1 Buchst. c auf **„Jugendschutz"** abstelle, ist nicht unzweifelhaft, denn Aufgabe des § 130 ist nicht, potentielle Gewalttäter vor „Fehlentwicklungen" (so LK-*v. Bubnoff* 32) zu schützen (krit. zum Rechtsgutsbezug des Abs. II auch *S/S-Lenckner/Sternberg-Lieben* 1 a; *Geilen* LdR 1174). **Abs. IV** soll nach Wortlaut und gesetzgeberischer Absicht kein Gefährdungs-, sondern ein **Erfolgsdelikt** enthalten (BT-Drs. 15/5051, 5). Der sachliche Gehalt dieser Differenzierung ist fraglich (vgl. unten 40). 2 a

Die **praktische Bedeutung** des Tatbestands hat seit Beginn der 90 er Jahre zugenommen, was auf den starken Anstieg der registrierten neonazistischen und ausländerfeindlichen Propaganda zurückzuführen ist (vgl. *Hörnle* NStZ **02**, 113). Überhaupt ist § 130 in der Praxis ganz überwiegend ein Delikt politisch motivierter rechtsradikaler Täter(gruppen), die bevorzugt durch Hetze gegen gesellschaftliche Minderheiten hervortreten (zur praktischen Bedeutung im Bereich rechtsextremistischer **Musik**-Veranstaltungen vgl. **zB** BT-Drs. 16/3993 [Kleine Anfrage]). Die Gefährlichkeit der § 130 unterfallenden Propaganda liegt in dem ihr eigenen hohen Drohungs- und Aufforderungsgehalt bei gleichzeitiger Verrohung und Abstumpfung gegenüber Verletzungen und Leiden von Angehörigen als minderwertig dargestellter Gruppen. Die **Einfügung des Abs. IV** ist ein bedenkliches Beispiel einer anlassbezogenen, auf „symbolische" Wirkungen oder **polizeiliche Zwecke** ausgerichteten Kriminalpolitik: Sie erfolgte, um befürchtete Aufmärsche von Neo-Nazis am 60. Jahrestag der Kapitulation (9. 5. 2005) polizeilich verhindern zu können (symptomatisch BT-Drs. 15/5051, 6 [Ber.]: „Eine Patentlösung (!) für die Hess-Aufmärsche in Wunsiedel gebe es nicht, der neu gefasste Straftatbestand könne aber eine Handhabe für eine erleichterte Untersagung darstellen". Vgl. dazu auch unten 34 ff., 40). 3

3) Angriffsobjekte. Die Taten nach **Abs. I, II** richten sich gegen **Teile der Bevölkerung,** die in I Nr. 2 auch unmittelbarer Angriffsgegenstand sind. **II** nennt als Betroffene daneben **nationale, rassische, religiöse oder durch ihr Volkstum bestimmte Gruppen,** die aber ebenfalls Teile der Bevölkerung sind, da dieser umfassendere Begriff *alle* – zahlenmäßig nicht unerheblichen – Personenmehrheiten einschließt, die auf Grund gemeinsamer **äußerer oder innerer Merkmale** als unterscheidbarer Teil von der Gesamtheit der Bevölkerung abgrenzbar sind (vgl. Celle JR **98**, 79 m. Anm. *Popp;* AG *Linz* NStZ-RR **96**, 358). Der Begriff ist weiter als derjenige der „beleidigungsfähigen" Personenmehrheit (vgl. dazu vor § 185). Gemeint sind daher neben den in § 6 VStGB genannten Gruppen auch Bevölkerungsteile, die durch ihre politische oder weltanschauliche Überzeugung oder durch soziale oder wirtschaftliche Verhältnisse als besondere Gruppe erkennbar sind (*S/S-Lenckner/Sternberg-Lieben* 4). **Nicht erfasst** sind nur vorübergehende Gruppierungen (zB Teilnehmer einer Demonstration) sowie **Institutionen** als solche (zB Kirchen, Zentralrat der Juden in Deutschland; die Bundeswehr; ein Parlament; vgl. BGH **36**, 90 f.; *Giehring* StV **85**, 32 f.). Die Gruppe muss Teil der inländischen **Bevölkerung** sein, dh tatsächlich in Deutschland leben. Darauf, ob sich die Mitglieder der Gruppe selbst als Teil des *Staatsvolks* verstehen, kommt es nicht an; ebenso wenig darauf, ob es sich um eine (schon) besonders gefährdete Gruppe handelt (zutr. *Kargl* Jura **01**, 177). Durch Beschimpfung fremder **Staaten** sind weder deren in Deutschland lebende Staatsangehörige (schon) als Teil der (hiesigen) Bevölkerung angegriffen noch Teile der deutschen Bevölkerung, die sich dem anderen Staat etwa durch politische oder religiöse Überzeugung besonders verbunden fühlen. Es kommt i. ü. nicht darauf an, ob die betroffene Bevölkerungsgruppe 4 die sie hervorhebende Eigenart *nur* in Deutschland hat und ob ihre Angehörigen sich *selbst* über diese Eigenart definieren; entscheidend ist allein, ob die vom Täter vorgenommene (auch abwegige) **Abgrenzung** nach objektiven Gesichtspunkten nachvollziehbar ist und daher die (abstrakte) Gefahr einer Identifizierung breiter Kreise mit der *aus*grenzenden Hetze begründet. Eine nur in der *Vorstellung* des Täters existente „Gruppe" ist kein taugliches Angriffsobjekt; umgekehrt kommt es auf eine mehr oder weniger abwegige *Bezeichnung* („Vaterlandsverräter"; „Reaktionäre", usw.) nicht an, wenn nach dem **Sinnzusammenhang** klar ist, wer gemeint ist. Die beschimpfte usw. Gruppe muss **Teil** der Bevölkerung sein; § 130 zielt auf Hetze nicht *gegen* den Staat, sondern *im* Staat. Wer dazu auffordert, „die bürgerliche Gesellschaft" auszurotten, erfüllt nicht schon hierdurch den Tatbestand.

5 **Einzelfälle:** Als Teile der Bevölkerung iS von § 130 sind **zB** angesehen worden: die Arbeiter; die Bauern; die Beamten; die Soldaten (Koblenz GA **84**, 575; Düsseldorf NJW **86**, 2518; Frankfurt NJW **89**, 1369 m. Anm. *Dau* NStZ **89**, 363; *Beisel* NJW **95**, 998; **aA** LG Frankfurt NJW **88**, 2683; *Giehring* StV **85**, 30; *Streng* aaO 523 [unter dem Gesichtspunkt der Kollektivbeleidigung); Richter und Staatsanwälte (LG Göttingen NJW **79**, 174); die Katholiken, die Protestanten, die Juden (BGH **21**, 371; Köln NJW **81**, 1280; dazu *Brockelmann* [1 a]; vgl. auch BezG *Hinwil* SJZ **98**, 115); die Freimaurer; die Bayern; die Schwaben; Behinderte (*Schramm, Lenckner*/Sternberg-Lieben-FS 358); „Neger" (Hamburg NJW **75**, 1088; krit. *Geilen* NJW **76**, 279), „dunkelhäutige Menschen" (Zweibrücken NStZ **94**, 491), „Zigeuner" (vgl. Karlsruhe NJW **86**, 1277); Asylbewerber (vgl. Bay NJW **94**, 452 [Anm. *Otto* JR **94**, 473]; **95**, 145; Frankfurt NJW **95**, 143; Karlsruhe MDR **95**, 736; Düsseldorf MDR **95**, 948; KG JR **98**, 213); Sinti und Roma (Karlsruhe NJW **86**, 1276; KG, Beschl. 27. 12. 01, 1 Ss 297/01); Gastarbeiter oder bestimmte Gruppen von Gastarbeitern (Celle NJW **70**, 2257; *Lohse* NJW **71**, 1245 u. **85**, 1680); in Deutschland lebende Ausländer (vgl. zB Frankfurt NStZ-RR **00**, 368; Brandenburg NJW **02**, 1440). Als **nicht** hinreichend bestimmt sind angesehen worden: „Repräsentanten des Staates, die sich beruflich mit der Verfolgung politisch motivierter Gewalttäter befassen" (NJW **79**, 1561; LG Göttingen NJW **79**, 1560); die „GSG 9" (Hamm MDR **81**, 336); Fangemeinde des Fußballsvereins Schalke 04 (Braunschweig StraFo **07**, 212).

6 Taten nach **Abs. IV** richten sich gegen die „Würde der Opfer" von NS-Gewalttaten (krit. zu dieser Beschränkung BT-Drs. 15/5051, 6). Ob dieses Merkmal inhaltlich mehr als eine Störung des Öffentlichen Friedens beschreibt, ist zw. (vgl. unten 39).

7 **4) Friedensstörende Hetze (Abs. I).** Der Tatbestand des Abs. I erfasst in Nr. 1 unmittelbar auf die Verfolgung von Bevölkerungsteilen abzielende Äußerungen, in Nr. 2 eher mittelbar hierzu geeignete Beschimpfungen; die letzteren müssen zugleich die Menschenwürde der Angegriffenen verletzen. Beide Varianten setzen die Eignung der Äußerung zur Störung des öffentlichen Friedens voraus.

8 **A. Tathandlung des Abs. I Nr. 1.** Der Tatbestand enthält **zwei Varianten,** die sich überschneiden können. **Aufstacheln zum Hass** ist eine verstärkte, auf die Gefühle des Adressaten abzielende, über bloße Äußerung von Ablehnung und Verachtung hinausgehende Form des Anreizens zu einer emotional gesteigerten feindseligen Haltung (BGH **21**, 372; **40**, 102 [dazu *Baumann* NStZ **94**, 392; *Bertram* NJW **94**, 202; *Jakobs* StV **94**, 540]; NStZ **81**, 285; **94**, 140; Bay NJW **90**, 2480 m. Anm. *Horn* JR **91**, 83; Köln NJW **81**, 1280; Frankfurt NJW **95**, 143; KG JR **98**, 215); eine bloße Befürwortung von Übergriffen genügt nicht (Zweibrücken NStZ **94**, 491; LG Köln NStZ **81**, 261; weiter gehend *Kargl* Jura **01**, 177). Nicht ausreichend ist eine (wenngleich uU in feindseliger Absicht erfolgte) Darstellung von negativ zu wertenden Tatsachen (**zB** Kriminalitätsbelastung einzelner Bevölkerungsgruppen), sofern sie nicht durch einseitige Verzerrungen und wahrheitswidrige Verfälschung auf eine „Stimmungsmache" abzielt (vgl. *S/S-Lenckner/Sternberg-Lieben* 5 a). Ein Schild an einem Lokal, das Angehörigen bestimmter Gruppen den Zutritt untersagt, reicht idR nicht aus (*Römer* NJW **71**, 1735; SK-*Rudolphi/Stein* 4 b; MK-*Miebach/Schäfer* 33). Zu bestimmten Aktionen oder Maßnahmen muss nicht aufgefordert werden. Auch ein Erfolg ist nicht in der Form erforderlich, dass tatsächlich bei Dritten Hass erzeugt wird (*Kargl* JA **01**, 176 f.); ausreichend ist eine abstrakte Eignung hierzu aus Sicht des Täters.

Einzelfälle: Als tatbestandsmäßig ist **zB** angesehen worden: Äußerung, die einen Wahlbewerber als Juden kennzeichnet und damit als wahlunwürdig hinstellen will (BGH **21**, 372; zur Abgrenzung vgl. aber BVerfG NStZ **01**, 26, 27 f.); antisemitische Agitation durch Broschüren (3 StR 229/77; Schleswig MDR **78**, 333; Köln NJW **81**, 1280) oder Flugblätter; Behauptung, Juden betrieben die finanzielle Ausbeutung des deutschen Volkes (BGH **31**, 231; NStZ **81**, 258; **94**, 140); Verwendung der Parole „Juda verrecke" (Koblenz MDR **77**, 334); Darstellung von Asylbewerbern als betrügerische Schmarotzer (Frankfurt NJW **95**, 143) oder als „Sozialparasiten" (Frankfurt „Ss 147/00, 15. 8. 2000 [Bespr. *Kargl* Jura **01**, 176]); „Enthüllungen" über angebliche „Verschwörungen" gegen das deutsche Volk, gegen die man sich wehren müsse (vgl. BGH **16**, 56; **21**, 371; Köln NJW **81**, 1280); Anbringen von Aufklebern „Kauft nicht bei Juden" (vgl. 3 StR 449/84); bedauernde Äußerung über die Schließung von NS-Vernichtungslagern im Hinblick auf Ausländer (München NJW **85**, 2340); Äußerung, Ausländer solle man „vergasen wie die Juden" (Hamburg MDR **81**, 71); Parolen „Ausländer raus" und „Sieg Heil" aus einer Gruppe in Skinhead-Kleidung gewandeter Personen unter Zeigen der „Reichskriegsflagge" (Brandenburg NJW **02**, 1440). 9

Die Tatvariante des **Aufforderns** zu Gewalt- oder anderen Willkürmaßnahmen (vgl. §§ 234 a, 241 a) ist wie in § 111 zu verstehen (BGH **32**, 310 m. Anm. *Bloy* JR **85**, 206; *Streng* aaO 520). Es genügt, wenn der Auffordernde will, dass die Aufforderung ernst genommen wird. Es muss sich um rechtswidrige, erhebliche Gewaltmaßnahmen handeln; Gewalt gegen Sachen reicht grds. aus. **Willkürmaßnahmen** iS von Nr. 1 sind rechtswidrige, diskriminierende, auf Schädigung oder Benachteiligung abzielende Maßnahmen. Erfasst sind nicht nur staatliche, sondern auch private Unterdrückungsmaßnahmen; **zB** Verfolgungen, Pogrome, Hetzjagden, diskriminierender Ausschluss von Veranstaltungen, Vereinen, Ämtern usw. Feindselige Parolen wie „Türken raus", „Ausländer raus" usw. sind von Nr. 1 grds. nicht erfasst, wenn damit nur die Aufforderung zum Verlassen des Landes gemeint ist; nach den Umständen des Einzelfalls kann in solchen Parolen aber eine (konkludente) Aufforderung zu Willkürmaßnahmen enthalten sein (**zB** die Betroffenen „rauszuschmeißen"; diejenigen zu verfolgen, die nicht „freiwillig" gehen, usw.; vgl. NStZ **07**, 216 f. [Aufforderung, alle Ausländer von einer Beschäftigung in Deutschland auszuschließen und auszuweisen]; Hamm NStZ **95**, 136; *S/S-Lenckner/Sternberg-Lieben* 5 b; LK-*v. Bubnoff* 20). 10

B. Tathandlung des Abs. I Nr. 2. Von Nr. 2 erfasst sind das **Beschimpfen, böswillige Verächtlichmachen oder Verleumden.** Zu den beiden ersten Begriffen vgl. 5 ff. zu § 90 a. **Verleumden** ist in Anlehnung an § 187 als Aufstellen oder Verbreiten wissentlich unwahrer Tatsachenbehauptungen zu verstehen, die das Ansehen des Bevölkerungsteiles herabsetzen (vgl. *Blau* JR **86**, 83). **Beschimpfen** ist eine nach Inhalt oder Form besonders herabsetzende Kundgabe der Missachtung (vgl. zB Hamburg NJW **75**, 1088; KG JR **98**, 215; LG Mannheim NJW **94**, 2497); böswilliges **Verächtlichmachen** ist die aus verwerflichen Beweggründen (vgl. *Kargl* Jura **01**, 177) erfolgende Darstellung anderer als verachtenswert, minderwertig oder unwürdig (vgl. **zB** 4 StR 283/05; Bay NJW **95**, 145; Frankfurt NJW **95**, 143; KG JR **98**, 215). Die Tatvarianten überschneiden sich. 11

Die Äußerung muss die **Menschenwürde** anderer angreifen. Darin liegt ein **einschränkendes Merkmal** des Tatbestands (vgl. BVerfGE **87**, 228; *Streng* [1 a] 511 und BT-Drs. 12/4825), dem nicht die Funktion eines erweiterten Ehrenschutzes zukommt (KG NJW **03**, 685 [Bundeswehrsoldaten]). Als „andere" kommen *nur die* Angehörigen des angegriffenen Bevölkerungsteils in Betracht. Ein Angriff gegen die Menschenwürde (Art. 1 I Satz 1 GG) iS der Nr. 2 liegt noch nicht vor, wenn der Täter individuelle Persönlichkeitsrechte angreift, zB die Ehre einzelner Personen (Düsseldorf JMBlNW **81**, 224). Eine Beleidigung erfüllt die Voraussetzungen daher für sich allein noch nicht; auch nicht jede ausgrenzende Diskriminierung (*„Gastarbeiter unerwünscht"*, Frankfurt NJW **85**, 1720 [m. Anm. *Blau* JR **86**, 82; krit. auch *Lohse* NJW **85**, 1678; *Streng* [1 a] 520]; MDR/S **85**, 184; LK-*v. Bubnoff* 4). Ein Angriff auf die Menschenwürde ist nach der Rspr des BGH stets gegeben, wenn der Täter sich mit der NS-Rassenideologie identifiziert oder wenn die Äußerung damit in (affirmativem) Zusammenhang steht (BGH **40**, 97, 100; 12

4 StR 283/05; vgl. auch BVerfG NStZ **01**, 26, 28). Der Tatbestand setzt aber keinen Angriff auf das biologische Lebensrecht voraus; es genügt, dass den Angegriffenen ihr grundlegendes Recht bestritten wird, als gleichwertige Persönlichkeit in der staatlichen Gemeinschaft zu leben; dass sie als aufgrund ihrer Zugehörigkeit zu der bestimmten Bevölkerungsgruppe „unterwertig" gekennzeichnet werden (BGH **16**, 56; **19**, 63; **21**, 372; **31**, 231; **36**, 90; **40**, 100 [m. Anm. *Jakobs* StV **94**, 540; Bay NJW **94**, 943 [Anm. *Otto* JR **94**, 473]; **95**, 145 [dazu *Otto* JuS **95**, 277]; Hamburg NJW **75**, 1088; Düsseldorf NStZ **81**, 258; NJW **86**, 2518; MDR **95**, 948; KG JR **98**, 215; Karlsruhe MDR **95**, 736; *Beisel* NJW **95**, 998; Frankfurt NStZ-RR **00**, 368; SK-*Rudolphi/Stein* 7; and. Frankfurt NJW **95**, 143; **aA** auch *Kargl* Jura **01**, 179 [Aufforderung zu Gewalt- oder Willkürmaßnahmen erforderlich]). Ausreichend ist der **Angriff** auf die Menschenwürde anderer durch die Äußerung des Täters; der Tatbestand setzt nicht voraus, dass Dritte die Wertung übernehmen oder dass die Rechtsposition der Betroffenen tatsächlich geschmälert wird.

12 a Das Rechtsgut der Menschenwürde ist mit der **Meinungsfreiheit** des Art. 5 I S. 1 GG nicht abwägungsfähig (BVerfGE **93**, 266, 293; BVerfG NStZ **01**, 26f.; NStZ **03**, 655, 656). Das wird freilich dadurch relativiert, dass dem Gewicht des Grundrechts aus Art. 5 I GG nach der Rechtsprechung des BVerfG schon bei der Auslegung von Äußerungen Rechnung zu tragen ist, also bei Prüfung der Frage, *ob* diese einen Angriff auf die Menschenwürde enthalten (BVerfG NStZ **03**, 655, 656; so auch 4 StR 283/05). Das BVerfG wendet hier grds dieselben Maßstäbe an wie bei der Abgrenzung von sog. „Schmähkritik" im Bereich der Beleidigungsdelikte (NStZ **01**, 27; vgl. dazu 17f. zu § 193).

13 **C. Eignung zur Friedensstörung.** Abs. I setzt ebenso wie III voraus, dass die Tat in einer Weise begangen wird, die **geeignet ist, den öffentlichen Frieden** (zum Begriff vgl. auch 2f. u § 126) zu stören. Es genügt hierfür eine nach Inhalt, Art, Ort oder anderen Umständen konkrete Eignung dazu (vgl. *Streng,* Lackner-FS 515). Der öffentliche Frieden braucht nach hM weder *gestört* noch *konkret gefährdet* zu sein (krit. *Gallas,* Heinitz-FS 182; *Zieschang,* Die Gefährdungsdelikte, 1998, 275), denn die Tat ist grds ein **abstraktes Gefährdungsdelikt** (vgl. BGH **46**, 212, 219f. mwN [„abstrakt-konkretes" Gefährdungsdelikt]; NStZ **07**, 216, 217). Nach hM ist tatbestandlicher **Erfolg** des § 130 I und III die „konkrete Eignung", das *Vertrauen* in die Rechtssicherheit zu erschüttern (4 StR 283/05) oder das psychische *Klima* aufzuhetzen (BGH **29**, 26; **34**, 331; **46**, 219f.; NJW **78**, 59; **81**, 258; 3 StR 440/80; Bay NJW **95**, 145; Düsseldorf NJW **86**, 2518; Hamburg MDR **81**, 71; *Beisel* NJW **95**, 999; and. *Zipf* NJW **69**, 1949; vgl. zur Einordnung der Eignungsformel auch *Streng* [1 a] 516; *Hoyer* 134; *Fischer* GA **89**, 445ff.). Dabei kommt es auf eine „Gesamtwürdigung" von Art, Inhalt, Form, Umfeld der Äußerung, „Stimmungslage" der Bevölkerung und politischer Situation an (vgl. auch LK-*v. Bubnoff* 13a). Nach BGH **46**, 212, 218f. muss die Eignung „konkret, wenn auch auf Grund generalisierender Betrachtung" festgestellt sein; es müssen *„berechtigte – mithin konkrete* – Gründe für die Befürchtung vorliegen, der Angriff werde das Vertrauen in die öffentliche Rechtssicherheit erschüttern". Es genügt die Verhetzung eines bereits aufnahmebereiten Publikums (LK-*v. Bubnoff* 13b; LK-*Dippel* 36 zu § 166; *S/S-Lenckner/Sternberg-Lieben* 9 zu § 126; **aA** Karlsruhe NStZ **86**, 363 [m. zust. Anm. *Otto*; hiergegen *Katholnigg* NStZ **86**, 555]; LG Bochum NJW **89**, 728). Ob in die Beurteilung auch nachträgliche Umstände, also etwa der tatsächliche Eintritt einer Beunruhigung oder die Abwendung einer Gefährdung, einzubeziehen sind, wird unterschiedlich gesehen (vgl. SK-*Rudolphi/Stein* 10f.); zutreffend erscheint es aus Sicht der hM, auf eine objektivierte Ex-ante-Prognose abzustellen, für welche sich freilich aus nachträglich eintretenden Umständen *Indizien* ergeben können. Ein **Leserbrief** mit „volksverhetzendem" Inhalt an eine Zeitung soll nach hM ausreichen, auch wenn mit einer kritisch-ablehnenden Berichterstattung zu rechnen ist (BGH **29**, 27; **31**, 26: SK-*Rudolphi/*

Stein 11; MK-*Miebach/Schäfer* 19; *S/S-Lenckner/Sternberg-Lieben* 11; krit. *W. Wagner* JR **80**, 120). Eine **öffentliche Äußerung** ist nicht erforderlich (BGH **29**, 26; **34**, 332; **46**, 42); ebenso wenig, dass Angehörige des Bevölkerungsteils von der Äußerung Kenntnis erlangen (Koblenz MDR **77**, 334; *S/S-Lenckner/Sternberg-Lieben* 11; LK-*v. Bubnoff* 14). Diesen Erwägungen liegt die Annahme zugrunde, der **Öffentliche Friede** sei eine **empirische Gegebenheit,** deren abstrakte oder konkrete Gefährdung oder Verletzung sich grds als Tatsache „feststellen" lasse; ein „gesellschaftlicher Zustand" (SK-*Rudolphi/Stein* 1 g). Betrachtet man die bunte Palette der in Rspr und Lit. zur Beschreibung dieses Zustands genannten Kriterien (vgl. 3 zu § 126; Übersicht auch bei *Kargl* Jura **01**, 176, 179 f.), so drängen sich freilich Zweifel an dieser Annahme auf (krit. auch *Kargl* aaO 180; *Zieschang,* Die Gefährdungsdelikte, 1998, 195 f.; *Junge* [1 a] 25 ff.).

Eine **Eignung** ist **zB** bejaht worden beim sog. „Buback-Nachruf" (LG Göttingen NJW **79**, 173 [zu § 140]; bei Hetze gegen Gastarbeiter (Celle NJW **70**, 2257); bei Beschimpfung von „Negern" in einem Leserbrief (Hamburg NJW **75**, 1088 [Anm. *Geilen* NJW **76**, 279]), von Soldaten als „bezahlten Berufsmördern" (Koblenz GA **84**, 575 [krit. *Giehring* StV **85**, 35 f.]. Bei antisemitischen und ausländerfeindlichen Äußerungen (vgl. BGH **36**, 42 f.; **46**, 212, 219 ff.; 4 StR 283/05; Nachw. vgl. oben 12); bei der Beschimpfung von „Sozialparasiten" (NStZ-RR **00**, 368 [krit. *Kargl* Jura **01**, 176, 181). **13 a**

Eine **Verwirklichung der Gefahr**, also eine **Störung,** soll nach hM eintreten durch Angriffshandlungen aufgehetzter Personen, **oder** durch Abwehrhandlungen betroffener Personen, **oder** durch das Gefühl von Angehörigen der bedrohten Gruppe, ihre Sicherheit sei gefährdet, **oder** durch eine Neigung aufgehetzter Personen, die bedrohte Gruppe ihrerseits zu beschimpfen oder zu verfolgen, **oder** durch den Eindruck einer außenstehenden Bevölkerungsgruppe, eine dieser Folgen könne eintreten (vgl. **zB** *S/S-Lenckner/Sternberg-Lieben* 11 u. 9 zu § 126; LK-*v. Bubnoff* 13 b u. 9 f. zu § 126, jew. mwN; ausf. dazu *Streng,* Lackner-FS 501 ff.; *Fischer* GA **89**, 445 ff.; ähnlich SK-*Rudolphi/Stein* 9, wonach eine Störung gegeben sein soll, wenn eine unbestimmte Vielzahl von Personen Angriffe auf Individualrechtsgüter in einem das *unvermeidliche* Maß übersteigenden Ausmaß *zu befürchten hat*, oder wenn ein Großteil der Bevölkerung solche Angriffe *befürchtet*). Alle genannten Umstände und ihre Beziehungen zueinander befinden sich zudem in **ständigem Wandel**: Was heute zur Gefährdung geeignet ist, kann es uU morgen nicht mehr sein (vgl. *Herdegen* NJW **94**, 2934 [zum Zitat *„Soldaten sind Mörder"*]; 2 zu § 130 a). **13 b**

In der Praxis beschränken sich Feststellungen zur Eignung zur Friedensstörung fast regelmäßig auf den Hinweis, sie stehe „außer Frage" (vgl. 4 StR 283/05), die tatsächlichen Feststellungen meist – iErg zu Recht (vgl. *Fischer* GA **89**, 445 ff.) – auf die Feststellung der **Öffentlichkeit der Äußerung** (vgl. auch BGH **46**, 36, 42; 4 StR 283/05; abl. dazu aber BGH **29**, 26 [Anm. *Wagner* JR **80**, 120]; **34**, 332; MDR/S **81**, 974; Koblenz MDR **77**, 335; Hamburg MDR **81**, 71; Celle MDR **79**, 2257; NStZ **98**, 89; KG JR **98**, 216; *Lackner/Kühl* 10; *S/S-Lenckner/Sternberg-Lieben* 11; LK-*v. Bubnoff* 7, 14; SK-*Rudolphi/Stein* 11; **and.** *Streng,* Lackner-FS 501, 516). Es ist auch schwer zu erkennen, anhand welcher *sonstigen* Kriterien die Beurteilung der Eignung im Wege einer Tatsachenfeststellung vorgenommen werden könnte (vgl. auch 3 zu § 126; 2 zu § 130 a; krit. auch *Arzt/Weber* 44/46). In der Verfahrenspraxis wird weder über das Ausmaß der objektiven Gefahr noch über Maß, Verbreitung oder Berechtigung von Befürchtungen jemals **Beweis** erhoben, obgleich Sachverständige (Soziologen; Psychologen; Kriminologen) entsprechende Daten ohne Zweifel erheben könnten. **14**

Das legt nahe, dass es sich bei der Eignungs-Feststellung nicht um eine *Tatsachen*-Feststellung, sondern um eine *Wertung* unter Heranziehung von Gesichtspunkten der Verhältnismäßigkeit auf der Basis einer **Strafwürdigkeitsbeurteilung** handelt (vgl. 3 zu § 126; iErg ähnl. *Streng* JZ **01**, 206 [Bestimmung einer Mindestintensität"]; *Pawlik*, Der Strafgerund der beknntnisbeschimpfung, Küper-FS [2007] 411, 417 f.). Die Behauptung (vgl. BGH **46**, 218 mwN), ein „Gegenbeweis" sei im Einzelfall möglich, müsste mögliche *Beweisthemen* angeben, die Gegenstand von *Beweisanträgen* oder der gerichtlichen *Aufklärungspflicht* sein könnten. In der Praxis kommen Aufklärungen über den „gesellschaftlichen Zustand" aber gar nicht vor; außer dem Fehlen einer öffentlichen Verbreitung sind *beweisgeeignete* Tatsachen, **14 a** welche der Feststellung einer Eignung zur Friedensstörung entgegenstehen könnten, auch nicht genannt worden.

14b Um so bemerkenswerter ist, dass durch das Gesetz vom 24. 3. 2005 (BGBl.I 969) mit **Abs. IV** erstmals ein Tatbestand eingefügt wurde, der eine **Störung** des Öffentlichen Friedens voraussetzt, also als *Erfolgsdelikt* formuliert ist (vgl. BT-Drs. 15/5051, 5f.). Damit folgt nun aus dem positiven Recht die Notwendigkeit einer **Abgrenzung zwischen Gefährdung und Verletzung** des Rechtsguts. Es bleibt abzuwarten, ob Rspr. und hM für diese Unterscheidung überhaupt irgendwelche praktisch relevanten **Kriterien** entwickeln können oder sich darauf beschränken werden, in den schon bisher festgestellten *Gefährdungen* nun ohne Weiteres vollendete *Störungen* zu erblicken (vgl. unten 40) und beides unterschiedslos mit *denselben* hergebrachten Formeln zu beschreiben. Dies würde die *hier* (vgl. auch *Fischer* [oben 1a; 1986], 527ff., 630ff.; *ders.*, NStZ **88**, 159, 163) seit jeher vertretene Ansicht stützen, dass es sich beim Merkmal der Friedensstörung entgegen hergebrachter Ansicht nicht um ein deskriptives Tatbestandsmerkmal, sondern um eine *Wertungsformel* zur Ausscheidung nicht *strafwürdig* erscheinender Fälle handelt (vgl. 2f. zu § 126).

15 **5) Volksverhetzende Schriften und Übertragungen (Abs. II).** Die durch das VerbrBekG 1994 eingefügte Regelung (vgl. oben 1 und 1 zu § 131) enthält einen allgemeinen Diskriminierungstatbestand (krit. zur Tatbestandsweite *Popp* JR **98**, 81). Abs. II verzichtet auf den früheren Begriff „Rassenhass", der an die absurde Begriffswelt der Rassenideologie ohne wissenschaftlich und begrifflich bestimmten Inhalt anknüpfte (Begr. 24). Geschützt sind nach **hM** neben Teilen der (inländischen) Bevölkerung (oben 4) auch nationale, rassische, religiöse und durch ihr Volkstum bestimmte (völkische bzw. ethnische) **Gruppen im Inland oder Ausland** (vgl. § 6 I VStGB).

16 **A. Anwendungsbereich.** Die nach **hM** in Abs. II enthaltene Ausdehnung des Anwendungsbereichs auch auf Bevölkerungsgruppen **ausschließlich im Ausland** (*S/S-Lenckner/Sternberg-Lieben* 12; LK-*v. Bubnoff* 33; SK-*Rudolphi/Stein* 14; MK-*Miebach/Schäfer* 53; vgl. auch BT-Drs. 12/6853, 24; krit. *Nehm*, Prot. RA-BTag 12/120, 135; *König/Seitz* NStZ **95**, 1; *Popp* JR **98**, 81), soll sich aus dem Fehlen der **Friedensschutzklausel** in II ergeben: Da das deutsche Strafrecht nur den Öffentlichen Frieden in Deutschland schützen könne, ergebe sich aus dem Fehlen des Tatbestandsmerkmals, dass *auch* Bevölkerungsteile und Gruppen im Ausland geschützt seien. Diese Begründung ist schon deshalb fern liegend, weil damit der Bestrafung von Hetze gegen *inländische* Bevölkerungsteile in Abs. II das (innerstaatliche) **Rechtsgut** (vgl. oben 2f.) abhanden käme, wenn die Tat durch Schriften usw. begangen wird: Da die mündliche Äußerung (Abs. I) schwerlich ein gravierenderes Unrecht verwirklichen kann als die Verbreitung *derselben* Äußerung in Schriften, wäre damit die Eignung zur Friedensstörung ein (erfolgs-?) **qualifizierendes** Merkmal des I.

17 Eine Ausweitung des **Geltungsbereichs** des StGB (§§ 3ff.) ist mit der Neufassung von Abs. II aber nicht verbunden. Die Tat ist daher grds nur dann strafbar, wenn sie im **Inland** begangen wird (§ 3), was über § 9 I freilich auch Taten mit inländischem Verbreitungsort usw. einbezieht (vgl. BGH **46**, 212, 220ff.; krit. dazu etwa *Velten*, Rudolphi-FS [2004] 329ff.; vgl. auch 4ff. zu § 9). Das führt zu einer Ausdehnung des § 130 II auf den Schutz politischer, nationaler, religiöser oder ethnischer „Gruppen" auf der ganzen Welt, gegen die in Deutschland (oder *nach* Deutschland: vgl. 8f. zu § 9; vgl. unten 19) in den Formen des Abs. II gehetzt wird. Das ist zumindest unpraktikabel. Zweifelhaft ist die **Legitimation** einer Strafbarkeit von Angriffen auf ausländische Rechtsgüter, wenn Mitglieder der betroffenen Gruppe im Inland nicht leben. Zur Anwendung auf Schriften mit Inhalten iS von III und IV vgl. **Abs. V.**

18 **B. Tatmittel.** Abs. II **Nr. 1** enthält einen Schriftenverbreitungstatbestand, dessen Tathandlungen §§ 184a, 184b I (Buchst. a, b, d) bzw. § 184 I Nr. 1 (Buchst. c) entsprechen. **Schriften** sind Erzeugnisse iS von § 11 III; da Rechtsgut des § 130 nicht die demokratische Verfassung der BRep. ist, erfasst II auch *vorkonstitutionelle* Schriften (Celle NStZ **97**, 495 [Anm. *Popp* JR **98**, 80]).

Durch Abs. II **Nr. 2** sind den Schriften (Live-)Darbietungen durch **Rundfunk** gleichgestellt (vgl. auch Erl. zu § 184c); durch das SexDelÄndG vom 27. 12. 2003 (BGBl.I 3007) ist dies auf **Medien- und Teledienste** erweitert worden (In-Kraft-Treten: **1. 4. 2004**). Damit erfasst sind Live-Übertragungen ohne Speicherung außerhalb des Rundfunks, insb. etwa mittels Echtzeit-Übertragung durch webcams oder Tonübertragungen im Internet (vgl. BT-Drs. 15/350, 21). 19

Die Schriften usw. müssen den in II Nr. 1 in **drei Varianten** aufgeführten Inhalt haben, der dem Inhalt der Äußerung nach Abs. I entspricht. Auch hier muss die Beschimpfung, Aufstachelung zum Hass usw. den Bevölkerungsteil oder die Gruppe gerade als solche und wegen ihrer Eigenart sowie einzelne Angehörige gerade wegen ihrer Zugehörigkeit treffen (Bay NJW **90**, 2480 [Anm. *Horn* JR **91**, 83]). 20

C. Tathandlungen. Der Tatbestand des Abs. **II** setzt in **Nr. 1** voraus, dass der Täter die Schrift **verbreitet** (vgl. dazu NJW **05**, 689, 690; Bay NStZ **02**, 258 [krit. Anm. *Schroeder* JZ **02**, 412; *Beisel* JR **02**, 348]; NStZ **07**, 216, 217 [Internet]; 4 zu § 74d; Erl. zu § 184a; zur Verbreitung im **Internet** durch Ausländer auf einem ausländischen Server vgl. BGH **46**, 212 [zust. *Hörnle* NStZ **01**, 309; krit. *Heghmanns* JA **01**, 276; *Kudlich* StV **01**, 397; *Sieber* ZRP **01**, 97; vgl. dazu auch *Clauß,* MMR **01**, 232; *Klengel,* CR **01**, 243; *Vassilaki,* CR **01**, 262; vgl. 8f. zu § 9); sie öffentlich (5 zu § 111) ausstellt, anschlägt, vorführt oder sonst zugänglich macht (jew. 6 zu § 74d); sie einer Person unter 18 Jahren anbietet, überlässt oder zugänglich macht (10 zu § 184); oder sie herstellt, bezieht, liefert, vorrätig hält (nach Bay NStZ **02**, 258f. genügt Besitz eines Exemplars in Verbreitungsabsicht [krit. dazu *Schroeder* JZ **02**, 412f.]), anbietet, ankündigt, anpreist, einzuführen oder auszuführen unternimmt, in der **Absicht** („um sie"), die Schriften (oben 18) oder aus ihnen gewonnene Stücke iS der Nr. 1a bis c zu verwenden oder eine solche Verwendung zu ermöglichen. Für die einzelnen Tatvarianten gelten die Erläuterungen zu §§ 184ff. entspr. (vgl. Erl. dort). Der bloße Besitz oder das Sich-Verschaffen sind nicht strafbar. Die Weitergabe von **Pressemappen** an Medienvertreter erfüllt nicht ohne weiteres das Merkmal des Verbreitens; das Bereithalten solcher Mappen kann aber ein Vorrätig-Halten zum Zweck der Verbreitung iS von Nr. 1 Buchst. d sein (NJW **05**, 689, 690f.). 21

II Nr. 2 setzt den genannten Handlungen die Verbreitung im **Rundfunk** gleich. Damit sind auch Live-Übertragungen im **Fernsehen** – auch über *Pay-TV-Kanäle* – erfasst. Live-Übertragungen über **Medien- und Teledienste,** insb. über webcams im **Internet,** sind seit 1. 4. 2004 erfasst (oben 19). Zur Versendung per E-Mail oder SMS vgl. *Hörnle* NStZ **02**, 113, 117. 22

6) Bestrafung von Äußerungen zu NS-Verbrechen (Abs. III). Die Regelung des Abs. III (zur Entstehung vgl. *Stegbauer* NStZ **00**, 281; *Wandres* [1a] 177) stellt nicht nur das Leugnen des Holocaust, das (als „schlichtes" Leugnen; vgl. unten 30) von § 130 aF nicht erfasst wurde (BGH **40**, 97 [Bespr. *Baumann* NStZ **94**, 392; *Bertram* NJW **94**, 2002; *Jakobs* StV **94**, 540]; NStZ **81**, 258; **94**, 140; **94**, 390f.; Celle NJW **82**, 1545; wohl auch Bay NStZ **97**, 283 [Anm. *Peglau* NStZ **98**, 196; *Jakobs* JR **97**, 342]; vgl. aber BVerfGE **90**, 241 [Bespr. *Berkemann* JR **94**, 451]), unter Strafe, sondern das **Billigen, Leugnen und Verharmlosen** aller in der **NS-Zeit** begangenen Handlungen iS des § 6 VStGB. Mit **Art. 10 EMRK** ist die Strafbarkeit wegen Leugnens oder Infragestellens des Holocaust vereinbar (EGMR NJW **04**, 3691, 3693). Bedenken gegen die **Bestimmtheit** auf Grund der Kombination normativer Handlungsbeschreibungen mit der Friedensschutzklausel *und* der Verweisung auf die Sozialadäquanzklausel des § 86 III in Abs. V (unten 36; vgl. auch NK-*Zaczyk*; *Junge* [1a] 103ff., 128ff. mwN) werden von der Rspr des BGH (vgl. BGH **46**, 36, 38ff.; **46**, 212, 224; **47**, 278, 280) und der hM nicht geteilt. 23

A. Legitimität der Strafdrohung. Rechtsgut des Abs. III soll nach dem Formulierungsvorschlag des BMJ das Allgemeininteresse daran sein, „dass das politische Klima nicht vergiftet wird" (ähnl. BGH **46**, 40; **46**, 212, 222 [Bespr. *Hörnle* NStZ **01**, 309]; **47**, 278, 280f. [Anm. *Stegbauer* JR **03**, 74]: Verhinderung von Ge- 24 fahren für das politische Klima). Dieses **politische Ziel** ist aber als solches kein hinreichend fassbarer Rechtsgrund für eine (rechtsstaatlich legitimierte) Strafdrohung (vgl. *v. Dewitz* [oben 1 a] 197 ff.). Soweit die **hM** als Rechtsgut des Abs. III den öffentlichen Frieden ansieht (vgl. etwa *S/S-Lenckner/Sternberg-Lieben* 1 a; LK-*v. Bubnoff* 43; SK-*Rudolphi* 1 c; krit. *Geilen* LdR 1176; *Stricker* NStZ **95**, 239 f.; *Beisel* NJW **95**, 1000; *Jahn* [1 a] 163 ff.; *Huster* NJW **96**, 487; *H.J. Hirsch*, Lüderssen-FS [2002] 253, 261 f.; *Lackner/Kühl* 8 a [„Legitimität zumindest zweifelhaft"]; *Kühl* [1 a] 103, 113 f. [„nicht gänzlich illegitim"]), gilt das oben 2 f. Ausgeführte. Eine Gefährdung der öffentlichen **Sicherheit** kann aus dem schlichten Bestreiten vergangener Verbrechen nicht abgeleitet werden. Der Verweis auf einen **postmortalen Würde- und Achtungsanspruch** der Opfer (vgl. BGH **47**, 278, 280 f.; *Stegbauer* NStZ **00**, 281 f.; *Streng* JZ **01**, 205) erklärt das besondere öffentliche Interesse an der Strafverfolgung nur unzureichend (vgl. aber Abs. IV und unten 37 ff.). Die Ansicht, der Tatbestand schütze „die kollektive Scham" über die Massenvernichtung (*Streng* JZ **01**, 205; vgl. schon *ders.*, Lackner-FS [1987] 501 ff.), beschreibt eher ein normatives Postulat: Es kann nicht *legitimerweise* strafbar sein, sich nicht zu schämen oder andere durch Verbreiten falscher Ansichten davon abzuhalten, sich zu schämen.

24 a Letztlich beruht die Legitimation der Bestrafung allenfalls auf der Beziehung solcher Äußerungen zur Anwendung physischer Gewalt (*Kübler* AöR **00**, 109, 126); es kann in § 130 III daher weder um eine strafrechtliche Verfolgung offenkundiger *Dummheit* noch um eine solche der falschen *„Meinung"* über die Weltgeschichte gehen, denn Art. 5 I GG schützt nicht „auch", sondern *gerade auch* abstoßend, skurril oder abwegig erscheinende Meinungsäußerungen von Minderheiten; die Verfolgung solcher Äußerungen kann nur soweit legitimiert sein, als sie Einzelne oder Gruppen der Bevölkerung vor Verhöhnung, Hetze und Ausgrenzung schützt, denen die Gefahr von gewalttätigen Angriffen und Verfolgung innewohnt (ähnlich auch *Streng* JZ **01**, 205; *M/Schroeder/Maiwald* 60/64; vgl. auch BGH **47**, 278, 281).

25 Die **Wahrheit als solche** ist in § 130 III ebenso wenig geschützt wie in §§ 185 ff. (insoweit zutr. *Stegbauer* NStZ **00**, 281 f.). Soweit auch bei der Kritik an der Strafbarkeit der sog. „Auschwitz-Lüge" (i. ü. ein Begriff aus der antisemitischen Hetzpropaganda, dessen bloße Umkehrung [vgl. auch BGH **46**, 212, 216 f.] eine merkwürdige argumentative Nähe herstellt; zutr. krit. auch *v. Dewitz* [1 a] 163) auf die Offenkundigkeit der historischen Wahrheit abgestellt wird (zur Offenkundigkeit vgl. BVerfG NJW **93**, 917; **94**, 1780; BGH **31**, 231; **40**, 99; **47**, 278, 281; NJW **95**, 340; NStZ **81**, 258; **94**, 140; **94**, 390; **95**, 128), trifft dies den Kern der Sache nicht ganz, denn für die Legitimität eines strafrechtlichen Schutzes der **Wahrheit** kann es nicht darauf ankommen, ob Tatsachen vernünftigerweise unbestreitbar sind (vgl. auch unten 35 a). Im Übrigen trifft die Annahme **unwiderleglicher** (dh auch: „unbestreitbarer") **Offenkundigkeit** keineswegs auf *jede einzelne* der in Abs. III genannten Handlungen zu (offen hinsichtlich „begrenzter Völkermordhandlungen" zB BGH **47**, 278, 281). Eine Berechtigung der Bestrafung kann sich daher allein daraus ergeben, dass das Leugnen idR als **nicht ernstlich gemeint** anzusehen ist. Bestraft wird – zurecht – nicht ein **Irrtum** über Tatsachen (der mit dem Vorsatz-Erfordernis nicht zu vereinbaren wäre), sondern das *Vortäuschen* eines solchen Irrtums, in dem regelmäßig eine (konkludente) **Billigung** und Verharmlosung der NS-Verbrechen liegt; § 130 III ist damit in der Sache eine zum Tatbestand erhobene „Beweislastumkehr" für Taten nach § 140 Nr. 2 (ähnl., unter Heranziehung von § 190, *Streng* JZ **01**, 207; vgl. auch *H.J. Hirsch*, Lüderssen-FS [2002] 253, 262 [„gesetzliche Vermutung rassistischer Gesinnung"]; **aA** *S/S-Lenckner/Sternberg-Lieben* 20). Dies wäre nur dann eine „mühsame Umdeutung unter Überschreitung der Wortlautgrenze" (so *Kühl* [1 a] 103, 112]), wenn es für ein „Leugnen" auf den **Vorsatz** gar nicht ankäme, also auch die Behauptung subjektiv für wahr gehaltener Tatsachen strafbar wäre (vgl. dazu unten 34 ff.).

26 **B. Tathandlungen.** Abs. III ist wie Abs. I und II ein **Äußerungsdelikt.** Die Regelung stellt an die **Form** der Äußerungen besondere Anforderungen; sie müssen öffentlich oder in einer Versammlung (krit. zur Einschränkung *Partsch* EuGRZ **94**, 429, 434) begangen werden. Über **Abs. V** ist auch das Verbreiten von **Schriften** mit entsprechenden Inhalten strafbar (vgl. dazu unten 41).

27 Für den **Inhalt** der Äußerung sieht Abs. III **drei Varianten** vor, die sich jeweils auf eine „unter der Herrschaft des Nationalsozialismus" begangene „Handlung der in § 6 I VStGB bezeichneten Art" beziehen müssen. Das ist insoweit ungenau, als es nicht allein auf die *Handlung,* sondern gerade auch auf die in § 6 I VStGB vorausgesetzte Handlungs*absicht* ankommen muss. Damit sind Handlungen im gesamten Ausdehnungsraum der nationalsozialistischen „Herrschaft" gemeint, auch wenn diese (etwa kriegsbedingt) nur kurzfristig war. Der Begriff „unter der Herrschaft" bedeutet daher, dass die Tat – sei es auch nur als Exzesstat (zB völkerrechtswidrige Erschießungen von sog. Partisanen) – in der Zeit von 1933 bis 1945 entweder auf Grund staatlich legalisierter **Anordnung** oder auf Grund staatlich tolerierter und abgesicherter Terrormaßnahmen Einzelner begangen sein und „dem Nationalsozialismus" nicht nur als Ideologie, sondern als staatlicher Macht zuzurechnen sein muss. Taten *gegen* Nationalsozialisten oder zurzeit oder am Ort ihrer Herrschaft ihnen zugerechnete Bevölkerungsteile sind ersichtlich nicht gemeint. Die Taten, auf welche sich die Äußerung bezieht, müssen **tatsächlich begangen** sein. Billigende Äußerungen zu NS-Verbrechen, die *gar nicht stattgefunden* haben, unterfallen dem Tatbestand ebenso wenig wie ihre (wahrheitsgemäße!) „Leugnung", obgleich der Hetz- und Propagandawert solcher Äußerungen ebenso hoch sein kann (vgl. auch SK-*Rudolphi/Stein* 21 f. [Beschränkung auf *offenkundig* begangene Taten]]).

Die Tathandlungen des III **überschneiden** sich; die Tatalternative des Verharmlosens wird in der Praxis kaum ohne ein gleichzeitiges (konkludentes) Leugnen oder Billigen verwirklicht sein. Namentlich bei der Alternative des Verharmlosens ist zwischen einer abstoßenden, aber nicht tatbestandsmäßigen Äußerung von roher *Gesinnung* oder Mitleidlosigkeit (weitergehend wohl BGH **46**, 40 ff. unter Einbeziehung auch „aller denkbarer Facetten verbrämter diskriminierender Missachtung") und solchen Bagatellisierungen zu unterscheiden, denen ein nach objektiver Auslegung erkennbares Billigungsmoment innewohnt (vgl. oben 25). **28**

a) Für den Begriff des **Billigens** gelten die Erl. zu § 140 entspr. Die Billigung muss nicht in der Form vorbehaltloser Zustimmung geäußert werden; es reicht **zB** eine Darstellung als „bedauerlich, aber unvermeidlich". Eine Distanzierung zB von „Übertreibungen", Einzelakten usw. steht einer Gesamt-Billigung nicht entgegen (*S/S-Lenckner/Sternberg-Lieben* 18). An die Konkretisierung der gebilligten Tat (vgl. NJW **90**, 2828; **98**, 1087 f.) sind geringe Anforderungen zu stellen; eine Billigung *fiktiver* Taten (vgl. oben 27) reicht nur aus, wenn sich aus ihr konkludent auch eine solche tatsächlich begangener Verbrechen ergibt. **29**

b) Leugnen ist das **Bestreiten von Tatsachen;** eine Äußerung von *Zweifeln* reicht nicht aus (*Lackner/Kühl* 8; SK-*Rudolphi/Stein* 23; NK-*Ostendorf* 27; *Beisel* NJW **95**, 1000; *Wandres* [1 a] 231; **aA** *Stegbauer* NStZ **00**, 285; LK-*v. Bubnoff* 44). **Gemeint** ist in Abs. III das wahrheitswidrige Bestreiten des als geschichtliche Tatsache offenkundigen (BGH **31**, 162; **40**, 99; NStZ **81**, 258; Schleswig MDR **78**, 333; Köln NJW **81**, 1281; Celle NJW **82**, 1545) Völkermords *als Ganzem.* Unproblematisch erfasst sind daher Äußerungen, durch welche der NS-Völkermord als „Erfindung" oder als „Lügengeschichte" mit dem Motiv angeblicher Erpressung verbunden wird (sog. *„qualifizierte Auschwitz-Lüge",* die schon von § 130 Nr. 3 aF [BGH **40**, 100 m. Anm. *Baumann* NStZ **94**, 392, *Bertram* NJW **94**, 2002 u. *Jakobs* StV **94**, 540] sowie von § 131 I aF [NStZ **94**, 140] erfasst wurde; vgl. dazu auch NJW **95**, 340 [*Deckert*-Urteil]). Darüber hinaus will Abs. III aber auch das **bloße Bestreiten** von Handlungen der in § 6 VStGB bezeichneten Art verfolgen, dh die „schlichte" Erklärung, solche Handlungen seien **nicht begangen** worden oder **nicht bewiesen** (vgl. BVerwG NJW **00**, 1433). Daher kann schon nach dem Wortlaut der Vorschrift nicht (allein) auf „den Völkermord" als historisches *Gesamt*geschehen abgestellt werden; der Tatbestand erfasst vielmehr das Bestreiten „einer Handlung" iS von § 6 VStGB, dh einzelner Taten des Völkermords. **30**

Die **konkrete Form** des Bestreitens ist unerheblich; es kann sich auch konkludent aus rhetorischen Fragen ergeben. Im Einzelfall kann es auch Prozesserklärungen zu entnehmen sein (zu Beweisanträgen eines Verteidigers vgl. BGH **46**, 36 **30 a**

[Verharmlosen]; **47**, 278, 284f. [Leugnen]). Bei der Auslegung entspr. Äußerungen kommt es nicht auf die Verwendung bestimmter *Worte* an; der in der rechtsradikalen Szene mit skurriler Akribie gepflegte Kult identifikationsstiftender *Formulierungen* spielt für das Strafrecht keine Rolle. So ist es **zB** völlig unerheblich, ob der Täter den Begriff „Auschwitzlüge" verwendet; erst recht, ob er ihn durch den Begriff „Auschwitz-Mythos" ersetzt (unzutr. daher AG Hamburg NJW **95**, 1039 [dazu *Bertram* NJW **95**, 1270]; LG Hamburg NStZ-RR **96**, 262; zutr. dagegen auch *Stegbauer* NStZ **00**, 285); allein entscheidend ist vielmehr, ob sich aus Form, Zusammenhang und sonstigen Umständen der Äußerung, sei es auch konkludent, der genannte Inhalt ergibt (vgl. auch BVerfG NVwZ **02**, 714 [zu OVG Münster NVwZ **02**, 737]). Dass der Täter sich zugleich von den (bestrittenen) Taten **distanziert,** ist für den Tatbestand des Leugnens grds ebenfalls unerheblich (*S/S-Lenckner/Sternberg-Lieben* 19; *König/Seitz* NStZ **95**, 3); für die Annahme des **Vorsatzes** mag es in Ausnahmefällen Indizwirkung haben (unten 35).

31 **c) Verharmlosen** (vgl. 10 zu § 131) ist hier zum einen als das Bagatellisieren von tatsächlich begangenen Taten des Völkermords zu verstehen. Der **Umfang** solcher Taten oder der Gesamtheit der als NS-Völkermord zu bezeichnenden Taten kann (sog. „**quantitative** Verharmlosung"; vgl. BGH **46**, 36, 41; NJW **05**, 690, 691), muss dabei nicht stets bestritten werden; es reichen zB auch die im rechtsradikalen Milieu verbreiteten Behauptungen angeblich guter Gründe, namentlich die Behauptung angeblicher „Rechtfertigungsgründe" oder von rassen- oder gesundheitspolitischen „Notwendigkeiten" für solche Maßnahmen; ebenso ihre Darstellung als unvermeidliche Kriegshandlungen oder Polizeimaßnahmen. Die Abgrenzung zum Billigen ist fließend. Eine nur „emotionsneutrale" Schilderung reicht nicht aus (*Lackner/Kühl* 8; **aA** *Greger* NStZ **86**, 8, 10), da vom Bürger nicht unter Strafdrohung die Äußerung angemessener *Gefühle* verlangt werden kann (vgl. aber BezG Hinwil SJZ **98**, 115 [klischeehaftes Lächerlichmachen der Verfolgung von Juden]). Erforderlich ist vielmehr ein ausdrückliches quantitatives oder qualitatives Bagatellisieren von Art, Ausmaß, Folgen oder Wertwidrigkeit einzelner oder der Gesamtheit nationalsozialistischer Gewaltmaßnahmen (*S/S-Lenckner/Sternberg-Lieben* 21; *Lackner/Kühl* 8); das Merkmal ist erfüllt, wenn der Äußernde solche Maßnahmen „herunterspielt, beschönigt oder in ihrem wahren Gewicht verschleiert" (BGH **46**, 40). Eine Gleichsetzung oder quantitative „Aufrechnung" mit anderen Völkermordtaten der Geschichte reicht nicht aus. Die Tat kann auch durch einen **Rechtsanwalt** durch Stellen von abwegigen **Beweisanträgen** zur „Widerlegung" der historischen Wahrheit begangen werden; § 86 III greift hier nicht ein (BGH **46**, 36 [Anm. *Streng* JZ **01**, 205; *Stegbauer* JR **01**, 37]; vgl. dazu Erl. zu § 86). Der **Vorsatz** des Täters (vgl. unten 34) muss sich auf die Unwahrheit mit der Verharmlosung verbundener tatsächlicher Behauptungen sowie auf die gänzliche Unangemessenheit von ihm geäußerter Wertungen erstrecken (NJW **05**, 689, 691).

32 **C. Eignung zur Friedensstörung.** Für die Anwendung der Eignungsformel des Abs. III gilt zunächst das oben 13ff. Ausgeführte. Dabei kommt eine Prüfung nur dann in Betracht, wenn der Tatbestand nicht schon nach Abs. VI iVm § 86 III ausgeschlossen ist. Obgleich dies der Wortlaut offen lässt, muss die Eignung zur Friedensstörung in Abs. III (wie in § 140 Nr. 2, § 166) **kumulativ** zur Öffentlichkeit der Äußerung oder zur ihrer Begehung in einer Versammlung hinzutreten (*S/S-Lenckner/Sternberg-Lieben* 22; LK-*v. Bubnoff* 46f.; vgl. BGH **46**, 42 [Indizwirkung]); die Formel beschreibt also keine eigenständige dritte Handlungsform. Welche *restriktive* tatbestandliche Bedeutung (vgl. LK-*v. Bubnoff* 46: „eingrenzendes Korrektiv") ihr neben § 86 III noch zukommen kann, wenn die objektiven und subjektiven Tatbestandsvoraussetzungen erfüllt sind, bleibt unklar (vgl. oben 14: krit. auch *Stegbauer* NStZ **00**, 281, 285; *Koch* JuS **02**, 123, 126). Der BGH hat ausgeführt (BGH **47**, 278, 280), eine Friedensgefährdung hafte Äußerungen iS von Abs. III *regelmäßig* an (einschränkend SK-*Rudolphi/Stein* 24).

7) Rechtfertigen der NS-Herrschaft (Abs. IV). Der Tatbestand ist durch G v. 24. 3. 2005 eingefügt worden (vgl. oben 1), um der „Zunahme rechtsextremistischer Versammlungen" mit Hilfe eines Anknüpfungstatbestands für verwaltungsrechtliche Verbote und polizeiliche Auflösungsverfügungen zu begegnen (BT-Drs. 15/4832, 1; 15/5051, 1). Die Regelung ist als **Erfolgsdelikt** formuliert (ebenso *Lackner/Kühl* 8 b); sie setzt eine **vollendete Störung** des öffentlichen Friedens voraus (vgl. oben 14 b). 33

A. Tathandlung. Abs. IV setzt eine Äußerung voraus, die sich inhaltlich auf die nationalsozialistische Gewalt- und Willkürherrschaft bezieht (krit. zur sprachlich merkwürdigen Fassung SK-*Rudolphi/Stein* 28). Anders als Abs. III muss die Äußerung nicht auf eine bestimmte einzelne Gewalt- oder Willkürhandlung bezogen sein; es reicht aus, wenn sich aus dem **Kontext** der erforderliche Bezug ergibt, so etwa, „wenn ein Verantwortungsträger oder eine Symbolfigur des NS-Regimes angepriesen oder in besonderer Weise hervorgehoben wird" (BT-Drs. 15/5051, 5). Diese Beschreibung greift auf allgemeine politische **Wertungen** und Evidenz-Gesichtspunkte zurück und löst sich von tatbestandsmäßiger **Bestimmtheit** recht weitgehend. Wo die **Grenze** zwischen der „NS-Willkürherrschaft" und „staatlichen Maßnahmen" verläuft, ist im Einzelnen schwer zu bestimmen. Wenn das Merkmal auf einen dem **Bestimmtheitsgrundsatz** genügenden *Kern* reduziert wird (zweifelnd an der Verfassungsmäßigkeit *Bertram* NJW **05**, 1576, 1478; vgl. auch *Kurth* StraFo **06**, 483, 486), nämlich auf Äußerungen über die Gesamtheit oder einzelne (**aA** SK-*Rudolphi/Stein* 30); der unter der NS-Herrschaft begangenen Menschenrechtsverbrechen, so bleiben die ad-hoc-Anlässe, auf welche die Gesetzesänderung zunächst abzielte (vgl. BT-Drs. 15/5051, 6: „*Lösung für die Hess-Aufmärsche in Wunsiedel*"), gerade ausgeschlossen. Das erscheint freilich **rechtsstaatlich geboten:** Abwegiges Geschwätz über Heldentaten von Wehrmacht und Waffen-SS, bewundernde Äußerungen über Reichsarbeitsdienst oder Autobahnbau oder über NS-Verantwortliche in Wirtschaft, Kultur, Rechts- oder Gesundheitswesen sind hinzunehmen und auch dann nicht strafbar, wenn sie für die Bundesrepublik *peinlich* sind. 34

Der Täter muss die NS-Herrschaft **Billigen** (vgl. dazu oben 29 und Erl. zu § 140) oder **Verherrlichen** (vgl. dazu 9 zu § 131) oder **Rechtfertigen.** Letzteres ist zB dann gegeben, wenn Gewalt- oder Willkürmaßnahmen als „**notwendige Härte**", als **„erforderlich"**, als „bedauerlich, aber **unvermeidlich**" dargestellt werden; an der Grenze liegt etwa die Bezeichnung als „zeitbedingt". Ein rechtlicher Bezug ist nicht erforderlich. Der Begriff überschneidet sich mit dem des „Verharmlosens" in III (vgl. oben 31). 35

Die Äußerung muss wie diejenige nach III **öffentlich** (vgl. 5 zu § 111) oder **in einer Versammlung** (vgl. 4 zu § 80 a) erfolgen. Das Verbreiten von **Schriften** sowie in **Medien- und Telediensten** ist über **Abs. V** erfasst (dazu unten 41). 36

B. Würdeverletzung. Die Tat muss „in einer die Würde der Opfer verletzenden Weise" begangen werden. Die **Bedeutung** dieser Umkehrung der Formulierung des I Nr. 2 erschließt nur schwer: Muss dort die Würde in einer den Öffentlichen Frieden gefährdenden Weise angegriffen werden, so hier der Friede in einer die Würde verletzenden Weise. Die *Abgrenzungen* der vielfach verschraubten, auch bei gutem Willen kaum noch verständlichen Varianten des § 130 werden in der Praxis kaum ernst genommen und meist nach Maßgabe normativer Evidenz-Betrachtungen (m. a. W.: des sog. *gesunden Menschenverstandes*) vereinfacht. Im Gesetzgebungsverfahren ist kritisiert worden, dass in Abs. IV „nur auf die Würde der *Opfer*, nicht auch auf die Würde der *Lebenden*" (!) abgestellt ist (vgl. BT-Drs. 15/5051, 6), denn viele Bürger fühlten sich in ihrer Würde verletzt, wenn sie rechtsextremistische Aufmärsche durch das Brandenburger Tor sehen müssten (und überdies sei dort für viele Abgeordnete der *kürzeste Weg zum Büro* [!]). Das überzeugt nicht. 37

Verletzt sein muss die **Würde der Opfer,** also derjenigen Personen, die von Gewalt- oder Willkürmaßnahmen des NS-Systems betroffen waren. Da die Äuße- 38 rung keine konkreten Maßnahmen betreffen muss (oben 34), ist auch eine **Konkretisierung** von Opfern weder möglich noch erforderlich. Dahinter steht die Vorstellung, dass ein Billigen usw. des NS-Systems *als Ganzes* die Würde **aller Opfer** verletzen kann oder regelmäßig verletzt. Ob dies auch dann gilt, wenn die Äußerung nur konkrete *einzelne* Gewalthandlungen betrifft, ist fraglich.

39 Ob mit dem Begriff „Würde" die **Menschenwürde** iS von I gemeint ist, also ein Anspruch auf grundlegende Anerkennung als Mitmensch und Träger von Menschenrechten (so wohl die Gesetzesmaterialien), ist str.; nach **aA** (SK-*Rudolphi/Stein* 31) ist der Begriff *Würde* enger als *Ehre* und weiter als *Menschenwürde*. Erforderlich ist die Feststellung, dass die Würde **verletzt** ist. Nach Auffassung des Gesetzgebers „wird man in der Regel davon ausgehen können", dass die Tathandlung „den Achtungsanspruch sowie die Menschenwürde der Opfer verletzt" (BT-Drs. 15/5051, 5). Ausnahmen, in denen das Billigen, Verherrlichen oder Rechtfertigen der NS-Herrschaft die Menschenwürde der Opfer von Gewalt- und Willkürmaßnahmen *nicht* verletzten sollte, sind schwer vorstellbar.

40 **C. Friedensstörung.** Der Tatbestand setzt eine **vollendete Störung** des öffentlichen Friedens voraus; dies bedeutet, „dass eine abstrakte Gefährdung des öffentlichen Friedens noch nicht ausreicht" (BT-Drs. 15/5051, 5). Wie freilich eine **Abgrenzung** zwischen der *Gefährdung* des öffentlichen Friedens und seiner *Störung* vorgenommen werden soll, ist unklar (vgl. schon oben 14b). Wenn die als Voraussetzungen genannten Zustände (**zB** Gefahr des Auftretens von Unruhen; der Beunruhigung größerer Bevölkerungsteile; der „Klimavergiftung"; usw.; vgl. oben 14) nur als (abstrakte) Gefährdungen anzusehen sind, so muss für Abs. IV die *Verwirklichung* dieser Gefahren (und nicht nur ein „erhöhtes Maß" an Gefahr; so aber SK-*Rudolphi/Stein* 31; *Lackner/Kühl* 8b) jeweils **empirisch festgestellt** werden, also auch dem Beweis zugänglich sein. Das führt, jedenfalls wenn man der bislang hM zum Begriff des „öffentlichen Friedens" folgt, zur weitgehenden Unanwendbarkeit des Tatbestands. Die Annahme, der Gesetzgeber könne gerade dies *bewusst* in Kauf genommen haben, weil es bei der Neuregelung gar nicht um wirkliche Strafverfolgung ging, sondern nur um einen „Gefahr-Tatbestand" als Grundlage für **präventive** verwaltungs- und polizeirechtliche Verwaltungsakte, insb. Verbotsverfügungen (vgl. BT-Drs. 14/4832; 15/5051; *Denkowski* KR **05**, 208; *Scheidler* BayVBl **05**, 453), liegt leider nicht völlig fern (zur verfassungsrechtlichen Grenze dieses Unterfangens vgl. aber *Poscher* NJW **05**, 1316, 1318; vgl. auch *Bertram* NJW **05**, 1476, 1478; *Enders/Lange* JZ **06**, 105).

41 **8) Verbreiten von NS-Verharmlosung durch Schriften, Mediendienste usw. (Abs. V).** Zum Begriff der **Schrift** vgl. § 11 III und Erl. dort; zur Schriften-Verbreitung in Datennetzen, insb. im **Internet,** vgl. BGH **46**, 212; **47**, 55; zur strafrechtlichen Verantwortlichkeit von Mediendienste-Anbietern gem §§ 7ff. TMG vgl. 26ff. zu § 184 und Erl. zu § 184c. Nach Abs. V „gilt Abs. 2" für Schriften mit dem in Abs. III oder IV bezeichneten Inhalt. Damit ist allein auf die **Tathandlungen** des II Nr. 1 Buchst. a bis d sowie auf die **Strafdrohung** (vgl. BGHR § 130 Strafrahmen 1) verwiesen. Zu dem in Abs. III beschriebenen „Inhalt" zählt nach Auffassung des Gesetzgebers aber auch die **Eignung zur Friedensstörung** (ebenso *S/S-Lenckner/Sternberg-Lieben* 23; *Geilen* LdR 1179). Das gilt entspr. für Äußerungs-Inhalte nach Abs. IV. Die in Abs. V enthaltene Strafrahmensenkung für die (uU massenhafte) Verbreitung von Äußerungen nach III durch Schriften ist nicht verständlich. Dasselbe gilt für den Umstand, dass eine Verbreitung von Darbietungen im **Rundfunk** sowie durch **Medien- und Teledienste** (II Nr. 2), die nicht die Voraussetzungen des Abs. III erfüllt, gänzlich straflos bleibt.

42 **9) Subjektiver Tatbestand.** Für alle Tathandlungen des § 130 ist **Vorsatz** erforderlich, auch hinsichtlich der Störungseignung (Karlsruhe NJW **86**, 1277); bedingter Vorsatz genügt (Hamburg NJW **70**, 1649), soweit nicht einzelne Merkmale (Aufstacheln zum Hass; Aufforderung zu Willkürmaßnahmen) zielgerichtetes Handeln verlangen. Der subjektive Tatbestand des böswilligen **Verächtlichmachens**

setzt den auf feindseliger und verwerflicher Gesinnung beruhenden Vorsatz der Herabwürdigung und Kränkung der Angehörigen des Bevölkerungsteils im Kernbereich ihrer Persönlichkeit voraus (4 StR 283/05). II Nr. 1 Buchst. d erfordert die **Absicht** (6 zu § 15) der Verwendung oder der Ermöglichung der Verwendung. Zum Vorsatz der Vorbereitungshandlungen des Abs. II vgl. die Erl. zu § 184 a. Im Fall des **Verharmlosens** (Abs. III) muss sich der Vorsatz auf die Unwahrheit von Tatsachenbehauptungen sowie auf die gänzliche Unangemessenheit geäußerter Wertungen erstrecken. Das gilt entspr. für den Vorsatz des Rechtfertigens in IV.

Streitig ist der Inhalt des Tatvorsatzes in der Tatvariante des **Leugnens** in **43** Abs. III. Der **BGH** hat hierzu ausgeführt, jedenfalls bei einer Äußerung, die „den gesamten Holocaust oder ein ihn kennzeichnendes Teilgeschehen" (Auschwitz) betrifft, komme es für den Vorsatz nicht darauf an, ob der Täter die historisch unzweifelhafte Tatsache „in revisionistischer Verblendung negiert" (BGH **47**, 278, 281). Vorsätzliches Leugnen sei „das bewusste Abstreiten des bekanntermaßen historisch anerkannten Holocaust"; eine „bewusste Lüge" werde nicht vorausgesetzt (ebd. 282). Dass der Täter von der sachlichen Richtigkeit seiner Behauptungen überzeugt sei, könne nicht zur Strafmilderung (!) führen, denn „wer vor der historischen Wahrheit die Augen verschließt und sie nicht erkennen will, verdient dafür keine Strafmilderung" (NStZ **95**, 128).

Die Ansicht, dass der Vorsatz des Leugnens die Unwahrheit nicht umfassen müsse (so auch *Stegbauer* JR **04**, 281, 283), ist aber mit dem Wortlaut von Abs. III **44** nicht vereinbar. In den genannten Entscheidungen tritt die Rechtsfrage, ob es für Abs. III einen **Tatbestandsirrtum** geben kann und auf was dieser sich beziehen muss, hinter Formulierungen moralischer Entrüstung zurück. Die dogmatische Aussage bleibt unklar, denn ob es für den Vorsatz „nicht darauf ankommt", ob der Täter die Unwahrheit seiner Äußerung kennt oder billigend in Kauf nimmt, hat mit Vorwürfen „revisionistischer Verblendung" oder des „Nicht-Erkennen-*Wollens*" nichts zu tun. Die Frage ist vielmehr, welche Anforderungen zu stellen sind, wenn der Täter *nicht* „verblendet" oder böswillig ist, sondern Taten bestreitet, *weil er es nicht besser weiß*. Dass man auch in diesem Fall annehmen könnte, auf den Irrtum komme es überhaupt nicht an, erscheint fraglich. Die moralisch gefärbten Ausführungen in BGH **47**, 278, 281 heben hervor, jede Kundgabe der „*Einstellung*", die Äußerungen iS von § 130 III regelmäßig zugrunde liege, weise die Eignung zur Friedensstörung auf. Diese Ausführungen stellen daher gar nicht auf (möglicherweise irrige) *Tatsachen*-"Überzeugungen" ab, sondern auf ein **bewusst wahrheitswidriges** (also vorsätzliche) Leugnen von Tatsachen aufgrund *politischer* „Überzeugungen". Die Bestrafung einer **fahrlässigen Lüge** über historische Tatsachen lässt sich darauf nicht stützen. Eine Bestrafung **fahrlässiger Dummheit** wäre auch mit dem Schuldgrundsatz nicht vereinbar. Müsste sich der Vorsatz dagegen allein darauf beziehen, dass die eigene Tatsachenbehauptung im **Widerspruch zur allgemeinen Überzeugung** steht, so würde iErg das *Aussprechen* verbotener *Worte* bestraft (so auch MK-*Miebach/Schäfer* 81; and. SK-*Rudolphi/Stein* 27, wonach ein solcher Tatbestand rechtspolitisch sinnvoll und legitim wäre). Aus Sicht des (unterstellt: tatsächlich irrenden!) Täters würde im ersten Fall als *Vorsatz*tat bestraft, dass er seinen Irrtum pflichtwidrig nicht vermieden hat, im zweiten Fall das Aussprechen der (subjektiven) *Wahrheit*. Nach dem Willen des Gesetzgebers sollen mit dem Tatbestand aber nicht Dumme, Unwissende oder Ungläubige erfasst werden, sondern **„Unbelehrbare"** (BT-Drs. 12/7960, 4; 12/8411, 4; vgl. BGH **47**, 278, 281), also Personen, deren vorgebliche Unkenntnis sich in Wahrheit als **feindselige Ignoranz** darstellt. Hinter den Formulierungen des BGH, der Täter habe in „revisionistischer *Verblendung*" gehandelt, er *verschließe* die Augen vor der Wahrheit, steht ersichtlich, dass den Tätern der behauptete **Irrtum gar nicht geglaubt** wurde. Das führt zur Lösbarkeit des Problems nach allgemeinen Regeln: Irgendwelche fanatischen „Überzeugungen" sind nicht gleichzusetzen mit intellektuellen Erkenntnissen über Tatsachen. Der **Nachweis** des Vorsatzes der Unrichtigkeit ist in vielen Fällen nicht problematisch; er ist durch die Kenntnis des Täters von der

„Beweislage" indiziert; die bloße Behauptung, er sei von irgendwelchen absurden Fälschungstheorien „überzeugt", ist nicht als unwiderlegliche Einlassung zu behandeln.

45 Der Tatbestand des Leugnens setzt daher **Vorsatz** hinsichtlich der **Unrichtigkeit** der Tatsachenbehauptung voraus (ebenso *Lackner/Kühl* 8; MK-*Miebach/Schäfer* 81; *Arzt/Weber* 44/46; SK-*Rudolphi/Stein* 27; **aA** *Stegbauer* NStZ **00**, 286 und JR **04**, 283; unklar BGH **47**, 278, 281 f.; NStZ **95**, 128; *S/S-Lenckner/Sternberg-Lieben* 20). Bedingter Vorsatz reicht aus. Auf die Offenkundigkeit von Tatsachen kommt es nur insoweit an, als sie im Verfahren zur Unzulässigkeit von Anträgen zum Beweis ihrer Unrichtigkeit führt. Es kann aber schon nicht gesagt werden, jede (einzelne) der in Abs. III genannten **Handlungen** sei offenkundig. Die **Gegenansicht,** die das Bewusstsein des Täters ausreichen lässt, dass seine Behauptung im Widerspruch zur allgemeinen Ansicht steht, stellt iErg nicht auf die *Wahrheit* von Behauptungen, sondern auf die *Richtigkeit* von Wertungen ab; es ist aber nicht erkennbar, warum es strafbar sein sollte, *gutgläubig* zB die Begehung eines *konkreten* Mordes oder einer *konkreten* Erschießungsaktion der Wehrmacht zu bestreiten, auch wenn diese Taten nach allgemeiner Ansicht bewiesen sind.

46 **10) Sozialadäquanzklausel (Abs. VI).** Für Taten nach Abs. II bis V, also nicht für Abs. I, gilt die Sozialadäquanzklausel des § 86 III entsprechend, die nach hM einen **Tatbestandsausschluss** enthält (i. e. zw.; **aA** *Streng* JZ **01**, 201; *Stegbauer* JR **03**, 72; vgl. 17 zu § 86). Zu den einzelnen in § 86 III genannten legitimen Zwecken vgl. 18 ff. zu § 86. Das Verhältnis zur **Eignungsklausel des III** ist zweifelhaft (vgl. schon oben 32); es ist nicht nahe liegend, Tathandlungen des III, die zur Störung des öffentlichen Friedens geeignet sind, zugleich als sozialadäquat, d. h. als „übliche, von der Allgemeinheit gebilligte und daher in strafrechtlicher Hinsicht im sozialen Leben gänzlich unverdächtige Handlungen" (BGH **23**, 228) anzusehen. Das gilt erst recht für Handlungen nach **Abs. IV**, die die **Menschenwürde** verletzen und den öffentlichen **Frieden** stören. Unklar ist weiterhin, welchem der in § 86 III genannten Zwecke friedensstörende Taten nach Abs. III oder IV dienen könnten (zutr. krit. *S/S-Lenckner/Sternberg-Lieben* 25).

46 a Als nicht sozialadäquat sind *verdeckt* (durch **V-Personen**) von staatlicher Seite vorgenommene Tathandlungen anzusehen, bei welchen der Zweck (Abwehr verfassungswidriger Bestrebungen oder Strafverfolgung) nach außen gar nicht hervortritt (SK-*Rudolphi/Stein* 18; vgl. etwa LG Cottbus NJ **05**, 277); hier kommt allenfalls eine Rechtfertigung nach § 34 in Betracht (*Kubiciel* NStZ **03**, 57, 58 f.). Als **„ähnlichen Zweck"** iS von § 86 III (zu Kriterien der „Ähnlichkeit" vgl. 24 zu § 86) hat BGH **46**, 36, 43 ff. für § 130 die **Strafverteidigung** angesehen (zust. *Stegbauer* JR **01**, 37; *Streng* JZ **01**, 205, 208; *Wohlers* StV **01**, 420; 428; *Widmaier* BGH-FG 1043, 1046 f.) und entschieden, der Tatbestand (des Verharmlosens) sei „grundsätzlich auf Verteidigerhandeln ... nicht anzuwenden", wenn dieses nicht *ausschließlich* verteidigungsfremde Zwecke verfolgt (vgl. dazu 25 zu § 86). Da die Garantie effektiver Strafverteidigung nicht um der Verteidiger, sondern um der Beschuldigten willen besteht, müssen die Grundsätze von BGH **46**, 36 für diese erst recht gelten. Als tragfähiges Indiz für das Verfolgen verteidigungsfremder Zwecke hat BGH **47**, 278, 284 f. das Stellen von abwegigen Beweisanträgen angesehen, mit denen der Holocaust (als Ganzer) geleugnet wird.

47 **11) Rechtsfolgen.** Zu den unterschiedlichen Strafrahmen der Abs. I (3 Monate bis 5 Jahre), III (1 Monat bis 5 Jahre) und II, IV, V (1 Monat bis 3 Jahre) vgl. schon oben 41. Bei der Strafzumessung ist politische Verblendung *(„Überzeugung")* regelmäßig kein Milderungsgrund (NJW **95**, 340). **Einziehung** der Schriften usw. nach §§ 74, 74 b bis 76 a.

48 **12) Konkurrenzen.** Die gleichzeitige Verwirklichung mehrerer Varianten der Abs. I bis IV ist nur eine Tat. Abs. II tritt gegenüber I zurück, wenn die Handlungen sich gegen dieselben Teile der Bevölkerung richten (BGH **46**, 212, 217); bei gleichzeitiger Beschimpfung ausländischer Gruppen liegt Tateinheit vor (*S/S-Lenckner/Sternberg-Lieben* 27; vgl. *Hörnle* NJW

02, 116). Auch zwischen I und III ist Tateinheit möglich (BGH **46**, 217; LK-*v. Bubnoff* 50); ebenso zwischen I und IV. Abs. IV dürfte in den Varianten des Billigens und Rechtfertigens durch III verdrängt werden. **Tateinheit** des § 130 ist möglich u. a. mit §§ 111; 140; 185–187 a (Hamburg NJW **70**, 1649). § 21 I Nr. 1 GjS (Anh. 8) wird von II Nr. 1 Buchst. c verdrängt; § 140 Nr. 2 wird von Abs. III, 1. Alt. verdrängt (NJW **99**, 1561). § 131 tritt zurück, wenn die Gewaltverherrlichung inhaltlicher Teil der Äußerung nach § 130 ist; sonst ist Tateinheit gegeben.

13) Sonstige Vorschriften. Die Verjährung solcher Tathandlungen, die Presseinhaltsdelikte sind, richtet sich nach den PressG der Länder (7 zu § 78). 49

Anleitung zu Straftaten

130a **I Wer eine Schrift (§ 11 Abs. 3), die geeignet ist, als Anleitung zu einer in § 126 Abs. 1 genannten rechtswidrigen Tat zu dienen, und nach ihrem Inhalt bestimmt ist, die Bereitschaft anderer zu fördern oder zu wecken, eine solche Tat zu begehen, verbreitet, öffentlich ausstellt, anschlägt, vorführt oder sonst zugänglich macht, wird mit Freiheitsstrafe bis zu drei Jahren oder mit Geldstrafe bestraft.**

II Ebenso wird bestraft, wer

1. eine Schrift (§ 11 Abs. 3), die geeignet ist, als Anleitung zu einer in § 126 Abs. 1 genannten rechtswidrigen Tat zu dienen, verbreitet, öffentlich ausstellt, anschlägt, vorführt oder sonst zugänglich macht oder

2. öffentlich oder in einer Versammlung zu einer in § 126 Abs. 1 genannten rechtswidrigen Tat eine Anleitung gibt,

um die Bereitschaft anderer zu fördern oder zu wecken, eine solche Tat zu begehen.

III § 86 Abs. 3 gilt entsprechend.

Übersicht

1) Allgemeines ... 1, 1 a
2) Rechtsgut; kriminalpolitische Bedeutung ... 2–4
3) Tatgegenstände der Abs. I, II Nr. 1 ... 5–13
4) Tathandlungen ... 14–19
5) Subjektiver Tatbestand ... 20, 21
6) Sozialadäquanzklausel (Abs. III) ... 22
7) Rechtsfolgen ... 23
8) Konkurrenzen ... 24

1) Allgemeines. Die Vorschrift wurde durch das TerrorBG v. 19. 12. 1986 (BGBl. I 2566) wiedereingeführt (**Mat.:** E CDU/CSU u. FDP BT-Drs. 10/6282; Ber.: BT-Drs. 10/6635; BT-Drs. 10/6654; BR-Drs. 591/86; zur gesetzgeberischen Entwicklung LK-*v. Bubnoff* vor 1 und 2 ff. zu § 130 a und 8 ff. vor § 129 a). In ihrer ursprünglichen Fassung geht sie auf das 14. StÄG (1 zu § 86) zurück, das die §§ 88 a, 130 a a. F. eingeführt hatte. Diese Vorschriften (vgl. BGH **28**, 312; **29**, 269; weit. Nachw. 41. Aufl.) wurden durch das **19. StÄG** wieder aufgehoben (GesMaterialien: BT-Drs. 9/23; BTag 9/325, 890; BT-Drs. 9/135 [Ber.]). *Literatur* zum 14. und 19. StÄG: 1 a zu § 86). **Statistik:** BT-Drs. 11/1012. 1

Literatur: *Achenbach,* Das Terrorismusgesetz 1986, KR **87**, 296; *Amelung/Hassemer/Rudolphi,* Stellungnahmen zum Artikelgesetz, StV **89**, 72; *Demski/Ostendorf,* Vom Kanzelparagraphen zur Anleitung zu Straftaten, StV **89**, 30; *Dencker* StV **87**, 117; *ders.,* Das Gesetz zur Bekämpfung des Terrorismus, StV **89**, 30; *Derksen,* Die Hinterlegung einer Anleitung zur Herstellung von Sprengstoffen in einer Mailbox – ein strafbarer Verstoß gegen das Waffengesetz?, NJW **98**, 3760; *Hörnle,* Grob anstößiges Verhalten, 2005 (Rez. *Wohlers* ZStW **118** [2006] 758; *Schroeder* JZ **07**, 518); *Kühl,* Neue Gesetze gegen terroristische Gewalttaten, NJW **87**, 739; *Marxen,* Strafgesetzgebung als Experiment?, GA **85**, 533; *Müller-Dietz,* Vom Wort der Gewalt und der Gewalt des Wortes, Würtenberger-FS 167; *v. Winterfeld* NJW **87**, 2633. 1 a

2) Rechtsgut; kriminalpolitische Bedeutung. Durch die ebenso wie die Vorläuferregelungen (§§ 88 a, 130 a aF) heftig umstrittene Vorschrift soll nach hM vor allem der **öffentliche Friede** (vgl. dazu 2 f. zu § 126; 2 zu § 130) geschützt werden (vgl. LK-*v. Bubnoff* 5: „in- 2

nerer Gemeinschaftsfriede"; *S/S-Lenckner/Sternberg-Lieben* 1; SK-*Rudolphi/Stein* 2; *Lackner/Kühl* 1), weil durch Verbreitung detaillierter Anleitungen zu schweren Gewalttaten ein geistiges Klima geschaffen werden könne, in dem solche Taten geplant und nachgeahmt würden (vgl. BT-Drs. 7/3030, 5; 10/6286, 5, 8; 10/6635, 20). Das „geistige Klima" ist freilich ein strafrechtlicher Bewertung kaum zugänglicher Gegenstand (krit. *Dencker* StV **87**, 117, 121). Ziel der Vorschrift kann auch nicht sein, eine empirisch nicht fassbare Gesamtheit von Erkenntnissen, Meinungen, Gefühlen und Absichten einzelner Personen sowie ihre sozialpsychologischen Wechselwirkungen vor (unklaren) negativen Einflüssen zu schützen, sondern die Begehung von **bestimmten Straftaten zu verhindern;** das Entstehen allgemeiner Gewaltbereitschaft macht deren Begehung wahrscheinlicher. § 130 a ist daher ein **abstraktes Gefährdungsdelikt** (ebenso SK-*Rudolphi/Stein* 2; and. LK-*v. Bubnoff* 5; MK-*Miebach/Schäfer* 5: potentielles Gefährdungsdelikt), das einem weit vorverlagerten Schutz der **öffentlichen Sicherheit** und der von den in § 126 genannten Delikten verletzten **Individualrechtsgüter** dient.

3 Einwände, die Vorschrift verstoße gegen **Art. 5 I GG** („Gesinnungsstrafrecht") oder sei „politisch instrumentalisiertes Strafrecht" zur Bekämpfung oppositioneller Meinungen (vgl. zB *Demski/Ostendorf* StV **89**, 37), sind unbegründet, denn es ist schwer denkbar, welche durch Art. 5 I GG geschützte *Meinung* sich in Instruktionen zu Mord oder Sprengstoffanschlägen mitteilen könnte. Nach **hM** ist dem Grundrecht der Meinungsfreiheit i. ü. durch enge Auslegung des Merkmals „Eignung zur Anleitung" Rechnung zu tragen (vgl. *Lackner/Kühl* 4; *S/S-Lenckner/Sternberg-Lieben* 1, 7; LK-*v. Bubnoff* 3; **aA** *Zieschang,* Die Gefährdungsdelikte, 1998, 310 [im Hinblick auf Abs. III]). Gewichtiger sind Einwände unter dem Gesichtspunkt der **Bestimmtheit** (vgl. zB *Achenbach* KR **87**, 296; *Rudolphi* StV **89**, 78; *Dencker* KJ **87**, 47 f.; *Hassemer* StV **89**, 77); und auch Gesichtspunkte der gesetzgeberischen **Verhältnismäßigkeit** sind nicht nur allgemein durch die kaum eingrenzbare (vgl. SK-*Rudolphi/Stein* 3; unten 8 f.) Anknüpfung an **neutrales Verhalten** (vgl. auch *M/Schroeder/Maiwald* 93/12) berührt.

4 Ein nahe liegender Einwand betrifft schließlich **Nützlichkeit** und **Zweckmäßigkeit** der Vorschrift: Die Zahl der Verurteilungen ist, nachdem schon wegen § 130 a aF binnen 5 Jahren nur insg. 2 Verurteilungen erfolgten (eine davon überdies rechtsfehlerhaft; vgl. Prot. 10/102, 71; 10/103, 10), äußerst gering (0 bis 4). Die beispielhaft genannten Szenarien, mit welchen die Wiedereinführung begründet wurde, werden von *legal* vertriebenen Darstellungen der Ausführungstechnik schwerster Gewalttaten unschwer übertroffen; Teile der Filmindustrie, an deren strafrechtliche Verfolgung niemand ernsthaft denkt, erzielen mit immer „realitätsnäheren" Darstellungen der Planungs- und Ausführungsdetails schwerster Gewaltverbrechen große Erfolge. § 130 a führt ein von der **Strafrechtspraxis** fast unbeachtetes Eigenleben. Die Vorschrift unternimmt den untauglichen Versuch, die Vorfeldkriminalisierung von Gewalttaten in einen aufforderungsfreien, „technischen" Bereich auszudehnen, und beachtet zu wenig den Umstand, dass Technik, Logistik und Handlungseffizienz *neutrale* Gegenstände sind, welche grds jedem, dh *auch* dem verbrecherischen Interesse offen stehen. Eine ernst zu nehmende **Strafbarkeitslücke** (so *S/S-Lenckner/Sternberg-Lieben* 1) bestand nicht. Zutreffend ist daher die Charakterisierung des § 130 a als „politisches Zeichen" mit „plakativer Signalwirkung" (LK-*v. Bubnoff* 4; SK-*Rudolphi/Stein* 3; vgl. auch *Hassemer* NStZ **89**, 554, 558 f.). Von wirkungslosen „Zeichen" sollte das StGB aber freigehalten werden.

5 **3) Tatgegenstände der Abs. I, II Nr. 1.** In den Fällen I und II Nr. 1 sind Tatgegenstand **Schriften** und **andere Darstellungen** iS von § 11 III. Live-Sendungen im Rundfunk sowie in Medien- und Telediensten können unter II Nr. 2 fallen (*Lackner/Kühl* 3). Zur Tatbegehung durch Verbreitung im **Internet** vgl. 5 ff. zu § 9 sowie Erl. zu § 184 a.

6 **A. Eignung zur Anleitung.** Die Schriften müssen **geeignet** sein, **als Anleitung** zur Begehung einer Katalogtat des § 126 I **zu dienen.**

7 **a) Anleitung** ist eine Kenntnisse vermittelnde, unterrichtende Schilderung der Möglichkeiten zur Tatvorbereitung oder Tatausführung (auch zu Vorbereitungshandlungen nach § 30; vgl. *Schnarr* NStZ **90**, 258); die Merkmale des Billigens (vgl. § 140) oder des Aufforderns (vgl. § 111) müssen nicht vorliegen. Gemeint sind nach **hM,** die freilich mehr auf eine Aufforderung abstellt, Handbücher, Flugblätter und andere Schriften, die im Einzelnen darüber unterweisen, wie man eine Katalogtat plant, vorbereitet, erfolgreich durchführt und unerkannt entkommt. Solche Anleitungen können sich auf Katalogtaten im Allgemeinen, aber auch auf eine konkrete Tat (auch im Ausland) beziehen.

8 **b) Eignung.** Abs. I und Abs. II Nr. 1 setzen voraus, dass die Schrift **zur Anleitung geeignet** ist. Mit dieser Merkmalskombination soll dem Umstand Rechnung

getragen werden, dass „Anleitungen" iwS zu Straftaten einer praktisch unbegrenzten Vielzahl von Schriften entnommen werden können. Wollte man unter Schriften iS von § 130a nur solche verstehen, die konkrete Handlungsanweisungen gerade für die Verwirklichung der Tatbestandsmerkmale von Katalogtaten *als solchen* enthalten, so bliebe (neben § 111) praktisch kein Anwendungsbereich. Der Gesetzgeber wollte daher gerade auch **sog. „neutrale Schriften"** einbeziehen, die Anleitungen zu nicht rechtswidrigen Handlungen enthalten (als Beispiel wurde genannt: Anleitungen zum „Brückensprengen im Verteidigungsfall" in Heeresdienstvorschriften; vgl. BT-Drs. 10/6286, 8); andererseits sollen Schriften ausgeschieden werden, die nur als **allgemeine Informationsquelle** für eine Tatbegehung genutzt werden können (als Beispiele genannt: Patentschriften; Lehrbücher; wissenschaftliche Abhandlungen) und keinen „tendenziellen Bezug" zu den genannten Katalogtaten aufweisen (so auch *S/S-Lenckner/Sternberg-Lieben* 4; *Lackner/Kühl* 4; ähnl. LK-*v. Bubnoff* 9). Tatsächlich ist eine solche Eingrenzung nicht sinnvoll möglich; sie setzt eine gedankliche **Vorauswahl** und eine **Bewertung** im Einzelfall voraus.

Die Eignung setzt jedenfalls keine tendenzielle **Förderung** der Tatbegehung 9 voraus (**aA** *Sturm* JZ **76**, 349; *Laufhütte* MDR **76**, 445 [jew. zum 14. StÄG]). Der Informationsgehalt einer § 130a unterfallenden Schrift kann grds neutral sein, sofern nicht spezielle Kenntnisse vermittelt werden, die *ausschließlich* zur Begehung von Katalogtaten verwendbar sind. Aus dem Eignungserfordernis folgt, dass bewusst irreführende Anleitungen vom Tatbestand nicht erfasst werden (LK-*v. Bubnoff* 13), wohl aber solche Schriften, die zur Durchführung rechtmäßiger Aktionen anleiten, sofern solche Anleitungen sich dafür eignen, *auch* zur Begehung rechtswidriger Katalogtaten verwendet zu werden (BT-Drs. 10/6282, 8). Auch **wissenschaftliche Erläuterungen** technischen Inhalts oder **Patentschriften,** die ohne tendenzielle Förderung von Katalogtaten allein die Herstellung von Waffen oder von Sprengstoff sowie ihre Einsatzmöglichkeiten für Handlungen beschreiben, die dem Straftatenkatalog unterfallen, sind daher vom Tatbestand erfasst (**aA** BT-Drs. 10/6282, 8 mit unklarer Begründung). Voraussetzung ist aber stets, dass der Inhalt der Schrift in einem sich aus ihr selbst ergebenden **Zusammenhang** mit einer Katalogtat steht; das ist bei Werken zur *Grundlagen*forschung sowie bei technischen Bau- oder Gebrauchsbeschreibungen neutraler Gegenstände nicht gegeben, wohl aber bei Informationen über solche Gegenstände, die jedenfalls *auch* der Begehung von Katalogtaten dienen können. So ist etwa eine Gebrauchsanweisung für ein Zielfernrohr oder ein Nachtsichtgerät, in welcher die hiermit erreichbare hohe Treffergenauigkeit erläutert wird, ohne Zweifel „geeignet" iSd I, II Nr. 1, ohne dass es hierzu eines Hinweises *in der Schrift* bedürfte, das Gerät eigne sich auch zur Begehung von Attentaten (**aA** *S/S-Lenckner/Sternberg-Lieben* 4; *Lackner/Kühl* 4; iErg wie hier SK-*Rudolphi/Stein* 5a f.; *Zieschang,* Die Gefährdungsdelikte, 1998, 310 [unter Heranziehung von III]). Entsprechendes gilt für Darstellungen von Katalogtaten mit beliebig verwendbaren Informationen über deren technische, logistische oder taktische Durchführung in Erzeugnissen der **Unterhaltungsindustrie;** ebenso für Schriften, die lediglich auf die Abwehr oder die Verfolgung von Katalogtaten abzielen (**aA** *Sturm* JZ **76**, 349; *S/S-Lenckner/Sternberg-Lieben* 4). Die Gegenansicht, die ersichtlich *von vornherein* nur Fälle im Blick hat, welche sich *allein* durch ihren Aufforderungs-Charakter scheinbar leicht unterscheiden lassen, vermag *objektive* Eignungs-Merkmale der Abgrenzung letztlich nicht zu bestimmen.

Teilweise wird in der Lit. angenommen, der Schrift müsse zur Erfüllung des Eignungsmerk- 10 mals eine **„Tendenz zur Verwirklichung"** zu entnehmen sein (*S/S-Lenckner/Sternberg-Lieben* 4; LK-*v. Bubnoff* 9; MK-*Miebach/Schäfer* 17; *Derksen* NJW **99**, 3760; ähnl. *Lackner/Kühl* 5; **aA** SK-*Rudolphi/Stein* 6; *M/Schroeder/Maiwald* 93/15). Das ist nicht überzeugend; darauf, ob eine solche „Tendenz" dem Begriff der Anleitung begriffsimmanent sei (so LK-*v. Bubnoff* 9; **aA** *S/S-Lenckner/Sternberg-Lieben* 4), kommt es deshalb nicht an, weil mit der Eignungsformel gerade auch *„neutrale"* Anleitungen einbezogen werden sollen.

Unklar ist insoweit die Verweisung des Abs. III auf **§ 86 III** (vgl. auch *M/Schroeder/Maiwald* 11 93/18; LK-*v. Bubnoff* 33; unten 22): Neutrale, rechtmäßigen Zwecken dienende Schriften, die in I gerade einbezogen werden sollen, werden regelmäßig Zwecken iS von § 86 III dienen. Hieraus zu schließen, dass § 86 III für Abs. I **nicht gilt** (so *M/Schroeder/Maiwald* 93/18; unklar LK-*v. Bubnoff* 33; *S/S-Lenckner/Sternberg-Lieben* 10), überzeugt nicht.

12 **B. Bestimmung zur Tatförderung (Abs. I).** Eine Begrenzung des objektiven Tatbestands ergibt sich daher in den Fällen des **Abs. I** allein (so iErg auch *M/Schroeder/Maiwald* 93/15; dagegen LK-*v. Bubnoff* 9, 23) aus dem Bestimmungs-Erfordernis. Die Schrift muss „nach ihrem Inhalt", dh nach **objektiver Auslegung** ihres Sinngehalts, **bestimmt sein,** die **Bereitschaft** anderer zur Begehung einer Katalogtat (6 zu § 126) **zu fördern oder zu wecken.** Mit dem Erfordernis dieser Zweckbestimmung soll eine Eingrenzung des Tatbestands bewirkt und zwischen den Tatgegenständen nach I und II Nr. 1 unterschieden werden (BT-Drs. 10/6282, 8; vgl. auch BGH **28**, 315). Es genügt, dass die Schrift *auch dazu* bestimmt ist, die näher umschriebene Bereitschaft anderer zu fördern oder zu wecken, *maßgeblicher* Zweck der Schrift braucht dies nicht zu sein (vgl. BGH **29**, 268). Die Bestimmung muss sich auch gerade auf die *Rechtswidrigkeit* einer Tat iS von § 126 I beziehen.

13 Fördern oder Wecken von **Bereitschaft** erfordert nicht das Hervorrufen eines konkreten Tatentschlusses; „Bereitschaft" ist vielmehr eine allgemeine subjektive **Geneigtheit,** die Ausführung einer **rechtswidrigen Katalogtat** als Täter oder Teilnehmer als nahe liegende Möglichkeit in Betracht zu ziehen. Ob sich die Bestimmung der Schrift hierzu **aus ihrem Inhalt** ergibt, ist nach dem gesamten Gedankeninhalt zu beurteilen; hierbei sind ausdrückliche wie konkludente Sinninhalte, ggf Zusammenstellungen und Verknüpfungen innerhalb der Schrift, ihre graphische, bildliche oder redaktionelle Gestaltung, ggf auch ihre Zielgruppe zu berücksichtigen, soweit sich diese aus der Schrift selbst ergibt (vgl. auch *S/S-Lenckner/Sternberg-Lieben* 7; LK-*v. Bubnoff* 15). Eine insoweit inhaltlich neutrale Schrift wird nicht schon durch Verbreitung an einen möglicherweise tatgeneigten Personenkreis „bestimmt" iS von Abs. I (dann ggf II Nr. 2).

14 **4) Tathandlungen.** § 130a unterscheidet in Abs. I und Abs. II Nr. 1 zwei Schriftenverbreitungstatbestände; Abs. II Nr. 2 erfasst nicht verkörperte Äußerungen.

15 **A. Abs. I** setzt voraus, dass der Täter die Schrift verbreitet, öffentlich ausstellt, vorführt oder sonst zugänglich macht. Zu den Einzelheiten dieser Handlungen vgl. die Erl. zu § 184). Die Schrift muss nach ihrem Inhalt sowohl die Anleitungseignung (oben 8f.) als auch die Bestimmung zur Förderung usw. (oben 12f.) enthalten; eine Absicht des Täters ist nicht erforderlich. Zur Verbreitung in elektronischen Medien, insb. im Internet vgl. BGH **46**, 212 (23ff. zu § 184, 5ff. zu § 9).

16 **B. Abs. II Nr. 1** erfasst gleichfalls die zur Anleitung geeigneten Schriften und stellt dieselben Verbreitungshandlungen unter Strafe. Im Unterschied zu Abs. I ist **nicht erforderlich,** dass sich eine Bestimmung zum Fördern und Wecken von Tatbereitschaft aus dem **Inhalt der Schrift** selbst ergibt; in Abs. II Nr. 1 geht es daher um inhaltlich **neutrale Anleitungsschriften** (vgl. BT-Drs. 10/6635, 13 mit der rätselhaften Begründung, *Heeresdienstvorschriften* würden „zunehmend mit dem Ziel verbreitet, andere zur Begehung von Straftaten zu motivieren"). Zusätzlich erfordert II Nr. 1, dass der Täter die Verbreitungshandlung in der **Absicht** vornimmt, die oben 13 genannte Bereitschaft Dritter zu fördern oder zu wecken.

17 Diese gegenüber der aF erweiterte Tatbestandsfassung stößt in ihrer *Konstruktion* zumindest an die Grenze rechtsstaatlicher Strafgesetzgebung, denn die Strafbarkeit knüpft allein an die **böse Absicht** (*Otto* Prot. RA-BTag 10/101, 21; *Kast* ebd. 10/102, 69; vgl. auch *Dencker* StV **87**, 121; SK-*Rudolphi* 15). Die vielfach vertretene Auffassung (vgl. zB *S/S-Lenckner/Sternberg-Lieben* 7; SK-*Rudolphi/Stein* 13; *Dencker* StV **87**, 121; ähnl. LK-*v. Bubnoff* 22f.; *Lackner/Kühl* 4), eine „restriktive Auslegung" sei zum Schutz der *Meinungsfreiheit* erforderlich (vgl. hierzu auch *Dencker* KJ **87**, 36, 47; *Achenbach* KR **87**, 297; *Kühl* NJW **87**, 745; *Hassemer* StV **89**, 77; *Cobler* RA-BTag Prot. 10/101, 153; and. *Otto* ebd., Anl. 157; *M/Schroeder/Maiwald* 93/15f.;

vgl. schon oben 3), erscheint gleichwohl problematisch, da sie weithin folgenlos bleibt: Eine solche **Restriktion** soll durch Auslegung des „Anleitungs"-Merkmals erfolgen (vgl. oben 10); darüber hinaus wird bei II Nr. 1 verlangt, dass die Absicht des Täters **nach außen erkennbar** wird (*S/S-Lenckner/Sternberg-Lieben* 7; LK-*v. Bubnoff* 24; *Kindhäuser* LPK 8; and. *M/Schroeder/Maiwald* 93/16 [Beschränkung der Absicht auf Taten in *unmittelbarer Zukunft*]; SK-*Rudolphi/Stein* 15 [zusätzlich Eignung wie in I erforderlich, die sich hier aus den Umständen der *Tathandlung* ergeben soll; das überschneidet sich mit III]). Ob damit mehr gefordert wird als ein objektivierbares **Indiz** für die tatbestandliche Absicht (oder die soziale *In*-Adäquanz), ist zweifelhaft, denn die „Erkennbarkeit nach außen" wird ihrerseits nur vage bestimmt (vgl. BT-Drs. 10/6286, 9 [Gestaltung eines Schaufensters]; LK-*v. Bubnoff* 24 [„alle Verhaltensumstände, die die gewaltfördernde Zwecksetzung deutlich machen"]). Im Ergebnis wird das Problem der hinreichenden **Bestimmtheit** des Tatbestands *pragmatisch* umgangen: Wann immer ein Anhaltspunkt für ein Ermittlungsverfahren gesehen wird (§ 152 II StPO), ist das „restriktive" Erfordernis der „Erkennbarkeit" der Absicht regelmäßig schon erfüllt, denn was erkannt wird, war auch erkennbar. Daher laufen die genannten Restriktions-Vorschläge leer: Verurteilungen nach Abs. II wegen nach außen *nicht erkennbarer* Förderungsabsicht gibt es nicht.

C. Abs. II Nr. 2 ist ein **mündliches Äußerungsdelikt.** Voraussetzung ist eine **öffentliche** (5 zu § 111) oder eine Äußerung in einer **Versammlung** (5 zu § 111 a), mit welcher der Täter eine Anleitung iS von oben 7 „gibt", die also inhaltlich eine solche Anleitung enthält; eine „Eignung zur Anleitung" reicht nicht aus; andererseits ist eine Eignung zur Förderung der Bereitschaft zur Tatbegehung nicht erforderlich (vgl. BT-Drs. 10/6286, 8; LK-*v. Bubnoff* 26). Erfasst ist auch die Wiedergabe von Dritten stammender Anleitungen. Diese müssen solche zu **rechtswidrigen Taten** iS von § 126 I sein; hieraus folgt nach **hM,** dass die Äußerung eine „Tendenz zur Begehung" aufweisen muss (*S/S-Lenckner/Sternberg-Lieben* 8; LK-*v. Bubnoff* 26; ähnlich SK-*Rudolphi/Stein* 16). Worin sich eine Anleitung zum *rechtmäßigen* Sprengen von einer solchen zum *rechtswidrigen* Sprengen unterscheidet, bleibt offen, denn eine der Anleitung „begriffsimmanente Verwirklichungstendenz" (LK-*v. Bubnoff* 28) wohnt zB der Instruktion zum Erschießen von Menschen (§ 126 I Nr. 2) oder zum Sprengen von Gebäuden (§ 126 I Nr. 6) ganz unabhängig von der möglichen Rechtmäßigkeit solcher Handlungen inne; eine „Anleitung zur Rechtswidrigkeit" ist nicht verlangt (oben 4). 18

Auf die **Rechtswidrigkeit** einer möglichen Tatbegehung muss sich jedoch die von II Nr. 2 wie von II Nr. 1 vorausgesetzte **Absicht** des Täters zur Förderung oder Weckung der Bereitschaft erstrecken (vgl. dazu oben 12f., 16). 19

5) Subjektiver Tatbestand. § 130a setzt in allen Fällen **Vorsatz** voraus; bedingter Vorsatz genügt. Der Täter muss zB die **Eignung** der Schrift zur Förderung von Gewalttaten kennen oder wissen, dass er die Anleitung öffentlich erteilt; dass die Schrift die in I vorausgesetzte Bestimmung hat. Stets muss der Vorsatz die tatsächlichen Voraussetzungen der in § 126 genannten Tathandlungen umfassen; eine zutreffende Subsumtion ist nicht erforderlich. Der Vorsatz des **Abs. I** muss sich auf die **Rechtswidrigkeit** der zu fördernden Taten beziehen. 20

Hinzukommen muss in den Fällen des **Abs. II** die oben beschriebene **Absicht** des Täters; auch sie umfasst die Rechtswidrigkeit (vgl. oben 18f.). Die Absicht ist kein besonderes persönliches Merkmal iS von § 28 I (*Lackner/Kühl* 10; LK-*v. Bubnoff* 32). Die Anforderung ihrer „äußeren Erkennbarkeit" (vgl. oben 18) ist nur eine Frage des *Nachweises.* 21

6) Sozialadäquanzklausel (Abs. III). Nach der Verweisung in Abs. III ist § 86 III (vgl. 15 zu § 131) entsprechend anwendbar. Hierdurch sollen „bestimmte, nicht zu missbilligende Handlungen aus dem Kreis des Strafbaren ausgegrenzt" und „die Meinungs- und Pressefreiheit sowie die Freiheit von Kunst, Wissenschaft, Forschung und Lehre gewährleistet werden" (BT-Drs. 10/6282, 9). Diese einen 22

Tatbestandsausschluss begründende (10 ff. zu § 86) Klausel ist freilich im Kontext des § 130 a schwer verständlich (vgl. oben 11); eine praktische Bedeutung hat sie allenfalls in Fällen des Abs. I; dagegen sind tatbestandsmäßige Handlungen nach II schon in ihrer Zielsetzung sozial*in*adäquat und können per se nicht den in III vorgesehenen Zwecken dienen (ähnlich *Lackner/Kühl* 11; *Stree* NJW **76**, 1181; *Müller-Dietz,* Würtenberger-FS 180; LK-*v. Bubnoff* 33).

23 **7) Rechtsfolgen.** Die **Strafe** ist in allen Fällen des § 130 a Freiheitsstrafe bis zu 3 Jahren oder Geldstrafe. Schriften iS des I unterliegen der **Einziehung** und **Unbrauchbarmachung** nach § 74 d I, II; hingegen ist für Schriften iS des II Nr. 1 § 74 d III maßgebend (vgl. BGH **29**, 107 zum früheren § 88 a).

24 **8) Konkurrenzen. Tateinheit** ist zwischen I und II möglich; von § 130 a mit §§ 83, 84, 130, 140; ferner mit den §§ 26, 30 iVm mit den in § 126 I genannten Taten (SK-*Rudolphi/Stein* 21; MK-*Miebach/Schäfer* 48). Gegenüber § 111 tritt § 130 a zurück, wenn Anleitung und Aufforderung sich auf die gleiche rechtswidrige Tat beziehen (*S/S-Lenckner/Sternberg-Lieben* 12; LK-*v. Bubnoff* 34; SK-*Rudolphi/Stein* 21; anders *Lackner/Kühl* 13; *Rogall* GA **79**, 21); ferner geht § 37 I S. 1 Nr. 7, S. 3 iVm § 53 I Nr. 5 WaffG (Anleitung zur Herstellung von Molotow-Cocktails) als *lex specialis* dem § 130 a vor (**aA** LK-*v. Bubnoff* 34).

Gewaltdarstellung RiStBV 208

131 **I Wer Schriften (§ 11 Abs. 3), die grausame oder sonst unmenschliche Gewalttätigkeiten gegen Menschen oder menschenähnliche Wesen in einer Art schildern, die eine Verherrlichung oder Verharmlosung solcher Gewalttätigkeiten ausdrückt oder die das Grausame oder Unmenschliche des Vorgangs in einer die Menschenwürde verletzenden Weise darstellt,**

1. verbreitet,
2. öffentlich ausstellt, anschlägt, vorführt oder sonst zugänglich macht,
3. einer Person unter achtzehn Jahren anbietet, überlässt oder zugänglich macht oder
4. herstellt, bezieht, liefert, vorrätig hält, anbietet, ankündigt, anpreist, einzuführen oder auszuführen unternimmt, um sie oder aus ihnen gewonnene Stücke im Sinne der Nummern 1 bis 3 zu verwenden oder einem anderen eine solche Verwendung zu ermöglichen,

wird mit Freiheitsstrafe bis zu einem Jahr oder mit Geldstrafe bestraft.

II Ebenso wird bestraft, wer eine Darbietung des in Absatz 1 bezeichneten Inhalts durch Rundfunk, Medien- oder Teledienste verbreitet.

III Die Absätze 1 und 2 gelten nicht, wenn die Handlung der Berichterstattung über Vorgänge des Zeitgeschehens oder der Geschichte dient.

IV Absatz 1 Nr. 3 ist nicht anzuwenden, wenn der zur Sorge für die Person Berechtigte handelt; dies gilt nicht, wenn der Sorgeberechtigte durch das Anbieten, Überlassen oder Zugänglichmachen seine Erziehungspflicht gröblich verletzt.

Übersicht

1) Allgemeines ... 1, 1 a
2) Rechtsgut; kriminalpolitische Bedeutung ... 2, 3
3) Gewaltdarstellende Schriften (Abs. I) ... 4–13
4) Tathandlungen (Abs. I, II) ... 14
5) Privileg der Berichterstattung (Abs. III) ... 15, 16
6) Erzieherprivileg (Abs. IV) ... 17, 17 a
7) Subjektiver Tatbestand ... 18
8) Rechtswidrigkeit; Kunst- und Wissenschaftsfreiheit ... 19–23
9) Vollendung; Versuch ... 24
10) Täterschaft und Teilnahme ... 25
11) Konkurrenzen ... 26
12) Sonstige Vorschriften ... 27

1) Allgemeines. Die Vorschrift beruht auf Art. 1 Nr. 6 des 4. StrRG (1 f. vor § 174) iVm Art. 19 Nr. 50 EGStGB und Art. 3 Nr. 1 des JÖSchNG und gilt idF durch das VerbrBekG (1 zu § 130), das den Tatbestand der Aufforderung zum Rassenhass unter Erweiterung in § 130 II einfügte). **Materialien:** BT-Drs. 10/722, 6, 13 (GesE der Fraktionen der CDU/CSU und FDP); BT-Drs. 10/2546, 12, 21 (Beschl.-Empf. u. Ber. des 13. BT-Aussch.). Durch das **Sex-DelÄndG** v. 27. 12. 2003 (BGBl.I 3007) wurde Abs. I um die Variante „menschenähnliche Wesen"; II um Medien- und Teledienste und Abs. IV um HS 2 erweitert (**Mat.:** GesE BT-Drs. 15/350; Ber. BT-Drs. 15/1311). Die **praktische Bedeutung** ist gering (zur a. F. vgl. BT-Drs. 10/2546, 4; seit 1994 jährlich unter 20 Verurteilungen). Zu Änderungs- und Erweiterungsvorschlägen vgl. BT-Drs. 16/4471 (Kleine Anfrage v. 28. 2. 2007). 1

Neuere Literatur: *Beisel,* Die Kunstfreiheitsgarantie des Grundgesetzes u. ihre strafrechtlichen Grenzen, 1997; *Beisel/Heinrich,* Strafbarkeit der Ausstrahlung jugendgefährdender u. gewaltdarstellender Fernsehsendungen, NJW **96**, 491; [dagegen *Landmann* NJW **96**, 3309]; *Bottke,* Das öffentliche Anbieten von Hitlers „Mein Kampf", Buch u. Bibliothek **32** (1980), 254; *Emmerich/Würkner,* Kunstfreiheit oder Antisemitismus?, NJW **86**, 1195; *Erdemir,* Filmzensur u. Filmverbot, 2000; *ders.*, Jugendschutzprogramme und geschlossene Benutzergruppen, CR **05**, 275; *Erhardt,* Kunstfreiheit u. Strafrecht, 1989; *Gerhardt,* Die Beschränkung der Gesetzgebung auf das Unverläßliche (dargestellt am Beispiel des § 131 StGB), NJW **75**, 375; *Geilen,* Gewaltdarstellung, in: *Ulsamer,* Lexikon d. Rechts (LdR), Strafrecht, 2. Aufl. 1996, 413; *Greger,* Die Video-Novelle 1985 u. ihre Auswirkungen auf StGB u. GJS, NStZ **86**, 8; *v. Hartlieb,* Gewaltdarstellung in Massenmedien, UFITA **80**, 101; *ders.,* NJW **85**, 830; *ders.,* Jugendmedienschutz auf dem Prüfstand, ZUM **86**, 111; *Henschel,* Die Kunstfreiheit in der Rspr des BVerfG, NJW **90**, 1937; *Hodel,* Kannibalismus im Wohnzimmer? Psychosoziale Auswirkungen der Gewaltdarstellung in Videos, KR **86**, 354; *Hörnle*, Grob anstößiges Verhalten, 2005 (Rez. *Wohlers* ZStW **118** [2006] 758; *Schroeder* JZ **07**, 518); *dies.*, Das strafrechtliche Verbot von Gewaltdarstellungen (§ 131 StGB), Schwind-FS (2006) 337; *Höynck/Pfeiffer,* Verbot von „Killerspielen"?- Thesen und Vorschläge zur Verbesserung des Jugendmedienschutzes, ZRP **07**, 91; *Jung* JuS **85**, 566; *Kraegeloh* BAnz. **85** Nr. 84 a; *Kirchhof,* Garantie der Kunstfreiheit, NJW **85**, 225; *Köhne*, Zombies und Kannibalen. Zum Tatbestand der Gewaltdarstellung, GA **04**, 180; *ders.*, Die Verhältnismäßigkeit des Gewaltdarstellungsverbots, KritV **05**, 244; *Meirowitz,* Gewaltdarstellungen auf Videokassetten, 1993; *ders.,* Horror auf Video, Jura **93**, 152; *Rackow,* Das Gewaltdarstellungsverbot des § 131 – Ein Risikodelikt und sein symbolischer Subtext, Maiwald-FS (2003), 195; *Schroeder,* Das „Erzieherprivileg" im Strafrecht, Lange-FS 391; *Störzer* KR **86**, 377; *Würkner,* Wie frei ist die Kunst?, NJW **88**, 317; *Zöbely,* Zur Garantie der Kunstfreiheit in der gerichtlichen Praxis, NJW **85**, 254. 1 a

2) Rechtsgut; kriminalpolitische Bedeutung. § 131 ist ein **abstraktes Gefährdungsdelikt** (LK-*v. Bubnoff* 10; MK-*Miebach/Schäfer* 7; krit. *Hörnle*, Schwind-FS [2006] 337, 338 f.; **aA** SK-*Rudolphi/Stein* 2; *M/Schroeder/Maiwald* 94/3; *Rackow*, Maiwald-FS 195, 201 ff. [„Risikodelikt" noch im Vorfeld abstrakter Gefährdung]), dessen Strafdrohung an plausiblen, jedoch wissenschaftlich nicht unbestrittenen Vermutungen über Zusammenhänge zwischen individueller Wahrnehmung von Gewalt, öffentlicher (ausdrücklicher oder konkludenter) Verständigung über ihren sozialen *Sinn* und Handlungsformen Einzelner anknüpft. Dabei setzt die Vorschrift mit einem relativ groben Raster an der Verbreitung von als evident „unerträglich" angesehenen Darstellungen an; sie schützt *insoweit* den „öffentlichen Frieden" (vgl. dazu 2 f. zu § 126; abl. NK-*Ostendorf* 3; *Hefendehl*, Kollektive Rechtsgüter im Strafrecht, 2002, 302, 305 f.; *Hörnle*, Schwind-FS [2006] 337, 339 f.) iS einer normativen Begrenzung zulässiger Formen vergegenständlichter Äußerungen über Gewalt gegen Menschen. Der öffentliche Friede ist freilich auch hier weder alleiniges (so *S/S-Lenckner/Sternberg-Lieben* 1; *Lackner/Kühl* 1) noch vorrangiges Rechtsgut (so LK-*v. Bubnoff* 9 [daneben Jugendschutz]; insoweit krit. auch *Hörnle*, Schwind-FS [2006] 337, 339; NK-*Ostendorf* 3). Ein „Schutz des Einzelnen vor der Fehlentwicklung zu einer aggressiven Haltung" (BT-Drs. VI/3521, 6; 10/2546, 21; NStZ **00**, 307; zust. *Lackner/Kühl* 1; einschr. SK-*Rudolphi/Stein* 2 a [nur für Jugendliche]; ähnlich *Hörnle*, Schwind-FS [2006] 337, 346 ff. [im Sinne eines „*weichen Paternalismus*") oder das Anliegen einer „plakativen Missbilligung" (BT-Drs. 7/514, 4) könnten eine Drohung mit Kriminalstrafe nicht legitimieren (zur Kritik vgl. auch SK-*Rudolphi/Stein* 2 a; LK-*v. Bubnoff* 11 mwN). Das gilt nicht nur für den Bereich des Jugendschutzes, sondern erst recht für das Anliegen einer pädagogischen Einwirkung auf Erwachsene. 2

3 Wie bei der Pornographie (vgl. Erl. zu § 184) kann es bei § 131 nicht um den Schutz allgemeiner Moral oder um einen vagen „Klima"-Schutz gehen. Hierbei ist zu berücksichtigen, dass die vielfach festgestellten Brutalisierungstendenzen öffentlicher Darstellung von Gewalt sehr vielschichtig sind und weit in den Bereich als sozialadäquat angesehener (Massen-)Kommunikation hineinragen. Die Strafvorschrift kann daher nur als – weit vorverlagerter – **Schutz des Einzelnen** (und der Allgemeinheit iS abstrakter Gefährdung) **vor Gewalttaten** legitimiert werden (ähnl. *M/Schroeder/Maiwald* 94/2; vgl. auch BT-Drs. VI/3521, 6; anders, aber iErg recht vage *Hörnle*, Schwind-FS [2006] 337, 339, 343ff.: „*Kombination*" von Schutz vor Gewalttaten, Schutz der Menschenwürde und Jugendschutz); sie ist nach BVerfGE **87**, 209 bei verfassungskonformer Auslegung mit Art. 103 II GG vereinbar.

4 **3) Gewaltdarstellende Schriften (Abs. I).** Tatgegenstände sind in den Fällen von I **Schriften** und sonstige verkörperte Darstellungen, darunter auch **Ton- oder Bildträger** (33ff. zu § 11) mit einem gewaltbezogenen Inhalt. Zur Verantwortlichkeit von **Internet**-Anbietern vgl. Erl. zu § 184a; zum **Tatort** 5ff. zu § 9).

5 **A. Schriftinhalt.** Die Schriften müssen **Gewalttätigkeiten** (29 zu § 113) schildern; diese müssen sich in der **1. Var.** gegen **Menschen** richten (nicht aber auch *durch* Menschen ausgeführt werden). Damit ist die Darstellung aggressiven, die körperliche Integrität unmittelbar verletzenden oder gefährdenden Verhaltens gemeint (BVerfGE **87**, 227). Passives Geschehenlassen oder pflichtwidriges Unterlassen reichen nicht aus (LK-*v. Bubnoff* 15; *Geilen* LdR 414). Gewalttätigkeiten gegen Tiere und Sachen, um auf diese Weise auf Menschen einzuwirken, fallen nicht unter den Tatbestand (*S/S-Lenckner/Sternberg-Lieben* 6; *Lackner/Kühl* 4), ebenso wenig Vandalismus (*Greger* NStZ **86**, 8). Nicht ausreichend ist auch die Darstellung allein der **Wirkungen** von Gewalttätigkeiten (**zB** bildliche Darstellung von verletzten oder getöteten Menschen), wenn nicht der Inhalt der Schrift selbst zumindest konkludent auch die (unmittelbare) **Zufügung** von Gewalt umfasst; die Abgrenzung ist namentlich bei „geschnittenen" Filmsequenzen schwierig. Ob die Darstellung ein reales oder realitätsnahes oder ein erkennbar **fiktives Geschehen** zum Gegenstand hat, ist unerheblich (NStZ **00**, 307). Auf ein – tatsächliches oder fiktives – Einverständnis des Opfers der Gewalttätigkeit kommt es nicht an (vgl. NStZ **00**, 307; Karlruhe MDR **77**, 864).

6 Die Regelung erfasste als Opfer der dargestellten Gewalttätigkeiten schon bisher auch fiktiv verfremdete (und als solche erkennbare) menschliche Wesen (vgl. schon BT-Drs. 10/2546, 22), die den Eindruck menschlichen Verhaltens erwecken (wie hier auch *Greger* NStZ **86**, 9; *Beisel/Heinrich* NJW **96**, 491). Die frühere Gegenansicht der hM (vgl. LK-*v. Bubnoff* 15; *Schroeder* JZ **90**, 258; *Beisel* [1a] 272; *Erdemir* [1a] 72; jeweils unter Berufung auf BVerfGE **87**, 225) ist durch die Erweiterung durch das SexDelÄndG (oben 1) überholt; die **2. Var.** erfasst nun (In-Kraft-Treten: **1. 4. 2004**) auch ausdrücklich „**menschenähnliche Wesen**". Damit sollen fiktive Wesen erfasst sein, die nach objektiven Maßstäben ihrer äußeren Gestalt nach (weiter SK-*Rudolphi/Stein* 6c: Selbst-Bewusstsein und Moral-Geleitetheit) Ähnlichkeit mit Menschen aufweisen, weiterhin gezeichnete (comics) oder durch elektronische Spezialeffekte dargestellte (virtuelle) Menschen (BT-Drs. 15/1311, 22). Es kommt daher nicht darauf an, ob die Opfer der dargestellten Grausamkeiten usw. als „Außerirdische", „Untote", „Monster", grotesk Missgebildete oder als Verkörperungen übersinnlicher Wesen dargestellt werden, welche immanenten *Erklärungen* also für ihre Existenz geboten werden; entscheidend ist vielmehr, ob sie nach **objektiven Maßstäben** in ihrer **äußeren Gestalt** als Menschen **erscheinen.**

6a Wenn das Objekt der Gewalttätigkeit auch keine objektive „*Ähnlichkeit*" mit einem lebenden menschlichen Wesen hat (vgl. BVerfGE **87**, 225), steht Art. 103 II GG einer Anwendung von § 131 entgegen (**zB** „Monster" ohne menschlichen Kopf; abgetrennte „lebende" Körper*teile;* etc. Grenzfälle sind als Fiktionen erkennbare Darstellungen von „Androiden" [„*Alien I*"] oder von künstlichen „Menschen" [„*Frankenstein*"]). Umgekehrt steht der Anwendung von § 131 nicht entgegen, dass fiktiven Opfern von Gewalttätigkeiten zB psychische, moralische oder Sinn-Qualitäten des Menschseins fehlen (vgl. **zB** von „Dämonen" oder fremden Mächten besessene *Hüllen* menschlicher Körper [„*Körperfresser*"]; enger SK-*Rudolphi-Stein* 6 c: nur bei Ähnlichkeit auch in *psychischer* Hinsicht).

Unübersehbar bleiben aber **unklare Grenzbereiche,** die sich mit *gut gemeinten* Analogie-Regeln nicht erreichen lassen: Die Märchen- und „Fantasy"-Welt ist voll von „menschenähnlichen" Wesen, denen auf vielfältige Weise grausames Leid und Schmerzen zugefügt wird. Man wird auch kaum bezweifeln können, dass die Comic-Filme, die an Sonn- und Feiertagen ab 6 Uhr morgens den TV-Markt für Vorschulkinder bedienen, sich mit „menschenähnlichen" Wesen beschäftigen, die sich permanent *spaßeshalber* den Schädel einschlagen, gegenseitig in Brand setzen oder in die Luft sprengen. Die „Kindgerechtheit" soll sich hier daraus ergeben, dass (immanent) auch der Schmerz noch Spaß macht und die Massakrierten sich alsbald unversehrt wieder erheben. Das könnte man freilich auch „Verharmlosen" nennen. Nach **aA** (SK-*Rudophi/Stein* 7; *Beisel* [1 a] 276; *Erdemir* ZUM **00**, 703) mangelt es hier an der Grausamkeit und Unmenschlichkeit der Gewalttätigkeiten, da die Darstellungen „eigenen physikalischen Gesetzmäßigkeiten" folgen und sich „ersichtlich im Kontext einer Fantasiewelt" bewegen (wieder anders LK-*v. Bubnoff* 20, wonach es an der tatbestandsmäßigen „Schilderung" der Grausamkeit fehle; vgl. auch Köln NJW **81**, 1459 [zu § 184 III aF]). Genau dasselbe behaupten die Freunde der „*Zombie*"- und *Kettensäge*-Massaker mit einiger Plausibilität ebenfalls. 6 b

Die geschilderte Gewalttätigkeit *als solche* muss **grausam** (56 zu § 211) oder **unmenschlich** sein (BT-Drs. 10/2546, 22); Unmenschlichkeit der Schilderung reicht nicht aus. Das ist der Fall, wenn in ihr eine menschenverachtende und rücksichtslose Tendenz zum Ausdruck kommt (BT-Drs. aaO; BVerfGE **87**, 226); **zB** wenn ein Mensch einen anderen „nur zum Spaß" abknallt (Ber. 7; LK-*v. Bubnoff* 17); wenn sie unter Zufügung besonderer Schmerzen oder Qualen (auch seelischer Art) erfolgt (vgl. Koblenz NJW **86**, 1700; NStZ **98**, 40); wenn sie in Art, Ausmaß oder Wirkung nach ihrer Natur oder nach ihrer Sinnbedeutung ein „besonderes" Leiden des Opfers bewirkt. Eine Anknüpfung an die zum Merkmal der **Grausamkeit** in § 211 II entwickelten Grundsätze ist nur bedingt möglich, weil es für § 131 an jedem Bezugspunkt, etwa einem Maß des „zur Tatbestandserfüllung Notwendigen", fehlt. Man wird für Evidenz-Fälle (vgl. **zB** Koblenz NJW **86**, 1700; NStZ **98**, 40) auch auf die *jeweilige* (dargestellte) Handlung abstellen können; freilich lassen sich so weder nach objektiven Gesichtspunkten *per se* grausame Gewalttätigkeiten (**zB** Verbrennen; Verbrühen; Verstümmelungen) noch eine sinnentleerte, selbstzweckhafte Darstellung „normaler" Gewalttätigkeiten erfassen; dies gelingt allenfalls mit dem Merkmal der „Unmenschlichkeit". Eine klare Abgrenzung zwischen der Darstellungs*weise* und dem Darstellungs*inhalt* ist kaum möglich (unten 11, 12). 7

B. Schilderung der Gewalttätigkeit. Abs. I enthält **drei Varianten** der inhaltlichen Darstellung. Alle setzen ein „Schildern" von Gewalttätigkeit voraus, dh die unmittelbar optische und/oder akustische Wiedergabe einer Gewalttätigkeit (4, 5) oder einen auf dieselbe Weise vermittelten Bericht hierüber. Es kommt auf den objektiven Sinngehalt der Darstellung an. Die Schilderung muss nicht „lückenlos" sein (*Erdemir* [1 a] 79 f.); zum notwendigen Schilderungsinhalt gehört aber auch, was die Grausamkeit oder Unmenschlichkeit der Gewalttätigkeit ausmacht (SK-*Rudolphi/Stein* 9). 8

a) Die 1. Variante setzt voraus, dass die Schilderung eine **Verherrlichung** „solcher Gewalttätigkeiten" **ausdrückt,** also deren Berühmung als etwas Großartiges, Imponierendes oder Heldenhaftes. Es kommt nicht darauf an, ob gerade die dargestellte Gewalttätigkeit verherrlicht wird, wenn sich nur aus der Darstellung eine entsprechende Befürwortung „solcher", dh derselben oder ähnlicher Gewalttaten ergibt. Auf eine zumindest konkludente *Bezugnahme* des „verherrlichenden" Inhalts auf die objektiv *dargestellten* Vorgänge wird man aber nicht verzichten kön- 9 nen (**zB** Darstellung grausamer Gewalttätigkeiten mit der verherrlichenden Ankündigung, alsbald „dasselbe" dem Täter anzutun). Eine Darstellung als nachahmenswert ist nicht erforderlich (SK-*Rudolphi-Stein* 10; **aA** MK-*Miebach/Schäfer* 27). Für den inhaltlichen Gehalt des „Ausdrückens" kommt es nicht auf die Absicht des Verfassers, sondern auf den Verständnishorizont durchschnittlich verständiger Rezipienten an (vgl. dazu auch SK-*Rudolphi/Stein* 11 a).

10 **b)** Die **2. Variante** setzt eine **Verharmlosung** voraus, dh eine Bagatellisierung als eine sozial übliche oder akzeptable Form des Verhaltens oder mindestens als „nicht verwerfliche Möglichkeit zur Lösung von Konflikten" (Ber. 7). Nach BT-Drs. 10/2546, 22 sollen vom Begriff des Verharmlosens auch Fälle der „beiläufigen", „emotionsneutralen" Schilderung von grausamen oder sonst unmenschlichen Gewalttätigkeiten ohne ein „Herunterspielen" erfasst sein, sofern sie als „selbstzweckhaft" einzuordnen sind (*Greger* NStZ **86**, 10; LK-*v. Bubnoff* 26; **aA** *Lackner/Kühl* 6).

11 Verherrlichung oder Verharmlosung müssen sich in der **Art** der Schilderung **ausdrücken.** Damit ergibt sich eine quasi *vierstufige* Systematik (Gewalttätigkeit – Grausamkeit oder sonstige Unmenschlichkeit – Schilderung – Ausdruck von Verherrlichung oder Verharmlosung) überwiegend normativer Merkmale, die eine Bestimmung des Unrechtstatbestands außerhalb *offenkundiger* Fällen stark erschwert (vgl. auch *S/S-Lenckner/Sternberg-Lieben* 2; SK-*Rudolphi/Stein* 4 a; *Lackner/Kühl* 1; *Joerden* ZRP **95**, 325). Die Gewalttätigkeit und die Form ihrer Darstellung sind nicht isoliert zu würdigen (LK-*v. Bubnoff* 22; *S/S-Lenckner/Sternberg-Lieben* 10; oben 7), sondern im „gesamten Zusammenhang, in dem die einzelne Gewaltdarstellung eingebettet ist" (Ber. 8). Es kommt nur auf den **Inhalt der Schrift** an. Ist dieser als Verherrlichung oder Verharmlosung zu verstehen, so kann eine als Alibi angehängte Distanzierung (vgl. Ber. 8) nichts daran ändern. Andererseits fällt zB ein Kriegsfilm, der seine pazifistische Tendenz erkennen lässt, nicht unter I (vgl. *S/S-Lenckner/Sternberg-Lieben* 9, 10), ebenso wenig die „distanzierte oder verfremdete" Beschreibung eines an sich grausamen oder unmenschlichen Vorgangs (*Lackner/Kühl* 6). Die **Abgrenzung** im Einzelfall ist oft schwierig. So kann es einerseits an einer *Verherrlichung* fehlen, wenn die die Gewalttätigkeiten ausführenden Personen als abstoßend oder moralisch verkommen dargestellt werden (vgl. Koblenz NStZ **98**, 40); umgekehrt kann aber, wenn solche Personen als Opfer der Gewalttätigkeiten dargestellt werden, gerade hierin ein *Verharmlosen* liegen.

12 **c)** Die **3. Variante** setzt voraus, dass durch die **Art der Schilderung** das Grausame oder Unmenschliche des „Vorgangs" ist in einer Weise **dargestellt** wird, welche die **Menschenwürde** verletzt. Die Variante lässt bei verfassungskonformer Auslegung (BVerfGE **86**, 209, 227 ff.) ihren Anwendungsbereich weitgehend offen (vgl. auch Koblenz NStZ **98**, 40; *v. Hartlieb* NJW **85**, 830, 834; *Beisel/Heinrich* NJW **96**, 491, 496; *Lackner/Kühl* 7; *S/S-Lenckner/Sternberg-Lieben* 11; SK-*Rudolphi/Stein* 1, 12 f.). Nach Auffassung des Gesetzgebers (BT-Drs. 10/2546, 23) sollen exzessive Gewaltdarstellungen auch dann erfasst werden, wenn es an der gewaltverherrlichenden oder der gewaltverharmlosenden Tendenz der Darstellung fehlt, diese aber „gleichwohl verrohend wirkt", zB weil sie ein blutrünstiges Geschehen ausschließlich zur Erzeugung von Ekel und Nervenkitzel ausmalt. Damit versucht die 3. Var. unter Weglassen der „Tendenz"-Merkmale der 1. und 2. Var. unmittelbar am **objektiven Darstellungsinhalt** anzusetzen. Die Verletzung der Menschenwürde kann aber nicht schon in der geschilderten Gewalttätigkeit als solcher gesehen werden, die, wenn sie die Merkmale der Grausamkeit oder Unmenschlichkeit erfüllt, stets die Menschenwürde verletzt (Koblenz NStZ **98**, 41; *S/S-Lenckner/Sternberg-Lieben* 11); vielmehr kommt es darauf an, ob die *Darstellung* eine (grausame oder unmenschliche) Gewalttätigkeit aus einem der Achtung der Menschenwürde entsprechenden Gesamtzusammenhang herauslöst und das Zufügen oder Erleiden der Gewalt zum isolierten und wesentlichen Merkmal der dargestellten Person macht. Das kann, ebenso wie bei der Pornographie, auch dann der Fall sein, wenn die Gewalttätigkeiten in eine Gesamthandlung eingefügt sind, jedoch als deren alleiniges oder beherrschendes Motiv erscheinen.

13 Der Begriff der **Menschenwürde** (Art. 1 I GG) wird hier nicht auf eine bestimmte Person bezogen, sondern als **abstrakter Rechtswert** verstanden (vgl. BT-Drs. aaO; auch BVerf-

GE **87**, 227: „Würde des Menschen als Gattungsperson"; *S/S-Lenckner/Sternberg-Lieben* 11); als „normatives Prinzip" (*Böckenförde* JZ **03**, 809, 810). Auf die Menschenwürde der *Rezipienten,* die sich allesamt freiwillig ihrer Würde begeben mögen, kommt es nicht an; selbstverständlich auch nicht auf eine – in der Darstellung uU immanent gar nicht vorhandenen – Menschenwürde **fiktiver** Täter oder Opfer (vgl. *Beisel,* Gerechtigkeit für *Zombies!,* AfP **97**, 514); vielmehr auf die in der Darstellung selbst enthaltene *Bewertung* der Menschenwürde. Die Frage, ob sie verletzt ist, bestimmt sich nach objektiven Maßstäben; eine Verletzung iS von Abs. I wird idR voraussetzen, dass sich aus der konkreten Form der Gewaltdarstellung der Sinngehalt ergibt, es werde der jedem Menschen zukommende Anspruch bestritten, in seiner körperlichen Integrität, seinem Leben und seinem physischen oder psychischen Leiden nicht zum **bloßen Objekt fremder Willkür, Belustigung oder Unterhaltung** gemacht zu werden. Ein verbaler Vorbehalt oder eine Distanzierung des Täters vom Dargestellten schließen den Tatbestand nicht ohne weiteres aus. Auch ist es unerheblich, ob es dem Täter mit seiner Darstellung darauf ankam, die Menschenwürde zu verletzen (vgl. *Lackner/Kühl* 8; hierzu auch unten 18).

4) Tathandlungen (Abs. I, II). Die Vorschrift enthält in **Abs. I** allgemeine Schriftenverbreitungstatbestände. Die Tathandlungen entsprechen § 130 Abs. II Nr. 1 Buchst. a bis d (vgl. dort 21). **Abs. II** stellt der Schriftenverbreitung Darbietungen im **Rundfunk** sowie in **Medien- und Telediensten** gleich (vgl. entspr. § 184 c); insoweit gilt das zu § 130 IV und § 184 c Nr. 1 Ausgeführte. Zum Verbreiten im **Internet** und zur Verantwortlichkeit von Mediendienste-Anbietern gem. §§ 7 ff. TMG vgl. 26 ff. zu § 184. Live-Darbietungen außerhalb des Rundfunks und von Medien- und Telediensten sind tatbestandslos (zB Theater; krit. LK-*v. Bubnoff* 12, 32; *S/S-Lenckner/Sternberg-Lieben* 3). **14**

5) Privileg der Berichterstattung (Abs. III). Die Privilegierung nach Abs. III schließt den **Tatbestand** aus und hat nicht nur rechtfertigende Wirkung. **Handlung** iS von Abs. III ist nur die Tathandlung der Abs. I oder II, dh das **Verbreiten;** danach muss der Inhalt der Schrift den Zwecken des Abs. III nicht dienen (anders §§ 130 V, 131 III, jew. iVm § 86 III). Eine Darstellung, welche die Voraussetzungen des Abs. I erfüllt, wird *als solche* schwerlich der Berichterstattung „dienen", wenn man nicht in Abs. III eine Freizeichnungsklausel für jede Art missbräuchlicher „Dokumentation" um der Verbreitung des *Inhalts* willen sehen will (vgl. SK-*Rudolphi/Stein* 16; LK-*v. Bubnoff* 16; *S/S-Lenckner/Sternberg-Lieben* 15/16). **15**

Soweit die Verbreitung selbst dem Zweck der Berichterstattung „dient", ist der Tatbestand ausgeschlossen. Davon sind nach hM Schilderungen nicht umfasst, welche den Zweck der Berichterstattung nur als „Vorwand oder Anlass" für die Verbreitung von Gewaltdarstellungen nehmen (vgl. Ber. 9). Damit lassen sich freilich klare Abgrenzungen eines Missbrauchsvorbehalts kaum erreichen: Die Ausstrahlung **zB** von Filmaufnahmen, die von „Vernehmern" während einer Folterung gefertigt wurden, kann Berichterstattung oder deren Missbrauch sein, ohne dass sich dies am Merkmal des „Dienens" hinreichend bestimmen ließe; und ob die 20fache Wiederholung der Fernsehaufnahmen von einem in Todesangst um Hilfe rufenden Menschen an einem Fenster des *World Trade Center* noch Berichterstattung über eine die Menschenwürde verletzende Gewalt ist oder schon ihrerseits eine die Menschenwürde verletzende Darstellung, ist ungeklärt. Die Ansicht der hM, Abs. III habe nur einen „schmalen Anwendungsbereich" (vgl. S/S-*Lenckner/Sternberg-Lieben* 15/16 mwN), trifft nur dann zu, wenn man den Regelungsgehalt des Abs. III in die normativen Wertungen des Abs. I schon aufnimmt. Folgt man hingegen dem Wortlaut der Vorschrift, der die Möglichkeit einer Verbreitung tatbestandsmäßiger Darstellungen zum Zweck der Berichterstattung gerade voraussetzt, so ist im Einzelfall zu beurteilen, ob die Verbreitung gerade dieser Darstellung der Berichterstattung „dient". **16**

6) Erzieherprivileg (Abs. IV). Einen weiteren Fall des **Tatbestandsausschlusses** (Ber. 9, 44 ff.; *S/S-Lenckner/Sternberg-Lieben* 15/16; SK-*Rudolphi/Stein* 17; LK-*v. Bubnoff* 36) enthält Abs. IV, wonach Abs. I **Nr. 3** „nicht anzuwenden" ist, wenn die zur Personensorge berechtigte Person handelt. Die **Einschränkung** **17**

durch **HS 2** entspricht § 180 I S. 2, 2. HS, § 184 II und ist durch Art. 1 Nr. 6 des SexDelÄndG v. 27. 12. 2003 (oben 1) eingefügt worden (vgl. dazu BT-Drs. 15/1311, 22f.). Das Erzieherprivileg des HS 1 greift daher nicht ein, wenn das Anbieten, Überlassen oder Zugänglich-Machen im Einzelfall die **Erziehungspflicht** des Täters **gröblich** verletzt. Die Einschränkung ist systematisch konsequent, denn die frühere rein formale Freistellung von Personen, die mit der Tat ihrer Sorgepflicht weder nachkommen noch dies auch nur *wollen,* leuchtete (im Vergleich zu § 180 I S. 2., 2. HS) nicht ein. Die Tatbestandslosigkeit gilt für den **Sorgeberechtigten** als Täter oder Teilnehmer. Ein **Dritter** ist jedenfalls dann straflos, wenn er nur als Teilnehmer handelt. Ob sich die Straffreiheit auf Dritte erstreckt, die täterschaftlich, aber mit Zustimmung oder im Auftrag des Sorgeberechtigten handeln, ist streitig; es gilt insoweit das zu § 180 I S. 2 Ausgeführte.

17a Eine **gröbliche Verletzung der Erziehungspflicht** (vgl. dazu auch Erl. zu § 180 I S. 2, zu § 184 II) kann nur nach Maßgabe der Umstände des Einzelfalls festgestellt werden; sie kann sich nicht schon aus dem objektiven Inhalt einer Darstellung ergeben. Zu berücksichtigen sind daneben insb. Alter, Reife und psychische Disposition der betroffenen kindlichen oder jugendlichen Person; eventuelle Erfahrungen des Sorgeverpflichteten mit Reaktionen auf oder Auswirkungen von entsprechenden Darstellungen; die konkreten Umstände von Wahrnehmung und Konsum durch das Kind (völlig unkontrollierter oder exzessiver Konsum; Auswirkungen auf soziales Verhalten, usw.); in subjektiver Hinsicht zu berücksichtigen sind aber auch die intellektuellen und psychischen Voraussetzungen des Sorgeverpflichteten selbst (**aA** SK-*Rudolphi/Stein* 18). Eine Pflichtverletzung kann sich auch erst im Verlauf dauerhaften Verhaltens ergeben. Bei Duldung oder Einrichtung eines **Internet**-Zugangs wird man ggf. Bemühungen um objektive Begrenzung (zB Provider mit Webseiten-Sperrung) und individuelle Kontrolle erwarten können. Soweit die Gesetzesbegründung (BT-Drs. 15/1311, 22) auf konkrete Beispiele von „Gewalttaten junger Menschen" verweist (*Amoklauf in Erfurt;* dort freilich *erwachsener* Täter), dürften die sozial-psychologischen Kausalzusammenhänge allzu vereinfacht sein.

18 **7) Subjektiver Tatbestand.** § 131 setzt **Vorsatz** voraus (Fahrlässigkeitstaten in § 27 III JuSchG). Bedingter Vorsatz genügt; nur in den Fällen von I Nr. 4 muss die dort genannten Absicht hinzutreten. Motive und Ziele des Täters, die sich nicht in der Darstellung ausdrücken, berühren den Vorsatz nicht; er muss andererseits weder den Inhalt der Schrift billigen, noch die in ihr ausgedrückte Tendenz selbst verfolgen (*Lackner/Kühl* 10). Es reicht aus, wenn der Täter die Umstände kennt, die das Urteil „unmenschlich", „Verherrlichung" usw. tragen; er braucht es nicht selbst mitzuvollziehen; sein Irrtum ist insoweit Subsumtionsirrtum und kann zum Verbotsirrtum führen. Irrt der Täter über den Begriff der Berichterstattung iS von III, so kann dies Tatbestands- oder Subsumtionsirrtum sein; der Irrtum über die rechtlichen Grenzen des Privilegs ist Verbotsirrtum. Ein **Verbotsirrtum** kommt auch in Betracht, wenn der Täter eine Stellungnahme zur rechtlichen Unbedenklichkeit der Schrift von einer Behörde, einer sachkundigen Stelle (FSK) oder einem Rechtsanwalt einholt; freilich ist ein Irrtum nicht unvermeidbar, wenn die Prüfung erkennbar oberflächlich ist oder nach dem Willen des Anfragenden nur eine „Feigenblattfunktion" erfüllen soll (NStZ **00**, 307, 309; vgl. auch BGH **40**, 257, 264).

19 **8) Rechtswidrigkeit; Kunst- und Wissenschaftsfreiheit.** Allgemeine Rechtfertigungsgründe sind nicht ausgeschlossen, spielen aber neben den tatbestandlichen Privilegierungen nach III und IV keine Rolle. Dabei ist zu beachten, dass sich eine mögliche Rechtfertigung auf die **Verbreitung** usw. der Schrift und daher nur mittelbar auf den (vom Vorsatz umfassten) **Inhalt** beziehen muss. Eine **verfassungsrechtliche** Rechtfertigung, namentlich aus Art. 2 I, 5 I oder 12 I GG, scheidet bei Vorliegen der Voraussetzungen des Abs. I regelmäßig aus. Das Grundrecht der **Filmfreiheit** aus Art. 5 Abs. I S. 2 GG wird durch die Schranke (Art. 5 II GG) des § 131 nicht verletzt (vgl. *Meirowitz* Jura **93**, 155ff.).

Dagegen können die Grundrechte aus Art. 5 III GG, namentlich die **Kunst-** 20
und **Wissenschaftsfreiheit,** hier ebenso wie bei § 184 von Bedeutung sein, wobei nicht ganz klar ist, ob die nach stRspr des BVerfG insoweit vorzunehmende **Gesamtabwägung** (BVerfGE **30**, 173, 193; **67**, 226 ff.; **75**, 377; **81**, 291; **83**, 139) eine Frage der Rechtfertigung ist (so *S/S-Lenckner/Sternberg-Lieben* 17; LK-*v. Bubnoff* 38; *M/Schroeder/Maiwald* 94/13; *Würtenberger* NJW **82**, 613) oder ob bei Vorrang des Grundrechts schon der Tatbestand entfällt (so wohl BT-Drs. 10/2546, 23; *v. Hartlieb* NJW **85**, 834; vgl. auch 35 ff. zu § 193). Für den Bereich der **Kunst** gelten die nämlichen **Grundsätze** wie zu §§ 184, 184 a (vgl. Erl. dort). Danach schließen sich Kunst und Gewalt*darstellung* selbstverständlich nicht aus, aber auch nicht Kunst und Gewalt*verherrlichung* oder *-verharmlosung.* Andererseits ist die Freiheit der Kunst zwar vorbehaltlos, aber nicht schrankenlos garantiert (vgl. auch LK-*v. Bubnoff* 38; *S/S-Lenckner/Sternberg-Lieben* 17; *Beisel* [1 a] 293 ff., jew. mwN); Schranken ergeben sich aus einer den Grundrechten immanenten (Gesamt-)Werteordnung (vgl. BVerfGE **30**, 173; **83**, 147), deren Geltungsbereich durch einen „formalen", offenen Kunstbegriff (vgl. BGH **37**, 58) weder beschränkt noch ausgeweitet wird.

Anzusetzen ist zunächst an Kriterien (immanenter) Selbst-Definition von Kunst, 21
welche sich insb. auf Merkmale der **Abstraktion** und **Verfremdung** beziehen (vgl. 37 zu § 193; ähnl. *S/S-Lenckner/Sternberg-Lieben* 17). Eine tatbestandliche Verherrlichung von Gewalt kann durch Art. 5 III S. 1 GG gerechtfertigt sein, wenn sie nach *eigengesetzlichen* Kriterien der Kunst (LK-*v. Bubnoff* 38) in ihrem *Sinngehalt* über die bloß affirmative Abbildung hinausweist und **zB** die Bedeutung von Gewalt, aber auch von Gewalt-Darstellung, *insgesamt* zu ihrem thematischen Gegenstand macht (vgl. dazu auch BVerfG NJW **90**, 1983; **92**, 2073; BVerwG NJW **72**, 596, 599). Die Freiheit der Kunst steht freilich nicht unter einem allgemeinen Vorbehalt des „Gut-Meinens"; eine (nur oder auch) *formale* **„Distanzierung"** kann vom Künstler nicht verlangt werden. Bei der Beurteilung ist zu bedenken, dass in diesem Bereich, den *Lenckner/Sternberg-Lieben* zutr. als „ vielfach kaum noch judiziabel" bezeichnen (*S/S* 17), sich sowohl der Gegenstand der Bewertung als auch sein Bezugspunkt, vor allem aber die Bewertungskriterien selbst in einem vielschichtigen kommunikativen Prozess ständig verändern, welcher seinerseits Charakteristikum wie Gegenstand der Kunst ist. Wo genau **zB** die **Grenze** zwischen *Goya*-Zeichnungen und der Zeichnung eines „mit einem Polizeiknüppel wuchtig geführten Schlags auf den Kopf" (vgl. NStZ **00**, 307) oder zwischen *Andy Warhols* Film „Flesh" und einem *Zombie*-Machwerk, zwischen *American Psycho* und dem *Kettensägemassaker* verläuft, wann sich eine triviale, affirmative oder aus bloßem Erwerbsinteresse gespeiste Abbildung von menschenverachtender Gewalttätigkeit auf den Weg von Internet-Seiten und Videotheken für Dumme über den *„Kult"*-Status der sog. *Szene* zur preisgekrönten Kunst begibt, lässt sich mit den dem Strafrecht zur Verfügung stehenden Formeln kaum zutreffend erfassen; Abstraktion und Verfremdung sind ihrerseits vor allem Elemente des Wahrnehmungs- und Bewertungsprozesses (vgl. zum Ganzen auch *Villeneuve,* Grausamkeit u. Sexualität, 1988).

Die **Strafrechtspraxis** wird sich idR mit einer **Evidenz-**Bewertung begnügen 22
müssen, die im Bereich des § 131 ebenso zeitbedingt ist wie im Bereich der §§ 184 ff. Zu beachten ist, dass § 131 in weit vorverlagernder Weise nur die *abstrakte* Menschenwürde schützt (*M/Schroeder/Maiwald* 94/13; *Meirowitz* [1 a] 372 ff., 383), also *die* ***normative*** **Verständigung** über deren Inhalt und über die aus ihr folgenden, vom Staat zu garantierenden **Mindestbedingungen;** dass bei Verbreitung einer den Tatbestand erfüllenden Darstellung eine Rechtfertigung durch Art. 5 III S. 1 GG regelmäßig ausscheide (SK-*Rudolphi* 12 [anders nur für „Nachgestaltungen" historischer Ereignisse oder von Kunstwerken aus vergangenen Zeiten]; LK-*v. Bubnoff* 38 [Rechtfertigung nur in Ausnahmefällen]), wird man daher kaum sagen können (ähnl. *M/Schroeder/Maiwald* 94/13; zurückhaltend auch *S/S-Lenckner/Sternberg-Lieben* 17).

Auch **Wissenschaft** und tatbestandliche Verbreitung gewaltverherrlichender 23
Schriften schließen einander nicht von vornherein aus; das gilt insb. für wissen-

schaftlich motivierte Dokumentationen. Die Abgrenzung ist auch hier im Einzelfall problematisch, eine Umgehung der Strafdrohung durch pseudowissenschaftliche „Rahmentexte“ u. ä. häufig und kaum zu verhindern.

24 **9) Vollendung; Versuch.** Zum Vollendungszeitpunkt der Tatvarianten vgl. Erl. zu § 184. In den Unternehmenstatbeständen des I Nr. 3 ist jeweils der Versuch auch formell miterfasst. Zur **Beendigung** und zum Beginn der **Verjährung** (§ 78 a) vgl. 59 zu § 184.

25 **10) Täterschaft und Teilnahme.** Die Abgrenzung der Beteiligung richtet sich nach allgemeinen Grundsätzen, so dass als Täter, vielfach als Mittäter, möglicherweise auch als Nebentäter Autoren und Verleger bei Schriften, bei Filmen auch der Regisseur, beim Rundfunk auch Intendant, Abteilungsleiter und Redakteure (Prot. VI/1834) in Betracht kommen; als Gehilfen die sonstigen Beteiligten, Drucker, Darsteller usw. (vgl. LK-*v. Bubnoff* 33). Zur (vorgelagerten) Regelung der **Verantwortlichkeit** bei Verbreiten und Zugänglichmachen im **Internet** vgl. §§ 7 ff. TMG (dazu 26 ff. zu § 184).

26 **11) Konkurrenzen.** Tateinheit ist u. a. möglich mit §§ 86, 86 a, 130 (Prot. VI/1893), 140, 184 a, 185 ff.; auch mit § 27 I iVm § 15 I, II JuSchG.

27 **12) Sonstige Vorschriften.** Einziehung der Schriften usw. in den Fällen von I nach § 74 d; in den Fällen von II nach § 74 Einziehung der *instrumenta sceleris.* **Liste** jugendgefährdender Schriften: vgl. § 24 JuSchG. **Fahrlässigkeitstaten:** § 27 III JuSchG.

Amtsanmaßung

132 Wer unbefugt sich mit der Ausübung eines öffentlichen Amtes befasst oder eine Handlung vornimmt, welche nur kraft eines öffentlichen Amtes vorgenommen werden darf, wird mit Freiheitsstrafe bis zu zwei Jahren oder mit Geldstrafe bestraft.

1 **1) Allgemeines.** Die Vorschrift gilt idF des 3. StÄG, das die Strafdrohung geändert hat (vgl. auch § 1 II Nr. 8 des 4. StÄG). **Statist. Angaben:** LK-*v. Bubnoff* 2.

1 a **Literatur:** *Düring,* Amtsanmaßung u. Mißbrauch von Titeln, 1990 (Diss. Frankfurt/M.); *Geppert,* Ausgewählte Delikte gegen die „öffentliche Ordnung“, insb. Amtsanmaßung, Jura **86**, 590; *Kahle,* Amtsanmaßung, GA **93**, 191; *Krüger,* NStZ **89**, 477 [Anm. zu Koblenz NStZ **89**, 268]; *Küper,* Zum Verhältnis der beiden Begehungsformen des § 132 StGB, JR **67**, 451; *Oetker,* Amtsanmaßung durch Verbreitung nachgemachter amtlicher Schreiben, NJW **84**, 1602.

2 **2) Rechtsgut.** Die Vorschrift dient dem Schutz der staatlichen Organisation und der Staatsgewalt vor unbefugter Ausübung eines öffentlichen Amtes ieS des § 45 (BGH **3**, 244; **12**, 31), nicht (auch) dem Schutz von Individualrechten (BGH **40**, 15; Bay NStZ-RR **03**, 109; LK-*v. Bubnoff* 4, 5; *S/S-Cramer/Sternberg-Lieben* 1). § 132 ist ein **abstraktes Gefährdungsdelikt** (allgM), das **Autorität** und **Ansehen** des Staats dadurch schützen soll, dass es die **Vortäuschung von Hoheitsgewalt** unter Strafe stellt (vgl. zB BGH **12**, 30 f.; **40**, 12 f.; LK-*v. Bubnoff* 4; *M/Schroeder/Maiwald* 80/1; *Küper* BT 13), um den damit verbundenen Risiken missbräuchlicher und willkürlicher Inanspruchnahme von Durchsetzungsmacht entgegenzuwirken (vgl. auch *Düring* [1 a] 240 ff.); der Verlust des allgemeinen Vertrauens in die hoheitlich abgeleitete Autorität öffentlicher Ämter müsste zu einer steten misstrauischen Überprüfung der tatsächlichen Grundlagen hoheitlicher „Befugnis“ und damit zu einem Legitimitätsverlust des Staats führen (ähnl. *Arzt/Weber* 45/101).

3 **3) Öffentliches Amt.** Das **Handlungsobjekt** des § 132 ist ein öffentliches Amt, dh eine Tätigkeit als Organ der Staatsgewalt im unmittelbaren oder mittelbaren Dienst von Bund, Ländern oder Gemeinden (vgl. Stuttgart StraFo **06**, 255; AG Göttingen NJW **83**, 1210); umfasst sind auch Körperschaften und Anstalten des öffentlichen Rechts, soweit sie der Erfüllung staatlicher Aufgaben dienen (BT-Drs. 7/550, 209). Der Begriff des öffentlichen Amtes ist im **statusrechtlichen** und **funktionellen** Sinn zu verstehen; erfasst sind Amtsträger iS von § 11 I Nr. 2 bis 4, aber auch Notare (NJW **98**, 3791); **nicht** aber nur staatlich reglementierte Berufe und Tätigkeiten (Insolvenzverwalter; Testamentsvollstrecker; Rechtsanwalt [*S/S-*

Cramer/Sternberg-Lieben 4]); auch nicht kirchliche Ämter. Nicht erfasst ist auch eine rein *fiskalische* Tätigkeit öffentlich Bediensteter (*Welp,* Lackner-FS 761, 786; LK-*v. Bubnoff* 9; vgl. BGH **31**, 264, 269); das gilt auch für die Berufsausübung öffentlich Bediensteter ohne hoheitliche Komponente (vgl. Karlsruhe NJW **83**, 352 [Chefarzt]).

Ämter der EU und von anderen **supranationalen Organisationen** sind von § 132 nicht umfasst, da (und soweit) die Bestellung der Amtsträger auf Gemeinschaftsrecht beruht und eine Gleichstellung weder im Wege einer Erstreckung von § 11 I Nr. 2 noch entspr. § 132a I Nr. 1, Nr. 4 für den Tatbestand des § 132 erfolgt ist (*S/S-Cramer/Sternberg-Lieben* 1; LK-*v. Bubnoff* 10 [dort auch Nachw. zu Bemühungen de lege ferenda]; **aA** SK-*Rudolphi* 6; LK[10]-Herdegen 3); das ist namentlich auch im Hinblick auf Befugnisübertragungen im Strafverfolgungsbereich (**zB** Europol; OLAF) dringend änderungsbedürftig. Unstr. von § 132 nicht erfasst sind Ämter fremder Staaten, daher **zB** nicht das Auftreten als ausländischer Diplomat (LK-*v. Bubnoff* 10; *S/S-Cramer/Sternberg-Lieben* 1). Ämter des ehemaligen Deutschen Reiches sind von § 132 nicht geschützt (Stuttgart NStZ **07**, 527 [Auftreten als „Reichspräsident"; Ernennung von „Staatssekretären" und Ausstellen von „Ausweisen"]). 4

Militärische Befehlsgewalt ist kein Amt iS von § 132 (unzutr. daher AG Bonn NZWehrr **83**, 156); insoweit gilt nur § 38 WStG (Anh. 16), freilich nur für Soldaten der Bundeswehr (§ 1 I WStG), so dass das Auftreten von Zivilisten *als* Inhaber von Befehlsgewalt weder § 132 noch § 38 WStG unterfällt (*Dau* NZWehrr **87**, 133; LK-*v. Bubnoff* 11 *[Hauptmann von Köpenick]*). Anders ist es, soweit von Soldaten hoheitliche Befugnisse (auch) gegenüber Zivilisten ausgeübt werden (Feldjäger). 5

Ob das Amt **tatsächlich existiert** oder zZ der Tat tatsächlich von einer Person **ausgeübt** wird, ist für § 132 grds unerheblich (*Lackner/Kühl* 2; *S/S-Cramer/Sternberg-Lieben* 4); freilich muss sich die Tathandlung im Hinblick auf das geschützte Rechtsgut (oben 2) auf ein hinreichend konkretisiertes (wenngleich uU erfundenes) Amt beziehen, welches als Ausübung hoheitlicher oder staatlicher Funktionen der *Bundesrepublik* erscheint (vgl. Stuttgart StraFo **06**, 255 [nicht gegeben bei Bezeichnung als „Reichspräsident"]). Nicht ausreichend ist eine Berufung auf „die Staatsgewalt" im Allgemeinen. Daher sollen **zB** die Bezeichnung „die Polizei" oder ein Telefonanruf unter der Mitteilung „Hier ist die Kriminalpolizei" nicht ausreichen (Koblenz NStZ **89**, 268 [Anm. *Krüger* NStZ **89**, 477]). Das erscheint zweifelhaft, weil es in § 132 allein um die (unbefugte) Reklamierung hoheitlicher Befugnisse und nicht um dienstrechtlich fehlerfreie Bezeichnungen geht (zutr. **aA** daher *Krüger* aaO; *M/Schroeder/Maiwald* 80/7; *S/S-Cramer/Sternberg-Lieben* 4); ausreichend muss daher die Berufung auf *irgendeine* (angeblich oder tatsächlich) staatlich legitimierte Hoheitsgewalt sein (**zB** Auftreten als Bediensteter einer Fantasiebehörde mit der Befugnis zu „Beschlagnahmen"). 6

4) Tathandlungen. § 132 enthält **zwei Tatbestände;** dabei stellt die 1. Var. nur einen Sonderfall der 2. Var. dar (*S/S-Cramer/Sternberg-Lieben* 2; LK-*v. Bubnoff* 24; *Geppert* Jura **86**, 590, 593; *M/Schroeder/Maiwald* 80/5, 12; **and.** *Lackner/Kühl* 10; AK-*Ostendorf* 17 [Konsumtion]; *Küper* JR **67**, 452f. und BT 16; SK-*Rudolphi* 2; *Otto* BT 89/13 [tatbestandliche Exklusivität]; *Düring* [1a] 89; *Kahle* GA **93**, 191f. [einheitliches Delikt]; *Tröndle* 48. Aufl. 10 [Tateinheit]; vgl. unten 10). 7

A. 1. Var.: Ausübung eines öffentlichen Amtes. Die 1. Tatbestandsvariante setzt voraus, dass der Täter ein öffentliches Amt (iS von oben 3ff.) **ausübt,** dh sich gegenüber Dritten so verhält, als nehme er Aufgaben und Befugnisse einer ihm verliehenen Amtsstellung wahr. Er muss sich „für den Amtsinhaber ausgeben" (vgl. schon RG **68**, 77) *und* eine Handlung vornehmen, die sich als Ausübung eines Amtes darstellt (BGH **40**, 8, 11; GA **67**, 114; BGHR § 132 Ausübung 1; Koblenz NStZ **89**, 268); ob sie dies tatsächlich wäre, wenn der Täter Amtsträger wäre, ist für die 1. Var. unerheblich (vgl. *Küper* BT 14). Das bloße *Sich-Ausgeben* als Amtsträger reicht nicht aus; erforderlich ist ein darüber hinaus gehendes Handeln, das sich 8 nach außen als amtliche Tätigkeit gerade in der angeblichen Funktion darstellt (vgl. KG StraFo **07**, 250). Es muss sich nicht um eine Maßnahme handeln, die *nur* von einem Amtsträger ausgeübt werden darf; vielmehr reichen auch Handlungen, die von Privaten vorgenommen werden dürften (**zB** vorläufige Festnahme nach § 127 StPO) oder die sich als schlicht hoheitliche Tätigkeit darstellen (Koblenz NStZ **89**, 268), wenn sie vom Täter als Ausübung des angeblichen Amtes dargestellt werden. Darauf, ob das vorgetäuschte Amt tatsächlich existiert oder ob die Handlung in den Zuständigkeitsbereich eines anderen als des vorgetäuschten Amtes fallen würde (vgl. *S/S-Cramer/Sternberg-Lieben* 4; SK-*Rudolphi* 7), kommt es nicht an.

8a Auch ein **Amtsträger** kann Täter sein, wenn er die Grenzen seiner Amtsbefugnis so weit überschreitet, dass die Handlung den Charakter der Ausübung eines *anderen* Amts gewinnt (BGH **3**, 241, 244; **12**, 85, 86; Bay NJW **03**, 1616 f.). Wenn ein Amtsträger innerhalb der Grenzen seiner Allgemeinzuständigkeit handelt, so ist § 132 aber auch dann nicht gegeben, wenn die Handlung im Einzelfall gegen rechtliche (Zuständigkeits-)Vorschriften oder innerdienstliche Weisungen verstößt oder sich als treuwidrige *Ausnutzung* der Dienststellung darstellt (Bay NJW **03**, 1616 f. [„Zeugenvernehmung" durch unzuständigen Polizeibeamten]).

9 **Einzelfälle.** Als tatbestandliche Ausübung eines Amtes iS der 1. Var. ist **zB** angesehen worden: Vorläufige Festnahme (RG **2**, 292); Erlass eines Mahnbescheids (RG **23**, 205; vgl. aber LG Hannover StV **81**, 552); Beschlagnahme durch angeblichen Polizeibeamten (RG **54**, 255); Wohnungsdurchsuchung (OGH **1**, 303); Untersuchen von Schülerinnen als angeblicher „Schularzt" (1 StR 442/73); Abschiebungsandrohung gegen Ausländer durch angeblichen Leiter des Gesundheits(!)amts (Karlsruhe 3 Ss 22/91); Erteilung gebührenpflichtiger Verwarnungen (GA **64**, 151); „Beschlagnahme" in Zueignungsabsicht durch Polizeibeamten des Bereichs einer fremden Polizeibehörde (Hamm NJW **51**, 245). **Nicht ausreichend:** Bestellen von Waren im angeblichen Auftrag einer Behörde (BGH **12**, 30; Oldenburg MDR **87**, 604); bloßes (wichtigtuerisches oder betrügerisches) Auftreten als Beamter ohne Ausführung angeblicher Diensthandlungen (MDR/D **67**, 13; 2 StR 553/92), **etwa bei** Betreten eines Lokals (BGHR § 132 Ausüben 1); Vorzeigen eines Geldstücks als angebliche Dienstmarke (GA **67**, 114); rechtswidrige Telefonüberwachung durch MfS-Angehörige (BGH **40**, 8, 12 [kein Anschein staatsanwaltschaftlicher Tätigkeit; **aA** Dresden DtZ **93**, 287; KG JR **93**, 388; vgl. dazu *Ostendorf* JZ **97**, 1106); telefonische Auskunftseinholung als angeblicher Kriminalbeamter (Koblenz NStZ **89**, 268 [„Anordnung" an Nachbarn unter Hinweis „hier ist die Kriminalpolizei"; vgl. oben 6]); telefonische Bemühungen, unter der Bezeichnung „Staatsanwalt" Herausgabe beschlagnahmten Geldes von der Polizei zu erlangen (KG StraFo **07**, 250 [*Grenzfall*]).

10 **B. 2. Var.: Vornahme einer Handlung, die nur kraft eines öffentlichen Amtes vorgenommen werden darf.** Die 2. Tatbestandsvariante erfasst Fälle, in denen sich der Täter nicht persönlich als Amtsträger ausgibt; die Tat ist „Amts*handlungs*anmaßung ohne eigentliche *Amts*anmaßung" (*Küper* BT 14). Die Rspr des **RG** (vgl. **zB** RG **34**, 288, 290 f.; **46**, 183 ff.; **55**, 265 f.; **59**, 291, 295) sah als Wesen der 2. Var. an, dass der Täter sich in ein öffentliches Amt unbefugt „einmische"; danach erfasste der Tatbestand auch Handlungen, die ein Privater unter *offenem* Auftreten als Privatperson ausführte, die aber Amtsträgern vorbehalten wären (so auch noch *Tröndle* 48. Aufl. 6; ähnl. LK-*v. Bubnoff* 18; and. aber ebd. 19). Nach heute **hM** und **stRspr** ist § 132 jedoch unter dem Gesichtspunkt des geschützten Rechtsguts dahin auszulegen, dass auch die 2. Var. den äußeren **Anschein einer *hoheitlichen* Handlung** erfordert (BGH **40**, 8, 12 f.; Bay **56**, 269 f.; KG JR **93**, 388, 391; Köln NJW **99**, 1042, 1044 [krit. *Wrage* NStZ **00**, 33]; Stuttgart NStZ **07**, 527 f. [nicht bei Ausgabe von „Führerscheinen" des „Deutschen Reichs"]; *Lackner/Kühl* 3; *S/S-Cramer/Sternberg-Lieben* 8; SK-*Rudolphi* 9; LK-*v. Bubnoff* 19; *M/Schroeder/Maiwald* 80/10; *Küper* BT 15 f.; *W/Hettinger* 611; *Arzt/Weber* 45/104; *Otto* BT 89/

8; *Schröder* NJW **64**, 62; *Geppert* Jura **86**, 592). Die vom Täter vorgenommene Handlung muss freilich als solche nicht alle Voraussetzungen einer rechtmäßigen Amtshandlung erfüllen; es kommt darauf an, ob sie einem objektiven Beobachter als hoheitliches Handeln erscheint und daher mit einer solchen verwechselt werden kann (BGH **40**, 8, 13 [illegales Abhören durch MfS]). Daher sind grds auch rechtlich unzulässige Handlungen erfasst (Frankfurt NJW **64**, 61; LK-*v. Bubnoff* 18, 20), selbst wenn die Rechtswidrigkeit dem Betroffenen erkennbar oder vom Täter gar nicht verschleiert wird (scheinbar *offen* rechtswidrige „Anordnung" mit „Rechtsmittelbelehrung").

Nicht erforderlich ist, dass der Täter nach außen als Urheber der scheinbaren Amtshandlung auftritt (dann 1. Var.); daher reichen **zB** „heimliche" Handlungen aus, die in ihrer objektiven Außenwirkung als Amtshandlungen erscheinen (Köln NJW **99**, 1044 [Verkehrsschild]); ebenso Handlungen, mit denen der Täter objektiv, ohne persönlich als Amtsträger in Erscheinung zu treten, den Anschein der „Amtlichkeit" erzeugt, **zB** durch Zusendung gefälschter **Behördenbescheide** (vgl. LK-*v. Bubnoff* 21) oder **Behördenschreiben** (vgl. AG Göttingen NJW **83**, 1209; LG Paderborn NJW **89**, 178). Die „bloße" Verfälschung amtlicher Schriftstücke reicht aber nicht aus, wenn sie nicht *als solche* ihrerseits den Anschein einer Amtshandlung erweckt (daher kein § 132 bei schlichter Fälschung von Führerscheindaten; wohl aber bei Eintragen eines „Änderungsvermerks"; vgl. BGHR § 132 Ausübung 2 [Fälschung eines gerichtlichen Beschlusses]; *S/S-Cramer/Sternberg-Lieben* 10). **11**

Bei nachgemachten Behördenschreiben ist schon das Merkmal einer „Amtshandlung" nicht gegeben, wenn das Schreiben sich in (**zB** satirischer) Weise nur der äußeren *Form* von behördlichen Mitteilungen (Gestaltung; Sprachstil; Belehrungen; Vermerke usw.) bedient, jedoch entweder auf Grund des angeblichen Absenders (**zB** einer *offenkundig* nicht existierenden Behörde) oder eines *offensichtlich* unernsthaften Inhalts der nichtamtliche Charakter ohne weiteres erkennbar ist (vgl. LG Hannover StV **81**, 552; *Oetker* NJW **84**, 1602 f.; *Geppert* Jura **86**, 591; LK-*v. Bubnoff* 22). **12**

Keine „Amtshandlungsanmaßung" liegt nach hM vor, wenn eine tatsächliche Handlung des Täters nur diesen selbst betrifft und Dritten gegenüber das Vertrauen in die staatliche Tätigkeit nicht gefährdet; so **zB** beim Anbringen falscher (oder fremder) Verwarnungszettel am eigenen Pkw, um eine „weitere" Verwarnung zu vermeiden (*Baumann* NJW **64**, 708); ebenso beim Ablösen einer Pfandmarke (*S/S-Cramer/Sternberg-Lieben* 9; LK-*v. Bubnoff* 23). **13**

Einzelfälle. Als tatbestandsmäßig ist **zB** angesehen worden: Zusendung angeblich städtischer Schreiben mit Aufforderung, Volkszählungsbögen unausgefüllt zurückzugeben (LG Paderborn NJW **89**, 178); Zusendung eines angeblich behördlichen Schreibens mit Aufforderung, sich unter Angabe von Bevorzugungsgründen um nur beschränkt verfügbare Plätze in Atomschutzbunkern zu bewerben (AG Göttingen NJW **83**, 1209 [Anm. *Oetker* NJW **84**, 1602]); Verändern von Verkehrsschild durch Überkleben (Köln NJW **99**, 1044 [Anm. *Wrage* NStZ **00**, 33]); Anbringen von Verwarnungszetteln und Zahlungsaufforderungen an *fremden* Pkw (LK-*v. Bubnoff* 23); Zusendung von formgemäßen gefälschten Mahnbescheiden (vgl. Frankfurt NJW **64**, 61). **Nicht** erfasst sind **zB** heimliches Entfernen eines Verkehrsschilds; Zerstören von Geschwindigkeitsmessanlagen. **14**

C. Unbefugtheit. In beiden Tatbestandsvarianten muss der Täter **unbefugt** handeln (aA *Düring* [1 a] 84 f.). Die Unbefugtheit ist nach ganz hM **Tatbestandsmerkmal** (BGH **40**, 8, 15; LK-*v. Bubnoff* 26; *S/S-Cramer/Sternberg-Lieben* 11; vgl. auch *Geppert* Jura **86**, 593; **aA** *Dahs* NStZ **86**, 101), denn der Tathandlung als solcher kommt ein Unrechtscharakter nicht zu (vgl. 13 vor § 13). Die Befugnis zur Vornahme von Amtshandlungen ergibt sich aus der im Außenverhältnis wirksamen (vgl. i. e. dazu LK-*v. Bubnoff* 27) Übertragung des Amts, so dass **zB** nicht Täter des § 132 sein kann, wer seine Amtsstellung unwirksam erschlichen hat (StB 11/74; *S/S-Cramer/Sternberg-Lieben* 11; SK-*Rudolphi* 1; wem sie durch unwirksamen Bestellungsakt übertragen wurde (LK-*v. Bubnoff* 27); wer auf Grund einer Disziplinarmaßnahme Diensthandlungen nicht vornehmen darf. **15**

16 **5) Subjektiver Tatbestand.** § 132 setzt **Vorsatz** voraus; dieser verlangt den Willen, ein Amt auszuüben oder eine Handlung vorzunehmen, die nur kraft eines öffentlichen Amtes vorgenommen werden darf (BGH **40**, 15; LK-*v. Bubnoff* 30); er setzt auch das Bewusstsein der Unbefugtheit voraus. Bedingter Vorsatz genügt. **Irrtum** über die Befugnis ist idR Tatbestandsirrtum (LK-*v. Bubnoff* 33; *S/S-Cramer/Sternberg-Lieben* 14); Verbotsirrtum liegt aber vor, wenn sich der Irrtum des Täters auf die Grenzen einer (irrtümlich angenommenen) Befugnis bezieht (vgl. LK-*v. Bubnoff* 34 [zB § 16, wenn der Täter sich irrtümlich für *beliehen* hält; § 17, wenn er irrig annimmt, als Privater berechtigt zu sein]).

17 **6) Täterschaft und Teilnahme.** Die Tat ist in beiden Tatbestandsvarianten **kein eigenhändiges Delikt** (ganz **hM;** vgl. *Lackner/Kühl* 9; *S/S-Cramer/Sternberg-Lieben* 12; SK-*Rudolphi* 4; LK-*v. Bubnoff* 37; **aA** RG **55**, 266; **59**, 81), da der Unrechtsgehalt nicht auf einem spezifisch personalen Handlungsunwert beruht. **Mittäterschaft** ist daher nach allgemeinen Regeln möglich, **zB** wenn bei einer von zwei Tätern ausgeführten scheinbaren Diensthandlung nur einer als Amtsträger auftritt (1. Var.), der andere als Privatperson (2. Var.; vgl. *S/S-Cramer/Sternberg-Lieben* 12; LK-*v. Bubnoff* 38). **Mittelbare Täterschaft** ist bei Einsatz eines täuschungsbedingt gutgläubigen Dritten möglich. **Anstiftung** ist auch durch den rechtmäßigen Amtsinhaber möglich (LK-*v. Bubnoff* 40).

18 **7) Konkurrenzen. Tateinheit** ist möglich mit § 242; mit § 253 und § 263 (GA **64**, 151), mit § 132a, mit §§ 331 ff. Zwischen beiden Tatbeständen des § 132 kann Tateinheit nur vorliegen, wenn sie sich auf verschiedene Handlungen beziehen; hinsichtlich derselben Handlung ist die 1. Var. speziell (Stuttgart NStZ **07**, 527 f.; *S/S-Cramer/Sternberg-Lieben* 16; LK-*v. Bubnoff* 24 f., 41; **aA** *Lackner/Kühl* 10 [Konsumtion]; *Küper* JR **67**, 451; SK-*Rudolphi* 2 [tatbestandliche Exklusivität]).

Missbrauch von Titeln, Berufsbezeichnungen und Abzeichen

132a **I Wer unbefugt**

1. inländische oder ausländische Amts- oder Dienstbezeichnungen, akademische Grade, Titel oder öffentliche Würden führt,
2. die Berufsbezeichnung Arzt, Zahnarzt, Psychologischer Psychotherapeut, Kinder- und Jugendlichenpsychotherapeut, Psychotherapeut, Tierarzt, Apotheker, Rechtsanwalt, Patentanwalt, Wirtschaftsprüfer, vereidigter Buchprüfer, Steuerberater oder Steuerbevollmächtigter führt,
3. die Bezeichnung öffentlich bestellter Sachverständiger führt oder
4. inländische oder ausländische Uniformen, Amtskleidungen oder Amtsabzeichen trägt,

wird mit Freiheitsstrafe bis zu einem Jahr oder mit Geldstrafe bestraft.

II Den in Absatz 1 genannten Bezeichnungen, akademischen Graden, Titeln, Würden, Uniformen, Amtskleidungen oder Amtsabzeichen stehen solche gleich, die ihnen zum Verwechseln ähnlich sind.

III Die Absätze 1 und 2 gelten auch für Amtsbezeichnungen, Titel, Würden, Amtskleidungen und Amtsabzeichen der Kirchen und anderen Religionsgesellschaften des öffentlichen Rechts.

IV Gegenstände, auf die sich eine Straftat nach Absatz 1 Nr. 4, allein oder in Verbindung mit Absatz 2 oder 3, bezieht, können eingezogen werden.

Übersicht

1) Allgemeines ... 1, 1 a
2) Rechtsgut; kriminalpolitische Bedeutung ... 2
3) Schutzbereich des Abs. I ... 3–16
4) Verwechslungsgeeignete Bezeichnungen (Abs. II) ... 17, 18

5) Erstreckung auf Religionsgesellschaften (Abs. III) ... 19
6) Tathandlungen ... 20–25
7) Subjektiver Tatbestand ... 26
8) Rechtswidrigkeit ... 27
9) Rechtsfolgen ... 28
10) Konkurrenzen ... 29
11) Sonstige Vorschriften ... 30

1) Allgemeines. Die Vorschrift ist durch Art. 19 Nr. 51 EGStGB abw. von § 302 E 1962 neu gefasst und in I Nr. 2 durch das PsychotherapeutenG v. 16. 6. 1998 (BGBl. I 1311) ergänzt worden. Im **Nebenrecht** als Ordnungswidrigkeiten mit Geldbuße bedroht sind weitere Missbrauchshandlungen (E EGStGB 221). Der Missbrauch von Berufstrachten oder -abzeichen (vgl. § 126 OWiG, Anh. 7) und der Missbrauch von Orden und Ehrenzeichen (vgl. § 15 OrdenG) sind **Ordnungswidrigkeiten;** ebenso der Missbrauch von zahlreichen Berufsbezeichnungen. Durch **Landesgesetze** sind weitere Berufsbezeichnungen geschützt. 1

Literatur: *Baldus,* Der Verzicht auf den akademischen Grad, Jura **88**, 573; *Dau,* Uniformen, Rang- und Tätigkeitsabzeichen der Bundeswehr im Schutze des § 132 a StGB, NZWehrr **87**, 133; *Düring,* Amtsanmaßung u. Mißbrauch von Titeln, 1990 [Bespr. *Kahle* GA **93**, 191]; *dies.*, ArchKrim **187**, 129; *Geppert,* Ausgewählte Delikte gegen die öffentliche Ordnung, Jura **86**, 590; *Hillmann,* Das Rechtsinstitut des Honorarprofessors (usw.), VerwArch **89**, 369; *Kahle,* Der Mißbrauch von Titeln, Berufsbezeichnungen u. Abzeichen – Rechtsgut, Schutzzweck u. Anwendungsbereich des § 132 a StGB, 1995 (Diss. Marburg); *Kern,* Zur Weiterführung der Amtsbezeichnung Professor nach der Entlassung aus dem Beamtenverhältnis, MedR **88**, 242; *Krause,* Führung von ausländischen Professorenbezeichnungen in der BRD, 1996; *Prieß,* Die Genehmigung zum Führen ausländischer akademischer und staatlicher Grade (usw.), NVwZ **91**, 111; *Quarch,* Zur Verfassungsmäßigkeit des § 132 a StGB, ZerKR **86**, 92; *Thieme,* Der Verzicht auf den Doktorgrad, DÖV **88**, 250; *Zimmerling,* Akademische Grade u. Titel, 1990 [Bespr. *Schlund* MedR **90**, 260]; *ders.*, MedR **91**, 293 [ausländ. Prof. Titel]; *ders.*, Der im Inland oder Ausland ehrenhalber verliehene Doktorgrad („Dr. h. c."), WissR **96**, 320. 1 a

2) Rechtsgut; kriminalpolitische Bedeutung. Zweck der Vorschrift ist der Schutz der Allgemeinheit vor dem Auftreten von Personen, die sich durch den unbefugten, dh nicht „verdienten" Gebrauch von Bezeichnungen den Schein besonderer Funktionen, Fähigkeiten und Vertrauenswürdigkeit geben (BGH **31**, 62; **36**, 277; NJW **94**, 808; NStZ-RR **97**, 135; Bay NJW **79**, 2359; Oldenburg NJW **84**, 2231 m. Anm *Meurer* JR **84**, 470; Jena AnwBl **98**, 535; Dresden NJW **00**, 2519; Köln NJW **00**, 1053 f.; LG Saarbrücken NJW **96**, 2665; LG Düsseldorf NJW **00**, 1052; *Geppert* Jura **86**, 594; vgl. GA **66**, 279; LK-*v. Bubnoff* 2; *W/Hettinger* 615; *S/S-Cramer/Sternberg-Lieben* 3; BVerfG ZevKR **31**, 91). Damit werden zwar mittelbar auch staatliche Interessen, insb. die Autorität von Behörden und Ämtern sowie die Funktionsfähigkeit bestimmter Berufsgruppen (vgl. Jena AnwBl. **98**, 535; LK-*v. Bubnoff* 2) geschützt. Da jedoch auch ausländische Titel, Bezeichnungen usw. erfasst sind und Abs. II die Strafdrohung nicht auf gar nicht existierende, sondern nur „ähnliche" Bezeichnungen ausweitet, und Aufgabe des deutschen Strafrechts nicht der Schutz ausländischer Behörden ist, geht es § 132 a letztlich um ein **Allgemeininteresse** an der Zuverlässigkeit formalisierter Zuschreibung von sozialen Bedeutungen, Verdiensten und Machtpositionen. Dies beinhaltet auch einen **vorverlagerten Schutz** vor Verletzungen von Individual- (insb. Vermögen) und Kollektivrechtsgütern (Staatsschutz); durch Taten nach § 132 a **verletzt** sind jedoch weder die (befugten) Inhaber der geschützten Titel und Bezeichnungen noch die sie verleihenden Stellen (in diese Richtung aber *Kahle* [1 a] 65). § 132 a ist ein **abstraktes Gefährdungsdelikt** im Vorfeld insb. von Täuschungsdelikten; es enthält aber auch Elemente des Ehren- und Staatsschutzes. 2

3) Schutzbereich des Abs. I. In Abs. I Nr. 1 bis 4 sind abschließend (vgl. aber II und unten 17) im Wege der **Verweisung** Bezeichnungen, Kennzeichen usw. aufgeführt, die als Zuschreibungen herausgehobener Funktionen, Fähigkeiten oder Verdienste von Personen in der Öffentlichkeit besonderes Vertrauen beanspruchen; sie repräsentieren **Garantien** in die Qualität, Lauterkeit und Vorhersehbarkeit von Verhalten oder Leistungen in bestimmten sozialen Funktionen. 3

A. Öffentliche Bezeichnungen und Titel (Nr. 1). In Abs. I Nr. 1 sind Bezeichnungen aufgeführt, die auf staatliche Funktionen und allgemein herausgehobene soziale Positionen hinweisen. 4

a) Amtsbezeichnung ist die gesetzlich, dh förmlich (in einer Besoldungsordnung) festgesetzte (vgl. BGH **26**, 267) Bezeichnung für ein übertragbares öffent- 5 liches Amt. Sie ergibt sich aus der Ernennungsurkunde. Ihr entspricht bei Soldaten der Dienstgrad (§ 16 BBesG). **Beispiele:** Professor (nur hauptberuflich tätige beamtete Hochschullehrer; unten 7), Landrat, Bürgermeister, Stadtbaurat, Vorsitzender Richter, Staatsanwalt, Notar (§ 1 BNotO); Pastor (Düsseldorf NJW **84**, 2959); Polizeiobermeister. Nicht erfasst sind bloße **Funktionsbezeichnungen** (Sachbearbeiter, Dezernent, Abteilungsleiter) und Berufsangaben (Polizeibeamter, BGH **26**, 267; LK-*v. Bubnoff* 2; SK-*Rudolphi* 2). Nach Eintritt in den **Ruhestand** darf der Beamte seine Amtsbezeichnung mit einem entsprechenden Zusatz (a. D.) weiterführen (vgl. § 81 III BBG; *Arndt* DRiZ **76**, 42); anders bei Beendigung des Beamtenverhältnisses infolge strafgerichtlicher Verurteilung nach § 49 S. 2 BBG. Hieraus ist aber nicht abzuleiten, dass die Verwendung des Zusatzes „a. D." in Verbindung mit *anderen* Bezeichnungen die konkludente Behauptung einer früheren Beamtenstellung enthalte (zutr. Dresden NJW **00**, 2519 [Straflosigkeit der Bezeichnung „städt. Amtsleiter a. D."]).

6 **b) Dienstbezeichnungen** sind Bezeichnungen für berufliche oder dienstliche Tätigkeiten, die öffentlich-rechtliche Befugnisse umfassen und daher nur auf Grund öffentlich-rechtlicher Zulassung ausgeübt werden dürfen, jedoch nicht mit der Übertragung eines Amtes verbunden sind. Sie sind vor allem nach § 9 BLV Beamten während des Beamtenverhältnisses auf Probe bis zu ihrer Anstellung vorbehalten; **zB** Inspektor zA, Rechtspflegeranwärter. Liegen zwar öffentlichrechtliche Befugnisse vor, jedoch kein öffentliches Amt, so kann Nr. 2 eingreifen.

7 Nach Landesrecht zu beurteilen sind die Rechtsstellungen des **Hochschulpersonals,** deren Doppelstatus sich daraus ergibt, dass Hochschulen sowohl Körperschaften des öffentlichen Rechts als auch staatliche Einrichtungen sind. Als Beamter auf Lebenszeit führt er daher eine **Amts**bezeichnung. Bei befristeter Tätigkeit kann auch ein privatrechtliches Dienstverhältnis gegeben sein, so dass er dann nur eine **Dienst**bezeichnung führt (vgl. zB Art. 10 II BayHSchLG). Der beamtete Professor führt aber als Ausfluss seiner korporativen Stellung zugleich eine **akademische Würde** (vgl. zB Art. 14 BayHSchLG). Bei **Honorarprofessoren** und **außerplanmäßigen Professoren** wird mit der Ernennung kein Dienstverhältnis begründet, so dass sie keine Amts- oder Dienstbezeichnung führen; die Bezeichnung ist eine titelgleiche akademische Würde (vgl. LK-*v. Bubnoff* 5 c; *Hillmann* VerwArch **88**, 369, 379; *Thieme* 474, 521). Bei Privatdozenten, Hochschulassistenten und wiss. Mitarbeitern kommt es auf das Dienstverhältnis an; als Beamte auf Lebenszeit führen sie, soweit nicht (zB als Akademischer Rat) eine Amtsbezeichnung vorliegt, eine Dienstbezeichnung. Ein Lehrauftrag begründet kein Dienstverhältnis.

8 **c) Akademische Grade** sind Graduierungsbezeichnungen oder Ehrentitel, die Hochschulabsolventen von einer deutschen staatlichen oder kirchlichen Hochschule oder Fachhochschule nach autonomen Prüfungs- oder Promotionsordnungen für den erfolgreichen Abschluss eines Studiums oder die Erbringung besonderer wissenschaftlicher Leistungen verliehen werden. Das G über die Führung akademischer Grade (GFaG) ist als *Bundesrecht* aufgehoben worden; es gelten die Regelungen der Landes-Hochschulgesetze. Akademische Grade sind keine Berufsbezeichnungen (NJW **63**, 582); die Berechtigung ihrer Führung setzt eine **Verleihung** voraus. Erfasst sind **zB** Doktor (auch h. c.) sowohl in allgemeiner Form als auch unter Angabe der Fakultät (vgl. NStZ **87**, 174; BVerwG NJW **84**, 1317 [Dr. med.]; AG Ulm MedR **85**, 190 [Dr.]); Lizentiat, Diplomvolkswirt (NJW **55**, 839); Diplomkaufmann (OVG Berlin NJW **67**, 1053); Diplomingenieur; auch Professor; für die Bezeichnung Honorarprofessor ist die Einordnung str. (für akad. Grad AK-*Ostendorf* 9; *S/S-Cramer/Sternberg-Lieben* 7; **aA** Bay NJW **78**, 2348; LK-*v. Bubnoff* 5 c; vgl. oben 7).

9 **d) Titel** iS von Nr. 1 ist eine von einer Amts- oder Dienststellung unabhängige, nach Maßgabe des OrdenG verliehene Ehrenbezeichnung wie Geheim-, Kommerzienrat, Kammersänger (gleichgültig, ob sie jetzt noch verliehen werden können; vgl. KG JR **64**, 68). Ob auch die Bezeichnung „Assessor" (kein akademischer Grad) ein Titel ist, ist zw. (abl. LK-*v. Bubnoff* 4). Titel können auch Ehrentitel sein, die an beamtenrechtliche Stellungen anknüpfen (**zB** Ordinarius; Extra-Ordinarius).

10 **e) Öffentliche Würden sind** auf öffentlich-rechtlichen Vorschriften beruhende Ehrenstellungen (mit dem Kriterium der Zugehörigkeit zu einer Gemeinschaft oder auszeichnenden Herausstellung aus ihr (*Fertig* DVBl. **62**, 126); **zB** Ehrenbürger einer Stadt, Ehrensenator einer Universität (einschr. *Kahle* [1 a] 263).

11 **B. Ausländische Bezeichnungen.** Abs. I Nr. 1 erstreckt den Strafrechtsschutz gleichermaßen auf ausländische, dh nach dem Recht eines fremden Staates verliehene Bezeichnungen, Titel usw. Dabei ergeben sich für die Amts- und Dienstbezeichnungen sowie die öffentlichen Würden idR keine Probleme, da diese Bezeichnungen zumeist aus sich heraus als ausländische erkennbar sind; Abweichungen in der *Bedeutung* sind ein hinzunehmendes Risiko. Ein Täuschungsrisiko kann von der Führung ausländischer akademischer Grade und Titel ausgehen.

12 Die Führung **ausländischer** Doktortitel bedarf nach § 2 GFaG ministerieller Genehmigung (KG NJW **71**, 1530; BVerwG NJW **72**, 917; Bay NJW **72**, 1337; vgl. *Senge* in: *Erbs/Kohlhaas* A 111, 5 ff. vor § 1 GFaG), die auch allgemein erteilt werden kann (vgl. zB für Bayern 1. und 2. DVGFaG, BayRS 2212–1–1, 2 K; für Nordrhein-Westfalen VO v. 30. 6. 1986, GVNW 699) und nach den Übk. der Länder (vgl. zB BayBek. v. 21. 2. 1962, GVBl. 17) in allen Bundesländern wirksam ist. Vgl. auch Ges. v. 2. 9. 1994 (BGBl. II 2321) zu dem Übk. v. 21. 9. 1979 über die Anerkennung von Studien, Diplomen und Graden im Hochschulbereich in den Staaten der europ. Region. Auch darf der Inhaber den Titel nicht in der Weise führen, als ob es sich um einen inländischen oder um einen diesem gleichartigen Dr.-Titel handele; so ist zB für ihn nicht zulässig das bloße „Dr." (Breslau GA Bd. **42**, 421), oder „Prof.", falls es sich um einen gekauften philippinischen Titel in der Kurzform „Prof." (Bay 30. 6. 1993, 4 St RR 95/93) oder „Professor of Medicine" (AG Ulm MedR **85**, 190) oder einen guatemaltekischen oder peruanischen „Profesor Extraordinario" (BVerwG MedR **88**, 264; NVwZ **88**, 366; Bay **91**, 35; **93**, 97) handelt. Die Führung **ausländischer Titel** durch Deutsche bedarf nach § 5 I, II OrdenG der Genehmigung des BPräs.

13 **C. Berufsbezeichnungen (Nr. 2).** In Abs. I Nr. 2 sind die Bezeichnungen für bestimmte **Berufe** geschützt, die wegen ihrer Funktion besondere Zugriffsmöglichkeiten auf Rechtsgüter der Bürger bieten und daher in besonderem Maß Vertrauen in die Integrität und Zuverlässigkeit der Berufsausübung voraussetzen. Die **abschließende** Aufzählung umfasst die Bezeichnungen als **Arzt,** also eine als Humanmediziner approbierte Medizinalperson einschließlich der Fachärzte; **Zahnarzt; Psychologischer Psychotherapeut, Kinder- und Jugendlichenpsychotherapeut, Psychotherapeut** (die Berechtigung zum Führen der Bezeichnungen setzt eine Approbation nach § 2 PsychThG voraus; vgl. dazu BVerfG NJW **99**, 2730; *Schlund* NJW **98**, 2722); **Tierarzt; Apotheker** (vgl. auch § 13 BApothO); **Rechtsanwalt** (Fachanwalt oder Handelsanwalt können unter II fallen); Nr. 2 gilt auch für die gleichgestellten Rechtsanwälte aus den EG-Staaten und den anderen Vertragsstaaten des EWR (vgl. § 42 I EuRAG); **Patentanwalt** (der ohne Nr. 2 ebenso wie Rechtsanwalt schon unter Nr. 1 fiele); **Wirtschaftsprüfer; vereidigter Buchprüfer** (Buchprüfer, Bücherrevisor und Wirtschaftstreuhänder können unter II fallen; LK-*v. Bubnoff* 12 c; vgl. auch § 133 WirtschPrüfO); **Steuerberater; Steuerbevollmächtigter** (vgl. auch § 161 StBerG). Selbstverständlich sind die jeweils ***weiblichen*** Bezeichnungen gleichermaßen geschützt. **Fachanwalts-**Bezeichnungen (vgl. dazu Fachanwaltsordnung idF v. 22. 3. 1999) sind in § 132 a nicht geschützt; Verstöße gegen § 15 FAO sind standesrechtlich und wettbewerbsrechtlich zu ahnden (vgl. AGH Hamm BRAK-Mitt. **00**, 196).

14 **D. Öffentlich bestellte Sachverständige (Nr. 3).** Abs. I Nr. 3 schützt die Bezeichnung als öffentlich bestellter Sachverständiger; das ist ein auf Grund öffentlich-rechtlicher Vorschriften des Staats- oder Kommunalrechts für bestimmte Sachgebiete auf Zeit bestellter Sachverständiger; so nach § 36 GewO; auch die ein für allemal vereidigten Sachverständigen iS von § 155 Nr. 2 (vgl. dort).

15 **E. Uniformen, Amtskleidungen oder Amtsabzeichen (Nr. 4).** In Abs. I Nr. 4 sind abweichend von Nr. 1 bis 3 nicht Bezeichnungen, sondern **äußere Kennzeichen** bestimmter Funktionen geschützt, welche die Ausübung hoheitlicher Machtbefugnisse umfassen. Die Befugnis zu ihrem Führen ergibt sich für **inländische** Uniformen usw. auch Bundes- oder Landesrecht (vgl. § 3 I VersammlG). Nur *staatliche* Uniformen sind gemeint, **nicht** Phantasieuniformen (vgl. auch StA Osnabrück NStZ **07**, 183: „*Streikwesten*" sind keine Uniformen). Bloße Uniformstücke gehören nicht hierher (Bay **7**, 324); auch nicht Sonderkleidung für bestimmte Berufe (**zB** Portier; Arzt; Schornsteinfeger; vgl. *M/Schroeder/Maiwald* 79/16; *S/S-Cramer/Sternberg-Lieben* 12; **aA** LK-*v. Bubnoff* 16); ebenso wenig Dienstgradabzeichen, soweit sie nicht an vorschriftsmäßigen Uniformen angebracht sind (NStZ **92**, 490; vgl. AG Bonn NZWehrR **83**, 156). Nicht geschützt sind auch uniformähnliche Bekleidungen **privater Unternehmen** (**zB** Restaurantketten; Ausflugs- und Freizeitunternehmen; Hotels; Schifffahrtsunternehmen); auch wenn sie Rangabstufungen und Weisungsbefugnisse im Innenverhältnis ausdrücken. **Amtskleidungen** werden nicht ständig getragen, sondern aus bestimmtem dienstlichen Anlass; so die Robe des Richters. **Amtsabzeichen** dienen zum Ausweis, dass der Träger eine entsprechende Funktion hat; so **zB** Dienstmützen (soweit nicht Uniform-Teile) oder Jagdschutzabzeichen; Dienstgradabzeichen für sich allein gehören nicht dazu (NStZ **92**, 490; **aA** Bonn NZWehrr **83**, 156). Das *Aeskulapzeichen* (Stab mit Schlange) ist nicht Ärzten oder ärztlichen Verbänden vorbehalten (LG Dortmund MedR **01**, 93).

16 Neben inländischen sind in I Nr. 4 auch **ausländische Uniformen** erfasst; auch insoweit sind nur **staatliche,** dh hoheitliche Kennzeichen gemeint. Nach dem Schutzzweck der Norm ist diese Erstreckung, soweit sie nicht die Kennzeichnung von Amtsträgern mit in Deutschland wirksamer, hoheitlicher Befugnis betrifft (Nato-Truppen nach Maßgabe des NTS; ggf Vollstreckungsorgane supranationaler Organisationen) jedenfalls problematisch, denn ein Grund, im Inland die hier gar nicht wirksame Autorität eines fremden Staates (zB gegen Angriffe von Ausländern) zu schützen, ergibt sich jedenfalls nicht aus einer möglichen Täuschungswirkung.

17 **4) Verwechslungsgeeignete Bezeichnungen (Abs. II).** Den Amtsbezeichnungen, Titeln usw. iS von Abs. I stellt Abs. II solche gleich, die ihnen zum Verwechseln **ähnlich** sind. Diese „Gleichstellung" bedeutet entgegen dem missverständlichen Wortlaut nicht, dass zwischen befugtem und unbefugtem Führen „ähnlicher" Bezeichnungen zu unterscheiden wäre; Abs. II enthält daher keine Analogieregel zur Ausweitung des Strafbarkeitsbereichs. **Geschützt** sind nicht die „ähnlichen", sondern allein die Titel nach Abs. I. Die Regelung des II ist daher zum einen so zu verstehen, dass die **Befugnis** (unten 24) zum Führen der in I geschützten Bezeichnungen zugleich Voraussetzung des Führens einer verwechslungsfähigen Bezeichnung *gleichen Sinn-Inhalts* ist. Zum anderen sind vor allem die Verleihungs- und damit die Bedeutungs-**Regeln** der in I genannten Bezeichnungen geschützt, indem II das Führen solcher Bezeichnungen unter Strafe stellt, die das diesen Regeln zukommende **Vertrauen** gefährden (vgl. Bay NStZ-RR **00**, 236; Dresden NJW **00**, 2519; Köln NJW **00**, 1053 f.). Dies gilt bei nur unwesentlichen Abweichungen (KG JR **64**, 68); **zB** bei „Diplom-Kosmetikerin" (zw.; LK-*v. Bubnoff* 19; GA **66**, 279); „Konsul" eines erfundenen ausländischen Staates (GA **66**, 279), aber auch für Bezeichnungen, die nach ihrem Sinngehalt eine Zugehörigkeit zur betr. Personengruppe suggerieren (vgl.; BT-Drs. 7/550, 222; *Lackner/Kühl* 9: „Spezialist für Frauenheilkunde"). Erfasst ist auch die Führung verwaltungsrechtlich unrichtiger Bezeichnungen („Kommissar von der Polizei"; BGH **39**, 212) sowie die Verwendung geschützter Titel oder Titel**bestandteile** in verwechslungsfähigem Zusammenhang („Naturarzt"; „Finanzprüfer"; nicht aber „Tierheilpraktiker" [BGH(Z) NJW **00**, 870]).

18 **Zusätze,** die nach allg. Auffassung auf eine durch Abschlussprüfung erreichte **Berufs**bezeichnung hindeuten („Diplom-"; „-Anwalt"; „-Meister"), sind idR von

II erfasst, nicht hingegen bloße **Qualifikations**hinweise. Wortverbindungen mit dem Suffix „-loge" werden daher idR, sofern es sich nicht um Berufsbezeichnungen iS von oben 13 handelt, II nicht unterfallen („Soziologe"; „Philologe"; **aA** *S/S-Cramer/Sternberg-Lieben* 13 mwN); erst recht nicht Bezeichnungen als „Experte" oder „-Beauftragter".

5) Erstreckung auf Religionsgesellschaften (Abs. III). Nach der Regelung des Abs. III sind auch **Amtsbezeichnungen** (zB Pfarrer, Kirchenrat; Dekan [LG Mainz MDR **84**, 511]; Pastor [Düsseldorf NJW **84**, 2959]; wohl auch Anwalt gem. katholischem Kirchenrecht [*Feuerich/Braun,* BRAO, 4. Aufl. 1999, 11 zu § 12; *Deumeland* JA **93**, IV u. VerwRsch **00**, 305]); **Titel, Würden, Amtsbekleidungen,** zB Soutanen, Talare, Messgewänder (auch Ordensgewänder, Bay JW **35**, 960; **aA** LK-*v. Bubnoff* 18; *S/S-Cramer/Sternberg-Lieben* 15; *Göhler-König* OWiG 3 zu § 126) und **Amtsabzeichen der Kirchen** und anderer **Religionsgesellschaften des öffentlichen Rechts** geschützt. Dass Abs. III zwischen Religionsgesellschaften des öffentlichen und des privaten Rechts differenziert, ist mit dem GG (vgl. Art. 140 GG) vereinbar (Düsseldorf NJW **84**, 2959; dazu BVerfG m. Anm. *Quarch* ZevKR **31** [1986], 90). Die öffentliche Führung des Titels „Erzbischof" durch den Würdenträger eines privaten religiösen Vereins erfüllt den Tatbestand des III (Köln NJW **00**, 1053). Von den Kirchen verliehene akademische Grade sind bereits nach II geschützt (oben 8). 19

6) Tathandlungen. Die Beschreibung der tatbestandlichen Handlung unterscheidet zwischen den Schutzobjekten in I Nr. 1 bis 3 und in I Nr. 4. Vorausgesetzt ist jeweils eine nach **außen** wirkende, die geschützten Interessen berührende (vgl. BGH **31**, 61; Bay NJW **79**, 2359; LG Saarbrücken NJW **96**, 2665), ausdrückliche oder konkludente Inanspruchnahme des der Bezeichnung usw. zukommenden Bedeutungs- und Vertrauensinhalts, dh die Behauptung gegenüber Dritten (**aA** *Kahle* [1 a] 96), dem Täter komme die entspr. Funktion zu. 20

A. Führen von Titeln und Bezeichnungen. Tathandlung des **I Nr. 1 bis 3** (auch iVm mit III) ist das **Führen** der Bezeichnung, dh eine sich gegenüber der Umwelt äußernde aktive Inanspruchnahme des Titels für sich im sozialen Leben, in einer Weise, durch welche die Interessen der Allgemeinheit tangiert werden können (BGH **31**, 62; Bay GA **74**, 151; NJW **79**, 2359). Inanspruchnahme nur im privaten Bereich bei einer einzigen Gelegenheit, etwa aus bloßem Imponiergehabe (BGH **31**, 62), ist noch kein Führen (Stuttgart NJW **69**, 1777; Saarbrücken NStZ **92**, 236); nach LG Saarbrücken (NJW **96**, 2665) auch nicht die Unterzeichnung eines satirischen „offenen Briefs" mit einem Pseudonym, wenn dies erkennbar satirisch-künstlerischen Charakter hat; ebenso wenig das bloße Dulden der Anrede mit dem Titel (*Geppert* Jura **86**, 594); nach KG StraFo **07**, 250, 251 auch nicht das Auftreten als „Staatsanwalt" gegenüber dem sachbearbeitenden Polizeibeamten bei telefonischen Bemühungen um Herausgabe beschlagnahmter Geldbeträge (zw.). Als **Führen** ist aber das (einmalige) Sich-Ausgeben als Staatsanwalt gegenüber einer eine beschlagnahmte Zeitung verkaufenden Kioskhändlerin angesehen worden (5 StR 374/71); das Sich-Ausgeben als Professor gegenüber mehreren Privatpersonen (1 StR 173/73; vgl. aber auch Bay GA **74**, 151); das Auftreten eines Rechtsassessors als „Rechtsanwalt" in der Hauptverhandlung (Jena AnwBl **98**, 535); die Verwendung des Titels oder der Bezeichnung auf Briefköpfen, Visitenkarten, in Telefon- oder Adressverzeichnissen, Werbeschriften usw. 21

B. Tragen von Uniformen. Tathandlung des **I Nr. 4** ist das „Tragen" der Uniformen, Abzeichen usw. Das ist gegeben, wenn entsprechende Kleidungsstücke oder Abzeichen im sozialen Verkehr so verwendet werden, dass bei Dritten der Eindruck entstehen kann, der Täter sei Träger der durch die Uniform symbolisierten Funktion (vgl. schon RG **61**, 8). Ein **öffentliches** Tragen ist nicht erforderlich; es reicht **zB** die Verwendung in einer (geschlossenen) Gesellschaft; das Tragen zum Zweck des Fotografierens oder Filmens usw. (vgl. aber Oldenburg NJW **84**, 2231 [Anm. *Meurer* JR **84**, 470; *Ostendorf* JZ **87**, 337]; Wahlwerbung). 22

23 Nach dem Schutzzweck der Norm ist der Tatbestand aber **nicht gegeben,** wenn für einen objektiven Beobachter eine Identifikation von Person und Uniform usw. ausscheidet; so **zB** beim Tagen einzelner Uniform**teile** im Zusammenhang mit Kleidungsstücken, welche den *Gesamteindruck* einer Uniform ausschließen; ebenso bei Verwendung auf dem Theater oder bei Maskeraden (LK-*v. Bubnoff* 24; SK-*Rudolphi* 14; *S/S-Cramer/Sternberg-Lieben* 18; str.), gleichgültig, ob dies aus humoristischen (Karneval!) oder aus politischen Motiven (Bay NStZ-RR **97**, 135: Protest gegen wehrmedizinischen Kongress) geschieht.

24 **C. Unbefugtheit.** In allen Fällen muss die Tathandlung unbefugt vorgenommen werden; das Merkmal ist **Tatbestandsmerkmal** (Düsseldorf NJW **00**, 1052; vgl. auch 15 zu § 132). Die Befugnis richtet sich nach den öffentlich-rechtlichen Regelungen, die für die Verleihung und Verwendung der Bezeichnungen, Ämter usw. gelten. Jedoch sind nach dem **Schutzzweck** des § 132a Verstöße gegen bloße Formvorschriften, dienstrechtliche Verwendungsvorbehalte oder berufs- und standesrechtliche Schutzvorschriften vom Tatbestand nicht erfasst: Verwendet **zB** ein Amtsträger seine Amtsbezeichnung im privaten Verkehr oder tritt ein Soldat auf Demonstrationen oder Versammlungen in Uniform auf, so mag dies disziplinarische Folgen haben, unterfällt aber nicht § 132a.

25 Das Führen von **Titeln** ist unbefugt, wenn die Bezeichnung dem Führenden nicht oder nicht ordnungsgemäß verliehen ist oder wenn der verliehene Grad rechtskräftig entzogen wurde (§ 1 DVGFaG) oder er zur Titelführung nach einer Entlassungsverfügung, deren sofortige Vollziehung angeordnet wurde, nicht mehr berechtigt ist (BGH **36**, 279, hierzu *Burgi* JA **90**, 277). Unbefugt ist das Führen auch, wenn die Titelführung im Inland zufolge einer (erschlichenen) Genehmigung erlaubt wurde, ohne dass der Titel im Ausland erworben worden ist (NJW **94**, 808 [abl. Anm. *Zimmerling* NStZ **94**, 238]).

26 **7) Subjektiver Tatbestand.** § 132a setzt **Vorsatz** voraus; bedingter genügt (Bay GA **61**, 152). Der Irrtum über die Befugnis ist Tatbestandsirrtum (15 zu § 132), wenn der Täter Umstände annimmt, die ihn berechtigen würden, hingegen Verbotsirrtum, wenn er den Sachverhalt lediglich rechtlich falsch beurteilt (vgl. BGH **14**, 228; KG JR **64**, 68; LG Saarbrücken NJW **76**, 1161).

27 **8) Rechtswidrigkeit.** Für die Beurteilung der Rechtswidrigkeit gelten die allg. Regeln; das Merkmal der Unbefugtheit ist insoweit allgemeines Verbrechensmerkmal. **Rechtfertigungsgründe** können sich aus § 34 ergeben; eine Rechtfertigung aus dem **Erfolg** einer täuschenden Inanspruchnahme nicht verdienter Autorität ist freilich nur im Ausnahmefall denkbar (**zB** täuschendes Auftreten als Polizeibeamter mit „Anordnungen" an Dritte, drohende erhebliche Gefahren abzuwenden). Eine Rechtfertigung kann sich darüber hinaus ihrerseits aus öffentlichrechtlichen Vorschriften ergeben.

28 **9) Rechtsfolgen.** Die **Strafdrohung** ist für alle Fälle des § 132a dieselbe. Bei der Strafzumessung werden die **Motive** des Täters (Bereicherungsinteresse einerseits; harmlose Wichtigtuerei andererseits), das Maß der Öffentlichkeitswirksamkeit, im weiteren Sinn auch der *Erfolg* der Tat (im Sinn des Eintritts gefährdender erfolgreicher Täuschungen, **zB** durch Praktizieren eines Laien als Arzt oder Rechtsanwalt) zu berücksichtigen sein. Eine **Einziehung** der Uniformen, Kleidungen und Abzeichen, gleichgültig, ob es echte oder zum Verwechseln ähnliche sind, **ermöglicht IV** ausdrücklich, da es sich um Beziehungsgegenstände (10 zu § 74) handelt. Dafür gelten § 74 II, III jedoch nicht § 74a.

29 **10) Konkurrenzen.** Beruht das Führen auf einem einheitlichen Entschluss, so stellen auch mehrere Handlungen nur eine einzige Tat dar (GA **65**, 373); es sei denn, dass größere Zeitabstände und verschiedene Sachlagen gegeben sind (GA **65**, 289). **Tateinheit** zwischen I Nr. 1, 2 mit Nr. 4 ist möglich; ebenso mit § 132; § 263 (LK-*v. Bubnoff* 26).

30 **11) Sonstige Vorschriften. § 126 OWiG** (Anh. 7) ergänzt § 132a hinsichtlich der Berufstrachten und -abzeichen.

Verwahrungsbruch

133 **I Wer Schriftstücke oder andere bewegliche Sachen, die sich in dienstlicher Verwahrung befinden oder ihm oder einem anderen dienstlich in Verwahrung gegeben worden sind, zerstört, beschädigt, unbrauchbar macht oder der dienstlichen Verfügung entzieht, wird mit Freiheitsstrafe bis zu zwei Jahren oder mit Geldstrafe bestraft.**

II Dasselbe gilt für Schriftstücke oder andere bewegliche Sachen, die sich in amtlicher Verwahrung einer Kirche oder anderen Religionsgesellschaft des öffentlichen Rechts befinden oder von dieser dem Täter oder einem anderen amtlich in Verwahrung gegeben worden sind.

III Wer die Tat an einer Sache begeht, die ihm als Amtsträger oder für den öffentlichen Dienst besonders Verpflichteten anvertraut worden oder zugänglich geworden ist, wird mit Freiheitsstrafe bis zu fünf Jahren oder mit Geldstrafe bestraft.

1) Allgemeines. Die Vorschrift ist durch Art. 19 Nr. 51 EGStGB unter weitgehender Übernahme von § 426 E 1962 neu gefasst worden; vgl. E EGStGB 224. 1

Literatur: *Brammsen,* Zum Verwahrungsbruch in der Regelungsform „der dienstlichen Verfügung entziehen", Jura **89**, 81; *Brüggemann,* Der Verwahrungsbruch, § 133 StGB, 1981 (Diss. Bochum); *Geppert* Jura **86**, 595; *Schroeder,* §§ 246, 133 StGB auf dem Prüfstand der MfS-Postplünderungen, JR **95**, 95; *Waider,* Verwahrungsbruch bei Gebrauchsdiebstahl (usw.), GA **61**, 366. 1a

2) Rechtsgut. Die Vorschrift schützt in Abs. I den dienstlichen **Gewahrsam** von Behörden an beweglichen Sachen, die zum Zweck der Aufgabenerfüllung aufbewahrt werden; dahinter steht das Vertrauen der Allgemeinheit in die Sicherheit amtlicher Verwahrung und in die zuverlässige Erfüllung der behördlichen Aufgaben (BGH **5**, 159; **18**, 312 [Anm. *Schroeder* JR **63**, 426]; **38**, 386; NStZ **95**, 444). Abs. II dehnt den Schutzbereich auf den amtlichen Gewahrsam von Religionsgesellschaften aus. Das Eigentum ist in § 133 nicht geschützt; die Vorschrift ist auch kein Geheimschutztatbestand. 2

3) Tatobjekte (Abs. I, II). Mögliche Objekte der Tat sind nach Abs. I **Schriftstücke** jeder Art, auch solche, die keine Urkunden sind; sie müssen aber einen gedanklichen Inhalt haben. Elektronische Dateien unterfallen dem Begriff nicht; Speichermedien sind als bewegliche Sachen erfasst. Die ausdrücklich genannten Schriftstücke sind nur Beispiele für **andere bewegliche Sachen** (2ff. zu § 242); dies können auch vertretbare und verbrauchbare sein (BGH **18**, 313; unten 6). 3

A. Dienstliche Verwahrung. Die Sache muss sich in dienstlicher Verwahrung befinden; der tatsächliche Gewahrsam muss daher durch eine Behörde (§ 11 I Nr. 7), eine Dienststelle der BWehr (RegE 224), eine Körperschaft des öffentlichen Rechts (BGH **18**, 313; vgl. auch II), einen Amtsträger oder für den öffentlichen Dienst besonders Verpflichteten (§ 11 I Nr. 2, 4) so ausgeübt werden, dass „sich in dem Gewahrsam die besondere dienstliche Herrschafts- und Verfügungsgewalt äußert, die den jeweiligen staatlichen Aufgaben der verwahrenden Dienststelle entspringt" (RegE 224; BGH **38**, 386). Sachen im Gewahrsam der (privatisierten) Post und Bahn sind grds nicht in dienstlicher Verwahrung (*W/Hettinger* 678; *Lackner/Kühl* 3; *S/S-Cramer/Sternberg/Lieben* 6; SK-*Rudolphi* 6a); wohl aber, wenn die Post als Beliehener handelt (LK-*v. Bubnoff* 10a). Auf die Dauer (vgl. Bay GA **59**, 350 [kurzfristige Verwahrung]) und den sachlichen Grund der Verwahrung kommt es nicht an; ebenso wenig auf das Eigentum, den Ort des Gewahrsams und auf eine mögliche Zugänglichkeit für Dritte (vgl. Bay JZ **88**, 726 [unverschlossener Schrank]). Der amtliche Gewahrsam bleibt bestehen, wenn die Sache aus dienstlichen Gründen in private Räumlichkeiten verbracht wird; so **zB** an zu bearbeitenden Prozessakten in der Privatwohnung eines Richters (wistra **97**, 99; *Geppert* Jura **86**, 596); an einem Kfz, das in polizeilichem Auftrag auf das Betriebsgelände eines privaten Abschleppunternehmens gebracht worden ist (Bay NJW **92**, 1399). 4

5 **a)** Die Sache muss sich entweder in dienstlicher Verwahrung **befinden** oder dem Täter oder einem anderen dienstlich **in Verwahrung gegeben** sein. Ist derjenige, der die Sache erhalten hat, Amtsträger oder für den öffentlichen Dienst besonders Verpflichteter, so tritt mit der Übergabe dienstliche Verwahrung ein (LK-*v. Bubnoff* 12). Die 2. und 3. Variante beziehen sich also nur auf Fälle, in denen ein außenstehender Dritter die Sache erhalten hat (*Geppert* Jura **86**, 597). Die Übergabe muss dann aber auf eine dienstliche Anordnung zurückgehen und erkennen lassen, dass die Sache dienstlich zur Verwahrung gegeben wird (vgl. Hamburg JR **64**, 288). Das Belassen gepfändeter Sachen im Besitz des Schuldners reicht nicht aus. In Verwahrung gegeben sind aber **zB** Akten bei der Gewährung von **Akteneinsicht** (vgl. § 147 IV StPO).

6 **b) Einzelfälle.** Als dienstlich verwahrte Sachen sind **zB** angesehen worden: Abschrift einer Zustellungsurkunde (RG **33**, 413); in amtliche Verwahrung gegebener Führerschein (§ 44 III S. 2; § 25 II StVG; bei Beschlagnahme oder Sicherstellung gilt § 136); Gebührenmarken (BGH **3**, 290); eine amtlich aufbewahrte Blutprobe (NJW **54**, 282; Bay JZ **88**, 726); vertretbare Sachen, die einem Amtsträger zur Beförderung übergeben sind (BGH **18**, 312); archivierte Akten (RG **63**, 33); behördliche oder gerichtliche Akten (Köln NJW **80**, 898 [Anm. *Rudolphi* JR **80**, 383; *Otto* JuS **80**, 490); vom Staatsanwalt entgegengenommene Beweismittel, Schriftstücke oder Zahlungen (BGH **38**, 386 [Scheck zur Erfüllung von Auflagen; Anm. *Brammsen* NStZ **93**, 542]); Asservate oder bei einer zuständigen Stelle hinterlegte Sachen; vor der Privatisierung auch an Post oder Bahn zur Beförderung übergebene Sachen (BGH **18**, 312; NStZ **95**, 133; 444).

7 **Nicht verwahrt** werden dagegen von der Behörde selbst zu verbrauchende Gegenstände (BGH **4**, 241; **38**, 386); zur Veräußerung oder Vernichtung bestimmte Sachen (BGH **9**, 64); Überstücke von Anklageschriften, die zur Weiterbildung überlassen werden (Köln NJW **80**, 898, hierzu *Otto* JuS **80**, 490; *Rudolphi* JR **80**, 383; *Wagner* JZ **87**, 706); zur Auszahlung bestimmtes Geld (BGH **18**, 312; zust. *Schröder* JR **63**, 427); Schreibmaterial (RG **24**, 385); Betriebsmittel oder Kraftstoffe für den behördlichen Eigenbedarf (vgl. BGH **4**, 241); behördliche Inventarstücke (RG **52**, 240); Gegenstände in Sammlungen oder Bibliotheken (nur Besitz, nicht amtlicher Gewahrsam, *Geppert* Jura **86**, 596; **aA** *S/S-Cramer/Sternberg-Lieben* 7).

8 **B. Verwahrung von Religionsgesellschaften (Abs. II).** Abs. II stellt Gegenstände, die sich in amtlicher Verwahrung einer Kirche oder anderen Religionsgesellschaft des öffentlichen Rechts befinden, den in I bezeichneten gleich. Wichtig sind insb. Kirchenbücher und kirchenamtliche Personenstandsurkunden.

9 **4) Tathandlungen.** der Tatbestand setzt voraus, dass der Täter die Sache **zerstört, beschädigt** (vgl. Erl. zu § 303), **unbrauchbar macht** (vgl. Erl. zu § 303b) oder **der dienstlichen Verfügung entzieht.** Die generalklauselartige **4. Var.** erfasst jede Handlung, mit der die unmittelbare Verwendung der Sache unmöglich gemacht wird, insb. die räumliche Entfernung in einer Weise, dass die jederzeitige Bereitschaft für den bestimmungsgemäßen Gebrauch wenn auch nur vorübergehend (Bay DAR **84**, 239) aufgehoben oder erheblich erschwert ist (BGH **35**, 341; MDR/D **58**, 141; Bay JZ **88**, 726). Unbefugte Mitnahme zum Fotokopieren kann genügen (LK-*v. Bubnoff* 15). Eine Entfernung aus den dienstlichen Räumen ist nicht stets erforderlich; ausreichend kann es sein, eine Sache für Dritte **unauffindbar** falsch abzulegen; auch ein Verschließen im Schreibtisch (BGH **15**, 23; *S/S-Cramer/Sternberg/Lieben* 15); nicht aber die Einlage in einen unverschlossenen Schreibtisch, wo die Urkunde leicht aufgefunden werden kann (BGH **15**, 23; **35**, 343, hierzu *Brammsen* Jura **89**, 81). Voraussetzung ist stets, dass die Sache der dienstlichen Verfügung zumindest zeitweise entzogen ist; das kann auch bei Alleingewahrsam des Täters der Fall sein (vgl. BGH **5**, 75).

10 Die Entziehung muss gegen den Willen des Berechtigten geschehen (Düsseldorf NStZ **81**, 25f.); eine Herausgabe auf Grund einer Täuschung reicht daher nicht aus (BGH **33**, 194; BGHR § 133 Entziehen 2). In den Fällen, in denen *Angehörige*

des MfS bei der Postüberwachung weisungsgemäß Briefsendungen vernichteten, griff § 133 nicht ein, weil die Vernichtung der Briefe mit Willen der für den Gewahrsam zuständigen Stelle erfolgte (BGH **40**, 25 [Anm. *Weiß* JR **95**, 29; *Schroeder* JR **95**, 121]; vgl. auch NStZ **95**, 131, 133f. [Anfragebeschl.]; **95**, 442, 444 [Vorlagebeschl.]; BGH [GrSen] **41**, 187, 190f.).

Die Entziehung setzt eine Beeinträchtigung des dienstlichen Gebrauchs (oder der Gebrauchsmöglichkeit) voraus, so dass **zB** die Mitnahme von Akten aus den Diensträumen durch einen Amtsträger als solche noch kein Entziehen ist; anders, wenn die Mitnahme aus pflichtwidrigen Gründen geschieht, etwa um Versäumnisse zu verschleiern oder Daten für persönliche Zwecke zu gewinnen, oder wenn der Besitz ordnungswidrig wird und der Täter die Herausgabe ablehnt (BGH **3**, 87) oder das Dienstverhältnis endet, oder wenn er die Akten pflichtwidrig einem Unbefugten überlässt (GA **78**, 206). Nicht ausreichend ist die dienstliche, wenn auch gesetzwidrige Verwendung eines Gegenstands (BGH **33**, 193 [m. Anm. *Marcelli* NStZ **85**, 500; *Geppert* Jura **86**, 598; *Wagner* JZ **87**, 706]). **11**

5) Subjektiver Tatbestand. § 133 setzt **Vorsatz** voraus; dieser erfordert das Bewusstsein, dass sich die Sache in dienstlicher Verwahrung befindet und dass der Täter die Sache der dienstlichen Verfügung entzieht. Bedingter Vorsatz reicht aus (vgl. BGH **35**, 340, 342). Nicht nötig ist eine besondere Absicht, auch nicht das Bewusstsein, gegen die öffentliche Ordnung zu verstoßen (BGH **3**, 89). Glaubt der Täter, kraft öffentlichen Rechts zur Vernichtung befugt zu sein, oder nimmt er irrig das Einverständnis des Berechtigten oder eine dienstliche Verpflichtung an, so liegt ein **Tatbestandsirrtum** vor (**aA** LK-*v. Bubnoff* 18), denn die Entziehung setzt einen entgegenstehenden Willen voraus (vgl. oben 10). Glaubt der Täter sich als Eigentümer zur Tat befugt, so ist Verbotsirrtum gegeben. Irrtum über einen Rechtfertigungsgrund (**zB** § 34) ist denkbar, wird aber meist dessen Reichweite (§ 17) betreffen (**zB** Wegnahme von Akten, um „Behördenwillkür aufzudecken"). **12**

6) Täterschaft und Teilnahme. Täter nach Abs. I, II kann jedermann sein, auch der Eigentümer der Sache (RG **47**, 394). Im Fall des **Abs. III** (Qualifikationstatbestand) kann Täter nur ein **Amtsträger** oder **für den öffentlichen Dienst besonders Verpflichteter** (§ 11 I Nr. 4) sein. Voraussetzung ist hier, dass die Sache dem Täter in seiner dienstlichen Eigenschaft, also nicht außerdienstlich, entweder anvertraut worden oder zugänglich geworden ist. **Teilnehmer** des unechten Amtsdelikts werden nach Abs. I, II bestraft (§ 28 II). **13**

Anvertraut ist die Sache, wenn der Amtsträger die Verfügung über sie kraft dienstlicher (allgemeiner oder besonderer) Anordnung in dem Vertrauen erhält, dass er kraft seines Amtes für deren Verbleib, Gebrauchsfähigkeit und inhaltliche Richtigkeit sorge (BGH **3**, 306). Das gilt auch für ein dienstliches Schriftstück, das der Täter selbst hergestellt hat (vgl. RG **42**, 412), selbst dann, wenn er sich insgeheim vorgenommen hat, es nur privat zu verwenden (NJW **75**, 2212; BGH **38**, 387 [m. Anm. *Brammsen* NStZ **93**, 543]; vgl. *M/Schroeder/Maiwald* 72/12; *Wagner* JZ **87**, 705). Die eigenmächtige Entgegennahme einer Sache in der Privatwohnung genügt nicht; hinzukommen muss ihr Verbringen zur Dienststelle (BGH **4**, 54). **14**

Zugänglich geworden ist die Sache, wenn der Täter im Rahmen seiner dienstlichen Tätigkeit (zum Begriff vgl. auch BGH **48**, 213) die tatsächliche Verfügungsmacht über sie erlangen kann (vgl. auch LK-*v. Bubnoff* 22); wenn ihm dies nur aufgrund einer dienstfernen Privathandlung (zB Aufbrechen eines Behältnisses) möglich ist, gilt Abs. I). Ein verschlossenes Schreiben ist dem Täter nicht nur dann zugänglich, wenn er nach seiner dienstlichen Aufgabe zur Öffnung und Kenntnisnahme des Inhalts berechtigt ist (vgl. schon RG **32**, 265). **15**

7) Konkurrenzen. Tateinheit ist möglich mit § 132 (vgl. BGH **12**, 85); § 136 (BGH **5**, 160); §§ 242, 246 (vgl. GA **56**, 319; Hamburg JR **53**, 27); § 263 (RG **60**, 243); § 267 (RG **19**, 319); § 268; § 274 (dort 8); § 303 (LK-*v. Bubnoff* 24; *S/S-Cramer/Sternberg/Lieben* 23; SK-*Rudolphi* 18); § 348; § 354 I, II Nr. 1; Hinter § 354 II Nr. 2 tritt § 133 III zurück (KG JR **77**, 426). Zwischen § 148 II und § 133 besteht Realkonkurrenz (BGH **3**, 293; *S/S-Cramer/Sternberg/Lieben* 23; SK-*Rudolphi* 18; LK-*v. Bubnoff* 24; **aA** RG **59**, 325). **16**

Verletzung amtlicher Bekanntmachungen

134 **Wer wissentlich ein dienstliches Schriftstück, das zur Bekanntmachung öffentlich angeschlagen oder ausgelegt ist, zerstört, beseitigt, verunstaltet, unkenntlich macht oder in seinem Sinn entstellt, wird mit Freiheitsstrafe bis zu einem Jahr oder mit Geldstrafe bestraft.**

1 **1) Allgemeines.** Die Vorschrift ist durch Art. 19 Nr. 51 EGStGB in Anlehnung an § 428 E 1962 (Begr. 613) unter Anhebung der Strafdrohung neu gefasst worden (E EGStGB 224).

2 **2) Rechtsgut.** § 134 schützt die Wirksamkeit und Integrität von amtlichen Mitteilungen, die in verkörperter Form in einer Weise kundgegeben werden, welche grds eine störende Zugriffsmöglichkeit beliebiger Dritter eröffnet (vgl. BT-Drs. 7/550, 224; LK-*v. Bubnoff* 1). Damit sind mittelbar auch die Funktionsfähigkeit staatlicher Verwaltung sowie das Vertrauen der Allgemeinheit hierin geschützt. Die praktische Bedeutung der Vorschrift ist auf Grund der Dominanz moderner Massenkommunikationsmittel gering.

3 **3) Tatgegenstand** sind **dienstliche Schriftstücke** (3 ff. zu § 133; nicht auch solche von Religionsgesellschaften; LK-*v. Bubnoff* 3), die zur **Bekanntmachung,** dh zur Kenntnisnahme durch die Allgemeinheit oder einen bestimmten Personenkreis **öffentlich** (vgl. 5 zu § 111; Bay **52**, 112) entweder **angeschlagen** (dh mit einer anderen Sache, **zB** einer Aushangtafel, Anschlagsäule usw. verbunden) oder lose **ausgelegt** sind (wie **zB** eine Wahlliste). Elektronisch gespeicherte Dateien sind von § 134 nicht erfasst; ebenso nicht *Schriften* im weiten Sinn des § 11 III, also **zB** auch nicht amtliche Postwurfsendungen. **Private** Bekanntmachungen (Vereine; Parteien) sind durch § 134 nicht geschützt, auch wenn sie zB auf gemeindlichen Anschlagtafeln erfolgen. Die Schriftstücke müssen einen amtlichen Inhalt haben (Hamburg JZ **53**, 123), brauchen aber keine Bekanntmachungen im engeren Sinn zu sein; erfasst sind **zB** Aufgebote des Standesamts; Schöffenwahllisten; Unterlagen im Planfeststellungsverfahren oder im Rahmen der Bauleitplanung. Nach dem Schutzzweck der Norm **nicht erfasst** sind allgemeine plakative Hinweise, Warnungen, insb. auch nicht Verkehrsschilder, Kfz- und andere Kennzeichen. Ob die den Aushang veranlassende Stelle hierfür verwaltungsrechtlich zuständig und ob Regelungen über das Verfahren über die Bekanntmachung eingehalten werden, ist grds unerheblich; jedoch sollen *offenkundig* von unzuständigen Dienststellen stammende Bekanntmachungen dem Tatbestand nicht unterfallen (*S/S-Cramer/Sternberg-Lieben* 3; zw.).

4 **4) Tathandlung** des § 134 ist, dass der Täter das Schriftstück **zerstört** (14 zu § 303), **beseitigt,** dh von seinem Platz entfernt, **verunstaltet** (zB durch Beschmieren), **unkenntlich macht,** dh die Möglichkeit beseitigt, vom gedanklichen Inhalt Kenntnis zu nehmen, oder **in seinem Sinn entstellt,** dh zB durch Einfügen oder Entfernen von Teilen, den gedanklichen Inhalt verändert.

5 **5) Subjektiver Tatbestand.** Der subjektive Tatbestand setzt **direkten Vorsatz** voraus; der Täter muss wissentlich handeln (vgl. 7 zu § 15). Bedingter Vorsatz (zB hinsichtlich des dienstlichen Charakters des Schriftstückes oder der Sinnentstellung) reicht nicht aus.

6 **6) Konkurrenzen.** Tateinheit ist mit §§ 267, 274 I Nr. 1 möglich. § 303 tritt zurück.

§ 135 [Aufgehoben durch 1. StÄG]

Verstrickungsbruch; Siegelbruch

136 **I Wer eine Sache, die gepfändet oder sonst dienstlich in Beschlag genommen ist, zerstört, beschädigt, unbrauchbar macht oder in anderer Weise ganz oder zum Teil der Verstrickung entzieht, wird mit Freiheitsstrafe bis zu einem Jahr oder mit Geldstrafe bestraft.**

II Ebenso wird bestraft, wer ein dienstliches Siegel beschädigt, ablöst oder unkenntlich macht, das angelegt ist, um Sachen in Beschlag zu nehmen,

dienstlich zu verschließen oder zu bezeichnen, oder wer den durch ein solches Siegel bewirkten Verschluss ganz oder zum Teil unwirksam macht.

III **Die Tat ist nicht nach den Absätzen 1 und 2 strafbar, wenn die Pfändung, die Beschlagnahme oder die Anlegung des Siegels nicht durch eine rechtmäßige Diensthandlung vorgenommen ist. Dies gilt auch dann, wenn der Täter irrig annimmt, die Diensthandlung sei rechtmäßig.**

IV **§ 113 Abs. 4 gilt sinngemäß.**

1) Allgemeines. Die Vorschrift idF des Art. 19 Nr. 52 EGStGB entstand in Anlehnung an § 427 E 1962. Sie enthält in Abs. I und II zwei **verschiedene Tatbestände.** 1

Literatur: *Baumann,* Pfandentrichtung beim Verkauf gepfändeter Gegenstände, NJW **56**, 1866; *Berghaus,* Der strafrechtliche Schutz der Zwangsvollstreckung, 1967; *Geppert,* Verstrickungsbruch (§ 136 Abs. 1 StGB) u. Siegelbruch (§ 136 Abs. 2 StGB), Jura **87**, 35; *Geppert/Weaver,* Auswirkungen zivilprozessualer Vollstreckungsfehler bei Sachpfändungen auf die Strafbarkeit nach § 136 StGB, Jura **00**, 46; *Krause/Wuermeling,* Mißbrauch von Kabelfernsehanschlüssen, NStZ **90**, 526; *Krehl,* Strafbarkeit wegen Siegelbruchs (§ 136 II StGB) bei Verletzung ausländischer Zollplomben, NJW **92**, 604; *Niemeyer,* Bedeutung des § 136 Abs. 3 u. 4 StGB bei Pfändung von Sachen, JZ **76**, 314. 1 a

2) Rechtsgut; kriminalpolitische Bedeutung. Rechtsgut ist die durch Beschlagnahme oder Siegelung begründete innerstaatliche Herrschaftsgewalt an beweglichen oder unbeweglichen Sachen (vgl. BGH **5**, 157; *Kienapfel,* Urkunden II 142; *Cornils,* Die Fremdrechtsanwendung im Strafrecht, 1978, 96; *Geppert* Jura **87**, 35, 42). Der ergänzende § 289 dient hingegen dem unmittelbaren Gläubigerschutz. Die praktische Bedeutung der Vorschrift ist nicht groß (etwa 400 bis 500 Verurteilungen jährlich); sie ist stark abhängig von der Zahl der Zwangsvollstreckungen und damit von der wirtschaftlichen Entwicklung. 2

3) Verstrickungsbruch (Abs. I). Der Tatbestand des Verstrickungsbruchs erfasst Einwirkungen auf Sachen, die im öffentlichen oder privaten Interesse durch hoheitlichen Akt der freien Verfügung entzogen sind. 3

A. Tatgegenstand. Objekt der Tat nach I sind **Sachen,** die **gepfändet** oder sonst **dienstlich in Beschlag genommen** sind. Die Beschlagnahme muss durch die für solche Akte im Allgemeinen zuständigen Behörden erfolgen; konkrete Zuständigkeit im Einzelfall braucht nicht gegeben zu sein (str.; vgl. LK-*v. Bubnoff* 6, 24). Materiellrechtlich wirksam braucht die Pfändung usw. nicht zu sein; es reicht eine formell ordnungsmäße, nicht nichtige Ausführung (hM; vgl. LK-*v. Bubnoff* 24; *Lackner/Kühl* 7; *Geppert* Jura **87**, 39; *S/S-Cramer,* 25. Aufl. Rn. 28; im Hinblick auf BVerfGE **92** 191, NJW **93**, 581 zweifelnd *S/S-Cramer/Sternberg-Lieben* 28–32). Daher genügt auch die Pfändung von nicht dem Schuldner gehörigen Sachen (Bay **8**, 269), von unpfändbaren Gegenständen (§ 811 ZPO, Hamm NJW **56**, 1889; krit. *Niemeyer* JZ **76**, 315); von Grundstückszubehör trotz § 865 II ZPO, es sei denn, dass der Gerichtsvollzieher fahrlässig war (RG **61**, 367, *Geppert* aaO 39). Anders ist es, wenn wesentliche Formvoraussetzungen fehlen; etwa bei Pfändung ohne vollstreckbaren Titel; bei Nichtsichtbarmachen der Pfändung (RG **16**, 273); bei Verstoß gegen § 759 ZPO (BGH **5**, 93). 4

a) Beschlagnahme ist gegenüber der Pfändung der allgemeinere Begriff (*S/S-Cramer/Sternberg-Lieben* 7; SK-*Rudolphi* 6). Sie bedeutet die zwangsweise Bereitstellung einer Sache zur Verfügung einer Behörde zur Sicherung privater oder öffentlicher Belange. Ein Beweismittel ist erst dann in Beschlag genommen, wenn es in Verwahrung genommen oder sonst sichergestellt ist (BGH **15**, 149). Mit der Insolvenzeröffnung wird das ganze zur Insolvenzmasse gehörige Vermögen ohne Besitzergreifung beschlagnahmt (RG **41**, 256), daher auch der Erlös eines mit Einwilligung des Insolvenzverwalters veräußerten Massestücks (RG **63**, 338). Dagegen bewirkt das gerichtliche Veräußerungsverbot der Insolvenzeröffnung keine Beschlagnahme (RG **51**, 229). Die Grenzziehung ist im Einzelnen str. (vgl. *Geppert* Jura **87**, 36; *M/Schroeder/Maiwald* 72/14; LK-*v. Bubnoff* 5 f.). 5

b) Die **Pfändung** (einschl. der Arrestvollziehung; § 930 ZPO; § 111 f III StPO) geschieht durch Inbesitznahme der Sache (§ 808, vgl. § 809 ZPO), welche sich im Besitz des Schuldners, des Gläubigers oder eines zur Herausgabe bereiten Dritten befindet. Soweit die gepfändete 6

Sache beim Schuldner belassen werden kann, ist die Pfändung äußerlich kenntlich zu machen (vgl. LK-*v. Bubnoff* 8; *S/S-Cramer/Sternberg-Lieben* 8); daher bewirkt **zB** eine vollziehbare Anordnung der zuständigen Behörde, bestimmte Mastkälber weder zu schlachten noch in den Verkehr zu bringen, noch keine Verstrickung (Bay **83**, 168). Die Pfändung dauert bis zur Rückgabe der Sache an den Schuldner (bzw. bis zur Entfernung der Pfändungsmarken) durch den Gerichtsvollzieher oder Gläubiger.

7 **B. Tathandlung.** Tatbestandliche Handlung des Verstrickungsbruchs kann jede Handlung sein, die die Sache ganz oder teilweise **der Verstrickung entzieht.** Die Sache muss der Verfügungsgewalt der Behörde tatsächlich entzogen sein (Hamm NJW **56**, 1889); eine unerhebliche Erschwerung des Zugriffs genügt nach Hamm NJW **80**, 2537 nicht (vgl. *Geppert* Jura **87**, 40). Als **Beispielsfälle** des Entziehens nennt das Gesetz, dass der Täter die Sache **zerstört** (14 zu § 303), **beschädigt** (6 zu § 303) oder **unbrauchbar macht** (10 zu § 133). Unter die Generalklausel des **Entziehens auf andere Weise** fällt es, wenn der Täter die Sachen beiseiteschafft (10 zu § 288); bloßes Ableugnen des Besitzes reicht nicht aus.

8 **4) Siegelbruch (Abs. II).** Der Tatbestand des Siegelbruchs erfasst Einwirkungen auf gegenständliche Kennzeichnungen, in denen sich staatliche Beschlagnahme (**zB** Siegel des Gerichtsvollziehers bei Pfändung; zugleich Abs. I), Verschluss (**zB** Zollverplombung; Siegelung von Proben) oder Bezeichnung von Sachen (**zB** Fleischbeschau-Stempel) manifestieren.

9 **A. Tatgegenstand.** Objekt der Tat ist ein inländisches **dienstliches Siegel,** dh der Siegelabdruck (*S/S-Cramer/Sternberg-Lieben* 20); ausländische Siegel sind erfasst, wenn völkerrechtliche Verträge ausländische Rechtsgüter den inländischen gleichstellen, zB bei ausländischen Zollplomben (NStZ **96**, 229; *Krehl* NJW **92**, 604). Es muss von einer Behörde, einem Amtsträger oder sonst dienstlich (4ff. zu § 133; *Kienapfel,* Urkunden II 145, 161) wirksam angelegt sein. Nach der Privatisierung von Post und Bahn sind die nicht zollamtliche Verplombung von Güterwagen oder die Verplombung von Breitbandkabel-Anschlüssen nicht mehr von § 136 erfasst (**aA** *Krause/Wuermeling* NStZ **90**, 528).

10 **B. Tathandlung.** Der Tatbestand setzt voraus, dass der Täter das zZ der Tat noch angelegte (Köln MDR **71**, 67) Siegel **beschädigt** (5 zu § 303), **ablöst,** dh entfernt, **unkenntlich macht,** zB durch Überkleben oder Überdecken (vgl. Frankfurt NJW **59**, 1288), oder dass er den Verschluss ganz oder zum Teil **unwirksam macht.** Für Letzteres reicht aus, dass die Sperrwirkung des Siegels umgangen und somit jedenfalls **gegenständlich außer Kraft** gesetzt wird.

11 Ob dies auch bei **bloßer Missachtung** der in einem Siegel manifestierten Anordnung gegeben ist, ist str. und zweifelhaft. Nach sehr weitgehender Ansicht, die den Begriff des „Unwirksam-Machens" mit „Missachten" praktisch gleichsetzt, soll Abs. II **zB** gegeben sein, wenn an einer nach Anordnung der Baueinstellung versiegelten Baustelle ohne Veränderung des Siegels weiter gebaut wird (Köln MDR **71**, 67; NStZ **87**, 330) und das Siegel zZ des Weiterbaus noch angelegt ist (Köln NStZ **87**, 330). Diese Auslegung dürfte die Wortlautgrenze überschreiten, denn in diesen Fällen wird allein die behördliche Anordnung missachtet, nicht aber auf die gegenständliche (und sei es auch nur symbolische) Wirkung des Siegels als Manifestation des Hoheitsakts eingewirkt. Es kommt aber darauf an, ob die Verschluss-Wirkung des Siegels oder der Plombe selbst beseitigt, umgangen oder missachtet wird (so auch *Geppert* Jura **87**, 43 *S/S-Cramer/Sternberg-Lieben* 25; SK-*Rudolphi* 23). Unwirksam machen kann im Einzelfall auch gegeben sein, wenn ein Gegenstand aus einer versiegelten Umschnürung entfernt wird oder jemand durch das Fenster in einen Raum einsteigt, dessen Tür versiegelt ist (LK-*v. Bubnoff* 21; *S/S-Cramer/Sternberg-Lieben* 25; NK-*Ostendorf* 14).

12 **5) Subjektiver Tatbestand.** § 136 setzt **Vorsatz** voraus. Bedingter Vorsatz genügt; dieser muss die dienstliche Beschlagnahme oder die Anlegung des Siegels zu den oben genannten Zwecken sowie den Umstand umfassen, dass die Sache wenigstens zeitweise der Verstrickung entzogen bzw. das Siegel unwirksam gemacht

wird. Ein **Irrtum** über die Wirksamkeit der Pfändung ist Tatbestandsirrtum (*Niemeyer* JZ **76**, 316; LK-*v. Bubnoff* 14, 22).

Die **Rechtmäßigkeit der Diensthandlung** ist kein Tatbestandsmerkmal, aber auch keine bloße Bedingung der Strafbarkeit; vielmehr ist ihr Fehlen ein Rechtfertigungsgrund (10 zu § 113), für den nach **Abs. III S. 2, IV** dieselbe Irrtumsregel gilt wie bei § 113 (vgl. *S/S-Cramer/Sternberg-Lieben* 33 ff.). 23 ff. zu § 113 gelten entsprechend; meist wird dem Täter hier zumutbar sein, sich mit einem Rechtsbehelf gegen die vermeintlich unrechtmäßige Diensthandlung zu wehren (ebenso *Niemeyer* JZ **76**, 316; *Geppert* Jura **87**, 41). 13

6) Täterschaft und Teilnahme. Täter des § 136 kann nicht nur der sein, gegen den sich Beschlagnahme oder Versiegelung richtet, sondern auch ein Dritter (Bay **5**, 184), auch der pfändende Gläubiger, selbst der pfändende Gerichtsvollzieher durch eigenmächtige Freigabe der Sache (BGH **3**, 307; *Geppert* Jura **87**, 40). Die **Teilnahme** richtet sich nach allgemeinen Regeln. 14

7) Konkurrenzen. Tateinheit ist möglich zwischen Abs. I und II (hM; vgl. *Kienapfel,* Urkunden II 143, 151; *Geppert/Weaver* Jura **00**, 46, 49; **aA** SK-*Rudolphi* 31 [Subsidiarität des II]; differenz. *Lackner/Kühl* 9); zwischen Abs. I und § 133 (2 StR 286/52; str.); § 242 § 246 (Bay **5**, 184); § 263 (RG **15**, 205); § 288 (RG **17**, 42); zwischen Abs. II und § 274 I (NStZ 96, 229). Treffen einzelne Begehungsformen von I oder II unter sich zusammen, so ist das nur eine einzige Tat. 15

§ 137 [Aufgehoben durch Art. 19 Nr. 52 EGStGB; vgl. § 136]

Nichtanzeige geplanter Straftaten **RiStBV 202 bis 205**

138 **I Wer von dem Vorhaben oder der Ausführung**

1. einer Vorbereitung eines Angriffskrieges (§ 80),
2. eines Hochverrats in den Fällen der §§ 81 bis 83 Abs. 1,
3. eines Landesverrats oder einer Gefährdung der äußeren Sicherheit in den Fällen der §§ 94 bis 96, 97 a oder 100,
4. einer Geld- oder Wertpapierfälschung in den Fällen der §§ 146, 151, 152 oder einer Fälschung von Zahlungskarten mit Garantiefunktion und Vordrucken für Euroschecks in den Fällen des § 152 b Abs. 1 bis 3,
5. eines Mordes (§ 211) oder Totschlags (§ 212) oder eines Völkermordes (§ 6 des Völkerstrafgesetzbuches) oder eines Verbrechens gegen die Menschlichkeit (§ 7 des Völkerstrafgesetzbuches) oder eines Kriegsverbrechens (§§ 8, 9, 10, 11 oder 12 des Völkerstrafgesetzbuches),
6. einer Straftat gegen die persönliche Freiheit in den Fällen des § 232 Abs. 3, 4 oder Abs. 5, des § 233 Abs. 3, jeweils soweit es sich um Verbrechen handelt, der §§ 234, 234 a, 239 a oder 239 b,
7. eines Raubes oder einer räuberischen Erpressung (§§ 249 bis 251 oder 255) oder
8. einer gemeingefährlichen Straftat in den Fällen der §§ 306 bis 306 c oder 307 Abs. 1 bis 3, des § 308 Abs. 1 bis 4, des § 309 Abs. 1 bis 5, der §§ 310, 313, 314 oder 315 Abs. 3, des § 315 b Abs. 3 oder der §§ 316 a oder 316 c

zu einer Zeit, zu der die Ausführung oder der Erfolg noch abgewendet werden kann, glaubhaft erfährt und es unterlässt, der Behörde oder dem Bedrohten rechtzeitig Anzeige zu machen, wird mit Freiheitsstrafe bis zu fünf Jahren oder mit Geldstrafe bestraft.

II Ebenso wird bestraft, wer von dem Vorhaben oder der Ausführung einer Straftat nach § 129 a, auch in Verbindung mit § 129 b Abs. 1 Satz 1 und 2, zu einer Zeit, zu der die Ausführung noch abgewendet werden kann, glaubhaft erfährt und es unterlässt, der Behörde unverzüglich Anzeige zu erstatten. § 129 b Abs. 1 Satz 3 bis 5 gilt entsprechend.

III **Wer die Anzeige leichtfertig unterlässt, obwohl er von dem Vorhaben oder der Ausführung der rechtswidrigen Tat glaubhaft erfahren hat, wird mit Freiheitsstrafe bis zu einem Jahr oder mit Geldstrafe bestraft.**

Übersicht

1) Allgemeines ... 1, 1 a
2) Rechtsgut; kriminalpolitische Bedeutung ... 2, 3
3) Straftatenkatalog (Abs. I, II) ... 4
4) Begründung der Anzeigepflicht ... 5–21
5) Erfüllung der Anzeigepflicht ... 22–29
6) Tathandlung ... 30
7) Subjektiver Tatbestand ... 31–33
8) Rechtswidrigkeit; Schuld ... 34
9) Täterschaft und Teilnahme ... 35
10) Konkurrenzen ... 36
11) Sonstige Vorschriften ... 37

1 **1) Allgemeines.** Die Vorschrift, eingefügt durch Art. 2 Nr. 21 des 3. StÄG, wurde geändert durch Art. 2 Nr. 10 des 8. StÄG (1 vor § 80), Art. 1 Nr. 1 des 12. StÄG (betr. I Nr. 7; vgl. 1 zu § 239 a), Art. 1 Nr. 7 des 4. StrRG und Art. 1 Nr. 2 des 26. StÄG (betr. I Nr. 5), Art. 19 Nr. 53 EGStGB, Art. 1 Nr. 2 StGBuaÄndG (betr. II, III; vgl. 1 zu § 129 a) Art. 1 Nr. 6 des 18. StÄG, Art. 1 Nr. 4 des 23. StÄG (betr. I Nr. 4), durch Art. 1 Nr. 13 des 6. StrRG (betr. I Nr. 4 u. 9; Materialien 2 a vor § 174). Abs. I Nr. 5 wurde durch Art 2 Nr. 8 des G zur Einführung des VStGB v. 26. 6. 2002 (BGBl.I 2254) geändert; Abs. II durch das 34. StÄG v. 22. 8. 2002 (BGBl. I 3390; vgl. dazu 1 zu § 129 b); I Nr. 4 durch Art. 1 Nr. 3 des 35. StÄG vom 22. 12. 2003 (BGBl.I 2838). Das 37. StÄG hob I Nr. 5 aF auf, änderte Nr. 6 sowie die **Nummerierung** von Nr. 5 bis 8. Für Taten nach § 27 WStG (Meuterei) gilt § 43 WStG.

1 a **Literatur:** *Geilen,* Unterlassene Verbrechensbekämpfung u. ernsthafte Abwendungsbemühung, JuS **65**, 426 [Bespr. von BGH **19**, 295]; *Joerden,* Zur Reichweite der Anzeigepflicht aus § 138 I StGB, Jura **90**, 633 [Bespr. von BGH **36**, 167]; *Loos/Westendorf,* Rechtzeitige Anzeige u. Rücktritt bei § 138 Abs. 1 StGB, Jura **98**, 403; *Kisker,* Die Nichtanzeige geplanter Straftaten - §§ 138, 139 StGB: Reformdiskussion und Gesetzgebung seit 1870, 2002; *Ling,* Zum Geistlichenprivileg im Strafrecht, GA **01**, 325; *Marquardt/von Danwitz,* Die Zusammensetzung des Straftatenkatalogs der Nichtanzeige geplanter Straftaten in § 138 Abs. 1 StGB – Einige kritische Anmerkungen zu Tendenzen einer Ausweitung in der jüngsten Reformdiskussion, Rudolphi-FS (2004) 497; *Rudolphi,* Zur Rechtzeitigkeit der Anzeige einer geplanten Straftat gem. § 138 StGB, Roxin-FS (2001) 817; *Schöne,* Unterlassene Verbrechensanzeige u. Strafgesetz, 1974; *Schomberg/Korte,* Zur Notwendigkeit der Verbesserung der Rechtsstellung des nach § 138 StGB Anzeigepflichtigen, ZRP **90**, 417; *Schmidhäuser,* Über die Anzeigepflicht des Teilnehmers, Bockelmann-FS 683; *Schroeder,* Die Straftaten gegen das Strafrecht, 1985; *J. Schwarz,* Die unterlassene Verbrechensanzeige, 1968; *Tag,* Nichtanzeige geplanter Straftaten (usw.), JR **95**, 133; *Westendorf,* Die Pflicht zur Verhinderung geplanter Straftaten durch Anzeige, 1999.

2 **2) Rechtsgut; kriminalpolitische Bedeutung.** § 138 erlegt als **echtes Unterlassungsdelikt** jedermann die Pflicht auf, sich um die Verhinderung nach seiner Kenntnis bevorstehender, im Einzelnen bestimmter Straftaten – in einer eingeschränkten Weise – zu **bemühen.** Dabei ist das Scheitern der Bemühung als tatbestandlicher Erfolg nicht vorausgesetzt. Eine **allgemeine Pflicht** zur Anzeige geplanter oder gar zur Verhinderung von Straftaten besteht nicht (*S/S-Cramer/Sternberg-Lieben* 1); § 138 erfasst nur enumerativ aufgeführte Taten (dazu unten 4) und verlangt Verhinderungsbemühungen nur in abschließend bestimmtem Umfang (dazu unten 22 ff.).

3 Das **Rechtsgut** der Vorschrift ist i. e. umstritten; jedoch wird man als Rechtsgut kaum (auch) die staatliche Rechtspflege an sich ansehen können (so aber *Tag* JR **95**, 134; *Arzt/Weber* 46/2 ff.; *Krey* BT 1, 312; *Rengier* BT II, 349). Dem steht die Beschränkung auf einzelne Delikte im Katalog des Abs. I entgegen; überdies verlangt § 138 allein Bemühungen zur Abwendung der (Erfolgs-)Verhinderung, nicht aber zur Unterstützung der Strafverfolgung. § 138 schützt nach hM **die in den Katalogtatbeständen geschützten Rechtsgüter** (so auch BGH **42**, 86; *S/S-Cramer/Sternberg-Lieben* 1; *Lackner/Kühl* 1; SK-*Rudolphi/Stein* 2; LK-*Hanack* 2 f.; NK-*Ostendorf* 3) durch **Vorverlagerung** einerseits, Ausweitung der **Zurechnung** andererseits. Diese Verantwortung beliebiger Dritter für die Abwendung schwerer Straftaten ist auf eine **Warnungspflicht** beschränkt; sie begründet keine darüber hinaus gehende Verhinderungspflicht iS einer Garantenstellung. Im Hinblick auf diese Beschränkung des Tatbestands auf

grundlegende Solidaritätspflichten sind mögliche Erweiterungen des Tatbestandskatalogs nach Abs. I kritisch zu betrachten (zutr. SK-*Rudolphi/Stein* 2b; abl. zu weiteren Ausdehnungen auch *Marquardt/von Danwitz*, Rudolphi-FS [2004] 497, 508 f.).

4 **3) Straftatenkatalog (Abs. I, II).** Die Anzeigepflicht besteht nur hinsichtlich der in Abs. I Nr. 1 bis 8 aufgezählten Delikte; der Katalog ist mehrfach redaktionell geändert worden (oben 1). Durch das 37. StÄG wurden Nr. 6 bis 9 a.F. als **Nr. 5 bis 8 neu nummeriert**. Dies zeigt geringes Verständnis für die Belange der Praxis, denn es führt zu Irrtümern beim Verständnis älterer Entscheidungen. Die **Auswahl** der Katalogtatbestände mag im Einzelnen zweifelhaft sein; sie reicht von eher symbolischen Strafdrohungen (Nr. 1, Nr. 2) über Verbrechen mit zweifelhaftem Unrechtsgewicht (**zB** Nr. 8 iVm § 306 I Nr. 4) bis zu Vergehen (Nr. 3 iVm § 95 I). Erfasst sind insoweit jeweils auch **Auslandstaten** nach Maßgabe der §§ 5–7; jedoch ist die Tat nach § 138 selbst stets nur als Inlandstat strafbar. Abs. I Nr. 5 idF durch das EinfG zum VStGB bringt mit der Einbeziehung von Taten nach **§§ 6 bis 12 VStGB,** für die das Weltrechtsprinzip **ohne inländischen Anknüpfungspunkt** gilt (§ 1 VStGB), eine außerordentliche – aber praktisch kaum durchführbare – Erweiterung (vgl. unten 14). **Abs. II** enthält für die Nichtanzeige der Bildung terroristischer Vereinigungen (§ 129 a), auch soweit sie sich auf **Vereinigungen im Ausland** bezieht (§ 129 b I S. 1, 2), eine Sonderregelung (*Sturm* MDR **77**, 9; *Dahs* NJW **76**, 2148; krit. *Schroeder,* Straftaten 33), die sich auf sämtliche in § 129 a genannten Handlungsformen, also auch das Werben und Unterstützen bezieht (LK-*Hanack* 52), sich von der Regelung in I unterscheidet und im Hinblick auf die sich überschneidenden Tatformen des § 129 a besondere Probleme aufwirft (vgl. unten 10). Die Verweisung auf § 129 a bezieht sich nicht auf die Katalogtat (für diese gilt Abs. I iV mit §§ 3 bis 7), sondern auf die **Organisationstat** selbst. Abs. II S. 2 idF des 34. StÄG schränkt dies zumindest *praktisch* dahin ein, dass **§ 129 b I S. 3 bis 5** „entsprechend gelten" (vgl. unten 10).

5 **4) Begründung der Anzeigepflicht.** Die Pflicht zur Anzeige setzt Kenntnis des Täters vom Bevorstehen einer Katalogtat voraus.

6 **A. Konkretisierung der Tat.** Das **Vorhaben** einer Tat iS von I Nr. 1 bis 8 ist schon die ernstliche Planung (MDR/H **76**, 987) einer iS von 7 zu § 30 konkretisierten Tat, auch wenn ihre Durchführung noch vom Eintritt bestimmter Bedingungen abhängt. Nicht erforderlich ist, dass mit der Vorbereitung bereits begonnen ist (SK-*Rudolphi-Stein* 4 c, 7); jedoch muss sie soweit bestimmt sein, dass ihr durch behördliches Einschreiten oder durch Vorkehrungen des Bedrohten entgegengewirkt werden kann. Anzeigepflichtig ist auch das Vorhaben oder die Ausführung einer **Teilnahme** (*Schwarz* [1 a] 44; hM); auch ein **Versuch** ist (retrospektiv) erfasst; nach hM aber nicht ein untauglicher Versuch (*Lagodny* JZ **97**, 48; *Lackner/Kühl* 2; SK-*Rudolphi/Stein* 7; *S/S-Cramer/Sternberg-Lieben* 2) oder ein erfolgsungewisser Versuch der Beteiligung in einem unausgereiften Stadium.

7 Die **Ausführung** der Tat beginnt mit dem Ansetzen zum Versuch (§ 22). § 138 erfasst den gesamten Zeitraum bis zum Eintritt des letzten (abwendbaren, vgl. unten 9, 13) Erfolgs. Bei Dauerdelikten genügt die Fortdauer des Dauerzustandes (RG **63**, 106); bei gemeingefährlichen Delikten besteht die Anzeigepflicht bis zur Beseitigung der Gefahr (LK-*Hanack* 8). Falls die Tat vollendet, aber noch nicht *beendet ist, dauert die Pflicht* zur Anzeige fort, wenn noch ein (weiterer) Erfolg eintreten kann (LK-*Hanack* 8; *S/S-Cramer/Sternberg-Lieben* 6).

8 Die **Identität** des Täters der Katalogtat muss dem Anzeigepflichtigen nicht bekannt sein (LK-*Hanack* 14); er muss aber hinreichend **konkretisiert** sein (*S/S-Cramer/Sternberg-Lieben* 4). Die bevorstehende Tat muss **rechtswidrig** sein (allgM; vgl. auch LK-*Hanack* 11; *Schroeder* [1 a] 16); das ergibt sich auch aus Abs. III. Dagegen ist **Schuldfähigkeit** des Ausführenden nicht vorausgesetzt; ob es zur Bestrafung der Katalogtat kommt oder ob diese **zB** wegen Schuldunfähigkeit, Strafbefreiung (§ 24) oder Vorliegen eines Verfahrenshindernisses straflos bleibt, ist für § 138 unerheblich.

9 **B. Kenntnis des Täters.** Der Täter muss vom Vorhaben oder der Ausführung des Delikts **glaubhaft erfahren** haben. Die bloße Möglichkeit des Erkennens (MDR/H **76**, 987) oder bloße **Gerüchte** genügen idR nicht. Wer den Gerüchten (selbst grob fahrlässig) **keinen Glauben** schenkt oder nicht damit rechnet, dass das Vorhaben zur Verwirklichung kommt (2 StR 641/81), braucht keine Anzeige zu machen (LK-*Hanack* 16; SK-*Rudolphi/Stein* 10 f.; *S/S-Cramer/Sternberg-Lieben* 8; **aA** *M/Schroeder/Maiwald* 98/19). Der Täter muss von der Tat **zu einer Zeit** erfahren, zu der die Ausführung oder der Erfolg noch **abgewendet** werden kann. Ob dies zutrifft, ist nach der objektiven Sachlage zu beurteilen, nicht nach der subjektiven Auffassung des Täters (LK-*Hanack* 19). Bei Kenntniserlangung nach Vollendung der Katalogtat ist eine Anzeige noch zu machen, wenn ein weitergehender Erfolg oder eine Vertiefung des Schadens noch abgewendet werden kann (**zB** bei Brandstiftung, solange das Löschen noch möglich ist).

10 **C. Besonderheiten bei terroristischer Vereinigung (Abs. II).** Die Erstreckung der Anzeigepflicht auf Taten nach **§ 129 a** und **§ 129 b** (vgl. dazu BT-Drs. 14/7025) durch Abs. II (vgl. dazu *Dahs* NJW **76**, 2148; *Sturm* MDR **77**, 9; *Schroeder* [1 a] 33) führt wegen der Weite und Überschneidung der dortigen Tatvarianten zu Problemen; diese werden durch die Weiter-Verweisung der Kataloge nach § 129 a I, II und den Charakter des § 129 a als „Tendenz"-Delikt erheblich verstärkt. Im praktischen Ergebnis überspringt Abs. II daher die für Abs. I selbstverständliche Grenze des Ausschlusses allgemeiner strafbedrohter Inpflichtnahme der Bürger für Belange der Strafverfolgung; gerechtfertigt wird die weite Vorverlagerung mit der Gefährlichkeit terroristischer Umtriebe (vgl. *Sturm* MDR **77**, 9; LK-*Hanack* 51; SK-*Rudolphi/Stein* 26). Anders als in Abs. I kommt es hier nicht auf die Abwendbarkeit des Taterfolgs, sondern allein auf die der Tat-**Ausführung** an. Von Abs. II sind alle Tatvarianten des § 129 a, also auch das Unterstützen und Werben gem § 129 a V (vgl. 25 ff., 30 ff. zu § 129) unabhängig von einem Erfolg erfasst (LK-*Hanack* 52). Voraussetzung einer Strafbarkeit gem. II iV mit § 129 b I S. 2 ist, dass auch die Voraussetzungen der §§ 3 ff. erfüllt sind (SK-*Rudolphi-Stein* 26; vgl. 7 ff. zu § 129 b). Nach II S. 2 gilt für Taten mit Bezug auf terroristische Vereinigungen im **Ausland außerhalb der EU** § 129 b I S. 3 bis 5 „entsprechend"; daher bedarf die Verfolgung einer Tat nach II S. 1 insoweit der **Ermächtigung** durch das BMJ. Das gilt nicht für **Vereinigungen innerhalb der EU** (§ 129 b I S. 1).

11 Die Zeit, zu der die Ausführung noch abgewendet werden kann, ist nach hM nicht nur die Zeit vor der Gründung der Vereinigung, sondern auch die Zeit, zu der die **weitere Ausführung** von Taten nach § 129 a im Rahmen der gegründeten Vereinigung abgewendet werden kann. Hat der Täter daher von der Gründung der Vereinigung erfahren, so braucht er zwar diesen bereits abgeschlossenen Vorgang nicht anzuzeigen; da ihm aber dann auch glaubhaft ist, dass die Vereinigung Mitglieder hat, die sich auch weiterhin an der Vereinigung beteiligen (Dauerdelikt, MDR **90**, 167), ist er insoweit zur Anzeige verpflichtet.

12 **D. Entfallen der Anzeigepflicht.** Eine Bestrafung nach § 138 setzt stets voraus, dass die Erfüllung der Pflicht zur Anzeige dem Täter **möglich** und **zumutbar** ist und dass sie **geeignet** ist, die Katalogtat zu verhindern.

13 **a)** Eine Anzeigepflicht besteht nicht, wenn Ausführung oder Erfolg der Tat nicht (mehr) **abgewendet** werden können (BGH **42**, 86, 88 [Anm. *Puppe* NStZ **96**, 597; *Lagodny* JZ **97**, 48; *Ostendorf* JZ **97**, 1107; *Loos/Westendorf* Jura **98**, 403]); das folgt schon aus dem Wortlaut der Abs. I und II. Für die Beurteilung der Abwendbarkeit kommt es auf die objektive Lage an (*S/S-Cramer/Sternberg-Lieben* 9; LK-*Hanack* 20), so dass bei irrtümlicher Annahme der Unabwendbarkeit der Vorsatz entfällt (LK-*Hanack* 21; *S/S-Cramer/Sternberg-Lieben* 9; SK-Rudolphi/Stein 11 f., 30 a; *Lackner/Kühl* 7; *Arzt/Weber* 46/12).

14 **b)** Die Pflicht zur Anzeige besteht auch dann nicht, wenn diese zur Abwendung nicht **erforderlich** ist, namentlich weil der Bedrohte oder die zuständige Behörde

bereits unterrichtet sind (Bay **62**, 259; *S/S-Cramer/Sternberg-Lieben* 2; LK-*Hanack* 22; SK-*Rudolphi/Stein* 14; *Schwarz* [1 a] 48 ff.; zweifelnd *Arzt/Weber* 46/12). Bei irrtümlicher Annahme entfällt auch hier der Vorsatz (vgl. oben 13). Das wird man bei Kenntniserlangung von Tatplänen nach I Nr. 5 aus allgemein zugänglichen Quellen idR unterstellen können.

c) Die Anzeigepflicht besteht nicht, soweit dem Mitwisser die Erfüllung der Handlungspflicht **unzumutbar** wäre (ebenso SK-*Rudolphi/Stein* 22). Neben § 139 und Fällen der Entschuldigung nach § 35 (vgl. RG **43**, 342; *Schomberg/Korte* ZRP **90**, 417) bleibt für einen Wegfall der Handlungspflicht wegen Unzumutbarkeit freilich allenfalls ein schmaler Raum (vgl. zum Pflichtumfang bei [zusätzlicher] Garantenstellung NJW **64**, 731 [insoweit in BGH **19**, 167 nicht abgedr.; Anm. *Schröder* JR **64**, 227; *Geilen* FamRZ **64**, 315]). 15

E. Persönlicher Anwendungsbereich. § 138 ist **echtes Unterlassungsdelikt;** die Anzeigepflicht trifft daher grds (vgl. aber § 139) jedermann; aus § 7 II (Auslandstaten) können sich im Hinblick insb. auf I Nr. 5 (iVm § 1 VStGB) und II Anwendungsprobleme ergeben. Der persönliche Anwendungsbereich ist in zweifacher Hinsicht eingeschränkt: 16

a) Die von der Katalogtat **bedrohte Person** trifft nach hM keine Anzeigepflicht (*S/S-Cramer/Sternberg-Lieben* 19; LK-*Hanack* 40; SK-*Rudolphi/Stein* 27; *Lackner/Kühl* 6). Das ergibt sich für Abs. I schon daraus, dass die Mitteilung alternativ auch gegenüber dem Bedrohten selbst erfolgen kann (vgl. unten 23; krit. aber *M/Schroeder/Maiwald* 98/17 [Anzeigepflicht auch bei Bedrohung nicht disponibler Individualrechtsgüter]). Für Abs. II hat die Einschränkung keine (jedenfalls praktische) Bedeutung, denn die Warnungspflicht des Bedrohten selbst kann stets nur im Hinblick auf eine Bedrohung eigener Individualrechtsgüter entfallen, nicht also, soweit darüber hinaus fremde Rechtsgüter bedroht sind (LK-*Hanack* 40). 17

b) Beteiligte an der geplanten Tat trifft nach hM ebenfalls grds keine Warnungspflicht (**aA** SK-*Rudolphi/Stein* 34; MK-*Hohmann* 24; *M/Schroeder/Maiwald* 98/17). Das gilt sowohl für **Täter** als auch für **Teilnehmer** der geplanten Tat (vgl. 1 StR 361/77); nach stRspr muss die Tat eine „völlig fremde" sein (NJW **56**, 30 f.; NStZ **88**, 244; vgl. auch BGH **19**, 167; **36**, 167, 169; **39**, 164, 167; NStZ **82**, 244; **93**, 50 f.; StV **88**, 202 L; i. e. str.; zur **Reichweite des § 264 I StPO** bei Anklage wegen § 138 und Verurteilung wegen der Katalogtat vgl. 2 StR 215/02 [in BGH **48**, 183 nicht abgedr.] m. Anm. *Mitsch* NStZ **04**, 395). Die allgemeine Pflicht aus § 138 tritt zurück, wenn der Täter eine **Garantenstellung** hat und eine Beteiligung an der Katalogtat gerade durch Unterlassen der Warnung begeht (NJW **64**, 731 f.; *S/S-Cramer/Sternberg-Lieben* 20/21; SK-*Rudolphi/Stein* 34; LK-*Hanack* 47; vgl. dazu *Schröder* JR **64**, 227). 18

Nach **Rspr und hM** besteht auch kann keine Mitteilungspflicht, wenn der Beteiligte sich hinsichtlich der Katalogtat **noch nicht** strafbar gemacht hat (zB im Stadium strafloser Vorbereitung; vgl. BGH **19**, 167; NStZ **82**, 244) oder von der Beteiligung strafbefreiend **zurückgetreten** ist (NJW **56**, 30 f.; NStZ **82**, 244; StV **88**, 202; zust. *S/S-Cramer/Sternberg-Lieben* 20/21; NK-*Ostendorf* 6 f.; *Lackner/Kühl* 6; *Tag* JR **95**, 133; im Grds auch LK-*Hanack* 43). Für eine Befreiung von der Warnungspflicht sprechen hier neben dem allgemeinen Grundsatz der Unzumutbarkeit einer Selbstanzeige (NStZ **93**, 50 f.) kriminalpolitische Gründe; insb. soll einem Tatbeteiligten der Entschluss zum Rücktritt nicht durch Entstehen einer Pflicht zur (Selbst)-)Anzeige erschwert werden (vgl. BGH **39**, 167). Die **Gegenansicht** (SK-*Rudolphi/Stein* 5 f., 15; *Kruse* JuS **87**, 388; *M/Schroeder/Maiwald* 98/17; *Schmidhäuser* [1 a] 683; *Schwarz* [1 a] 106 ff.; *Joerden* Jura **90**, 636 f. [Gehilfen]; für strafbefreiend Zurückgetretene auch LK-*Hanack* 44) weist darauf hin, dass eine privilegierende Freistellung von der allgemeinen Solidaritätspflicht des § 138 ausgerechnet für (straflose) Teilnehmer der Katalogtat schwer verständlich (*Rudolphi* aaO) und auch die Ungleichbehandlung „bloßer" Mitwisser und Vorbereitungs-Beteiligter bei Ausbleiben eines Tatversuchs wenig überzeugend sei (*Schmidhäuser* aaO 698). Mit 19 der Rspr und der hM ist davon auszugehen, dass § 138 jedenfalls keine *besonderen* Pflichten für Tatbeteiligte begründet (vgl. auch *Arzt/Weber* 46/21; LK-*Hanack* 43). Im Hinblick auf die Anforderungen der §§ 24 II, 31 einerseits, die Regelung des § 139 IV andererseits ist die praktische Bedeutung der Streitfrage gering (zutr. LK-*Hanack* 44).

20 Nach stRspr des BGH entfällt die Anzeigepflicht nicht schon deshalb, weil der zur Anzeige Verpflichtete, der an der geplanten Straftat **nicht beteiligt** ist, sich durch die Warnung in den **Verdacht** einer solchen Beteiligung bringen würde (BGH **36**, 167, 170 [abl. Anm. *Joerden* Jura **90**, 633]; **39**, 164, 167; StV **88**, 202 L; 1 StR 382/92); hiernach scheidet eine Strafbarkeit nach § 138 nur dann aus, wenn ein solcher Verdacht nach dem Ende der Beweisaufnahme noch fortbesteht (BGH **39**, 170 f.; zust. LK-*Hanack* 48; *S/S-Cramer/Sternberg-Lieben* 20/21; vgl. MDR/H **88**, 276; and. wohl noch NJW **64**, 731 f.; NStZ **82**, 244; 2 StR 144/76). Nach **bisheriger Rspr** des BGH war eine **Wahlfeststellung** zwischen der geplanten Katalogtat und § 138 unzulässig (BGH **36**, 174; **39**, 166 f. [zust. Anm. *Tag* JR **95**, 133]; StV **88**, 202 L; MDR/H **79**, 635; **86**, 794; NK-*Ostendorf* 25; MK-*Hohmann* 25); danach ist, wenn sich der Verdacht der Beteiligung nicht ausräumen lässt, in (doppelter) Anwendung des Zweifelssatzes freizusprechen. Die in der Literatur überwiegende **Gegenansicht** (vgl. *Lackner/Kühl* 6; SK-*Rudolphi/Stein* 35; LK-*Hanack* 75; S/S-*Cramer/Sternberg-Lieben* 29; *Geilen* FamRZ **64**, 387; *Joerden* JZ **88**, 847, 853; *Rudolphi*, Roxin-FS [2001] 836 f.; *Arzt/Weber* 46/23; *M/Schroeder/Maiwald* 98/17; *Otto* BT 67/34) kann sich darauf stützen, dass § 138 **dasselbe Rechtsgut** schützt wie der jew. Katalogtatbestand (oben 3); danach besteht ein normativ-ethisches **Stufenverhältnis,** welches **im Zweifel** eine Bestrafung aus § 138 zur Folge hat (zur *prozessualen* Tatidentität vgl. NStZ **93**, 50; NStZ-RR **98**, 204). Der *4. StS* hat in NStZ **04**, 499 mitgeteilt, er beabsichtige, sich dieser Ansicht unter Aufgabe der bisherigen Rspr. anzuschließen.

21 **c)** Für Beteiligte einer **Begünstigung** oder **Hehlerei** im Hinblick auf die Katalogtat entfällt die Anzeigepflicht nicht, da die Tat eine fremde bleibt (*S/S-Cramer/Sternberg-Lieben* 20/21); anders ist dies nur dann, wenn die vorherige Zusage einer Begünstigung als Beihilfe strafbar ist (vgl. § 257 III S. 1; LK-*Hanack* 45).

22 **5) Erfüllung der Anzeigepflicht.** Die nach § 138 zu erfüllende Pflicht ist in den Abs. I und II unterschiedlichen Inhalts. In beiden Fällen verwendet das Gesetz den missverständlichen Begriff der **„Anzeige".** Jedoch verpflichtet § 138 den Bürger nicht etwa zur Strafanzeige (§ 158 StPO), enthält also keine (§ 258 widersprechende) allgemeine Pflicht zur Unterstützung der staatlichen Strafverfolgung (vgl. *M/Schroeder/Maiwald* 98/4). In allen Fällen des § 138 geht es allein um eine Pflicht zur **Warnung.**

23 **A. Rechtzeitige Anzeige einer Katalogtat (Abs. I).** Nach Abs. I muss der Mitteilungspflichtige rechtzeitig eine Anzeige machen, und zwar grds **wahlweise der Behörde** oder **dem Bedrohten.** Welches „die" Behörde iS von Abs. I ist, ergibt sich aus dem Sinn der Vorschrift iVm dem Rechtzeitigkeitserfordernis: Erforderlich ist nicht stets eine Mitteilung an eine Polizeidienststelle; andererseits reichen Mitteilungen an eine offenkundig zur Verhütung von Straftaten unzuständige Stelle schon deshalb nicht aus, weil § 138 nicht (wie beim Garanten) die erfolgreiche Tatverhinderung verlangt, sondern sich mit der Erfüllung einer „halben Garantenpflicht" (*Arzt/Weber* 98/4) begnügt, die eine Verhinderung **ermöglicht.** Eine absichtlich (**zB** mit dem Ziel der Pflichterfüllung *pro forma*) an eine unzuständige Behörde gerichtete Anzeige erfüllt die Pflicht daher selbst dann nicht, wenn sie planwidrig zur Tatverhinderung führt (zutr. LK-*Hanack* 32). Ein **Irrtum** über die Zuständigkeit dürfte idR einem solchen über die Rechtzeitigkeit gleichstehen; im Einzelfall kommt Abs. III in Betracht. Der **Bedrohte** ist jede Person, gegen deren Rechtsgüter sich die Katalogtat richtet; sind mehrere Personen bedroht, so ist grds. jede zu benachrichtigen. Die Wahlmöglichkeit ist eingeschränkt, wenn die Tat sich zugleich gegen die Allgemeinheit richtet oder wenn die bedrohte Privat-

person aus Sicht des Täters eine hinreichende Vorsorge nicht (mehr) treffen kann (*S/S-Cramer/Sternberg-Lieben* 13; SK-*Rudolphi/Stein* 19; LK-*Hanack* 36).

Die Anzeige muss **rechtzeitig** gemacht werden; das ist der Fall, wenn die Aus- **24** führung oder der Erfolg der Katalogtat noch abgewendet werden können (BGH **42**, 86, 88 [Anm. *Puppe* NStZ **96**, 597; *Lagodny* JZ **97**, 48; *Loos/Westendorf* Jura **98**, 403]). Damit ist ein **zeitlicher Spielraum** eröffnet (*S/S-Cramer/Sternberg-Lieben* 12), der in Verbindung mit dem Inhalt der Anzeigepflicht und dem Vorsatzerfordernis zu einer Vielzahl teilw. zweifelhafter Fallgruppen führt (vgl. LK-*Hanack* 23 ff. mwN und ausf. *Schwarz* [1 a] 61 ff.). Da der Täter den Verhinderungs-**Erfolg** nicht schuldet, kann der Tatbestand erfüllt sein, wenn er die Mitteilung nicht rechtzeitig macht, diese aber dennoch zur Verhinderung führt; in diesem Fall wird eine entspr. Anwendung von § 24 (iS Tätiger Reue; vgl. *Lackner/Kühl* 5; *Loos/Westendorf* Jura **98**, 407) oder von § 139 IV (*Puppe* NStZ **96**, 597) für geboten gehalten. Umgekehrt ist der Pflichtige straffrei, wenn die Tat trotz rechtzeitiger Mitteilung begangen wird. Die **Grenze** der Rechtzeitigkeit ist nach hM objektiv zu bestimmen (**aA** *Loos/Westendorf* Jura **98**, 407; krit. auch *Arzt/Weber* 98/12; zweifelnd *S/S-Cramer/Sternberg-Lieben* 12). Dabei kommt es nach dem Wortlaut des I und hM auf den Gesichtspunkt der Risikosteigerung nicht an, so dass etwa die Pflicht auch dann (nachträglich) entfällt, wenn ein Mitwisser absichtlich zuwartet (Versuch ist nicht strafbar) und der Bedrohte oder die Behörde gerade vor Ende des Rechtzeitigkeits-Zeitraums noch anderweitig Kenntnis erlangen (vgl. BGH **42**, 88 f.; Bay **62**, 259; SK-*Rudolphi/Stein* 16; krit. *Puppe* NStZ **96**, 598; *Ostendorf* JZ **97**, 1107).

Ist die Tatausführung auf einen **Erfolg** gerichtet, so ist Rechtzeitigkeit iS von I **25** idR auch dann noch gegeben, wenn der Mitteilungspflichtige die Begehung der Tathandlung abwartet und die Anzeige rechtzeitig vor Eintritt des Taterfolgs macht. Das gilt freilich nicht für die Unternehmenstatbestände des Tatkatalogs und selbstverständlich auch nicht für Erfolgsintensivierungen oder für das Verhältnis von Absichtsdelikten zu intendierten weiteren Taten (§§ 239 a, 239 b). Str. ist insoweit die Behandlung von **Durchgangs-**Erfolgen, welche für sich dem Katalog des Abs. I nicht unterfallen: Nach teilw. vertretener Ansicht ist straflos, wer **zB** die Vergiftung oder sonstige Körperverletzung des Opfers abwartet, jedoch rechtzeitig vor Eintritt des (von Anfang an geplanten) Todes eine erfolgsverhindernde Anzeige macht (*S/S-Cramer/Sternberg-Lieben* 12; **aA** LK-*Hanack* 25; iErg auch SK-*Rudolphi/Stein* 14). Dieses Ergebnis widerspricht dem Gesetzeszweck nicht im Grds (**aA** *Hanack* aaO), denn § 138 begründet eine Verhinderungs(bemühens)-Pflicht eben nur beschränkt auf die in Nr. 1 bis 8 genannten Tatbestände. Die Rechtzeitigkeit der Anzeige ist **Tatbestandsmerkmal;** ein **Irrtum** des Täters führt daher zum Vorsatzausschluss (LK-*Hanack* 27; SK-*Rudolphi/Stein* 30 a; *S/S-Cramer/Sternberg-Lieben* 12).

B. Unverzügliche Anzeige (Abs. II). Handelt es sich bei der drohenden Tat **26** um eine solche nach § 129 a (Abs. II; oben 10), so kommt eine Mitteilung an „den Bedrohten" nicht in Betracht; die Anzeige ist daher der **Behörde** (vgl. oben 23) zu machen. „Straftat nach § 129a" ist die *Organisationstat* selbst, nicht etwa eine der dort aufgeführten Katalogtaten; insoweit gilt Abs. I. Die Einschränkung möglicher Mitteilungsempfänger soll dem Umstand Rechnung tragen, dass bei Bildung einer terroristischen Vereinigung idR eine hinreichende Konkretisierung einzelner bedrohter Personen (noch) nicht vorliegt (*Sturm* MDR **77**, 9; *S/S-Cramer/Sternberg-Lieben* 16). Wenn die Gründung von vornherein mit dem Ziel bestimmter Taten gegen konkretisierte Personen erfolgt, sollte eine Warnung des Bedrohten selbst genügen (so auch *S/S-Cramer/Sternberg-Lieben* 16; **aA** LK-*Hanack* 55). Jedenfalls tritt, wenn durch die Vereinigung eine konkrete Katalogtat iS von I geplant ist, die Pflicht des Abs. I (mit der „rechtzeitigen" Mitteilungsmöglichkeit) neben diejenige des Abs. II (mit „unverzüglicher" Mitteilungsmöglichkeit). Die Überschneidung kann zu dem zweifelhaften Ergebnis führen, dass der Mitwisser einer konkret geplanten Katalogtat einer schon bestehenden terroristischen Vereinigung, der das bedrohte Opfer rechtzeitig warnt, in vollem Umfang strafbar bleibt, wenn er nicht der Behörde anzeigt, dass ein Dritter die (verhinderte!) Tat *unterstützen* wolle (vgl. unten 28).

27 Anders als Abs. I verlangt Abs. II **Unverzüglichkeit** der Mitteilung; eine „Wartefrist" iS von oben 24 ist dem Mitwisser daher nicht eingeräumt. Unverzüglichkeit bedeutet auch hier „ohne schuldhaftes Zögern"; Abs. II erfordert daher idR eine sofortige Information der Behörde. Die Abweichung wurde wegen der besonderen Gefährlichkeit terroristischer Organisationen und wegen der häufig fehlenden Konkretisierung einzelner Taten bei ihrer Gründung für erforderlich gehalten (*Sturm* MDR **77**, 9; SK-*Rudolphi/Stein* 29; LK-*Hanack* 54). Auch bei II entfällt aber die Pflicht, wenn die Behörde schon anderweitig Kenntnis erlangt hat.

28 Das Verhältnis zur „Rechtzeitigkeit" iS von Abs. I ist problematisch: Da der **Bezugspunkt** der „Unverzüglichkeit" ein anderer (nämlich der Zeitpunkt der *Kenntniserlangung*) ist als derjenige der „Rechtzeitigkeit" (Verhinderung der *Rechtsgutsverletzung*), lässt sich im Überschneidungsbereich ein Vorrang des Abs. II nicht feststellen (vgl. oben 10 ff.; LK-*Hanack* 56). Der Begriff der Rechtzeitigkeit stellt überdies – auch bei Bedrohung von Rechtsgütern der Allgemeinheit – auf den Schutz der bedrohten Rechtsgüter selbst ab; Abs. II verlagert die Anzeigepflicht dagegen in bedenkliche Nähe einer allgemeinen strafbewehrten Pflicht zur Unterstützung von Polizei und Strafverfolgung); das wird durch die weite Vorverlagerung auf „*Vorhaben*" des (seinerseits nur vorbereitenden) Organisationsdelikts noch verstärkt. Dass der dadurch erzielte Effekt einer praktisch lückenlosen strafrechtlichen Erfassung auch des entfernteren „Umfelds" terroristischer Organisationen sich kriminalpolitisch als stets sinnvoll erweist, mag bezweifelt werden. Die gesetzliche Konzeption beruht auf den eingeschränkten deutschen Erfahrungen mit wenigen und sehr kleinen terroristischen Gruppierungen. Die **Erweiterung** des Anwendungsbereichs durch **§ 129 b** stößt, etwa weil sich in der BRep. eine Vielzahl von Anhängern oder Mitwissern ausländischer terroristischer Vereinigungen aufhält, an die **Grenzen der Praktikabilität** (vgl. oben 10 und Erl. zu § 129 b).

29 **C. Form der Mitteilung.** Eine besondere Form der Anzeige verlangt § 138 nicht; die Mitteilung kann daher in beliebiger Form, auch über einen (zuverlässigen) Dritten erfolgen (SK-*Rudolphi/Stein* 15; LK-*Hanack* 37). Eine Offenbarung der **Identität** des Anzeigenden ist grds nicht erforderlich; ihre Notwendigkeit kann sich aber aus dem inhaltlichen Erfordernis ergeben, dass die Mitteilung zur Erkenntnis und zur Abwehr der drohenden Gefahr geeignet sein muss (*S/S-Cramer/Sternberg-Lieben 10; MK-Hohmann* 13). Dies gilt entsprechend auch für die Mitteilung der Identität des Täters (SK-*Rudolphi/Stein* 15; LK-*Hanack* 37). Für die Rechtzeitigkeit oder die Unverzüglichkeit kommt es auf den Zeitpunkt des Zugangs bei einer der in I, II bezeichneten Stellen an. IdR nicht ausreichend sind daher **zB** anonyme Mitteilungen an die Presse; Übersendung von Spurenmaterial ohne konkrete Hinweise.

30 **6) Tathandlung.** Die Tathandlung des § 138 ist das **Unterlassen** der warnenden Anzeige zur rechten Zeit (oben 24, 26), in der richtigen Form (oben 29) und gegenüber einer in I oder II bezeichneten Stelle (oben 23, 26). Durch das Absenden oder den Zugang der Mitteilung rückt der Mitwisser nicht in die Stellung eines Garanten ein, so dass eine spätere „Rücknahme" der Warnung (**zB** durch wahrheitswidrigen Widerruf) nicht ohne Weiteres zur Beteiligung an der Katalogtat wird (LK-*Hanack* 38). **Vollendet** ist die Tat, wenn eine rechtzeitige Anzeige nicht mehr möglich (Abs. I) oder wenn der Zeitpunkt der Unverzüglichkeit verstrichen (Abs. II) ist. Auch diese Konsequenz der Vorverlagerung des II ist bedenklich, weil sie dem Täter, der sich zur Anzeige nicht unverzüglich, aber *noch rechtzeitig* vor Begehung einer Organisationstat „durchgerungen" hat, keinen Anreiz zum Opferschutz bietet und ihn auf risikoreiche Bemühungen nach § 139 IV verweist.

31 **7) Subjektiver Tatbestand.** In subjektiver Hinsicht ist zwischen den Vorsatztaten nach I und II und der Fahrlässigkeit nach III zu unterscheiden.

A. Vorsätzliche Tatbegehung (Abs. I, II). Abs. I und II setzen **Vorsatz** voraus; bedingter Vorsatz reicht aus. Erforderlich ist daher zunächst die sichere Kenntnis oder das Für-Möglich-Halten („glaubhaft"; vgl. oben 9) des Bevorstehens der Tat; ihre fehlerhafte Bewertung ist bloßer **Subsumtionsirrtum.** Dagegen ist der Irrtum über das Bestehen der Anzeigepflicht selbst nach § 17 zu beurteilen (BGH **19**, 295 [krit. Anm. *Geilen* JuS **65**, 426]; *S/S-Cramer/Sternberg-Lieben* 25; LK-*Hanack* 62). Der Vorsatz setzt auch das Bewusstsein voraus, dass die Mitteilung **nicht rechtzeitig** oder **nicht unverzüglich** erfolgt; die irrtümliche Annahme, eine tatsächlich verspätete Anzeige sei rechtzeitig oder mit der Anzeige könne noch zugewartet werden, ist nach § 16 zu beurteilen (allgM; vgl. oben 25). 32

B. Leichtfertige Tatbegehung (Abs. III). Die Fahrlässigkeitsregelung des Abs. III bringt eine Ausdehnung der Pflichtenstellung (krit. *Arzt/Weber* 46/18), deren praktischer Sinn bezweifelt werden mag. **Leichtfertigkeit** (dazu 20 zu § 15) reicht nur hinsichtlich des Unterlassens der Anzeige, insb. also der Rechtzeitigkeit oder Unverzüglichkeit oder der Erforderlichkeit der Mitteilung aus; Leichtfertigkeit kann nach hM auch im Fall einer Mitteilung an eine falsche Stelle gegeben sein (LK-*Hanack* 63 mwN); das kann freilich nur dann zur Strafbarkeit führen, wenn die leichtfertig *falsche* Mitteilung nicht mehr rechtzeitig eingeht. Auch im Fall von Abs. III muss der Täter aber glaubhafte Kenntnis vom Vorhaben oder von der Ausführung der Tat erlangt haben; insoweit ist auch hier mindestens bedingter Vorsatz erforderlich (*S/S-Cramer/Sternberg-Lieben* 25; LK-*Hanack* 63; iErg auch SK-*Rudolphi/Stein* 31 a;). 33

8) Rechtswidrigkeit; Schuld. Für eine mögliche **Rechtfertigung** gelten die allgemeinen Rechtfertigungsgründe. Denkbar ist namentlich Einwilligung durch Verzicht des Bedrohten, wenn diesem Art und Schwere der bevorstehenden Katalogtat hinreichend bekannt sind. § 34 [vgl. LK-*Hanack* 65] oder § 32 dürften nur ausnahmsweise in Betracht) kommen. Ihrerseits strafbewehrte **Schweige-** und **Geheimhaltungspflichten** (**zB** §§ 203, 353 b; § 35 SGB I) begründen – schon im Hinblick auf die Sonderregelung des § 139 – grds ebenso wenig eine Rechtfertigung wie Zeugnisverweigerungsrechte (*S/S-Cramer/Sternberg-Lieben* 23 f.; SK-*Rudolphi/Stein* 32; LK-*Hanack* 65). Eine **Entschuldigung** (namentlich aus § 35) ist nach allg. Regeln möglich; sie wird durch § 139 nicht verdrängt. Zur Unzumutbarkeit vgl. schon oben 15. 34

9) Täterschaft und Teilnahme. Eine Teilnahme ist grds nach allg. Regeln möglich; jedoch wird den „Teilnehmer", der eigene Kenntnis hat, idR selbst die Anzeigepflicht treffen; dann liegt **Nebentäterschaft** vor (*S/S-Cramer/Sternberg-Lieben* 27). Ist eigene Täterschaft durch § 139 II ausgeschlossen, so ist auch die Teilnahme nicht strafbar (weiter *Schwarz* [1 a] 139: auch im Fall von § 139 III S. 1). Der Beteiligte der geplanten Tat kann nicht Täter oder Teilnehmer des § 138 sein (vgl. oben 18 f.; **aA** *SK-Rudolphi/Stein* 5, 34: Subsidiarität des § 138). 35

10) Konkurrenzen. Zum Verhältnis des § 138 zur Teilnahme an der Katalogtat und zur Anwendung des **Zweifelssatzes** vgl. oben 18 ff. Die durch aktives Tun bewirkte Verhinderung der Anzeige eines Dritten durch einen seinerseits Anzeigepflichtigen (Gewalt; Erregung eines Irrtums) ist nach hM als Beteiligung an der Katalogtat strafbar (SK-*Rudolphi/Stein* 33; LK-*Hanack* 72). Gegenüber § 323 c ist § 138 das speziellere Delikt (BGH **39**, 164, 167; vgl. *LK-Spendel* 179 zu § 323 c mwN). Zwischen Abs. I und II ist **Tateinheit** möglich; auch zwischen § 203 (bei Überschreiten der durch die Erforderlichkeit gesetzten Grenzen [oben 14] und gleichwohl verspäteter Anzeige). 36

11) Sonstige Vorschriften. Androhung oder Vortäuschen von Katalogtaten: vgl. § 126; Billigung: § 140. Offenbarung von Daten: § 71 Nr. 1 SGB X; § 41 AWG. **Verfahrensrecht:** Zuständigkeit § 120 I Nr. 7, § 142 a GVG. Zum Verfahren vgl. auch §§ 138 b, 148 a, 153 c bis 153 e StPO. Zur prozessualen **Tatidentität** vgl. BGH **36**, 170; **39**, 167; StV **88**, 202; BGHR § 138 Anzeigepflicht 1. 37

Straflosigkeit der Nichtanzeige geplanter Straftaten

139 **I Ist in den Fällen des § 138 die Tat nicht versucht worden, so kann von Strafe abgesehen werden.**

II Ein Geistlicher ist nicht verpflichtet anzuzeigen, was ihm in seiner Eigenschaft als Seelsorger anvertraut worden ist.

III Wer eine Anzeige unterlässt, die er gegen einen Angehörigen erstatten müsste, ist straffrei, wenn er sich ernsthaft bemüht hat, ihn von der Tat abzuhalten oder den Erfolg abzuwenden, es sei denn, dass es sich um

1. einen Mord oder Totschlag (§§ 211 oder 212),
2. einen Völkermord in den Fällen des § 6 Abs. 1 Nr. 1 des Völkerstrafgesetzbuches oder ein Verbrechen gegen die Menschlichkeit in den Fällen des § 7 Abs. 1 Nr. 1 des Völkerstrafgesetzbuches oder ein Kriegsverbrechen in den Fällen des § 8 Abs. 1 Nr. 1 des Völkerstrafgesetzbuches oder
3. einen erpresserischen Menschenraub (§ 239 a Abs. 1), eine Geiselnahme (§ 239 b Abs. 1) oder einen Angriff auf den Luft- und Seeverkehr (§ 316 c Abs. 1) durch eine terroristische Vereinigung (§ 129 a, auch in Verbindung mit § 129 b Abs. 1)

handelt. Unter denselben Voraussetzungen ist ein Rechtsanwalt, Verteidiger, Arzt, Psychologischer Psychotherapeut oder Kinder- und Jugendlichenpsychotherapeut nicht verpflichtet anzuzeigen, was ihm in dieser Eigenschaft anvertraut worden ist. Die berufsmäßigen Gehilfen der in Satz 2 genannten Personen und die Personen, die bei diesen zur Vorbereitung auf den Beruf tätig sind, sind nicht verpflichtet mitzuteilen, was ihnen in ihrer beruflichen Eigenschaft bekannt geworden ist.

IV Straffrei ist, wer die Ausführung oder den Erfolg der Tat anders als durch Anzeige abwendet. Unterbleibt die Ausführung oder der Erfolg der Tat ohne Zutun des zur Anzeige Verpflichteten, so genügt zu seiner Straflosigkeit sein ernsthaftes Bemühen, den Erfolg abzuwenden.

1 **1) Allgemeines.** Die Vorschrift idF des Art. 2 Nr. 22 des 3. StÄG (1 zu § 240) ist durch Art. 19 Nr. 54 EGStGB (betr. III, IV), Art. 1 Nr. 3 StGBuaÄndG (betr. III S. 1; vgl. 1 zu § 129 a) und Art. 1 Nr. 14 des 6. StrRG (betr. III Nr. 3) geändert worden. Abs. III Nr. 2 wurde durch Art 2 Nr. 9 des G zur Einführung des VStGB v. 26. 6. 2002 (BGBl. I 2254) geändert; Abs. III S. 1 Nr. 3 durch das 34. StÄG v. 22. 8. 2002 (BGBl. I 3390; vgl. dazu 1 zu § 129 b). In Abs. III wurde durch Art. 1 Nr. 7 des SexdelÄndG v. 27. 12. 2003 (BGBl. I 3007) Satz 1 ergänzt und Satz 2 eingefügt.

Gesetzgebung: Der GesE der BReg eines G zur Neuordnung des Rechtsberatungsrechts (BT-Drs. 16/3655; and. aber Ber. BT-Drs. 16/6634) sah eine Ergänzung des Abs. III vor (Art. 17-E). Das Gesetzgebungsverfahren war bei Redaktionsschluss der 55. Aufl. nicht abgeschlossen.

1 a **Literatur:** Vgl. 1 a zu § 138.

2 **2) Regelungszweck.** § 139 ergänzt § 138 und ist als Teil dieser Strafvorschrift zu lesen (vgl. *Dreher* JZ **53**, 427). Die Vorschrift enthält spezielle Regelungen zur Strafbefreiung, die in eher kasuistischer, nicht durchweg überzeugender Weise einerseits Verhältnismäßigkeits-Erwägungen im Verhältnis zwischen Gefahrenabwendungspflicht und objektiver Gefahrenlage, andererseits spezifischen Zwangslagen Rechnung zu tragen versuchen, welche durch den Konflikt zwischen konkurrierenden Solidaritätspflichten typischerweise entstehen können. § 139 gilt in den Fällen des § 43 WStG entsprechend.

3 **3) Ausbleiben einer Rechtsgutsverletzung (Abs. I).** Für das Bestehen der Anzeigepflicht nach § 138 ist es grds gleichgültig, ob die drohende Tat ausgeführt wird; das ergibt sich schon aus der Pflicht, bereits das „Vorhaben" solcher Taten anzuzeigen. Der Anzeigepflichtige bleibt daher bei Unterlassen der Warnung strafbar, auch wenn die geplante Tat weder begangen noch versucht wurde (BGH **42**, 86; vgl. 24 zu § 138). Lag entgegen der Annahme des Anzeigepflichtigen ein Vor-

haben gar nicht vor, so bleibt das Unterlassen einer Mitteilung straflos, da der Versuch des § 138 nicht strafbar ist. **Abs. I** eröffnet die Möglichkeit eines **Absehens von Strafe** (vgl. § 153b StPO; 8 zu § 23), wenn eine anzeigepflichtige Tat zwar tatsächlich geplant, jedoch ihre Ausführung nicht mindestens versucht worden ist, und zwar weder auf Grund einer pflichtgemäßen Warnung noch durch sonstiges Bemühen des Anzeigepflichtigen (Abs. IV). Ein **Versuch** der Tat, der Abs. I ausschließt, ist auch bei einem Rücktritt des Versuchstäters nach § 24 oder bei Tätiger Reue (**zB** § 314a) gegeben, denn die persönlichen Strafaufhebungsgründe für den Täter der Katalogtat lassen die Strafbarkeit nach § 138 unberührt. Im Fall des § 138 II iVm § 129a oder § 129b schließt ein Versuch der Gründung (§ 129a I, II iVm § 23 I) oder der Versuch eines Rädelsführers oder Hintermanns ein Absehen von Strafe aus. Ist die Haupttat ein **Vorbereitungsdelikt** (§§ 80, 83 I, 310), so ist I anzuwenden, wenn mit der Vorbereitung noch nicht begonnen wurde.

4) Freistellung von Geistlichen (Abs. II). Nach Abs. II sind Geistliche, dh 4
Personen, die von staatlich anerkannten Religionsgemeinschaften (Art. 140 GG; Art. 137 WRV; vgl. § 53 I Nr. 1 StPO) zu Trägern geistlicher Ämter, insb. zu gottesdienstlichen Verrichtungen bestimmt sind (vgl. i. e. BVerfG NJW **07**, 1865, 1866ff.; LK-*Hanack* 5ff.), im Umfang seelsorgerischer Tätigkeit „nicht verpflichtet", ihnen anvertraute Tatsachen mitzuteilen. Geistlicher ist auch ein Laie, der keine krichliche Weihe erhalten hat, aber im Auftrag einer Kirche *hauptamtlich* seelsorgerische Tätigkeiten wahrnimmt (BGH **51**, 140 [m. Anm. *Schroeder* JR **07**, 171]; BVerfG NJW **07**, 1865, 1866f. [zu § 53 I Nr. 1 StPO]). Nach **hM** handelt es sich bei Abs. II nicht um einen Tatbestandsausschluss, sondern um einen **Rechtfertigungsgrund** (*Lackner/Kühl* 2; SK-*Rudolphi/Stein* 3; LK-*Hanack* 13; *M/Schroeder/Maiwald* 98/25; **aA** *S/S-Cramer/Sternberg-Lieben* 2; NK-*Ostendorf* 15). Die Geistlichen sind nur insoweit freigestellt, als ihnen gerade in ihrer Eigenschaft als **Seelsorger,** also als Beistand in grundlegenden moralischen und ethischen Fragen anzeigepflichtige Tatsachen (zur Abgrenzung von karitativen, fürsorgerischen oder erzieherischen Tätigkeiten vgl. BGH **51**, 140ff.) **anvertraut** wurden; dies setzt voraus, dass sie ihnen, gleichgültig auf welchem Wege, in der erkennbaren Erwartung der Geheimhaltung im Rahmen seelsorgerischer Tätigkeit mitgeteilt wurden. Erlangt ein Geistlicher anderweitig Kenntnis, so ist er von der Anzeigepflicht nicht befreit (BGH **37**, 139). Eine Beschränkung des Schweigerechts im Hinblick auf besonders schwere Taten enthält Abs. II nicht (krit. *Kisker* [1a zu § 138] 205).

5) Straffreiheit von Angehörigen (Abs. III S. 1). Für **Angehörige** (§ 11 I 5
Nr. 1) eines Beteiligten der anzeigepflichtigen Tat enthält Abs. III S. 1 einen **persönlichen** Strafaufhebungsgrund (*Lackner/Kühl* 3; *M/Schroeder/Maiwald* 98/26; **aA** [Entschuldigungsgrund] *S/S-Cramer/Sternberg-Lieben* 4; SK-*Rudolphi/Stein* 10; NK-*Ostendorf* 22; MK-*Hohmann* 11; LK-*Hanack* 23, 31; *Geilen* JuS **65**, 426). Für „nahe stehende Personen", insb. für (nicht eingetragene) Lebenspartner, gilt die Vorschrift nicht (krit. *S/S-Cramer/Sternberg-Lieben* 4; LK-*Hanack* 15). Ausgeschlossen hiervon sind die in S. 1 Nr. 1 bis 3 aufgeführten besonders schweren Katalogtaten des § 138 I; die Verknüpfung derin Nr. 3 genannten Taten mit § 129a ist unter Gesichtspunkten des Rechtsgutsschutzes wenig überzeugend. **Voraussetzung** der Strafbefreiung ist nach dem Wortlaut, dass der Täter gegen den Angehörigen „eine Anzeige erstatten" müsste. Diese Formulierung legt nahe, dass nur die Veranlassung einer Strafverfolgung durch Anzeige nach § 158 StPO, jedenfalls aber eine solche Mitteilung gemeint ist, welche die Identität des Angehörigen preisgibt. Jedoch wird sich der Gang der Dinge nach einer Warnung idR nicht zuverlässig vorhersehen lassen, so dass eine die Strafbefreiung begründende Konfliktlage auch bei Mitteilungen ohne Offenbarung der Identität des Angehörigen besteht. Wenn zwischen dem Täter des § 138 und der bedrohten Person *ebenfalls* ein Angehörigenverhältnis besteht (vgl. NJW **64**, 731f.) oder der Täter eine Garantenstellung für das bedrohte Rechtsgut innehat, wird auch hier der III S. 1 zugrunde liegende Gedanke der Unzumutbarkeit durchgreifen (so wohl auch *S/S-Cramer/Sternberg-Lieben* 5).

6 Weitere Voraussetzung der Straffreiheit nach III S. 1 ist das **ernsthafte Bemühen** des Täters, den Angehörigen von der Tat **abzuhalten** oder den Taterfolg **anzuwenden.** Sind solche Bemühungen gegeben, so kommt es nicht darauf an, ob sie erfolgreich sind (vgl. IV S. 1). Ein Bemühen, das nach Auffassung des Täters von vornherein **aussichtslos** ist, kann nicht verlangt werden (*S/S-Cramer/Sternberg-Lieben* 4; LK-*Hanack* 20; SK-*Rudolphi/Stein* 8, 11; *Geilen* JuS **65**, 426, 428; BGH **19**, 295, 297 f. hat die Frage offen gelassen). Dass der Versuch einer Abwendung des Tat-Erfolgs als ernsthaft anzusehen ist, wenn der Anzeigepflichtige die Tat-*Ausführung* passiv hinnimmt, ist zu bezweifeln. Zwischen den Möglichkeiten des III S. 1 hat der Täter grds die Wahl (LK-*Hanack* 21); er muss aber den aus seiner Sicht Erfolg versprechendsten Weg wählen.

7 **6) Freistellung von Geheimnisträgern (Abs. III S. 2, 3).** Einen (eingeschränkten) **Rechtfertigungsgrund** (*Lackner/Kühl* 2; LK-*Hanack* 30 f. mwN; str.) enthält III S. 2 und S. 3 für berufliche Geheimnisträger.

8 **A. III S. 2** führt abschließend die Berufsgruppen auf; dies sind **Rechtsanwälte** (auch Rechtsanwälte aus EU-Staaten; vgl. § 42 II EuRAG), **Verteidiger** (die diese Funktion nicht beruflich innehaben und nicht Rechtsanwälte sein müssen; vgl. §§ 138 I, II, 139, 141 StPO; nicht Beistände iS von § 149 StPO), **Ärzte;** nach Ergänzung durch das SexDelÄndG v. 27. 12. 2003 (oben 1) auch **psychologische Psychotherapeuten** und **Kinder- und Jugendlichenpsychotherapeuten** (vgl. § 132 a I Nr. 2; § 2 PsychThG; nicht sonstige Psychotherapeuten). Weitergehende Vorschläge sind nicht Gesetz geworden (dazu BT-Drs. 15/1311, 23).

9 Die **Voraussetzungen** der Freistellung nach S. 2 sind „dieselben" wie bei Angehörigen (oben 5); daher kommt eine Rechtfertigung bei Katalogtaten nach Abs. III S. 1 Nr. 1 bis 3 von vornherein nicht in Betracht (krit. *Dahs* NJW **76**, 2145, 2148). Im übrigen Anwendungsbereich des § 138 muss die Tatsache dem Anzeigepflichtigen gerade in seiner Eigenschaft als Rechtsanwalt, Verteidiger oder Arzt **anvertraut** worden sein (vgl. oben 4). Nach dem Wortlaut sind damit auch Mitteilungen erfasst, die ein Mandant oder Patient dem Täter über **Dritte** (**zB** über Angehörige) macht; im Hinblick auf den Schutz gerade auch des Vertrauensverhältnisses sind solche Mitteilungen, wenn sie dem Täter „anvertraut" sind, nicht auszuschließen (**aA** NK-*Ostendorf* 17). Der Täter muss darüber hinaus **ernsthafte Bemühungen** unternommen haben, den Mitteilenden von der Tat abzuhalten oder den Erfolg auf andere Weise zu verhindern (III S. 1). Art und Maß der erforderlichen Bemühungen hängen vom Einzelfall ab; es gelten die Grundsätze zu § 24 (32 ff. zu § 24).

10 **B.** Durch **III S. 3** idF des SexDelÄndG (oben 1) sind die **berufsmäßigen Gehilfen** der in S. 2 genannten (§ 53 a StPO) sowie solche Personen einbezogen worden, die bei ihnen zur **Vorbereitung auf den Beruf** tätig sind, also namentlich Auszubildende; Praktikanten; Referendare; es muss sich nicht gerade um den Beruf des in S. 2 genannten Geheimnisträgers handeln. Die Freistellung bezieht sich hier auf solche Tatsachen, die den genannten Personen gerade im Zusammenhang mit ihrer Tätigkeit für einen oder bei einem Geheimnisträger iS von S. 2. Die Gesetzesbegründung lässt das Verhältnis „bekannt gewordener" zu nach iS von S. 2 „anvertrauten" Tatsachen offen (vgl. BT-Drs. 15/1311, 23). Man wird anzunehmen haben, dass die Offenbarungspflicht der Berufsträger nicht weiter geht als die ihrer Gehilfen. Eine Verpflichtung zur ernsthaften Bemühung besteht nicht.

11 **7) Straffreiheit bei Abwenden der Tat (Abs. IV).** Ohne Beschränkung auf bestimmte Personengruppen oder Katalogtaten enthält Abs. IV einen **Strafausschließungsgrund,** dessen rechtliche Einordnung sehr str. ist: Nach wohl hM *schließt* Abs. IV schon den Tatbestand des § 138 aus, da der Täter mit den Bemühungen nach IV seine Pflicht erfülle (so insb. *S/S-Cramer/Sternberg-Lieben* 6; NK-*Ostendorf* 9; MK-*Hohmann* 23; *Schwarz* [1 a zu § 138] 150 ff.). Das widerspricht dem Wortlaut des IV und führt zu wenig sinnvoller Gleichstellung scheinbarer „Wahlmöglichkeiten" (*S/S-Cramer/Sternberg-Lieben* aaO) mit gänzlich unterschiedlicher

Risiko-Verteilung. Zutr. ist daher die Einordnung als **persönlicher Strafaufhebungsgrund** (so auch *Lackner/Kühl* 4; LK-*Hanack* 37; SK-*Rudolphi/Stein* 12f; *M/Schroeder/Maiwald* 98/28; *Otto* BT 67/40).

Voraussetzung nach IV S. 1 ist, dass der Täter die **Ausführung** oder den **Erfolg** (dazu 24f. zu § 138) der drohenden Tat auf **andere Weise** als durch Erfüllung seiner Anzeigepflicht **abwendet.** Die Hinnahme der „Ausführung" (und der Verletzung von in § 138 nicht geschützten Rechtsgütern) bei Abwendung allein des (§ 138 unterfallenden) „Erfolgs" reicht aus (vgl. 25 zu § 138; **aA** LK-*Hanack* 34). Die Tat muss daher auf Grund eines Handelns des Anzeigepflichtigen (sonst ggf Abs. I) unterbleiben. Das Risiko des Misslingens der Bemühungen trägt der Täter; bei Irrtum über die Erfolgsgeeignetheit kommt § 138 III in Betracht (LK-*Hanack* 33). Auf Freiwilligkeit oder Ernsthaftigkeit (erfolgreicher) Abwendungs-Aktivitäten kommt es in S. 1 nicht an. 12

Ernsthaftes Bemühen um Abwendung (vgl. 32ff. zu § 24; 6 zu § 31; oben 6) reicht nach **IV S. 2** aus, wenn die drohende Tat **ohne Zutun** des Anzeigepflichtigen unterbleibt. Das Verhältnis zu § 138 III ist problematisch (vgl. LK-*Hanack* 35). Bei nicht hinreichendem Bemühen kommt Abs. I in Betracht. Das Bemühen muss nur auf Abwendung des Erfolgs gerichtet sein. 13

Belohnung und Billigung von Straftaten

140 Wer eine der in § 138 Abs. 1 Nr. 1 bis 4 und in § 126 Abs. 1 genannten rechtswidrigen Taten oder eine rechtswidrige Tat nach § 176 Abs. 3, nach den §§ 176a und 176b, nach den §§ 177 und 178 oder nach § 179 Abs. 3, 5 und 6, nachdem sie begangen oder in strafbarer Weise versucht worden ist,

1. belohnt oder

2. in einer Weise, die geeignet ist, den öffentlichen Frieden zu stören, öffentlich, in einer Versammlung oder durch Verbreiten von Schriften (§ 11 Abs. 3) billigt,

wird mit Freiheitsstrafe bis zu drei Jahren oder mit Geldstrafe bestraft.

1) Allgemeines. Die Vorschrift wurde durch das 3. StÄG eingefügt, durch das 7. StÄG, das EGStGB, durch Art. 1 Nr. 6 des 14. StÄG (1 zu § 86; Prot. 7/2296; dazu *Laufhütte* MDR **76**, 441; *Stree* NJW **76**, 1177; *Sturm* JZ **76**, 347) und Art. 1 Nr. 3 TerrorBG 1986 geändert; durch Art. I Nr. 8 des SexdelÄndG v. 27. 12. 2003 (BGBl. I 3007) wurde die Verweisung auf die genannten Sexualdelikte eingefügt (dazu BT-Drs. 15/350, 15); durch Art. 1 Nr. 5 des 37. StÄG die Verweisung auf § 138 redaktionell geändert. 1

Literatur: *Bemmann,* Meinungsfreiheit u. Strafrecht, 1981; *Ebert,* Zum Bedeutungswandel der Billigung begangener Straftaten, Spendel-FS 115; *Fischer,* Öffentlicher Friede u. Gedankenäußerung, 1986 (Diss. Würzburg); *ders.* GA **89**, 445; *Grünwald,* Billigung von Straftaten (usw.), in: *Lüderssen/Sack* (Hrsg.), Vom Nutzen u. Nachteil der Sozialwissenschaften für das Strafrecht, Bd. 2, 1980, 489; *Hoyer,* Die Eignungsdelikte, 1987; *Jakobs,* Kriminalisierung im Vorfeld einer Rechtsgutverletzung, ZStW **97**, 751; *Kühl,* Neue Gesetze gegen terroristische Gewalttaten, NJW **87**, 739; *Müller-Dietz,* Vom Wort der Gewalt u. der Gewalt des Wortes, Würtenberger-FS 167; *Rudolphi,* Notwendigkeit u. Grenzen einer Vorverlagerung des Strafschutzes im Kampf gegen den Terrorismus, ZRP **79**, 214; *Schroeder,* Die Straftaten gegen das Strafrecht, 1985. **Vgl. i. Ü.** *1a zu § 126, 1a zu § 130.* 1a

2) Rechtsgut; kriminalpolitische Bedeutung. Die Vorschrift schützt nach hM den **öffentlichen Frieden** (vgl. BGH **22**, 286; MDR **81**, 92; Hamm MDR **80**, 159; krit. zB *Kühl* NJW **87**, 737, 745ff.; *Dencker* StV **87**, 117, 121; *Jakobs* ZStW **97**, 751, 779; NK-*Ostendorf* 3; *Bemmann,* Meinungsfreiheit u. Strafrecht, 1981, 16; *Schroeder* [1a] 7, 12; *Beck,* Unrechtsbegründung u. Vorfeldkriminalisierung, 1992, 195); insoweit gilt das 2f. zu § 126, 2 zu § 130 Ausgeführte. Nach verbreiteter Formulierung soll die Strafdrohung des § 140 die Entstehung eines „psychischen Klimas verhindern, in dem gleichartige Untaten gedeihen können" (vgl. BGH **22**, 286; **28**, 314; *S/S-Cramer/Sternberg-Lieben* 1; LK-*Hanack* 1a; SK-*Rudolphi/Stein* 2, jew. mwN; zur Erweiterung auf Sexualstraftaten auch BT-Drs. 15/350, 15; vgl. dazu unten 5). Ein „Klima" noch im Vorfeld von denkbaren Tatentschlüssen (vgl. §§ 30 I, 111!) entzieht sich 2 freilich weitestgehend empirischer Feststellung; seine (abstrakte) Gefährdung erschöpft sich idR in der Verletzung eines *normativen* Anspruchs auf Unterlassen von **Provokationen** gegen den Geltungsanspruch der Rechtsordnung. Einen greifbaren Rechtsgutsbezug bieten allein die Verweisungen auf die Tatkataloge der §§ 126 I, 138 I Nr. 1 bis 5 und auf die Tatbestände nach §§ 176 ff.; insoweit schützt § 140 in Form eines **abstrakten Gefährdungsdelikts** die in diesen **(Katalog-)Tatbeständen geschützten Rechtsgüter** gegen Nachahmungs- und Wiederholungstaten.

2 a Der **praktische Nutzen** der Vorschrift (wie schon der von Vorläufervorschriften des RepublikschutzG; vgl. dazu schon BGH **22**, 282, 283 f.) ist gering (ebenso LK-*Hanack* 2); das zeigt nicht nur die Debatte um die Strafbarkeit der Billigung von NS-Verbrechen. Der Schwerpunkt praktischer Anwendung lag fast ein Jahrzehnt in der Verfolgung des sog. *„Buback-Nachrufs"* sowie eines (vom Publikum gleichermaßen unbeachteten) „Aufarbeitungs"-Buchs eines RAF-Aussteigers; lautstarke öffentliche Verherrlichung und Verharmlosung von (vor allem im Ausland begangenen, politisch motivierten) Verbrechen (vgl. BGH **22**, 282; LK-*Hanack* 10; unten 4) hat § 140 zur selben Zeit weder verhindert noch merklich gemäßigt. Der Tatbestand demonstriert, auch in seiner praktischen Handhabung, iErg wohl eher Vertrauenskrisen des Rechtsstaats als dessen Stärke.

3 **3) Vortat.** Beide Tatbestände des § 140 beziehen sich auf **bereits begangene**, eigene oder fremde rechtswidrige Taten. Während sich § 130 a auf künftige rechtswidrige Taten bezieht, muss die Tat nach § 140 **begangen** (BGH **22**, 287), dh vollendet oder in strafbarer Weise **versucht** worden sein. Aus dem Oberbegriff „rechtswidrige Taten" ist zu schließen, dass der Täter bei einer nur versuchten Tat trotz des Ausdrucks „in strafbarer Weise" ebenfalls nicht schuldhaft gehandelt zu haben braucht (*Stree* NJW **76**, 1181). Tat iS von § 140 ist auch die rechtswidrige **Teilnahme** an einer Katalogtat (LK-*Hanack* 4). Generelle Billigung von Straftaten schlechthin oder von bestimmten Deliktsgruppen reicht nicht aus (BGH **22**, 287); anders wenn bestimmte Einzeltaten erkennbar mit einer Sammelbezeichnung zusammengefasst werden (MDR **90**, 643 [insoweit in BGH **36**, 363 nicht abgedr.; LK-*Hanack* 7).

4 **A.** Die Tat nach **HS 1** muss eine solche aus dem **Katalog** des § 138 I Nr. 1 bis 4 (vgl. dort) **oder** des § 126 I (vgl. dort; § 126 I Nr. 7 ist seit dem TerrorBG, 1 zu § 130 a, einbezogen) sein, der sich weitestgehend mit dem des § 138 I Nr. 5 bis 8 deckt. Die Blankett-Verweisung auf die §§ 126 I, 138 I führt zur Inhaltsänderung nach Maßgabe der dortigen Tatkataloge. Nicht erfasst werden Taten nach § 138 II; die entsprechenden Handlungen sind idR schon von § 129 a selbst erfasst. Es muss sich um eine **rechtswidrige** Tat handeln, so dass auch schuldlose Taten erfasst sind und Strafaufhebungsgründe (wie zB Rücktritt) nicht entgegenstehen (LK-*Hanack* 5 f.; krit. 8). Taten, die nur noch **geschichtliches Interesse** haben, sollen nach allgM ausscheiden (*S/S-Cramer/Sternberg-Lieben* 5 a; *Stree* NJW **76**, 1181), denn belohnen kann man nur Lebende, und die Billigung solcher Taten ist nach hM nicht geeignet, den öffentlichen Frieden zu stören. Das trifft in dieser Allgemeinheit nicht zu (dazu unten 8 a; vgl. auch § 130 III; krit. LK-*Hanack* 32 f.). Die **Taten** aus den beiden Katalogen müssen **nach deutschem Recht strafbar** sein. Die Tat braucht aber **nicht im Inland** begangen zu sein; ihre Erfassung richtet sich nach §§ 3 ff., § 1 VStGB. Auch Taten iS von § 7 I kommen in Betracht. Taten, die ausschließlich bei Verletzung inländischer Rechtsgüter strafbar sind (wie zB § 125 a; vgl. 2 zu § 3), scheiden als Auslandstaten aus (BGH **22**, 282 hat die Frage offen gelassen; differenzierend LK-*Hanack* 10; zu den Fällen des § 311 I vgl. aber 5 a zu § 326).

5 **B.** Durch Art. 1 Nr. 8 des SexDelÄndG v. 27. 12. 2003 (BGBl. I 3007) ist der Tatkatalog in **HS 2** auf die Delikte gegen die **sexuelle Selbstbestimmung** nach §§ 176 III, 176 a, 176 b, 177, 178, 179 III, V, VI erweitert worden. Die Begründung des GesE (BT-Drs. 15/350, 15) führt dazu aus, die Strafbarkeit von Belohnung und Billigung dieser Taten solle „einer Entwicklung vorbeugen", wonach „derartige Äußerungen ... ein psychisches Klima schaffen (können), das Straftaten gegen die sexuelle Selbstbestimmung begünstigt". Man mag dies als rein *symbolischen* Akt ansehen, denn es dürfte kaum eine Deliktsgruppe geben, bei welcher die Entstehung

eines öffentlichen „psychischen Klimas", das die **Neigung zur Tatbegehung** begünstigt, so fern liegt wie bei den Taten nach §§ 176 ff. Verbrechen nach § 7 I Nr. 6 VStGB, deren öffentliche Billigung näher liegen mag, sind bereits über den Katalog des § 138 I Nr. 5 erfasst.

4) Belohnung von Straftaten (Nr. 1). Tathandlung des Belohnungstatbe- 6
stands nach Nr. 1 ist, dass der Täter eine der genannten rechtswidrigen Taten nach ihrer Begehung **belohnt,** dh einem Tatbeteiligten unmittelbar oder mittelbar (wohl auch einer Vereinigung, die für die Tat verantwortlich ist oder sich für verantwortlich erklärt hat), nachträglich einen vorher nicht versprochenen **Vorteil** (sonst Teilnahme) zuwendet. Der Vorteil muss nicht materieller Art sein; er kann auch in einer demonstrativen Auszeichnung bestehen (zum Begriff vgl. auch 11 zu § 331). Er muss aber stets einem Beteiligten der Katalogtat zugute kommen; ein bloßes Lob oder das Absehen von einer Verfolgung der Tat reichen nicht aus.

5) Billigen von Straftaten (Nr. 2). Tathandlung des Billigungstatbestands nach 7
Nr. 2 ist, dass der Täter die Tat **öffentlich** oder **in einer Versammlung** (2 zu § 80 a) oder durch **Verbreiten von Schriften** (im erweiterten Sinn des § 11 III) **billigt,** dh durch eine auf die konkrete Tat, mag auch eine genaue Angabe von Ort und Zeit fehlen (NJW **78**, 58; MDR **90**, 643; krit. SK-*Rudolphi/Stein* 7, 8), erkennbar (BGH **28**, 313) bezogene Erklärung gutheißt. Auch schlüssige Erklärungen reichen aus (BGH **22**, 286 f.; Braunschweig NJW **78**, 2045; *S/S-Sternberg-Lieben* 5; SK-*Rudolphi/Stein* 7; *Lackner/Kühl* 8 zu § 130). In einem Verbreiten der bildlichen *Darstellung* einer Tat liegt freilich noch kein Billigen (NJW **95**, 3369 [Abbildung einer bei einem Sprengstoffanschlag beschädigten JVA]). Auch die bloße Veröffentlichung der billigenden Äußerung eines Dritten reicht idR nicht aus (BGH **36**, 367); anders kann dies sein, wenn sich aus beigefügten Kommentaren oder aus der Form einer solchen Veröffentlichung konkludent ergibt, dass dem Inhalt beigetreten werde. Andererseits kann von dem, der eine strafbare Billigung berichtend veröffentlicht, nicht in jedem Fall eine ausdrückliche distanzierende Kommentierung verlangt werden (*S/S-Cramer/Sternberg-Lieben* 5; LK-*Hanack* 22 ff.; *SK-Rudolphi/Stein* 9; *Rudolphi* ZRP **79**, 219 f.; **aA** NJW **78**, 58 f. *[Bommi Baumann];* Braunschweig NJW **78**, 2044 *[Buback-"Nachruf"];* 3 StR 165/79 [*Ponto-Mord*; vgl. MDR/S **81**, 92]). Die Erklärung, eine begangene Tat sei *rechtmäßig* gewesen, reicht für § 140 nur dann aus, wenn sich hieraus eine **Missachtung des Normgebots** selbst ergibt (**zB** die Erklärung, Mordanschläge auf Ausländer seien durch „Notwehr der Deutschen" gerechtfertigt; vgl. auch *Schroeder* Straftaten 18). Eine Billigung *eigener* Taten ist jedenfalls dann straflos, wenn sie der eigenen Strafverteidigung dient (BGH **31**, 16, 23 [Anm. *Gössel* JR **83**, 119]).

Die Billigung muss in einer Weise geäußert werden, die **geeignet** ist, den **öf-** 8
fentlichen Frieden zu stören. Nach ganz hM soll die Friedensschutzklausel die Möglichkeit eröffnen, den abstrakten Gefährdungstatbestand auch durch Berücksichtigung der konkreten Umstände restriktiv anzuwenden (vgl. dazu 3 und 9 zu § 126). Da die *Kriterien* für eine Eignung zur Störung aber ebenso unklar sind wie die tatsächliche Grundlage ihrer Feststellung, begnügt sich die Praxis weithin mit der **Öffentlichkeit der Äußerung** (vgl. 14 zu § 130 mwN).

6) Die **Sozialadäquanz-Klausel** des § 86 III (§ 86 a III) ist auf § 140 nicht **8 a**
anwendbar (*NJW* **78**, 59; *LK-Hanack* 38 f.; and. SK-*Rudolphi/Stein* 12 [Anwendung des § 86 III *oder* des § 131 III *oder* des § 193 *oder* unmittelbarer verfassungsrechtlicher Rechtsfertigungsgründe]). Aus der Eignungsklausel wird von der hM eine generelle Herausnahme von Katalogtaten von nur noch **historischem Interesse** abgeleitet (vgl. oben 4 aE). Da der Unrechtskern der Gefährdung nicht in einer Unterstützung der begangenen Tat, sondern in der Provokation gegen die Rechtsgeltung liegt, die Anknüpfung an die Katalogtat daher nur die *tatsächliche* Aktualisierung dieser Gefahr vermittelt, kann es aber im Grds nicht darauf ankommen, wie lange die Tat zurückliegt und wo sie begangen wurde (so i. E. auch SK-*Rudolphi/Stein* 4 b). Es kommt vielmehr allein darauf an, ob durch ihre (Beloh-

nung oder) Billigung der **Geltungsanspruch** der Norm und der Schutzanspruch des Rechtsguts aktuell (noch) gefährdet werden können. Da der Schwerpunkt der die Strafbarkeit begründenden Gefahr in der **symbolischen Missachtung des Rechts** liegt, kann diese Gefährdung kommunikativ jederzeit (wieder-)hergestellt werden.

9 **7) Subjektiver Tatbestand.** Für § 140 ist **Vorsatz** erforderlich; bedingter Vorsatz genügt. Er muss sich auf die konkrete Tat, ihren Charakter als Katalogtat und ihre Rechtswidrigkeit beziehen; die irrige Annahme eines Rechtfertigungsgrundes ist Tatbestandsirrtum. Bei Nr. 2 muss der Vorsatz auch das Mittel der Billigung umfassen. Es genügt, dass der Täter billigend in Kauf nimmt, dass der unbefangene Adressat die Äußerung als Billigung versteht (Braunschweig NJW **78**, 2046; LK-*Hanack* 34); eine eigene „innere" Billigung ist nicht erforderlich (SK-*Rudolphi/Stein* 12). Das Erfordernis des Vorsatzes einer **Eignung zur Friedensstörung** öffnet ein weites Feld denkbarer Irrtumslagen; die bloße Inkaufnahme der Möglichkeit, dass irgendjemand beunruhigt sein könnte (vgl. 14 zu § 130), dürfte kaum ausreichen. Die *Strafwürdigkeits*beurteilung, welche den Kern der „Friedensgefährdung" ausmacht (vgl. 3 zu § 126), muss der Täter nicht mitvollziehen. Insb. bei **Überzeugungstätern** beschränkt sich die Feststellung des Vorsatzes der Eignung zur Friedensstörung idR auf die Kenntnis der Abweichung vom Anspruch der Normgeltung; fanatische Verblendung führt daher nicht zum Tatbestandsirrtum. Da die **Grundrechte** aus Art. 5 GG nicht „nach Maßgabe" des § 140 bestehen, sind auch subjektiv schwer lösbare Abgrenzungsfragen denkbar.

10 **8)** Eine **Rechtfertigung** kommt im Rahmen zulässigen **Verteidigungsverhaltens** in Betracht (LK-*Hanack* 39; NK-*Ostendorf* 12; SK-*Rudolphi/Stein* 16), denn dem Beschuldigte einer Katalogtat ist nicht durch § 140 verwehrt, seine Tat als notwendig, gerechtfertigt oder entschuldigt darzustellen. Darüber hinaus kommt eine Rechtfertigung insb. aus **Art. 5 I S. 2 GG** in Betracht, wenn eine Berichterstattung über Katalogtaten oder deren Beteiligte objektiv die Grenze des Billigens überschreiten (str.; vgl. MK-*Hohmann* 23; SK-*Rudolphi/Stein* 17).

11 **9) Täterschaft und Teilnahme.** Die Beteiligung an § 140 bestimmt sich nach allgemeinen Grundsätzen; **Beihilfe** ist möglich (BGH **29**, 267; SK-*Rudolphi/Stein* 13; LK-*Hanack* 35 ff.). Täter iS von Nr. 2 kann nur sein, wer seine *eigene* Billigung äußert (BGH **36**, 363, 370 f.).

12 **10) Konkurrenzen.** Tateinheit ist möglich zB mit §§ 83, 86, 89, 130, 130 a, 131, 189; nach der Ergänzung des Tatbestands auch mit §§ 184 a, 184 b. Ist die Belohnung einem Beteiligten an der Katalogtat vor ihrer Begehung zugesagt worden, um ihn anzustiften oder ihm zu helfen, so tritt Nr. 1 hinter die Teilnahme an der Katalogtat zurück (**aA** SK-*Rudolphi/Stein* 19). Gegenüber § 130 III, 1. Alt. tritt § 140 Nr. 2 zurück (NStZ **99**, 348).

§ 141 [weggefallen]

Unerlaubtes Entfernen vom Unfallort

142 **I Ein Unfallbeteiligter, der sich nach einem Unfall im Straßenverkehr vom Unfallort entfernt, bevor er**

1. zugunsten der anderen Unfallbeteiligten und der Geschädigten die Feststellung seiner Person, seines Fahrzeugs und der Art seiner Beteiligung durch seine Anwesenheit und durch die Angabe, dass er an dem Unfall beteiligt ist, ermöglicht hat oder

2. eine nach den Umständen angemessene Zeit gewartet hat, ohne dass jemand bereit war, die Feststellungen zu treffen,

wird mit *Freiheitsstrafe* bis zu drei Jahren oder mit Geldstrafe bestraft.

II Nach Absatz 1 wird auch ein Unfallbeteiligter bestraft, der sich

1. nach Ablauf der Wartefrist (Absatz 1 Nr. 2) oder

2. berechtigt oder entschuldigt

vom Unfallort entfernt hat und die Feststellungen nicht unverzüglich nachträglich ermöglicht.

III Der Verpflichtung, die Feststellungen nachträglich zu ermöglichen, genügt der Unfallbeteiligte, wenn er den Berechtigten (Absatz 1 Nr. 1) oder einer nahe gelegenen Polizeidienststelle mitteilt, dass er an dem Unfall beteiligt gewesen ist, und wenn er seine Anschrift, seinen Aufenthalt sowie das Kennzeichen und den Standort seines Fahrzeugs angibt und dieses zu unverzüglichen Feststellungen für eine ihm zumutbare Zeit zur Verfügung hält. Dies gilt nicht, wenn er durch sein Verhalten die Feststellungen absichtlich vereitelt.

IV Das Gericht mildert in den Fällen der Absätze 1 und 2 die Strafe (§ 49 Abs. 1) oder kann von Strafe nach diesen Vorschriften absehen, wenn der Unfallbeteiligte innerhalb von vierundzwanzig Stunden nach einem Unfall außerhalb des fließenden Verkehrs, der ausschließlich nicht bedeutenden Sachschaden zur Folge hat, freiwillig die Feststellungen nachträglich ermöglicht (Absatz 3).

V Unfallbeteiligter ist jeder, dessen Verhalten nach den Umständen zur Verursachung des Unfalls beigetragen haben kann.

Übersicht

1) Allgemeines ... 1, 1 a
2) Rechtsgut; kriminalpolitische Bedeutung ... 2–4
3) Systematik des Tatbestands ... 5, 6
4) Unfall im Straßenverkehr ... 7–13
5) Unfallbeteiligter (Abs. V) ... 14–18
6) Sich-Entfernen vom Unfallort ... 19–22
7) Sich-Entfernen bei Anwesenheit Berechtigter (Abs. I Nr. 1) ... 23–34
8) Sich-Entfernen unter Verletzung der Wartepflicht (Abs. I Nr. 2) ... 35–37
9) Subjektiver Tatbestand des Abs. I ... 38–41
10) Unterlassen nachträglicher Mitteilungen (Abs. II) ... 42–59
11) Subjektiver Tatbestand des Abs. II ... 60
12) Vollendung; Beendigung ... 61
13) Tätige Reue (Abs. IV) ... 62–65
14) Beteiligung ... 66
15) Rechtsfolgen ... 67
16) Konkurrenzen ... 68, 69
17) Verfahrensrechtliche Hinweise ... 70

1 **1) Allgemeines.** Die Vorschrift idF des Art. 1 Nr. 2 des **13. StÄG** ist als § 139 a anstelle des früheren eng begrenzten § 22 KraftfG durch VO v. 2. 4. 1940 (RGBl. I 606) eingeführt und zugleich (unter ausdrücklichem Bezug auf NS-Gedankengut [„Verkehrsgemeinschaft"; Nw. bei *Schünemann* DAR **03**, 207, 209]) wesentlich ausgeweitet worden. Abs. IV wurde durch das 6. StrRG (2 f. vor § 174) eingefügt, der frühere Abs. IV wurde Abs. V. **Materialien:** Sitzungsniederschriften der Unterkommissionen der Großen Strafrechtskommission = UK Bd. III, 78, 85, 92; ferner Ndschr. **5**, 295; **9**, 345; 441; 537; 557; 362; **12**, 623; **13**, 469; 753; 760; RegE eines 14. StÄG (BT-Drs. 7/2434); Ber. BT-Drs. 7/3503; BTag 7/11 731; zu Abs. IV. Ausf. zur **Gesetzgebungsgeschichte** *Schünemann* DAR **03**, 207.

1 a **Literatur (Auswahl):** *Anton,* Bedingter Vorsatz beim Vergehen der Verkehrsunfallflucht, 1980 (Diss. Frankfurt); *Arloth,* Verfassungsrecht u. § 142 StGB, GA **85**, 492; *Bär/Hammerstein VGT* **82**, *113, 131* [hierzu *Denzlinger* ZRP **82**, 178]; *Bär/Hauser,* Unfallflucht, Unerlaubtes Entfernen vom Unfallort, Kommentar; *Bernsmann,* Der Verzicht auf Feststellungen bei § 142 StGB, NZV **89**, 49; *Berz,* Zur Auslegung des § 142 StGB, DAR **75**, 309; *Berz,* „Tätige Reue" nach Unfallflucht?, DAR **86**, 251; *Beulke,* Strafbarkeit gem. § 142 StGB bei vorsatzlosem Sich-Entfernen vom Unfallort, NJW **79**, 400; *Bönke,* Die neue Regelung über „tätige Reue" in § 142 StGB, NZV **98**, 129; *Böse,* Die Einführung der tätigen Reue nach der Unfallflucht – § 142 Abs. 4 StGB n. F., StV **98**, 509; *Bouska,* Verkehrsdienst **75**, 193; *Bringewat,* Verdunkelungsverbot, Vorstellungs- u. Meldepflicht bei Verkehrsunfällen, JA **77**, 231; *Brückner,* Auswirkungen auf die materiellrechtliche u. prozessuale Tat … durch die Verwirklichung des § 142 I StGB nach höchstrichterlicher Rechtsprechung, NZV **96**, 266; *Brüning,* Die Strafbarkeit nach § 142 StGB wegen unvorsätzlichen Entfernens vom Unfallort, ZIS **07**, 317; *Bürgel,* Die Neu-

regelungen über das Verhalten nach Verkehrsunfällen, MDR **76**, 353; *Cramer,* Überlegungen zur Reform des § 142 StGB, ZRP **87**, 157; *Deichmann,* Grenzfälle der Sonderstraftat, 1994; *Duttge,* Unterdrückung archaischer Urteile mittels Strafrecht?, JR **01**, 181; *Eisenberg/Ohder,* Verkehrsunfallflucht. Eine empirische Untersuchung zu Reformmöglichkeiten, 1989 [Bespr. *U. Weber* ZStW **104**, 410]; *Engelstädter,* Der Begriff des Unfallbeteiligten in § 142 Abs. 4 StGB, 1997 (Diss. Frankfurt); *Geppert,* „Unerlaubtes Entfernen vom Unfallort" (§ 142 StGB), Wie können die Rechte der Geschädigten verbessert werden?, BA **86**, 157; *ders.,* Unerlaubtes Entfernen vom Unfallort (§ 142 StGB), Jura **90**, 78; *ders.,* Unfallflucht (§ 142 StGB) in strafrechtlicher Sicht u. vor dem Hintergrund des „nemo-tenetur-Satzes", BA **91**, 31; *Grohmann,* Abhauen u. dann bereuen, DAR **98**, 487; *Hartman-Hilter,* Warten am Unfallort – eine unabwendbare Pflicht? (§ 142 Abs. 1 Nr. 1 StGB), 1996 (Diss.; [Bespr. *Müller-Metz* NZV **97**, 68]); *dies.,* Zur Unfallflucht des Vorsatztäters, NZV **95**, 340; *Hauser,* Verkehrsteilnahme unter Alkoholeinfluß u. die nachträgliche Unfallmeldepflicht (§ 142 StGB), BA **89**, 237; *Heublein,* Reformüberlegungen zu § 142 StGB, DAR **85**, 15; *ders.,* Wie kann der Schutzgedanke des § 142 StGB besser verwirklicht werden?, DAR **86**, 133; *Himmelreich,* Wahrnehmungsprobleme im Bereich der Verkehrsunfallflucht, DAR **95**, 340; *Himmelreich/Bücken,* Verkehrsunfallflucht, 4. Aufl., 2005 [Verteidigerstrategien; zit. nach Rdn.]; *P. Jäger,* Der objektive Tatbestand der Verkehrsunfallflucht, 1973 [hierzu *H. J. Hirsch* ZStW **91**, 942]; *Jagusch,* Der neue § 142 StGB gegen Unfallflucht, NJW **75**, 1631; *ders.,* Zum Umfang der Vorstellungspflicht, NJW **76**, 504; *Janiszewski* 465 ff.; *ders.,* Zur Neuregelung des § 142 StGB, DAR **75**, 169; *ders.,* Überlegungen zur Entkriminalisierung des Verkehrsstrafrechts auf der Grundlage eines Gesetzesantrages, DAR **94**, 1; *ders.,* NStZ **81**, 334; *Janker,* Verteidigung beim unerlaubten Entfernen vom Unfallort (§ 142 StGB), NJW **91**, 3113; *ders.,* DAR **93**, 12 [Ber.]; *Kreissl,* Unfall u. Unfallbeteiligung im Tatbestand des § 142 StGB, NJW **90**, 3134; *Kretschmer,* Unfallflucht nach Anfahren eines Toten? (Bespr. von AG Rosenheim NStZ **03**, 318), NZV **04**, 496; *Küper,* Grenzfrage der Unfallflucht, JZ **81**, 209; 251; *ders.,* NJW **81**, 853; *ders.,* Vorstellungspflicht u. „Feststellung der Person" bei § 142 Abs. 1 Nr. 1 StGB, JZ **88**, 473; *ders.,* Unfallflucht u. Rauschdelikt, NJW **90**, 209; *ders.,* Täuschung über Personalien u. erschlichener Verzicht auf Anwesenheit bei der Unfallflucht (§ 142 Abs. 1 Nr. 1 StGB), JZ **90**, 510; *ders.,* „Pflichtverletzung" u. „Tathandlung" bei der Unfallflucht, GA **94**, 49; *Laumann,* Kriminologie der Verkehrsunfallflucht (§ 142 StGB), 1998; *Leipold,* Verkehrsunfallflucht, 1987 (Diss.); *Loos,* Grenzen der Strafbarkeit wegen „Unerlaubten Entfernens vom Unfallort" nach geltendem Recht, DAR **83**, 209; *Magdowski,* Die Verkehrsunfallflucht in der Strafrechtsreform, 1980; *B. Maier,* Die Pflichten der Unfallbeteiligten nach der Neufassung der §§ 142 StGB u. 34 StVO, JZ **75**, 721; *ders.,* Vorstellungspflicht gemäß § 142 StGB, NJW **76**, 1190; *Mikla,* Probleme der nachträglichen Feststellungspflicht, § 142 II StGB, 1990 (Diss. Passau); *Miseré,* Unfallflucht (§ 142 StGB) u. Rauschdelikt (§ 323 a StGB), Jura **91**, 298; *Mitsch,* § 142 II StGB und Wartezeit-Irrtum (§ 142 I Nr. 2 StGB), NZV **05**, 347; *Müller-Emmert/B. Maier,* Zur Neufassung des § 142 StGB, DRiZ **75**, 176; *Müller-Metz,* Zur Reform von Vergehenstatbeständen u. Rechtsfolgen im Bereich der Verkehrsdelikte, NZV **94**, 89; *Paeffgen,* § 142 StGB – eine lernäische Hydra?, NStZ **90**, 365; *Park,* Der Sinn der Einführung der tätigen Reue bei § 142 StGB, DAR **93**, 246; *Philipps,* Unbestimmte Rechtsbegriffe u. Fuzzy-Logic – Ein Versuch zur Bestimmung der Wartezeit nach Verkehrsunfällen, Arth. Kaufmann-FS 265; *Poeck,* Wartepflicht u. Wartedauer des § 142 Abs. 1 Nr. 1 StGB, 1994 (Diss. Bochum); *Ruck,* § 142 StGB als Vermögensdelikt, 1985 (Diss. Bochum); *Schünemann,* Überkriminalisierung u. Perfektionismus als Krebsschaden des Verkehrsstrafrechts, DAR **98**, 424; *ders.*, Historie der missglückten Reformversuche des § 142 StGB, DAR **03**, 207; *Schulz,* Die tätige Reue gem. § 142 IV StGB aus dogmatischer u. rechtspolitischer Sicht, NJW **98**, 1440; *ders.*, Die zeitliche Ausdehnung der Unfallmeldung bei der Verkehrsunfallflucht, ZRP **06**, 149; *Schwab,* Verkehrsunfallflucht trotz „Schuldanerkenntnis" – Feststellungsinteresse an einer polizeilichen Unfallaufnahme?, MDR **84**, 538; *Seib,* Zur Einführung eines strafbefreienden Rücktritts bei § 142 StGB durch Nachmeldung binnen 24 Stunden, JR **86**, 397; *Steenbock,* Über die Unfallflucht als Straftat, 2004: *Sturm,* Die Neufassung des § 142 StGB durch das 13. StÄG, JZ **75**, 406; *Thirolf,* Kollision von Täterinteressen u. Opferschutz bei § 142 StGB 1992 (Diss. Frankfurt/M.); *Volk,* Die Pflichten des Unfallbeteiligten, DAR **82**, 81; *Weigend,* Zur Reform von § 142 StGB, Tröndle-FS 753; *ders./Greuenich,* Verkehrsunfallflucht im europäischen Ausland, DAR **88**, 258; *Werner,* Rauschbedingte Schuldunfähigkeit u. Unfallflucht, NZV **88**, 88; *Wetekamp,* Der Entwurf eines Gesetzes zur Änderung des § 142 StGB, DAR **87**, 11; *Zopfs,* Unfallflucht bei eindeutiger Haftungslage, Unverzüglichkeitsgebot u. Wahlmöglichkeit in § 142 II u. III, 1993 [Bspr. *Geerds* GA **95**, 43]; *ders.,* Die versicherungsrechtliche Aufklärungspflicht (§ 7 AKB) u. § 142 StGB, VersR **94**, 266; *ders.,* Ist die Regelung des § 142 reformbedürftig?, DRiZ **94**, 87; *ders.*, Dukldung versus Inkompetenz? Zur Reichweite der Feststellungsduldungspflicht bei § 142 Abs. 1 Nr. 1 StGB, Küper-FS (2007), 747. **Rechtsvergleichend:** *Duttge,* Rechtvergleichende Anmerkungen zur Strafbarkeit der Führerflucht (Art. 92 II SVG), ZStrR **01**, 147.

2) Rechtsgut; kriminalpolitische Bedeutung. § 142 hat eine **hohe praktische Bedeutung** (jährlich ca. 250.000 Ermittlungsverfahren). Rechtsgut der problematischen Vorschrift (vgl. *S/S-Cramer/Sternberg-Lieben* 1: „gehört zu den am meisten verunglückten Bestimmungen des BT") ist nach Rspr (BGH **8**, 263; **12**, 254; **24**, 382; Bay VRS **64**, 122; BVerfGE **16**, 191) und ganz hM **allein** die **Feststellung und Sicherung** der durch einen Unfall entstandenen **zivilrechtlichen Ansprüche** sowie der Schutz vor unberechtigten Ansprüchen; nur dies rechtfertigt es nach hM, das Prinzip der Straflosigkeit der Selbstbegünstigung mit Rücksicht auf die besondere Situation im Straßenverkehr zu durchbrechen (*M/Schroeder/Maiwald* 49/11; LK-*Geppert* 2 f.; vgl. NK-*Schild* 21; *Weigend* JR **93**, 115; sehr krit. *Arzt/Weber* 38/49; auch *Loos* DAR **83**, 209; *Seib* JR **86**, 397; *Weigend,* Tröndle-FS 754; *Geppert* Jura **90**, 79 u. BA **91**, 32; *Duttge* JR **01**, 181, 186 f.). § 142 ist daher ein (abstraktes) **Vermögensgefährdungsdelikt.** Die Vorschrift ist Schutzgesetz iS des § 823 II BGB (NJW **81**, 751) und nach hM **mit dem GG vereinbar** (BVerfGE **16**, 191; *Lackner/Kühl* 2; MK-*Zopfs* 63; LK-*Geppert* 64; *M/Schroeder/Maiwald* 49/11; *W/Hettinger* 1003; **aA** *Ruck* [1 a] 62 ff.; *Schünemann* DAR **98**, 427 ff.; Zeitschr. f. Binnenschifffahrt **79**, 97; krit. ; NK-*Schild* 18 ff.; zweifelnd *S/S-Cramer/Sternberg-Lieben* 1; *Arzt/Weber* 38/52). 2

Ein darüber hinausgehendes öffentliches Interesse ist nicht Rechtsgut der Vorschrift (*Arzt/Weber* 38/49 ff.; LK-*Geppert* 3; *Lackner/Kühl* 1; *S/S-Cramer/Sternberg-Lieben* 1). Ein solches Rechtsgut lässt sich auch nicht aus dem Charakter als Offizialdelikt ableiten (zutr. LK-*Geppert* 3); es könnte namentlich die Beschränkung auf Unfälle mit der Möglichkeit zivilrechtlicher Ersatzansprüche und die Ausklammerung etwa von Gefährdungen oder allein selbstschädigenden Unfällen nicht erklären und würde eine Pflicht zur Förderung der eigenen Strafverfolgung voraussetzen. 3

Durch Begründung weitreichender strafbewehrter Pflichten von **Unfallbeteiligten (im Folgenden: UB),** die sich mit denen des § 34 StVO nur teilweise decken (vgl. LK-*Geppert* 65 f.) greift die Regelung mit zivil- und beweisrechtlich motivierter Wirkungsrichtung weit in den Freiheitsraum des Bürgers ein. Gegenüber anderen, ebenso schwer zu ermittelnden Schadensverursachern, etwa im Umweltschutz-Bereich, führt dies zu einer **Ungleichbehandlung** (vgl. auch *Schünemann* DAR **98**, 424), die durch Sonderregelungen in Randbereichen (vgl. § 6 SeeFSichV für Seefahrts-Unfälle, Art. 24 VI Nr. 4 BayLStVG für Ski-Unfälle in Bayern) eher noch verdeutlicht wird (vgl. auch *S/S-Cramer/Sternberg-Lieben* 4 f. mwN). Das Problem des Tatbestands liegt, so gesehen, im **Anachronismus** eines speziellen *Vermögensgefährdungs*-Tatbestands in einem Bereich, der wohl im Jahre 1940 als Schwerpunkt der Anonymisierung sozialer Beziehungen erschienen sein mag, inzwischen jedoch insoweit hinter andere Lebensbereiche zurückgetreten ist. 4

3) Systematik des Tatbestands. § 142 enthält eine Verknüpfung zweier Tatbestände, von denen jedenfalls der des Abs. II/III ein echtes Unterlassungsdelikt ist. Der Tatbestand des Abs. I kommt dem, obgleich er das aktive Sich-Entfernen verbietet, insoweit nahe, als er im Kern dem Täter gebietet, Unfallfeststellungen zu ermöglichen (Stuttgart NStZ **92**, 384; wie hier SK-*Rudolphi* 5; LK-*Geppert* 69; *Dornseifer* JZ **80**, 300; *Schaffstein,* Dreher-FS 151; *Stein* JR **81**, 437; *Janiszewski* JR **83**, 506; ähnl. *Arloth* GA **85**, 494; **aA** Bay NJW **84**, 1366; MK-*Zopfs* 14; *Bindokat* NJW **66**, 1906; *Küper* GA **94**, 71 f.; *M/Schroeder/Maiwald* 49/5; vgl. auch *Hentschel* JR **81**, 211; *Seelmann* JuS **91**, 291). Daraus folgt, dass ähnlich wie bei § 323 c die Zumutbarkeit als ein regulatives Prinzip anzuerkennen ist (*S/S-Cramer/Sternberg-Lieben* 2; *Arzt/Weber* 38/63; hierzu *Römer* MDR **80**, 90). 5

Zum **Verhältnis der beiden Tatbestände zueinander** gilt Folgendes: Ist der UB seiner Pflicht nach I Nr. 1 nachgekommen, so ist er endgültig straflos; Abs. II ist damit erledigt (Hamburg NJW **79**, 439; LK-*Geppert* 59). Hat er umgekehrt seine Pflicht nach I Nr. 1, 2 ohne Rechtfertigung oder Entschuldigung verletzt, so ist er vorbehaltlich Abs. IV endgültig strafbar; II hat keine Bedeutung mehr (Köln *DAR* **94**, 204). Hat der UB die Pflicht nach I Nr. 1, 2 nicht erfüllt, sich aber gerechtfertigt oder entschuldigt entfernt, oder hat er Nr. 2 erfüllt, so entfällt zwar I (irreführend daher die Formulierung in II „Nach Absatz 1 wird … bestraft" statt „Ebenso wird bestraft"), es entsteht aber eine neue Verpflichtung nach II. **Wahlfeststellung** zwischen I Nr. 2 und II ist nach hM zulässig, wenn ungeklärt bleibt, ob der UB die Wartepflicht oder die nachträgliche Pflicht erfüllt hat (SK-*Rudolphi* 62; LK-*Geppert* 60). 6

4) Unfall im Straßenverkehr. § 142 setzt in allen Fällen voraus, dass ein Unfall im Straßenverkehr eingetreten ist. Das ist nach allgemein verwendeter Defini- 7 tion ein **plötzliches Ereignis im Verkehr**, in welchem sich ein verkehrstypisches Schadensrisiko realisiert (NJW **02**, 626; Bay NJW **80**, 300; Hamm NJW **82**, 2456) und unmittelbar zu einem nicht völlig belanglosen Personen- oder Sachschaden führt (vgl. BGH **8**, 264; **12**, 255; **24**, 383; Bay JZ **85**, 855; Köln VRS **65**, 430; Celle NJW **86**, 861 [zu § 34 StVO]; Bay NZV **92**, 326 [Beschädigen einer Tiefgaragen-Schranke]; NStZ/J **86**, 540; AG Rosenheim NJW **03**, 2254 [Überfahren und Beschädigen einer Leiche]; *Horn/Hoyer* JZ **87**, 971; *Freund* GA **87**, 539; *Geppert* Jura **90**, 79 u. BA **91**, 33).

8 **A.** Der Unfall muss sich im **öffentlichen Straßenverkehr** (3 zu § 315 b) abgespielt haben (BGH **8**, 264; **12**, 255), so dass Vorgänge im Bahn-, Luft- oder Schiffsverkehr (BGH **14**, 116), auf dem Wagendeck eines Fährschiffes (Karlsruhe NZV **93**, 77) sowie auf Skipisten (vgl. aber Art. 24 VI Nr. 4 BayLStVG) ausscheiden (LK-*Geppert* 6; *Kürschner* NJW **82**, 1967; zum Begriff des öffentlichen Straßenverkehrs vgl. auch BGH **16**, 7; LK-*Geppert* 14 ff.). Zum räumlichen Bereich des Straßenverkehrs gehören auch Fußwege (BGH **22**, 367) sowie Rad- und sonstige Sonderwege; unerheblich ist, ob sie im Einzelfall berechtigt oder unberechtigt benutzt wurden (zB Zusammenstoß eines Radfahrers mit einem Fußgänger in einer Fußgängerzone). Auch **allgemein zugänglicher Verkehrsraum** wie der Parkplatz eines Supermarkts (Koblenz MDR **93**, 366 [Kollision mit einem Einkaufswagen]), einer Großmarkthalle (Bay VRS **62**, 133), auf einem auch für Besucher mit Kraftfahrzeugen zugänglichen Klinikgebäude (LG Dresden VZR **99**, 221) oder in (zur Einfahrt geöffneten) Parkhäusern (Stuttgart VRS **30**, 210; Bremen NJW **67**, 990; Düsseldorf JMBlNW **70**, 237) gehört dazu, je nach örtlichen Gegebenheiten auch eine Grundstückseinfahrt (Düsseldorf NJW **88**, 922; NStZ/J **88**, 119) und der private Zugangsweg zu einer Wohnanlage (Koblenz VRS **72**, 441), wenn sie einem unbestimmten Personenkreis zur Nutzung offen stehen. Öffentlich sind idR Tankstellen-Gelände (Zu- und Ausfahrten; Tanksäulen-Bereich; Parkplätze; Waschanlagen); Parkplätze von Betrieben; Behörden; Gaststätten; Geschäften; Kaufhäusern usw., wenn eine Anbindung an den öffentlichen Verkehr gegeben ist, auch wenn Parkflächen oder Wege nur für Besucher, Kunden, Gäste usw. freigegeben sind (vgl. BGH **16**, 7 ff.).

8 a **Nicht** zum öffentlichen Verkehrsbereich zählen **zB** ein Privatgrundstück (Hinterhof oder offener Hofraum eines Anwesens), wenn es (nur) einer bestimmten Gruppe von Benutzern zugänglich ist (Bay ZfS **84**, 91; VRS **73**, 57); eine Tiefgarage mit fest vermieteten Stellplätzen (Schleswig VM **76**, 28; LG Krefeld VRS **74**, 263; vgl. Hamburg DAR **84**, 89; NStZ/J **82**, 502; Bay **82**, 60); Grundstücksein- und Ausfahrten (§ 10 StVO) als Teile von Privatgrundstücken, soweit die Benutzung auf einen bestimmten Personenkreis beschränkt ist (vgl. Karlsruhe Die Justiz **84**, 66); eine private Garagenzufahrt oder ein Garagenvorplatz (Köln VRS **99**, 363).

9 Der Unfall muss sich nicht im öffentlich Verkehr realisieren, wenn seine Ursache dort gesetzt ist; er muss umgekehrt seine Ursache nicht im Verkehr haben, wenn sich das Ereignis im öffentlichen Verkehr realisiert. Erforderlich ist jedoch stets, dass das schädigende Ereignis mit den spezifischen Gefahren des fließenden oder ruhenden Straßenverkehrs in **ursächlichem und unmittelbaren Zusammenhang** steht (BGH **18**, 393; VRS **31**, 421; **59**, 10; Hamm VRS **14**, 437); das ist zB auch gegeben, wenn ein Fahrzeug von der Straße abkommt und ein Schaden außerhalb des Straßenraums entsteht (str.; vgl. LK-*Geppert* 22); ebenso, wenn durch das Schieben von auf Rollen beweglichen Müllbehältern im öffentlichen Verkehrsraum parkende Fahrzeuge beschädigt werden (LG Berlin NStZ **07**, 100). Auch Vorgänge im ruhenden Verkehr (Stuttgart NJW **69**, 1726) oder zwischen Fußgängern (Stuttgart VRS **18**, 117; SK-*Rudolphi* 14; LK-*Geppert* 25; **aA** *S/S-Cramer/Sternberg-Lieben* 17; zweifelnd *Lackner/Kühl* 6; MK-*Zopfs* 34) können einen Unfall darstellen.

10 **B.** Es muss ein **Personen- oder Sachschaden** tatsächlich eingetreten sein; eine Gefährdung, die bloße Möglichkeit oder der Verdacht eines Unfalls reicht in keinem Fall aus.

a) Ein **völlig belangloser Schaden** schließt den Tatbestand des § 142 aus. Das kann bei ganz geringfügigen Beeinträchtigungen der körperlichen Integrität gegeben sein, **zB** bei geringfügigen Hautabschürfungen (Hamm DAR **58**, 308), bloßer Beschmutzung des Körpers (Bay VRS **15**, 43). **Sachschäden** werden als geringfügig angesehen, wenn Schadensersatzansprüche üblicherweise nicht gestellt werden (Bay VM **60**, 14; Düsseldorf VM **62**, 57; Hamm VRS **59**, 259; MK-*Zopfs* 26 [vernünftigerweise]); nach **aA** sollen Schadensbeträge nicht belanglos sein, deren Durchsetzung im Klageweg (ohne Rechtsschutzversicherung) erwartet werden kann (*S/S-Cramer/Sternberg-Lieben* 9 [150 Euro]). **Rspr** und hM setzen die **Wertgrenze** derzeit überwiegend bei etwa **25 Euro** an (enger zB *Hentschel* 27 [ca. 20 EUR]); weiter zB LK-*Geppert* 32 ff. [bis 70 DM]); eine „Harmonisierung" mit § 248 a ist nicht angezeigt. Der Schaden ist nach objektiven Maßstäben zu beurteilen (Düsseldorf VRS **30**, 446; **aA** Düsseldorf VM **74**, 46; Hamm VRS **61**, 430); er muss *durch* den Unfall verursacht sein und umfasst nur die **unmittelbar** durch den Unfall verursachten Einbußen (weiter LK-*Geppert* 29: auch Bergungskosten; Mietwagenkosten). Auf die Vermögensverhältnisse des Geschädigten kommt es dabei nicht an (Karlsruhe NJW **60**, 688; 1263). Maßgeblich sind die objektiven Umstände zum Zeitpunkt des Unfalls; dabei ist die konkrete Lage zu berücksichtigen. Dasselbe gilt bei Beschädigung von Verkehrsleit- und Sicherheitseinrichtungen (Leitplanken; Verkehrsschilder; Leitpfosten usw.). Hier ist jedenfalls ein Schaden, der zur Notwendigkeit des Ersatzes führt, nicht belanglos (LK-*Geppert* 34); als Bagatellschaden anzusehen ist zB eine geringfügige zusätzliche Beschädigung einer schon verbogenen Leitplanke. Kein unmittelbarer Schaden sind zB die Vorhaltekosten von Straßenmeistereien für Kontrolle und Ersatz beschädigter Einrichtungen; Aufwendungen für die Verfolgung und Durchsetzung des Ersatzanspruchs; Zeitverlust des Geschädigten durch den Gang zu Behörden (KG VRS **63**, 349; NStZ/J **83**, 108). Das Überfahren von **Wild,** das keine Schadensersatzansprüche des Jagdberechtigten auslöst, ist kein Unfall iS des § 142 (*Jagusch* NJW **76**, 583; *S/S-Cramer/Sternberg-Lieben* 7; SK-*Rudolphi* 19; MK-*Zopfs* 31; **aA** AG Öhringen NJW **76**, 580; LK-*Geppert* 30); idR auch nicht das Überfahren von Kleintieren. Dass beim Überfahren einer menschlichen **Leiche** auf den durch ihre Substanzverletzung verursachten *Sachschaden* der Hinterbliebenen abzustellen sei (AG Rosenheim NStZ **03**, 318 [iErg zust. Bespr. *Kretschmer* NZV **04**, 496), liegt nicht nahe. 11

b) Der Tatbestand ist ausgeschlossen, wenn **nur der Unfallverursacher** selbst Schaden (unmittelbaren) leidet (BGH **8**, 263; VRS **24**, 35; 118; Bay **51**, 602 Koblenz VRS **52**, 275; *Bringewat* JA **77**, 232; *Sturm* JZ **75**, 407; vgl. AK-*Schild* 49 ff.), namentlich wenn ausschließlich das im **Eigentum** des Verursachers stehende Fahrzeug beschädigt wird. Es kommt hier auf das wirtschaftliche Eigentum an; Sicherungsübereigner und Vorbehaltskäufer sind als Alleingeschädigte anzusehen. Bei einem **Leasingfahrzeug** ist ein Fremdschaden nicht gegeben, wenn der Leasingnehmer (Fahrer) vertraglich für jeden Schaden einzustehen hat (Hamm NZV **92**, 240; **98**, 33; vgl. NJW **90**, 1925). Der **Versicherer** des Alleingeschädigten erleidet durch den Unfall keinen unmittelbaren Schaden (BGH **8**, 263; **9**, 269; Saarbrücken NZV **99**, 131). 12

c) Ob der Unfall und die Unfallfolgen von *einem* Beteiligten **gewollt** verursacht wurden oder nicht, ist nach hM ohne Bedeutung (BGH **12**, 253; **24**, 382; **48**, 233, 239 [mehrmaliges Rammen *durch* Polizeifahrzeug; krit. *Seier/Hillebrand* NZV **03**, 490; *Müller/Krauß* NZV **03**, 559; *Hentschel* NJW **04**, 651, 657; *Himmelreich/Halm* NStZ **04**, 317, 319]; NJW **56**, 1806; GA **56**, 120; MDR/D **56**, 144; VRS **11**, 426; **28**, 359; **36**, 23; **56**, 144; Bay JZ **85**, 855 [bewusstes Umfahren eines Straßenbegrenzungspfostens]; MDR **86**, 1046 m. Anm. *Hentschel* JR **87**, 247 [Einschlagen der Windschutzscheibe eines entgegenkommenden Kfz. aus Verärgerung]; Koblenz VRS **56**, 342; Köln VRS **44**, 20), wenn er sich für andere Beteiligte als ungewolltes Ereignis unter Realisierung verkehrstypischer Gefahren darstellt (vgl. auch SK-*Rudolphi* 15; LK-*Geppert* 26; krit. zur Einbeziehung von Vorsatztaten *Roxin* NJW **69**, 13

2038; *Hartmann-Hilter* NZV **95**, 340). **Kein Unfall** ist aber gegeben, wenn und soweit **alle Beteiligten** vorsätzlich zusammenwirken; in diesem Fall wird ein Unfall idR nur vorgetäuscht (vgl. auch *Hartmann-Hilter* NZV **95**, 340). Aus demselben Grund liegt auch **kein Unfall** vor, wenn ein Verhalten schon nach seinem äußeren Erscheinungsbild keine Auswirkung des allgemeinen Verkehrsrisikos, sondern einer deliktischen Planung ist (NJW **02**, 626, 627); insb. wenn ein Kraftfahrzeug ausschließlich als Tatwerkzeug für einen **außerhalb** des Verkehrs liegenden Erfolg benutzt wird (BGH **24**, 384; NStZ/J **81**, 335; *S/S-Cramer/Sternberg-Lieben* 18/19; MK-*Zopfs* 35); zB bei Einsatz eines Kfz für eine Sachbeschädigung oder zur Verletzung von Personen, wenn sich hierin nicht allein die (vorsätzliche; vgl. oben) Ausnutzung verkehrstypischer Gefahren ausdrückt, sondern von vornherein durch „verkehrs-atypisches" Verhalten (BGH **24**, 384) die von dem Fahrzeug ausgehende Gefahr erst geschaffen wird (so auch *Berz* JuS **73**, 560; LK-*Geppert* 26). Als verkehrstypisch ist **zB** der Einsatz eines Kfz zur Flucht angesehen worden (BGH **24**, 382 [Rammen eines Polizeifahrzeugs]; VRS **56**, 144; 189 [Abschütteln sich am Fahrzeug festhaltender Person; abl. SK-*Rudolphi* 15]; als verkehrsuntypisch **zB** das Begehen von Sachbeschädigungen *aus* einem Fahrzeug (Hamm NJW **82**, 2457 [Werfen von Flaschen]; NStZ/J **82**, 370; *Hentschel* 26]); die Beschädigung geparkter Pkw durch Mülltonnen, die aus einem fahrenden Pkw „spaßeshalber" mitgeschleift wurden (NJW **02**, 626).

14 **5) Unfallbeteiligter (Abs. V). Täter** des § 142 kann, und zwar auch als Mittäter (BGH **15**, 4), nur ein **Unfallbeteiligter (UB)** sein; die Tat ist also ein echtes **Sonderdelikt** (*Arloth* GA **85**, 503; vgl. *Deichmann* [1 a] 151 ff.; *Engelstädter* [1 a]).

15 **A. UB** ist **nach Abs. V** jeder, dessen Verhalten nach den Umständen zur Verursachung des Unfalls **beigetragen,** also eine **Mitursache** gesetzt haben **kann;** nach hM genügt insoweit eine nicht fern liegende Möglichkeit (BGH **8**, 265; **15**, 1; Bay VRS **7**, 189; **12**, 116; NZV **00**, 133; Celle MDR **66**, 433; Hamm VRS **15**, 265; Köln VRS **45**, 352; **75**, 342 [m. Anm. *Schild* NZV **89**, 79]; KG VRS **50**, 39; Koblenz OLGSt. 77; Düsseldorf NZV **93**, 157; AK-*Schild* 91; LK-*Geppert* 35; *Küper* JuS **88**, 286 f.; **aA** Zweibrücken VRS **82**, 114; insg. abl. zur Einbeziehung nur möglicher Verursacher *Engelstädter* [1 a] 155, 192, 238 ff.). Der Verdacht genügt aber nicht bei offenem Zweifel, wer von zwei Personen tatsächlich Fahrzeugführer war (Zweibrücken VRS **75**, 293; Frankfurt/M NStZ-RR **96**, 87; NZV **97**, 125); auch nicht der bloße Verdacht eines Unfalls (Bay NJW **90**, 335 [krit. *Kreissl* NJW **90**, 3134]).

16 **B.** UB kann auch eine **nicht unmittelbar** verursachende Person sein, wenn sie eine für den Unfall ursächliche Gefahrenlage geschaffen hat (Koblenz ZfS **88**, 405). Eine nur mittelbare, für die Haftung offensichtlich unerhebliche Kausalität reicht aber nicht aus (Düsseldorf VRS **84**, 440); in diesem Fall muss vielmehr, anders als bei direkter Beteiligung, ein verkehrswidriges Verhalten oder eine über die normale Verkehrsteilnahme hinausgehende Einwirkung auf den Geschehensablauf hinzu kommen (Koblenz VRS **74**, 435; Karlsruhe VRS **74**, 432; Stuttgart NStZ-RR **03**, 278; *Hentschel* 29). Nicht ausreichend ist eine mögliche Zeugenstellung (Koblenz NZV **89**, 200; NJW/H **89**, 1843). Notwendig ist stets, dass sich der UB zum Zeitpunkt des Unfalls **am Unfallort** befindet (Bay JZ **87**, 49; NStZ/J **87**, 113; Stuttgart NStZ **92**, 384 [krit. *Berz* NStZ **92**, 592]; Jena DAR **04**, 599; vgl. BGH **15**, 3); ein Monteur, der bei einer Reparatur einen den Unfall auslösenden Fehler gemacht hat, soll daher UB sein, wenn er im reparierten Wagen mitfährt (Bay VRS **12**, 115; abl. SK-*Rudolphi* 16; vgl. auch MK-*Zopfs* 38 f.; zw.). UB ist nicht, wer sein Fahrzeug einem fahrtüchtigen Dritten überlassen hat, auch wenn er sich in der Nähe des Unfallorts aufhält (Frankfurt NJW **83**, 2038; hierzu NJW/H **84**, 1514). Auch ein erst nach dem Unfall eintreffender Halter eines am Unfall beteiligten Fahrzeugs ist grds nicht UB (KG VRS **46**, 434; Köln NJW **89**, 1683; Stuttgart NStZ **92**, 384; Düsseldorf NZV **93**, 157; *Lackner/Kühl* 4; SK-*Rudolphi* 16 a; *Hentschel* 29; and. *Berz* NStZ **92**, 592; LK-*Geppert* 37 f.); anders kann es sein, wenn durch sein vorangegan-

genes Verhalten ein möglicherweise unfallrelevantes zusätzliches Gefahrenmoment geschaffen wurde (Frankfurt/M NStZ-RR **96**, 86), zB durch Überlassung des Fahrzeugs an einen angetrunkenen (Köln VRS **86**, 280; LK-*Geppert* 22; vgl. Bay VRS **12**, 115; DAR **79**, 237; **82**, 249) oder einen Fahrer ohne Fahrerlaubnis. Nach Bay NJW **93**, 410; NStZ-RR **00**, 140f. soll ein nach dem Unfallereignis hinzukommender Halter unabhängig von einer Pflichtverletzung auch dann UB sein, wenn der Fahrzeugführer noch nicht festgestellt ist (zw.).

Ein **Mitinsasse** eines Fahrzeugs kann im Verdacht sein, selbst gesteuert (BGH **15**, 5; Düsseldorf VM **76**, 23; Bay DAR **85**, 241; Köln NZV **92**, 80) oder sonst den Unfall mitverursacht zu haben. UB ist auch, wer dem Fahrer zu einer Tat nach § 315b Beihilfe geleistet hat (VRS **59**, 186). Als UB kommen auch Fahrer und Insassen anderer Kraftfahrzeuge, Radfahrer und Fußgänger in Betracht, soweit sie für die Entstehung des Unfalls ursächlich gewesen sein können (vgl. *S/S-Cramer/Sternberg-Lieben* 21); ebenso Personen, die selbst nicht am Straßenverkehr teilgenommen, aber von außen auf diesen eingewirkt haben (vgl. LK-*Geppert* 36). 17

C. Auf die **Beteiligungsform** an der (möglichen) Verursachung des Unfalls kommt es für die Frage, wer UB und daher tauglicher Täter des § 142 ist, nicht an. Eine (Mit-)Ursächlichkeit kann auch durch **Unterlassen** begründet werden, soweit eine Rechtspflicht zum (schadensvermeidenden) Handeln besteht. Das ist für unmittelbar unfallverursachende Personen (zB den Fahrer) selbstverständlich. Bei am Unfallort anwesenden Dritten (Halter; Mitfahrer) kann sich eine **Garantenstellung** (zur Vermeidung des Unfalls) zB aus einem Weisungsrecht gegenüber dem Fahrer ergeben (VRS **24**, 34; Bay DAR **84**, 240; NJW **90**, 1861 [dazu *Herzberg* NZV **90**, 375; *Seelmann* JuS **91**, 290]; Köln NZV **92**, 80; Zweibrücken NJW **82**, 2566 L; einschr. SK-*Rudolphi* 53; *Loos* DAR **83**, 210; *Horn/Hoyer* JZ **87**, 974); in Betracht kommen auch Pflichten als Beifahrer (LK-*Geppert* 42; zw.); nicht aber schon die Verfügungsbefugnis oder die Sachherrschaft als Eigentümer (LK-*Geppert* 42; **aA** Stuttgart NJW **81**, 2369). 18

6) Sich-Entfernen vom Unfallort. Voraussetzung aller Tatbestände des § 142 ist, dass der UB sich nach einem Unfall im Straßenverkehr vom Unfallort entfernt (I) oder entfernt hat (II). 19

A. Der **Unfallort** (vgl. Koblenz DAR **63**, 244; *Küper* JZ **81**, 214) ist die Stelle, wo sich der Unfall ereignet hat und die beteiligten Fahrzeuge zum Stehen gekommen sind, samt der unmittelbaren Umgebung und eines etwa in unmittelbarer Nähe gelegenen, nicht verkehrsgefährdeten Platzes (Bremen VRS **52**, 424; Düsseldorf NJW **85**, 2725; Köln NZV **89**, 198 m. Anm. *Bernsmann* aaO). Der Radius des Unfallorts hängt von den Umständen ab, er ist eher eng als weit zu ziehen (Karlsruhe NStZ **88**, 409 m. Anm. *Janiszewski*; NJW/H **89**, 1843; *Bernsmann* NZV **89**, 56). Es kommt – nach den Umständen des Einzelfalls – darauf an, ob noch ein räumlicher Bezug zu dem Unfallgeschehen gegeben ist und in welchem Umkreis der UB für feststellungsbereite Personen grds noch als warte- und auskunftspflichtig zu erkennen ist (Stuttgart DAR **80**, 248; NStZ **92**, 384f.; Koblenz ZfS **88**, 405; Köln NJW **89**, 1684; *S/S-Cramer/Sternberg-Lieben* 43; LK-*Geppert* 54). Rspr und hM definieren die Grenze im Zusammenhang mit dem Merkmal des Sich-Entfernens, so dass „den Unfallort" auch „verlassen" haben kann, wer sich in seiner unmittelbaren räumlichen Umgebung aufhält, aber nicht zu erkennen gibt (vgl. unten 21). Jedenfalls nicht mehr zum Unfallort gehören Orte außerhalb von dessen Sichtweite (zB eine in der Nähe liegende Wohnung oder Gastwirtschaft); das kann im innerstädtischen Straßenverkehr auch schon eine nahe gelegene Straßenecke sein. 20

B. Der UB **entfernt sich,** wenn er den unmittelbaren Unfallbereich so weit verlassen hat, dass er entweder seine Pflicht, einem Berechtigten seine Unfallbeteiligung zu offenbaren, nicht mehr erfüllen kann oder sich außerhalb des Bereichs befindet, in dem feststellungsbereite Personen den Wartepflichtigen vermuten und ggf durch Befragen ermitteln würden (Bay NJW **79**, 437; Hamm VRS **54**, 433). Es genügt bereits eine geringe Absetzbewegung, falls sie zu einer hinreichenden 21 räumlichen Trennung vom Unfallort (Celle OLGSt. 116; KG DAR **79**, 23) und zur Herauslösung vom Unfallgeschehen geführt hat; auf die Entfernung in Metern kommt es nicht an (Stuttgart NJW **81**, 878 m. Anm. *Hentschel* JR **81**, 211). Ein UB, der am Unfallort nicht mehr festgestellt werden kann und von einem anderen UB verfolgt und gestellt wird, hat den Tatbestand stets erfüllt (Hamm VRS **54**, 435; Celle OLGSt. 116; LK-*Geppert* 54 mwN). Ebenso entfernt sich, wer sich als UB von einem anderen von der Unfallstelle wegfahren lässt (Düsseldorf VM **70**, 30; Hamm VRS **54**, 435; Celle OLGSt. 116); wer sich in seine allen Beteiligten bekannte nahe Wohnung begibt (vgl. KG VRS **50**, 41); nicht jedoch, wer im Einvernehmen mit dem anderen UB oder zur Vermeidung einer Verkehrsbehinderung etwa 100 m zu einem geeigneten Standplatz weiterfährt (Bay DAR **79**, 237; Köln VRS **60**, 434; Bremen VRS **52**, 425).

22 Ob auch ein **ohne oder gegen den Willen** des UB erfolgendes **Verlassen** des Unfallorts Sich-Entfernen ist, ist str. Die hM in der Literatur setzt für das „Sichentfernen" und damit auch als Voraussetzung für II ein willensgetragenes Verhalten voraus (*S/S-Cramer/Sternberg-Lieben* 46; SK-*Rudolphi* 35 a; *Lackner/Kühl* 12; LK-*Geppert* 125; NK-*Schild* 84; NJW/H **82**, 1078; **83**, 1648; *W/Hettinger* 1008; *Janiszewski* 518 a; ebenso Hamm NJW **79**, 438; **85**, 445; Köln VRS **57**, 406; Düsseldorf VRS **65**, 365; Bay NJW **93**, 410). Demgegenüber will Bay NJW **82**, 1053 (und wohl auch BGH **30**, 164) es für II Nr. 2 genügen lassen, dass der UB durch das gewaltsame Eingreifen eines Dritten vom Unfallort entfernt worden ist (iErg auch *Volk* VGT **82**, 104; *Jacob* MDR **83**, 461; *Joerden* JR **84**, 51), so wenn der Fahrzeugführer gegen den Willen des mitfahrenden Halters weitergefahren ist (Fall BGH **30**, 161; Bay NJW **82**, 1059; hiergegen *Klinkenberg* u. a. NJW **82**, 2359; MDR **83**, 808; *Schwab* MDR **83**, 454); wenn der UB festgenommen (*Janiszewski* 519 u. NStZ/J **81**, 470; **82**, 108; **aA** Hamm NJW **79**, 439; insoweit wohl auch BGH **30**, 164) oder in bewusstlosem Zustand in ein Krankenhaus eingeliefert worden ist (**aA** Köln VRS **57**, 406). Nach Bay NJW **93**, 410 gilt dies jedoch nur, wenn vor der nichtwillentlichen Entfernung die erforderlichen Feststellungen nicht getroffen werden konnten.

23 **7) Sich-Entfernen bei Anwesenheit Feststellungsberechtigter (Abs. I Nr. 1).** Abs. I Nr. 1 setzt voraus, dass *am Unfallort* (vgl. Karlsruhe VRS **22**, 440) jemand bereit und berechtigt ist, Unfallfeststellungen zu treffen.

24 **A. Feststellungsbereite Personen.** Als solcher **Feststellungsinteressent** kommt in erster Linie der andere UB oder Geschädigte in Betracht; möglicherweise aber auch ein Unbeteiligter (Bay VRS **64**, 120; „jeder andere": Zweibrücken DAR **82**, 332 einschränkend *Bär* **83**, 215), der bereit ist, **zugunsten** der anderen UB und/oder der anderen Geschädigten, die nicht UB sind, Feststellungen zu treffen und an die **Berechtigten (III)** weiterzugeben (Köln VRS **64**, 194; vgl. *Hentschel* NJW **84**, 1514). **Geschädigter** ist jeder, der unmittelbar durch den Unfall Schaden im o. g. Sinn erlitten hat, ohne Rücksicht darauf, ob er anwesend ist oder Schadensersatzansprüche stellen kann (VRS **24**, 118). Als Feststellungsinteressenten untauglich sind Personen, von denen keine Feststellungen zugunsten der Berechtigten zu erwarten sind, also zB Mitinsassen des Fahrzeugs der UB (Köln VRS **63**, 353; vgl. Ndschr. **13**, 474, 478); Passanten. Für Feststellungen kommt vor allem die Polizei in Betracht, sie ist idR feststellungsbereit (Celle NdsRpfl. **78**, 287). Ein Feststellungsberechtigter kann aber vom UB nicht verlangen, dass er mit ihm die nächstgelegene Polizeiwache aufsucht (Köln NZV **89**, 197 m. Anm. *Bernsmann*; NJW/H **90**, 1460) oder auf das Eintreffen der Polizei wartet, wenn diese bei Sachschäden ein Eingreifen ablehnt oder nicht nach angemessener Wartefrist erscheint (*S/S-Cramer/Sternberg-Lieben* 27; *Küper* NJW **81**, 854); die Zuziehung der Polizei begründet keine *zusätzliche* Wartepflicht.

25 **B. Feststellungen.** Nr. 1 setzt voraus, dass der UB **sich entfernt,** bevor er zugunsten sämtlicher Berechtigter Feststellungen *ermöglicht* hat. Feststellungen sind die seiner **Person**, dh seiner Personalien (vgl. BGH **16**, 139; Frankfurt NJW **60**,

2067), seines **Fahrzeugs**, insbesondere des amtlichen Kennzeichens (vgl. BGH **16**, 139; aber auch Neustadt NJW **60**, 1482) und der **Art seiner Beteiligung.**

Die Pflicht, diese Feststellungen zu **ermöglichen**, ist nicht gleichbedeutend mit 26 der Pflicht, selbst gegenüber dem Berechtigten entsprechende Angaben zu machen (unten 27; vgl. auch *Zopfs*, Küper-FS [2007] 747, 749; and. *Hentschel* 34). Nr. 1 enthält eine Pflicht (nur) zur **Ermöglichung** der Feststellungen, also eine **passive Feststellungs-Duldungspflicht.** Der UB hat sie im Wesentlichen dadurch zu erfüllen, dass er am Unfallort *anwesend* ist und bis zum Ende der Feststellungen bleibt (Hamm NJW **77**, 207; hierzu *Küper* JZ **81**, 211; NJW **81**, 854; JZ **88**, 473 u. GA **94**, 66), und zwar so, dass er erreichbar ist, sich also nicht etwa verbirgt (and. Hamm NJW **79**, 438). Dass die Feststellungen auch ohne seine Anwesenheit nicht erschwert wären, ändert an der Anwesenheitspflicht nichts. Der am Unfallort anwesende Berechtigte hat idR keine Möglichkeit, genaue Angaben (zB Einzelheiten der Personalien; erst Recht nicht zB zur Alkoholisierung) zu erzwingen; in diesem Fall besteht eine Wartepflicht des UB bis zum Eintreffen der **Polizei** (LK-*Geppert* 100; *Lackner/Kühl* 17; *S/S-Cramer/Sternberg-Lieben* 27). Die Pflicht besteht auch dann, wenn der Berechtigte den Unfall noch gar nicht bemerkt hat (*Berz* DAR **75**, 311; *Maier* JZ **75**, 724; *S/S-Cramer/Sternberg-Lieben* 30; LK-*Geppert* 98); die „Ermöglichungs"-Pflicht konkretisiert sich hier zu einer Pflicht, den Berechtigten auf den Unfall hinzuweisen (einschr. NK-*Zopfs* 60). Nach zutr. Ansicht besteht eine Wartepflicht nicht, wenn diese *nur* (noch) einer körperlichen Untersuchung nach § 81 a StPO dienen soll (Zweibrücken NJW **89**, 2765 m. Anm. *Weigend* NZV **90**, 79; ebenso *Dvorak* JZ **81**, 19 u. MDR **82**, 804, 806; *Himmelreich/Bücken* 179; **aA** Köln NStZ-RR **99**, 252).

Der **Umfang** erforderlicher Mitteilungen ist i. e. str. Nach allgM betreffen die 27 Feststellungen jedenfalls stets allein die **tatsächliche Seite** der Unfallbeteiligung, nicht deren rechtliche Würdigung (Frankfurt NJW **83**, 293; nach Bay ZfS **83**, 220), beim Anfahren eines geparkten Fahrzeugs nicht den **Grad der Alkoholisierung;** nach hM aber bei möglicherweise mitwirkendem Verschulden des Geschädigten (BGH VRS **39**, 184; NStZ/J **88**, 264; DAR/B **88**, 365; Köln NJW **81**, 2367; NStZ-RR **99**, 251; Hamm VRS **68**, 111; KG VRS **67**, 258, 264; *S/S-Cramer* 23; *Hentschel* 36). Die bloße Angabe des Familiennamens und das Ermöglichen des Notierens des amtlichen Kennzeichens sollen nicht genügen (Düsseldorf JZ **85**, 544; NStZ/J **85**, 404); auch nicht ein Hinweis auf Kennzeichen und Firmenaufschrift auf dem vom UB gefahrenen Kfz (Stuttgart NJW **81**, 878 [Anm. *Hentschel* JR **81**, 211]; *Küper* JZ **88**, 475); bei einem Straßenbahnfahrer aber die Übergabe eines sog. „Merkblatts", aus dem sich das Unfalldatum, Unfallzeit, Unfallort und die Liniennummer ergibt (LG Leipzig NZV **94**, 373). Eine allgemeine, **umfassende Pflicht zur Aufklärung des Unfalls** besteht nicht.

Der UB muss in seiner Eigenschaft *als solcher* anwesend sein. Er muss daher in 28 beschränktem Umfang die Feststellungen auch **aktiv,** nämlich „durch die Angabe, dass er an dem Unfall beteiligt ist", ermöglichen **(Vorstellungspflicht).** Die Angabe hat der UB von sich aus zu machen. Zur Angabe genügt die Erklärung des UB, dass sein Verhalten nach den Umständen zur Verursachung des Unfalls beigetragen haben könne (Abs. V). Weitere Erklärungen, insbesondere darüber, ob er ein beteiligtes Fahrzeug geführt und wie er sich dabei verhalten hat, braucht er *nicht abzugeben* (*Lackner/Kühl* 18; SK-*Rudolphi* 29; LK-*Geppert* 98, 102 ff.; *B. Maier* NJW **76**, 1190; *Bringewat* JA **77**, 235; *Küper* JZ **88**, 481 u. GA **94**, 64; **aA** *Jagusch* NJW **75**, 1632 f.; **76**, 504; *M/Schroeder/Maiwald* 49/36), braucht sich vor allem nicht selbst zu bezichtigen (RegE 6) oder auf entstandene Schäden hinzuweisen (SK-*Rudolphi* 30; zweifelnd *S/S-Cramer/Sternberg-Lieben* 30; vgl. aber oben 25 aE). Er hat *nach § 142* (vgl. aber § 34 StVO, § 111 OWiG) **keinerlei weitere aktive Mitwirkungspflicht** (RegE 7; BGH **30**, 163; Bay NJW **93**, 410; vgl. hierzu *Volk* DAR **82**, 82), braucht also gegenüber einem privaten Feststellungsinteressenten auch seine Personalien nicht anzugeben (Bay NJW **84**, 67; 1365; Frankfurt NJW **90**, 1190; Düsseldorf VM **72**, 59; **aA** *Müller-Emmert/Maier*

DRiZ **75**, 177; LK-*Geppert* 32), Führerschein und Fahrzeugschein nicht vorzuweisen (**aA** *Bouska* aaO 195) oder seine Versicherung zu nennen; er muss *dann* auf Verlangen des Berechtigten aber ggf auf das Eintreffen der Polizei warten; SK-*Rudolphi* 224; LK-*Geppert* 100. Seine Vorstellungspflicht verletzt indessen, wer überhaupt ableugnet, UB zu sein (Frankfurt NJW **77**, 1833; Karlsruhe MDR **80**, 160; Bay JR **81**, 437; NJW **83**, 2039 [m. Anm. *Janiszewski* JR **83**, 506 und NStZ/J **83**, 403]; **84**, 1365 [m. Anm. *Loos* JR **85**, 164]; KG VRS **67**, 264; LK-*Geppert* 98; NJW/H **81**, 1078; **89**, 1844; **aA** Hamm NJW **79**, 439; **85**, 445 [für den Fall des versuchten Leugnens]).

29 **c) Verdunkelungsmaßnahmen** sind dem UB im Falle von I grds nicht iS eines eigenständigen Verbots untersagt (*S/S-Cramer/Sternberg-Lieben* 29; Ndschr. **9**, 445; 469; 476; *Lackner/Kühl* 17; BGH **4**, 187; **7**, 117; zweifelnd SK-*Rudolphi* 31; **aA** *M/Schroeder/Maiwald* 49/33, 43); etwa Angabe falscher Personalien; Vorzeigen eines gefälschten Führerscheins (MDR/D **73**, 555); verschleiernde Unterlassungen (VRS **5**, 287; *Bernsmann* NZV **89**, 54); Nachtrunk, um den Blutalkoholgehalt zu verschleiern (Oldenburg NJW **55**, 192; Frankfurt NJW **67**, 2073; Bay JR **69**, 429; Hamburg VM **73**, 68); falsche Aussagen (vgl. VRS **16**, 297); Beseitigung von Unfallspuren (BGH **5**, 124). Bloße **Falschangaben** und Verdunkelungshandlungen sind für sich ebenso wenig strafbar wie die schlichte Untätigkeit; tatbestandsmäßig wird dies nur dann, wenn der UB sich in der Folge vom Unfallort entfernt (BGH **30**, 160, 163f.; LK-*Geppert* 99); umgekehrt darf sich iS von Nr. 1 nur derjenige entfernen, der die Feststellungen ermöglicht, dh Tatsachen *nicht* verdunkelt hat.

30 **C. Verzicht auf Feststellungen.** Aus der (passiven) Pflicht, die Feststellungen zu **ermöglichen,** ergibt sich, dass der Tatbestand nicht erfüllt ist, wenn alle (anwesenden) Berechtigten auf Feststellungen **verzichten** (Bay VRS **71**, 191; Köln NJW **81**, 2368; ebenso LK-*Geppert* 76; NK-*Schild* 93; *S/S-Cramer/Sternberg-Lieben* 30a; *Beulke* JuS **82**, 816; *Bernsmann* NZV **89**, 51f.; *Hartmann-Hilter* NZV **92**, 430; **aA** [Rechtfertigungsgrund] Bay VRS **68**, 115; **71**, 189; Stuttgart NJW **82**, 2266; SK-*Rudolphi* 20; *Lackner/Kühl* 33; *Küper* JZ **81**, 212; *Horn/Hoyer* JZ **87**, 972; vgl. auch MK-*Zopfs* 45, 55ff., 101). Da Nr. 1 den UB zu mehr als zur Ermöglichung nicht verpflichtet, entfällt bei Verzicht des Berechtigten auf (umfassend *ermöglichte*) Feststellungen schon die Unrechts-Typisierung der Handlung „Sich-Entfernen", nicht anders, als wenn die Feststellungen im Umfang des Feststellungs-Interesses des Berechtigten, getroffen sind.

31 **a) Voraussetzung** ist, dass sämtliche Berechtigte auf die Feststellungen (Koblenz VRS **71**, 187; NK-*Schild* 93; grundlegend *Bernsmann* NZV **89**, 50) oder auf die weitere Anwesenheit des UB zu ihrer Ermöglichung verzichten. Das ist nicht der Fall, wenn der UB sich gegen den Willen des Berechtigten entfernt, mag er auch gewisse Zeit gewartet und sich mündlich schuldig erklärt haben (Bay VRS **60**, 111); ebenso wenig bei durch Gewalt oder Drohung **abgenötigtem Verzicht** (Stuttgart NJW **82**, 2266; Düsseldorf VRS **82**, 452; *S/S-Cramer/Sternberg-Lieben* 30c; LK-*Geppert* 91; NK-*Schild* 95); oder wenn der Verzichtende keine zutreffende Vorstellung von der Tragweite seiner Erklärung hat (Düsseldorf VM **77**, 16: [8jähriges Kind]; Koblenz VRS **57**, 13; Düsseldorf NZV **91**, 77 [unfallverletzter 16jähriger]; Bay ZfS **91**, 320 [wirksam bei 15jähr. Geschädigten]). Verzicht ist auch dann gegeben, wenn alle Berechtigten die Feststellungen als abgeschlossen betrachten. Dies braucht nicht ausdrücklich, sondern kann auch schlüssig erklärt werden (NZV **92**, 246); etwa wenn der Berechtigte seinerseits den Unfallort verlässt; hierin muss aber nicht auch der Verzicht auf spätere Feststellungen liegen (Bay NJW **84**, 66, 1365 [Anm. *Loos* JR **85**, 164]; zur Frage eines konkludenten Verzichts ferner Köln VRS **53**, 432; NStZ/J **87**, 113; *Bernsmann* NZV **89**, 50).

31a Nach ganz hM unwirksam ist ein **erschlichener Verzicht** jedenfalls dann, wenn der UB durch falsche Angaben die Zustimmung des Berechtigten erreicht, den Unfallort *(als erster)* verlassen zu dürfen (vgl. Bay VRS **61**, 120 [Vorspiegelung, Polizei herbeiholen zu wollen]; NJW **84**, 1365; Stuttgart NJW **82**, 2266 [falsche Personalien]; Köln VRS **50**, 344 [Vorspiegelung von Ersatzbereitschaft]; Hamm VRS **56**, 340 [Bestreiten von Unfallbeteiligung]; vgl. dazu *Küper* JZ **90**, 510 ff.; *S/S-Cramer/Sternberg-Lieben* 30 a; LK-*Geppert* 84 ff.). Es liegt in diesem Fall kein „berechtigtes" Sich-Entfernen iS von II vor, so dass I Nr. 1 verwirklicht ist. Das gilt auch dann, wenn der UB durch falsche Angaben erreicht, dass der Berechtigte *(als erster)* den Unfallort verlässt (Frankfurt NJW **77**, 1833; Hamm NJW **79**, 438; Karlsruhe MDR **80**, 160; so iErg wohl auch LK-*Geppert* 90; zweifelnd *Lackner/Kühl* 17); **aA** [Anwendung von II, da nach Verlassen des Unfallorts durch den Berechtigten keine feststellungsbereite Person mehr anwesend] Bay NJW **83**, 2039; **84**, 66; 1365; Frankfurt NJW **90**, 1198), denn auch in diesem Fall sind hinreichende Feststellungen gerade nicht „ermöglicht", sondern aktiv vereitelt worden. Voraussetzung ist freilich, dass keine weiteren feststellungsbereiten Personen anwesend sind. Die **Gegenansicht** bejaht auch bei erschlichenem Verzicht die Wirksamkeit einer Einwilligung unter Hinweis auf die Selbstbegünstigungsfreiheit und das Fehlen einer Pflicht, an der eigenen Überführung mitzuwirken (vgl. SK-*Rudolphi* 31; NK-*Schild* 95; MK-*Zopfs* 58; *Hentschel* NJW **84**, 1515; *Janiszewski* NStZ **83**, 403; *Bauer* NStZ **85**, 382; *Loos* JR **85**, 165; *Küper* JZ **88**, 481; **90**, 518).

b) Der Tatbestand ist auch ausgeschlossen, wenn sämtliche Berechtigte **mutmaßlich verzichten** (Hamburg NJW **60**, 1482; *Schröder* JR **67**, 471; LK-*Geppert* 92 f.); das kommt etwa in Betracht, wenn der Geschädigte ein naher Angehöriger (Hamm VRS **23**, 105; Bay VRS **64**, 122; **68**, 115) oder Nachbar (Hamburg aaO) ist, oder wenn damit zu rechnen ist, dass der Eigentümer eines unfallgeschädigten Betriebsfahrzeugs kein Interesse am Verbleiben des firmenangehörigen Unfallverursachers am Unfallort hat (Bay NZV **92**, 413); nicht aber ohne weiteres bei geringfügigen Schäden (Frankfurt NJW **62**, 686; **63**, 1215; KG VRS **15**, 122; str.; vgl. *Küper* JZ **81**, 212; *Bernsmann* NZV **89**, 55; *S/S-Cramer/Sternberg-Lieben* 30 d). Zur im Einzelfall bei geringen Schäden zu vermutenden Einwilligung in die Hinterlassung einer Nachricht vgl. unten 37. 32

c) § 142 ist ausgeschlossen, wenn der **Schaden** an Ort und Stelle vollständig **ersetzt** oder auf ein unterhalb der Bagatellgrenze liegendes Maß reduziert wird (LK-*Geppert* 75) oder wenn der Geschädigte auf einen Ersatz des Schadens wirksam (oben 31 f.) **verzichtet.** In der Akzeptierung eines schriftlichen deklaratorischen **Schuldanerkenntnisses** (vgl. Bay VRS **60**, 111; Hamm NJW **72**, 1383; Karlsruhe NJW **73**, 378; Stuttgart NJW **78**, 900) kann ein Verzicht jedenfalls auf (weitere) Feststellungen liegen, wenn es eine umfassende Schadensersatzpflicht des UB enthält (vgl. dazu LK-*Geppert* 79; *S/S-Cramer/Sternberg-Lieben* 27; SK-*Rudolphi* 30; *Schwab* MDR **84**, 539; *Hartmann-Hilter* [1 a] 100 f.). 33

d) Zweifelhaft ist, ob der UB von der Wartepflicht befreit wird, wenn der an einem Unfall beteiligte Berechtigte selbst ohne anzuhalten **weiterfährt** (so Bay NJW **58**, 511; VRS **71**, 191; Köln VRS **33**, 347; vgl. *Bernsmann* NZV **89**, 51; *S/S-Cramer/Sternberg-Lieben* 30 b; SK-*Rudolphi* 22), und der UB dies auch bemerkt (Köln JMBlNW **63**, 68). IdR wird in solchen Fällen die Lage unklar sein, so dass von einem wirksamen Verzicht nicht auszugehen ist (vgl. unten 39). 34

8) Sich-Entfernen unter Verletzung der Wartepflicht (Abs. I Nr. 2). 35
I Nr. 2 betrifft den Fall, dass sich kein Feststellungsinteressent findet. Auch in diesem Fall hat der UB, da ja noch offen ist, ob jemand kommt, seiner passiven Feststellungsduldungspflicht dadurch zu genügen, dass er **eine angemessene Zeit** abwartet, ob ein Feststellungsinteressent erscheint (**Wartepflicht** [hierzu *Küper* NJW **81**, 853 u. GA **94**, 72; *Loos* DAR **83**, 212; Kasuistik bei *Bär/Hauser* I 36 (1); *Himmelreich/Bücken* 147 ff.]; zur Wartepflicht gegenüber einem verletzten Mitfahrer Bay DAR **84**, 240). In Betracht kommen vor allem die Fälle, in denen es keinen anderen UB gibt, der Geschädigte abwesend oder in Folge der Unfallauswirkungen zu Feststellungen nicht in der Lage ist (Köln VRS **63**, 349). Die Feststellungsduldungspflicht besteht gegenüber sämtlichen anwesenden oder innerhalb der Warte-

frist erscheinenden Berechtigten; daher verstößt gegen Nr. 2 grds auch, wer den Unfallort nach Erfüllung der Pflicht aus Nr. 1 gegenüber einzelnen Anwesenden vorzeitig verlässt (vgl. LG Darmstadt MDR **88**, 1072). Das gilt dann nicht, wenn die Weitergabe der Feststellungen an abwesende Berechtigte gesichert ist (Zweibrücken DAR **91**, 431; *S/S-Cramer/Sternberg-Lieben* 27; LK-*Geppert* 111); bei polizeilichen Feststellungen ist das stets der Fall. Weiß der UB von der Existenz nicht anwesender Berechtigter nichts und hält sie auch nicht für möglich (zB wenn der andere UB sich als Halter und Eigentümer des in Wahrheit nur geliehenen von ihm gefahrenen Kfz ausgibt), so dürfte schon die Wartepflicht entfallen. Der UB muss idR auch dann warten, wenn mit alsbaldigem **Erscheinen** von Feststellungsinteressenten **nicht zu rechnen** ist (BGH **4**, 144; **5**, 124; Koblenz NZV **96**, 324); nach hM auch nachts auf dunkler Landstraße (GA **57**, 243; VRS **42**, 97; SK-*Rudolphi* 32; *Küper* NJW **81**, 853; **aA** *Lackner/Kühl* 19; *Dornseifer* JZ **80**, 300), selbst wenn er andere Verkehrsteilnehmer dadurch behindert (Bay DAR **85**, 240). Nur im Einzelfall kann die Wartepflicht ganz entfallen, wenn ihre Einhaltung sich *offenkundig* als sinnlose Formalität darstellt, weil mit Eintreffen feststellungsbereiter Personen *mit Sicherheit* nicht zu rechnen ist (vgl. *Lackner/Kühl* 19; *S/S-Cramer/Sternberg-Lieben* 35; LK-*Geppert* 111; SK-*Rudolphi* 32). Ein Weiterfahren ohne nähere Vergewisserung über den Schadensumfang ist jedoch in keinem Fall zulässig. Aus dem Begriff des **Wartens** in Nr. 2 ist nicht abzuleiten, dass der Zweck der Anwesenheit des UB am Unfallort gerade oder ausschließlich der des Erwartens von feststellungsbereiten Personen sein muss (vgl. Hamm VM **67**, 4; Köln VRS **100**, 302 [15 Min. Versuche, das eigene Kfz wieder auf die Straße zu bewegen]). Die Duldungspflicht lebt nicht wieder auf, wenn der UB sich zunächst nach Ablauf der Wartefrist entfernt hat, später zurückkehrt und *nun* Feststellungsberechtigte anwesend sind. Andererseits wird man eine Duldungspflicht (nicht aber eine „Verlängerung der Wartezeit"; missverst. LK-*Geppert* 111) anzunehmen haben, wenn der UB nach Ablauf der an sich „angemessenen" Frist noch am Unfallort verbleibt und nun feststellungsbereite Personen (Polizei) erscheinen (vgl. Stuttgart NJW **82**, 1769; NJW/H **83**, 1648; *Loos* DAR **83**, 214; MK-*Zopfs* 77; **aA** *Küper* NJW **81**, 854).

36 **A. Dauer der Wartefrist.** Der UB hat eine **den Umständen angemessene Zeit** zu warten. Zu berücksichtigen sind sämtliche Umstände, welche für die dem konkreten Unfallereignis angemessene Wartefrist nach Auffassung eines verständigen Beurteilers eine Rolle spielen können; **zB** die Schwere des Unfalls und die erkennbare Schadenshöhe; Unfallort, Tageszeit, Witterung, Verkehrsdichte. Die Wartezeit kann minimal sein, etwa bei geringfügigem Schaden an Verkehrsleiteinrichtungen auf freier, unbelebter Straße; anderseits reichen bei Tötung oder schwerer Verletzung eines Menschen 15 Minuten regelmäßig nicht aus. Als **nicht ausreichend** sind **zB** angesehen worden: 15 Minuten in der Nacht bei 1500 DM Schaden (Koblenz VRS **49**, 180; ähnl. Bay DAR **85**, 241); 20 Minuten um 18.30 Uhr bei 600 DM Schaden (Stuttgart VM **76**, 85; VRS **73**, 193; LG Hanau ZfS **85**, 380); 10 Minuten um 19 Uhr bei leichtem Unfall und stark befahrener Straße (Hamm VRS **54**, 117; ähnl. Bay VRS **64**, 121); **als ausreichend:** 30 Minuten bei nächtlichem Schaden von 1100 DM (Düsseldorf VRS **54**, 41); 10 Minuten bei geringfügigem Schaden (Düsseldorf VM **76**, 52; ebenso Stuttgart NJW **81**, 1107; vgl. auch Bay DAR **84**, 240); uU 15 Minuten bei Unfall am frühen Nachmittag in einer Stadt (Köln VRS **100**, 302; zw.). Ob der UB auf Verlangen des Geschädigten das Eintreffen der **Polizei** am Unfallort abwarten muss, hängt davon ab, ob deren Zuziehung objektiv erforderlich ist (Zweibrücken NZV **92**, 371). Von Bedeutung für die Dauer der Wartezeit kann namentlich auch das eigene Verhalten des UB während seiner Anwesenheit sein. Nimmt er Handlungen vor, die geeignet sind, Feststellungen gerade zu verhindern oder Dritte von der Benachrichtigung der Polizei oder feststellungsberechtigter Person abzuhalten, so kommt ihm die hierdurch verstrichene Zeit nicht zugute (NJW **57**, 352; Bay NJW **87**, 1712 [krit. Anm. *Hentschel* JR **88**, 297]; NStZ/J **87**, 270; Köln VRS **100**,

302, 306; SK-*Rudolphi* 34; LK-*Geppert* 117; *Himmelreich/Bücken* 193; **aA** Hentschel 40 u. NJW **88**, 1120, 1127; einschr. Auch MK-*Zopfs* 86).

37 **B. Ersatzmaßnahmen.** Maßnahmen des UB können, soweit sie nötige und mögliche Feststellungen am Unfallort vereiteln, die Wartepflicht grundsätzlich nicht ersetzen; unter diesen Voraussetzungen auch nicht zB **Benachrichtigung** eines Berechtigten oder der Polizei nach vorzeitiger Wegfahrt oder Zurücklassen eines Zettels oder der Visitenkarte mit Angaben (arg. III iVm II Nr. 1; vgl. aber Zweibrücken VRS **79**, 299 [hierzu *Hartman-Hilter* NZV **92**, 429]; NZV **91**, 479; vgl. NJW/H **92**, 1082; *S/S-Cramer/Sternberg-Lieben* 40; *Küper* JZ **81**, 211, 255;aber auch Stuttgart NJW **81**, 1108; Bay DAR **82**, 249). Wer seiner Wartepflicht (I Nr. 2) nicht nachgekommen ist, wird grds nicht straffrei, wenn er die Feststellungen unverzüglich nachträglich ermöglicht (Hamburg MDR **78**, 859; Koblenz NZV **96**, 324).

38 **9) Subjektiver Tatbestand des Abs. I.** In beiden Fällen des Abs. I ist **Vorsatz** erforderlich, bedingter Vorsatz genügt (BGH **7**, 112; VRS **5**, 41; NK-*Schild* 98). Er muss sich darauf beziehen, dass ein Unfall stattgefunden hat, für welchen der Täter jedenfalls möglicherweise mitursächlich war (BGH **15**, 1; **28**, 131; Bay **72**, 183; Bay JR **78**, 114 [Anm. *Janiszewski*]), dass der Schaden nicht ganz unerheblich ist (Karlsruhe VRS **62**, 186; Düsseldorf VM **98**, 92; Hamm NZV **03**, 590 f.), dass der Täter UB ist (Koblenz NZV **89**, 200; Bay NStZ-RR **00**, 140 f.), dass er sich vor den Unfallfeststellungen entfernt und dass hierdurch Feststellungen vereitelt werden. Die Feststellung, der Täter habe die Entstehung eines nicht unerheblichen Schadens erkennen „*können*" oder „*müssen*", reicht nicht aus (Jena StV **06**, 529). Der Vorsatz kann fehlen, wenn der UB sich entfernt, um den Geschädigten beschleunigt zu verständigen (Zweibrücken DAR **82**, 333; Koblenz NZV **96**, 324; **aA** MK-*Zopfs* 91 [mutmaßliche Einwilligung des Geschädigten]).

39 Die irrige Annahme, es bestehe keine **Wartepflicht**, ist **Tatbestandsirrtum** (vgl. dazu auch *Mitsch* NZV **05**, 347). Der Vorsatz ist daher ausgeschlossen bei irriger Annahme, es sei kein Schaden entstanden; es handle sich nur um völlig belanglose Kratzer (NStZ-RR **97**, 90; Düsseldorf StV **98**, 489; vgl. *Himmelreich DAR* **97**, 82); der Schaden betreffe ausschließlich den Täter selbst (Celle NJW **56**, 1330); ein Unfall sei nur vorgetäuscht (Bay DAR **79**, 237); der Geschädigte habe endgültig auf Feststellungen verzichtet (Bay VRS **71**, 190; Hamburg NJW **60**, 148; Bremen VRS **10**, 278; Köln VRS **27**, 344); die erforderlichen Feststellungen seien bereits getroffen (Stuttgart NJW **78**, 900). Vorsatz scheidet aus, wenn ein UB in der irrigen Annahme weiterfährt, dass der (allein geschädigte) andere UB in Kenntnis des Unfalls die Fahrt fortgesetzt habe (Bay NZV **90**, 397; **92**, 246; oben 34). Verwirrung oder Bestürzung, auch ein Unfallschock können das Bewusstsein des Täters, sich Feststellungen zu entziehen, im Einzelfall ausschließen (NJW **55**, 310; VRS **8**, 208; **9**, 136; **16**, 188; **18**, 201; **20**, 48; Köln NJW **67**, 1521; LK-*Geppert* 167; *Arbab-Zadeh* NJW **65**, 1049; *Schewe,* Lange-FS 696 f. mwN); eine sehr hohe BAK kann Zweifel an der spezifischen Wahrnehmungsfähigkeit (etwa: Bemerken eines streifenden Anstoßes; Wahrnehmung des Verhaltens Dritter) begründen.

40 In der **Praxis** des Massendelikts steht in der weit überwiegenden Mehrzahl der Fälle mit geringerem Schaden im Rahmen der Beweiswürdigung die Einlassung des beschuldigten UB inmitten, das Unfallereignis nicht bemerkt zu haben (vgl. die umfangreiche Kasuistik bei LK-*Geppert* 165 ff.); auch unfallverursachende Fahrfehler werden vielfach kategorisch bestritten. Dies hat eine Ursache insb. im Leistungsausschluss von Sach- und Rechtsschutzversicherungen (vgl. NJW **87**, 2374; **96**, 2935; NVersZ **99**, 137; VersR **00**, 222); darüber hinaus in dem Umstand, dass Täter das Offenbarwerden ihres dissozialen Verhaltens bei der Ausnutzung der verkehrstypischen Anonymität abzuwehren versuchen. Die Vielzahl häufig abwegiger Behauptungen (vgl. auch *Zabel* BA **83**, 382; aber auch *Himmelreich/Bücken* [1 a] 89 ff., 97 ff.) über Gründe für einen angeblichen Vorsatzmangel (lautes Autoradio; Bordsteinkante; scharfes Bremsen; Motor-Ruckeln; usw) dürfen nicht dazu verleiten, einen vorsatzausschließenden Irrtum bei § 142 von vornherein fast gänzlich auszuschließen (vgl. Köln NZV **92**, 37; Düsseldorf NZV **98**,

383; LK-*Geppert* 170 mwN). Die Behauptung, nicht unerhebliche Unfallereignisse überhaupt nicht wahrgenommen zu haben, kann sich (insb. für ältere Kraftfahrer) im Hinblick auf §§ 2 IV, 3 StVG, § 3 Fahrerlaubnis-VO freilich als **risikoreich** erweisen (vgl. *Hentschel* 8 ff. zu § 2, 5 f. zu § 3 StVG).

41 Die irrige Annahme von Umständen, welche die Wartepflicht nach Nr. 2 ausschließen, ist Tatbestandsirrtum (BGH **15**, 1); ein Irrtum über den Umfang der Wartepflicht oder die irrige Annahme, nicht wartepflichtig zu sein, unterfällt dagegen § 17 (BGH **4**, 144; **15**, 5; VM **60**, 77; VRS **24**, 34; Bay **56**, 241; Stuttgart DAR **77**, 23; Düsseldorf NZV **93**, 157; LK-*Geppert* 166; vgl. auch Düsseldorf NJW **86**, 2001; *Kuhlen* StV **87**, 437; *Freund* GA **87**, 536); vgl auch unten 49 f.

42 **10) Unterlassen nachträglicher Mitteilung (Abs. II, III).** Der Tatbestand des II greift nur ein, wenn nicht bereits feststeht, dass der UB entweder **strafbar** ist (Köln VRS **63**, 352), nämlich im Falle ungerechtfertigten oder unentschuldigten Sichentfernens vor Ermöglichung der Feststellungen (I Nr. 1) oder vor Ablauf der Wartefrist (I Nr. 2) oder nach Verstoß gegen die Vorstellungspflicht (*Janiszewski* JR **83**, 506 u. NStZ/J **83**, 403; NJW/H **84**, 1515 gegen Bay NJW **83**, 2039) sowie in den Fällen von § 35 II S. 2; oder dass er **straflos** ist, nämlich dann, wenn er seine Pflichten nach I Nr. 1 erfüllt hat, sich im Tatbestandsirrtum befand, endgültig gerechtfertigt oder entschuldigt war (unten 44 ff.) oder ihm die Erfüllung seiner Pflichten nach I und II nicht zugemutet werden konnte (unten 44). Abs. II begründet eine zusätzliche **Nachholpflicht** daher allein für die Fälle, in denen sich der UB, **ohne** die Pflicht nach I Nr. 1 erfüllt zu haben, vom Unfallort **nach** Ablauf der Wartefrist (II Nr. 1) **oder** berechtigt oder entschuldigt (II Nr. 2) oder im Irrtum über die Voraussetzungen eines Rechtfertigungs- oder Entschuldigungsgrundes, der seine Strafbarkeit nach I ausschließt (unten 50), entfernt oder nach dem Sichentfernen, aber noch in zeitlichem und räumlichem Zusammenhang mit dem Unfall von ihm Kenntnis erhält (unten 51).

43 **A. II Nr. 1** setzt voraus, dass der UB sich **nach Ablauf der Wartefrist** (vgl. oben 36) straflos vom Unfallort entfernt hat, ohne dass sich ein Feststellungsinteressent gefunden hätte. Es muss tatsächlich eine Wartepflicht bestanden haben; str. ist die Begründung einer Pflicht nach II, wenn der Berechtigte sich seinerseits unter Verzicht auf unmittelbare Feststellungen vorzeitig und *vor* dem UB vom Unfallort entfernt hat (dafür Bay NJW **84**, 67; 1365; Frankfurt NJW **90**, 1190; SK-*Rudolphi* 29 a; **aA** *S/S-Cramer/Sternberg-Lieben* 43; *Lackner/Kühl* 18); das lässt sich nur in solchen Fällen annehmen, in welchen nicht durch umfassenden und endgültigen Verzicht schon der Tatbestand ausgeschlossen ist (vgl. oben 31).

44 **B. II Nr. 2** setzt voraus, dass der UB sich **berechtigt** oder **entschuldigt** entfernt hat. Nicht erfasst von II Nr. 2 sind Fälle, in denen nicht das Sichentfernen vom Unfallort berechtigt oder entschuldigt geschah, sondern eine Rechtfertigung oder Entschuldigung für die Tat nach § 142 insgesamt eingreift; das kann uU auch bei **Unzumutbarkeit** der Pflichterfüllung gelten (str.; BGH **24**, 382, 385 f.).

45 **a) Berechtigt** entfernt sich, wem ein **Rechtfertigungsgrund** zur Seite steht. Praktische Bedeutung hat vor allem **§ 34**; **zB** wenn der UB eine verletzte Person ins Krankenhaus bringt (vgl. BGH **4**, 149; KG VRS **34**, 108); wenn er seine eigenen Verletzungen versorgen muss (Hamm VRS **8**, 268; Bay DAR **85**, 241; *Mikla* [1 a] 112); wenn ein Fahrzeug der Feuerwehr, eines Rettungsdienstes oder eines Arztes, der *dringend* einen Patienten aufsuchen muss (Frankfurt VRS **28**, 262; NJW **67**, 2073), in einen Unfall verwickelt wird. § 34 (oder § 35) kommt uU auch in Betracht, wenn gegen den UB Aggressionen aus einer angesammelten Menge stattfinden oder zu befürchten sind (VRS **25**, 196; **30**, 281; Düsseldorf NJW **89**, 2764 m. Anm. *Werny* NZV **89**, 440; NJW/H **90**, 1460; LK-*Geppert* 127; *S/S-Cramer/Sternberg-Lieben* 52; SK-*Rudolphi* 39; NK-*Schild* 124).

46 In Betracht kommt auch eine **rechtfertigende Pflichtenkollision** (11 vor § 32), so bei Erfüllung einer Pflicht aus § 323 c, die der Wartepflicht regelmäßig vorgeht (BGH **5**, 128; § 34 I Nr. 4 StVO). Im Einzelfall kann auch die Erfüllung

einer anderen Pflicht, wenn sie unter Abwägung aller Umstände gegenüber derjenigen aus § 142 überwiegt, rechtfertigend wirken; die Pflichten des Fahrers eines öffentlichen Verkehrsmittel (vgl. zur aF Frankfurt NJW **60**, 2067; Neustadt NJW **60**, 688; Bremen VRS **43**, 29; anderseits KG VRS **40**, 109; Koblenz VRS **45**, 33); die Pflicht zur Sicherung oder Räumung der Unfallstelle (vgl. Bay DAR **82**, 249); uU auch die Pflicht, als Zeuge zu einem Gerichtstermin zu erscheinen (vgl. auch MK-*Zopfs* 98; **aA** LK-*Geppert* 128). Die Erledigung dringender **geschäftlicher Angelegenheiten** scheidet idR als Rechtfertigungsgrund aus (vgl. BGH **16**, 145; Koblenz VRS **45**, 33); Ausnahmen sind anzunehmen bei *unaufschiebbaren* Angelegenheiten und ggf drohenden erheblichen Verlusten, wenn der UB Vorsorge für anderweitige (wenn auch nach I nicht ausreichende) Informationen trifft (Zurückbleiben des Beifahrers; Verständigen der Polizei, usw.).

b) Ein die **Schuldfähigkeit** ausschließender Zustand iS des **§ 20** kann namentlich infolge eines Unfallschocks vorliegen (Hamm VRS **42**, 24; Koblenz VRS **53**, 339; Köln VRS **57**, 400; LG Leipzig DAR **97**, 79). Als **Entschuldigungsgrund** kommt **§ 35 in Betracht;** zB wenn der UB in einer kalten Winternacht durchnässt ist und seine Kleider wechseln (Bay VRS **60**, 112) oder wenn er einem schwerverletzten Angehörigen auf der Fahrt zum Krankenhaus beistehen will (Köln VRS **66**, 129). 47

Umstr. ist, ob ein entschuldigtes Sich-Entfernen auch bei **rauschbedingter Schuldunfähigkeit** anzunehmen ist. Nach zutr. Ansicht (Bay NJW **89**, 1685 [Anm. *Keller* JR **89**, 343; Bespr. *Küper* NJW **90**, 209; *Paeffgen* NStZ **90**, 365]) ist § 142 II nur anwendbar, wenn der Täter sich **insgesamt straflos** vom Unfallort entfernt hat (ebenso *Küper* NJW **90**, 209; *Lackner/Kühl* 24; *S/S-Cramer/Sternberg-Lieben* 54; MK-*Zopfs* 103; LK-*Geppert* 132; *W/Hettinger* 1015). Danach ist der Täter auch dann allein nach § 323 a (iVm § 142 I) zu bestrafen, wenn seine Schuldfähigkeit beim Verlassen des Unfallorts nur *nicht ausschliessbar* aufgehoben war. Die **Gegenansicht** nimmt bei *sicherer* Schuldunfähigkeit zum Zeitpunkt des Entfernens eine Nachholpflicht an, sobald der UB wieder nüchtern ist; erfüllt er dann die Pflicht nach II, so soll § 323 a *insoweit* (nicht aber hinsichtlich der evtl. Trunkenheitsfahrt und Unfallverursachung) zurücktreten (so *Berz* Jura **79**, 127; *Dornseifer* JZ **80**, 303; *Keller* JR **89**, 344; *Miseré* Jura **91**, 298; *M/Schroeder/Maiwald* 49/53; *J/J/B-Burmann* 27 a; *Hentschel* 52; *Himmelreich/Bücken* [1 a] 212; hier bis 50. Aufl.). Dies führt aber jedenfalls bei nur nicht ausschliessbarem Vollrausch zu einer sachwidrigen Lücke, weil dann in („doppelter") Anwendung des Zweifelssatzes bei der Prüfung der Strafbarkeit nach I von Schuldunfähigkeit und bei Prüfung des II von Schuldfähigkeit zum Zeitpunkt des Sich-Entfernens auszugehen ist. 48

Entschuldigend kann darüber hinaus ein **unvermeidbarer Verbotsirrtum** wirken (**aA** MK-*Zopfs* 102); ebenso eine schuldausschließende **Pflichtenkollision.** Der Gesichtspunkt der **Unzumutbarkeit** kann in Einzelfällen die Entfernung entschuldigen, da es in § 142 um den Schutz zivilrechtlicher Ansprüche geht, denen zivilrechtliche Interessen anderer Art grds. vorrangig gegenüberstehen können, zumal II, III ein Korrektiv bilden. Verfolgt der UB Interessen, die dem Feststellungsinteresse der Berechtigten mindestens gleichwertig sind, so kann daher der Pflichtverstoß auf der Grundlage einer Gesamtwürdigung seines Verhaltens als entschuldigt anzusehen sein. Unzumutbarkeit ist nach hM aber nicht schon gegeben, wenn der UB die Aufdeckung von ihm begangener Straftaten (namentlich Verkehrsstraftaten) zu befürchten hätte (BGH **9**, 267; GA **56**, 120; VRS **38**, 342; str.; vgl. hierzu *M/Schroeder/Maiwald* 49/49). 49

Einen **Irrtum** des UB über tatsächliche Voraussetzungen eines **Rechtfertigungs-** oder **Entschuldigungsgrunds** setzt die hM dem Fall eines wirklich bestehenden Grundes gleich (BGH **28**, 134; RegE 8; *Müller-Emmert/Maier* DRiZ **75**, 178; *Sturm* JZ **75**, 408; *S/S-Cramer/Sternberg-Lieben* 55; SK-*Rudolphi* 40; NK-*Schild* 131; *Lackner/Kühl* 23; *M/Schroeder/Maiwald* 49/53; **aA** *Dornseifer* JZ **80**, 303; vgl. *Eisenberg* Jura **83**, 268; *Mikla* [1 a] 138). Das gilt aber nur dann, wenn die irrig an- 50 genommenen Umstände die Strafbarkeit wegen vorsätzlicher Tat entfallen ließen, also zB bei einem Irrtum über rechtfertigende Umstände oder einem unvermeidbaren Irrtum nach § 35 II S. 1. In Fällen, in denen der Irrtum vermeidbar ist und Strafbarkeit wegen vorsätzlicher Tat eintritt, vor allem also in den Fällen von § 35 II S. 2, ist der UB endgültig nach § 142 I strafbar. Das gilt auch bei vermeidbarem Verbotsirrtum. Erkennt der UB die objektiv gegebenen Umstände eines Rechtfertigungs- oder Entschuldigungsgrundes nicht, so ist berechtigtes oder entschuldigtes Sichentfernen dann nicht gegeben, wenn die Kenntnis ein subjektives Rechtfertigungs- oder Entschuldigungselement darstellt (vgl. 23, 25 zu § 16).

51 Umstr. war lange, ob auch **vorsatzloses** Sich-Entfernen im Tatbestandsirrtum die Pflichten nach II, III begründen könne. BGH **28**, 129 hat dies für den Fall *bejaht*, dass der UB noch innerhalb eines **zeitlichen und räumlichen Zusammenhangs** von dem Unfall erfahren hat (ebenso Köln NJW **77**, 2275; auch Bay NJW **79**, 438; **81**, 879; **82**, 1059; Hamm VRS **64**, 16; Karlsruhe NJW **81**, 881; Düsseldorf NJW **85**, 2725; Koblenz NZV **89**, 242; in der Lit. zust. u. a. *Hentschel* 52; *M/Schroeder/Maiwald* 49/53; *Bär-Hauser* 47; *Geppert* Jura **90**, 85 u. BA **91**, 40; *Mikla* [1 a] 117; *Küper,* UniHD-FS 477). Das Ergebnis mag in Fällen nahe liegen, in denen der UB sich zwar zunächst unvorsätzlich aus dem unmittelbaren Bereich des Unfallorts entfernt, aber noch in dessen Sichtweite vom Unfall erfährt (vgl. LG Bonn ZfS **82**, 30); in einem solchen Fall könnte er nach dem Schutzzweck der Norm seine Pflicht, die erforderlichen Feststellungen *unverzüglich* zu ermöglichen, sinnvoll wohl nur an Ort und Stelle gegenüber dem anwesenden Berechtigten erfüllen (vgl. Bay NJW **79**, 437 [m. zust. Anm. *Janiszewski* JR **79**, 341]; Bay MDR **81**, 1035 [m. Anm. *Hentschel* JR **82**, 250]; **aA** SK-*Rudolphi* 35 b).

52 Trotz des rechtspolitischen Bedürfnisses, diese Fälle zu erfassen, sind aber die von der hM in der Lit. erhobenen Einwände gegen die Auslegung durch die Rspr berechtigt (and. hier bis 50. Aufl.). Die Gleichsetzung vorsätzlichen und unvorsätzlichen Handelns ist mit dem **Analogieverbot** nicht vereinbar; der Vermutung eines entsprechenden *Willens* des Gesetzgebers steht die Wortlautgrenze entgegen. Die Ansicht der Rspr läuft auf eine Billigkeits-Korrektur des Gesetzes zu Lasten als *strafwürdig* angesehener Personen hinaus, denn die Begrenzung auf einen „zeitlichen und räumlichen Zusammenhang" späterer Kenntniserlangung ist nur eine ihrerseits auf Billigkeitserwägungen beruhende *Begrenzung der Analogie,* die nichts daran ändert, dass dieser enge Zusammenhang eben *außerhalb* der Grenzen des I liegt. Das **BVerfG** hat daher im Beschl. v. 19. 3. 2007 (NJW **07**, 1666 [m. Anm. *Simon*; Bspr. *Brüning* ZIS **07**, 317]) zutr. die bisherige Auslegung durch die Rspr. für mit Art. 103 II GG nicht vereinbar erklärt.

53 **C. Tathandlung des Abs. II.** Die Unterlassungstat nach Abs. II, III besteht darin, dass der UB nicht nachträglich die Feststellungen iS von I Nr. 1 unverzüglich ermöglicht.

54 **a) Unverzüglich** bedeutet „ohne jedes vorwerfbare Zögern" (RegE 8; *Sturm* JZ **75**, 408). Der Begriff ist nicht nach Maßgabe des § 121 I BGB, sondern nach fallbezogenen strafrechtlichen Kriterien auszulegen (BGH **29**, 141; Bay JZ **77**, 191 [krit. Anm. *Rudolphi* JR **77**, 428]; VRS **58**, 407; Hamm NJW **77**, 208). Sofortiges Handeln iS einer starren Zeitspanne ist nicht verlangt (BGH **29**, 139; LK-*Geppert* 154); der UB hat aber idR alsbald nach dem Verlassen des Unfallortes, sofern er dazu tatsächlich in der Lage ist (Düsseldorf VRS **65**, 365), seinen Mitteilungspflichten nachzukommen. Er erfüllt diese nicht mehr unverzüglich, wenn sein vorwerfbares Passivbleiben die Beweissituation des Berechtigten konkret erheblich gefährdet (*Lackner/Kühl* 26). Die Gegenansicht, wonach eine tatsächliche Vereitelung (vgl. Hamm NJW **77**, 207; Oldenburg, Köln VRS **54**, 280, 351; ebenso wohl Koblenz VRS **61**, 432) oder eine tatsächliche Verschlechterung der Beweissituation (so LK-*Geppert* 154; SK-*Rudolphi* 47), vorausgesetzt ist, führt zu schwierigen, von Zufällen abhängigen Beweisproblemen. Der UB darf daher, auch wenn der Berechtigte schwer zu ermitteln ist, nicht mehrere Tage zuwarten (insoweit zutr. Schleswig

SchlHA **78**, 184; **aA** *S/S-Cramer/Sternberg-Lieben* 66); auch nicht 28 Stunden (Oldenburg NdsRpfl. **84**, 264); bei nicht nächtlicher Unfallverursachung (Freitag 18.45 h) muss er noch am selben Abend benachrichtigen (Köln VRS **82**, 336); dagegen genügt bei einem nächtlichen Unfall, bei eindeutiger Haftungslage auch bei erheblichem Sachschaden, eine Benachrichtigung am nächsten Morgen zum frühestmöglichen Zeitpunkt (Bay VRS **58**, 408, 410; **71**, 34; DAR **79**, 237; **81**, 245; **83**, 248; Hamm VRS **61**, 263; Köln VRS **64**, 118; Frankfurt VRS **65**, 31; Stuttgart VRS **60**, 196; **65**, 203; **73**, 194 [„bis 9.30 Uhr"]; Karlsruhe MDR **82**, 164; Köln NZV **89**, 359 [„nicht erst nach 11.15 Uhr"]; LG Hanau ZfS **85**, 380 [„äußerste Grenze zwischen 10.30 Uhr und 10.45 Uhr"]; ebenso AG Gelnhausen DAR **86**, 123; NStZ/J **81**, 335; **86**, 401; **88**, 264; **89**, 565; Bär VGT **82**, 127; NJW/H **82**, 1079; **84**, 1515; **90**, 1460). Das gilt nicht bei Personenschäden (KG VRS **67**, 263; LG Zweibrücken NZV **98**, 172).

b) Abs. III erläutert, **auf welche Weise** der UB die Feststellungen nachträglich 55
zu ermöglichen hat. Das Gesetz enthält keine abschließende Regelung (BGH **29**, 141), sondern zeigt in III (dessen Fassung mancherlei Auslegungszweifel geschaffen hat; vgl. *S/S-Cramer/Sternberg-Lieben* 56 ff.; SK-*Rudolphi* 42, 45; *Lackner/Kühl* 27; MK-*Zopfs* 112) beispielhaft und zugleich iS von Mindestvoraussetzungen zwei Möglichkeiten auf (BGH **29**, 141; Hamm VRS **59**, 260; Düsseldorf VRS **58**, 255; Stuttgart DAR **77**, 23; RegE 8; vgl. aber Köln NJW **81**, 2368 und hierzu *Beulke* JuS **82**, 815); andere Wege sind dem UB nicht verschlossen. Er kann **zB** mit seinem Unfallfahrzeug den Berechtigten aufsuchen und mit ihm verhandeln (RegE 8); ein wirksames Schuldanerkenntnis abgeben; an den Unfallort zurückkehren, falls die Polizei noch mit Ermittlungen befasst ist, und sich dort als UB zu erkennen geben (*S/S-Cramer/Sternberg-Lieben* 68); einen zuverlässigen Dritten beauftragen, die gebotenen Mitteilungen dem Berechtigten oder der Polizei zu machen (Bay JZ **80**, 579; SK-*Rudolphi* 45). Hat sich der UB bei Bagatellschäden befugterweise nach Zurücklassen einer Nachricht entfernt (vgl. oben 37), so muss er sich vergewissern, obdie Nachricht den Berechtigten erreicht hat, falls sich dieser nicht alsbald meldet (*Müller-Emmert/Maier* DRiZ **75**, 178; vgl. *Hartman-Hilter* NZV **92**, 431).

Soweit der UB dem Unverzüglichkeitsgebot gerecht wird, kann er grds **frei ent-** 56
scheiden, wie er die nachträglichen Feststellungen ermöglichen will (BGH **29**, 141 m. Anm. *Beulke* JR **80**, 523; Stuttgart NJW **81**, 1107; SK-*Rudolphi* 47). Das gilt gerade auch für die **Wahl nach III;** es muss aber der eingeschlagene Weg *insgesamt* dem Gebot der Unverzüglichkeit genügen (BGH aaO). Nach **aA** muss der UB nur auf dem einmal gewählten Wege unverzüglich die Feststellungen ermöglichen (*S/S-Cramer/Sternberg-Lieben* 66; *Rudolphi* SK 48 und JR **77**, 430; LK-*Geppert* 157; *Berz* DAR **75**, 314; *Dornseifer* JZ **80**, 300). Nach der Rspr kann der UB den Weg zwar frei wählen. Wenn hier Erschwernisse auftreten, so dass sich der gewählte Weg zwar noch als schnellstmöglich, aber im Vergleich zu anderen Möglichkeiten nicht mehr als „unverzüglich" erweist, muss er sich aber an die Polizei wenden (BGH **29**, 142; *Lackner/Kühl* 26; vgl. hierzu Bay DAR **85**, 241; ähnlich *M/Schroeder/Maiwald* 49/60); also nicht nur dann, wenn die Feststellung des Berechtigten von vornherein aussichtslos (so SK-*Rudolphi* 47 b) oder ungewöhnlich zeitraubend ist. Umgekehrt kann auch eine alsbaldige Mitteilung an die Polizei nicht genügen und nur die unverzügliche Unterrichtung des Geschädigten geboten sein, ggf. unter Rückkehr an den Unfallort, wenn zB der UB alsbald noch in Unfallnähe vom Unfall erstmals erfährt (Bay NJW **79**, 436, zust. *Janiszewski* JR **79**, 341; abl. *Beulke* JuS **82**, 818; vgl. auch Köln NJW **81**, 2368); mit der Rückkehr entfallen die über I hinausgehenden Pflichten nicht (*Lackner/Kühl* 27; **aA** *S/S-Cramer/Sternberg-Lieben* 68). Es kommt für das Maß der Pflichten nach II, III daher stets auf die konkreten Umstände an (BGH **29**, 143).

Wendet sich der UB an die **Polizei,** so muss er an eine **nahe gelegene** Polizei- 57
dienststelle herantreten; die *nächst*gelegene (so noch RegE) muss dies nicht in jedem Fall sein (Hamm NJW **77**, 207). Für die Beurteilung der Nähe ist idR auf die

Dienststelle abzustellen, die nahe am Unfallort liegt und daher am raschesten Feststellungen treffen kann (NStZ/J **82**, 503; vgl. Hamm VRS **64**, 17; *Hentschel* NJW **83**, 1649; Prot. 1935). Die Mitteilung an eine dem Aufenthalts- oder Wohnort des UB nahe gelegene Dienststelle kann im Einzelfall ausreichen, wenn gerade dort erforderliche Feststellungen zu treffen sind (zB Zustand des Kraftfahrzeugs) oder wenn die dem Unfallort nahe gelegene Dienststelle für den UB nur mit unverhältnismäßigen Schwierigkeiten erreichbar ist (vgl. *S/S-Cramer/Sternberg-Lieben* 59; vgl. aber auch MK-*Zopfs* 115).

58 **c) Abs. III** beschreibt den Umfang der im Fall von II erforderlichen Mitteilungen. Der UB hat danach mitzuteilen, dass er an dem Unfall (mit Angabe von Ort und Zeit) **beteiligt** war (oben 28); seine **Anschrift,** dh seinen Namen mit Wohnung oder ständigem Aufenthaltsort; seinen gegenwärtigen **Aufenthaltsort** (jedoch nur, wenn sein physischer oder psychischer Zustand für die zivilrechtliche Ersatzpflicht von Bedeutung sein kann; Bay DAR **85**, 241 zu 71); das **Kennzeichen** und den derzeitigen Standort (nicht den Standort iS von § 23 I S. 1 StVZO) seines Fahrzeugs. Darüber hinaus muss er das Fahrzeug selbst zu unverzüglichen Feststellungen (durch den Feststellungsberechtigten, die Polizei, ggf. auch für die Untersuchung durch einen Sachverständigen) für eine ihm nach seinen persönlichen Umständen zumutbare Zeit **zur Verfügung** halten. Dass der UB das Fahrzeug in **unverändertem Zustand** zu belassen hat (*S/S-Cramer/Sternberg-Lieben* 63), fordert III S. 1 nicht ausdrücklich (vgl. aber § 34 III StVO); bei Spurenbeseitigung kann aber III S. 2 eingreifen. Wenn der UB das von ihm geführte Fahrzeug nur **gemietet** oder geliehen hatte oder wenn er nur Mitinsasse (zB eines Taxis) war, so ist er nur verpflichtet, das Kennzeichen des Wagens zu ermitteln und mit der Anschrift des Halters mitzuteilen sowie auf den Halter dahin einzuwirken, dass er das Fahrzeug zur Verfügung hält (**aA** *M/Schroeder/Maiwald* 49/58); auch für diese Bemühungen gilt die Zumutbarkeitsgrenze (SK-*Rudolphi* 44 a). Den Halter selbst, der nicht UB iS von II ist, trifft keine Pflicht, sein Fahrzeug zur Verfügung zu halten (*Lackner/Kühl* 3).

59 **d)** Das **Vereitelungsverbot** des **III S. 2** greift ein, wenn der UB durch sein Verhalten *nach* dem Entfernen vom Unfallort (zB durch Spurenbeseitigung; Anbringen eines künstlichen Schadens am Fahrzeug; Beeinflussung von Zeugen; falsche Angaben; uU auch Nachtrunk; vgl. *Sturm* JZ **75**, 408; *Bürgel* aaO 355) **absichtlich** die Feststellungen, vor allem solche über die Art seiner Beteiligung und die Schuldfrage, **vereitelt,** dh erreicht, dass die Aufklärung mindestens hinsichtlich einer der in I Nr. 1 genannten Feststellungstatsachen scheitert. Eine **endgültige** Vereitelung in dem Sinn, dass Tatsachen dauerhaft verborgen bleiben, kann in S. 3 nicht gemeint sein (vgl. auch *Maier* DRiZ **75**, 725; and. hier bis 50. Aufl.; vgl. auch *Volk* VGT **82**, 100); die Auslegung muss sich daher am Begriff des „Ermöglichens" in Abs. 1 Nr. 1 orientieren (so auch *Hentschel* 53, 37). Ein untauglicher Versuch der Verschleierung reicht nicht aus; vereitelt iS von S. 3 sind (unverzügliche) Feststellungen aber schon dann, wenn der UB sie durch Täuschungen (zB falsche Namens-, Wohnsitz- oder Kennzeichenangabe), Manipulationen (zB Verdeckung von Unfallspuren; Wegschaffen des Fahrzeugs) oder sonstiges Verhalten (zB Einwirken auf Zeugen) wesentlich erschwert oder verzögert, etwa weil Anhaltspunkte für den wirklichen Unfallhergang nicht mehr weiter verfolgt werden (*Lackner/Kühl* 30). Auch wenn der UB den Mitteilungspflichten *formal* genügt, sind in diesem Fall die Feststellungen nicht iS von II ermöglicht; III S. 2 gilt daher nicht allein für den (ggf eingeschränkten) Mitteilungsumfang nach III S. 1, sondern insg. für die nachträgliche Feststellungs-Ermöglichung nach II (*S/S-Cramer/Sternberg-Lieben* 70).

60 **11) Subjektiver Tatbestand des Abs. II.** Der **Vorsatz** (bedingter genügt) muss zunächst der nach I sein (vgl. Frankfurt VRS **64**, 266; *Himmelreich/Bücken* 241 ff.; oben 38). Hinzukommen muss die Kenntnis der Umstände nach II Nr. 1 oder 2 (Parallelwertung in der Laiensphäre genügt), welche die Pflicht zur nachträglichen Ermöglichung der Feststellungen begründen. Diese Pflicht selbst ist kein Tat-

bestandsmerkmal, ein Irrtum darüber nur ein Gebotsirrtum (17 zu § 16; Stuttgart VRS **52**, 182; vgl. Düsseldorf NJW **86**, 2001, hierzu *Freund* GA **87**, 536), der idR vermeidbar ist (vgl. Koblenz VRS **52**, 273). Hat sich der UB *nach* Ablauf der Wartefrist in der irrigen Annahme entfernt, diese sei noch nicht abgelaufen, so ist der straflose untaugliche Versuch des Abs. I für II ohne Bedeutung, wenn der UB seiner Pflicht nach II nachkommt. Der Vorsatz setzt darüber hinaus mindestens billigendes Inkaufnehmen des Umstands voraus, dass die Feststellungen nicht unverzüglich ermöglicht werden; eine Fehlbewertung dieser Begriffe ist nur ein Subsumtionsirrtum. Im Fall des Abs. III S. 1 ist ein Tatbestandsirrtum zB gegeben, wenn der UB einen (weiteren) Feststellungsberechtigten nicht kennt, eine entferntere Polizeidienststelle für die nächstgelegene hält oder den Standort seines Fahrzeugs, dessen Halter er nicht ist, irrig falsch angibt; ein Subsumtionsirrtum ist es, wenn er die Zeit, für die er sein Fahrzeug zur Verfügung hält, unzutreffend für ausreichend hält.

12) Vollendung; Beendigung. Der Tatbestand des I (Nr. 1 oder Nr. 2) ist **vollendet,** sobald der UB den Unfallort unter den dort genannten Voraussetzungen verlassen hat. **Beendet** ist die Tat, wenn der Täter sich vor (möglichen) Feststellungen so in Sicherheit gebracht hat, dass nach den Umständen mit einer Identifizierung nicht mehr zu rechnen ist (BGH VRS **25**, 37; StV **83**, 280; Bay NJW **80**, 412 [Anm. *Bottke* JA **80**, 379]; Zweibrücken VRS **71**, 436; and. *Küper* JZ **81**, 213; *Kühl* JuS **82**, 191). Die **Rspr** zieht diesen Bereich relativ weit und hält Beihilfehandlungen auch nach Verlassen des Unfallorts für möglich (vgl. unten 66). Das ist im Hinblick auf das Kausalitäts-Erfordernis problematisch; man wird daher einen der Vollendung nachfolgenden Beendigungszeitraum im Fall des I nur in einem schmalen Bereich zwischen der Grenze der Vollendung (den Unfallort *„gerade eben"* verlassen) und dem Zeitpunkt annehmen können, in welchem der UB unmittelbar nicht mehr erreichbar ist. Das kann namentlich auch dann von Bedeutung sein, wenn der UB zwar körperlich am Unfallort verbleibt, sich jedoch durch Anonymisierung „entfernt" (Auftreten als unbeteiligter Zuschauer; vgl. *Hentschel* 55; oben 21). **Versuch** ist nicht strafbar. 61

13) Tätige Reue (Abs. IV). Eine Vorschrift über **Tätige Reue** (dazu schon *Park* DAR **93**, 246; *Leipold* [1 a] 239 ff.; *Weigend,* Tröndle-FS 753; *Cramer* ZRP **87**, 157; *Albrecht* KritV **96**, 330, 334) enthält der durch das 6. StrRG eingefügte **Abs. IV** (vgl. dazu *Bönke* NZV **98**, 129; *Böse* StV **98**, 509; *Schulz* NJW **98**, 1440; *ders.* ZRP **06**, 149). Er schafft einen persönlichen Strafaufhebungs- oder Milderungsgrund, der die Strafbarkeit von Teilnehmern unberührt lässt. Der Anwendungsbereich ist begrenzt; auf Grund der unsicheren Aussicht kommt Abs. IV in der Praxis offenbar nur selten zur Anwendung (*Grohmann* DAR **98**, 489; krit. auch *Schünemann* DAR **98**, 424, 429; *Schulz* NJW **98**, 1443; *Mitsch* ZStW **111**, 122; SK-*Rudolphi* 55). 62

Es muss ein Unfall **außerhalb des fließenden Verkehrs** stattgefunden haben, das Unfallereignis daher ohne Beziehung zum fließenden Verkehr stehen. Das ist namentlich bei Beschädigungen beim **Einparken,** beim Rangieren auf Parkplätzen, in Einfahrten etc. der Fall, nicht aber etwa beim Auffahren auf ein verkehrsbedingt oder aus sonstigen Gründen im Bereich des fließenden Verkehrs haltendes Fahrzeug. Dabei ist Voraussetzung stets, dass sich das Fahrzeug des *anderen* UB, nicht das des Täters, außerhalb des fließenden, also im ruhenden Verkehr befindet. Fraglich ist allerdings, ob diese Voraussetzung ausreicht, um ein Unfallereignis „außerhalb des fließenden Verkehrs" anzunehmen. Dies würde zur Einbeziehung etwa von Streifschäden beim **Vorbeifahren** an geparkten oder haltenden Fahrzeugen oder von Schäden an Sachen führen, die sich außerhalb des fließenden Verkehrs befinden (Leitplanken, Verkehrsschilder, Zäune usw.). Eine solche Ausweitung (so *Böse* StV **98**, 512; *Andreae,* in: *Himmelreich* (Hrsg.), JbVerkR **00**, 297, 299; *Grohmann* DAR **98**, 487; LK-*Geppert* 201; *S/S-Cramer/Sternberg-Lieben* 88; MK-*Zopfs* 130; SK-*Rudolphi* 56) entspricht dem Willen des Gesetzgebers nicht. Das 63

Rammen von Verkehrsleiteinrichtungen oder das Streifen von am Straßenrand geparkten Fahrzeugen durch den Täter, der sich *im* fließenden Verkehr befindet, kann schwerlich als Ereignis *außerhalb* desselben verstanden werden. Eine Anwendung des Abs. IV setzt daher voraus, dass das Unfallereignis selbst dem fließenden Verkehr nicht zuzuordnen ist (so auch Köln VRS **98**, 122 [Bespr. *Himmelreich/Lessing* NStZ **00**, 299]; *Bönke* NZV **98**, 129f.; *Hentschel* 69 u. NJW **99**, 688; *Himmelreich/Bücken* [1 a] 227 c). Das wird idR nur dann anzunehmen sein, wenn das Ereignis nicht von dort aus unmittelbar auf den ruhenden Verkehr einwirkt.

64 **Folge** des Unfalls darf ausschließlich ein **nicht bedeutender Schaden** sein. Der Begriff des **bedeutenden Schadens** entspricht **§ 69 II Nr. 3** (*Hentschel* 69); die Grenze dürfte derzeit bei etwa **1300 Euro** liegen (vgl. 29 zu § 69 mwN). Die Ausschließlichkeit des nicht bedeutenden Sachschadens bezieht sich trotz des von § 69 II Nr. 3 abweichenden Wortlauts nur auf den **Fremdschaden;** Eigenschäden des Täters sowie Personenschäden bleiben außer Betracht (so auch LK-*Geppert* 202; zur Regelwirkung des § 69 II Nr. 3 vgl. *Schäfer* NZV **99**, 191; *Schulz* NJW **98**, 1442; LG Gera StV **01**, 357). Auf die subjektiven Vorstellungen des Täters kommt es nicht an (*Hentschel* 69; *Bönke* NZV **98**, 130; *Janker* JbVerkR **99**, 216).

65 **Voraussetzung** des IV ist weiter, dass der Tatbestand des I oder des II rechtswidrig und schuldhaft erfüllt ist. Die Frist zur nachträglichen Ermöglichung der Feststellungen nach III S. 1 beträgt **24 Stunden** vom **Zeitpunkt des Unfalls** an, gleichgültig, ob der Täter zu diesem Zeitpunkt auch schon Kenntnis von dem Unfall hatte. IV schafft somit keine Sonderregelung der „Unverzüglichkeit" für Beschädigungen geparkter Fahrzeuge; die **absolute Ausschlussfrist** des IV läuft unabhängig von der des I Nr. 2 und des II (ebenso *Lackner/Kühl* 38; SK-*Rudolphi*/57; *S/S-Cramer/Sternberg-Lieben* 88; LK-*Geppert* 204; *Hentschel* 69; krit. *Schulz* ZRP **06**, 149, 151). Die Ermöglichung der Feststellungen muss innerhalb der Frist nicht „unverzüglich", etwa nach Kenntniserlangung, erfolgen; der UB kann die Frist ausschöpfen. Dabei trägt er jedoch das **Risiko,** dass die Ermöglichung nicht mehr **freiwillig** erfolgen kann (abw. *Schulz* NJW **98**, 1440) oder dass die Feststellungen bereits auf anderem Wege erfolgt sind. Bei irriger Annahme, die Unfallbeteiligung sei entdeckt, ist Abs. IV nicht mehr anwendbar, da auch dann eine autonome Entscheidung iS von § 24 nicht mehr vorliegt (*S/S-Cramer/Sternberg-Lieben* 88; LK-*Geppert* 206; *Hentschel* 69 u. NJW **99**, 688). In Fällen, in denen der UB die Entdeckung (irrig) nur für möglich, nicht aber als bereits gewiss ansieht (zB wenn er auf Grund nachträglicher Erwägungen zur Spurenlage zu der Ansicht gelangt, seine Entdeckung sei wahrscheinlich), bleibt die Möglichkeit des Abs. IV entspr. den zu § 24 geltenden Grundsätzen erhalten.

66 **14) Beteiligung.** Der **Täter** des § 142 kann nur ein UB sein; die Tat ist ein **Sonderdelikt** (hM; vgl. BGH **15**, 1; and. LK-*Geppert* 182; *Deichmann* [1 a] 170); das gilt auch für Mittäterschaft (Köln NZV **92**, 80) und mittelbare Täterschaft. Die **Teilnahme** richtet sich grds nach allg. Regeln; nach hM ist § 28 I auf den Teilnehmer nicht anwendbar (*Lackner/Kühl* 39; LK-*Geppert* 182; NK-*Schild* 188; *Herzberg* GA **91**, 170; and. *Arzt/Weber* 38/57; *Arloth* GA **85**, 504; SK-*Rudolphi* 4; SK-*Hoyer* 34 zu § 28). Eine **Beihilfe** ist nach der Rspr bis zur Beendigung (vgl. oben 61) der Tat möglich (VRS **16**, 267; **25**, 36; Bay NJW **80**, 412; Zweibrücken VRS **71**, 434; ebenso *Hentschel* 54); das ist zweifelhaft, da Unterstützungshandlungen *nach* dem Entfernen diese nicht mehr fördern oder erleichtern können (krit. *S/S-Cramer/Sternberg-Lieben* 83; LK-*Geppert* 191; SK-*Rudolphi* 53; MK-*Zopfs* 51, 124; *Horn/Hoyer* JZ **87**, 974; jew. mwN). Beihilfe durch **Unterlassen** ist grds möglich, setzt aber eine **Garantenpflicht** voraus; eine solche kommt für Halter und Eigentümer des vom UB gefahrenen Kfz in Betracht (vgl. BGH **18**, 7; Stuttgart NJW **81**, 2369; Zweibrücken NJW **82**, 2566; VRS **75**, 295; **82**, 114; Köln NZV **92**, 80); aus Weisungsbefugnis (vgl. VRS **24**, 34; Düsseldorf VM **66**, 42; Bay DAR **88**, 364). Mitfahrer, die nicht selbst UB sind, trifft idR keine Abwendungspflicht.

15) Rechtsfolgen. Die **Strafe** ist ein den Fällen von I und II Freiheitsstrafe bis zu 3 Jahren oder Geldstrafe. §§ 44, 47, 56 III, 69 sind zu beachten. Zur **Regelwirkung** für die Entziehung der Fahrerlaubnis vgl. § 69 II Nr. 3. Im Fall des IV ist eine Milderung nach § 49 I zwingend; eine fakultative Anwendung des § 49 I in Fällen,in welchen Abs. IV „knapp" nicht erfüllt wurde, kommt nicht in Betracht (unklarLK-*Geppert* 211). Die **Einziehung des Fahrzeugs,** das Mittel zur unerlaubten Entfernung war, ist in den Fällen von I nach § 74 möglich (vgl. BGH **10**, 337). 67

16) Konkurrenzen. I und II schließen einander aus (oben 42). Tateinheit ist möglich zB mit § 113; §§ 223 ff. (VRS **13**, 136; aber auch Tatmehrheit, Köln VRS **44**, 20); mit Tötungsdelikten (BGH **7**, 288; NJW **92**, 584; Bay NJW **57**, 1485); § 252 (VRS **21**, 113); § 323 c (GA **56**, 120; NJW **92**, 584); mit § 315 a und § 316 (zur Problematik BGH **21**, 203; 256; Bay NJW **57**,1485; **63**, 168; **70**, 584; MDR **81**, 1035 m. Anm. *Hentschel* JR **82**, 250; Celle GA **64**, 122; JR**82**, 79 m. Anm. *Rüth*; Neustadt NJW **60**, 546; Oldenburg OLGSt. 24; Stuttgart OLGSt. 28; Hamm VRS **35**, 349; **48**, 266; krit. *Seier* NZV **90**, 133); mit §§ 315, 315 b wird idR Tatmehrheit gegeben sein (hierzu im Einzelnen *Brückner* NZV **96**, 266; zum Verhältnis zu § 315 c vgl. dort 23; zur sog. Polizeiflucht 6 vor § 52). **Tateinheit** liegt jedoch vor, wenn die den Unfall begründende Tat und das unerlaubte Entfernen im Verlauf einer von vornherein beabsichtigten ununterbrochenen Fluchtfahrt begangen werden (NStZ-RR **97**, 302 L); Verkehrsverstöße, die der Täter im Verlauf eines einzigen, ununterbrochenen Fluchtwegs begeht, stehen idR in Tateinheit (BGH **22**, 67, 76; BGHR § 142 Konk. 1; DAR **99**, 198; Düsseldorf VRS **97**, 111, 113). Ist ein von vornherein gefasster Entschluss auf eine bestimmte Tat und ein sich anschließendes unerlaubtes Entfernen gerichtet, so ist Tatmehrheit gegeben (VRS **36**, 354; Düsseldorf VRS **87**, 292). Durch § 315 b wird I nicht aufgezehrt (BGH **24**, 382; **aA** LG Duisburg NJW **69**, 1261 mit abl. Anm. *Oppe*; vgl. auch *Roxin* NJW **69**, 2039; *Geppert* GA **70**, 15; *Oppe* GA **70**, 369; *Eich* MDR **73**, 814; *Berz* JuS **73**, 561). Zwischen **II/III und anderen Delikten** wird Konkurrenz selten sein; in Betracht kommt Tateinheit mit §§ 263, 267; aber auch § 145 d I Nr. 1 (wahrheitswidrige Anzeige, Fahrzeug sei vor dem Unfall gestohlen worden, Bay VRS **60**, 113; LK-*Geppert* 220). 68

Durch **§ 34 StVO** wird § 142 ergänzt (vgl. *Küper* JZ **88**, 474; *Werner* DAR **90**, 11). Verstöße gegen § 34 I Nr. 1, Nr. 2, Nr. 5, Nr. 6 b, III StVO sind gegenüber § 142 subsidiär und über § 49 I Nr. 29 StVO nach § 24 StVG mit Geldbuße bedroht. Soweit es sich um die vorsätzliche Verletzung von Pflichten handelt, die sich mit denen nach § 142 decken (§ 34 I Nr. 5 a StVO), gilt für das Verhältnis beider Vorschriften § 21 OWiG. Die bloße Verletzung über § 142 hinausgehender Pflichten nach § 34 StVO kann Strafbarkeit nach § 142 nicht begründen. 69

17) Verfahrensrechtliche Hinweise. Verfahrensrechtliche **Tatidentität** iS von § 264 StPO liegt zwischen § 142 und tateinheitlich begangenen Delikten (zB §§ 316, 315 c; § 221; § 323 c) vor, aber nach stRspr auch zwischen § 142 und vorausgegangenen, in Tatmehrheit stehenden Straftaten, die zu dem Unfall geführt haben (BGH **23**, 141; **24**, 185; **25**, 72); das gilt auch für Abs. II. Keine Tatidentität besteht mit § 21 I StVG durch Überlassen des Kfz an den Täter des § 142 (Karlsruhe NZV **97**, 195). Mit nach der *Beendigung* des § 142 begangenen Taten ist keine Tatidentität gegeben, auch wenn äußerlich eine einheitliche Trunkenheitsfahrt vorliegt (vgl. auch StV **83**, 279; *Brückner* NZV **96**, 266 ff.). Bei tatmehrheitlicher Anklage wegen der Unfallverursachung (zB § 315 c) und § 142 erfolgt kein Teilfreispruch, wenn sich das Gesamtgeschehen als Vollrauschtat erweist (LK-*Geppert* 247 mwN). Zur **Beschränkung von Rechtsmitteln** vgl. BGH **24**, 185; **25**, 72; NZV **92**, 78; **93**, 197; Bay JR **81**, 436 [Anm. *Stein*]; NStZ **88**, 267). 70

§ 143 [Aufgehoben durch Art. 168 des Ersten G über die Bereinigung von Bundesrecht im Zuständigkeitsbereich des BMJ v. 19. 4. 2006 (BGBl. I 866)]

§ 144 [Aufgehoben durch Art. 1 Nr. 16 des 6. StrRG]

Missbrauch von Notrufen und Beeinträchtigung von Unfallverhütungs- und Nothilfemitteln

145 I **Wer absichtlich oder wissentlich**

1. Notrufe oder Notzeichen missbraucht oder

2. vortäuscht, dass wegen eines Unglücksfalles oder wegen gemeiner Gefahr oder Not die Hilfe anderer erforderlich sei,

wird mit Freiheitsstrafe bis zu einem Jahr oder mit Geldstrafe bestraft.

II **Wer absichtlich oder wissentlich**

1. die zur Verhütung von Unglücksfällen oder gemeiner Gefahr dienenden Warn- oder Verbotszeichen beseitigt, unkenntlich macht oder in ihrem Sinn entstellt oder

2. die zur Verhütung von Unglücksfällen oder gemeiner Gefahr dienenden Schutzvorrichtungen oder die zur Hilfeleistung bei Unglücksfällen oder gemeiner Gefahr bestimmten Rettungsgeräte oder anderen Sachen beseitigt, verändert oder unbrauchbar macht,

wird mit Freiheitsstrafe bis zu zwei Jahren oder mit Geldstrafe bestraft, wenn die Tat nicht in § 303 oder § 304 mit Strafe bedroht ist.

1 **1) Allgemeines.** Die Vorschrift, deren I schon Art. 1 Nr. 13 des 2. StrRG vorgesehen hatte, ist durch Art. 19 Nr. 57 EGStGB (E EGStGB 225) unter Hinzufügung von II (1. Ber. BT-Drs. 7/1261, 12) eingefügt worden (zur geschichtlichen Entwicklung ausf. NK-*Schild* 1).

1a **Literatur:** *Greiner,* Zum Mißbrauch der (Polizei-)Notrufs 110, MDR **78**, 373; *Händel,* Mißbrauch von Notrufen u. Beeinträchtigung von Unfallverhütungseinrichtungen, DAR **75**, 57; *Scheffler,* Zum Vortäuschen eines Unglücksfalls in verkehrserzieherischer Absicht, NZV **94**, 261; *Scheerer,* Das neue Telekommunikationsgesetz, NJW **96**, 2953; **98**, 1607.

2 **2) Rechtsgut des abstrakten Gefährdungsdelikts** ist das Allgemeininteresse an wirkungsvoller staatlicher und privater Hilfe in plötzlichen Notsituationen; mittelbar daher auch die von Notlagen bedrohten Rechtsgüter. Ein allgemeines „Klima" der Hilfsbereitschaft ist nicht geschützt.

3 **3) Tathandlung des Abs. I.** In I sind Handlungen unter Strafe gestellt, die zu einer unnötigen Vergeudung von Ressourcen der Hilfeleistung führen, damit die Getäuschten bei tatsächlich erforderlichen Hilfeleistungen behindern und mittelbar zum Vertrauensverlust in die Verlässlichkeit und Bedeutung von Notfall-Einrichtungen führen können (vgl. *S/S-Stree/Sternberg-Lieben* 1).

4 **A. Abs. I Nr. 1** verlangt einen **Missbrauch** von **Notrufen oder Notzeichen,** womit nicht nur der menschliche Ruf nach Hilfe (E 1962, 471), sondern alle akustischen, optischen oder sonstigen Kurzäußerungen (Funk) gemeint sind, mit denen das Bestehen einer Notlage oder eine erhebliche Gefahr angezeigt wird (Braunschweig NJW **77**, 209), ob sie nun vom Signalgeber erdacht sind (Schwenken eines Tuches), auf Gesetz, behördlicher Anordnung, Vereinbarung oder Übung (SOS-Ruf; alpines Notsignal) beruhen oder verkörpert sind (Notbremse; Feuermelder). Zu den Notrufen iS des I Nr. 1 gehört auch die Leitung der Polizeinotrufnummer 110 (BGH **34**, 4; Oldenburg NJW **83**, 1573 [Notrufmelder in Telefonzellen]; Düsseldorf MDR **85**, 693 L; *Greiner* MDR **78**, 373; *Lackner/Kühl* 3; LK-*v. Bubnoff* 5 f., 10; SK-*Rudolphi* 2; **aA** Braunschweig MDR **77**, 209 m. zust. Anm. *Blei* JA **77**, 138; Schleswig SchlHA **77**, 179; differenzierend *S/S-Stree/Sternberg-Lieben* 4; NK-*Schild* 9).

5 **Missbrauch** ist gegeben, wenn die Not, die angezeigt wird, nicht besteht (SK-*Rudolphi* 2; NK-*Schild* 10; *S/S-Stree/Sternberg-Lieben* 5) oder der Täter nach verwaltungsrechtlichen Vorschriften nicht berechtigt ist, das Signal zu verwenden; und wenn dies in der Vorstellung des Täters mindestens die Gefahr begründet (vgl. unten 10), dass nicht erforderliche Maßnahmen ergriffen oder Notrufeinrichtungen für tatsächliche Notfälle nicht zur Verfügung stehen. Wo die Not bestehen

soll, ist ohne Bedeutung. Auch falscher Feueralarm in einem Betrieb wird erfasst; ebenso ein schlechter Scherz (vgl. aber unten 9).

B. Abs. I Nr. 2 setzt voraus, dass der Täter anders als durch einen Notruf oder ein Notzeichen **vortäuscht,** dh wahrheitswidrig den Anschein erweckt, wegen eines **Unglücksfalls** (2 aff. zu § 323 c; hierzu aber LK-*v. Bubnoff* 2) oder wegen **gemeiner Gefahr** oder **Not** (21 zu § 243; 3 bf. zu § 323 c) sei die **Hilfe** beliebiger oder bestimmter **anderer erforderlich,** also eine der Situationen des § 323 c objektiv gegeben. Das kann zB durch telefonische Mitteilung geschehen, dass in einem Flugzeug oder Warenhause eine Bombe mit Zeitzünder versteckt sei, dass irgendwo Gas ausströme oder dass sich im Boden eines Grundstücks ein Blindgänger aus dem Kriege befinde (zw.; vgl. Ndschr. **13**, 137); nach der Rspr nicht jedoch dadurch, dass ohne Grundangabe der Funkstreifenwagen herbeigerufen wird (vgl. aber § 118 OWiG, Braunschweig NJW **77**, 209; *Blei* JA **77**, 139); wohl aber dadurch, dass ein Verkehrsunfall „in verkehrserzieherischer Absicht" vorgetäuscht wird (*Scheffler* NZV **94**, 261). Erfasst wird auch, wenn jemand bei einem wirklichen Unglücksfall Hilfe anfordert, die gar nicht gebraucht wird (*S/S-Stree/Sternberg-Lieben* 8; SK-*Rudolphi* 3; NK-*Schild* 13; vgl. E 1962, 471). 6

4) Tathandlung des Abs. II. Abs. II erklärt zu **Schutzobjekten** 7

A. in Nr. 1 die zur **Verhütung** von **Unglücksfällen** oder **gemeiner Gefahr** (oben 6) **dienenden** (nicht also allein um der öffentlichen Ordnung willen aufgestellte; vgl. *Händel* DAR **75**, 59) **Warn-** oder **Verbotszeichen,** dh bildliche Zeichen und Symbole, aber auch schriftliche Kurzhinweise sowohl privater wie vor allem öffentlicher Art, zB Hinweistafeln auf Glatteis (vgl. § 315 b I Nr. 1), Verbotstafeln an Hochspannungsmasten, Maschinen oder Ablagerungsstellen von Giftabfällen sowie in Eisenbahnen und anderen Fahrzeugen, Warnungstafeln im Gebirge (Skiabfahrten) oder an Gewässern, aber wohl auch Zeichen auf Gefäßen mit giftigem Inhalt und an elektrischen Geräten (NK-*Schild* 16). Zu den Tathandlungen **(beseitigen, unkenntlich machen** oder in **ihrem Sinn entstellen)** vgl. 4 zu § 134. Die Tat kann durch **Unterlassen** begangen werden (NK-*Schild* 17); bloßes Unterlassen einer Warnung reicht dafür aber nicht.

B. in II Nr. 2 die zur Verhütung von Unglücksfällen oder gemeiner Gefahr (oben 6) dienenden (auch private) **Schutzvorrichtungen,** zB an Maschinen oder Geräten, aber auch Leitplanken an Straßen, Vorrichtungen und Schutzpflanzen gegen Bergrutsche und Lawinen, möglicherweise auch Geländer an gefährlichen Stellen, Drahtseile in den Bergen, sowie die **zur Hilfeleistung** bei Unglücksfällen oder gemeiner Gefahr **bestimmten Rettungsgeräte** wie Rettungsringe und -gürtel, Schwimmwesten, Rettungssäcke und -schläuche, aber auch Rettungsboote und Wurfleinen oder **andere Sachen** wie Gasmasken, Leuchtpistolen, Asbestanzüge, Schutzschilde, Feuermelder. Tathandlungen: **beseitigen** (4 zu § 134), **verändern** (6 zu § 316 b), womit nach dem Sinn der Vorschrift nur solche Änderungen gemeint sind, welche die Funktionsfähigkeit der Sache beeinträchtigen, oder **unbrauchbar machen,** dh die Funktionsfähigkeit oder Wirkungsweise aufhebt. 8

5) Erfolg. In den Fällen von I und II braucht kein Schaden oder eine konkrete Gefahr zu entstehen. Es handelt sich nach der Gesetzesfassung um **abstrakte Gefährdungsdelikte** (LK-*v. Bubnoff* 1). Im Übrigen kann auch der Eigentümer der Sache Täter sein, wenn ihm ein entsprechendes Verfügungsrecht fehlt (dazu *S/S-Stree/Sternberg-Lieben* 21; NK-*Schild* 17). 9

6) Vorsatz ist erforderlich, und zwar in den besonderen Formen der **Absicht** oder **Wissentlichkeit** (6, 7 zu § 15; LK-*v. Bubnoff* 24; *Greiner* MDR **78**, 374). Treibt der Täter mit einem Notruf Scherz und glaubt er, dass die Hörer den Ruf nicht ernst nehmen, so fehlt es am Vorsatz; ebenso wenn ein Feuerlöscher erst durch das Wegwerfen unerwartet in Funktion tritt (Bay VRS **73**, 46). Der Eintritt einer konkreten Gefahr muss nicht vom Vorsatz umfasst sein (SK-*Rudolphi* 7); der 10

Täter muss aber die Eignung der Tat, also ihre abstrakte Gefährlichkeit, zumindest in laienhafter Parellelwertung erfassen (NK-*Schild* 22).

11 **7) Konkurrenzen.** Gesetzeskonkurrenz (nicht Tateinheit) liegt vor, wenn die Begehungsformen des I Nr. 1 und 2 zusammentreffen (*S/S-Stree/Sternberg-Lieben* 11; *Lackner/Kühl* 8; *Blei* JA **77**, 139 [Subsidiarität]); Tateinheit ist möglich mit §§ 303, 304 (Einschlagen eines Feuermelders); § 315 I Nr. 3. II tritt nicht nur hinter §§ 303, 304 (Subsidiaritätsklausel), sondern auch hinter §§ 88, 312, 313, 315, 315 b, 316 b, 317, 318 zurück (teilweise abw. *S/S-Stree/Sternberg-Lieben* 22; *M/Schroeder/Maiwald* 57/36). Doch gilt das dann nicht, wenn es am Strafantrag nach § 303 III fehlt (*S/S-Stree/Sternberg-Lieben* 22; LK-*v. Bubnoff* 31; **aA** *Lackner/Kühl* 9; NK-*Schild* 26; *M/Schroeder/Maiwald* 57/39). II Nr. 2 ist auch gegenüber § 306 b II Nr. 3 subsidiär (BGHR § 145 II Konk. 1).

Verstoß gegen Weisungen während der Führungsaufsicht

145a Wer während der Führungsaufsicht gegen eine bestimmte Weisung der in § 68 b Abs. 1 bezeichneten Art verstößt und dadurch den Zweck der Maßregel gefährdet, wird mit Freiheitsstrafe bis zu drei Jahren oder mit Geldstrafe bestraft. Die Tat wird nur auf Antrag der Aufsichtsstelle (§ 68 a) verfolgt.

1 **1) Allgemeines.** Die Vorschrift, die schon Art. 1 Nr. 14 des 2. StrRG vorsah, ist durch Art. 19 Nr. 57 EGStGB (E EGStGB 225) eingefügt worden. Durch das G vom 13. 4. 2007 (BGBl I 513) ist die Strafdrohung des S. 1 von einem auf drei Jahre erhöht worden (**In-Kraft-Treten**: 18. 4. 2007).

1a **Literatur:** *Fernholz-Niemeier,* Die Pönalisierung von Weisungsverstößen im Rahmen der Führungsaufsicht, 1992 (Diss. Münster); *Groth,* Die verfassungsrechtliche Zulässigkeit der Pönalisierung während der Führungsaufsicht begangener Weisungsverstöße, NJW **79**, 743; *Neubacher*, An den Grenzen des Strafrechts – Stalking, Graffiti, Weisungsverstöße, ZStW **118** (2006), 855.

2 **2) Zweck** der Vorschrift ist, wie derjenige der FAufsicht, die Verhinderung weiterer Straftaten der verurteilten Person. Die Tat ist ein **Sonderdelikt** (LK-*Hanack* 29; unten 4) und nach hM ein **konkretes Gefährdungsdelikt** (*Lackner/Kühl* 3; *S/S-Stree/Sternberg-Lieben* 2; NK-*Schild* 4; **aA** SK-*Wolters/Horn* 2f. mit dem gewichtigen Argument, dass „der Maßregelzweck", den der *Vorsatz* des Täters dann in seiner *Bewertung* erfassen müsste, kein hinreichend bestimmtes Merkmal ist).

Die **Legitimation** der Vorschrift ist im Schrifttum umstritten (vgl. LK-*Hanack* 3; weniger krit. *S/S-Stree/Sternberg-Lieben* 2); der Gesetzgeber, der mit Gesetz vom 13. 4. 2007 (oben 1) die Strafdrohung erhöht hat, teilt entsprechende Bedenken ersichtlich nicht. In der Praxis ist § 145 a kaum von Bedeutung (vgl. *Schöch* NStZ **92**, 370). Nach hM ist § 145 a verfassungsrechtlich unbedenklich (vgl. *Groth* NJW **79**, 743; einschränkend LK-*Hanack* 4ff. [nur insoweit, als sich die Strafbewehrung nicht auf § 68 b I Nr. 8 oder 9 bezieht]; krit. unter dem Gesichtspunkt der **Bestimmtheit** und der **Geeignetheit** NK-*Schild* 8 mwN). Bedenken hinsichtlich des **Übermaßverbots** kann man hinsichtlich der Weisung nach § 68 b I Nr. 10 haben, keine berauschenden Mittel zu sich zu nehmen.

3 **3) Täter** kann nur eine verurteilte Person sein, die sich in **FAufsicht** befindet. Die Tat muss also zwischen Beginn (zum Zeitpunkt vgl. § 68 c IV) und Ende der Maßregel (§§ 68 e, 68 f II) begangen sein. Während des Ruhens einer (unbefristeten) FAufsicht während des Vollzugs einer Freiheitsstrafe oder freiheitsentziehenden Maßregel (§ 68 e I S. 2) gelten die vollzugsrechtlichen Einwirkungsmöglichkeiten (vgl. §§ 102ff. StVollzG); § 145 a findet keine Anwendung (vgl. schon LK-*Hanack* 16; NK-*Schild* 15 zur Gesetzeslage vor dem 18. 4. 2007). Für **Teilnehmer** gilt *§ 28 I*, auch wenn sie sich selbst sich in FAufsicht befinden (**aA** *S/S-Stree/Sternberg-Lieben* 10; LK-*Hanack* 29).

4 **4) Tathandlung** ist das **Verstoßen gegen eine bestimmte Weisung**, die das Gericht der verurteilten Person nach **§ 68 b I** Nr. 1 bis 11 erteilt hat; der Täter

muss also der Weisung trotz der Belehrung nach § 268 a III S. 2 StPO nicht oder nicht in der ihm auferlegten Weise oder nur teilweise nachkommen (LK-*Hanack* 13). Weisungen nach § 68 b II scheiden aus. In den Fällen von § 68 b I Nr. 1 bis 6 besteht der Verstoß in einem aktiven Tun, in den Fällen von Nr. 7 bis 9 sowie 11 in einem Unterlassen des Täters; im Fall von § 68 b I Nr. 10 ist beides verbunden (zu den einzelnen Weisungen vgl. Anm. zu § 68 b).

A. § 145 a erfasst nur den Verstoß gegen **bestimmte** Weisungen (vgl. § 68 b I 5
S. 2). Bestimmt ist iS des Art. 103 II GG zu verstehen (Prot. V/2209; LK-*Hanack* 7; insoweit **aA** *Groth* NJW **79**, 748 u. JR **88**, 258), denn § 145 a gleicht einer Blankettvorschrift (5 zu § 1), die durch die bestimmte Weisung des Gerichts im Einzelfall ausgefüllt wird. Die Weisung iS von § 145 a meint nur die Bestimmung des Verhaltens des Verurteilten, nicht auch den Grund, der das Gericht zu der Weisung veranlasst (Hamburg NJW **85**, 1233). Verstöße gegen unbestimmte, aber auch unzulässige und unzumutbare (vgl. § 68 b III; LK-*Hanack* 10; *Fernholz-Niemeier* [1 a] 43 f.) Weisungen verwirklichen daher schon den objektiven Tatbestand des § 145 a nicht. Hinreichend bestimmt ist **zB** die Weisung, Meldefristen in einem bestimmten Turnus zu erfüllen („monatlich einmal"; Bay **95**, 86). Unbestimmt ist **zB** die Weisung, sich beim BHelfer zu von diesem zu bestimmenden Zeitpunkten zu melden (KG JR **87**, 124 [m. Anm. *Groth* JR **88**, 258]).

B. Ein **Verstoß** liegt vor, wenn der Verurteilte eine ihm erteilte Weisung **nicht oder nicht vollständig** befolgt (vgl. i. e. *Fernholz-Niemeier* [1 a] 48 ff.). Ein „gröblicher oder beharrlicher" Verstoß (vgl. §§ 56 f I Nr. 2, 57 III, 57 a III, 67 g I Nr. 2, 70 b I Nr. 2) ist nicht vorausgesetzt, wird aber in der Sache vielfach erforderlich sein, um den Eintritt einer Gefährdung des Maßregelzwecks bejahen zu können (LK-*Hanack* 25 a). Eine Belehrung (§§ 268 a III, 453 a, 463 StPO) über die Strafbewehrung ist nicht Voraussetzung der Strafbarkeit (*S/S-Stree/Sternberg-Lieben* 8; LK-*Hanack* 13).

5) Durch den Verstoß muss der **Zweck der Maßregel** (2 zu § 68 b) **konkret** 6
gefährdet sein. Voraussetzung ist somit, dass *durch* den Weisungsverstoß die Gefahr einer neuen Straftat vergrößert wird (ähnlich *Lackner/Kühl* 2; *S/S-Stree/Sternberg-Lieben* 7; LK-*Hanack* 20). Die Verstöße müssen Gewicht haben oder sich häufig wiederholen (LK-*Hanack* 20 ff., 42 ff.). Ausreichen kann **zB**, dass die Aufsichtsstelle dadurch die Kontrolle über die verurteilte Person verliert, dass diese ihren Wohnort entgegen § 68 I Nr. 8 verschweigt (**aA** LK-*Hanack* 19); kleinere Verstöße wie einmaliges Fahren eines Kfz entgegen Nr. 6 reichen dagegen idR nicht aus. Dass die Gefährdung noch im Zeitpunkt der Entscheidung fortbesteht, ist nicht erforderlich, da die Tatvollendung eine Verwirklichung der Gefahr nicht voraussetzt (NK-*Schild* 16; LK-*Hanack* 26; **aA** SK-*Horn* 14).

Die Strafbarkeit entfällt trotz Weisungsverstoß, wenn die **Ursächlichkeit** des Verstoßes für die Gefährdung nicht festgestellt werden kann. Es muss daher feststehen, dass die Befolgung der Weisung im konkreten Fall geeignet war, die Gefährdung des Maßregelzwecks abzuwenden (LK-*Hanack* 23; SK-*Wolters/Horn* 11). Das „sonstige Verhalten" des Verurteilten hat bei dieser Beurteilung außer Betracht zu bleiben (LK-*Hanack* 24; NK-*Schild* 16; **aA** *Lackner/Kühl* 3; *S/S-Stree/Sternberg-Lieben* 7).

6) Der **subjektive Tatbestand** setzt **Vorsatz** voraus; bedingter Vorsatz reicht 7
aus. Er muss sowohl den **Weisungsverstoß** umfassen, wobei die einzelnen Umstände der Weisung wie Tatbestandsmerkmale anzusehen sind, also auch die **Gefährdung** des Zwecks der Maßregel (Hamburg NJW **85**, 1233; LK-*Hanack* 18, 28; *S/S-Stree/Sternberg-Lieben* 9; *Groth* NJW **79**, 746; NK-*Schild* 19), denn die Vorschrift erhebt den Schutzzweck des Gesetzes zum Tatbestandsmerkmal (LK-*Hanack* 28); die Gefährdung ist nicht nur objektive Bedingung der Strafbarkeit (**aA** *Ostendorf* JZ **87**, 336; *Fernholz-Niemeier* [1 a] 55 ff.; SK-*Wolters/Horn* 15).

8 **7)** Die Tat kann **gerechtfertigt** (zB § 34) oder **entschuldigt** (zB § 35) sein. In solchen Fällen wird es aber meist schon an der Gefährdung des Maßregelzwecks fehlen (LK-*Hanack* 21; vgl. 4 zu § 68 b).

9 **8)** Die **Strafzumessung** soll sich am Gewicht des Verstoßes und am Maß der hierdurch entstandenen konkreten Gefahr orientieren (vgl. dazu LK-*Hanack* 37 ff.; Bedenken bei *Lackner/Kühl* 5; vgl. aber auch *S/S-Stree/Sternberg-Lieben* 2; SK-*Wolters/Horn* 17). Das Höchstmaß der Strafe ist durch Gesetz vom 13. 4. 2007 (oben 1) von einem auf drei Jahre erhöht worden, weil die frühere Strafdrohung keine hinreichende Motivierung bewirkt habe (BT-Drs. 16/1993, 24) und bei längerem Strafvollzug „nachhaltiger" auf die „widerspenstigen" Personen eingewirkt werden könne. Überdies soll die Strafdrohung *das Institut der FAufsicht* generalpräventiv „nach außen aufwerten" (ebd.). Was dies bedeuten soll, bleibt eher dunkel.

10 **9)** Die Tat wird nur auf **Antrag** der **Aufsichtsstelle** nach § 68 a verfolgt. Der Antrag unterliegt den §§ 77 ff., soweit sie hier passen. Die Aufsichtsstelle hat den BewHelfer zu hören (§ 68 a VI) und wird den Antrag nicht stellen, wenn der Maßregelzweck durch ein Strafverfahren mehr gefährdet würde als durch die Tat. Die Wirksamkeit des Antrages ist jedoch von der Anhörung nicht abhängig (*S/S-Stree/Sternberg-Lieben* 11; **aA** LK-*Hanack* 30; SK-*Horn* 18).

§ 145 b [weggefallen]

Verstoß gegen das Berufsverbot

145c **Wer einen Beruf, einen Berufszweig, ein Gewerbe oder einen Gewerbezweig für sich oder einen anderen ausübt oder durch einen anderen für sich ausüben lässt, obwohl dies ihm oder dem anderen strafgerichtlich untersagt ist, wird mit Freiheitsstrafe bis zu einem Jahr oder mit Geldstrafe bestraft.**

1 **1) Allgemeines.** Die Vorschrift wurde als § 42 I aF durch das GewohnheitsverbrG 1933 eingeführt. Sie ist im Anschluss an Art. 1 Nr. 15 2. StrRG durch Art. 19 Nr. 58 EGStGB neu gefasst und auch auf vorläufige Untersagungen nach § 132 a StPO sowie auf Personen erweitert worden, die selbst keinem Berufsverbot unterliegen (vgl. dazu *Bruns* GA **86**, 1, 13). Ihre praktische Bedeutung ist äußerst gering (weniger als 5 Verurteilungen pro Jahr).

1 a **Literatur:** *Lehmann*, Der Verstoß gegen das Berufsverbot (§ 145 c StGB), 2007 (Diss. Köln 2006).

2 **2)** Der **Blankett**-Tatbestand des § 145 c (MK-*Zopfs* 2; vgl. auch Karlsruhe NStZ **95**, 446) ist **abstraktes Gefährdungsdelikt** (SK-*Wolters/Horn* 2; *S/S-Stree/Sternberg-Lieben* 1). Da der Tatbestand auch auf nicht vom Berufsverbot betroffene Dritte ausgeweitet worden ist, ist die Tat **kein Sonderdelikt** für Verbotsträger mehr (hM; and. hier bis 54. Aufl.). Der Tatbestand soll die Durchsetzung strafgerichtlicher Berufsverbote absichern. Durch § 145 c geschützt sind die dem jeweiligen Berufsverbot zugrunde liegenden Schutzgüter; die Sicherung der *Autorität* der gerichtlichen Entscheidung begründet daneben keine eigenständige Schutzrichtung (so iErg auch *Lehmann* [1 a] 98 ff., 109). Gegen die **Verfassungsmäßigkeit** sind im Hinblick auf den Blankett-Charakter (NK-*Schild* 8 sowie 8 zu § 145 a) und die Abhängigkeit von der Bestimmtheit der richterlichen – nicht *gesetzlichen* – Vorentscheidung Bedenken erhoben worden (*Cramer* NStZ **96**, 136; ausf. dagegen *Lehmann* [1 a] 40 ff.). Diese Einwände sind nicht berechtigt.

3 **3)** § 145 c setzt ein „strafgerichtliches" **Berufsverbot** voraus, also ein rechtskräftiges Berufsverbot nach § 70 IV oder ein vorläufiges Berufsverbot nach § 132 a I S. 2 StPO. *Andere* Berufsverbote, namentlich verwaltungsrechtliche oder disziplinarrechtliche Verbote (vgl. *Lehmann* [1 a] 16 ff.; 17 zu § 70) werden nicht erfasst; Verstöße gegen sie sind idR Ordnungswidrigkeiten (für eine Einstufung auch des Ver-

stoßes gegen Berufsverbote als Ordnungswidrigkeit de lege ferenda NK-*Schild* 5). § 145 c gilt auch während der Zeit einer Verwahrung nach § 70 a II S. 3, nicht aber während der Aussetzung der Maßregel nach § 70 a; auf einen Erledigungsvermerk gem. § 70 b V kommt es daher nicht an (LK-*Horstkotte* 6; SK-*Wolters/Horn* 9; and. hier bis 54. Aufl.). Die Tat kann bis zum Ablauf der Verbotsfrist nach § 70 I begangen werden.

Materielle Rechtmäßigkeit des Berufsverbots setzt die Tatvollendung nach hM nicht voraus (NK-*Schild* 8); der objektive Tatbestand des § 145 c kann aber nur erfüllt werden, wenn das strafgerichtliche Berufsverbot genügend **bestimmt** ist (Karlsruhe NStZ **95**, 446 [m. Anm. *Stree* ebd.; *St. Cramer* NStZ **96**, 136]; vgl. dazu 10 zu § 70). Eine Überprüfung der früheren Anordnung *im Übrigen* findet im Strafverfahren wegen § 145 c nicht statt (NK-*Schild* 8). Wird das Berufsverbot in einem späteren Wiederaufnahmeverfahren aufgehoben, so beseitigt das die Strafbarkeit der vorher begangenen Verstöße nicht (*S/S-Stree/Sternberg-Lieben* 3; NK-*Schild* 8; LK-*Horstkotte* 5; vgl. 1 StR 690/78; BGH **22**, 146; **aA** *Lehmann* [1 a] 87 ff.). 4

4) Tathandlungen. Der Tatbestand enthält **fünf Tatvarianten**: 5

Die **1. Var.** setzt voraus, dass die von dem Berufsverbot selbst betroffene Person den ihr verbotenen Beruf usw. *für sich selbst*, dh. selbständig und auf eigene Rechnung ausübt, dh eine entsprechende, idR fortlaufende (NStZ **96**, 130) oder jedenfalls auf Dauerhaftigkeit und Erwerb *ausgerichtete* Tätigkeit entfaltet (SK-*Wolters/Horn* 8). Einmalige Betätigung reicht aber, wenn schon sie sich in diesem Sinn als *Berufs*-Ausübung darstellt (vgl. Düsseldorf NJW **66**, 410); ausgeschlossen ist private Tätigkeit in eigener Sache (zB eigene Steuererklärung). Private Gefälligkeiten ohne beruflichen Charakter unterfallen § 154 c aber nicht (Rechtsauskunft an Bekannte; Versorgung der Verletzung eines Angehörigen).

Die **2. Var.** setzt voraus, dass der vom Verbot Betroffene den Beruf *für einen anderen* ausübt. „Anderer" kann insb. ein Arbeitgeber sein, der den Täter beschäftigt. 6

Die **3. Var.** setzt voraus, dass die von dem Verbot betroffene Person den Beruf durch eine andere, weisungsabhängige (LK-*Horstkotte* 17; *S/S-Stree/Sternberg-Lieben* 4; SK-/*Wolters/Horn* 6; NK-*Schild* 9; krit. *Lehmann* [1 a] 126) Person – zB Angestellte, Vertreter oder Strohleute – für sich **ausüben lässt.** Das Ausüben-Lassen ist kein Fall der mittelbaren Täterschaft. Es setzt eine *aktive* Beherrschung und Kontrolle des anderen voraus, so dass bloßes **Unterlassen** des Einschreitens gegen die Tätigkeit eines Dritten nicht ausreicht (NK-*Schild* 9; LK-*Horstkotte* 17; SK-*Wolters/Horn* 13; *Lehmann* [1 a] 129). 7

Die **4. Var.** setzt voraus, dass eine vom Verbot selbst *nicht* betroffene (**andere**) Person *für* den vom Verbot Betroffenen Tätigkeiten ausübt, die unter das Verbot fallen. Die Berufsausübung muss insoweit *fremdnützig* sein; Unentgeltlichkeit ist nicht vorausgesetzt. Insoweit ist die Teilnahme zur selbstständigen Tat erhoben. 8

Die **5. Var.** setzt voraus, dass eine vom Verbot nicht betroffene (**andere**) Person den verbotenen Beruf *durch* den Betroffenen *für sich* **ausüben lässt**. Auch insoweit sind die Beteiligungsformen an der Tätigkeit der Person, welcher die Berufsausübung untersagt ist, einheitlich zur eigenen Täterschaft des Extraneus aufgewertet. Eine Täterschaft durch **Unterlassen** (etwa bei einer Garantenstellung aus Stellung als *Betreuer* [vgl. NK-*Schild* 10]) ist auch in diesem Fall regelmäßig ausgeschlossen (zutr. *Lehmann* [1 a] 130). 9

5) Vorsatz ist als mindestens bedingter erforderlich (§ 15) und muss sich auf die wirksame strafgerichtliche Untersagung der Berufsausübung erstrecken. Die irrtümliche Annahme einer (nach § 307 StPO nicht gegebenen) aufschiebenden Wirkung einer Beschwerde nach § 304 StPO schließt den Vorsatz aus (NJW **89**, 1939 [m. krit. Anm. *Dölp* NStZ **89**, 475]; *S/S-Stree/Sternberg-Lieben* 5; NK-*Schild* 12). 10

6) Teilnahme ist in allen Tatvarianten nach allgemeinen Regeln möglich, soweit der Beteiligte nicht schon als Täter (4. und 5. Var.) haftet (einschr. *Lehmann* [1 a] 161 ff. für Arbeitnehmer, soweit keine „Rollenüberschreitung" vorliegt). Teilnahme 11 kommt insb. auch bei Vorgesetzten des Betroffenen in Betracht, die diesen nicht schon „für sich" beschäftigen. Die von dem Berufsverbot betroffene Person kann stets nur *Täter* (im Fall der 5. Var. *neben* dem Dritten), nicht aber ihrerseits Teilnehmer eines Extraneus sein. Geschäftspartner des Täters, die sich nur als solche betätigen, namentlich also Leistungen entgegen nehmen, sind als *notwendige Teilnehmer* nicht strafbar (LK-*Horstkotte* 26; *S/S-Stree/Sternberg-Lieben* 6; *Lackner/Kühl* 2; NK-*Schild* 15; einschränkend *Lehmann* [1 a] 152ff.). Teilnahme durch **Unterlassen** ist grds. möglich; idR fehlt es aber an einer Garantenstellung. Die Stellung als Verbotsbetroffener ist tatbezogen; ihr kommt nach Erweiterung des Tatbestands auf Außenstehende nicht mehr die Funktion eines besonderen **persönlichen Merkmals** zu; auch in den Var. 1 bis 3 gilt für Teilnehmer daher § 28 I nicht (*S/S-Stree/Sternberg-Lieben*; NK-*Schild* 15; LK-*Horstkotte* 23; *Lehmann* [1 a] 186; and. *hier* bis 54. Aufl.).

12 **7) Konkurrenzen.** 145 c ist grds. ein **Dauerdelikt**. Mehrfache Betätigungen im Rahmen der beruflichen Tätigkeit sind daher ein einheitliches „Ausüben". **Tateinheit** ist möglich mit § 263 (MDR/D **73**, 370; 4 StR 234/91; **aA** 5 StR 354/79), §§ 136, 266, 267 (LK-*Horstkotte* 27; vgl. NJW **56**, 313); mit den ein Berufsverbot betreffenden Spezialvorschriften des Nebenstrafrechts (vgl. *Buddendiek/Rutkowski* „Berufsverbot"; *S/S-Stree/Sternberg-Lieben* 7; LK-*Horstkotte* 7, 21; SK-*Wolters/Horn* 16).

Vortäuschen einer Straftat

145d I **Wer wider besseres Wissen einer Behörde oder einer zur Entgegennahme von Anzeigen zuständigen Stelle vortäuscht,**

1. dass eine rechtswidrige Tat begangen worden sei oder

2. dass die Verwirklichung einer der in § 126 Abs. 1 genannten rechtswidrigen Taten bevorstehe,

wird mit Freiheitsstrafe bis zu drei Jahren oder mit Geldstrafe bestraft, wenn die Tat nicht in § 164, § 258 oder § 258 a mit Strafe bedroht ist.

II **Ebenso wird bestraft, wer wider besseres Wissen eine der in Absatz 1 bezeichneten Stellen über den Beteiligten**

1. an einer rechtswidrigen Tat oder

2. an einer bevorstehenden, in § 126 Abs. 1 genannten rechtswidrigen Tat

zu täuschen sucht.

1 **1) Allgemeines.** Die Vorschrift (idF von Art. 19 Nr. 58 EGStGB; zur Entstehungsgeschichte *Krümpelmann* ZStW **96**, 999, 1004; NK-*Schild* 2) ist durch Art. 1 Nr. 7 des 14. StÄG (1 zu § 86, ferner Prot. 7/2297, 2381) unter Erhöhung der Strafdrohung erweitert worden.

Gesetzgebung: Vorschlag der Einfügung von neuen Absätzen III und IV im GesE der BReg eines ... StÄG – Strafzumessung bei Aufklärungs- und Präventionshilfe (BR-Drs. 353/07) vom 25. 5. 2007 im Zusammenhang mit dem Vorschlag eines § 46 b („**Kronzeugenregelung**"). Das Gesetzgebungsverfahren war bei Redaktionsschluss der 55. Aufl. nicht abgeschlossen. Abdruck des GesE im **Anhang unter Nr. 23 c**.

1 a **Literatur:** *Becker,* Rechtsgutsbestimmung und Anwendungsbereich der Beteiligtentäuschung gem. § 145 d Abs. 2 Nr. 1 StGB, 1992; *Fahrenhorst,* Grenzen strafloser Selbstbegünstigung, JuS **87**, 707; *Fezer,* Hat der Beschuldigte ein „Recht auf Lüge"?, Stree/Wessels-FS 663; *Geerds,* Kriminelle Irreführung der Strafrechtspflege, Jura **85**, 617; *Geppert,* Zu einigen immer wiederkehrenden Streitfragen im Rahmen des Vortäuschens einer Straftat, Jura **00**, 383; *Hoffmann*, Scheinbare Anschläge – Zur Strafbarkeit sog. Trittbrettfahrer, GA **02**, 385; *Saal,* Das Vortäuschen einer Straftat (§ 145 d) als abstraktes Gefährdungsdelikt, 1997 (Diss. Bochum 1996 [Strafr. Abh. Bd. 99; Bespr. *Paul* GA **99**, 304]); *Schramm,* Zur Strafbarkeit des Versendens von Pseudo-Milzbrandbriefen, NJW **02**, 419; *Stree,* Täuschung über einen Tatbeteiligten nach § 145 d Abs. 2 Nr. 1 StGB, Lackner-FS 527; *Weidemann,* Die Strafbarkeit falscher Bombendrohungen und falscher „Milzbrand"-Briefe, JA **02**, 43.

2 ***2) Geschütztes Rechtsgut*** des *I* Nr. 1 und II Nr. 1 ist die **Strafrechtspflege,** die vor unnützer Inanspruchnahme ihres Apparats und der damit verbundenen Schwächung der Verfolgungsintensität geschützt werden soll (BGH **6**, 251, 255; **19**, 305, 307 f.; NStZ **84**, 360, 361; Bay NJW **78**, 2563 f.; Düsseldorf NJW **82**, 1242; Hamm NStZ **87**, 558 f.; Karlsruhe MDR **92**, 1166 f.), in I Nr. 2 und II Nr. 2 das Interesse, die staatlichen **Präventivorgane** vor unnützer

Inanspruchnahme zu schützen (RegE 10; SK-*Rudolphi/Rogall* 3; *Laufhütte* MDR **76**, 444; *Krümpelmann* ZStW **96**, 1000, 1009; *Geerds* Jura **85**, 621; *Stree,* Lackner-FS 530; *Saal* [1 a] 97 ff.). Das Individualinteresse des einzelnen, nicht unschuldig in ein Strafverfahren gezogen zu werden, schützt § 164, nicht § 145 d (NK-*Schild* 4). Die Tätigkeit der Staatsorgane ist nur soweit durch § 145 d geschützt, als sie sich im Rahmen der **gesetzlichen Verfahrensordnung** hält (SK-*Rudolphi/Rogall* 4; NK-*Schild* 5; vgl. Hamburg StV **95**, 588 [keine Strafbarkeit der Vortäuschung durch eine unverwertbare Aussage]; **aA** *Lackner/Kühl* 4; *Otto* BT 95/14). Die Tat ist nach hM **abstraktes Gefährdungsdelikt** (19 vor § 13; AK-*Schild* 10; NK-*Schild* 6; *S/S-Stree/Sternberg-Lieben* 1; LK-*Ruß* 1; *Krümpelmann* ZStW **96**, 1014; *Geppert* Jura **00**, 383; **aA** *Zieschang,* Die Gefährdungsdelikte, 1998, 330 ff.; SK-*Rudolphi/Rogall* 6; i. e. str.); ob die Täuschung **Erfolg** hat, ist in allen Fällen gleichgültig.

3) Eine (inländische) **Behörde** (§ 11 Nr. 7) oder eine **zur Entgegennahme von Anzeigen zuständige Stelle** (insb. Staatsanwaltschaften; Polizeidienststellen; vgl. § 158 I StPO; 8 ff. zu § 164) muss in sämtlichen Fällen Adressat des Täuschungsversuchs sein und auch von ihm erreicht werden (vorher strafloser Versuch). Dazu gehören auch Dienststellen der BWehr, *nicht* aber ein parlamentarischer Untersuchungsausschuss (**aA** hM; *S/S-Stree/Sternberg-Lieben* 4; SK-*Rudolphi/Rogall* 11; NK-*Schild* 9; vgl. LK-*Ruß* 5); auch nicht eine kirchliche oder eine ausländische Behörde (NStZ **84**, 360; Düsseldorf NJW **82**, 1242 m. Anm. *Bottke* JR **83**, 76; vgl. jedoch NJW **82**, 1546 L); idR auch nicht Behörden der Leistungsverwaltung. Öffentliches Behaupten genügt nur dann, wenn der Täter billigend damit gerechnet hat, dass seine Täuschungshandlung mittelbar einer Behörde bekannt wird (BGH **6**, 252; Köln NJW **53**, 1843; Braunschweig NJW **55**, 1936; *Krümpelmann* ZStW **96**, 1010; *Stree,* Lackner-FS 535; NK-*Schild* 11; str.). 3

4) Tathandlungen. Die Abs. I und II führen jeweils zwei Tatbestandsalternativen auf, die in II ihrerseits nochmals zu differenzieren sind: 4

A. Abs. I Nr. 1 verlangt das **Vortäuschen**, eine rechtswidrige Tat (§ 11 I Nr. 5) sei begangen worden; erfasst ist selbstverständlich auch das Vortäuschen einer versuchten, aber noch nicht vollendeten oder einer vollendeten, aber noch nicht beendeten Tat. Ohne Bedeutung ist es, ob die vorgetäuschte Tat zZ der Aburteilung noch eine rechtswidrige Tat ist, wie sie es nach dem Gesetz zur Tatzeit war (LK-*Ruß* 8; SK-*Rudolphi/Rogall* 15; *K. Meyer* JR **75**, 70; **aA** Düsseldorf NJW **69**, 1679; *Mazurek* JZ **76**, 235). Nicht ausreichend ist die Einlassung eines Beschuldigten, eine eigene Tat in Notwehr begangen zu haben, auch wenn der angebliche Angriff eine rechtswidrige Tat gewesen wäre (vgl. Oldenburg NJW **52**, 1225; LK-*Ruß* 8; **aA** hier bis 51. Aufl.; wohl auch SK-*Rudophi/Rogall* 15); ebenso nicht die Darstellung als Unfall (*Stree,* Lackner-FS 531; NK-*Schild* 10), als Disziplinarverstoß (*Warda* Jura **79**, 73) oder als unerlaubte Handlung (§ 823 BGB; NK-*Schild* 10). Ohne Bedeutung ist es, ob der Täter einen Verdacht von sich ablenken will (vgl. KG VRS **10**, 457). Ein Vortäuschen iS von Nr. 1 ist auch gegenüber dem (angeblichen) Opfer möglich; etwa durch die täuschende Behauptung, einer anderen Person soeben ein (in Kürze wirkendes) Gift beigebracht zu haben (vgl. *Schramm* NJW **02**, 419 ff. [„Trittbrettfahrer"-Fälle angeblicher *Anthrax*-Versendungen 2001]). Vortäuschen setzt keine ausdrückliche Erklärung voraus; schlüssige Handlungen reichen aus (zB täuschendes „Vorspielen" einer angeblichen Tat; vgl. ZB Köln Ss 511/77 v. 2. 9. 1977 [Schlangenlinien-Fahren zur Vortäuschung einer Trunkenheitsfahrt]). 5

Nicht unter den Tatbestand fällt es, wenn bei einer wirklich begangenen Tat Umstände nur übertrieben oder vergröbert in einer Weise dargestellt werden, die den Ermittlungsaufwand der Strafverfolgungsbehörden nicht wesentlich erhöhen (Hamm NStZ **87**, 558 [m. Anm. *Stree; Otto* JK 4]; Karlsruhe MDR **92**, 1167, hierzu *Geppert* JK 6 u. Jura **00**, 384 f.; **aA** *Saal* [1 a] 163 f.), **zB** wenn der angerichtete Schaden übertrieben (Hamm NJW **82**, 60; Bay NJW **88**, 83; hierzu *Krümpelmann* JuS **85**, 763; NK-*Schild* 14); die Tat statt als Diebstahl als Raub dargestellt wird (4 StR 406/73; zw.; and. NK-*Schild* 14 mwN); zu einem Raub ein Faustschlag (Hamm NJW **71**, 1324) oder zu einem Tötungsversuch eine Körperverlet- 5 a zung hinzugedichtet wird (Karlsruhe MDR **92**, 1166); ein vollendeter statt eines versuchten Diebstahls angegeben wird (Hamm NStZ **87**, 558; and. NK-*Schild* 14); vgl. *Krümpelmann* ZStW **96**, 1019 und JuS **85**, 764; SK-*Rudolphi/Rogall* 18. Nicht erfasst ist auch die „Selbstanzeige" einer von Dritten zu Unrecht verdächtigten Person mit dem Ziel, die eigene Unschuld zu beweisen; hier liegt keine Täuschung vor.

5b **Anders** ist es, wenn durch die (zusätzlich) falsch angegebenen Tatsachen die Tat ein im Kern anderes Gepräge erlangt (*Stree* NStZ 87, 559f.; LK-*Ruß* 12) oder sich das tatsächliche und das dargestellte Geschehen weder identisch sind noch sich überschneiden (SK-*Rudolphi/Rogall* 19), **zB** wenn zu einer Körperverletzung ein Raub erfunden wird, aaO; dazu krit. LK-*Ruß* 11); wenn Zeit und Ort der Tat falsch angegeben werden (Celle NdsRpfl. **57**, 16); wenn eine Verfolgungstätigkeit in eine gänzlich falsche Richtung geleitet wird (zB Anzeige eines Kfz-Diebstahls nach trunkenheitsbedingtem Verkehrsunfall; vgl. SK-*Rudolphi/Rogall* 19).

6 **B. Abs. I Nr. 2** erfasst das **Vortäuschen einer angeblich bevorstehenden rechtswidrigen Tat** aus dem Katalog des § 126 I durch die falsche Behauptung, die Tat sei vom Täter selbst oder von Dritten geplant oder in strafbarer Form vorbereitet worden. Nr. 2 ist auch dann erfüllt, wenn eine tatsächlich bevorstehende, nicht dem Katalog des § 126 I unterfallende Tat entsprechend aufgebauscht wird (ebenso *M/Schroeder/Maiwald* 99/27; **aA** *Joecks* 20; SK-*Rudolphi/Rogall* 37; NK-*Schild* 23 [nur, wenn die tatsächlich bevorstehende Tat ein dem Opportunitätsbereich unterfallendes Bagatelldelikt ist]). Erforderlich ist eine hinreichende Konkretisierung der Tat (vgl. StraFo **03**, 320f.); die Tat steht bevor, wenn sie in Kürze zu erwarten ist (LK-*Ruß* 13; NK-*Schild* 19); daher ist der Tatbestand auch erfüllt, wenn eine nur unkonkret oder für die fernere Zukunft geplante Tat als kurz bevorstehend dargestellt wird. Typisch sind Ankündigungen einer angeblich bevorstehenden Brandstiftung oder Explosion (vgl. BGH **34**, 333). Sind schon der Versuch oder die Vorbereitung der angeblichen Tat mit Strafe bedroht und täuscht der Täter bereits ein solches Stadium der Tat vor, so sind beide Nummern von I erfüllt. Die Täuschung kann auch konkludent erfolgen, zB durch Vorzeigen einer Bombenattrappe (*S/S-Stree/Sternberg-Lieben* 19; NK-*Schild* 19).

7 **C. Abs. II Nr. 1** bestraft die **versuchte Täuschung** über den **Beteiligten** an einer schon **begangenen rechtswidrigen Tat.** Die Tat selbst muss hier nach der Rspr im Gegensatz zu I **wirklich begangen** sein (KG JR **89**, 26; Bay NJW **78**, 2563; NStZ **04**, 97; Celle NJW **61**, 1416; Frankfurt NJW **75**, 1896 mit Anm. *Hassemer* JuS **76**, 56; *Arzt/Weber* 48/22; *Rengier* BT II 51/8; *Otto* BT 95/20; *Geppert* Jura **80**, 209; *Laufhütte* MDR **76**, 444; **aA** Hamm NJW **63**, 2138; LK-*Ruß* 14; *S/S-Stree/Sternberg-Lieben* 13; SK-*Rudolphi/Rogall* 24; *Stree,* Lackner-FS 538; vgl. dazu *W/Hettinger* 715; Küper BT 286f.; grds anders *Saal* [1a] 173ff.; ähnlich NK-*Schild* 16, 23); denn sonst liegt schon I Nr. 1 vor, während der Schutz des Beteiligten durch § 164 gewährleistet wird. In den str. Fällen Tateinheit zwischen II Nr. 1 und I Nr. 1 anzunehmen, erscheint weiterhin nicht ausgeschlossen. Zwei **Fallgruppen** kommen in Betracht:

8 **a)** In der **ersten Fallgruppe** lenkt der Täuschende von einem anderen, der die Tat begangen hat, den Verdacht ab (entspr. § 258). Die bloße Erschwerung der Ermittlung reicht nicht aus; erforderlich ist, dass die Verfolgstätigkeit in eine falsche Richtung gelenkt wird (vgl. Köln NJW **53**, 596; vgl. auch BGH NJW **62**, 2360; Hamm NJW **56**, 1530; Celle NStZ **81**, 440 L; and. Koblenz NJW **56**, 561; Bay **62**, 40). Die konkrete Bezeichnung einer unschuldigen dritten Person ist nicht erforderlich. Der Täter kann den Verdacht auch gegen sich selbst richten (Zweibrücken VRS **71**, 434; NStZ **91**, 530; vgl. dazu *Geppert* Jura **00**, 386). Auch eine Anzeige gegen Unbekannt reicht aus; idR ist dann aber Strafvereitelung gegeben.

9 **b)** In der **zweiten Fallgruppe** hat der Täuschende die Tat selbst begangen und versucht den Verdacht von sich abzulenken. Erforderlich ist auch hier, dass er die Verfolgungstätigkeit in eine *bestimmte* falsche Richtung zu lenken versucht; lenkt er

nur allgemein den Verdacht von sich ab (**schlichtes Bestreiten;** *großer Unbekannter* als wahrer Täter), so ist § 145 d nicht gegeben (Celle NJW **61**, 1416; SK-*Rudolphi/Rogall* 27; NK-*Schild* 22; *Stree*, Lackner-FS 534 ff.; zur prozessualen Begründung vgl. *Geppert*, Schlüchter-GedS 43, 48 f.; **aA** *Saal* [1 a] 202 ff.); Strafbarkeit scheidet nach KG JR **89**, 26 auch dann aus, wenn der Täter vor der Polizei die Tat einräumt, aber falsche Personalien angibt (ebenso LG Dresden NJW **98**, 2544 L = NZV **98**, 217 m. abl. Anm. *Saal* [falsche Personalienangabe bei Verkehrskontrolle durch fahruntüchtigen Täter]; SK-*Rudolphi/Rogall* 27; *W/Hettinger* 714; zw.); ebenso dann, wenn er den Verdacht auf einen anderen lenkt, für den die Handlung nicht strafbar wäre (BGH **19**, 305; Köln NJW **53**, 596; Hamm NJW **64**, 734; VRS **32**, 441; Frankfurt NJW **75**, 1896; Zweibrücken NStZ **91**, 530; vgl. auch Bay NJW **84**, 2302 m. Anm. *Kühl* JR **85**, 296; *Otto* JK 3; *Ostendorf* JZ **87**, 339; *Stree,* Lackner-FS 528); wenn er den Verdacht auf einen Verstorbenen lenkt (*S/S-Stree/Sternberg-Lieben* 14; SK-*Rudolphi/Rogall* 28; NK-*Schild* 22; **aA** *Saal* [1 a] 205 ff.; *Becker* [1 a] 202). Keine Strafbarkeit begründet auch ein sog. **modifiziertes Bestreiten,** bei welchem der Täter die *Schlussfolgerung* aus seinem Bestreiten selbst ausdrücklich zieht und dadurch einen Dritten belastet („Ich war es nicht; also muss es wohl … gewesen sein"), ohne gegen diesen neue Beweismittel vorzubringen (SK-*Rudolphi/Rogall* 27). Der Tatbestand ist aber erfüllt bei sog. **qualifiziertem Bestreiten,** insb. wenn Beweismittel zu Lasten eines Dritten verfälscht werden (Frankfurt DAR **99**, 225; LK-*Ruß* 16; SK-*Rudolphi/Rogall* 27; *Geppert* Jura **00**, 388; *ders.*, Schlüchter-GedS 49). In jedem Fall muss der Täuschende selbst die Initiative ergreifen und konkrete Angaben machen, die Verfolgungsmaßnahmen auslösen können (KG VRS **22**, 346; Celle NJW **64**, 733; vgl. auch Hamm JMBlNW **64**, 177; VRS **32**, 441; LK-*Ruß* 17 f.; *S/S-Stree/Sternberg-Lieben* 14).

D. Abs. II Nr. 2 erfasst die **versuchte Täuschung** über den **Beteiligten** an einer **bevorstehenden rechtswidrigen Tat** aus dem Katalog des § 126 I. In Konsequenz der unter 7 vertretenen Meinung muss die Tat als solche auch hier wirklich bevorstehen (**aA** LK-*Ruß* 20; SK-*Rudolphi/Rogall* 39); andernfalls liegt schon I Nr. 2 vor. Der Täter muss zunächst zum Ausdruck bringen, dass eine rechtswidrige Tat bevorsteht und zugleich **10**

a) den Verdacht der Beteiligung daran auf jemand lenken, der sich nach dem Wissen des Täters gar nicht beteiligen wird, und der so weit beschrieben werden muss, dass Maßnahmen gegen ihn möglich erscheinen. Auch falsche Selbstbezichtigung kommt in Betracht; oder **11**

b) den Verdacht der bevorstehenden Beteiligung von jemandem, der bereits in Verdacht geraten ist, ablenken, und zwar möglicherweise auch von sich selbst; anders ist das allerdings, wenn die bevorstehende Tat schon ein strafbares Vorstadium erreicht hat (oben 6) und gleichzeitig auch II Nr. 1 gegeben ist. Es genügt für Nr. 2 auch, wenn der Täter den Verdacht auf einen beliebigen Unbekannten zu lenken sucht. **12**

5) Vorsatz. Der Täter muss in allen Fällen **wider besseres Wissen** (7 zu § 15) zu täuschen suchen (Frankfurt NJW **75**, 1895; LK-*Ruß* 21); bedingter Vorsatz reicht insoweit nicht. Der Täter muss also wissen, dass die rechtswidrige Tat in ihren objektiven oder subjektiven Voraussetzungen nicht begangen ist oder nicht begangen werden wird; täuscht er eine von ihm selbst begangene Tat vor, so muss er wider besseres Wissen all das behaupten, was in seiner Person die objektiven und subjektiven Voraussetzungen der angeblichen Tat begründen würde (Karlsruhe NStZ-RR **03**, 234 [kein Vortäuschen einer Tat nach § 142 bei fälschlichem „Zugeben", als Fahrzeugführer an einem nicht näher bekannten Verkehrsunfall beteiligt gewesen zu sein]). Im Übrigen reicht, etwa hinsichtlich der Kenntniserlangung durch eine Behörde, bedingter Vorsatz aus (Köln NJW **53**, 1843; Braunschweig NJW **55**, 1935; Zweibrücken VRS **77**, 442). Das *Motiv* des Täters ist gleichgültig (vgl. Celle NJW **64**, 2214; Köln, 2. 9. 1977, 2 Ss 511/77 [NPA Nr. 5651; „Schabernack" gegenüber Polizeikollegen]; LK-*Ruß* 1). **13**

14 **6) Konkurrenzen.** Innerhalb von § 145 d ist Tateinheit zwischen I und II ausgeschlossen, wenn man wie hier (oben 7, 10) davon ausgeht, dass sich II nur auf wirklich begangene oder bevorstehende Taten bezieht (Bay NStZ **04**, 97); hingegen ist Tateinheit zwischen I Nr. 1 und 2 sowie zwischen II Nr. 1 und 2 in den Fällen möglich, in denen es sich um eine angeblich oder wirklich im strafbaren Vorbereitungs- oder Versuchsstadium befindliche Tat handelt (oben 6). Wer iS I Nr. 1 einen Kfz-Diebstahl vortäuscht, um auf diese Weise den Verdacht der eigenen Täterschaft hinsichtlich einer Straßenverkehrsgefährdung auf den vorgeblichen Dieb abzulenken, macht sich insoweit nicht zugleich nach II Nr. 1 strafbar (BGHR § 145 d II Nr. 1 Täuschen 1). Die spezielle **Subsidiaritätsklausel** in I (die infolge des „ebenso wird bestraft" auch für II gilt), lässt § 145 d in den Fällen von I Nr. 1 und II (I Nr. 2 scheidet der Natur der Sache nach aus) hinter die §§ 164, 258 und 258 a zurücktreten. Bei II Nr. 2 können die Vorschriften in den oben genannten Fällen in Betracht kommen, in denen die bevorstehende Tat schon ein strafbares Stadium erreicht hat. Stellt allerdings eine vorher zugesagte Strafvereitelungshandlung Teilnahme an der Tat nach II dar, so ist Tateinheit mit § 145 d gegeben. § 145 d ist auch anwendbar, wenn die Tat im Übrigen nach § 258 V oder § 258 VI (vgl. dort) straflos ist (Bay NJW **78**, 2563 [m. Anm. *Stree* JR **79**, 253]; **84**, 2302 [m. Anm. *Kühl* JR **85**, 296]; Celle NJW **80**, 2205 m. Anm. *Geerds* JR **81**, 35; *Rudolphi* JuS **79**, 862; LK-*Ruß* 23; NK-*Schild* 27), hingegen ist in diesen Fällen einschränkende Auslegung und idR Strafmilderung (*Stree* aaO) angezeigt. Tateinheit ist möglich zB mit §§ 100 a, 142, 257, 267 und insbesondere mit § 263, wenn Anzeige bei der Polizei und Schadensmeldung bei der Versicherung zusammen zur Post gegeben werden (wistra **85**, 19), sowie mit §§ 246, 239, wenn zum Zwecke eines Versicherungsbetrugs ein Raub fingiert wird (1 StR 553/82). Tateinheit ist ferner zwischen I Nr. 2, II Nr. 2 einerseits und §§ 126, 241 möglich.

Achter Abschnitt
Geld- und Wertzeichenfälschung
RiStBV 215–220

Vorbemerkungen

1) Der Abschnitt ist durch Art. 19 Nr. 59 EGStGB (BGBl. 1974 I 469) neu gestaltet worden. §§ 146, 152a sind durch das 6. StrRG (2f. vor § 174) umgestaltet worden; das 35. StÄG hat § 152a neu gefasst und § 152b eingefügt. Dazu treten die §§ 127, 128 OWiG. § 152 dehnt in Übereinstimmung mit § 127 III OWiG den Schutz auf Geld, Wertzeichen und Wertpapiere **fremder Währungsgebiete** aus. Im Übrigen gilt für Geld- und Wertpapierfälschung nach den §§ 146, 149, 151, 152 das **Weltrechtsprinzip** (§ 6 Nr. 7), nicht hingegen für § 147 und die Wertzeichenfälschung nach §§ 148, 149, 152. Zur Beendigung der Zahlungsmittel-Eigenschaft des DM-Bargelds nach dem 31. 12. 2001 und zum strafrechtlichen Schutz des **Euro** vgl. Art. 1 § 1 des **Dritten Euro-EinführungsG** vom 16. 12. 1999; BGBl. I 2402; dazu 2 zu § 146. Zur Vereinheitlichung des strafrechtlichen Schutzes gegen Geldfälschung in der EU vgl. Entschließung des Rates v. 28. 5. 1998 (ABl. EG Nr. C 171, 1); Rahmenbeschluss des Rates v. 29. 5. 2000 (ABl. EG Nr. L 140, 1; geänd. durch Rahmenbeschluss v. 6. 12. 2001, ABl. EG Nr. L 329, 3); VO (EG) Nr. 1338/2001 des Rates v. 28. 6. 2001 (ABl. EG Nr. L 181, 6); VO (EG) Nr. 1339/2001 des Rates v. 28. 6. 2001 (ABl. EG Nr. L 181, 11); Beschluss des Rates v. 6. 12. 2001 (ABl. EG Nr. L 329, 1); vgl. dazu auch *Vogel* ZRP **02**, 7, 8f. Intern. Abk. zur Bekämpfung der Falschmünzerei vom 20. 4. 1929 (zum Geltungsbereich Bekanntm. vom 27. 3. 2006, BGBl II 435). Zu **unbaren** Zahlungsmitteln vgl. Rahmenbeschluss v. 28. 5. 2001 (ABl. EG Nr. L 149, 1). 1

Literatur: *Dittrich,* Das Dritte Euro-Einführungsgesetz, NJW **00**, 487 (vgl. auch *ders.,* NJW **98**, 1269; **99**, 2015); *Frister,* Das „Sich Verschaffen" von Falschgeld, GA **94**, 553; *Geisler,* Der Begriff „Geld" bei der Geldfälschung, GA **81**, 497; *Heferdehl,* Zur Vorverlagerung des Rechtsgüterschutzes am Beispiel der Geldfälschungsdelikte, JR **96**, 535; *Horn,* Das „Inverkehrbringen" als Zentralbegriff des Nebenstrafrechts, NJW **77**, 2329; *Mebesius/Kreußel,* Die Bekämpfung der Falschgeldkriminalität, 1979; *Otto,* Mißbrauch von Scheck- und Kreditkarten (usw.), wistra **86**, 150; *Prittwitz,* Grenzen der am Rechtsgüterschutz orientierten Konkretisierung der Geldfälschungsdelikte, NStZ **89**, 8; *Puppe,* Die neue Rechtsprechung zu den Geldfälschungsdelikten, Teil 2 JZ **86**, 992; Teil 3 JZ **91**, 609; *G. Schmidt,* Probleme der Wertzeichenfälschung, GA **66**, 328; *Thiele,* Der strafrechtliche Wertpapierbegriff usw. [zu § 224 Österr. StGB], ÖJZ **98**, 212; *Vogel,* Strafrechtlicher Schutz des Euro vor Geldfälschung, ZRP **02**, 7; *Weber,* Probleme der strafrechtlichen Erfassung des Euroscheck- u. Euroscheckkartenmißbrauchs, JZ **87**, 215; *Wessels,* Zur Reform der Geldfälschungsdelikte (usw.), Bockelmann-FS 669. 1 a

2) Rechtsgut der Fälschungsdelikte des 8. Abschnitts, die systematisch als Sonderfall der Urkundendelikte anzusehen sind (BGH **23**, 231; **27** 258), ist die **Sicherheit und Funktionsfähigkeit des Geldverkehrs** (RG **67**, 297) und des Verkehrs mit Wertpapieren und Wertzeichen (SK-*Rudolphi/Stein* 2), nicht also das Vermögensinteresse einzelner durch Falschgeld getäuschter Personen. Da das Allgemeininteresse am **Geldmonopol** des Staates (und mittelbar an der Währungshoheit fremder Staaten) durch einzelne Geldfälschungen faktisch nicht ernstlich bedroht wird (Falschgeldmenge im Umlauf durchschnittlich ca. 0,001%), handelt es sich bei §§ 146, 147, 149, 150 um einen weit vorverlagerten Rechtsgutschutz (vgl. NK-*Puppe* 1ff.; **aA** SK-*Rudolphi/Stein* 3; MK-*Erb* 2). Bei §§ 148, 151, 152a, 152b stehen dagegen der Schutz fremden Vermögens und der Urkundenschutz im Vordergrund. 2

Geldfälschung

146 [I] **Mit Freiheitsstrafe nicht unter einem Jahr wird bestraft, wer**

1. **Geld in der Absicht nachmacht, dass es als echt in Verkehr gebracht oder dass ein solches Inverkehrbringen ermöglicht werde, oder Geld in dieser Absicht so verfälscht, dass der Anschein eines höheren Wertes hervorgerufen wird,**

2. falsches Geld in dieser Absicht sich verschafft oder feilhält oder
3. falsches Geld, das er unter den Voraussetzungen der Nummern 1 oder 2 nachgemacht, verfälscht oder sich verschafft hat, als echt in Verkehr bringt.

II Handelt der Täter gewerbsmäßig oder als Mitglied einer Bande, die sich zur fortgesetzten Begehung einer Geldfälschung verbunden hat, so ist die Strafe Freiheitsstrafe nicht unter zwei Jahren.

III In minder schweren Fällen des Absatzes 1 ist auf Freiheitsstrafe von drei Monaten bis zu fünf Jahren, in minder schweren Fällen des Absatzes 2 auf Freiheitsstrafe von einem Jahr bis zu zehn Jahren zu erkennen.

Übersicht

1) Allgemeines	1, 1 a
2) Geld	2–4
3) Nachmachen und Verfälschen (I Nr. 1)	5–9
4) Sich-Verschaffen (I Nr. 2, 1. Var.)	10–12
5) Feilhalten (I Nr. 2, 2. Var.)	13–15
6) In-Verkehr-Bringen (I Nr. 3)	16–21
7) Verhältnis der Tatvarianten zueinander	22, 23
8) Subjektiver Tatbestand	24
9) Versuch	25–28
10) Teilnahme	29, 30
11) Qualifikationen (II)	31
12) Minder schwere Fälle (III)	32
13) Konkurrenzen	33
14) Sonstige Vorschriften	34

1 **1) Die Vorschrift** gilt idF Art. 19 Nr. 59 EGStGB (1 vor § 146); Abs. II und III wurden geändert durch Art. 1 Nr. 17 des 6. StrRG (2f. vor § 174); Abs. I Nr. 2 ist durch das 35. StÄG vom 22. 12. 2003 (BGBl. I 2838) geändert worden. **Auslandstaten:** § 6 Nr. 7 **EU-Recht:** vgl. 1 vor § 146.

1 a **Literatur:** *Bartholome,* Geld-, Wertzeichenfälschung u. verwandte Delikte, JA **93**, 197; *ders.,* Zum Begriff des Falschgeldes in Abgrenzung zum untauglichen Tatmittel, JA **94**, 97; *Dreher/Kanein,* Der gesetzliche Schutz der Münzen u. Medaillen, 1975; *Frister,* Das „Sich-Verschaffen" von Falschgeld, GA **94**, 553; *Geisler,* Der Begriff Geld bei der Geldfälschung, GA **81**, 497; *Hefendehl,* Zur Vorverlagerung des Rechtsgutsschutzes am Beispiel der Geldfälschungstatbestände, JR **96**, 356; *Prittwitz,* Grenzen der am Rechtsgüterschutz orientierten Konkretisierung der Geldfälschungsdelikte, NStZ **89**, 8; *Prost,* Lange-FS 419; *Puppe,* Die neue Rechtsprechung zu den Geldfälschungsdelikten, JZ **86**, 992; *dies.,* Die neue Rechtsprechung zu den Fälschungsdelikten, (I) JZ **91**, 442; (II) ebd. 550; (III) ebd. 611; *dies.,* Die neue Rechtsprechung zu den Fälschungsdelikten, JZ **97**, 490; *Schroeder,* Neuartige Absichtsdelikte, Lenckner-FS 333; *Stein/Onusseit,* Das Abschieben von gutgläubig erlangtem Falschgeld, JuS **80**, 104; *Vogel,* Strafrechtlicher Schutz des Euro vor Geldfälschung, ZRP **02**, 7; *Westphal,* Geldfälschung u. die Einführung des Euro, NStZ **98**, 555.

2 **2) Geld.** Gegenstand der Tat ist Geld, dh jedes vom Staat oder seitens einer von ihm ermächtigten Stelle als Wertträger beglaubigte und zum Umlauf im öffentlichen Verkehr bestimmte Zahlungsmittel ohne Rücksicht auf einen allgemeinen Annahmezwang (vgl. BGH **12**, 344; **23**, 231; **32**, 198), also sowohl Metall- und Papiergeld wie aus sonstigen Stoffen hergestelltes Geld, und zwar auch das Geld fremder Währungsgebiete (§ 152). Erfasst ist auch solches Geld, das schon zum Umlauf bestimmt, aber noch nicht ausgegeben wurde (*Schröder* NJW **88**, 3179; *Westphal* NStZ **98**, 555; LK-*Ruß* 4b; **aA** *Geisler* NJW **78**, 708; *S/S-Stree/Sternberg-Lieben* 2: Zeitpunkt der Emissionsbekanntmachung); also auch bis 31. 12. 2001 der **Euro** (vgl. dazu VO Nr. 974/98 des Rates v. 3. 5. 1998 [**Euro-VO;** Abl. Nr. L 139 v. 11. 5. 1998] iVm **Euro-EinführungsG** v. 9. 6. 1998 [BGBl. I, 1242]; vom 1. 1. 1999 bis 31. 12. 2001 waren die bisherigen Währungen als Untereinheiten des Euro beibehalten [vgl. Art. 2, 6 I Euro-VO; längstens bis zum 30. 6. 2002 behielten die bisherigen Banknoten und Münzen ihre Eigenschaft als gesetzliche Zahlungsmittel [Art. 15 Euro-VO]).

Die Fälschung von Euro vor dem 1. 1. 2002 unterfällt § 146, wenn sie in der Absicht des In-Verkehr-Bringens nach diesem Zeitpunkt begangen wurde (*Schröder* NJW **98**, 3179; *Westphal* NStZ **98**, 555; vgl. auch Bericht in wistra **00**, H. 2, S. V/VI). Auf das Euro-Bargeld, das seit 1. 1. 2002 gesetzliches Zahlungsmittel ist, sind §§ 146 ff. unmittelbar anwendbar (LK-*Ruß* 4 a f.; *Vogel* ZRP **02**, 9). Durch Art. 1 §§ 4, 6 des **Dritten Euro-EinführungsG** v. 16. 12. 1999 (BGBl. I 2402; dazu BT-Drs. 14/1673; wistra aaO; vgl. dazu *Dittrich* NJW **00**, 487) ist sichergestellt, dass DM- und Pfennig-Banknoten und -münzen in der Zeit vom 1. 1. 2002 bis 31. 12. 2002 (vgl. Art. 8 Abs. I u. III Drittes EuroEG; Zeitgesetz iSv § 2 IV S. 1) von §§ 146 ff., § 138 I Nr. 4 und § 6 Nr. 7 erfasst werden; ab 1. 1. 2003 gelten für Bundesmünzen, die auf Mark oder Pfennig lauten, die §§ 11, 12 MünzG idF durch Art. 2 Drittes EuroEinfG. **3**

Zwangskurs und Einlöslichkeit des Geldes sind nicht begriffsnotwendig; unerheblich ist auch das völlige Fehlen eines Kurses der Geldsorte, wenn es nur der Staat ausgegeben hat (*Prost* [1 a] 424) und noch als **Wertmesser** anerkennt. Geld sind auch die sog. **Pseudomünzen,** die zwar gesetzliches Zahlungsmittel sind, aber von staatlichen Stellen vor allem zu Sammelzwecken ausgegeben werden (BGH **27**, 259; LK-*Ruß* 4). *Kein Geld* sind die südafrikanischen Krügerrand-Münzen; obwohl formal als Zahlungsmittel anerkannt, sind sie weder als solches geeignet noch im Umlauf (BGH **32**, 199; hierzu *Puppe* JZ **86**, 992); dasselbe gilt von anderen sog. Handelsmünzen. Kein Geld mehr ist **außer Kurs** gesetztes (auch sog. verrufenes) Geld (BGH **31**, 382); es ist, sobald lediglich noch eine Annahmepflicht der Bundesbank besteht, nicht mehr gesetzliches Zahlungsmittel und damit der Geldfälschung nicht mehr fähig (LK-*Ruß* 5; SK-*Rudolphi/Stein* 4 a; *Geisler* [1 a], 515; **aA** MK-*Erb* 8; *Lackner/Kühl* 2; *Schröder* NJW **98**, 3180; vgl. aber § 11 a ScheidemünzenG, wonach das Nachmachen usw. von nicht mehr gültigen Münzen auch des Auslands mit Geldbuße bedroht ist). **4**

3) Nachmachen und Verfälschen (Abs. I Nr. 1). Nr. 1 enthält zwei Varianten des Herstellens unechten Geldes. Die Unechtheit von Geldscheinen und Münzen bestimmt sich nach den für § 267 geltenden Grundsätzen. **5**

A. Nachmachen echten Geldes **(1. Var.)** ist die (erstmalige) Herstellung von Falschgeld mit beliebigen Mitteln und aus beliebigem Material. Ergebnis des Nachmachens muss **falsches Geld** sein, dh solches, das echtem Geld so ähnelt, dass es mit ihm verwechselt werden kann (NStZ **03**, 368; vgl. schon RG **65**, 205). An die Ähnlichkeit sind, schon im Hinblick auf die tatsächlichen Umstände, unter denen Falschgeld vielfach in Verkehr gebracht wird (**zB** unzureichende Beleuchtung in gastronomischen Betrieben; konspirative Geschäftsabwicklung bei BtM-Geschäften; Zeitdruck bei Massengeschäften), keine hohen Anforderungen zu stellen (NJW **54**, 564; **95**, 1844 f.); es genügt, dass der Geldschein oder die Münze objektiv zur Täuschung eines Arglosen geeignet ist (BGH **23**, 231; NJW **52**, 312; 3 StR 280/93). Das ist **zB** nicht nahe liegend, wenn ein Geldschein einen deutlich sichtbaren Werbeaufdruck aufweist (NStZ **03**, 368); auch nicht bei ins Auge springenden (satirischen; humoristischen; „meinungs"-kundgebenden) Verfremdungen. Geldscheine oder Münzen mit zwei gleichen Seiten sind nach diesen Kriterien falsches Geld, wenn die Abbildung dem Erscheinungsbild echten Gelds entspricht. **6**

Die **Methoden** der Falschgeldherstellung sind vielfältig und folgen der technischen Entwicklung; da die Herstellung digitalisierter Vorlagen und perfektionierter Vervielfältigungen kein ernsthaftes Problem mehr ist, hat sich der Schwerpunkt auf die Imitierung des Geld-**Materials** („Papier") und die druck- oder prägetechnische Vortäuschung von Sicherheitsmerkmalen (Sicherheitsstreifen; Hologramme; Wasserzeichen) verlagert. Stets ist erforderlich, dass das Ergebnis des „Nachmachens" eine zur Verwechslung ausreichende **Geldähnlichkeit** aufweist (BGH **32**, 202); bei unaufgeschnittenen ganzen Druckbogen nachgemachter Banknoten (sog. *„Zwölfernutzen"*) ist das nicht der Fall (NStZ **94**, 124); ebenso wenig, wenn sich auf beiden Seiten der Abbildung einer Banknote ein deutlich ins Auge springender Werbeaufdruck befindet (NJW **95**, 1844; nach Düsseldorf NJW **95**, 1846 aber auch in diesem Fall, wenn der Werbeaufdruck durch eine Banderole verdeckt werden kann; zw.; vgl. *Hefendehl* JR **96**, 533; *Puppe* JZ **97**, 497 f.). Ob auch Geld „nachgemacht" werden kann, das es in diesem **Nennwert** gar nicht gibt (so RG **58**, 351), ist str., aber grds wohl zu bejahen (Verwechslungsgefahr namentlich bei ausländischen Währungen) und für Wertpapiere (§ 151) auch vom BGH angenommen worden (BGH **30**, 71 m. Anm. *Stree* JR **81**, 427 und krit. *Otto* NStZ **81**, 478; *Puppe* JZ **86**, 993; SK-*Rudolphi* 6; LK-*Ruß* 6; str.). Nachmachen ist auch das Zusammenkleben von Teilen verschiedener *echter* Banknoten zu sog. **Systemnoten** (BGH **23**, 231; Schleswig NJW **63**, 1560; LK-*Ruß* 7 f.; NK-*Puppe* 8); hier ist jede einzelne der neu zusam- **7** mengesetzten Noten unecht. Aus der Parallele zu § 267 ergibt sich, dass es für die Unechtheit auf die Urheberschaft des Währungs-Ausgebers ankommt. Daher ist Geld „nachgemacht", wenn dem Täter die **Legitimation** zur Herstellung des Geldes fehlt, selbst wenn er sich der für Herstellung echten Geldes bestimmten Maschinen bedient (vgl. BGH **27**, 255, 257; *Dreher* JR **78**, 45; *Prost* [1 a] 427, *Geisler* [1 a] 708; LK-*Ruß* 10; SK-*Rudolphi* 6; *S/S-Stree/Sternberg-Lieben* 5).

8 **B. Verfälschen** ist das Verändern echten Gelds in der Weise, dass der Anschein eines anderen (höheren) Werts hervorgerufen wird (vgl. RG **68**, 65). Kein Verfälschen ist es, wenn ein Geldstück so verändert wird, dass ihm zwar ein höherer Sammlerwert, aber kein höherer Nominalwert gegeben zu sein scheint (LK-*Ruß* 11; SK-*Rudolphi/Stein* 7; NK-*Puppe* 9; **aA** *Haffke* [1 a], 278); doch kommt dann § 267 in Betracht (LK-*Ruß* 7 vor § 146).

9 **C.** Der Täter muss in beiden Fällen des Abs. I Nr. 1 vorsätzlich und zudem in der **Absicht** (6 zu § 15) handeln, dh es muss ihm darauf ankommen (**aA** NK-*Puppe* 13: direkter Vorsatz reicht), dass das nachgemachte oder verfälschte Geld (durch den Täter selbst, einen Tatbeteiligten oder einen Dritten) **als echt in Verkehr gebracht** wird, oder dass ein solches Inverkehrbringen **ermöglicht** wird, zB durch Verkauf an einen eingeweihten Dritten, der es dann in Verkehr bringen kann. Einen rechtswidrigen **Vermögensvorteil** braucht der Täter nicht anzustreben.

10 **4) Sich-Verschaffen (Abs. I Nr. 2, 1. Var.).** Das Sich-Verschaffen falschen, dh nachgemachten oder verfälschten Geldes setzt voraus, dass der Täter das Geld in seinen Besitz oder seine Verfügungsgewalt bringt (BGH **2**, 116; GA **84**, 427). Ein **abgeleiteter Erwerb** ist nicht erforderlich; Sich-Verschaffen kann daher auch bei Fund (RG **67**, 296), durch Unterschlagung oder Wegnahme begangen werden (SK-*Rudolphi/Stein* 9; krit. *Frister* GA **94**, 556; NK-*Puppe* 24 f.; MK-*Erb* 30). Falschgeld verschafft sich auch, wer es zuvor einem anderen übergeben hat, dann aber wieder zurücknimmt, weil der andere die Fälschung erkannt hat (NJW **95**, 1845 [krit. Anm. *Wohlers* StV **96**, 28]); mehrfaches Sich-Verschaffen und In-Verkehr-Bringen desselben Falschgeldes ist daher möglich (vgl. BGH **42**, 162, 168 ff.).

11 In **subjektiver** Hinsicht ist erforderlich, dass der Täter das Falschgeld mit dem Willen zu **eigenständiger Verfügung** oder Mitverfügung annimmt (BGH **3**, 156 [zu § 147 aF); bloße Ausübung des Gewahrsams *für einen anderen* reicht nicht aus. Entgegenstehende **frühere Rspr** (BGH **35**, 22; BGHR § 146 I Nr. 2 Sichversch. 4), die allein auf die tatsächliche Verfügungsmöglichkeit abstellte (krit. dazu *Schroeder* JZ **87**, 1133; *Jakobs* JR **88**, 121; *Hauser* NStZ **88**, 453; *Prittwitz* NStZ **89**, 9; *Puppe* JZ **97**, 499 sowie NK-*Puppe* 21 f.; *S/S-Stree/Sternberg-Lieben* 15; LK-*Ruß* 20; *Lackner/Kühl* 6; SK-*Rudolphi/Stein* 9), ist **aufgegeben** worden (BGH **44**, 62 [m. Anm. *Puppe* NStZ **98**, 459]; vgl. auch NStZ **00**, 530). Verteilungsgehilfen und Empfangsboten sind daher nicht Täter des § 146 I Nr. 2 (vgl. auch LG Gera NStZ-RR **96**, 73 m. Anm. *Cramer* NStZ **97**, 84; vgl. auch *Frister* GA **94**, 553, 558). Weisungsabhängige Weiterleitung oder sonstiger im Interesse eines Dritten ausgeübter Gewahrsam begründen keine Täterstellung; auch nicht bloße Vermittlung oder Unterstützung eines Ankaufgeschäfts ohne eigene Verfügungsmacht (StV **03**, 331). Sich-Verschaffen ist aber die Annahme einer Teilmenge zur Prüfung, wenn dadurch **eigene Sachherrschaft** erlangt wird (BGH **44**, 62, 64).

12 Der Täter muss das Geld spätestens bei der Inbesitznahme (RG **67**, 297) als falsch erkennen. Bedingter Vorsatz reicht insoweit aus (BGH **2**, 116; NJW **54**, 564). Nr. 2, 1. Var. ist nur erfüllt (sonst möglicherweise § 147), wenn der Täter spätestens bei der Inbesitznahme die **Absicht** iS von oben 9 fasst; deren Verwirklichung und das vorausgegangene Verschaffen ist eine Tat iS der Nr. 2 (BGHR § 146 I Konk. 4).

13 **5) Feilhalten falschen Gelds (Abs. I Nr. 2, 2. Var.).** Die Tatvariante ist durch das 35. StÄG vom 22. 12. 2003 (BGBl I 2838) in Umsetzung des Rahmenbeschlusses vom 28. 5. 2001 (ABl. EG Nr. L 149, S. 1; vgl. Erl. vor § 146) eingeführt worden (**In-Kraft-Treten:** 28. 12. 2003). Art. 2 Buchst. c Alt. 3 und 6 ver-

pflichtet die Mitgliedsstaaten, Transport und Besitz von gestohlenen oder anderweitig widerrechtlichen oder ge- oder verfälschten Zahlungsinstrumenten zur betrügerischen Verwendung unter Strafe zu stellen. § 152 a enthält daher in Abs. I Nr. 2 auch die Tatvariante des Feilhaltens; diese ist in § 146 I Nr. 2 „zur Angleichung des Schutzbereichs" übernommen worden (BT-Drs. 15/1720, S. 8).

A. Feilhalten ist das äußerlich als solches erkennbare Bereithalten zum Zweck des Verkaufs (BGHR § 152 a I Nr. 1, Feilhalten 1; vgl. auch 4 zu § 148; 4 b zu § 149). Es sollen „insbesondere" Fälle des Vorrätighaltens zum Zweck des Verkaufs **an Bösgläubige** erfasst werden (BT-Drs. 15/1720, 8). Das Falschgeld muss danach *als solches* zum Verkauf stehen; die Absicht des In-Verkehr-Bringens an Gutgläubige ist kein Feilhalten, auch wenn ein Verkauf (zB Währungstausch im „Straßenhandel") geplant ist. Dies ist im systematischen Gesamtzusammenhang zweifelhaft, wenn man der Ansicht der Rspr folgt, dass beim Sich-Verschaffen schon die Absicht reicht, das Falschgeld an Bösgläubige weiter zu geben (vgl. unten). Hiernach bestand *insoweit* keine „Lücke" des Vorfeldschutzes; wohl aber hinsichtlich eines dem Versuch (§ 23 I) des In-Verkehr-Bringens *an Gutgläubige* vorgelagerten Teilbereichs des „Handeltreibens". 14

B. Der **Vorsatz** muss zum Zeitpunkt der Tathandlung vorliegen; kann also auch noch nach zunächst gutgläubigem Erwerb gefasst werden. Erforderlich ist auch hier eine auf das In-Verkehr-Bringen (durch den Abkäufer oder Dritte) oder dessen Ermöglichen gerichtete **Absicht** (vgl. oben 9). 15

6) In-Verkehr-Bringen falschen Gelds (Abs. I Nr. 3). Nr. 3 erfasst das In-Verkehr-Bringen falschen Gelds als echt, wenn der Täter hinsichtlich dieses Falschgelds zuvor eine Handlung nach Nr. 1 oder Nr. 2, 1. Var. begangen hat; die Tatvariante des Feilhaltens ist nicht aufgeführt. Der Tatbestand setzt voraus, dass das Falschgeld nicht nur „auf den Weg" gebracht, sondern tatsächlich im Verkehr angelangt ist; Vermischung ist nicht erforderlich. 16

A. In-Verkehr-Bringen ist daher jede Handlung, durch die Falschgeld aus der Verfügungsgewalt des Täters oder des Dritten so entlassen wird, dass ein anderer tatsächlich in die Lage versetzt wird, mit ihm nach Belieben umzugehen (BGH **1**, 143, 144; **35**, 21, 23; **42**, 162, 168; NStZ **86**, 548; **03**, 423); **zB** Weitergabe zum Umlauf als Geld; Barzahlung von Waren oder Dienstleistungen, auch an Automaten; Bareinzahlung zur Gutschrift oder Überweisung (Schleswig NJW **63**, 1560); Verwendung zum Wechseln (JZ **52**, 46); Verschenken; uU auch Gewahrsamsaufgabe in einer Weise, die die nahe liegende Gefahr begründet, dass Dritte das Falschgeld auffinden und als echt in den Verkehr bringen (BGH **35**, 24 m. Anm. *Schroeder* JZ **87**, 1133; *Jakobs* JR **88**, 121; *G. Hauser* NStZ **88**, 453; *Sonnen* JA **88**, 53; *Prittwitz* NStZ **89**, 9); nach BGH **27**, 255, 259 auch Verkauf von als Zahlungsmittel zugelassenen Münzen, die als „Sammlermünzen" dem allgemeinen Geldumlauf weitgehend entzogen sind, zu einem über dem Nominalwert liegenden Preis (vgl. auch MDR/D **76**, 15; LK-*Ruß* 13; *S/S-Stree/Sternberg-Lieben* 21; **aA** SK-*Rudolphi/Stein* 11 a; *Dreher* JR **76**, 295; NK-*Puppe* 16; zweifelnd *S/S-Stree/Sternberg-Lieben* 7). Eine Rückgabe von Falschgeld an den Fälscher kann In-Verkehr-Bringen sein, wenn der Täter damit rechnet, dass dieser das Geld (erneut) in Umlauf bringt (2 StR 606/78). 17

In-Verkehr-Bringen liegt **nicht** vor, wenn Nachprägungen als Schmuck abgegeben werden sollen (GA **67**, 215); wenn Falschgeld in einem Safe deponiert wird, der ohne Mitwirkung des Täters nicht geöffnet werden kann (1 StR 441/77); wenn Mittäter unter sich das Falschgeld einander aushändigen (3 StR 336/84); wenn falsches Geld an einen Boten ohne Sachherrschaft übergeben wird; wenn Falschgeld nur vorgezeigt wird, um sich betrügerisch Kredit zu verschaffen (LK-*Ruß* 15). 18

B. Das Falschgeld muss **als echt** in Verkehr gebracht werden. Nach der Rspr des **BGH** ist dies auch die **Weitergabe an einen Bösgläubigen** (BGH **29**, 311; **31**, 381; **32**, 78 [m. Anm. *Schlüchter* JR **84**, 521]; **35**, 23 [m. Anm. *Schroeder* JZ **87**, 19

1133; *Jakobs* JR **88**, 121; *G. Hauser* NStZ **88**, 453]; BGH **42**, 168; MDR/H **82**, 102; Düsseldorf JR **86**, 512 [m. Anm. *R. Keller*]; NJW **98**, 2067; noch offen gelassen von BGH **27**, 260; zust. *S/S-Stree/Sternberg-Lieben* 22; ebenso LK-*Ruß* 24). Hierdurch soll namentlich eine „Streuung" an eingeweihte Kleinabnehmer erfasst werden, welche das Risiko der Einschleusung in den Zahlungsverkehr wesentlich erhöht. Wer *gutgläubig* Falschgeld erlangt hat und es einem Eingeweihten übergibt, damit dieser es abschiebe, ist aber auch nach hM nicht als Teilnehmer zu dessen Tat strafbar, sondern nur als Täter nach § 147 (vgl. dort 2; BGH **29**, 311, 315; MDR/H **82**, 102; *Otto* JR **81**, 85; *Puppe* JZ **86**, 994).

20 Nach der **Gegenansicht** lässt sich diese Auslegung mit dem Wortlaut von Nr. 3 nicht vereinbaren, da die Abgabe an bösgläubige Dritte gerade „als *unecht*" erfolgt; die (kriminalpolitisch erwünschte) Ausdehnung verstößt danach gegen das Analogieverbot (Stuttgart NJW **80**, 2089 [zust. Anm. *Otto* JR **81**, 82]; NK-*Puppe* 34 ff.; *dies.* JZ **86**, 994; **91**, 612; MK-*Erb* 40; abl. auch SK-*Rudolphi/Stein* 12 f.; *M/Schroeder/Maiwald* 67/23; *W/Hettinger* 933 a; *Stein/Onusseit* JuS **80**, 104; *Eisenberg* Jura **83**, 270; *Jakobs* JR **88**, 121; *Prittwitz* NStZ **89**, 10; *Scheffler* NStZ **96**, 68). Auswirkungen hat die Lösung der Streitfrage insb. auch für die Strafbarkeit der Beteiligung (unten 10; vgl. auch *M/Schroeder/Maiwald* 67/23; *Otto* BT § 75 II 3; *W/Hettinger* 932 f.; 2 zu § 147).

21 **C. Vorsatz** des In-Verkehr-Bringens muss die Unechtheit des Gelds und die tatsächlichen Voraussetzungen der Begründung fremder Sachherrschaft (oben 17) umfassen; bedingter Vorsatz reicht. Folgt man der Ansicht der Rspr zur Weitergabe an Bösgläubige (oben 19), so kommt es auf den Vorsatz des Täters hinsichtlich der Gut- oder Bösgläubigkeit des Erwerbers nicht an. Die Gegenansicht muss insoweit differenzieren: Bei irriger Annahme der Gutgläubigkeit eines Erwerbers liegt (untauglicher) Versuch vor; bei irriger Annahme der Bösgläubigkeit fehlt es am Vorsatz (§ 16 I); auch § 147 greift dann nicht ein (vgl. dort 2).

22 **7) Verhältnis der Tatvarianten zueinander.** Im Fall von Nr. 1 muss die Absicht, das Falschgeld selbst in Verkehr zu bringen, zum Zeitpunkt des Fälschens noch nicht vorgelegen haben. Auch wenn danach der Tat nach Nr. 3 stets eine solche nach Nr. 1 oder Nr. 2 vorausgegangen sein muss (anders insoweit § 267 I, 3. Var.), ist Nr. 3 kein bloßer Auffangtatbestand, sondern der **Volltatbestand** des § 146, in welchem die Tathandlungen nach Nr. 1 und Nr. 2 zu einer einzigen Tat aufgehen (NStZ **82**, 25 L), wenn der Täter die Gesamtmenge in einem Akt nach Nr. 1 oder Nr. 2, 1. Var., erlangt hat (vgl. LG *Neuruppin* NStZ **97**, 132). Die Verwirklichung mehrerer Varianten des I ist idR eine Tat. Durch ein zwischenzeitliches In-Verkehr-Bringen werden mehrfache Handlungen des Sich-Verschaffens derselben Falschgeldmenge nicht zu einer Tat verbunden (StV **96**, 668; 3 ARs 3/98). Umgekehrt liegt aber – entspr. der **Bewertungseinheit** beim Handeltreiben mit BtM (vgl. 16 f. vor § 52) – nur eine Tat nach I Nr. 3 vor, wenn der Täter sich durch eine einheitliche Handlung Falschgeld beschafft und dieses, entsprechend dem vorgefassten Plan, in mehreren Einzelakten bei sich bietender Gelegenheit oder an bereits feststehende Abnehmer absetzt (BGH **34**, 108 f.; **42**, 162, 168; NStZ **99**, 581 [Anm. *Zopfs* StV **00**, 601]; NStZ-RR **00**, 105; BGHR § 146 I Konk. 4; stRspr). Dies gilt gleichermaßen, wenn eine Gesamtmenge **feilgehalten** (Nr. 2, 2. Var.) und in **Teilmengen** (vollständig) in Verkehr gebracht wird; die Tat nach Nr. 2 dann in derjenigen nach Nr. 3 auf. Anders dürfte es aber sein, wenn von einer beschafften (Nr. 2, 1. Var.) oder feilgehaltenen (Nr. 2, 2. Var.) Gesamtmenge nur Teilmengen in Verkehr gebracht wurden: Das (weitere) Feilhalten des Rests kann dann nicht in der Tat nach Nr. 3 „aufgehen"; das erfolgreiche In-Verkehr-Bringen" einer Teilmenge ist umgekehrt kein unselbständiger Handlungsteil des Feilhaltens. Es ist dann Tateinheit anzunehmen.

23 **Tatmehrheit** ist gegeben, wenn der Täter einer Handlung nach Nr. 1 oder Nr. 2 die Absicht des In-Verkehr-Bringens zunächst aufgibt, dann aber neu fasst und verwirklicht (BGH **35**, 27; m. Anm. *Jakobs* JR **88**, 122; SK-*Rudolphi/Stein* 16;

S/S-Stree/Sternberg-Lieben 26); wenn Teilbeträge jeweils aufgrund eines neuen Tatentschlusses in Verkehr gebracht werden; wenn sich der Täter dasselbe Falschgeld mehrfach verschafft und es mehrfach in Verkehr bringt (BGH **42**, 162, 168ff. [m. Anm. *Puppe* JZ **97**, 490, 499]; NJW **95**, 1845); wenn der nur nach Nr. 1 verurteilte Täter nach Strafverbüßung einen bislang versteckten Teil des Falschgeldes in Verkehr bringt (vgl. 1 StR 156/78); das Doppelbestrafungsverbot steht dem nicht entgegen (ebenso LK-*Ruß* 3; SK-*Rudolphi/Stein* 14; *S/S-Stree/Sternberg-Lieben* 23; *Lackner/Kühl* 9, 14; **aA** NK-*Puppe* 32).

8) Zum **subjektiven Tatbestand** vgl. schon oben 9, 11f., 15, 21. Neben der Absicht (oben 9) ist hinsichtlich der übrigen Tatbestandsmerkmale Vorsatz erforderlich. Bedingter Vorsatz reicht insoweit aus (BGH **35**, 26 [hierzu *Hillenkamp,* Arm. Kaufmann-GedS 362]); wer sich am Verkehr mit Falschgeld beteiligt, ist regelmäßig mit jeder Möglichkeit einverstanden, die hinsichtlich Anzahl und Nennwert des nachgemachten Gelds und der Fälschungsqualität nach den ihm bekannten Umständen des Einzelfalls in Betracht kommen (NStZ **04**, 494). Hält der Täter noch nicht oder nicht mehr gültiges Geld für ein gesetzliches Zahlungsmittel, so ist Versuch gegeben (JR **76**, 294 [Anm. *Dreher*]). Irrt er lediglich über den Begriff des Geldes, so ist das nur ein Subsumtionsirrtum; das gilt auch, wenn ein untreuer Bediensteter einer Münzstätte (vgl. BGH **27**, 260) oder einer mit der Geldherstellung beauftragten Betriebs unerlaubt mit echten Materialien und dortigen Maschinen hergestelltes Geld (vgl. oben 3b) für echt hält (**aA** *Dreher* JR **78**, 48). **24**

9) Versuch ist in allen Fällen strafbar. Begeht der Täter der Nr. 1 oder Nr. 2 nur einen Versuch nach Nr. 3, so bildet dieser mit der vorausgegangenen Tat idR eine einheitliche **vollendete** Tat (BGH **34**, 109 [m. Anm. *Kienapfel* JR **87**, 424]; **35**, 21, 27; **42**, 168; NStZ **97**, 80; MDR/H **82**, 102; NStE Nr. 3; 4 StR 625/93; LK-*Ruß* 28). Tritt der Täter vom Versuch des In-Verkehr-Bringens zurück, so ist er nach Nr. 1 oder 2 zu bestrafen. **25**

Versuch des **Fälschens** oder Verfälschens (I Nr. 1) ist gegeben, wenn der Täter mit der Absicht iS von oben 9 die Fälschungshandlung beginnt (vgl. MDR/D **53**, 596). Vorher kommen § 149 oder § 127 OWiG in Frage. **Vollendet** ist das Nachmachen oder Verfälschen mit der Herstellung des ersten Stücks in der tatbestandlichen Absicht (vgl. NStZ **94**, 124). **26**

Versuch des **Sich-Verschaffens** (I Nr. 2, 1. Var.) setzt voraus, dass der Täter unmittelbar zur Gewahrsamserlangung ansetzt. Das ist nicht gegeben, wenn er sich nur nach Bezugsquellen erkundigt; wenn er eine Lieferung noch nicht verfügbaren Falschgelds „bestellt" (*S/S-Stree/Sternberg-Lieben* 19) oder einen Kaufvertrags schließt; auch nicht schon beim Fahren zum Ort der geplanten Übergabe des Falschgelds (2 StR 60/85). Versuch des **Feilhaltens** (Nr. 2, 2. Var.) ist objektiv von der Vollendung kaum abzugrenzen, da ein ausdrückliches Angebot an eine dritte Person für die Vollendung nicht vorausgesetzt ist. Versuch kommt daher insb. bei irrtümlicher Annahme in Betracht, feilgehaltenes Geld sei falsch. **27**

Versuch des **In-Verkehr-Bringens** (I Nr. 3) liegt vor, wenn der Täter das Falschgeld in eigener Verfügungsgewalt hat und zur Übergabe unmittelbar ansetzt. Das setzt voraus, dass er objektiv in der Lage ist, bei Annahme eines von ihm gemachten Angebots die Übergabe tatsächlich unmittelbar zu bewirken (NStZ **03**, 423 [zu § 147]). Mit dem Angebot der Lieferung von Falschgeld setzt daher nur derjenige unmittelbar zum In-Verkehr-Bringen an, der bei Erfolg der Verhandlungen die Übergabe aufgrund eigener Verfügungsmacht unmittelbar bewirken könnte (NStZ **86**, 548; **03**, 423; vgl. NStE Nr. 3) oder dies irrtümlich annimmt. Nur Versuch der Nr. 3 ist nach stRspr gegeben, wenn Falschgeld an einen **Scheinkäufer** der Polizei geliefert wird und daher von vornherein ausgeschlossen ist, dass das Geld in Umlauf gelangt (BGH **34**, 108f.; NStZ **97**, 80; **00**, 530; NStZ-RR **00**, 105; **aA** NK-*Puppe* 39). **28**

10) Teilnahme. Die **Beihilfe** muss sich im Fall von **Nr. 1** auf die Fälschungshandlung selbst beziehen. **Aufbewahren** nachgemachten oder verfälschten Geldes **29**

ist daher nur dann als Beihilfe strafbar, wenn sich eine vorherige Zusage als psychische Beihilfe erfassen lässt; i. ü. kommt Teilnahme an Nr. 3 in Betracht. Beihilfe zu **Nr. 2, 1. Var.** ist zB gegeben, wenn jemand einem anderen von diesem erbetenes Falschgeld zum Zweck des In-Verkehr-Bringens verschafft (1 StR 684/84); bei Handlungen eines Empfangsboten oder Verteilungsgehilfen, wenn dieser keine eigene Verfügungsgewalt erlangt. Die Beihilfe zu **Nr. 2, 2. Var.** muss sich auf die Tathandlung des Feilhaltens selbst beziehen; zB bei Vorratshaltung für den Täter, wenn der Gehilfe keine eigene Verfügungsmacht hat. Fraglich ist, ob eine Beihilfe zum Feilhalten darin gesehen werden kann, dass Kauf-Interessenten Hinweise auf die Bezugsquelle gegeben werden; das dürfte nur bei zeitlich und örtlich engem Zusammenwirken ausreichen.

30 Gehilfe zu **Nr. 3** ist, wer das Falschgeld als Verteilungsgehilfe mit in den Verkehr bringt (SK-*Rudolphi/Stein* 13); auch ein Täter nach Nr. 1 kann Gehilfe zu Nr. 3 sein (vgl. LK-*Ruß* 29). Wird entgegen der Rspr und hM für Nr. 3 eine Täuschung des Empfängers verlangt (oben 19f.), so ist derjenige, der es nach seiner *Weisung* in Verkehr bringen soll, nicht Täter von Nr. 3, der bösgläubige Gehilfe daher Teilnehmer an § 147; der Weitergebende ist Teilnehmer an dieser Tat (vgl. zu diesen Konsequenzen i. e. SK-*Rudolphi/Stein* 12f. mwN). Beihilfe zu einer für den Haupttäter einheitlichen vollendeten Tat nach Nr. 2 bei nur versuchtem In-Verkehr-Bringen (oben 25) setzt voraus, dass der Gehilfe sowohl zum In-Verkehr-Bringen als auch zur Beschaffung Hilfe geleistet hat; unterstützt er den Haupttäter nur beim versuchten In-Verkehr-Bringen, so liegt nur Beihilfe zum Versuch des I Nr. 3 vor (NStZ **97**, 80). Nach BGH **44**, 62, 66f. kann eine deliktische Vorhandlung (I Nr. 1 oder Nr. 2) kein *persönliches Merkmal* iS von § 28 sein; ein Gehilfe des In-Verkehr-Bringens, der das Falschgeld selbst nachgemacht oder sich verschafft hat, ist daher nicht nur wegen Beihilfe zu § 147 strafbar (vgl. auch BGH **35**, 21; NStZ-RR **97**, 198; GA **84**, 427; ebenso NK-*Puppe* 33; **aA** *Stein/Onusseit* JuS **80**, 107; SK-*Rudolphi/Stein* 14a).

Vorsatz des Gehilfen muss die Haupttat in ihren Grundzügen erfassen; Kenntnis von Einzelheiten ist idR nicht erforderlich. Wer sich am Verkehr mit Falschgeld beteiligt, ist regelmäßig mit jeder Möglichkeit einverstanden, die hinsichtlich Anzahl und Nennwert der Scheine und Fälschungsqualität in Betracht kommt (wistra **04**, 262).

31 **11) Qualifikationen (Abs. II).** Der durch das 6. StrRG (2f. vor § 174) eingefügte Abs. II enthält Qualifikationen für Fälle der **gewerbsmäßigen** (62 vor § 52) oder **bandenmäßigen** Tatbegehung. Dabei können die Mitglieder der Bande verschiedene Tatbestandsalternativen des I begehen. Für den **Bandenbegriff** gelten die Grundsätze von BGH (GrSen) **46**, 321 entspr. (vgl. Erl. 17ff. zu § 244); eine *Mitwirkung* eines anderen Bandenmitglieds an der konkreten Tatausführung ist nicht erforderlich.

32 **12) Minder schwere Fälle (Abs. III).** Abs. III enthält gemilderte Strafrahmen für Fälle des Abs. I und des Abs. II. Zur erforderlichen Gesamtabwägung vgl. wistra **97**, 226 (allgemein dazu 11 zu § 12; 85f. zu § 46). Minder schwere Fälle des I werden **zB** in Betracht kommen bei geringen Summen von Falschgeld; bei besonders dilettantischer Herstellung, welche eine Verwechslungsgefahr für den Regelfall ausschließt; bei noch tatbestandsmäßigem, aber an der Grenze zu Neugier oder Unernsthaftigkeit liegendem Fälschungshandeln (Farbkopien durch Jugendliche); uU auch bei Weitergabe an Eingeweihte (vgl. oben 20), wenn dies als „Rückgabe" mit dem Ziel des „Ausstiegs" erfolgt. Minder schwere Fälle des II kommen bei zwar täterschaftlicher, aber untergeordneter Beteiligung in Betracht.

33 **13) Konkurrenzen.** Zum **Verhältnis der Tatvarianten** des I zueinander vgl. oben 22. **Tateinheit** ist möglich mit § 263, da das In-Verkehr-Bringen [zB durch Verschenken] nicht stets Betrug ist (BGH **31**, 381 [m. Anm. *Kienapfel* JR **84**, 162]; *Puppe* JZ **86**, 995; **aA** für I Nr. 3 SK-*Rudolphi/Stein* 19; MK-*Erb* 50; *Krey* BT/1, 221). Hinter § 146 treten zurück: §§ 147, 149, 267.

14) Sonstige Vorschriften. Weltrechtsprinzip § 6 Nr. 7; Nichtanzeige § 138 I Nr. 4; ausländisches Geld § 152; Überwachungsmaßnahmen § 98 a I Nr. 1, § 100 a Nr. 2, § 110 a StPO. **Erweiterter Verfall** (§ 73 d) ist unter den Voraussetzungen des § 150 I möglich; **Einziehung** nach § 150 II. Bei vor dem 1. 4. 1998 begangenen Taten ist § 2 III zu beachten; liegt ein minder schwerer Fall nicht vor und sind auch die Voraussetzungen von Abs. II aF nicht gegeben, so ist § 146 in der nF das mildere Recht (StV **98**, 380). Vgl. auch § 35 BBankG, § 11 a ScheidemünzenG (der für Krügerrandmünzen nicht gilt, weil diese noch nie Geldqualität hatten, NJW **84**, 1311) und § 5 MedaillV. 34

Inverkehrbringen von Falschgeld

147 **I Wer, abgesehen von den Fällen des § 146, falsches Geld als echt in Verkehr bringt, wird mit Freiheitsstrafe bis zu fünf Jahren oder mit Geldstrafe bestraft.**

II Der Versuch ist strafbar.

1) Die Vorschrift idF des Art. 19 Nr. 59 EGStGB (1 vor § 146) ergänzt § 146 I Nr. 3 in einem Vergehenstatbestand für mildere Fälle bei Strafbarkeit des Versuchs (6, 9 zu § 146; hierzu *Wessels,* Bockelmann-FS 676 ff.). Sie gilt nur für Inlandstaaten, arg. § 6 Nr. 7. 1

2) Tathandlung des **Abs. I** ist das mindestens bedingt vorsätzliche **In-Verkehr-Bringen** (5 zu § 146) **falschen Geldes** (8 zu § 146) **als echt** in Fällen, in denen § 146 I Nr. 3 (auch in der Form des Versuchs oder der Teilnahme) nicht gegeben ist, namentlich weil es an einer Vortat nach § 146 I Nr. 1 oder Nr. 2 fehlt. Nach stRspr bringt „als echt" auch derjenige (iS von § 146 I Nr. 3) in Verkehr, der Falschgeld an einen **Bösgläubigen** mit dem zumindest bedingten Vorsatz abgibt, dass dieser es seinerseits in Verkehr bringen werde (BGH **29**, 311; **31**, 381; **32**, 78; **35**, 23; **42**, 168; vgl. dazu 19 zu § 146). Die Gegenmeinung (Nachw. in 20 zu § 146) gelangt in diesen Fällen zur Straffreiheit oder zur Strafbarkeit als Teilnehmer zu einer Tat nach § 147 oder nach § 146 I Nr. 3. 2

Der Tat nach § 147 kann ein **bösgläubiger Erwerb** vorausgehen, wenn der Täter das Falschgeld ohne die Absicht, es als echt in den Verkehr zu bringen, entweder nachgemacht oder verfälscht (§ 146 I Nr. 1) oder sich verschafft (§ 146 I Nr. 2) hat und den Entschluss zum In-Verkehr-Bringen erst nachträglich fasst (vgl. Prot. 7/1057; Beispiele bei NK-*Puppe* 2). 3

Ein **gutgläubiger Erwerb** geht der Tat voraus, wenn der Täter das Falschgeld als echt in seinen Besitz gebracht und erst nachträglich als falsch erkannt hat und es nun, um den Schaden von sich abzuwälzen, an einen anderen Gutgläubigen abschiebt (zur Überlassung an einen Bösgläubigen vgl. BGH **29**, 311, 315; oben 2; 8 a zu § 146; **aA** NK-*Puppe* 8 ff., 12 ff.). 4

3) Der **Versuch** ist nach **Abs. II** strafbar. Insoweit gelten die Ausführungen 6 zu § 146 (zum unmittelbaren Ansetzen vgl. NStZ **03**, 423). 5

4) Beihilfe zur Tat nach § 147 liegt zB vor, wenn Falschgeld durch einen ohne eigene Verfügungsgewalt Handelnden für den Haupttäter weitergegeben wird (vgl. auch 10 zu § 146; LK-*Ruß* 8; *W/Hettinger* 937). 6

5) Tateinheit mit § 263 ist möglich (12 zu § 146; BGH **31**, 381 m. Anm. *Kienapfel* JR **84**, 163; **aA** *Krey* BT/1, 221; SK-*Rudolphi/Stein* 19 zu § 146; zu § 148 aF BGH **3**, 154). § 147 tritt hinter § 146 zurück (oben 1). **Sonstige Vorschriften.** Einziehung § 150 II; ausländisches Geld § 152. 7

Wertzeichenfälschung

148 **I Mit Freiheitsstrafe bis zu fünf Jahren oder mit Geldstrafe wird bestraft, wer**

1. amtliche Wertzeichen in der Absicht nachmacht, dass sie als echt verwendet oder in Verkehr gebracht werden oder dass ein solches Verwenden oder Inverkehrbringen ermöglicht werde, oder amtliche Wertzeichen in dieser Absicht so verfälscht, dass der Anschein eines höheren Wertes hervorgerufen wird,

2. falsche amtliche Wertzeichen in dieser Absicht sich verschafft oder
3. falsche amtliche Wertzeichen als echt verwendet, feilhält oder in Verkehr bringt.

II Wer bereits verwendete amtliche Wertzeichen, an denen das Entwertungszeichen beseitigt worden ist, als gültig verwendet oder in Verkehr bringt, wird mit Freiheitsstrafe bis zu einem Jahr oder mit Geldstrafe bestraft.

III Der Versuch ist strafbar.

1 **1) Allgemeines.** Die Vorschrift ist durch Art. 19 Nr. 59 EGStGB (1 vor § 146) neu gefasst worden (vgl. E EGStGB 225, 227). I betrifft die eigentliche Fälschung, II die missbräuchliche Wiederverwendung von Wertzeichen. Geschütztes **Rechtsgut** ist nicht das Vermögen, sondern das Allgemeininteresse an der Sicherheit des Rechtsverkehrs mit amtlichen Wertzeichen (BGH **31**, 380, 381; krit. zur Reichweite NK-*Puppe* 6; LK-*Ruß* 1a und 6 vor § 146). § 148 gilt nur für Inlandstaten (vgl. § 6 Nr. 7; unten 2).

1a **Literatur:** *Bartholme,* Geldwertzeichenfälschung u. verwandte Delikte, JA **93**, 197; *Bohnert,* Briefmarkenfälschung, NJW **98**, 2879; *Schmidt,* Ist die Fälschung von sog. „Postwertzeichen" seit der Postprivatisierung straffrei (Art. 103 Abs. 2 GG)?, ZStW **111** (1999), 388.

2 **2) Tatgegenstand** sind **amtliche,** dh von staatlichen, kommunalen Stellen, juristischen Personen oder Körperschaften des öffentlichen Rechts herausgegebene oder zugelassene **Wertzeichen,** dh Marken und ähnliche Zeichen, die Zahlung von Gebühren, Beiträgen und sonstigen Beträgen vereinfachen oder sicherstellen und nachweisen sollen (BGH **32**, 68, 75 f.). Das sind **zB** Steuerzeichen; Versicherungsmarken; Gebührenmarken (RG **63**, 381); Stempelmarken und -zeichen; Gerichtskostenmarken (RG **59**, 324); nicht dagegen private Rabattmarken. **Postwertzeichen** sind nach der Postprivatisierung nicht mehr als „amtliche" Wertzeichen anzusehen (*Schmidt* ZStW **111**, 403; *S/S-Stree/Sternberg-Lieben* 2; SK-*Rudolphi/Stein* 3; MK-*Erb* 2; NK-*Puppe* 8; *W/Hettinger* 944). Außer Kraft gesetzte oder sonst nicht mehr gültige (KG JR **66**, 307) Wertzeichen fallen nicht unter § 148 (BGH **31**, 380, 382 [m. Anm. *Kienapfel* JR **84**, 162]); das gilt vor allem auch für Sammlerbriefmarken. **Ausländische** Wertzeichen sind durch § 148 gleichfalls (gegen Inlandstaten; vgl. § 6 Nr. 7) geschützt (§ 152); ob sie dem Begriff des amtlichen Wertzeichens genügen, ist nach dem jeweiligen ausländischen Recht zu beurteilen (BGH **32**, 68, 76 [m. Anm. *Schlüchter* JR **84**, 521]).

2a Der auf RG **62**, 203 zurückgehenden Ansicht, Wertzeichen seien keine **Urkunden** (und § 148 daher kein Spezialfall des § 267), fehlt eine überzeugende Begründung, da es zwischen der Verkörperung von Gedankenerklärungen und bloßen Kennzeichen (5 zu § 267) oder Augenscheinobjekten (3 zu § 267) keine dritte Kategorie geben kann; der Charakter als Quasi-Zahlungsmittel (vgl. 6 zu § 267) weist entgegen der hM gerade darauf hin, dass essich bei Wertzeichen wie bei Geld (2 vor § 146) um **Sonderfälle von Urkunden** handelt. Zutr. sieht daher *Puppe* (NK-*Puppe* 3 ff.) § 267 als von § 147 verdrängten Grundtatbestand an, der bei nichtamtlichen Wertzeichen wieder auflebt (ebd. 8; ebenso LK-*Ruß* 4; *S/S-Stree/Sternberg-Lieben* 1; **aA** MK-*Erb* 20; SK-*Rudolphi/Stein* 12 [„Sperrwirkung" des § 148]). Für ungültig erklärte amtliche Wertzeichen verlieren hingegen mit ihrer Beweisbestimmung zugleich ihren Urkundencharakter, da die Zurechnung einer im Wertzeichen verkörperten Erklärung der amtlichen Stelle entfällt.

3 **3) Wertzeichenfälschung (Abs. I). A.** Die Tathandlungen nach **I Nr. 1, Nr. 2** entsprechen weitgehend denen in § 146 I. Nr. 1 ist allerdings dahin erweitert, dass auch die Absicht genügt, die falschen Wertzeichen unmittelbar als echt bestimmungsgemäß zu **verwenden** oder eine solche Verwendung zu ermöglichen. Damit ist nach zutr. Ansicht auch der Fall gedeckt, dass Falsifikate *gültiger* Wertzeichen als Sammelobjekte verkauft werden sollen, weil auch dann die Gefahr bestimmungsgemäßer Weiterverwendung besteht (LK-*Ruß* 3; hier bis 50. Aufl.). Das Weiterleiten an einen Eingeweihten reicht auch hier aus (vgl. BGH **32**, 68, 78; 8a zu § 146; 2 zu § 147). Die Änderung oder Beseitigung des Entwertungszeichens auf einem Wertzeichen ist unterfällt nicht I Nr. 1, sondern ist eine Vorbereitungshandlung zu II.

B. Im Fall des **Abs. Nr. 3** bedarf es anders als bei § 146 I Nr. 3 nicht einer vorausgegangenen Handlung des Täters nach Nr. 1 oder 2. Nr. 3 deckt also in der Parallele sowohl die Fälle des § 146 I Nr. 3 wie die des § 147. Weiter nennt Nr. 3 noch die Tatformen des **Verwendens** (oben 3) und des **Feilhaltens** (8 zu § 314). Ein Feilhalten setzt das Vorrätig-Halten einer größeren Menge nicht voraus (LK-*Ruß* 11; **aA** *S/S-Stree/Sternberg-Lieben* 13; NK-*Puppe* 13, 15 a zu § 146); es verlangt den mindestens bedingten Vorsatz, die bereitgehaltenen Wertzeichen zu verkaufen (BGH **23**, 292; einschr. *S/S-Stree/Sternberg-Lieben* 16). 4

4) Verwenden ungültiger Wertzeichen (Abs. II). Abs. II betrifft Wertzeichen, die bereits bestimmungsgemäß **verwendet** und mit einem Entwertungszeichen versehen waren, an denen aber das **Entwertungszeichen beseitigt** worden ist. Fehlen diese Voraussetzungen, so kommt § 263 oder Abgabenhinterziehung in Betracht. Entfernen ist es auch, wenn die alte durch eine neue Entwertung unkenntlich gemacht wird oder das Datum des alten Entwertungszeichens durch ein neues ersetzt wird (BGH **3**, 290; **aA** NK-*Puppe* 22). 5

Tathandlungen des II sind das **Verwenden** oder **Inverkehrbringen** (5 zu § 146) des Zeichens **als gültig.** Unerheblich ist, ob der Täter selbst oder ein Dritter das Entwertungszeichen beseitigt hat. 6

5) Vorsatz ist erforderlich; er hat sich als mindestens bedingter auf den amtlichen Charakter des Wertzeichens, bei I Nr. 2, 3 auch darauf zu erstrecken, dass das Wertzeichen falsch iS von I Nr. 1 ist, bei II darauf, dass das Entwertungszeichen beseitigt ist. Die irrige Annahme des Täters, ein Wertzeichen doppelt verwenden zu dürfen, ist Verbotsirrtum (LK-*Ruß* 15). 7

6) Der **Versuch** ist strafbar **(III).** Zu dessen Beginn in den Fällen von I und zum Rücktritt vgl. 9 zu § 146; ferner § 127 OWiG, § 149. Versuch soll nach Koblenz NJW **83**, 1625 (m. Anm. *Lampe* JR **84**, 164; krit. *Küper* NJW **84**, 777; *Puppe* JZ **86**, 995) schon das (erstmalige) Benutzen von „oberflächenpräparierten" Wertzeichen sein; nach zutr. **aA** kommt § 148 erst bei Wiederverwendung nach Entfernung des Entwertungsvermerks in Betracht (*S/S-Stree/Sternberg-Lieben* 24; LK-*Ruß* 16; SK-*Rudolphi/Stein* 11). 8

7) Zur **Teilnahme** vgl. 10 zu § 146, 5 zu § 147. 9

8) Konkurrenzen. Innerhalb von I ist Nr. 3 mit Nr. 1 oder 2 eine einzige Tat, wenn derselbe Täter auf Grund eines einheitlichen Entschlusses handelt (vgl. 17 ff. u § 267). Zwischen Versuch nach Nr. 1 und Nr. 2 oder 3 ist Tateinheit möglich; ferner zwischen II und § 133; ebenso ausnahmsweise mit § 274 I Nr. 1. Zwischen Abs. I Nr. 3 und § 263 besteht Tateinheit (BGH **31**, 380; *Lackner/Kühl* 7; LK-*Ruß* 17; *S/S-Stree/Sternberg-Lieben* 26; NK-*Puppe* 27; **aA** Koblenz NJW **83**, 1625; SK-*Rudolphi/Stein* 12); gegenüber Abs. II tritt § 263 zurück (RG **68**, 302 f.; **aA** *Schmidt* ZStW **111**, 421); ebenso § 149 sowie § 127 OWiG (§ 21 OWiG). 10

9) Erweiterter Verfall ist (in den Fällen des I) unter den Voraussetzungen des § 150 I möglich, **Einziehung** nach § 150 II; ausländische Wertzeichen § 152. 11

Vorbereitung der Fälschung von Geld und Wertzeichen

149 **I Wer eine Fälschung von Geld oder Wertzeichen vorbereitet, indem er**

1. **Platten, Formen, Drucksätze, Druckstöcke, Negative, Matrizen, Computerprogramme oder ähnliche Vorrichtungen, die ihrer Art nach zur Begehung der Tat geeignet sind,**
2. **Papier, das einer solchen Papierart gleicht oder zum Verwechseln ähnlich ist, die zur Herstellung von Geld oder amtlichen Wertzeichen bestimmt und gegen Nachahmung besonders gesichert ist, oder**
3. **Hologramme oder andere Bestandteile, die der Sicherung gegen Fälschung dienen,**

herstellt, sich oder einem anderen verschafft, feilhält, verwahrt oder einem anderen überlässt, wird, wenn er eine Geldfälschung vorbereitet, mit Frei-

heitsstrafe bis zu fünf Jahren oder mit Geldstrafe, sonst mit Freiheitsstrafe bis zu zwei Jahren oder mit Geldstrafe bestraft.

II Nach Absatz 1 wird nicht bestraft, wer freiwillig

1. **die Ausführung der vorbereiteten Tat aufgibt und eine von ihm verursachte Gefahr, dass andere die Tat weiter vorbereiten oder sie ausführen, abwendet oder die Vollendung der Tat verhindert und**
2. **die Fälschungsmittel, soweit sie noch vorhanden und zur Fälschung brauchbar sind, vernichtet, unbrauchbar macht, ihr Vorhandensein einer Behörde anzeigt oder sie dort abliefert.**

III Wird ohne Zutun des Täters die Gefahr, dass andere die Tat weiter vorbereiten oder sie ausführen, abgewendet oder die Vollendung der Tat verhindert, so genügt an Stelle der Voraussetzungen des Absatzes 2 Nr. 1 das freiwillige und ernsthafte Bemühen des Täters, dieses Ziel zu erreichen.

1 **1) Allgemeines.** Die Vorschrift idF des Art. 19 Nr. 59 EGStGB (1 vor § 146) ist durch das G zur Ausführung des Rahmenbeschlusses v. 29. 5. 2000 über die Verstärkung des mit strafrechtlichen und anderen Sanktionen bewehrten Schutzes gegen Geldfälschung im Hinblick auf die Einführung des Euro (ABl. EG Nr. L 140, 1) in Abs. I Nr. 1 ergänzt und um Abs. I Nr. 3 erweitert worden. (Gesetz v. 22. 8. 2002, BGBl. I 3387; dazu RegE BT-Drs. 14/8998; *Vogel* ZRP **02**, 7, 9; vgl. auch 1 zu § 75). § 149 wird ergänzt durch §§ 127, 128 OWiG. § 149 gilt auch für Auslandstaten (§ 6 Nr. 7), jedoch nicht hinsichtlich der Wertzeichenfälschung. Die Tat ist **abstraktes Gefährdungsdelikt** (NK-*Puppe* 2).

2 **2) Tathandlung (Abs. I).** Abs. I bedroht **Vorbereitungshandlungen** zur Fälschung von Geld oder Wertzeichen, dh zu einer Tat nach § 146 I Nr. 1 oder § 148 I Nr. 1, selbstständig mit Strafe. Unerheblich ist, ob die Tat zur Förderung objektiv geeignet ist (LK-*Ruß* 6) und ob die vorbereitete Tat später ausgeführt wird. Gegenstand der Tat muss eine der in Abs. I Nr. 1 bis 3 aufgeführten Sachen sein.

3 **A. Nr. 1** beschreibt zur Herstellung der Falsifikate bestimmte „Vorrichtungen" (vgl. auch § 74 d I S. 2). Sie müssen **ihrer Art nach zur Begehung der Tat geeignet** sein; dies sind neben den ausdrücklich aufgeführten Gegenständen solche, „denen schon ihrer Art nach eine spezifische Verwendbarkeit zur Ausführung von Fälschungen innewohnt" (E EGStGB 229). Erfasst sind damit zB Prägestöcke, Abdrucke oder Zeichnungen; nicht aber einfaches Werkzeug, Druckmaschinen, Fotokopierer oder Fotoapparate (LK-*Ruß* 3). Weil der Begriff der „Vorrichtung" **Computerprogramme** nicht erfasste (vgl. *Vogel* ZRP **02**, 9), ist Nr. 1 durch das AusfG zum RB v. 29. 5. 2000 (oben 1) ergänzt worden (vgl. Art. 3 Abs. I Buchst. d des RB); sprachlich ist das misslungen, da Programme in die Reihe der *Beispiele* für „Vorrichtungen" aufgenommen wurden. Auch die Computerprogramme müssen eine *spezifische* Eignung zur Tatbegehung aufweisen (so auch MK-*Erb* 3; vgl. auch 30 ff. zu § 263 a); dh es muss sich in ihnen zumindest ein abgrenzbarer Programmteil befinden, der speziell zur Fälschung verwendbar ist. **Kreditkarten-Lesegeräte** (*Skimmer*) zum Auslesen von auf Kreditkarten gespeicherten Datensätzen, die zur Herstellung falscher Zahlungskarten verwendet werden können, waren nach der aF keine „Vorrichtungen" iS von Nr. 1 (wistra **04**, 265, 266); nach der Einfügung des Merkmals „Computerprogramme" sind sie von Nr. 1 erfasst (NK-*Puppe* 7; SK-*Rudolphi/Stein* 2; MK-*Erb* 13 zu § 152 a).

4 **B. Nr. 2** nennt **Papier;** der Begriff umfasst auch papierartige Materialien aus anderen natürlichen oder synthetischen Grundstoffen. Das Papier muss einer für echtes Papiergeld oder echte Wertzeichen **bestimmten** und gegen Nachahmung (zB durch Wasserzeichen oder durch „Bestandteile" iS von Nr. 3) besonders **gesicherten** Papierart **gleichen** oder „zum Verwechseln **ähnlich**" sein. Aus der Nebeneinanderstellung ergibt sich, dass „gleichendes" auch *identisches* Papier ist, also solches, das zur Herstellung echten Gelds usw. verwendet wird. Zum Verwechseln ähnlich ist Papier, wenn es trotz vorhandener Abweichungen geeignet ist, bei einem über besondere Sachkunde nicht verfügenden Betrachter, der das Papier nicht

besonders prüft, den Irrtum aufkommen zu lassen, es handle sich um gleiches Papier (NStZ **94**, 124 [hierzu *Bartholme* JA **94**, 97; *Hefendehl* JR **96**, 353]). Auch die Ähnlichkeit muss sich auf die konkreten Merkmale einer „echten", d. h. zur Herstellung von Geld *bereits bestimmten* Papierart beziehen; nicht erfasst sind daher reine Fantasieprodukte, etwa zur Verwendung im Bereich der Werbung.

C. Nr. 3 ist durch das AusfG zum RB v. 29. 5. 2000 (oben 1) eingefügt worden **4a**
und trägt dem Umstand Rechnung, dass bei der Herstellung neuen Geldes (Euro) die Einarbeitung von Bestandteilen, welche eine Fälschung erschweren und das Erkennen gefälschten Geldes erleichtern sollen, von großer Bedeutung ist; das Nachmachen solcher Bestandteile stellt heute die wesentliche Schwierigkeit für mögliche Fälscher dar. **Hologramme** sind idR mit Metall beschichtete Kunststoff-Folien, die dreidimensionale Bilder wiedergeben. Der Begriff der **sonstigen Bestandteile** erfasst auch mögliche zukünftige Sicherungsmerkmale (zB Kinegramme; vgl. BT-Drs. 14/8998, 9); daneben alle anderen selbständigen, also nicht schon dem Papier (Nr. 2) eigenen Bestandteile, soweit diese aus Gründen der Sicherung gegen Fälschung in Geld oder Wertzeichen ihrer Substanz nach eingearbeitet werden. Das können Bestandteile der bei der Herstellung echten Geldes verwendeten Druckfarbe sein; auch Sicherheitsstreifen usw. Nachgemachte Wasserzeichen werden schon von Nr. 2 erfasst.

D. Die **Tathandlungen** sind in Abs. I einheitlich für Nr. 1 bis 3 beschrieben **4b**
und erfassen den Umgang mit den genannten Gegenständen in weitem Maße. Zum **Herstellen** vgl. 20 zu § 184; zum Sich-(oder einem anderen)**Verschaffen** 7 zu § 146; zum **Feilhalten** 8 zu § 314; zum **Verwahren** 11 ff. zu § 242; zum **Überlassen** 10 zu § 184. Hinsichtlich der Computerprogramme iS von Nr. 3 sind nicht nur der gesamte Herstellungsprozess von Fälschungs-Software sowie Bezug oder Weitergabe erfasst, sondern mit den Tatvarianten des Sich-Verschaffens und Verwahrens auch die Speicherung auf Datenträgern sowie die elektronische Übermittlung an Dritte (vgl. BT-Drs. 14/8998, 9). **Nicht** erfasst ist zB der bloße Besitz; auch nicht ein die Voraussetzungen des Feilhaltens nicht erfüllendes Handeltreiben (zB durch Angebot oder Bestellung noch nicht hergestellter Gegenstände).

3) Vorsatz ist als mindestens bedingter erforderlich; eine **Absicht** (iS von **5**
§ 146 I) ist nicht vorausgesetzt (vgl SK-*Rudolphi/Stein* 6 a. Der Vorsatz muss auf die Merkmale der in Nr. 1 bis 3 bezeichneten Gegenstände, insb. auch auf die Eignung (Nr. 1), die Ähnlichkeit (Nr. 2) und die Sicherungseigenschaft (Nr. 3) umfassen. Darüber hinaus muss er die Tathandlung als **„Vorbereitung"** erfassen; der Täter muss also zumindest billigend in Kauf nehmen, durch die Handlung eine eigene oder fremde Tat nach § 146 I oder § 148 zu ermöglichen oder zu fördern. Ob eine **Konkretisierung** dieser Tat (wie bei § 30) zum Zeitpunkt der Handlung erforderlich ist, ist str. (dagegen *Lackner/Kühl* 5; NK-*Puppe* 3; MK-*Erb* 6; *Herzberg* JR **77**, 470; **aA** SK-*Rudolphi7Stein* 6; *S/S-Stree/Sternberg-Lieben* 7; LK-*Ruß* 6). Die Fassung des Abs. II Nr. 1 spricht für eine Konkretisierung jedenfalls in den Grundzügen; bei der Tathandlung des Feilhaltens wird andererseits regelmäßig, beim Überlassen häufig eine konkrete Vorstellung etwa von Tatzeit, -ort und -Umfang fehlen.

4) Teilnahme ist nach allgemeinen Regeln möglich; der **Versuch** ist nicht **6**
strafbar.

5) Die **Strafe** ist danach abgestuft, ob eine Tat nach § 146 I Nr. 1 oder § 148 I **7**
Nr. 1 vorbereitet wird. In den Fällen der Vorbereitung der Geldfälschung nach I ist **Erweiterter Verfall** (§ 73 d) unter den Voraussetzungen des § 150 I möglich; **Einziehung** nach § 150 II.

6) Tätige Reue (Abs. II, III). Abs. II und III (vgl. auch die Verweisung in **8**
§ 275 III) enthalten Sonderregelungen für Fälle der Tätigen Reue mit der Folge der Straffreiheit (persönlicher Strafaufhebungsgrund). Voraussetzung ist jeweils ein **freiwilliges** (vgl. 18 ff. zu § 24) Abstandnehmen des Täters von der Tat; die durch sie eingetretene Gefahr muss objektiv abgewendet werden.

9 **A. Abs. II Nr. 1** setzt voraus, dass der Täter **entweder** die Ausführung der vorbereiteten Tat nach § 146 oder § 148, wenn er an ihr beteiligt sein sollte, vor dem Eintritt in das Versuchsstadium (insoweit gilt § 24; vgl. unten 12) endgültig **aufgibt,** und eine von ihm verursachte (*S/S-Stree/Sternberg-Lieben* 15; *Lackner/Kühl* 6; LK-*Ruß* 9; SK-*Rudolphi/Stein* 7) **Gefahr abwendet,** dass andere, vor allem potentielle Mittäter, die Tat weiter vorbereiten oder ausführen (wesentliche Minderung reicht nicht aus) **oder** die Vollendung der Tat **verhindert** (3 zu § 83 a).

10 **B.** Nach **Abs. II Nr. 2** ist **zusätzlich** erforderlich, dass der Täter noch **vorhandene** und zur Fälschung **brauchbare Fälschungsmittel** entweder **vernichtet,** dh ihre Substanz zerstört, oder zur Fälschung **unbrauchbar macht** (9 zu § 133), oder ihr Vorhandensein einer beliebigen Behörde (29 zu § 11) **anzeigt,** so dass diese auf sie zugreifen kann, oder die Sachen einer Behörde **abliefert.**

11 **C.** Nach **Abs. III** genügt anstelle von Nr. 1 das freiwillige und ernsthafte Bemühen (30 ff. zu § 24) des Täters, das Ziel der Nr. 1 zu erreichen, wenn ohne sein Zutun die Gefahr weiterer Vorbereitung oder Ausführung abgewendet oder die Vollendung der schon versuchten Tat verhindert wird. Abs. **II Nr. 2 bleibt unberührt;** auch im Fall des Abs. III muss der Täter daher vorhandene Fälschungsmittel unschädlich machen; insoweit reicht Bemühen nicht aus (LK-*Ruß* 10; *S/S-Stree/Sternberg-Lieben* 19).

12 **7) Konkurrenzen.** § 149 tritt hinter §§ 146, 148 zurück, sobald dort ein strafbarer Versuch begangen wird (iErg ebenso [„Erfolgseinheit"] NK-*Puppe* 20). Tritt der Täter nach § 24 von diesem Versuch zurück, so bleibt § 149, wenn nicht auch dessen II oder III gegeben ist (LK-*Ruß* 2; str). Mit der Verabredung (§ 30 II) einer Tat nach § 146 kann Tateinheit bestehen; ein Rücktritt hiervon nach § 31 erfüllt nicht zugleich die Voraussetzungen von Abs. II, III. Im Fall von § 149 II oder III lebt der sonst verdrängte (§ 21 OWiG) § 127 OWiG nicht wieder auf (LK-*Ruß* 8; *S/S-Stree/Sternberg-Lieben* 20).

Erweiterter Verfall und Einziehung

150 **I In den Fällen der §§ 146, 148 Abs. 1, der Vorbereitung einer Geldfälschung nach § 149 Abs. 1, der §§ 152 a und 152 b ist § 73 d anzuwenden, wenn der Täter gewerbsmäßig oder als Mitglied einer Bande handelt, die sich zur fortgesetzten Begehung solcher Taten verbunden hat.**

II Ist eine Straftat nach diesem Abschnitt begangen worden, so werden das falsche Geld, die falschen oder entwerteten Wertzeichen und die in § 149 bezeichneten Fälschungsmittel eingezogen.

1 **1)** Die Vorschrift idF des Art. 19 Nr. 59 EGStGB (1 vor § 146) ist durch Art. 1 Nr. 11 des OrgKG erweitert worden. Durch Art. 1 Nr. 5 des 35. StÄG vom 22. 12. 2003 (BGBl. I 2838) wurden in Abs. I die Verweisung auf § 152 b eingefügt und die Verweisung auf die (verfassungswidrige) Vermögensstrafe gestrichen.

2 **2)** § 150 ermöglicht in den in **Abs. I** genannten Fällen bei gewerbsmäßiger und bandenmäßiger Begehung die Anwendung des **erweiterten Verfalls** (§ 73 d). Die **selbstständige Anordnung des Verfalls** ist nach § 76 a I möglich. Wegen der Anwendung des § 76 a II vgl. 6 zu § 73 d.

3 **3) Abs. II** schreibt die **Einziehung** des falschen Geldes in den Fällen von §§ 146, 147, der falschen oder entwerteten Wertzeichen (§ 148) sowie der Fälschungsmittel (§ 149 I Nr. 1, 2) über § 74 I hinaus vor; sie ist anzuordnen, wenn die Voraussetzungen von § 74 II oder III gegeben sind (§ 74 IV). § 74 b ist nicht direkt anwendbar; freilich gilt der Grundsatz der Verhältnismäßigkeit allgemein (MK-*Erb* 6). § 74 a ist nicht anwendbar (LK-*Ruß* 7; *S/S-Stree/Sternberg-Lieben* 6; *Lackner/Kühl* 3). Auf die in § 149 bezeichneten Sachen trifft stets § 74 II Nr. 2 zu, so dass die Einziehung primär auf diese Vorschrift zu stützen ist (vgl. 18 zu § 74). Auch § 74 III kommt in Betracht; § 74 b II ist anzuwenden. Die Einziehung von anderen als den in § 149 genannten *instrumenta sceleris* (Druckereimaschine) sowie

anderer *producta sceleris* (halbfertige Falsifikate) richtet sich nach §§ 74ff. **Selbständige Einziehung** ist sowohl nach § 76a I wie II möglich.

Wertpapiere

151 **Dem Geld im Sinne der §§ 146, 147, 149 und 150 stehen folgende Wertpapiere gleich, wenn sie durch Druck und Papierart gegen Nachahmung besonders gesichert sind:**

1. **Inhaber- sowie solche Orderschuldverschreibungen, die Teile einer Gesamtemission sind, wenn in den Schuldverschreibungen die Zahlung einer bestimmten Geldsumme versprochen wird;**
2. **Aktien;**
3. **von Kapitalanlagegesellschaften ausgegebene Anteilscheine;**
4. **Zins-, Gewinnanteil- und Erneuerungsscheine zu Wertpapieren der in den Nummern 1 bis 3 bezeichneten Art sowie Zertifikate über Lieferung solcher Wertpapiere;**
5. **Reiseschecks.**

1 **1) Allgemeines.** Die Vorschrift wurde durch Art. 19 Nr. 59 EGStGB (1 vor § 146) eingefügt. Nr. 5 wurde durch Art. 1 Nr. 6 des 35. StÄG vom 22. 12. 2003 (BGBl. I 2838) geändert. Über die Verweisung in § 6 Nr. 7 gilt auch insoweit das Weltrechtsprinzip.

2 **2) Wertpapiere.** § 151 erweitert den Schutz der §§ 146, 147, 149 und 150 auf solche – abschließend aufgeführten – Wertpapiere (auch eines fremden Währungsgebietes, § 152), die im Geschäftsverkehr wegen ihres massenhaften Vorkommens und ihrer dem Papiergeld ähnlichen Ausstattung besonderes Vertrauen genießen (NStZ **87**, 504). **Voraussetzung** der Gleichstellung ist jeweils, dass die Papiere durch über das sonst bei Urkunden übliche Maß hinausgehende (vgl. LK-*Ruß* 1) besondere Vorkehrungen in der Gestaltung des **Drucks** und in Wahl und Ausstattung der **Papierart** (sog. Wertzeichenpapier) **gegen Nachahmung besonders gesichert** sind. Nach BGH **30**, 71 (m. Anm. *Stree* JR **81**, 427; *Otto* NStZ **81**, 428), reicht es aus, wenn die Fälschung den Erfordernissen des Wertpapierdrucks entsprechend hergestellt ist (vgl. NJW **81**, 1965 [m. Anm. *Kienapfel* JR **81**, 472; krit. *Otto* NStZ **81**, 478]); nicht erforderlich ist, dass sie ein konkretes *echtes* Vorbild hat. Fälschungen mit wesentlichen Formmängeln unterfallen § 151 nicht (LK-*Ruß* 6). Von § 151 nicht erfasst Papiere können § 267 unterfallen (SK-*Rudolphi/Stein* 3).

3 **Nr. 1** erfasst **Inhaberschuldverschreibungen** (zB von Bund, Ländern und Gemeinden; Hypothekenpfandbriefe; nicht Legitimationspapiere), in denen die Zahlung einer bestimmten Geldsumme (und nicht etwa nur ein Zinsbetrag aus ihr) versprochen wird (NStZ **87**, 504), sowie auf einen bestimmten Geldbetrag lautende **Orderschuldverschreibungen,** die Teile einer **Gesamtemission** sind.

4 **Nr. 2** erfasst **Aktien,** und zwar sowohl Inhaber- wie Namensaktien; nicht Zwischenscheine oder Quittungen, die Aktionären vor Aktienausgabe erteilt werden.

5 **Nr. 3** erfasst **Anteilscheine,** die von Kapitalanlagegesellschaften ausgegeben werden, dh **Investmentzertifikate.**

6 **Nr. 4** erfasst **Zins-, Gewinnanteil-** und **Erneuerungsscheine** zu Papieren nach Nr. 1 bis 3, auch wenn sie nicht auf eine bestimmte Summe lauten, sowie **Zertifikate** über **Lieferung** von Papieren nach Nr. 1 bis 3, dh Schuldverschreibungen, in denen die Lieferung eines solchen Papiers versprochen wird.

7 **Nr. 5** erfasst **Reiseschecks** beliebiger Aussteller. Die frühere Einschränkung, dass nur solche Schecks erfasst waren, bei welchen schon der Vordruck auf eine bestimmte Geldsumme lautet (vgl. BGH **30**, 71; NK-*Puppe* 14), ist durch das 35. StÄG (oben 1) gestrichen worden (vgl. BT-Drs. 15/1720, 9). Die Vorschrift erfasst daher nun (§ 2 III!) auch Reiseschecks mit individuellen, nicht vorgedruckten Eintragungen des Geldbetrags (MK-*Erb* 4); ein Rückgriff auf § 267 (vgl. LK-*Ruß* 4) ist insoweit nicht mehr erforderlich. Die Gleichstellung mit Geld führt für Fälschungen (usw.) von mit Garantiefunktion versehenen, aber individuell auszu-

füllenden Reiseschecks zur Strafdrohung bis 15 Jahre; gegenüber § 152b I erscheint das nicht unbedingt folgerichtig.

8 **3)** Der **Vorsatz** der jeweils in Bezug auf das Wertpapier begangenen Tat muss sich auf die Art des Wertpapiers (Parallelwertung in der Laiensphäre) und auf dessen besondere Sicherung durch Druck und Papier erstrecken; bedingter Vorsatz reicht insoweit in allen Fällen aus. Die irrige Annahme, dass ein Papier dem Geld iS von § 146 nicht gleichstehe, ist Subsumtionsirrtum.

9 **4) Sonstige Vorschriften.** Anzeigepflicht § 138 I Nr. 4; Überwachungsmaßnahmen § 100a Nr. 2 StPO; vgl. ergänzend §§ 127, 128 OWiG.

Geld, Wertzeichen und Wertpapiere eines fremden Währungsgebiets

152 **Die §§ 146 bis 151 sind auch auf Geld, Wertzeichen und Wertpapiere eines fremden Währungsgebiets anzuwenden.**

1 **1)** Die Vorschrift idF des Art. 19 Nr. 59 EGStGB (1 vor § 146) stellt klar, dass die Tatbestände der §§ 146 bis 151 auch auf Geld (2 zu § 146), Wertzeichen (2 zu § 148) und Wertpapiere (3ff. zu § 151) eines **fremden Währungsgebietes** anzuwenden sind. Dieser Begriff ist seit Einführung des **Euro** nicht mehr mit dem des „Auslands" gleichzusetzen, denn die Länder der Euro-Zone sind kein fremdes Währungsgebiet. **Taten im Ausland** sind durch § 6 Nr. 7 (**Weltrechtsprinzip**!) erfasst. § 152 erfüllt hinsichtlich des Geldes die Verpflichtung der BRep. aus Art. 5 des Internationalen Abkommens zur Bekämpfung der Falschmünzerei v. 20. 4. 1929 (RGBl. II 1939, 913; BGH **32**, 199; krit. NK-*Puppe* 2ff. zu § 151; LK-*Ruß* 1; MK-*Erb* 1).

2 **2)** Die Begriffe des fremden Geldes, der fremden Wertzeichen und Wertpapiere bestimmen sich entspr. den Begriffen der §§ 146, 148 und 151 (BGH **12**, 345; **32**, 198 [m. Anm. *Puppe* JZ **86**, 992]; MK-*Erb* 4) unter Berücksichtigung des fremden Rechts (BGH **32**, 68, 76 [m. Anm. *Schlüchter* JR **84**, 517]; NStZ **87**, 504; vgl. *Schlüchter,* Oehler-FS 317; *Puppe* JZ **86**, 993). Fremde Münzen, die nicht durch staatlichen Akt ausser Kraft gesetzt sind, sind nach hM Geld iS von § 146 I, auch wenn sie im allgemeinen Zahlungsverkehr keine Verwendung mehr finden (vgl. zum englischen *Goldsovereign* BGH **12**, 344; **19**, 357; *Geisler* GA **81**, 510; offen gelassen für den US-*Golddollar* in GA **67**, 215); in der Lit. wird aber teilw. die Geld-Eigenschaft verneint, wenn solche Münzen nur noch – zu einem ihren Nominalwert weit übersteigenden Preis – als Ware gehandelt werden (vgl. *Dreher* JR **76**, 295; 3 zu § 146).

3 Der Vorsatz des Täters einer Tat nach §§ 146 bis 151 muss sich im Fall des § 152 auf die tatsächlichen Voraussetzungen für das Vorliegen fremden Gelds oder fremder Wertpapiere erstrecken. Glaubt der Täter irrig, das fremde Geld sei außer Kurs gesetzt, so fehlt der Vorsatz; meint er dagegen, die deutschen Strafvorschriften seien auf fremdes Geld nicht anzuwenden, so liegt nur Verbotsirrtum vor (LK-*Ruß* 3).

Fälschung von Zahlungskarten, Schecks und Wechseln

152a **I Wer zur Täuschung im Rechtsverkehr oder, um eine solche Täuschung zu ermöglichen,**

1. inländische oder ausländische Zahlungskarten, Schecks oder Wechsel nachmacht oder verfälscht oder

2. solche falschen Karten, Schecks oder Wechsel sich oder einem anderen verschafft, feilhält, einem anderen überlässt oder gebraucht,

wird mit Freiheitsstrafe bis zu fünf Jahren oder mit Geldstrafe bestraft.

II Der Versuch ist strafbar.

III Handelt der Täter gewerbsmäßig oder als Mitglied einer Bande, die sich zur fortgesetzten Begehung von Straftaten nach Absatz 1 verbunden hat, so ist die Strafe Freiheitsstrafe von sechs Monaten bis zu zehn Jahren.

IV Zahlungskarten im Sinne des Absatzes 1 sind Karten,

1. die von einem Kreditinstitut oder Finanzdienstleistungsinstitut herausgegeben wurden und
2. durch Ausgestaltung oder Codierung besonders gegen Nachahmung gesichert sind.

V § 149, soweit er sich auf die Fälschung von Wertzeichen bezieht, und § 150 Abs. 2 gelten entsprechend.

Übersicht

1) Allgemeines ... 1, 1 a
2) Schutzrichtung ... 2
3) Tatgegenstände (Abs. I Nr. 1, IV) ... 3–9
4) Tathandlungen ... 10–14
5) Subjektiver Tatbestand ... 15
6) Versuch (Abs. II) ... 16
7) Rechtsfolgen ... 17, 18
8) Vorbereitungshandlungen (Abs. V, 1. HS) ... 19
9) Konkurrenzen ... 20–22
10) Sonstige Vorschriften ... 23

1) Allgemeines. Die Vorschrift wurde durch Art. 1 Nr. 5 des 2. WiKG (2 vor § 263) eingefügt (vgl. dazu *Otto* wistra **86**, 153) und zunächst durch Art. 1 Nr. 18 des 6. StrRG (2f. vor § 174) mit dem Regelungsgehalt des jetzigen § 152b neu gefasst (**Mat.:** BT-Drs. 13/8991, 14; 13/9064, 10; 13/8587, 29f., 57f., 80). Art 1 Nr. 7 des **35. StÄG** vom 22. 12. 2003 (BGBl. I 2838) hat die Vorschrift in Umsetzung von Art. 2 Buchst. c des **EU- Rahmenbeschlusses** zur Bekämpfung von Betrug und Fälschung im Zusammenhang mit bargeldlosen Zahlungsmitteln v. 28. 5. 2001 (ABl. EG Nr. L 149, 1; vgl. BR-Drs. 564/99; 1 vor § 146) neu gefasst (**Mat.:** GesE BT-Drs. 15/1720; Ber. BT-Drs. 15/2046; Gesetzesbeschluss BTag 27. 11. 2003); Zahlungsinstrumente mit Garantiefunktion sind in § 152b erfasst. Die **gesetzliche Überschrift** hätte zutr. mit „oder" formuliert werden sollen. Der **Schuldspruch** ist sinnvoller Weise auf den jeweils betroffenen Tatgegenstand zu beschränken („Fälschung von Schecks"). 1

Literatur: *Baier*, Konsequenzen für das Strafrecht bei Abschaffung des Euroscheckverkehrs, ZRP **01**, 454; *Chiampi*, Totalfälschung von Kreditkarten: Neufassung des § 152a StGB und Rechtsgutsdiskussion des bargeldlosen Zahlungsverkehrs, 1999; *Husemann*, Die Verbesserung des strafrechtlichen Schutzes des bargeldlosen Zahlungsverkehrs durch das 35. StÄG, NJW **04**, 104; *Schnabel*, Telefon-, Geld-, Prepaid-Karte und Sparcard, NStZ **05**, 18; *Schumann*, Die elektronische Geldbörse auf Chipkartenbasis: Eine Untersuchung ihres strafrechtlichen Schutzes durch die §§ 152a, 152b StGB, 2004. 1 a

2) Schutzrichtung. Rechtsgut des § 152a ist die Sicherheit und Funktionsfähigkeit des bargeldlosen Zahlungsverkehrs (zur aF vgl. BGH **46**, 146, 151; **aA** NK-*Puppe* 6). Die Vorschrift trägt, zusammen mit § 152b, den Entwicklungen des modernen Zahlungsverkehrs Rechnung, in dem neben Schecks zunehmend auch Zahlungskarten (IV) als Instrumente unbarer Zahlung eingesetzt werden. Ihre Fälschung stellt eine hohe **abstrakte Gefährdung** für den Zahlungsverkehr dar (vgl. zur aF *Otto* wistra **86**, 153; SK-*Rudolphi/Stein* 1 und 6 vor § 146; *S/S-Stree/Sternberg-Lieben* 1; krit. NK-*Puppe* 4f.), vor allem aber für das **Vermögen** Dritter, zu deren Lasten Falsifikate eingesetzt werden, ist die Vorverlagerung des Strafrechtsschutzes gerechtfertigt (ebenso *Otto* wistra **86**, 150, 153; SK-*Rudolphi/Stein* 2). 2

3) Tatgegenstände (Abs. I Nr. 1, IV). Die möglichen Gegenstände einer Tat nach § 152 sind in I Nr. 1 abschließend aufgeführt und in IV beschrieben; über die Verweisung des V gilt insoweit auch der Vorbereitungstatbestand des § 149 I, 1. Var. Die Neuf. durch das 35. StÄG (oben 1) hat die Fälschung von unbaren Zahlungsinstrumenten mit Garantiefunktion in den als Verbrechen qualifizierten Tatbestand des § 152b ausgelagert; der Vergehenstatbestand des § 152a bezieht sich als Grundtatbestand (BT-Drs. 15/1720, 9) auf Zahlungsinstrumente **ohne Garantiefunktion**. 3

A. Zahlungskarten. Nach **IV Nr. 1** sind Zahlungskarten iS von I solche **Karten** (also nicht zB Chips, die in Gegenstände eingefügt sind, welche vom Begriff „Karte" nicht mehr umfasst sind; vgl. SK-*Rudolphi/Stein* 2), die von einem **Kreditinstitut** (§ 1 Abs. I KWG) oder einem **Finanzdienstleistungsinstitut** (§ 1 Abs. I a KWG) oder einem vergleichbaren ausländischen Institut herausgegeben wurden. 4

Erfasst sind nur Karten **ohne Garantiefunktion,** mit denen eine Zahlung (durch einen Dritten) daher nicht „ausgelöst“ (vgl. § 152b) werden kann, sondern deren bestimmungsgemäße Verwendung eine **Barzahlung ersetzt.** Nicht § 152a, sondern § 152b gilt, wenn eine Karte mit Garantiefunktion im Einzelfall nur als Zahlungskarte benutzt wird (vgl. zum POZ-System BGH **46**, 146, 148f.; *Altenhain* JZ **97**, 752ff.; 15 zu § 266b). Die Karte muss den Inhaber „in die Lage versetzen, Geld oder einen monetären Wert zu übertragen“ (BT-Drs. 15/1720, 9). Damit erfasst sind **Chipkarten** („elektronische Geldbörsen“), deren Speicher mit einem bestimmten Geldbetrag geladen werden kann (vgl. § 1 I Nr. 11 KWG); wohl auch sog. **Bankkarten,** mit denen der Kunde der herausgebenden Bank allein an *hauseigenen* Geldautomaten Bargeld von seinem Konto abheben kann (ebenso *Joecks* 2; MK-*Erb* 4; NK-*Puppe* 6; *Lackner/Kühl* 2; **aA** SK-*Rudolphi/Stein* 4). Sog. „Kundenkarten“, die von einem Kreditinstitut im Rahmen des Kreditgeschäfts (§ 1 I S. 2 Nr. 2 KWG) herausgegeben und zur Zahlung bei bestimmten Vertragspartnern des Herausgebers verwendet werden können, unterfallen idR § 152b (vgl. dort 6).

4a Anders ist die Lage bei solchen **Kundenkarten,** die zum *Kreditkauf* nur bei dem herausgebenden Unternehmen berechtigen („Zwei-Partner-System“, vgl. BGH **38**, 283; 10 zu § 266b), und bei solchen Karten, die zur Inanspruchnahme von im Voraus bezahlten Leistungen berechtigen. Sie sind vom Begriff der Zahlungskarte ohne Garantiefunktion grds. erfasst; allerdings muss der Herausgeber auch hier ein **Kredit- oder Finanzdienstleistungsinstitut** sein. Kreditinstitute iS von § 1 I KWG geben solche Karten aber regelmäßig nicht heraus. Eine Dienstleistung eines Finanzdienstleistungsunternehmen ist es nach § 1 Ia S. 2 Nr. 8 KWG, „Kreditkarten … herauszugeben oder zu verwalten (Kreditkartengeschäft), es sei denn, der Kartenemittent ist auch der Erbringer der dem Zahlungsvorgang zugrunde liegenden Leistung“. Damit scheiden Karten aus, die (nur) im Verhältnis zum Karten-Herausgeber als Zahlungsinstrument wirken.

4b **Nicht** erfasst sind **reine Leistungskarten,** mit denen allein eine – als solche unentgeltliche – Leistung eines Automaten abgerufen werden kann; also etwa Karten allein zum Ausdruck von Kontoauszügen; Identifizierungskarten zur Zugangseröffnung; Personal-Codekarten zur Anwesenheits- und Arbeitszeiterfassung; mangels Herausgabe durch ein Institut iS von § 1 KWG auch nicht **Telefonkarten,** die von §§ 263a, 265a, 269, 270, 303a erfasst werden; daher auch nicht sog. **Telefonkarten-Simulatoren,** die durch Datenmanipulation eine ständige Wiederauffüllung des (unberechtigten) Anfangsguthabens bewirken (vgl. LG Würzburg NStZ **00**, 374f. [Bespr. *Hefendehl* NStZ **00**, 348]; MK-*Erb* 4; SK-*Rudolphi/Stein* 5; BT-Drs. 13/8587, 57).

5 Die Karten müssen nach **IV Nr. 2** durch Ausgestaltung oder Codierung (insb. in maschinell auslesbaren Magnetstreifen) besonders **gegen Nachahmung gesichert** sein. „Ausgestaltung“ ist eine besondere äußere Formgestaltung, die über einen Aufdruck des Kartenausstellers hinausgeht und sich der Codierung annähert; in Betracht kommen etwa in die Karte eingelassene Hologramme. Die Ausgestaltung oder Codierung muss gerade der Sicherung vor Nachahmung dienen; Gestaltungsmerkmale nur zur Programmsteuerung reichen daher nicht aus. Erfasst sind aber auch Kartenblankette mit nachgemachtem Magnetstreifen (vgl. unten 11).

6 **B. Schecks.** § 152a gilt für vom bezogenen Institut **nicht garantierte** Schecks. Diese werden individuell ausgestellt und haben eine gegenüber dem Geld (§ 146) stark eingeschränkte Umlauffunktion (vgl. Art. 14 I, III, Art. 16 ScheckG); die Gefahren für den Zahlungsverkehr sind daher deutlich geringer (vgl. BT-Drs. 15/1720, 9). Während die Regelung des § 152b I Nr. 1, die aus § 152a aF übernommen wurde, „Vordrucke“ für (Euro-)Schecks erfasst; führt Abs. I Nr. 1 als Tatobjekte **„Schecks“** auf. Dies sind Urkunden iS von Art. 1, Art. 3 S. 2 ScheckG, die den in Art. 1 Nr. 1 bis 6 ScheckG bezeichneten Inhalt haben (vgl. Art. 2 I ScheckG), insbesondere also auch auf eine bestimmte Geldsumme lauten und unterschrieben sein müssen. Bloße **Urkundenblankette** einer Bank sind daher keine

Schecks iS des ScheckG. Es ist daher fraglich, ob I Nr. 1 auch **Vordrucke** für Schecks erfasst. Dagegen spricht neben dem Wortlaut des I Nr. 1 auch die Erfassung von Wechseln, die an Vordrucke nicht gebunden sind (Art. 1 WG; vgl. unten 9, 12; aber auch BT-Drs. 15/1720, 10). Nach der Begründung des GesE des 35. StÄG sind „Schecks und Wechsel nicht im gleichen Maße schutzwürdig wie Euroscheckvordrucke" (ebd. 9); das lässt die Frage im Dunkeln.

Zweifel daran, dass mit § 152a (nur) die Fälschung ausgefüllter und unterschriebener Schecks erfasst werden soll (so *Joecks* 3; MK-*Erb* 7; SK-*Rudolphi/Stein* 8), ergeben sich andererseits daraus, dass eine in Umsetzung des EU-Rahmenbeschlusses (Erl. vor § 146) zu schließende Strafbarkeitslücke insoweit nicht bestand, da die Fälschung individualisierter Scheck-Urkunden von § 267 erfasst wird (nach BT-Drs. 15/1720, 9 soll § 152a allerdings „als speziellere Regelung vorgehen"), eine Qualifizierung entspr. § 267 IV jedoch fehlt (vgl. unten 9). Für die Erfassung auch von Vordrucken spricht auch die Einbeziehung ausländischer Schecks; weiterhin die Verweisung des Abs. V auf Vorbereitungshandlungen mit der Begründung, Schecks und Wechsel seien „in der Praxis in der Regel einheitlich ausgestaltet (BT-Drs. 15/1720, 10); ebenso die Beibehaltung der „Vordruck"-Regelung in § 152b I Nr. 1; diese ist allerdings ihrerseits überwiegend obsolet, weil nach der Aufhebung der Garantiewirkung von Euroschecks durch die Lizenzgesellschaft *Europay International* zum 1. 1. 2002 diese Urkundenblankette gar nicht mehr ausgegeben werden und nur für eine Übergangszeit die Funktion nicht-garantierter Verrechnungs-Schecks hatten; der „Euroscheck" ist daher gerade *kein* „garantiertes" Zahlungsinstrument iS von § 152b; die Regelung erfasst „Altfälle" (vgl. BT-Drs. 15/1720, 10). 7

Für die bis 31. 12. 2001 garantierten Schecks war str. (vgl. dazu i. e. 51. Aufl. 2a; *S/S-Stree/Sternberg-Lieben* 4), ob die **Codierzeile,** die idR erst bei der Ausgabe an den Bankkunden aufgedruckt wurde, ebenfalls zum Vordruck gehörte und daher die Herstellung *falscher* Vordrucke erst mit dem Aufdruck einer nicht vom angegebenen Aussteller stammenden Codierzeile vollendet war. Nach BGH **46**, 48 (Anm. *Krack* NStZ **01**, 139) ist eine *Herstellung* falscher Vordrucke auch bei unberechtigtem Einfügen der Kontonummer in die Codierzeile gestohlener echter Blankoformulare gegeben. 8

C. Wechsel sind Urkunden iS von Art. 1 WG. Sie sind durch das 35. StÄG nicht den Reiseschecks (§ 151 Nr. 5) gleichgestellt und auch nicht in § 152b aufgenommen worden, da sie keine dem Geld vergleichbare Umlauf- und nur eingeschränkte (vgl. Art. 15 I, 43ff. WG) Garantiefunktion haben und vielfach nicht durch Druck und Papierart gegen Nachahmung besonders gesichert sind (BT-Drs. 15/1720, 9). Dafür, dass nicht nur formgültig ausgefüllte Wechsel, sondern Wechsel-**Vordrucke** gemeint sind (vgl. oben 7), könnte zwar sprechen, dass § 152a, „soweit sich die Tat mit § 267 überschneidet", diesem als spezielle Regelung vorgehen soll (BT-Drs. 15/1720, 9), eine dem § 267 IV entsprechende Qualifikation jedoch „zur Vereinfachung der Struktur gegenüber § 267" (ebd. 10) nicht aufgenommen wurde. Dagegen spricht allerdings, dass hier idR jede „Sicherung gegen Nachahmung" fehlt; Wechsel-Formulare sind industriell hergestellte **Büro-Formulare,** die im Fachhandel zu beziehen sind. Der Entwurf des 35. StÄG verweist für die (eingeschränkte) Umlauffunktion von Wechseln auf das Indossament (Art. 15 I WG), also gerade nicht auf Vordruck"-Merkmale. Die „Fälschung" eines Wechsel-Vordrucks gefährdet den Zahlungsverkehr ebenso wenig wie die „Fälschung" von Quittungsvordrucken. 9

4) Tathandlungen. Die Beschreibung der Tathandlungen durch die Neufassung (oben 1) ist stark an § 146 orientiert (vgl. *Kreß* NJW **98**, 641). 10

A. Die Tathandlung des **I Nr. 1** entspricht § 146 I Nr. 1 (vgl. BT-Drs. 13/8587, 29f.) und umfasst das **Nachmachen** (3 zu § 146), also das Herstellen (20 zu § 184) von Totalfälschungen, aber auch weitere Manipulationen an zuvor bereits verfälschten Tatobjekten (vgl. BGH **46**, 146, 152 [mehrfaches Verändern der im Magnetstreifen einer Zahlungskarte codierten Daten]); weiterhin das **Verfälschen** 11

(4 zu § 146), etwa durch Veränderung des Gültigkeitsdatums, des Namens des Berechtigten, des Lichtbilds oder der in einer Karte elektronisch gespeicherten Daten (vgl. NK-*Puppe* 7ff., 14ff.). Eine auf den pluralischen Wortlaut von Nr. 1 abstellende Auslegung, wonach nur derjenige § 152a unterfällt, der **mehrere** (mindestens 2) Gegenstände iS von Nr. 1 nachmacht oder verfälscht), ist auch im Hinblick auf die hohe Strafdrohung nicht gerechtfertigt (BGH **46**, 146, 150f.; NJW **00**, 3580; *S/S-Stree/Sternberg-Lieben* 5; MK-*Erb* 9); i.ü. hätte dann die Tatvariante des „Gebrauchens" in I Nr. 2 jedenfalls für Zahlungskarten keinen praktischen Sinn. Während für § 152a III idF vor dem 6. StrRG die Herstellung gefälschter, dh falsch codierter Magnetstreifen auf im Übrigen **unbedruckten Karten** nicht als ausreichend angesehen wurde (*Granderath* DB **86**, Beilage 18, 8; 48. Aufl. 6), lässt sich dies für die Neufassung im Hinblick auf IV Nr. 2 iVm § 270 nicht mehr sagen. Soweit es für die Möglichkeit einer täuschungsgleichen Beeinflussung einer DV-Anlage allein auf die Codierung sowie auf die äußere Form einer Zahlungskarte, nicht aber auf Farbe, Aufdrucke usw. ankommt, reicht die Herstellung unbeschrifteter Papp- oder Plastikstücke mit codiertem Magnetstreifen aus, wenn der Täter die Karte selbst so gebrauchen oder dies Dritten ermöglichen will (ebenso NK-*Puppe* 16; *Lackner/Kühl* 7; *Joecks* 3; MK-*Erb* 6; *Achenbach* NStZ **93**, 430; **aA** *S/S-Stree/Sternberg-Lieben* 5).

12 Wenn für das Nachmachen oder Verfälschen von Schecks oder Wechseln jeweils das der Formular-**Vordrucke** als ausreichend angesehen wird, gehört zum Vordruck eines **Schecks** jedenfalls die bezogene Bank sowie die Codierzeile mit BLZ, Kontonummer und Schecknummer (vgl. BGH **46**, 48). Bei **Wechsel**-Vordrucken lässt sich nicht von einer „Sicherung gegen Nachahmung" sprechen (so auch BT-Drs. 15/1720, 9), sondern allenfalls von einer „in der Regel einheitlichen Gestaltung" (ebd. 10). Da ein bloßer Vordruck noch nicht einmal einen Aussteller erkennen lässt (vgl. oben 9), kann hier von einer „Fälschung" nicht gesprochen werden. Das Herstellen eines „falschen Wechsels" ist daher – deckungsgleich mit § 267 I – als Herstellen einer formgemäßen Wechsel-Urkunde iS von Art. 1 WG unter Täuschung über die Identität des Ausstellers zu verstehen.

13 **B.** Tathandlungen nach **I Nr. 2** sind das Sich- oder einem anderen **Verschaffen, Feilhalten,** das **Überlassen** an einen anderen (bgl. Erl. zu § 146), also die Einräumung einer dauernden, vorübergehenden oder einmaligen Gebrauchsmöglichkeit, sowie das (eigene) **Gebrauchen** (23 zu § 267) von gefälschten Zahlungskarten, Schecks oder Wechseln; im letzteren Fall ist, abw. von § 146 I Nr. 3, nicht vorausgesetzt, dass der Täter die Karten usw. selbst nachgemacht oder verfälscht hat; der unklare Hinweis auf „solche" Karten usw. bezieht sich, wie sich aus dem Vergleich mit § 146 I Nr. 3 ergibt, nur auf die Art der Tatobjekte, da sonst die Tatvariante des Sich-Verschaffens keinen Sinn hätte.

14 Der Tatbestand stellt nicht auf das In-Verkehr-Bringen, sondern auf das **Gebrauchen** ab. Diese durch das 6. StrRG eingefügte Formulierung, die sich in § 152a aF allein auf Zahlungskarten bezog, wurde gewählt, weil Karten nicht wie Geld in Verkehr gebracht, sondern als Zahlungsinstrument benutzt werden und beim Benutzer verbleiben (BT-Drs. 13/8587, 30). Mit der Erweiterung durch das 35. StÄG ist dieser Grund im Hinblick auf **Schecks** und **Wechsel** gerade weggefallen. Dadurch werden Überschneidungen im Hinblick auf die Kenntnis eines Dritten von der Falschheit der verschiedenen Tatobjekte begründet. Für das Gebrauchen des Täters selbst im Rechtsverkehr gelten die Grundsätze des § 267. Das Einem-Dritten-Verschaffen setzt, wenn es der Ermöglichung einer „Täuschung" dienen soll, Kenntnis des Dritten voraus. Problematisch bleibt die Abgrenzung zwischen eigenem Gebrauchen (zur Täuschung) und Überlassen an einen Dritten. Wer einen falschen Scheck oder Wechsel einem gutgläubigen Dritten zu dessen Verwendung überlässt, „ermöglicht" nicht eine fremde Täuschung, sondern begeht entweder unmittelbar oder in mittelbarer Täterschaft selbst eine solche, „gebraucht" die Sache also.

5) Subjektiver Tatbestand. Vorsatz ist erforderlich; hinsichtlich der Tathandlung und der Merkmale der Tatgegenstände reicht bedingter Vorsatz. Der Täter muss **zur Täuschung im Rechtsverkehr** (30 zu § 267) oder in der **Absicht** handeln, einem Dritten eine solche Täuschung zu ermöglichen; Die Tatvarianten überschneiden sich. Die Absicht, eine Täuschung zu ermöglichen, setzt weder Kenntnis des Täters von der Person des Täuschenden noch von der des Getäuschten voraus; es reicht aus, dass er das Tatobjekt an einen Eingeweihten weitergeben will (and. NK-*Puppe* 21). Der Täuschung dritter Personen steht (für Zahlungskarten) die fälschliche Beeinflussung einer Datenverarbeitungsanlage gleich (§ 270). Das Einem-anderen-Verschaffen oder -Überlassen sowie das Feilhalten kann nur in der Absicht der Ermöglichung geschehen. Die vom Täter beabsichtigte **Täuschung** muss sich auf die Falschheit als Zahlungsinstrument beziehen. 15

6) Versuch. Die Tat nach § 152a ist Vergehen; nach **Abs. II** ist der Versuch strafbar. Zum Versuch des Nachmachens oder Verfälschens vgl. 26 zu § 146; zum Versuch des Verschaffens und Feilhaltens 27 zu § 146. Da eine erfolgreiche Täuschung im Rechtsverkehr für die Vollendung nicht vorausgesetzt ist, sondern die Absicht des Täters ausreicht, führt das Fehlschlagen eines Täuschungsversuchs namentlich beim Gebrauchen nicht (nur) zum Versuch. 16

7) Rechtsfolgen. Die Tat nach Abs. I ist **Vergehen.** Der Strafrahmen entspricht §§ 147 I, 148 I; die frühere Regelung über minder schwere Fälle (Abs. III aF) ist gestrichen worden. Straferhöhend kann eine erfolgreiche Täuschung wirken. Nach **Abs. V, 2. HS** gilt § 150 II entsprechend; die Tatobjekte sind **einzuziehen.** 17

Abs. III enthält eine Qualifikation für **gewerbsmäßige** (62 vor § 52; zur Strafzumessung bei Teilnehmern vgl wistra **05**, 177) **oder bandenmäßige** (17 ff. zu § 244) Begehung. Die Mitwirkung eines anderen Bandenmitglieds bei der Tat ist nicht erforderlich. Die Bandenabrede muss auf die Begehung von Taten „nach Abs. I" gerichtet sein. Bezieht sie sich auf nach § 152b I qualifizierte Taten, also auf Tatobjekte mit Garantiefunktion, so gilt für die einzelne Bandentat nach § 152a I nicht § 152b II, sondern § 152a III. Eine Bandenabrede iS des § 146 II oder des § 267 III Nr. 1 oder IV reicht grds. nicht aus, wird aber tatsächlich häufig mit einer solchen nach III zusammentreffen. 18

8) Vorbereitungshandlungen (Abs. V, 1. HS). Abs. V, 1. HS stellt durch Verweisung auf § 149 Vorbereitungshandlungen zur Fälschung von Zahlungskarten, Schecks oder Wechseln unter dieselbe Strafdrohung wie die Vorbereitung einer Wertzeichenfälschung. Da das Papier von Schecks und Wechseln regelmäßig nicht gegen Nachahmung besonders gesichert ist, geht die Verweisung auf § 149 I Nr. 2 (ebenso Nr. 3) insoweit ins Leere. § 149 I Nr. 1 wäre nur dann anwendbar, wenn schon die **Formulare** Fälschungen sein könnten (vgl. oben 7, 9, 12). Das liegt bei Wechsel-Formularen eher fern. Verwiesen ist auch auf die Regelung der **Tätigen Reue** in § 149 II, III. 19

9) Konkurrenzen: Zwischen den Begehungsformen des Verschaffens und des Gebrauchens besteht dasselbe Verhältnis wie im Fall des § 146 zwischen Sich-Verschaffen und In-Verkehr-Bringen (NStZ-RR **01**, 240; NStZ **05**, 329); es liegt daher nur eine einheitliche Tat vor (vgl. BGH **34**, 108; **35**, 21, 27). Das Nachmachen oder Verfälschen ist gegenüber dem Sich-Verschaffen speziell. Gegenüber dem Gebrauchmachen (I Nr. 2) tritt I Nr. 1 zurück, nicht jedoch gegenüber dem Feilhalten und Überlassen. Da diese Tatbestandsvarianten ein eigenständiges Gefährdungs-Unrecht enthalten, ist **Tateinheit** anzunehmen. 20

Zur Fassung des Tatbestands vor dem 35. StÄG hat der BGH für die Fälschung von Euroscheck-Vordrucken zwischen I Nr. 1 aF und § 267 **Tateinheit** angenommen (BGH **46**, 48, 52; zur aF vgl. auch *Weber* JZ **87**, 218; *S/S-Stree/Sternberg-Lieben* 26 [26. Aufl.]; *Bieber* JuS **89**, 476; **aA** *Baumann/Bühler* JuS **89**, 52 [Spezialität des § 152a aF]). Der Gesetzgeber des 35. StÄG hat demgegenüber hervorgehoben, soweit sich Taten nach § 152a mit solchen nach § 267 I überschneiden, solle § 152a als **speziellere Regelung** vorgehen (BT-Drs. 15/1720, 9). Dem hat sich der BGH angeschlossen (NStZ **05**, 329; für Fälle des § 267 IV and. MK-*Erb* 16). 21

22 **Tateinheit** liegt zwischen dem Gebrauchmachen und den durch erfolgreiche Täuschung verwirklichten Delikten, namentlich §§ 263, 263 a, vor (zur a. F. BGH **46**, 48, 52; **46**, 146, 154; **aA** SK-*Rudolphi/Stein* 16: subsidiär). Da das Absichtserfordernis des § 152 a nicht doppelt verwertet werden darf, jedoch beide Taten miteinander verbindet, ist zu **unterscheiden:** Das Gebrauchen einer falschen Zahlungskarte steht regelmäßig in **Tateinheit** mit den dabei verwirklichten Delikten und **verklammert** in diesem Fall auch eine mögliche Hehlerei durch Sich-Verschaffen gestohlener Karten und ihre deliktische Verwendung (BGH **46**, 48, 52; 146, 154; NStZ-RR **01**, 240 [Gleichzeitiges Sich-Verschaffen von 30 gefälschten Karten und späterer Einsatz von 8 Karten zu Betrugstaten]); jedoch ist zweifelhaft, ob das erstmalige Sich-Verschaffen in (unkonkreter) Verwendungsabsicht eine Mehrzahl auf jeweils neuem Tatentschluss beruhenden Taten des Gebrauchens gegenüber verschiedenen Personen zur Tateinheit verbinden kann. Die **Beteiligung** an fremden durch Gebrauchmachen verwirklichten Taten steht dagegen mit dem Einem-anderen-Verschaffen oder Überlassen sowie dem Feilhalten in **Tatmehrheit;** es handelt sich um selbstständige Taten, bei denen sich die abstrakte Gefährdungsabsicht in einen konkreten Verletzungsvorsatz umwandelt (**aA** *S/S-Stree/Sternberg-Lieben* 26: bei absichtsgemäßem Verwenden einheitliche Tat; ebenso MK-*Erb* 17). Tatmehrheit liegt auch bei mehrfachen Ausführungshandlungen vor (BGH **46**, 146, 153 [mehrfache selbstständige Fälschungshandlungen an derselben Karte]).

23 **10) Sonstige Vorschriften:** Vgl. § 127 I Nr. 1 Buchst. a, III OWiG („Vorbereitungs"-Handlungen iS von V, 1. HS, ohne Vorsatz).

Fälschung von Zahlungskarten mit Garantiefunktion und Vordrucken für Euroschecks

152b **I Wer eine der in § 152 a Abs. 1 bezeichneten Handlungen in Bezug auf Zahlungskarten mit Garantiefunktion oder Euroscheckvordrucke begeht, wird mit Freiheitsstrafe von einem Jahr bis zu zehn Jahren bestraft.**

II Handelt der Täter gewerbsmäßig oder als Mitglied einer Bande, die sich zur fortgesetzten Begehung von Straftaten nach Absatz 1 verbunden hat, so ist die Strafe Freiheitsstrafe nicht unter zwei Jahren.

III In minder schweren Fällen des Absatzes 1 ist auf Freiheitsstrafe von drei Monaten bis zu fünf Jahren, in minder schweren Fällen des Absatzes 2 auf Freiheitsstrafe von einem Jahr bis zu zehn Jahren zu erkennen.

IV Zahlungskarten mit Garantiefunktion im Sinne des Absatzes 1 sind Kreditkarten, Euroscheckkarten und sonstige Karten,

1. die es ermöglichen, den Aussteller im Zahlungsverkehr zu einer garantierten Zahlung zu veranlassen, und
2. durch Ausgestaltung oder Codierung besonders gegen Nachahmung gesichert sind.

V § 149, soweit er sich auf die Fälschung von Geld bezieht, und § 150 Abs. 2 gelten entsprechend.

1 **1) Allgemeines.** Die Vorschrift ist durch das 35. StÄG vom 22. 12. 2003 (BGBl. I 2838) in Umsetzung des Rahmenbeschlusses der EU vom 28. 5. 2001 (ABl. EG Nr. L 149, 1; vgl. 1 vor § 146) unter Übernahme des Regelungsgehalt des § 152 a aF bei redaktioneller Änderung eingefügt worden; § 152 a wurde grundlegend neu gefasst. **Mat.:** GesE der BReg BT-Drs. 15/1720; Ber. BT-Drs. 15/2046; Gesetzesbeschluss BTag 27. 11. 2003 [Prot. 6948 B-C], BR-Drs. 880/03. Zum **Schuldspruch** vgl. 1 zu § 152 a.

Literatur: Vgl. 1 a zu § 152 a.

2 **2) Regelungszweck.** § 152 b enthält zum einen eine **Qualifikation** zu § 152 a für bestimmte, vom Gesetz als besonders schützenswert angesehene Zahlungsinstrumente des unbaren Zahlungsverkehrs. Für Tathandlungen in Bezug auf solche „garantierten" Zahlungsinstrumente (Karten), die nicht von einem Kreditinstitut oder Finanzdienstleistungsinstitut iS von § 1 KWG herausgegeben werden (vgl. § 152 a VI Nr. 1), enthält § 152 b zum anderen einen eigenen **Grundtatbestand.**

3) Tatobjekte (I, IV). Die möglichen Tatobjekte unterscheiden sich von denjenigen des § 152a durch ihre **Garantiefunktion.** Erfasst sind also nur solche Zahlungsinstrumente des unbaren Zahlungsverkehrs, durch deren bestimmungsgemäße Benutzung im Zahlungsverkehr mit einem Dritten der Aussteller zu einer – in beliebiger oder begrenzter Höhe – garantierten Zahlung an den Dritten verpflichtet wird, ohne sich diesem gegenüber grds. auf Einwendungen aus dem Benutzungsverhältnis zwischen ihm und dem Verwender berufen zu können. Auch hier reicht abweichend vom pluralischen Wortlaut, dass die Tat sich auf **einen** Gegenstand bezieht BGH **46**, 146, 150f.; vgl. 11 zu § 152a). 3

A. Zahlungskarten mit Garantiefunktion. Nach der Definition des IV sind Zahlungskarten iS von I **Kreditkarten, Euroscheckkarten** (vgl. BGH **46**, 146, 148 [Bespr. *Puppe* JZ **01**, 471; *Martin* JuS **01**, 300]) oder **sonstige** mit **Garantiefunktion** ausgestattete (IV Nr. 1) Karten, wenn sie die **Veranlassung einer** (garantierten) **Zahlung** durch den Aussteller ermöglichen und gegen Nachahmung – nicht unbedingt: gegen unbefugte Benutzung – besonders **gesichert** sind (IV Nr. 2). Die besondere Sicherung kann durch Codierung oder durch „Ausgestaltung" (vgl. 5 zu § 152a) erfolgen. Nach BGH **46**, 146 kommt es nicht darauf an, ob der Täter eine Verwendung der Karte in ihrer Garantie-Funktion oder auf andere Weise (Lastschrift-Verfahren, POZ-System; „aufladbare" Chip-Karte) beabsichtigt (dazu *Puppe* JZ **01**, 471f.). 4

Seit dem Auslaufen des EC-Systems zum 31. 12. 2001 werden von den Europäischen Banken keine Euroscheck-Karten mehr ausgegeben; diese wurden vielmehr durch das **Maestro-System** ersetzt, das die Funktionen von Zahlungs- und Kreditkarte vereint. Maestro-Karten können aber – aus Gründen der Vertrautheit der Verbraucher mit dem Symbol – auch weiterhin Bezeichnungen oder Aufdrucke als „EC-Karten" beibehalten. Die Maestro-Karten sind daher Zahlungskarten mit Garantiefunktion iS von Abs. I, auch insoweit, als sie im POZ-System (**Lastschriftverfahren;** vgl. dazu 15 zu § 266b) eingesetzt werden (BGH **46**, 146, 148f. [Anm. *Puppe* JZ **01**, 471; *Eisele* JA **01**, 747]; **aA** *Joecks* 3). 5

Es ist nicht (wie für § 152a; vgl. dort IV Nr. 1) erforderlich, dass die Karte von einem Kreditinstitut oder Finanzdienstleistungsinstitut (§ 1 KWG) herausgegeben wurde (MK-*Erb* 4). Daher sind als „sonstige Karten" zB auch **Kundenkarten** anderer Unternehmen erfasst, die gegenüber wirtschaftlich selbstständigen Pächtern oder Franchisenehmern bestimmter Handelsketten (Tankstellen, Restaurants, Hotels) im „Drei-Personen-Verhältnis" als Zahlungsinstrument verwendet werden können (so auch MK-*Erb* 6). **Nicht** erfasst sind Zahlungskarten im „Zwei-Personen-Verhältnis", die allein zum Kreditkauf bei dem herausgebenden Unternehmen berechtigen (vgl. BGH **38**, 283; 10 zu § 266b); auch nicht solche, die zur Inanspruchnahme von im Voraus bezahlten Leistungen berechtigen (vgl. dazu 4a zu § 152a). 6

B. Euroscheck-Vordrucke. Die in I Nr. 1 genannten Vordrucke sind Urkunden-Blankette, deren Aussteller eine inländische oder ausländische Bank ist; bei Einhaltung der Formvorschriften der „Bedingungen für EC-Karten" (eurocheque-Garantieverfahren) war die Zahlung des Scheckbetrags bis zu einem Betrag von 400 DM **garantiert.** Seit der **Aufhebung der Garantiewirkung** von Euroschecks durch die zuständige Lizenzgesellschaft *Europay International S.A.* (EPI) zum 1. 1. 2002 werden Euroscheck-Vordrucke nicht mehr ausgegeben (vgl. 7 zu § 152a); nicht garantierte Schecks unterfallen § 152a. Die Regelung des I Nr. 1 ist daher nur für **Altfälle** von Belang; deren Strafbarkeit durch die Änderung der privatrechtlichen Zahlungsbedingungen nicht gem. § 2 III entfallen ist (vgl. BT-Drs. 15/1720, 10). Zur streitigen Frage, ob die bei Ausgabe individuell aufgedruckte **Codierzeile** zum Vordruck gehörte, vgl. BGH **46**, 48 [Anm. *Krack* NStZ **01**, 139]; 8 zu § 152a). 7

4) Tathandlungen. Die Tathandlungen entsprechen denen des § 152a. Vgl. die Erl. dort 10ff. 8

9 **5) Subjektiver Tatbestand.** Der für § 152b erforderliche **Vorsatz** entspricht grds. dem des § 152a; hinsichtlich der Tathandlung und der Merkmale der Tatgegenstände reicht bedingter Vorsatz. Er muss hier zusätzlich auch die **Garantiewirkung** des Zahlungsinstruments umfassen. Ein Irrtum über die Garantiewirkung eines Gebrauchs im Einzelfall ist unerheblich; ein Irrtum über die Möglichkeit iS von IV Nr. 1 führt dagegen zur Anwendung des § 152a; die irrtümliche Annahme zum Versuch des § 152b (vgl. dazu 36 zu § 22). Der Täter muss wie bei § 152a **zur Täuschung im Rechtsverkehr** (30 zu § 267) oder in der **Absicht** handeln, einem Dritten eine solche Täuschung zu ermöglichen.

10 **6) Rechtsfolgen.** Die Tat nach Abs. I ist Verbrechen. Die Strafrahmenobergrenze ist gegenüber § 146 I abgesenkt; namentlich für das Überlassen oder Gebrauchen (I iV mit § 152a I Nr. 2) einzelner Karten erscheint die Untergrenze von 1 Jahr, auch im Hinblick auf § 266b, sehr hoch. Nach **Abs. V, 2. HS** iV mit § 150 II sind die Tatobjekte **einzuziehen.**

11 **Abs. II** enthält eine weitere **Qualifikations-Stufe** für **gewerbsmäßige** (62 vor § 52) oder **bandenmäßige** (17 ff. zu § 244) Begehung. Auf eine gesonderte weitere Qualifikation für (kumulativ) gewerbsmäßige Bandendelikte ist verzichtet worden (BT-Drs. 15/1720, 10). Die Bandenabrede muss sich auf „Straftaten nach Abs. 1", also gerade auf Taten im Hinblick auf Zahlungsinstrumente mit Garantiefunktion beziehen (vgl. 18 zu § 152a). Bandenmitglied kann nach allgemeinen Regeln auch ein Gehilfe sein (vgl. NStZ **02**, 318; wistra **04**, 265, 266).

12 **Abs. III** enthält Strafzumessungsregeln für **minder schwere Fälle** des I und II, die § 146 III entsprechen. Die Annahme eines minder schweren Falls kommt etwa bei geringen Stückzahlen von Tatobjekten nach I oder bei besonders plumpen Fälschungen in Betracht, bei denen eine konkrete Gefährdung fern liegt.

13 **7) Vorbereitungshandlungen (Abs. V, 1. HS).** Vorbereitungshandlungen gem. § 149 zur Fälschung von Zahlungsinstrumenten mit Garantiefunktion sind durch die Verweisung unter dieselbe Strafdrohung wie die Vorbereitung einer **Geld**-Fälschung gestellt. Für die **Tätige Reue** gilt § 149 II, III.

14 **8) Konkurrenzen:** Vgl. 20 bis 22 zu § 152a. Soweit sich die Tatbestände decken, wird § 152a von der Qualifikation verdrängt. Beziehen sich Taten auf verschiedene Zahlungsinstrumente, so besteht zwischen § 152a und § 152b Tateinheit. Gegenüber dem Gebrauchen gefälschter Karten iS von § 152b tritt § 267 zurück (Spezialität des § 152b I; vgl. NStZ **05**, 329; **aA** *Lackner/Kühl* 7).

15 **9) Sonstige Vorschriften:** Weltrechtsprinzip: § 6 Nr. 7; Anzeigepflicht: § 138 I Nr. 4; Geldwäsche: § 261 I S. 2 Nr. 4 Buchst. a; Akustische Wohnraumüberwachung: § 100c I Nr. 3 Buchst. a StPO.

Neunter Abschnitt

Falsche uneidliche Aussage und Meineid

Vorbemerkung

1 **1)** Die §§ 153 bis 163 enthalten eine umfassende eigenständige Regelung der Aussagedelikte einschließlich Sonderregeln für die Beteiligung (§ 159), die Fahrlässigkeitsstrafbarkeit (§ 160) und die Tätige Reue (§ 158; § 160 II), die – rechtshistorisch begründet, aber aus rationaler Sicht immerhin bezweifelbar – zwischen Meineid (§§ 154, 155), uneidlicher Falschaussage (§ 153) und falscher Versicherung an Eides Statt (§ 156) unterscheidet (vgl. auch §§ 157 I, 160 I, 163 I), die letzteren aber durch Vorverlagerung der Strafbarkeit dem Verbrechenstatbestand des § 154 annähert (vgl. § 159). Die **Systematik** des Abschnitts vermag nicht durchweg zu überzeugen; sie ist teilweise (insb. § 160) nur durch Anknüpfungen an die überholte sakrale Bedeutung des Eids zu erklären (vgl. *S/S/Lenckner* 2; LK-*Ruß* 4; *Grünwald* [1 a] 311). Probleme bereitet namentlich die Strafbarkeit versuchter Beteiligung an Vergehen, deren Versuch selbst nicht strafbar ist (§§ 159, 160). **Auslandstaten:** § 5 Nr. 10.

Gesetzgebung: Der GesE der BReg eines G zur Umsetzung des RB zur Bekämpfung der sexuellen Ausbeutung von Kindern und der Kinderpornographie (BT-Drs. 16/3439) hat eine Streichung von § 153 II und die Einfügung eines neuen § 162 zur Anwendbarkeit der §§ 153 ff. auf internationale Gerichte und auf nationale Untersuchungsausschüsse vor. Das Gesetzgebungsverfahren war bei Redaktionsschluss der 55. Aufl. nicht abgeschlossen. Der GesE ist abgedruckt im **Anhang unter Nr. 23 a**.

1 a **Literatur (Auswahl):** *Arzt,* Falschaussage mit bedingtem Vorsatz, Jescheck-FS 391; *Aselmann,* Die Selbstbelastungs- und Verteidigungsfreiheit, 2004 (Diss. Göttingen 2004); *Bartholmé,* Beihilfe zur Falschaussage durch Unterlassen, JA **98**, 204; *Bruns,* Die Grenzen der eidlichen Wahrheitspflicht des Zeugen (usw.), GA **60**, 161; *Dahs,* Als Zeuge vor dem parlamentarischen Untersuchungsausschuss, Rudolphi-FS (2004) 2597; *Dedes,* Die Falschheit der Aussage, JR **77**, 441; *ders.,* Grenzen der Wahrheitspflicht des Zeugen, JR **83**, 99; *Gallas,* Zum Begriff der Falschheit der eidlichen und uneidlichen Aussage, GA **57**, 315; *Grünwald,* R. Schmitt-FS 311; *Geppert,* Grundfragen der Aussagedelikte, Jura **02**, 173; *Heinrich,* Die strafbare Beteiligung des Angeklagten an falschen Zeugenaussagen, JuS **95**, 1115; *Hilgendorf,* Der Wahrheitsbegriff im Strafrecht am Beispiel der strafrechtlichen Aussagetheorien (§§ 153 ff. StGB), GA **93**, 547; *Jung,* Zum Status Betroffener im Recht parlamentarischer Untersuchungsausschüsse, Richter II-FS (2006) 267; *Kargl,* Wahrheit und Wirklichkeit im Begriff der „falschen Aussage" (§§ 153 ff. StGB), GA **03**, 791; *Meinecke,* Die Auswirkungen von Verfahrensfehlern auf die Strafbarkeit nach den Aussagedelikten, 1996 (Diss. Heidelberg); *Moldenhauer,* Aussagenotstand auch bei nichtehelicher Lebensgemeinschaft?, Maiwald-FS (2003), 187; *Montenbruck,* Tatverdächtiger Zeuge und Aussagenotstand, JZ **85**, 976; *H. E. Müller,* Falsche Zeugenaussage und Beteiligungslehre, 2000 (Rez. *Vormbaum* StV **04**, 684); *Otto,* Die Aussagedelikte, JuS **84**, 161; *Paulus,* Die „falsche Aussage" als Zentralbegriff der §§ 153–163 StGB, Küchenhoff-GedS 435; *Quedenfeld,* Der Meineid des Eidesunmündigen, JZ **73**, 238; *Rogall,* Das Untersuchungsausschussgesetz des Bundes und seine Bedeutung für das Straf- und Strafverfahrensrecht, Meurer-GedS (2002), 449; *Rudolphi,* Die Bedeutung von Verfahrensmängeln für die Tatbestandsmäßigkeit einer eidlichen oder uneidlichen Aussage und einer eidesstattlichen Versicherung, GA **69**, 129; *Scheffler,* Beihilfe zur Falschaussage durch Unterlassen seitens des Angeklagten, GA **93**, 341; *Schmidhäuser,* Aussagepflicht und Aussagedelikt, OLG Celle-FS 207; *Schulz,* Probleme der Strafbarkeit des Meineides nach geltendem u. künftigem Recht, 1970; *Stein,* Zum Begriff der Falschaussage, Rudolphi-FS (2004), 553; *Steinke,* Probleme des Falscheids durch forensische Sachverständige, MDR **84**, 272; *Vormbaum,* Versuchte Beteiligung an der Falschaussage. Zum Verhältnis der §§ 30 und 159 StGB, GA **86**, 353; *ders.,* Der strafrechtliche Schutz des Strafurteils, 1987; *ders.,* Frühzeitige und rechtzeitige Berichtigung falscher Angaben, JR **89**, 133; *ders.,* Eid, Meineid und Falschaussage. Reformdiskussion u. Gesetzgebung seit 1870, 1990; *ders.,* Reform der Aussagetatbestände (§§ 153–163 StGB). Reformüberlegungen u. Gesetzentwurf, 1992; *Wiefelspütz,* Das Untersuchungsausschussgesetz, 2003; *Wolf,* Falsche Aussage, Eid und eidesgleiche Beteuerung, JuS **91**, 177; *G. A. Wolf,* Parlamentarischer Untersuchungsausschuss und Strafjustiz, 2005 (Bespr. *Gärditz* GA **06**, 248); *Zipf,* Die Problematik des Meineides innerhalb der Aussagedelikte, Maurach-FS 415.

2 **2)** Geschütztes **Rechtsgut** der Aussagedelikte ist nach allg. Ansicht die staatliche Rechtspflege (GrSenBGH **8**, 309; BGH **10**, 143; LK-*Ruß* 2ff. mwN); dieses Rechtsgut verweist freilich weiter auf das öffentliche Interesse an zutreffender Wahrheitsfeststellung, aber auch an der Legitimität und Autorität staatlicher Entscheidungen auf der Grundlage formalisierter Wahrheitsfeststellung (vgl. auch NK-*Vormbaum* 1ff.; *S/S/Lenckner* 2; jew. mwN; **aA** MK-*Müller* 9). Geschützt ist nur die innerstaatliche Rechtspflege (zu Auslandstaten vgl. § 5 Nr. 10). Es handelt sich um **abstrakte Gefährdungsdelikte** (19 vor § 13; NJW **99**, 2380 [§ 156]; *Gallas* GA **57**, 318). Die Aussagedelikte sind **eigenhändige Delikte** (42 vor § 13; vgl. dazu *Müller* [1a] 145ff.); Mittäterschaft und mittelbare Täterschaft sind regelmäßig ausgeschlossen (LK-*Ruß* 7; *Gallas,* Engisch-FS 607); eine Sonderregelung enthält § 160. Nach verbreiteter Ansicht sind sie auch **Sonderdelikte;** danach ist die dem Täter obliegende prozessuale Wahrheitspflicht ein besonderes persönliches Merkmal iS des § 28 I (*Langer,* E. Wolf-FS 355; SK-*Rudolphi* 9; NK-*Vormbaum* 111 zu § 153; *Herzberg* ZStW **88**, 68, 103; GA **91**, 145, 181ff.). Nach wohl zutr. **aA** ist die Zeugen- oder Sachverständigen-Eigenschaft allein rechtsgutsbezogen und begründet kein besonderes persönliches Unrecht (*S/S-Lenckner* 42; LK-*Ruß* 7; zweifelnd *Lackner/Kühl* 7).

3 Für die forensische **Praxis** spielen die §§ 153ff. eine weitaus größere Rolle, als es die statistischen Belastungszahlen erkennen lassen. Dies spiegelt sich schon in der **Belehrungspflicht** für Aussagepersonen; der „nachdrückliche" und wiederholte Hinweis prägt die alltägliche Praxis namentlich des Zeugenbeweises. Die Haltung der Justiz zur Aussagekriminalität ist in interessanter Weise gespalten: Die Erkenntnis (oder Behauptung) ihrer Ubiquität gilt geradezu als Kennzeichen praktischer Erfahrenheit; zugleich bleibt der Anspruch erhalten, richterliche Überzeugung müsse die *Wahrheit* erkennen, welche allein die Entscheidung tragen könne. Zu verweisen ist etwa auf die Rspr zur „Waffengleichheit" bei Aufbietung sog. „Parteizeugen" im Zivilprozess (vgl. EGMR NJW **95**, 1413; BVerfG NJW **01**, 2531; BGH NJW **99**, 363; **02**, 2247; **03**, 3636): „Wenn nur eine Partei einen Zeugen benennen kann", gebietet danach unter bestimmten Umständen der Grundsatz der Waffengleichheit einen prozessualen „Ausgleich" durch Vernehmung der anderen Partei (§ 448 ZPO). Das mag Art. 6 MRK genügen, bringt aber letztlich eine recht hemdsärmlige „Praktiker-Erfahrung" auf den gelehrten Punkt, wonach im Zivilprozess die Parteien jeweils „ihre" Bataillone auffahren.

4 Wenig befriedigend ist auch insoweit der Umgang mit dem **Eid:** Die **Legitimität** der hohen Strafdrohung (§ 154) und die Strafbarkeit des Irrtums (§ 163) werden aus einer erhöhten Richtigkeitsgewähr abgeleitet. Diese stützt sich ihrerseits aber allein auf die Strafdrohung selbst. Die forensische Praxis erachtet den durch Vereidigung von Zeugen erreichbaren Wahrheitsgewinn (zutr.) als gering, schreibt aber zugleich beeideten Aussagen einen erhöhten Beweiswert zu.

5 Bemerkenswert ist schließlich, dass Taten von **Sachverständigen** statistisch so gut wie nicht vorkommen, obgleich Wahrscheinlichkeit und Eigeninteresse dagegen sprechen (vgl. 8 zu § 154; 9 zu § 163) und nach hM sogar die einen *Voreid* leistenden Dolmetscher (vgl. dazu 9 zu § 154) wegen fahrlässig fehlerhafter Übersetzung (§ 163!) bestraft werden können. All dies verweist auf die *normative* **Entlastungsfunktion,** welche die Existenz der Strafdrohung für die **Selbst-Legitimierung** gerichtlicher Entscheidungen hat.

Falsche uneidliche Aussage

153 **I Wer vor Gericht oder vor einer anderen zur eidlichen Vernehmung von Zeugen oder Sachverständigen zuständigen Stelle als *Zeuge oder Sachverständiger* uneidlich falsch aussagt, wird mit Freiheitsstrafe von drei Monaten bis zu fünf Jahren bestraft.**

II Einer in Absatz 1 genannten Stelle steht ein Untersuchungsausschuss eines Gesetzgebungsorgans des Bundes oder eines Landes gleich.

1) Allgemeines. Die Vorschrift wurde geändert durch Art. 19 Nr. 60 EGStGB. Abs. II ist durch das UntersuchungsausschussG **(PUAG)** v. 19. 6. 2001 (BGBl. I, 1142; III 1101–10; 450–2) eingefügt worden (**Mat.:** GesE FDP: BT-Drs. 14/2363; Ber.: BT-Drs. 14/5790). **Literatur:** Vgl. 1 a vor § 153. **Statist. Angaben:** NK-*Vormbaum* 129. 1

Gesetzgebung: Vgl. 1 vor § 153; **Anhang** Nr. 23 a.

2) Falsche Aussage. § 153 enthält den für den Abschnitt grundlegenden Tatbestand der falschen uneidlichen, also nicht durch einen Eid bekräftigten Aussage. 2

A. Aussage ist die sprachliche Wiedergabe von Tatsachen, dh – in Abgrenzung zu Schlussfolgerungen und Wertungen – von vergangenen oder gegenwärtigen Ereignissen oder Zuständen in der Außenwelt oder im Inneren von Menschen. Insoweit entspricht der Begriff demjenigen der **Tatsachenbehauptung**. Der Begriff wird in den §§ 153 ff. darüber hinaus als Beschreibung von Äußerungen in einem bestimmten *prozessualen* Kontext verwendet (vgl. zu diesen unterschiedlichen Begriffen *Stein*, Rudolphi-FS [2004] 553, 554 f.); es kommt darauf an, ob in dem jeweiligen Verfahren Behauptungen gerade mit diesem Gegenstand bei der Feststellung des Sachverhalts zu berücksichtigen sind. Von § 153 ff. erfasst sind Zeugen-, Partei- und Sachverständigenaussagen sowie eidesstattlichen Versicherungen. Eine nur schriftlich eingereichte Erklärung, namentlich ein Sachverständigengutachten, ist keine Aussage (München MDR **68**, 939; *Otto* JuS **84**, 166; SK-*Rudolphi* 2; str.). Im Fall von Sachverständigengutachten erstreckt sich der Begriff der Aussage (vgl. BGH **9**, 292) auch auf Werturteile. Diese können auch Behauptungen innerer Tatsachen enthalten (vgl. i. e. 6 ff. zu § 263). Für die Feststellung des Inhalts einer Aussage gelten die allgemeinen Auslegungsgrundsätze; danach enthalten etwa allgemein bekannte Rechtsbegriffe sowie im Alltag übliche Bewertungen idR Aussagen über Tatsachen. Im Strafverfahren wegen einer Falschaussage hat das Gericht den Inhalt der Aussage selbständig zu ermitteln (§ 244 II StPO); es ist an frühere Feststellungen nicht gebunden (§ 261 StPO). 3

B. Falsch ist eine Aussage, wenn sie im Hinblick auf den **Vernehmungsgegenstand** (wohl richtiger: *Behauptungs*-Gegenstand; vgl. *Stein*, Rudolphi-FS [2004] 553, 557, 568 ff.) der Wahrheit nicht entspricht, also die Wirklichkeit unzutreffend wiedergibt. Das ist nach hM der Fall, wenn der Inhalt der Aussage mit der objektiven Sachlage nicht übereinstimmt (**objektive Theorie;** BGH **7**, 147, 148 f.; Koblenz NStZ **84**, 551; stRspr; vgl. schon RG **10**, 339; **37**, 398; **39**, 42; ausf. dazu *Kargl* GA **03**, 791 ff., 803 ff.; krit. *Stein*, Rudolphi-FS [2004] 553, 567 f; abl. MK-*Müller* 44 ff., 51). Dass eine Aussage „nach bestem Wissen" erfolgt (vgl. § 66 c StPO; § 807 ZPO), macht daher nicht die subjektive Vorstellung des Aussagenden zum Gegenstand der Aussage (BGH **7**, 147, 149). Das gilt gleichermaßen, wenn Aussagegegenstand eine **innere Tatsache** ist (vgl. dazu wistra **99**, 222; *S/S-Lenckner* 7). 4

Es kommt nicht, wie von der **„subjektiven Theorie"** angenommen (vgl. RG **65**, 22; **68**, 281 ff.; BGH LM § 3 Nr. 2; § 154 Nr. 5; Bremen NJW **60**, 1827 f.; *Gallas* GA **57**, 315), auf einen Vergleich des Aussageinhalts mit dem Vorstellungsbild der aussagenden Person an. In diesem Fall hätte, wer etwas Wahres in der Meinung beschwört, es sei falsch, einen vollendeten Meineid geleistet; nach zutr. hM liegt hier ein versuchter Meineid vor. Nach der mit Unterschieden im einzelnen vertretenen sog. **Pflichttheorie** (vgl. *Schmidhäuser* OLG Celle-FS 267 und BT 23/10; *Otto* JuS **84**, 162 und BT § 97 II 2; NK-*Vormbaum* 16 f. und 79 ff. zu § 153; Kombination aus subjektiver und Pflichttheorie bei MK-*Müller* 51; krit. *M/Schroeder/Maiwald* 75/21; *Wolf* JuS **91**, 177, 180; *Stein*, Rudolphi-FS [2004] 553, 565) kommt es auf eine Verletzung der prozessualen Wahrheitspflicht an; falsch ist die Aussage danach dann, wenn sie nicht dasjenige Wissen der Aussageperson wiedergibt, das diese bei pflichtgemäßer Prüfung ihres Wahrnehmungs- und Erinnerungsvermögens haben könnte (zu den Theorien i. e. LK-*Ruß* 8 ff.; *Paulus*, Küchenhoff-GedS 435, 450 ff.). Dass das Gesetz von der objektiven Theorie ausgeht, ergibt sich nach hM aus § 160, wonach einen falschen Eid leistet, wer Wahres zu beschwören glaubt (vgl. auch 4 StR 501/94; and. *Schmidhäuser*, OLG 5

Celle-FS 218; SK-*Rudolphi* 43; *Vormbaum* [1 a] 256 ff., die auf das wirkliche Erlebnisbild des Aussagenden abstellen; auch *Dedes* JR **77**, 445).

6 Das **Verschweigen** von Tatsachen begründet den Vorwurf der falschen Aussage, wenn die Unvollständigkeit nicht offenbart und die Aussage als vollständige ausgegeben wird (Zweibrücken wistra **93**, 231). Für den Vernehmungsgegenstand ersichtlich wesentliche Tatsachen hat ein Zeuge auch ohne besonderes Befragen anzugeben (vgl. BGH **1**, 23; **2**, 90), selbst wenn er insoweit die Aussage verweigern könnte; eine solche Weigerung hat er ausdrücklich zu erklären (BGH **7**, 127). Die Vollständigkeits-Verpflichtung gilt freilich nur in den Grenzen des **Gegenstands der Vernehmung,** der durch einen Beweisbeschluss oder durch Hinweis (vgl. § 69 I S. 2 StPO) sowie zulässige Fragen bezeichnet ist (zu Untersuchungsausschüssen vgl. Koblenz StV **88**, 531); ein Zeuge ist nicht verpflichtet, von sich aus auf eine Erweiterung des Beweisthemas hinzuwirken oder darüber hinausgehende Tatsachen zu offenbaren (vgl. BGH **3**, 221, 223; **7**, 127; **25**, 244, 246; vgl. *Geppert* Jura **02**, 173, 174 f.]).

7 **3) Zuständige Stelle.** Voraussetzung des § 153 ist eine Falschaussage vor einer zur *eidlichen* Vernehmung zuständigen Stelle.

8 **A. Zuständige Stellen nach Abs. I.** Die Aussage muss vor einer Stelle gemacht werden, die zur eidlichen Vernehmung von Zeugen oder Sachverständigen zuständig ist; **Gerichte** sind beispielhaft als Hauptanwendungsfall hervorgehoben (vgl. dazu 18 zu § 154). Für Auslandstaten in Verfahren, die im Inland anhängig sind, gilt § 5 Nr. 10. Staatsanwaltschaft und Polizei haben die Zuständigkeit nicht (§ 161 a I S. 3 StPO); auch nicht Notare. Private Schiedsgerichte sind zur Abnahme von Eiden nicht zuständig. Nach Hamburg NJW **84**, 935 (zust. MK-*Müller* 63) ist eine Zeugenaussage vor dem **Rechtspfleger** im Bereich der nach § 4 RPflG übertragenen richterlichen Aufgaben eine Aussage vor Gericht iS des § 153, obgleich der RPfl zur Abnahme des Eides nicht befugt ist (§ 4 II Nr. 1 RPflG). Zutr. ist wohl die Gegenansicht (so auch NK-*Vormbaum* 46; SK-*Rudolphi* 4; *Ostendorf* JZ **87**, 337), denn bei der Übertragung handelt es sich nicht um eine *Vertretung* des Gerichts; der Begriff einer „Repräsentation" (vgl. *Lackner/Kühl* 3) ist vage. Für die Zuständigkeit kommt es stets nur auf diejenige Stelle an, vor der die Aussage unmittelbar geleistet wird; die Verwertung von Aussagesurrogaten, etwa nach §§ 251 II, 255 a StPO, unterfällt § 153 daher als solche nicht.

9 **B. Untersuchungsausschüsse (Abs. II).** Das UntersuchungsausschussG (PUAG) v. 19. 6. 2001 (BGBl. I 1142) hat die pauschale Bezugnahme des Art. 44 I S. 2 GG durch eine einfachgesetzliche Verfahrensregelung ersetzt, welche die **Vereidigung** von Zeugen vor Untersuchungsausschüssen nicht vorsieht (vgl. BT-Drs. 5790, 21; zur Gesetzesgeschichte auch *Vormbaum* JZ **02**, 166 ff.); der Streit, ob parlamentarische Untersuchungsausschüsse „sonstige Stellen" iS von Abs. I seien (zur praktischen Bedeutung vgl. *Vormbaum* JZ **02**, 166, 169 u. Fn. 27), ist damit erledigt (vgl. dazu auch *Hamm* ZRP **02**, 11; *Wiefelspütz* ZRP **02**, 14; *Schaefer* NJW **02**, 490; *Rogall*, Meurer-GedS [2002] 449 ff.; *Dahs*, Rudolphi-FS [2004] 597 ff.). Aus diesem Grund war nach Auffassung des Gesetzgebers die Einfügung des Abs. II notwendig (so auch *Lackner/Kühl* 3), um eine Strafbarkeit von uneidlichen Falschaussagen vor solchen Ausschüssen sicherzustellen. Der **Wortlaut** des II geht über den Regelungsgehalt des PUAG hinaus, indem er *irgendeinen* Untersuchungsausschuss *jedes* Gesetzgebungsorgans des Bundes oder eines der Länder zur zuständigen Stelle erklärt; nach dem Sinn der Regelung sind nur Ausschüsse der Parlamente iS des § 44 GG oder entsprechender Landesverfassungs-Bestimmungen gemeint.

9 a An der weitgehenden **praktischen Bedeutungslosigkeit** der Strafdrohung hat sich durch die Neuregelung nichts geändert. Die „sinngemäße Anwendung" der StPO (Art. 44 I S. 2 GG) auf das Verfahren der U-Ausschüsse hat schon in der Vergangenheit zu einer ihrer *politischen* Legitimität nicht günstigen Vermischung von parlamentarisch-politischen und justiziel-

len Elementen geführt (zutr. *Schaefer* NJW **02**, 490). Untersuchungsausschüsse sind aber nicht nur der *Form,* sondern ihrem *Wesen* nach keine Gerichte und auch nicht „gerichtsähnlich"; sie werden dies erst recht nicht dadurch, dass sie in der Sache **Beschuldigte** als „Zeugen" vernehmen (vgl. dazu *Dahs*, Rudolphi-FS [2004] 597 ff.; *Jung*, Richter II-FS [2006] 267 ff.; zum Verzicht auf die Einführung eines „Betroffenen"-Status vgl. *Rogall*, Meurer-GedS 449, 460 ff., 479; zutr. krit. *Dahs*, Als Zeuge vor dem Parlamentarischen Untersuchungsausschuss, Rudolphi-FS [2004] 597, 599 ff.; vgl. auch *G. A. Wolf* [1 a vor § 153] 97 ff.). Da die parlamentarischen Untersuchungsausschüsse überdies vielfach Instrumente parteitaktischer Erwägungen und (erklärte) Mittel des „politischen Kampfs" sind (vgl. *Wiefelspütz*, Das Untersuchungsausschussgesetz, 2003, 29), entbehren sie im Verständnis der Bürger einer an die Unabhängigkeit und Sachbezogenheit der Wahrheitsfindung gebundenen Autorität; denn wenn die „Wahrheit", welche die Ausschüsse ermitteln, sich *offensichtlich* nach der Parteizugehörigkeit ihrer Mitglieder bestimmt, kommt den Ergebnissen eine *Richtigkeits*gewähr kaum zu. Das Strafrecht wird hierdurch in doppelter Weise geschwächt (vgl. *Quaas/Zuck* NJW **88**, 1878 f.): Untersuchungsausschüsse beanspruchen eine quasi-justizielle **Legitimität,** welche sie durch die offene Interessengeleitetheit ihrer Amtsführung zugleich untergraben; zugleich wird die Strafjustiz dadurch tendenziell instrumentalisiert. Der Vorschlag *Vormbaums* (JZ **02**, 166, 179), § 153 II wieder zu streichen und auf eine *Strafbarkeit* insoweit ganz zu verzichten, würde freilich, wenn nicht parlamentarische (und ggf verfassungsgerichtlich zu überprüfende) Sanktionen an ihre Stelle träten, zu einer weitgehenden Entwertung des Untersuchungsinstruments führen.

4) Täterstellung. Täter des § 153 kann nur ein **Zeuge** oder **Sachverständiger** sein. Diese Stellung kann jeweils nur eine unmittelbar vor der zuständigen Stelle mündlich aussagende Person haben. Ein „Zeuge vom Hörensagen" wird also nicht dadurch zum Täter des § 153, dass eine dritte Person über seine (wahrheitswidrigen) Bekundungen ihr gegenüber aussagt. **Parteiaussagen** im Zivilprozess, die vorsätzlich falsch, aber nicht beeidigt sind, fallen nicht unter § 153 (vgl. aber § 154 I). Keine Zeugen oder Sachverständige sind „Berichtspersonen", die im Verfahren vor dem BVerfG als sog. „Aufklärungshilfe" aussagen (Karlsruhe NStZ **96**, 283 m. krit. Anm. *Kunert*). Angaben einer Person in beschuldigtenähnlicher Stellung vor einem parlamentarischen Untersuchungsausschuss sollen keine Zeugenaussagen sein (*Wagner* GA **76**, 265; str.). Der **Dolmetscher** ist als solcher kein Sachverständiger iS von § 153, vielmehr „Beteiligter eigener Art" (*Meyer-Goßner* 7 zu § 185 GVG). Im Hinblick auf § 189 GVG unterfällt er nach hM aber § 154 (vgl. dort 16). **10**

5) Tathandlung. § 153 ist ein schlichtes Tätigkeitsdelikt. Der Tatbestand ist daher erfüllt, wenn der Täter vor der zuständigen Stelle falsch **aussagt,** also eine unzutreffende Aussage zum Gegenstand seiner Vernehmung macht. Ein (täterschaftliches) **Unterlassen** ist nicht möglich: Eine insgesamt zu Unrecht verweigerte Aussage ist keine „falsche"; eine durch Weglassen unvollständige ist durch aktives Tun begangen. **Vollendet** ist die Tat mit dem **Abschluss der Aussage,** nämlich sobald der Aussagende nichts mehr bekunden und kein Verfahrensbeteiligter mehr Fragen an ihn stellen will, spätestens mit dem Schluss der Verhandlung im jeweiligen Rechtszug (GrSenBGH **8**, 301; NJW **99**, 2380; MDR **60**, 416; vgl. auch Bay StV **89**, 251 m. Anm. *Wächtler*). Bei falscher Aussage in mehreren Terminen können je nachdem, ob die Vernehmung in jedem der einzelnen Termine beendet wird oder sich als Einheit über die Termine erstreckt, mehrere oder ein einziges Vergehen vorliegen (BGH **8**, 301; LK-*Ruß* 13; vgl. unten 16). **11**

Danach bestimmt sich auch, ob, wenn der Aussagende im letzten Termin eine zuvor falsche Aussage richtig stellt, strafloser **Versuch** gegeben oder § 158 anwendbar ist: Wurde die falsche Angabe vor Abschluss der Aussage **berichtigt,** so ist § 158 unanwendbar (NJW **60**, 731). Wer seine (zunächst uneidliche) Falschaussage *nach* Aussagenende, aber noch vor Vollendung eines nachfolgenden Eides (Nacheid iS § 154) berichtigt, tritt zwar vom Versuch des Meineids (§ 154) zurück; es bleibt ihm für die vollendete uneidliche Falschaussage (§ 153) nur noch § 158, denn die Nicht-Verwirklichung der Qualifikation lässt die Vollendung des § 153 nicht entfallen (GrSenBGH **8**, 301; *S/S-Lenckner* 16; SK-*Rudolphi* 15; LK-*Ruß* 13; **aA** BGH **4**, 176; *Vormbaum* JR **89**, 133 und NK 41; vgl. 13, 20 zu § 154). **12**

13 Darauf, ob die Aussage **zurecht** erfolgt ist, ob sie im Einzelfall einer Aussagepflicht entsprach oder etwa entgegen einer **Schweigepflicht** erfolgte, kommt es für die Tatbestandsmäßigkeit nicht an; grds. auch nicht darauf, ob sie sich bei der Entscheidung in der Sache ausgewirkt hat. Die Strafdrohung besteht auch bei Unterlassen des vorgeschriebenen Hinweises auf die Strafbarkeit (§ 57 S. 1 StPO); grds. auch bei Falschaussagen zur Verhütung der Strafverfolgung des Täters oder seiner Angehörigen (vgl. aber § 157 I). Nach Köln NJW **88**, 2486 (hierzu *Geppert* Jura **88**, 496) soll schon der Tatbestand des § 153 ausgeschlossen sein, wenn nach § 136a StPO unzulässige Vernehmungsmethoden angewendet worden sind. Ob eine Falschaussage in dem Verfahren, in welchem sie erfolgt, oder in einem später gegen die Aussageperson geführten Verfahren aus prozessualen Gründen **verwertbar** ist, ist für den Tatbestand des § 153 ohne Bedeutung; es ist bei der Strafzumessung zu berücksichtigen (BGH **8**, 186, 190; **10**, 142; **17**, 128, 136; StV **95**, 249; wistra **99**, 261; Köln NJW **88**, 2485; Karlsruhe StV **03**, 505 [Anm. *Müller*]).

14 **6) Subjektiver Tatbestand.** § 153 setzt **Vorsatz** voraus; bedingter Vorsatz reicht aus (krit. hierzu *Arzt,* Jescheck-FS 391). Er muss die objektive Falschheit der Aussage umfassen (vgl. BGH **1**, 148); darüber hinaus die **Zuständigkeit** der betr. Stelle zur eidlichen Vernehmung. Hier (und bei § 154) ist diese Zuständigkeit Tatbestandsmerkmal, nicht bloße Bedingung der Strafbarkeit (BGH **1**, 15; vgl. 16 zu § 156).

14a **7) Rechtsfolgen.** Die Strafe ist Freiheitsstrafe von 3 Monaten bis 5 Jahre; Geldstrafe kommt nur nach Maßgabe von § 47 II in Betracht. Für die Strafzumessung gelten die Erl. 19f. zu § 154 entsprechend. Zur – ggf. kumulativen – Berücksichtigung von Verstößen gegen Belehrungspflichten vgl. NStZ **05**, 33f. In Fällen des Aussagenotstands kommt § 157 in Betracht; bei Berichtigung falscher Aussagen ist § 158 zu beachten. Das bloße „hartnäckige Beharren" auf der Richtigkeit der Falschaussage darf grds. nicht strafschärfend gewertet werden (Nürnberg NJW **07**, 1767).

15 **8) Beteiligung.** Mittäterschaft und mittelbare Täterschaft sind wegen der Eigenhändigkeit des Delikts ausgeschlossen (vgl. 2 vor § 153). **Teilnahme** ist grds nach allgemeinen Regeln möglich. Für **Prozesshandlungen** ist jedoch zu beachten, dass prozessual zulässiges Verhalten nach hM nicht im Wege einer Strafbarkeit nach §§ 153ff. ausgeschlossen werden kann; Handlungen, die vom Prozessrecht gedeckt sind, sollen daher auch dann nicht erfasst werden, wenn sie sich konstruktiv als Anstiftung oder Beihilfe darstellen (vgl. *S/S/Lenckner* 36 vor § 153; SK-*Rudolphi* 48 vor § 153; NK-*Vormbaum* 112 zu § 153; *Brammsen* StV **94**, 137ff.; *Heinrich* JuS **95**, 1116f.; *Aselmann* [1a] 117ff., 192ff.; vgl. für die **Strafverteidigung** aber auch 16ff. zu § 258). Die Unsicherheit eine **Partei** im Zivilprozess hinsichtlich der Wahrheit einer tatsächlichen Behauptung (vgl. § 138 ZPO) steht der Benennung eines Zeugen hierfür nicht entgegen (LK-*Ruß* 16a zu § 154; SK-*Rudolphi* 49; *S/S/Lenckner* 36). Der **Beschuldigte** eines Strafverfahrens ist nicht zur Wahrheit (jedenfalls nicht zur Mitwirkung an ihrer Ermittlung) verpflichtet; er macht sich nicht der Beihilfe zur Falschaussage schuldig, wenn er die Unwahrheit einer ihn entlastenden falschen Zeugenaussage, die er nicht veranlasst hat, nicht offenbart (and. NJW **58**, 956; MDR/D **74**, 14 vgl. auch BGH **3**, 18; zw.); auch das bloße Bestreiten einer Beschuldigung ist keine Teilnahme an einer hierdurch veranlassten falschen Zeugenaussage (*S/S/Lenckner* 36). Es ergibt sich aus der Stellung als Beschuldigter aber keine Berechtigung, Falschaussagen Dritter zu veranlassen oder zu fördern. **Beihilfe** kann auch dadurch geleistet werden, dass eine nach Kenntnis des Gehilfen zur Falschaussage entschlossene Person als Zeuge benannt wird. **Beihilfe durch Unterlassen** setzt eine **Garantenpflicht** voraus (vgl. dazu 17 zu § 154; *Heinrich JuS* **95**, 1119f.; *Bartholmé* JA **98**, 204ff.). Sie ergibt sich nicht schon aus § 138 ZPO (BGH **4**, 329; **6**, 323; Köln NStZ **90**, 594); auch nicht aus anwaltlichen **Standespflichten** (BGH **4**, 331), sondern setzt nach der Rspr unter dem Gesichtspunkt der Ingerenz voraus, dass der Unterlassende die Aussageperson in

eine prozessunangemessene, besondere Gefahr der Falschaussage gebracht hat (vgl. BGH **4**, 329; NJW **54**, 1818; **58**, 956; Hamm NStZ **93**, 82; Düsseldorf NJW **94**, 272; vgl. dazu *Tenter* wistra **93**, 247; *Brammsen* StV **94**, 135). Das ist **zB** angenommen worden bei Benennung eines bisher unbekannten Mittäters als (Entlastungs-) Zeuge (Hamm aaO); bei Anstiftung eines Zeugen zur uneidlichen Falschaussage (Pflicht zur Verhinderung eines Meineids; LG Münster StV **94**, 134; zw.); bei wahrheitswidrigem Bestreiten einer Partei eines Zivilprozesses (BGH **17**, 321 [Pflicht zur Verhinderung der Falschaussage eines daraufhin vernommenen Zeugen, wenn besondere Umstände hinzukommen]; vielfach krit. und einschränkend aber die Lit.; vgl. etwa *S/S/Lenckner* 40; SK-*Rudolphi* 52; NK-*Vormbaum* 119, 258 ff. zu § 153; *Prittwitz* StV **95**, 274; *Scheffler* GA **93**, 342). Zur Anwendung von § 28 I vgl. 2 vor § 153.

9) Konkurrenzen. Enthält eine Aussage **mehrere falsche Angaben,** so liegt nur eine einzige Tat vor (Köln StV **83**, 507). Bei **Wiederholung** der Falschaussage ist zunächst die Zäsur zu beachten, die der Zeitpunkt der Aussage bildet. Ein *Fortsetzungszusammenhang* (vgl. BGH **8**, 301, 315) zwischen mehreren falschen Aussagen in einem Verfahren kann auf der Grundlage von GrSenBGH **40**, 138 nicht mehr angenommen werden (BGH **45**, 16, 24 ff.; NJW **99**, 2380 [offen gelassen aber für den Fall eines mit den Aussagen bezweckten einheitlichen Prozessbetruges]). Nach **aA** (*S/S-Lenckner* 14; zust. SK-*Rudolphi* 11; MK-*Müller* 111) liegt eine rechtliche Handlungseinheit so lange vor, wie die verschiedenen Falschaussagen Grundlage einer einheitlichen gerichtlichen *Entscheidung* sein können. Das erscheint jedenfalls dann bedenklich, wenn die Aussagen nicht denselben Gegenstand betreffen oder wenn die zweite Aussage sich nicht in einer Wiederholung der ersten erschöpft, sondern, etwa auf Grund einer neuen Beweisbehauptung, der unwahre Kern der Erstaussage durch weitere falsche Tatsachenbekundungen ergänzt wird. Aus der *Einheit des Urteilsmaterials* (*S/S-Lenckner* 14) folgt nicht zwingend diejenige der Rechtsgutsverletzung. Zur **Wahlfeststellung** bei zwei sich widersprechenden Aussagen vgl. 25 ff. zu § 1. 16

Tateinheit ist zB möglich mit §§ 257, 145 d, 164, 186, 187, aber auch mit § 163 (BGH **4**, 214); mit § 263 (Prozessbetrug). Das gilt auch für die Anstiftung eines Zeugen zur Falschaussage, wenn auf Grund der falschen Aussage der unberechtigte Vermögensvorteil zugesprochen wird oder werden soll. Die Handlungseinheit iS des § 52 begründende Überschneidung der Tathandlungen liegt in diesem Fall in der Beweisführung selbst, da die Falschaussage Teil des Prozessbetrugs ist (BGHR § 52 I Handlung, dies. 12; VRS **83**, 185; BGH **43**, 317 [m. abl. Anm. *Momsen* NStZ **99**, 306] auf Vorlagebeschluss des OLG Celle). Zum Verhältnis zwischen § 153 und § 154 vgl. 20 zu § 154. 17

Meineid

154 **I Wer vor Gericht oder vor einer anderen zur Abnahme von Eiden zuständigen Stelle falsch schwört, wird mit Freiheitsstrafe nicht unter einem Jahr bestraft.**

II In minder schweren Fällen ist die Strafe Freiheitsstrafe von sechs Monaten bis zu fünf Jahren.

Übersicht

1) Allgemeines ... 1, 1 a
2) Legitimität; Anwendungsbereich ... 2–2 b
3) Objektiver Tatbestand ... 3–10
4) Subjektiver Tatbestand ... 11, 12
5) Vollendung; Versuch ... 13
6) Beteiligung ... 14–17
7) Rechtsfolgen ... 18–19 a
8) Konkurrenzen ... 20

1) Allgemeines. Der Verbrechenstatbestand des § 154 stellt das „falsche Schwören" unter Strafe; gemeint ist eine eidliche Falschaussage. § 154 ist eine **Qualifikation** des § 153, soweit der Täter Zeuge oder Sachverständiger ist (GrSBGH **8**, 301), im Übrigen ein selbständiger Tatbestand (vgl. unten). Durch das **JuMoG** v. 24. 8. 2004 (BGBl. I 2198) sind die Vereidigungsvorschriften der StPO weitreichend umgestaltet und der schon zuvor bestehenden Praxis 1 (nur ausnahmsweise Vereidigung) angeglichen worden (unten 2 a; zu Einzelheiten vgl. *Peglau/Wilke* NStZ **05**, 186 ff.).

1 a **Literatur:** Vgl. 1 a vor § 153.

2 **2) Legitimität; Anwendungsbereich.** Die Begründung für die erhöhte Strafdrohung des § 154 hat sich mit dem Bedeutungsverlust religiöser Bindungen (vgl. schon RG **47**, 156) quasi umgedreht (krit. *Zipf*, Maurach-FS 419; vgl. auch 3 vor § 153): Da die erhöhte Strafdrohung auf die Verletzung *religiöser* Pflichten schlechterdings nicht mehr gestützt werden kann, wird nun eine erhöhte Wahrheitsvermutung auf die Furcht vor der hohen Mindeststrafe gestützt. Das ist schon deshalb zweifelhaft, weil das Maß der Wahrheitspflicht in den §§ 153, 154 das nämliche ist. Die Begründung stellt daher den Grundsatz des Schuldstrafrechts, wonach die Rechtsfolgendrohung aus dem schuldhaft verwirklichten Unrecht abzuleiten sei, in einem erstaunlichen **Zirkelschluss** auf den Kopf: Danach ist Meineid höher bestraft, weil der Eid einen höheren Beweiswert habe; der Eid soll einen höheren Beweiswert haben, weil der Meineid höher bestraft wird. Die *Praxis* – und erstaunlicherweise auch die *Wissenschaft* – tröstet sich damit, dass das höhere Unrecht sich *möglicherweise* aus der „besonderen Bekräftigung" ergebe, welche die Eidesformel enthalte (vgl. *S/S-Lenckner* 2 vor § 153; MK-*Müller* 3). Da das Sprechen der Eidesformel aber keine „höhere Unwahrheit" einer Falschaussage begründet, überhöht diese Begründung nur einen *individuellen Strafzumessungsgrund* („Hartnäckigkeit"; kriminelle Energie) in eine tatbestandliche Unrechtsabstufung (Art. 103 II GG; zur verfahrensrechtlichen Auswirkung vgl. zB 4 StR 193/04).

2 a An dieser *petitio principii* hat auch das **JustizmodernisierungsG** v. 24. 8. 2004 (BGBl. I 2198) festgehalten, durch dessen Art. 3 die §§ 59 ff. StPO neu gefasst wurden. Danach sind Zeugen im Strafprozess zu vereidigen, wenn das Gericht dies entweder „wegen der ausschlaggebenden Bedeutung der Aussage" oder „zur Herbeiführung einer wahrheitsgemäßen Aussage" für notwendig hält (59 I S. 1 StPO). Diese Alternative ist nicht leicht zu verstehen: Als **glaubhaft** angesehene Aussagen sind nachträglich (§ 59 II StPO) zu beeiden, wenn sie „ausschlaggebend" sind (1. Var.); als **unglaubhaft** angesehene Aussagen (2. Var.) sollen mit dem Ziel ihrer *Berichtigung* beeidet werden, wobei es nach dem Wortlaut („oder") auf ihren „ausschlaggebenden" Charakter nicht ankommt (vgl. dazu *Peglau/Wilke* NStZ **05**, 187, 188). Die höhere Wahrheitsgewähr, die das Gesetz (im ersten Fall) dem Eid zuschreibt, beruht auf der erhofften höheren Drohwirkung der Vereidigung im zweiten Fall. Die Legitimität dieses Grundsatzes bleibt ebenso fraglich wie in der früheren Fassung (vgl. oben 2); statt die richtige Konsequenz zu ziehen und den Eid abzuschaffen, *entschärft* die Neufassung das Problem, indem sie es „pragmatisch" verdreht.

2 b Entgegen dem Wortlaut geht es in § 154 nicht um ein „falsches Schwören", sondern um vorsätzlich **falsche Aussagen,** deren Wahrheit vom Täter beschworen wird. Über § 153 hinaus sind nicht nur Aussagen von **Zeugen** und **Sachverständigen,** sondern vor einer zur Vereidigung zuständigen Stelle erfolgenden eidlichen Falschaussagen erfasst, daher namentlich auch die Aussage einer **Partei** im Zivilprozess. In Betracht kommt noch der Verklarungseid des Schiffers (§ 525 II HGB). Dass die Partei nach § 452 ZPO nicht verpflichtet ist, sich vernehmen zu lassen, berührt die Strafbarkeit einer beeidigten Parteiaussage nicht; die Partei hat, wenn sie die eigene Vernehmung nicht ablehnt, alles zur Sache Gehörige lückenlos anzugeben (JZ **68**, 570). Dasselbe gilt für den Meineid von Zeugen, welche von einem ihnen bekannten Zeugnisverweigerungsrecht nicht Gebrauch machen (vgl. aber ggf. § 157). Nicht vereidigt werden dürfen der Antragsteller im Aufgebotsverfahren zur Todeserklärung (BGH **12**, 56); die Beteiligten im Verfahren zur Hausratsverteilung (BGH **10**, 272); Betroffene im Fall sitzungspolizeilicher Maßnahmen nach §§ 176 ff. GVG (5 StR 395/83). Nicht erfasst sind zur gewissenhaften **Amtsführung** verpflichtende Eide, zB von Beamten, Berufs- oder ehrenamtlichen Richtern oder von Regierungsmitgliedern, auch wenn diese Verpflichtung diejenige zu

wahrheitsgemäßen Äußerungen, Berichten oder Stellungnahmen umfasst; daher liegt, wenn solche Personen schon bei der Eidesleistung beabsichtigen oder damit rechnen, die Verpflichtung nicht zu erfüllen, kein „falsches Schwören" vor (vgl. 6 zu § 155).

3) Objektiver Tatbestand (Abs. I). Voraussetzung des I ist, dass der Täter vor einer zuständigen Stelle einen falschen Eid leistet, dh die Wahrheit einer Falschaussage beschwört. 3

A. Eid. Der Eid iS von § 154 ist die förmliche Versicherung der Wahrheit einer Aussage (vgl. BGH 8, 301, 309; krit. *Badura* GA 57, 397; *Dahs*, Rebmann-FS 173; *Wolf* JuS 91, 182; *Vormbaum* [1 a von § 153] 9 ff.). Auf den religiösen Ursprung sowie auf eine religiöse Bedeutung für die aussagende Person im Einzelfall kommt es nicht an; daher stehen einer Strafbarkeit zB religiös oder abergläubisch motivierte Bemühungen des Täters nicht entgegen, eine solche Bedeutung zu vermeiden. Die **Förmlichkeiten** des Eides bestimmen sich nach den jeweiligen Verfahrensvorschriften. Eine religiöse Form ist nicht vorgeschrieben (vgl. § 64 II StPO, § 481 II ZPO); Beteuerungsformeln von Religions- oder Bekenntnisgemeinschaften können der Eidesformel angefügt werden (§ 64 III StPO, § 481 III ZPO). Die Einhaltung körperlicher Förmlichkeiten (Eidesleistung im Stehen; Erheben einer Hand; vgl. § 64 IV StPO, § 481 IV ZPO) ist für die Wirksamkeit des Eids unerheblich; ebenso unerhebliche Abweichungen im Wortlaut der Eidesformel (BGH **3**, 312; NK-*Vormbaum* 32). Auch ein Verstoß gegen sonstige Verfahrensvorschriften macht § 154 nicht unanwendbar, wenn überhaupt eine beeidigungsfähige Aussage vorliegt (vgl BGH **16**, 232, 235 [zu § 69 StPO]) und die für die Eidesleistung wesentlichen Förmlichkeiten eingehalten sind. Dem Eid stehen nach § 155 die **Bekräftigung** sowie die **Berufung** auf einen früheren Eid oder eine frühere Bekräftigung gleich (krit. *Grünwald*, R. Schmitt-FS 311). 4

B. Zuständige Stelle. Der Eid muss vor einem staatlichen **Gericht** oder einer **anderen** zur Abnahme von Eiden zuständigen **Stelle** geleistet werden (vgl. 7 zu § 153). Die Stelle muss die allgemeine Zuständigkeit haben, Eide der betreffenden Art überhaupt aufzuerlegen oder abzunehmen (BGH **3**, 248); für die Strafbarkeit grds unerheblich ist es, wenn eine Vereidigung im Einzelfall zu Unrecht erfolgt ist (BGH **8**, 186; **17**, 128; *Lackner/Kühl* 3; *S/S-Lenckner* 8; **aA** SK-*Rudolphi* 6). § 154 ist daher grds auch dann anzuwenden, wenn der den Eid Abnehmende von der Ausübung des Amtes gerade in diesem Falle ausgeschlossen war (BGH **10**, 142). **Untersuchungsausschüsse** (§ 153 II) sind jedenfalls seit Erlass des UntersuchungsausschussG v. 19. 6. 2001 für die Abnahme von Eiden nicht mehr zuständig (vgl. 9 f. zu § 153). Auch deutsche **Konsularbeamte** im Ausland kommen in Betracht (5 StR 736/82). Im Bereich der Freiwilligen Gerichtsbarkeit ist eine eidliche Parteivernehmung nicht zulässig (BGH **5**, 112; 10, 272; Hamm NStZ 84,551; LK-*Ruß* 7; **aA** Bay NJW **52**, 789; Stuttgart NJW **52**, 943; NK-*Vormbaum* 26; hier bis 51. Aufl.). Der **Rechtspfleger** ist nicht befugt, einen Eid abzunehmen (§ 4 II Nr. 1 RpflG; vgl. 8 zu § 153); ebenso nicht Referendare (§ 10 GVG). Für **Notare** gilt § 22 BNotO. 5

C. Falschaussage. In allen Fällen des Meineids muss sich der Eid auf eine inhaltlich falsche, also mit der Wirklichkeit nicht übereinstimmende Aussage beziehen; insoweit gelten die Erl. 4 ff. zu § 153. Der Tatbestand erfasst nur solche Aussagen, die nach den Regeln des jeweiligen Prozesses den Gegenstand der Vernehmung und die Pflicht zur wahrheitsgemäßen Aussage betreffen (BGH **1**, 24; **3**, 223; **25**, 246; NStZ **82**, 464; *Arm. Kaufmann,* Klug-FS 289). Den Inhalt der früheren Aussage sowie ihre Unrichtigkeit hat der Strafrichter ohne Bindung an die Erkenntnisse in dem anderen Verfahren zu ermitteln (§§ 244 II, 261 StPO). 6

a) Der Schwur des **Zeugen,** „nach bestem Wissen" ausgesagt zu haben, ist kein „Überzeugungseid", sondern die Versicherung, die eigene Erinnerung sorgfältig geprüft und das Erinnerungsbild zutreffend wiedergegeben zu haben (*Dedes* JR **83**, 7

99). Er hat daher ein sicheres Erinnerungsbild richtig, ein unsicheres unter Hinweis auf die Unsicherheit wiederzugeben (vgl. MDR **53**, 597). Der Zeugeneid umfasst nach hM auch die Angaben zu den Personalien; auch die persönlichen Verhältnisse des Zeugen unterliegen der Wahrheitspflicht (BGH **4**, 214; AnwBl. **64**, 52). Die Wahrheitspflicht eines Zeugen oder einer Partei beschränkt sich auf den **Vernehmungsgegenstand** (vgl. BGH **25**, 244; 6 zu § 153), innerhalb dessen aber nicht nur auf **entscheidungserhebliche** Tatsachen (NStZ **82**, 464 [hierzu *Schlüchter* 125]; KG JR **78**, 78 m. Anm. *Willms*; vgl. auch BGH **1**, 22, 24); insoweit ist aber zwischen Kern- und Nebenpunkten grds nicht zu unterscheiden (MDR/D **72**, 16). Im Zivilprozess sind die durch den Beweisbeschluss bestimmten Grenzen des Vernehmungsgegenstands zu beachten. Tatbestandlich ausgeschlossen sind in keinerlei Zusammenhang mit dem Gegenstand der Vernehmung stehende Bekundungen der Aussageperson. Durch eine offensichtlich unzulässige Fragestellung wird keine Verpflichtung begründet, über den Inhalt der Frage hinausgehende und diese vervollständigende Angaben zu machen (wistra **91**, 264).

8 **b)** Der **Sachverständige** schwört, sein Gutachten „nach bestem Wissen" erstattet zu haben (vgl. § 79 StPO, § 410 ZPO). Inhalt seiner Aussage und Gegenstand des Eides ist daher auch, dass die als eigene Erkenntnisse vorgetragenen **Befundtatsachen** sowie Schlussfolgerungen, **Bewertungen** oder Ansichten tatsächlich diejenigen des Sachverständigen sind. Insoweit ist der Sachverständigeneid ein „Überzeugungseid"; Meineid (und nicht nur Versuch) liegt daher auch dann vor, wenn der Sachverständige eine möglicherweise richtige Bewertung, die er aber für falsch hält, als seine eigene vorträgt (vgl. *Steinke* MDR **84**, 272). Für die Wiedergabe von **Anknüpfungstatsachen** sowie mögliche **Zusatztatsachen** gelten die Grundsätze zur Zeugenaussage. Der Sachverständigeneid umfasst im Gegensatz zum Zeugeneid nicht die Personalien (vgl. schon RG **20**, 235); dagegen dürften Bekundungen zu den tatsächlichen Voraussetzungen der Sachkunde (Aus- und Fortbildung; wissenschaftliche Tätigkeit oder Autorenschaft; Erfahrungen) erfasst sein. Ein Zeugeneid soll auch ein sich etwa anschließendes Gutachten umfassen (JR **54**, 271; GA **76**, 79; zw.).

9 **Dolmetscher,** die im Gegensatz zu Zeugen und Sachverständigen im Strafverfahren (§ 59 S. 1, § 79 II StPO) wie Sachverständige im Zivilverfahren (§ 410 I ZPO) einen **Voreid** leisten (§ 189 GVG), sind nach hM wie Sachverständige zu behandeln (BGH **4**, 154; *Lackner/Kühl* 7 f.; SK-*Rudolphi* 3; *S/S-Lenckner* 4; LK-*Ruß* 5; *W/Hettinger 753*; MK-*Müller* 18 und 5 zu § 153; **aA** NK-*Vormbaum* 28); ein Meineid ist danach gegeben, wenn ein Dolmetscher unrichtig übersetzt. Das erscheint **nicht zutreffend;** es verkehrt den Strafgrund des § 154 (vgl. oben 2) abermals, indem es den Verstoß gegen die (prozessuale) Pflicht, „treu und gewissenhaft" zu übertragen (§ 189 S. 1 GVG), wie die Falschaussage einer Beweisperson behandelt. Gegen die von der hM angenommene Gleichstellung mit Sachverständigen mag auch der Wortlaut des § 191 GVG sprechen, der nur auf einzelne Regelungen des Sachverständigenbeweises, nicht aber zB auf § 72 iV mit § 57 S. 2 StPO verweist. Jedenfalls **unpraktikabel** erscheint überdies eine Erfassung **fahrlässiger** Falsch-Übersetzungen durch § 163 (vgl. 4 vor § 153); Strafverfahren gegen Dolmetscher wegen vermeidbarer Übersetzungsfehler finden nicht statt.

10 **D. Tathandlung.** Die tatbestandliche Handlung nach Abs. I besteht im Beschwören einer Falschaussage. Da der Eid selbst stets eine förmliche Erklärung voraussetzt, ist täterschaftliches **Unterlassen** nicht möglich.

11 **4) Subjektiver Tatbestand.** § 154 setzt **Vorsatz** voraus; bedingter Vorsatz genügt (Bay NJW **55**, 1121), eine besondere Absicht ist nicht erforderlich. Der Täter muss die **Zuständigkeit** der den Eid abnehmenden Stelle für gegeben halten (oben 5). Nimmt er deren tatsächliche Voraussetzungen irrtümlich an, so liegt Versuch vor (BGH **3**, 248; vgl. 5 zu § 156); ebenso wenn er irrig annimmt, seine tatsächlich zu Unrecht erfolgte Beeidigung sei zu Recht erfolgt (BGH **10**, 272; **12**, 58), oder die ihn vereidigende Gerichtsperson sei befugter Vertreter der Behörde (vgl. RG **65**, 208). Ein strafloses Wahndelikt ist gegeben, wenn er sich über die

rechtlichen Grundlagen der Zuständigkeit irrt (zB unaufgefordertes „Beschwören" von Falschaussagen bei der Polizei).

Für den Vorsatz der **Falschaussage** gilt das zu § 153 Ausgeführte. Er muss sich auf die Unrichtigkeit des Aussageinhalts sowie auf die Verpflichtung zur wahrheitsgemäßen Angabe beziehen und daher auch den Vernehmungsgegenstand umfassen (vgl. BGH **1**, 148, 151 f.). Die rechtlichen Grenzen der Wahrheitspflicht und des vom Eid erfassten Aussageinhalts sind aber keine Merkmale des objektiven Tatbestands. Wenn daher der Täter irrig annimmt, eine von ihm gemachte falsche Angabe falle nicht unter den Eid, so liegt ein Verbotsirrtum vor (BGH **14**, 345, 350; and. hier bis 51. Aufl.); verschweigt er umgekehrt etwas nicht der Wahrheitspflicht Unterliegendes in der irrigen Annahme, er sei zur Offenbarung verpflichtet, so begeht er keinen untauglichen Versuch, sondern ein strafloses Wahndelikt (BGH aaO; vgl auch LK-*Ruß* 20). Ein Versuch liegt vor, wenn der Täter seine Aussage irrig für falsch hält (*M/Schroeder/Maiwald* 74/19). Hat der Beeidigte seine Vernehmung als Zeuge und seine Beeidigung für unzulässig gehalten, weil er sich irrtümlich als Beschuldigten ansah, so liegt Tatbestandsirrtum vor, wenn er bei Richtigkeit der von ihm angenommenen Tatumstände tatsächlich als Beschuldigter anzusehen gewesen wäre; dagegen Verbotsirrtum, wenn seine Annahme (ihre Richtigkeit voraussetzt) ihm seine Eigenschaft als Zeuge nicht genommen hätte (BGH **10**, 8; SK-*Rudolphi* 6 zu § 153; *S/S-Lenckner* 32 vor § 153). 12

5) Vollendung; Versuch. Vollendet ist der Meineid beim **Voreid** mit dem Abschluss der Aussage (11 zu § 153; vgl. schon RG **14**, 19), beim Nacheid mit der vollständigen Ableistung des Eides (*Otto* JuS **84**, 167; *Vormbaum* JR **89**, 134). Bis zu diesem Zeitpunkt ist Rücktritt vom Versuch nach § 24 möglich; danach gilt § 158 (vgl. unten 20). Der **Versuch** beginnt beim **Nacheid** mit dem Anfang der Eidesleistung als solcher (BGH **1**, 243; **4**, 176); beim **Voreid** (vgl. § 410 ZPO) mit dem Anfang der Aussage (RG **54**, 121; LK-*Ruß* 21). 13

6) Beteiligung. § 154 ist wie § 153 ein **eigenhändiges** Delikt. **Täter** des Meineids kann daher nur der Schwörende selbst sein; Mittäterschaft und mittelbare Täterschaft sind nicht möglich (vgl. aber § 160). Eine besondere Eidesfähigkeit ist nicht Voraussetzung der Täterschaft; ausgeschlossen sind Personen, die vom Wesen des Eids keine hinreichende Vorstellung haben (vgl. § 60 Nr. 1 StPO). 14

Anstiftung zum Meineid kann durch Verfahrensbeteiligte, aber auch durch beliebige außenstehende Personen begangen werden; der Anstiftungsvorsatz muss die Unwahrheit der Aussage und den diesbezüglichen Vorsatz des Täters umfassen und die Ableistung des Eides zumindest billigend in Kauf nehmen. Anstiftung liegt nicht vor, wenn der Täter einem Zeugen vormacht, die zu beschwörende Tatsache sei wahr, der Zeuge sie aber in Kenntnis der Unwahrheit beschwört (RG **60**, 1); es ist Versuch zu § 160 gegeben (vgl. dort 3; str.; abw. LK-*Ruß* 12). **Prozessuales Verhalten** von Verfahrensbeteiligten kann die Voraussetzungen der Anstiftung (oder der versuchten Anstiftung; § 160 I S. 1) erfüllen; namentlich auch das Stellen von Beweisanträgen auf Vernehmung eines Zeugen oder der eigenen Partei in der zumindest bedingt vorsätzlichen Erwartung einer Falschaussage (vgl. 16 zu § 153; 16 ff. zu § 258). 15

Beihilfe zum Meineid kann durch **aktives Tun** begehen, wer für einen zum Meineid entschlossenen Zeugen äußere Umstände, über ein bloßes Stillschweigen hinausgehend, günstiger gestaltet oder Hindernisse aus dem Weg räumt oder fernhält (BGH **17**, 323), wer den Zeugen ermuntert, „die Sache durchzustehen" (VRS **83**, 187); wer den Zeugen wissen lässt, dass er ihn, falls er falsch schwöre, nicht verraten werde (BGH **2**, 132); wer in der Erwartung einer Falschaussage die Vernehmung oder in der Erkenntnis der Unrichtigkeit die Vereidigung beantragt (vgl. 21 f. zu § 258) oder einer Aussageperson abgesprochene Fragen stellt, auf welche erwartungsgemäß falsche Antworten gegeben werden. Hingegen kann (aktive) Meineidbeihilfe nicht schon angenommen werden, wenn ein Angeklagter lediglich durch die Art seiner Einlassung vor Gericht zugleich auch dem Zeugen zu erken- 16 nen gibt, dass dieser, falls er einen Meineid leiste, von ihm nichts zu befürchten habe (SK-*Rudolphi* 50 vor § 153; *Scheffler* GA **93**, 347; **aA** noch NJW **58**, 957; MDR/D **74**, 14; vgl. *S/S-Lenckner* 36 vor § 153).

17 Beihilfe durch **Unterlassen** setzt beim Unterlassenden eine **Garantenpflicht** voraus (vgl. *Scheffler* GA **93**, 349 u. *Prittwitz* StV **95**, 270), die jedoch nicht schon aus der Wahrheitspflicht von Prozessparteien (§ 138 ZPO) oder eines Beamten im Disziplinarverfahren folgt (BGH **4**, 329; NJW **53**, 1400; **58**, 956), ebenso wenig aus der Standespflicht eines Rechtsanwalts (BGH **4**, 328), aus der ehelichen Lebensgemeinschaft (BGH **6**, 323; 13 zu § 13), aus eheähnlichen Beziehungen (Düsseldorf NJW **94**, 272) oder aus einem Verwandtschaftsverhältnis (**aA** KG JR **69**, 27 [krit. Anm. *Lackner*; LK-*Ruß* 18; *M/Schroeder/Maiwald* 74/83]), es sei denn, der Unterlassende hätte gegenüber dem Zeugen eine **Aufsichtspflicht** (*S/S-Lenckner* 38 vor § 153). Eine Garantenpflicht zur Verhinderung des Meineides ist nach hM zu bejahen, wenn ein Prozessbeteiligter durch sein Verhalten einen Zeugen in eine besondere, dem Prozess nicht mehr eigentümliche (inadäquate) Gefahr einer Falschaussage oder eines Meineides bringt (BGH **4**, 330; **17**, 323; NStZ **93**, 489 [dazu *Ostendorf* JZ **94**, 559]; Köln NStZ **90**, 594 [hierzu *Otto* JK 1]; Hamm NJW **92**, 1977 [hierzu *Tenter* wistra **94**, 247], Düsseldorf NJW **94**, 272; weitere Nachw. 16 zu § 153). Nach BGH **14**, 229 ist eine Partei eines Ehescheidungsverfahrens, wenn der Partner eines während des Prozesses andauernden außerehelichen Verhältnisses von der Gegenseite als Zeuge zum Beweis dieser Tatsache benannt wird, selbst dann zur Verhinderung eines drohenden Meineids verpflichtet, wenn zuvor eine Aussageverweigerung vereinbart worden war (ebenso BGH **17**, 321, 323 f.; ähnlich schon BGH **2**, 129, 133; **aA** *Bindokat* NJW **60**, 2310; zw.; einschr. *Otto* JuS **84**, 169; SK-*Rudolphi* 52 vor § 153; *Lackner/Kühl* 7 vor § 153). Entsprechendes soll für einen Angeklagten gelten, der einen bislang unbekannten Mittäter als Entlastungszeugen benannt und ihn hierdurch in eine psychische Zwangslage versetzt hat (Hamm NJW **92**, 1977 [zust. *Otto* JK 2; krit. *Seebode* NStZ **93**, 83; *Scheffler* GA **93**, 341]; *Brammsen* StV **94**, 135; *Prittwitz* StV **95**, 270).

18 **7) Rechtsfolgen.** Die in **Abs. I** angedrohte Freiheitsstrafe beträgt 1 bis 15 Jahre; **Abs. II** sieht für **minder schwere Fälle** (vgl. allg. 85 ff. zu § 46) einen Strafrahmen von 6 Monaten bis 5 Jahren vor. Für **Teilnehmer** gilt § 28 I nicht (str.; vgl. 2 vor § 153). §§ 157, 158 lassen für Zeugen und Sachverständige eine Strafmilderung zu, § 158 auch für den Meineid einer Partei.

19 **Strafschärfend** kann eine konkrete Auswirkung des Meineids für die Entscheidung einer Rechtssache berücksichtigt werden, namentlich auch der Umstand, dass Dritten schwerer Schaden zugefügt wurde (vgl. MDR/D **72**, 16). **Strafmildernd** können namentlich wirken: eine die Voraussetzungen des § 158 nicht erfüllende Zwangslage der Aussageperson; eine objektiv **verfahrensfehlerhafte Vereidigung** (BGH **17**, 136; NJW **60**, 1962; NStZ **05**, 33, 34; Köln NStZ **84**, 551), **zB** Vereidigung trotz Verdachts der Teilnahme (§ 60 Nr. 2 StPO; vgl. BGH **8**, 187; **23**, 30; **27**, 74, 75; StV **82**, 521; **86**, 341; **88**, 427; 4 StR 702/93; NStZ/T **89**, 216; Karlsruhe MDR **93**, 368; Frankfurt NStZ-RR **01**, 299), mag der Richter den Verdacht auch nicht erkannt oder dieser sich erst später herausgestellt haben (NStE Nr. 1; BGHR § 154 II, Vereid. Verb. 2; Hamm MDR **77**, 1034; StV **81**, 269); oder Vereidigung trotz Verdachts eines Aussagedelikts, auch bei einer früheren Vernehmung in derselben Hauptverhandlung (vgl. NStZ **04**, 97); Unterlassen des Hinweises auf das **Auskunftsverweigerungsrecht** nach § 55 II StPO (BGH **8**, 189; NJW **58**, 1832; GA **59**, 176; NStZ **84**, 134; **05**, 33, 34; StV **86**, 341), wenn es möglich ist, dass die Belehrung den Zeugen von Aussage oder Eid abgehalten hätte (LK-*Ruß* 31 vor § 153); im Fall irriger Annahme des § 452 I S. 2 ZPO (*Düsseldorf* wistra **95**, 353). Auf die Strafzumessung für den Anstifter ist das nicht übertragbar (BGH **19**, 113; **27**, 74 [krit. Anm. *Lenckner* JR **77**, 74]; LK-*Ruß* 31 vor § 153; vgl. aber *Montenbruck* JZ **85**, 976; *Geppert* Jura **88**, 497; Jura **02**, 173, 175 f.).

Die Milderungsgründe fehlender Belehrung über ein Zeugnisverweigerungsrecht oder über ein Auskunftsverweigerungsrecht sowie eines Verstoßes gegen ein Vereidigungsverbot stehen selbständig und kumulativ nebeneinander; eine Milderung gem. §§ 157, 49 II steht dem nicht entgegen (NStZ **05**, 33). Ein minder schwerer Fall kann nicht schon deshalb verneint werden, weil der Täter den Meineid durch Berufung auf ein Zeugnisverweigerungsrecht hätte vermeiden können (Bay NStZ-RR **99**, 174; vgl. 7 zu § 157). **19 a**

8) Konkurrenzen. Ist eine beeidete Aussage in mehreren Punkten falsch, so liegt nur eine Tat nach § 154 vor, nicht Tateinheit (vgl. schon RG **62**, 154). Für das **Verhältnis zwischen §§ 153, 154** gilt nach GrSenBGH **8**, 301 folgendes: Die uneidliche Aussage des § 153 ist das Grunddelikt, der Meineid eine erschwerte Form der Falschaussage. Eine einheitliche Tat nach § 154 ist gegeben, wenn eine Vereidigung nach mehreren, auch inhaltlich wechselnden Falschaussagen im selben Rechtszug erfolgt (so schon NJW **55**, 1118). Wird die falsche Aussage hingegen nach der Vereidigung oder in einem neuen Rechtszug wiederholt, liegen idR mehrere Taten vor; die Annahme eines Forsetzungszusammenhangs kommt nicht mehr in Betracht (BGH **45**, 25). Stellt der Zeuge seine (abgeschlossene; vgl. 10 zu § 153) Aussage erst nach Beginn des Schwurs richtig, so tritt er zwar vom Versuch des Meineids zurück; für die vollendete Tat nach § 153 kommt aber nur § 158 in Betracht (**aA** *Vormbaum* JR **89**, 133; vgl. 12 zu § 153; differenzierend *S/S-Lenckner* 15 ff. zu § 153). **Tateinheit** ist **zB** mit § 263 (Prozessbetrug) möglich (VRS 83, 187); auch mit § 267 (RG **60**, 353), mit § 263 (VRS **83**, 187). **20**

Eidesgleiche Bekräftigungen

155 **Dem Eid stehen gleich**

1. die den Eid ersetzende Bekräftigung,

2. die Berufung auf einen früheren Eid oder auf eine frühere Bekräftigung.

1) Allgemeines. Die Vorschrift ist durch Art. 3 des 1. StVRGErgG (RegE BT-Drs. 7/2526; Ber. BT-Drs. 7/2989) neu gefasst worden. **1**

2) Nr. 1 stellt im Hinblick auf § 65 StPO, § 484 ZPO, wonach Personen, die aus Glaubens- oder Gewissensgründen auch einen nicht-religiösen Eid (§ 64 II StPO, § 481 II ZPO) nicht leisten wollen, ihre Aussage in der dort bezeichneten Form bekräftigen können, diese **Bekräftigung** für die materiellen Regelungen der §§ 154, 157, 158, 160 und 163 dem Eid gleich. Ob die Glaubens- oder Gewissensgründe wirklich bestanden, ist vom Strafrichter nicht nachzuprüfen. **2**

3) Nr. 2 vollzieht die Gleichstellung für die **Berufung auf einen früheren Eid** oder eine **frühere Bekräftigung.** Die Berufung erfordert eine entsprechende eigene Erklärung des sich Berufenden; ein bloßer Hinweis des Richters auf den früher Eid (Protokollvermerk „allgemein vereidigt") genügt nicht (BGH **4**, 140; **31**, 39; vgl. MDR/H **78**, 280; 2 StR 698/83). **3**

Die Berufung auf die frühere Erklärung muss verfahrensrechtlich zulässig und wirksam sein. Das ist bei **Zeugen** in **Strafsachen** der Fall, wenn es sich um dasselbe Vor- oder Hauptverfahren handelt (§ 67 StPO; vgl. BGH **23**, 285); eine Berufung im Hauptverfahren auf einen Eid im Vorverfahren ist unzulässig (vgl. RG **64**, 379). In **Zivilsachen** ist für Zeugen und **Parteien** im Rahmen der §§ 398 III, 451 iVm §§ 452, 451 ZPO die Berufung nur in demselben Verfahren und bei wiederholter Vernehmung zulässig, wenn diese Fragen betrifft, die mit dem früheren Beweisthema in Verbindung stehen oder sich auf persönliche Verhältnisse des Aussagenden beziehen. Bei ganz neuem Beweisthema soll eine Berufung unzulässig sein (vgl. auch LK-*Ruß* 4). **4**

Bei **Sachverständigen** ist eine Berufung darüber hinaus auch dann zulässig, wenn der Sachverständige für Gutachten der betreffenden Art im Allgemeinen vereidigt ist (§ 79 III StPO, § 410 II ZPO); der frühere Eid muss also nicht in demselben Verfahren geleistet worden sein. Von praktischer Bedeutung ist namentlich eine Berufung von **Dolmetschern,** die von der hM als Sachverständige ange- **5** sehen werden (zw.; vgl. 9 zu § 154), auf die allgemeine Vereidigung. Die Berufung zu Beginn einer Verhandlung bezieht sich auf alle Übertragungen in der laufenden (auch mehrtägigen) Hauptverhandlung (3 StR 450/78),

6 Für **Beamte** im staatsrechtlichen Sinn (12 zu § 11) ist eine Berufung auf den Diensteid möglich, im Bundesrecht aber nur in § 386 II ZPO vorgesehen.

Falsche Versicherung an Eides Statt

156 Wer vor einer zur Abnahme einer Versicherung an Eides Statt zuständigen Behörde eine solche Versicherung falsch abgibt oder unter Berufung auf eine solche Versicherung falsch aussagt, wird mit Freiheitsstrafe bis zu drei Jahren oder mit Geldstrafe bestraft.

Übersicht

1) Allgemeines ... 1
2) Anwendungsbereich ... 2, 3
3) Zuständige Behörde ... 4–9
4) Falschheit der Versicherung oder Aussage ... 10–14
5) Tathandlung ... 15
6) Subjektiver Tatbestand ... 16
7) Beteiligung ... 17
8) Rechtsfolge ... 18
9) Konkurrenzen ... 19

1 **1) Allgemeines.** Die Vorschrift gilt idF des EGStGB. Geschütztes **Rechtsgut** ist nach hM auch bei § 156 die staatliche Rechtspflege; § 156 ist ein **abstraktes Gefährdungsdelikt.** Für Auslandtaten gilt § 5 Nr. 10. **Literatur:** 1 a vor § 153. **Statist. Angaben:** NK-*Vormbaum* 69.

2 **2) Anwendungsbereich.** Die Versicherung an Eides Statt ist eine förmliche, vom Eid unterschiedene Beteuerung der Richtigkeit einer Angabe (RG **67**, 169). Ihre besondere Beweiswirkung entfaltet sie nur in den gesetzlich vorgesehenen Fällen; nur in diesen Fällen sind Falschangaben daher von § 156 erfasst; daher zB nicht bei privatschriftlichen „eidesstattlichen Versicherungen".

3 § 156 unterscheidet die **„falsche Abgabe"** einer Versicherung an Eides Statt **(1. Var.)** und die **falsche Aussage** unter Berufung auf eine frühere Versicherung **(2. Var.).** In beiden Fällen geht es wie bei § 154 um die inhaltliche Unrichtigkeit (vgl. 4 ff. zu § 153) der Erklärung oder Aussage selbst, auf welche sich die förmliche Versicherung an Eides Statt bezieht, sie sei richtig und vollständig.

4 **3) Zuständige Behörde.** Die Versicherung an Eides Statt muss vor einer **Behörde** (vgl. 29 zu § 11) abgegeben werden; hierzu zählen auch **Gerichte** (§ 11 I Nr. 7). Die Behörde muss **zur Abnahme** der Versicherung (allgemein) **zuständig** sein. Dieses Erfordernis wird einengend dahin ausgelegt (vgl. LK-*Ruß* 7; NK-*Vormbaum* 23 ff.; *S/S-Lenckner* 8/9 ff.; SK-*Rudolphi* 5 ff.), dass die Behörde zur Abnahme der Versicherung gerade zum konkreten Verfahrensgegenstand zuständig sein muss (vgl. Stuttgart NStZ-RR **96**, 265; Frankfurt/M. NStZ-RR **96**, 294); der Versicherung muss in diesem Verfahren rechtliche Wirkung zukommen (BGH **5**, 72; **13**, 154; **17**, 303; StV **85**, 55 L; MDR/H **85**, 794; **89**, 493; Bay wistra **90**, 70; StV **99**, 319 f.; sog. besondere Zuständigkeit; hierzu *Ostendorf* JZ **94**, 559; vgl. für das Verwaltungsverfahren § 27 I VwVfG, § 23 I SGB X). Ist die Behörde zuständig, so kommt es für die Strafbarkeit grds nicht darauf an, ob bei der Entgegennahme der eidesstattlichen Versicherung eine Sollvorschrift (§ 27 I S. 2 VwVfG, § 95 I S. 2 AO, § 23 I S. 2 SGB X) unbeachtet blieb und ob die Versicherung gesetzlich geboten, der Sache nach erforderlich und angemessen war (Stuttgart NStZ-RR **96**, 265; LK-*Ruß* 10; NK-*Vormbaum* 30).

5 **A.** Im ***Strafprozess*** *ist allein das* **Gericht** zuständige Behörde, nicht die StA oder die Polizei (krit. *Leibinger,* Rebmann-FS 263). Nicht von § 156 erfasst sind eidesstattliche Versicherungen von Beschuldigten (vgl. Bay StV **99**, 319 f.), auch wenn eine Glaubhaftmachung (zB §§ 26 II, 45 II StPO) zugelassen ist (BGH **25**, 92; Bay NStZ **90**, 340); ebenso eidesstattliche Versicherungen von Zeugen oder Sachverständigen, wenn sie Tatsachen betreffen, die im förm-

lichen Beweisverfahren zu erörtern (Schuld- und Straffrage) und für die abschließende Entscheidung oder für Entscheidungen im Wiederaufnahmeverfahren von Bedeutung sind (BGH **17**, 304; NK-*Vormbaum* 35). *Zulässig* sind eidesstattliche Versicherungen von Zeugen, Auskunftspersonen und Sachverständigen, wenn es um Zwischen- und Nebenentscheidungen (zB §§ 26 II, 45, 56, 74, 111a StPO) geht (MDR/D **72**, 924).

Für **Bußgeldverfahren** gilt das entsprechend; daher sind eidesstattliche Versicherungen von Betroffenen ausnahmslos unzulässig (Hamm NJW **74**, 327; NK-*Vormbaum* 37); andere Personen können jedoch eidesstattliche Versicherungen abgeben, soweit eine Glaubhaftmachung gesetzlich vorgesehen ist, und zwar auch gegenüber der Verwaltungsbehörde (*Göhler* OWiG 59 vor § 59, 14 zu § 52; *Leibinger,* Rebmann-FS 260). 6

B. Im **Zivilprozess,** im Verfahren nach dem **FGG,** nach §§ 65ff. **PatentG** und im **verwaltungs-, arbeits- und sozialgerichtlichen** Verfahren sind eidesstattliche Versicherungen zulässig, wenn das Gesetz sie zum Beweis von Tatsachen, auch im Rahmen des Freibeweises (§ 12 FGG), vorsieht (vgl. § 99 PatentG, § 98 VwGO, §§ 46 II, 58 II ArbGG). Auch die **Partei** ist, soweit das Gesetz dies nicht ausdrücklich ausschließt, zur eidesstattlichen Versicherung zugelassen; entweder auf Anforderung des Gerichts (zB §§ 104 II; 118a I, 435 ZPO) oder zur vorgeschriebenen Begründung von gerichtlichen Anträgen, zB eines Prozesskostenhilfegesuchs, eines Antrags auf Einstellung der Zwangsvollstreckung, auf Arrest oder einstweilige Verfügung (vgl. *Blomeyer* JR **76**, 441; zum Beweissicherungsverfahren Düsseldorf NJW **85**, 1848). Soweit für die jeweilige Verfahrensart das **förmliche Beweisverfahren** gilt oder das Gesetz keine gemilderte Beweisführungsmöglichkeit vorsieht (zB im Verfahren des Vollstreckungsgerichts über Entscheidungen nach § 765a ZPO; Bay wistra **90**, 70), sind eidesstattliche Versicherungen unzulässig; **zB** zur Bekräftigung einer Parteibehauptung (JZ **53**, 382; JR **62**, 465) oder einer Zeugenaussage (and. wohl BGH **7**, 2 [zu § 295 ZPO]; vgl. LK-*Ruß* 12). 7

C. Für das **Verwaltungsverfahren** regelt § 27 VwVfG die Zuständigkeit zur Entgegennahme eidesstattlicher Versicherungen abschließend. Es bedarf hierfür stets einer **gesetzlichen Grundlage;** § 27 VwVfG und § 23 SGB X setzen diese voraus. **Besondere** Zuständigkeitsnormen enthalten zahlreiche Verwaltungsgesetze. Auch § 22 II BNotG ermächtigt nur zur Beurkundung („Aufnahme") einer an sich zulässigen eidesstattlichen Versicherung (GA **71**, 180; Stuttgart NJW **60**, 2303). **Finanzbehören** sind nach Maßgabe der §§ 95, 284 AO zur Abnahme eidesstattlicher Versicherungen zuständig, nicht jedoch im Vollstreckungsverfahren nach § 262 AO (Hamburg NJW **60**, 113). 8

D. Abnahme einer eidesstattlichen Versicherung ist ihre (förmliche) Entgegennahme durch die Behörde, nicht die Handlung, die erforderlich ist, eine solche Versicherung schriftlich niederzulegen (zB bei einem Notar, § 22 II BNotO); denn § 156 stellt auf die Abnahme, nicht auf die in § 27 II bis V VwVfG näher geregelte Aufnahme ab (*S/S-Lenckner* 8/9). 9

4) Falschheit der Versicherung oder Aussage. Im Fall der 1. Var. muss die Erklärung, auf welche sich die (nachträgliche) eidesstattliche Versicherung bezieht, im Fall der 2. Var. die unter Berufung auf eine (frühere) Versicherung gemachte Aussage falsch, dh **inhaltlich unrichtig** sein. Für den Begriff der Falschheit gelten die Erl. zu § 153, § 154 entspr. (vgl. auch LK-*Ruß* 17; *Leibinger,* Rebmann-FS 271; *Cramer* Jura **98**, 337). 10

A. Der Umfang der **Erklärungs- und Wahrheitspflicht** ergibt sich aus der jeweiligen Verpflichtungsnorm; hiernach bestimmt sich, was der Betroffene „vollständig" anzugeben hat und wann § 156 durch **Verschweigen** wesentlicher Umstände erfüllt ist. Wer etwa einen Ersatzführerschein beantragt und nach § 5 StVG wahrheitsgemäß (zur wahrheitswidrigen Erklärung vgl. Stuttgart NStZ-RR **96**, 265) eidesstattlich versichert, das Original verloren zu haben, verwirklicht § 156 nicht, wenn er verschweigt, dass ihm die Fahrerlaubnis entzogen worden ist (Frankfurt NStZ-RR **98**, 72), denn die Erklärungspflicht bezieht sich nach dem Zweck der Vorschrift auf Vorgänge in der Sphäre des Betroffenen, nicht aber auf von Amts wegen zu prüfende Voraussetzungen (uU aber Versuch des § 271; vgl. BGH **37**, 209). Eine unter **falschem Namen** abgegebene Versicherung ist stets falsch (RG **52**, 74), auch wenn sie im Übrigen sachlich richtig ist (LK-*Ruß* 18). 11

B. Vermögensverzeichnisse. Von besonderer **praktischer** Bedeutung sind unter den Fällen, in denen der Erklärende zur Abgabe der Versicherung verpflich- 12 tet ist, die Versicherungen von Schuldnern nach **§ 807 ZPO, § 98 I InsO** und **§ 284 AO** (vgl. *Otto* JuS **84**, 168).

13 **a)** Im Fall des **§ 807 ZPO** hat der Erklärende zu versichern, dass er die Angaben richtig und vollständig gemacht habe (§ 807 III ZPO). Von § 156 erfasst sind solche Angaben, zu denen der Schuldner nach § 807 I ZPO verpflichtet ist (GA **58**, 86; Bay wistra **99**, 398) und die, wenn sie falsch sind, geeignet sind, Gläubiger über Zugriffsmöglichkeiten auf Vermögensstücke des Schuldners irrezuführen (BGH **7**, 375; **8**, 399; **10**, 149; **14**, 345; **19**, 126; NJW **56**, 599; EzSt Nr. 1; Stuttgart Die Justiz **64**, 316; Hamm JMBlNW **69**, 128; Bay StV **03**, 507), insb. also die Angabe des im Zeitpunkt der Versicherung der Richtigkeit des Verzeichnisses **vorhandenen Vermögens** (Rpfleger **80**, 339), also der Gegenstände mit zu diesem Zeitpunkt greifbarem Vermögenswert (Bay NStZ **99**, 563). Der Umfang der Wahrheitspflicht richtet sich hier nach dem **Zweck** des § 807 ZPO; die Angaben müssen so genau und vollständig sein, dass der Gläubiger anhand des Vermögensverzeichnisses die einen Zugriff erschwerenden Umstände erkennen und Maßnahmen zu seiner Befriedigung treffen kann (Bay NStZ **03**, 665). Eine im Einzelfall unzutreffende oder zweifelhafte *Bezeichnung* ist für § 156 ohne Belang, wenn dadurch das Interesse des Gläubigers nicht gefährdet werden kann (vgl. Bay NStZ **03**, 665). **Andere Angaben** werden von der eidesstattlichen Versicherung nicht erfasst, auch wenn sie auf ausdrückliche Frage des Rechtspflegers hin gemacht worden sind (Köln StV **99**, 319). Die **Personalien** des Schuldners werden nur insoweit von der Erklärungspflicht erfasst, als sich aus persönlichen Verhältnissen der Umfang der sachlichen Offenbarungspflicht ergibt, also zB hinsichtlich der nach § 811 ZPO unpfändbaren Gegenstände (BGH **11**, 223; NJW **68**, 2251).

13 a Nach § 807 ZPO anzugeben ist insb. das gesamte **Aktivvermögen** (BGH **2**, 74; **3**, 310; GA **66**, 243), also **Grundstücke** und grundstücksgleiche Rechte einschließlich möglicher Belastungen, auch mit Eigentümergrundschulden; eigene **bewegliche Sachen,** wenn sie nicht nach objektivem Maßstab offensichtlich wertlos sind (BGH **13**, 345); auch unpfändbare (§ 811 ZPO, BGH **14**, 348) und solche Sachen, die mit Pfandrechten überbelastet sind oder als unverkäuflich erscheinen (BGH **13**, 349). Anzugeben ist auch eine unter Eigentumsvorbehalt gekaufte Sache (GA **61**, 372), selbst dann, wenn zZ der Versicherung der Restkaufpreis den Wert der Sache übersteigt (BGH **13**, 345); ggf auch der Verbleib der Sache (BGH **15**, 128), es sei denn, dass das Anwartschaftsrecht, etwa infolge Veräußerung der Sache nicht mehr besteht (1 StR 229/61). Die Erklärungspflicht entfällt auch, wenn der Verkäufer vom Vertrag zurückgetreten ist (NJW **55**, 270). Auch vom Schuldner sicherungsübereignete Sachen hat er anzugeben (GA **57**, 53; Köln OLGSt. 5), wenn ein Rückübertragungsanspruch besteht (NJW **52**, 1023), und zwar auch dann, wenn die gesicherte Schuld den Wert der Sache zum Zeitpunkt der Versicherung übersteigt (BGH **13**, 345; str.). Entsprechendes gilt für sonstige **Forderungen,** die auch anzugeben sind, wenn sie bestritten (NJW **52**, 1024) oder ihr Bestand oder ihre Höhe aus tatsächlichen oder rechtlichen Gründen zweifelhaft sind (NJW **53**, 390). Anzugeben sind **zB** auch: der Anspruch auf den Restüberschuss bei Abtretung einer Forderung zur Sicherung eines Gläubigers (NJW **52**, 1024); Gesellschaftsbeteiligungen, auch in der Form des Optionsrechts (Frankfurt GA **73**, 154); Ansprüche gegen öffentlichrechtliche Leistungsträger; Ansprüche aus Schwarzarbeit (vgl. § 850 h ZPO; Hamm GA **75**, 180; Ansprüche auf Auszahlung eines (Kontokorrent-)Kredits (Dispositionskredit; Bay NStZ **99**, 563 f.).

13 b **Künftige** Forderungen sind anzugeben, wenn bereits eine Rechtsbeziehung zwischen Schuldner und Drittschuldner besteht, aus der die Forderung so bestimmt werden kann, dass sie bereits der Zwangsvollstreckung unterliegt (GA **66**, 243), zB das bestehende Beschäftigungsverhältnis bei einem bestimmten Arbeitgeber (Hamm NJW **61**, 421); Anwartschaften; Ansprüche aus in Abwicklung befindlichen Geschäften von Maklern oder aus noch laufenden Mandaten von Rechtsanwälten und Steuerberatern; das Betreiben eines Geschäfts, wenn daraus laufende Einnahmen erzielt werden (BGH **37**, 341).

13 c **Nicht anzugeben** sind nur möglicherweise entstehende Forderungen, für deren Entstehung noch kein Rechtsgrund gegeben ist, wie bloße Erwerbsmöglichkeiten (zB Angaben über den Kundenkreis, BGH **8**, 400; **37**, 340; GA **66**, 243; wistra **89**, 303; Hamm RPfleger **98**, 367); objektiv offensichtlich wertlose Gegenstände (BGH **14**, 349; Stuttgart NJW **61**, 2318; KG JR **85**, 162); Anwartschaftsrechte auf Eigentumserwerb hinsichtlich einer Sache, die einem raschen Wertverfall unterliegt (Bay wistra **93**, 73); Werte, die ihrer Natur nach dem

Zugriff eines Gläubigers entzogen sind wie ein Handelsgeschäft (BGH **8**, 399; NJW **68**, 2251), es sei denn, es ergäben sich hieraus dem Zugriff des Gläubigers offen stehende Werte (Rpfleger **80**, 339); dem Schuldner nicht zustehende Vermögenswerte, nur um die Nachprüfbarkeit zu ermöglichen (Celle MDR **95**, 1056); freiwillige Unterstützungen durch Dritte (GA **58**, 86); Einnahmen des Ehepartners oder von anderen Angehörigen, auch wenn sie im gemeinsamen Haushalt leben (MDR/H **88**, 627); ein noch angemeldetes, nicht mehr betriebenes Gewerbe ohne Einkünfte (Hamm 26. 6. 1978, 3 Ss 580/78). Soweit Vorräte des täglichen Bedarfs unpfändbar (§ 811 Nr. 2 ZPO) sind und daher nach § 807 I S. 3 ZPO nicht angegeben zu werden brauchen, bezieht sich dies auch auf den zu ihrer Beschaffung erforderlichen, auf einem Bankkonto befindlichen Geldbetrag (Bay MDR **91**, 1079).

Verbindlichkeiten sind insoweit anzugeben, als sie den Wert des Vermögens mit unmittelbarer Wirkung für den Gläubiger beeinträchtigen. **Frühere Vermögenswerte** sind anzugeben, wenn sie Gegenstand der in **§ 807 I Nr. 1 bis 3 ZPO** bezeichneten Verfügungen zugunsten des Ehegatten oder von Verwandten oder unentgeltlichen Verfügungen waren (vgl. GA **61**, 372; NJW **55**, 638; Hamm NJW **51**, 246). Die Angaben müssen unter dem Gesichtspunkt **richtig und vollständig** sein, dem Gläubiger einen etwaigen Zugriff zu ermöglichen und ihn nicht zu verfehlten Vollstreckungsmaßnahmen zu verleiten (BGH **8**, 399; **10**, 150; 283). Daher sind etwa Angaben über den Verbleib einer dem Schuldner gehörenden Sache zu machen (BGH **15**, 128), wenn nicht durch deren Veräußerung ein Anwartschaftsrecht des Schuldners erloschen ist (BGH **14**, 345); ebenso über die Verwendung von Einkünften (BGH **10** 149) oder den Stand einer Erbauseinandersetzung. Bei Forderungen sind Höhe, Entstehungsgrund und Beweismittel zu bezeichnen (§ 807 I ZPO). Wegen weiterer **Einzelheiten** ist auf die Kommentierungen zu § 807 ZPO zu verweisen. **13 d**

b) Unter den **sonstigen** in Betracht kommenden Versicherungen ähnelt die Erklärungsverpflichtung vielfach der nach § 807 ZPO, so dass die Erläuterungen dazu sinngemäß gelten; etwa bei der Angabe der Nachlassgegenstände durch den Erben (§ 2006 BGB); den Angaben des Gemeinschuldners nach der InsO. Parallelen bestehen auch bei der Rechenschaft über eine Verwaltung (§ 259 BGB) und der Auskunftspflicht des Hausgenossen über die Erbschaft (§ 2028 BGB). Dagegen geht es zB bei § 260 BGB, § 883 ZPO, §§ 33, 83 FGG, § 459g I S. 2 StPO, § 90 III OWiG um den Verbleib bestimmter Sachen oder Personen und damit um ein eng konkretisiertes Erklärungsthema; hier hat der Verpflichtete alles anzugeben, was zur Auffindung führen kann. Einen bestimmten Inhalt hat auch die Auskunftspflicht eines Miterben über Zuwendungen, die er bei der Erbauseinandersetzung zum Ausgleich zu bringen hat (§ 2057 BGB). **14**

5) Tathandlung. In der **1. Var.** setzt § 156 ein „Abgeben" der Versicherung an Eides Statt voraus. **Abgegeben** ist die Versicherung im Falle der Mündlichkeit, sobald die Erklärung vor der Behörde abgeschlossen ist (Stuttgart NStZ-RR **96**, 265); bei Schriftlichkeit durch den Eingang der Urschrift oder einer notariellen Ausfertigung, der die Kenntnisnahme ermöglicht; es genügt auch die Zuleitung durch Telefax (Bay NJW **96**, 407 m. Anm. *Vormbaum/Zwiehoff* JR **96**, 265). Der Eingang muss bei der **zuständigen** Behörde erfolgen. Ob die Versicherung in dem konkreten Verfahren Verwendung findet oder sich auswirkt, ist ohne Bedeutung; es genügt, dass sie hierzu geeignet und bestimmt ist (MDR/D **72**, 923). In der **2. Var.** besteht die Tathandlung in der **Berufung** auf eine frühere eidesstattliche Versicherung, wenn damit die Richtigkeit einer (vorangegangenen oder nachfolgenden) **Falschaussage** versichert wird. Für die **Vollendung** gelten die Grundsätze des § 154 entspr. (vgl. dort 13); der Versuch ist nicht strafbar. **15**

6) Subjektiver Tatbestand. § 156 setzt **Vorsatz** voraus; bedingter Vorsatz genügt (vgl. aber § 163). Er muss auch die Zuständigkeit der Behörde umfassen, die nicht Bedingung der Strafbarkeit, sondern Tatbestandsmerkmal ist (BGH **1**, 15; **3**, 254; **24**, 38); weiterhin die Unrichtigkeit oder Unvollständigkeit der versicherten Tatsachen (Düsseldorf wistra **92**, 74); auch Tatsachen, welche die Erklärungspflicht begründen, sowie den inhaltlichen Umfang dieser Pflicht (4 StR 528/69; KG JR **85**, 162). Zu **Irrtumsfragen** vgl. 11 zu § 154. **16**

7) Beteiligung. § 156 ist wie §§ 153, 154 ein **eigenhändiges Delikt;** Täter kann nur sein, wer in eigener Person die Versicherung abgibt; Mittäterschaft und **17**

mittelbare Täterschaft sind ausgeschlossen ((*Lackner/Kühl* 7 vor § 153; LK-*Ruß* 27; NK-*Vormbaum* 62); die Sonderregelung des § 160 ist zu beachten. Prozessfähigkeit des Täters ist nicht vorausgesetzt; er muss eidesfähig iS des § 393 ZPO sein, § 27 I S. 3 VwVfG, § 23 I S. 3 SGB X sein. **Teilnahme** ist nach allgemeinen Regeln möglich (vgl. 14 ff. zu § 154).

18 **8) Rechtsfolge.** Bei der **Strafzumessung** kommt es auf das konkrete Gewicht und mögliche Folgen der Tat an. Bei § 807 ZPO ist ein Verstoß gegen die §§ 900 II, 903 ZPO nicht notwendig ein Milderungsgrund (vgl. BGH **17**, 145).

19 **9) Konkurrenzen.** Mehrere Falschangaben innerhalb derselben an Eides Statt versicherten Erklärung bilden eine einheitliche Tat; bei teilweise vorsätzlichen, teilweise fahrlässigen Falschangaben tritt § 163 hinter § 156 zurück (1 StR 443/69). Mehrere in demselben Rechtszug abgegebene falsche eidesstattliche Versicherungen stehen in **Tatmehrheit,** soweit sie nicht durch zusätzliche Umstände zu einer einheitlichen Tat verklammert werden (BGH **45**, 16, 24 ff.; vgl. 7 zu § 153). **Tateinheit** ist möglich mit § 263 oder § 267; mit versuchter Steuerhinterziehung (BGH **38**, 41); mit § 283 (BGH **11**, 145). Verschweigt der Schuldner im Falle des § 807 ZPO einzelne Vermögensstücke vorsätzlich, andere fahrlässig, so geht § 163 in § 156 auf (1 StR 443/69).

Aussagenotstand

157 **I Hat ein Zeuge oder Sachverständiger sich eines Meineids oder einer falschen uneidlichen Aussage schuldig gemacht, so kann das Gericht die Strafe nach seinem Ermessen mildern (§ 49 Abs. 2) und im Falle uneidlicher Aussage auch ganz von Strafe absehen, wenn der Täter die Unwahrheit gesagt hat, um von einem Angehörigen oder von sich selbst die Gefahr abzuwenden, bestraft oder einer freiheitsentziehenden Maßregel der Besserung und Sicherung unterworfen zu werden.**

II Das Gericht kann auch dann die Strafe nach seinem Ermessen mildern (§ 49 Abs. 2) oder ganz von Strafe absehen, wenn ein noch nicht Eidesmündiger uneidlich falsch ausgesagt hat.

1 **1) Allgemeines.** Die Vorschrift wurde durch Art. 1 Nr. 43 des 1. StrRG und Art. 19 Nr. 65 EGStGB geändert. **Literatur:** 1 a vor § 153.

Gesetzgebung: Eine Einschränkung sah der GesE des BRats eines Gesetzes zur Abschaffung des Zeugnisverweigerungsrechts für Verlobte und weiterer Privilegien von Verlobten im Strafrecht vor (BT-Drs. 16/516; in der 15. WP bereits als BR-Drs. 203/05). Die BReg ist dem entgegen getreten (ebd. 8). Das Gesetzgebungsverfahren ist seit Februar 2006 nicht weiter geführt worden.

2 **2) Anwendungsbereich. Abs. I** enthält eine fakultative Strafmilderungsmöglichkeit für **Zeugen** oder **Sachverständige,** die sich einer falschen uneidlichen Aussage (§ 153) oder eines vollendeten oder versuchten (BGH **4**, 175) Meineids (§§ 154, 155) schuldig gemacht haben. Für § 156 gilt Abs. I nicht; auch nicht für Meineide von Prozessparteien (NJW **51**, 809), da diese eine Vereidigung regelmäßig ablehnen können (BGH **3**, 320). § 157 gilt nur für **Täter,** nicht auch für Teilnehmer (BGH **1**, 28; **2**, 379; **3**, 320; **7**, 5). In Fällen des § 163 ist § 157 I nicht anwendbar. **Abs. II** gilt für uneidliche Falschaussagen von Personen unter 16 Jahren.

3 **3) Aussagenotstand (Abs. I).** Abs. I setzt eine schuldhafte uneidliche oder eidliche Falschaussage voraus. Bei wirksamem Rücktritt vom versuchten Meineid kommt es auf § 157 nicht mehr an.

4 **A. Gefahr der Verfolgung.** Es muss nach Ansicht des Täters bei wahrheitsgemäßer Aussage für den Täter selbst oder einen Angehörigen die Gefahr der Bestrafung oder der Anordnung einer freiheitsentziehenden Maßregel bestehen. Insoweit kommt es allein auf die **subjektive Zielrichtung** an; maßgebend ist die Meinung *des Täters hierüber* zum Zeitpunkt der Aussage (GrSenBGH **8**, 317; NJW **88**, 2391 [m. Anm. *Heusel* JR **89**, 428]; 4 StR 523/89), auch wenn diese Ansicht unzutreffend ist, weil gar keine Straftat vorliegt (NK-*Vormbaum* 12; unzutr. **aA** München StraFo **06**, 32 [m. abl. Anm. *Meyer-Goßner*]) oder eine Gefahr der Verfolgung

objektiv nicht gegeben ist (NJW **52**, 635; Düsseldorf NJW **86**, 1822; vgl. dazu auch *Aselmann* [1 a vor § 153] 225 ff.). Daher kann bei entsprechender subjektiver Vorstellung § 157 auch auf einen Zeugen anzuwenden sein, der durch seine Falschaussage eine Bestrafung wegen Beteiligung an dem in der Klageerhebung durch einen Dritten liegenden Versuch des Prozessbetrugs verhindern will, von welchem er durch eine wahre Aussage noch zurücktreten könnte (vgl. auch Bay NStZ **97**. 36; *Meyer-Goßner* StraFo **06**, 32, 33).

a) In der Vorstellung des Täters muss die Gefahr der Anordnung oder Vollstreckung einer **Strafe** oder einer **freiheitsentziehenden Maßregel** bestehen. Nicht ausreichend ist die Gefahr einer Geldbuße (Bay NJW **71**, 630) oder einer Disziplinarmaßnahme (LK-*Ruß* 13; SK-*Rudolphi* 7); erst recht nicht, dass die Offenbarung der Wahrheit dem Täter oder Angehörigen zur Unehre gereichen würde (NK-*Vormbaum* 16; LK-*Ruß* 13). Ausreichend ist es, wenn der Täter eine Bestrafung nach einem milderen Gesetz oder nur eine mildere Strafzumessung erreichen will (BGH **29**, 298; **aA** SK-*Rudolphi* 10). Eine Gefahr ist nicht gegeben, wenn die Verfolgung aus rechtlichen, dem Täter bekannten Gründen nicht möglich ist. Freisprechung von der Straftat beseitigt die Gefahr im Hinblick auf § 362 Nr. 2 StPO nicht (MDR/H **83**, 280); wohl aber der Ablauf einer Strafantragsfrist oder der Eintritt der Verjährung. 5

b) Die Handlung, wegen derer die Strafe oder Maßregel droht, muss **vor der Falschaussage** begangen sein (vgl. schon RG **62**, 211). Das kann eine falsche Anschuldigung sein, welche zu dem Verfahren geführt hat, in welchem die Aussage gemacht wird (BGH **7**, 332); auch die Absprache (§ 30 II; vgl. 1 StR 250/80) eines Meineides; eine uneidliche Aussage (BGH **4**, 175) nur, wenn sie eine **selbstständige Tat** ist (BGH **5**, 269, 270; GrSBGH **8**, 301, 314, 317; NStZ-RR **07**, 40 f.); auch ein Betrugsversuch durch falsche Angaben gegenüber Behörden, die in der Aussage wiederholt werden (vgl. 3 StR 220/69). Ausgeschlossen ist Abs. I, wenn sich die Absicht nur auf das nämliche Aussagedelikt selbst bezieht; ein Meineid ist also nicht deshalb im Aussagenotstand begangen, weil er der Verschleierung der bis zur Eidesleistung vorliegenden uneidlichen Falschaussage im selben oder einem *früheren Termin* gemachten, noch nicht abgeschlossenen Falschaussage dient (BGH **5**, 269, 270; **8**, 301, 319 f.), wenn also eine frühere uneidliche Falschaussage durch die Beeidigung zum Teil des Meineids wird (vgl. GrSenBGH **8**, 301, 304 ff.); es fehlt hier an einer vorausgegangenen strafbaren Handlung (Stuttgart NJW **78**, 712), auch wenn mit der uneidlichen Falschaussage tateinheitlich ein anderes Delikt zusammentrifft (BGH **9**, 121 [Betrug]). 6

Es reicht aber aus, wenn die Gefahr durch eine wahrheitsgemäße Aussage in Verbindung mit anderen Prozesstatsachen oder mit dem Verhaltens eines Angehörigen in demselben Verfahren begründet würde (Bay NStZ **97**, 36 [versuchter Prozessbetrug; vgl. oben 4]); wenn der Täter oder sein Angehöriger bei der Polizei Angaben gemacht hatte, die eine Bestrafung nach §§ 164, 257, 258 bieten können (5 StR 219/78); wenn das in einem neuen Termin oder in der zweiten Instanz begangene Aussagedelikt sich gegenüber einer früheren Falschaussage als selbstständige Tat darstellt (GrSenBGH **8**, 301, 319; JR **81**, 248 [m. Anm. *Bruns*]; StV **87**, 195; vgl. dazu auch LK-*Ruß* 5 f.; *S/S-Lenckner* 6; SK-*Rudolphi* 14). 7

c) Bei **mehrfachen Unrichtigkeiten** innerhalb einer Aussage genügt es, wenn die Gefahr hinsichtlich eines Teiles der Aussage droht und die übrigen Angaben mit dem Beweisgegenstand in **innerem Zusammenhang** stehen (NJW **00**, 154, 157; MDR **52**, 658); fehlt es an einem solchen Zusammenhang zwischen den einzelnen Aussageteilen, so kann dem Täter die (zufällig) zeitgleiche Vernehmung nicht zugute kommen (NJW **00**, 157). 8

d) Die Gefahr muss entweder dem **Täter** selbst oder einem **Angehörigen** (iS von § 11 I Nr. 1 Buchst. a) drohen. Abs. I stellt aus Gründen der Rechtssicherheit allein auf die formale Stellung und nicht auf die tatsächliche Verbundenheit der Beteiligten ab, er gilt daher nicht für nicht-eheliche und nicht-lebenspartnerschaftliche Partnerschaften (Bay NJW **86**, 203; Braunschweig NStZ **94**, 344 [m. abl. Anm. *Hauf* NStZ **95**, 35]; Celle NJW **97**, 1084; krit. *Krümpelmann/Hensel* JR **87**, 41; LK-*Ruß* 14; **aA** *Ostendorf* JZ **87**, 338; SK-*Rudolphi* 1; NK-*Vormbaum* 14).

9 **B. Abwendungsabsicht.** Die Falschaussage muss in der **Absicht** begangen worden sein, vom Täter selbst oder von dem Angehörigen die **Gefahr abzuwenden** oder zu **mildern;** insoweit ist zielgerichtetes Handeln erforderlich. Die Absicht muss aber weder alleiniger noch Hauptgrund gewesen sein (BGHR § 157 I Selbstbegünstigung 1, 2; MDR/H **93**, 1039; NStZ-RR **07**, 40, 41); es reicht aus, wenn sie als Motiv für die Falschaussage mitbestimmend war (BGH **8**, 317; GA **68**, 304; BGHR § 157 I Selbstbegünstigung 1; Zweibrücken OLGSt. Nr. 1 zu § 153). Insoweit gilt der **Zweifelsgrundsatz;** für die Anwendung des § 157 genügt es daher, wenn der genannte Beweggrund nicht auszuschließen ist (NStZ **05**, 33). Das setzt voraus, dass der Täter die Gefahr als unmittelbare Folge einer wahren Aussage ansieht; es reicht daher nicht, dass er eine Anzeige von sich abwenden will, die derjenige erstatten könnte, zu dessen Gunsten er falsch aussagt (BGH **7**, 2).

10 **C. Strafmilderung.** Abs. 1 sieht für Fälle des Meineid und der uneidlichen Falschaussage eine **fakultative Milderung** durch Anwendung der Strafrahmenregel des § 49 II nach **pflichtmäßigem Ermessen** vor (§ 49 II; einschränkend *Montenbruck* JZ **85**, 980; dagegen SK-*Rudolphi* 16); im letzteren Fall kann auch **von Strafe abgesehen** werden (vgl. 8 zu § 23). Abs. I ist auch zu beachten und nach dem Zweifelssatz anzuwenden, wenn der Täter das Aussagedelikt bestreitet und sich daher auf eine Konfliktslage nicht beruft (GA **68**, 304; MDR/D **68**, 551; NStZ **88**, 497; 1 StR 704/76; Stuttgart NJW **78**, 711; Düsseldorf StV **91**, 68 [m. Anm. *Heusel* JR **91**, 521]; LK-*Ruß* 1). Die Urteilsgründe müssen erkennen lassen, dass sich das Gericht der Möglichkeit des I bewusst war (BGHR § 157 I, Selbstbeg. 3; Bay NStZ **97**, 35). Ist die Prüfung unterblieben, so führt dies auf die Revision zur Aufhebung nur im Strafausspruch (StV **95**, 23; Bay NJW **96**, 2244).

11 Die Milderung nach I *kann* versagt werden, wenn der Täter aus schuldhaften Motiven den Notstand herbeigeführt hat (4 StR 509/91; *S/S-Lenckner* 11). Sie ist aber auch dann nicht schon von vornherein ausgeschlossen (BGH **7**, 332; 8, 301, 318 f.; StV **87**, 195; **95**, 249; NStZ **05**, 33 f.; NStZ-RR **07**, 49, 41; 4 StR 87/95; LK-*Ruß* 6; *Lackner/Kühl* 1; NK-*Vormbaum* 25; **aA** *S/S-Lenckner* 11; SK-*Rudolphi* 14); für die Anwendbarkeit des Abs. I kommt es daher grds nicht darauf an, ob der Täter die Gefahr durch Verweigerung des Zeugnisses hätte abwenden können (MDR/H **77**, 460; **78**, 987; StV **95**, 250; NJW **00**, 154, 157; Düsseldorf StV **93**, 423; Bay NStZ-RR **99**, 174; LK-*Ruß* 6; **aA** *M/Schroeder/Maiwald* 74/103) oder ob er auf ein bestehendes Zeugnis- oder Eidesverweigerungsrecht hingewiesen wurde (4 StR 31/85).

12 **4) Falschaussagen Eidesunmündiger (Abs. II).** Fakultative Strafrahmenmilderung nach § 49 II oder Absehen von Strafe sind nach Abs. II bei **uneidlichen** Falschaussagen eidesunmündiger Personen (vgl. § 60 Nr. 1 StPO) möglich. Auf die Voraussetzungen des Abs. I kommt es in diesem Fall nicht an. Für Meineide Eidesunmündiger gilt I. Eine Anwendung des II auf Personen, die zwar eidesmündig sind, aber vom Wesen des Eids keine hinreichende Vorstellung haben (§ 60 Nr. 1 StPO), ist nach dem Wortlaut ausgeschlossen.

13 **5) Mehrfache Milderung.** Liegen die Voraussetzungen des I innerhalb einer Falschaussage mehrfach vor, so kann das (nur) für das Maß der Strafmilderung Bedeutung haben (BGH **5**, 371, 377). §§ 157 und 158 können dem Täter neben*einander zugute kommen* (BGH **4**, 176); eine Strafmilderung wegen Verstoßes gegen § 60 Nr. 2 StPO neben § 157 (NStE § 154 Nr. 4; NStZ **91**, 280; NStZ/D **91**, 478). Nimmt das Gericht im Hinblick auf einen Umstand iS des I einen minder schweren Fall nach § 154 II an, so ist § 50 zu beachten.

Berichtigung einer falschen Angabe

158 **I Das Gericht kann die Strafe wegen Meineids, falscher Versicherung an Eides Statt oder falscher uneidlicher Aussage nach seinem Ermessen mildern (§ 49 Abs. 2) oder von Strafe absehen, wenn der Täter die falsche Angabe rechtzeitig berichtigt.**

II Die Berichtigung ist verspätet, wenn sie bei der Entscheidung nicht mehr verwertet werden kann oder aus der Tat ein Nachteil für einen anderen entstanden ist oder wenn schon gegen den Täter eine Anzeige erstattet oder eine Untersuchung eingeleitet worden ist.

III Die Berichtigung kann bei der Stelle, der die falsche Angabe gemacht worden ist oder die sie im Verfahren zu prüfen hat, sowie bei einem Gericht, einem Staatsanwalt oder einer Polizeibehörde erfolgen.

1) Allgemeines. Die Vorschrift gilt idF durch Art. 19 Nr. 64 EGStGB. **Literatur:** 1a vor § 153. 1

2) Anwendungsbereich. § 158 enthält eine spezielle Regelung **Tätiger Reue** nach Vollendung eines Aussagedelikts nach §§ 153 bis 156. Die Vorschrift ist, anders als § 157, nicht nur bei Aussagen von Zeugen oder Sachverständigen anwendbar, sondern auch bei eidlichen Falschaussagen einer Prozesspartei. Sie gilt auch für Anstifter (NJW **51**, 727) und Gehilfen (BGH **4**, 173; NK-*Vormbaum* 17). Soweit der **Versuch** strafbar ist, führt eine freiwillige Berichtigung vor Tatvollendung idR schon nach § 24 zur Straffreiheit. Die Zäsur für die Anwendbarkeit des § 158 bildet bei der uneidlichen Falschaussage und beim Voreid das Ende der Bekundung, beim Nacheid das vollständige Leisten der Eidesformel (vgl. 11 zu § 153; 13 zu § 154). Da Abs. II eine spezielle Regelung des Freiwilligkeits-Erfordernisses enthält, die mit derjenigen des § 24 nicht übereinstimmt, muss nach dem Sinn der (weit auszulegenden; vgl. NJW **62**, 2114; Hamburg NJW **81**, 237) Vorschrift § 158 auch bei versuchtem Meineid nach iS von § 24 unfreiwilligem und daher unwirksamem Rücktritt Anwendung finden. Entsprechendes gilt für selbständig strafbare **Vorbereitungen** nach § 30: Berichtigt der Beteiligte nach § 30 I oder II zwar nicht freiwillig iS von § 31, jedoch unter den Voraussetzungen des § 158 II, so ist Abs. I anwendbar. 2

3) Berichtigung. Abs. I verlangt die Berichtigung einer falschen Angabe. **Freiwilligkeit** iS von § 24 ist nicht erforderlich (BGH **4**, 175; NK-*Vormbaum* 14); sie kann sich mittelbar aus Anforderungen der Rechtzeitigkeit ergeben. Es ist daher grds unschädlich, wenn die Berichtigung zB auf Druck Dritter, wegen Gefahr der Entdeckung oder in der (zutreffenden oder unzutreffenden) Erkenntnis vorgenommen wird, die frühere Falschaussage sei nicht geglaubt worden oder ihr Zweck sei aus anderen Gründen nicht mehr erreichbar. Die Motive der Berichtigung können freilich im Rahmen der Ermessensausübung berücksichtigt werden. 3

A. Inhalt. Eine Berichtigung setzt mehr voraus als den bloßen Widerruf der früheren Aussage; auch deren schlichte Ergänzung durch eine inhaltlich abweichende weitere (richtige oder erneut falsche) Aussage ist keine Berichtigung; idR auch nicht die Verweigerung der Auskunft auf die Frage, ob eine frühere Aussage richtig sei (BGH **18**, 348; NK-*Vormbaum* 11). Eine „Berichtigung" setzt vielmehr voraus, dass der Täter die **Unwahrheit** der früheren Aussage offenbart (BGH **18**, 348; **21**, 115) und zugleich in allen nicht gänzlich nebensächlichen Punkten die **Wahrheit** mitteilt (BGH **9**, 99, 100; vgl. LK-*Ruß* 4). Wenn eine „berichtigende" nur einzelne von mehreren Unwahrheiten einer früheren Aussage korrigiert, ist § 158 nicht anwendbar; erst recht nicht, wenn alle früheren Unrichtigkeiten offenbart, aber durch neue Unwahrheiten ersetzt werden. In beiden Fällen kann, je nach der Form der „Berichtigung", eine neue Tat nach §§ 153 ff. gegeben sein. 4

Ein **Schuldeingeständnis** setzt I nicht voraus (Hamburg NJW **81**, 237 m. Anm. *Rudolphi* JR **81**, 384; hierzu *Dencker* NStZ **82**, 461; NK-*Vormbaum* 16). IdR ist eine **ausdrückliche** Erklärung erforderlich, ein schlüssiges Zugeben der 5 früheren Unrichtigkeit aber nicht ausgeschlossen (vgl. MDR/H **82**, 809; Hamburg NJW 81, 237; *Otto* JuS **84**, 172); eine bestimmte **Form** der Berichtigung ist nicht vorausgesetzt. Der **Zweifelssatz** ist anwendbar (Bay NJW **76**, 860; LK-*Ruß* 6; *Stree* JR **76**, 470; and. *Küper* NJW **76**, 1828), wenn bei Vorliegen einer „Berichtigung" nicht geklärt werden kann, welche der beiden widersprüchlichen Aussagen falsch ist.

6 **B. Adressat.** Nach **Abs. III** ist Berichtigungsadressat zunächst die Stelle, vor der die Falschaussage gemacht ist oder in deren Verfahren sie zu prüfen und zu verwerten ist. Daneben kann die Berichtigung auch gegenüber jedem Gericht, einer Staatsanwaltschaft oder einer beliebigen Polizeidienststelle erklärt werden. Schon aus den inhaltlichen Anforderungen des Abs. I ergibt sich, dass, wenn der konkrete Adressat mit der Sache nicht befasst war, eine hinreichend genaue Bezeichnung des Verfahrens und der für die Entscheidung zuständigen Stelle erforderlich ist; das Risiko der Rechtzeitigkeit (Abs. II) trägt der Berichtigende.

7 **C. Rechtzeitigkeit.** Die Berichtigung muss **rechtzeitig** erfolgen (Abs. I); dabei kommt es grds. auf den Zeitpunkt des Eingangs der berichtigenden Erklärung an. **Abs. II** führt in negativer Abgrenzung abschließend Umstände auf, welche die Annahme der Rechtszeitigkeit ausschließen.

8 **a)** Verspätet ist die Berichtigung, wenn ihre **Verwertung** bei der abschließenden Entscheidung nicht mehr möglich ist, also insb. nach Erlass eines Urteils (Hamm NJW **50**, 358); Rechtskraft der Entscheidung ist nicht erforderlich. Vor dem Abschluss der Beweisaufnahme ist eine Berichtigung idR, wenn nicht ausnahmsweise schon ein Nachteil (unten 9) eingetreten ist, rechtzeitig; (vgl. Bay StV **89**, 251 m. Anm. *Wächtler*). Eine Einstellungsverfügung der StA soll keine Entscheidung iS von II sein (NJW **53**, 1923; zw.).

9 **b)** Verspätet ist eine Berichtigung auch dann, wenn aus der früheren Falschaussage bereits ein **Rechtsnachteil für einen anderen** entstanden ist; das ist namentlich der Fall, wenn die Falschaussage bei einer Zwischenentscheidung zu Lasten eines Dritten verwertet wurde; **zB** durch Einleitung eines Ermittlungsverfahrens; eines Disziplinarverfahrens; durch Ausweitung von Ermittlungen; Einstellung einer Zwangsvollstreckung. Dritter kann auch der Staat sein (NK-*Vormbaum* 26; str.), jedenfalls wenn fiskalische Interessen betroffen sind. **Rechtsnachteil** ist eine Beeinträchtigung der Rechtsstellung, die über eine bloße Verschlechterung der Beweislage hinausgeht (NJW **62**, 2164; NK-*Vormbaum* 25). Die Notwendigkeit, neuen Beweis zu erbringen, reicht nicht aus. Ein Vermögensnachteil ist nicht erforderlich, ein ideeller Nachteil oder eine bloße Gefährdung von Rechtspositionen nicht ausreichend.

10 **c)** Verspätung liegt schließlich vor, wenn schon eine **Anzeige gegen den Täter** erstattet oder eine **Untersuchung** gegen ihn eingeleitet ist. Anzeige ist hier nur die Strafanzeige; Untersuchung ist jedes Einschreiten einer zuständigen Behörde, das in der erkennbaren Absicht erfolgt, evtl. eine Bestrafung herbeizuführen (LK-*Ruß* 10); dazu zählt auch eine vorläufige Festnahme nach § 183 S. 2 GVG; nicht aber schon die Protokollierung einer verdächtigen Aussage im Hauptverhandlungsprotokoll (§ 183 S. 1 GVG).

11 **4) Rechtsfolge.** Ist eine rechtzeitige Berichtigung gegeben, so eröffnet Abs. I dieselben Strafmilderungsmöglichkeiten wie § 157 II. Bei der nach pflichtgemäßem Ermessen zu treffenden Entscheidung über eine Strafrahmenmilderung oder ein Absehen von Strafe sind namentlich das Gewicht der früheren Falschaussage und der durch sie gegebenen Gefährdung sowie Umfang, Zeitpunkt und Motiv der Berichtigung zu berücksichtigen (vgl. oben 3). Ein Absehen von Strafe kann namentlich bei freiwilliger vollständiger Berichtigung in Fällen des § 156 in Betracht kommen. Die Bestrafung wegen einer tateinheitlich mit dem Aussagedelikt begangenen Straftat bleibt unberührt (vgl. Hamm OLGSt. 5).

Versuch der Anstiftung zur Falschaussage

159 **Für den Versuch der Anstiftung zu einer falschen uneidlichen Aussage (§ 153) und einer falschen Versicherung an Eides Statt (§ 156) gelten § 30 Abs. 1 und § 31 Abs. 1 Nr. 1 und Abs. 2 entsprechend.**

1) Allgemeines. Die Vorschrift idF des Art. 19 Nr. 65 EGStGB wurde durch das 3. StÄG auf die Taten nach §§ 153 und 156 beschränkt. **Literatur:** Vgl. 1 a vor § 153. 1

2) Anwendungsbereich. § 159 erweitert § 30, allerdings nur für die Variante der versuchten Anstiftung, auf Vergehen nach §§ 153, 156; der Meineid wird als Verbrechen von § 30 schon unmittelbar erfasst. Die systematisch kaum überzeugende Strafbarkeit versuchter Anstiftung zu Vergehen, deren Versuch selbst nicht strafbar ist, wird *kriminalpolitisch* dadurch gerechtfertigt, dass dem Schutz des Zeugenbeweises vor unlauteren Einflüssen besondere Bedeutung zukomme (vgl. *S/S-Lenckner* 1/2; SK-*Rudolphi* 1; *Lackner/Kühl* 2; LK-*Ruß* 1 f.; *Dreher* JZ **53**, 425; krit. *Vormbaum* GA **86**, 356 ff. u. NK 5 ff.; *Heinrich* JuS **95**, 1117). Bedeutung hat dies insb. für Fälle der versuchten Anstiftung zum untauglichen Versuch (vgl. unten 6). 2

3) Anstiftungsinhalt. Der Täter des § 159 muss auf eine andere Person mit dem Vorsatz einwirken, sie zu einer **vorsätzlichen** (sonst § 160) Falschaussage zu veranlassen. Bedingter Vorsatz genügt sowohl hinsichtlich der vorgestellten Haupttat als auch hinsichtlich der Kausalität der Anstiftungshandlung (BGH **2**, 281; NJW **82**, 1600). Über den Inhalt der Falschaussage muss der Anstiftungstäter keine konkreten Vorstellungen haben; es reicht die Angabe einer bestimmten Aussagerichtung oder eines Gesamtergebnisses. Die erfolglose Aufforderung an einen Zeugen, mit wahrheitswidriger Begründung die Aussage zu verweigern, unterfällt § 159 nicht (Bay NJW **55**, 1120). 3

4) Versuch. Für die Abgrenzung des Versuchs von Vorbereitungshandlungen gelten die allgemeinen Grundsätze. IdR wird ein Versuch mit dem Beginn der Einwirkung auf die andere Person vorliegen, wenn zu diesem Zeitpunkt die Haupttat schon hinreichend konkretisiert ist. Die allgemeine, vorsorglich Aufforderung an eine Person, zu einem bestimmten Sachverhalt ggf. gegenüber allen Dritten die Unwahrheit zu sagen, reicht nicht aus. Es reicht aber die Aufforderung, in einem **bestimmten Verfahren** eine Falschaussage zu leisten. 4

Grds. unerheblich für die Strafbarkeit nach § 159 iV mit § 30 I ist, warum es beim Versuch geblieben ist. Auch der **untaugliche Versuch** der Anstiftung ist grds strafbar, **zB** wenn die Vernehmung unterbleibt; wenn ein Schreiben, das die Aufforderung zur Falschaussage enthält, fehlgeleitet wird (BGH **31**, 11); wenn der Zeuge, den der Täter anstiften will, schon von sich aus zur Falschaussage entschlossen ist; insb. auch denn, wenn der Zeuge trotz der Aufforderung zur Falschaussage die Wahrheit sagt; wenn die anstiftungsgemäße Aussage entgegen der Annahme des Täters wahr ist (vgl. RG **64**, 224); wenn der Zeuge gutgläubig, wenngleich uU fahrlässig falsch aussagt (ggf. § 160). 5

Umstritten ist die Strafbarkeit des **untauglichen** Versuchs für den Fall, dass sich der Anstiftungstäter über die **Zuständigkeit** der Stelle irrt, bei welcher die betreffende falsche Erklärung abgegeben werden soll. BGH **17**, 303, 305 (*5. StS*) hat Bestrafung nach § 159 auch bei irrtümlicher Annahme der Zuständigkeit angenommen, da es wie bei § 30 nur auf die Vorstellung des Versuchstäters ankomme (ebenso *S/S-Lenckner* 6; SK-*Rudolphi* 2; LK-*Ruß* 1 a; *Otto* BT 97/79; *W/Hettinger* 781). Nach **aA** (BGH **24**, 38 [*2. StS*]; „eidesstattliche Versicherung" vor dem Strafrichter) kommt dagegen eine Bestrafung „entsprechend" § 30 I nur dann in Betracht, wenn die Ausführung der vom Anstifter vorgesehen Handlung tatsächlich strafbar wäre, also dann *nicht*, wenn die Falschaussage entgegen der Annahme des „Anstiftenden" mangels Zuständigkeit der Stelle keinerlei rechtliche Wirkung haben kann (zust. *Vormbaum* GA **86**, 363 u. NK 20; *M/Schroeder/Maiwald* 75/89; *Müller* [1 a vor § 153] 372 ff.; abl. *Dreher* MDR **71**, 410; *Schröder* JZ **71**, 563; *Tröndle* GA **73**, 337; *Otto* JuS **84**, 170). Die Begründung für diese Einschränkung (vgl. 6

BGH **24**, 38, 39 f.) ist jedenfalls *rechtspolitisch* überzeugend; dass sie durch *Auslegung* gefunden werden kann, ist freilich nicht zweifelsfrei (vgl. *W/Hettinger* 781); dagegen könnte namentlich auch die Verweisung auf § 30 I S. 3 und damit auf § 23 III sprechen.

7 **5) Rechtsfolge.** Die Strafdrohung bestimmt sich nach §§ 30 I, 153, 156; der Strafrahmen ist zwingend nach § 49 I zu mildern. Für den **Rücktritt** gilt § 31 I Nr. 1, II entsprechend (vgl. die Erl. dort).

8 **6) Konkurrenzen.** Gegenüber der Anstiftung zu §§ 153, 156 ist § 159 subsidiär, so dass bei Begehung der Haupttat, auch als Versuchs, nur wegen Anstiftung zu bestrafen ist. **Tateinheit** ist möglich zwischen § 159 und (erfolgreicher) Beihilfe zu § 153 (4 StR 248/62).

Verleitung zur Falschaussage

160 **I Wer einen anderen zur Ableistung eines falschen Eides verleitet, wird mit Freiheitsstrafe bis zu zwei Jahren oder mit Geldstrafe bestraft; wer einen anderen zur Ableistung einer falschen Versicherung an Eides Statt oder einer falschen uneidlichen Aussage verleitet, wird mit Freiheitsstrafe bis zu sechs Monaten oder mit Geldstrafe bis zu einhundertachtzig Tagessätzen bestraft.**

II Der Versuch ist strafbar.

1 **1) Allgemeines.** Die 3. Variante (Verleitung zur uneidlichen Falschaussage) wurde durch die sog. StrafrechtsangleichungsVO v. 29. 5. 1943 [RGBl. I 339] eingefügt [vgl. dazu auch BGH **21**, 116, 117]).

1a **Literatur:** *Eschenbach*, Verleiten im Sinne des § 160 StGB, Jura **93**, 407; *Gallas*, Verleitung zum Falscheid, Engisch-FS 600; *Hruschka*, Anstiftung zum Meineid und Verleitung zum Falscheid, JZ **67**, 210. Vgl. i. Ü. 1 a vor § 153.

2 **2) Anwendungsbereich.** § 160 enthält eine Sonderregelung selbständiger Strafbarkeit mittelbarer Täterschaft trotz Eigenhändigkeit der Haupttat; nach hM ist der Anwendungsbereich auf Fälle beschränkt, in denen die aussagende Person **gutgläubig** falsch aussagt (zum Regelungsgehalt vgl. *Gallas*, Engisch-FS 600; *Hruschka* JZ **67**, 210; Eschenbach Jura **93**, 407; *S/S/Lenckner* 1; NK-*Vormbaum* 12). § 160 ist ausgeschlossen, wenn Anstiftung zum vollendeten oder versuchten Delikt oder versuchte Anstiftung nach § 159 oder § 30 I vorliegen; dies gilt auch dann, wenn der Aussagende schuldlos handelt (§§ 17, 20, 35). Umstritten ist die Anwendung auf Fälle, in denen der Haupttäter (schuldhaft oder schuldlos) entgegen der Vorstellung des Verleitenden *vorsätzlich* falsch aussagt (vgl. unten 7).

3 **3) Verleiten (Abs. I).** Abs. I setzt das erfolgreiche Verleiten einer anderen Person zu einer (unvorsätzlichen) Falschaussage, also jedenfalls deren Verursachung voraus (vgl. Köln NJW **57**, 553; Karlsruhe Die Justiz **82**, 141). Dazu ist eine Einwirkung auf den Willen des anderen durch beliebige Mittel erforderlich; in Betracht kommen namentlich das Hervorrufen oder Bestärken eines Irrtums durch Täuschung; Manipulation tatsächlicher Umstände; im Einzelfall auch Drohung. Für ein Verleiten durch **Unterlassen** gelten die Ausführungen 16 zu § 153 entspr.

4 **Subjektiv** muss die Einwirkung darauf gerichtet sein, die andere Person zu einer **unvorsätzlich** falschen Aussage zu bringen. Hinsichtlich der Bestimmtheit des Vorsatzes gelten im Übrigen keine Besonderheiten; bedingter Vorsatz reicht aus. Der Vorsatz muss die Person des zu Verleitenden, Art (§ 154, § 156, § 153) und Inhalt der Falschaussage sowie Anlass und Umstände der Tat hinreichend genau umfassen; wie bei § 159 reichen daher allgemeine, „vorsorgliche" Täuschungen oder Manipulationen nicht aus (vgl. dort 3).

5 ***4) Vollendung;* Versuch (Abs. II).** Vollendung ist gegeben, wenn die verleitete Person entsprechend der Vorstellung des Täters unvorsätzlich, wenn auch ggf. fahrlässig (§ 163) falsch aussagt. Der **Versuch** ist nach Abs. II strafbar. Er beginnt mit der Einwirkung auf die Aussageperson (zum Versuchsbeginn bei Einschaltung

Dritter vgl. 24ff. zu § 22) und liegt unproblematisch vor, wenn die Einwirkung erfolglos ist, etwa weil diese die Täuschung durchschaut oder missversteht; wenn es aus sonstigen, insb. prozessualen Gründen zu der Falschaussage nicht kommt; wenn die Aussage entgegen der Vorstellung des Täters inhaltlich richtig ist.

Ein **Irrtum** des Verleitenden über die Art der Falschaussage kann von Bedeutung sein, wenn sich die Einwirkung auf einen Meineid richtete, es aber nur zu einer uneidlichen Falschaussage kommt. In diesem Fall erfolgt die Bestrafung jedenfalls aus der 1. Var. (iV mit Abs. II, §§ 23 II, 49 I); die tateinheitliche Vollendung der 2. Var. ist im Schuldspruch auszusprechen (ebenso *S/S/Lenckner* 9). Im umgekehrten Fall, wenn der Verleitete entgegen der Vorstellung des Täters die Falschaussage beschwört, liegt eine erhebliche Abweichung des vorgestellten Kausalverlaufs vor; die Bestrafung kann daher nur wegen Vollendung der 2. Var. erfolgen. Ein entsprechender Irrtum liegt freilich ohne besonderen Anlass nicht nahe; er kommt in Betracht, wenn die aussagende Person gegenüber dem Täter angekündigt hat, zwar aussagen zu wollen, aber von einem ihr zustehenden Eidesverweigerungsrecht (vgl. § 61 StPO) Gebrauch machen zu wollen. Irrt der Täter über die **Zuständigkeit** der Stelle, der gegenüber die Aussage gemacht werden soll, so ist nach hM Versuch gegeben (BGH **24**, 38; str.; vgl. dazu 6 zu § 159). 6

Wenn entgegen der Vorstellung des Täters die Aussageperson **vorsätzlich** falsch aussagt, so liegt mangels Vorsatz des Täters jedenfalls keine Anstiftung zum Aussagedelikt vor. Nach **Rspr.** und **hM** ist in diesem Fall **Vollendung** des § 160 gegeben, weil die Vorsatztat der Aussageperson die vom Täter gewollte unvorsätzliche Tat umfasst und Aufgabe des § 160 die Erfassung derjenigen Fälle ist, die als Anstiftung nicht erfasst werden können (BGH **21**, 116; *S/S-Lenckner* 9; SK-*Rudolphi* 4; *Lackner/Kühl* 4; NK-*Vormbaum* 23; LK-*Ruß* 2; *Heinrich* JuS **95**, 1115, 1118; *Hruschka* JZ **67**, 210; *Rengier* BT II, 49/57). Nach **aA** stellt sich der Vorsatz der Aussageperson als *Exzess* dar, so dass nach allgemeinen Zurechnungsgrundsätzen der Verleitende nur wegen Versuchs des Verleitens zu bestrafen ist (so das RG; vgl. RG **11**, 418; *Eschenbach* Jura **93**, 411; *Geppert* Jura **02**, 173, 179; *Krey* BT I, 274f.; MK-*Müller* 16; *W/Hettinger* 783; *M/Schroeder/Maiwald* 75/102; *Otto* BT 97/92; *Gallas,* Engisch-FS 619). Nimmt umgekehrt der Täter irrig an, der Verleitete werde bewusst falsch aussagen, so ist Versuch der Anstiftung (§§ 154, 30 I; § 159) gegeben (Karlsruhe Die Justiz **82**, 141; *S/S/Lenckner* 6 zu § 159; LK-Ruß 3; *Lackner/Kühl* 5; *Heinrich* JuS **95**, 1115, 1118). Ist der Verleitete nicht in der Lage, einen Meineid zu leisten, weil er von Wesen und Bedeutung des Eides keine genügende Vorstellung hat (vgl. § 60 Nr. 1 StPO), so ist § 160, 3. Var. gegeben, wenn der Verleitende das wusste (str.); sonst §§ 30 I, 154. 7

5) Beteiligung. Mittelbare Täterschaft durch Einschaltung einer (ihrerseits gutgläubigen) dritten Person ist möglich; ebenso Anstiftung eines Bösgläubigen zur Verleitung eines gutgläubigen Dritten. Hier können sich konstruktiv komplizierte Irrtumsprobleme ergeben, die in der Praxis freilich keine Rolle spielen. 8

6) Rechtsfolge. Die Strafdrohung ist zwischen Verleitung zum Meineid (§§ 154, 155) und Verleitung zur uneidlichen Falschaussage und falschen eidesstattlichen Versicherung (§§ 153, 156) abgestuft. Im Fall der Versuchsmilderung (§§ 23 II, 49 I) der 2. Var. ergibt sich der ungewöhnliche Strafrahmen von 1 Monat bis 4 Monate 2 Wochen. 9

7) Konkurrenzen. Tateinheit ist möglich zwischen Versuch der 1. Var. und Vollendung der 2. Var. (vgl. oben 6); zwischen § 160 und § 258, § 263, § 271. 10

§§ 161, 162 [Aufgehoben durch Art. 1 Nr. 45 des 1. StrRG und Art. 1 Nr. 20 des 3. StÄG]

Gesetzgebung: Vgl. 1 vor § 153; **Anhang Nr. 23 a.**

Fahrlässiger Falscheid; fahrlässige falsche Versicherung an Eides Statt

163 **I Wenn eine der in den §§ 154 bis 156 bezeichneten Handlungen aus Fahrlässigkeit begangen worden ist, so tritt Freiheitsstrafe bis zu einem Jahr oder Geldstrafe ein.**

II Straflosigkeit tritt ein, wenn der Täter die falsche Angabe rechtzeitig berichtigt. Die Vorschriften des § 158 Abs. 2 und 3 gelten entsprechend.

1 **1) Allgemeines.** Die Vorschrift stellt schon fahrlässige Taten nach §§ 154, 155 und § 156 unter Strafe (zur Kritik vgl. LK-*Ruß* 1; *S/S-Lenckner* 1; NK-*Vormbaum* 12); die fahrlässige uneidliche Falschaussage ist nicht strafbar. Auch § 163 ist ein **eigenhändiges** Delikt. *Statist. Angaben:* NK-*Vormbaum* 41.

Gesetzgebung: Vgl. 1 vor § 153; **Anhang Nr. 23 a.**

1 a **Literatur:** *Engisch*, Die Verletzung der Erkundigungspflicht, ZStW **52**, 661; *Krehl*, Die Erkundigungspflicht des Zeugen (usw.), NStZ 91, 416. Vgl. auch 1 a vor § 153.

2 **2) Objektiver Tatbestand.** Der objektive Tatbestand des Abs. I entspricht dem des § 154 bzw. des § 156 (vgl. Erl. dort; Bay NJW **55**, 1691); die beschworene Aussage oder das eidesstattlich Versicherte müssen **objektiv unwahr** sein (vgl. 4 ff. zu § 153; 6 zu § 154; 10 ff. zu § 156).

3 **3) Subjektiver Tatbestand.** Abs. setzt an Stelle des in §§ 154 ff. erforderlichen Vorsatzes **Fahrlässigkeit** voraus. § 163 ist auch zu prüfen, wenn in Anwendung des Zweifelssatzes Vorsatz nicht nachweisbar ist (BGH **4**, 340, 344 [Wahlfeststellung]).

4 **A.** Der Täter muss sich in **Unkenntnis** darüber befinden, dass er etwas **Unwahres** beeidet oder an Eides Statt versichert. Die Unkenntnis kann die **Tathandlung** selbst betreffen; etwa bei Unterzeichnung einer eidesstattlichen Versicherung in Unkenntnis der Vorlage bei einer Behörde; oder bei irriger Annahme, die Stelle sei zur Abnahme eines Eides gar nicht zuständig. IdR wird die Unkenntnis die **Unwahrheit** der Aussage betreffen; das ist insb. der Fall, wenn der Täter seine Aussage für wahr und vollständig hält; wenn er beim *Voreid* annimmt, die Pflicht zur Wahrheit betreffe nur Antworten auf ausdrückliche Fragen (vgl. BGH **2**, 90), oder eine verschwiegene Tatsache falle nicht unter den Eid (vgl. BGH **3**, 235; **4**, 214); wenn er sich im Fall des *Nacheids* bei der Beeidigung einen Teil des Gesagten nicht ins Gedächtnis zurückruft (RG **30**, 53); wenn er eine eidesstattliche Versicherung ohne genaue Kenntnisnahme von ihrem Inhalt unterzeichnet.

5 **B.** Die Unkenntnis muss auf **Fahrlässigkeit** beruhen (vgl. allg. 12 ff. zu § 15). Grds sind bewusste oder unbewusste Fahrlässigkeit möglich; **bewusste** Fahrlässigkeit setzt freilich Zweifel voraus, welche der Täter idR, wenn er nicht (vorsätzlich) meineidig werden will, offenbaren muss (GA **73**, 377; LK-*Ruß* 4). Im Übrigen ist Fahrlässigkeit gegeben, wenn der Täter die Sorgfalt des Überlegens und der Prüfung der eigenen Erinnerung, die ihm nach den Umständen und seinen persönlichen Fähigkeiten zuzumuten ist, außer acht lässt (4 StR 501/94).

6 **a)** Pflicht eines **Zeugen** ist es, sein Gedächtnis zur Erinnerung des richtigen Sachverhalts anzustrengen (vgl. Karlsruhe GA **71**, 60). Bei fest eingewurzeltem falschem Erinnerungsbild müssen idR äußere Hinweise oder Anhaltspunkte hinzukommen, da hier durch bloßes Anstrengen des Willens und bloßes Nachdenken jenes Bild sich nicht ändert (MDR/D **53**, 597; GA **67**, 215; EzSt § 267 StPO Nr. 3; Bay NJW **56**, 601; Köln NJW **66**, 1420; Koblenz NStZ **84**, 552 [m. Anm. *Bohnert* JR **84**, 425]; *Otto* Jura **85**, 389; *Wolf* JuS **92**, 178; NK-*Vormbaum* 24); wenn sich das Erinnerungsbild trotz solcher Hilfsmittel nicht ändert, liegt idR keine Fahrlässigkeit vor (GA **73**, 376; Köln MDR **80**, 421). Unterlässt es der Zeuge, nahe liegende Hilfs*mittel zur Auffrischung* seines Gedächtnisses heranzuziehen, so liegt Fahrlässigkeit vor; Entsprechendes gilt, wenn er sich aufdrängende Fehlerquellen nicht beachtet oder beiseite schiebt (vgl. Bremen NJW **60**, 1827). Eine allgemeine Erkundigungs- oder Nachforschungspflicht zur **Vorbereitung** auf die Vernehmung trifft den Zeu-

gen aber grundsätzlich nicht (MDR/D **53**, 596 vgl. auch Bay NJW **56**, 601; NK-*Vormbaum* 26; weiter gehend für den Zivilprozess *S/S-Lenckner* 3). Zu einer Vergewisserung im Voraus können jedoch **Amtsträger** beruflich verpflichtet sein (Köln NJW **66**, 1421; *Lackner/Kühl* 2; *S/S/Lenckner* 3; LK-*Ruß* 7; abl. *Nöldecke* NJW **79**, 1644; vgl auch *Dedes* JR **83**, 100); ebenso **Parteien** bei der eidlichen Parteivernehmung (hM; LK-*Ruß* 8; *S/S-Lenckner* 9; SK-*Rudolphi* 9; *Krehl* NStZ **91**, 416; *Arzt/Weber* 47/97; **aA** NK-*Vormbaum* 35).

Beim **Verlesen** einer protokollierten Aussage hat der Zeuge nach seinen Mög- **7**
lichkeiten Acht zu geben, um etwaige Fehler zu berichtigen; das gilt auch für Vorhalte aus früheren Vernehmungen (vgl. aber NJW **59**, 1834). Auf den sonstigen Gang der Hauptverhandlung und die Aussagen anderer Zeugen muss der Aussagende idR nicht von sich aus achten.

Fahrlässigkeit kann auch darin liegen, dass der Zeuge sein richtiges Erinnerungs- **8**
bild falsch wiedergibt, insb. Sachverhalte unklar oder missverständlich darstellt (vgl. 1 StR 57/62). Hier sind freilich die konkreten subjektiven Möglichkeiten, insb. die Grenzen der sprachlichen Kompetenz des Zeugen, zu beachten; Missverständnisse, zu deren Aufklärung das Gericht verpflichtet wäre oder welche der Zeuge nicht bemerken kann, können nicht zur Strafbarkeit führen.

b) Die Verfolgung des fahrlässig falschen **Sachverständigeneids** ist in der Praxis **9**
äußerst selten; soweit der Sachverständige nur seine subjektive Überzeugung wiedergibt, ist Fahrlässigkeit kaum denkbar. Sie kann namentlich in Betracht kommen, wenn der Sachverständige Befundtatsachen falsch oder unvollständig darstellt. Die Fahrlässigkeit kann daher auch in der mangelhaften Vorbereitung liegen (hM, vgl. *M/Schroeder/Maiwald* 74/73; *S/S-Lenckner* 1; LK-*Ruß* 16; NK-*Vormbaum* 31; *Steinke* MDR **84**, 272); es ist aber darauf zu achten, dass nicht qualitative, insb. wissenschaftliche Mängel des Gutachtens zu Aussagefehlern umgedeutet und unter Strafdrohung gestellt werden.

c) Bei der **eidesstattlichen Versicherung** kann Fahrlässigkeit insb. dann vor- **10**
liegen, wenn der Erklärende eine schriftliche Versicherung ohne hinreichende Prüfung unterzeichnet (nicht aber, wenn er ein Schriftstück in Unkenntnis des Umstands unterschreibt, dass es eine eidesstattliche Versicherung enthält; LK-*Ruß* 19; *S/S/Lenckner* 10). Regelmäßig trifft den Versichernden eine Prüfungs- und Erkundigungspflicht; bei der freiwilligen Versicherung ergibt sich das schon daraus, dass er nicht zur Abgabe verpflichtet ist (vgl. Celle NJW **57**, 1609; KG JR **66**, 189; Karlsruhe GA **71**, 59), im Übrigen aus dem Wesen der gesetzlichen Versicherungspflichten (vgl. 10 ff. zu § 156).

4) Beteiligung. Täter des § 163 I kann nur die aussagende bzw. versichernde **11**
Person selbst sein; § 163 ist ein eigenhändiges Delikt. Anstiftung und Beihilfe scheiden nach dem Wesen des Fahrlässigkeitsdelikts aus. Die **mittelbare Täterschaft** ist aufgrund der Sonderregelung des § 160 strafbar (vgl. dort).

5) Rechtsfolge. Die Strafdrohung des Abs. I unterscheidet nicht zwischen den **12**
Fällen der §§ 154, 155 und § 155. Bei der Strafzumessung sind die Umstände der Tat entsprechend den Vorsatzdelikten zu berücksichtigen (vgl. 18 f. zu § 154; 18 zu § 156); daneben das Maß der Pflichtwidrigkeit und der Vorwerfbarkeit.

6) Berichtigung (Abs. II). Abs. II enthält eine an § 158 I angelehnte Rege- **13**
lung rechtzeitiger Berichtigung. Für die **Voraussetzungen** gelten nach II S. 2 die Regelungen des § 158 II und III entsprechend (vgl. dort 6 ff.). Anders als in § 158 I ist hier die Rechtsfolge aber weder fakultative Strafmilderung noch ein Schuldspruch unter Absehen von Strafe; vielmehr tritt zwingend **Straflosigkeit** ein. Der Begriff ist ebenso zu verstehen wie in § 24 I S. 2, § 31 II; es entfällt bei rechtzeitiger Berichtigung daher auch der Schuldspruch.

7) Konkurrenzen. Wenn eine eidliche Aussage oder eidesstattliche Versicherung teils vor- **14**
sätzlich, teils fahrlässig falsch ist, geht § 163 in dem Vorsatzdelikt auf (*S/S/Lenckner* 12; vgl. RG **60**, 58). **Tateinheit** ist zwischen vorsätzlicher uneidlicher falscher Zeugenaussage (§ 153) und dem fahrlässigen Falscheid (§ 163) möglich (BGH **4**, 214).

Zehnter Abschnitt

Falsche Verdächtigung

Falsche Verdächtigung

164 **I Wer einen anderen bei einer Behörde oder einem zur Entgegennahme von Anzeigen zuständigen Amtsträger oder militärischen Vorgesetzten oder öffentlich wider besseres Wissen einer rechtswidrigen Tat oder der Verletzung einer Dienstpflicht in der Absicht verdächtigt, ein behördliches Verfahren oder andere behördliche Maßnahmen gegen ihn herbeizuführen oder fortdauern zu lassen, wird mit Freiheitsstrafe bis zu fünf Jahren oder mit Geldstrafe bestraft.**

II Ebenso wird bestraft, wer in gleicher Absicht bei einer der in Absatz 1 bezeichneten Stellen oder öffentlich über einen anderen wider besseres Wissen eine sonstige Behauptung tatsächlicher Art aufstellt, die geeignet ist, ein behördliches Verfahren oder andere behördliche Maßnahmen gegen ihn herbeizuführen oder fortdauern zu lassen.

1 **1) Allgemeines.** Die Vorschrift wurde durch das 1. StrRG weitgehend auf den Stand vor dem Ges. v. 26. 5. 1933 (RGBl. I 295) zurückgeführt. Durch das EGStGB wurde III aF gestrichen (vgl. jetzt § 154e StPO; unten 16).

Gesetzgebung: Vorschlag der Einfügung eines neuen Absatz III im GesE der BReg eines … StÄG – Strafzumessung bei Aufklärungs- und Präventionshilfe (BR-Drs. 353/07) vom 25. 5. 2007 im Zusammenhang mit dem Vorschlag eines § 46b („**Kronzeugenregelung**"). Das Gesetzgebungsverfahren war bei Redaktionsschluss der 55. Aufl. nicht abgeschlossen. Abdruck des GesE im **Anhang unter Nr. 23 c**.

1 a **Literatur:** *Blei* GA **57**, 139; *ders.*, JA **74**, 690; *Deutscher*, Grundfragen der falschen Verdächtigung (§ 164 I), 1992 (Diss. Bonn); *Fahrenhorst* JuS **87**, 708; *Fezer*, Hat der Beschuldigte ein „Recht auf Lüge"?, Stree/Wessels-FS [1993] 98; *Geilen* Jura **84**, 251; *Herzberg* JR **86**, 6; *H. J. Hirsch*, Zur Rechtsnatur der falschen Verdächtigung, Schröder-GedS 307 u. ZStW **91**, 930; *Langer*, Die falsche Verdächtigung, 1973; *ders.*, aktuelle Probleme der falschen Verdächtigung, GA **87**, 292; *ders.*, Zur falschen Verdächtigung eines Zeugen durch den Angeklagten, JZ **87**, 804; *ders.*, Verdachtsgrundlage und Verdachtsurteil – Zum Begriff des „Verdächtigens" gem. § 164 StGB, Lackner-FS 541; *ders.*, Zur Falschheit des Verdächtigens gem. § 164 Abs. 1 StGB, Tröndle-FS 265; *ders.*, Geklärte und offene Fragen zur falschen Verdächtigung (§ 164 StGB), Schlüchter-GedS (2002), 361; *Ostendorf* JZ **87**, 338; *Otto* Jura **85**, 443; *Roxin*, Die Abgrenzung von untauglichem Versuch und Wahndelikt, JZ **96**, 981; *Schilling* GA **84**, 357 u. Arm. Kaufmann-GedS 595; *Schröder* NJW **65**, 1888; *Tiedemann* JR **64**, 5; *Welp* JuS **87**, 510.

2 **2) Rechtsgut.** Zweck der Vorschrift ist es nach hM **einerseits,** die inländische Rechtspflege gegen den Autoritätsverlust, den irrtumsbedingte Strafverfolgungsmaßnahmen gegen Unschuldige auslösen, als auch gegen die dadurch bedingte Beeinträchtigung des Leistungsvermögens der Verfolgungsorgane zu schützen (**Rechtspflegetheorie,** RG **29**, 54; **60**, 317; Köln NJW **52**, 117; Karlsruhe Die Justiz **74**, 343; *Langer* GA **87**, 295, JZ **87**, 805 u. Tröndle-FS 286; SK-*Rudolphi/Rogall* 1; *M/Schroeder/Maiwald* 99/5; *Otto* BT § 95 I); **andererseits,** den Unschuldigen gegen irrtumsbedingte behördliche (auch ausländische; unten 8) Eingriffe in seine Individualrechtsgüter (**Individualgutstheorie;** vgl. NJW **52**, 1385; BGH **9**, 242; *Hirsch*, Schröder-GedS 307, 321; *Langer* GA **87**, 289, 292ff.; *ders.*, Schlüchter-GedS 365f.). Geschützte **Rechtsgüter** sind danach wie bei § 344 zum einen die Rechtspflege, zum anderen die Sicherheit des Opfers vor ungerechtfertigten staatlichen Verfolgungsmaßnahmen (BGHR § 344 I Konk. 1). Im Einzelfall genügt es, wenn einer der beiden Schutzzwecke verletzt ist (**Alternativitätstheorie,** BGH **5**, 68; **9**, 242; *Schröder* NJW **65**, 1888; LK-*Ruß* 2; *Lackner/Kühl* 1; *Geilen* Jura **84**, 251; *S/S-Lenckner* 2; *Arzt/Weber* 48/1; *W/Hettinger* 688; hM; **aA** SK-*Rudolphi/Rogall* 2; *Langer*, Schlüchter-GedS 361, 363; vgl. dazu auch NK-*Vormbaum* 7ff.; *Langer* GA **87**, 292; *H. J. Hirsch*, Schröder-GedS 307 u. ZStW **91**, 930; *Schilling* GA **84**, 345; *ders.*, Kaufmann-GedS 595); die Ansicht, BGH **35**, 50 (wonach § 164 I auch bei Vorbringen wissentlich falscher Beweismittel nicht gegeben ist, wenn der Verdächtigte die Tat [möglicherweise] tatsächlich begangen hat) habe die „Alternativitätstheorie" im Sinne der Rechtspflege-

theorie verworfen (so *Langer,* Schlüchter-GedS 361, 364), überinterpretiert die Entscheidung. Wegen der Doppelschutzfunktion hebt die Einwilligung des Angeschuldigten die Rechtswidrigkeit grundsätzlich nicht auf (BGH **5**, 66; Düsseldorf NJW **62**, 1263; vgl. hierzu *Otto* Jura **85**, 443), wohl aber, wenn die Anzeige an eine ausländische Behörde gerichtet war (LK-*Ruß* 2).

3 **3) Verdächtigung (Abs. I).** Tathandlung des Abs. I ist das Verdächtigen einer anderen Person, eine rechtswidrige Tat oder Dienstpflichtverletzung (unten 5) begangen zu haben; also das Hervorrufen, Verstärken (NK-*Vormbaum* 29) oder Umlenken eines Verdachts durch das Behaupten (oder Sprechen lassen) von **Tatsachen** (BGH **14**, 246; Rostock StraFo **05**, 81; *Langer,* Lackner-FS 542, GA **87**, 298, JZ **87**, 807 u. Tröndle-FS 267), die im konkreten Fall geeignet sind (§ 152 II StPO; Karlsruhe NStZ-RR **97**, 37 f.; LK-*Ruß* 7; SK-*Rudolphi/Rogall* 4 f.; NK-*Vormbaum* 13), einen in Wahrheit Unschuldigen der Gefahr behördlichen Einschreitens auszusetzen. Das Vorbringen bloßer **Meinungsäußerungen,** Werturteile oder ungeeigneter, weil unschlüssiger Tatsachen genügt nicht (Köln MDR **61**, 618); auch nicht die Mitteilung von (wertenden) Schlussfolgerungen aus wahrheitsgemäß geschilderten Tatsachen (Rostock NStZ **05**, 335 f.); wohl aber das Vorbringen falscher Beweisanzeichen (sog. **Beweismittelfiktion,** BGH **9**, 240; hM; **aA** *Langer,* Lackner-FS 542, 548; *ders.*, Schlüchter-GedS 366 f.; NK-*Vormbaum* 20 f.; *W/Hettinger* 694). Täter kann auch ein *Amtsträger* im Verkehr von Behörde zu Behörde sein; nur wird ein Amtsträger, zB ein Polizeibeamter im Falle einer Amtsanzeige (München NStZ **85**, 550; hierzu *Herzberg* JR **86**, 6; *Geppert* JK 1 zu § 344; *Ostendorf* JZ **87**, 338), oft zur Weitergabe auch einer belastenden Eingabe dienstlich berechtigt oder verpflichtet und zur eigenen sachlichen Nachprüfung der Verdächtigung nicht befugt sein (vgl. BGH **14**, 240; Karlsruhe NStE Nr. 2).

3a Das bloße **Leugnen** einer dem Beschuldigten zur Last gelegten Tat erfüllt den Tatbestand nicht, auch wenn dadurch der Verdacht auf eine andere Person gelenkt wird (Celle NJW **64**, 733; Hamm NJW **65**, 62; Düsseldorf NJW **92**, 1119 [hierzu *H. Schneider* NZV **92**, 471, gegen ihn *Bienke* NZV **93**, 98; *Ostendorf* JZ **94**, 561; krit. *Deutscher* 180; *Mitsch* JZ **92**, 978]; Frankfurt DAR **99**, 225; vgl. Bay NJW **86**, 441 m. Anm. *R. Keller* JR **86**, 30 u. *Geppert* JK 1; *Geilen* Jura **84**, 255, 304; *Ostendorf* JZ **87**, 338; *Fahrenhorst* JuS **87**, 708; krit. *Langer,* Lackner-FS 564 u. JZ **87**, 804; vgl. unten 13). Ob das auch dann gilt, wenn der leugnende Täter eine (allein) neben ihm in Betracht kommende Person ausdrücklich als Täter bezeichnet (sog. modifizierendes Leugnen; hM; vgl. Düsseldorf aaO; *S/S-Lenckner* 5; SK-*Rudolphi/Rogall* 15; LK-*Ruß* 6; *Geilen* Jura **84**, 255; *Keller* JR **86**, 30; *Kuhlen* JuS **90**, 399; *W/Hettinger* 697), erscheint nicht ganz zweifelsfrei (Hamm NJW **65**, 62; *Deutscher,* Grundfragen der falschen Straftatverdächtigung, 1992, 127 ff.; *Langer,* Lackner-FS 563; *Schneider* NZV **92**, 471 [dagegen *Bienke* NZV **93**, 98]; offen gelassen von Bay NJW **86**, 441), denn aus dem Recht zu *schweigen* (§ 136 I S. 2 StPO) folgt ebenso wie aus der Straflosigkeit von **selbstbegünstigenden** Strafvereitelungshandlungen (§ 258 V) kein Recht, einen Dritten durch *aktive* Falschbezichtigung der Strafverfolgung auszusetzen. Die hM, die auf die *logische* Identität der Fremdbeschuldigung mit dem Leugnen eigener Täterschaft abstellt (SK-*Rudolphi/Rogall* 14 f.; LK-*Ruß* 6; *S/S-Lenckner* 5), lässt außer acht, dass der Täter nicht aus einer retrospektiven Perspektive des *non liquet* handelt.

3b Die Behauptung, eine belastende **Zeugenaussage** sei falsch, enthält idR keine hinreichend konkreten Anhaltspunkte für das Vorliegen eines Aussagedelikts; anders ist es auch nach hM, wenn der Beschuldigte den Zeugen wahrheitswidrig des Meineids bezichtigt und hierfür zusätzliche Tatsachen behauptet oder Beweismittel vorlegt (Düsseldorf NJW **92**, 1119 m. Anm. *Mitsch* JZ **92**, 979; SK-*Rudolphi/Rogall* 16; *S/S-Lenckner* 5; LK-*Ruß* 6; **aA** Bay NJW **86**, 441 [hiergegen *Keller* JR **86**, 31; *Langer* JZ **87**, 804]). Die Abgrenzung zwischen beiden Fallgruppen, auf die es nach hM ankommt, kann in der Praxis schwierig sein, denn die ausdrückliche Falschbezichtigung wird selten ohne weitere Tatsachenbehauptungen vorgetragen werden. Bloße Rechtsbehauptungen genügen idR nicht; anders ist es, wenn sie tatsächliche

Vorfragen enthalten, die zu einer Verdächtigung führen. Dasselbe gilt bei der Verwendung von Rechtsbegriffen (vgl. *S/S-Lenckner* 6/7).

A. Form. Die Form der Verdächtigung ist ohne Bedeutung. Es genügt die Angabe anlässlich der Vernehmung als Zeuge oder Beschuldigter; so wenn der Verhaftete den Namen eines Dritten als eigenen angibt und ihn dadurch verdächtigt (BGH **18**, 204; *Langer,* Lackner-FS 550; nicht aber, wenn der Täter, um ein Vergehen nach § 21 I StVG zu verschleiern, bei einer Polizeikontrolle den Namen eines anderen angibt, der im Besitz der Fahrerlaubnis ist [LG Dresden NZV **98**, 217 m. Anm. *Saal*]); desgl., wenn die Behörde ihrem verdächtigten Bediensteten aufgibt, zur Widerlegung des Verdachts Strafantrag zu stellen (RG **58**, 231). Eine Verdächtigung kann auch durch **Unterlassen** begangen werden, wenn eine Garantenpflicht besteht; zB durch Verschweigen von Umständen, die den Verdacht widerlegen können (vgl. Brandenburg NJW **97**, 141; Karlsruhe NStZ-RR **97**, 37). Eine Garantenpflicht kann auch durch unvorsätzliches, unwahres Vorbringen begründet sein, solange das daraufhin eingeleitete Verfahren andauert. Wer nachträglich erfährt, dass seine gutgläubig erstattete Anzeige falsch ist, und sie nicht berichtigt, verdächtigt daher durch Unterlassen (*S/S-Lenckner* 21; LK-*Ruß* 14; *Geilen* Jura **84**, 256; vgl. auch BGH **14**, 246; **aA** 1 StR 211/64; SK-*Rudolphi/Rogall* 17; NK-*Vormbaum* 22). Kein nach § 13 zu beurteilendes Unterlassen, sondern aktives Tun liegt bei im Übrigen wahrheitsgemäßer Strafanzeige unter Verschweigen von Tatsachen vor, die die Strafbarkeit des Verdächtigen entfallen lassen (Brandenburg NJW **97**, 141; *Schilling* GA **84**, 357, 361, 371). Trotz der Wendung „sonstige Behauptung tatsächlicher Art" in II ist eine Tatbegehung, auch durch **schlüssige Handlungen** möglich, so durch Einschmuggeln von Diebesgut in die Wohnung eines anderen vor deren polizeilicher Durchsuchung (vgl. *Welp* JuS **67**, 510; *Geilen* Jura **84**, 253); ferner durch anonyme Anzeige. Die Einhaltung strafprozessualer Formen ist nicht erforderlich (zusf *Langer* aaO 560); es reicht wohl auch die Veröffentlichung in einer Zeitung, damit sie die Behörde erfahre (**aA** NK-*Vormbaum* 21). 4

B. Gegenstand. Die Verdächtigung muss eine **rechtswidrige Tat** (§ 11 I Nr. 5; vgl. *Geilen* Jura **84**, 256) oder eine **dienstpflichtwidrige Handlung** betreffen. Die Tat oder Dienstpflichtverletzung muss nach dem Inhalt der Verdächtigung bereits **begangen** sein; Hinweise auf zukünftige Taten (sofern nicht § 30 erfüllt wäre) reichen nicht aus (vgl. StraFo **03**, 320 f.), sondern unterfallen § 145 d I Nr. 2. Es kommt auf die Rechtslage zum **Zeitpunkt der falschen Verdächtigung** an, nicht darauf, ob das angezeigte Verhalten zum Zeitpunkt ihrer Aburteilung noch strafbar oder dienstpflichtwidrig ist (SK-*Rudolphi/Rogall* 20; vgl. *S/S-Lenckner* 10; **aA** Bay MDR **74**, 685; *Mazurek* JZ **76**, 235). 5

Die Verdächtigung muss **geeignet** sein, einen Anfangsverdacht (*Meyer-Goßner* 4 zu § 152 StPO) zu begründen und damit ein Verfahren auszulösen oder aufrechtzuerhalten, das entweder zu einer strafrechtlichen Reaktion (wenn auch nur in Form der §§ 59, 60, 71, 76 a oder des § 27 JGG; auch schuldunabhängige strafrechtliche Maßnahmen iS von § 11 I Nr. 8) oder zu Disziplinarmaßnahmen (vgl. zB §§ 2, 5 BDO, § 7 WDO) führen kann. Eine Ordnungswidrigkeit reicht nicht aus (MDR/H **78**, 623; vgl. aber unten 11). Disziplinarische Ahndung ist auch bei einem außerdienstlichen Verhalten möglich, wenn dadurch eine **Dienstpflicht** verletzt wird; das ist, obgleich ehrengerichtliche Verfahren gegen sie möglich sind, bei Rechtsanwälten und Ärzten nicht der Fall, da sie zwar gesetzlich geregelte Aufgaben zu erfüllen, jedoch keine Dienstpflichten haben (LK-*Ruß* 18; SK-*Rudolphi/Rogall* 22; NK-*Vormbaum* 45; hM; vgl. aber unten 14). 5 a

§ 164 scheidet aus, wenn nach der Darstellung des Sachverhalts von vornherein **offenkundig ausgeschlossen** ist, dass die Verdächtigung zu einer der genannten Reaktionen führen kann; **zB** wegen Fehlens der Strafverfolgungsvoraussetzungen (LK-*Ruß* 15; NK-*Vormbaum* 43; vgl. Hamm NStZ-RR **02**, 167); weil ein allgemeiner Strafausschließungsgrund oder ein Rechtfertigungsgrund (nicht aber § 193; unten 14) gegeben (*S/S-Lenckner* 10) oder die Tat nicht mehr verfolgbar ist (vgl. 5 b

StV **02**, 303), auch wenn der Verdächtigende davon nichts weiß (*Langer* JZ **87**, 810); oder wenn schon nach dem Inhalt der verdächtigenden Äußerung die objektiven oder subjektiven Voraussetzungen einer angeblich begangenen Handlung *offensichtlich* nicht vorliegen (vgl. StraFo **03**, 320 f.). Bei vorsätzlichem Verschweigen von Schuld- oder Strafausschließungsgründen oder des Fehlens von Prozessvoraussetzungen wird man davon ausgehen können, dass die Verdächtigung zur Einleitung eines Verfahrens geeignet ist.

6 **C. Unwahrheit.** Die **Verdächtigung** muss **objektiv falsch** und außerdem vom Anzeigenden in Kenntnis ihrer Unrichtigkeit gemacht sein (vgl. RG **71**, 168; NK-*Vormbaum* 49). Zur Straflosigkeit der lediglich versuchten Beschuldigung vgl. oben 5 a. Objektiv falsch bedeutet, dass die behaupteten Tatsachen als solche, die den Verdacht ergeben sollen, der Wirklichkeit in objektiv richtiger Würdigung nicht entsprechen. Überwiegend geht die Lehre davon aus, dass § 164 auch die falsche Verdächtigung des **Schuldigen** erfasse, wenn sie nur mittels falscher Angaben (über Beweistatsachen oder Verdachtsgründe) erfolge *(Täuschungsdelikt)*. Doch ist von einem *Beschuldigungsdelikt,* dh davon auszugehen, dass § 164 lediglich die Verdächtigung des **Unschuldigen** erfasst (BGH **35**, 52; [zust. *Schilling,* Arm. Kaufmann-GedS 595 u. GA **84**, 353; *Krey* ZStW **101**, 850; *Geppert* JK 2]; Köln NJW **52**, 117; Düsseldorf StraFo **99** 64 f.; Rostock NStZ **05**, 335 f.; *M/Schroeder/Maiwald* 99/14); nach **aA** kommt es dagegen allein darauf an, ob die vom Täter vorgebrachten verdachtsbegründenden Tatsachen der Wahrheit entsprechen oder nicht (vgl. *Langer,* Tröndle-FS 265, 288 u. GA **87**, 302; *Fezer* NStZ **88**, 177; *Deutscher* JuS **88**, 526 u. aaO [oben 1 a] 1; *R. Keller* JR **86**, 31; *Otto* Jura **00**, 217; LK-*Ruß* 10; SK-*Rudolphi/Rogall* 26; *S/S-Lenckner* 16; *Lackner/Kühl* 7; *Küper* BT 334 f.). Für die Ansicht der Rspr spricht, dass eine strafwürdige Irreführung der Staatsorgane oder eine Gefährdung der Rechtspflege nicht vorliegen, wenn die angezeigte Straftat in Wirklichkeit begangen wurde (RG **39**, 59), ebenso wenig eine Autoritätseinbuße oder Fehlleitung der Verfolgungstätigkeit (hier greift § 145 d ein). Den Schutz von Individualinteressen gegen Maßnahmen irregeleiteter Behörden sichern die §§ 336, 344 iVm § 152 II StPO ab. Hieraus folgt, dass die Frage, ob der Verdächtigte die Tat begangen hat, nicht offen bleiben kann, und dass § 164 I nicht gegeben ist, wenn seine Täterschaft zweifelhaft bleibt (Rostock NStZ **05**, 335 f.).

7 **D. Verdächtigter.** Die Verdächtigung muss sich **gegen eine andere Person** richten; also gegen einen noch lebenden identifizierbaren Dritten, welcher der inländischen Strafbarkeit unterworfen ist. Die falsche **Selbstbezichtigung** fällt unter § 145 d; eine Verdächtigung ist aber in der Weise möglich, dass der wahre Täter bei einer Vernehmung die **Identität** eines Dritten vortäuscht, für den die Tat gleichfalls strafbar wäre (BGH **18**, 204; Bay **60**, 192; LG Dresden NZV **98**, 217 [Anm. *Saal*]). Den Tatbestand des § 164 erfüllt, wer einen Dritten anstiftet, den Anstiftenden falsch zu bezichtigen; dessen Einwilligung ist bedeutungslos (RG **59**, 35; Düsseldorf NJW **69**, 1680); eine Veröffentlichungsbefugnis erlangt er nicht (BGH **5**, 66). Der angebliche Täter muss hinreichend genau **individualisiert** sein, so dass seine Ermittlung möglich ist (BGH **13**, 220; Düsseldorf NJW **62**, 1264; Hamm NJW **65**, 62; Brandenburg NJW **97**, 141; *Langer,* Tröndle-FS 267); Anzeigen ohne hinreichend genaue Bestimmung des Täters unterfallen nicht § 164, sondern § 145 d (vgl. *Geilen* Jura **84**, 303).

8 **E. Adressat.** Die Verdächtigung muss gegenüber einer **Behörde** (29 zu § 11) (wenn auch nur über einen Mittelsmann) oder bei einem zur Entgegennahme von Anzeigen zuständigen Amtsträger oder militärischen Vorgesetzten erfolgen. Auch eine ausländische Behörde kommt in Betracht, wenn der Schutzzweck des § 164 eingreift (BGH *18*, 333; NJW **52**, 1385; JR **65**, 306; LK-*Ruß* 25; NK-*Vormbaum* 32; *H.J. Hirsch,* Schröder-GedS 316; 2 a zu § 3; str.; **aA** SK-*Rudolphi/Rogall* 32). Eine Anzeige an einen Amtsträger, der zur Entgegennahme von Anzeigen nicht befugt ist, genügt nicht; es muss dann Weitergabe an die Behörde selbst erfolgen,

und zwar mit Willen des Täters (GA **68**, 84). Zuständig zur Entgegennahme von Anzeigen sind StA und Polizei.

Vollendet ist die Tat mit dem Zugang der Tatsachenbehauptung bei der Behörde (NK-*Vormbaum* 68) oder dem zuständigen Amtsträger (zB Abschluss der Vernehmung). Keine Vollendung liegt vor, wenn Anzeige und Widerruf gleichzeitig eingehen (RG GA Bd. **52**, 246) oder wenn die bei einer Vernehmung erstattete Anzeige noch vor Ende der Vernehmung berichtigt wird (Hamm JMBlNW **64**, 129; NK-*Vormbaum* 69). § 158 ist nicht analog anwendbar (LK-*Ruß* 32; SK-*Rudolphi/Rogall* 45; **aA** *S/S-Lenckner* 35; zust. *Lackner/Kühl* 10; NK-*Vormbaum* 73; *Otto* BT 95/10; *Rengier* BT II 50/26; *Küpper* BT 1, 3/28). 9

Eine öffentliche Verdächtigung genügt ebenfalls. Öffentlich bedeutet auch hier vor einem größeren, durch persönliche Beziehung nicht zusammengehaltenen Personenkreis; diese Sachlage muss dem Täter bekannt sein (BGH **11**, 284; vgl. 5 zu § 111). 10

4) Aufstellen von Behauptungen tatsächlicher Art (Abs. II). Abs. II erfasst **Tatsachenbehauptungen** (vgl. 4 ff. zu § 186), die gegenüber den in I genannten Stellen oder öffentlich aufgestellt werden. Die Behauptung kann den Tatbestand auch dann erfüllen, wenn sie weder den Verdacht einer rechtswidrigen Tat noch den einer Dienstpflichtverletzung ausspricht. Sie **muss geeignet** sein, ein behördliches Verfahren oder andere **behördliche Maßnahmen,** dh hier jedes dienstliche Vorgehen (keine Einschränkung iS von § 11 I Nr. 8), gegen den anderen herbeizuführen; zB ein Verfahren nach dem OWiG (MDR/H **78**, 623; NK-*Vormbaum* 77) oder ein Verfahren zur Herbeiführung eines gewerblichen Berufsverbotes oder der Entziehung einer Rente. Zivilprozessuale Verfügungen oder Entscheidungen reichen nicht aus (NK-*Vormbaum* 78; SK-*Rudolphi/Rogall* 38), auch nicht der Vorwurf einer Dienstpflichtverletzung gegenüber einem Sitzungsstaatsanwalt, um ihn „aus dem Verfahren zu entfernen" (4 StR 256/80). Hingegen genügt die Verdächtigung eines Elternteiles beim Familienrichter, damit dieser dem Verdächtigten die Personensorge für sein Kind entziehe (Bay NJW **58**, 1103). 11

5) Subjektiver Tatbestand der Abs. I, II: Der Täter muss **wider besseres Wissen** handeln. Das bedeutet, dass er im Zeitpunkt der Verdächtigung (Bay GA **64**, 154) bestimmte **Kenntnis** von der **Unwahrheit** des Angezeigten hat (MDR/D **56**, 270; NK-*Vormbaum* 62); bedingter Vorsatz genügt insoweit nicht (BVerfG NJW **91**, 1285; vgl. schon RG **32**, 302). Hält der Täter seine Anzeige wegen Meineids auch nur für einen von ihm als falsch bezeichneten Aussageteil für richtig, so hat er keine wissentlich falsche Verdächtigung wegen Meineids erhoben (RG **28**, 393; Bay NJW **56**, 274; **53**, 353). Hinsichtlich der weiteren Tatbestandsmerkmals genügt bedingter **Vorsatz.** Bringt der Täter einen anderen in Verdacht als den, den er verdächtigen wollte, so genügt das zum Angriff auf die Rechtspflege (BGH **9**, 242; hM). 12

Darüber hinaus ist die **Absicht** erforderlich, ein behördliches Verfahren oder eine andere behördliche Maßnahme (oben 11) gegen den Verdächtigten herbeizuführen oder fortdauern zu lassen (zB UHaft). Absicht ist nicht gleichbedeutend mit dem Beweggrund; es genügt, dass es dem Täter darauf ankommt, das Verfahren herbeizuführen; der Endzweck kann ein anderer sein; die Rspr sieht es als ausreichend an, wenn der Täter weiß und will, dass ein Verfahren die notwendige Folge seiner Handlung ist (vgl. BGH **13**, 219; **18**, 206; Hamm NJW **65**, 62; VRS **32**, 443; Düsseldorf NJW **95**, 2744; **00**, 3582 f.; NK-*Vormbaum* 64; SK-*Rudolphi/Rogall* 42; vgl. *Langer* GA **87**, 302 u. JZ **87**, 807); bedingter Vorsatz genügt nicht (BGH **13**, 219; **aA** *M/Schroeder/Maiwald* 99/24). Ausreichend ist, dass der Täter die **Einleitung** eines Verfahrens bezweckt, auch wenn er an dessen weitere Durchführung nicht glaubt. Nach Düsseldorf NZV **96**, 244 fehlt es aber an der erforderlichen Absicht, wenn ein wegen Geschwindigkeitsüberschreitung beschuldigter Fahrzeugführer im Anhörungsbogen eine im Ausland lebende Person als angeblichen Fahrer angibt. Unerheblich ist es, wenn eine andere als die vom Täter gemeinte Person in Ver- 13 dacht gerät (BGH **9**, 240). Wer einer Straftat verdächtigt wird und selbst einen anderen als Täter verdächtigt, um der Bestrafung zu entgehen, braucht nicht die Absicht nach I, II zu haben (BGH **18**, 204; vgl. auch BGH **5**, 66; Bay JZ **60**, 707; Hamm NJW **65**, 62; dann evtl. § 145 d, vgl. dort 4).

14 **6) Rechtswidrigkeit.** Eine Rechtfertigung auf Grund Wahrnehmung berechtigter Interessen (entspr. § 193) kommt bei § 164 nicht in Betracht (LM Nr. 4). Entsprechendes gilt für das Petitionsrecht (BVerfGE **2**, 229; GA **59**, 339). Doch sind erhebliche eigene Interessen bei Feststellung der Täterabsicht zu würdigen (vgl. auch *Langer* JZ **87**, 810; *Evers* NJW **87**, 153). Eine Einwilligung des falsch Verdächtigten rechtfertigt das gegen die Rechtspflege gerichtete Delikt nicht (BGH **5**, 67; Hamm NJW **62**, 1263).

15 **7) Konkurrenzen.** Tateinheit ist möglich mit § 187 (RG **35**, 126; **53**, 208; LK-*Ruß* 34), nicht aber mit § 186. § 145 d ist subsidiär (vgl. *Geilen* Jura **84**, 305; NK-*Vormbaum* 81). Bei Anzeigen in einem einzigen Schreiben gegen verschiedene Personen wegen verschiedener Straftaten gelten die Grundsätze in 3 f. vor § 52. Wahlfeststellung mit §§ 153, 154 ist möglich (BGH **32**, 146, 149; Bay JR **89**, 82 [Anm. *Schlüchter*]; Braunschweig NJW **59**, 1144; vgl. 27 zu § 1; **aA** NK-*Vormbaum* 82; SK-*Rudolphi/Rogall* 50; *S/S-Lenckner* 38), nicht aber mit §§ 173, 332 ff. (SK-*Rudolphi/Rogall* 50). Erhebt ein Amtsträger, der zur Mitwirkung an einem Strafverfahren berufen ist, eine falsche Verdächtigung und verfolgt absichtlich oder wissentlich einen Unschuldigen, so tritt § 164 gegenüber § 344 zurück (BGHR § 344 I Konk. 1; Oldenburg MDR **90**, 1135).

16 **8) Verfahrensrechtliche Hinweise.** Bei Anhängigkeit eines Straf- oder Disziplinarverfahrens wegen der angezeigten oder behaupteten Handlung (vgl. Bay MDR **61**, 707) soll die StA nach **§ 154 e I StPO** während der Anhängigkeit dieses Verfahrens von Klageerhebung nach § 164 absehen. Die Anhängigkeit endet mit Einstellung nicht nur nach §§ 170 II, 171 StPO, sondern auch §§ 153 ff. StPO (BGH **10**, 88), während eine bloß stillschweigende Einstellung mindestens dann nicht genügt, wenn der Anzeigende auch der Verletzte ist (§ 172 StPO; BGH **8**, 151). Nach einem fruchtlosen Ablauf der Antragsfrist des § 172 II StPO oder nach einer Verwerfung eines solchen Antrages oder einem sonstigen endgültigen Verfahrensabschluss kann durch eine abermalige Anzeige wegen derselben Handlung das Prozesshindernis des § 154 e StPO nicht wiederaufleben (3 StR 402/78). Ist die öffentliche Klage nach § 164 bereits erhoben, so stellt das Gericht (zwingend) das Verfahren bis zum Abschluss des Verfahrens wegen der angezeigten oder behaupteten Handlung ein (BGH **8**, 154; E EGStGB 300). Bis zum Abschluss des anderen Verfahrens ruht in den Fällen von I und II die Verjährung der Strafverfolgung nach § 164 (§ 154 e III StPO; bei II folgt das schon aus § 78 b).

Bekanntgabe der Verurteilung

165 **I Ist die Tat nach § 164 öffentlich oder durch Verbreiten von Schriften (§ 11 Abs. 3) begangen und wird ihretwegen auf Strafe erkannt, so ist auf Antrag des Verletzten anzuordnen, dass die Verurteilung wegen falscher Verdächtigung auf Verlangen öffentlich bekanntgemacht wird. Stirbt der Verletzte, so geht das Antragsrecht auf die in § 77 Abs. 2 bezeichneten Angehörigen über. § 77 Abs. 2 bis 4 gilt entsprechend.**

II Für die Art der Bekanntmachung gilt § 200 Abs. 2 entsprechend.

Die Vorschrift ist durch das EGStGB dem § 200 angepasst worden; vgl. die Anm. dort. Während § 200 durch den Hinweis auf den „sonst zum Strafantrag Berechtigten" erreicht, dass § 77 II bis IV anwendbar werden, muss § 165 I S. 2, 3 die Anwendbarkeit ausdrücklich erklären, da § 164 kein Antragsdelikt ist. Damit wird zugleich erreicht, dass, wenn ein Antragsberechtigter nach der Anordnung der Bekanntmachung stirbt, bevor er das Verlangen nach § 463 c II StPO stellen konnte, die in § 77 II Genannten das Verlangen stellen können.

Elfter Abschnitt

Straftaten, welche sich auf Religion und Weltanschauung beziehen

Beschimpfung von Bekenntnissen, Religionsgesellschaften und Weltanschauungsvereinigungen

166 **I Wer öffentlich oder durch Verbreiten von Schriften (§ 11 Abs. 3) den Inhalt des religiösen oder weltanschaulichen Bekenntnisses anderer in einer Weise beschimpft, die geeignet ist, den öffentlichen Frieden zu stören, wird mit Freiheitsstrafe bis zu drei Jahren oder mit Geldstrafe bestraft.**

II Ebenso wird bestraft, wer öffentlich oder durch Verbreiten von Schriften (§ 11 Abs. 3) eine im Inland bestehende Kirche oder andere Religionsgesellschaft oder Weltanschauungsvereinigung, ihre Einrichtungen oder Gebräuche in einer Weise beschimpft, die geeignet ist, den öffentlichen Frieden zu stören.

1) Allgemeines. Die Vorschrift, die in ihrer ursprünglichen Fassung die „Lästerung Gottes" mit Strafe bedrohte, ist durch das 1. StrRG (Einl. 6) neu gefasst worden. Ein GesE von B90/GR in der 13. WP hat die Streichung vorgeschlagen (BT-Drs. 13/2087; dafür auch *Fischer* GA **89**, 445 ff.). Umgekehrt schlugen eine Reihe von Gesetzesinitiativen eine Erweiterung des Tatbestands durch Streichung der Eignungsklausel vor (vgl. GesA Bay, BR-Drs. 367/86 [dazu *Fischer* NStZ **88**, 159]; 460/98; GesE eines StÄG – Stärkung des Toleranzgebotes –, BT-Drs. 13/10 666; GesE CDU/CSU, BT-Drs. 14/4558; vgl. dazu Ber. BT-Drs. 14/8379 [vgl. unten 2 c]; Ablehnung Prot. 23 230); anders zuletzt GesA Bay, BR-Drs. 683/07 (vgl. unten 2 d). Die **Praktische Bedeutung** der Vorschrift ist sehr gering (Zahl der Verurteilungen jährlich ca. 15; vgl. BT-Drs. 16/3579, 2 [Kleine Anfrage]). Gesetzgeberischer Handlungsbedarf wird nicht gesehen (ebd. 6). 1

Literatur (Auswahl): *v. Becker,* „Gegen Grosz und Genossen" – Der Gotteslästerungsprozess gegen George Grosz, NJW **05**, 559; *Beisel,* Die Kunstfreiheitsgarantie des Grundgesetzes u. ihre strafrechtlichen Grenzen, 1997; *Bottke,* Religionsfreiheit u. Rechtsgüterschutz; strafrechtliche Aspekte von Sekten, Zeitschr. f. ev. Ethik **98**, 95; *Enders,* Zwischen Kritik und Beschimpfung – Das Verhältnis der Meinungs- und Kunstfreiheit zum Schutz von Glauben und religiöser Empfindung im Wandel der Zeiten und Gesetzgebung, KuR **07**, 40; *Enquete*-Kommission des Btags, Sogenannte Sekten u. Psychogruppen, 1998; *Eser,* Schutz von Religion u. Kirchen im Strafrecht u. im Verfahrensrecht, in: *Listl/Pirson* (Hrsg.), Hdb. des Staatskirchenrechts in der Bundesrepublik Deutschland, 2. Aufl. 1995, Bd. II; *Fischer,* Die Eignung, den öffentlichen Frieden zu stören, NStZ **88**, 159; *ders.,* Das Verhältnis der Bekenntnisbeschimpfung (§ 166 StGB) zur Volksverhetzung (§ 130 StGB), GA **89**, 445; *Hassemer,* Religionsdelikte in der säkularisierten Rechtsordnung, in: *Vallauri/Dilcher* (Hrsg.), Christentum, Säkularisation u. modernes Recht, 1981, 1312; *Hörnle,* Grob anstößiges Verhalten. Strafrechtlicher Schutz von Moral, Gefühlen und Tabus, 2005 (Rez. *Bloy* GA **06**, 656; *Wohlers* ZStW **118** [2006] 758; *Schroeder* JZ **07**, 518); *Hoyer,* Die Eignungsdelikte, 1987; *Kesel,* Die Religionsdelikte u. ihre Behandlung im künftigen Strafrecht, 1968; *Lüderssen,* Ein neuer § 166?, Trechsel-FS (2002), 631; *Maihofer,* Die Gotteslästerung, in: *Reinisch* (Hrsg.), Die deutsche Strafrechtsreform, 1967; 172; *Ott,* Ist die Strafbarkeit der Religionsbeschimpfung mit dem GG vereinbar?, NJW **66**, 639; *Pawlik,* Der Strafgrund der Bekenntnisbeschimpfung, Küper-FS (2007) 411; *Pieroth/Görisch,* Was ist eine „Religionsgemeinschaft"?, JuS **02**, 937; *Reinsdorf* (Hrsg.), Zensur im Namen des Herrn: zur Anatomie des Gotteslästerungsparagraphen, 1997; *Renzikowski,* Toleranz und die Grenzen des Strafrechts, Meurer-GedS (2002), 179; *W. Schilling,* Gotteslästerung strafbar?, 1966; *Schöch,* Scientology ante portas?, Müller-Dietz-FS 803; *Steinbach,* Die Beschimpfung von Religionsgesellschaften gemäß § 166 StGB – eine Würdigung des Karikaturenstreits nach deutschem Strafrecht, JR **06**, 495; *Stumpf,* Bekenntnisschutz im deutschen Strafrecht, GA **04**, 104; *Worms,* Die Bekenntnisbeschimpfung iS des § 166 I StGB u. die Lehre vom Rechtsgut, 1984 (Diss. Frankfurt); *Würtenberger,* Karikatur u. Satire aus strafrechtlicher Sicht, NJW **82**, 610; *Zieschang,* Die Gefährdungsdelikte, 1998; *Zipf,* Die Delikte gegen den öffentlichen Frieden im religiösweltanschaulichen Bereich, NJW **69**, 1944. Zur **Rechtsgeschichte** vgl. *E. Kaufmann* HRG IV 879; 1 a dazu auch die Nachweise zum *Fall Grosz* (RG **64**, 121) bei *v. Becker* NJW **05**, 559. Vgl. auch die Angaben 1 a zu § 130. Nachw. zur älteren Literatur bei LK-*Dippel* vor § 166.

2 **2) Rechtsgut; kriminalpolitische Bedeutung. A.** Rechtsgut des § 166 ist nach hM der **öffentliche Friede** (vgl. dazu 2 f. zu § 126; and. *Stratenwerth*, Lenckner-FS [1998] 377, 386). Es ist nicht der Inhalt des Bekenntnisses als solcher geschützt (Nürnberg NStZ-RR **99**, 238). § 166 stellt nicht Gotteslästerung iS einer *Beleidigung Gottes* unter Strafe (zur Gesetzesgeschichte vgl. aber *Pawlik*, Küper-FS [2007] 411, 416 ff). Schon die Fassung des RStGB setzte voraus, dass die Lästerung Gottes „ein Ärgernis gibt". Es reicht andererseits nicht aus, als Schutzgut des § 166 die „Bedingungen der Pluralität" im Sinne von Kommunikationsfreiheit zu beschreiben (so *Renzikowski,* Meurer-GedS [2002] 179, 187 f.; *Steinbach* JR **06**, 495, 496), selbst wenn sich der Begriff des „öffentlichen Friedens" darauf beschränken würde (ebd. 188). Die Besonderheit des § 166 ergibt sich nicht schon aus einer Objektivierung von Meinungs(äußerungs)freiheit: So ist **zB** eine öffentliche Verhöhnung der Glaubens-„*Überzeugung*", die Lehre von der Evolution der Arten sei *falsch*, nicht nur straffrei, sondern sozial üblich (und, jedenfalls in Europa, *noch* erwünscht). Dass entsprechende Äußerungen strafwürdige Angriffe auf den sozialen Frieden seien, wenn sie *religiöse* „Überzeugungen" betreffen, kann nicht allein auf die „liberale Begründung der Toleranz" (*Renzikowski* aaO) gestützt werden.

2 a Auch das bloße „Gefühl" religiös Gläubiger ist nicht Schutzgut des § 166. Der sekulare Rechtsstaat hat weder Aufgabe noch Berechtigung, Strafen nach Maßgabe subjektiver Glaubensinhalte und individueller Empörung zu verhängen. Das Haben (oder Nichthaben) und Äußern (oder Nichtäußern) religiöser und weltanschaulicher Bekenntnisse gehören freilich zum Kernbereich personaler Freiheit (Art. 4 I GG), dessen *gegenseitige* Achtung Voraussetzung für ein friedliches Zusammenleben in einer Gesellschaft ist (zur Abwägung unter dem Gesichtspunkt von Art. 10 EMRK vgl. EGMR NJW **06**, 3263 mit abw. Meinung von drei Richtern ebd. 3265 [Verurteilung eines Verlegers in der Türkei wegen „Beleidigung Gottes, der Religion, des Propheten und des Heiligen Buches" durch Veröffentlichung eines Romans mit blasphemischen Passagen verletzt Art. 10 EMRK nicht]). Hierauf lässt sich eine – undurchsetzbare – Pflicht zu innerpersonalem Respekt nicht gründen, wohl aber die Verpflichtung zu einem gesellschaftsverträglichen Mindestmaß an *verhaltensleitender* Toleranz (krit. zum Begriff des „Toleranzgebots" *Enders* KuR **07**, 40, 50 f.) sowie ein Verbot, soziale Gruppen mit abweichenden Bekenntnissen in aggressiver, letztlich gewaltfördernder Weise auszugrenzen. § 166 liegt, so verstanden, im **Vorfeld-Bereich des § 130** und pönalisiert – in Anbetracht der Erfahrungen mit Auswirkungen von religiösem und weltanschaulichem Fanatismus – gefährliche Verhaltensweisen, welche durch religiöse Überzeugungen verbundenen Gruppen der Bevölkerung den Anspruch auf Teilhabe an gleichberechtigter Kommunikation bestreiten (ebenso *Steinbach* JR **06**, 495,496; im Ergebnis wohl ähnlich *Pawlik*, Küper-FS [2007] 411, 419 ff.; teilw. abw. *Hefendehl*, Kollektive Rechtsgüter im Strafrecht, 2002, 284 ff., 388 f.; *v. Hirsch* GA **02**, 2, 12; SK-*Rudolphi/Rogall* 4). Mit **§ 130** ergeben sich mindestens Überschneidungen (vgl. *Fischer* GA **89**, 445; *Pawlik*, Küper-FS [2007] 411, 419 ff.; *Enders* KuR **07**, 40, 49 f.). Ob für § 166 ein *Restbereich* bleibt, dessen Legitimität nicht schon auf Grund der Rationalisierung der Gesellschaft und des Zurücktretens glaubensgeprägter Lebensbereiche entfällt (zum Gehalt von Art. 10 MRK in Bezug auf religiöse Inhalte vgl. auch EGMR NJW **07**, 1799 (= NVwZ **07**, 314); ist zweifelhaft.

2 b **B.** Vorschläge zur **Streichung** (GesE B90/GR, BT-Drs. 13/2087; vgl. auch *Beisel* [1 a] 355, 360) ziehen namentlich die Berechtigung einer neben § 130 bestehenden Regelung in Zweifel, welche die abstrakte Gefährdung des Rechtsfriedens an die Verletzung eines herausgehobenen Bereichs *religiöser oder weltanschaulicher* Empfindungen knüpft. In der Tat dürfte der größte Teil der § 166 unterfallenden praktischen Fälle auch von § 130, §§ 185 ff. erfasst sein (vgl. auch *Fischer* GA **89**, 445 ff.).

2 c **Umgekehrt** richten sich rechtspolitische Forderungen immer wieder (vgl. oben 1) darauf, den Tatbestand zu **erweitern,** was sich angeblich durch **Streichung der Friedensschutz-**

Klausel (unten 14f.) erreichen lasse (zuletzt GesE CDU/CSU, BT-Drs. 14/4558; dazu Ber. BT-Drs. 14/8379; vgl. oben 1; zu dem Entwurf auch *Lüderssen,* Trechsel-FS [2002] 631; *Renzikowski,* Meurer-GedS [2002] 179). Statt des öffentlichen Friedens soll danach die „Achtung des religiösen und weltanschaulichen Toleranzgebotes" Rechtsgut der Vorschrift werden, mittelbar das religiöse Empfinden (E, 3f.). Dem ist unverändert (vgl. *Fischer* NStZ **88**, 159) zu widersprechen (ebenso *Pawlik,* Küper-FS [2007] 411, 419): Schon die **empirische Grundlage** ist zweifelhaft (zutr. *Barton,* Anhörung 91. Sitzung RA, Gutachten 4f.), denn weder ist eine Zunahme von Strafanzeigen noch ein Rückgang der (äußerst niedrigen) Verurteilungszahlen zu belegen. Auch eine angebliche Tendenz der Rspr zur „Beseitigung des Tatbestands" (GesE 4) ist nicht ersichtlich (vgl. etwa BVerwG NJW **99**, 304; Nürnberg NStZ-RR **99**, 238; OVG Koblenz NJW **97**, 1174); die Annahme, die Rspr setze für die Eignung zur Friedensstörung eine Bereitschaft der Betroffenen zu gewalttätiger Selbsthilfe voraus (ähnl. *Helgerth,* Anhörung, 3), ist unzutreffend (vgl. BGH **46**, 212, 218f.; vgl. auch *Lüderssen,* Trechsel-FS 631, 642; unten 14a).

Unverständlich erscheint vor allem auch die Behauptung, in Deutschland sei vor allem die **christliche** Religion „zunehmenden Angriffen" ausgesetzt (BT-Drs., 14/4558, 3f.; BR-Drs. 683/07, 2). Das ist ersichtlich unzutreffend. § 166 hat in der Praxis seit jeher nicht dem **Schutz der Häretiker** vor der Mehrheit, sondern dem Schutz der Mehrheit **vor ihnen** gedient; auch die Auslegung der Friedensschutz-Klausel führt dazu, dass § 166 nicht den Schutz von **Minderheiten,** sondern den von **Mehrheiten** bewirkt. Die Bestrebungen, die *Gefühlsverletzung* religiösen Inhalts (wieder) als abstraktes Gefährdungsdelikt unter Strafe zu stellen, sind daher auch in ihren *Konsequenzen* wenig durchdacht: Es ist kaum anzunehmen, dass ihnen die Absicht zugrunde liegen könnte, die Justiz mit tausenden von Strafanträgen in Deutschland lebender **nichtchristlicher,** vor allem *muslimischer* Personen wegen Verletzungen *ihrer* religiösen Gefühle zu beschäftigen. Ein *neuer* Erweiterungsansatz (GesA Bay, BR-Drs. 683/07) schlägt eine Ersetzung des Wortes „Beschimpfen" durch „Herabwürdigen oder Verspotten" und eine gesetzliche „Auslegungshilfe" für den Begriff der Eignung zur Friedensstörung vor, welche sich *im Ergebnis* von einer Streichung der Klausel kaum unterscheidet. **2d**

3) Angriffsgegenstände. § 166 enthält in Abs. I und II zwei sich überschneidende Tatbestände; in beiden Fällen handelt es sich um Äußerungsdelikte. Die Handlung richtet sich in I gegen den **Inhalt von Bekenntnissen,** in II gegen **Institutionen** und organisatorische **Formen,** welche diese Inhalte repräsentieren. **3**

A. Bekenntnisse (I). Gegenstand der Bekenntnisbeschimpfung nach **Abs. I** ist der **Inhalt** des **religiösen** (dh eines durch Glauben an einen Gott oder durch numinose Vorstellungen charakterisierten) oder **weltanschaulichen** (dh durch eine von religiösen Kategorien abweichende, nicht auf ein göttliches Wesen bezogene Grundvorstellung von Mensch und Welt charakterisierten) **Bekenntnisses** anderer (vgl. LK-*Dippel* 14ff.; MK-*Hörnle* 6ff.). Bekenntnis ist das sich auch nach außen manifestierende Durchdrungensein von übergeordneten Vorstellungen, denen sich der Bekennende verpflichtet fühlt (vgl. BVerfGE **12**, 55); es unterscheidet sich von „Überzeugungen" oder Meinungen politischer, gesellschaftlicher oder wissenschaftlicher Art dadurch, dass es von dem Bekennenden als unmittelbar konstituierend für den (nicht weiter ableitbaren) Wert der eigenen Person erlebt wird. Weltanschauliche Bekenntnisse sind „Sinndeutungen" der Welt, nicht aber schon Erklärungs*methoden.* Daher ist zB *„der Marxismus"* ebenso wenig ein „Bekenntnis" wie *„der Funktionalismus"* (**aA** SK-*Rudolphi/Rogall* 3). **4**

Das Bekenntnis kann das einer Kirche, Religionsgesellschaft oder Weltanschauungsvereinigung sowie einer losen Gemeinschaft, aber auch das eines einzelnen sein. Wie es zu bewerten ist, ob es sich um einen von der Bevölkerungsmehrheit geteilten Glaubensinhalt oder um das Bekenntnis einer Minderheit handelt, ist ohne Bedeutung. Es kommt nach hM auch nicht darauf an, ob das individuelle Bekenntnis einzelner Äußerungsadressaten mit dem einer Religionsgemeinschaft übereinstimmt, welcher er angehört, oder ob es sich als absonderliche, abergläubische oder fanatisch überzogene Ausprägung eines solchen Glaubensinhalts darstellt (vgl. *S/S-Lenckner* 4; einschr. NK-*Herzog* 6; zw.). **4a**

Die Handlung muss sich gegen den **Inhalt** des Bekenntnisses, dh gegen konkrete Glaubenssätze (SK-*Rudolphi/Rogall* 3) von prägender Bedeutung im Falle eines religiösen Bekenntnisses oder gegen konkrete, das weltanschauliche Bekenntnis **4b** tragende Sachaussagen (vgl. *Zipf* NJW **69**, 1944) richten. Abgrenzungsprobleme ergeben sich, weil die Inhalte von Bekenntnissen im o. g. Sinn regelmäßig sowohl *normative* Aussagen (über Sinn oder Ziel der Welt, Bestimmung menschlichen Seins, usw.) als auch *empirische* Behauptungen (Schöpfungs- oder Naturgeschichte; Verkörperungen, Offenbarungen oder tatsächliches Wirken höherer Mächte) umfassen.

5 **B. Religions- und Weltanschauungsgemeinschaften (II).** Der tatbestandliche Angriff nach Abs. II richtet sich gegen im **Inland** bestehende Glaubens- und Weltanschauungsgemeinschaften. An die organisatorische und zahlenmäßige Größe sind keine hohen Anforderungen zu stellen. Es reicht nicht aus, dass sich einzelne Personen als Priester oder in ähnlicher Funktion in der BRep. aufhalten; die Errichtung von „Einrichtungen", insb. Gebäuden zum Gottesdienst oder einer (berufsmäßigen) Verwaltungsstruktur dürfte idR das „Bestehen" der Gemeinschaft begründen.

6 **a) Kirchen** oder andere **Religionsgesellschaften** sind tauglicher Angriffsgegenstand, gleichgültig, ob sie Körperschaften des öffentlichen Rechts sind (vgl. Art. 140 GG mit Art. 137 WRV; 13 zu § 132 a). Geschützt sind daher insb. die christlichen, moslemischen und jüdischen Religionsgesellschaften, aber auch die anglikanische, die griechisch-orthodoxe, die altkatholische und die griechisch-katholische Kirche, die Baptisten (vgl. RG **31**, 237), die Mennoniten, die Zeugen Jehovas, freireligiöse Gemeinschaften. Bei **sog. Sekten** ist die Abgrenzung zur Weltanschauungsgemeinschaft und zu von § 166 nicht geschützten, im weiteren Sinn politisch orientierten Interessengemeinschaft nicht selten schwierig (unten 7). Organisationen zur Verfolgung religiös oder weltanschaulich motivierter *Einzelzwecke* scheiden aus (Caritas; Innere Mission; Heilsarmee; Bibelkreise; usw. vgl. *S/S-Lenckner* 15).

7 **b) Weltanschauungsvereinigungen** sind Vereinigungen, die sich die gemeinschaftliche Pflege einer Weltanschauung zur Aufgabe machen (Art. 140 GG mit Art. 137 VII WRV); so zB die Freimaurer; die Humanistische Union; die Theosophen; die Anthroposophische Gesellschaft; Gralsbewegung; Deutscher Freidenkerverband (vgl. auch LK-*Dippel* 20; MK-*Hörnle* 8). Politische Vereinigungen scheiden aus. Das gilt auch dann, wenn gesellschaftspolitische Ziele und Überzeugungen mit religiösen oder weltanschaulichen Orientierungen verknüpft werden, jedoch nach dem Gesamtbild prägend im Vordergrund stehen. Im Bereich totalitär oder fundamentalistisch orientierter Gruppierungen sind die Übergänge fließend. Die sog. „Scientology"-Lehre ist kein Bekenntnis iS von I und die „Scientology-Organisation" keine Gemeinschaft iS von II (str.; vgl. einerseits etwa BGHZ **78**, 274, 278; OVG Hamburg NVwZ **95**, 498; andererseits BAG NJW **96**, 143; BVerwG NJW **85**, 393; Überblick zur Rspr bei *Schöch*, Müller-Dietz-FS 803, 808 ff.; *Abel* NJW **96**, 91; **97**, 426; **99**, 331; *Werner*, Scientology im Spiegel des Rechts, 2001 [Diss. München]); ebenso nicht der *Bahà'i-Verein* (vgl. dazu BVerfGE **83**, 341), die *Osho-Bewegung* (*„Bhagwan"* [vgl. aber BVerfGE **90**, 112]) oder die „Vereinigungskirche" (sog. *Mun-Sekte*). Der „Glaube", durch psychologische Schulung, rigorosen Konkurrenzkampf und Anhäufung von Reichtum (in wessen Händen auch immer) zum „Übermenschen" werden zu können, ist keine im vorgenannten Sinn sittliche Orientierung, mag er die Person auch ganz beherrschen. Eine *auch* wirtschaftliche oder politische Betätigung einer Vereinigung steht dem freilich nicht von vornherein entgegen; die bloße Verwendung von religiös oder weltanschaulich ausgerichteten *Begriffen* spricht andererseits nicht schon für das Vorliegen einer Gemeinschaft iS von I, wenn sie nur zur Tarnung der eigentlichen Betätigung oder zur Erlangung steuer- oder gewerberechtlicher Privilegien verwendet werden (vgl. BAG NJW **96**, 143, 147 ff.).

8 **c) Angriffsgegenstand** sind auch **Einrichtungen** der oben genannten Vereinigungen, dh die von ihren zuständigen Stellen geschaffenen Ordnungen und Formen für die äußere und innere Verfassung der Vereinigung sowie für die Pflege der Religion oder Weltanschauung (vgl. Bay **54**, 145).

9 Als solche **Einrichtungen** im religiösen Bereich sind **zB** angesehen worden: das Papsttum; die Christusverehrung (RG **2**, 428); Menschwerdung Christi (LG Köln MDR **82**, 771); Lei-

den Christi (LG Göttingen NJW **85**, 1652); die Taufe (RG **67**, 373); die Konfirmation (RG **5**, 189); die Spendung des Abendmahls (RG **5**, 354); die Eucharistie (Karlsruhe NStZ **86**, 364); die Marienverehrung (RG **2**, 428; LG Düsseldorf NStZ **82**, 290); das Priestertum (aber nicht der Priesterstand, RG **27**, 284); der Ablass (RG GA Bd. **56**, 68); das Messopfer (RG **33**, 221; Düsseldorf NJW **83**, 1211, hierzu *Geppert* JK 1 zu § 187a; vgl. auch Beisp. bei *Triffterer/Schmoller* ÖJZ **93**, 576); die kirchliche Ehe; der Zölibat; das Vaterunser (RG Recht **15**, 2614); das evangelische Lehramt (R **8**, 692); die Einrichtung des Ordenswesens. **Keine** Einrichtungen iS von II sollen sein: der Hochaltar; die Monstranz (Bay **54**, 145); die Zehn Gebote (RG **26**, 435); die christlichen Orden als solche (RG **33**, 221).

Diese Rspr spiegelt eine **einseitige Ausrichtung** an christlich-katechetischen Glaubens-*Inhalten* wider, welche der Lebenswirklichkeit einer multikulturellen, vielfach nur noch an christlichen *Prinzipien* orientierten, mehrheitlich aber kirchenfernen Gesellschaft nicht mehr entspricht. Nähme man sie ernst, so müssten heute der Mehrheit der Bevölkerung fremd erscheinende *Formen* der Glaubensbezeugung der (in Deutschland vertretenen) Weltreligionen als „Einrichtung" angesehen werden (Fasten; Kein-Schweinefleisch-Essen; Kopftuch-Tragen; Betteln; Ruf des *Muezzin;* Gutachten von Tora-Gelehrten; usw.). Im Hinblick auf das **Rechtsgut** des § 166 ist daher zwischen „Einrichtungen" von Religions- und Weltanschauungsgemeinschaften und den (von I erfassten) Glaubens-Inhalten zu unterscheiden; **zB** können heute nicht mehr als „Einrichtungen" angesehen werden: die Christusverehrung (so aber RG **2**, 428; **64**, 123; Bay **54**, 144; Nürnberg NStZ-RR **99**, 238; Steinbach JR **06**, 495, 497); die Menschwerdung Christi (LG Köln MDR **82**, 771); das Leiden Christi (so aber LG Göttingen NJW **85**, 1652; *Steinbach* JR **06**, 495, 497); die Marienverehrung (RG **2**, 428; LG Düsseldorf NStZ **82**, 290) oder die Verehrung Mohammeds (so *Steinbach* JR **06**, 495, 497); der Ablass (RG **56**, 68); einzelne Gebete (Hamburg GA **62**, 345). **10**

d) Gebräuche sind allgemeine, also nicht nur im Einzelfall übliche, persönliche oder örtliche tatsächliche Übungen von Ordnungen der Vereinigungen. Als solche sind im christlich-religiösen Bereich **zB** angesehen worden: die Reliquienverehrung (RG **22**, 238); die Amtstracht der Geistlichen (RG **6**, 88); die Formen und Gebete bei Beerdigungen (RG **31**, 133); das Sich-Bekreuzigen (RG **33**, 221; **aA** LG Frankfurt NJW **82**, 658); die Erteilung des Segens (Bay **54**, 144; LK-*Dippel* 49). Das gilt entsprechend für mit Glaubensinhalten verbundene und deren Kern symbolisierende Riten und Gebräuche nichtchristlicher Religionsgemeinschaften. Die Abgrenzung zu „Einrichtungen" ist i. e. unsicher (vgl. zB Ramadan; Fastenzeit; „Aschermittwoch"; Essen bestimmter Speisen; Tragen bestimmter Kleidung; Anzünden von Kerzen oder Räuchermitteln; usw.). Für eine sinnvolle **Begrenzung des Tatbestands** müssen säkularisierte Formen und **folkloristische** Ausprägungen, aber auch allein oder überwiegend auf die **Verwaltung** der Vereinigung, auf Berufs- oder Laufbahnordnungen sowie auf interne Organisationssatzungen bezogene Einrichtungen ausgeschieden werden, denn Einrichtungen und Gebräuche der Vereinigungen sind nicht um ihrer selbst willen, sondern als organisatorischer und symbolischer Ausdruck des Bekenntnisses iS von I geschützt. **11**

4) Tathandlung. In beiden Absätzen übereinstimmende **Tathandlung** ist das **Beschimpfen** (vgl. 5 zu § 90a; LK-*Dippel* 24ff.), also eine besonders gravierende herabsetzende Äußerung (BGH **7**, 110; NStZ **00**, 643); das kann durch distanziert-abqualifizierende Bewertung, aber auch durch verhöhnende Darstellung geschehen; auch durch unwahre Behauptungen (vgl. *S/S-Lenckner* 9; NK-*Herzog* 23; Bedenken gegen die Bestimmtheit bei MK-*Hörnle* 18). Beschimpfen ist **bejaht** worden **zB** bei Darstellung des *Kruzifix als Mausefalle* (Bay 8. 9. 1988, RReg. 5 St 96/88 [in Bay **88**, 139 nicht abgedr.]; auch LG Bochum NJW **89**, 728; das erscheint fragl. und müsste dann allemal auch für die Darstellung des Turbans des Propheten Mohammed als Bombe gelten [dänische „*Mohammed-Karikaturen*", um die im Frühjahr 2006 weltweit inszenierte Proteste entbrannten, denen in Europa mit Argumenten der *Aufklärung* entgegen getreten wurde; vgl. dazu ausf. *Steinbach* JR **06**, 495ff.]); **12**

Bezeichnen der christlichen Kirchen als Verbrecherorganisationen (Celle NJW **86**, 1275; LG Göttingen NJW **85**, 1654); Verknüpfung von Abtreibung, Marienverehrung und Papstkritik (LG Düsseldorf NStZ **82**, 290) oder von Marienverehrung, Verhütung und Forderung nach liberaler Sexualmoral (LG Göttingen NJW **85**, 1652); bei Darstellung eines an ein Kreuz genagelten Schweins auf einer Homepage im Internet oder auf einem T-Shirt (Nürnberg NStZ-RR **99**, 238). Verspotten oder Lächerlichmachen sollen als solche nicht ausreichen, wenn eine aggressive Tendenz der Äußerung fehlt (*S/S-Lenckner* 9; vgl. daher jetzt den Gesetzesvorschlag Bayerns [BR-Drs. 683/07], als Tathandlung das „Verspotten" ausreichen zu lassen); die praktische Umsetzung dieser Einschränkung wird freilich idR zu Lasten von Minderheiten gehen. Jedenfalls **nicht tatbestandsmäßig** sind bloße Ablehnung oder Verneinung religiöser Inhalte, ablehnende, auch scharfe Kritik; die Äußerung von Unverständnis; auch nicht Spott oder Ablehnung der Anhänger des jeweiligen Bekenntnisses (Celle NJW **86**, 1272; LG Bochum NJW **89**, 727; vgl. auch Karlsruhe NStZ **86**, 363 [Anm. *Ott* 365; *Katholnigg* 555]; *Steinbach* JR **06**, 495, 496).

13 Das Beschimpfen muss **öffentlich** (vgl. dazu 18 zu § 186) oder **durch Verbreiten von Schriften** iS von § 11 III erfolgen. Das Verbreiten von Schriften mit beschimpfendem Inhalt erfüllt den Tatbestand nur dann, wenn sich der Täter die Äußerung gerade durch das Verbreiten (konkludent) zu eigen macht und damit eine *eigene* Beschimpfungshandlung begeht (*S/S-Lenckner* 11); i. Ü. liegt im Verbreiten nur Beihilfe zur fremden Beschimpfung.

14 **5) Eignung zur Friedensstörung.** Das Beschimpfen muss **geeignet sein,** den **öffentlichen Frieden** zu stören. Zum Begriff des öffentlichen Friedens vgl. 2f. zu § 126 mit Nachw. zur Diskussion. Da § 166 wie § 130 ein abstraktes Gefährdungsdelikt ist (vgl. BGH **46**, 218; NJW **99**, 2199 [potentielles Gefährdungsdelikt als Untergruppe der abstrakten Gefährdungsdelikte]; **aA,** aber iE nicht abweichend SK-*Rudolphi/Rogall* 2; ähnlich LK-*Dippel* 3 [Stellung *zwischen* konkretem und abstraktem Gefährdungsdelikt]), braucht eine Störung oder konkrete Gefährdung des Friedens nicht einzutreten. Es genügt das Vorliegen berechtigter Gründe für die Befürchtung des Eintritts einer Friedensstörung iS von 2 zu § 126 (vgl. BGH **16**, 56; **46**, 212, 218f.; Köln NJW **82**, 657; ähnlich SK-*Rudolphi/Rogall* 16 [„konkrete Gründe für die Befürchtung"]; and. *Gallas,* Heinitz-FS 182; zweifelnd LK-*Dippel* 29, 52ff.; MK-*Hörnle* 22); insoweit gelten die Erl. zu § 130 entsprechend. Hierbei ist zu beachten, dass der „öffentliche Friede" auch in § 166 kein der **empirischen** Prognose oder der Feststellung zugängliches Rechtsgut ist. Der „öffentliche" ist ein normativ bestimmter Friede (insoweit zust. SK-*Rudolphi/Rogall* 7 vor § 166; iE ähnlich *Steinbach* JR **06**, 495, 498f.); gegen den Vorwurf seiner Gefährdung kann im Einzelfall nicht eingewendet werden, die Beschimpfung habe nur wenige betroffen oder entspreche allgemeiner Ansicht.

14a Die **Eignungsklausel** soll eine **eingrenzende Konkretisierung** des abstrakten Gefährdungsdelikts ermöglichen (vgl. 9f. zu § 126 mwN). Da § 166, anders als §§ 126, 130 I, eine öffentliche Tatbegehung verlangt (vgl. auch § 140 I Nr. 2), dient die Klausel in der Praxis zur Ausscheidung *nicht strafwürdig* erscheinender Fälle, etwa wegen besonderer Dummheit oder Abwegigkeit beschimpfender Äußerungen. Eine strafbarkeitsbeschränkende Wirkung hat die Klausel in der Praxis dadurch, dass sie nach hM eine *empirische* Wahrscheinlichkeit von „Selbsthilfe"-Ausschreitungen der Betroffenen (krit. *Lüderssen*, Trechsel-FS [2002] 631, 642), von Gewalttätigkeiten gegen sie oder durch sie oder eines Aufgreifens der Beschimpfungen usw. durch Dritte erfordert. Dieses Wahrscheinlichkeitsurteil wird aber regelmäßig gar nicht empirisch, sondern normativ gefunden, nämlich nach der Intensität der Beschimpfung; nach dem Maß zumutbarer Besonnenheit; nach (bisweilen unklaren) Abwägungen auf der Ebene gegenläufiger Grundrechte (vgl. auch SK-*Rudolphi/Rogall* 18: „Sicherheitsgefühl eines *vernünftigen* Bürgers"). All dies sind Erwägungen, die schon der **Tathandlungsbeschreibung** öffentlicher Beschimpfung zugrunde liegen. Eine Streichung der Friedensschutzklausel (vgl. oben 2c) hätte nur dann eine die Strafbarkeit erweiternde Wirkung, wenn damit zum Rechtsgut des Bekenntnis-*Inhalts* zurückgekehrt werden könnte (vgl. BT-Drs. 14/4558; oben 2cf.); dem stehen freilich schon verfassungsrechtliche Gründe entgegen (zutr. *Lüderssen,* Trechsel-FS [2002] 631, 633ff.); eine Strafverfolgung der Verletzung dem persönlichen Belieben anheim gegebener, *per definitionem irrationaler* Glaubens- und Gefühlsinhalte wäre verfassungswidrig. Auch dogmatisch führte sie in einen Zirkelschluss, denn die Handlungsbeschreibung „Beschimpfen" löst sich ihrerseits auf, wenn sie keinen der allgemeinen Verständigung zugänglichen *Gegenstand* hat. Auch *ohne* die Klausel könnte § 166 daher nur das erfassen, was den öffentlichen Frieden gefährdet, und die *Gotteslästerung* nur, indem man die *Strafwürdigkeits-* und *Rechtsguts-Abwägung,* wie in § 184, in den Handlungs-Begriff hineinzöge.

6) Subjektiver Tatbestand. § 166 setzt **Vorsatz** voraus; bedingter Vorsatz genügt (Köln NJW **82**, 658; LK-*Dippel* 90). Die Anforderungen an den Vorsatz spiegeln die vielfältigen Schwierigkeiten des objektiven Tatbestands wider: Er muss im Fall des Abs. I den beschimpften Gedankeninhalt als solchen eines **Bekenntnisses** im o. g. Sinn erfassen. Ein zutreffendes Verständnis des *Rechtsbegriffs* ist nicht erforderlich; die tatsächlichen Voraussetzungen müssen aber jedenfalls in laienhafter Wertung erkannt werden. Hieraus folgt, dass der Freiheitsraum des Täters mit dem Maß seiner *Ignoranz* steigt, denn wer *Kern*inhalte einer Religion irrtümlich für belanglos hält, befindet sich im Tatbestandsirrtum. Der Vorsatz muss sich im Übrigen auf die Öffentlichkeit oder die sonstigen Tatmodalitäten und den beschimpfenden Charakter der Äußerung erstrecken (RG **9**, 159; **22**, 241; NK-*Herzog* 24). Richtet sich die Beschimpfung nicht gegen ein religiöses Bekenntnis, sondern gegen eine bestimmte Person, die ihm anhängt, so fehlt es an dem für § 166 vorausgesetzten Vorsatz (Koblenz NJW **93**, 1809). Ob der Täter von der Richtigkeit seines Standpunktes überzeugt ist, ist für die Strafbarkeit ohne Bedeutung (LK-*Dippel* 90). 15

7) Rechtswidrigkeit. Die Wissenschaftsfreiheit des **Art. 5 Abs. III GG** hat insoweit nur geringe Bedeutung, als wissenschaftliche Kritik idR kein Beschimpfen ist (LK-*Dippel* 27). Der **Kunstfreiheit** sind durch das Wertsystem des GG (BVerfGE **30**, 173) und damit auch durch den in § 166 ausgedrückten Toleranzgedanken Grenzen gesetzt (vgl. 14 zu § 131; 26f. zu § 193 mwN). Erforderlich ist daher eine **Wertabwägung** im Einzelfall, bei welcher der Wert einer auf Toleranz und Achtung der personalen Würde gegründeten gesellschaftlichen Kommunikation und eines friedlichen Zusammenlebens einerseits, die Bedeutung der Kunstfreiheit für eine offene, pluralistische Gesellschaft andererseits abzuwägen sind. Dabei wird durch den Bereich der Kunstfreiheit nicht schon der *Begriff* des Beschimpfens bestimmt (so *S/S-Lenckner* 10; SK-*Rudolphi/Rogall* 13); vielmehr kann sich aus dem Grundrecht der Kunstfreiheit ein **Rechtfertigungsgrund** für beschimpfende Äußerungen ergeben (*Lackner/Kühl* 4 u. 14 zu § 193; vgl. 26 zu § 193). 16

8) Tateinheit ist möglich zwischen I und II sowie mit §§ 130, 167 bis 168, 185, 304 (LK-*Dippel* 92; NK-*Herzog* 25). Die **Verjährung** solcher Tathandlungen, die Presseinhaltsdelikte sind, richtet sich nach den PresseG der Länder (7 zu § 78). Zur Frage des **Verletzten** iS von § 172 StPO vgl. Nürnberg NStZ-RR **99**, 239; KK-*Schmidt* 23 zu § 172 StPO. 17

Störung der Religionsausübung

167 [I] **Wer**

1. den Gottesdienst oder eine gottesdienstliche Handlung einer im Inland bestehenden Kirche oder anderen Religionsgesellschaft absichtlich und in grober Weise stört oder

2. an einem Ort, der dem Gottesdienst einer solchen Religionsgesellschaft gewidmet ist, beschimpfenden Unfug verübt,

wird mit Freiheitsstrafe bis zu drei Jahren oder mit Geldstrafe bestraft.

II Dem Gottesdienst stehen entsprechende Feiern einer im Inland bestehenden Weltanschauungsvereinigung gleich.

1 **1) Allgemeines.** Die Vorschrift idF des 1. StrRG (Einl. 6) dient der ungestörten Ausübung von Religion und Weltanschauung und hat iErg dieselbe Schutzrichtung wie § 166 (NK-*Herzog* 1; SK-*Rudolphi/Rogall* 1). Die Verhinderung eines Gottesdienstes (§ 189 I Nr. 1 E 1962) oder die Verhinderung der Teilnahme daran (§ 167 aF) werden durch § 240 erfasst.

Literatur: Vgl. 1 a zu § 166.

2 **2) Tathandlung des Abs. I Nr. 1** ist das **Stören** der genannten religiösen Versammlungen und Handlungen; ihnen sind nach **Abs. II** entsprechende Feiern inländischer **Weltanschauungsvereinigungen** (7 zu § 166) gleichgestellt. **Gottesdienst** ist die Vereinigung der Mitglieder einer Religionsgesellschaft zur religiösen Erbauung durch Verehrung und Anbetung Gottes nach den Vorschriften, Gebräuchen und Formen ihrer Gemeinschaft (LK-*Dippel* 5). Fehlt es an diesem **Ziel** der Andacht (RG **17**, 317; LK-*Dippel* 9; NK-*Herzog* 7; MK-*Hörnle* 5), so begründet die Benutzung des sonst gottesdienstlichen Raumes nicht schon einen Gottesdienst; so nicht der Konfirmationsunterricht in der Kirche oder ein zur bloßen Belehrung stattfindende Vorlesen aus Schriften. Ob ein Gottesdienst gegeben ist, bestimmt sich nach Kirchenrecht, Satzung oder Selbstverständnis der Gesellschaft und ist in Grenzfällen Tatfrage (zB „Politisches Nachtgebet"; Prot. V/2422). Tritt der Andachts- und Verehrungszweck gegenüber politischen Demonstrationszwecken in den Hintergrund (zB „Ökumenische Andacht" als „Mahnwache" gegen neonazistische Feier [Celle NJW **97**, 1167], „Mahngebete" vor sog. „Abtreibungskliniken" usw.), so liegt ein Gottesdienst iS von Nr. 1 nicht vor. Ein (nur) für geladene Gäste aus Politik und Gesellschaft zugänglicher, im Fernsehen live übertragener ökumenischer Gottesdienst zur Feier eines bedeutenden Ereignisses oder Gedenkens ist Gottesdienst iS von I Nr. 1 (vgl. Jena NJW **06**, 1892 f.

3 **A. Gottesdienstliche Handlungen** einer Religionsgesellschaft (iS von 2) sind dem Ritus nach Inhalt und Form entsprechende Akte der Religionsausübung, die außer dem eigentlichen Gottesdienst dem besonderen religiösen Bedürfnisse Einzelner zu dienen bestimmt sind (LK-*Dippel* 10). Weder sakramentaler Charakter ist nötig (RG **27**, 296) noch aktive Beteiligung des Geistlichen (RG **10**, 42). In Betracht kommen kirchliche Prozessionen (RG **28**, 303); die Taufe (LK-*Dippel* 10); kirchliche Trauungen oder Bestattungsfeiern (vgl. aber § 167 a); ebenso auf dem jeweiligen Kult beruhende Handlungen nichtchristlicher Religionsgesellschaften und Weltanschauungsvereinigungen. Die Abgrenzung ist schwierig, wo religiöse oder kultische Handlungen substanzieller Teil weltlich-staatlicher, insb. rechtlicher Institute sind.

4 **B. Tathandlung** des I Nr. 1 ist das (erfolgreiche; vgl. SK-*Rudolphi/Rogall* 1) **Stören** der Feierlichkeit *als solcher*, so dass die Störung eines einzelnen Teilnehmers nur ausreicht, wenn sie zugleich zu einer allgemeinen Störung führt; anderseits brauchen nicht sämtliche Teilnehmer gestört zu werden (vgl. RG **17**, 316). Die Störung muss sich auf eine **konkrete** Veranstaltung beziehen; es reicht daher nicht eine allgemeine „Störung" durch Forderung nach Abschaffung oder Verbot oder sonstige Kritik an der Feierlichkeit oder Handlung *als solcher.* Zu einer Unterbrechung der Feierlichkeit braucht es nicht zu kommen; eine bloße Störung von Andacht oder Aufmerksamkeit wird aber selten „grob" sein. Von wo die Störung kommt (Lärm von außen) oder wo der Täter sich befindet, ist ohne Bedeutung (LK-*Dippel* 12). Doch muss er die Feierlichkeit in **grober** Weise stören; dies kann sich aus der Art der Störung (Gewalt), ihrem Zeitpunkt und ihrem Erfolg (erzwungener Abbruch der Feierlichkeit) ergeben (vgl. Jena NJW **06**, 1892 f.; LK-*Dippel 14). Eine Störung* setzt voraus, dass die Veranstaltung bereits begonnen hat; ihre *Verhinderung* unterfällt § 167 nicht (*S/S-Lenckner* 8), ebenso wenig die Hinderung von Personen an der Teilnahme, wenn sich dies auf die Veranstaltung als solche nicht störend auswirkt.

C. Die **Rechtswidrigkeit** der Störung kann **zB** entfallen beim Lärm infolge erlaubten Gewerbebetriebes (RG **37**, 151), bei Störung wegen eines Brandausbruchs (RG **5**, 259), bei Notwehr auf beleidigende Angriffe durch den Pfarrer (RG **21**, 168; **23**, 201; LK-*Dippel* 16; MK-*Hörnle* 13). Das Recht auf freie Meinungsäußerung und eine freie Religionsausübung oder das Demonstrationsrecht *als solche* können Störungen gegenüber dem Recht auf ungestörte Religionsausübung nicht rechtfertigen (vgl. Jena NJW **06**, 1892, 1893); auch § 193 ist nicht entsprechend anwendbar (**aA** *Arzt/Weber* 44/53); im Einzelfall können aber auch grobe Störungen durch die Wahrnehmung von Grundrechten gerechtfertigt sein (vgl. MK-*Hörnle* 9). **5**

D. Der **subjektive Tatbestand** des I Nr. 2 setzt Vorsatz voraus. Grds., zB hinsichtlich des Charakters der Feierlichkeit (vgl. RG **23**, 199; **37**, 152), genügt bedingter Vorsatz; das gilt auch für die tatsächlichen Voraussetzungen des Merkmals „grob". Dagegen muss der Störungs-Erfolg **absichtlich** herbeigeführt werden; es muss dem Täter somit hierauf ankommen, auch wenn die Störung nur ein Mittel zu einem weiteren Zweck ist. Ein Irrtum etwa über die Reichweite des Grundrechts aus Art 5 I GG ist Verbotsirrtum. **6**

3) Tathandlung des Abs. I Nr. 2 ist das Verüben **beschimpfenden Unfugs** an bestimmten Orten; insoweit reicht die schlichte Tätigkeit aus (*M/Schroeder/Maiwald* 61/20; SK-*Rudolphi/Rogall* 1). **7**

A. Der Ort muss dem **Gottesdienst** (oben 2) einer der in Nr. 1 genannten Religionsgesellschaften **gewidmet** sein. Widmung zu gottesdienstlichen Handlungen oder religiösen Versammlungen (vgl. aber § 166 aF) genügt nicht. Der Gottesdienst muss die wesentliche Bestimmung sein; vereinzelter Gottesdienst reicht, wenn der Ort sonst anderen Zwecken dient, nicht aus (vgl. RG **28**, 303; **29**, 336; LK-*Dippel* 19; MK-*Hörnle* 10). Ob zurzeit der Tat Gottesdienst stattfindet, ist ohne Bedeutung (vgl. RG **32**, 212). In Betracht kommen vor allem Kirchen, Moscheen und Synagogen mit allen ihren Räumen (*Windfang*; BGH **9**, 140); Kapellen, wenn sie für Gottesdienste bestimmt sind (vgl. LK-*Dippel* 20); Friedhöfe nur dann, wenn sie nicht nur Bestattungsfeiern dienen. Für einen Ort, der **Feiern** einer **Weltanschauungsvereinigung** gewidmet ist, die einem Gottesdienst vergleichbar sind, gilt dies sinngemäß.

B. Beschimpfender Unfug ist eine grob ungehörige, rohe Gesinnung zeigende Handlung, die sich trotz der notwendigen räumlichen Nähe nicht unmittelbar gegen den Ort selbst zu richten braucht, in der aber doch die Missachtung gegenüber seinem herausgehobenen Charakter zum Ausdruck kommen muss (*S/S-Lenckner* 13; NK-*Herzog* 15; SK-*Rudolphi/Rogall* 13), so durch sexuelle Handlungen (BGH **9**, 140); Anschmieren von Hakenkreuzen; Absingen pornographischer Lieder (**aA** MK-*Hörnle* 11). Die bloße Nichtbeteiligung an einer Zeremonie (Niederknien) reicht nicht aus, auch nicht Nichtabnehmen (oder Abnehmen) des Hutes, Rauchen, lautes Schreien oder dgl. (LK-*Dippel* 23; **aA** noch RG **23**, 103; **31**, 410). Öffentlich braucht die Handlung nicht vorgenommen zu werden; sie muss aber jedenfalls in ihrem Ergebnis nach außen erkennbar sein. **8**

C. Vorsatz ist erforderlich; bedingter Vorsatz genügt. Er muss sich auf die herausgehobene Bestimmung des Ortes und den beschimpfenden Charakter der Handlung beziehen (**aA** MK-*Hörnle* 12 [Absicht auch hinsichtlich des beschimpfenden Charakters in I Nr. 2]). Beschimpfungsabsicht (RG **23**, 103) oder feindliche Einstellung gegen die Vereinigung braucht der Täter nicht zu haben (LK-*Dippel* 24; NK-*Herzog* 16). **9**

4) Tateinheit mit §§ 166, 168, 185, 304 ist möglich (NK-*Herzog* 17). **10**

Störung einer Bestattungsfeier

167a Wer eine Bestattungsfeier absichtlich oder wissentlich stört, wird mit Freiheitsstrafe bis zu drei Jahren oder mit Geldstrafe bestraft.

1 **1) Allgemeines.** Die Vorschrift (idF des 1. StrRG; Einl. 6) bezieht sich auf sowohl religiöse als auch nichtreligiöse Bestattungsfeiern. Sie geht weiter als § 167, wo absichtliche und grobe Störungen vorausgesetzt sind. Zwischen § 167 I Nr. 1 und § 167 a ist daher Tateinheit möglich (LK-*Dippel* 20; *M/Schroeder/Maiwald* 62/6; SK-*Rudolphi* 5). Geschütztes **Rechtsgut** ist das **Pietätsempfinden** der an der Bestattungsfeier Teilnehmenden (ebenso *Lackner/Kühl* 1; LK-*Dippel* 3 [auch: Ehrfurcht vor dem Tod; nachwirkendes Persönlichkeitsrecht]; **aA** SK-*Rudolphi/Rogall* 1: Öffentlicher Friede); die Tat ist abstraktes Gefährdungsdelikt (hM; **aA** *Hörnle* in *Hirsch/Wohlers* [Hrsg], Die Rechtsgutstheorie, 2003, 268, 274).

2 **2) Tathandlung** ist das Stören (4 zu § 167) einer Bestattungsfeier jeder Art, sowohl einer Beerdigung als auch einer Einäscherung; erfasst sind auch Leichenzüge und eine im Trauerhaus abgehaltene Feier (E 1962, 346). Die Anwesenheit einer Mehrzahl von Personen ist nicht erforderlich; auch der Leichnam der verstorbenen Person muss nicht anwesend sein, wenn die Veranstaltung wie eine Beisetzungsfeier von dem Moment des Abschiednehmens geprägt ist; reine Gedenkveranstaltungen unterfallen § 167 a hingegen nicht (*S/S-Lenckner* 3; NK-*Herzog* 4; MK-*Hörnle* 3). Die Störung braucht keine grobe (4 zu § 167) zu sein (NK-*Herzog* 4).

3 **3)** Bedingter **Vorsatz** reicht nur hinsichtlich des Merkmals Bestattungsfeier aus. Bei der Störung muss es dem Täter entweder auf diesen Erfolg ankommen, auch wenn er nicht weiß, ob er ihn erreicht (Absicht); oder er muss als sicher voraussehen, dass der Erfolg eintritt, auch wenn es ihm nicht darauf ankommt (wissentlich).

4 **4) Idealkonkurrenz** ist möglich mit §§ 166, 167 (oben 1), 168, 189, 240.

Störung der Totenruhe

168 I Wer unbefugt aus dem Gewahrsam des Berechtigten den Körper oder Teile des Körpers eines verstorbenen Menschen, eine tote Leibesfrucht, Teile einer solchen oder die Asche eines verstorbenen Menschen wegnimmt oder wer daran beschimpfenden Unfug verübt, wird mit Freiheitsstrafe bis zu drei Jahren oder mit Geldstrafe bestraft.

II Ebenso wird bestraft, wer eine Aufbahrungsstätte, Beisetzungsstätte oder öffentliche Totengedenkstätte zerstört oder beschädigt oder wer dort beschimpfenden Unfug verübt.

III Der Versuch ist strafbar.

Übersicht

1) Allgemeines ... 1, 1 a
2) Rechtsgut ... 2
3) Wegnahme von Leichen usw. (Abs. I, 1. Var.) ... 3–15
4) Verüben beschimpfenden Unfugs (Abs. I, 2. Var.) ... 16, 17
5) Beschädigung usw. von Beisetzungsstätten (Abs. II) ... 18–23
6) Subjektiver Tatbestand ... 24
7) Versuch (Abs. III) ... 25
8) Konkurrenzen ... 26

1 **1) Allgemeines.** Die Vorschrift idF des 3. StÄG wurde unter Neufassung des I durch Einbeziehung der toten menschlichen Leibesfrucht erweitert durch das **24. StÄG** v. 13. 1. 1987 (BGBl. I 141); Mat.: BT-Drs. 10/3758; 10/6568 [Ber.]). Das Transplantations- und Entnahmerecht ist durch das **GewebeG** v. 20. 7. 2007 (BGBl I 1574), das die EG-Gewebe-RL v. 31. 3. 2004 (ABl EU Nr. L 102 v. 7. 4. 2004, S. 48) umgesetzt hat, umfassend neu geregelt worden (Mat.: GesE BReg BT-Drs. 16/ 3146; Ber. BT-Drs. 16/5443; vgl. auch unten 13).

1 a **Neuere Literatur:** *Bock,* Rechtliche Voraussetzungen der Organentnahme von Lebenden und Verstorbenen, 1999; *Czerner,* Leichenteilasservate zwischen Forschungsfreiheit und Störung der Totenruhe, ZStW **115** (2003), 91; *Forkel,* Verfügungen über Teile des menschlichen

Körpers, JZ **74**, 593; *ders.,* Das Persönlichkeitsrecht am Körper, gesehen besonders im Lichte des Transplantationsgesetzes, Jura **01**, 73; *Haas,* Die Zulässigkeit klinischer Sektionen, NJW **88**, 2929; *Harks,* Der Schutz der Menschenwürde bei der Entnahme fötalen Gewebes, NJW **02**, 716; *Hörnle,* Der Schutz von Gefühlen im Strafrecht, in: *Hefendehl/v. Hirsch/Wohlers* (Hrsg.), Die Rechtsgutstheorie, 2003, 268; *dies.*, Grob anstößiges Verhalten. Strafrechtlicher Schutz von Moral, Gefühlen und Tabus, 2005 (Rez. *Bloy* GA **06**, 656; *Wohlers* ZStW **118** [2006] 758; *Schroeder* JZ **07**, 518); *Kießling,* Verfügung über den Leichnam oder Totensorge, NJW **69**, 533; *Kopp,* Die Strafbarkeit der Entnahme von Leichenteilen (usw.), MedR **97**, 544; *Laubenthal,* Einheitlicher Wegnahmebegriff im Strafrecht?, JA **90**, 38; *Müller,* Postmortaler Rechtsschutz, 1996; *Papst,* Der postmortale Persönlichkeitsschutz in der Rechtsprechung des BVerfG, NJW **00**, 999; *Pluisch/Haifer,* Die rechtliche Zulässigkeit von Leichenversuchen, NJW **94**, 2377; *Rixen,* Schutz vor rechtwidrigen Sektionen nach geltendem und künftigem Recht, ZRP **01**, 374; *Roxin,* Zur Tatbestandsmäßigkeit u. Rechtswidrigkeit der Entfernung von Leichenteilen (§ 168 StGB), insb. zum rechtfertigenden strafrechtlichen Notstand (§ 34 StGB), JuS **76**, 505; *Rüping,* Der Schutz der Pietät, GA **77**, 299; *Schroth,* Das Organhandelsverbot, Roxin-FS (2001) 869; *Spranger,* Die ungenehmigte Verfügung der Krankenhäuser über Fehlgeborene, MedR **99**, 210; *ders.*, Die Rechte des Patienten bei der Entnahme und Nutzung von Körpersubstanzen, NJW **05**, 1084; *Steffen,* Zur Strafbarkeit der klinischen Sektion gem. § 168 StGB, 1996; *Stellpflug,* Der strafrechtliche Schutz des menschlichen Leichnams, 1996 (Diss. Freiburg); *ders.,* Der strafrechtliche Schutz des menschlichen Leichnams in Großbritannien, ZfRV **96**, 232; *Stentenbach,* Der strafrechtliche Schutz der Leiche, 1992 (Diss. Köln); *Sternberg-Lieben,* Strafrechtlicher Schutz der toten Leibesfrucht (§ 168 StGB nF), NJW **87**, 2062.

Literatur zum TransplantationsG (Auswahl): *Bock,* Rechtliche Voraussetzungen der Organentnahme von Lebenden u. Verstorbenen, 1999 (Diss. Köln); *Dufková,* Zivil- u. strafrechtliche Auswirkungen des TPG v. 5. 11. 1997 (usw.), MedR **99**, 454; *Gragert,* Strafrechtliche Aspekte des Organhandels, 1997 (Diss. Gießen); *Harks,* Der Schutz der Menschenwürde bei der Entnahme fötalen Gewebes, NJW **02**, 716; *Heuer/Conrads* MedR **97**, 195 [zum TPG-E]; *Hiersche/Hirsch/Graf-Baumann* (Hrsg.), Rechtliche Fragen der Organtransplantation 1990; *G. Hirsch,* Helmrich-FS 959; *Höfling/Rixen,* Verfassungsfragen u. Organtransplantationsmedizin, 1996 [Bespr. *Deutsch* NJW **97**, 1625]; *Hoyer,* Embryonenschutz und Menschenwürde, Rolinski-FS (2002), 81; *König,* Strafbarer Organhandel, 1999 (Diss. München 1998); *ders.,* Das strafbewehrte Verbot des Organhandels, in: *Roxin/Schroth* (Hrsg.), Medizinstrafrecht, 2. Aufl. 2001, 291; *Kloth,* Rechtsprobleme der Todesbestimmung u. der Organentnahmen von Verstorbenen, 1994; *Kübler,* Verfassungsrechtliche Aspekte der Organentnahme zu Transplantationszwecken, 1997; *Kühn,* Das neue Transplantationsgesetz, MedR **98**, 455; *Oduncu,* Hirntod u. Organtransplantation, 1988; *Rixen,* Lebensschutz am Lebensende, 1998 (Diss. Gießen); *ders.,* Die Regelung des TPG zur postmortalen Organspende vor dem BVerfG [Bespr. v. BVerfG NJW **99**, 3403], NJW **99**, 3389; *Paeffgen,* Überlegungen zur „Cross-over"- Lebend-Spende von Nieren, Schroeder-FS (2006) 579; *Preisigke,* Ausgewählte Probleme aus der aktuellen Diskussion um die Lebensspende von Organen, Schreiber-FS (2003) 833; *Sabass,* Die postmortale Organspende, in: *Roxin/Schroth* (Hrsg.), Medizinstrafrecht, 2. Aufl. 2001, 251; *Sasse,* Zivil- u. strafrechtliche Aspekte der Veräußerung von Organen Verstorbener und Lebender, 1996, 171; *Schroth,* Die strafrechtlichen Tatbestände des Transplantationsgesetzes, JZ **97**, 1149; *ders.,* Das Organhandelsverbot, Roxin-FS 869; *ders.,* Die strafrechtlichen Grenzen der Lebendspende, in: *Roxin/Schroth* (Hrsg.), Medizinstrafrecht, 2. Aufl. 2001, 271; *ders.*, Die gesetzlichen Begrenzungen der Lebendspende – wie viel Paternalismus ist legitim?, Schreiber-FS (2003) 843; *Zuck,* Wie führt man eine Debatte? Die Embryonennutzung und die Würde des Menschen, NJW **02**, 869.

2) Rechtsgut. Von § 168 geschützt ist nach (zw.) hM vor allem das **Pietätsgefühl** von Angehörigen des Verstorbenen (Frankfurt NJW **75**, 272; München NJW **76**, 1806; KG NJW **90**, 782; vgl. *Rüping* GA **77**, 299; *Roxin* JuS **76**, 505 f.; LK-*Dippel* 2 [auch Pietätsgefühl der Allgemeinheit]); weiterhin dessen **Achtungsanspruch,** der mit dem Tod nicht endet (arg. § 189; vgl. NK-*Herzog* 1; vgl. auch BT-Drs. 13/10 926). Gegen einen vorrangigen Angehörigen-Schutz spricht freilich schon, dass Angehörige gar nicht vorhanden sein müssen und die Tat auch selbst begehen können; es bestünde auch kaum Anlass, das Pietätsgefühl von Angehörigen *gegen* den Willen (Zustimmung) der verstorbenen Person zu schützen (vgl. *Stellpflug* [1 a] 35 f.). Gegen einen (fortwirkenden) *Ehren*-Schutz spricht, dass eine Verletzung des Achtungsanspruchs weder mit der Wegnahme (I, 1. HS) noch mit den Beschädigungshandlungen des II verbunden sein muss; überdies könnte die verstorbene Person zu Lebzeiten in die Tathandlungen einwilligen. Die Schutzrichtung des Tat- 2 bestands liegt daher im Kern eher in einem **Allgemeininteresse** im Bereich des **öffentlichen Friedens** (2 zu § 166; so auch BGH **50**, 80, 89f. [= NJW **05**, 1876; *Kannibalen-Fall*; Anm. *Schiemann* NJW **05**, 2350; *Otto* JZ **05**, 799; *Kudlich* JR **05**, 342; *Kreuzer* MschrKrim **05**, 412; *Momsen/Jung* ZIS **07**, 162]; SK-*Rudolphi/Rogall* 2; vgl. auch MK-*Hörnle* 1ff.); § 168 schützt insoweit ein dem Lebensschutz weit vorgelagertes *Tabu:* Zum *Mindesten,* was der Einzelne vom Staat erwartet, gehört die Garantie, nicht nach dem Tod wie ein Stück Vieh behandelt zu werden. Mit dem Begriff der **Menschenwürde** ist dies nur unzureichend beschrieben, soweit deren Inhalt sich nach Maßgabe merkwürdiger Verwaltungs- und Wirtschaftsinteressen des TPG und des ESchG bestimmt (zutr. *König* [1a] 146; *Schöch,* Roxin-FS 869, 872ff.). Unter dem Druck dieser Interessen und bei weitgehendem Verlust religiöser Orientierung gerät § 168 daher zusehends in eine unklare Zone zwischen Eigentums- und Vermögensschutz, Sachbeschädigung und öffentlichem (symbolischem) *Anstand.*

3 **3) Wegnahme von Leichen und Leichenteilen (Abs. I, 1. Var.).** Die 1. Var. des I bestraft die unbefugte Wegnahme der abschließend aufgeführten Schutzgegenstände aus dem Gewahrsam des Berechtigten.

4 **A. Schutzgegenstand** ist zunächst der **Körper** eines toten Menschen oder tot geborenen Kindes (zum Todesbegriff vgl. 5 vor § 211), solange die Individualität noch erkennbar (AG Berlin-Tiergarten NJW **96**, 3092), der körperliche Zusammenhalt noch nicht durch den Verwesungsprozess völlig aufgehoben oder der Körper nicht Gegenstand des Rechtsverkehrs geworden ist wie bei Anatomieleichen (str.; vgl. einerseits *Bieler* JR **76**, 228; andererseits *Forkel* JZ **74**, 597) und Mumien (zw.). Auch ein *plastinierter* menschlicher Körper ist eine Leiche (Hamburg NStZ **06**, 528; vgl. unten 16). Die Grenzziehung für die *Bestattungspflicht* (die nach Landesrecht [vgl. *Göhler/Buddendiek/Lenzen* Nr. 91] unterschiedlich geregelt ist) ist mit der Einbeziehung auch der toten Leibesfrucht für § 168 unerheblich (vgl. dazu *Hanke,* Spätabtreibungen [usw.], Diss. Dresden 2002; zur Rechtslage der Bestattung Fehlgeborener vgl. *Rixen* FamRZ **94**, 417). Hat eine Leiche einen Eigentümer, so scheidet § 168 aus; es kommen dann die §§ 242, 303 zur Anwendung (*Kohlhaas* NJW **67**, 1489; NK-*Herzog* 22).

5 **Teile des Körpers** eines verstorbenen Menschen sind Teile des menschlichen Körpers, solange dieser noch in seiner Gesamtheit als Leiche anzusehen ist (AG Berlin-Tiergarten NJW **96**, 3092 m. krit. Anm. *Schmeisser/Wolfslast* NStZ **97**, 548; NK-*Herzog* 6). Zu Leichenteilen zählen insbesondere **Transplantate,** aber auch sonstige **Organe und Gewebe** iS des TPG; darüber hinaus auch **Blut. Künstliche Teile,** die zu Lebzeiten nur durch Beeinträchtigung der körperlichen Integrität entfernt werden können, sind ebenfalls umfasst (**zB** künstliche Gelenke; Knochenplastiken; Herzklappen oder künstliche Blutadern; Zahnimplantate; ebenso LK-*Dippel* 25; NK-*Herzog* 6; and. *Rudolphi* Jura **79**, 46 u. SK-*Rudolphi/Rogall* 5; *S/S-Lenckner* 3; *Lackner/Kühl* 2; *Bringewat* JuS **81**, 213; JA **84**, 62), nicht jedoch jederzeit abnehmbare Kunstglieder, Hörgeräte, herausnehmbare Zahnprothesen; *M/Schroeder/Maiwald* 62/10; MK-*Hörnle* 9); für Herzschrittmacher ist das zw. (vgl. dazu auch *Bringewat* NStZ **81**, 207 u. JuS **81**, 211 *Gropp* JR **85**, 182). Nicht erfasst sind auch die einem Toten bei der Obduktion entnommenen Körperteile, die der gesonderten Vernichtung zugeführt werden sollen (AG Berlin-Tiergarten NJW **96**, 3092).

6 Weiter einbezogen sind **eine tote Leibesfrucht** oder **Teile** einer solchen. Leibesfrucht ist die menschliche Frucht vom Zeitpunkt der Einnistung (8 zu § 218; NK-*Herzog* 8) an, nicht die extrakorporal befruchtete Eizelle vor Implantierung.

7 **Asche** sind die Verbrennungsreste eines Verstorbenen, auch wenn sie nicht vollständig sind (LK-*Dippel* 28; NK-*Herzog* 7; MK-*Hörnle* 11).

8 **B. Tathandlung.** Tatbestandliche Handlung ist die **Wegnahme,** dh die Entziehung **aus dem Gewahrsam des Berechtigten,** die hier ohne Begründung neuen Gewahrsams möglich ist. **Gewahrsam** ist, da die Leiche idR keine Sache ist, nicht als Sachherrschaft iS des § 242 zu verstehen, sondern als **Obhutsverhält-**

nis (*Otto* Jura **92**, 667; NK-*Herzog* 11; *S/S-Lenckner* 6). Auch dieses ist aber nicht allein normativ, iS eines Obhuts*rechts,* zu verstehen; erforderlich ist stets eine *faktische Komponente* im Sinn eines Aufsichts- und Bewachungsverhältnisses (Zweibrücken JR **92**, 212 m. Anm. *Laubenthal*; München NJW **76**, 1805 m. Anm. *Linck* 2310; Stuttgart Justiz **77**, 313; Karlsruhe Justiz **77**, 213; *S/S-Lenckner* 6; *Lackner/Kühl* 3; LK-*Dippel* 31 SK-*Rudolphi/Rogall* 8; **aA** *Sternberg-Lieben* NJW **87**, 2062; *Stellpflug* [oben 1 a] 17; *Kopp* MedR **97**, 547). Insb. wenn, wie etwa nach Unfällen, der Aufenthaltsort einer verstorbenen Person den Hinterbliebenen gar nicht bekannt ist, scheidet ein Gewahrsam iS von I aus (*Roxin* JuS **76**, 507). Nach KG NJW **90**, 782 entsteht Gewahrsam der Hinterbliebenen mit der Mitteilung des Krankenhauses, die verstorbene Person könne abgeholt werden (zweifelnd *S/S-Lenckner* 6; *Lackner/Kühl* 3); folgt man dem nicht, so besteht hier wie in allen anderen Fällen ein ausschließlicher Gewahrsam der Anstaltsleitung so lange, bis der Körper an die Hinterbliebenen (oder ein Bestattungsunternehmen) herausgegeben wird (München NJW **76**, 1805; Stuttgart Die Justiz **77**, 313; wohl auch AG Tiergarten NStZ **96**, 544; SK-*Rudolphi/Rogall* 8); nach wiederum **aA** ist allein auf das Obhutsrecht der Angehörigen abzustellen (*Sternberg-Lieben* NJW **87**, 2062; *Kopp* MedR **97**, 544, 547; *Stellpflug* [1 a] 17). Aus dem bloßen *Recht,* dies zu fordern, lässt sich ein Gewahrsamsverhältnis nicht ableiten; ebenso wenig aus Verfügungen des Verstorbenen zu Lebzeiten. Das Obhutsverhältnis ist daher grds vom Totensorgerecht unabhängig; es kann von Dritten (zB Krankenhausleitung) ausgeübt werden (vgl. LK-*Dippel* 34; *Laubenthal* JR **92**, 213; *König* [1 a] 73; BT-Drs. 10/3758, 4; 10/6568, 3), so dass etwa bei eigenmächtiger Transplantatentnahme oder Sektion von Leichen, die sich noch in der Obhut einer Klinik befinden, der Tatbestand des § 168 idR ausscheidet. Die Anordnung einer „getrennten Entsorgung" (oder Verwertung) durch die Krankenhausleitung (vgl. AG Bln-Tiergarten NStZ **96**, 544) macht Leichenteile nicht zu Gegenständen des Rechtsverkehrs (*Schmeisser/Wolfslast* NStZ **97**, 548).

Von der Frage des (tatsächlichen) Gewahrsams- und Obhutsverhältnisses zu trennen ist die der **Berechtigung** des Gewahrsams. Dieses steht vor der Bestattung dem zur Totensorge Berechtigten, idR den nächsten Angehörigen (zum Begriff § 1 a Nr. 5 TPG) zu; Verfügungen des Verstorbenen zu Lebzeiten gehen insoweit vor. Hinsichtlich des *Rechts* zum Gewahrsam kommt es auf Ortsabwesenheit und Kenntnis nicht an. Wenn Hinterbliebene nicht vorhanden sind oder ihr Recht nicht geltend machen, sind zufällige Gewahrsamsinhaber (Krankenhaus, Pflegeheim, Friedhofsverwaltung) berechtigt. Die Hinterbliebenen können jederzeit die Herausgabe der Leiche verlangen und den Zufallsgewahrsam beenden. Nach der Beerdigung sind der Eigentümer oder Mieter der Beisetzungsstätte sowie die Friedhofsverwaltung berechtigt (str.; LK-*Dippel* 35; NK-*Herzog* 10; vgl. RG **28**, 139). **9**

Soweit nicht § 19 TPG (unten 15) eingreift, besteht daher im Bereich des Abs. I nach hM eine **Lücke** insoweit, als ein rechtsgutverletzender Umgang des Zufallsgewahrsamsinhabers nicht erfasst wird, solange dieser *berechtigt* ist (*S/S-Lenckner* 6; *Lackner/Kühl* 3; *Freund* ZStW **109**, 486; *Müller,* Postmortaler Rechtsschutz 88); eine tatbestandsmäßige Wegnahme ist nur ihm gegenüber möglich (*Lackner/Kühl* 4; *S/S-Lenckner* 6; SK-*Rudolphi/Rogall* 8; *König* [1 a] 74 f.; jew. mwN). **10**

Wegnahme von Leichenteilen ist bei einer Sektion idR, bei der Entnahme von Blut (Frankfurt NJW **75**, 271; **77**, 859) oder von Transplantaten stets gegeben (vgl. München NJW **76**, 1805; zusf. *Laubenthal* JA **90**, 42). Die Wegnahme setzt (wie bei § 242) ein Handeln ohne oder gegen den Willen des Gewahrsamsinhabers voraus. Bei Einwilligung des Berechtigten, der zugleich Gewahrsamsinhaber ist, entfällt daher schon der Tatbestand (*S/S-Lenckner* 4). **11**

C. Rechtswidrigkeit. Die Wegnahme muss **unbefugt** geschehen; das ist der Fall, wenn keine sie rechtfertigende Befugnis vorliegt (31 zu § 203; LK-*Dippel* 41; MK-*Hörnle* 28; *M/Schroeder/Maiwald* 62/13). Das Merkmal „unbefugt" ist allgemeines Verbrechensmerkmal; die Einwilligung eines Berechtigten, der nicht Gewahrsamsinhaber ist (vgl. oben 11), hat daher keine tatbestandsausschließende, son- **12**

dern (nur) rechtfertigende Wirkung (SK-*Rudolphi* 7; *S/S-Lenckner* 8; and. NK-*Herzog* 15). Die Befugnis kann auf öffentlich-rechtlichen Vorschriften beruhen, insb. auf §§ 87 III, 91 StPO; auf Sektionsgesetzen der Länder (vgl. *König* [1 a] 80 ff. mwN), vor allem aber auf der Einwilligung des Verstorbenen. Eine **Sektionsklausel in AGB** eines Krankenhauses soll nach §§ 305 c, 307 BGB unwirksam sein (KG NJW **90**, 783; *Haas* NJW **88**, 2933; *Laufs* NJW **91**, 1520; and. BGH(Z) NJW **90**, 2313 [m. abl. Anm. *Deutsch*]). Zur Leichenöffnung nach § 87 StPO vgl. BT-Drs. 13/10 926.

13 Die Organentnahme zum Zwecke der **Transplantation** regelt das **Transplantationsgesetz (TPG)** v. 5. 11. 1997 (BGBl. I 2631; Mat.: 50. Aufl. 18), das durch das GewebeG v. 20. 7. 2007 (BGBl I 1574) neu gefasst wurde (Bek. v. 4. 9. 2007, BGBl I 2206). Es folgt für die Organentnahme bei toten Organspendern der sog. **erweiterten Zustimmungslösung.** § 19 I TPG geht dem § 168 insoweit vor, als eine nach den Regeln der §§ 3 I, II, 4 I S. 2 vorgenommene Organentnahme schon **nicht tatbestandsmäßig** ist (vgl. *S/S-Lenckner* 8 mwN; *König* 1 a] 72). Das TPG in der Fassung durch das GewebeG gilt auch für **Knochenmark** sowie **embryonale und fetale Organe und Gewebe** (vgl. §§ 3 ff. TPG; BT-Drs. 16/3146, 385/07, 21; zur Kritik des früheren Rechtszustands vgl. 54. Aufl. 13 a f.). Gewebe sind auch menschliche *Keimzellen*, jedoch nicht der Embryo als solcher (BT-Drs. 16/3146, 23). Für **Blut** gilt das TPG nicht (§ 1 II Nr. 2 TPG; § 29 S. 2 TransfusionsG idF v. 28. 8. 2007 [BGBl I 2169]; vgl. dazu auch RL 2002/98/EG v. 27. 1. 2003 zur Festlegung von Qualitäts- und Sicherheitsstandards für die Gewinnung, Testung, Lagerung und Verteilung von menschlichem Blut und Blutbestandteilen [Änd. der RL 2001/83/EG], ABl. L 33 S. 30).

14 Voraussetzung für die **Zulässigkeit** der Entnahme ist nach § 3 I Nr. 2 TPG, dass „der Tod des Organspenders nach Regeln, die dem Stand der Erkenntnisse der medizinischen Wissenschaft entsprechen, festgestellt" ist; nach § 3 II Nr. 2 TPG ist die Entnahme unzulässig, wenn nicht der Hirntod nach Verfahrensregeln festgestellt ist, die dem Stand wissenschaftlicher Erkenntnis entsprechen (vgl. dazu § 16 I Nr. 2 TPG). Das TPG geht daher vom sog. **Hirntodkonzept** aus; der Hirntod ist nicht (gesetzliche) *Definition* des Todes, sondern *Mindest*voraussetzung für seine rechtswirksame Feststellung (i. E. str.; krit. insb. *Tröndle* 49. Aufl. 4 d f. mwN; vgl. dazu Erl. vor § 211). Das TPG folgt im Interesse der Gewinnung möglichst vieler Transplantate der sog. **erweiterten Zustimmungslösung** (zur Gegenansicht vgl. BT-Drs. 13/6591), nach der eine Einwilligung der verstorbenen Person zu Lebzeiten nicht zwingende Voraussetzung von Organentnahmen ist: Hat sich eine Person zu Lebzeiten zur Organspende erklärt und ihr widersprochen oder hatte die Person, deren Tod festgestellt ist, die Erklärung zur Organspende einer namentlich benannten Person ihres Vertrauens übertragen, und widerspricht diese der Entnahme, ist sie stets unzulässig (§ 2 II, § 3 II Nr. 1 TPG). Fehlt es an einer solchen Zustimmungs- oder Widerspruchserklärung iS des § 2 II TPG, so hat der Arzt die nächsten Angehörigen (§ 1 a Nr. 5 TPG) des möglichen Spenders zu befragen, ob eine Erklärung bekannt ist (§ 4 TPG). Wenn das nicht der Fall ist, so ist unter den Voraussetzungen des § 3 TPG eine Organentnahme auch zulässig, wenn der Arzt den Angehörigen hierüber unterrichtet und dieser, ggf innerhalb einer zu vereinbarenden Frist, zugestimmt hat (§ 4 I TPG). Diese Regelung ist verfassungsrechtlich nicht zu beanstanden (BVerfG NJW **99**, 3403 [Bespr. *Rixen* ebd. 3389]); freilich ist es bislang nicht gelungen, in der Bevölkerung ein **Vertrauen** dahin zu begründen, im Sterbeprozess stehe die Achtung der Personenwürde, des Selbstbestimmungsrechts und der Pietät für die professionell Handelnden in jedem Fall an erster Stelle.

15 Im Anwendungsbereich von § 19 TPG ist eine Rechtfertigung **nach § 34** für eigenmächtige Organ- und Gewebeentnahmen in einem Krankenhaus ausgeschlossen (*S/S-Lenckner* 8). Da die Entnahme nur zulässig ist, wenn der Organspender selbst zu Lebzeiten (§ 3 I Nr. 1 TPG) oder wenn später die entscheidungsberechtigten Hinterbliebenen (§ 4 I S. 2 TPG) zugestimmt haben, kann eine in Ausübung dieses (Selbst-)Bestimmungsrechts erklärte ausdrückliche Weigerung nicht durch eine Interessenabwägung verdrängt werden (*Lackner/Kühl* 4; SK-*Rudolphi/Rogall* 15; *Rüping* GA **78**, 129, 136). Soweit eine Rechtfertigung nach § 34 bei (bloßem) Fehlen einer Einwilligung für möglich gehalten wird (*Lackner/Kühl* aaO; *Rüping* aaO), ist vor allem zu bedenken, dass damit die Regelungen des TPG in einer Vielzahl von Fällen praktisch unterlaufen würden; das Selbst-Bestimmungs-Recht des Betroffenen würde zu einem *Weigerungs*-Recht verkürzt. Selbst wenn man § 34 in dieser Fallgruppe für anwendbar hielte, wäre jedenfalls ein *allgemeiner Bedarf* an Organen und Gewebe in keinem Fall als überwiegendes Interesse anzusehen; in Betracht käme allenfalls eine *konkrete* Notlage bei einem bestimmten Patienten, die eine Transplantation *notwendig* machte (*S/S-Lenckner* 8).

4) Verüben beschimpfenden Unfugs (Abs. I, 2. Var.). Voraussetzung der **16**
2. Var. des I ist, dass der Täter beschimpfenden Unfug an einem der in I genannten Gegenstände verübt, dh eine grob ungehörige, rohe Gesinnung zeigende Handlung, in der sich eine gravierende Pietätsverletzung oder eine den Verstorbenen zum Objekt der Belustigung, der Beschimpfung oder der Willkür herabwürdigende Gesinnung ausdrückt (vgl. auch LK-*Dippel* 47; MK-*Hörnle* 20; *S/S-Lenckner* 11; NK-*Herzog* 17). Diese Haltung muss sich nicht gerade auf die *Person* des Verstorbenen beziehen; es reicht eine auf die Handlung an *irgendeiner* Leiche usw. gerichtete Motivation (vgl. oben 2). **Unfug** ist nicht schon jede Pietätsverletzung; der Begriff setzt vielmehr eine unernsthafte, missbräuchliche Haltung voraus. Das kann insb. bei Leichen mit einer Verletzung des postmortalen Achtungsanspruchs einhergehen. Dass die Handlung in dem Sinn „**beschimpfend**" sein muss, dass sie sich auf einen (konkreten, wenngleich dem Täter uU unbekannten) Verstorbenen oder auf die Pietätsbeziehung von Hinterbliebenen zu ihm bezieht, und § 168 I daher nicht *allgemein* die Verletzung des Anstandsgefühls unter *Verwendung* von Leichen oder Leichenteilen erfasst, ist zweifelhaft, denn es geht hier gerade um die Verletzung eines allgemeinen, von einer konkreten „Andenkens"-Beziehung iS von § 189 unabhängigen Interesses (so auch BGH **50**, 80, 90 [*Kannibalen-Fall*]).

Voraussetzung ist aber stets eine auf die *missbräuchliche,* tabuverletzende Verwen- **17**
dung der Leiche oder des Leichenteils gerichtete Motivation; eine solche ist **zB** nicht schon gegeben bei abgestumpftem oder rohen Umgang mit Leichen im Bereich der Sektion oder der Bestattung; bei Zerstückelung einer Leiche, nur um sie zu beseitigen (NStZ **81**, 300); bei Weiterbehandlung einer hirntoten Schwangeren (*Beckmann* MedR **93**, 122; *Hilgendorf* JuS **93**, 98); bei kommerziellem Verwerten von und Experimentieren mit Teilen von Leichen oder Embryonen; erst recht nicht schon bei ungewöhnlichen, auch skurrilen Beisetzungsriten. Das „Schlachten" eines Menschen vor laufender Kamera ist beschimpfend iS von Abs. I, auch wenn das Opfer eingewilligt hat (BGH **50**, 80, 88 ff.). Die Ausstellung **plastinierter Leichen** erfüllt nach bisheriger Beurteilung den Tatbestand nicht, auch wenn der wissenschaftliche oder künstlerische Wert entsprechender Veranstaltungen zumindest zweifelhaft ist (vgl. dazu etwa StA Heidelberg 25 Js 23614/03; 25 Js 1304/04 [Verfahrenseinstellungen nach § 170 II StPO]; aber auch Hamburg NStZ **06**, 528 [zu § 118 OWiG]). Bei den Handlungsobjekten muss es sich um **wirkliche** Leichen oder Leichenteile handeln; fiktive *Darstellungen* entsprechender Handlungen können ggf. §§ 131, 184 III, 185 unterfallen. Die Handlung verlangt zwar eine räumliche Nähe zu dem Gegenstand, braucht sich aber nicht unmittelbar gegen ihn selbst zu richten.

5) Beschädigung von Beisetzungsstätten (Abs. II). Abs. II ist durch das **18**
6. StrRG (2f. vor § 174) um die Schutzobjekte der Aufbahrungsstätte und der öffentlichen Totengedenkstätten erweitert worden, um Lücken des Strafrechtsschutzes zu schließen (BT-Drs. 13/8991, 14; 13/9064, 10; 13/8587, 22 f.).

A. Die **Schutzobjekte** sind in II abschließend aufgeführt. **Aufbahrungsstät- 19**
ten sind sakrale oder profane Räumlichkeiten oder Teile von Räumlichkeiten zur Aufbahrung Verstorbener vor deren Beisetzung, gleichgültig, ob sie für die Öffent-

lichkeit zugänglich sind oder nicht; insb. also sog. Leichenhallen in gemeindlichen oder kirchlichen Einrichtungen, aber auch in Krankenhäusern; daneben aber jeder Ort, an dem aus besonderem Anlass (etwa Tod einer Persönlichkeit des öffentlichen Lebens) eine Leiche aufgebahrt wird. Dem besonderen Schutz des § 168 (über § 303 hinaus) unterfällt die Stätte nur in Bezug auf ihre Funktion als Ort der Aufbahrung. Strafbarkeit nach II setzt daher idR voraus, dass zur Tatzeit eine Leiche aufgebahrt oder die Örtlichkeit hierfür vorbereitet ist. Ohne Zusammenhang hierzu stehende Sachbeschädigungshandlungen (zB mutwilliges Einwerfen einer Fensterscheibe einer *leeren* Leichenhalle) erfüllen den Tatbestand nicht.

20 **Beisetzungsstätten** sind der Ruhe und dem Andenken von individuell bestimmten Toten dienende Stätten (Erdgrab oder Aschenurne) mit allem, was zu ihnen gehört und mit ihnen verbunden ist (RG **39**, 156), wie Sarg und Leiche (RG **12**, 168; **28**, 139), Grabhügel, Kreuz und Grabmal (6 zu § 304), der eingefriedete Teil eines Erbbegräbnisses (RG GA Bd. **60**, 66; LK-*Dippel* 56); *nicht* aber lose aufgelegte Kränze oder Gebinde (RG **21**, 178; **42**, 145; vgl. LK-*Dippel* 56; NK-*Herzog* 18); erst recht nicht Sitzbänke auf Friedhöfen. Ein Friedhof als Ganzes ist keine Beisetzungsstätte, denn der Schutz des II bezieht sich insoweit auf den Beisetzungsort bestimmter Verstorbener. Beisetzungsstätte ist auch nicht der Ort, an welchem sich ungeborgene Leichen befinden, etwa ein gesunkenes Schiff (NJW **94**, 2613); ebenso nicht ein anonymes Massengrab (Jena NJW **01**, 1078).

21 **Öffentliche Totengedenkstätten** sind, unabhängig davon, ob sich dort Gräber befinden oder nicht, Orte, die dem Andenken einzelner oder einer (auch unbekannten) Vielzahl von Verstorbenen dienen, häufig in Verbindung mit bestimmten Geschehnissen, die zum Tod dieser Menschen geführt haben (Katastrophen, kriegerische Auseinandersetzungen, ehemalige Konzentrationslager). Die Gedenkstätte muss **öffentlich,** dh grds einer unbeschränkten Öffentlichkeit zugänglich und für ihr Gedenken bestimmt sein. Die Vorschrift richtet sich vor allem gegen verhöhnende und provokative Gesten Rechtsradikaler an Gedenkstätten für Opfer des Nationalsozialismus (BT-Drs. 13/8587, 23), gilt aber gleichermaßen etwa für Stätten der Erinnerung an Opfer anderer politisch motivierter Gewalttaten (vgl. etwa Jena NJW **01**, 1078 [Massengrab eines sowjetischen „Speziallagers"]) oder für Soldatenfriedhöfe. Der Vorschlag, Stätten des Andenkens an gefallene Soldaten der ehemaligen Wehrmacht vom Strafrechtsschutz aus politischen Gründen auszunehmen, ist zu Recht gescheitert (vgl. GesE BRat BT-Drs. 13/3468; Ber., BT-Drs. 13/9064, 7 f.). Abzugrenzen ist der Begriff der Totengedenkstätte von Erinnerungsstätten allgemeiner Art, auch wenn diese auf dieselben Geschehnisse hinweisen, oder von öffentlichen Ausstellungen, wenn und soweit diese nicht in besonderer Weise dem Gedenken an Verstorbene dienen. Keine Totengedenkstätten sind etwa Ausstellungen über Kriegszerstörungen oder -verbrechen, wohl aber Mahnmale für die dabei Getöteten.

22 **B. Tathandlung des II** ist das Zerstören (14 zu § 303) oder Beschädigen (6 ff. zu § 303) eines der genannten Schutzobjekte oder das Verüben beschimpfenden Unfugs (oben 16). Durch die Verwendung des Begriffs „dort" ist klargestellt, dass die beschimpfenden Handlungen nicht *an* dem Schutzgegenstand selbst vorgenommen werden müssen (zB Umwerfen oder Beschmieren von Grabsteinen, Erinnerungstafeln usw.); ausreichend ist, dass sie in unmittelbarem räumlichen Zusammenhang mit der geschützten Örtlichkeit geschehen und sich inhaltlich auf sie beziehen (vgl. zB RegE 23). Der beschimpfende Inhalt der Tathandlung muss sich nicht auf bestimmte Verstorbene beziehen, wohl aber allgemein auf diejenigen, derer an der Stätte gedacht wird, oder auf das Gedenken selbst.

23 **C.** Eine **Rechtfertigung** kommt bei Taten nach II, 1. und 2. Var. aus öffentlichem Recht (zB Friedhofsordnungen; Bauordnungsrecht; allgemeines Sicherheitsrecht), daneben insb. bei Einwilligung des Berechtigten in Betracht. Eine Rechtfertigung beschimpfenden Unfugs (3. Var.) kann sich in Einzelfällen, jedoch wohl häufiger als im Fall des Abs. I, aus Grundrechten des Art. 5 GG ergeben.

6) Subjektiver Tatbestand. Für alle Tatvarianten ist **Vorsatz** erforderlich; bedingter Vorsatz genügt. Der Täter muss im Fall des II den Charakter der Örtlichkeit sowie die tatsächlichen Umstände kennen, die sein Verhalten als beschimpfenden Unfug erscheinen lassen (vgl. NStZ **81**, 300); dass er selbst diese Wertung vollzieht, ist nicht erforderlich. Politische Überzeugungen oder sonstige Motivationen (bei I etwa kommerzielle oder sexuelle Motive) sind für den Vorsatz unerheblich; eine Absicht der Pietätsverletzung ist nicht erforderlich (*S/S-Lenckner* 14). **24**

7) Versuch (Abs. III). Der Versuch ist in allen Fällen strafbar. Für die Fälle der Wegnahme gelten die Regeln zu § 242 entsprechend; untauglicher Versuch liegt auch vor, wenn der Täter irrig die tatsächlichen Voraussetzungen eines Abs. I oder II unterfallenden Tatobjekts annimmt oder wenn er eine tatsächlich vorliegende Einwilligung nicht kennt. In den Fällen des Unfug-Verübens beginnt der Versuch mit dem unmittelbaren Ansetzen zur Einwirkung. **25**

8) Konkurrenzen. Tateinheit ist möglich mit §§ 303, 304 (dort 17), mit § 123, §§ 130, 140, 166. Abs. I, 1. Alt. tritt gegenüber § 19 TPG zurück. **26**

Zwölfter Abschnitt
Straftaten gegen den Personenstand, die Ehe und die Familie

Personenstandsfälschung

169 **I Wer ein Kind unterschiebt oder den Personenstand eines anderen gegenüber einer zur Führung von Personenstandsbüchern oder zur Feststellung des Personenstands zuständigen Behörde falsch angibt oder unterdrückt, wird mit Freiheitsstrafe bis zu zwei Jahren oder mit Geldstrafe bestraft.**

II Der Versuch ist strafbar.

1) Allgemeines. Die Vorschrift ist durch das 4. StrRG (1 f. vor § 174) enger gefasst worden (vgl. BT-Drs. VI/3521 [= Ber.], BT-Drs. 7/514). Durch G vom 19. 2. 2007 (BGBl I 122) wurde Abs. I redaktionell geändert (statt: „Personenstands*bücher*" heißt es künftig: „Personenstands*register*"); **In-Kraft-Treten: 1. 1. 2009;** die Einarbeitung in die Kommentierung wird in der 56. Aufl. erfolgen. 1

2) Geschütztes Rechtsgut ist das **Allgemeininteresse** an der Feststellbarkeit des Personenstandes als der Grundlage von Rechten und Rechtsbeziehungen (Unterhalt, Erbrecht, Eheverbot u. a.); daneben auch das **Interesse der Betroffenen** (vgl. Ber. 10). Einwilligung des Betroffenen in die Tat rechtfertigt daher nicht (LK-*Dippel* 4, 29; *Lackner/Kühl* 1; SK-*Günther* 5). 2

3) Personenstand ist die sich aus den Merkmalen des Familienrechts ergebende Rechtsstellung einer Person (§ 1 I PStG), also das durch Geburt oder Rechtsakt (Adoption, Ehe, Lebenspartnerschaft, Feststellung der Vaterschaft nach § 1600 d BGB, Vaterschaftsanerkennung nach §§ 1594 ff. BGB) begründete und durch Scheidung, Tod oder Rechtsakt (zB die Aufhebung der Adoption) beendete familienrechtliche Verhältnis von Personen. Auch der Personenstand von Verstorbenen ist geschützt (RG **25**, 188), nicht aber der einer Fehlgeburt (§ 29 PStV; LK-*Dippel* 8; ausf. *Hanke*, Spätabtreibungen im Personenstandsrecht, im Bestattungsrecht u. in § 159 StPO, 2002 [Diss. Dresden], 35 ff.). 3

4) Tathandlungen: Abs. I enthält **drei Tatvarianten,** die auf eine inhaltliche Unrichtigkeit von Personenstandsbüchern (ab 1. 1. 2009: -registern [§ 3 PStG; zur Fortführung der alten Personenstandsbücher vgl. §§ 76 ff. PStG]) abzielen, diesen Erfolg aber zur Vollendung des Tatbestands nicht erreichen müssen. § 169 erfasst dabei nur die Fälschung des Personenstands einer **anderen,** tatsächlich lebenden Person, also nicht des Täters selbst (Stuttgart NJW **68**, 1341; uU § 271, § 263) oder einer nicht existierenden Person. 4

A. Unterschieben eines Kindes. Die **1. Var.** betrifft das Unterschieben eines Kindes, das noch keine Vorstellung von seinem Personenstand hat (LK-*Dippel* 16), mittels Täuschung anderer mit dem Ziel, dass es der andere fälschlich für sein eigenes hält. Ein Handeln gegenüber einer Behörde ist nicht erforderlich; jedoch muss nach hM ihre Personenstandsfeststellung auf Grund der äußeren Sachlage **gefährdet** erscheinen (*Lackner/Kühl* 2). Auch das vorsätzliche Verwechseln eines Kindes, zB in der Entbindungsklinik, ist ein Unterschieben (Ber. 10; Prot. VI/2028); auch das Vertauschen von Zwillingen (Erbrecht!). Besondere Probleme ergeben sich durch den Einsatz neuer **Reproduktionstechniken,** insb. der verschiedenen Möglichkeiten der Insemination, der Ei- und Embryonenspende (vgl. dazu *Wohn,* Medizinische Reproduktionstechniken u. das neue Abstammungsrecht, 2001). **Vollendet** ist die Tat mit dem Gelingen der Täuschung (RG **36**, 137). 5

B. Falsche Angabe des Personenstandes. Die **2. Var.** bedroht Täuschungshandlungen über den Personenstand einer anderen Person (oben 4) durch **falsche Angaben** gegenüber einer zur **Führung von Personenstandsbüchern** (Standes- 6 amt; §§ 1, 2 PStG) oder einer zur **Feststellung des Personenstandes** zuständigen **Behörde.** Dies sind Behörden, die zur Feststellung des Personenstandes mit Wirkung auch für andere allgemein zuständig sind; hierzu gehören auch Gerichte im Statusprozess nach § 1600 d BGB. Dagegen scheiden aus das Gericht im Unterhaltsprozess, Jugendamt, Einwohnermeldeamt, Finanzamt oder Behörden, die nicht den Personenstand, sondern die **Identität** eines Menschen festzustellen berechtigt sind (vgl. § 111 OWiG; LK-*Dippel* 21). Die Tat kann auch in mittelbarer Täterschaft begangen werden (Prot. VI/1233), so dass falsche Angaben gegenüber einer ihrerseits zur Geburtsanzeige verpflichteten Stelle (§§ 18–20 PStG) bei entsprechendem Vorsatz den Tatbestand erfüllen.

Nicht erfasst sind auch **zB** falsche Angaben zum Personenstand bei einer richterlichen Anhörung (vgl. Stuttgart NJW **68**, 1341); das Anmelden unehelichen Kindes als eheliches, wenn die Anmeldung der Fiktion des § 1592 Nr. 1 BGB entspricht (Ber. 11; NK-*Frommel* 5); das Schaffen eines irreführenden *tatsächlichen* Zustands, da es keine „Angabe" enthält (*Lackner/Kühl* 3; *S/S-Lenckner* 5; SK-*Günther* 14). **Erfasst werden** hingegen **zB** die Angabe eines falschen Vaters bei der Anzeige der Geburt eines nichtehelichen Kindes beim Standesbeamten durch die Mutter (RG **41**, 301); die Angabe eines falschen Samenspenders durch den Arzt, der eine heterologe Insemination ausgeführt hat; falsche Angaben der Kindesmutter über ihren Geschlechtsverkehr im Statusprozess (möglicherweise auch ein Fall von unten 7). Unwahre Angaben bei Anerkennung der Vaterschaft nach § 1594 BGB unterfallen dem Tatbestand nicht; da das Recht diese Möglichkeit anerkennt, ist dies auch für das Strafrecht zu beachten (LK-*Dippel* 24; *S/S-Lenckner* 7; SK-*Günther* 8; *M/Schroeder/Maiwald* 63/17; *Lackner/Kühl* 3; *Otto* BT § 65 I 2a). **Vollendet** ist die Tat mit Abgabe der falschen Erklärung.

7 **C. Unterdrücken des Personenstands.** Die **3. Var.** erfasst Handlungen, die auf falsche Feststellung des Personenstandes einer anderen Person gerichtet und nicht falsche Angaben iS von oben 6 sind, gegenüber den oben genannten **Behörden.** Unterdrücken ist das Herbeiführen eines Zustandes, der verhindert oder erschwert, dass der wirkliche Personenstand praktisch zur Geltung kommt (RG **41**, 304). In Betracht kommen Erklärungen, schlüssige Handlungen, vor allem aber **Unterlassungen,** so die Verletzung von Anzeigepflichten nach dem PStG (LK-*Dippel* 25). Nach hM nicht erfasst ist unsubstantiiertes, aber bewusst wahrheitswidriges Bestreiten im Statusprozess (LK-*Dippel* 28; *S/S-Lenckner* 10; NK-*Frommel* 5; *M/Schroeder/Maiwald* 63/16). Mangels Garantenpflicht ist der Tatbestand nicht erfüllt, wenn die Mutter eines nichtehelichen Kindes über dessen Erzeuger schweigt (*Lackner/Kühl* 3; LK-*Dippel* 25, 28; NK-*Frommel* 6) oder wenn ein Arzt nach Durchführung einer heterologen Insemination den Samenspender nicht nennt (Ber. 11; SK-*Günther* 20; zweifelnd *Hanack* NJW **74**, 2); denn beide haben gegenüber dem Standesamt keine Offenbarungspflicht. **Vollendet** ist die Tat mit dem Unterlassen der Mitteilung zur zumutbaren Zeit. Zum Offenbarungsverbot nach Adoption vgl. § 1758 BGB.

8 **5) Versuch** ist strafbar **(II)** und zB bei irriger Annahme der Zuständigkeit gegeben. Für die **Vollendung** ist nicht erforderlich, dass die Feststellbarkeit des Personenstands verhindert wird oder eine Verhinderung einige Zeit dauert (diff. LK-*Dippel* 32).

9 **6) Der Vorsatz** hat mindestens als bedingter (LK-*Dippel* 21) auch die Zuständigkeit der Behörde zu umfassen und muss dahin gehen, die praktische Wirksamkeit des familienrechtlichen Verhältnisses auf eine gewisse Zeit auszuschließen oder zu hindern. Ein Irrtum über die Anmeldepflicht ist Verbotsirrtum (LK-*Dippel* 23; 48 zu § 13).

10 **7) Tateinheit** ist in den Fällen oben 5 mit § 235 möglich; in den Fällen oben 6 und 7 mit § 267, auch mit § 271, soweit es sich um Angaben im Statusprozess handelt, nicht jedoch bei solchen gegenüber dem Standesbeamten (12 zu § 271), auch nicht mit § 221. Für das Verhältnis zu den **OWi-Tatbeständen** des PStG (§ 68 aF; § 70 nF) gilt § 21 OWiG.

Verletzung der Unterhaltspflicht

170 [I] **Wer sich einer gesetzlichen Unterhaltspflicht entzieht, so dass der Lebensbedarf des Unterhaltsberechtigten gefährdet ist oder ohne die Hilfe anderer gefährdet wäre, wird mit Freiheitsstrafe bis zu drei Jahren oder mit Geldstrafe bestraft.**

[II] **Wer einer Schwangeren zum Unterhalt verpflichtet ist und ihr diesen Unterhalt in verwerflicher Weise vorenthält und dadurch den Schwangerschaftsabbruch bewirkt, wird mit Freiheitsstrafe bis zu fünf Jahren oder mit Geldstrafe bestraft.**

1) Allgemeines. Die Vorschrift, Abs. I idF des Art. 1 Nr. 11 des 4. StrRG, Abs. II idF des Art. 8 Nr. 1 SFHÄndG (9 vor § 218) ist durch Art. 1 Nr. 20 des 6. StrRG § 170 geworden und identisch mit § 170 b aF. **Statistik:** Vgl. BT-Drs. 14/2212, 9 (Verurteilte 1996: 4212; 1997: 4325). 1

Neuere Literatur: *Becker,* Familienlastenausgleich u. Mangelfälle nach dem KindesunterhaltsG, FamRZ **99**, 65; *Dopffel/Buchhofer* (Hrsg.), Unterhaltsrecht in Europa, Eine Zwölf-Länder-Studie, 1993; *Eckert,* Die Auswirkung des Nichtehelichengesetzes im Strafverfahren wegen Unterhaltspflichtverletzung (§ 170 b StGB), FamRZ **74**, 118; *Eggert,* Die Bedeutung der Statusakte iS des § 1600 a BGB für den Strafrichter, MDR **74**, 445; *Franzheim,* Das Phänomnen des ungeschriebenen Tatbestandsmerkmals, Richter II-FS (2006) 133; *Kalthoener/Büttner,* Die Rechtsprechung zur Höhe des Unterhalts, 6. Aufl. 1997; *Klussmann,* Strafbarkeit des vorrangig Unterhaltsverpflichteten nach § 170 b bei öffentlichen Sozialleistungen, MDR **73**, 457; *Knittel,* Das neue Kindesunterhaltsrecht, Amtsvormund **98**, 177; *v. Krog,* Unterhaltspflicht u. verschuldete Leistungsunfähigkeit, FamRZ **84**, 539; *Kunz,* Ist die Strafbewehrung der Unterhaltspflicht auch auf Ausländer anwendbar?, NJW **77**, 2004; *ders.,* Zum Geltungsbereich des § 170 b StGB; NJW **87**, 881; *ders.,* Schutz der Individualinteressen durch § 170 b StGB auch im Ausland?, NJW **95**, 1519; *Ostermann,* Strafjustiz als Büttel der Jugendämter, ZRP **95**, 204; *Schittenhelm,* Zweifelhafter Schutz durch das Strafrecht. Einige kritische Bemerkungen zu dem neuen § 1706 II StGB, NStZ **97**, 169; *Schumacher/Grün,* Das neue Unterhaltsrecht minderjähriger Kinder, FamRZ **98**, 778. 1 a

2) Rechtsgut: § 170 **schützt** in I vorrangig (BVerfGE **50**, 153) gesetzlich **Unterhaltsberechtigte** vor **wirtschaftlicher Gefährdung,** daneben **auch die Allgemeinheit** vor ungerechtfertigter Inanspruchnahme **öffentlicher Mittel** (BGH **29**, 87 m. Anm. *Oehler* JR **80**, 381; BGHZ **28**, 365; NJW **74**, 1868; **75**, 1234; MDR **75**, 47; Hamburg NJW **86**, 336; *de With* BT-Drs. 8/2021, 6; enger Bay NJW **82**, 1243; vgl. LK-*Dippel* 12 vor § 169), während II nach den gesetzgeberischen Intentionen vorrangig dem Lebensschutz Ungeborener dienen soll (s. unten 11 ff.). § 170 ist mit dem GG vereinbar (BVerfGE **50**, 142) und Schutzgesetz iS des § 823 II BGB (BGHZ **28**, 359; LK-*Dippel* 11). **Verletzter** iS von § 172 II StPO ist die unterhaltsberechtigte Person, nicht diejenige, die rechtlich verpflichtet ist, den Unterhaltsbedarf anstelle des Täters zu decken (vgl. Hamm RPfleger **00**, 423). 2

3) Gesetzliche Unterhaltspflicht. Der Tatbestand setzt eine gesetzliche Unterhaltspflicht des Täters iS des bürgerlichen Rechts voraus (BGH **12**, 166; **26**, 111; Hamm NJW **60**, 1632; **64**, 2316; Bay **61**, 260; OLGSt. 32; LK-*Dippel* 15), die der Strafrichter selbstständig zu prüfen hat (Düsseldorf StV **91**, 68 L). 3

A. Unterhaltspflicht. Hauptfälle sind die Unterhaltspflicht gegenüber dem **Ehegatten** (§§ 1360 ff. BGB), auch dem getrennt lebenden oder geschiedenen (§§ 1569 ff. BGB); dem (eingetragenen) **Lebenspartner** (§ 5 LPartG iVm § 1360 a, 1360 b BGB), auch bei Getrenntleben (§ 12 LPartG) und nach Aufhebung der Lebenspartnerschaft (§ 16 I LPartG; zur Regelung bei gemischtstaatlicher Lebenspartnerschaft vgl. Art. 17 a EGBGB); den **Eltern;** nichtehelichen, ehelichen und adoptierten **Kindern.** Eine etwaige Unterhaltspflicht nach § 1610 II BGB ist näher zu begründen (Hamburg StV **89**, 206). Auch die durch ein ausländisches Gesetz oder durch früheres DDR-Recht begründete Unterhaltspflicht gehört hierher (offen gelassen von Bay NJW **82**, 1243), so dass zB auch in Deutschland lebende **Ausländer** dann strafbar sein können, wenn auch die Unterhaltsberechtigten in der BRep. leben (vgl. Bay NJW **2**, 1243; *S/S-Lenckner* 1 b); ist das nicht der Fall, so greift § 170 nach hM nicht ein, denn dem Schutz ausländischer Staatsfinanzen dient er nicht (BGH **29**, 87 [m. Anm. *Oehler* JR **80**, 381]; Saarbrücken NJW **75**, 508 [m. 3 a zust. Anm. *Oehler* JR **75**, 292]; Stuttgart NJW **77**, 1601; **85**, 1299; Frankfurt NJW **78**, 2460; LK-*Gribbohm* 33 vor § 3; Bay NJW **82**, 1243; *Schlüchter,* Oehler-FS 313, 316; **aA** Karlsruhe NJW **78**, 1754 [m. abl. Anm. *Oehler* JR **78**, 381]; *Kunz* NJW **80**, 1201 u. **87**, 881; *Gössel,* Oehler-FS 106; *Kunz* NJW **95**, 1521 im Hinblick auf den individualschützenden Charakter [BVerfGE **50**, 153] der Vorschrift). **In Deutschland lebende** Unterhaltsberechtigte sind durch § 170 stets, also auch gegenüber ausländischen oder im Ausland lebenden Verpflichteten geschützt; die Anwendung deutschen Strafrechts bestimmt sich nach §§ 3 ff. **Tatort** ist nach § 9 I der Ort, wo der Täter hätte handeln müssen (Saarbrücken NJW **75**, 506) oder wo die Gefährdung eintritt oder nach der Vorstellung des Täters eintreten sollte (LK-*Dippel* 55; 3 zu § 9).

4 **B. Gesetzliche Begründung.** Die Unterhaltspflicht muss sich **aus dem Gesetz** ergeben. Die Pflicht der nichtehelichen Mutter richtet sich nach den allgemeinen Vorschriften (§ 1615 a, § 1606 III BGB). Die Verpflichtung des nichtehelichen Vaters setzt voraus, dass sie durch Anerkennung oder gerichtliche Entscheidung mit Wirkung für und gegen alle festgestellt ist (§§ 1594 I, 1600 d IV BGB; Hamburg NStZ **84**, 168; Bay **88**, 92). Der nichteheliche Vater hat der Mutter mindestens 6 Wochen vor und 8 Wochen nach der Geburt des Kindes Unterhalt zu gewähren (§ 1615 l I BGB; Abs. II, unten 11 ff.). Unterhaltspflichtig ist auch der Ehemann gegenüber dem von der Ehefrau geborenen, aber nicht von ihm gezeugten Kind, wenn die Anfechtung nach §§ 1600 ff. BGB unterblieben (BGH **12**, 166; Bay OLGSt. 31) oder die Klage abgewiesen worden ist (Bay NJW **61**, 1415). Eine gesetzliche Unterhaltspflicht von **Stiefeltern** oder von **Lebenspartnern** eines Elternteils gegenüber von ihnen nicht abstammenden Kindern besteht nicht.

5 **a)** Eine **Bindungswirkung** von (unterhaltsgewährenden) **Zivilurteilen** (vgl. dazu *Schwab* NJW **60**, 2169; *Dünnebier* JZ **61**, 672; LK-*Dippel* 27 ff.; zur Problematik von non-liquet-Entscheidungen *Arens,* Müller-Freienfels-FS 13) für die Feststellung der Strafbarkeit **besteht nicht** (BGH **5**, 106; Bay NJW **67**, 1287; Celle StV **01**, 349; Bay StV **01**, 349; Hamm NStZ **04**, 686; stRspr). Bei der Feststellung der Unterhaltspflicht im Strafprozess hat jedoch der Strafrichter die **Beweisvermutungen** der §§ 1591 ff. BGB zu beachten (LK-*Dippel* 26), im Übrigen aber nach dem Grundsatz *in dubio pro reo* zu verfahren (vgl. *S/S-Lenckner* 8 ff.). Zur Problematik eines Unterhaltsverzichts Bay NJW **67**, 1287. **Bindungswirkung** haben aber wegen der Wirkung für und gegen andere (§§ 640 h, 641 k ZPO) **Statusurteile** (Stuttgart, Hamm NJW **73**, 2305; 2306; Zweibrücken MDR **74**, 1034; Hamm NStZ **04**, 686 [gegen Hamm NJW **69**, 805]). Beruht die Unterhaltspflicht des nichtehelichen Vaters auf einem zugleich mit der Vaterschaftsfeststellung ergangenen Urteil nach § 643 ZPO, wird man Bindung auch für den Strafrichter anzunehmen haben (vgl. LK-*Dippel* 27; weitergehend *Kaiser* NJW **72**, 1847; Köln FamRZ **76**, 118). Urteile nach § 1612 a BGB, §§ 641 l, 642 a ZPO haben keine Bindungswirkung (vgl. § 641 l I S. 2 ZPO). Rechtskräftig **abweisende Unterhaltsurteile** haben ebenfalls keine Bindungswirkung, begründen aber idR einen Tatbestandsirrtum. An eine vollstreckungsgerichtliche Festsetzung des Rangverhältnisses der Berechtigten nach § 850 d ZPO ist auch der Strafrichter gebunden.

6 **b) Vertragliche** Pflichten scheiden aus, ebenso Erstattungsansprüche öffentlicher Kostenträger für geleisteten Unterhalt oder Kosten der Hilfe zur Erziehung, Eingliederungshilfe oder Hilfe für junge Volljährige nach den §§ 27 ff., 34, 35 a, 41 SGB VIII (Bay **7**, 238; Hamm NJW **55**, 1891; Bremen NJW **58**, 639; Celle NJW **62**, 1832; Frankfurt NJW **72**, 836; Stuttgart NJW **73**, 816). Jedoch bleibt der gesetzlich begründete Unterhaltsanspruch bestehen, wenn er auf den Träger der Sozialhilfe übergegangen ist (BGH **26**, 312); der Übergang ist aber nicht Voraussetzung *einer Strafbarkeit nach § 170 (BGH* aaO).

7 **c) Art** des Unterhalts (vgl. §§ 1360 a, 1612 BGB) und **Rangfolge** mehrerer Berechtigter (vgl. § 1609 I BGB; § 850 d ZPO) bestimmen sich nach bürgerlichem Recht (vgl. LK-*Dippel* 28, 36; *S/S-Lenckner* 17 ff.); wobei aber nur die Pflicht zum

materiellen Unterhalt gemeint ist (Karlsruhe NJW **73**, 108 m. zust. Anm. *Seebode* JZ **73**, 601; **aA** Hamm JZ **62**, 547; NJW **64**, 2316; LK-*Dippel* 30).

4) Leistungsfähigkeit. Die Möglichkeit der Leistung ist ein **ungeschriebenes Tatbestandsmerkmal** (Koblenz GA **75**, 28; Köln NJW **81**, 63; Bay **88**, 92; **99**, 56; StV **83**, 418; Hamm NStZ-RR **98**, 208; Celle NJW **84**, 317; Zweibrücken StV **86**, 531; LK-*Dippel* 38; *S/S-Lenckner* 20; SK-*Günther* 26 zu § 170 b aF; krit., aber iErg unklar *Franzheim*, Richter II-FS [2006] 133 ff.); ein Irrtum hierüber Tatbestandsirrtum (Köln NStZ **92**, 337). Sie muss vom Gericht für den fraglichen Zeitraum vollständig **festgestellt** werden (Bay **88**, 92; vgl. *S/S-Lenckner* 22 mwN). Der Täter muss tatsächlich zu einer mindestens teilweisen Leistung imstande sein, ohne seine eigene Existenz oder die Ansprüche vorgehender Unterhaltsberechtigter zu gefährden; insoweit sind nähere ziffernmäßige Angaben erforderlich (Schleswig StV **85**, 110), um den **Schuldumfang** feststellen zu können (Hamm, Schleswig OLGSt. Nr. 1, 4; Hamburg StV **89**, 206). **Maßstab** für die Beurteilung der Leistungsfähigkeit ist das bürgerliche Recht; den notwendigen Selbstbehalt kann der Tatrichter – im Revisionsverfahren nur begrenzt nachprüfbar – in Anlehnung an die in der Praxis entwickelten Tabellen bemessen (Zweibrücken StV **86**, 532). Bei Pflichtverletzung gegenüber einem nichtehelichen Kind sind auch Angaben über die Einkommens- und Vermögensverhältnisse der sorgeberechtigten Person erforderlich, um den **Selbstbehalt** (§§ 1615 a, 1603 I BGB) feststellen zu können (Bay NJW **90**, 3284; Düsseldorf NJW **94**, 673). 8

Zu den **zu berücksichtigenden Einkünften** zählen auch Urlaubs- und Weihnachtsgeld (NJW **91**, 1049); Kranken- und Arbeitslosengeld I; Überstundenvergütungen (FamRZ **80**, 984; KG FamRZ **88**, 720); nicht aber das Hausgeld eines Strafgefangenen (NJW **82**, 2491). Auf Seiten des Unterhaltsverpflichteten zählt auch Arbeitslosengeld II gem §§ 19 ff. SGB-II als Lohnersatzleistung zu den zu berücksichtigenden Einkünften. Zum Einsatz des **Vermögens** vgl. NJW **89**, 524; FamRZ **86**, 48. Bei häufig wechselnden Einkommensverhältnissen ist die Leistungsfähigkeit nach einem größeren Zeitraum zu beurteilen (Köln NJW **53**, 1117; NJW **62**, 1630), wobei aber eine Durchschnittsberechnung regelmäßig nicht ausreicht (Bay FamRZ **58**, 284; Köln NJW **62**, 1527; OLGSt. 25). Zu berücksichtigen sind regelmäßig diejenigen Mittel, die der unterhaltsverpflichteten Person **tatsächlich** zur Verfügung stehen und die sie von Rechts wegen behalten darf; das gilt insb. auch dann, wenn die Einnahmen aus Tätigkeiten erzielt werden, zu deren Fortsetzung oder Intensivierung der Täter auch zugunsten der unterhaltsberechtigten Person nicht verpflichtet ist (**zB** Prostitution). Unberücksichtigt bleiben dagegen (schon wegen §§ 73 ff., § 261) Einkünfte aus **krimineller Betätigung**, denn man kann schwerlich einem Unterhaltsverpflichteten *straf*rechtlich vorwerfen, er habe seine Einkünfte aus Raub, Diebstahl oder Betrug (die selbstverständlich den Opfern zustehen; § 73 I S. 2) nicht *pflicht*(!)gemäß an die unterhaltsberechtigte Person abgeführt. Die **aA** (LG Berlin NStZ **06**, 294 f.), die sich auf eine Analogie zu § 40 AO stützt, überzeugt insoweit nicht. Freilich kann dem Täter uU im Rahmen des § 170 vorgeworfen werden, legale Erwerbsmöglichkeiten nicht genutzt zu haben. 8 a

Leistungsfähigkeit des Täters kann sich auch aus **erzielbaren Einkünften** ergeben, die er tatsächlich nicht erzielt. In diesem Fall sind die Beschäftigungsmöglichkeiten sowie die Beträge festzustellen, die er durch zumutbare Arbeit (vgl. auch **§§ 8, 10 SGB-II** idF des G vom 24. 12. 2003 [BGBl. I 2954]) hätte verdienen können (Bay NJW **90**, 3284; Düsseldorf StV **93**, 477; NJW **94**, 673; vgl. ferner BGH **14**, 165; Karlsruhe NJW **54**, 84; Stuttgart NJW **62**, 1631). Die Feststellung, er habe sich pflichtwidrig nicht als arbeitssuchend gemeldet, reicht nicht aus; vielmehr ist darzulegen, dass und ggf in welchem Umfang dies zur (teilweisen) Leistungsfähigkeit geführt hätte (Bay NStZ-RR **02**, 11). Der Täter hat, wenn ihm das zuzumuten ist, einen **Berufswechsel** vorzunehmen (Bremen NJW **55**, 1004; 1606; JR **61**, 228; Hamm JMBlNW **61**, 9; Düsseldorf JMBlNW **64**, 166; Celle NJW **71**, 718; Schleswig SchlHA **80**, 172; LG Stuttgart NStZ **95**, 408 [einem arbeitslosen, 8 b nicht mehr vermittelbaren Arzt ist Berufswechsel als Hilfsarbeiter zumutbar]; vgl. auch Köln FamRZ **76**, 119; StV **83**, 419) und einen das Einkommen mindernden Berufswechsel zu vermeiden (Bay NJW **88**, 2751; NStE Nr. 4 u. 5; Köln NStZ **92**, 337 [Berufssoldat und Kriegsdienstverweigerer]). Bei Aufgabe der bisherigen Beschäftigung und Begründung von **Selbständigkeit** ist Vorsorge für mindestens 6 Monate zu treffen (LG Stuttgart NStZ **96**, 234). Soweit der Verpflichtete für das unterhaltsberechtigte Kind Kindergeld bezieht oder es zu beantragen unterlässt, gilt er als leistungsfähig (Celle NJW **84**, 317). Die Aufnahme und Fortführung einer **Zweitausbildung** durch den Verpflichteten kann dann nicht zur unverschuldeten Leistungsunfähigkeit führen, wenn sie als eigennützig anzusehen ist (LG Heidelberg NStZ-RR **04**, 263 [unernsthaft durchgeführtes Medizinstudium eines 49jährigen Physikers]).

9 **5) Tathandlung des Abs. I.** Die tatbestandsmäßige Handlung ist das **Sichentziehen,** das durch **Tun oder Unterlassen** begangen werden kann (BGH **18**, 376; Bay **60**, 7; **aA** wohl Köln NJW **58**, 721; LK-*Dippel* 43; unklar NK-*Frommel* 9), **zB** durch Arbeitsaufgabe; Wohnsitzwechsel; bloßes Nichtzahlen (Hamburg NStZ **84**, 168); Widerruf der Abtretung des Kindergeldes und dessen Verbrauch (Celle GA **69**, 350); zur Leistungsunfähigkeit führende Schenkungen an Dritte (Bay **68**, 60); auch durch unmittelbare Herbeiführung künftiger Leistungsunfähigkeit (BGH **14**, 165; Bay **88**, 93).

10 **Taterfolg** ist die **Gefährdung des Lebensbedarfs** des Berechtigten, also die Wahrscheinlichkeit eines Mangels, wobei der Lebensbedarf schlechthin, nicht etwa nur der notwendige gemeint ist (vgl. LK-*Dippel* 49; SK-*Günther* 30 zu § 170b aF). Eine Gefährdung liegt schon dann vor, wenn der Berechtigte über seine Kräfte hinaus arbeiten muss (Bay GA **63**, 345; BGH[Z] NJW **74**, 1868; MDR **75**, 47); insb. aber **auch dann,** wenn die Gefahr nur durch Hilfe Dritter abgewendet wird, insbesondere auch durch **öffentliche Leistungen** (BGH **29**, 88), zB Sozialhilfe; Unterhaltsvorschussleistungen nach §§ 38 ff. SGB- VIII [BGH **26**, 312]; Arbeitslosengeld II; anders ist dies, wenn die öffentliche Hilfe unabhängig von der Nichtzahlung des Verpflichteten geleistet wird (Hamm NJW **58**, 640; **75**, 456; Köln FamRZ **76**, 116; *Klussmann* MDR **73**, 457; str.; vgl. Frankfurt NJW **72**, 836; FamRZ **74**, 162; Bay NJW **75**, 1720; Stuttgart Die Justiz **75**, 440; *Forster* NJW **76**, 1645), zB aus Erziehungsgründen (Düsseldorf NStE Nr. 6). Die fremde Hilfe muss in einem inneren Zusammenhang mit der Unterhaltsverweigerung stehen (Bay **83**, 162 [m. krit. Anm. *Meurer* JR **86**, 210]; Düsseldorf NJW **90**, 399; LK-*Dippel* 52). Hieran fehlt es idR, wenn der Berechtigte aus anderen Gründen zur Unterhaltssicherung untergebracht wird (Zweibrücken NStZ **84**, 458). **Verzichten** Dritte, die für den Unterhalt aufkommen, auf die Leistungen des Verpflichteten, so entfällt § 170 (4 StR 687/79; Schleswig OLGSt. 35; LK-*Dippel* 53). Die **Eltern** haften nach §§ 1606, 1360 BGB gleichrangig (offen gelassen von Bay **83**, 162), aber nur anteilsmäßig im Verhältnis ihrer finanziellen Umstände (BGH **19**, 389; Bay NJW **64**, 1084), so dass Leistungen eines Elternteils den anderen nicht entlasten (Celle NJW **58**, 640; **60**, 833, 1314; Stuttgart FamRZ **61**, 179; Hamm FamRZ **64**, 581).

11 **6) Vorenthalten von Schwangerenunterhalt (Abs. II).** Nach Abs. II ist Tathandlung das **Vorenthalten des gesetzlichen Unterhalts** durch den Unterhaltspflichtigen **gegenüber einer Schwangeren.** Dieser Qualifikationstatbestand (hM; vgl. SK-*Günther* 38 zu § 170b aF; *Lackner/Kühl* 1; **aA** *Schittenhelm* NStZ **97**, 169 f.; NK-*Frommel* 6; zweifelnd *S/S-Lenckner* 1a) soll (neben § 240 IV Nr. 2, vgl. dort) der Forderung des BVerfG (E **88**, 296, 298) nach einer besonderen Strafnorm für das familiäre bzw. soziale Umfeld von Schwangeren Rechnung tragen. Der **Anwendungsbereich** der Norm sowie ihre praktische Bedeutung sind zumindest zweifelhaft (krit. *Tröndle* NJW **95**, 3017; *Otto* Jura **96**, 146; *Schittenhelm* NStZ **97**, 169; *S/S-Lenckner* 1a): Da die Tathandlung an die *gesetzliche* Unterhaltspflicht (oben 3) anknüpft und als Tatzeit nur die ersten Schwangerschaftsmonate in Betracht kommen, scheiden gerade nichteheliche Väter als Normadressaten aus, weil ihre gesetz-

liche Unterhaltspflicht gegenüber der Kindesmutter nach § 1615l I BGB idR erst 6 Wochen und selbst im Ausnahmefall des § 1615l II S. 3 BGB erst 4 Monate vor der Geburt beginnt und 8 Wochen danach endet. Der Tatbestand setzt außerdem voraus, dass es zu einem Schwangerschaftsabbruch gekommen ist (der Versuch ist nicht strafbar); der Nachweis der **Kausalität** ist überaus schwierig. Die Feststellung, dass das Vorenthalten **in verwerflicher Weise** geschehen ist, ist namentlich bei gestörten Partnerschaftsbeziehungen problematisch, zB wenn der Unterhaltspflichtige die Vaterschaft bestreitet. Das Vorenthalten ist, insoweit abw. vom Sichentziehen (I), ein **echtes Unterlassungsdelikt.**

7) Subjektiver Tatbestand. Vorsatz ist erforderlich; bedingter genügt (BGH **14**, 165; NStZ **85**, 166; LK-*Dippel* 66), jedoch ist bewusste Nichterfüllung vorausgesetzt (Hamburg NStZ **84**, 168, *Lackner/Kühl* 9). Der Vorsatz muss auch die **Handlungspflicht,** nicht nur deren tatsächliche Umstände erfassen; Irrtum über die Unterhaltspflicht ist Tatbestands-, nicht Verbotsirrtum (Bay StV **94**, 430; Stuttgart NJW **62**, 1631; Köln NJW **81**, 64; LK-*Dippel* 68; SK-*Günther* 36 zu § 170 b aF; **aA** Stuttgart NJW **60**, 2204; *S/S-Lenckner* 33 a; unklar LG Berlin NStZ **06**, 294, 295). 12

8) Rechtsfolgen. Als **Strafe** wird zur Einwirkung auf den Täter, wenn besondere Umstände iS des § 47 I vorliegen (hartnäckiges Sichentziehen, Verheimlichung von Aufenthalt oder Arbeitsplatz; LG Koblenz MDR **82**, 70; vgl. auch *Horstkotte* NJW **69**, 1602), Freiheitsstrafe auch unter 6 Monaten unerlässlich sein (Bay NJW **88**, 2751); unter der Weisung, der Unterhaltspflicht nachzukommen (§ 56 c II Nr. 5), wird sie bei Fehlen einschlägiger Vorstrafen häufig zur Bewährung ausgesetzt. Freilich gibt es einen hohen Anteil hartnäckiger Wiederholungstäter in allen gesellschaftlichen Schichten, denen gegenüber die Norm häufig nicht konsequent genug durchgesetzt wird. Verhängung von Geldstrafe ist problematisch (auch § 459 f StPO hilft idR nicht weiter), da der Täter sein verfügbares Geld zur Unterhaltsleistung verwenden soll (*Lackner/Kühl* 13); gleichwohl gilt § 47 uneingeschränkt (BT-Drs. VI/3521, 14). § 153 a StPO kann bei Ersttätern zu einer angemesseneren Lösung führen (ebenso LK-*Dippel* 71; *S/S-Lenckner* 7). 13

9) Konkurrenzen. Die Tat ist **Dauerdelikt** (Bremen JR **61**, 226; Köln NJW **62**, 2119; Saarbrücken NJW **75**, 508; Hamburg NStZ **84**, 168; LK-*Dippel* 74). Inhaftnahme des Täters kann die Dauerstraftat beenden (Düsseldorf OLGSt. § 264 StPO, 7; Koblenz GA **75**, 29). Sie ist mit dem Erlass des Ersturteils **beendet** (Bay **77**, 39; LK-*Dippel* 74). **Tateinheit** ist möglich mit § 171 (Hamburg NJW **64**, 2317). Bei Pflichtverletzung gegenüber mehreren Berechtigten durch aktives Tun ist regelmäßig Tateinheit (Bay NJW **61**, 1686; Celle GA **69**, 350), bei Unterlassen regelmäßig Tatmehrheit gegeben (BGH **18**, 376; Bay NJW **60**, 1730; Celle NdsRpfl. **64**, 182; **aA** Braunschweig NJW **53**, 558; Köln NJW **58**, 721; Neustadt MDR **62**, 498; Düsseldorf MDR **62**, 923; *Geerds* JZ **64**, 593; *S/S-Lenckner* 36). Prozessual (§ 264 StPO) ist regelmäßig eine einzige Tat gegeben (Stuttgart MDR **77**, 1034; Hamm NJW **78**, 2210 L; LK-*Dippel* 75), so dass bei Verurteilung nach § 170 hinsichtlich eines Unterhaltsberechtigten die Strafklage für weitere Verfahren hinsichtlich anderer Unterhaltsberechtigter aus demselben Zeitraum verbraucht ist (LG Krefeld NJW **92**, 1248). 14

§ 170 a [Aufgehoben durch Art. 1 Nr. 10 des 4. StrRG]

§ 170 b [jetzt § 170; Art. 1 Nr. 20 des 6. StrRG]

§ 170 c [Aufgehoben durch Art. 1 Nr. 12 des 4. StrRG]

Verletzung der Fürsorge- oder Erziehungspflicht

171 Wer seine Fürsorge- oder Erziehungspflicht gegenüber einer Person unter sechzehn Jahren gröblich verletzt und dadurch den Schutzbefohlenen in die Gefahr bringt, in seiner körperlichen oder psychischen Entwicklung erheblich geschädigt zu werden, einen kriminellen Lebenswandel zu führen oder der Prostitution nachzugehen, wird mit Freiheitsstrafe bis zu drei Jahren oder mit Geldstrafe bestraft.

1 **1) Allgemeines.** Die Vorschrift, die im Vorfeld der §§ 223b, 180a IV steht, ist als § 170d durch das 4. StrRG (1f. vor § 174; Bericht des StrABTag Drs. VI/3521 = Ber.) neu gefasst und durch Art. 1 Nr. 20 des 6. StrRG (2f. vor § 174) ohne inhaltliche Änderungen neu nummeriert worden.

1a **Literatur:** *Bringewat,* Tod eines Kindes. Soziale Arbeit u. strafrechtliche Risiken, 1997; *Neuheuser,* Die Strafbarkeit von Eltern minderjähriger Mehrfachtäter (usw.), NStZ **00**, 174.

2 **2) Rechtsgut.** § 171 ist ein **konkretes Gefährdungsdelikt,** das die Grundbedingungen für die gesunde körperliche und psychische Entwicklung von Menschen unter 16 Jahren schützt (zweifelnd SK-*Horn* 2; vgl. auch LK-*Dippel* 5), soweit diese Gegenstand besonderer individueller Rechtspflichten sind. Die Vorschrift hat individualschützenden Charakter, ist jedoch weder geeignet noch dazu bestimmt, das Ausbleiben elterlicher Zuwendung zu ahnden (MDR **79**, 950). Mittelbar steht hinter § 171 ein Allgemeininteresse in Form eines staatlich garantierten Minimalniveaus pädagogischer Einwirkung, dessen Bestimmung den einzelnen Erziehungsberechtigten entzogen ist.

3 **3) Fürsorge- oder Erziehungspflicht.** Der Tatbestand setzt das Vorliegen einer auf Grund von Gesetz, Übertragung durch Behörden, Vertrag (private Heime) oder faktische Übernahme (4 zu § 225; LK-*Dippel* 4) bestehende **Pflicht zur Erziehung oder Fürsorge** (wenn vielleicht auch zeitlich oder sachlich begrenzt) für den Schutzbefohlenen voraus, die meist auf eine gewisse Dauer angelegt ist (vgl. *Neuheuser* NStZ **00**, 174f. mwN) und auch das Fernhalten schädlicher Einflüsse umfasst (BGH **2**, 348; vgl. § 31 II JArbSchG). Die Tat ist **Sonderdelikt;** Täter (auch mittelbarer oder Mittäter) kann nur sein, wer eine solche Pflicht im Hinblick auf eine konkrete Person unter 16 Jahren hat. Regelmäßig ist die Pflichtenstellung Teil eines umfassenden (Personensorge) oder eingeschränkten (Lehrer) Bestimmungsrechts gegenüber dem Minderjährigen, aus dem sich eine (korrespondierende) **Garantenstellung** zur Abwehr von Gefahren ergibt, die dem Minderjährigen drohen. Aus *allein* tatsächlichen Gegebenheiten, zB räumlicher Nähe, lässt sich eine solche Pflicht nicht ableiten (vgl. 4f. zu § 225). Zur Garantenpflicht der Mitarbeiter von **Jugendämtern** vgl. Düsseldorf NStZ-RR **01**, 199; *Bringewat* NJW **98**, 944; *Beulke/Swoboda*, Gössel-FS (2002), 73.

4 **4) Tathandlung.** Voraussetzung der Strafbarkeit ist die **Verletzung** einer der genannten Pflichten (vgl. § 1666 BGB), und zwar eine **gröbliche,** dh eine **subjektiv und objektiv** schwerwiegende (KG JR **75**, 297; LK-*Dippel* 9), die zwar schon bei einer einmaligen Handlung möglich ist (Ber. 16; NStZ **82**, 328; anderseits NJW **52**, 476), nicht aber schon durch eine einmalige Gefährdung der Gesundheit oder körperlichen Integrität (KG aaO). Die **Tathandlung** kann sowohl in **aktivem Tun** als auch in einem **Unterlassen** bestehen.

5 **A. Gröblichkeit.** Eine *gröbliche* Pflichtverletzung wird idR erst bei wiederholten oder dauerhaften und als solche offenkundigen Verstößen gegen die sich aus der Stellung des Täters ergebende Pflicht vorliegen, von dem Schutzbefohlenen Gefahren abzuwenden. Jedenfalls nicht ausreichend ist, dass Erziehungsverhalten oder Familienverhältnisse den Anforderungen moderner Sozialpädagogik nicht genügen. Da die *Gröblichkeit* der Pflichtverletzung auch ein subjektives Moment beinhaltet (oben 4), sind Sorgepflichtige nicht erfasst, die auf Grund eigener Lebensuntüchtigkeit, Erkrankung oder sozialer Prägung die Pflichtverletzung nicht als solche erkennen (vgl. auch SK-*Horn* 11); jedoch wird hier vielfach (zB bei Alkoholikern, sozial Randständigen; Intelligenzschwachen) nach *normativen* Gesichtspunkten zu entscheiden sein, welches Maß an Pflichterfüllung dem Täter *zuzumuten* und daher von ihm zu verlangen ist. Das bloße **Dulden** oder Hinnehmen gefährlichen Verhaltens oder des Abgleitens in ein schädigendes Milieu (Drogenszene; Jugendbanden; *skinhead*-Milieu) erfüllt den Tatbestand nicht, wenn es Ausdruck des Bestrebens ist, dem Schutzbefohlenen eine sozial stabile Bindung zu erhalten. Entgegen Ber. 16 kann bei der Beurteilung im Einzelfall auf eine **ethische Bewertung** wohl kaum verzichtet werden. Eine solche Bewertung kann sich nur an den **Maßstäben unseres Kulturkreises** orientieren (BGH **3**, 257; **aA** LK-*Dippel* 13, 14; str. vgl. dazu auch

SK-*Horn* 6, 11; *S/S-Lenckner* 8). Hierin liegt keine Diskriminierung fremder Gebräuche und (Erziehungs-)Sitten, denn der Tatbestand des § 171 erfasst nicht „abweichende Erziehungsstile" als solche, sondern schwerwiegende Verletzungen oder Gefährdungen von elementaren Rechten der Schutzbefohlenen. Ob es bspw. in einem fremden Kulturkreis üblich ist oder toleriert wird, 14jährige Mädchen als Ehepartnerinnen zu vermitteln, den Schulbesuch von Kindern zu verhindern oder diese mit drakonischen Körperstrafen zu „erziehen", kann daher für die Beurteilung der Handlung als objektiv gröbliche Pflichtverletzung keine Rolle spielen. Einschränkungen können sich freilich auf subjektiver Ebene (unten 10) ergeben; auch hier kann aber ein unbelehrbar starres Festhalten an Auffassungen der früheren Heimat den Täter nicht entlasten.

B. Einzelfälle. Eine gröbliche Pflichtverletzung ist **bejaht** worden bzw. liegt 6
nahe in folgenden Fällen: wiederholte sexuelle Handlungen vor einem 5jährigen Kind, die dieses verstören (NStZ **95**, 178; überholt jedoch BGH **3**, 259: Gefährdung der Vorstellung vom Wesen der Einehe); Verabreichen von Alkohol im Übermaß durch Eltern an ihr Kind (BGH **2**, 348; **8**, 92; BGHR FürsPfl. 1); „extreme Nichtversorgung"; Halten unter schlechtesten hygienischen Bedingungen in Ställen, Kellern u. dgl. (Ber. 15); Vernachlässigung bei Geburtsschaden oder ernster Erkrankung (Ber. 15; 1 StR 561/68); *dauerndes* körperliches Überanstrengen bei übertriebenem Leistungssport (SK-*Horn* 4); allgemeine schwerwiegende Vernachlässigung eines Kleinkindes durch ihrem Vergnügen nachgehende Eltern (NJW **51**, 282; LK-*Dippel* 12, 13); fortgesetztes Abschließen und Alleinlassen in der Wohnung (Prot. VI/1282); Abhalten vom Schulbesuch; Vermittlung von gefährlichem Umgang; Anhalten zum Betteln; passives Dulden anhaltenden Schulschwänzens; häufiges Mitnehmen von Kindern in Gaststätten zur Nachtzeit (vgl. BGH **2**, 348); häufiges Schlagen, Einsperren, Einschließen in der Wohnung; tage- und nächtelanges Alleinlassen von Kleinkindern; Konfrontation mit schockierendem oder auf Grund des kindlichen Alters nicht verarbeitbarem Sexualverhalten der Eltern (vgl. BGH **3**, 256; NStZ **95**, 178); Förderung oder Duldung gefährlichen Umgangs oder gefährlicher Verhaltensweisen; Anhalten zu oder Förderung von Alkohol- oder Drogenkonsum; Duldung oder Förderung ungehinderten Zugangs zu jugendgefährdenden Gewalt- und Pornographie-Darstellungen, auch unterhalb der Schwelle des § 131; „Beschneidung" von Mädchen durch genitale Verstümmelung (vgl. dazu 6 zu § 223). **Nicht** ausreichend ist das Fotografieren eines Kindes in Stellungen, deren Sexualbezogenheit dem Kind nicht bewusst ist (KG JR **82**, 507); eine Erziehung in politisch oder religiös abwegigen Anschauungen (*S/S-Lenckner* 8; LK-*Dippel* 15); jedoch können *konkrete* Maßnahmen hier durchaus § 171 unterfallen (Herumziehen als „Bettelmönch"; Beteiligung an sexuell geprägten „Meetings"; Anhalten zu entwürdigendem „Missionieren"; etc.). Eine *gröbliche* Pflichtverletzung ist nicht gegeben, wenn eine Mutter ihren noch nicht 14 Jahre alten Sohn nicht „bei (allen!) Ausgängen aus dem Haus begleitet und beaufsichtigt", um ihn von Ladendiebstählen abzuhalten (so aber AG Wermelskirchen NJW **99**, 590).

5) Konkrete Gefährdung. Auf Grund der Pflichtverletzung muss die konkrete 7
Gefahr (vgl. BGH **3**, 256; NJW **52**, 476; weitgehend Bay NJW **52**, 988; Köln JR **68**, 308) eintreten, dass die minderjährige Person in ihrer **körperlichen** oder/ und **psychischen Entwicklung erheblich,** dh in deutlicher Abweichung von der sonst voraussichtlichen Normalentwicklung, **geschädigt** wird.

A. Erhebliche Schädigung. Der **Maßstab** für die Erheblichkeit einer drohen- 8
den Schädigung kann iErg nicht *allein* individuell, sicher aber auch nicht *allein* objektiv bestimmt werden. § 171 gibt dem Staat nicht das Recht, einen verbindlichen „Durchschnittsstatus" kindlicher Entwicklung festzusetzen; Grundlage kann daher nur der Entwicklungsstand der minderjährigen Person zZ der Tat sein, und zwar einschließlich der *konkret* gegebenen Entwicklungsmöglichkeiten und -aussichten. Ein „Schaden in der Entwicklung" kann sowohl in einer Entwicklungsverzögerung als auch in einer Fehlentwicklung liegen; **erheblich** ist er dann, wenn er zu einem

körperlich oder psychischen *Leiden* des Minderjährigen führt, das ein sozial üblicherweise toleriertes und hinzunehmendes Maß deutlich überschreitet. In der Praxis wird die Bewertung meist auf eine **Evidenz-**Beurteilung hinauslaufen, deren Maßstäbe sich an dem Gewicht der vom Gesetz hervorgehobenen Beispielsfälle zu orientieren haben.

9 **B. Krimineller Lebenswandel; Prostitution.** § 171 nennt als herausgehobene Beispielsfälle der psychischen Gefährdung die Gefahren, dass der Schutzbefohlene einen **kriminellen Lebenswandel,** dh ein Leben **führt,** bei dem Straftaten von einigem Gewicht eine wesentliche Rolle spielen (dazu *Neuheuser* NStZ **00**, 174, 177); als Tathandlung reicht insoweit die einmalige Aufforderung zum Stehlen nicht aus (vgl. NJW **52**, 476), wohl aber häufiges Bedrängen; **oder** dass die minderjährige Person der **Prostitution nachgeht** (3 zu § 180 a). Es reicht eine Ermunterung oder auch passives Dulden wahlloser Promiskuität; ebenso die aktive Einbeziehung von Kindern in ein davon oder von Prostitution geprägtes Beziehungsgeflecht. Die bloße Konfrontation damit, etwa von Kindern von Prostituierten, stellt für sich allein idR schon keine gröbliche Pflichtverletzung dar. Die Ansicht von *Frommel*, wegen der rechtlichen Anerkennung der Prostitution (ProstG v. 20. 12. 2001; BGBl. I 3983; vgl. dazu 1, 3 zu § 180 a) könne die Entwicklung einer jugendlichen (!) Person zur „freigewählten Berufsform einer Prostituierten" nicht mehr als Fehlentwicklung angesehen werden (NK 5; anders aber wohl ebd. 9), widerspricht *offensichtlich* nicht nur dem Wortlaut des § 171, sondern auch der gesetzlichen Wertung der §§ 180 III, 180 a II Nr. 1, 232 I S. 2, führt zu abwegigen Konsequenzen (Förderung-*Pflicht*!) und ist auch rechtspolitisch nicht ernsthaft vertretbar.

10 **6) Vorsatz** ist erforderlich, der als mindestens bedingter (LK-*Dippel* 21) nicht nur das Schutzverhältnis und die gröbliche Pflichtverletzung umfassen muss, sondern auch die konkrete Gefährdung (vgl. MDR **64**, 772; *W/Beulke* 709; *Lackner/Kühl* 7; unklar *Neuheuser* NStZ **00**, 176, 179).

11 **7) Konkurrenzen.** Wird die Gefährdung erst durch eine Mehrzahl einzelner Handlungen herbeigeführt, so stellen diese *eine Tat* nach § 171 dar (BGH **8**, 92; **43**, 3; SK-*Horn* 15; *S/S-Lenckner* 12). Eine Mehrzahl selbständiger Taten nach § 225, jedenfalls in qualifizierter Form, wird idR nicht durch § 171 zu *einer* Tat „verklammert" (vgl. NStZ-RR **06**, 42); hier stehen vielmehr die tatmehrheitlichen Taten nach § 225 *jeweils* in Tateinheit mit § 171. Bei Gefährdung mehrerer Schutzbefohlener durch *eine* Handlung oder Unterlassung liegt gleichartige Idealkonkurrenz, i. ü. Tatmehrheit vor (vgl. 28 vor § 52). **Idealkonkurrenz** ist möglich mit §§ 174, 180, 180 b II Nr. 2, 225 (*S/S-Lenckner* 12; LK-*Dippel* 24; teilw. **aA** SK-*Horn* 15; vgl. *Sturm* JZ **74**, 3); auch mit § 176; mit § 170 (vgl. Hamm NJW **64**, 2316; LK-*Dippel* 20), §§ 221, 222 (vgl. BGH **2**, 348); §§ 26, 30 iVm anderen Tatbeständen wie zB §§ 242, 263. Zur Strafbarkeit der Abgabe alkoholischer Getränke und von Tabakwaren an Jugendliche unter 16 Jahren und von Branntwein an Jugendliche über 16 Jahre vgl. § 31 II S. 2, § 58 I Nr. 21, V JArbSchG; zum Verbot der Beschäftigung Verurteilter § 25 I Nr. 3, § 58 II JArbSchG.

Doppelehe

172 **Wer eine Ehe schließt, obwohl er verheiratet ist, oder wer mit einem Verheirateten eine Ehe schließt, wird mit Freiheitsstrafe bis zu drei Jahren oder mit Geldstrafe bestraft.**

1 **1) Allgemeines.** Die Vorschrift ist durch das 4. StrRG (1 f. vor § 174) als § 171 neu gefasst und durch Art. 1 Nr. 20 des 6. StrRG (2 f. vor § 174) ohne inhaltliche Änderung als § 172 neu nummeriert worden (**Materialien:** E BT-Drs. VI/1552, 14; Prot. VI/1244, 2030; Bericht des StrABTag Drs. VI/3521, 17); hierzu LK-*Dippel* 2; krim. stat. Angaben LK-*Dippel* 19 vor § 169. Auf **eingetragene Lebenspartnerschaften** ist § 172 nicht anwendbar (unten 5).

2 **2) Rechtsgut.** § 172 schützt nach hM die staatliche Eheordnung iS des Grundsatzes der *Einehe (§ 1306 BGB; vgl. M/Schroeder/Maiwald* 63/82); nach **aA** die aus der Ehe entstehenden gegenseitigen Rechtsansprüche (NK-*Frommel* 2).

3 **3) Bestehen einer Ehe.** Der **Tatbestand** setzt voraus, dass entweder der **Täter** oder sein **Partner** zum Zeitpunkt der Eheschließung **verheiratet** sind. Es genügt

eine formell gültige Ehe (RG **55**, 279), wenn sie auch nach §§ 1314, 1315 BGB aufhebbar ist (RG **60**, 248). Die Ehe wird in der BRep. vor dem Standesbeamten geschlossen (§ 1310 I, II BGB); andernfalls ist sie eine Nichtehe und kann nicht zur Bestrafung nach § 172 führen (LG Hamburg NStZ **90**, 280 [m. Anm. *Liebelt* NStZ **93**, 544 u. GA **94**, 20]; LK-*Dippel* 6). § 172 erfasst auch eine Eheschließung nach Todeserklärung eines früheren Ehegatten, wenn der Täter deren Unrichtigkeit kennt (BGH **4**, 7; SK-*Horn* 2; **aA** *S/S-Lenckner* 5).

Im **Ausland** können Ehen nach dem dortigen Recht geschlossen werden (Art. 11 I Satz 2 EGBGB); doch auch nach dem Heimatrecht, das für die künftige Ehe gelten wird (Art. 11 I Satz 1 EGBGB, RG **61**, 198, LK-*Dippel* 5). Für Eheschließung Deutscher im Auslande vgl. § 8 KonsularG. **Ausländerehen** im Inlande unterstehen grundsätzlich den deutschen Gesetzen, Art. 13 III EGBGB; daher ist zB auch für Mohammedaner in Deutschland der Abschluss einer polygamen Ehe nicht zulässig (vgl. Art. 6 EGBGB; LK-*Dippel* 8); nicht strafbar ist aber die Fortführung einer gültigen Doppelauslandsehe (LK-*Dippel* 8; *S/S-Lenckner* 4) oder einer im Ausland zulässig geschlossenen bigamischen Ehe (StA München NStZ **96**, 436). Die Auslandsbigamie eines Deutschen fällt nur unter den Voraussetzungen des § 7 II Nr. 1 unter § 172, also dann nicht, wenn im betr. Staat die Doppelehe erlaubt ist (BGH **8**, 356 ist überholt). Zur Ehe von **Staatenlosen** vgl. LK-*Dippel* 5. 4

Das Bestehen einer **eingetragenen Lebenspartnerschaft** reicht nicht aus (vgl. *Bosch* NJW **98**, 2004, 2009), obgleich § 1 II Nr. 1 LPartG das Nebeneinanderbestehen von Ehe und Lebenspartnerschaft ausschließt. Daher erfasst § 172 weder Personen, die verbotswidrig gleichzeitig mehrere Lebenspartnerschaften eingehen, noch solche, die neben einer bestehenden Lebenspartnerschaft eine Ehe oder trotz bestehender Ehe eine Lebenspartnerschaft eingehen. Diese Rechtslage ist namentlich im Hinblick auf die Anerkennung im Ausland eingetragener Lebenspartnerschaften (Art. 17 a EGBGB) und der hieraus entstehenden Folgen unklar. 5

4) Tathandlung. Der Tatbestand setzt voraus, dass der verheiratete (oben 4) Täter **eine Ehe schließt,** also die für die Eheschließung erforderlichen Erklärungen abgibt oder Mitwirkungshandlungen vollzieht. **Vollendet** ist die Tat mit dem formell gültigen **Abschluss** der zweiten Ehe, ohne dass es auf ein Zusammenleben ankommt. Die Tat ist kein Dauer-, sondern ein Zustandsdelikt (2 StR 535/59; LK-*Dippel* 4; vgl. RG **15**, 261). Daher ist Teilnahme nach der Vollendung nicht mehr möglich; die im Ausland begonnene und im Inland fortgesetzte (vgl. oben 4) Vielehe eines Ausländers wird von § 172 nicht erfasst. Mit der Vollendung ist die Tat **beendet** (§ 78 a). 6

5) Subjektiver Tatbestand. § 172 setzt Vorsatz voraus; dies erfordert das Bewusstsein, dass es sich bei der neuen Ehe um eine Doppelehe handelt; bedingter Vorsatz genügt (vgl. schon RG **4**, 38). Hieran fehlt es (§ 16), wenn der Täter die erste oder zweite Ehe für eine Nichtehe hält oder annimmt, die erste Ehe sei aufgelöst oder für nichtig erklärt (RG **9**, 84; LK-*Dippel* 10). 7

6) Beteiligung. Die Tat ist Sonderdelikt; Täter können nur die Partner der Doppelehe sein. Teilnahme ist nach allg. Regeln möglich (zB durch Standesbeamte, Trauzeugen); für den Teilnehmer gilt § 28 I nicht, da das besondere Merkmal tatbezogen ist (*Lackner/Kühl* 7; *S/S-Lenckner* 8; SK-*Horn* 7; LK-*Dippel* 12; *M/Schroeder/Maiwald* 63/82; wohl auch NK-*Frommel* 7 [unter unzutr. Zitierung der hier vertr. Ansicht]). 8

7) Tateinheit ist mit § 169, aber auch mit § 156 (LK-*Dippel* 18) möglich, nicht jedoch mit § 170 (LM Nr. 1). 9

Beischlaf zwischen Verwandten

173 **I Wer mit einem leiblichen Abkömmling den Beischlaf vollzieht, wird mit Freiheitsstrafe bis zu drei Jahren oder mit Geldstrafe bestraft.**

II Wer mit einem leiblichen Verwandten aufsteigender Linie den Beischlaf vollzieht, wird mit Freiheitsstrafe bis zu zwei Jahren oder mit Geldstrafe bestraft; dies gilt auch dann, wenn das Verwandtschaftsverhältnis erloschen ist. Ebenso werden leibliche Geschwister bestraft, die miteinander den Beischlaf vollziehen.

III Abkömmlinge und Geschwister werden nicht nach dieser Vorschrift bestraft, wenn sie zur Zeit der Tat noch nicht achtzehn Jahre alt waren.

1 **1) Allgemeines.** Der Geltungsbereich der Vorschrift ist durch das 1. StrRG (Einl. 6) und das AdoptionsG (4 zu § 11) eingeschränkt worden (vgl. *M/Schroeder/Maiwald* 63/76; LK-*Dippel* 1; *Wille* PraxRMed 545; krit. zur Vorschrift: *Jung,* Leferenz-FS 311, 76).

1a **Literatur:** *Al-Zand/Siebenhüner,* § 173 StGB – Eine kritische Betrachtung des strafrechtlichen Inzestverbots, KritV **06**, 68; *Ellbogen,* Strafbarkeit des Beischlafs zwischen Verwandten. Ein Relikt aus der Vergangenheit, ZRP **06**, 190; *Hörnle,* Grob anstößiges Verhalten. Strafrechtlicher Schutz von Moral, Gefühlen und Tabus, 2005 (Rez. *Bloy* GA **06**, 656; *Wohlers* ZStW **118** [2006] 758; *Schroeder* JZ **07**, 518); *Jung,* Zur Strafbarkeit des Inzests, Leferenz-FS (1983) 311; *Maisch,* Inzest, 1968; *Schubarth,* Humanbiologie u. Strafrecht. Zur Rationalität des Inzestverbots im Lichte der Verhaltensforschung, Grünwald-FS (1999) 641; *Siebert,* Das Inzestverbot in der normativen Architektur früher Gesellschaften, 1996; *Simson/Geerds,* Straftaten gegen die Person und Sittlichkeitsdelikte in rechtsvergleichender Sicht, 1969, 416ff.; *Stratenwerth,* Inzest u. Strafgesetz, Hinderling-FS (1976), 301.

2 **2) Rechtsgut; Legitimation.** Durch § 173 sollen nach der zweifelhaften systematischen Einordnung die Institutionen Ehe und Familie geschützt werden (so auch ausdrücklich NK-*Frommel* 11, 16: Rechtsgut sei „der Familienschutz"), nach teilw. vertretener Ansicht auch die psychische Integrität des Partners (vgl. Ber. 17; Prot. VI/1247; RG **57**, 140; BGH **3**, 342; NJW **52**, 671; LK-*Dippel* 9). Eine überzeugende Begründung fehlt aber (*M/Schroeder/Maiwald* 63/84f.); die Legitimation der Strafdrohung ist fraglich: Gefahren für die sexuelle Selbstbestimmung sind anderweitig geschützt (§§ 174, 176ff.). Dass die Strafvorschrift geeignet und bestimmt sei, den engsten Familienkreis von sexuellen Beziehungen freizuhalten (BGH **39**, 326, 329; *Bottke*, Familie als zentraler Grundwert demokratischer Gesellschaften, 1994, 101, 113; ähnlich wohl NK-*Frommel* 7, die aber § 173 gegen den Wortlaut als Kinder-Schutzvorschrift auslegt), erscheint schon angesichts der Beschränkung auf Beischlafs-Handlungen fraglich; dem steht i. ü. entgegen, dass es auf das Bestehen familiärer Bindungen für § 173 gar nicht ankommt (vgl. auch unten 3). Die Gefahr genetischer Schäden eines möglicherweise zu zeugenden Kindes (BT-Drs. VI/1552, 14; VI/3521, 17) ausgerechnet in diesem Spezialfall mittels eines abstrakten Gefährdungs-Straftatbestands zu bekämpfen, wäre fern liegend: Bei zeugungsunfähigen Personen kann jede Gefahr sicher ausgeschlossen werden, und dass das Sexualverhalten der Menschen mit Hilfe des Strafrechts an eugenischen Gesichtspunkten zu orientieren sei, kann nicht mehr vertreten werden. Ein Strafrechtsschutz der Gesundheit von *potentiell* gezeugten Personen wäre überdies ersichtlich ein Fremdkörper im System der §§ 223ff. Die Ansicht *Frommels* (NK 6, 8), dass „insbesondere hochmoderne Gesellschaften" zur Verletzung des Inzesttabus tendieren und dass deshalb eine generalpräventive (!) Bestrafung erforderlich sei, ist schon auf tatsächlicher Ebene nicht nachvollziehbar. Im Ergebnis kann daher aus Sicht eines rationalen Rechtsgüterschutzes § 173 nicht mehr legitimiert werden; die Vorschrift „schützt" ein kulturgeschichtlich lange Zeit wirkmächtiges Tabu, welches seine soziale *Funktion* aber inzwischen fast vollständig eingebüßt hat (missverstanden von *Ellbogen* ZRP **06**, 190, 192; vgl. aus verhaltensbiologischer Sicht *Schubarth*, Grünwald-FS 641, 646; krit. auch *S/S-Lenckner* 1; SK-Horn 2; *Dippel* NStZ **94**, 182; *Stratenwerth*, Hinderling-FS 1976, 301; Lenckner-FS 360, 377, 390;

Jung, Leferenz-FS 311; *Amelung*, Rechtsgüterschutz, 1972, 377; vgl. auch AE-BT, Sexualdelikte 59). In der Praxis fristet § 173 ein Schattendasein als „Strafzumessungsgrund" (§ 52 II) bei Idealkonkurrenz mit §§ 174 I Nr. 3, 176, 176a I Nr. 1. Die Vorschrift sollte gestrichen werden (krit. auch LK-*Dippel* 16; MK-*Ritscher* 5f.; *M/Schroeder/Maiwald* 63/86; *Al-Zand/Siebenhüner* KritV **06**, 68, 71ff., 80; *Ellbogen* ZRP **06**, 190ff.).

3) Verwandtschaftsverhältnis. Die Strafbarkeit setzt Blutsverwandtschaft voraus. Die Tat kann daher nur von **leiblichen Geschwistern** (II S. 2; vgl. 9 zu § 11) oder von **leiblichen Verwandten** aufsteigender (Aszendenten) und absteigender Linie (Deszendenten; 4 zu § 11) begangen werden; beruht die Verwandtschaft auf einer formell gültigen, aber nichtigen Ehe, so scheidet § 173 auch vor der Nichtigerklärung aus (LK-*Dippel* 19; str.). Sowohl bei I wie bei II, III entscheidet die biologische Beziehung, so dass es einerseits nicht darauf ankommt, ob das Verwandtschaftsverhältnis infolge einer Adoption zivilrechtlich erloschen ist (4 zu § 11), anderseits der Beischlaf mit Adoptionsverwandten und nach § 1592 Nr. 1, § 1593 BGB als ehelich zugeordneten Kindern nicht erfasst ist (vgl. Prot. 7/2631ff.). In beiden Fällen begründet nach dem NichtEhelKG auch nichteheliche Abstammung Verwandtschaft (BGH **7**, 245). Auch Statusurteile haben keinen Einfluss auf die an die biologische Abstammung anknüpfende Tatbestandsmäßigkeit (MK-*Ritscher* 14). Die **aA** von *Frommel* (NK 3, 8), die eine „sozial gelebte" familiäre Bindung voraussetzt, entfernt sich vom Gesetzeswortlaut. 3

4) Tathandlung. Vorausgesetzt ist die Vollziehung des **Beischlafs** (zum Begriff vgl. 62ff. zu § 177); andere sexuelle Handlungen sind nicht erfasst, auch wenn sie beischlafähnlich sind (LK-*Dippel* 22). Auch soweit § 173 an die mögliche (unerwünschte) Zeugung anknüpfen soll, ist eine Beibehaltung des extensiven „strafrechtsspezifischen" Begriffs des Beischlafs (BGH **16**, 175; **46**, 177) seit der Neufassung des 13. Abschnitts Zweifeln ausgesetzt (vgl. 63 zu § 177). 4

5) Subjektiver Tatbestand. Erforderlich ist **Vorsatz;** bedingter genügt (LK-*Dippel* 27). Der Irrtum über die Abstammung begründet daher einen Tatbestandsirrtum oder einen straflosen (untauglichen) Versuch. Strafloses Wahndelikt ist gegeben, wenn jemand glaubt, Beischlaf mit Adoptivverwandten, mit Verwandten in der Seitenlinie oder Verschwägerten sei strafbar. 5

6) Beteiligung. Täter kann nur ein Blutsverwandter sein. Der Tatbestand setzt Eigenhändigkeit voraus; mittelbare Täterschaft ist nicht möglich (hM; **aA** NK-*Frommel* 21). Im Fall der **Teilnahme** ist § 28 I nicht anwendbar, da die Blutsverwandtschaft kein spezifisch personales Unrecht begründet (BGH **39**, 328 m. zust. Anm. *Dippel* NStZ **94**, 182; ferner Anm. *Rein* StV **95**, 251; *Otto* JK 1 zu § 28; LK-*Dippel* 32; SK-*Horn* 8; *Herzberg* GA **91**, 184; *Lackner/Kühl* 6; *S/S-Lenckner* 8). Die Teilnahme des Deszendenten an der Tat nach I tritt hinter die Täterschaft nach II zurück. Eine Teilnahme **Dritter** an der Tat des Deszendenten ist stets Beteiligung an der Tat des Aszendenten nach I (*S/S-Lenckner* 8; SK-*Horn* 8). 6

7) Privilegierung Minderjähriger (Abs. III). Nicht bestraft werden nach **III** Abkömmlinge sowie Geschwister, die zur Tatzeit noch nicht 18 Jahre alt sind. Trotz der insoweit undeutlichen Fassung, die auf Tatbestandsausschluss hindeuten könnte, handelt es sich um einen persönlichen Strafausschließungsgrund (*Sturm* JZ **74**, 3; LK-*Dippel* 33; *S/S-Lenckner* 9; SK-*Horn* 9), so dass strafbare Teilnahme möglich (BGHR Anst. 1) und Irrtumsfragen ohne Bedeutung sind. 7

8) Konkurrenzen. Tateinheit ist namentlich möglich mit § 171 (LK-*Dippel* 35), § 174 I Nr. 3 (MDR/D **75**, 21), § 176a I Nr. 1, § 177, § 182 (LK-*Dippel* 35). 8

Dreizehnter Abschnitt

Straftaten gegen die sexuelle Selbstbestimmung

Vorbemerkungen

1) Rechtsentwicklung. Die Reform des Sexualstrafrechts, begonnen mit dem **1. StrRG,** erhielt ihren Anstoß vor allem durch den 47. DJT 1968 (*Hanack,* Gutachten A; Sitz. Ber.K), den AE (Sexualdelikte, 1968, Straftaten gegen die Person, 1. Halbbd. 1970) und die Diskussion im **Schrifttum** (vgl. Beschlüsse des IX. Strafrechtskongresses ZStW **77**, 688; *Blau* MSchrKrim, **66**, 18; *Hanack* ZStW **77**, 398; *Leferenz* ZStW **77**, 379; *Schroeder,* Welzel-FS 859; *Simson-Geerds,* Straftaten gegen die Person und Sittlichkeitsdelikte in rechtsvergleichender Sicht, 1969; *H. Mayer,* Heinitz-FS 119; *Jescheck* ZStW **83**, 299). Der Abschnitt wurde durch das **4. StrRG** v. 23. 11. 1973 (BGBl. I 1725; 1974 I 469, 502) vollständig neu gestaltet, in der Abschnittsüberschrift die Schutzrichtung **„Sittlichkeit"** durch **„sexuelle Selbstbestimmung"** ersetzt (vgl. *Schroeder* ZRP **71**, 14). Durch das **26. StÄG** vom 14. 7. 1992 (BGBl. I 1255) wurden die §§ 181 b, 181 eingefügt, durch das **27. StÄG** vom 23. 7. 1993 (BGBl. I 1346) § 184 erweitert und durch das **29. StÄG** vom 31. 5. 1994 (BGBl. I 1168) unter Aufhebung von § 175 aF und § 149 StGB-DDR § 182 neu gefasst. 1

Materialien zum 4. StrRG: BT-Drs. VI/1552 (RegE); BTag VI/6100; BT-Drs. VI/3521 (Ber.); BT-Drs. 7/80 (E-SPD, FDP); BTag 7/424; BT-Drs. 7/514 (Ber. II); BTag 7/2107, 2129, 2178, 2809, 3761; BT-Drs. 7/675 bis 677; BR-Drs. 441/73; BRat 396., 398. Sitz. 1 a

Der Abschnitt wurde durch das **33. StÄG** vom 1. 7. 1997 (BGBl. I 1607) und schon kurz darauf erneut durch das **6. StrRG** vom 26. 1. 1998 (BGBl. I 164) umfassend umgestaltet (zu Einzelheiten vgl. 51. Aufl. sowie Nachw. zu den einzelnen Vorschriften; Einl. 8). An der Neuregelung wurde teilweise scharfe Kritik geübt (vgl. etwa *Lackner/Kühl* 11, *S/S-Lenckner/Perron* 7; *Schroeder* JZ **99**, 827 ff.; *Gössel,* Hirsch-FS 188 ff.; *Jaeger* [10] 57; *Pott* KritV **99**, 107 ff.; *Renzikowski* NStZ **99**, 378, 381; *Nelles,* Einf./6. StrRG, 46 ff.; vgl. auch Erläuterungen zu den einzelnen Vorschriften). 2

Materialien: 2 a

a) zum E eines **StrÄndG (§ 174 c)** E-BR (BR-Drs. 656/93, 395/95, BT-Drs. 13/2203), Regierungsvorlage (BR-Drs. 295/97, BT-Drs. 13/8267); die mit kleinen Änderungen durch RA-BTag (BT-Drs. 13/9064) in den E des 6. StrRG aufgenommen wurde.

b) zum 33. StÄG: E-BRat (BR-Drs. 568/87, 587/91), E-SPD (BT-Drs. 12/1818), E-BRat (BT-Drs. 13/199), E-SPD (BT-Drs. 13/323), E-PDS (BT-Drs. 13/536); Fraktions-E CDU/CSU, FDP, Gesetzesbeschluss (BT-Drs. 13/2463 u. BR-Drs. 349/96), BRats-Beschluss (BT-Drs. 13/4939), VA-Empfehlung (BT-Drs. 13/5011), Zurückweisung der VA-Empfehlung (BR-Drs. 743/96), Einspruch BRat (BR-Drs. 743/96 u. BT-Drs. 13/5871), Gruppenantrag (BT-Drs. 13/7324, Beschl.-Empf. u. Ber. RA-BTag BT-Drs. 13/7663; BR-Drs. 320/97 [Beschluss]).

c) zum 6. StrRG: FraktionsE CDU/CSU u. FDP (BT-Drs. 13/7164), textidentischer RegE (BR-Drs. 164/97, BT-Drs. 13/8587), BTag-Prot. 13/162, 13/163, Stellungnahme BRat (BR-Drs. 164/97 [Beschluss], BT-Drs. 13/8587), Beschl.-Empf. RA-BTag (BT-Drs. 13/8991), RA-BTag-Prot.Nr. 88; Bericht RA-BTag (BT-Drs. 13/9064), BTag-Prot. 13/204, Gesetzesbeschluss BTag (BR-Drs. 931/97), BRat Prot. 720; BRats-Beschluss (BR-Drs. 931/97 [Beschluss]).

Die Regelungen zur Förderung der **Prostitution** und zur **Zuhälterei** sind durch das ProstG (vgl. 1 zu § 180 a) geändert worden. **Weitere Verschärfungen** insb. der §§ 176 a, 184 III, V wurden schon kurz nach Inkrafttreten des 6. StrRG Gesetzesinitiativen vorgeschlagen, jedoch zunächst zurück gestellt. Sie sind in die weitere umfassende Änderung des Abschnitts durch das G zur Änderung der Vorschriften über die Straftaten gegen die sexuelle Selbstbestimmung und zur Änderung anderer Vorschriften (zit. als **SexualdelÄndG**) v. 27. 12. 2003 (BGBl. I 3007) eingegangen. Die Strafrahmen der Vergehenstatbestände wurden durchweg erhöht, die §§ 176 a und 179 an § 177 angenähert, die Strafvorschriften über die Verbreitung von Pornografie in den §§ 184 bis 184 c neu geregelt (vgl. Erl. zu den einzelnen Vorschriften). §§ 180 b, 181 sind durch das **37. StÄG** aufgehoben und in §§ 232 ff. übernommen worden. 3

Materialien zum SexualdelÄndG: GesE SPD/B90/GR (BT-Drs. 15/350); Beschlussempfehlung und Bericht Rechtsausschuss (BT-Drs. 15/1311); Gesetzesbeschluss 3. 7. 2003 (BR- 3 a

Drs. 603/03); Anrufung Vermittlungsausschuss (BR-Drs. 603/03; BT-Drs. 15/1642); Mitteilung VA (BR-Drs. 853/03); Einspruch BRat (BR-Drs. 853/03; BT-Drs. 15/2123); Zurückweisung (BT-Drs. 15/2265).

3 b **Kritik.** Geschwindigkeit und (teilweise) Inhalt der Änderungen geben insoweit Anlass zu Bedenken, als der Zusammenhang zwischen Schutz-Zwecken und Wirksamkeit der strafrechtlichen Regelungen wohl nicht stets hinreichend beachtet wird. Die Regelungen haben einen Grad von Kompliziertheit und **Unübersichtlichkeit** erreicht, der ihr Verständnis durch die Bürger praktisch ausschließt; die Rechtsanwendung wird durch die Anwendung des § 2 III auf inzwischen (mit dem DDR-Recht) fünf verschiedene Rechtslagen innerhalb von 14 Jahren erschwert. Im **Koalitionsvertrag** vom 11. 11. 2005 ist eine weitere „grundlegende Reform" des Sexualstrafrechts vereinbart worden (Ziff. XIII 2.1, S. 140).

4 Im **Ergebnis** der Veränderungen seit 1997 ist eine deutliche **Erhöhung des Strafniveaus** eingetreten (zust. zum „*neuen Zeitgeist*" NK-*Frommel* 5 ff.). Als Königsweg der Strafrechtspolitik gilt derzeit die Strafdrohungs-Verschärfung. Die Modernisierung des Sexualstrafrechts ist auch ein populäres *Anwendungsfeld* des grundlegenden Umbaus eines als „überholt" angesehenen liberalen Strafrechts in ein **präventives Schutzkonzept** (vgl. dazu Einl. 11 b f.), das materiell- und prozessrechtlich die Grenzen zwischen Straf- und Polizeirecht verwischt. Den Sicherheits-Versprechungen dieses Konzepts ist freilich gerade im Bereich des Sexualstrafrechts zu misstrauen. Dass es eine tatsächliche Erhöhung der Rechtsguts-Sicherheit bewirke, ist eine unbewiesene Behauptung.

4 a Die Veränderung der gesellschaftlichen Beurteilung der *Strafwürdigkeit* ist Ausdruck tiefgreifender sozialer Veränderungen, namentlich des Umstands, dass die Macht-Position von Frauen – als überwiegend betroffener Opfergruppe – sich wesentlich verändert hat und dass an die Stelle patriarchalischer Strukturen eine „Verhandlungs-Kultur" sexuell gleichberechtigter Personen getreten ist (vgl. dazu auch *Fischer* ZStW **112** [2000], 75, 87 ff.). Sie drückt damit auch eine Auflösung überkommener Strukturen im sozialen Nahraum aus, insb. in der Familie. Im Übrigen korrespondiert auch ein gravierender Verlust von Sicherheit im sozialen Raum mit dem Bedürfnis nach „Hochrüstung" individueller Sicherheit. Hinzu kommt die Furcht vor dem Verlust der Kontrolle über Strukturen der *Kommunikation* (Internet!), dh der sozialen Verständigung über *Handlungs*-Möglichkeiten. Das Bedürfnis nach Abwehr dieser Bedrohungen führt zu fundamentalistischen Übertreibungen: Der Umgang mit Pornografie ist inzwischen mit schwererer Strafe bedroht als der mit Bauplänen für Atombomben. Überführte, aber auch „mutmaßliche" **Täter** werden in der öffentlichen Darstellung *dämonisiert;* schon die Beschuldigung hat einen nachhaltig stigmatisierenden Effekt. Dies steht in auffälligem Kontrast zu der verbreiteten Behauptung, die Täter seien meist hinter einer „Fassade" sozialer Unauffälligkeit zu *entlarven*, und Taten gegen die sexuelle Selbstbestimmung seien *massenhaft* in allen Bevölkerungsschichten verbreitet. Im Bereich des Sexualstrafrechts ist die im Übrigen als anrüchig angesehene „*Tätertypen*"-Lehre weiterhin populär.

5 **2) Rechtsgut.** Grundlage der Reform seit dem **4. StrRG** war eine Neubestimmung des durch das Sexualstrafrecht geschützten Rechtsguts (Nachw. bei *Bottke*, Otto-FS [2007] 535). Kern des Schutzbereichs des 13. Abschnitts ist die **sexuelle Selbstbestimmung,** also die Freiheit der Person, über Ort, Zeit, Form und Partner sexueller Betätigung frei zu entscheiden. Die Freiheit, sich *gegen* konkrete sexuelle Betätigungen zu entscheiden, ist hierin notwendig enthalten (and. *Sick/Renzikowski*, Schroeder-FS [2006] 603, 604, nach denen die sex. Selbstbestimmung „allgemein" als *negatives* Recht verstanden werde, sexuelle Betätigung nicht dulden zu müssen und nicht „herabgewürdigt" zu werden). Diese Selbstbestimmung ist Teil des allgemeinen, der Menschenwürde entspringenden Persönlichkeitsrechts; sie ist in vielfältiger Weise mit der intellektuellen, moralischen und sozialen Identität der Person verknüpft. Verletzungen der Grenzen dieses Selbstbestimmungsrechts werden von der betroffenen Person regelmäßig als besonders schwerwiegender Angriff auf den Kern personaler Würde empfunden; sie sind in besonderer Weise geeignet, nachhaltige schädliche Folgen für die seelische und soziale Integration der Person zu verursachen. In zahlreichen Tatbeständen des Abschnitts finden sich neben oder in Verbindung mit der sexuellen Selbstbestimmung andere Schutzzwecke (vgl. die §§ 176, 180 b, 181, 181 a, 182, 183, 183 a, 184 bis 184 b; Ber. II, 5; zust. *M/Schroeder/Maiwald* 17/14 ff.; *Sick* ZStW **103**, 49; vgl. LK-*Laufhütte* 2; SK-*Wol-*

ters/Horn 2f.; *S/S-Lenckner/Perron/Eisele* 1; *Schroeder,* Welzel-FS 868ff.), die individuelle, aber auch überindividuelle Rechtsgüter absichern (krit. *Bottke,* Otto-FS [2007] 535, 541ff). So können die Missbrauchstatbestände der §§ 174a bis 174c nicht allein als Individualschutz-Tatbestände begriffen werden; hier ist vielmehr auch das Vertrauen der Allgemeinheit in das Funktionieren institutionalisierter Abhängigkeits- und Unterordnungsverhältnisse nach sachlichen, nicht von sexuellen Interessen geleiteten Kriterien geschützt. Auch Jugendschutzgesichtspunkte (zB §§ 174, 176ff., 182, 184ff.) verbinden individuellen Rechtsgüterschutz und öffentliche Interessen. Der Rechtsgutsbegriff des § 184f Nr. 1 ist daher tatbestandsspezifisch zu differenzieren (vgl. die Anm. zu den einzelnen Vorschriften).

Nicht geschützt ist die **Sittlichkeit** (vgl. hierzu auch *Laubenthal* 6ff.; MK-*Renzikowski* 4ff.), ebenso wenig die **Ehre** der Person oder gar einer Personenmehrheit (*„Familienehre"*); daher auch nicht **die sexuelle Betätigung** einer Person oder das sexuelle Empfinden als solche (vgl. 2 zu § 177; *Fischer* ZStW **112**, 75, 87ff.). Dieser Grundsatz ist nicht so gesichert, wie es angesichts öffentlich demonstrierter Libertinage und Übersexualisierung des Konsum- und Freizeitbereichs erscheinen mag; auch hinter scheinbar emanzipatorischen Positionen verbirgt sich bisweilen ein paternalistisches Sittlichkeitskonzept. Die Vorstellung davon, was eine „richtige" Sexualität sei, in welcher Weise sie in die Persönlichkeitsstruktur integriert sein müsse und welche Motive sich legitimerweise mit sexuellen Interessen verbinden dürfen, spielt bei der Auslegung etwa der §§ 174 I Nr. 2, 174a II, 174b, 174c, aber auch des § 179 I Nr. 1 eine erhebliche Rolle. **Tabubereiche** sexuellen Verhaltens sowie motivatorische und situative **Ambivalenzen**, welche in der Lebenswirklichkeit eine wichtige Rolle spielen, werden in der Diskussion zu wenig beachtet. 6

Bloße **Lästigkeiten** sollen nicht strafbar sein, da sie nicht geeignet sind, das Rechtsgut ernstlich zu verletzen. Dieser aus dem *materiellen* Gehalt des Rechtsgutsbegriffs abgeleitete Gedanke kommt auch in § 184f Nr. 1 zum Ausdruck. Freilich zeigen Vorschriften wie §§ 183, 183a, 184 I Nr. 6 und 7, 184d, dass sich aus dem Rechtsgut-Postulat allein nicht schon zureichende Abgrenzungskriterien ableiten lassen. Sexuelle **Belästigungen** unterhalb der Schwelle strafbaren Verhaltens können nach § 2 I iV mit § 3 IV des Allgemeinen GleichbehandlungsG v. 14. 8. 2006 (BGBl I 1897) abgewehrt werden. 6a

3) Missbrauch und Zwang. Die Vorschriften des 13. Abschnitts **unterscheiden** im Grds zwischen **Zwangshandlungen** (insb. §§ 177, 178, 181; auch § 240 IV Nr. 1) und **Missbrauchshandlungen** (§§ 174 I, Nr. 3; 176; 176a I, II; 180 I, II; 181a). Eine Mehrzahl von Tatbeständen ist im **Grenzbereich** angesiedelt, namentlich solche, die ein **Ausnutzen von Zwangslagen** unter Strafe stellen (§§ 174 I Nr. 2; 174a; 174b; 174c; 177 I Nr. 3; 179; 180b; 182). Hieraus zu schließen, das Gesetz habe die Unterscheidung von Missbrauch und Nötigung „aufgegeben" (so NK-*Frommel* 4 zu § 177, 5 zu § 179; i.E. ebenso *Bungart* [unten 10] 145f., 204), ist aber unzutreffend; entsprechende rechtspolitische Vorschläge (vgl. etwa *Frommel,* RA-BT, 13. WP, Prot. Nr. 35) sind nicht Gesetz geworden. 7

A. Begriff des Missbrauchs. Das Gesetz verwendet weiterhin die zweifelhaften Terminologie des „sexuellen Missbrauchs von *Personen*", obgleich die Orientierung auf das Rechtsgut der sexuellen Selbstbestimmung (oben 5f.) es nahe gelegt hätte, die Formulierungen der gesetzlichen Überschriften (§§ 174, 174a, 174b, 174c, 176, 176a, 179, 182) und der Tatbestände selbst zu überprüfen. Dass in diesen Vorschriften das Opfer der Tat als *Objekt* des Missbrauchs bezeichnet wird, impliziert sprachlich, es werde von einer *Befugnis* zum „rechtmäßigen Gebrauch" ein im Einzelfall unzulässiger Gebrauch gemacht. Das verdunkelt auch die Auslegung einzelner Tatbestände, etwa wenn für die Anwendung der §§ 174a II, 179 I, II, 182 I, II zu prüfen sein soll, ob zur Tathandlung ein Missbrauch *der Person* als eigenständiges Merkmal hinzutreten muss. Nach hier vertretener Ansicht erschöpft sich der Begriff des Missbrauchs in der Ausnutzung tatsächlicher oder rechtlicher *Zugangsmöglichkeiten;* ein *Fehlgebrauch der Person* entzieht sich rechtlichen Maßstäben. 8

9 **B. Abgrenzung von Missbrauch und Zwang.** Der Begriff des Missbrauchs ist tatbestandsspezifisch zu bestimmen (vgl. auch 6 zu § 184f). Die gesetzliche Systematik wirft Fragen der Abgrenzung zwischen dem **Missbrauch** von Abhängigkeitsverhältnissen und eingeschränkten Schutzlagen (§§ 174 I Nr. 2, 174a bis 174c, 179, 180 III, 182 I, II; vgl. *Laubenthal* 51ff.) und dem nötigenden **Zwang** zu sexueller Betätigung (§§ 177 I, 240 I, IV Nr. 1) auf (vgl. i.e. 33ff. zu § 177; 3 zu § 179). Bei der Abgrenzung des strafbaren Bereichs ist zu bedenken, dass sich dieser allein danach bestimmt, in welchem Umfang der **Freiheitsraum des Opfers** durch den Täter, durch freiheitsbeschränkende Umstände oder durch normative Grenzen **beschränkt** wird (vgl. hierzu auch *Amelung* GA **99**, 182, 185f., 200ff.; ebenso MK-*Renzikowski* 10). Tatbeständen des strafbaren Missbrauchs und der Ausnutzung subjektiv oder objektiv eingeschränkter Schutzlagen liegt eine Konstellation zugrunde, in welcher eine **Einwilligung** des Opfers auf Grund bestimmter freiheitsbeschränkender Umstände als *unwirksam* betrachtet wird; hinzu kommt eine Verantwortlichkeit des Täters für die Herbeiführung, Aufrechterhaltung oder Ausnutzung dieser Lage (vgl. *Fischer* ZStW **112**, 75, 93f.). Für die Auslegung ist daran zu erinnern, dass nicht *„die Sexualität"* des Opfers vor *Angriffen* zu schützen ist, denn das Sexualleben der Menschen besteht nicht aus *„Angriff"* und *„Abwehr"*, und das Strafgesetz „hat nicht die Aufgabe, auf geschlechtlichem Gebiet einen moralischen Standard des erwachsenen Bürgers durchzusetzen" (BGH **23**, 40, 43).

9a Eine Ausweitung des Bereichs strafbaren „Missbrauchs" beinhaltet regelmäßig eine **Einschränkung** des Bereich wirksamer Einwilligungen des Opfers und daher auch von dessen **Selbst-Bestimmung.** So setzt etwa der von Amts wegen zu verfolgende Missbrauch eines Therapieverhältnisses (§ 174c II) voraus, dass eine Einwilligung des Opfers als *unwirksam* angesehen wird – ob es will oder nicht. Wer den Schutz von geistig behinderten Personen gegen Missbrauch erhöhen will, muss zwingend die Grenzen enger ziehen, innerhalb derer unvernünftige, aber autonome Entscheidungen der potentiellen „Opfer" akzeptiert werden. Hier kann Rechtsgüterschutz sich – etwa unter dem Druck sozialer, politischer, religiöser oder medialer „Stimmungslagen" – leicht in ein **paternalistisches Regime** obrigkeitlicher Bestimmung darüber verkehren, was als sozialschädliches Sexualverhalten anzusehen ist und wer sich unter welchen Bedingungen sexuell betätigen darf (vgl. etwa *Bungart* [10] 197ff.; vgl. dazu 3f. zu § 179). Dem Rechtsstaat fehlt die **Legitimation,** erwachsenen Personen, etwa weil sie schwachsinnig, abhängig, psychisch krank oder körperbehindert sind, sexuelle Betätigung zB nur unter der Bedingung „echter Liebesbeziehungen" zu erlauben (vgl. etwa NStZ **99**, 29) und hiervon abweichende Einwilligungen für unwirksam zu erklären.

10 **4) Neuere Literatur (allgemein):** *Amelung,* Über Freiheit u. Freiwilligkeit auf der Opferseite einer Strafnorm, GA **99**, 182; *Baurmann,* Sexualität, Gewalt u. psychische Folgen, 2. Aufl. 1996; *Bottke*, Zum Rechtsgut der §§ 174ff. StGB, Otto-FS (2007) 535; *Bungart*, Sexuelle Gewalt gegen behinderte Menschen, 2005 (Diss. Hamburg); *Dessecker,* Veränderungen im Sexualstrafrecht, NStZ **98**, 1; *Düx*, Sexualstraftaten und Sicherungsverwahrung – Abschied vom rechtsstaatlichen Strafverfahren?, ZRP **06**, 82; *Eisenberg/Hackethal,* Gesetz zur Bekämpfung von Sexualdelikten (usw.), ZfStrVo **98**, 196; *Eser,* Die Sexualität in der Strafrechtsreform, JurA **70**, 229; *Fischer,* Sexuelle Selbstbestimmung in schutzloser Lage, ZStW **112**, 75; *Freund,* Der Entwurf eines 6. Gesetzes zur Reform des Strafrechts, ZStW **109**, 455; *Frommel,* Zaghafte Versuche einer Reform der sexuellen Gewaltdelikte, KJ **96**, 164; *Gössel,* Über die sog. Regelbeispielstechnik u. die Abgrenzung zwischen Straftat u. Strafzumessung, Hirsch-FS 183; *ders.*, Das neue Sexualstrafrecht. Eine systematische Darstellung für die Praxis, 2005; *Helmken,* § 179 – letzter Stolperstein der Vergewaltigungsreform?, ZRP **96**, 241; *Ilg,* Der strafrechtliche Schutz der sexuellen Selbstbestimmung des Kindes, 1997; *M. Jäger* Strafgesetzgebung u. Rechtsgüterschutz bei Sicherheitsdelikten, 1957; *ders.,* Symbolisches Strafrecht – expressive Kriminalpolitik: Die Reform der Sexualdelikte, in: Inst. f. Kriminalw. u. Rechtsphilosophie Frankfurt/M. (Hrsg.), Irrwege der Strafgesetzgebung, 1999, 49; *Kelker,* Die Situation von Prostituierten im Strafrecht (usw.) [nach dem 26. StrRG], KritV **93**, 289; *Krekeler,* Für Sexualstrafverfahren bedeutsame Änderungen des StGB, StraFO **98**, 224; *Kreß,* Das Sechste Gesetz zur Reform des Strafrechts, NJW **98**, 633; *Kusch,* Gespaltenes Sexualstrafrecht im vereinten Deutschland – Vereinbarkeit mit Art. 3 GG, MDR **91**, 99; *ders.,* Verschärfter Jugendschutz.

Zur Auslegung des neuen § 182 StGB, NJW **94**, 1505; *Laubenthal,* Sexualstraftaten. Lehrbuch, 2000 (zit.: *Laubenthal* [Rn]); *Lautmann,* Der Zwang zur Tugend. Die gesellschaftliche Kontrolle der Sexualität, 1984; *Lenckner,* Das 33. Strafrechtsänderungsgesetz – das Ende einer langen Geschichte?, NJW **97**, 2801; *Mildenberger,* Änderungen im 13. Abschnitt des StGB durch das 6. StrRG, Streit **99**, 3; *Nelles,* in: *Dencker/Struensee/Nelles/Stein,* Einführung in das 6. StrRG, 1988 [zit. *Nelles,* Einf./6. StrRG]; *Oberlies,* Selbstbestimmung u. Behinderung, ZStW **114** (2000), 130; *Otto,* Die Neufassung der §§ 177–179 StGB, Jura **98**, 210; *Pott,* Rechtsgutsgedanke versus Freiheitsverletzung, KritV **99**, 91; *Reichenbach,* Der strafrechtliche Schutz behinderter Menschen vor sexuellem Missbrauch, GA **03**, 550; *Renzikowski,* Das Sexualstrafrecht nach dem 6. StrRG, NStZ **99**, 377; 440; *Rosenau,* Tendenzen u. Gründe der Reform des Sexualstrafrechts, StV **99**, 388; *Röthlein,* Der Gewaltbegriff im Strafrecht unter besonderer Berücksichtigung der Sexualdelikte, 1962; *Salditt,* Opferschutz durch Beweisverbot? Über das Rape-Shield-Konzept, Kohlmann-FS (2003), 667; *Sander/Hohmann,* Sechstes Gesetz zur Reform des Strafrechts (6. StrRG): Harmonisiertes Strafrecht?, NStZ **98**, 273; *Schöch,* Das Gesetz zur Bekämpfung von Sexualdelikten u. anderen gefährlichen Straftaten vom 26. 1. 1998, NJW **98**, 1257; *Schroeder,* Das 27. Strafrechtsänderungsgesetz – Kinderpornografie, NJW **93**, 2581; *ders.,* Das 29. Strafrechtsänderungsgesetz – §§ 175, 182 StGB, NJW **94**, 1501; *ders.,* Irrwege aktionistischer Gesetzgebung – das 26. StÄG (Menschenhandel), JZ **95**, 231; *ders.,* Die Revolution des Sexualstrafrechts 1992–1998, JZ **99**, 827; *Schünemann,* Die Mißachtung der sexuellen Selbstbestimmung des Ehepartners als kriminalpolitisches Problem, GA **96**, 307; *Sick,* Sexuelles Selbstbestimmungsrecht u. Vergewaltigungsbegriff, 1993; *dies.,* Zweierlei Recht für zweierlei Geschlecht?, ZStW **103**, 43; *Sick/Renzikowski,* Der Schutz der sexuellen Selbstbestimmung, Schroeder-FS (2006) 603; *Stächelin,* Das 6. Strafrechtsreformgesetz – Vom Streben nach Harmonie, großen Reformen u. höheren Strafen, StV **98**, 98; *Streng,* Überfordern Sexualstraftaten das Strafrechtssystem?, Bemmann-FS 443; *Walter/Wolke,* Zur Funktion des Strafrechts bei „akuten sozialen Problemen", MSchrKrim **97**, 93; *Wetzel,* Die Neuregelung der §§ 177–179 StGB, 1998; *Wimmer,* Gesetzliche Neuregelung im Bereich des Sexualstrafrechts – §§ 177 bis 179 StGB, ZRP **97**, 1119 [zum 33. StÄG].

Rechtsprechungsübersichten: *Miebach* NStZ **96**, 221; **97**, 119; 178; **98**, 130; 186; *Pfister* NStZ-RR **99**, 321; 353; **00**, 353; **03**, 353; **04**, 36; 353; **05**, 361; **06**, 361. Vgl. i. ü. die Angaben bei den einzelnen Vorschriften.

Zu Fragen der Prognose: *Boetticher/Kröber/Müller-Isberner/Böhm/Müller-Metz/Wolf,* Mindestanforderungen für Prognosegutachten, NStZ **06**, 537; *Block/Hoch,* Legalbewährung u. kriminelle Karrieren von Sexualstraftätern – Zwischenbericht 1997 der Kriminologischen Zentralstelle Wiesbaden (unveröff. Manuskr.); *Elz,* Legalbewährung und kriminelle Karriere von Sexualstraftätern: Sexuelle Missbrauchsdelikte (2001; KrimZ); Sexuelle Gewaltdelikte (2002; KrimZ); *Kröber/Dahle* (Hrsg.), Sexualstraftaten u. Gewaltdelinquenz, 1998 [Bespr. *Schneider* GA **00**, 46]; *Kröber/Dölling/Leygraf/Sass* (Hrsg.), Handbuch der Forensischen Psychiatrie, Bd. 3: Psychiatrische Kriminalprognose und Kriminaltherapie, 2006; *Müller-Isberner/Cabeza/Eucker,* Die Vorhersage sexueller Gewalttaten mit dem SVR [*Sexual Violence Risk*] 20, 2000; *Rehder/Nuhn-Naber/Eitzmann/Griepenburg/Pern,* Behandlungsindikation bei Sexualstraftätern, MschrKrim **04**, 371; *Rose,* Qualitätsstandards der Begutachtung bei Sexualstraftätern, StV **03**, 101; *Schall/Schreibauer,* Prognose u. Rückfall bei Sexualstraftätern, NJW **97**, 2412; *Schmitt,* Sexualstraftäter in Vollzug u. Bewährungshilfe, BewHi **97**, 148; *Stadtland/Hollweg/Dietl/Reich/Nedopil,* Langzeitverläufe bei Sexualstraftätern, MschrKrim **04**, 393. **10 a**

Sexueller Missbrauch von Schutzbefohlenen

174 **I Wer sexuelle Handlungen**

1. an einer Person unter sechzehn Jahren, die ihm zur Erziehung, zur Ausbildung oder zur Betreuung in der Lebensführung anvertraut ist,
2. an einer Person unter achtzehn Jahren, die ihm zur Erziehung, zur Ausbildung oder zur Betreuung in der Lebensführung anvertraut oder im Rahmen eines Dienst- oder Arbeitsverhältnisses untergeordnet ist, unter Missbrauch einer mit dem Erziehungs-, Ausbildungs-, Betreuungs-, Dienst- oder Arbeitsverhältnis verbundenen Abhängigkeit oder
3. an seinem noch nicht achtzehn Jahre alten leiblichen oder angenommenen Kind

vornimmt oder an sich von dem Schutzbefohlenen vornehmen lässt, wird mit Freiheitsstrafe von drei Monaten bis zu fünf Jahren bestraft.

II Wer unter den Voraussetzungen des Absatzes 1 Nr. 1 bis 3

1. sexuelle Handlungen vor dem Schutzbefohlenen vornimmt oder

2. den Schutzbefohlenen dazu bestimmt, dass er sexuelle Handlungen vor ihm vornimmt,

um sich oder den Schutzbefohlenen hierdurch sexuell zu erregen, wird mit Freiheitsstrafe bis zu drei Jahren oder mit Geldstrafe bestraft.

III Der Versuch ist strafbar.

IV In den Fällen des Absatzes 1 Nr. 1 oder des Absatzes 2 in Verbindung mit Absatz 1 Nr. 1 kann das Gericht von einer Bestrafung nach dieser Vorschrift absehen, wenn bei Berücksichtigung des Verhaltens des Schutzbefohlenen das Unrecht der Tat gering ist.

Übersicht

1) Allgemeines ... 1, 1 a
2) Rechtsgut ... 2
3) Täterstellung; geschützter Personenkreis ... 3–10
4) Tathandlungen ... 11–14
5) Missbrauch der Abhängigkeit (Abs. I Nr. 2, II iVm I Nr. 2) ... 15
6) Subjektiver Tatbestand ... 16
7) Vollendung; Versuch (Abs. III) ... 17
8) Täterschaft und Teilnahme ... 18
9) Rechtsfolgen; Absehen von Strafe (Abs. IV) ... 19–20
10) Konkurrenzen ... 21
11) Sonstige Vorschriften ... 22

1 **1) Allgemeines.** Die Vorschrift idF des 4. StrRG (1 f. vor § 174) wurde in I Nr. 3 geändert durch Art. 6 Nr. 4 AdoptionsG (4 zu § 11); in I durch Art. 1 Nr. 9 des SexualdelÄndG 2003 (vgl. 3 f. vor § 174).

1 a **Literatur:** *Jung/Kunz,* Das Absehen von Strafe nach § 174 IV StGB, NStZ **82**, 409; *Koeniger* NJW **75**, 161; 481; *Theede,* Unzucht mit Abhängigen, 1967. Vgl. i. ü. 10 vor § 174.

2 **2) Rechtsgut.** § 174 schützt die sexuelle Selbstbestimmung und ungestörte sexuelle Entwicklung von Kindern und Jugendlichen innerhalb bestimmter Abhängigkeitsverhältnisse (vgl. Ber. 20; BGH **1**, 58; **8**, 280; **17**, 194; GA **59**, 276; JR **60**, 68; NStZ **83**, 553; StV **98**, 656), die in typischer Weise die Gefahr der Ausnutzung aus sexuellen Motiven durch Autoritätspersonen begründen *Lackner/Kühl* 1; *S/S-Lenckner/Perron/Eisele* 1; LK-*Laufhütte* 1; i. E. auch NK-*Frommel* 8 f.; krit. SK-*Wolters/Horn* 2; MK-*Renzikowski* 2; *Jung/Kunz* NStZ **82**, 412).

3 **3) Täterstellung; geschützter Personenkreis.** Voraussetzung der Strafbarkeit ist, dass es sich bei dem Tatopfer um eine **Schutzbefohlene Person** handelt, dass also ein bestimmtes persönliches Verhältnis zwischen Opfer und Täter besteht, aus dem für diesen eine besondere Verpflichtung zum Schutz erwächst. § 174 ist ein **Sonderdelikt**. Das Opfer ist als notwendiger Teilnehmer nicht nach § 174 strafbar (BGH **18**, 281), für den strafbaren Teilnehmer gilt nach zutr. hM § 28 I nicht (LK-*Laufhütte* 20; *S/S-Lenckner/Perron/Eisele* 20; SK-*Wolters/Horn* 10; *Lackner/Kühl* 17; *M/Schroeder/Maiwald* 18/45; vgl. unten 18). I bildet drei, auch für II und III bedeutsame Gruppen, von denen die nach I Nr. 3 absoluten Schutz genießt, während er für die Gruppe I Nr. 1 durch IV und für die nach I Nr. 2 dadurch relativiert ist, dass die Tat Missbrauch der Abhängigkeit voraussetzt.

4 **A. Obhutsverhältnisse (Abs. I Nr. 1).** Täter des Abs. I Nr. 1 kann nur sein, wem eine Person unter 16 Jahren in bestimmten Funktionen so anvertraut ist, dass ein **Obhutsverhältnis** besteht, kraft dessen dem Täter das Recht und die Pflicht obliegen, die Lebensführung des Schutzbefohlenen und damit dessen geistige und sittliche Entwicklung zu überwachen und zu leiten (BGH **21**, 196; NStZ **89**, 21). Hierfür genügt eine häusliche Gemeinschaft nicht (StV **97**, 520; BGHR § 174 I *ObhVerh. 4, 7; NStZ-RR/P* **99**, 323 Nr. 12; 1 StR 362/05); andererseits ist eine längere Dauer nicht erforderlich (BGH **17**, 191; NJW **55**, 1934; NStZ-RR/P **00**, 353 Nr. 2). Die minderjährige Person muss dem Täter **anvertraut** sein; dies kann beruhen auf Gesetz (Eltern), Stellung (Lehrer), Übertragung durch den Erzie-

hungsberechtigten, aber auch auf einseitiger Übernahme der Betreuung (vgl. BGH **1**, 292 [Aufnahme eines Ausreißers]). Es kommt nicht darauf an, wie und von wem die Obhutspflicht begründet worden ist (BGH **41**, 137, 139); dies kann auch stillschweigend und auch durch den Minderjährigen selbst geschehen (BGH **4**, 212; **17**, 193; NStZ **95**, 496; **98**, 191 L; *Bellay* NStZ **95**, 497; *Laubenthal* 417). Entscheidend ist, ob nach den konkreten Umständen ein Verantwortungsverhältnis vorliegt (vgl. BGH **1**, 56; 292; **19**, 163; **21**, 196; **22**, 314), wonach dem Täter das Recht und die Pflicht obliegt, Lebensführung und geistig-sittliche Entwicklung des Jugendlichen zu überwachen (vgl. 4 StR 159/03), und ob ein den allgemeinen menschlichen Bereich erfassendes Abhängigkeitsverhältnis iS einer Unter- und Überordnung besteht (BGH **41**, 139 [m. Anm. *Bellay* NStZ **95**, 496]; BGHR § 174 I ObhVerh. 7; NStZ/M **97**, 119; **98**, 131 Nr. 7, 8, 9; *Laubenthal* 416 ff.; MK-*Renzikowski* 22 f.).

Das Betreuungs- und damit das Unterordnungsverhältnis muss als solches auch **dem Tatopfer bewusst** sein, denn aus dem Zusammenhang mit §§ 174 a, 176 ergibt sich, dass auch **Nr. 1** vor allem die sexuelle Selbstbestimmung schützt. 5

a) Ein Anvertrautsein **zur Erziehung** liegt, da Eltern schon von I Nr. 3 erfasst werden, insb. bei sonstigen Sorgeberechtigten vor, nämlich für **Pflegeeltern** (11 zu § 11); für den **Vormund;** ein entsprechendes Verhältnis kann auch zwischen Großeltern und Enkel bestehen (BGHR § 174 I Nr. 1 Obhutsverh. 10). Gegenvormund, Pfleger und Beistand der Mutter scheiden idR aus, nicht aber in den Fällen des §§ 1630 III, 1671 V, 1680 II S. 2 BGB. Bei **Stiefeltern,** die nicht unter Nr. 3 fallen, kommt es auch bei Hausgemeinschaft auf die Fallgestaltung an (BGH **3**, 342; GA **67**, 21; NStZ **89**, 21; BGHR § 174 I ObhVerh. 2, 3, 4; NStZ-RR/P **99**, 321 Nr. 2). Dasselbe gilt bei **nichtehelichem Zusammenleben** eines Elternteils. Für die Annahme eines Betreuungsverhältnisses ausreichend ist idR das bestehen einer Mitverantwortung, die intern eingeräumte Befugnis, erziehungsrelevante Erlaubnisse und Verbote zu erteilen oder Strafen zu verhängen (vgl. 1 StR 362/05). Das Verhältnis braucht nicht von längerer Dauer zu sein (BGH **17**, 191; NJW **55**, 1934; *Lackner/Kühl* 6; **aA** LK-*Laufhütte* 12; *M/Schroeder/Maiwald* 20/16); es kann während der Dauer einer häuslichen Gemeinschaft beendet werden, etwa indem die sorgeberechtigte Mutter ihrem Lebensgefährten untersagt, sich weiter um die minderjährige Person zu kümmern, und diese von ihm fernhält (vgl. NStZ-RR **99**, 360); es endet mit dem auf endgültige Trennung abzielenden Auszug, etwa bei Umzug der Mutter mit dem Minderjährigen in ein Frauenhaus (NStZ-RR/P **00**, 353 Nr. 1). Ist ein Erziehungsverhältnis gegeben, so erlischt es nicht ohne weiteres, wenn der Schutzbefohlene die Hausgemeinschaft verlässt (Celle NJW **56**, 1368; BGH NJW **60**, 2156). Auch der **Lehrer** ist idR Erzieher, und zwar auch hinsichtlich der nicht von ihm selbst unterrichteten Schüler seiner Schule (BGH **13**, 352; **19**, 163; Bay MDR **53**, 503); das gilt aber nicht für einen Gewerbelehrer (BGH **19**, 163) oder einen Nachhilfelehrer; entscheidend ist auch hier die Gestaltung des Einzelfalls (vgl. LK-*Laufhütte* 7). Weiter kommen der **Erziehungsbeistand** und der Betreuungshelfer in Betracht. Auch **Geistliche** können im Einzelfall Erzieher sein (Konfirmandenunterricht RG **52**, 73), auch außerhalb der Unterrichtstätigkeit (vgl. BGH **33**, 342 m. Anm. *Jakobs* NStZ **86**, 216; *Gössel* JR **86**, 516). 6

b) Die minderjährige Person kann **zur Ausbildung** anvertraut sein, dh zur Vermittlung von fachlichen Fertigkeiten und Kenntnissen und zum Erwerb der erforderlichen Berufserfahrung (§§ 1, 6, 20 BBiG). Ein bloßes Arbeitsverhältnis reicht nicht aus (LM Nr. 25), auch nicht die Anleitung zu einfachen, zB mechanischen Verrichtungen (BGH **21**, 196); hier kommt Nr. 2 in Betracht. Erforderlich ist, dass dem Täter neben der reinen Unterweisungsaufgabe auch eine Pflicht zu einer gewissen Obhut obliegt (BGH **21**, 202; 4 StR 159/03). Das ist regelmäßig **nicht** gegeben **zB** bei einem Tanzlehrer (5 StR 97/72) oder einem Fahrlehrer (Stuttgart NJW **61**, 2171; **aA** BayVRS **30**, 48; differenzierend BGH **21**, 196; vgl. 7

auch *Lackner* JR **68**, 190; offen bei NK-*Frommel* 14); idR auch nicht bei einer Tätigkeit als Tennistrainer oder Nachhilfelehrer (vgl. NStZ **03**, 661). Ist ein Ausbildungsverhältnis gegeben, so ist die Tat auch außerhalb der Ausbildungszeit und des Ausbildungsortes strafbar (BGH **17**, 191; NJW **53**, 1923).

8 **c)** Das Anvertraut-Sein kann schließlich eine **Betreuung in der Lebensführung** betreffen. Das setzt Verantwortung für das körperliche und psychische Wohl des Schutzbefohlenen voraus. Dies ist **nicht gegeben** bei einem bloßen Arbeitsverhältnis (BGH **1**, 233; NJW **55**, 1237); bei der Betreuung (nur) der Vermögensangelegenheiten; bei Leitern einer Jugendherberge (*S/S-Lenckner/Perron/Eisele* 8; *M/Schroeder/Maiwald* 20/16; **aA** noch NJW **57**, 1201); bei Reisebegleitern, Betreuern oder Animateuren im Rahmen von Ferienaufenthalten (vgl. LK-*Laufhütte* 12; and. NJW **55**, 1934); im Verhältnis zwischen Arzt und Patient (and. uU bei gerade die „Lebensführung" betreffendem Behandlungsverhältnis; vgl. SK-*Wolters/Horn* 6; MDR **51**, 52; GA **59**, 276); bei kurzfristigem Aufenthalt im Haushalt der Mutter und deren Lebensgefährten (NStZ **98**, 131); bei *gelegentlicher* Unterweisung oder Anleitung in Sport oder Freizeit (vgl. 5 StR 256/05 [Reiten]). Es kann nach Lage des Einzelfalls **gegeben** sein **zB** bei Personen, die im Rahmen der Hilfe nach den §§ 27 ff., 34, 35 a, 41 SGB VIII die Erziehung und Betreuung übernommen haben; bei Leitern eines Jugendheims (Hamburg HESt. **1**, 56), eines Zeltlagers (LM Nr. 1 zu § 175 a Nr. 2 aF), einer sportlichen Leistungsgemeinschaft (2 StR 199/71), einer Schülerfußballmannschaft (BGH **17**, 191); beim Betreuer eines Entlaufenen (BGH **1**, 292); einem Bewährungshelfer; uU bei Verantwortlichkeit für eine junge Hausangestellte (BGH **1**, 56; JR **59**, 148), für ein Ferienkind (2 StR 238/69); für eine für längere Zeit in einen Haushalt aufgenommene Jugendliche (Zweibrücken NJW **96**, 331). Die Tat kann auch bei anderer Gelegenheit als der Betreuung begangen werden (BGH **17**, 191).

9 **B. Abhängigkeitsverhältnisse (Abs. I Nr. 2).** Täter des Abs. I Nr. 2 kann sein, wem Personen **unter 18 Jahren** (vgl. BGH **30**, 358; NStZ **91**, 81) iS von oben 4 ff. **anvertraut** sind (vgl. dazu 4 StR 159/03) **oder** wem Personen unter 18 Jahren im Rahmen eines **Dienst- oder Arbeitsverhältnisses untergeordnet** sind. In Betracht kommen öffentliche wie privatrechtliche Dienst- und Arbeitsverhältnisse; untergeordnet sind die Minderjährigen den Personen, die rechtlich oder faktisch zur Tatzeit ihre unmittelbaren oder mittelbaren Vorgesetzten sind, was idR in einer über den Einzelfall hinausreichenden Weisungsbefugnis zum Ausdruck kommt (Ber. 24; Prot. VI/1460; anderseits 1457, 1475). Eine Befugnis zu Einzelweisungen genügt nicht; auch eine Unterstellung im Rahmen gelegentlicher Aushilfstätigkeit wird idR nicht ausreichen (vgl. Düsseldorf NStZ-RR **01**, 201 [Babysitter]). Überschneidungen mit der Fallgruppe oben 6 ff. sind möglich.

10 **C. Kinder (Abs. I Nr. 3).** Täter des Abs. I Nr. 3 können – in Ergänzung von § 173 („kleine Blutschande") – **Vater** oder **Mutter** einer minderjährigen Person sein, wobei sowohl die leiblichen ehelichen oder nichtehelichen Kinder (nicht das dem „Scheinvater" nur rechtlich zugeordnete Kind [BGH **29**, 387 zu § 1591 aF BGB]; krit. NK-*Frommel* 18) als auch Adoptivkinder (4 zu § 11) erfasst werden; Stief- oder Pflegekinder (Ber. 24; Prot. VI/1309, 1333; 4 StR 648/94) sind nicht erfasst. Darauf, ob dem Täter die Personensorge zusteht, kommt es nicht an; auch nicht auf das Bestehen einer Hausgemeinschaft, einer rechtlichen Pflicht, eines Abhängigkeits- oder Unterordnungsverhältnisses oder die tatsächliche Übernahme der Fürsorge. Durch die Strafrahmenerhöhung des SexDelÄndG 2003 (vgl. oben 1, unten 19) ist das **Verhältnis zu § 173** auch kriminalpolitisch nicht klarer geworden.

11 **4) Tathandlungen.** Abs. I und II unterscheiden **zum einen** nach der Art und dem **Gewicht** der Tathandlung, **zum anderen** nach dem **Zusammenhang** der Handlung mit dem Obhutsverhältnis oder nach zusätzlichen Motivationen.

A. Handlungen mit körperlichem Kontakt (Abs. I). In den Fällen des Abs. I ist gemeinsame Voraussetzung, dass der Täter eine **sexuelle Handlung** (1 ff. zu § 184f) **an** dem Schutzbefohlenen vornimmt oder von diesem **an sich vornehmen lässt.** Beide Fälle des I setzen voraus, dass der Täter mit dem Opfer in **körperliche Berührung** kommt (BGH **41**, 242 [m. Anm. *Schroeder* JR **96**, 211]; LK-*Laufhütte* 2; *S/S-Lenckner/Perron/Eisele* 12; MK-*Renzikowski* 24). Es handelt sich daher bei I um ein **eigenhändiges Delikt** (42 vor § 13; BGH **41**, 243; 1 StR 136/95; SK-*Wolters/Horn* 10; **aA** *Schroeder* JR **96**, 211). Die Variante des „Vornehmen Lassen" setzt mehr voraus als bloße Untätigkeit oder Passivität gegenüber sexuellen Handlungen der minderjährigen Person; erforderlich ist zwar kein Bestimmen iS von unten 13, wohl aber zumindest eine bestärkende Ermunterung. 12

B. Handlungen ohne körperlichen Kontakt (Abs. II). In den Fällen des Abs. II muss der Täter, ohne dass es zu einem körperlichen Kontakt zwischen dem Täter und dem Opfer kommt, **entweder** eine sexuelle Handlung **vor dem Schutzbefohlenen** vornehmen **oder** den Schutzbefohlenen dazu **bestimmen,** dass er sexuelle Handlungen **vor** ihm vornimmt (9 f. zu § 184 f), dh an sich selbst oder an einem Dritten (dann uU auch § 180 III). Für den Begriff des **Bestimmens** gelten die Grundsätze zu § 26 (dort 3) und zu § 180 II, III (NJW **85**, 924); er ist aber weiter [zutr. Gössel [10 vor § 174] 4/44) und bezeichnet jedes kausale *Verursachen* (Mitverursachen) des vom Gesetz umschriebenen *Verhaltens,* wobei Form und Mittel der Einflussnahme (zB Überredung, Täuschung, Drohung) gleichgültig sind (vgl. auch *Laubenthal* 438). Nicht das „Korrumpieren" des Tatopfers begründet den strafrechtlichen Vorwurf in § 174, sondern schon das **tatsächliche Verursachen** der sexuellen Begegnung zwischen Tatopfer und Täter; umfasst ist auch die Herbeiführung durch Zwang (BGH **41**, 245). Auf *unmittelbare* Einwirkungen des Täters auf den Minderjährigen lässt sich der Begriff des Bestimmens nicht beschränken (*Lackner/Kühl* 13; LK-*Laufhütte* 20; **aA** SK-*Wolters/Horn* 7 zu § 176; *S/S-Lenckner/Perron/Eisele* 8 zu § 176; NK-*Frommel* 22; *Laubenthal* 438). 13

Handlungen **„vor"** dem Täter oder dem Schutzbefohlenen setzen idR **körperliche** Anwesenheit sowie stets die Möglichkeit unmittelbarer sinnlicher Wahrnehmung durch den andern Teil voraus; daher reichen **zB** Foto- oder Videoaufnahmen in dessen Abwesenheit nicht aus. Dagegen sind „Live"-Übertragungen (Bsp.: Betrachtung per Videodirektübertragung im Nebenraum) jedenfalls dann erfasst, wenn die **Einflussmöglichkeit** des Täters auf den Geschehensablauf der Situation unmittelbarer körperlicher Anwesenheit gleich ist (vgl. dazu 11 f. zu § 176). 14

5) Missbrauch der Abhängigkeit (Abs. I Nr. 2, II iVm I Nr. 2). Im Fall des I Nr. 2 muss zu einer Handlung nach oben 11 hinzukommen, dass der Täter **unter Missbrauch** einer mit dem Schutzverhältnis **verbundenen Abhängigkeit** des Schutzbefohlenen vom Täter handelt. Das bedeutet etwas anderes als Missbrauch seiner (stets gegebenen) Stellung wie in § 174 a I (vgl. Prot. VI/1101, 1321, 1356 f.; *S/S-Lenckner/Perron/Eisele* 14). **Voraussetzung** ist, dass durch das gegenseitige Verhältnis eine sachliche und/oder psychische Abhängigkeit zur Tatzeit konkret gegeben und beiden Teilen auch **bewusst** ist (BGH **28**, 365, 367; NStZ **82**, 329; **91**, 81 f.; 1 StR 336/91; Zweibrücken NJW **96**, 330; Düsseldorf NStZ-RR **01**, 201; *Laubenthal* 424; MK-*Renzikowski* 31). Kommt der Täter nur oder überwiegend **infolge** dieser Abhängigkeit zum Erfolg, so missbraucht er sie. Das ist auch möglich, wenn das Tatopfer zustimmt (*Gössel* [10 vor § 174] 4/29) oder, etwa um Vergünstigungen zu erhalten, selbst die Initiative ergreift (Ber. 22; Prot. VI/1309; SK-*Wolters/Horn* 17; *Laubenthal* 425); spontanes Einverständnis des Opfers *kann* Indiz für fehlenden Missbrauch sein (vgl. BGH **28**, 367). Unzutreffend ist die Ansicht *Frommels* (NK 20), ein Missbrauch setze voraus, dass „gegen den geäußerten entgegen stehenden Willen unterhalb der Schwelle des § 177 I Nr. 3 Druck ausgeübt" wird; das vermischt *Nötigung* und *Missbrauch* (vgl. 9 vor § 174). Nach StV **81**, 543 L ist Missbrauch einer Abhängigkeit gegeben, wenn der Täter offen oder versteckt seine **Macht und Überlegenheit** in einer für den Schutzbefohle- 15 nen **erkennbaren Weise** als Mittel einsetzt, um diesen gefügig zu machen, oder wenn der Täter in Erkenntnis seiner Machtmittel die auf ihr beruhende Abhängigkeit sexuell ausnützt (ebenso NStZ **82**, 329; **91**, 81; NStZ/M **93**, 233 Nr. 3; NStZ **97**, 337; NStZ-RR **97**, 293; Zweibrücken NJW **96**, 330). Ein Missbrauch der Abhängigkeit liegt nur dann vor, wenn ein zumindest mitbestimmender Faktor für das Zustandekommen der sexuellen Handlung die in dem Obhutsverhältnis begründete **Machtstellung** des Täters über die Lebensverhältnisse des Opfers ist. Am Missbrauch fehlt es daher bei einer nur sexuell motivierten Initiative vor allem des Schutzbefohlenen, die für beide Teile ersichtlich keinen Zusammenhang mit der Abhängigkeit hat (*S/S-Lenckner/Perron/Eisele* 14). Auch das bloße Versprechen von Vorteilen, auf welche kein Anspruch besteht, ist idR kein Missbrauch der Autoritätsstellung (ebd.; unklar NK-*Frommel* 20). Eine **Nötigung** (§ 177, § 240) ist nur dann zugleich Missbrauch, wenn bei der Tat das Abhängigkeitsverhältnis ausgenutzt wird (ebenso MK-*Renzikowski* 31; and. wohl NStZ **97**, 337; vgl. auch 9 vor § 174). Missbrauch einer Abhängigkeit kann auch erfüllt sein, wenn es nach den Gebräuchen des Heimatlandes des Opfers üblich ist, sich dem Versorger sexuell hinzugeben (Zweibrücken NJW **96**, 331). In den Fällen von **I Nr. 1 und Nr. 3;** II iVm I Nr. 1 u. 3 braucht ein **Missbrauch** der Abhängigkeit **nicht** festgestellt zu werden (BGH **32**, 189).

16 **6) Subjektiver Tatbestand.** In allen Fällen der Abs. I und II ist **Vorsatz** erforderlich; das gilt insbesondere für das Schutzalter, das Anvertrautsein (dazu 1 StR 177/61), den Missbrauch der Abhängigkeit (oben 15) und die sexuelle Handlung (10 zu § 184f). Insoweit reicht bedingter Vorsatz aus. Das gilt auch für die tatsächlichen Voraussetzungen des *Missbrauchs*, namentlich den Umstand, dass im Fall des I Nr. 2 das Verhalten des Tatopfers auf der Abhängigkeit beruht (**aA** MK-*Renzikowski* 35; offen gelassen in 3 StR 11/07; vgl. auch 22 zu § 179). In beiden Fällen des Abs. II muss der Täter darüber hinaus in der **Absicht** (6 zu § 15) handeln, sich oder den Schutzbedürftigen sexuell zu erregen, wozu auch die Steigerung schon vorhandener Erregung gehört. Bei der Absicht, sich selbst zu erregen, muss die Gegenwart des Schutzbefohlenen eine stimulierende Rolle spielen (*S/S-Lenckner/Perron/Eisele* 18).

17 **7) Vollendung; Versuch (Abs. III).** Die Tat ist mit der Vornahme einer sexuellen Handlung vollendet (vgl. BGH **9**, 13). Der **Versuch** ist nach Abs. III strafbar. Er kann im Einzelfall schon gegeben sein, wenn der Täter das Opfer zum Dulden einer sexuellen Handlung zu überreden sucht (Ber. 27; 5 StR 624/64).

18 **8) Täterschaft und Teilnahme.** § 174 ist ein **Sonderdelikt** (*Gössel* [10 vor § 174] 4/3); Täter kann nur sein, wer die Obhutsstellung iS von I Nr. 1 bis 3 innehat. Die Tat ist zugleich **eigenhändiges Delikt** (vgl. BGH **41**, 242); die Täterstellung nach I setzt Körperkontakt zwischen Täter und Opfer voraus; Täterschaft nach II Nr. 1 eigene sexuelle Handlungen des Obhutsverpflichteten. Die Bestimmungshandlung des II Nr. 2 kann in mittelbarer Täterschaft begangen werden (*S/S-Lenckner/Perron/Eisele* 20); die sexuellen Handlungen des Schutzbefohlenen müssen aber auch hier vor dem Täter selbst vorgenommen werden (zu Handlungen vor Dritten vgl. § 180 III). **Teilnahme** kann bei entsprechender Garantenstellung (**zB** anderer Elternteil) auch durch **Unterlassen** geleistet werden (vgl. MDR/H **84**, 274 [dazu *Otto/Brammsen* Jura **85**, 540; *Ranft* JZ **87**, 908]). Für den Teilnehmer gilt **§ 28 I** nicht (*Lackner/Kühl* 17; *S/S-Lenckner/Perron/Eisele* 20; SK-*Wolters/Horn* 10; LK-*Laufhütte* 20; **aA** MK-*Renzikowski* 43; *Arzt/Weber* 10/20; *Jakobs* AT 23/25). Die schutzbefohlene Person ist stets straflos.

19 **9) Rechtsfolgen.** Für sexuelle Handlungen mit Körperkontakt droht **Abs. I** idF durch das SexualdelÄndG ein erhöhtes Mindestmaß der Freiheitsstrafe an; die Geldstrafendrohung wurde gestrichen, so dass Geldstrafe noch über § 47 II möglich ist (**In-Kraft-Treten:** 1. 4. 2004). Eine Begründung für die Verschärfung ergibt sich aus den Materialien nicht; der GesE führt aus (S. 16), es solle das „Problem" gelöst werden, dass bei Tateinheit von § 176 und § 174 die Strafdrohung des

§ 176 höher ist. Da § 176 andere tatbestandliche Voraussetzungen hat, bestand ein solches „Problem" aber gar nicht; Fälle, in denen der frühere Strafrahmen des § 174 einer angemessenen Ahndung entgegen gestanden hätte, sind nicht bekannt geworden. In **Abs. II** ist das Mindestmaß nicht angehoben. Die **Verjährungsfrist** beträgt 5 Jahre (§ 78 III Nr. 4). Seit 1. 4. 2004 ist § 174 in die Regelung über das **Ruhen** der Verjährung einbezogen (§ 78b I Nr. 1). Taten, die zu diesem Zeitpunkt bereits verjährt waren, sind hiervon nicht erfasst (vgl. NStZ **05**, 89).

Die Durchführung sexueller Handlungen, die das Rechtsgut idR besonders schwer beeinträchtigen, namentlich des Beischlafs (vgl. §§ 176a I Nr. 1, 177 II Nr. 1, 179 IV Nr. 1), kann **strafschärfend** wirken (NStZ-RR **98**, 236); im Einzelfall auch eine *besondere,* über die Erfüllung des Tatbestands hinausgehende (§ 46 III) Erniedrigung zum Sexualobjekt (NStZ **01**, 28); im Übrigen kann die konkrete Ausgestaltung des Abhängigkeitsverhältnisses berücksichtigt werden (NJW **94**, 1078). Ist eine Tat nach II Nr. 1 eine **exhibitionistische Handlung** iS von § 183, so kommt Strafaussetzung auch nach § 183 III, IV Nr. 2 in Betracht. Aus IV ergibt sich, dass I Nr. 2 idR strenger zu beurteilen ist als I Nr. 1 (1 StR 370/87). Die strafschärfende Berücksichtigung des Umstands, dass der Täter „die väterliche Autorität ausgenutzt" hat, verstößt gegen § 46 III (4 StR 364/98); ebenso die Erwägung, der Täter habe „das Näheverhältnis schamlos ausgenutzt" (NStZ-RR/P **00**, 355 Nr. 11); es liege kein „echtes Liebesverhältnis" vor (NStZ/M **93**, 223 Nr. 7). **19a**

Abs. IV ermöglicht ein **Absehen von Strafe** (nur) in Fällen des **I Nr. 1** oder des II iVm I Nr. 1. Voraussetzung ist, dass bei Berücksichtigung des Verhaltens der schutzbefohlenen Person das Unrecht der Tat als gering anzusehen ist. Die Unrechtsminderung muss sich gerade **aus diesem Verhalten** ergeben (vgl. *S/S-Lenckner/Perron/Eisele* 21). Mit der Möglichkeit **fakultativen** (krit. *Jung/Kunz* NStZ **82**, 409, 412) Absehens von Strafe soll der Weite des I Nr. 1 Rechnung getragen werden, der ein missbräuchliches Ausnutzen des Autoritätsverhältnisses nicht voraussetzt. Die Anwendung kommt **zB** in Betracht bei Initiativen der betroffenen Person selbst (vgl. *Jung/Kunz* NStZ **82**, 409); bei sofortiger Bereitschaft und Zustimmung des Opfers; in Einzelfällen auch bei auf Partnerschaft ausgerichteten Beziehungen (weiter *Lackner/Kühl* 16; *S/S-Lenckner/Perron/Eisele* 21; LK-*Laufhütte* 22); freilich kann weder das Ausnutzen schwärmerischer Gefühle noch die Auswahl unreifer und abhängiger Jugendlicher als Ersatz-Partner von vornherein mildernd wirken. **20**

10) Konkurrenzen. Innerhalb von § 174 I werden Nr. 1, 2 von Nr. 3 verdrängt; Nr. 2 verdrängt als das speziellere Gesetz Nr. 1 (BGH **30**, 358; BGHR § 174 I Missbr. 1; NStZ/M **98**, 131 Nr. 10). Tateinheit ist möglich mit § 173 (MDR/D **75**, 21; *S/S-Lenckner/Perron/Eisele* 22; SK-*Wolters/Horn* 31; *Lackner/Kühl* 17), §§ 174a, 176, 176a, mit §§ 179, 180 III, § 182 II Nr. 1 (NStZ **01**, 194); mit §§ 177, 240 (vgl. NStZ **97**, 337), im Fall des I Nr. 2 aber nur, wenn Missbrauch und Nötigung sich ausnahmsweise überschneiden (MK-*Renzikowski* 31). Von § 174 verdrängt wird § 183. Zur Feststellung und Strafzumessung bei **Serientaten** vgl. 41, 42 zu § 176; zur **Wahlfeststellung** mit § 176 bei möglicher Verjährung von § 174 I vgl. BGH **46**, 85 und 26 zu § 176. **21**

11) Sonstige Vorschriften. Beschäftigungsverbot für Verurteilte § 25 I Nr. 3, § 58 II JArbschG; UHaft § 112a I Nr. 1 StPO und zu § 174 II Nr. 1 auch § 183 IV Nr. 2; Führungsaufsicht § 181b; **Verjährung:** § 78b I Nr. 1; **Auslandstaten:** § 5 Nr. 8 Buchst. a. **22**

Sexueller Missbrauch von Gefangenen, behördlich Verwahrten oder Kranken und Hilfsbedürftigen in Einrichtungen

174a **I Wer sexuelle Handlungen an einer gefangenen oder auf behördliche Anordnung verwahrten Person, die ihm zur Erziehung, Ausbildung, Beaufsichtigung oder Betreuung anvertraut ist, unter Missbrauch seiner Stellung vornimmt oder an sich von der gefangenen oder verwahrten Person vornehmen lässt, wird mit Freiheitsstrafe von drei Monaten bis zu fünf Jahren bestraft.**

II Ebenso wird bestraft, wer eine Person, die in einer Einrichtung für kranke oder hilfsbedürftige Menschen aufgenommen und ihm zur Beaufsichtigung oder Betreuung anvertraut ist, dadurch missbraucht, dass er unter Ausnutzung der Krankheit oder Hilfsbedürftigkeit dieser Person sexuelle Handlungen an ihr vornimmt oder an sich von ihr vornehmen lässt.

III Der Versuch ist strafbar.

1 **1) Allgemeines.** Die Vorschrift wurde durch das 6. StrRG (2f. vor § 174) geschlechtsneutral gefasst; II wurde sprachlich modernisiert (vgl. BT-Drs. 13/8267, 6). Durch das SexualdelÄndG v. 27. 12. 2003 (3f. vor § 174) wurden die Strafdrohung erhöht und Abs. II geändert (**In-Kraft-Treten:** 1. 4. 2004).

1a **Literatur:** *Laubenthal*, Der strafrechtliche Schutz Gefangener und Verwahrter vor sexuellen Übergriffen, Gössel-FS (2002), 359; *ders.*, Schutz des Strafvollzugs durch das Strafrecht, Otto-FS (2007) 659. Vgl. i. Ü. 10 vor § 174.

2 **2) Rechtsgut.** Geschützte Rechtsgüter sind die sexuelle Selbstbestimmung der Betroffenen, die störungsfreie Funktion der Einrichtungen im Interesse der Betreuten und das Vertrauen der Allgemeinheit in die Integrität der Betreuer (Ber. 25; Prot. VI/1342; *Laubenthal* 283; *ders.*, Gössel-FS 359, 360; *ders.*, Otto-FS [2007] 659, 670; teilw. and. *S/S-Lenckner/Perron/Eisele* 1, der im Fall des I bei Missbrauch [nur] der Stellung des Täters die sexuelle Selbstbestimmung nicht als Schutzgut ansieht; **aA** *M/Schroeder/Maiwald* 18/39 ff.; SK-*Wolters/Horn* 10 zu § 184f; MK-*Renzikowski* 2 [Institutionenschutz nur Nebenwirkung]). Die Ansicht *Frommels* (NK 6; ebd. 11), Abs. I schütze überhaupt nicht die sexuelle Selbstbestimmung, sondern garantiere die Gleichbehandlung (!) der untergebrachten Personen, ist unzutreffend. *Frommels* Behauptung, Taten nach § 174a führten zu „privilegierten sexuellen Beziehungen" der „Schutzbefohlenen" (NK 11), nimmt in fern liegender Weise die Perspektive der Täter ein und führt zu dem grob sinnwidrigen Ergebnis, dass der Täter straffrei wird, wenn er Sexualkontakte mit *allen* ihm anvertrauten Personen unterhält. Schwer nachvollziehbar ist die Ansicht, die sexuelle Selbstbestimmung gefangener oder verwahrter Personen iS von Abs. I sei ausschließlich durch §§ 177, 179 geschützt, hingegen schütze Abs. II „ausschließlich die sexuelle Selbstbestimmung" (NK-*Frommel* 6)

3 **3) Täterstellung; geschützter Personenkreis.** § 174a setzt in allen Fällen der Abs. I und II das Bestehen eines institutionellen Abhängigkeitsverhältnisses voraus, innerhalb dessen das Opfer dem Täter **anvertraut** ist. Die Tat ist **Sonderdelikt**, aber kein Amtsdelikt. Sie kann nur **eigenhändig** begangen werden (zur Anwendung von § 28 I auf Teilnehmer vgl. 18 zu § 174); das pflichtwidrige **Unterlassen von Schutz** vor sexuellen Übergriffen Dritter, insb. Mitgefangener, begründet daher ggf. eine Beteiligung an deren Taten, nicht aber eine Unterlassungstäterschaft nach § 174a. Hafturlaub oder Freigang unterbrechen die Stellung als Gefangener nicht (*Laubenthal*, Gössel-FS [2002] 359, 361; SK-*Wolters/Horn* 3).

4 **A. Gefangene und verwahrte Personen (Abs. I).** Nach Abs. I geschützt sind zur Tatzeit **gefangene** Personen (iS von § 120), also insb. Personen in Freiheits- oder Jugendstrafvollzug, UHaft, Jugend- (§ 16 JGG) oder Disziplinararrest (§§ 22, 49 WDO), Ordnungshaft; zwangsweise vorgeführte oder nach § 127 II StPO vorläufig festgenommene Personen (vgl. Ber. 25; Prot. VI/1344); nicht nach § 127 I StPO festgenommene oder gem. § 81a StPO zur Blutprobenentnahme verbrachte Personen (*Laubenthal*, Gössel-FS 359, 361); weiterhin **auf behördliche Anordnung verwahrte** Personen, also nach §§ 63, 64, 66, § 126a StPO oder den UnterbringungsG untergebrachte Personen, Abschiebungshäftlinge); nach § 34 SGB VIII untergebrachte Personen (vgl. 3 zu § 120); nicht von einem Betreuer (§ 1906 II BGB, §§ 70 ff. FGG) untergebrachte Personen.

5 Innerhalb des durch die Freiheitsentziehung bestimmten institutionellen Verhältnisses muss das Opfer dem Täter **anvertraut** sein, und zwar zur **Erziehung** (zB *Anstaltslehrer; Sozialarbeiter;* vgl. 6 zu § 174), zur **Ausbildung** (zB Werkmeister; Berufsschul- und Fachlehrer; vgl. 7 zu § 174), zur **Beaufsichtigung** (insb. allgemeiner Wachdienst; Sicherheitspersonal) oder zur **Betreuung,** wobei anders als bei § 174 I Nr. 1, 2 nicht nur eine Betreuung in der Lebensführung (8 zu § 174),

sondern auch eine nur partielle oder vorübergehende gemeint ist, zB in der Krankenabteilung einer Haftanstalt. Erziehung und Ausbildung müssen nicht ein Element der Persönlichkeitsbildung umfassen (*S/S-Lenckner/Perron/Eisele* 5); die Aufgabe schlichter Einweisung ohne jedes Obhutselement reicht aber wohl nicht aus (*Laubenthal*, Gössel-FS 359, 363). Daher scheiden regelmäßig auch **Mitgefangene** als Täter aus, selbst wenn sie, etwa im Rahmen von Anstaltsbetrieben, Anleitungsaufgaben wahrnehmen (ebenso MK-*Renzikowski* 13).

Für das Merkmal des **konkreten Anvertraut-Seins** kommt es nur auf das spezifische Verhältnis zwischen dem Täter und dem Abhängigen an, so dass auch ein außerhalb der Anstalt Lebender (Lehrer, der in die Anstalt kommt) oder Tätiger (Ausbilder bei Außenarbeit; SK-*Wolters/Horn* 4) Täter sein und die Tat grds. auch außerhalb der Dienstzeit und der Anstalt begangen werden kann (zutr. *Laubenthal* 292 und in Gössel-FS 361, 364; SK-*Wolters/Horn* 3; LK-*Laufhütte* 3), denn die den Schutz notwendig machende Abhängigkeit beruht allein auf dem Status des Opfers (Ber. 25). Allerdings muss der Täter mit dem Opfer dienstlich zu tun haben (NJW **83**, 404; 4 StR 434/92); die Erziehung usw. gerade des Opfers muss zu den dienstlichen Aufgaben des Täters gehören (zu eng aber wohl NStZ/M **93**, 223 Nr. 8 [*unbefugter* Zugang eines JVA-Bediensteten zur Frauenabteilung JVA]). Eine *allgemeine* Zuständigkeit kann ausreichen, wenn sich aus der Stellung des Täters eine jederzeit realisierbare tatbestandsspezifische Einflussmöglichkeit ergibt; Täter kann daher zB auch ein Erzieher oder Ausbilder sein, zu dessen aktuell zu betreuender Gruppe das Opfer nicht zählt (enger wohl *S/S-Lenckner/Perron/Eisele* 5; *Laubenthal,* Gössel-FS 364). Auf das **Einverständnis** der gefangenen oder verwahrten Person mit dem Anvertraut-Sein kommt es nach der Natur der Sache nicht an; im Einzelfall kann sich ein solches – allgemein nicht bestehendes – Verhältnis aber durch Initiative der verwahrten Person ergeben. Liegt das vorausgesetzte Verhältnis vor, so kommt es für § 174a nicht darauf an, ob der Täter zZ der Tat konkret dienstlich mit der anvertrauten Person befasst ist (and. *Laubenthal*, Gössel-FS 364 für Angehörige der Fachdienste). Erfasst sind daher auch Taten während eines unbeaufsichtigten Ausgangs oder Urlaubs. Eine nur eingeschränkte Zuständigkeit des Täters (vgl. NStZ **99**, 29 [Krankenschwester]) macht nähere Feststellungen zur „Anvertrautheit" erforderlich (*S/S-Lenckner/Perron/Eisele* 5). Richter kommen als Täter in Betracht, wenn sie Vollzugsleiter nach §§ 90, 92 JGG sind. Polizeibeamte und andere Personen, die in der Anstalt dienstlich mit verwahrten Personen verkehren (**zB** bei Vernehmungen), sind nicht taugliche Täter; sie können § 174b unterfallen. 6

B. Kranke oder Hilfsbedürftige in Einrichtungen (Abs. II). Durch Abs. II geschützt sind Personen, die in eine **Einrichtung für Kranke oder Hilfsbedürftige** (als solche; vgl. unten 8a) aufgenommen sind. „Einrichtung" in diesem Sinn ist eine (öffentliche oder private) räumliche, sachliche und personelle Betriebs-Gesamtheit, deren **Zweck** die Dienst- oder Hilfeleistung für kranke oder hilfsbedürftige Personen oder deren Betreuung oder Beaufsichtigung ist. Voraussetzung ist nach dem Sinn der Regelung stets auch ein **räumlicher Zusammenhang**; ein organisatorischer Zusammenhang außerhalb dessen (zB Häusliche Pflege; Essen auf Rädern) reicht nicht aus. Es muss sich nicht um den einzigen, auch nicht um den Hauptzweck der Einrichtung handeln; innerhalb einer funktionalen oder Verwaltungsgesamtheit können einzelne Abteilungen, Stationen usw. Einrichtungen iS von II sein. Erfasst sind zum einen Einrichtungen zur **stationären** Hilfe, also jedenfalls allgemeine und psychiatrische Krankenhäuser (BGH **1**, 122), Pflegeheime (auch private; vgl. BGH **19**, 131 [zu § 174 Nr. 2 aF; „Kneippkurheim"]); auch selbständige Wohngruppen, die in den Verwaltungsbereich einer solchen Einrichtung eingegliedert sind. Lose Betreuungsformen, etwa im Rahmen „Betreuten Wohnens", sind nicht erfasst. 7

Durch das SexualdelÄndG (oben 1) wurde die Beschränkung auf stationäre Einrichtungen gestrichen (Art. 1 Nr. 10), um „*klarzustellen*, dass § 174a Abs. 2 auch 7a bei **teilstationären Einrichtungen** anzuwenden ist" (BT-Drs. 15/350, 16; vgl. schon BT-Drs. 13/9064, 10; ebenso *Frommel* in NK 6 [unter Zugrundelegung der Gesetzesfassung *vor* 2004]). Von einer *Klarstellung* kann bei Streichung eines einschränkenden Merkmals freilich nicht die Rede sein; beabsichtigt war eine *Erweiterung*. Was der **Begriff** „teilstationäre Einrichtung" im Zusammenhang des § 174 a bedeuten soll, ist vage. Erfasst werden sollten nicht nur solche Einrichtungen, in denen Personen – bei ganz oder teilweise freier sonstiger Lebensgestaltung – (nur) übernachten, sondern vor allem auch solche, in denen die Betroffenen **nicht übernachten** (zB Behinderten-Werkstätten; Tageskliniken). Es bleibt dann aber unklar, was das „*Stationäre*" an einer „teilstationären" Einrichtung sein soll. Die Ausdehnung des Tatbestands eröffnet ein weites Feld problematischer Abgrenzung, ohne dass zuvor eine *praktische Notwendigkeit* oder eine relevante „Lücke" zwischen § 174 I Nr. 2 und § 174 c zutage getreten wäre (krit. auch SK-*Wolters/Horn* 14). Fragen, ob und wann zB Vorschulkinder, Drogenabhängige, Dialysepatienten, körperlich Behinderte oder Alzheimer-Erkrankte dem Tatbestand unterfallen, weil sie *der Hilfe* bedürfen oder krank sind und sich zeitweise (täglich? wöchentlich? bei Bedarf?) in eine Einrichtung begeben, in der sie „teilstationär" (Dauer?) betreut oder beaufsichtigt werden, sind nicht geklärt.

8 Mögliche Opfer sind jedenfalls nur solche Personen, die **in die Einrichtung aufgenommen** sind. Das sind nicht Besucher; auch nicht in der Einrichtung Beschäftigte, auch wenn sie selbst einmal behandelt werden (vgl. GA **55**, 368). Bei **stationärer** Aufnahme kommt es auf deren Dauer nicht an; einmaliges Übernachten reicht in diesem Fall aus. Eine **nichtstationäre** „Aufnahme" wird wohl nur dann anzunehmen sein, wenn sich die Person in eine auf gewisse Dauer und Regelmäßigkeit angelegte Betreuung begeben hat, die von einem Abhängigkeitsverhältnis geprägt ist, welches denen des Abs. I und der stationären Aufnahme *ähnlich* ist. Nach dem Sinn des § 174 a können allein **ambulante** Behandlungen, Hilfeleistungen oder Betreuungsleistungen nicht ausreichen (ebenso *S/S-Lenckner/Perron/Eisele* 8). Auch wer in ein ambulantes Betreuungs- oder Pflege- *Programm* „aufgenommen" ist (häusliche Pflege; „Essen auf Rädern" mit zusätzlichen Betreuungsleistungen), ist dadurch nicht schon in eine Einrichtung aufgenommen (ebenso MK-*Renzikowski* 21). Die Aufnahme muss tatsächlich erfolgt sein; bloße Anmeldung oder Verpflichtung dazu reichen nicht aus. In Fällen stationärer Aufnahme kann die Tat, wenn die sonstigen Voraussetzungen erfüllt sind, auch **außerhalb** der Einrichtung oder der Dienstzeit (des Täters) begangen werden. Ob dies ohne weiteres auf Fälle nichtstationärer Aufnahme übertragen werden kann, ist zweifelhaft.

8 a Das Opfer muss **krank** oder **hilfsbedürftig** sein. Auf die Art der Krankheit oder den Grund der Hilfsbedürftigkeit kommt es nicht an; eine Einschränkung ergibt sich allein daraus, dass sie Anlass zur Beaufsichtigung oder Betreuung geben müssen. Die Begriffe überschneiden sich; im Wesentlichen kommt es auf die Hilfsbedürftigkeit an. Die Krankheit oder Hilfsbedürftigkeit muss tatsächlich gegeben sein; das folgt aus dem Erfordernis des Ausnutzens dieses Zustands (*S/S-Lenckner/Perron/Eisele* 8). Ob das Opfer sich krank oder hilfsbedürftig *fühlt*, ist grds. unerheblich. Einbezogen sind aber auch Personen, deren Hilfsbedürftigkeit sich aus der (möglicherweise irrigen) *Annahme* einer Erkrankung ergibt, also sowohl solche, die zu Diagnosezwecken aufgenommen sind, als auch solche, die eine objektiv nicht nachweisbare Beeinträchtigung subjektiv empfinden (SK-*Wolters/Horn* 14; **aA** *Lackner/Kühl* 7; LK-*Laufhütte* 8).

8 b **Täter** des Abs. II kann nur eine Person sein, der das Opfer **zur Beaufsichtigung** (im Hinblick auf sich aus der Krankheit oder Hilfsbedürftigkeit ergebende Gefahren für sich selbst oder Dritte) oder **zur Betreuung** (im Hinblick auf die sich aus der Hilfsbedürftigkeit ergebenden Erfordernisse) **anvertraut** ist. Betreuung umfasst die *Pflege*, aber auch Anleitung oder Hilfe zur Lebensführung, zur Beschäftigung usw. Die **Behandlung** ist, anders als in § 174 c, nicht aufgeführt. Das war nach der aF des Abs. II folgerichtig, der auf das sich aus der spezifischen *stationären* Aufnahme ergebende Abhängigkeitsverhältnis abstellte. Für die Fälle nichtsta-

tionärer Aufnahme passt dies nicht mehr ohne weiteres; es gibt aber einen gewissen Hinweis darauf, dass es in Abs. II auch in diesen Fällen auf ein institutionelles Verhältnis der Abhängigkeit oder Übergeordnetheit ankommt, das sich nicht in der Aufgabe punktueller „Behandlung" erschöpft. **Anvertraut** ist das Opfer nur dem, der in einem *konkreten* Betreuungs- oder Beaufsichtigungsverhältnis zu ihm steht, dh auf Grund seiner Stellung und Funktion in das Betreuungsverhältnis zu der aufgenommenen Person einbezogen ist; auf ein Weisungsrecht kommt es nicht an. Das technische und Verwaltungspersonal der Einrichtung scheidet daher idR als Täter aus (vgl. NJW **64**, 458; SK-*Horn/Wolters* 15); erst recht reicht nicht die bloße entfernte *Möglichkeit*, dass eine Person mit Betreuungs- oder Behandlungsaufgaben betraut werden *könnte* (unzutr. **aA** NK-*Frommel* 13). Eine Anstellung des Täters in der Einrichtung ist nicht erforderlich; die Tat kann auch innerhalb eines externen Behandlungsverhältnisses begangen werden, sofern der Täter in das Beaufsichtigungs- oder Betreuungsverhältnis zwischen Einrichtung und Betroffenem eingebunden ist und daher eine vergleichbare Abhängigkeitssituation besteht (*S/S-Lenckner/Perron/Eisele* 9 f.; LK-*Laufhütte* 15; vgl. auch BGH **19**, 131, 133 [zu § 174 aF]).

4) Tathandlungen. Äußere Tathandlung ist in allen Fällen des § 174 a das Vor- 9
nehmen einer **sexuellen Handlung an dem Schutzbefohlenen** oder das **Vornehmenlassen** einer solchen Handlung am Täter durch den Schutzbefohlenen. Sexuelle Handlungen *vor* dem Verwahrten und das Bestimmen des Verwahrten, solche Handlungen *vor* dem Betreuer vorzunehmen, können nur disziplinarisch geahndet werden; ggf ist § 180 III zu beachten.

A. Missbrauch der Stellung des Täters (Abs. I). Im Fall des Abs. I muss 10
der Täter unter **Missbrauch seiner Stellung** handeln (vgl. dazu auch unten 13). Das ist, da konkrete Abhängigkeit nicht festgestellt zu werden braucht, auch unabhängig von Dienstvorschriften angesichts des von I vorausgesetzten spezifischen Verhältnisses zwischen Täter und Opfer regelmäßig der Fall (vgl. BGH **2**, 93; **8**, 26; LK-*Laufhütte* 14; *Laubenthal* 301; ebenso MK-*Renzikowski* 17 [„grds. absolutes Abstinenzgebot"]; **aA** NK-*Frommel* 6 auf Basis der Ansicht, Abs. I schütze nicht die sexuelle Selbstbestimmung [vgl. oben 2]; zugleich soll aber, „falls die Strafbarkeit bejaht wird", § 174 IV *analog* angewendet werden, „wenn die sexuelle Selbstbestimmung nachweislich [!] nicht tangiert ist" [ebd.]). **Ausnahmen** sind bei besonderen Konstellationen möglich. Hierbei kommt es auf das **Einverständnis** der untergebrachten Person grds nicht an (*S/S-Lenckner/Perron/Eisele* 10; LK-*Laufhütte* 14; *Laubenthal* 301 f.); der Tatbestand kann auch erfüllt sein, wenn die Initiative zu dem sexuellen Kontakt von ihr ausging. Der Begriff des **Missbrauchs** ist im Hinblick auf die geschützten Rechtsgüter (oben 2) weiter als in § 174 I Nr. 2 (BGH **28**, 365; NStZ **99**, 349; StV **99**, 370 f.; *S/S-Lenckner/Perron/Eisele* 6, 10; *Sturm* JZ **74**, 5). Maßgebend ist, ob jeglicher Einfluss des institutionellen Abhängigkeitsverhältnisses auf die Gestaltung des persönlichen Verhältnisses von vornherein ausgeschlossen werden kann. In der Konsequenz nicht ganz überzeugend erscheint daher NStZ **99**, 349 (ebenso NStZ **99**, 29; beide für den seltenen Ausnahmefall weiblicher Täterinnen; Bestätigung des Freispruchs im letzteren Fall durch NStZ-RR/P **00**, 354 Nr. 4), wonach „besondere Umstände" einen Missbrauch begründen müssen und die bloße Ausnutzung der durch die Amtsstellung gebotenen **Gelegenheit** nur bei Angehörigen des Wachpersonals ausreicht. Eine Abgrenzung danach, ob ein „echtes" Liebesverhältnis vorliegt (NStZ **99**, 349; *S/S-Lenckner/Perron/Eisele* 6; *Laubenthal* 303 und in Gössel-FS 366), erscheint im Hinblick auf die geschützten Allgemeininteressen zweifelhaft und ist schwer praktikabel (vgl. 7 vor § 174; 11 f. zu § 174 c).

B. Ausnutzung der Krankheit oder Hilfsbedürftigkeit (Abs. II). Im Fall 11
des Abs. II muss der Täter die Krankheit oder Hilfsbedürftigkeit des Opfers **ausnutzen** und „dadurch" *die Person* (vgl. unten 13) missbrauchen. Ausgenutzt werden muss nicht nur die durch Aufnahme in die Einrichtung gegebene Möglichkeit

oder Gelegenheit, sondern gerade der Zustand der Person, also die Krankheit oder Hilfsbedürftigkeit. Das muss nicht zwingend derjenige Zustand sein, der zur stationären Aufnahme der Person geführt hat; er muss hiermit jedoch in einem inneren Zusammenhang stehen (MK-*Renzikowski* 28; SK-*Wolters/Horn* 18). Es ist auch nicht vorausgesetzt, dass das Opfer sich in einem krankheitsbedingten Zustand verminderter „Widerstandskraft" befindet (**aA** LK-*Laufhütte* 16; *S/S-Lenckner/Perron/Eisele* 10; *Lackner/Kühl* 8; SK-*Wolters/Horn* 18; MK-*Renzikowski* 28; NK-*Frommel* 14). Vielmehr ist es ausreichend, dass dem Opfer die Notwendigkeit einer in Wahrheit sexuell motivierten Handlung aus Anlass der Krankheit oder Hilfsbedürftigkeit vorgespiegelt wird, namentlich unter dem Vorwand einer diagnostischen oder therapeutischen Veranlassung (NStZ **04**, 630, 631; Hamm NJW **77**, 1499; wohl missverstanden von NK-*Frommel* 14). Nicht erfasst sind Handlungen mit oder an Personen, die überhaupt nicht (mehr) krank oder hilfsbedürftig sind, denn einen nicht vorhandenen Zustand kann man nicht *ausnutzen* (and. wohl NK-*Frommel* 14: *geheilte* Patienten); hier kommt bei Unkenntnis des Täters Abs. III in Betracht.

12 Ein **Ausnutzen** liegt vor, wenn der Täter die Hilfsbedürftigkeit *und* die mit der Aufnahme verbundene Abhängigkeit des Opfers **kennt** und zur Verwirklichung seiner sexuellen Ziele **nutzt** (vgl. SK-*Wolters/Horn* 18; LK-*Laufhütte* 16; *S/S-Lenckner/Perron/Eisele* 10). Einverständnis oder Initiative des Opfers schließen eine Ausnutzung nicht aus (abw. Ber. 27). Die Lage der hilfsbedürftigen oder kranken Person wird sich insb. bei stationärer Aufnahme von der „Schutzlosigkeit" iS des § 177 I Nr. 3 oft kaum abgrenzen lassen, muss jedoch nicht stets mit ihr zusammenfallen (vgl. Erl. zu § 177). Während § 177 I Nr. 3 einen **entgegenstehenden Willen** des Tatopfers und eine **Zwangswirkung** der Schutzlosigkeit verlangt (vgl. BGH **50**, 359, 364 ff. = NJW **06**, 1146; vgl. i. e. 33 ff zu § 177), ist das „Ausnutzen" der Lage des § 174 a II hiervon unabhängig zu bestimmen. Auch mit § 179 kann II sich überschneiden. Da die Strafbarkeit des Ausnutzens von Abhängigkeitsverhältnissen sich darauf stützt, dass die Einwilligung des Opfers als unwirksam behandelt wird (vgl. 7 vor § 174), andererseits das „bloße" *Nutzen der Gelegenheit* nicht ausreicht und die Ausübung von *Zwang* durch den Täter nicht vorausgesetzt ist, bleiben für das Ausnutzen iSd Abs. II überwiegend Fälle, in denen der Täter das Opfer durch Versprechungen, Zuwendungen oder Gewährung von **Vorteilen** zu sexuellen Handlungen oder deren Duldung bestimmt und hierbei weiß, dass die betr. Person ohne Vorliegen der Krankheit oder Hilfsbedürftigkeit nicht zustimmen würde.

13 Nach dem Wortlaut muss die Handlung sich als **Missbrauch** des Betroffenen darstellen. Das ist terminologisch wenig erhellend (vgl. 8 vor § 174), da es dem Opfer eine Objektstellung zuschreibt, die sprachlich die Möglichkeit eines „rechtmäßigen Gebrauchs" voraussetzen würde. Der Begriff ist daher dahin auszulegen, dass die Tathandlung der Betreuungsaufgabe des Täters zuwiderlaufen muss. Das ist regelmäßig gegeben, wenn die Voraussetzungen oben 11 f. erfüllt sind (vgl. LK-*Laufhütte* 16); eine eigenständige Bedeutung hat das Merkmal dann nicht (*S/S-Lenckner/Perron/Eisele* 10: MK-*Renzikowski* 30; iErg. ähnl. *Lackner/Kühl* 9).

14 **5)** Zum **subjektiven Tatbestand,** zur **Beteiligung** (eigenhändiges Delikt; für Teilnehmer gilt § 28 I nicht) und zum **Versuch (Abs. III)** gelten die Ausführungen zu § 174 entsprechend.

15 **6) Konkurrenzen.** Zwischen I und II ist Tateinheit möglich; ebenso mit §§ 174, 174 b, 176 bis 179, 180 III, 182, 240, 331. Zum Verhältnis zu § 174 c vgl. dort 15, zu § 185 vgl. 21 zu § 174.

16 **Sonstige Vorschriften:** vgl. 22 zu § 174. Die durch das SexualdelÄndG vorgenommene Aufnahme des § 174 a in die Regelung über das Ruhen der **Verjährung** (§ 78 b I Nr. 1) bis zur Vollendung des **18. Lebensjahrs** ist ohne rechten Sinn, da das Lebensalter für § 174 a keinerlei Rolle spielt.

Sexueller Missbrauch unter Ausnutzung einer Amtsstellung

174b **I Wer als Amtsträger, der zur Mitwirkung an einem Strafverfahren oder an einem Verfahren zur Anordnung einer freiheitsentziehenden Maßregel der Besserung und Sicherung oder einer behördlichen Verwahrung berufen ist, unter Missbrauch der durch das Verfahren begründeten Abhängigkeit sexuelle Handlungen an demjenigen, gegen den sich das Verfahren richtet, vornimmt oder an sich von dem anderen vornehmen lässt, wird mit Freiheitsstrafe von drei Monaten bis zu fünf Jahren bestraft.**

II Der Versuch ist strafbar.

1) Allgemeines. Die Vorschrift wurde durch Art. 1 Nr. 16 des 4. StrRG (1f. vor § 174) neu gefasst; die Strafdrohung wurde durch Art. 1 Nr. 11 SexualdelÄndG v. 27. 12. 2003 (BGBl. I 3007) erhöht (vgl. 2f. vor § 174). **1**

Literatur: vgl. 10 vor § 174. **1a**

2) Rechtsgut. Rechtsgüter sind die sexuelle Selbstbestimmung des Betroffenen und das Vertrauen der Allgemeinheit in die Integrität der in Betracht kommenden Behörden (Ber. 28; *S/S-Lenckner/Perron/Eisele* 1; MK-*Renzikowski* 2; *Laubenthal* 306; enger LK-*Laufhütte* 1). **2**

3) Täterstellung. Täter des **Sonderdelikts** (zugleich eigenhändiges Delikt; vgl. 18 zu § 174) kann nur sein, wer als **Amtsträger** (§ 11 I Nr. 2) zur **Mitwirkung an einem Strafverfahren** (auch ein solches, in dem nur Geldstrafe zu erwarten ist [**aA** NK-*Frommel* 5; *M/Schroeder/Maiwald* 19/6; *Laubenthal* 312]; nicht auch einem Bußgeld- oder Disziplinarverfahren; Ber. 29; Prot. VI/1376; 2 zu § 258a) oder an einem **Verfahren** zur Anordnung einer **freiheitsentziehenden Maßregel der Besserung und Sicherung** (§ 61 Nr. 1 bis 3) oder einer **behördlichen Verwahrung** berufen ist (Arrest nach § 22 WDO; Unterbringung nach den landesrechtlichen Unterbringungsgesetzen; § 37 II BSeuchG; nach § 12 Nr. 2 JGG Verpflichtete; Einweisung in ein Krankenhaus nach § 18 GeschlKrG; Abschiebungshaft; Verwahrung nach den landesrechtlichen Polizei- und Ordnungsgesetzen vgl. Ber. 29; Prot. VI/1376; 3 zu § 120). Der Amtsträger muss für Einleitung oder Mitwirkung an einem derartigen Verfahren **allgemein zuständig** sein (Prot. VI/1376). In Betracht kommen Richter und Staatsanwälte; Polizeibeamte (auch Bedienstete einer Gemeinde als Ortspolizeibehörde, BGH **12**, 277), und zwar auch bezüglich des ersten Zugriffs nach § 163 StPO; Finanzbeamte (RG **58**, 79); Ärzte, die bei Unterbringungsverfahren mitzuwirken haben; uU Gerichtshelfer, **nicht** aber Bewährungshelfer (Prot. VI/1376; MK-*Renzikowski* 13; **aA** LK-*Laufhütte* 6). Das Verfahren muss gegen einen **bestimmten Betroffenen** tatsächlich eingeleitet sein. Es reicht nicht aus, dass der Täter das Vorliegen eines (von einem Dritten eingeleiteten oder geführten) Verfahrens nur vortäuscht (*S/S-Lenckner/Perron/Eisele* 3; SK-*Wolters/Horn* 3; *Laubenthal* 312), wohl aber, dass er das Verfahren nur zum Schein einleitet, um den Betroffenen unter Druck setzen zu können. **3**

4) Tathandlung. Die Tathandlung entspricht der des § 174a (dort 9; 11 zu § 174). Hinzukommen muss, dass der Täter **unter Missbrauch einer durch das Verfahren begründeten** konkreten **Abhängigkeit** des Opfers von ihm handelt. Hierfür gilt 15 zu § 174 entsprechend. Die bloße Ausnutzung der durch die Amtsstellung gegebenen Möglichkeit zu sexuellen Übergriffen genügt nicht (StV **94**, 527); vielmehr muss der Täter **bewusst** eine im konkreten Verfahren begründete Abhängigkeit des Opfers ausnutzen (vgl. *Amelung,* Dünnebier-FS 517). Nur unter dieser Voraussetzung genügt es auch, wenn das Opfer unter der Befürchtung verfahrensbezogener Nachteile sexuelle Annäherungen des Täters nur duldet (vgl. *S/S-Lenckner/Perron/Eisele* 7; *Laubenthal* 319). „Echte Liebesbeziehungen" sollen auch hier ausscheiden (*Laubenthal* aaO; vgl. dazu 9 vor § 174; 10 zu § 174a). **4**

5) Zum s**ubjektiven Tatbestand,** zur **Beteiligung** und zum **Versuch (Abs. II)** gilt das zu § 174 Ausgeführte entsprechend. **5**

6 6) Zu den **Konkurrenzen** vgl. 15 zu § 174a; Tateinheit mit § 176 scheidet *praktisch* aus, weil sich gegen Kinder keine Verfahren iS von Abs. I richten (unzutr. **aA** NK-*Frommel* 13); mit § 174c ist Tateinheit möglich.

7 7) **Sonstige Vorschriften:** vgl. 22 zu § 174. Die Aufnahme in § 78b I Nr. 1 (Ruhen der **Verjährung** bis zum 18. Lebensjahr) ist schwer verständlich (vgl. 16 zu § 174a).

Sexueller Missbrauch unter Ausnutzung eines Beratungs-, Behandlungs- oder Betreuungsverhältnisses

174c **I Wer sexuelle Handlungen an einer Person, die ihm wegen einer geistigen oder seelischen Krankheit oder Behinderung einschließlich einer Suchtkrankheit oder wegen einer körperlichen Krankheit oder Behinderung zur Beratung, Behandlung oder Betreuung anvertraut ist, unter Missbrauch des Beratungs-, Behandlungs- oder Betreuungsverhältnisses vornimmt oder an sich von ihr vornehmen lässt, wird mit Freiheitsstrafe von drei Monaten bis zu fünf Jahren bestraft.**

II Ebenso wird bestraft, wer sexuelle Handlungen an einer Person, die ihm zur psychotherapeutischen Behandlung anvertraut ist, unter Missbrauch des Behandlungsverhältnisses vornimmt oder an sich von ihr vornehmen lässt.

III Der Versuch ist strafbar.

1 1) **Allgemeines.** Die Vorschrift ist durch das 6. StrRG (2f. vor § 174) eingefügt worden. **Inkrafttreten:** 1. 4. 1998. **Material:** RegE (BT-Drs. 13/8267), Beschl.-Empf. RA zum 6. StrRG (BT-Drs. 13/8991), Bericht RA (BT-Drs. 13/9064), BR-Drs. 931/97. § 174c geht zurück auf einen Gesetzesantrag Hamburgs (BR-Drs. 656/93), der geändert als E des BRats eingebracht wurde (BT-Drs. 13/2203). Durch Art. 1 Nr. 12 des SexualdelÄndG v. 27. 12. 2003 (BGBl I 3007; vgl. 3f. vor § 174) wurde Abs. I erweitert und die Strafdrohung erhöht.

1a **Literatur:** *Becker-Fischer/Fischer*, Sexuelle Übergriffe in Psychotherapie und Psychiatrie, 1997; *Bungart*, Sexuelle Gewalt gegen behinderte Menschen, 2005 (Diss. Hamburg); *Heintz-Grimm*, Sexueller Missbrauch geistig behinderter Menschen (usw.), in: *Walther* (Hrsg.), Sexualität und geistige Behinderung, 4. Aufl. 1996, 430; *Oberlies*, Sexuelle Selbstbestimmung und Behinderung, ZStW **114** (2002), 130; *Riemer/Schneider*, Verbesserung des Schutzes vor sexuellen Übergriffen in fachgebundenen und Richtlinien-Psychotherapien, ZS f. Psychosomatische Medizin und Psychotherapie **06**, 407; *Schmid-Noack*, Sexuelle Gewalt gegen Menschen mit geistiger Behinderung, 1994; *Spenner*, Die Strafbarkeit des „sexuellen Missbrauchs" in der Psychotherapie, 1999; *Zauner*, Sexueller Missbrauch unter Ausnutzung eines Beratungs-, Behandlungs- oder Betreuungsverhältnisses, § 174c StGB, 2004 (Diss. Tübingen). Vgl. i. ü. 10 vor § 174; 1a zu § 179.

2) **Rechtsgut; Anwendungsbereich.** Durch Einfügung des § 174c aF sollte die sexuelle Selbstbestimmung von Personen geschützt werden, die auf Grund **psychisch** bedingter Einschränkungen ihrer Durchsetzungsmacht innerhalb therapeutischer Abhängigkeitsverhältnisse in erhöhtem Maße der Gefahr sexueller Übergriffe ausgesetzt sind; nur mittelbar ist auch das Vertrauen in die Integrität und Lauterkeit der Behandlungs- und Betreuungsverhältnisse selbst geschützt (so auch *Laubenthal* 269; einschr. *S/S-Perron* 1; **aA** *Zauner* [1a] 33, 37).

2a Auch in der **ambulanten Behandlung und Betreuung** dieser Personengruppe verbinden sich typischerweise psychische Abhängigkeiten mit einer herabgesetzten Kritik- und Durchsetzungsfähigkeit gegen Grenzüberschreitungen sexueller Natur (RegE 4). Die psychischen Folgen für die Opfer sind nicht selten gravierend; die **Dunkelziffer** wird als hoch angesehen (vgl. *Schmid/Noack* in: *Walter* [1a], 444ff.; *Streng*, Bemmann-FS 444f.; *Riemer/Schneider* [oben 1a] 407, 408; MK-*Renzikowski* 7). Auch in § 174c geht es entgegen der gesetzlichen Überschrift nicht um den „Fehlgebrauch" von *Personen*, sondern um den Missbrauch der spezifischen Zugangsmöglichkeit des Täters (vgl. 8 vor § 174; 13 zu § 174a).

2b *Der frühere Vorschlag* (GesE des BRats, BT-Drs. 13/2203; vgl. auch BT-Drs. 13/8267, 9), auch „körperliche Leiden" in § 174c einzubeziehen, wurde mit der zutr. Begründung abgelehnt, dass Behandlungsverhältnisse wegen körperlicher Leiden nicht zu Abhängigkeitsverhältnissen führen, die Angriffe auf die sexuelle

Selbstbestimmung nahe legen oder erleichtern. In *Kehrtwendung* hierzu hat das G vom 27. 12. 2003 (oben 1; In-Kraft-Treten: 1. 4. 2004) **jegliche körperliche Krankheit oder Behinderung** einbezogen (**aA** NK-*Frommel* 1 [ersichtlich irrtümlich und wie bei § 174a II auf Grundlage der *überholten* Gesetzesfassung]). Die Begründung für die Tatbestandserweiterung, bei *mehrfach behinderten* Patienten seien „körperliche und seelische Krankheiten miteinander verzahnt" (BT-Drs. 15/350, 16), hebt einseitig auf *eine* (überdies: *unklare*) Fallgruppe ab, öffnet dafür aber den Tatbestand weit ins Ungewisse, ohne dass zuvor in der *Praxis* relevante „Lücken" zutage getreten wären (vgl. unten 5). Damit ist, um eine der von Medien und Politikern inzwischen fast im Monatsrhythmus neu entdeckten angeblichen „Schutzlücken" zu schließen, die Rechtspraxis ein weiteres Mal mit überflüssigen und fehlerträchtigen Abgrenzungsfragen belastet worden (vgl. unten 5f.).

3) Täterstellung; geschützter Personenkreis. § 174c setzt voraus, dass eine Person dem Täter auf Grund der in Abs. I und II beschriebenen Voraussetzungen **anvertraut ist**, dass also ein spezifisches, durch die Behandlung (usw) begründetes Macht- und Abhängigkeitsverhältnis besteht. **Täter** kann nur sein (**Sonderdelikt;** vgl. 18 zu § 174), in wessen Person diese Voraussetzungen gegeben sind. 3

A. Beratungs-, Behandlungs- und Betreuungsverhältnisse gegenüber geistig oder seelisch Kranken oder Behinderten (Abs. I, 1. Var.). Die 1. Var. setzt voraus, dass eines der genannten Verhältnisse wegen einer **geistigen** oder **seelischen** Krankheit oder Behinderung besteht. Auf das Geschlecht und das Alter der betroffenen Person kommt es nicht an. Die Begriffe der **Krankheit** und der **Behinderung** überschneiden sich (vgl. *Zauner* [1 a] 20ff.); während letzterer vor allem irreversible Einschränkungen der normalen geistigen und psychischen Leitungsfähigkeit beschreibt, umfasst der Begriff der Krankheit neben chronischen auch vorübergehende nicht ganz unerhebliche geistig/seelische Beeinträchtigungen. Ausdrücklich einbezogen sind **Suchterkrankungen,** die nicht erst bei körperlicher, sondern schon bei suchtspezifischer psychischer Abhängigkeit dem I unterfallen. Nicht stoffgebundene Abhängigkeiten sind nicht erfasst; sie können aber „seelische Krankheiten" sein (*Lackner/Kühl* 2; *S/S-Perron/Eisele* 4). Der Krankheitsbegriff des I ist daher weiter als der der krankhaften seelischen Störungen iS des § 20; er umfasst neben diesen auch die angeborene oder erworbene Intelligenzminderung sowie den weiten Bereich anderer seelischer Abartigkeiten iS des § 20 (vgl. i. e. Erl. zu § 20). Anders als §§ 174a, 174b, die die Vermutung eines strafbarkeitsbegründenden Abhängigkeitsverhältnisses an das Vorliegen allgemein bestimmter objektiver äußerer Umstände knüpfen, leitet § 174c die Schutzbedürftigkeit aus dem konkreten Behandlungs- oder Betreuungs*verhältnis* selbst ab, das an teilw. schwer feststellbare psychische Kriterien geknüpft ist. 4

B. Beratungs-, Behandlungs- und Betreuungsverhältnisse gegenüber körperlich Kranken oder Behinderten (Abs. I, 2. Var.) Die 2. Var. ist durch das SexualdelÄndG (oben 1) mit Wirkung ab 1. 4. 2004 eingefügt worden (vgl. schon oben 2b), um Fälle unklarer *Abgrenzung* zwischen psychischer und körperlicher Beeinträchtigung sowie Fälle der „Mehrfachbehinderung" zu erfassen (BT-Drs. 15/350, 16). Der Wortlaut geht hierüber ersichtlich weit hinaus; er erfasst *jede beliebige, körperliche Erkrankung* oder körperliche Behinderung. Mit den Varianten des Beratungs-, Behandlungs- und Betreuungs- Verhältnisses ist somit praktisch der **Gesamtbereich des Gesundheitswesens** als potentiell tattauglich erfasst. Diese exzessive Ausweitung des Tatbestands ist ohne kriminalpolitischen Sinn (krit. auch MK-*Renzikowski* 10): 5

Die §§ 174ff. stellen mit gutem Grund nicht den Missbrauch eines *beliebigen* Abhängigkeitsverhältnisses für sexuelle Zwecke unter Strafe, denn das soziale Leben ist von einer unüberschaubaren Vielzahl individueller, sozialer und institutioneller Abhängigkeiten geprägt, die eine mit Art. 103 II GG vereinbare Grenzziehung nicht erlauben. *Daher* sind in §§ 174 bis 174c einzelne objektive Verhältnisse 5a erfasst worden, innerhalb derer eine überdurchschnittliche Abhängigkeit – und *daher* eine Gefährdung des Rechtsguts – *typisch* ist. Anders als zB bei Anstaltsunterbringung, in Ausbildungsverhältnissen oder bei stationärer Aufnahme in Behandlungs- oder Pflegeeinrichtungen, aber auch bei Behandlungs- und Betreuungsverhältnissen wegen psychischer Beeinträchtigungen lässt sich ein solches **typischerweise** bestehendes Abhängigkeits- und Autoritätsverhältnis, das Verletzungen der sexuellen Selbstbestimmung in überdurchschnittlicher Weise erleichtert, für die Behandlung oder gar Beratung wegen **körperlicher Erkrankungen** schlechterdings nicht behaupten (so auch *Sick/Renzikowski*, Schroeder-FS [2006] 603, 610). Die Abhängigkeit, in welcher sich Menschen befinden, die wegen *irgendwelcher* Erkrankungen bei *irgendwelchen* Personen Beratung, Behandlung oder Betreuung erlangen, ist typischerweise um nichts größer als die Abhängigkeit **zB** von Arbeitgebern, Banken, Vermietern, Vorgesetzten, Ausbildern usw., in der sich jeder Mensch befindet. Die Neuregelung verwirrt auch die **systematische** Folgerichtigkeit der §§ 174 ff.: Es lässt sich kaum erklären, welche Bedeutung neben § 174 c der zugleich erweiterte § 174 a II haben soll, in dem es auf stationäre Aufnahme nicht mehr ankommt. Eine mögliche Begrenzung des Tatbestands verschiebt sich so fast gänzlich in den normativen Begriff des „Missbrauchs".

6 **C. Psychotherapeutische Behandlungsverhältnisse (Abs. II).** Eine gesonderte Regelung psychotherapeutischer Behandlungsverhältnisse in Abs. II ist erfolgt, weil die Grenze zwischen „Krankheit" und Gesundheit hier besonders häufig fließend ist und die Betroffenen das Abhängigkeits- und Vertrauensverhältnis regelmäßig aus eigenem Antrieb und in eigenverantwortlicher Entscheidung selbst begründen (RegE 7; vgl. den Sachverhalt NStZ **98**, 83). Diese Begründung ist freilich durch Einbeziehung *körperlicher* Erkrankungen in I obsolet geworden. Der Begriff der **psychotherapeutischen Behandlung** ist weit zu verstehen. Darunter fallen nicht nur Therapien, die anerkannten Regeln der Berufsverbände folgen und sich einer der verbreiteten „Schulen" zuordnen lassen; nach dem Schutzzweck der Norm sind vielmehr auch „alternative" Therapieformen einbezogen (ebenso MK-*Renzikowski* 21). Daher kommt es nicht darauf an, ob die Behandlung als Therapie *bezeichnet* wird, ob der Täter eine allgemein anerkannte Qualifikation iS der §§ 5, 6 PsychThG besitzt (dazu *Schlund* NJW **98**, 2722) und ob die Behandlung den Vorgaben der Psychotherapie-Richtlinien entspricht (ebenso *S/S-Perron/Eisele* 8; SK-*Wolters/Horn* 11; MK-*Renzikowski* 21; *Laubenthal* 279). Dem Tatbestand des II unterfallen auch zahlreiche Therapie- und Psychotrainingsprogramme, die von Weltanschauungsgemeinschaften oder religiös auftretenden Gruppierungen angeboten werden (vgl. auch die Hinweise auf die „Inflation des Therapiebegriffs" bei *Staudinger* NStZ **97**, 468). Ein Fall des II ist stets dann gegeben, wenn die betroffene Person aus eigenem oder fremdem Antrieb wegen geistiger oder psychischer Beeinträchtigungen eine therapieartige Behandlungssituation aufsucht und eine auf Linderung des Leidensdrucks oder Heilung gerichtete Tätigkeit des Therapeuten stattfindet. **Ausgeschlossen** sind Veranstaltungen, Kurse oder „Workshops", die – wenn auch psychologisch fundiert – allein der Erlernung oder Erhöhung sozialer Kompetenz dienen (Konfliktbewältigung, Führungsverhalten, usw.). Auch die uU therapieartigen Abhängigkeitsverhältnisse in reinen **Selbsthilfegruppen** ohne therapeutische Leitung unterfallen § 174 c nicht.

7 **D. Anvertrautsein zur Beratung, Behandlung** oder **Betreuung.** In allen Fällen muss das Opfer dem Täter zur Beratung, Behandlung oder Betreuung **anvertraut** sein. Die Grenzen zwischen diesen Varianten sind nicht stets eindeutig zu ziehen. Beratung im Sinne eines Beistands zur Bewältigung der krankheitsspezifischen Probleme (and. *Lackner/Kühl* 4) ist häufig Bestandteil der Behandlung; insb. *im ärztlichen Bereich* wird eine bloße Betreuung, also die Übernahme der Verantwortung für das Wohl einer Person (*S/S-Perron* 5), ohne therapeutische Komponente kaum vorkommen. **Anvertraut** ist die Person, wenn das tatbestandliche Verhältnis tatsächlich besteht. Auf das Vorliegen eines Vertrags kommt es nicht an

(**aA** SK-*Wolters/Horn* 3; *Lackner/Kühl* 4; wie hier *S/S-Perron/Eisele* 5; *Laubenthal* 275), ebenso nicht darauf, ob das Verhältnis auf Initiative des Patienten (der *sich* „anvertraut"), des Täters (**aA** *Zauner* [1 a] 92) oder eines Dritten begründet wurde (vgl. oben 6). Auf die Kenntnis des Betroffenen von dem therapeutischen oder betreuenden Charakter der Beziehung kommt es in Fällen nicht an, in denen – etwa bei geistiger Behinderung – das Wesen der Beziehung krankheits- oder behinderungsbedingt nicht erfasst wird. Unerheblich ist, ob das Verhältnis des Anvertraut-Seins innerhalb von **Einrichtungen** (**zB** Behindertenwerkstätten; Tagesklinik; Beschütztes Wohnen), in der **ambulanten** Versorgung (**zB** sozialpsychiatrischer Dienst; Ambulanzen; Suchtberatungsstellen; Praxis niedergelassener Psychotherapeuten oder Psychiater) oder im Rahmen häuslicher Betreuung (**zB** Hausbesuche; häusliche Pflege; Wohngruppen) besteht. Ein Verhältnis der **Über- und Unterordnung** muss nicht bestehen (**aA** LK-*Laufhütte/Roggenbuck* Nachtr. 7, die aber zugleich eine Ausnutzung von Abhängigkeit nicht voraussetzen).

Die betroffene Person muss dem Täter **wegen** einer der in I genannten Beein- **8**
trächtigungen oder zur Behandlung iS von II anvertraut sein. Ob sich die dem zugrunde liegende Diagnose als zutreffend erweist, ist gleichgültig. Auch insoweit kommt es auf die Kenntnis des Betroffenen nicht an. Ausreichend ist, dass das konkrete Verhältnis wegen der in I genannten Beeinträchtigungen oder zum Zweck einer psychotherapeutischen Behandlung **begründet** wurde; nicht erforderlich ist, dass die konkrete Beratung oder Behandlung gerade im Hinblick auf diese geistige oder seelische Beeinträchtigung erfolgt (and. *S/S-Perron/Eisele* 5). Hieraus ergibt sich, dass zur Feststellung des tatbestandlichen Verhältnisses weder stets auf die Sicht des Opfers (so wohl SK-*Wolters/Horn* 3) noch allein auf die des Täters abzustellen ist. Stets liegt ein solches Verhältnis vor, wenn die betroffene Person die Beratung, Behandlung oder Betreuung aus einem der genannten Gründe aufgesucht hat und der Täter eine entsprechende Tätigkeit aufgenommen hat oder zu ihr verpflichtet ist. Es kann sich jedoch auch **ohne Kenntnis** und selbst **gegen den Willen** der betroffenen Person aus Vertrag oder dienstlichen Pflichten ergeben (and. MK-*Renzikowski* 22). Ob eine Krankheit oder Behinderung tatsächlich vorliegt, ist unerheblich, soweit die betroffene Person subjektiv eine Behandlungs- oder Beratungsbedürftigkeit empfindet (SK-*Wolters/Horn* 3; *S/S-Perron/Eisele* 5; *Laubenthal* 272, 279; **aA** *Lackner/Kühl* 2). Der Tatbestand kann auch dann erfüllt sein, wenn das Beratungs-, Behandlungs- oder Betreuungsverhältnis *pro forma* beendet wird, bevor es zu sexuellen Handlungen kommt (RegE 7; **aA** wohl aufgrund Missverständnisses NK-*Frommel* [verfassungswidrige Verdachtsstrafe oder „Liebesverbot"]); es kommt allein darauf an, ob das betreffende Verhältnis *tatsächlich* besteht. Dies kann im Einzelfall auch gegen den Willen des Opfers (etwa bei geistigen Behinderungen) oder des Täters (etwa bei Anbahnungsgesprächen) sowie nach einseitigem Abbruch der Fall sein. Jedoch greift der Tatbestand nach **tatsächlicher Beendigung** des Behandlungs- usw.- Verhältnisses nicht mehr ein, auch wenn eine in seinem Rahmen begründete emotionale Abhängigkeit fortbesteht (zutr. LG Offenburg NStZ-RR **05**, 74; ebenso *Zauner* [1 a] 97 ff.).

4) Tathandlungen. Die Tathandlungen der Abs. I und II sind dieselben wie in **9**
§ 174 a (dort 9). Erfasst sind nur sexuelle Handlungen mit **körperlichem Kontakt,** nicht also zB verbale scheintherapeutische „Explorationen" mit sexueller Motivation. Angesichts der Weite des Tatbestands lässt sich die **Erheblichkeitsschwelle** des § 184 f Nr. 1 nicht für alle genannten Verhältnisse gleichermaßen bestimmen. Sie ist abhängig von der konkreten Beeinträchtigung der betroffenen Person, von der Stellung des Täters innerhalb des Beratungs-, Behandlungs- oder Betreuungsverhältnisses und von dessen Ausgestaltung im Einzelfall. Die Erheblichkeit bestimmt sich nach objektiven Kriterien (3 f. zu § 184 f.); auf die – uU krankheitsbedingt verzerrte – Wahrnehmung der betroffenen Person kommt es nicht an. Körperliche Kontakte im Rahmen einer lege artis durchgeführten Therapie können die Grenze objektiver Sexualbezogenheit durchaus erreichen (vgl. etwa

die Beispiele bei *Riemer/Schneider* [oben 1 a] 407, 409 f.). Ob die Schwelle des § 184 f Nr. 1 überschritten wird, wird sich häufig nur unter Berücksichtigung der Tätermotivation unter dem Gesichtspunkt des Missbrauchs bestimmen lassen.

10 **5) Missbrauch des Behandlungsverhältnisses.** Die Tat muss nach Abs. I oder II unter **Missbrauch** des Beratungs-, Behandlungs- oder Betreuungsverhältnisses begangen werden. Der **Regelfall** des Missbrauchs iS von § 174 c liegt bei einer (unwirksamen; vgl. 9 vor § 174) **Einwilligung** des Opfers vor (zutr. auch *Zauner* [1 a] 33, 37, 111; iErg ähnlich MK-*Renzikowski* 25 f.; and. SK-*Wolters/Horn* 5; *Lackner/Kühl* 5; *Laubenthal* 276). Dagegen meint *Frommel* (NK 10), § 174 c unterfalle vor allem der Einsatz von Gewalt, Hypnose oder Drohungen *gegen* den Willen des Opfers. Das ist, obgleich nötigender Zwang den Tatbestand nicht ausschließt, in dieser Gewichtung unzutr., (zur Konkurrenz mit § 177 unten 15). § 174 c ist vielmehr auch dann anwendbar, wenn das Tatopfer einwilligt oder wenn die Initiative vom Tatopfer ausgeht, und ist vor allem bei Einsatz von Druck unterhalb der Schwelle der §§ 240, 177 (**zB** vage Drohungen, pseudo-therapeutische „Hinweise"; auch Täuschungen, Versprechungen) durch den Täter nahe liegend. Angesichts der Weite des Tatbestands lassen sich allgemeine Regeln für die Annahme missbräuchlichen Verhaltens kaum finden. Ein Missbrauch liegt regelmäßig vor bei einem bewussten **Ausnutzen** spezifischer Abhängigkeits- und Vertrauenssituationen. Ein konkretes Abhängigkeitsverhältnis ist in § 174 c freilich nicht vorausgesetzt; gleichwohl wird man den Tatbestand nicht auf jede „Wahrnehmung einer Chance" ohne Bezug zum krankheits- oder behinderungsbedingten Zustand des Opfers ausdehnen können (so wohl LK-*Laufhütte/Roggenbuck* Nachtr. 8), denn der Tatbestand verlangt einen Missbrauch *gerade* des Behandlungsverhältnisses usw. Hierfür reicht die Nutzung einer bloßen „Zugangs-Chance" für sich allein nicht aus. Wieso andererseits Missbrauch auf ein „Übergehen des Widerstandswillens" beschränkt sein sollte (so NK-*Frommel* 10), ist nicht erkennbar (ganz unklar auch ebd. eine Variante „Übergehen des Widerstandswillens durch Versprechungen oder durch Täuschung"), denn insoweit greift meist § 177 ein; § 174 c soll ja gerade (auch) Sexualkontakte *ohne* „Widerstandswillen" erfassen.

10 a Ein „Missbrauch" des Verhältnisses liegt nur vor, wenn der Täter sich gerade dessen inhaltliche Umstände für sexuelle Ziele zunutze macht (**typische Fälle** etwa: wenn der Täter ihm obliegende Leistungen, auf welche das Tatopfer angewiesen ist oder sich angewiesen fühlt, ausdrücklich oder konkludent von der *Bedingung* sexueller Handlungen abhängig macht; wenn er sexuelle Kontakte als sachgerechten *Teil der Behandlung* darstellt; wenn er Abneigung der Patientin oder des Patienten gegen sexuelle Annäherung als *Symptom* der Erkrankung oder seine Zustimmung als notwendigen Teil eines „Heilungs"-Prozesses darstellt; usw.). Innerhalb **therapeutischer** Verhältnisse stellen sich sexuelle Handlungen ausnahmslos als missbräuchlich dar (ähnlich *Laubenthal* 276, 279); anders kann dies im Einzelfall im Rahmen von Beratungs- oder Betreuungsverhältnissen sein. Eine Relativierung im Hinblick auf „alternative" Therapiekonzepte (unter Einbeziehung sexueller Beziehungen zwischen Therapeut und Patient) ist sachlich nicht veranlasst.

11 **6) Subjektiver Tatbestand.** § 174 c setzt **Vorsatz** voraus; bedingter Vorsatz reicht aus. Zum Vorsatz der sexuellen Handlung vgl. 11 zu § 184 f. Der Vorsatz muss die tatsächlichen Umstände des Beratungs-, Behandlungs- oder Betreuungsverhältnisses, daher insb. auch das Verhältnis des Anvertraut-Seins umfassen. Auf eine zutreffende Diagnose kommt es hingegen nicht an: Eine **irrtümliche Annahme** einer Krankheit oder Behinderung iS von I führt daher nicht zum (untauglichen) Versuch, sondern zur Vollendung, wenn der Täter die Voraussetzungen des Anvertraut-Seins zutreffend erkennt; umgekehrt lässt die irrtümliche Annahme, *die anvertraute Person sei in Wahrheit gar nicht krank oder behindert*, den Vorsatz nicht entfallen. Müsste sich der Vorsatz auf das tatsächliche Bestehen der Erkrankung usw. erstrecken (*Lackner/Kühl* 2), so würde dies zu unverständlichen Privilegierungen von Fällen des Abs. I gegenüber solchen nach Abs. II führen und zu

(kaum widerlegbaren) Behauptungen diagnostischer Irrtümer einladen. Der Vorsatz muss sich auch auf die tatsächlichen Voraussetzungen des **Missbrauchs** erstrecken.

7) Vollendung; Versuch (Abs. III). Vollendet ist der Tatbestand mit der Vornahme der sexuellen Handlung (oben 9). Der Versuch ist strafbar; er liegt vor, wenn der Täter irrig Umstände annimmt, die ein Verhältnis nach I oder II begründen würden; auch bei erfolglosen Aufforderungen zur Duldung oder Vornahme sexueller Handlungen. Der Versuch beginnt mit dem Einwirken des Täters auf das Opfer zur (nach seiner Vorstellung) unmittelbar bevorstehenden Vornahme oder Duldung sexueller Handlungen (*Laubenthal* 271); vorbereitende Anbahnungen oder ein („therapeutisch" verschleiertes) Hinführen reichen nicht. Entsprechendes gilt, wenn die Initiative von dem Opfer ausgeht. 12

8) Täterschaft und **Teilnahme.** Die Tat ist **Sonderdelikt.** Täter können nur Personen sein, die in das konkrete Beratungs-, Behandlungs- oder Betreuungsverhältnis einbezogen sind und zu denen das Verhältnis des Anvertraut-Seins besteht. In Betracht kommen vor allem Ärzte (vgl. NStZ-RR **97**, 98), Psychiater und Psychotherapeuten, das in die Therapie einbezogene Hilfspersonal sowie für Betreuung und Pflege Zuständige; weiterhin das beratende Personal von Suchtberatungsstellen oder psychosozialen Beratungsstellen jeder Art. Auf eine Amtsstellung, eine spezielle Ausbildung oder Qualifikation (RegE 7), eine Approbation (§ 2 PsychThG) oder darauf, ob der Täter selbstständig, angestellt oder ehrenamtlich tätig ist, kommt es nicht an. Nach dem Schutzzweck der Norm ausgenommen ist Verwaltungs- und technisches Personal ambulanter Einrichtungen. Auch **Angehörige** behandlungs- oder betreuungsbedürftiger Personen können dem Tatbestand unterfallen, wenn sie die Betreuung ganz oder teilweise übernommen haben (**aA** im Widerspruch zu ihrer Rechtsguts-Bestimmung NK-*Frommel* 16: Nur *berufsmäßig* Tätige); zur besonderen Problematik des *Missbrauchs* innerhalb solcher Verhältnisse und in langfristigen Partnerschaften vgl. aber 17f. zu § 179. § 174c ist ein **eigenhändiges Delikt;** Täterschaft setzt eigenen körperlichen Kontakt mit dem Opfer voraus. Das Tatopfer ist als notwendiger Teilnehmer stets straflos. Zur **Teilnahme** gilt 18 zu § 174 entsprechend; § 28 I gilt für Teilnehmer nicht (str.; **aA** MK-*Renzikowski* 32; NK-*Puppe* 68 zu § 28; *Arzt/Weber* 10/19). 13

9) Rechtsfolgen. Die **Strafdrohung** entspricht §§ 174a, 174b; sie ist durch das SexualdelÄndG (oben 1) erhöht worden. Eine **Maßregel** nach § 70 liegt insb. bei Wiederholungstaten oder bei gravierenden Übergriffen nahe. 14

10) Konkurrenzen. Mehrere Tathandlungen im Rahmen eines Behandlungsverhältnisses sind regelmäßig als selbstständige Handlungen zu betrachten (BGH **40**, 138). Da die Voraussetzungen des I und II sich überschneiden, jedoch nicht in jedem Fall decken, ist insoweit **Tateinheit** möglich (ebenso *Lackner/Kühl* 12; *S/S-Perron* 13; **aA** LK-*Laufhütte/Roggenbuck* Nachtr. 14 [Spezialität des II]). Tateinheit liegt auch vor mit §§ 174, 176 bis 179. Das Verhältnis zu § 174a ist durch die Neuregelung unklar geworden (vgl. oben 5b); ein Vorrang des § 174a (so NK-*Frommel* 9, 17: § 174a lex specialis) lässt sich kaum mehr annehmen. Mit § 240 ist Tateinheit möglich (vgl. § 240 IV Nr. 1). 15

§ 175 [Aufgehoben durch Art. 1 Nr. 1 des 29. StÄG].

Sexueller Missbrauch von Kindern

176 **I Wer sexuelle Handlungen an einer Person unter vierzehn Jahren (Kind) vornimmt oder an sich von dem Kind vornehmen lässt, wird mit Freiheitsstrafe von sechs Monaten bis zu zehn Jahren bestraft.**

II Ebenso wird bestraft, wer ein Kind dazu bestimmt, dass es sexuelle Handlungen an einem Dritten vornimmt oder von einem Dritten an sich vornehmen lässt.

III In besonders schweren Fällen ist auf Freiheitsstrafe nicht unter einem Jahr zu erkennen.

IV Mit Freiheitsstrafe von drei Monaten bis zu fünf Jahren wird bestraft, wer

1. sexuelle Handlungen vor einem Kind vornimmt,

2. ein Kind dazu bestimmt, dass es sexuelle Handlungen an sich vornimmt,

3. auf ein Kind durch Schriften (§ 11 Abs. 3) einwirkt, um es zu sexuellen Handlungen zu bringen, die es an oder vor dem Täter oder einem Dritten vornehmen oder von dem Täter oder einem Dritten an sich vornehmen lassen soll, oder

4. auf ein Kind durch Vorzeigen pornographischer Abbildungen oder Darstellungen, durch Abspielen von Tonträgern pornographischen Inhalts oder durch entsprechende Reden einwirkt.

V Mit Freiheitsstrafe von drei Monaten bis zu fünf Jahren wird bestraft, wer ein Kind für eine Tat nach den Absätzen 1 bis 4 anbietet oder nachzuweisen verspricht oder wer sich mit einem anderen zu einer solchen Tat verabredet.

VI Der Versuch ist strafbar; dies gilt nicht für Taten nach Absatz 4 Nr. 3 und 4 und Absatz 5.

Übersicht

1) Allgemeines	1, 1 a
2) Rechtsgut; kriminalpolitische Bedeutung	2, 2 a
3) Anwendungsbereich	3
4) Tathandlungen; Überblick	4
5) Tathandlungen mit Körperkontakt zwischen Täter und Opfer (Abs. I)	5, 6
6) Bestimmung zu Handlungen mit Dritten (Abs. II)	7
7) Tathandlungen ohne Körperkontakt (Abs. IV)	8–19
8) Anbieten; Nachweisversprechen; Verabreden (Abs. V)	20–29
9) Subjektiver Tatbestand	30
10) Vollendung; Versuch (Abs. VI)	31, 32
11) Täterschaft und Teilnahme	33
12) Rechtsfolgen	34–40
13) Konkurrenzen	41–45
14) Sonstige Vorschriften	46

1 **1) Allgemeines.** Die **gesetzliche Überschrift** der Vorschrift ist sprachlich unklar, da es in § 176 nicht um einen „Fehlgebrauch" des *Opfers,* sondern um den einer rechtsgutsspezifischen Zugangsmöglichkeit geht (vgl. 8 vor § 174). Die Vorschrift, die zunächst durch das 4. StrRG neu gefasst wurde (vgl. 1f. vor § 174), ersetzte § 176 I Nr. 3 aF. Sie wurde umfassend durch das **6. StrRG** geändert (2f. vor § 174): Der Strafrahmen des III wurde erhöht, der Regelungsgehalt der früheren III und IV wurde in die neu eingefügten §§ 176a und 176b aufgenommen. **Inkrafttreten:** 1. 4. 1998. Durch Art. 1 Nr. 13 des **SexualdelÄndG** v. 27. 12. 2003 (BGBl. I 1607; Mat. 3a vor § 174) wurde die Vorschrift erneut grundlegend verändert: Die Strafdrohung der I, II und IV wurde angehoben; neu eingefügt wurden Abs. III, Abs. IV Nr. 3 und Abs. V. **In-Kraft-Treten:** 1. 4. 2004. **Statistik:** vgl. recht 1996, 15; *Rosenau* StV **99**, 388ff.; *Laubenthal* 335f.; jew. mwN.

1a **Neuere Literatur:** *Bange/Deegener,* Sexueller Mißbrauch an Kindern, 1996; *Beulke/Swoboda*, Beschützergarant Jugendamt. Zur Strafbarkeit von Mitarbeitern des Jugendamts bei Kindestod, Kindesmisshandlung und –missbrauch innerhalb der betreuten Familie, Gössel-FS (2002), 73; *Burger/Reiter,* Sexueller Mißbrauch von Kindern u. Jugendlichen, 1993; *Deckers,* Die Verteidigung in Mißbrauchsverdachtsfällen (usw.), AnwBl. **97**, 453; *Deegener,* Sexueller Mißbrauch: Die Täter, 1995; *Endres/B. Scholz,* Sexueller Kindesmißbrauch aus psychologischer Sicht, NStZ **94**, 466 u. **95**, 6; *Egg* (Hrsg), Sexueller Mißbrauch von Kindern, 1999; *Gerlach,* Sex-Tourismus u. Strafverfolgung, NStZ **93**, 71; *Gössel*, Das neue Sexualstrafrecht, 2005; *Ilg,* Der strafrechtliche Schutz der sexuellen Selbstbestimmung des Kindes, 1997 (Diss. Regensburg); *Lachmann* Zur Verbreitung von Sexualdelikten an Kindern u. Abhängigen, MSchrKrim **88**, 42; *ders.,* Psychische Schäden nach „gewaltlosen" Sexualdelikten an Kindern u. Abhängigen, MSchrKrim **88**, 47; *Laubenthal* JZ **96**, 335; *Lautmann* ZRP **80**, 46; MSchrKrim **88**, 52; *Nixdorf,* Das Kind als Opfer sexueller Gewalt, MSchrKrim **82**, 87; *Rosenau,* Tendenzen u. Gründe der Reform des Sexualstrafrechts, StV **99**, 388; *Schetsche,* Der „einvernehmliche Mißbrauch", MSchrKrim **94**, 201; *Schneider,* Sexueller Mißbrauch an Kindern, KR **97**, 458; *Scholz/Endres,* Aufgaben des psychologischen Sachverständigen beim Verdacht des sexuellen Kindesmißbrauchs, NStZ **95**, 6; *Sick/Renzikowski*, Der Schutz der sexuellen Selbstbestimmung, Schroeder-FS (2006) 603; *Streng,* Überfordern Sexualstraftaten das Strafrechtssystem?, Bemmann-FS 443; *Walter/Wolke,* Zur Funktion des Strafrechts bei „akuten sozialen Problemen" (usw.), MSchrKrim **97**, 93; *Wilmer,* Sexueller Mißbrauch von Kindern, 1996 (Diss. Heidelberg; Rez. *Geerds,* GA **97**, 442). Vgl. auch die Nachweise 10 vor § 174.

2) Rechtsgut; kriminalpolitische Bedeutung. § 176 schützt die Möglichkeit zur Entwicklung sexueller Selbstbestimmungsfähigkeit (vgl. 2 zu § 179) von Kindern (vgl. BGH **45**, 131, 132; NJW **00**, 3726; *Hörnle* NStZ **00**, 310; *Sick/Renzikowski*, Schroeder-FS [2006] 603, 606f.). Die Vorschrift bestimmt eine **absolute Grenze** für den sexualbezogenen Umgang strafmündiger Personen mit Kindern; solche Kontakte sind ausnahmslos verboten. (angesichts als sozialadäquat angesehener früher sexueller Erfahrungen problematisch bei geringem Altersunterschied und jugendlichen Tätern; vgl. auch unten 33). Dem liegen die entwicklungspsychologischen Annahmen zugrunde, dass sich die „sexuelle Identität" einer Person und damit ihre Fähigkeit, über ihr Sexualverhalten zu bestimmen, als Teil der Gesamtpersönlichkeit entwickelt und dass äußere, fremdbestimmte Eingriffe in die kindliche Sexualität in besonderer Weise geeignet sind, diese Entwicklung zu stören. *Insoweit* kann als Schutzgut des § 176 die kindliche „*Gesamtentwicklung*" angesehen werden (vgl. MDR/D **74**, 545; anderseits RG **55**, 275; **57**, 140; BGH **1**, 173; **15**, 121; skeptisch SK-*Wolters/Horn* 2; MK-*Renzikowski* 3f.). Die Tat ist insoweit abstraktes Gefährdungsdelikt (BGH **38**, 69; NJW **87**, 2450; NStE Nr. 4; *Laubenthal* 327; vgl. Prot. VI/1136; and. MK-*Renzikowski* 5). § 176 ist statistisch das am häufigsten registrierte Sexualdelikt (ca. 30%). **2**

Die gesetzliche Entwicklung zeigt seit geraumer Zeit eine Tendenz zu härterer Strafdrohung und Vorverlagerung, die sich auf ein in der öffentlichen Meinung stark angestiegenes **Strafbedürfnis** stützt. In der gerichtlichen Praxis entspricht dem ein deutlicher **Anstieg des Strafniveaus** in seit Anfang der 90er Jahre. Sozialpsychologisch bemerkenswert erscheint, dass zeitgleich mit einer **Dämonisierung** des „Kinderschänders" eine aufdringliche Sexualisierung der Darstellung kindlichen Verhaltens und eine Einbeziehung kindlicher Sexualität in Werbung und Unterhaltung zu beobachten ist (vgl. 2 zu § 182); im Gegentakt werfen Teile der feministischen Literatur wieder die Frage auf, ob die (weibliche) „*heutige Jugend*" nicht viel zu früh sexuelle Erfahrungen mache. Die partielle **Irrationalität** der Stimmung spiegelt sich in vagen Spekulationen über das Dunkelfeld (vgl. etwa NK-*Frommel* 5). Bedenkenswert ist immerhin der *Rückgang* der Zahl angezeigter Taten trotz gesunkener Anzeigeschwelle. Folgen einer **Hysterisierung** spiegelten sich in der Begründung für die Streichung des früheren **minder schweren Falls** durch das G vom 27. 12. 2003 (vgl. oben 1): Es sei *den Opfern nicht zumutbar,* wenn vor Gericht erörtert (!) werde, ob (!) ein minder schwerer Fall gegeben sein könnte (BT-Drs. 15/350, 17; vgl. unten 34). Bei *qualifizierten* Taten (§ 176a IV) oder Vergewaltigungen (§ 177 V) hat derselbe Gesetzgeber diese (fast schon abwegig erscheinende) Besorgnis nicht gehabt; auch zu §§ 213, 224 I oder 249 II ist sie zu Recht noch niemandem eingefallen. **2a**

3) Anwendungsbereich. Opfer einer Tat nach § 176 kann nur ein Mädchen oder Junge unter 14 Jahren (Berechnung: § 186ff. BGB; vgl. Hamm 18. 12. 2002, 2 Ss 945/02), dh ein **Kind** iS der Vorschrift sein. Eine konkrete Beeinträchtigung des seelischen Wohls oder der Entwicklung oder auch nur eine konkrete Gefährdung ist nicht vorausgesetzt; auf die sexuelle Erfahrenheit des Kindes kommt es ebenso wenig an (*S/S-Lenckner/Perron/Eisele* 1; SK-*Wolters/Horn* 2) wie darauf, ob es die sexuelle Natur tatbestandlicher Handlungen überhaupt wahrnimmt (BGH **38**, 68: Geschützt ist auch das schlafende Kind) oder ob es in die Handlungen einwilligt (missverständlich dazu NK-*Frommel* 10); das Gesetz will die Entwicklung von Kindern insgesamt von sexuellen Erlebnissen freihalten (StV **89**, 432), die nicht in der kindlichen Entwicklung selbst, sondern in den sexuellen Motiven Erwachsener begründet sind (dazu *Sick/Renzikowski*, Schroeder-FS [2006] 603, 607). **3**

Nach **§ 5 Nr. 8b** sind auch **Auslandstaten** von Deutschen gegen ausländische Kinder erfasst. Die Tatbestände der §§ 176, 176a stehen **selbständig** neben § 177 und §§ 174ff., 179; sie sind keine „Auffangtatbestände“; ebenso nicht § 176 gegenüber § 176a (so NK-*Frommel* 3 zu § 176a). Die Rechtsansicht, wonach eine regelmäßige tateinheitliche Überschneidung des § 176 mit § 177 I Nr. 3 gegeben sei, wenn der Täter die *Gelegenheit* einer *objektiven* Schutzlosigkeit des Kindes (insb. bei Alleinsein mit dem Kind an unbeobachtetem Ort) zur Tat ausnutzt und das Kind die sexuelle Handlung *nicht will* (NStZ **04**, 440, 441; krit. u.a. *Güntge* NJW **04**, 3750f.; *Folkers* NStZ **05**, 181; *Hiebl/Bendermacher* StV **05**, 264, 267), hat der *2. StS* aufgegeben (BGH **50**, 359, 364 = NJW **06**, 1146 [Anm. *Renzikowski* NStZ **06**, 397; vgl. auch schon 2 StR 245/05; dazu i.e. 33ff. zu § 177).

4 **4) Tathandlungen.** § 176 unterscheidet zwischen sexuellen Handlungen des Täters an dem Kind oder des Kindes am Täter (I), der Bestimmung des Kindes zu sexuellen Handlungen mit Dritten (II) sowie Handlungen des Täters vor dem Kind (IV Nr. 1), der Bestimmung des Kindes zu Handlungen an sich selbst (IV Nr. 2) und sonstigen sexualbezogenen (IV Nr. 4) oder vom Täter als solche angesehenen (IV Nr. 3) Einwirkungen. Bis auf IV Nr. 3 und Nr. 4 setzen diese Tatbestände **sexuelle Handlungen** (1ff. zu § 184f) voraus, die in den Fällen des I und II mit unmittelbarem **Körperkontakt** (2 StR 357/98), in den Fällen des IV Nr. 1 u. 2 **ohne körperliche Berührung** vollzogen werden. Die Bestimmungshandlungen nach II und IV Nr. 2 können mit körperlicher Einwirkung verbunden sein. Abs. V enthält einen teilweise § 30 II ähnlichen Sondertatbestand für Äußerungen und **Vorbereitungshandlungen** im Vorfeld.

5 **5) Tathandlungen mit körperlichem Kontakt zwischen Täter und Opfer (Abs. I).** Tathandlung des Abs. I ist die **Vornahme** sexueller Handlungen durch den Täter an dem Kind oder das **Vornehmen-Lassen** von Handlungen des Kindes am Täter. Für die **Erheblichkeitsschwelle** vgl. 5 zu § 184f. Grds sind bei Kindern geringere Anforderungen an die Erheblichkeit zu stellen als bei Erwachsenen (BGH **18**, 169); andererseits kommt es im Umgang mit Kindern zu zahlreichen körperlichen Kontakten, deren sexuelle Natur und ggf Erheblichkeit nur im Einzelfall festgestellt werden kann. Flüchtiges Greifen unter den Rock (2 StR 765/80), ein Griff zwischen die Beine, um ein Kind hochzuheben und so an der Flucht zu hindern (NStZ-RP **99**, 357 Nr. 49), oder kurze Griffe über der Kleidung an Brust oder Gesäß (NStZ **99**, 45) reichen nicht ohne weiteres aus, auch nicht ein Kuss auf die Wange (Zweibrücken NStZ **98**, 357 m. Anm. *Michel*).

6 Das Kind braucht die Bedeutung des Vorgangs nicht zu verstehen und ihn noch nicht einmal wahrnehmen (SK-*Wolters/Horn* 3f.; *Laubenthal* 351); auch an einem schlafenden Kind können sexuelle Handlungen vorgenommen werden (BGH **38**, 68 [m. Anm. *Molketin* NStZ **92**, 179]; NStZ **04**, 440). Erforderlich ist aber stets eine objektiv sexualbezogene Handlung; sexuell neutrale (ggf auch strafbare) Handlungen, welchen der Täter nur (zB auf Grund psychischer Störung) sexuelle Bedeutung beimisst, reichen nicht aus. Auch Handlungen, die der Täter von dem Kind **an sich** vornehmen lässt (I, 2 Var.), muss das Opfer nicht als sexuelle Handlung erkennen (BGH **29**, 339 [m. Anm. *Horn* JR **81**, 251]; **30**, 144; SK-*Wolters/Horn* 4, *Lackner/Kühl* 2, jeweils zu § 184f; *M/Schroeder/Maiwald* 17/25ff.; MK-*Renzikowski* 24; aA GA **69**, 378 zu § 176 aF). Im Unterschied zum Bestimmen (II, IV Nr. 2) spielt es für die 2. Var. des Abs. I keine Rolle, von wem die **Initiative** zu der sexuellen Handlung ausgeht. Erfasst ist neben dem Bestimmen des Kindes auch ein **Gewähren-Lassen,** wenn es über rein passive Duldung hinausgeht (kein *echtes* Unterlassungsdelikt!) und eine irgendwie geartete Bestärkung einer von dem Kind ausgehenden Initiative enthält, insb. auch bei absichtsvoller „Lenkung“ zunächst harmloser (Spiel-)Handlungen.

7 **6) Bestimmung zu Handlungen mit Dritten (Abs. II).** Nach Abs. II muss *der Täter das Kind* dazu bestimmen (13 zu § 174), dass es selbst **an einem Dritten** eine sexuelle Handlung vornimmt oder **von einem Dritten an sich** vornehmen lässt. Die Ausführungen oben 5 und 6 gelten entsprechend; für das Vornehmen-Lassen durch das Kind reicht passive Duldung. Das Delikt ist eine zur selbststän-

digen Tat erhobene Quasi-Anstiftung und kann zugleich Anstiftung des Dritten zu einer Tat nach I sein, bei der das Kind Werkzeug der Selbstschädigung ist (SK-*Wolters/Horn* 5). Für die Verwirklichung des Tatbestands ist aber ohne Bedeutung, ob sich der Dritte selbst strafbar macht (NStZ **05**, 152). Ein **Bestimmen** setzt idR *unmittelbare* (wenn auch nicht eigenhändige; vgl. SK-*Wolters/Horn* 7) Einwirkung des Täters, gleichgültig in welcher Form (NJW **85**, 924), auf das Opfer voraus; jedoch ist eine „Kettenbestimmung" durch Veranlassung eines (vorsatzlosen) Dritten, das Kind zur Vornahme oder Duldung der Handlung zu bewegen, nicht ausgeschlossen (LK-*Laufhütte* 6; **aA** *S/S-Lenckner/Perron/Eisele* 8; SK-*Wolters/Horn* 7; NK-*Frommel* 15; *Laubenthal* 356, 438); bei Ketten-*Anstiftung* liegt jedoch Anstiftung zur Tat des Dritten nach I vor. Ob sich der Dritte strafbar macht, ist ohne Bedeutung; er kann zB ebenfalls ein Kind sein. Der Täter braucht bei der sexuellen Handlung nicht anwesend zu sein (vgl. BGH **29**, 30). Bringt der Täter das Kind unter Verletzung seiner Personensorgepflicht nicht davon ab, sexuelle Handlungen an einem Dritten vorzunehmen oder von einem Dritten an sich vornehmen zu lassen, so liegt idR keine **Unterlassungstäterschaft** nach II vor (SK-*Wolters/Horn* 8; MK-*Renzikowski* 28; *S/S-Lenckner/Perron/Eisele* 8; *Gössel* [1 a] 6/11); möglich ist hier Beihilfe zur Tat des Dritten nach I. Zum Versuch unten 18. Die **Qualifikation** des § 176 a II Nr. 1 setzt voraus, dass die dritte Person über 18 Jahre alt ist (NStZ **05**, 152, 153).

8 **7) Tathandlungen ohne Körperkontakt (Abs. IV).** Abs. IV erfasst Handlungen ohne körperlichen Kontakt; die Var. Nr. 1 bis Nr. 4 stehen gleichwertig nebeneinander (NStE Nr. 7). Auf das in Abs. V aF enthaltene Merkmal der Absicht, sich, das Kind oder einen anderen sexuell zu erregen, ist vom Gesetzgeber des 6. StrRG verzichtet worden; sozialadäquate Handlungen können über § 184 f Nr. 1 ausgeschieden werden. IV enthält einen selbstständigen Tatbestand und ist kein minder schwerer Fall des I; für die *Verjährung* gilt daher nicht § 78 IV (Saarbrücken NStZ-RR **97**, 235).

9 **A. Nr. 1** bestraft sexuelle Handlungen **vor einem Kind** (9 zu § 184 f), die der Täter entweder an sich selbst oder an einem Dritten vornimmt, wobei das Kind den Vorgang als solchen zwar wahrnehmen muss (§ 184 f Nr. 2), sich der eigentlichen Bedeutung der Handlung aber nicht bewusst zu sein braucht (Ber. 37; oben 6; *Laubenthal* 364). Für den Täter muss allerdings die Wahrnehmung durch das Kind von handlungsbestimmender Bedeutung sein; es reicht daher auch nach Streichung des früheren Absichtserfordernisses nicht aus, dass der Täter eine sexuelle Handlung nur *gelegentlich* der Anwesenheit eines Kindes ohne subjektiven Bezug hierauf vornimmt (BGH **49**, 376 [Anm. *Schroeder* JR **05**, 256]; Stuttgart NStZ **02**, 34; Hamm NStZ-RR **05**, 110 f.). Ist die *Handlung* iS der Nr. 1 eine exhibitionistische Handlung (NJW **98**, 408), so ist für eine mögliche **Strafaussetzung** § 183 IV Nr. 2 zu beachten.

10 **B. Nr. 2** setzt voraus, dass der Täter das Kind **bestimmt** (oben 7), eine sexuelle Handlung **an sich selbst** vorzunehmen (vgl. dazu BGH **50**, 370 [= NJW **06**, 1890, unten 10 a]; NJW **92**, 325; *S/S-Lenckner/Perron/Eisele* 13). Auch im Fall von Nr. 2 muss das Kind den sexuellen Charakter der Handlung nicht erkennen (BGH **29**, 336 [m. Anm. *Horn* JR **81**, 250]); es ist nicht erforderlich, dass es die Bestimmung durch den Täter und die eigene Handlung als Teile eines sexuellen Vorgangs versteht (KG JR **82**, 507; MK-*Renzikowski* 33). Es genügen aber solche Handlungen nicht, die objektiv nicht sexualbezogen sind, sondern nur vom Täter als solche betrachtet werden (**zB** nackt baden; einen Handstand machen, so dass die Unterwäsche sichtbar wird [BGH **17**, 280 zu § 176 Nr. 3 aF]; in Unterwäsche die Beine spreizen [NJW **92**, 325]; den Rock ohne Entblößung des Geschlechtsteils hochheben [*S/S-Lenckner/Perron/Eisele* 19; and. BGH **17**, 280]; Spreizen der Beine unter Entblößung des Geschlechtsteils [BGH **43**, 366, 368; BGHR § 176 V aF SexHdlg 1, § 184 c Nr. 1 aF Erhebl. 5]). Stets erfasst sind Masturbationshandlungen (vgl. BGH **41**, 285; MK-*Renzikowski* 35); sexualbezogene Handlungen mit

Gegenständen; weiterhin sexuelle Handlungen iS von § 184f Nr. 1, mit denen das Kind auf seinen Körper einwirkt, etwa indem es ihn in sexualbezogener Weise darbietet (ähnlich MK-*Renzikowski* 35).

10 a Nach BGH **50**, 370, 372 [= NJW **06**, 1890f., *4. StS*]) genügt eine Handlung **mit dem Körper** nicht; vielmehr setzt der Tatbestand (anders als Abs. V Nr. 2 idF des 4. StrRG) voraus, dass das Kind eine sexuelle Handlung **an seinem Körper** vornimmt (ebd. [mit unklarer Verweisung auf LK-*Laufhütte* 5 zu § 184c aF]; ebenso StV **07**, 184 [*2. StS*]; SK-*Horn/Wolters* 8 zu § 184f.). Nicht von IV Nr. 2 erfasst ist danach das Bestimmen eines Kindes, für pornographische Fotos zu posieren (BGH **50**, 370; anders BGH **43**, 368 [Veranlassen eines Kindes, obszöne Stellungen einzunehmen]; NStZ **85**, 24 [Veranlassen eines 13jährigen Mädchens, den Oberkörper zu entblößen]). Diese Differenzierung, deren Notwendigkeit der BGH auf die *Wortlautgrenze* gestützt hat (BGH **50**, 370, 372), ist zweifelhaft: Ob eine Person eine Handlung „*an*" oder „*mit*" ihrem Körper vollzieht, ist in vielen Fällen weder sprachlich noch tatsächlich unterscheidbar; so kann etwa das Sich-Entkleiden zum Zweck des Posierens für pornographische Aufnahmen auch sprachlich kaum als Handlung (nur) „mit" dem Körper (und nicht *am* Körper) angesehen werden. – Die *Bundesregierung* hat die Entscheidung zum Anlass genommen, die Einbringung eines GesE mit Erweiterung des Tatbestands des § 184b I zum „Schließen der Lücke" zu beschließen (vgl. Pressemitteilung des BMJ v. 29. 8. 2006; Entwurfstext unter www.bmj.de/Pressemitteilungen).

11 Nr. 2 erfasst zunächst alle Fälle, in denen das Kind die sexuelle Handlung an sich *unmittelbar* vor dem Täter oder einem Dritten vornimmt, darüber hinaus auch Fälle, in denen der Täter oder ein Dritter die Handlung auf andere Weise, insb. *akustisch* wahrnimmt; weiterhin die ohne Anwesenheit des Täters auf seine Veranlassung durchgeführte optische oder akustische Aufzeichnung sexueller Handlungen (zB Video-Aufnahmen). Eine **räumliche Nähe** ist nach der Neufassung nicht mehr erforderlich (*Lackner/Kühl* 4; *Kreß* NJW **98**, 633, 639; *Laubenthal* 370; LK-*Laufhütte/Roggenbuck* Nachtr. 1; SK-*Wolters/Horn* 19; MK-*Renzikowski* 34; NK-*Frommel* 20; and. noch BGH **41**, 285 zu § 176 V Nr. 2 aF);

12 Dies führt dazu, dass vom **Wortlaut** der Vorschrift auch Handlungen umfasst sind, die das Kind auf Veranlassung des Täters vornimmt, ohne dass dies von irgendjemandem unmittelbar oder im Wege technischer Aufzeichnung wahrgenommen wird. In Verbindung mit dem Wegfall des Erfordernisses einer besonderen sexuellen Absicht (oben 8) hat das zur Folge, dass vom Wortlaut auch Handlungsweisen erfasst sind, die nicht strafwürdig sind. Eine Einschränkung auf vom Täter oder einem Dritten unmittelbar wahrgenommene Vorgänge wäre aber mit dem Wortlaut von § 176 III Nr. 2 nicht vereinbar (so auch *S/S-Lenckner/Perron/Eisele* 13; *Laubenthal* 370; *Gössel* [1 a] 6/17). Nr. 2 unterfallen vielmehr auch Fälle, in denen der Täter das Kind zur Vornahme sexueller Handlungen ohne Wahrnehmung durch ihn selbst oder einen Dritten bestimmt, etwa um sich durch die Vorstellung davon oder durch nachfolgende Gespräche darüber (III Nr. 3) zu erregen; sozialadäquate Handlungsweisen sind nach § 184f Nr. 1 vom Tatbestand ausgenommen (so jetzt auch MK-*Renzikowski* 34 [and. noch NStZ **99**, 440]; zust. *Gössel* [1 a] 6/17; NK-*Frommel* 21).

13 **C. Nr. 3** ist durch das SexualdelÄndG v. 27. 12. 2003 (oben 1) eingefügt worden. Der Tatbestand erfordert das **Einwirken** auf ein Kind durch **Schriften** iS von § 11 III in der **Absicht** („um"), es zu sexuellen Handlungen an oder vor dem Täter oder einem Dritten oder zur Duldung sexueller Handlungen zu bringen.

13 a Zum kriminalpolitischen **Zweck** und zur Abgrenzung zu Nr. 4 führt die Gesetzesbegründung aus, im Jahre 1999 sei darüber berichtet worden, dass sich amerikanische Internet-Nutzer in *Chatrooms* mit Kindern (zu tatsächlichen Treffen) verabreden. Solche Vorgänge seien auch in Deutschland denkbar. In der *polizeilichen Praxis* (!) werde die Rechtsansicht vertreten, dies sei nicht zureichend erfasst; die Lücke sei daher zu schließen (BT-Drs. 15/350, 17). Von Nr. 3 **nicht erfasst** werden solle, „wenn in Büchern, Internet oder auch in Chatrooms auf Kinder zugegangen wird, um sie darin zu unterstützen, ein positives Gefühl zu ihrem Körper und zu ihrer Sexualität zu entwickeln" (ebd. 18). Die Begründung geht ohne weiteres davon aus, bei in Internet-*chatrooms* versendeten Nachrichten handele es sich um (verkörperte) Schriften iS von § 11 III in der Form von „Datenträgern"; das ist aber streitig (vgl. Erl. zu §§ 11, 184).

Der Tatbestand setzt voraus, dass der Täter auf ein **bestimmtes** individualisiertes Kind durch eine Schrift **einwirkt,** dh ihm verkörperte Gedankeninhalte tatsächlich zur Kenntnis bringt (vgl. SK-*Wolters/Horn* 24 c). Die pluralische Fassung ist missverständlich; eine Mehrzahl von Schriften ist nach dem Sinn der Regelung nicht erforderlich. Im Unterschied zu Nr. 4 muss die Schrift keinen sexualbezogenen Inhalt haben; es sollen gerade auch *täuschende* Inhalte ausreichen (oben 13; vgl. BT-Drs. 15/350, 17: Verleitung von Kindern „durch Tricks" zu Treffen). Danach kann die Schrift **jeden beliebigen Inhalt** haben, da es allein auf die weiter gehende Absicht des Täters und auf seine Vorstellung von der Eignung der Schrift ankommt. Es kommen pornografische, aber auch nicht-pornografische Schriften mit sexuellem Bezug in Betracht; auch Schriften ohne sexuellen Bezug, mittels derer nur Aufforderungen vorbereitet oder nur Kontakte geknüpft werden sollen. Nicht strafbar ist eine **mündliche**, ausdrücklich sexualbezogene Verabredung zu einem Treffen; diese Differenzierung ist wenig einleuchtend (unten 15). **14**

Das Einwirken muss in der **Absicht** geschehen, das Kind zu sexuellen Handlungen an oder vor dem Täter oder einer dritten Person oder zur Duldung sexueller Handlungen **zu bringen;** Handlungen des Kinds an sich selbst reichen nicht aus. Das bloße Ausnutzen bereits vorhandener Bereitschaft reicht nicht aus. Eine **Verwirklichung** der Absicht ist nicht vorausgesetzt. **14 a**

Kritik. Der *gut gemeinte* Tatbestand erscheint als etwas hilfloser Versuch, einer **unkontrollierbaren Kommunikation** Herr zu werden. Verständlich ist die fast vollständige Verlagerung in den subjektiven Bereich nur als Zugeständnis an **polizeiliche Zwecke** (vgl. oben 13): Der Tatbestand erfasst einen (kleinen) Teilbereich von anbahnenden **Vorbereitungshandlungen,** die als solche äußerlich oft gar nicht zu erkennen sind. Da das *täuschende* „Kontakte-Knüpfen" von Pädophilen in Chatrooms – ebenso wie in Badeanstalten, Autobussen oder Sportstätten – sich äußerlich von sozialadäquatem Verhalten schwer unterscheiden lässt, hat im Ergebnis der Tatbestand den Charakter einer **Drohgebärde** und mit *Strafrecht* kaum etwas zu tun. Ebensogut könnte man unter Strafe stellen, „in Badeanstalten Kinder in sexueller Absicht anzusprechen". Der Hinweis der Gesetzesbegründung auf die Selbstverständlichkeit, dass es nicht strafbar sei, auf Kinder einzuwirken, damit sie „ein positives Gefühl zu ihrem Körper und zu ihrer Sexualität entwickeln" (BT-Drs. 15/350, 18), zeigt die Angestrengtheit der Versuche einer einigermaßen tauglichen *strafrechtlichen* Abgrenzung. Rational kaum nachvollziehbar ist es, den **Versuch** der Verabredung *im Internet* mit Freiheitsstrafe bis zu 5 Jahren zu bestrafen, die **tatsächliche Verabredung** *unter Anwesenden* aber straflos zu lassen. Da der Versuch der Vorbereitung nicht strafbar ist (VI), bleibt aber zumindest das *gegenseitige* „Einwirken" von mehreren (jeweils Kindlichkeit vortäuschenden) Erwachsenen (ggf. unter Beteiligung von als *Kinder* auftretenden polizeilichen Ermittlern!) straflos. **Unverhältnismäßig** erscheint, dass in **Abs. V**, 2. Var., die **Verabredung** zu der Vorbereitungshandlung nach Nr. 3 ebenfalls mit (derselben) Strafe bedroht ist (zutr. krit. auch MK-*Renzikowski* 18). **15**

D. Nr. 4 setzt gleichfalls voraus, dass der Täter mittels Gedankenäußerung auf ein Kind **einwirkt** (SK-*Wolters/Horn* 25). Im **Unterschied zu Nr. 3** müssen diese **pornografischen Inhalt** haben. Die Streitfrage, ob ein Vorsatz des Täters erforderlich ist, Interesse oder Impulse des Kindes in sexueller Richtung auszulösen (vgl. NJW **91**, 3163; **aA** *Lackner/Kühl* 6; einschr. MDR/D **74**, 546), ist durch die Streichung des früheren Absichtserfordernisses insoweit nicht überholt (ebenso SK-*Wolters/Horn* 26), als sich auch für Nr. 4 das Problem stellt, Missbrauchshandlungen und sozialadäquates (zB pädagogisches oder aufklärendes) Handeln voneinander **abzugrenzen** (zutr. krit. *Renzikowski* NStZ **99**, 440 [and MK-*Renzikowski* 41]; *Bussmann* StV **99**, 618; *S/S-Lenckner/ Perron* 17). Dies ist nur durch Einbeziehung einer qualitativen und auf die Motivation des Täters abstellende Beurteilung der **Erheblichkeit** der Tathandlung entspr. § 184 f Nr. 1 möglich. Einwirkungen nach Nr. 4 stellen sich nach hM nur dann als *Missbrauch* dar, wenn sie aus sexueller Motivation – sei es des Täters, des Kindes oder eines Dritten – erfolgen (wie hier *S/S-Lenckner/Perron/Eisele* 17; *Laubenthal* 373; and. SK-*Wolters/Horn* 24; *Lackner/Kühl* 6; vgl. auch *Bussmann* StV **99**, 618 f.) Abs. IV Nr. 4 nennt abschließend **drei Formen** des Einwirkens: **16**

17 **a) Vorzeigen pornografischer Abbildungen oder Darstellungen** (4 ff. zu § 184), dh deren optisches Sichtbarmachen (vgl. BGH **1**, 288). Pornografische **Schriften** ohne Abbildungen unterfallen Nr. 4 nicht (Düsseldorf NJW **00** 1129); diese Differenzierung zu **Reden** erscheint nicht plausibel (*S/S-Lenckner/Perron/Eisele* 16);

18 **b) Abspielen von Tonträgern pornografischen Inhalts** (4 ff. zu § 184), dh deren Hörbarmachen. Das Kind muss wie beim Vorzeigen den Inhalt gedanklich wahrnehmen (wenn auch nicht in seiner sexuellen Bedeutung verstehen; NStZ **96**, 383); das ergibt sich schon aus dem Merkmal des „Einwirkens" (daher kein Abs. IV bei Abspielen in Anwesenheit eines Säuglings);

19 **c) entsprechende Reden** (vgl. schon BGH **1**, 168; **15**, 118; JZ **67**, 322), dh ausdrückliche mündliche Äußerungen sexuellen Inhalts, die in ihrer Art und Intensität einer pornografischen Darstellung vergleichbar sind (NJW **91**, 3163); dies kann auch fernmündlich geschehen (BGH **29**, 29; StV **81**, 338 L). Bloße Sexualbezogenheit reicht nicht aus (BGH **29**, 29; NJW **91**, 3162; StV **81**, 338; LG Zweibrücken StV **97**, 522 [m. Anm. *Michel*]; *Laubenthal* 375; vgl. *S/S-Lenckner/Perron/Eisele* 16); auch schriftliche Äußerungen sind nicht erfasst.

20 **8) Anbieten von Kindern zum Missbrauch; Verabredung zum Missbrauch (Abs. V).** Der Absatz ist durch das SexualdelÄndG (oben 1) eingefügt worden und enthält drei verschiedene Tatbestände, die als abstrakte Gefährdungsdelikte zu verstehen sind. Die Formulierung „eine solche Tat" in HS 2 bezieht sich nicht auf eine Tat nach HS 1, sondern auf eine solche nach Abs. I bis IV.

21 **A. Anbieten von Kindern (1. Var.).** Der Tatbestand erfasst der Sache nach Fälle der Beteiligung und der versuchten Beteiligung, aber auch der *vorgetäuschten* Beteiligung; er hat Überschneidungen mit §§ 180 I, 236 I.

22 **a)** Das **Anbieten** erfordert eine auf ein bestimmtes individualisiertes Kind, das allerdings weder der Anbietende noch der Angebotsempfänger persönlich kennen müssen, bezogene mündliche oder schriftliche **Äußerung** gegenüber einer anderen Person, wonach der Anbietende **willens und in der Lage** ist, das Kind „zur Verfügung zu stellen", dh dem Empfänger selbst oder einem Dritten entweder unmittelbar zuzuführen oder zuführen zu lassen oder einen dazu führenden Kontakt herzustellen. Das Angebot muss sich nicht unbedingt auf eine noch zu bewirkende tatsächliche Zuführung beziehen; denkbar sind auch Erklärungen der Vorab-Zustimmung hinsichtlich eines Kindes, das sich bereits bei dem Dritten befindet. Ob das Angebot **angenommen** wird, ist gleichgültig; nach der Zielrichtung des Gesetzgebers auch, ob der Täter tatsächlich willens und **in der Lage** ist, es zu erfüllen. Das Angebot muss danach **nicht ernst gemeint** sein; es reicht aus, wenn der Täter annimmt oder zumindest für möglich hält, dass es ernst genommen werde (vgl. BT-Drs. 15/29, 10; zw.; **krit.** SK-*Wolters/Horn* 30; MK-*Renzikowski* 54; *S/S-Lenckner/Perron/Eisele* 20). Hieran fehlt es jedenfalls, wenn die Beteiligten sich nur – zum Zweck der sexuellen Stimulation – bei beiderseitiger Kenntnis über ein *fiktives* Angebot austauschen. Unerheblich ist, ob der Täter das Angebot von sich aus oder auf entsprechende Nachfrage macht.

23 **b)** Das Anbieten muss sich auf ein Kind **„für eine Tat"** nach Abs. I bis IV beziehen. Dass Verbrechen nach § 176 a umfasst sind, erscheint selbstverständlich, ist aber im Hinblick auf die 3. Var. (Verabreden) nach dem Wortlaut nicht unzweifelhaft (vgl. unten 29). Für Taten nach IV Nr. 3 und Nr. 4 hat die Verweisung nur geringen Sinn. Erforderlich ist, dass der Täter will oder damit rechnet, dass eine solche Tat an dem Kind aufgrund der angebotenen Zuführung begangen werden wird; eine konkrete Vorstellung von der Tatvariante oder von Modalitäten muss er *nicht haben.* Das Angebot „für die Tat" muss sich aus dem **Inhalt** des Angebots – ausdrücklich oder konkludent – ergeben, also Inhalt der Äußerung sein. Der Tatbestand setzt also, auch wenn eine Nachfrage vorausgegangen ist, einen gewissen „Aufforderungs"-Charakter der Angebots-Äußerung voraus; das bloße Verschaffen

einer *Gelegenheit* zur Tat ist noch kein (konkludentes) „Angebot". Das Angebot kann, muss sich aber nicht auf Kenntnis, Einverständnis oder Mitwirkung des Kindes beziehen (vgl. unten 27).

B. Versprechen des Nachweises (2. Var.). Der Tatbestand ist in terminologischer Anlehnung an das *Makler-* und Vermittler-Recht formuliert und zielt auf ähnliche Handlungen ab. Die Vorverlagerung der (Vollendungs-)Strafbarkeit in den Bereich des (auch nicht ernst gemeinten) Versuchs der **Verabredung zur Beihilfe** geht über die für Verbrechen geltende Regelung des § 30 (vgl. 12 zu § 30) noch hinaus (unklar BT-Drs. 15/350, 18). **24**

a) Tathandlung ist das **Versprechen** des Nachweises. Nach der Begründung des GesE soll damit erfasst sein, dass der Täter „bekundet, willens und in der Lage zu sein, selbst oder über einen Dritten den Kontakt mit einem Kind für Taten des sexuellen Missbrauchs herzustellen" (BT-Drs. 15/350, 18). Damit wäre auch die Äußerung eines bloßen *Angebots* erfasst; das wird dem Wortsinn des „Versprechens" im Sinn einer *Einigung* zwischen konkreten Personen nicht gerecht (vgl. etwa §§ 108b, 291, 299, 333 I, 334 I). Ein Versprechen liegt daher nur dann vor, wenn der Täter einen entsprechenden Erfolg gegenüber einer bestimmten Person mit deren Einverständnis oder auf deren Verlangen zusagt (ebenso MK-*Renzikowski* 50). **25**

b) Das Versprechen muss sich auf den **Nachweis eines Kindes** beziehen. Nach dem Sinn des Tatbestands ist, anders als in der 1. Var., nicht erforderlich, dass das potentielle Tatopfer schon individualisiert ist, dass der Täter schon Kontakt oder Zugang zu möglichen Opfern hat oder weiß, auf welche Weise er das Versprechen erfüllen kann; Inhalt des Versprechens muss nur die **Bemühung** um Nachweis, nicht die Zusicherung des Erfolgs sein. **26**

c) Das Nachweisversprechen muss **für eine Tat** nach Abs. I bis IV (oben 23) abgegeben werden. Darauf, ob vorgestellte Taten noch andere Tatbestände erfüllen (insb. § 177), kann es nicht ankommen, so dass nicht etwa nur Taten erfasst sind, bei denen das Kind in sexuelle Handlungen *einwilligen* soll, und nicht nur solche Nachweise, bei denen das nachzuweisende Kind von den Absichten des Täters weiß. Es reicht daher – anders als etwa beim „Nachweis von Partnersuchenden" – auch eine quasi doppelt vermittelte Möglichkeit aus, etwa wenn Kontakt zu Erwachsenen hergestellt werden soll, die ihrerseits wieder ein kindliches Tatopfer (ohne dessen Wissen) zur Verfügung stellen sollen. Andererseits ist der bloße **Hinweis auf Gelegenheiten** kein „Nachweis" iS von Abs. V; wer zB verspricht, Örtlichkeiten zu nennen, an denen sich möglicherweise ein Kind finden ließe, verspricht nicht den Nachweis eines Kindes. Es ist nicht erforderlich, dass nach der Vorstellung des Täters der Versprechensempfänger selbst die Tat ausführen soll; auch das Versprechen an (weitere) Vermittler reicht aus. **27**

Art, Modalität, Zeit und Ort möglicher Missbrauchstaten muss der Täter des Versprechens weder kennen noch muss seine Handlung auf solche Taten abzielen; es reicht jedenfalls aus, dass er eine Tat für möglich hält. Darüber hinaus sollen nach dem Willen des Gesetzgebers aber auch Versprechen erfasst sein, die **nicht ernst gemeint** sind, deren Erfüllung der Täter also von vornherein nicht beabsichtigt (BT-Drs. 15/350, 18; krit. *Duttge/Hörnle/Renzikowski* NJW **04**, 1065, 1068; gegen Einbeziehung nicht ernstlicher Versprechen SK-*Wolters/Horn* 33; unklar NK-*Frommel* 24). Auch in diesem Fall muss der Versprechende aber zumindest für möglich halten, dass der Versprechensempfänger ein entsprechendes Vorhaben tatsächlich hat; *rein fiktive* „Versprechen" und „Planungen" zwischen Eingeweihten, die diese zum Zweck sexueller Stimulation austauschen, lassen sich – wohl entgegen der Regelungsabsicht des Gesetzgebers – mit dem Tatbestand nicht erfassen (vgl. auch MK-*Renzikowski* 54). **28**

C. Verabreden zum sexuellen Missbrauch (3. Var.). Die Tatvariante erstreckt die Verabredung (§ 30 II) auf die Vergehenstatbestände des § 176 I bis IV; **29**

für die Voraussetzungen des Verabredens gelten die Erl. zu § 30 II entsprechend. „Eine solche" Tat kann nach dem Sinn der Vorschrift nicht eine Tat nach Abs. V, 1. und 2. Var. sein, sondern ist eine solche nach Abs. I bis IV. Verabredungen zu Verbrechen nach § 176a unterfallen schon § 30 II.

30 **9) Subjektiver Tatbestand.** § 176 setzt in allen Fällen **Vorsatz** voraus; dieser muss als mindestens bedingter insb. das **Alter** des Kinds erfassen (vgl. NStZ/M **98**, 131 Nr. 12; 4 StR 30/06). Für die tatsächlichen Voraussetzungen der **sexuellen Handlung** sowie für das Bestimmen des Kindes (II, IV Nr. 2) reicht gleichfalls grds. bedingter Vorsatz aus (vgl. BGH **4**, 303); im Fall des IV Nr. 3 ist hinsichtlich der sexuellen Handlung Absicht erforderlich (vgl. oben). Bei **irrtümlicher** Annahme kindlichen Alters der betroffenen Person ist Versuch gegeben (4 StR 30/06); bei irrtümlicher Annahme jugendlichen Alters kommt § 182, ggf. auch § 174 in Betracht (NStZ **07**, 329; vgl. 19 zu § 182; zum Ausschluss von Wahlfeststellung vgl. BGH **46**, 85 und unten 44). Im Fall des IV Nr. 3 und Nr. 4 muss sich der Vorsatz darauf erstrecken, dass die Schrift, Abbildung usw. von dem Kind tatsächlich wahrgenommen wird. Für den Vorsatz bezüglich des pornografischen Charakters von Einwirkungsmitteln iS von IV Nr. 4 gilt 42 zu § 184. Unernstlichkeit der Äußerungen in den Fällen des Abs. V oder Irrtum über die Ernstlichkeit des Empfängers stehen dem Vorsatz nicht entgegen.

31 **10) Vollendung; Versuch (Abs. VI).** Die Taten nach I, II, IV Nr. 1 und Nr. 2 sind mit der Vornahme der sexuellen Handlung **vollendet;** Taten nach IV Nr. 3 und Nr. 4 mit der Wahrnehmung durch das Kind, Taten nach V mit der Kenntnisnahme des Angebots (1. Var.), der Einigung (2. Var.) und der Erzielung einer Absprache über die Tat in ihren wesentlichen Grundzügen (3. Var).

32 **Versuch** des § 176 ist nach Abs. VI mit Ausnahme des Abs. IV Nr. 3 und Nr. 4 und des Abs. V strafbar. Ein unmittelbares Ansetzen zu I kann schon bei Verbringen des Kindes an einen Ort vorliegen, an dem die sexuellen Handlungen alsbald stattfinden sollen (BGH **35**, 8; SK-*Wolters/Horn* 10; MK-*Renzikowski* 59); jedoch nicht, wenn der Täter das Kind erst durch weitere Handlungen gefügig machen will (*S/S-Lenckner/Perron/Eisele* 24; vgl. auch BGHR § 176 I Konk. 1). Der Versuch des Bestimmens (II, IV Nr. 2) beginnt mit dem Ansetzen zur Veranlassung des Kindes; insoweit gilt § 30 (dort 9) entsprechend (*S/S-Lenckner/Perron/Eisele* 24; enger SK-*Wolters/Horn* 10); ein sofortiges Akzeptieren der Ablehnung ist Rücktritt (1 StR 316/03). Der Versuchsbeginn kann bei II früher einsetzen als bei I (BGH **35**, 9; *Vogler,* Stree/Wessels-FS 294, **aA** LK-*Laufhütte* 20). Die **Ausnahme** des III Nr. 3 von der Versuchsstrafbarkeit beruht zum einen auf der tatsächlichen Schwierigkeit, ein unmittelbares Ansetzen zum Einwirken hinreichend sicher festzustellen, zum anderen darauf, dass hier schon im Tatbestand eine Vorverlagerung stattfindet.

33 **11) Täterschaft und Teilnahme.** Täter des § 176 kann jeder sein, ein besonderes Verhältnis zu dem Opfer ist nicht vorausgesetzt. Dass der Schutz des Rechtsguts die Bestrafung von Sexualkontakten zB zwischen 13-Jährigen (Kindern) und 14-bis 16-Jährigen (Jugendlichen) gebietet, mag in vielen Fällen zweifelhaft sein (eine *Pflicht* zur Einstellung gem §§ 45, 47 JGG, § 153 StPO im Hinblick auf das Übermaßverbot nimmt NK-*Frommel* 10 an). Taten nach Abs. I und Abs. IV Nr. 1 sind **eigenhändige Delikte** (BGH **41**, 242, 244f. [Anm. *Schroeder* JR **96**, 211]; *Gössel* [1 a] 6/10; **aA** gegen den eindeutigen Wortlaut NK-*Frommel* 28). **Teilnahme** ist nach allgemeinen Regeln möglich und kann insb. auch durch garantenpflichtwidrige Duldung begangen werden (vgl. BGH **41**, 242, 246f.). Die Teilnahme eines Dritten an der Tat nach II wird von dessen eigener Täterschaft nach I verdrängt (vgl. oben 7). In den Fällen der IV Nr. 3 und V, 1. und 2. Var., ist schon die (versuchte) die Beihilfe zur Täterschaft aufgewertet.

34 **12) Rechtsfolgen.** Der Strafrahmen ist mehrfach abgestuft: Für die Fälle des I und des II gilt der Strafrahmen von 6 Monaten bis 10 Jahre, für Abs. IV und V ein Strafrahmen von 3 Monaten bis 5 Jahre Freiheitsstrafe. Der frühere Strafrahmen für

minder schwere Fälle ist mit Wirkung vom 1. 4. 2004 mit der Begründung gestrichen worden, es sei den Opfern nicht zumutbar, wenn in der Hauptverhandlung über den **Begriff** „minder schwerer Fall" diskutiert werde (BT–Drs. 15/350, 17; vgl. dazu zutr. MK-*Renzikowski* 16 [„lässt sich nicht ernsthaft kommentieren"]). Abs. III idF des SexualdelÄndG stellt **besonders schwere Fälle** der Qualifikation nach § 176a I gleich. Weitere Qualifikationen enthalten §§ 176a II bis V und § 176b. Der **minder schwere Fall der Qualifikation** nach § 176a I ist mit deutlich niedrigerer Strafe bedroht als der Grundtatbestand (zutr. krit. SK-*Wolters/Horn* 31 zu § 176a [„völlig unsinnig"]).

A. Allgemeine Strafzumessungsgründe. Innerhalb des **Regelrahmens** von 6 Monaten bis 10 Jahren (der gegenüber § 176 III idF vor dem 6. StrRG *milderes* Recht ist; vgl. 10 zu § 2) für Taten nach **Abs. I und II** ist die Strafe nach dem Gesamtbild von Tat und Täter zuzumessen (vgl. StV **98**, 432). Dass die Tat bereits lange zurückliegt, wird sich häufig strafmildernd auswirken (NStZ-RR **97**, 195); § 78b I Nr. 1 steht dem nicht entgegen. Anlass zur Prüfung der Voraussetzungen des § 21 *kann* sich bei Tätern ergeben, die in höherem Alter erstmals Sexualdelikte an Kindern begehen (NJW **64**, 2213; NStZ **93**, 332; StV **94**, 14; **95**, 633; 3 StR 290/98 [in NStZ **99**, 44 nicht abgedr.]; NStZ-RR **05**, 167; **06**, 38; NStZ **07**, 328f.; einschränkend NStZ **99**, 297 [m. zust. Anm. *Kröber*]). Eine Strafaussetzung zur **Bewährung** darf nicht aufgrund einer pauschalen Ablehnung einer positiven Sozialprognose bei Straftaten nach § 176 ausgeschlossen werden (NStZ-RR **05**, 38). 35

Die Weite des Strafrahmens schließt die Gefahr von **Schädigungen** des Kindes ein, die typische Folgen der Tathandlungen sind (StV **86**, 149; NStZ/M **98**, 131 Nr. 11; BGHR JGG § 32 Schwergewicht 4). Es lässt sich gleichwohl nicht sagen, der *Eintritt* solcher Folgen kennzeichne den Durchschnittsfall des gesetzlichen Tatbestands und könne daher nicht strafschärfend berücksichtigt werden (and. SK-*Wolters/Horn* 13 unter Hinweis auf StV **87**, 146; vgl. StV **86**, 149; **98**, 656f.; wie hier *S/S-Lenckner/Perron/Eisele* 29): Der „Normalfall" des abstrakten Gefährdungsdelikts ist die *Ungewissheit* über die konkreten Folgen der Tat (*S/S-Lenckner/Perron/Eisele* 29); strafschärfend kann daher berücksichtigt werden, dass und in welchem Umfang sie eingetreten (NStZ/M **93**, 225; StV **95**, 470; BGHR § 176 I StrZ 1, § 46 II Tatwirk. 7; NStZ-RR **98**, 107 zur Zumessung bei Serientaten; vgl. unten 41), umgekehrt strafmildernd, dass sie ausgeblieben sind (StV **86** 149; MDR/H **86**, 443; NStZ-RR **07**, 71, 72). Eine strafschärfende Berücksichtigung der nur **allgemeinen Gefahr** nachhaltiger Beeinträchtigungen verstößt nach NStZ-RR **00**, 362 gegen § 46 III (vgl. auch 2 StR 285/03; 2 StR 398/04). Fehlerhaft ist es, eine nicht konkretisierte „Störung der sexuellen Entwicklung" (StV **98**, 656; 4 StR 364/98) oder den allgemeinen Umstand strafschärfend zu werten, dass bei Kindern der Entwicklungsprozess sexueller Reife typischerweise noch nicht abgeschlossen sei (2 StR 398/04). Maßgebend ist vielmehr der verschuldete – physisch-psychische – tatsächliche Folgeschaden (BGHR § 176 I StrZ 3) oder eine vom Täter verursachte *konkrete* Gefahr physischer oder psychischer Schäden. Die **tateinheitliche** Verwirklichung des § 174 I Nr. 2 (NStZ/M **97**, 120) ebenso wie die des § 174 I Nr. 3 (NStZ/M **98**, 132 Nr. 15) kann strafschärfend gewertet werden (zur Verjährung vgl. § 78b I); ebenso ein besonderer Vertrauensbruch (NStZ/M **93**, 225), *insoweit* auch der Missbrauch des eigenen Kindes (NStZ-RR **98**, 175); nach NJW **01**, 2983 (Anm. *Wolters* StV **02**, 76) auch der Umstand, dass das Opfer *durch das Bestreiten* des Täters in eine soziale Isolation gerät, *wenn* dies sich als besonders gravierende psychische Folge der Tat darstellt; ebenso psychische Folgeschäden, die sich (erst) aus der Verdrängung und dem Verschweigen des Geschehens ergeben (2 StR 106/03). Strafschärfungen aufgrund nur *mutmaßlicher* weiterer (Serien-)Taten sind unzulässig (vgl. 2 StR 487/04). Das **Alter** des missbrauchten Kindes kann als Strafzumessungsumstand herangezogen werden. Dabei ist vom gesetzlichen Tatbestand und der Schutzaltersgrenze von 14 Jahren auszugehen. Daher ist 36 es zB rechtsfehlerhaft, die Strafe wegen des „sehr jungen Alters" des 12-jährighen Tatopfers zu erhöhen (vgl. NStZ-RR/P **05**, 368 Nr. 40 [2 StR 398/04]).

37 Als **unzulässig** sind **zB** Strafschärfungen mit folgenden Begründungen angesehen worden: dass das Opfer keinen nachvollziehbaren Anlass zur Tat gegeben hat (StV **87**, 146); dass der Täter zu nachtschlafener Zeit seine egoistischen sexuellen Bedürfnisse befriedigt hat (BGHR § 46 III Sexualdel. 4); dass das Opfer sich nicht an der oberen Altersgrenze befand (NStZ-RR **96**, 33; StV **95**, 470; BGHR StrZ 3); dass der Täter einer politischen Vereinigung nahe steht, die freien sexuellen Umgang mit Kindern fordert (NStZ **86**, 358); dass die hohe Dunkelziffer besondere Berücksichtigung generalpräventiver Gesichtspunkte verlange (StV **94**, 424; BGHR § 46 I GenPräv 7); dass Sexualdelikte an Kindern streng zu verfolgen seien (vgl. 76 ff. zu § 46); dass der Täter seine sexuellen Bedürfnisse über das Wohl seiner Kinder setzte (4 StR 237/04), dass er „eine alltägliche Situation ausgenutzt hat, um sich sexuelle Befriedigung zu Lasten seiner Tochter zu verschaffen" (2 StR 513/04). Dass das Kind Opfer homosexueller Handlungen geworden ist, kann nach Aufhebung des § 175 nicht mehr strafschärfend bewertet werden (NStZ **93**, 537; *S/S-Lenckner/Perron/Eisele* 29; noch **aA** NStZ **93**, 591). Dass Strafmilderungsgründe nicht vorliegen, kann nur im Einzelfall (vgl. GrS BGH **34**, 349) zu Lasten des Täters gewertet werden; idR daher nicht, dass „keine Verführungssituation" gegeben war oder dass das Sexualleben des Täters im Übrigen befriedigend verlief (StV **98**, 656). Auch der Umstand, dass das Opfer „erst zwölf Jahre alt" war, beschreibt nur einen Durchschnittsfall des § 176 und kann nicht für sich zur Strafschärfung führen (2 StR 398/04; vgl. auch 2 StR 641/86).

38 **B. Besonders schwere Fälle des I und II (Abs. III).** Die Strafzumessungsregel des Abs. III ist durch das SexualdelÄndG v. 27. 12. 2003 (oben 1) eingefügt worden. Sie stellt einen rechtspolitischen *Kompromiss* über die seit langem erhobene Forderung dar, schon das Grunddelikt des § 176 I, II zum *Verbrechen* zu machen (vgl. etwa BT-Drs. 14/1125; 15/29; dagegen etwa Gegenäußerung BReg., BT-Drs. 13/8587, 81; Stellungn. BReg., BT-Drs. 14/1125, 8; vgl. auch BT-Drs. 14/8779, 5; zutr. Kritik an diesem „Glaubenskrieg" bei MK-*Renzikowski* 16); mit der Beibehaltung der Einstufung als Vergehen sollen die Möglichkeiten einer Einstellung nach § 153 a StPO oder einer Erledigung durch Strafbefehl erhalten bleiben (BT-Drs. 15/350, 17; vgl. aber oben 3 b). Die Regelung gilt für Taten nach Abs. I und II (einschließlich des Versuchs; vgl. 88 ff. zu § 46) und entspricht in der Strafdrohung insoweit § 176 a I; Abs. IV und V sind nicht erfasst.

39 Die Einordnung als besonders schwerer Fall setzt eine **Gesamtbewertung** der strafzumessungserheblichen Umstände voraus. Die Entwurfsbegründung hat als Anwendungsfälle **beispielhaft** genannt (BT-Drs. 15/350, 17): ungewöhnliche Dauer und Intensität einer Fortsetzungstat (?); vom Täter vorauszusehende psychische Schäden des Opfers, die noch nicht die Voraussetzungen des § 176 a II Nr. 3 erfüllen; beischlafsähnliche Praktiken wie zB Schenkelverkehr; massive (?) Masturbation; Manipulationen im äußeren Genitalbereich, etwa am Scheidenvorhof (vgl. dazu 62 ff. zu § 177). Diese vom Gesetzgeber genannten Beispiele können nicht als „Regelbeispiele" verstanden werden; sie beinhalten ihrerseits einen weiten Rahmen von Bagatell- bis zu schweren Taten. So sind „Manipulationen" (?) im *äußeren Genitalbereich* Gegenstand der meisten Taten nach Abs. I und II; es kann nicht angenommen werden, ein Strafrahmen bis zu 10 Jahren reiche für sie nicht aus.

40 Die Anwendung des Strafrahmens wird **zB** in Betracht kommen bei besonders erniedrigenden Tatumständen; bei zusätzlichen Bedrohungen für den Fall der Aufdeckung; bei Einbindung in ein von Angst, Gewalt und Missbrauch geprägtes Ausnutzungsverhältnis. Schwierig erscheint eine zutreffende Einordnung von **Tatfolgen** (vgl. schon oben 36): *Besonders* gravierende Folgen für das Tatopfer werden idR schon § 176 a II Nr. 3 unterfallen; hierbei sieht § 176 a IV für *minder schwere Fälle* der erheblichen Gefährdung denselben Strafrahmen vor wie § 176 III für *besonders schwere Fälle* (einer Schädigung). Da namentlich bei psychischen Tatfolgen die tatsächlichen Grenzen zwischen eingetretenem und konkret zu befürchtendem Schaden fließend sind, lassen sich zuverlässige Kriterien einer **Abgrenzung** zwischen besonders schweren Fällen des Vergehens (§ 176 III) und Regelfällen (§ 176 a II Nr. 3) oder minder schweren Fällen (§ 176 a IV, 2. HS) des Verbrechens nicht angeben. Nach NStZ **06**, 393 hat der Umstand eines langen Zeitablaufs zwi-

schen Tat und Aburteilung für die Strafzumessung im Allgemeinen und für die Anwendung des III nur eingeschränkte Bedeutung, insb. wenn das Tatopfer erst im Erwachsenenalter die Kraft zur Aufarbeitung mit Hilfe einer Strafanzeige findet.

13) Konkurrenzen. A. Probleme bereitet in der Praxis oft die Behandlung von **Serientaten.** Zu den erforderlichen **Feststellungen,** zur **Tatkonkretisierung** und zum Konkurrenzverhältnis bei Serientaten vgl. BGH **40**, 44; **42**, 107; **44**, 153 [unzureichende Konkretisierung bei 6 Taten im nicht näher bestimmten Tatzeitraum von 10 Jahren]; NStZ **94**, 352; **95**, 204; **97**, 280; **99**, 42; 208; NStZ-RR **99**, 79; StV **96**, 363; **98**, 63; 472; **01**, 450; NStZ-RR **99**, 13; NStZ **99**, 42 [unzureichende Hinweise des Gerichts bei vager, aber noch ausreichender Konkretisierung in der Anklage]; NStZ **99**, 520 [unzureichende Konkretisierung von 105 Taten in der Anklage und 85 Taten im Urteil]; BGH **46**, 130, 134 f. unzulässige Auswechslung angeklagter Einzelfälle; Anm. *Vogl* NJ **00**, 660; *Krack* JR **01**, 423]; StV **01**, 450; NStZ **05**, 113; NStZ-RR **07**, 173; NStZ **07**, 354 [zu § 177]; vgl. auch *Zschockelt* JA **97**, 411 ff.; MK-*Renzikowski* 51 ff. vor § 174). NStZ **97**, 280 (krit. Anm. *Hefendehl* StV **98**, 474) hat die Zusammenfassung unterschiedlicher Tatvarianten, die bei (zwischen 1 und 6) zahlenmäßig nicht mehr konkretisierbaren Gelegenheiten innerhalb eines längeren Zeitraums vorgenommen wurden, zu *einer Tat* als zulässig (jedenfalls als den Täter nicht beschwerend) angesehen (ebenso 3 StR 135/00; 3 StR 166/01), zugleich aber verlangt, dass Unsicherheit über die Zahl der Tatbestandsverwirklichungen nicht besteht und dass die Einzelhandlungen **wie selbstständige Taten festgestellt** werden, um Unklarheit über den Unrechts- und Schuldgehalt auszuschließen. Dies darf nicht als (Wieder-)Eröffnung der Möglichkeit „fortgesetzter Handlungen" im früheren Sinne oder von „Bewertungseinheiten" (vgl. 12 ff. vor § 52) bei unklarer Einzeltat-Anzahl verstanden werden; vielmehr geht es um die Frage der Zuordnung eines Gesamt-Schuldumfangs auf *sicher* konkretisierbare Einzelfälle. Es ist daher stets – ggf unter Anwendung des Zweifelssatzes – die Anzahl erwiesener Einzeltaten festzustellen. Ergibt die Beweisaufnahme, dass einzelne Handlungsvarianten diesen Einzeltaten nicht sicher zugeordnet werden können, so können sie gleichwohl bei der Beurteilung des Gesamtschuldumfangs berücksichtigt werden. Im Extremfall mag dies zur „Zusammenführung" unterschiedlicher Handlungsvarianten *verschiedener* Taten in *einer* Tat führen (NStZ **97**, 280). Eine Zurechung scheidet aber aus, wenn die Zahl der Taten insg. offen bleibt oder wenn Handlungsvarianten möglicherweise allein in nicht festgestellten Einzelfällen verwirklicht wurden (zum Fehlen von **Mindestfeststellungen** vgl. auch NStZ **05**, 113). 41

Bei der Feststellung eines **„Gesamtschuldumfangs"** (vgl. auch 10 f. zu § 54; *Pfeiffer* StPO 7 zu § 267) ist den Besonderheiten des Tatbestands sowie des jeweiligen Einzelfalls (Dauer der Tatserie; Alter des Opfers; ggf Wechsel der Tatmodalitäten; besondere, Einzeltaten kennzeichnende Umstände; besondere Ereignisse wie Umzug, Urlaub, Schwangerschaft usw.) Rechung zu tragen. IdR reicht ein bloßes „Ausrechnen" der Anzahl der Einzeltaten anhand vager oder allgemeiner Feststellungen (zB „fast jedes Wochenende"; vgl. NStZ **99**, 520) nicht aus. Zumeist werden sich auch bei langen Tatserien und jüngeren Opfern mit erheblichen Erinnerungslücken anhand der Feststellung von durch die o. g. Besonderheiten gekennzeichneten Einzeltaten bestimmte Abschnitte bilden lassen, denen **hinreichend bestimmte Einzeltaten** zugeordnet werden können (vgl. etwa 1 StR 293/99). Die Feststellung des *genauen* Zeitpunkts der Einzeltaten ist nicht stets zur Individualisierung erforderlich, wenn die Tat anhand anderer tatsächlicher Merkmale konkretisiert werden kann (NStZ **99**, 208). Bei langen Tatserien dürfen erschwerende Tatmodalitäten nicht ohne weiteres für alle Einzeltaten unterstellt werden (vgl. StV **01**, 450 [Vergewaltigung: 34 Fälle in 3 Jahren]). Allein **quantitative Schätzungen** sind zu vermeiden; die Feststellung einer hinreichend bestimmten Anzahl konkreter Taten und die Behandlung nicht im Einzelnen zu klärender Fälle nach § 154 StPO ermöglicht regelmäßig eine schuldangemessene Ahndung (vgl. dazu auch 55 f. vor § 52). Eine Strafschärfung aufgrund nur *vermuteter* weiterer Fälle („Spitze des Eisbergs") ist unzulässig (vgl. 2 StR 487/04). Zur Konkurrenz von **Beihilfehandlungen** durch Unterlassen vgl. NStZ **00**, 83 und 31 zu § 27. 42

B. Innerhalb des § 176 ist **Tateinheit** zwischen I und II möglich (*Lackner/Kühl* 10; LK-*Laufhütte* 31; **aA** *S/S-Lenckner/Perron/Eisele* 26; SK-*Wolters/Horn* 12), ebenso zwischen IV Nr. 1 und Nr. 2; zwischen IV Nr. 3 und Nr. 4. Treffen Handlungen nach IV mit solchen nach I oder II zusammen, so treten IV Nr. 1, 2 (soweit es sich nicht um einen Dritten handelt) und Nr. 3, 4 zurück (NStZ **96**, 383). Eine versuchte Tat nach I steht mit IV in Tateinheit (MDR/H **74**, 722; *Lackner/Kühl* 12). Zwischen Taten nach Abs. V, 1. und 2. Var., und solchen nach Abs. I bis IV wird idR **Tatmehrheit** vorliegen; Abs. V, 3. Var. wird verdrängt, wenn die verabredete Tat begangen wird. Bei einem gleichzeitigen Kontakt mit **mehreren Kindern** liegt Tateinheit vor (NStZ **95**, 222; **98**, 86; BGHR § 176 I Konk. 2; NStZ-RR **99**, 329 (L); stRspr). 43

44 Gegenüber der vollendeten Qualifikation nach **§ 176a** tritt § 176 zurück (NStZ **05**, 90); dagegen besteht zwischen Versuch des § 176a und Vollendung des § 176 I **Tateinheit** (2 StR 127/04; vgl. 23 zu § 176a). Zum **Verhältnis zu § 177 I Nr. 3** vgl. oben 3. **Tateinheit** ist möglich mit §§ 173 (NJW **53**, 710); 174 (4 StR 374/79); §§ 177 bis 179; §§ 180 II, III (NStZ **96**, 599); mit 183a (vgl. NJW **53**, 710); mit §§ 223ff. (1 StR 385/81), §§ 235 (NStZ/M **97**, 181), § 240. **§ 182 II** tritt idR hinter § 176 zurück (BGH **42**, 27). Nach BGH **42**, 51 besteht auch zwischen **§ 182 I** und § 176 I **Gesetzeskonkurrenz** mit Vorrang des § 176 I; eine vom *3. StS* angestrebte Änderung dieser Rspr (NStZ **00**, 644: Tateinheit) ist nicht zustande gekommen (vgl. 1 StR 433/99; 1 ARs 13/00; 3 StR 323/00) so dass der BGH weiter der Entscheidung BGH **42**, 51 folgt (NStZ **01**, 420; 2 StR 299/01). Vgl. dazu auch 19, 25 zu § 182. Es **treten zurück** § 183 hinter § 176 IV Nr. 1 sowie § 184 I Nr. 1 hinter § 176 IV Nr. 4 (NJW **76**, 1984). Eine **Wahlfeststellung** mit § 174 I scheidet aus, wenn ein Tatzeitpunkt vor Vollendung des 14. Lebensjahres nicht festgestellt werden kann und die Tat nach § 174 I möglicherweise verjährt ist. Nach BGH **46**, 85 hat hier in Anwendung des Zweifelssatzes eine Verurteilung nach § 174 I zu erfolgen.

45 **C.** Die Anwendung des **milderen Rechts** (§ 2 III) ist durch die zeitnahen Gesetzesänderungen seit 1997 unübersichtlich. Das anzuwendende Recht ist durch einen **Gesamtrechtsvergleich** bei **konkreter Beurteilung** zu ermitteln (vgl. 9 zu § 2). Dabei kann namentlich die Abgrenzung von § 176 III idF des 4. StrRG (besonders schwerer Fall mit **Regelbeispielen**), § 176a idF des 6. StrRG **(Qualifikation),** § 176 III idF durch das SexualdelÄndG **(unbenannter besonders schwerer Fall),** § 176a II nF **(Qualifikation),** IV **(minder schwerer Fall der Qualifikation)** im Einzelfall schwierig sein, wenn auch idR das jeweils frühere Recht bei konkreter Anwendung milder sein wird. Bei dem gebotenen Vergleich ist ggf. auch § 176 I, 2. HS aF **(minder schwerer Fall)** zu berücksichtigen. Bei einem Vergleich mit früherem DDR-Recht war § 148 StGB-DDR gegenüber § 176 idR die mildere Strafnorm (NStZ-RR **97**, 232; 4 StR 483/97); anders ist es, wenn die Tat als minder schwerer Fall nach I, 2. HS idF des 6. StrRG zu beurteilen wäre (NStZ/M **97**, 120). Zur Verjährung von Taten nach § 148 StGB-DDR vgl. NStZ **98**, 36.

46 **14) Sonstige Vorschriften:** § 78b I Nr. 1 (Verjährung); § 66 III (Sicherungsverwahrung); § 181b (Führungsaufsicht); § 395 I Nr. 1a StPO (Nebenklage); §§ 58a I Nr. 1, 68b Nr. 2, 168e, 247a, 255a II StPO (Zeugenschutz), §§ 397a, 406g StPO (Zeugenbeistand). DNA-Speicherung: § 2 DNA-IFG. §§ 25 I Nr. 3, 58 II JArbSchG (Beschäftigungsverbot Verurteilter); § 2 II KastrG; § 1 OEG (Opferentschädigung; vgl. dazu Koblenz NJW **99**, 224).

Schwerer sexueller Missbrauch von Kindern

176a **I Der sexuelle Missbrauch von Kindern wird in den Fällen des § 176 Abs. 1 und 2 mit Freiheitsstrafe nicht unter einem Jahr bestraft, wenn der Täter innerhalb der letzten fünf Jahre wegen einer solchen Straftat rechtskräftig verurteilt worden ist.**

II Der sexuelle Missbrauch von Kindern wird in den Fällen des § 176 Abs. 1 und 2 mit Freiheitsstrafe nicht unter zwei Jahren bestraft, wenn

1. eine Person über achtzehn Jahren mit dem Kind den Beischlaf vollzieht oder ähnliche sexuelle Handlungen an ihm vornimmt oder an sich von ihm vornehmen lässt, die mit einem Eindringen in den Körper verbunden sind,

2. die Tat von mehreren gemeinschaftlich begangen wird oder

3. der Täter das Kind durch die Tat in die Gefahr einer schweren Gesundheitsschädigung oder einer erheblichen Schädigung der körperlichen oder seelischen Entwicklung bringt.

III Mit Freiheitsstrafe nicht unter zwei Jahren wird bestraft, wer in den Fällen des § 176 Abs. 1 bis 3, 4 Nr. 1 oder Nr. 2 oder des § 176 Abs. 6 als Täter oder anderer Beteiligter in der Absicht handelt, die Tat zum Gegenstand einer pornographischen Schrift (§ 11 Abs. 3) zu machen, die nach § 184b Abs. 1 bis 3 *verbreitet* werden soll.

IV In minder schweren Fällen des Absatzes 1 ist auf Freiheitsstrafe von drei Monaten bis zu fünf Jahren, in minder schweren Fällen des Absatzes 2 auf Freiheitsstrafe von einem Jahr bis zu zehn Jahren zu erkennen.

V Mit Freiheitsstrafe nicht unter fünf Jahren wird bestraft, wer das Kind in den Fällen des § 176 Abs. 1 bis 3 bei der Tat körperlich schwer misshandelt oder durch die Tat in die Gefahr des Todes bringt.

VI In die in Absatz 1 bezeichnete Frist wird die Zeit nicht eingerechnet, in welcher der Täter auf behördliche Anordnung in einer Anstalt verwahrt worden ist. Eine Tat, die im Ausland abgeurteilt worden ist, steht in den Fällen des Absatzes 1 einer im Inland abgeurteilten Tat gleich, wenn sie nach deutschem Strafrecht eine solche nach § 176 Abs. 1 oder 2 wäre.

Übersicht

1) Allgemeines	1, 1 a
2) Wiederholungstaten (Abs. I)	2, 3
3) Qualifikationen nach Abs. II	4–12
4) Minder schwere Fälle des I und II (Abs. IV)	13, 14
5) Missbrauch in Verbreitungsabsicht (Abs. III)	15, 16
6) Schwere Misshandlung; Lebensgefährdung (Abs. V)	17–20
7) Vorsatz	21
8) Versuch	22
9) Konkurrenzen, Tenorierung	23, 24

1) Allgemeines. Die Vorschrift ist durch das 6. StrRG (2f. vor § 174) eingefügt worden und ersetzte die Strafzumessungsvorschrift des § 176 III aF durch als **Verbrechen** eingestufte **Qualifikationen** (zum Gesetzgebungsverfahren vgl. *Kreß* NJW **98**, 633, 638f.; die Darstellung bei NK-*Frommel* 1 zu § 176 ist missverständlich). **In-Kraft-Treten:** 1. 4. 1998. Durch das **SexualdelÄndG** v. 27. 12. 2003 (BGBl. I 3007; Mat.: 3a vor § 174) ist die Vorschrift neu gefasst worden; die Mindeststrafe in den Fällen des Abs. II wurde von 1 auf 2 Jahre erhöht, die Regelungen im Übrigen sind an die Neufassung des § 176 angepasst worden. **In-Kraft-Treten:** 1. 4. 2004. 1

Literatur: vgl. 1a zu § 176; 10 vor § 174. 1 a

2) Wiederholungstaten (Abs. I). Die Regelung qualifiziert Wiederholungstaten nach § 176 I und II zum Verbrechen, wenn sie innerhalb einer Frist von **5 Jahren** nach einer rechtskräftigen einschlägigen Vorverurteilung des Täters begangen werden (krit. im Hinblick auf die Vereinbarkeit mit dem **Schuldprinzip** *S/S-Lenckner/Perron/Eisele* 3; MK-*Renzikowski* 10; SK-*Wolters/Horn* 4; *Renzikowski* NStZ **99**, 441; *Gössel* [1 a zu § 176] 6/36); eine Behandlung als Regelbeispiel eines besonders schweren Falls des § 176 hat der Gesetzgeber als nicht ausreichend angesehen (BT-Drs. 15/1311, 24). Für die Bemessung der Frist kommt es nicht auf den Zeitpunkt der Rechtskraft (so SK-*Wolters/Horn* 10; LK-*Laufhütte/Roggenbuck* Nachtr. 5; *Gössel* [1 a zu § 176] 6/38; wohl auch NK-*Frommel* 9, bei der aber unklar bleibt, welche Gesetzesfassung kommentiert wird) und abweichend von § 66 III S. 2 auch nicht auf denjenigen der Vortat, sondern auf den der **letzten Tatsachenverhandlung** an (ebenso *Renzikowski* NStZ **99**, 442; *S/S-Lenckner/Perron/Eisele* 5). Zeiten einer behördlich angeordneten zwischenzeitlichen Verwahrung des Täters in einer Anstalt verlängern die Frist, **Abs. VI S. 1.** Hierzu gehören neben Freiheitsstrafen und Maßregelvollzug nach §§ 63 bis 66 auch Jugendarrest, Untersuchungshaft sowie die Unterbringung nach Landesrecht (vgl. 20f. zu § 66; SK-*Wolters/Horn* 10). Einschränkend ist Abs. I dahin auszulegen, dass nur rechtskräftige **Schuldsprüche** als Vortat in Betracht kommen; ist § 20 angewendet und eine Maßregel angeordnet worden, so fehlt es an einer die Qualifikation begründenden *Schuld*steigerung (ebenso *Laubenthal* 390; *Gössel* [1 a zu § 176] 6/37; **aA** NK-*Frommel* 9, da Sexualstraftäter „in §§ 66, 66a erwähnt" seien). Eine Strafmaßsteigerung ist nur dann gerechtfertigt, wenn sich aus der Vorverurteilung ein schuldsteigerndes, dem Täter zuzurechnendes Element ergibt (vgl. BVerfGE **50**, 134 zu § 48 aF). Erforderlich ist daher, dass im konkreten Einzelfall der Täter sich die frühere Verurteilung vorwerfbar nicht hat zur Warnung dienen lassen (*S/S-Lenckner/Perron/Eisele* 5; MK-*Renzikowski* 13; *Renzikowski* NStZ **99**, 441); hieran kann es namentlich bei schweren Persönlichkeitsstörungen fehlen. 2

3 Die Vorverurteilung muss **„wegen einer solchen Straftat"** erfolgt sein, dh wegen einer Tat nach **§ 176 Abs. I oder Abs. II;** erfasst sind selbstverständlich auch besonders schwere Fälle des § 176 III. Ob die neuerliche Tat denselben Tatbestand verwirklicht, ist unerheblich. Ob die frühere Verurteilung wegen *täterschaftlicher* Begehung erfolgt sein muss (so *Renzikowski* NStZ **99**, 442; SK-*Wolters/Horn* 5; NK-*Frommel* 9; **aA** *S/S-Lenckner/ Perron* 8; LK-*Laufhütte/Roggenbuck* Nachtr. 5), ist str.; der Gesetzessinn spricht dagegen, der Wortlaut nicht dafür. Für **Auslandstaten** gilt **VI S. 2;** die Regelung erfasst nicht nur Taten iS von § 5 Nr. 8b, sondern führt einen *hypothetischen* Weltrechtsgrundsatz ein, wenn der Täter wegen der neuen Tat dem deutschen Strafrecht unterfällt (**and.** *S/S-Lenckner/Perron/Eisele* 4); es kommt dann darauf an, ob die im Ausland abgeurteilte Tat nach deutschem Strafrecht § 176 I oder II unterfallen *wäre,* unabhängig davon, ob für sie (damals) deutsches Strafrecht galt. Der **Vorsatz** des Täters muss sich auf die Umstände des Rückfalls erstrecken. Für **Teilnehmer,** die die Voraussetzungen selbst nicht erfüllen, gilt § 28 II; sie sind nach § 176 zu bestrafen. Bei der **Strafzumessung** darf wegen § 46 III nicht (nochmals) zu Lasten des Täters gewertet werden, dass er *(einmal)* „einschlägig vorbestraft" ist (NStZ **02**, 198); anders ist es, wenn die Warnfunktion der Vorverurteilung vom Durchschnittsfall deutlich abweicht (NStZ-RR **04**, 71).

4 **3) Qualifikationen nach Abs. II.** Abs. II enthält Qualifikationen des § 176 I und II, die denen des § 179 V entsprechen. Der (mindestens bedingte) **Vorsatz** des Täters muss die Voraussetzungen der Qualifikationen (auch Nr. 3) umfassen. Die Strafdrohung ist durch das SexualdelÄndG angehoben worden, um sie vom besonders schweren Fall iS von § 176 III abzugrenzen (BT-Drs. 15/350, 18). Auch deshalb ist die Ansicht *Frommels* (NK 3 und erneut ebd. 8) unzutreffend, durch *weite* Auslegung der Qualifikationstatbestände sei sicherzustellen, dass § 176 nur als „Auffangtatbestand" für minder schwere Ausnahme-Fälle Anwendung findet. Das stellt die gesetzliche Systematik von Grundtatbestand und Qualifikation auf den Kopf und widerspricht auch dem Wortlaut der Regelung. Die Ansicht *Frommels,* minder schwere Fälle des *Verbrechens* (Abs. IV) seien gem. § 153a StPO einzustellen (NK 3, 8), übersieht § 12 III und ist daher ebenso unzutreffend wie die Annahme, § 176 III sei (bei „Machtmissbrauch") *neben* § 176a II anzuwenden (ebd. 10).

5 **A. Beischlaf und beischlafähnliche Handlungen (Nr. 1).** Täter kann nur eine **Person über 18 Jahren** sein; an dieser Grenze ist im 6. StrRG festgehalten worden, um Handlungen zwischen einem jugendlichen Täter und einem uU knapp unter der Altersgrenze des § 176 I liegenden Kind aus dem Anwendungsbereich des Verbrechenstatbestands herauszunehmen (RegE 32). Jugendliche Täter des II Nr. 1 sind daher nur wegen „sexuellen Missbrauchs" zu verurteilen (vgl. NStZ **00**, 49); eine Anwendung des § 176 III scheidet wegen § 18 I S. 2 JGG aus (verkannt von NK-*Frommel* 10). Fälle des § 176 II sind nur dann nach II Nr. 1 qualifiziert, wenn die dritte Person, an der oder von der die sexuelle Handlung vorgenommen wird, die Altersgrenze überschritten hat; auf das Alter des veranlassenden Täters kommt es nicht an (NStZ **05**, 152, 153).

6 Voraussetzung ist die **Vollziehung des Beischlafs** oder einer **ähnlichen sexuellen Handlung.** Zum **Begriff des Beischlafs** vgl. 62ff. zu § 177. Er ist auf heterosexuellen Geschlechtsverkehr beschränkt. Die Überwindung eines entgegenstehenden Willens ist nicht erforderlich (BGH **45**, 131, 132). Nr. 1 ist wie § 177 II Nr. 1 ein **eigenhändiges** Delikt (1 StR 161/01; vgl. NStZ **99**, 452f. [zu § 177]; *Gössel* [1a zu § 176] 6/41; gegen den Wortlaut **aA** NK-*Frommel* 19 zu § 177); Mittäterschaft Dritter kommt nur nach Nr. 2 in Betracht.

7 ***Ähnliche* sexuelle Handlungen** iS der Nr. 1 sind, anders als in § 177 II Nr. 1, nur solche, die mit einem **Eindringen in den Körper** verbunden sind; beischlafartige körperliche Kontakte ohne Eindringen in eine Körperöffnung reichen nicht aus. Der Begriff des Eindringens in den Körper entspricht dem des § 177 II Nr. 1

(vgl. dazu 66f. zu § 177). Dem Beischlaf gleichgestellt sind daher insb. ein Eindringen in die Scheide (NStZ **05**, 152, 153) sowie in Mund oder Anus (NStZ **00**, 27). Ob es sich um heterosexuelle oder homosexuelle Kontakte handelt, ist gleichgültig; ebenso, ob das Eindringen in den Körper des Opfers oder des Täters erfolgt (BGH **45**, 131 [m. Anm. *Hörnle* NStZ **00**, 310; *Bauer* StraFO **00**, 196]; 2 StR 80/01; 68 zu § 177). Erfasst ist nicht nur das Einführen des Geschlechtsglieds, sondern auch das anderer Körperglieder oder von Gegenständen in Körperöffnungen (NJW **00**, 672; vgl. BT-Drs. 13/7324, 6; SK-*Wolters/Horn* 16; *S/S-Lenckner/Perron/Eisele* 8; *Laubenthal* 381; zur Strafzumessung NStZ **96**, 599 [zu § 176 III aF]). Nach NStZ-RR/P **04**, 354 Nr. 5 ist auch insoweit die Rspr. zur (Beischlafs-) Vollendung bei Eindringen in den sog. Scheidenvorhof anzuwenden (vgl. dazu i. e. 62ff. zu § 177); Nr. 1 ist danach *vollendet*, wenn der Täter mit einem Finger in den Scheidenvorhof eingedrungen ist (zw.; vgl. dazu 64 zu § 177).

Eine besondere **Erniedrigung** des Opfers ist, anders als in § 177 II S. 2 Nr. 1, **nicht erforderlich** (NJW **00**, 672 [m. Anm. *Renzikowski* NStZ **00**, 367; wohl missverstanden von *Frommel* NK 4 und ebd. 23 zu § 177]); daher muss eine die Qualifikation nach II Nr. 1 erfüllende, mit Nötigungsmitteln durchgeführte Handlung nicht notwendig zugleich eine Vergewaltigung darstellen (BGH aaO; **aA** NK-*Frommel* 4). **7a**

Die **Beischlafähnlichkeit** ist nicht schon mit dem Merkmal des Eindringens in den Körper gegeben; vielmehr müssen darüber hinausgehende Anforderungen erfüllt sein. Allein auf die Ähnlichkeit mit einer Beischlafhandlung kann es nach dem Wortlaut von Nr. 1 nicht ankommen; ein Eindringen in den Körper, etwa mit Gegenständen, setzt keine Beischlafähnlichkeit voraus; und es erscheint auch sprachlich wenig sinnvoll, einen flüchtigen *Zungenkuss* als „beischlafsähnliche" Handlung anzusehen, nicht aber sog. *Schenkelverkehr*, bei welchem das Glied „an die Scheide" geführt wird (so NK-*Frommel* 11; vgl. NStZ-RR **98**, 270). Es ist daher mit *Lenckner/Perron/Eisele* (*S/S* 8) das Merkmal der Beischlafähnlichkeit als **Erheblichkeit** zu verstehen (ebenso *Renzikowski* NStZ **00**, 367; MK-*Renzikowski* 21; SK-*Wolters/Horn* 16); hieran besteht jedenfalls in den Fällen idR kaum Zweifel, in denen die Tathandlung auf Seiten des Opfers *oder* des Täters unter Einbeziehung des Geschlechtsteils geschieht (BGH **45**, 131, 133f.; NJW **00**, 672). Damit lassen sich im Einzelfall vom Wortlaut erfasste Handlungen ausscheiden, die idR den von der Qualifikation vorausgesetzten Unrechtsgehalt nicht aufweisen (**Zungenkuss**; vgl. *Renzikowski* NStZ **99**, 441; **00**, 367; *Helmken* ZRP **95**, 303f.; and. *Laubenthal* 382). Solchen Handlungen schon die Qualität eines „Eindringens" abzusprechen, besteht kein Anlass. Die Rspr zum Begriff des Beischlafs (vgl. Erl. zu § 177 II Nr. 1) gibt insoweit keine zuverlässige Orientierung; so kann etwa das (flüchtige) Eindringen mit einem Finger in die Scheide wohl nicht immer als beischlafsähnlich angesehen werden (weiter aber NJW **00**, 672); dasselbe gilt für Eindringen mit einem Finger in den Anus. Eine differenzierte Anwendung ist auch im Hinblick darauf angezeigt, dass selbst gravierende Missbrauchshandlungen nicht vom Qualifikationstatbestand erfasst werden, wenn sie das Merkmal des Eindringens nicht erfüllen (eher weit aber die Rspr). **8**

B. Gemeinschaftliche Tatbegehung (Nr. 2). Die Regelung qualifiziert eine **von mehreren gemeinschaftlich** begangene Tat nach § 176 I oder II. Eine gemeinschaftliche Begehung liegt vor, wenn mindestens zwei Personen mit derselben Zielrichtung **als Täter** handeln. Beihilfe, etwa durch Unterlassen (vgl. BGH **41**, 246) oder Nebentäterschaft genügen nicht (SK-*Wolters/Horn* 19; *S/S-Lenckner/Perron/Eisele* 9; MK-*Renzikowski* 23); andererseits ist, wie in § 177 II S. 2 Nr. 2, Eigenhändigkeit nicht vorausgesetzt (**aA** LK-*Laufhütte/Roggenbuck* Nachtr. 3). Die Verwirklichung desselben Tatbestands ist nicht stets erforderlich; daher kann einer der gemeinschaftlich Handelnden Täter des § 176 I, ein anderer Täter des § 176 II sein (ebenso *S/S-Lenckner/Perron/Eisele* 9). Die Anforderungen an die Gemeinschaftlichkeit sind im Hinblick auf das geschützte Rechtsgut zu bestimmen; erfor- **9**

derlich ist, dass sich aus dem konkreten Zusammenwirken der Täter aus objektiver Sicht eine erhöhte Schutzlosigkeit des Opfers ergibt. Daher reicht das Bestimmen eines Kindes gem. § 176 II zu sexuellen Handlungen mit einem zum Zeitpunkt der Bestimmungshandlung *abwesenden* Dritten nicht aus.

10 **C. Konkrete Gefährdung von Gesundheit oder Entwicklung (Nr. 3).** Die Regelung qualifiziert die **konkrete Gefahr** einer schweren Gesundheitsschädigung oder einer erheblichen Schädigung der körperlichen oder seelischen Entwicklung. Der Begriff der **schweren Gesundheitsschädigung** entspricht §§ 177 III Nr. 3, 179 V Nr. 3, § 218 II S. 2 Nr. 2, § 250 I Nr. 1c, § 330 S. 2 Nr. 1, 2, § 330a I (vgl. *Schroth* NJW **98**, 2865); sie liegt auch dann vor, wenn das Opfer langwierig ernsthaft erkrankt (*Küper* BT 167; *Sander/Hohmann* NStZ **98**, 275; *Wolters* JuS **98**, 584; vgl. 5 zu § 250; 18 zu § 218).

11 Eine **erhebliche Schädigung der körperlichen oder seelischen Entwicklung** liegt bei einer deutlichen Abweichung von der (voraussichtlichen) Normalentwicklung vor. Die Begriffe der Gesundheits- und Entwicklungsschädigung überschneiden sich. Eine erhebliche Schädigung der seelischen Entwicklung ist nicht nur in Fällen psychischer „Krankheit" gegeben (vgl. aber BT-Drs. VI/3521, 16), sondern schon dann, wenn der geistig-seelische Reifungsprozess dauernd oder nachhaltig gestört wird (NStZ **82**, 328; KG JR **82**, 507 zu § 170d aF). Nicht erforderlich ist, dass diese Beeinträchtigung sich gerade im Bereich des Sexuallebens auswirkt; ausreichend sind schwerwiegende Beeinträchtigungen der sozialen, ethischen und psychischen Identitätsfindung, die sich etwa in Verwahrlosung, gravierenden Störungen des Sozialverhaltens, der kommunikativen und sozialen Fähigkeiten sowie der Leistungsfähigkeit im schulischen oder beruflichen Bereich ausdrücken können (vgl. LK-*Dippel* 14 zu § 170d; krit. zur Unbestimmtheit des Begriffs *S/S-Lenckner* 7 zu § 171 und *Hanack* NJW **74**, 3). Zu berücksichtigen ist, dass psychische Beeinträchtigungen **typische Folgen** des sexuellen Missbrauchs und als solche im Strafrahmen des Grundtatbestands zu berücksichtigen sind (**aA** NK-*Frommel* 5). Die Qualifikation ist daher eng auszulegen (ebenso *Laubenthal* 388; MK-*Renzikowski* 26; **aA** NK-*Frommel* 5ff. mit schwer verständlicher systematischer Begründung und dem Hinweis, dass ein durchschnittlicher Täter „wissen kann", dass der sexuelle Missbrauch *erfahrungsgemäß* zu einer konkreten Gefährdung führt. Das ist schon mit dem Vorsatzerfordernis nicht vereinbar). Eine hinreichend bestimmbare **Abgrenzung** der **Gefahr** psychischer Entwicklungsschäden (§ 176a II Nr. 3) zum bereits vorliegenden **Eintritt** psychischer Schäden (§ 176 I, II) ist gleichwohl zweifelhaft (vgl. *Renzikowski* NStZ **99**, 441; *S/S-Lenckner/Perron/Eisele* 10). Die Praxis behilft sich damit, dass die Anwendung des Qualifikationstatbestands weitgehend auf Fälle bereits eingetretener schwerwiegender Störungen beschränkt wird.

12 Eine **konkrete Gefahr** der Schädigung reicht aus. Diese kann sich aus den Umständen der einzelnen Tat, jedoch auch aus ihrem Zusammenwirken mit anderen Umständen (zB Serientaten; Taten nach § 171) ergeben. Nicht erforderlich ist, dass gerade die sexuellen Handlungen iS des § 176 I oder II die Gefahr verursachen; diese kann sich vielmehr auch aus sonstigen Tathandlungen ergeben (zB Gewalthandlungen oder Bedrohungen, um das Kind zu bestimmen; **aA** *S/S-Lenckner/Perron* 10). Ist eine der genannten Folgen eingetreten, so ist Nr. 3 stets gegeben. Die konkrete Gefahr ist **keine besondere Folge** der Tat (§ 18); Fahrlässigkeit des Täters reicht daher insoweit nicht aus (BGH **26,** 176, 180; **46**, 225 [zu § 177]; *S/S-Lenckner/Perron/Eisel* 11; *Laubenthal* 389; MK-*Renzikowski* 28; *Renzikowski* NStZ **99**, 441; NK-*Frommel* 13).

13 **4) Minder schwere Fälle (Abs. IV).** Die Strafe ist in den Fällen des **Abs. I** Freiheitsstrafe von 1 bis zu 15 Jahre, nach **Abs. IV, 1. HS** in minder schweren Fällen Freiheitsstrafe von 3 Monaten bis zu 5 Jahren. Für die Beurteilung kommt es auf die neue Tat an; Gewicht oder Folgen der früheren Tat können bei der Gesamtwürdigung der Persönlichkeit des Täters, im Einzelfall auch im Hinblick auf

die neue Tat berücksichtigt werden (zB bei Taten gegen dasselbe Opfer). Systematisch nicht nachvollziehbar ist, dass das **Grunddelikt** des § 176 einen minder schweren Fall nicht mehr vorsieht, die Abs. I, IV aber einen minder schweren Fall der **Qualifikation** mit deutlich *niedrigerem* Strafrahmen als das Grunddelikt vorsehen (krit. auch SK-*Wolters/Horn* 31; vgl. auch 34 zu § 176).

Minder schwere Fälle des **Abs. II** sind mit Freiheitsstrafe von 1 bis 10 Jahren bedroht **(IV, 2. HS).** Die Anwendung von Abs. IV ist ist nicht auf bestimmte Fallgestaltungen beschränkt (NStZ-RR **06**, 339). Sie ist idR bei Vorliegen eines vertypten Milderungsgrunds zu prüfen, kommt aber **zB** auch in Betracht, wenn die Tat (auch) auf eine Initiative des Kindes zurückgeht (zB bei freiwilliger Prostitution von Kindern knapp unter der Schutzaltersgrenze); wenn nach den Umständen des Einzelfalls psychische oder physische Schäden nicht eingetreten und nicht zu erwarten sind; bei nicht auf Abhängigkeit und Ausnutzen kindlicher Unreife beruhenden Partner-Beziehungen. Auf die Erheblichkeitsschwelle iS von § 184f kann es nur in Fällen von II Nr. 2 ankommen (zu § 176 I aF vgl. insoweit NStZ **00**, 27); in Ausnahmefällen kann sich auch eine Tat nach II Nr. 2 als minder schwerer Fall darstellen. In Fällen des II Nr. 3 wird die Anwendung des IV, 2. HS aus in der Tat liegenden Gründen regelmäßig ausscheiden. Wenn neben Umständen, die für sich bereits die Annahme eines minder schweren Falles begründen, ein besonderer gesetzlicher Milderungsgrund vorliegt, so ist der Strafrahmen des IV, 2. HS nach § 49 zu mildern. Begründet der vertypte Milderungsgrund erst zusammen mit anderen Umständen die Annahme des minder schweren Falles, so ist über den anzuwendenden Strafrahmen nach Gesamtwürdigung im Einzelfall zu entscheiden (vgl. 2a zu § 50). 14

5) Missbrauch in Verbreitungsabsicht (Abs. III). Abs. III qualifiziert die Beteiligung an Taten nach § 176 I bis III, IV Nr. 1 oder Nr. 2 sowie an dem Versuch solcher Taten (§ 176 VI), wenn der **Täter oder Teilnehmer** bei Begehung der Tat (bzw. der Teilnahmehandlung) in der **Absicht** handelt, die Tat zum **Gegenstand** einer **kinderpornografischen Schrift** iS von § 184b I (vgl. Erl. dort) zu machen, die nach § 184b I bis III **verbreitet** werden soll; die Regelung stellt also nicht auf den engen Verbreitens-Begriff des § 184b I Nr. 1, sondern auf denjenigen der gesetzlichen Überschrift ab (vgl. (BGH **47**, 55 [Verbreiten und Zugänglichmachen im **Internet;** Anm. *Kudlich* JZ **02**, 310; *Gercke* MMR **01**, 678]; NStZ **03**, 661; *S/S-Lenckner/Perron/Eisele* 12; SK-*Wolters/Horn* 5a). Taten nach § 176 IV Nr. 3, 4, V sind nicht erfasst, weil es „wenig lebensnah erscheint", dass sie zum Gegenstand pornografischer Schriften gemacht werden (BT-Drs. 15/350, 18); das erscheint jedenfalls hinsichtlich § 176 IV Nr. 4 zu optimistisch. Ob das spätere Verbreiten durch den Täter selbst oder durch einen Dritten vorgenommen werden soll, ist unerheblich; ebenso, ob es tatsächlich zum Verbreiten kommt (NStZ **03**, 661f.). 15

Es gilt der Schriften-Begriff des § 11 III; erfasst sind daher neben Darstellungen, Bildträgern und Datenträgern auch „reine" Schriften, also literarische Erzeugnisse. „Gegenstand" einer *solchen* Schrift soll die Tat iS von § 176 I, II, VI nur dann sein, wenn sie *konkret* beschrieben werden soll; die Absicht, später *irgendwelche* kinderpornografischen Schriften zu verfassen, die zB ähnliche Sexualpraktiken beschreiben, reicht nicht aus. Taten nach § 176 IV Nr. 1 sind von der Qualifikation nur erfasst, wenn auch der Bezug auf das Kind Gegenstand der Schrift sein soll; Taten nach § 176 II und IV Nr. 2 nur dann, wenn sich aus Inhalt oder Kontext der Schrift der Bezug auf eine Aufforderung hierzu durch den Täter oder Dritte ergeben soll (BGH **45**, 41; vgl. i.e. 39f. zu § 184). Auch der **Versuch** der Grunddelikts (§ 176 VI) ist einbezogen und wird bei der genannten Absicht mit Vollendungsstrafe bedroht (**unechtes Unternehmensdelikt**; SK-*Wolters/Horn* 526; *Laubenthal* 396; *Renzikowski* NStZ **99**, 442); eine **Strafmilderung** nach §§ 27 II, 49 I für den Gehilfen des Grunddelikts ist durch III ausgeschlossen (SK-*Wolters/Horn* 24; *S/S-Lenckner/Perron* 12; MK-*Renzikowski* 29), da er *Täter* des Abs. III ist. Den früheren 16

Strafrahmen für **minder schwerere** Fälle des III hat das SexualdelÄndG gestrichen.

17 **6) Schwere Misshandlung; Lebensgefährdung (Abs. V).** Die Regelung qualifiziert Taten nach § 176 I bis III bei **schwerer körperlicher Misshandlung** des Kindes und bei Herbeiführung einer **konkreten Todesgefahr;** die Qualifikationen entsprechen § 177 IV Nr. 2 (vgl. Erl. dort). Die **Strafe** ist Freiheitsstrafe von 5 bis 15 Jahren. Eine Regelung für minder schwere Fälle, die für Fälle der 2. Var. denkbar wäre, ist nicht vorgesehen (vgl. BT-Drs. 13/8587, 80). Eigenhändigkeit der die Qualifizierung begründenden Handlungen ist nicht erforderlich.

18 **A. Schwere körperliche Misshandlung.** Eine schwere körperliche Misshandlung kann in Fällen vorliegen, in denen sich die Gefahr iS von II Nr. 3 verwirklicht. Eine „nicht nur unerhebliche" Beeinträchtigung der körperlichen Unversehrtheit reicht nicht aus (NStZ/M **94**, 223 zu § 176 III Nr. 2 aF); andererseits ist der Erfolg einer schweren Körperverletzung (§ 226) nicht vorausgesetzt (NStZ **98**, 461; *W/Hettinger* 315; *Renzikowski* NStZ **99**, 383; MK-*Renzikowski* 33; *Laubenthal* 203; **aA** *Wolters* JuS **98**, 582, 584; *Stein* Einf. 60 ff.). **Ausreichend** sind Verletzungen der körperlichen Integrität, die mit erheblichen oder langdauernden Schmerzen verbunden sind, zB durch heftige Schläge (NStZ **98**, 461); Zufügen von Verletzungen mit gefährlichen Gegenständen; langdauernde schmerzhafte Fesselung; gezieltes Zufügen erheblicher Schmerzen als Nötigungsmittel oder aus sexueller Motivation. Eine Abgrenzung zur „rohen Misshandlung" iS des § 225 I (vgl. 9 zu § 225) ist kaum möglich; jedoch kommt es für Abs. V weniger auf die Gefühllosigkeit des Täters („roh") als auf die Erheblichkeit der Misshandlung an (ebenso *Lackner/Kühl* 4 zu § 250; *Laubenthal* 204).

19 Dagegen ist die Erheblichkeit der verursachten **Gesundheitsschädigung** für sich allein kein Kriterium der Schwere der Misshandlung (wie hier NJW **00**, 3655 [Anm. *Kudlich* JR **01**, 379]; *S/S-Lenckner/Perron/Eisele* 14; anders noch NStZ **98**, 461); schwere Gesundheitsschädigungen können ohne schwere Misshandlung verursacht, letztere ohne schwere Gesundheitsschädigung begangen werden (**aA** LK-*Laufhütte* 24 zu § 176; LK-*Laufhütte/Roggenbuck* Nachtr. 7; *Lackner/Kühl* 4 zu § 250; *Renzikowski* NStZ **99**, 384 Fn. 95). Auch bei schwerer Gesundheits- oder Entwicklungsschädigung ist Abs. V nicht stets gegeben, da die Misshandlung **„bei" der Tat,** dh in unmittelbarem zeitlich-räumlichen Zusammenhang mit dem Tatgeschehen vorgenommen werden muss (wie hier NJW **00**, 3655). Dies kann sowohl **durch die sexuelle Handlung** selbst, soweit sie nach § 176 I oder II an dem Kind vorgenommen wird, als auch durch **Gewalthandlungen zu ihrer Erzwingung** (§ 177 I Nr. 1) geschehen. Allein psychische Quälereien reichen nicht aus, wenn sie nicht unmittelbar zu körperlichen Beeinträchtigungen führen, die der schweren körperlichen Misshandlung entsprechen. Eine besondere Herabwürdigung des Opfers ist für die Annahme einer schweren Misshandlung weder erforderlich (*Laubenthal* 204) noch ausreichend (NJW **00**, 3655). Für die Voraussetzungen des Abs. V ist **Vorsatz** erforderlich; bedingter Vorsatz genügt.

20 **B. Gefahr des Todes.** Bei der Verursachung einer **konkreten Todesgefahr** handelt es sich wie bei II Nr. 3 nicht um eine Erfolgsqualifizierung iS von § 18 (unten 21). Die Todesgefahr muss **„durch die Tat"** herbeigeführt werden; das ist stets der Fall, wenn die sexuelle Handlung selbst die Gefahr begründet (zB sadistische Handlungen), zu einer lebensbedrohlichen Schwangerschaft oder zu *konkreter* Suizidgefahr führt (*S/S-Lenckner/Perron/Eisele* 15).

21 **7) Vorsatz.** Der Vorsatz muss sich in allen Fällen des § 176 a auf die Voraussetzungen der Qualifizierung erstrecken. Im Fall des Abs. I muss er auch die tatsächlichen Voraussetzungen der Vor-Verurteilung umfassen. Unkenntnis des Abs. VI S. 1 oder Falschberechnung der Frist führen nicht zum Tatbestandsirrtum. In den Fällen des II Nr. 3 und des V, 2. Var. muss auch die konkrete **Gefahr** vorsätzlich herbeigeführt werden. Regelmäßig reicht bedingter Vorsatz aus. Im Fall des Abs. III

ist **Absicht** im Sinne zielgerichteten Handelns erforderlich; einen möglichen (dritten) Täter des späteren Verbreitens muss der Täter des III nicht kennen.

8) Versuch. Der Versuch des § 176a ist in allen Fällen strafbar. Da es sich bei der Vor-Verurteilung des I nicht um eine bloße objektive Strafbarkeitsbedingung handelt, ist (untauglicher) Versuch auch bei irriger Annahme denkbar; irrtümliche Annahme, die Frist sei noch nicht abgelaufen, dürfte als bloßer Subsumtionsirrtum nicht zur Versuchsstrafbarkeit führen. Zum Versuch des Abs. III setzt an, wer mit der Verwirklichung des Grunddelikts in der Absicht des III beginnt. 22

9) Konkurrenzen. Vollendung des § 176a verdrängt das Grunddelikt des § 176 I (2 StR 144/03), und zwar auch dann, wenn ein minder schwerer Fall nach § 176a IV iVm Abs. I angenommen wird (NStZ **05**, 90; vgl. NStZ **03**, 440). Beim Versuch einer Qualifikation und Vollendung des Grundtatbestands ist idR **Tateinheit** anzunehmen (3 StR 318/02; 2 StR 127/04; SK-*Wolters/Horn* 28; **aA** *Gössel* [1a zu § 176] 6/53); nach **aA** ist hier danach zu differenzieren, ob die Vollendung des § 176 I als „typische" Vorbereitungshandlung der Qualifikation anzusehen ist (dann Subsidiarität des § 176; *Folkers* JR **07**, 11, 17). Abs. I dürfte von II (auch im Fall des IV, 2. HS) und V verdrängt werden; mit Versuch des II oder V besteht (bei Vollendung des Grunddelikts nach § 176 I, II) Tateinheit. Zwischen Abs. III und I, II und V ist Tateinheit möglich. II Nr. 3 wird durch V, 2. Var. verdrängt. Wird die Absicht des III verwirklicht, so steht § 184b in Tateinheit. Abs. V, 1. Var. verdrängt § 223, Abs. V, 2. Var. verdrängt § 224 I Nr. 5 (2 StR 170/04). Vgl. i. ü. 25f. zu § 176. Von § **176b** werden Mit § **177** besteht **Tateinheit.** Das Problem einer regelmäßigen Parallelität mit § 177 I Nr. 3, das durch NStZ **04**, 440 aufgeworfen wurde, ist durch die Aufgabe dieser Rspr durch BGH **50**, 359 = NJW **06**, 1146 (Anm. *Renzikowski* NStZ **06**, 397) weitgehend entschärft (vgl. dazu 33ff. zu § 177). 23

Die **Tenorierung** ist in Fällen der Tateinheit innerhalb des § 176a zweifelhaft; eine mehrfache Bezeichnung allein der gesetzlichen Überschrift wäre unverständlich. Es ist daher zu erwägen, die Tatbestände des § 176a im Schuldspruch konkreter zu bezeichnen (zu § 177 vgl. dort 78), etwa als „schwerer sexueller Missbrauch eines Kindes im Wiederholungsfall" (Abs. I), „... in kinderpornografischer Absicht" (III), „besonders schwerer sexueller Missbrauch" (V). **Weitere Vorschriften:** 46 zu § 176. 24

Sexueller Missbrauch von Kindern mit Todesfolge

176b **Verursacht der Täter durch den sexuellen Missbrauch (§§ 176 und 176a) wenigstens leichtfertig den Tod des Kindes, so ist die Strafe lebenslange Freiheitsstrafe oder Freiheitsstrafe nicht unter zehn Jahren.**

1) Allgemeines. Die Vorschrift ist durch das 6. StrRG (2f. vor § 174) in das StGB eingefügt worden. Sie löst § 176 IV aF ab und entspricht § 178. **Inkrafttreten:** 1. 4. 1998. 1

2) Schwere Folge. § 176b enthält eine **Erfolgsqualifikation.** Voraussetzung ist die Verursachung des **Todes des Kindes.** Die Folge muss „durch den sexuellen Missbrauch", dh durch eine Tat nach § 176 oder § 176a, kausal herbeigeführt worden sein; sie muss eine Verwirklichung der tatbestandsspezifischen Gefahr sein (*Laubenthal* 399 mwN). Dass sie gerade durch die sexuelle Handlung verursacht wurde, ist nicht erforderlich (MK-*Renzikowski* 5); ausreichend ist, dass der Tod als **Folge irgendeiner Tathandlung** der §§ 176, 176a eintritt, also zB auch infolge einer schweren körperlichen Misshandlung iS von § 176a IV Nr. 1; durch Gewaltanwendung zur Erzwingung der Duldung; nach *Laubenthal* 399 auch Gewalthandlungen, um das Kind nach der Tat zum Schweigen zu veranlassen. Die Vorschrift gilt nur für **Täter,** nicht für Teilnehmer der genannten Taten (vgl. 11 zu § 176a); für diese gilt § 222. 2

3) Rechtswidrigkeitszusammenhang. Voraussetzung ist darüber hinaus ein spezifischer Unrechtszusammenhang. In der Todesfolge muss sich die tatbestandsspezifische Gefahr des Grunddelikts verwirklichen (vgl. BGH **31**, 98; **33**, 323; NJW **95**, 3194; NStZ **92**, 334; **94**, 394; alle zu § 226 aF); die für § 227 geltenden Regeln sind entsprechend anzuwenden. Ausreichend ist, wenn der Tod infolge eines seelischen Schocks oder durch auf die Tat zurückzuführenden Suizid eintritt (*S/S-Lenckner/Perron/Eisele* 2; *Lackner/Kühl* 1; MK-*Renzikowski* 7; *Laubenthal* 399). 3

4 **4) Subjektiver Tatbestand.** Der Täter muss hinsichtlich der schweren Folge **wenigstens leichtfertig** handeln; die Schwelle des § 18 ist daher heraufgesetzt. Zum Begriff der Leichtfertigkeit vgl. 20 zu § 15. Bei nur einfacher Fahrlässigkeit kann § 176a IV Nr. 2 gegeben sein, wenn die *Gefahr* dem Täter bewusst war. **Vorsätzliches** Handeln ist vom Tatbestand umfasst; zwischen § 176b und dem Tötungsdelikt besteht dann Tateinheit (vgl. GrSenBGH **39**, 100 für § 251; dazu 6 zu § 178, 6 zu § 251). **Versuch** des § 176b ist gegeben, wenn sich der Vorsatz des Täters nach §§ 176, 176a auf den Todeserfolg erstreckt, dieser aber ausbleibt; weiterhin dann, wenn die Todesfolge schon beim Versuch des Grunddelikts leichtfertig herbeigeführt wurde (vgl. 37 zu § 22; MK-*Renzikowski* 13). Fehlt es in diesen Fällen an dem besonderen Rechtswidrigkeitszusammenhang (oben 3), so ist wegen Versuchs des Grunddelikts in Tateinheit mit § 222 zu bestrafen.

5 **5) Rechtsfolgen.** Die Verhängung **lebenslanger Freiheitsstrafe** wird idR für Fälle mindestens bedingt vorsätzlicher Todesverursachung in Betracht kommen; im Übrigen ist die Strafe Freiheitsstrafe nicht unter 10 Jahren. Auch bei Leichtfertigkeit ist die Verhängung lebenslanger Freiheitsstrafe aber nicht ausgeschlossen (so auch 2 StR 474/05; and. SK-*Wolters/Horn* 5 zu § 178; **aA** NK-*Frommel* 5 mit unzutr. Zitierung der hier vertretenen Ansicht); sie kommt insb. bei schweren Misshandlungen (§ 176a IV Nr. 1) sowie dann in Betracht, wenn schon die Verwirklichung des Grunddelikts im oberen Schuldbereich liegt. Zur Feststellung besonderer Schuldschwere vgl. 6ff. zu § 57a.

6 **6) Konkurrenzen:** §§ 176, 176a werden von § 176b verdrängt; bei der Strafzumessung innerhalb des Rahmens von 10 bis 15 Jahren sind die konkreten Umstände des Grunddelikts heranzuziehen. Mit §§ 177, 178 ist Tateinheit möglich (unzutr. **aA** NK-*Frommel* 5). Im Übrigen gilt 27f. zu § 176. **Zuständigkeit:** § 74 II Nr. 1 GVG.

Sexuelle Nötigung; Vergewaltigung

177 **I Wer eine andere Person**

1. mit Gewalt,
2. durch Drohung mit gegenwärtiger Gefahr für Leib oder Leben oder
3. unter Ausnutzung einer Lage, in der das Opfer der Einwirkung des Täters schutzlos ausgeliefert ist,

nötigt, sexuelle Handlungen des Täters oder eines Dritten an sich zu dulden oder an dem Täter oder einem Dritten vorzunehmen, wird mit Freiheitsstrafe nicht unter einem Jahr bestraft.

II In besonders schweren Fällen ist die Strafe Freiheitsstrafe nicht unter zwei Jahren. Ein besonders schwerer Fall liegt in der Regel vor, wenn

1. der Täter mit dem Opfer den Beischlaf vollzieht oder ähnliche sexuelle Handlungen an dem Opfer vornimmt oder an sich von ihm vornehmen lässt, die dieses besonders erniedrigen, insbesondere, wenn sie mit einem Eindringen in den Körper verbunden sind (Vergewaltigung), oder
2. die Tat von mehreren gemeinschaftlich begangen wird.

III Auf Freiheitsstrafe nicht unter drei Jahren ist zu erkennen, wenn der Täter

1. eine Waffe oder ein anderes gefährliches Werkzeug bei sich führt,
2. sonst ein Werkzeug oder Mittel bei sich führt, um den Widerstand einer anderen Person durch Gewalt oder Drohung mit Gewalt zu verhindern oder zu überwinden, oder
3. das Opfer durch die Tat in die Gefahr einer schweren Gesundheitsschädigung bringt.

IV Auf Freiheitsstrafe nicht unter fünf Jahren ist zu erkennen, wenn der Täter

1. bei der Tat eine Waffe oder ein anderes gefährliches Werkzeug verwendet oder

2. das Opfer

a) bei der Tat körperlich schwer misshandelt oder

b) durch die Tat in die Gefahr des Todes bringt.

V In minder schweren Fällen des Absatzes 1 ist auf Freiheitsstrafe von sechs Monaten bis zu fünf Jahren, in minder schweren Fällen der Absätze 3 und 4 auf Freiheitsstrafe von einem Jahr bis zu zehn Jahren zu erkennen.

Übersicht

I. Allgemeines ... 1, 1 a
II. Rechtsgut; kriminalpolitische Bedeutung ... 2, 3
III. Sexuelle Nötigung (Abs. I) ... 4–59 a
1) Nötigung mit Gewalt (I Nr. 1) ... 5–17
2) Nötigung durch qualifizierte Drohung (I Nr. 2) ... 18–22
3) Nötigung unter Ausnutzen einer schutzlosen Lage (I Nr. 3) ... 23–47
A. Einwirkungen ... 24–26
B. Lage schutzlosen Ausgeliefertseins ... 27–32
C. Tathandlung ... 33–47
4) Handlungserfolg ... 48–50
5) Subjektiver Tatbestand ... 51–54
6) Vollendung und Versuch ... 55, 56
7) Rechtsfolgen ... 57–59 a
IV. Besonders schwere Fälle (Abs. II) ... 60–77
1) Beischlaf und besonders erniedrigende Handlungen (II S. 2 Nr. 1) 61–72
2) Gemeinschaftliche Begehung (II S. 2 Nr. 2) ... 73
3) Ausnahmen von der Regelwirkung ... 74
4) Schuldspruch in den Fällen des II ... 75–77
V. Qualifikationen nach Abs. III ... 78–82
1) Mitführen von Waffen und gefährlichen Werkzeugen (III Nr. 1) ... 79, 80
2) Mitführen von Werkzeugen in Verwendungsabsicht (III Nr. 2) ... 81
3) Konkrete Gesundheitsgefährdung (III Nr. 3) ... 82
VI. Qualifikationen nach Abs. IV ... 83–87
1) Verwendung von Waffen oder gefährlichen Werkzeugen (IV Nr. 1) ... 84–85
2) Schwere körperliche Misshandlung (IV Nr. 2 Buchst. a) ... 86
3) Konkrete Lebensgefährdung (IV Nr. 2 Buchst. b) ... 87
VII. Minder schwere Fälle (Abs. V) ... 88–97
1) Minder schwerer Fall des Abs. I (V, HS 1) ... 89–96
2) Minder schwere Fälle der Qualifikation (V, HS 2) ... 97
VIII. Versuch ... 98
IX. Konkurrenzen ... 99–105
X. Beurteilung von Alttaten ... 106
XI. Sonstige Vorschriften ... 107

I. Allgemeines. Die Vorschrift, die bis 4. 7. 1997 in der Fassung durch das 4. StrRG galt (vgl. 2 ff. vor § 174), gilt seit dem **1. 4. 1998** in der Fassung des 6. StrRG (BGBl. I 164; vgl. 2 f. vor § 174; Prot. 13/162, 163, 712; BT-Drs. 13/7164; 13/8587, 13/8991; 13/9064; BR-Drs. 164/97). Zuvor ist sie durch das **33. StÄG vom 1. 7. 1997** (BGBl. I 1607; Mat.: 2 a vor § 174) geändert worden, durch das die früheren §§ 177, 178 zu einem einheitlichen Verbrechenstatbestand zusammengefasst wurden. Zugleich wurden die Beschränkung auf nichteheliche Taten aufgehoben, die Norm geschlechtsneutral formuliert und der Strafrahmen erhöht. In III und IV wurden neue Strafzumessungs- und Qualifikationsregelungen eingeführt. In Abs. I Nr. 3 wurde ein neuer Nötigungstatbestand aufgenommen. Durch das 6. StrRG wurden das Regelbeispiel nach III Nr. 3 aF in die Qualifikationen des III Nr. 3, IV Nr. 2 a und b aufgetrennt, die Todesfolge (IV aF) in § 178 geregelt, die Qualifikationen des III Nr. 1 u. 2, IV Nr. 1 eingeführt und die Strafrahmen neu abgestuft. Zur Anwendung des **milderen Rechts** bei Taten vor dem 1. 7. 1997 und vor dem 1. 4. 1998 vgl. unten 106. **1**

Neuere Literatur (Auswahl): *Abel,* Vergewaltigung. Stereotypen der Rechtsprechung (usw.), 1988; *Amelung,* Über Freiheit u. Freiwilligkeit auf der Opferseite der Strafnorm, GA **99**, 182; *Baurmann,* Sexualität, Gewalt u. psychische Folgen, 1983; *Behm,* Die Außerehe- **1 a**

lichkeit der Vergewaltigung – ein Rechtsproblem?, MDR **86**, 886; *Burgart*, Sexuelle Gewalt gegen behinderte Menschen, 2005 (Diss. Hamburg 2005); *Dennecker,* Veränderungen im Sexualstrafrecht, NStZ **98**, 1; *Dost,* Psychologie der Notzucht, 1963; *Fehrmann u. a.,* Das Mißtrauen gegen vergewaltigte Frauen, BKA 1986 [hierzu *Häußler* GA **87**, 470]; *Feldmann,* Vergewaltigung u. psychische Folgen, 1992; *Fischer,* Sexuelle Selbstbestimmung in schutzloser Lage, ZStW **112**, 75; *ders.,* NStZ **00**, 142 [Anm. zu BGH **45**, 253]; *Folkers,* Ausgewählte Probleme bei sexueller Nötigung und Vergewaltigung aus der Sicht der Praxis, 2004 (Diss. Bochum 2003); *dies.*, Schutzlos – widerstandsunfähig – und trotzdem vergewaltigt?, NStZ **05**, 181; *dies.*, §§ 176 a II Nr. 1, 177 II 2 Nr. 1 StGB – Anwendungsbereiche und Abgrenzung zu den Grundtatbeständen, JR **07**, 11; *Frommel* ZRP **87**, 242 u. **88**, 233; *Gaede,* Die Vergewaltigung von Prostituierten, NStZ **02**, 238; *Gössel*, Das neue Sexualstrafrecht, 2005; *Harbeck,* Probleme des Einheitstatbestands sexueller Nötigung/Vergewaltigung, 2001; *Helmken,* Die Zulässigkeit von Fragen zur sexuellen Vergangenheit von Vergewaltigungsopfern, StV **83**, 81; *ders.,* Eheliche Vergewaltigung, ZRP **93**, 459; *ders.,* Vergewaltigungsreform u. kein Ende?, ZRP **95**, 302; *ders.,* § 179 StGB – letzter Stolperstein der Vergewaltigungsreform?, ZRP **96**, 241; *Hillenkamp* StV **86**, 153; *Hörnle,* Der Irrtum über das Einverständnis des Opfers bei einer sexuellen Nötigung, ZStW **112**, 356; *Inescu,* Feministische Signale durch Strafzumessung? (usw.), StV **88**, 496; *Jerouschek,* Der irrtumsgeneigte Vergewaltigungstäter, JZ **92**, 227; *Küper,* Drohung und Warnung. Zur Rekonstruktion und Revision des klassischen Drohungsbegriffs, GA **06**, 439; *Lund,* Mehraktige Delikte, 1993; *Meidinger,* Viktimogene Bedingungen als Auslösereize bei Raub u. Vergewaltigung, 1999; *Michaelis-Arntzen,* Die Vergewaltigung aus kriminologischer, viktimologischer u. aussagepsychologischer Sicht, 2. Aufl. 1994 [Bespr. *Laubenthal* GA **96**, 350]; *Mildenberger,* Schutzlos – Hilflos – Widerstandsunfähig (usw.), 1998 [Bespr. *Schroeder* GA **00**, 293]; *Mitsch,* Die Strafbarkeit der Ehegattenvergewaltigung im geltenden Recht, JA **89**, 484; *Mösl,* Ist eine Reform der „sexuellen Gewaltdelikte" notwendig?, ZRP **89**, 49; *Müller-Luckmann,* Blau-FS 151; *Naab/Jung,* KR **91**, 801; *Oberlies,* Selbstbestimmung u. Behinderung, ZStW **114** (2000), 130; *Otto*, Die Neufassung der §§ 177–179 StGB, Jura **98**, 210; *Paeffgen,* Unzeitgemäße (?) Überlegungen zum Gewalt- u. Nötigungs-Begriff, Grünwald-FS 433; *Paetow,* Vergewaltigung in der Ehe, 1987 [rechtsvergleichend]; *Paul* KR **93**, 721 [kriminologisch zum Problem der Gegenwehr]; *Renzikowski,* Das Sexualstrafrecht nach dem 6. StrRG, NStZ **99**, 377; 430; *Rössner,* Gewaltbegriff u. Opferperspektive bei der Vergewaltigung, Leferenz-FS 527; *Sankol*, Der „minder schwere Fall eines besonders schweren Falles" einer sexuellen Nötigung nach § 177 StGB, StV **06**, 607; *Schneider,* Vergewaltigung in kriminologischer u. viktimologischer Sicht, Blau-FS 343; *Schroeder,* Die Revolution des Sexualstrafrechts 1992–1998, JZ **99**, 827; *ders*., Die drei Arten der Nötigung. Gössel-FS (2002), 415; *Schroth,* Zentrale Interpretationsprobleme des 6. StrRG, NJW **98**, 2861; *Schünemann,* Die Mißachtung der sexuellen Selbstbestimmung des Ehepartners als kriminalpolitisches Problem, GA **96**, 307 [zum 33. StÄG]; *Sczesny/Krauel,* Ergebnisse psychologischer Forschung zu Vergewaltigung (usw.), MSchKrim **96**, 338; *Sick,* Zweierlei Recht für zweierlei Geschlecht, ZStW **103**, 43; *dies.,* Sexuelles Selbstbestimmungsrecht u. Vergewaltigungsbegriff, 1993 [Bespr. *Laubenthal* GA **95**, 579]; *dies.,* Die sexuellen Gewaltdelikte, MSchrKrim **95**, 281; *Steinhilper,* Definitions- u. Entscheidungsprozesse bei sexuell motivierten Gewalttaten, 1996; *Weis* (Hrsg.), Die Vergewaltigung u. ihre Opfer, 1982; *Wetzel,* Die Neuregelung der §§ 177–179 StGB, 1998; *Wille* PraxRMed 527; *Wille/Kröhn,* Der sexuelle Gewalttäter (usw.), in: Deutsche Richterakademie (Hrsg.), Gewalt an Frauen – Gewalt in der Familie, 1980, 87; *Zschockelt,* Rechtstatsachen u. Rechtsfragen zur sexuellen Gewaltkriminalität (usw.), in: *Bärsch* u. a., Gewalt an Frauen – Gewalt in der Familie, 1990, 75. Vgl. i. ü. die Angaben **vor § 174.**

2 **II. Rechtsgut; kriminalpolitische Bedeutung.** § 177 schützt die **sexuelle Selbstbestimmung** (BT-Drs. VI/1552, 17; vgl. vor § 174), dh die Freiheit der Person, über Zeitpunkt, Art, Form und Partner sexueller Betätigung nach eigenem Belieben zu entscheiden. Während die §§ 174 bis 176 b und §§ 179, 182 dieses Rechtsgut im Hinblick auf (alters-, abhängigkeits-, situations- und konstitutionsbedingte) Einschränkungen der individuellen Möglichkeiten zur selbstbestimmten Willensbildung schützen, definiert § 177 eine unabhängig hiervon geltende Grenze für die Durchsetzung sexueller Wünsche und Motive mittels **besonders gravierenden Zwangs;** unterhalb dieser Schwelle gilt § 240. Gegen **Täuschungen** (vgl. § 179 I RStGB: Vortäuschen einer *Berechtigung*) ist die sexuelle Selbstbestimmung nicht (allgemein) geschützt; sie können freilich bei Missbrauchs-Taten nach §§ 174 ff. von Bedeutung sein. Sexuelle Selbstbestimmung ist nach heutigem Verständnis ein **Rechtsgut der Person** und Teil ***individueller Freiheit;*** *sie ist nicht* von Ehe, Familie oder Fortpflanzung abgeleitet oder hinsichtlich Wert und Schutzwürdigkeit auf diese bezogen (anders noch BGH **16**, 175, 177; unklar BGH **37**, 153). Die Streichung der Privilegierung von sexuellen Nötigungen bei Bestehen eines eherechtlichen Verhältnisses durch das 33. StÄG hat dem mit mehr als 50 jähriger Verspätung Rechnung getragen (krit. *Schünemann* GA **96**, 307; zu möglichen Be-

sonderheiten vgl. unten 91). Die Neufassung durch das 33. StÄG und das **6. StrRG** hat den Begriff der **Vergewaltigung** überdies aus seiner früheren geschlechtsspezifischen Verengung gelöst, die Reste eines Tatverständnisses als „rechtswidrige Benutzung *fremder Frauen*" tradierte.

Trotz der Einfügung der Tatvariante des Abs. I Nr. 3 (33. StÄG/6. StrRG) ist ein Anstieg der registrierten und abgeurteilten Taten seit 1997 ausgeblieben. Dass dies den generalpräventiven Erfolg der Strafdrohung belege (so NK-*Frommel* 14), wird man kaum annehmen können. Durch die Erweiterung des Abs. I sind aber **Verschiebungen** namentlich von Fällen des I Nr. 2 in die Fallgruppe des I Nr. 3 eingetreten, die in der Praxis meist als **Beweiserleichterung** für konkludente Drohungen behandelt wird. Mit „etwas gutem Willen" (*Lenckner* NJW **97**, 2801 f.) hätte man das auch ohne die Schwierigkeiten der Neufassung bewerkstelligen können. 3

III. Sexuelle Nötigung (Abs. I). Abs. I enthält den **Grundtatbestand** der sexuellen Nötigung. Es handelt sich jedenfalls in den Tatvarianten der Nr. 1 und 2 um einen Spezialfall der Nötigung (ebenso *S/S-Lenckner/Perron/Eisele* 3). In *allen* Tatbestandsvarianten setzt § 177 I voraus, dass das Opfer genötigt, dh zu einem Verhalten (Tun, Unterlassen, Dulden) **gegen seinen Willen gezwungen** wird (vgl. 9 vor § 174). Das bloße Vornehmen einer sexuellen Handlung *gegen den Willen* einer anderen Person reicht dabei in keinem Fall aus; alle Tatvarianten setzen vielmehr voraus, dass ein **willensbeugender Zwang** auf das Tatopfer ausgeübt wird und für dessen Verhalten *kausal* ist (vgl. unten 36, 40). Die Variante des I Nr. 3 ist dem *Missbrauch* zwar angenähert, von ihm aber abzugrenzen (BGH **45**, 253, 259 f.; **50**, 359, 366 ff. = NJW **06**, 1146 [Anm. *Renzikowski* NStZ **06**, 397]; stRspr.; **aA** NK-*Frommel* 3, 23; vgl. dazu unten 35 ff.). Die Nötigungsvarianten sind in I Nr. 1 bis 3 abschließend beschrieben. 4

1) Nötigung mit Gewalt (Abs. I Nr. 1). Der Tatbestand nach Nr. 1 erfordert Gewalt (8 ff. zu § 240) **gegen das Opfer** als *vis absoluta* oder *vis compulsiva* (27 zu § 240). Die Rspr hat für § 177 entgegen vielfach geäußerter Kritik an einem *restriktiven* Gewaltbegriff festgehalten (vgl. NStZ **81**, 218; **85**, 171; **90**, 335; **93**, 340; **95**, 230; **99**, 506); danach ist eine gegen den Körper des Opfers (and. BGH **42**, 378; dazu unten 7 a ff.) gerichtete Kraftentfaltung erforderlich, die vom Opfer als **körperlicher Zwang** empfunden wird (StV **05**, 269; 3StR 356/05; vgl. 8 ff., 26 ff. zu § 240). Besondere Anforderungen an das Maß der Gewalt lassen sich hieraus nicht ableiten (vgl. auch NStZ **85**, 71; **99**, 506; NStZ-RR **03**, 42; MK-*Renzikowski* 24). 5

A. Die Gewalt muss **Mittel** zur Überwindung des Widerstands des Opfers sein (4 StR 297/83; NStZ/M **92**, 176; NStZ-RR **03**, 42; StV **05**, 269; Köln NStZ-RR **04**, 168). Es reicht grds jede der unmittelbaren Vorbereitung oder Durchführung der sexuellen Handlung dienende Krafteinwirkung auf den Körper des Opfers zur Überwindung geleisteten oder erwarteten Widerstands, die eine vom Opfer empfundene **Zwangswirkung** entfaltet; daher **zB** auch die Krafteinwirkung *beim* Entkleiden oder Hinlegen eines sich sträubenden Opfers (zur Feststellung vgl. aber 3 StR 275/04); Festhalten der Arme; Auseinanderschieben der Beine; usw. (NStZ-RR **03**, 42; **and.** NStZ-RR **99**, 294 [nicht ausreichend Entkleiden „unter Festhalten"]; missverständlich NStZ **99**, 506; zu eng 4 StR 546/97). Das „Herunterreißen" von Kleidungsstücken reicht für sich allein aber zur Tatbestandserfüllung nicht aus (3 StR 172/06).. Körperlicher Widerstand des Opfers ist nicht Voraussetzung tatbestandlicher Gewalt (unten 8). Allein daraus, dass eine (sexuelle) Handlung „körperlich wirkt", lässt sich nicht ableiten, jede Handlung gegen den Willen einer Person sei „Gewalt" (so wohl NK-*Frommel* 29, 40; vgl. unten 14). Auch die bloße (überraschende) Vornahme einer sexuellen Handlung kann nicht als Gewalt-Nötigung zur Duldung dieser Handlung angesehen werden (BGH **31**, 76, 77 f.; **36**, 145, 146; NStZ **93**, 78; **95**, 230; **05**, 268, 269; NStZ-RR **07**, 12 f.). Bei Feststellung einer **Tatserie** folgt aus der Gleichförmigkeit nicht ohne Weiteres schon der Einsatz von Gewalt in jedem Einzelfall (vgl. unten 15; 4 StR 163/06). 6

Einzelfälle: Als **ausreichend** ist **zB** angesehen worden: Festhalten der Hände des Tatopfers an den Handgelenken (2 StR 363/95); Beiseite-Drücken der abwehrenden Hand 7

(BGH **35**, 78); Auseinanderdrücken der Beine (NStZ **90**, 335; NStZ/M **97**, 120); Versperren des Wegs zum Rollstuhl gegenüber einem körperbehinderten Opfer (NStZ **96**, 31); Einsperren in einen verschlossenen Raum (NJW **81**, 2204 [Anm. *Otto* JR **82**, 116]; **95**, 229; NStZ **00**, 419f.; NStZ-RR **03**, 42; GA **65**, 57; **81**, 169; 2 StR 636/86; *Mösl* ZRP **89**, 51); Verriegeln der Tür eines Pkw (NStE Nr. 13); Festhalten des Opfers; Auf-ein-Bett-Stoßen; Legen auf das Opfer (NStZ-RR **03**, 42; vgl. auch 5 StR 203/02); Festhalten der Arme und Zuhalten des Munds (NStZ **03**, 165, 167); Festhalten am Hals (StraFo **06**, 251); Zupressen des Mundes (3 StR 58/06); Niederdrücken des Tatopfers durch Einsatz des Körpergewichts (NStZ-RR **06**, 269); Verabreichen betäubender oder bewusstseinstrübender Mittel ohne Einwilligung (BGH **14**, 81; 5 StR 141/81; 1 StR 757/82; 5 StR 498/90; 5 StR 173/98; 3 StR 359/03); wenn das Opfer mit der Anwendung einverstanden ist, ohne die sexuelle Absicht des Täters zu kennen, kommt nur § 179 in Betracht (anders SK-*Wolters/Horn* 13, 15). NStZ **96**, 276 hat das Vorliegen von Gewalt bei Herbeiführung von körperlicher Erschöpfung (eines 10jährigen Kindes) bejaht (zust. *S/S-Lenckner/Perron* 5; **aA** *Lackner/Kühl* 4; *Renzikowski* NStZ **99**, 380: Abs. I Nr. 3); das würde voraussetzen, dass hinsichtlich der Selbstschädigung des Opfers mittelbare Täterschaft vorliegt (zw.).

8 **Nicht ausreichend** ist, dass der Täter nur die *Abneigung* des Opfers gegen die sexuellen Handlungen erkennt (NStZ-RR **98**, 175), denn die bloße Vornahme einer Handlung gegen den Willen einer anderen Person ist kein Erzwingen „mit Gewalt" (NStZ **05**, 268, 269; 4 StR 254/03; Köln NStZ-RR **04**, 168). Auch eine nur verbale Einwirkung kann nicht als Gewalt angesehen werden (NJW **81**, 2204; NStZ **81**, 218; **85**, 71; vgl. auch 8ff. zu § 240); die Herstellung von äußeren Fluchthindernissen dann nicht, wenn dies nur der Vorsorge vor „Störungen", nicht aber der Ermöglichung der sexuellen Handlung dienen soll (NStZ-RR **03**, 42, 43; 2 StR 245/05; vgl. 5 StR 15/01).

9 **B. Gewalt gegen Sachen** reicht nach **hM,** anders als bei § 240 (13 zu § 240), nicht aus (LK-*Laufhütte* 3; *S/S-Lenckner/Perron/Eisele* 5; SK-*Wolters/Horn* 10; **aA** *Gössel* I 270; *Wolter* NStZ **85**, 251; vgl. dazu *Huhn*, Nötigende Gewalt mit und gegen Sachen, 2007 [Diss. FU Berlin 2006]), wenn nicht die gegen Sachen gerichtete Gewalt eine unmittelbare körperliche Zwangswirkung auch **auf das Opfer selbst** ausübt.

10 **C. Gewalt gegen Dritte** reicht idR ebenfalls nicht aus (ebenso MK-*Renzikowski* 26), denn der Wortlaut des I Nr. 1 setzt voraus, dass die Person, gegen die das Nötigungsmittel eingesetzt wird, mit der Person, die dadurch zur Duldung oder Ausführung der sexuellen Handlung gezwungen wird, identisch ist. Nach BGH **42**, 378 (*2. StS*; zu § 178 aF: sexuelle Gewalt-Nötigung durch Körperverletzung gegen eine *dritte* Person, die eine Tat nach § 176 verhindern will) soll der Wortlaut aber auch eine Gewaltausübung gegen eine schutzbereite dritte Person erfassen, die dem Zugriff auf das Opfer (im Leitsatz von BGH **42**, 378 missverständlich „*Missbrauchs*opfer" genannt) im Wege steht. Zur Begründung hat der BGH ausgeführt, es „könne nicht darauf ankommen", ob der Täter gewaltsam dem Opfer eine Verteidigungswaffe *entwindet* oder ob er Gewalt gegen eine Person anwendet, die eine Schutzfunktion tatsächlich ausübt und *aus Sicht des Täters* ein Hindernis für die Ausführung seines Vorhabens darstellt (BGH **42**, 378, 379f.; vgl. auch MDR/D **66**, 893; iErg. ebenso *S/S-Lenckner/Perron/Eisele* 5; *Lackner/Kühl* 4; LK-*Laufhütte* 3; *Laubenthal* 122; *Wolter* NStZ **95**, 249).

11 **Kritik.** Dem ist in dieser Allgemeinheit zu widersprechen (ebenso SK-*Wolters/Horn* 12; MK-*Renzikowski* 26). Wenn der „schutzbereite Dritte" mit einer „Verteidigungswaffe des Opfers" verglichen werden soll, so kann hierzu nicht ein **zirkelschlüssiges** Fallbeispiel dienen, das die zu beweisende Gewaltanwendung (*gegen die Person*) schon voraussetzt („Entwinden" einer Waffe). Zutreffend wäre die Frage dahin zu stellen, ob Gewalt **gegen das Opfer** zB vorliegt, wenn der Täter eine für das Opfer erreichbare Waffe vorsorglich aus dem Fenster wirft. Ein solches „Wegräumen von Hindernissen" ist aber vom BGH seit jeher zutr. gerade nicht als (unmittelbare) Gewalt *gegen die Person* angesehen worden. Soweit sich BGH **42**, 378 auf 1 StR 65/61 beruft (Schüsse auf einen Motorradfahrer, um sich der *Beifahrerin* zu bemächtigen), stützt diese Entscheidung das Ergebnis nicht, denn wer auf den Fahrer eines *fahrenden* Motorrads schießt, übt ersichtlich auch gegen den Beifahrer unmittelbar Gewalt aus. Gewalt iS von I Nr. 1 ist daher entgegen BGH **42**, 378 nicht das gewaltsame Ausschalten *irgendwelcher*

Hindernisse (Personen oder Sachen), welche aus Sicht des Täters eine Schutzfunktion (insb. ein Zugangshindernis) innehaben, ohne unmittelbare körperliche **Zwangswirkung** auf das Opfer selbst.

Für eine sachgerechte Begrenzung ist zu **differenzieren:** In Betracht kommen nur solche Fälle, in denen die Gewaltanwendung gegen einen Dritten *zugleich* körperliche Zwangswirkung auf das Opfer des § 177 entfaltet (und nicht nur vorbereitet) und im **unmittelbaren Handlungszusammenhang** mit der sexuellen Nötigung erfolgt (so auch NStZ **05**, 268, 269); das kommt nur in **Ausnahmefällen** in Betracht (ähnlich SK-*Wolters/Horn* 12; MK-*Renzikowski* 26; vgl. auch *Paeffgen*, Grünwald-FS 447 f.; *Wolter* NStZ **85**, 249 f.), etwa wenn sich der Täter des Opfers *schon hierdurch* körperlich „bemächtigt" (iS von § 239 b). Entsprechendes gilt für gegen **Sachen** gerichtete Gewalt: Wer eine Tür aufbricht, übt nicht schon hierdurch Gewalt *gegen die Person* aus, welche sie verschlossen hat. 12

D. Es muss eine **zweckbestimmte Verknüpfung** zwischen dem Nötigungsmittel und dem Taterfolg vorliegen (NStE Nr. 2; BGHR § 177 I, Gewalt 8); es muss mit der Herbeiführung der sexuellen Handlung **„final verknüpft"** sein (StV **96**, 29; NStZ **97**, 561; NStZ-RR **03**, 42, 43 [*fehlt* bei Verschließen der Tür, um *ungestört* zu sein]; 4 StR 321/96; zum Erfordernis genauer Feststellungen NStZ-RR **96**, 353; NJW **06**, 3306 L). Die Gewaltanwendung muss der Herbeiführung oder Fortführung der sexuellen Handlung dienen (NStZ-RR **96**, 203; StV **05**, 269); es gilt insoweit dasselbe wie bei § 249 (vgl. dort 6 ff.). Ausreichend ist daher auch eine Gewaltanwendung erst im Verlauf zunächst einverständlicher sexueller Handlungen, mit welcher deren **Fortsetzung** gegen nun erst einsetzenden Widerstand des Opfers erzwungen wird (NStZ **03**, 165, 168). Die Gewalt muss auch der sexuellen Handlung nicht stets vorausgehen (vgl. *S/S-Lenckner/Perron/Eisele* 6), sondern kann **zugleich** mit ihr zugefügt werden, *wenn* sie ihrer **Erzwingung dient** (so iErg auch SK-*Wolters/Horn* 11; MK-*Renzikowski* 28). Wird Gewalt angewendet, so ist unerheblich, ob tatsächlich Widerstand geleistet wird; es genügt, dass er zu erwarten war und durch die Gewaltanwendung ausgeschlossen werden sollte (NStE Nr. 13; 4 StR 49/90; 1 StR 621/91; LK-*Laufhütte* 7; **aA** *Hörnle* ZStW **112**, 356 f.); ebenso eine Gewaltanwendung zur Verhinderung von Hilferufen des Opfers (NStZ **92**, 433). 13

Daraus folgt freilich nicht, dass jede **sexuelle Handlung** des Täters, weil (oder soweit) sie *körperlich wirkt*, schon zugleich als Gewalt zur Erzwingung ihrer eigenen Duldung angesehen werden kann (vgl. Köln NStZ-RR **04**, 168). Ein Handeln **gegen den Willen** des Opfers ist Grundvoraussetzung jeder Nötigung, stellt aber für sich allein kein Nötigungs-*Mittel* dar, erfüllt daher auch nicht schon das Tatbestandsmerkmal der Gewalt (NStZ-RR/J **98**, 322 Nr. 10; unklar NK-*Frommel* 29, 41, 55, die für die Variante des I Nr. 1 auf eine „vorgelagerte körperliche Zwangswirkung" verzichten will [39], andererseits aber für die Variante des I Nr. 3 einen „körperlich wirkenden Zwang" voraussetzt [55], da jede sexuelle Handlung *körperlich* sei). Daher scheiden insbesondere auch **überraschende,** lediglich „überrumpelnde" sexuelle Handlungen aus, auch wenn die betroffene Person sie nicht will (BGH **31**, 76, 77; **36**, 145; NStZ **93**, 78; **95**, 230; NStZ/M **98**, 133 Nr. 26; NJW **03**, 1263; NStZ-RR **07**, 12 f. (Kfz); Köln NStZ-RR **04**, 168), einen konkreten Abwehrwillen aber nicht bilden kann (vgl. *S/S-Lenckner/Perron/Eisele* 5; **aA** MK-*Renzikowski* 29; NK-*Frommel* 29). Umgekehrt fehlt einer *bloßen* Gewalteinwirkung, wenn weitergehende Ziele nicht festgestellt werden können, die für eine Nötigung begriffsnotwendige finale Verknüpfung mit einem Verhalten des Opfers (StraFo **06**, 121, 122 [zu § 240]). 14

E. Bei längeren Zeitspannen zwischen Gewalthandlung und sexueller Handlung kann die finale Verknüpfung zweifelhaft sein und ist daher näher zu prüfen. Ein **Fortwirken** früherer, zu anderen Zwecken eingesetzter Gewalthandlungen ist (wie bei § 240 oder § 249) grds möglich (zur bedenklichen Ausweitung bei § 249 vgl. aber 8 ff. zu § 249). Dabei reicht es nach der **Rspr des BGH** aus, wenn der 15

Täter die noch andauernde Wirkung früherer Gewaltausübung „zu der Tat nach § 177 ausnutzt" (vgl. MDR/H **81**, 99; NStZ **81**, 344; BGHR § 177 Ser.Straft. 4; § 177 I Ser.Straft. 2; 1 StR 322/98; 4 StR 268/98; zum Konkurrenzverhältnis vgl. NStZ **00**, 419f.; 3 StR 15/05; unten 99; insoweit wohl zu eng BGH **45**, 253; StV **98**, 10). Allerdings kann nicht ohne weiteres davon ausgegangen werden, dass bei **Serienstraftaten** gegen dasselbe Opfer oder länger andauernden Missbrauchsverhältnissen „immer" ein Nötigungsmittel nach § 177 eingesetzt wird (BGH **42**, 349; NStZ-RR/P **00**, 357 Nr. 25; StV **01**, 450; NStZ **03**, 424; NStZ-RR **06**, 269, 270 [= NJW **06**, 3363 L]; NStZ **07**, 354; vgl. auch NStZ-RR **07**, 173). An einer Fortwirkung kann es daher fehlen, wenn zwischen der (letzten) Gewaltanwendung und der neuen sexuellen Handlung ein **längerer Zeitraum** liegt (BGH **42**, 111; 5 StR 252/96); sie kann nach der Rspr idR nicht mehrere Tage oder Wochen dauern (NStZ **86**, 409 [hierzu *Otto* Jura **87**, 498]; NStZ-RR **98**, 105; **03**, 42; NStZ **03**, 424; Koblenz NJW **93**, 1808; weiter NStZ **00**, 419: 4 Tage bei fortdauernder Freiheitsberaubung).

16 Ein Fortwirken früherer Gewalt kommt bei Andauern der **körperlichen Zwangswirkung** (Fesseln; Einsperren; vgl. BGH **48**, 365 [zu § 249]; vgl. dazu 12a f. zu § 249 und *Walter* NStZ **04**, 623) in Betracht; nach hM auch bei fortwirkender **Einschüchterungswirkung** (sog. „Fortwirken von Gewalt als Drohung"; zw.; vgl. dazu Erl. zu § 249). Insoweit reicht freilich eine *allgemeine,* auf frühere Misshandlungen gegründete Furcht des Opfers nicht aus (so auch NStZ **05**, 268, 269; NStZ-RR **06**, 269, 270). An der erforderlichen Verknüpfung fehlt es jedenfalls, wenn eine frühere Gewalteinwirkung in keinem direkten Wirkungszusammenhang mit den späteren sexuellen Handlungen mehr steht. In diesem Fall ist das Vorliegen einer (neuen) konkludenten **Drohung** nach I Nr. 2 zu prüfen. Eine nur *allgemeine* Einschüchterung oder Furcht einer Person reicht hierfür grds. nicht aus (MK-*Renzikowski* 31); im Einzelfall kann aber bei Vorliegen eines „Klimas der Gewalt" eine Drohwirkung auch bei Aufforderungen unter konkludenter Bezugnahme auf frühere Misshandlungen oder auf die Aussichtslosigkeit der Lage für das Tatopfer gegeben sein (vgl. NStZ-RR **06**, 269f.). Wenn schon die frühere Gewalt zum Zweck der Erzwingung (auch) der späteren sexuellen Handlung ausgeübt wurde, ist ohne weiteres Nr. 1 gegeben; hieran ändert nichts, wenn das Opfer *infolge* der Gewalteinwirkung **widerstandsunfähig** wird. § 179 ist gegeben, wenn eine frühere Gewalthandlung ohne Absicht sexueller Handlungen zur Widerstandsunfähigkeit geführt hat und der Täter dies zu sexuellen Handlungen ausnutzt (vgl. *S/S-Lenckner/Perron/Eisele* 5; *Lackner/Kühl* 4), denn dann fehlt es an der finalen Verknüpfung von Nötigungsmittel und sexueller Handlung. Wenn der Täter die Nötigungswirkung durch (ausdrückliche oder konkludente) **drohende Bezugnahme** auf die frühere Gewalt erzielt, so liegt nicht Nr. 1, sondern Nr. 2 vor (vgl. BGH **21**, 299, 300; **32**, 88, 92; NStZ-RR **03**, 42; NStZ **93**, 77f. [zu § 249]; **07**, 468).

17 **F. Gewalt durch Dritte** reicht aus, denn § 177 **Abs. I** ist kein eigenhändiges Delikt (BGH **27**, 205; *Laubenthal* 123, 132). Allerdings reicht nicht die bloße Ausnutzung eines durch (abgeschlossene, zu anderen Zwecken oder unabhängig vom Täter ausgeübte) Gewalteinwirkung Dritter geschaffenen hilflosen Lage; hier kommt uU Nr. 3 in Betracht. Der Täter muss sich vielmehr die fremde Gewalteinwirkung **zu Eigen machen**; er wird **Täter** erst, wenn die für I erforderliche finale Verknüpfung auch in seiner Person vorliegt und die für § 177 erforderliche Zwangswirkung auf das Opfer entfaltet. Daher darf grds bei Beginn seiner Tathandlung die von anderen in deren Interesse begangene Gewaltanwendung noch nicht beendet sein (NJW **86**, 77 [m. Anm. *Keller* JR **86**, 343]; *Laubenthal* 132; vgl. *5 StR 220/97*): Wer an einer von Dritten bewusstlos geschlagenen Person sexuelle Handlungen vornimmt, begeht ebenso wenig eine sexuelle Nötigung wie derjenige, der ihr eine Sache wegnimmt, einen Raub begeht. **Personenidentität** zwischen dem Nötigenden und einem Dritten, *an dem* das Opfer eine sexuelle Handlung

vornimmt, ist nicht erforderlich; dieser kann vielmehr selbst Opfer derselben Tat sein. Für die Abgrenzung zwischen Gewalt und Drohung gilt für einen (nur) Gewalt ausübenden Mittäter das oben Ausgeführte entsprechend. Die Verabredung eines Raubes begründet keine Garantenstellung im Hinblick auf eine von den Mittätern bei Gelegenheit der Tat unter Einsatz von Gewalt begangene sexuelle Nötigung (NStZ-RR **97**, 292).

2) Nötigung durch Drohung (Abs. I Nr. 2). Der Tatbestand nach Nr. 2 **18** setzt eine Drohung (31 zu § 240) mit **gegenwärtiger Gefahr** (3, 4 zu § 34) für **Leib oder Leben** (3, 4 zu § 35; 20 zu § 113; MDR/D **75**, 22) **des Opfers** oder eines ihm nahe stehenden **Dritten** voraus (NStZ **94**, 31; NStZ-RR **98**, 270; BGHR § 177 I Drohung 9; LK-*Laufhütte* 12). Erforderlich ist nach stRspr eine gewisse Schwere des in Aussicht gestellten Angriffs auf die körperliche Unversehrtheit (NStZ **99**, 505); nicht jede Drohung mit einer Handlung, die bei ihrer Verwirklichung Gewalt wäre, ist eine solche iS von Nr. 2 (NStZ **01**, 246; StV **94**, 127). Auch die Androhung der Ausführung einer mit Schmerzen und Verletzungen verbundenen sexuellen Handlung reicht aus (vgl. NStZ **03**, 42, 44). Ob der Täter die Drohung tatsächlichen verwirklichen kann oder will, ist unerheblich; ausreichend ist, dass das Tatopfer an die Ernsthaftigkeit der Drohung glaubt und der Täter dies will (BGH **31**, 195, 201); die Drohung muss das Tatopfer tatsächlich erreichen und nach dem Vorsatz des Täters Zwangswirkung entfalten (vgl. NJW **04**, 3437; StraFo **06**, 251, 252 [2 StR 575/05]). Sie muss überdies final gerade auf das Erzwingen der Vornahme oder des Dulden einer sexuellen Handlung gerichtet sein (vgl. NStZ **07**, 31 [*fehlt* bei Drohen mit Gewalt für den Fall späterer Offenbarung]). **Andere Drohungen,** zB die Ankündigung einer unerheblichen Beeinträchtigung der körperlichen Integrität (NStZ-RR/P **01**, 354 Nr. 6; BGHR § 177 I BewWü. 8; Droh. 8), mit sonstigen empfindlichen Übeln iS von § 240 I oder mit gegen den Drohenden selbst gerichteten Handlungen (zB Selbsttötung; vgl. NStZ **82**, 286; BGHR § 177 I Drohung 10), scheiden aus (NJW **81**, 2206 m. Anm. *Otto* JR **82**, 116); sie können § 240 I, IV Nr. 1 unterfallen (vgl. NStZ-RR **97**, 494).

Als **ausreichend** angesehen hat NStZ **01**, 246 (*1. StS*) zutr. die Drohung gegenüber einem **19** 15jährigen Mädchen, sie im Fall des Widerstands „zu vergewaltigen", denn hierin liegt konkludent die Androhung zumindest solcher Körperkraft, die erforderlich wäre, um Abwehrreaktionen des Opfers zu brechen (ebd.; ähnl. BGHR § 178 I Drohung 1). NStZ **01**, 370 (*4. StS*) hat allerdings eine „Drohung mit einer Vergewaltigung" als nicht ausreichend angesehen, wenn damit nicht ein *schwerer* Angriff auf die körperliche Integrität in Aussicht gestellt wird (vgl. auch StV **01**, 679 [Drohung mit Schlägen reicht nicht, da keine „besonders intensive Misshandlung" in Aussicht gestellt]). Es kommt bei der Auslegung von Drohungen unter Verwendung von *Rechtsbegriffen* (das Opfer bei Weigerung „zu vergewaltigen"; „Gewalt anzuwenden") auf die konkrete Bedeutung im Einzelfall an; die (konkludente) Drohung, „jedes notfalls erforderliche" Maß an Gewalt anzuwenden, reicht jedenfalls aus.

Frühere Misshandlungen oder Drohungen *können* eine in die Tatgegenwart **20** **fortwirkende Drohwirkung** entfalten (NJW **84**, 1634; NStZ **86**, 409; **05**, 268, 269; **07**, 468; NStZ/M **97**, 178; NStZ-RR **98**, 105; **03**, 42; **06**, 269, 270; BGHR § 177 I Drohung 2, 8; oben 16; *Gössel* [1 a] 2/25; vgl. aber auch 6 ff. zu § 249). Im Einzelfall ausreichen kann daher auch die Ausnutzung eines vom Täter durch vorangehende Tätlichkeiten oder Drohungen geschaffenen **Klimas der Gewalt**, wenn durch ausdrückliche oder konkludente Erklärung des Täters eine finale Verknüpfung mit dem sexuellen Übergriff hergestellt (unklar NStZ-RR **03**, 82), dies vom Opfer als Drohung empfunden wird (vgl. BGH **42**, 107; NStZ-RR **98**, 105) und der Täter das erkennt oder zumindest billigt (NStZ **07**, 468). Ein solcher Zusammenhang muss, namentlich auch bei schon lange zurückliegenden früheren Handlungen, hinreichend belegt sein; ein nicht näher ausgeführter Hinweis auf „frühere Erfahrungen" reicht zur Feststellung nicht aus (NStZ-RR/P **01**, 354 Nr. 7; Nr. 9; Nr. 10; 5 StR 15/01); die bloße Feststellung eines „Fortwirkens von Gewalt als Drohung" belegt nicht schon für sich den vorsätzlichen Einsatz eines

Nötigungsmittels (NStZ **03**, 424; **05**, 266, 269; **07**, 468; NStZ-RR **06**, 269; vgl. dazu 6 ff. zu § 249; zur Anwendung von Abs. I Nr. 3 in solchen Fällen vgl. 2 StR 245/05).

21 Zu beachten ist, dass eine Drohung iS von Nr. 2 auch durch **schlüssiges Verhalten** zum Ausdruck kommen kann; etwa bei ausdrücklichem oder konkludentem Hinweis auf frühere (eigene oder fremde) Gewalthandlungen oder Drohungen (BGH **42**, 111; NStZ **99**, 505; NStZ-RR **03**, 42 f.; oben 9 a). Ein solcher konkludenter Hinweis kann sich aus **Äußerungen** („Du weißt ja, was passiert"; „Du hast doch sowieso keine Chance"; usw.), aber auch aus non-verbalem **Verhalten** des Täters ergeben (Gesten; drohende Blicke; Vorkehrungen für Gewaltanwendung; usw.). Fälle, in denen der Täter ausdrücklich oder konkludent mit Übelszufügung *unterhalb* der Schwelle der Gewalttätigkeit droht, können von § 240 IV Nr. 1. erfasst sein. Wenn sich das Opfer *allein* in der (unzutreffenden) Vorstellung fügt, bedroht und dem Täter wehrlos ausgeliefert zu sein, *ohne* dass dieser – ausdrücklich oder konkludent – irgendeine Drohung zum Ausdruck gebracht hat, ist nach allg. Ans. Nr. 2 nicht gegeben (BGHR § 177 I, Droh. 6; NStZ/M **92**, 177); hier kann nach hM Nr. 3 eingreifen (vgl. BGH **45**, 253; NStZ-RR **03**, 42, 44; NStZ **03**, 533 f.; **04**, 440; StV **05**, 268; **05**, 269; 2 StR 245/05; dazu unten 35 ff.).

22 Die Praxis neigte früher dazu, an **konkludente Drohungserklärungen** zu hohe Anforderungen zu stellen (krit. zur Rspr. *Mildenberger* [1 a] 37 ff.). Bemerkt aber der Täter eine von ihm nicht durch Gewalt oder ausdrückliche Erklärung verursachte **Angst des Opfers** vor Einwirkungen iS von Nr. 2 und **bestätigt** er diese ausdrücklich oder durch schlüssiges Verhalten, so liegt regelmäßig hierin eine Drohung; ob diese den von I Nr. 2 vorausgesetzten Inhalt hat, ist durch **Auslegung** nach allg. Regeln zu ermitteln (sehr weit etwa NStZ **99**, 7 [zu § 250]: konkludente Drohung mit gefährliches Werkzeug durch „Ausbeulung des Hemdes"; vgl. auch NStZ **01**, 370; *Lenckner* NJW **97**, 2802).

23 **3) Nötigung unter Ausnutzen einer schutzlosen Lage (Abs. I Nr. 3).** Die durch das 33. StÄG (3 vor § 174) eingefügte Tatvariante (zur Entstehungsgeschichte vgl. *Mildenberger* [1 a] 24 ff.; *Fischer* ZStW **112**, 75 ff.) sollte nach dem Willen des Gesetzgebers als Auffangtatbestand (so auch zutr. NStZ **99**, 30; MK-*Renzikowski* 39, 95; **and.** aber jetzt die Rspr., wonach Nr. 3 „selbstständig" neben Nr. 1 und Nr. 2 steht; vgl. BGH **44**, 228, 230 f.; NStZ-RR **03**, 42, 44; dazu aber unten 58) Strafbarkeitslücken in Fällen schließen, in denen das Opfer **wegen der Aussichtslosigkeit von Widerstand** von vornherein auf körperliche Gegenwehr verzichtet und der Täter diese Lage zur Erzwingung sexueller Handlungen ausnutzt (BT-Drs. 13/7324, 5 f.; NStZ **99**, 30; BGH **44**, 228 [Anm. *Laubenthal* JZ **99**, 583]; **45**, 253, 260; **50**, 359, 364 ff. [= NJW **06**, 1146, 1148 f.; Anm. *Renzikowski* NStZ **06**, 397]; NStZ-RR **98**, 103; NStZ **03**, 533 f.; NStZ-RR/P **00**, 355 Nr. 14; NStZ-RR **06**, 139). Die Abgrenzung von I Nr. 3 zu I Nr. 2 und zu § 179 konnte vom Gesetzgeber nach dessen eigener Ansicht (!) nicht geklärt werden (vgl. dazu 4 ff. zu § 179; *Helmken* ZRP **96**, 241 f.; *Fischer* ZStW **112**, 94 f., 101 f.; *Oberlies* ZStW **114**, 130 ff.); auch die Neufassung des § 179 durch das SexualdelÄndG v. 27. 12. 2003 hat sie wiederum offen gelassen. Nach der Rspr des **BGH** handelt es sich bei I Nr. 3, abweichend von I Nr. 1 und Nr. 2, um ein *„einaktiges"* Delikt, wenn *eigene* sexuelle Handlungen des Täters vorliegen (dagegen zB *Hiebl/Bendermacher* StV **05**, 264, 265; vgl. dazu unten 35).

24 **A. Einwirkungen.** Nr. 3 setzt voraus, dass das Opfer schutzlos gegenüber der „Einwirkung" des Täters ist. Die Bedeutung des Begriffs erschließt sich nur im Zusammenhang mit den Begriffen „Schutzlos Ausgeliefert-Sein" und „Nötigen": Danach können „Einwirkungen" nur solche Handlungen sein, die der Erzwingung des Nötigungs-Ziels dienen könnten, gegen die ein „Schutz" im konkreten Fall erforderlich wäre und deren konkrete Möglichkeit das Opfer davon abhalten kann, *Widerstand zu leisten.*

25 **a) Drohungen** sind keine Einwirkungen iS von Nr. 3, denn Zwangswirkung hat nicht die Furcht des Opfers vor dem *Aussprechen* einer Drohung, sondern vor deren Verwirklichung (zutr. *Folkers* NStZ **05**, 181, 182; MK-*Renzikowski* 40). Erst

recht ist die bloße Aufforderung an eine Person, sexuelle Handlungen vorzunehmen oder vornehmen zu lassen, für sich alleine keine Einwirkung iS von Nr. 3 (wohl anders, aber unklar NK-*Frommel* 51). Die noch weiter gehende Annahme, Einwirkung iS von Nr. 3 sei auch das Erschleichen der *Zustimmung* in Fällen, in denen einer Person das Verständnis für die Sachlage fehlt (so *Oberlies* ZStW **114**, 133, 145), würde schon die Voraussetzung des *Nötigens* aufgeben; das ist mit dem Wortlaut nicht vereinbar (vgl. auch 4, 8 ff. zu § 179).

b) Die **sexuellen Handlungen**, deren Ausführung oder Duldung der Täter erzwingen will, sind nicht „Einwirkungen" iS von Nr. 3, deren drohende *Möglichkeit* den Zwang zur Duldung oder Vornahme solcher Handlungen erst begründet (vgl. 2 StR 245/05; MK-*Renzikowski* 40; SK-*Wolters/Horn* 13 b; *Gössel*[1 a] 2/41). Die Gegenansicht (*Oberlies* ZStW **114**, 133, 139 ff.; NK-*Frommel* 51, 55) ist ersichtlich zirkelschlüssig: Nr. 3 setzt einen durch Zwang erreichten Verzicht des Tatopfers auf ihm mögliche Widerstandsleistungen voraus. Es ist aber nicht ersichtlich, warum eine Person sich zu sexuellen Handlungen „genötigt" fühlen und „auf Widerstand verzichten" sollte, wenn das *einzige,* was ihr objektiv droht und was sie subjektiv befürchtet, diese Handlungen selbst wären. Im Übrigen wäre diese „Nötigungs"-Variante auf *Handlungen des Opfers* gar nicht anwendbar. **26**

c) Es kann daher **im Ergebnis** vernünftigerweise nicht darauf ankommen, ob eine Person der Möglichkeit *sexueller Handlungen* „ausgeliefert" ist; ebenso wenig, ob sie möglicherweise *bedroht* werden könnte. Eine Zwangswirkung der „Lage" kann vielmehr nur dann bestehen, wenn eine Person der Wirkung einer *möglichen* (Gewalt)-Handlung ausgeliefert ist, durch welche sexuelle Handlungen *erzwungen* werden könnten (BGH **50**, 359, 365 f. [= NJW **06**, 1146]; 2 StR 245/05; *S/S-Lenckner/Perron/Eisele* 11; SK-*Wolters/Horn* 14 a; MK-*Renzikowski* 40; *Folkers* NStZ **05**, 181, 182). „Einwirkungen" sind daher (potentielle) **Gewalthandlungen** (BGH **50**, 359, 366 [= NJW **06**, 1146; *2. StS*]; vgl. auch NStZ **03**, 533 f.; StraFo **06**, 33 [*3. StS*]; NStZ **06**, 165, 166 [*3. StS*; Körperverletzungs- oder Tötungshandlungen]; NStZ **05**, 267, 268 [*4. StS*]; vgl. NStZ-RR **06**, 241; auch 5 StR 245/01; 2 StR 245/05; *Mildenberger* [1 a] 59 f.; *Laubenthal* JZ **99**, 584; LK-*Laufhütte/Roggenbuck* Nachtr. 2; SK-*Wolters/Horn* 13 b; MK-*Renzikowski* 40; *ders.* NStZ **06**, 397; insoweit unklar *Gössel* [1 a] 2/41 [Einwirkungen seien „die Tathandlungen des Nötigens"]). Hieraus folgt auch, dass die bloße **überraschende Vornahme** einer sexualbezogenen Handlung nicht als Nötigung zur Duldung dieser Handlung angesehen werden kann (vgl. BGH **31**, 76, 77 f.; **36**, 145, 146; NStZ **93**, 78; **95**, 230; **05**, 268, 269; NStZ-RR **07**, 12 f.; st. Rspr.; vgl. auch BT-Drs. 13/273, 5; 13/ 2463, S. 6; 13/4543, 7; 13/7663, 5). Der *2. StS* des BGH hat seine zeitweise abweichende Rechtsansicht (NStZ **04**, 440) aufgegeben (BGH **50**, 359, 364 [= NJW **06**, 1146; zust. Anm. *Renzikowski* NStZ **06**, 397]; NStZ-RR **06**, 241; 2 StR 600/05). **26 a**

B. Lage schutzlosen Ausgeliefertseins. Das Tatopfer des I Nr. 3 muss „der Einwirkung schutzlos ausgeliefert" sein. Das ist der Fall, wenn auf Grund **objektiver** Umstände in Verbindung mit **subjektiven** Momenten die Möglichkeit der Person, sich Gewalt-Einwirkungen (oben 26 a) des Täters zu entziehen, gegenüber dem Durchschnitt sozialer Situationen wesentlich herabgesetzt ist (vgl. BGH **44**, 228, 231; **50**, 359, 362 f. [= NJW **06**, 1146]; NStZ **99**, 30; **05**, 267, 268; **05**, 268, 269; **06**, 15; **06**, 165, 166; NStZ-RR **98**, 103; **03**, 42, 44; StV **05**, 269; 2 StR 245/05; 4 StR 345/06 **aS**; vgl. *Otto* Jura **98**, 213; *Renzikowski* NStZ **99**, 379; *S/S-Lenckner/Perron/Eisele* 11). Eine Differenzierung danach, ob die Lage des Opfers vom Täter verursacht oder nur „vorgefunden" wird, ist mit dem Gesetzeswortlaut nicht zu vereinbaren (so schon BGH **45**, 253, 256; NStZ **03**, 424; NStZ-RR **03**, 42, 44; stRspr.; ebenso *Mildenberger* [1 a] 56 f.; *Laubenthal* 153 und JZ **99**, 584; *Renzikowski* NStZ **99**, 379; **06**, 393, 395; MK-*Renzikowski* 42; *S/S-Lenckner/Perron/Eisele* 11; LK-*Laufhütte/Roggenbuck* Nachtr. 2; NK-*Frommel* 49; SK-*Wolters/Horn* 14; **aA** *Lackner/Kühl* 6; *Folkers* NJW **00**, 3317 f.; wohl missverstanden von *Bungart* [1 a] 141). Eine „hilflose Lage" iS von §§ 221 I, 234 I ist für I Nr. 3 nicht Voraussetzung **27**

zung (**aA** LK-*Laufhütte/Roggenbuck* Nachtr. 2); beide Begriffe überschneiden sich (vgl. NStZ **99**, 379), sind jedoch tatbestandsspezifisch auszulegen.

28 **a)** Eine Lage schutzlosen Ausgeliefertseins setzt objektiv tatsächliche Umstände voraus (**zB** Einsamkeit des Ortes; Fehlen von Fluchtmöglichkeiten; Abwesenheit schutzbereiter Dritter; Unerreichbarkeit von Hilfe; Alter, körperliche Konstitution und soziale Stellung von Täter und Opfer; psychische Disposition des Opfers; vgl. BGH **50**, 359, 362f. [= NJW **06**, 1146]; NStZ-RR **03**, 42, 44; **03**, 165, 167; **06**, 139; NStZ **05**, 267, 268; 2 StR 245/05; 4 StR 314/05; 4 StR 99/06), durch welche der Erfolg möglicher „Einwirkungen" des Täters wesentlich erleichtert wird. Zur konkreten „Lage" des Opfers gehört neben äußeren Umständen auch seine individuelle Fähigkeit, in der konkreten Situation mögliche Einwirkungen abzuwehren, dh eine im Einzelfall unter Berücksichtigung der körperlichen und psychischen Voraussetzungen von Täter und Opfer, der Örtlichkeit und des Tatzeitpunkts wesentliche Herabsetzung seiner Widerstands- oder Fluchtmöglichkeiten (vgl. BGH **44**, 232; **45**, 257; *Renzikowski* NStZ **99**, 379f.; *Laubenthal* JZ **99**, 584). Schutzloses Ausgeliefertsein ist somit, anders als „Widerstandsunfähigkeit" iSv § 179, keine Eigenschaft einer Person (vgl. unten 30), sondern ein konkretes Verhältnis äußerer und in den Personen liegender, objektiver und subjektiver Umstände (vgl. auch NStZ **05**, 380). Schutzlosigkeit ist ein **relativer Begriff**, der nur im Verhältnis zu den möglichen Einwirkungen bestimmt werden kann: Körperliche oder mentale „Abwehrfähigkeit" sind relative Größen, deren „Schutz"-Wirkung sich nur im konkreten Einzelfall (Stärke oder Schwäche des Gegners; örtliche oder sonstige äußere Gegebenheiten; Anwesenheit von Dritten; Erreichbarkeit von Hilfe) feststellen lässt.

29 Aus dem **bloßen „Alleinsein"** von zwei Personen kann sich daher nicht schon die objektive Schutzlosigkeit einer von ihnen (oder eher: *beider* jeweils voreinander!) ergeben (BGH **50**, 359, 362f. [= NJW **06**, 1146]; NStZ **05**, 267, 268; **06**, 165, 166; NStZ-RR **06**, 139; **06**, 241; StV **06**, 15; 2 StR 245/05; 4 StR 99/06). Ob Schutzlosigkeit aufgrund der Abgeschiedenheit einer Örtlichkeit (Wohnung; Büro; Kraftfahrzeug) besteht, hängt vielmehr von den jeweils konkreten Umständen ab (vgl. zB NStZ-RR **03**, 44; **06**, 139; NStZ-RR/P **04**, 355 Nr. 12; **05**, 365 Nr. 19; NStZ **05**, 267; **06**, 165; 3 StR 260/05; 4 StR 99/06 [jeweils Wohnung]; 2 StR 245/05 [Büro]; StV **05**, 439 [Praxis eines Physiotherapeuten]; NStZ-RR **06**, 241 [Arztpraxis]; NStZ **05**, 380 [LKW-Kabine auf einem Rastplatz]; weiter *Hörnle* ZStW **112**, 359). Auch eine **auslandspezifische Hilflosigkeit** iS von § 232 I und die Angst vor ausländer- und strafrechtlichen Konsequenzen eines illegalen Aufenthalts begründen für sich allein keine Schutzlosigkeit iS von I Nr. 3 (NJW **07**, 2341, 2343 **aS** [4 StR 345/06]).

30 Die Abgrenzung zur **Widerstandsunfähigkeit** (§ 179) ist nach Maßgabe der Willensbildung des Opfers vorzunehmen (vgl. i. E., auch zu möglichen Lücken im Strafrechtsschutz, 4ff., 5 zu § 179). Nr. 3 beschreibt den Bezug einer Person zur Umwelt (vgl. oben 28), § 179 davon unabhängige (insoweit *absolute*) persönliche Beeinträchtigungen der Widerstandsfähigkeit (and. *Renzikowski* NStZ **99**, 379; unklar die Differenzierung in NStZ **03**, 533f. [*3. StS*] und NStZ **05**, 267, 268 [*4. StS*]; vgl. dazu 2 StR 245/05). Zwar *kann* sich Schutzlosigkeit auch „aus in der Person liegenden Umständen einschließlich der in § 179 Abs. 1 Nr. 1 und 2 StGB genannten Beeinträchtigungen" ergeben (NStZ **03**, 533f.; **05**, 267f.). Solche Beeinträchtigungen begründen aber zB dann keine *konkret* schutzlose Lage, wenn ausreichender *äußerer Schutz* vorhanden ist (**zB** durch schutzbereite Dritte). Eine widerstandsunfähige Person muss daher nicht zwingend auch objektiv „schutzlos" sein. Soweit eine Person unfähig ist, überhaupt einen ablehnenden oder zustimmenden Willen zu bilden, ist eine *Nötigung* ausgeschlossen: Wer einen Willen gar nicht zu bilden vermag, kann nicht *gegen* seinen Willen gezwungen werden. In diesem Fall ist § 179 gegeben; auf „Schutzlosigkeit" kommt es dann gar nicht an, denn auch „geschützte" Widerstandsunfähige dürfen nicht missbraucht werden.

Weiterhin **ungeklärt** (und vom Gesetzgeber *bewusst* offen gelassen; vgl. aber BT-Drs. 15/3009, 11) ist die Abgrenzung aber in Fällen, in denen das Opfer einen entgegenstehenden Willen zwar hat, diesen aber – aus physischen oder psychischen Gründen – nicht durchsetzen kann; insoweit besteht auch in der Rspr des BGH weiterhin ein Widerspruch (vgl. dazu 4d f., 6 zu § 179). Zum Irrtum über die Schutzlosigkeit vgl. unten 53.

b) Eine **Unterscheidung** zwischen Schutzlosigkeit aus „**in der Person**“ des Opfers liegenden Beeinträchtigungen und aus „**äußeren Gründen**“ (NStZ **03**, 533; StV **05**, 269f. [*3. StS*]; NStZ **05**, 267, 268; StraFo **05**, 344 [*4. StS*]) ist nicht sinnvoll möglich (so auch BGH **50**, 359, 362f. = NJW **06**, 1146 [Anm. *Renzikowski* NStZ **06**, 397]; 2 StR 245/05; vgl. auch StV **05**, 269f. [*3. StS*]; NStZ-RR **06**, 139 [*3. StS*]), denn die konkrete Lage der Schutzlosigkeit beruht stets *zugleich* auf „äußeren“ und „inneren“ Umständen (vgl. oben 28). Auch die Ansicht, bei „in der Person“ liegenden Gründen seien an die Feststellung der Schutzlosigkeit „erhöhte Anforderungen“ zu stellen (*Lackner/Kühl* 6), ist nicht zutreffend, denn es ist kein Maßstab erkennbar, an welchem die „Höhe“ solcher Anforderungen gemessen werden könnte. Daher trifft die *Begründung* der (im Ergebnis zutreffenden) Entscheidung NStZ **03**, 533, aus der Furcht einer intellektuell beschränkten Person vor zukünftigen *sozialen Nachteilen* („Zerstören der Ehe“) ergebe sich keine *Schutzlosigkeit*, den Kern der Sache nicht. Sie verkehrt Ursache und Wirkung, denn nicht die Schutzlosigkeit des Nötigungsopfers ergibt sich aus dessen Furcht, sondern für I Nr. 1 kommt es darauf an, dass sich die Furcht aus der Erkenntnis der Schutzlosigkeit ergibt. Furcht vor sozialen Nachteilen ist aber für die Schutzlosigkeit vor Gewalt-Einwirkungen ohne Belang. Sie kann daher nicht Grundlage einer Nötigung iS von I Nr. 3 sein, sondern nur einer solchen nach § 240 I, IV (vgl. NStZ-RR **06**, 241, 242; unten 46). **31**

c) Aus dem Merkmal „**Ausgeliefert-Sein**“ ergibt sich, dass es für die Schutzlosigkeit auf die *konkrete* Tatsituation ankommt. Grundsätzlich könnte eine fast unbegrenzte Zahl von Situationen des Alltagslebens als (objektiv) schutzlos angesehen werden (vgl. etwa *Hörnle* ZStW **112**, 359; *Oberlies* ZStW **114** [2002] 130, 139f.). Hiergegen spricht aber schon der Begriff der „Lage“, der nach dem Wortsinn eine über eine gewisse Zeitdauer **stabilisierte Konstellation** von Umständen, nicht aber eine flüchtige situative „Gelegenheit“ voraussetzt. Der Begriff des schutzlosen Ausgeliefertseins verlöre überdies seine Grenze, wenn „Einwirkungen“ auch *überraschende* sexuell motivierte Handlungen (zB sog. „*Grabschereien*“ in öffentlichen Verkehrsmitteln, im Arbeits- oder Freizeitbereich) sein könnten (so aber NK-*Frommel* 29): Überraschenden Handlungen ist man – per definitionem – *regelmäßig* „schutzlos ausgeliefert“ (vgl. auch SK-*Wolters/Horn* 14a). Der Gesetzgeber hat das Merkmal aber zur *Einschränkung* eingefügt, um dem Nötigungs-Element des I Nr. 3 hinreichende Bestimmtheit zu geben (vgl. BT-Drs. 12/1818, 7; BT-Drs. 13/199; 13/2463; dazu *Fischer* ZStW **112** [2000], 75, 77f. mwN). Das schließt es aus, Ausgeliefert-Sein nur als „günstige Gelegenheit“ zu verstehen (zutr. StV **05**, 269); diese in NStZ **04**, 440 vertretene unzutreffende Rechtsansicht (zust., aber unklar *Bungart* [1a] 144ff.) hat der *2. StS* daher zu Recht aufgegeben (BGH **50**, 359, 364ff.[= NJW **06**, 1146]; NStZ-RR **06**, 241, 242; vgl. auch 4 StR 99/06 [HRRS **06** Nr. 482]). **32**

C. Tathandlung der Nr. 3 ist das **Nötigen „unter Ausnutzung“** der Lage schutzlosen Ausgeliefert-Seins einer Person gegenüber Einwirkungen (oben 24ff.). Im Unterschied zu Nr. 1 und 2 beschreibt Nr. 3 keine bestimmte Handlungs-Form. Nötigen ist das Veranlassen einer anderen Person zu einem Tun, Dulden oder Unterlassen gegen ihren Willen (BGH **45**, 253, 258), also das erfolgreiche **Ausüben von Zwang**. Da Nr. 3 eine Beschränkung auf die Nötigungs-Formen des § 240 I nicht enthält, stellt sich die Frage, welche *sonstigen* Handlungsformen außer dem Anwenden von Gewalt und dem Äußern von Drohungen ausreichenden Zwang auf andere Personen ausüben können, so dass diese Handlungen gegen **33**

ihren Willen vollziehen oder erdulden. Wo immer das Gesetz für die Tathandlung den Begriff „Nötigen" verwendet, beschreibt es die zu seiner Verwirklichung erforderliche Handlung als Ausüben von *Gewalt* oder Äußern von *Drohungen* (vgl. etwa §§ 105 I, 106 I, 121 I Nr. 1, 239 b I, 240 I, 253 I; § 24 WStG). In § 108 I ist zwar auch das „Ausüben von Druck" als Handlungsform des Nötigens beschrieben; auch dies kann man aber nach hM nicht bewerkstelligen, *ohne* ein empfindliches Übel zumindest konkludent anzudrohen (vgl. BVerfGE **66**, 369, 380 ff.; SK-*Rudolphi* 3 f.; NK-*Wohlers* 3; *S/S-Eser* 6; LK-*Laufhütte* 3; AK-*Wolter* 1; MK-*Müller* 8 ff.; and., aber ohne nähere Erklärung, nur *Lackner/Kühl* 2 [alle zu § 108]).

34 **a)** Nach der vom **BGH** verwendeten Formel ist Tathandlung des I Nr. 3 eine „Überwindung des entgegenstehenden Opferwillens, wenn dabei die schutzlose Lage ausgenutzt wird" (BGH **45**, 253, 258; **50**, 359, 365 [= NJW **06**, 1146]; NStZ **02**, 199 f.; NStZ-RR **03**, 42); das ist „jede Handlung, die sich als Ausnutzen der Schutzlosigkeit darstellt" (NStZ **02**, 199 f.; **04**, 440; NStZ-RR **03**, 42; vgl. schon BGH **44**, 228 [Ausnutzen *durch Gewalt*-Nötigung]; ebenso *Laubenthal* 146; LK-*Laufhütte/Roggenbuck* Nachtr. 2; *Mildenberger* [1 a] 80; *Oberlies* ZStW **114**, 130, 132, 144 ff.; krit. *Graul* JR **01**, 117; *Fischer* NStZ **00**, 142). Diese Definitionen verstehen die Formulierung „Nötigen *unter* Ausnutzung" als **„Nötigen *durch* Ausnutzen"** (vgl. BGH **45**, 253, 258, 260 [„*synonym*"]; in der Lit. ähnlich etwa *Kindhäuser* BT I, 21/3: „Tathandlung ist ... die Ausnutzung einer Lage ..."). Das ist unzureichend, denn der Begriff **„Ausnutzen"** beschreibt ersichtlich keine *Handlung* (zutr. *Graul* JR **01**, 117), sondern nur das *Verhältnis* einer Handlung zu den Bedingungen ihres Vollzugs. Definitionen wie „Nötigung, die sich als Ausnutzung darstellt" oder „Beugen des Willens durch Ausnutzen der Lage" (BGH **45**, 253, 260) bleiben daher unklar (vgl. schon *Fischer* ZStW **112**, 75, 84 f.), weil sie einen unbestimmten Begriff („Nötigen") durch andere („Überwinden"; „Zwingen"; usw.) ersetzen. Wer „nötigen", also zwingen will, muss in der äußeren Welt irgendeine **tatsächliche Handlung** ausführen, von welcher Zwang ausgeht. Diese Handlung als „Überwindung des Opferwillens", „Einwirkung von Zwang" oder „Beugen des Willens" zu beschreiben (vgl. BGH **45**, 253, 258, 260; NStZ **04**, 440, 441), beantwortet die Frage nach der Form dieser Tathandlung nicht, sondern umkreist sie in lyrischer Unschärfe.

35 Um dieses Problem zu lösen, nimmt der BGH überraschenderweise an, eine „*gesonderte*" Nötigungshandlung sei gar nicht erforderlich (BGH **45**, 253, 260; NJW **02**, 381, 382; NStZ **02**, 199, 200; NStZ-RR **03**, 42; **04**, 440; NStZ-RR **03**, 42, 44; StV **05**, 269 f.; 2 StR 245/05), vielmehr könne auch die **sexuelle Handlung** selbst *zugleich* die nötigende Handlung sein, so dass sich in dieser Tatvariante eine sog. **„einaktige Nötigung"** ergebe (BGH **45**, 253, 257 ff.; **50**, 359, 363 [= NJW **06**, 1146]; NStZ **02**, 199 f.; **04**, 440). Nach der Natur der Sache kann dies freilich nur für Handlungen des *Täters* (1. Variante) gelten, zu deren Duldung das Tatopfer durch die Handlung selbst genötigt wird; für Handlungen des *Opfers* (3. und 4. Variante) oder eines *Dritten* (2. Variante) lässt sich eine solche „Einaktigkeit" schlechterdings nicht konstruieren, denn das Tatopfer einer Nötigung kann nicht durch *seine eigene* Handlung „gezwungen" werden. Diese Auslegung läuft somit im Ergebnis darauf hinaus, nur für **eine von vier Tatvarianten** die *Zwangs*-Handlung mit der *erzwungenen* Handlung in eins zu setzen; in den restlichen drei Varianten muss die „nötigende" Tathandlung in einem *anderen* Verhalten des Täters gefunden werden. Zur Frage, welches Verhalten dies sein könnte, sowie zur **Widersprüchlichkeit** der Auslegung der verschiedenen Tatvarianten hat der BGH bisher nichts gesagt.

36 **Kritik.** Durch die beschriebene Auslegung ist, ohne dass eine dogmatische *Notwendigkeit* hierfür ersichtlich ist, und ohne *Begründung* die für alle Nötigungsdelikte kennzeichnende Unterscheidung zwischen Nötigungs-*Handlung* und Nötigungs-*Erfolg* für eine Variante des § 177 I aufgegeben und in der Sache durch ein einaktiges **Missbrauchs-Delikt** ersetzt worden, das unzutreffend als „Nötigung" bezeichnet

wird (krit. dazu auch MK-*Renzikowski* 47 Fn. 161: „Auflösung des Nötigungsbegriffs"; vgl. *dens.* NStZ **06**, 393, 398 f.; abl. auch *S/S-Lenckner/Perron/Eisele* 11; *Gössel* [1 a] 2/ 14, 39; unklar *Lackner/Kühl* 6 a). Diese Auslegung verstößt nach Ansicht des **BVerfG** nicht gegen Art. 103 II GG und überschritt im konkreten Fall der (inzwischen allerdings überholten) Entscheidung NStZ **04**, 440 auch nicht die Wortlautgrenze (BVerfG NJW **04**, 3768). Die Begründung hierfür, „der Nötigungsbegriff als solcher (beinhalte) eine … Nötigungs*handlung* nicht" (BVerfG NJW **04**, 3768, 3770), ist allerdings *strafrechtlich* schwer nachvollziehbar (zutr. krit. Bespr. *Güntge* NJW **04**, 2750; *Hiebl/Bendermacher* StV **05**, 264; zust. aber *Reichenbach* JR **05**, 405 [mit dem zirkulären Argument, Art. 103 II GG diene nicht dem Schutz des *Bürgers*, sondern der Bestrafung des *Täters*]). Die **Praxis** hat sich an dieser Rspr. zu orientieren, ist aber durch die Entscheidung des BVerfG an besserer Einsicht nicht gehindert.

b) Für die Vollendung einer Nötigung reicht es aber jedenfalls nicht aus, dass eine Handlung **gegen den Willen** einer Person von dieser selbst, dem Täter oder einem Dritten vollzogen wird (zutr. NStZ **05**, 380 f.; **06**, 165 f.). Ein solcher Tatbestand wurde zwar rechtpolitisch gefordert (vgl. dazu *Fischer* ZStW **112** [2000], 75 ff. mwN), ist aber aus guten Gründen *gerade nicht* Gesetz geworden (vgl. BT-Drs. 13/323, S. 5). Das Gesetz verlangt vielmehr eine „äußere Manifestation" der Nötigung (vgl. BT-Drs. 13/ 4543, S. 2, 7), die es erlaubt, die Vollendung des Verbrechenstatbestands über eine bloße nachträgliche Behauptung innerer Befindlichkeiten hinaus zu objektivieren. Dies ist im übrigen aus rechtsstaatlicher Sicht für die **Feststellbarkeit** (*Beweisbarkeit*) entsprechender Taten unabdingbar: Würde sich der objektive Tatbestand eines Verbrechens darin erschöpfen, dass bei Ausführung einer äußerlich sozialadäquaten sexuellen Handlung eine der beteiligten Personen damit *nicht einverstanden* ist, so wäre die Feststellung solcher Taten von vornherein fast ganz auf nachträgliche Deutungen und Auslegungen kaum rekonstruierbarer (ausdrücklicher oder konkludenter) Erklärungsinhalte angewiesen. Erst recht gilt das für den subjektiven Tatbestand. Ermittlungen wären in außerordentlich hohem Maße anfällig für Manipulationen entweder bewusster Art oder aufgrund subjektiv nicht mehr rekonstruierbarer Umdeutungen; die *Ergebnisse* wären daher oft vom *Zufall* bestimmt. Ein solches Maß empirischer Unsicherheit ist in einer rationalen Strafrechtsordnung nicht mehr tolerabel. Um wenigstens ein **Minimum an „äußerer Manifestation"** der Tat zur Voraussetzung einer Verurteilung zu machen, wollte der Gesetzgeber daher eine **Objektivierung des Zwangscharakters** der sexuellen Nötigung durch das Merkmal „Ausnutzen einer Lage schutzlosen Ausgeliefertseins" ermöglichen. **37**

Von Befürwortern einer extrem ausgeweiteten Strafbarkeit ist in die Gesetzesformulierung das Konzept einer Nötigung als *bloße Willens-Missachtung* hineingelesen und eine *Zwangs*-Wirkung der Schutzlosigkeit auf das Tatopfer für überflüssig erklärt worden (vgl. etwa NK-*Frommel* 3, 28 f., 51; *Oberlies* ZStW **114** [2002], 130 ff.; *Reichenbach* JR **04**, 384; *Bungart* [1 a]144 ff., 153 f.). Bestätigt wurde diese Ansicht zunächst durch das Urteil des *2. StS* des BGH in NStZ **04**, 440 (2 StR 351/03; in diese Richtung auch schon NStZ-RR **03**, 42, 44 [*2. StS*] und NStZ **02**, 199, 200 [*4. StS*]; unklar noch BGH **45**, 253, 257 ff.). Danach sollte es für die Vollendung des Tatbestands weder darauf ankommen, ob das Tatopfer selbst die „Schutzlosigkeit" seiner Lage überhaupt bemerkte, noch ob es sich aus Furcht vor „Einwirkungen" des Täters fügte. Die Entscheidung NStZ **04**, 440 ist *wegen* ihrer Auflösung des überkommenen Nötigungs-Begriffs – vereinzelt begrüßt worden (NK-*Frommel* 3: „zukunftsweisend"; *Reichenbach* JR **04**, 384; **05**, 405); in Rspr. und Literatur wurde sie aber zu Recht ganz überwiegend abgelehnt (vgl. NStZ **03**, 533; **05**, 267, 268; **05**, 268, 269; **05**, 380; **06**, 165, 166; StV **06**, 15, 16; SK-*Wolters/Horn* 14 a; MK-*Renzikowski* 46 f.; *Gössel* [1 a] 2/39; *Pfister* NStZ-RR **04**, 356; *Güntge* NJW **04**, 3750 ff.; *Folkers* NStZ **05**, 181, 183 f.; *Hiebl/Bendermacher* StV **05**, 264 ff.; vgl. schon *Graul* JR **01**, 117 ff.; *Fischer* NStZ **00**, 142; *ders.*, ZStW **112** [2000] 75 ff.; *M/Schroeder/Maiwald* 18/13; *S/S-Lenckner/Perron/Eisele* 11; zweifelnd auch *Lackner/Kühl* 6 a; vgl. dazu 53. Aufl. Rdn. 37 ff.). Auch die **tatrichterliche Praxis** ist ihr nicht gefolgt. **38**

Die genannte Auffassung ist nicht zutreffend. Sie trennt den Zwang (also die *Sicht des Opfers*) von der Schutzlosigkeit ab; „Schutzlose Lage" ist hiernach nicht mehr als eine „günstige Ge- **39** legenheit". **Unklar** bleibt dann, wie sich die „Nötigung" überhaupt **kausal** vollziehen sollte, wenn das „Opfer" entweder gar nicht bemerkt, dass es schutzlos ist, oder sich *trotz* Kenntnis seiner „Schutzlosigkeit" *vor nichts fürchtet:* In diesem Fall gibt es ja keinen Grund, auf „Widerstand" zu verzichten. Das gilt erst recht, wenn eine Person auch mit einer sexuellen Handlung gar nicht rechnet. Von einem „Nötigen zum Dulden" kann nicht gesprochen werden, wenn die betroffene Person auch *in ihrer eigenen Vorstellung* gar nicht gehindert ist, Widerstand zu leisten, oder dies etwa tatsächlich auch erfolgreich tut (so etwa im Fall NStZ **04**, 440; vgl. auch 2 StR 445/05 [= HRRS **06**, 90, Nr. 146]; SK-*Wolters/Horn* 14a). Die genannte Auslegung ist überdies auf den Zwang zu sexuellen **Handlungen des Opfers** gar nicht anwendbar, denn das Ausüben von Zwang durch den Täter kann sich schwerlich in Handlungen des *Opfers* „erschöpfen". Die Entscheidung NStZ **04**, 440 hat im Übrigen (ebenso wie BVerfG NJW **04**, 3768) auch die **Systematik** des 13. Abschnitts nicht beachtet: Wäre die Entscheidung richtig, so hätten die Missbrauchs-Tatbestände der §§ 174 bis 174c, 176, 176a, 182 nur noch in solchen Fällen einen eigenen Anwendungsbereich, in denen die Tatopfer von Missbrauchs-Delikten den Taten wirksam *zustimmen*. Die Annahme, dies sei regelmäßig oder auch nur häufig der Fall, ist fern liegend (so auch BGH **50**, 359, 367). Schließlich entstünde ein offenkundiger **Wertungswiderspruch** zwischen § 240 IV Nr. 1 (5 Jahre Höchststrafe bei Drohen mit empfindlichen Übeln in *beliebiger* Lage) und 177 I Nr. 3 (15 Jahre für das schlichte Vornehmen einer sexuellen Handlung in schutzloser Lage, obwohl sich das Opfer *nicht fürchtet*).

40 **c)** Nach zutr. hM kann sich das „Nötigen" iS von I Nr. 3 daher nicht darin erschöpfen, dass die betroffene Person mit der (eigenen oder fremden) sexuellen Handlung *nicht einverstanden* ist (NStZ **05**, 380f.; **06**, 165f. [*3. StS*]; NStZ-RR **06**, 138, 139); die Frage ist vielmehr gerade, auf welche Weise der Täter *trotzdem* sein Ziel erreicht. Erfolgreiches „Nötigen" setzt das Ausüben von **Zwang** durch den Täter, das Erleiden von Zwang durch das Opfer voraus. *Erfolgreich* willensbeugender Zwang kann ausschließlich durch vis absoluta oder durch Furcht des Opfers vor einem drohenden Übel erzeugt werden. Wer sich vor nichts fürchtet, kann getäuscht, missbraucht, überredet oder in sonstiger Weise bestimmt, aber (außer durch vis absoluta) nicht *gegen seinen Willen* zu etwas „gezwungen" werden. Erfolgreiches Ausüben von Zwang, also „Nötigen" iS von I Nr. 3 setzt überdies **Kausalität** zwischen der Furcht des Opfers vor Gewalt-„Einwirkungen", dem Verhalten des Täters und dem Opferverhalten des Duldens oder Vornehmens einer sexuellen Handlung voraus (vgl. NStZ **07**, 31f.; NJW **07**, 2341f. **aS**). Wenn das Opfer sich nicht schutzlos fühlt und vor möglichen Einwirkungen keine Furcht empfindet, können die Umstände der Schutzlosigkeit keine Zwangswirkung entfalten (zutr. NStZ **03**, 533f.; NStZ **05**, 267, 268).

41 Der *2. StS* des **BGH** hat unter Berücksichtigung dieser Kritik die oben 38 genannte **Rechtsauffassung aufgegeben** (BGH **50**, 359, 364ff. [= NJW **06**, 1146; zust. Anm. *Renzikowski* NStZ **06**,397]; ebenso NJW **07**, 2341 **aS** [4 StR 345/06]; 2 StR 600/05; 2 StR 445/05; 4 StR 99/06; vgl. schon 2 StR 245/05 [HRRS **06**, 90, Nr. 146]; 2 StR 463/05). Nach nunmehr gefestigter Rspr. kommt es auf die **kausale Verbindung** zwischen der eine spezifische **Zwangslage** begründenden schutzlosen Lage und dem **Verhalten des Opfers** an (BGH **50**, 359, 365f. [= NJW **06**, 1146, 1147f.]; 4 StR 99/06; 3 StR 68/06; vgl. schon NStZ **03**, 533; **05**, 267; **05**, 380; **06**, 165; StV **05**, 269; **06**, 15f.; StraFo **05**, 344). Der Nötigungserfolg muss auch im Fall des I Nr. 3 auf einem dem Täter zuzurechnenden Zwang beruhen (ebenso *S/S-Lenckner/Perron/Eisele* 11). Da die Tatvariante den Einsatz eines bestimmten Zwangsmittels nicht voraussetzt (oben 33), muss sich die Zwangswirkung aus den Umständen der „Lage" ergeben, in welcher das Opfer möglichen Gewalt-Einwirkungen des Täters schutzlos ausgeliefert ist. Zwischen Schutzlosigkeit aus „in der Person" liegenden und aus „in äußeren Umständen" liegenden Gründen kann dabei nicht unterschieden werden (vgl. oben 31).

42 Eine Zwangswirkung des „Ausgeliefert-Seins" setzt voraus, dass das Tatopfer in *der konkreten Tatsituation für den Fall* des Widerstands oder der Weigerung Gewalteinwirkungen befürchtet und deshalb entgegen seinem eigenen Willen sexuelle Handlungen duldet oder ausführt. Der objektive Tatbestand des I Nr. 3 setzt somit voraus, dass das Tatopfer unter dem Eindruck seines schutzlosen Ausgeliefertseins

aus **Furcht vor möglichen Gewalteinwirkungen** des Täters auf einen ihm grundsätzlich möglichen Widerstand verzichtet (BGH **50**, 359, 368 [= NJW **06**, 1146, 1148]; 4 StR 99/06; 4 StR 345/06 **aS**; vgl. auch NStZ-RR **06**, 138, 139; StV **06**, 15, 16; 2 StR 445/05; unklar wiedergegeben bei *Lackner/Kühl* 6, 6a). Ob der Täter tatsächlich erfolgreich Gewalt anwenden (also „Einwirkungen" verwirklichen) *könnte* oder will, ist wie im Fall von I Nr. 2 unerheblich, da es für die Zwangswirkung auf die **Sicht des Tatopfers** ankommt. Der Tatbestand ist aber **nicht** verwirklicht, wenn die schutzlose Lage schon *objektiv* gar nicht gegeben ist, sondern das Opfer sie nur irrtümlich annimmt: Für Ausmaß und Wirkung seiner Furcht und für die Verwerflichkeit des Ausnutzens ist das zwar unerheblich; der *Wortlaut* des Tatbestands steht einer solchen Ausdehnung aber entgegen. Relativiert wird diese Einschränkung dadurch, dass sich im konkreten Einzelfall aus einer entsprechenden psychischen Disposition einer Person gerade ihre *objektive* Schutzlosigkeit ergeben kann (vgl. oben 28).

d) Für die möglichen **Formen der Tathandlung** ergibt sich hieraus Folgendes: **43**

aa) Nach der Rspr. des **BGH** kann sich die *Nötigungs*-Handlung „in der Vornahme der sexuellen Handlung erschöpfen" (oben 35; vgl. BGH **45**, 253, 260f.; **50**, 359, 363; 2 StR 245/05), „wenn dies gegen den Willen des Opfers unter Ausnutzung einer Lage [geschieht], in der Widerstand aussichtslos erscheint" (BVerfG NJW **04**, 3768, 3770). Der Gesetzgeber wollte Fälle erfassen, in denen das Opfer, etwa aufgrund der **Einschüchterung** durch frühere Gewalthandlungen oder eines **„Klimas der Gewalt"** (vgl. 2 StR 245/05) oder aufgrund des Verbringens an einen einsamen Ort (vgl. § 237 aF), aus **Furcht vor Gewalthandlungen** des Täters auf aussichtslos erscheinenden Widerstand verzichtet (BGH **50**, 359, 366; StV **05**, 269f.; **06**, 15f.; NStZ **05**, 267f.; **06**, 165f.; NJW **07**, 2341 **aS** [4 StR 345/06]) und der Täter dies weiß und ausnutzt (NStZ-RR **06**, 138, 139). Dazu soll genügen, dass das Tatopfer „angesichts der hilflosen Lage eine Verteidigung für sinnlos hält" (BT-Drs. 13/323, 5), dass es „sexuelle Handlungen über sich ergehen lässt, weil es sich in einer hilflosen Lage befindet und Widerstand aussichtslos erscheint" (BT-Drs. 13/4543, 2, 7), dass es „vor Schrecken starr oder aus Angst" sich den Wünschen des Täters fügt (vgl. BT-Drs. 13/ 7324, 6; NJW **03**, 2250, 2251). In all diesen Anwendungsbeispielen wird – zutreffend – auf das subjektive Empfinden *des Tatopfers* abgestellt. Auch das BVerfG hat dies mit der Beschreibung einer Lage aufgegriffen, „in der Widerstand aussichtslos erscheint" (BVerfG NJW **04**, 3768, 3770). Es wäre unverständlich, bei der Feststellung einer solchen Lage auf die Sicht des *Täters* abzustellen (so NStZ **04**, 440f.), denn sinnvollerweise kann es für die *Zwangs*-Wirkung nur darauf ankommen, ob Widerstand *aus Sicht des Opfers* aussichtslos „erscheint". Voraussetzung für ein **nötigendes Ausnutzen** ist dann, dass der Täter diese **Furcht des Opfers** und deren Kausalität für den Verzicht auf möglichen Widerstand erkennt oder für möglich hält und sein Ziel gegen den Willen des Opfers gerade dadurch erreicht (vgl. NStZ **03**, 424, NStZ-RR **06**, 138, 139; unten 52).

bb) Unstreitig kann der Täter die schutzlose Lage auch *dadurch* ausnutzen, dass **44**
er „**Einwirkungen**", denen das Opfer ausgeliefert ist, tatsächlich vornimmt, also Gewalt iS von I Nr. 1 anwendet, oder dass er Gewalt iS von I Nr. 2 androht. In der Rspr. wird Nr. 3 meist in Fällen angenommen, in denen (zumindest auch) konkludente Drohungen, unmittelbare Wirkungen vorausgegangener Gewalthandlungen oder fortdauernde Zwangswirkungen vorliegen (vgl. zB auch NStZ **02**, 199f. [Einsperren]), in denen „reine" Fälle des I Nr. 3 somit gar nicht gegeben sind. Dies deutet zutreffend darauf hin, dass die Einfügung von Nr. 3 nicht, wie es teilweise *rechtspolitisch* beabsichtigt gewesen sein mag, in großem Umfang früher straflose Verhaltensweisen zu Verbrechen gemacht hat, sondern dass es dem Gesetzgeber um das **Schließen einer Lücke** für relativ *wenige Fälle* ging, die von den Tatbestandsvarianten der Gewalt (Nr. 1) und deren (konkludenter) Androhung (Nr. 2) nicht erfasst werden können (so auch ausdrücklich BT-Drs. 13/323, S. 1; 13/2463, S. 6; 13/7324, S. 1, 6).

45 Zweifelhaft daher das **Verhältnis der Tatvarianten** zueinander: Nach der bisherigen **Rspr des BGH** steht Abs. I Nr. 3 in *Tateinheit* mit I Nr. 1 oder Nr. 2 (vgl. BGH **44**, 228, 230 f.; ohne Differenzierung zust. *Lackner/Kühl* 14; vgl. dazu unten 99 f.). Erfolgreiche Gewaltanwendung oder qualifizierte Drohungen in *nicht* schutzloser Lage kommen aber praktisch gar nicht vor. Vielmehr zeigt ja gerade der *Erfolg* der Gewaltanwendung oder Drohung, dass das Tatopfer konkret „schutzlos" war; eine (strafschärfende) „Erhöhung Unrechtsgehalts" durch den Umstand, dass es sich nicht erfolgreich wehren konnte, ist nicht erkennbar (zutr. krit. auch MK-*Renzikowski* 95; zur Grenze des § 46 III bei der **Strafzumessung** vgl. auch unten 58). Es ergibt keinen Sinn, einem Täter, der *erfolgreich* mit Gewalt *gedroht* hat (Nr. 2), als schulderhöhenden Umstand vorzuwerfen, dass sich das Tatopfer vor der angedrohten Gewalt auch noch *gefürchtet* habe (Nr. 3). Richtig ist es daher, in diesen Fällen Vorrang von Nr. 1 oder Nr. 2 anzunehmen (so auch zutr. NStZ **99**, 30). Eine Anwendung von Nr. 3 **neben Nr. 1** kommt aber in Fällen in Betracht, in denen vom Täter eingesetzte Gewalt zur Herbeiführung des Taterfolgs nicht ausreicht, oder in denen der Täter gerade im Hinblick auf die Schutzlosigkeit des Opfers und dessen Furcht vor *weitergehender* Gewalt sich mit eingeschränkter Gewaltanwendung begnügen kann. Dagegen ist eine Anwendung **neben Nr. 2** idR abzulehnen. Dass das Opfer „schutzlos" war, ist im Fall von Nr. 2 gerade Voraussetzung für den *Erfolg* der Drohung und regelmäßig gerade durch ihn bewiesen. Ein eigenständiger Unrechtsgehalt der *durch die Schutzlosigkeit* verursachten Furcht vor Gewalt neben der *durch die Drohung* des Täters verursachten Furcht vor Gewalt ist nicht gegeben (vgl. dazu auch unten 99 a).

46 **cc)** Auf der Grundlage von BGH **50**, 359 ergibt sich auch eine praktikable **Abgrenzung zu § 240 I, IV Nr. 1**: Vom *Wortlaut* der Nr. 3 ist zwar auch das Ausnutzen der konkreten Lage durch die Drohung mit einem *empfindlichen Übel* (iS von § 240 I, IV Nr. 1) nichtkörperlicher Art erfasst, wenn diese geeignet ist, das Opfer gefügig zu machen (*S/S-Lenckner/Perron/Eisele* 11; MK-*Renzikowski* 49). Gleichwohl erscheint es nicht zutr., solche Fälle dem Verbrechenstatbestand des § 177 zu unterstellen (so auch NJW **07**, 2341 f. **aS** [4 StR 345/06]). Eine **Abgrenzung** (zB bei Drohung mit Aussetzen in einsamer Gegend bei Dunkelheit [vgl. NStZ **01**, 370]; Drohung mit Freiheitsberaubung; usw.) von Fällen des § 240 IV Nr. 1 könnte sich nur aus dem Merkmal der Schutzlosigkeit ergeben. Deren *spezifische* Wirkung (als Ausgeliefert-Sein gegenüber Gewalthandlungen) spielt hier aber gerade keine Rolle; so dass es sich idR nur um eine Nötigung *in einsamer Lage*, nicht aber unter *Ausnutzung von Schutzlosigkeit* handelt. Hat die Nötigung des Täters zur Schutzlosigkeit keinen Bezug, so scheidet Nr. 3 aus; es bleibt dann bei einer Bestrafung nach § 240 (so zutr. auch NStZ **03**, 533 [Drohung mit „Zerstörung der Ehe" des Opfers]). Nicht ausreichend sind auch zB Drohungen mit Nachteilen, deren Verwirklichung von der schutzlosen Lage gar nicht abhängt, insb. weil sie erst nach deren Beendigung eintreten sollen (**zB** Drohung gegenüber einer „schutzlosen" Sekretärin, sie zu entlassen).

47 **e)** Der *hier* vertretenen Ansicht, es könne auf eine gesonderte, über die sexuelle Handlung oder die Aufforderung hierzu hinausgehende Nötigungs-*Handlung* aus systematischen und Gründen der Tatbestands-Bestimmtheit nicht verzichtet werden (ebenso *S/S-Lenckner/Perron/Eisele* 11; MK-*Renzikowski* 46 f.; *Gössel* [1 a] 2/14; *Graul* JR **01**, 117 f.; *Hiebl/Bendermacher* StV **05**, 264, 265; *Folkers* NStZ **05**, 181; vgl. auch *Renzikowksi* NStZ **99**, 377, 380), und es sei an dem Verständnis der Nötigung als „*zweiaktigem*" (dh zwischen *Erzwingungs*-Handlung und Nötigungs-*Erfolg* unterscheidendem) Delikt auch im Fall von I Nr. 3 festzuhalten (ebenso MK-*Renzikowski* 49; einschr. aber *ders.* NStZ **06**, 393, 394), ist der **BGH** bisher *nicht gefolgt* (*BGH* **50**, *359, 363*). Das BVerfG hat dies als verfassungsgemäß angesehen (NJW **04**, 3768). Für die **Praxis** ist daher von dieser Rspr auszugehen. Wo einzelne systemwidrige Lücken bleiben, sollte dies der Gesetzgeber klären (vgl. 6 zu § 179).

4) Handlungserfolg. Nötigungserfolg des Abs. I sind sexuelle **Handlungen des Täters oder eines Dritten** an dem Opfer oder sexuelle **Handlungen des Opfers** am Täter oder einer dritten Person, die selbst nicht Täter oder Teilnehmer des § 177 sein muss. Zum Begriff der **sexuellen Handlung** vgl. § 184f Nr. 1. Die Erheblichkeit der sex. Handlung ergibt sich nicht aus derjenigen der Nötigungshandlung (*S/S-Lenckner/Perron/Eisele* 12; LK-*Laufhütte* 3; SK-*Wolters/Horn* 5; and. Koblenz NJW **74**, 870). Für eine Vollendung der Tat ist ein **sexualbezogener Körperkontakt** erforderlich, Einwirkungen, die lediglich Zwangsmittel zur Herbeiführung sexueller Handlungen sind, reichen nicht aus (NStZ **07**, 217, 218). Handlungen **vor** dem Täter oder einem Dritten sind von § 177 nicht erfasst; der erforderliche körperliche Kontakt kann sich aber auf eine Einwirkung auf die Kleidung beschränken (NStZ **92**, 433 [Ejakulation auf die Kleidung]). Das Verhalten des Tatopfers, also das Dulden oder Vornehmen der sexuellen Handlung, muss **kausale Folge des Zwangs** sein, der durch die Nötigungshandlung ausgeübt wurde (vgl. StraFo **06**, 251, 252f.; NStZ **07**, 31f.). 48

Das dem Tatopfer abgenötigte Verhalten muss hinreichend **konkretisiert** sein. Die Nötigung muss sich daher auf das Vornehmen oder Dulden *bestimmter* sexueller Handlungen oder sexueller Handlungen mit einer bestimmten Person beziehen (vgl. MDR/H **83**, 984; *Schroeder* JR 77, 357, 359). Sind Gegenstand der Nötigung nur eine bestimmte Art der Handlung oder Handlungen mit (noch) nicht bestimmten Personen, so müssen diese Handlungen in örtlicher und zeitlicher Hinsicht konkretisiert sein. Bei der **Nötigung zur Prostitution** reicht daher eine „allgemein" hierauf gerichtete Tathandlung daher nicht aus. 49

Der *3. StS* hat in NStZ **04**, 682, 683 (Nötigung einer Prostituierten zum Geschlechtsverkehr [auch] mit von ihr abgelehnten Kunden) entschieden, es reiche zwar nicht aus, dass das Opfer „lediglich allgemein zur Ausübung der Prostitution aufgefordert wird". Es sei aber nicht erforderlich, dass im Zeitpunkt der Nötigung die sexuelle Handlung oder die Person des Dritten individuell bestimmt sind. Danach ist § 177 vollendet, „wenn bestimmte einzelne sexuelle Handlungen als Folge der nötigenden Einwirkung festgestellt sind" (ebd.). Diese Entscheidung erscheint **problematisch** (abl. auch *S/S-Lenckner/Perron/Eisele* 12): Da die „Ausübung der Prostitution" im Vornehmen oder Dulden sexueller Handlungen besteht, führt eine *erfolgreiche* Nötigung zur Prostitution *regelmäßig* früher oder später zu „bestimmten einzelnen sexuellen Handlungen", die das Opfer ohne den Zwang nicht vollzogen hätte und die im Zeitpunkt der Nötigungshandlung *regelmäßig* noch nicht individuell bestimmt sind. Ein Raum für (erfolgreiche!) „nur allgemeine Aufforderungen" (gemeint: Nötigungen) zur Prostitutionsausübung (vgl. NStZ **04**, 682, 683) bleibt daneben nicht; ex post ist ein *allgemein* zur Prostitution genötigtes Opfer stets auch *konkret* genötigt. Das führt dazu, dass die *Vollendung* des § 177 möglicherweise Wochen oder Monate nach der Nötigungshandlung durch Vornahme von sexuellen Handlungen des Opfers oder eines Dritten eintreten könnte. Dies wäre eine (*kriminalpolitisch* begründete; vgl. NStZ **04**, 682, 683) erhebliche Ausweitung des Tatbestands. Die Grenze zu § 240 IV Nr. 1 und zu § 232 IV Nr. 1 erschiene dann aber zweifelhaft (vgl. Erl. dort). 50

5) Subjektiver Tatbestand. § 177 setzt **Vorsatz** voraus; grds. genügt bedingter Vorsatz. Er muss insb. auch den **entgegenstehenden Willen** des Opfers umfassen (BGH **39**, 244, 245 [Anm. *Vitt* JR **94**, 199]; NStZ **82**, 26; **99**, 452f.; **04**, 440; **05**, 267, 268; NStZ-RR **03**, 325; StraFo **05**, 344, 345; stRspr). Bei der **Feststellung** kommt es auf die konkreten Umstände der Tat an. Indizien für eine zutreffende Erkenntnis des entgegenstehenden Willens sind namentlich (vorsorgliche) Gewalthandlungen des Täters oder drohende Vorbereitungen hierzu; ebenso nach der Tat Versuche, das Opfer einzuschüchtern und von einer Offenbarung abzuhalten (vgl. 5 StR 242/04). Aus dem Umstand allein, dass das Opfer zu anderen Zeitpunkten in sexuelle Handlungen mit dem Täter eingewilligt hat, ergeben sich nicht schon besondere Anforderungen an die Feststellung des Vorsatzes für den konkre- 51 ten Fall; umgekehrt kann allein daraus, dass es sich um einen ersten oder nach durchschnittlichen Vorstellungen ungewöhnlichen (zB Ort; Zeit; Alter oder Beziehung der Beteiligten) Sexualkontakt gehandelt hat, nicht schon auf einen (bedingten) Vorsatz geschlossen werden.

52 Der Täter muss zumindest billigend in Kauf nehmen, dass er „nur über den Widerstand hinweg zu seinem Ziel kommen kann" (1 StR 224/70) und dass durch sein Verhalten ein begonnener oder erwarteter Widerstand ausgeschaltet wird (BGHR § 177 I, Gewalt 8; 3 StR 556/93). Der Vorsatz muss eine **finale Verknüpfung** zwischen Einsatz des Nötigungsmittels und Erreichung des Sexualkontakts umfassen (BGH **31**, 76, 77; NStZ **93**, 78; NStZ/M **98**, 133 Nr. 26; BGHR § 177 I Drohung 2, 6, 8, Gewalt 1; 3 StR 345/01; NStZ **07**, 31 f.; vgl. SK-*Wolters/Horn* 18). Im Einzelfall, zB bei erheblicher Alkoholisierung des Täters, aber auch bei Spontantaten ohne nähere persönliche Bekanntschaft der Beteiligten, ist eine kritische Prüfung der Vorsatzlage geboten; hierbei ist zu beachten, dass § 177 nicht den sexuellen Anstand schützt und dass die üblichen bürgerlichen Erwartungen an Zurückhaltung und Empathie nicht ohne Weiteres auf Personen randständiger Milieus übertragen werden können. Auch kulturelle Hintergründe bei Migranten können für die Feststellung des Vorsatzes von Bedeutung sein (vgl. aber unten 53).

53 Im Fall des **Abs. I Nr. 3** muss der Täter die tatsächlichen Voraussetzungen der Schutzlosigkeit des Opfers als Bedingung für das Erreichen sexueller Handlungen erkennen (4 StR 314/05). Der subjektive Tatbestand setzt daher zumindest bedingten Vorsatz dahin gehend voraus, dass das Tatopfer in die sexuellen Handlungen nicht einwilligt und dass es gerade im Hinblick auf seine Schutzlosigkeit auf einen grundsätzlich möglichen Widerstand verzichtet (BGH **50**, 359, 366), dass das Opfer also die Handlungen nur *wegen* seiner Schutzlosigkeit duldet oder ausführt (vgl. auch BGH **45**, 253, 260; NStZ **03**, 233, 234; **05**, 267, 268; StV **05**, 269, 270; StraFo **05**, 344, 345). Wenn die objektiv schutzlose Person auf jegliche aktive verbale oder körperliche Abwehr verzichtet, kann die Feststellung des Vorsatzes gerade in problematischen Konstellationen schwierig sein (sozial randständiges Milieu; *allgemeine* Einschüchterung). Bei **irrtümlicher** Annahme des Täters, das (tatsächlich widerstandsunfähige) Tatopfer sei widerstandsfähig und verzichte im Hinblick auf die objektiv gegebene Schutzlosigkeit auf möglichen Widerstand, liegt Versuch des § 177 vor.

54 Der **Vorsatz fehlt,** wenn der Täter den entgegenstehenden Willen des Tatopfers nicht zumindest für möglich hält. Das ist auch dann gegeben, wenn er irrtümlich annimmt, eine ausdrückliche oder konkludente Weigerung des Opfers sei nicht ernst gemeint (MDR/H **91**, 701; vgl. NJW **93**, 1807; für den Einzelfall zweifelhaft zB NStE Nr. 30; auch NStZ **99**, 506; 1 StR 263/01; als Konsequenz überzogener Anforderungen de lege ferenda für eine *Fahrlässigkeits*-Strafbarkeit *Hörnle* ZStW **112**, 356, 372]). Die Behauptung der (irrtümlichen) Annahme „nicht unwillkommener Gewalt" ist zwar meist als Schutzbehauptung anzusehen (zutr. *Sick* ZStW **103**, 57 mwN; *Jerouschek* JZ **92**, 227; *Laubenthal* 113; MK-*Renzikowski* 58 mwN), kann aber nicht schon mit der allgemeinen rechtspolitischen Erwägung abgetan werden, die Rechtsfigur sei „überholt" (NK-*Frommel* 58). Sie steht der Feststellung von Vorsatz nicht entgegen, wenn der Täter mit der *Möglichkeit* der Ernsthaftigkeit der Ablehnung rechnet (zutr. *Lackner/Kühl* 10). Auf Geringschätzung des Opfers oder auf abwegiger Selbstüberschätzung beruhende **Fehlbeurteilungen** können idR keinen vorsatzausschließenden Irrtum begründen; erst recht nicht die Ansicht, auf das Einverständnis des Opfers komme es gar nicht an (vgl. 2 StR 307/01). Bei gewaltsamer **Fortsetzung** anfänglich einverständlicher sexueller Handlungen ist der Vorsatz kritisch zu prüfen (NStZ **91**, 431 [m. Anm. *Sick* JR **93**, 164]; 4 StR 792/84).

55 **6) Vollendung und Versuch.** Die Tat nach Abs. I ist mit der Ausführung der sexuellen Handlung vollendet; Gewalthandlungen, die nur deren Vorbereitung dienen, reichen zur Vollendung nicht aus (NStZ-RR **97**, 292: Gewaltsames Entkleiden,

Knebeln). Der Versuch des Verbrechens ist in allen Fällen strafbar (vgll. auch unten 98). Beginn des **Versuchs** liegt nicht schon vor bei Aufstemmen eines Fensters in der Absicht der Tatausführung nach dem Eindringen [NStZ **00**, 418 m. Anm. *Bellay* NStZ **00**, 591]). Ein **Rücktritt** kommt nicht in Betracht, wenn der Täter *nach* Erzwingung einer sexuellen Handlung von weiteren geplanten Handlungen absieht.

Auch im Fall der **I Nr. 3** liegt Versuch mit dem Beginn der nötigenden Einwirkung des Täters auf das Opfer vor. Wenn mit dem **BGH** der Tatbestand als *einaktiges Delikt* verstanden wird (oben 35 f.), ist dies das Ansetzen zu der sexuellen Handlung (wie bei § 176) oder zu der Aufforderung dazu. Hieraus ergeben sich Schwierigkeiten der Abgrenzung: Nimmt der Täter bei gegebener schutzloser Lage eine sexuelle Handlung in der vagen *Hoffnung* vor, die andere Person werde einverstanden sein, oder fordert er sie unter diesen Voraussetzungen zu sexuellen Handlungen auf, obgleich er mit der Möglichkeit des Widerwillens rechnet, so ist schon bei Äußerung von Ablehnung der Versuch fehlgeschlagen. Ein **Rücktritt** vom Versuch des I Nr. 3 wäre daher praktisch nicht möglich, wenn man nicht in den Rücktrittshorizont (15 zu § 24) die (fortbestehende) Möglichkeit einbezieht, zur Tatvariante des I Nr. 1 überzugehen. Versuch liegt im übrigen auch vor, wenn der Täter **irrtümlich** annimmt, die andere Person sei mit der sexuellen Handlung nicht einverstanden. Von Bedeutung ist dies in Fällen des I Nr. 3; in den Fällen des I Nr. 1 und Nr. 2 liegt ein entsprechender Irrtum meist fern. Versuch des I Nr. 3 kann auch gegeben sein bei irrtümlicher Annahme, es liege eine schutzlose Lage vor, oder die andere Person verzichte nur aus Angst vor Gewaltanwendungen auf Widerstand (vgl. BGH **50**, 359, 368). **56**

7) Rechtsfolgen. Die **Strafe** ist im Fall des **Abs. I** Freiheitsstrafe nicht unter 1 Jahr, in minder schweren Fällen **(Abs. V S. 1)** von 6 Monaten bis zu 10 Jahren. Zu ggf. erörterungsbedürftigen **Strafmilderungsgesichtspunkten** vgl. unten 90 ff.; sie gelten vorbehaltlich des 46 III auch für die Zumessung innerhalb des angewendeten Strafrahmens. **57**

Strafschärfend wirken idR besonders brutales oder erniedrigendes Vorgehen des Täters (BGHR § 177 I StrZ 9; vgl. aber StV **98**, 76); mehrfacher Missbrauch unter fortdauernder Gewaltanwendung (Frankfurt NStE Nr. 8); besondere Intensität des Tätervorgehens beim Versuch (NStZ/D **95**, 488); besonders heimtückische Begehungsweise (NStE Nr. 17); ungeschützter Beischlaf mit Ejakulation (BGH **37**, 153 [m. Anm. *Grasnick* JZ **91**, 933]; NStZ **99**, 505; BGHR § 177 I StrZ 10, 11; § 46 III Vergewaltigung 5; stRspr; *Neumann* StV **91**, 256; *Weßlau* StV **91**, 259; anders uU bei Taten *innerhalb* [nicht: nach Beendigung] längerfristiger intimer Beziehungen; vgl. zB NStZ **99**, 505; BGHR § 177 I StrZ 10; NStZ-RR/P **01**, 365 Nr. 67); ungeschützter Analverkehr mit Ejakulation (NStZ-RR **03**, 111); wesentlich über das zur Zielerreichung erforderliche Maß hinausgehende Gewalteinwirkung (StV **87**, 195; BGHR § 177 I StrZ 4); *zusätzliche*, nicht schon zum durchschnittlichen Tatbild gehörende Demütigung (soweit sie nicht Ausdruck einer ihrerseits schuldmindernden psychischen Störung ist; vgl. etwa NStZ-RR **02**, 165); der planmäßige Bruch besonderen Vertrauens (vgl. aber unten 53); die Verursachung besonderer, über die „normalen" Auswirkungen der Tat hinausgehender **Tatfolgen,** etwa schwerer oder anhaltender seelischer Beeinträchtigungen oder erheblicher psychischer Störungen des Opfers, wenn diese für den Täter voraussehbar waren (NStZ-RR **97**, 304). Straferhöhend wirkt idR die **mehrfache Verwirklichung eines Regelbeispiels** nach II (NStZ **99**, 186 [Erzwingung von Oralverkehr neben der des Beischlafs]); auch die Verwirklichung mehrerer Regelbeispiele ohne inneren Zusammenhang (NStZ-RR/P **01**, 365 Nr. 11 [Vergewaltigung neben Gemeinschaftlichkeit]). **57 a**

Nach 1 StR 521/98 [insoweit in BGH **44**, 228 nicht abgedr.] und inzwischen stRspr kann es straferhöhend gewertet werden, wenn eine Gewalt-Nötigung (I Nr. 1) zugleich in schutzloser Lage (I Nr. 3) stattfand, auch wenn die **Verwirklichung** **58**

mehrerer Tatvarianten des I im Schuldspruch nicht zum Ausdruck kommt. Diese Rechtsansicht sollte überdacht werden (vgl. oben 45), denn *erfolgreiche* Nötigungen durch Gewalt oder Drohungen finden *typischerweise* in „schutzlosen" Lagen statt; der Taterfolg zeigt gerade, dass die Lage schutzlos war. Wenn das Opfer aus Furcht vor Gewalt auf Widerstand verzichtet (BGH **50**, 359, 368), dann ergibt sich hieraus in Fällen, in denen der Täter diese Gewalt *ausdrücklich* androht (I Nr. 2), kein zusätzlicher Unrechtsgehalt gegenüber dem Fall, dass er *nicht* ausdrücklich droht (I Nr. 3). Ein *noch* intensiveres „Ausnutzen" der Schutzlosigkeit vor Gewalt als deren Anwendung oder konkrete Androhung ist gar nicht denkbar. Es ist daher mit § 46 III nicht vereinbar, *straferschwerend* zu werten, dass eine *Gewalt*-Nötigung in einer Lage stattgefunden hat, in welcher das Opfer schutzlos *gegen Gewalt* war. Das gilt erst recht für eine Strafschärfung mit der Begründung, das Tatopfer habe aus Angst vor *angedrohter* Gewalttätigkeit auf Widerstand in einer Lage verzichtet, in welcher es auch Angst vor *nicht angedrohter* Gewalttätigkeit hätte haben können.

59 Gegen das **Doppelverwertungsverbot** (§ 46 III) verstößt **zB** die straferhöhende Wertung, dass der Täter aus egoistischen Gründen massiv das Selbstbestimmungsrecht des Opfers verletzt hat (StV **87**, 62); dass die Tat das Opfer zum Sexualobjekt erniedrigt hat (NStZ/M **83**, 164; NStZ/T **86**, 496); dass der Täter nur wegen der Gegenwehr des Opfers (NStZ/M **97**, 179 Nr. 1) oder nicht freiwillig zurückgetreten ist (NStZ/M **97**, 179 Nr. 20); dass der Täter (des I Nr. 3) „die Hilflosigkeit ausgenutzt" habe (NStZ-RR/P **01**, 366 Nr. 73); dass er seine Befriedigung ohne Rücksicht auf die Wünsche des Opfers durchgesetzt habe (NStZ-RR **02**, 165); dass der Täter (des IV Nr. 2 Buchst. b) „äußerst brutal" vorgegangen ist (NStZ **01**, 313; in BGH **46**, 225 nicht abgedr.); dass der Täter, obwohl er das Opfer kannte, den Geschlechtsverkehr erzwingen wollte (4 StR 36/01); dass dem Täter deutlich gemacht werden muss, dass er kein Recht hat, mit Gewalt gegen eine hilflose Frau vorzugehen (NStZ/T **86**, 157; vgl. BGHR § 177 I StrZ 9); dass der Täter sich nicht in einem „sexuellen Notstand" befunden hat (StV **93**, 132; NStZ/M **83**, 163; NStZ/T **86**, 496); dass sich die Ehefrau des Täters in der Nachbarwohnung aufhielt (Köln NJW **82**, 2613).

59a **Zulässiges Verteidigungsverhalten** darf nicht strafschärfend verwertet werden (vgl. 53 ff. zu § 46); **zB** nicht, dass der die Tat leugnende Angeklagte dem Opfer die Vernehmung nicht erspart (NStZ-RR/P **01**, 366 Nr. 69); dass er das Opfer einer Falschaussage bezichtigt (StV **01**, 456); dass er behauptet, das Opfer habe gegen Entgelt eingewilligt (NStZ **01**, 419). Eine strafschärfende Berücksichtigung generalpräventiver Zwecke liegt bei Konflikttaten eher fern (vgl. StV **01**, 453 [Tat gegen die getrennt lebende Ehefrau]).

60 **IV. Besonders schwere Fälle (Abs. II).** Die Strafzumessungsregel des Abs. II stellt besonders schwere Fälle der sexuellen Nötigung unter die erhöhte Strafdrohung von 2 bis 15 Jahren und führt in S. 2 **Regelbeispiele** für besonders schwere Fälle auf. Die sich aus der Erfüllung ihrer Voraussetzungen ergebende **Indizwirkung** für das Vorliegen eines besonders schweren Falls tritt nach NStZ **03**, 602 nicht schon beim **Versuch** ein, bei Vollendung des Abs. I das Regelbeispiel des II Nr. 1 zu verwirklichen (vgl. dazu 97 ff., 102 zu § 46). Da es sich bei den Regelbeispielen nicht, wie in §§ 176a II, 179 V, um tatbestandliche Qualifikationen handelt, ist ein gegen die Nichtanwendung des Abs. II gerichtetes Rechtsmittel des Nebenklägers nach § 400 StPO unzulässig (NStZ-RR **03**, 306). Andererseits sind nach NStZ-RR **04**, 262 die die Regelwirkung begründenden Umstände des II grds wie Tatbestandsmerkmale zu behandeln; sie dürfen daher bei der Strafzumessung gem. § 46 III nicht strafschärfend gewertet werden.

61 **1) Beischlaf und besonders erniedrigende Handlungen (Abs. II S. 2 *Nr. 1*).** *In* **S. 2 Nr. 1** sind der **Beischlaf** sowie **beischlafähnliche Handlungen** erfasst. Dabei ist das Regelbeispiel in schwer verständlicher Systematik seinerseits wieder in „Regelfälle" sowie in benannte und unbenannte „sonstige" Fälle abgeschichtet; dem Beischlaf sind andere („ähnliche") Handlungen gleichgestellt, die

das Opfer besonders erniedrigen; dies wiederum können „insbesondere" Handlungen sein, die mit einem Eindringen in den Körper verbunden sind und für welche die **Legaldefinition der Vergewaltigung** gilt, daneben aber auch sonstige ähnliche und besonders erniedrigende Handlungen.

A. Beischlaf. Beischlaf ist das **Eindringen** des männlichen Gliedes **in die Scheide.** Ein vollständiges Eindringen ist nach allg. Ansicht nicht erforderlich; es reicht jedenfalls aus, dass das Glied weiter als bis zum Scheideneingang, also bis zum Hymen (oder den Hymenresten) eindringt. **62**

a) Ob § 177 II Nr. 1 (ebenso § 173 I, § 176a II Nr. 1, § 179 V Nr. 1) ein weiter gehender, „*strafrechts-spezifischer*" Begriff des Beischlafs zugrunde liegt, ist streitig. Der **BGH** ist zunächst der oben 62 genannten „medizinischen" Auslegung gefolgt (vgl. zB NJW **59**, 1091; 4 StR 307/51; 1 StR 792/52; 2 StR 269/53), hat diese aber in BGH **16**, 175 (2 StR 204/60) mit der merkwürdigen Begründung aufgegeben, entscheidend für die Begriffsbestimmung sei die „Frage nach der Strafwürdigkeit gewisser Vorgänge" (BGH **16**, 175, 176f.). Tatbestände, in denen der Begriff des Beischlafs verwendet werde, dienten „jedenfalls auch" der Verhinderung unerwünschter Zeugung; hieraus könne „nur entnommen werden, dass Beischlaf im strafrechtlichen Sinn eine ihrer Art nach zur Zeugung geeignete Handlung ist" (ebd. 177). Es müsse daher für die Vollendung ausreichen, „dass ein wenn auch nur unvollständiges *Eindringen* des männlichen Gliedes in das weibliche Geschlechtsorgan *seinen Anfang nimmt*" (ebd.). Hieran hat der BGH seit BGH **16**, 175 in stRspr festgehalten (BGH **37**, 153, 154; **46**, 176f.; NStZ/M **97**, 119, 120; NStZ **01**, 246; NStZ-RR **01**, 199; StV **02**, 81; MDR **90**, 1128; BGHR StGB § 177 I Strafzumessung 10; 5 StR 740/93), ohne sich mit der Begründung inhaltlich nochmals näher auseinander zu setzen (ebenso *Lackner/Kühl* 3 zu § 173; *Gössel* [1a] 2/65; mit anderer Begründung ebenso NK-*Frommel* 64). Für die **Praxis** bedeutet dies, dass für die Vollendung des Beischlafs „der Kontakt des männlichen Gliedes mit dem **Scheidenvorhof**" (=Bereich *vor* dem Hymen) ausreicht (BGH **37**, 153, 154; **46**, 176, 177). **62a**

b) Nach **zutr. aA** bedarf diese Auslegung im Hinblick auf die grundlegenden Änderungen durch das 4. StrRG und das 33. StÄG der Überprüfung und Änderung (so auch LK-*Dippel* 22 zu § 173; SK-*Wolters/Horn* 25b und 14 zu § 176a; MK-*Renzikowski* 63 [and. MK-*Ritscher* 8 zu § 173]; *S/S-Lenckner* 3 zu § 173; *S/S-Lenckner/Perron/Eisele* 8 zu § 176a; *M/Schroeder/Maiwald* 17/34; *Laubenthal,* Sexualstraftaten, 2000, 168; *Renzikowski* NStZ **99**, 381; *Folkers* JR **07**, 11, 12f.). Schon das 4. StrRG hat das durch § 177 geschützte **Rechtsgut** nämlich von der Sittlichkeit und von der Fortpflanzung entfernt; das 33. StÄG hat den Beischlaf – folgerichtig – zu einem Spezialfall des „Eindringens in den Körper" gemacht (**aA** *Gössel* [1a] 2/65). Der unerwünschten Zeugung kommt damit kein eigenständiges *tatbestandliches* Gewicht mehr zu (iErg wie hier auch *M/Schroeder/Maiwald* 17/34; insoweit auch NK-*Frommel* 64). Die Rspr gelangt ohne tatbestandliche Grundlage zu unterschiedlichen *Begriffen* des „Eindringens" in die Scheide einerseits, in andere Körperöffnungen andererseits, ebenso des Eindringens in die Scheide mit dem Geschlechtsglied einerseits, mit anderen Körperteilen oder Gegenständen andererseits. **62b**

c) Der **BGH** hat diese Einwände verworfen (BGH **46**, 176 [*2. StS*]; ebenso NStZ/P **00**, 354 Nr. 9; NStZ-RR **01**, 199; StV **02**, 81 [jeweils *3. StS*]; NStZ **01**, 246 [*1. StS*]). Zur **Begründung** hat er **zum ersten** ausgeführt, der Gesetzgeber habe (trotz mehrfacher Änderung des StGB) keinen Anlass gesehen, die bisherige Rspr in Frage zu stellen (BGH **46**, 177). Dieses Argument ist unzutreffend, weil es eine gesetzestechnische Möglichkeit, die bisherige Rspr *anders* und *noch mehr* in Frage zu stellen als durch das Einfügen der Tatvariante des Eindringens *neben* der des Beischlafs, gar nicht gab (so auch LK-*Dippel* 22 zu § 173). Das Argument ist überdies seit dem SexDelÄndG vom Dezember 2003 *widerlegt*: Das Eindringen in den Scheidenvorhof ist vom Gesetzgeber ausdrücklich als Beispielsfall für einen besonders schweren Fall des § 176 III hervorgehoben, also *gerade nicht* als Fall des **63**

Beischlafs iS von § 176a II Nr. 1 angesehen worden (BT-Drs. 15/350, 17). **Zum zweiten** hat BGH **46**, 176f. ausgeführt, der Beischlaf sei ein Fall des Eindringens in den Körper, und für die Vollendung des II Nr. 1 komme es nicht darauf an, in welchem Ausmaß dies geschehen ist. Das setzt begrifflich voraus, dass ein „Kontakt mit dem Scheidenvorhof" jedenfalls ein Eindringen *in den Körper* ist und dass es für die Vollendung des Beischlafs nicht darauf ankommt, ob der Täter *in die Scheide* eindringt. Dann wäre aber der Begriff „Beischlaf" in den §§ 176a II Nr. 1, 177 II Nr. 1, 179 V Nr. 1 *überflüssig*, und es wäre nicht erklärbar, dass der Gesetzgeber ihn durch das Wort „oder" von anderen Handlungen unterschieden hat. Das vom BGH **zum dritten** hervorgehobene Argument unzumutbarer *Feststellungsschwierigkeiten* (BGH **46**, 176, 177) ist nicht zutreffend, denn die Feststellung, ob der Täter (*schon* oder *nur*) in den Scheiden-*Vorhof* eingedrungen ist, ist mindestens ebenso schwierig wie die, ob er zumindest teilweise (unten 66a) in die Scheide selbst eingedrungen ist. Die Argumente für das Beharren auf dem bisherigen Standpunkt sind daher nicht überzeugend. Der Gesichtspunkt der Rechtssicherheit durch Festhalten an ständiger Rspr tritt zurück, wenn sich Wortlaut, Rechtsgut und systematische Stellung der Tatbestände geändert haben.

64 In der praktischen Anwendung ergeben sich merkwürdige **Zufälligkeiten** vor allem bei der Abgrenzung zwischen Versuch und Vollendung, aber auch im Vergleich zwischen dem Begriff des Beischlafs und dem des **„ähnlichen" Eindringens** in den Körper: In zahlreichen Fällen stellen Tatgerichte fest, es sei dem Täter (des § 176 oder des § 177 I) der *Beischlaf nicht gelungen*, weil das Opfer sich verkrampft oder Schmerzen geäußert habe. Verurteilungen nach § 176 Abs. I, § 177 I oder wegen **Versuchs** des § 176a II Nr. 1 werden in diesen Fällen vom BGH nicht beanstandet, obgleich hier *fast immer* ein Eindringen in den „Scheidenvorhof" gegeben sein dürfte (vgl. etwa den Fall NStZ **01**, 246; vgl. auch BT-Drs. 15/350, S. 17). Für die Vollendung eines Eindringens zB mit einem *Finger* verlangt die Rspr. zutr., dass der Finger *in die Scheide* eingeführt wird (entsprechend für Einführen von Gegenständen); Manipulationen *„an"* der Scheide oder Berührungen zwischen den Schamlippen reichen nicht (vgl. etwa NStZ **00**, 254; **00**, 367; **04**, 440; NStZ-RR **00**, 356; 2 StR 637/98; 1 StR 94/01; 3 StR 345/01; vgl. aber 4 StR 119/04 [Eindringen mit einem Finger in den Scheidenvorhof; in NStZ **05**, 90 nicht abgedr.]). Für diese Fälle des **sonstigen Eindringens** folgt die Rspr daher einer zutreffenden („medizinischen") Auslegung (unten 66).

65 **B. Ähnliche sexuelle Handlungen.** Dem Beischlaf gleichgestellt sind **ähnliche** sexuelle Handlungen, die das Opfer **besonders erniedrigen** (krit. hierzu *Gössel,* H.J. Hirsch-FS 187f.). Dabei ist nach der – schwer verständlichen – gesetzlichen Systematik zu **unterscheiden** zwischen Handlungen, die mit einem **Eindringen** in den Körper (des Opfers oder des Täters) verbunden sind, und **sonstigen** „ähnlichen" Handlungen: *Grundfall* des Regelbeispiels ist eine besonders erniedrigende sexuelle Handlung, gleich welcher Art (dazu unten 71). Fehlt es an der besonderen Erniedrigung, so liegt schon II Nr. 1 nicht vor (sondern I); ist eine besondere Erniedrigung gegeben, so liegt II Nr. 1 grds. vor; die Regelwirkung kann aber aus anderen Gründen wieder aufgehoben werden. Herausgehobener *Spezialfall* ist eine sexuelle Handlung, die mit einem Eindringen in den Körper verbunden ist. Auch sie muss das Opfer besonders erniedrigen (*Gössel* [1a] 2/70; *Folkers* JR **07**, 11, 12). Tut sie dies, so heißt sie „Vergewaltigung" und erfüllt grds. das Regelbeispiel (unten 66). Erniedrigt die „ähnliche", in den Körper eindringende Handlung das Opfer nicht besonders, so ist nur Abs. I gegeben (zum **Schuldspruch** vgl. unten 75). Nach Rspr und hM bedeutet die Anknüpfung des letzten Satzteils durch das Wort „insbesondere", dass in den Körper eindringende Handlungen die Voraussetzung *besonderer Erniedrigung* idR erfüllen (vgl. NStZ **00**, 254 [Anm. *Folkers* NStZ **00**, 471]; unten 67f.).

66 **a) Eindringen in den Körper.** Die Legaldefinition der „Vergewaltigung" bezieht sich nur auf solche sexuellen Handlungen, die mit einem **Eindringen** ver-

bunden sind (vgl. schon 3 StR 254/97 [Oralverkehr]). Das Eindringen in den Körper umfasst nicht nur die Einführung des Geschlechtsgliedes, insb. bei Oral- (vgl. etwa NStZ **00**, 27; einschr. *Renzikowski* NStZ **00**, 367) oder Analverkehr, sondern auch die **anderer Körperglieder** (vgl. NJW **00**, 672 [Anm. *Renzikowski* NStZ **00**, 366]; NStZ **00**, 254 [Anm. *Folkers* NStZ **00**, 471]) sowie von **Gegenständen** (NJW **00**, 672 [*Laubenthal* 171 f.; einschr. *Folkers* NStZ **00**, 471; vgl. dazu auch 4 ff. zu § 176 a). Nach der Zielrichtung des Gesetzes ist davon auszugehen, dass das Eindringen durch eine der **natürlichen Körperöffnungen** geschehen muss. Grds. gleichgültig ist, welche Körperöffnung betroffen ist; ggf. sind die Grenzen des § 184 f zu beachten. Sexuell motivierte sonstige **Verletzungen des Körpers,** insb. ein Eindringen außerhalb von natürlichen Körperöffnungen (**zB** Stich mit einem Messer oder einer Nadel; Verletzungen der Körperaußenhaut; Eindringen von Schall- oder Strahlungswellen), unterfallen der Legaldefinition nach deren Sinn nicht, werden aber oft die Voraussetzungen eines unbenannten besonders schweren Falls erfüllen. II Nr. 1 setzt nicht voraus, dass das Eindringen in den **Körper des Opfers** erfolgt; erfasst ist daher auch ein Eindringen in den **Körper des Täters** durch Handlungen des Opfers (BGH **45**, 131 [Oralverkehr des Opfers mit dem Täter; Anm. *Hörnle* NStZ **00**, 310 u. *Bauer* StraFO **00**, 196]); freilich wird hier das Merkmal besonderer Erniedrigung des Opfers oft fehlen. Ein Eindringen liegt auch dann vor, wenn **das Opfer selbst** auf Veranlassung des Täters Gegenstände in eigene Körperöffnungen einführt. Das Eindringen setzt *als solches* nicht das Überwinden eines entgegenstehenden Willens voraus (BGH **45**, 131 f.); für § 177 II Nr. 1 spielt das wegen des Merkmals des Nötigens keine Rolle (wohl aber für §§ 176 a II Nr. 1, 179 V Nr. 1; vgl. 4 ff. zu § 176 a).

Vollendet ist das Eindringen, wenn das Körperglied oder der Gegenstand nach **66 a** natürlicher Auffassung die anatomische Grenze der Körperöffnung zumindest teilweise überschritten hat (vgl. auch *Folkers* JR **07**, 11, 13). Ein *vollständiges* Eindringen oder Einführen ist daher nicht erforderlich. Wer mit einem Finger, der Zunge oder einem Gegenstand „Kontakt mit dem Scheidenvorhof", den Lippen oder dem Anus hat (vgl. BGH **37**, 153, 154), ist nicht „eingedrungen" (zum „*Beischlaf*" vgl. oben 62 ff.).

b) Besondere Erniedrigung. Die Regelwirkung des II Nr. 1 setzt auch bei **67** einer in den Körper eindringenden Handlung voraus, dass sie besonders erniedrigend ist. Die Erniedrigung muss das *Tatopfer* der sexuellen Nötigung treffen; eine Erniedrigung des Täters selbst oder einer dritten Person, etwa im Rahmen von SM-Praktiken, reicht nicht aus. Aus der Formulierung des Regel-/Ausnahme-Verhältnisses („insbesondere"; vgl. NStZ **01**, 598) wird überwiegend geschlossen, dass dem Beischlaf ähnliche, in den Körper eindringende Handlungen als idR besonders erniedrigend angesehen werden; dass also bei solchen eindringenden Handlungen die Regelwirkung nur ausnahmsweise entfällt, wenn sie *nicht* besonders erniedrigend sind. Diese Auslegung versteht die unklare Formulierung „insbesondere *wenn*" im Sinne von „insbesondere *weil*". Zwingend ist diese Auslegung nicht (vgl. dazu auch *Folkers* JR **07**, 11, 12); die Formulierung „insbesondere wenn" könnte auch auf die „ähnlichen Handlungen" bezogen werden. Diese Auslegungsnuancen können zu Unterschieden in der Anwendung führen.

Ein **besonderes Erniedrigen** liegt vor, wenn das Opfer in gravierender, über **67 a** die Verwirklichung des Grundtatbestands hinausgehender Weise zum bloßen Objekt sexueller Willkür des Täters herabgewürdigt wird und dies gerade in der Art und Ausführung der sexuellen Handlung zum Ausdruck kommt. Der erzwungene **Anal- oder Oralverkehr** (Einführen des männlichen Glieds) oder das Einführen von Gegenständen in Scheide oder Anus *des Opfers* (vgl. unten 68) sind nach stRspr und hM regelmäßig als besonders erniedrigend anzusehen (NStZ **00**, 254 [Anm. *Folkers* 471]; vgl. auch *S/S-Lenckner/Perron/Eisele* 20; *Lackner/Kühl* 11; MK-*Renzikowski* 66; Nachw. zu zahlreichen Einzelfällen bei *Folkers* [1 a] 84 f.). Dagegen kann das Eindringen mit einem **Finger** nach hier vertretener Ansicht *nicht ohne*

Weiteres als *besonders* erniedrigend angesehen werden (weitergehend *Folkers* JR **07**, 11, 13f: *in der Regel* nicht). Im allgemeinen Sprachgebrauch würde die Nötigung zum Dulden eines flüchtigen, unvollständigen Eindringens mit einem Finger in die Scheide gewiss nicht als „Vergewaltigung" bezeichnet werden; das gilt erst recht bei solchen eindringenden Handlungen, bei denen weder auf Täter- noch auf Opferseite das Geschlechtsorgan oder der Anus einbezogen ist (**zB** Zungenkuss; **aA** *Renzikowski* NStZ **00**, 368 [kein Eindringen]; *Folkers* [1a] 89 [keine sexuelle Handlung]; unklar NK-*Frommel* 18f. [eine „Strafzumessungslösung" sei anzuwenden]). Auch der **BGH** hat zunächst entschieden, es komme in solchen Fällen für die Beurteilung als besonders schwerer Fall auf die Umstände des Einzelfalls an (NJW **00**, 672 [Einführen eines Fingers in die Scheide; Anm. *Renzikowski* NStZ **00**, 367]; vgl. auch *Renzikowski* NStZ **99**, 381; StV **00**, 308; *S/S-Lenckner/Perron/Eisele* 20; *Laubenthal* 170f.). Von dieser Rspr ist er aber abgerückt; er vertritt inzwischen aber in **stRspr** die Ansicht, dass auch das Eindringen in die Scheide mit einem Finger regelmäßig besonders erniedrigend und daher „Vergewaltigung" ist (NStZ-RR/P **99**, 325 Nr. 24 [Finger in Anus]; Nr. 25 [Finger in Scheide]; NStZ **00**, 254 [Anm. *Folkers* NStZ **00**, 471]; NStZ **01**, 369; **01**, 598; **04**, 440f.; 3 StR 321/01; 5 StR 236/01 [jeweils Finger in Scheide]; vgl. schon LG Augsburg NStZ **99**, 307; **aA** SK-*Wolters/Horn* 26; *Folkers* [1a] 88f.; *dies.* JR **07**, 11, 14).

68 Eine ausdrückliche Erörterung der erniedrigenden Wirkung im Urteil ist bei eindringenden Handlungen nach der genannten Rspr regelmäßig nicht geboten. Das gilt jedenfalls, soweit Handlungen des Täters in den **Körper des Opfers** eindringen. Bei Eindringen in den **Körper des Täters** versteht sich die besondere Erniedrigung hingegen nicht von selbst; auch nicht beim Nötigen des Opfers zu Handlungen, die in den Körper eines (zustimmenden) Dritten eindringen (zutr. *Folkers* [1a] 90f.). Da das Merkmal der besonderen Erniedrigung in § 176a II Nr. 1 nicht enthalten ist, muss ein Fall des § 176a II Nr. 1, auch wenn die Handlung mit Nötigungsmitteln erzwungen wird, nicht notwendig ein solcher des § 177 II sein (NJW **00**, 672).

69 Aus dem Erfordernis besonderer Erniedrigung des Opfers durch beischlafähnliche Handlungen ist nicht zu schließen, dass das Merkmal der besonderen Erniedrigung stets auch bei Vollziehung des **Beischlafs** gesondert festzustellen ist, um die Regelwirkung auszulösen, dass also das Gesetz zwischen *erniedrigendem* und *nicht erniedrigendem* Beischlaf unterscheidet. Erzwungener Beischlaf ist vielmehr **stets besonders erniedrigend** (zutr. ebenso *Folkers* JR **07**, 11, 12); das Merkmal dient allein der Gleichstellung *anderer* Handlungen, für welche sich eine Vermutung besonderer Schwere nicht schon aus ihrem allgemeinen Charakter ergibt.

70 Bei der **Feststellung** besonderer Erniedrigung kommt es auf das **Motiv des Opfers**, in die Handlung nicht einzuwilligen, nicht an. Daher kann der Rspr des *4. StS* nicht gefolgt werden, wonach bei **Vergewaltigung von Prostituierten** die Regelwirkung des II Nr. 1 entfällt, wenn (und soweit) ein *grundsätzliches* Einverständnis mit der sexuellen Handlung vorliegt und eine konkrete Einwilligung „nur" mangels Einigung über das Entgelt oder über Einzelheiten des Ablaufs nicht erteilt wird (NStZ **01**, 369; dagegen NStZ-RR **98**, 326 [*2. StS*]; NStZ-RR/P **00**, 358 Nr. 36; NStZ-RR/P **01**, 356 Nr. 19 *[3. StS];* zust. SK-*Wolters/Horn* 24; wie hier MK-*Renzikowski* 103; *Gaede* NStZ **02**, 238f.; vgl. auch unten 93). Eine solche Differenzierung müsste in der Konsequenz zu einer Benachteiligung einzelner Opfergruppen führen: Eine **Unterscheidung nach Motiven** der Weigerung ließe sich auf alle Opfer übertragen, die zwar „grundsätzlich" in sexuelle Handlungen einwilligen würden, dies jedoch aus irgendwelchen autonomen Gründen, welche sich der Bewertung durch das Strafgesetz entziehen, gerade nicht tun (**zB** weil der Täter nicht bereit ist, sich zu verloben oder zu verheiraten, ein wertvolles Geschenk zu machen, bestimmte Gefallen zu erweisen). Der Täter hätte es in der Hand, zB durch *täuschende Zusage* von (beliebig hohen) Entgelten oder sonstigen Gegenleistungen die Anwendung des Abs. II Nr. 1 von vornherein auszuschließen oder sich mit einiger Plausibilität (zum Ausschluss des „Erniedrigungs"-Vorsatzes) dahin einzulassen, er sei sich sicher gewesen, die vergewaltigte Prostituierte hätte gegen Zahlung des 10fachen Entgelts eingewilligt (oder gar: er habe das Opfer irrtümlich für eine Prostituierte gehalten und daher nur nötigen, nicht aber erniedrigen wollen).

C. Sonstige Taten nach I können besonders schwere Fälle des Regelbeispiels nach II S. 2 Nr. 1 (aber keine „Vergewaltigung") sein, wenn sie dem Beischlaf „**ähnlich**" sind **und** das Opfer **besonders erniedrigen,** aber nicht mit einem Eindringen verbunden sind. Die von Abs. II S. 2 angenommene Regelwirkung ist hier in einem solchen Umfang an *wertende Beurteilungen* geknüpft, dass sich das „Regelbeispiel" vom *unbenannten* besonders schweren Fall des II S. 1 nicht unterscheiden lässt. Die vorausgesetzte Ähnlichkeit der Handlung mit dem Beischlaf wird überwiegend als „ähnlich gravierend" verstanden; der Begriff setzt daher keine äußere Ähnlichkeit der Handlung mit Beischlafshandlungen voraus und überschneidet sich mit dem der besonderen Erniedrigung. Bei der Beurteilung ist auf die Umstände des Einzelfalls abzustellen. 71

D. Abs. II Nr. 1 ist insoweit ein **eigenhändiges Delikt**; (Mit-)Täterschaft ist nach der Neufassung (anders als in § 177 aF; vgl. BGH **27**, 205 f.; NStZ **85**, 71 f.; 5 StR 532/99) nur noch durch eigene sexuelle Handlungen möglich; die sexuelle Handlung (*nicht* die Nötigungshandlung) muss **von dem Täter am Opfer oder von diesem an dem Täter** vorgenommen werden; zwischen ihnen muss es zu einem unmittelbaren Körperkontakt kommen (NStZ **99**, 452; and. § 177 III S. 2 Nr. 1 idF des 33. StÄG; vgl. NStZ **99**, 615). Die Nötigung zum Beischlaf mit einem **Dritten** (insb. auch einem Mittäter des Abs. I) genügt daher für II Nr. 1 nicht (NStZ **00**, 418; NStZ-RR **00**, 326; NStZ-RR/P **01**, 355 Nr. 14; SK-*Wolters/Horn* 27 a; **aA** NK-*Frommel* 19, 61); jedoch kommt dann ein Regelbeispiel nach II Nr. 2 (iV mit I) in Betracht (NStZ **99**, 452; NStZ-RR/P **01**, 356 Nr. 24). Mittelbare Täterschaft ist insoweit möglich, als der Täter die *Nötigungs*handlung durch ein (zB seinerseits nach § 240 genötigtes) Werkzeug ausführen lässt. 72

2) Gemeinschaftliche Begehung (Abs. II S. 2 Nr. 2). Ein Regelfall nach **Nr. 2** liegt bei **gemeinschaftlicher Begehung** einer Tat nach I vor. Erforderlich ist das **aktive Zusammenwirken** von **mindestens zwei** Personen als *Täter* (NJW **99**, 2910; MK-*Renzikowski* 67); Unterlassungstäterschaft eines Mittäters reicht nicht aus (SK-*Wolters/Horn* 27). Nicht erforderlich ist hier, dass alle Mittäter sexuelle Handlungen am Opfer vornehmen oder an sich vornehmen lassen (BGH aaO), wohl aber, dass sie an der **Nötigungshandlung** jedenfalls insoweit mitwirken, dass sie sich das Handeln der übrigen Beteiligten als eigenes zurechnen lassen müssen (§ 25 II) und das konkrete gemeinschaftliche Vorgehen für einen objektiven Betrachter den Eindruck erhöhter Schutzlosigkeit des Opfers vermittelt. Eine **gleichzeitige Anwesenheit** am Tatort ist erforderlich (SK-*Wolters/Horn* 27; MK-*Renzikowski* 68; *S/S-Lenckner/Perron/Eisele* 24; *Laubenthal* 177; and. *Renzikowski* NStZ **99** 382). Der Annahme von Mittäterschaft steht nicht entgegen, dass das Opfer einen anwesenden Beteiligten mehrfach (vergeblich) um Hilfe bittet (NStZ-RR/P **01**, 356 Nr. 24). Treffen Nr. 1 und Nr. 2 zusammen, so liegt nur ein besonders schwerer Fall vor. 73

3) Ausnahmen von der Regelwirkung des II kommen insb. in Fällen des Beischlafs und des Eindringens, im Einzelfall auch bei gemeinschaftlicher Begehung in Betracht, kaum aber bei sonstigen konkret besonders erniedrigenden Sexualhandlungen iS von oben 35, da hier bei minder schweren Taten schon das Vorliegen des Regelbeispiels zu verneinen ist. Bei Verwirklichung eines Regelbeispiels ist eine nähere Erörterung, ob vom Strafrahmen des II abgewichen werden soll, nur bei Vorliegen gewichtiger Milderungsgründe veranlasst (NStZ-RR **98**, 299 L; vgl. auch *Sankol* StV **06**, 607, 608 mwN). Die möglichen Gründe für das Absehen von der Anwendung des erhöhten Strafrahmens entsprechen denen des minder schweren Falls nach V. Wird trotz Verwirklichung eines Regelbeispiels die Regelwirkung des II verneint, so ist auf die (nach I zu beurteilende) Tat grds auch Abs. V anwendbar 74

(NStZ **99**, 615; StV **00**, 556; **06**, 16; vgl. unten 96). Die Verhängung einer zur Bewährung aussetzbaren Freiheitsstrafe ist auch bei Verwirklichung eines Regelbeispiels nicht ausgeschlossen; bei Vorliegen einer Mehrzahl gravierender Milderungsgründe ist sie zu prüfen und in den Urteilsgründen zu erörtern (StV **06**, 523).

75 **4) Schuldspruch in den Fällen des Abs. II.** Für den Schuldspruch bei *unbenanntem* besonders schweren Fall nach II S. 1 gelten keine Besonderheiten; die Verurteilung erfolgt hier „wegen sexueller Nötigung" ohne Kennzeichnung des Strafzumessungsgrundes (3 StR 260/05 [in NStZ **06**, 165 insoweit nicht abgedr.]; II S. 1 ist nur in die Liste der angewendeten Vorschriften aufzunehmen. Die **Legaldefinition** des II Nr. 1 als **„Vergewaltigung"** umfasst (nur) Fälle des erzwungenen **Beischlafs** und solche Fälle, in denen besonders erniedrigende sexuelle Handlungen mit einem **Eindringen** in den Körper verbunden sind (**aA** SK-*Wolters/Horn* 26 d: Auch erniedrigende Handlungen *ohne* Eindringen). Im Hinblick auf die gesetzliche Deliktsüberschrift und die Legaldefinition des II Nr. 1 ergeht der Schuldspruch hier „wegen Vergewaltigung" (BGH **45**, 253; NJW **01**, 2185; NStZ **98**, 510; **99**, 186; **00**, 254; NStZ-RR **99**, 78 [nicht „sexuelle Nötigung; Vergewaltigung"]; NStZ-RR/P **99**, 355 Nr. 40 [nicht „schwere Vergewaltigung"]; NStZ **07**, 478 [nicht „sexuelle Nötigung in einem besonders schweren Fall {Vergewaltigung"}]; stRspr); auch im Fall von II Nr. 2 ergeht der Schuldspruch nicht wegen „gemeinschaftlicher" sexueller Nötigung (NStZ-RR/P **01**, 357 Nr. 25). Zum Schuldspruch bei **zusätzlicher** Verwirklichung einer **Qualifikation nach III oder IV** vgl. unten 78. In Fällen, in denen besonders erniedrigende Handlungen **nicht** mit einem Eindringen in den Körper verbunden sind, erfolgt der Schuldspruch (nur) „wegen sexueller Nötigung"; eine Kennzeichnung des Regelbeispiels kommt hier nicht in Betracht (vgl. 1 StR 161/01). Dasselbe gilt bei Verwirklichung des Regelbeispiels nach **II Nr. 2** (1 StR 161/01; 3 StR 135/01). Liegt **neben** einer (eigenhändigen) Vergewaltigung auch ein Fall des II Nr. 2 vor (**zB** bei zusätzlicher Nötigung zur Duldung sexueller Handlungen eines Mittäters), so ergeht der Schuldspruch „wegen Vergewaltigung"; das zusätzlich verwirklichte Unrecht ist nur bei der Strafzumessung zu berücksichtigen.

76 Nach der Rspr. des **BGH** erfolgt der Schuldspruch „wegen Vergewaltigung" auch dann, wenn eine in den Körper **eindringende Handlung** ausnahmsweise als *nicht* besonders erniedrigend angesehen und daher die Regelwirkung des II S. 2 Nr. 1 entfällt und der Strafrahmen des I angewendet wird (NStZ-RR/P **99**, 353 Nr. 32; **00**, 357 Nr. 26 [4 StR 94/00]; NStZ **01**, 369, 370 *[4. StS];* 5 StR 198/01; zust. *S/S-Lenckner/Perron/Eisele* 23; **aA** noch NJW **00**, 672 [*4. StS;* aufgegeben in NStZ **01**, 369]; LG Berlin NJ **98**, 382 [krit. Anm. *Mildenberger*]; offen gelassen in 2 StR 207/04). Das ist für erzwungenen **Beischlaf** zutreffend, der vom Gesetz als *stets* erniedrigend angesehen wird (vgl. oben 70), bei dem aber im Einzelfall gleichwohl die Regelwirkung des II entfallen kann; in diesen Fällen bleibt die Tat „Vergewaltigung" (vgl. auch 1 StR 21/01; 1 StR 263/01; 3 StR 90/01; 3 StR 6/02). Es überzeugt aber im Hinblick auf solche Handlungen nicht, die kein Beischlaf sind, denn die Legaldefinition der Vergewaltigung in II Nr. 1 gilt ausdrücklich nur für den Beischlaf und für solche in den Körper eindringende Handlungen, die *besonders erniedrigend* sind (so auch 3 StR 321/01). Der **Schuldspruch wegen „Vergewaltigung"** setzt voraus, dass *alle* Merkmale des Regelbeispiels erfüllt sind, also auch eine besondere Erniedrigung bei Handlungen, die nicht Beischlaf sind. Nach dem insoweit eindeutigen Wortlaut sind Fälle der „Vergewaltigung" eine **Untergruppe** der besonders erniedrigenden Handlungen („insbesondere"); daher kann es *nicht erniedrigende* „Vergewaltigungen nach Abs. I" nicht geben (so auch SK-*Wolters/Horn* 26 d).

77 Eine Verurteilung „wegen **versuchter Vergewaltigung**" ist nach der Rspr. des BGH möglich, wenn das Grunddelikt *und* das Regelbeispiel nach II Nr. 1 jeweils nur versucht wurden (NStZ **98**, 510, 511; NStZ-RR/P **01**, 356; StV **05**, 135; 1 StR 301/98; **aA** *S/S-Lenckner/Perron/Eisele* 23 [„versuchte Vergewaltigung" stets ausge-

schlossen]; wiederum **aA**, aber unklar NK-*Frommel* 91). Auch wenn das Grunddelikt nur versucht, die Merkmale des II Nr. 1 aber verwirklicht sind (zB bei irrtümlicher Annahme eines entgegenstehenden Willens; was nach NK-*Frommel* 89 „wirklichkeitsfremd" sein soll), ist wegen versuchter Vergewaltigung zu verurteilen. Dagegen ist, wenn das Grunddelikt vollendet, das Regelbeispiel aber nur versucht wurde, nur wegen (vollendeter) sexueller Nötigung zu verurteilen (NStZ **98**, 510 f.; **99**, 452; NStZ-RR/P **99**, 355 Nr. 13; **01**, 356; zur Anwendung des Strafrahmens des II in diesem Fall vgl. NStZ **03**, 602; 97 ff., 102 zu § 46); in diesem Fall kommt „das eigentliche Tatcharakteristikum, nämlich der Versuch einer Vergewaltigung, im Schuldspruch nicht zum Ausdruck" (NStZ-RR **99**, 7; vgl. auch BGH **33**, 370, 376; iErg zust. *Lackner/Kühl* 11 [„ärgerliche Konsequenz"]; **aA** SK-*Wolters/Horn* 26 d [„versuchte Vergewaltigung" auch – tateinheitlich – neben vollendetem Abs. I]; MK-*Renzikowski* 91; vgl. auch *Laubenthal* 175; allg. hierzu 97 zu § 46). Nicht vertretbar ist die Ansicht *Frommels*, bei vollendetem Grunddelikt und versuchtem Regelbeispiel sei wegen *vollendeter* Vergewaltigung zu bestrafen (NK-*Frommel* 89 unter unzutr. Berufung auf NStZ **03**, 602). Zu Konkurrenzfragen des Abs. II unten 99 f.

V. Qualifikationen nach Abs. III. Abs. III enthält tatbestandliche Qualifika- **78**
tionen des I und II, für die eine Freiheitsstrafe von 3 bis 15 Jahren, in minder schweren Fällen nach V S. 2 eine solche von 1 bis 10 Jahren angedroht ist. Dabei entspricht III Nr. 1 der Qualifikation nach § 250 I Nr. 1 Buchst. a, III Nr. 2 der des § 250 I Nr. 1 Buchst. b (NStZ **99**, 242 f.); III Nr. 3 dehnt diejenige des § 250 I Nr. 1 Buchst. c auf andere Personen als das Opfer aus. Die Übertragung der Raubqualifikationen ist nicht widerspruchsfrei (vgl. auch *S/S-Lenckner/Perron/Eisele* 25; *Nelles* Einf. 6. StrRG, 69). Das Fehlen gesetzlicher Überschriften für die Qualifikationen würde nach allg. Regeln dazu führen, dass der **Schuldspruch** auch hier nur wegen „sexueller Nötigung" (in qualifizierten Fällen von I oder II Nr. 2) oder „Vergewaltigung" (in qualifizierten Fällen von II Nr. 1) zu ergehen hat (vgl. NStZ **00**, 254; **01**, 246; StV **01**, 456; 3 StR 574/00; oben 39). Es ist aber zur **Klarstellung** angezeigt (vgl. NStZ-RR/P **00**, 357 Nr. 31; 3 StR 187/01; 2 StR 276/01; ebenso *S/S-Lenckner/Perron/Eisele* 28), das zusätzlich verwirklichte tatbestandliche Unrecht auch im Tenor zu kennzeichnen, denn es ist nicht nahe liegend, die Bezeichnung tatbestandlicher Qualifikationen im Schuldspruch von Zufälligkeiten der Gesetzesfassung abhängig zu machen (vgl. auch *Pfister* NStZ-RR **01**, 360). Der **BGH** hat daher den Schuldspruch in Fällen des **Abs. III** als **„schwere Vergewaltigung"** (vgl. NStZ-RR/P **04**, 357 Nr. 26; **05**, 365 Nr. 21; 4 StR 521/02; 3 StR 51/03), in Fällen des **Abs. IV** als **„besonders schwere Vergewaltigung"** (vgl. NStZ-RR **07**, 173; StraFo **05**, 516; 3 StR 373/02; 3 StR 51/03; 3 StR 121/03; 3 StR 3/06) gefasst (jeweils bei Verwirklichung des II Nr. 1; Entsprechendes gilt bei Tenorierung als „sexuelle Nötigung"). Ein auf die Nichtanwendung von III (oder IV) gestütztes Rechtsmittel der Nebenklage ist trotz Fehlens gesetzlicher Überschriften zulässig, da es sich nicht nur gegen die Rechtsfolge (§ 400 I StPO), sondern gegen den Schuldspruch richtet (NStZ **01**, 420; vgl. auch NJW **01**, 980 [zu § 226 II]). Soweit eine Tat nach III zugleich ein Regelbeispiel nach II ist, ist der hierin liegende zusätzliche Unrechtsgehalt nicht (mit der Wirkung des § 46 III) „konsumiert" und daher bei der Zumessung zu berücksichtigen (NStZ-RR/P **01**, 358 Nr. 29).

1) Mitführen von Waffen und gefährlichen Werkzeugen (Abs. III Nr. 1). **79**
Nr. 1 qualifiziert die Tat, wenn der Täter eine Waffe oder ein anderes gefährliches Werkzeug bei der Tat bei sich führt. Erfasst sind *ihrer Art nach* gefährliche Werkzeuge (vgl. im Einzelnen 3 ff. zu § 244; NJW **98**, 3130; 3131; NStZ-RR **98**, 294; StV **98**, 485; NStZ **00**, 419 [Cowboystiefel]; *Schroth* NJW **98**, 2861; *Kudlich* JR **98**, 357; *Schlothauer/Sättele* StV **98**, 505), die den Waffen gleichgestellt sind (vgl. BT-Drs. 13/9064, 18 [zu § 250]). Für die Bestimmung der **Waffe** oder des **Werkzeugs** gelten die für §§ 244, 250 anzuwendenden Regeln (NStZ **99**, 242; NStZ-

RR/P **01**, 358 Nr. 30 [Schlagstock]); die auf Grund der wenig durchdachten Gesetzesfassung erforderliche Abgrenzung stößt auch hier auf Schwierigkeiten (vgl. *Laubenthal* 184f. mwN), die durch die Entscheidung des *Großen Senats* (BGH **48**, 197) nicht geringer geworden sind (vgl. dazu *Fischer* NStZ **03**, 569). Insoweit gelten die Ausführungen zu § 244 (dort 3ff.) und zu § 250 (dort 3ff.) entsprechend.

80 Ausreichend ist das bloße Mitsichführen **während des Nötigungsakts oder der sexuellen Handlung;** nach der ratio legis reicht wohl auch noch ein Mitführen nach Abschluss dieser Handlungen, aber **vor Beendigung** der Tat (§ 78 S. 1; vgl. unten 85 aE). Auf eine Verwendung oder Verwendungsabsicht kommt es nach dem Wortlaut nicht an (vgl. aber 3ff. zu § 250). Ob ein Mitführen nach Abschluss der Das Führen sowie die (allgemeine) Gefährlichkeit des Werkzeugs müssen vom Vorsatz des Täters umfasst sein. Trotz des von § 250 I Nr. 1 Buchst. a abweichenden Wortlauts verlangt Nr. 1 ebenso wie Nr. 2 **keine Eigenhändigkeit** der Qualifikation; auch Mittäter sind daher nach III Nr. 1 oder 2 zu bestrafen, wenn sie sich die Führung der Waffe oder des Werkzeugs nach allgemeinen Regeln (vgl. Erl. zu § 25) zurechnen lassen müssen (*S/S-Lenckner/Perron/Eisele* 26; *Renzikowski* NStZ **99**, 282f.; vgl. auch BGH **48**, 197 [GrSen] = NStZ **03**, 435, 436 [zu § 30a II Nr. 2 BtmG]).

81 **2) Mitführen von Werkzeugen und Mitteln in Verwendungsabsicht (Abs. III Nr. 2).** Nr. 2 enthält eine Qualifikation für den Fall, dass der Täter **bei der Tat** (oben 80) ein **sonstiges** (also nicht schon „gefährliches") **Werkzeug oder Mittel** in der **Absicht** bei sich führt, den Widerstand „einer anderen Person" durch Gewalt oder Drohung mit Gewalt zu verhindern oder bereits geleisteten Widerstand zu überwinden. Die Absicht muss sich auf die Verhinderung oder Überwindung des Widerstands gerade gegen die sexuelle Nötigung richten. Es reicht nach stRspr. des BGH aus, dass der Täter das Werkzeug oder Mittel erst am Tatort ergreift (BGH **13**, 259f.; **20**, 194, 196; NStZ **94**, 187; **99**, 242f.; NStZ-RR **03**, 202) oder dass es sich bei der Tatausführung in griffbereiter Reichweite befindet (NStZ **00**, 254 [Anm. *Folkers* ebd. 471]); ebenso, dass der Täter ein zuvor zu anderen Zwecken mitgeführtes Werkzeug bei der Tat zum Zweck des III Nr. 2 „umwidmet", regelmäßig also auch, dass der Täter ein *nicht* iS von Nr. 1 **gefährliches** (sonst IV Nr. 1) Werkzeug oder Mittel bei der Tat **verwendet** (vgl. BGHR § 177 III Nr. 2 Werkzeug 1; NStZ-RR **03**, 202 [Bordwerkzeug eines Kfz]). Das kann auch gegeben sein, wenn die Wirkung eines zunächst einverständlich verwendeten Mittels zur Überwindung eines *später* entgegenstehenden Willen ausgenutzt wird (NStZ **01**, 246 [Ausnutzung einer zunächst einverständlichen Fesselung]). **Vollendet** ist die Tat bereits mit dem Mit-Sich-Führen des Werkzeugs in der genannten Absicht; deren *Nachweis* ist freilich ohne den tatsächlichen Einsatz des Werkzeugs nahezu ausgeschlossen. Die Verwendungsabsicht kann sich auch auf den Einsatz gegen schutzbereite Dritte beziehen (vgl. unten 85).

82 **3) Konkrete Gesundheitsgefährdung (Abs. III Nr. 3).** Nr. 3 qualifiziert die Tat, wenn das Opfer durch die Tat, dh durch die Nötigungshandlung oder die sexuelle Handlung, in die **Gefahr einer schweren Gesundheitsschädigung** (vgl. dazu 8 zu § 176a; BGH **48**, 28 [zu § 250]) gebracht wird. Erforderlich ist eine konkrete Gefahr (vgl. auch *Schroth* NJW **98**, 2865). Sie ist keine besondere Folge iS des § 18 (vgl. 4 zu § 18), so dass in Bezug auf den Eintritt der Gefahr **Vorsatz** erforderlich ist (BGH **46**, 225; *Lackner/Kühl* 11; *S/S-Lenckner/Perron/Eisele* 26; *Laubenthal* 194; MK-*Renzikowski* 78; SK-*Wolters/Horn* 31).

83 **VI. Qualifikationen nach Abs. IV.** Abs. IV enthält eine weitere Qualifikationsstufe, die mit Freiheitsstrafe von 5 bis 15 Jahren bedroht ist.

84 **1) Verwendung von Waffen oder gefährlichen Werkzeugen (Abs. IV Nr. 1).** Nr. 1 bestraft die konkrete Verwendung einer **Waffe** oder eines **gefährlichen Werkzeugs** iS von III Nr. 1 (oben 79) **bei der Tat**. Insbesondere hier kommt es auf die problematische (vgl. 7ff. zu § 244) Abgrenzung zwischen gefährlichen (III Nr. 1) und sonstigen (III Nr. 2) Werkzeugen an, denn nur die Verwendung der

Ersteren eröffnet den Strafrahmen des IV (vgl. dazu *Fischer* NStZ **03**, 569, 570). Nach der Rspr des BGH genügt es aber für IV Nr. 1, wenn ein (beliebiges) Werkzeug Gefährlichkeit durch die konkrete Art des Einsatzes gewinnt (NStZ-RR **03**, 202; vgl. BGH **46**, 225, 228 [Metallfigur]; NStZ **00**, 419 [Stiefel]; NStZ-RR **02**, 108 [Winkeleisen]; 2 StR 251/03 [Kugelschreiber je nach Beschaffenheit]; NStZ **05**, 35 [Schere je nach Beschaffenheit]; NStZ-RR **07**, 173 [Stock]; zu **Fesselungsmitteln** StV **99**, 91 [ungefährliche Verwendung]; 1 StR 364/03 [gefährliche Verwendung]). Wird eine zunächst für andere Straftaten (zB einen Raub) verwendete Waffe zum Zeitpunkt des Beginns der erst dann beschlossenen sexuellen Nötigung nicht mehr eingesetzt, so liegt nur III Nr. 1 vor (NStZ **00**, 254).

Die mit § 250 II Nr. 1 übereinstimmende Formulierung legt nahe, die Bestimmung des von der Formulierung **„bei der Tat“** umfassten zeitlich-räumlichen Zusammenhangs entsprechend § 250 II Nr. 1 vorzunehmen; qualifiziert ist die Tat danach, wenn die Waffe oder das gefährliche Werkzeug zu irgendeinem Zeitpunkt **vom Versuchsbeginn bis zur Beendigung** (also ggf. auch bei der Flucht nach Vollendung oder fehlgeschlagenem Versuch) eingesetzt wird (NJW **07**, 1699 **aS** [2 StR 34/07]; vgl. auch NStZ-RR **07**, 12 f.). **84 a**

Ausreichend ist der Einsatz der Waffe oder des Werkzeugs durch den Täter (keine Eigenhändigkeit; vgl. oben 80) **bei der Nötigungshandlung** mit dem Ziel, Widerstand einer anderen Person (III Nr. 2) zu verhindern oder zu überwinden (vgl. NStZ **99**, 242 f.; NStZ-RR/P **99**, 355 Nr. 39; 7 a zu § 250); eine **Verwendung** liegt dabei nach stRspr sowohl bei Ausübung von **Gewalt** unter Einsatz des Werkzeugs als auch bei seinem – auch konkludenten – Einsatz zur **Drohung** vor (vgl. NStZ **01**, 369; 2 StR 267/03 [Messer]; NStZ-RR/P **01**, 359 Nr. 33 [Gaspistole]; Nr. 34 [Tau zur Drosselung]; 36 [Injektionsspritze]; 2 StR 439/05 [Schere]; vgl. auch NStZ-RR **99**, 7: konkludente Drohung durch *Sichtbarkeit;* enger StV **00**, 308). Darüber hinaus kann aber auch die **sexuelle Handlung** selbst in der **Verwendung** des Gegenstands bestehen (**zB** Einführen eines gefährlichen Werkzeugs in Körperöffnungen; vgl. BGH **46**, 225, 228 [Anm. *Laubenthal* NStZ **01**, 367]; StV **02**, 80; NStZ **02**, 431 [Schnittverletzungen]). Die Verwendung einer Schere (allein) zum Aufschneiden der Kleidung des Opfers einer sexuellen Nötigung ist nach StV **05**, 135 kein Verwenden iS von Abs. IV. Die Verwendung einer ungeladenen Pistole zur Drohung unterfällt nach der Rspr des BGH auch dann nur III Nr. 2 und nicht IV Nr. 1, wenn der Täter die Einsatzbereitschaft ohne Weiteres herstellen kann (StraFo **06**, 253; zu § 250 II vgl. BGH **45**, 249 f.). **84 b**

Dem Begriff des Verwendens unterfällt nach der Systematik der Regelung auch der Einsatz gegen (schutzbereite) **Dritte;** das ergibt sich aus der Differenzierung zwischen dem „Opfer“ und einer „anderen Person“ in Abs. III und IV. Da die Überwindung des Widerstands einer dritten Person meist nicht *zugleich* das Nötigungsmittel gegen das Tatopfer ist (vgl. oben 10 ff.), muss zwischen beidem genau unterschieden werden. **85**

2) Schwere körperliche Misshandlung (Abs. IV Nr. 2 Buchst. a). Die Regelung entspricht § 176 a V Nr. 1 (vgl. Erl. dort). Erforderlich ist, dass die körperliche Integrität des Opfers in einer Weise beeinträchtigt wird, die mit erheblichen Schmerzen verbunden ist; weder ist eine schwere Folge iS von § 226 erforderlich noch reicht eine rohe Misshandlung iS von § 225 I aus (NJW **00**, 3655; hM). Eine schwere **Gesundheitsschädigung** iS von § 176 a II Nr. 3 kann allenfalls ein *Indiz* für das Vorliegen einer schweren Misshandlung sein; sie ist hierfür jedoch weder erforderlich noch ausreichend (zutr. NJW **00**, 3655 [iErg aber offen gelassen]; *S/S-Lenckner/Perron/Eisele* 14 zu § 176 a; SK-*Wolters/Horn* 33; MK-Renzikowski 83; **aA** NStZ **98**, 461; *Lackner/Kühl* 4 zu § 250; LK-*Laufhütte* 24 zu § 176). Eine schwere körperliche Misshandlung liegt nicht bereits dann vor, wenn die sexuelle Handlung mit einer besonderen Herabwürdigung des Opfers verbunden ist (StV **01**, 452 [Anm. *Kudlich* JR **01**, 379]). Zur Konkurrenz zu § 223 vgl. 2 StR 170/04 und unten 105. **86**

87 **3) Konkrete Lebensgefährdung (Abs. IV Nr. 2 Buchst. b).** Die Regelung qualifiziert die zumindest bedingt **vorsätzliche** (BGH **46**, 225; vgl. oben 44; 4 zu § 18; *Kühl* BGH-FG 237, 243 ff.) Herbeiführung einer **konkreten Todesgefahr** für das Opfer (§ 224 I Nr. 5 wird verdrängt; vgl. 2 StR 170/04; 2 StR 317/05). Die Gefahr muss „durch die Tat", dh durch die nötigende oder die sexuelle Handlung verursacht sein (vgl. Erl. zu § 176 a V). Eigenhändigkeit ist nicht erforderlich.

88 **VII. Minder schwere Fälle (Abs. V).** Abs. V enthält eine Strafzumessungsregel für minder schwere Fälle des Abs. I (6 Monate bis 5 Jahre) und der Abs. III und IV (1 Jahr bis 10 Jahre; krit. zum Verhältnis zum Grundtatbestand *Renzikowski* NStZ **99**, 384). Die Regelung verdeutlicht das *Misslingen* des gesetzgeberischen Anliegens, die Rechtsanwendung *einfacher* und *klarer* zu machen. Die zahllosen Abgrenzungen zwischen Grunddelikt, Regelbeispiel, unbenanntem besonders schweren Fall, Qualifikationsstufen und minder schweren Fällen auf allen denkbaren genannten Ebenen fordern in der praktischen Anwendung zur Verwirrung geradezu heraus.

89 **1) Minder schwerer Fall des Abs. I (Abs. V HS 1).** Ein minder schwerer Fall (vgl. 11 zu § 12; 85 ff. zu § 46) des Abs. I setzt voraus, dass die Tat in ihrem Unrechts- und Schuldgehalt wesentlich vom Regeltatbild nach unten abweicht. Zum Verhältnis von minder schwerem Fall und Regelbeispiel vgl. unten 96.

90 **A. Anlass zur Prüfung** eines minder schweren Falles ist stets gegeben, wenn die Erheblichkeitsschwelle des § 184 f Nr. 1 nur knapp überschritten wurde, bei Vorliegen von Strafrahmenmilderungsgründen des AT (§§ 17 S. 2, 21, 23 II), aber auch in Fällen ambivalenter Täter-Opfer-Beziehungen, die im Grenzbereich des Vorsatzausschlusses liegen können (vgl. NStZ-RR **97**, 195; NStZ/M **98**, 133 Nr. 21; *Hickel/Endres* KR **97**, 627 f.; krit. dazu Frankfurt StV **88**, 389; *Sick* ZStW **103**, 62; *Maurach* GA **56**, 305; vgl. auch LG Saarbrücken NStZ **81**, 222; LG Berlin NJ **98**, 382 [Anm. *Mildenberger*]); auch bei ambivalentem oder missverständlichem Verhalten des Tatopfers in der konkreten Tatsituation (4 StR 547/05). Dass solche Ambivalenzen *üblich* oder auch nur *häufig* seien, ist eine Schutzbehauptung überwiegend männlich-sexistischer Blickrichtung; dass sie andererseits *überhaupt nicht* vorkämen, ist ein kriminologisch ebenso fern liegendes *Postulat* der *political correctness.* Dass sie sich auf eine stets klar gezeichnete Grenzlinie zurückführen ließen (so wohl *Sick* ZStW **103**, 57 ff.), ist per definitionem und in der Realität zweifelhaft (vgl. *Fischer* ZStW **112**, 96 ff.).

91 **B.** Ein minder schwerer Fall kommt **zB** in Betracht, wenn der Täter bereits sexuelle Beziehungen zu dem Opfer hatte (NStZ **82**, 26; NStZ-RR/P **00**, 356 Nr. 20; StV **97**, 634; **98**, 76), namentlich bei Bestehen einer länger dauernden intimen Beziehung (vgl. auch StV **01**, 453; NStZ-RR/P **01**, 357 Nr. 26; StV **04**, 479; abl. *Reichenbach* NStZ **04**, 128 f.; NK-*Frommel* 77, 81); auch in diesem Fall aber nicht, wenn die Tat zB nur Ausdruck des Unwillens ist, „alte Rechte" aufzugeben, oder „Bestrafungs"-Charakter hat (vgl. auch 3 StR 242/07; verkürzend daher die Kritik von *Reichenbach* aaO; unzutr. dargestellt bei NK-*Frommel* 21). Ein minder schwerer Fall ist auch möglich, wenn das Opfer dem Täter aus dessen Sicht begründete Hoffnung auf einverständliche sexuelle Handlungen gemacht hat (NStZ **83**, 71; StV **93**, 639; 4 StR 343/94; krit. Frankfurt StV **88**, 390); bei nur geringfügiger Überschreitung der Erheblichkeitsgrenze des § 184 f Nr. 1 (NStZ-RR/P **00**, 358 Nr. 33; Koblenz NJW **74**, 870); wenn das Opfer früherem Missbrauch keinen Widerstand entgegensetzte (BGHR § 177 II StRWahl 6); wenn frühere Taten nicht angezeigt wurden (NStZ-RR **98**, 207); wenn das Tatopfer nach der Tat (weiter) einvernehmlich mit dem Täter zusammen lebte und unter Tatfolgen *nicht zu leiden hatte* (vgl. 4 StR 262/07). Diese möglichen Milderungsgründe sind freilich nicht schematisch anzuwenden (vgl. auch krit. *Sick* [1 a] 239 ff.); alle beispielhaft genannten Umstände können je nach konkreter Fallgestaltung auch eine umgekehrt schulderhöhende Bedeutung erlangen (vgl. NStZ **00**, 254 [Anm.

Folkers ebd. 471]). Eine spontane Tatbegehung ist bei Taten nach I und II die Regel; sie rechtfertigt daher für sich allein keine Milderung (NStZ-RR **03**, 110, 111).

C. Eine durch das **Vorverhalten des Opfers** bedingte Erwartungshaltung des Täters kann allenfalls für den Zeitpunkt des Tatbeginns eine Bedeutung für die Annahme eines minder schweren Falles haben, keinesfalls aber für ein länger andauerndes besonders gravierendes Tatverhalten (BGHR § 177 II StRWahl 8; *S/S-Lenckner/Perron/Eisele* 33). Der „Lebenswandel" oder die Frage der „Unbescholtenheit" des Tatopfers stellen keine tauglichen Kriterien zur Strafrahmenwahl dar. 92

Dass das Opfer der **Prostitution** nachgeht und grundsätzlich gegen Entgelt zu sexuellen Handlungen bereit **wäre,** ist *für sich* gesehen ohne Bedeutung (NStZ-RR/J **98**, 326 Nr. 30; NStZ-RR/P **00**, 358 Nr. 36 [jew. *2. StS*]; NStZ **01**, 646; MDR/D **71**, 985; LK-*Laufhütte* 18; *S/S-Lenckner/Perron/Eisele* 33; *Gaede* NStZ **02**, 238, 240f.; vgl. dazu schon oben 70); freilich können sich hier Milderungsgesichtspunkte aus dem konkreten Tatgeschehen ergeben. Nach **aA** insb. des *4. StS* soll ein minder schwerer Fall schon *allein deswegen* in Betracht kommen, weil das Opfer dem Täter zunächst eine grundsätzliche Bereitschaft zu sexuellen Handlungen, etwa gegen Entgelt, erklärt hat (StV **95**, 635 L; **96**, 27; NStZ-RR **96**, 203; NStZ **01**, 451 [Anm. *Hörnle*]; 4 StR 723/94; 4 StR 452/95; ebenso NStZ **01**, 29 [*5. StS;* krit. Anm. *Hörnle* StV **01**, 454]; zust. SK-*Wolters/Horn* 24; zweifelnd aber BGHR § 46 II Wertungsfehler 29). Diese Auffassung ist durch die rechtliche Anerkennung des **Prostitutionsvertrags** durch § 1 ProstG (vgl. 1 zu § 180a) noch zweifelhafter geworden (zutr. *Hörnle* JZ **06**, 950, 957; NK-*Frommel* 79; *S/S-Lenckner/Perron/Eisele* 33). 93

Das gelegentlich genannte Kriterium des „Anstrebens eines echten Liebesverhältnisses" (vgl. MDR **63**, 62; *Lackner/Kühl* 13; *Sankol* StV **06**, 607, 609) ist als solches zur Begründung eines minder schweren Falls idR kaum geeignet (vgl. auch 10 zu § 174a, 11 zu § 174c); die Vorstellung des Täters, das Opfer werde sich ihm unter dem Eindruck einer *Vergewaltigung* in Liebe zuwenden, schließt weder den Vorsatz aus noch mindert sie die Tatschuld. **Nicht ausreichend** ist, dass das Opfer sich freiwillig in eine Situation begeben hat, die die Einwirkungsmöglichkeiten des Täters begünstigt, so etwa beim Einsteigen in das Kraftfahrzeug des Täters (vgl. NStZ **83**, 119; StV **86**, 149 m. Anm. *Hillenkamp*), beim Aufenthalt in seiner Wohnung oder durch gemeinsames Aufsuchen abgelegener Örtlichkeiten. In diesen Fällen kann Anlass zur Prüfung eines minder schweren Falles bestehen, wenn durch das **Verhalten des Opfers** eine objektiv nicht veranlasste Situation besonderer Vertraulichkeit geschaffen wurde (etwa wenn das Opfer in der Wohnung des ihm nur flüchtig bekannten Täters übernachtet, sich dort entkleidet etc.; vgl. etwa 4 StR 343/94; MK-*Renzikowski* 107); grds auch bei **ambivalentem Verhalten** des Opfers (vgl. 4 StR 389/03). Andererseits kann die Ausnutzung eines Vertrauensverhältnisses durch den Täter nicht nur die Strafbarkeit nach I Nr. 3 begründen, sondern auch Anlass zur Annahme eines besonders schweren Falles nach II sein. Es kommt daher darauf an, ob in der tatbegünstigenden Situation auf der Täterseite eine erhöhte Kompetenz zur Definition der Situation bestand. Dies wird regelmäßig in Abhängigkeitsverhältnissen der Fall sein, kann aber auch bei ungewöhnlicher Verfassung des Opfers (zB Erschöpfung, Alkoholisierung, psychische Ausnahmezustände) vorliegen; erkennt der Täter dies, so kann eine vom Opfer verursachte tatbegünstigende Vertraulichkeit der Situation nicht mildernd wirken (vgl. 2 StR 36/99 [psychisch krankes Opfer]). 94

D. Für die Prüfung ist eine **Gesamtbetrachtung** erforderlich, bei der alle Umstände heranzuziehen und zu würdigen sind, die für die Wertung der Tat und des Täters in Betracht kommen (NStZ **03**, 202; BGHR § 177 II aF StRWahl 5, 6; NStZ-RR/P **01**, 360 Nr. 42; 361 Nr. 43; 3 StR 166/97). Schuldmindernde Gesichtspunkte sind nicht abstrakt, sondern in ihrer *konkreten* Wirkung für das Tatgeschehen zu gewichten (NStZ-RR **98**, 298 [„fremder Kulturkreis" des Täters; „gewisse Risikobereitschaft" des Opfers]); das gilt namentlich auch für **kultur- oder** 95

sozialisationsbedingte Motive des Täters (vgl. auch 43a zu § 46). Meist ohne Belang für die Strafrahmenwahl sind Einlassungen, die auf die Triebhaftigkeit sexuellen Verlangens abstellen. Klischeehafte Vorstellungen von einem durch Auslösung bestimmter Reize quasi automatisch laufenden Reaktionsschema sind überholt (vgl. *Sick* ZStW **103**, 66); auch eine Anknüpfung an pseudobiologische Motivlagen wie „Triebstau" (MDR **80**, 240) oder „sexueller Notstand" (BGHR § 177 II aF StRWahl 2) liegt idR fern (zutr. *Laubenthal* 161; ebenso MK-*Renzikowski* 108). Zu berücksichtigen ist, dass namentlich Vergewaltigung häufiger ein auf Demütigung des Opfers abzielendes **Aggressionsdelikt** ist als eine auf Befriedigung sexueller Bedürfnisse gerichtete Tat ist (*Sick* ZStW **103**, 67; vgl. auch MK-*Renzikowski* 9); in solchen Fällen kommt der „Vertrautheit" zwischen Täter und Opfer, namentlich wenn von dessen Seite Trennungsabsichten bestehen und dies dem Täter bekannt ist, keine entscheidende Bedeutung zu (NStZ **00**, 254).

96 **E.** Ein minder schwerer Fall des I ist **ausgeschlossen,** wenn Umstände vorliegen, die die Annahme eines **unbenannten besonders schweren Falls** (II) begründen. Beim Zusammentreffen von **Regelbeispielen** nach II mit Gesichtspunkten, die einen minder schweren Fall des I begründen würden, ist zunächst zu prüfen, ob die Regelwirkung entfällt (vgl. oben 74); in diesem Fall erfolgt die Bestrafung aus Abs. I (NStZ-RR/P **99**, 353 Nr. 32; vgl. NJW **87**, 2450 [zu § 176 III aF]). Darüber hinaus kann die Verwirklichung eines Regelbeispiels jedenfalls dann nicht als Umstand angesehen werden, welcher die Bewertung als minder schwerer Fall nach V S. 1 ausschließt, wenn im Einzelfall von der Regelwirkung gerade abgesehen wurde (vgl. dazu auch 2 StR 435/06). In Ausnahmefällen kann daher trotz Vorliegens eines Regelbeispiels nach II auch der nach V gemilderte Strafrahmen zur Anwendung kommen, etwa dann, wenn zu einem vertypten Milderungsgrund weitere gewichtige Milderungsgründe hinzutreten (NStZ **99**, 615; **00**, 419; **01**, 366f.; **03**, 202; NStZ-RR **98**, 299; StV **00**, 307; **01**, 465; **06**, 16; 4 StR 262/07); § 50 steht dem nicht entgegen (iErg wohl ebenso NK-*Frommel* 76, 84). Die Verurteilung erfolgt, wenn ein Regelbeispiel nach II S. 2 Nr. 1 vorliegt (die „besondere Erniedrigung" somit nicht entfällt; vgl. oben 74), „wegen Vergewaltigung", allerdings unter Anwendung des Strafrahmens nach I oder V (vgl. den Überblick bei *Sankol* StV **06**, 607ff.). Zum Zusammentreffen von Regelbeispielen und Qualifikationen vgl. unten 97.

97 **2) Minder schwere Fälle der Qualifikation (Abs. V HS. 2).** Für minder schwere Fälle der Qualifikationen nach III und IV gilt der Strafrahmen von 1 bis 10 Jahre. Bei der Beurteilung sind die o. g. Grundsätze entspr. heranzuziehen; das Gewicht etwaiger Milderungsgründe ist grds nicht dem Unrechtsgehalt des Qualifikationsgrundes *als solchem* gegenüberzustellen, da es nicht um eine Minderung auf das Niveau von HS. 1 iV mit I geht; vielmehr sind die konkreten Umstände der nach III oder IV qualifizierten Tat in einer Gesamtschau zu würdigen. Eine Tat nach III Nr. 1, die aus (unbegründeter) Eifersucht und zur „Bestrafung" begangen wird, ist kein minder schwerer Fall (NStZ **00**, 254). Betrifft die qualifizierte Tat ein **Regelbeispiel** nach **Abs. II,** so hat das Gericht, wenn es *im Hinblick auf die Qualifikation* den Strafrahmen des Abs. V anwenden will, die **Untergrenze des Abs. II** zu beachten, **wenn** dieser Strafrahmen ohne Vorliegen der Qualifikation gegeben wäre (vgl. NStZ **00**, 419; **01**, 646; **03**. 202; NStZ-RR **02**, 9). Freilich ist zu beachten, dass sich im Hinblick auf den Charakter des II als Strafzumessungsregel und den Wortlaut des Abs. V keine zwingende *Strafrahmen*-Untergrenze von 2 Jahren ergibt; es ist daher zu **differenzieren:** Betreffen die Milderungsgründe, die zur Einstufung als minder schwerer Fall führen, ausschließlich die qualifizierenden Merkmale, so ist bei Verwirklichung eines Regelbeispiels die Grenze des II zu beachten, da ***zB*** eine Vergewaltigung nicht deshalb mildere Strafe verdient, weil der Täter *zusätzlich* noch – wenn auch minder schwer – eine Qualifikation verwirklicht. Entfällt aber auf Grund mildernder Gesichtspunkte schon die Regelwirkung des II **und** ist **zugleich** ein minder schwerer Fall der Qualifikation gegeben, so eröffnet

Abs. V, 2. HS den Strafrahmen von 1 bis 10 Jahren (NStZ **04**, 32f.; vgl. auch oben 96). Ein Durchgriff auf den Strafrahmen des **Abs. V, 1. HS.** ist nach dem insoweit klaren Wortlaut des HS. 2, unabhängig vom Vorliegen eines Regelbeispiels und einem möglichen Entfallen der Regelwirkung, **stets ausgeschlossen,** wenn eine Qualifikation nach Abs. III oder IV verwirklicht ist.

VIII. Versuch ist in allen Fällen des § 177 strafbar (§ 23 I). Zum Versuch der Tat nach Abs. I vgl. oben 55f. Zum „Versuch eines besonders schweren Falles" nach Abs. II vgl. NStZ-RR **97**, 293 (zu § 176 III aF); NStZ **98**, 510f.; NStZ-RR/P **01**, 356; StV **05**, 135 sowie oben 77 und 97ff. zu § 46. Zum Rücktritt auf Grund unerwartet heftiger Gegenwehr des Opfers vgl. NStZ-RR **97**, 259. Ein „**Teilrücktritt**" von einer Qualifikation nach IV Nr. 1 ist nicht möglich, wenn das qualifizierende Merkmal der Werkzeugverwendung zu *irgendeinem* Zeitpunkt der Tat bereits *vollendet* wurde und die qualifizierende Gefahr daher bereit eingetreten ist (BGH **51**, 276 = NJW **07**, 1699; vgl. 27 zu § 24); darauf, dass die Werkzeugverwendung nicht zu dem vom Täter angestrebten Ziel *weiterer* sexueller Handlungen führt, kommt es nicht an (ebd.). 98

IX. Konkurrenzen. 99

1) Innerhalb des I liegt bei Verwirklichung mehrerer Varianten stets nur **eine Tat** vor; ebenso bei Vornahme mehrerer sexueller Handlungen unter Ausnutzung derselben **einheitlichen Zwangshandlung** (NStZ **99**, 186; **99**, 505; NStZ-RR **99**, 293; StraFo **03**, 281 [Fesselung; fortwirkende Drohung]; 3 StR 15/05 [Fortwirkende Gewalt; vgl. dazu oben 16]; 1 StR 627/06 [Fortbestehen derselben Gewaltausübung durch „Liegenbleiben"]). Fehlt es an einer solchen Wirkung, so kann auch ein enger zeitlicher und örtlicher Zusammenhang idR Tatwiederholungen, die auf einem neuen Entschluss beruhen, nicht zur Handlungseinheit zusammenfassen (vgl. NStZ-RR **07**, 235).

2) Eine Subsidiarität von I Nr. 3 gegenüber I Nr. 1 und Nr. 2 besteht nach hM nicht (BGH **44**, 228; **45**, 253, 259; NStZ **99**, 505; zutr. **aA** NStZ **99**, 30 [*3. StS*: „Auffangtatbestand"]); vielmehr stehen nach der **Rspr des BGH** die Tatvarianten gleichrangig nebeneinander. Das ist jedenfalls für das Verhältnis von I Nr. 3 zu I Nr. 2 nicht zutr. und für das Verhältnis zu I Nr. 1 zweifelhaft (vgl. dazu i. e. oben 45; zur Berücksichtigung bei der **Strafzumessung** oben 58).Für Fälle **mehrfachen Ausnutzens** derselben schutzlosen Lage gilt dies nach der Rspr. (NStZ **02**, 199; offen gelassen noch in NStZ **99**, 505; **00**, 419) nicht gleichermaßen; Tateinheit liegt danach nur dann vor, wenn sich die sexuellen Handlungen selbst oder die Aufforderungen hierzu als natürliche Handlungseinheit darstellen. Das führt zu dem befremdlichen Ergebnis, dass es für den Täter *günstiger* ist, das Opfer in schutzloser Lage *zusätzlich* noch erheblich zu misshandeln oder („fortwirkend") zu bedrohen. Dass es auf den Schuldspruch wegen *einer* oder *mehrerer* Taten gar nicht ankomme, weil die Konkurrenz für die Bewertung des Unrechts und die angemessene Bestrafung keine Rolle spiele, lässt sich schon im Hinblick auf § 66 III nicht sagen. 99a

Die genannten Grundsätze gelten auch bei Vorliegen der **Regelbeispiele** des II; daher liegt auch nur **eine** Tat vor, wenn durch eine einheitliche, **fortwirkende Gewaltanwendung** (vgl. dazu oben 15) mehrere aufeinander folgende Beischlafhandlungen erzwungen werden (NStZ **99**, 83; **00**, 419; NStZ-RR/P **01**, 364 Nr. 59 [fortbestehende Fesselung]; Nr. 60 [mehrfache Vergewaltigung in kurzem zeitlichen Abstand bei fortwirkender Gewalt]; 3 StR 25/98; StraFo **03**, 281; and. NStZ-RR/P **99**, 326 Nr. 27 [Tateinheit]). 100

3) Wegen des Charakters der Vergewaltigung als Strafzumessungsgrund ist die Annahme von Tateinheit zwischen **vollendeter sexueller Nötigung und versuchter Vergewaltigung** nicht mehr zulässig (NStZ **98**, 510; 3 StR 185/00; *Lackner/Kühl* 14; *S/S-Lenckner/Perron/Eisele* 28; MK-*Renzikowski* 95; **aA** SK-*Wolters/Horn* 26d; zur früheren Rechtslage *Maatz* NStZ **95**, 212; vgl. oben 40). Erzwingt der Täter zuerst die Duldung sexueller Handlungen und sodann in **natürlicher Handlungseinheit** den Geschlechtsverkehr, so erfolgt die Verurteilung nur wegen Vergewaltigung (vgl. NStZ-RR/P **00**, 357 Nr. 31). Ein Versuch und eine unmittelbar darauf durchgeführte vollendete Tat stellen nur *eine Tat* im Rechtssinn dar (NStZ **98**, 133; 4 StR 119/96; aber auch NStZ **97**, 385). Die **Qualifikationen** des III Nr. 1 und 2 werden durch IV Nr. 1, die des III Nr. 3 regelmäßig durch IV Nr. 2 Buchst. a und stets durch IV Nr. 2 Buchst. b verdrängt. § 178 verdrängt III Nr. 3 und IV Nr. 2. Mit III Nr. 1 und 2 und IV Nr. 1 kann *Tateinheit* vorliegen. *Tateinheit* ist auch möglich zwischen III Nr. 1 oder 2 und Nr. 3 und IV Nr. 2 sowie zwischen IV Nr. 1 und Nr. 2 Buchst. a oder b. 101

4) Zur Feststellung von **Serientaten** vgl. oben 15 und 41 zu § 176. 102

103 **5) Tateinheit** ist, obgleich § 177 höchstpersönliche Rechtsgüter schützt (BGHR § 52 I Rechtsgüter, höchstpers. 1), auch bei einer gegen zwei Opfer gerichteten Tat anzunehmen, wenn ein einheitlicher Tatentschluss gegeben ist und eine gegen beide Opfer zugleich gerichtete Nötigungshandlung vorliegt (NStZ **00**, 419; NStZ-RR **98**, 103; **00**, 139; NStZ/M **92**, 177; **93**, 225; **94**, 224; NStZ-RR/P **99**, 326 Nr. 28; StraFo **03**, 281).

104 **Tateinheit** ist möglich mit allen Tatbeständen, die sexuelle Handlungen zum Gegenstand haben, insb. mit §§ 174 (NStZ **97**, 337) bis 174c, 176, 176a (vgl. NStZ **04**, 440; dazu oben 39 ff.), mit § 232 (vgl. zur Konkurrenz mit §§ 180b, 181 aF NStZ **99**, 311; NStZ-RR/P **99**, 356 Nr. 47; MDR/H **83**, 984; NStZ-RR/P **01**, 361 Nr. 44; NJW **94**, 1015; mit 182 sowie mit Körperverletzungsdelikten, sofern nicht III Nr. 3 oder IV Nr. 2 Buchst. a vorliegen. Zum Verhältnis zu **§ 179** (NK-*Frommel* 95: Tateinheit) vgl. oben 30 und Erl. zu § 179.

105 Die Ausnutzung einer – zunächst nicht aus sexuellen Motiven begründeten – **Freiheitsberaubung** zu mehreren, zeitlich auseinander fallenden, jedoch durch dieselbe Gewaltausübung ermöglichten Vergewaltigungen führt zur **Tateinheit** von **§ 239** und § 177 (NStZ **99**, 83; vgl. NStZ-RR/P **00**, 360 Nr. 52; **01**, 362 Nr. 45). § 239 tritt aber zurück, soweit die Freiheitsberaubung nur *Tatmittel* des § 177 ist (2 StR 447/06). Nach StraFo **05**, 82 (*4. StS*) steht die Freiheitsberaubung an einer **dritten Person,** die zu einer vom Täter ausgenutzten schutzlosen Lage führt, mit § 177 I Nr. 3 in Tateinheit, „jedenfalls" aber in natürlicher Handlungseinheit. **§ 179** tritt hinter § 177 zurück (vgl. dort 27). **§ 241** tritt, falls das Opfer mit dem Tode bedroht wird, gegenüber § 177 zurück (GA **77**, 306; 1 StR 510/93); ebenso die **§§ 185, 239,** soweit sie durch die sexuelle Nötigung als solche erfüllt werden; anders, wenn der Täter darüber hinausgeht (BGH **18**, 26; GA **56**, 317; **64**, 377; **65**, 57; NJW **63**, 1683; StV **82**, 15; NJW **89**, 1228; BGHR § 177 I Konk. 9; § 239 I Konk. 7; 10). Zum Verhältnis zur **Geiselnahme** vgl. NStZ/M **97**, 181 und 5 ff. zu § 239a. **§ 240 IV Nr. 1** wird von § 177 idR verdrängt; Tateinheit mit **§ 240** I liegt vor, wenn die Nötigungshandlung über die Vollendung des § 177 hinaus andauert oder ein davon unabhängiger Nötigungserfolg erstrebt wird (NStZ-RR **97**, 227). **§ 223** wird von Abs. IV Nr. 2 Buchst. a verdrängt; **§ 224 I Nr. 5** durch Abs. IV Nr. 2 Buchst. b (2 StR 170/04; 2 StR 317/05).

106 **X. Beurteilung von Alttaten.** Bei der Aburteilung von **vor dem 1. 4. 1998** begangenen Taten ist § 2 I und III zu beachten. Die Anwendung des **mildesten Gesetzes** bestimmt sich nach einem **Gesamtvergleich im konkreten Einzelfall** (dazu 6 ff. zu § 2). In den Vergleich einzubeziehen ist § 177 in der vom 5. 7. 1997 bis zum 31. 3. 1998 geltenden Fassung durch das 33. StÄG (vgl. dazu **zB** 3 StR 254/97 [bei Oralverkehr § 178 aF milder als § 177 III idF 33. StÄG]; NStZ/M **98**, 130 Nr. 3 [§ 177 I aF bei doppelter Milderung milder als § 177 III S. 2 Nr. 1 idF 33. StÄG bei einfacher Milderung]; NStZ **98**, 245 und StV **98**, 76; 261 [§ 177 III S. 2 Nr. 1 konkret milder als § 177 I aF]; NStZ-RR **97**, 353; BGHR § 46 II Verfahrensverzögerung 12 [§ 177 nF nicht milder als § 177 I aF, da besonders schwerer Fall sicher gegeben; ebenso 4 StR 30/98; 4 StR 184/98]; NStZ-RR **04**, 14 [Vergleich von minder schwerem Fall bei möglicher Doppelmilderung]). Wird ein minder schwerer Fall verneint und das Vorliegen eines **Regelbeispiels** nach Abs. II bejaht, so ist beim Vergleich mit § 177 I aF zu bedenken, dass Abs. II nF lediglich Regelbeispiele enthält, deren Indizwirkung – mit der Folge der Geltung des Strafrahmens des Abs. I – widerlegt werden kann (vgl. StraFo **99**, 279). Namentlich in Fällen, in denen die Annahme eines besonders schweren Falles nach § 177 II nF trotz Verwirklichung des Regelbeispiels nach II Nr. 1 zweifelhaft erscheint, kann danach § 177 I aF die konkret mildere Vorschrift sein (vgl. auch NStZ-RR **97**, 353; **98**, 103; NStZ/M **98**, 130 Nr. 1; NStZ **98**, 86). Liegt ein **besonders schwerer Fall** nach II oder nach § 177 idF des 33. StÄG vor, dann sind dies keine milderen Gesetze als § 177 I aF (NStZ-RR **97**, 353 Nr. 1; NStZ-RR/J **98**, 321 Nr. 2, 3; vgl. auch NStZ/M **98**, 130 Nr. 3). Wenn ein Regelbeispiel verwirklicht, aber die Anwendung von II (oder III idF des 33. StÄG) dennoch verneint wird, so sind I nF und I idF des 33. StÄG milder als I aF (NStZ/M **98**, 130 Nr. 1; NStZ-RR **97**, 353 Nr. 2; NStZ-RR/P **99**, 354 Nr. 35, 36). Erzwingt der Täter neben dem Beischlaf eine andere Handlung iS von II Nr. 1, so liegt nur eine Tat vor; II Nr. 1 nF ist in diesem Fall milder als §§ 177 I, 178 I, 52 aF; die weitere erniedrigende Handlung kann strafschärfend berücksichtigt werden (NStZ **99**, 186). Zur Verjährung von Taten nach §§ 121 II, 122 III StGB-DDR Naumburg NJ **98**, 94 m. Anm. *Lemke*.

107 **XI. Sonstige Vorschriften:** Ruhen der Verjährung § 78b Nr. 1; Sicherungsverwahrung bei Ersttätern § 66 III; Führungsaufsicht § 181b; Nebenklage § 395 I Nr. 1 Buchst. a StPO; DNA-Analyse § 81 g StPO, § 2 DNA-IFG.

Sexuelle Nötigung und Vergewaltigung mit Todesfolge

178 **Verursacht der Täter durch die sexuelle Nötigung oder Vergewaltigung (§ 177) wenigstens leichtfertig den Tod des Opfers, so ist die Strafe lebenslange Freiheitsstrafe oder Freiheitsstrafe nicht unter zehn Jahren.**

1) Allgemeines. Die Vorschrift wurde durch das 6. StrRG (2f. vor § 174) neu eingefügt, nachdem der ursprüngliche § 178 idF des 4. StrRG durch das 33. StÄG aufgehoben und die sexuelle Nötigung mit der Vergewaltigung in § 177 StGB zu einem einheitlichen Verbrechenstatbestand zusammengefasst worden war (vgl. 2f. vor § 174). **Mat.:** vgl. 1 zu § 177. 1

Literatur: *Küpper,* Der „unmittelbare" Zusammenhang zwischen Grunddelikt und schwerer Folge beim erfolgsqualifizierten Delikt, 1982; *Radtke*, Die Leichtfertigkeit als Merkmal erfolgsqualifizierter Delikte?, Jung-FS (2007) 737; *Wolters*, Der Rücktritt beim erfolgsqualifizierten Delikt", GA **07**, 65. 1a

2) § 178 enthält nach Rspr und hm in der Lit. eine **Erfolgsqualifikation** (§ 18) des § 177 (**aA** *Wolters* GA **07**, 65, 72ff.; vgl. 9 zu § 251) und fasst die früheren §§ 177 III, 178 III zusammen. Die Hervorhebung in einer besonderen Vorschrift hat keine weitergehende Bedeutung; sie entspricht allerdings §§ 176b, 227, 251, 306c (anders aber etwa §§ 239a III, 308 III, 316a III, 318 IV). 2

3) Besondere Tatfolge. § 178 setzt voraus, dass durch eine Tat nach § 177 der **Tod des Opfers** verursacht wurde. Es muss daher entweder der spezifische **Nötigungsakt** oder die **sexuelle Handlung** für den Tod des Opfers ursächlich sein; wer diese Handlung konkret ausgeführt hat, ist gleichgültig, wenn sie dem Täter nach allgemeinen Regeln zuzurechnen ist. **Opfer** kann, anders als bei § 251, nur die von der sexuellen Handlung oder der darauf gerichteten Nötigungshandlung betroffene Person sein, nicht aber ein schutzwilliger Dritter (SK-*Wolters/Horn* 2). 3

4) Ursachenzusammenhang. Der Tod muss „durch die Tat" verursacht sein. Erforderlich ist daher ein über die bloße Kausalität hinausgehender spezifischer **Rechtswidrigkeitszusammenhang** (vgl. 2 zu § 227, 3ff. zu § 251); in der schweren Folge muss sich gerade die dem Grunddelikt (Nötigungshandlung oder sexuelle Handlung) anhaftende **spezifische Gefahr** unmittelbar verwirklicht haben (BGH **20**, 269; **31**, 98; **33**, 323; *Küpper* [1a] 98; *S/S-Lenckner/Perron/Eisele* 2). Es reicht aus, wenn die schwere Folge beim *Versuch* des Grunddelikts eintritt (MDR/D **71**, 363; *S/S-Lenckner/Perron/Eisele* 2; LK-*Laufhütte* 19; *Lackner/Kühl* 1; *Renzikowski* NStZ **99**, 384; vgl. unten 7 u. 7ff. zu § 18). 4

An dem erforderlichen Zusammenhang fehlt es idR, wenn der Tod des Opfers erst durch Hinzutreten weiterer, vom Täter unabhängiger Entscheidungen – sei es des Opfers selbst (Selbstmord), sei es eines Dritten – herbeigeführt wird (*S/S-Lenckner/Perron/Eisele* 2; SK-*Wolters/Horn* 3); ein Suizid des Opfers ist dem Täter aber zuzurechnen, wenn er Ausdruck einer unmittelbar durch die Tat – sei es auch auf Grund psychischer Disposition – hervorgerufenen Depression oder Verzweiflung ist (ebenso *Laubenthal* 207; MK-*Renzikowski* 7; vgl. 3 zu § 176b). Eine der Tat nachfolgende, etwa in Verdeckungsabsicht durchgeführte Tötung des Opfers durch den Täter selbst unterfällt § 178 idR nicht (NStZ-RR **99**, 170; MK-*Renzikowski* 5), auch wenn dabei die fortdauernde, durch die vorangegangene Gewaltanwendung geschaffene Lage des Opfers ausgenutzt wird; weiterhin nicht der Tod im Zusammenhang mit einer auf Vergewaltigung beruhenden Schwangerschaft. 5

5) Subjektiver Tatbestand. Der Täter muss im Hinblick auf den Tod des Opfers **wenigstens leichtfertig** handeln; die Schwelle des § 18 ist daher heraufgesetzt. Gegenüber § 177 III aF stellt der Wortlaut klar, dass die **vorsätzliche** Todesverursachung miterfasst ist. Leichtfertigkeit liegt vor, wenn der Täter die nach den Umständen nahe liegende Möglichkeit des Todeseintritts aus Gleichgültigkeit oder aus grobem Leichtsinn außer acht lässt (vgl. BGH **36**, 67); bei besonders gefährlichen Gewalthandlungen iS des § 177 IV Nr. 2 Buchst. b (Würgen, Einsatz gefährlicher Waffen) ist sie stets gegeben, liegt aber auch bei schweren Misshandlungen (§ 177 6

IV Nr. 1) nahe und kann sich auch aus der dem Täter bekannten besonderen physischen oder psychischen Verfassung des Opfers ergeben. Bei einfacher Fahrlässigkeit scheidet § 178 aus; es kommen dann nur § 222 oder § 227 (ggf in Tateinheit mit § 177 IV Nr. 2 Buchst. a oder b) in Betracht (vgl. Altenhain GA **96**, 35).

7 **6) Versuch** des § 178 ist gegeben, wenn der Täter beim Versuch des § 177 in Bezug auf den Todeserfolg wenigstens bedingt vorsätzlich handelt („versuchte Erfolgsqualifikation"); weiterhin dann, wenn beim Versuch des Grunddelikts die schwere Folge leichtfertig verursacht wird („erfolgsqualifizierter Versuch"). Ist die zum Tod führende Körperverletzung vorsätzlich begangen, so steht in diesem Fall die versuchte Vergewaltigung mit Todesfolge nach den Grundsätzen von BGH **46**, 24 (Anm. *Kudlich* StV **00**, 669; *Kindhäuser* NStZ **01**, 31; vgl. BGH **39**, 108; **41**, 115; NJW **99**, 69 f.) in Tateinheit mit § 227 (NStZ **00**, 421). Fehlt es in diesem Fall an dem spezifischen Rechtswidrigkeitszusammenhang (oben 4 f.), so ist wegen Versuchs des § 177 in Tateinheit mit § 222 zu bestrafen. **Rücktritt** vom Versuch ist nach den Grundsätzen von BGH **42**, 158 ff. (zu § 251) auch nach Eintritt der Todesfolge vor Vollendung der sexuellen Nötigung möglich (hM; **aA** *Wolters* GA **07**, 65, 72 ff.; vgl. 9 zu § 251).

8 **7)** Die **Strafe** ist lebenslange Freiheitsstrafe oder Freiheitsstrafe von 10 bis 15 Jahren. Die Verhängung lebenslanger Strafe ist nicht auf Fälle vorsätzlicher Herbeiführung der Todesfolge beschränkt (NStZ-RR **06**, 75; vgl. 5 zu § 176 b; **aA** SK-*Wolters/Horn* 5). Zur Behandlung besonderer Schuldschwere vgl. 6 ff. zu § 57 a.

9 **8) Tateinheit** besteht bei vorsätzlicher Tötung mit §§ 211, 212. Tateinheit besteht weiterhin mit §§ 174 bis 174 c, 176 b, 179 (**aA** NK-*Frommel* 3). §§ 222, 227 treten hinter § 178 zurück. Vgl. i. ü. 99 ff. zu § 177.

Sexueller Missbrauch widerstandsunfähiger Personen

179 I **Wer eine andere Person, die**

1. wegen einer geistigen oder seelischen Krankheit oder Behinderung einschließlich einer Suchtkrankheit oder wegen einer tiefgreifenden Bewusstseinsstörung oder
2. körperlich

zum Widerstand unfähig ist, dadurch missbraucht, dass er unter Ausnutzung der Widerstandsunfähigkeit sexuelle Handlungen an ihr vornimmt oder an sich von ihr vornehmen lässt, wird mit Freiheitsstrafe von sechs Monaten bis zu zehn Jahren bestraft.

II **Ebenso wird bestraft, wer eine widerstandsunfähige Person (Absatz 1) dadurch missbraucht, dass er sie unter Ausnutzung der Widerstandsunfähigkeit dazu bestimmt, sexuelle Handlungen an einem Dritten vorzunehmen oder von einem Dritten an sich vornehmen zu lassen.**

III **In besonders schweren Fällen ist auf Freiheitsstrafe nicht unter einem Jahr zu erkennen.**

IV **Der Versuch ist strafbar.**

V **Auf Freiheitsstrafe nicht unter zwei Jahren ist zu erkennen, wenn**

1. der Täter mit dem Opfer den Beischlaf vollzieht oder ähnliche sexuelle Handlungen an ihm vornimmt oder an sich von ihm vornehmen lässt, die mit einem Eindringen in den Körper verbunden sind,
2. die Tat von mehreren gemeinschaftlich begangen wird oder
3. der Täter das Opfer durch die Tat in die Gefahr einer schweren Gesundheitsschädigung oder einer erheblichen Schädigung der körperlichen oder seelischen Entwicklung bringt.

VI In minder schweren Fällen des Absatzes 5 ist auf Freiheitsstrafe von einem Jahr bis zu zehn Jahren zu erkennen.

VII § 177 Abs. 4 Nr. 2 und § 178 gelten entsprechend.

Übersicht

1) Allgemeines ... 1, 1 a
2) Rechtsgut ... 2
3) Anwendungsbereich und Abgrenzung zur Nötigung ... 3–6
4) Täterstellung ... 7
5) Widerstandsunfähigkeit ... 8–13 a
A. Psychische Voraussetzungen (I Nr. 1) ... 9–9 c
B. Körperliche Voraussetzungen (I Nr. 2) ... 10
C. Auswirkungen ... 11–13 a
6) Tathandlung nach Abs. I ... 14–20
A. Sexuelle Handlung ... 15
B. Ausnutzen der Widerstandsunfähigkeit ... 16
C. Missbrauch ... 17–20
7) Anwendung auf Handlungen mit Dritten (Abs. II) ... 21
8) Subjektiver Tatbestand ... 22
9) Versuch (Abs. IV) ... 23
10) Rechtsfolgen der Abs. I, II ... 24–25
11) Besonders schwere Fälle (Abs. III) ... 26
12) Qualifikationen (Abs. V bis VII) ... 27–30
A. Qualifikationen nach Abs. V ... 28
B. Minder schwere Fälle der Qualifikation nach Abs. V (Abs. VI) ... 29
C. Schwere Misshandlung; Lebensgefährdung; Todesfolge (Abs. VII) ... 30
13) Konkurrenzen ... 31
14) Sonstige Vorschriften ... 32

1) Allgemeines. Die Vorschrift ist durch das 33. StÄG geändert und durch das 6. StrRG v. 26. 1. 1998 neu gefasst worden (vgl. 2f. vor § 174; Prot. 13/162, 163, 712; BT-Drs. 13/7184, 13/8587, 13/8991; BR-Drs. 164/97). Der Strafrahmen wurde erhöht, der Anwendungsbereich des § 179 auf den ehelichen Bereich erstreckt, die Norm geschlechtsneutral formuliert, eine Versuchsstrafbarkeit eingeführt und neue Qualifikationstatbestände in IV geschaffen. **In-Kraft-Treten: 1. 4. 1998.** Durch das SexualdelÄndG v. 27. 12. 2003 (BGBl I 3007; Mat.: 3a vor § 174) ist § 179 wiederum neu gefasst worden: Abs. III wurde neu eingefügt, die Strafdrohung des Abs. V (zuvor: Abs. IV) angehoben; Abs. VI und VII ersetzten Abs. V und VI aF. **In-Kraft-Treten:** 1. 4. 2004. 1

Literatur: *Becker*, Sexuelle Gewalt gegen Mädchen mit geistiger Behinderung, 1995 (Diss. Heidelberg); *Bungart*, Sexuelle Gewalt gegen behinderte Menschen, 2005 (Diss. Hamburg); *Reichenbach*, Der strafrechtliche Schutz behinderter Menschen vor sexuellem Missbrauch, GA **03**, 550. Vgl. 10 vor § 174, 1a zu § 177. 1 a

2) Rechtsgut ist das sexuelle Selbstbestimmungsrecht (vgl. 3 zu § 177); § 179 soll Personen schützen, die aus psychischen oder körperlichen Gründen zu seiner Ausübung nicht fähig sind (*Lackner/Kühl* 1; LK-*Laufhütte* 1; MK-*Renzikowski* 1; vgl. auch BT-Drs. 6/1552, 18; 13/9064, 13; einschränkend *S/S-Lenckner/Perron* 1; SK-*Wolters/Horn* 2). Der Schutz der sexuellen Selbstbestimmung setzt nicht voraus, dass die betroffene Person allgemein oder in der konkreten Situation selbstbestimmt *ist*, denn sonst wären auch §§ 174, 174a II, 176, 182 II nicht verständlich. Eine unwirksame **Einwilligung** geistig behinderter Personen in Taten nach § 179 lässt daher den im wohlverstandenen Interesse des Opfers gebotenen Schutz dieses Teilbereichs seiner personalen Würde unberührt (vgl. aber unten 13, 16f.). Daher ist die Ansicht unzutr., § 179 schütze „das **Obhutsverhältnis**" zwischen Täter und Opfer (so NK-*Frommel* 20); § 179 setzt ein solches Verhältnis nicht voraus. Ein **Allgemeininteresse** an der Reglementierung der sexuellen Betätigung Behinderter ist von § 179 nicht geschützt (vgl. auch 7 vor § 174). Der Gesetzgeber des SexualdelÄndG hat zwar die diskriminierende Verweisung des Abs. VI aF auf Vorschriften zum Schutz von *Kindern* gestrichen und durch die Verweisung des Abs. VII ersetzt (vgl. schon *Schroeder* JZ **99**, 830; *Laubenthal* 212; vgl. aber unten 3). Dem lag jedoch allein das Bestreben nach *Straferhöhung* zugrunde; Abs. III und V wurden ausdrücklich an §§ 176, 176a „angepasst" (BT-Drs. 15/350, 19; vgl. unten). Zur gesetzlichen Terminologie des „Missbrauchs" vgl. 7ff. vor § 174. 2

3) Anwendungsbereich und Abgrenzung zur Nötigung. Durch die Neuregelungen der §§ 174c, 177 I Nr. 3 durch das 33. StÄG und das 6. StrRG (vgl. 3 3

vor § 174) ist der Anwendungsbereich des § 179 nach Auffassung des Gesetzgebers insg. unsicher geworden; ein vom RA-BTag (BT-Drs. 13/7663, 5) erbetener Bericht der BReg. ist auf der Grundlage einer umfassenden Praxisbefragung zu dem Ergebnis gelangt, für § 179 bestehe neben § 177 I Nr. 3 ein eigenständiger Anwendungsbereich, der eine Fortgeltung (als Vergehen) erfordere (vgl. dazu BGH **50**, 359, 364 ff. = NJW **06**, 1146, 1148; *Fischer* ZStW **112**, 75, 94 f.; *Oberlies* ZStW **114**, 130 ff.; abl. *Reichenbach* GA **03**, 550). Wie dieser Anwendungsbereich i. e. abzugrenzen ist, ist wohl noch nicht endgültig geklärt (vgl. aber unten 19; auch MK-*Renzikowski* 13; unklar die Ausführungen der BReg in BT-Drs. 15/3154). Auch die Neuregelung durch das SexualdelÄndG v. 27. 12. 2003 (oben 1) hat insoweit keine Klärung gebracht; sie erfolgte nicht vorrangig aus systematischen Gründen, sondern um die Strafdrohungen zu erhöhen und an §§ 176, 176 a anzupassen (BT-Drs. 15/350, 19). Es erschließt sich nicht, warum nun zwar *in den Körper eindringende* sexuelle Handlungen mit einer willenlosen Person mit derselben Strafe bedroht werden wie durch Nötigung erzwungene (Abs. V Nr. 1), *sonstige* sexuelle Handlungen aber nicht.

4 **a)** Aus dem Blickwinkel des Rechtsguts der sexuellen Selbstbestimmung (2 zu § 177; 5 ff. vor § 174) ist zwischen **Missbrauch** als Ausnutzen *unwirksamer Zustimmungen* oder des *Fehlens einer Willensentscheidung* des Opfers einerseits und **Nötigung** als Bestimmung des Opfers *gegen* dessen Willen andererseits zu unterscheiden (7 vor § 174). § 179 I unterscheidet überdies zwischen körperlicher und psychisch bedingter Widerstandsunfähigkeit. Hieraus ergeben sich **Fallgruppen**, deren Abgrenzung noch nicht endgültig geklärt ist:

4 a **aa)** Wenn aus den in Abs. I genannten psychischen oder körperlichen Gründen bei der betroffenen Person eine **Willensentscheidung fehlt**, so ist § 179 gegeben; eine *Nötigung* liegt dann schon begrifflich nicht vor (BGH **45**, 253; **50**, 359, 365 = NJW **06**, 1146, 1147; NStZ **00**, 140; StraFo **05**, 344, 345; unten 8 a, 19), denn wenn eine Person in der konkreten Tatsituation einen der sexuellen Handlung entgegenstehenden Willen – aus welchen Gründen auch immer – nicht hat, so kann kein „Willenbruch", also kein nötigender Zwang vorliegen. Die in der Entscheidung NStZ **04**, 440 vertretene entgegenstehende Auffassung, bei (überraschenden) sexuellen Handlungen an *schlafenden* (vgl. aber BGH **38**, 68, 71; MDR **83**, 280) Personen, die sich in einer *objektiv* schutzlosen Lage befinden, sei eine *Nötigung* gegeben, hat der *2. StS* zu Recht aufgegeben (BGH **50**, 359, 364 = NJW **06**, 1146; vgl. dazu i. E. 41 f. zu § 177).

4 b **bb)** Liegt eine **Zustimmung** der betroffenen Person in die (eigene oder fremde) sexuelle Handlung vor, so setzt bei **psychisch** bedingter Widerstandsunfähigkeit eine Strafbarkeit nach § 179 I Nr. 1 voraus, dass diese Zustimmung als *unwirksam* angesehen wird, der Täter sich somit aus *normativen Gründen* auf das Einverständnis des Opfers nicht berufen kann (unten 13; 7 vor § 174), und sich daher das „Ausnutzen" der Zustimmung als „Missbrauch" (unten 17 ff.) darstellt.

4 c **cc)** Bei Vorliegen einer **Zustimmung** der betroffenen Person und **körperlich** bedingter Widerstandsunfähigkeit (I Nr. 2; unten 10) kommt weder § 177 noch § 179 in Betracht (unten 5; unzutr. daher *Oberlies* ZStW **114**, 132), denn eine allein körperliche Widerstandsunfähigkeit (namentlich: Behinderung) hat keine Bedeutung für den Umfang der Selbstbestimmung über die eigene sexuelle Betätigung. Einverständliche sexuelle Handlungen mit einer (nur) körperlich „widerstandsunfähigen" Person sind straflos.

4 d **dd)** Wenn bei **entgegenstehendem Willen** eine Person sich (allein) aus **psychischen** Gründen dem Ansinnen des Täters fügt, so ist (meist) § 177 I Nr. 3 anzuwenden, wenn die psychische Disposition des Tatopfers dazu führt, dass es *in schutzloser Lage* (23 ff. zu § 177) aus *Furcht vor Gewalteinwirkungen* des Täters auf Widerstand verzichtet (vgl. i. E. 37 ff., 41 f. zu § 177). Die Schutzlosigkeit kann auch auf der psychischen Disposition des Tatopfers selbst beruhen, wenn in der konkreten Tatsituation andere objektive oder subjektive Umstände nicht gleich-

wohl einen Schutz vor (Gewalt)Einwirkungen begründen. Es liegt dann ein Fall der Nötigung vor, denn es gibt keinen Grund, Personen schlechter zu schützen, weil sich die Voraussetzungen des § 177 I Nr. 3 aus besonderen, in der der Person des Tatopfers liegenden Gründen ergeben (vgl. auch NStZ **03**, 533 f.). Dagegen bleibt es bei einer Strafbarkeit nach § 179, wenn psychische Umstände iS von I Nr. 1 dazu führen, dass die betroffene Person ihren der sexuellen Handlung entgegen stehenden Willen nicht aus Furcht vor Gewalt-Einwirkungen, sondern unabhängig von einer objektiv „schutzlosen" Lage aus *anderen* Gründen nicht äußern oder durchsetzen kann.

ee) Für den Fall **entgegenstehenden Willens** bei **körperlicher** Widerstandsunfähigkeit, wenn also das Opfer zwar einen der sexuellen Handlung entgegenstehenden Willen bilden kann und gebildet hat, ihn jedoch aus körperlichen Gründen nicht betätigen kann, so liegt (unstreitig) § 177 (oder § 240), nicht aber § 179 vor, wenn diese Unfähigkeit durch hierauf gerichtete Zwangshandlungen des Täters herbeigeführt wurde (vgl. 3 StR 359/03). Problematisch ist dagegen der Fall, dass der Täter eine objektiv gegebene, von ihm nur vorgefundene oder jedenfalls nicht mit sexueller Motivation herbeigeführte körperliche Widerstandsunfähigkeit der betroffenen Person als „*Gelegenheit*" ausnutzt, um gegen ihren Willen sexuelle Handlungen an ihr vorzunehmen. In einem Fall, in dem eine Person aufgrund ihres körperlichen Zustands „nicht in der Lage (war), sich körperlich zur Wehr zu setzen", hat BGH **45**, 253, 255 (*2. StS*) eine Nötigung gem. § 177 I Nr. 3 bejaht und damit entschieden, dass die Nötigungs-*Handlung* des § 177 I Nr. 3 die sexuelle Handlung (des Täters) selbst sein könne und dass der *nötigende Zwang* sich in der Ausführung dieser Handlung *gegen den Willen* des Tatopfers „erschöpfe" (BGH **45**, 253, 257 ff.). Diese Rechtsansicht ist in der Literatur kritisiert (vgl. etwa *Graul* JR **01**, 117 ff.; *Fischer* NStZ **00**, 142), jedoch von der nachfolgenden Rspr des BGH ohne weitere Auseinandersetzung übernommen worden (vgl. auch BGH **50**, 359 = NJW **06**, 1146, 1148; NStZ **02**, 199 f.; NStZ-RR **03**, 42 f.; 2 StR 245/05; ausdrücklich anders aber NStZ **05**, 380 f.; **06**, 165 f.; i. E. dazu 35 ff. zu § 177). Unter dieser Voraussetzung muss für diesen Fall § 179 verdrängt sein (vgl. auch unten 19). 4e

b) Hieraus ergibt sich, dass der Anwendungsbereich des § 179 gegenüber § 177 durch die Einfügung des § 177 I Nr. 3 wesentlich eingeschränkt, aber nicht gänzlich aufgehoben wurde (vgl. auch 30, 41 ff. zu § 177). Der aus § 179 in § 177 I Nr. 3 übertragene Bereich ist im Wesentlichen wohl auf Fälle der *Duldung* von sexuellen Handlungen des Täters beschränkt; auch decken sich die Begriffe der *Widerstandsunfähigkeit* und der *Schutzlosigkeit* jedenfalls dann nicht, wenn für eine widerstandsunfähige Person Hilfe von dritter Seite zu erwarten ist (vgl. NStZ **99**, 30; NJW **99**, 369), der Täter dies auch weiß und dennoch gegen ihren Willen sexuelle Handlungen vornimmt (**aA** NK-*Frommel* 14 ff., 20 mit dem unzutr. Ausgangspunkt, § 179 setze ein „Obhutsverhältnis" voraus). Zur Abgrenzung von **§ 174 c** vgl. unten 12. 5

Ein **Widerspruch** ergibt sich in der Behandlung von körperlich begründeter Widerstandsunfähigkeit (bei entgegenstehendem Willen; oben 4 e). Hier gelangt die an BGH **45**, 253 und NStZ **04**, 440 f. anknüpfende Ansicht zur Annahme *einer Nötigung*, weil bzw. wenn die „Lage" objektiv „schutzlos" ist und der Täter diese Situation (= günstige Gelegenheit) ausnutzt. Dagegen gelangt man auf der Grundlage von BGH **50**, 359, 363 (= NJW **06**, 1146) hier nur zur Annahme von § 179 I Nr. 2. Dieser Widerspruch ist in der Rspr des BGH weiterhin ungeklärt (vgl. 30 zu § 177). Die erstere Ansicht bezieht Handlungen gegen *körperlich* Widerstandsunfähige (*im Ergebnis* sinnvollerweise) in den Schutzbereich des § 177 ein, dies aber um den Preis einer uferlosen und systematisch chaotischen Ausweitung des Nötigungs-Tatbestands auf fast alle „Missbrauchs"-Taten des 13. Abschnitts. Die zweite Ansicht behält die (freilich schon früher bestehende) **Diskriminierung** körperlich widerstands-*unfähiger* Personen bei (nicht körperlich nur *behinderter* Per- 6 sonen, die *eingeschränkten* Widerstand noch leisten könnten). Das ist ungerecht und **rechtspolitisch ärgerlich**; nach hier vertretener Ansicht aber de lege lata nicht durch eine unsinnige *Auflösung des Nötigungstatbestands* zu beheben. Das Problem könnte de lege ferenda wohl dadurch gelöst werden, dass man den Fall des Ausnutzens körperlicher Widerstands-*Unfähigkeit* als eigenständige Tatvariante des § 177 I übernimmt. Eine Diskriminierung nur *eingeschränkt* Widerstandsfähiger wäre damit nach der oben genannten Systematik ebenso ersichtlich wenig verbunden wie eine solche psychisch Behinderter.

7 **4) Täterstellung.** Die Tat nach **Abs. I** ist ein **einaktiges Delikt** und, da der in § 177 verwendete Zusatz „einem Dritten" fehlt, zugleich grds ein **eigenhändiges** (KG NJW **77**, 817; LK-*Laufhütte* 17; *Lackner/Kühl* 2; SK-*Wolters/Horn* 6 a; *Gössel/Dölling* BT 1, 24/2; *Laubenthal* 231; hM; **aA** *S/S-Lenckner/Perron* 8; *Renzikowski* NStZ **99**, 385); der Täter muss körperlichen Kontakt mit dem Opfer haben. Allerdings dehnt **Abs. II** die Strafbarkeit auf sexuelle Handlungen von oder an **Dritten** aus, zu welchen der Täter *das Opfer* (nicht aber den Dritten) bestimmt. **Mittelbare Täterschaft** nach I in der Weise, dass jemand einen anderen zu einer Tat nach § 179 Abs. I bestimmt, der von der seelischen Störung des Opfers nichts weiß, ist daher auch nach der Neufassung nicht erfasst (**aA** *Renzikowksi* NStZ **99**, 385; vgl. unten 21). **Täter** kann im Übrigen jeder sein, nach Streichung des Ehegattenprivilegs durch das 33. StÄG auch der Ehepartner des Opfers. Nicht strafwürdige Handlungen können über das Merkmal des Ausnutzens ausgeschlossen werden (unten 16).

8 **5) Widerstandsunfähigkeit.** Opfer der Tat kann in allen Fällen jede Person unabhängig vom Alter sein. Voraussetzung ist ihre **Unfähigkeit zum Widerstand.** Der Begriff der Widerstandsunfähigkeit ist auch nach der Reform durch das 33. StÄG und das 6. StrRG ungeklärt (vgl. auch *Sick* 1993 [1 a zu § 177]; *Mildenberger* [1 a zu § 177]; *Oberlies* ZStW **114**, 130, 140 ff.); das SexualdelÄndG (oben 1) hat daran nichts geändert. Gemeinhin wird Widerstandunfähigkeit beschrieben als Unfähigkeit, einen ausreichenden Widerstandswillen gegen das sexuelle Ansinnen des Täters zu bilden, zu äußern oder durchzusetzen (vgl. BGH **32**, 183; **36**, 147; **45**, 253, 260; NJW **83**, 636 [m. Anm. *Geerds* JR **83**, 254]; NStZ **81**, 139; **98**, 83; StV **01**, 679; NStZ **03**, 602, 603; NStZ-RR **05**, 232; *Lackner/Kühl* 3; *S/S-Lenckner/Perron* 3; LK-*Laufhütte* 8). Dies verkürzt die Probleme mehrfach, da das Sexualleben der Menschen nicht aus Angriff und Abwehr („Ansinnen" und „Widerstand") besteht, § 179 nicht „die Sexualität", sondern das **Selbstbestimmungsrecht** des Opfers schützt und überdies sowohl Fälle der *Einwilligung* des Opfers als auch solche erfasst, in denen das sexuelle Ansinnen gar nicht vom Täter, sondern vom Opfer ausgeht. Die Vorschrift vermischt Elemente der Nötigung (I Nr. 2) mit Fällen fehlender (I Nr. 1, 2) und „falscher" (I Nr. 1) Willensbildung.

8 a Unproblematisch ist Widerstandsunfähigkeit gegeben, wenn jede (auch eine „falsche") **Willensbildung ausgeschlossen** ist (oben 4 aE; vgl. schon § 177 I, 2 Alt. RStGB: Missbrauch einer Frauensperson in „willenlosem oder bewusstlosem Zustand"). Ist ein solcher Fall nicht gegeben und liegt eine **Zustimmung** der betroffenen Person vor, so ist im Fall des **I Nr. 1** deren Willensbildung einer *normativen Bewertung* im Hinblick auf ihre Wirksamkeit zu unterwerfen (vgl. 7 vor § 174, unten 13; *Fischer* ZStW **112**, 87 ff.). Anders liegen die Fälle der **körperlichen** Widerstandsunfähigkeit nach **I Nr. 2:** Hier ist zwischen Fällen fehlender Willens*bildung* und solchen zu unterscheiden, in denen aus körperlichen Gründen allein die *Durchsetzung* des (entgegenstehenden) Willens nicht möglich ist. Eine allein körperlich widerstandsunfähige Person kann nicht mit (oder trotz) ihrer Einwilligung „missbraucht" werden (oben 4; unklar NK-*Frommel* 27). Der Begriff der Widerstandsunfähigkeit hat daher für die beiden Fallgruppen des I verschiedenen Inhalt, weil eine mögliche **Einwilligung** des Opfers nur im Fall von Nr. 1 näherer Prüfung bedarf; im Fall von Nr. 2 schließt sie regelmäßig den Tatbestand aus; auf die „Fähigkeit" zum Widerstand kommt es dann nicht an.

A. Psychische Voraussetzungen (Abs. I Nr. 1). Die in der Praxis im Vordergrund stehende Fallgruppe des Abs. I Nr. 1 setzt geistige oder seelische Krankheit oder Behinderung, eine Suchtkrankheit oder eine tief greifende Bewusstseinsstörung voraus. Die Neufassung der Vorschrift hat die frühere, § 20 entsprechende Aufzählung durch eine der Schutzrichtung der Vorschrift entsprechende Aufzählung möglicher Gründe ersetzt (vgl. BT-Drs. 13/8267, 8; krit. zur aF schon *Hanack* JZ **74**, 3; *Lackner/Kühl* 4). Zu den Begriffen der **geistigen oder seelischen Krankheit** und **Behinderung** vgl. 4 zu § 174c. Die Feststellung einer § 20 unterfallenden psychischen Störung reicht für sich allein nicht aus; sie kann nicht *als solche* schon mit Widerstandsunfähigkeit gleichgesetzt werden (NStZ **03**, 602f.; NStZ-RR **05**, 172f.; **05**, 232f.; 4 StR 58/01; 4 StR 438/02). So ist es namentlich verfehlt, die Voraussetzungen des § 179 mit dem bloßen Hinweis zu begründen, das Opfer leide unter Schwachsinn (NStZ-RR/P **01**, 362 Nr. 46), habe eine „mittelschwere geistige Behinderung (schwere Debilität)“ (NStZ-RR **05**, 232, 233) oder sei geistig behindert (NStZ-RR **05**, 172f.; vgl. auch unten 11a). Auch dass eine Person „geschockt“ oder „wie gelähmt“ eine sexuelle Handlung über sich ergehen lässt, belegt noch nicht, dass sie sich im Zustand der Widerstandsunfähigkeit befindet (StV **05**, 439). 9

Die **Suchterkrankung** ist ausdrücklich aufgeführt, um klarzustellen, dass es nicht auf körperliche Abhängigkeit und die Abgrenzung zur „Charakterschwäche“, sondern allein auf die psychischen Auswirkungen auf die Widerstandsfähigkeit ankommt (vgl. 4 zu § 174c). 9a

Der Begriff der **tiefgreifenden Bewusstseinsstörung** entspricht dem des § 20 (dort 39ff.). Seine Beibehaltung in § 179 war erforderlich, um vorübergehende schwerwiegende – körperlich oder psychisch begründete – Beeinträchtigungen der Widerstandsfähigkeit erfassen zu können. Der Begriff umfasst hier auch Fälle völliger Bewusstlosigkeit (Ohnmacht; wohl auch Schlaf; vgl. BGH **38**, 68; MDR/H **83**, 280; *Fahl* Jura **98**, 456, 459; *Lackner/Kühl* 4; *S/S-Lenckner/Perron* 5; LK-*Laufhütte* 5; **and.** NStZ **04**, 440), des schweren Alkohol-, Drogen- oder Medikamentenrausches (vgl. NStZ-RR **98**, 270; 5 StR 98/80) sowie Schockzustände (MDR/D **58**, 13; **68**, 727), soweit sie nicht schon unter Nr. 2 fallen (vgl. BGH **36**, 146 m. Anm. *Hillenkamp* NStZ **89**, 529; **38**, 68m. Anm. *Molketin* NStZ **92**, 179). Ein Zu stand vollständiger **Erschöpfung** und Apathie (zB nach mehrfacher Vergewaltigung; vgl. NJW **86**, 77 [m. Anm. *Keller* JR **86**, 343]; GA **77**, 145) kann sowohl Nr. 1 als auch Nr. 2 unterfallen (für Nr. 2 SK-*Wolters/Horn* 6; *S/S-Lenckner/Perron* 5). Zur **Abgrenzung** zu § 174c unterfallenden Einschränkungen der Widerstandsfähigkeit vgl. unten 12f. 9b

Nach **aA** von *Oberlies* (ZStW **114**, 139f.; so auch NStZ **04**, 440) ist bei **schlafendem** Opfer § 177 I Nr. 3 gegeben, da der Wille zur Selbstbestimmung wie der Sachherrschaftswille [!] „mit in den Schlaf genommen“ werde. Dem ist nicht zuzustimmen (so auch BGH **38**, 68); es zeigt ein verzerrtes Verständnis des **Rechtsguts** des § 177 als ein undifferenziertes „Verfügungsrecht“ über den eigenen Körper, welches für diejenigen, die nicht verfügen *dürfen* (§ 176) oder *können* (§ 179) oder deren Verfügungsfreiheit zweifelhaft ist (§§ 174 bis 174c, § 182), der Staat ausübt. Dann müsste man aber Taten nach § 179, § 182 oder §§ 174ff. eigentlich *höher* bestrafen als solche nach § 177, denn wenn alle denselben „Herrschaftswillen“ haben (oder *haben sollten*), wäre es widersinnig, diejenigen besser zu schützen, die sich selbst gegen Angriffe wehren können (konsequent *Oberlies* 144f.). 9c

B. Körperliche Voraussetzungen (Abs. I Nr. 2). Das Vorliegen körperlicher Widerstandsunfähigkeit setzt Gebrechen oder Hemmnisse voraus, die keine psychische Störung zur Ursache haben, so **zB** Krankheiten oder Behinderungen somatischer Art (Lähmung) oder Zustände wie Fesselung (BGH **30**, 145; NJW **86**, 77; Prot. VI/1631), soweit diese nicht Folgen einer auf die Widerstandsunfähigkeit abzielenden Gewaltanwendung iS von § 177 I Nr. 1 sind (vgl. 15f. zu § 177; vgl. auch NStZ **01**, 246); auch Festgehaltenwerden durch Dritte, die keine sexuellen Motive haben. Voraussetzung ist hier stets, dass das Opfer zu *jeglicher* Abwehrhandlung unfähig ist (NJW **83**, 636 [m. Anm. *Geerds* JR **83**, 254]). Ist es dem Täter nur körperlich *unterlegen* und verzichtet daher aus Furcht vor Gewalteinwirkungen auf Widerstand, so liegt nicht § 179, sondern idR § 177 I Nr. 3 vor (vgl. BGH **50**, 359 = NJW **06**, 1146, 1148). **Kinder,** die *entwicklungsbedingt* (noch) widerstands- 10 unfähig sind, werden nach hM durch § 179 nicht geschützt (BGH **30**, 144; NJW **86**, 1053); jedenfalls liegt Spezialität des § 176 vor. Fälle, in denen körperlich wirksame Ursachen zur Unmöglichkeit der Willensbildung führen (Intoxikation; Bewusstlosigkeit), werden idR von I Nr. 1 erfasst (vgl. oben 9).

11 **C. Auswirkungen.** Die genannten Beeinträchtigungen müssen zur **Widerstandsunfähigkeit** des Opfers führen. Im Fall von I Nr. 2 sind körperlicher Zustand und Widerstandsunfähigkeit deckungsgleich. Dagegen muss im Fall von I Nr. 1 die Unfähigkeit „wegen" der Störung bestehen. Das bedeutet zum einen, dass § 179 I Nr. 1 nicht nur Fälle vollständiger Willenlosigkeit oder Willensunfähigkeit erfasst, denn dann bedürfte es der enumerativen Aufzählung von möglichen *Ursachen* nicht. Es muss aber ein kausaler Zusammenhang zwischen *diesen Gründen* und der Widerstandsunfähigkeit bestehen, also festgestellt werden, dass die Möglichkeit zu einer anderen Entscheidung oder zur körperlichen Abwehr oder Flucht gerade durch die konkrete Beeinträchtigung beseitigt wurde (*S/S-Lenckner/Perron* 6; *Keller* JR **86**, 344). Dies ergibt sich nicht schon ohne weiteres aus der Feststellung einer Störung (NStZ-RR/P **01**, 362 Nr. 46; vgl. oben 9).

11a So ist **zB** in Fällen mittelgradiger **Intelligenzminderungen** (Gesamt-IQ größer als 40) die Annahme von „Willenlosigkeit" nicht nahe liegend (vgl.; NStZ-RR **05**, 232, 233; oben 9). Eine vorschnelle Gleichsetzung von (Intelligenz-)Störung und Widerstandsunfähigkeit kann einerseits den Blick darauf verstellen, dass in Wahrheit ein Fall des § 177 (zB durch konkludente Drohung) oder des § 182 vorgelegen hat; andererseits kann sie zu ungerechtfertigten Verurteilungen führen, weil tatsächlich eine wirksame (wenn auch vielleicht unvernünftige) Einwilligung vorlag. § 179 I Nr. 1 darf nicht zu einer *Privilegierung* von Nötigungs-Handlungen gegenüber psychisch Kranken oder Behinderten führen; es darf aber auch nicht *unmoralisches* Sexualverhalten zur Straftat aufgewertet werden, sobald einer der Partner die als angemessen angesehene Intelligenzgrenze unterschreitet.

12 Im Fall des **I Nr. 1** ist, da hier die Unfähigkeit zum Widerstand relativiert wird, eine **Abgrenzung zu § 174c** erforderlich. Diese ist vor allem **quantitativ** zu bestimmen. Während ein Behandlungsverhältnis iS des § 174c I eine Einschränkung der Widerstandsfähigkeit zunächst nur *abstrakt* begründet und die Tatbestandsmäßigkeit sich erst aus dem konkreten Missbrauch dieses Abhängigkeitsverhältnisses ergibt, stellt § 179 auf eine unabhängig vom Täter und der Beziehung des Opfers zu ihm bestehende *generelle* Einschränkung der Abwehrfähigkeit des Opfers ab. Im Hinblick auf die drastisch höhere Strafdrohung des § 179 I und da § 174c gewiss keine Privilegierung des Missbrauchs besonders intensiver Abhängigkeit beabsichtigt, ist § 179 daher auf Fälle **gravierender Einschränkungen** der Fähigkeit zur sexuellen Selbstbestimmung im Hinblick auf die konkrete Tathandlung, jedoch unabhängig von der „Missbrauchs"-*Beziehung* zu beschränken. Das Opfer muss **außerstande** sein, einen ausreichenden Widerstandswillen zu bilden, zu äußern oder durchzusetzen (BGH **36**, 147; NStZ **98**, 83; vgl. 5 StR 173/98; oben 3ff.). Die **Grenze,** an der ein Arzt oder Therapeut, der eine psychisch kranke Person behandelt und dieses Verhältnis für sexuelle Zwecke ausnutzt, vom Tatbestand des § 174c in den des § 179 übertritt, ist gleichwohl im Einzelfall schwer auszumachen; die Vorschriften sind insoweit nur unzureichend aufeinander abgestimmt (insg. krit. *Helmken* ZRP **96**, 241; *Frommel* KJ **96**, 170; *Dessecker* NStZ **98**, 2; vgl. 11 zu § 174c). Das ist durch die Neufassung des § 174c durch das SexualdelÄndG eher verstärkt worden.

13 Im Hinblick auf die Wirksamkeit von **Einwilligungen** der betroffenen Person ist die Feststellung einer „wegen" der Beeinträchtigung iS von I Nr. 1 bestehenden Widerstandsunfähigkeit problematisch (vgl. zB 2 StR 594/06). Das betrifft insb. Fälle **geistiger Behinderung,** in denen Zustimmungen oder eigene Initiativen aus objektiver Sicht unvernünftig erscheinen; gleichermaßen erfasst sein können aber auch Fälle seelischer Erkrankung oder schwerer Rauschzustände. Auf die bloße „Richtigkeit" einer einwilligenden Entscheidung kann es hier kaum ankommen, da auch Gesunde im sexuellen Bereich häufig unrichtige Entscheidungen zu treffen pflegen. Zu prüfen ist, ob der Defekt die Person **konkret gehindert** hat, einen **hypothetischen Widerstand** zu leisten (SK-*Wolters/Horn* 5, 10; MK-*Renzikowski* 30; *Laubenthal* 227; ähnl. *S/S-Lenckner/Perron* 6). Fehlt es hieran, lässt sich also **zB** nicht feststellen, dass eine schwachsinnige Person, wäre sie intelligenter, **nicht eingewilligt hätte,** so kommt es auf die bloße „Nachvollziehbarkeit" der Entscheidung grds nicht an, da es auch dem Gesunden freisteht, sich aus sexueller Motiva-

tion in entwürdigende Situationen zu begeben. Die **Feststellung** dieser hypothetischen Einwilligungs-Lage wird freilich idR ohne **wertende Betrachtung** nicht auskommen; hierbei ist, schon um eine Wertungsgleichheit mit Fällen faktischer Einwilligungs-Unfähigkeit zu sichern und die Unrechts-Abstufung gegenüber Fällen der §§ 174 a, 174 c zu beachten, ein **restriktiver Maßstab** anzulegen. Widerstandsunfähigkeit iS von I Nr. 1 wird daher nur dann anzunehmen sein, wenn eine tatsächlich vorliegende Einwilligung der betroffenen Person nach normalpsychologischen Gesichtspunkten gänzlich fern liegend erscheint und die Abweichung gerade auf dem Zustand nach Nr. 1 beruht. Dies wird sich bei vorübergehenden **Ausnahmezuständen** idR anhand des „normalen" individuellen Wert- und Bedeutungsgefüges des Betroffenen feststellen lassen; auf dessen „Vernünftigkeit" kommt es dann nicht an. Bei **Dauerzuständen** (**zB** schwerem Schwachsinn; Psychosen) lässt sich dagegen ein *individueller* hypothetischer Gesundheits-Zustand als **Vergleichsmaßstab** nicht konstruieren. Daher gehen hier schon in die Feststellung der Widerstandsunfähigkeit Bewertungen des Macht-Gefälles zwischen den Beteiligten Täter sowie Gesichtspunkte der **Generalprävention** ein (vgl. unten 16). Die Rspr gibt, von Evidenz-Fällen abgesehen, wenig Anhaltspunkte zur Abgrenzung, zeigt bei Vorliegen (möglicher) Einwilligungen aber eine insg. restriktive Tendenz (vgl. zB NJW **96**, 1551; NStZ **98**, 83; NStZ-RR **97**, 98; **98**, 270; StV **01**, 679; krit. *Oberlies* ZStW **114**, 130, 135 ff., deren eigene Abgrenzung – die Zustimmung sei „rechtlich unbeachtlich", wenn der Person eine freie Entscheidung nicht „zuzutrauen" sei [147], weil ihr „das nötige Verständnis" fehlt – freilich auch vage bleibt).

Nach denselben Kriterien ist zu entscheiden, wenn eine Person tatsächlich Widerstand leisten will, dies jedoch in der konkreten Situation nicht vermag. Eine „ambivalente" Einschränkung der Widerstandsfähigkeit im Rahmen langdauernder psychotherapeutischer Behandlungsverhältnisse wird I Nr. 1 daher idR nicht unterfallen (vgl. NStZ **98**, 83; NStZ-RR **98**, 98); hier greift § 174 c II ein. **13 a**

6) Tathandlung nach Abs. I. Der Tatbestand des I setzt die **missbräuchliche Ausnutzung der Widerstandsunfähigkeit** des Opfers zu sexuellen Zwecken voraus. **14**

A. Sexuelle Handlung. Der Täter muss eine sexuelle Handlung (1 ff. zu § 184 f) an dem Opfer vornehmen oder vom Opfer an sich vornehmen lassen. Ob Erheblichkeit iS von § 184 f Nr. 1 gegeben ist, hängt auch von Alter und Zustand des Opfers ab. Nach dem Wortlaut würde der Tatbestand auch ein **rein passives** Verhalten des Täters erfassen („vornehmen lässt"); jedoch ist § 179 nicht etwa ein echtes Unterlassungsdelikt. Erforderlich ist daher bei sexuellen Handlungen des Opfers ein **Veranlassen** durch den Täter (vgl. auch unten 23); das kann freilich auch konkludent erfolgen. Zur Konkurrenz bei objektiver Ausübung von Zwang oder irriger Annahme vgl. unten 17 f. **15**

B. Ausnutzen der Widerstandsunfähigkeit. Der Täter muss die Widerstandsunfähigkeit der betroffenen Person ausnutzen, um mit ihrer Hilfe zu der sexuellen Handlung zu kommen. Er muss die Tatsache, dass der Zustand die Vornahme oder Duldung der sexuellen Handlung ermöglicht oder erleichtert, bewusst einkalkulieren (*Lackner/Kühl* 7; *Laubenthal* 240). Daran **fehlt** es regelmäßig, wenn in den Fällen von I Nr. 2 die betroffene Person einwilligt oder in Fällen des I Nr. 1 *vor* Eintritt des Zustandes eingewilligt hat (vgl. MDR/D **58**, 13; Hamm HESt. **2**, 150; oben 13); im Einzelfall auch, wenn sexuelle Beziehungen in einer Phase psychischer Störung einverständlich fortgesetzt werden (Ber. 41; vgl. NStZ-RR **98**, 98); ebenso wenn eine hochgradig schwachsinnige Person ein Verhältnis eingeht, das emotionale und sexuelle Anteile in eine der geistigen Beeinträchtigung angemessene Beziehung setzt, denn § 179 darf nicht dazu führen, dass Menschen mit geistigen Störungen zu sexueller Enthaltsamkeit gezwungen werden (BGH **32**, 183, 186; KG NJW **77**, 817; *Schall* JuS **79**, 104; *S/S-Lenckner/Perron* 6, 8; SK-*Wolters/Horn* 10; *Laubenthal* 242; krit. *Herzberg/Schlehofer* JZ **84**, 481; *Geerds* JR **84**, 430). Es kommt **16**

nicht auf die Dauerhaftigkeit der Beziehung an sich oder auf ihre Integration in die Lebensplanung an, die auch den sexuellen Beziehungen geistig Gesunder häufig fehlen. Entscheidend ist vielmehr, ob sich die konkrete Beziehung als ein „Benutzen" der widerstandsunfähigen Person, dh als eine Herabwürdigung zum Objekt *fremder* sexueller Motive darstellt (krit. MK-*Renzikowski* 36). *Sick/Renzikowski* (Schroeder-FS [2006] 603, 608 f.) wollen, um die Gefahr des *Moralisierens* zu Lasten Behinderter abzuwenden, stattdessen auf eine „stellvertretende Einwilligung des Sorgeberechtigten" abstellen. Das ist schwerlich praktikabler, denn wenn es nicht bedeuten soll, dass vor jedem Sexualkontakt geistig Behinderter eine *tatsächliche* Stellungnahme des Sorgeberechtigten einzuholen sei, verlagert es die Problematik nur auf die (hypothetische) Frage, in welche sexuelle Betätigung der Sorgeberechtigte wohl nach *welchen Maßstäben* eingewilligt *hätte*.

17 **C. Missbrauch.** Der Tatbestand verlangt darüber hinaus einen Missbrauch (vgl. allgemein dazu 8 vor § 174); dies muss gerade in dem Ausnutzen (oben 16) bestehen („dadurch"). Nach dem Wortlaut vorausgesetzt ist damit die Möglichkeit eines **Ausnutzens** der Widerstandsunfähigkeit **ohne Missbrauch.** Nach **hM** liegt ein Missbrauch aber regelmäßig vor, wenn der Täter eine krankhafte seelische Störung oder tiefgreifende Bewusstseinsstörung ausnutzt (LG Mainz MDR **84**, 773; ebenso *S/S-Lenckner/Perron* 11). Nötigt der Täter (§§ 177, 240) und führt die Nötigung allein wegen des psychischen Defekts zum Erfolg, so soll Missbrauch regelmäßig zu bejahen sein (vgl. *S/S-Lenckner/Perron* 6; **aA** SK-*Wolters/Horn* 13; *Lackner/Kühl* 7); jedoch wird § 179 hier idR verdrängt (oben 3 f.). Bedient sich der Täter der Nötigungsmittel der Gewalt oder Drohung, so hält er zum mindesten das Opfer nicht für widerstandsunfähig, so dass nur diese Vorschriften anzuwenden sind (NStZ **81**, 23; missverstanden von *Frommel* NK 27); das gilt etwa, wenn der Täter den Zustand des ahnungslosen Opfers herbeigeführt (zB durch Alkohol), um dann sexuelle Handlungen an ihm vornehmen zu können (3 StR 359/03; vgl. 7 zu § 177). Geht die Initiative hingegen vom Opfer aus, so hängt es in den Fällen des I Nr. 1 (zu Nr. 2 vgl. oben 8) von den Umständen ab, ob Missbrauch vorliegt (vgl. Ber. 41; BGH **2**, 60). Dass wesentlicher (oder gar: alleiniger) Maßstab für die Beurteilung eines Sexualkontakts als Missbrauch die **innere Haltung** des Täters gegenüber dem Opfer sei (so SK-*Wolters/Horn* 11; *Laubenthal* 243; wohl auch *Lackner/Kühl* 6), lässt sich in dieser Allgemeinheit wohl nicht sagen (ebenso MK-*Renzikowski* 37, 39). Auch bei § 179 kann es nicht um eine Abgrenzung zwischen (strafloser) **„echter Liebe"** und (strafbarer) sexueller Begehrlichkeit gehen (vgl. 9 vor § 174, 10 zu § 174 a, 10 f. zu § 174 c); das bewusste Ausnutzen der Unfähigkeit einer Person, bei der Wahl des Sexualpartners oder der Form sexueller Betätigung *Grenzen* zu setzen, wird nicht dadurch anerkennenswert, dass der Täter die Person „liebt".

18 Dieses systematische Verständnis des „Missbrauchs"-Merkmals ist vom Wortlaut nicht geboten („*dadurch* missbraucht, *dass* …"); es ist insoweit problematisch, als es den Strafrechtsschutz vom Rechtsgut der sexuellen Selbstbestimmung auf **Allgemeininteressen** zu verschieben geeignet ist. Zweifelhaft ist, ob bei zutr. Bestimmung der Merkmale der Widerstandsunfähigkeit und des Ausnutzens überhaupt Fälle denkbar sind, die als *nicht* missbräuchlich anzusehen wären. Dem Gesetz dürfte die **allgemeine Wertung** zu Grunde liegen, dass Personen, denen die Fähigkeit zur sexuellen Selbstbestimmung aktuell oder auf Dauer fehlt, als Sexualpartner nicht in Betracht kommen, **wenn** eine sexuelle Betätigung mit ihnen **allein** auf Grund des Fehlens von Selbstbestimmung möglich ist. Im Übrigen dient das „Missbrauchs"-Merkmal meist der **Abgrenzung** strafwürdiger von hinnehmbaren Fällen bei problematischen Sachverhalten. So hat **zB** BGH **32**, 185 Missbrauch im Falle eines 27 jährigen Erziehers *verneint*, der sich in ein 14 jähriges hochgradig schwachsinniges und autistisches Mädchen verliebt hatte (zust. *Laubenthal* 242; krit. *Herzberg/Schlehofer* JZ **84**, 481; *Geerds* JR **84**, 430). Dass dies bei umgekehrtem Geschlechterverhältnis ebenso beurteilt würde, mag bezweifelt werden.

19 *Kaum noch abzugrenzen ist* das missbräuchliche Ausnutzen **körperlicher Widerstandsunfähigkeit** iS einer Unfähigkeit einer Person, einen entgegenstehenden Willen (bei Einwilligung kommt § 179 nicht in Betracht; vgl. oben 8, 11) durch Gegenwehr oder Flucht **durchzusetzen.** Da schon die von § 179 vorausgesetzte Möglichkeit, diese Unfähigkeit auszunutzen, meist die Voraussetzungen einer **schutzlosen Lage** iS von **§ 177 I Nr. 3** erfüllt (vgl. dazu BGH **50**, 359, 362; 2 StR 245/05, ist auf der Grundlage der Rspr des BGH (vgl. **45**, 253; **50**, 359, 363 mwN; vgl. dazu 33ff. zu § 177), die eine Nötigungs-Handlung beim Nötigen unter Ausnutzen der Schutzlosigkeit nicht verlangt, eine Abgrenzung beider Fälle nicht möglich. § 179 I Nr. 2 ist danach für diejenigen Fälle **obsolet**, in denen eine allein körperlich widerstandsunfähige Person einen dem Ansinnen des Täters Willen bilden kann.

Dies zeigt nach hier vertretener Ansicht freilich nicht, dass § 179 „überflüssig", sondern dass die Auslegung des Tatbestands „Ausnutzen einer schutzlosen Lage" in § 177 I Nr. 3 systematisch zweifelhaft ist (vgl. i. e. 39ff. zu § 177). **Richtig** ist, dass der **Bruch eines entgegenstehenden Willens** des Opfers in Fällen des Ausnutzens *allgemeiner* (§ 177 I Nr. 3) wie *besonderer* (§ 179 I Nr. 2) Schutzlosigkeit besonders qualifiziertes Unrecht verwirklicht, das über die missbräuchliche Ausnutzung eines **fehlenden** Willens oder einer unwirksamen Einwilligung hinausgeht, und dass dies im Hinblick auf die Strafdrohung das Fehlen einer nötigenden Zwangshandlung durchaus kompensieren kann. Eine in sich **schlüssige Lösung** *de lege ferenda* wäre daher, den Fall des Abs. I Nr. 2 aus § 179 herauszunehmen und mit einem hinreichend bestimmbaren Kern des § 177 I Nr. 3 zu einem eigenständigen (Verbrechens-)Tatbestand zusammenzufassen. **20**

7) Anwendung auf Handlungen mit Dritten (Abs. II). Abs. II stellt sexuellen Kontakten des Täters mit dem Opfer solche mit einem **Dritten** gleich, zu deren Vornahme oder Duldung der Täter **das Opfer bestimmt.** Die Vorschrift entspricht § 176 II; für die Tathandlung gilt das zu § 176 Ausgeführte entsprechend. Erforderlich ist eine kommunikative Einwirkung auf das Opfer, welche dieses zu eigenen sexuellen Handlungen oder zum „Dulden" der fremden Handlungen veranlasst. Für Fälle des I **Nr. 2** scheidet das von vornherein aus (vgl. oben 8); ebenso in Fällen des I **Nr. 1** zB bei Bewusstlosigkeit des Opfers. In anderen Fällen des I Nr. 1 wird sich das „Dulden" regelmäßig als „Geschehen-Lassen" mit *faktischer Zustimmung* darstellen; besteht das Bestimmen in Befehlen oder Drohungen zur Überwindung entgegenstehenden Willens, liegt keine Widerstandsunfähigkeit vor (sondern § 177 oder § 240). Grds. gleichgültig ist, ob der Täter auch die **dritte Person** veranlasst, sexuelle Handlungen mit dem Opfer zu vollziehen; hier liegt aber idR Anstiftung zu Abs. I vor. Möglich ist aber **mittelbare Täterschaft** des II (iV mit Abs. I; **nicht** aber des Abs. V Nr. 1; vgl. unten 28), wenn der Dritte die Widerstandsunfähigkeit nicht erkennt und vom Täter zur „Bestimmung" eingesetzt wird; insoweit dürfte auch **Unterlassungstäterschaft** möglich sein. Dritter kann auch eine ebenfalls widerstandsunfähige Person, ein Kind oder eine schuldunfähige Person sein Zum Ausnutzen oben 16. **21**

8) Subjektiver Tatbestand. § 179 setzt **Vorsatz** voraus; bedingter Vorsatz genügt. Er muss (in der Laiensphäre) den Zustand des Opfers, dessen daraus resultierende Widerstandsunfähigkeit und die tatsächlichen Voraussetzungen der Ausnutzung umfassen (3 StR 443/92; 5 StR 173/98; vgl. NStZ **96**, 188); auch das Ausnutzen verlangt keinen direkten Vorsatz (**aA** MK-*Renzikowski* 41; *Gössel* BT 1 24/40; wie hier *Lackner/Kühl* 10; offen gelassen von 3 StR 11/07). Zieht der Täter (nur) den *wertenden* Schluss nicht, dass sein Verhalten *missbräuchlich* sei (oben 17), so ist das idR ein Subsumtionsirrtum. In den Fällen des I Nr. 1 kann es eher als bei I Nr. 2 am Vorsatz fehlen. Zur **irrtümlichen** Annahme von Widerstandsunfähigkeit vgl. unten 23. **22**

9) Versuch (Abs. IV). Abs. IV stellt den **Versuch** einer Tat nach I oder II (zu Abs. III vgl. 38 zu § 22) unter Strafe. Er ist gegeben, wenn der Täter in Erkenntnis oder Inkaufnahme der Widerstandsunfähigkeit des Opfers zu einer eigenen sexuellen Handlung unmittelbar ansetzt oder auf das Opfer einwirkt, um es zu eigenen sexuellen Handlungen oder zur Duldung sexueller Handlungen einer dritten Person zu bringen. Wenn die Initiative von der widerstandsunfähigen Person selbst ausgeht, liegt auch ein Versuch des „Vornehmen-Lassens" bei allein passivem Ver- **23**

halten nicht vor (vgl. oben 15). Nimmt der Täter **irrtümlich** Widerstandsunfähigkeit des Opfers an, verwirklicht objektiv gesehen jedoch § 177, so fehlt jedenfalls der Vorsatz der Nötigung; der Täter ist aus § 179 zu bestrafen, wenn Widerstandsunfähigkeit tatsächlich vorliegt (wie hier SK-*Wolters/Horn* 16; **aA** *S/S-Lenckner/Perron/Eisele* 15). Versuch des § 179 liegt vor, wenn es noch nicht zu den vom Täter angestrebten sexuellen Handlungen gekommen ist, und wenn bei vollzogenen sexuellen Handlungen der Täter irrig die Voraussetzungen des I oder II annimmt, ohne das Opfer zugleich zu nötigen (**aA** SK-*Wolters/Horn* 16).

24 **10) Rechtsfolgen der Abs. I, II.** Die **Strafe** ist in den Fällen von I und II Freiheitsstrafe von 6 Monaten bis zu 10 Jahren (krit. zur Gleichstellung mit § 176 *Schroeder* JZ **99**, 830). Eine Anhebung schon des Grunddelikts auf das *Verbrechens*-Niveau des § 177 I ist vom Gesetzgeber des SexualdelÄndG wie in § 176 I zu Recht nicht vorgenommen worden (vgl. Erl. dort.). Bei der konkreten **Strafzumessung** werden idR besonders entwürdigende, insb. mit zusätzlicher Demütigung oder Verhöhnung des Opfers einhergehende Tatmodalitäten erschwerend wirken; ebenso das verwerfliche Ausnutzen besonderer Abhängigkeit oder Hilfsbedürftigkeit, wenn diese über die der Widerstandunfähigkeit als solcher eigene Beeinträchtigung hinaus geht. Im Hinblick auf § 46 III ist zu beachten, dass die moralische Verwerflichkeit, etwa die geistige Behinderung einer Person missbräuchlich auszunutzen, als solche nicht strafschärfend verwertet werden darf. Strafmildernd wird sich oft eine Initiative der betroffenen Person oder ihre ausdrückliche (freilich *unwirksame*; vgl. oben 4, 13) Zustimmung auswirken.

25 Die frühere Regelung über **minder schwere Fälle** der **Abs. I und II** (Abs. V aF) ist durch das SexualdelÄndG (oben 1) mit Wirkung vom 1. 4. 2004 aufgehoben worden; für die Anwendung des § 2 III ist sie zu beachten. Die Streichung folgt der Angleichung der Strafdrohungen an §§ 176, 176 a (vgl. BT-Drs. 15/350, 19). Sie ist für § 179 deutlich **problematischer,** weil eine „absolute" Grenze des „Missbrauchs" hier nicht existiert und **echte Bagatellfälle viel häufiger** sind; etwa bei sexuellen Handlungen gerade eben oberhalb der Erheblichkeitsschwelle; bei Taten von Familienangehörigen; bei ausdrücklicher Zustimmung des „Opfers" oder von ihm ausgehender Initiative. Die Praxis wird solche Fälle idR über das „Missbrauchs"-Merkmal ausscheiden. Damit wird die rechts*politisch* zweifelhafte Botschaft „harten Durchgreifens" *praktisch* unterlaufen, in Wahrheit aber eher bestärkt: Die Statistik geht ein wenig zurück; die Strafbarkeitsgrenze verlagert sich im Grenzbereich *noch* mehr in den Bereich moralischer Entrüstung (symptomatisch etwa BT-Drs. 15/3154 – **Kleine Anfrage** „Sexuelle Gewalt gegen Menschen mit Behinderung –, wo unter dem irreführenden Begriff „sexuelle Gewalt" ein kaum entwirrbarer Wust *gut gemeinter* „Bekämpfungs"-Terminologie dargeboten wird, ohne dass sich überhaupt noch erkennen lässt, ob jeweils von § 240, § 174 c, § 177 oder § 179 die Rede ist).

26 **11) Besonders schwere Fälle (Abs. III).** Die Regelung ist mit Wirkung vom 1. 4. 2004 eingefügt worden (oben 1) und dient der „Anpassung des § 179 an § 176", zugleich aber einer „Anpassung insb. an § 177 I Nr. 3" (BT-Drs. 15/350, 19). Eine dahinter stehende *systematische* Überlegung ist schwer zu erkennen; sie erschöpft sich weitgehend in *Straferhöhung*. Fälle des § 179, die nicht Abs. V unterfallen, für die aber eine Freiheitsstrafe von 10 Jahren nicht ausreicht, sind schwer vorstellbar. Es kommt, wie stets, auf eine **Gesamtwürdigung** von Tat und Täterpersönlichkeit an (vgl. auch 38 ff. zu § 176).

27 **12) Qualifikationen (Abs. V bis VII).** Die Abs. V und VII enthalten zwei Qualifikationsstufen, Abs. VI eine Milderungsmöglichkeit für Fälle des Abs. V.

28 **A.** Die Mindest-Strafdrohung für die in **Abs. V** aufgeführten Qualifikationen ist durch das SexualdelÄndG von einem auf zwei Jahre heraufgesetzt worden; sie entsprechen jetzt § 176 a II (zur Kritik an der Parallele mit *Kindern* oben 2). Für die **Tathandlungen** des V Nr. 1 bis 3 gelten die Erl. zu § 176 a II entspr. Abs. V **Nr. 1** *gilt nicht für Taten nach Abs. II*, denn ein Dritter ist nicht „der Täter" des II; mittelbare Täterschaft der Qualifikation ist daher nicht möglich. Die (wohl) andere Ansicht des GesE des SexualdelÄndG (BT-Drs. 15/350, 19), es seien „auch Fälle mit Drittbezug" erfasst, widerspricht dem klaren Wortlaut des V Nr. 1.

B. Für **minder schwere Fälle der Qualifikation** nach Abs. V sieht **Abs. VI** eine Strafdrohung von 1 bis 10 Jahren vor; dies entspricht § 176a IV, 2. HS, § 177 V, 2. HS. Die dortigen Erl. gelten entspr. Für die Anwendung des milderen Strafrahmens wird es vor allem auf eine *qualifikations*-bezogene Wertung ankommen. Eine Mindeststrafe von 1 Jahr auch für leichteste Fälle insb. des Abs. V Nr. 1 erscheint **überzogen** und unangemessen. Auch hier spiegelt sich die merkwürdige Gleichstellung *psychisch* Behinderter mit Kindern; für *körperlich* Behinderte ist sie gänzlich verfehlt. Sie verkürzt überdies in einer hysterisierenden Perspektive den Tatbestand auf vergewaltigungs-ähnliche schwere Fälle; die – vorkommenden! – tatsächlich *leichten* Fälle werden praktisch, ganz entgegen der Schutz-Intention, auf die Tatbestands-Ebene verschoben (vgl. oben 25). 29

C. Schwere Misshandlung; Lebensgefährdung; Todesfolge (Abs. VII). 30
Abs. VII, für den ein minder schwerer Fall nicht vorgesehen ist, verweist auf die Qualifikationen nach § 177 IV Nr. 2 und auf die Erfolgsqualifikation des § 178, die entspr. anzuwenden sind (vgl. Erläuterungen dort).

13) Konkurrenzen. Innerhalb von § 179 werden I und II von V verdrängt, es sei denn, dass selbstständige Einzelhandlungen nach I vorliegen (4 StR 209/78, vgl. 99 zu § 177). Tateinheit ist möglich zB mit §§ 173 bis 176b (BGH **38**, 71), §§ 240 und 315b (JR **83**, 210 m. Anm. *R. Keller*). Von § 177 wird § 179 grds. verdrängt (BGH **45**, 253, 260 f.; 3 StR 359/03; vgl. aber oben 4a und zum Verhältnis zwischen § 177 I Nr. 3 und § 179 I Nr. 2 oben 3f, 19f.). 31

14) Sonstige Vorschriften: Vgl. 46 zu § 176. 32

Förderung sexueller Handlungen Minderjähriger RiStBV 221, 222

180 **I Wer sexuellen Handlungen einer Person unter sechzehn Jahren an oder vor einem Dritten oder sexuellen Handlungen eines Dritten an einer Person unter sechzehn Jahren**

1. durch seine Vermittlung oder

2. durch Gewähren oder Verschaffen von Gelegenheit

Vorschub leistet, wird mit Freiheitsstrafe bis zu drei Jahren oder mit Geldstrafe bestraft. Satz 1 Nr. 2 ist nicht anzuwenden, wenn der zur Sorge für die Person Berechtigte handelt; dies gilt nicht, wenn der Sorgeberechtigte durch das Vorschubleisten seine Erziehungspflicht gröblich verletzt.

II Wer eine Person unter achtzehn Jahren bestimmt, sexuelle Handlungen gegen Entgelt an oder vor einem Dritten vorzunehmen oder von einem Dritten an sich vornehmen zu lassen, oder wer solchen Handlungen durch seine Vermittlung Vorschub leistet, wird mit Freiheitsstrafe bis zu fünf Jahren oder mit Geldstrafe bestraft.

III Wer eine Person unter achtzehn Jahren, die ihm zur Erziehung, zur Ausbildung oder zur Betreuung in der Lebensführung anvertraut oder im Rahmen eines Dienst- oder Arbeitsverhältnisses untergeordnet ist, unter Missbrauch einer mit dem Erziehungs-, Ausbildungs-, Betreuungs-, Dienst- oder Arbeitsverhältnis verbundenen Abhängigkeit bestimmt, sexuelle Handlungen an oder vor einem Dritten vorzunehmen oder von einem Dritten an sich vornehmen zu lassen, wird mit Freiheitsstrafe bis zu fünf Jahren oder mit Geldstrafe bestraft.

IV In den Fällen der Absätze 2 und 3 ist der Versuch strafbar.

Übersicht

1) Allgemeines 1, 1a
2) Rechtsgut; Anwendungsbereich 2, 2a
3) Förderung sexueller Kontakte Minderjähriger (I) 3–13
4) Förderung entgeltlicher Sexualkontakte (II) 14–16
5) Missbrauch von Abhängigkeitsverhältnissen (III) 17–19

6) Subjektiver Tatbestand ... 20
7) Rechtswidrigkeit ... 21
8) Versuch (IV) ... 22
9) Teilnahme ... 23
10) Konkurrenzen ... 24

1 **1) Allgemeines.** Die Vorschrift gilt idF des 4. StrRG (1 f. vor § 174; ferner Hearing: Prot. VI/860 ff., 1028, 1038 ff., 1101; Beratungen: Prot. VI/1636, 1659, 1662, 1721, 2107, 2113; Prot. VII/15, 25, 27). Ergänzt wird § 180 durch § 119 I OWiG, wo u. a. das Anbieten von Gelegenheit zu sexuellen Handlungen in bestimmten Formen mit Bußgeld bedroht wird.

1 a **Literatur:** *Münder,* Sexualstrafrecht bei Fremderziehung und Fremdbetreuung, ZfJ **86**, 353; *Schroeder* ZRP **92**, 296.

2 **2) Rechtsgut; Anwendungsbereich.** Rechtsgut des § 180 ist vor allem das **sexuelle Selbstbestimmungsrecht** minderjähriger Personen. Dieses Recht wird freilich nicht *unmittelbar* als „Recht, zu bestimmen", geschützt. Das Gesetz geht davon aus, dass die (vom *Straf*recht nicht zu kontrollierende) Fähigkeit und Reife zu einem für die eigene Person schadlosen Umgang mit der Sexualität sich zwischen Kindes- (§ 176) und Erwachsenenalter allmählich entwickelt und im Jugendalter besonderen Schutzes vor solchen Gefahren bedarf, welche die minderjährige Person *regelmäßig* in ihrer Bedeutung und Tragweite nicht erkennen kann. Hierzu zählt nicht zuletzt eine **Kommerzialisierung** der Sexualität sowie ihre Trennung von persönlichen Bezügen (vgl. *Laubenthal* 443; MK-*Renzikowski* 1).

2 a § 180 unterscheidet **zum einen** nach **Altersstufen:** Personen unter **16 Jahren** sind in **Abs. I** gegen bestimmte Handlungen zur Förderung sexueller Kontakte mit Dritten geschützt; Abs. I S. 2 enthält insoweit ein (eingeschränktes) Erziehungsprivileg. In der Altersstufe von **16 bis 18 Jahren** entfällt dieser Schutz (vgl. aber § 182); hier bedroht **Abs. II** die Förderung kommerzialisierten sexuellen Verhaltens. **Abs. III,** der systematisch zu § 174 gehört, stellt den Missbrauch von Abhängigkeitsverhältnissen zur Herbeiführung sexueller Kontakte mit Dritten unter Strafe. **Zum anderen** unterscheidet die Vorschrift nach **Gefährdungsgründen;** die Tatbestände stehen selbstständig nebeneinander (vgl. unten 24; krit. zur Systematik MK-*Renzikowski* 6 f.).

3 **3) Förderung sexueller Kontakte von Personen unter 16 Jahren (Abs. I).** Der Tatbestand des I S. 1 stellt Handlungen unter Strafe, durch welche sexuelle Handlungen (§ 184 f) von Personen unter 16 Jahren **an** Dritten oder **vor** Dritten oder sexuelle Handlungen Dritter **an** der minderjährigen Person gefördert werden; Handlungen der dritten Person *vor* dem Minderjährigen sind nicht erfasst. **Dritter** kann jede beliebige (auch eine gleichfalls minderjährige) Person sein. **Täter** kann gleichfalls grds (vgl. I S. 2) jeder sein. Eine Beschränkung auf die Altersstufe von 14 bis 16 Jahren enthält I nicht, so dass als Opfer auch **Kinder** (vgl. § 176) in Betracht kommen. Abs I ist auch anwendbar, wenn der Täter *zugleich* auch eigene sexuelle Handlungen an der minderjährigen Person vornehmen will (NStZ-RR **05**, 307). Die möglichen **Förderungshandlungen** sind in I Nr. 1 und Nr. 2 abschließend beschrieben (BGH **21**, 276; Köln NJW **67**, 455):

4 **A. Vermittlung (I Nr. 1).** Tathandlung nach S. 1 ist das Vermitteln, dh das Herstellen (bisher nicht oder nicht mit sexueller Motivation bestehender) persönlicher Beziehungen zwischen dem Opfer und einem Partner. Der Tatbestand setzt nicht voraus, dass der Minderjährige zu sexuellen Handlungen schon entschlossen ist (vgl. BGH **10**, 386; **aA** SK-*Wolters/Horn* 7); die Vermittlung kann zugleich mit einer Bestimmungshandlung geschehen. Vermittlung kann bei hinreichender Konkretisierung **zB** vorliegen, wenn einem Minderjährigen die Adresse einer Prostituierten oder Geld für den Besuch eines Bordells gegeben wird (**aA** *S/S-Lenckner/Perron/Eisele* 15: Verschaffen von Gelegenheiten). Das bloße psychische Einwirken, sich selbst einen Partner zu suchen (KG NJW **77**, 2225; *Laubenthal* 458), oder das Animieren durch Verschaffen pornografischer Bilder oder Schriften reichen nicht aus (vgl. Köln NJW **67**, 455); auch nicht das bloße Mitteilen der Adresse eines Bordells oder des Ortes von Straßenprostitution; ebenso nicht das Wer-

ben für entgeltliche sexuelle Handlungen in Zeitungsanzeigen oder elektronischen Medien. Zur Vollendung vgl. unten 7f.

B. Gewähren oder Verschaffen von Gelegenheit (I Nr. 2). Der Tatbestand setzt voraus, dass der Täter äußere Umstände herbeiführt, durch die sexuelle Handlungen ermöglicht oder wesentlich erleichtert werden, wobei Nr. 2 auf den Fall beschränkt ist, dass der Partner der minderjährigen dritte Person unabhängig von Handlungen des Täters vorhanden ist. Die minderjährige Person muss zu sexuellen Handlungen bereit sein. **Gewähren** ist **zB** das Zurverfügungstellen von Räumen, über die der Täter verfügt, auf Initiative eines der Partner (NJW **59**, 1284; **aA** LK-*Laufhütte* 6; SK-*Wolters/Horn* 12; vgl. auch Bay NStZ **91**, 496 [zu § 29 I Nr. 10 BtMG]); **Verschaffen zB** das Nachweisen oder Besorgen eines geeigneten Ortes (vgl. GA **66**, 337). Das Verschaffen von Verhütungsmitteln reicht nicht aus (SK-*Wolters/Horn* 11); auch nicht bloß passives Verhalten; Sich-Entfernen usw. (vgl. unten 9). 5

C. Vorschubleisten. Der Tatbestand setzt voraus, dass der Täter durch die in Nr. 1 und Nr. 2 bezeichneten Handlungen den sexuellen Handlungen **Vorschub leistet.** Hierunter wird das Schaffen günstigerer als der ohne die Tathandlung bestehenden Bedingungen verstanden (BGH **10**, 386; NJW **59**, 1284); Abs. I beschreibt daher eine zur selbstständigen Straftat erhobene Beihilfe (vgl. GrSenBGH **6**, 48; *Laubenthal* 451) zu fremden (meist straflosen; vgl. unten 23) Handlungen. Die geförderte sexuelle Handlung muss nach Beihilfegrundsätzen (22 zu § 27; 7 zu § 30) hinsichtlich Ort und Zeit hinreichend **konkretisiert** sein (KG NStZ **98**, 571; LK-*Laufhütte* 4); hinsichtlich der dritten Person soll eine Individualisierung nicht erforderlich sein (*S/S-Lenckner/Perron/Eisele* 6; **aA** SK-*Wolters/Horn* 11; LK-*Laufhütte* 4; zur Problematik bei § 180 aF BGH **10**, 387). 6

Nach **hM** (vgl. BGH **1**, 115, **10**, 386 zu § 180 aF; LK-*Laufhütte* 4; SK-*Wolters/Horn* 5; *Lackner/Kühl* 4; *Laubenthal* 453) ist Voraussetzung des **vollendeten** Vorschubleistens nicht, dass es tatsächlich zu sexuellen Handlungen gekommen ist; auch **erfolglose** oder nicht kausale Handlungen erfüllen danach den Tatbestand (vgl. auch BGH **24**, 249 zu § 181 I Nr. 2 aF) jedenfalls dann, wenn es zu einer konkreten **Gefährdung** des Opfers gekommen ist (*Laubenthal* aaO). 7

Diese Ansicht **überzeugt nicht.** Für die Auslegung desselben Begriffs in Abs. II nimmt die ganz hM (NJW **97**, 334; NStZ-RR/P **01**, 362 Nr. 47; LK-*Laufhütte* 16; *S/S-Lenckner/Perron* 25; SK-*Wolters/Horn* 37; *Laubenthal* 480; vgl. unten 17) das Gegenteil an und begründet dies zutreffend damit, dass eine Gleichstellung *erfolgreicher* Anstiftung („Bestimmen") mit *versuchter* Beihilfe sachwidrig wäre. Hieraus kann aber nicht im „Gegenschluss" abgeleitet werden, in Abs. I sei auch die nur versuchte Beihilfe zu sexuellen Handlungen schon vollendetes Vorschubleisten, weil hier das „Bestimmen" nicht aufgeführt ist (vgl. LK-*Laufhütte* 16). Wenn Abs. IV den **Versuch** eines Vorschubleistens nach II ausdrücklich unter Strafe stellt, so ist damit deutlich gemacht, dass in I eine gerade nicht vorgesehene Versuchsstrafbarkeit nicht über eine Ausweitung des Beihilfe-Begriffs erreicht werden darf (wie hier MK-*Renzikowski* 27f.; *Kindhäuser* LPK 2). 8

D. Unterlassen. Die Tat kann auch durch (unechtes; vgl. oben 5 aE) Unterlassen begangen werden (Ber. 44). **Garantenstellung** haben neben den Sorgeberechtigten auch solche Personen, denen das Opfer zur Erziehung, zur Ausbildung oder zur Betreuung in der Lebensführung anvertraut ist (4ff. zu § 174; III ist insoweit nicht lex specialis zu I); nicht aber zB der Wohnungsinhaber hinsichtlich von ihm untervermieteter Räume (KG NStZ **98**, 571). Die Grenzziehung zwischen aktivem Tun und Unterlassen ist vor allem bei im Fall des I Nr. 2 schwierig (vgl. MDR/D **55**, 269; LK-*Laufhütte* 8; MK-*Renzikowski* 35). 9

E. Erzieherprivileg (I S. 2). Die in Abs. I S. 2 geregelte Tatbestandseinschränkung (Ber. 45; *S/S-Lenckner/Perron/Eisele* 12; *Laubenthal* 465; krit. *Becker* FamRZ **74**, 508) gilt nur für Taten nach I Nr. 2. Die für das Opfer sorgeberechtigte Person (§§ 1626ff., 1793, 1630 BGB), ggf auch ein verantwortlicher Mitarbeiter des Jugendamts (§§ 1791b, 1791c, 1915 BGB), handelt in den Fällen von I Nr. 2 grundsätzlich **tatbestandslos;** sie kann auch nicht Teilnehmer fremder Taten sein 10

(*Lackner/Kühl* 12; **aA** MK-*Renzikowski* 43 [„Strafrechtsausschlussgrund"]; *Schroeder,* Lange-FS 391). Gedacht ist hierbei einmal an den sog. „pädagogischen Notstand" (Ber. 44; Prot. 7/26), der für §§ 180, 181 aF unter Rückgriff auf Gesichtspunkte der Zumutbarkeit behandelt worden ist (vgl. oben 9); zum anderen aber an einen pädagogischen Beurteilungs- und Handlungsspielraum, der vor allem den Eltern gestattet, ihren Kindern eine praktische sexuelle Betätigung zu ermöglichen, die sie unter dem Gesichtspunkt einer sinnvollen, verantwortungsbewussten Sexualerziehung für angebracht halten (Ber. 45; vgl. dazu auch MK-*Renzikowski* 41 f.).

11 Die Privilegierung entfällt (nur) bei **gröblicher Verletzung** der **Erziehungspflicht.** Wann eine solche vorliegt, ist allgemein schwierig zu bestimmen (Prot. VI/1667), zumal die zu beachtenden Vorstellungen des Sorgeberechtigten an Kriterien zu messen sind, für welche übereinstimmende Auffassungen nicht vorhanden sind (vgl. LK-*Laufhütte* 12; *R. Keller,* Baumann-FS 231). Anhaltspunkte für die Grenze staatlicher Eingriffe ergeben sich aus Art. 6 II GG, § 1666 BGB. I S. 2 ist kein Freibrief für das bedenkenlose *Unterlassen* von Erziehung, er enthält aber auch keine strafbewehrte Verpflichtung, Minderjährige nach Maßgabe einer (jeweils) *herrschenden Moral* von sexuellen Betätigungen fernzuhalten. Die Grenze des I S. 2 kann *allgemein* nur so bestimmt werden, dass dem Privileg nicht unterfällt, was auch angesichts des breiten Spektrums verschiedener Auffassungen in der Gesellschaft als schlechthin **unvertretbar** erscheint (ebenso *S/S-Lenckner/Perron/Eisele* 16; *Laubenthal* 468; SK-*Wolters/Horn* 15; MK-*Renzikowski* 49; ähnl. *Laufhütte* JZ **74**, 84, 86). Im Übrigen kann die Grenze **gröblicher Verletzung** der Erziehungspflicht nur nach den **konkreten Umständen** des Einzelfalls bestimmt werden. So kann auch das Gewähren von Gelegenheiten zu nach allgemeiner Beurteilung nicht mehr tolerierbaren Sexualkontakten vom Erziehungsprivileg noch gedeckt sein, wenn dies die einzige Möglichkeit des Sorgeberechtigten ist, über die Lebensführung des Jugendlichen nicht gänzlich die Kontrolle zu verlieren (insg. krit. zum Erziehungsprivileg *Dreher* JR **74**, 51; *Hanack* NJW **74**, 8; *Schroeder,* Lange-FS 391; *Lackner/Kühl* 9; ähnlich wie hier *S/S-Lenckner/Perron/Eisele* 13; SK-*Wolters/Horn* 15).

12 Im Rahmen des Erziehungsprivilegs bleibt es daher **zB** etwa, wenn Eltern ihre 15 Jahre alte Tochter mit deren 17 Jahre altem „festen Freund" in ihrer Wohnung übernachten lassen (Ber. 45). Auch homosexuelle Kontakte scheiden nicht von vornherein aus dem privilegierten Bereich aus. Als **gröbliche Verletzung** ist es idR anzusehen, wenn das Vorschubleisten sich auf ein Kind unter 14 Jahren bezieht; wenn fern liegende, der jugendlichen Psyche fremde oder abträgliche „Experimente" oder sexueller Verkehr eines Jugendlichen mit einem wesentlich älteren Partner gefördert werden; wenn ihrerseits *strafbare* Sexualkontakte zu dem Jugendlichen gefördert werden; bei Verschaffung der Gelegenheit zur Prostitution oder prostitutionsähnlichen Betätigungen (etwa für „Modellagenturen", Foto- oder Video-Verlage mit ersichtlich pornografischer oder prostitutiver Orientierung; Tätigkeiten in Betrieben der „Rotlicht-Szene"); bei Förderung von „Erfahrungen" mit der Gefahr des Abgleitens in wahllose Promiskuität (Prot. VI/1163; *Horstkotte* JZ **74**, 86; MK-*Renzikowski* 49).

13 Die **Wirkungen** des Erziehungsprivilegs für tatbeteiligte **Dritte** sind umstritten. Die ursprünglich vorgesehene Erweiterung von I S. 2 auf Dritte, die mit Einverständnis des Sorgeberechtigten handeln (BT-Drs. VI/3521, 45; BR-Drs. 441/73), ist im Gesetzgebungsverfahren gestrichen worden. Hieraus abzuleiten, Dritte seien in jedem Fall unabhängig von einer Einwilligung des Sorgeberechtigten strafbar (so *Schroeder,* Lange-FS 391, 399; *M/Schroeder/Maiwald* 17/40; *Lackner/Kühl* 13; *Laubenthal* 467), erscheint gleichwohl nicht gerechtfertigt; vielmehr ist zu **unterscheiden:** Liegt eine **Einwilligung** des Sorgeberechtigten nicht vor, so sind nichtprivilegierte Dritte als Täter oder Teilnehmer strafbar; auf eine hypothetische Einwilligung kommt es nicht an (SK-*Wolters/Horn* 16). Dasselbe gilt, wenn eine vorliegende Einwilligung gröblich gegen die Erziehungspflicht verstößt. Bei wirksamer Einwilligung fehlt es für die *Teilnahme* eines Dritten schon an einer strafbaren Haupttat, so dass Anstifter und Gehilfen auch dann straflos bleiben, wenn sie irrig die

Voraussetzungen einer gröblichen Pflichtverletzung annehmen (straflos versuchte Teilnahme; so auch *Laubenthal* 467). Handeln der Sorgeberechtigte und ein Dritter als *Mittäter,* so sind beide straflos, wenn der Dritte nur die Entscheidung des Privilegierten umsetzt; als Täter strafbar ist er nur dann, wenn es ihm überlassen ist, diese Entscheidung nach eigenem Ermessen umzusetzen (ebenso *S/S-Lenckner/Perron/Eisele* 17; SK-*Wolters/Horn* 16; LK-*Laufhütte* 11). Der Dritte handelt vorsatzlos, wenn er sich hiernach im Rahmen einer irrig angenommenen wirksamen Einwilligung hält; sein **Irrtum** über die rechtlichen Grenzen des I S. 2 ist Verbotsirrtum.

4) Förderung entgeltlicher Sexualkontakte (Abs. II). Die Regelung schützt 14
Personen **unter 18 Jahren.** Die Gefahr, dass das Opfer in die Prostitution abgleiten könne, ist gesetzliches *Motiv* (*Horstkotte* JZ **74**, 87), aber nicht Tatbestandsmerkmal. Dass es schon vor der Tat der Prostitution nachgegangen ist, steht der Verurteilung nach II nicht entgegen (MDR/H **77**, 809; SK-*Wolters/Horn* 27; *S/S-Lenckner/ Perron/Eisele* 19). Abs. II unterscheidet zwei Tatvarianten:

A. Bestimmen zu entgeltlichen sexuellen Handlungen. Abs. II, 1. HS 15
setzt voraus, dass der Täter die minderjährige Person **erfolgreich** (StV **96**, 664; vgl. *S/S-Lenckner/Perron* 21) dazu **bestimmt** (13 zu § 174), sexuelle Handlungen **an** oder **vor** einem Dritten vorzunehmen oder **an** sich von einem Dritten vornehmen zu lassen, und zwar **gegen Entgelt** (§ 11 I Nr. 9), dh auf Grund einer *Einigung,* wonach ein geldwerter Vorteil die Gegenleistung für die sexuelle Handlung sein soll (NStZ **95**, 540). Bloßes Bewirten oder Geschenke, um das Opfer geneigter zu machen, reichen also nicht aus (*Laubenthal* 474). Die Grenze zwischen Geschenken und Entgeltleistungen kann, **zB** bei der Abgabe von Betäubungsmitteln (NJW **97**, 334), fließend sein; es kommt stets auf eine zumindest konkludente **Vereinbarung** zwischen dem Dritten und dem Opfer an. Sie muss spätestens während des sexuellen Kontakts geschlossen werden; die Entgeltlichkeit muss für den Jugendlichen ein jedenfalls mitbestimmendes Motiv sein (*S/S-Lenckner/Perron/Eisele* 24; MK-*Renzikowski* 53). Das Entgelt kann auch einem Unbeteiligten (Zuhälter) zufließen; der Täter braucht daran weder beteiligt noch interessiert zu sein (RegE 24; *Horstkotte* aaO 87; vgl. LK-*Laufhütte* 14; SK-*Wolters/Horn* 28, 29). Das Bestimmen muss sich auch auf die Entgeltlichkeit beziehen.

B. Vorschub leisten durch Vermittlung. Abs. II, 2. HS setzt voraus, dass der 16
Täter **entgeltlichen** sexuellen Handlungen durch **Vermittlung** (vgl. dazu oben 4) Vorschub leistet. Gewähren oder Verschaffen von Gelegenheit (oben 5) reicht nicht aus. Die Vermittlung muss sich von vornherein auf entgeltliche Handlungen beziehen. Die Vollendung einer Tat nach II setzt nach allg. Ans. voraus, dass die **sexuellen Handlungen,** denen durch Vermittlung Vorschub geleistet worden ist, **tatsächlich vorgenommen** werden (NJW **97**, 334; NStZ-RR/P **01**, 362 Nr. 47; ebenso LK-*Laufhütte* 16; *S/S-Lenckner/Perron/Eisele* 25; SK-*Wolters/Horn* 37; MK-*Renzikowski* 61; *Laubenthal* 480). Da in II die Merkmale des Bestimmens und des Vorschubleistens durch Vermittlung gleichrangig nebeneinander stehen, würde die Gegenansicht (vgl. oben 8) dazu führen, dass zur Vollendung der Tat nach II einerseits eine vollendete Anstiftung („Bestimmen“) erforderlich ist, andererseits aber eine nur versuchte Beihilfe („Vorschubleisten“) genügt (BGH aaO). Rechtspolitisch zweifelhaft ist, dass das Bestimmen von Personen unter 18 Jahren zu entgeltlichen sexuellen Handlungen strafbar ist, die *Vornahme* solcher Handlungen an dem Jugendlichen aber straflos bleibt (*Schroeder* ZRP **92**, 296; *S/S-Lenckner/Perron/Eisele* 1); der angestrebte Schutz Jugendlicher vor dem Abgleiten in die Prostitution ist hier in einen Schutz des Freiers verkehrt (krit. auch *Laubenthal* 472).

5) Missbrauch von Abhängigkeitsverhältnissen (Abs. III). Der Tatbestand 17
schützt Personen unter 18 Jahren, die dem Täter zur Erziehung, zur Ausbildung oder zur Betreuung in der Lebensführung anvertraut oder im Rahmen eines Dienst- oder Arbeitsverhältnisses *untergeordnet* sind. Die Vorschrift gehört systematisch zu § 174; insoweit wird eine mangelnde Abstimmung mit § 174 kritisiert, etwa weil der Strafrahmen für Fälle, in denen die minderjährige Person zu sexuellen Hand-

lungen *vor einem Dritten* bestimmt wird, nach Abs. III höher ist als bei der Bestimmung zu Handlungen *vor dem Täter selbst* (§ 174 II Nr. 2; krit. *S/S-Lenckner/Perron/Eisele* 26; MK-*Renzikowski* 9). Diese Kritik übersieht aber, dass § 180 III (ebenso wie II) gerade auf die (unrechtssteigernde) Gefährdung der minderjährigen Person durch **Korrumpierung** ihres Sexualverhaltens abzielt.

18 **A. Tathandlung.** Abs. III setzt ein **Abhängigkeitsverhältnis** iS von § 174 I Nr. 1 oder Nr. 2 voraus (vgl. dazu 3ff. zu § 174). Der Täter muss das Opfer **bestimmen** (13 zu § 174), sexuelle Handlungen **an** oder **vor** einem Dritten vorzunehmen oder von einem Dritten **an** sich vornehmen zu lassen; Handlungen des Dritten *vor* dem Minderjährigen reichen nicht aus. Für das Bestimmen reicht jede Art der (dem Opfer bewussten) Veranlassung aus. Sie muss *erfolgreich* sein; bei Erfolglosigkeit ist Versuch nach Abs. IV gegeben. Der **Dritte** muss keine außenstehende Person sein; das Opfer kann auch zu ihm in dem Verhältnis des § 174 I stehen. Der Täter des Abs. III selbst kann aber nicht „Dritter" im Sinne der Vorschrift sein (StV **07**, 184). Eine besondere Absicht iS von § 174 II ist nicht erforderlich.

19 **B. Missbrauch.** Die Bestimmungshandlung muss **„unter Missbrauch der Abhängigkeit"** begangen werden; es muss also das Abhängigkeitsverhältnis und die daraus erwachsende Unterordnung der minderjährigen Person unter den Willen des Täters **kausal** für den Erfolg des Bestimmens sein (vgl. 13ff. zu § 174). Das ist regelmäßig gegeben, wenn die Abhängigkeit vom Täter **ausgenutzt** wird, denn eine bewusste Nutzung der aus den in § 174 I Nr. 1 und Nr. 2 genannten Abhängigkeitsverhältnisse zu sexuellen Zwecken ist stets missbräuchlich.

20 **6) Subjektiver Tatbestand.** Alle Fälle des § 180 setzen **Vorsatz** voraus; bedingter Vorsatz genügt. Er muss das Alter des Opfers sowie insb. auch die tatsächlichen Voraussetzungen der **normativen Merkmale** umfassen; in Abs. II die Entgeltlichkeit, in Abs. I und II die fördernde Wirkung des Vorschubleistens. Zum Vorsatz in den Fällen des Abs. III vgl. auch 16 zu § 174. **Motive** des Täters (Eigennutz, Gewinnsucht) spielen nur für die Strafzumessung eine Rolle, ebenso der Umstand, ob der Täter gewerbs- oder gewohnheitsmäßig handelt. In den Fällen von I S. 2 ist der Vorsatz ausgeschlossen, wenn der Sorgeberechtigte Umstände annimmt, die eine gröbliche Pflichtverletzung ausschließen würden; kennt er die Umstände einer gröblichen Verletzung, so ist seine abweichende Beurteilung Verbotsirrtum.

21 **7) Rechtswidrigkeit.** Aus einer **Einwilligung** der minderjährigen Person ergibt sich kein Rechtfertigungsgrund. Ihre tatsächlichen Voraussetzungen und Umstände sind vielmehr schon bei der Prüfung (normativer) Tatbestandsmerkmale (der „Gröblichkeit" der Pflichtverletzung in Abs. I; des „Missbrauchs" in Abs. III; aber auch des „Bestimmens" in Abs. II) zu erwägen.

22 **8) Versuch (Abs. IV).** Der Versuch ist nur in den Fällen von II, III strafbar. Damit wird dort schon der Beginn des Vorschubleistens und Vermittelns erfasst. Für den Versuch des Bestimmens gelten die Regeln über die versuchte Anstiftung (§ 30) entsprechend. **Vollendet** ist die Tat nach I Nr. 1, wenn auf Grund der Handlungen des Täters der Kontakt zwischen der geschützten Person und dem Dritten hergestellt ist; die Tat nach I Nr. 2, wenn die Bedingungen für die Vornahme von sexuellen Handlungen günstiger gestaltet worden sind (*S/S-Lenckner/Perron* 28); zur Vornahme der sexuellen Handlungen braucht es nach hM in beiden Fällen, anders als in Abs. II und III, nicht zu kommen. Ein **Rücktritt** ist danach nicht möglich; jedoch sollen, wenn nach vollendetem Vorschubleisten der sexuelle Kontakt vom Täter verhindert wird, die Regeln über die Tätige Reue entspr. anwendbar sein (SK-*Wolters/Horn* 8; *S/S-Lenckner/Perron/Eisele* 28). Nach hier vertretener **aA** (oben 8) bedarf es dieser (ihrerseits zweifelhaften) Rücknahme der Konsequenzen aus einer verfehlten Vorverlagerung des Vollendungszeitpunkts nicht.

23 **9) Teilnahme.** Die Teilnahme ist nach allgemeinen Regeln strafbar (ausgenommen an der Tat des Sorgeberechtigten, oben 13). Das Opfer ist als notwendiger

Teilnehmer (6 vor § 25) straflos, auch wenn es selbst anstiftet (RegE 22; allgM). Das gilt nach **hM** auch für den **Dritten** (*Lackner/Kühl* 14; *M/Schroeder/Maiwald* 20/35; LK-*Laufhütte* 19; *S/S-Lenckner/Perron/Eisele* 31; SK-*Wolters/Horn* 24; MK-*Renzikowski* 70; *Laubenthal* 444; vgl. *Sommer* JR **81**, 492; **aA** BGH **10**, 386; **15**, 377 [zu § 180 aF]; *Horstkotte* JZ **74**, 87: Anstiftung möglich); dieser kann nach anderen Vorschriften strafbar sein, zB nach §§ 174ff., 182, und zwar selbst dann, wenn der Sorgeberechtigte nach I S. 2 tatbestandslos handelt. Das gilt auch für andere Teilnehmer, die nach § 180 straflos sind, wenn I S. 2 eingreift. Die Grenze, die durch §§ 174ff., 182 für die Bestrafung sexueller Kontakte mit Minderjährigen gezogen sind, darf nicht durch Strafbarkeit der Teilnahme an Taten nach § 180 I und II unterlaufen werden (*S/S-Lenckner/Perron* 32). Eine Ausnahme gilt für III (oben 17; ebenso *S/S-Lenckner/Perron/Eiusele* 32; **aA** MK-*Renzikowski* 71).

10) Konkurrenzen. II und III können untereinander in Tateinheit stehen; dagegen wird I 24
von II und III verdrängt (NStZ-RR **98**, 299; LK-*Laufhütte* 22; *S/S-Lenckner/Perron/Eisele* 34; *Lackner/Kühl* 15; **aA** *M/Schroeder/Maiwald* 20/36). Tateinheit ist möglich mit §§ 176 I (NStZ **96**, 599) und II, 181, 181a, mit Teilnahme an §§ 174, 176, 176a, 182, sowie zwischen III und § 174 II Nr. 2. II wird von § 232 I verdrängt (vgl. NStZ-RR **98**, 299 [zu § 180b aF). **Sonstige Vorschriften:** vgl. 22 zu § 174.

Ausbeutung von Prostituierten

180a **I Wer gewerbsmäßig einen Betrieb unterhält oder leitet, in dem Personen der Prostitution nachgehen und in dem diese in persönlicher oder wirtschaftlicher Abhängigkeit gehalten werden, wird mit Freiheitsstrafe bis zu drei Jahren oder mit Geldstrafe bestraft.**

II Ebenso wird bestraft, wer

1. einer Person unter achtzehn Jahren zur Ausübung der Prostitution Wohnung, gewerbsmäßig Unterkunft oder gewerbsmäßig Aufenthalt gewährt oder

2. eine andere Person, der er zur Ausübung der Prostitution Wohnung gewährt, zur Prostitution anhält oder im Hinblick auf sie ausbeutet.

Übersicht

1) Allgemeines ... 1, 1a
2) Rechtsgut ... 2
3) Begriff der Prostitution; Neuregelung ... 3–5
4) Betreiben prostitutionsfördernder Betriebe (Abs. I) ... 6–20
5) Wohnungsgewährung zur Prostitution (Abs. II) ... 21–27
6) Subjektiver Tatbestand ... 28
7) Rechtswidrigkeit ... 29
8) Täterschaft und Teilnahme ... 30
9) Rechtsfolgen ... 31
10) Konkurrenzen ... 32

1) Allgemeines. Die Vorschrift gilt idF des 4. StrRG (1f. vor § 174; ferner Hearing: Prot. 1
VI/899, 1102, 1673; Beratungen: Prot. VI/1636, 1724; 7/15, 54, 83), Art. 1 Nr. 3, 4 des 26. StÄG; II Nr. 2 wurde geschlechtsneutral formuliert durch Art. 1 Nr. 28 des 6. StrRG. Durch das ProstitutionsG v. 20. 12. 2001 (BGBl. I 3983) sind die gesetzliche Überschrift (früher: „Förderung der Prostitution") und in Abs. I die Tatvariante der Förderung gestrichen worden (**Mat.:** E-PDS, BT-Drs. 14/4456; E-B90/GR, BT-Drs. 14/5958; Ber., BT-Drs. 14/7174; BR-Drs 817/01; VermA, BT-Drs. 14/7748; zur Gesetzgebungsgeschichte vgl. auch *v. Galen* [1a] 24ff.). **Inkrafttreten:** 1. 1. 2002.

Gesetzgebung: Eine Rücknahme der Änderungen durch das ProstG hat der GesE des BRats, BT-Drs. 15/5657 vorgeschlagen; wieder eingebracht als BT-Drs. 16/1343 (GesA Bay, BR-Drs. 136/06). Die BReg hat in ihrer Stellungnahme auf den (damals noch ausstehenden) **Bericht über die Auswirkungen des ProstG** verwiesen; dieser solle abgewartet werden (BT-Drs. 16/1343, 10). Der Bericht liegt seit Januar 2007 vor (BT-Drs. 16/4146). Er ist zu dem Ergebnis gelangt, dass die mit dem ProstG angestrebten Ziele „nur zu einem begrenzten Teil" erreicht werden konnten (BT-Drs. 16/4146, S. 43f.). An der *tatsächlichen* Situation von

Prostituierten hat sich durch das Gesetz (erwartungsgemäß; vgl. unten 5) wenig geändert. Die BReg hat im Hinblick hierauf die „besondere Priorität" weiterer gesetzlicher und sonstiger Maßnahmen hervorgehoben (ebd. S. 44) und im Einzelnen u. a. angekündigt: Regelung der Strafbarkeit der Freier von Zwangsprostituierten; Anhebung der Schutzaltersgrenze des § 182 (vgl. Erl dort); Wegfall des sog. Vermieterprivilegs.

1a **Literatur:** *Eisenberg* Kriminologie § 5, 9; § 45, 38; *v. Galen*, Rechtsfragen der Prostitution, 2004; *Gleß* ZRP **94**, 436; *ders.*, Die Reglementierung von Prostitution in Deutschland, 1999; *Kelker*, Die Situation von Prostituierten im Strafrecht und ein freiheitliches Rechtsverständnis, KritV **93**, 289; *Leo*, Die strafrechtl. Kontrolle der Prostitution, 1995; *Loosel/Schwägerl*, Prostitution als Problem der öffentlichen Sicherheit u. Ordnung, BayVBl. **92**, 228; *Rautenberg*, Prostitution: Das Ende der Heuchelei ist gekommen, NJW **02**, 650; *Schneider*, Neuere kriminologische Forschungen zur Prostitution, Middendorff-FS 257; *Schmidbauer*, Das Prostitutionsgesetz zwischen Anspruch und Wirklichkeit aus polizeilicher Sicht, NJW **05**, 871; *Schroeder*, Neue Änderungen des Sexualstrafrechts durch das Prostitutionsgesetz, JR **02**, 408; *Sieber/Bögel*, Logistik der Organisierten Kriminalität, 1993; *Stühler*, Prostitution u. öffentliches Recht, NVwZ **97**, 861; *ders.*, Prostitution und Baurecht, NVwZ **00**, 990; *Thielmann*, Die Grenze des Opferschutzes, StV **06**, 41; *Wesel*, Prostitution als Beruf, NJW **99**, 2865.

2 **2) Rechtsgut.** § 180a hat im Wesentlichen **individualschützenden Charakter.** Die Prostitution selbst ist grds (vgl. Anm. zu §§ 184a, 184b) straffrei, wenngleich sozial unerwünscht. Mit der Zurückdrängung eines Allgemeininteresses an „Sittlichkeit" aus dem Kreis *straf*-legitimierender Rechtsgüter (vgl. 6 vor § 174) hat sich die Schutzrichtung der die Prostitution betreffenden Tatbestände der §§ 171, 180 II, 180a; 181a, 182 I Nr. 1, 2. Var. (anders bei §§ 184a, 184b); § 232 gewandelt: In **§ 180a** geschützt sind **persönliche Freiheit** und **wirtschaftliche Unabhängigkeit** von Prostituierten im Hinblick auf die Gefahren, die eine Verfestigung prostitutiver Lebensweise regelmäßig auch für die sexuelle Selbstbestimmung der Betroffenen mit sich bringt (vgl. BGH **38**, 95; NJW **95**, 1687). In **Abs. II Nr. 1** sind Jugendliche besonders geschützt, da bei ihnen die Gefahr der Verfestigung szene-typischer Abhängigkeiten und nachhaltiger, insb. psychischer Schädigung besonders groß ist. Der Rechtsgutsschutz ist in den (abstrakten) **Gefährdungsbereich** vorverlagert; auf eine Einwilligung der betroffenen Personen kommt es grds ebenso wenig an (unten 10c) wie auf den Eintritt von Schäden oder konkreter Gefahren.

3 **3) Begriff der Prostitution; Neuregelung.** Prostitution ist eine zu Erwerbszwecken (nicht notwendig im Sinn beruflicher Tätigkeit) ausgeübte, wiederholte (2 StR 674/82), entgeltliche Vornahme sexueller Handlungen (§ 184f; weiter *v. Galen* [1a] 41f.) an, mit oder vor mit (zumeist) wechselnden Partnern (NStZ **00**, 86; **00**, 368f.; NStZ-RR **97**, 294; 3 StR 135/01; *Dencker* NStZ **89**, 249, 251), bei welcher die sexuelle Beziehung nicht in ein persönlich-emotionales Verhältnis integriert und dies auch nicht angestrebt ist; es handelt sich somit um eine **Dienstleistungsbeziehung,** in welcher sexuelle Handlungen der sich prostituierenden Person als entgeltliche Leistung (vgl. § 1 ProstG) angeboten werden (vgl. EuGH NVwZ **02**, 326, 329; vgl. dazu *Lenze* EuGRZ **02**, 106ff.). Es reicht nicht aus, dass ein Dritter ohne Kenntnis der betroffenen Person ein Entgelt erlangt (3 StR 135/01). Weiß diese, dass für ihre sexuellen Handlungen ein Entgelt vereinbart wurde, so ist aber weder erforderlich, dass sie selbst die Vereinbarung getroffen hat noch dass sie das Entgelt erlangt. Erforderlich ist ein direkter (wenngleich nicht unbedingt körperlicher) Kontakt zwischen der Prostituierten und dem Kunden. **Keine Prostitution** ist daher das entgeltliche Vorführen sexueller Handlungen vor einem unbestimmten Kreis von Personen (**Striptease;** „Live-Shows"; LK-*Laufhütte* 4); auch nicht Mitwirken als Darsteller in einem Pornofilm. Da das Aussprechen von Worten mit sexueller Bedeutung, wie sich aus § 176 IV Nr. 4 ergibt, keine sexuelle Handlung iS von § 184f ist, unterfällt auch entgeltlicher **Telefonsex** dem Begriff nicht (MK-*Renzikowski* 19).

3a Die **Formen** der Prostitution sind vielfältig (haupt- und nebenberufliche oder Gelegenheitsprostitution; Bordell-, Straßen-, Wohnungs-, „Club"- und „Studio"-Prostitution; Haus- und Hotelbesuchs-Prostitution; grds. auch Telefonsex), ebenso die Gründe (Armuts- und *„Luxus"*-Prostitution; Drogenabhängigkeit; soziale oder psychische Verwahrlosung; aber auch schlichtes Erwerbs- oder Aufstiegsinteresse). Die Grenzen sind fließend (**zB** im Bereich von Begleit-Agenturen, in der „Club"- und Bar-Szene; im Bereich längerfristigen „Ausgehalten"-Werdens). In Deutschland gehen ständig mindestens 200 000 Personen (meist Frauen) der

Prostitution nach (BT-Drs. 14/5958, 4: 400000); ein nicht unerheblicher Teil davon (mit illegalem oder ungesichertem Aufenthaltsstatus) aus Ländern Osteuropas, Asiens und Afrikas. Die geschäftlichen und logistischen Strukturen der Prostitution sind auf Grund der hohen Gewinnmöglichkeiten und der strukturell schutzlosen Situation der Prostituierten seit jeher Anreiz für organisierte Kriminalität (insb. Menschenhandel und Zuhälterei) mit hoher Begleitkriminalität (Sexualdelikte ieS; Gewaltkriminalität; Waffen- und BtM-Handel); sie reichen von der „klassischen", sozial randständigen Zuhälterszene der sog. Rotlichtbezirke über international verflochtene Banden zur Einschleusung und Vermarktung von Prostituierten insb. aus Armutsländern in die EU-Staaten bis in Bereiche allgemeiner Wirtschaftskriminalität.

Neuregelung. Durch das **ProstG** vom 20. 12. 2001 (vgl. oben 1) wurde eine soziale Gleichstellung (vor allem berufsmäßiger) Prostituierter angestrebt, namentlich durch rechtliche Anerkennung des Entgeltanspruchs für sexuelle Handlungen oder das „Sich-Bereithalten" hierzu im Rahmen eines Beschäftigungsverhältnisses (§ 1 ProstG) sowie durch gesetzliche Klarstellung der Sozialversicherungspflicht im Rahmen abhängiger Prostitutionstätigkeit (§ 3 ProstG; zum **zivil**rechtlichen Rechtsverhältnis vgl. *Bergmann* JR **03**, 270 ff.; *v. Galen* [1 a] 44 ff.). Für das **Strafrecht** ergeben sich hieraus insb. Folgerungen für die Beurteilung der Rechtswidrigkeit von vermögensrechtlichen Ansprüchen aus Prostitutionsverträgen (vgl. 64 ff. zu § 263; 14 a zu § 253). Der Tatbestand des I Nr. 2 aF, der die Förderung der Prostitutionsausübung durch Inhaber oder Leiter von Prostitutionsbetrieben unabhängig von einem „Halten in Abhängigkeit" (unten 10) unter Strafe stellte, ist gestrichen worden, weil die Herstellung sozial abgesicherter und angenehmer (und damit tätigkeitsfördernder) Arbeitsbedingungen für eine freiwillige, nicht auf Ausbeutung beruhende Prostitutionstätigkeit erwachsener Personen kein strafwürdiges Unrecht verwirklicht (vgl. VG Berlin NJW **01**, 983; vgl. auch BVerwG NVwZ **02**, 339; zur Niederlassungsfreiheit innerhalb der EU vgl. VGH Mannheim NVwZ **00**, 1070; zur Einreise von sog. **Positivstaatlern** zur Prostitutionsausübung vgl. 5 StR 3/04 [zu §§ 10, 11 **SchwarzarbeitsbekämpfungsG**]). Die Bestrafung des Herstellens einer angenehmen Arbeitsatmosphäre in § 180 aF vermochte zur „Bekämpfung" unerträglichen sozialen Verhaltens nichts beizutragen (vgl. auch *Rautenberg* NJW **02**, 650 f.); durch die Neuregelung sollte die Herstellung besserer Arbeitsbedingungen für Prostituierte gefördert und Bordellbetreibern die Möglichkeit gegeben werden, bei ihnen beschäftige Personen bei der Sozialversicherung anzumelden, ohne sich der Gefahr der Strafverfolgung auszusetzen (vgl. BT-Drs. 14/5958, 4; BT-Drs. 7174, 7 f.). Die Regelung (vgl. auch § 181 a) ist insoweit zu begrüßen, als sie klarstellt, dass es in den §§ 180 a um den Schutz **von** und nicht **vor** Prostituierten geht (zust. auch MK-*Renzikowski* 2 und 41 f. vor § 174). 4

Die **Gesamt-Regelung** bleibt freilich **widersprüchlich:** Mit einem Verständnis von Prostitution als „normale" Berufstätigkeit ist § 181 a I Nr. 2 teilweise schwer vereinbar, denn dort werden sozialübliche Handlungen von Arbeitgebern beschrieben (vgl. 12, 13 a, 14 zu § 181 a; krit. auch *v. Galen* [1 a] 346 f.). Widersprüchlich ist auch die Fortgeltung der §§ 184 c, 184 d. Dass die Regelungen des ProstG die **Wirklichkeit** überhaupt treffen und die erhofften Wirkungen haben können, ist zu bezweifeln, denn dass sich Prostituierte in nennenswerter Zahl bei Finanzämtern und Versicherungsträgern melden, ist weder eingetreten noch konnte es ernstlich erwartet werden (so auch zutr. BT-Drs. 16/1343, 8 [GesE des BRats]). Zweifelhaft ist daher, ob durch die Neuregelung der **faktische Schutz** der Mehrheit von Prostituierten verbessert wurde (zutr. zweifelnd auch *Windel* JR **05**, 85, 86). Die Chance der Verwirklichung von Vorstellungen selbstbestimmter Sexualdienstleistung dürfte auf eine Minderheit beschränkt bleiben, die auch vor der Neuregelung eher nicht zu den Opfern des Prostitutionsmarktes gehörte (zur problematischen Überziehung der *Opfer*-Perspektive vgl. zutr. *Thielmann* StV **06**, 41, 44 ff.). Der BTag hatte mit Entschließung vom 19. 10. 2001 (vgl. BT-Drs. 14/7174 – Nr. 2; BR-Drs. 817/01 – Beschl.) die BReg. aufgefordert, nach Ablauf von 3 Jahren über die Auswirkungen des ProstG zu **berichten** und die Notwendigkeit der **§§ 119, 120 OWiG** zu überprüfen. Dieser Bericht ist im Januar 2007 vorgelegt worden (BT-Drs. 16/4146; vgl. dazu oben 1). 5

4) Betreiben prostitutionsfördernder Betriebe (Abs. I). Der Tatbestand des Abs. I stellt das Unterhalten oder Leiten von Bordellen oder bordellartigen Betrieben unter Strafe, wenn dies aus Erwerbsinteresse geschieht **und** die Prostitutionsausübung innerhalb des Betriebs durch den Täter oder Dritte in einer Form organisiert oder bestimmt ist, durch welche die als Prostituierte tätigen Personen an einer freien Selbstbestimmung über das Ob und Wie der Tätigkeit gehindert werden. Über den Bereich der Täterschaft oder Teilnahme an Taten nach §§ 232, 181 a hinaus will das Gesetz auch solche Personen erfassen, die eine solche Lage der Prostituierten zwar nicht selbst herstellen, aber durch bestimmenden Einfluss auf betriebliche Strukturen aus Erwerbsinteresse ausnutzen. Dass dies gerade in den prob- 6 lematischen Fällen schon durch die Anknüpfung an die Art des Betriebs geleistet werden kann, ist nicht zweifelsfrei (vgl. unten 11).

7 **A. Prostitutionsbetrieb.** Voraussetzung ist das Vorliegen eines **Betriebs,** in dem eine Mehrzahl von Personen (NStZ **95**, 179; **00**, 657 [zwei Personen ausreichend]; Frankfurt NJW **78**, 386; Bay NStZ **94**, 396 [eine Person nicht ausreichend]; *S/S-Lenckner/Perron/Eisele* [mindestens zwei]; ebenso SK-*Wolters/Horn* 3; MK-*Renzikowski* 23) der Prostitution nachgehen. Nicht erforderlich ist, dass zu jedem Zeitpunkt mehrere Prostituierte tätig sind, wenn der Betrieb nur grds hierauf ausgerichtet ist. Der Begriff des Betriebs stellt wesentlich auf den **räumlichen Zusammenhang** ab, setzt aber eine **organisatorische,** wirtschaftliche und personelle Zusammenfassung voraus. Daher ist eine Gastwirtschaft, in welcher Prostituierte Kunden suchen, kein Betrieb iS von I; auch nicht ein Appartementhaus, in dem Wohnungen – ggf. auch einzelne Sonder-Räumlichkeiten zur kurzfristigen Benutzung, aber ohne weitere, zentral organisierte Leistungen – an Prostituierte vermietet werden (vgl. Frankfurt NJW **78**, 386). Ob ein von zwei Prostituierten gemeinsam betriebenes „Studio" ein Betrieb ist, hat NStZ **94**, 32 offen gelassen, da die „Leitung" die Prostituierten selbst (und nicht der ausbeutende Zuhälter) innehatten. Der Betrieb muss nicht allein oder vorwiegend auf die Prostitutionsausübung ausgerichtet sein; es reicht, wenn diese als Bestandteil in die betriebliche Organisation integriert ist. Betrieb ist auch die Organisation einzelner Formen von **Straßenprostitution,** wenn sie über die übliche individuelle „Schutz"-Gewährung und Abschirmung hinausgeht und einen räumlich-organisatorischen Zusammenhang unter **einheitlicher Leitung** schafft (Zulassung und Ausschluss von Prostituierten, Zuweisung von Stellplätzen, Vermietung von Wohnwagen, Organisation von Sicherheitsdiensten, Verpflichtung zur Inanspruchnahme einheitlicher entgeltlicher Dienstleitungen, usw.; so auch MK-*Renzikowski* 24; **aA** *v. Galen* [1 a] 327 f.).

8 In dem Betrieb, dh in einem ihm räumlich und organisatorisch eingegliederten Bereich, müssen Personen **der Prostitution nachgehen** (vgl. auch 3 zu § 184 a). Es müssen daher dort zumindest Handlungen stattfinden, die *unmittelbar* auf entgeltliche sexuelle Handlungen abzielen (vgl. NStZ **00**, 86; NStZ-RR **97**, 294; BGHR § 181 a I Nr. 1 Konk. 3; 3 StR 135/01); es reicht aus, wenn *entweder* die sexuellen Handlungen *oder* das persönliche Anwerben der Kunden planmäßig in dem Betrieb stattfinden. Agenturen zur **Vermittlung** von Prostituierten werden nicht von § 180 a, sondern von § 181 a II erfasst (SK-*Wolters/Horn* 3; *S/S-Lenckner/Perron/Eisele* 4; MK-*Renzikowski* 24). **Telefonsex-** oder ähnliche Betriebe, in denen sexuelle Dienstleistungen im Wege der Fernkommunikation angeboten werden (zB „Life-Cams" im Internet), unterfallen dem Tatbestand nicht (oben 3).

9 **B. Halten in Abhängigkeit.** Die der Prostitution nachgehenden Personen müssen in dem Betrieb in Abhängigkeit gehalten werden; es reicht aus, wenn dies bei einzelnen Personen der Fall ist (NStZ **95**, 179 f.; MK-*Renzikowski* 26).

10 **a) Abhängigkeit** ist als Gegenbegriff zu dem in der Neufassung des § 181 a II verwendeten Begriff der „Unabhängigkeit" zu verstehen und kann sich nach dem Sinn der Vorschrift nur auf das Selbstbestimmungsrecht über die Ausübung der Prostitution beziehen (daher zB kein Halten in Abhängigkeit, wenn einer *BtM-abhängigen* Prostituierten in einem Betrieb Gelegenheit zur Prostitutionsausübung gegeben wird; vgl. auch *Heger* StV **03**, 350, 351). Diese Freiheit der Selbstbestimmung kann – wie bei anderen Tätigkeiten – in vielfältiger Weise durch persönliche, wirtschaftliche oder sonstige Umstände beeinträchtigt sein; erfahrungsgemäß sind jedoch betriebliche Strukturen iS von I besonders geeignet (und meist bestimmt), eine Verstrickung der Betroffenen zu begründen oder zu fördern, welche die Möglichkeiten einer selbstbestimmten Entscheidung zur Aufgabe der Prostitution wesentlich erschwert. Die alternativ verwendeten Begriffe der **persönlichen** und der **wirtschaftlichen** Abhängigkeit (vgl. dazu etwa NStZ **95**, 179, 180; StV **00**, 357, 361; **03**, 617; 4 StR 408/01; 1 StR 313/02) bezeichnen im Grunde nur unterschiedliche Arten der *Herbeiführung* von Abhängigkeit: Wer wirtschaftlich *un*abhängig ist,

wird schwerlich in dem von I gemeinten Sinn persönlich abhängig sein; persönliche Unabhängigkeit bei wirtschaftlicher Abhängigkeit lässt sich schwer vorstellen (ebenso MK-*Renzikowski* 27). Es handelt sich nur um zwei Seiten derselben Medaille.

b) Da durch die Streichung von I Nr. 2 aF eine durch **freie Beschäftigung** begründete Abhängigkeit aus dem Tatbestand gerade ausgeschlossen werden sollte (zutr. *v. Galen* [1 a] 335), kommt es für die Unrechtsbestimmung wesentlich auf das **„Halten"** an, das iS von **„Festhalten"** zu verstehen ist. Erforderlich sind nach Rspr und hM gezielte und fortdauernde Einwirkungen, durch welche der Zustand der Abhängigkeit einseitig **gegen den Willen** der betroffenen Person (vgl. unten 10 c) herbeigeführt oder aufrecht erhalten wird (StV **03**, 617; Düsseldorf StV **03**, 165; BT-Drs. 14/5958, 5; vgl. auch *S/S-Lenckner/Perron/Eisele* 8; LK-*Laufhütte* 9). Das kann **zB** durch Beschneidung der Dispositionsfreiheit über das Ob, Umfang und Umstände der Prostitution (nach gängigem Sprachgebrauch „persönliche" Abhängigkeit) oder durch Vorenthalten von ausreichenden Mitteln oder Beschränkung der Verfügungsgewalt über das Entgelt („wirtschaftliche" Abhängigkeit) erreicht werden (vgl. LK-*Laufhütte* 8); die Voraussetzungen einer Ausbeutung iS von § 181 a I Nr. 1 müssen im letzteren Fall nach hM nicht erreicht werden (NStZ **95**, 180). Auf die Rspr zu § 180 aF (vgl. 50. Aufl. 7) kann insoweit kaum zurückgegriffen werden; ein Halten in Abhängigkeit liegt nicht schon bei (auch gezielter) Verstrickung einer Person in „frei vereinbarte" Prostitutionstätigkeit vor. **Nötigende** Handlungen iS von § 240 I reichen regelmäßig aus; es kommen aber auch im Grenzbereich der Nötigung liegende **Einwirkungen** in Betracht; **zB** Wegnehmen des Passes (vgl. BGH **45**, 158 [zu § 180 b aF]; NStZ **95**, 179); Reglementierung oder Verbot der Entfernung aus dem Betrieb (vgl. NStZ **00**, 657; 3 StR 313/02); mit Sanktionsdrohungen verbundene Reglementierung der Prostitutionstätigkeit selbst (Mindestzahl von Kunden; Dauer der einzelnen Dienstleistung; Art und Umfang sexueller Handlungen); Vorenthalten des Entgelts oder Verrechung mit überhöhten Forderungen (vgl. § 181 a I Nr. 1). 11

Hiermit lassen sich relativ unproblematisch Fälle erfassen, die oft schon die Voraussetzungen der §§ 232, 181 a erfüllen, in denen also Zwangsmaßnahmen von dem Inhaber oder Leiter des Prostitutionsbetriebs selbst ausgehen. **Nicht** erfasst sind andererseits „freie" Beschäftigungsverhältnisse; nach dem GesE des ProstG (oben 1) ist ein Halten in Abhängigkeit nur gegeben, wenn die Prostituierten „an einer Selbstbefreiung bzw. Loslösung aus dem Abhängigkeitsverhältnis gehindert werden"; nicht aber bei einem „rechtlich wirksamen Beschäftigungsverhältnis, das Prostituierten eine jederzeitige Selbstbefreiung bzw. Loslösung aus dieser vertraglichen Beziehung ermöglicht" (BT-Drs. 14/5958, 5; vgl. auch StV **03**, 617). 12

Die **Lebenswirklichkeit** ist von sozialromantischen Vorstellungen weit entfernt; sie liegt *neben* oder *zwischen* diesen Fällen: Die Mehrzahl der betroffenen Frauen ist weder an Sozialversicherungspflicht interessiert noch im strafrechtlich fassbaren Sinn „unfreiwillig" tätig, gleichwohl regelmäßig in vielfältige Abhängigkeiten verstrickt (Konsumschulden; Schulden aus Schleusung oder Vermittlungsvereinbarung; ausländerrechtliche Illegalität; Alkohol- oder Drogenabhängigkeit; usw.); sie sind außerhalb wie innerhalb der Prostitutionsbetriebe erheblichen Reglementierungen und sonstigen Einwirkungen ausgesetzt und gehören auch im bürgerlichen Leben nicht zu den Gewinnern der *Modernisierung*. Der **Wille des Gesetzgebers,** soweit er in Materialien erkennbar ist, pendelt unschlüssig zwischen der Vorstellung von selbstbestimmter Arbeitnehmer-Tätigkeit und sozialpädagogischen Anregungen zu „Selbstbefreiung" und „Umschulungs-(!)Maßnahmen für Ausstiegswillige" (BT-Drs. 14/7174, 7; vgl. auch unten 26; MK-*Renzikowski* 37 f. vor § 174). 13

Für die Anwendung des Straftatbestands kommt es auf das Rechtsgut der **Selbst-Bestimmung** an. Problematisch ist dies etwa im Hinblick auf **disziplinarische Maßnahmen** (zB in Form von Strafgeldern, Hausarrest, Zuweisung unangenehmer Tätigkeit, Gewaltmaßnahmen, „Verkauf"); sie werden nicht nur in Fällen von Arbeitsverweigerung oder zu geringem Verdienst verhängt, sondern zB auch wegen übermäßigem Alkohol- oder Drogenkonsum; Streitigkeiten mit Kunden; 14

Straftaten gegen andere Prostituierte; Verhalten, das zu behördlichen Ermittlungen führt und das Geschäft behindert. Keineswegs alle solche Maßnahmen können, auch wenn sie die Verstrickung der betroffenen Personen tatsächlich fördern und einer „Selbstbefreiung" entgegenwirken, als „Halten in Abhängigkeit" angesehen werden (vgl. auch StV **03**, 617). Unabhängig von einer möglichen Strafbarkeit nach anderen Vorschriften (zB §§ 240; 223; 180b ff.) kommt es für § 180a I nur auf die **Möglichkeit** der Prostituierten an, die Prostitutionstätigkeit in dem konkreten Betrieb zu **beenden,** wesentlich **einzuschränken** oder inhaltlich wesentlich zu **ändern**: Wer jederzeit gehen kann, wird nicht in Abhängigkeit gehalten.

15 **c)** Problematisch ist in diesem Zusammenhang die Einordnung der **Freiwilligkeit:** Der **Wortlaut** verlangt nötigenden Zwang weder hinsichtlich der Prostitutionstätigkeit selbst noch hinsichtlich der einzelnen Maßnahmen zur Begründung von Abhängigkeit. Nr. 1 ist daher jedenfalls auch dann anwendbar, wenn die betroffene Person sich **freiwillig** zur Prostitutionsausübung in den Betrieb begeben hat und dort auch freiwillig verbleibt. Im Hinblick auf **einzelne Maßnahmen** geht die Rspr einschränkend davon aus, ein „Halten in Abhängigkeit" setze einseitige, **gegen den Willen** der Prostituierten durchgeführte oder aufrechterhaltene Einschränkungen voraus (vgl. etwa NStZ **95**, 179, 180; StV **03**, 617; 1 StR 313/02; Düsseldorf StV **03**, 165).

16 Das ist nicht unzweifelhaft, denn strafwürdig ist auch derjenige, der sich *freiwillige* Abhängigkeit gewerbsmäßig zunutze macht. Die etwas lyrisch anmutende Gesetzesbegründung („Hinderung an der Selbst-Befreiung"; vgl. BT-Drs. 14/7174, 5) unterstellt, ein Wille zur „Befreiung" sei quasi tätigkeits-immanent. In die **Lebenswirklichkeit** ist der Wunsch nach „Selbst-Befreiung" bei einer großen Anzahl Betroffener entweder nicht vorhanden oder ambivalent, und es finden sich jederzeit genügend Personen, die „freiwillig" bereit sind, unter *abhängigen* Bedingungen der Prostitution nachzugehen; die Mehrzahl der Betroffenen fühlt sich beim Zugriff der Polizei nicht „befreit", sondern „erwischt". Der Strafverfolgung von *Evidenz*-Fällen ist daher ein Moment der Zufälligkeit eigen, wenn der „Wille zur Selbstbefreiung" aus der *nachträglichen* Sicht von (abschiebungshindernden) Opfer-Schutzprogrammen rekonstruiert wird.

17 **d)** Die Abhängigkeit muss **in dem Betrieb** bestehen. Eine allein iS des Arbeitsrechts „abhängige" Tätigkeit reicht hierzu nicht aus (vgl. BT-Drs. 14/5958, 5); ebenso wenig eine Abhängigkeit von der Prostitutionstätigkeit als solcher ohne Verbindung zu dem Betrieb (MK-*Renzikowski* 29). Abhängigkeit iS von I liegt vielmehr nur vor, wenn persönliche oder wirtschaftliche Verpflichtungen eine Lösung gerade von dem vom Täter unterhaltenen oder geleiteten Betrieb gegenüber durchschnittlichen Beschäftigungsverhältnissen zumindest erheblich erschweren. Die tatsächlichen Voraussetzungen der Abhängigkeit müssen nach dem Wortlaut des I vom Täter nicht selbst herbeigeführt oder aufrecht erhalten werden; sie können nach allg. Ansicht auch von **dritten,** außerhalb des Betriebs stehenden Personen geschaffen sein.

18 Es erscheint freilich schwer vorstellbar, wie man (vorsätzlich) einen Betrieb, „in" welchem ein Halten in Abhängigkeit stattfindet, „leiten" könnte, *ohne* hieran ursächlich beteiligt zu sein. Da es für den Tatbestand gerade auf die **betriebliche Struktur** ankommt, kann weder ein bloßes „Dulden" hiervon unabhängiger fremder Handlungen ausreichen noch kann eine Verantwortlichkeit für auf den Betrieb bezogene fremde Handlungen von vornherein ausscheiden. Eine praktikable und der gesetzlichen Zielrichtung entsprechende **Eingrenzung** ergibt sich, wenn berücksichtigt wird, dass die Tatbestandsfassung rechtspolitisch und kriminologisch ein **Beweisproblem** materiell zu regeln versucht, welches auf der arbeitsteiligen Struktur des Marktes selbst beruht (vgl. auch die deliktsspezifische Regelung des § 291 I S. 2): Wer (gewerbsmäßig) davon profitiert, dass in seinem Betrieb abhängig gehaltene Personen der Prostitution nachgehen, soll sich nicht darauf berufen können, dass die konkreten Ursachen hierfür ohne seine Mitwirkung gesetzt wurden. Eine **Limitierung** der Zurechnung muss da erfolgen, wo die vom Täter zu verantwortende betriebliche Struktur ohne jeden Bezug zu außerbetrieblichen objektiven oder subjektiven Umständen bleibt. Es reicht daher nicht aus, dass gegenüber Dritten abhängige Prostituierte in dem Betrieb der Prostitution nachgehen; vielmehr muss die Abhängigkeit **in den Betrieb integriert** sein.

Praktisch heißt dies: Abs. I erfüllt stets ein Betriebsinhaber oder -leiter, der abhängigkeitsbegründende Maßnahmen selbst trifft oder anordnet; weiterhin derjenige, der veranlasst oder in sonstiger Weise zu verantworten hat, dass von dritter Seite – sei es von außen (zB Zuhälter) oder von innen (zB Konkurrenten) – getragene Maßnahmen einen bestimmenden Einfluss auf die betriebliche Struktur selbst und damit auf die Tätigkeit der Prostituierten nehmen. Nicht tatbestandsmäßig ist das Leiten oder Unterhalten eines Betriebs, in welchem in Abhängigkeit gehaltene Personen der Prostitution nachgehen, wenn diese Umstände weder vom Täter verursacht noch durch die Betriebs-Organisation gefördert werden (ähnlich MK-*Renzikowski* 29). **19**

C. Tathandlung. Abs. I setzt voraus, dass der Täter einen Betrieb der genannten Art in **gewerbsmäßiger** Weise (vgl. 62 vor § 52, 6 zu § 28) unterhält oder leitet**;** die Begriffe gehen weiter als der des gewerberechtlichen „Betreibens" (vgl. dazu BGH **47**, 285, 289). Die Tat ist daher **Sonderdelikt** (NStZ **89**, 68; SK-*Wolters/Horn* 12; *Laubenthal* 597). Das **Unterhalten** setzt eine wirtschaftliche Inhaberschaft voraus; das **Leiten** (vgl. 10 zu § 14) eine Stellung (**zB** als Geschäftsführer), in welcher der Täter nicht nur im Einzelfall wesentliche organisatorische, personelle oder wirtschaftliche Entscheidungen selbstständig trifft. Eine Stellung als „Wirtschafter" eines Bordellbetriebs oder als weisungsabhängige Aufsichtsperson reicht daher nicht aus. Täter können auch mehrere zugleich sein; Täter des Unterhaltens auch Gesellschafter von Personen- oder Kapitalgesellschaften. Das Opfer selbst kann nicht Täter des Abs. I sein. **Nicht** erfasst sind daher von Prostituierten selbst geleitete Betriebe, auch wenn die „Betriebsleiterinnen" ihrerseits Opfer von Taten nach § 181 a I Nr. 1 sind (vgl. etwa NStZ **94**, 32). **20**

5) Wohnungsgewährung zur Prostitution (Abs. II). Der Tatbestand des Abs. II erstreckt die Strafdrohung auf **abstrakt gefährliche** prostitutionsfördernde Handlungen gegen einzelne Personen, unabhängig vom Vorliegen eines Betriebs. **21**

A. Aufenthaltsgewährung an Minderjährige (II Nr. 1). Täter nach II Nr. 1 ist, wer einer **Person unter 18 Jahren** mittelbar (bei Untervermietung; vgl. BGH **10**, 193) oder unmittelbar **Wohnung** (dh eine Räumlichkeit, die außer zur ständigen Benutzung auch zum Übernachten dient), **Unterkunft** (Räumlichkeit zur Benutzung, aber regelmäßig nicht zum Übernachten oder als Lebensmittelpunkt bestimmt; zB Zimmer in einem Bordell) oder **Aufenthalt** (dh Anwesenheit an einer Örtlichkeit, auch im Freien, zur vorübergehenden Nutzung) gewährt. Die Gewährung muss tatsächlich stattfinden; eine vertragliche Grundlage ist nicht erforderlich (BGH **10**, 194) und allein nicht ausreichend. **22**

Es reicht aus, dass die minderjährige Person die Prostitution erstmals aufnehmen soll (Prot. VI/1730; *Laubenthal* 603; MK-*Renzikowski* 35). Das bloße Wohnen einer Person, die anderswo der Prostitution nachgeht, reicht nicht aus (aaO; Ber. 48; BGH **9**, 71); die Prostitutionsausübung muss in der Räumlichkeit beabsichtigt sein. Die Gewährung muss **zur Prostitutionsausübung** erfolgen; dies setzt ein zumindest stillschweigendes **Übereinkommen** voraus, so dass die bloße Duldung der Prostitutionsausübung den Tatbestand nicht erfüllt (*S/S-Lenckner/Perron* 17). II Nr. 1 begründet daher keine Garantenpflicht von Wohnungsinhabern, Barbetreibern oder Hoteliers, gegen eine ohne ihr Einverständnis erfolgende Prostitutionsausübung von Minderjährigen in ihren Räumen einzuschreiten (*S/S-Lenckner/Perron/Eisele* 17). Dass es tatsächlich zur Ausübung der Prostitution kommt, ist nicht erforderlich (MK-*Renzikowski* 35; SK-*Wolters/Horn* 17; *S/S–Lenckner/Perron/Eisele* 17). **23**

Die Überlassung von Wohnung kann entgeltlich oder unentgeltlich geschehen; die Begründung eines Wohnsitzes ist nicht erforderlich. Dagegen ist die Überlassung von Unterkunft (**zB** Stundenhotel; Eros-Center) oder Aufenthalt (**zB** Bar; „Club") nur tatbestandsmäßig, wenn sie **gewerbsmäßig** (62 vor § 52) erfolgt. Eine Ausbeutung ist nicht erforderlich. Die Gewerbsmäßigkeit muss sich gerade auch auf die Unterkunfts- oder Aufenthaltsgewährung zur Prostitutionsausübung beziehen. **24**

25 **B. Wohnungsgewährung zur Prostitution (II Nr. 2).** Täter nach II Nr. 2 kann sein, wer einer anderen Person zur Ausübung der Prostitution **Wohnung gewährt** (oben 15; Unterkunft oder Aufenthalt reichen hier nicht aus, NStZ **83**, 220; Ber. II, 10; Prot. VI/83; vgl. MDR/D **52**, 273; daher sind insb. Hotels nicht erfasst). Auf das Alter der Person kommt es nicht an.

26 **a)** Nach der **1. Var.** muss der Täter die Person **zur Prostitution anhalten,** dh wiederholt iS einer andauernden und nachdrücklichen Beeinflussung (NStZ **83**, 220; MK-*Renzikowski* 40) auf sie einwirken (zum Begriff NStZ-RR **05**, 234), der Prostitution nachzugehen. Die Ansicht *v. Galens* ([1a] 344 f.), unter der Geltung des ProstG habe die Vorschrift keinen Anwendungsbereich mehr, da das Anhalten zu sozialversicherungspflichtiger Berufstätigkeit keine Straftat sein könne, ist mit dem Gesetzeswortlaut nicht vereinbar und entspricht auch nicht dem Willen des Gesetzgebers: Dieser hält es keineswegs für erstrebenswert, dass möglichst viele Personen der Prostitution nachgehen (**zB** keine Arbeitsvermittlung durch die BA für Arbeit [vgl. BT-Drs. 15/1474]; keine Förderung berufsqualifizierender Maßnahmen; keine Beihilfen oder Investitionsanreize zur Einstellung von Langzeitarbeitslosen als Prostituierte; keine Sperrfrist gem. § 144 I SGB III bei Kündigung in der Absicht, die Tätigkeit aufzugeben [BA f. Arbeit, DVO zu § 144 SGB III, Ziff. 1. 7. 2]). **Kausalität** des Anhaltens für die Aufnahme oder Fortsetzung der Prostitution ist nach hM nicht erforderlich (SK-*Wolters/Horn* 26; LK-*Laufhütte* 16; *Laubenthal* 605; zw.; **aA** *S/S-Lenckner/Perron/Eisele* 20). Erforderlich ist jedoch, dass die Prostitution tatsächlich ausgeübt (ebenso *S/S-Lenckner/Perron* 20; MK-*Renzikowski* 41; **aA** SK-*Wolters/Horn* 26; LK–*Laufhütte* 16; *Laubenthal* 605) und dass die Wohnung hierzu gewährt wird.

27 **b)** Nach der **2. Var.** muss der Täter die Person, der er Wohnung gewährt, **im Hinblick** auf die tatsächliche **Ausübung der Prostitution,** dh unter Ausnutzung dieses Umstandes **ausbeuten** (6 ff. zu § 181 a). Das kann schon angenommen werden, wenn Leistung und Gegenleistung in deutlichem Missverhältnis stehen, insb. wenn der Mietzins mit Nebenleistungen als eindeutig übersetzt anzusehen ist. Dabei können die Grundsätze für den Mietwucher (17 zu § 291) herangezogen, aber eine Vergütung für besondere Leistungen und ein sog. Unbequemlichkeitszuschlag anerkannt werden (vgl. Bay NJW **55**, 1198; GA **61**, 88; *S/S-Lenckner/Perron* 21; **aA** MK-*Renzikowski* 43). „Im Hinblick" auf die Prostitution erfolgt die Ausbeutung, wenn der Täter sich gerade die Schwierigkeit der Prostituierten, eine Wohnung zur Prostitutionsausübung zu finden, zunutze macht. Erforderlich ist eine **spürbare Verschlechterung der wirtschaftlichen Lage** des Opfers (**aA** noch MDR/D **74**, 722; dagegen GA **87**, 261 mwN); dieses muss aber nicht in Bedrängnis oder Not geraten (BGH **10**, 194). Der Betriff des Ausbeutens entspricht nach hM (GA **87**, 261; *Lackner/Kühl* 7; *S/S-Lenckner/Perron/Eisele* 21; SK-*Wolters/Horn* 27; MK-*Renzikowski* 42; *Laubenthal* 606; einschr. LK-*Laufhütte* 17) dem des § 181 a I Nr. 1; die Strafrahmendifferenz ist daher schwer verständlich (*M/Schroeder/Maiwald* 21/17).

28 **6) Subjektiver Tatbestand.** In allen Fällen des § 180 a ist **Vorsatz** als mindestens bedingter erforderlich (für „Anhalten" nach II Nr. 2 zielgerichtetes Handeln erforderlich; MK-*Renzikowski* 46). Er hat sich im Fall des I vor allem auf das Bestehen des Abhängigkeitsverhältnisses, bei Abs. II Nr. 1 auf das Alter der betroffenen Personen zu erstrecken. Zum Vorsatz der Gewerbsmäßigkeit und des Ausbeutens vgl. 24 zu § 181 a.

29 **7) Rechtswidrigkeit.** Eine **Einwilligung** der Person, die der Prostitution nachgeht, wird im Fall des Abs. I den Tatbestand ausschließen, wenn sie der Annahme einer Abhängigkeit entgegensteht. Eine abhängigkeits*bedingte* Einwilligung in die Prostitutionstätigkeit oder in Maßnahmen zur Begründung oder Aufrechterhaltung der Abhängigkeit hat dagegen im Regelfall weder tatbestandsausschließende noch rechtfertigende Wirkung (vgl. oben; and. wohl Düsseldorf StV **03**, 165). In den

Fällen des Abs. II Nr. 1 und Nr. 2, 1. Var. kommt es auf eine Einwilligung nicht an; bei der Var. der Ausbeutung kann der Tatbestand entfallen (vgl. 7 ff. zu § 181 a).

8) Täterschaft und Teilnahme. Eine **mittelbare Täterschaft** ist bei I ausgeschlossen (**aA** LK-*Laufhütte* 19), da es sich um ein Sonderdelikt handelt. Ein außenstehender Zuhälter ist daher idR nur Anstifter oder Gehilfe; fehlt ihm die Absicht der Gewerbsmäßigkeit, so gilt § 28 I (NJW **87**, 199). **Beihilfe** zur Tat nach Abs. I setzt Förderung gerade des Prostitutionsbetriebs voraus (Werbung; Ausstattung, Schutz); Leistungen zur allgemeinen Unterstützung des Betriebs (Lieferung von Getränken; Putzen; Servieren) reichen nicht aus. Gehilfe kann bei mangelhafter Überwachung auch der Leiter eines Ordnungsamtes sein (NJW **87**, 199; LK-*Laufhütte* 19; **aA** *Winkelbauer* JZ **86**, 1119; *Rudolphi* JR **87**, 336; *Wagner* JZ **87**, 713; *Ranft* JZ **87**, 914; MK-*Renzikowski* 55); nicht jedoch ein lediglich in strafrechtlichen Ermittlungsverfahren eingesetzter Kriminalbeamter (NJW **89**, 916 m. Anm. *Bottke* JR **89**, 432; *Geppert* JK 4 zu § 332); auch nicht Beamte der Schutzpolizei bei außerdienstlich erlangter Kenntnis (BGH **38**, 388 m. Anm. *Mitsch* NStZ **93**, 384; *Bergmann* StV **93**, 518; *Laubenthal* JuS **93**, 907, 908 f.; *Rudolphi* JR **95**, 167). **Kunden,** die in Kenntnis der Tat Prostitutionsleistungen nachfragen, sind nicht Teilnehmer (MK-*Renzikowski* 50; vgl. aber GesE des BRats, BT-Drs. 15/5657, § 232 a-E; GesE CDU/CSU, BT-Drs. 15/5326; 16/1343 [oben 1]). Die der Prostitution nachgehenden Personen sind als Tatopfer notwendige Teilnehmer und daher stets straflos. 30

9) Rechtsfolgen. Die **Strafe** ist Freiheitsstrafe bis zu 3 Jahren oder Geldstrafe. Für die Gewerbsmäßigkeit gilt § 28 I (NJW **87**, 199); dagegen ist die Eigenschaft als Wohnungsinhaber (II) kein besonderes persönliches Merkmal (*S/S-Lenckner/Perron* 24). Aus der Tat Erlangtes unterliegt dem **Verfall** (zur Stellung der Prostituierten als Verletzte iS von § 73 I S. 2 vgl. StV **03**, 617; 5 StR 21/04; Zweibrücken StV **03**, 160 [m. Anm. *Lüderssen*]). Ein **Berufsverbot** nach § 70 kommt bei Taten nach I oder II Nr. 1 in Betracht. 31

10) Konkurrenzen. Abs. I kann mit Abs. II in Tateinheit stehen. Tateinheit ist ferner möglich mit § 181; zum Verhältnis zu § 181 a vgl. dort 28. Tateinheit ist auch möglich mit Teilnahme an §§ 182, 184 c, 184 d; mit §§ 223 ff., 240, zwischen II und § 291 (oben 20). Die **Dauertat** nach I kann mehrere Prostituierte betreffen; gegenüber mehreren Prostituierten liegt daher bei sich zeitlich fortlaufend überschneidenden Beschäftigungsverhältnissen Tateinheit auch dann vor, wenn sich einzelne dieser Anwesenheitszeiträume nicht überschneiden (vgl. NStZ/M **98**, 187 Nr. 35). Mehrere Vergehen des Menschenhandels (§ 232) und der Zuhälterei (§ 181 a) gegenüber verschiedenen Prostituierten werden durch ein fortdauerndes Vergehen nach § 180 a nicht zur Tateinheit verklammert; sie stehen *jeweils* in Tateinheit mit § 180 a (BGHR § 180 a I Konk. 2). 32

§§ 180 b, 181 [Aufgehoben durch Art. 1 Nr. 6 des 37. StÄG]

Zuhälterei **RiStBV 248**

181a **I Mit Freiheitsstrafe von sechs Monaten bis zu fünf Jahren wird bestraft, wer**

1. eine andere Person, die der Prostitution nachgeht, ausbeutet oder
2. seines Vermögensvorteils wegen eine andere Person bei der Ausübung der Prostitution überwacht, Ort, Zeit, Ausmaß oder andere Umstände der Prostitutionsausübung bestimmt oder Maßnahmen trifft, die sie davon abhalten sollen, die Prostitution aufzugeben,

und im Hinblick darauf Beziehungen zu ihr unterhält, die über den Einzelfall hinausgehen.

II Mit Freiheitsstrafe bis zu drei Jahren oder mit Geldstrafe wird bestraft, wer die persönliche oder wirtschaftliche Unabhängigkeit einer anderen Person dadurch beeinträchtigt, dass er gewerbsmäßig die Prostitu-

tionsausübung der anderen Person durch Vermittlung sexuellen Verkehrs fördert und im Hinblick darauf Beziehungen zu ihr unterhält, die über den Einzelfall hinausgehen.

III Nach den Absätzen 1 und 2 wird auch bestraft, wer die in Absatz 1 Nr. 1 und 2 genannten Handlungen oder die in Absatz 2 bezeichnete Förderung gegenüber seinem Ehegatten vornimmt.

Übersicht

1) Allgemeines .... 1, 1 a
2) Rechtsgut; kriminalpolitische Bedeutung 2, 3
3) Aufbau; gemeinsame Voraussetzungen 4
4) Ausbeuterische Zuhälterei (Abs. I Nr. 1) 5–11
5) Dirigierende Zuhälterei (Abs. I Nr. 2) 12–16
6) Gewerbsmäßige fördernde Zuhälterei (Abs. II) 17–20
7) Unterhalten von Beziehungen über den Einzelfall hinaus 21
8) Ehegattenzuhälterei (Abs. III) 22, 23
9) Subjektiver Tatbestand 24
10) Vollendung; Beendigung 25
11) Täterschaft und Teilnahme 26
12) Konkurrenzen 27, 28
13) Sonstige Vorschriften 29

1 **1) Allgemeines.** Die Vorschrift, durch die sog. *Lex Heinze* v. 25. 7. 1900 (RGBl. I 301; vgl. dazu *Falckenberg* [Hrsg.], Das Buch von der Lex Heinze, 1900) eingefügt und 1933 in der Strafdrohung verschärft, gilt idF des 4. StrRG (1 f. vor § 174). Durch Art. 1 Nr. 29 des 6. StrRG (2 f. vor § 174) wurde die Vorschrift geschlechtsneutral formuliert. Abs. II wurde durch Art. 2 Nr. 3 des ProstitutionsG v. 20. 12. 2001 (BGBl. I 3983; vgl. dazu 1 zu § 180 a) neu gefasst und durch Art. 1 Nr. 16 des SexualdelÄndG v. 27. 12. 2003 (BGBl. I 3007; Mat.: 3 a vor § 174) redaktionell geändert.

1 a **Literatur:** *Amelunxen,* Der Zuhälter, 1967; *Androulakis,* Zur Frage der Zuhälterei, ZStW **78**, 432; *Bargon,* Prostitution und Zuhälterei, 1982; *Dieckmann,* Das Bild des Zuhälters in der Gegenwart, 1975 [hierzu *Schroeder* MSchrKrim **78**, 62]; *v. Galen*, Rechtsfragen der Prostitution, 2004; *Hanack,* DJT-Gutachten 1968, 197; *Heger,* Die Auswirkungen des Prostitutionsgesetzes auf das Strafrecht, StV **03**, 350; *Horstkotte* JZ **74**, 88; *Labonté* KR **90**, 387; *Leo,* Die strafrechtliche Kontrolle der Prostitution, 1995; *Ling,* die ausbeuterische Prostitution, GA **97**, 468; *Lux* KR **85**, 402; *Matthes/Westphal* KR **69**, 475; *Schroeder,* Neue empirische Untersuchungen zur Zuhälterei, MSchrKrim **78**, 62.

2 **2) Rechtsgut; kriminalpolitische Bedeutung.** Durch § 181 a geschützt ist die Selbstbestimmung der Prostituierten (BGH **42**, 183; NStZ **96**, 188; StV **83**, 239; Hamburg NJW **75**, 128; Bay NJW **74**, 1573; KG NJW **77**, 2226; *Ling* GA **97**, 474; SK-*Wolters/Horn* 1 a; *S/S-Lenckner/Perron/Eisele* 1; LK-*Laufhütte* 1; MK-*Renzikowski* 1); § 181 a soll verhindern, dass sie zum Ausbeutungsobjekt des Zuhälters gemacht werden (Bay NJW **74**, 1574; KG MDR **77**, 863; NJW **77**, 2226), sich aus der Prostitution nicht mehr lösen können und in die Gefahr geraten, körperlich und seelisch zu verelenden (vgl. Prot. VI/1746, 1698); insoweit handelt es sich um ein **abstraktes Gefährdungsdelikt** (Prot. VI/1747; vgl. LK-*Laufhütte* 1; **aA** MK-*Renzikowski* 4, 6) sowie ein Dauerdelikt (BGH **39**, 191 m. Anm. *Geerds* JR **95**, 71). Die geschädigte Prostituierte ist **Verletzte iS von § 73 I S. 2** (Zweibrücken StV **03**, 160; vgl. unten 29). Das **Vermögen,** insb. die Dispositionsfreiheit über die Einnahmen, ist in I Nr. 1 nur mittelbar geschützt. Abs. II schützt in seiner Neufassung durch das ProstG trotz seiner merkwürdig „verdrehten" Formulierung (vgl. unten 19) nicht primär Freiheit und Vermögen, sondern gleichfalls das Bestimmungsrecht von Prostituierten über die Ausübung dieser Tätigkeit (ebenso MK-*Renzikowski* 1).

3 Der Wortlaut der Vorschrift erfasst zT Handlungsweisen, deren Strafbarkeit unter dem Gesichtspunkt des Rechtsgutsschutzes zweifelhaft ist. Bei der Auslegung ist zu beachten, dass die Zielrichtung der Vorschrift nicht die Verfolgung parasitärer Lebensweise sowie der Prostitution als solcher, sondern der Schutz persönlicher Entscheidungsfreiheit des Opfers ist. Private Beziehungen von Prostituierten, die auf einer **freiwilligen Vereinbarung** beruhen und in denen das Erwerbsinteresse des Partners hinter die persönliche Beziehung zurücktritt, müssen daher vom Tatbestand ausgeschlossen sein (vgl. NStZ **96**, 188; ebenso *S/S-Lenckner/Perron* 18). Die Abgrenzung kann im Einzelfall, da der Tatbestand eine Vielzahl normativer Begriffe mit erheblichen Wertungsspielräumen enthält, durchaus schwierig sein, zumal sich Moral- und Lebensvorstellungen im Milieu von bürgerlichen Vorstellungen teilweise erheblich unter-

scheiden. Das Strafrecht hat nicht eine (zumeist fiktive) Geschäftsmoral der Prostitution zu schützen, sondern das regelmäßig durch vielfältige soziale und psychische Beeinträchtigungen und Abhängigkeiten gefährdete Selbstbestimmungsrecht der in sie verstrickten Personen. Die **praktische Bedeutung** der Strafvorschrift hat sich weitgehend auf *evidente* Fälle reduziert.

3) Aufbau der Regelung; gemeinsame Voraussetzungen. § 181 a enthält in Abs. I Strafdrohungen gegen die sog. ausbeuterische Zuhälterei (I Nr. 1) und die sog. dirigistische Zuhälterei (I Nr. 2); Abs. II bedroht die gewerbsmäßige sog. kupplerische Zuhälterei; Abs. III enthält eine Sonderregelung für die genannten Taten unter Ehegatten. **Täter** der Abs. I und II kann jedermann sein; Abs. III setzt voraus, dass der Täter mit dem Opfer verheiratet ist; eine eingetragene Lebensgemeinschaft reicht nicht aus. **Opfer** kann nur sein, wer zurzeit der Tat der Prostitution, gleichgültig in welcher Form, nachgeht (vgl. 3 zu § 180 a). 4

4) Ausbeuterische Zuhälterei (Abs. I Nr. 1). Der Tatbestand setzt voraus, dass der Täter eine Person, die der Prostitution nachgeht (vgl. dazu 3 zu § 184 d), **ausbeutet;** im Hinblick hierauf muss er über den Einzelfall hinausgehende **Beziehungen** zu dem Opfer unterhalten. Unerheblich ist, ob die Prostitutionsausübung freiwillig oder auf Grund von Zwang, auf Veranlassung des Täters oder eines Dritten stattfindet. 5

A. Begriff der Ausbeutung. Abs. I Nr. 1 ist rechtsgutsspezifisch auszulegen (vgl. *Horstkotte* JZ **74**, 89); der Begriff der Ausbeutung (vgl. auch § 180 a II Nr. 2) deckt sich daher nicht vollständig mit dem des § 291 (dort 14), da er sich für § 181 a idR nicht auf rechtsgeschäftliche Austauschverhältnisse bezieht. 6

a) Erforderlich ist in **objektiver Hinsicht** der Abzug eines erheblichen Teils der Einnahmen des Opfers, der zu einer gravierenden Beschränkung der persönlichen und wirtschaftlichen Bewegungs- und Entscheidungsfreiheit führt und dadurch **geeignet ist,** dem Opfer eine Lösung aus der Prostitutionstätigkeit zu erschweren. Diese Wirkung selbst muss im Einzelfall nicht eingetreten sein (enger wohl MDR/D **74**, 546; 722; *Horstkotte* JZ **74**, 89). Voraussetzung der Feststellung einer Ausbeutung ist aber der Eintritt einer **spürbaren Verschlechterung der wirtschaftlichen Lage** des Opfers als Folge planmäßig hierauf gerichteter Handlungen des Täters (NStZ **83**, 220; **89**, 67; **96**, 188; **99**, 350; NStZ/M **94**, 226; StV **83**, 239; **84**, 334; **03**, 163, 164; 4 StR 67/04; NStZ-RR/P **05**, 367 Nr. 31; Köln StV **94**, 245; *Lackner/Kühl* 3; *S/S-Lenckner/Perron/Eisele* 4; LK-*Laufhütte* 17 zu § 180 a; MK-*Renzikowski* 25; *Laubenthal* 617 ff.). Soweit in Rspr. und Lit. hinsichtlich des erforderlichen Maßes des Mittelabflusses überwiegend *Anteile am Prostitutionserlös* inmitten stehen (vgl. unten 11), betrifft dies idR Fälle, in denen das Opfer Einnahmen ausschließlich oder ganz überwiegend aus Prostitution erzielt. Dies setzt I Nr. 1 aber nicht notwendig voraus; angesichts der vielfältigen Formen der Prostitution (vgl. 3 zu § 180 a) kann es für die Frage der „Ausbeutung" etwa bei „Teilzeit"- oder Gelegenheitsprostitution sowie bei Opfern, die Einnahmen auch aus anderen Quellen beziehen, nicht allein auf den Anteil am Prostitutionserlös ankommen, sondern auf die **wirtschaftliche Gesamtlage.** Eine Ausbeutung kann daher auch vorliegen, wenn ein (geringer) Prostitutionserlös dem Opfer vollständig verbleibt, der Täter aber den überwiegenden Teil sonstiger Mittel für sich vereinnahmt, so dass das Opfer auf die Fortsetzung der Prostitution wirtschaftlich angewiesen ist. Feststellungen zur Ausbeutung dürfen sich daher grds. nicht auf die Angabe von **Prozentanteilen** am Erlös beschränken (NStZ **89**, 67 f.; StV **84**, 334; 4 StR 67/04; *S/S-Lenckner/Perron/Eisele* 4; LK-*Laufhütte* 4; MK-*Renzikowski* 28; Ausnahme in NStZ-RR **07**, 46); vielmehr ist die **wirtschaftliche Lage des Opfers insgesamt** aufzuklären. Die Verurteilung wegen einer Tat nach I Nr. 1 setzt daher grds **Feststellung** zur Höhe der Einnahmen und Abgaben der Prostituierten voraus (StV **03**, 163). Die Anforderungen an Feststellung im Einzelnen sind geringer, wenn feststeht, dass das Opfer Einnahmen ganz oder überwiegend aus der Prostitution erzielt, und dass ihm der Täter hiervon einen erheblichen oder überwiegenden Teil entzieht (NStZ **99**, 350); nach NStZ-RR **07**, 46, 47 ist „ohne weiteres von einer Ausbeutung auszugehen", wenn das Tatopfer von den Einnahmen 60% an den Bordellbetreiber und 20% an den Zuhälter abführen und von den verbleibenden 20% noch die 7

Mietkosten bestreiten sowie hohe Strafgelder für Fehlverhalten abführen muss. **Unerheblich** ist, ob und ggf. welche **Vereinbarungen** dem Mittelabfluss zugrunde liegen und ob die Leistungen an den Täter freiwillig erfolgen (NJW **86**, 596; **93**, 3210; NStZ **96**, 188; vgl. auch *Ling* GA **97**, 476). Bei der Beurteilung der **Abgaben** sind auch Sachleistungen zu berücksichtigen (**zB** Geschenke; Anschaffung von tatsächlich nur dem Täter zugute kommenden Konsumgütern); weiterhin zB „Schuldzinsen" oder Tilgungen (**zB** für den „Kaufpreis", Ablösezahlungen an andere Zuhälter, „Gebühren" für die Möglichkeit, an bestimmten Orten der Prostitution nachzugehen), „Unkostenpauschalen" (**zB** für Bewachung, Arbeitsmaterial, Fahrtkosten usw.). Umgekehrt sind ggf. auch Sachleistungen (zB Wohnung, Verpflegung) sowie sonstige vermögenswerte **Zuwendungen** an die Prostituierte zu berücksichtigen. Es kommt im übrigen auf die Umstände des Einzelfalls an: So kann **zB** bei relativ geringem Verdienst eine *summenmäßig* festgelegte Abgabe-Verpflichtung, die 50% erreicht (vgl. unten 11), noch hinzunehmen sein, wenn etwa auch Wohnung und Verpflegung damit abgegolten sind. Bei höherem Verdienst kann dagegen auch dann eine *anteilsmäßig* festgelegte Abgabepflicht von 50% für die Annahme von Ausbeutung sprechen.

8 **b)** In **subjektiver** Hinsicht ist erforderlich, dass der Täter das Opfer in **eigensüchtiger** Weise (BGH **15**, 40; NStZ **96**, 188) ohne Rücksicht auf dessen wohlverstandenes Interesse und planmäßig als Einnahmequelle für sich missbraucht (krit. zu dem Erfordernis der Planmäßigkeit *v. Galen* [1 a] 367). Zutr. verlangt die hM, um eine moralisierende Strafverfolgung zu vermeiden, das Bestehen eines **Herrschafts- oder Abhängigkeitsverhältnisses,** das der Täter ausnutzt (NStZ **83**, 220; **96**, 188; StV **83**, 239; **84**, 334; *S/S-Lenckner/Perron/Eisele* 5; SK-*Wolters/Horn* 4; LK-*Laufhütte* 4; *M/Schroeder/Maiwald* 21/16; *Laubenthal* 616; **aA** *Ling* GA **97**, 477; MK-*Renzikowski* 23, 34). Dieses kann auf Freiwilligkeit beruhen; auf emotionaler Abhängigkeit (vgl. NJW **93**, 3210 [Anm. *Oetjen* StV **94**, 481]; Bay NJW **77**, 1209 [Anm. *Geerds* JR **78**, 81]; auf Furcht oder Zwang; auf wirtschaftlicher Abhängigkeit etwa durch Schulden. Der Täter muss diese Position **bewusst ausnutzen,** um aus der Prostitutionstätigkeit für sich materielle Vorteile zu ziehen (*S/S-Lenckner/Perron* 5). Hierbei kommt es nicht darauf an, ob die dem Opfer entzogenen Mittel *für ihn* einen erheblichen Teil seiner Einkünfte darstellen, ob er seinen Lebensunterhalt damit bestreitet oder ob er nach *seiner* wirtschaftlichen Gesamtlage auf die Mittel angewiesen ist. Eine wirtschaftliche Betätigung mit dem Ziel, aus fremder Prostitutionsausübung Gewinn zu erzielen (vgl. § 1 S. 2 ProstG), kann nicht schon an sich als illegitim angesehen werden.

9 **c) Problematisch** kann die Feststellung von Ausbeutung im Zusammenhang mit (rechtsgeschäftlichen oder faktischen) **Austauschverhältnissen** sein. Die bloße Annahme von Geld im Rahmen vertraglicher Beziehungen ist nicht schon dann Ausbeutung, wenn ein Missverhältnis zwischen Leistung und Gegenleistung besteht; bei Wohnungsmietverträgen kann hier § 180a II Nr. 2 vorliegen, i. ü. bei Vorliegen der sonstigen Voraussetzungen § 291. Für § 181a I Nr. 1 reicht auch das passive **Partizipieren** am Prostitutionserlös nicht aus; das „Ausgehalten-Werden" oder eine „parasitäre Lebensweise" sind nicht strafbar (vgl. StV **84**, 334; Bay NJW **74**, 1574; SK-*Wolters/Horn* 4; MK-*Renzikowski* 21 ff.). Ein allein auf Täuschung beruhendes Erlangen von Geldmitteln (**zB** Vorspiegelung gemeinsamen „Sparens") ist Ausbeuten (neben § 263) nur dann, wenn die Mittel dem Opfer tatsächlich entzogen werden, dies zu spürbarer Verschlechterung der wirtschaftlichen Lage führt und der Täter sich planmäßig gerade die Prostitutionstätigkeit zunutze macht. Das kann im Einzelfall schwierig festzustellen sein; bei der praktischen Abgrenzung wird zB darauf abzustellen sein, ob und ggf unter welchen Bedingungen *eine tatsächliche Verfügungsmacht* des Opfers über die („gemeinsam gesparten") Mittel verbleibt. Bei **gemeinsamer Wirtschaftsführung,** etwa im Rahmen von Lebensgemeinschaften, kommt es nicht auf die Rollenverteilung (Zusammenleben mit einer Prostituierten als „Hausmann") und auch nicht allein auf einen (zweifel-

haften) Vergleich der jeweiligen Leistungen (vgl. BGH **4**, 319) an, sondern auch hier darauf, ob der Täter eine bestehende Macht- und Überordnungsposition in eigensüchtiger und rücksichtsloser Weise für sich ausnutzt (vgl. StraFo **07**, 340 [gemeinsame Haushaltsführung; Teilung der Einkommen]).

B. Tathandlung. Nr. 1 setzt keine bestimmte Handlung voraus; der Tatbestand kann durch jede Handlungsweise erfüllt werden, welche unter den genannten Voraussetzungen zur Vereinnahmung von Geldmitteln des Opfers durch den Täter führt. Regelmäßig liegt dem **Dauerdelikt** des Ausbeutens (BGH **39**, 191) eine Vielzahl einzelner Handlungen zugrunde, die der Schaffung (Verträge; Vereinbarungen mit dem Opfer oder Dritten), Geltendmachung und Durchsetzung von Forderungen (Zwang; Drohung; Einflussnahme auf Dritte; Wegnahme von Sachen usw.) dienen; vielfach treten Handlungen hinzu, die auf die Prostitutionsausübung selbst einwirken, auch wenn sie den Umfang des I Nr. 2 nicht erreichen (Anhalten zu verstärktem Einsatz; Einwirken zur Fortsetzung oder Intensivierung; Überreden zu angeblich lukrativen Investitionen im Rahmen der „Studio"-Prostitution, usw.). Unerheblich ist, ob der Täter die Mittel unmittelbar vom Opfer erhält oder ob er sie sich anderweitig selbst beschafft (Zahlungen von Kunden, von Bordellbetreibern usw.; vgl. *S/S-Lenckner/Perron/Eisele* 5). Die Tathandlungen müssen im Rahmen der von Nr. 1 vorausgesetzten **Beziehung** stattfinden (dazu unten 21); einzelne und unverbundene Handlungen reichen nicht aus. 10

C. Einzelfälle: Ausbeutung ist – bei Vorliegen der subjektiv eigensüchtigen Motivation – **zB** als nahe liegend angesehen worden bei Abführung von fast der Hälfte der Einkünfte (MDR/H **77**, 282; and. KG NJW **77**, 2226); Belassung von nur 50 DM wöchentlichem Taschengeld bei freier Unterkunft und Verpflegung (5 StR 23/79; vgl. NStZ **94**, 32; Köln OLGSt. 5); Abführung von 50% der Einnahmen (NStZ **89**, 67; **99**, 350, 351); Abführung von 75% der Einnahmen zzgl. Miete und Schuldentilgung (NStZ **99**, 349); Abführung der gesamten Einnahmen und Bestimmung des Anteils des Opfers nach Ermessen des Täters (1 StR 388/76); Vereinnahmung des gesamten Erlöses (BGH **42**, 179, 183). 11

5) Dirigierende Zuhälterei (Abs. I Nr. 2). Die Regelung erfasst, anders als Nr. 1, Handlungen zur unmittelbaren Beeinflussung der Prostitutionsausübung im Hinblick auf deren Durchführung, Intensivierung oder Fortsetzung, wenn der Täter aus **Erwerbsinteresse** (Ausbeutung ist nicht erforderlich) und im Rahmen über den Einzelfall hinausgehender **Beziehungen** zu dem Opfer (vgl. dazu unten 21) handelt. Der Täter muss in allen Begehungsweisen der Nr. 2 einen **bestimmenden Einfluss** auf das Opfer ausüben (BGH **48**, 314, 317; StV **00**, 357, 361; BGHR § 181 a I Nr. 2 Dirigieren 2); die Tathandlungen treffen vielfach zusammen und überschneiden sich; bei unterschiedlichen Handlungen liegt insg nur eine Tat (Dauerdelikt) vor. Die **Abgrenzung zu § 180 a I** ist, soweit es sich um Taten innerhalb eines dort genannten Betriebs handelt, problematisch, da ein Halten in Abhängigkeit kaum ohne Handlungen nach § 181 a I Nr. 2 möglich sein wird (vgl. StV **03**, 617; Erl. zu § 180 a; MK-*Renzikowski* 36 ff.). Umgekehrt lässt sich eine (legale) **abhängige Beschäftigung** in einem Prostitutionsbetrieb schwerlich *ohne* Bestimmung von Ort, Zeit oder sonstigen Umständen der Prostitutionsausübung denken (BGH **48**, 314, 319; *Heger* StV **03**, 350, 352; *v. Galen* [1 a] 354). Eine Unterscheidung nach „einfachen" und „qualifizierten" Ungehorsamsfolgen (*S/S-Lenckner/Perron* 7) erscheint fraglich; sie ließe zwar § 180 a I für die „betrieblichen" Abhängigkeitsverhältnisse einen eigenständigen Anwendungsbereich, müsste aber für nicht im Rahmen eines Betriebs arbeitende Zuhälter zu unangemessenen Straffreistellungen in § 181 a I Nr. 2 gelangen. Soweit *Lenckner/Perron/Eisele* (*S/S* 7) auf eine Unterscheidung zwischen Sanktionen innerhalb „normaler Arbeitsverhältnisse" (dann § 180 a) und darüber hinausgehenden nötigenden Einwirkungen abstellen, die auf eine *völlige Unterwerfung* des Tatopfers hinauslaufen, würde sich der Anwendungsbereich des § 181 a I Nr. 2 weitgehend auf den des § 240 I, IV beschränken; überdies können unter den spezifischen Bedingungen der Prostitution gerade auch mit arbeitsrechtlichen Sanktionen vergleichbare Maßnahmen (Entgeltskürzung; Überwachung der Tätigkeit; Kündigung der betriebseigenen Wohnung, usw.) 12

für das Opfer besonders schwerwiegend sein. Man wird daher zur **Abgrenzung** an dem in § 180a I fehlenden Merkmal des **persönlichen Vermögensvorteils** ansetzen müssen: Während dort für die Gewerbsmäßigkeit ausreicht, dass das Erwerbsinteresse des Täters sich auf den *Betrieb* bezieht, und die Maßnahmen zur Aufrechterhaltung der Abhängigkeit nicht vom Täter selbst getroffen werden müssen (vgl. 12 zu § 180a), richtet sich die Tat nach § 181a I Nr. 2 gerade auf den Vorteil an der Ausgestaltung des individuellen Abhängigkeitsverhältnisses (insoweit iErg wie hier MK-*Renzikowski* 39). Die gesetzgeberische Entscheidung, dass sich § 180a I und § 181a I Nr. 2 in diesem Bereich überschneiden, ist zu akzeptieren. Ob die Beschäftigung der Prostituierten im Einzelfall gegen **sonstige Rechtsvorschriften** verstößt, namentlich gegen ausländer-, sozialversicherungs- oder steuerrechtliche Vorschriften, ist für sich genommen kein Kriterium der Tatbestandsmäßigkeit (BGH **48**, 314, 321).

13 **A. Überwachen der Prostitutionsausübung.** Die **1. Var.** setzt voraus, dass der Täter das Opfer bei der Ausübung der Prostitution (3 zu § 184c; LK-*Laufhütte* 5) **überwacht,** dh kontrolliert, wie und was es verdient (NStZ **82**, 379; StV **03**, 163; Bay NJW **77**, 1209). Das Erteilen von **Anweisungen** ist nicht erforderlich (dazu unten 14); vielmehr reicht es nach hM aus, dass der Täter eine **kontrollierende Überwachung** des Geschäftsablaufs durchführt (vgl. NStZ **89**, 67; vgl. aber unten 13a), die geeignet ist, die Entscheidungsfreiheit des Opfers über die Ausübung der Prostitution zu beeinträchtigen (NJW **86**, 596 [Anm. *Nitze* NStZ **86**, 359]). Die Tathandlung muss in ihrer Wirkung auf Dauer angelegt und **geeignet sein,** die Prostituierte in **Abhängigkeit** zu halten (MDR/H **90**, 194; zur Rechtslage vor dem ProstG vgl. zB NJW **86**, 596; NStZ **82**, 379; **89**, 67). Nach früherer Rechtslage sollte Freiwilligkeit dem Tatbestand des Überwachens nicht entgegen stehen (BGH NJW **87**, 3209).

13a Mit den Regelungen des **ProstG** (vgl. 1, 3ff. zu § 180a) zur arbeitsrechtlichen Wirksamkeit von Verträgen über die **abhängige Beschäftigung in Prostitutionsbetrieben** (§ 1 S. 2 ProstG) ist die frühere Rspr. zu I Nr. 2 nicht vereinbar; Sie kann nicht übernommen werden (vgl. auch *Heger* StV **03**, 350, 352f.; v. Galen [1a] 360), denn wenn eine Prostituierte arbeitsrechtlich wirksam **verpflichtet** ist, sich – zu bestimmten Zeiten an bestimmten Orten – zur Prostitution bereit zu halten, kann man nicht diesbezügliche **Kontrollmaßnahmen** des Arbeitgebers der Strafdrohung des I Nr. 2 unterstellen (ebenso MK-*Renzikowski* 41). Anwesenheits-Überprüfungen; Schicht- und sonstige Arbeitszeit-Pläne und ihre Überwachung sowie die Kontrolle *allgemeiner* Tätigkeitsbereitschaft unterfallen daher I Nr. 2 nicht mehr. Man wird unter diesen Voraussetzungen auch nicht jede Kontrolle der sexuellen Dienstleitungen selbst schon als tatbestandliches „Überwachen" ansehen können (so jetzt auch BGH **48**, 314, 319f.). Ein solches liegt vielmehr nur dann vor, wenn die betroffene Person in ihrer *jeweiligen* Entscheidung, sexuelle Handlungen überhaupt oder in bestimmter Form oder bestimmtem Ausmaß gegen Entgelt, vorzunehmen, gerade aufgrund der Kontrolltätigkeit nicht mehr frei ist, oder wenn sie an einer Aufgabe oder wesentlichen Veränderung der Prostitutionstätigkeit *allgemein* gehindert wird (vgl. NStZ-RR **02**, 232; StV **03**, 617; BGH **48**, 314, 318f.). Auch die frühere Rspr., wonach **Entgeltszahlungen** des Kunden an den Bordell-Betreiber, Kontrollmaßnahmen hinsichtlich der Einnahmen sowie die Anordnung einer Buchführungspflicht der Prostituierten idR als tatbestandsmäßig angesehen wurden (vgl. NStZ **86**, 358f.; **90**, 80f.), kann so nicht aufrecht erhalten werden, da bei abhängiger Beschäftigung die Einnahmen der **Sozialversicherungspflicht** unterliegen und bei Vereinbarung von Umsatzbeteiligung die Höhe dieser Beteiligung und der jeweiligen **steuerpflichtigen** Einkünfte festgestellt werden müssen (zutr. *v. Galen* [1a] 361f.).

14 **B. Bestimmen der Prostitutionsausübung.** Die **2. Var.** setzt voraus, dass der Täter die Prostitutionstätigkeit des Opfers dadurch regelt, dass er **Ort** (Straßenstrich, Revier, Wohnheim, Ortswechsel), **Zeit** (zB die tägliche Arbeitszeit mit Be-

ginn und Ende), **Ausmaß** (Zahl der Freier) oder andere **Umstände** (**zB** die vom Opfer zu erbringenden Leistungen; die pro Kunde mindestens oder höchstens aufzuwendende Zeit; die Modalitäten der Entgeltszahlung) der Prostitutionsausübung **bestimmt** (NStZ **83**, 220; MDR/H **90**, 295; NJW **93**, 3210 m. Anm. *Oetjen* StV **94**, 482). Erforderlich für das „Bestimmen" ist eine i. E. **einseitige Festsetzung** dieser Umstände durch den Täter; eine (nicht erzwungene) Einwilligung lässt den Tatbestand entfallen (ebenso *Heger* StV **03**, 350, 354; *v. Galen* [1 a] 355). Bestimmungen in diesem Sinn sind auch das Verkaufen oder Vermieten der Prostituierten an einen anderen Zuhälter; das Überführen in ein anderes Bordell; die Organisation von wechselseitigem Austausch oder „Rotation" von Prostituierten; das Verbringen, Überwachen und Abholen des Opfers an den oder vom Ort der Prostitutionsausübung (5 StR 23/79; 1 StR 135/79). Eine Überlassung von Separées einer Bar an Prostituierte ist kein Bestimmen iS von Nr. 2 (NJW **93**, 544). Für Bestimmungen durch den Inhaber eines **Prostitutionsbetriebs** iS von § 1 S. 2 ProstG gelten die **Einschränkungen** oben 13 a entsprechend (vgl. auch *Heger* StV **03**, 350, 352 f.). Arbeitsverträge iS von § 1 S. 2 ProstG (Bereithalten) können namentlich allgemeine Bestimmungen über Ort und Zeit, Umfang und Art der Nutzung von Zimmern und gemeinschaftlichen Einrichtungen; Arbeitskleidung und Hygienestandards, Art der sexuellen Leistungen, Preise und Abrechnungsmodus vorsehen (*v. Galen* [1 a] 356 f.). Ein *konkretes* Weisungsrecht besteht dann insb. hinsichtlich Zeit und Ort des Sich-Bereitshaltens. Dem Tatbestand unterfallen dagegen auch weiterhin Weisungen, die sich auf konkrete sexuelle Dienstleitungen im Einzelfall beziehen (**zB** Art der sexuellen Handlung im Einzelfall; Anweisung, bestimmte Kunden zu bedienen; Verbot, bestimmte Kunden abzulehnen) sowie Maßnahmen, welche die Prostituierte erheblich in ihrer Entscheidungsfreiheit beschränken, Prostitution auszuüben oder einzelne Kunden abzulehnen (**zB** vollständige Verrechnung von Verdienst mit Aufwendungen; Einbehalten von Personalpapieren; Beschränkungen bei Verlassen des Bordells in der Freizeit; vgl. 2 StR 474/03 [in BGH **48**, 314 nicht abgedr.]).

C. Maßnahmen zur Verhinderung der Aufgabe. Die **3. Var.** setzt voraus, dass der Täter **Maßnahmen,** dh Vorkehrungen irgendwelcher Art (durch Tun oder Unterlassen) trifft, die das Opfer **von der Aufgabe der Prostitution abhalten** sollen. Das kann **zB** geschehen durch Gewalt oder Drohungen; Zerstörung familiärer und anderer Kontakte (Prot. VI/1697); Halten in finanzieller Abhängigkeit; Verstricken in Straftaten; wohl auch Vereinbarungen mit Dritten zur Erzeugung oder Aufrechterhaltung von Abhängigkeit, zB durch Schulden. Bloße Bitten und Ratschläge reichen nicht aus; ein Hinweis auf den Verdienstausfall genügt nicht (NJW **94**, 32). Andererseits ist der Tatbestand nicht erst dann erfüllt, wenn die „Maßnahme" auch die Voraussetzungen des § 240 erfüllt (SK-*Wolters/Horn* 13; MK-*Renzikowski* 47; *Laubenthal* 626; **aA** *v. Galen* [1 a] 363). Ob die Tatvariante voraussetzt, dass das Opfer tatsächlich beabsichtigt, die Prostitution aufzugeben oder wesentlich einzuschränken, hat StV **03**, 163 f. offen gelassen (dagegen SK-*Wolters/Horn* 13; *S/S-Lenckner/Perron/Eisele* 10; LK-*Laufhütte* 7); Voraussetzung ist danach jedenfalls, dass das Opfer sich durch die Maßnahmen des Täters in der Prostitution festgehalten *fühlt* (ebd. 164; zw.). **15**

D. Vermögensvorteil. Gemeinsame Voraussetzung der Tatvarianten des I Nr. 2 ist, dass der Täter **seines Vermögensvorteils wegen** handelt. Ein solcher muss nicht das alleinige Tatmotiv sein (LK-*Laufhütte* 9; *S/S-Lenckner/Perron* 11); es reicht aber nicht aus, dass der Täter seinen eigenen Lebensunterhalt *im Zusammenhang* mit der Prostitutionsausübung verdient (vgl. oben 8). Der Vorteil muss nicht unmittelbar aus dem Prostitutionsentgelt dem Täter zufließen (Hamm NJW **72**, 882); ob er erlangt wird, ist unerheblich. **Ausgeschlossen** sind damit Handlungen, die, selbst wenn sie mittelbar eine Vertiefung der Verstrickung der Person in die Prostitution bewirken, nicht von finanziellen Eigeninteressen des Täters geleitet sind. So kann **16**

eine Bestimmung über Umstände und Ausmaß der Prostitutionsausübung im Einzelfall durchaus auch **Schutzcharakter** haben.

17 **6) Gewerbsmäßige fördernde Zuhälterei (Abs. II).** Die Regelung des Abs. II, die sich mit § 180 a I, II Nr. 1 und mit I weithin überschneidet und an deren eigenständigem praktischem Gehalt man daher zweifeln mag (vgl. unten 20), erfasst die sog. **kupplerische Förderung** der Prostitution. **Tathandlung** ist, dass der Täter die Prostitution einer anderen Person durch Vermittlung sexuellen Verkehrs **gewerbsmäßig fördert,** indem er durch aktive Tätigkeit den entgeltlichen sexuellen Verkehr **vermittelt** und auf diese Weise die Prostitutionsausübung *erfolgreich* unterstützt (NStE Nr. 2; 1 StR 218/95; teilw. abw. SK-*Wolters/Horn* 18). Es muss also tatsächlich zu entgeltlichem sexuellen Verkehr kommen (StV **00**, 309 L; MK-*Renzikowski* 55). Das Schaffen *allgemein* „günstiger Bedingungen" reicht nicht aus (anders *S/S-Lenckner/Perron/Eisele* 14); andererseits ist ein *bestimmender* Einfluss des Täters (wie bei I Nr. 2) nicht erforderlich. Eine **„Vermittlung"** setzt die Förderung **konkreter** entgeltlicher Sexualkontakte voraus. Das kann **zB** gegeben sein bei Betreiben von klassischen Bordellen (mit Zuweisung einzelner Kunden an bestimmte Prostituierte) oder von Telefon-Agenturen; beim Betreiben eines „Begleitservice" muss sich die Vermittlung gerade auch auf sexuellen Verkehr beziehen (NStZ **99**, 615). Zur **Gewerbsmäßigkeit** vgl. 62 vor § 52.

18 **Durch** die Vermittlungstätigkeit muss eine konkrete **Beeinträchtigung** der **persönlichen oder wirtschaftlichen Unabhängigkeit** der anderen Person eintreten. Unabhängigkeit iS von Abs. II ist als Möglichkeit zu verstehen, sich frei von gravierenden Zwängen persönlicher oder wirtschaftlicher Art für oder gegen die Aufnahme oder Fortsetzung einer Prostitutionstätigkeit zu entscheiden und diese Entscheidung auch zu verwirklichen (vgl. zum Gegenbegriff der „Abhängigkeit" 10 zu § 180 a). Der Begriff ist durch das SexualdelÄndG (oben 1) an Stelle des früheren Begriffs „Bewegungsfreiheit" eingefügt worden; eine sachliche Änderung war damit nicht bezweckt (BT-Drs. 15/350, 19).

19 Die Auslegung muss den Regelungszusammenhang und die Zielrichtung des Gesetzes beachten: Bei der Unabhängigkeit kann es nicht um eine allgemeine, an einem objektiven Durchschnittsmaßstab gemessene Freiheit gehen, die bei den meisten Prostituierten „beeinträchtigt" sein dürfte, sondern nur um die **konkret** vorhandene Freiheit. Eine Vermittlungstätigkeit unter bloßer Hinnahme oder Ausnutzung einer Beeinträchtigung durch **Dritte** reicht daher nicht aus; es muss vielmehr die Tätigkeit nach II selbst zu einer (ggf. weiteren) Freiheitseinschränkung führen. Dass die Unabhängigkeit „durch" die vermittelnde Förderung beeinträchtigt sein muss, passt nach dem Wortlaut mit der Anerkennung *verpflichtender* Beschäftigungsverträge durch § 1 S. 2 ProstG kaum zusammen. In Abs. II kann es daher nicht um die regelmäßigen und notwendigen Folgen der legal vermittelnden Förderungstätigkeit gehen, sondern allein um die **konkrete Ausgestaltung** des tatsächlichen oder vertraglichen Verhältnisses. Eine rechtsgutsgefährdende Beeinträchtigung der Unabhängigkeit kann nur angenommen werden, wenn die Entscheidungsmöglichkeit der betroffenen Person **in gravierendem Ausmaß eingeschränkt** sind, wenn sie also durch die **vom Täter bestimmten** Bedingungen der Vermittlung unter den konkreten Umständen objektiv und subjektiv gehindert ist, über die Ausübung der Prostitutionstätigkeit frei zu entscheiden. Objektiv unerhebliche oder auf offenkundig unvernünftiger Beurteilung beruhende, subjektiv empfundene Beeinträchtigungen scheiden aus. Diese Voraussetzungen können auch schon bei der ersten Vermittlung vorliegen.

20 Der weitaus größte Teil praktischer Fälle dürfte **schon von I Nr. 1 oder Nr. 2 erfasst** sein; Abs. II tritt dann zurück. Eine Einschränkung **persönlicher** Unab*hängigkeit durch Förderung nach II ohne* Tathandlungen iS von I Nr. 2 ist wohl nur denkbar, wenn der Täter die einschränkenden Umstände nicht einseitig bestimmt. Da *freiwillige* Beschränkungen gerade ausscheiden sollen, bleibt insoweit für II nur ein schmaler Anwendungsbereich als zur Täterschaft aufgewertete Beihilfe

zu Taten nach I Nr. 2 (noch weiter gehend *v. Galen* [1 a] 372: kein eigener Anwendungsbereich). Eine Einschränkung **wirtschaftlicher** Unabhängigkeit, die gewerbsmäßig und auf Dauer angelegt ist und gleichwohl die Schwelle der **Ausbeutung** nach I Nr. 1 (oben 7 ff.) nicht erreicht, ist kaum zu konstruieren. Abs. II kann insoweit kein Privilegierungstatbestand für **Vermittler** sein; *ausbeutende* Vermittler unterfallen daher I Nr. 1.

7) Unterhalten von Beziehungen über den Einzelfall hinaus. Als **gemeinsame Voraussetzung** setzen die Abs. I und II voraus, dass der Täter zu dem Opfer **im Hinblick** auf seine Ausbeutungs-, Bestimmungs- oder Förderungstätigkeit **Beziehungen unterhält** (3 zu § 100), die auf Dauer angelegt sind, dh **über den Einzelfall hinausgehen.** Dies brauchen keine persönlichen zu sein; es kann sich um rein geschäftlich-wirtschaftliche Beziehungen handeln. Eine Beziehung zu Dritten, die ihrerseits Beziehungen zu dem Opfer unterhalten, reicht grds nicht aus. Der Täter kann die Beziehungen aber über Dritte (Mittäter oder Gehilfen) unterhalten, so dass das Opfer ihn persönlich nicht zu kennen braucht. Nicht ausreichend sind einseitige „Beziehungen" in dem Sinn, dass das Opfer nicht nur die Person des Täters nicht kennt, sondern von seiner Existenz gar nichts weiß. Wer etwa an führender Stelle im Rahmen der organisierten Prostitution Absprachen über „Geschäftsbezirke", oder über den Einsatz angeworbener Frauen trifft, ohne diesen gegenüber jemals in Erscheinung zu treten, unterhält keine „Beziehungen" zu ihnen. Das **Unterhalten** der Beziehung erfordert keine über eine geschäftliche Verbindung hinausgehenden Aktivitäten; es wird andererseits durch das Bestehen *auch* anderer Motive nicht ausgeschlossen. Die Beziehung muss aber in ihrem Schwerpunkt gerade **im Hinblick** auf die Tathandlungen nach I oder II unterhalten werden. Gelegentliche Dienstleistungen zu überhöhten Preisen (I Nr. 1) erfüllen die Voraussetzungen daher nicht (vgl. auch *S/S-Lenckner/Perron/Eisele* 12); auch nicht nur einzelne Vermittlungshandlungen eines gewerbsmäßigen Vermittlers nach II. Bei Vermietern von Wohnungen oder Unterkunft an Prostituierte werden die Beziehungen idR im Hinblick auf den Mietzins unterhalten, so dass nur § 180 a II in Betracht kommt (vgl. aber 20 zu § 180 a; *M/Schroeder/Maiwald* 21/17; *Laubenthal* 614). 21

8) Ehegattenzuhälterei (Abs. III). Nach Abs. III ist auch derjenige als Täter der Abs. I und II strafbar, der die dort genannten **Tathandlungen** gegenüber seinem Ehegatten begeht. Damit verzichtet Abs. III, da im Rahmen einer Ehe häufig nicht festgestellt werden kann, ob die persönliche Beziehung gerade im Hinblick auf diese Tathandlungen unterhalten wird, nach **hM** (allein) auf das Erfordernis der Feststellung von „Beziehungen, die über den Einzelfall hinausgehen" (LK-*Laufhütte* 15; *Lackner/Kühl* 7; *S/S-Lenckner/Perron/Eisele* 21; *Laubenthal* 632). Sie werden gesetzlich vermutet (*M/Schroeder/Maiwald* 21/20); Abs. III wird daher als eine Art materieller Beweisregel verstanden. Im Übrigen müssen aber auch die (auch subjektiven) Voraussetzungen der Abs. I oder II vorliegen; insb. die ausbeuterische Haltung in I Nr. 1 sowie die Gewerbsmäßigkeit in II. Die Abgrenzung zu nicht tatbestandsmäßigen Vereinbarungen eines gemeinsamen Lebensplans (vgl. oben 9) ist im Einzelfall schwierig, im Fall von Abs. II kaum möglich. 22

Abs. III knüpft daher an die alte Strafbarkeit der „Ehegattenkuppelei" (§ 181 I Nr. 2 aF) an und ist jedenfalls deshalb problematisch, weil die Vorschrift eine **Strafverschärfung** für mit dem Opfer verheiratete Täter enthält. Das kann durch *Beweisschwierigkeiten* nicht legitimiert werden, die in gleichem Umfang bei der Beurteilung nichtehelicher Partnerschaften auftreten (wie hier MK-*Renzikowski* 60). Ein solcher besonderer strafrechtlicher Schutz der *Ehe* ist im Rahmen des Schutzes der sexuellen Selbstbestimmung nicht veranlasst und ist durch die Nicht-Einbeziehung **eingetragener Lebenspartnerschaften** nicht plausibler geworden. 23

9) Subjektiver Tatbestand. § 181 a setzt **Vorsatz** voraus; dieser ist als mindestens bedingter (MDR/H **83**, 91) hinsichtlich aller Tatbestandsmerkmale erforderlich, soweit nicht Merkmale nach ihrem Sinn ein zielgerichtetes Handeln erfordern (Ausbeuten; Überwachen; Bestimmen; vgl. *Lackner/Kühl* 8; *S/S-Lenckner/Perron/* 24

Eisele 22). Hinsichtlich des Ausbeutens und der Gewerbsmäßigkeit genügt es, wenn der Täter die diese Merkmale begründenden Umstände (vgl. dazu BGH **4**, 320) kennt; beurteilt er sie falsch, so ist das ein Subsumtionsirrtum. Im Fall von I Nr. 2 muss der Täter auch seines Vermögensvorteils wegen handeln; im Fall von II muss er die tatsächlichen Voraussetzungen der (durch ihn selbst; vgl. oben 19) verursachten Freiheitseinschränkung kennen oder billigend in Kauf nehmen.

25 **10) Vollendung; Beendigung.** Die Tat ist **vollendet,** wenn im Fall des I Nr. 1 eine spürbare Verschlechterung der wirtschaftlichen Lage eintritt; i. ü. mit der jeweils ersten Bestimmung oder Förderung, wenn zu diesem Zeitpunkt die Voraussetzungen einer Beziehung iS von oben 21 vorgelegen haben; es reicht nicht, dass diese durch die Tat erst begründet werden soll. Die Tat nach II ist vollendet, wenn es zu einer tatsächlichen Vermittlung gekommen (vgl. oben 18) und eine Freiheitsbeschränkung eingetreten ist. **Beendet** (§ 78 a) ist die Tat (Dauerdelikt) mit dem Ende der Beziehung bzw. mit dem letzten Ausbeutungs-, Bestimmungs- oder Förderungsakt (vgl. BGH **39**, 390; MDR/H **83**, 620; *S/S-Lenckner/Perron* 23). **Der Versuch** der Tat ist nicht strafbar.

26 **11) Täterschaft und Teilnahme.** Für mit dem Opfer verheiratete Täter begründet Abs. III ein Sonderdelikt. Die **Teilnahme** an § 181 a bestimmt sich nach allgemeinen Regeln; Täter kann nur sein, wer selbst die besonderen Beziehungen zu dem Opfer unterhält. Für Teilnehmer, die diese Beziehung nicht unterhalten oder nicht gewerbsmäßig (II) oder in der Absicht des Vermögensvorteil (I Nr. 2) handeln, gilt § 28 I (MK-*Renzikowski* 63; and. *Puppe* 65 zu § 28). Das Opfer ist als notwendiger Teilnehmer stets straflos.

27 **12) Konkurrenzen.** Mehrere Tathandlungen innerhalb derselben Beziehung bilden eine **tatbestandliche Handlungseinheit** (BGH **39**, 390; vgl. auch BGH **19**, 109; NStZ-RR/P **00**, 359 Nr. 43). Im Übrigen ist zwischen I Nr. 1 und Nr. 2 **Tateinheit** möglich (vgl. BGH **19**, 109; **42**, 179 [m. Anm. *Wolters* JR **97**, 340; *Schroeder* JZ **97**, 155]; SK-*Wolters/Horn* 8; abw. *S/S-Lenckner/Perron* 28; MK-*Renzikowski* 66), während II hinter I Nr. 2 zurücktritt (MDR/D **74**, 723; KG MDR **77**, 863; NJW **77**, 2225). Hinter I Nr. 1 tritt Abs. II bei wirtschaftlicher Beeinträchtigung zurück (vgl. oben 20); i. ü. ist Tateinheit möglich. Bei **mehreren Opfern** ist **Tateinheit** möglich, wenn die Ausführungshandlungen gegenüber mehreren Geschädigten teilidentisch sind (StV **87**, 243 L; 1 StR 538/91; 3 StR 290/99; 4 StR 395/01; 2 StR 474/03 [in NStZ-RR **04**, 233 insoweit nicht abgedr.]; StV **03**, 617, 618; NJW **04**, 81, 83; NStZ-RR/P **04**, 358 Nr. 34; NStZ-RR/P **05**, 366 Nr. 30; NStZ-RR 07, **46**, 47).

28 **Tateinheit** ist im Übrigen möglich mit § 180, § 232(vgl. NStZ-RR/P **00**, 359 Nr. 43); zwischen I und § 180 a I, II Nr. 1, Nr. 2 1. Var.; zwischen I Nr. 2 und I Nr. 1 (1 StR 62/82); zwischen I Nr. 2 und § 180 II (5 StR 228/85); zwischen II und § 180 a II. Abs. II tritt auch nach der Neufassung hinter § 180 a I zurück (zur aF vgl. KG JR **78**, 296), und § 180 a II Nr. 2 2. Alt. hinter § 181 a I Nr. 1 (SK-*Wolters/Horn* 8). Tateinheit ist weiter möglich zwischen § 180 a I und § 181 a I Nr. 2, II (NStZ **89**, 68; **95**, 588; vgl. KG MDR **77**, 863), ferner mit §§ 223 ff. (MDR/D **68**, 728; NStE § 358 StPO Nr. 4), falls die Körperverletzung Bestandteil des Ausbeutens war (MDR/H **83**, 984), sowie mit §§ 240, 255 (MDR/H **83**, 793).

29 **13) Sonstige Vorschriften:** Erweiterter Verfall vgl. § 181 c; Führungsaufsicht § 181 b; **Geldwäsche** § 261 I S. 2 Nr. 4 Buchst. b. Das Opfer der ausbeuterischen Zuhälterei ist **Verletzter** iS von § 73 I S. 2; im Umfang des Schadensersatz-Anspruchs auf Rückgabe des an den Täter abgeführten Verdienstes ist daher eine Verfallsanordnung ausgeschlossen (vgl. NStZ **03**, 533; Zweibrücken StV **03**, 160 [m. Anm. *Lüderssen*]; 20 zu § 73).

Führungsaufsicht

181b **In den Fällen der §§ 174 bis 174 c, 176 bis 180, 181 a und 182 kann das Gericht Führungsaufsicht anordnen (§ 68 Abs. 1).**

Die Vorschrift wurde zunächst durch das 26. StÄG an die Neufassung der §§ 180 a bis 181 angepasst und gilt in der Fassung des 6. StrRG (2 f. vor § 174) seit 1. 4. 1998; durch Art. 1 Nr. 7 des 37. StÄG wurde sie redaktionell geändert. Sie gilt auch bei Versuch, Teilnahme und versuchter Beteiligung. Vgl. i. ü. die Anm. zu § 68.

Vermögensstrafe und Erweiterter Verfall

181c **In den Fällen des § 181 a Abs. 1 Nr. 2 sind die §§ *43 a*, 73 d anzuwenden, wenn der Täter als Mitglied einer Bande handelt, die sich zur fortgesetzten Begehung solcher Taten verbunden hat. § 73 d ist auch dann anzuwenden, wenn der Täter gewerbsmäßig handelt.**

Zu S. 1: § 43 a ist nach der Entscheidung des BVerfG vom 20. 3. 2002 (BGBl. I 1340) verfassungswidrig und nichtig.

§ 181 c wurde durch Art. 1 Nr. 13 OrgKG eingefügt, um die Möglichkeiten des Zugriffs auf das Vermögen des Täters oder Teilnehmers durch die Anordnung des erweiterten Verfalls nach § 73 d bei bandenmäßiger oder gewerbsmäßiger Begehung auf die Bereiche des (schweren) Menschenhandels (§ 181 aF; vgl. jetzt § 233 b) und der dirigierenden Zuhälterei (§ 181 a I Nr. 2) zu erreichen; der Gesetzgeber sah in diesen Handlungen typische Erscheinungsformen der Organisierten Kriminalität. Zur Stellung ausgebeuteter Prostituierter als Inhaber von Ersatzansprüchen iS von § 73 I S. 2 vgl. NStZ **03**, 533; 20 zu § 73. Die Verweisung auf § 43 a ist obsolet. Art. 1 Nr. 8 des 37. StÄG änderte die Vorschrift nach Streichung von § 181 aF redaktionell, ließ aber die Verweisung auf die verfassungswidrige Norm des § 43 a unberührt.

Sexueller Missbrauch von Jugendlichen

182 **I Eine Person über achtzehn Jahre, die eine Person unter sechzehn Jahren dadurch missbraucht, dass sie**

1. unter Ausnutzung einer Zwangslage oder gegen Entgelt sexuelle Handlungen an ihr vornimmt oder an sich von ihr vornehmen lässt oder
2. diese unter Ausnutzung einer Zwangslage dazu bestimmt, sexuelle Handlungen an einem Dritten vorzunehmen oder von einem Dritten an sich vornehmen zu lassen,

wird mit Freiheitsstrafe bis zu fünf Jahren oder mit Geldstrafe bestraft.

II Eine Person über einundzwanzig Jahre, die eine Person unter sechzehn Jahren dadurch missbraucht, dass sie

1. sexuelle Handlungen an ihr vornimmt oder an sich von ihr vornehmen lässt oder
2. diese dazu bestimmt, sexuelle Handlungen an einem Dritten vorzunehmen oder von einem Dritten an sich vornehmen zu lassen,

und dabei die fehlende Fähigkeit des Opfers zur sexuellen Selbstbestimmung ausnutzt, wird mit Freiheitsstrafe bis zu drei Jahren oder mit Geldstrafe bestraft.

III In den Fällen des Absatzes 2 wird die Tat nur auf Antrag verfolgt, es sei denn, dass die Strafverfolgungsbehörde wegen des besonderen öffentlichen Interesses an der Strafverfolgung ein Einschreiten von Amts wegen für geboten hält.

IV In den Fällen der Absätze 1 und 2 kann das Gericht von Strafe nach diesen Vorschriften absehen, wenn bei Berücksichtigung des Verhaltens der Person, gegen die sich die Tat richtet, das Unrecht der Tat gering ist.

Übersicht

1) Allgemeines ... 1, 1 a
2) Rechtsgut; kriminalpolitische Bedeutung ... 2, 3
3) Ausnutzung von Zwangslagen (Abs. I Nr. 1, 1. Var.; Nr. 2) ... 4–9
4) Sexuelle Handlungen gegen Entgelt (Abs. I Nr. 1, 2. Var.) ... 10
5) Sexuelle Handlungen unter Ausnutzung eingeschränkter Selbstbestimmungsfähigkeit (Abs. II) ... 11–15
6) Missbrauch ... 16–18
7) Subjektiver Tatbestand ... 19–21
8) Strafantrag (Abs. III) ... 22, 23
9) Rechtsfolgen; Absehen von Strafe (Abs. IV) ... 24
10) Konkurrenzen ... 25

1 **1) Allgemeines.** Die Vorschrift wurde durch das **29. StÄG** v. 31. 5. 1994 (BGBl. I 1168; Inkrafttreten: 11. 6. 1994) unter gleichzeitiger Aufhebung des § 175 (unten 3) zu einer einheitlichen Schutzvorschrift für Jugendliche unter 16 Jahren idF des RegE (BT-Drs. 12/4584) und der Beschlüsse von RA-BTag (BT-Drs. 12/7035 = **Ber.**) umgestaltet. **Materialien:** GesA Hmb BR-Drs. 312/96; **E-BRat** BT-Drs. 12/4293; **RegE** BT-Drs. 12/4232 vgl.: **BRat:** BR-Drs. 3/93, 3/1/93, 3/93 (Beschluss); **BTag:** PlenProt. 12/153, Prot. R Nr. 78, 93, 12/101, 106, 113, 118, PlenProt. 12/216; **BRat:** BR-Drs. 265/94 und zu 265/94, 282/94. Zur missverständlichen Formulierung des „Missbrauchs" von *Personen* vgl. 8 vor § 174. Zum **internationalen Recht** vgl. MK-*Renzikowski* 29 ff. **Auslandstaten:** § 5 Nr. 8 b.

Gesetzgebung: Der GesE der BReg eines G zur Umsetzung des RB der EU zur Bekämpfung der sexuellen Ausbeutung von Kindern und der Kinderpornographie (BT-Drs. 16/3439) sieht eine Ausweitung des § 182 auf den Missbrauch von **Personen unter 18 Jahren** sowie die Einführung der Strafbarkeit des **Versuchs** vor. Das Gesetzgebungsverfahren war bei Redaktionsschluss der 55. Aufl. nicht abgeschlossen. Abdruck des GesE im **Anhang unter Nr. 23 a**.

1 a **Literatur:** *Bruns,* Zur geplanten einheitlichen Jugendschutzvorschrift, ZRP **91**, 166, 325; *ders.,* Schutz der Moral unter dem Vorwand des Jugendschutzes, ZRP **93**, 232; Deutsche Gesellschaft für Sexualforschung, Stellungnahme zur beabsichtigten Einführung eines Straftatbestandes „sexueller Missbrauch von Jugendlichen", MSchrKrim **92**, 225; *Frommel,* Zur Aufhebung von § 175 u. § 182 StGB (usw.), KJ **92**, 80; *Kusch,* Gespaltenes Sexualstrafrecht im vereinten Deutschland, MDR **91**, 99; *Kusch/Mössle,* Verschärfter Jugendschutz. Zur Auslegung des neuen § 182 StGB, NJW **94**, 1504; *Schetsche,* Der „einvernehmliche Mißbrauch" (usw.), MSchrKrim **94**, 201; *Schroeder,* Der sexuelle Mißbrauch von Jugendlichen nach § 149 DDR-StGB, DtZ **91**, 240; *ders.,* Das 29. Strafrechtsänderungsgesetz (§§ 175, 182 StGB), NJW **94**, 1501; *Sick,* Zweierlei Recht für zweierlei Geschlecht (usw.), ZStW **103**, 71; *Steinmeister,* „Jugendschutz" gegen Jugendliche?, ZRP **92**, 87; *Tröndle,* Ideologie statt Jugendschutz?, ZRP **92**, 297.

2 **2) Rechtsgut; kriminalpolitische Bedeutung.** § 182 schützt die **sexuelle Selbstbestimmung** Jugendlicher (BGH **42**, 27, 29; 51, 55; NJW **97**, 1590). Einen darüber hinausgehenden allgemeinen Jugendschutzgesichtspunkt enthält das Gesetz nicht (ähnlich MK-*Renzikowski* 1; anders Bay NStZ **95**, 501 [m. Anm. *Schroeder* JR **96**, 40]; SK-*Wolters/Horn* 2; *Lackner/Kühl* 1; *S/S-Lenckner/Perron/Eisele* 2; *Kusch/Mössle* NJW **94**, 1505). Die „Ungestörtheit" der sexuellen Entwicklung von Personen unter 16 Jahren (Bay aaO) ist kein eigenständiges individuelles oder überindividuelles Rechtsgut; sie ist vielmehr eine Konkretisierung des Schutzes der Entwicklung einer eigenverantwortlichen sexuellen Identität und damit des psychischen und sozialen Reifungsprozesses junger Menschen. Dass § 182 „vor den mit sexuellem Missbrauch möglicherweise verbundenen nachteiligen Folgen für die sexuelle Entwicklung" schützen soll (vgl. NJW **00**, 3726), steht dem nicht entgegen, denn der Begriff der „(sexuellen) Entwicklung" bleibt ohne Angabe eines Entwicklungs-*Ziels* im Ungewissen; das zu schützende Entwicklungsziel ist nämlich nicht ein „normgerechtes", sondern ein selbstbestimmtes Sexualleben (vgl. auch *Amelung* GA **99**, 182, 186 ff.).

3 Das Gesetz geht davon aus, dass Kindern **unter 14 Jahren** stets die Fähigkeit fehlt, eigenverantwortliche Entscheidungen über sexuelle Kontakte zu Dritten zu treffen (§ 176 I), und dass diese Fähigkeit idR **ab dem 16. Lebensjahr** gegeben ist (vgl. BGH **42**, 27, 28; NStZ-RR **97**, 98). In dem **Zwischenbereich** zwischen dem 14. und 16. Lebensjahr ist der Entwicklungsprozess sexueller Reife *typischerweise* noch nicht abgeschlossen (NJW **00**, 3726; BT-Drs. 12/4594, 8); kennzeichnend für die gerade in dieser Phase stürmische Entwicklung sind vielmehr Selbstunsicherheit, mangelnde Erfahrung, Neugier sowie fehlende Integration sexueller Wünsche und Erfahrungen in eine „Gesamtpersönlichkeit". Dieser jugendtypische Mangel an Fähigkeit zur sexuellen Selbstbestimmung schafft Gefahren überall dort, wo altersbedingte, wirtschaftliche oder sonstige Abhängigkeitsverhältnisse von Durchsetzungsstärkeren für sexuelle Zwecke genutzt werden. Während der missbräuchliche Charakter solcher Kontakte dann nahe liegt, wenn die in § 174 I Nr. 1 beschriebenen Abhängigkeitsverhältnisse gegeben sind, kann dies bei allein altersbedingtem Macht- und Erfahrungsgefälle nicht stets angenommen werden (vgl. BGH **42**, 53 f.; weitergehend krit. *Sick* ZStW **103**, 91; BT-Drs. 12/1899 [B90/GR]; *Schetsche* MSchrKrim **94**, 201, 205; vgl. auch 7 vor § 174). Namentlich Abs. II ist daher **eng auszulegen** (unten 11; zutr. krit. auch MK-*Renzikowski* 8). Angesichts der kommerzialisierten *Übersexualisierung* der Konsum- und Freizeitwelt und einer von finanziellen und sexuellen Interessen Erwachsener geprägten Präsentation jugendlicher Sexualität in Werbung und Massenmedien ist die moralische Entrüstung einer Gesellschaft, die den „Missbraucher" abstraft und sich zugleich an 15jährigen *Vamps* auf dem Laufsteg ergötzt, von **Doppelmoral** geprägt.

3) Ausnutzung von Zwangslagen (Abs. I Nr. 1, 1. Var.; Nr. 2). In Abs. I sind Missbrauchshandlungen von **Tätern über 18** Jahren (also *ab* 18) gegenüber **Opfern unter 16** Jahren mit Strafe bedroht (zum Änderungsvorhaben vgl. oben 1). 4

A. Zwangslage. Gemeinsame Merkmale der Tatbestände des Abs. I Nr. 1, 1. Var. Nr. 2 sind das Vorliegen einer Zwangslage für das Opfer und deren **Ausnutzung** durch den Täter. Unter einer Zwangslage sind anders als in § 291 nicht nur wirtschaftliche Not oder Bedrängnis, sondern wie in § 232 I S. 1 auch persönliche Bedrängnisse sowie psychische Beeinträchtigungen zu verstehen (**aA** NK-*Frommel* 8), also bedrängende **Umstände von Gewicht,** denen die spezifische Gefahr anhaftet, den Widerstand des Opfers gegen sexuelle Übergriffe herabzusetzen (BGH **42**, 399); **zB** Notsituationen Drogenabhängiger, aus Heim oder Elternhaus Entwichener oder Obdachloser (*Schroeder* NJW **94**, 1502). Gleichgültig ist, ob der Täter die Zwangslage selbst geschaffen hat oder lediglich ausnutzt (*Laubenthal* 504), ob sie für das Opfer existenzbedrohend ist oder vermeidbar war (RegE 8; *S/S-Lenckner/Perron/Eisele* 5; MK-*Renzikowski* 36); ebenso, ob die Lage auf Grund längerfristiger Umstände eingetreten, dh als „Lebenssituation" zu beschreiben ist, oder sich in einer Einschränkung der Entscheidungsmöglichkeiten in der konkreten Tatsituation erschöpft. Stets müssen aber **gravierende,** dh das Maß des für Personen im Alter und in der Situation des Jugendlichen Üblichen deutlich übersteigende Umstände vorliegen, die geeignet sind, die Entscheidungsmöglichkeiten des Jugendlichen gerade über sein sexuelles Verhalten einzuschränken. Nicht ausreichend ist eine Situation des Jugendlichen, die sexuell motivierte Einflussnahmen nur allgemein ermöglicht oder erleichtert (BGH **42**, 399: vaterloses Aufwachsen, altersbedingte sexuelle Neugier). Umgekehrt setzt eine Zwangslage iS von § 182 keine „Schutzlosigkeit" iS von § 177 I Nr. 3 voraus (vgl. dazu 23 ff. zu § 177). 5

Es kann iErg kaum darauf ankommen, ob die Zwangs-Lage nach **objektiver** Betrachtung tatsächlich gegeben ist oder von der jugendlichen Person nur **subjektiv** als solche empfunden wird; die Vernünftigkeit der „Lage"-Beurteilung des Opfers spielt daher grds keine Rolle. Dennoch wird man, um den Tatbestand nicht gänzlich für (nachträgliche) subjektive Bewertungen zu öffnen, ein Mindestmaß an vernünftiger Beurteilung durch das Opfer selbst voraussetzen müssen. Fehlt diese gänzlich, so kann uU § 179 I Nr. 1 gegeben sein, andererseits aber auch eine – konkret vielleicht unvernünftige, aber hinzunehmende – letztlich *freie* Entscheidung des Jugendlichen, sei es auch auf Grund jugendtypisch verzerrter Bewertungen (zB: Eine „Zwangslage" ergibt sich nicht aus der Annahme einer 15-Jährigen, ihre Nase sei zu groß, oder aus dem „zwingenden" Bedürfnis, eine Wahl zum *Superstar* oder *Topmodel* zu gewinnen). 6

B. Tathandlung. Vorausgesetzt ist, dass der Täter die Zwangslage der jugendlichen Person für eigene oder fremde sexuelle Zwecke erfolgreich **ausnutzt.** Dies setzt im Fall von **Nr. 1, 1. Var.** voraus, dass er entweder selbst sexuelle Handlungen (§ 184 f Nr. 1) an der jugendlichen Person **vornimmt** oder von ihr solche Handlungen an sich **vornehmen lässt.** Vornehmen-Lassen bedeutet mehr als bloßes passives Geschehenlassen (kein *echtes* Unterlassungsdelikt!); erforderlich ist vielmehr eine wie auch immer geartete **Veranlassung** durch den Täter; diese kann freilich auch in der Zustimmung zu vom Opfer ausgehenden Initiativen liegen. Handlungen des Täters **vor** oder des Opfers **vor** dem Täter sind nicht erfasst; erforderlich ist also stets körperlicher Kontakt. Der Tatbestand setzt **Eigenhändigkeit** voraus; mittelbare Täterschaft ist nicht möglich. 7

Im Fall von **Nr. 2** ist vorausgesetzt, dass der Täter die jugendlichen Person **bestimmt** (zum Begriff vgl. 13 zu § 174), sexuelle Handlungen **an einem Dritten** vorzunehmen oder **von einem Dritten** an sich vornehmen zu lassen. Die sexuellen Handlungen müssen tatsächlich stattfinden, die Bestimmungshandlung muss daher erfolgreich sein. Das Alter der dritten Person ist unerheblich; sie kann ihrerseits jugendlich und zugleich Opfer der Tat sein. Sexuelle Handlungen **vor Dritten** sind von Nr. 2 nicht erfasst; sie unterfallen bei Entgeltlichkeit § 180 II. 8

9 Die sexuellen Handlungen oder die Bestimmungshandlungen muss der Täter jeweils **unter Ausnutzung der Zwangslage** der jugendlichen Person begehen. Bei der Auslegung ist an der Bedeutung des Begriffs in §§ 232 I S. 1, 233 I S. 1, § 291 I anzuknüpfen (BGH **42**, 399, 400). Die Zwangslage muss dem Täter das Erreichen des Taterfolgs daher ermöglichen oder erleichtern; dies muss der Täter bewusst einkalkulieren (vgl. dazu 12 zu § 174 a; *S/S-Lenckner/Perron/Eisele* 5; MK-*Renzikowski* 37; SK-*Wolters/Horn* 4). Das wird immer dann der Fall sein, wenn der Täter den Fortbestand, die Vertiefung oder die Beseitigung der Zwangslage von der Einwilligung des Jugendlichen diesem gegenüber abhängig macht (Nötigung oder „nötigungsähnliche Fälle"; vgl. BGH **42**, 402; *Kusch/Mössle* NJW **94**, 1506). Dazu gehört auch die Drohung mit einer im Fall der Weigerung des Opfers vom Täter zu verursachenden (weiteren) Zwangslage, wenn sich die Möglichkeit ihrer Verwirklichung schon als *gegenwärtige* Zwangslage darstellt (**zB** Drohung, einen wohnsitzlosen Jugendlichen nicht weiter zu beherbergen); dies kann auch die Drohung mit dem Unterlassen von (unterstützenden) Handlungen sein, zu welchen keine Rechtspflicht besteht. Ein Ausnutzen kann auch bei In-Aussicht-Stellen von (auch immateriellen) Vorteilen, insb. von Hilfeleistungen zur Bewältigung der Zwangslage, vorliegen; man wird den Tatbestand daher nicht auf nötigungsähnliche Handlungen beschränken können (so auch *S/S-Lenckner/Perron* 5; SK-*Wolters/Horn* 4; MK-*Renzikowski* 38; **aA** BGH **42**, 402; *Kusch/Mössle* NJW **94**, 1506). Eine Einschränkung des Begriffs des Ausnutzens unter *normativen* Gesichtspunkten, etwa bei Vorliegen eines „echten Liebesverhältnisses" (vgl. *S/S-Lenckner/Perron/Eisele* 5; SK-*Wolters/Horn* 4; MK-*Renzikowski* 37) ist kaum sinnvoll möglich (vgl. zum „Missbrauchs"-Begriff unten 16).

10 **4) Sexuelle Handlungen gegen Entgelt (Abs. I Nr. 1, 2. Var.).** Unabhängig vom Vorliegen einer Zwangslage bedroht Nr. 1, 2. Var. die Vornahme sexueller Handlungen zwischen Täter und Opfer **gegen Entgelt** (§ 11 I Nr. 9) mit Strafe; sie will sozialschädliches Verhalten gegenüber sich prostituierenden Jugendlichen verfolgen, bei denen die Selbstbestimmung des Opfers, das seine persönliche Lage verbessern möchte, aus dessen Sicht durch das Angebot einer Gegenleistung manipuliert wird (vgl. hierzu BGH **42**, 54; NStZ-RR **96**, 33). Nr. 1 ergänzt insoweit § 180 II. **Entgelt** ist „jede in einem **Vermögensvorteil** bestehende Gegenleistung" (§ 11 I Nr. 9) gleich welchen Umfangs (NStZ **06**, 444; *S/S-Lenckner/Perron* 6; krit. *Kusch/Mössle* NJW **94**, 1506); neben finanziellen Zuwendungen **zB** auch Wohnungsgewährung; Naturalleistungen; Erhöhung eines Arbeitsentgelts (vgl. BGH **42**, 27); Süßigkeiten oder Einladungen zu Freizeitaktivitäten (NStZ **06**, 444). Die Ansicht, es reiche auch ein immaterieller Vorteil aus (so NK-*Frommel* 9), ist mit § 11 Nr. 9 nicht vereinbar; *Nicht*-Vermögensvorteile können nicht in „Vermögensvorteile im weiteren Sinn" (ebd) umgedeutet werden (ebenso MK-*Renzikowski* 40). Die Gegenleistung muss für die Vornahme oder Duldung der sexuellen Handlung **kausal** sein; es reicht aber aus, wenn die Entgelt-Vereinbarung das Handeln der jugendlichen Person zumindest mitmotiviert hat (NStZ **95**, 540; **04**, 683; **06**, 444; NJW **00**, 3726). Es reicht die **Vereinbarung** eines Entgelts; zur Zuwendung muss es (noch) nicht gekommen sein (NStZ **04**, 683; *Laubenthal* 510; *Lackner/Kühl* 5). Entgeltlichkeit liegt daher auch dann vor, wenn der Täter das Entgeltsversprechen nur zur **Täuschung** abgibt (NStZ **04**, 683 [„Filmprozuzent"]). Im Einzelfall kann die **Grenze** zwischen Entgeltlichkeit und tatbestandsloser Erweisung von Gefälligkeiten schwierig zu bestimmen sein (Gewährung von Unterkunft; Abgabe von Drogen; Geschenke; vgl. zB NStZ **06**, 444). Bei längerfristigen Beziehungen, in denen Zuwendungen jedenfalls auch aus anderen Gründen üblich sind, bedarf die Feststellung der Entgeltlichkeit besonderer Prüfung (BGH **42**, 402; vgl. *S/S-Lenckner/Perron/Eisele 5*). Erfasst sind nach dem Sinn der Vorschrift allein **Entgeltleistungen des Täters** an die jugendliche Person (daher **zB** keine Täterschaft einer Prostituierten, die von einem 15 jährigen bezahlt wird). Im Verhältnis zu **§ 180 II** ist zu beachten, dass § 182 I Nr. 1, 2. Var. nur entgeltliche sexuelle Handlungen

zwischen Täter und Opfer erfasst **(Eigenhändigkeit),** § 180 II (bei höherem Schutzalter) nur die Bestimmung zu entgeltlichen sexuellen Handlungen *mit,* aber auch *vor Dritten* (krit. *S/S-Lenckner/Perron/Eisele* 8).

5) Sexuelle Handlungen unter Ausnutzung fehlender Selbstbestimmungsfähigkeit (Abs. II). Der Tatbestand des Abs. II erfasst sexuellen Missbrauch durch Personen **über 21 Jahren** an Personen **unter 16 Jahren;** die gegenüber Abs. I erhöhte Altersanforderung soll sicherstellen, dass nur Fälle eines gefährdungstypischen Machtgefälles (BT-Drs. 12/4584, 8) und nicht jugendtypische Beziehungen erfasst werden (BGH **42**, 27 f.; *Lackner/Kühl* 6). Abs. II betrifft schon nach dem Wortlaut nur **einverständliche** sexuelle Handlungen eines Erwachsenen mit einem Jugendlichen unter 16 Jahren (2 StR 589/06; zu Abs. I insoweit oben 6). Der Anwendungsbereich des Abs. II deckt sich nicht mit § 179 (vgl. unten 12; **aA**, aber irrig NK-*Frommel* 8, 11, die § 182 II als „*Auffangtatbestand*" [?] gegenüber § 179 verstehen will, der angeblich Fälle „*eingeschränkter Widerstandsunfähigkeit*" [?] erfasse. Das ist nicht verständlich). Die **sexuellen Handlungen** (§ 184 f Nr. 1) müssen wie in Abs. 1 Nr. 1 vom Täter am Opfer oder vom Opfer am Täter vorgenommen werden (Eigenhändigkeit); oder der Täter muss das Opfer zu sexuellen Handlungen mit (nicht: vor) Dritten bestimmen. 11

A. Fehlen der Fähigkeit zur sexuellen Selbstbestimmung. Voraussetzung des II ist in allen Fällen eine „fehlende Fähigkeit zur sexuellen Selbstbestimmung". Die Bedeutung dieses Merkmals war schon im Gesetzgebungsverfahren umstritten (vgl. BT-Drs. 12/7035, 9; 12/7044; *Kusch/Mössle* NJW **94**, 1507; *Schroeder* NJW **94**, 1502; *Lackner/Kühl* 6; *S/S-Lenckner/Perron/Eisele* 10 f.; SK-*Wolters/Horn* 13, 15). Nach dem Wortlaut wäre schon das Verhältnis zu § 179 I Nr. 1 unklar: Wäre für § 182 II ein *vollständiges Fehlen* der Selbstbestimmungsfähigkeit zu fordern, so ließe sich eine Abgrenzung zur „Widerstandsunfähigkeit" des § 179 I insoweit kaum finden; unverständlich wäre dann die wesentlich *geringere* Strafdrohung für den Fall, dass das Opfer jugendlich und daher besonders schutzwürdig ist. *Fehlt* die Fähigkeit zur Selbstbestimmung, so ist ein *Widerstand* gegen Angriffe auf sie unmöglich, gleichgültig, auf welchen Gründen dies beruht. Das Merkmal bedarf daher der Auslegung; es kommt darauf an, ob die betroffene Person aus Gründen **altersbedingter Unreife** (so auch BT-Drs. 12/4584, 8; *Lackner/Kühl* 6; *S/S-Lenckner/Perron/Eisele* 11) im konkreten Fall für den Täter erkennbar (zum Vorsatz vgl. unten 21) außerstande ist, die Entscheidung über die Vornahme oder Duldung sexueller Handlungen intellektuell, moralisch und emotional in ein Selbstbild und Lebenskonzept in einer Weise zu integrieren, welche der Bedeutung sexueller Selbstbestimmung gerecht wird (vgl. auch Bay NStZ **95**, 501). Eine in diesem Sinn mangelnde Selbstbestimmungsfähigkeit ist bei Jugendlichen unter 16 Jahren **im Einzelfall** festzustellen (BGH **42**, 402; NStZ-RR **97**, 98; 2 StR 589/06; SK-*Wolters/Horn* 13, 15; MK-*Renzikowski* 50; *Laubenthal* 513; krit. *S/S-Lenckner/Perron/Eisele* 11; *Kusch/Mössle* NJW **94**, 1507). Ein sich *allein* aus Altersgründen ergebendes Machtgefälle begründet eine solche Vermutung nicht. 12

Hieraus folgt, dass – entgegen vielfachen Definitionsversuchen – „fehlende Selbstbestimmungsfähigkeit" *als solche*, dh als der jugendlichen Person zukommende Eigenschaft gar nicht (isoliert) festgestellt werden kann; sie ist **kein „Zustand"** (so auch *Lackner/Kühl* 6): Daher könnte etwa ein *Sachverständiger* einen entsprechenden Gutachtensauftrag seriös gar nicht erfüllen, ohne auch die *Täter*-Persönlichkeit und die Struktur des **Verhältnisses zwischen Täter und Opfer** zu erforschen. 14- und 15 jährige Jugendliche sind *stets* (mehr oder weniger) „unreif" (so auch RegE 8; vgl. NJW **00**, 3726); eine Bestimmung einer Abweichung vom „Durchschnitt" (?) hätte für den Tatbestand gar keinen Sinn, da es auf das *konkrete* Verhältnis zum Täter ankommt. So kann etwa ein promiskuitives Verhalten eines 15 jährigen Mädchens aus sozial randständiger Schicht je nach Betrachtungsweise und Standpunkt als „*frühreif*" (!), ebenso aber als Ausdruck einer extrem *unreifen* Persönlichkeitsentwicklung aufgefasst werden. Die Feststellung der Fähigkeit zur 13 sexuellen Selbstbestimmung iS von II darf nicht im Sinn einer umfassend „reifen Persönlichkeit" verstanden oder mit *moralischen* Bewertungen vermengt werden; vielmehr ist zu berücksichtigen, dass auch erwachsene Personen im sexuellen Bereich vielfach Entscheidungen treffen, deren Integration in ein verantwortungsvolles Lebenskonzept zweifelhaft erscheint. Eine umfassende *Delegation* dieser Feststellung auf **Gutachter** (etwa mit dem Auftrag „zu untersuchen, ob dem Opfer die Fähigkeit zur sexuellen Selbstbestimmung fehlt") wäre auch deshalb verfehlt, weil es sich im Kern um eine normative, vom *Gericht* zu entscheidende Frage handelt (ebenso MK-*Renzikowski* 50).

13a Bei **Kindern unter 14 Jahren**, die grds. ebenfalls von § 182 erfasst werden (BGH **42**, 27, 29; **42**, 51, 55; NStZ **00**, 644; **07**, 329), soll nach Ansicht des *4. StS* das *objektive* Fehlen der Fähigkeit zur sexuellen Selbstbestimmung, anders als in §§ 176 f., nicht schon aufgrund des kindlichen Alters unwiderleglich feststehen, sondern, soweit es um die Anwendung von § 182 geht, einer Feststellung im Einzelfall bedürfen (NStZ **07**, 329 f.). Das ist nicht zutreffend. Der Begriff der sexuellen Selbstbestimmung ist in § 182 kein anderer als in § 176; ob eine Person zur Selbstbestimmung fähig ist oder nicht, kann im Hinblick auf bestimmte Handlungen nur *einheitlich* festgestellt werden. Daher gilt die zwingende gesetzliche Wertung des § 176 ohne Weiteres auch für § 182: Kinder unter 14 Jahren sind *stets und ausnahmslos* zur sexuellen Selbstbestimmung unfähig. Eine andere Frage ist, ob beim Täter ein entsprechender *Vorsatz* gegeben ist: Hält er die betroffene Person für über 14, aber unter 16 Jahre alt, so kommt es *subjektiv* nicht auf die starre Grenze des § 176 I, sondern auf die Vorstellung des Täters von der Selbstbestimmungs-Fähigkeit an (insoweit zutr. NStZ **07**, 329).

14 **B. Ausnutzen eingeschränkter Selbstbestimmungsfähigkeit.** Zu den oben genannten sexuellen Handlungen oder zum Erfolg seiner Bestimmungshandlung muss der Täter **unter Ausnutzung** der eingeschränkten Selbstbestimmungsfähigkeit des Opfers gelangen. Dabei sind die allgemeinen Voraussetzungen des Ausnutzens den oben 9 genannten gleich; insb. muss die Unreife der jugendlichen Person für den Taterfolg **kausal** sein; die Formulierung *„und dabei"* ist also nicht dahin zu verstehen, dass eine Ausnutzung „bei Gelegenheit" der Tathandlung ausreiche (*S/S-Lenckner/Perron/Eisele* 12). Die konkreten Handlungsformen werden vielfach denen nach Abs. I gleich sein (**zB** Versprechungen; Überreden; Einschüchterung; Täuschung); erforderlich ist jeweils, dass der Täter sich die eingeschränkte Selbstbestimmungsfähigkeit **bewusst** zunutze macht. Diese ist nicht allein als „Widerstandsfähigkeit" zu verstehen, da sie sich auch in auf Unreife, Leichtsinn oder Unkenntnis beruhenden **Initiativen des Opfers** ausdrücken kann. Regelmäßig erforderlich ist das Bestehen eines reife- und selbstbestimmungsspezifischen **Machtgefälles** (vgl. BT-Drs. 12/7035, 9; SK-*Wolters/Horn* 15; *S/S-Lenckner/Perron/Eisele* 12; *Lackner/Kühl* 6). Ein solches Gefälle mag durch einen großen Altersunterschied indiziert sein, ist jedoch auch hier nicht regelmäßig gegeben (vgl. oben 13).

15 Ausnutzen setzt nicht stets eine intensive Beeinflussung von Seiten des Täters voraus (vgl. auch *S/S-Lenckner/Perron* 12); Fälle, in denen sich der Täter auch ohne solche Bemühungen die Unerfahrenheit des Opfers planmäßig zunutze macht, erscheinen gleichermaßen strafwürdig. Auch eine Beschränkung auf „Diskotheken-Bekanntschaften" (*Kusch/Mössle* NJW **94**, 1507) ist dem Gesetz nicht zu entnehmen (zutr. *Lackner/Kühl* 6); ebenso wenig der generelle Ausschluss von auf Dauer angelegten Beziehungen. Die Fähigkeit des Opfers, das Tatgeschehen richtig einzuordnen, muss für die konkret vorgenommene Handlung fehlen. Jugendlichen Prostituierten und Strichern fehlt diese Fähigkeit keineswegs generell (so aber RegE 23). Worin letztlich das „Ausnutzen" seinen *konkreten* Ausdruck finden soll, wird aus den Materialien kaum deutlich (krit. auch *Lackner/Kühl* 6).

16 ***6) Missbrauch.*** *Eine Einschränkung* soll der Anwendungsbereich von **Abs. I und II** durch das Merkmal des **Missbrauchs** erfahren (allg. zum Begriff vgl. auch 7 ff. vor § 174). Dass hierdurch der Anwendungsbereich der Vorschrift erheblich eingeengt werde, lässt sich nicht sagen (vgl. auch *Kusch/Mössle* NJW **94**, 1507;

Lackner/Kühl 2; *S/S-Lenckner/Perron/Eisele* 7, 12; **aA** *Schroeder* NJW **94**, 1503 f.; *M/Schroeder/Maiwald* 20/22 [für I Nr. 2]).

Das Gesetz geht in den Fällen des **Abs. I** („dadurch missbraucht, dass") zurecht davon aus, dass die Ausnutzung von Zwangslagen Jugendlicher oder der entgeltliche sexuelle Verkehr mit ihnen sich **regelmäßig** als Missbrauch der Zugangsmöglichkeit zu der jugendlichen Person darstellt. Das Merkmal des Missbrauchs kann daher allenfalls *Ausnahmefälle* aus dem Anwendungsbereich der Vorschrift ausscheiden (ebenso *S/S-Lenckner/Perron(Eisele* 7; *Lackner/Kühl* 2; *Kusch/Mössle* NJW **94**, 1507; weiter *Schroeder* NJW **94**, 1503; enger *Laubenthal* 507; MK-*Renzikowski* 46 [Merkmal ohne Funktion]); die hierfür genannten Beispiele erfüllen idR schon das Merkmal (des Ausnutzens) einer Zwangslage nicht. Bei Entgeltlichkeit sind auch uU zugleich vorliegende altruistische Motive idR nicht geeignet, den Missbrauchscharakter aufzuheben (vgl. dazu auch 17 f. zu § 179); dass „echte Liebe" für die Straflosigkeit der Ausnutzung von Zwangslagen oder für die Motivation *zahlender Freier* von Kinder- und Jugendprostituierten Bedeutung haben könnte, liegt eher fern (and. *M/Schroeder/Maiwald* 20/22). Für die vom Gesetzgeber ins Auge gefassten Ausnahmefälle (vgl. BT-Drs. 12/4232, 5) bleibt daher praktisch kein Anwendungsbereich. 17

Dasselbe gilt auch für die Fälle des **Abs. II.** Stellt sich die Handlung des Täters im Einzelfall als bewusstes Ausnutzen des auf Unreife beruhenden Machtgefälles dar (oben 14), so ist ein Missbrauch dieses Verhältnisses regelmäßig gegeben. 18

7) Subjektiver Tatbestand. § 182 setzt Vorsatz voraus; grds reicht bedingter Vorsatz aus. Er muss insb. auch auf das **Alter** der jugendlichen Person einbeziehen. Da der Tatbestand nicht allein Jugendliche im Alter von 14 und 15 Jahren, sondern alle Personen unter 16 Jahren erfasst (oben 13 a), führt der **Irrtum** des Täters, der ein kindliches Opfer für einen Jugendlichen hält, zur Bestrafung nach § 182 (BGH **42**, 55). Bei umgekehrtem Irrtum liegt die Annahme von Tateinheit zwischen vollendetem § 182 I und Versuch des § 176 nahe, da § 182 ein qualitativ anderes und jedenfalls im Fall des Abs. I höheres Unrecht kennzeichnet (ebenso LK-*Laufhütte* 8). Nach BGH **42**, 51 (im Anschluss an BGH **42**, 27) liegt dagegen Spezialität des § 176 auch gegenüber § 182 I vor (vgl. dazu unten 25). 19

Im Fall von **I Nr. 1** muss der Vorsatz auch die tatsächlichen Umstände der **Zwangslage** umfassen; weiterhin die **Kausalität** der Zwangslage für den Ausnutzungserfolg; in **I Nr. 2** die Kausalität der **Entgeltlichkeit** für das Zustandekommen der sexuellen Handlungen; im Fall von **II** die tatsächlichen Umstände, aus denen sich das Fehlen sexueller **Selbstbestimmungsfähigkeit** sowie dessen Ursächlichkeit für das Verhalten des Tatopfers ergeben (vgl. NStZ **07**, 329 f.). Die sexuellen Handlungen müssen in allen Fällen mit der für das „Ausnutzen" erforderlichen Tendenz angestrebt werden; insoweit reicht bedingter Vorsatz nicht. 20

Im Fall von **Abs. II** muss sich der Vorsatz auf das **Fehlen der Selbstbestimmungsfähigkeit** (oben 12 f.) erstrecken, da der Täter diese sonst nicht „ausnutzen" kann. Damit wird der Schutzzweck der Vorschrift freilich auf den Kopf gestellt: Die Unreife der jugendlichen Person kann und wird der Täter umso eher erkennen, je längerfristig und intensiver die Beziehung zum Opfer ist und je mehr sie über allein sexuelle Interessen hinausgeht. Dass der Täter gerade bei kurzfristigen oder einmaligen sexuellen Kontakten und allein hierauf gerichtetem Interesse Anlass und Gelegenheit haben sollte, die Integration des Sexualverhaltens des Jugendlichen in dessen „Gesamtpersönlichkeit" zu prüfen, ist eher fern liegend; eine Irrtumsbehauptung wird kaum jemals widerlegbar sein. Damit wird Abs. II entgegen den Intentionen des Gesetzgebers gerade nicht zur Schutzvorschrift für unbedarfte jugendliche Disco- oder Volksfestbesucher, um den Gefahren wahllos-unreifer Sexualkontakte mit Erwachsenen zu begegnen, sondern zu einer vagen Verbotsnorm für längerfristige sexuelle Beziehungen mit unziemlichem Altersunterschied (positivere Beurteilung bei MK-*Renzikowski* 58). 21

8) Strafantrag (Abs. III). Nach Abs. III ist in den Fällen des II Strafantrag erforderlich (krit. hierzu SK-*Wolters/Horn* 19; LK-*Laufhütte* 7; *Schroeder* NJW **94**, 1504); dagegen ist Abs. I ein Offizialdelikt. Das Antragserfordernis entfällt, wenn ein **besonderes öffentliches Interesse** an der Strafverfolgung gegeben ist; dies 22 kann sich **zB** aus nachhaltigen Schäden beim Opfer oder besonders verwerflichen Handlungsweisen des Ausnutzens ergeben.

23 **Verletzt** iS von § 77 I ist die jugendliche Person selbst; **strafantragsberechtigt** nach § 77 III der gesetzliche Vertreter bzw. der Personensorgeberechtigte. In der **Praxis** werden Strafanträge vielfach gegen den Willen des Opfers und als Bestandteil pädagogischer Maßnahmen gestellt (vgl. auch MK-*Renzikowski* 76). Es sollte im **Verfahren** hierauf Bedacht genommen werden, damit nicht das Strafverfahren zu einer absurden Veranstaltung gerät, in welcher sich Juristen und Psychologen *auf Kosten* des Opfers über Standards *sittlicher Reife* verständigen (zuversichtlich *für* den generellen Einsatz des Strafrechts dagegen NK-*Frommel* 14).

24 **9) Rechtsfolgen; Absehen von Strafe (Abs. IV).** Der Strafrahmen des Abs. I entspricht dem des § 180 II, III, der Rahmen des Abs. II dem des § 180 I Abs. IV gibt dem Gericht die Möglichkeit des **Absehens von Strafe** (vgl. 7 zu § 23; § 153b StPO), wenn bei Berücksichtigung des Verhaltens des Jugendlichen das **Unrecht** der Tat **gering** ist. Geringe Schuld allein reicht nicht aus. Der Anwendungsbereich ist gering, denn Bagatellfälle werden idR schon das Merkmal des Ausnutzens nicht erfüllen, und tatbestandsmäßige Missbrauchsfälle können schwerlich als Bagatellen behandelt werden (*Laubenthal* 520; MK-*Renzikowski* 72; *S/S-Lenckner/Perron* 18 mwN).

25 **10) Konkurrenzen.** Innerhalb des § 182 geht I dem II vor (*Lackner/Kühl* 11; SK-*Wolters/Horn* 11; **aA** LK-*Laufhütte* 8 und LK-*Rissing-van Saan* 77 vor § 52: Tateinheit). Zwischen den beiden Varianten des I sowie des II ist im Hinblick auf die nicht gleichwertige Begehungsform jeweils **Tateinheit** möglich (*Lackner/Kühl* 11); ebenso mit §§ 173, 174 I, 174a I Nr. 2, 174b (BGH **42**, 27; 51, 53; NJW **97**, 1590; NStZ **01**, 194 [zu § 174 I Nr. 2]; vgl. NStZ-RR **97**, 66; SK-*Wolters/Horn* 11). § 182 II Nr. 1 und § 176 I stehen nach BGH **42**, 27 in Gesetzeskonkurrenz (Spezialität des § 176 I; ebenso BGH **42**, 51, 53; vgl. auch Bay NStZ **95**, 504 [Konsumtion]). Für das Verhältnis zwischen § 182 I zu **§ 176** hat BGH **42**, 51 gleichfalls Spezialität des § 176 angenommen (ebenso *Lackner/Kühl* 11; *S/S-Lenckner/Perron/Eisele* 16; **aA** LK-*Laufhütte* 8). Die vom *3. StS* mit guten Gründen angestrebte Änderung der Rspr ist nicht zustande gekommen (vgl. NJW **00**, 3726; **01**, 2186; oben 19). Zum Verhältnis zu **§ 177 I Nr. 3** vgl. oben 5 und 33 ff. zu § 177. § 149 StGB-DDR, der bis zum 10. 6. 1994 in den neuen Bundesländern fortgalt, ist gegenüber § 182 milderes Recht iS des § 2 III (NStZ-RR **98**, 8).

Exhibitionistische Handlungen

183 **I Ein Mann, der eine andere Person durch eine exhibitionistische Handlung belästigt, wird mit Freiheitsstrafe bis zu einem Jahr oder mit Geldstrafe bestraft.**

II Die Tat wird nur auf Antrag verfolgt, es sei denn, dass die Strafverfolgungsbehörde wegen des besonderen öffentlichen Interesses an der Strafverfolgung ein Einschreiten von Amts wegen für geboten hält.

III Das Gericht kann die Vollstreckung einer Freiheitsstrafe auch dann zur Bewährung aussetzen, wenn zu erwarten ist, dass der Täter erst nach einer längeren Heilbehandlung keine exhibitionistischen Handlungen mehr vornehmen wird.

IV Absatz 3 gilt auch, wenn ein Mann oder eine Frau wegen einer exhibitionistischen Handlung

1. nach einer anderen Vorschrift, die im Höchstmaß Freiheitsstrafe bis zu einem Jahr oder Geldstrafe androht, oder
2. nach § 174 Abs. 2 Nr. 1 oder § 176 Abs. *3* Nr. 1

bestraft wird.

1 **1) Allgemeines.** Die Vorschrift idF des 4. StrRG (1f. vor § 174; ferner Hearing: Prot. VI/900, 911, 915, 927, 947, 982, 989, 993, 1015, 1088, 1102, 1111, 1131; Beratungen: Prot. VI/1487, 1493, 1766, 1810) wurde redaktionell geändert durch Art. 1 Nr. 31 des 6. StrRG.

Abs. IV Nr. 2 ist im Hinblick auf die Verweisung auf „§ 176 Abs. 3 Nr. 1" falsch; im SexualdelÄndG ist die notwendige redaktionelle Anpassung an **§ 176 Abs. IV** übersehen worden.

Gesetzgebung: Vorschlag einer Änderung von IV Nr. 2 im GesE BT-Drs. 16/3439; Abdruck im **Anhang unter Nr. 23 a**.

Literatur: *Benz,* Sexuell anstößiges Verhalten, 1982; *Elz/Jehle/Kröber* (Hrsg.), Exhibitionisten: Täter, Taten, Rückfall, 2004; *Görgen,* Rückfallgefährdung und Gewaltrisiko bei exhibitionistischen Tätern – Forschungsstand und Forschungsbedarf, 2003; *v. Hentig,* MSchrKrim **29**, 327; *Hobe,* in: *Hess/Störzer/Streng* (Hrsg.) Sexualität u. soziale Kontrolle 1978, 69; *v. Hören,* Ungereimtheiten bei der strafrechtlichen Verfolgung des Exhibitionismus, ZRP **87**, 19; *Hörnle,* Strafzumessungspraxis u. angemessene Strafzumessung bei exhibitionistischen Handlungen, MSchKrim **01**, 212; *dies.*, Grob anstößiges Verhalten. Strafrechtlicher Schutz von Moral, Gefühlen und Tabus, 2005 (Rez. *Bloy* GA **06**, 656; *Wohlers* ZStW **118** [2006] 758; *Schroeder* JZ **07**, 518); *Horstkotte* JZ **74**, 84; *Sander,* Zur Beurteilung exhibitionistischer Handlungen, 1996 [Bespr. *Laubenthal* GA **97**, 602; *Böllinger* MSchrKrim **00**, 200]; *ders.,* Ist eine Strafbarkeit exhibitionistischer Handlungen gerechtfertigt?, ZRP **97**, 447; *Schall,* Die Strafaussetzung zur Bewährung gem. § 183 Abs. 3 StGB, JR **87**, 397; *Sick,* Zweierlei Recht für zweierlei Geschlecht (usw.), ZStW **103**, 43; *Wille,* Die forensisch-psychopathologische Beurteilung der Exhibitionisten (usw.), 1968; *ders.,* MSchKrim **72**, 218; *ders.,* PraxRMed 549; *Würtenberger,* Kriminologie u. Auslegung des § 183 StGB, JZ **60**, 342. 1 a

2) Rechtsgut; kriminalpolitische Bedeutung. Das Rechtsgut des Tatbestands ist umstritten, ebenso die Legitimität der Bedrohung exhibitionistischer Handlungen mit Kriminalstrafe (vgl. *Hörnle* MSchrKrim **01**, 212 ff. mwN). Insoweit gilt hier Ähnliches wie zu § 183 a (dort 2); freilich kommt den Tathandlungen des § 183 im allgemeinen Verständnis ein höherer *Bedrohungs*gehalt zu. Unter Individualschutz-Gesichtspunkten schützt die Vorschrift die Selbstbestimmung über die Abgrenzung des höchstpersönlichen sexuellen Bereichs (vgl. auch MK-*Hörnle* 1 f.), die durch die aufgedrängte, häufig schockierende Konfrontation mit fremder, beziehungsloser, aber gleichwohl auf das Opfer gerichteter und daher vielfach als Bedrohung empfundener Sexualbetätigung verletzt wird (vgl. MDR/D **74**, 546; ähnlich *Sick/Renzikowski,* Schroeder-FS [2006] 603, 611). Ein hierüber hinausgehendes (strafrechtliches) Allgemeinrechtsgut schützt § 183 nicht (ebenso *Lackner/Kühl* 1). 2

Exhibitionismus ist ein recht häufiges Sexualdelikt. Die tatbestandliche Handlung des § 183 ist von der psychischen Störung (ICD-10, F 65.2) abzugrenzen, welche ihr meist, aber nicht stets zugrunde liegt und nicht stets harmlos ist, da das dranghafte, auf Wiederholung gerichtete Verhalten auch aggressive und expansive Tendenzen aufweisen kann (*Nedopil,* Forensische Psychiatrie, 138 mwN). **Empirische Belege** für einen (rechtspolitisch oft behaupteten) hohen Anteil „gefährlicher" Exhibitionisten oder für eine erhöhte Tendenz zu schwereren Sexualstraftaten fehlen aber bislang; Es können auch keine verlässlichen Merkmale beschrieben werden, um gefährliche von ungefährlichen Tätern zu unterscheiden (vgl. *Görgen* [1 a] 23 ff., 34; *Elz* in *Elz/Jehle/Kröber* [1 a]). Die **Prognose** ist bei Exhibitionisten schlecht; die dem Verhalten meist zugrunde liegende Verhaltensstörung wird von den – oft sozial unauffälligen und integrierten – Tätern mit hohem Aufwand verschleiert. Die vielfach gezeigte hohe Bereitschaft, auch gravierende Auflagen oder sonstige Maßnahmen zu akzeptieren, ist skeptisch zu beurteilen (so auch *Nedopil* aaO). 3

3) Tathandlung (Abs. I). Der Tatbestand setzt voraus, dass der Täter eine **exhibitionistische Handlung** begeht; Erfolg dieser Handlung muss sein, dass eine andere Person **belästigt** wird. **Täter** des Abs. I kann nur ein **Mann** sein; Exhibitionismus von **Frauen** wird – mit der Begründung, er sei extrem selten (vgl. Prot. VI/900) – nur in Abs. IV berücksichtigt, nach Abs. I also nicht bestraft. **Opfer** kann eine andere beliebige Person sein; ist es ein Kind, so ist § 176 IV Nr. 1 zu beachten. 4

A. Exhibitionistische Handlung. Der Begriff der exhibitionistischen Handlung umschreibt nicht allein einen äußeren Vorgang, sondern eine **Entblößunghandlung** mit **sexueller Motivation.** Handlung iS von Abs. I und IV ist daher das **Vorzeigen** des entblößten (primären) Geschlechtsteils, im Fall des I also des (nicht notwendig erigierten) männlichen Gliedes gegenüber einer anderen Person ohne deren Einverständnis in der *Absicht,* sich selbst hierdurch oder zusätzlich durch die Reaktion des Gegenübers sexuell zu erregen, seine Erregung zu steigern oder zu befriedigen (MDR/H **83**, 622; BGHR § 183 I Exh. Hdlg. 1; vgl. Ber. 53; Bay NJW **99**, 72; Düsseldorf NJW **77**, 262; NStZ **98**, 412; Karlsruhe NStE Nr. 4; MK-*Hörnle* 6; krit. *Glatzel* For. **85**, 167). Unerheblich ist, ob die Handlungsmo- 5 tivation auch auf eine sexuelle Erregung des Opfers abzielt. Zu körperlicher Berührung muss es nicht kommen (vgl. *Sander* ZRP **97**, 447, 449). Ist die Handlung nur die Vorbereitung zB einer dann folgenden sexuellen Nötigung, so ist sie keine exhibitionistische (Bay NJW **99**, 72 f.); jedoch sind Fälle umfasst, in denen der Täter eine freiwillige sexuelle Zuwendung des Opfers erhofft (*S/S-Lenckner/Perron/Eisele* 3; LK-*Laufhütte* 3; MK-*Hörnle* 8; offen gelassen von Bay NJW **99**, 73; **aA** BT-Drs. VI/3521, 53). Handlungen, denen eine primär sexuelle Tendenz fehlt, also zB die Entblößung zur Provokation, unterfallen § 183 nicht (vgl. 2 StR 235/07; *S/S-Lenckner/Perron* 3; MK-*Hörnle* 6); ebenso nicht Ersatzhandlungen (etwa das Vorzeigen eines Kunstpenis; LG Koblenz NStZ-RR **97**, 104); solche Handlungen können nach § 183 a strafbar sein. Ebenso wenig sind in der Motivation vergleichbare, **zB** akustische (Telefon) oder schriftliche (Briefe; Zusenden von Fotos) Handlungen erfasst; sie können im Einzelfall § 183 a unterfallen. Auch die unmittelbare, sexuell motivierte Konfrontation anderer Personen mit Abbildungen (auch des Täters selbst) ist keine exhibitionistische Handlung; ebenso wenig das Abspielen von Film- oder Fernsehaufnahmen oder Live-Übertragungen zB mittels *web-cam*. § 183 setzt vielmehr eine **gleichzeitige körperliche Anwesenheit** voraus. Auf die räumliche Entfernung kommt es dabei insoweit an, als das Opfer in der Lage sein muss, den Vorgang optisch wahrzunehmen und in seiner Bedeutung zu erkennen.

6 **B. Belästigung.** Die Handlung muss die Person, der gegenüber sie vorgenommen wird, also nicht Dritte, in ihrem Empfinden nicht unerheblich beeinträchtigen, zB Unlustgefühle bei ihr hervorrufen wie Abscheu, Ekel, Schock, Schrecken, oder sie in ihrem Schamgefühl verletzen. Belästigt muss nicht stets die Person sein, auf welche sich die sexuelle Motivation richtet; vielmehr kann Opfer der Belästigung auch ein Dritter sein, von dem der Täter annimmt, dass er ihn beobachten kann. Es reicht aus, wenn eine von mehreren Personen, die den Vorgang beobachten, belästigt ist. Die Tendenz des Täters muss sich auch nicht auf eine *bestimmte* Person richten; erforderlich ist nur, dass er die Handlung gegenüber *irgendeiner* Person vornehmen will (vgl. unten 7). Ein Belästigen wird regelmäßig vorliegen, wenn der Täter die Distanz zu seinem Gegenüber aufgibt, sich nicht auf die Entblößung beschränkt, sondern zB masturbiert oder Frauen mit sexualbezogenen Bemerkungen näher tritt oder sie berührt (NStZ/M **93**, 227). Eine Belästigung fehlt, wenn die andere Person einwilligt oder der Vorgang bei ihr nur Interesse, Verwunderung oder Vergnügen auslöst (MK-*Hörnle* 10); ebenso, wenn sie die sexuelle Bedeutung der Handlung nicht erkennt (NJW **70**, 1855; MK-*Hörnle* 10).

7 **4) Subjektiver Tatbestand.** Vorsatz ist erforderlich; dabei ist hinsichtlich der sexuellen Tendenz (oben 5) **Absicht** erforderlich, für das Vorzeigen des Geschlechtsteils, also auch für die Wahrnehmung durch eine andere Person **direkter Vorsatz** (vgl. 2 StR 235/07; Düsseldorf NJW **77**, 262; NStZ **98**, 412; Karlsruhe Die Justiz **91**, 93; *Lackner/Kühl* 4; *S/S-Lenckner/Perron/Eisele* 3; LK-*Laufhütte* 2; MK-*Hörnle* 12; SK-*Wolters/Horn* 2, 4; *Laubenthal* 531). Hält der Täter die Wahrnehmung durch andere nur für *möglich* und benutzt er diese – in Kauf genommene – Möglichkeit zu seiner sexuellen Erregung (was zu Beginn einer exhibitionistischen „Karriere" vielfach der Fall ist), so ist danach der subjektive Tatbestand nicht erfüllt (und auch § 183 a nicht anwendbar; MK-*Hörnle* 7, 9); im Hinblick auf typische Verlaufsformen der Verhaltensstörung (vgl. *Nedopil,* Forensische Psychiatrie, 138 f.; *Rasch,* ebd., 227 f.) erscheint das zweifelhaft. Jedenfalls nicht ausreichend ist die Kenntnis, dass ein Verhalten den *Anschein* exhibitionistischen Verhaltens erweckt (vgl. Karlsruhe b. *Korte* NStZ **01**, 587 [*Nacktjoggen* als OWi nach § 118 OWiG]). Für den Belästigungserfolg reicht **bedingter Vorsatz** aus (SK-*Wolters/Horn* 4; *Lackner/Kühl* 4; MK-*Hörnle* 12; *Laubenthal* 534).

8 **5) Schuldfähigkeit.** In vielen Fällen des § 183 (nicht aber stets) leidet der Täter an einer schweren seelischen Abartigkeit iS von § 20 (Prot. VI/1777). **§§ 20, 21**

sind daher stets zu **prüfen** (Zweibrücken StV **86**, 436; SK-*Wolters/Horn* 6; *S/S-Lenckner/Perron/Eisele* 6; MK-*Hörnle* 13). § 21 liegt nahe, wenn der Exhibitionist unter einem zwanghaften Antrieb handelt.

6) Strafantrag (Abs. II). Nach Abs. II ist idR ein Strafantrag (§§ 77 ff.) erforderlich. Ein **besonderes öffentliches Interesse** an der Strafverfolgung schließt das Interesse an der dadurch ermöglichten Behandlung des Täters ein; das kommt vor allem bei besonderen Folgen der Tat in Betracht. 9

7) Rechtsfolgen. Bei der Entscheidung über die Rechtsfolge ist zu berücksichtigen, dass die Tat Aggressionscharakter haben und eine Vorstufe für spätere schwere Delikte sein kann (vgl. *Nedopil,* Forensische Psychiatrie, 138 f. mwN), weil die Störung (als solche iS von ICD-10 F 65.2) meist Ausdruck gehemmter Aggressivität ist (*Rasch,* Forensische Psychiatrie, 277). Freilich kann aus der Therapiebedürftigkeit nicht auf die Unerlässlichkeit einer Freiheitsstrafe geschlossen werden; erst recht nicht aus der *Möglichkeit* späterer schwererer Taten (abl. zur Freiheitsstrafe *Hörnle* MschrKrim **01**, 212, 219 ff.; vgl. auch MK-*Hörnle* 17 ff.). 10

A. Maßregelanordnung. Ist § 21 gegeben, so kommt in seltenen **Ausnahmefällen** (vgl. § 62) § 183 auch als *Anlasstat* für eine Unterbringung nach § 63 in Betracht (*Sander* ZRP **97**, 450 [für Rückstufung zur Ordnungswidrigkeit; ähnl. *Hörnle* MSchrKrim **01**, 212]; zutr. für Ausschluss nur *belästigender* zukünftiger Taten *Laubenthal* 541 und JZ **97**, 687 f.), etwa bei stark progredientem Verlauf, wenn die Prognose erheblicher Taten gegeben ist. Zu erwartende weitere Taten (ausschließlich) nach § 183 selbst sind regelmäßig nicht „erheblich" iS von § 63 (NStZ **95**, 228; NStZ-RR **99**, 298; BGHR § 62 Verhältnism. 1; NStE Nr. 30 zu § 63; vgl. 12 zu § 63). Das gilt entspr. für die Prognose nach § 66. 11

B. Strafaussetzung zur Bewährung (Abs. III, IV). Abs. III und IV enthalten eine **Sonderregelung** (nur) für die **Prognose;** diese Regelung befreit von den Anforderungen des § 56 I und lässt die weiteren Voraussetzungen des § 56 II unberührt (BGH **28**, 357, 360; **34**, 150 ff.; NStZ-RR **03**, 73; 110; Stuttgart StV **07**, 189, 190). Die Regelung, die mit dem System der §§ 56 ff. nicht zu vereinbaren ist, zeigt eher das *schlechte Gewissen* des Gesetzgebers gegenüber der Kriminalisierung, denn es ist kein systematischer oder sachlicher Grund ersichtlich, warum Straftätern mit *anderen* psychischen Störungen und *deshalb* schlechter Prognose die Wohltat längerer ambulanter Heilbehandlung anstelle von Strafhaft nicht gleichermaßen zukommen sollte. 12

a) Abs. III lässt, um eine Strafaussetzung zu ermöglichen, die sonst bei der regelmäßig sehr hohen Rückfallgefahr meist ausgeschlossen wäre, die Aussetzung auch dann zu, wenn nicht erwartet werden kann, dass der Täter künftig keine Taten nach § 183 mehr begehen wird; hier ist eine Strafaussetzung mit der **Weisung** zulässig, sich einer **Heilbehandlung** zu unterziehen (§ 56 c III Nr. 1). Voraussetzung ist aber, dass nach längerer Heilbehandlung, die auch 2 Jahre überschreiten kann, in Zukunft ein Behandlungserfolg erwartet werden kann (BGH **34**, 153 [m. Bespr. *Schall* JR **87**, 397 und Anm. *Rössner* EzSt Nr. 2]; StV **96**, 605 f.; BGHR § 183 Heilbehandlung, längere 2, 3, 4; vgl. auch NJW **98**, 3428; NStE Nr. 3; Prot. VI/1769; *Müller-Dietz,* K. Meyer-GedS 759). Abs. III ist auch bei Verurteilung zu einer *Gesamtstrafe* anzuwenden, wenn deren Schwerpunkt bei der Tat nach § 183 liegt (Stuttgart StV **07**, 189). 13

Wird die Vollstreckung einer Freiheitsstrafe nach III zur Bewährung ausgesetzt, so zeigt eine neue Tat allein noch nicht zwingend, dass die der Aussetzung zugrunde liegende Erwartung sich nicht erfüllt hat (§ 56 f I Nr. 1), denn mit einzelnen weiteren Taten war ja gerade zu rechnen (Düsseldorf NStZ **84**, 263). Bei Einwilligung des Täters kann eine Strafaussetzung auch dann erfolgen, wenn ein Therapieplatz nicht gesichert ist (NJW **98**, 3429). Nach BGH **34**, 150, 151 (Anm. *Rössner* EzSt Nr. 2; dazu auch *Schall* JR **87**, 397) ist für **generalpräventive** Gesichtspunkte iS von § 56 III bei der Anwendung des § 183 III kein Raum, da 14 dieser ausschließlich auf die Spezialprävention abstellt; die Anwendung des § 56 III ist danach gleichwohl nicht von vornherein ausgeschlossen, da § 183 III nur von den Anforderungen des § 56 I befreit (ebenso NStZ **91**, 485; NStZ-RR **96**, 57 f.; vgl. auch *Theune* NStZ **87**, 166). Das ist nicht dahin zu verstehen, es müsse zunächst § 56 I und in (allein) *diesem* Zusammenhang § 56 III geprüft werden, in einem zweiten Schritt dann § 183 III. Vielmehr ist umgekehrt bei der nach § 56 III vorzunehmenden Gesamtwürdigung die gesetzliche Wertung des § 183 III in die Erwägungen einzubeziehen (NStZ-RR **96**, 57); die schlechte Prognose allein kann die Versagung der Aussetzung (auch) nach § 56 III nicht rechtfertigen.

15 **b)** Bei **exhibitionistisch motivierten anderen Taten** als solchen des Abs. I ermöglicht **Abs. IV,** um eine kriminalpolitisch wünschenswerte Aussetzung nicht an rechtlich verschiedenen Einordnungen des Exhibitionismus scheitern zu lassen, die Aussetzung auch dann, wenn jemand wegen einer **exhibitionistischen Handlung** (oben 4) nicht nach § 183 (Täter ist eine Frau; Belästigung fehlt, vgl. Ber. 56; § 183 wird verdrängt), aber nach **§ 174 II Nr. 1, § 176 IV Nr. 1** (zum redaktionellen Fehler in Abs. IV vgl. oben 1) oder nach einer Vorschrift verurteilt wird, die im Höchstmaß Freiheitsstrafe bis zu 1 Jahr oder Geldstrafe androht; in Frage kommen §§ 185 (Ber. II, 10), 123, 241, im Einzelfall auch § 183 a (LG Koblenz NStZ-RR **97**, 104; *Lackner/Kühl* 10; vgl. 7 zu § 183 a). Aus IV Nr. 1 ist nicht zu schließen, dass besondere Umstände iS von § 56 II in Fällen nach IV Nr. 2 ausgeschlossen sind und bei einer Verurteilung nach § 174 II Nr. 1 oder § 176 IV Nr. 1 die Sonderregelung in III nur gilt, wenn die Strafe 1 Jahr nicht übersteigt. Nr. 2 enthält vielmehr gerade keine Begrenzung im Hinblick auf den gesetzlichen Strafrahmen; Abs. IV findet danach Anwendung, wenn die Bestrafung wegen Exhibitionismus vor Minderjährigen nach § 174 II Nr. 1 oder § 176 IV Nr. 1 erfolgt (*Laubenthal* 545; *S/S-Lenckner/Perron/Eisele* 14; SK-*Wolters/Horn* 16; MK-*Hörnle* 26; *Müller-Dietz,* Meyer-GedS 748.

15 a Wird wegen einer Tat nach § 174 II Nr. 1 oder § 176 IV Nr. 1, die eine exhibitionistische Handlung iS von oben 4 ist, eine Freiheitsstrafe von mehr als einem Jahr verhängt, so gilt Abs. III für die Prognose nach § 56 I unbeschränkt; bei der Prüfung besonderer Umstände iS von § 56 II sind die konkreten Umstände zu berücksichtigen, die zu einer Aussetzung nach III Anlass geben können. Nach dem Sinn der Vorschrift ist IV auch anzuwenden, wenn bei einer Verurteilung nach § 323 a **Rauschtat** eine Tat nach I oder eine unter IV fallende Tat ist. IV gilt auch, wenn Tateinheit zwischen § 183 und einer Tat nach Nr. 1 oder 2 gegeben ist. Zur Bewertung von exhibitionistischen Handlungen als Grundlage von Vorverurteilungen gem. § 66 bei der Verhängung von **Sicherungsverwahrung** vgl. NStZ-RR **05**, 11 f. (dazu 29 zu § 66).

16 **8) Beteiligung.** Täter des Abs. I kann nur ein Mann sein (**Sonderdelikt** und **eigenhändiges Delikt**); mittelbare Täterschaft scheidet daher aus (krit. *Herzberg* GA **91**, 169; *Stratenwerth* SchweizZSt. **97**, 86). Ob das *Geschlecht* des Täters ein besonderes persönliches Merkmal iS von § 28 I oder ein tatbezogenes Unrechtsmerkmal ist, ist str. (vgl. dazu auch einerseits *Schünemann* GA **86**, 293, 336 ff.; andererseits *Roxin* AT II 27/5 ff.); die erstere Annahme, die nach der Definition des besonderen persönlichen Merkmals durch den BGH als „mit dem Wesen des Täters verbundener“ (BGH **6**, 260, 262) Umstand nahe liegt, führt zu dem „wunderlichen Ergebnis“ (Herzberg JuS **83**, 737, 742), dass die Strafe für *weibliche* Anstifter zu mildern ist.

17 **9) Konkurrenzen. Tateinheit** ist möglich mit § 185 (Stuttgart MDR **74**, 685; *Lackner/Kühl* 11; **aA** *Horstkotte* JZ **74**, 90; LK-*Laufhütte* 14 [Vorrang des § 183]; MK-*Hörnle* 26 [exhibitionistische Handlungen nicht von § 185 erfasst]), aber auch mit § 174 II Nr. 1, § 176 III Nr. 1 (NStZ-RR **99**, 298; LK-*Laufhütte* 14; *S/S-Lenckner/Perron/Eisele* 15; **aA** SK-*Wolters/Horn* 8), da die Schutzbereiche sich nicht decken. Mit § 183 a ist Tateinheit ausgeschlossen, aber zB mit §§ 123, 240, 241 möglich. Eine gleichzeitige Entblößung vor mehreren Belästigten ist nur eine einzige Tat (vgl. BGH **4**, 303).

10) Sonstige Vorschriften. Beschäftigungsverbot Verurteilter § 25 I Nr. 3, § 58 II JArbSchG. DNA-Untersuchung: § 81 g I Nr. 2; Speicherung: § 2 II DNA-IFG. **18**

Erregung öffentlichen Ärgernisses

183a Wer öffentlich sexuelle Handlungen vornimmt und dadurch absichtlich oder wissentlich ein Ärgernis erregt, wird mit Freiheitsstrafe bis zu einem Jahr oder mit Geldstrafe bestraft, wenn die Tat nicht in § 183 mit Strafe bedroht ist.

1) Allgemeines. Die Vorschrift gilt idF des 4. StrRG (1f. vor § 174; vgl. auch BT-Drs. 11/7140). Sie hat keine praktische Bedeutung. **1**

Literatur: *Graalmann-Scheerer,* Die Privilegierung des Freiers im Straf- u. Ordnungswidrigkeitenrecht, GA **95**, 349; *Hörnle,* Grob anstößiges Verhalten. Strafrechtlicher Schutz von Moral, Gefühlen und Tabus, 2005 [Rez. *Bloy* GA **06**, 656; *Wohlers* ZStW **118** [2006] 758; *Schroeder* JZ **07**, 518]; *Kett-Straub,* Ist „Flitzen" über ein Fußballfeld strafbar?, JR **06**, 188; *Marx,* Zum Begriff der „Öffentlichkeit" in § 183 StGB, JR **72**, 112; *Würtenberger,* Kriminologie u. Auslegung des § 183 StGB, JZ **60**, 342. **1 a**

2) Rechtsgut; kriminalpolitische Bedeutung. Die Schutzrichtung der Vorschrift ist umstritten: Nach der auf den **Individualschutz** abstellenden **hM** ist Rechtsgut der Anspruch des Betroffenen auf Achtung seiner Anschauungen (*Horstkotte* JZ **74**, 90; SK-*Wolters/Horn* 1; LK-*Laufhütte* 1; MK-*Hörnle* 1; *S/S-Lenckner/Perron/Eisele* 1; *Schroeder,* Welzel-FS 872; *Marx* JZ **72**, 113; *Graalmann-Scheerer* GA **95**, 349, 345; BT-Drs. 6/3521, 56). Nach **aA** sind in erster Linie **Allgemeininteressen** geschützt (*Lackner/Kühl* 1 [Allgemeininteresse an Respektierung sozial-moralischer Grundanschauungen]; *Benz,* Sexuell anstößiges Verhalten, 1982, 179 [Öffentliche Ordnung]). Beides ist schon deshalb zweifelhaft, weil die Verletzung „moralischer Grundanschauungen" ohne weitergehende Rechtsgutsverletzung schlechterdings kein *kriminelles Unrecht* sein kann. **2**

Das Verursachen von Ärgernis und Belästigung stellt vielmehr typisches **Verwaltungsunrecht** dar. Aus dem Blickwinkel des **Individualschutzes** überwiegt die Abwehr ungewollter, „aufgezwungener" Konfrontation mit intimen Verhaltensweisen, die weniger die individuellen *Moral*-Vorstellungen als die dem allgemeinen Persönlichkeitsrecht inhärente Entscheidung über die **Abgrenzung** privaten und öffentlichen Verhaltens und der **eigenen** Bezugnahme dazu in Frage stellen (vgl. auch 2 zu § 183). Der **Angriff** des § 183a besteht im demonstrativen Verzicht des Täters auf den dieser Abgrenzung zugrundeliegenden Aspekt seiner personalen *Würde,* der von dem Betroffenen als Infragestellung der eigenen Würde verstanden wird. Auch insoweit ist freilich offenkundig, dass Grenzüberschreitungen sexueller Natur angesichts der weitgehenden Auflösung einer allgemeinverbindlichen „Sittlichkeit" grds kein gewichtigeres Unrecht darstellen können als andere Verhaltensweisen, welche durch bewusste Zurschaustellung intimer Vorgänge den Anspruch Dritter auf Abgrenzung verletzen (etwa die öffentliche Verrichtung der Notdurft). Angesichts der weit verbreiteten öffentlichen **Darstellung** sexueller Handlungen und von Medien-Formaten, die auf öffentliche (Selbst-)Entwürdigung im Intimbereich geradezu abzielen, ist die **Kriminalisierung** des von § 183a erfassten schmalen Bereichs nicht zu rechtfertigen; das gilt erst recht für die Ausgestaltung als **Offizialdelikt** (vgl. auch § 81 g I Nr. 2 StPO). Der richtige Standort des Verbots wäre § 119 OWiG (zust. *Sick/Renzikowski,* Schroeder-FS [2006] 603, 611). **2 a**

3) Tathandlung. Tatbestandliche Handlung ist die Vornahme einer **sexuellen Handlung** (1 ff. zu § 184f), die weder sexuelle Erregung des Täters noch die Tendenz voraussetzt, bei anderen eine derartige Erregung auszulösen. Es genügt objektive Sexualbezogenheit im äußeren Erscheinungsbild der Handlung (MK-*Hörnle* 4); doch muss sie einige **Erheblichkeit** haben (5 zu § 184f). In Betracht kommen **zB** Entblößungshandlungen, die nicht unter § 183 fallen, sowie alle Handlungen, die in der konkreten Umgebung und Situation objektiv geeignet sind, das Gefühl (vgl. aber oben 2) Dritter in einem nicht nur unerheblichen Maß zu verletzen. Schriftliche Äußerungen (Ordnungswidrigkeit nach § 119 III OWiG) sowie mündliche Äußerungen (vgl. BGH **12**, 42) scheiden aus. Die Handlung muss der Täter „vor- **3**

nehmen"; § 183a setzt daher **Eigenhändigkeit** voraus (SK-*Wolters/Horn* 6; **aA** *S/S-Lenckner/Perron* 7; LK-*Laufhütte* 8). Das ohne oder gegen den Willen der Beteiligten vollzogene „Öffentlich-Machen" *fremder* sexueller Handlungen (zB durch heimliches Herstellen von Beobachtbarkeit) reicht nicht aus (**aA** *S/S-Lenckner/Perron/Eisele* 7). Die sexuelle Handlung braucht nicht an einem anderen vorgenommen zu werden (MK-*Hörnle* 4).

4 Die **Handlung** muss **öffentlich** begangen werden, dh so, dass sie nach den örtlichen Verhältnissen **entweder** von unbestimmt vielen, nicht durch persönliche Beziehungen verbundene Menschen, wenn auch nicht in Einzelheiten, so doch in ihrer Bedeutung (4 StR 111/68) wahrgenommen werden kann (vgl. BGH **11**, 282 [Fabrik]; Celle GA **71**, 251 [Nachtlokal]; ein geschlossener Personenkreis reicht nicht aus (vgl. Köln NJW **70**, 670 [FKK-Verein; Anm. *Schröder* JR **70**, 429]). Es genügt, ist aber auch erforderlich (unten 5, 6), dass mindestens eine Person die Handlung tatsächlich wahrnimmt (vgl. *Lackner/Kühl* 2).

5 **4) Erregung von Ärgernis.** Durch die sexuelle Handlung muss „ein Ärgernis erregt" werden. Das setzt nach **hM** voraus, dass die Handlung objektiv geeignet ist und auch tatsächlich erreicht, dass sich mindestens ein Beobachter durch sie ungewollt (Hamburg NJW **72**, 117; *Laubenthal* 550) und unmittelbar, nicht erst durch späteres Nachdenken oder auf Grund von Erzählungen Dritter, ernstlich **verletzt fühlt.** Das Auslösen von Interesse oder Spaß reicht nicht aus (4 StR 4/71); ebenso wenig die bloße **Möglichkeit,** dass jemand Anstoß nimmt, also auch nicht die Befürchtung, andere könnten sittlichen Schaden leiden. Nach diesen Maßstäben dürften öffentliche Handlungen sog. „*Flitzer*" (Überraschendes öffentliches Herumlaufen in unbekleidetem Zustand aus demonstrativen, exhibitionistischen oder sonstigen Gründen; vgl. dazu *Kett-Straub* JR **06**, 188, 189) die Erheblichkeitsschwelle des Tatbestands meist nicht überschreiten. Eine **Einwilligung** der die Handlung wahrnehmenden Personen lässt den Tatbestand entfallen.

6 **5) Subjektiver Tatbestand.** § 183a setzt **Vorsatz** voraus; dieser muss sich als mindestens bedingter darauf beziehen, dass die Handlung eine sexuelle und von einiger Erheblichkeit ist (10 zu § 184f) und öffentlich vorgenommen wird (MK-*Hörnle* 9). Der Täter muss ferner die **Absicht** haben, dh es muss ihm darauf ankommen, dass er Ärgernis erregt, oder er muss **wissen,** dass das geschieht; dazu genügt, dass er das während der Handlung als sicher voraussieht (7 zu § 15). An Absicht und Wissen wird es fehlen, wenn der Täter Vorsichtsmaßnahmen gegen Beobachtung trifft (vgl. auch *Graalmann-Scheerer* GA **95**, 355; *Lackner/Kühl* 4).

7 **6) Konkurrenzen.** Tateinheit ist möglich zB mit § 176 (vgl. NJW **53**, 710); auch mit § 185 (NJW **58**, 758; **aA** MK-*Hörnle* 15 zu § 183). Wenn mehrere Anstoß nehmen, liegt nur eine einheitliche Tat vor (BGH **4**, 303). § 183a und § 183 schließen einander aus (Spezialität des § 183; BT-Drs. 7/514, 10; **aA** *Lackner/Kühl* 5; *Laubenthal* 553: Subsidiarität). Die (jedenfalls entspr.) Anwendung von § 183 IV ist daher zulässig. Für das Verhältnis zu § 119 OWiG gilt § 21 OWiG.

Verbreitung pornographischer Schriften — RiStBV 223–228

184 I **Wer pornographische Schriften (§ 11 Abs. 3)**

1. einer Person unter achtzehn Jahren anbietet, überlässt oder zugänglich macht,

2. an einem Ort, der Personen unter achtzehn Jahren zugänglich ist oder von ihnen eingesehen werden kann, ausstellt, anschlägt, vorführt oder sonst zugänglich macht,

3. im Einzelhandel außerhalb von Geschäftsräumen, in Kiosken oder anderen Verkaufsstellen, die der Kunde nicht zu betreten pflegt, im Versandhandel oder in gewerblichen Leihbüchereien oder Lesezirkeln einem anderen anbietet oder überlässt,

3a. im Wege gewerblicher Vermietung oder vergleichbarer gewerblicher Gewährung des Gebrauchs, ausgenommen in Ladengeschäften, die

Personen unter achtzehn Jahren nicht zugänglich sind und von ihnen nicht eingesehen werden können, einem anderen anbietet oder überlässt,

4. im Wege des Versandhandels einzuführen unternimmt,

5. öffentlich an einem Ort, der Personen unter achtzehn Jahren zugänglich ist oder von ihnen eingesehen werden kann, oder durch Verbreiten von Schriften außerhalb des Geschäftsverkehrs mit dem einschlägigen Handel anbietet, ankündigt oder anpreist,

6. an einen anderen gelangen lässt, ohne von diesem hierzu aufgefordert zu sein,

7. in einer öffentlichen Filmvorführung gegen ein Entgelt zeigt, das ganz oder überwiegend für diese Vorführung verlangt wird,

8. herstellt, bezieht, liefert, vorrätig hält oder einzuführen unternimmt, um sie oder aus ihnen gewonnene Stücke im Sinne der Nummern 1 bis 7 zu verwenden oder einem anderen eine solche Verwendung zu ermöglichen, oder

9. auszuführen unternimmt, um sie oder aus ihnen gewonnene Stücke im Ausland unter Verstoß gegen die dort geltenden Strafvorschriften zu verbreiten oder öffentlich zugänglich zu machen oder eine solche Verwendung zu ermöglichen,

wird mit Freiheitsstrafe bis zu einem Jahr oder mit Geldstrafe bestraft.

II Absatz 1 Nr. 1 ist nicht anzuwenden, wenn der zur Sorge für die Person Berechtigte handelt; dies gilt nicht, wenn der Sorgeberechtigte durch das Anbieten, Überlassen oder Zugänglichmachen seine Erziehungspflicht gröblich verletzt. Absatz 1 Nr. 3 a gilt nicht, wenn die Handlung im Geschäftsverkehr mit gewerblichen Entleihern erfolgt.

Übersicht

1) Allgemeines ... 1, 1 a
2) Rechtsgut; kriminalpolitische Bedeutung ... 2–3 a
3) Pornografische Schriften ... 4–8
4) Verbreitung einfacher Pornografie durch Schriften (Abs. I) ... 9–22
5) Verbreiten in Datennetzen ... 23–37
A. Bedingungen der Strafverfolgung ... 24–25
B. Verantwortlichkeit (MDG) ... 26–31
C. Allgemeine Zurechnung ... 32
D. Tatbestandliche Handlungen ... 33–36
E. Live-Darbietungen ... 37
6) Privilegierungen (Abs. II) ... 38–41
7) Subjektiver Tatbestand ... 42
8) Vollendung; Versuch ... 43
9) Täterschaft und Teilnahme ... 44
10) Verjährung ... 45
11) Konkurrenzen ... 46, 46 a
12) Sonstige Vorschriften ... 47

1) Allgemeines. Die Vorschrift ist durch Art. 1 Nr. 16 des 4. StrRG iVm Art. 19 Nr. 73 EGStGB neu gefasst worden; I Nr. 3 a und II S. 2 (VI S. 2 aF wurden eingefügt durch Art. 3 Nr. 2 JÖSchNG (1 zu § 131), I Nr. 4, 8, geändert durch das VerbrBekG (1 zu § 130). Weitere umfangreiche Ergänzungen und Veränderungen erfuhr § 184 durch Qualifikationen für die Verbreitung gewalt- und tierpornographischer sowie kinderpornographischer Schriften in Abs. III, IV, V der bis zum 31. 3. 2004 gelten Fassung. Das **SexualdelÄndG** v. 27. 12. 2003 (BGBl. I 3007; **Mat.:** vgl. 3 a vor § 174) hat die unübersichtliche Gesamtregelung aufgelöst und auf drei Vorschriften (§§ 184, 184 a, 184 b) verteilt; § 184 c wurde neu eingefügt (vgl. i. E. jeweils dort). Abs. I des § 184 blieb unverändert; Abs. VI a. F. (Privilegierungen) wurde Abs. II und inhaltlich geändert. 1

Neuere Literatur (zu §§ 184 bis 184 c): *Behm,* Einfuhr pornographischer Schriften gem. § 184 Abs. 1 Nr. 4 StGB – eine anachronistische Vorschrift, AfP **02**, 22; *Beisel,* Die Verfassungsmäßigkeit des Verbots von Schriften sodomitischen Inhalts, ZUM **96**, 859; *Beisel/* 1 a

Heinrich, Die Strafbarkeit der Ausstrahlung pornographischer Sendungen in codierter Form durch das Fernsehen, JR **96**, 95; *Bertram* NJW **96**, 436 [Sextourismus u. Strafverfolgung]; *Cramer,* Zur strafrechtlichen Beurteilung der Werbung für Pornofilme, AfP **89**, 611; *Eckstein,* Pornografie u. Versandhandel, wistra **97**, 47; *Empt,* Virtuelle Kinderpornographie als verfassungsrechtlich geschützte Meinungsfreiheit?, ZUM **02**, 613; *Erdemir,* Filmzensur und Filmverbot, 2000; *ders.*, Jugendschutzprogramme und geschlossene Benutzergruppen, CR **05**, 275; *Franke,* Strukturmerkmale der Schriftenverbreitungstatbestände des StGB, GA **84**, 452; *Gallwitz/Paulus,* Grünkram. Die Kindersex-Mafia in Deutschland, 2. Aufl. 1998; *Hörnle,* Grob anstößiges Verhalten. Strafrechtlicher Schutz von Moral, Gefühlen und Tabus, 2005 (Rez. *Bloy* GA **06**, 656; *Wohlers* ZStW **118** [2006] 758); *Ladeur,* Zur Auseinandersetzung mit feministischen Argumenten für ein Pornographie-Verbot, ZUM **89**, 157; *ders.,* Was ist Pornographie heute?, AfP **01**, 471; *Lautmann/Schetsche,* Das pornographierte Begehren, 1990; *Liesching/v. München,* Die Kunstfreiheit als Rechtfertigung für die Vertreibung pornographischer Schriften, AfP **99**, 37; *Mahrenholz,* Brauchen wir einen neuen Pornographie-Begriff?, ZUM **98**, 525; *Müller-Terpitz,* Regelungsbeispiele des § 5 MDStV, MMR **98**, 478; *Ostendorf,* Zur Forderung nach einem neuen Pornographiebegriff (usw.), MSchrKrim **01**, 372; *Schleinitz/Liesching,* Zur rechtsdogmatischen Einordnung des § 5 TDG, JMS-Report 2/99, 5; *Schreibauer,* Das Pornographieverbot des § 184 StGB, 1999; *Schroeder,* Pornographieverbot als Darstellerschutz, ZRP **90**, 299; *ders.*, Pornographie, Jugendschutz u. Kunstfreiheit, 1992; *ders.,* Das 27. StÄG – Kinderpornographie, NJW **93**, 2581; *ders.,* Zum Tatbestandsmerkmal des Verbreitens von Schriften (usw.), JZ **02**, 412; *Schumann,* Zum strafrechtl. und rundfunkrechtl. Begriff der Pornographie, Lenckner-FS 565; *Selk,* Pornographie – Psychologische Beiträge zur Wirkungsforschung, 1986; *Soiné,* Verdeckte Ermittler als Instrument zur Bekämpfung von Kinderpornographie im Internet, NStZ **03**, 225; *Ulich,* Der Pornographiebegriff und die EG-Fernsehrichtline, 2000; *Weigend,* Strafrechtliche Pornographie in Europa, ZUM **94**, 133.

Zur Verbreitung strafbarer Inhalte im Internet: *Altenhain,* Die strafrechtliche Verantwortung für die Verbreitung missbilligter Inhalte in Computernetzen, CR **97**, 485; *Auer/Loimer,* Zur Strafbarkeit der Verbreitung von Kinderpornografie über das Internet, OJZ **97**, 613; *Barton* (Hrsg.), Multimedia-Strafrecht, 1999; *Bleisteiner,* Rechtliche Verantwortlichkeit im Internet, 1999; *Blanke,* Über die Verantwortlichkeit des Internet-Providers: Eine Untersuchung anhand des TDG sowie nach allgemeinen strafrechtlichen Zurechnungskategorien, 2006 (Diss.); *Breuer,* Die Anwendbarkeit des deutschen Strafrechts auf exterritorial handelnde Internet-Benutzer, MMR **98**, 141; *Conradi/Schloemer,* Die Strafbarkeit der Internet-Provider, NStZ **96**, 366; *Cornils,* Der Begehungsort von Äußerungsdelikten im Internet, JZ **99**, 394: *Derksen,* Strafrechtliche Verantwortlichkeit für in internationalen Computernetzen verbreitete Daten mit strafbarem Inhalt, NJW **97**, 1878; *Eichler,* Bekämpfung der Kriminalität im Internet, CR **99**, 200; *ders.*, K & R **98**, 412 (Anm. zu AG München NJW **98**, 2836); *Flechsig,* Haftung von Online-Dienstanbietern im Internet, AfP **96**, 333; *Flechsig/Gabel,* Strafrechtliche Verantwortlichkeit im Netz durch Errichten u. Vorhalten von Hyperlinks, CR **98**, 351; *Gercke,* Die Entwicklung der Rechtsprechung zum Internetstrafrecht in den Jahren 2000 und 2001, ZUM **02**, 283; *ders.*, Die Entwicklung des Internetstrafrechts im Jahr 2005, ZUM **06**, 284; *ders.*, Die strafrechtliche Verantwortung für Hyperlinks, CR **06**, 844; *ders.*, Die Entwicklung des Internetstrafrechts im Jahr 2006, ZUM **07**, 282; *Graf,* Internet: Straftaten u. Strafverfolgung, DRiZ **99**, 281; *Heghmanns,* Strafrechtliche Verantwortlichkeit für illegale Inhalte im Internet, JA **01**, 71; *Hilgendorf,* Zur Anwendung des § 5 TDG auf das Strafrecht, NStZ **00**, 518; *ders.*, Die neuen Medien und das Strafrecht, ZStW **113** (2001), 650; *ders.*, Computer- und Internetstrafrecht. Ein Grundriss, 2005; *ders.*, Tendenzen und Probleme einer Harmonisierung des Internetstrafrechts auf Europäischer Ebene, in: *Schwarzenegger/Arter/Jörg* (Hrsg.), Internet-Recht und Strafrecht, 2005, S. 257; *ders.*, Aktuelle Fragen des materiellen Computer- und Internetstrafrechts im Spiegel neuer Gesamtdarstellungen; *Hilgendorf/Wolf,* Internetstrafrecht – Grundlagen und aktuelle Fragestellungen, K & R **06**, 541; *Hoeren,* Ist Felix Somm ein Krimineller?, NJW **98**, 2792; *ders.*, Das Telemediengesetz, NJW **07**, 801; *Hoeren/Sieber* (Hrsg.), Handbuch Multimedia-Recht, 3. Aufl. 2004; *Hörnle,* Pornographische Schriften im Internet: Die Verbotsnormen im deutschen Strafrecht und ihre Reichweite, NJW **02**, 1008; *dies.*, Neue Medienangebote und alte Pornographieverbote. Die inadäquate Reform des § 184 StGB, KritV **03**, 299; *Jaeger,* Zur strafrechtlichen Haftung eines Dienstanbieters bei der Verbreitung pornographischer Inhalte, RDV **98**, 266; *Jofer,* Strafverfolgung im Internet (usw.), 1999; *A. Koch,* Strafrechtl. Verantwortlichkeit beim Setzen von Hyperlinks auf mißbilligte Inhalte, MMR **99**, 704; *König,* Kinderpornografie im Internet, 2003 (Diss Würzburg); *Kudlich,* Altes Strafrecht für neue Medien?, Jura **01**, 305; *v. Lackum,* Verantwortlichkeit der Betreiber von Suchmaschinen, MMR **99**, 697; *Löhnig,* „Verbotene Schriften" im Internet, JR **97**, 496; *Machill/Waltermann* (Hrsg.), Protecting our Children in the Internet – Towards a new Culture of Responsability, 1999; *Marberth-Kubicki,* Internet und Strafrecht, DRiZ **07**, 212; *Niggli/Schwar-*

zenegger, Strafbare Handlungen im Internet, SJZ **02**, 61; *Park,* Die Strafbarkeit von Internet-Providern wegen rechtswidriger Internet-Inhalte, GA **01**, 23; *Pelz,* Die strafrechtliche Verantwortlichkeit von Internet-Providern, ZUM **98**, 530; *ders.,* Die Strafbarkeit von Online-Anbietern, wistra **99**, 53; *Popp,* Die strafrechtliche Verantwortung von Internet-Providern, 2002 (Diss. Augsburg 2000); *Ritz,* Inhalteverantwortlichkeit von Online-Diensten, 1998; *Römer,* Verbreitungs- und Äußerungsdelikte im Internet, 2000; *Satzger,* CR **01**, 109; *Schreibauer,* Strafrechtliche Verantwortlichkeit für Delikte im Internet, in: *Kröger/Gimmy* (Hrsg.), Handbuch zum Internet-Recht, 2000, 579; *Schwarzenegger,* Die internationale Harmonisierung des Computer- und Internetstrafrechts durch die Convention on Cybercrime v. 23. November 2001, Trechsel-FS (2002), 305; *Schwarzenegger/Arter/Jörg* (Hrsg.), Internet-Recht und Strafrecht, 2005 (4. Tagungsbd. St. Gallen); *Sieber,* Strafrechtliche Verantwortlichkeit für den Datenverkehr in internationalen Computernetzen, JZ **96**, 429; 494; *ders.,* Verbreitung strafbarer Äußerungen in internationalen Datennetzen, Datenschutz u. Datensicherheit **96**, 550; *ders.,* Kontrollmöglichkeiten zur Verhinderung rechtswidriger Inhalte in Computernetzen, CR **97**, 581; 653; *ders.,* Kinderpornographie, Jugendschutz u. Providerverantwortlichkeit im Internet, 1999; *ders.,* Internationales Strafrecht im Internet (usw.), NJW **99**, 2065; *ders.,* Verantwortlichkeit im Internet, 1999; *ders.,* Die Verantwortlichkeit von Internet-Providern im Rechtsvergleich, ZUM **99**, 196; *ders.,* Die rechtliche Verantwortung im Internet. Grundlagen, Ziele u. Auslegung von § 5 TDG und § 5 MDStV, MMR-Beilage 2/99; *ders.,* Mindeststandards für ein globales Pornographiestrafrecht, ZUM **00**, 89; *Spindler,* Das Gesetz zum elektronischen Geschäftsverkehr – Verantwortlichkeit der Diensteanbieter, NJW **02**, 921; *Vassilaki,* Computer- u. internetspezifische Entscheidungen der Strafgerichte, MMR **98**, 247, **99**, 525; *dies.,* Strafrechtl. Verantwortlichkeit durch Einrichten u. Aufrechterhalten von elektronischen Verweisen (Hyperlinks), CR **99**, 85; *Wimmer,* Die Verantwortlichkeit des Online-Providers nach dem neuen Multimediarecht, ZUM **99**, 436.

Zum Verhältnis von Pornografie und Kunst: *Arndt,* Die Kunst im Recht, NJW **66**, 27; *Beisel/Heinrich* NJW **96**, 491 [Strafbarkeit der Ausstrahlung pornographischer Fernsehsendungen] u. JR **96**, 95 [Ausstrahlung in codierter Form]; *Dünnwald,* Kunst u. Unzüchtigkeit, JR **65**, 46; *ders.,* Kunstfreiheit u. Strafgesetz, GA **67**, 33; *ders.,* „Unzüchtige Kunst?", in: *Sellenthin* (Hrsg.), Kunst in den Grenzen der Freiheit, 1976, 160; *Erbel,* Inhalt u. Auswirkungen der verfassungsrechtlichen Kunstfreiheitsgarantie, 1967; *Fischer, K.*, Die strafrechtliche Beurteilung von Werken der Kunst, 1995; *Heinz,* Kunst u. Strafrecht (usw.), in: Grenzen politischer Kunst (Hrsg. *Mühleisen*), 1984, 44; *Hentschel,* Zum Kunstbegriff des Grundgesetzes, Wassermann-FS 351; *Karpen/Hofer* JZ **92**, 1060; *Liesching/v. Münch,* Die Kunstfreiheit als Rechtfertigung für die Verbreitung pornographischer Schriften, AfP **99**, 39 ff.; *Maiwald,* Kunst als Gegenstand einer Straftat, 1985; *D. Meyer,* Kunstwerk u. pornographische Darstellung, SchlHA **84**, 49; *Schroeder,* Pornographie, Jugendschutz u. Kunstfreiheit, 1992 [Bespr. *Kreckl* MSchrKrim **94**, 128; *Müller-Dietz* GA **94**, 445]; *Triffterer/Schmoller* ÖJZ **93**, 576; *Würtenberger,* Vom strafrechtlichen Kunstbegriff, Dreher-FS 79; *Ziesel,* Pornographie u. Literatur, in: *Sellenthin* (Hrsg.), Kunst in den Grenzen der Freiheit, 1976, 217.

2) Rechtsgut; kriminalpolitische Bedeutung. Der **Schutzzweck** der sich 2
vielfach überschneidenden Tatbestände über die Verbreitung pornografischer Schriften ist uneinheitlich und nicht immer klar. Die allgemeine Bezeichnung des Rechtsguts als **„Jugendschutz"** (BVerfGE **47**, 109, 119; BVerfG NJW **77**, 2207) lässt offen, was an der „Jugend" geschützt werden soll. Dem Schutz **jugendlicher Personen** vor Beeinträchtigungen ihrer **psychischen Entwicklung** dienen unmittelbar nur I Nr. 1, 2, 3 a, 5 (mittelbar I Nr. 3, 4, 6, 7) sowie §§ 184 b, 184 c; bei den Fällen mittelbaren Schutzes kommt es nicht darauf an, ob die Tat konkret gefährlich ist (**abstraktes Gefährdungsdelikt;** Stuttgart NJW **76**, 529; Köln NJW **81**, 1459; and. *S/S-Lenckner/Perron/Eisele* 3; MK-*Hörnle* 3; SK-*Wolters/Horn* 2). Bei I Nr. 6, zT auch bei Nr. 5, 7 geht es um den Schutz des Bürgers vor **unerwünschter Konfrontation** mit Pornografie (Ber. II, 11; BGH **34**, 97; NStZ-RR **05**, 309); mithin um ein auch § 183 a zugrunde liegendes Rechtsgut (vgl. 2 zu § 183 a). Abs. I Nr. 8 schützt dieselben Rechtsgüter wie I Nr. 1 bis 7. **Zweifelhaft** ist das Rechtsgut des Abs. I Nr. 9, der „Konflikten mit dem **Ausland**" vorbeugen soll (Ber. 61; Prot. VI/1910, 1925, 1937; *Dreher* JR **74**, 57; Karlsruhe NJW **87**, 1957); es handelt sich jedenfalls nicht um den Schutz eines eigenständigen Rechtsguts iS eines Staatsschutzdelikts (vgl. dazu unten 21).

Den Strafdrohungen des § 184 als **abstraktes Gefährdungsdelikt** liegen **Annahmen über** 3
Wirkungszusammenhänge pornografischer Darstellungen zugrunde, die dem Rechtsgut se-

xueller Selbstbestimmung abträglich sein können (zur – ungeklärten – Wirkung auf Einstellung und Verhalten vgl. *Selk* [1 a] 87; *Kaiser,* Kriminologie, 3. Aufl. 65/55 f.; Nachw. auch bei *König* [1 a] 99 ff.). Hierbei ist zu **unterscheiden:** Abs. I Nr. 1, 2 und 5, aber auch Nr. 3 a, 7 stellt auf die Kindern regelmäßig und Jugendlichen häufig fehlende Fähigkeit ab, sexuelles Empfinden und Verhalten als Teil einer „reifen" Gesamtpersönlichkeit zu verstehen. Das Verbot der Konfrontation mit entpersönlichten sexuellen Darstellungen ist daher **Jugendschutz** insoweit, als es einen Schutzraum für die Entwicklung eines solchermaßen integrierten Selbst- und Fremdbildes und daher die **Grundlagen verantwortlicher Selbstbestimmung** absichern soll. Ein solcher hoheitlicher Schutz durch strafrechtliche Verfolgung möglicherweise schädlichen Kommunikations-Verhaltens ist bei erwachsenen Personen regelmäßig weder erforderlich noch verfassungsrechtlich zulässig. Der Bürger hat aber einen Anspruch darauf, dass die Grenze des intimen persönlichen Bereichs nicht ohne oder gegen seinen Willen überschritten wird (Abs. I Nr. 3, 4, 6; vgl. auch 2 zu § 183 a). Dass dieser Anspruch gerade gegen Darstellungen *sexuellen* Inhalts strafrechtlich besonders intensiv zu schützen ist, mag freilich bezweifelt werden. §§ 184 a, 184 b, die § 131 nahe stehen, stellen darüber hinaus **absolute Verbote** für Darstellungen auf, die durch die Verbindung entpersönlichter sexueller Inhalte mit einer objekthaften Darstellung von Personen, denen die Fähigkeit zur sexuellen Selbstbestimmung von vornherein fehlt, eine für die öffentliche Wahrnehmung unerträgliche Missachtung des Rechtsguts **personaler Würde** beinhalten. Für die 1. Var. des § 184 a gilt dies nur mit Einschränkungen und insoweit, als auf Grund des Fehlens sozialer Sinnbezüge auch die vollständige freiwillige Aufgabe einer am Menschenwürde-Grundsatz orientierten Identität aus sexuellen Motiven als provozierende Infragestellung und damit als **Gefährdung** der Geltung dieses Grundsatzes angesehen wird.

3 a **Insgesamt** erscheint der von § 184 erfasste **Strafbarkeitsbereich überzogen** (vgl. auch MK-*Hörnle* 4); die Vorschrift verfolgt **abstrakte Gefährdungen** i. e. durchaus unklarer Rechtsgüter bis in entfernte Winkel vorbereitender Handlungen, ohne dass jemals empirisch gezeigt werden konnte, welche gravierenden Schäden bei einer nennenswerten Zahl (erwachsener) Personen durch die weit verbreitete Kenntnisnahme von Pornografie eigentlich schon eingetreten sind. Die mit hohem Aufwand geführte Diskussion über Datennetz-Kriminalität im Zusammenhang mit §§ 184 ff. zeigt auch Elemente **irrationaler Furcht** vor der faktischen **Unkontrollierbarkeit der Kommunikation** (vgl. unten 25 a).

4 **3) Pornografische Schriften.** Tatgegenstand des § 184 sind **pornografische Schriften** (iVm § 11 III auch Ton- oder Bildträger, Abbildungen oder Darstellungen sowie Datenspeicher).

5 **A. Begriff der Pornografie.** Der in § 184 verwendete Begriff ist nicht bestimmter als der frühere Begriff des „Unzüchtigen", gegen den Bedenken aus Art. 103 II GG erhoben worden waren (*Hanack* JZ **70**, 41), sondern ebenfalls vieldeutig (vgl. die Übersicht bei *Schreibauer* [1 a] 116 ff.); er ist auch in anderen gesetzlichen Regelungen nicht definiert. Oberbegriff ist die „Darstellung sexuellen Inhalts" (§ 119 III OWiG); ein enger Ausschnitt daraus sind sexuelle Darstellungen, die Gewalttätigkeiten (§ 184 a), den sexuellen Missbrauch von Kindern (§ 184 b) oder sexuelle Handlungen von Menschen mit Tieren (§ 184 a) zum Gegenstand haben (sog. **harte Pornografie**). Andererseits ist Pornografie vom allein Unpassenden oder Unmoralischen abzugrenzen. Dazwischen liegt die sog. **einfache Pornografie.**

6 **a)** Voraussetzung ist zunächst, dass eine **Schrift (§ 11 III)** vorliegt, die **sexuelle Handlungen** iS von § 184 f **zum Gegenstand** hat. Das ist dann der Fall, wenn geschriebene Texte, Ton- oder Bildträger oder gespeicherte Daten ein wirkliches sexualbezogenes Geschehen (nur) abbilden. Darüber hinaus sind aber auch Darstellungen eines **fiktiven Geschehens** erfasst. Es reicht also aus, wenn tatsächliche Handlungen für den Betrachter nach dem Sinnzusammenhang als sexuelle erscheinen (insb. zB auf Grund schnitttechnischer Zusammenstellung in Filmen) oder wenn tatsächliches oder fiktives Geschehen nur **geschildert** wird (Texte), unerheblich ist, ob sich der fiktive Charakter ausdrücklich oder nach der Art der Schrift ohne weiteres ergibt (Comic; anders in § 184 b II bis IV).

7 **b)** Die **Darstellung** sexuellen Inhalts muss **pornografisch** sein. Der Begriff der *Pornografie wird – mit vielen Unsich*erheiten i. e. – meist definiert als vergröbernde Darstellung sexuellen Verhaltens iwS, unter weitgehender Ausklammerung emotional-individualisierter Bezüge, die den Menschen zum bloßen (auswechselbaren) Objekt geschlechtlicher Begierde oder Betätigung macht (vgl. Düsseldorf NJW **74**,

1474; München OLGSt. Nr. 1; krit. *Laufhütte* JZ **74**, 47 Anm. 18 a; LK-*Laufhütte* 6; MK-*Hörnle* 15; *Möhrenschlager* NJW **74**, 1475; *M/Schroeder/Maiwald* 23/6; vgl. auch *Schumann,* Lenckner-FS 577; *Ostendorf* MSchrKrim **01**, 372, 376 ff.; eher auf die Kommunikations-Struktur abstellend die Definition von *Ladeur* AfP **01**, 471, 474 f.). Eine gewisse Bedeutung haben bei der Definition noch die in BGH **23**, 40 entwickelten Kriterien der aufdringlich vergröbernden, verzerrenden Darstellung, die *ohne Sinnzusammenhang* mit anderen Lebensäußerungen bleibt oder gedankliche Inhalte zum bloßen Vorwand für die Darstellung sexuellen Verhaltens nimmt (Karlsruhe MDR **74**, 771; Bay **74**, 181; Hamm OLGSt. 61; Koblenz NJW **79**, 1467; vgl. auch *S/S-Lenckner/Perron* 5; *Erdemir* [1 a] 143; Überblick bei *König* [1 a] 84 ff.).

c) Eine **absolute Grenze** lässt sich aber allein aus dem Gegenstand der Darstellung nicht ableiten; Definitionen wie die der „Verherrlichung von Ausschweifungen oder Perversitäten" (BGH **23**, 44) oder der „obszönen Ausdrucksweise" (ebd.) sind ohne einen **Maßstab** im sittlich-rechtlichen (und damit dem Wandel unterworfenen; Düsseldorf NJW **70**, 671) Rahmen wenig weiterführend (vgl. *Lackner/Kühl* 2; MK-*Hörnle* 16 ff.) und umso ungenauer, als gemeinsame sittliche Wertvorstellungen in der Gesellschaft insoweit kaum noch existieren. Was zur Zeit von BGH **23**, 44 als verderbliche Lüsternheit galt, gilt heute vielfach als sozialadäquat. Die Pornografie **verändert** sich ständig mit den Inhalten, Bedeutungen und Grenzen sozialer Kommunikation; ihr Begriff ist auch *innerhalb* einer Gesellschaft nach Schichtzugehörigkeit, Bildung, individueller Anschauung und soziokultureller Prägung weithin differenziert (vgl. *Lautmann/Schetsche* [1 a] 13). An ihrem Grunde hat die Definition *fast nichts* mit dem Gegenstand der Darstellung zu tun, dagegen *fast nur* mit einer kommunikativen **Verständigung über die sozialen Handlungs-Möglichkeiten** im Grenzbereich zwischen Biologie und Kultur, Gewalt und Geborgenheit, Macht und sozialem Sinn. Dieser Grenzbereich wird in *jeder* Gesellschaft auf komplizierte, jeweils spezifische Weise **tabuisiert;** die Furcht vor der „Unzucht" und die moralische Empörung über ihre „Verherrlichung" sind ein naiver Reflex davon. *Warum* das obszessive Vorführen sekundärer Geschlechtsmerkmale im Nachmittagsprogramm des Fernsehens lustige „Unterhaltung", die Abbildung eines Oralverkehrs aber verderbliche „Pornografie" sein soll, erschließt sich rational nicht durch Ergründung der Präzision der Schamhaar-Abbildung, sondern über den **sozialen Sinn** des Tabus. Dass die Feststellung der „allgemeinen" Anschauung keine Frage der empirischen *Durchschnitts*-Moral ist, sondern sich entlang der *Machtstrukturen* der Gesellschaft bewegt, liegt auf der Hand. So genießen etwa islamisch geprägte Tabus sexueller Darstellung bei uns nur wenig Respekt, da die betroffene Bevölkerungsgruppe sozial machtlos ist. Auch geschlechtsspezifisch unterschiedliche Definitionen sind offensichtlich. **7 a**

d) Nach **hM** fehlt sachlichen Darstellungen sexuellen Handelns im sozialen Kontext und ohne objekthafte Isolierung ein pornografischer Charakter stets (vgl. StA München I NJW **99**, 1984 [zum *„Starr-Report"; Lewinsky-Affäre*]). Eine teleologische Auslegung des Begriffs nach den unterschiedlichen **Schutzzwecken** des § 184 (so *Schroeder* [Jugendschutz] 21 ff.; SK-*Wolters/Horn* 4) könnte zu einer engeren rechtlichen Anbindung führen, doch lassen sich letztlich weder Jugendschutz noch Freiheit vor ungewollter Konfrontation mit sexuellen Inhalten aus dem Schutzzusammenhang der **sexuellen Selbstbestimmung** lösen; sie bezeichnen nur unterschiedliche Aspekte des Rechtsgutschutzes (vgl. 5 vor § 174). Pornografie ist daher nicht das „Unanständige" an sich; der Begriff muss sich vielmehr an den Grenzen orientieren, die das Rechtsgut der **sexuellen Selbstbestimmung** setzt. Wie bei der Auslegung von § 131 finden sich Maßstäbe für diese Grenzbestimmung vor allem auch im Achtungsgebot des Art. 1 GG (vgl. auch *Schumann* Lenckner-FS 579 f.; *Laubenthal* 720; ähnl. iErg *Ostendorf* MSchrKrim **01**, 372, 381 f.). § 184 schützt weder die Sittlichkeit im Allgemeinen noch gar die Institution der Ehe, auch nicht das Erziehungsrecht von Personensorgeberechtigten oder die Ehre von Pornografiebetrachtern, sondern das aus der personalen Würde entspringende **7 b**

Recht des Einzelnen auf **Abgrenzung** eines höchstpersönlichen intimen Bereichs. Pornografie ist die Darstellung **entpersönlichter** sexueller Verhaltensweisen, die die geschlechtliche Betätigung vollständig oder weitgehend von personalen und sozialen Sinnbezügen trennt und daher kein personales Anerkennungsverhältnis, sondern eine **Subjekt-Objekt-Beziehung** zum Ausdruck bringt (vgl. BGH **37**, 55, 60 m. Anm. *Maiwald* JZ **90**, 1141; *d'Heur* StV **91**, 165; ähnlich *Laubenthal* 719 f.). Die Abgrenzung ist deshalb schwierig, weil eine solche **vormoralische Sichtweise** normaler Bestandteil der menschlichen Sexualität und daher auch der Alltagskultur ist. Es kann daher die überkommene Vorstellung, Pornografie habe einen dem dargestellten **sexuellen Verhalten** selbst innewohnenden Wesensgehalt als sittenwidrig oder gefährlich, nicht aufrechterhalten werden; das gilt für die Darstellung sexuellen Verhaltens nicht anders als für diejenige von *Gewalt* (vgl. § 131). **Pornografie ist Kommunikation** (vgl. auch unten 25); pornografisch ist nicht ein sexuelles *Verhalten*, sondern die Kommunikation darüber. Der durch § 184 legitim zu bewirkende Rechtsgüterschutz muss daher vom Kommunikations-Adressaten her gedacht werden.

8 **B. Kunst und Pornografie** schließen sich begrifflich nicht aus (BGH **37**, 57 [*opus pistorum*-Fall] m. iErg zust. Anm. *Maiwald* JZ **90**, 1141; *d'Heur* StV **91**, 165; *Geppert* JK 1). Dieser neueren Rspr des BGH liegt ein **offener Kunstbegriff** zu Grunde, der auf die schöpferische Formgestaltung eines bestimmten Werktyps und nicht auf materielle Inhalte oder das „Niveau" von Gestaltungen abstellt (BVerfGE **67**, 226; **81**, 289, 305; vgl. dazu *Henschel* NJW **90**, 1937; *Würkner* NVwZ **92**, 1; vgl. dazu ausf. 35 ff., 37 zu § 193). Hieraus folgt, dass auch Schriften, die dem Pornografiebegriff entsprechen, zugleich Kunstcharakter haben können, so dass eine strikte Trennung zwischen Kunst und Pornografie nicht möglich und insoweit Überschneidungen anzuerkennen sind (BGH **37**, 60; vgl. BVerfGE **83**, 130 [m. Bespr. *Gusy* JZ **91**, 470; *Borgmann* JuS **92**, 916; *Geis* NVwZ **92**, 25; *Herkströter* AfP **92**, 23]). Bei der Prüfung der Strafbarkeit nach § 184 (vgl. auch § 6 II GjS) ist zwischen der Kunstfreiheit und den Schutzgütern des § 184 in jedem Einzelfall eine **Abwägung** vorzunehmen. Hierbei kommt weder der Kunstfreiheit (so noch BVerwGE **77**, 83) noch den Schutzzwecken des § 184 ein Vorrang zu (BGH **37**, 64; BVerwG NJW **93**, 1490 m. Anm. *Geis* JZ **93**, 792). Die Frage, ob sich aus Art. 5 III S. 1 GG ein **Rechtfertigungsgrund** ergibt oder ob die nach BVerfGE **83**, 139, 143 vorzunehmende Einzelfalls-Abwägung bereits zum **Tatbestands**-Ausschluss führen kann, ist für § 184 ebenso zweifelhaft wie im Rahmen des § 193 (vgl. dort 5 ff.); für die Behandlung des Irrtums über das Abwägungsergebnis führt die Behandlung als Rechtfertigungsgrund zum Verbotsirrtum (krit. zur Abgrenzung gegenüber § 16 I aber *Liesching/v. Münch* AfP **99**, 39 ff.). Für die **Rechtspraxis** hat die frühere Rspr, die auf der Grundlage eines materialen Kunstbegriffs Kunst und Pornografie begrifflich voneinander abgrenzte, nur noch geringe Bedeutung (vgl. dazu auch *S/S-Lenckner/Perron/Eisele* 5; MK-*Hörnle* 22 ff.; jew. mwN; *Schroeder* [1 a] 52 ff.).

9 **4) Verbreitung einfacher Pornografie durch Schriften (Abs. I).** Der Tatbestand des Abs. I betrifft die sog. **einfache Pornografie,** gilt aber grds auch für Schriften iS von §§ 184 a, 184 b, soweit I nicht verdrängt ist. Anders als dort ist das *Verbreiten* an erwachsene Personen nur ausschnittweise (Nr. 3, 4, 6, 7, ggf auch Nr. 8, 9), der bloße *Besitz* gar nicht erfasst. Der **Begriff des Verbreitens** wird im Gesetz in **zweifacher Bedeutung** verwendet: In den gesetzlichen Überschriften der §§ 184 ff. ist er **weit** zu verstehen; er umfasst hier sowohl den rechtstechnisch **engeren Begriff** iS I Nr. 5, 9, § 184 a Nr. 1, § 184 b I Nr. 1 als auch die übrigen Tathandlungen; er entspricht daher nicht dem des § 74 d. Für die Verbreitung (ieS) von **Datenträgern** hat BGH **47**, 55 einen wiederum abweichenden *spezifischen* Begriff angewandt (vgl. unten 31).

10 **A. Verbreiten an Minderjährige (Nr. 1).** Der Tatbestand setzt voraus, dass der Täter eine pornografische Schrift einer beliebigen minderjährigen Person **anbietet,** dh sich zu entgeltlicher oder unentgeltlicher Überlassung bereit zeigt; sie der jugendlichen Person tatsächlich **überlässt,** dh ihr eigenen, wenn auch nur vorübergehenden Gebrauch einräumt; oder ihr **zugänglich macht,** dh ihr unmittelbar oder durch einen bös- oder gutgläubigen Dritten, entgeltlich oder nicht, die konkrete Möglichkeit unmittelbarer Kenntnisnahme für kurze oder längere Zeit eröffnet. Zum Begriff des **Zugänglichmachens** bei **Internet-**Taten vgl. § 184 a

Nr. 2, § 184b I Nr. 2 und unten 31. Der Tatbestand kann auch durch die bloße Einräumung von **Zugangsmöglichkeiten** zu pornografischen Angeboten in Medien- und Telediensten (§ 184c) erfüllt sein; hier ergeben sich Abgrenzungsprobleme etwa im Bereich des Zugangs zu (Pay-)TV-Programmen und PC's mit Internetzugang im privaten (familiären) Bereich, aber auch in Schulen, Hotels, Jugendclubs, Internet-Cafés usw. (vgl. unten 11), die durch Abs. II S. 1 nur teilweise gelöst sind (*Liesching/Günter* MMR **00**, 260, 262; *Hörnle* NJW **02**, 1012 wollen jedenfalls das Zur-Verfügung-Stellen eines Internet-Zugangs als *sozialadäquat* ausscheiden). Die jugendliche Person muss bei der Tathandlung individualisiert sein (ebenso MK-*Hörnle* 27), da sonst eine kaum nachvollziehbare Überschneidung mit Nr. 2, 3a und 5 aufträte. Mit **§ 182** besteht insoweit ein **Wertungswiderspruch,** als sexuelle *Handlungen* mit 16- und 17jährigen Jugendlichen stets und mit 14- und 15jährigen Jugendlichen in zahlreichen Fällen straffrei sind, die Ermöglichung des Betrachtens entsprechender Schriften jedoch I Nr. 1 unterfällt. Die Entscheidung des Gesetzgebers in § 182 darf nicht über die Strafzumessung nach I Nr. 1 umgangen werden (NStZ **98**, 244). Damit wird freilich Nr. 1 zu einem merkwürdigen Konkretisierungstatbestand für abstrakte Gefährdungshandlungen des Zugänglichmachens nach Nr. 2: Wann immer an einem „Ort" iS dieser Var. ein Minderjähriger tatsächlich die Möglichkeit der Kenntnisnahme erhält, ist Nr. 1 gegeben. Dies zeigt, dass die unübersichtliche Fassung des Tatbestands mit den (technischen) Entwicklungen der Wirklichkeit nur mühsam Schritt halten kann.

B. Zugänglichmachen für Minderjährige (Nr. 2). Nr. 2 setzt voraus, dass der Täter die Schrift an einem beliebigen **Ort,** der während der Tatzeit minderjährigen Personen tatsächlich und ohne Verletzung rechtlicher Verbote (LK-*Laufhütte* 23; SK-*Wolters/Horn* 17; *S/S-Lenckner/Perron* 11; vgl. Celle MDR **85**, 693; Hamburg NJW **92**, 1183) zugänglich ist oder aber von einem anderen Ort aus ohne besondere technische Hilfsmittel eingesehen werden kann, **ausstellt, anschlägt, vorführt** oder **sonst zugänglich macht.** Im Unterschied zu Nr. 1 kommt es in Nr. 2 nicht darauf an, dass die Schrift einem konkreten Jugendlichen bereits *zugänglich* ist; ausreichend ist die abstrakte Gefährdung durch Zugänglichkeit des Ortes. Eine solche ist nicht gegeben, wenn Vorkehrungen iS einer „effektiven Barriere" getroffen werden, die den visuellen Zugang Minderjähriger regelmäßig verhindern (BVerwGE **116**, 5, 14; BGH **48**, 278, 285 [Anm. *Hörnle* NStZ **04**, 150]). 11

Auch für Nr. 2 stehen heute weniger Probleme mit *Filmplakaten* oder *verbotenen Büchern* inmitten als Fragen des Zugangs zu Medien- und Telediensten, insb. zum **Internet** und zu TV-Angeboten. **Ort** iS von Nr. 2 ist dabei nicht das *Datennetz* selbst, sondern eine Örtlichkeit, an der das Angebot zur Verfügung steht (**zB** Schulen, Jugendclubs; Internet-Cafés (vgl. oben 10); auch Privatwohnungen, da es auf die Anzahl der Personen, die Zugang haben, nicht ankommt (vgl. *S/S-Lenckner/Perron/Eisele* 11). Die Ausstrahlung in **codierten Fernsehprogrammen** ist kein Zugänglichmachen, wenn die Dekodierung nur durch Erwachsene sichergestellt werden kann (*Laubenthal* 776 mwN; vgl. auch MK-*Hörnle* 39ff.; **aA** *Lackner/Kühl* 6); vgl. § 184c S. 2). Eine das Zugänglichmachen ausschließende **effektive Barriere** ist aber bei Pay-TV-Angeboten nicht schon dadurch gegeben dass Sendungen zur Nachtzeit ausgestrahlt werden (BVerwG NJW **02**, 2966, 2968); bei Internet-Angeboten nicht, wenn der Nutzer (nur) die ID-Nummer eines deutschen Personalausweises angeben muss (KG NStZ-RR **04**, 249 [Altersverifikationssystem „über18.de"]; vgl. MK-*Hörnle* 44ff.). 11a

C. Gewerblicher Vertrieb (Nr. 3). Nach Nr. 3 muss der Täter im Rahmen eines gewerblichen Vertriebs die Schrift einer anderen Person (gleich welchen Alters) **anbieten oder überlassen** (oben 10). Das **Anbieten** muss hier nicht an konkret individualisierte Personen erfolgen; es reicht auch das Bereitstellen zur Auswahl, ebenso eine entsprechende **Werbung,** wenn sich aus dieser selbst der pornografische Charakter der Schriften ergibt. Überlassen ist sowohl die Eigentumsübertragung als auch die Besitzüberlassung, insb. durch Vermietung (vgl. auch 12

Nr. 3 a). Die Tathandlung muss in einer der vier aufgeführten Vertriebsformen erfolgen:

12 a **a)** Im **Einzelhandel,** dh im gewerbsmäßigen Vertrieb von Waren an einzelne Endabnehmer (vgl. Bay NJW **58**, 1646; **74**, 2060), wenn dieser **außerhalb von Geschäftsräumen** stattfindet, in denen der Kunde persönlich kauft oder wenigstens bestellt. Es kommt also darauf an, wo sich die konkrete auf den Umsatz gerichtete Tätigkeit des Einzelhändlers vollzieht (vgl. BGH **9**, 270, 271; MK-*Hörnle* 54).

12 b **b)** in **Kiosken** oder **anderen Verkaufsstellen,** die der Kunde beim Kauf **nicht zu betreten pflegt**; zB auch an offenen Verkaufsständen, aber nicht Bücherwagen oder andere ortsveränderliche Räumlichkeiten, die vom Kunden betreten werden (Hamm NStZ **88**, 415).

12 c **c)** Der Begriff des **Versandhandels** in Nr. 3 (und Nr. 4) stimmt mit der **Definition** des § 1 IV JuSchG überein (München [Z] NJW **04**, 3344, 3345); danach ist Versandhandel jedes entgeltliche Geschäft, das im Wege der Bestellung und Übersendung einer Ware durch Postversand oder elektronischen Versand ohne persönlichen Kontakt zwischen Lieferant und Besteller oder ohne dass durch technische oder sonstige Vorkehrungen sichergestellt ist, dass kein Versand an Kinder oder Jugendliche erfolgt, vollzogen wird (vgl. auch Düsseldorf NJW **84**, 1978 [m. Anm. *Lampe* JR **85**, 159]; NStE Nr. 5; Schleswig SchlHA **87**, 104). Auch die Versendung zum Zwecke des gewerblichen Vermietens ist Versandhandel (BVerfG NJW **82**, 1512; München NJW **04**, 3344; vgl. auch *Eckstein* wistra **97**, 47). Kontrollmaßnahmen des Versenders (Anfordern von Geburtsdatum oder Ablichtung des Personalausweises) stehen der Anwendung von Nr. 3 wegen der Täuschungsmöglichkeiten nicht entgegen (*S/S-Lenckner/Perron/Eisele* 22; *Laubenthal* 785).

12 d **d) Gewerbliche Leihbüchereien** sind auf Gewinnerzielung angelegte Unternehmen, die Schriften (§ 11 III) gegen Entgelt vermieten. Erfasst sind auch gewerbliche Lesezirkel, die gegen Entgelt Schriften in der Weise vermieten, dass diese idR in Mappen bei einer Reihe von Kunden mit bestimmten Lesefristen umlaufen (MK-*Hörnle* 52). Unerheblich ist, ob die Vermietung auf Erwachsene beschränkt ist (Karlsruhe MDR **76**, 948).

13 **D. Gewerbliche Gebrauchsüberlassung (Nr. 3 a).** Der Tatbestand erfasst insb. **Videotheken** und vergleichbare Gewerbebetriebe, die Nr. 3 nicht unterfallen (BGH **27**, 52). Der Täter muss die Schrift einer anderen Person (die nicht individualisiert sein muss; Hamburg NJW **92**, 1184; LK-*Laufhütte* 30) **anbieten oder überlassen** (oben 10); und zwar **im Wege gewerblicher Vermietung** (dh einer Überlassung in Gewinnerzielungsabsicht; *nicht* darunter fallen das zeitweise Überlassen aus bloßer Gefälligkeit oder der Austausch unter Privatpersonen); oder im Wege **vergleichbarer gewerblicher Gewährung des Gebrauchs;** damit sollen mietähnliche Umgehungsgeschäfte, namentlich auf dem Videomarkt, verhindert werden, **zB** der Verkauf mit Rückkaufsvorbehalt, das Überlassen an Mitglieder in einem gewerblichen Videoclub, das „Entleihen" gegen Zahlung eines Mitgliedsbeitrags u. ä. (vgl. BT-Drs. 10/2546, 24; MK-*Hörnle* 61).

14 **Ausgenommen** sind von dem Vermietungsverbot nach Nr. 3 a solche **Ladengeschäfte,** die für Minderjährige **nicht zugänglich** sind und von ihnen **nicht eingesehen** werden können. Der Begriff des Ladengeschäfts setzt nicht zwingend die Anwesenheit von Verkaufspersonal voraus, wenn technische Sicherungsmaßnahmen einen der Überwachung durch Personal gleichwertigen Schutz gewährleisten (BGH **48**, 278 [Automaten-Videothek; zust. Anm. *Hörnle* NStZ **04**, 150]; ähnlich OVG NRW GewArch **02**, 303; VG Karlsruhe GewArch **01**, 476; OVB Bad.-Württ. GewArch **01**, 479; **aA** Vorinstanz LG Stuttgart NStZ-RR **03**, 76 f.). **Unzugänglichkeit** für Jugendliche setzt idR besondere, räumlich selbstständige Geschäftslokale mit **eigenem Zugang von außen** (Straße, Passage, Treppenhaus) voraus (NJW **88**, 272 [m. Anm. *Greger* JR **89**, 29]; Bay NJW **86**, 1701; NStE

Nr. 2, 3; *Greger* NStZ **86**, 12 u. JR **89**, 29; *Führich* NJW **86**, 1156); ausreichend ist aber auch die **Trennung** durch eine „Schleuse" (LG Hamburg NStZ **89**, 181; vgl. StA Konstanz MDR **90**, 742; BT-Drs. 14/1105). Es muss eine „effektive Barriere" gegeben sein (BGH **48**, 278). Ein bloßer Sichtschutz innerhalb eines für Minderjährige räumlich zugänglichen Bereichs ist nicht ausreichend. Sichtmöglichkeiten, die lediglich beim kurzfristigen Öffnen der Ladentüre durch Kunden bestehen, machen das Ladengeschäft aber nicht iS der Nr. 3a „einsehbar" (Stuttgart MDR **87**, 1047). Die **Einsehbarkeit** eines Ladengeschäfts setzt nicht voraus, dass die pornografischen Schriften von außen wahrgenommen werden können (Hamburg NJW **92**, 1184; LK-*Laufhütte* 32).

E. Einführen im Versandhandel (Nr. 4). Der Tatbestand setzt voraus, dass der Täter die Schriften **im Wege des Versandhandels einzuführen unternimmt** (§ 11 I Nr. 6). Der Anwendungsbereich ist zweifelhaft: Während § 6 Nr. 6 ausdrücklich nur §§ 184a, 184b dem Weltrechtsprinzip unterstellt, enthält Nr. 4 im Widerspruch hierzu eine Ausdehnung des Weltrechtsgrundsatzes auf ausländische Versandhäuser „einfacher" Pornografie (vgl. SK-*Wolters/Horn* 42; *S/S-Lenckner/Perron/Eisele* 27; vgl. dazu *Behm* AfP **02**, 22). Aus dem Vergleich mit Nr. 3 und Nr. 8 ergibt sich, dass der inländische **Abnehmer,** auch wenn er nicht **Endabnehmer** ist, Nr. 4 nicht unterfällt (zutr. Hamm NJW **00**, 1965 [Bespr. *Behm* AfP **02**, 22]; ebenso LK-*Laufhütte* 33 und 13 vor § 174; SK-*Wolters/Horn* 42; *S/S-Lenckner/Perron/Eisele* 27; vgl. auch 2 StR 260/81; *Eckstein* wistra **97**, 47). Für den inländischen Versandhändler, der Schriften zum Weitervertrieb bezieht, gilt Nr. 8 (ebenso MK-*Hörnle* 66). **Einfuhr** ist jedes Verbringen über die Grenze; eine Vollendung des Unternehmens-Tatbestands nach Nr. 4 ist schon beim **Versuch** gegeben (§ 11 I Nr. 6). **§ 297 IV** ist zu beachten. 15

F. Öffentliche Werbung (Nr. 5). Der Tatbestand enthält ein (beschränktes) Werbeverbot (vgl. BGH **34**, 220; krit. *Schumann* NJW **78**, 1134). Vorausgesetzt ist, dass der Täter die pornografischen Schriften **öffentlich** (5 zu § 111) an einem Ort, der für Minderjährige **zugänglich** ist oder von ihnen **eingesehen** werden kann (oben 14), oder durch **Verbreiten von Schriften** (4 zu § 74d; unten 33ff. und 8f. zu § 184b), anbietet, ankündigt oder anpreist. Vorausgesetzt ist, dass das Angebot den pornografischen Charakter der Waren für den durchschnittlich interessierten und informierten Betrachter erkennbar macht und für ihn Zweifel über den Inhalt nicht bestehen (BGH **34**, 100 [Anm. *Greger* JR **87**, 210; krit. *Meier* NJW **87**, 1610]; NJW **89**, 409; vgl. MK-*Hörnle* 73; *Laubenthal* 808). Für das **öffentliche Anbieten** sind nach BGH **34**, 98 die zum öffentlichen **Ankündigen** entwickelten Grundsätze (NJW **77**, 1699) heranzuziehen (krit. *Greger* JR **87**, 210); **Anpreisen** ist eine werbende, den pornographischen Charakter besonders hervorhebende Darstellung; die Mitteilung von Bezugsquellen ist nicht erforderlich (Hamburg NStZ **07**, 487). Gegenstandsneutrale Werbung unterfällt Nr. 5 nicht (BGH **34**, 96; NJW **77**, 1695; **89**, 409; Bay **79**, 46; Stuttgart MDR **77**, 246; Die Justiz **81**, 231; Karlsruhe NJW **84**, 1975; Celle MDR **85**, 693; Frankfurt NJW **87**, 454; *Cramer* AfP **89**, 611; *Meier* NStZ **85**, 341 u. NJW **87**, 1610; LK-*Laufhütte* 34; *S/S-Lenckner/Perron/Eisele* 31; **aA** München NJW **87**, 453); die Werbung nach Nr. 5 muss freilich nicht selbst pornographischen Charakter haben; sie muss aber, für Dritte verständlich, gerade auf den pornographischen Inhalt der Schriften bezogen sein. Eine insoweit unterschiedliche Behandlung von iS des § 184 pornografischen und von nach § 18 JSchG indizierten Schriften (so BGH **33**, 1; **34**, 99; BVerwG NJW **77**, 1411) ist nicht berechtigt (ebenso LK-*Laufhütte* 20; *S/S-Lenckner/Perron/Eisele* 31); verfassungswidrig ist sie nicht (BVerfG NJW **86**, 1241). Die Anwendung von Nr. 5 auf die Werbung für pornografische Filme ist nicht durch die Bestimmungen des JSchG ausgeschlossen (NJW **89**, 409). Taten nach Nr. 5, 2. Var. sind **Presseinhaltsdelikte** (Bay MDR **80**, 73). Vom Tatbestand **ausgenommen** ist die Werbung im Geschäftsverkehr mit dem (gewerblichen) **einschlägigen Handel.** 16

17 **G. Aufdrängen der Kenntnisnahme (Nr. 6).** Der Tatbestand setzt voraus, dass der Täter pornografische Schriften an eine beliebige andere Person **gelangen lässt,** ohne von dieser hierzu **aufgefordert** zu sein; nachträgliches Einverständnis ist ohne Bedeutung (MK-*Hörnle* 83). Gelangen-Lassen heißt, die Darstellung entgeltlich oder unentgeltlich so in den Verfügungsbereich eines anderen zu bringen (d. h. in dessen Besitz oder Gewahrsam; NStZ-RR **05**, 309), dass er Kenntnis nehmen *kann.* Das liegt insb. vor bei **unverlangtem Zusenden**; in diesem Fall ist Vollendung gegeben, wenn ein Dritter Gewahrsam erlangt hat (NStZ-RR **05**, 309). Nr. 6 ist nicht anwendbar, wenn pornographisches Material zunächst mündlich oder schriftlich angeboten und erst auf entsprechende Bestellung zugesandt wird (NStZ-RR **05**, 309). Ob Nr. 6 schon gegeben ist, wenn bei Versenden von **E-Mails** dem Empfänger zwar die Zugangs*möglichkeit* eröffnet wird, dies jedoch mit einem eindeutigen Hinweis auf den pornografischen Inhalt verbunden ist und die Kenntnisnahme einen aktiven Zugriff des Empfängers auf eine Internet-Seite über *Links* erfordert, könnte im Hinblick auf BGH **47**, 55 fraglich sein (vgl. unten 31 ff.), ist aber selbst bei der dort vorgenommenen Ausdehnung der Begriffe „Datenträger" und „Verbreiten" abzulehnen (ebenso MK-*Hörnle* 81). Anders ist dies bei Versendung von Dateien als **Anhang** von E-Mails.

18 **H. Öffentliche Filmvorführung (Nr. 7).** Der Tatbestand setzt voraus, dass der Täter einen pornografischen **Film** in einer **öffentlichen,** dh jedermann oder unbestimmt vielen Angehörigen eines persönlich nicht verbundenen Menschenkreises gleichzeitig (Bay NJW **76**, 528; KG NStZ **85**, 220: Vorführung desselben Films in mehreren Einzelkabinen) zugänglichen **Vorführung zeigt** (nicht ausreichend sind Standbilder oder Fotoserien; *S/S-Lenckner/Perron* 39; SK-*Wolters/Horn* 63; MK-*Hörnle* 86; *Laubenthal* 824; **aA** LK-*Laufhütte* 38), und zwar gegen ein **Entgelt,** das **ganz** oder doch **überwiegend für diese Vorführung** (wenn vielleicht auch als Klubmitgliedsbeitrag getarnt) von dem Veranstalter **verlangt** wird (hierzu KG JR **77**, 379 m. krit. Anm. *Rudolphi* und JR **78**, 166; Karlsruhe MDR **78**, 507; NStZ **81**, 263; MK-*Hörnle* 87; *S/S-Lenckner/Perron* 38 a, 41 d).

19 Nicht erfasst sind Filmvorführungen in gastronomischen Betrieben, wenn das Vorführungsentgelt in die Verzehrpreise eingerechnet ist und im Gesamtpreis jedenfalls nicht überwiegt (Düsseldorf OLGSt. 71; Stuttgart OLGSt. 77). Diese Abgrenzungsformel führt, da es nicht auf die nominelle Deklarierung, sondern auf den tatsächlichen Anteil an einem Gesamtpreis ankommt (Karlsruhe OLGSt. 102), zu **Beweisschwierigkeiten** (vgl. BT-Drs. 11/638; BGH **29**, 70; MDR **78**, 768; Koblenz MDR **78**, 776; *S/S-Lenckner/Perron/Eisele* 37 ff. mwN). Die Vorschrift ist aber nicht grundgesetzwidrig (BVerfGE **47**, 115; NJW **77**, 2207; BGH **29**, 70). Bei einer gekoppelten unzusammenhängenden weiteren Leistung ist allein auf den (Teil-)Preis für die Filmvorführung abzustellen (BGH **29**, 72 [krit. *Bottke* JA **80**, 447]; Hamm MDR **78**, 775; vgl. dazu *Rogall* JZ **79**, 715; *Laubenthal* 828 ff.), auch wenn die Entgeltanteile für Warenleistung und Filmvorführung nicht sichtbar getrennt sind (Karlsruhe OLGSt. 99; Stuttgart Die Justiz **79**, 387; Koblenz OLGSt. 109). Nicht erfasst sind unentgeltliche öffentliche Vorführungen oder entgeltliche in privatem Kreis oder in einem geschlossenen Klub (MK-*Hörnle* 87). Zu neuen Übertragungsmöglichkeiten (zB **pay-per-view**) vgl. auch MK-*Hörnle* 90.

20 **J. Vorbereitung der Verwendung (Nr. 8).** Der Tatbestand stellt **Vorbereitungshandlungen** zu den Taten Nr. 1 bis 7 unter Strafe. Der Täter muss die Tathandlung jeweils mit der **Absicht** begehen, die **Schrift** selbst oder aus ihr (zB aus Matrizen, Negativen und ähnlichem Vervielfältigungsmaterial; vgl. § 74 d I S. 2, § 149 I Nr. 1, § 275 I Nr. 1) gewonnene Stücke für **Taten nach Nrn. 1 bis 7** entweder selbst **zu verwenden** oder diese Verwendung einem anderen, insbesondere dem Adressaten einer Sendung zu **ermöglichen.** Es kommt im letzteren Fall auf die subjektive Willensrichtung des Täters der Vorbereitungshandlung an (vgl. NStZ-RR **05**, 309). Auch das Manuskript oder das Originalpositiv sind Schriften, *aus* denen Vervielfältigungsstücke gewonnen werden können (BGH **32**, 6). Sie sind

jedoch erst dann iS der Nr. 8 hergestellt, wenn die Gefahr jederzeit möglicher Verbreitung der Schrift dadurch ganz nahe gerückt ist, dass der zu veröffentlichende Inhalt feststeht und der Täter den Weg zur Vervielfältigung freigegeben hat (BGH aaO; vgl. SK-*Wolters/Horn* 69; MK-*Hörnle* 92; *Laubenthal* 839; krit. *S/S-Lenckner/Perron/Eisele* 42). Nr. 8 ist zu pauschal gefasst und schießt über das Ziel hinaus; die Vorschrift ergibt systematisch zT keinen Sinn (so beim Unternehmen der Einfuhr iVm Nr. 4).

Als **Handlungsformen** nennt Nr. 8: **Herstellen,** also vor allem das Verfassen, **21**
Verlegen, Drucken, Aufnehmen oder Aufzeichnen, aber auch das Vervielfältigen, dh die Anfertigung weiterer Stücke nach einem bereits hergestellten; **Beziehen,** dh das Sich-Beschaffen von anderen oder durch deren Vermittlung (also nicht etwa durch Diebstahl, aber auch nicht durch unverlangte Entgegennahme; *Laubenthal* 842; **aA** MDR **58**, 441 zu § 93 aF); **Liefern,** dh einem anderen, der die Darstellung bestellt oder sonst erbeten hat, Besitz oder Gewahrsam verschaffen; **Vorrätighalten,** dh das Verwahren mindestens eines Stücks (RG **62**, 396); das ist auch bei der dauerhaften Abspeicherung von Daten mit dem Zweck der „Lieferung" gegeben; schließlich das **Unternehmen der Einfuhr** (oben 15).

K. Ausfuhr (Nr. 9). Der Tatbestand setzt voraus, dass der Täter **unternimmt,** **22**
Schriften **auszuführen,** dh aus der BRep. in ein beliebiges fremdes Land in der **Absicht** zu verbringen oder zu versenden, die Darstellung als solche oder aus ihr (im In- oder Ausland) gewonnene Stücke in einem (uU dritten) fremden Land selbst zu verbreiten oder öffentlich zugänglich zu machen (oben 10) oder dies einem Dritten (der noch nicht bestimmt zu sein braucht) zu ermöglichen. Voraussetzung ist, dass das beabsichtigte Verbreiten oder öffentliche Zugänglichmachen gegen **Strafvorschriften des anderen Landes** verstößt (vgl. hierzu *Lüttger,* Jescheck-FS 170; Karlsruhe NJW **87**, 1957); die Androhung von Geldbuße reicht nicht aus (*Laubenthal* 851); insoweit reicht (bedingter) Vorsatz. Die Vorschrift ist unter dem Gesichtspunkt des **Schuldprinzips** sehr zweifelhaft: Die Kriminalisierung eines im Inland *straflosen* Verhaltens nach Maßgabe irgendwelcher ausländischer Strafvorschriften zum Schutz der *dortigen* Sittlichkeit kann schwerlich mit **außenpolitischen Gefahren** (vgl. Ber. II, 11, 61; *Dreher* JR **74**, 57) gerechtfertigt werden; es erscheint, nicht zuletzt im Hinblick auf die weltweite Zugänglichkeit einfach-pornografischen Materials im Internet, geradezu absurd, einen Deutschen für den Versuch (!) zu bestrafen, sich *in Deutschland* an einer in Deutschland *straflosen* Handlung zu beteiligen.

5) Verbreiten in Datennetzen. Die Verbreitung strafbarer Inhalte durch **23**
elektronische Übertragung und Speicherung in Datennetzen, namentlich im **Internet** (zu den [derzeitigen] tatsächlichen und technischen Gegebenheiten vgl. den Überblick bei *Popp* [1 a] 21 ff.), hat im vergangenen Jahrzehnt die „klassische" Verbreitung von Druckschriften usw. weithin verdrängt; ihre strafrechtliche Erfassung hat eine Vielzahl von Zweifelsfragen aufgeworfen, insb. zur Bestimmung des Schriften-Begriffs als **Datenspeicher** iS von § 11 III (vgl. dazu jetzt BGH **47**, 55, 58; vgl. unten 34 f. und 36 zu § 11); zur Frage der strafrechtlichen **Verantwortlichkeit,** namentlich der **Zurechnung fremder Inhalte** bei Diensteanbietern iS von § 2 Nr. 1 TMG; zur Frage des **Tatorts** iS von § 9 und der Anwendbarkeit deutschen Strafrechts auf die Kommunikation in globalen Datennetzen (vgl. dazu 6 ff. zu § 9); schließlich zur Frage der Abgrenzung tatbestandlicher **Handlungen** in den Verbreitungstatbeständen (vgl. insb. §§ 86, 86 a, 130 II, IV, 130 a II Nr. 1, 131 I, 140 Nr. 2, 166, 184 I Nr. 1, 2, 5, 6, 8, §§ 184 a, 184 b, §§ 186 bis 189).

A. Bedingungen der Strafverfolgung. Die *abundante* Literatur zu diesen Fra- **24**
gen, die mit dem technischen Fortschritt nur mühsam Schritt halten kann, steht in einem gewissen Gegensatz zur bislang recht geringen strafrechts-*praktischen* Bedeutung. Die tatsächliche **praktische Strafverfolgung** des von den Tatbeständen erfassten Handlungsbereichs beschränkt sich überwiegend auf **Zufallsfunde,** jedenfalls auf einen extrem kleinen Teil möglicher Taten (vgl. zum tatsächlichen Umfang

zB *Schreibauer* [1 a] 12ff.; *Jofer* [1 a] 49ff.; zur praktischen Undurchsetzbarkeit zutr. *Hörnle* NJW **02**, 1013). Die **praktische Unkontrollierbarkeit** der globalisierten Kommunikation kann mit noch so weit „vorverlagerten" abstrakten Gefährdungs- und „Bekämpfungs"-Tatbeständen letztlich nicht beseitigt werden (vgl. auch *Schünemann* GA **03**, 299, 303f.; ebenso SK-*Wolters/Horn* 9). Auch unter diesem Gesichtspunkt mag sich die Frage stellen, ob die Bemühungen, die für unerträglich gehaltenen Strafbarkeitslücken durch möglichst weite Auslegung der vorhandenen und Schaffung neuer Vorfeld-Tatbestände zu schließen, aufs Ganze gesehen wirklich mehr nützen als schaden.

25 Pornografie ist stets **Kommunikation** (oben 7 b); Kommunikation über Sexualität ist in *jeder* Gesellschaft mit schwierigen Grenz-Bestimmungen verbunden, weil sie zahlreiche – bewusste und unbewusste – biologische und soziale Grundkonstellationen berührt und verbindet. Die **Revolutionierung** der technischen Bedingungen sozialer Kommunikation durch elektronische Datenverarbeitung, digitale Medien und namentlich das **Internet** hat zu einer tief greifenden Verunsicherung über die Bedingungen und Wirkungen dieser Verständigung sowie der sozialen Kommunikation im Allgemeinen geführt; die längerfristigen **Auswirkungen** werden weithin unterschätzt. Das Internet führt zu einer *Gleichzeitigkeit* der Kommunikation auf der ganzen Welt, zugleich zu ihrer **Unkontrollierbarkeit:** Jeder kann mit jedem – oder allen zugleich – über *Alles* sprechen. Tabubereiche des Sprechens iwS – namentlich also auch des Sprechens über Sexualität – fallen damit aus sozialen Kontroll-Mechanismen heraus, von denen sie kanalisiert wurden. Das führt zu scheinbar merkwürdigen **Widersprüchlichkeiten:** Millionen Seiten im Internet, zahllose Sender und große Industrien beschäftigen sich mit nichts anderem als der Produktion und Verbreitung von „Schriften" sexuellen Inhalts, die permanent von (fast) allen konsumiert werden. Warenästhetik, Mode, Werbung und Konsumwelt sind in einem noch vor wenigen Jahrzehnten undenkbaren Maß *sexualisiert,* Jugendlichkeit und sexuelle Attraktivität zu beherrschenden Kriterien sozialer Wahrnehmung und Selbst-Darstellung geworden. Zugleich herrscht eine unbestimmte, teilweise geradezu hysterische **Angst,** die Freiheit der Kommunikation könne „außer Kontrolle" geraten und die Grenzen der **Handlungs**-Möglichkeiten verschieben; in den Labyrinthen der vernetzten Gedanken könnten sich groteske Verbrechen, schreckliche Bedrohungen, undurchschaubare Verschwörungen verbergen, denen der Einzelne nicht gewachsen ist und die das Ganze zum Einsturz bringen könnten. – Das ist vermutlich i. E. nicht richtig, aber ernst zu nehmen. Strafrechtlich-symbolische Maßlosigkeit einer **Schein-Kontrolle** bei gleichzeitiger Hysterisierung der Gefahren ist gleichwohl nicht das richtige Steuerungsmittel.

26 **B. Verantwortlichkeit.**

Zur strafrechtlichen Zurechnung von Inhalten für die Handlungen von **Telemedien**-Anbietern (vgl. auch § 184c) sind zunächst in § 5 aF TDG (idF des IuKDG v. 22. 7. 1997, BGBl. I 1870), sodann in §§ 8ff. **TDG** (idF d. EEG v. 14. 12. 2001, BGBl. I 3721), §§ 6ff. **MDStV** Regelungen geschaffen worden. Die Richtlinie 2000/31/EG v. 8. 6. 2000 (ABl. EG Nr. L 178, 1; **ECRL**) hat in Art. 12ff. Regelungen zur Verantwortlichkeit von Diensteanbietern geschaffen, die, soweit sie Privilegierungen vorsehen, als **Vollharmonisierung** gedacht sind und abweichende Regelungen der Mitgliedstaaten nicht erlauben (vgl. BT-Drs. 14/6098, 22). Die RL ist durch Art. 1 des Elektronischer-Geschäftsverkehr-Gesetzes **(EEG)** v. 14. 12. 2001 (BGBl. I 3721) durch eine Neufassung insb. der §§ 3, 8ff. TDG umgesetzt worden; Regelungen zur Verantwortlichkeit enthielten die §§ 8 bis 11 TDG aF (vgl. dazu *Spindler* NJW **02**, 921; *Hörnle* NJW **02**, 1008ff.), für Mediendienste §§ 6 bis 9 des Mediendienste-Staatsvertrags **(MDStV)** i. d. Fassung v. 1. 4. 2003. Für den Bereich des Jugendschutzes gilt seit 1. 4. 2003 der **Jugendmedienschutz-Staatsvertrag (JMStV**; zu weiteren Initiativen vgl. GesA Bay, BR-Drs. 76/07; „Sofortprogramm" der BReg [BMFSFJ, Pressemitt. v. 13. 2. 2007]; hierzu BT-Drs. 16/4707 [Antwort BReg auf Kleine Anfrage]**)**.

26 a Das Elektronischer-Geschäftsverkehr-Vereinheitlichungsgesetz (**ElGVG**) v. 26. 2. 2007 (BGBl I 179) hat den Gesamtkomplex neu geregelt und Tele- und Mediendienste einheitlich im **TelemedienG (TMG)** zusammengefasst (vgl. dazu *Hoeren* NJW **07**, 801; *Marberth-Kubicki* DRiZ **07**, 212), das am 1. 3. 2007 in Kraft getreten ist; zugleich sind das TDG und das TeledienstedatenschutzG außer Kraft getreten (Art. 6 ElGVG). Durch Art. 2 des Neunten Rundfunkänderungstaatsvertrags ist der Mediendienste-Staatsvertrag (MDStV) außer Kraft getreten; der JMStV ist durch Art. 3 geändert worden. Die Regelungen über die (strafrechtliche) **Verantwortlichkeit** sind durch das TMG **sachlich nicht geändert** worden.

Die **Rechtsnatur** der Regelungen war zu § 5 TDG aF i. e. sehr streitig. Nach **hM** sind sie schon *vor* oder *auf* der **Tatbestandsebene** zu berücksichtigen (vgl. *Lackner/Kühl* 7 a; *S/S-Lenckner/Perron* 66 e; LK-*v. Bubnoff,* Nachtr. 8 zu §§ 130, 131; iErg ähnlich [„Vorfilter"] BT-Drs. 13/7385, 51; RegE 49; *Park* [1 a] 29; *Pelz* wistra **99**, 58; *Engel-Flechsig/Maennel/Tettenborn* NJW **97**, 2984; *Altenhain* AfP **98**, 458; *Bleisteiner* [1 a] 153; *Hilgendorf* NStZ **00**, 518 f.; *Haft/Eisele* JuS **01**, 112, 117; *Sieber* MMR-Beil. 2/99, 6 u. Hdb. [1 a] 19/233; *Spindler* MMR **98**, 643; NJW **02**, 922; *Hörnle* NJW **02**, 1011 [*Sozialadäquanz*-Regel]; **aA** LG München I NJW **00**, 1051 f. [Anm. *Heghmanns* ZUM **00**, 463; *Moritz* CR **00**, 119]: Schuldfrage; **aA** *Heghmanns* ZUM **00**, 46; *Hilgendorf* NStZ **00**, 518: Strafausschließungsgrund; **aA** *Vassilaki* MMR **98**, 633: eigenständiges Delikt; differenzierend *Popp* [1 a] 89 ff.). Auch der Gesetzgeber des EEG ist – wie zu § 5 aF – von einer „Filter"-Funktion der §§ 8 ff. TDG aF ausgegangen (RegE 23); sie schlossen eine nach allg. strafrechtlichen Regeln begründete Zurechnung in ihrem Anwendungsbereich aus. Für die **Neu-Regelungen** der §§ 7 ff. TMG gilt das entsprechend. **27**

Für die entsprechenden Regelungen des MDStV ist deren strafrechtseinschränkende Wirksamkeit im Hinblick auf eine fehlende Gesetzgebungskompetenz der Länder mit guten Gründen bezweifelt worden (*Lackner/Kühl* 7 a; *Gounalakis* NJW **97**, 2993 ff.; *Koch* CR **97**, 193, 198; *Mann* AfP **98**, 129, 132; **aA** *Sieber* MMR-Beil. 2/99, 4; *Popp* [1 a] 101 f.; für analoge Anwendung des TDG aF *S/S-Lenckner/Perron* 66 e). Diese Frage ist durch die Aufhebung des MDStV für die Zeit ab 1. 3. 2007 obsolet. **27 a**

a) Telemedien sind alle elektronischen Informations- und Kommunikationsdienste mit Ausnahme der Telekommunikations-Dienste nach § 3 Nr. 24 und Nr. 25 TKD und des Rundfunks (§ 1 I S. 1 TMG; krit. zur Abgrenzung *Hoeren* NJW **07**, 801, 802). Die Leistungen von Access-Providern (vgl. unten 29) unterfallen § 3 Nr. 24 TKG, soweit *nur* die reine Transportleistung des Aussendens, Übermittelns und Empfangens im Internet betroffen ist (*Hoeren* NJW **07**, 802 mwN). Nach § 3 Nr. 25 TKG von der Geltung des TMG ausgenommen sind insb. TK-gestützte Mehrwert-Dienste (insb. über 0900-Rufnummern). Auch VoIP-Dienste sollen dem TMG nicht unterfallen ((BT-Drs. 1/3078, 17; *Hoeren* aaO 802). **28**

§§ 7 ff. TMG enthalten für **Telemedien-Diensteanbieter** (§ 2 Nr. 1 TMG) ein abgestuftes System der **Verantwortlichkeit**, das die allgemeinen Handlungs- und Beteiligungsregeln unberührt lässt. Für **Nutzer** iS von § 3 Nr. 3 TMG gelten diese Einschränkungen nicht. Für **eigene Informationen,** die der Anbieter **zur Nutzung bereithält,** besteht eine uneingeschränkte Verantwortlichkeit nach den allg. Regeln (§ 7 I TMG). Der Begriff der „Informationen", der der ECRL entspricht, umfasst **alle Daten,** die übermittelt oder gespeichert werden, und ist nicht auf kommunikative Inhalte beschränkt (so schon hM zu § 5 TDG aF; and. München NJW **01**, 3553; *Waldenberger* MMR **98**, 124, 127). Damit sind insb. sog. **Content-Provider** erfasst, die selbst eigene Inhalte in das Netz einspeisen (vgl. *Conradi/Schlömer* NStZ **96**, 472; *Jäger/Collardin* CR **96**, 236, 238; *Altenhain* AfP **98**, 459; *Barton* [1 a] 206 ff.; *Sieber* Hdb. [1 a] 19/258 ff.; MK-*Hörnle* 45 ff.). **28 a**

Eigene Informationen iS von § 7 I TMG sind insb. Gedankeninhalte (einschl. Darstellungen, Abbildungen, Fotos, digitalen Filmsequenzen [clips], Tonaufnahmen), die der Anbieter selbst erstellt hat oder hat erstellen lassen oder die er sich durch bewusste Übernahme zu eigen macht (*S/S-Lenckner/Perron* 66 g; LK-*v. Bubnoff,* Nachtr. 6 zu § 130, 131; *Popp* [1 a] 66 ff.; MK-*Hörnle* 47; jew. mwN); das Gesetz differenziert nicht zwischen den Zurechnungskriterien des „eigenen" und des „bereit gehaltenen" Inhalts (anders § 5 TDG). Hinsichtlich der Einstellung von **Hyperlinks** in eigene Webseiten (dazu u. a. *Bettinger/Freytag* CR **98**, 548 ff.; *Koch* MMR **99**, 704 ff.; *Bleisteiner* [1 a] 169 ff.; *Hörnle* NJW **02**, 1010; *Marberth-Kubicki* DRiZ **07**, 212, 217) lässt die ECRL die Verantwortlichkeit für Hyperlinks und Suchmaschinen in Art. 21 II ausdrücklich offen. Soweit ein Link nur auf weitere eigene Webseiten oder Teilspeicher des Anbieters verweist, liegen unproblematisch eigene Informationen vor. Dasselbe gilt, wenn der Anbieter zB eine Liste „empfohlener" Links zur Verfügung stellt und sich – sei es auch nur allgemein – die Inhalte der damit erreichbaren Seiten inhaltlich zu eigen macht oder wenn in **Suchmaschinen** Verweise auf fremde Seiten redaktionell aufbereitet werden **28 b**

(*v. Lackum* MMR **99**, 697 ff.; ähnl. *Spindler* NJW **97**, 3193, 3197; iErg ähnl. *ders.* NJW **02**, 921, 924); ebenso, wenn ein Anbieter auf seiner Webseite über einen eigenen Link im Inhaltsverzeichnis auf eine Liste *ausgewählter* Links verweist. Wenn der Link-Setzer sich die Inhalte der fremden webseite **zu eigen macht**, ist er zumindest als *Teilnehmer* fremder Verbreitungs-Taten strafbar (vgl. Stuttgart CR 06, 542). Eine *allgemeine* Zurechnung von über Links erreichbaren Informationen als eigene ist über § 7 I TMG aber nicht möglich (vgl. auch § 9 I Nr. 3 TMG). Eine eigene Information liegt namentlich nicht vor, wenn ein Anbieter über einen Link auf Angebote verweist, die auf einem von ihm nicht kontrollierten Server gespeichert sind (*S/S-Lenckner/Perron* 66 g), wenn der Anbieter *ausdrücklich* mitteilt, vom Inhalt über Links erreichbarer Seiten keine Kenntnis zu haben oder wenn er Links nur nach allgemeinen systematischen Kriterien *ordnet* (Suchmaschinen). Hyperlinks können auch nicht als beim Anbieter gespeicherte Informationen behandelt werden (*Freytag* CR **00**, 604; *Spindler* NJW **02**, 294). Zur Zurechnung von Informationen innerhalb einer Konzernstruktur von Providern vgl. LG München I NJW **00**, 1051 (Anm. *Kühne* NJW **00**, 1003; *Moritz* CR **00**, 119; *Heghmanns* ZUM **00**, 463; Vorinstanz AG München NStZ **98**, 518 m. Anm. *Hoeren* NJW **98**, 2792; *Kühne* NJW **99**, 188; *Pelz* NStZ **98**, 627; wistra **99**, 53; *Vassilaki* NStZ **98**, 521; *Moritz* CR **98**, 505; *v. Gravenreuth* CR **98**, 628; *Sieber* MMR **98**, 438; *Jaeger* RDV **98**, 266); danach ist ein im Inland ansässiger (Host-)Provider nicht schon deshalb für Inhalte auf ausländischen Servern verantwortlich, weil dieser von einer Muttergesellschaft betrieben wird. So weit hieran kritisiert wird, international tätige Konzerne könnten sich so den in Deutschland bestehenden Löschpflichten entziehen (*Hörnle* NJW **02**, 1013), überzeugt dies nicht; das bloße *Strafbedürfnis* vermag nicht die ganz Welt zum Inland zu machen.

29 **b) § 8 TMG** enthält Regelungen über die **Übermittlung** von und die **Zugangsvermittlung** zu **fremden Informationen (Access-Provider)** einschließlich der automatischen kurzzeitigen **Zwischenspeicherung** (§ 8 II; vgl. Art. 12 II ECRL) auf einem Server zur technischen Durchführung der Übermittlung. ZU den Access-Prividern gehören auch die Betreiber von *W-Lans* und *Peer-to-Peer*-Systemen (*Marberth-Kubicki* DRiZ **07**, 212, 216). Eine Verantwortlichkeit ist hier ausgeschlossen, soweit der Diensteanbieter weder die Übermittlung veranlasst (§ 8 I S. 1 Nr. 1) noch den Adressaten individuell ausgewählt (Nr. 2; zur Anwendung auf automatische E-Mail-Verteilung vgl. *Spindler* NJW **02**, 923; ebenso für sog. Push-Dienste; **aA** *Härting* CR **01**, 271, 275) noch die Information selbst ausgewählt oder verändert hat (Nr. 3); § 8 II S. 1 schließt eine **Garantenpflicht** zur Überwachung der fremden Informationen sowie zur Nachforschung nach möglichen mit den Informationen verbundenen rechtswidrigen Tätigkeiten aus (vgl. Art. 15 I ECRL). Die bloße **Kenntnis** des Anbieters vom Inhalt der Informationen (vgl. dazu *S/S-Lenckner/Perron* 66 h mwN zur i. e. sehr str. Auslegung) schließt daher grds die Privilegierung nicht (mehr) aus; ob sich aus der Herrschaft über eine Gefahrenquelle trotz § 7 II S. 2 TMG (vgl. Art 12 III, 13 II, 14 III ECRL) noch eine Garantenstellung des Diensteanbieters ergeben kann (vgl. dazu *Sieber* Hdb. [1 a] 19/335 ff.; *Pelz* wistra **99**, 55 f.), deren Verletzung idR zur Beihilfe-Strafbarkeit führt (*S/S-Lenckner/Perron* 66 h), erscheint fraglich, da nach § 7 II S. 2 eine Verpflichtung zur Sperrung oder Entfernung „auch im Fall der Nichtverantwortlichkeit" unberührt bleibt. Die Regelung entspricht § 5 IV TDG aF; ihre Anwendbarkeit im Strafrecht ist umstritten (dagegen etwa *Sieber,* Verantwortlichkeit im Internet, 1999, 390 ff.; *Bleisteiner* [1 a] 205 ff.; *Hoeren* MMR **98**, 97 f.; *Moritz* MMR **98**, 625 f.; dafür *Hilgendorf* NStZ **00**, 518, 519 f.; LK-*v. Bubnoff,* Nachtr. 12 zu §§ 130, 131; vgl. auch GBA MMR **98**, 93, 95 [Anm. *Hoeren*; *Graf* DRiZ **99**, 281, 286). Eine **Ausnahme** von der Freistellung gilt nach § 8 I S. 2 TMG, wenn ein Diensteanbieter mit einem **Nutzer** (der seinerseits Diensteanbieter sein kann; vgl. § 3 Nr. 3 TMG) **absichtlich** zusammenarbeitet, um rechtswidrige Handlungen zu begehen. S. 2 hat nur dann eigenständige Bedeutung, wenn die (freistellen-

den) Voraussetzungen nach S. 1 grds gegeben sind; die Absicht muss sich auf die *gemeinsame* (nicht notwendig mittäterschaftliche) Begehung einer rechtswidrigen Tat richten, die eine solche des **Nutzers** sein muss; das kann sowohl der Urheber als auch der Adressat der fremden Inhalte sein. Insoweit muss es auch auf die **Kenntnis** des Anbieters vom Inhalt ankommen, denn eine „absichtliche Zusammenarbeit" ist sonst nicht möglich (vgl. auch MK-*Hörnle* 49). Eine über den direkten Vorsatz hinaus gehende Absicht ieS ist nicht erforderlich, denn in diesem Fall dürften idR bereits *eigene* Inhalte vorliegen; andererseits reicht ein bedingter Vorsatz nicht aus; ob die Privilegierung schon dann entfällt, wenn der Anbieter „ernsthaft mit der Möglichkeit rechnet", dass strafbare Informationen vorliegen (ähnl. *Lackner/Kühl* 7 a; *Sieber* Hdb. [1 a] 19/227; jew. mwN), erscheint zweifelhaft (unklar auch RegE 24). Die „Zusammenarbeit" muss nicht in Form mittäterschaftlicher Begehung erfolgen, die wohl schon zur Anwendung von § 7 I TMG führen würde; eine **Teilnahme** zB durch Einrichtung von Links ist daher nicht ausgeschlossen (vgl. BT-Drs. 13/8153; *Sieber* Hdb. [1 a] 19/293 f.).

§ 9 TMG enthält eine Regelung zum sog. **Caching** (automatische Zwischenspeicherung, um Nutzern auf deren Anfrage einen schnelleren Zugang zu ermöglichen; Art. 13 ECRL; vgl. dazu BT-Drs. 13/7385, 20; 14/6098, 24; *Sieber* Hdb. [1 a] 19/295 ff.). Die von § 9 erfasste Speicherung ist anders als die Zwischenspeicherung iS von § 8 II nicht auf die individuelle Übermittlung beschränkt; Voraussetzung ist die Zugänglichkeit über ein Vermittlungsverfahren (sonst § 10 TMG). Unter den Voraussetzungen des § 9 S. 1 Nr. 1 bis 5 gilt die Privilegierung unabhängig von einer Kenntnis des Anbieters vom Inhalt (vgl. i. e. RegE EEG, BT-Drs. 14/6098, 25). Danach darf mit der Zwischenspeicherung insb. keine **Veränderung** der Information verbunden sein (Nr. 1); evtl. **Zugangsbedingungen** des Urhebers dürfen nicht außer kraft gesetzt werden (Nr. 2). In Nr. 5 wird das (Fort-) Bestehen der Privilegierung von einer unverzüglichen Sperrung oder Entfernung von Informationen abhängig gemacht, wenn der Anbieter **Kenntnis** von einer Sperrung, Entfernung oder deren gerichtlicher oder behördlicher Anordnung am *ursprünglichen* Ausgangsort der gespeicherten Information erlangt hat. Der Vorbehalt der Verantwortlichkeit bei kollusivem Zusammenwirken (§ 8 I S. 2 TMG) gilt auch hier (§ 9 S. 2 TMG). **30**

Für **Hosting-**Verfahren enthält **§ 10 TMG** eine von § 5 II TDG aF teilweise abweichende Regelung (Art. 14 ECRL; vgl. dazu *Spindler* NJW **02**, 923 f.; zu § 5 II aF *Sieber* Hdb. [1 a] 19/139 ff., 330 ff.; *S/S-Lenckner/Perron* 66 h), die auf die **Möglichkeit** und **Zumutbarkeit** der Nutzungsverhinderung abstellt (RegE 23). Voraussetzung für eine Freistellung der Host-Provider von der Verantwortlichkeit (idR wegen **Unterlassung** der Sperrung oder Entfernung) ist, dass der Anbieter keine **Kenntnis** vom **Inhalt** der Information **oder** von einer rechtswidrigen Handlung im Zusammenhang mit einer nach ihrem Inhalt nicht strafbaren Information hat (§ 10 S. 1 Nr. 1, 1. HS; vgl. dazu BT-Drs. 14/6098, 25; krit. *Spindler* aaO, wonach Kenntnis vom Inhalt *und* Rechtswidrigkeit erforderlich sind; vgl. auch *Freytag* CR **00**, 600, 608). Erforderlich ist jedenfalls die positive Kenntnis einer konkreten **web-Adresse,** unter welcher die Informationen auf dem Server des Anbieters gespeichert sind (LK-*v. Bubnoff,* Nachtr. 9 zu §§ 130, 131); i. ü. reichen die in der Lit. vertretenen Anforderungen an die Inhalts-Kenntnis von positiver Kenntnis (LK-*v. Bubnoff* aaO) über Kenntnis „konkreter einzelner Inhalte" (zB *Sieber* Hdb. [1 a] 19/277; *Pelz* ZUM **98**, 534; wistra **99**, 59), Kenntnis konkreter Anhaltspunkte *ohne* Inhaltskenntnis (AG München NStZ **98**, 520; ähnl. *Spindler* NJW **02**, 924 [„bewusste grobe Fahrlässigkeit"]) bis zum bedingten Vorsatz des Vorhandenseins strafbarer Inhalte unter einer bestimmten Adresse (*Altenhain* AfP **98**, 460; *Pätzel* CR **98**, 625 f.). Ein nur allgemeines Für-Möglich-Halten kann nach der Neufassung im Hinblick auf § 10 S. 1 Nr. 2 kaum ausreichen, denn eine Privilegierung kann nicht davon abhängen, dass der Anbieter ihm gerade *nicht* bekannte Inhalte auf Grund von nicht überprüften Anhaltspunkten entfernt. Erlangt der Anbieter nachträglich Kenntnis, so bleibt die Privilegierung nur erhalten, wenn er **unverzüglich** eine **31**

Entfernung oder Einzelsperrung (*Sieber* Hdb. [1 a] 19/330 ff.) vornimmt oder veranlasst (S. 1 Nr. 2). S. 2 hat – wie § 9 S. 1 Nr. 5 TMG – keine über die Einschränkung technischer Möglichkeiten und Zumutbarkeit in § 5 II TDG aF hinausgehende Bedeutung. Nach dem RegE zum EEG (BT-Drs. 14/6098, 25) verhindert das unverzügliche Tätigwerden allein ein Entfallen der Privilegierung vom Moment der Kenntniserlangung an; das ergibt sich aber bereits aus allgemeinen Grundsätzen der Möglichkeit und Zumutbarkeit des Handelns. Eine Privilegierung nach § 10 TMG ist ausgeschlossen, wenn der Nutzer dem Diensteanbieter **untersteht** oder von ihm **beaufsichtigt** wird (§ 10 S. 2; vgl. Art. 14 II ECRL).

32 **C. Allgemeine Zurechnung.** Die Regelungen des TMG/JMDStV können eine strafrechtliche Haftung weder begründen noch erweitern; insoweit bestimmt sich die Zurechnung nach den allg. Grundsätzen, namentlich zur Bestimmung der tatbestandlichen **Handlung,** zur Begründung von **Garantenstellungen** als Grundlage einer Bestrafung wegen Unterlassens sowie zur Abgrenzung von **Täterschaft** und **Teilnahme.** Für eigene Inhalte ergibt sich das schon aus § 7 I TMG. Stellt ein Provider im Bereich des Hosting aktiv ursprünglich fremde Informationen in Kenntnis von deren rechtswidrigem Inhalt zur Verfügung, so liegt aktives Tun vor; hier wird die Information idR zur *eigenen,* so dass Begehungstäterschaft gegeben ist (*Lackner/Kühl* 7 a; MK-*Hörnle* 52). Eine allgemeine **Garantenstellung** (*Pelz* wistra **99**, 55 f.; *Lackner/Kühl* 7 a; *S/S-Lenckner/Perron* 66 h; *Sieber* Hdb. [1 a] 19/335, jew. mwN) ist zweifelhaft (vgl. RegE 23; dazu *Spindler* NJW **02**, 922 mwN); besteht sie auf Grund der Herrschaft über eine Gefahrenquelle, so ist das Unterlassen der Sperrung oder Entfernung idR als Beihilfe zu werten (ausf. dazu *Popp* [1 a] 121 ff., 136 ff. mwN).

33 **D. Tatbestandliche Handlungen.** Die Schriftenverbreitungstatbestände des StGB unterscheiden regelmäßig zwischen dem **Verbreiten** und dem **Zugänglichmachen** der Schrift, dh hier des Datenträgers (§ 11 III). Anknüpfend an § 74 d, der für das Verbreiten eine **körperliche Weitergabe** (von Speichermedien) voraussetzt, ist das **Bereitstellen von Dateien im Internet** kein Verbreiten, sondern idR als öffentliches Zugänglichmachen anzusehen (*Lackner/Kühl* 5; *S/S-Lenckner/Perron* 57; *Sieber* Hdb.[1 a] 19/621; *Koch* MMR **99**, 709; *Schreibauer* [1 a] 294; *Jofer* [1 a] 167).

34 BGH **47**, 55 (Anm. *Gercke* MMR **01**, 678; *Kudlich* JZ **02**, 310; *Lindemann/Wachsmuth* JR **02**, 206) hat (im Anschluss an *Pelz* wistra **99**, 53; ebenso *Popp* [1 a] 108, 111; *Lackner/Kühl* 5) entschieden, dass ein (vollendetes) **Verbreiten** iS von § 184 III Nr. 1 vorliegt, wenn eine Datei **auf dem Rechner des Nutzers angekommen** ist („spezifischer Verbreitensbegriff" [ebd. 59]), unabhängig davon, ob sie vom Versender aktiv „geschickt" *(Upload)* oder vom Nutzer abgerufen *(Download)* wurde, und auch unabhängig davon, ob sie beim Nutzer auf einem permanenten Medium abgespeichert oder nur in den **Arbeitsspeicher** geladen wird (vgl. auch BT-Drs. 13/7385, 36; *Altenhain* CR **97**, 495; and., mit Unterschieden i. e., Bay NJW **00**, 2911; Frankfurt NStZ **99**, 356, 358; *Derksen* NJW **97**, 1878, 1881; *Hilgendorf* JuS **97**, 323, 330; *Beisel/Heinrich* CR **97**, 360, 361; *Gounalakis* K&R **98**, 321, 330; *Cornils* JZ **99**, 394, 397; *König* [1 a] 82). Ein **Zugänglichmachen** ist danach gegeben, wenn eine Datei zum Lesezugriff in das Internet gestellt und dem Nutzer so die **Möglichkeit des Zugriffs** eröffnet wird (BGH **47**, 55; **46**, 212; dem weiten Erfolgsbegriff zustimmend MK-*Hörnle* 108 f.); der Unterschied liegt darin, dass *vor* dem Lesezugriff die Datei im (Arbeits-)Speicher des Nutzers nicht angekommen ist und daher nicht vervielfältigt und weitergegeben werden kann (BGH **47**, 60; *Pelz* wistra **99**, 53, 54; *Popp* [1 a] 112 ff.).

35 Die Einführung eines **spezifischen Verbreitens-Begriffs für Internet-Taten** (krit. *Kudlich* JZ **02**, 310, 311 f.; *Lindemann/Wachsmuth* JR **02**, 206) erscheint im Hinblick auf die möglichen Konsequenzen nicht zweifelsfrei (krit. auch MK-*Hörnle* 13 zu § 184 b). Das gilt auch für die (vorausliegende) Feststellung, **Datenspeicher** iS von § 11 III seien *„genauer"* als **gespeicherte Daten** zu bezeichnen (ungenau auch *König* [1 a] 83, wonach „Internetinhalte … Datenspeicher sind, wenn sie von einem nichtflüchtigen Speichermedium stammen"); die-

se Definition lässt eine Abgrenzung zwischen „Informationen" iS der §§ 7 ff. TMG und „Datenspeichern" kaum mehr (allenfalls noch in der Übermittlungsphase) zu. Dass eine Datei selbst, dh der Daten*inhalt* – im Fall BGH **47**, 55: digitalisierte Fotos – als „Speicher" anzusehen sei, ist durch § 11 III nicht vorgegeben, und dass außer permanenten Speichermedien dort nach hM auch **Arbeitsspeicher** erfasst sein sollen (BT-Drs. 13/7385, 36), bedeutet nicht notwendig, dass ein „Verbreiten" solcher (immerhin körperlicher) Speicher schon im „Verbreiten" der Daten selbst zu sehen ist. Die Ansicht *Hörnles*, die Auslegung des Begriffs „Datenspeicher" als *Inhalt* sei „mit dem Wortlaut gut zu vereinbaren", weil im Alltag *auch* von der Verbreitung von Inhalten die Rede sei (*Hörnle* NJW **02**, 1010), übersieht, dass *im Gesetz* hiervon eben *nicht* die Rede ist; dass der Gesetzgeber des Jahres 1997, der den Begriff „Datenspeicher" in § 11 III eingefügt hat, den Unterschied zwischen Speichern und Speicherinhalten nicht gekannt haben könnte, ist nicht wahrscheinlich (vgl. auch 9 zu § 184 c). **Kein Verbreiten** liegt – auch auf der Grundlage von BGH **47**, 55 – bei Versendung als **E-Mail** an einzelne Empfänger vor, wenn es sich nicht um einen für den Versender nicht mehr überschaubaren Personenkreis handelt *(mailing-lists)*; freilich kann hier ein „Liefern" iS von Nr. 3 gegeben sein; bei Darstellungen iS von IV ist Besitzverschaffung nach V gegeben (vgl. Bay NJW **00**, 2911).

Praktische Konsequenzen der Vorverlegung der Vollendung durch BGH **47**, 55 ergeben sich vor allem im Bereich der „harten" Pornografie (§§ 184 a, 184 b): Zwar ist es für den Schuldspruch wie für das Strafmaß einerlei, ob Dateninhalte (schon) verbreitet oder (erst) zugänglich gemacht sind. Ist aber ein Datenspeicher mit dem Lesezugriff des Nutzers bereits **verbreitet,** so ergibt sich hieraus eine Vorverlagerung der Strafbarkeit des **Nutzers.** So wird man kaum annehmen können, eine (durch den *Lese*zugriff) „verbreitete" Datei habe dieser nicht „bezogen" (I Nr. 8) oder in Besitz gehabt (§ 184 b IV S. 2). Damit geraten die **Unternehmensdelikte** nach I Nr. 8 (Unternehmen des Einführens) und § 184 b IV (Unternehmen des Sich-Verschaffens) zu überzogenen Strafdrohungen für den Versuch (!) der Kenntnisnahme von verbotenen Gedankeninhalten. 36

E. Live-Darbietungen. Für die Ausstrahlung von pornografischen Live-Darbietungen, deren Inhalte nicht in Schriften iS von Abs. I verkörpert sind, galt § 184 II a. F. Durch das SexualdelÄndG v. 27. 12. 2003 (oben1) ist insoweit die Verweisungsnorm des **§ 184 c** eingefügt worden (vgl. Erl. dort). 37

6) Privilegierungen (Abs. II). Die Regelung enthält tatbestandliche Ausnahmen für bestimmte Personengruppen in unterschiedlichen Fallgruppen des § 184; hiermit soll auch der Führung von Ermittlungsverfahren vorgebeugt werden, die einen sinnvollen Rechtsgüterschutz eher verhindern denn bewirken würden. 38

A. Erzieherprivileg. Nach **Abs. II S. 1** ist die Tat nach I Nr. 1 insofern ein negatives Sonderdelikt, als sie die für eine noch nicht 18 Jahre alte Person **sorgeberechtigte Person** nicht begehen kann. Durch Art. 1 Nr. 17 des SexualdelÄndG v. 27. 12. 2003 ist die Vorschrift – entsprechend § 131 IV – dahin eingeschränkt worden, dass eine **gröbliche Verletzung der Erziehungspflicht** die Privilegierung ausschließt. Insoweit ist auf die Erl. zu § 131 zu verweisen (dort 17 a). Für die Fälle des Zusammenwirkens zwischen dem Sorgeberechtigten und einem **Dritten** gilt 13 zu § 180 entsprechend. 39

B. Gewerbliche Entleiher. Nach **II S. 2** ist der Geschäftsverkehr mit gewerblichen Entleihern von der Strafbarkeit nach I Nr. 3 a ausgenommen, dh mit solchen Personen, die Pornografika, namentlich Pornofilme, zu gewerblichen Zwecken, insbesondere zur Vorführung anmieten (BT-Drs. 10/2546, 24). 40

C. Dienstliche Pflichten. Die (dogmatisch merkwürdige) Freistellung der Strafbarkeit bei Erfüllung dienstlicher oder beruflicher Pflichten ist durch das SexualdelÄndG in § 184 II gestrichen, in § 184 b V aber wieder eingefügt worden. Die ausdrückliche Aufnahme der (überflüssigen) Regelung nur in § 184 b könnte zu der Annahme verleiten, Taten nach §§ 184, 184 a seien auch bei „rechtmäßiger Erfüllung dienstlicher oder beruflicher Pflichten" strafbar. Das ist natürlich nicht der Fall, wenn die Pflichterfüllung *rechtmäßig* ist. 41

7) Subjektiver Tatbestand. § 184 setzt **Vorsatz** voraus; grds genügt bedingter Vorsatz (MK-*Hörnle* 102). Er hat auch die Umstände zu umfassen, welche die Be- 42 urteilung als **pornografisch** begründen (BGH **37**, 65), braucht aber die Beurteilung selbst nicht mit zu vollziehen. Irrt sich der Täter in der Beurteilung, so ist das ein Subsumtionsirrtum, der zu einem Verbotsirrtum führen kann (vgl. BGH **29**, 73; MDR **78**, 769; Stuttgart Die Justiz **77**, 241). Der Irrtum über die **Geeignetheit** von Schutzvorkehrungen gegen die Kenntnisnahme von Jugendlichen (Nr. 1, Nr. 2, Nr. 3a) kann Tatsachen betreffen (§ 16), häufiger jedoch die rechtlichen Anforderungen (dann § 17; vgl. Düsseldorf JMBl-NW **04**, 106; KG NStZ-RR **04**, 249, 251). Bei I Nr. 9 muss der Vorsatz auch die **Öffentlichkeit** des Zugänglichmachens umfassen; bei I Nr. 8, 9 muss die dort bezeichnete **Absicht** hinzutreten. Schwer fassbar ist die Abgrenzung zwischen *Opfer-* (nach Abs. I Nr. 6) und *Täter*stellung (nach § 184b IV S. 2), wenn dem Besitzer eine kinderpornografische Schrift **zB** unverlangt zugesandt worden ist. Zur Strafbarkeit wegen **Fahrlässigkeit** vgl. § 15 I, II Nr. 1 iV mit § 27 III JuSchG; zu OWi-Tatbeständen vgl. § 28 I Nr. 14ff. JuSchG.

43 **8) Vollendung; Versuch.** Ein Teil der Tatbestände setzt zur Vollendung einen **Erfolgseintritt** voraus (**zB** Überlassen; Gelangen Lassen; Liefern; Herstellen; Anschlagen); die Mehrzahl setzt nur die Möglichkeit einer Kenntnisnahme durch Dritte voraus (**zB** Anbieten; Zugänglich Machen; Anpreisen; Zeigen; Vorrätig Halten). Der **Versuch** ist nicht strafbar, allerdings in den Unternehmenstatbeständen (I Nr. 8, Nr. 9) als Vollendung strafbar (vgl. § 11 I Nr. 6); insoweit ist Tätige Reue zB durch Vernichtung der Schriften nur ein Milderungsgrund.

44 **9) Täterschaft und Teilnahme.** Täter kann grds jeder sein; das gilt auch für die Tatbestände, die auf Verbreitung „im Wege" bestimmter Vertriebssysteme abstellen. Die **Teilnahme** ist nach allgemeinen Regeln strafbar (zu **Internet-**Taten vgl. Erl. zu § 184c). Als notwendige Teilnehmer sind die durch I Nr. 1, 2, 3a, 5 geschützten Jugendlichen sowie der Letztbezieher anzusehen, der keinen selbstständigen Tatbestand erfüllt (*S/S-Lenckner/Perron/Eisele* 61; vgl. auch MK-*Hörnle* 103f.).

45 **10) Verjährung.** Die Verjährung derjenigen Tathandlungen der §§ 184ff., die **Presseinhaltsdelikte** sind (zB I Nr. 5 2. Alt. [Bay **79**, 44]; § 184a Nr. 1 und 2, § 184b I Nr. 1 und 2 [NJW **99**, 1980; Bay MDR **80**, 73]; offen gelassen für § 184a Nr. 1 von 1 StR 66/01 [in BGH **47**, 55 nicht abgedruckt]), richtet sich nach den Pressegesetzen der Länder (vgl. 7 zu § 78; NJW **77**, 1695), denn die Strafbarkeit ist entscheidend in dem verkörperten Inhalt der Schriften usw. begründet, nicht in den Umständen ihrer Verbreitung (vgl. BGH **26**, 40, 44; **27**, 353f.; NJW **96**, 1905; NStZ **96**, 492). Nicht zu den Presseinhaltsdelikten zählen § 184b II sowie Fälle des § 184a Nr. 3, soweit es nicht zur Verbreitung gekommen ist (Bay MDR **75**, 419); ebenso nicht die Fälle des § 184 I (mit Ausnahme von Nr. 5, 2. Alt.). Erfüllt ein Verbreiten nach § 184a Nr. 1 zugleich die Voraussetzungen des § 184 I, so bleibt es bei der allgemeinen Verjährungsfrist nach § 78 (NJW **99**, 1982). Soweit Landespressegesetze nur solche Erzeugnisse erfassen, die mittels eines zur Massenherstellung geeigneten Vervielfältigungsverfahrens hergestellt wurden, sind *einzeln* mittels zweier Videorecorder hergestellte Kopien nicht erfasst (BGH **45**, 41, 43ff. [m. Anm. *Renzikowski* NStZ **00**, 28]). Das Einstellen von Texten in eine **Internet**-webseite steht im Hinblick auf die Dauer der Verjährungsfrist nicht der Verbreitung von Druckwerken iS der landesrechtlichen PresseG gleich (Bay wistra **04**, 315, 316).

46 **11) Konkurrenzen.** Innerhalb von § 184 wird I Nr. 8 von I Nr. 1 bis 7 verdrängt; I Nr. 2, 5 1. Var. von Nr. 1 (vgl. NJW **76**, 720), soweit die Vorbereitungshandlungen zum Verbreiten geführt haben. Soweit § 184 nicht durch §§ 184a, 184b verdrängt wird, ist **Tateinheit** möglich; innerhalb des § 184 I auch zB zwischen I Nr. 1 und Nr. 6, 7 (**aA** MK-*Hörnle* 105 [Vorrang von Nr. 1 bei Handlung nur gegenüber Minderjährigen]). Mehrere Begehungsformen innerhalb derselben Nummer stehen nicht in Tateinheit, da es sich um unselbstständige Begehungsweisen derselben Tat handelt (BGH **5**, 381; NJW **76**, 720; Hamburg NStZ-RR **99**, 329 m. Anm. *Hütig* CR **99**, 714). Tateinheit ist möglich mit § 131; §§ 185ff. (BGH **11**, 67).

46a ***§ 27 JuSchG** wird nach hM* verdrängt, soweit es sich um **vorsätzliche** Taten (§ 27 I, II JuSchG) handelt (vgl. zum GjS schon Bay **79**, 49; *Lackner/Kühl* 14; LK-*Laufhütte* 56; MK-*Hörnle* 112; **aA** *S/S-Lenckner/Perron/Eisele* 62; jew. zu § 21 GjS aF). § 27 JSchG, bei dem es sich um kein Presseinhaltsdelikt handelt (vgl. BGH **26**, 40; Bay MDR **75**, 419; Stuttgart NJW **76**, 530), lebt wieder auf, wenn die Tat nach § 184 infolge nach der kurzen Presseverjährung (7 zu § 78) verjährt ist. Für das Verhältnis zu § 28 JSchG und §§ 119, 120 OWiG gilt § 21 OWiG. Hinter § 184 treten § 183 a; §§ 56 I Nr. 1 i, 148 I Nr. 7 GewO zurück.

12) Sonstige Vorschriften. Für die **Einziehung** gelten die allgemeinen Vorschriften der §§ 74 ff.; für I gilt insbesondere § 74 d III. 47

Verbreitung gewalt- oder tierpornographischer Schriften

184a Wer pornographische Schriften (§ 11 Abs. 3), die Gewalttätigkeiten oder sexuellen Handlungen von Menschen mit Tieren zum Gegenstand haben,

1. verbreitet,
2. öffentlich ausstellt, anschlägt, vorführt oder sonst zugänglich macht oder
3. herstellt, bezieht, liefert, vorrätig hält, anbietet, ankündigt, anpreist, einzuführen oder auszuführen unternimmt, um sie oder aus ihnen gewonnene Stücke im Sinne der Nummer 1 oder Nummer 2 zu verwenden oder einem anderen eine solche Verwendung zu ermöglichen,

wird mit Freiheitsstrafe bis zu drei Jahren oder mit Geldstrafe bestraft.

1) Allgemeines. Die Vorschrift ist durch das SexualdelÄndG v. 27. 12. 2003 (BGBl. I 3007; **Mat.:** 3 a vor § 174) eingefügt worden. Sie hat unverändert den Regelungsgehalt des § 184 III aF (eingef. durch das 27. StÄG) übernommen, soweit er sich auf gewalt- und tierpornografische Schriften bezog. 1

Literatur: Vgl. 1 a zu § 184. 1a

2) Regelungszweck. § 184 a enthält eine **Qualifikation** des § 184 I, **soweit** dort einzelne der in § 184 a genannten Handlungen (auch) für einfach-pornografische Schriften unter Strafe gestellt sind, im übrigen einen **selbständigen Straftatbestand** für sog. „harte" Pornografie (der untechnische Begriff ist missverständlich; in der Öffentlichkeit wird er zur Abgrenzung „echter" *einfacher* Pornografie von auch Jugendlichen zugänglichen sog. „*erotischen*" Schriften verwendet). Die erhöhte Strafdrohung knüpft an den Gegenstand des Verbreitens, dh an den Inhalt der pornografischen Schriften an. Voraussetzung hierfür ist eine Wertung, wonach der in § 184 a bezeichnete Inhalt für das geschützte **Rechtsgut** gefährlicher sei als einfache Pornografie. Das kann im einzelnen bezweifelt werden, liegt aber für die **1. Var.** (Gewaltpornografie) jedenfalls insoweit nicht fern, als der Konsum pornografischer Darstellungen einer Verbindung von körperlicher Gewalt und sexueller Befriedigung zum einen bei Kindern und Jugendlichen verzerrte und ihrer Persönlichkeitsentwicklung abträgliche Vorstellungen begründen, zum anderen „Nachahmungseffekte" im Sinne einer **Gewöhnung** an die Möglichkeit gewalttätiger Durchsetzung sexueller Wünsche und an die Missachtung der körperlichen und seelischen Integrität potentieller Sexualpartner zur Folge haben könnte (vgl. BT-Drs. 12/3001; SK-*Wolters/Horn* 2; krit. *Schroeder* ZRP **90**, 300 und NJW **93**, 258; MK-*Hörnle* 2). Für die **2. Var.** (Tierpornografie) liegt das eher fern (vgl. auch unten 8); hier steht ein Tabu-Bruch im Zentrum der erhöhten Unrechtswertung (vgl. auch *Sick/Renzikowski*, Schroeder-FS [2006] 603, 616: „Restbestand an Moralschutz"). Dass die Anwendung des **Weltrechtsgrundsatzes** (§ 6 Nr. 6) für Taten nach § 184 a angemessen ist, ist zu bezweifeln. 2

3) Tatgegenstand. Vorausgesetzt ist stets eine **pornografische Schrift** iS von § 184 I; insoweit gelten die Erl. dort. Die Schrift muss bestimmte **Formen sexueller Handlungen** (iS von § 184 f Nr. 1) **zum Gegenstand** haben; es muss sich also um Darstellungen sexueller Verhaltensweisen handeln, denen pornografischer Charakter gerade hinsichtlich der in § 184 a bezeichneten Inhalte zukommt. Eine einfach- pornografische Schrift, die unabhängig hiervon *auch* Gewalttätigkeiten enthält, unterfällt nicht § 184 a, sondern nur § 184, ggf. auch § 131. Die Abgrenzung ist nach dem **Sinngehalt der Darstellung** vorzunehmen und im Einzelfall 3 schwierig; es kommt auf den inhaltlichen Zusammenhang an (Bsp.: Ein Film, der das exzessive Zusammenschlagen eines Nebenbuhlers und anschließend – in pornografischer Weise – sexuelle Handlungen mit dessen Gattin zum Gegenstand hat, ist nicht „gewaltpornografisch“).

4 **A. Gewaltpornografie (1. Var.).** Voraussetzung ist, dass die pornografische Schrift **Gewalttätigkeiten** (gegen Menschen) zum Gegenstand hat, also die Ausübung erheblicher, unmittelbar gegen den Körper einer Person gerichteten Gewalt. Nach dem Sinn der Regelung dürften hier nicht nur gegen andere Personen, sondern auch gegen den eigenen Körper gerichtete Gewalthandlungen erfasst sein (Selbstverstümmelungen). Es kommt für § 184a nicht darauf an, ob ein tatsäch-
5 liches oder ein nur **fiktives Geschehen** wiedergegeben wird (NStZ **00**, 308; Karlsruhe aaO; Köln NJW **81**, 1457; vgl. 5 ff. zu § 131 und Erl. zu § 184b IV). Die Grenze des § 131 müssen die Gewalttätigkeiten nach **hM** nicht erreichen; der Begriff entspricht danach grds. dem des § 125 (vgl. auch NJW **80**, 65; Köln NJW **81**, 1458; *Laubenthal* 858; and. *Lackner/Kühl* 4). Erfasst sind jedenfalls Darstellungen von sexuell motivierten Grausamkeiten und Gewaltverbrechen wie Sexualmorden, Vergewaltigung, sexueller Nötigung unter Einsatz erheblicher Gewalt; Verletzungen der körperlichen Integrität, deren Rechtfertigung nach § 228 ausgeschlossen ist.

6 Nach hM ist es unerheblich, ob es sich um die Darstellung eines **einverständlichen** Geschehens handelt (NStZ **00**, 307, 309; Karlsruhe MDR **77**, 864; SK-*Wolters/Horn* 3; *Laubenthal* 859; *Schreibauer* [1 a] 137; **aA** MK-*Hörnle* 8); danach ist die Darstellung sadomasochistischer Handlungen unabhängig von (tatsächlicher oder fiktiver) Einverständlichkeit erfasst (schon Prot. VI/887). Das ist in dieser Allgemeinheit zweifelhaft. Der Gesetzgeber ist davon ausgegangen, dass pornografischen Darstellungen sexuell motivierter Gewalt – gleichgültig, ob sie als einverständlich oder nötigend dargestellt wird – ein gefährliches **Nachahmungspotential** innewohnt (vgl. BT-Drs. 12/3001; SK-*Wolters/Horn* 2; krit. *Schroeder* ZRP **90**, 300 und NJW **93**, 2581). Nicht zweifelsfrei ist, welche Berechtigung die strafrechtliche Verfolgung einer *Gefahr* hat, deren *Verwirklichung* straflos ist (einverständliche sexuell motivierte Gewalt zwischen erwachsenen Personen). Zu berücksichtigen ist, dass seit Inkrafttreten des 27. StÄG offene oder versteckte Darstellungen sadomasochistischer Handlungen in breitem Umfang Eingang auch in die Alltags-Kultur gefunden haben; abweichende Formen **freiwillig** zwischen Erwachsenen praktizierter Sexualität werden weithin nicht mehr in den Kategorien von *normal* und *abartig, „unzüchtig“* und *sittlich* wahrgenommen; der Schwerpunkt der **Bewertung** hat sich vielmehr zutr. auf die Grenzlinie der *Freiwilligkeit* und der *Selbstbestimmung* verlagert (vgl. dazu *Fischer* ZStW **112**, 75, 88 ff.).

7 Eine **Begrenzung** des Anwendungsbereichs von § 184a im Hinblick auf das geschützte Rechtsgut liegt insoweit nahe: Vorausgesetzt sind Gewalttätigkeiten, die in dem pornografischen Kontext die entpersönlichte Objektstellung der dargestellten Personen *in besonderem Maße* und *gerade* durch die Verbindung von Gewalt und sexueller Triebbefriedigung zum Ausdruck bringen. Schon am Merkmal der **Pornografie** fehlt es daher, wenn sexuelle Gewalt als einverständlich und in einem personalen Sinnrahmen dargestellt wird, der nicht nur als Vorwand benutzt wird (and. wohl iErg *Ostendorf* MSchrKrim **01**, 372, 382). NStZ **00**, 307 steht dem nicht grds entgegen, denn die Darstellung des Einverständnisses der die Gewalttätigkeit erleidenden Person kann ihrerseits Teil der objekthaften Reduzierung sein oder diese gerade zum Ausdruck bringen. Dennoch verbleibt iErg ein Bereich, der wohl entgegen der Ansicht des BGH (NStZ **00**, 307) von § 184a jedenfalls dann nicht erfasst sein sollte, wenn die Gewalttätigkeit unterhalb der Grenze des § 131 liegt (ähnl. iErg *Schumann,* Lenckner-FS 565, 580).

8 **B. Tierpornografie (2. Var.).** Sexuelle Handlungen (§ 184f) von **Menschen mit Tieren** (auch toten; **aA** LK-*Laufhütte* 16) können beliebige Handlungen sein, die nicht beischlafähnlich zu sein brauchen; körperliche Berührung ist erforderlich

(„mit“). Die Handlungen des Menschen oder das Verhalten des Tieres müssen als Betätigung *menschlicher* Sexualität erscheinen; nicht ausreichend sind menschliche Handlungen, die sich allein auf tierisches Fortpflanzungsverhalten beziehen. Die **Legitimität** der Vorschrift ist zweifelhaft (abl. daher *Beisel* ZUM **96**, 859, 861; *Ostendorf* MSchrKrim **01**, 385; auch MK-*Hörnle* 2; SK-*Wolters/Horn* 4), da sexuelle Handlungen mit Tieren (nach Streichung von § 175 b aF) straffrei sind. Es ist nur schwer erkennbar, welches **Schutzgut** (über § 184 hinaus) dadurch *qualifiziert* gefährdet sein könnte, dass pornografische Darstellungen nicht strafbarer Verhaltensweisen an erwachsene Personen mit deren Einverständnis verbreitet oder ihnen zugänglich gemacht werden. Hier könnte allenfalls eine ganz entfernte abstrakte Gefährdung des Rechtsguts der sexuellen Selbstbestimmung als Teil der Personenwürde in Betracht kommen, wenn die sexuelle Betätigung in einem wörtlichen Sinn ihres *menschlichen* Bezugs gänzlich entkleidet wird. Das müsste dann freilich erst recht für sexuelle Handlungen unter Einsatz irgendwelcher Maschinen und Apparaturen gelten.

4) Tathandlungen. Die in Nr. 1 bis 3 aufgeführten Tathandlungen entsprechen denjenigen des § 184 b I; auf die dortigen Erläuterungen wird verwiesen. Gegenüber § 184 I sind sie insoweit *weiter*, als zwischen Verbreitungshandlungen an Erwachsene und an Jugendliche nicht unterschieden wird; *enger* insoweit, als Weitergabe oder Zugänglichmachen an individualisierte einzelne Personen (§ 184 I Nr. 1, Nr. 6) nicht erfasst sind. Das Verschaffen des Besitzes sowie der Besitz selbst sind, anders als in § 184 b II, IV, nicht strafbar, soweit solche Handlungen nicht von § 184 I erfasst werden. **Nr. 3** (entspr. § 184 I Nr. 8) enthält neben auf Verbreiten oder öffentliches Zugänglichmachen gerichteten selbständigen Vorbereitungsdelikten auch die **Unternehmensdelikte** der Ein- und Ausfuhr. **9**

5) Subjektiver Tatbestand. § 184 a setzt mindestens bedingten **Vorsatz** hinsichtlich des pornografischen Charakters der Schrift (vgl. dazu 35 zu § 184) sowie hinsichtlich der Qualifikation des Tatgegenstands voraus. Es reicht insoweit Kenntnis oder billigendes Inkaufnehmen der tatsächlichen Umstände, auf denen die Bewertung als gewalt- oder tierpornografisch beruht. Fehlt dieser Vorsatz einem Täter oder Teilnehmer, so kommt nur Bestrafung nach § 184 in Betracht. Irrige Annahme des qualifizierenden Inhalts führt mangels Strafbarkeit des Versuchs zur Bestrafung aus § 184, soweit dessen Voraussetzungen erfüllt sind, im Übrigen zur Straflosigkeit. Für die Tathandlungen nach Nr. 1 und Nr. 2 reicht ebenfalls bedingter Vorsatz aus (MK-*Hörnle* 12); Nr. 3 verlangt in allen Tatvarianten eine auf eigene Taten nach Nr. 1 oder Nr. 2 oder auf deren Ermöglichen für einen Dritten gerichtete **Absicht;** im letzteren Fall reicht hinsichtlich der Tatbegehung bedingter Vorsatz. **10**

6) Vollendung; Versuch; Beteiligung. Der Versuch ist nicht strafbar, in Nr. 3 aber für das Unternehmen der Ein- oder Ausfuhr als Vollendung erfasst. Vollendung ist in Nr. 2 und Nr. 3 unabhängig davon gegeben, ob Dritte von der Schrift Kenntnis genommen haben. Die **Beihilfe** ist in Nr. 3, soweit die Tat auf das Ermöglichen der Verwendung durch einen Dritten gerichtet ist, zur Täterschaft aufgewertet; Teilnahme hieran sowie an Taten nach Nr. 1 und Nr. 2 ist nach allg. Regeln möglich. Kennt ein Mittäter oder Teilnehmer den qualifizierenden Inhalt nach § 184 a nicht, so ist er ggf. aus § 184 I zu bestrafen. **11**

7) Rechtsfolgen. Der Strafrahmen ist gegenüber § 184 erhöht; die Privilegierungen des § 184 II gelten nicht. **12**

8) Konkurrenzen. Nr. 1 und Nr. 2 können in Tateinheit stehen. Nr. 3 wird durch sie verdrängt, wenn es zur eigenen Verwendung kommt; mit Taten nach Nr. 3 zur Ermöglichung der Drittverwendung ist Tateinheit möglich. Soweit § 184 I als Grunddelikt verwirklicht ist, wird es durch § 184 a verdrängt (vgl. auch MK-*Hörnle* 14). Mit § 184 b ist Tateinheit möglich, wenn sich die Tat *neben* Schriften iS von § 184 b auch auf solche nach § 184 a bezieht. Sind kinderpornografische Schriften *zugleich* solche iS von § 184 a, wird dieser verdrängt. **13**

Verbreitung, Erwerb und Besitz kinderpornographischer Schriften

184b **I Wer pornographische Schriften (§ 11 Abs. 3), die den sexuellen Missbrauch von Kindern (§§ 176 bis 176 b) zum Gegenstand haben (kinderpornographische Schriften),**

1. verbreitet,

2. öffentlich ausstellt, anschlägt, vorführt oder sonst zugänglich macht oder

3. herstellt, bezieht, liefert, vorrätig hält, anbietet, ankündigt, anpreist, einzuführen oder auszuführen unternimmt, um sie oder aus ihnen gewonnene Stücke im Sinne der Nummer 1 oder Nummer 2 zu verwenden oder einem anderen eine solche Verwendung zu ermöglichen,

wird mit Freiheitsstrafe von drei Monaten bis zu fünf Jahren bestraft.

II Ebenso wird bestraft, wer es unternimmt, einem anderen den Besitz von kinderpornographischen Schriften zu verschaffen, die ein tatsächliches oder wirklichkeitsnahes Geschehen wiedergeben.

III In den Fällen des Absatzes 1 oder des Absatzes 2 ist auf Freiheitsstrafe von sechs Monaten bis zu zehn Jahren zu erkennen, wenn der Täter gewerbsmäßig oder als Mitglied einer Bande handelt, die sich zur fortgesetzten Begehung solcher Taten verbunden hat, und die kinderpornographischen Schriften ein tatsächliches oder wirklichkeitsnahes Geschehen wiedergeben.

IV Wer es unternimmt, sich den Besitz von kinderpornographischen Schriften zu verschaffen, die ein tatsächliches oder wirklichkeitsnahes Geschehen wiedergeben, wird mit Freiheitsstrafe bis zu zwei Jahren oder mit Geldstrafe bestraft. Ebenso wird bestraft, wer die in Satz 1 bezeichneten Schriften besitzt.

V Die Absätze 2 und 4 gelten nicht für Handlungen, die ausschließlich der Erfüllung rechtmäßiger dienstlicher oder beruflicher Pflichten dienen.

VI In den Fällen des Absatzes 3 ist § 73 d anzuwenden. Gegenstände, auf die sich eine Straftat nach Absatz 2 oder Absatz 4 bezieht, werden eingezogen. § 74 a ist anzuwenden.

Übersicht

1) Allgemeines ... 1, 1 a
2) Regelungszweck ... 2
3) Tatgegenstand ... 3–6
  A. Sexueller Missbrauch von Kindern ... 4, 5
  B. Fiktive Darstellungen ... 6
4) Tathandlungen nach Abs. I ... 7–11
  A. Verbreiten (Nr. 1) ... 8, 9
  B. Öffentliches Zugänglichmachen (Nr. 2) ... 10
  C. Vorbereitungshandlungen (Nr. 3) ... 11
5) Besitzverschaffen an Schriften mit Realitätsgehalt (Abs. II) ... 12–16
  A. Tatgegenstand ... 13
  B. Tathandlung ... 14–16
6) Gewerbs- und bandenmäßiges Verbreiten (Abs. III) ... 17
7) Sich-Verschaffen von Schriften mit Realitätsgehalt; Besitz (Abs. IV) ... 18–24
  A. Tatgegenstand ... 19
  B. Sich-Verschaffen (S. 1) ... 20–21 a
  C. Besitz ... 22–24
8) Subjektiver Tatbestand ... 25
9) Privilegierung (Abs. V) ... 26
10) Rechtsfolgen ... 27
11) Konkurrenzen ... 28

1 **1) Allgemeines.** Die Vorschrift ist durch das SexualdelÄndG v. 27. 12. 2003 (BGBl. I 3007; **Mat.:** 3 a vor § 174) unter Übernahme des wesentlichen Regelungsgehalts von

§ 184 III bis V a. F. neu eingefügt worden, um der Unübersichtlichkeit der Gesamtregelung zur Verbreitung pornografischer Schriften entgegenzuwirken. Schon das **27. StÄG** v. 23. 7. 1993 (BGBl. I 1346) erhöhte den Strafrahmen des § 184 III aF für die Verbreitung von **kinderpornografischen Schriften** auf Freiheitsstrafe von 3 Monaten bis zu 5 Jahren, den des § 184 IV aF auf Freiheitsstrafe von 6 Monaten bis zu 5 Jahren und stellte den **Besitz** kinderpornografischer Darstellungen unter den Voraussetzungen des neu eingefügten § 184 V aF sowie die Besitzverschaffung unter Strafe. **Mat.:** BR-Drs. 207/1–3/92; 207/92 (Beschluss); PlenProt. 642; **BTag: RegE** BT-Drs. 12/3001; **Ber.** BT-Drs. 12/4883; PlenProt. 12/163; **BRat:** BR-Drs. 421/93 (Beschluss). Abs. III und IV (§ 184 IV und V aF) sind durch das **(IuKDG)** vom 22. 7. 1997 (1 zu § 74 d) geändert worden. Durch Art. 1 Nr. 32 des **6. StrRG** (2 f. vor § 174; Inkrafttreten: 1. 4. 1998) wurde die Strafdrohung in II auf bis zu fünf und in III auf bis zu 10 Jahre erhöht (vgl. BT-Drs. 13/8587 – RegE –; 13/9064, 14 – Ber.). Zur **Verantwortlichkeit** von Diensteanbietern in **Datennetzen** vgl. §§ 7 ff. TMG idF d. ElGVG v. 26. 2. 2007 (BGBl. I 179) für **Telemedien;** im Übrigen gilt **seit 1. 4. 2003 der Jugendmedien-Staatsvertrag (JMStV)**; vgl. auch § 15 I, II Nr. 1 JSchG v. 23. 7. 2002 (BGBl. I 2730). Nach § 6 Nr. 6 gilt das **Weltrechtsprinzip.**

Gesetzgebung: Der GesE der BReg eines G zur Umsetzung des RB der EU zur Bekämpfung der sexuellen Ausbeutung von Kindern und der Kinderpornographie (BT-Drs. 16/3439) sieht eine Ausweitung des des Tatbestands auf kinder- und **jugendpornographischer** Schriften vor. Das Gesetzgebungsverfahren war bei Redaktionsschluss der 55. Aufl. nicht abgeschlossen. Abdruck des GesE im **Anhang unter Nr. 23 a**.

Literatur: Vgl. 1 a zu § 184. *Böse*, Die Europäisierung der Strafvorschriften gegen Kinderpornografie, Schroeder-FS (2006) 751; *Heinrich*, Neue Medien und klassisches Strafrecht – § 184 b IV StGB im Lichte der Internetdelinquenz, NStZ **05**, 361. 1 a

2) Regelungszweck. § 184 b enthält wie § 184 a **Qualifikationen** des § 184, soweit entsprechende Tathandlungen (I) in Bezug auf einfach-pornografische Schriften dort unter Strafe gestellt sind, im übrigen (II bis IV) ein **selbständiges** Delikt. Die Erl. zum **Rechtsgut** des § 184 gelten entsprechend. Die gegenüber § 184 a nochmals erhöhte Strafdrohung und die Strafbarkeit jeglichen Umgangs mit kinderpornografischen Schriften stützt sich auf spezifische Belange des Schutzes von Kindern; die Vorschrift zielt insoweit auf die Bestrafung einer **mittelbarer Förderung** des sexuellen Missbrauchs von Kindern ab (RegE BT-Drs. 12/3001, 5). Dies richtet sich einerseits auf den Schutz solcher Kinder, deren Missbrauch Gegenstand der Schriften iS von § 184 b ist (vgl. dazu auch § 176 a III); zum anderen auch gegen eine Nachahmungswirkung, welche auch eine innerhalb geschlossener Gruppen vollzogene Verbreitung haben kann (krit. zur Vorverlagerung, insb. in Abs. IV, *Lackner/Kühl* 8; *Duttge/Hörnle/Renzikowski* NJW **04**, 1065, 1070; **aA** *Heinrich* NJW **05**, 361, 363). 2

3) Tatgegenstand. Gegenstand der Tat muss eine **pornografische Schrift** (dazu 4 ff. zu § 184) sein, die den sexuellen Missbrauch von Kindern zum **Gegenstand** hat. Es ist also, wie in § 184 a, eine spezifische Verknüpfung des pornografischen Charakters der Schrift und des sexuellen Missbrauchs von Kindern erforderlich; pornografische Schriften ohne eine solche Verknüpfung unterfallen § 184 (vgl. 3 zu § 184 a; zum *Änderungsvorhaben* vgl. oben 1). Eine Verurteilung setzt hinreichende **Feststellungen zu dem Inhalt** von Schriften voraus; die bloße Wiederholung des Gesetzeswortlauts reicht nicht aus (2 StR 279/07). 3

A. Sexueller Missbrauch von Kindern. Der Begriff umfasst in erster Linie Taten iS von § 176 I und II (BGH **43**, 368; vgl. BGH **47**, 55; *Lackner/Kühl* 2); der Tatbestand ist aber auch erfüllt, wenn die Darstellung zwar unmittelbar nur die Vornahme sexueller Handlungen von Kindern an sich selbst (§ 176 IV Nr. 2) zeigen, sich aus dem Kontext der Aufnahme aber ergibt, dass das Kind von einen anderen (zB dem Fotografen) *hierzu aufgefordert* wurde (BGH **45**, 41 [m. Anm. *Renzikowski* NStZ **00**, 28]). Gegenstand der Schrift kann auch ein (erkennbar [Comic] oder nicht erkennbar [Film]) **fiktives Geschehen** sein (vgl. dazu auch Erl. zu § 131), denn es kommt für den Begriff des „Gegenstandes" weniger auf die Abbildung objektiver Gegebenheiten als auf den **Sinngehalt** der Schrift an. Daher ist es für § 184 b I (ebenso wie für § 184 I, § 184 a) gleichgültig, ob die Darstellung eines 4 sexuellen Geschehens eine Wirklichkeit wiedergibt oder dem Betrachter nur so erscheint (vgl. unten 6).

5 Der Zusammenhang insb. mit **§ 176 IV Nr. 2** kann problematisch sein: Nach BGH **43**, 366, 367 f. hat die Darstellung eines „in natürlicher, normaler Pose" nackt auf dem Bett liegenden Kindes nicht dessen Missbrauch „zum Gegenstand". Hier dürfte es schon (wie bei vielen Erzeugnissen der Pädophilen-Szene) am Charakter als Pornografie fehlen. Erfüllt die Darstellung als solche die Voraussetzungen des Pornografischen (4 ff. zu § 184), so ist zu **unterscheiden:** Da das heimliche Beobachten von Kindern § 176 IV Nr. 2 nicht unterfällt (vgl. dort; *Renzikowski* NStZ **00**, 28 f.), fehlt es bei der *Darstellung* ausschließlich von sexuellen Handlungen von Kindern an sich selbst oder an anderen Kindern ohne (zumindest konkludenten) Hinweis auf eine **Bestimmungshandlung** iS des § 176 III Nr. 2 am Tatbestand des sexuellen Missbrauchs (vgl. Koblenz NJW **79**, 1467; SK-*Wolters/Horn* 2; MK-*Hörnle* 10). In dem Zwischenbereich, in welchem zwar die *Darstellung* pornografisch ist (vgl. BGH **43**, 368 mwN), aber eine Bestimmung des Kindes entweder ausdrücklich verneint (**zB** durch Hervorhebung der „Heimlichkeit") wird oder sich auch aus dem Zusammenhang nicht ergibt, liegt keine Schrift iS von § 184 b (sondern nur § 184 I) vor. „Zum Gegenstand" hat die Schrift den Missbrauch freilich auch, wenn sich eine Bestimmungshandlung aus zusätzlichen Erklärungen der Schrift selbst ergibt. Diese **Tatbestandsgrenze** kann nicht mit dem Hinweis darauf übersprungen werden, die *Darstellung selbst* sei ein sexueller Missbrauch, weil dadurch die Menschenwürde der Darsteller verletzt werde (*Schroeder* NJW **93**, 2581; iErg wohl auch SK-*Wolters/Horn* 2). Eine Beschränkung dahin, dass § 184 b die Darstellung von sexuellen Handlungen **an** oder **von** Kindern erfasse (LK-*Laufhütte* 15, 49), enthält die Vorschrift nicht (BGH **43**, 368; MK-*Hörnle* 9; *Renzikowski* NStZ **00**, 28). Missbrauch toter Kinder kommt grds nicht in Betracht (*Laubenthal* 864; **aA** MK-*Hörnle* 7).

6 **B. Fiktive Darstellungen.** Die Wiedergabe eines **tatsächlichen** oder **wirklichkeitsnahen** Geschehens (wie in Abs. II bis IV vgl. unten) ist für Abs. I nicht erforderlich; erfasst sind daher grds auch **fiktive Darstellungen** (*Schreibauer* [1 a] 140 ff.). Dabei ist wie folgt zu **unterscheiden:** Der Tatbestand des I ist stets erfüllt, wenn die Person eines **tatsächlichen** Geschehens iS von § 176 **objektiv** ein Kind, also unter 14 Jahre alt ist (BGH **47**, 55). Das gilt auch dann, wenn der Täter annimmt, der Betrachter werden das Kind nicht als solches ansehen; ebenso, wenn er einen solchen Irrtum beim Betrachter zu erregen sucht (oder dies jedenfalls vorgibt; **zB** das Kind als „18jährige, die aussieht wie eine 13jährige" bezeichnet; BGH **47**, 55, 61 f.; NStZ **00**, 307, 309; vgl. BGH **45**, 41, 43). Das folgt schon aus dem Zusammenhang mit § 176 a III; i. ü. werden entsprechende Fehlbezeichnungen regelmäßig zur Tarnung verwendet und von informierten Abnehmern von Kinderpornografie gar nicht ernst genommen. Im **umgekehrten Fall,** wenn also eine tatsächlich nicht kindliche Person in der Schrift als Kind **erscheint,** kommt es auf den Sinnzusammenhang und die Sicht eines **objektiven Betrachters** an (BGH **47**, 62). Ob die als Kind dargestellte Person tatsächlich unter 14 Jahre alt ist, ist unerheblich, wenn sich ihr (sei es auch nur angebliches) kindliches Alter aus der Schrift selbst (ausdrücklich oder konkludent) ergibt, denn „Gegenstand" einer Schrift ist nicht allein eine Widerspiegelung objektiver Gegebenheiten (ebenso *Laubenthal* 867; *Schreibauer* [1 a] 143 f.; vgl. oben 4). Dagegen ist der Tatbestand nicht gegeben, wenn der Eindruck der Kindlichkeit des Opfers ausschließlich auf Fehlvorstellungen des Betrachters beruht (also § 184 b, wenn eine 18jährige Schauspielerin in einem Film als 13jährige ausdrücklich ausgegeben wird; nicht aber, wenn der Betrachter sie auf Grund ihres kindlichen Aussehens irrig für eine 13jährige *hält;* einer Erfassung dieses Sachverhalts durch § 184 b steht die Wortlautgrenze entgegen; weiter wohl *Laubenthal* aaO; MK-*Hörnle* 8). Für **fiktive Personen** (**zB** Comic-Figuren; vgl. NStZ **00**, 307) gilt das entsprechend (so auch BGH **47**, 62; vgl. Erl. zu § 131).

4) Tathandlungen des Abs. I. Die von Abs. I erfassten Tathandlungen überschneiden sich weitgehend, aber nicht vollständig mit denen des § 184 I; sie entsprechen § 184a. **7**

A. Nr. 1 erfasst das **Verbreiten** der Darstellungen. Der Begriff des Verbreitens in Nr. 1 ist enger als derjenige der gesetzlichen Überschrift sowie des § 6 Nr. 6. Er setzt grds voraus, dass die Schrift in ihrer Substanz, dh **gegenständlich,** an eine vom Täter nicht mehr individualisierbare Vielzahl anderer Personen weitergegeben wird, wobei ein „Auf den Weg-Bringen" ausreicht und es auf die tatsächliche Kenntnisnahme Dritter vom Inhalt nicht ankommt (vgl. BGH **13**, 257; **18**, 63f.; **19**, 63, 71; NJW **99**, 1979f.; stRspr.; **aA** MK-*Hörnle* 14 und 78 zu § 184). Verbreiten kommt auch in Betracht, wenn die Schrift einem bestimmten Kreis mit zahlreichen Mitgliedern, zB einer „Gesellschaft" zugänglich gemacht wird (BGH **13**, 257; Bay MDR **58**, 443), **nicht** aber bei Weitergabe nur an einzelne bestimmte Personen. Verbreiten ist jedoch das Versenden an so zahlreiche Einzelpersonen, dass der Kreis derer, die Kenntnis erhalten, nicht mehr kontrollierbar ist (BGH **13**, 257). Erfasst ist sowohl die sog. „Mengenverbreitung" (Weitergabe einer Mehrzahl von Schriften) als auch eine „Kettenverbreitung" (Weitergabe einzelner Exemplare, die nacheinander einer größeren Zahl von Personen zugänglich gemacht werden sollen, zB durch Verleihen oder Vermieten. Die Weitergabe an eine bestimmte Person ist nur dann Verbreiten, wenn damit die Schrift bereits „auf den Weg" zu einer nicht mehr kontrollierbaren Vielzahl von Empfängern gebracht ist (vgl. BGH **19**, 63, 71; Bay **79**, 72; Bremen NJW **87**, 1428); eine Zusendung allein zur Prüfung (zB Verlag [MDR **66**, 687]; Redaktion [Frankfurt StV **90**, 209]) reicht nicht. **8**

Ein **Verbreiten von Datenspeichern** (vgl. § 11 III), in denen Daten mit pornografischen Inhalten gespeichert sind, ist nach BGH **47**, 55 nicht nur gegeben, wenn ein (vervielfältigtes) Speichermedium selbst (Diskette, CD-ROM, DVD) körperlich einem größeren Personenkreis zugänglich gemacht wird (so zuvor Rspr und hM; vgl. BGH **18**, 63f.; NJW **99**, 1979 [in BGH **45**, 41 nicht abgedr.]), sondern auch dann, wenn die Datei elektronisch übertragen wird und im Arbeitsspeicher eines Rechners „angekommen ist", dh **geladen** ist, gleichgültig, ob dies im Wege des *Upload* oder des *Download* erfolgt (BGH **47**, 55, 59f.). Danach ist für die Datenübertragung im Internet ein **„spezifischer Verbreitensbegriff"** erforderlich (ebd.), der sich vom Zugänglichmachen (I Nr. 2) dadurch unterscheidet, dass hierfür schon die *Möglichkeit* eines Zugriffs (mit oder ohne die Möglichkeit des „Herunterladens"; vgl. NJW **01**, 624, 626) ausreicht; vollendetes Verbreiten setzt dagegen voraus, dass die Datei in einem Datenspeicher des Adressaten zur Verfügung steht (so auch *Pelz* wistra **99**, 53f.; *Derksen* NJW **97**, 1878, 1881; vgl. dazu 31ff. zu § 184). Zur **Täterstellung** vgl. 32ff. zu § 184; zum **Tatort** 5ff. zu § 9. **9**

B. Nr. 2 betrifft das **öffentliche Zugänglichmachen** der Darstellungen, insbesondere durch **Ausstellen, Anschlagen** oder **Vorführen** (6 zu § 74d); auch durch Feilhalten oder Feilbieten (vgl. dazu Bay NJW **62**, 166; BVerwG JZ **65**, 494). Öffentliches Zugänglichmachen liegt auch bei Einstellen in das **Internet** mit der Möglichkeit jederzeitigen Zugriffs, insb. also auf einer **Homepage,** vor (vgl. BGH **47**, 55); wohl auch das Anbieten in Datennetzen im Rahmen sog. geschlossener Benutzergruppen, wenn der Zugang nicht von vornherein auf einen für den Anbieter überschaubar kleinen Personenkreis (dann Abs. II) beschränkt werden kann (vgl. dazu *Sieber* JZ **96**, 495; BT-Drs. 15/350, 20). Zum Tatort vgl. 5 zu § 9. Ob jemand von dem zugänglich Gemachten auch wirklich Kenntnis nimmt, ist gleichgültig (*Hörnle* NJW **02**, 1009). Da der Gesamtbereich des **Internet** als öffentliche Sphäre verstanden wird und für Taten nach § 184b der **Weltrechtsgrundsatz** gilt (§ 6 Nr. 6), besteht grds. eine deutsche Verfolgungszuständigkeit für alle kinderpornografischen Internet-Angebote der Welt, auch wenn sie ausschließlich (von Ausländern) auf ausländischen Servern gespeichert sind. **10**

C. Nr. 3 erfasst **Vorbereitungshandlungen** des Verbreitens oder Zugänglichmachens iS der Nr. 1, 2, nämlich die Handlungen nach § 184 I Nr. 8 (vgl. Erl. dort); **11**

darüber hinaus das **Anbieten, Ankündigen** oder **Anpreisen** sowie das **Unternehmen der Ausfuhr.** Auch hier genügt Übersendung an den Letztbezieher nicht (**aA** *Welp* JuS **71**, 239).

12 **5) Besitz-Verschaffen an Schriften mit Realitätsgehalt (Abs. II).** Die Regelung ist durch das SexualdelÄndG (oben 1) eingefügt worden; sie übernimmt mit erhöhter Strafdrohung die Regelung der 2. Var. des § 184 V aF und zielt darauf ab, die Weitergabe kinderpornografischer Schriften in **geschlossenen Benutzergruppen** im Internet, die von Abs. I nicht erfasst werden, und zwischen **einzelnen Personen** zu erfassen (BT-Drs. 15/350, 20). Die Strafrahmenerhöhung dient der Umsetzung von Art. 5 I iV mit Art. 4 I, 3 I des Rahmenbeschlusses zur Bekämpfung der sexuellen Ausbeutung von Kindern und der Kinderpornografie v. 22. 12. 2003 (ABl. EU Nr. L 13 v. 20. 1. 2004, S. 44); im übrigen der Notwendigkeit, „ein Signal zu setzen" (BT-Drs. 15/350, 21).

13 **A. Tatgegenstand.** Für Abs. II (ebenso IV) ist erforderlich, dass die kinderpornografische Schrift (oben 3) ein **tatsächliches** oder **wirklichkeitsnahes** (in § 184 IV aF eingefügt durch das IuKDG) **Geschehen** wiedergibt (vgl. dazu *Schroeder* NJW **93**, 2582 f.). Durch diese über Abs. I hinaus gehende Zusatzvoraussetzung soll die Erfassung von erkennbar „künstlichen" Produkten (**zB** kinderpornografische Zeichnungen, Zeichentrickfilme, Comics) und von allein wörtlichen Darstellungen ausgeschlossen werden. Die Beschränkung erfordert aber nicht den (schwer zu führenden) Nachweis, dass der „wirklichkeitsnah" dargestellte sexuelle Kindesmissbrauch auch tatsächlich geschehen ist; es genügt, dass sich dies dem Betrachter dem **äußeren Erscheinungsbild** nach so darstellt; erfasst wird also die Darstellung eines Geschehens, das nur *wie* sexueller Kindesmissbrauch aussieht; dass eine *als Kind dargestellte Person* tatsächlich noch nicht 14 Jahre alt war, ist daher nicht erforderlich (vgl. BGH **47**, 55, 60 ff.; MK-*Hörnle* 19). Auch fiktive, *aber* wirklichkeitsnahe Darstellungen sind erfasst. Nach dem Sinn der Vorschrift sind auch Darstellungen einer „Scheinwirklichkeit" erfasst, die nach dem Willen des Herstellers als solche gerade nicht erkennbar sein soll (BGH **43**, 369 f.). Es macht keinen Unterschied, ob ein Film den (gespielten) Missbrauch einer Person darstellt, die dem Betrachter als Kind erscheint, in Wahrheit aber älter ist, ob eine entsprechende Darstellung schnitttechnisch aus Aufnahmen eines Kindes und Missbrauchsszenen zusammengefügt ist, in denen statt des Kindes tatsächlich eine ältere Person mitwirkte, oder ob dargestellte „Personen" tatsächlich nur virtuelle Schöpfungen eines Animationsprogramms sind. Die Grenze „wirklichkeitsnaher" Darstellung liegt in der für den **durchschnittlichen Betrachter** erkennbaren Künstlichkeit jedenfalls eines Teils des Geschehens, so etwa, wenn Film- und Zeichentrickelemente miteinander vermischt werden (vgl. auch 5 ff. zu § 131). Ist das dargestellte Geschehen fiktiv und *nicht* wirklichkeitsnah, ist Abs. II nicht gegeben.

14 **B. Tathandlung.** Abs. II setzt das **Unternehmen** voraus, einer anderen Person den **Besitz** an mindestens einer Schrift iS von oben 13 zu verschaffen. Auf einen im GesE des SexualdelÄndG hervorgehobenen „Austausch in großen Mengen" (BT-Drs. 15/350, 20) kommt es nicht an. Die andere Person muss individualisiert sein; Kenntnis ihrer Identität ist aber nicht erforderlich. Darauf, ob der andere die Besitzverschaffung verlangt hat, kommt es nicht an; die Tat muss jedoch darauf gerichtet sein, dass er *willentlich* Besitz erlangt. Das bloße unverlangte Zusenden (vgl. § 184 I Nr. 6) unterfällt Abs. II daher nur dann, wenn der Täter dies zumindest billigend in Kauf nimmt.

15 Der Besitz wird durch tatsächliche Übergabe mit der Möglichkeit der Kenntnisnahme vom Inhalt verschafft; im Fall von **Datenspeichern** auch durch Übermittlung über Zwischenspeicher, insbesondere als E-Mail (vgl. Bay StV **01**, 16 f.; AG Hamburg CR **98**, 33 [m. Anm. *Vassilaki*]; *Hilgendorf* JuS **97**, 329; *Hörnle* NJW **02**, 1012). Eine ausschließliche Besitzverschaffung an Dritte ohne vorheriges Sich-Verschaffen oder Besitzen ist bei Internet-Übertragungen kaum denkbar und könnte allenfalls für *Access-Provider* und „Durchleitung" von Dateien als *„instant messages"*

in Betracht kommen; hier fehlen aber regelmäßig Garantenstellung und Vorsatz. Auch **Versuchs**-Handlungen sind als Vollendung erfasst (§ 11 I Nr. 6). Als solche ist das bloße **Angebot** noch nicht anzusehen, wenn nicht eine alsbaldige Übergabe oder Übermittlung erfolgen soll (vgl. auch MK-*Hörnle* 22). Auch das Sich-Verschaffen in der Absicht der Weitergabe an einzelne Dritte unterfällt nicht Abs. II, sondern Abs. IV.

Die **Teilnahme** an Taten nach Abs. II ist aufgrund der Sonderregelung des Abs. IV unklar: Der **Dritte** ist, wenn er die Zusendung verlangt, **Täter** nach Abs. IV S. 1. Diese Sonderregelung wäre überflüssig, wenn *daneben* die höhere Strafdrohung als Anstifter zu Abs. II gälte. Andererseits ist widersinnig, einen **Gehilfen,** der zugleich Beihilfe zur Tat nach II und zur Tat nach IV S. 1 leistet, höher zu bestrafen als den Haupttäter des IV. Auch wenn Beihilfe nur zur Tat nach II geleistet wird, erscheint die gegenüber IV S. 1 höhere Strafdrohung schwer erklärlich. 16

6) Gewerbs- und bandenmäßiges Verbreiten (Abs. III). Die Regelung entspricht § 184 IV aF und enthält einen Qualifikationstatbestand zu Abs. I und II, begrenzt auf kinderpornografische Schriften, die ein **tatsächliches oder wirklichkeitsnahes Geschehen** (oben 13) wiedergeben. Der erhöhte Strafrahmen gilt insoweit für **gewerbsmäßiges** Handeln (62 vor § 52) und für Taten **als Mitglied einer Bande** (17ff. zu § 244), die sich zur fortgesetzten Begehung „solcher Taten", dh von **Taten nach I oder II**, verbunden hat. Da die bandenmäßige Begehung von Taten nach §§ 184, 184a nicht unter besondere Strafdrohung gestellt ist, reicht es nicht aus, wenn das Mitglied einer (untechnischen) „Bande" zur Verbreitung einfach- oder gewaltpornografischer Schriften ohne diesbezügliche Bandenabrede im Einzelfall Schriften iS von § 184b verbreitet. Dagegen kann sich die Gewerbsmäßigkeit auch aus Taten nach §§ 184, 184a ergeben. Auf das Erfordernis der **Mitwirkung** eines anderen Bandenmitglieds ist verzichtet worden, weil sich die besondere Gefährlichkeit der Tat aus der Existenz der Bande als solcher ergibt (RegE 5). Der **Strafrahmen** wurde durch das 6. StrRG drastisch erhöht. Zur **Gewinnabschöpfung** sind §§ 73d, 74a anwendbar (Abs. VI S. 1 und 3). 17

7) Sich-Verschaffen und Besitz von Schriften mit Realitätsgehalt (Abs. IV). Die Regelung (Abs. § 184 V, 1. Var. aF) ist das Gegenstück zu Abs. II und zielt auf den **Endverbraucher** ab. 18

A. Tatgegenstand. Wie in II und III ist erforderlich, dass die kinderpornografische Schrift, auf welche sich die Tat bezieht, ein tatsächliches oder realitätsnahes Geschehen wiedergibt (dazu oben 13). Sich-Verschaffen und Besitz sonstiger (kinder-)pornografischer Schriften sind straflos. 19

B. Sich-Verschaffen (S. 1). Tathandlung des IV S. 1 ist das **Unternehmen** (§ 11 I Nr. 6), sich selbst **Besitz** an Schriften der genannten Art zu verschaffen; eine Schrift reicht aus. Auf Entgeltlichkeit kommt es nicht an; auch nicht darauf, ob der Täter Eigentum oder Nutzungsrechte erwirbt oder erwerben will; vielmehr reicht für das Besitz-Verschaffen die Erlangung tatsächlicher gegenständlicher Verfügungsmacht. Der **Versuch** ist über die Formulierung als **Unternehmensdelikt** als Vollendung strafbar (*Heinrich* NStZ **05**, 361, 362). 20

Nach früher herrschender Ansicht erfüllt das Aufrufen pornografischer Seiten im **Internet** und ihr **Betrachten am Bildschirm** den Tatbestand *nicht*, vielmehr erst das dauerhafte Abspeichern auf eigene Datenträger (so LG Stuttgart NStZ **03**, 36; *S/S-Lenckner/Perron/Eisele* 15; MK-*Hörnle* 27; *Lackner/Kühl* 8; SK-*Horn/Wolters* 13; *Hilgendorf* JuS **97**, 330; *Bertram* JR **00**, 126, 128; *Harms* NStZ **03**, 646, 648; *Sieber* Hdb. 19/627; *Laubenthal* 884; *Gercke*, Rechtswidrige Inhalte im Internet, 2000, 76f.; *Heinrich* NStZ **05**, 361, 363f.; offen gelassen von Hamburg NStZ-RR **99**, 329 [Anm. *Bertram* JR **00**, 126]; LG Stuttgart NStZ **03**, 36; **aA** *Eckstein* ZStW **117** [2005], 107, 120ff.). Diese Abgrenzung ist mit der Entscheidung BGH **47**, 55 (*1. StS*; vgl. oben 9) jedoch nicht vereinbar (vgl. auch LG Stuttgart NStZ **03**, 36; and. *Harms* NStZ **03**, 646, 648), denn wenn ein **„Verbreiten"** iS von Abs. I Nr. 1 21 schon dann vollendet ist, wenn Daten im **Arbeitsspeicher** des Nutzers „angekommen" sind (BGH **47**, 55, 59f.), muss das „Sich-Verschaffen" mit dem *Download* in den Arbeitsspeicher (und der bloßen *Möglichkeit* permanenter Speicherung), jedenfalls aber bei (automatischer) Abspeicherung im **Cache-Speicher** vollendet sein (so jetzt auch ausdrücklich NStZ **07**, 95 [*1. StS*]; iErg. auch Schleswig NStZ-RR **07**, 41; *Harms* NStZ **03**, 650; nach MK-*Hörnle* 27 „noch nicht endgültig geklärt"). Schleswig (NStZ-RR **07**, 41, 42) hat diese Ansicht mit Hinweisen auf die zu § 29 I Nr. 1 BtMG (Besitz von Btm) ergangene Rspr sowie auf die Erwägung gestützt, das Betrachten eines im Internet gefundenen Bildes am Bildschirm sei deshalb nicht nur „flüchtig", weil es nach freier Wahl des Betrachters nach Schließen des Fensters *erneut* aufgerufen werden oder gespeichert werden *könne* (so auch NStZ **07**, 95). Im Übrigen schaffe der Betrachter durch sein Verhalten Nachfrage nach neuen Produkten; sein Unrechtsverhalten gehe daher über ein „bloßes" Betrachten deutlich hinaus (Schleswig NStZ **07**, 43; vgl. auch BT-Drs. 12/3001, 4f.). Dem ist jedenfalls im Hinblick auf den **Arbeitsspeicher** nicht zu folgen (Bedenken auch bei *Heinrich* NStZ **05**, 361, 364). Dieser ist „flüchtig"; er unterscheidet sich insoweit nicht von dem Zwischenspeicher elektronischer *Fernsehgeräte*; mit dem Ausschalten des Geräts wird sein Inhalt unwiderbringlich gelöscht (ebenso SK-*Horn/Wolters* 13). Anders mag es beim **Cache-Speicher** sein; insoweit fehlt es aber meist am Vorsatz (vgl. aber NStZ **07**, 95, wonach das „gezielte Aufsuchen" von Internetseiten belegt, dass der Täter sich *bewusst* den Besitz verschafft habe [zw.]). Das Bemühen, durch möglichst weite Tatbestands-Auslegung auch noch letzte (tatsächliche oder vermeintliche) „Lücken" zu schließen (vgl. Schleswig NStZ-RR **07**, 41, 43), rechtfertigt nicht eine überzogene Verfolgung des bloßen **Betrachtens verbotener Bilder**.

21a Die Strafbarkeit des *Versuchs* als vollendetes **Unternehmen** würde im Übrigen, wenn schon das (*erfolglose*) Suchen nach einschlägigen Webseiten im Internet als unmittelbares Ansetzen zur Tat anzusehen wäre (so Schleswig NStZ-RR **07**, 41), zur Strafbarkeit *unmoralischen* Verhaltens ohne erkennbare Außenwirkung. Die vom Gesetzgeber erwogenen schädlichen Wirkungen (vgl. BT-Drs. 12/3001, 5f.) sind vom *individuellen* Verhalten weit entfernt; die von ihm angeführten Beispiele („Kauf, Tausch, Miete, Leihe"; ebd.) orientierten sich ersichtlich an der Vorstellung *gegenständlicher* „Schriften". Im Hinblick auf die **Verhältnismäßigkeit** der Kriminalisierung des (*erfolglosen*) Internet-Surfens mag zum Vergleich darauf hingewiesen werden, dass das (*erfolgreiche*!) Sich-Verschaffen von Bauplänen für Massenvernichtungswaffen idR straflos ist (arg. §§ 130a II, 310 I). Zur Einbeziehung von **Zufallsfunden** (und nicht widerlegbaren entsprechenden Behauptungen) vgl. *Heinrich* NStZ **05**, 361, 365.

22 **C. Besitz (S. 2).** Der Besitz von Schriften iS von oben 13 wird in Abs. IV **S. 2** unter Strafe gestellt (krit. zur Legitimation MK-*Hörnle* 29; S/S-*Lenckner/Perron/Eisele* 15). Erfasst ist, da das Herbeiführen des Besitzes regelmäßig schon als Sich-Verschaffen strafbar ist, das **Aufrechterhalten** eines tatsächlichen Herrschaftsverhältnisses (vgl. BT-Drs. 12/3001, 5f.; dazu auch *Eckstein,* Besitz als Straftat, 2001, 109ff.; Koblenz StV **06**, 24 [zu § 29 I Nr. 3 BtMG]) aufgrund **Besitzwillens** (BGH **26**, 117; unten 25); erfasst ist auch das schlichte **Unterlassen** der Entledigung durch Vernichten oder Abliefern. Der Besitz erfasst wie in § 29 I Nr. 3 BtMG den unmittelbaren und mittelbaren Besitz sowie die Besitzdienerschaft im zivilrechtlichen Sinn, unabhängig von der Dauer, von Entgeltlichkeit oder einer Verbreitungstendenz. Bei **elektronischen Dateien** ist Besitz (des Datenträgers; vgl. § 11 III) gegeben, wenn eine Datei auf einem permanenten Medium gespeichert ist (vgl. Hamburg NStZ-RR **99**, 329), das sich im tatsächlichen Herrschaftsbereich des Täters befindet. Im Anschluss an BGH **47**, 55 müsste vollendeter Besitzerwerb dagegen wohl schon mit dem Laden in einen **Arbeitsspeicher** angenommen werden (zw.; vgl. oben 21); damit rücken auch „durchleitende" Provider (vorbehaltlich §§ 8 bis 10 TMG) in eine Täterstellung auf.

Noch ungeklärt ist die Frage eines Besitzes bei bloßer *Zugangsmöglichkeit* zu Dateien, die auf **fremden Datenträgern** gespeichert sind (vgl. dazu *Eckstein,* Besitz als Straftat, 2001, 111f.; *ders.* ZStW **117** [2005] 107, 122). Hier ist jedenfalls bei Kenntnis des Besitzers des Datenträgers ein (Mit-)Besitz des (ggf. heimlichen) Nutzers nicht anzunehmen. Dasselbe gilt aber wohl auch dann, wenn eine Datei im Datenbestand eines fremden Rechners gezielt versteckt wird (*Eckstein* aaO; ebenso *S/S/Lenckner/Perron/Eisele* 15). Die Tat ist **kein Presseinhaltsdelikt,** weil sie von der Verbreitung unabhängig ist. 23

Unklar ist auch die Behandlung einer Person, die nach Abs. V Nr. 2 (qualifiziert) kinderpornografische Schriften besitzt, zugleich aber **Opfer** einer Tat nach **§ 184 I Nr. 6** gewesen ist, weil eine dritte Person sie unaufgefordert an sie hat gelangen lassen (zB per **E-Mail**). Da eine Pflicht zur Vernichtung aus der Opferstellung schwerlich erwachsen kann, mag in der Praxis die Strafverfolgung des Besitzers an der Unwiderlegbarkeit solcher Einlassungen scheitern. Zum Verhältnis des IV zur **Beteiligung** an Taten nach Abs. II vgl. oben 16. 24

8) Subjektiver Tatbestand. § 184 setzt in allen Fällen mindestens bedingten Vorsatz voraus; I Nr. 3 überdies die dort bezeichnete Absicht (vgl. Erl. zu § 184 und zu § 184a). Vom Vorsatz muss auch der qualifiziert kinderpornografische Inhalt der Schrift Abs. I bis IV sowie in Abs. II bis IV der tatsächliche oder wirklichkeitsnahe Charakter der Darstellung erfasst sein. Besitz (Abs. IV) setzt einen **Besitzwillen** voraus, der darauf gerichtet ist, sich die Möglichkeit ungehinderter Einwirkung auf die Sache zu erhalten (BGH **26**, 117; vgl. Koblenz StV **06**, 24 [zu § 29 I Nr. 3 BtMG]); bloße Kenntnis vom Vorhandensein reicht nicht aus. Der Vorsatz entfällt daher, wenn der Täter die Gegenstände nach Gewahrsamserlangung umgehend vernichten will (vgl. NStZ **05**, 155, 156 [zu § 255]). 25

9) Privilegierung (Abs. V). Nach Abs. V gelten die Abs. II und IV (Besitzverschaffen und Besitzen) nicht für Handlungen, die ausschließlich der Erfüllung rechtmäßiger (welcher sonst?) dienstlicher oder beruflicher Pflichten dienen. Diese (systematisch eher rätselhafte) Ausnahmevorschrift soll Personen wie Anwälte und Sachverständige, aber auch Wissenschaftler bei der Erfüllung eines konkreten Forschungsauftrages oder Ärzte bei Erfüllung diagnostischer und therapeutischer Aufgaben vom Besitz- und Besitzverschaffungsverbot ausnehmen (vgl. *Schroeder* NJW **93**, 2583). Tatsächlich dürfte es sich um eine tautologische *Zirkel*regelung handeln, denn **wenn** der Besitz usw. kinderpornografischer Schriften der *rechtmäßigen* Pflichterfüllung dient, kommt eine Strafbarkeit sowieso nicht in Betracht; und **ob** die „rechtmäßige Pflicht" den Besitz erfordert, ergibt sich auf der *Tatbestands*ebene gerade aus Abs. II oder IV. Ein Irrtum der privilegierten Person über die Rechtmäßigkeit der Pflichterfüllung ist Verbotsirrtum. 26

10) Rechtsfolgen. Die **Strafdrohung** der Abs. I und II ist gegenüber § 184, § 184a erhöht; in Abs. III nochmals drastisch gesteigert. Auch die Strafdrohung des Abs. IV ist gegenüber § 184 V aF im Höchstmaß verdoppelt. **Erweiterter Verfall** nach § 73d ist nach VI S. 1 in den Fällen des III anzuordnen. Nach **VI S. 2** müssen Gegenstände, auf die sich eine Straftat nach II oder IV bezieht, eingezogen werden, da weiterer Besitz strafbar wäre, und zwar auch dann, wenn die Produkte dem Besitzer nicht gehören (§ 74a ist nach VI S. 3 anwendbar). 27

11) Konkurrenzen. Zum Verhältnis zu § 184 gelten die Erl. 13 zu § 184a entspr. Der zwischenzeitliche gleichzeitige Besitz von Dateien, die sich der Täter aus dem Internet verschafft und die er weitergegeben hat, verklammert die Taten zur Tateinheit (NStZ **05**, 444). Mit § 184a ist Tateinheit möglich; enthält die Schrift die *kinder*-pornografische Darstellung von sexuellen *Gewalttätigkeiten*, wird § 184a jedoch von § 184b verdrängt. 28

Verbreitung pornographischer Darbietungen durch Rundfunk, Medien- oder Teledienste

184c **Nach den §§ 184 bis 184b wird auch bestraft, wer eine pornographische Darbietung durch Rundfunk, Medien- oder Teledienste verbreitet. In den Fällen des § 184 Abs. 1 ist Satz 1 bei einer Verbreitung durch Medien- oder Teledienste nicht anzuwenden, wenn durch**

technische oder sonstige Vorkehrungen sichergestellt ist, dass die pornographische Darbietung Personen unter achtzehn Jahren nicht zugänglich ist.

1 **1) Allgemeines.** Die Vorschrift ist durch das SexualdelÄndG v. 27. 12. 2003 (BGBl. I 3007; Mat.: 3a vor § 174) eingefügt worden. Sie hat in S. 1 § 184 II aF (Rundfunk) übernommen und um Medien- und Teledienste ergänzt sowie S. 2 neu eingefügt.

Literatur: *Albrecht/Hotter,* Rundfunk und Pornographieverbot, 2002; *Beisel/Heinrich,* Die Strafbarkeit der Ausstrahlung pornographischer Sendungen in codierter Form durch das Fernsehen, JR **96**, 95; *dies.*; Die Strafbarkeit der Ausstrahlung jugendgefährdender Fernsehsendungen, NJW **96**, 491; *Ramberg,* Erfahrungen bei der Strafverfolgung der Verbreitung von Pornographie via Satellit, ZUM **94**, 140; *Ulrich,* Der Pornographiebegriff und die EG-Fernsehrichtlinie, 2000.

2 **2) Regelungszweck.** Die Tatbestände der §§ 184 bis 184b setzen als Tatobjekte des Verbreitens jeweils **Schriften** iS von § 11 III voraus, also **Verkörperungen** von Gedankeninhalten, die zumindest vorübergehend auf einem körperlichen Medium fixiert oder gespeichert sind und daher weitergegeben werden können. Daher sind **Live-Darbietungen,** dh Echtzeit-Übertragungen, dort grds. ebenso wenig erfasst wie Live-Darstellungen oder Vorführungen (Theater; „Live-Shows") bei unmittelbarer audiovisueller Wahrnehmung (vgl. BVerwG NJW **02**, 2966). § 184 II aF stellte daher auch das Verbreiten pornographischer Darbietungen im Rundfunk unter Strafe. Im Hinblick auf die Entwicklung der elektronischen Informationsmedien sind durch das SexualdelÄndG in § 184c Tele- und Mediendienste (jetzt: Telemedien; vgl. § 1 I TMG v. 26. 2. 2007 [BGBl I 179]; dazu 28 zu § 184) dem Rundfunk grds. (vgl. aber S. 2) gleichgestellt worden. Die Vorschrift stellt die Live-**„Darbietung"** in jeder Hinsicht den Schriften iS von §§ 184 bis 184b gleich und ordnet die Anwendbarkeit dieser Tatbestände an. Sie enthält daher auch hinsichtlich des Rundfunks gegenüber § 184 II aF eine Straferweiterung, da sie auch auf die Sondertatbestände und Qualifikationen der §§ 184a, 184b verweist. Die **Anwendung** ist daher unübersichtlich (vgl. unten 5, 6).

3 **3) Tatgegenstand.** Gegenstand der Verbreitung iS von § 184c muss eine (pornografische) **Darbietung** sein. Mit dem Begriff wird zugleich der unmittelbare („live"-)Charakter der *Vorführung* als auch deren allgemeiner Inhalt umschrieben. Dieser ist aus dem Sinnzusammenhang mit den Schriften iS von §§ 11 III, 184ff. abzuleiten und umfasst Äußerungen von Gedankeninhalten in jedweder – medienspezifischer – Form; also zB auch (live-)Bilder und allein sprachliche Darbietungen; insb. aber Echtzeit-Übertragungen tatsächlicher oder fiktiver Ereignisse (krit. MK-*Hörnle* 2). Der Begriff ist mit dem der „Darstellung" nicht identisch und beinhaltet das Moment der Unmittelbarkeit der Kenntnisnahme vom *Verlauf* eines Geschehens. Die Ausstrahlung von **Aufzeichnungen** unterfällt § 184c nicht (vgl. auch § 1 III JSchG und BT-Drs. 15/350, 21; wie hier SK-*Wolters/Horn* 3; and. wohl *Lackner/Kühl* 3). Erfasst sind auch, soweit dies technisch ohne Speicherung möglich ist, „interaktiv" zwischen Aussender und Benutzern oder zwischen einer Mehrzahl von Benutzern erst *entstehende* Darbietungen.

4 **4) Verbreitungsmedien.** Die Vorschrift deckt den Gesamtbereich heute technisch möglicher Übertragungsmedien ab, soweit sie auf öffentliche oder jedenfalls überindividuelle Verbreitung abzielen. Der Begriff des **Rundfunks** umfasst Fernseh- oder Hörfunk über Funk, Leitung oder Satellit, gleichgültig, ob durch öffentlich-rechtliche Anstalten oder private Sender; nach hM aber nicht durch Amateurfunk (SK-*Wolters/Horn* 4; **aA** MK-*Hörnle* 6). **Teledienste** sind elektronische Informations- und Kommunikationsdienste, die für eine individuelle Nutzung von kombinierbaren Daten wie Zeichen, Bilder oder Töne bestimmt sind *und* denen eine Übermittlung mittels Telekommunikation zugrunde liegt, namentlich auch Angebote zur Nutzung des **Internets**, etwa zur Übertragung der Aufnahmen von webcams in Live-Stream-Verfahren. **Mediendienste** sind Angebote von an die Allgemeinheit gerichteten Informations- und Kommunikationsdiensten

in Text, Ton oder Bild, die unter Benutzung elektromagnetischer Schwingungen ohne Verbindungsleitung oder mittels eines Leiters verbreitet werden, insb. auch Angebote des **Pay-TV** (zur Einordnung als Rundfunk VG München ZUM **03**, 160). Übertragungen an nur einzelne Personen sind nicht erfasst. Für den Bereich der **Telemedien** (§ 1 I TMG) gelten die **Verantwortungs-Beschränkungen** der §§ 7 ff TMG (vgl. dazu 28 ff. zu § 184).

5) Tathandlung (S. 1). Allgemeine Tathandlung des § 184 c ist das **Verbreiten** der Darbietung durch Ausstrahlen oder sonstige Übermittlung der entsprechenden Daten. Der Begriff stellt, wie sich aus S. 2 ergibt, nicht auf den engen Verbreitens-Begriff der §§ 184 a Nr. 1, 184 b I Nr. 1, sondern auf den **weiten Begriff** der gesetzlichen Überschrift ab, erfasst also insb. auch das **Zugänglich-Machen;** dessen Erfolg ist eingetreten, wenn die Sendung empfangen werden kann. 5

Für die **Anwendbarkeit** der einzelnen tatbestandlichen Handlungsbeschreibungen der §§ 184 bis 184 b ist jeweils die Übertragbarkeit auf den Anwendungsbereich des § 184 c zu prüfen. Danach scheiden alle Tatbestände aus, deren Verwirklichung das Vorhandensein einer Verkörperung oder Speicherung voraussetzt (zB Herstellen, Vermieten, Vorrätig-Halten; Anschlagen usw.). Anwendbar ist § 184 c zB auf die **Werbe**-Tatbestände (Anbieten, Ankündigen, Anpreisen). Anwendbar sind grds. auch die Unternehmens-Tatbestände der §§ 184 I Nr. 8 und 9, 184 a Nr. 3, 184 b I Nr. 3; die Kritik an der extremen Vorverlagerung gilt freilich auch insoweit. Eine *umgekehrte* Erweiterung des Schriften-Begriffs auf „Darbietungen" enthält das Gesetz nicht: Es ist also nicht nach § 184 b IV S. 1 (iVm § 184 c) strafbar, wer *versucht,* eine kinderpornografische Live-Darbietung anzusehen (vgl. aber unten 8). 6

6) Tatbestandsausschluss bei Zugangssperre (S. 2). Nur für den Tatbestand des § 184 I und nur für Tele- und Mediendienste enthält S. 2 einen Tatbestandsausschluss für den Fall, dass eine **Unzugänglichkeit** für Personen unter 18 Jahren durch technische oder sonstige Vorkehrungen **sichergestellt** ist (vgl. § 4 II S. 2 JMStV). Diese Sicherstellung muss von Seiten des Anbieters erfolgen; dass sie im *Einzelfall* umgangen werden kann, steht dem Tatbestandsausschluss nicht entgegen. Nicht ausreichend ist zB die bloße Vergabe von PINs zur Freischaltung von Pay-TV-Angeboten oder die Überlassung von Magnetkarten oder anderen Schlüsseln zur Decodierung. Die von den Pay-TV-Sendern mit einfach-pornographischem Angebot angewandten Methoden der persönlichen Identifizierung des (erwachsenen) Nutzers und der Rückmeldung in Verbindung mit der Ausgabe von Zugangs-Codes erfüllen idR die Anforderungen des S. 2. 7

7) Subjektiver Tatbestand. § 184 c setzt Vorsatz voraus; die Erl. zu §§ 184 bis 184 b gelten entsprechend. 8

8) Beteiligung. Als Täter kommt jeder für die Ausstrahlung oder Übermittlung der Sendung Verantwortliche in Betracht; Darsteller können je nach Organisation und Vorsatz Täter, Gehilfen oder straflos sein. Nicht ganz klar ist eine mögliche Teilnahme des Nutzers/Empfängers, wenn er – idR nach Leistung eines Entgelts – ein S. 1 unterfallendes Teledienst-Angebot bestellt oder abruft. Wenn schon das Laden in den Arbeitsspeicher eines PC als Besitz-Verschaffen an einer **Schrift** angesehen wird (vgl. dazu 34 f. zu § 184), könnte zB der Empfang einer webcam-Übertragung schon nach § 184 b IV strafbar sein. Das gilt unproblematisch in Fällen, in denen die Übertragung auf ein permanentes Medium aufgezeichnet wird. Lehnt man die Ausdehnung des Datenspeicher-Begriffs auf Arbeitsspeicher (zutr.) ab, liegt *konstruktiv* Beihilfe zur Tat nach § 184 c vor. Im Hinblick auf die abschließende Fassung des § 184 b II, IV ist, obgleich der nutzer nicht „notwendiger Teilnehmer" i. e. S. ist, eine solche (weitere) Ausdehnung abzulehnen. 9

9) Rechtsfolgen. Die Strafdrohung bestimmt sich nach der Verweisung des S. 1 nach dem jeweils verwirklichten Tatbestand der §§ 184 bis 184 b. Für die Konkur- 10 renzen gelten die dortigen Erl. entspr. Ton- und Bildträger, die bei der Darbietung produziert wurden, können uU § 74 d III eingezogen werden.

Ausübung der verbotenen Prostitution

184d Wer einem durch Rechtsverordnung erlassenen Verbot, der Prostitution an bestimmten Orten überhaupt oder zu bestimmten Tageszeiten nachzugehen, beharrlich zuwiderhandelt, wird mit Freiheitsstrafe bis zu sechs Monaten oder mit Geldstrafe bis zu einhundertachtzig Tagessätzen bestraft.

1 **1) Allgemeines.** Die **Blankettvorschrift** (5 zu § 1) ist durch das 4. StrRG (1 f. vor § 174) als § 184 a aF eingefügt worden (nach § 361 Nr. 6 c aF Übertretungstatbestand). Durch Art. 1 Nr. 19 des SexualdelÄndG v. 27. 12. 2003 (BGBl. I 3007; **Mat.:** 3 a vor § 174) wurde sie unverändert § 184 d. Sie geht im Anschluss an das 5. StÄG auf das **10. StÄG** zurück (BR-Drs. 21/70; BT-Drs. VI/293; VI/410; Prot. VI/297; zuletzt sprachlich geändert durch Art. 6 Nr. 2 des 4. StrRG) und wird durch § 120 I Nr. 1 OWiG (Anh. 7) ergänzt. Zusammen mit den §§ 180 a, 181, 183 a (vgl. BGH **20**, 203; **23**, 175) und § 184 e ist die Materie der Prostitution strafrechtlich abschließend geregelt, so dass abweichende landesrechtliche Vorschriften unzulässig sind (BGH **11**, 32; Hamm NJW **57**, 968). Zur **einfachen** Zuwiderhandlung gegen ein Verbot vgl. § 120 I Nr. 1 OWiG. Der GesE-PDS BT-Drs. 14/4456 schlug eine Streichung der Vorschrift vor. Im Gesetzgebungsverfahren des ProstG (vgl. 1 zu § 180 a) ist der E abgelehnt worden; angenommen wurde der EntschließungsA, die BReg. aufzufordern, „im Benehmen mit den Bundesländern zu überprüfen, inwieweit die §§ 119, 120 OWiG im Lichte der Abschaffung der Sittenwidrigkeit der Prostitution notwendig sind" (vgl. BT-Drs. 14/7174; dazu BT-Drs. 15/3904).

1 a **Literatur:** *Finger*, Sperrgebietsverordnungen zum Schutze der Jugend und des öffentlichen Anstands – Eine kritische Bestandsaufnahme mit Ausblick, KJ **07**, 73; *v. Galen*, Rechtsfragen der Prostitution, 2004; *Gleß*, Die Reglementierung von Prostitution in Deutschland, 1999; *Graalmann-Scheerer*, Die Privilegierung des Freiers im Straf- u. Ordnungswidrigkeitenrecht, GA **95**, 349; *Heger*, Zum Einfluss des Prostitutionsgesetzes auf das Strafrecht, StV **03**, 350; *Leo*, Die strafrechtliche Kontrolle der Prostitution, 1995; *Schatzschneider* NJW **85**, 2793; *Wesel*, Prostitution als Beruf, NJW **99**, 2865; *Zimmermann*, Die öffentlich-rechtliche Behandlung der Prostitution, 2002.

2 **2) Rechtsgut** ist nach **hM** das Allgemeininteresse an der Vermeidung von mit der Prostitution verbundenen Belästigungen und Gefahren (Bay **88**, 107 [m. Anm. *Behm* JZ **89**, 301]; Bay NJW **81**, 2766; vgl. Karlsruhe MDR **74**, 858; krit. *Gleß* [1 a] 107; vgl. aber 5 zu § 180 a); das ist wie bei § 183 a zweifelhaft (vgl. dort 2). Die **Legitimation** des Tatbestands als *kriminelles* Unrecht ist – insb. im Hinblick auf die zumindest widersprüchliche Privilegierung der sog. Freier – zu Recht umstr. (vgl. auch *Laubenthal* 571; MK-*Hörnle* 2; *Finger* KJ **07**, 73, 81 ff.; jew. mwN) und mit Inkrafttreten des ProstG am 1. 1. 2002 noch fraglicher geworden (vgl. oben 1; abl. auch *Heger* StV **03**, 350, 355; *Lackner/Kühl* 7). Da nach § 1 ProstG wirksame und rechtlich geschützte Prostitutionsverträge frei geschlossen werden können, geht das Unrecht einer Tat nach § 184 d im Kern nicht über das von Verstößen zB gegen § 24 I Nr. 2 LadenschlG hinaus. Die Vorschrift sollte daher aus dem StGB gestrichen und als OWi gefasst werden (ebenso *Sick/Renzikowski*, Schroeder-FS [2006] 603, 613).

3 **3) Tathandlung.** Der Tatbestand setzt voraus, dass **der Prostitution** (3 zu § 180 a) nachgegangen wird (schlichtes Tätigkeitsdelikt, BGH **23**, 167, 171). **Nachgehen** umfasst iS des § 184 d auch schon Handlungen, die unmittelbar auf die entgeltliche sexuelle Betätigung abzielen (insb. Anbahnungsgespräche, aber auch das Bereitstellen [Straßenstrich]; vgl. BGH **23**, 173; Koblenz NJW **57**, 1684; Karlsruhe MDR **74**, 858; vgl. BVerfG NJW **85**, 1767 m. Anm. *Lüderssen* StV **85**, 178); darauf, ob diese Handlungen von Außenstehenden bemerkt werden, kommt es nicht an (VG Neustadt NJW **85**, 2846; MK-*Hörnle* 4). Gespräche von einem im

Sperrbezirk gelegenen Telefonanschluss (so Bay **88**, 107 [m. Anm. *Behm* JZ **89**, 301]; Bay MDR **89**, 181), reichen nicht aus (*Behm* aaO; *S/S-Lenckner/Perron/Eisele* 4), denn die Gefährdung eines Rechtsguts ist hier praktisch ausgeschlossen. Es erschiene fern liegend, Personen strafrechtlich zu verfolgen, die von einem Telefon- oder Internetanschluss einer in einem Sperrbezirk gelegenen Wohnung aus ohne Kenntnisnahme Dritter nicht sittenwidrige Vereinbarungen nach § 1 S. 1 ProstG treffen (zur „kleinlichen Handhabung" bereits treffend BGH **23**, 175). Die Tätigkeit des „Nachgehens" kann sich nur auf **eigene** Prostitutionstätigkeit beziehen (eigenhändiges Delikt; unten 7); erfasst sind daher weder der Kunde noch ein Vermittler.

Voraussetzung ist ein **beharrliches Zuwiderhandeln** gegen ein durch **Rechts-VO** nach **Art. 297 EGStGB** (Anh. 1) erlassenes **Verbot** der LandesReg. oder der von ihr ermächtigten obersten Landesbehörde oder höheren Verwaltungsbehörde, die Prostitution innerhalb eines **bestimmten Gebiets** oder zu **bestimmter Zeit** auszuüben (Überblick über die verwaltungsrechtlichen Anforderungen u. a. bei *Finger* KJ **07**, 73ff.; zur Anwendung des Art. 297 EGStGB unter dem Gesichtspunkt des ProstG [3 zu § 180a] vgl. ebd. 78ff.; *v. Galen* [1a] 376ff.). Der Sperrbezirk muss in dem Verbot klar bestimmt sein (BVerwG NJW **64**, 512; Frankfurt OLGSt. 7 zu § 361 aF). Das Verbot umfasst den gesamten Bereich der Gemeinde oder des Sperrbezirks einschließlich der unbebauten Teile (BGH **23**, 174; Stuttgart Die Justiz **64**, 125; **68**, 50). Davon abweichend ermöglicht es Art. 297 I Nr. 3 EGStGB, im ganzen Gebiet oder in Teilgebieten einer Gemeinde den **Straßenstrich** zu verbieten und dieses Verbot auf bestimmte **Tageszeiten** zu beschränken (Art. 297 I S. 2 EGStGB). 4

Beharrliches Zuwiderhandeln setzt voraus, dass das Verbot aus Missachtung oder Gleichgültigkeit immer wieder übertreten oder dass die Bereitschaft hierzu deutlich wird (Bay NStE Nr. 2). Erforderlich (BGH **23**, 172f.; vgl. auch NStZ **92**, 594f. [zu § 148 GewO]), aber nicht genügend (Köln GA **84**, 333) ist mindestens ein vorausgehender Verstoß. Wie viel Verletzungen vorausgegangen sind, wie lange sie zurückliegen, ob es sich um Taten nach § 184d oder Ordnungswidrigkeiten nach § 120 I Nr. 1 OWiG handelte und ob frühere Strafen oder Geldbußen erledigt sind, ist grds ohne Bedeutung; nach hM auch, ob überhaupt schon eine Ahndung oder Abmahnung erfolgt ist (*S/S-Lenckner/Perron* 5; LK-*Laufhütte* 4 [jew. zu § 184a aF]; SK-*Wolters/Horn* 3; offen gelassen von NJW **91**, 2844; NStZ **92**, 595; **aA** MK-*Hörnle* 5), wenn eine Gesamtwürdigung des Verhaltens dieses als „beharrlich" erscheinen lässt. Die Beharrlichkeit ist ein **besonderes persönliches Merkmal** iS des § 28 II (vgl. Bay NJW **85**, 1566; *Graalmann-Scheerer* GA **95**, 353) und muss in der zur Aburteilung stehenden Handlung, wenn auch iVm früheren gleichartigen oder ähnlichen Handlungen (zB § 184e), zum Ausdruck kommen. Ist Beharrlichkeit nicht festzustellen, so ist die Tat nur eine Ordnungswidrigkeit nach § 120 I Nr. 1 OWiG (keine Wahlfeststellung). 5

4) Vorsatz ist mindestens als bedingter erforderlich und hat sich nicht nur auf die Prostitutionsausübung (Hamburg NJW **53**, 1482), sondern auch auf das örtliche und zeitliche Verbot zu erstrecken (vgl. BGH **23**, 167; Frankfurt NJW **66**, 1527; Hamm NJW **68**, 1976; MK-*Hörnle* 6); ebenso auf die tatsächlichen Voraussetzungen der Beurteilung als beharrlich. 6

5) Die Tat ist ein **eigenhändiges** Delikt (SK-*Wolters/Horn* 5; *S/S-Lenckner/Perron* 7; MK-*Hörnle* 7), so dass mittelbare Täterschaft nicht möglich ist. Der **Freier** ist nach **hM** auch als Teilnehmer straflos, da er „notwendiger Gehilfe" sei (*Hanack* JR **80**, 435; *Lackner/Kühl* 7; *S/S-Lenckner/Perron/Eisele* 7). Das ist nicht nur kriminalpolitisch (krit. *Laubenthal* 570 mwN; and. *Graalmann-Scherer* GA **95**, 349ff.), sondern auch dogmatisch zweifelhaft, denn der Freier ist nicht „Opfer" der Tat (vgl. auch MK-*Hörnle* 8). Im übrigen begeht ein Teilnehmer, der nicht beharrlich handelt, nur eine Ordnungswidrigkeit nach § 120 I Nr. 1 OWiG (§ 14 IV OWiG). 7

Das Gewähren von Wohnung an Prostituierte ist in § 180a II abschließend geregelt und grds nicht als Beihilfe zu § 184d strafbar (SK-*Wolters/Horn* 5; Joecks 3; **aA** Bay NJW **81**, 44 [Tateinheit]; *Geerds* JR **85**, 472; *S/S-Lenckner/Perron/Eisele* 7; LK-*Laufhütte* 6f.).

8 **6) Tateinheit** ist möglich zB mit §§ 183a, 184e. § 120 I Nr. 1 OWiG tritt hinter § 184d zurück; es gilt § 21 OWiG. Beschäftigungsverbot Verurteilter § 25 I Nr. 3, § 58 II JArbSchG.

Jugendgefährdende Prostitution

184e **Wer der Prostitution**

1. in der Nähe einer Schule oder anderen Örtlichkeit, die zum Besuch durch Personen unter achtzehn Jahren bestimmt ist, oder

2. in einem Haus, in dem Personen unter achtzehn Jahren wohnen,

in einer Weise nachgeht, die diese Personen sittlich gefährdet, wird mit Freiheitsstrafe bis zu einem Jahr oder mit Geldstrafe bestraft.

1 **1) Allgemeines.** Die Vorschrift ist durch das 4. StrRG als § 184b eingefügt worden; durch Art. 1 Nr. 19 SexualdelÄndG v. 27. 12. 2003 (BGBl. I 3007; **Mat.:** 3a vor § 174) wurde sie unverändert § 184e. Zu Einzelheiten vgl. 1ff. zu § 184d. Der E-B 90/GR BT-Drs. 13/6372 sah die Streichung der Vorschrift vor; ebenso E-PDS BT-Drs. 14/4456. Für **Rechtsgut** und **kriminalpolitische Bedeutung** gilt 2 zu § 184d; durch § 184e geschützt werden soll nach dem Wortlaut überdies die **Sittlichkeit** von Kindern und Jugendlichen, also wohl ihre psychische und soziale Entwicklung gegen Beeinträchtigungen durch aufdringliche Kommerzialisierung sexuellen Verhaltens.

2 **2) Tathandlung.** § 184e setzt voraus, dass eine Person der Prostitution nachgeht (3 zu § 184d), und zwar nach **Nr. 1** in der Nähe einer Schule oder anderen Örtlichkeit, die zum Besuch durch noch nicht Achtzehnjährige **zur Tatzeit** bestimmt ist (**zB** Kindergärten, Jugendheime, öffentliche und private Jugendeinrichtungen, Spielplätze), wobei Nähe einen räumlichen Bereich bezeichnet, in dem die minderjährigen Personen wegen der besonderen Art der Örtlichkeit sich in größerer Zahl aufzuhalten pflegen (Prot. V/3109); oder nach **Nr. 2** in einem beliebigen Gebäude, in dem noch nicht 18jährige wohnen.

3 **In beiden Fällen** muss die Handlung in einer Weise, dh vor allem in einer nach außen erkennbaren **Form** erfolgen, durch die mindestens eine noch nicht 18jährige **sittlich gefährdet** wird. Damit ist die **konkrete** Gefährdung der ethischen Wertvorstellungen gemeint (Prot. V/3109); freilich nur solcher, die in einem inhaltlichen Zusammenhang mit sexuellem Verhalten stehen und durch die Kenntnisnahme gerade von dessen **Entgeltlichkeit** gestört werden können (krit. MK-*Hörnle* 1). Eine Wahrnehmung sexuellen Verhaltens ohne Erkenntnis seines prostitutiven Charakters reicht nicht aus und ist allenfalls von § 176 IV Nr. 1 oder § 183a (bei eigenen Kindern ggf. von § 171) erfasst. Im Fall von Nr. 2 muss gerade eine in dem Haus wohnende minderjährige Person („diese") gefährdet sein (MK-*Hörnle* 2). Eine Gefährdung liegt nicht vor, wenn die Tathandlung in den Fällen von Nr. 1 zu einer Tageszeit geschieht, in der mit dem Erscheinen von Kindern nicht zu rechnen ist, oder wenn im Fall der Nr. 2 Vorkehrungen gegen Beobachtungsmöglichkeiten getroffen werden (Prot. V/3108); idR auch bei der Wohnungsprostitution ohne *konkret* gefährdende Bemerkbarkeit nach außen. Von Nr. 2 sind auch Kinder von Prostituierten erfasst, die mit diesen zusammen leben.

4 **3)** Zu **Vorsatz, Teilnahme** und **Konkurrenzen** vgl. 6 bis 8 zu § 184d.

Begriffsbestimmungen

184f **Im Sinne dieses Gesetzes sind**

1. sexuelle Handlungen
nur solche, die im Hinblick auf das jeweils geschützte Rechtsgut von einiger Erheblichkeit sind,

2. sexuelle Handlungen vor einem anderen
nur solche, die vor einem anderen vorgenommen werden, der den Vorgang wahrnimmt.

1) Allgemeines. Die Vorschrift (§ 184c aF) idF des 4. StrRG (3 vor § 174) ist durch Art. 1 Nr. 19 des SexualdelÄndG v. 27. 12. 2003 (BGBl. I 3007; **Mat.:** 3a vor § 174) unverändert als § 184f eingefügt worden. Sie bestimmt den Anwendungsbereich des Begriffs der sexuellen Handlung, der an die Stelle der früheren Begriffe „Unzucht" bzw. „unzüchtige Handlung" getreten ist, die weniger wertneutral waren (krit. *S/S-Lenckner/Perron/Eisele* 15; LK-*Laufhütte* 14 [zu § 184c aF]; *Gössel* JR **86**, 516). 1

Lit.: *Beck*, Die sexuelle Handlung, 1988. Vgl. i. ü. 10 vor § 174 sowie Nachw. Bei den einzelnen Vorschriften. 1a

2) Sexuelle Handlung. Eine **Definition** des Begriffs der sexuellen Handlung enthält § 184f nicht; die Bedeutung wird vielmehr vorausgesetzt. Sexuell ist eine Handlung, die das Geschlechtliche im Menschen zum unmittelbaren Gegenstand hat, und zwar unter Einsatz des eigenen oder eines fremden Körpers; sexualbezogene Reden sowie das Vorzeigen und Betrachten sexueller Darstellungen scheiden aus (arg. § 176 IV Nr. 3). Jedoch können das Betrachten oder das Fotografieren sexueller Handlungen unter den Voraussetzungen von unten 5 selbst eine solche Handlung sein (vgl. NJW **92**, 325; **aA** MK-*Hörnle* 13). 2

Objektiv muss das **äußere Erscheinungsbild** für das allgemeine Verständnis (NStZ **83**, 167) die Sexualbezogenheit grundsätzlich erkennen lassen (MDR/H **80**, 454; NStZ **85**, 24; NJW **92**, 325; BGHR § 178 I Hdlg. sexuelle 8; 5 StR 153/96; Köln NJW **74**, 1831; KG JR **82**, 507; Zweibrücken NStZ **98**, 357; *Laubenthal* 63f.); sonst fehlt es an der Sozialschädlichkeit (*M/Schroeder/Maiwald* 17/30; LK-*Laufhütte* 6; MK-*Hörnle* 2; *S/S-Lenckner/Perron* 6 [jew. zu § 184c]). Nur bei Handlungen, die einen Partner notwendig einbeziehen, kann es genügen, wenn dieser den sexuellen Charakter erkennt. Entgegen der früheren Rspr (zB BGH **17**, 280) kann es bei äußerlich **neutralen Handlungen** (**zB** körperliche Untersuchungen; Berührungen; Fotografieren) nicht ausreichen, wenn für einen fiktiven Beobachter, dem die subjektiven Gefühle und Ziele des Handelnden bekannt wären, dessen sexuelle Motivation erkennbar wäre; sexuelle Handlungen werden sie nicht schon durch die sexuelle Motivation des Täters, sondern erst durch nach außen erkennbare Sexualbezogenheit (vgl. *S/S-Lenckner/Perron* 6). So ist eine Nötigungshandlung ohne nach außen erkennbare sexuelle Tendenz auch dann keine sexuelle Handlung, wenn sie vom Täter als solche *empfunden* wird (vgl. NStZ **02**, 47). 3

Subjektiv ist, wie aus den §§ 174 II Nr. 1, 176 IV Nr. 1 hervorgeht (Vornehmen einer sexuellen Handlung, um einen anderen sexuell zu erregen), sexuelle Erregung oder Motivation (BGHR § 178 I aF Hdlg. sexuelle 8) des Handelnden selbst nicht erforderlich (vgl. Ber. 36); nach dem Wortlaut macht auch nicht die Absicht, einen anderen sexuell zu erregen, die eigene Handlung zur sexuellen. Daher reicht bei § 183a, aber auch bei der sexuellen Handlung eines Kindes (§ 176 IV Nr. 2) die objektive Sexualbezogenheit aus, wenn sich der Handelnde dieses Bezuges bewusst ist. Handelt es sich um eine objektiv sexuelle, also nach ihrem **äußeren Erscheinungsbild** eindeutig sexualbezogene Handlung, so ist es daher gleichgültig, ob sie nur aus Wut, Sadismus (NStZ **83**, 167; NJW **93**, 2252), Scherz oder Aberglaube vorgenommen wird (3 StR 126/07; *Laubenthal* 66; LK-*Laufhütte* 7; SK-*Wolters/Horn* 2). Hat ein Kind die sexuelle Handlung vorgenommen, so kommt es ebenso wenig darauf an, ob es den Sexualbezug verstanden hat, wie wenn eine sexuelle Handlung „an" oder „vor" einem Kind (unten 8f.) vorge- 4 nommen wird (BGH **29**, 339 [m. Anm. *Horn* JR **81**, 251]; **30**, 144; KG JR **82**, 507; LK-*Laufhütte* 21). Bei **äußerlich ambivalenten Handlungen** kommt es iErg auf die Absicht des Täters an (NStZ-RR/P **05**, 367 Nr. 34 [3 StR 256/04]; vgl. einerseits NStZ **97**, 179 [Sitzen auf einer Person in sexueller Absicht]; andererseits NStZ-RR/P **99**, 357 Nr. 49 [Griff zwischen die Beine in Nötigungsabsicht]), so etwa bei Schein-"Untersuchungen" oder Gewalthandlungen, deren sexuelle Motivation nicht erkennbar ist (vgl. zB BGH **31**, 76; NStZ/M **97**, 179; vgl. aber NStZ **02**, 47; MK-*Hörnle* 3f.; and. *Laubenthal* 67). Nach NStZ **02**, 431, 432 ist entscheidend „das Urteil eines objektiven Betrachters, der alle Umstände ... kennt". Da aber die *äußeren* Umstände hier gerade zu der Bewertung als „ambivalent" führen, können diese kaum gemeint sein; daher stellt auch NStZ **02**, 431 [Schnittverletzungen *vor oder kurz nach* Vergewaltigung] zutr. auf die subjektive „Sexualbezogenheit" ab.

5 **3) Tatbestandliche Einschränkung (Nr. 1).** Die Handlung muss **einige Erheblichkeit** haben, um als sexuelle iS des Gesetzes zu gelten (Nr. 1). Erheblichkeit ist sowohl **normativ,** dh nach ihrer Bedeutung, als auch **quantitativ,** dh nach Intensität und Dauer, zu verstehen (RegE 15), wobei die gesamten Begleitumstände des Tatgeschehens zu berücksichtigen sind (NJW **89**, 3029); es muss eine sozial nicht mehr hinnehmbare Rechtsgutsbeeinträchtigung zu besorgen sein (BGH **29**, 338; NJW **92**, 324 [in BGH **38**, 68 nicht abgedr.]; NStZ-RR **07**, 12, 13; Köln NJW **74**, 1831). Die für die Tatbestandsbestimmung erforderliche Wertung muss sich daher trotz der scheinbar objektiv-quantitativen Formulierung an **sozialethischen Maßstäben** messen (zutr. *S/S-Lenckner/Perron* 15). Allgemeine, abstrakte Bestimmungen scheiden der Natur der Sache nach aus; die insoweit in Rspr und Literatur verwendeten Formeln verweisen regelmäßig ihrerseits auf *Wertungen* des Einzelfalls. Die Rechtsguts-Anknüpfung in § 184f Nr. 1 kann daher iErg nur die Funktion haben, die Freistellung der Tatbestandsbestimmung von allein sittlichen Maßstäben abzusichern. Erschwert wird dies freilich dadurch, dass zahlreiche Tatbestände des 13. Abschnitts *weitere* normative Merkmale enthalten. **Letztlich** ist die Formel des § 184f Nr. 1 daher **weithin ohne Funktion** (krit. auch *Laubenthal* 68: „Einfallstor für moralisierende Wertungen"): Gäbe es sie nicht, so müssten die Tatbestände des 13. Abschnitts gleichermaßen im Hinblick auf das jeweils geschützte Rechtsgut unter Berücksichtigung des Verhältnismäßigkeitsgrundsatzes ausgelegt werden.

6 **Einzelfälle:** Als **erheblich** sind angesehen worden: Beischlaf und seine heterosexuellen oder gleichgeschlechtlichen Ersatzhandlungen; Entblößen oder – je nach Intensität – Betasten des Geschlechtsteils eines anderen auch beim bekleideten Opfer (NStZ **01**, 370 [Anm. *Lindenau* JR **02**, 72]; MDR/D **74**, 366; **91**, 702; 2 StR 490/91, 2 StR 575/05) oder der weiblichen Brust (BGH **1**, 170; **2**, 93, 167; **33**, 343; MDR/D **74**, 546; NStZ **83**, 553; **04**, 440), etwa aus Anlass eines fingierten Diebstahlsverdachts (BGH **35**, 78); Anfassen des nackten Körpers in der Nähe des Geschlechtsteils (4 StR 420/74, zw.); heftige sexuelle Zudringlichkeit (Entkleidungsversuch) zur Ermöglichung eines Sexualakts bei offener Hose und erigiertem Geschlechtsteil (**aA** NStE § 178 Nr. 6; NStZ **90**, 490); Drücken des Gesichts einer Frau gegen den erregten Geschlechtsteil (NStZ **96**, 30); Greifen in die Schambehaarung (NStZ **83**, 553); in bekleidetem Zustand vorgenommene beischlafsähnliche Bewegungen bei einem Kind (2 StR 359/84); gewaltsamer Zungenkuss (Köln OLGSt. 7 zu § 174; and. aber BGH **18**, 170; StV **83**, 415; zutr. krit. *Laubenthal* 71); gegenseitiges, gleichzeitiges oder einem anderen gezeigtes Onanieren (BGH **4**, 323; MDR **55**, 17; NJW **57**, 191); Fotografieren eines nackten 7jährigen Mädchens, das mit gespreizten Beinen die Scheide zur Schau stellt (BGH **43**, 368), oder eines nackten 13jährigen Jungen in geschlechtsbezogener Position (NStE § 176 Nr. 7); kräftiges und nachhaltiges Berühren im Schambereich über der Kleidung (NStZ-RR/P **01**, 364 Nr. 58).

7 Als **nicht erheblich** sind angesehen worden: bloße Geschmacklosigkeiten und Handlungen, die *nicht als sexuell bedeutsam* empfunden werden wie übliche Küsse und Umarmungen (vgl. BGH **1**, 298; krit. gegen „unbestimmte Stereotypen" NK-*Frommel* 3, deren eigene Definition freilich einen Vorzug an Bestimmtheit nicht erkennen lässt); oder Streicheln des Körpers (5 StR 514/78; Koblenz OLGSt Nr. 1); ein misslungener Kussversuch (NStZ **88**, 71; **01**, 370 [Anm. *Lindenau* JR **02**, 72]; zu **nicht qualifizierten Küssen** vgl. auch StraFo **06**, 251,

252f. [2 StR 575/05]); auch grobe Zudringlichkeiten („Begrapschen"), namentlich, wenn sie der Vorbereitung beabsichtigter weiterer Handlungen dienen sollen (NStZ-RR **97**, 292, zw.); Handlungen, die *keine äußere Erheblichkeit* erreichen, selbst wenn sie sexuell motiviert sind (3 StR 507/78), so das Berühren des nackten Oberschenkels eines Kindes (MDR/D **74**, 545; 2 StR 64/77); Streicheln der bekleideten Oberschenkel (NStZ **01**, 370); ein flüchtiger Griff an die Genitalien einer bekleideten Person (BGH **1**, 298); Berühren im Vaginalbereich über der Kleidung (2 StR 311/05); Setzen eines 6jährigen bekleideten Kindes auf den Schoß des Onkels und Streicheln am ganzen Körper in „unangemessener" Weise (StV **00**, 197); eine flüchtige Berührung der Brust (4 StR 102/99 [§ 177 I]); bloße (uU beleidigende) Zudringlichkeiten (NJW **54**, 120; GA **67**, 53) oder körperliche Berührungen, die nur der Vorbereitung einer ohne Körperkontakt vorzunehmenden sexuellen Handlung dienen (Hamm 27. 2. 1980, 4 Ss 8/80); uU ein Zungenkuss in den Fällen des § 177 I (BGH **18**, 169; NStZ **83**, 553) oder des § 183a (Prot. VI/1301; vgl. hierzu *Sick* ZStW **103**, 70; wohl aber im Fall des § 176 I); auch das Herunterreißen der Kleidung kann je nach dem betroffenen Tatbestand unterschiedlich zu bewerten sein (NStZ **90**, 490).

4) Sexuelle Handlungen vor einem anderen (Nr. 2). Das Gesetz unterscheidet zwischen sexuellen Handlungen an sich selbst, an einem anderen und vor einem anderen, so zB einerseits in §§ 174 I, 174a, 174b, 176 I bis IV, 177, 179, 182, anderseits in §§ 174 II, 176 IV Nr. 1, 2; nebeneinander in § 180. Die Handlung **an einem anderen** verlangt die sexuell intendierte körperliche Berührung der anderen Person (3 StR 441/83), wobei die Berührung der Kleidung genügt (NStZ **92**, 433; LK-*Laufhütte* 16; MK-*Hörnle* 9; *S/S-Lenckner/Perron* 18); dabei ist aber nicht stets erforderlich, dass dieser den Vorgang wahrnimmt (*Laubenthal* 78). **8**

Bei der Handlung **vor einem anderen** fehlt eine körperliche Berührung; dafür ist hier nach **Nr. 2** erforderlich, dass der andere den Vorgang als solchen **wahrnimmt** (Prot. VI/1517). Dabei ist idR räumliche Nähe vorausgesetzt, so dass ein Verfolgen des sexuellen Geschehens über eine Telekommunikations-Verbindung nicht genügt (BGH **41**, 286 zu § 176 V Nr. 2 aF; and. für § 176 IV Nr. 2; vgl. Erl. dort; **aA** MK-*Hörnle* 15f.). Die andere Person braucht den Vorgang allerdings nicht in seiner Bedeutung zu verstehen (Düsseldorf 13. 4. 1995, 5 Ss 98/95; Ber. 24; Prot. VI/1515; *M/Schroeder/Maiwald* 17/26; MDR/D **74**, 546; differenzierend *S/S-Lenckner/Perron* 21ff.); sie muss auch nicht derjenige zu sein, der sexuell erregt werden soll (vgl. § 176 IV Nr. 1); jedoch muss bei Handlungen des Täters vor dem Opfer dessen Wahrnehmung des Vorgangs ein für den Täter entscheidender Faktor sein (Stuttgart NStZ **02**, 34; *S/S-Lenckner/Perron* 23); bei Handlungen des Opfers vor dem Täter oder Dritten ist das Bewusstsein des Opfers hiervon erforderlich. In keinem Fall reichen somit Handlungen nur „gelegentlich" der Anwesenheit eines anderen, wenn dies den Beteiligten gleichgültig ist. **9**

5) Der Vorsatz im Hinblick auf den Charakter der Handlung braucht als mindestens bedingter idR nur die tatsächlichen Umstände zu erfassen, welche die Sexualbezogenheit nach außen erkennbar machen und das Urteil „einige Erheblichkeit" iS von Nr. 1 tragen. Dieses Urteil selbst braucht der Täter nicht mit zu vollziehen (Köln NJW **74**, 1830; *Herdegen,* BGH-FS 201); Irrtum ist insoweit Subsumtions- und möglicherweise Verbotsirrtum. **10**

Vierzehnter Abschnitt

Beleidigung RiStBV 209, 229–232

Vorbemerkungen zu §§ 185 bis 200

1) Der 14. Abschnitt idF des 4. StrRG (1 f. vor § 174) enthält in §§ 185–189 Vorschriften zum Schutz der **Ehre.** Das 6. StrRG (2 f. vor § 174) hat die Nummerierung des § 188 geändert. Das **Rechtsgut** der Vorschriften ist nicht einheitlich zu bestimmen; Neben die personale Ehre treten hiervon abgeleitete soziale Bezüge (§§ 187, 3. Alt., 188, 189); § 190 enthält eine prozessuale Regelung zur Einschränkung des § 261 StPO, § 193 eine spezielle Rechtfertigungsvorschrift. **1**

Verfassungsrechtliche Einwendungen gegen den strafrechtlichen Ehrenschutz sind namentlich unter dem Gesichtspunkt der Tatbestandsbestimmtheit erhoben worden (vgl. *Ritze* JZ **80**, 91; *Schubarth* JuS **81**, 728; *Husmann* MDR **88**, 727; *Findeisen/Hoepner/Zünkler* ZRP **91**, 245; *Kubiciel/Winter* ZStW **113**, 305, 306 ff.); angesichts einer im Kernbereich seit mehr als 120 Jahren gefestigten Rechtspraxis greifen diese Einwände nicht durch (BVerfG NJW **95**, 3303). Vorschläge, die Beleidigung zur Ordnungswidrigkeit herabzustufen (GesE der GR, BT-Drs. 11/1040, 7), sind ohne Erfolg geblieben. **1 a**

2) Ehre ist ein **personales Rechtsgut** des **individuellen Menschen.** Was Ehre ist, ergibt sich aus den Tatbeständen der §§ 185 ff. nur undeutlich; der strafrechtliche Ehrbegriff ist im Wesentlichen von der Rspr konturiert worden und vielfach umstritten, freilich mit bemerkenswert geringen Unterschieden im praktischen Ergebnis. Systematisierungen, die nach „innerer" und „äußerer" (dh innerpersonaler und sozial definierter) Ehre unterscheiden, beschreiben Wahrnehmung oder Wirkungsfelder von Ehre, geben aber keine Auskunft über deren strafrechtlich zu schützenden Gehalt; dasselbe gilt für Unterscheidungen von „Ehrgefühl" und „Geltung". Seit jeher ist das Verhältnis von empirischen und normativen Elementen des Begriffs diskutiert worden (vgl. zB schon RG **3**, 433; *Frank* I, 14 I; *Ebermayer* in LK 4. Aufl. § 185 Anm. 2 [Beleidigung als *ungerechtfertigte* Missachtung oder Nichtachtung]; *Engisch*, Lange-FS [1976] 401). **2**

Ein als **normativer Ehrbegriff** bezeichnetes Verständnis differenziert zwischen dem **ethischen Wert** einer Person, den diese als Individuum unabhängig von sozialer Anerkennung hat, ihrem **moralischen** Wert als äußere Anerkennung sittlichen Verhaltens sowie ihrem **sozialen Wert** iS einer Anerkennung von Leistungen und Eigenschaften für die Erfüllung sozialer Rollen (vgl. BGH **1**, 288; **11**, 67; **36**, 145; *Hirsch*, Ehre und Beleidigung, 30; *ders.*, Wolff-FS [1998] 127; *Lackner/Kühl* 1; SK-*Rudolphi/Rogall* 2 ff.; *Küper* BT 116 f.; *M/Schroeder/Maiwald* 24/5; S/S-*Lenckner* 1; LK-*Hilgendorf* 1 ff.; jew. m. zahlr. weiteren Nachw. u. erheblichen Unterschieden i. E.; zusf. *Tenckhoff* [7] 26; *Kargl*, Wolff-FS [1998] 211 ff.). Als *rein* normativer Begriff wird Ehre auch aus dem Blickwinkel des normativen Ehrbegriffs nicht aufgefasst; als bloßer *Wert* könnte sie durch äußere Handlungen nicht verletzt werden (NK-*Zaczyk* 5; krit. zum herrschenden normativen Begriff *Amelung* [unten 7] 6 ff.; und in Rudolphi-FS [2004] 373 f.). Ein rein **faktischer** Ehrbegriff (Nachw. bei LK-*Hilgendorf* 6; einschr. zur begrifflichen Unterscheidung *Gössel*, Schlüchter-GedS 295, 296 f.) wird heute nicht mehr vertreten; auch im Außenverhältnis ist ein „unverdienter" Achtungsanspruch nicht geschützt (*M/Schroeder/Maiald* 24/3). Ein an den Bedingungen sozialer Zuschreibung von Achtung ansetzender **funktionaler** Ehrbegriff (*Jakobs,* Jescheck-FS 627; ähnl. *Spinellis,* H. J. Hirsch-FS 742, 746 ff.: *„Ehrenstatus"*) leitet die Bestrafung der Beleidigung aus dem Allgemeininteresse an der (zutreffenden) Verständigung über die Bedingungen sozialer Kommunikation ab (ähnlich *Amelung* [7] 18 ff.; *ders.*, Rudolphi-FS [2004] 373, 375 ff.), welches seinerseits jedenfalls auch normativ bestimmt ist. Die praktischen Unterschiede dieser „Begriffe" der Ehre sind für die Masse der Fälle nicht gravie- **3** rend (vgl. auch die Darstellungen bei *Geppert* Jura **83**, 530; *Tenckhoff* JuS **88**, 199; 457; 618; 787; **89**, 35; 198; *Gössel,* Schlüchter-GedS 295 ff.).

4 Alle heute vertretenen Begriffe stützen sich auf eine Mischung normativer und empirischer Elemente; dabei werden teils **„dualistisch"** (iS eines „Entweder – Oder") moralischer Wert und (berechtigt beanspruchte) soziale Geltung nebeneinander gestellt, teils **„normativ-faktisch"** miteinander verbunden. Als unklarer Rest verbleibt eine normative (verfassungsrechtliche) Überwölbung, entweder als „Quelle" von Ehre oder als personaler *Minimal*standard (unten 5). Der §§ 185 ff. heute zugrunde liegende Ehrbegriff stellt weder allein auf einen von der sozialen Anerkennung unabhängigen *Wert* der Person als solcher noch auf die subjektive *Empfindlichkeit* (also das intrapersonale Ehr*gefühl*) noch allein auf einen empirisch zu bestimmenden *„(guten) Ruf"* ab, sondern verbindet (vgl. aber 2 zu § 185) diese Gesichtspunkte im Begriff eines normativen **Achtungsanspruchs,** der sich nach Inhalt und Maß derjenigen Anerkennung bestimmt, welche die Person nach ihren jeweils individuellen Voraussetzungen und in einem konkreten Handlungs- und Sinnzusammenhang *zu Recht* beanspruchen kann, weil sie den sie treffenden sozialen (Verhaltens-)Erwartungen entspricht. Ehre ist somit der aus einem sozialen Zuschreibungs-(*Amelung*, Rudolphi-FS [2004] 373, 375 f.) und Anerkennungsverhältnis (NK-*Zaczyk* 1) entspringende *Anspruch* auf Achtung des Werts der Person (vgl. GrSenBGH **11**, 68), sozialer **Geltungswert** (SK-*Rudolphi/Rogall* 15), „Achtungswürdigkeit" (LK-*Hilgendorf* 3). Personenmehrheiten als solche und Institutionen haben soziales Ansehen (vgl. §§ 186, 187), jedoch keine personale „Ehre" (vgl. unten 12 ff.).

5 Beim strafrechtlichen Ehrenschutz geht es um einen **verdienten Achtungsanspruch** des Rechtsgutträgers, der in seinem Kern aus verfassungsrechtlichen Gründen einer Relativierung entzogen ist: Auch der komplett unvernünftige Geisteskranke oder der für das ganze restliche Leben ausgeschlossene Verbrecher sind nicht „ehrlos"; die Behandlung von Menschen als *Sachen* (Sklaven; „Untermenschen") ist verboten. Missverständlich wäre es freilich, diesen dem Begriff der *Menschenwürde* nahe stehenden (nach teilw. Ansicht: mit ihm identischen; nach and. Ansicht: aus ihm „entspringenden") Teilaspekt der Ehre als ein dem (Straf-)Recht und damit der „Beleidigung" nicht zugängliches *normatives Internum* zu behandeln und den Anspruch des Art. 1 I GG in ein empirisches Faktum zu verdrehen (insoweit unklar *Gössel,* Schlüchter-GedS 295, 299): Selbst wenn man sich seiner „Mädchenwürde" begeben könnte, NJW 53, 1440 **Tatobjekt** der Beleidigung ist die kommunikative Verständigung über den *wirklichen Wert* einer Person in ihren ethisch-moralischen, intellektuellen und sozialen Dimensionen. Insoweit ist Ehrenschutz stets auch **Wahrheits-Schutz** iS eines öffentlichen Interesses an zutreffender Bewertung (zutr. insoweit *Jakobs,* Jescheck-FS I, 627; ähnlich *Amelung* [7] 18 ff.; abl. aber NK-*Zaczyk* 6; *M/Schroeder/Maiwald* 24/5; *S/S-Lenckner* 1). Mit der **funktionalen** Ableitung des Ehrenschutzes aus einem kommunikativ vermittelten öffentlichen Interesse ist freilich für die sachliche Abgrenzung des Schutzbereichs noch wenig gewonnen; diese setzt vielmehr ihrerseits eine Verständigung über die Maßstäbe der Zumessung von personalem Wert voraus (treffend *Kubiciel/Winter* ZStW **113**, 311: „Welche Gemeinsamkeit kann einem Ehrverständnis zugrunde liegen, das die Bezeichnungen als ‚Schwuler' oder ‚Jude' als ebenso beleidigend ansieht wie die Bezeichnung als ‚Henker' und ‚KZ-Aufseher'?"). Eine solche Verständigung ist ihrer Natur nach abhängig von den historischen und sozialen Gegebenheiten ihres Zustandekommens. Die **empirische** Dimension des Ehrbegriffs verweist somit zum einen auf die **historisch-soziale Relativität** der normativen Wert-Zumessung: „Ehre" ist in unterschiedlichen Epochen gesellschaftlicher Entwicklung und verschiedenen Formen sozialer Gemeinschaften *qualitativ* unterschieden. Zum anderen ist faktische Ehre die **Wertzumessung,** die einer Person in einem konkreten historisch-sozialen Zusammenhang zuteil wird; damit sind insb. Aspekte des „Ansehens", des „Rufs" und der sozialen Bedeutung umfasst. Es versteht sich von selbst, dass ein **öffentliches Interesse** am Schutz von Wert-

Zuschreibungen (also von Macht) nur besteht, soweit diese *wahr* sind, sich also nach den Zumessungs-Kriterien als gültig erweisen. Die Verständigung über die Richtigkeit der Wert-Zuschreibung *bewertet* empirische Gegebenheiten, die ihrerseits als Ergebnis kommunikativer Prozesse verstanden werden können: Ob zB das Töten eines Menschen ehrmindernd oder ehrsteigernd ist, hängt von der *Bewertung* der Tat ab. *Unverdiente* Negierungen des Achtungsanspruchs greifen daher nicht allein in ein individuelles Verhältnis zwischen Täter und Opfer ein; sie stellen sich vielmehr als Provokation gegen die sozialen Maßstäbe der Zuschreibung von Macht und Achtung dar. Der Ehrbegriff ist somit in hohem Maße von **verfassungsrechtlichen Vorgaben** und vom Menschenbild der – jeweiligen – Rechtsordnung bestimmt; ein hiervon gelöster *abstrakter* Maßstab für die Bestimmung des in § 185 als „Beleidigung" bezeichneten Verhaltens ist nicht bestimmbar.

In der **strafrechtlichen Praxis** kann die Bedeutung des Ehrenschutzes mit dem Gewicht seiner theoretischen Ableitungen schwerlich mithalten: Die Anzeigebereitschaft ist gering; die Mehrzahl der Anzeigeerstatter wird ohne größeres Federlesen auf den Privatklageweg verwiesen und erleidet dort nach Zahlung von Sicherheitsleistung (§ 379 StPO), Gebührenvorschuss (§ 379 a StPO), Kostenvorschuss für das Sühneverfahren (§ 380 StPO) und des zur Erhebung einer formgerechten Klage idR erforderlichen RA-Honorars regelmäßig Schiffbruch (§ 383 II StPO), in hartnäckigen Fällen eine Sonderbehandlung zur Abwehr des Querulantentums. Eine geringe Anzahl erlangt Genugtuung in Form von Beschlüssen nach §§ 153, 153 a StPO. Für das Legalitätsprinzip und das gesetzliche Normalverfahren bleibt ein kleiner Kern von Taten übrig, unter deren Opfern Amtsträger und öffentlich wirkende Personen weit überrepräsentiert sind. 6

Neuere Literatur: *Amelung,* Die Ehre als Kommunikationsvoraussetzung, 2002; *ders.*, Zum Wirklichkeitsbezug der Ehre und ihrer Verletzung, insbesondere bei sexuellen Beleidigungen, Rudolphi-FS (2004), 373; *Arzt,* Der strafrechtl. Ehrenschutz – Theorie u. praktische Bedeutung, JuS **82**, 717; *Beater,* Auslegung massenmedialer Äußerungen, JZ **06**, 432; *Bemmann,* Ehrverletzungen und Strafbedürftigkeit, Wolff-FS (1998) 33; *Brackert* JA **91**, 189 [Kollektivbeleidigung]; *Dencker,* Bundesverfassungsgericht u. kollektive Beleidigung, Bemmann-FS 291; *Engisch,* Bemerkungen über Normativität u. Faktizität im Ehrbegriff, Lange-FS 401; *Erhardt,* Kunstfreiheit u. Strafrecht, 1989; *Geppert,* Straftaten gegen die Ehre, Jura **83**, 530, 580; *Gillen,* Das Verhältnis von Ehren- u. Privatsphärenschutz im Strafrecht, 1999; *Gössel,* Der Schutz der Ehre, Schlüchter-GedS (2002), 295; *Haas,* Die Ehre als Ausdruck der Würde des Menschen, Fürst-FS (2002) 159; *Hager* AcP **196**, 1996, 168 [Ehrenschutz im Zivilrecht]; *Herdegen* LdR 90; *Hillenkamp,* Wassermann-FS 861; *ders.,* Zur Reichweite der Beleidigungstatbestände, H.J. Hirsch-FS 555; *H.J. Hirsch,* Ehre u. Beleidigung, 1967; *ders,* Grundfragen von Ehre und Beleidigung, Wolff-FS (1998), 127; *Hörnle,* Grob anstößiges Verhalten, 2005 (Rez. *Bloy* GA **06**, 656); *R. Hofmann,* Lobkowicz-FS 327; *Ignor,* Der Straftatbestand der Beleidigung. Zu den Problemen des § 185 StGB im Hinblick auf das bestimmtheitsgebot des Art. 103 Abs. 2 Grundgesetz, 1995; *Jakobs,* Die Aufgabe des strafrechtl. Ehrenschutzes, Jescheck-FS 627; *Knittel,* Ansehen u. Geltungsbewußtsein (usw.), 1985; *Kubiciel/Winter,* Globalisierungsfluten und Strafbarkeitsinseln – Ein Plädoyer für die Abschaffung des strafrechtlichen Ehrenschutzes, ZStW **113** (2001), 305; *Kübler,* Ehrenschutz, Selbstbestimmung u. Demokratie, NJW **99**, 1281; *Küpper,* Grundprobleme der Beleidigungstatbestände, JA **85**, 453; *ders.,* Strafrechtl. Ehrenschutz u. politische Meinungsäußerung, ZRP **91**, 249; *Mackeprang,* Ehrenschutz im Verfassungsrecht – Zugleich ein Beitrag zu den Grenzen der Freiheiten des Art. 5 I GG, 1990; *Mühleisen* (Hrsg.), Grenzen politischer Kunst, 1982; *Otto,* Der strafrechtliche Schutz vor ehrverletzenden Meinungsäußerungen, NJW **05**, 575; *Ozlberger,* Ehrenschutz- u. Medienstrafrecht, 2. Aufl. 1996; *Peglau,* Der Schutz des allgemeinen Persönlichkeitsrechts durch das Strafrecht, 1997 (Diss. Bochum [Bespr. *Brüning* GA **99**, 556]); *Rahmlow,* Die Auslegung von Äußerungen im Strafrecht, 2006 (Rez. *Riklin* SchweizZSt. **83**, 29; *Rogall,* Beleidigung u. Indiskretion, H.J. Hirsch-FS 665; *Rühl,* Die Semantik der Ehre im Rechtsdiskurs, KJ **02**, 197; *Schendzielorz,* Umfang u. Grenzen der straffreien Beleidigungssphäre, 1992; *Schößler,* Anerkennung und Beleidigung. Rechtsgut u. Strafzweck des § 185 StGB, 1997; *Schramm,* Über die Beleidigung von behinderten Menschen, Lenckner-FS 539; *Sendler,* Bereicherung oder Vergiftung der politischen Auseinandersetzung?, NJ **97**, 57; *Sick,* Die Rechtsprechung zur Sexualbeleidigung, JZ **91**, 330; *Spinellis,* Das Rechtsgut der Ehre, H.J. Hirsch-FS 739; *Stark,* Ehrenschutz in Deutschland, Kriele-FS 235; *Stern,* Oehler-FS 437 [Ehrenschutz u. Beweislast in ihrer verfassungsrechtlichen Relevanz]; *Tenckhoff,* Die Bedeutung des Ehrbegriffs für die Systematik der Beleidigungstatbestände, 1974 [hierzu *Hirsch* ZStW **90**, 7

978]; *ders.*, Grundfälle zum Beleidigungsrecht, JuS **88**, 199, 457, 618, 787, **89**, 35, 198; *Tettinger*, Die Ehre – ein ungeschütztes Verfassungsgut?, 1995; *ders.* JZ **83**, 317 u. JuS **97**, 769; *Teubel*, Deutung einer Äußerung – willkürliche Rechtsanwendung, NJW **05**, 3245; *Wanckel*, Der Schutz der Persönlichkeit bei künstlerischen Werken, NJW **06**, 578; *E. A. Wolff* ZStW **81**, 896. **Rechtsprechungsübersichten** (zum Presserecht): *Soehring/Seelmann-Eggebert* NJW **97**, 360; **00**, 2466.

8 **3)** Von hierher ist der Kreis geschützter **Rechtsgutsinhaber** zu bestimmen:

A. Beleidigungsfähig **ist jeder Mensch,** auch ein Kind oder ein Geisteskranker (BGH **7**, 129; SK-*Rudolphi/Rogall* 33; NK-*Zaczyk* 9 ff.); zur Beleidigung **Verstorbener** vgl. § 189. Eine eingeschränkte intellektuelle Leistungsfähigkeit mindert den aus der Menschenwürde entspringenden Achtungsanspruch ebenso wenig wie die Aberkennung einzelner staatsbürgerlicher Rechte (§ 45; vgl. *M/Schroeder/Maiwald* 24/6, 12); einen Status der „Ehrlosigkeit" gibt es nicht.

9 **B. Mehrere Einzelpersonen** als Angehörige einer **Personenmehrheit** können unter einer **Kollektivbezeichnung** (hierzu S/S-*Lenckner* 5 ff.; NK-*Zaczyk* 27 ff.; *Geppert* Jura **83**, 538; *Tenckhoff* JuS **88**, 459; *Herdegen* LdR 93) beleidigt werden. Die Bezeichnung muss eine nach äußeren Kennzeichen abgegrenzte Mehrheit treffen (Bay NJW **53**, 555; Bay **94**, 122). Im Einzelfall kann eine Mehrheit von Personen auch durch eine Äußerung verletzt werden, die sich ausdrücklich nur gegen eine einzelne, aber nicht näher bestimmte Person dieser Gruppe richtet, wenn nach ihrem Sinn die Äußerung auf alle Mitglieder der Personengesamtheit bezogen wird und der Täter dies weiß (BGH **14**, 48; **19**, 235). Es ist nicht erforderlich, dass der Täter alle Angehörigen der Gruppe kennt oder meint (**aA** Bay **14**, 329), doch müssen individuell beleidigte Personen bestimmbar sein (BGH **2**, 39; **11**, 208; Frankfurt NJW **89**, 1367; KG JR **90**, 124).

10 **Einzelfälle.** Als **ausreichend konkrete** Kollektivbezeichnungen sind angesehen worden: der deutsche Richterstand (R **1**, 292); die deutschen Ärzte (RG JW **32**, 3113); die Gesamtheit aller Patentanwälte (Bay NJW **53**, 554 mit abl. Anm. *Bockelmann*); alle Deutschen der Grenzmark (RG **31**, 185); die Großgrundbesitzer (RG **33**, 46); alle Kriminalbeamten, die zu einer bestimmten Zeit in einem Ort Dienst taten (RG **45**, 138); die Polizei, wenn aus dem Sinn erkennbar ist, dass eine örtlich und persönlich abgrenzbare Gruppe gemeint ist (Frankfurt NJW **77**, 1353 [hierzu krit. *H. Wagner* JuS **78**, 674]; Bay NStZ **88**, 365 m. Anm. *Volk* JR **89**, 74; *Geppert* JK 6: an einer polizeilichen Schauveranstaltung teilnehmende Beamte; NJW **90**, 922 [m. krit. Anm. *Th. M. Seibert* StV **90**, 212]; KG JR **90**, 124 [durch ihre Ausrüstung gekennzeichnete, in Demonstrationen eingesetzte Polizeibeamte; Köln OLGSt. 2 zu § 90 a und 12 zu § 186; vgl. Schleswig SchlHA **84**, 86 u. KG aaO [Aufkleber]; zu weitgehend Düsseldorf [5. StS] MDR **81**, 868); die Angehörigen der „GSG 9" (Köln OLGSt. 35; NK-*Zaczyk* 35); das Dezernat Staatsschutz einer Polizeidirektion (AG Weinheim NJW **94**, 1544); alle im aktiven Dienst befindlichen [nicht aber alle ehemaligen] Soldaten (BGH **36**, 87 m. krit. Anm. *Arzt* JZ **89**, 647; *Otto* JK 7; *Dau* NStZ **89**, 362 u. NJW **88**, 2653; *Maiwald* JR **89**, 435; SK-*Rudolphi/Rogall* 41; NK-*Zaczyk* 35; vgl. auch 22, 26 zu § 193); alle Geistlichen christlicher Religionen (RG GA Bd. **48**, 121); die deutschen Juden (NJW **52**, 1184); die Gesamtheit der jetzt in Deutschland lebenden Juden, die als solche von den Nationalsozialisten verfolgt wurden (BGH **11**, 207; **40**, 97 [m. krit. Anm. *Jakobs* StV **94**, 540]; NJW **63**, 2034; Hamburg MDR **81**, 71, krit. *Arzt* JuS **82**, 719, 727; **aA** NK-*Zaczyk* 32, 36; vgl. aber auch BGH **16**, 57; BGHZ **75**, 160; Bay NStZ **97**, 283 [Anm. *Jakobs* JR **97**, 344] sowie § 130 III und 23 ff. zu § 130).

11 Als **nicht ausreichend konkretisiert** ist angesehen worden: „alle aktiv an der Entnazifizierung beteiligten Personen" (BGH **2**, 38); die Polizei als solche (Düsseldorf [3. StS] JMBlNW **81**, 95; Bay JZ **90**, 348); „die Christen" (LG Köln MDR **82**, 771); eine nicht genannte Zahl von Richtern eines sehr großen Gerichts (KG JR **78**, 422); mit der Behauptung, in der BRep. gebe es Polizeiterror und Polizeimorde, ist die „Nürnberger Polizei" nicht beleidigt (StV **82**, 223); „ältere Frauen" (LG Darmstadt NStE Nr. 16); auch nicht „alle Akademiker" oder „alle Katholiken" (*Otto* NStZ **96**, 128); „die Anwaltschaft"; „die Beamten"; „die Soldaten" (22 zu § 193); „die Homosexuellen" (Braunschweig 1 Ss 44/03 v. 12. 11. 2003).

11 a *Eine* **Familienehre** ist nach Rspr (NJW **51**, 531; Bay MDR **58**, 265) und allgM (LK-*Hilgendorf* 33; SK-*Rudolphi/Rogall* 37; NK-*Zaczyk* 13; *Lackner/Kühl* 5; *M/Schroeder/Maiwald* 24/19; *W/Hettinger* 470; *Geppert* Jura **83**, 538) durch §§ 185 ff. nicht geschützt. Geschützt sind nur die einzelnen Personen (Bay **86**, 92), die durch

Kollektivbezeichnungen („Ehepaar X", „Familie Y") beleidigt werden können. Von praktischer Bedeutung war die Frage früher namentlich im Bereich sexueller Beziehungen (vgl. 11 zu § 185). Die Annahme, **Eltern** könnten dadurch beleidigt sein, dass ein Dritter mit ihrem Kind sexuelle Beziehungen aufnimmt (so noch Stuttgart MDR **51**, 244), ein Sexualdelikt begeht oder sonst ihr Erziehungsrecht beeinträchtigt (vgl. BGH **16**, 63), ist heute nicht mehr vertretbar. Das gilt erst recht für die Beleidigung von **Ehegatten** durch ehebrecherische Beziehungen (vgl. auch 11 zu § 185).

C. Mit Ehre ausgestattet sind nach **hM** auch Personengemeinschaften mit eigener Rechtspersönlichkeit (**juristische Personen** des privaten Rechts (vgl. etwa AG Pforzheim NStZ-RR **03**, 203 f.: rechtsextremistischer Verein), auch nichtrechtsfähige Vereine, **als solche,** wenn sie rechtlich **anerkannte soziale Aufgaben** erfüllen und einen **einheitlichen Willen** bilden können (BGH **6**, 186 [Kapitalgesellschaften]; Düsseldorf MDR **79**, 692 [politische Partei]; Frankfurt NJW **89**, 1367; Köln NJW **79**, 1723; Bay NJW **80**, 2807; **81**, 2119; *S/S-Lenckner* 3; *M/Schroeder/Maiwald* 24/17 ff.; zutr. **aA**, insb. auch im Hinblick auf Art. 103 II GG, *Gössel*, Schlüchter-GedS [2002] 295, 303 f.; *Gössel/Dölling* BT 29/27; abl. auch *W/Hettinger* 468; *Otto* BT 31/17; SK-*Rudolphi/Rogall* 36; LK-*Hilgendorf* 25; NK-*Zaczyk* 12; offen gelassen bei MK-*Regge* 54). Das soll etwa für Gewerkschaften und Parteien (*Rengier* BT II, 28/12), religiöse Orden, Wohnungsbaugesellschaften und das Rote Kreuz gelten, **nicht** aber für Vereine, die rein private Hobbies pflegen (S/S-*Lenckner* 3 a). Eine kaufmännische **Firma** kann als solche nicht beleidigt werden, da sie nur der Name eines Kaufmanns im Rechtsverkehr ist; möglich sind freilich Kollektivbeleidigungen unter Verwendung des Firmennamens. **12**

Gegen diese Erstreckung des Ehrenschutzes auf juristische Personen und sonstige Personenverbände sind seit jeher **Einwände** erhoben worden, die zu Recht insb. darauf gestützt sind, dass das Rechtsgut der Ehre, auch iS eines sozialen Achtungsanspruches, untrennbar mit der Persönlichkeit individueller Menschen verbunden und die „Kollektivehre" von Verbänden allein eine Folgewirkung dieses personalen Rechtsguts sei (vgl. schon *Binding* LB 1, 140 f.; *Welzel* LB 306; *Hirsch* 91 ff.; *Arth. Kaufmann* ZStW **72** 418, 423 ff.; *Krug* 175 ff., 203). Auch die Rspr. vor BGH **6**, 186 stand einem Kollektiv-Ehrenschutz eher ablehnend gegenüber (vgl. RG **1**, 178; **3**, 247; **4**, 75; **9**, 1; **68**, 123; Neustadt HESt **2**, 270; Frankfurt SJZ **50**, Sp. 353). Dieser Kritik ist zuzustimmen. **12 a**

D. Aus § 194 III wird abgeleitet, dass **Behörden** ein beleidigungsfähiger sozialer Achtungswert zukommt (BVerfG **93**, 266, 291). Das ist insb. für die *Bundeswehr* angenommen worden (BGH **36**, 88 m. Anm. *Arzt* JZ **89**, 467 und *Otto* JK 7; Hamm NZWehrr **77**, 70 m. Anm. *Hennings;* Frankfurt NJW **89**, 1367 m. Anm. *Dau* NStZ **89**, 361 u. *Maiwald* JR **89**, 485; NJW **91**, 2032; LG Frankfurt NJW **88**, 2683; StV **90**, 73; AG Regensburg NZWehrr **82**, 111; *Dau* NJW **88**, 2652 mwN), soll aber auch für Polizeidezernate (LG Mannheim NStZ-RR **96**, 360; AG Weinheim NJW **94**, 1543), Ausländerbehörden (vgl. BVerfG NJW **92**, 2815), Berufsgenossenschaften und kommunale Dienststellen gelten (RG **40**, 161; Frankfurt NJW **64**, 1682; LG Köln JZ **69**, 80); einbezogen sind Dienststellen der in der BRep. stationierten NATO-Truppen (§ 1 II Nr. 10 4. StÄG). **13**

Die Ableitung der hM aus § 194 III, IV ist zweifelhaft (unklar insoweit schon § 196 RGStGB). Die Annahme, aus den Vorschriften über die **Antragsbefugnis** des Behördenleiters usw. ergebe sich ohne weiteres die Beleidigungsfähigkeit der Behörde oder Stelle *als solcher* (dh der strafrechtliche Schutz der „Ehre" von Schlachthöfen, Gartenämtern, Schulen, der kommunalen Stadtreinigung usw.), erscheint nicht zwingend (vgl. *Fischer* JZ **90**, 68; krit. auch *Grünwald* KritJ **79**, 279): Da eine *personale* Würde diesen Einrichtungen vorn vornherein nicht zukommen kann, kann sich der strafrechtliche Schutz nur auf ihre *Funktionsfähigkeit* iS einer von den Bürgern anerkannten Legitimität der Verwaltungstätigkeit beziehen (so auch folgerichtig SK-*Rudolphi/Rogall* 35: das „Vertrauen in die Funktionstüchtig- **14** keit von Politik und Verwaltung"). Dieses Rechtsgut ist durch die **Staatsschutz-Tatbestände** ersichtlich **abschließend** geschützt; es ist nicht erkennbar, dass *neben* den §§ 90ff. auch noch alle Behörden *als solche* gegen „Beleidigungen" zu schützen wären. Geradezu seltsam erschiene es zB, bei Verunglimpfung einer an einem Verwaltungsgebäude angebrachten Fahne (§ 90a I Nr. 2) wegen tateinheitlicher *Verunglimpfung des Staates* und *Beleidigung des Gartenamts* (§ 185) zu verurteilen. Die Scheu vor solchen Skurrilitäten dürfte dafür sorgen, dass die Frage in der **Praxis** keine Rolle spielt.

14a § 194 III, IV würde bei einem Verzicht auf die „Beleidigungsfähigkeit" von Behörden als solchen nicht leer laufen, denn die Vorschrift kann auch als **verfahrensrechtliche** Regelung eines (zusätzlichen) Antragrechts von Behördenvorständen bei Beleidigungen der Behördenbediensteten unter kollektiver Bezeichnung verstanden werden (*Fischer* JZ **90**, 68; **aA** hM). Selbst wenn eine „Behördenehre" im Hinblick auf § 194 III, IV anerkannt wird, stößt doch die Ausdehnung auf **private Vereinigungen und Verbände** auf Bedenken (krit. auch *W/Hettinger* 468). Die von der hM vorgenommene Beschränkung auf Verbände mit „sozial anerkannter" Aufgabenstellung vermischt Gesichtspunkte des Ehrbegriffs mit solchen der Subjektsqualität zu einer willkürlich anmutenden *Bewertung* von Personenmehrheiten schon auf der Ebene des Tatobjekts. Würde es zum **Tatbestand** der Beleidigung von Kollektiven gehören, dass diese gerade in Bezug auf eine sozial **achtenswerte Betätigung** angegriffen wurden, so läge es nahe, dass derjenige, der gerade dies bestreitet, im Tatbestands*irrtum* handelt (vgl. 17 zu § 185).

15 **Im Ergebnis** spricht daher viel dafür, den Ehrenschutz rückbesinnend wieder auf den Schutz des personalen Achtungsanspruchs statt auf den sozialer Funktionseinheiten zu beziehen, die sich in sinnvoller Weise kaum abgrenzen lassen und für welche die §§ 185ff. nicht passen. Ernstliche Strafbarkeitslücken sind nicht zu erwarten, denn in der Mehrzahl der Fälle wird in Wahrheit die Beleidigung einer Mehrheit von kollektiv bezeichneten natürlichen Personen vorliegen.

16 **Literatur zur Kollektivbeleidigung:** *Androulakis,* Die Sammelbeleidigung, 1970; *Bemmann,* Meinungsfreiheit u. Strafrecht, 1981; *Binding,* Die Ehre u. ihre Verletzbarkeit, 1892; *Birk,* Die passive Beleidigungsfähigkeit von Kapitalgesellschaften, GmbHR **56**, 105; *Bolze,* Die Beleidigung kollektiver Personeneinheiten, GA 26 (1878), 1; *Brackert,* Kollektivbeleidigung u. Meinungsfreiheit, JA **91**, 189; *Brezina,* Ehre u. Ehrenschutz im nationalsozialistischen Recht, 1987; *Bruhns,* Können juristische Personen u. Körperschaften Gegenstand einer Beleidigung sein?, GS 27 (1875), 481; *Bruns,* Zur Frage der passiven Beleidigungsfähigkeit handelsrechtlicher Kapitalgesellschaften im Strafrecht, NJW **55**, 689; *Dahm,* Der strafrechtliche Ehrenschutz der Familie, JW **36**, 2497; *ders.* Der Ehrenschutz der Gemeinschaft, Gleispach-FS 1; *Dau,* Der strafrechtliche Ehrenschutz der Bundeswehr, NJW **88**, 2650; *Dencker,* Bundesverfassungsgericht u. kollektive Beleidigung, Bemman-FS 291; *Engelhard,* Die Ehre als Rechtsgut im Strafrecht, 1931; *Engisch,* Bemerkungen über Normativität u. Faktizität im Ehrbegriff, Lange-FS 401; *Erhardt,* Kunstfreiheit u. Strafrecht, 1989; *Fischer,* Sind Behörden beleidigungsfähig?, JZ **90**, 68; *Flatten,* Strafrechtlicher Ehrenschutz der Handelsgesellschaften, 1967; *Gallas,* Der Schutz der Persönlichkeit im Entwurf eines Strafgesetzbuches [E 1962], ZStW **75**, 16; *Geppert,* Straftaten gegen die Ehre, Jura **83**, 530, 580; *Giehring,* Die sog. „Soldatenurteile" – eine kritische Zwischenbilanz, StV **92**, 194; *v. d. Goltz,* Beleidigungsfähigkeit von Personengemeinschaften, DStrR (1936), 209; *Hammeley,* Die Kollektivbeleidigung, 1910 [Strafr. Abh. 121]; *Herdegen,* „Soldaten sind Mörder", NJW **94**, 2933; *H.J. Hirsch,* Ehre u. Beleidigung, 1967; *Jakobs,* Die Aufgabe des strafrechtlichen Ehrenschutzes, Jescheck-FS 627; *Arth. Kaufmann,* Zur Frage der Beleidigung von Kollektivpersönlichkeiten, ZStW **72**, 418; *Kern,* Die Äußerungsdelikte, 1919; *Knör,* Die Kollektivbeleidigung, ZStW **49** (1929), 688; *Köhler,* Zur Frage der Strafbarkeit des Leugnens von Völkermordtaten, NJW **85**, 2389; *Krug,* Ehre u. Beleidigungsfähigkeit von Verbänden, 1965; *Lamprecht,* Ehrenschutz bei Kollektivbeleidigungen, ZRP **73**, 215; *Maiwald,* Zur Beleidigung der Bundeswehr u. ihrer Soldaten, JR **89**, 485; *Otto,* Ehrenschutz in der politischen Auseinandersetzung, JR **83**, 1; *Ritze,* Die „Sexualbeleidigung" (usw.), JZ **80**, 91; *Roth,* Der strafrechtliche Schutz der Ehre von Personenmehrheiten, 1974; *Schlosky,* Zum Ehrenschutz von Personengesamtheiten, DStrR 1941, 85; *Schmitt Glaeser,* Meinungsfreiheit u. Ehrenschutz, JZ **83**, 95; *Tenckhoff,* Die Bedeutung des Ehrbegriffs für die Systematik der Beleidigungstatbestände, 1974; *ders., Grundfälle* zum Beleidigungsrecht, JuS **88**, 199; 457; 787; **89**, 35; 198; *Vogelsang,* Die Neuregelung der sog. „Auschwitz-Lüge", NJW **85**, 2386; *Wagner,* Beleidigung eines Kollektivs oder Sammelbeleidigung?, JuS **78**, 674; *Wehinger,* Kollektivbeleidigung – Volksverhetzung, 1994 [Bespr. *Schroeder* GA **96**, 585]; *Welzel,* Über die Ehre von Gemeinschaften, ZStW **57** (1937), 28.

4) Tatort von Beleidigungsdelikten ist der Ort der Äußerungshandlung, bei Distanztaten aber auch derjenige, an welchem die Äußerung zugeht (vgl. auch 5 ff. zu § 9). 17

Beleidigung

185 **Die Beleidigung wird mit Freiheitsstrafe bis zu einem Jahr oder mit Geldstrafe und, wenn die Beleidigung mittels einer Tätlichkeit begangen wird, mit Freiheitsstrafe bis zu zwei Jahren oder mit Geldstrafe bestraft.**

Übersicht

1) Allgemeines	1, 1 a
2) Bestimmtheit des Tatbestands	2
3) Rechtsgut	3
4) Tatbestand der Beleidigung	4–12
5) Täterschaft	13
6) Vollendung; Beendigung	14
7) Rechtswidrigkeit	15, 16
8) Subjektiver Tatbestand	17
9) Tätliche Beleidigung (2. HS)	18
10) Konkurrenzen	19, 20
11) Sonstige Vorschriften	21

1) Allgemeines. Die Vorschrift, die in ihrem Kern seit dem RGStGB unverändert geblieben ist, stellt in **HS 1** die Beleidigung durch (schlichte) **Äußerung** unter Strafe; **HS 2** enthält eine erhöhte Strafdrohung für **tätliche Beleidigungen,** dh für bestimmte Arten konkludenter Äußerungen in der Form körperlicher Angriffe. Die Tat nach § 185 ist ein **konkretes Gefährdungsdelikt** (zutr. *Amelung*, Rudolphi-FS [2004] 373, 376). 1

Literatur: Vgl. die Angaben vor § 185 und 1 a zu § 193. 1 a

2) Bestimmtheit des Tatbestands. § 185 beschreibt das die Strafbarkeit begründende Verhalten als „Beleidigung". Dies ist eine im Gesetz nicht näher erläuterte (vgl. BGH **36**, 148) wertende Zusammenfassung von Tathandlung und Tatobjekt, gegen die namentlich unter dem Gesichtspunkt der Bestimmtheit (Art. 103 II GG) Einwände erhoben worden sind (etwa *Schubarth* JuS **81**, 728; *Husmann* MDR **88**, 727; *Findeisen* u. a. ZRP **91**, 245; krit. auch *Kargl,* Wolff-FS 189, 223; *W/Hettinger* 507). Diese Einwände greifen bei zutreffender Bestimmung des Rechtsguts nach hM nicht durch (BVerfG **93**, 266, 290; vgl. LK-*Hilgendorf* 1 ff.; MK-*Regge* 2; NK-*Zaczyk* 2; SK-*Rudolphi/Rogall* 32 [jew. vor § 185]; *Lackner/Kühl* 1; *S/S-Lenckner* 1; jew. mwN). **Beleidigung** ist der Angriff auf die **Ehre** einer anderen Person durch **Kundgabe** ihrer Missachtung (BGH **1**, 289; **11**, 67; **16**, 63; **36**, 148; Bay NJW **83**, 2040). 2

3) Rechtsgut. Zum **Begriff der Ehre** vgl. 3 ff. vor § 185. Die Rspr geht von einem sog. **normativ-faktischen Ehrbegriff** aus, der sich jedoch eher als Nebeneinander zweier Begriffe darstellt: Der „normative" Begriff hat seinen Ursprung in der personalen **Menschenwürde** des Art. 1 I GG, erfasst jedoch, schon aus Gründen der strafrechtlichen Tatbestandsbestimmtheit (LK-*Hilgendorf* 2 vor § 185), nur einen *Ausschnitt* des allgemeinen Persönlichkeitsrechts (BGH **36**, 148; SK-*Rudolphi/Rogall* 23 ff. vor § 185) und geht andererseits mit der Erfassung sozialer Sachverhalte (unten 8) über diesen Kernbereich hinaus. Ehre ist insoweit zunächst ein nicht verfügbarer Aspekt personaler Würde, der dem Menschen auch bei Vorliegen elementarer Unzulänglichkeiten (zB Geisteskrankheit; schwerste körperliche oder geistige Behinderung) zukommt (vgl. MK-*Regge* 45 vor § 185; SK-*Rudolphi/Rogall* 33 vor § 185; *Tenckhoff* [4 vor § 185]; 46 ff. und JuS **88**, 203; vgl. auch LK-*Hilgendorf* 20 vor § 185). Dieser Kernbereich ist nach hM unabhängig von sozialen Anerkennungsverhältnissen und wird durch sittliche, soziale oder intellektuelle Unzulänglichkeiten der Person nicht gemindert; auch er steht freilich in einem weiten Bereich (jedoch nach hM nicht vollständig) zur Disposition des (einwilligungsfähigen) einzelnen (wer sich freiwillig, etwa aus sexuellen Motiven, in menschenwürdeverletzender Weise behandeln lässt, wird nicht beleidigt). **„Faktische" Ehre** ist die (verdiente) **Geltung** der Person in der Gesellschaft, ihr „guter Ruf" (BGH **11**, 67, 70 f.; **35**, 76, 77). Der für § 185 praktisch bedeutsamste Teil der Ehre liegt in dem **Anspruch** des Individuums, entsprechend seinem moralischen, intellektuellen und sozialen **Wert** behandelt zu werden; dem liegt im Grunde ein **funktionaler** (d.h. iErg normativ-sozialer) Begriff der Ehre zugrunde (vgl. 4 vor § 185). 3

4 **4) Tatbestand der Beleidigung.** Die Beleidigung setzt einen rechtswidrigen Angriff auf die Ehre eines anderen (8 ff. vor § 185) durch vorsätzliche Kundgabe der Missachtung oder Nichtachtung voraus (BGH **1**, 289; **11**, 67; **16**, 63; Bay NJW **83**, 2040). § 185 bestraft die sog. einfache oder Formalbeleidigung.

5 **A. Äußerung.** Tathandlung ist damit eine Äußerung. Diese kann wörtlich, schriftlich, bildlich oder durch schlüssige Handlungen erfolgen (zur Beleidigung durch Tätlichkeit unten 18). Die Erklärung muss für den Kenntnis Nehmenden in ihrem beleidigenden Sinn verständlich sein; Erklärungen in einer ihm unbekannten Sprache reichen daher nicht (Bay **16**, 21; *Schramm,* Lenckner-FS 560). Dabei erfasst § 185 in beiden Alternativen die kommunikative Vermittlung durch herabsetzende **Werturteile** über den Achtungsanspruch des Rechtsgutsträgers. Ehrverletzende **Tatsachenbehauptungen** (vgl. §§ 186, 187) unterfallen § 185 nur, soweit sie gegenüber dem Betroffenen selbst geäußert werden. Hieraus ergeben sich **drei Begehungsformen** des § 185: Werturteile gegenüber dem Betroffenen; Werturteile über den Betroffenen gegenüber Dritten; Tatsachenbehauptungen gegenüber dem Betroffenen (zur Abgrenzung vgl. 2 f. zu § 186; umf. *Hilgendorf,* Tatsachenaussagen und Werturteile im Strafrecht, 1998, 113 ff.).

6 Die **Kundgabe** der Miss- oder Nichtachtung muss sich an einen anderen, dh an die betroffene oder eine dritte Person richten. Diese muss sie als Beleidigung auffassen (BGH **9**, 17; MK-*Regge* 28), auch wenn sie nicht gerade für gegen sie gerichtet war. Die Person des Beleidigten muss erkennbar und hinreichend konkretisiert sein. Ausreichend ist auch eine funktionsbezogene Individualisierung; so reicht zB die (auch konkludente) Bezeichnung des Adressaten als „mit einer Sache befasste Amtsperson" aus (vgl. Bay NJW **00**, 1584).

7 **B. Handlungsform.** Die Begehung erfordert idR **positives Tun;** jedoch ist eine Tatbegehung durch **Unterlassen** nicht ausgeschlossen (Köln NJW **96**, 2878; *Geppert* Jura **83**, 660, 662; *Meyer* JuS **88**, 554, 556; SK-*Rudolphi/Rogall* 16). Dabei ist freilich zwischen einer *konkludenten Äußerung* durch Schweigen (zB demonstratives Nicht-Grüßen, Nicht-Beachten) und einer Kundgabe durch Unterlassen, insb. durch untätiges *Gelangen-Lassen* einer (zunächst internen) Äußerung an einen anderen, zu unterscheiden (vgl. SK-*Rudolphi/Rogall* 17; NK-*Zaczyk* 4). Eine Garantenstellung (§ 13) dürfte nur im letzteren Fall erforderlich sein. Die Kundgabe der Missachtung gegenüber dem Betroffenen kann **unmittelbar** oder **vermittelt** erfolgen (vgl. Bay NJW **00**, 1584 [„Stinkefinger" über Verkehrs-Überwachungskamera der Polizei; Anm. *Wrage* NZV **01**, 68]); mittelbare Täterschaft ist sowohl bei Übermittlung schriftlicher wie mündlicher Äußerungen möglich (unten 14).

8 **C. Äußerungsinhalt.** Inhalt der Äußerung muss eine Missachtung oder Nichtachtung sein; diese können den **ethischen Wert** eines andern betreffen, den er nach außen infolge seines sittlichen Verhaltens hat, oder den **sozialen Wert,** den jemand wegen seiner Leistungen und Eigenschaften für die Erfüllung seiner sozialen Sonderaufgaben hat (Düsseldorf OLGSt. 24 zu § 73 aF); so kraft seines Amtes oder Berufs (vgl. *Arzt* JuS **82**, 718; *Tettinger* JZ **83**, 319; *Herdegen* LdR 92; MK-*Regge* 9). Das ist unter Berücksichtigung der gesamten Begleitumstände zu ermitteln (Köln NStZ **81**, 183; Karlsruhe NStZ **05**, 158 f. [„Sie können mich mal ..."; Anm. *Jerouschek* NStZ **06**, 346]; Bay NJW **05**, 1291 f. [Bezeichnung eines Polizeibeamten bei Verkehrskontrolle als „Wegelagerer"]; Hamm NStZ-RR **07**, 140 [Bezeichnung von BGS-Beamten als „Menschenjäger"]), zB der Anschauung und Gebräuche der Beteiligten, der sprachlichen und gesellschaftlichen Ebene, auf der die Äußerung gefallen ist (Celle NdsRpfl. **77**, 88; Düsseldorf JR **90**, 345 [m. Anm. *R. Keller*]; Bay NJW **83**, 2041). Maßgebend ist *nicht,* wie der Empfänger, sondern *wie ein verständiger Dritter* die Äußerung versteht (BGH **19**, 237; Düsseldorf NJW **89**, 3030 [m. Anm. *Laubenthal* JR **90**, 127]); *Veränderungen* der Sprach- und Zeichenbedeutung sind aber ebenso zu beachten wie die teilweise erheblichen Bedeutungsabweichungen auf Grund sozialer Schicht, Alter, Zugehörigkeit zu Sub-

kulturen, Nationalität usw. (vgl. zum Vorsatz auch unten 17); auch regionale Besonderheiten und solche von sprachlichen Dialekten sind zu berücksichtigen.

Ein **Scherz** kann eine Beleidigung enthalten, wenn er die (insoweit ernst gemeinte) Ansicht von der Minderwertigkeit des Gefoppten ausdrückt; ebenso eine nach der Sachlage eine Verspottung darstellende Ehrenbezeugung; das Duzen fremder Personen, wenn hierin eine soziale Herabwürdigung zum Ausdruck kommt (vgl. *Keller* JR **90**, 345; *Roellecke* NJW **99**, 999); eine herabsetzende Namensverballhornung (Celle NStZ **98**, 88). Im Bereich von **Karikatur** und **Satire** fehlt es schon am Merkmal der Beleidigung, wenn die Überzeichnung menschlicher Schwächen eine ernstliche Herabwürdigung der Person nicht enthält; auf die i. e. str. Abwägung mit dem Grundrecht aus Art. 5 III 1 GG kommt es in diesem Fall nicht an (ausf. dazu 38 zu § 193; **aA** KG NStZ **92**, 385 f.). Von **Bedingungen** abhängig gemachte Herabsetzungen sind (unbedingt) beleidigend, wenn die Bedingung selbst und ihre *aktuelle* Verknüpfung mit dem Werturteil sich als ehrverletzend darstellt; eine „bedingte Beleidigung" gibt es nicht. Nachw. zu weiteren **Fallgruppen** vgl. 16 ff. zu § 193 (insb. Beleidigung durch **Rechtsanwälte** [28]; durch **Presse-** oder Rundfunk-Veröffentlichung [33]; durch **Kunstwerke** [35 ff.]). **8 a**

Nicht als Beleidigung kann idR eine gegenüber der betroffenen Person erhobene Tatsachenbehauptung oder ihr gegenüber verwendete Bezeichnung angesehen werden, die **zutreffend** oder nach allgemeinem Verständnis **wertneutral** ist, jedoch von der erklärenden Person aufgrund abwegiger eigener *Wertung* als „beleidigend" *gemeint* ist (vgl. auch 6 zu § 186). So kann es nicht ernstlich als Herabwürdigung angesehen werden, eine Person als „Katholik", „Jude", „Ausländer" usw. zu bezeichnen (**aA** Celle NStZ-RR **04**, 107 [Bezeichnung einer jüdischen Person als „Jude" in rassistischem Zusammenhang und diskriminierender Absicht]). Das gilt unabhängig davon, ob solche Eigenschaften in der Vorstellung des „Täters" oder Gleichgesonnener schwere *Mängel* sind, und auch unabhängig von der Richtigkeit der Behauptung: Auch ein *Atheist* ist nicht dadurch beleidigt, dass er als *Katholik* bezeichnet wird. Anders kann es sein, wenn der Bezeichnung eine im konkreten Zusammenhang über die bloße Kennzeichnung hinaus gehende abwertende Konnotation zukommt: Eine *gesunde* Person in abwertender Absicht als „Behinderter" zu bezeichnen, kann beleidigend sein. **8 b**

D. Einzelfälle: **9**

a) In folgenden Fällen ist der **Tatbestand bejaht** worden: Bezeichnung eines verkehrswidrig fahrenden Autofahrers als Schwein (Bay **56**, 282; Hamm DAR **57**, 214); Tippen an die Stirn (Düsseldorf NJW **60**, 1072; VM **72**, 29; VRS **82**, 121; BayOLGSt 5; mit Recht zweifelnd *Amelung*, Rudolphi-FS [2004], 373, 377); Aufgeben eines kompromittierenden Zeitungsinserats unter Namen und Telefonnummer eines anderen (NStZ **84**, 216, krit. hierzu *Otto* JK 2; *Streng* GA **85**, 214); Ansinnen des Geschlechtsverkehrs gegen Entgelt (NStZ **92**, 34 m. Anm. *R. Keller* JR **92**, 246; dazu unten 11); Übersendung einer Postkarte des Grafikers *Staeck* mit den „Konturen eines Amtsarsches" an einen Polizeibeamten (AG Hamburg NJW **89**, 410; zw.); Benützen eines von fremder Hand mit beleidigenden Parolen beschmierten Kfz (*U. Weber,* Oehler-FS 84); Vergleich polizeilichen Vorgehens mit „Gestapo-Methoden" (LG Hechingen NJW **84**, 1766; vgl. aber BVerfG NJW **92**, 2815; Bezeichnung als Jude (BGH **8**, 325; zw.; vgl. dazu BVerfG NStZ **01**, 26 [zu § 130] und 6 zu § 186); Bezeichnung einer Fernsehansagerin als „ausgemolkene Ziege" (BGHZ **39**, 124; **aA** NK-*Zaczyk* 10); Bezeichnung als „alter Nazi" (Düsseldorf NJW **48**, 386; **70**, 905); die Äußerung, ein bestimmter Richter gehöre dem Volksgerichtshof zugeordnet (Hamburg NJW **90**, 1246 m. Anm. *Dähn* JR **90**, 516; *Geppert* JK 8); Bezeichnung „Jungfaschist" (Karlsruhe MDR **78**, 421); „Faschist", „Kriegstreiber" (Hamm NJW **82**, 660; Bay NStZ **83**, 265, hierzu *Otto* JR **83**, 1; *Würtenberger* NJW **83**, 1148); „Altkommunist im Geist des Massenmörders Stalin" (AG Weinheim NJW **94**, 1544; LG Mannheim NStZ-RR **96**, 360); Bezeichnung von RAen als „sogenannte Rechtsanwälte" (VGH Mannheim AnwBl. **79**, 227; **aA** NK-*Zaczyk* 10); das demonstrative Verwenden von Anführungszeichen zur Herabsetzung der Tätigkeit eines anderen (Hamm NJW **82**, 1656 [„Künstler"]); Bezeichnung eines Richters als „Verfassungsfeind" (Koblenz OLGSt. 53); eines Polizeibeamten als „Scheißbulle" (Oldenburg JR **90**, 128 m. Anm. *Otto*; vgl. Bay JR **89**, 72 m. Anm. *Volk* [„Bullen-Auftrieb"]; **and.** KG JR **84**, 165 m. Anm. *Otto* [„Bulle"]; vgl. auch LG Regensburg NZV **06**, 218 [mundartliche Bezeichnung als „Bullen" durch schlaftrunkene Person]); Vergleich des Soldatenberufs mit einem „Folterknecht“, „KZ-Aufseher“ oder „Henker“ (BGH **36**, 84); „Henker im Wartestand“ (AG Spaichingen NJW **91**, 1496); die Äußerung des *Tucholsky*-Zitats „Soldaten sind potentielle Mörder“ (Bay NJW **91**, 1494; Frankfurt NJW **89**, 1367; **91**, 2032 u. hierzu LG Frankfurt NJW **88**, 2683 u. NStZ **90**, 234; SK-*Rudolphi/Rogall* 41 vor § 185; NK-*Zaczyk* 9; *Grasnick* JR **95**, 162; **aA** BVerfG NJW **94**, 2943; *Giehring* StV **92**, 194; *Brackert* JA **91**, 189; *Dencker*, Bemmann-FS 292; [vgl. hierzu 22, 26 zu § 193]); „Spitzel“ für einen Polizeibeamten; „Killertruppe“ gegenüber der „GSG 9“ (Köln OLGSt. 28, 36); „Wegelagerer“ für einen Streifenpolizisten (AG Gießen DAR **93**, 274; vgl aber Bay NJW **05**, 1291); „bedenkenloser Berufslügner“ für einen Polizeibeamten (Hamburg JR **97**, 521 m. Anm. *Foth*); „Stasi“ für das Staatsschutzdezernat einer Polizeidirektion (AG Weinheim NJW **94**, 1544; vgl. aber Koblenz NStZ-RR **00**, 44); Bezeichnung eines politischen Gegners als „Oberfaschist“ (Düsseldorf NJW **86**, 1262); als „Zwangsdemokrat“ (BVerfGE **82**, 282); als „Kriegstreiber“ (NJW **82**, 652); von Körperbehinderten als „Krüppel“ (BVerfGE **86**, 13; Düsseldorf [Z] NJW-RR **90**, 1117); von Bankiers als „mafia-vergleichbare Gestalten“ (Hamm DB **80**, 1215); Vorwurf eines „*Babycaust*“ an Abtreibungen vornehmende Ärzte (vgl. BVerfG NJW **06**, 3769; BGHZ **161**, 266 [= NJW **05**, 592]).

10 **b) Keine Beleidigung** sind allgemeine Unhöflichkeiten, Distanzlosigkeiten oder Persönlichkeitsverletzungen ohne abwertenden Charakter, **zB** das Beobachten eines Paares, das öffentlich Zärtlichkeiten austauscht (Bay NJW **62**, 1782; **80**, 1969 [m. Anm. *Rogall* NStZ **81**, 102]; vgl. *G. Schultz* MDR **81**, 198; *Tenckhoff* JuS **89**, 205); unverlangtes Zusenden von sexualbezogenen Veröffentlichungen (**aA** GrSenBGH **11**, 67 [m. Anm. *Kern* JZ **58**, 618]; Stuttgart NJW **69**, 684); Weitergabe von Akt- oder sexualbezogenen Fotos oder Videoaufnahmen an Dritte (**aA** BGH **9**, 17); Werfen von Steinen an das Wohnungsfenster des Nachbarn, um diesen zu ärgern (**aA** Bay JR **63**, 468); auch nicht – auch drastische – Äußerungen gegenüber Polizeibeamten, die erkennbar nicht deren persönliche Herabsetzung, sondern eine allgemeine Kritik an polizeilichen Maßnahmen zum Ausdruck bringen (vgl. BVerfG NZV **94**, 486; Düsseldorf NStZ-RR **03**, 295 [„Wegelagerei“ durch Radarkontrolle]; ähnlich Bay NJW **05**, 1291, 1292 [Bezeichnung eines kontrollierenden Polizeibeamten als „Wegelagerer“ ist *offensichtlich* nicht der Vorwurf kriminellen Straßenraubs]; Hamm NStZ-RR **07**, 140 [Bezeichnung von BGS-Beamten als „Menschenjäger“ als Ausdruck der Kritik an Tätigkeit des BGS insgesamt). Die Äußerung „Sie können mich mal …“ gegenüber einer Gemeindevollzugsbeamtin soll dann nicht als Beleidigung anzusehen, wenn sich aus dem Zusammenhang eine (unausgesprochene) Vollendung *nicht* iS des **Götz-Zitats**, sondern zB als „ … gern haben“, „… kreuzweise“, usw., also als umgangssprachlich derber Ausdruck des Unwillens oder der Kritik, nicht ausschließen lasse (Karlsruhe NStZ **05**, 158 f. [zutr. krit. zu dieser Differenzierung zwischen Original und Abbreviatur *Jerouschek* NStZ **06**, 345 f.]). Die Annahme, die *ausdrückliche* Verwendung des Götz-Zitats enthalte *regelmäßig* eine § 185 unterfallende Herabsetzung der Persönlichkeit (ebd. mwN), erscheint indes ihrerseits zw. Das gilt im Übrigen auch für manche umgangssprachliche Bezeichnungen, die jedenfalls in ihrem subkulturellen, in der massenmedialen Darstellung oft vorherrschenden Verwendungszusammenhang tendenziell einen ursprünglich beleidigenden Begriffsinhalt verlieren (zB „*Bullen*“, „*Cops*“, „*Greifer*“ für Polizeibeamte).

11 **E. Sexualbezogene Beleidigung.** Sexuelle oder sexualbezogene Handlungen und **Belästigungen** fallen, da § 185 kein „Auffangtatbestand“ ist (BGH **36**, 145, 149 [m. Anm. *Otto* JZ **89**, 803, *Hillenkamp* NStZ **89**, 529 u. *Kiehl* NJW **89**, 3003]; vgl. schon BGH **16**, 63), nach hM nur dann unter die Vorschrift, wenn besondere Umstände einen **selbstständigen beleidigenden Charakter** erkennen lassen (BGH **36**, 135, 150; NJW **89**, 3029; NStZ **86**, 453 f.; **95**, 129; NStZ **07**, 217; LG Darmstadt NStZ-RR **05**, 140; *Ritze* JZ **80**, 91; *Arzt* JuS **82**, 717, 725 ff.; *Hillenkamp* aaO [1 a], 870; LK-*Hilgendorf* 28 ff.; *S/S-Lenckner* 4; SK-*Rudolphi/Rogall* 44 vor § 185; *W/Hettinger* 478; *Lackner/Kühl* 6; *Laubenthal,* Sexualstraftaten, 2000, 85 ff.; Gössel, Schlüchter-GedS [2002] 295, 308; *Amelung*, Rudolphi-FS [2004], 373, 378 ff.). Eine Beleidigung kann danach unter diesen Voraussetzungen grds. sowohl in sexualbezogenen verbalen Äußerungen als auch „in einem sexuellen Verhalten“ liegen (NJW **86**, 2442). Das ist missverständlich, denn die in Rspr und Lit. genannten Beispielsfälle zeigen, dass die „besonderen Umstände“ regelmäßig gerade nicht in dem Erklärungswert der sexualbezogenen Handlung an sich, sondern in *zusätzlichen* (konkludenten) Äußerungen gefunden werden, welche auch für sich *allein beleidigenden* Charakter hätten.

11 a Die sog „Geschlechtsehre“ ist kein besonderer Teil der Ehre. Ein Angriff auf die sexuelle Selbstbestimmung oder eine verbale oder tätliche sexualbezogene Annäherung ohne Einverständnis der betroffenen Person erfüllen daher nur dann § 185,

wenn nach den gesamten Umständen in dem Verhalten des Täters zugleich eine – von ihm gewollte – herabsetzende Bewertung des Opfers zu sehen ist (BGH **36**, 150; NJW **89**, 3029; NStZ **93**, 182; **95**, 129; **07**, 218; Frankfurt/M 25. 7. 1997, 1 Ss 171/97; Bay **98**, 90; NJW **95**, 129; Düsseldorf NJW **01**, 3562; NK-*Zaczyk* 25 vor § 185; krit. *Hillenkamp* JR **87**, 126 u. NStZ **89**, 529; *Laubenthal* JuS **87**, 702; *Geppert* JK 5; *Kiehl* NJW **89**, 3004); eine solche ergibt sich nicht schon ohne Weiteres durch den sexuellen Charakter der Handlung.

Bamberg NStZ **07**, 96 hat – unter Hinweis auf BGH **35**, 76, 77 (*4. StS*) – angenommen, diese Einschränkung könne *nur dann* gelten, wenn die Handlung „mit dem regelmäßigen Erscheinungsbild eines Sexualdelikts notwendig verbunden" sei, „*darüber hinaus*" aber keinen Angriff auf die „Geschlechtsehre" enthalte, und wenn eine Bestrafung nach §§ 174ff. nur deshalb nicht in Betracht komme, weil es an einem Tatbestandsmerkmal des Sexualdelikts fehle. Dem ist *nicht zuzustimmen*, denn diese Ansicht führt über eine Unterscheidung sexualbezogener Handlungen in solche, die einem angeblichen „regelmäßigen Erscheinungsbild eines Sexualdelikts" entsprechen, und solche, bei denen die nicht der Fall ist, dazu, § 185 in Fällen (wieder) zum „kleinen Sexualdelikt" und Auffangdelikt zu machen, in denen *weder* ein Tatbestand der §§ 174ff. verwirklicht ist *noch* eine über die aufdringliche Sexualbezogenheit der Handlung hinausgehende Herabwürdigung der Person (vgl. dazu auch NStZ-RR **06**, 338, 339) erkennbar ist. Gerade diese Fälle sollen aber nach der zutr. stRspr aus dem Anwendungsbereich des § 185 heraus genommen werden. Wer einer ihm unbekannten Joggerin von hinten überraschend zwischen die Beine greift und dann fluchtartig das Weite sucht (Bamberg NStZ **07**, 96), erklärt ersichtlich *nicht* konkludent, „er traue der Frau zu, dass sie sich einen solchen Angriff auf ihre Geschlechtsehre (gerne) gefallen lasse" (vgl. NJW **51**, 368; zu entsprechenden wörtlichen Ansinnen NStZ-RR **06**, 338, 339). Die Entscheidung beachtet im Übrigen BGH **36**, 145, 150 nicht hinreichend. **11 b**

Einzelfälle. Beleidigung durch sexualbezogenes Verhalten ist **bejaht** worden bei sexuellem Bedrängen von Auszubildenden durch einen Ausbilder trotz ausdrücklicher Ablehnung (NStZ **87**, 21; zw.); bei Vornahme einer (sexuell motivierten) „Leibesvisitation" an einem minderjährigen Mädchen wegen angeblichen Diebstahlsverdachts (BGH **35**, 76; vgl. auch Zweibrücken NJW **86**, 2961; zw.; zur Kritik *Sick* JZ **91**, 332); bei überraschendem Greifen in den Schritt durch einen Radfahrer beim Überholen einer Joggerin (Bamberg NStZ **07**, 96; dazu oben 11b). Beleidigung **nicht gegeben** angesehen worden bei bloßen Belästigungen oder Taktlosigkeiten; regelmäßig nicht bei (sexuell motiviertem) heimlichen Beobachten oder Belauschen (vgl. Düsseldorf NJW **01**, 3562; LG Darmstadt NStZ-RR **05**, 140; dazu auch 1 zu § 201 sowie Erl. zu § 201 a); bei lästigem und distanzlosem Aufdrängen zotigen „Humors"; bei demonstrativer Konfrontation mit sexualbezogenen Äußerungen, Abbildungen usw. etwa am Arbeitsplatz; idR auch nicht bei überraschenden sexualbezogenen körperlichen Berührungen („**Grabschereien**") am Arbeitsplatz, in öffentlichen Verkehrsmitteln, Gaststätten usw. (**aA** Bamberg NStZ **07**, 96; vgl. oben 11b). **11 c**

Das **Ansinnen sexuellen Kontaktes** oder eines bestimmten sexuellen Verhaltens enthält für sich allein ein Beleidigungsmoment auch dann nicht, wenn die betroffene Person hierzu *keinen Anlass* gegeben hatte (zutr. *S/S-Lenckner* 4; SK-*Rudolphi/Rogall* 14; str.); eine Ausnahme ist nur dann zu machen, wenn in der Äußerung eine *über* das Unpassende, Anstößige, uU auch Abwegige hinaus gehende Missachtung der Person zum Ausdruck kommt. Das wird idR nur dann der Fall sein, wenn der Täter das verlangte sexuelle Verhalten als verwerflich oder jedenfalls ehrenrührig ansieht und mit dem Ansinnen zum Ausdruck bringt, das sittliche Empfinden des Opfers und sein diesbezüglicher Anerkennungsanspruch liege auf diesem (von ihm selbst als verachtenswert angesehenen) Niveau (iErg. ebenso *Amelung*, Rudolphi-FS [2004] 373, 379f.). Bei einem *demonstrativen* Anbieten von Geld für sexuelle Handlungen wird das häufig der Fall sein, kaum aber schon bei entsprechenden ernst gemeinten Angeboten. **11 d**

12 **F. Beleidigungsfreier Raum.** Vertrauliche Äußerungen über Dritte im engen Familienkreis werden idR als nicht beleidigend angesehen; dasselbe gilt für den vertraulichen Raum im Rahmen sonstiger Lebenspartnerschaften und für Äußerungen gegenüber familienersetzenden Bezugspersonen und innerhalb enger Vertrauensverhältnisse (vgl. BVerfG NJW **07**, 1194, 1195; Frankfurt NStZ **94**, 404 f.; hM; vgl. im Einzelnen LK-*Hilgendorf* 11 ff.; MK-*Regge* 58 ff.; *S/S-Lenckner* 9, SK-*Rudolphi/Rogall* 47, NK-*Zaczyk* 37 ff., jew. vor § 185; *Geppert* Jura **83**, 534; *Otto* BT § 32, 52 und Kleinknecht-FS 325; *Gössel/Dölling* BT 1, 30/43 ff.; *W/Hettinger* 481 ff.; *Tenckhoff* JuS **88**, 788; *Wolff-Reske* Jura **96**, 184; *Schendzielorz* [1 a] 37 ff., 149 ff.; *Hillenkamp,* H. J. Hirsch-FS 555). Nach wohl hM handelt es sich um einen **Anwendungsfall des § 193;** jedoch dürfte es sich eher um eine **Begrenzung des Tatbestands** handeln (vgl. BVerfGE **90**, 255, 261 [m. Anm. *Popp* NStZ **95**, 413; *Wasmuth* NStZ **95**, 100]; NJW **94**, 1149; NStZ **96**, 509; JR **95**, 379 [m. Anm. *Kiesel*]), denn aus dem Schutz des Persönlichkeitsrechts folgt die Anerkennung eines strafrechtsfreien (und daher auch *abwägungs*freien) Raumes persönlicher Kommunikation über das bloß innere „Meinen" hinaus (ebenso *Hillenkamp* H. J. Hirsch-FS 571; SK-*Rudolphi/Rogall* 47 vor § 185). Eine vertrauliche Äußerung innerhalb eines engen persönlichen Vertrauensverhältnisses verliert nach BVerfGE **90**, 255 den Schutz der Privatsphäre nicht dadurch, dass sie der **Briefüberwachung** unterliegt (vgl. auch BVerfG NJW **07**, 1194 f.; 29 zu § 193).

13 **5) Täter** ist der vorsätzlich Kundgebende. Die Übermittlung durch einen Dritten, der den Sinn nicht versteht, ist mittelbare Täterschaft; ebenso idR eine mittelbare Kundgabe unter Einschaltung berufsmäßiger Mittler, **zB** in Zeitungsannoncen oder **Leserbriefen;** auch durch **Schauspieler,** wenn diese selbst oder sonstige für die Darbietung Verantwortliche nicht ihre *eigene* Missachtung zum Ausdruck bringen wollen (Köln NStE Nr. 20; NJW **96**, 2878 [Fernsehspiel]).

14 **6) Vollendung; Beendigung.** Vollendet ist die Beleidigung, sobald sie mit Willen des Täters zur Kenntnis des Beleidigten oder eines anderen kommt, der die Äußerung als Beleidigung auffasst (BGH **9**, 17; NK-*Zaczyk* 13; bei Beleidigungen per Telefax ist Erfolgsort iS von § 9 der Ort des Zugangs; vgl. Jena NStZ **05**, 272). Ein darüber hinaus gehender (sozialer) Erfolg ist nicht erforderlich.

15 **7) Rechtswidrigkeit.** Als Rechtfertigungsgrund kommt insb. **§ 193** in Betracht (ausf. dort). Eine Notwehr (§ 32) *durch* Beleidigung ist kaum vorstellbar (**aA** *Tröndle* 48. Aufl. 13 mit unzutr. Berufung auf BGH **3**, 217 f.): Die Verletzung fremder Ehre ist nicht erforderlich (insb.: geeignet), um einen Angriff auf die eigene Ehre oder andere Rechtsgüter abzuwehren. Die (üblichen) *gegenseitigen* Beleidigungen aus *Rache* mögen zwar *subjektiv* Ehr-„Verteidigung" sein, haben aber nichts mit Notwehr zu tun; für sie kann § 199 eingreifen. Für wahrheitsgetreue Berichte über Bundestagsverhandlungen vgl. § 37; Art. 42 III GG. Für Berichte über Gerichtsverhandlungen und über öffentliche Versammlungen wird regelmäßig § 193 eingreifen (vgl. 34 zu § 193).

16 Die **Einwilligung** macht ebenfalls straflos; bei Zugrundelegung eines normativen Ehrbegriffs (4 f. vor § 185) wird sie der Tat ihren Charakter als Ehrverletzung nehmen und damit den Tatbestand ausschließen; nach der Rspr. beseitigt sie die **Rechtswidrigkeit** (GrSenBGH **11**, 72; **23**, 3; str.; vgl. LK-*Hilgendorf* 38; *S/S-Lenckner* 15; SK-*Rudolphi/Rogall* 21; *Otto,* Geerds-FS 607; *Tenckhoff* JuS **88**, 787 f.; **89**, 198; NK-*Zaczyk* 14). Wegen des **Wahrheitsbeweises** vgl. 1 zu § 190, 1 ff. zu § 192, 11 f. zu § 186.

17 **8) Subjektiver Tatbestand.** Der **Vorsatz** (bedingter genügt) muss das Bewusstsein umfassen, dass die Äußerung nach ihrem objektiven Sinn eine Missachtung darstellt (Bay NJW **57**, 1607; **83**, 2040; Zweibrücken NJW **86**, 2960; Köln *OLGSt. 12; LK-Hilgendorf* 36; SK-*Rudolphi/Rogall* 19); außerdem die Wahrnehmung durch den anderen. Eine besondere Beleidigungsabsicht wird nicht gefordert (NStZ **92**, 34; Bay **98**, 19; OLGSt. 5); dass es dem Täter nicht um die Ehrverletzung, sondern zB um die Kritik an amtlichen Maßnahmen oder (angeblichen)

Missständen geht, schließt den bedingten Vorsatz nicht aus (Bay NJW **99**, 1982). Dass der Täter weiß oder damit rechnet, dass der Adressat oder Dritte eine Äußerung als ehrverletzend *empfinden,* reicht andererseits für den Vorsatz nicht aus; der Täter muss den (objektiv) beleidigenden Charakter der Äußerung vielmehr *als solchen* wollen oder in Kauf nehmen; § 185 hat nicht die Aufgabe, Strafbewehrungen für den Bruch von *„Sprachregelungen"* aufzustellen oder den Gebrauch bestimmter Wörter oder Formulierungen als solche zu verbieten. Der Vorsatz muss daher den **sozialen Sinn der Äußerung als Herabsetzung** umfassen; bei der Beurteilung sind Veränderungen der Sprache sowie subkulturelle Besonderheiten zu beachten (*„Szene"*-Jargon; Jugendkultur; *„Türkendeutsch"*). Auch **Bedeutungswandlungen** ursprünglich allein herabsetzender *konkludenter* Äußerungen, insb. durch Gesten, sind zu beachten; ein Beleidigungsvorsatz des Täters ergibt sich auch hier nicht schon ohne weiteres aus der etymologisch, linguistisch oder soziologisch *korrekten* Auslegung. So hat **zB** die Geste des sog. „Stinkefingers", die als grob herabsetzendes sexualbezogenen Symbol aus Südeuropa übernommen worden ist, in breiten Bevölkerungskreisen diese Bedeutung nahezu verloren und dient inzwischen eher dem demonstrativen Ausdruck von Schadenfreude oder der groben Zurückweisung von als aufdringlich empfundenem Auftreten. Dies kann, muss jedoch nicht stets eine Beleidigung und den Willen hierzu enthalten. Ein **Irrtum** über die Person des Adressaten *(error in persona)* berührt den Vorsatz nicht (Bay JR **87**, 431, m. Anm. *Streng*).

9) Tätliche Beleidigung (2. HS.). Der **Qualifikationstatbestand** der tätlichen Beleidigung erfordert eine unmittelbare körperliche Einwirkung auf den anderen (NJW **51**, 368), aus der sich ihr ehrenrühriger Sinn ergibt. Ein Fehlgehen des Angriffs steht der Annahme einer tätlichen Beleidigung grds nicht entgegen (*Lackner/Kühl* 13; *S/S-Lenckner* 18; vgl. auch MK-*Regge* 38; **aA** LK-*Hilgendorf* 15; SK-*Rudolphi/Rogall* 24; NK-*Zaczyk* 20), doch wird in diesem Fall oft der spezifisch ehrverletzende Gehalt fraglich sein. Auch die tätliche Beleidigung ist (konkludentes) **Äußerungs-Delikt;** es kann also nicht etwa jede Missachtung der körperlichen Integrität oder der Willens(betätigungs)freiheit in ein Beleidigungsdelikt umgedeutet werden. Kennzeichen der tätlichen Beleidigung ist, dass gerade in dem Angriff auf den Körper des anderen die Ehrverletzung zum Ausdruck gebracht wird, sei es durch Erzwingen eines entwürdigenden Zustands (zB Herumkriechen-Lassen, Besudeln, Abschneiden der Haare oder des Bartes), sei es durch konkludente Erklärung, das Opfer habe – auf Grund seiner Minderwertigkeit – die körperliche Einwirkung zu dulden (**zB** Anspucken [Zweibrücken NJW **91**, 241]; Abtasten auf Grund eines fingierten Diebstahlverdachts [BGH **35**, 77; vgl. aber hinsichtlich sexueller Handlungen oben 11]). 18

10) Konkurrenzen. Werden in einem **einzigen Akt mehrere Personen** beleidigt, so liegt **gleichartige Tateinheit** vor (RG **66**, 1), bei mehreren selbstständigen Beleidigungen an verschiedenen Stellen eines Briefes oder einer Druckschrift kommt im Einzelfall Tatmehrheit in Betracht (weitergeh. LK-*Hilgendorf* 43); idR wird hier natürl. Handlungseinheit vorliegen (vgl. auch SK-*Rudolphi/Rogall* 30; MK-*Regge* 43). 19

Tateinheit ist möglich mit § 113, mit §§ 31, 32, 36 WStG (Celle NJW **61**, 521), uU auch mit §§ 174 bis 174c, 176 bis 179 (BGH **35**, 78; Düsseldorf GA **88**, 473; SK-*Rudolphi/Rogall* 31; NK-*Zaczyk* 22; vgl. jedoch oben 11). **Mit** § 223 kann **tätliche** Beleidigung in Idealkonkurrenz stehen (MDR/D **75**, 196; LK-*Hilgendorf* 44; MK-*Regge* 44). Hinter § 186 und § 187 tritt § 185 grundsätzlich zurück (BGH **6**, 161; Bay **51**, 417; Celle GA **60**, 247; Stuttgart JZ **69**, 1850; Köln OLGSt. 44; vgl. auch LK-*Hilgendorf* 43 vor § 185). Tateinheit ist hier nur möglich, wenn eine einheitliche Kundgebung die Behauptung ehrenrühriger Tatsachen und zugleich eine davon verschiedene formale Beleidigung enthält oder wenn die beleidigende, unter § 186 fallende Kundgebung nach dem Willen des Täters sowohl Dritten als auch dem Beleidigten selbst zugehen soll (BGH **6**, 161; **12**, 291; vgl. *Tenckhoff* JuS **88**, 792). 20

11) Sonstige Vorschriften. Die Verjährung solcher Tathandlungen, die Presseinhaltsdelikte sind, richtet sich nach den PresseG der Länder (7 zu § 78). Strafantrag § 194. Kompensation § 199, Bekanntmachungsbefugnis § 200. Absehen von der Klageerhebung § 154e StPO (vgl. 16 zu § 164). Privatklage, Sühneversuch, Nebenklage § 374 I Nr. 2, §§ 380, 395 StPO. 21

Üble Nachrede

186 **Wer in Beziehung auf einen anderen eine Tatsache behauptet oder verbreitet, welche denselben verächtlich zu machen oder in der öffentlichen Meinung herabzuwürdigen geeignet ist, wird, wenn nicht diese Tatsache erweislich wahr ist, mit Freiheitsstrafe bis zu einem Jahr oder mit Geldstrafe und, wenn die Tat öffentlich oder durch Verbreiten von Schriften (§ 11 Abs. 3) begangen ist, mit Freiheitsstrafe bis zu zwei Jahren oder mit Geldstrafe bestraft.**

Übersicht

1) Allgemeines .... 1, 1 a
2) Tatsachen .... 2–3 a
3) Eignung zur Ehrverletzung 4–6
4) Tathandlung 7–10
5) Unwahrheit der Tatsache 11, 12
6) Subjektiver Tatbestand .... 13, 13 a
7) Rechtswidrigkeit 14
8) Qualifikation (2. HS) 15–20
9) Konkurrenzen 21

1 **1) Allgemeines.** § 186 enthält **keine Qualifikation** des § 185, sondern einen eigenständigen Tatbestand für Angriffe auf die **Ehre** (3 ff. vor § 185) durch **Tatsachenbehauptungen** gegenüber Dritten. Die Strafdrohung ist gegenüber § 185 erhöht, denn die Kenntnisnahme von („objektiven") ehrenrührigen Tatsachen verleiht dem darauf gestützten subjektiven Werturteil eine erhöhte Richtigkeits-Gewähr. Der Charakter des § 186 ist umstritten. Nach verbreiteter Ansicht ist der Tatbestand als **abstraktes Gefährdungsdelikt** zu verstehen (LK-*Hilgendorf* 10; *S/S-Lenckner* 1; MK-*Regge* 2); nach wohl zutr. **aA** (NK-*Zaczyk* 6, 19; *Küpper* JA **85**, 459; *Hirsch,* Ehre u. Beleidigung, 1967, 154 f. u. E. A. Wolff-FS 144 ff.; *Kindhäuser* Gefährdung als Straftat, 1989, 298 ff.; *Zieschang,* Die Gefährdungsdelikte, 1998, 301 ff.; *Amelung*, Rudolphi-FS [2004] 373, 376) handelt es sich um ein **konkretes Gefährdungsdelikt**.

1 a **Literatur:** *Bitzilekis*, Der Tatsachenbegriff im Strafrecht, H.-J. Hilrsch-FS (1999), 29; *Hilgendorf*, Tatsachenaussagen und Werturteile im Strafrecht, 1998. Vgl. im Übrigen die Angaben 7 vor § 185 und 1 a zu § 193.

2 **2) Tatsachen.** § 186 setzt die Äußerung von Tatsachen voraus. Dies sind äußere Geschehnisse, Zustände und Verhältnisse, die Gegenstand sinnlicher Wahrnehmung sein könnten, aber auch innere Sachverhalte (wie Charaktereigenschaften, Beweggründe; Ziele; **aA** *Bitzilekis,* H. J. Hirsch-FS 41), sobald sie zu äußeren Erscheinungen in Beziehung treten (vgl. auch 3 ff. zu § 263; *Engisch,* Lange-FS 401) sowie der Erkenntnisprozess selbst. Der Tatsachenbegriff des StGB ist daher sehr weit und wird nach ganz hM nur von dem Bereich innersubjektiven **„Meinens"** und **Wertens** begrenzt. Nach verbreiteter Definition ist Tatsache alles, **was wahr oder falsch sein kann** (*Bitzilekis,* H. J. Hirsch-FS 34) und insoweit als Wahrheitsbehauptung der **Nachprüfbarkeit** zugänglich ist, ohne dass es auf die naturwissenschaftliche oder technische Möglichkeit eines Beweises ankommt (vgl. BGHZ **3**, 273; **45**, 304; dazu auch EGMR NJW **06**, 1645, 1648 f. [Rz. 76]). Tatsachenbehauptungen können sich daher auch auf *zukünftige* Ereignisse beziehen (vgl. i. E. 3 ff. zu § 263; *Hilgendorf* [1 a] 113 ff., 143 ff.); ebenso auf gänzlich unbeweisbare Vorgänge (**zB** dass eine Person zu einem bestimmten Zeitpunkt etwas bestimmtes gedacht hat); sie können auch das Moment der praktischen Unüberprüfbarkeit und damit des „Glaubens" (Für-wahr-Haltens) einbeziehen.

3 Die **Grenze** zwischen herabsetzenden Werturteilen und Tatsachenbehauptung (vgl. dazu EGMR NJW **06**, 1645, 1648 f.; BGHZ **132**, 13, 20 ff.; *Otto* JR **83**, 5 u. JZ **01**, 719 f.; *Geppert* Jura **83**, 541; *Tenckhoff* JuS **88**, 619; *Kiethe/Fruhmann* MDR **94**, 1; *Hirsch* [7 vor § 185] 210 ff.; *Bitzilekis,* H. J. Hirsch-FS (1999) 29 ff.; vgl. auch BVerfG **61**, 7; **85**, 15; 35; **94**, 8; StV **91**, 459; NJW **82**, 2246; **94**, 2615; **96**, 1133; **97**, 2513; **98**, 3048; NK-*Zaczyk* 5; *S/S-Lenckner* 3 f.; SK-*Rudolphi/Rogall* 7; *Hager* AcP **196**, [1996], 213), auf die es für die Abgrenzung zwischen § 185 und § 186

ankommt, ist im Einzelfall schwierig zu bestimmen (zur „Unmöglichkeitsthese" vgl. *Rühl* AfP **00**, 17f.), zB bei Äußerungen, die je nach dem **Sinnzusammenhang** sowohl Wertungen als auch Tatsachenaussagen enthalten können, oder bei konkludent in (rhetorischen) Fragestellungen enthaltenen Aussagen (vgl. BVerfGE **85**, 23 [dazu *Kietke/Frühmann* MDR **94**, 2). Enthält eine Äußerung sowohl wertende als auch tatsächliche Elemente, so entscheidet der überwiegende Teil (vgl. zB BGH **6**, 162; NJW **52**, 1183; **55**, 311; **71**, 1656). Wenn Werturteile durch die Anführung bestimmter Tatsachen belegt werden, gilt grds § 186 (BGH **12**, 287); ist dagegen das Werturteil die Hauptsache und wird es nur durch Tatsachen gestützt, die sich nicht auf Handlungen des Beleidigten beziehen, so ist § 185 anwendbar (**zB** Bezeichnung eines Widerstandskämpfers als „Landesverräter" [NJW **52**, 1183; BGH **11**, 329]; Bezeichnung als „alter Nazi", wenn damit die aktuelle politische Einstellung gemeint ist [Düsseldorf NJW **70**, 905]; vgl. auch Bay JZ **01**, 717 [Bezeichnung des Prozessgegners als „kriminell" im Hinblick auf Prozessgegenstand und -verhalten; dazu Anm. *Otto* ebd. 719]; Bay NStZ **05**, 215f. [Bezeichnung eines bei einer Versammlung eingesetzten Polizeibeamten in Zivil als „Spitzel"]). Auch die Rspr des BVerfG, namentlich zu Äußerungen in öffentlichen Angelegenheiten, legt unter dem Gesichtspunkt des Art. 5 I GG auch bei Tatsachenaussagen das Schwergewicht auf Elemente des „Meinens" (vgl. BVerfGE **85**, 15 [Bespr. *Otto* Jura **97**, 145]; 18 zu § 193). Aussagen in **Sachverständigen-Gutachten** sind vielfach Wertungen (zB: eine Person sei „gefährlich" iS von §§ 63, 66); sie können aber auch Tatsachenaussagen auf der Grundlage von Wahrscheinlichkeits-*Bewertungen* enthalten (zB: eine Person habe eine bestimmte Handlung vollzogen; ein Schriftstück stamme mit Sicherheit von einer bestimmten Person; vgl. NJW **78**, 751 [graphologisches Gutachten]; **89**, 774 [ärztliche Diagnose]; dazu *Rühl* AfP **00**, 17, 19).

Bei **mehrdeutigen Äußerungen** ist, wenn Zweifel bleiben, idR die Auslegung als Werturteil milder; bleibt eine straflose Deutungsmöglichkeit, so ist diese zugrunde zu legen. So kann die (öffentliche) Äußerung, ein bestimmtes Urteil sei eine **Rechtsbeugung** oder ein „Verbrechen" (vgl. BGHR § 138a I Nr. 1 StPO Tatbeteiligung 3), je nach den Umständen eine straflose Kundgebung von Empörung („Verstoß gegen die Gerechtigkeit"), eine den Richter beleidigende Wertung („Verbrecher") oder die Tatsachenbehauptung darstellen, der Richter habe vorsätzlich die Tatbestandsvoraussetzungen des § 339 erfüllt; aus dem Vorwurf der „Rechtsbeugung" gegen einen Richter kann nicht ohne weiteres die *Tatsachen*-Behauptung abgeleitet werden, dieser habe ein Verbrechen begangen (Bay NStZ-RR **02**, 40, 41). IdR werden entsprechende Äußerungen als Meinungsäußerungen aufzufassen sein (vgl. etwa BVerfG 1 BvR 1294/96; Bay **94**, 152f.; NStZ-RR **02**, 40f.), insb. wenn der Vorwurf als Glied einer Argumentationskette erscheint, mit welcher der Täter von ihm behauptete „schreiende Ungerechtigkeiten" u. ä. zu belegen sucht (zutr. Bay NStZ-RR **02**, 41). Anders ist dies, wenn der Rechtsbeugungsvorwurf als *konkretes* Tatgeschehen behauptet wird, wenn also umgekehrt nicht die „Rechtsbeugung" aus der (angeblichen) Unvertretbarkeit einer Entscheidung, sondern diese aus einem konkret behaupteten, vorsätzlich rechtsbeugenden Verhalten abgeleitet wird (vgl. BVerfG 20. 5. 1999, 1 BvR 1294/96). Die Behauptung, ein Art nehme in seiner Praxis *rechtswidrige* Abtreibungen vor, ist eine Tatsachenbehauptung (Karlsruhe NJW **05**, 612, 613). **3a**

3) Eignung zur Ehrverletzung. Die „Tatsache", dh der Inhalt der Wahrheitsbehauptung muss bei Kenntnisnahme durch Dritte **geeignet sein,** die betroffene Person **verächtlich zu machen** oder in der öffentlichen Meinung **herabzuwürdigen.** Ein sachlicher Unterschied besteht zwischen den Varianten nicht, da es in beiden Fällen auf die Zuschreibung einer ehrenrührigen Tatsache ankommt (NK-*Zaczyk* 5; SK-*Rudolphi/Rogall* 10f.; MK-*Regge* 13; *S/S-Lenckner* 5). Die Tatsache muss **objektiv** (unten 5), geeignet sein, das Oper **in der öffentlichen Meinung,** also in der Meinung eines größeren, nicht geschlossenen Teiles der Bevölkerung **4**

(*S/S-Lenckner* 5; str.) als verachtenswert erscheinen zu lassen; wird nur ein unverfängliches Geschehen abwegig **bewertet,** so genügt das nicht (KG JR **63** 351; Koblenz OLGSt 10; vgl. auch Karlsruhe NJW **05**, 612, 614). Die Eignung setzt voraus, dass die behauptete Tatsache einen Sachverhalt zum Inhalt hat, der nach objektiver Beurteilung regelmäßig negativ bewertet und dem Betroffenen in Verbindung mit einem negativen Werturteil **zugeschrieben** wird. Das können nicht nur Handlungen oder Motive des Betroffenen selbst sein, sondern auch Handlungen Dritter, objektive Verhältnisse oder Umstände, aus welchen sich eine negative Bewertung des Betroffenen ergibt.

5 Die **Eignung** zum Verächtlichmachen oder Herabwürdigen genügt; dass dies eingetreten ist, setzt § 186 nicht voraus. Bei der Eignung kommt es *nicht allein* auf den (objektiven) Erklärungsgehalt der Äußerung an, wenngleich sie sich in der Mehrzahl der Fälle schon hieraus ergeben wird. Der Begriff der Eignung bezieht auch den Empfängerhorizont ein und erlaubt den *konkreten* Gefahrausschluss im Einzelfall (*„potentielles Gefährdungsdelikt"*; vgl. 19 vor § 13). An der **Eignung fehlt** es, wenn der Empfänger die Unrichtigkeit der Tatsachenbehauptung ohne weiteres sofort erkennt (SK-*Rudolphi/Rogall* 11; NK-*Zaczyk* 6); oder wenn der Täter sie nur irrig annimmt. Karlsruhe NJW **05**, 612 hat daher die wahrheitswidrige Behauptung, ein Arzt führe in seiner Praxis *rechtswidrige, wenngleich straflose* (vgl. 3f. zu § 218 a) Abtreibungen durch, als nicht iS von § 186 geeignet angesehen.

6 Eine **normative Einschränkung** ergibt sich, wenn zwar eine größere Bevölkerungsgruppe eine Tatsache als ehrenrührig ansieht, gerade diese Wertung jedoch im **Widerspruch zur Rechtsordnung** steht; so **zB** bei wahrheitswidriger Behauptung körperlicher Gebrechen (eine Person sei behindert oder krank), religiöser (vgl. BGH **8**, 326 [Behauptung, jemand sei Jude; vgl. dazu auch Bay **02**, 24, 28; BVerfG NStZ **01**, 26 zu § 130]) oder politischer Überzeugungen (vgl. BGH **11**, 329 [Behauptung, ein Widerstandskämpfer sei „Landesverräter"]). Das Bestätigen von oder das Berufen auf in der Öffentlichkeit bestehende Ressentiments dürfen nicht dazu führen, dass neutrale Tatsachen (**zB**, eine Person sei homosexuell [unklar KG NStZ **92**, 385; *Tröndle* ZRP **92**, 300; zutr. **aA** NK-*Zaczyk* 10 zu § 185]) von der Rechtsordnung als *ehrverletzend* behandelt werden, denn hierdurch würden abwegige Wertungen gerade **bestätigt** (so auch MK-*Regge* 13; vgl. aber § 188 I). Es ist in diesen Fällen zu prüfen, ob *der Täter* der Tatsachenbehauptung eine ehrverletzende Qualifikation beigemessen hat; in diesem Fall *kann* im Einzelfall § 185 vorliegen (so Celle NStZ-RR **04**, 107 [Ehrverletzung gem. § 185 durch auf NS-Ideologie beruhende, diskriminierend *gemeinte* Bezeichnung eines anderen als Jude; zw.]).

7 **4) Tathandlung** ist das Behaupten oder Verbreiten der zum Herabwürdigen oder Verächtlichmachen geeigneten Tatsache.

8 **A. Behaupten** heißt, etwas als nach eigener Überzeugung richtig hinstellen, auch wenn man es von dritten Personen erfahren hat (vgl. NJW **96**, 1132; JZ **97**, 785 m. Anm. *Helle*); unerheblich ist die Zufügung von einschränkenden Zusätzen, so „wie ich glaube", „wahrscheinlich" (MK-*Regge* 16). Auch in versteckter Form kann die Behauptung erfolgen, so durch eine rhetorische Frage oder das Aussprechen eines Verdachts (Braunschweig NJW **56**, 194; Celle NdsRpfl. **60**, 234; Hamm NJW **71**, 853; Koblenz OLGSt. 31 zu § 185; NK-*Zaczyk* 8); durch Bestreiten einer Tatsache, wenn darin das konkludente Behaupten einer anderen liegt (*S/S-Lenckner* 7); durch Falschzitate (vgl. BVerfGE **54**, 217f.); durch eine öffentliche Durchsuchung einer Person in einem Kaufhaus wegen Diebstahlverdachts (Hamm NJW **87**, 1034). Wie bei § 185 kann die Äußerung auch konkludent erfolgen (Köln NJW **63**, 1634). *Für Tatsachenbehauptungen im* **vertraulichen Kreis** gilt 12 zu § 185. Kein Behaupten ist das Schaffen einer kompromittierenden Sachlage, da hier entweder eine Äußerung oder ein Drittbezug fehlt (unten 10; vgl. *Küpper* JA **85**, 459; *Tenckhoff* JuS **88**, 621; NK-*Zaczyk* 21 vor § 185; *S/S-Lenckner* 7; MK-*Regge* 16; SK-*Rudolphi/Rogall* 14).

B. Verbreiten iS des § 186 (anders im Fall der Qualifikation, unten 15, und zB bei § 74d, § 109d; and. auch *Streng* GA **85**, 221; dagegen NK-*Zaczyk* 12) ist das Mitteilen einer Tatsache als von anderer Seite gehört, nicht als Gegenstand eigener Erkenntnis oder Überzeugung. Die Mitteilung an eine Person ist ausreichend, auch wenn diese die Behauptung nicht weitergeben soll (Bay OLGSt. 5). Die Verbreitung eines Gerüchts *als Gerücht* genügt, selbst wenn sie mit dem Zusatz erfolgt, das Gerücht sei völlig unglaubwürdig oder habe sich nicht bestätigt (BGH **18**, 182; Hamm NJW **53**, 596; Hamburg NJW **67**, 213); wer dem durch ihn mitgeteilten Gerücht ernstlich entgegentritt, wird aber idR nicht rechtswidrig handeln (§ 193; **aA** [Tatbestandsausschluss] SK-*Rudolphi/Rogall* 15; MK-*Regge* 17). Dies gilt vor allem, wenn die **Presse,** um die Öffentlichkeit angemessen unterrichten zu können, Gerüchte mitteilt, die sie als falsch bezeichnet (vgl. dazu auch die Übersicht bei *Soehring/Seelmann-Eggebrecht* NJW **00**, 2466, 2470 mwN). Auch das Verbreiten setzt keinen **Erfolg** in dem Sinn voraus, dass dem Äußerungsadressaten die (fremde) Tatsachenbehauptung zuvor noch **unbekannt** war (*S/S-Lenckner* 8; *M/Schroeder/Maiwald* 25/28; **aA** Neustadt MDR **62**, 235; LK-*Hilgendorf* 9). 9

C. Die Tatsache muss **in Beziehung auf einen anderen** behauptet oder verbreitet werden; der Beleidigte und der Empfänger der Mitteilung dürfen also nicht personengleich sein (LK-*Hilgendorf* 1; MK-*Regge* 19; *Hirsch* [7 vor § 185] 147 ff.; *S/S-Lenckner* 9; vgl. dazu Köln NJW **64**, 2121). Wird eine Tatsache iS des § 186 gegenüber dem Beleidigten selbst behauptet, so ist § 185 anwendbar (Bay NJW **59**, 57; Koblenz MDR **77**, 864; *Schmid* MDR **81**, 15; *Tenckhoff* JuS **88**, 621; hM). Die bloße Möglichkeit der Kenntnisnahme durch einen Dritten reicht nicht aus; jedoch ist nicht erforderlich, dass der Dritte alleiniger Adressat der Äußerung ist; der erforderliche Drittbezug soll aber fehlen, wenn jemand einen anderen dadurch kompromittiert, dass er unter dessen Namen ein bloßstellendes Inserat aufgibt (NStZ **84**, 216 [**aA** *Streng* GA **85**, 214; krit. auch *Otto* JK 2 zu §§ 185 ff.]; 1 StR 406/84). Wegen der möglichen Idealkonkurrenz mit § 185 vgl. dort 20. Der betroffene Dritte muss stets **bestimmt** sein (zur Opferbestimmtheit vgl. 8 ff. vor § 185); dagegen ist es grds unerheblich, ob dem Äußerungsempfänger die Identität des Täters bekannt ist. Ist eine **Personenmehrheit** betroffen (vgl. 9 ff. vor § 185), so muss Äußerungsempfänger eine dieser Gruppe nicht angehörige Person sein; anders ist dies, wenn eine an eine Personenmehrheit gerichtete Äußerung eine ehrenrührige Tatsachenbehauptung über einzelne ihrer Mitglieder enthält (vgl. *S/S-Lenckner* 9). Bei Äußerungen über **Behörden** oder juristische Personen als solche (vgl. 12 ff. vor § 185) ist die Mitteilung an eine **außenstehende** Person erforderlich (vgl. MK-*Regge* 19). 10

5) Unwahrheit der Tatsache. Die Tatsache muss **nicht erweislich wahr** sein; die Strafbarkeit entfällt, falls die Tatsache als wahr erwiesen wird (vgl. 1 zu § 190; zur Geschichte des Wahrheitsbegriffs vgl. *Rogall,* H.J. Hirsch-FS 665, 672 ff.). § 186 enthält **keine formelle Beweislastregel.** Die materielle Wahrheit ist vom Gericht **von Amts wegen** zu erforschen (§§ 155 II, 244 II StPO); eine Beweiserhebung über offenkundige Tatsachen ist wie stets überflüssig (BGH **40**, 99; NJW **95**, 340; NStZ **94**, 140; Celle MDR **94**, 608; Düsseldorf MDR **92**, 500). Der **Beweis der Unwahrheit** ist nicht erforderlich, da der Zweifels-Grundsatz insoweit nicht gilt; verbleibende **Zweifel** gehen zu Lasten des Täters. Diese **Umkehrung des Zweifelssatzes** (krit. deshalb *S/S/Lenckner* 1; MK-*Regge* 25; *W/Hettinger* 500; *M/Schroeder/Maiwald* 25/20; dagegen *Amelung*, Rudolphi-FS [2004], 373, 377 im Hinblick auf das Rechtsgut „unterstellter Ehrbarkeit" als Kommunikationsvoraussetzung) gilt für § 185 auch dann nicht, wenn die Beleidigung in einer Tatsachenbehauptung gegenüber dem Betroffenen besteht (Bay NJW **59**, 57; Köln NJW **64**, 2121; **aA** RG **64**, 10; SK-*Rudolphi/Rogall* 4 zu § 185; *Hirsch,* Ehre u. Beleidigung, 1967, 204 ff.; *Tenckhoff* JuS **89**, 37). 11

Der Wahrheitsbeweis ist geführt, wenn der Tatsachenkern der Äußerung erwiesen ist (BGH **18**, 182; *Tenckhoff* JuS **89**, 38); unbedeutende Abweichungen sind 12 unschädlich. Auf Beweisanträge, die den Beleidigten aus anderen Gründen als unehrenhaft hinstellen wollen, ist nicht einzugehen (vgl. RiStBV 230). Eine **Umgehung** des Wahrheitsbeweises ist nicht durch die Erwägung möglich, dass ohne Rücksicht auf die Erweislichkeit Freisprechung nach § 193 oder Verurteilung nach § 192 zu erfolgen hätte (BGH **11**, 273; **27**, 290; Frankfurt NJW **89**, 1367; MK-*Regge* 30; *Graul* NStZ **91**, 457; *W/Hettinger* 502).

13 **6) Subjektiver Tatbestand.** Der (zumindest bedingte) **Vorsatz** muss sich darauf beziehen, dass die Tatsache ehrenrührig (4ff.) ist, dass der Täter sie behauptet oder verbreitet (Bay JZ **89**, 700) und dass die Äußerung an eine dritte Person gelangt. Die Unwahrheit der behaupteten Tatsache ist nach Ansicht der Rspr und von Teilen der Literatur kein Tatbestandsmerkmal, sondern **objektive Bedingung der Strafbarkeit** (**aA** zB *Sax* JZ **76**, 81; 434); die Beweisbarkeit daher ein Strafausschließungsgrund (BGH **11**, 274; Bay NJW **65**, 58; Hamm NJW **87**, 1035; *Lackner/Kühl* 7; *S/S-Lenckner* 10; *Joecks* 8; *Arzt* JuS **82**, 721; *Geppert* Jura **83**, 583; *Tenckhoff* JuS **88**, 622; *Kaspar* JuS **05**, 527; **and.** *M/Schroeder/Maiwald* 25/20, 31). Das **Bewusstsein der Unwahrheit** gehört nach dieser Ansicht ebenso wenig zum Vorsatz wie das der Nichterweislichkeit; der trotz guten Glaubens des Täters verbleibende Unrechtskern der Handlung wird in der Gefährdung des Rechtsguts gesehen.

13a Damit lässt sich freilich die Regelung der Straffreiheit bei Erweislichkeit kaum erklären (zutr. *Hirsch,* Ehre u. Beleidigung, 154f.; *M/Schroeder/Maiwald* 25/31); es bleibt auch unklar, aus welchem Grund das **Schuldprinzip** für den „Unrechtskern" des Tatbestands nicht gelten sollte (vgl. auch *Arzt/Weber* 7/19). Nach vielfach vertretener Ansicht verlangt daher das Schuldprinzip, dass der Täter hinsichtlich der Unwahrheit vorsätzlich oder **wenigstens sorgfaltswidrig** handelt (*Hirsch,* Ehre u. Beleidigung, 168ff.; *ders.*, E. A. Wolff-FS [1998] 125, 145; NK-*Zaczyk* 19; SK-*Rudolphi/Rogall* 20; MK-*Regge* 31; LK-*Hilgendorf* 4; *W/Hettinger* 501; *Jakobs* AT 10/2; *Küpper* JA **85**, 459; *Streng* GA **85**, 226; *Kindhäuser,* Gefährdung als Straftat, 1989, 305ff.; *Wolff* ZStW **81**, 907; **aA** *S/S-Lenckner* 10; *Lackner/Kühl* 7a; *Tenckhoff* JuS **88**, 115ff.; ähnl. *M/Schroeder/Maiwald* 25/30, 31).

14 **7) Rechtswidrigkeit.** Ein **Ausschluss der Rechtswidrigkeit** kommt vor allem in den Fällen des **§ 193** in Betracht (vgl. 15 zu § 185); darüber hinaus ist auch (mutmaßliche) Einwilligung denkbar (*Lackner/Kühl* 5; *S/S-Lenckner* 8); zur Notwehr vgl. 15 zu § 185. Aus dem Umstand, dass der Täter die Kenntnis von der Tatsache aus gewöhnlich oder nach seiner Ansicht zuverlässiger Quelle erlangt hat, folgt keine Rechtfertigung (*S/S-Lenckner* 16 [aber Strafausschließungsgrund bei Kenntniserlangung durch behördliche Auskunft]; **aA** MK-*Regge* 32); auch nicht schon aus der Gutgläubigkeit des Täters (vgl. oben 13; SK-*Rudolphi/Rogall* 27). Hat der Täter nur das wiederholt, was der Betroffene selbst über sich gesagt hat, soll nach teilw. vertretener Ansicht die Tatbestandsmäßigkeit entfallen (*Lackner/Kühl* 5; SK-*Rudolphi/Rogall* 14; *M/Schroeder/Maiwald* 25/28), nach **aA** die Rechtswidrigkeit (KG JR **54**, 355; NJW **55**, 1368). Das überzeugt unter dem Gesichtspunkt der Tatvariante des Verbreitens jedenfalls dann nicht, wenn die (falsche) Selbstbezichtigung des Opfers ausdrücklich vertraulich erfolgt ist, denn die vertrauliche „Offenbarung" unrichtiger ehrenrühriger Tatsachen kann durchaus unterschiedliche Motive haben (Wichtigtuerei; Bestreben nach Mitleid) und führt nicht zum Verlust des Achtungsanspruchs gegenüber Dritten (zutr. *S/S-Lenckner* 16 [Strafausschließungsgrund]; vgl. auch 45 zu § 193).

15 **8) Qualifikation.** Nach **HS. 2** ist die Tat **qualifiziert,** wenn sie **öffentlich oder durch** Verbreitung von **Schriften,** Ton- oder Bildträgern, Abbildungen oder Darstellungen (39ff. zu § 11) begangen ist. Der **Vorsatz** des Täters (oben 13) muss die qualifizierte Äußerungsform umfassen.

16 **A. Öffentlich** ist (entsprechend 5 zu § 111) eine Beleidigung dann, wenn sie eine größere, nicht durch nähere Beziehungen zu einander verbundene Anzahl von Personen zur Kenntnis nehmen kann (KG JR **84**, 241 [§ 111]; Celle NStZ **94**, 440

[§ 86a]; *S/S-Lenckner* 19; NK-*Zaczyk* 27, 29; MK-*Regge* 34); auf die tatsächliche Kenntnisnahme durch eine Mehrzahl von Personen kommt es nicht an. Es muss aber die **konkrete** Möglichkeit der Wahrnehmung bestehen; die bloße Öffentlichkeit (Zugänglichkeit) des **Ortes** reicht nicht aus. In der Praxis wird idR die Anwesenheit einer nicht ganz geringen Zahl von Personen erforderlich sein (vgl. aber Celle NStZ **94**, 440: 3 unbeteiligte Personen reichen; and. auch *S/S-Lenckner* 19). Die Äußerung in einer geschlossenen **Versammlung** reicht nicht aus (vgl. Köln OLGSt. 14; NK-*Zaczyk* 28).

Schriftliche Äußerungen sind öffentlich, wenn ihr Inhalt von einer unverbun- 17
denen Vielzahl Dritter zur Kenntnis genommen werden kann (und von mindestens einer Person zur Kenntnis genommen wird). Das ist nicht nur bei körperlicher Verbreitung (**zB** Zeitung; Flugblätter; Werbedrucke) der Fall, sondern auch beim Anbringen schriftlicher Äußerungen in einer Weise, welche die Kenntnisnahme unbestimmter Dritter ermöglicht (**zB** Plakat; Aufkleber; Aufsprühen). Dabei kann die Verkörperung der Äußerung sich auch im nichtöffentlichen Raum befinden (**zB** Anbringen von Plakaten an der Innenseite von Wohnungsfenstern). Erforderlich ist auch bei schriftlichen Äußerungen, dass sie **unmittelbar** zur Kenntnisnahme unbestimmter Dritter geeignet ist. Nicht ausreichend sind für die „Öffentlichkeit" daher **zB** die Aufnahme in eine Broschüre (KG JR **84**, 249 [§ 111]); die Versendung als Drucksache in einem unverschlossenen Umschlag (vgl. schon RG **37**, 289); die Zusendung an eine Zeitungsredaktion mit der Aufforderung zur Veröffentlichung (bei tatsächlicher Veröffentlichung aber ggf mittelbare Täterschaft oder Anstiftung; Frankfurt StV **90**, 209 [§ 111]).

Äußerungen in **Fernseh- und Rundfunksendungen** sind mit der Ausstrah- 18
lung stets öffentlich. Die bloße Aufzeichnung einer Äußerung macht diese freilich noch nicht zu einer öffentlichen; es gilt hier nichts anderes als bei schriftlichen Äußerungen. Die Ausstrahlung aufgezeichneter nichtöffentlicher beleidigender Tatsachenbehauptungen ohne oder gegen den Willen des Urhebers ist daher kein öffentliches Behaupten durch ihn, sondern ein öffentliches Verbreiten durch die für die Ausstrahlung Verantwortlichen (*S/S-Lenckner* 19).

Bei Äußerungen in **Netzwerken** (insb. **Internet;** auch Versendung zB durch 19
SMS) sind die für schriftliche Äußerungen geltenden Grundsätze entspr. anzuwenden. Danach macht die Einstellung in eine *Homepage* eine Äußerung stets öffentlich, wenn der Zugang für eine unkontrollierbare Vielzahl von Personen möglich ist (vgl. *S/S-Lenckner* 19); dass dieser Weg ggf über *Links* erschlossen werden muss und dass die Äußerung vom Empfänger durch eigenes Handeln abgerufen werden muss, ändert an ihrer Öffentlichkeit nicht. Durch **E-Mails** versendete Äußerungen sind nicht öffentlich, wenn sie an bestimmte Einzelne oder eine abgeschlossene und verbundene Gruppe von Empfängern gerichtet sind; öffentlich ist die Äußerung bei zufällig gestreuten oder nach allgemeinen Kriterien gefilterten, nicht verlangten Versendungen an eine Vielzahl von E-Mail-Adressaten. Zur **Verantwortlichkeit** vgl. §§ 7ff. TMG (dazu 23ff. zu § 184).

B. Zur **Verbreitung von Schriften** vgl. 4 zu § 74c. Zum **Tatort** vgl. 5ff. zu 20
§ 9.

9) Konkurrenzen: Vgl. 19f. zu § 185. **Gesetzeseinheit** besteht gegenüber § 185, der 21
grundsätzlich hinter § 186 zurücktritt. Tateinheit ist möglich mit § 90b (dort 7), sowie mit § 130, während § 186 hinter § 90 zurücktritt (dort 6).

Verleumdung

187 **Wer wider besseres Wissen in Beziehung auf einen anderen eine unwahre Tatsache behauptet oder verbreitet, welche denselben verächtlich zu machen oder in der öffentlichen Meinung herabzuwürdigen oder dessen Kredit zu gefährden geeignet ist, wird mit Freiheitsstrafe bis zu zwei Jahren oder mit Geldstrafe und, wenn die Tat öffentlich, in einer Versammlung oder durch Verbreiten von Schriften (§ 11 Abs. 3)**

begangen ist, mit Freiheitsstrafe bis zu fünf Jahren oder mit Geldstrafe bestraft.

1 **1) Allgemeines.** § 187 ist in der Variante der Verleumdung ieS ein **Ehrverletzungsdelikt,** das bis auf die Unwahrheit der Tatsache und den darauf bezogenen Vorsatz mit § 186 übereinstimmt; in der Variante der Kreditgefährdung ein **Vermögensgefährdungsdelikt** (*S/S-Lenckner* 1; *Lackner/Kühl* 2; MK-*Regge* 3).

2 **2)** Der Täter muss eine **unwahre Tatsache** (2f., 11f. zu § 186) behaupten (8 zu § 186) oder verbreiten (9 zu § 186). Dass die Tatsache unwahr ist, muss feststehen; gelingt der Beweis nicht, so kommt § 186 in Betracht.

3 **3)** In der **1. Variante** muss die unrichtige Tatsachenbehauptung wie in § 186 geeignet sein, einen **Dritten** (10 zu § 186) verächtlich zu machen oder herabzuwürdigen; insoweit gilt das 4ff. zu § 186 Ausgeführte.

3a In der **2. Variante** muss die unwahre Tatsache **geeignet sein, den Kredit** des Betroffenen zu **gefährden.** Kredit ist das Vertrauen, das jemand hinsichtlich der Erfüllung seiner vermögensrechtlichen Verbindlichkeiten genießt (LK-*Hilgendorf* 3). Auch gegen **juristische Personen** kann die Tat begangen werden; denn geschützt ist nach hM das Vermögen, nicht die Ehre, so dass die Behauptung nicht von kränkender Art zu sein braucht (LK-*Hilgendorf* 3; MK-*Regge* 3, 16; *S/S-Lenckner* 1; SK-*Rudolphi/Rogall* 10; NK-*Zaczyk* 4; abw. *M/Schroeder/Maiwald* 25/30ff.). Es genügt die **Eignung** der Tatsache, den Kredit zu gefährden; eine *konkrete* Gefährdung oder ein Schaden brauchen nicht einzutreten (vgl. 5f. zu § 186).

4 **4)** Der **Vorsatz** entspricht im Grds dem des § 186. Erforderlich ist aber das **sichere Wissen** von der **Unwahrheit** der Tatsache; **bedingter Vorsatz** reicht insoweit nicht (Bay JZ **89**, 700), wohl aber hinsichtlich der Eignung der Äußerung zur Verächtlichmachung oder Kreditgefährdung. Es reicht, wenn der Täter die *allgemeine* Eignung zur Beeinträchtigung des Vertrauens in die wirtschaftliche Leistungsfähigkeit oder Leistungswilligkeit kennt oder für möglich hält; die Kenntnis von Einzelheiten, etwa der Geschäftsbeziehungen des Betroffenen, ist nicht erforderlich.

5 **5)** Die **Strafe** ist sowohl für die beiden Varianten des Grunddelikts als auch für die Qualifikation gegenüber § 186 erhöht. Zur **Qualifikation** vgl. 15ff. zu § 186; abweichend von § 186 ist hier auch der Fall der Begehung in einer **Versammlung** (2 zu § 80a) erfasst.

6 **6) Tateinheit** mit § 185 ist unter den gleichen Voraussetzungen möglich wie bei § 186 (vgl. 20 zu § 185; LK-*Hilgendorf* 6). Idealkonkurrenz ist mit § 186 denkbar, so wenn jemand einen Brief mit einem dem § 186 entsprechenden Inhalt unter dem Namen eines anderen abschickt, der damit verleumdet wird, den beleidigenden Brief geschrieben zu haben (RG GA Bd. **52**, 94). Auch mit § 164 (dort 15) und mit § 145d ist Idealkonkurrenz möglich (MK-*Regge* 32).

7 **7) Sonstige Vorschriften. Strafantrag** § 194; **Nebenklage** § 395 I Nr. 1 Buchst. b StPO; **Privatklage** § 374 I Nr. 2 StPO; Adhäsionsverfahren §§ 403ff. StPO. Vgl. auch 22 zu § 185.

Üble Nachrede und Verleumdung gegen Personen des politischen Lebens

188 **I Wird gegen eine im politischen Leben des Volkes stehende Person öffentlich, in einer Versammlung oder durch Verbreiten von Schriften (§ 11 Abs. 3) eine üble Nachrede (§ 186) aus Beweggründen begangen, die mit der Stellung des Beleidigten im öffentlichen Leben zusammenhängen, und ist die Tat geeignet, sein öffentliches Wirken erheblich zu erschweren, so ist die Strafe Freiheitsstrafe von drei Monaten bis zu fünf Jahren.**

II Eine Verleumdung (§ 187) wird unter den gleichen Voraussetzungen *mit Freiheitsstrafe* von sechs Monaten bis zu fünf Jahren bestraft.

1 **1) Allgemeines.** Die Vorschrift (§ 187a aF ist durch das StÄG v. 30. 8. 1951 (BGBl. I 739) als **Qualifikation** eingefügt und durch Art. 1 Nr. 33 des 6. StrRG [2f. vor § 174] unverändert als **§ 188** neu nummeriert worden) soll der Emotionalisierung und Polarisierung der

öffentlichen politischen Auseinandersetzung entgegenwirken (LK-*Hilgendorf* 1; *Lackner/Kühl* 1); sie trägt dem Umstand Rechnung, dass Personen, die sich im politischen Leben engagieren und insoweit wichtige Funktionen innehaben, in besonderem Maße ehrverletzenden Angriffen ausgesetzt sind. § 188 schützt nach ganz hM aber nicht das politische **Amt,** sondern die **Person** (BGH **6**, 161). Zumindest **mittelbar** geht es aber um den Schutz von (in Personen repräsentierten) **Funktionen.** Die vielfach vorgenommene Umschreibung des Schutzzwecks als „Verhinderung einer Vergiftung des politischen Lebens" (vgl. etwa *Lackner/Kühl* 1; *S/S-Lenckner* 1) zeigt, dass die Qualifikation im Kern nicht auf einer Abstufung des Werts *personaler* Ehre beruht. Die Vorschrift ist mit Art. 3 I GG vereinbar (BVerfGE **4**, 352), freilich eng auszulegen (Bay **82**, 58; **89**, 51); ihr Anwendungsbereich ist überdies durch hohe Duldungspflichten Betroffener begrenzt (vgl. 17 f. zu § 193).

Literatur: *Bräuel,* Ehrverletzung u. Ehrenschutz im politischen Leben, 1984; *Hartung,* Beleidigung von Personen, die im öffentlichen Leben stehen, JR **51**, 677; *Uhlitz,* Politischer Kampf u. Ehrenschutz, NJW **67**, 129. **1 a**

2) Geschützte Personen sind nur im **politischen Leben** des Volkes stehende Personen, nicht alle im *öffentlichen* Leben stehenden Verletzten, auch wenn sie das öffentliche Leben auf dem Gebiet der Weltanschauung, Wirtschaft, Wissenschaft oder Kunst maßgebend beeinflussen oder aus sonstigen Gründen „prominent" sind. § 188 schützt Personen, die sich unmittelbar in führender Position mit grundsätzlichen Angelegenheiten von Staat, Gesetzgebung, Verwaltung, Verfassung, internationalen Beziehungen befassen und in dieser Funktion das öffentliche politische Leben wesentlich beeinflussen; dazu zählen neben BPräsident, Btags-Präsident und Regierungsmitgliedern von Bund und Ländern (Düsseldorf NJW **83**, 1212) auch Mitglieder der Landtage (NJW **52**, 194) und des BTags (BGH **3**, 74); führende Politiker politischer Parteien; wohl auch kommunale Spitzenpolitiker und politische Beamte (**aA** Bay NJW **82**, 2511; Frankfurt NJW **81**, 1569; SK-*Rudolphi/Rogall* 3); Richter des BVerfG (BGH **4**, 338); Landräte jedenfalls in Bundesländern, in denen sie unmittelbar von den Kreisbürgern gewählt sind (Bay JZ **89**, 700; SK-*Rudolphi/Rogall* 3); **nicht** aber sonstige Richter, auch wenn sie in Staatsschutzsachen tätig sind; idR auch nicht Geistliche, Journalisten, Gewerkschaftsführer, Vertreter von Verbänden und andere Personen, die öffentliche Belange im Rahmen ihrer Berufstätigkeit wahrnehmen (NK-*Zaczyk* 5; MK-*Regge* 8); nicht Politiker des Auslandes. **2**

3) Tathandlung. § 188 unterscheidet zwischen Taten nach § 186 **(Abs. I)** und solchen nach § 187 **(Abs. II);** insoweit wird auf die Erläuterungen dort verwiesen. Die Tat nach Abs. I kann, anders als § 186, auch in einer Versammlung (2 zu § 80 a) begangen werden. Die **Tatsachenbehauptung** muss sich nicht auf die Tätigkeit des Betroffenen im öffentlichen Leben beziehen. Sie muss aber **geeignet** sein, das **öffentliche Wirken** des Opfers erheblich zu beeinträchtigen, dh seine Glaubwürdigkeit oder Lauterkeit in Frage zu stellen oder seine Einflussmöglichkeiten nachhaltig zu schmälern. Obgleich Abs. I allgemein von „der Tat" spricht, soll es für die Eignung allein auf den **Inhalt** der Tatsachenbehauptung ankommen; andere Umstände „der Tat", also **zB** die Art der Verbreitung der Tatsache, der Umfang des erreichten Personenkreises, der Aufwand des Betroffenen zur „Verteidigung" usw., sind nach NJW **54**, 649; NStZ **81**, 300; MDR/H **80**, 455 bei der Beurteilung der Eignung nicht zu berücksichtigen (ebenso LK^{10}-*Herdegen* 4 zu § 187 a). Nach zutr. **aA** ist eine Beschränkung allein auf den Äußerungsinhalt nicht möglich; danach ergibt sich die Eignung aus einer Beurteilung der konkreten Tat im Zusammenhang mit ihren **Begleitumständen** (*Lackner/Kühl* 3; *S/S-Lenckner* 6; LK-*Hilgendorf* 4; SK-*Rudolphi/Rogall* 5; MK-*Regge* 11 f.; NK-*Zaczyk* 6; *Hoyer,* Die Eignungsdelikte, 1987, 146 f.; *Zieschang,* Die Gefährdungsdelikte, 1998, 306 f.). Auch eine **Kreditgefährdung** kommt als Tathandlung in Betracht, wenn sie (zugleich) die Eignung iS von § 188 aufweist; dagegen scheidet eine **einfache Beleidigung** nach § 185 aus. **Täter** kann auch ein verantwortlicher Schriftleiter sein (Bay **53**, 170; Hamburg NJW **53**, 1766); eine evtl. Beweisvermutung des Presserechts gilt für § 188 nicht (BGH **9**, 187). **3**

4 **4) Vorsatz** ist erforderlich. Er muss die Voraussetzungen des § 186 oder § 187 umfassen; hinsichtlich der qualifizierenden Merkmale des § 188 genügt bedingter Vorsatz. Darüber hinaus muss der Täter aus **Beweggründen** handeln, die mit der Stellung des Betroffenen zusammenhängen. Ausreichend sind Motive, die sich aus einer bestimmten Teil-Funktion ergeben (zB „Kanzlerkandidat"; Düsseldorf NJW **83**, 1211). Die Tat braucht nicht politisch motiviert zu sein (BGH **4**, 119).

5 **5)** Eine **Rechtfertigung** kommt insb. nach **§ 193** in Betracht; für Taten nach § 187 ist die Annahme eines berechtigten Interesses aber idR ausgeschlossen (vgl. 3 zu § 193).

6 **6) Konkurrenzen.** Mit § 90 a ist **Tateinheit** möglich; ebenso mit § 90 b (dort 7). Hinter § 90 tritt § 188 mit der Einschränkung des § 90 II zurück (BGH **16**, 338; NK-*Zaczyk* 11).

7 **7) Sonstige Vorschriften:** vgl. 22 zu § 185.

Verunglimpfung des Andenkens Verstorbener

189 **Wer das Andenken eines Verstorbenen verunglimpft, wird mit Freiheitsstrafe bis zu zwei Jahren oder mit Geldstrafe bestraft.**

1 **1) Allgemeines.** Die Vorschrift gilt idF der VO v. 29. 5. 1943.

1 a **Literatur:** *Bender,* Das postmortale allgemeine Persönlichkeitsrecht: Dogmatik u. Schutzbereich, VersR **01**, 815; *Buschmann,* Zur Fortentwicklung des Persönlichkeitsrechts nach dem Tode, NJW **70**, 2081; *Tze-Lung Chen,* Die Verunglimpfung des Andenkens Verstorbener (§§ 189 und 194 II S. 2 StGB), 1986; *Hörnle,* Grob anstößiges Verhalten, 2005 (Rez. *Bloy* GA **06**, 656); *Hunger,* Das Rechtsgut des § 189 StGB, 1996 [Bespr. *Otto* GA **97**, 596]; *May,* Zum Schutz der Persönlichkeit nach dem Tode, NJW **58**, 2101; *Papst,* Der postmortale Persönlichkeitsschutz in der Rechtsprechung des BVerfG, NJW **02**, 999; *Rüping,* Der Schutz der Pietät, GA **77**, 299; *Schack,* Weiterleben nach dem Tode – juristisch betrachtet, JZ **89**, 609; *Westermann,* Das allgemeine Persönlichkeitsrecht nach dem Tode, FamRZ **69**, 561. Ältere Literatur vgl. NK-*Zaczyk* vor 1.

2 **2) Rechtsgut.** Der (rechtsstaatlich *zulässige*) Schutzzweck des § 189 gilt allgemein als „*schwierig* zu bestimmen". In einem rationalen Strafrechtssystem kann eine tote Person keine aktualisierbare „Ehre" mehr haben, deren Verletzung mittels staatlicher Strafe zu ahnden wäre. Dafür könnte der Wortlaut des § 189 sprechen, wonach nicht das Verunglimpfen der verstorbenen *Person*, sondern „ihres *Andenkens*", somit jedenfalls eine Bewertung unter *Lebenden*, unter Strafe gestellt ist (dagegen aber MK-*Regge* 7). Nach wohl hM schützt die Vorschrift das **Pietätsempfinden** der Angehörigen (nicht die „Familienehre"; vgl. 13 vor § 185) **und** die über den Tod fortwirkende **Menschenwürde** der verstorbenen Person (BT-Drs. 10/3358, 4; vgl. BVerfGE **30**, 194), die nicht nur in der Respektierung ihrer menschlichen und sozialen Leistung ihren Ausdruck findet (*S/S-Lenckner* 1; vgl. auch MK-*Regge* 11), sondern deren untrennbarer Bestandteil auch die besonderen Umstände seines Todes sein können (BGH **40**, 105 [krit. Anm. *Jakobs* StV **94**, 540]; **aA** SK-*Rudolphi/Rogall* 5; NK-*Zaczyk* 4). Aus dem Zusammenhang mit § 168 und § 194 II wird zum Teil abgeleitet, dass in Wahrheit die **Ehre der Hinterbliebenen** *in ihrem Bezug* zu dem Verstorbenen geschützt sei (vgl. NK-*Zaczyk* 1). Dafür spricht, dass eine tatbestandliche Verunglimpfung (unten 2) an zeitliche Grenzen nicht gebunden ist (vgl. München NJW-RR **94**, 925; AfP **01**, 68 f.); die Menschenwürde von Verstorbenen ebenso wie das Pietätsempfinden in dem in § 168 gemeinten Sinn sind aber zwar „nachwirkende", jedoch auch zeitlich „ausklingende" Rechtsgüter. Die Annahme, geschützt seien Rechtsgüter der *Hinterbliebenen*, führt andererseits zu merkwürdigen Konsequenzen, wenn solche Personen gar nicht vorhanden sind oder wenn die Tat von dem einzigen Hinterbliebenen selbst begangen wird (*M/Schroeder/Maiwald* 25/38: straflos). Eine eher funktional ausgerichtete Ausweitung auf das „Pietätsgefühl der Allgemeinheit" (vgl. Düsseldorf NJW **67**, 1142 [*Churchill*]) schließlich löst § 189 aus dem Zusammenhang der Ehrverletzungsdelikte und verschiebt den Schutzzweck in den Bereich des „öffentlichen

Friedens" (vgl. auch MK-*Regge* 1 ff.). Auch die Annahme eines Schutzzwecks des „öffentlichen Interesses an zutreffender Information über den Toten" (SK-*Rudolphi/Rogall* 10) geht in diese Richtung.

Zutreffend ist, dass die Konstruktionen eines (legitimierenden) Rechtsguts „allesamt nicht recht überzeugen" (SK-*Rudolphi/Rogall* 6). Die Rechtsgutslehre zieht hieraus freilich – wie stets – nicht den Schluss, den Tatbestand für *illegitim* (und daher für verfassungswidrig) zu halten; aus der bloßen Existenz der Norm wird vielmehr abgeleitet, dass hinter dem Schutz irrationaler *Gefühle* und sozialer Orientierung gewichtige materiale Güter zu finden seien, deren strafrechtlicher Schutz vor den Postulaten der Rechtsgutslehre bestehen kann. Hieran kann man zweifeln, am *Strafbedürfnis* für entsprechende Sachverhalte nicht. 2 a

3) Tathandlung. Das **Verunglimpfen** eines Verstorbenen setzt eine besonders grobe und schwerwiegende Herabsetzung voraus (Bay NJW **88**, 2902; Düsseldorf NJW **67**, 1142; vgl. 2 zu § 90). Dazu wird eine Verleumdung (§ 187) immer, eine üble Nachrede (§ 186), wenn sie einiges Gewicht hat, und eine einfache Beleidigung (§ 185) nur dann ausreichen, falls sie unter besonders gravierenden Begleitumständen (Tatort, üble Schimpfworte; Taten nach § 168) erfolgt (Bay JZ **51**, 786; NJW **88**, 2902; LG Göttingen NJW **79**, 1559; MK-*Regge* 18; NK-*Zaczyk* 4). § 189 setzt den Tod des Beleidigten vor der Beleidigung voraus. Der für tot Erklärte steht einem Toten gleich (LK-*Hilgendorf* 3; hM). Die Verunglimpfung kann auch unter einer **Kollektivbezeichnung** erfolgen (NJW **55**, 800; *S/S-Lenckner* 2; SK-*Rudolphi/Rogall* 3; MK-*Regge* 18; einschr. NK-*Zaczyk* 5) und sich auf eine Gruppe von Personen beziehen, deren Gemeinsamkeit sich gerade aus den Umständen ihres Versterbens ergibt (vgl. BGH **40**, 105; Bay NStZ **97**, 284 [Leugnung des Massenmords an Juden]). 3

4) Vorsatz. Bedingter Vorsatz genügt (Bay JZ **51**, 786). Der Vorsatz muss sich auch darauf beziehen, dass die betroffene Person *verstorben* ist. Die Wirkung eines diesbezüglichen **Irrtums** ist umstritten und hängt von der Bestimmung des von § 189 geschützten *Rechtsguts* ab: Sieht man als Rechtsgut jedenfalls *auch* die Ehre des Verstorbenen an (so *Hirsch,* Ehre u. Beleidigung, 1967, 125; *ders.,* Wolff-FS 125, 141; *Hunger* [1 a] 114; LK-*Hilgendorf* 1 f.), so gelangt man zur Bestrafung je nach dem Vorsatz des Täters (vgl. *Welzel* LB 316). Eine andere Ansicht, die annimmt, der Vorsatz des Verunglimpfens eines Verstorbenen sei im Vorsatz des Beleidigens eines Lebenden „enthalten", gelangt bei irrtümlicher Annahme, die verstorbene Person lebe, zur Bestrafung aus § 189 (!), bei irrtümlicher Annahme, die Person sei tot, zur Straflosigkeit (SK-*Rudolphi/Rogall* 17). Ähnlich wird auf der Grundlage, § 189 schütze die Ehre der Angehörigen, angenommen, bei irriger Annahme, der Betroffene lebe noch, erfolge die Bestrafung aus § 189, wenn und soweit *auch* dieser Tatbestand erfüllt ist (NK-*Zaczyk* 8; ähnl. *Tröndle* 49. Aufl. 4 trotz abw. Ansatzpunkt). Wenn man schließlich annimmt, die Rechtsgüter der §§ 185, 189 seien wesensmäßig verschieden, gelangt man in beiden Irrtumsfällen zur Straflosigkeit (Lackner/Kühl 4; MK-Regge 19; *S/S-Lenckner* 3; *Rüping* GA **77**, 305; *Tenckhoff* JuS **88**, 201); das muss dann auch gelten, wenn sich nicht aufklären lässt, ob die betreffende Person zum Zeitpunkt der Tat noch lebte. Diese Ansicht ist zutreffend. 4

5) Sonstige Vorschriften. Presseinhaltsdelikte 7 zu § 78; Strafantrag § 194 II S. 1; Bekanntmachungsbefugnis § 200; Privatklage, Sühneversuch, Nebenklage §§ 374, 380, 395 StPO. 5

Wahrheitsbeweis durch Strafurteil

190 **Ist die behauptete oder verbreitete Tatsache eine Straftat, so ist der Beweis der Wahrheit als erbracht anzusehen, wenn der Beleidigte wegen dieser Tat rechtskräftig verurteilt worden ist. Der Beweis der Wahrheit ist dagegen ausgeschlossen, wenn der Beleidigte vor der Behauptung oder Verbreitung rechtskräftig freigesprochen worden ist.**

1 **1) Literatur:** *Graul,* Abstrakte Gefährdungsdelikte und Präsumtionen im Strafrecht, 1991; *Janssen,* Die Rechtsfolgenseite des § 190 Satz 2 StGB, 2003 (Diss. Münster 2002); *Schmid,* Zum Ehrenschutz bei Tatsachenbehauptungen gegenüber dem Betroffenen, MDR **81**, 15.

2 **2)** Der **Wahrheitsbeweis** (11 zu § 186) erfordert die Identität der behaupteten und bewiesenen Tatsache (RG **64**, 286); es genügt. dass die Behauptung im Wesentlichen als richtig erwiesen wird. **Möglich** ist der Wahrheitsbeweis jedenfalls für §§ 186, 187 und 190, aber auch für § 185 im Fall der Behauptung einer ehrenrührigen Tatsache (einer Straftat) gegenüber dem Beleidigten selbst (Bay NJW **61**, 85), ebenso in sonstigen Fällen, in denen eine Formalbeleidigung mit einer Tatsachenbehauptung zusammenhängt; jedenfalls schon wegen des Strafmaßes (**aA** Hamm NJW **61**, 1937). § 190 enthält gegenüber § 261 StPO eine **Beschränkung der freien Beweiswürdigung** in den Fällen, in welchen eine ehrenrührige Tatsachenbehauptung das Vorliegen einer **Straftat** zum Inhalt hat; Ordnungswidrigkeiten oder Dienstvergehen scheiden aus. Diese Beschränkung gilt in **zweierlei Hinsicht.**

3 **A. Als erbracht anzusehen (S. 1)** ist der Wahrheitsbeweis, wenn der Beleidigte wegen dieser Tat **rechtskräftig verurteilt** worden ist, egal, ob vor oder nach der Behauptung, ob durch Urteil oder Strafbefehl (SK-*Rudolphi/Rogall* 5). Eine Verurteilung liegt auch bei Straffreierklärung nach § 199 sowie in den Fällen des Absehens von Strafe vor. Bei Wiederaufnahme des Verfahrens beseitigt der Wiederaufnahmebeschluss nach § 370 II StPO die Rechtskraft (RG **76**, 48). Die Tilgung der Eintragung im Zentralregister ändert an der Beweiswirkung nach S. 1 nichts (vgl. § 51 II BZRG; BT-Drs. VI/1550, 22; *Götz,* BZRG 23 zu § 49; *Stadie* DRiZ **72**, 349; LK-*Hilgendorf* 7; Lackner/Kühl 2; *S/S-Lenckner* 3; MK-*Regge* 14; SK-*Rudolphi/Rogall* 5; NK-*Zaczyk* 2; **aA** *Dähn* JZ **73**, 51).

4 **B. Ausgeschlossen (S. 2)** ist **der Beweis der Wahrheit,** wenn der Beleidigte vom Vorwurf der behaupteten Tat vor der Behauptung oder Verbreitung rechtskräftig freigesprochen worden ist. Die Rechtskraft muss vor der Behauptung eingetreten sein; bei der Wiederaufnahme des Verfahrens ist auch hier der Beschluss nach § 370 II StPO maßgebend. Das Urteil muss das Nichtbegehen oder die Schuldlosigkeit feststellen oder insoweit zum Freispruch mangels Beweisen kommen (Helle GA **61**, 168; **aA** *Tenckhoff* JuS **89**, 37); die Einstellung wegen Verjährung, Amnestie, fehlenden Strafantrags, Rücktritts vom Versuch sowie die Straffreierklärung nach § 199 sind nicht als Freispruch anzusehen (LK-*Hilgendorf* 8, NK-*Zaczyk* 3; MK-*Regge* 17); auch eine Einstellung des Verfahrens wegen Mangels an Beweisen steht dem Wahrheitsbeweis nicht entgegen. Weiß der Beleidiger, dass der Beleidigte freigesprochen ist, so kann er sich in aller Regel nicht auf § 193 berufen (SK-*Rudolphi/Rogall* 6; NK-*Zaczyk* 3 [„Berufung nicht ausgeschlossen"]). Da S. 2 einen **Beweis der Unwahrheit** nicht ausschließt und nicht anordnet, die Unwahrheit als bewiesen anzusehen, kann sich aus der Regelung kein allgemeines Beweiserhebungsverbot ergeben (Janssen [1] 106, 126).

§ 191 [Aufgehoben durch Art. 19 Nr. 81 EGStGB; vgl. § 154 e StPO]

Beleidigung trotz Wahrheitsbeweises

192 Der Beweis der Wahrheit der behaupteten oder verbreiteten Tatsache schließt die Bestrafung nach § 185 nicht aus, wenn das Vorhandensein einer Beleidigung aus der Form der Behauptung oder Verbreitung oder aus den Umständen, unter welchen sie geschah, hervorgeht.

1 **1) Allgemeines.** Die Vorschrift gilt für die **§§ 186, 187,** aber auch (vgl. 1 zu § 190) für § 185, soweit dieser durch **Tatsachenbehauptungen** begangen werden kann (LK-*Hilgendorf* 1; MK-*Regge* 2; NK-*Zaczyk* 2). In den Fällen des § 189 ist § 185 und damit § 192 nicht unmittelbar anwendbar; doch ist Bestrafung wegen Verunglimpfung nach § 189 trotz Wahrheitsbeweises möglich (vgl. Bay NJW **59**, 58).

1a **Literatur:** *Edenfeld,* Der Schuldner am Pranger (usw.), JZ **98**, 645; *Oppe,* Ist eine Beleidigungsabsicht zur Strafbarkeit nach §§ 192, 193 StGB erforderlich?, MDR **62**, 947; *Scheffler,* Zur Strafbarkeit der Schuldbeitreibung mittels „Schwarzen Mannes", NJ **95**, 573.

2 **2)** Zur Beleidigung werden kann die Kundgebung entweder durch die **Form** der Behauptung; so **zB** durch Benutzung von Schimpfworten; durch tendenziöse Zusammenstellung der Behauptungen (*Tenckhoff* JuS **89**, 39); oder durch die **Umstände** der Äußerung, etwa bei Veröffentlichung einer wahren ehrenrührigen Tatsache in der Presse (Bay **12**, 266; and. LG Hamburg MDR **92**, 522; einschränkend

NK-*Zaczyk* 4), insbesondere, wenn es sich um Vorfälle der Intimsphäre handelt und § 193 ausscheidet. Eine Bloßstellung durch Veröffentlichung wahrer Tatsachen reicht nur aus, wenn sie den Charakter eines „An-den-Pranger-Stellens" hat, insb. bei lange zurückliegenden ehrenrührigen Tatsachen, gezieltem Weglassen „entlastender" Gesichtspunkte; gänzlich fern liegendem Aufbauschen von Geringfügigkeiten. Zum demonstrativ-öffentlichen **Eintreiben von Schulden** vgl. LG Leipzig NJW **95**, 3190; LG Bonn NJW-RR **95**, 1515; *Scheffler* NJ **95**, 573; *Edenfeld* JZ **98**, 645.

3) Der **Wahrheitsbeweis** (11 zu § 186; 1 zur § 190) muss zunächst erhoben werden, ehe die Prüfung erfolgen kann, ob die Form beleidigend ist (BGH **11**, 273); unzulässig ist es, unter Wahrunterstellung der behaupteten Tatsache auszuführen, jedenfalls treffe § 185 zu (BGH **27**, 290). Freilich reicht für den Beweis der Wahrheit insb. auch die Aussage des Betroffenen. 3

4) Der Vorsatz des Täters muss sich darauf erstrecken, dass Form oder Umstände der Kundgebung trotz der Wahrheit der Behauptung ehrverletzend sind (Bay **20**, 108). Eine *Absicht* der Beleidigung iS zielgerichteten Handelns braucht nicht vorzuliegen; dass die Form der Kundgebung und die Umstände nur Beweisgründe für diese Absicht seien (RG **64**, 14; vgl. dazu LK-*Hilgendorf* 5; SK-*Rudolphi/Rogall* 3; NK-*Zaczyk* 6; *M/Schroeder/Maiwald* 26/21), lässt sich dem Gesetz nicht entnehmen. Daher scheidet auch § 193 aus, wenn § 192 gegeben ist (*S/S-Lenckner* 4; SK-*Rudolphi/Rogall* 11; NK-*Zaczyk* 8; **aA** Braunschweig NJW **52**, 237; MK-*Regge* 12). 4

Wahrnehmung berechtigter Interessen

193 **Tadelnde Urteile über wissenschaftliche, künstlerische oder gewerbliche Leistungen, desgleichen Äußerungen, welche zur Ausführung oder Verteidigung von Rechten oder zur Wahrnehmung berechtigter Interessen gemacht werden, sowie Vorhaltungen und Rügen der Vorgesetzten gegen ihre Untergebenen, dienstliche Anzeigen oder Urteile von Seiten eines Beamten und ähnliche Fälle sind nur insofern strafbar, als das Vorhandensein einer Beleidigung aus der Form der Äußerung oder aus den Umständen, unter welchen sie geschah, hervorgeht.**

Übersicht

1) Allgemeines .... 1, 1 a
2) Anwendungsbereich 2–4
3) Aufbau und Anwendung der Vorschrift 5
4) Tadelnde Urteile über wissenschaftliche, künstlerische oder gewerbliche Leistungen 6
5) Äußerungen zur Ausführung oder Verteidigung von Rechten 7, 8
6) Wahrnehmung berechtigter Interessen 9–39
   A. Ausschluss bei Rechtsverstoß 10
   B. Wahrung eigener Interessen 11–14
   C. Angemessenheit 15
   D. Einzelne Fallgruppen 16–39
7) Vorhaltungen und Rügen von Vorgesetzten 40
8) Ähnliche Fälle 41
9) Subjektives Rechtfertigungselement; Irrtum 42
10) Formalbeleidigung 43–45

1) Allgemeines. § 193 enthält für die Beleidigungstatbestände (unten 3) besondere **Rechtfertigungsgründe** (BGH **18**, 182; *Roxin* § 18, 33; **aA** *Ignor*, Schlüchter-GedS 317, 320 [Tatbestandsausschluss für Ehrverletzungen durch Rechtsanwälte]; krit. zur Verlagerung der Abwägungs-Fragen auf die Tatbestands-Ebene *Zaczyk,* H. J. Hirsch-FS 819 ff.). Die (seit 1871 unverändert gebliebene) Fassung des § 193 steht dem nicht entgegen, denn der Gesetzgeber unterscheidet erst seit den durch die Strafrechtsreform veranlassten Gesetzesänderungen im Sprachgebrauch zwischen Rechtfertigungsgründen (zB §§ 32, 34), Schuldausschließungs- (zB §§ 17, 20, 35), Strafausschließungs- (zB §§ 36, 173 III, 258 VI) und Strafaufhebungsgründen. 1

Im Grunde handelt es sich um einen Fall **erlaubten Risikos** (vgl. dazu *Maiwald,* Jescheck-FS 1985, 405; NK-*Zaczyk* 3 u. H. J. Hirsch-FS 819; **aA** MK-*Joecks* 1; SK-*Rudolphi/Rogall* 2; *Preuss* [1 a] 220), das sich aus dem Grundrecht der freien Meinungsäußerung ableitet (BVerfGE **12**, 113; BGH **12**, 293; abl. *Erdsiek* aaO; gegen ihn *Eike Schmidt* JZ **70**, 8). Andere, allgemeine Rechtfertigungsgründe werden durch § 193 selbstverständlich nicht ausgeschlossen.

1 a **Neuere Literatur:** *Arndt,* Die Kunst im Recht, NJW **66**, 26; *v. Becker,* Überlegungen zum Verhältnis von Kunstfreiheit u. Persönlichkeitsschutz, AfP **01**, 466; *Beisel,* Die Kunstfreiheitsgarantie des Grundgesetzes u. ihre strafrechtlichen Grenzen, 1997 (Diss. Tübingen [Bespr. *Müller-Dietz* GA **99**, 285]); *Bemmann,* Meinungsfreiheit u. Strafrecht, 1981; *Bork,* Die Berichterstattung über inoffizielle „Stasi-Mitarbeiter", ZIP **92**, 90; *Bornkamm,* Die Berichterstattung über schwebende Strafverfahren u. das Persönlichkeitsrecht des Beschuldigten, NStZ **83**, 102; *ders.,* Pressefreiheit u. Fairness des Strafverfahrens, 1980; *Brugger,* Freiheit der Meinung u. Organisation der Meinungsfreiheit (usw.), EuGRZ **87**, 189; *ders.,* Hassrede, Beleidigung, Volksverhetzung, JA **06**, 687; *Campbell* NStZ **95**, 328; *Coing,* Ehrenschutz u. Presserecht, 1960; *Dalbkermeyer,* Der Schutz des Beschuldigten vor identifizierenden u. tendenziösen Pressemitteilungen der Ermittlungsbehörden, 1994; *v. d. Decken,* Meinungsäußerungsfreiheit u. Recht der persönlichen Ehre, NJW **83**, 1400; *ders.,* Meinungsfreiheit u. Ehrenschutz in der politischen Auseinandersetzung, 1980; *Dencker* Bundesverfassungsgericht u. kollektive Beleidigung, Bemmann-FS 291; *Emmerich/Würkner,* Kunstfreiheit oder Antisemitismus?, NJW **86**, 1195; *Erhardt,* Kunstfreiheit u. Strafrecht, 1989; *Eser,* Wahrnehmung berechtigter Interessen als allgemeiner Rechtfertigungsgrund, 1969; *K. Fischer,* Die strafrechtliche Beurteilung von Werken der Kunst, 1995; *Forkel,* Das Bundesverfassungsgericht, das Zitieren u. die Meinungsfreiheit, JZ **94**, 637; *v. Gamm,* Persönlichkeits- u. Ehrverletzung durch Massenmedien, 1969; *Geerds,* Berichterstattung über Strafsachen, Oehler-FS 423; *Geppert,* Wahrnehmung berechtigter Interessen, Jura **85**, 25; *Gössel,* Der Schutz der Ehre, Schlüchter-GedS (2992), 295; *Gounalakis,* Freiräume u. Grenzen politischer Karikatur u. Satire, NJW **95**, 809; *ders.,* „Soldaten sind Mörder", NJW **96**, 481; *Gounalakis/Rösler,* Ehre, Meinung u. Chancengleichheit im Kommunikationsprozeß, 1998; *Grasnick* JR **95**, 162; *Graul,* Tatbestand vor Rechtswidrigkeit? – Zum Freispruch aus § 193 StGB, NStZ **91**, 457; *Grave,* Der von der Presse als „Täter" bezeichnete Tatverdächtige, NJW **81**, 209; *Grimm,* Die Meinungsfreiheit in der Rechtsprechung des Bundesverfassungsgerichts, NJW **95**, 1967; *Großfeld* NJW **95**, 1719; *Grünwald,* Meinungsfreiheit u. Strafrecht, KJ **79**, 291; *Günther,* Spendel-FS 196 [gegen ihn *H. J. Hirsch,* UniKöln-FS 412]; *Heinz,* Kunst u. Strafrecht, in: *Mühleisen* (Hrsg.), Grenzen politischer Kunst, 1982, 44; *Henschel,* Die Kunstfreiheit in der Rechtsprechung des BVerfG, NJW **90**, 1937; *Herdegen* NJW **94**, 2933; *Hill/Hufen/Müller/Ullmann,* Meinungsfreiheit, Rechtsstaat in der Bewährung, Bd. 32 1998; *Hillenkamp,* Zur Reichweite der Beleidigungstatbestände, H. J. Hirsch-FS 555; *Hillgruber/Schemmer* JZ **92**, 946; *R. Hofmann,* Lobkowicz-FS 327; *Isensee,* Kunstfreiheit im Streit mit Persönlichkeitsschutz, AfP **93**, 619; *ders.,* Grundrecht auf Ehre, Kriele-FS 16; *Ignor,* Grenzen der Äußerungsfreiheit des Rechtsanwalts im „Kampf ums Recht", Schlüchter-GedS (2002), 317; *Karpen/Hofer,* Die Kunstfreiheit in Art. 5 III 1 GG in der Rechtsprechung seit 1985, JZ **92**, 951, 1060; *Karpen/Nohe,* Die Kunstfreiheit in der Rechtsprechung seit 1992, JZ **01**, 801; *Kastner,* Die Crux der Kritik – in der Literatur, auf der Bühne u. in der Musik, NJW **95**, 822; *Kiesel,* Die Liquidierung des Ehrenschutzes durch das BVerfG, NVwZ **92**, 1129 u. JR **95**, 381; *Krekeler,* Ehrverletzungen durch den Verteidiger und § 193 StGB, AnwBl. **76**, 190; *Kretschmer,* Strafrechtlicher Ehrenschutz u. Meinungs- u. Pressefreiheit (usw.), 1994; *Krey,* Das Bundesverfassungsgericht in Karlsruhe – ein Gericht läuft aus dem Ruder, JR **95**, 221; *Kübler,* Öffentlichkeit als Tribunal?, JZ **84**, 541; *ders.,* Meinungsäußerung durch Kunst, Mahrenholz-FS 303; *ders.,* Ehrenschutz, Selbstbestimmung u. Demokratie, NJW **99**, 1281; *Ladeur,* Persönlichkeitsschutz und „Comedy", NJW **00**, 1977; *Lenckner,* Die Wahrnehmung berechtigter Interessen, ein „übergesetzlicher" Rechtfertigungsgrund?, Noll-GedS 243; *Lobe,* Wahrnehmung berechtigter Interessen, R. Schmidt-FS 79; *Löffler/Ricker,* Handbuch des Presserechts, 1994; *Mackeprang,* Ehrenschutz im Verfassungsstaat, 1990; *Mager* Jura **96**, 405; *Maiwald,* Kunst als Gegenstand einer Straftat, in: Kunst u. Recht, Schriften der deutschen Richterakademie 2, 1985, 67; *Marxen,* Medienfreiheit u. Unschuldsvermutung, GA **80**, 365; *Merz,* Strafrechtlicher Ehrenschutz u. Meinungsfreiheit, AfP **97**, 449; *Meurer,* Wahrnehmung berechtigter Interessen u. Meinungsfreiheit, H. J. Hirsch-FS 651; *Müller,* Ehrenschutz u. Meinungsfreiheit AfP **97**, 449; *Nolte,* Beleidigungsschutz in der freiheitlichen Demokratie, 1990; *Ossenbühl,* Medien zwischen Macht u. Recht, JZ **95**, 633; *Otto,* Ehrenschutz in der politischen Auseinandersetzung, JR **83**, 1; *ders.,* Strafrechtlicher Ehrenschutz u. Kunstfreiheit der Literatur, NJW **86**, 1206; NStZ **96**, 127 u. Jura **97**, 139; *Preuß,* Untersuchungen zum erlaubten Risiko im Strafrecht, 1974; *Prinz,* Der Schutz der Persönlichkeitsrechte vor Verletzungen durch die Medien, NJW **95**, 817; *Redeker,* „Individualisierung", NJW **93**, 1835; *Rinsche,* Strafjustiz u. öffentlicher Pranger, ZRP **87**, 348; *K. Schmid,* Freiheit der Meinungsäußerung und strafrechtlicher Ehrenschutz, 1972; *Schmitt Glaeser,* Meinungsfrei-

heit u. Ehrenschutz, JZ **83**, 95; *ders.,* Die Meinungsfreiheit in der Rechtsprechung des Bundesverfassungsgerichts, AöR **97**, 60, 276; **113**, 52; NJW **96**, 873; *Schöbener* NZWehrr **93**, 45; *R. Scholz* NStZ **95**, 42; *Schulze-Fielitz* JZ **94**, 902; *Seyfarth,* Der Einfluß des Verfassungsrechts auf zivilrechtliche Ehrschutzlagen, NJW **99**, 1287; *Soehring,* Ehrenschutz u. Meinungsfreiheit, NJW **94**, 2926; *Spranger* NZWehrr **96**, 221 (beleidigende Petitionen); *R. Stark,* Die Rechtsprechung des BVerfG zum Spannungsverhältnis von Meinungsfreiheit u. Ehrenschutz – BVerfG NJW **94**, 2943; JuS **95**, 689; *ders.,* Ehrenschutz in Deutschland, 1996 [zit. ESch]; *Starck,* JZ **96**, 1037; *Steffen,* Politische Karikatur u. politische Satire (usw.), Simon-FS 359; *Steinkamm* NZ-Wehrr **95**, 45; *Stürner,* Die verlorene Ehre des Bundesbürgers – Bessere Spielregeln für die öffentliche Meinungsbildung?, JZ **94**, 865; *Tettinger,* Der Schutz der persönlichen Ehre im freien Meinungskampf, JZ **83**, 317; *ders.,* Die Ehre – ein ungeschütztes Verfassungsgut?, 1995; *Tröndle,* Odersky-FS 264; *Vesting,* Soziale Geltungsansprüche in fragmentierten Öffentlichkeiten (usw.), AöR **97**, 337; *Walter,* Ehrenschutz gegenüber Parteivorbringen im Zivilprozeß, JZ **86**, 614; *R. Weber,* Faller-FS 443; *Würkner,* Was darf die Satire?, JA **88**, 183; *ders.,* Freiheit der Kunst, Persönlichkeitsrecht u. Menschenwürdegarantie, ZUM **88**, 171; *ders.,* Wie frei ist die Kunst?, NJW **88**, 317; *ders.,* Die Freiheit der Straßenkunst (Art. 5 III 1 GG), NVwZ **87**, 841; *ders.,* Das Bundesverfassungsgericht u. die Freiheit der Kunst, 1994; *Würtenberger,* Karikatur u. Satire aus strafrechtlicher Sicht, NJW **82**, 610; *ders.,* Satire u. Karikatur in der Rechtsprechung, NJW **83**, 1144; *ders.,* Strafrecht u. Satire, NJW **84**, 1091; *ders.,* Vom strafrechtlichen Kunstbegriff, Dreher-FS 79; *Zaczyk,* § 193 als Rechtfertigungsgrund, H. J. Hirsch-FS 819; *Zechlin,* Kunstfreiheit, Strafrecht u. Satire, NJW **84**, 1091; *ders.,* Gerichtliche Verbote zeitkritischer Kunst, KJ **82**, 248; *Zielemann,* Der Tatverdächtige als Person der Zeitgeschichte, 1982; *Zippelius,* Meinungsfreiheit u. Persönlichkeitsrecht, Hubmann-FS 511.

Vgl. auch die Nachw. **7 und 16 vor § 185.**

2) Anwendungsbereich. Voraussetzung für die Anwendung des § 193 ist das Vorliegen einer **Beleidigung** nach der **äußeren und inneren Tatseite** (Bay NJW **83**, 2041; **99**, 1582; JR **98**, 385; Köln NJW **64**, 2121; Frankfurt NJW **89**, 1367; *Maiwald* JR **89**, 487; NK-*Zaczyk* 11; **aA** *Graul* NStZ **91**, 457). § 193 darf daher erst nach Prüfung und Scheitern des Wahrheitsbeweises angewendet werden (BGH **4**, 198; **7**, 392; **11**, 273; MK-*Joecks* 8; vgl. 3 zu § 192). 2

Grds. kommen alle Arten der Beleidigung des 14. Abschnitts in Frage, soweit durch den Inhalt der Äußerung und nicht durch ihre Form beleidigt wird (KG JR **88**, 522); grds. daher auch die **tätliche** Beleidigung (Bay **2**, 379; **aA** NK-*Zaczyk* 10; str.); ebenso § 188 (vgl. BGH **3**, 75 zu § 187 a aF); wohl auch § 189 (NK-*Zaczyk* 9; **aA** *S/S-Lenckner* 2; SK-*Rudolphi/Rogall* 3). Zweifelhaft ist die Anwendbarkeit des § 193 für § 187; sie ist für Ausnahmefälle (Bay RReg. 3 St 215/88 [insoweit in Bay **89**, 50 nicht abgedr.]) bei nicht angriffsweisem Vorgehen zu bejahen (BGH **14**, 48; NJW **52**, 194; NStZ **95**, 78 [m. Anm. *Jahn* StV **96**, 259]; LK-*Hilgendorf* 5 zu § 187; NK-*Zaczyk* 7; *Geppert* Jura **83**, 582; **85**, 28; *Tenckhoff* JuS **89**, 199; **aA** *S/S-Lenckner* 2). 3

Auf **andere strafbare Handlungen** findet § 193 **keine Anwendung** (vgl. *Geppert* Jura **85**, 28; *Tenckhoff* JuS **89**, 199; *Krey* BT 1, 376; MK-*Joecks* 6; NK-*Zaczyk* 12); aus § 193 lässt sich keine allgemeine „Abwägungsklausel" für Delikte gegen Individualrechtsgüter oder für Äußerungsdelikte ableiten (Düsseldorf NStZ **06**, 243, 244). So gilt § 193 zB *nicht* bei §§ 123, 203 (*Rudolphi,* Bemmann-FS 420; **aA** LK-*Jähnke* 82 zu § 203), bei § 303 (Stuttgart NStZ **87**, 122); bei § 299; bei § 164 (RG **31**, 66; *Lenckner* [1 a] 243; vgl. 17 zu § 164). 4

3) Aufbau und Anwendung der Vorschrift. § 193 enthält eine unübersichtliche Aufzählung teilweise schwer abgrenzbarer spezieller und allgemeiner **Fallgruppen,** die entgegen dem Wortlaut inhaltlich nicht gleichrangig nebeneinander stehen, sondern sich überwiegend als Konkretisierungen des Rechtfertigungsgrundes der **Wahrnehmung berechtigter Interessen** darstellen (*S/S-Lenckner* 4; vgl. auch *M/Schroeder/Maiwald* 26/33); auch die sonstigen genannten Fälle setzen daher jeweils ein „berechtigtes" Handeln voraus und sind ohne Bezugnahme auf dessen Bestimmung gar nicht anwendbar. Bei der Auslegung der festgestellten Äußerung ist von deren objektivem Sinngehalt auszugehen, wie ihn ein unbefangener verständiger Dritter versteht (BVerfGE **93**, 266; BVerfG NZV **94**, 486; BGH **19**, 235, 237; Bay NStZ-RR **02**, 210; NJW **05**, 2191; stRspr.). Grundlage der Auslegung 5 ist stets der Wortlaut; für die Erfassung des Sinnes einer Äußerung sind aber auch sonstige Umstände, welche für den konkreten Sinngehalt von Bedeutung sein können, umfassend zu berücksichtigen. Das Gericht muss sich mit allen ernstlich in Frage kommenden Deutungsmöglichkeiten auseinandersetzen; will es sich unter mehreren möglichen Deutungen für diejenige entscheiden, die zur Strafbarkeit führt, so muss es dafür besondere Gründe angeben (BVerfGE **82**, 43) und rechtfehlerfrei diejenigen Deutungen ausscheiden, die zur Straflosigkeit führen können (ausf. Bay NJW **05**, 1291 f. mwN).

6 **4) Tadelnde Urteile über wissenschaftliche, künstlerische oder gewerbliche Leistungen.** Die Formulierung der Fallgruppe ist insoweit verkürzt, als *allein* der Tadel über eine „Leistung" vom Tatbestand der §§ 185 ff. gar nicht erfasst wird. Gemeint sind hier vielmehr beleidigende Angriffe gegen die Persönlichkeit **wegen der Leistung,** und zwar nur solche (konkludenten) Ehrverletzungen, die in der Form einer Kritik an den genannten Leistungen geäußert werden. Erfasst sind öffentliche oder in Schriften veröffentlichte Äußerungen (**zB** Rezensionen; Ausstellungs-, Konzert-, Theaterbesprechungen; auch **Testberichte** in Fachzeitschriften oder Verbraucherschutz-Veröffentlichungen); aber auch individuelle Äußerungen gegenüber dem Urheber der Leistung oder Dritten. Auch gerichtliche Urteile können wissenschaftliche Leistungen sein, trotz ihrer Natur als hoheitlicher Akt (SK-*Rudolphi/Rogall* 7; MK-*Joecks* 11; *S/S-Lenckner* 5; hM). Ebenfalls einbezogen sind **Prüfungsleistungen;** die prüfungsrechtliche Verpflichtung zur Sachlichkeit bleibt unberührt. Formalbeleidigungen werden durch § 193 nicht gerechtfertigt; die Vorschrift erlaubt keine ehrverletzenden Äußerungen, welche die wissenschaftliche, künstlerische oder gewerbliche Leistung nur als *Vorwand* für eine Abwertung der Person benutzt (gerechtfertigt also die Äußerung, eine wissenschaftliche Arbeit sei „anfängerhaft", nicht aber, der Autor sei ein dummer Mensch). Welche Qualifikation der Täter aufweist, ist grds gleichgültig; auch der Kenntnislose darf Werke höchsten Anspruchs in scharfer Form tadeln.

7 **5) Äußerungen zur Ausführung oder Verteidigung von Rechten.** Hierzu zählt insb. die Geltendmachung von Rechten durch Klagen, Einlegung von Rechtsmitteln, Vergleichsvorschläge usw. (vgl. JZ **62**, 487; BVerfG NStE Nr. 6, 8; NK-*Zaczyk* 14). Für die Anwendung von § 193 ist die Ausstrahlungswirkung des Anspruchs auf rechtliches Gehör (Art. 103 I GG) zu berücksichtigen (BVerfG NJW **91**, 2075), ebenso das Grundrecht aus Art. 5 I 1 GG (BVerfG NJW **00**, 199; KG StV **97**, 485; Düsseldorf NJW **98**, 3215). Die „Verteidigung" erfordert einen (mindestens erwarteten) Angriff. Der Adressat kann ein anderer sein als die beleidigte Person (vgl. Celle NJW **61**, 231 u. NStE Nr. 7; Hamburg JR **97**, 521 m. Anm. *Foth*). Zur Anwendung auf Ausführungen von **Rechtsanwälten** für ihre Mandanten vgl. unten 14, 28.

8 Auch die Ausübung des **Petitionsrechts** ist ggf am Maßstab des § 193 zu messen (NK-*Zaczyk* 14; MK-*Joecks* 18; vgl. BVerfG NJW **91**, 1475). **Wissentlich unwahre** Tatsachenbehauptungen sind von § 193 nicht gedeckt, ebenso wenig Äußerungen, die auch aus Sicht des Rechtsinhabers (BVerfG NJW **91**, 2074) offensichtlich neben der Sache liegen. Insb. bei Schriftsätzen des Betroffenen selbst, namentlich in Ausführungen zu Petitionen, sind hinsichtlich der Schärfe der Formulierungen großzügige Maßstäbe anzulegen; erkennbar **querulatorische Äußerungen** mit beleidigendem Inhalt gegen öffentlich Bedienstete sollten nur ausnahmsweise zum Anlass für Strafanträge genommen werden; im Einzelfall vermag ein deutlicher Hinweis auf die Strafbarkeitsgrenze den Schreib- und Beleidigungsdruck zu dämpfen.

9 **6)** Hauptanwendungsfall des § 193 sind Äußerungen zur **Wahrnehmung berechtigter**, dh rechtliche anerkannter (NK-*Zaczyk* 18) **Interessen;** die Fallgruppe überschneidet sich mit der Gruppe oben 7. Hier liegt auf der Grundlage eines erlaubten Risikos nach hM ein Fall des der Lösung von Interessenkollisionen die-

nenden Grundsatzes der **Güter- und Pflichtenabwägung** vor (RG **65**, 427; **66**, 2; BGH **18**, 184; Hamm NJW **87**, 1035; *Meurer,* H.J. Hirsch-FS 656; LK-*Hilgendorf* 3; *S/S-Lenckner* 8). Die einander entgegenstehenden konkreten Interessen sind gegeneinander *abzuwägen* (Frankfurt NJW **91**, 2032 m. Anm. *Brammsen* JR **92**, 83), also das vom Täter verfolgte private oder öffentliche Interesse an der beleidigenden Äußerung, soweit diesem nach § 193 rechtliche Anerkennung zukommen kann, und das Interesse des Verletzten am Schutz seiner Ehre (BGH **18**, 182). Eine Rechtfertigung setzt voraus, dass das vom Täter verfolgte Interesse höher zu bewerten ist als das Interesse des Verletzten. Die Ehrverletzung muss überdies nach den konkreten Umständen das **erforderliche und angemessene Mittel** zur Wahrnehmung des höherwertigen Interesses sein. Den Täter trifft daher eine nach den Umständen mehr oder weniger weit gehende Informationspflicht (BGH **14**, 51; SK-*Rudolphi/Rogall* 30; **aA** *Roxin* AT 18/ 45). Bei leichtfertigen Beleidigungen aufgrund bloßer Vermutungen ist § 193 zu verneinen (MDR **53**, 401; Bay MDR **56**, 54; NJW **62**, 1120; Hamm NJW **87**, 1035; Celle NJW **88**, 354; vgl. auch BGH **3**, 75); Leichtfertigkeit liegt freilich nicht schon bei vermeidbar fehlerhafter Information vor (vgl. BVerfG StV **99**, 532, 534). Ein Vorrang des Grundrechts aus Art. 5 I GG kann sich nach Koblenz NStZ-RR **00**, 44 bei spontanen Äußerungen in einem engen Kreis von Betroffenen ergeben, für die auf Grund ihrer überlegenen Sachkunde die Haltlosigkeit des Vorwurfs offenkundig ist („Stasi-Methoden" gegenüber Mitarbeitern eines Sozialamts; vgl. auch Bay NJW **05**, 1291 [„Wegelagerer" gegenüber Polizeibeamten bei Verkehrskontrolle]). Hieraus ergeben sich folgende **allgemeine Grundsätze:**

A. Ausschluss bei Rechtsverstoß. Die Interessenwahrung darf nicht gegen das Recht oder die guten Sitten verstoßen (NK-*Zaczyk* 18). Dies ist **zB** der Fall, wenn ein anderer bewusst zu Unrecht zwecks Strafverfolgung angezeigt wird (RG **34**, 222); wenn bloße Sensation erregt werden soll (RG **36**, 422); wenn der Täter durch die Tat lediglich seine wirtschaftliche Lage verbessern will (RG **38**, 251); wenn er den Namen eines Amtsträgers ohne sachlichen Bezug zur inhaltlichen Kritik in beleidigender Weise verballhornt (Celle NStZ **98**, 88). **10**

B. Wahrung eigener Interessen. Der Täter muss grds zu dem **Zweck** handeln, **eigene Interessen** zu wahren. Es muss sich in erster Linie um *persönliche* Belange des Täters handeln; oder er muss ihnen so nahe stehen, dass es nach vernünftigem Ermessen gerechtfertigt erscheint, sich als ihr Verfechter aufzuwerfen, so bei naher Verwandtschaft, enger Freundschaft oder langjährigem Arbeitsverhältnis (Bay NJW **65**, 58); dabei kommt es auf die objektive Sachlage an. In einem Rechtsstreit ist im „Kampf ums Recht" auch die Behauptung ehrverletzender Tatsachen, soweit sie aus der Sicht des Äußernden prozesserheblich sein können, erlaubt (BVerfG NJW **91**, 2075; Düsseldorf NJW **98**, 3215); nicht aber **zB** die Bezeichnung eines als Zeuge vernommenen Polizeibeamten in einem Beweisantrag als „bedenkenloser Berufslügner" (Hamburg JR **97**, 521 [m. Anm. *Foth*]). **11**

a) Mittelbare eigene Interessen können für § 193 genügen; so bei Mitgliedschaft in einem abgegrenztem Personenkreis mit übersehbarer Zusammengehörigkeit (LK-*Hilgendorf* 19; SK-*Rudolphi/Rogall* 16); bei Zugehörigkeit zu einem Verein, einer Genossenschaft, einer Gemeinde; einer politischen Partei; hier kann das einzelne Mitglied die gemeinsamen Interessen wahren. **12**

b) Allgemeine Interessen. Auch solche allgemeinen Interessen, die jeden Staatsbürger oder doch größere, durch Religion, Politik und dergl. allgemeine Gesichtspunkte verbundene Gruppen von Staatsbürgern berühren und als berechtigtes Anliegen nahe angehen, können Grundlage einer Rechtfertigung nach § 193 sein (BVerfGE **12**, 130; BGHZ **31**, 308; BGH **12**, 287; **18**, 182; Celle NJW **53**, 1764; Hamburg NJW **54**, 1297; Düsseldorf NJW **72**, 650; Frankfurt NJW **77**, 1354; SK-*Rudolphi/Rogall* 17; NK-*Zaczyk* 20; *S/S-Lenckner* 13). Dies gilt vor allem auch für die **Massenmedien** (vgl. unten 33). **13**

14 c) **Fremde Interessen eines Einzelnen** dürfen nur wahrgenommen werden, wenn der Täter zu ihnen in nahen Beziehungen steht (RG **30**, 41), insb. **kraft Amtes oder Berufes** (**zB** als Gemeinderatsmitglied [Bay NJW **56**, 354; OVG Koblenz NJW **92**, 184]; als Geschäftsführer einer GmbH [Hamm NJW **87**, 1035]). Hierzu zählen auch geschäftsmäßig gegebene **Auskünfte über Dritte,** namentlich über wirtschaftliche Verhältnisse und Kreditwürdigkeit, Geschäfts-Prognosen und -Bewertungen. Eine besondere Fallgruppe mit unübersichtlicher Einzelfall-Rspr (Überblick bei *Ignor,* Schlüchter-GedS 317, 321 ff.) bilden ehrverletzende Äußerungen von **Rechtsanwälten** über Prozessgegner von Mandanten oder sonstige Verfahrensbeteiligte. Zu Einzelheiten vgl. unten 28.

15 **C. Angemessenheit.** Die (ehrverletzende) Wahrnehmung von (eigenen oder fremden) Interessen muss angemessen sein, die Angriffsschwere daher in einem objektiv vertretbaren Verhältnis zum Gewicht des vertretenen Interesses stehen. Das *einzige* Mittel zur Interessenwahrung braucht der Ehrenangriff nicht zu sein; Der Täter muss danach grds das schonendste Mittel (vgl. aber unten 16) wählen, das ihm nach den Umständen zuzumuten ist (BGHZ **3**, 281; **8**, 145; **24**, 207; MDR **56**, 734; hierzu *Stark* ESch 147; krit. NK-*Zaczyk* 21).

16 **D. Einzelne Fallgruppen.** Bei der Beurteilung berechtigter Interessen erweisen sich einzelne Fallgruppen regelmäßig als besonders problematisch; für sie sind in Rspr und Literatur gesonderte Konkretisierungen der allgemeinen Regeln entwickelt worden, die freilich i. e. vielfach äußerst umstritten sind:

17 a) **Äußerungen im Rahmen öffentlicher und politischer Meinungsbildung.** Das BVerfG versteht § 193 als eine besondere Ausprägung des Grundrechts der Meinungsfreiheit (BVerfGE **42**, 152; vgl. auch BGH **12**, 293); nach der in stRspr des BVerfG ausgeprägten „Wechselwirkungstheorie" (vgl. BVerfGE **7**, 207; **12**, 124) sind die allgemeinen Gesetze iS von Art. 5 II GG in ihrer das Grundrecht beschränkenden Wirkung ihrerseits im Licht der Bedeutung des Grundrechts auszulegen. § 193 ist danach als **Ausprägung des Art. 5** (BGH **12**, 293) zu verstehen (vgl. i. Ü. **Art. 10 MRK**) und verlangt eine umfassende Güter- und **Interessenabwägung im Einzelfall** (BVerfGE **12**, 125; **24**, 282; **93**, 266, 293 [= NJW **95**, 3303]; BVerfG NJW **92**, 2815; **99**, 2263; **00**, 200; **06**, 3266, 3267; JR **95**, 160 [m. Anm. *Grasnick*]; 1 BvR 2145/02; stRspr.; BGH **18**, 184; **36**, 89; NStZ **87**, 554; krit. NK-*Zaczyk* 4 ff.), welche die grundlegende Bedeutung der Meinungsfreiheit für die Konstituierung eines demokratischen Gemeinwesens (vgl. BVerfGE **7**, 198; **12**, 113; EMR NJW **07**, 1799) zu beachten hat (zur Anwendung bei der Auslegung möglicherweise volksverhetzender Äußerungen vgl. BVerfG NStZ **01**, 26). Das gilt namentlich in allen Angelegenheiten von **öffentlichem Interesse** und im politischen Meinungskampf (BVerfGE **42**, 163; **61**, 12; NJW **95**, 3303; stRspr.; vgl. dazu den Überblick bei *Brugger,* JA **06**, 687, 688 ff. [speziell zur „*Hassrede*"]); in diesem Bereich gilt eine **Vermutung zugunsten der Meinungsäußerungsfreiheit** (BVerfGE **7**, 198, 208; **61**, 1, 12; NJW **92**, 2815; **99**, 204; **06**, 3266, 3267; krit. *Tettinger,* Die Ehre (usw.), 1995, 28 u. JuS **97**, 771; *Tröndle,* Odersky-FS 266 u. 49. Aufl. 14i; *Buscher* NVwZ **97**, 1057, 1059; *Stark,* Kriele-FS 235, 237; *S/S-Lenckner* 15; *Gössel,* Schlüchter-GedS 295, 312 ff.; jew. mwN). Eine Abweichung hiervon bedarf einer Begründung, die der konstitutiven Bedeutung der Meinungsfreiheit für die Demokratie Rechnung trägt (BVerfGE **93**, 266, 293; BVerfG NJW **06**, 3266, 3267 [Bezeichnung eines früheren Sportarztes der DDR als „*Mengele des DDR-Doping-Systems*"]). Es kommt hier nicht stets darauf an, ob die Ehrverletzung das *schonendste Mittel* ist; vielmehr sind abwertende Äußerungen zulässig und angesichts der Reizüberflutung einprägsame, auch starke Formulierungen hinzunehmen, sofern sie nach Sachlage im Einzelfall nicht unverhältnismäßig erscheinen (BVerfGE **24**, 286; stRspr; vgl. auch Düsseldorf NStZ **92**, 283; Karlsruhe NJW **05**, 612, 613). Das gilt auch für Äußerungen *ad personam;* daher war **zB** nach EGMR NJW **99**, 1321 der österreichische Politiker *Haider* durch die öffent-

liche Bezeichnung als „Trottel" nicht beleidigt, die sich auf *H's* öffentliche Behauptung bezog, *alle* Soldaten des 2. Weltkrieges einschließlich der Deutschen Wehrmacht hätten „für Frieden und Freiheit" gekämpft. Auch bei der Beurteilung von ehrverletzender Kritik des Bürgers an **staatlichen Maßnahmen** sowie von herabsetzenden Werturteilen in Bezug auf staatliche Einrichtungen, ihre Bediensteten und deren Vorgehensweise ist zu bedenken, dass das Recht, Maßnahmen der öffentlichen Gewalt ohne Furcht vor staatlichen Sanktionen auch scharf zu kritisieren, zum Kernbereich der Meinungsfreiheit gehört (vgl. BVerfG NJW **92**, 2815 ff.; Bay NJW **05**, 1291; Karlsruhe NStZ-RR **06**, 173).

Eine Einschränkung erfährt der Vorrang der Meinungsfreiheit daher, wenn es sich um sog. **Schmähkritik** handelt, dh um eine herabsetzende Äußerung, bei der nicht die Sache, sondern die **Diffamierung der Person** im Vordergrund steht (BVerfGE **82**, 272; NJW **91**, 1475; **93**, 1462; **95**, 3304; **99**, 204 f.; NStZ **01**, 26 [zu § 130]; **01**, 640 f.; vgl. auch BGH(Z) NJW **00**, 1036, 1038; Bay NStZ-RR **02**, 210, 212; BGH NStZ **03**, 145 [zu § 90 a]). **Unzulässig** sind daher beleidigende Äußerungen, die in keinem sachlichen Zusammenhang zu ihrem Anlass stehen und eine allein persönlich diffamierende und herabsetzende Zielrichtung haben (BVerfG NJW **91**, 1529; BGH NJW **87**, 2227; Bay MDR **91**, 273; Frankfurt NJW **77**, 1354 und JR **96**, 250 [m. Anm. *Foth*]; Celle NStZ **98**, 88; Karlsruhe MDR **78**, 422; Koblenz NJW **78**, 1816; Zweibrücken GA **78**, 211; Düsseldorf StraFo **06**, 114; vgl. auch BGH(Z) NJW **94**, 123 [*Greenpeace-Urteil;* Bespr. *Würckner* NJW **94**, 914; *Emmerich* JuS **94**, 346]; Brandenburg NJW **96**, 1002; Karlsruhe NStZ-RR **06**, 173 mwN). Die Wertung von Äußerungen als Schmähkritik ist jedoch „eher auf die sog. **Privatfehde** beschränkt" (BVerfG NJW **95**, 3304; **99**, 204; krit. NK-*Zaczyk* 4; *S/S-Lenckner* 7 b vor § 185; *Otto* Jura **97**, 142); der Begriff ist eng auszulegen (Düsseldorf StraFo **06**, 114). **18**

Der Schutzbereich des Art. 5 I GG bezieht sich auch nicht auf Tatsachenbehauptungen, deren *Unwahrheit evident* ist; ebenso nicht auf tatsächliche Behauptungen, die der Täter selbst für unwahr hält, denn offenkundig oder jedenfalls subjektiv unrichtige Information ist „kein schützenswertes Gut" (BVerfGE **61**, 8; **85**, 15; **90**, 247; NJW **91**, 1476; **93**, 1845; **99**, 1322, 1324 [*Fall Hellnwein*]; 2263; **00**, 200; vgl. auch BGH NJW **95**, 3048 m. Anm. *Dietlein* JR **99**, 246; Bay NJW **95**, 2501 m. Anm. *Otto*; vgl. auch *Seyfarth* NJW **99**, 1290 f. mwN). Auch der **EGMR** hat festgestellt, dass vor der Verbreitung herabsetzender Äußerungen durch **Journalisten** diese idR die Richtigkeit der Behauptung zu prüfen haben (NJW **00**, 1014; vgl. auch NJW **06**, 1645, 1648 f.). Strenge Anforderungen gelten auch für die Richtigkeit von **Zitaten** (BVerfGE **54**, 219 [*Böll/Walden-Beschluss*]; **54**, 148 [*Eppler-Beschluss*]; vgl. dazu *Forkel* JZ **94**, 638; *Grimm* NJW **95**, 1699, jew. mwN). Dabei ist die Grenze reiner Tatsachenbehauptungen freilich eng gezogen (krit. *Otto* JZ **01**, 719); ein dem Schutzbereich des Art. 5 unterfallendes Werturteil liegt auch dann vor, wenn eine tatsachenhaltige Äußerung „durch Elemente der Stellungnahme, des Dafürhaltens oder Meinens geprägt ist" (BVerfGE **61**, 9; **90**, 247; [dazu *Schulze-Fielitz* JZ **94**, 902]; NJW **91**, 2075; **93**, 1845). „Echte" Fragen stehen im Hinblick auf die Meinungsfreiheit Meinungsäußerungen gleich (BVerfGE **85**, 23, 32); **rhetorische Fragen** können Tatsachenbehauptungen oder Meinungsäußerungen enthalten und bedürfen insoweit der Auslegung (BVerfG NStZ **03**, 655, 656). **19**

Ein **„Recht zum Gegenschlag"** ist in dem Sinne anzuerkennen, dass ehrverletzenden Angriffen oder überspitzter Kritik scharf und drastisch erwidert werden darf (BVerfGE **12**, 113, 132 [m. krit. Anm. *Schmidt-Leichner* NJW **61**, 819]; **24**, 286; **42**, 152; **54**, 138; BVerfG **92**, 2815; BGH **36**, 83; Düsseldorf NStZ-RR **96**, 164, 166; Bay NStZ **83**, 265; Hamburg NJW **84**, 1130 [Anm. *Otto* JR **83**, 511]; Hamm NJW **82**, 659 [*Staeck-Fall;* dazu *Otto* JR **83**, 5, 8; *Würtenberger* NJW **83**, 1150]; Frankfurt NJW **89**, 1367; NStZ **91**, 493 [Anm. *Brammsen* JR **92**, 82]; KG JR **90**, 124; LK-*Hilgendorf* 25; *S/S-Lenckner* 16; SK-*Rudolphi/Rogall* 31; NK-*Zaczyk* 31 f.; *R. Weber,* Faller-FS 443; *Otto* JR **83**, 7; *Meurer,* H.J. Hirsch-FS 657; krit. *M/Schroeder/Maiwald* 26/47). Dieses Recht zum *Gegen*schlag setzt aber stets **20** einen *Sachbezug* voraus (NK-*Zaczyk* 32; SK-*Rudolphi/Rogall* 31); der Gegenschlag muss als adäquate Reaktion (BVerfGE **24**, 286) auf eine vorausgegangene *vergleichbar formulierte* (BVerfGE **75**, 380) Ehrverletzung oder einen sonstigen entsprechenden Vorgang angesehen werden können (Köln NJW **77**, 398; and. Frankfurt JR **96**, 250 m. Anm. *Foth*; zutr. Bay NStZ-RR **02**, 210, 213 [zur Ansicht des Tatrichters, die Beleidigung des stellvertretenden Vorsitzenden des Zentralrats der Juden in Deutschland als „Zigeunerjude" sei als „Gegenschlag" gegen dessen Kritik an der Partei der „Republikaner" gerechtfertigt]). Im „Kampf ums Recht" darf ein Verfahrensbeteiligter, um seine Rechtsposition zu unterstreichen, starke und eindringliche Ausdrücke benutzen (BVerfG StV **91**, 459).

21 **Einzelfälle:** Als im Einzelfall **nicht strafbar** wurde angesehen: Feststellung, „ein Nachrichtenmagazin" sei „im Bereich der Politik das, was die Pornografie auf dem Gebiet der Moral ist" (BVerfGE **12**, 113); die CSU sei „die NPD Europas" (BVerfGE **61**, 1); Bezeichnung eines Behinderten, der an einer Wehrübung teilnehmen will, als „geb. Mörder" (NJW **92**, 2073); Bezeichnung einer Abschiebemaßnahme als „Gestapo-Methoden" (NJW **92**, 2815); Bezeichnung von Soldaten als „Mörder" auf Autoaufkleber (BVerfG NJW **94**, 2943 m. Anm. *Grasnick* JR **95**, 160; *Stark* JuS **95**, 689; *Campbell* NStZ **95**, 328; *Tettinger* JuS **97**, 772; BVerfGE **93**, 266 [abw. Votum, *Haas* ebd. 313]; *Schmitt Glaeser* NJW **96**, 874; *Tröndle*, Odersky-FS 278; vgl. auch *Hufen* JuS **96**, 738; unten 22, 26); Bezeichnung eines demokratisch gewählten Politikers als „Faschistenfreund" (E **82**, 43) oder als „Zwangsdemokrat" (E **82**, 272); Behauptung, Staatsorgane der BRep. und des Freistaats Bayern behinderten die Aufklärung neonazistischer Gewalttaten, „heizten die Mordstimmung an" und strebten die Errichtung eines „neuen Großdeutschland" an (BVerfG NJW **99**, 204; vgl. 7 a zu § 90 a); „Steckbrief" des als „Kriegsminister" bezeichneten Bundesverteidigungsministers mit Hinweis, er sei der Beihilfe zum Völkermord „dringend verdächtig" (Naumburg NZWehrr **95**, 40); Bezeichnung eines Bischofs als „Kinderschänder" in einer Satirezeitschrift (Frankfurt JR **96**, 250 m. Anm. *Foth*); Bezeichnung der PDS als „Mörderbande" und „Verbrecherbande" (KG DtZ **92**, 286); Behauptung, ein bestimmter Beamter „wache nur auf, um die Bürger für dumm zu verkaufen" (Düsseldorf NJW **92**, 1336); Verwendung des Begriffs *„Auschwitz-Mythos"* mit dem Ziel, die NS-Massenmorde in Frage zu stellen (AG Hamburg NJW **95**, 1039 mit der erstaunlichen Erwägung, der Begriff könne mit dem der *„Auschwitz-Lüge"* nicht gleichgesetzt werden; iErg ebenso LG Hamburg NStZ-RR **96**, 262; vgl. 30 f. zu § 130); Plakataktion gegen Bundesumweltminister mit der Behauptung, er weigere sich, FCKW zu verbieten (BVerfG NJW **99**, 2359); Bezeichnung eines Arztes als „Tötungs-Spezialist für ungeborene Kinder" (BVerfG NJW **06**, 3769); Bezeichnung einer rechtsextremistischen Vereinigung als „Rechtsterroristen" gegenüber einem Zeitungsredakteur und Wiedergabe in dessen Artikel in indirekter Rede (AG Pforzheim NStZ-RR **03**, 202); öffentlicher Vorwurf der „Lüge" und der Bereitschaft, „über Leichen zu gehen", gegen einen Kommunalpolitiker (BVerfG 1 BvR 2145/02); Äußerung in einem Flugblatt, ein Arzt, der gesetzlich erlaubte (§ 218 a I) Abtreibungen vornehme, werde „zum gefährlichsten Menschen im Staat" (Karlsruhe NJW **05**, 612, 613 f.; zum zivilrechtlichen Schutz des Persönlichkeitsrechts vgl. BGHZ **161**, 266 [= NJW **05**, 592]); Bezeichnung eines bei einer Versammlung in Zivil eingesetzten Polizeibeamten als „Spitzel" (Bay NStZ **05**, 215 [„Gegenschlag" nach verbaler Provokation]).

22 Auch die Äußerung *„Soldaten sind potentielle Mörder"* ist in Anwendung der genannten Grundsätze nicht in jedem Fall als allein diffamierende Schmähkritik anzusehen und strafbar; vielmehr kommt es *im Einzelfall* darauf an, ob überhaupt eine hinreichend konkretisierte Personenmehrheit gemeint ist und ob nach Ort, Zeit und Umständen der Äußerung dieser ein – über allgemein moralisches „Meinen" hinausgehender – Tatsachenkern innewohnt, welcher eine bestimmbare Anzahl von Personen als sittlich verachtenswert darstellt (BVerfGE **93**, 266; BVerfG NJW **94**, 2943; Nachw. zur Kritik unten 26; vgl. aber auch *Dencker*, Bemmann-FS 291 ff.). Das ist etwa der Fall, wenn individualisierte oder unter einer hinreichend konkretisierten Kollektivbezeichnung bestimmte Soldaten als *„Folterknechte"*, *„KZ-Aufseher" oder „Henker im Wartestand"* beschimpft werden (AG Speichingen NJW **91**, 1496; vgl. BGH **36**, 83). Werden dagegen, etwa aus pazifistischer Überzeugung, „alle Soldaten dieser Welt" unter Bezugnahme auf örtlich und zeitlich entfernte Kriegshandlungen als *potentielle Mörder* beschimpft, so überwiegt das Element des von Art. 5 I GG gedeckten allgemeinen politischen „Meinens" (ebenso *W/Hettinger* 518). Dasselbe gilt von Äußerungen wie *„Lehrer sind Kindermisshandler"*, *„Beamte sind korrupt"*, Richter seien *„Henkersknechte"* oder *„Politiker seien Volksverräter"*. Die Ehre einzelner Mitglieder der so beschimpften Bevölkerungsgruppen ist durch derart undifferenzierte – und idR sich selbst disqualifizierende – Äußerungen nur dann in einem den Rechtsfrieden gefährdenden Maße verletzt, wenn sich aus den Umständen des Einzelfalls eine (konkludente) *Konkretisierung* ergibt.

Als **von Art. 5 nicht gedeckte** Ehrverletzungen wurden angesehen: Behauptung eines Rezensenten, ein Dichter sei „steindumm, kenntnislos und talentfrei" (BVerfG NJW **93**, 1462); Leugnung des nationalsozialistischen Rassenmords (BVerfGE **90**, 249 m. Anm. *Schulze-Fielitz* JZ **94**, 902; NJW **93**, 916 [vgl. dazu 10 vor § 185 und § 130 III); Behauptung inzestuöser Beziehungen einer bekannten Sportlerin (Karlsruhe NJW **94**, 1963); Bezeichnung eines früheren Sportarztes der DDR als „*Mengele des DDR-Doping-Systems*" (vgl. BVerfG NJW **06**, 3266). **23**

Kritik. Die Rspr. des BVerfG (Überblick über **zivilrechtliche** Folgerungen bei *Seyfarth* NJW **99**, 1287 ff.) und die ihr – teils unter ausdrücklichem Protest (vgl. Bay **94**, 124: „weitgehende Beseitigung des Ehrenschutzes"; vgl. auch Bay NJW **05**, 1291) – folgende Rspr. der Fachgerichte sind auf scharfen Widerspruch und Kritik gestoßen (vgl. etwa *Schmitt Glaeser* AöR **97**, 276 und **113**, 52, 96 ff.; JZ **83**, 95; NJW **96**, 873; *Stürner* JZ **94**, 865; *v. d. Decken* NJW **83**, 1400; *Stark* JuS **95**, 691 und Kriele-FS 235; *Tettinger* JZ **83**, 317 und Die Ehre – ein ungeschütztes Rechtsgut?, 1995, 28; *Isensee* AfP **93**, 619, 626; JZ **96**, 1085; Kriele-FS 266; *Ossenbühl* JZ **95**, 633; *Gornig* JuS **88**, 278; *R. Weber,* Faller-FS 455; *v. Münch/Kunig* [*Wendt*], GG, 83 zu Art. 5; *Kiesel* NVwZ **92**, 1130; *Redeker* NJW **93**, 1836; *Sendler* ZRP **94**, 349; *Grasnick* JR **95**, 163; *Tröndle,* Odersky-FS 266 und 49. Aufl. 14 a bis 14 w; *Hager* AcP **96**, 168; *Diedrichsen* Jura **97**, 47; *Forkel* JZ **94**, 637; *Foth* JR **96**, 253; *Otto* JR **83**, 1, 513; NStZ **96**, 127; Jura **97**, 141; *Krey* JR **95**, 225; *Schmittmann* NStZ **96**, 497; *Würtenberger* NJW **83**, 1146; *Tenckhoff* JuS **89**, 201; *Brammsen* JR **92**, 85; *Herdegen* NJW **94**, 2933; *Mager* Jura **96**, 405; *Meurer* H.J. Hirsch-FS 651, 660 ff.; *W/Hettinger* 518; *Arzt/Weber* 7/25; jew. mwN; krit. auch *Lackner/Kühl* 1, 12 a; NK-*Zaczyk* 2 ff., 6 und H.J. Hirsch-FS 819; *S/S-Lenckner* 15; **Gegenkritik** u. a. bei *Dencker,* Bemmann-FS 291; *Kübler* NJW **99**, 1281; zur Rspr. des BVerfG vgl. auch *Grimm* ZRP **94**, 229; NJW **95**, 1697 und DRiZ **96**, 229). **24**

Die Kritik richtet sich zum einen gegen die **Kompetenz,** die das BVerfG für sich bei der **Auslegung** inkriminierter Äußerungen in Anspruch nimmt, zum anderen gegen die Einbeziehung von § 193 in die „Wechselwirkungs-Theorie" zu Art. 5 GG, iErg aber vor allem gegen eine nach vielfacher Ansicht *zu weit* gehende Anerkennung berechtigter Interessen im Bereich öffentlicher Auseinandersetzungen und im politischen Meinungsstreit. Hieran ist zutreffend, dass die allgemeine Reizüberflutung und die hierdurch mitbewirkte Niveaulosigkeit und Verrohung der öffentlichen Diskussion nicht dazu führen darf, die Meinungsfreiheit im Sinn einer „Beschimpfungsfreiheit" (vgl. *Foth* JR **96**, 254) als vorrangig gegenüber dem Recht des einzelnen anzusehen, im Meinungsaustausch über öffentlich interessierende Themen nicht mittels wahlloser Beschimpfungen, moralischer Verdächtigungen oder willkürlicher Abwertungen im wahrsten Sinne „niedergebrüllt" zu werden. Der – berechtigten – Sorge des BVerfG, bei einer zu engen Auslegung des Art. 5 GG bestehe die Gefahr einer Lähmung oder Verengung des Meinungsbildungsprozesses und einer Minderung der Bereitschaft, vom Grundrecht der Meinungsfreiheit Gebrauch zu machen (vgl. BVerfGE **54**, 139; **60**, 241; **82**, 282; **83**, 146; **86**, 10; **90**, 248; **93**, 295; krit. *Stark,* Ehrenschutz, 55, 63), kann entgegengehalten werden, dass die *Wirklichkeit* des solcherart geschützten Kommunikationsprozesses sich nicht selten als bloße Abbildung einer am Recht des Stärkeren orientierten Moral des Aus-dem-Weg-Räumens erweist (zutr. *S/S-Lenckner* 15: Das Argument „trägt den Keim der Eskalation bereits in sich"; einschränkend im Hinblick auf ein demokratiespezifisches „Berufsrisiko" aber *Kübler* NJW **99**, 1285 f.). So schlägt der Schutz der Meinungsfreiheit vom *Minderheitsschutz* in sein Gegenteil um, indem er zum Obsiegen des sozial Stärkeren und psychisch Robusteren führt. **25**

Die gegen das BVerfG gerichtete Kritik lässt freilich gelegentlich ihrerseits Mäßigung im Ton vermissen (zutr. *Dencker,* Bemmann-FS 291 ff.; *Vesting* AöR **97**, 337 f.), ist vielfach auch *Partei* des jeweiligen öffentlichen Streits und hält auch rechtsvergleichenden Erwägungen nicht stand (vgl. etwa die Rspr des EGMR zu Art. 10 EMRK [zusf. EGMR NJW **99**, 1318, 1320; 1321]; *Kübler* NJW **99**, 1282 mwN). Insgesamt stehen Anlass und sachlicher Gehalt, Breite und Schärfe der Diskussion nicht selten im Missverhältnis; auch die verfassungsrechtliche und strafrechtswissenschaftliche Bedeutsamkeit wird gelegentlich überschätzt. So erscheint etwa die jahrelange aufgeregte Diskussion um die Strafbarkeit des inhaltlich eher belanglosen **Tucholsky-Zitats**, *Soldaten* seien *„potentielle Mörder"* (zur „Original"-Äußerung vgl. KG JW 1933, 972) im Rückblick als eher wort- denn inhaltsreich (insoweit zutr. *Kubiciel/Winter* ZStW **113**, 305. Zur Diskussion vgl. **einerseits** BVerfG NJW **94**, 2943 [m. Anm. *Campbell* NStZ **95**, 328; *Grasnick* JR **95**, 160; *Stark* JuS **95**, 689; *Tettinger* JuS **97**, 772]; BVerfGE **93**, 266 m. abw. Votum *Haas* ebd. 313 [Anm. *Otto* NStZ **96**, 127]; Frankfurt JR **92**, 79; LG Frankfurt NJW **88**, 2683; NStZ **90**, 233; **andererseits** Bay NJW **91**, 1494 [m. Anm. *Brammsen* JR **92**, 76]; vgl. dazu u. a. *Herdegen* NJW **94**, 2933; *Steinkamm* NZWehrr **95**, 48; *Gounalakis* NJW **96**, 485; *Schmitt Glaeser* NJW **96**, 874; *Tröndle,* Odersky-FS 276; *Hufen* JuS **96**, 738; *Giernig* StV **92**, 194; *Mager* Jura **96**, 405; *Zuck* JZ **96**, 364; *Sendler* NJW **96**, 825; *Isensee* JZ **96**, 1085 und Kriele-FS 5, 42; *Braum* KritV 371, 390; *Dencker,* Bemmann-FS 291; alle mwN; vgl. dazu auch oben 22). **26**

27 **Im Ergebnis** ist dem BVerfG darin zuzustimmen, dass im Bereich der Teilnahme an der öffentlichen Diskussion politischer und sonst allgemein interessierender Fragen großzügigere Maßstäbe an die Wahrnehmung berechtigter Interessen anzulegen sind als im Bereich der sog. „Privatfehde" und jedenfalls im Zweifel für die Meinungsfreiheit zu entscheiden ist. Da, wo der Sache nach das Element des *Meinens* und der *„Überzeugung"* überwiegt, ist um der Freiheit der Äußerung willen die Möglichkeit des Missbrauchs hinzunehmen.

28 **b) Ehrverletzungen durch Rechtsanwälte im Rahmen der Mandatsausübung.** Auch der Rechtsanwalt (vgl. schon oben 14) bedarf eines besonderen Auftrags; sein Beruf allein berechtigt ihn nicht, fremde Interessen zu wahren (NJW **71**, 285; vgl. auch *S/S-Lenckner* 22; NK-*Zaczyk* 45; MK-*Joecks* 17, 24, 45; *Herdegen* LdR 100). Soweit er in seiner beruflichen Funktion im Auftrag und als Interessenvertreter seines Mandanten tätig ist, kommt ihm die Äußerungsfreiheit zu, die seine Stellung als unabhängiges Organ der Rechtspflege erfordert (vgl. BVerfG NJW **96**, 3267; **00**, 199; **03**, 3263 f.; auch *Jaeger* NJW **04**, 1). Hierzu gehört auch die Weitergabe von Informationen, die er von seinem Mandanten erhalten hat. Eine regelmäßige *Kontrolle* der von Mandanten mitgeteilten Tatsachen ist von einem Rechtsanwalt nicht zu verlangen (BVerfG NJW **03**, 3263, 3264 [Inanspruchnahme eines Bürgen mit der Mitteilung, „nach Auskunft unserer Mandantschaft" sei die Hauptschuldnerin zahlungsunfähig]), wenn nicht konkrete Anhaltspunkte dafür vorliegen, dass ehrverletzende Tatsachenbehauptungen unzutreffend sind. Ein RA darf nicht *leichtfertig* für seinen Mandanten ehrkränkende Schlussfolgerungen tatsächlicher Art (Hamburg MDR **80**, 953 [Anm. *Molketin* AnwBl. **81**, 76]) oder unangemessen ehrverletzende Wertungen vortragen (Düsseldorf NStZ-RR **96**, 7) oder ohne tatsächliche Anhaltspunkte ins Blaue hinein die Gegenpartei oder Zeugen verdächtigen, Straftaten begangen zu haben (vgl. Hamburg NJW **52**, 903; Hamm NJW **71**, 1850; LG Köln MDR **73**, 65). Überwiegen in einer Mischung tatsächlichen und wertenden Vorbringens insgesamt die **wertenden** Elemente und dienen drastische, auch polemisch überzogene Sachverhaltsbehauptungen insoweit nur der Illustration und Stützung des Werturteils, so ist die Grenze des § 193 nur überschritten, wenn ehrverletzende **Tatsachen** bewusst unrichtig dargestellt werden oder ihre Unhaltbarkeit auf der Hand liegt (vgl. Düsseldorf NJW **98**, 3214; Bay NStZ-RR **02**, 41 f. [Vorwurf der Rechtsbeugung]; AG Magdeburg NStZ-RR **04**, 203 f. [Vorwurf bewusst dilatorischer, willkürlicher Verfahrensführung zur Macht-Demonstration]; vgl. aber auch BGHR § 138 a I Nr. 1 StPO Tatbeteiligung 3), oder wenn die wertenden Schlussfolgerungen in keinem vertretbaren Verhältnis zu (zutreffenden) Tatsachenbehauptungen stehen (Bremen NStZ **99**, 621; Bay JZ **01**, 717 [Anm. *Otto*]). Das Verhalten von Rechtsanwälten muss „**zurückhaltend, ehrenhaft und würdig** sein" (EGMR NJW **04**, 3317); das schließt „eine gewisse Freiheit" beim Vortrag vor Gericht selbstverständlich nicht aus (ebd.).

28 a Der Schutz von Tatsachenbehauptungen endet dort, wo sie zur Meinungsbildung nicht beitragen können (BVerfGE **90**, 241, 247); das ist bei bewusst oder erwiesen unwahren Tatsachenbehauptungen der Fall; in jedem Fall bedarf es eines hohen Maßes an „Sorglosigkeit im Umgang mit der Wahrheit" (BVerfG NJW **00**, 199, 200). Polemische, unnötig scharfe (Düsseldorf NStZ **98**, 516: Vorwurf objektiver Willkür), selbst standeswidrige Interessenvertretung kann, soweit sie nicht völlig sachwidrig ist, iS von § 193 berechtigt sein (BVerfG NJW **00**, 199; KG StV **97**, 486; NStZ-RR **98**, 12), ebenso übertreibende Bewertungen wie „Wucher", „erpressen" (Köln NJW **79**, 1723; vgl. auch BVerfG StV **91**, 459). Soweit sie auf Tatsachen gestützt sind, darf ein Rechtsanwalt auch ehrenrührige Schlussfolgerungen ziehen und Wertungen vortragen, sofern nicht eine **zusätzliche Abwertung** damit verbunden ist (BVerfG NJW **99**, 2263; Düsseldorf NStZ-RR **96**, 7; NJW **98**, 3214; vgl. aber auch KG StV **97**, 485 [Vortrag in einer Dienstaufsichtsbeschwerde, ein Richter sei entweder „zu dumm" oder habe absichtlich falsch ent-

schieden]; NStZ-RR **98**, 12 [Beisitzer seien dem Vorsitzenden „hörig"]; EKMR EuGRZ **99**, 119 [Äußerung eines Verteidigers, der StA habe die Anklage „im Zustand der Volltrunkenheit" verfasst, nicht durch Art. 10 MRK gerechtfertigt]; Jena NJW **02**, 1890f. [Rechtsbeugungsvorwurf gegen Staatsanwalt wegen Strafantrags]). Ehrverletzende Äußerungen, die in Kenntnis ihrer Unwahrheit oder trotz offenkundiger Unhaltbarkeit gemacht werden, sind durch § 193 nicht gedeckt (BVerfG NJW **91**, 459f.; **00**, 3196; BGH StV **87**, 533; JZ **62**, 486 m. Anm. *Weitnauer*; KG JR **88**, 523; Hamburg MDR **80**, 953; LG Hechingen NJW **84**, 1766; vgl. auch *Walter* JZ **86**, 614); ebenso wenig herabsetzende Äußerungen, zu welchen der Verfahrensbeteiligte oder der Verfahrensablauf keinen Anlass gegeben haben (BVerfG NJW **88**, 194; BGH NJW **88**, 1100), die in keinem Zusammenhang mit der Rechtsverfolgung stehen (BVerfG NJW **91**, 2077; KG JR **88**, 523; Düsseldorf NJW **98**, 3215), sowie beleidigende Wertungen, die auf grob leichtfertiger (vgl. BVerfG NJW **00**, 199) Prüfung der Schlüssigkeit von **Tatsachenbehauptungen** beruhen (vgl. Hamburg NJW **52**, 903; MDR **80**, 953; KG JR **88**, 523). § 193 deckt auch keine *rechtsfeindliche* Interessenvertretung; Äußerungen sind rechtswidrig, wenn sie unter dem Deckmantel einer Vertretung vorgetragen werden; so etwa im Falle der Leugnung des Rassenmordes an der jüdischen Bevölkerung (BVerfG NJW **93**, 916) oder der Verunglimpfung ermordeter Juden (EzSt § 189 Nr. 1; vgl. auch BGH NStZ **87**, 554). Ist ein **Rechtsanwalt selbst Angeklagter,** so dürfen an ihn insoweit keine höheren Anforderungen gestellt werden als an andere Angeklagte (KG JR **88**, 523); das Gewicht des Ehrenschutzes ist i. Ü. bei Äußerungen unter Angehörigen juristischer Berufe nicht höher als bei Äußerungen gegenüber Dritten (BVerfG NJW **99**, 2262).

c) Gefangenenpost. Eine gesonderte Fallgruppe bilden beleidigende Äußerungen in der der Briefkontrolle unterliegenden **Gefangenenpost** unter Familienangehörigen und nahe stehenden Personen (vgl. dazu *Hillenkamp,* H.J. Hirsch-FS 555, 559ff.). Bei der Beurteilung, ob, ein geschütztes enges persönliches Vertrauensverhältnis vorliegt, das nicht auf Familienangehörige oder Partner von Liebesbeziehungen beschränkt werden kann, sind der Charakter der Beziehung sowie Inhalt und Kontext der Äußerung zu berücksichtigen (BVerfG NJW **07**, 1194). Für die Bestimmung der Grenze der Wahrnehmung berechtigter Interessen ist hier vor allem auch zu berücksichtigen, dass Äußerungen im engen Kreis persönlicher Lebensbeziehungen grds der Strafverfolgung wegen Ehrverletzungsdelikten entzogen sind (vgl. 12 zu § 185). Auch Äußerungen grob herabsetzenden und diffamierenden Inhalts ebenso wie fern liegende, abwegige und maßlose Qualifizierungen staatlicher Maßnahmen, insb. des Strafvollzugs oder des der Haft zugrunde liegenden Verfahrens, unterfallen nach stRspr. des BVerfG und nach hM dem Schutzbereich des Art. 5 I GG und sind daher jedenfalls grds gerechtfertigt (vgl. BVerfGE **90**, 255, 261; BVerfG NJW **07**, 1194, 1195); solche Äußerungen rechtfertigen daher idR weder Bestrafung noch Disziplinarmaßnahmen (§§ 102ff. StVollzG) noch ein Anhalten der Briefe (§ 31 StVollzG, § 119 III StPO). Nach BVerfGE **90**, 261 darf die beleidigungsfreie (Privat-)Sphäre auch durch die *Zwangsmaßnahme* der Briefkontrolle „nicht in eine öffentliche Sphäre umdefiniert werden", falls nicht der Äußernde selbst die Vertraulichkeit aufhebt oder wenn gar „eine Mitteilung an Vertrauenspersonen nur genutzt wird, um den Briefkontrolleur oder durch ihn Dritte zu treffen" (BVerfGE **90**, 262; NStZ **96**, 509; vgl. auch KG StV **02**, 209; *Wolff-Reske* Jura **96**, 184; *Berndt* NStZ **96**, 115, 157; *Hillenkamp,* H.J. Hirsch-FS 555, 568ff.). **29**

Einzelfälle: Für straffrei gehalten worden ist (jew. in Briefen von Gefangenen an Angehörige oder umgekehrt): Bezeichnung von Richtern als „verlogene Gerechtigkeits-Prediger" (BVerfG StV **91**, 306; krit. *Kiesel* NVwZ **92**, 1133); von Vollzugsbediensteten als „an der Grenze des Schwachsinns tümpelnd", „pervers", „sadistisch" usw. (NJW **95**, 383), als „Kretins (Schwachsinnige)" oder als „KZ-Aufseher" (BVerfGE **90**, 255 [Anm. *Wasmuth* NStZ **95**, 100 u. *Popp* NStZ **95**, 413)]; Bezeichnung des OLG Nürnberg als „Reichsparteitags-OLG" (BVerfG NJW **95**, 1477 [krit. Anm. *Kiesel* JR **95**, 379]; vorausgehend BVerfG NJW **94**, 1149; Bamberg **30**

NJW **94**, 1972 [vom BVerfG aufgehoben; hierzu auch *Soehring* NJW **97**, 367]); Beschimpfungen von Staatsanwältinnen als „rotes Drecksvolk" (BrandbgOLG StV **95**, 420); Bezeichnung von Vollzugsbediensteten einer bestimmten JVA als „unfähige Arschlöcher", die im Unterschied zu einer anderen JVA Gefangene „wie ein Stück Dreck" behandeln (BVerfG NJW **07**, 1194).

31 **Einschränkung.** Justiz- und Vollzugsbedienstete sind freilich nicht verpflichtet, ihre Persönlichkeit im Kern treffende Diffamierungen hinzunehmen und ihre Kundgabe aktiv zu fördern. Auch die *Tatbestandslösung* (vgl. 12 zu § 185; *Hillenkamp,* H.J. Hirsch-FS 568 ff. u. JuS **97**, 823; einschr. für besonders gravierende Herabsetzungen NK-*Zaczyk* 39 vor § 185) nimmt zutr. eine Überschreitung der Grenze des straffreien Raums an, wenn Mitteilungen an Vertrauenspersonen ersichtlich (auch) in **provokativer Absicht** gegenüber den nach Kenntnis des Gefangenen die Briefkontrolle ausübenden Personen erfolgen (vgl. BVerfGE **90**, 262; NJW **97**, 2186; *Hillenkamp* aaO 573 f.); zu berücksichtigen ist auch die erhebliche Erschwerung der Aufgabenerfüllung von Vollzugsbediensteten durch ein Klima der Beschimpfung und haltlosen Diffamierung. **Nicht** gerechtfertigt sind daher diffamierende **Tatsachenbehauptungen** über angebliche Übergriffe, Misshandlungen oder Schikanen von Vollzugsbediensteten, wenn solchen Behauptungen jeder Wahrheitskern fehlt. Entsprechendes gilt für vollzugsrechtliche Anträge, Eingaben und **Rechtsbehelfe** von Gefangenen (vgl. Karlsruhe NStZ-RR **06**, 173).

32 **d) Strafanzeigen.** Die Anzeige von Straftaten und Dienstvergehen (Düsseldorf VRS **60**, 116) steht jedem Staatsbürger frei, so dass die nicht bewusst falsche Behauptung einer strafbaren Handlung unter § 193 fallen kann, selbst wenn der Anzeigende von ihr gar nicht betroffen ist (Bay NJW **54**, 1011; Köln NJW **97**, 1247; *Müller-Dietz,* Tröndle-FS 579; SK-*Rudolphi/Rogall* 19; *M/Schroeder/Maiwald* 26/52; oben 12 f.). Den Anzeigenden trifft aber eine gewisse **Prüfungspflicht** bezüglich der Richtigkeit des Anzeigeninhalts. Er braucht nicht positiv überzeugt zu sein von dem Begründetsein der Anzeige; dies gilt vor allem bei der sog. *Aufklärungsanzeige.* Er darf aber seinen Verdacht nicht durch unwahre Angaben zu erhärten suchen (Köln NJW **97**, 1247; Fahl JA **98**, 365).

33 **e) Presse, Rundfunk, Fernsehen.** Die Pressemedien (iwS) nehmen bezüglich der Wahrung berechtigter Interessen keine Sonderstellung ein (umf. Rspr.-Übersicht bei *Soehring/Seelmann-Eggebrecht* NJW **00**, 2466 ff.); auch nicht, wenn es sich um politische oder Fachmedien handelt (BGH **18**, 182; NK-*Zaczyk* 36). Sie nehmen ein berechtigtes Interesse wahr, wenn sie im Rahmen ihrer **öffentlichen Aufgabe** die Öffentlichkeit unterrichten oder Kritik üben (vgl. EGMR NJW **06**, 1645, 1648 f.; BVerfGE **10**, 121; Düsseldorf NJW **92**, 1335; vgl. auch *S/S-Lenckner* 15, 18; SK-*Rudolphi/Rogall* 18; *M/Schroeder/Maiwald* 26/44; *Arzt-Weber* BT, 7/23). Zur Pressefreiheit, die sich aus der bedeutsamen Rolle der Presse für die öffentliche Meinungsbildung und eine wirksame demokratische Kontrolle ergibt, gehört auch das Recht zu Übertreibung und Provokation (EGMR **06**, 1645, 1646). Dabei sind die Grenzen zulässiger öffentlicher Kritik bei Angehörigen des öffentlichen Dienstes, wenn sie in amtlicher Eigenschaft tätig werden, und bei Politikern weiter als bei Privatpersonen (ebd. 1649). Eine lediglich der Diffamierung dienende Kritik ist freilich weder durch die Meinungs- und Pressefreiheit noch durch § 193 gedeckt (vgl. BGHZ **80**, 25 [*Wallraff*-Urteil; krit. *Bettermann* NJW **81**, 1063; *Roellecke* JZ **81**, 688; *W. Maier* JZ **82**, 242; *Geerds* JR **82**, 183], aufgeh. durch BVerfGE **66**, 116, 137 [hierzu *Ossenbühl* JZ **95**, 635; *Stern,* Oehler-FS 474]). An die **Prüfungspflicht** der Presse, die zu wahrheitsgemäßer Berichterstattung verpflichtet ist (BGH **4**, 338; BVerfGE **12**, 130; **54**, 219 [*Böll*-Beschluss; hierzu *Roellecke* JZ **80**, 701; *W. Schmidt* NJW **80** 2066; *Schmitt Glaeser* JZ **83**, 97; *Tettinger* JZ **83**, 321; *Kübler* JZ **84**, 545]), sind im Hinblick auf ehrenrührige **Tatsachenbehauptungen** *hohe Anforderungen* zu stellen (BGH **14**, 51; NJW **63**, 904; **77**, 1288 f.; **97**, 786 m. Anm. *Helle*; Hamburg NJW **67**, 213; Stuttgart NJW **72**, 2320; Karlsruhe NJW-RR **95**, 478; Brandenburg NJW **95**, 888; LG Berlin NJW **97**, 1373; *S/S-Lenckner* 18; NK-*Zaczyk* 44; *Stark* [1 a] 64); dabei sind freilich auch die zeitlichen Grenzen

einer **Informationsmöglichkeit** der Presse zu berücksichtigen (vgl. BVerfGE **85**, 22). Bei der Veröffentlichung ist dem Betroffenen regelmäßig vorab Gelegenheit zur **Stellungnahme** zu geben; bestreitet er die Behauptung, so darf dies nicht verschwiegen werden. Entsprechendes gilt für die Frage, ob § 193 die Veröffentlichung von **Namen** der an ehrenrührigen Vorgängen Beteiligten deckt (vgl. BVerfGE **35**, 220; BGH NJW **63**, 484; **00**, 1036; Düsseldorf MDR **71**, 661; Stuttgart NJW **72**, 2320).

Bei der **Berichterstattung über Strafverfahren** ist es unzulässig, die Einleitung des Ermittlungsverfahrens oder die Anklage mit dem Nachweis der Schuld gleichzusetzen (BGH(Z) NJW **00**, 1036; Frankfurt NJW-RR **90**, 990; München NJW-RR **96**, 1488, 1494; Brandenburg NJW **95**, 888); entlastende Tatsachen sind mitzuteilen; insb. bei nur bruchstückhafter Sachverhaltskenntnis ist idR eine Stellungnahme des Beschuldigten einzuholen (NJW **00**, 1036, 1037 f.). Eine Berichterstattung unter voller **Namensnennung des Beschuldigten** ist nur bei Verfahren von besonderem öffentlichen Interesse gerechtfertigt. Auch wahrheitsgetreue Berichte über Gerichtsverhandlungen (vgl. aber § 353 d) unterliegen den allgemeinen Regelungen. Auf die Zuverlässigkeit von Tatsachenmitteilungen darf sich ein Journalist idR verlassen (EGMR NJW **00**, 1014); eine **„Verdachtsberichterstattung"** über strafrechtliche **Ermittlungsverfahren** ist auch unter namentlicher Nennung des Beschuldigten zulässig, wenn sie nicht bewusst einseitig und präjudizierend formuliert ist, eine Stellungnahme des Beschuldigten eingeholt wurde, ein „Mindestbestand an Beweistatsachen vorliegt und die **Namensnennung** durch ein Verfahren wegen schwerer Straftaten oder solcher, die besonderes Interesse der Öffentlichkeit auf sich ziehen, gerechtfertigt ist (vgl. i. E. BGH(Z) NJW **00**, 1036 mwN; LG Berlin [Z] AfP **02**, 62). **34**

f) Kunstfreiheit und Ehrenschutz. Die Kunstfreiheitsgarantie des Art. 5 III S. 1 GG (10 zu § 131) unterliegt nicht dem Vorbehalt des Art. 5 II GG; es ist aber allgemein anerkannt (*Henschel* NJW **90**, 1940; *S/S-Lenckner* 19; NK-*Zaczyk* 41), dass sie *nicht schrankenlos* gilt. Sie kann aber nur durch ihrerseits verfassungsrechtlich legitimierte Werte, insbesondere durch die in Art. 1 GG garantierte Würde des Menschen sowie durch den verfassungsrechtlich geschützten Persönlichkeitsbereich begrenzt werden (BVerfGE **30**, 189 [*Mephisto-Fall*]; LK-*Hilgendorf* 9), woraus sich ergibt, dass **Schmähkritik** (dazu oben 18) auch in künstlerischer Form von der Kunstfreiheitsgarantie des Art. 5 III S. 1 GG nicht gedeckt ist (zutr. für eine enge Auslegung des Begriffs aber BGH(Z) NJW **00**, 1036, 1038; Überblick über die neuere Rspr bei *Karpen/Nohe* JZ **01**, 801 ff.). **35**

Grds sind Ehrverletzungen auch im Kunstbereich tatbestandsmäßig (Hamburg JR **83**, 508; *Geppert* JR **85**, 430; *Lackner/Kühl* 14; vgl. auch MK-*Joecks* 47 ff.; str.; **aA** KG NStZ **92**, 385 f. [m. Anm. *Liesching/v. Münch* NStZ **99**, 85]; *Erhardt* [1 a zu § 185] 178; zum österr. Recht: *Triffterer/Schmoller* ÖJZ **93**, 551); ihre mögliche Rechtfertigung folgt aber nach hM nicht den Abwägungsgrundsätzen des § 193, sondern unmittelbar aus Art. 5 III S. 1 GG. **Rspr. und hM** gehen zutr. von einem formalen, **offenen Kunstbegriff** (8 zu § 184) aus (vgl. BVerfGE **67**, 213, 226 m. Anm. *Otto* NStZ **85**, 213; **75**, 369, 377 [m. Anm. *Würkner* NStZ **88**, 23 u. NJW **88**, 317]; **83**, 130; BGH **37**, 55 [Anm. *Maiwald JZ* **90**, 1141; krit. *Schroeder,* Pornografie, Jugendschutz u. Kunstfreiheit, 1992, 52 ff.]), der es ausschließt, auf der Grundlage eines *„Exklusivitätsverhältnisses"* von Beleidigung und Kunst eine Rechtfertigung für „schlechte" Kunst (dh Nicht-Kunst) zu versagen (so noch *Tröndle* 49. Aufl.). Der hierin liegende Konflikt verlangt eine Abwägung im Einzelfall; er ist freilich durch die Aufgabe eines *materiellen* Kunstbegriffs (BGH **37**, 55) nicht *größer,* sondern nur *deutlicher* geworden (ähnl. *S/S-Lenckner* 19). Die **Rspr.** ist, obgleich sie weithin übereinstimmende allgemeine Formeln voranstellt, nicht stets voraussehbar (vgl. **zB** BVerfGE **67**, 213 [*„Anachronistischer Zug"*, Straßentheater; dazu *Otto* NStZ **85**, 214; *Würkner* NJW **88**, 318]; **75**, 373 [Karikatur]; **86**, 1 [scharf abl. *Arzt/Weber* 7/25; vgl. auch *Otto* JR **94**, 474]; BGH[Z] NJW **75**, 1844 [Thea- **36** ter]; Bay **93**, 111; Bay NJW **99**, 1982 [„Zwischenbemerkung" eines Liedermachers; vgl. dazu *Foth* JR **98**, 387]; Hamburg NJW **84**, 1130 [„Schlüsselroman"; vgl. dazu *Otto* JR **83**, 511]; Karlsruhe [Z] NJW **93**, 1963 [Liedvortrag]).

37 Inhaltliche **Wertungen** zur Bestimmung der Grundrechtsschranke lassen sich nicht allein aus Gegenüberstellungen **formaler** Kriterien ableiten; sie ergeben sich aber auch nicht schon aus einer Abwägung des **„Gewichts"** von Eingriffen (so aber iErg BVerfGE **30**, 173, 193; **67**, 213, 218 [dazu *Otto* NStZ **85**, 213; *Zöbeley* NJW **85**, 254]; **81**, 278 [dazu *Gusy* JZ **90**, 640], wo aus der Darlegung der grundgesetzlichen Wertordnung jeweils recht unvermittelt auf das **Verhältnismäßigkeitsprinzip** zugegriffen wird; vgl. auch BVerfGE **75**, 369 [dazu *Würkner* NStZ **88**, 23]; BGH **37**, 55; Bay NJW **94**, 952; Karlsruhe NJW **94**, 1963; Hamburg NJW **85**, 1654 [Anm. *Geppert* JA **85**, 430]; Hamm NJW **82**, 659 f.; dazu auch *Roggemann* JZ **92**, 934, 940 f.; *Gounalakis* NJW **95**, 813 f.; *Henschel* NJW **90**, 1937; *Erhardt* [1 a] 178 ff.; *Beisel* [1 a] 160 ff.; zusf. auch *Lackner/Kühl* 14 f.; *S/S-Lenckner* 19; NK-*Zaczyk* 39 ff.). Eine Abwägung setzt aber Wertung voraus und kann sie nicht ersetzen. Da der **Selbstdefinition** der Kunst das Kriterium der **Abstraktion** zugrunde liegt, dürfte idR an diesem (inhaltlichen!) Kriterium anzusetzen sein. Dabei geht es nicht um eine Differenzierung nach „guter" und „schlechter" Kunst; denn ob eine in einem Gedicht geäußerte Beleidigung strafbar ist, kann schwerlich davon abhängen, ob dessen Verse *„holpernd"* oder *elegant* geraten sind (vgl. aber *Tröndle* 49. Aufl. 14 t; *Isensee* AfP **93**, 200). Erforderlich ist vielmehr zunächst eine Prüfung des Äußerungsinhalts anhand des künstlerischen Kriteriums der Abstraktion. Der Schutz des Art. 5 III S. 1 GG ist umso höher, je mehr der Äußerungs*inhalt* selbst Element der Kunst ist; umso niedriger, je mehr er, ohne seinen *Sinn* zu verändern, sich einer Kunst-Form nur als Äußerungsmittel bedient (zum Gesichtspunkt der „Verfremdung" vgl. auch *Otto* JR **83**, 10; NJW **86**, 2010; vgl. auch 8 zu § 184; 20 zu § 131). Diese Prüfung erfordert eine „Niveaukontrolle" (*S/S-Lenckner* 19) allein nach den **Maßstäben der Kunst** selbst. Erst *danach* kann das Gewicht des Angriffs für den Betroffenen ins Verhältnis zum Gewicht des Eingriffs in das Grundrecht gesetzt werden (vgl. auch LG Baden-Baden NJW **85**, 2431). Die **Kunstkritik** nimmt als solche am Schutz der Kunstfreiheit nicht teil (BVerfG NJW **93**, 1462).

38 Vor allem im Bereich der **Satire** (8 zu § 185) tritt neben den Schutz der Kunstfreiheit auch derjenige der Meinungsfreiheit (Art. 5 I GG). Freilich ist nicht schon jede Meinungsäußerung allein deshalb geschützt, weil sie „satirisch" gemeint ist oder sich **äußerer Formen** der Kunstgattung bedient. Der Schutz des Art. 5 III GG tritt zurück, wenn der „satirische" Kunst-Bezug nur Rahmen oder Beiwerk der Meinungsäußerung ist (BVerfG NJW **90**, 1958; Bay NJW **99**, 1982, 1984). Nach BVerfGE ist die Darstellung eines Politikers *„als kopulierendes Schwein"* wegen einer Verletzung des Kernbereichs menschlicher Ehre durch Art. 5 III GG nicht geschützt (dazu Anm. *Würkner* NStZ **88**, 23 u. NJW **88**, 317; so auch schon Hamburg NJW **85**, 1654 m. Anm. *Geppert* JR **85**, 430 u. Jura **85**, 33; *Tenckhoff* JuS **88**, 791; **aA** *Gounalakis* NJW **95**, 809; nach BVerfG NJW **93**, 1462 kann auch eine „satirische" Herabwürdigung eines Romanautors *(„steindummer, kenntnisloser und talentfreier Autor", „z. T. pathologischer, z. T. ganz harmloser Knallkopf")* den Schutz des Art. 5 III S. 1 GG nicht in Anspruch nehmen, soweit die „Witzigkeit" der Formulierungen sich vom Sachbezug löst und allein der Verbreitung abwertender persönlicher Angriffe auf den Autor dient. Die bloße Verwendung einer **Reimform** (vgl. Bay NJW **94**, 952 [*„Asylbetrüger"-Pamphlet;* Anm. *Otto* JR **94**, 473]; **95**, 145; KG JR **98**, 213; Karlsruhe MDR **95**, 736; iErg **aA** Frankfurt/M NJW **95**, 143; vgl. auch 13 zu § 130) oder einer **Liedform** (vgl. Bay MDR **94**, 80 [Gleichsetzung eines demokratischen Politikers mit NS-Tätern]; JR **98**, 384 [Anm. *Foth*]) führt nicht zur Unanwendbarkeit der §§ 185 ff., wenn eine künstlerische *Bearbeitung* des ehrverletzenden Inhalts gar nicht erfolgt oder beabsichtigt ist (vgl. oben 37). Diesen Maßstäben genügt KG NStZ **92**, 385 nicht, das den Freispruch wegen einer *offenkundig* satirischen Verdrehung [ein Politiker stehe im „Verdacht der Heterosexualität" und sei daher als Kandidat nicht tragbar] aufgehoben und einen detaillierten „Abgleich" von Art. 5 *III S. 1 GG mit den* Persönlichkeitsrechten des Betroffenen verlangt hat. LG Berlin AfP **98**, 525 hat dagegen zutr. die Veröffentlichung eines frei erfundenen, erkennbar satirischen angeblichen Zitats des Chefredakteurs des *Neuen Deutschland* als vor allem *wertende* Äußerung für rechtmäßig gehalten (vgl. auch BGH(Z) NJW **00**, 1036, 1039 zu satirischer Presseberichterstattung über Ermittlungsverfahren). **Neue Probleme** haben insoweit Sendeformate der sog.

„Comedy" im TV aufgeworfen, etwa durch herabsetzende Persiflagen der (medialen) *Selbst*-Inszenierungen von Prominenten (zutr. dazu *Ladeur* NJW **00**, 1977); dazu zählen auch Formen der **Groteske,** die sich etwa in der satirisch überzeichneten *Darstellung* menschlicher Schwächen erschöpft und sich dazu der „freiwilligen" Mitwirkung der Opfer bedient (zB durch Schein-Interviews; Konfrontationen vor Publikum oder laufender Kamera).

g) Wissenschaftsfreiheit. Für Begrenzungen der Wissenschaftsfreiheit des Art. 5 III GG gilt Entsprechendes. So sind ehrverletzende **Tatsachenbehauptungen,** die in einem wissenschaftlichen Werk enthalten sind, nicht allein schon deshalb durch Art. 5 III S. 1 GG gedeckt; insb. dann nicht, wenn sie für sich genommen nicht auf Wahrheitserkenntnis gerichtet sind und von den übrigen Teilen des Werks getrennt werden können, ohne dass dessen wissenschaftliche Aussage geschmälert würde (BVerfG NStZ **00**, 363). Auch hier lässt sich eine Abwägung ohne Heranziehung immanenter Kriterien, dh von Elementen der Selbstdefinition von Wissenschaft, nicht treffen. Es kommt also nicht auf bloße Äußerlichkeiten der Form an (vgl. Karlsruhe NJW **89**, 1360 [Festschrift]), sondern darauf, ob die beleidigende Äußerung nach ihrem *Sinn* in einem inhaltlich auf systematische Wirklichkeits- oder Richtigkeits-Erkenntnis abzielenden gedanklichen Zusammenhang steht. Reine (ehrverletzende) **Wertungen** sind, selbst wenn sie auf abwegigen Schlussfolgerungen beruhen, idR hinzunehmen, solange sie nicht den Sachzusammenhang gänzlich verlassen oder die „Wissenschafts"-Form nur als Vorwand oder Bühne für persönliche Herabwürdigungen. 39

7) Vorhaltungen und Rügen von Vorgesetzten gegen ihre Untergebenen. Gemeint sind; berufsspezifische Unterordnungsverhältnisse als „ähnliche Fälle" können auch entsprechende andere Weisungsverhältnisse erfasst werden; **zB** von Lehrer gegenüber Schülern (*S/S-Lenckner* 7; LK-*Hilgendorf* 32; NK-*Zaczyk* 37); nicht aber eine allgemeine Aufgabe von Beamten, für „Ordnung" zu sorgen. Gesondert aufgeführt sind schließlich noch **dienstliche Anzeigen oder Urteile** von Seiten eines Beamten, nämlich alle Erklärungen, die ein Beamter gemäß einer öffentlich-rechtlichen Pflicht angibt (Bay **20**, 46; vgl. zB VGH München NVwZ **86**, 327; AG Köln NStZ **85**, 384). In beiden Fällen gelten die oben 9 allgemein beschriebenen Grenzen der **Verhältnismäßigkeit;** von § 193 sind Äußerungen nicht gedeckt, welche nicht eine Kritik **in der Sache** (dh am dienstlichen oder damit zusammenhängenden persönlichen Verhalten) enthalten, sondern sich ganz oder überwiegend auf persönliche Abwertungen beschränken. Erfasst sind auch formelle **Abmahnungen,** dienstliche **Beurteilungen** oder Urteile über die Leistungsfähigkeit, über die **Eignung** für Aufstiegspositionen usw. Für **militärische Befehlsverhältnisse** gelten keine Besonderheiten (vgl. § 3 I WStG; Anh. 16); § 31 I WStG enthält einen (weitergehenden) Tatbestand des „entwürdigenden Behandelns", der §§ 185 ff. nicht verdrängt. 40

8) Ähnliche Fälle. Die Fallgruppe der „ähnlichen Fälle" hat neben derjenigen der Wahrnehmung berechtigter Interessen keine eigenständige Bedeutung (*S/S-Lenckner* 25), da solche Fälle jedenfalls alle Merkmale der dort genannten Berechtigung aufweisen müssen; es geht daher nicht um „rechtfertigungsähnliche" Fälle, sondern um Rechtfertigungen aus **Sachverhalten,** welche den gesetzlichen Fallgruppen ähnlich sind. Dazu werden **zB** gezählt: Auskünfte an Prozessparteien oder Rechtsanwälte (LK-*Hilgendorf* 16; SK-*Rudolphi/Rogall* 7); Kritik an jeder Art von Leistung (vgl. oben 6; NK-*Zaczyk* 13; vgl. schon MDR **56**, 734 [Krankenhaus]; RG **64**, 13 [öffentliche Verkehrsbetriebe]); Verhaltenskritik im Lehrer/Schüler-Verhältnis; Zeugenaussage bei der Polizei (NJW **67**, 792). 41

9) Subjektives Rechtfertigungselement; Irrtum. Nach hM muss (subjektiv intendierter) **Zweck der Äußerung** sein, Rechte auszuführen oder zu verteidigen oder berechtigte Interessen wahrzunehmen (BGH **18**, 186; NK-*Zaczyk* 46; LK-*Hilgendorf* 30; *W/Hettinger* 517; *Tenckhoff* JuS **88**, 202); nach **aA** reicht, wie bei anderen Rechtfertigungsgründen, **Kenntnis** des Täters von den rechtfertigenden Umständen aus (*Lackner/Kühl* 9; *S/S-Lenckner* 23; SK-*Rudolphi/Rogall* 35; MK- 42

Joecks 58). Rachsucht, Verärgerung oder sonst nicht geschützte Interessen (Düsseldorf VRS **60**, 117) schließen aber § 193 nicht aus, solange der Täter daneben **auch** in Wahrnehmung berechtigter Interessen gehandelt hat (NStZ **87**, 554; Hamburg JR **52**, 204; NJW **84**, 1132; Köln NJW **97**, 1247; Koblenz VRS **53**, 269; vgl. BVerfGE **12**, 128; *Tenckhoff* JuS **88**, 202). Ein vorsatzausschließender Irrtum ist auch bei Leichtfertigkeit nicht ausgeschlossen (Oldenburg NdsRpfl. **80**, 15; *Geppert* Jura **85**, 30; NK-*Zaczyk* 47; **aA** Bay **61**, 48; Hamm NJW **82**, 659).

43 **10) Formalbeleidigung (2. HS).** Eine Rechtfertigung nach § 193 scheidet aus, soweit eine Ehrverletzung sich **gerade aus der Form** oder den **äußeren Umständen** der Äußerung ergibt; eine gegenüber § 185 gesteigerte Absicht der Beleidigung ist nicht erforderlich (vgl. 7 zu § 192; ebenso *S/S-Lenckner* 27; LK-*Hilgendorf* 33; *Lackner/Kühl* 13; MK-*Joecks* 62; SK-*Rudolphi/Rogall* 37). Die **Bestrafung** erfolgt in diesem Fall stets nach § 185, da wie bei § 192 nur eine Formalbeleidigung bleibt (Hamm JMBlNW **51**, 164; NJW **61**, 1937; *S/S-Lenckner* 26, LK-*Hilgendorf* 33; SK-*Rudolphi/Rogall* 36; **aA** NK-*Zaczyk* 49).

44 Die **Form der Äußerung** kann die Äußerung zur Beleidigung machen. Dies kann **zB** bei beabsichtigter **Anonymität** des Äußernden der Fall sein; regelmäßig bei Gebrauch von **Schimpfworten** (vgl. Hamm NJW **82**, 661; Bay NStZ **83**, 265, hierzu *Otto* JR **83**, 4), die nach ihrem Sinn eine selbstständige, durch Gründe des § 193 nicht gedeckte Herabwürdigung enthalten. Der Diktion einer Äußerung kann als beleidigende Form genügen, etwa bei Wertungsexzessen, die in polemische Form gekleidet sind (Bay NStZ **83**, 126), insbesondere in den Fällen sog. **Schmähkritik,** also bei herabsetzenden Äußerungen, bei denen „nicht mehr die Auseinandersetzung in der Sache, sondern die Diffamierung der Person im Vordergrund steht" (BVerfGE **82**, 284; Bay **94**, 127; vgl. auch Celle NStZ **98**, 88; dazu oben 18). Bloße **Übertreibungen** und Verallgemeinerungen stellen noch keine Beleidigung der Form nach dar (Düsseldorf NJW **92**, 1335).

45 **Umstände,** unter denen die Ehrverletzung geäußert wird, können ihr eine solche **Verschärfung** geben, dass sie durch ein grds berechtigtes Interesse nicht gedeckt ist (Koblenz OLGSt. 57 zu § 185). Das kann **zB** bei demonstrativer **Öffentlichkeit** der Äußerung der Fall sein; bei grober Missachtung von Regeln der Fairness oder „Waffengleichheit"; auch bei offenem Bruch besonderen Vertrauens (vgl. 14 zu § 186), wenn sich aus diesen Umständen eine selbstständige, ihrerseits nicht gerechtfertigte Herabwürdigung ergibt.

Strafantrag

194 **I Die Beleidigung wird nur auf Antrag verfolgt. Ist die Tat durch Verbreiten oder öffentliches Zugänglichmachen einer Schrift (§ 11 Abs. 3), in einer Versammlung oder durch eine Darbietung im Rundfunk begangen, so ist ein Antrag nicht erforderlich, wenn der Verletzte als Angehöriger einer Gruppe unter der nationalsozialistischen oder einer anderen Gewalt- und Willkürherrschaft verfolgt wurde, diese Gruppe Teil der Bevölkerung ist und die Beleidigung mit dieser Verfolgung zusammenhängt. Die Tat kann jedoch nicht von Amts wegen verfolgt werden, wenn der Verletzte widerspricht. Der Widerspruch kann nicht zurückgenommen werden. Stirbt der Verletzte, so gehen das Antragsrecht und das Widerspruchsrecht auf die in § 77 Abs. 2 bezeichneten Angehörigen über.**

II Ist das Andenken eines Verstorbenen verunglimpft, so steht das Antragsrecht den in § 77 Abs. 2 bezeichneten Angehörigen zu. Ist die Tat *durch* Verbreiten oder öffentliches Zugänglichmachen einer Schrift (§ 11 Abs. 3), in einer Versammlung oder durch eine Darbietung im Rundfunk begangen, so ist ein Antrag nicht erforderlich, wenn der Verstorbene sein Leben als Opfer der nationalsozialistischen oder einer anderen Gewalt-

und Willkürherrschaft verloren hat und die Verunglimpfung damit zusammenhängt. Die Tat kann jedoch nicht von Amts wegen verfolgt werden, wenn ein Antragsberechtigter der Verfolgung widerspricht. Der Widerspruch kann nicht zurückgenommen werden.

III Ist die Beleidigung gegen einen Amtsträger, einen für den öffentlichen Dienst besonders Verpflichteten oder einen Soldaten der Bundeswehr während der Ausübung seines Dienstes oder in Beziehung auf seinen Dienst begangen, so wird sie auch auf Antrag des Dienstvorgesetzten verfolgt. Richtet sich die Tat gegen eine Behörde oder eine sonstige Stelle, die Aufgaben der öffentlichen Verwaltung wahrnimmt, so wird sie auf Antrag des Behördenleiters oder des Leiters der Aufsicht führenden Behörde verfolgt. Dasselbe gilt für Träger von Ämtern und für Behörden der Kirchen und anderen Religionsgesellschaften des öffentlichen Rechts.

IV Richtet sich die Tat gegen ein Gesetzgebungsorgan des Bundes oder eines Landes oder eine andere politische Körperschaft im räumlichen Geltungsbereich dieses Gesetzes, so wird sie nur mit Ermächtigung der betroffenen Körperschaft verfolgt.

Übersicht

1) Allgemeines ... 1, 1 a
2) Strafantragserfordernis (Abs. I S. 1, II S. 1, III) ... 2–12
A. Antragsrecht des Verletzten (I S. 1) ... 3
B. Antragsrecht bei Verunglimpfung Verstorbener (II S. 1) ... 4
C. Antragsrecht bei Beleidigung von Amtsträgern (III S. 1, 3) ... 5–11
D. Antragsrecht bei Beleidigung von Behörden (III S. 2) ... 12
3) Verfolgungsermächtigung (IV) ... 13, 14
4) Ausnahmen vom Strafantragserfordernis (Abs. I S. 2 bis 4, II S. 2 bis 4) 15–21

1) Allgemeines. § 194 regelt das grds Antrags- und Ermächtigungserfordernis bei Beleidigungsdelikten sowie **Ausnahmen** (I S. 2, II S. 2) und **Erweiterungen** (III) dieses Grundsatzes. Die Vorschrift idF des Art. 19 Nr. 82 EGStGB wurde in I S. 2 bis 5, II S. 2 bis 4 durch das **21. StÄG** geändert, um die Verunglimpfung Verstorbener, die mit der Verfolgung der Betroffenen durch die nationalsozialistische oder eine andere Gewaltherrschaft im Zusammenhang stehen, durch den Wegfall des Antragserfordernisses wirksamer verfolgen zu können (**Materialien** dazu: 9. WP: BR-Drs. 382/82 [RegVorl.]; BT-Drs. 9/2090; BRat 560. Sitz.; 10 WP: BR-Drs. 158/83 [RegVorl.]; BT-Drs. 10/1286; BT-Drs. 10/891; BT-Drs. 10/3242 [Beschl. Empf. u. Bericht = **Ber.**]; BT-Drs. 10/3256; 10/3255, 3260). 1

Literatur: *Bertram,* Noch einmal: Die „Auschwitzlüge" (usw.), NJW **94**, 2397; *Fischer,* Sind Behörden beleidigungsfähig?, JZ **90**, 68; *von Dewitz,* NS-Gedankengut und Strafrecht, 2006 (Diss. Berlin 2005); *Köhler,* Zur Frage der Strafbarkeit des Leugnens von Völkermordtaten, NJW **85**, 2389; *Ostendorf,* Die strafrechtliche Verfolgung der „Auschwitzlüge", NJW **85**, 1062; *Stree,* Strafantrag u. Gleichheitsgrundsatz, DÖV **58**, 172; *Vogelsang,* Die Neuregelung der sog. „Auschwitz-Lüge" (usw.), NJW **85**, 2386; *Wehinger,* Kollektivbeleidigung – Volksverhetzung, 1994. Vgl. auch die Lit.-Angaben zu § 130. 1 a

2) Strafantragserfordernis (Abs. I S. 1, Abs. II S. 1, Abs. III). Nach Abs. I ist für alle Beleidigungstatbestände des 14. Abschnitts (§§ 185 bis 189) grundsätzlich ein **Strafantrag** (§§ 77 bis 77 d) als **Prozessvoraussetzung** erforderlich. Ausgenommen sind die Fälle des I S. 2 (unten 3 a bis 3 d) und des II S. 2 (unten 15). In den Fällen von IV tritt an die Stelle des Antrags die **Ermächtigung** (§ 77 e). Eine **Ersetzung** des Strafantrags durch die Bejahung eines **besonderen öffentlichen Interesses** ist nicht vorgesehen; auch eine analoge Anwendung des § 230 I ist nicht möglich (BGH **7**, 256). 2

A. Antragsrecht des Verletzten. In den Fällen des **I S. 1** ist **antragsberechtigt** grundsätzlich der Verletzte (§ 77 I), bei **Kollektivbeleidigungen** (9 ff. vor § 185) jeder Einzelne durch sie Betroffene, jedoch nur für sich selbst (§ 77 IV, Hamburg MDR **81**, 71). Auch soweit **Personengesamtheiten** (12 ff. vor § 185) beleidigt werden, ist das vertretungsberechtigte Organ nur für die Personengesamt- 3 heit antragsberechtigt, nicht für die einzelnen Mitglieder (KG JR **80**, 290 m. Anm. *Volk*). Unter einer kaufmännischen **Firma** kann, da sie als solche nicht beleidigt werden kann (12 vor § 185), ein Strafantrag nicht gestellt werden (vgl. schon RG **1**, 178). Soweit eine Beleidigungsfähigkeit **juristischer Personen** anerkannt wird (dazu 12ff. vor § 185), ist die vertretungsberechtigte Person antragsbefugt (vgl. BGH **6**, 187).

4 **B. Antragsrecht bei Verunglimpfung Verstorbener.** Nach **Abs. II S. 1** ist auch die Verunglimpfung Verstorbener (§ 189) grundsätzlich ein Antragsdelikt; das **Strafantragsrecht** steht den in § 77 II genannten **Angehörigen** zu. Stirbt ein zunächst antragsberechtigter Angehöriger *vor* Ablauf der Antragsfrist und ist kein Angehöriger derselben Ranggruppe vorhanden, so geht das Antragsrecht nach § 77 II S. 2 auf die Angehörigen der nächsten Gruppe über.

5 **C. Antragsrecht bei Beleidigung von Amtsträgern (III S. 1, 3).** Ist ein **Amtsträger** (§ 11 I Nr. 2), ein für den öffentlichen Dienst **besonders Verpflichteter** (§ 11 I Nr. 4) oder ein **Soldat der Bundeswehr** der Beleidigte, dh ein durch Taten nach §§ 185, 186, 187, 188 (§ 189 scheidet aus) Verletzter, so tritt neben dessen eigenes Antragsrecht zusätzlich das des Dienstvorgesetzten (*Dau* NJW **88**, 2655). Die Tat wird hier nicht nur im Interesse des Amtsträgers, sondern auch der Behörde verfolgt. Der Antrag nach III S. 1 ist daher nicht zugleich ein Antrag des verletzten Amtsträgers (Bay JZ **65**, 371). Ein Sühneversuch entfällt (§ 380 II StPO).

6 **a)** Die Tat kann **während der Ausübung des Dienstes** des Verletzten begangen worden sein; hierunter fällt jede Ausübung der Funktion des Beleidigten. Selbständige gerichtliche Gutachtertätigkeit eines Hochschullehrers fällt idR nicht darunter (Bay JZ **78**, 482; NK-*Zaczyk* 21). Der **Inhalt** der Beleidigung kann privater Art sein (SK-*Rudolphi/Rogall* 20; **aA** NK-*Zaczyk* 21; MK-*Regge* 26); andererseits genügt es nicht, dass sich der Verletzte gerade im Dienst befindet, während ihn irgendwo ein anderer gegenüber einem Dritten verleumdet; die Tat muss vielmehr sowohl in **zeitlicher** als auch in **örtlicher Beziehung** zur Dienstausübung stehen (SK-*Rudolphi/Rogall* 20; MK-*Regge* 26); daher reichen **zB** nicht der bloße Eingang eines persönlich adressierten beleidigenden Schreibens mit der Dienstpost (wohl aber ein an den Amtsträger in seiner Funktion adressiertes Schreiben) oder eine Beleidigung während einer Dienstpause, in der Freizeit oder im Urlaub, wenn die Amtsträgereigenschaft gar nicht erkennbar ist (vgl. *S/S-Lenckner* 13).

7 **b)** Die Beleidigung kann auch **in Beziehung auf den Dienst** begangen werden; das setzt voraus, dass sie die Tätigkeit oder die Stellung im Beruf erkennbar zum Gegenstand hat (RG **3**, 245; **39**, 362; **66**, 128; LK-*Hilgendorf* 11; SK-*Rudolphi/Rogall* 21) und dass der Täter sich einer solchen Beziehung **bewusst** ist (NK-*Zaczyk* 22; **aA** MK-*Regge* 28), auch wenn es sich bei den Voraussetzungen von III nicht um Tatbestandsmerkmale handelt (*S/S-Lenckner* 14).

8 **c)** In den Fällen oben 6, 7 hat der **Dienstvorgesetzte** des Amtsträgers ein von diesem unabhängiges Antragsrecht (vgl. BGH **7**, 256; **9**, 265).

9 **Dienstvorgesetzt** ist diejenige Person, die gegenüber dem Amtsträger ein dienstliches **Weisungsrecht** hat und für seine Personal- einschließlich der Disziplinarangelegenheiten zuständig ist (vgl. Bay **56**, 227). Dies Recht wird durch Bundes- oder Landesstaatsrecht begründet. Auch der **Vorgesetzte des Vorgesetzten** hat ein selbstständiges Antragsrecht, so dass dessen Fristversäumung nicht auch für ihn wirkt (Bay **56**, 227); der Vorgesetzte muss sich aber die Fristversäumnis seines ständigen Vertreters zurechnen lassen (BGH **44**, 209). Scheidet ein Vorgesetzter aus, so hat das Antragsrecht sein Nachfolger im Amt (2ff. zu § 77a), denn das *Antragsrecht ist an die* **Funktion,** nicht an die Person gebunden. Ein nur innerdienstlich mit **Weisungsrecht** Vorgesetzter ohne Disziplinarzuständigkeit hat kein Antragsrecht (**hM;** vgl. aber unten 12 und 14 vor § 185), wohl aber der vom Vorgesetzten allgemein oder im Einzelfall Ermächtigte (Köln MDR **58**, 706).

Voraussetzung für das Antragsrecht ist, dass das Dienstverhältnis zZ der Beleidigung besteht. Für Beleidigungen in Beziehung auf sein Amt während seines **Ruhestandes** gilt III S. 1 nicht (RG **27**, 193; *S/S-Lenckner* 11); wird ein **verstorbener Amtsträger** beleidigt, so ist nur § 189 anwendbar. Ein zur Tatzeit bestehendes Antragsrecht iS von III S. 1 bleibt trotz späteren Ausscheidens bestehen. 10

d) Sind Amtsträger der **Kirchen** oder anderen **Religionsgesellschaften** des **öffentlichen Rechts** verletzt, so gelten nach **III S. 3** die Regelungen des III S. 1 entsprechend. 11

D. Antragsrecht bei Beleidigung von Behörden (III S. 2). Nach Abs. III S. 2 ist, wenn sich die Beleidigung gegen eine **Behörde** (38 zu § 11) oder eine sonst Aufgaben der öffentlichen Verwaltung wahrnehmende Stelle (zB Krankenkasse, Berufsgenossenschaft, Knappschaft; vgl. 8 ff. zu § 164) richtet, sowohl der Leiter der Behörde als auch der Leiter der aufsichtsführenden Behörde (6 zu § 77 a) selbstständig antragsberechtigt. Von der ganz hM wird III S. 2 als materielle Begründung der **Beleidigungsfähigkeit von Behörden** verstanden (vgl. 12 vor § 185). Das erscheint sowohl im Hinblick auf die Abgrenzung zwischen dem Schutz des personalen Rechtsguts der Ehre und dem abschließend geregelten Schutz der staatlichen Autorität als auch hinsichtlich des praktischen Bedürfnisses zweifelhaft (vgl. dazu i. e. 14 vor § 185 u. *Fischer* JZ **90**, 68). IdR werden Beleidigungen „einer Behörde" als Beleidigung der *Bediensteten* unter einer Kollektivbezeichnung (9 vor § 185) zu verstehen sein; für diesen Fall schafft III S. 2 ein Antragsrecht des **Behördenleiters,** der nicht zugleich Dienstvorgesetzter ist. 12

3) Verfolgungsermächtigung (IV). Nach Abs. IV tritt die **Ermächtigung** an die Stelle des Strafantrages, wenn sich die Beleidigung gegen ein **Gesetzgebungsorgan** des **Bundes** oder eines **Landes** (2 zu § 105) oder gegen eine andere **politische Körperschaft** im räumlichen Geltungsbereich des Gesetzes (8 vor § 3), richtet (mit der Folge, dass Privatklage ausgeschlossen ist, § 374 I Nr. 2 StPO). Eine **andere politische Körperschaft** ist jede, die keine Behörde (oben 12) und in staatsrechtlich anerkannter Weise zur Förderung staatlicher Zwecke berufen ist (LK-*Hilgendorf* 13); so **zB** Kreistage, Stadträte, eine Stadtverordnetenversammlung (RG **40**, 184), nicht aber die BReg. (1 StR 532/61) oder eine politische Partei (Düsseldorf NJW **66**, 1235; SK-*Rudolphi/Rogall* 25; *S/S-Lenckner* 18). Wird die nach **hM** (zw.) als beleidigungsfähig anzusehende BReg. *als solche* beleidigt, die keine Behörde iS des Verwaltungsrechts und auch nicht iS von III S. 2 darstellt (SK-*Rudolphi/Rogall* 23; NK-*Zaczyk* 24), so ist der Strafantrag auf Grund eines Regierungsbeschlusses durch deren Bevollmächtigten zu stellen (1 StR 532/61). 13

Die Tat muss sich gegen das Gesetzgebungsorgan oder die Körperschaft *als ganze* richten (**zB** durch Verunglimpfung ihrer Entstehung, Zusammensetzung oder verfassungsmäßige Tätigkeit; vgl. schon RG **47**, 64), nicht nur gegen Teile (zB Fraktionen; Düsseldorf NJW **66**, 1235) oder einzelne Mitglieder. Das zu III S. 2 oben 12 Ausgeführte gilt entsprechend. Die StA wird sich von Amts wegen um die **Ermächtigung** (§§ 77 e, 77 d) bemühen. 14

4) Ausnahmen vom Strafantragserfordernis (Abs. I S. 2 bis 4, Abs. II S. 2 bis 4). In den in I S. 2, II S. 2 bezeichneten Fällen, die idR näher umschriebene **Kollektivbeleidigungen** betreffen, ist kein Strafantrag erforderlich, vielmehr Strafverfolgung von Amts wegen geboten. Die Regelung knüpft damit an die Rechtsauffassung an, wonach das **Leugnen der NS-Massenmorde** jedes einzelne Mitglied der betroffenen Gruppen beleidigt (BGHZ **75**, 160; vgl. dazu im Einzelnen *v. Dewitz* [oben 1 a] 153 ff. mwN)). 15

A. Bestimmung der Opfergruppe. Im Fall des **Abs. I S. 2** muss der durch die Beleidigung Verletzte als **Angehöriger einer Gruppe,** dh einer durch **gemeinsame,** zB nationale, rassische, religiöse, wirtschaftliche oder politische **Merkmale** verbundenen Mehrzahl von Menschen, die sich hierdurch von der übrigen Bevölkerung abhebt und sich als solche begreift (*Lackner/Kühl* 6; LK-*Hilgendorf* 5), 16 zufolge dieser Gruppenzugehörigkeit unter der **NS-Diktatur** oder einer anderen **Gewalt- oder Willkürherrschaft verfolgt** worden sein. Hierunter fallen nicht schon Gesellschaftsordnungen, die wesentliche Grundsätze einer freiheitlichen Demokratie nicht anerkennen, sondern nur Herrschaftssysteme, die sich über elementare Menschenrechte hinwegsetzen (*S/S-Lenckner* 5). **Nicht erforderlich** ist eine **staatliche Form** oder Anerkennung, ausreichend daher zB auch die von einer (Bürger-)Kriegspartei faktisch ausgeübte quasistaatliche Herrschaft in einem Gebiet. Dies trifft, wie bisweilen übersehen wird, auf einen nicht unerheblichen Teil der Personengruppen zu, die in der BRep. politisches Asyl genießen. Die Gruppe, welcher der Verletzte angehört, muss zZ der Tat (nicht aber schon zZ der Verfolgung) **Teil der** inländischen **Bevölkerung** (4 f. zu § 130) sein, wenn auch nicht unbedingt in ihrer Gesamtheit (*S/S-Lenckner* 5 a).

17 Der **Verletzte** muss **selbst** im Hinblick auf seine Gruppenzugehörigkeit verfolgt worden sein. Bei Juden, die zurzeit und im Machtbereich der NS-Herrschaft lebten, ist das offensichtlich der Fall; in den Fällen anderer verfolgter Gruppen ist es nach den jeweiligen Umständen zu beurteilen (Ber. 10). **Nicht erfasst** ist daher der Fall, dass der Verletzte nicht persönlich verfolgt, sondern nur von der Beleidigung als Mitglied der Bevölkerungsgruppe betroffen ist, die Beleidigung sich inhaltlich auf die Verfolgung bezieht. Das Leugnen der NS-Völkermorde (vgl. § 130 III) wird von I S. 2 daher nur so lange erfasst, wie noch unmittelbar Betroffene der Verfolgung als Teile der inländischen Bevölkerung leben (Ber. 10; BGH **40**, 104 [m. Anm. *Jakobs* StV **94**, 540]; vgl. hierzu aber *Vogelsang* NJW **85**, 2389).

18 **Abs. II S. 2** erfasst Taten nach **§ 189** gegen Personen, die ihr Leben **als Opfer** einer Gewalt- und Willkürherrschaft verloren haben, wenn die Tat (§ 189) damit zusammenhängt (vgl. BGH **40**, 103 [Anm. *Jakobs* StV **94**, 540]). Der Verunglimpfte hat auch dann sein Leben als Opfer einer Gewaltherrschaft verloren, wenn er durch die Verfolgung in den Freitod getrieben wurde oder erst nach der Verfolgung, aber durch Spätfolgen erlittener Misshandlungen verstorben ist (*S/S-Lenckner* 9 a).

19 **B. Form der Tat.** Die Verfolgung von Amts wegen in den genannten Fällen setzt voraus, dass sie in bestimmter qualifizierter Form begangen wurde: **durch Verbreiten von Schriften** iS von § 11 III (dort 39 ff.; 4 zu § 74 d), oder **durch** deren **öffentliches Zugänglichmachen** (6 zu § 74 d, dh vor allem durch Ausstellen, Anschlagen, Vorführen und Plakatieren (Ber. 10), **in einer Versammlung** (2 zu § 80 a) oder **durch Darbietung im Rundfunk** (18 zu § 186; 22 zu § 184), worunter auch der Teilnehmer einer Gesprächsrunde fallen soll, der selbst für den Inhalt der Sendung im Übrigen nicht verantwortlich ist (*Lackner/Kühl* 5; **aA** NK-*Zaczyk* 7).

20 **C. Widerspruchsrecht.** Nach **I S. 3** kann die verletzte Person, wenn sie kein Interesse am Strafverfahren hat, der Verfolgung **widersprechen.** Da diese Prozesshandlung nicht rücknehmbar ist **(S. 4),** schafft der Widerspruch ein **endgültiges Prozesshindernis** (Ber. 11), da er wie ein vor der zuständigen Stelle abgegebener Verzicht auf den Strafantrag (vgl. 30 zu § 77) zu behandeln ist. Der Widerspruch kann formlos erklärt und auf einen von mehreren Tätern beschränkt werden (*S/S-Lenckner* 6 a; vgl. 25 zu § 77). Stets wirkt er nur für den jeweiligen widersprechenden Verletzten, so dass das Verfahren hinsichtlich anderer Tatverletzter von Amts wegen fortzuführen ist (Ber. 11; LK-*Hilgendorf* 8).

21 **Stirbt** der Verletzte **nach** der Tat (sonst nur § 189), *bevor* er in den Fällen des S. 1 einen Antrag gestellt oder in den Fällen des S. 2 der Verfolgung widersprochen hat, so geht das Antragsrecht sowie das Widerspruchsrecht auf in § 77 II bezeichnete Angehörigen über; sind mehrere Angehörige gleichen Ranges (vgl. § 77 II) vorhanden, so kann das Widerspruchsrecht entsprechend der Regelung über die Rücknahme des Strafantrags (§ 77 d II S. 2) nur gemeinsam ausgeübt werden (Ber. 11).

§§ 195–198 [Aufgehoben § 195 durch 3. StÄG, §§ 196 bis 198 durch Art. 19 Nr. 83 EGStGB]

Wechselseitig begangene Beleidigungen

199 Wenn eine Beleidigung auf der Stelle erwidert wird, so kann der Richter beide Beleidiger oder einen derselben für straffrei erklären.

1) Allgemeines. Die Vorschrift; die seit 1871 unverändert gilt, trägt dem **Kompensationsgedanken** Rechnung; ihre Rechtsnatur und Begründung sind i. e. streitig (vgl. *Tenckhoff* JuS **89**, 202; SK-*Rudolphi/Rogall* 1; *Lackner/Kühl* 1; MK-*Regge* 1; NK-*Zaczyk* 1; *S/S-Lenckner* 1; jew. mwN). Ihre Rechtfertigung findet sie für den Ersttäter in der Zufügung des (erwidernden) Übels (1 StR 305/60; krit. *Kargl,* E. A. Wolff-FS 200 ff.), für den Erwidernden in der mildernden Berücksichtigung der Provokation. Dahinter steht freilich die – im Einzelfall durchaus zweifelhafte – Erwägung der Nichteinmischung des Staates in bagatellhafte Privatfehden. **Anwendbar** ist § 199 auf alle Tatbestände des 14. Abschnitts einschließlich § 189 (*S/S-Lenckner* 2; SK-*Rudolphi/Rogall* 2; LK-*Hilgendorf* 7; NK-*Zaczyk* 2). 1

Literatur: *Baumann,* Die Beweislast bei § 199 StGB, NJW **58**, 452; *Kargl,* Beleidigung u. Retorsion, E. A. Wolff-FS 189; *Kiehl,* Strafrechtliche Toleranz wechselseitiger Ehrverletzungen, 1986; *Küper,* Die Grundlagen der Kompensation (usw.), JZ **68**, 651; *Küster,* Zum Wesen der strafrechtlichen Kompensation, NJW **58**, 1659; *Reiff,* Vom Wesen und der Anwendung der Kompensation, NJW **58**, 982; *ders.,* Weitere Gedanken zum Wesen der strafrechtlichen Kompensation, NJW **59**, 181; *Schwarz,* Erwiderung von Beleidigungen (§ 199 StGB), NJW **58**, 10. 1a

2) Voraussetzungen der Straffreierklärung. § 199 setzt die Feststellung von (mindestens) zwei Beleidigungen iS von § 185 ff. voraus, von denen sich (zumindest) die eine als **„Erwiderung"** der Ersten darstellt; beide Teile müssen daher in einem spezifischen **Zusammenhang** stehen. § 199 ist **von Amts wegen** anzuwenden; für die Begründungspflicht bei Nichtanwendung gilt § 267 III S. 4 StPO. **Nicht erforderlich** ist, dass beide Taten vor demselben Gericht oder gar **im selben Verfahren** abzuurteilen sind. Für die Feststellung (im *jeweiligen* Verfahren) der „Vortat" gilt der **Zweifelssatz** (BGH **10**, 383; Bay NJW **59**, 57; **91**, 2032). 2

A. Strafbare Beleidigungen. Beide Beleidigungen müssen strafbar sein, also rechtswidrig und auch schuldhaft (NK-*Zaczyk* 3; MK-*Regge* 6; str.; insoweit **aA** *S/S-Lenckner* 6; SK-*Rudolphi/Rogall* 7); die **Verfolgbarkeit** insb. im Hinblick auf die Strafantragsfrist ist dagegen unerheblich. Die Anwendung des § 199 scheidet aber aus bei Schuldunfähigkeit oder Strafunmündigkeit (§ 3 JGG, KG GA Bd. **74**, 214); ebenso hinsichtlich seiner Beleidigung, von deren Vorwurf rechtskräftig freigesprochen ist, und von Beleidigungen aus Notwehr oder zum Schutze berechtigter Interessen (RG **44**, 148; Hamburg NJW **66**, 1977; Hamm GA **74**, 62). Dagegen ist eine Aufrechnung auch nach rechtskräftiger Verurteilung des einen Teils noch möglich (Bay **13**, 24). Persönliche Strafausschließungsgründe machen § 199 nicht unanwendbar (NK-*Zaczyk* 3); das gilt auch für die Strafbefreiung der Abgeordneten nach Art. 46 I GG (1 zu § 36; LK-*Hilgendorf* 3; *S/S-Lenckner* 7; *Küper* JZ **68**, 660). 3

B. Wechselseitigkeit. Die zweite Beleidigung muss eine **Erwiderung** der Ersten sein; eine evtl. dritte eine Erwiderung der zweiten, usw. Eine ausdrückliche Bezugnahme ist nicht erforderlich; der Zusammenhang wird vom Gesetz bei Vorliegen der sonstigen Voraussetzungen unterstellt. Danach scheiden Taten aus, die gänzlich selbstständig nebeneinander stehen, etwa wenn der zweite Täter von der ersten Beleidigung gar nichts weiß; dies passt freilich kaum zum „Kompensations"-Gedanken hinsichtlich des ersten Täters. Die **irrige Annahme,** vom Opfer der eigenen Tat zuvor beleidigt zu sein, soll umgekehrt § 199 nicht ausschließen (hM; vgl. Hamburg NJW **65**, 1611; **66**, 1977; Hamm GA **72**, 29; Köln MDR **73**, 688; *Lackner/Kühl* 2; *S/S-Lenckner* 7; LK-*Hilgendorf* 3; **aA** *Tröndle* 49. Aufl. 1 unter Berufung auf RG **7**, 102). Zutr. erscheint, eine Straffreierklärung in diesem Fall entspr. § 35 II (nur) bei Unvermeidbarkeit des Irrtums zuzulassen (NK-*Zaczyk* 6). 4

5 Grds. ist **wechselseitige Personenidentität** von Täter und Opfer erforderlich. § 199 kommt aber auch in Betracht, wenn jemand eine Beleidigung erwidert, die einer ihm **nahe stehenden Person** zugefügt worden ist (Hamburg NJW **65**, 1611; KG JR **57**, 388; Bay NJW **91**, 2032; Hamm JR **51**, 694; SK-*Rudolphi/Rogall* 9; NK-*Zaczyk* 4; weitergehend *Kiehl* [1 a] 206 f.). Sind als Beleidiger oder Beleidigte **mehrere Personen** beteiligt, so kommt § 199 in Betracht, wenn *alle* Beleidigten die Äußerung an *alle* Beleidiger erwidern; aber auch in dem (praktisch näher liegenden) Fall, dass Erst- oder Zweittäter zugleich auch *für andere* sprechen (KG GA **75**, 148; vgl. *S/S-Lenckner* 8 a; NK-*Zaczyk* 4).

6 Die Beleidigung muss **auf der Stelle erwidert** sein, weil idR die Erregung infolge der ersten Beleidigung mit dem Zeitablauf abklingt und damit auch die Berechtigung für den Privilegierungsgrund schwindet; freilich typisiert § 199 diesen motivatorischen Zusammenhang und setzt die Feststellung einer tatsächlichen Erregung iS einer subjektiven Herabsetzung der Hemmschwelle nicht voraus. „Auf der Stelle" ist nicht lediglich zeitlich, sondern vor allem psychologisch zu verstehen (NStE § 233 [aF] Nr. 1; StV **95**, 23; Bay NJW **91**, 2032; *Tenckhoff* JuS **89**, 203); daher kommen für § 199 auch Beleidigungen durch die Presse in Betracht (LK-*Hilgendorf* 6; NK-*Zaczyk* 5).

7 **3) Rechtsfolgen.** Das Gericht kann, wenn die Voraussetzungen des § 199 vorliegen, **einen oder beide** Täter für **straffrei** erklären. Wird § 199 nicht angewandt, so kann die Gegenbeleidigung bei der Strafzumessung berücksichtigt werden (NK-*Zaczyk* 8). Das Gericht entscheidet nach **pflichtgemäßem Ermessen.**

8 Die **Schuld** des Täters bleibt bestehen, obwohl er für straffrei erklärt ist. Etwaige **Teilnehmer** bleiben strafbar (RG **17**, 346). Auf Bekanntgabe der Verurteilung (§ 200) und Einziehung kann nicht erkannt werden, soweit sie Strafe ist (2 zu § 74; LG Bremen NJW **55**, 959). Einziehung und Unbrauchbarmachung nach § 74 d sind zulässig, soweit es sich dabei um sichernde Maßnahmen handelt (NK-*Zaczyk* 9); § 76 a gilt nicht, da eine bestimmte Person verfolgt wurde. Wegen der Kosten vgl. § 468 StPO; wegen der Kosten der Nebenklage §§ 468, 472 StPO.

Bekanntgabe der Verurteilung **RiStBV 231**

200 **I Ist die Beleidigung öffentlich oder durch Verbreiten von Schriften (§ 11 Abs. 3) begangen und wird ihretwegen auf Strafe erkannt, so ist auf Antrag des Verletzten oder eines sonst zum Strafantrag Berechtigten anzuordnen, dass die Verurteilung wegen der Beleidigung auf Verlangen öffentlich bekanntgemacht wird.**

II Die Art der Bekanntmachung ist im Urteil zu bestimmen. Ist die Beleidigung durch Veröffentlichung in einer Zeitung oder Zeitschrift begangen, so ist auch die Bekanntmachung in eine Zeitung oder Zeitschrift aufzunehmen, und zwar, wenn möglich, in dieselbe, in der die Beleidigung enthalten war; dies gilt entsprechend, wenn die Beleidigung durch Veröffentlichung im Rundfunk begangen ist.

1 **1) Allgemeines.** Die Vorschrift idF des Art. 19 Nr. 84 EGStGB will dem Verletzten Genugtuung zuteil werden lassen (E EGStGB 235; BGH **10**, 310; Nürnberg NJW **51**, 124; krit. *Schomburg* ZRP **86**, 65). Die Anordnung ist ihrer Rechtsnatur nach eine **Nebenfolge ohne Strafcharakter** (str.; vlg. NK-*Zaczyk* 1). Gegen **Jugendliche** darf die Bekanntgabe nicht angeordnet werden (§ 6 I S. 2 JGG).

2 **2) Voraussetzungen.** Es muss eine **Beleidigung öffentlich** (15 zu § 185) **oder durch Verbreiten von Schriften** (4 zu § 74 d, 39 ff. zu § 11) begangen sein. Es muss **zugleich** mit der Anordnung **auf Strafe** erkannt werden; daher scheidet § 200 aus, wenn nach §§ 199 von der Strafe abgesehen oder sie nur vorbehalten wird (*S/S-Lenckner* 4 zu § 165; SK-*Rudolphi/Rogall* 4; MK-*Regge* 6; NK-*Zaczyk* 4; *Schomburg* ZRP **86**, 65; LK-*Ruß* 3 zu § 165). § 200 gilt sowohl für alle Fälle des 14. Abschnitts als auch für die §§ 90 (dort 6), 90 b, 103 II. Bei Tateinheit gilt § 52 IV.

Da die Anordnung im Strafverfahren gegen den Täter der Beleidigung ergeht, kommt sie nicht in Betracht, wenn nur presserechtliche Taten im *Zusammenhang* mit einer Beleidigung verfolgt werden (vgl. schon RG **66**, 33).

Die Anwendung setzt stets einen **Antrag** des **Verletzten** (2f. zu § 77; § 194 III S. 2, 3, IV) oder eines sonst zum Strafantrag **Berechtigten** (§ 194 I S. 1, II S. 1, 3 iVm §§ 77, 77a), im Fall von § 103 aber auch der **StA** (§ 103 II S. 2), im Fall des § 194 IV der betroffenen **Körperschaft** (§ 77e iVm § 77) voraus. Von mehreren Berechtigten hat jeder ein selbstständiges Antragsrecht. Es ist auch möglich, dass ein anderer Antragsberechtigter als der, der den Strafantrag gestellt hat, den Antrag nach § 200 stellt, zB der inzwischen voll geschäftsfähig gewordene Verletzte (vgl. § 77 III) oder der Angehörige, auf den nach dem Tod des Strafantragstellers das Antragsrecht nach §§ 194 I S. 2, 77 II übergegangen ist (E 1962, 325). **3**

3) Anordnung. Wenn die genannten Voraussetzungen vorliegen, ist die Bekanntgabe **zwingend** anzuordnen; ein Ermessen des Gerichts besteht insoweit nicht. Nach **II S. 1** bestimmt das Gericht **Art** und **Umfang** der Bekanntgabe im Urteil oder Strafbefehl (§ 407 II Nr. 1 StPO) **nach pflichtgemäßem Ermessen** (2 StR 411/68; MK-*Regge* 8; NK-*Zaczyk* 6; vgl. KK-*Fischer* 4 zu § 463c StPO). Zwischen dem Genugtuungsinteresse des Verletzten und dem Interesse des Täters, eine Bloßstellung zu vermeiden, ist abzuwägen. Das Gericht kann die Mitveröffentlichung der Gründe anordnen oder sich auf Urteilskopf und Tenor beschränken. Es hat den Namen des Beleidigten (RiStBV 231) und die Veröffentlichungsart (unten 5, 6) zu **bestimmen** (GA **68**, 84; LK-*Ruß* 6 zu § 165). Wird noch wegen **anderer Taten** verurteilt, so ist die Bekanntgabe auf den die Beleidigung betreffenden Teil zu beschränken (Bay **61**, 141). Bei Tateinheit muss der Täter die Veröffentlichung des ungeteilten Urteilsspruchs hinnehmen, aber nach BGH **10**, 310 ohne Benennung des idealkonkurrierenden Delikts (**Beispiel:** „Der Verurteilte ist wegen Beleidigung des X, tateinheitlich begangen mit einer anderen Straftat, zu 6 Monaten Freiheitsstrafe verurteilt worden" (krit. SK-*Rudolphi/Rogall* 5 zu § 165). Bei mehreren Verletzten und Angeklagten ist die Anordnung genau differenzierend zu fassen (Hamm NJW **74**, 466). **4**

Wenn die Beleidigung durch Veröffentlichung in einer **Zeitung oder Zeitschrift** begangen worden ist, hat nach **Abs. II S. 2** das Gericht die periodische Druckschrift schon wegen § 463c III StPO (vgl. unten 7) zu bestimmen; darüber hinaus ggf. Einzelheiten der Bekanntgabe, **zB** ob sie im selben Teil der Zeitung und mit derselben Schrift zu erfolgen hat wie die Beleidigung (vgl. KK-*Fischer* 4 zu § 463c StPO) oder ob die Veröffentlichung auch noch in einer anderen Zeitung angeordnet wird (vgl. Stuttgart NJW **72**, 2320). **5**

Das gilt entsprechend, wenn die Beleidigung **durch Veröffentlichung im Rundfunk,** dh im Bild- oder Hörfunk (8 zu § 131) begangen ist. Hier ist der Sender, die Art der Sendung und vor allem die Stunde zu bestimmen, zu der die Bekanntgabe zu senden ist; daneben auch der Inhalt der Bekanntgabe. Eine Bekanntmachung nach II S. 2 ist nur dann obligatorisch, wenn sich auch der Täter dieses Publikationsmittels bedient hat (BT-Drs. 10/877, 14); sie ist aber auch in anderen Fällen im Rahmen des II S. 1 zulässig. **6**

4) Zur **Vollstreckung** vgl. § 463c StPO. **7**

Fünfzehnter Abschnitt

Verletzung des persönlichen Lebens- und Geheimbereichs

Verletzung der Vertraulichkeit des Wortes

201 **I Mit Freiheitsstrafe bis zu drei Jahren oder mit Geldstrafe wird bestraft, wer unbefugt**

1. das nichtöffentlich gesprochene Wort eines anderen auf einen Tonträger aufnimmt oder

2. eine so hergestellte Aufnahme gebraucht oder einem Dritten zugänglich macht.

II Ebenso wird bestraft, wer unbefugt

1. das nicht zu seiner Kenntnis bestimmte nichtöffentlich gesprochene Wort eines anderen mit einem Abhörgerät abhört oder

2. das nach Absatz 1 Nr. 1 aufgenommene oder nach Absatz 2 Nr. 1 abgehörte nichtöffentlich gesprochene Wort eines anderen im Wortlaut oder seinem wesentlichen Inhalt nach öffentlich mitteilt.

Die Tat nach Satz 1 Nr. 2 ist nur strafbar, wenn die öffentliche Mitteilung geeignet ist, berechtigte Interessen eines anderen zu beeinträchtigen. Sie ist nicht rechtswidrig, wenn die öffentliche Mitteilung zur Wahrnehmung überragender öffentlicher Interessen gemacht wird.

III Mit Freiheitsstrafe bis zu fünf Jahren oder mit Geldstrafe wird bestraft, wer als Amtsträger oder als für den öffentlichen Dienst besonders Verpflichteter die Vertraulichkeit des Wortes verletzt (Absätze 1 und 2).

IV Der Versuch ist strafbar.

V Die Tonträger und Abhörgeräte, die der Täter oder Teilnehmer verwendet hat, können eingezogen werden. § 74 a ist anzuwenden.

1) Allgemeines. Die Vorschrift ist durch G v. 22. 12. 1967 als § 298, V durch das EGOWiG (1 zu § 74) eingefügt und inhaltlich unverändert durch das EGStGB als § 201 übernommen worden (vgl. schon § 183 E 1962; BT-Drs. V/1492). Durch das **25. StÄG** v. 20. 8. 1990 (BGBl. I 1764, III 450–2) wurde Abs. II Nr. 2 eingefügt. Teilbereiche solcher Nachstellungen sind durch § 1 Abs. II Nr. 2 Buchst. b GewaltSchG v. 11. 12. 2001 (BGBl. I 3513) erfasst; Zuwiderhandlungen gegen gerichtliche Anordnungen sind mit Strafe bedroht (§ 4 GewSchG; vgl. dazu 1 zu § 123). Zur Strafbarkeit des **Abhörens** mittels TK- und Sendeanlagen vgl. **§ 148 TKG.** 1

Neuere Literatur: *Alber,* Zum Tatbestandsmerkmal „nichtöffentlich" in § 201 Abs. 1 Nr. 1 StGB, JR **81**, 495; *Arzt,* Der strafrechtliche Schutz der Intimsphäre, 1970; *Bottke,* Anfertigung u. Verwertung häuslicher Wort- und Stimmaufzeichnungen außerhalb des Fernmeldeverkehrs, Jura **87**, 356; *Filopoulos,* Der Schutz des vertraulichen Wortes im deutschen u. griechischen Strafrecht, 1990 (Diss. Tübingen); *Frank,* Die Verwertbarkeit rechtswidriger Tonbandaufnahmen Privater, 1996; *Kehl,* Die Bedeutung der Einwilligung für das Aufnehmen und Abhören des nicht öffentlich gesprochenen Wortes eines anderen, 1999 (Diss. Halle); *Klug,* Konfliktlösungsvorschläge bei heimlichen Tonbandaufnahmen zur Abwehr krimineller Telefonanrufe, Sarstedt-FS 101; *ders.,* Oehler-FS 397; *Lenckner,* Zur „Verletzung der Vertraulichkeit des Wortes" (usw.), Baumann-FS 135; *Lüderssen,* Gesprächskontrollen im Callcenter, wistra **06**, 441; *Marxen,* Tonaufnahmen während der Hauptverhandlung für Zwecke der Verteidigung, NJW **77**, 2188; *Rogall,* Beleidigung u. Indiskretion, H. J. Hirsch-FS 665; *Rohe,* Verdeckte Informationsgewinnung mit technischen Hilfsmitteln zur Bekämpfung der organisierten Kriminalität, 1998; *Schmoller* JBl. **94**, 153 [Heimliche Tonbandaufnahmen als Beweismittel]; *Wölfl,* Rechtfertigungsgründe bei der Verletzung der Vertraulichkeit des Wortes, Jura **00**, 231. 1 a

2) Rechtsgut ist die dem (allgemeinen) Persönlichkeitsrecht zugehörige **Privatsphäre** natürlicher Personen, und zwar in der Vertraulichkeitssphäre, in der die Unbefangenheit der menschlichen Kommunikation (vgl. BVerfGE **34**, 245; BGH **14**, 358, 359 f.; **31**, 296, 299; *Klug,* Sarstedt-FS 103 ff.) gesichert werden soll (SK-*Hoyer* 4). Ein umfassender Schutz der Pri- 2 vatsphäre, etwa auch gegen bloße Mitteilungen des Inhalts von Äußerungen, ist von § 201 nicht bezweckt; er wird (ausschnittweise) von §§ 201 a, 203, 204, § 206 geleistet. Die Schutzrichtung des § 201 zielt dabei insb. auf die Flüchtigkeit unmittelbarer Kommunikation ab (vgl. auch *Arzt* [1 a] 238 ff.; LK-*Schünemann* 2). **Abs. I** richtet sich gegen „Aufnahmen", also gegen die unbefugte (heimliche) Verwandlung unmittelbarer Äußerungen in reproduzierbare Aufzeichnungen; **Abs. II** betrifft insb. das Eindringen in die Sphäre nichtöffentlicher Kommunikation mit technischen Mitteln.

3 **3) Nichtöffentlich gesprochenes Wort.** Angriffsobjekt ist das **nichtöffentlich,** dh das nicht an die Allgemeinheit gerichtete, nicht über einen durch persönliche oder sachliche Beziehungen abgegrenzten Personenkreis hinaus (dazu näher *Blei,* Henkel-FS 114; SK-*Hoyer* 10 f.; abw. *S/S-Lenckner* 8) ohne weiteres wahrnehmbare **gesprochene Wort** einer anderen Person (nicht: synthetisierte Stimmen aus Sprachcomputern), dh eine lautlich wahrnehmbare Gedankenäußerung jeglichen (eigenen oder fremden; vgl. *S/S-Lenckner* 2; MK-*Graf* 10; LK-*Schünemann* 4) Inhalts. Erfasst sind nicht nur materielle Geheimnisse iS des § 203, sondern auch formelle (Karlsruhe NJW **79**, 1513). Keine „Worte" in diesem Sinn sind aufgezeichnete Messdaten oder Instrumentalmusik; wohl aber zB die Deklamation eines für den Sprecher fremden Textes (*S/S-Lenckner* 5; MK-*Graf* 10; NK-*Kargl* 7; *W/Hettinger* 526; *Gössel/Dölling* BT 1, 37/8; SK-*Hoyer* 7). Auf die **Form** des „gesprochenen Wortes" kommt es nicht an, solange es sich um ein solches, dh um die unmittelbare, akustisch wahrnehmbare Äußerung von Gedankeninhalten mittels lautlicher Zeichen handelt. Daher kann das „gesungene Wort" von § 201 nicht ausgenommen werden (str; **aA** LK-*Schünemann* 6), denn es kommt nicht auf den Unterschied von „Sprechen" und „Singen", sondern auf den zwischen Lautäußerungen und anderen Sprachzeichen (Schrift, Gebärden) an. Auch Äußerungen in unbekannter Sprache, sprachlich unverständliche „Worte" (zB von Sprechbehinderten) sowie wortersetzende Laute sind erfasst, sofern die kommunikativen Charakter haben (so auch *Arzt* [1 a] 243; ähnl. *W/Hettinger* 526; NK- *Kargl* 7; *S/S-Lenckner* 5). Die **Gegenansicht** (*Lackner/Kühl* 2; LK-*Schünemann* 6; *M/Schroeder/Maiwald* 29/58), die nur auf den (formalen) *Kern*bereich des Begriffs abstellt, muss im Grenzbereich zu sehr unklaren Abgrenzungen gelangen, die von Zufälligkeiten bestimmt sind. Auf den **Inhalt** der Äußerung kommt es nicht an; es ist auch nicht vorausgesetzt, dass sie einen *sinnvollen* Inhalt hat (Äußerungen im Traum; im Rauschzustand). Gleichgültig ist auch, ob die Person unmittelbar zu einem Gegenüber spricht oder das Wort etwa auf einem privaten Tonträger aufgenommen ist (**aA** LK-*Schünemann* 12; *S/S-Lenckner* 12), ob der Betroffene über Telefon (Karlsruhe NJW **79**, 1513) oder nicht öffentlichen Funk spricht oder ein Selbstgespräch führt.

4 Eine **Vertraulichkeit** ieS wird für das gesprochene Wort also nicht vorausgesetzt. Nicht die Zahl der Mithörenden, sondern die Abgeschlossenheit des Zuhörerkreises und die Kontrollmöglichkeit über die Reichweite der Äußerung sind entscheidend. Das Vernehmungsgespräch bei einer Beschuldigtenvernehmung ist nichtöffentlich, auch wenn es später in der Hauptverhandlung inhaltlich an die Öffentlichkeit dringt (Frankfurt NJW **77**, 1547 m. Anm. *Arzt* JR **78**, 170); ebenso idR jedes sonstige in dienstlichem oder beruflichem Zusammenhang gesprochene, nicht an einen nicht abgeschlossenen Personenkreis gerichtete Wort (Frankfurt NJW **79**, 1172; Karlsruhe NJW **79**, 1514; LK-*Schünemann* 7; *S/S-Lenckner* 6; SK-*Hoyer* 10; **aA** *Ostendorf* JR **79**, 468, gegen ihn *Albert* JR **81**, 495). Für die Frage der Nichtöffentlichkeit sind vor allem der Wille des Sprechers, daneben aber auch der Zweck und die Eigenart der Unterredung von Bedeutung (vgl. BGH **31**, 304, 306); so können vom Sprecher unbemerkte Zuhörer zu einer „faktischen Öffentlichkeit" führen (Celle MDR **77**, 597 [m. abl. Anm. *Arzt* JR **77**, 339]), wenn die Äußerung in einem Bereich erfolgt, in welchem mit einer Kenntnisnahme Dritter gerechnet werden muss (LK-*Schünemann* 7 [lautstarke Äußerungen in vollbesetztem Gasthaus]; vgl. auch Nürnberg NJW **95**, 974). Das Mithören durch unerbetene Lauscher, mit denen nach den Umständen nicht gerechnet werden muss, macht die Äußerung nicht öffentlich (*M/Schroeder/Maiwald* 29/54). Der mit einem gewöhnlichen Rundfunkgerät abhörbare Polizei- und Taxifunk ist öffentlich (Karlsruhe NJW **70**, 394 mit abl. Anm. *Parmentier*); ebenso wenig erfasst § 201 den heimlichen Mitschnitt von Beiträgen in öffentlicher Versammlung oder den Mitschnitt eines Notrufs 110 (*Kramer* NJW **90**, 1761).

4) Tathandlungen, die jeweils unbefugtes (unten 9) Handeln des Täters voraussetzen, sind 5

A. nach I Nr. 1 das **Aufnehmen,** dh das mechanische, elektromagnetische, digitale oder auf sonstige Weise geschehende Fixieren des Wortes, was nicht notwendig heimlich geschehen muss (vgl. unten 10), **auf einen Tonträger** (2 zu § 74 d); **nach I Nr. 2** die direkte akustische Verwendung einer so (unbefugt) hergestellten Aufnahme, nämlich

a) das **Gebrauchen** einer „so", dh **unbefugt** (*M/Schroeder/Maiwald* 29/56; 6 *S/S-Lenckner* 16; *Arzt* [1 a] 263; SK-*Hoyer* 16; LK-*Schünemann* 13; MK-*Graf* 24; NK-*Kargl* 12; hM) hergestellten Aufnahme, insbesondere das Vorspielen vor sich selbst oder vor Dritten, zB um den Wortlaut schriftlich festzuhalten (BR-Drs. 10/1618, 12), oder

b) das **Zugänglichmachen** einer so hergestellten Aufnahme als solcher, dh das Ermöglichen des Zugriffs auf die Aufnahmen **durch einen** beliebigen **Dritten,** (**aA** LK-*Schünemann* 15), vor allem durch Überlassen des Tonträgers an ihn;

B. nach II, Satz 1 Nr. 1 das **Abhören** (Lauschangriff) mit einem **Abhörgerät,** dh mit einer *verbotenen* (BGHZ NJW **82**, 1398) technischen Einrichtung, die das Wort über dessen natürlichen Klangbereich hinaus für den Täter hörbar macht (Mikroabhörgeräte; heimlich eingebaute oder Richtmikrofone; technische Einrichtungen zum „Anzapfen" leitungsgebundenen Fernsprechverkehrs; auch nichtelektronisch oder -elektromagnetisch arbeitende Vorrichtungen). Für **Telefone,** Sprechanlagen und sonstige Geräte, die ihrer üblichen Bestimmung nach zur Übertragung oder Aufzeichnung des gesprochenen Wortes verwendet werden, ist die Frage i. E. strittig, weil **Rspr.** und wohl **hM** Aspekte der Nichtöffentlichkeit und Unbefugtheit schon in den Begriff des „Abhörgerätes" einbeziehen (zutr. krit. LK-*Schünemann* 18). Danach sind Telefongeräte keine Abhörgeräte, auch nicht eingebaute Lautsprecher, Zweithörer oder sonstige Mithöreinrichtungen (BGH **39**, 335, 346; BGH[Z] NJW **82**, 1398; Hamm StV **88**, 375 [m. krit. Anm. *Krehl*]; LG Regensburg NStZ **83**, 366; *Lackner/Kühl* 5; MK-*Graf* 32; SK-*Hoyer* 25; *Sternberg-Lieben* Jura **95**, 303; *Gössel/Dölling* BT 1, 37/43; **aA** *Klug,* Sarstedt-FS 106; LAG Berlin JZ **82**, 258; LK-*Schünemann* 18; NK- *Kargl* 17; *S/S-Lenckner* 19), da ein Fernsprechteilnehmer regelmäßig mit der Einbeziehung eines Mithörers durch seinen Gesprächspartner rechnen muss (vgl. BGH **39**, 335, 346 [hierzu *Sternberg-Lieben* Jura **95**, 299]). Diese Annahme lässt sich mit der Fortentwicklung der technischen Gegebenheiten kaum noch vereinbaren, da Telekommunikationsgeräte vielfach ganz unterschiedlich verwendet werden können. Der Begriff des „Abhörgeräts" beschreibt daher nicht eine bestimmte, äußerlich erkennbare Gattung von *Geräten;* vielmehr kommt es auf die **konkrete Nutzung** an. Es kann grds jedes Gerät, das zur Übertragung gesprochener Worte bestimmt oder geeignet ist, auch „Abhörgerät" sein (**zB** Telefongeräte, die auch in scheinbar ausgeschaltetem Zustand aktiviert und zum Abhören von Raumgesprächen genutzt werden könnten). II S. 1 Nr. 1 erfasst nur das Abhören des Wortes, das **nicht zur Kenntnis des Täters bestimmt** ist. Die Bestimmung über die Kenntniserlangung trifft der Sprechende (SK-*Hoyer* 21; LK-*Schünemann* 20). Insoweit spielt die Sozialüblichkeit der Nutzung verbreiteter und vom Sprechenden benutzter technischer Einrichtungen eine Rolle; so kann sich nach hM angesichts der *regelmäßig* an Telefongeräten vorhandenen Einrichtungen zum *Mit*hören (Lautsprecher; Raumgeprächs-, Konferenzschaltung) der Sprecher *insoweit* auf Vertraulichkeit nicht verlassen (vgl. BGH **39**, 346 [„Hörfalle"]; LK-*Schünemann* 22). Auch dem sind freilich Grenzen gesetzt: Wer scheinbar privat angerufen wird, muss zB nicht damit rechnen, dass das von ihm Gesagte live im Rundfunk übertragen wird. Die **Kenntnis** iS von II Nr. 1 umfasst nicht nur den Wortlaut, sondern auch den Inhalt des Gesagten (LK-*Schünemann* 21). Ist der Mitteilungsinhalt seinem Sinn nach für einen Dritten bestimmt, so scheidet dieser als Täter aus. 7

8 **C. II Satz 1 Nr. 2** erfasst das **öffentliche Mitteilen** des nach I Nr. 1 aufgenommenen oder nach II Nr. 1 abgehörten nichtöffentlich gesprochenen Wortes eines anderen **im Wortlaut** oder seinem wesentlichen Inhalt nach. Tathandlung ist jegliches öffentliches Mitteilen (6 zu § 353 d) der unbefugt nach I Nr. 1, II Nr. 1 erlangten Information an Dritte. Auf diese Weise werden auch mittelbare Einbrüche in die Privatsphäre, nämlich die Verwertung des illegal Aufgenommenen oder Abgehörten, insbesondere durch Verbreitung der Erkenntnisse von Tätern des Lauschangriffs in den Medien erfasst (BT-Drs. 11/6714, 3).

9 **5) Unbefugt** (31 ff. zu § 203) muss der Täter (hier und in den Fällen der §§ 202 a bis 204, 206) handeln, dh rechtswidrig. Als Rechtfertigungsgrund kommt vor allem eine **gesetzliche Erlaubnis** in Betracht, insb. Art. 13 III bis IV GG idF des Ges. v. 26. 3. 1998, BGBl. I 610 (vgl. dazu BVerfG EuGRZ **99**, 387; BVerfG NStZ **04**, 270 [„Großer Lauschangriff"]), das G 10 und die §§ 100 a, 100 b, 100 c ff. StPO. Das TerrorismusbekämpfungsG v. 9. 1. 2002 (BGBl. I, 361) hat Befugnisse zur Aufzeichnung des gesprochenen Wortes von Ausländern eingefügt (§ 49 V AufenthG; § 16 I AsylVerfG); die zunächst befristeten §§ 23 a ff Zollfahndungsdienst G (ZFdG) gelten (idF des ÄndG v. 12. 6. 2007 [BGBl I 1037]) unbefristet; neu ist die Befugnis nach § 22 a ZFdG. In Betracht kommen daneben auch polizeirechtliche Eingriffsnormen (vgl. LK-*Schünemann* 31). Die Abhörtätigkeit **ausländischer Geheimdienste** in Deutschland ist durch diese Befugnisnormen nicht legitimiert (LK-*Schünemann* 28).

10 Als Rechtfertigungsgrund von Bedeutung ist vor allem auch eine Einwilligung des Sprechenden (and. *Arzt* [1 a] 266; *S/S-Lenckner* 13: Tatbestandsausschluss), die auch stillschweigend erteilt werden kann (NK- *Kargl* 24), an der es aber auch fehlen kann, wenn mit Wissen des Sprechenden, aber ersichtlich gegen seinen Willen aufgenommen wird (Jena NStZ **95**, 502 [hierzu *Joerden* JR **96**, 265; *Otto* JK 2]; *Lackner/Kühl* 11; LK-*Schünemann* 33; SK-*Hoyer* 14; **aA** AG Hamburg NJW **84**, 2111; *S/S-Lenckner* 13; *Frank* [1 a] 50). Auch mutmaßliche Einwilligung kann eine Rolle spielen (*Kramer* NJW **90**, 1762), zB bei Aufnahmen oder Mithörenlassen von Geschäftsgesprächen nach kaufmännischer Gepflogenheit (BVerfGE **34**, 238; einschr. LK-*Schünemann* 36); Scherzaufnahmen in Gesellschaft (dazu LK-*H.J. Hirsch* 137 vor § 32). Eine Aufzeichnung von Anrufen bei Call-Centern (zB zur Qualitätskontrolle) ist unbefugt, wenn der Kunde nicht einwilligt (zutr. *Lüderssen* wistra **06**, 441, 444 f.). Die mit Einwilligung des Sprechenden hergestellte Aufnahme ist „befugt"; eine nicht konsentierte Verwendung oder Weitergabe unterfällt daher nicht § 201 (LK-*Schünemann* 35; *Arzt* [1 a] 298; *Lackner/Kühl* 11); wenn nicht die Einwilligung gerade durch Täuschung über den Verwendungszweck erschlichen wurde. Die Einwilligung zum Mithören legitimiert nicht ohne weiteres die Aufnahme auf Tonträger (*Kramer* NJW **90**, 1762).

11 Daneben kommen allgemeine **Rechtfertigungsgründe** (allg. dazu *Wölfl* Jura **00**, 231) wie **Notwehr** (gegenüber Erpresser; vgl. BGH **34**, 39, 51; Düsseldorf NJW **66**, 214; KG JR **81**, 254; *Gropp* StV **89**, 216, 222 f.; *Kramer* NJW **90**, 1760 ff.; NK-*Kargl* 25; einschr. *Wölfl* Jura **00**, 232), **rechtfertigender Notstand** (LK-*Schünemann* 41; *Frank* [1 a] 55), überwiegendes Interesse bei **Güter- und Pflichtenabwägung** (9 zu § 34; *Lackner/Kühl* 13), in Fällen der **Sozialadäquanz** (12 vor § 32) sogar Tatbestandsausschluss in Betracht (vgl. Karlsruhe NJW **79**, 1514; **zB** Zufälliges Mitanhören fremder Gespräche durch Störung des Telefons [ein Abhörgerät ist hier entgegen der hM gegeben; **aA** LK-*Schünemann* 18; *S/S-Lenckner* 23; SK-*Hoyer* 24; NK-*Kargl* 31; vgl. oben 7]; wissenschaftliche Untersuchungen von Sprachforschern oder Kinderpsychologen; Abhören kleiner Kinder durch die Eltern zu Obhutszwecken). Befugt sind in beschränktem Umfang Handlungen zur Erlangung von Beweismitteln für Scheidungs- oder Strafverfahren (vgl. BVerfGE **34**, 247; BGHZ **27**, 284; BGH **14**, 358; **19**, 193; 332; BVerwG NJW **64**, 607; KG NJW **56**, 26; **67**, 115; Celle NJW **65**, 1677; Stuttgart MDR **77**, 683; *Evers* ZRP **70**, 147; *Gropp* StV **89**, 222, *Kramer* NJW **90**, 1762); Aufnahmen von Anru-

fern zur Abwehr krimineller Handlungen (KG JR **81**, 254 m. Anm. *Tenckhoff*; ferner BGHZ NStZ **82**, 255 m. Anm. *Dünnebier*; NK-*Kargl* 25) oder bei „Telefonterror" (*Kramer* NJW **90**, 1762).

Die **Bagatellklausel des II S. 2** beschränkt den Anwendungsbereich des II S. 1 Nr. 2 auf strafwürdige Fälle, so dass zB Mitteilungen lapidarsten Inhalts ausscheiden. Die dogmatische Einordnung ist unsicher; nach wohl zutr. Ansicht handelt es sich um einen Tatbestandsausschluss (vgl. SK-*Hoyer* 29; LK-*Schünemann* 25 mwN). Dagegen werden Gesprächsinhalte vor Verbreitung geschützt, die ein Geheimnis im materiellen Sinne darstellen, aber auch solche, die den Verletzten in der Öffentlichkeit bloßstellen würden. Es kommt also allein darauf an, ob die Verbreitung **geeignet** ist, solche Beeinträchtigungen zu verursachen. **12**

II S. 3 konkretisiert dagegen einen **Rechtfertigungsgrund** für Fälle des II S. 1 Nr. 2, der den Grundsätzen der Rspr zu Art. 5 I GG (BGHZ **73**, 124 [vgl. BVerfGE **66**, 116]) Rechnung trägt (*Lenckner* [1 a] 152). Danach ist die Mitteilung rechtswidrig erlangter Informationen ausnahmsweise dann nicht rechtswidrig, wenn und soweit eine **Güter- und Pflichtenabwägung** (9 zu § 34) ergibt, dass die Bedeutung der Information für die Unterrichtung der Öffentlichkeit und die öffentliche Meinungsbildung eindeutig die Nachteile überwiegt, welche der Rechtsbruch für den Betroffenen und die Geltung der Rechtsordnung nach sich ziehen muss (BVerfGE **66**, 139). Es muss sich dabei um Missstände von erheblichem Gewicht handeln, an deren Aufdeckung ein **überragendes öffentliches Interesse** besteht (BVerfGE aaO). **13**

6) Vorsatz ist erforderlich, bedingter genügt. Im Fall von 1 Nr. 2 muss sich der Vorsatz darauf beziehen, dass die Aufnahme ungefugt hergestellt worden ist (Düsseldorf NJW **95**, 975; *M/Schroeder/Maiwald* 29/58). Ein **Irrtum** über die Befugnis schließt den Vorsatz aus, wenn er sich auf Tatsachen bezieht, aus welchen sich eine Befugnis ergeben würde (vgl. Karlsruhe NJW **79**, 1513 ff.). **14**

7) Abs. III ist ein **Qualifikationstatbestand.** Täter kann hier nur ein **Amtsträger** (12 ff. zu § 11) oder für den öffentlichen Dienst **besonders Verpflichteter** (25 zu § 11; § 48 I WStG; § 9 BArchG) sein, der **als solcher** eine Tat nach I, II begeht. Die Tat, die Offizialdelikt ist (§ 205 I), ist danach als uneigentliches Amtsdelikt **Sonderdelikt,** so dass für den nicht qualifizierten Teilnehmer § 28 II gilt (8 ff. zu § 28). Als Amtsträger dürfte der Täter auch handeln, wenn er außerhalb der Dienstzeit ihm dienstlich zugängliche Einrichtungen missbraucht, um unbefugt abzuhören (LK-*Schünemann* 48; **aA** *S/S-Lenckner* 28; NK-*Kargl* 35; Sk-*Hoyer* 32; *Gössel/Dölling* BT 1, 37/75). Notwehr oder rechtfertigender Notstand können nur in außergewöhnlichen Fällen in Betracht kommen (BGH **31**, 307; 23 zu § 34). **15**

8) Nach **Abs. IV** ist **Versuch** in allen Fällen strafbar. Er beginnt mit der Inbetriebnahme von Abhör- oder Aufzeichnungsgeräten; ihr Einbau ist Vorbereitungshandlung (*S/S-Lenckner* 36; LK-*Schünemann* 50). **Vollendet** ist die Tat, sobald der Täter etwas gehört oder aufgezeichnet hat. **16**

9) Eine **Einziehung** der Aufnahmen im Fall von I Nr. 1 als *producta,* der Abhörgeräte im Fall von II als *instrumenta sceleris* ist schon nach § 74 möglich. Im Fall von I Nr. 2 ermöglicht V S. 1 die Einziehung der Aufnahmen, die als bloße Beziehungsgegenstände anzusehen sind (10 zu § 74); auch dann müssen nach § 74 IV die Voraussetzungen von § 74 II oder III erfüllt sein. Einziehung gegenüber tatunbeteiligten Dritten ist nicht nur als Sicherungseinziehung (13 ff. zu § 74), sondern auch nach § 74 a möglich (V S. 2); selbstständige Einziehung nach § 76 a. In den Fällen von III scheitert die Einziehung behördeneigener Abhörgeräte an § 74 II (Prot. 7/176). **17**

10) Konkurrenzen. Die verschiedenen Begehungsformen nach I und II können zueinander in Tateinheit stehen (NK-*Kargl* 37; MK-*Graf* 58). Taten nach I Nr. 1 und I Nr. 2 sind nur dann zu einer Tat verbunden, wenn die Absicht der Verwendung schon bei der Aufnahme besteht (vgl. 44 zu § 267); ansonsten ist idR Tatmehrheit gegeben (SK-*Hoyer* 49). Mitbestrafte Nachtat ist es allerdings, wenn der Täter, der die Aufnahme gemacht hat, sie sich selbst vor- **18**

spielt oder der Täter, der die Aufnahme einem Dritten vorgespielt hat, sie diesem überlässt (LK-*Schünemann* 36; hM; **aA** *S/S-Lenckner* 38). Tateinheit ist weiter möglich mit §§ 94 ff.; § 185; in den Fällen von III iVm I Nr. 2 auch mit §§ 353 b I, 206.

19 **11) Strafantrag** (§ 205) ist nur in den Fällen von I, II erforderlich.

Verletzung des höchstpersönlichen Lebensbereichs durch Bildaufnahmen

201a **I Wer von einer anderen Person, die sich in einer Wohnung oder einem gegen Einblick besonders geschützten Raum befindet, unbefugt Bildaufnahmen herstellt oder überträgt und dadurch deren höchstpersönlichen Lebensbereich verletzt, wird mit Freiheitsstrafe bis zu einem Jahr oder mit Geldstrafe bestraft.**

II Ebenso wird bestraft, wer eine durch eine Tat nach Absatz 1 hergestellte Bildaufnahme gebraucht oder einem Dritten zugänglich macht.

III Wer eine befugt hergestellte Bildaufnahme von einer anderen Person, die sich in einer Wohnung oder einem gegen Einblick besonders geschützten Raum befindet, wissentlich unbefugt einem Dritten zugänglich macht und dadurch deren höchstpersönlichen Lebensbereich verletzt, wird mit Freiheitsstrafe bis zu einem Jahr oder mit Geldstrafe bestraft.

IV Die Bildträger sowie Bildaufnahmegeräte oder andere technische Mittel, die der Täter oder Teilnehmer verwendet hat, können eingezogen werden. § 74 a ist anzuwenden.

Übersicht

1) Allgemeines ... 1, 1 a
2) Schutzbereich; kriminalpolitische Bedeutung ... 2, 3
3) Tatgegenstand: Bildaufnahme ... 4, 5
4) Räumlicher Schutzbereich ... 6–10
5) Herstellen und Übertragen von Bildaufnahmen (Abs. I) ... 11–16
6) Gebrauchen und Zugänglichmachen (Abs. II) ... 17–21
7) Befugt hergestellte Bildaufnahmen (Abs. III) ... 22–27
8) Beteiligung ... 28
9) Rechtsfolgen ... 29
10) Konkurrenzen ... 30, 30 a
11) Sonstige Vorschriften ... 31

1 **1) Allgemeines.** § 201 a wurde durch Gesetz vom 30. 7. 2004 eingefügt (BGBl I 2012). Die Vorschrift beruht auf dem gemeinsamen GesE der Fraktionen der SPD, CDU/CSU, B 90/GR und FDP v. 10. 2. 2004 (BT-Drs. 15/2466; unten zit.: **GesE**). Ihm gingen mehrere Entwürfe einzelner Fraktionen voraus (zuletzt BT-Drs. 15/361, 15/533, 15/1891); der gemeinsame Entwurf beruhte auf deren Beratung und einer Sachverständigenanhörung (am 24. 9. 2003, Prot. 27; krit. zu den Vorschlägen *Pollähne* KritV **03**, 387). Soweit Taten nach § 201 a im Zusammenhang mit weiteren **Belästigungen** stehen, ist **§ 238** zu beachten.

1 a **Literatur**: *Borgmann*, Von Datenschutzbeauftragten und Bademeistern – Der strafrechtliche Schutz am eigenen Bild durch den neuen § 201 a StGB, NJW **04**, 2133; *Bosch*, Der strafrechtliche Schutz vor Foto-Handy-Voyeuren und Paparazzi, JZ **05**, 377; *Eisele*, Strafrechtlicher Schutz vor unbefugten Bildaufnahmen, JR **05**, 6; *Ernst*, Gleichklang des Persönlichkeitsschutzes im Bild- und Tonbereich?, NJW **04**, 1277; *Flechsig*, Schutz gegen Verletzung des höchstpersönlichen Lebensbereichs durch Bildaufnahmen, ZUM **04**, 605; *Gazeas*, Stalking als Straftatbestand – effektiver Schutz oder strafrechtlicher Aktionismus?, KJ **06**, 247; *Gola*, Der neue strafrechtliche Schutz vor unbefugten Bildaufnahmen im Lichte der Zulässigkeits- und Straftatbestände des BDSG, RDV **04**, 215; *Helldrich*, Persönlichkeitsschutz und Pressefreiheit nach der EMRK, NJW **04**, 2634; *Hesse*, § 201 a StGB aus Sicht des öffentlich-rechtlichen Rundfunks, ZUM **05**, 432; *Hoppe*, Bildaufnahmen aus dem höchstpersönlichen Lebensbereich – der neue § 201 a StGB, GRUR **04**, 990; *Kargl*, Die Differenz zwischen Wort und Bild im Bereich des strafrechtlichen Persönlichkeitsschutzes, ZStW **117** (2005), 324; *Koch*, Strafrechtlicher Schutz vor unbefugten Bildaufnahmen – Zur Einführung von § 201 a StGB, GA **05**, 589; *Kühl*, Zur Strafbarkeit unbefugter Bildaufnahmen, AfP **04**, 190; *ders.*, Strafrechtlicher Persönlichkeitsschutz gegen Bildaufnahmen, Schünemann-Symp (2005) 211; *Meyer*, Strafbarkeit und Strafwürdigkeit von „Stalking" im deutschen Recht, ZStW **115** (2003), 249; *Mitsch*, Straf-

rechtlicher Schutz des Rechts am eigenen Bild im Strafvollzug, Schwind-FS (2006) 603; *Obert/Gottschalck*, § 201 a StGB aus Sicht des privaten Rundfunks, ZUM **05**, 436; *Pollähne*, Lücken im strafrechtlichen Diskurs – Zu den Gesetzentwürfen zur Verbesserung des Schutzes der Intimsphäre, KritV **03**, 387; *Rahmlow*, Einzelne Probleme des Straftatbestands „Verletzung des höchstpersönlichen Lebensbereichs durch Bildaufnahmen" (§ 201 a StGB), HRRS **05**, 84; *Sauren*, Bedrohung der freien Berichterstattung durch den neuen § 201 a StGB?, ZUM **05**, 425; *Stange/Rillinger*, Begriff und Erscheinungsformen des „Stalking", StraFo **03**, 194; *Tillmanns/Führ*, § 201 a StGB – Eine problemorientierte Betrachtung aus Sicht der Presseselbstregulierung, ZUM **05**, 441; *Wolter*, Der Schutz des höchstpersönlichen Lebensbereichs in § 201 a StGB – ein Kommentar zu Kristian Kühl, Schünemann-Symp (2005) 225.

2) Schutzbereich; kriminalpolitische Bedeutung. § 201 a soll dem Umstand Rechnung tragen, dass durch die Entwicklung und Miniaturisierung der Technik (Fotohandies; webcams; digitale Bildaufnahmegeräte; Vergrößerungsmöglichkeiten; Miniaturisierung und leichte Zugänglichkeit von bildgebender Überwachungs-Elektronik; usw.; vgl. dazu auch *Bosch* JZ **05**, 377, 378 mwN), aber auch durch einen inzwischen in Massenmedien und Internet verbreiteten Umgang mit Bildern aus dem Privatbereich von prominenten und nicht prominenten Personen, der auf ein aggressives Eindringen und die Präsentation von „Enthüllungen" und vorgeblich Spektakulärem abzielt, Beeinträchtigungen der Persönlichkeitsrechte eintreten können, die Taten nach § 201, § 202 a oder § 203 an Gewicht nicht nachstehen (vgl. GesE 4; *Ernst* NJW **04**, 1277, 1279). Folgerichtig wäre daher ein über den Anwendungsbereich von **§ 33 KUG** (unbefugtes Verbreiten und öffentliches Zurschaustellen von Bildnissen) hinausgehender (vgl. *Ernst* NJW **04**, 1277, 1278; *Kargl* ZStW **117** [2005] 324 f.), an § 201 orientierter Schutz des persönlichen Lebensbereichs auch vor visuellem Eindringen. Entsprechende Vorschläge (vgl. oben 1) sind aber nicht Gesetz geworden; namentlich auch, weil man eine übermäßige Einschränkung der **Pressefreiheit** befürchtete. Die unter erheblichem Druck der Medien-Lobby im Wege des *Kompromisses* zustande gekommene (vgl. dazu auch BT-Drs. 15/361, 3; 15/1891, 6 ff.; *Kühl* AfP **04**, 190, 193; *Sauren* ZUM **05**, 425, 427) Beschränkung des strafrechtlichen Schutzes auf bestimmte räumliche Schutzbereiche überzeugt nicht (vgl. auch *Kargl* ZStW **117** [2005], 324, 349; *Wolter*, Schünemann-Symp [2005] 225, 229 ff.; *Mitsch*, Schwind.FS [2006] 603, 606 ff.). Dass es die verfassungsrechtliche Garantie der Informations- und Pressefreiheit erfordere, *unbefugte Verletzungen* des höchstpersönlichen Lebens- und Intimbereichs mittels Bildaufnahmen *außerhalb* geschützter Räumlichkeiten straffrei zu lassen, leuchtet nicht ein. Andererseits ist zu Recht die **mangelhafte Abstimmung** der Vorschrift mit anderen Regelungen, insb. § 33 KunstUrhG, aber auch **§§ 184 ff.** kritisiert worden (vgl. *Bosch* JZ **05**, 377, 381). Die zu erwartende **praktische Bedeutung** der Strafvorschrift wird skeptisch beurteilt (*Borgmann* NJW **04**, 2133, 2135; *Wolter*, Schünemann-Symp [2005] 225, 234). 2

Von § 201 a geschützt ist die Bestimmungsbefugnis der Person über Informationen ihres **höchstpersönlichen Lebensbereichs** als Teil des allgemeinen Persönlichkeitsrechts und des Rechts auf informationelle Selbstbestimmung (vgl. *Kühl* AfP **04**, 190; *Lackner/Kühl* 1; SK-*Hoyer* 2), bezogen auf gegenständliche Abbildungen der Person durch Bildaufnahmen. Kommerzielle Interessen an der Verwertung des eigenen Bildes sind allenfalls mittelbar geschützt (vgl. dazu *Bosch* JZ **05**, 377, 384). Der aus AE § 146 übernommene Begriff des „höchstpersönlichen Lebensbereichs" ist enger als der des „persönlichen Lebensbereichs" (vgl. Abschnittsüberschrift sowie § 68 a I StPO, § 171 b I GVG; SK-*Hoyer* 4; *Wolter*, Schünemann-Symp [2005] 225, 227) und als derjenige der Privatsphäre (GesE 4); er soll inhaltlich dem Begriff der „**Intimsphäre**" entsprechen, allerdings ohne dessen Konnotation der Bereiche Krankheit, Tod und Sexualität (GesE 5; vgl. auch unten 14 f.; krit. *Lackner/Kühl* 1; *Borgmann* NJW **04**, 2134; *Sauren* ZUM **05**, 430). Der von § 201 a geschützte Bereich ist in mehrfacher Hinsicht **eingeschränkt**, nämlich räumlich (geschützter Raum), gegenständlich (Tatobjekt) und inhaltlich (Höchstpersönlichkeit), um eine uferlosen Ausdehnung auf sozialadäquates Verhalten zu vermeiden. 3

Nicht geschützt ist das Vermögen; auch nicht Kollektivrechtsgüter. § 201 a ist **Schutzgesetz** iS von § 823 II BGB.

4 **3) Tatgegenstand.** Objekt der Tat muss in allen Fällen eine **Bildaufnahme** einer Person sein. Der Begriff soll enger sein als derjenige der „Abbildung"; Gemälde, Zeichnungen und Karikaturen sind nicht erfasst (*Lackner/Kühl* 2; SK-*Hoyer* 9). Gemeint sind gegenständliche, perpetuierbare und zur Vervielfältigung geeignete Verkörperungen eines visuell erfassbaren Abbildes, also insb. analog oder digital gespeicherte **Fotos**, aber auch **Filme**, Einzelbilder aus Videosequenzen; Verkörperungen von Aufnahmen mit nicht sichtbarer Strahlung (Infrarot; Röntgen). Eine **dauerhafte** Verkörperung ist, wie sich aus der Tatvariante des „Übertragens" ergibt, nicht vorausgesetzt; erfasst sind somit auch Live-Übertragungen (zB durch webcams; verborgene oder getarnte Kameras).

5 Die Bildaufnahme muss „von einer anderen Person" sein, also das Abbild einer natürlichen lebenden **anderen Person** zeigen. Aufnahmen des Täters selbst sind ausgeschlossen; auch Aufnahmen von Toten (*Lackner/Kühl* 3; SK-*Hoyer* 11). Der Begriff setzt nicht voraus, dass die Person für Dritte **identifizierbar** ist. Bei anonymisierten Aufnahmen mag es zwar gelegentlich am Verletzungserfolg (unten 14) fehlen; zwingend ist das aber nicht, etwa wenn ein Verbreiten nicht geplant ist oder eine Verwendung der Bildaufnahme allein dem Opfer das erfolgreiche Eindringen in den höchstpersönlichen Lebensbereich demonstrieren soll. Es ist auch ausreichend, wenn **Teile der Person** abgebildet werden, solange diese noch grds identifizierbar bleibt (so auch SK-*Hoyer* 12; *Lackner/Kühl* 4; and. *Ernst* NJW **04**, 1278; *Koch* GA **05**, 595; *Kargl* ZStW **117** [2005] 340). **Verfremdungen** und **Montagen** stehen der Tatbestandserfüllung nicht entgegen, solange das Produkt überhaupt noch substanziell als Bildnis der Person erscheint. Die Grenze des Wortlauts ist jedoch überschritten, wenn die abgebildete „Person" überhaupt nicht existiert. Fehlt es an jeder Identifizierbarkeit auch durch das mögliche Opfer selbst, so scheidet eine Strafverfolgung aus.

6 **4) Räumlicher Schutzbereich.** Der Anwendungsbereich des Tatbestands ist auf Bildaufnahmen solcher Personen beschränkt, die sich zum Zeitpunkt der Aufnahme in Wohnungen oder in gegen Einblicke besonders geschützten Räumen befinden bzw. befanden. Grund hierfür ist eine Begrenzung des Tatbestands auf Verletzungen eines „letzten Rückzugsbereichs" (GesE 5) persönlicher Lebensäußerungen. Die Beschränkung stützt sich darauf, dass innerhalb der genannten Räumlichkeiten regelmäßig ein erhöhtes Vertrauen besteht, nicht einer **unbefugten** Beobachtung (I, II) durch Dritte ausgesetzt zu sein (vgl. GesE 4; zust. *Borgmann* NJW **04**, 2133, 2134; krit. *Lackner/Kühl* 2). Weniger plausibel ist das, wenn es um **befugt** hergestellte Bildaufnahmen (III) geht: Für die Verletzung des Rechtsguts durch Veröffentlichung zB von intimen Fotos verflossener Sexualpartner ist es unerheblich, ob die Bilder einstmals *befugt* in einer Wohnung oder *befugt* im Freien aufgenommen wurden. Die Vorschrift unterscheidet zwischen absolut geschützten (Wohnung) und nur relativ, im Einzelfall geschützten Räumlichkeiten.

7 Der Begriff der **Wohnung** entspricht grds. dem des § 123 I (vgl. dort 6), so dass zB auch Hotelzimmer erfasst sind (GesE 5; zweifelnd *Lackner/Kühl* 2). Man wird aber im Hinblick auf die Schutzrichtung des § 201 a ebenso wie bei § 244 I Nr. 3 (vgl. dort 24 f.) Einschränkungen hinsichtlich der Wohnung zugeordneter Funktions-Räumlichkeiten machen müssen, bei denen von einem regelmäßig gegebenen Vertrauen in die Unbeobachtetheit nicht ausgegangen werden kann: Treppenhäuser, Hausflure, Kellerabteile oder Tiefgaragen in Mehrfamilienhäusern gehören daher nicht zur Wohnung (*Kühl* AfP **04**, 190, 194; *Lackner/Kühl* 2; SK-*Hoyer* 14; **aA** *Eisele* JR **05**, 8; *Koch* GA **05**, 599; *Rahmlow* HRRS **05**, 86). Auch **Terrassen** *und* ***Balkons*** dürften im Sachzusammenhang des § 201 a dem Merkmal „Wohnung" nicht unterfallen; sie können aber geschützte Räume sein. **Unerheblich** ist, ob die Wohnung oder der Wohnungsteil einen **Sichtschutz** nach außen aufweist; die Wohnung ist kein „sonstiger" besonders geschützter Raum, sondern *absolut* ge-

schützt (*Eisele* JR **05**, 8). Daher sind auch Wohnungen einbezogen, die konstruktiv (Glasflächen) oder durch Gestaltung im Einzelfall leicht einsehbar sind (*Lackner/Kühl* 2). Es muss sich nicht um die Wohnung des Tatopfers handeln; auch der Wohnungsinhaber kann Täter etwa zu Lasten von Gästen sein (SK-*Hoyer* 13; vgl. unten 10).

Ein gegen Einblick **besonders geschützter Raum** kann eine allseitig umschlossene Räumlichkeit, aber auch eine Örtlichkeit im Freien sein (vgl. GesE 5: Garten), wenn diese die Schutzeigenschaft aufweist. Es muss ein **besonderer Schutz** bestehen, der sich **„gegen Einblick"** richtet. Zur Erklärung verweisen die Materialien darauf, es seien „Toiletten, Umkleideräume oder ärztliche Behandlungszimmer" gemeint (GesE 5; ebenso *Lackner/Kühl* 2). Damit wird die **Rechtsgutsverletzung** schon in das Merkmal der Örtlichkeit „hineingedacht" und vorverlegt (krit. auch *Bosch* JZ **05**, 377, 379): Die Wände eines ärztlichen Behandlungszimmers dienen zwar *auch* dem Sichtschutz; sie tun dies aber nicht mehr oder vorrangiger als die Wände eines Büros, eines Kassenraums oder einer Polizeistation. Der Umkleideraum eines Fußballvereins dient gewiss nicht mehr dem Sichtschutz als die Stellwände in einem Großraumbüro oder die Vorhänge in einem Bahnabteil. **8**

Die Funktion eines „besonderen Schutzes gegen Einblick" könnte sich daher aus einer objektiven Funktion des Raums ergeben. Es käme dann nicht allein auf eine **subjektive Zweckbestimmung** im Einzelfall an: Durch bloßes Verstellen der Jalousie-Lamellen wird ein Büro nicht zur besonders geschützten Räumlichkeit. Für diese Auslegung spricht, dass sie eine gewisse Begrenzung des Merkmals verspricht. Nach dem *Wortlaut* ist sie freilich nicht zwingend; danach können Räumlichkeiten erfasst sein, die nur das Opfer zur Tatzeit als geschützt ansieht oder für die es konkret einen (vorübergehenden) Schutz vornimmt (Schließen der Tür, der Vorhänge, usw.). Geschützte Räume wären dann zB auch PKWs mit abgedunkelten Scheiben; Abteile in Eisenbahnzügen oder Flugzeugen; usw. Selbst wenn man eine **allgemeine Zweckbestimmung** verlangt, bleiben Zweifelsfragen. So können „Räume" durch Sichtschutz *entstehen*; zB wenn auf einem Krankenhausflur stoffbespannte Sichtschutz-Wände um das Bett eines Patienten gestellt werden; wenn Schreibtische in Büros durch flexible Stellwände abgetrennt werden. Hier *existiert* der „Raum" nur in der Form seines „besonderen Schutzes". Man wird hier Großraumbüros nicht, Krankenhausflure eher als tatbestandsmäßige Räumlichkeiten ansehen. **8a**

Im Ergebnis dürfte es auf die **Funktion des Sichtschutzes** ankommen: Nur solche Räume gehören zum Schutzbereich des § 201 a, die einen Sichtschutz aufweisen, der gerade gegen Beobachtungen des **höchstpersönlichen Lebensbereichs** schützen soll (and. SK-*Hoyer* 16: weder objektive noch subjektive Zweckbestimmung erforderlich). Das wird man zB bei Zelten bejahen können, bei Kraftfahrzeugen nicht. Auch eine gewisse Perpetuierung dürfte erforderlich sein, um dem zur Tatbestandsbegrenzung eingefügten (vgl. GesE 4) objektiven Element annähernd Kontur zu verleihen. Wer zB sexuelle Handlungen am Badestrand vollzieht, ist auch dann nicht gegen Bildaufnahmen geschützt, wenn er dies in einer Sandmulde hinter Sichtschutzwänden tut. Öffentlich zugängliche Örtlichkeiten sind stets ausgenommen. Ungereimtheiten bleiben: Wer, weil er sich irrig unbeobachtet wähnt, seine Notdurft im Gebüsch verrichtet, ist nicht geschützt; dagegen soll geschützt sein, wer in der Arztpraxis in der Nase bohrt. **9**

Die Person muss sich zur Zeit der Bildaufnahme oder Bildübertragung **in der Wohnung** oder in dem Raum befinden. Auch im Fall von Abs. III kommt es entgegen der unklaren Formulierung nicht darauf an, wo sich die Person zur Zeit der Tathandlung befindet. Gleichgültig ist, ob sich die Person befugt oder unbefugt in der Räumlichkeit aufhält; ob es sich um eine eigene oder fremde Wohnung handelt; ob sie sich allein dort aufhält. Unerheblich ist, wo sich der *Täter* befindet; er muss etwa beim Herstellen von Bildaufnahmen den Sichtschutz nicht von außen überwinden, sondern kann sich auch innerhalb des geschützten räumlichen Be- **10** reichs aufhalten (so auch *Kühl*, Schünemann-Symp [2005] 211, 217). Das Tatopfer muss sich in der Räumlichkeit **befinden,** d. h. tatsächlich dort anwesend sein. Damit sind **Montagen** und fiktive Bildinhalte ausgeschlossen. Daraus folgt einerseits, dass Bildaufnahmen, die nur den **unzutreffenden Eindruck** erwecken, sie seien innerhalb einer Wohnung usw. entstanden, auch dann nicht tatbestandsmäßig sind, wenn sie den höchstpersönlichen Lebensbereich verletzen; andererseits, dass Aufnahmen dem Tatbestand unterfallen, die durch Montage oder Verfremdung den unzutreffenden Eindruck erwecken, sie seien außerhalb von Wohnungen usw. entstanden. Das führt zu *zufälligen* Unterscheidungen und in der Kombination mit den oben genannten Grundsätzen zu einer Vermischung von Schutz-Prinzipien: Ob der Kern des Unrechts in der (nach außen uU gar nicht erkennbaren) Verletzung der räumlichen Schutz-Sphäre oder in der raumunabhängigen Verletzung des Persönlichkeitsrechts liegt, ist kaum bestimmbar.

11 **5) Unbefugtes Herstellen und Übertragen von Bildaufnahmen (Abs. I).** Die Tathandlung des Abs. I unterscheidet zwei Varianten, die im Wesentlichen nach dem Tatgegenstand (oben 3) zu differenzieren sind. Die Tat nach Abs. I ist kein Tätigkeitsdelikt; erforderlich ist also der Eintritt eines Handlungserfolgs, nämlich einer *hergestellten* Bildaufnahme oder einer *vollzogenen* Übertragung. Der **Versuch** ist (anders als in § 201 IV) nicht strafbar (krit. *Kühl* AfP **04**, 190, 195).

12 **A. Herstellen (I, 1. Var.)** einer Bildaufnahme ist Anfertigen im Sinn gegenständlichen Hervorbringens eines Bildnisses der Person. Erfasst sind alle Handlungen, die zur unmittelbaren Vorbereitung, Durchführung und gegenständlichen Sicherung des Bildergebnisses erforderlich sind, nach GesE 5 „Handlungen, mit denen das Bild auf einem Bild- oder Datenträger abgespeichert wird" (ebenso *Lackner/Kühl* 4; SK-*Hoyer* 10). Am Anfang jeder Bildaufnahme steht ein optisches System, das entweder unmittelbar mit einem Bildträger (analoge Fotografie) oder einem Datenspeicher gekoppelt oder mittels leitungsgebundener oder leitungsfreier Übertragung mit einem Aufzeichnungs-, Wiedergabe- oder Verarbeitungssystem verbunden ist. Die Tathandlung des Herstellens kann an jeder Stelle dieses Prozesses erfolgen, setzt jedoch voraus, dass Tatherrschaft hinsichtlich des **primären Aufzeichnungsakts** besteht. Wer nur (weitere) Abzüge, Ausdrucke oder Kopien anfertigt, unterfällt ggf. Abs. II, ist aber nicht Hersteller iS von I. Vollendung setzt nicht voraus, dass die hergestellte Aufnahme (schon) visuell wahrnehmbar ist; ausreichend ist digitale oder analoge Speicherung der optischen Informationen. Daher ist auch nicht vorausgesetzt, dass der Täter oder irgendeine dritte Person Kenntnis von der Bildaufnahme erlangen (Fernsteuerung; automatische Aktivierung). Nicht erfasst ist das bloße **Beobachten**, sei es auch mit zur Herstellung von Bildaufnehmen geeigneten oder bestimmten Geräten (zB Teleobjektiv) oder zur Vorbereitung einer Aufnahme (GesE 4; and. E-FDP, BT-Drs. 15/361).

13 **B. Übertragen (I, 2. Var.) einer Bildaufnahme.** Die Variante soll nach GesE 5 klar stellen, dass auch Echtzeitübertragungen einbezogen sind, zB mittels webcams oder spycams (vgl. BT-Drs. 15/1891, 6). Von „Klarstellung" könnte aber nur die Rede sein, wenn die Handlung schon von der 1. Var. erfasst würde; das ist gerade nicht der Fall. Es handelt sich also um einen eigenständigen Tatbestand, der voraussetzt, dass *kein Herstellen* einer Bildaufnahme gegeben ist, die Abbildung also nicht gegenständlich fixiert oder gespeichert wird (*Hoppe* GRUR **04**, 992; *Sauren* ZUM **05**, 429; NK-*Kargl* 6; SK-*Hoyer* 10). Es geht um **Live-Übertragungen,** ggf. mit Zwischenspeicherung, aber ohne Perpetuierung. Die Strafbarkeit ist mit der Absicht, „bloßes Beobachten" auch mittels technischer Geräte straflos zu lassen (oben 12), nur schwer vereinbar; die Variante ist wohl als eine Art materielle Beweiserleichterung zu verstehen, weil die dauerhafte Speicherung übertragener Bildaufnahmen unschwer möglich, aber oft nicht nachweisbar ist.

14 **C. Verletzung des höchstpersönlichen Lebensbereichs.** Durch das Herstellen oder Übertragen muss der höchstpersönliche Lebensbereich der abgebildeten Person verletzt werden („und dadurch … verletzt"); § 201 a ist kein abstraktes Ge-

fährdungsdelikt (*Kühl* AfP **04**, 190, 195; *Eisele* JZ **05**, 9; krit. SK-*Hoyer* 6, 8; *Wolter*, Schünemann-Symp [2005] 225, 229ff.; **aA** *Flechsig* ZUM **04**, 608; *Hoppe* GRUR **04**, 991; *Koch* GA **05**, 592; *Bosch* JZ **05**, 378). Zum Begriff des höchstpersönlichen Lebensbereichs vgl. oben 3 (krit. zur Unbestimmtheit *Borgmann* NJW **04**, 2133, 2134; *Bosch* JZ **05**, 377, 379; *Kargl* ZStW **117** [2005] 324, 336f.; *Lackner/Kühl* 1; zum mangelnden Schutz von Personen, die sich in einer dauerhaften Lage *ohne* oder mit faktisch stark *eingeschränktem* „höchstpersönlichen" Lebensbereich befinden [Strafgefangene; Kranke; Untergebrachte], vgl. *Mitsch*, Schwind-FS [2006] 603, 608, 617ff.). Aus den Gesetzesmaterialien wird nicht klar, in welcher *konkreten* Beziehung dieser Taterfolg zu dem („einschränkenden") Erfordernis eines räumlichen Schutzbereichs stehen muss: Wenn einerseits die Wohnung als „letzter Rückzugsbereich des Einzelnen" geschützt ist (GesE 5), so ist andererseits überhaupt nicht erklärlich, warum an einem solchen Ort nur Bildaufnahmen von höchstpersönlichen Kernbereichen des Lebens (**Krankheit, Tod und Sexualität**; GesE 5) verboten sein sollen, **nicht** aber unbefugte Verletzungen „nur" des *persönlichen* Lebensbereichs, also zB unbefugte heimliche Bildaufnahmen der Person beim Essen und Trinken, Arbeiten, Streiten, Schlafen usw. innerhalb ihres unbeobachtet geglaubten „letzten Rückzugsbereichs". Der Gesetzgeber hat – wohl unter dem lautstarken Druck der Lobby des sog. „*investigativen Journalismus*" – die Formulierung „und dadurch" aber nicht so verstanden, dass sich eine Verletzung des höchstpersönlichen Lebensbereichs regelmäßig schon aus dem Umstand ergibt, dass die Tathandlung innerhalb des geschützten Raums verwirklicht wird, denn sonst hätte es der Erwägungen nicht bedurft, „welche Lebensbereiche zur absolut geschützten Intimsphäre gehören" (GesE 5; ebenso *Lackner/Kühl* 1) und ob „die Rspr eine abschließende Aufzählung entwickelt" (?) habe. Danach ist es in jedem **Einzelfall** notwendig festzustellen, ob die betroffene Person in einem „höchstpersönlichen" Lebensbereich betroffen und verletzt ist und ob dies gerade auf der Tathandlung beruht (so auch *Koch* GA **05**, 597; SK-*Hoyer* 19; **aA** *Hesse* ZUM **05**, 434). Die **Praxis** wird sich vermutlich mit Evidenz-Überlegungen helfen und **kasuistische Kataloge** von **Körperteilen, Verrichtungen und Peinlichkeiten** entwickeln, denen „höchstpersönlicher" Charakter beizumessen ist, wenn sie in Wohnungen oder einblicks-geschützten Räumen stattfinden (in diese Richtung schon *Borgmann* NJW **04**, 2133, 2134; *Kargl* ZStW **117**, 324, 337).

Diese Auslegung ist aber weder systematisch überzeugend noch rechtspolitisch **14a** geboten, etwa um die (angebliche oder tatsächliche) „Aufdeckung von Missständen" zu ermöglichen (zu diesen Einwänden vgl. etwa die Gemeinsame Stellungnahme von ARD, BDZV, Deutschem Presserat, DJU, VDZ, VPRT und ZDF vom 5. 11. 2003; vgl. dazu auch *Kühl* AfP **04**, 190). Pressefreiheit und Tatbestandsgarantie verlangen keineswegs, dass zB das heimliche Installieren von Spy-Cams in häuslichen Arbeitszimmern oder der unbefugte Einsatz „versteckter Kameras" in Privatwohnungen strafrechtlich anders behandelt werden müssen als das unbefugte Abhören (§ 201), das Lesen fremder Briefe (§ 202) oder das Ausspähen fremder geschützter Daten (§ 202a).

D. Subjektiver Tatbestand. Abs. I setzt Vorsatz voraus; bedingter Vorsatz **15** reicht aus. Er muss sich neben der Tathandlung und dem räumlichen Schutzbereich vor allem auch auf die tatsächlichen Voraussetzungen der Merkmale des höchstpersönlichen Lebensbereichs und seiner Verletzung erstrecken. Die irrige Bewertung, ein Lebensbereich sei nicht höchstpersönlich, ist nur ein Subsumtionsirrtum.

E. Unbefugtheit. Das Merkmal der Unbefugtheit entspricht in I dem in § 201 **16** verwendeten Begriff, bezeichnet also kein Tatbestandsmerkmal, sondern ein allgemeines **Rechtswidrigkeitselement** (GesE 5; *Lackner/Kühl* 9; *Eisele* JR **05**, 6; krit. *Wolter*, Schünemann-Symp [2005] 225, 233). Zur **Befugnis** gelten die Erl. 9ff. zu § 201 entsprechend. Als Rechtfertigungsgrund kommt insb. eine (wirksame) **Einwilligung** der Person in Betracht; auf eine Einwilligung des Wohnungsinhabers oder an der Räumlichkeit Berechtigten kommt es nicht an. Eine Befugnis kann sich darüber hinaus aus öffentlich-rechtlichen Eingriffsnormen ergeben (vgl. zB § 100c I Nr. 1 Buchst. a StPO); weiterhin im Einzelfall aus allgemeinen Rechtfertigungsgründen. Eine analoge Anwendung des § 193 („berechtigte Interessen") ist ausgeschlossen (vgl. 4 zu § 193; GesE 5; ebenso *Lackner/Kühl* 9).

17 **6) Gebrauchen und Zugänglichmachen (Abs. II).** Tatobjekt einer Tat nach Abs. II ist eine Bildaufnahme, die durch eine Tat nach Abs. I hergestellt wurde. Nicht erfasst sind nach Abs. I „übertragene" Bildaufnahmen, denn wenn solche Übertragungen, etwa durch Speicherung, verkörpert werden, liegt darin ein Herstellen, an welches wiederum Abs. II anknüpfen kann. Vorausgesetzt ist „eine Tat nach Abs. 1", also jedenfalls eine tatbestandsmäßige und unbefugte Handlung; auf Verschulden des Vortäters kommt es nicht an. Die Aufnahme muss *durch die Tat* nach I hergestellt sein. Montagen und digitale Bearbeitungen scheiden dadurch nicht aus, solange das Ergebnis noch als Bildaufnahme der Person iS von I erkennbar ist und gerade die tatbestandsmäßige Verletzung des Persönlichkeitsbereichs darstellt (ebenso SK-*Hoyer* 29).

18 **A. Tathandlung.** Abs. II unterscheitet gleichfalls zwei Tatvarianten: **Gebrauchen (II, 1. Var.)** ist jede Nutzung der Bildaufnahme für eigene oder fremde, private oder öffentliche, persönliche oder kommerzielle Zwecke (vgl. auch 23f. zu § 267); namentlich auch das Speichern, Kopieren und Archivieren (GesE 5). Erfasst ist auch das Verwenden durch andere Personen als den Täter des Herstellens, zB für Zwecke der Montage (ebd.). Es ist nicht erforderlich, dass die Bildaufnahme für den Täter selbst oder Dritte beim oder durch den Gebrauch visuell erkennbar wird (*Lackner/Kühl* 6). **Zugänglich machen** (II, 2. Var.) ist ebenso zu verstehen wie in § 184 I Nr. 1, Nr. 2 (vgl. dort 10, 11); es setzt die Möglichkeit eines gegenständlichen Zugriffs Dritter auf die hergestellte Aufnahme voraus (vgl. BT-Drs. 15/2466, 5). Von Bedeutung ist, neben dem Bereithalten oder Verbreiten als Kopie, Abzug usw., vor allem das Zugänglichmachen in Form elektronischer Datenspeicher, insb. über das **Internet** (vgl. dazu i. E. 23ff., 33f. zu § 184).

19 **B.** Abs. II setzt nicht voraus, dass durch die Tat der **höchstpersönliche Lebensbereich** (vgl. oben 14f.) des Opfers (abermals) verletzt wird (**aA** SK-*Hoyer* 30). Das ist insoweit konsequent, als schon die Vortat eine Verletzung verursacht haben muss (anders in III, vgl. unten 22). Systematisch überzeugt die Gleichstellung trotz Fehlens des Unrechtsmerkmals nicht ohne weiteres.

20 **C. Subjektiver Tatbestand.** Der Vorsatz des Abs. II (bedingter Vorsatz reicht) muss mit dem Tatobjekt auch die tatsächlichen Voraussetzungen der **Unbefugtheit** der Herstellung erfassen. Glaubt der Täter irrig, die Herstellung sei (zB aufgrund Einwilligung) befugt gewesen, so entfällt der Vorsatz. Vgl. im Übrigen oben 15.

21 **D.** Die **Rechtswidrigkeit** einer Tat nach II entfällt bei **Befugnis** (vgl. GesE 5); namentlich bei Einwilligung der betroffenen Person in das Gebrauchen. Insoweit gilt das oben 16 Ausgeführte entsprechend. Als Rechtfertigung kommt auch bei unbefugt hergestellten Aufnahmen Art. 5 I GG in Betracht, wenn überragend wichtige öffentliche Interessen eine Veröffentlichung gebieten (vgl. SK-*Hoyer* 30; *Wendt* AfP **04**, 186). Dagegen erscheint eine Rechtfertigung in „analoger Anwendung" von § 24 KUG (*rechtmäßig* entstandene oder erlangte Bildnisse!) und aufgrund einer allgemeinen Verhältnismäßigkeits-Abwägung (vgl. SK-*Hoyer* 31) weder geboten noch nahe liegend.

22 **7) Befugt hergestellte Bildaufnahmen (Abs. III).** Tatgegenstand des Tatbestands nach III ist eine Bildaufnahme iS von oben 4f. Das Tatopfer muss sich entgegen dem Wortlaut nicht zum Zeitpunkt der Tat nach III in der geschützten *Räumlichkeit* befinden, sondern zum Zeitpunkt des Herstellens der Bildaufnahme dort befunden haben (oben 10). Die Bildaufnahme muss **befugt hergestellt** worden sein. **Unrechtskern** der Tat nach III ist also nicht, wie in I und II, das Eindringen in den persönlichen Lebensbereich gegen oder ohne den Willen der be-

troffenen Person (zur abweichenden Schutzrichtung des III vgl. auch *Bosch* JZ **05**, 377, 381); vielmehr soll III gerade auch solche Aufnahmen erfassen, die mit Einverständnis des Betroffenen hergestellt wurden (vgl. auch BT-Drs. 15/2995, 6). III stellt in diesen Fällen einen **nachträglichen Vertrauensbruch** unter Strafe und geht insoweit über § 201 hinaus (vgl. dort 8). Dieser ggf. über Jahrzehnte währende *latente* strafrechtliche Schutz von Vertrauen in die nicht missbräuchliche Verwendung höchstpersönlicher Bilder ist im Rechtsausschuss als „Problem" angesehen worden (BT-Drs. 15/2995, 6; iErg zust. aber *Eisele* JR **05**, 6; *Kühl* AfP **04**, 190: *Lackner/Kühl* 8; SK-Hoyer 7). Worauf die frühere Befugnis zur Herstellung beruhte, ist unerheblich; ebenso, ob sie zur Zeit der Tat noch bestehen würde. Praktisch bedeutsam dürften insb. aufgrund früherer **Einwilligung** befugte Aufnahmen sein (vgl. LG Kiel [Z] NJW **07**, 1002). Daher kann die Abgrenzung wirksamer von unwirksamen, insb. erschlichenen Einwilligungen von erheblicher Bedeutung sein, weil ein späterer bloßer Gebrauch nur im letzteren Fall nach III strafbar ist (vgl. unten 23). Ob die Einwilligung auf einer persönlichen Nähebeziehung oder auf geschäftlicher Vereinbarung beruht, ist unerheblich (zutr. SK-*Hoyer* 33; **aA** *Koch* GA **05**, 602).

Befugt *übertragene* Bildaufnahmen (oben 13) sind nicht erfasst, obgleich nicht jedes Zugänglich-Machen ein Herstellen voraussetzt; das bloße unbefugte Vorführen einer von einem Dritten durchgeführten befugten Live-Übertragung ist daher nicht strafbar. **22 a**

A. Zugänglich Machen. Tathandlung des III ist das Zugänglich-Machen für mindestens einen Dritten (vgl. dazu oben 18). Ob dieser tatsächlich Kenntnis nimmt, ist unerheblich. Auf die im GesE noch vorgesehene Tatvariante des Gebrauchmachens ist verzichtet worden, weil beim bloßen Gebrauch „keine strafbaren Handlungen denkbar" seien (BT-Drs. 15/2995, 6). Im Ergebnis werden diejenigen, denen die Bildaufnahme durch Verbreiten *erfolgreich* zugänglich gemacht wurde, von dem Tatbestand nicht erfasst. **23**

B. Unbefugtheit. Die Tathandlung muss unbefugt sein. Der Begriff bezeichnet hier nach dem Willen des Gesetzgebers ein **Tatbestandsmerkmal** (**aA** SK-*Hoyer* 36). Das ergibt sich aus der Einfügung des Begriffs „wissentlich" im Gesetzgebungsverfahren (vgl. BT-Drs. 15/2995, 6; *Kühl* AfP **04**, 196). Für die Voraussetzungen einer Befugnis gilt oben 13 entspr. Unbefugtheit der Handlung setzt auch bei früherer Befugnis durch Einwilligung nicht voraus, dass das Opfer eine ausdrückliche oder konkludente *Erklärung* über seinen entgegen stehenden Willen abgegeben hat (so *Lackner/Kühl* 8). Sie kann sich namentlich auch aus dem Zweck der Handlung ergeben (zB Rache; Verursachen von Nachteilen). **24**

C. Verletzen des höchstpersönlichen Lebensbereichs. Die Tat muss den höchstpersönlichen Lebensbereich des Opfers verletzen, indem Bilder aus diesem Lebensbereich, die in der Vergangenheit befugt hergestellt wurden, vom Täter in einer missbräuchlichen, vom Opfer zur Zeit der Herstellung nicht vorhersehbaren Weise durch Weitergabe an Dritte verwendet werden (zB aus Rache wegen Beendigung einer Liebesbeziehung; vgl. LG Kiel NJW **07**, 1002). Durch diesen Eingriff wird dann nicht rückwirkend der *frühere*, sondern der *jetzige* Höchstpersönlichkeits-Bereich des Opfers verletzt, denn intime Einzelheiten aus der Biographie bleiben regelmäßig Teil des aktuellen, quasi fortgeschriebenen Persönlichkeitsbereichs. Freilich wäre auch möglich, dass Bildaufnahmen vergangener Ereignisse oder Zustände *ohne* explizite Darstellung damaliger höchstpersönlicher Umstände erst im **Kontext** mit biographischen Entwicklungen zu einem Eingriff in *aktuelle* Inhalte des höchstpersönlichen Lebensbereichs führen (dazu auch *Bosch* JZ **05**, 377, 383 f.). Solche Eingriffe sind aber nach der Zielrichtung des Tatbestands von Abs. III nicht erfasst (**aA**, aber unzutr. *Borgmann* NJW **04**, 2133, 2135, der daraus einen Verstoß gegen Art. 5 I S. 2GG ableitet); daher verletzt zB das Zugänglich-Machen einer an sich unverfänglichen älteren Bildaufnahme auch dann nicht den höchst- **25**

persönlichen Lebensbereich der abgebildeten Person, wenn sie geeignet ist, aktuelle höchstpersönliche Verhältnisse des Betroffenen zu gefährden.

26 **D. Subjektiver Tatbestand.** Abs. III setzt Vorsatz voraus. Bedingter Vorsatz reicht hinsichtlich des Tatobjekts, der Tathandlung sowie der Verletzung des höchstpersönlichen Lebensbereichs aus. **Wissentlichkeit**, d. h. direkter Vorsatz ist hinsichtlich der Unbefugtheit der Tathandlung erforderlich (übernommen aus § 108 b UrhG; zw.); ein Irrtum hierüber ist daher Tatbestandsirrtum (**aA** SK-*Hoyer* 37). „Wissentlich unbefugt" ist es nicht schon, wenn der Täter sicher weiß, dass *keine ausdrückliche* Einwilligung des Betroffenen vorliegt (zutr. *Bosch* JZ **05**, 377, 381 f.).

27 **E. Rechtswidrigkeit.** Die Tat nach Abs. III kann nach allgemeinen Grundsätzen gerechtfertigt sein. Eine Einwilligung der abgebildeten Person lässt hier aber schon den Tatbestand entfallen (oben 24). Aus Art. 5 I S. 2 GG ergibt sich kein unmittelbar geltender allgemeiner Rechtfertigungsgrund für wissentliche Verletzungen des Intimbereichs.

28 **8) Beteiligung.** Täter des § 201 a kann jedermann sein. Eigenhändigkeit ist nicht vorausgesetzt; daher kann Täter (idR: Mittäter) des I auch eine Person sein, die mit der technischen Anfertigung der Bildaufnahme oder ihrer Übertragung nicht befasst ist, sondern nur – zB aufgrund Weisungsbefugnis – die Tatherrschaft innehat. Auch Anwesenheit in den geschützten Räumlichkeiten ist nicht erforderlich (vgl. oben 10).

29 **9) Rechtsfolgen.** Die Strafdrohung ist in allen Fällen Freiheitsstrafe bis zu einem Jahr oder Geldstrafe; sie ist also deutlich niedriger als in §§ 201, 202 a und entspricht §§ 202, 203 I, II. Dies entspricht nach dem fraktionsübergreifenden GesE einer Bewertung der Unrechtsschwere im Zusammenhang des Strafrahmengefüges des 15. Abschnitts (GesE 5). In vorangegangenen Entwürfen war dies noch anders beurteilt worden (vgl. BT-Drs. 15/533 [E-CDU/CSU], 15/3612 [E-FDP]: bis 2 Jahre; Qualifikation bis 5 Jahre; 15/1891 [E-BRat]: bis 2 Jahre; Strafbarkeit des Versuchs). Ein sachlicher Grund, warum zB das heimliche Ausforschen des Intimbereichs mittels Überwachungskameras als *weniger gewichtig* anzusehen sein sollte als das ungefragte Mitschneiden eines Telefonanrufs (§ 201 I), ist nicht erkennbar. Der **Versuch** ist nicht strafbar (anders § 201 IV; krit. *Kühl*, Schünemann-Smp [2005] 211, 219 f.). Nach **Abs. IV** ist die **Einziehung** über § 74 I hinaus zulässig (vgl. § 74 IV; dazu 19 zu § 74).

30 **10) Konkurrenzen.** Herstellen (I) und eigenes Gebrauchen (II) einer Aufnahme bilden eine einheitliche Tat. Die Tatvarianten des I schließen sich hinsichtlich derselben Bildaufnahme tatbestandlich aus; hinsichtlich unterschiedlicher Aufnahmen können sie in Tateinheit stehen. Bei einheitlichem Vorsatz dürfte das Zugänglich-Machen nach II das frühere Herstellen verdrängen (SK-*Hoyer* 40); bei nachträglichem Entschluss liegt Tatmehrheit vor.

30 a **Tateinheit** ist mit Taten nach §§ 184 ff. möglich. Auch mit **§ 238** besteht Tateinheit; ebenso mit § 123. Mit § 33 KunstUrhG (iV mit §§ 22, 23 KunstUrhG) dürfte idR Tatmehrheit bestehen (*Lackner/Kühl* 11).

31 **11) Sonstige Vorschriften.** § 201 a ist Antragsdelikt (zum **Strafantrag** vgl. § 205 I), aber kein Privatklagedelikt.

Verletzung des Briefgeheimnisses

202 **I Wer unbefugt**

1. **einen verschlossenen Brief oder ein anderes verschlossenes Schriftstück, die nicht zu seiner Kenntnis bestimmt sind, öffnet oder**
2. ***sich vom Inhalt eines* solchen Schriftstücks ohne Öffnung des Verschlusses unter Anwendung technischer Mittel Kenntnis verschafft,**

wird mit Freiheitsstrafe bis zu einem Jahr oder mit Geldstrafe bestraft, wenn die Tat nicht in § 206 mit Strafe bedroht ist.

II Ebenso wird bestraft, wer sich unbefugt vom Inhalt eines Schriftstücks, das nicht zu seiner Kenntnis bestimmt und durch ein verschlossenes Behältnis gegen Kenntnisnahme besonders gesichert ist, Kenntnis verschafft, nachdem er dazu das Behältnis geöffnet hat.

III Einem Schriftstück im Sinne der Absätze 1 und 2 steht eine Abbildung gleich.

1) Allgemeines. Die Vorschrift gilt idF des EGStGB, Art. 1 Nr. 6 des 2. WiKG sowie Art. 2 Abs. 13 Nr. 2 BegleitG (1 zu § 206). **1**

Literatur: *Baur,* Postüberwachung im Maßregelvollzug (usw.), MDR **81**, 803; *Küper,* Konkurrenz zwischen Briefgeheimnisverletzung u. Unterschlagung, JZ **77**, 464; *Schmitz,* Verletzung des Briefgeheimnisses, JA **95**, 297. **1a**

2) Rechtsgut. § 202 schützt eine private, aber auch geschäftliche oder behördliche Vertraulichkeitssphäre in Gestalt eines **formalen Geheimbereichs** (LK-*Schünemann* 2; SK-*Hoyer* 4), der vom Berechtigten durch den nach außen erkennbaren, tatsächlich wirksamen (nicht nur gedanklichen) **Verschluss** einer schriftlichen Äußerung (unten 3) bestimmt wird. Der Schutz des § 202 geht weiter als der des *Brief*geheimnisses durch Art. 10 GG (LK-*Schünemann* 2). **2**

3) Tatgegenstände. Tatobjekte des **Abs. I** sind **Schriftstücke,** dh Schriftträger wie Papiere oder andere Sachen, auf denen schriftlich, gedruckt oder (wenn vielleicht auch in Geheimschrift) geschrieben in beliebiger Sprache Gedanken ausgedrückt sind, die keine Geheimnisse zu sein brauchen. Das sind vor allem **Briefe,** aber auch Tagebücher, Notizen, Abrechnungen, Aufstellungen, Pläne u. dgl.; aber nicht unbeschriftete Sachen oder solche beschriftete, bei denen der Verschluss nicht darauf abzielt, die Kenntnisnahme ihres gedanklichen Inhalts zu verhindern (**zB** Beipackzettel; Bücher; Werbedrucksachen; anders bei § 206 II Nr. 1). Freilich kommt es nicht auf ein „berechtigtes" oder objektives Interesse des Betroffenen an; entscheidend ist das (nach außen erkennbare) Interesse der Beteiligten an Geheimhaltung im Einzelfall (zutr. LK-*Schünemann* 9 f.; SK-*Hoyer* 8). Eine reine *Schutz*-Verpackung (Streifband; Folie) ist kein „Verschluss" iS von § 202. **3**

Den Schriftstücken sind nach **Abs. III Abbildungen** gleichgestellt; der Begriff entspricht § 11 III und umfasst sowohl Fotos oder Filme als auch Zeichnungen, Grafiken oder sonstige gegenständliche Darstellungen eines gedanklichen Inhalts. Ob die Darstellung eine objektive Wirklichkeit „abbildet" oder nur die Verkörperung von Gedanken ist, ist unerheblich. Aus § 11 III ist zu schließen, dass **Datenspeicher** den „Abbildungen" und somit den Schriftstücken nicht gleichstehen. Es dürfte auch die Wortlautgrenze des § 202 überschreiten, Speichermedien als „Behältnis" für (codierte) Abbildungen oder Schriftstücke anzusehen. Elektronisch **gespeicherte Daten** sind daher von § 202 nicht erfasst; ebenso nicht analog aufgezeichnete Schriftstücke oder Abbildungen (**zB** Magnetbänder), welche eine unmittelbare Kenntnisnahme vom gedanklichen Inhalt nicht erlauben. **4**

Das Schriftstück muss in den Fällen des Abs. I **verschlossen,** dh mit einer Vorkehrung versehen sein, die der Kenntnisnahme ein deutliches Hindernis bereitet (vgl. E EGStGB 237; RG **16**, 287). Wie II zeigt, meint I für das Schriftstück aber nur einen die Sache unmittelbar umhüllenden oder abschirmenden Verschluss wie den zugeklebten Briefumschlag; es kommt hierbei auf die konkreten Umstände des Einzelfalls an (LK-*Schünemann* 13; MK-*Graf* 15; NK-*Kargl* 7). Bloßes Zusammenfalten, Zusammenhalten wie zB bei Kreuzbandsendungen, bei Umschnüren mit einer leicht aufziehbaren Schleife oder das Sichern von Musterbeuteln durch metallene Warenbeutelklammern (Stuttgart NStZ **84**, 25) reichen nicht aus (and. wohl SK-*Hoyer* 11: nicht erfasst nur erkennbar dekorative Verschlüsse; ausreichend schon „symbolische" Hindernisse); wohl aber eine Pappumhüllung mit verknotetem Bindfaden (RG **16**, 288); Zusammenkleben. **5**

Abs. II setzt voraus, dass das Schriftstück durch ein **verschlossenes Behältnis gegen Kenntnisnahme besonders gesichert** ist. Damit ist jedes seinerseits verschlossene Behältnis gemeint, wie zB eine Kassette, ein Tresor, eine verschließbare **6**

Aktentasche, aber auch ein Schrank, eine Schublade, in dem sich unverschlossene (sonst schon 5) Gegenstände iS von 2 bis 4 befinden, die auf diese Weise gegen Kenntnisnahme gesichert werden. Verschlossene Räume sind keine Behältnisse.

7 4) **Täter** kann jeder sein, nicht aber derjenige, zu dessen **Kenntnis** die Sache **bestimmt** ist (negatives Sonderdelikt; ausf. dazu LK-*Schünemann* 23 ff.). Der Bestimmende ist der Verschließende oder derjenige, der den Verschluss durch einen anderen anbringen lässt (*S/S-Lenckner* 8). Bei Sendungen wird Bestimmender der Adressat, sobald die Sendung in seinen Gewahrsam gelangt ist; bei Adressierung an eine bestimmte Person etwa in einem Unternehmen, einer Behörde usw. kommt es auf die internen Organisationsregeln an; sie gehen möglichen Vorausverfügungen des Absenders idR vor (zB bei Adressierung an einen Sachbearbeiter oder Vorgesetzte „persönlich"). Die Bestimmung zur Kenntnisnahme ermächtigt zur Öffnung des Verschlusses bei I, ist aber nicht mit jedem Öffnungsrecht (unten 12) gegeben. Bei II entscheidet nicht das Recht zur Öffnung des Behältnisses.

8 5) **Tathandlung** ist im Fall von **I Nr. 1** das **Öffnen** des Schriftstücks, wobei der Täter auf irgendeine Weise das durch den Verschluss geschaffene Hindernis so weit beseitigt, dass er vom Inhalt Kenntnis nehmen könnte; ob er dies tut, ist ohne Bedeutung.

9 Im Fall von **I Nr. 2** ist vorausgesetzt, dass sich der Täter durch die **Anwendung technischer Mittel** (Durchleuchtungsvorrichtung, Tränken des Papiers mit geeigneten Flüssigkeiten; aber nicht bloßes Halten gegen das Licht) **Kenntnis** (unten 10) vom **Inhalt** verschafft; es genügt ein Teil des Inhalts (NK-*Kargl* 14; MK-*Graf* 22).

10 **Abs. II** ist ein zweiaktiges Delikt. Es erfordert ein **Öffnen** (oben 8), um sich in Verwirklichung des Vorsatzes Kenntnis vom Inhalt zu verschaffen, und danach ein eigenhändiges („sich") Kenntnis-Verschaffen vom Inhalt des Schriftstücks. Es reicht also nicht aus, wenn jemand das Behältnis aus anderen Gründen öffnet und dann Kenntnis von unverschlossenen Schriftstücken nimmt. Nicht ausreichend ist die bloße optische Kenntnisnahme davon, dass *überhaupt* ein Schriftstück vorhanden ist (so wohl *Lackner/Kühl* 4; *W/Hettinger* 554); **„Kenntnis"** setzt eine Wahrnehmung jedenfalls eines Teils des gedanklichen Inhalts (**zB** nur vom Namen des Absenders) voraus. Ob dieser in seinem Sinn *verstanden* wird, ist aber unerheblich (*W/Hettinger* 554; LK-*Schünemann* 21; **aA** SK-*Hoyer* 19; *S/S-Lenckner* 10/11); auch wer nichts versteht, mag sich Worte oder Abbildungen einprägen und sie weitergeben oder verwenden.

11 **Nicht** unter § 202 fällt das Mitteilen des Inhalts des Schriftstücks durch den Täter an Dritte (E EGStGB 237).

12 6) **Vorsatz** ist als mindestens bedingter erforderlich. Der Irrtum des Täters, das Schriftstück sei zu seiner Kenntnisnahme bestimmt, schließt den Vorsatz aus. Hingegen ist der Irrtum, zur Öffnung befugt zu sein, ein Rechtfertigungsirrtum, was vor allem bei der Teilnahme Konsequenzen hat (49 zu § 203). Bei I Nr. 2, II muss sich der Vorsatz auf die Kenntnisnahme erstrecken, bei I Nr. 1 nicht (LK-*Schünemann* 31; MK-*Graf* 34; abw. SK-*Hoyer* 23); vgl. auch oben 9, 10. Öffnet jemand versehentlich einen Brief, so kann er oder ein anderer ihn straflos lesen.

13 7) **Unbefugt** (9 ff. zu § 201; 31 ff.; zu § 203) muss der Täter handeln. Spezielle **Rechtfertigungsgründe** ergeben sich **zB** aus den §§ 99, 100 III StPO; G 10 (9 zu § 201), dem ZollVG (vgl. BGH **9**, 351, 355) und dem VerbrVerbG (4 vor § 80); für den Briefverkehr von UGefangenen gelten § 119 III StPO; Nr. 28 ff. UVollzO; von Strafgefangenen §§ 28 bis 34 StVollzG. Rechtfertigungsgründe können sich aus dem **Familienrecht,** namentlich dem Sorgerecht ergeben (LK-*Schünemann* 35; MK-*Graf* 29; NK-*Kargl* 21). Ein Ehegatte darf die Briefe des *andern nicht öffnen*; erst recht nicht ein Lebenspartner, Mitbewohner in Wohngemeinschaften usw.; im Einzelfall kann generelle Bestimmung zur Kenntnisnahme oder auftragslose Geschäftsführung gegeben sein (NK-*Kargl* 19 f.). Zur Zulässigkeit des Öffnens durch die **Post** zur Ermittlung von Absender oder Adressat vgl.

§ 39 IV PostG; durch den InsVerwalter vgl. § 99 II InsO. Die **Einwilligung** des Berechtigten lässt den Tatbestand entfallen, wenn (wie meist) damit eine Bestimmung zur Kenntnisnahme verbunden ist (LK-*Schünemann* 38 f.). **Mutmaßliche Einwilligung** (4 vor § 32) kommt als Rechtfertigungsgrund in Betracht (vgl. LK-*Schünemann* 40 [zB drohender Fristablauf]).

8) Teilnahme ist nach allg. Regeln strafbar. Der Adressat handelt stets tat- **14**
bestandslos; er kann sich auch nicht strafbar machen, wenn er einen anderen, für den der Brief nicht bestimmt ist, anstiftet, denn in dieser „Anstiftung" liegt eine Verfügung über die (befugte) eigene Kenntnisnahme vom Inhalt, die § 202 nicht unterfällt. Im Fall des Abs. II kann derjenige, der „sich" nicht selbst Kenntnis verschafft, nur Teilnehmer sein (LK-*Schünemann* 42). Mittelbare Täterschaft des Kenntnisnehmenden ist hier bei Benutzung eines Dritten möglich, der selbst die Absicht des Abs. II („dazu") nicht hat (i. E. str.; vgl. SK-*Hoyer* 27; LK-*Schünemann* 42; MK-*Graf* 36 f.); der (nur) Öffnende ist dann Gehilfe.

9) Der Versuch ist straflos, zB das bloße Öffnen des Behältnisses bei II. **15**

10) Konkurrenzen. Abs. I wird durch Abs. II verdrängt (*Schmitz* JA **95**, 300; LK- **16**
Schünemann 45). Zu §§ 242, 246 besteht Tateinheit, wenn von vornherein Zueignungsabsicht bestand (NJW **77**, 590 m. zust. Anm. *Küper* JZ **77**, 464 und *Lenckner* JR **78**, 424; str.). Hinter § 206 II, III tritt § 202 zurück. § 303 wird von § 202 verdrängt, wenn die Beschädigung nicht über die Öffnungshandlung hinausgeht. Mit § 99 ist Tateinheit möglich.

11) Sonstige Vorschriften. Strafantrag § 205; Privatklage, Sühneversuch, Nebenklage **17**
§§ 374, 380, 395 StPO.

Ausspähen von Daten

202a **I Wer unbefugt sich oder einem anderen Zugang zu Daten, die nicht für ihn bestimmt und die gegen unberechtigten Zugang besonders gesichert sind, unter Überwindung der Zugangssicherung verschafft, wird mit Freiheitsstrafe bis zu drei Jahren oder mit Geldstrafe bestraft.**

II Daten im Sinne des Absatzes 1 sind nur solche, die elektronisch, magnetisch oder sonst nicht unmittelbar wahrnehmbar gespeichert sind oder übermittelt werden.

1) Die Vorschrift ist durch Art. 1 Nr. 7 des 2. WiKG (2 vor § 263) auf Vorschlag des RA- **1**
BTag (Prot. Nr. 26 S. 177, 182, Anl. S. 36 ff., 267 f.) eingefügt worden. Durch das 41. StÄG v. 7. 8. 2007 (BGBl. I 1786; **Mat.:** GesE BReg BT-Drs. 16/3656; Ber. BT-Drs. 16/5449) wurde Abs. I zur Umsetzung des **Rahmenbeschlusses** 2005/222/JI des Rates v. 24. 2. 2005 über Angriffe auf Informationssysteme (Abl. EU Nr. L 69, 67) geändert, um das sog. „Hacking" zu erfassen (BT-Drs. 16/3656, 9). **In-Kraft-Treten: 11. 8. 2007**.

EU-Recht: Übk. des Europarates über Computerkriminalität (ETS-Nr. 185- unterzeichnet am 23. 11. 2001; dazu BR-Drs. 275/00).

Literatur: *Bär,* Polizeilicher Zugriff auf kriminelle Mailboxen, CR **95**, 489; *ders.,* Straf- **1a**
rechtliche Kontrolle in Datennetzen, MMR **98**, 463; *Bühler,* Die strafrechtliche Erfassung des Mißbrauchs von Geldspielautomaten; 1993; *Buggisch,* Dialer-Programme, NStZ **02**, 178; *Ernst,* (Hrsg.); Hacker, Cracker und Computerviren, 2003; *ders.*, Hacker und Computerviren im Strafrecht, NJW **03**, 3233; *Graf,* „Phishing" derzeit nicht generell strafbar!, NStZ **07**, 129; *ders.*, Zur Strafbarkeit des „Phishing", in: Hoffmann/Leible/Sosnitza (Hrsg.), Geistiges Eigentum im virtuellen Raum, 2007, 173; *v. Gravenreuth,* Computerviren, Hacker, Datenspione, Crasher u, Cracker, NStZ **89**, 201; *Hauptmann,* Zur Strafbarkeit des sog. Computerhackens (usw.), jur-pc **89**, 215; *Heghmanns,* Strafbarkeit des „Phishing" von Bankkontendaten und ihrer Verwertung, wistra **07**, 167; *Heinrich,* Die Strafbarkeit der unbefugten Vervielfältigung u. Verbreitung von Standardsoftware, 1993; *Hilgendorf,* Grundfälle zum Computerstrafrecht, JuS **96**, 509; 702; 890; *Hilgendorf/Frank/Valerius*, Computer- und Internetstrafrecht, 2005; *Hoeren*, Auskunftspflichten der Internetprovider an Strafverfolgungs- und Sicherheitsbehörden – eine Einführung, wistra **05**, 1; *Jessen,* Zugangsberechtigung u. besondere Sperren iS von § 202 a StGB, 1994; *Leicht,* Computerspionage – Die „besondere Sicherung gegen unberechtigten Zugang" (§ 202 a StGB), iur **87**, 45; *Lenckner/Winkelbauer,* Computerkriminalität (usw.), CuR **86**, 483;

Meier, Softwarepiraterie – eine Straftat?, JZ **92**, 657; *Popp,* Von „Datendieben" und „Betrügern" – Zur Strafbarkeit des so genannten „Phishing", NJW **04**, 3517; *Schilling,* Verschärfter Strafschutz gegen Abhör- u. Aufnahmegeräte?, JZ **80**, 7; *Schmitz,* Ausspähen von Daten. § 202 a StGB, JA **95**, 478; *ders.,* Verletzung der Vertraulichkeit des Wortes, JA **95**, 118; *Schlüchter,* Zweckentfremdung von Geldspielgeräten durch Computermanipulation, NStZ **88**, 53; *Schünemann,* Der strafrechtliche Schutz von Privatgeheimnissen, ZStW **90** (1978), 11; *Schulze-Heimig,* Der strafrechtliche Schutz der Computerdaten gegen die Angriffsform der Spionage, Sabotage u. des Zeitdiebstahls, 1995; *Sieber,* Der strafrechtliche Schutz der Information, ZStW **103** (1991), 779; *ders.,* Computerkriminalität u. Informationsstrafrecht, CR **95**, 100; *Wölfl,* Rechtfertigungsgründe bei der Verletzung der Vertraulichkeit des Wortes, Jura **00**, 231.

2 **2) Rechtsgut.** Durch § 202 a ist nicht nur der persönliche- und Geheimbereich geschützt, sondern auch das (meist auch wirtschaftliche) Interesse des Verfügungsberechtigten, die in elektronisch gespeicherten Daten verkörperten Informationen vor unbefugtem Zugriff zu schützen (vgl. *Möhrenschlager* wistra **86**, 139; LK-*Schünemann* 2; SK-*Hoyer* 1; MK-*Graf* 2; NK-*Kargl* 3). Daten wirtschaftlicher Unternehmen sind teilw. auch ohne besondere Sicherung durch **§§ 17 ff. UWG** (Anh. 13) geschützt.

3 **3) Tatgegenstand.** Tatobjekt des § 202 a sind **Daten.** Der allgemeine Begriff (vgl. 4 zu § 268; *Haft* NStZ **87**, 10) ist durch **Abs. II** für § 202 a (sowie für § 274 I Nr. 2, §§ 303 a, 303 b I Nr. 1 iVm § 303 a) erheblich eingeschränkt; erfasst werden andererseits (anders als in § 43 BDSG) nicht nur personenbezogene Daten. Auch brauchen sie keine materiellen Geheimnisse iS der 3 ff. zu § 203 darzustellen (Ber. 29; *Meurer,* Kitagawa-FS 975). Vorschlägen, zur besseren Abgrenzung des Bereichs strafwürdigen Hackings das Verschaffen des Zugang zu Daten*speichern* zu erfassen (*Hilgendorf,* Anhörung BT-Rechtsausschuss, Anl. z. Prot. 54. Sitzung, S. 3), ist der Gesetzgeber nicht gefolgt.

4 Danach sind in § 202 a nur solche Daten geschützt, die elektronisch, magnetisch oder in sonstiger Weise nicht unmittelbar wahrnehmbar entweder **gespeichert** sind oder übermittelt werden. Eine Beschränkung auf *Computer*-Daten besteht nicht (BT-Drs. 3656, 10). An der *unmittelbaren* Wahrnehmbarkeit fehlt es, wenn sprachlich oder in Bildern codierte Informationen nicht ohne weiteres mit den Sinnen, sondern erst mittels Instrumenten wie Verstärker, Sensoren, Wandler, Bildschirm, Drucker, also „künstlich" wahrnehmbar sind. Auf eine Transformation iS einer Decodierung kommt es nach dem Wortlaut des II nicht an; so dass zB auch mikroverfilmte Daten erfasst sind (vgl. LK-*Schünemann* 4; SK-*Hoyer* 4; *Lackner/Kühl* 2). Die Formulierung „oder sonst" soll den Tatbestand auch für künftige, anders als elektronisch oder magnetisch gespeicherte oder übermittelte Daten offen halten. Auf den **Inhalt** der Daten kommt es nicht an (vgl. *Hilgendorf* JuS **96**, 511).

5 **A. Gespeichert** sind Daten, wenn sie zum Zweck ihrer Weiterverwendung erfasst, aufgenommen oder aufbewahrt (§ 3 V Nr. 1 BDSG), sind. Erfasst sind somit alle Formen nicht unmittelbar wahrnehmbarer Speicherung, vor allem auf digitalen Speichermedien (auch COM- und CIM-Mikrofilmdateien, Hologrammspeichern), aber auch analoge Medien wie Tonbänder oder Schallplatten (*Möhrenschlager* aaO; vgl. auch MK-*Graf* 13 f.).

6 **Übermitteln** von Daten ist jedes Weiterleiten von Daten, insbesondere im online-Verkehr von Rechner zu Rechner innerhalb eines Netzwerks oder über Fernmeldewege (vgl. *Welp* iur **88**, 445). Der Begriff ist zur Erfassung von Handlungen eingefügt, die auf Daten während eines Übertragungsvorgangs zugreifen („Anzapfen" von Leitungen). Es sind auch nur solche (im Tatzeitpunkt „übermittelte") Daten erfasst, die (auch) zu diesem Zeitpunkt nicht unmittelbar wahrnehmbar sind. Eine Übermittlung von körperlichen Speichermedien unterfällt schon der 1. Var. Die Definition des § 3 V Nr. 3 BDSG ist hier unanwendbar.

7 **B.** Die Daten müssen **für den Täter nicht bestimmt** sein (negatives Sonderdelikt). Nicht erfasst ist daher, wer für ihn bestimmte Daten zweckwidrig verwendet; auch die Pflichtwidrigkeit eines öffentlich Bediensteten, der ihm dienstlich zur Verfügung stehende Daten sich für private Zwecke verschafft, erfüllt den Tatbestand nicht (Bay NJW **99**, 1727 [Abruf von Halterdaten iSv § 39 StVG durch Polizeibeamten]; krit. dazu *Pätzel* NJW **99**, 3246; *Kühn* StV **99**, 214 f.). § 202 a ist auch

keine Urheberschutzvorschrift (*v. Gravenreuth* NStZ **89**, 205) und schützt daher zB nicht ohne weiteres die Urheberrechte des Softwareherstellers, soweit Kopiersicherungen nicht auch Zugangssicherungen enthalten. Die Entscheidung über die Bestimmung trifft die an den Daten **berechtigte** Person; hierbei kommt es nicht auf das Eigentum am Datenträger, sondern auf die Rechtsmacht zur Verfügung über die Daten selbst an. Sie entsteht idR mit der **Erstabspeicherung** (Skripturakt; vgl. LK-*Schünemann* 12; *Hilgendorf* JuS **96**, 892f.; vgl. Erl. zu § 263a) und kann übertragen werden. In der Überlassung zur **Nutzung** liegt eine solche Übertragung nur dann, wenn damit auch die Berechtigung zur Nutzung der Programmdaten übertragen wird. Daher wird **zB** der Inhaber einer codierten **Scheck- oder Kreditkarte** nicht Berechtigter an den im Magnetstreifen gespeicherten Programmdaten (ebenso MK-*Graf* 22). Bei der Herstellung von **Raubkopien** von Softwareprodukten kommt § 202a nicht in Betracht, wenn der Nutzer die Programmdaten *befugt* erlangt hat; bei *unbefugtem* Erlangen wohl nur, wenn die Verarbeitung einen *weiter* gehenden Zugang ermöglicht (MK-*Graf* 25), nicht schon bei (bloßem) Überwinden eines Kopierschutzes (vgl. dazu auch *Lenckner/Winkelbauer* CR **86**, 486; *Leicht* iur **87**, 50; *Etter* CR **88**, 1021; 1024; *Neumann* JuS **90**, 535, 539; *Meier* JZ **92**, 661; *Lackner/Kühl* 3; *S/S-Lenckner* 6; LK-*Schünemann* 12; MK-*Graf* 25; SK-*Hoyer* 7; AG Böblingen CR **89**, 308 [Geldkarte]; **aA** Duisburg CR **88**, 1028; 50. Aufl.).

C. Die Daten müssen **gegen unberechtigten Zugang besonders gesichert** sein. Dem Merkmal kommt für die Begrenzung des Tatbestands besondere Bedeutung zu (BT-Dts-. 16/3656, 10). Der Begriff des **Zugangs** umfasst jede technische und physische Einwirkungsmöglichkeit auf Datenspeicher ebenso wie den physischen Zugang zum System und Sicherungsbereich (*Leicht* iur **87**, 46). Eine **besondere Sicherung** ist gegeben, wenn Vorkehrungen getroffen sind, die den unbefugten Zugriff auf die Daten ausschließen oder erheblich erschweren. Die Sicherungsmaßnahme muss nicht so umfassend sein, dass der Kreis derer, die vom Zugang ausgeschlossen sind, mit dem Personenkreis identisch ist, für den die Daten nicht bestimmt sind, so dass zB Sicherungen gegenüber Betriebs*externen* für deren Strafbarkeit auch dann genügen, wenn Betriebs*interne* zwar unberechtigten, aber ungehinderten Zugang zu den Daten haben (ebenso LK-*Schünemann* 15; MK-*Graf* 30; NK-*Jung* 7; **aA** *S/S-Lenckner* 9; *Lenckner/Winkelbauer* aaO; *Meurer,* Kitagawa-FS 976). 8

Nicht erfasst sind Verstöße gegen bloße **Verbote** und Anweisungen, nicht allein oder ohne Aufsicht tätig zu sein; die „Bestimmung" des Verfügungsberechtigten ist keine besondere Sicherung. Nicht erfasst sind auch Maßnahmen, die nur der Beweissicherung oder der betrieblichen Kontrolle dienen (Videokameras; Eingabe von Nutzername oder Passwort); auch nicht Sicherungen, die nur das unbefugte Benutzen der *Hardware* oder eines *Datenträgers* verhindern sollen, also namentliche mechanische Sicherungen elektronischer Geräte sowie Programme zum **Kopierschutz** (BT-Drs. 16/3656, 10; vgl. dazu aber auch Stellungn. des BRats, ebd. S. 16; sowie *Hilgendorf,* Anhörung BT-Rechtsausschuss, Anl. zum Prot. 54. Sitzung, S. 3f.). 8a

Die Sicherung kann eine solche *mechanischer* Art zur Außensicherung sein (verschlossene Räume oder Schränke; Verplombungen oder sonstige Sicherungen von Teilen der Hardware). Insbesondere gemeint sind aber **software- und hardware**integrierte Sicherungen, die nicht den erhöhten Sicherungsgrad des § 9 BDSG erfüllen müssen. Die Sicherung braucht nicht der alleinige Zweck der Schutzvorrichtung zu sein (Bay NJW **81**, 2826 zu § 243 I Nr. 1); andererseits reichen allgemeine Sicherungen (zB Brandschutz; funktionsbezogene Sicherungen wie Reinlufträume, Staubschutz) nicht aus. Es kommt darauf an, ob die Vorrichtung (physischer oder technischer Art) den Täter zu einer Zugangsart zwingt, die der Verfügungsberechtigte erkennbar verhindern wollte (*v. Gravenreuth* NStZ **89**, 206). Ein hoher Sicherungsgrad ist nicht gefordert (*Ernst* NJW **03**, 3233, 3236; **aA** *Leicht* iur **87**, 49); freilich scheiden für jeden Interessierten ohne weiteres überwindbare Sperren aus (vgl. *Lackner/Kühl* 4; LK-*Schünemann* 15). 9

9a Sicherungen iS von § 202a sind auch **Datenverschlüsselungen,** weil sie den Zugang zu den Originaldaten ausschließen sollen (*Lenckner/Winkelbauer* CR **86**, 487; *S/S-Lenckner* 8); auch **Passwörter;** Sicherungen durch Verstecken von (Zugangs-)Daten in anderen Dateien (*Hilgendorf* JuS **96**, 702f.; SK-*Hoyer* 8; LK-*Schünemann* 16). Keine besondere Sicherung ist das bloße Speichern einer Datei unter einem unzutreffenden Dateinamen oder als versteckte Datei, die vom Betriebssystem ohne weiteres angezeigt wird (**aA** LK-*Schünemann* 16; *Hilgendorf* JuS **96**, 702, 703). Die bloße **Geheimhaltung** von Daten (zB von PIN, Passwörtern) führt nicht schon zu deren besonderer Sicherung (insoweit zutr. *Popp* MMR **06**, 84, 85; *Graf* NStZ **07**, 129, 131 [zur täuschungsbedingt freiwilligen Herausgabe infolge „Phishing"-Mails]; *ders.* in Hoffmann/Leible/Sosnitza [oben 1a] 173, 178; ebenso *Heghmanns* wistra **07**, 167, 169; vgl. unten 10). Freilich sind, nach der Natur der Sache, idR diejenigen Daten besonders gesichert, die durch solche Zugangsbarrieren geschützt sind. Selbst wenn die *Herausgabe* von Daten infolge täuschender betrügerischer **„Phishing"-Mails** daher § 202a nicht unterfällt, soweit die *Passwörter selbst* betroffen sind, verschafft sich der Täter hierdurch doch den Zugang auf die besonders geschützten Kontodaten (so auch *Knupfer* MMR **04**, 641, 642; *Gercke* CR **05**, 606, 608; **aA** *Graf* NStZ **07**, 129, 131).

10 **4) Tathandlung** ist **nach I,** dass der Täter **sich oder einem anderen** zu den geschützten Daten unter Überwindung der Zugangssicherung **Zugang verschafft**. Die Tatbestand ist durch das 41. StÄG (oben 1) mit Wirkung vom 11. 8. 2007 erweitert worden (die aF setzte voraus, dass der Täter sich oder einem Dritten „Daten … verschafft"), um Art. 2 des ER-Übk. und Art. 2 des EU-RB (Rechtswidriger Zugang zu Informationssystemen) Rechnung zu tragen; damit sollte das sog. **Hacking** erfasst werden.

10a **A.** Nach der Vorstellung des Gesetzgebers des 2. WiKG 1986 war das „bloße" Eindringen in fremde Informationssysteme von **§ 202a aF** nicht erfasst (vgl. BT-Drs. 10/5058, 28); in der der Lit. wurde jedenfalls eine *teleologische Reduktion* des § 202a in diesem Sinn befürwortet (vgl. *Hilgendorf* aaO; *Lackner/Kühl* 5; *S/S-Lenckner* 10; NK-*Kargl* 13; SK-*Hoyer* 13; LK-*Schünemann* 1). Diese Einschränkung erschien nicht zutr., denn auch das Überwinden von Software-Sicherungen zum (Selbst)-Zweck des Eindringens setzt regelmäßig Entschlüsselung oder Kenntnisnahme von Programm-Dateien voraus (*Bühler* MDR **87**, 452); ein (erfolgreiches) Eindringen ist ohne Kenntnisnahme der gesicherten Zieldateien praktisch fern liegend (zutr. *Hilgendorf* JuS **96**, 994; *S/S-Lenckner* 10). Nach *hier* vertretener Ansicht war das Hacking daher auch schon nach der Gesetzesfassung vor dem 41. StÄG vom Tatbestand erfasst (vgl. 54. Aufl. Rn. 11; so auch *Schulze-Heimig* [1a] 82f.; *Jessen* [1a] 179; and. zB *Hilgendorf/Frank/Valerius* [1a] 687). Durch die Neufassung ist die Streitfrage erledigt (BT-Drs. 16/3656, 9: „Klarstellung"); es reicht jedenfalls ab 11. 8. 2007 das Verschaffen des „bloßen" Zugangs.

11 **B.** Verschaffen des **Zugangs** liegt **zB** vor bei Kopieren (ohne Kenntnisnahme) von Programmdisketten (Raubkopien; vgl. *Schlüchter* 66 u. NStZ **88**, 55; *Meier* JZ **92**, 663); auch bei Kenntnisnahme von den Daten, ohne sie zu kopieren (*Ernst* NJW **03**, 3233, 3236); bei Infizierung fremder Systeme mit sog. **Trojanern,** also (versteckten) Programmen (vgl. *Brunnstein* CR **93**, 456, 458f.) zur Erlangung von Informationen über Vorgänge und zur Ausspähung von Daten (auch als Methode des „Phishing"; vgl. *Heghmanns* wistra **07**, 167); Installation von *„Sniffern"*, oder *Backdoor-Programmen*; grds. auch, wenn der Täter durch täuschende Einwirkung auf den Berechtigten diesen veranlasst, *gesicherte* (oben 8) Daten irrtümlich selbst zu übermitteln oder einen Zugang zu eröffnen oder zuzulassen. Ob der durch Täuschung hervorgerufene Irrtum zur „Unbefugtheit" iS von Abs. I führt, ist damit *freilich noch* nicht entschieden (vgl. unten 12).

11a Nicht ausreichend ist das Erlangen allein körperlicher Verfügungsmacht über Datenträger, auf denen verschlüsselte und dem Täter nicht zugängliche Daten gespeichert sind (*Schmitz* JA **95**, 483; *S/S-Lenckner* 10). Auch durch bloße Installation von Programmen zur (unbemerkten) Herstellung von DFÜ-Verbindungen zu 0190-Servicenummern (sog. **Dialer**), die allein der Verschaffung von Verbindungsgebühren dienen, wird kein Zugang verschafft (zur aF vgl. schon *Buggisch* NStZ **02**, 178, 179). Kein Sich-Verschaffen ist das (unbefugte) Speichern oder sonstige Verarbeiten von Daten, die befugt *erlangt* worden sind. Das Erlangen eines (unmittelbar wahrnehmbaren) **Ausdrucks** von Daten, die ein Dritter iS von § 202a ausgespäht hat, ist kein Sich-Verschaffen (Celle CR **90**, 276 [Anm. *Etter*]).

C. Das Verschaffen des Zugangs muss gerade unter **Überwindung der Zugangssicherung** (oben 8 ff.) erfolgen; diese muss also für die Erreichung des Zugangs *kausal* sein. Unter „Überwinden" ist diejenige Handlung zu verstehen, die geeignet ist, die jeweilige Sicherung auszuschalten; das können äußere, mechanische Handlungen, insb. aber auch Dateneingaben sein. „Überwinden" ist nicht erst bei „nicht unerheblichem zeitlichen oder technischen Aufwand" gegeben (missverständlich BT-Drs. 16/3656, 10). **11 b**

5) Der Täter muss **unbefugt** handeln; hierzu gelten die Erl. 9 zu § 201 entsprechend. War der einem Dritten verschaffte Zugang zwar nicht für den Täter, aber für den Dritten bestimmt, kann die Rechtswidrigkeit wegen mutmaßlicher Einwilligung entfallen (*Möhrenschlager* aaO). Die Einwilligung des Betroffenen iS § 41 BDSG reicht zur Rechtfertigung nicht aus, da § 202a keine Datenschutzvorschrift iS des BDSG ist (*Lenckner/Winkelbauer* CR **86**, 485). Eine Befugnis ergibt sich nicht schon aus einem „guten Willen", etwa zur Durchführung eines **„Sicherheits-Checks"** (zutr. MK-*Graf* 80). Eine **Einwilligung** des Berechtigten, die durch Täuschung erlangt wird, ist nach allgemeinen Regeln unbeachtlich. Daher ist das als Vorbereitungshandlung für Taten nach § 263a durchgeführte **„password fishing"** (vgl. oben 10) ein *unbefugtes* Sich-Verschaffen des Zugangs jedenfalls dann, *wenn* der Berechtigte aufgrund der Täuschung annimmt, die vorgeblich anfragende Bank sei zur Abfrage berechtigt (anders wohl, wenn der Berechtigte weiß, dass die Daten auch gegenüber der Bank geheim sind; vgl. *Popp* NJW **04**, 3517 f.). Für Eingriffe von **Strafverfolgungsorganen** kommen §§ 94 ff. StPO (vgl. *Palm/Roy* NJW **96**, 1795; *Kudlich* JuS **98**, 212; *Lackner/Kühl* 7; *S/S-Lenckner* 11) sowie § 100a ff. StPO (vgl. NJW **97**, 1934 [Anm. *Bär* CR **96**, 490]) in Betracht; für verdeckte Zugriffe auf passwortgeschützte Mailboxen ist das str. (vgl. KK-*Nack* 8 ff. zu § 100a StPO). Die polizeirechtliche **Generalklausel** reicht für **präventive** Eingriffe nicht aus (*S/S-Lenckner* 11). Zur Ermächtigung durch **§ 39 I AWG** vgl. *Felixberger* CR **98**, 143. Zu Auskunftspflichten von **Internetprovidern** über TK-Verbindungen vgl. Überblick bei *Hoeren* wistra **05**, 1 ff. Zum Zugriff auf **Konto-Daten** durch die Finanzbehörden vgl. § 93b AO (idF durch das G v. 23. 12. 2003, BGBl I 2928). **12**

6) Vorsatz ist mindestens als bedingter erforderlich. Irrt der Täter darüber, dass die Daten nicht für ihn bestimmt sind, so handelt er nicht vorsätzlich. Verbotsirrtum ist indessen gegeben, wenn er lediglich den Sachverhalt rechtlich falsch beurteilt, sich zB für befugt hält (34 zu § 203). **13**

7) Täter kann grds. jedermann sein. Teilnahme ist auch durch Personen möglich, für die Daten *bestimmt* (oben 7) sind. Ob der Umstand, dass die Daten für den Täter nicht bestimmt sind, ein strafbegründendes *persönliches* Merkmal iS von § 28 I ist, ist fraglich, wenn angenommen wird, er kennzeichne schon das Unrecht der *Tat* (vgl. 6a zu § 28). Vorbereitende Beihilfehandlungen sind, unabhängig von der Verwirklichung der Tat, in § 202c selbständig unter Strafe gestellt. **14**

8) Konkurrenzen. Tateinheit ist möglich mit § 123; mit §§ 242, 246 bei Entwendung von Datenträgern; ferner mit § 17 UWG (Anh. 13), soweit die verschafften Daten Geschäfts- oder Betriebsgeheimnisse enthalten (hierzu *Meier* JZ **92**, 663); mit § 43 BDSG, soweit es sich um personenbezogene Daten handelt; mit §§ 106, 108a UrkG; mit § 96; mit §§ 303a, 303b; § 263a. **15**

9) Sonstige Vorschriften: Strafantrag ist nach § 205 erforderlich; in § 205 II S. 1 ist jedoch im Falle des § 202a der Übergang auf die Angehörigen ausgeschlossen. **16**

Abfangen von Daten

202b Wer unbefugt sich oder einem anderen unter Anwendung von technischen Mitteln nicht für ihn bestimmte Daten (202 a Abs. 2) aus einer nichtöffentlichen Datenübermittlung oder aus der elektromagnetischen Abstrahlung einer Datenverarbeitungsanlage verschafft, wird mit Freiheitsstrafe bis zu zwei Jahren oder mit Geldstrafe bestraft, wenn die Tat nicht in anderen Vorschriften mit schwererer Strafe bedroht ist.

1 **1)** Die Vorschrift ist durch Art. 1 Nr. 3 des 41. StÄG v. 7. 8. 2007 (BGBl. I 1786) eingefügt worden. **Mat.:** GesE BReg BT-Drs. 16/3656; Ber. BT-Drs. 16/5449; **In-Kraft-Treten:** 11. 8. 2007. **EU-Recht:** Vgl. 1 zu § 202 a.

1 a **Literatur:** Vgl. 1 a zu § 202 a.

2 **2)** Die durch das 41. StÄG neu eingefügte Vorschrift setzt Art. 3 des EU-Übk. vom 23. 11. 2001 (vgl. 1 zu § 202 a) um, der die Vertragsstaaten verpflichtet, das unbefugte Abfangen von übermittelten Computerdaten unter Strafe zu stellen. Sie entspricht damit § 201, soweit dort das unbefugte *Abhören* und Aufzeichnen von Telefongesprächen erfasst ist (BT-Drs. 16/3656, 11). § 202 a I erfasst übermittelte Daten nur, wenn sie zugleich besonders gesichert sind; § 148 iV mit § 89 TKG gilt nur für Funkanlagen. **Rechtsgut** des Tatbestands ist wie bei § 202 a das formelle Geheimhaltungsinteresse des Verfügungsberechtigten, soweit es sich aus einem *allgemeinen* Recht auf Nichtöffentlichkeit privater Kommunikation auch außerhalb besonderer Manifestationen des Geheimhaltungswillens ergibt (vgl. BT-Drs. 16/ 3656, 11).

3 **2) Tatobjekt** des § 202 b sind Daten (§ 202 a II), die Gegenstand einer (nichtöffentlichen) **Datenübermittlung** oder einer elektromagnetischen **Abstrahlung** durch eine DV-Anlage sind. Damit sind alle Arten nichtöffentlicher, nicht besonders gesicherter Datenübertragung erfasst; insb. solche durch **Telefon**, **Fax** oder **E-Mail**, gleichgültig, ob sie leitungsgebunden oder drahtlos erfolgt; auch Übertragungen innerhalb von (privaten) Netzwerken (Intranet; W-LAN; VPN-Übermittlung). Nicht erfasst ist das *Versenden* von Datenträgern per Post; insoweit gilt § 202 a I (vgl. 6 zu § 202 a, 4 zu § 202). Daten können nur *während* des Übermittlungs- oder Abstrahlungsvorgangs Gegenstand einer Tat nach § 202 b sein; die *vorher* oder *nachher* gespeicherten Daten sind, bei Vorliegen besonderer Sicherungen, durch § 202 a geschützt. Ob die Daten **verschlüsselt** sind oder nicht (zum Verschaffen verschlüsselter Daten vgl. auch *Hilgendorf/Frank/Valerius* [1 a zu § 202 a] 684), ist unerheblich. Die Daten dürfen **nicht für den Täter bestimmt** sein; insoweit gilt, auch hinsichtlich Abweichungen der Bestimmtheit zwischen Täter und dritter Person, 7 zu § 202 a.

4 Die Datenübermittlung muss **nichtöffentlich** sein (vgl. zu dem Begriff 3 zu § 202). Hierfür kommt es nicht auf die Art oder den Inhalt der Daten, sondern nur auf den Übermittlungsvorgang an. Dass Daten – zB per E-Mail – unverschlüsselt übermittelt werden, steht der Nichtöffentlichkeit nicht entgegen (**aA** *Graf*, Anhörung im BT-Rechtsausschuss, Anl. zum Prot. 54. Sitzung; S. 4); auch Übermittlungen in unverschlüsselten WLAN-Netzen sind daher geschützt.

5 **3) Tathandlung.** Der Täter muss geschützte Daten unter Anwendung technischer Mittel sich oder einer dritten Person **verschaffen**; das Verschaffen der bloßen *Möglichkeit* des Zugriffs (§ 202 a) reicht hier nicht aus. Ein (Sich-)Verschaffen liegt **zB** vor, wenn übermittelte Daten auf einen Rechner des Täters umgeleitet oder wenn sie **kopiert** werden; auch wenn sie in den *Arbeitsspeicher* eines Rechners zur Darstellung auf einem Monitor geladen werden. Für § 202 b kommt es auch *auf den* vor Änderung des § 202 a bestehenden Streit an, ob schon das (bloße) *Eindringen* in fremde DV-Anlagen oder Netze (Hacking) als Sich-Verschaffen anzusehen ist (vgl. dazu 1 a zu § 202 a mwN) oder ob hierzu das *Abrufen* von Daten erforderlich ist. In Anbetracht des Umstands, dass § 202 a gerade zur Klärung dieses

Streits geändert, die Erweiterung schon auf das Verschaffen des Zugangs aber in § 202 b nicht übernommen wurde, legt die Annahme nahe, dass das *schlichte Hacking* von § 202 b nicht erfasst sei.

6 Die Tat muss mittels **technischer Mittel** begangen werden. Da ein Zugriff auf durch Leitung oder Abstrahlung übermittelte Daten *ohne* technische Mittel gar nicht möglich ist, erscheint das Merkmal überflüssig. Technische Mittel sollen, neben Gerätschaften (hardware) aller Art, nach Auffassung des Gesetzgebers auch Programme, Codes oder Passwörter sein (BT-Drs. 16/3656, 11); das ist auch deshalb zweifelhaft, weil schon das Sich-Verschaffen solcher Software-Sicherungen meist § 202 a unterfällt. Bei drahtlos übertragenen Daten kommt namentlich das heimliche Aufspüren und Einloggen in unverschlüsselte W-LAN-Netze in Betracht.

7 **4)** Der Täter muss **unbefugt** handeln; der Begriff weist auf das allgemeine Rechtswidrigkeitsmerkmal hin. Insoweit gilt 12 zu § 202 a, 9 zu § 201.

8 **5)** § 202 b setzt **Vorsatz** voraus; bedingter Vorsatz reicht aus. Irrtümliche Annahme der *tatsächlichen* Voraussetzungen einer Befugnis lässt die Strafbarkeit wegen Vorsatztat entfallen.

9 **6)** Der **Versuch** ist nicht strafbar. Eine Verpflichtung zur Schaffung einer Versuchsstrafbarkeit ergibt sich zwar aus Art. 11 II des Übk. des Europarats (vgl. 1 a zu § 202 a); die Bundesrepublik hat aber von der Vorbehalts-Möglichkeit gem. § 11 III Übk. Gebrauch gemacht (vgl. BT-Drs. 16/3656, 11).

10 **7)** Die **Subsidiaritätsklausel** stellt klar, dass § 202 b nur zur Anwendung kommt, wenn die konkrete Tathandlung nicht durch andere Vorschriften mit höherer (abstrakter) Strafdrohung erfasst wird, insb. durch § 201 oder § 202 a.

Vorbereiten des Ausspähens und Abfangens von Daten

202c **I Wer eine Straftat nach 202 a oder § 202 b vorbereitet, indem er**

1. Passwörter oder sonstige Sicherungscodes, die den Zugang zu Daten (§ 202 a Abs. 2) ermöglichen, oder

2. Computerprogramme, deren Zweck die Begehung einer solchen Tat ist,

herstellt, sich oder einem anderen verschafft, verkauft, einem anderen überlässt, verbreitet oder sonst zugänglich macht, wird mit Freiheitsstrafe bis zu einem Jahr oder mit Geldstrafe bestraft.

II § 149 Abs. 2 und 3 gilt entsprechend.

1 **1)** Die Vorschrift ist durch Art. 1 Nr. 3 des 41. StÄG v. 7. 8. 2007 (BGBl I 1786) eingefügt worden (**Mat.:** GesE BReg BT-Drs. 16/3656; Ber. BT-Drs. 16/5449; **In-Kraft-Treten:** 11. 8. 2007). **EU-Recht:** Vgl. 1 zu § 202 a.

1 a **Literatur:** 1 a zu § 202 a.

2 **2)** Mit der Vorschrift werden **Vorbereitungshandlungen** zu Taten nach §§ 202 a, 202 b unter Strafe gestellt (vgl. Art. 6 I Buchst. a des Europarats-Übk. [1 zu § 202 a]); entsprechend gilt das für Taten nach § 303 a (vgl. § 303 a III).

3 **3) Tatgegenstände. Nr. 1** erfasst Zugangscodes, Passwörter oder ähnliche Daten (zB Verschlüsselungs- bzw. Entschlüsselungs-Software), die ein Ausspähen (§ 202 a) oder Abfangen (§ 202 b) von Daten ermöglichen. Diese Tatobjekte müssen nicht ihrerseits schon in Form von Daten iS von § 202 a II vorliegen.

4 **Nr. 2** betrifft Computerprogramme, deren objektiver Zweck die Begehung einer solchen Tat ist. Im Hinblick auf weitergehende Vorgaben des EU-Übk., auch zweckbestimmte „Vorrichtungen" zu erfassen, hat die Bundesrepublik von der Möglichkeit eines Vorbehalts Gebrauch gemacht (vgl. BT-Drs. 16/3656, 12; krit. und für weitergehenden Vorbehalt Antrag Die Linke; vgl. BT-Drs. 16/5449, 8). Es

reicht jeweils eine Tathandlung in Bezug auf *ein* solches Objekt; die Verwendung des Plurals hat keine einschränkende Bedeutung (BT-Drs. 16/3656, 12; vgl. BGH 46, 147, 153).

5 Das in Anlehnung an § 263a III formulierte Erfordernis der **Zweckbestimmtheit** (vgl. dazu 30 ff. zu § 263a) geht über das der *Geeignetheit* in § 149 I hinaus. Erfasst werden sollen typische **Hacker-Tools**. Daher kommt es auf den wesentlichen Zweck des Programms an: Programme, die nach ihrer objektiven Funktion grds. anderen Zwecken dienen und deren Einsatz zur Tatbegehung sich als „Missbrauch" darstellt, unterfallen Nr. 1 nicht; auch nicht allgemein einsetzbare Programme, deren Gebrauch für eine Tat nach §§ 202a, 202b wesentliche Programm-Änderungen erforderlich machen würde. Von Nr. 1 erfasst sind solche Programme, die gerade im Hinblick auf eine spezielle Tatvariante einer Tat nach §§ 202a, 202b geschrieben sind. **Nicht** erfasst sind aber allgemein und unspezifisch einzusetzende Programme; namentlich Systemprogramme; allgemeine Ver- und Entschlüsselungsprogramme; Filterprogramme.

6 Wie bei § 263a III bleibt die Anwendung auf Programme mit hohem **„Missbrauchspotential"**, die aber auch anderen Zwecken dienen können oder von Berechtigten wie Unberechtigten eingesetzt werden, unklar (vgl. 32 zu § 263a); dazu zählen auch Test-Programme von Sicherheitsfirmen und Programmierungen von Systemadministratoren (vgl. *Hilgendorf*, Anhörung BT-Rechtsausschuss, Prot. 54. Sitzung, Anl.); ebenso „Prüfungs"- oder Test-Tools, die im Internet verfügbar sind oder von Computer-Zeitschriften in großer Zahl auf beigelegten Datenträgern verbreitet werden (für Strafbarkeit *Graf*, Anhörung, aaO; zw.). Eine Abgrenzung ist hier wohl nur anhand subjektiver Merkmale möglich.

7 **4) Tathandlung** ist das **Vorbereiten** einer – eigenen oder fremden – Tat nach §§ 202a oder 202b. Die hierunter *objektiv* zu fassenden Handlungen sind in Abs. I in Anlehnung an §§ 149 I, 263a III beschrieben; hinzu kommen die Varianten des Verkaufens, die wohl bereits den Abschlusses eines entsprechenden obligatorischen Vertrags unabhängig von seiner zivilrechtlichen Wirksamkeit umfasst, sowie des Verbreitens und sonstigen Zugänglich-Machens (vgl. dazu auch 21 zu § 130; 8 ff. zu § 184a); dagegen sind der bloße Besitz oder das Verwahren nicht strafbar. Über die Ausführung der in I beschriebenen Tathandlungen enthält der Begriff des Vorbereitens keine einschränkenden objektiven Merkmale.

5) Subjektiver Tatbestand. § 202c setzt **Vorsatz** voraus. Bedingter Vorsatz reicht aus; insoweit gelten die Erl. 5 zu § 149 (krit. *Hilgendorf* Anhörung aaO). Aus dem Begriff des Vorbereitens ist ebenso wenig wie aus der Formulierung der Zweckbestimmung in I Nr. 2 ein darauf gerichtetes Absichtserfordernis abzuleiten. Eine **Konkretisierung** der vorbereiteten Tat ist jedenfalls nicht im Sinn von § 26 oder § 27 erforderlich (5 zu § 149).

6) Abs. II verweist auf die Regelungen über **Tätige Reue** in § 149 II und III.

7) Konkurrenzen. § 202c tritt hinter §§ 202a, 202b durch denselben Täter zurück. Dasselbe gilt, wenn sich die Beihilfe zu §§ 202a, 202b in der Tat nach § 202c erschöpft; ansonsten ist Tateinheit gegeben.

Verletzung von Privatgeheimnissen

203 **I Wer unbefugt ein fremdes Geheimnis, namentlich ein zum persönlichen Lebensbereich gehörendes Geheimnis oder ein Betriebs- oder Geschäftsgeheimnis, offenbart, das ihm als**

1. **Arzt, Zahnarzt, Tierarzt, Apotheker oder Angehörigen eines anderen *Heilberufs,* der für die Berufsausübung oder die Führung der Berufsbezeichnung eine staatlich geregelte Ausbildung erfordert,**
2. **Berufspsychologen mit staatlich anerkannter wissenschaftlicher Abschlussprüfung,**

3. Rechtsanwalt, Patentanwalt, Notar, Verteidiger in einem gesetzlich geordneten Verfahren, Wirtschaftsprüfer, vereidigtem Buchprüfer, Steuerberater, Steuerbevollmächtigten oder Organ oder Mitglied eines Organs einer Rechtsanwalts-, Patentanwalts-, Wirtschaftsprüfungs-, Buchprüfungs- oder Steuerberatungsgesellschaft,
4. Ehe-, Familien-, Erziehungs- oder Jugendberater sowie Berater für Suchtfragen in einer Beratungsstelle, die von einer Behörde oder Körperschaft, Anstalt oder Stiftung des öffentlichen Rechts anerkannt ist,

4 a. Mitglied oder Beauftragten einer anerkannten Beratungsstelle nach den §§ 3 und 8 des Schwangerschaftskonfliktgesetzes,

5. staatlich anerkanntem Sozialarbeiter oder staatlich anerkanntem Sozialpädagogen oder
6. Angehörigen eines Unternehmens der privaten Kranken-, Unfall- oder Lebensversicherung oder einer privatärztlichen *oder anwaltlichen* Verrechnungsstelle

anvertraut worden oder sonst bekannt geworden ist, wird mit Freiheitsstrafe bis zu einem Jahr oder mit Geldstrafe bestraft.

II Ebenso wird bestraft, wer unbefugt ein fremdes Geheimnis, namentlich ein zum persönlichen Lebensbereich gehörendes Geheimnis oder ein Betriebs- oder Geschäftsgeheimnis, offenbart, das ihm als

1. Amtsträger,
2. für den öffentlichen Dienst besonders Verpflichteten,
3. Person, die Aufgaben oder Befugnisse nach dem Personalvertretungsrecht wahrnimmt,
4. Mitglied eines für ein Gesetzgebungsorgan des Bundes oder eines Landes tätigen Untersuchungsausschusses, sonstigen Ausschusses oder Rates, das nicht selbst Mitglied des Gesetzgebungsorgans ist, oder als Hilfskraft eines solchen Ausschusses oder Rates,
5. öffentlich bestelltem Sachverständigen, der auf die gewissenhafte Erfüllung seiner Obliegenheiten auf Grund eines Gesetzes förmlich verpflichtet worden ist, oder
6. Person, die auf die gewissenhafte Erfüllung ihrer Geheimhaltungspflicht bei der Durchführung wissenschaftlicher Forschungsvorhaben auf Grund eines Gesetzes förmlich verpflichtet worden ist,

anvertraut worden oder sonst bekannt geworden ist. Einem Geheimnis im Sinne des Satzes 1 stehen Einzelangaben über persönliche oder sachliche Verhältnisse eines anderen gleich, die für Aufgaben der öffentlichen Verwaltung erfasst worden sind; Satz 1 ist jedoch nicht anzuwenden, soweit solche Einzelangaben anderen Behörden oder sonstigen Stellen für Aufgaben der öffentlichen Verwaltung bekannt gegeben werden und das Gesetz dies nicht untersagt.

IIa Die Absätze 1 und 2 gelten entsprechend, wenn ein Beauftragter für den Datenschutz unbefugt ein fremdes Geheimnis im Sinne dieser Vorschriften offenbart, das einem in den Absätzen 1 und 2 Genannten in dessen beruflicher Eigenschaft anvertraut worden oder sonst bekannt geworden ist und von dem er bei der Erfüllung seiner Aufgaben als Beauftragter für den Datenschutz Kenntnis erlangt hat.

III Einem in Absatz 1 Nr. 3 genannten Rechtsanwalt stehen andere Mitglieder einer Rechtsanwaltskammer gleich. Den in Absatz 1 und Satz 1 Genannten stehen ihre berufsmäßig tätigen Gehilfen und die Personen gleich, die bei ihnen zur Vorbereitung auf den Beruf tätig sind. Den in Absatz 1 und den in Satz 1 und 2 Genannten steht nach dem Tod des zur Wahrung des Geheimnisses Verpflichteten ferner gleich, wer das Geheimnis von dem Verstorbenen oder aus dessen Nachlass erlangt hat.

IV Die Absätze 1 bis 3 sind auch anzuwenden, wenn der Täter das fremde Geheimnis nach dem Tod des Betroffenen unbefugt offenbart.

V Handelt der Täter gegen Entgelt oder in der Absicht, sich oder einen anderen zu bereichern oder einen anderen zu schädigen, so ist die Strafe Freiheitsstrafe bis zu zwei Jahren oder Geldstrafe.

Übersicht

1) Allgemeines ... 1, 1 a
2) Rechtsgut ... 2
3) Geheimnis (I, II S. 1) ... 3–10 b
4) Täterstellung ... 11–29 d
A. Berufsgruppen nach Abs. I ... 12–18
B. Gleichgestellte Personen (III) ... 19–23
C. Personengruppen nach Abs. II ... 24–29
D. Datenschutz-Beauftragte ... 29–29 d
5) Tathandlung ... 30–30 b
6) Unbefugtheit ... 31–47 a
7) Subjektiver Tatbestand ... 48
8) Täterschaft und Teilnahme ... 49
9) Qualifikation (V) ... 50
10) Strafantrag ... 51
11) Konkurrenzen ... 52

1 **1) Allgemeines.** Die Vorschrift idF des Art. 19 Nr. 85 EGStGB (Ber. BT-Drs. 7/1261, 15; Prot. 7/176, 1060 AE §§ 149, 150 wurde mehrfach geändert: I Nr. 4 idF Art. 9 III KJHG (RegE BT-Drs. 11/5948, 119); I Nr. 4 a eingefügt durch Art. 7 Nr. 2 des 5. StrRG, geändert durch Art. 1 Nr. 1 des 15. StÄG (4 vor § 218), Art. 13 Nr. 2 SFHG und Art. 8 Nr. 2 SFHÄndG (9 vor § 218); I Nr. 3 geändert durch Art. 7 des Ges. z. Änd. der BRAO, der PatentanwaltsO u. a. Ges. [In Kraft ab 1. 3. 1999]; III neugefasst durch 3. BNotO/ÄndG. II Nr. 6 ist durch Art. 3 des StVÄG 1999 vom 2. 8. 2000 (BGBl. I 1253) angefügt worden. **Abs. II a** ist durch das Erste G zum Abbau bürokratischer Hemmnisse usw. vom 22. 8. 2006 eingefügt worden (BGBl I 1970). **Mat.**: GesE BReg: BT-Drs. 16/1853 (mit Stellungn. Brat); Gegenäußerung der BReg zur Stellungn. BRat BT-Drs. 16/1970; Beschlussempf. und Ber. BT-Drs. 16/2017. **Inkrafttreten: 26. 8. 2006**.

Gesetzgebung: Der GesE der BReg eines G zur Neuordnung des Rechtsberatungsrechts (BT-Drs. 16/3655) sieht eine Ergänzung von I Nr. 6 vor (Art. 17-E). Das Gesetzgebungsverfahren war bei Redaktionsschluss der 55. Aufl. nicht abgeschlossen; die vorgesehene, in Kürze zu erwartende Änderung ist im Text in *Kursivdruck* eingefügt.

1 a **Neuere Literatur (Auswahl):** *Andreas,* Wer unterliegt als ärztlicher Gehilfe der Schweigepflicht?, ArztR **87**, 203; *ders.,* Ärztliche Schweigepflicht im Zeitalter der EVD, ArztR **00**, 297; *Arloth,* Arztgeheimnis u. Auskunftspflicht bei AIDS im Strafvollzug, MedR **86**, 295; *Arzt,* Der strafrechtliche Schutz der Intimsphäre, 1970; *Ayasse,* Die Grenzen des Datenschutzes im Bereich der privaten Versicherungswirtschaft, VersR **87**, 536; *Becker* MDR **74**, 888; *Behm,* Zum Strafrechtsschutz für Fahrzeug- u. Halterdaten (§ 39 Abs. 1 StVG) gem. § 202 StGB, JR **00**, 274; *ders.*, Privatgeheimnis und Amtsgeheimnis, AfP **04**, 85; *Bender* MedR **97**, 7 [Schweigepflicht bei Behandlung Minderjähriger]; *Bieneck* HWiStR „Geheimhaltungspflichten"; *Bohnert,* Der beschuldigte Amtsträger zwischen Aussagefreiheit und Verschwiegenheitspflicht, NStZ **04**, 301; *Geppert,* Die ärztliche Schweigepflicht im Strafvollzug, 1983; *Borchert,* Die ärztliche Schweigepflicht nach Inkrafttreten des Gesundheitsreformgesetzes, ArztR **90**, 171; *Breuer,* Schutz von Betriebs- u. Geschäftsgeheimnissen, im Umweltrecht, NVwZ **86**, 171; *Bruns,* Aids u. Strafvollzug, ZfStrVo **87**, 504; *Bruns,* Die Schweigepflicht der sozialen Dienste der Justiz, 1996; *Bruns/Andreas/Debong,* Schweigepflicht im Krankenhaus, ArztR **99**, 32; *Budde/Witting,* Die Schweigepflicht des Betriebsarztes, MedR **87**, 23; *Czerny,* Schweigepflicht u. Datenschutz im Krankenhaus, 1992; Schweigepflicht u. Datenschutz in Gesundheitswesen u. medizinischer Forschung, 1993; *Damian,* Geheimnisschutz u. Offenbarungspflichten in der Bewährungshilfe, BewH **92**, 325; *Däubler,* Die Schweigepflicht des Betriebsarztes – ein Stück wirksamer Datenschutz?, BB **89**, 282; *Deutsch,* Schweigepflicht u. Infektiosität, VersR **01**, 1471; *Eberbach,* Rechtsprobleme der HTLV-III-Infektion (AIDS), 1986; *ders.,* Juristische Probleme der HTLV-III-Infektion (AIDS), JR **86**, 230; *ders.,* Arztrechtliche Aspekte bei AIDS, Aids-Forschung (AIFO), **87**, 281; *Eichelbrönner,* Grenzen der Schweigepflicht des Arztes und seiner berufsmäßig tätigen Gehilfen nach § 203 StGB im Hinblick auf Verhütung und Aufklärung von Straftaten, 2001; *Fischer,* Die Schweigepflicht des Amts- oder Betriebsarztes u. das Beamtenrecht, DÖD **85**, 165; *v. Galen,* Der Verteidiger – Garant eines rechtsstaatlichen Verfahrens oder Mittel

zur Inquisition? (usw.), StV **00**, 575; *Gehrmann,* Der Arzt und die Fahreignungsmängel seines Patienten, NZV **05**, 1; *Geppert,* Die ärztliche Schweigepflicht im Strafvollzug, 1983; *ders.*, Fahreignung bei neurologischen und neuropsychologischen Erkrankungen, Gössel-FS (2002), 303; *Grabsch,* Die Strafbarkeit der Offenbarung höchstpersönlicher Daten des ungeborenen Menschen, 1994; *Groß/Fünfsinn,* Datenweitergabe im strafrechtlichen Ermittlungsverfahren, NStZ **92**, 105; *Haas,* Die Schweigepflicht eines für eine in Konkurs geratene GmbH tätig gewesenen Wirtschaftsprüfers, wistra **83**, 183; *Hammer,* Rechtsprobleme des Beratungsgeheimnisses in der sozialen Praxis, NZA **86**, 305; *Hassemer,* Das Zeugnisverweigerungsrecht des Syndikusanwalts, wistra **86**, 1; *Haus,* Der Sozialdatenschutz im gerichtlichen Verfahren, NJW **98**, 3126; *Heckel,* Behördeninterne Geheimhaltung, NVwZ **94**, 224; *Hennsler,* Das anwaltliche Berufsgeheimnis, NJW **94**, 1817; *Hollmann,* Patientengeheimnis u. medizinische Forschung, MedR **92**, 177; *Huber-Lotterschmid,* Verschwiegenheitspflichten, Zeugnisverweigerungsrechte und Beschlagnahmeverbote zugunsten juristischer Personen, 2006 (Diss. Berlin [FU] 2006); *Kern,* Der postmortale Geheimnisschutz, MedR **06**, 205; *Kerl,* Staatsanwalt u. Sozialgeheimnis, NJW **84**, 2444; *Kilian,* Rechtliche Aspekte der digitalen medizinischen Archivierung von Röntgenunterlagen, NJW **87**, 695; *Klöcker,* Schweigepflicht des Betriebsarztes im Rahmen arbeitsmedizinischer Vorsorgeuntersuchungen, MedR **01**, 183; *Koch,* Softwarepflege u. anwaltliche Schweigepflicht, CuR **97**, 284; *Krauskopf,* Fahrzeugregister eine allgemein zugängliche Quelle?, NJW-Sonderheft f. Gerhard Schäfer, 2002, 40; *Krauß,* Schweigepflicht u. Schweigerecht des ärztlichen Sachverständigen im Strafprozeß, ZStW **97**, 81; *Kümmelmann,* Die anwaltliche Schweigepflicht nach dem Tode des Mandanten, AnwBl. **84**, 535; *Kunkel,* Justiz u. Sozialdatenschutz, StV **00**, 531; *Lang,* Das Recht auf informationelle Selbstbestimmung des Patienten u. die ärztliche Schweigepflicht in der gesetzlichen Krankenversicherung, 1997; *Langkeit,* Umfang u. Grenzen der ärztlichen Schweigepflicht gemäß § 203 I Nr. 1 StGB, NStZ **94**, 6; *Laufs,* Arztrecht, 5. Aufl. 1993; *ders./Uhlenbruck,* Handbuch des Arztrechts 2. Aufl. 1999; *B. Lilie,* Medizinische Datenverarbeitung, Schweigepflicht u. Persönlichkeitsrecht im deutschen u. amerikanischen Recht, 1980; *H. Lilie,* Ärztliche Dokumentation u. Informationsrechte des Patienten, 1980; *ders.*, Datenfernwartung durch Geheimnisträger – Ein Beitrag zur Reform des § 203 StGB, Otto-FS (2007) 673; *Marx,* Schweigepflicht u. Schweigerecht der Angehörigen des Behandlungsstabs im Straf- u. Maßregelvollzug, GA **83**, 160; *Meister,* HIV-Tests im Krankenhaus, Krankenhaus **99**, 82; *Michalowski,* Schutz der Vertraulichkeit strafrechtlich relevanter Patienteninformationen, ZStW **109**, 519; *Möhrenschlager,* Schutz von Geschäfts- u. Betriebsgeheimnissen, in: *Wabnitz/Janovsky* (Hrsg.), Handbuch des Wirtschafts- u. Steuerstrafrechts, 2. Aufl. 2004, 887; *Mössmer/Moosburger,* Schweigen ist Gold, oder: Das Geheimnis der Buchführung, wistra **06**, 211; *Niedermair,* Verletzung von Privatgeheimnissen im Interesse des Patienten?, in: *Roxin/Schroth* (Hrsg.), Medizinstrafrecht, 2. Aufl. 2001, 373; *Niemeyer,* Geschäftsgeheimnisse, in: *Müller-Gugenberger/Bieneck* (Hrsg.), Wirtschaftsstrafrecht, 3. Aufl. 2000, 815; *Ostendorf,* Die öffentliche Identifizierung von Beschuldigten durch die Strafverfolgungsbehörden als Straftat, GA **80**, 445; *ders.*, Der strafrechtliche Schutz von Drittgeheimnissen, JR **81**, 444; *Rogall,* Die Verletzung von Privatgeheimnissen (§ 203 StGB), NStZ **83**, 1; *Rudolphi,* Der strafrechtliche u. strafprozessuale Schutz der Geheimsphäre der anerkannten Schwangerschaftskonfliktsberatungsstellen (usw.), Bemmann-FS 410; *H. Schäfer,* Der Konkursverwalter im Strafverfahren, wistra **85**, 209; *Schmitz,* Verletzung von (Privat-)Geheimnissen, JA **96**, 772; 949; *Schöch,* Schweige- und Offenbarungspflichten für Therapeuten im Maßregelvollzug, Schreiber-FS (2003) 437; *Scholz,* Schweigepflicht der Berufspsychologen u. Mitbestimmung des Betriebsrats bei psychologischen Einstellungsuntersuchungen, NJW **81**, 1987; *Schünemann,* Der strafrechtliche Schutz von Privatgeheimnissen, ZStW **90** (1978) 11; *Waider,* Ärztliche Schweigepflicht im psychiatrischen Krankenhaus, R&P **06**, 65; *Wollweber,* Justitias langer Arm – Analyse u. Kritik des Justizmitteilungsgesetzes, NJW **97**, 2488; *Würthwein,* Innerorganisatorische Schweigepflicht im Rahmen des § 203 StGB, 1992 (Diss. Tübingen); *Zieger,* Zur Schweigepflicht des Anstaltsarztes, StV **81**, 559.

2) Rechtsgut. Geschütztes Rechtsgut ist der persönliche Lebens- und Geheimbereich, der 2
im **Individualinteresse** des Betroffenen (bei Unternehmensgeheimnissen aber auch zum Vermögensschutz, *Rogall* NStZ **83**, 3) gerade von Trägern solcher sozial bedeutsamer Berufe nicht verletzt werden soll, denen der Einzelne sich weitgehend anvertrauen muss. **Allgemeininteressen** iS eines allgemeinen Vertrauens sowie der Funktionsfähigkeit von Berufen und öffentlicher Verwaltung sowie Interessen der in § 203 aufgeführten Berufsgruppen sind nur mittelbar geschützt (BGHZ **115**, 123; **122**, 115; Hamburg NStZ **98**, 308 [Bespr. *Weichert* NStZ **99**, 490; Oldenburg NJW **92**, 758]; *Lackner/Kühl* 1; *Rudolphi,* Bemmann-FS 414; LK-*Schünemann* 14; *S/S-Lenckner* 3; NK-*Kargl* 3; *Kreuzer* NJW **75**, 2232; *Schlund* JR **77**, 269; *Schünemann* ZStW **90**, 27 u. Faller-FS 364; *Ostendorf* JR **81**, 448; *Schenkel* NStZ **95**, 69; *Michalowski* ZStW **109**, 522; *Geppert* [1 a] 11; vgl. auch MK-*Cierniak* 2 ff.; **aA** *S/S-Lenckner* 3; SK-*Hoyer* 3). Es geht also nicht um die ungestörte Ausübung der in I genannten Berufe (Celle

NJW **62**, 693), sondern um das allgemeine Persönlichkeitsrecht (Art. 2 I iVm Art. 1 I GG), das auch das *verfassungsrechtlich gesicherte* **Recht auf informationelle Selbstbestimmung** (BVerfGE **65**, 1, 43) einschließt, grundsätzlich selbst zu entscheiden, wann und innerhalb welcher Grenzen persönliche Lebenssachverhalte offenbart werden dürfen (Hamburg NStZ **98**, 358; *Krause* JuS **84**, 268; DB Beil. Nr. 23/83; *G. Kaiser*, K. Meyer-GedS 715; *Kunig* Jura **93**, 595; *Michalowski* ZStW **109**, 520). Dieses Recht ist freilich durch das **„Medienprivileg"** des § 41 I BDSG eingeschränkt. Geheimnisse des **Staates** betrifft § 203 nicht unmittelbar; sie sind vor allem in den §§ 93ff. und 353b geschützt; doch ist Überschneidung möglich (vgl. unten 52). Vgl. auch § 172 Nr. 3 GVG.

3 **3) Geheimnis (I, II S. 1).** Tatgegenstand ist in den Fällen des Abs. I, Abs. II S. 1 ein **Geheimnis,** das für den Täter **fremd** ist, das also einen anderen Menschen betrifft und das, wie sich aus Überschrift und Zielsetzung des Abschnitts und des § 203 ergibt, dem persönlichen Lebens- und Geheimbereich des Betroffenen angehört (*Gössel/Dölling* BT 1, 37/134).

4 **A. Begriff des Geheimnisses.** Gegenstand des § 203 unterfallenden Geheimnisses müssen **Tatsachen** (1ff. zu § 186; genauer: personenbezogene Informationen, *Rogall* NStZ **83**, 5) sein, die sich auf die Person des Betroffenen sowie seine vergangenen und bestehenden Lebensverhältnisse beziehen. Voraussetzung ist also mehr als eine nur theoretische Identifizierungsmöglichkeit (*Rogall* aaO mwN; vgl. Karlsruhe NJW **84**, 676). Werturteile (zur Abgrenzung vgl. 2 zu § 186) sind nicht erfasst; eine Tatsache ist aber der Umstand, dass eine Person ein bestimmtes Werturteil oder „Meinungen" vertritt (LK-*Schünemann* 20). Das Gesetz unterscheidet „namentlich", dh nicht abschließend, zwischen Geheimnissen, die **zum persönlichen Lebensbereich gehören** (nur wichtig für § 205 II), und sonstigen Geheimnissen des äußeren Wirkungsbereich der Person, insb. den **Betriebs- und Geschäftsgeheimnissen** (§ 17 UWG; *Otto* wistra **88**, 125; LK-*Schünemann* 21): dazu können auch Tatsachen gehören, die das öffentliche Wirken zB in Politik, Verbänden usw. betreffen (*M/Schroeder/Maiwald* 29/4). Staatsgeheimnisse sind von § 203 nicht erfasst (§§ 93ff.); wohl aber Geheimnisse **juristischer Personen** und von **Personenverbänden** (LK-*Schünemann* 31; MK-*Cierniek* 27; SK-*Hoyer* 17). Geheimnisse können auch Tatsachen der Identifikation der betroffenen Person sein, wenn sie diese einem bestimmten Geschehen zuordnen (zB Name eines Patienten oder Klienten; Tatsache der Behandlung).

5 Die Tatsachen müssen **geheim** sein, also höchstens einem beschränkten Personenkreis bekannt. 3f. zu § 93 gilt entsprechend. Was eine Bestätigung erfordert, ist noch geheim (RG **62**, 70). Auch was einzelnen schon verraten ist, kann noch Geheimnis sein (BGH **20**, 383; MDR **60**, 776). Als Geheimnis ist nicht mehr anzusehen, was Gegenstand einer öffentlichen Gerichtsverhandlung oder eines polizeilichen Ermittlungsverfahrens war, falls beliebige Dritte von seinem Vorhandensein wissen können (Schleswig NJW **85**, 1090f.; Koblenz OLGSt. 5; *Rogall* NStZ **83**, 1, 6; LK-*Schünemann* 23; einschr. aber Frankfurt StV **05**, 204, 205 [Inhalte von Aussagen sachverständiger Zeugen in früherer Hauptverhandlung]). Die Mitteilung einer personenbezogenen Information in einem Verwaltungsverfahren nimmt der Tatsache den Charakter eines Geheimnisses dagegen grds nicht (vgl. auch BGH **48**, 126, 129f). **Nicht geheim** sind **offenkundige** Tatsachen (vgl. unten 10a).

6 Der Betroffene muss ein **Interesse** an der Geheimhaltung durch den Geheimnisinhaber (Geheimnisträger) haben (RG **26**, 5); es muss sich also objektiv und subjektiv um ein Geheimnis handeln. IdR (nicht immer) wird sich das in einem **Geheimhaltungswillen** des Betroffenen äußern. Da die Tatsache nicht nur mit dem Vorbehalt der Geheimhaltung anvertraut, sondern auch sonst bekannt geworden sein kann, reicht auch ein mutmaßlicher Geheimhaltungswille des Betroffenen aus. Das Interesse kann sachlicher (**aA** MK-*Cierniak* 21) oder persönlicher Art sein. Doch muss es wegen der Eignung zur Beeinträchtigung schutzwürdig, dh seine Geheimhaltung unter Würdigung von Lage und Standpunkt des Betroffenen verständlich sein; Geheimniskrämerei mit Bagatellen deckt § 203 nicht (*Rogall* NStZ **83**, 6; *Rudolphi,* Bemmann-FS 417; LK-*Schünemann* 27; enger SK-*Hoyer* 8: Geheimnis nur

Information, deren unwahre Mitteilung § 186 unterfiele; krit. auch NK-*Kargl* 8). Wer in einem Verwaltungsverfahren eine Tatsache ohne Vorbehalt mitteilt, kann bei einer späteren gerichtlichen Überprüfung der Entscheidung keinen (konkludenten) Geheimhaltungswillen geltend machen (vgl. Hamm NJW **01**, 1957). Es kommt für den Begriff des Geheimnisses nicht darauf an, ob die Tatsache rechtlich oder sittlich billigenswert, für den Betroffenen günstig oder ungünstig ist; die Unterscheidung des § 97a spielt keine Rolle (LK-*Schünemann* 27). Der Schutz dauert über den **Tod des Geschützten** fort (**Abs. IV;** vgl. dazu *Solbach* DRiZ **78**, 204).

B. Spezifisches Vertrauensverhältnis. Das Geheimnis muss dem Täter „als" Angehörigem einer der genannten Berufsgruppen, dh in dieser Eigenschaft und Funktion und nicht nur als Privatperson, zur Kenntnis gelangt sein. Die **Abgrenzung** des berufs- oder funktionsbezogenen und des privaten Bereichs der Kenntniserlangung ist i. E. schwierig (vgl. dazu LK-*Schünemann* 35 ff.). Im Fall des Anvertrauens ergibt sich die Bestimmung meist schon aus dem Mitteilungs-Verhältnis; i. Ü. ist auf das übliche **Berufsbild** in seiner konkreten Form und auf den Tätigkeitsbereich im Einzelfall abzustellen. Tätigkeiten, für die ein berufsmäßiges Entgelt nach einer Gebühren- oder Honorarordnung geltend gemacht wird, sind regelmäßig der Berufssphäre zuzuordnen. **7**

a) Das Geheimnis kann dem Täter zum einen **anvertraut** worden sein. Anvertrauen ist das Einweihen in ein Geheimnis unter Umständen, aus denen sich eine Pflicht zur Verschwiegenheit ergibt (Köln NStZ **83**, 412 m. krit. Anm. *Rogall*). Ein gültiger Vertrag braucht nicht zugrunde zu liegen. Der Anvertrauende und der Geheimnisgeschützte brauchen nicht personengleich zu sein (vgl. aber unten 9). Erforderlich ist stets, dass der Täter tatsächlich Kenntnis erlangt hat (SK-*Hoyer* 21). **8**

b) Das Geheimnis kann dem Täter in der 2. Var. **sonst bekannt geworden** sein. Hierfür kommt eine Kenntniserlangung durch jede eigene Tätigkeit oder Verhalten Dritter, ggf. auch der betroffenen Person selbst außerhalb des „Anvertrauens"-Bereichs, in Betracht. Entscheidend ist hier das Bekanntwerden *kraft Berufsausübung* (vgl. auch BGH **33**, 150 m. Anm. *Hanack* JR **86**, 35), nicht ob der Täter die Tatsache im Rahmen einer **konkreten Sonderbeziehung** erfährt (Köln NJW **00**, 3656; LK-*Schünemann* 38; *Rogall* NStZ **83**, 413; **aA** SK-*Hoyer* 25; *Rudolphi,* Bemmann-FS 418; *S/S-Lenckner* 15); auch unfreiwillige Beziehungen zum Beruf des Täters (zB Amtsarzt; Arzt im Maßregelvollzug) werden erfasst (VG Berlin NJW **60**, 1410; *S/S-Lenckner* 15, vgl. aber auch 13; *Wimmer* DVBl. **61**, 274; *Müller* NJW **66**, 1152; *Kühne* JZ **81**, 650; *Marx* GA **83**, 163). Das ist insb. im Bereich sog. **Drittgeheimnisse** von Belang (vgl. Köln NStZ **83**, 412 m. krit. Anm. *Rogall; Ostendorf* JR **81**, 444; *Wagner* JZ **87**, 708). Für sie gilt grds dieselbe Abgrenzung wie für die Geheimnisse der Person, zu welcher der Kontakt des Berufsträgers besteht. Unproblematisch ist dies für solche Tatsachen, die *zugleich* Geheimnisse auch der anvertrauenden Person sind (zB über Familienverhältnisse; Beziehungen des Anvertrauenden zu Dritten). Geheimnisse sind weiterhin solche **Tatsachen über Dritte,** von denen der Berufsträger in inhaltlich untrennbarem Zusammenhang mit der beruflichen Tätigkeit erfährt (SK-*Hoyer* 26). Die Anerkennung eines hierüber hinausgehenden Geheimbereichs Dritter als selbstständiges, von dem beruflichen Vertrauensverhältnis unabhängigen Rechtsguts ist i. E. strittig (für enge Auslegung zB LK-*Schünemann* 39; ähnl. NK-*Kargl* 18; weiter wohl *Lackner/Kühl* 14; *S/S-Lenckner* 15; vgl. auch BGH **33**, 150 [zu § 53 StPO; Anm. *Hanack* JR **86**, 35; *Rogall* NStZ **85**, 374; *Mitsch* JuS **89**, 967]; Köln NStZ **83**, 412 [Anm. *Rogall*]; LG Karlsruhe StV **83**, 144 [Anm. *Kreuzer*]). **9**

C. Einzelangaben (II S. 2). Den Geheimnissen **gleichgestellt** sind für die Fälle des Abs. II nach S. 2 **Einzelangaben** über **persönliche** oder **sachliche Verhältnisse** eines anderen, die für Aufgaben der öffentlichen Verwaltung **erfasst,** dh in beliebiger gegenständlicher Weise fixiert oder gespeichert sind (Akten, Karteien, elektronische Dateien; vgl. RegE 242). Die Angaben müssen sich als konkrete einzelne auf einen anderen beziehen, dh auf eine bestimmte (mindestens mittelbar er- **10**

kennbare) Person (*Rupp* wistra **85**, 140; SK-*Hoyer* 28), die hier auch eine juristische sein kann. Die Einzelangaben müssen keine Geheimnisse sein (sonst schon II S. 1).

10 a **Offenkundige** Tatsachen und Daten, also solche, die jedem Verständigen bekannt oder leicht feststellbar sind, sind auch hier nicht geschützt (BGH **6**, 292; **48**, 28, 30; **48**, 126, 129 f.; Bay NJW **99**, 1727 [Bespr. *Pötzel* NJW **99**, 3246]; Hamburg NStZ **98**, 358 [Anm. *Weichert* NStZ **99**, 490]). Offenkundigkeit ergibt sich aber nicht schon daraus, dass Einzeldaten bei Darlegung eines berechtigten Interesses an Dritte mitzuteilen sind (BGH **48**, 28, 32 [Kfz-Halterdaten]); sie beschränkt sich – neben Quellen wie Telefon- und Adressbüchern, Bibliotheken und allgemein zugängliche Internet-Seiten – auf solche öffentlichen **Register,** in die grds. jedermann, sei es auch nach Anmeldung oder gegen Entgelt, ohne Darlegung oder Glaubhaftmachung eines berechtigten Interesses Einblick nehmen oder aus denen er Auskunft erlangen kann; das sind **zB** Handelsregister (§ 9 HGB), Vereinsregister (§ 79 BGB), Güterrechtsregister (§ 1563 BGB); Melderegister für einfach Auskünfte gem § 21 I MRRG, Denkmalbücher. Dagegen sind etwa **Fahrzeug- und Halterdaten,** die bei der einfachen Registerauskunft gem. § 39 I StVG übermittelt werden, durch II S. 2 geschützt und nicht offenkundig (BGH **48**, 28 [zust. Anm. *Behm* JR **03**, 292]; **aA** Hamburg NStZ **98**, 358; Bay NJW **99**, 1727; vgl. dazu *Krauskopf*, NJW-Sonderheft f. G. Schäfer [2002], 40 f.).

10 b II S. 2 gilt nicht, soweit der Betroffene offensichtlich kein Interesse daran hat, dass der Umstand unbekannt bleibt. Voraussetzung des Geheimnisbegriffs ist jedoch nicht, dass der Inhalt des Geheimnisses *wahr* oder dass seine Bekanntgabe geeignet ist, den Betroffenen bloßzustellen (MK-*Cierniak* 12; and. *Rogall* NStZ **83**, 1, 6). Für welche **Aufgaben der öffentlichen Verwaltung** (19 ff. zu § 11) die Angaben bestimmt sind, ist ohne Bedeutung. Der Begriff „erfasst" zeigt, dass nicht alle Angaben gegenüber einer Behörde gemeint sind (RegE 243; LK-*Schünemann* 48), sondern nur solche, die festgehalten werden, um sich über die Verhältnisse des Betroffenen auch später orientieren zu können. Befugt ist die Offenbarung nach II S. 2 2. Halbs. (für Tatbestandsausschluss *Lackner/Kühl* 15; *S/S-Lenckner* 52; MK-*Cierniak* 100), wenn die Angaben der öffentlichen Verwaltung bekannt gegeben werden und das Gesetz dies nicht untersagt.

11 **4) Täterstellung.** Täter der **Sonderdelikte** können die in **I Nr. 1 bis 7 und II Nr. 1 bis 6** genannten Personen sein; **Abs. III** stellt ihnen weitere Personengruppen gleich. Die Kataloge sind **abschließend** (*Schünemann* ZStW **90**, 51).

12 **A.** Die **Berufsgruppen nach I** sind

Nr. 1 Heilberufe, nämlich **Ärzte,** Zahnärzte; **Tierärzte** (vgl. Prot. 7/1060); **Apotheker;** und Angehörige eines anderen Heilberufs, der für die Berufsausübung oder Führung der Berufsbezeichnung eine staatlich geregelte Ausbildung erfordert, vgl. dazu die in 1 zu § 132 a genannten HeilberufsG. Nicht erfasst werden (da keine staatliche Berufsausbildung erforderlich) die **Heilpraktiker** (HeilprG).

13 **Nr. 2 Berufspsychologen** sind solche Psychologen, die auf einem Hauptanwendungsgebiet der Psychologie beruflich tätig sind (RegE 239), eine staatlich anerkannte wissenschaftliche Abschlussprüfung auf einer Universität oder gleichrangigen Hochschule mit der Graduierung als Diplompsychologe oder Dr. im Hauptfach Psychologie abgelegt haben (RegE 239; vgl. auch *Kohlhaas* NJW **69**, 1566; *Kühne* NJW **77**, 1478) und, soweit sie therapeutisch tätig sind, die Approbationsvoraussetzungen der §§ 5, 6 PsychThG erfüllen. Es reicht daher nicht eine (unqualifizierte) *allgemeine* psychologisch orientierte Berufstätigkeit, auch wenn sie die Voraussetzungen zB des § 174 c II erfüllt (dort 6).

14 **Nr. 3 Rechtspflege- und Wirtschaftsberatungsberufe,** nämlich **Rechtsanwälte** (auch ausländische, soweit ihre Tätigkeit im Inland anerkannt ist, zur Anwendung der Nr. 3, III–V, §§ 204, 205, 352, 356 auf Anwälte der EG-Staaten vgl. § 42 EuRAG v. 9. 3. 2000 (BGBl. I 182); BGH 3 StR 39/81; zur Frage der Syndikusanwälte *Hassemer* wistra **86**, 1), Patentanwälte; **Notare** die als Amtsträger unter II Nr. 1 fallen und in Nr. 3 versehentlich aufgeführt sind; **Verteidiger** (vgl.

§§ 138, 139 StPO) in allen gesetzlich geordneten Verfahren, also auch in Bußgeldsachen, vor Berufs-, Disziplinar- und Ehrengerichten; **Wirtschaftsprüfer, vereidigte Buchprüfer** (für beide WirtschaftsPrüfO, welche in § 134 auch die bisherigen vereidigten Buchrevisoren gleichstellt), **Steuerberater, Steuerbevollmächtigte** (StBerG) sowie **Organe** (Vorstandsmitglieder, Geschäftsführer, persönlich haftende Gesellschafter) oder Mitglieder eines Aufsichtsorgans einer (ab 1. 3. 1999) Rechtsanwalts-, Patentanwalts- sowie einer Wirtschaftsprüfungs-, Buchprüfungs- oder Steuerberatungsgesellschaft, die nicht selbst Wirtschaftsprüfer usw. sind; die Gesellschaften selbst sind nicht taugliche Täter, so dass § 14 nicht gilt (LK-*Schünemann* 66). Rechtsbeistände und Prozessagenten sind nicht erfasst.

Nr. 4 Ehe-, Familien-, Erziehungs-, Jugendberater und **Berater für** 15 **Suchtfragen** (die Einbeziehung des Familienberaters durch Art. 9 III KJHG berücksichtigt, dass vielfach die gesamte Familie in die Suche nach Konfliktlösungen einbezogen wird und dass es oft zu Überschneidungen mit anderen Einrichtungen kommt, BT-Drs. 11/5948, 119); aber nur solche, die in einer Beratungsstelle, dh einer entsprechenden Einrichtung tätig sind, die von einer Behörde oder Körperschaft, Anstalt oder Stiftung des öffentlichen Rechts anerkannt ist, also nicht im Rahmen von Jugendgruppen, privaten Vereinigungen usw. (vgl. etwa Stuttgart NJW **06**, 2197 [Mitarbeiter des Deutschen Kinderschutzbundes e. V.]).

Nr. 4a Mitglieder oder **Beauftragte** einer anerkannten **Beratungsstelle** 16 **nach** den **§§ 3 und 8 SchKG** also nur solche, die von einer Behörde oder einer Körperschaft, Anstalt oder Stiftung des öffentlichen Rechts zum Zwecke der gesundheitlichen Vorsorge und Lösung von Schwangerschaftskonflikten (§ 1 I SchKG) nach § 2 bzw. den §§ 5 und 6 SchKG umschriebenen Beratungsfunktion zu beraten, anerkannt ist (*Rudolphi,* Bemmann-FS 414; vgl. 5 zu § 219).

Nr. 5 Sozialarbeiter (vgl. § 6 I SGB XII) und **Sozialpädagogen** bei staat- 17 licher Anerkennung, die ihrerseits eine Hochschul- oder Fachhochschulausbildung voraussetzt (Ber. 15), also Bewährungshelfer nur unter dieser Voraussetzung; jedoch sind innerbehördlich BHelfer gegenüber Dienstvorgesetzten und Kollegen nicht zur Verschwiegenheit verpflichtet (vgl. zum Ganzen *Schenkel* NStZ **95**, 67).

Nr. 6 Angehörige eines Unternehmens der **privaten Kranken-, Unfall-** und 18 **Lebensversicherung** sowie einer **privatärztlichen Verrechnungsstelle** (Ber. 16). Nr. 6 ist insoweit eine Spezialregelung zu III S. 1. Angehörige sind Inhaber, Leiter, Organe, Mitglieder von Organen und Bedienstete jeder Art, die durch ihre Funktion mit Geheimnissen in Berührung kommen. Nach Stuttgart NJW **87**, 1490 sind auch **gewerbliche Verrechnungsstellen** (zB Factoring-Unternehmen) erfasst (zust. LK-*Schünemann* 70; MK-*Cieniak* 37; **aA** *S/S-Lenckner* 41; SK-*Hoyer* 46; vgl. auch Köln NJW **91**, 753 [Anm. *König*]). Da sie mangels Eingliederung in den organisatorischen „Vertrauens“-Bereich idR nicht als berufsmäßige Gehilfen angesehen werden können (vgl. unten), sprechen Gründe des Rechtsgutsschutzes für eine solche Auslegung; dass sie mit dem Wortlaut vereinbar ist, erscheint aber zw. Bei öffentlich-rechtlichen Institutionen greift II Nr. 1, 2 ein.

B. Gleichgestellte Personen (III). Abs. III enthält miteinander verknüpfte 19 Gleichstellungsregeln, die den Anwendungsbereich des **Abs. I** erweitern. Für **Abs. II** fehlt eine solche Gleichstellungsregel, was namentlich im Bereich von II Nr. 5 und Nr. 6 zu nicht sachgerechten Lücken führt (vgl. *S/S-Lenckner* 62; *Otto* wistra **99**, *203*).

a) Nach **III S. 1** sind den Rechtsanwälten nach I Nr. 3 die Mitglieder einer 20 Rechtsanwaltskammer gleichgestellt, die nicht selbst RAe sind, mit diesen aber in einer Sozietät verbunden sein können und denselben Berufspflichten unterliegen (Rechtsbeistände; vgl. BT-Drs. 13/4184, 41; *S/S-Lenckner* 62).

b) Nach **III S. 2** stehen den in I Nr. 1 bis Nr. 6 und den in II S. 1 genannten 21 Personen ihre **berufsmäßig tätigen Gehilfen** gleich. Diese müssen die Tätigkeit nicht als Erwerbs- oder Hauptberuf ausüben; ehrenamtliche Tätigkeit reicht aus, soweit damit eine organisatorische Eingliederung verbunden ist; unter dieser Voraussetzung sind auch nur zeitweise oder gelegentlich tätige Personen, zB Familienangehörige, erfasst (i. E. str.; vgl. *S/S-Lenckner* 64; and. *Lackner/Kühl* 11 a; MK-*Cieniak* 116; *Rudolphi,* Bemmann-FS 415). Gehilfen, deren Tätigkeit nicht notwendig mit der Teilhabe an dem Geheimnis verbunden ist (**zB** Boten; Reinigungskräfte; Kraftfahrer; Pförtner), kommen nicht in Frage (hM). Für die Abgrenzung i. Ü. kommt es darauf an, ob die betreffenden Personen aus Sicht des Geheimnis-Berechtigten in den **organisatorischen** und **weisungsgebundenen** internen Bereich der vertrauensbegründenden Sonderbeziehung einbezogen sind. Daher scheiden **externe** Personen aus; hierzu zählen **zB** Mitarbeiter zahntechnischer Labors; Mitarbeiter von Service-, Reparatur- und Wartungsunternehmen, auch bei EDV-Wartung (*S/S-Lenckner* 64; *Ehmann* CR **91**, 294; vgl. *Otto* wistra **99**, 203; LK-*Schünemann* 80; **aA** *Kilian* NJW **87**, 695 ff.); Schreibdienste; externe Buchführungs- oder Abrechnungsstellen. III S. 2 erfasst das interne Personal jedenfalls insoweit, als es unmittelbar mit der beruflichen Tätigkeit, ihrer Vorbereitung, Durchführung, Auswertung und Verwaltung befasst ist und nach der Art dieser Tätigkeit in den Vertrauensbereich einbezogen ist; also **zB** Bürovorsteher; Kanzleipersonal; Sekretärinnen; Krankenschwestern und -pfleger; interne EDV-Betreuer wie Netzwerk-Administratoren; Archivierungs- und Dokumentationskräfte; insb. in Krankenhäusern auch entspr. Mitarbeiter anderer Abteilungen (Röntgen, Labor, Abrechnungsstelle [arg. I Nr. 6; vgl. *S/S-Lenckner* 64]). Die Personen müssen eine **„Gehilfen"-Stellung** haben; funktionell gleichgestellte Personen (Sozius; angestellter RA; Assistenzarzt; intern hinzugezogener weiterer Sachverständiger) unterfallen Abs. I (vgl. SK-*Hoyer* 48; LK-*Schünemann* 81).

22 **c)** Nach **III S. 2, 2. Var.** stehen den in I Nr. 1 bis Nr. 6 und in II S. 1 Genannten solche Personen gleich, die **bei ihnen** zur **Vorbereitung** auf ihren **Beruf** (nicht notwendig den der Person nach I, II S. 1) tätig sind. Die Anforderungen decken sich weitgehend mit denen für Gehilfen; nicht erforderlich ist aber, dass die in Ausbildung befindliche Person an der Berufsausübung tatsächlich mitwirkt; es reicht, dass sie dies oder einen anderen Beruf in unmittelbarem inhaltlichen Zusammenhang hiermit lernt (zB Medizinstudenten in der klinischen Ausbildung; Rechtsreferendare; Krankenpflegeschüler).

23 **d) Abs. III S. 3** stellt den in I Nr. 1 bis Nr. 6 sowie den in III S. 1 und S. 2 genannten Personen solche gleich, die von einem Geheimnis **nach dem Tod** des Verpflichteten Kenntnis haben und dieses entweder vor seinem Tod von dem Verpflichteten oder aus dessen Nachlass erlangt haben. **Von dem Verstorbenen** ist das Geheimnis erlangt, wenn dieser es dem Täter – befugt oder unbefugt (*Lackner/Kühl* 13; *S/S-Lenckner* 67; LK-*Schünemann* 85 u. ZStW **90**, 59) – mitgeteilt oder zugänglich gemacht hat; dagegen begründet eigenmächtige Wegnahme oder Kenntnisverschaffung keine (nach dem Tod des Verpflichteten „auflebende") Geheimhaltungspflicht (LK-*Schünemann* 85; *S/S-Lenckner* 67). S. 3 gilt auch nicht, wenn der Verstorbene das Geheimnis mit Einverständnis des Betroffenen an den Dritten weitergegeben hat (*Schmitz* JA **96**, 774; krit. zur Regelung insg. *S/S-Lenckner* 68; LK-*Schünemann* 85 [„nicht direkt unsinnig"]; NK-*Kargl* 40 [„verunglückt"]; MK-*Cieniak* 125). Aus dem **Nachlass** erlangt hat das Geheimnis, wer es in Ausübung eines erbrechtlichen Rechtes erfährt, auch wenn dieses nicht wirklich besteht. Bloße Gehilfen eines (möglicherweise) Nachlassberechtigten sind nicht erfasst (Antiquar oder Altpapierhändler [allg. Ans.]; Helfer beim Durchsehen von Papieren [*S/S-Lenckner* 69; **aA** LK-*Schünemann* 86]). Übernahme zB durch Kauf einer Kanzlei oder Praxis führt zur Stellung nach I.

24 **C.** Die **Personengruppen nach II** sind:

Nr. 1: Amtsträger (§ 11 I Nr. 2; vgl. auch §§ 1 II; 48 I WStG und § 9 *BArchG; zur Verletzung* des **Dienstgeheimnisses** vgl. § 353b; zur Abgrenzung von Privat- und Amtsgeheimnis vgl. *Behm* AfP **04**, 85, 87 ff.) jeder Art, so auch die Organe oder Mitglieder von Organen einer Stelle, die wie zB eine Körperschaft des öffentlichen Rechts Aufgaben der öffentlichen Verwaltung wahrnimmt (auch leitende Personen öffentlicher Banken; vgl. *Otto* ZStW Beih. 1982, 59; wistra **95**, 327; zum strafrechtlichen Schutz des **Bankgeheimnisses** vgl. *Tiedemann* NJW **03**, 2213; *ders.*, Kohlmann-FS [2003]307 ff.; *Heine*, Vogler-GedS [2004], 67 [Schweiz]); Beamte und sonstige Bedienstete der **EG,** wenn sie den Amtsträgern gleichgestellt sind, **zB** durch SAEG-ÜbermittlungsschutzG v. 16. 3. 1993 (BGBl. I 336); durch Art. 2 § 8 EuropolG v. 16. 12. 1997 (BGBl. II 2150).

Nr. 2: Für den öffentlichen Dienst besonders Verpflichtete (§ 11 I Nr. 4) jeder Art, so in den Fällen von II S. 2 auch in privaten Unternehmen (die zB als „sonstige Stellen" zur Datenverarbeitung von Behörden herangezogen werden) Beschäftigte, die nach § 1 I Nr. 1, 2 VerpflG mit der Folge verpflichtet sind, dass § 11 I Nr. 4 b für sie gilt und damit § 203 II Nr. 1 (RegE 243). **25**

Nr. 3: Personen, die **Aufgaben oder Befugnisse nach dem Personalvertretungsrecht wahrnehmen,** dh dem materiellen Recht, das die Interessenvertretung der Angehörigen von Dienststellen des Bundes und der Länder (nicht auch von privaten Unternehmen) regelt (Übersicht bei *Göhler/Buddendiek/Lenzen* Nr. 596 „Personalvertretungen") und das mit Nr. 3 strafrechtlich vereinheitlicht wird. Erfasst wird nicht nur das Personalvertretungsrecht des Bundes nach dem BPersVG, sondern auch das Vertretungsrecht der Richter (§§ 49, 72, 74 DRiG), Staatsanwälte, Soldaten (vgl. §§ 35, 70 SG) und der Ersatzdienstleistenden (§ 37 ZDG). Aufgaben und Befugnisse iS von Nr. 3 sind die mit der Stellung als Personalrat verbundenen Funktionen. **26**

Nr. 4: Mitglieder oder **Hilfskräfte** (Assistenten) von **Ausschüssen** (Untersuchungsausschüssen und Räten), die **für ein Gesetzgebungsorgan des Bundes oder eines Landes** (2 zu § 36) auf Zeit oder auf Dauer tätig sind. Damit sind nicht die Ausschüsse der Parlamente gemeint (RegE 241), sondern vor allem Enquete-Kommissionen, beratende Gremien, Sachverständigenräte, die von außen die Tätigkeit der Parlamente unterstützen. Soweit Parlamentarier selbst den Gremien angehören, werden sie nicht erfasst (vgl. Ber. 16). **27**

Nr. 5: Sachverständige, die nach § 36 GewO **öffentlich bestellt** und auf die gewissenhafte Erfüllung ihrer Obliegenheiten verpflichtet sind (RegE 241; vgl. § 1 I Nr. 3 VerpflG). **28**

Nr. 6: Personen, die im Rahmen **wissenschaftlicher Forschungsvorhaben** auf die gewissenhafte Erfüllung ihrer Geheimhaltungspflicht förmlich verpflichtet worden sind. Die durch Art. 3 des StVÄG 1999 (oben 1) eingefügte Ziffer knüpft insb. an die erweiterten Akteneinsichts- und Auskunftsrechte im Rahmen der wissenschaftlichen Forschung in § 476, § 487 IV StPO an. II Nr. 6 bezieht Personen, die nicht schon als Amtsträger Nr. 1 unterfallen und die nach dem VerpflichtungsG zu verpflichten sind (§ 476 III StPO), in den Kreis tauglicher Täter des § 203 ein. **29**

D. Datenschutz-Beauftragte (Abs. II a). Durch Abs. II a, der durch G vom 22. 8. 2006 eingefügt worden ist (Nachw. vgl. oben 1), sind auch Datenschutz-Beauftragte gem. § 4 f Abs. II BDSG in den Kreis möglicher Täter einbezogen worden. **29 a**

Der GesE sah ursprünglich die Einfügung eines *Abs. I Nr.* 7 vor („Beauftragter für den Datenschutz eines in Nr. 1 bis 6 und Absatz 2 Genannten"). Hiergegen wandte sich der BRat mit dem Einwand, da es sich bei dem Datenschutzbeauftragten gem. § 4 f BDSG nicht um Beauftrage der in I und II genannten Personen handele, komme es auf die *Bestellung* an. Der federf. Ausschuss ist dem nicht gefolgt und hat auf Vorschlag der BReg in dem neuen Abs. IIa klargestellt, bei der Eingrenzung des persönlichen Anwendungsbereichs sei darauf abzustellen, dass der Beauftragte bei der Erfüllung seiner gesetzlichen Aufgaben Kenntnis von Privatgeheimnissen erlangt hat, die einem der sonstigen Normadressaten des § 203 anvertraut worden oder bekannt geworden ist. Das sind Datenschutzbeauftragte, die von einem Berufsgeheimnisträger nach I Nr. 1 bis 6 oder II oder von der Stelle bestellt worden sind, welcher der Berufsgeheimnisträger angehört oder für die er tätig ist (BT-Drs. 16/1970, 2 f.). **29 b**

Nach § 4 f I BDSG haben öffentliche und nichtöffentliche Stellen (also auch Betriebe; Freiberufler und sonstige Personen), bei denen mehr als 9 Personen mit der automatisierten Verarbeitung personenbezogener Daten beschäftigt sind, einen Da- **29 c** tenschutzbeauftragten zu bestellen, der die Einhaltung der datenschutzrechtlichen Vorschriften kontrolliert. Zum Beauftragten kann nach § 4f II S. 3 BDSG auch eine **externe Person**, bei öffentlichen Stellen auch eine Person in einer *anderen* öffentlichen Stelle, bestellt werden; deren Kontrolle erstreckt sich dann auch auf personenbezogene Daten, die bei der Stelle einem Berufs- oder Amtsgeheimnis unterliegen. Ergänzt wird diese Regelung durch § 4f Abs. IVa BDSG, wonach der bestellte Datenschutzbeauftragte ein Zeugnisverweigerungsrecht insoweit hat, als es einem von ihm kontrollierten Geheimnisträger zusteht; im selben Umfang besteht ein Beschlagnahmeverbot für Akten. § 203 Abs. IIa weitet den Anwendungsbereich somit auf solche Datenschutz-Beauftragte aus, die nicht schon von I oder II, insb. als Amtsträger, erfasst sind. Abs. II S. 2 gilt auch für die Beauftragten; der Begriff des Geheimnisses und der sachliche Anwendungsbereich sind für diese nicht ausgeweitet.

29d Gegenstand der Offenbarung muss im Fall des IIa ein Geheimnis sein, das einem Dritten, nämlich einem der in Abs. I und II genannten Geheimnisträger, anvertraut oder bekannt wurde; IIa bezieht sich somit auf **Dritt-Geheimnisse**; eine Sonderbeziehung zwischen dem Berechtigten und dem Beauftragten (vgl. oben 7ff.) ist hier nicht erforderlich. Der Täter muss von dem Geheimnis „bei Erfüllung seiner Aufgaben als Beauftragter für den Datenschutz" Kenntnis erlangt haben. Damit sind sowohl solche Tatsachen erfasst, auf deren Geheimhaltung sich die Aufgabe des Datenschutzbeauftragten gerade bezieht, als auch solche, von denen er im Zusammenhang mit dieser Aufgabe, also insb. infolge des ihm gewährten *Zugangs*, Kenntnis erlangt. Eine **Befugnis** zur Offenbarung (vgl. auch unten 37) kann sich insb. auch aus der Aufgabenerfüllung selbst ergeben (unten 37; vgl. auch BGH **48**, 126; 13b zu § 353b).

30 **5) Tathandlung.** Die Tathandlung der Abs. I und II ist das **Offenbaren,** dh jedes Mitteilen eines zZ der Tat noch bestehenden **Geheimnisses** (zur Anwendung auf Geheimnisse *verstorbener* Personen vgl. *Kern* MedR **06**, 205ff.) oder einer Einzelangabe an einen Dritten (Köln NJW **80**, 898; *Langkeit* NStZ **94**, 6), der diese nicht, nicht in dem Umfange, nicht in dieser Form oder nicht sicher kennt (Bay NJW **95**, 1623 m. Anm. *Gropp* JR **96**, 478; *Fabricius* StV **96**, 485; *Longino* ZfJ **97**, 136; dazu auch *Niedermair* [1a] 393ff.); nimmt der Mitteilende das irrig an, so liegt nur ein strafloser Versuch vor. Die Offenbarung (**zB** durch Veröffentlichung, Auskunfterteilung, Akteneinsichtsgewährung; mündliche Weitergabe; Verschaffung von Zugang zu Dateien) muss die geheime **Tatsache** und die **Person** des Berechtigten umfassen; es muss also – zumindest aus dem Zusammenhang – eine Identifikation der Person des Berechtigten für mindestens einen Dritten möglich sein, mag dies auch eine besondere Stellung oder Kenntnisse voraussetzen (vgl. BAG NStE Nr. 2 [Zielnummernerfassung von Telefongesprächen]). Anonymisierte Mitteilungen reichen nicht aus (vgl. LG Köln MedR **84**, 110; VG Münster MedR **84**, 118f.; *S/S-Lenckner* 19; LK-*Schünemann* 42).

30a Das Geheimnis muss dem Dritten noch (ganz oder teilweise) **unbekannt** sein. Eine Abtretung von Honoraransprüchen unter Übergabe der Akten bei **Verkauf einer Kanzlei oder Praxis** ist daher kein Offenbaren, wenn der Zessionar die Geheimnisse aus früherer Tätigkeit als Mitarbeiter schon kennt (BGH[Z] NJW **95**, 2025 [Anm. *Michalski/Römermann* NJW **96**, 1305]; BGH[Z] **97**, 188 [Anm. *Goette* DStR **97**, 40]; bloßer Verkauf mit der Verpflichtung zur Aktenübergabe verstößt gegen § 203 (NJW **96**, 2087; vgl. auch NJW **99**, 1404, 1406; Karlsruhe NJW **98**, 831). Eine frühere Tätigkeit des Übernehmers als freier Mitarbeiter reicht nicht aus (München NJW **00**, 2502; zur Bedeutung von § 49b BRAO und § 64 II StBerG vgl. AG München NJW-RR **97**, 1559; LG Karlsruhe MDR **01**, 1383; and. LG Baden-Baden NJW-RR **98**, 202). Auf eine tatsächliche inhaltliche **Kenntnisnahme** kommt es nicht an, wenn die Offenbarung in der Einräumung des Zugangs besteht; freilich wird man beim allgemeinen Zugang zu sehr großen Archiven oder Datenbeständen nicht schon eine konkrete Zugriffsmöglichkeit auf jedes einzelne Geheimnis annehmen können (zutr. LK-*Schünemann* 41; str.; vgl. *Koch* CR **87**, 284; *Ehmann* CR **91**, 293; *Otto* wistra **99**, 201 f.).

30b Eine Offenbarung durch **Unterlassen** ist möglich; aus der Stellung als Geheimhaltungsverpflichteter ergibt sich regelmäßig eine Garantenstellung. Auch das „Herumliegen lassen" von geschützten Schriftstücken (Akten; Briefe usw.) kann Offenbaren durch Unterlassen sein (*Langkeit* NStZ **94**, 6; *Lackner/Kühl* 17; **aA** *S/S-Lenckner* 20). Wer aus Bequemlichkeit darauf verzichtet, seinen Schreibtisch aufzuräumen oder seinen PC vor Zugriffen zu schützen und die Kenntniserlangung Dritter in Kauf nimmt, offenbart durch Unterlassen (ebenso *Lilie*, Otto-FS [2007] 673, 680). Auch die **Mitteilung an schweigepflichtige Personen** ist strafbar; die Geheimhaltungspflicht besteht daher auch unter Angehörigen desselben Berufs (BGHZ **116**, 268; Bay NJW **95**, 1623 [**Supervision;** Anm. *Gropp* JR **96**, 478 u. *Fabricius* StV **96**, 485]; *Rudolphi*, Bemmann-FS 419; *Schöch*, Schreiber-FS [2003] 437. 438; vgl. *Schmitz* JA **96**, 777), es sei denn, dass der Mitteilungsempfänger dem Kreis der zum Wissen Berufenen angehört und die Mitteilung im Rahmen des Berufs geboten und mit Billigung des Geheimnisträgers zu rechnen ist. Verschiedene Leistungsträger einer Verwaltungsgemeinschaft sind im Verhältnis zueinander Dritte (*Pickel* MDR **84**, 886). Zu Problemen der **Daten-Fernwartung** bei schweigepflichtigen Personen ausf. *Lilie*, Otto-FS [2007] 673, 679 ff. (vgl. auch LK-*Schünemann* 41).

31 **6) Unbefugtheit.** Die Offenbarung muss unbefugt sein. Wie in §§ 202, 202 a, 204, 206 ist nach hM die Befugnis als **Rechtfertigungsgrund** anzusehen (Bay **82**, 76; Schleswig NJW **85**, 1092 m. Anm. *Wente* NStZ **86**, 366; *Warda* Jura **79**, 296; *Rogall* NStZ **83**, 6; *Klug*, Oehler-FS 401; *Rudolphi*, Bemmann-FS 419; LK-*Schünemann* 93; SK-*Hoyer* 20, 67; NK-*Kargl* 50; diff. *S/S-Lenckner* 21). Nach **aA** kann jedenfalls das Einverständnis desjenigen, dessen Geheimnis zu schützen ist, nicht nur rechtfertigende Wirkung haben, sondern schließt, wie bei § 123, schon den Tatbestand aus (BGH **4**, 355 f.; Köln NJW **62**, 686; MK-*Cierniak* 54; LK-*Hirsch* 96 vor § 32). Dafür spricht, dass der *Begriff* des Geheimnisses vom Willen des Berechtigten nicht getrennt werden kann (LK[10]-*Jähnke* 56 f.). Das trifft freilich nur dann zu, wenn der Betroffene mit der Einwilligung auf die Geheimhaltung *insgesamt* verzichtet; in allen anderen Fällen hebt die Einwilligung nicht die allgemeine tatbestandliche Schranke der Geheimnis-Qualität auf (zutr. LK-*Schünemann* 93).

32 **A. Einwilligung.** Die Offenbarung ist befugt bei wirksamer Einwilligung des Geheimnisgeschützten. Die Einwilligung kann sich nur auf konkret **bestimmte** Geheimnisse beziehen, bei einer Mehrzahl einzelner Tatsachen auf solche, die in einem inhaltlichen Zusammenhang stehen (**zB** einzelne Tatsachen einer Diagnose; eines Gesamtereignisses); sie kann sich auch auf Geheimnisse einer bestimmten Art beziehen (zur **Schufa-**Klausel vgl. BGHZ **95**, 362, 367; zur Weitergabe von **Patientendaten an Verrechnungsstellen** BGHZ **115**, 123 [Bespr. *Emmerich* JuS **92**, 153]; NJW **92**, 2348 [Anm. *Schlund* JR **93**, 25]; NJW **96**, 775; Hamm NJW **93**, 791; Düsseldorf NJW **94**, 2421; Karlsruhe NJW **98**, 831; vgl. dazu *Gramberg-Danielsen/Kern* NJW **98**, 2708 ff.; *Schmitz* JA **96**, 949, 953). Die Einwilligung setzt nur bei Betriebs- und Geschäftsgeheimnissen Geschäftsfähigkeit voraus (*S/S-Lenckner* 24; LK-*Schünemann* 95); i. Ü. reicht die Fähigkeit, die Bedeutung der Erklärung zu verstehen, so dass auch ein Minderjähriger die Einwilligung wirksam (auch gegen den gesetzlichen Vertreter; SK-*Hoyer* 73; *Lackner/Kühl* 18; *S/S-Lenckner* 42 vor § 32) erklären kann. Bei nicht einsichtsfähigen Personen ist die Einwilligung des Personensorgeberechtigten erforderlich (*S/S-Lenckner* 41 vor § 32; LK-*Schünemann* 94). Bei **juristischen Personen** ist das Einverständnis durch das vertretungsberechtigte Organ zu erteilen (*S/S-Lenckner* 23; diff. für Fälle auch *eigenen* Anvertrauens, zB von Straftaten, LK-*Schünemann* 100). Im **Insolvenzverfahren** geht das Verfügungsrecht auf den InsVerwalter über (vgl. BGHZ **109**, 270).

33 Die Einwilligung ist grds. **formlos** möglich: der Verstoß gegen Formvorschriften (zB § 4 II S. 2 BDSG; § 67 SGB X; § 16 I Nr. 1 BStatG) begründet für sich

noch nicht nach § 203 strafwürdiges Unrecht (LK-*Schünemann* 106; *S/S-Lenckner* 24a; SK-*Hoyer* 74; *Schmitz* JA **96**, 953). Das Einverständnis kann auch **konkludent** erteilt werden; das wird namentlich dann anzunehmen sein, wenn der Betroffene an Abläufen mitwirkt, die ihrer Natur nach das Offenbaren von Geheimnissen voraussetzen (zB Überweisung an Facharzt zur Klärung eines Verdachts) oder ohne Offenbarung ihren Sinn verlieren würden (zB Mitteilung der fachärztlichen Feststellungen an den überweisenden Hausarzt [vgl. NJW **83**, 350; München NJW **93**, 797; Hamm MedR **95**, 328]; Mitteilung des (Gesamt-)Ergebnisses [nicht aber aller Einzelbefunde] einer **Einstellungsuntersuchung** an den Arbeitgeber [*Lackner/Kühl* 18; zu psychologischen Eignungstests vgl. *Scholz* NJW **81**, 1987]). In der Benennung als Zeugen liegt idR die konkludente Entbindung von der Schweigepflicht, soweit die Beweisbehauptung reicht (vgl. *Meyer-Goßner* 47 zu § 53 StPO; MK-*Cierniak* 70). Die Vorlage eines Attestes zur Glaubhaftmachung krankheitsbedingter Verhandlungsunfähigkeit enthält die konkludente Einwilligung in die Mitteilung ergänzender Tatsachen auf Nachfrage des Gerichts (Frankfurt NStZ-RR **05**, 237).

33 a Eine konkludente Einwilligung kann aber nicht schon aus der Sachgerechtigkeit oder inneren Notwendigkeit von Vorgängen abgeleitet werden, die der Betroffene initiiert oder beantragt hat (Heilbehandlung; Kreditgewährung; Prozessführung, usw.); das Fehlen eines Widerspruchs kann nur dann als konkludente Erklärung der Einwilligung verstanden werden, wenn und soweit die Offenbarung nach der Natur der Sache selbstverständlich oder nach allgemeinem Verständnis regelmäßig üblich ist (*S/S-Lenckner* 24b); hierbei kommt es auch auf die Art und das Gewicht des Geheimnisses an. Der Abschluss eines Behandlungsvertrags enthält daher keine konkludente Einwilligung in die Mitteilung der Patientendaten und Befunde an eine externe **Verrechnungsstelle** (BGHZ **115**, 128 [Anm. *Taupitz* MedR **91**, 330]; **116**, 273; NJW **92**, 2348 [Anm. *Schlund* JR **93**, 25]; NJW **93**, 2371; Karlsruhe NJW **98**, 831; jew. mwN). Ein Behandlungsvertrag enthält keine konkludente Einwilligung in die Mitteilung der Diagnose bei Arbeitsunfähigkeit (das gilt auch für **Betriebsärzte;** vgl. § 8 I S. 3 ASiG; BAG DB **97**, 1237) oder krankheitsbedingter Prüfungsverhinderung (LK-*Schünemann* 107; *Kühne* JA **99**, 523; and. BVerwG DVBl. **96**, 1379; *Seebass* NVwZ **85**, 521). Das **Schweigen** auf die Anzeige der Übernahme einer Praxis oder Kanzlei in der Tagespresse reicht – selbst wenn jeder einzelne Patient oder Mandant davon Kenntnis genommen hätte – als konkludente Erklärung des Einverständnisses keinesfalls aus (**aA** *Rieger* MedR **92**, 149; vgl. dazu auch *Schäfer* wistra **93**, 281; *Laufs* MedR **89**, 307). Hinsichtlich von Erkenntnissen aus **betriebsärztlichen Vorsorgeuntersuchungen** besteht die Offenbarungspflicht, soweit gesetzliche Meldepflichten reichen, insb. gegenüber den Gesundheitsämtern und den Unfallversicherungsträgern. Gegenüber dem Arbeitgeber besteht bei freiwilligen Vorsorgeuntersuchungen ohne ausdrückliche Einwilligung des Arbeitnehmers keine Offenbarungsbefugnis hinsichtlich der **Einzelbefunde** (vgl. *Jung* NJW **85**, 2729, 2733; *Budde/Witting* MedR **87**, 23, 27; *Klöcker* MedR **01**, 183, 185; *Schlund,* in: *Laufs/Uhlenbruck* [Hrsg.], Hdb. des Arztrechts, 2. Aufl. 1999, 74/6). Hinsichtlich des **Gesamtergebnisses** der Untersuchung ist die Frage der Einwilligung str. Man wird hier bei *speziellen* arbeitsmedizinischen Vorsorgeuntersuchungen, die etwa die (weitere) Verwendungsfähigkeit für bestimmte Arbeitsplätze betreffen, von einer konkludenten Einwilligung des Arbeitnehmers ausgehen können (so auch *Jung* aaO; *Klöcker* aaO; jew. mwN auch zur Gegenansicht); diese entfällt bei Widerspruch. Bei *allgemeinen* freiwilligen Vorsorgeuntersuchungen besteht eine solche konkludente Einwilligung nicht. Auch bei **Praxis-** oder **Kanzleiübergaben** kann eine konkludente Einwilligung der Patienten oder Klienten nicht angenommen werden.

34 *Die Einwilligung* muss von dem **Verfügungsberechtigten** erteilt werden. Das ist bei **eigenen** Geheimnissen diejenige Person, die sie anvertraut hat (Karlsruhe NJW **60**, 1392); nicht Dritte, die nur mittelbar betroffen sind (LK-*Schünemann* 97; *S/S-Lenckner* 23). Im Einzelnen sehr str. ist die Behandlung von **Drittgeheimnis-**

sen. Hier wird teilweise vertreten, die Verfügungsbefugnis stehe allein demjenigen zu, den das Geheimnis *betrifft,* also dem Dritten (Hamburg NJW **62**, 689; *Lackner/Kühl* 18; NK-*Kargl* 55; *Rogall* NStZ **83**, 414; *Sternberg-Lieben,* Die objektiven Schranken der Einwilligung im Strafrecht, 1997, 89; *Laufs,* Arztrecht 426; *Rüping* Internist **83**, 206 f.; vgl. auch KK-*Senge* 46 zu § 53 StPO). Nach zutr. **aA** ist verfügungsberechtigt der Anvertrauende, wenn nicht allein (so wohl *Schmitz* JA **96**, 952), so doch jedenfalls *neben* der Person, die das Geheimnis betrifft (Köln NStZ **83**, 412; *S/S-Lenckner* 23; LK-*Schünemann* 99 ff. und ZStW **90**, 58; *Krauß* ZStW **97**, 81, 113; jew. mwN).

Eine Einwilligung gegenüber dem Hauptverpflichteten befreit auch dessen **Gehilfen** (III S. 2) von der Schweigepflicht; im **Strafprozess** wirkt die Entbindung nach § 53 a II StPO auch für die Hilfspersonen. Wenn der Hauptverpflichtete nicht von der Schweigepflicht entbunden ist, so entscheidet er bindend (vgl. KK-*Senge* 6 zu § 53 a StPO; *Meyer-Goßner* 7 zu § 53 a StPO) auch über die Aussagepflicht seiner Hilfspersonen; deren eigene Schweigepflicht tritt demgegenüber zurück (vgl. BGH **33**, 148 f.). Da die Aussagepflicht von einer möglichen Strafbarkeit der Offenbarung nicht berührt wird, muss in diesem Fall die Entscheidung des Hauptverpflichteten die aussagende Hilfsperson auch dann rechtfertigen, wenn die Offenbarung durch den Hauptverpflichteten unbefugt ist (zutr. LK-*Schünemann* 115; **aA** wohl BGH **9**, 59, 61 f.). Die Einwilligung in die Aussage eines Geheimnisträgers als Zeuge oder Sachverständiger in einem Verfahren umfasst nicht ohne Weiteres auch Aussagen in einem anderen Verfahren, auch wenn beide inhaltlich zusammenhängen (vgl. Frankfurt NStZ-RR **05**, 235, 236), denn dsas Einverständnis gilt grds nur in dem Verfahren, in dem es erteilt worden ist (BGH **38**, 369, 371; MK-*Cierniak* 63). 35

B. Mutmaßliche Einwilligung. Rechtfertigung kann auch bei mutmaßlicher Einwilligung gegeben sein (and. LK-*H.J. Hirsch* 138 vor § 32), wenn jede – auch konkludente – Erklärung des Berechtigten fehlt oder unmöglich ist (**zB** wegen Unerreichbarkeit; krankheitsbedingter Unfähigkeit; Tod des Berechtigten), und wenn das Interesse des Berechtigten an der Offenbarung offensichtlich ist (vgl. NJW **83**, 2627 [Offenbarung an Angehörige nach Tod eines Patienten; Anm. *Giesen* JZ **84**,]; BGHZ **115**, 126; Bay NJW **87**, 1492; vgl. *S/S-Lenckner* 27; LK-*Schünemann* 130; SK-*Hoyer* 79; NK-*Kargl* 61; *Schlund* JR **77**, 266; *Langkeit* NStZ **94**, 6, 8). Der Anwendungsbereich ist jedoch schmal; insb. darf nicht bei Fehlen hinreichend konkretisierter konkludenter Einwilligungen aus dem bloßen „wohlverstandenen Interesse" des Berechtigten eine mutmaßliche Einwilligung abgeleitet werden (**zB** für Mitteilungen unter Sozietätsmitgliedern [nach zivilrechtlicher Rspr. erstreckt sich das einer Anwaltssozietät erteilte Mandat „idR auf alle Sozietätsmitglieder, selbst wenn diese erst später in die Sozietät eintreten"; vgl. BGHZ **56**, 355, 360; MDR **01**, 1139; danach soll § 203 bei Offenbarungen auch gegenüber neuen Sozietätsmitgliedern von vornherein ausscheiden; zw.]; Auskünfte früher behandelnder Ärzte). Eine analoge Heranziehung von § 193 bei **berechtigtem Interesse** scheidet aus (ebenso *Lenckner* JuS **88**, 349, 353; *Schmitz* JA **96**, 353 f.; SK-*Hoyer* 89; LK-*Schünemann* 131; *S/S-Lenckner* 3 zu § 193; LK-*H.J. Hirsch* 179 vor § 32; **aA** *Rogall* NStZ **83**, 6; *Eser,* Wahrnehmung berechtigter Interessen als allgemeiner Rechtfertigungsgrund, 1969, 48 ff.). 36

C. Gesetzliche Offenbarungspflichten. Eine Rechtfertigung kann sich aus einer Pflicht zur gesetzlichen Offenbarung ergeben (vgl. *Ostendorf* DRiZ **81**, 8). Soweit eine Pflicht zur Offenbarung eigener oder fremder Geheimnisse reicht, kann die Erfüllung dieser Pflicht nicht „unbefugt" sein. So ergibt sich etwa aus der Pflicht eines **Datenschutzbeauftragten**, die Einhaltung datenschutzrechtliche Vorschriften zu überwachen, regelmäßig eine Befugnis zur Offenbarung auch von geheimen personenbezogenen Daten, soweit dies mit dem gesetzlichen Beanstandungsverfahren notwendig verbunden ist (vgl. auch oben 29 d; BGH **48**, 126, 129 ff. [zu § 353 b]). Umgekehrt ergibt sich aber aus der Kontrollpflicht des Daten- 37 schutzbeauftragen nicht eine gesetzliche Befugnis (oder gar Verpflichtung) eines Rechtsanwalts zur Mitteilung, wie er an mandatsbezogene Urkunden gelangt ist (AG Tiergarten NJW **07**, 97 f.). Aus § 18 III S. 4 SGB VIII ergibt sich ein Auskunftsanspruch des Trägers der Jugendhilfe über die persönlichen Verhältnisse des Kindes. Ein vom FamG mit der Vorbereitung eines betreuten Umgangs (vgl. § 1684 IV BGB) beauftragter Mitarbeiter eines Trägers der freien Jugendhilfe ist zur Mitteilung von ihm ermittelter persönlicher Daten befugt (Stuttgart NJW **06**, 2197).

38 Besondere **Offenbarungspflichten** bestehen **zB** (vgl. auch *Schlund* DAR **95**, 50 f.) nach **§ 138** (vgl. aber § 139 III S. 2); nach **§ 807 ZPO** (Geheimnisse von Drittschuldnern; vgl. KG JR **85**, 161 f.; Köln MDR **93**, 1007; Stuttgart NJW **94**, 2838; LG Würzburg NJW-RR **98**, 1373; **aA** LG Memmingen NJW **96**, 793); nach § 1 II Nr. 2, IV, § 11 GWG (vgl. 1 zu § 261); nach § 159 I StPO (Anzeige unnatürlichen Todes); nach § 11 IV TPG (Transplantationen); nach Vorschriften des InfektionsschutzG; nach § 182 II S. 2 StVollzG; über die Vorlagepflicht an Rechnungshöfe (vgl. BVerfG NJW **97**, 1633; BVerwG NJW **89**, 2961; OVG Lüneburg NJW **84**, 2652; *Hahne/Reulecke* MedR **88**, 235); nach landesrechtl. BestattungsGen; nach steuerrechtlichen Vorschriften (vgl. zB § 6 I Nr. 4 S. 3 EStG [Fahrtenbuch]; krit. *Schmitz* wistra **97**, 293; *Au* NJW **99**, 340). Gesetzliche **Offenbarungsbefugnisse** ergeben sich zB aus §§ 202, 203 SGB VII, § 100 SGB X. Das TerrorismusbekämpfungsG v. 9. 1. 2002 (BGBl. I 361) hat gesetzliche Offenbarungsbefugnisse *Privater* (zum Behördenverkehr unten 41) u. a. in § 8 Abs. V–VII BVerfSchG, in § 2 Abs. I a BND-G und in § 7 Abs. II BKAG eingefügt; durch das TerrorismusbekämpfungsergänzungsG (TBEG) vom 9. 1. 2007 (BGBl. I, 2) sind eiese erweitert worden (Überblick bei *Huber* NJW **07**, 881). Weitere Offenbarungsbefugnisse regeln **zB** §§ 31, 31 a AO; das GeldwäscheG; das TKG sowie zahllose weitere Vorschriften zur Datenübermittlung.

39 **Zeugen** vor Gericht sind zur vollständigen Aussage verpflichtet, wenn sie kein Zeugnisverweigerungsrecht haben (vgl. zB § 53 StPO; § 383 ZPO; § 35 SGB I). Wenn der Zeuge von einem ihm zustehenden Aussageverweigerungsrecht nicht Gebrauch macht, so ist die Offenbarung von Geheimnissen nicht schon deshalb gerechtfertigt, weil die Aussage vor Gericht erfolgt (BGH **9**, 59, 61 f.; *Haffke* GA **73**, 65; *Rudolphi,* Baumann-FS 423; *W/Hettinger* 569; *Arzt/Weber* 8/34; *Lackner/Kühl* 24; *S/S-Lenckner* 29; LK-*Schünemann* 128); für eine mögliche Strafbarkeit kommt es darauf an, ob ein **materieller Rechtfertigungsgrund** (möglich etwa aus § 34) vorliegt. Für Mitarbeiter der **sozialen Dienste der Justiz** besteht kein Zeugnisverweigerungsrecht und regelmäßig auch dann kein Recht zur Auskunftsverweigerung, wenn der Betroffene dies verlangt; das gilt auch für Mitarbeiter eines „Babyklappen"-Projekts für Beratungen einer Mutter *nach* Geburt eines Kindes, also gerade nicht nach § 2 SchKG (LG Köln NStZ **02**, 332).

40 Für gerichtlich bestellte **Sachverständige** ist die Rechtslage i. E. str. Es kann hier nicht die Anwendbarkeit von § 203 (und § 53 StPO) insgesamt deshalb ausgeschlossen werden, weil ein gerichtlicher Untersuchungsauftrag ein „Anvertrauen" ausschließe (so *Tröndle* 49. Aufl. 7 im Anschluss an OGHSt. **3**, 63; so auch RG **61**, 384; **66**, 273), denn dies würde § 203 auch bei Offenbarung gegenüber Dritten ausschließen. Nach zutr. Ansicht gelten hier für die Frage des Anvertrauens vielmehr die allg. Regeln (BGH **38**, 369 f.; BGHZ **40**, 288, 293 f.; *Lackner/Kühl* 23; *S/S-Lenckner* 16; NK-*Kargl* 73; LK-*Schünemann* 125; MK-*Cieniak* 70: *Krauß* ZStW **97**, 81, 92); danach ist die Offenbarung von Geheimnissen des Untersuchten tatbestandsmäßig (and. *S/S-Lenckner* 16), aber im Unfang des **Untersuchungsauftrags** durch die Pflicht zur Gutachtenserstattung (§ 75 StPO) gerechtfertigt (and. zB *Kühne* JZ **81**, 647 ff. [Teilung der Rolle als Berufsausübender und *als* Sachverständiger; dag. *Dencker* NStZ **82**, 460; LK-*Schünemann* 125]). Hieraus ergibt sich, dass Kenntnisse, die allein aus *früherer* Tätigkeit als Sachverständiger stammen (zB als behandelnder Arzt), nicht offenbart werden dürfen; hierzu zählen auch Erkenntnisse aus früheren Gutachtensaufträgen (BGH **38**, 369, 371). **Be-**

fundtatsachen dürfen (§ 75 StPO: müssen) mitgeteilt werden; für **Zusatztatsachen,** die durch Zeugenbeweis eingeführt werden können (vgl. BGH **13**, 1; **18**, 107; **20**, 164; **22**, 268, 271; NStZ **93**, 245; NJW **98**, 838 f.; stRspr.), gilt § 53 StPO. Eine (konkludente) Einwilligung des Untersuchten in die Mitteilung von Zusatztatsachen (vgl. BGHZ **40**, 288, 294; Hamm NJW **68**, 1202; *Meyer-Goßner* 20 zu § 53 StPO; KK-*Senge* 19 zu § 53 StPO; MK-*Cieniak* 71) ist nach LK-*Schünemann* 126 nur bei hinreichender **Belehrung** über die Freiwilligkeit der Mitwirkung (vgl. BGH **35**, 32, 35) anzunehmen. Dass nach NJW **98**, 838 f. (unter Bezugnahme auf JR **69**, 231; DAR/S **80**, 203; krit. Bespr. *Schmidt-Recla* NJW **98**, 800) ein Sachverständiger zur Belehrung eines Beschuldigten (nach § 136 I S. 2, § 163 a IV StPO) nicht verpflichtet ist, steht dem nicht von vornherein entgegen, denn die Verwertbarkeit der durch Zeugenbeweis eingeführten Mitteilungen des Sachverständigen macht diese noch nicht „befugt“ iS von § 203 (vgl. oben 31 f.). Der Begriff der „Mitwirkung“ an der Erforschung von *Zusatz*-Tatsachen (LK-*Schünemann* 126) verschiebt freilich seinerseits die Sachverhaltsaufklärung in den Bereich des Gutachtensauftrags; das ist unzutreffend, gerade weil der Untersuchte, um ein für ihn günstiges Gutachterergebnis zu bewirken, vielfach zur Mitteilung zusätzlicher Tatsachen (zB über den Tathergang; über die Tatvorbereitung) neigen wird (vgl. *Schmidt-Recla* NJW **98**, 800 f.). Die gebotene Aufklärung durch den „als Arzt“ usw. tätig werdenden Sachverständigen muss daher gerade auf die Abgrenzung zwischen Gutachtensauftrag und Sachverhaltsermittlung hinweisen; unter dieser Voraussetzung ist eine (konkludente) Einwilligung des Untersuchten in die Offenbarung von ihm mitgeteilter Zusatztatsachen gegenüber der Stelle anzunehmen, die den Gutachtensauftrag erteilt hat (vgl. auch *Krauß* ZStW **97**, 96 ff.; NK-*Kargl* 74). Zur Schweigepflicht im Rahmen des Maßregelvollzugs und zum Akteneinsichtsrecht der Aufsichtsbehörden vgl. *Waider* P&R **06**, 65.

D. Behördenverkehr. Auf den Informationsaustausch **innerhalb** einer Behörde sowie im Verkehr mit **Aufsichtsbehörden** im funktionalen Sinn ist § 203 II nicht anzuwenden (Frankfurt NStZ-RR **03**, 170 [Mitteilung eines Gerichtspräsidenten an Rechtsanwaltskammer]). Für Einzelangaben ergibt sich das aus **Abs. II S. 2, 2. HS;** i. Ü. besteht für die Weitergabe von Informationen an zuständige Mitarbeiter innerhalb derselben Behörde regelmäßig keine Schweigepflicht, so dass schon der Tatbestand nicht gegeben ist (Frankfurt NStZ-RR **97**, 69; *Heckel* NVwZ **94**, 227; *Otto* wistra **99**, 203; *Lackner/Kühl* 21; *S/S-Lenckner* 45; LK-*Schünemann* 150). Eine Schweigepflicht von Behördenangehörigen besteht freilich insoweit, als diese eine spezielle, von der Behörde unabhängige Vertrauensstellung iS von Abs. I innehaben (*S/S-Lenckner* 45; *Schöch*, Schreiber-FS [2003] 437, 442 f.). **41**

Im **externen Behördenverkehr** sind gesetzliche Offenbarungsbefugnisse für Mitteilungen insb. im Bereich der **Amtshilfe** und des **allg. Behördenverkehrs** von großer Bedeutung. Eine rechtfertigende Befugnis zur Offenbarung von privaten Geheimnissen folgt im Hinblick auf das Grundrecht auf informationelle Selbstbestimmung (BVerfGE **65**, 1; **78**, 85; **80**, 373) nicht schon aus Art. 35 I GG und konkretisierenden Regelungen wie § 5 VwVfG; sie kann auch nicht aus Verwaltungsvorschriften (**zB** MiStra; MiZi; RiStBV Nr. 182 ff.) oder aus dringenden öffentlichen Interessen (unter Heranziehung von § 34; i. E. str.; freilich könnte der Anwendungsbereich von vornherein nur schmal sein, da *regelmäßige* Sachnotwendigkeiten staatlicher Verwaltung nicht in Notstandslagen umgedeutet werden können) oder in Analogie zu § 30 IV Nr. 5 AO (vgl. Karlsruhe NJW **84**, 676; zutr. abl. *S/S-Lenckner* 55; MK-*Cieniak* 109) abgeleitet werden. Nachdem der bis zur Grenze der Vertretbarkeit genutzte, vom BVerfG eingeräumte „Übergangsbonus“ auch nach Auffassung des Gesetzgebers des JustizmitteilungsG v. 18. 6. 1997 (BGBl. I 1430) und des StVÄG 1999 v. 2. 8. 2000 (BGBl. I 1253) nicht mehr besteht, ist auch in möglichen Lücken bereichsspezifischer Spezialgesetze eine Rechtfertigung ohne **gesetzliche Grundlage** ausgeschlossen (vgl. *S/S-Lenckner* 52, 57; LK-*Schünemann* 145). Ob sich aus den häufig generalklauselartigen Befugnisnor- **42** men stets hinreichend klar umgrenzte Rechtfertigungstatbestände ergeben, ist freilich i. E. noch ungeklärt (zutr. *Lackner/Kühl* 21).

43 Im Bereich der **Justiz** sind durch das JuMiG (insb. §§ 12 bis 22 EGGVG; Art. 2ff. JuMiG) und das StVÄG 1999 (insb. §§ 131, 131 a, §§ 474ff. StPO; vgl. dazu *Brodersen* NJW **00**, 2536) umfassende Regelungen geschaffen worden (vgl. auch MiStra 1998; MiZi 1998). Für das verwaltungsgerichtliche Verfahren vgl. § 100 VwGO; für das Verwaltungsverfahren § 29 VwVfG; für das Jugendstrafverfahren § 61 III SGB VIII iVm § 38 JGG. Für **Sozialdaten** (§ 35 SGB I) gilt § 67 d I SGB X (vgl. dazu *Wagner* NJW **94**, 2937; *Lang* [1 a] 125ff.); für personenbezogene Daten von **Strafgefangenen** gelten die §§ 179ff. StVollzG. Detaillierte Regelungen finden sich namentlich auch im BVerfSchG, im MAD-G, im BND-G, im SicherheitsüberprüfungsG und anderen Sicherheitsgesetzen. Hinzuweisen ist weiterhin auf § 90 AufenthG; § 8 AsylverfG; die Mitteilungsregelungen des StUG (vgl. §§ 21ff., 32 III StUG); i. Ü. auf die **DatenschutzG** des Bundes und der Länder. Ein annähernd erschöpfender Überblick kann hier nicht gegeben werden (weiter gehende Einzelheiten teilw. bei *S/S-Lenckner* 53 a bis 53 c).

44 Aus der **presserechtlichen Auskunftspflicht** von Behörden ergibt sich keine gesetzliche Offenbarungspflicht, wohl aber eine (rechtfertigende) Offenbarungsbefugnis. Soweit die LandespresseG ein Recht auf Auskunft erhalten, die verweigert werden kann, soweit **Geheimhaltungsvorschriften** entgegenstehen, ist das Verhältnis zu § 203 II unklar. Da ein allgemeiner Vorrang des § 203 II das Auskunftsrecht praktisch auf den Bereich anderweitig begründeter Befugnis reduzieren würde (so *Ostendorf* GA **80**, 445, 460ff.; *Bornkamm* NStZ **83**, 102, 108; *Knemeyer* NJW **84**, 2241, 2245; *Löffler,* Presserecht, 100ff. zu § 4 LPresseG; LK[10]-*Jähnke* 93), will die Gegenansicht § 203 II insg. als Geheimhaltungsvorschrift ausscheiden; dies führt zu einem allgemeinen Vorrang des Auskunftsanspruchs vor dem privaten Geheimhaltungsinteresse (vgl. *Schleswig* NJW **85**, 1090 [Anm. *Wente* NStZ **86**, 366]; Karlsruhe NJW **86**, 145; Koblenz wistra **87**, 359). Nach wohl **hM** ist § 203 II nicht von vornherein ausgeschlossen; die Rechtfertigung steht aber unter dem Vorbehalt einer „umfassenden Interessenabwägung" nach Maßgabe der presserechtlichen Regelungen, wonach eine Auskunft verweigert werden kann, wenn ihr schutzwürdige private Interessen entgegenstehen (vgl. BVerfGE **35**, 202, 221; **97**, 125, 149; BGH NJW **62**, 32f.; **94**, 1950; Hamm NJW **00**, 1278f.; *Treffer* ZUM **90**, 507; *Lackner/Kühl* 21; *S/S-Lenckner* 53 a; LK-*Schünemann* 149; zur sog. Verdachtsberichterstattung vgl. BGH[Z] NJW **00**, 1036ff.; umf. dazu *Stapper,* Namensnennung in der Presse im Zusammenhang mit dem Verdacht strafbaren Verhaltens, 1995; *Braun,* Medienberichterstattung über Strafverfahren [usw.], 1998; vgl. auch 34 zu § 193).

45 **E.** Die Unbefugtheit kann auf Grund **rechtfertigenden Notstands** (§ 34) entfallen (MK-*Cierniak* 84; SK-*Hoyer* 81; *Gössel/Dölling* BT 1, 37/160; *Schöch*, Schreiber-FS [2003] 437, 441 [zu Therapeuten im Maßregelvollzug]; vgl. Karlsruhe[Z] b. *Wasserburg* NStZ **07**, 199 Nr. 6). ein Ein *daneben* bestehender allgemeiner Rechtfertigungsgrund der **Wahrnehmung berechtigter Interessen** (vgl. BGH **1**, 366; MDR **56**, 625; NJW **68**, 2288; Karlsruhe NJW **84**, 676; KG NJW **94**, 462; Köln NJW **00**, 3656f.; *Rogall* NStZ **83**, 6; *Schäfer* wistra **93**, 285; hier bis 50. Aufl.; **aA** zB *Schünemann* ZStW **90**, 61f.; *Otto* wistra **99**, 204; *S/S-Lenckner* 30 und Noll-GedS 250ff.; LK-*Schünemann* 131; jew. mwN) ist zweifelhaft. Jedenfalls genügen hierfür keine der Schweigepflicht gleichrangigen Interessen; bei anderweitiger Abwendbarkeit der Gefährdung auch nicht höherwertige (iErg ähnl. Köln NJW **00**, 3657; vgl. dazu *Lackner/Kühl* 25).

46 Eine Rechtfertigung wird **zB** als möglich angesehen: bei Offenbarung zur Durchsetzung von **Honoraransprüchen** (*Schmitz* JA **96**, 954; LK-*Schünemann* 133); zur Verteidigung im **Regressprozess;** zur Verteidigung gegen Beschuldigungen im Strafprozess (BGH **1**, 366; *Heussler* NJW **94**, 1817, 1822f.; *S/S-Lenckner* 33; LK-*Schünemann* 134; SK-*Hoyer* 83); zur Abwehr rechtswidriger Angriffe auf Vermögen

oder Ehre (LK-*Schünemann* 134). Soweit eine *allgemeine* Befugnis von **Strafverteidigern** angenommen wird, zur Durchsetzung ihrer Honoraransprüche Geheimnisse ihrer Mandanten zu offenbaren (vgl. dazu *v. Galen* StV **00**, 575, 577ff.), steht dies im Widerspruch zu der (zugleich) vertretenen Ansicht, Unschuldsvermutung und Art. 12 I GG schlössen von vornherein jegliche Ermittlung wegen (Hehlerei oder) Geldwäsche hinsichtlich dieses Honorars aus (vgl. dazu 32ff. zu § 261). Ein *allgemeiner* Vorrang des Vermögensinteresses freiberuflich Tätiger vor grundrechtlich geschützten Interessen von Mandanten, Patienten usw. lässt sich aus § 34 nicht ableiten. Im Einzelfall können sich Abgrenzungsprobleme ergeben, wenn es für die *Begründung* des Rechts gerade auf den konkreten *Inhalt* des Verhältnisses ankommt. Hier mag die Abwägung in Fällen des Honorarbetrugs anders ausfallen als etwa im Rechtsstreit um Schlechterfüllung oder um die Wirksamkeit einer Honorarvereinbarung.

Der Schutz von **Rechtsgütern Dritter** kommt als Rechtfertigungsgrund **zB** in **47** Betracht, wenn ein Patient sich trotz Belehrung durch den Arzt weigert, gefährdete Personen über eine bestehende gefährliche **Infektionsgefahr** aufzuklären (vgl. Frankfurt NStZ **01**, 149; **01**, 150 [Offenbarung einer AIDS-Erkrankung gegenüber der Lebenspartnerin des Patienten; Anm. *Vogels* MDR **99**, 1445; *Bender* VersR **00**, 322; *Kremer* MedR **00**, 196; *Spickhoff* NJW **00**, 848; *Engländer* MedR **01**, 143; *Wolfslast* NStZ **01**, 151; *Deutsch* VersR **01**, 1471]). Eine allgemeine, von einer konkreten Gefahr (zB Uneinsichtigkeit; nahe liegende Gefahr von Infektionen etwa bei Kampfsport) unabhängige Offenbarungsbefugnis hinsichtlich einer HIV-Infektion (entspr. bei anderen gefährlichen Infektionskrankheiten) besteht nicht (im Grundsatz hM; vgl. dazu etwa *Arloth* MedR **86**, 295, 298; *Bruns* MDR **87**, 353ff.; StV **87**, 504ff.; *Laufs/Laufs* NJW **87**, 2257, 2264f.; *Eberbach* AIFO **87**, 281, 290; *Dargel* NStZ **89**, 207ff.; *Langkeit* Jura **90**, 495f.; *Kreuzer* ZStW **100**, 786, 803); sie liegt nahe, wenn den Schweigepflichtigen eine **Garantenstellung** hinsichtlich gefährdeter Personen trifft (Schule; Kindergarten; **Straf- oder Maßregelvollzug** [dazu ausf. *Schöch*, Schreiber-FS 2003, 437ff.]) und ein hinreichender Schutz anderweitig nicht sichergestellt werden kann (LK-*Schünemann* 139). Gerechtfertigt ist die Information des Jugendamts oder der Polizei durch einen Arzt oder Sozialarbeiter bei Verdacht von Kindesmisshandlungen und Wiederholungsgefahr (die regelmäßig nahe liegt; vgl. LK-*Schünemann* 140 mwN); ebenso die Information von Strafverfolgungsorganen zur Verhinderung der Verurteilung eines Unschuldigen (*Heussler* NJW **94**, 1832; *S/S-Lenckner* 31; MK-*Cieniak* 87; and. LK-*Schünemann* 142). Eine Rechtfertigung kommt weiterhin bei nahe liegender erheblicher Gefährdung der Allgemeinheit in Betracht; **zB** bei schwerwiegenden Gefahren für die **Sicherheit des Straßenverkehrs** bei Anfallsleiden (vgl. BGH[Z] NJW **68**, 2288 [paranoide Schizophrenie]; München MDR **56**, 565; [Epilepsie]; Zweibrücken NJW **68**, 2301); Suizidankündigung; manifester Alkohol- oder Drogensucht (vgl. dazu *Geppert*, Gössel-FS 303, 309ff.; *Eichelbrönner* [1a] 164ff.; *Gehrmann* NZV **05**, 1, 7ff.). Eine Stellung als **Überwachungsgarant** mit einer Rechtspflicht (§ 13) zur Information Dritter wird man aber mit *Geppert* (Gössel-FS 303, 314ff. mwN) nur in Fällen einer Aufsichtspflicht annehmen können. **Allgemeine Interessen** der Strafverfolgung, der Rechtssicherung oder des Rechtsgüterschutzes können Taten nach § 203 idR nicht rechtfertigen.

F. Im Einzelnen noch wenig geklärt ist die Frage des Verhältnisses zwischen Ge- **47a** heimhaltungspflicht und **Beschuldigtenrechten.** Aus dem Grundrecht eines Beschuldigten, sich umfassend zu verteidigen, ergibt sich nicht ohne Weiteres eine Befugnis, zur eigenen Verteidigung fremde Geheimnisse zu offenbaren, die dem Beschuldigten im Rahmen seiner die Geheimhaltungspflicht begründenden Tätigkeit – insb. als Amtsträger – bekannt geworden sind. Auch insoweit bedarf er vielmehr grds. der **Genehmigung,** deren Versagung freilich nur bei entgegen stehendem *unabweisbarem* dienstlichen Interesse zulässig ist (vgl. § 62 III BBG sowie die entspr. landesrechtlichen Vorschriften); in diesem Fall ist dem Amtsträger der mögliche Schutz zu gewähren (ebd.; krit. dazu *Bohnert* NStZ **04**, 301, 303f.). Eine Rechtfertigung nach § 32 kann nur in seltenen Ausnahmefällen in Betracht kommen (unklar *Bohnert* aaO 305). Eine solche nach § 34 ist grds. möglich (oben 45).

48 **7) Subjektiver Tatbestand. Vorsatz** ist, mindestens als bedingter, erforderlich. Der Täter muss wissen, dass es sich um ein Geheimnis oder eine Einzelangabe handelt, die ihm in seiner Stellung bekannt geworden sind, dass der Geheimnisgeschützte die Geheimhaltung will; er muss die tatsächlichen Voraussetzungen des Offenbarens kennen oder billigend in Kauf nehmen. Irrige Annahme einer Befugnis schließt die Vorsatzstrafe aus; Verbotsirrtum liegt vor, wenn der Täter aus der richtigen Kenntnis der Umstände den falschen Schluss zieht, dass er zur Offenbarung befugt sei (vgl. Bay NStZ **95**, 187f.; and. noch BGH **4**, 355f.).

49 **8) Täterschaft und Teilnahme.** Täter der § 203 kann nur eine nach Abs. I bis III schweigepflichtige Person sein. **Teilnahme** ist nach allg. Regeln möglich. Ist der Teilnehmer kein zur Wahrung des Geheimnisses Mitverpflichteter, so gilt für ihn § 28 I (LK-*Schünemann* 160; NK-*Kargl* 86; MK-*Cieniak* 133; SK-*Hoyer* 66; hM; **aA** *S/S-Lenckner* 73; *Gössel/Dölling* BT 1, 37/181). Ein solcher Außenstehender kann sich des gutgläubigen Schweigepflichtigen auch nicht als Werkzeug in mittelbarer Täterschaft bedienen (BGH **4**, 359). Auch Anstiftung des unvorsätzlichen handelnden Schweigepflichtigen scheidet aus (BGH **9**, 375).

50 **9) Qualifikation (V).** Nach Abs. V ist die Tat qualifiziert, wenn der Täter gegen Entgelt (§ 11 I Nr. 9) oder in der Absicht handelt, sich oder einen anderen zu bereichern oder einen anderen, der nicht der Geheimnisgeschützte zu sein braucht, zu schädigen (vgl. 6 zu § 274; *Schmitz* JA **96**, 951). Die Bereicherungsabsicht muss nicht auf Erlangung eines *rechtswidrigen* Vorteils gerichtet sein (NStZ **93**, 538; ebenso *Lackner/Kühl* 28; LK-*Schünemann* 163; MK-*Cieniak* 135; NK-*Kargl* 83; **aA** *S/S-Lenckner* 74). Die Schädigungsabsicht muss sich nicht auf eine Vermögensschädigung richten (*S/S-Lenckner* 74; LK-*Schünemann* 164; **aA** NK-*Kargl* 84).

51 **10) Zum Strafantrag** als Prozessvoraussetzung vgl. § 205.

52 **11) Konkurrenzen.** Treffen I und II S. 1 zusammen (zB beim beamteten Arzt), so ist nur eine einzige Tat gegeben (NK-*Kargl* 88; SK-*Hoyer* 90; **aA** *Gössel/Dölling* BT 1, 37/182). Tateinheit ist möglich mit §§ 185, 353b. § 43 BDSG tritt hinter § 203 zurück; kraft Subsidiaritätsregel § 19 TPG (krit. *Heger* JZ **98**, 506; and. *Schroth* JZ **98**, 506). Abs. II wird durch § 206 und § 355 verdrängt (*S/S-Lenckner* 76). Zum Verhältnis zu § 204 vgl. dort 7.

Verwertung fremder Geheimnisse

204 [I] **Wer unbefugt ein fremdes Geheimnis, namentlich ein Betriebs- oder Geschäftsgeheimnis, zu dessen Geheimhaltung er nach § 203 verpflichtet ist, verwertet, wird mit Freiheitsstrafe bis zu zwei Jahren oder mit Geldstrafe bestraft.**

[II] **§ 203 Abs. 4 gilt entsprechend.**

1 **1) Allgemeines.** Die Vorschrift, durch das EGStGB im Anschluss an § 186b E 1962 (Begr. 340) eingefügt, ergänzt § 203, vor allem dessen V. Das **Rechtsgut** ist dasselbe wie bei § 203; § 204 ist kein Vermögensdelikt (SK-*Hoyer* 4). Die Tat ist ebenfalls **Sonderdelikt.**

2 **2) Täter** kann nur sein, wer nach § 203 (vgl. auch §§ 1 III, 48 I WStG), und zwar auch nach dessen III, zur Geheimhaltung eines **fremden Geheimnisses** verpflichtet ist. Das Betriebs- oder Geschäftsgeheimnis ist nur als das praktisch wichtigste Beispiel genannt (RegE 244); freilich kommen nur solche Geheimnisse in Betracht, die sich wirtschaftlich „verwerten" lassen (LK-*Schünemann* 3; *S/S-Lenckner* 3). Erfasst werden auch Einzelangaben, die nach § 203 II S. 2 den Geheimnissen selbst gleichgestellt sind (RegE 244; LK-*Schünemann* 3).

3 **3) Tathandlung** ist das **Verwerten** (vgl. 3 zu § 74c) des Geheimnisses (4ff. zu § 203), dh hier das wirtschaftliche Ausnutzen zur Gewinnerzielung (Bay NStZ **84**,

169; *Schmitz* JA **97**, 950), und zwar ohne Offenbaren (RegE 244; *Sturm* JZ **75**, 10). Es muss sich danach, wenn nicht um Betriebs- und Geschäftsgeheimnisse, doch um solche handeln, die ihrer Natur nach **zur wirtschaftlichen Ausnutzung geeignet** sind; so wenn zB ein Patentanwalt die Erfindung eines Mandanten zu eigener Produktion benützt (vgl. RegE 244; Prot. 7/181; LK-*Schünemann* 5; NK-*Kargl* 4; MK-*Graf* 12). **Nicht erfasst** wird zB ein Verwerten für einen politischen Angriff oder ähnliche Zwecke (MK-*Graf* 11); auch nicht für eine Erpressung mit der Drohung des Verrats (LK-*Schünemann* 6; *S/S-Lenckner* 5/6). § 203 IV gilt nach II für den Fall des Verwertens nach dem Tod des Geheimnisgeschützten entsprechend. Eine Verwertung iS von § 204 liegt nach hM nur vor, wenn **Vermögensinteressen** des Rechtsgutsinhabers berührt sind; danach sind Geschäfte auf Grund von **Insider-Informationen** von § 204 nicht erfasst, wenn sie Vermögensinteressen des Berechtigten nicht verletzen (*S/S-Lenckner*5/6; **aA** NK-*Kargl* 3, 6; *Ulsenheimer* NJW **75**, 1999f.; vgl. aber § 38 I Nr. 2 WpHG; dazu *Weber* NJW **94**, 2851; *Assmann* ZGR **94**, 494; *Nack,* in: *Müller-Gugenberger/Bieneck* (Hrsg.), Wirtschaftsstrafrecht, 2000, § 69; *Brenner,* in: *Wabnitz/Janovsky* [Hrsg.], 2. Aufl. 2004, 9/53ff.; *Wohlers/Mühlbauer* wistra **03**, 41). Freilich sind Insider-Geschäfte keineswegs für den Geheimnis-Berechtigten neutral; konsequent müsste § 204 Anwendung finden, wenn dessen Vermögensinteressen zumindest gefährdet sind (vgl. auch Bay NStZ **84**, 169 [zu § 355; abl. *Maiwald*]).

4) Unbefugt (9 zu § 201; 31ff. zu § 203) muss der Täter handeln. Eine Befugnis kann sich hier vor allem aus der Einwilligung des Geschützten geben. 4

5) Vollendet ist die Tat, wenn Handlungen vorgenommen sind, die eine Gewinnerzielung bei dem Täter oder einem Dritten unmittelbar erwarten lassen; ihr Eintritt ist nicht erforderlich (*S/S-Lenckner* 10; LK-*Schünemann* 11). **Versuch** ist straflos, **Teilnahme** möglich; doch wird, wenn der Teilnehmer nicht selbst nach § 203 verpflichtet ist, nur § 203 V gegeben sein, da der Täter das Geheimnis dem Teilnehmer offenbaren musste (hierzu *Schmitz* JA **97**, 951). 5

6) Zum Strafantrag als Prozessvoraussetzung § 205. 6

7) Konkurrenzen. Tateinheit ist möglich mit § 38 WpHG; ggf. mit § 17 UWG. Hinter § 203 (idR Abs. V), § 355 I tritt § 204 zurück (MK-*Graf* 23). Dass § 204 im Verhältnis zu § 242 mitbestrafte Nachtat sei (LK-*Schünemann* 13), ist zweifelhaft (vgl. *S/S-Lenckner* 12: Tateinheit mit § 246). 7

Strafantrag

205 **I In den Fällen des § 201 Abs. 1 und 2 und der §§ 201a, 202, 203 und 204 wird die Tat nur auf Antrag verfolgt. Dies gilt auch in den Fällen der §§ 202a und 202b, es sei denn, dass die Strafverfolgungsbehörde wegen des besonderen öffentlichen Interesses an der Strafverfolgung ein Einschreiten von Amts wegen für geboten hält.**

II Stirbt der Verletzte, so geht das Antragsrecht nach § 77 Abs. 2 auf die Angehörigen über; dies gilt nicht in den Fällen der §§ 202a und 202b. Gehört das Geheimnis nicht zum persönlichen Lebensbereich des Verletzten, so geht das Antragsrecht bei Straftaten nach den §§ 203 und 204 auf die Erben über. Offenbart oder verwertet der Täter in den Fällen der §§ 203 und 204 das Geheimnis nach dem Tod des Betroffenen, so gelten die Sätze 1 und 2 sinngemäß.

1) Allgemeines. Die Vorschrift gilt idF des EGStGB, II S. 1 idF des Art. 1 Nr. 8 des 2. WiKG (vgl. vor § 263). Abs. I wurde durch das 36. StÄG v. 30. 7. 2004 (BGBl. I 2012) ergänzt; durch das 41. StÄG v. 7. 8. 2007 (BGBl. I 1786) wurden Abs. I S. 1 und II S. 1 ergänzt, I S. 2 angefügt (**In-Kraft-Treten:** 11. 8. 2007). Vgl. auch §§ 1 III, 48 I WStG. 1

2) Verletzter und damit der zunächst **zur Antragstellung Berechtigte** (§ 77 I) ist im Fall des **201** diejenige Person, die das geschützte Wort gesprochen hat (möglicherweise mehrere; § 77 IV); nicht, wer nur inhaltlich betroffen ist, etwa 2 weil sich das Gespräch auf ihn bezog; in den Fällen des **§ 201 a** die abgebildete Person; im Fall des **§ 202** derjenige, dem zur Tatzeit das Bestimmungsrecht über die Sache zusteht (vgl. RGZ **94**, 2); dh bei Sendungen zunächst der Absender, erst nach Empfang der Adressat; in den Fällen der **§§ 202 a und 202 b** die über die Daten verfügungsberechtigte Person; in den Fällen der **§§ 203, 204** der Geheimnisberechtigte; das ist jedenfalls die Person, die dem Täter ein eigenes Geheimnis anvertraut hat oder deren Geheimnis dem Täter bekannt geworden ist. Bei **Drittgeheimnissen** (vgl. 9 zu § 203) ist nach zutr. Ansicht nicht der Anvertrauende, sondern allein die dritte Person antragsberechtigt (LK-*Schünemann* 6; LK-*Jähnke* 28 zu § 77; SK-*Hoyer* 4; NK-*Kargl* 7; **aA** *S/S-Lenckner* 5).

2 a Nach **I S. 2** bedarf es in Fällen der §§ 202 a, 202 b eines Strafantrags nicht, wenn die Staatsanwaltschaft ein **besonders öffentliches Interesse** an der Strafverfolgung bejaht (allg. dazu auch 3 f. zu § 230). Die Regelung ist namentlich für Fälle eingefügt worden, in denen **Daten von Dritten** betroffen sind ((BT-Drs. 16/3656, 12), die nicht selbst verfügungsberechtigt und daher nicht antragsberechtigt sind (MK-*Graf* 8; LK-*Schünemann* 5; NK-*Kargl* 6; **aA** *Lackner/Kühl* 2).

3 **3)** Mit dem **Tod des Verletzten** geht das Antragsrecht nach § 77 II (vgl. dort) idR auf die dort bezeichneten Angehörigen über (II S. 1). Eine Ausnahme gilt für die Fälle der §§ 203, 204, wenn das Geheimnis nicht zum persönlichen Lebensbereich (4 zu § 203) des Verstorbenen gehört, sondern ein anderes wirtschaftlich verwertbares Geheimnis ist; dann geht das Antragsrecht auf die Erben über (II S. 2).

4 **4)** Bei **Begehung der Tat nach dem Tode** des Geheimnisberechtigten (§ 203 IV, § 204 II) steht das Antragsrecht sofort den in § 77 II genannten Angehörigen oder aber den Erben nach den Regeln zu 3 zu (II S. 3; vgl. *Solbach* DRiZ **78**, 206).

Verletzung des Post- oder Fernmeldegeheimnisses

206 **I Wer unbefugt einer anderen Person eine Mitteilung über Tatsachen macht, die dem Post- oder Fernmeldegeheimnis unterliegen und die ihm als Inhaber oder Beschäftigtem eines Unternehmens bekannt geworden sind, das geschäftsmäßig Post- oder Telekommunikationsdienste erbringt, wird mit Freiheitsstrafe bis zu fünf Jahren oder mit Geldstrafe bestraft.**

II Ebenso wird bestraft, wer als Inhaber oder Beschäftigter eines in Absatz 1 bezeichneten Unternehmens unbefugt

1. **eine Sendung, die einem solchen Unternehmen zur Übermittlung anvertraut worden und verschlossen ist, öffnet oder sich von ihrem Inhalt ohne Öffnung des Verschlusses unter Anwendung technischer Mittel Kenntnis verschafft,**
2. **eine einem solchen Unternehmen zur Übermittlung anvertraute Sendung unterdrückt oder**
3. **eine der in Absatz 1 oder in Nummer 1 oder 2 bezeichneten Handlungen gestattet oder fördert.**

III Die Absätze 1 und 2 gelten auch für Personen, die

1. **Aufgaben der Aufsicht über ein in Absatz 1 bezeichnetes Unternehmen wahrnehmen,**
2. **von einem solchen Unternehmen oder mit dessen Ermächtigung mit dem Erbringen von Post- oder Telekommunikationsdiensten betraut sind oder**
3. **mit der Herstellung einer dem Betrieb eines solchen Unternehmens *dienenden Anlage* oder mit Arbeiten daran betraut sind.**

IV Wer unbefugt einer anderen Person eine Mitteilung über Tatsachen macht, die ihm als außerhalb des Post- oder Telekommunikationsbereichs tätigem Amtsträger auf Grund eines befugten oder unbefugten

Eingriffs in das Post- oder Fernmeldegeheimnis bekannt geworden sind, wird mit Freiheitsstrafe bis zu zwei Jahren oder mit Geldstrafe bestraft.

V **Dem Postgeheimnis unterliegen die näheren Umstände des Postverkehrs bestimmter Personen sowie der Inhalt von Postsendungen. Dem Fernmeldegeheimnis unterliegen der Inhalt der Telekommunikation und ihre näheren Umstände, insbesondere die Tatsache, ob jemand an einem Telekommunikationsvorgang beteiligt ist oder war. Das Fernmeldegeheimnis erstreckt sich auch auf die näheren Umstände erfolgloser Verbindungsversuche.**

1) Allgemeines. Die Vorschrift wurde durch Art. 2 Abs. 13 Nr. 6 BegleitG als Nachfolgevorschrift des § 354 aF (dazu § 472 E 1962; Ndschr. **9**, 570; **12**, 642; **13**, 371, 389; RegE EGStGB 284; BT-Drs. 7/1261, 23; PoststrukturG v. 8. 6. 1989, BGBl. I 1026) infolge der Umstrukturierung im Post- und Telekommunikationsbereich in den 15. Abschnitt eingestellt, und zwar hinter § 205, da die Tat Offizialdelikt ist. **Materialien:** RegE BT-Drs. 13/8016; 1. Berat. BTag Prot. 13/184; Stellungnahme BRat u. Gegenäußerung BReg. BT-Drs. 13/8453; BRat PlenProt. 714; Ausschuss PostTK 30. 9. und 8. 10. 1997; Ber. BT-Drs. 13/8776; 2./3. Berat. BTag Prot. 13/200; BT-Drs. 850/97. Das BegleitG v. 17. 12. 1997 (BGBl. I 3108; III 900–13) trat am 24. 12. 1997 in Kraft. Daher heißt es durchgängig in § 206 „Post- **oder** Fernemeldegeheimnis". **Geschütztes Rechtsgut** ist das Post- oder Fernmeldegeheimnis (Art. 10 GG; vgl. auch § 39 II PostG, § 88 I TKG), aber auch das öffentliche Interesse an der Sicherheit und Zuverlässigkeit des Postverkehrs oder der Telekommunikation (TK), so insbesondere in II Nr. 3 iVm III Nr. 1 (*Welp,* Lenckner-FS 626). § 206 enthält mit unterschiedlichem Täterkreis 4 Grundtatbestände (I, II Nr. 1, 2, IV) sowie in II Nr. 3 einen zur selbstständigen Tat erhobenen Teilnahmetatbestand. 1

Literatur: *Gramlich* NJW **98**, 866 [Anmerkung zum neuen PostG]; *Kitz*, Meine E-Mails les'ich!, Zur Einwilligung in die Spam-Filterung, CR **05**, 450; *Ludl* JA **98**, 431 [Regulierung nach dem TKG]; *Welp* ArchPT **94**, 33; *ders.*, Strafbare Verletzungen des Post- und Fernmeldegeheimnisses nach der Privatisierung der Post (§ 206 StGB), Lenckner-FS (1997) 619.

2) Der Täterkreis wurde gegenüber dem des § 354 aF im Hinblick auf die Privatisierung der früheren Deutschen Bundespost und der Trennung von Post- und TK-Bereich neu bestimmt (hierzu *Welp*, Lenckner-FS 625, 631); er umfasst in **I und II Inhaber und Beschäftigte eines Unternehmens, das geschäftsmäßig Post- und TK-Dienste erbringt.** Solche Unternehmen sind neben der Post AG und der Deutsche Telekom AG auch ihre zahlreichen Wettbewerber im lizenzierten Bereich. **Inhaber** iS des § 206 sind natürliche Personen in ihrer Eigenschaft als Träger der Einzelnen kaufmännischen Unternehmen oder als (Mit-)Eigner von Personenhandels- und Kapitalgesellschaften, soweit diese ebenfalls als Unternehmensträger fungieren (RegE 29). **Beschäftigte** iS I, II sind sämtliche Mitarbeiter dieser Unternehmen, gleichgültig, ob sie in einem privatrechtlichen oder noch in einem (auslaufenden) öffentlichrechtlichen Dienstverhältnis stehen (RegE aaO; *Welp*, Lenckner-FS 633). **Geschäftsmäßiges Erbringen** von Postdiensten ist nach § 4 Nr. 4 BegleitG das nachhaltige Betreiben der Beförderung von Postsendungen für andere mit oder ohne Gewinnerzielungsabsicht; geschäftsmäßiges Erbringen von TK-Diensten ist nach der Definition in § 3 Nr. 10 TKG das nachhaltige Angebot von TK für Dritte mit oder ohne Gewinnerzielungsabsicht. Erfasst werden damit auch zB TK-Netze für geschlossene Benutzergruppen. **Behörden** und öffentlich-rechtliche Körperschaften sind keine Unternehmen iS von I (vgl. BT-Drs. 13/8016, 18 ff., 34 ff.), auch wenn sie TK-Leistungen einschließlich des Angebots von Übertragungswegen für Dritte erbringen (zweifelnd *S/S-Lenckner* 8; MK-*Altenhain* 13; wie hier zB GenStA Karlsruhe ZS 137/04). 2

Der Täterkreis des I, II wird in **Abs. III** erweitert. Dazu zählen nach **III Nr. 1** Personen (idR Amtsträger iS § 11 I Nr. 2), die gegenüber den vorbezeichneten Unternehmen **Aufgaben der Aufsicht wahrnehmen,** so insbesondere Beschäftigte innerhalb der verbliebenen Hoheitsverwaltung wie der Regulierungsbehörde für TK und Post, die die Aufgaben der Regulierung wahrnehmen. Maßgebend für die Amtsträgereigenschaft der Personen ist ihre berufsspezifische Funktion (RegE 29). 3

4 **III Nr. 2** erfasst **mit dem Erbringen von Post- oder TK-Diensten betraute** Personen, dh solche, deren sich die in I bezeichneten Unternehmen zur Aufgabenerfüllung auf Grund privatrechtlicher Vereinbarungen bedienen. I und II gelten nach **III Nr. 3** auch für Personen, die **mit der Herstellung einer dem Betrieb** eines Unternehmens iS des I **dienenden Anlage oder mit Arbeiten daran betraut sind,** also Inhaber und Beschäftigte von Hersteller- oder Serviceunternehmen für technische Anlagen (RegE 29).

5 Täter nach **Abs. IV** können nur **Amtsträger** sein, die **außerhalb** des Post- oder TK-Bereichs tätig sind; also weder bei einem in I bezeichneten Unternehmen noch in der verbliebenen Hoheitsverwaltung des Bundes; so zB Polizei- oder Zollbeamte. In den Fällen von I iVm III Nr. 1 und in den Fällen von IV genügt es, wenn dem Täter die später mitgeteilte Tatsache bekannt wurde, als er die Amtsstellung innehatte.

6 **3) Abs. I** erfasst als **Tathandlung** die unbefugte (unten 9) schriftliche, mündliche oder sonstige **Mitteilung** an eine andere Person **über Tatsachen;** ein Geheimnis iS von § 203 muss die Tatsache nicht sein (NJW **94**, 2614).

7 Die Tatsache muss dem **Post- oder Fernmeldegeheimnis** unterliegen (*Welp,* Lenckner-FS 637; LK-*Träger* 10 ff.). Solche Tatsachen sind nach der § 39 PostG angepassten Legaldefinition **des V S. 1** für das **Postgeheimnis** „die näheren Umstände des Postverkehrs bestimmter Personen sowie der Inhalt von Postsendungen". V orientiert sich zwar an den bereichsspezifischen Regelungen des PostG und TKG, strebt aber gegenüber § 354 V aF keine Änderungen des sachlichen Regelungsgehalts an (RegE 30), verzichtet jedoch auf die Hervorhebung einzelner Postsendungen der TK-Vorgänge. **V S. 2, 3,** der § 88 I TKG nachgebildet ist, umschreibt das Fernmeldegeheimnis. Ihm unterliegen der Inhalt der TK und ihre näheren Umstände (und zwar auch erfolgloser Verbindungsversuche), insbesondere die Tatsache, ob jemand an einem TK-Vorgang beteiligt ist oder war.

8 **Als Inhaber oder Beschäftigtem** muss die Tatsache dem Täter bekannt geworden sein; dh sie muss in oder im Zusammenhang mit einer unter 2 ff. genannten Stellung oder Funktion auf irgendeine Weise, befugt oder unbefugt (etwa durch eine Tat nach II Nr. 1) unmittelbar oder durch einen Mittelsmann irgendwann einmal bekannt geworden sein (MK-*Altenhain* 33, 36). Ob der Täter selbst mit den näheren Umständen des Postverkehrs oder der TK befasst war, ist ohne Bedeutung. Es genügt, wenn ihm ein Kollege die Tatsache zulässig oder unzulässig, aber im Zusammenhang mit dem Post- oder TK-Dienst erzählt hat.

9 Der Täter muss **unbefugt** handeln. Dabei handelt es sich um ein allgemeines Rechtswidrigkeitsmerkmal. Als Rechtfertigungsnorm kommen § 39 IV, V PostG in Betracht, wonach Öffnung zB vorgesehen ist, um den nicht bekannten Absender zu ermitteln (vgl. auch Köln NJW **87**, 2597); §§ 99, 100, 100 a, 100 b, 101 StPO (vgl. NJW **70**, 2071; BGH **28**, 122; **31**, 297; **34**, 39, 50; NJW **94**, 596); weiterhin §§ 100 g, 100 h, 100 i StPO (G v. 20. 12. 2001, BGBl. I 3879; TK-Verbindungsdaten; G v. 6. 8. 2002, BGBl. I 3018: Standortermittlung von Mobilfunkendgeräten). Weitere Befugnisse sind durch das TerrorismusbekämpfungsG v. 9. 1. 2002 (BGBl. I, 361) in § 8 VIII BVerfSchG, § 10 III MAD-G, § 8 III a BND-G geschaffen worden; § 9 IV enthält eine Befugnis zur Ermittlung des Standorts aktiv geschalteter Mobilfunk-Endgeräte. Vgl. auch § 3 VerbrVerbG (4 vor § 80); §§ 110 ff. TKG; § 99 InsO; Art. 1 § 1 G 10 (mit DurchführungsG der Länder); § 39 AWG. Ob daneben auch **allgemeine Rechtfertigungsgründe** eingreifen können, ist im Hinblick auf § 39 III S. 3 PostG, § 88 III S. 3 TKG umstritten (dagegen etwa *Lackner/Kühl* 15; MK-*Altenhain* 68; *S/S-Lenckner* 14 [einschr. für mutmaßliche Einwilligung]; *Büchner* in BK-TKG 18 zu § 85 a.F.; **aA** LK-*Träger* 54 f.; hier bis 50. Aufl.). Von Bedeutung könnte hier wohl nur § 34 sein (zB Verhütung von Straftaten außerhalb des Katalogs des § 138; vgl. *S/S-Lenckner* 14). Obgleich man das Ergebnis *rechtspolitisch* zweifelhaft finden mag, lässt der *eindeutige* Wortlaut der Vorschriften eine Auslegung nicht zu, wonach § 39 III S. 3 PostG, § 88 III S. 3

TKG in Fällen nicht gelten, die ihren „Rahmen sprengen" (LK-*Träger* 54), denn damit würde die von Gesetzgeber ausdrücklich gewollte Beschränkung in ihr Gegenteil verkehrt. Eine **Fangschaltung** verletzt grundsätzlich das Fernsprechgeheimnis (Köln NJW **70**, 1857); eine einseitige Einwilligung eines Teilnehmers kann den Eingriff in die Rechte des anderen nicht rechtfertigen (BVerfGE **85**, 386); eine gesetzliche Grundlage enthalten § 101 TKG, § 8 TDS V.

4) Abs. IV entspricht im Wesentlichen § 354 IV aF. **Täter** ist, wer einer anderen Person eine **Mitteilung über Tatsachen** macht, die ihm als außerhalb des Post- und TK-Bereichs tätigem Amtsträger bekannt geworden ist; dies sind solche Amtsträger, die weder bei einem in I bezeichneten Unternehmen noch in der verbliebenen Hoheitsverwaltung des Bundes beschäftigt sind. Die Tatsache muss dem Täter bekannt geworden sein **entweder** auf Grund eines **befugten Eingriffs** (womit Fälle gesetzlicher Eingriffsbefugnis iS von oben 9 gemeint sind, die aber nicht solche von Personen iS von oben 2 zu sein brauchen) in das Post- oder Fernmeldegeheimnis (oben 7) **oder** mittels eines **unbefugten Eingriffs** in ein solches Geheimnis. Der Täter braucht sich also die Kenntnis nicht selbst durch den Eingriff verschafft zu haben. Es genügt, wenn ihm die Tatsache als Folge des Eingriffs eines anderen bekannt geworden ist (MK-*Altenhain* 63). Hierher gehören zB Fälle der missbräuchlichen Verwendung von Kenntnissen, die aus der erlaubten Aufnahme des Telefongesprächs nach § 100 a StPO stammen (vgl. Schleswig OLGSt. 6). Unbefugt ist die Mitteilung zB, wenn eine Maßnahme nach § 100 a StPO zu Kenntnissen führt, die den Verdacht einer nicht im Katalog des § 100 a StPO aufgeführten Tat begründen (vgl. *Meyer-Goßner* 5 zu § 100 a StPO). Zur teilw. Verfassungswidrigkeit von § 3 G-10 vgl. BVerfG BGBl. 1999 I, 1914; NJW **00**, 55. 10

5) Abs. II schützt die einem in I bezeichneten Unternehmen **anvertrauten Sendungen** vor Ausforschung oder Unterdrückung. In der Umschreibung der Tathandlungen entspricht II § 354 II aF, berücksichtigt aber wie I die strukturellen Veränderungen im Post- und TK-Bereich. Der Täterkreis umfasst wie in I Inhaber und Beschäftigte eines Unternehmens, jedoch erweitert II den Täterkreis. Der Täter muss **als Inhaber oder Beschäftigter** handeln. Vorausgesetzt ist aber nicht, dass der Täter mit der Weiterleitung der Sendung beauftragt ist (RG **37**, 40; **54**, 228). In allen Fällen des II muss der Täter unbefugt (oben 9) handeln. 11

Gegenstand der Tathandlung in II ist eine beliebige **Sendung.** Sie muss dem Unternehmen **zur Übermittlung,** also zur Weiterleitung **anvertraut,** also ordnungsgemäß in den Post- oder TK-Verkehr gelangt sein. Das ist sie bei Briefen und Paketen vom Einwurf in den Briefkasten, Einlieferung bei einer Annahmestelle oder Übergabe an einen Abholer bis zur Zustellung; auch in ein Postfach eingelegte Briefsendungen sind dem Unternehmen bis zur Abholung noch anvertraut. Das gilt gleichermaßen für unrichtig zugestellte und daher zurückgegebene Sendungen, (vgl. RG **36**, 267); für eigene Sendungen des Unternehmens an ein anderes oder an einen Kunden (**aA** MK-*Altenhain* 46); für sog. Fangbriefe zur Überführung eines der Unterschlagung verdächtigten Mitarbeiters, wenn sie in den allgemeinen Übermittlungsdienst des Unternehmens eingegeben werden (vgl. schon RG **65**, 145; **69**, 271; **aA** MK-*Altenhain* 51; SK-*Hoyer* 26). 12

Fraglich ist, ob der Begriff der **Sendung** in Abs. II nur **körperliche Gegenstände** erfasst oder ob auch die Übermittlung nichtkörperlicher Sendungen, also namentlich von **E-Mails,** einbezogen ist. Die in der Lit. hM geht insoweit davon aus, dass Abs. II, der nicht das Geheimhaltungs-, sondern das Übermittlungsinteresse des Betroffenen schützt, in allen Tatbestandsvarianten allein körperliche Gegenstände erfasst (LK-*Träger* 22, 29; *Lackner/Kühl* 8; NK-*Kargl* 25; MK-*Altenhain* 44 f.; *Welp,* Lenckner-FS [1997] 619, 641 ff.; hier bis 51. Aufl.; vgl. zur aF Hamm NJW **80**, 2321). Das wird aus dem Wortlaut von **II Nr. 1** geschlossen, wonach die Sendung **verschlossen** sein muss (MK-*Altenhain* 44; vgl. 5 f. zu § 202), sei es vom Absender oder durch einen Beschäftigten des Unternehmens; damit sind nach allg. Ansicht nicht „Verschlüsselungen" von Daten gemeint. Dabei bleibt freilich unbe- 13 rücksichtigt, dass **II Nr. 2** eine „Verschlossenheit" der Sendung gerade nicht voraussetzt und die Sendung iS von II Nr. 2 einem Unternehmen iS von Abs. I, also auch einem solchen anvertraut sein kann, das (nur) TK-Dienste anbietet. Soweit die Frage in der Lit. überhaupt thematisiert wird, wird insoweit ein Anwendungsbereich für II Nr. 2 allenfalls für Telegramm-Formulare nach Übermittlung per TK gesehen (vgl. MK-*Altenhain* 44). Der Wortlaut ist daher jedenfalls nicht eindeutig; er stützt gleichermaßen die Ansicht *Lenckners* (S/S 20), II Nr. 2 erfasse auch unkörperliche Sendungen durch Datenübertragung (vgl. auch *Kitz* CR **05**, 450, 451). Dies liegt überdies systematisch näher, denn es ist nicht nahe liegend, in Abs. I schon Mitteilungen über die Tatsache unter Strafe zu stellen, dass eine Person eine E-Mail versendet oder empfangen hat, deren vorsätzliche Unterdrückung während der Übermittlung aber straflos zu stellen.

14 Tathandlung von **II Nr. 1** ist das **Öffnen** und die **Kenntnisverschaffung** ohne Öffnung, jedoch **unter Anwendung technischer Mittel** (physikalische wie chemische, BT-Drs. 7/1261, 23; vgl. hierzu 8 ff. zu § 202). Die Tat kann sich nach *Maiwald* (JuS **77**, 360 f.) auch auf das äußerliche Wahrnehmen des Inhalts der Sendung beziehen, der eine schriftliche Mitteilung fehlt (zw.; vgl. BVerwG NJW **84**, 2111).

15 Tathandlung von **II Nr. 2** ist das **Unterdrücken** einer einem Unternehmen iS von I **zur Übermittlung anvertrauten** Sendung; das setzt voraus, dass die Sendung dem ordnungsgemäßen Post- und TK-Verkehr entzogen wird (*Welp,* Lenckner-FS 643). Hierfür genügt, neben der Vernichtung oder Wegnahme, bereits ein längeres „Zurückhalten" (vgl. Köln NJW **87**, 2596; **aA** MK-*Altenhain* 55), etwa durch bewusste Fehlsortierung (Hamburg NJW **89**, 1372; **aA** MK-*Altenhain* 55), wenn sie zur Verzögerung der Zustellung führt (*S/S-Lenckner* 20; *Welp,* Lenckner-FS 643; **aA** im Anschluss an RG **28**, 100 und RG JW **35**, 2970 LK-*Träger* 30; MK-*Altenhain* 53; hier bis 50. Aufl.). Eine Nachnahmesendung soll unterdrückt sein, wenn sie dem Empfänger ohne Kassieren des Nachnahmebetrags ausgehändigt wird (LK-*Träger* 31; *S/S-Lenckner* 20; zw.). Unterdrückt ist eine Sendung im Postbereich auch, wenn sie nur teilweise (zB nach Entnahme einzelner Schriftstücke oder eines Teils des Paketinhalts) ausgeliefert wird (so auch MK-*Altenhain* 55; **aA** hier bis 50. Aufl. im Anschluss an RG **57**, 8). Im Bereich von **TK-Leistungen** ist für II Nr. 2 kaum ein Anwendungsbereich gegeben, wenn als „Sendung" nur körperliche Gegenstände angesehen werden (vgl. oben 13). Näher liegt es (S/S-*Lenckner* 20), als Sendungen insoweit auch solche Datenübertragungen anzusehen, die einem TK-Unternehmen zur Übermittlung an einen bestimmten Empfänger anvertraut werden, unabhängig davon, ob sie verschlüsselt sind, denn Abs. II Nr. 2 schützt nicht das Geheimhaltungsinteresse. Nach diesem Verständnis ist insbesondere der **E-Mail-Verkehr** vom Schutzbereich erfasst (**aA** hM; hier bis 51. Aufl.; vgl. oben 13); Unterdrücken ist dann gegeben, wenn die (Gesamt-)Sendung (Datei) in der Übermittlungs-, Zwischenspeicherungs- und Auslieferungsphase gelöscht, fehlgeleitet oder zurückgehalten wird oder wenn wesentliche Teile entfernt oder durch andere ersetzt werden. Das Kopieren oder die Fehlleitung *auch* an nicht befugte Dritte ist von II Nr. 2 nicht erfasst. Entsprechend müsste dies für die Übertragung zB akustischer „Sendungen" gelten; etwa bei der Speicherung von gesprochenen Nachrichten auf Mailbox-Speicher im Bereich des TK-Unternehmens.

16 **Nr. 3:** die Regelung stuft Beihilfehandlungen zu selbstständigen Taten auf und schließt daher eine Strafmilderung nach § 27 aus. **Gestatten** einer der **in I oder in II Nr. 1 oder 2** bezeichneten Handlung eines anderen bedeutet, dass der Täter in einer Lage, in der er eingreifen könnte, zB selbst eine tatsächliche Herrschaft über eine Sendung hat, die Tat des anderen ausdrücklich erlaubt (zB als Vorgesetzter; § 357 tritt dann zurück [*S/S-Lenckner* 22; and. hier bis 50. Aufl.]), passiv duldet oder zu ihr anstiftet (LK-*Träger* 34 ff. vgl. *S/S-Lenckner* 23 f.; SK-Hoyer *33*). **Fördern** heißt, dass der Täter auf andere Weise eine zur Tat erhobene Beihilfe leistet. In Fällen des Abs. I muss auch der andere Inhaber oder Beschäftigter eines Unternehmens sein und die Kenntnis *als solcher* erlangt haben (*S/S-Lenckner* 22; LK-

Träger 35; MK-*Altenhain* 58; and. hier bis 50. Aufl.); die Verweisung auf Abs. II bezieht sich dagegen nur auf Nr. 1 und Nr. 2 und gilt auch für das Gestatten oder Fördern von Handlungen Außenstehender.

6) Unbefugt muss der Täter auch hier handeln. Es gilt oben 9. **17**

7) Vorsatz ist als mindestens bedingter erforderlich, und zwar auch hinsichtlich **18**
der Umstände, welche die besondere Position des Täters (oben 2 ff.) begründen. Hält sich der Täter irrig für befugt, so ist das ein Verbotsirrtum; nimmt er allerdings irrig Umstände an, die seine Handlung zur befugten machen würden, so ist das ein Erlaubnistatbestandsirrtum (22 zu § 16).

8) Der Versuch ist straflos, die Tat ist vollendet, sobald der Beschäftigte die **19**
Sendung unterdrückt (oben 15) hat (Köln NJW **87**, 2597). Die **Teilnahme** folgt allgemeinen Regeln; § 28 ist nicht anwendbar (and. hier bis 50. Aufl.). Es handelt sich durchweg um Sonderdelikte, aber – abgesehen von IV – nicht mehr um Amtsdelikte, was sich aus der privaten Rechtsform der Dienstleistungsunternehmen ergibt, der durch die Verlagerung (des § 354 aF) in den 15. Abschnitt des BT Rechnung getragen wurde. § 28 ist auf Teilnehmer nicht anwendbar, da die Sondereigenschaft des Täters in § 206 rechtsguts- und tatbezogen ist (MK-*Altenhain* 5, 90), es für die Bewertung der Unrechtsqualität also nicht auf die personalen Eigenschaften ankommt (**aA** SK-*Hoyer* 6).

9) Der Strafrahmen ist bei IV niedriger als bei I bis III. Zusätzliche Geldstrafe neben **20**
Freiheitsstrafe möglich (§ 41).

10) Konkurrenzen. Tateinheit ist möglich zwischen I, III und § 353 b I, zwischen II, III **21**
und den §§ 242, 246, 274 I Nr. 1; 201 I Nr. 2. § 202 tritt hinter § 206 II Nr. 1, ferner § 203 II hinter § 206 III Nr. 1, IV zurück. Zwischen § 133 III und § 206 III Nr. 1, IV ist Tateinheit möglich (*S/S-Lenckner* 39; MK-*Altenhain* 93; and. *Lackner/Kühl* 16; hier bis 50. Aufl.). Eignet sich der Täter den Inhalt einer geöffneten Sendung erst auf Grund eines später gefassten Entschlusses zu, so ist Tatmehrheit mit §§ 242, 246 gegeben (Bay **18**, 52).

11) Sonstige Vorschriften. Zur Strafbarkeit des Abhörens von Nachrichten mit einer **22**
Funkanlage und des Missbrauchs von **Sendeanlagen** vgl. §§ 89, 90, 148 TKG.

§§ 207–210 [Aufgehoben durch Art. 1 Nr. 58 1. StrRG; vgl. 7 ff. vor § 211]

Sechzehnter Abschnitt

Straftaten gegen das Leben

Vorbemerkung zu §§ 211 bis 216

Übersicht

1) Rechtsgut; Systematik des Abschnitts 1, 1a
2) Beginn des Lebens 2–4c
3) Ende des Lebens 5–9
4) Selbsttötung 10–15
5) Sterbehilfe 16–28b

1 **1) Systematik.** Der 16. Abschnitt des BT enthält in §§ 211 bis 222 Vorschriften über „Straftaten gegen das Leben"; **geschütztes Rechtsgut** des Abschnitts ist das **menschliche Leben.** Dabei betreffen die **§§ 211, 212, 213, 216** die vorsätzliche Tötung (geborenen) menschlichen Lebens, die aber auch von einer Vielzahl erfolgsqualifizierter Delikt erfasst wird. **§§ 218 bis 219d** betreffen die Abtötung *ungeborenen* menschlichen Lebens; ob diese rechtspolitische, auch vom BVerfG postulierte (BVerfGE **39**, 1; **88**, 203) Gleichstellung des Rechtsguts mit der Rechtswirklichkeit übereinstimmt, mag bezweifelt werden (vgl. 2 vor § 218). **§ 221** enthält einen (aber nicht den einzigen; vgl. zB §§ 231, 313) Lebensgefährdungs-Tatbestand. Die fahrlässige Verursachung des Todes eines Menschen ist in **§ 222** allgemein unter Strafe gestellt; sie tritt bei spezieller Handlungsform und als fahrlässig herbeigeführter Erfolg eines Vorsatzdelikts idR hinter dieses zurück. Die **Systematik** der §§ 211 bis 216 ist i. e. str. (vgl. dazu auch *Neumann,* Lampe-FS [2003] 643 ff.; *Küper* JZ **06**, 1057 ff.). Nach in der **Lit.** ganz hM enthält § 212 I den Grundtatbestand vorsätzlicher Tötung, von dem § 211 in kasuistischer, auf besondere sozialethische Verwerflichkeit abstellender Weise als Qualifikation, § 216 als tatbestandliche Privilegierung abgehoben sind (krit. dazu *Kargl* JZ **03**, 1141). Strafzumessungsregeln enthalten § 212 II und § 213. Dagegen versteht der **BGH** die §§ 211, 212 weiterhin als selbstständige Tatbestände mit je unterschiedlichem, eigenständigen Unrechtsgehalt (stRspr seit BGH **1**, 368, 370 ff.; vgl. etwa BGH **50**, 1, 5 f.). Dies führt zu in Rspr. und Lit. abweichender Behandlung der Beteiligung (§ 28; vgl. dazu 87 ff. zu § 211). Auch § 216 sieht die Rspr. als selbstständigen Tatbestand an. Im Einzelnen umstr. Probleme ergeben sich beim Zusammentreffen qualifizierender (§ 211 II) mit privilegierenden (§ 216) Merkmalen und Milderungsgründen (§ 213); vgl. dazu die Erl. dort. Die Regelungen der Tötungsdelikte werden fast allgemein als **reformbedürftig** angesehen, da namentlich die starre Kasuistik des § 211 II den Anforderungen an Einzelfallsgerechtigkeit und Rechtssicherheit nicht stets genügen kann. In der Lit. wird hierzu eine Vielzahl unterschiedlicher Reformkonzepte diskutiert. Eine Reform des Kernbereichs der Tötungsdelikte war in den Planungen zum 6. StrRG enthalten (vgl. BT-Drs. 13/4830, 7; 13/8587, 55, 78), ist aber nicht verwirklicht worden (vgl. auch *Kreß* NJW **98**, 633, 643). Sie wird seit Jahren „erwartet" (vgl. etwa *Hirsch,* Schreiber-FS *[2003] 153, 171*); dass sie auf der rechtspolitischen Agenda weit vorn steht, ist aber zu bezweifeln.

1a **Literatur (Auswahl):** *Arzt* ZStW **83**, 1; *Dreier,* Grenzen des Tötungsverbots, JZ **07**, 260; 354; *Geilen,* Bockelmann-FS 613, Schröder-GedS 235 u. JR **80**, 309; *Gropp,* Der Embryo als Mensch (usw.), GA **00**, 1; *Große* NStZ **96**, 220; *Günther* NJW **82**, 353; *Hakeri,* Die türkischen Strafbestimmungen zum Schutze des Lebens der Person im Vergleich mit dem deutschen Recht, 1997; *Hanke,* Spätabtreibungen im Personenstandsrecht, im Bestattungsrecht und in § 159 StPO, 2001 (Diss. Dresden); *Harks,* Der Schutz der Menschenwürde bei der Entnahme fötalen Gewebes, NJW **02**, 716; *Heine,* Tötung aus „niedrigen Beweggründen", 1988; *ders.,* Stand u. Entwicklung der Mordtatbestände, National u. international, in: *Kreuzer* u. a. (Hrsg.), Fühlende und denkende Kriminalwissenschaften, 1999, 315; *Herzberg,* Der Beginn des

Menschseins im Strafrecht: Die Vollendung der Geburt, JZ **01**, 1106; *Hirsch*, Die Grenze zwischen Schwangerschaftsabbruch und allgemeinen Tötungsdelikten nach der Streichung des Privilegierungstatbestands der Kindestötung (§ 217 StGB a. F.), Eser-FS (2005), 309; *Hoyer*, Embryonenschutz und Menschenwürde, Rolinski-FS (2002) 81; *Ingelfinger*, Grundlagen und Grenzbereiche des Tötungsverbots, 2004 (Rez. *Neumann* ZStW **118** [2006] 743); *Jähnke* MDR **80**, 705; *Jescheck/Triffterer* (Hrsg.), Ist die lebenslange Freiheitsstrafe verfassungswidrig?, 1978; *Kargl*, Zum Grundtatbestand der Tötungsdelikte, JZ **03**, 1141; *Köhne*, Mord und Totschlag – Notwendige Reform der vorsätzlichen Tötungsdelikte, ZRP **07**, 165; *Küper*, Mensch oder Embryo? Der Anfang des „Menschseins" nach neuem Strafrecht, GA **01**, 515; *ders.*, Im Dickicht der Beteiligung an Mord und Totschlag, JZ **06**, 1157; *Lorenz*, Die verfassungsrechtliche Garantie der Menschenwürde und ihre Bedeutung für den Schutz menschlichen Lebens vor der Geburt, ZfL **01**, 38; *Merkel*, Früheuthanasie, 2001; *Müssig*, Mord und Totschlag, 2005 (Rez. *Neumann* ZStW **118** [2006] 913); *Neumann*, Mord und Totschlag. Argumentationstheoretische Erwägungen zum Verhältnis von §§ 211 und 212 StGB, Lampe-FS (2003), 643; *Saerbeck* Beginn u. Ende des Lebens als Rechtsschutzbegriffe, 1974; *Schmidhäuser*, Reimers-FS 445; *Schmoller* ZStW **99**, 389; *Schöch*, Offene Fragen zur Begrenzung lebensverlängernder Maßnahmen, H.J. Hirsch-FS 693; *D. Weiß*, Die Problematik der Verdeckungsabsicht im Mordtatbestand, 1997; *Zipf*, Würtenberger-FS 151.

Rechtsprechungsübersichten zu den Tötungsdelikten: *Altvater* NStZ **98**, 342; **99**, 17; **00**, 18; **01**, 19; **02**, 20; **03**, 21; **04**, 23; **05**, 22; **06**, 86.

2 **2) Beginn des Lebens.** Maßgebend für den **strafrechtlichen Schutz** durch die §§ 211 ff. ist, anders als beim Beginn der Rechtsfähigkeit (§ 1 BGB), nach hM der **Beginn des Geburtsaktes,** dh bei regulärem Geburtsverlauf das Einsetzen der Eröffnungswehen (BGH **10**, 5; **31**, 348, 355 f.; **32**, 194 [Anm. *Hirsch* JR **85**, 336]; hM; vgl. ausf. *Küper* GA **01**, 515 ff.; *Hirsch*, Eser-FS [2005] 309 ff., jew. mwN; **aA** *Saerbeck* [oben 1 a] 95; *Herzberg/Herzberg* JZ **01**, 1106, 1112; *Herzberg* in *Bernsmann/Ulsenheimer* [Hrsg.], Bochumer Beiträge zu aktuellen Strafrechtsthemen, 2003, 39, 49 f. [Vollendung der Geburt]); bei atypischem Verlauf der Sprung der Fruchtblase bzw. beim Kaiserschnitt die Eröffnung des Uterus, (*Isemer/Lilie* MedR **88**, 68; vgl. auch BGH **31**, 356; *Bosch* FamRZ **83**, 698; *Arzt* FamRZ **83**, 1019; *Geppert* JK 2; *Koch* MedR **85**, 85; *Schwalm* MDR **68**, 278; *Kaufmann* JZ **71**, 569; *Lüttger* JR **71**, 133; NStZ **83**, 482; Heinitz-FS 359; *Zippelius* JuS **83**, 659; *S/S-Eser* 13 ff.; LK-*Jähnke* 3). Lebensfähigkeit ist nicht erforderlich (vgl. BGH **10**, 291, 292). Von einer **Lebendgeburt** spricht man nach einer WHO-Definition von 1974 dann, wenn der Fetus 500 gr und mehr wiegt, nach der Scheidung vom Mutterleib entweder das Herz geschlagen oder die Nabelschnur pulsiert oder die natürliche Lungenatmung eingesetzt hat (vgl. § 29 I PStV; *Ullmann* NJW **94**, 1575). Von einer (im Sterbebuch einzutragenden und bestattungspflichtigen) **Totgeburt** spricht man, wenn das Kind während der Schwangerschaft oder unter der Geburt stirbt und mehr als 500 g wiegt, von einer **Fehlgeburt**, wenn das Kind weniger als 500 g wiegt und ohne Lebenszeichen bleibt, von einer **Frühgeburt,** wenn das Kind mindestens 3 Wochen vor dem errechneten Entbindungstermin oder vor der 38. Schwangerschaftswoche geboren wird, wobei es auf das Gewicht nicht ankommt (hierzu im Einzelnen *Merkel* [oben 1 a] 112; ausf. *Hanke* [oben 1 a] 47 ff.). **Leben als Mensch**, das dem Schutz der §§ 211 ff. unterfällt, setzt voraus, dass ein in einem natürlichen Uterus herangereiftes Wesen, dessen Geburt oder anderweitige Hervorbringung zumindest begonnen hat, „unabhängig vom Leben der Mutter in menschlicher Weise lebt, sei es nur kurze Zeit" (BGH **10**, 291, 292).

3 **A.** Die Begrenzung der Anwendbarkeit der §§ 211 ff. auf die Tötung **geborener** Menschen einerseits, die Vorverlegung strafrechtlicher Mensch-Qualität auf den **Geburts-Beginn** andererseits ergab sich nach früherer Gesetzeslage aus § 217 aF (keine Abtreibung, sondern Totschlag bei Tötung „*in oder gleich nach* der Geburt"); seit dessen Streichung durch das 6. StrRG fehlt ein positivrechtlicher Anknüpfungspunkt (vgl. schon *Struensee* Einführung 2/6; *Küper* BT 2. Aufl. [1998] 132). Im Hinblick auf die unveränderte Grenze der §§ 218 ff. wird aber eine Verschiebung des Schutzbereichs der §§ 211 ff. auf vorgeburtliches Leben de lege lata allgemein abgelehnt (vgl. *Jäger* JuS **00**, 31; *Küper* GA **01**, 515, 534; *Ingelfinger* [1 a]

103 ff., 111; *Hirsch*, Eser-FS [2005] 309, 322; *S/S-Eser* 13; LK-*Jähnke* 3; MK-*Schneider* 10; vgl. aber auch *Gropp* GA **00**, 1, 8 ff. mit dem Vorschlag, de lege ferenda an die Lebensfähigkeit des [ungeborenen] Kindes anzuknüpfen; dazu auch GesE FDP BT-Drs. 14/7415; i. E. *Küper* GA **01**, 515, 523 ff.; *Hirsch*, Eser-FS [2005] 309, 310 ff.; dagegen *Herzberg* JZ **01**, 1106).

Im Regelungszusammenhang der §§ 211 ff., 218 ff. einerseits, des EmbryonenschutzG andererseits ergibt sich in der **Wirklichkeit** eine Verschiebung in die entgegen gesetzte Richtung, die mit der bekenntnishaften Formel von der angeblichen **Gleichwertigkeit** vor- und nachgeburtlichen Lebens (vgl. BVerfGE **39**, 1; **88**, 203) nicht zutreffend beschrieben ist: Embryonales und fetales Leben steht gem. **§ 218 a** unter dem Vorbehalt unklarer *Konfliktlagen* (aus Sicht der Schwangeren: zwischen fremdem *Leben* und eigener Lebens-*Qualität*); die mögliche gentechnische Optimierung von Embryonen wird unter dem Gesichtspunkt sozialpsychologischer Bedürfnislagen, die Klonierung von *Modellgenerationen* menschlicher Existenz unter wissenschafts- und wirtschaftspolitischen Gesichtspunkten diskutiert. In der Wirklichkeit kann von „Gleichwertigkeit" nicht die Rede sein (zutr. *Dreier* ZRP **02**, 377 ff.; *ders.* JZ **07**, 260, 267 ff.; Überblick über die Meinungslage bei *Harks* NJW **02**, 716; *Böckenförde* JZ **03**, 809 ff.; vgl. dazu auch *Lorenz* ZfL **01**, 38 ff.; *Ingelfinger* [1 a] 109 ff.). **3 a**

B. Pränatale Einwirkungen auf die Leibesfrucht, auch vorwerfbare Unterlassungen eines Garanten, die sich *nach* der Geburt auswirken, sind nach Vorschriften des StGB (§§ 212, 222, 223 ff., 229) nicht strafbar (vgl. auch EGMR EuGRZ **05**, 568 [pränatale Schädigung durch Operation an falscher Patientin; Bespr. *Lux-Wesener* EuGRZ **05**, 558]); fahrlässige Schädigungen schon nicht wegen der gesetzgeberischen Wertentscheidung zu § 218, der wegen der Beschränkung auf Vorsatztaten eine Sperrwirkung entfaltet (BGH **31**, 352, 354; Karlsruhe MDR **84**, 686 [hierzu *Geppert* JK 3], Bamberg NJW **88**, 2964; *Eser* NStZ **84**, 49; ZStW **97**, 37; *Jung* NStZ **85**, 316; *Paehler* DRiZ **84**, 276; *Roxin* JA **81**, 548; *Sternberg-Lieben* JuS **86**, 675; *Tepperwien,* Pränatale Einwirkung als Tötung oder Körperverletzung?, 1973; krit. *Gropp* GA **00**, 1; vgl. auch *Rolfs* JR **01**, 140; zu Fragen der pränatalen Diagnostik *Laufs* FPflMedAR 90; *S/S-Eser* 15); aber auch bei vorsätzlichen Einwirkungen ist für die Anwendbarkeit der §§ 212, 222, 223 ff., 229 der maßgebliche Zeitpunkt nicht der Eintritt des Erfolgs, sondern der des Einwirkens (BGH **31**, 351; *Lüttger* NStZ **83**, 483); zu diesem Zeitpunkt ist aber der nasciturus noch nicht Objekt einer Tat nach den §§ 212, 222, 223 ff. (hM); die Einwirkung auf eine Leibesfrucht bleibt daher Abtreibung auch dann, wenn die Frucht erst außerhalb des Mutterleibes abstirbt (BGH **10**, 5; **10**, 291; **13**, 21). Ein nach Spätabtreibung frühgeborenes Kind kann Opfer eines Tötungsdelikts, insb. auch durch Unterlassen, sein (LK-*Jähnke* 5; *Geilen* ZStW **103**, 829, 836; *Tröndle* NStZ **99**, 461; vgl. dazu auch 2 zu § 218). **4**

C. Die Entwicklung der **Gentechnik** hat für die Tatbestände des 16. Abschnitts bislang nur mittelbare Bedeutung; sie ist hier im Einzelnen ebenso wenig zu erörtern wie Einzelheiten des Transplantations- und Embryonenschutzrechts. Sie berührt freilich **Grenzfragen** der Mensch-Qualität biologischen Lebens und wird daher auch für das Strafrecht erhebliche Bedeutung erlangen, die sich in den vagen und nicht selten interessengeleiteten Verheißungen und Warnungen, welche in die Öffentlichkeit gelangen, wohl nur andeutet. Gegen die oft in hohen Moral-Kategorien geführte Debatte (vgl. beispielhaft GesE StammzellenG, BT-Drs. 14/8394, S. 7 f.; GesE PräimplantationsdiagnostikG, BT-Drs. 14/7415, S. 1 f.) ist der Vorwurf *struktureller Heuchelei* zu erheben: Wer in §§ 2 II, 6 II EmbryonenschutzG (v. 13. 12. 1990; BGBl. I 2746, III 453–19) unter Strafdrohung stellt, einem *verwaltungsrechtswidrig* erzeugten Embryo *zum Leben zu verhelfen*, kann nicht von der Gleichwertigkeit allen menschlichen Lebens sprechen; und wer die Frage nach der Zulässigkeit der Stammzellen-Gewinnung und -Forschung (dazu: StammzellenG v. 28. 6. 2002, BGBl. I 2277; *Taupitz*, Die Aufgaben der Zentralen Ethik-Kommission für Stamm- **4 a**

zellforschung, Schreiber-FS [2003] 903; zur internationalen Diskussion vgl. *Lilie*, Schreiber-FS [2003] 729; *Spickhoff*, Der Schutz von Embryo und Stammzelle im Internationalen Straf- und Privatrecht, Schreiber-FS [2003] 881) sowie der Klonierung (zur Diskussion vgl. den Überblick bei *Rosenau*, Reproduktives und therapeutisches Klonen, Schreiber-FS [2003] 761 ff.) unter Gesichtspunkten der wirtschafts- und wissenschaftspolitischen *Standort-Sicherung* abwägt, hat die entscheidende Frage in Wahrheit schon beantwortet und sollte die Verantwortung dafür nicht *Ethik*-Kommissionen (vgl. dazu *Taupitz* JZ **03**, 815; *Beckmann*, Schreiber-FS [2003] 593) zuschieben. Wenn einerseits die Selektion und Vernichtung *lebensunwerter* Zell-Haufen mit dem Grundsatz der Menschenwürde für unvereinbar gehalten, andererseits aber Feten im 5. Schwangerschaftsmonat mittels Injektion von Klebstoff ins Herz abgetrieben werden, weil zB eine voraussichtliche Behinderung des Kinds *für die Mutter* unerträglich wäre, sind die zugrunde liegenden Maßstäbe nicht mehr nachvollziehbar. Zu **kritisieren** ist die Unehrlichkeit der Debatte, welche die Wirklichkeit der Abtreibungspraxis aus (sozial-)politischen Gründen vernebelt, zentrale Fragen menschlicher Existenz zu „Experten"-Wissen erklärt, Grundlagenfragen nicht klärt und stattdessen *Verfahrens*-Fragen zu schicksalsschweren „Abwägungsprozessen" stilisiert. Würde der von BVerfGE **39**, 1; **88**, 203 behauptete Grundsatz stimmen, dass alles menschliche Leben gleichwertig und das individuelle Leben ein für allgemeine Abwägungen nicht zur Verfügung stehendes Rechtsgut sei, so schiede die Freiheit der Wissenschaft (vgl. BT-Drs. 14/8394, 7 f.) als Abwägungskriterium von vornherein aus.

4 b **Strafrechtlich** interessant sind die sich insoweit abzeichnenden Fragen im Zusammenhang mit *Modell-Generationen* menschlicher Existenz. Sie können bislang nur erahnt werden und betreffen **zB** die Abwägung der **Werthaftigkeit unterschiedlicher Lebenschancen;** die *Garantenpflicht* zur Herstellung und Erhaltung fehlerfreier Existenz; die Zumutbarkeit und Erwartbarkeit von Kenntnissen oder Fähigkeiten genetisch optimierter (zB krankheitsfreier oder länger lebender) Menschen; usw. (dazu andeutungsweise auch *Sternberg-Lieben*, Rationierung im Gesundheitswesen, Weber-FS [2004] 69). Das ist nicht nur in dem derzeit als sensationell geltenden Bereich durch **Gentechnik** gesteuerter Veränderungen von Bedeutung; es betrifft auch das oft unspektakuläre, aber rasche Fortschreiten der **Technisierung** unter den Gesichtspunkten des Ersatzes ausgefallener oder leistungsschwacher Teile des menschlichen Körpers („Ersatzteile" im engeren Sinn wie künstliche Organe oder Organteile, Adern, Gelenke usw.; aber auch Ersatz funktionsfähiger Teile durch funktional leistungsfähigere, zB Sensoren) und vor allem auch der Verbindungen von Neurologie, Nanotechnologie und Elektronik. **Schnittstellen** zwischen Zentralem Nervensystem und externen oder implantierten Rechnersystemen sind denkbar und werden in einigen Jahrzehnten erhebliche Bedeutung erlangen. Dass der Zugriff der **Computertechnologie** nicht als *science fiction* stattfindet, also vorerst zB die *Insulin-Produktion* und nicht die *Gedanken* steuert, darf über die grundsätzliche Bedeutung und die Konsequenzen nicht täuschen: Wie weit der Weg vom „Chip gegen Epilepsie" zur *Gedächtnis*-Datenbank sein wird, weiß man nicht; für die *Steuerungsfähigkeit* des Chipträgers mag aber beides von Belang sein. Die hier entstehenden Rechtsfragen werden sich nach Maßgabe der Resolutionen von Biochemikern und Neurologen nicht lösen lassen.

4 c **Literatur (Auswahl):** *Antretter* LebF **42** [1997] 5; *Balkenohl/Reis/Schirren,* Vom beginnenden menschlichen Leben, 1987; *Benda* NJW **85**, 1730 u. Parl. B 3/85 S. 18; *Beckmann* ZRP **87**, 80; *Bernat,* (Hrsg.), Lebensbeginn durch Menschenhand, 1985; *ders.* MedR **86**, 245 [statusrechtlich]; *ders.,* Anfang und Ende des menschlichen Lebens, 1995; *Bilsdorfer* MDR **84**, 803; BMFT (Hrsg.), Ethische und rechtliche Probleme der Anwendung zellbiologischer u. gentechnischer Methoden am Menschen, 1984; Bericht der gemeinsamen Arbeitsgruppe des BMFT u. des BMJ [zit. *Benda*-Ber.], In-vitro-Fertilisation, Genomanalyse u. Gentherapie, 1985; BMJ (Hrsg.), Der Umgang mit dem Leben. Fortpflanzungsmedizin u. Recht (Informationsschrift), Dezember 1987; *Böckenförde,* Menschenwürde als normatives Prinzip, JZ **03**, 809; *Böckle* DJT K 29; *Böhme* (Hrsg.), Menschenwürde u. Schutz des Lebens, 1987; *Braun,* Kapitulation des Rechts vor der Innovationsdynamik, KJ **00**, 332; *Braun/Mieth/Steigleder* (Hrsg.), Ethische u. rechtliche

Fragen der Gentechnologie u. der Reproduktionsmedizin, 1987; *Born* Jura **88**, 225; *C. Breuer,* Person von Anfang an, 1995 [Bespr. *Pap* MedR **96**, 157] u. KuG **225** [1995]; *v. Bülow* in: „Menschenrechte in der mod. Medizin" (Bd. 21 der Reihe „Rechtsstaat in der Bewährung") 1987, 1; *Bydlinski/Mayer-Maly* (Hrsg.), Fortpflanzungsmedizin u. Lebensschutz, 1993 [Bespr. *Bernat* JBl. **95**, 338]; *Catenhusen/Neumeister* (Hrsg.), Chancen u. Risiken der Gentechnologie, Dokumentation des Berichts der Enquete-Kommission an den Deutschen Bundestag 1987; *Classen* MedR **88**, 275 [GenTechn, VölkerR, MRK]; *Däubler-Gmelin* (Hrsg.), Forschungsobjekt Mensch: Zwischen Hilfe u. Manipulation [Vorschläge der SPD], 1986; *dies.* Simon-FS 485; *Deutsch* ZRP **85**, 73; *Dreier,* Grenzen des Tötungsverbotes, JZ **07**, 260; *Eberbach,* Die zivilrechtliche Beurteilung der Humanforschung, 1982; *ders.* MedR **86**, 253 [„Leihmutterschaft"]; *Duttge* Die Präimplantationsdiagnostik zwischen Skylla und Charybdis, GA **02**, 241; *Enders* EuGRZ **86**, 241; *Eser* ZStW **97**, 35 u. Lackner-FS 930; *Eser/Koch/Wiesenbarth* (Hrsg.), Regelungen der Fortpflanzungsmedizin u. Humangenetik. Eine internationale Dokumentation gesetzlicher u. berufsständischer Rechtsquellen, 2 Bde., 1990; *Fahrenhorst* EuGRZ **88**, 175 [FPflTechn. u. MRK]; *Fechner* JZ **86**, 653 u. FPflMed 37; *Flämig,* Die genetische Manipulation des Menschen, 1985 [hierzu *Günther* GA **87**, 329]; *Flöhl* (Hrsg.), Genforschung – Fluch oder Segen? 1985; *Giesen* JR **84**, 221, JZ **85**, 652 u. DJT K 51; Friedrich Naumann-Stiftung (Hrsg.), Genforschung u. Genmanipulation, 1985; *dies.,* Biotechnik u. Gentechnologie – Freiheitsrisiko oder Zukunftschance, 1985; *Geyer* (Hrsg.), Biopolitik. Die Positionen, 2001; *Günther* MedR **90**, 161; *Günther/ Keller* (Hrsg.), Fortpflanzungsmedizin u. Humangenetik – Strafrechtliche Schranken? 2. Aufl. 1991 [zit. FPflMed]; *Gutmann,* Auf der Suche nach einem Rechtsgut: Zur Strafbarkeit des Klonens von Menschen, in: *Roxin/Schroth* (Hrsg.), Medizinstrafrecht, 2. Aufl. 2001; *Habermas,* Die Zukunft der menschlichen Natur. Auf dem Wege zu einer liberalen Eugenik?, 2001; *Harks,* Der Schutz der Menschenwürde bei der Entnahme fötalen Gewebes, NJW **02**, 716; *Herdegen,* Die Menschenwürde im Fluß des bioethischen Diskurses, JZ **01**, 773; *F. Herzog* ZStW **105**, 727 [Gentechnologie u. Forschungskontrolle]; *Heuermann/Kröger* MedR **89**, 168; *G. Hirsch/Eberbach,* Auf dem Weg zum künstlichen Leben, 1987; IMABE (Hrsg.), Der Status des Embryos, Wien 1989 [interdisziplinäre Auseinandersetzung]; *G. Hirsch/ A. Schmitt-Didczuhn* MedR **90**, 167; *Hofmann,* Die Anwendung des Gentechnikgesetzes auf den Menschen, 2003 (Diss. Tübingen 2002); *Ipsen,* Der „verfassungsrechtliche Status" des Embryos in vitro, JZ **01**, 989; *Jung* ZStW **100**, 1; *Jüdes* (Hrsg.), In-vitro-Fertilisation u. Embryo-Transfer, 1983 [hierzu *v. Bülow* GA **85**, 242]; *Kamps* MedR **94**, 339 [Reproduktionsmedizin]; *Arth. Kaufmann,* Oehler-FS 649, JZ **87**, 837 u. Schüler-Springorum-FS 417; *R. Keller* JR **87**, 441, MedR **88**, 59 u. Narr-FS 1; *ders.,* in: *Wuermeling* (Hrsg.), Leben als Labor-Material? 1988, 54; *ders.,* Lenckner-FS 477 [Klonen, ESchG u. Biomed. Konv.]; *Keller/Günther/Kaiser,* ESchG Kommentar, 1992; *Kluge,* Wann beginnt das menschliche Leben?, 1992 [Bespr. *Hilgendorf* GA **94**, 395]; *Kluth* ZfPol **89**, 115; *Koch* MedR **86**, 259; *Kollek/Tappeser/Altner* (Hrsg.), Die ungeklärten Gefahrenpotentiale der Gentechnologie, 1986; H. Kreß, Menschenwürde, Embryonenschutz und gesundheitsorientierte Forschungsperspektiven in ethisch-rechtlicher Abwägung, ZRP **06**, 219; *P. Langer,* Aktuelle Fragen der Fortpflanzungsmedizin u. Humangenetik – Naturwissenschaftliche Erläuterungen, FPflMed 3; *Lanz-Zumstein* (Hrsg.), Embryonenschutz u. Befruchtungstechnik, 1986; *Laufs* NJW **85**, 1362; **86**, 1505; **87**, 1450; **89**, 1524; **91**, 1517; **92**, 1532; **95**, 1593; **98**, 1753; *ders.,* Fortpflanzungsmedizin und Menschenwürde, NJW **00**, 2716; JZ **86**, 769; *Liegsalz,* Strafrechtliche Grenzen der „künstlichen" Fortpflanzung, in *Roxin/Schroth* (Hrsg.), Medizinstrafrecht, 2000, 311; *Löw,* Leben aus dem Labor, 1985 u. JVL **6**, 23; *Mallmann* LebF **46** [1998] 40; *Lüderssen,* Der Schutz des Embryos und das Problem des naturalistischen Fehlschlusses, Meurer-GedS (2002), 209; *Merkel,* Grundrechte für frühe Embryonen?, Müller-Dietz-FS (2001), 493; *Merz,* Die medizinische, ethische u. juristische Problematik artifizieller menschlicher Fortpflanzung, 1991 [Bespr. *Pap* MedR **94**, 105]; *Pap* ZfL **95**, 14 [Fortpflanzungsmedizin II]; *Pedrazzini* SchweizJZ **90**, 196; *Püttner/Brühl* JA **87**, 289 [verfassungsrechtlich]; *Reiter/Theile* (Hrsg.), Genetik u. Moral, 1985 u. Gentechnologie oder Manipulation des Lebens, 2. Aufl. 1986; Technik verantworten in: Stimmen der Zeit **88**, 805; *Riedel* EuGRZ **86**, 469 mwN; *Seesing* (Hrsg.), Technologischer Fortschritt u. menschliches Leben, 1985; *Selb,* Rechtsordnung u. künstliche Reproduktionsmedizin, 1987 [hierzu *Giesen* JZ **87**, 455 u. *Köhler* GA **89**, 328]; *Schick,* Strafrechtliche u. kriminalpolitische Aspekte der IVF u. des ET in: *Bernat,* s. o. u. Göppinger-FS 617; *Schroeder,* Die Rechtsgüter des ESchG, Miyazawa-FS 533 u. Lenckner-FS 336 [zu Absichtsdelikten im ESchG]; *M. Schröder* MDR **86**, 720 [Lit. Bespr.]; *Schroth,* Forschung mit embryonalen Stammzellen und Präimplantationsdiagnostik im Lichte des Rechts, JZ **02**, 170; *Sigel,* Die Strafbarkeit pränataler Einwirkungen auf die Leibesfrucht über §§ 218 ff. StGB hinaus, 1997 (Diss. Tübingen); *Steiner,* Der Schutz des Lebens durch das Grundgesetz, 1992; *Sternberg-Lieben* NStZ **88**, 1; GA **90**, 289; *Taupitz,* Ethikkommissionen in der Politik: Bleibt die Ethik auf der Strecke?, JZ **03**, 815; *Graf Vitzthum* MedR, GA **90**, 289; **85**, 249 u. FPflMed 77; *Wehowsky* (Hrsg.), Lebensbeginn u. menschliche Würde (Stellungnahmen zur Instruktion der Kongregation für die Glaubenslehre v. 22. 2. 1987), 1987; *Weiß* GA **95**, 373 u. NJW **96**, 3064; *Zierl* DRiZ **85**, 337 u. **86**, 161; *Zivier*, Rechtsprobleme des Gentechnikgesetzes im Bereich der Gefahrenabwehr bei legalen Vorhaben, 1995; *Zuck* MDR **89**, 222; *ders.*, Wie führt man eine Debatte? Die Embryonennutzung u. die Würde des Menschen, NJW **02**, 869.

5 **3) Ende des Lebens.** Das Menschsein endet mit dem Tod. „Tod" ist ein **rechtlicher** Begriff; seine Bedeutung kann nicht ohne weiteres aus empirischen Wissenschaften übernommen werden (zutr. *Deutsch,* Medizinrecht 405; ebenso LK-*Jähnke* 7). Der Tod als Gegenstand der Natur (-Wissenschaft) und der Medizin ist ein **Prozess,** kein *Zeitpunkt,* an welchen schon auf der Grundlage biologischer oder medizinischer Gegebenheiten Rechtsfolgen des Erb- oder Unterhaltsrechts, der Transplantation oder Sektion, der Sterbehilfe oder der strafrechtlichen Verantwortlichkeit geknüpft werden können (vgl. dazu *Oduncu* [9] 199, 229 ff.; *Saliger* KritV **01**, 382, 406 ff., jew. mwN). Die Diskussionen der vergangenen Jahrzehnte insb. um Sterbehilfe und Transplantationsmedizin zeigen, dass auch im strafrechtlichen Bereich der Todesbegriff ein iwS *funktionaler* und normativer ist.

6 Für den genauen **Todeszeitpunkt** hat die Medizin lange Zeit als Kriterium den Herz- und Kreislaufstillstand entwickelt und mit dem **klinischen Todesbegriff** eine vorläufige Antwort auf die Frage nach dem Ende des Lebens gefunden. Die Entwicklung, die die Intensiv- und Transplantationsmedizin nahmen, hat diese Bestimmung relativiert; eine **Reanimation** ist nicht als „Wiedererweckung" eines Toten, sondern als Rettung eines (noch) Lebenden anzusehen. Die Bestimmung des (rechtlichen) Todeszeitpunkts hat sich daher auf denjenigen einer irreversiblen Beendigung aller Gehirnfunktionen verlagert. Bei der Diskussion um ein TPG (13 ff. zu § 168) ging es vorwiegend um die Frage, ob dieser **Hirntod** den Sterbeprozess und damit das Menschsein beendet, weil er mit dem Tod des ganzen Menschen gleichzusetzen, oder ob der Organtod des Gehirns wie der Tod anderer Organe nur als Partialtod anzusehen sei.

7 Hirntod ist das „irreversible Erloschensein der Gesamtfunktion des Großhirns, des Kleinhirns und des Hirnstammes bei einer durch kontrollierte Beatmung noch aufrechterhaltenen Herz- und Kreislauffunktion" (Richtlinien der BÄK, DÄBl. **82**, 45; **86**, 2940; **91**, 2855; **93**, 2177; *Eser* ZStW **97**, 28; *Wolfslast* MedR **89**, 166; *W. Böhmer,* Geiger-FS [1989] 189; *Schlingensiepen-Brysch* ZRP **92**, 419; *Beckmann* MedR **93**, 122; *Laufs* 278; umf. dazu *Ingelfinger* [1 a] 146 ff.); er ist als definitiver Todeszeitpunkt weithin auch rechtlich anerkannt (*Lorenz* HdStaatsR VI 15 zu § 128; *Wagner/Brocker* ZRP **96**, 226; *Höfling/Rixen* [unten 9] 55). Im angelsächsischen Bereich wird weiter gehend teilw. als Konsequenz des Hirntodkonzepts bereits der sog. *Teilhirntod* (Funktionsausfall des Großhirns, „Wachkomapatienten", hierzu *Spittler* JZ **97**, 749; *Saliger* KritV **01**, 382, 413 ff.; unten 21) als Tod des Menschen anerkannt (vgl. hierzu *Hoerster* Univ. **97**, 46; dagegen *Sternberg-Lieben* NJW **97**, 84). Vereinzelt wurde die Auffassung vertreten (so *Dencker* NStZ **92**, 313), dass es für den Todesbegriff nicht erst auf den Hirntod, sondern bereits auf das „endgültige Abschneiden einer Chance zu leben" ankomme (hiergegen *Joerden* NStZ **93**, 268; *Puppe* JR **92**, 513; *Höfling* JZ **95**, 30).

8 Im Gesetzgebungsverfahren des TPG (vgl. dazu auch 1 zu § 168) wurden gegen die Gleichsetzung des Organtodes des Gehirns mit dem Tod des Menschen Einwände erhoben (vgl. BT-Drs. 13/2926; RA-BTag Prot. Nr. 72 v. 15. 1. 1997; vgl. auch *Höfling* JZ **95**, 26 u. MedR **96**, 6; *Rixen* ZRP **95**, 461; *Höfling/Rixen* [unten 9] 48 ff.; *Grewel* ZRP **95**, 217; *Beckmann* ZRP **96**, 221; *Dinkel* DÄBl. **95**, B1397; *Hoff/i. d. Schmitten* Univ. **95**, 338; weit. Nachw. bei *Wagner/Brocker* ZRP **96**, 226; *Schmidt-Jortzig* [unten 9] 7 ff.). Von dieser Gleichsetzung gehen die Richtlinien der BÄK (vgl. JZ **83**, 594; DÄBl. **86**, 2940; **93**, 2177; **98**, A 1861) sowie mehrheitlich die medizinische Praxis und die **hM** (ausführlich *Sternberg-Lieben* JA **97**, 84 mwN; *Steffen* NJW **97**, 1619; *Ingelfinger* [1 a] 146 ff., 156 ff.; *S/S-Eser* 18; *Lackner/Kühl* 4; SK-*Horn* 8 zu § 212) aus, während nach **aA** das irreversible Hirnversagen dem Tod des Menschen nicht gleichgestellt wird, weil bei einem künstlich beatmeten und kreislaufgestützten Hirntoten die Herz- und Lungenfunktion sowie die reproduktiven Vitalfunktionen erhalten bleiben (vgl. sog. „Hirntod-Schwangere"; dazu auch *Höfling* JZ **95**, 32, Univ. **95**, 361 u. MedR **96**, 7; *Hoff/i. d. Schmitten* Univ. **95**, 332; iErg and. *Kluth/Sander* DVBl. **96**, 1285; *S/S-Eser* 8; aus med. Sicht *Spittler* JZ **97**, 749). Einigkeit besteht darüber, dass das **Sterben ein Prozess** ist, der mit dem Tod

endet und in dem das irreversible Hirnversagen eine entscheidende Zäsur darstellt; es ist der *point of no return*. Ab dieser Unumkehrbarkeit des Sterbeprozesses verbietet sich, da der Heilauftrag beendet ist, jede nicht konsentierte fremdnützige ärztliche Heilbehandlung (Tröndle H.J. Hirsch-FS 779, 781 f.). Der Vorwurf, es liege außerhalb der Kompetenz und Legitimation des Gesetzgebers, „den Todeszeitpunkt festzulegen" (so insb. *Tröndle* 49. Aufl. 4 d f. zu § 168 u. H.J. Hirsch-FS 779; vgl. auch LK-*Jähnke* 9 mwN), ist nicht zutr., da er tatsächliche Umstände (Sterben) und rechtliche Wertungen (Tod im Rechtssinn) polemisch vertauscht. *Selbstverständlich* kann nicht gesetzlich festgelegt werden, wann ein Mensch *stirbt*. Weil und soweit der **Begriff des Todes** aber ein **Rechtsbegriff** ist, muss sein Inhalt normativ bestimmt werden. Auch Gegner des Hirntod-Konzepts können nicht „offen" lassen, wann zB der Erfolg eines Tötungsdelikts eingetreten ist (vgl. *Heun* JZ **96**, 213; *Höfling* JZ **96**, 615; LK-*Jähnke* 9). Der Gesetzgeber hat daher die *Pflicht* zu entscheiden, wann ein Mensch für das Recht als tot gilt. Das **TPG** hat dies durch Festlegung des Hirntods als **Mindestvoraussetzung** getan (vgl. § 3 I Nr. 2, II Nr. 2 TPG; so auch BT-Drs. 13/8027, 8; zust. *Merkel* Jura **99**, 115; *Otto* BT 2/13; **aA** *Saliger* KritV **01**, 382, 408 f.; dazu 14 zu § 168); irgendeine Bestimmung über naturwissenschaftliche Gegebenheiten ist darin nicht enthalten.

Literatur: *Angstwurm* MedR **94**, 467 [Todeszeitpunkt aus neurologischer Sicht]; *Arnold* u. a., Hirntod u. Tod des Menschen, Univ. **95**, 307 ff.; *Bade,* Der Arzt an den Grenzen von Leben u. Recht, 1988 [Bespr. *R. Keller* GA **91**, 277]; *J. P. Beckmann,* Bemmann-FS 18; *ders.,* Ist der hirntote Mensch eine Leiche?, ZRP **96**, 219; *Birnbacher* MedR **94**, 469 u. Univ. **95**, 343 [Hirntodkriterium]; *Bottke,* in: Rechtsstaat in der Bewährung Bd. 30 (1995) 35 ff. [Lebensverlängerung aus medizinischer, ethischer u. rechtlicher Sicht]; *Deutsch,* Medizinrecht, 3. Aufl. 1997; *Dinkel* ZfL **95**, 52; *Dufková* MedR **98**, 304 [Zulässigkeit der Organentnahme]; *Ernst M. H. Hirsch Ballin,* Sterben u. Tod, medizinischer Fortschritt, ethische Fragen u. rechtliche Aspekte der Sterbebegleitung, 1997; *Fritsche,* Grenzbereich zwischen Leben u. Tod, 1973; *Funck* MedR **92**, 182 [Todeszeitpunkt als Rechtsbegriff]; *Gallwas* JZ **96**, 851; *Geilen* FamRZ **68**, 129, JZ **68**, 145; *ders.,* Heinitz-FS 373 u. in: *Eser* (Hrsg.), Suizid u. Euthanasie, 1976, 301; *Giesen/Kreienburg,* Organtransplantation – wann endet das Leben?, 1969; *Grewel* ZRP **95**, 217; *Gsell* ZStW **97**, 174; *Heun,* Der Hirntod als Kriterium des Todes des Menschen (usw.), JZ **96**, 213; *Höfling* JZ **95**, 26 u. MedR **96**, 6; *Höfling/Rixen,* Verfassungsrechtliche Fragen der Transplantationsmedizin, Hirntodkriterium u. TPG in der Diskussion, 1996 [Bespr. *Deutsch* NJW **97**, 1625]; *Höglinger/Kleinert,* Hirntod u. Organtransplantation, 1998; *Karl,* Todesbegriff u. Organtransplantation, 1995; *Kloth,* Todesbestimmung u. postmortale Organentnahme, 1996; *Kluth* ZfL **96**, 3; *Kluth/Sander* DVBl. **96**, 1285; *Kohlhaas,* Sarstedt-FS 133; *Kühn* MedR **98**, 455 [TPG]; *Lang* ZRP **95**, 457; *Laufs* FPflMedAR 1992 u. NJW **96**, 1579; *Leopold,* Salger-FS 680; *Lüttger* JR **71**, 309; *Matouschek,* Gewandelte Auffassungen über Leben u. Tod, 1991, 35; *Merkel,* Hirntod u. kein Ende (usw.), Jura **99**, 113; *Neuhaus,* Heinitz-FS 397; *Nickel* MedR **95**, 139; *Oduncu,* Der „Hirntod" als Todeskriterium (usw.), in: *Roxin/Schroth* (Hrsg.), Medizinstrafrecht, 2. Aufl. 2001, 199; *Otto* ZfL **97**, 7; *Rixen* ZRP **95**, 461; *Saliger,* Sterbehilfe ohne Strafrecht?, KritV **01**, 382; *Saerbeck,* Beginn u. Ende des Lebens als Rechtsbegriff, 1974; *Schick,* in: *Bernat* (Hrsg.), Ethik an der Grenze zwischen Leben u. Tod, 1993, 123; *Schlake/Roosen,* Der Hirntod als der Tod des Menschen, 1995; *Schmidt-Jortzig,* Wann ist der Mensch tot?, 1999; *ders.,* Systematische Bedingungen der Garantie unbedingten Schutzes der Menschenwürde in Art. 1 GG (usw.), DÖV **01**, 925; *C. Schneider,* Tun u. Unterlassen beim Abbruch lebenserhaltender medizinischer Behandlung, 1997; *Schönig* NJW **68**, 189; *Schreiber* JZ **83**, 593, Klug-FS 347, Remmers-FS 593 u. Steffen-FS 453; *Schweidler/Neumann/Byrsch* (Hrsg.), Menschenleben – Menschenwürde. Interdisziplinäres Symposium für Bioethik, 2003; *Sengler/Schmidt* MedR **97**, 241; *Spittler* JZ **97**, 747; *Steffen* NJW **97**, 1619; *Sternberg-Lieben,* Tod u. Strafrecht, JA **97**, 80; *Stratenwerth,* Engisch-FS 528; *Taupitz* JuS **97**, 203; *H. Thomas* (Hrsg.), Menschlichkeit der Medizin, 1993; *Tröndle* H.J. Hirsch-FS 779; *Türk* ZmedEth **97**, 17; *Wagner/Brocker* ZRP **96**, 226; *Wolfslast* MedR **89**, 113; *Zippelius* JuS **83**, 653. **Lit. zum TPG** vgl. auch 1 a zu § 168. **9**

4) Selbsttötung. Ob der Suizid *sittlich* zu missbilligen (vgl. BGH **6**, 147, 153; zweifelnd BGH **37**, 367, 375; NStZ **88**, 127) oder „*rechtswidrig und lediglich straflos*" ist (BGH **46**, 279, 285; krit. *Sternberg-.Lieben* JZ **02**, 153; *Kühl*, Schreiber-FS [2003] 959, 964 f.; *Dreier* JZ **07**, 317, 319), ist str., für die praktische Rechtsanwendung jedoch idR unerheblich. Selbsttötung ist jedenfalls **straflos**; die Tötungsdelikte richten sich gegen einen *anderen Menschen*. Straflos sind auch **Versuch und Teilnahme** **10**

(stRspr.; BGH **2**, 152; 154; **6**, 147, 154; **13**, 167; **19**, 137; **24**, 342f.; **32**, 262, 264; **32**, 367, 371; **46**, 279 [Anm. *Duttge* NStZ **01**, 546; *Sternberg-Lieben* JZ **02**, 153]; NStZ **84**, 452; **03**, 537f.; vgl. auch *Bottke,* Suizid und Strafrecht, 1982, 13ff. u. GA **82**, 346; **83**, 22; *Roxin* NStZ **84**, 71; *Schroeder* ZStW **106**, 565; *S/S-Eser* 33ff. mwN; SK-*Horn* 7ff. zu § 212; *M/Schroeder/Maiwald* 1/16; MK-*Schneider* 30ff.; abw. *Schmidhäuser,* Welzel-FS 801; *Bringewat* ZStW **87**, 623). Nach BGH **24**, 342 (zust. *Spendel* JuS **74**, 749) folgt daraus, dass auch die **fahrlässige Mitverursachung** einer Selbsttötung oder eine sonstige fahrlässige Veranlassung des eigenverantwortlichen (vgl. unten 13) Handelns eines Selbstschädigers (BGH **32**, 262, 265; NStZ **87**, 406) straflos ist, weil den Mitverursacher bei einem eigenverantwortlichen Suizid (*Neumann* JA **87**, 244, 256) keine Sorgfaltspflicht trifft (MK-*Schneider* 86; vgl. auch SK-*Rudolphi* 79 vor § 1; *Dölling* GA **84**, 71; *Roxin,* Otto-FS [2007] 441 ff). Wer lediglich die Verwirklichung einer von dem Rechtsgutsträger gewollten **Selbstgefährdung** bzw. **Selbstverletzung** veranlasst, ermöglicht oder fördert, macht sich nach stRspr. des BGH grds. nicht eines vorsätzlichen oder fahrlässigen Körperverletzungs- oder Tötungsdelikts strafbar (BGH **32**, 262, 263f.; **33**, 66; **46**, 279, 288; NStZ **85**, 25, 26; **86**, 266, 267; **01**, 205; **03**, 537, 538; zur **Abgrenzung** zur *täterschaftlichen* Fremdgefährdung vgl. aber auch NJW **03**, 2326 [Mitwirkung an Suizid durch getäuschtes „Werkzeug"; krit. *Roxin,* Otto-FS 2007, 441, 445ff.]; BGH **49**, 34 [tödliche Injektion von BtM]; BGH **49**, 166 [einverständlich sexuell motivierte lebensgefährliche Körperverletzung; Anm. *Hirsch* JR **04**, 475; *Stree* NStZ **05**, 40; *Arzt* JZ **05**, 103]; Nürnberg JZ **03**, 745 m. krit. Anm. *Engländer* [tödlicher Schuss nach Täuschung über Ladezustand durch Suizidenten; krit. dazu auch *Roxin,* Otto-FS 2007, 441ff.]; *Duttge,* Otto-FS [2007] 227ff.); unberührt bleibt eine Strafbarkeit wegen Verletzung nicht disponibler Rechtsgüter (vgl. BGH **46**, 279 [Einfuhr von BtM als Beihilfe zu frei verantwortlichem Suizid]).

10a Die **Strafbarkeit** beginnt jedenfalls dort, wo der sich Beteiligende eigene (*vorsätzliche*; vgl. *Roxin,* Otto-FS [2007] 441, 446) **Tatherrschaft** innehat, insb. wo er kraft **überlegenen Sachwissens** das Risiko besser erfasst als der sich selbst Gefährdende (BGH **32**, 262, 265 [m. Anm. *Kienapfel* JZ **84**, 751; *Roxin* NStZ **84**, 411; *Stree* JuS **85**, 183; *Horn* JR **84**, 513; *Otto* Jura **84**, 536 u. Tröndle-FS 173; *Dach* NStZ **85**, 24; *Seier* JA **84**, 533; *Neumann* JA **87**, 248]; NStZ **85**, 26 [dazu *Fahl* JA **98**, 105]; **86**, 266; **87**, 406; **01**, 205; NJW **03**, 2326, 2327; Bay NStZ **97**, 341; Übersicht zur Rspr. bei *Duttge* NStZ **06**, 266, 270f.), dh **täterschaftlich** an der Tötung des Lebensmüden mitwirkt (BGH **32**, 265; *Roxin* GA-FS 177; einschr. *Kutzer* NStZ **94**, 112; vgl. 4 zu § 216; zur eigenverantwortlichen Selbstverletzung auch 36 vor § 13 u. 28ff. zu § 222).

10b Eine solche täterschaftliche Stellung kann aber, wie sich schon aus § 216 ergibt, auch dann gegeben sein, wenn der Suizident selbst über vollständige Risikokenntnis und eigenverantwortlichen Willen zur Selbstschädigung verfügt. Maßgebendes Kriterium zur Abgrenzung strafloser Teilnahme an eigenverantwortlicher *Selbst*schädigung oder -gefährdung von strafbarer *Fremd*gefährdung ist danach wie bei § 216 die Überschreitung der Grenzlinie zwischen Täterschaft und Teilnahme; es ist nach der Rspr. des BGH ggf. in wertender Betrachtung zu entscheiden, ob der Teilnehmer beim Vollzug des Gesamtplans als *Werkzeug* einer sich selbst gefährdenden (bzw. tötenden) Person handelt oder über **„Gefährdungsherrschaft"** verfügt (NJW **03**, 2326, 2327 [Bespr. *Herzberg* NStZ **04**, 1; *Rautenkranz* JA **04**, 190; *Engländer* Jura **04**, 234; *Küpper* JuS **04**, 757]; vgl. auch Nürnberg JZ **03**, 745 [dazu *Herzberg* Jura **04**, 670; *Küpper* JuS **04**, 757]; krit. *Roxin* NStZ **87**, 345, 347; *ders,* Otto-FS [2007] 441, 446ff.). Auch bei eigenhändiger Tötung kann es an einer solchen fehlen, wenn der Täter sich etwa aufgrund einer Täuschung durch die lebensmüde Person im Irrtum über das zum Tod führende Geschehen befindet (vgl. BGH **32**, 38, 41); bei irrtumsfreier Kenntnis jedenfalls des Gefährdungsgehalts ergibt sich aber nach der Rspr. des BGH eine Tatbestandslosigkeit (nach § 212 oder § 222) nicht schon aus Grundsätzen der Risikoübernahme oder aus einem Vorrang des Willens zur Selbstgefährdung des Suizidenten (NJW **03**, 2326, 2327;

teilw. and. Bay NStZ **90**, 81, 82; *S/S-Lenckner* 52a, 107 vor § 32; NK-*Vormbaum* 56), da ein grundrechtlich garantiertes **Recht auf Selbsttötung** nach hM nicht anzuerkennen ist (vgl. BGH **6**, 147, 153; **42**, 301, 305; **46**, 279, 285; NJW **03**, 2326, 2327f.; *Langer* [unten 28] 104; *H.J. Hirsch,* Lackner-FS 611; LK-*Jähnke* 22; **aA** *Bottke* GA **82**, 350; *Haffke* ZStW **107**, 761, 776; *Wolter* NStZ **93**, 1, 8). Die Argumentation des BGH stützt sich somit letztlich nicht auf Tatherrschafts-Kriterien, sondern auf eine sich „aus der Wertordnung des GG ergebende" Strafbarkeit der aktiven Sterbehilfe (NJW **03**, 2326, 2327f.).

A. Die Bestimmung einer **nicht frei verantwortlichen** (unten 13) Person zur Selbsttötung kann ein Tötungsdelikt in *mittelbarer Täterschaft* sein; das gilt **zB** dann, wenn der Bestimmende dem, der unter wahnhaften Vorstellungen Hand an sich legt, verschleiert, dass dieser eine Ursache für seinen eigenen Tod setzt (BGH **32**, 41 *[Sirius-Fall]; Roxin* NStZ **84**, 71; *Sippel* NStZ **84**, 357; *Schmidhäuser* JZ **84**, 195; *Neumann* JuS **85**, 677; *Charalambakis* GA **86**, 496; *Roxin* TuT 585f.; SK-*Horn* 10 zu § 212; *Geilen* JK 1 zu § 25); oder wenn der Bestimmende durch Überredung des anderen diesen töten will, er ihn also als *Werkzeug* gegen sich selbst missbraucht (BGH **2**, 151f.; 20. 3. 1979, 1 StR 632/78; abw. *S/S-Eser* 38). **Täter** nach § 212 (im Fall aktiver Mitwirkung oder garantenpflichtwidrigen Unterlassens, bei Unterlassen eines Nichtgaranten nach § 323c) ist ein Dritter darüber hinaus stets dann, wenn ein vom Suizidenten gefasster Selbsttötungsentschluss **unfrei** war und der Dritte dies erkannt oder billigend in Kauf genommen hat; bei fahrlässiger Verkennung der Unfreiheit kommt § 222 in Betracht (LK-*Jähnke* 30; SK-*Horn* 17 zu § 212; iErg auch BGH NStZ **87**, 406); ebenso bei fahrlässiger Schaffung oder Nichtbeseitigung der erkennbaren Gefahr eines nicht frei verantwortlichen Suizids, insb. bei sorgfaltswidrig geschaffenem Zugang zu Selbsttötungsmitteln bei erkennbarer Suizidalität; allenfalls in Ausnahmefällen aber bei – sei es auch moralisch verwerflicher – Schaffung eines bloßen Suizid-*Anlasses* (BGH **7**, 268 [Verlassen der Ehefrau trotz Suizidankündigung; zust. LK-*Jähnke* 30; zw.). **Versuch** des § 212 kommt bei irriger Annahme von Unfreiwilligkeit sowie bei deren Inkaufnahme in Fällen gescheiterter Suizidversuche in Betracht. 11

B. Entgegen der wohl hL (vgl. *S/S-Eser* 41), der zuzustimmen ist, hat der **BGH** bei *vorsätzlichem* Handeln eines Dritten die Straflosigkeit der Selbstmordbeihilfe auch bei freiverantwortlichem Suizid eingeschränkt (vgl. hierzu *Gropp* NStZ **85**, 98) und eine Rettungspflicht bei jedem Selbsttötungsversuch (BGH **2**, 150; **7**, 268; **13**, 166; JR **55**, 104) jedenfalls ab dem Zeitpunkt der Hilfsbedürftigkeit des Suizidenten bejaht (BGH **6**, 147 [hierzu *Bottke* GA **83**, 34 mwN und *ders.,* Meurer-GedS 65, 77ff.; *Sowada* Jura **85**, 86]; BGH **7**, 272 [hierzu *Gallas* JZ **54**, 641]; **13**, 166; NJW **60**, 1821; vgl. auch Bay NJW **73**, 565; zutr. hiergegen München NJW **87**, 2942); allerdings soll danach die *Zumutbarkeit* des Eingreifens besonders zu prüfen sein (BGH **7**, 272; **13**, 169; bei *Dallinger* JR **68**, 6; NStZ **84**, 73). Für Nichtgaranten ist in älteren Entscheidungen ohne weiteres Strafbarkeit nach § 323c angenommen worden (BGH **2**, 156; **6**, 147, 153f.; JR **56**, 347 [Anm. *Maurach*]). Später hat der BGH dies im Fall frei verantwortlichen Suizids offen gelassen (BGH **32**, 262); *fahrlässige* Ermöglichung des Suizids hat er aber als straffrei angesehen (BGH **24**, 342; vgl. *S/S-Eser* 35; LK-*Jähnke* 23; *W/Hettinger* 65; *Arzt/Weber* 3/36). In der Entscheidung BGH **32**, 369, 375 (*Wittig-Fall*) hat der BGH bei frei verantwortlichem Suizid nach Eintritt von Bewusstlosigkeit einen *Tatherrschaftswechsel* angenommen und die Untätigkeit des Arztes daher grundsätzlich als Unterlassungstäterschaft iS des § 216 angesehen (dagegen München NJW **87**, 2942; *Otto* DJT D 68; *ders.* NJW **06**, 2217, 2222; *Roxin* NStZ **87**, 347; *Herzberg* JZ **88**, 183; *H.J. Hirsch,* Tröndle-FS 30; and. *Kutzer* NStZ **94**, 111; vgl. *Jakobs,* Arth. Kaufmann-FS 470). Danach kann aber im Einzelfall im Hinblick auf die ärztliche Gewissensentscheidung eine Strafbarkeit entfallen, weil keine Rechtspflicht zur Erhaltung eines verlöschenden Lebens „um jeden Preis" bestehe; in solchen Grenzsituationen ist auch die Zumutbarkeit eines Rettungsversuchs iS des § 323c (vgl. hierzu 12

Dölling NJW **86**, 1011) zu verneinen (BGH **32**, 380f.). Die Entscheidung ist, weil das Selbstbestimmungsrecht der frei verantwortlich handelnden Patienten nicht hinreichend beachtet worden sei und im Hinblick auf die vom BGH vorgenommene Unterscheidung zwischen „Normal-" und „Suizidpatienten", vielfach kritisiert worden (*Eser* MedR **85**, 7; vgl. auch München NJW **87**, 2943; ferner Beschl. IV der Strafr. Abt. d. 56. DJT; *R. Schmitt* JZ **85**, 367; *Sowada* Jura **85**, 75; *Gropp* NStZ **85**, 97; *M. Schultz* JuS **85**, 270; *Brändel* ZRP **85**, 86; *Schünemann* GA **85**, 379; *Otto* 56 DJT D 94; *H.J. Hirsch,* Lackner-FS 601, 615, u. Tröndle-FS 29; *Roxin* NStZ **87**, 346, TuT 589ff. und in: *Roxin/Schroth* (Hrsg.), Medizinstrafrecht, 2. Aufl. 2001, 93, 101; *Uhlenbruck* ZRP **86**, 215; *Hiersche* MedR **87**, 84; ZStW **99**, 45 u. MedR **88**, 164; *Charalambakis* GA **86**, 504; *Ranft* JA **87**, 913: *Gössel/Dölling* BT 1, 2/51, 100; *Verrel* JZ **96**, 230; *Lackner/Kühl* 15; *S/S-Eser* 41ff.; LK-*Jähnke* 24; zust. *Herzberg* JA **85**, 267, JZ **86**, 1025 u. **88**, 184; *Reis* DJT M 145 u. EuGRZ **87**, 279).

12a Die **neuere Rspr.** des BGH misst, abweichend von BGH **32**, 369, dem ernsthaft freiverantwortlich gefassten Selbsttötungsentschluss eine größere Bedeutung zu (NJW **88**, 1532 [Anm. *Rippa* NStZ **88**, 553]; NStZ **87**, 406; BGH **46**, 279; vgl. dazu *H.J. Hirsch,* Tröndle-FS 30; *Wolter* NStZ **93**, 8; *Achenbach* [unten 28] 147). Die auf einen Wechsel der Tatherrschaft gestützte Ansicht, ein (zunächst straflos unterlassender) Garant sei bei Eintritt von Bewusstlosigkeit zum Handeln verpflichtet, lässt sich auch dogmatisch kaum aufrechterhalten (vgl. auch NStZ **83**, 117 [Anm. *Ranft* JZ **87**, 911]), weil die Tatherrschaft als solche eine (neue) Garantenpflicht nicht begründen kann (*Roxin* TuT 473; LK-*Jähnke* 24; MK-*Schneider* 70; vgl. auch Beschlüsse des **66. DJT** [2006] bei *Kaspar* JZ **07**, 235, 237).

13 Trotz inzwischen fast allgemeiner *grundsätzlicher* Anerkennung von Straflosigkeit der Unterstützung eines frei verantwortlichen Suizids (durch Tun oder Unterlassen) ist die rechtliche Beurteilung i.E. weiterhin sehr str.; Entscheidungen im Einzelfall sind schwer vorhersehbar. Ohne Aufgabe gegensätzlicher Grundpositionen hat sich die Diskussion in den letzten Jahren auf das (scheinbar) *tatsächliche* Problem der **Mangelfreiheit des Selbsttötungswillens** verschoben. Hier fließen in die Beurteilung freilich ebenso viel normative Bewertungen ein. Neben äußeren Zwangslagen oder von Dritten gesteuerten Irrtumslagen können vielfältige innere Bedingungen eine „freie" Willensbildung verhindern. Was unter diesem Blickwinkel als „frei" (verantwortlich) anzusehen ist, ist streitig (vgl. auch MK-*Schneider* 37ff.):

13a Teilweise wird eine hypothetische Betrachtung befürwortet, welche auf einen möglichen *Schuldausschluss* (oder eine mögliche erhebliche Einschränkung der Steuerungsfähigkeit) im hypothetischen Fall der Strafbarkeit des Suizids abstellt (vgl. zB *Bottke* Suizid 252; *ders.,* GA **83**, 22, 32; ders., Meurer-GedS 66, 85; *Charalambakis* GA **86**, 485, 498; *Dölling* GA **84**, 71, 78; *ders.,* NJW **86**, 1011f.; *Roxin* NStZ **84**, 71; Dreher-FS 331, 349; Medizinstrafrecht 99, 111; *Schünemann* NStZ **82**, 60ff.). Hierfür mag zum einen eine wenigstens theoretisch klare Grenzziehung sprechen, zum anderen die Lösung von einer normativ aufgeladenen Bewertung der „Vernünftigkeit" von Suizid-Entscheidungen, welche nicht selten zu Lasten von Garanten geht, denen *nachträglich* mitunter unrealistische Erkenntnis- und Hilfspflichten zugemutet werden. Allerdings taugen Kriterien der *Schuld*-Fähigkeit hier nur eingeschränkt (vgl. für § 20 LK-*Jähnke* 26 mwN; für § 35 *Herzberg* NJW **86**, 1635f.; *Mitsch* JuS **95**, 889), weil die Beurteilung der *Selbst*reflektion eines Suizidenten mit einer auf den „Tat"-Zeitpunkt abstellenden Bewertung aktueller Steuerungsfähigkeit schwer vergleichbar ist.

13b Die **Gegenansicht** geht davon aus, dass auf der Ebene der *Willensfreiheit* „von eigenverantwortlichem Handeln eines Lebensmüden nur in Ausnahmefällen die Rede sein (kann)" (LK-*Jähnke* 27); sie stützt sich auf empirische Erkenntnisse, wonach ca. 30% der erfolgreichen Suizide geistige Erkrankungen, den übrigen Fällen (bei welchen die „unernsthaften" Suizid-Versuche mit Appell-Charakter weit überwiegen) ganz überwiegend depressive Erkrankungen, Suchterkrankungen oder psychische Störungen zugrunde liegen (vgl. zB *Eser* Suizid 77ff.; LK-*Jähnke* 27; jew.

mwN; vgl. auch *Blick* u. a. MedR **84**, 217; *Meyer* MedR **85**, 210, 214; *Thomas,* Menschen vor dem Abgrund, 14 ff.). Diese Ansicht wendet die Regeln zur Beurteilung der Wirksamkeit eines Tötungsverlangens iS von § 216 (vgl. dort) oder einer **Einwilligung** in eine Körperverletzung an (vgl. 5 ff. zu § 228); sie beschränkt iErg die straflose Teilnahme am Selbstmord oder die Unterlassung von Hilfeleistungen durch Nichtgaranten auf Fälle eines intellektuell und emotional fehlerfreien „Bilanz"-Selbstmords.

Bisweilen werden Umstände subjektiv empfundener „Ausweglosigkeit" als **13 c** Merkmal der *Unfreiheit* beschrieben; diese können sich freilich, wenn sie dem *common sense* als objektiv zutreffend und vernünftig erscheinen, zu einer ins Vage übersteigerten „Bilanz"-*Freiheit* wandeln. Offen bleibt dabei, welche Qualitäten eine solche Bilanz auszeichnen und nach welchen Kriterien sie eine unter Strafdrohung stehende dritte Person beurteilen soll. Diese auf mitmenschliche Solidarität abstellende Position ist wohl – ebenso wie die erstgenannte Ansicht – zu stark auf einen tatsächlich eher unsicheren Entscheidungszeitpunkt der unmittelbaren Selbsttötungshandlung fixiert. Der Vorstellung eines aus bilanzierender „Analyse" folgenden, *entemotionalisierten* (und *daher* „freien") Suizids liegt aber gleichermaßen eine die Lebenswirklichkeit reduzierende Fiktion zugrunde (einschr. daher LK-*Jähnke* 27, Fn. 213; ganz abl. *Bringewat* ZStW **87**, 623, 643) wie der Annahme regelmäßiger Unfreiheit hochgradig *emotionalisierter* Entscheidungen bei zerstörter Lebensperspektive: Wie der Freiheit der „Bilanz" eine Vielzahl unfreiwilliger Schicksalsschläge, so geht der Unfreiheit der egozentrischen Verzweiflung idR eine Vielzahl freier Entscheidungen voraus; die Berechtigung *strafrechtlicher* Verfolgung Untätiger mag in beiden Fällen gleichermaßen zweifelhaft sein.

C. Zur **Zwangsernährung bei Hungerstreiks** von freiverantwortlichen Häftlingen sind **14** die Strafvollzugsbehörden nach § 101 StVollzG idF vom 27. 2. 1985 auch bei akuter Lebensgefahr nicht verpflichtet. Es gelten daher auch in diesen Fällen für die Selbstmordverhinderung die allgemeinen Grundsätze (*S/S-Eser* 45). Zulässig bleibt die Zwangsernährung nach § 101 I S 1 StVollzG, wenn für den Gefangenen Lebensgefahr, schwerwiegende Gefahr für seine oder für die Gesundheit anderer Personen besteht, ferner soweit sie für die Beteiligten zumutbar ist und sie nicht mit erheblicher Gefahr für Leben oder Gesundheit des Gefangenen verbunden ist (hierzu *Tröndle,* AnästhIntensivmed **87**, 95). Zum früheren Meinungsstreit: RABTag Prot. Nr. 40 (Öff. Anhörung v. 14. 10. 1984); *Tröndle,* Kleinknecht-FS 411 (hierzu *Lüttger* JR **87**, 234); *Nöldeke/Weichbrodt* NStZ **81**, 281; *Geppert* Jura **82**, 177; *Bottke* Suizid 297 ff.

D. Neuere Literatur zur Selbsttötung (Auswahl): *Achenbach,* Beteiligung am Suizid und **15** Sterbehilfe – Strukturen eines unübersichtlichen Problemfeldes, Jura **02**, 542; *Amelunxen,* Der Selbstmord, 1962; *Arzt,* Bürokratisierung der Hilfe beim Sterben und beim Suizid – Zürich als Modell, Schreiber-FS (2003) 583; *Beckert,* Strafrechtliche Probleme um Suizidbeteiligung u. Sterbehilfe, 1996; *Bochnik* u. a. NStZ **84**, 108 u. MedR **87**, 216; *Bottke,* Suizid und Strafrecht, 1982; *ders.,* Probleme der Suizidbeteiligung, GA **83**, 22; *ders.* War Adolf Hitler Täter und Straftäter der Tötungen von Eva Braun und Geli Raubal?, Meurer-GedS (2002), 66; *Brands/Schlehofer,* Die täuschungsbedingte Selbsttötung im Lichte der Einwilligungslehre, JZ **87**, 442; *Charalambakis,* Selbsttötung aufgrund Irrtums und mittelbare Täterschaft, GA **86**, 485; *Dölling,* Suizid und unterlassene Hilfeleistung, NJW **86**, 1011; *Eisenberg,* Geerds-FS 217 [erweiterte Selbsttötung]; *Engisch* Dreher-FS 310; *Fink,* Selbstbestimmung u. Selbsttötung. Verfassungsrechtliche Fragestellungen im Zusammenhang mit Selbsttötungen, 1992 [Bespr. *Uhlenbruck* MedR **92**, 154, *Bottke* JR **94**, 42 u. *Neumann* GA **95**, 86]; *Gropp,* Suizidbeteiligung u. Sterbehilfe in der Rechtsprechung, NStZ **85**, 97; *Günzel,* Das Recht auf Selbsttötung, seine Schranken u. die strafrechtlichen Konsequenzen, 2000; *Herzberg,* Beteiligung an einer Selbsttötung (usw.), JA **85**, 131; 177; 265; 336; *ders.,* Zum strafrechtlichen Schutz des Selbstmordgefährdeten, JZ **86**, 1021; *ders.,* Straffreie Beteiligung am Suizid u. gerechtfertigte Tötung auf Verlangen, JZ **88**, 182; *ders.,* Straffreies Töten bei Eigenverantwortlichkeit des Opfers?, NStZ **89**, 559; *ders.,* ZStW **91**, 557; *Hohmann/König,* Zur Begründung der strafrechtlichen Verantwortlichkeit in den Fällen der aktiven Suizidteilnahme, NStZ **89**, 304; *Jakobs,* Zum Unrecht der Selbsttötung u. Tötung auf Verlangen, Arth. Kaufmann-FS 459; *Krack,* Teilnahme am Suizid u. Tötung auf Verlangen, KJ **95**, 60; *J. E. Meyer* MedR **85**, 210; *Munoz Conde,* Die Verleitung zum Suizid durch Täuschung, ZStW **106** (1994); 547; *Neumann,* Abgrenzung von Teilnahme am Selbstmord u. Tötung in mittelbarer Täterschaft, JuS **85**, 677; *Ostendorf,* Das Recht zum Hungerstreik, GA **84**, 308; *Otto,* Eigenverantwortliche Selbstschädigung u. -gefährdung (usw.), Tröndle-FS 157; *Pohlmeier,* Depression u. Selbstmord, 3. Aufl. 1995; *ders.,* Wie frei ist der Freitod?, 1996; *ders.,* Selbstmord u. Selbstmordversuch – forensisch-psychiatrischer Stellenwert, Venzlaff-FS 211; *Pohlmeier/Schöch/Venzlaff* (Hrsg.), Suizid zwischen Medizin u. Recht, 1996; *Roxin,* Dreher-FS 331; *ders.*, Selbstmord durch Einschaltung eines vorsatzlosen tatmittlers, Otto-FS [2007] 441; *Schick,* Fremd- u. Selbstbestimmung zum Tode im Licht strafrechtlicher Wertungen, Zipf-GedS 393; *Schmitt,* Die Pflicht zur Verhinderung von Selbsttötungen, JZ **87**, 400; *Schreiber,* Strafrecht der Medizin, BGH-FG 503; *ders.*, Strafbarkeit des assistierten Suizides?, Jakobs-FS (2007) 615; *Schroeder,* Beihilfe zum Selbstmord u. Tötung auf Verlangen, ZStW **106** (1994), 565; *Schroth,* Sterbehilfe als strafrechtliches Problem, GA **06**, 549; *Schwalm,* Engisch-FS 439; *Simson,* Die Suizidtat, 1976, 61; *J. Wagner,* Selbstmord u. Selbstmordverhütung, 1975; *ders.,* JR **77**, 473; *Wolfslast* NStZ **84**, 105; *dies.*, Rechtliche Neuordnung der Tötung auf Verlangen?, Schreiber-FS (2003) 913.

16 **5) Sterbehilfe.** Unter dem Begriff der Sterbehilfe (zur tatsächlichen Bedeutung vgl. *Janes/Schick* NStZ **06**, 484 ff.) werden, veranlasst durch die außerordentlichen Fortschritte der medizinischen Technik in den vergangenen Jahrzehnten, ganz verschiedene Sachverhalte erörtert; ihre Diskussion im Rahmen der Tötungsdelikte (§ 216) spiegelt teilw. *auch* eine von der (Selbst-)Darstellung der medizinischen Wissenschaften mitverursachte Vorstellung einer fast grenzenlosen ärztlichen Macht (über die „Gewährung", Verhinderung, Verlängerung von Leben und Tod) wider. Dass eine solche allenfalls eingeschränkt und jedenfalls bislang nur für eine kleine Minderheit der Menschen besteht, sollte bei aller Bedeutung intensivmedizinischer Detailfragen nicht vergessen werden. Kritisch mag auch anzumerken sein, dass zwischen der in höchsten moralischen Kategorien geführten Diskussion und der alltäglichen Wirklichkeit eine *Lücke* schwer zu übersehen ist. Die Diskussion, die nach dem 56. (1986) und 63. (2000) DJT auch den **66. DJT** 2006 beschäftigt hat (vgl. die Nachweise unten 28; Tagungsbericht *Kaspar* JZ **07**, 235), bewegt sich gleichwohl, oft anhand spektakulärer Einzelfälle, mit hohem Aufwand im Grundsätzlichen; sie kann überdies als außerordentlich unübersichtlich bezeichnet werden (**Überblick** und zusammenfassend zur Vielzahl von Berichten, Vorschlägen und Entwürfen u. a. *Schreiber,* NStZ **06**, 473 ff.; *Ingelfinger* JZ **06**, 821 ff.; *Schroth* GA **06**, 549 ff., *Kargl* [unten 28] 379 ff.; vgl. auch den **AE-StB**, GA **05**, 553; Abschlussbericht der Arbeitsgruppe „Patientenautonomie am Lebensende [„*Kutzer*-Kommission"] v. Juni in 2004 [vgl. *Kutzer* 2006, unten 28]; Empfehlungen des nationalen Ethikrats v. 13. 7. 2006).

17 **A. Aktive Sterbehilfe** (aktive Euthanasie; zur begrifflichen Abgrenzung *Langer* [28] 103) iS einer **gezielten** schmerzlosen Tötung oder Beschleunigung des Todeseintritts ist nach hM selbst im Falle einer nur geringen Lebensverkürzung (LK-*Jähnke* 14) und, wie § 216 ergibt, auch dann strafbar, wenn der Sterbende seine Tötung ausdrücklich *verlangt* (BGH **37**, 379 [Anm. *Roxin* NStZ **92**, 35]; NStZ **03**, 537 f.; vgl. auch BVerfG JZ **87**, 885; VG Karlsruhe JZ **88**, 208 [Anm. *Herzberg* ebd. 182]; LK-*Jähnke* 14; MK-*Schneider* 91; *S/S-Eser* 24; *Dölling* MedR **87**, 6, 8; *Langer* JR **93**, 133; *Kutzer* NStZ **94**, 111; *Laufs* NJW **92**, 1532; *Giesen* JZ **90**, 933; *Duttge* GA **01**, 158, 175; GA **06**, 573, 576; *Verrel* [Gutachten 66 DJT]; so auch AE-StB, GA **05**, 553, 582; jew. mwN; ebenso **66. DJT** [2006], Beschlüsse [vgl. Tagungsbericht *Kaspar* JZ **07**, 235, 237]; **krit**. zur Abgrenzung aber *Saliger* KritV **01**, 382 ff.; *Wolfslast,* Schreiber-FS [2003] 913, 916 ff.; vgl. auch unten 18 a). Einen verfassungsrechtlich verbürgten Anspruch auf aktive Sterbehilfe gibt es nicht (BVerfGE **76**, 248; NStZ **03**, 537, 538; VG Karlsruhe JZ **88**, 208; krit. *Herzberg* JZ **88**, 188). Nach hM kommt auch eine **Rechtfertigung nach § 34** nicht in Betracht (*H.J. Hirsch,* Lackner-FS 609; *S/S-Eser* 24, *Lackner/Kühl* 7, *Bade* [oben 9] 180, jew. mwN; NK-*Neumann* 17, 85 zu § 34; *Rilinger* GA **97**, 420; **aA** *Herzberg* NJW **86**, 1639; *Merkel* ZStW **107**, 572; *ders.*, Schroeder-FS [2006] 297, 306 ff.; *Mitsch* JuS **96**, 217; *Kutzer* MedR **01**, 77 f.; *Jakobs,* Tötung auf Verlangen, 29; *Otto* [unten 28] 60; *Kargl* [unten 28] 379, 384 ff.; SK-*Horn* 26 zu § 212; MK-*Schneider* 91; vgl. auch ebd. 56 ff. zu § 216); in extremen Ausnahmefällen soll ein übergesetzlicher Schuldausschließungsgrund anzunehmen sein (*H.J. Hirsch* 610; *Langer* 120, 122; *v. Dellinghausen* 349 [jew. unten 28]).

Dieses auf § 216 gestützte absolute Verbot ist, etwa in Fällen medikamentös nicht mehr unterdrückbaren Vernichtungsschmerzes, *zweifelhaft* (vgl. auch *Kargl* [unten 28] 379, 382ff.; für **Aufhebung des Verbots** zB *Hoerster*, Sterbehilfe im säkularen Staat, 1998, 168f.; *Wolfslast*, Schreiber-FS [2003] 924; *Kusch* NJW **06**, 261; *ders*. NStZ **07**, 436; *Merkel*, Schroeder-FS [2006] 297, 320f.; zu möglicherweise gebotenen Ausnahmen vgl. auch *Lindner* JZ **06**, 373ff. und 902f.). Es ist überdies mit der Straffreiheit des Suizids auch legitimatorisch nur schwer zu vereinbaren. Die auf die Befürchtung eines „Dammbruchs" gestützte *Abgrenzung* zur indirekten Sterbehilfe (unten 18) ist jedenfalls im Grenzbereich kaum realistisch. Auch der **BGH** hat darauf hingewiesen (NStZ **03**, 537, 538), dass es aufgrund der bestehenden Rechtslage „einem vollständig bewegungsunfähigen, aber bewusstseinsklaren moribunden Schwerstbehinderten weitgehend verwehrt (ist), ohne strafrechtliche Verstrickung Dritter aus dem Leben zu scheiden, und für ihn das Lebensrecht zur schwer erträglichen *Lebenspflicht* werden kann". Er hat gleichwohl entschieden, dass auf der Grundlage der Werteordnung des GG und der in § 216 geregelten Einwilligungssperre (vgl. auch BGH **46**, 279, 285ff.) ein Recht auf (gewolltes) Sterben nicht begründet werden könne und dass Änderungen des Rechtsgüterschutzes „allenfalls dem Gesetzgeber vorbehalten" seien (ebd.; vgl. dazu auch *Kutzer* ZRP **05**, 277; abl. *Schroth* GA **06**, 549, 562f.). In der **Praxis** führt diese Rechtslage zu einem breiten **Dunkelfeld** *aktiver* Mitleids-Tötungen im Grenzbereich zur sog. „indirekten" Sterbehilfe unter rhetorischer Aufrechterhaltung angeblich „strenger" Grenzen. Zur Rechtslage in den **Niederlanden** nach Zulassung aktiver Sterbehilfe vgl. *Janssen* ZRP **01**, 179. Vermittlungen von Gelegenheiten zur Selbsttötung (**Schweiz**) werden in Deutschland sehr kontrovers diskutiert (vgl. etwa *Kusch* NStZ **07**, 436ff. mwN; auch GesA S L/TH/HE eines „G zum Verbot der geschäftsmäßigen Vermittlung von Gelegenheiten zur Selbsttötung", BR-Drs. 230/06 [Einführung eines § 217-E; seit 7. 4. 2006 BRat-Ausschüsse]). **17a**

B. Erlaubt (und uU geboten) ist die **aktive Tötung** nach hM aber als sog. **indirekte Sterbehilfe** (zur begrifflichen Unklarheit und zur Regelungsbedürftigkeit vgl. auch *Verrel*, 66. DJT [2006], Gutachten C 56; *Schöch/Verrel* GA **05**, 553, 560; *Kargl* [unten 28] 379, 382ff.). Sie liegt vor, wenn sicher oder nicht auszuschließen ist, dass die ärztlich gebotene schmerzlindernde oder bewusstseinsdämpfende Medikation bei einem tödlich Kranken oder Sterbenden als *unbeabsichtigte,* aber **unvermeidbare Nebenfolge** den Todeseintritt beschleunigt (BGH **42**, 305 [m. Anm. *Dölling* JR **98**, 160; *Schöch* NStZ **97**, 409; *Verrel* MedR **97**, 248; vgl. dazu auch *Kutzer*, Schlüchter-GedS 347, 350ff.]; *Opderbecke/Weißauer* MedR **98**, 398]; *Bade* [oben 9] 102ff.; vgl. *Langer* JR **93**, 137; *Kutzer* NStZ **94**, 114 u. ZRP **97**, 117; *Saliger* KritV **98**, 127; *Roxin,* MedizinstrafR 93, 96ff.). Hierbei wird teilweise angenommen, es sei schon der **Tatbestand** des § 212 nicht gegeben, weil die Tötung hier nach ihrem „sozialen Sinngehalt" dem Schutzbereich der Vorschrift nicht unterfalle (vgl. LK-*Jähnke* 17; *Krey* BT I, 14; ähnlich *Roxin*, in: *Roxin/Schroth*, Medizinstrafrecht, 2. Aufl. 2001, 96f.; **aA** *Dölling* JR 98, 160f.; *ders*., Gössel-FS [2002] 209, 212; *Merkel*, Früheuthanasie [2001] 200ff.; *ders*., Schroeder-FS [2006] 297, 302ff.). Nach überwiegender **aA** ist die Lösung auf der **Rechtfertigungsebene** zu suchen und ein Anwendungsfall von **§ 34** gegeben (vgl. BGH **42**, 305 [„jedenfalls"]; *Schreiber* NStZ **86**, 337, 340; *Kutzer* NStZ **94**, 110ff.; *ders.,* Salger-FS 663, 672; *ders*., Schlüchter-GedS 347, 352; *Merkel*, Schroeder-FS [2006] 297, 308ff.; einschränkend *Dreier* JZ **07**, 317, 322; MK-*Schneider* 100, 103). Nach wiederum **aA** ist Rechtfertigung durch Kombination von Einwilligung und rechtfertigendem Notstand anzunehmen [*Dölling*, Gössel-FS 212]; vgl. dazu auch unten 23). *Alle* Rechtfertigungserwägungen stoßen freilich an die Grenze des § 216 und sind mit dem grundsätzlichen „Abwägungsverbot" hinsichtlich des menschlichen Lebens letztlich nur schwer vereinbar (zutr. *Dreier* JZ **07**, 317, 322; *Kargl* [unten 28] 379, 389ff.). Der **66. DJT** (2006) hat sich mit großer Mehrheit *für* eine (klarstellende) *gesetzliche* **18**

Regelung der Straflosigkeit der Leidenslinderung bei Gefahr der Lebensverkürzung ausgesprochen (vgl. Tagungsbericht *Kaspar* JZ **07**, 235, 236).

18 a Die **Abgrenzung** zur *verbotenen* sog. aktiven Euthanasie (oben 17) ist nicht allein begrifflich, sondern auch inhaltlich jedenfalls im Grenzbereich zweifelhaft. Sie liegt nach hM vor allem in der zeitlichen Dimension, wobei eine Begrenzung auf den *Sterbe*-Vorgang (vgl. BGH **42**, 305; Richtlinien der BÄK, I Abs. II S. 2) freilich zu eng ist (zutr. *Roxin,* MedizinstrafR 98); auch eine „völlig andere Zwecksetzung" (LK-*Jähnke* 14) dürfte in der Realität oft eher eine *Bewertung* als eine *Tatsache* sein. Dasselbe gilt für eine Abgrenzung zwischen (verbotener) „Hilfe zum Sterben" und (erlaubter) „Hilfe beim Sterben". Anlass zu Zweifeln an der Tauglichkeit solcher Formulierungen gibt schon, dass diese analytischen Abgrenzungen oft nur da zu sicheren Ergebnissen führen, wo es ihrer gar nicht bedarf: Dass es keine erlaubte „Sterbehilfe" ist, wenn ein Arzt einen beschwerdefreien Patienten auf Grund der Diagnose einer *möglicherweise* tödlich verlaufenden Krankheit tötet, ist selbstverständlich. In Fällen der Leidensminderung bei irreversibel tödlichem Krankheitsverlauf lässt sich eine Grenze zwischen „Inkaufnahme" und „Zwecksetzung" dagegen oft kaum ziehen und muss umso fraglicher sein, je sicherer die ärztliche Erkenntnis ist. Die vielfach behauptete klare *qualitative* Grenze zwischen „Gnadentod" und „Linderung" löst sich in der Wirklichkeit des Sterbens auf; dies wird durch floskelhafte **tabuisierende Sprachregelungen** eher verhüllt (zutr. krit. auch *Saliger* KritV **01**, 382, 384 [„ritualisierter Umgang"]). Beispielhaft deutlich wird dies in der Erwägung von BGH **42**, 305 (*3. StS*) zur Anwendung von § 34, die „Ermöglichung eines Todes in Würde und Schmerzfreiheit gemäß dem erklärten oder mutmaßlichen Patientenwillen (sei) ein höherwertiges Rechtsgut als die Aussicht, unter schwersten, insbesondere sog. Vernichtungsschmerzen noch kurze Zeit länger leben zu müssen" (vgl. auch NStZ **01**, 324, 326 [5. StS]; ebenso *Kutzer,* Schlüchter-GedS 347, 352). Tatsächlich sind weder die „Ermöglichung" (des Todes) noch die „Aussicht" (des Lebens) *Rechtsgüter* des § 212; *der Tod* oder seine „Würde" sind schwerlich nach den Maßstäben des § 212 „höherwertig" als das Leben; und dass es auf den *mutmaßlichen* Patientenwillen, schnell und schmerzfrei getötet zu werden, nicht ankommen kann, wo schon sein *ausdrücklicher* Wille nicht ausreicht (§ 216), liegt auf der Hand. Die Deutung von *Ingelfinger* (unten 28, S. 271; ebenso *Hillgruber* ZfL **06**, 70, 76), dass hier nicht *Tod* und *Leben,* sondern *kurzes qualfreies* und *längeres qualvolles* Leben miteinander abgewogen werden, vermeidet nur den *terminologischen* Widerspruch, verdeckt aber den *begrifflichen.* Die eher moralische als rechtliche Begründung des BGH ist iErg aber **richtig;** sie formuliert ein von der Rechtsgemeinschaft als *evident gerecht* empfundenes Anliegen mitmenschlicher Solidarität. Dass sie *gleichermaßen* auf Fälle des „Gnadentodes" iS sog. aktiver Euthanasie passt, stellt die angeblich sichere Abgrenzung freilich in Frage und sollte zu denken geben.

19 **C.** Erlaubt ist auch die sog. **passive Sterbehilfe** (zutr. krit. zu diesem Begriff *Schreiber* NStZ **06**, 473, 474 f.), also ein für eine konkrete Lebensverkürzung ursächliches **Unterlassen.** Soweit der Patient entscheidungsfähig ist, ergibt sich die Unzulässigkeit von ärztlichen Eingriffen, auch solchen zur Lebensverlängerung, ohne Weiteres aus dem Selbstbestimmungsrecht der Person. In diesen Fällen kann bei Unterlassen der (unzulässigen!) Eingriffe nicht von Sterbehilfe" gesprochen werden. Unter dieser Bezeichnung diskutiert werden vor allem Fälle, in denen bei einem tödlich Kranken, dessen Grundleiden einen irreversiblen Verlauf genommen hat und dessen Tod *in kurzer Zeit* eintreten wird (BGH **40**, 257 [*Kemptener Fall;* vgl. dazu umf. *Tolmein* [28 b]; BGH[Z] NJW **03**, 1588 **aS** [dazu *Höfling/Rixen* JZ **03**, 884; *Verrel* NStZ **03**, 449), die ärztliche Behandlung dieser Grunderkrankung abgebrochen oder gar nicht begonnen wird (BGH **37**, 379; *Bade* [oben 9] 140 ff., 155; vgl. dazu *Schöch,* H.J. Hirsch-FS 693, 695 ff.; *Roxin,* MedizinstrafR 93, 99 ff.; *Ackermann* MedR **99**, 387, 389). Bei einer indizierten **Therapiebegrenzung** (vgl. dazu ausf. *Albrecht,* Schreiber-FS [2003] 551, 556 ff.) handelt sich, ohne dass es auf eine (mutmaßliche) Einwilligung ankommt, nach wohl hM schon tatbestandlich nicht um eine Tötung (vgl. *S/S-Eser* 29 mwN). Anders ist es, wenn bei irreversiblem Beginn des Sterbeprozesses der Todeseintritt nicht nahe bevorsteht; hier hat BGH **40**, 260f. einen Behandlungsabbruch nur bei ausdrücklicher oder mutmaßlicher **Einwilligung** für gerechtfertigt gehalten (krit. zB *Lilie,* Steffen-FS 275, 279ff.; *Merkel* ZStW **107**, 545, 554ff.; *Schöch,* H.J. Hirsch-FS 693, 702ff.).

Str. ist die Frage, ob zB das **Abschalten eines Beatmungsgeräts** bei einem Sterbenden als **aktives Tun** (so zutr. *B//Weber/Mitsch* 15/31; *Jescheck/Weigend* § 58 II 1; LK-*Weigend* 8f. zu § 13; *W/Hettinger* 38; LK-*Jähnke* 18; SK-*Rudolphi* 47 vor § 13; *Stoffers* MDR **92**, 626; *Kargl* GA **99**, 459, 462; *Otto* Jura **99**, 434, 438; *Brammsen* NStZ **00**, 337, 341; *Gropp,* Schlüchter-GedS [2002] 173, 181ff.) oder der Sache nach als **Unterlassen** der Weiterbehandlung anzusehen ist (so BGH **40**, 265 [hierzu *Schöch* NStZ **95**, 154; *Helgerth* JR **95**, 339; *Hepp* Görres-Ges. **93**, 39]; *M/Schroeder/Maiwald* 1/40; *Roxin,* Engisch-FS 396; *S/S-Stree* 159a vor § 13; *Lackner/Kühl* 8; *Krey* BT-1, 11; *Bade* [oben 9] 171; *Müller/Schöch* MedEthik **94**, 321; *Albrecht,* Schreiber-FS [2003] 551, 553; vgl. dazu auch *Merkel* ZStW **107**, 553; JZ **96**, 1149; **99**, 502, 506; *Murmann* JuS **98**, 630; *Sternberg-Lieben,* Lenckner-FS 360; *Stoffers* Jura **98**, 580; *Otto* NJW **06**, 2217). Zutr. hat *Gropp* (Schlüchter-GedS [2002] 173, 184) darauf hingewiesen, dass es sich bei der Unterlassungs-Konstruktion um einen „Kunstgriff" handelt, um eine Strafbarkeit nach § 216 auszuschließen (vgl. auch *Schöch/Verrel* GA **05**, 553, 560): Würde der Patient den Arzt ausdrücklich bitten, das Gerät abzustellen, so käme man nicht auf die Idee, die weisungsgemäße Handlung als „Unterlassen" anzusehen. Dass die Handlungs-Qualität sich ändern soll, wenn der Patient nicht nur „moribund", sondern auch äußerungsunfähig ist, leuchtet nicht ein (vgl. dazu auch *Schneider,* Tun und Unterlassen beim Abbruch lebenserhaltender medizinischer Behandlung, 1997. **20**

Ausnahmsweise soll bei einem unheilbar erkrankten, aktuell nicht (mehr) entscheidungsfähigen Patienten ein zum Tod führender Abbruch der medizinischen Behandlung auch dann zulässig sein, wenn zwar der Sterbevorgang noch nicht eingesetzt hat und die Voraussetzungen der Richtlinien der BÄK (unten 28) daher nicht vorliegen (insb. bei sog. **apallischem Syndrom** [Wachkoma; PVS; zum Begriff *Höfling/Rixen* JZ **03**, 884]**;** vgl. dazu *Merkel* ZStW **107**, 545, 557; *Schmidt/Madea* MedR **98**, 406), aber von einer **mutmaßlichen Einwilligung** des Kranken auszugehen ist (BGH **40**, 257 *[„Kemptener Fall"];* zust. *Schöch* NStZ **95**, 153 u. H.J. Hirsch-FS 702; *Helgerth* JR **95**, 338; *J. Vogel* MDR **95**, 337; *Lilie,* Steffen-FS 273; *Verrel* JZ **96**, 224; *Bernat* RdM **95**, 51; *Laufs* NJW **96**, 1573; *Sternberg-Lieben,* Lenckner-FS 360; *Saliger* KritV **98**, 118; *Roxin,* MedizinstrafR 93, 104ff.; vgl. *Uhlenbruck* ZRP **98**, 47; *krit. Weißauer/Opderbecke* MedR **95**, 456 u. MedR **98**, 395; *Bernsmann* ZRP **96**, 87; *Bottke,* Suizid, 103; aus ethischer Sicht *Merkel* ZStW **107**, 545 und hierzu *Herzberg* NJW **96**, 3044; *abl.* aus med. Sicht *Dörner* ZRP **96**, 93; restriktiv, insb. im Hinblick auf mögliche „Bewusstseinsreste", LK-*Jähnke* 20a). An die Annahme einer mutmaßlichen Einwilligung (15 zu § 223) sind aber nach hM „strenge Anforderungen" zu stellen. Vor allem kommt es hierbei auf frühere mündliche oder schriftliche Äußerungen des Patienten, seine religiöse Überzeugung, seine persönlichen Wertvorstellungen, aber auch seine altersbedingte Lebenserwartung oder das Erleiden von Schmerzen an (BGH **40**, 263); objektive Kriterien haben keine eigenständige Bedeutung, bieten aber Anhaltspunkte für die Ermittlung des individuellen hypothetischen Willens (BGH **35**, 249; **40**, 263). **Fehlt** es an konkreten Anhaltspunkten für die Feststellung des individuellen mutmaßlichen Willens, so kann und muss auf Kriterien zurückgegriffen werden, die aus **allgemeinen Wertvorstellungen** (vgl. hierzu *Helgerth* JR **95**, 340; *Weißauer/Opderbecke* MedR **95**, 460 u. MedR **98**, 395; LK-*Jähnke* 22a) entspringen. Je weniger die Wiederherstellung eines menschenwürdigen Lebens zu erwarten ist und je kürzer der Tod bevorsteht, umso eher wird ein Behandlungsabbruch vertretbar erscheinen (BGH aaO; vgl. hierzu sowie zur Einwilligung durch einen **Betreuer** mit Genehmigung des **Vormundschaftsgerichts** *Weißauer/Opderbecke* MedR **95**, 461; *Kutzer* NStZ **94**, 114; *Schöch* NStZ **95**, 156; *Verrel* JZ **96**, 229; *Dörner* ZRP **96**, 96; *Lilie,* Steffen-FS 284; *Dodegge/Fritsche* NJ **01**, 176, 177ff.; abweichend dazu BGHZ **154**, 205ff. = NJW **03**, 1588 [dazu u.a. *Stackmann* NJW **03**, 1568; *Verrel* NStZ **03**, 449; *Höf-* **21** *ling/Rixen* JZ **03**, 884; andererseits Klarstellung von *Hahne*, FAZ v. 18. 7. 2003]). Zur (umgekehrten) Frage einer Betreuerbestellung zur Zustimmung (mutmaßlich) *nicht* konsentierter Rettungsmaßnahmen vgl. BVerfG NJW **02**, 206 (Bluttransfusion; vgl. dazu auch *Ulsenheimer*, Eser-FS [2005] 1225 ff.; *Hillenkamp*, Küper-FS [2007] 123 ff. mwN).

22 Das OLG Frankfurt hat es im Anschluss an BGH **40**, 257 in einem gleichgelagerten Fall einer *irreversibel* hirngeschädigten 85jährigen Patientin in entspr. Anwendung des § 1904 BGB für zulässig erklärt, den Abbruch der Ernährung durch eine PEG-Magensonde auch in Fällen vormundschaftsgerichtlich zu genehmigen, in denen der Sterbevorgang noch nicht unmittelbar eingesetzt hatte (NJW **98**, 2747; ausdrücklich iS einer „Therapiebegrenzung" zust. *Verrel* JR **99**, 5 ff. mwN; ferner *Knieper* NJW **98**, 2720; ebenso iErg *Schöch*, H.J. Hirsch-FS 693; *Saliger* JuS **99**, 16; **aA** *Bienwald* FamRZ **98**, 1138; *Dodegge* NJW **97**, 2432 mwN; krit. gegenüber einer Heranziehung des § 1904 BGB in solchen Fällen *Laufs* NJW **98**, 3399; ferner *Deichmann* MDR **95**, 983; *Bernsmann* ZRP **96**, 90; *Steffen* NJW **96**, 1581; *Nickel* MedR **98**, 520; *Seitz* ZRP **98**, 417; zum Fall vgl. auch *Hohloch* JuS **98**, 1063). Für das Abstellen auf einen mutmaßlichen Willen des Patienten ist kein Raum, wenn zur Entscheidung über eine nicht unaufschiebbare Maßnahme die Bestellung eines **Betreuers** erforderlich und möglich ist (vgl. dazu *Schöch* NStZ **95**, 155 f. u. H.J. Hirsch-FS 708 f.; *Weißauer/Opderbecke* MedR **95**, 459; *Vogel* MedR **95**, 337; *Zielinski* ArztR **95**, 193; *Saliger* KritV **98**, 118 ff.); der Betreuer hat sich bei seiner Entscheidung nach dem subjektiven, ggf dem mutmaßlichen Willen des Betroffenen zu richten (§ 1901 II BGB). Nach BGH **40**, 261 f. ist § 1904 BGB (vormundschaftliche Genehmigung) entspr. anwendbar (ebenso Frankfurt NJW **98**, 2747; LG Duisburg NJW **99**, 2744; zust. *Schöch*, H.J. Hirsch-FS 709 f.; *Saliger* JuS **99**, 16; *Verrel* JR **99**, 5; **aA** AG Hanau BTPrax **97**, 82; LG München I NJW **99**, 1788; *Alberts* NJW **99**, 835; *Laufs* NJW **99**, 1761; *Scheffen* ZRP **00**, 313, 314 ff.; vgl. dazu auch MK-*Schneider* 113 ff.; *Kutzer* NStZ **94**, 110, 114; *Dodegge* NJW **97**, 2432; *Coeppicus* NJW **98**, 3381; *Knieper* NJW **98**, 2720; *Laufs* NJW **98**, 3399; *Müller-Freienfels* JZ **98**, 1123; *Nickel* MedR **98**, 520; *Rehborn* MDR **98**, 1464; *Wagenitz/Engers* FamRZ **98**, 1256; *Seitz* ZRP **98**, 417; *Frister* JR **99**, 73; *Saliger* JuS **99**, 16; *Gründel* NJW **99**, 3391; *Spickhoff* NJW **02**, 1758, 1766; **03**, 1701, 1708 f.).

23 **D. Legitimation.** Über die Erlaubtheit der Sterbehilfe, soweit sie nicht zielgerichtete Tötung aus Auftrag oder Mitleid ist, besteht weithin ein **Grundkonsens** (*Schreiber* NStZ **86**, 340; *Eser* JZ **86**, 792; *H.J. Hirsch*, Lackner-FS 608; *Dölling* MedR **87**, 9; *Reis* EuGRZ **87**, 281; *Kutzer* NStZ **94**, 113; LK-*Jähnke* 15 f.; *S/S-Eser* 25 ff.; *Lackner/Kühl* 6; *W/Hettinger* 30, 35; *Giesen* JZ **90**, 935; vgl. auch *Jakobs*, Schewe-FS 72; *Laufs* KuG **191** [1992] 12; *Müller/Schöch* MedEthik **94**, 321; *Bottke* [oben 9] 115; *Gössel/Dölling* BT 1, 2/41 f.). Eine dem wirklichen oder mutmaßlichen Patientenwillen widersprechende Ausschöpfung intensivmedizinischer Technologie oder sonstige Behandlung ist daher rechtswidrig (BGH **37**, 378; *Verrel* JZ **96**, 228), eine schmerzlindernde Medikation umgekehrt auch dann zulässig, wenn sie den Todeseintritt beschleunigt (BGH **42**, 305). Umstritten ist freilich die von BGH **42**, 305 letztlich offen gelassene Frage nach der **Begründung** dieses Ergebnisses (vgl. oben 18). Die einen verneinen in den Fällen erlaubter Sterbehilfe den Tötungsvorsatz (*Engisch*, Bockelmann-FS 532) oder die Schuld (*Laufs* 302), andere nehmen ein erlaubtes Risiko (*S/S-Eser* 26), einen Fall rechtfertigenden Notstands (*Otto* DJT D 54 mwN; *Langer* JR **93**, 136; *Dölling* MedR **87**, 7 u. JR **98**, 161; *Schöch* NStZ **97**, 410; wohl auch BGH **42**, 305) oder eine rechtfertigende Pflichtenkollision an (*Leonardy* DRiZ **86**, 289). Nach wohl **hM** fehlt es bereits am objektiven Tatbestand (*H.J. Hirsch*, Lackner-FS 597, 606; *Krey* BT-1, 14; *W/Hettinger* 32; *Tröndle* ZStW **99**, 30; auch *Roxin* NStZ **87**, 350; krit. *Merkel* ZStW **107**, 548; *Sternberg-Lieben*, Lenckner-FS 362). Danach greift der Schutzzweck der §§ 211 ff., 223 ff. in den Fällen erlaubter Sterbehilfe nicht ein, da in diesen Fällen nicht auf die Kausalität des Handelns im Hinblick auf den Todeseintritt (*H.J. Hirsch* aaO 606), sondern entscheidend auf den sozialen Sinngehalt des Verhaltens abzustellen sei (so *W/Hettinger* aaO; *Schick* [oben 9] 138; zur *offenen Flanke* dieser Argumentation vgl. oben *18* a).

24 Kein Arzt ist verpflichtet, verlöschendes Leben um jeden Preis zu erhalten (BGH **32**, 379). Er ist hierzu, falls es dem (mutmaßlichen) Willen des Patienten widerspricht, auch nicht berechtigt (BGH **37**, 378; *H.J. Hirsch*, Lackner-FS 600; *Krey* BT-1, 10). Gerade auch beim Todgeweihten hat der Arzt sich nicht am technisch Möglichen, sondern an der Achtung des Lebens und der Menschenwürde zu orientieren (BGH **32**, 380; **37**, 378) und insbesondere das **Selbstbestimmungsrecht des Patienten** zu achten (vgl. NJW **88**, 1532 [m. Anm. *Rippa* NStZ **88**, 553]; *Sternberg-Lieben,* Lenckner-FS 352). Daher kann ein (entscheidungsfähiger) Patient den Abbruch aller oder einzelner, insb. auf Lebensverlängerung abzielender ärztlichen Maßnahmen verlangen (vgl. auch München [Z] NJW-RR **02**, 811 [Verweigerung der Einwilligung in Bluttransfusion]; 6 zu § 323 c); das gilt unabhängig davon, ob der Sterbevorgang begonnen hat oder nicht. Wer einem solchen ernstlichen Verlangen eines – urteils- und einsichtsfähigen – Patienten nachkommt, handelt nach teilw. vertretener Ansicht tatbestandslos (*Roxin* NStZ **87**, 350; *Tröndle,* Göppinger-FS 600 u. 49. Aufl. 19; *Verrel* JZ **96**, 227; LK-*Jähnke* 13; vgl. auch *Schreiber* NStZ **86**, 337, 341; *Otto* Jura **99**, 434, 438; einschr. *Kutzer* NStZ **94**, 110, 112; insoweit offen gelassen LG Ravensburg NStZ **87**, 229), nach anderer Ansicht jedenfalls gerechtfertigt (vgl. auch 12, 18 zu § 228). Das gilt nach zutr. Ansicht im Grundsatz auch für **Suizidpatienten,** wenn diese, etwa in einem Abschiedsbrief, die Unterlassung intensivmedizinischer Rettungsversuche ausdrücklich angeordnet haben und nach den Umständen des Falles (schwere Erkrankung; „Bilanz"-Selbstmord) keine Anhaltspunkte für die Unwirksamkeit oder Unernsthaftigkeit (etwa „Liebeskummer"-Suizidversuche bei jungen Menschen; demonstrative Akte) ersichtlich sind (vgl. oben 12). Die zutr. Gleichstellung der Ablehnung lebensrettender oder -verlängernder Maßnahmen durch Erklärung des Patienten mit einer **Selbsttötungssituation** (vgl. München JZ **88**, 201 [Anm. *Herzberg* ebd. 182]; ebenso LK-*Jähnke* 13 mwN) zeigt die Zweifelhaftigkeit einer zu engen Freiwilligkeits-Beurteilung in Suizid-Fällen (vgl. oben 13; dazu auch *Saliger* KritV **01**, 382, 432 f.; MK-*Schneider* 107; *Arzt,* Schreiber-FS [2003] 583, 585 ff.).

Problematisch sind insoweit auch die Fälle der sog. **„Früheuthanasie"** bzw. der Behandlungspflicht bei schwerstgeschädigten oder extrem unreifen **Neugeborenen** (vgl. dazu Richtlinien der BÄK NJW **98**, 3406, II 2; *Zimmermann/v. Loewenich* Ethik in der Med **9**, [1997] 56, 69; *Merkel* JZ **96**, 1145 ff.) auch in Fällen „misslungener" Spätabtreibungen (vgl. dazu 21 zu § 218 a sowie umfassend *Hanke* [1 a] 10 ff., 161 ff.). Auch hier gelten zunächst die Grundsätze erlaubter Sterbehilfe (15, 16); es darf in diesen Fällen eine Behandlung unterbleiben oder abgebrochen werden, wenn wegen schwerer Beeinträchtigung vitaler Funktionen offensichtlich keine Lebensfähigkeit besteht (vgl. auch LK-*Jähnke* 20 d mwN). Für Fälle missgebildeter oder schwer geschädigter Neugeborener haben die Akademie für Ethik in der Medizin, die dt. Ges. f. Kinderheilkunde und die DGMR Empfehlungen über die Grenzen der ärztlichen Behandlungspflicht veröffentlicht („Einbecker Empfehlungen", Revidierte Fassung 1992: MedR **92**, 206; *Hiersche* MedR **89**, 306; *Laufs* FPflMedAR 40, NJW **92**, 1532 u. KuG **191** [1992] 5; *Saliger* KritV **98**, 150; Richtlinien der BÄK NJW **98**, 3407); gegen die „Früheuthanasie" *Lauter/J. E. Meyer* MSchrKrim **88**, 379). Die BReg (recht Nr. 38/84) hat sich gegen eine besondere gesetzliche Regelung dieser Fälle ausgesprochen. Zu Fällen von nach einer **Spätabtreibung** lebenden, aber geschädigten Frühgeborenen vgl. *Beckmann* MedR **98**, 158; *Hiersche* MedR **91**, 312; *Philipp* Frauenarzt **98**, 1514; *Tröndle* NStZ **99**, 461; 22 zu § 218 a. 25

E. Patientenverfügungen (vgl. dazu u. a. *Eisenbart* [unten 28]; *Uhlenbruck* [unten 28]; MK-*Schneider* 123 ff.; *Burchardi,* Schreiber-FS [2003] 615; *Milzer* NJW **04**, 2277; *Schroth,* GA **06**, 549, 554 ff.; *Popp* ZStW **118** [2006] 637; *Dreier* JZ **07**, 317, 323 ff.; *Jäger,* Küper-FS [2007] 209; vgl. auch Bericht der Enquete-Kommission „Ethik und Recht der modernen Medizin", BT-Drs. 15/3700, 48 ff.), erlauben nach hM jedenfalls keine aktive Sterbehilfe (*Laufs* NJW **96**, 763). Im Übrigen hat die heute ganz hM gegen die **Wirksamkeit** von Patientenverfügungen keine Bedenken, wenn folgende **Voraussetzungen** erfüllt sind: Eindeutigkeit und Situationsbezogenheit; Fehlen konkreter Anhaltspunkte für Willenmängel und für zwischenzeitliche Willensänderungen. Verlässliche Dokumentation (zB Schriftform, Video) sowie eine Dokumentation vorheriger ärztlicher Aufklärung sind nützlich, jedoch für die Wirksamkeit nicht zwingend. Eine *Reichweitenbegrenzung* (z. B. auf „irreversible tödliche Erkrankungen"; vgl. Enquete-Kommission [oben 26] 38 ff.) hat der **66. DJT** mit großer Mehrheit zu Recht abgelehnt (vgl. Tagungsbericht Kaspar JZ **07**, 235, 236; ebenso auch **AE-StB**, GA **05**, 562 f.). Auch BGH **40**, 257 26

(= NJW **95**, 204; *Kemptener Fall*) hat die Wirksamkeit eines (mutmaßlichen) Wunsches nach Behandlungsabbruch nicht an das Einsetzen des Sterbevorgangs geknüpft (anders aber BGHZ **154**, 205; vgl. unten 27 a).

26 a Teilweise werden zwar Zweifel daran geäußert, ob ein gesunder Mensch die in einer Patientenverfügung zu treffenden existentiellen Entscheidungen überhaupt antizipieren könne (*Lauter/Meyer* MSchrKrim **88**, 372; Enquete-Kommission [oben 26] 38 ff.; einschränkend *Hartmann* NStZ **00**, 113 f.; *Füllmich* NJW **90**, 2301; weitere Nachw. bei MK-*Schneider* 124 vor § 211). Dieser Vorbehalt ist aber nicht gerechtfertigt (MK-*Schneider* 125; *Dreier* JZ **07**, 317, 324 f.); insb. dann nicht, wenn solche Verfügungen in Kenntnis einer lebensbedrohenden Erkrankung und auf der Grundlage zutreffender Information erfolgen (vgl. auch *Schöch,* H. J. Hirsch-FS 706 f.; *Höfling* JZ **00**, 111, 115 f.). Soweit Verfügungen nur lebensverlängernde Maßnahmen im Fall des unabwendbar kurz bevorstehenden Todes untersagen, konkretisieren sie nur eine ohnehin bestehende Verpflichtung, denn solche Maßnahmen haben zu unterbleiben, wenn der Patient sich im unmittelbaren Sterbeprozess befindet.

27 Wenn keine durchgreifenden, auf schwerwiegende tatsächliche Anhaltspunkte gestützte Zweifel an der Wirksamkeit der Verfügung bestehen, stellt sie eine den Arzt **bindende Konkretisierung** des Behandlungsauftrags dar (*Weißauer/Opderbecke* MedR **95**, 459; *Dreier* JZ **07**, 317, 324 f.), insb. zur Unterlassung diagnostischer Maßnahmen, Operationen oder Heilungsmaßnahmen (vgl. dazu auch *Laufs* NJW **99**, 1761 f.; *Hartmann* NStZ **00**, 113 ff.; *Hillgruber* ZfL **06**, 70, 77 ff.; Richtlinien der BÄK; zum Beurteilungsspielraum des Arztes, ob die *Voraussetzungen* für die Anweisung vorliegen, vgl. aber BVerfG NStZ-RR **02**, 169 f.). Patientenverfügungen können *im Einzelfall* in einen Konflikt mit der ärztlichen Berufspflicht geraten (*Laufs* aaO); freilich können Indikation und Patientenwille nicht schematisch gegenübergestellt werden. **Muster** von vorgeschlagenen Patientenverfügungen und Vorsorgevollmachten finden sich in großer Zahl in der Ratgeber-Literatur, auch im **Internet**. Ein **Muster-Formular** mit umfangreichen Erläuterungen (zur Nützlichkeit von Formularen allg. krit. *Spickhoff* JZ **03**, 739, 741; *Landau* ZRP **05**, 50, 52; dafür *Lipp* FamRZ **04**, 317, 320) enthält auch der Bericht der von der Bundesregierung eingesetzten Arbeitsgruppe „Patientenautonomie am Lebensende" (www.bmj.bund.de /media/archive/695.pdf).

27 a Der *XII. ZS* des **BGH** hat in der Entscheidung BGHZ **154**, 205 (= NJW **03**, 1588) die praktische Bedeutung von Patientenverfügungen zwar insoweit eingeschränkt, als die Wirksamkeit unter den Vorbehalt einer vormundschaftsgerichtlichen Überprüfung gestellt wurde (vgl. dazu überwiegend krit. u. a. *Deutsch* NJW **03**, 1567; *Höfling/Rixen* JZ **03**, 884, 894 [„Paukenschlag der Konfusion"]; *Hohloch* JuS **03**, 818; *Kutzer* ZRP **03**, 209; *Spickhoff* JZ **03**, 732; *Stackmann* NJW **03**, 1568; *Uhlenbruck* NJW **03**, 1710; *Verrel* NStZ **03**, 449, 450 f.; *Saliger* MedR **04**, 237; *Heyers* JuS **04**, 100 f.; *Holzhauer* ZRP **04**, 41, 42 f.; *Milzer* NJW **04**, 2277; *W/Hettinger* 39 a; *Lackner/Kühl* 8). Die Entscheidung des *1. StS* in BGH **40**, 257 (1 StR 357/94; *Kemptener Fall*) ist dabei vom *XII. ZS* wohl nicht zutr. interpretiert worden (vgl. dazu auch *Verrel*, 66. DJT, Gutachten C 43 ff. mwN; vgl. aber auch Klarstellung von *Hahne* in FAZ v. 18. 7. 2003; vgl. auch BGH[Z] FamRZ **05**, 1476). Ein an den Zwischenbericht der **Enquete-Kommission** „Ethik und Recht der modernen Medizin" vom 13. 9. 2004 (BT-Drs. 15/3700) und den Bericht der Arbeitsgruppe „Patientenautonomie am Lebensende" vom 10. 6. 2004 anknüpfender **RefE** des BMJ hat eine gesetzliche Regelung im Betreuungsrecht vorgeschlagen (Stand: 1. 11. 2004; krit. *Landau* ZRP **05**, 50; vgl. dazu auch *Diederichsen*, Bemerkungen zu Tod und rechtlicher Betreuung, Schreiber-FS [2003] 635 ff.). Auch der **66. DJT** (2006) hat sich mit großer Mehrheit *für* eine gesetzliche Regelung ausgesprochen (vgl. *Kaspar* JZ **07**, 235, 236). In **Österreich** ist das PatVG am 1. 6. 2006 in Kraft getreten (vgl, dazu u. a. *Duttge* ZfL **06**, 81).

28 **F. Neuere Literatur zur Sterbehilfe (Auswahl):** *Achenbach,* in: *Ochsmann* (Hrsg.), Lebens-Ende 1991, 137; *ders.*, Beteiligung an Suizid und Sterbehilfe – Strukturen eines unübersichtlichen Problemfeldes, Jura **02**, 542; *Albers,* Sterbehilfe, Vormundschaftsgericht u. Verfassung, NJW **99**, 835; *Albrecht*, Strafrechtliche Aspekte der ärztlich vorgenommenen Therapiebegrenzung, Schreiber-FS (2003) 551; *Ankermann,* Verlängerung sinnlos gewordenen Lebens?, MedR **99**, 387; *Anschütz* MedR **85**, 17; *Arzt* JR **86**, 309; *ders.*, Bürokratisierung der Hilfe beim Sterben und beim Suizid – Zürich als Modell, Schreiber-FS (2003) 583; *Auer/Menzel/Eser,* Zwischen Heilauftrag u. Sterbehilfe, 1977; *Bade,* Der Arzt an den Grenzen von Leben u. Tod, 1988; *Baer-Henney,* Die Strafbarkeit aktiver Sterbehilfe – ein Beispiel für symbolisches Strafrecht?, 2004 (Diss. Berlin [Rez. *Antoine* GA **06**, 607]); *Bastian* (Hrsg.), Denken – Schreiben – Töten. Zur neuen „Euthanasie"-Diskussion u. zur Philosophie Peter Singers, Ed. Universitas 1990; *Benzendörfer,* Der gute Tod?, 1999; *Blaha,* Schutz des Lebens – Recht auf Tod, 1978; *Bottke* Zeitschr. f. ev. Ethik **81**, 109 u. [oben 9] 93; *Brammsen,* Bemerkungen zur mittelbaren Unterlassungstäterschaft, NStZ **00**, 337; *Chatzikostas,* Die Disponibilität des Rechtsguts Leben in ihrer Bedeutung für Suizid und Euthanasie, 2001; *Coeppicus*, Sterbehilfe, Patientenverfügung und Vorsorgevollmacht, 2006; *Czerner,* Aktive Sterbehilfe auch gegenüber Kindern? (usw.), MedR **01**, 354; *v. Dellingshausen,* Sterbehilfe u. Grenzen der Lebenserhaltungspflicht des Arztes, 1981; *Dodegge/Fritsche,* Zur Rechtslage bei der Entscheidung über den Abbruch medizinischer Behandlung, NJ **01**, 176; *Dreier*, Grenzen des Tötungsverbotes, Teil 2, JZ **07**, 317; *Duttge,* Sterbehilfe aus rechtsphilosophischer Sicht, GA **01**, 158; *ders.*, Einseitige („objektive") Begrenztung ärztlicher Lebenserhaltung?, NStZ **06**, 479; *Eberbach,* Staatliche Genehmigung zum Sterben?, MedR **00**, 267; *Eibach,* Sterbehilfe u. Tötung auf Verlangen, 2. Aufl. 1998; *ders.*, „Du sollst nicht töten" – Zwischen aktiver u. passiver Sterbehilfe, MedR **00**, 10; *Eisenbart,* Patiententestament u. Stellvertretung in Gesundheitsangelegenheiten, 2. Aufl. 2000; *de Faria Costa,* Das Ende des Lebens und das Strafrecht, GA **07**, 311; *Fröschle,* Maximen des Betreuerhandelns u. die Beendigung lebenserhaltender Eingriffe, JZ **00**, 72; *Geiger,* Sterbehilfe – Was heißt das?, KuG **130** (1986); *Geilen,* Euthanasie und Selbstbestimmung, 1975; *ders.*, Recht und Staat Heft **75**, 446, JZ **68**, 145, **74**, 145 u. Bosch-FS 277; *Große-Vehne,* Tötung auf Verlangen /§ 216 StGB), „Euthanasie und Sterbehilfe. Reformdiskussion und Gesetzgebung seit 1870, 2005 (Diss. Hagen); *Gründel* MedR **85**, 2; *Hanack,* in: *Hiersche,* Euthanasie 1975; *Hartmann,* Patientenverfügung u. psychiatrische Verfügung – Verbindlichkeit für den Arzt?, NStZ **00**, 113; *Herzberg,* Vorsätzliche und fahrlässige Tötung bei ernstlichem Sterbebegehren des Opfers, NStZ **04**, 1; *Hiersche,* Der Kemptener Fall – cui bono?, Hanack-FS 697; *Hiersche/ Hirsch/Graf-Baumann* (Hrsg.), Grenzen ärztlicher Behandlungspflicht bei schwerstgeschädigten Neugeborenen, 1987; *H. J. Hirsch* Welzel-FS 795; *ders.*, Lackner-FS 597; *Hoerster,* Sterbehilfe im säkularen Staat 1998 [Bespr. *Hilgendorf* JZ **99**, 351]; *ders.*, NJW **86**, 1786; *Höfling,* Sterbehilfe zwischen Selbstbestimmung u. Integritätsschutz, JZ **00**, 111; *Höfling/Rixen*, Vormundschaftsgerichtliche Sterbeherrschaft?, JZ **03**, 884; *Höfling/Schäfer*, Leben und Sterben in Richterhand? Ergebnisse einer bundesweiten Richterbefragung zu Patientenverfügung und Sterbehilfe, 2006; *Holzhauer,* Von Verfassungs wegen: Straffreiheit für passive Sterbehilfe, ZRP **04**, 41; *Hufen,* In dubio pro dignitate, NJW **01**, 849; *Ingelfinger*, Grundlagen und Grenzbereiche des Tötungsverbots, 2004 (Rez. *Neumann* ZStW **118** [2006] 743); *ders.*, Patientenautonomie und Strafrecht bei der Sterbebegleitung, JZ **06**, 821; *Jakobs,* Tötung auf Verlangen, Euthanasie u. Strafrechtssystem, 1998; *Kargl*, Aktive Sterbehilfe im Zugriff der volkspädagogischen Deutung des § 216 StGB, in: Institut für Kriminalwissenschaften Ffm (Hrsg.), Jenseits des rechtsstaatlichen Strafens, 2007, 379; *Arth. Kaufmann,* JZ **82**, 481 u. MedR **83**, 121; *Kehl,* Sterbehilfe. Ethische u. juristische Grundlagen, 1989; *Kintzi*, Ärztliche Indikation zum Töten, DRiZ **02**, 256; *Köhler*, Selbstbestimmung im Rechtsverhältnis zwischen Patient und Arzt, Küper-FS (2007) 275; *Kutzer,* Strafrechtliche Grenzen der Sterbehilfe, NStZ **94**, 110; *ders.*, Sterbehilfeproblematik in Deutschland, MedR **01**, 77; *ders.*, Maximale Schmerztherapie und ihre Abgrenzung zum Tötungsdelikt, Schlüchter-GedS (2002), 347; *ders.*, Ist eine gesetzliche Regelung der erlaubten passiven Sterbehilfe (...) erforderlich?, in: *May* (Hrsg.), Passive Sterbehilfe (usw.), 2002; *ders.*, Patientenautonomie am Lebensende, 2006; *Landau,* „Heiligkeit des Lebens und Selbstbestimmung im Sterben", ZRP **05**, 50; *Langer,* in: *Kruse/Wagner* (Hrsg.), Sterbende brauchen Solidarität, 1986, 103; *ders.* JR **93**, 133; *Laufs* NJW **88**, 1502, **92**, 1519; **92**, 1532; **96**, 763; *ders.* Arzt, Patient u. Recht am Ende des Jahrhunderts, NJW **99**, 1758; *Lilie,* Steffen-FS 273 [Hilfe zum Sterben]; *Lindner*, Grundrechtsfragen aktiver Sterbehilfe, JZ **06**, 373 [dazu auch JZ **06**, 899/902]; *Lüderssen*, Aktive Sterbehilfe – Rechte und Pflichten, JZ **06**, 689; *Matouschek,* Gewandelte Auffassungen über Sterben und Tod, 1991, 29; *Merkel*, Aktive Sterbehilfe, Schroeder-FS (2006) 297; *Milzer*, Die Patientenverfügung – Ein Rechtsgeschäft mit ablaufendem Haltbarkeitsdatum?, NJW **04**, 2277; *Neuhaus,* Heinitz-FS 397; *Oduncu*, Ärztliche Sterbehilfe im Spannungsfeld von Medizin, Ethik und Recht, MedR **05**, 437; 516; *Otto,* Die strafrechtliche Problematik der Sterbehilfe, Jura **99**, 434; *ders.*, Patientenautonomie und Strafrecht bei der Sterbebegleitung, NJW **06**, 2217; *Rieger*, Die mutmaßliche Einwilligung in den Behandlungsabbruch, 1998; *Rilinger* GA **97**, 418; *Pfäfflin*, Zur Diskussion über Sterbenachhilfe, R&P **06**, 75; *Popp*, Patientenverfügung, mutmaßliche

Einwilligung und prozedurale Rechtfertigung, ZStW **118** (2006) 637; *Roxin,* Engisch-FS 395; *ders.,* GA-FS 177; *ders.,* Zur strafrechtlichen Beurteilung der Sterbehilfe, in: *Roxin/Schroth* (Hrsg.), Medizinstrafrecht, 2. Aufl. 2001, 93; *Saliger,* Sterbehilfe ohne Strafrecht?, KritV **01**, 382; *Schick,* Fremd- und Selbstbestimmung zum Tode im Lichte strafrechtlicher Wertungen, Zipf-GedS 393; *Schmidt/Madea,* Grenzen ärztlicher Behandlungspflicht am Ende des Lebens, MedR **98**, 406; *Schneider,* Tun und Unterlassen beim Abbruch lebenserhaltender medizinischer Behandlung, 1997; *Schöch,* H.J. Hirsch-FS 693; *Schöch/Verrel,* Alternativ-Entwurf Sterbebegleitung (AE-StB), GA **05**, 553; *Schreiber,* Das Recht auf den eigenen Tod, NStZ **86**, 337; *ders.,* Soll die Sterbehilfe nach dem Vorbild der Niederlande und Belgiens neu geregelt werden?, Rudolphi-FS (2004) 543; *ders.,* Das ungelöste Problem der Sterbehilfe. Zu den neuen Entwürfen und Vorschlägen, NStZ **06**, 473; *Seibert,* Rechtliche Würdigung der aktiven indirekten Sterbehilfe, 2003; *Steffen* NJW **96**, 1581; *Tolmein,* Selbstbestimmungsrecht und Einwilligungsfähigkeit, 2004; *ders.,* „Keiner stirbt für sich allein". Sterbehilfe, Pflegenotstand und das Recht auf Selbstbestimmung, 2006; *Sternberg-Lieben,* Lenckner-FS 349; *Stratenwerth,* Zum Behandlungsabbruch bei zerebral schwerst geschädigten Langzeitpatienten, Schreiber-FS (2003) 893; *Thomas,* Ethik in der Medizin, 1993, 71; *Uhlenbruck* MedR **92**, 134; *ders.,* Selbstbestimmtes Sterben durch Patiententestament, Vorsorgevollmacht, Betreuungsverfügung, 1997; *Verrel* JZ **96**, 224; *ders.* JR **99**, 5; *ders.,* Patientenautonomie und Strafrecht bei der Sterbebegleitung. Gutachten Teil C für den 66. Deutschen Juristentag, 2006.

28 a **Richtlinien** (vgl. auch AE-StH 41 ff.): Grundsätze der Bundesärztekammer zur ärztlichen Sterbebegleitung, 2004, DÄBl 2004, 1 (H. 19; vgl. auch www.bundesaerztekammer.de/Richtlinien; zu Sterbehilfe-Richtlinien vgl. *Schreiber,* Deutsch-FS [1999] 773 ff.).

28 b **Rechtsvergleichend:** *Fischer/Lilie,* Ärztliche Verantwortung im europäischen Rechtsvergleich, 1999; *Lammisch* MedR **87**, 90; *Reis* EuGRZ **87**, 277; *Schmoller,* Lebensschutz bis zum Ende? Strafrechtliche Reflexionen zur internationalen Euthanasiediskussion, ÖJZ **00**, 361; *Tolmein,* Selbstbestimmungsrecht und Einwilligungsfähigkeit. Der Abbruch der künstlichen Ernährung bei Patienten im *vegetative state* in rechtsvergleichender Sicht: Der Kemptener Fall und die Verfahren Cruzan und Bland, 2004 (Diss. Hamburg 2004). Im einzelnen zu **Belgien:** Belgisches Gesetz zur aktiven Sterbehilfe vom 28. 5. 2002 (Übers. www.iuscrim.mpg.de/forsch/straf/referate/sach/SterbehilfeG-Belgien.pdf; **Japan:** *Makoto Ida,* Fragen der Sterbehilfe im japanischen Strafrecht, Gössel-FS (2002), 383; **Kanada:** *Plachta,* ZStW **109**, 217; **Niederlande:** Vgl. Niederländisches Gesetz zur Überprüfung bei Lebensbeendigung auf Verlangen und bei der Hilfe bei der Selbsttötung vom 10. 4. 2001 (Übers. abgedr. In FAZ v. 14. 4. 2001, S. 11); *Reis* EuGRZ **87**, 285; *Sagel,* Rechtliche Regelung der Euthanasie in den Niederlanden, ZStW **111** (1999), 742; *Janssen* ZRP **01**, 179; *Czerner* MedR **01**, 354; MedR **03**, 19 (NL, Belgien); *Lindemann,* Zur Rechtswirklichkeit von Euthanasie und ärztlich assistiertem Suizid in den Niederlanden, ZStW **117** (2005), 208; *Schreiber,* Soll die Strebehilfe nach dem Vorbild der Niederlande und Belgiens neu geregelt werden?, Rudolphi-FS (2004), 543; **Österreich:** *Duttge,* Das österreichische Patientenverfügungsgesetz: Schreckensbild oder Vorbild?, ZfL **06**, 81; **Schweiz:** vgl. schweizerische „Medizinisch-ethische Richtlinien für die ärztliche Betreuung Sterbender und zerebral schwerstgeschädigter Patienten" v. 24. 2. 1995 (MedR **95**, 496 = NJW **96**, 767); **Spanien:** *Bacigalupo/Gropengießer* ZStW **106**, 663; **USA:** *Heun,* The Right to Die – Terri Schiavo, Assisted Suicide und ihre Hintergründe in den USA, JZ **06**, 425.

Mord

211 **I Der Mörder wird mit lebenslanger Freiheitsstrafe bestraft.**

II Mörder ist, wer
aus Mordlust, zur Befriedigung des Geschlechtstriebs, aus Habgier oder sonst aus niedrigen Beweggründen,
heimtückisch oder grausam oder mit gemeingefährlichen Mitteln oder um eine andere Straftat zu ermöglichen oder zu verdecken,
einen Menschen tötet.

Übersicht

1) Allgemeines ... 1, 1 a
2) Bestimmtheit des Tatbestands ... 2–5
3) Systematik ... 6
4) Merkmale der 1. Gruppe ... 7–32
A. Mordlust ... 8
B. Befriedigung des Geschlechtstriebs ... 9

C. Habgier ... 10–13
D. Sonstige niedrige Beweggründe ... 14–32
5) Merkmale der 2. Gruppe ... 33–61
A. Heimtücke ... 34–55
B. Grausamkeit ... 56–58
C. Gemeingefährliches Tatmittel ... 59–61
6) Merkmale der 3. Gruppe ... 62–76
A. Andere Straftat ... 63
B. Ermöglichungsabsicht ... 64–67
C. Verdeckungsabsicht ... 68–76
7) Wahlfeststellung ... 77
8) Subjektiver Tatbestand ... 78–83
9) Versuch ... 84
10) Täterschaft und Teilnahme ... 85–98
11) Strafdrohung; besonders schwere Schuld; Rechtsfolgenlösung ... 99–105
12) Konkurrenzen ... 106–109
13) Sonstige Vorschriften ... 110

1) Allgemeines. Die problematische, auf einen „Tätertyp" abstellende Formulierung des Tatbestands geht auf das G zur Änderung des StGB v. 4. 9. 1941 (RGBl. I 549) zurück (dazu auch *Heine* [1 a, 1999] 317 f.); das 3. StÄG vom 4. 8. 1953 hat Abs. III aF über minder schwere Fälle gestrichen. Zu **Reform-**Bestrebungen vgl. 1 vor 211. 1

Neuere Literatur (Auswahl): *Arzt,* „Gekreuzte" Mordmerkmale?, JZ **73**, 681; *ders.,* Die Einschränkung des Mordtatbestandes, JR **79**, 7; *ders.,* Mord durch Unterlassen, Roxin-FS 855; *Bosch/Schindler,* Ausnutzen der Wehrlosigkeit zum Verdecken, Jura **00**, 77; *Brocker,* Tötung des politischen Gegners und § 211 Abs. 2 StGB, JR **92**, 13; *ders.,* Die politisch motivierte Tötung und § 211 Abs. 2 StGB, R & P **92**, 211; *ders.,* Das Tatbestandsmerkmal der Verdeckungsabsicht, MDR **96**, 228; *Dannhorn,* Anmerkungen zur subjektiven Tatseite bei Tötungsdelikten, NStZ **07**, 297; *v. Danwitz,* Die Tötung eines Menschen mit gemeingefährlichen Mitteln, Jura **97**, 569; *Elf,* Relativierung der lebenslangen Freiheitsstrafe, NStZ **92**, 468; *Eser,* „Heimtücke" auf höchstrichterlichem Prüfstand, JR **81**, 177; *Fischer,* Die „Begleiterscheinung" beim Ermöglichungs- u. Verdeckungsmord, NStZ **96**, 416; *Franke,* Zum Mordmerkmal „Habgier" bei Vorliegen eines Motivbündels, JZ **81**, 525; *Freund,* Verdeckungsmord durch Unterlassen?, NStZ **04**, 123; *Fünfsinn,* Die Rechtsfolgenlösung zur Umgehung der lebenslangen Freiheitsstrafe bei Mord, Jura **86**, 136; *ders.,* Die Rückwirkung des § 57 a StGB auf die Bestrafung wegen Mordes, GA **88**, 164; *Fuhrmann,* Die Verdeckungsabsicht beim Mord, JuS **63**, 19; *Geilen,* Bedingter Tötungsvorsatz bei beabsichtigter Ermöglichung u. Verdeckung einer Straftat, Lackner-FS 571; *v. Gerkan,* Niedrige Beweggründe als Mordmerkmal, 1998 (Diss. Heidelberg); *Glatzel,* Mord u. Totschlag, 1987; *Grasberger,* Die (mangelnde) Eignung der Mordmerkmale zur Festlegung besonders strafwürdiger Fälle, MSchrKrim **99**, 147; *Grotendiek/Göbel,* Zur Vorwerfbarkeit der Mordlust als niedrigem Beweggrund, NStZ **03**, 118; *Groth,* Der Verdeckungsmord als doppelmotivierter Handlungsakt, 1993; *Grünewald,* Verdeckungsmord durch Unterlassen, GA **05**, 502; *Günther,* Lebenslang für „heimtückischen Mord"?, NJW **82**, 353; *ders.,* Mordunrechtsmindernde Rechtfertigungselemente, JR **85**, 268; *Haas,* Zur Erfüllung des Mordmerkmals der Verdeckungsabsicht durch Unterlassen, Weber-FS (2004) 235; *Haverkamp,* Zur Tötung von Haustyrannen im Schlaf aus strafrechtlicher Sicht, GA **06**, 586; *Heine,* Tötungsdelikte, LdR 8/1680, 1; *ders.,* Stand u. Entwicklung der Mordtatbestände, National u. international, in: *Kreuzer* u. a. (Hrsg.), Fühlende und denkende Kriminalwissenschaften, 1999, 315; *ders.,* Mord u. Mordstrafe, GA **00**, 305; *Hillenkamp,* Zum Heimtückemord in Rechtfertigungslagen, Rudolphi-FS (2004) 463; *Hohmann/Matt,* Zum Mordmerkmal der „Verdeckung einer anderen Straftat", JA **89**, 134; *Jähnke,* Über die Rechtsfolgenlösung des Bundesgerichtshofs bei Heimtückemord, Spendel-FS 537; *Jakobs,* Die Schuld der Fremden, ZStW **118** (2006), 831; *Jescheck/Triffterer,* Ist die lebenslange Freiheitsstrafe verfassungswidrig?, 1978; *Kargl,* Gesetz, Dogmatik u. Reform des Mordes, StraFO **01**, 365; *ders.,* Zum Grundtatbestand der Tötungsdelikte, JZ **03**, 1141; *Kerner,* Tötungsdelikte u. lebenslange Freiheitsstrafe, ZStW **98**, 874; *Köhler,* Zur Abgrenzung des Mordes, GA **80**, 121; *ders.,* Zur Strafbarkeit des Mordes bei „außergewöhnlichen Umständen", JuS **84**, 762; *Küper,* Zur Problematik der Verdeckungsabsicht bei „außerstrafrechtlichem" Verdeckungszweck, JZ **95**, 1158; *ders.,* Die Rechtsprechung des BGH zum tatbestandssystematischen Verhältnis von Mord u. Totschlag, JZ **91**, 761; 862; 910; *ders.,* „Heimtücke" als Mordmerkmal – Probleme u. Strukturen, JuS **00**, 740; *ders.,* Motiv-Intentionalität und Zweck-Mittel-Relation. Zur Analyse der Tötung „aus Habgier", Meurer-GedS (2002), 191; *ders.,* „Blutrache", „Heimtücke" und Beteiligung am Mord, JZ **06**, 608; *ders.,* Normativierung der Arglosigkeit?, GA **06**, 310; *ders.,* Im Dickicht der Beteiligung an Mord und Totschlag, JZ **06**, 1157; *Küpper,* Mord u. Totschlag in Mittäterschaft, JuS **91**, 639; *Laber,* Die neue Rechtsprechung zum 1 a

Mordmerkmal der Verdeckungsabsicht, MDR **89**, 861; *D. Lange*, Die politisch motivierte Tötung, 2007 (Diss. Frankfurt 2006); *Meier,* Zur gegenwärtigen Behandlung des „Lebenslänglich" beim Mord, 1989; *Mitsch,* Straftatverdeckung mit bedingtem Tötungsvorsatz als Mordversuch, JuS **97**, 788; *ders.*, Der „Kannibalen-Fall", ZIS **07**, 197; *Momsen,* Der Mordtatbestand im Bewertungswandel? Abweichende soziokulturelle Wertvorstellungen, Handeln auf Befehl und das Mordmerkmal der „niedrigen Beweggründe", NStZ **03**, 237; *Momsen/Jung,* Der „Kannibale von Rotenburg" – Ein vorläufiges Resümee, ZIS **07**, 162; *Müller-Dietz,* Das Verhältnis von Gesetz u. Richter am Beispiel des § 211 StGB, Nishihara-FS 248; *Müssig,* Mord und Totschlag. Vorüberlegungen zu einem Differenzierungsansatz im Bereich des Tötungsunrechts, 2005 (Rez. *Neumann* ZStW **118** [2006] 913; *Steinberg* JZ **07**, 244; *Ingelfinger* GA **07**, 364); *ders.*, Normativierung der Mordmerkmale durch den Bundesgerichtshof? Kriterien der Tatverantwortung bzw. Tatveranlassung als Interpretationsmuster für die Mordmerkmale, Dahs-FS (2005) 117; *Nehm,* Blutrache – Ein niedriger Beweggrund?, Eser-FS (2005), 419; *Neumann,* Mord und Totschlag. Argumentationstheoretische Erwägungen zum Verhältnis von §§ 211 und 212, Lampe-FS (2003). 643; *Otto,* Die Mordmerkmale in der höchstrichterlichen Rechtsprechung, Jura **94**, 141; *Quentin,* Kein „Heimtückemord" bei objektiv gegebener Notwehrlage?, NStZ 05, 128; *Rengier,* Das Mordmerkmal der Heimtücke nach BVerfGE 45, 187; MDR **79**, 969; **80**, 1; *ders.,* Der GSSt auf dem Prüfstand, NStZ **82**, 225; *ders.,* Das Mordmerkmal „mit gemeingefährlichen Mitteln", StV **86**, 405; *ders.*, Totschlag oder Mord und Freispruch aussichtslos? – Zur Tötung von (schlafenden) Familientyrannen, NStZ **04**, 233; *ders.*, Zur aktuellen Heimtücke-Rechtsprechung 30 Jahre nach BVerfGE 45, 187, Küper-FS (2007) 473; *Saliger,* Zum Mordmerkmal der Verdeckungsabsicht, ZStW **109**, 302; *ders.,* „Niedrige Beweggründe" bei „grundloser Tötung"?, StV **03**, 38 [Bespr. v. BGH **47**, 128]; *Schlüchter,* Präjudizienherrschaft des Bundesgerichtshofs am Beispiel des Verdeckungsmordes durch Unterlassen, BGH-FG 933; *Schmidhäuser,* Der Verdeckungsmord (usw.), NStZ **89**, 55; *Schmoller,* Überlegungen zur Neubestimmung des Mordmerkmals „heimtückisch", ZStW **99**, 389; *Schroeder,* Grundgedanken der Mordmerkmale, JuS **84**, 275; *ders.,* Bedingter Tötungsvorsatz bei zweckbestimmter Tötung, JuS **94**, 294; *Schwarzenegger,* Skrupellos u. verwerflich! (usw.), SchweizZSt **00**, 349; *v. Selle,* Zur Strafbarkeit des politisch motivierten Tötungsverbrechens, NJW **00**, 992; *Sowada,* Zur Strafbarkeit wegen Mordes bei strafvereitelungsfremdem Verdeckungszweck, JZ **00**, 1035; *Spendel,* „Heimtücke" u. gesetzliche Strafe bei Mord, JR **83**, 269; *Theile,* Verdeckungsabsicht und Tötung durch Unterlassen, JuS **06**, 110; *Thomas,* Die Geschichte des Mordparagraphen, 1985; *Veh,* Mordtatbestand u. verfassungskonforme Rechtsanwendung, 1986; *Verrel,* (Noch kein) Ende der Hemmschwellentheorie?, NStZ **04**, 309; *Vormbaum,* Mord sollte wieder verjähren, Bemmann-FS 481; *Weiß,* Die Problematik der Verdeckungsabsicht im Mordtatbestand, 1997; *Wilhelm,* Verdeckungsmord durch Unterlassen nach bedingt vorsätzlicher Totschlagshandlung, NStZ **05**, 177; *Witt,* Das Mordmerkmal „grausam", 1996; *Woesner,* Moralisierende Mordmerkmale, NJW **78**, 1024; *Wohlers,* Die Abgrenzung des Verdeckungsmordes vom Totschlag, JuS **90**, 20; *Wolf,* Mörder oder Totschläger? Zum 60jährigen Bestehen des § 211 StGB, Schreiber-FS (2003) 519; *Zaczyk,* Das Mordmerkmal der Heimtücke und die Notwehr gegen eine Erpressung, JuS **04**, 750; *Zielke,* Politische Motivation als niedriger Beweggrund iS des § 211 Abs. 2 StGB, JR **91**, 136; *Zuriel,* Neuere Rechtsprechung zu den Mordmerkmalen und der besonderen Schuldschwere, StraFo **05**, 404.

Rechtsprechungsübersichten: vgl. 1 a vor § 211 aE.

2 **2) Verfassungsrechtliche Einwände. A.** Einwände gegen den Tatbestand sind insb. unter dem Gesichtspunkt der **Bestimmtheit** sowie im Hinblick auf einen möglichen Verstoß der absoluten Strafe gegen den **Schuldgrundsatz** erhoben worden. Das **BVerfG** hat im Hinblick auf die Bestimmtheit keine Einwände erhoben (BVerfGE **45**, 267), und zwar weder gegen die Mordmerkmale „grausam" oder „aus niedrigen Beweggründen" (BVerfGE **54**, 112), noch gegen die der Heimtücke oder der Verdeckungsabsicht, wenn diese Merkmale unter Beachtung des verfassungsrechtlichen Verhältnismäßigkeitsgrundsatzes **restriktiv ausgelegt** werden (BVerfGE **45**, 187, 267).

3 **B.** § 211 enthält neben der „typen"-orientierten Voranstellung der Strafdrohung (oben 1) in Abs. II abschließende tatbestandliche Merkmale. Das im Einzelnen umstrittene gesetzgeberische **Motiv** (besondere sozial-ethische Verwerflichkeit; *besondere Gefährlichkeit* [vgl. dazu *Heine* GA **00**, 305, 307; krit. *Albrecht* JZ **82**, 697; *Kargl* StraFO **01**, 365]) ist nach hM jedenfalls nicht als (ungeschriebenes) Tatbestandsmerkmal zu behandeln (BGH **3**, 186; *S/S-Eser* 10; LK-*Jähnke* 1). Nach stRspr des **BGH** begründet (nur) das Vorliegen eines Mordmerkmals den im

Verhältnis zum Totschlag „selbstständigen" Tatbestand des Mordes (BGH **3**, 133; GrSen. **9**, 385 und **11**, 139; vgl. unten 89); umgekehrt darf, wenn Merkmale des II fehlen, nicht Mord angenommen werden. Der (rechtsstaatswidrigen) Intention des historischen Gesetzgebers, tatbestandliche Abgrenzungen durch „sittliche Bewertungen" zu ersetzen, hat der BGH daher eine Auslegung entgegen gesetzt, welche die Bewertung an die Voraussetzungen des Art. 103 II GG knüpft.

Normative Einschränkung. Während die Feststellung gesinnungs-orientierter Merkmale (auf Täterseite) nach stRspr eine umfassende **Gesamtwürdigung** voraussetzt, kann das genannte Verständnis des II namentlich bei den Merkmalen der Heimtücke (unten 34 ff.) und der Verdeckungsabsicht (unten 68) zu Problemen im Hinblick auf den **Schuldgrundsatz** führen, weil unrechts- oder schuldmindernde Gesichtspunkte hier im Einzelfall möglicherweise nicht hinreichend berücksichtigt werden können. Für das Mordmerkmal der **Heimtücke** hat der BGH (BGH **30**, 105 [GrSen] daher eine normative Einschränkung auf der **Rechtsfolgenseite** zugelassen (vgl. dazu auch BGH **48**, 255, 262 f. [Bespr. *Hillenkamp* JZ **04**, 48]; unten 46 ff.), eine Übertragung auf andere Mordmerkmale aber in stRspr abgelehnt. Die Entscheidung NStZ **03**, 146, 148, in welcher der *5. StS* eine Anwendung des § 49 I auf einen Fall von Heimtücke *und* niedrigen Beweggründen mit der Begründung abgelehnt hat, letztlich seien ungeachtet der festgestellten Konfliktsituation niedrige Beweggründe gegeben, widerspricht dem nicht. Hierüber ist der *1. StS* in BGH **48**, 207 mit einer normativen Einschränkung der Heimtücke-Voraussetzungen (Arglosigkeit) auf **Tatbestandsseite** weit hinausgegangen (krit. dazu *Schneider* NStZ **03**, 428; *Hillenkamp* JZ **04**, 48, 49; *Quentin* NStZ **05**, 128; zumindest zweifelnd der *4. StS* in NStZ **07**, 523, 525; vgl. unten 49 ff.). 4

Eine verbreitete Ansicht im **Schrifttum** (*S/S-Eser* 10 mwN; SK-*Horn* 6) lässt das Vorliegen von Mordmerkmalen allein nicht genügen, sondern setzt voraus, dass auf Grund einer **Gesamtwürdigung** von Tat und Täter die besondere Verwerflichkeit der Tat ausdrücklich festgestellt (sog. **positive Typenkorrektur;** *Lange,* Schröder-GedS 217 mwN; vgl. *Horn,* Arm. Kaufmann-GedS 573; gegen sie BGH **9**, 389; **30**, 115 [GrSen.]; **41**, 361 [hierzu *Mitsch* JuS **97**, 788]) oder die Möglichkeit eröffnet wird, diese besondere Verwerflichkeit uU zu verneinen (sog. **negative Typenkorrektur;** *Geilen* JR **80**, 310 mwN; *Bertram,* in: *Jescheck/Triffterer* aaO [1 a vor § 211] 175; zusf. *Möhrenschlager* NStZ **81**, 58; vgl. auch unten 53). Ein normatives Abgrenzungs-Modell unter Rückgriff auf Kriterien der objektiven Zurechnung hat *Müssig* (Mord und Totschlag; oben 1 a] vorgeschlagen. 5

3) Systematik. Über das systematische Verhältnis zu § 212 (sowie zu §§ 213, 216) besteht zwischen Rspr und hM in der Lit. ein **Dissens** (vgl. dazu auch 1 vor § 211). Der **BGH** sieht in **stRspr** § 211 als abgeschlossenen, **eigenständigen Tatbestand** an, meint aber (im Widerspruch dazu) *zugleich*, der Unrechtsgehalt des § 212 sei in § 211 „enthalten". Er wendet bei nicht akzessorischer Beteiligung § 28 I an (vgl. BGH **1**, 368, 371 f.; **6**, 329, 330; **22**, 375, 377; **36**, 231, 233; **50**, 1, 5 f. = NJW **05**, 996, 997 [Anm. *Puppe* JZ **05**, 902; *Jäger* JR **05**, 477]; 2 StR 206/04; NStZ **06**, 34 [1 StR 227/05]; NStZ **06**, 288 [4 StR 243/05; m. krit. Anm. *Puppe*]). Dagegen versteht die **hM in der Lit.** § 211 zutreffend als **Qualifikation** des § 212 und gelangt daher in diesen Fällen zur Anwendung des § 28 II (dazu i. E. unten 88 ff.). Die **Mordmerkmale** führt **Abs. II** in drei Gruppen auf, die nach subjektiven Beweggründen (1. und 3. Gruppe) und Art der Tatausführung (2. Gruppe) unterscheiden; die Fälle der 3. Gruppe sind dabei als Sonderfälle niedriger Beweggründe anzusehen und im Hinblick auf die Verknüpfung mit einem außerhalb des Tötungs-Tatbestands liegenden Unrecht besonders herausgestellt (BGH **11**, 226; 228; **23**, 39; **41**, 358, 362; *Arzt/Weber* 2/42; *M/Schroeder/Maiwald* 2/23; LK-*Jähnke* 2). 6

4) Merkmale der 1. Gruppe. Die erste Gruppe der Mordmerkmale *(Verwerflichkeit des Beweggrundes)* umfasst **niedrige Beweggründe.** 7

8 **A. Mordlust.** Das Merkmal ist gegeben, wenn es dem Täter darauf ankommt, einen Menschen sterben zu sehen, wenn er aus Mutwillen, aus Angeberei, aus Freude an der Vernichtung eines Menschenlebens (vgl. zB NStZ **07**, 522f.) oder aus Zeitvertreib tötet, die Tötung als nervliches Stimulans oder „sportliches Vergnügen" betrachtet (BGH **34**, 60 [m. Anm. *Geerds* JR **86**, 519; *Otto* JK 15]; NJW **94**, 2629 [m. Anm. *Fabricius* StV **95**, 637; MK-*Schneider* 49; krit. *Grotendiek/Göbel* NStZ **03**, 117ff.]; *Schroeder* JuS **84**, 277; LK-*Jähnke* 6; *Otto* BT § 4, 5f. u. Jura **94**, 144). Kennzeichen von „Mordlust" ist daher gerade die (subjektive) *Austauschbarkeit* des Opfers, die sich zB in der Tötung eines „Ersatzopfers" äußern kann (vgl. NStZ **88**, 268). Es geht also um eine Befriedigung des Täters durch den Tötungsvorgang selbst oder durch den – von der Person des Opfers unabhängigen – Tötungserfolg; die bloße Missachtung des Opfers als Objekt der Willkür ist dagegen eher den „sonstigen" niedrigen Beweggründen zuzuordnen (vgl. *Otto* ZStW **83**, 39, 58ff.). Kann ein Motiv des Täters nicht festgestellt werden, so ist das Mordmerkmal nicht gegeben (unzutr. ist daher die Kritik *Kargls* [StraFO **01**, 365, 366], wonach die BGH-Rspr das Merkmal als bloße Abwesenheit verständlicher Motive definiere); es reicht also nicht etwa die Feststellung von „Grundlosigkeit" oder Anlasslosigkeit der Tat; diese mag im Einzelfall freilich *Indiz* für das Vorliegen von Mordlust sein (vgl. aber auch unten 18, 22). Mordlust ist auch kein allgemeiner psychopathologischer *Zustand* des Täters iS einer schweren seelischen Abartigkeit (in diese Richtung noch NJW **53**, 1440). Dass es keine dem Bestimmtheitsgebot genügenden Anhaltspunkte für die tatsächlichen Voraussetzungen des Merkmals gebe (so *Kargl* StraFO **01**, 366), wird nicht nur durch die Wirklichkeit (vgl. NStZ **07**, 522f.), sondern auch durch Produktionen der Video- und Computer*spiel*-Industrie eindrucksvoll widerlegt, in welchen ein von sozialem *Sinn* (außer dem der unmittelbaren Befriedigung aggressiver Impulse) freies Massakrieren von Menschen *eingeübt* wird. Triebhafte oder gefühlsmäßige Regungen des Täters stehen der Annahme von Mordlust nicht entgegen, wenn die oben genannten subjektiven Voraussetzungen gegeben sind (BGHR § 211 II Mordlust 1; NStZ **07**, 522f.). *Bedingter* Vorsatz genügt für die Annahme des Merkmals nicht (3 StR 18/86; MK-*Schneider* 51; vgl. unten 78).

9 **B. Tötung zur Befriedigung des Geschlechtstriebes** (GA **58**, 109; MDR/D **74**, 547) liegt vor, wenn geschlechtliche Befriedigung **in der Tötung** gesucht wird (vgl. BGH **7**, 353; **19**, 101; MK-*Schneider* 55); oder wenn der Tod des Opfers **zu diesem Zweck** angestrebt oder billigend in Kauf genommen wird (vgl. BGH **19**, 101; StV **92**, 259; *S/S-Eser* 16; LK-*Jähnke* 7; MK-*Schneider* 57); oder wenn getötet wird, um sich danach an der Leiche sexuell zu befriedigen (BGH **7**, 353; MDR/H **82**, 102; NJW **82**, 2565). Es reicht auch aus, wenn der Täter Bildaufnahmen von der Tötung herstellt, um sie bei späteren Gelegenheiten zur (eigenen) sexuellen Stimulation zu verwenden (BGH **50**, 80, 86f. [= NJW **05**, 1876; *Kannibalen-Fall*; Bespr. *Schiemann* NJW **05**, 2350; *Otto* JZ **05**, 799; *Kudlich* JR **05**, 342; *Momsen/Jung* ZIS **07**, 162; krit. *Kreuzer* MschrKrim **05**, 412; *Mitsch* ZIS **07**, 197, 200]). Fälle bedingten Tötungsvorsatzes (BGH **19**, 101; BGHR § 211 II Befr. d. GTr. 1; NStE Nr. 2 zu § 20; str.) sind insb. möglich, wenn die Triebbefriedigung vor dem Tode des Opfers erreicht werden soll (1 StR 348/78; vgl. *Eser* NStZ **83**, 434; *Otto* Jura **94**, 144), etwa wenn der Täter auf das Opfer unter Inkaufnahme des Todes einsticht, um den beabsichtigten Geschlechtsverkehr zu erzwingen (NStE Nr. 16); das Merkmal ist aber nicht gegeben, wenn die angestrebte sexuelle Befriedigung das Überleben des Opfers voraussetzt (BGH **23**, 176 [*Bartsch-Fall*]). Das Merkmal ist nicht erfüllt, wenn der Täter eine Person tötet, um (ungestört) mit einem **Dritten** sexuell verkehren zu können (*S/S-Eser* 16; SK-*Horn* 11; MK-*Schneider* 56); auch dann nicht, wenn der Täter bei einer aus anderen Gründen verübten Tötung in sexuelle Erregung gerät (NStZ **01**, 598). Ein situativer oder ursächlicher *Zusammenhang* zwischen sexuellen Handlungen oder Motivationen und der Tötungshandlung reicht daher für sich allein nicht aus; Tatmotive und mög-

liche Motivwechsel sind unter Berücksichtigung der Täterpersönlichkeit im Einzelfall festzustellen (vgl. NStZ-RR **04**, 8 [Tötung und anschließende sexuelle Handlungen nach Zurückweisung]).

C. Habgier. Habgier ist nach **stRspr** und **hM** ein „noch über die Gewinnsucht hinaus gesteigertes abstoßendes **Gewinnstreben um jeden Preis**" (BGH **10**, 399; **29**, 317; NJW **81**, 932; **95**, 2365; **01**, 763 [Bespr. *Wolf*, Schreiber-FS 2003, 519, 523 ff.]; NStZ **93**, 385; StV **89**, 150; krit. zur „moralischen Aufladung" des Merkmals *Arzt/Weber* 2/59; *Kargl* StraFo **01**, 365, 367; vgl. dazu i. e. *Küper*, Meurer-GedS [2002] 191, 194 ff.; *S/S-Eser* 17; SK-*Horn* 12); sie liegt nach stRspr vor, „wenn sich die Tat als Folge eines noch über bloße Gewinnsucht hinaus gesteigerten Gewinnstrebens darstellt" (NStZ **03**, 307). Auf die Größe des Vermögensvorteils kommt es dabei grds nicht an (MK-*Schneider* 58); auch eine dauerhafte Bereicherung muss nicht angestrebt werden (BGH **29**, 317). Das Ziel der Bereicherung muss nicht erreicht werden; vielmehr genügt die hierauf gerichtete **Absicht** des Täters (NStZ **93**, 385). Das **Gewinnstreben** braucht nicht das einzige Motiv zu sein (LK-*Jähnke* 8); es muss aber **tatbeherrschend** (BGH **29**, 319) und „bewusstseinsdominant" sein (BGH **42**, 301, 304 [m. Anm. *Dölling* JR **98**, 160]; **50**, 1, 7 f. [= NJW **05**, 996]; MDR/H **86**, 97; NJW **81**, 932 f.; **91**, 1189; **95**, 2365; **01**, 763; NStZ-RR **99**, 235 f.; StV **89**, 150 f.; **93**, 360 f.); in Fällen eines „Motivbündels" muss das Motiv der Gewinnerzielung „im Vordergrund stehen" (NJW **81**, 933 [hierzu *Franke* JZ **81**, 525; *Eser* NStZ **81**, 384; **83**, 435]; NJW **01**, 763 [Bespr. bei *Wolf*, Schreiber-FS 2003, 519]; NStZ **89**, 19 [hierzu *Geppert* JK 17]; StV **93**, 390; krit. zur Anforderung von Motivdominanz *Küper*, Meurer-GedS 191, 199 Fn. 48; *Wolf*, Schreiber-FS [2003] 519, 524 f.). Die Tötung muss aus Sicht des Täters nicht „erforderlich" sein; der Annahme von Habgier steht nicht entgegen, dass er aus seiner Sicht den Vermögensvorteil auch anders erlangen *könnte* (NStZ **04**, 441). 10

Einzelfälle. Habgier ist **zB** angenommen worden bei Raubmord (BGH **39**, 159); wenn die Tötung die Beute eines noch unbeendeten Raubs sichern soll (NJW **91**, 1189; NStE Nr. 18; NJW **01**, 763 [Bespr. *Martin* JuS **01**, 613; *Wolf*, Schreiber-FS 2003, 519, 520 ff.]); wenn es dem Täter darum geht, in den Genuss einer Erbschaft (BGH **42**, 303; 5 StR 668/93) oder in den Besitz eines anderen dem Opfer zustehenden Vermögensgegenstandes zu kommen (BGH **29**, 318 [Beschaffung von BtM zum eigenen Verbrauch; zw.; krit. *Alwart* JR **81**, 293; *Paeffgen* GA **82**, 264; *Dencker* NStZ **83**, 401; vgl. auch *H. Schäfer*, Middendorff-FS 243; NJW **81**, 933, hierzu *Alwart* GA **83**, 436]). Eine **unmittelbare Bereicherung** oder die hierauf gerichtete Absicht ist nicht erforderlich (**aA** *Lackner/Kühl* 4), so dass zB auch das Streben eines Auftragstäters nach Entlohnung (LK-*Jähnke* 8), aber auch die Absicht ausreicht, sich von **Unterhaltsaufwendungen** (BGH **10**, 399; vgl. auch BGH **3**, 132; bei *Eser* NStZ **81**, 384; **93**, 385; LK-*Jähnke* 8; **aA** SK-*Horn* 14; *Mitsch* JuS **96**, 121, 124) oder anderen **Zahlungsverpflichtungen** zu befreien (OGH **1**, 81; LK-*Jähnke* 8; and. *Arzt/Weber* 2/60; *S/S-Eser* 17), wenn hierbei nicht die „Lästigkeit" des Gläubigers, sondern die eigene Vermögensmehrung im Vordergrund steht. Die Absicht, vorhandene Vermögenswerte zu erhalten, ist *für sich allein* keine Habgier (BGH **3**, 183); idR auch nicht das Bestreben, einen (vermeintlichen) **Anspruch** im Wege der Selbsthilfe durchzusetzen (LK-*Jähnke* 8; *Lackner/Kühl* 4; *Otto* Jura **94**, 141, 145; *Schmidhäuser*, Reimers-FS 445); anders ist es, wenn in der Täterbewertung das Leben des Opfers hinter die eigene Vermögensmehrung gänzlich zurücktritt. 11

Handeln aus Not steht der Annahme von Habgier idR entgegen (*M/Schroeder/Maiwald* 2/33; *Schmidhäuser*, Reimers-FS 445, 452 f.). Sie liegt freilich nicht schon dann vor, wenn etwa Sozialhilfeleistungen nicht in Anspruch genommen oder als nicht ausreichend angesehen werden (vgl. *Arzt/Weber* 2/60; LK-*Jähnke* 8). Psychische Störungen oder Suchterkrankungen (Alkohol- oder Drogensucht [vgl. aber BGH **29**, 317] mit Entzugserscheinungen) können im Einzelfall das Gewinnerzielungs-Motiv in den Hintergrund treten lassen (zur „Spielsucht" vgl. NStZ **04**, 31 [Betrug]). Der Begriff der Habgier als Sonderfall niedriger Beweggründe enthält insoweit eine abschließende Bewertung; eine **„Korrektur"** von Tötungen aus Habgier als 12

„weniger verwerflich" im Wege eine Gesamtwürdigung ist ausgeschlossen (BGH **42**, 301, 304; GA **71**, 155; vgl. auch *Arzt/Weber* 2/61; *Schmidhäuser,* Reimers-FS 445; LK-*Jähnke* 8; **aA** *S/S-Eser* 17).

13 **Kritik.** Die zur Bestimmung der Habgier von der Rspr. verwendeten definitorischen Formeln setzen das Ergebnis der Bewertung regelmäßig voraus. So kann die Formel, Hab-*Gier* sei eine Steigerung von Gewinn-*Sucht,* schon deshalb nicht überzeugen, weil dieser Begriff ebenso unbestimmt bleibt; Fälle von „Gewinn-Sucht", die *nicht* „Habgier" ist, lassen sich in der Rspr. nicht finden. Tötungen aus „gesundem Gewinnstreben" oder aus „normaler Gewinnsucht" für unbedenklich zu erklären, wäre nicht verständlich (zutr. *Wolf,* Schreiber-FS [2003] 519, 524f.). Die Einordnung des Motivs der Habgier als „niedrig" und damit als besonders verwerflich versteht sich im Übrigen nicht von selbst, da gemeinhin die Durchsetzung persönlicher *Erwerbsinteressen,* auch zu Lasten anderer, sozial *besonders hoch* bewertet wird (insoweit zutr. *Kargl* StraFO **01**, 347). Andererseits wird der Vermögenserwerb mit Gewalt (vgl. § 244 I Nr. 1, §§ 249, 250), insb. aber durch Vernichtung eines Menschenlebens (§ 251, § 211), aus generalpräventiven Gründen unter besonders hohe Strafdrohung gestellt (vgl. auch MK-*Schneider* 60). Dieser sozialpsychologische Zwiespalt legt eine restriktive Auslegung des Merkmals nahe. Die praktische Anwendung zeigt aber, dass das Handlungsmotiv regelmäßig unmittelbar auf das Tötungsgeschehen bezogen und dass die Voraussetzungen der „Habgier" aus dem *Missverhältnis* zwischen der Vernichtung des Rechtsguts Leben und dem Motiv, sich durch Tötung zu bereichern (zur Bedeutung der Zweck-Mittel-Relation vgl. ausf. *Küper,* Meurer-GedS 191, 199ff.), meist ohne weiteres abgeleitet werden; vorsätzliche Tötungen aus Erwerbsinteresse, die *nicht* als Mord bewertet werden, kommen in der Praxis fast nur dann vor, wenn die Tat zumindest subjektiv der Durchsetzung eines *berechtigten* Anspruchs dient (vgl. *Schmidhäuser,* Reimers-FS 445, 452ff.; *Arzt/Weber* 2/60; *Mitsch* JuS **96**, 124; *Otto* Jura **94**, 145; *Lackner/Kühl* 4; MK-*Schneider* 64; *Küper,* Meurer-GedS 191, 206f.; **and.** *S/S-Eser* 17; *M/Schroeder/Maiwald* 2/33). *Insoweit* ist es folgerichtig, wenn es nach hM auf die Größe des erstrebten Vermögensvorteils nicht ankommt. Freilich ist die Bewertung auch hier widersprüchlich: Wer *(„schon")* für 10 Euro tötet, handelt wegen des „eklatanten Missverhältnisses" habgierig; wer *(„erst")* für 10 Mio. Euro tötet, bewertet zwar ein Menschenleben höher als jede Haftpflichtversicherung, handelt dann aber wegen seiner „Gier" besonders anstößig. Das *normative* Fundament des Merkmals ist daher brüchig. Dass der BGH dies mit der Formel von der „*Gesamtbewertung*" zu heilen pflegt, kann nicht beruhigen.

14 **D. Sonstige niedrige Beweggründe** liegen nach stRspr vor, wenn die Motive einer Tötung „nach allgemeiner sittlicher Anschauung verachtenswert sind und auf tiefster Stufe stehen" (BGH **2**, 63; **3**, 133; **35**, 116, 127; **42**, 226, 228; **47**, 128, 130; **50**, 1, 8; NJW **95**, 602; NStZ **93**, 342 [m. Anm. *Brocker* NStZ **94**, 33]; **99**, 129; **02**, 369; **06**, 97; NStZ-RR **00**, 168; 333; 5 StR 139/02; LK-*Jähnke* 24; *S/S-Eser* 18; *Arzt/Weber* 2/67; *W/Hettinger* 95; *Küper* BT 100; krit. zur Abgrenzung *Kargl* StraFO **01**, 386; *Neumann* JR **02**, 471f.; *Wolf,* Schreiber-FS [2003] 519, 526ff.); wenn die tatmotivierende Gefühlsregung jeglichen nachvollziehbaren Grundes entbehrt (NStZ-RR **03**, 147, 149); wenn die Motive „in deutlich weiter reichendem Maße als bei einem Totschlag verachtenswert erscheinen" (NStZ **04**, 34). Bei der Bewertung kommt es auf eine *rechtliche* Beurteilung an; die Missachtung allein moralisch-sittlicher Postulate, die in der Rechtsordnung keinen Niederschlag finden, kann den Mordvorwurf nicht begründen (vgl. *Schünemann,* Bockelmann-FS 117, 132); es reicht daher nicht aus, dass einer vorsätzlichen Tötung eine moralische Berechtigung fehlt (StV **03**, 26). Andererseits kann die empirische Feststellung individualpsychologischer Kausalzusammenhänge (die *Neumann,* JR **02**, 471, einer von ihm kritisch konstatierten Orientierung der BGH-Rspr am *common sense* und an der „Alltagsmoral" gegenüberstellt) die „*Wertung* einer zynischen Missachtung eines Menschenlebens" (ebd.) nicht ersetzen, sondern nur (rational) erklären.

Nach stRspr und hM setzt die Beurteilung von Beweggründen als „niedrig" eine **Gesamtwürdigung** voraus (BGH **35**, 116, 127; **47**, 128, 133; GA **74**, 370; NJW **81**, 1382; **91**, 1189; NStE Nr. 36; 1 StR 393/95 [insoweit nicht in BGH **41**, 222 abgedr.]; NStZ **81**, 385; **83**, 435; **01**, 88; **02**, 368; **02**, 369f. [Bespr. *Momsen* NStZ **03**, 237]; **03**, 146, 147; NStZ-RR **06**, 234; **06**, 340, 341; StraFo **07**, 123, 124; krit. *Horn,* Arm. Kaufmann-GedS 573), bei der insb. auch das **Verhältnis** zwischen Anlass und Tat (StV **81**, 399, 400; **83**, 504), die Vorgeschichte der Tat einschließlich einer evtl. den Täter oder das Opfer treffenden Verantwortung an einer Konflikt-Eskalation (vgl. NJW **54**, 565; StV **81**, 400; **87**, 296; **98**, 25; **01**, 571), das unmittelbar vorherrschende Tatmotiv insb. auch im Zusammenhang mit sonstigen Beweggründen, Handlungsantrieben und „Einstellungen" des Täters gegenüber der Person und dem Lebensrecht des Opfers zu berücksichtigen sind (BGH **35**, 116, 12; **47**, 128, 130; 5 StR 548/06). Bei der Bewertung steht dem Tatrichter nach der Rspr des BGH ein **Beurteilungsspielraum** zu, den das Revisionsgericht nicht durch eigene Erwägungen ausfüllen kann (NStZ-RR **04**, 79, 80; NStZ **06**, 284, 285; **06**, 338, 430; NStZ **07**, 330, 331; NStZ-RR **06**, 140; **06**, 340, 341; StraFo **07**, 123, 124; 1 StR 30/05; *Maatz/Wahl,* BGH-50-FS, 531, 552 mwN). *Berechtigte Kritik* richtet sich insoweit gegen das Fehlen objektivierbarer Maßstäbe, gegen die Öffnung Willkür-gefährdeter Bewertungsspielräume und gegen die – vom Gesetzgeber des § 211 programmatisch beabsichtigte – Einbeziehung von Persönlichkeits- und Schuldbeurteilungen schon auf der Tatbestandsebene (vgl. etwa die Zusammenfassung bei *Wolf,* Schreiber-FS [2003] 519, 524ff., 531). 15

a) Das Gericht hat die Motivation des Täters im *konkreten Fall* aufzuklären und die der **Bewertung** als „niedrig" zugrunde liegenden Umstände des Einzelfalls festzustellen; dem Täter müssen diese **Umstände bekannt** und die **Beurteilung** als sittlich besonders anstößig seiner Einsicht zugänglich gewesen sein (StV **04**, 205; NStZ **04**, 620; unten 82). Nach der üblichen Formulierung der Rspr muss der Täter „seine gefühlsmäßigen oder triebhaften Regungen **gedanklich beherrschen und willensmäßig steuern**" (BGH **47**, 128, 133; vgl. unten 82). Hierbei wird, auch vom Revisionsgericht, missverständlich immer wieder als ausreichend bezeichnet, dass er dies „*konnte*" (vgl. etwa NStZ-RR **03**, 78, 79; NStZ **07**, 525, 526; 5 StR 79/06). Das ist unzutreffend, denn die Annahme der vorsätzlichen Niedrigkeit von „*Gründen*" kann sich nicht auf den *Fahrlässigkeits*-Vorwurf stützen, der Täter habe seine Beweggründe gerade *nicht* „gesteuert". Auf die eigene *Bewertung* des Täters kommt es freilich nicht an (vgl. NJW **04**, 1466; NStZ **93**, 281; krit. *Jakobs* ZStW **118** [2006] 831, 837 Fn. 26; zur Einordnung als *Verbots*irrtum vgl. *Fabricius* StV **96**, 209, 211; *Trück* NStZ **04**, 497, 498). Ein als niedrig anzusehender Beweggrund muss zweifelsfrei positiv festgestellt sein. Kommen mehrere verschiedene Tatmotive in Betracht, so ist eine Verurteilung nur möglich, wenn *jeder* der möglichen Beweggründe als niedrig anzusehen ist (NStZ **06**, 166). **Persönlichkeitsstörungen,** die dem Täter diese Einsicht versperren, können einer Beurteilung seiner Beweggründe als niedrig entgegenstehen (vgl. NJW **54**, 565; **67**, 1140; NStZ **07**, 525f.; Nürnberg NStZ-RR **97**, 169; NStZ-RR **04**, 44 [krit. Anm. *Trück* NStZ **04**, 497]; NStZ **04**, 620; vgl. auch StV **03**, 669; and. LK-*Jähnke* 31), wenn sie nicht ihrerseits vorwerfbar sind und das Tatbild prägen; zur Krit. vgl. aber auch *Dannhorn* NStZ **07**, 297, 300ff.). Bei **Spontantaten** bedarf die Frage, ob der Täter seine gefühlsmäßigen Regungen gedanklich beherrscht hat, besonderer Prüfung (vgl. NStZ-RR **04**, 108, 109; 5 StR 79/06). Auch **gruppendynamische Prozesse** können eine Rolle spielen (vgl. NStZ **04**, 89). 16

b) Eine den Anforderungen der Tatbestandsbestimmtheit genügende Objektivierung der **Bewertungsmaßstäbe** ist nur schwer möglich (vgl. auch LK-*Jähnke* 29, 33ff.; MK-*Schneider* 71ff.; *Schwarzenegger* SchweizZSt **00**, 349ff.; insg. ablehnend *Kargl* StraFO **01**, 365, 367f.). In der Mehrzahl der Fälle werden die entscheidenden Kriterien für die Annahme niedriger Beweggründe ein (objektiv) **krasses Missverhältnis** der im Konflikt stehenden Rechtsgüter und Interessen sowie von 17

Anlass und Tat, in subjektiver Hinsicht eine **besondere Geringschätzung** des fremden Lebensrechts durch den Täter sein. Dies setzt regelmäßig voraus, dass er die tatsächlichen Grundlagen des genannten Missverhältnisses kennt und dass die von ihm vollzogene Wertung unter keinem Gesichtspunkt mehr als „verständlich" erscheint, und dass ihm dies vorzuwerfen ist. Die in der revisionsrechtlichen Judikatur entwickelten Formeln zur Umschreibung dürfen vom Tatrichter nicht einfach ohne Konkretisierung übernommen werden. So hat die in tatrichterlichen Urteilen oft zu lesende Formulierung, der Täter habe sich „zum Herrn über Leben und Tod gemacht", für sich allein keinen über § 212 hinausgehenden Aussagewert; ebenso wenig ist es schon *für sich allein* ein niedriger Beweggrund, „das eigene Interesse über das Lebensrecht des Opfers zu stellen" oder sich „rücksichtslos durchzusetzen" zu haben.

18 **c)** Die Beurteilung eines Beweggrundes als „niedrig" setzt regelmäßig ein eklatantes **Missverhältnis zwischen Anlass und Tat** voraus (SK-*Horn* 8; einschr. LK-*Jähnke* 24); freilich nicht iS eines abstrakten Vergleichs der Rechtsgüter-Werte, sondern iS einer auf die Maßstäbe der Gesamtrechtsordnung bezogenen objektivierten Bewertung der der *Tätersicht* zugrunde liegenden Abwägung (krit. MK-*Schneider* 74). Hierbei ist zu berücksichtigen, dass der rechtswidrigen Tat nach § 212 schon an sich ein unerträgliches Missverhältnis innewohnt. Daher wäre es, auch im Hinblick auf Art. 103 II GG und die absolute Rechtsfolge des § 211, verfehlt, jede vorsätzliche Tötung, für welche sich kein „nachvollziehbarer" oder nahe liegender Grund finden lässt, als Mord aus *niedrigen* Beweggründen anzusehen (so auch StV **06**, 183 [*1. StS*]; *Schroeder* NStZ **05**, 153). Die Entscheidung des *2. StS* in BGH **47**, 128 ist nicht dahin zu verstehen, **„keinen Grund"** für die Tötung eines anderen Menschen zu haben, sei schon *für sich* ein niedriger Beweggrund (so etwa die Kritik von *Neumann* JR **02**, 471; *ders.* in NK 42; *Saliger* StV **03**, 38; *Kindhäuser* BT I, 2/10 Fn 20). „Niedrig" iS von Abs. II wird dieser Umstand vielmehr erst durch die *Bewertung des Täters,* wonach er für die Tat keinen Grund oder besonderen Anlass *brauche,* weil der Wert des fremden Lebens schon im Verhältnis zu geringfügigen Verstimmungen oder plötzlichen, unreflektierten Launen zurücktrete (ebenso NStZ-RR **04**, 332; **05**, 309, 310; *Otto* JZ **02**, 567; MK-*Schneider* 79; vgl. auch LG Passau NStZ **05**, 101, 102 [m. Anm. *Schneider*]). BGH **47**, 128 hat (entgegen *Saliger* StV **03**, 38 ff.) weder einen Zwang zum Geständnis (eines *irgendwie* „nachvollziehbaren" Grundes und damit des Vorsatzes) zur Folge, noch wird die Niedrigkeit von *Beweggründen* in den Bereich stumpfer *Gleichgültigkeit* vorverlegt (vgl. auch NStZ **06**, 166, 167).

19 **d)** Bei **mehreren Tatmotiven („Motivbündel")** müssen im Falle der Annahme von § 211 die „niedrigen" die Hauptmotive sein (NJW **81**, 1382; NStZ **99**, 19; 06, 338, 340; NStZ-RR **04**, 234, 235; **07**, 14, 15; StraFo **07**, 123, 124; BGHR § 211 II n. BewGr. 20; 5 StR 126/03; vgl. auch MK-*Schneider* 77 ff.). Lässt sich nicht feststellen, welches von mehreren Motiven bestimmend war, so darf ein Handeln aus niedrigen Motiven insgesamt nur angenommen werden, wenn andere, möglicherweise nicht auf tiefster Stufe stehende Motive sicher ausgeschlossen sind (MDR/H **81**, 267; MK-*Schneider* 77; vgl. auch unten 77). Bei Motiven wie Verärgerung, Eifersucht, Wut, Rache oder Hass, also **normalpsychologischen Affekten**, denen eine Bewertung als „niedrig" für sich allein nicht zukommt, kommt es darauf an, ob sie ihrerseits auf niedriger Gesinnung beruhen (NStZ **85**, 216; **89**, 318; **93**, 343; **95**, 182 u. NStZ **96**, 384; **02**, 368; NStZ-RR **96**, 99; **06**, 140; **06**, 340, 341; NStZ/A **98**, 343; StV **87**, 296; **94**, 182; **95**, 302; **98**, 25; BGHR § 211 II niedr. Beweggr. 36 mwN; stRspr) und inwieweit der Täter seine Lage selbst verschuldet hat (LM Nr. 25; BGH **28**, 212 [Rache für eine selbst provozierte Tätlichkeit]; vgl. auch NStZ-RR **03**, 147, 149 [Rache für provozierten, aber unverhältnismäßigen Hinauswurf aus einem Lokal]).

20 **e)** Ein **spontaner Tötungsentschluss** schließt niedrige Beweggründe nicht von vornherein aus (vgl. BGH **2**, 61; NJW **67**, 1141; 3 StR 373/95); die Abgren-

zung bedarf hier aber besonderer Prüfung (GA **75**, 306; MDR/H **76**, 987; NStZ **01**, 87; krit. *Hassemer* JuS **71**, 626; vgl. auch StV **00**, 20 [möglicher Spontanentschluss nach „Aufforderung" durch das mit dem Tode bedrohte Opfer; erneute Aufhebung in derselben Sache durch NStZ **01**, 88]; NStZ-RR **06**, 234 [spontane Tötung der Ehefrau nach deren Weigerung, sich Weisungen zur Lebensgestaltung unterzuordnen]). In die Prüfung sind das zur Tat führende Geschehen und der Anlass zur Tat sowie alle nahe liegenden Möglichkeiten der inneren Verfassung des Täters einzubeziehen (BGHR § 211 II n. BewGr. 11, 13, 17, 36; NStZ-RR **96**, 99; NStZ **05**, 331). Schwere Persönlichkeitsstörungen, provokationsbedingte Affekte und persönlichkeitsgeprägte Konfliktlagen wirken idR eher entlastend (StV **81**, 231; **98**, 25; **99**, 21; vgl. 5 StR 548/06; *S/S-Eser* 18); das gilt aber nicht, wenn der Täter solche Motivlagen verschuldet hat und bewusst gegen das Opfer einsetzt.

f) Auch **überindividuelle,** namentlich **politische** (oder *vorgeblich* politische) **Beweggründe** können niedrig sein (NStZ **04**, 89, 90; OGHSt. **2**, 180; LK-*Jähnke* 27; SK-*Horn* 16; MK-*Schneider* 82 ff.; *Otto* Jura **94**, 146). Eine (romantisierende) allgemein positive Bewertung von Tötungen im (eingebildeten) „Allgemeininteresse" ist unangebracht; vielmehr zeichnen sich politisch motivierte Taten besonders häufig durch eklatante Missachtung des Persönlichkeitswerts des Opfers aus, namentlich wenn es vom Täter nur als anonymes oder „stellvertretendes" Objekt seiner Handlungsziele bestimmt wird. Die Kriterien und Anknüpfungspunkte für die Bewertung politischer Tötungsmotive als „niedrig" sind i. E. str. (Überblick zum Streitstand bei *v. Selle* NJW **00**, 992 ff.). Ein Handeln in (vermeintlichem) **Allgemeininteresse** steht der Einstufung des Beweggrunds als niedrig jedenfalls dann nicht entgegen, wenn dieses Interesse (etwa auf der Basis einer Ideologie von *Rassenhass, Chauvinismus* oder der gewaltsamen Unterdrückung von ethnischen, rassischen, religiösen oder sozialen Gruppen) nach Maßstäben definiert wird, die im Widerspruch zu Menschenrechten stehen (vgl. dazu auch *M/Schroeder/Maiwald* 2/38; SK-*Horn* 16; LK-*Jähnke* 27; zum politischen Attentat *Geilen,* Bockelmann-FS 613; *Zielke* JR **91**, 136; *Brocker* JZ **92**, 13). 21

g) Fallgruppen. Als niedrig kommen solche Beweggründe in Betracht, die speziellen Mordmerkmalen nahe kommen (BGH **41**, 358, 362; 2 StR 410/91); so stehen **zB** Geiz, wirtschaftliches Durchsetzungsstreben, Erlangung von Erwerbsaussichten (vgl. StV **00**, 21 [Heirat eines wohlhabenden Partners]), Zorn über den Verlust einer Einnahmequelle (vgl. NStZ **93**, 385 f.) dem Mordmerkmal der Habgier nahe; eine scheinbar grundlose Tötung (vgl. BGH **47**, 128) dem Merkmal der Mordlust; eine Tötung aus Rache für eine wahrheitsgemäße Belastung wegen einer Straftat dem Mordmerkmal der Verdeckungsabsicht (vgl. NStZ **06**, 97). Auch bei Taten zur Verdeckung von Ordnungswidrigkeiten oder von beruflichen oder privaten Verfehlungen kann die Nähe zur Absicht der Straftatverdeckung den Mordvorwurf begründen (vgl. BGH **35**, 116, 121; NStZ **92**, 127 [Anm. *Hohmann* NStZ **93**, 183]; **97**, 81 [Anm. *Walter* NStZ **98**, 36]; **aA** *Bosch/Schindler* Jura **00**, 77, 84; vgl. unten 69); rücksichtslose Tötung zur Ermöglichung der Flucht nach vollendeter Tat kann sowohl der Ermöglichungs- als auch der Verdeckungsabsicht gleichkommen (vgl. BGH **37**, 289, 291; StV **00**, 74 [Anm. *Hefendehl* ebd. 107]; MDR/H **87**, 280; **88**, 276; BGHR § 211 II niedr. Beweggr. 7; LK-*Jähnke* 25). 22

Darüber hinaus erleichtert eine Zuordnung zu **Fallgruppen** die Orientierung und die Abgrenzung zu § 212 (LK-*Jähnke* 24; vgl. auch *Heine* [1 a] 167; *Jakobs* NJW **69**, 489). Als solche kommen namentlich in Betracht: Rücksichtslose Durchsetzung eigener Interessen und Bewertungen innerhalb des sozialen, insb. auch persönlich/familiären Täterumfelds („Aus-dem-Weg-Schaffen" von Konkurrenten; Durchsetzung von personalen Besitzansprüchen; eklatante Überbewertung eigener Geltungsansprüche, Rachebedürfnisse; usw.); krasse Missachtung des personalen Werts des Opfers, insb. auch im **öffentlichen sozialen Raum,** etwa bei Tötung „zufälliger" Opfer; Taten aus Mutwillen, Geltungsbedürfnis, zur Demonstration eigener Macht oder aus Freude an der Hilflosigkeit des Opfers (vgl. etwa NStZ- 23

RR **03**, 78); Taten mit vorwiegend überindividueller, entpersönlichter Motivation (Rassen- oder Fremdenhass; Vernichtung politischer Feinde, Tötung „stellvertretender" Opfer; gezielte Tötung Unbeteiligter als „Fanal" oder zur Einschüchterung Dritter; Tötung Unbekannter allein wegen ihrer Zugehörigkeit zu einer bestimmten sozialen Gruppe (vgl. NStZ **04**, 89 [*Skinheads*; Anm. *Schneider* ebd. 91]).

24 **h) Einzelfälle.** Als niedrige Beweggründe sind im Einzelfall **zB** angesehen worden (Überblick auch bei *Saliger* StV **03**, 38): Durchsetzung eines absoluten Machtwillens gegenüber Familienangehörigen (NJW **67**, 1140; MDR/H **77**, 460); Wut über Verweigerung des Geschlechtsverkehrs (BGH **2**, 63) oder über Ausbleiben sexueller Befriedigung (2 StR 84/84); Beseitigung des (Ehe-)Partners, um sich einem anderen zuzuwenden (BGH **3**, 132; **6**, 239; NJW **55**, 1727; **98**, 353; StV **84**, 329; JZ **87**, 474); Eifersucht (BGH **3**, 180; **22**, 12; namentlich bei Demonstration eines uneingeschränkten „Besitzrechts"; vgl. auch StV **01**, 571);

25 Übersteigertes Ehrgefühl (BGH **9**, 180; MDR/D **69**, 723; vgl. auch 4 StR 349/04 [in NStZ **05**, 331 nicht abgedr.; abgelehnt bei Spontantat unter Alkohol- und Drogeneinfluss]; Tötung eines anderen, um statt seiner als tot zu gelten (NStZ **85**, 454); um die Witwe heiraten zu können und in den Genuss der Lebensversicherung zu kommen (NStZ **98**, 352); Wut aus nichtigem Anlass (NJW **67**, 1140; NJW **96**, 471; NStZ-RR **96**, 99) oder Hass (NStZ-RR **99**, 106), sofern sie ihrerseits auf niedrigen Beweggründen beruhen (NStZ **95**, 181; NStZ-RR **96**, 99; StV **95**, 301; **01**, 228; vgl. oben 19); Wut über mangelndes Kaufinteresse (NStZ **94**, 183); Tötung eines Kindes, weil es das Essen zurückweist (StV **87**, 150); Wut über die Ausübung des Besuchsrechts durch geschiedene Ehefrau (StV **84**, 72); Bestreben, sich Vorteile und Anerkennung durch Vorgesetzte zu verschaffen (BGH **18**, 37); Verdeckung eigenen verwerflichen oder dem Ansehen abträglichen Verhaltens (BGH **35**, 116, 121; NStZ **92**, 127 [Anm. *Hohmann* NStZ **93**, 183]; **97**, 80 [Anm. *Walter* NStZ **98**, 36]; NStZ **03**, 146 f.); Absicht, sich der Festnahme (NStE Nr. 18) oder der Verurteilung zu entziehen (BGHR § 211 II niedr. Beweggr. 3; vgl. auch MDR/D **71**, 722; MDR/H **88**, 277); Tötung der Familie der untreuen Ehefrau, im „die ganze Brut auszulöschen" (StV **01**, 228); Tötung eines Kindes, um dessen Mutter zu „bestrafen" (3 StR 162/01); Tötung von zwei sich liebenden Personen, weil diese nicht bereit sind, ihre (als „unpassend" angesehene) Beziehung aufzugeben (vgl. NStZ **02**, 369; unten 29); Rache für belastende Aussage eines Opfers eigener früherer Straftaten (NStZ **96**, 97);

26 „Übertrumpfen" von Mittätern und Bedürfnis, durch besondere Rücksichtslosigkeit zu imponieren (NStZ **84**, 124; **99**, 129); Freude am Quälen oder am Töten anderer (NStZ **94**, 239 [Anm. *Fabricius* StV **95**, 637); Bewusstsein, „keinen Grund zu brauchen" (BGH **47**, 128); Bestreben, die absolute Gültigkeit willkürlicher eigener Launen und Bewertungen durchzusetzen oder zu demonstrieren (NJW **71**, 571; NStZ **81**, 1001; **93**, 183; MDR/D **74**, 546; GA **74**, 370); Vernichtungswille zur Tötung eines als minderwertig angesehenen Opfers (NStZ-RR **03**, 78);

27 Rassenhass (BGH **18**, 37; **22**, 375; NJW **96**, 471; NStZ **94**, 124; KG JR **69**, 63); **Ausländerfeindlichkeit** (NJW **00**, 1583; NStZ **99**, 129; NStZ-RR **00**, 165; vgl. auch NJW **94**, 395; BGHR § 211 II niedr. Beweggr. 27); Feindseligkeit gegen sog. *Skinheads* (NStZ **04**, 89); **Blutrache** (NStZ **95**, 79 [Anm. *Fabricius*]; NJW **06**, 1008, 1011; NStZ **06**, 286 [Bespr. *Küper* JZ **06**, 608]; vgl. dazu *Nehm*, Eser-FS 419 ff.; unten 29); Zwecke „ethnischer Säuberung" zur Vertreibung und Vernichtung von Angehörigen einer fremden Volksgruppe (BGH **45**, 64, 78; **46**, 292, 296); politische Gegnerschaft (BGH **2**, 251, 254; vgl. dazu *v. Selle* NJW **00**, 992 ff.; LK-*Jähnke* 27); Tötung von Zivilisten zur Vergeltung für einen militärischen Angriff (Bay NJW **98**, 392 [Anm. *Ambos* NStZ **98**, 138]); Tötung des Opfers als „lebensunwert" (BGH **18**, 37; JZ **74**, 511; OHG **1**, 321, 327; KG HESt **1**, 85; JR **47**, 27; Frankfurt HESt **1**, 67; Koblenz HESt **2**, 277); zufällige, unterschiedslose und deshalb willkürliche Auswahl von unbeteiligten Menschen als Opfern (BGH **47**,

128, 132), etwa bei terroristischem Anschlag (NStZ **05**, 35 [*La Belle-Fall*; krit. Anm. *Schroeder* NStZ **05**, 153]).

Niedrige Beweggründe sind **nicht angenommen** worden in Fällen des „Mitnahmesuizids" (NStZ **84**, 261; zur Heimtücke vgl. BGH **9**, 385, 390; **11**, 139, 143; unten 44); bei Tötungen aus Mitleid (BGH **37**, 376); bei Durchbruchshandlungen nach langdauerndem zermürbenden Konflikt (NStZ **85**, 216); in Fällen „berechtigter" Verbitterung oder Empörung (GA **67**, 244; **77**, 235; MDR/D **74**, 366). Die **Tötung des Intimparters** (oder des früheren Intimpartners), weil dieser sich vom Täter abgewandt hat oder abwenden will, beruht nicht schon allein deshalb auf niedrigen Beweggründen (vgl. auch NStZ **06**, 288, 289); nach der Rspr des BGH liegen diese zB nicht vor, wenn Gefühle der **Verzweiflung** und **Ausweglosigkeit** bestimmend sind (BGHR § 211 II niedr. BewGr. 32; NStZ **04**, 34; NStZ-RR **04**, 44 [m. krit. Anm. *Trück* NStZ **04**, 497]; **04**, 79, 80; zur Abgrenzung vgl. auch NStZ **06**, 96; NStZ-RR **07**, 14, 15). Das kann insb. gegeben sein bei Enttäuschung über (subjektiv als demütigend empfundenes) Verlassen-Werden (NStZ-RR **04**, 14, 15 [Tötung von Ehefrau und deren neuem Partner]; NStZ-RR **04**, 234, 235 [Tötung nach Trennung aus „endgültiger Verlustangst"]; NStZ-RR **06**, 340, 341 [tiefe Gekränktheit über demütigende Trennung bei niedriger Intelligenz und charakterlicher Beschränktheit]). Es kann freilich nicht *schematisch* nach Motiven der „Wut" (= niedrig) oder der „Verzweiflung" (= nicht niedrig) unterschieden werden, denn schon die Tat selbst (aggressive Gewaltausübung) zeigt, dass beide Bereiche sich hier überschneiden; entsprechende Feststellungen können daher *zufällig* wirken und sind von *normativen Bewertungen* getragen. Täter sind meist (alkoholisierte) Männer, die es (angeblich) „nicht ertragen" können, verlassen zu werden; es liegt nicht ohne weiteres nahe, eine allein *hierauf* beruhende Verzweiflung ohne weiteres als *nicht* verachtenswertes Motiv für eine vorsätzliche Tötung (meist nach sog. „Aussprachen", Drohungen und Ultimaten) anzusehen (vgl. auch MK-*Schneider* 91); das gilt namentlich in Fällen der (nachträglich oft als gescheiterter „Mitnahmesuizid" dargestellten) Tötung von unbeteiligten Kindern (vgl. zB NStZ-RR **04**, 79, 80; **06**, 338, 340) oder Dritten. Es kommt auch hier auf eine genaue Erfassung der Motivationslage im jeweiligen Einzelfall an. 28

i) Soziale, kulturelle und ethnische Besonderheiten führen oft zu Schwierigkeiten der Beurteilung. Der Maßstab für die Bewertung eines Beweggrundes ist grds. den Vorstellungen der Rechtsgemeinschaft der Bundesrepublik Deutschland zu entnehmen (NJW **04**, 1466; NJW **06**, 1008, 1011; NStZ-RR **04**, 332 [Anm. *Trück* NStZ **04**, 497]; BGHR § 211 II niedr. Beweggr. 41; NStZ **05**, 35, 36 [*La Belle-Fall*]; iErg. zust. *Nehm*, Eser-FS [2005], 419, 426; i. E. auch *Küper* JZ **06**, 408, 410; *Jakobs* ZStW **06**, 831, 835; anders wohl noch NJW **80**, 537 [m. Anm. *Köhler* JR **80**, 238]; ähnlich StV **81**, 399; **94**, 182; **97**, 565; anders auch eine sog. objektive Theorie; vgl. NK-*Neumann* 30; MK-*Schneider* 92; *Saliger* StV **03**, 22, 23; *Schroeder* NStZ **05**, 153, 154). Bei **Ausländern** spielen hiervon abweichende Wertvorstellungen ihres heimatlichen Kulturkreises (zB **Familienehre** [vgl. StV **94**, 182], insb. auch in Fällen sog. „**Ehrenmorde**" an Frauen; sog. **Blutrache**) aber nicht selten eine wichtige Rolle bei der Motivation von Tötungsdelikten. Im *Einzelfall* kann bei Tätern, die subjektiv von einer solchen Vorstellungswelt geprägt und durchdrungen sind, die Bewertung als „niedrig" entfallen (NJW **95**, 602 [m. Anm. *Fabricius* StV **96**, 209]; StV **97**, 565; **98**, 131; NJW **04**, 1466; vgl. *Schüler-Springorum* NStZ **83**, 433; *Jähnke* MDR **80**, 709; **aA** *Dietz* NJW **06**, 1385, 1386). Abweichende kulturelle (wohl nicht: *sub*-kulturelle; zutr. *Sonnen* JA **80**, 747; *Saliger* StV **03**, 22, 24) Wertvorstellungen können den Täter freilich nur entlasten, wenn sie in dem Kulturkreis, dem er angehört, tatsächlich *prägend* und nicht etwa auch dort geächtet sind (NStZ-RR **04**, 361, 362; **06**, 43 [Tötung eines Kleinkindes aus Rache an der Mutter]; vgl. auch NStZ **02**, 369; etwa *Hakeri,* Die türkischen Strafbestimmungen zum Schutz des Lebens [usw.], 1997; zur „Blutrache" ebd. 68 sowie *Nehm*, Eser-FS [2005] 419, 423 ff.; zur Straf*schärfung* bei Tötungen aus Gründen der „Ehre" im 29 türkischen Recht vgl. *Dietz* NJW **06**, 1385, 1387 mwN). Es kommt auch darauf an, wie lange und in welchem Umfang der Täter Gelegenheit hatte, sich mit den in der Bundesrepublik geltenden Maßstäben vertraut zu machen (vgl. etwa StV **97**, 565 f.; NStZ **02**, 369, 370 [krit. dazu *Saliger* StV **03**, 22 ff.; *Momsen* NStZ **03**, 237]; 1 StR 199/00; 1 StR 122/01; BGHR § 211 II niedr. Beweggr. 41; NJW **04**, 1466; NStZ-RR **04**, 361 f.; **06**, 234; and. NJW **80**, 537; *Köhler* JZ **80**, 240: nur tatsächlich gegebene, nicht zuzumutende Integration; wie hier *Heine* [1 a] 248 ff., 275; NK-*Neumann* 30; MK-*Schneider* 94 f.; *Otto* Jura **03**, 617; *Nehm*, Eser-FS [2005] 419, 426 ff.).

30 Es wäre überdies verfehlt, die Beurteilung an die bloße Zuordnung zu *Begriffen* zu knüpfen (zB „*Blutrache*“ oder „*Ehrenmord*“), denn dies sind *aus Tätersicht* formulierte, dem Ziel einer schematischen Exkulpierung dienende Kategorisierungen; ihre undifferenzierte Übernahme reproduziert nur diese Sichtweise (vgl. auch *Nehm*, Eser-FS [2005] 419, 424 f.). Nach NJW **06**, 1008, 1011 ist das Tötungsmotiv der „**Blutrache**“ *regelmäßig* als niedriger Beweggrund anzusehen; eine **Ausnahme** kann gegeben sein, wenn dem Täter durch die frühere Tötung eines Familienmitglieds selbst erhebliches Leid angetan wurde, das ihn zur Tatzeit noch *konkret* stark belastet. Danach liegt bei Tötungen allein aufgrund eines Ehrenkodex oder auf Sippenzusammenhang beruhender Verpflichtung in aller Regel ein niedriger Beweggrund vor; in Fällen *konkreter* persönlicher Betroffenheit durch ein vorangehendes (Tötungs-)Ereignis, insb. bei Verlust naher Angehöriger, ist danach eine differenzierte Betrachtung geboten (vgl. auch 3 StR 219/98).

31 Der Annahme niedriger Beweggründe etwa bei Tötung des Intimpartners, um „alte (Besitz-)Rechte“ nicht aufzugeben oder ein unbeschränktes Herrschaftsrecht über Frauen und Mädchen zu demonstrieren, kann insb. bei schon länger in der BRep. lebenden Tätern idR nicht eine im Heimatland hochbewertete „Ehre“ entgegengehalten werden. Abwegig sind idR auch Berufungen auf eine in einem fremden Kulturkreis (*gegen* das dort geltende Recht!) besonders ausgeprägte Geringschätzung von Frauen (vgl. 1 StR 292/03); auf ein traditional reklamiertes, aber der Rechtsordnung widersprechendes unumschränktes Herrschaftsrecht des Familienoberhaupts; auf „sizilianische Denkweisen“ (MDR/H **77**, 809; vgl. LK-*Jähnke* 37) oder auf **Gehorsamspflichten** gegenüber Familien- oder Clan-Angehörigen. Auch egozentrisches Beharren auf einer überholten oder auch im Heimatland nicht (mehr) mehrheitsfähigen **Sexualmoral** kann eine Tötung zum Zweck seiner Durchsetzung oder Demonstration idR nicht im milderen Licht erscheinen lassen (vgl. auch NJW **04**, 1466); auch nicht das Motiv der Rache oder Bestrafung für fern liegende Sexual-“Beleidigungen“ (NStZ-RR **04**, 361, 362 [„Entehrung“ der seit 12 Jahren in Deutschland lebenden pakistanischen Familie durch Besitz von Portraitfotos einer unverschleierten Tochter]). Die Annahme, schon einfache Beleidigungen würden die Tötung von Menschen zum zwingenden Gebot der „Ehre“ machen, ist auch in fremden Kulturkreisen durchweg fern liegend (NStZ **06**, 284, 285).

32 **Umgekehrt** kommt freilich der Verhaftung des Täters in abweichenden soziokulturellen Wertvorstellungen nicht schon für sich eine schuld*steigernde* Bedeutung zu (zutr. *Momsen* NStZ **03**, 237, 241 f.), wenn sie nicht gerade in Erkenntnis ihrer Abweichung auf rechtsfeindlicher Motivation beruht; es geht bei der Beurteilung also nicht darum, ob niedrige Beweggründe *wegen*, sondern ob sie *trotz* abweichender Wertvorstellungen vorliegen.

33 **5)** Die **Mordmerkmale der 2. Gruppe** enthalten Beschreibungen besonders gefährlicher und verwerflicher **Ausführungsarten** der Tötung. Zur Bedeutung für die Beteiligung unten 93 ff.

34 **A. Heimtücke.** Heimtückisch handelt nach stRspr, wer eine zum Zeitpunkt des Angriffs bestehende **Arg- und Wehrlosigkeit** des Opfers bewusst zur Tat **ausnutzt** (BGH **2**, 251; **3**, 183; 330; **6**, 120; **9**, 385; **11**, 139 [GrSen.]; **18**, 37; **39**, 353, 368; BGH **50**, 16, 28 [= NJW **05**, 1287, 1290]; NJW **06**, 1008, 1010). Erfor-

derlich sind beide Elemente (BGH **19**, 321; **32**, 382, 388; **aA** *Bosch/Schindler* Jura **00**, 77, 81); das Opfer muss gerade auf Grund von Arglosigkeit wehrlos sein (BGH **32**, 382, 384; NStZ **97**, 491 [Anm. *Spendel* JR **97**, 1186]). Mit der „Hinterlist" iS von § 224 I Nr. 3 ist die Heimtücke nicht gleichzusetzen; sie setzt weniger als diese voraus (vgl. 4 StR 199/04; 10 zu § 224). Nach in der Literatur vertretener Ansicht kennzeichnet hingegen das Ausnutzen eines Überraschungseffekts nur das *typische* Unrecht der vorsätzlichen rechtswidrigen Tötung und trägt nicht den Vorwurf besonderer Verwerflichkeit (vgl. etwa *Lackner* NStZ **81**, 348, 349; *Jakobs* JZ **84**, 996, 997; *Otto*, Brauneck-FS [1999] 28 ff.; *ders.* Jura **94**, 141, 147; *ders.* NStZ **04**, 142; *Schmoller* ZStW **99** [1987], 389, 400 f.; NK-*Neumann* 48; *W/Hettinger* 108 f.; krit. hierzu MK-*Schneider* 153 ff.).

a) Arglos ist, wer sich zur Tatzeit eines Angriffs nicht versieht, also die *Vorstellung* hat (vgl. aber unten 42), vor einem Angriff (durch den Täter) sicher zu sein (StV **98**, 544 f.). Arglos ist ein Tatopfer, wenn es bei Beginn des ersten mit Tötungsvorsatz geführten Angriffs weder mit einem lebensbedrohlichen noch mit einem gegen seine körperliche Unversehrtheit gerichteten schweren oder doch erheblichen Angriff rechnet (vgl. BGH **20**, 301, 302; **39**, 353, 368; **48**, 207, 210; NStZ **02**, 368; NStZ-RR **07**, 175; BGHR § 211 Abs. 2 Heimtücke 13, 17, 27). Das „Tückische" liegt darin, dass der Täter sein Opfer in hilfloser Lage überrascht, so dass es dem Angriff auf sein Leben nicht begegnen kann (BGH **2**, 61, 254; **11**, 143; **20**, 302; **39**, 353, 368; **41**, 79; NStZ-RR **97**, 168; NStZ/A **98**, 344; 3 StR 219/98). Heimtücke erfordert aber kein „heimliches" Vorgehen im engeren Sinne (NStZ-RR **05**, 309). Es kommt grds. auf die Lage bei **Beginn des ersten mit Tötungsvorsatz geführten Angriffs** an (BGH **7**, 221; **18**, 87; **19**, 322, **32**, 382, 384 f.; GA **67**, 245; **87**, 129; NJW **80**, 793; StV **81**, 523; NJW **91**, 1963 [m. Anm. *Otto* JR **91**, 382 u. Jura **94**, 149]; **96**, 471; NStZ **93**, 341; **93**, 438; **06**, 96; **06**, 503, 504; NStZ-RR **99**, 234 [krit. *Bosch/Schindler* Jura **00**, 77, 78 f.]; **01**, 14; **05**, 201, 202; StV **07**, 229; 1 StR 145/04; 2 StR 486/04; 3 StR 245/05; 3 StR 61/07; stRspr; zu Ausnahmen vgl. aber NStZ **06**, 502 f.; unten 37; krit. *Rengier*, Küper-FS [2007] 473, 474 f.). **35**

Abwehrversuche, die das durch einen überraschenden Angriff in seinen Verteidigungsmöglichkeiten behinderte Opfer *im letzten Moment* unternimmt (unten 37 a), oder die Möglichkeit solcher Abwehrhandlungen stehen der Annahme von Heimtücke nicht entgegen (BGH **22**, 77, 79 f.; NJW **96**, 471 [in BGH **41**, 222 nicht abgedr.]; NStZ **02**, 368; **03**, 146, 147; **06**, 96; **06**, 167, 168; **06**, 501, 502; NStZ-RR **97**, 168; **05**, 309; BGHR § 211 II Heimtücke 3, 13, 15, 16; 4 StR 259/00; stRspr). Ein „generelles Misstrauen", das zB Polizeibeamte „rollenbedingt" haben, führt nicht zum dauerhaften Ausschluss von Arglosigkeit (ebenso bei Strafvollzugsbediensteten; personengeschützten Amtsträgern [BGH **18**, 87]; Grenzposten [BGH **41**, 72; NJW **00**, 3079; vgl. BVerfG NStZ **01**, 187]; vgl. LK-*Jähnke* 42); auch nicht eine „latente Angst" des Opfers aufgrund früherer Aggressionen und einer allgemein feindseligen Atmosphäre (NStZ-RR **04**, 14, 15). **36**

Es kommt darauf an, ob **im Tatzeitpunkt** (dh zum Zeitpunkt des Versuchsbeginns) das Opfer mit einem erheblichen Angriff gegen seine körperliche Unversehrtheit rechnet (BGH **32**, 382, 384 f.; **41**, 79 [*Fall Mielke;* krit. *Schuster* NJW **95**, 2698]); eine nur latente Furcht steht der Arglosigkeit nicht entgegen (5 StR 126/03); auch nicht, dass das Opfer *allgemein* mit einem Angriff des Täters rechnet (vgl. StraFo **05**, 212 f.; NStZ **06**, 97; **06**, 501 f.); auch nicht vorausgehende eigene Aggressivität des Opfers (vgl. StraFo **05**, 212, 213; NStZ **05**, 331). Arg- und Wehrlosigkeit können daher auch gegeben sein, wenn der Tat eine feindselige Auseinandersetzung vorausgeht, das Tatopfer aber nicht mit einem erheblichen Angriff gegen seine körperliche Unversehrtheit rechnet (vgl. NStZ **05**, 691; NStZ-RR **04**, 234, 235; **06**, 235, 236; **07**, 174; BGHR § 211 Abs. 2 Heimtücke 13, 21; MK-*Schneider* 126 f.); ebenso, wenn der Täter zunächst nur mit Körperverletzungsvorsatz handelt und dann unter weiterer Ausnutzung des Überraschungsef- **37** fekts unmittelbar zur Tötung übergeht (vgl. NStZ **06**, 502; 3 StR 185/07). Allerdings kann sich aus dem eigenen vorausgegangenen Verhalten des Opfers ergeben, dass es einen (erheblichen) tätlichen Angriff in Rechnung gestellt hat und daher nicht mehr arglos war (vgl. BGH **48**, 207, 210; BGHR § 211 Abs. 2 Heimtücke 13).

37 a An der **Arglosigkeit fehlt** es, wenn das Opfer durch vorausgehende Konfrontation, tätliche Angriffe oder Misshandlungen durch den Täter in der **konkreten Tatsituation** mit ernsthaften Angriffen auf seine körperliche Unversehrtheit tatsächlich rechnet (BGH **11**, 141; **20**, 302; **33**. 363, 365; **39**, 354, 368; **48**, 207, 210; NStZ **03**, 146; NStZ-RR **04**, 234; **05**, 202, 203; StV **85**, 235; **98**, 545; BGHR § 211 II, Heimt. 7; StraFO **05**, 212f.; 4 StR 467/06); dass es damit rechnen *konnte* oder „rechnen musste", reicht allerdings nicht aus (vgl. BGH **33**, 363, 365 [vorausgehende nicht ernst genommene Drohungen; dazu *Rengier* NStZ **86**, 505; *Frommel* StV **87**, 292]; NStZ **05**, 688 [*2. StS*; Anm. *Mosbacher*]; vgl. auch NStZ **83**, 34; zweifelnd GrSenBGH **30**, 113f.; anders BGH **48**, 207ff. = NStZ **03**, 425, 426f. [dazu unten 49]). Arglosigkeit liegt nicht vor, wenn der Täter einen lebensbedrohlichen Angriff zuvor *konkret* **angekündigt** oder angedroht hatte, auch wenn dies telefonisch (vgl. NStZ **07**, 268 [„*Ich komme jetzt und mache Dich platt*"]), schriftlich oder mittelbar durch Ditte geschehen war. Wer sich ernsthaft mit dem Tod bedroht und *konkret* verfolgt fühlt, ist nicht arglos (vgl. NJW **06**, 1008, 1010 [Verfolgung durch unbekanntes Kfz bei dauerhafter Bedrohung mit „Blutrache"]). Auch nach dem vorläufigen Ende vorausgegangener verbaler oder tätlicher Auseinandersetzungen tritt Arglosigkeit jedenfalls so lange nicht ein, wie der Täter dem Tatopfer so feindselig gegenübertritt, dass aus dessen Sicht weitere Tätigkeiten zu befürchten sind (NJW **91**, 1963; NStZ-RR **96**, 322). Wendet das Opfer dem Täter nach vorausgegangenem heftigen Streit den Rücken zu, so *kann* Arglosigkeit gegeben sein (vgl. NStZ **05**, 691; anders die Sachlage in NStZ **05**, 384). Für die Feststellung von Arglosigkeit im Zeitpunkt der ersten Angriffshandlung gilt der **Zweifelsgrundsatz**; dieser ist bei der (alternativen) Prüfung von Heimtücke und Verdeckungsabsicht (hinsichtlich vorangegangener Körperverletzung) ggf. doppelt anzuwenden (vgl. NStZ-RR **05**, 201).

38 Eine der Tat vorausgehende Auseinandersetzung steht der Annahme von Arglosigkeit jedenfalls nach **neuerer Rspr.** aber nicht entgegen, wenn der Täter dem Opfer zwar offen feindselig entgegentritt, die Zeitspanne zwischen dem Erkennen der Gefahr und dem unmittelbaren Angriff aber so kurz ist, dass dem Opfer keine Möglichkeit der Abwehr bleibt (NStZ **02**, 368f.; **06**, 502, 503; **06**, 503, 504 [Einschalten des Lichts im letzten Moment bei nächtlichem Befahren einer BAB entgegen der Fahrtrichtung]; NStZ-RR **05**, 309; BGHR § 211 II Heimtücke 3, 15; 5 StR 126/03; zur Abgrenzung vgl. aber auch NStZ-RR **05**, 201, 202; 2 StR 195/05; NStZ-RR **07**, 14f. [verneint trotz Feststellung „plötzlichen" Würgens]). Dabei macht es nach 1 StR 145/04 „keinen Unterschied, ob der überraschende Angriff von vornherein mit Tötungsvorsatz geführt wird, oder ob der ursprüngliche Handlungswille derart schnell in den Tötungsvorsatz umschlägt, dass der Überraschungseffekt bis zu dem Zeitpunkt andauert, zu dem der Täter mit Tötungsvorsatz angreift"; Heimtücke kann danach auch vorliegen, wenn der Täter das Opfer zunächst nur (überraschend) mit Körperverletzungsvorsatz angreift, diesen Angriff aber *unmittelbar* unter Ausnutzung des Überraschungseffekts mit Tötungsvorsatz fortsetzt (NStZ **06**, 502, 503; iErg krit. dazu *Rengier*, Küper-FS [2007] 473, 476ff.). Arglosigkeit kann auch gegeben sein, wenn das spätere Opfer nach dem (scheinbaren) Ende einer vorausgegangenen Auseinandersetzung (vgl. auch BGH **28**, 211) zwar noch mit weiteren Vorhaltungen und allgemein mit Aggressionen, nicht aber mit einem tätlichen Angriff rechnet (BGH **33**, 363, *366; NJW* **91**, *1963* [Anm. *Otto* JR **91**, 382]; NJW **80**, 792; NStZ **84**, 261; weiter noch BGH **27**, 324; vgl. auch NStZ **83**, 34), oder wenn eine Bedrohungssituation zunächst abgeschlossen ist und die offene Feindseligkeit nicht mehr andauert (BGH **39**, 369).

b) Wehrlosigkeit ist gegeben, wenn dem Opfer die natürliche Abwehrbereitschaft und -fähigkeit fehlt oder stark eingeschränkt ist (GA **71**, 114; vgl. *Küper* JuS **00**, 741: „reduzierte Selbstschutzfähigkeit"); wenn dem Opfer eine Erfolg versprechende Möglichkeit abwehrender Einwirkung auf den Täter, der Mobilisierung fremder Hilfe oder der Flucht genommen oder gravierend eingeschränkt ist (NStZ **89**, 365; vgl. auch 27 ff. zu § 177). Der Begriff beschreibt daher (von Extremfällen abgesehen) keinen *absoluten* Zustand des Tötungsopfers; vielmehr die Verteidigungs- und Ausweichmöglichkeiten des Opfers in der *konkreten* Tatsituation im **Verhältnis** gerade auf den Angriff des konkreten Täters. Wer sich zB *nach außen* in verteidigungsbereiter Lage und Aufmerksamkeit befindet, kann sowohl arg- als auch wehrlos gegenüber andersartigen Angriffen *von innen* sein (Bsp.: Das Opfer, das sich mit seinen Leibwächtern verbarrikadiert hat, ist wehrlos gegen eine *Vergiftung* durch einen seiner Vertrauten). Abwehrfähigkeit setzt auch nicht notwendig die Fähigkeit zu (erfolgreicher oder zumindest erfolgversprechender) *gewaltsamer* Gegenwehr oder zur Flucht voraus. Im Einzelfall kann auch ein *Einwirken* auf den Täter durch Überzeugung oder Bitten eine mögliche Abwehr sein (Heimtücke daher auch dann möglich, wenn der Täter überraschend und von hinten angreift, weil er nach eigener Einschätzung die Tat nicht begehen könnte, wenn er dem Opfer „in die Augen sehen" würde). 39

c) Arg- und Wehrlosigkeit müssen zusammentreffen, also kumulativ vorliegen (einschr. SK-*Horn* 30, der das Merkmal der Wehrlosigkeit für weitgehend funktionslos hält); die **Wehrlosigkeit** muss **Folge der Arglosigkeit** sein (NStZ **97**, 491). Es genügt daher nicht, wenn nur die Wehrlosigkeit ausgenutzt wird (BGH **19**, 321 [Wehrlosigkeit des Opfers auf Grund vorausgegangenen Kampfs; Arglosigkeit nur bei dessen Beginn und *vor* Fassung des Tötungsvorsatzes]; **32**, 383 [m. Anm. *Jakobs* JZ **84**, 996; *M. K. Meyer* JR **86**, 113; Bespr. *Bosch/Schindler* Jura **00**, 77, 78 f.]; NStZ **89**, 365; NStZ-RR **97**, 295; StV **07**, 229). 40

Ob der Täter die Arg- und Wehrlosigkeit herbeigeführt hat oder ob sie sonst seinem Verantwortungsbereich zuzurechnen ist, ist grds. unerheblich. Allerdings kann in diesem Fall die idR erforderliche enge *situative Verknüpfung* (vgl. oben 35) aufgelockert sein: Nach stRspr. kann heimtückisch auch handeln, wer dem Opfer offen feindselig gegenübertritt, nachdem er es („tückisch") in einen **Hinterhalt** gelockt (BGH **22**, 77; **27**, 324; BGHR § 211 II, Heimt. 6; NStZ **89**, 365; vgl. auch 2 StR 68/03) oder ihm eine Falle gestellt hat (MDR/H **90**, 1066; NJW **91**, 1963 [Anm. *Otto* JR **91**, 382]; *Willms* LM Nr. 1; vgl. *Spendel* JR **83**, 272; StV **84**, 46; abl. *Arzt/Weber* 2/48), welche die Chancen zur Abwehr wesentlich reduziert. Die selbständige Bedeutung der beiden Elemente wird hierdurch aber nicht reduziert. Daher liegt **zB** keine Heimtücke vor, wenn das Opfer sich auf Veranlassung des Täters in eine „wehrlose" Situation begibt, dies aber erkennt und einen Angriff gerade deshalb für *möglich* hält (Beisp.: Treffen an einsamem Ort in Erkenntnis der Gefährlichkeit des Treffens). Heimtücke liegt dagegen vor, wenn die Arglosigkeit des Opfers gerade dazu ausgenutzt wird, es in Umsetzung des Tötungsplans in eine wehrlose Lage zu bringen (vgl. NStZ **95**, 231 [*konkrete* Arglosigkeit eines Erpressers bei Geldübergabetreffen]). 41

d) Heimtücke ist nach stRspr gerade auch gegenüber einem **Ahnungslosen** möglich (BGH **7**, 221; **23**, 119, 121; **28**, 211 m. Anm. *Willms* LM Nr. 2; **32**, 382, 386; 2 StR 123/01; 3 StR 162/01); das Opfer muss sich also nicht etwa *positiv* vorstellen, es sei sicher. Auch eine **schlafende Person** ist nach stRspr idR arglos, wenn sie die Arglosigkeit „mit in den Schlaf nimmt" (BGH **23**, 119, 121; **32**, 386; **48**, 255, 256; NStZ-RR **04**, 139 f.; NStZ **06**, 338, 339), sich also in dem Bewusstsein zum Schlaf niederlegt, dass ihr von Anwesenden oder Personen, die Zutritt zu dem Schlafraum haben, kein Angriff droht, oder wenn sie im Vertrauen auf eine Sicherung gegen unbefugten Zutritt einschläft (vgl. auch *Schmoller* ZStW **99**, 398; *Kerner* UniHD-FS 434; *Fahl* Jura **98**, 457). Hiervon wird aber wieder eine **Ausnahme** gemacht, wenn das Tatopfer sich nicht arglos „dem Schlaf überlassen" hat, 42 sondern es von ihm „gegen seinen Willen übermannt" wurde (vgl. BGH **23**, 119, 121; NStZ **07**, 523, 524; 4 StR 199/67), zB infolge Übermüdung oder Alkoholisierung, obgleich *Anlass* zum Argwohn bestand. Nach stRspr. des BGH gilt die Annahme der Arglosigkeit auch nicht für **bewusstlose Personen** (BGH **23**, 120; NJW **66**, 1823; NStZ **97**, 491 [Anm. *Spendel* JZ **97**, 1186]; StV **00**, 309; *Otto* JK 31; krit. zur Unterscheidung zwischen beiden Gruppen MK-*Schneider* 137; *Kutzer* NStZ **94**, 111; *Schmoller* ZStW **99**, 398 f.; *Fahl* Jura **98**, 456; *Otto* Jura **03**, 618 f.; *ders.* NStZ **04**, 142 f.); nach MDR/H **77**, 282 selbst dann nicht, wenn die Bewusstlosigkeit auf einer zuvor hinterlistig verübten Körperverletzung beruht. Die Unterscheidung erscheint nicht überzeugend (vgl. *Küper* JuS **00**, 740, 445). Der Differenzierung liegt wohl weniger eine sachlich begründbare Unterscheidung von Bewusstseins-*Lagen* als eine normativ begründete von Bewusstlosigkeits-*Gründen* zugrunde.

43 Bei **Kleinstkindern** wird die Möglichkeit von Heimtücke verneint, weil sie dem Angriff nicht entgegentreten können (BGH **4**, 13; **8**, 216; NStZ **06**, 338, 339) oder weil sie schon nicht in der Lage seien, anderen Personen *positives,* auf Erwägung beruhendes Vertrauen entgegenzubringen und die böse Absicht des Täters zu erkennen (BGH **3**, 330; vgl. auch LM Nr. 6, 29). Dass Arglosigkeit die Fähigkeit zum Argwohn voraussetze (LK-*Jähnke* 42; MK-*Schneider* 133), ist freilich weder tatsächlich noch begrifflich begründet; wohl eher *pragmatisch* will man das Ergebnis vermeiden, dass *jede* Tötung eines Säuglings oder Kleinkindes heimtückisch sei, weil sie das *„Urvertrauen"* verletzt. Dass Arglosigkeit jedenfalls bei einem 3-jährigen Kind gegeben sein kann (NStZ **95**, 230 [m. Anm. *Winckler/Foerster* NStZ **96**, 32 u. *Geppert* JK 27]; offen gelassen in NJW **78**, 709; hierzu *Rengier* MDR **79**, 971; **80**, 6), sollte nicht zweifelhaft sein; erst recht nicht bei einem 5-jährigen Kind (NStZ **06**, 338 f.). Bei einem Kleinkind von 1 Jahr und 10 Monaten hat NStZ **06**, 338 die Möglichkeit des Argwohns gegenüber dem eigenen Vater ausgeschlossen (zw.). Es liegt im Übrigen auch dann Heimtücke vor, wenn der Täter natürliche Abwehrmechanismen eines Kindes bewusst ausschaltet, um Argwohn nicht aufkommen zu lassen, etwa indem er ein bitteres Tötungsmittel süßt, damit es das Kind nicht ausspeit (BGH **8**, 218; MDR/D **73**, 901; str.; zweifelnd BVerfGE **45**, 266; and. LK-*Jähnke* 42). Heimtücke kommt nach der Rspr auch in Betracht, wenn die Arg- und Wehrlosigkeit einer **schutzbereiten dritten Person** ausgenutzt wird (BGH **3**, 220, 332; **8**, 216, 219; **18**, 37; LM Nr. 6; OGHSt. **1**, 90; NStZ-RR **06**, 43; NStZ **06**, 338, 339).

44 **e)** Der Täter muss die Arglosigkeit **bewusst ausnutzen** (BGH **6**, 121; **11**, 144; NStZ **84**, 21; **97**, 491 [m. Anm. *Spendel* JZ **97**, 1186]; **03**, 535; **06**, 272, 273; krit. gegen eine *Ausdehnung* der Anforderungen MK-*Schneider* 142; *Dannhorn* NStZ **07**, 297 ff.; gegen eine *Einengung* der Anforderungen dagegen *Rengier*, Küper-FS [2007] 473, 478 ff.). Hierzu genügt es, dass der Täter die Arg- und Wehrlosigkeit in ihrer Bedeutung für die Lage der angegriffenen Person **erkennt**, so dass er sich bewusst ist, einen durch seine Ahnungslosigkeit schutzlosen Menschen zu überraschen (NStZ-RR **04**, 79; BGHR § 211 II Heimtücke 1, 25; NStZ **05**, 331; **06**, 502, 503; **07**, 268 f.; **07**, 330; vgl. dazu unten 80). Diese Erkenntnis kann nach den Umständen der Tat auf der Hand liegen (vgl. 1 StR 290/04; 1 StR 473/04; StraFo **05**, 212 f.,); bei starker affektiver Erregung kann sie (vgl. NStZ-RR **00**, 166 f.; StraFO **05**, 212 f.), muss aber nicht versperrt sein (NStZ **06**, 503, 504; 5 StR 401/04). Spontaneität des Tatentschlusses im Zusammenhang mit der Vorgeschichte und einem psychischen Ausnahmezustand des Täters *kann* ein Beweisanzeichen dafür sein, dass ihm das Ausnutzungsbewusstsein fehlt (vgl. NJW **83**, 2456; BGHR § 211 II Heimtücke 26; NStZ **06**, 167, 168; **07**, 330, 331); affektive Erregung oder heftige Gemütsbewegung stehen einer Erkenntnis der Arg- und Wehrlosigkeit des Tatopfers aber nicht schon für sich allein oder regelmäßig entgegen (vgl. auch StV **81**, 523, 524). Heimtücke und menschlich begreifliche Motive schließen einander nicht aus (BGH **2**, 60; **3**, 184). Nach stRspr ist aber eine **feindselige Hal-**

tung erforderlich (vgl. BGH **9**, 385 [GrSen]; **30**, 105, 119 [GrSen]; dazu unten 82; vgl. auch MK-*Schneider* 144 ff.). In Fällen objektiv heimtückischen sog. *Mitnahme-Suizids* (Töten einer anderen Person, häufig von *Kindern*, aus quasi vorweggenommenem Mitleid, weil der Täter sich selbst – unwiderlegbar – zu töten beabsichtigte und das Opfer „nicht allein zurücklassen" wollte); hat der BGH dieses Merkmal verneint (BGH **9**, 385, 390; **11**, 139, 143; zutr. krit. *Schneider* NStZ **05**, 103).

f) Normative Einschränkung. Als Mordmerkmal umstritten ist die Heimtücke vor allem im Hinblick auf die Vereinbarkeit der absoluten Strafdrohung mit dem Schuldgrundsatz. In der Literatur wird vielfach eine tatbestandliche Einschränkung nach Maßgabe eines ungeschriebenen Merkmals besonderer **Verwerflichkeit** gefordert (vgl. dazu u. a. *Bockelmann* BT/2 § 3 IV; *Schmidhäuser,* Würtenberger-FS 104 und JR **78**, 270; *Lange, Geilen,* Schröder-GedS 229, 235 und JR **80**, 312; *Arzt* JR **79**, 12; *Rüping* JZ **79**, 620; *Woesner* NJW **80**, 1138; *Spendel* JR **83**, 270; *Schmoller* ZStW **99**, 389; *Otto* ZStW **83**, 39, 63; JR **91**, 382 u. BT 4/25; *Köhler* JuS **84**, 762; *S/S-Eser* 26); mit zahlreichen Unterschieden i. e. wird teilweise ein Missbrauch tatsächlich bestehenden, vom Täter in Anspruch genommenen (*Jakobs* JZ **84**, 996) oder berechtigten Vertrauens des Opfers, von anderen ein auch subjektiv **„tückisches" Verhalten** des Täters (*Spendel* JR **83**, 269, 271; StV **84**, 45; *Schild* JA **91**, 48, 55; *W/Hettinger* 114; *Hillenkamp*, Rudolphi-FS [2004] 463, 477 ff.; NK-*Neumann* 60, 70) verlangt (vgl. die Überblicke bei *Miehe* JuS **96**, 1000 ff.; *Küper* JuS **00**, 740, 745; *Kargl* StraFO **01**, 365 ff.; *Schneider* NStZ **03**, 428, 429). 45

aa) In der **Rspr.** ist eine solche allgemeine tatbestandliche Korrektur aus Gründen mangelnder Verwerflichkeit des Tatmotivs bisher (vgl. unten 49 ff.) nicht anerkannt worden (vgl. etwa BGH **28**, 210, 211 f.; **30**, 105, 115 [GrSen; Heimtücke bei Vorliegen von Milderungsgründen iS von § 213]; NStZ **82**, 69; **95**, 231; StV **81**, 622; NStZ-RR **04**, 294; zust. LK-*Jähnke* 40, 48); sie setzt auch nicht voraus, dass der Täter durch die Begehung der Tat ein tatsächliches oder berechtigtes *Vertrauen* des Tatopfers bricht (NStZ-RR **07**, 106). Der GrSen hat aber bei Vorliegen **außergewöhnlicher Umstände** – unter „Überspringung" des Strafrahmens des § 212 – § 49 I Nr. 1 angewendet (sog. **Rechtsfolgenlösung**). Solche besonderen Umstände, die trotz Vorliegen von Heimtücke zur Abweichung in der Rechtsfolge Anlass geben können, sind **zB** angenommen worden bei schwerer Kränkung und Provokation durch das Opfer (BGH **30**, 105; NStZ **82**, 69; **96**, 434); bei notstands*ähnlichen* Lagen (StV **83**, 458; **90**, 496; nicht aber, wenn schon § 35 II eingreift; vgl. BGH **48**, 255 [*Haustyrannen-Fall*; vgl. dazu Anm. *Widmaier* NJW **03**, 2788; *Hillenkamp* JZ **04**, 48; *Otto* NStZ **04**, 142; *Rengier* NStZ **04**, 233 *Haverkamp* GA **06**, 586 ff.]); bei Tötung eines Erpressers (NStZ **95**, 231): Das Vorliegen eines entlastenden Umstands, der nach § 213 Berücksichtigung finden würde, reicht nicht schon für sich allein aus, um die von der Rechtsfolgenlösung vorausgesetzte Unverhältnismäßigkeit der lebenslangen Freiheitsstrafe zu begründen (NStZ-RR **04**, 294; NStZ **05**, 154, 155 [„*Familientyrann II*"). Voraussetzung für ihre Anwendung ist stets, dass nicht schon ein vertypter Milderungsgrund eingreift (NStZ **84**, 453 f.; **94**, 581). In der **Praxis** hat die „Rechtsfolgenlösung", obwohl auch der BGH inzwischen verschiedene normative Einschränkungen des Tatbestands vornimmt (unten 48), nur geringe Bedeutung erlangt (vgl. etwa LG Bremen StV **07**, 418 [überraschende Hinwendung der Ehefrau nach 34 Ehejahren zum „besten Freund"]). 46

Der BGH war wegen der Entscheidung BGH **30**, 105 erheblicher Kritik ausgesetzt (Nachw. bei *Jähnke,* Spendel-FS 538, Fn. 11; *Otto* Jura **94**, 147); die **Gegenansicht** in der Lit. hält es für sachgerecht, schon den Tatbestand der Heimtücke zu verneinen, wenn zB der Täter zu der Tat dadurch veranlasst worden ist, dass das Opfer ihn oder einen nahen Angehörigen schwer beleidigt, misshandelt und mit dem Tode bedroht hat, und wenn die Tat nicht **tückisch und hinterhältig** ist (so NStZ **81**, 180; vgl. SK-*Horn* 32; *Spendel* JR **83**, 272; StV **84**, 46; *Hillenkamp*, Rudolphi-FS [2004] 463, 477 ff.; *Bendermacher* JR **04**, 301 f.; krit. zur „Rechtsfolgen- 47 lösung" auch *Arzt/Weber* 2/17; *W/Hettinger* 89; *M/Schroeder/Maiwald* 2/27; *Bruns* JR **83**, 28; *Dencker* NStZ **83**, 399; *Ebert* JZ **83**, 633, 638; *Günther* NJW **82**, 353; JR **85**, 268; *Hassemer* JZ **83**, 967 f.; *Mitsch* JuS **96**, 122; *Küper* JuS **00**, 740, 747; *Kargl* StraFO **01**, 365, 370; *Hirsch,* Tröndle-FS 19, 28; *Grünwald,* Bemmann-FS 161, 165; *Langer,* E. Wolf-FS 335, 341; *Müller-Dietz,* Nishihara-FS 248). Im Ergebnis erscheint die massive Kritik an GrSenBGH **30**, 105 insoweit nicht ganz überzeugend, als sie auf der *Rechtsfolgen*seite auf dem Grundsatz strikter Gesetzesbindung beharrt, den sie auf der *Tatbestands*seite im Wege wertender Betrachtung gerade einzuschränken fordert (dem BGH jedenfalls im Grds zust. u. a. MK-*Schneider* 40 ff.; *ders.* NStZ **03**, 328, 329 f.; *Rengier* NStZ **82**, 225; **84**, 21; *Albrecht* JZ **82**, 697; *Kratzsch* JA **82**, 401; *Frommel* StV **82**, 533; *Gössel/Dölling* BT 1, 4/13 ff.; *Jähnke,* Spendel-FS 537 und LK 70; *Baltzer* StV **89**, 42; *Hillenkamp,* Myazawa-FS 141, 151; *Kerner* Uni HD-FS 419, 436; *Paeffgen,* Peters-FG 61, 70; *Weigend,* H.J. Hirsch-FS 917, 920).

48 **bb)** Auch die Rspr. hat aber **tatbestandliche Einschränkungen** vorgenommen, zunächst insbesondere im **subjektiven** Bereich des sog. „**Ausnutzungsbewusstseins**" (vgl. unten 80). Darüber hinaus setzt nach stRspr. die Feststellung von Heimtücke voraus, dass die Tötungshandlung in **feindseliger Willensrichtung** erfolgt (BGH **9**, 385, 390; **37**, 376, 377 f.; **aA** *S/S-Eser* 25 a; MK-*Schneider* 144 ff.). An dieser fehlt es **zB**, wenn der Täter zum Besten seines Opfers handeln will (BGH [GrSen] **9**, 385; **30**, 105, 119; MDR/H **89**, 858; enger SK-*Horn* 33; zur Kritik *Hassemer* JuS **71**, 626; *Mitsch* JuS **96**, 214); das kommt aber zB nicht in Betracht, wenn das Opfer einen gemeinsamen Suizid ausdrücklich abgelehnt hat (NStZ-RR **00**, 327). Am Heimtückemerkmal kann es daher bei **Mitleidstötungen** von Todkranken (vgl. BGH **37**, 377) oder nach Ansicht des Täters schwerst geschädigten Personen fehlen, wenn dem Opfer sinnlose Operationen, unnötige Schmerzen oder späteres Siechtum (vgl. StV **91**, 347; NStZ-RR **97**, 42, 43 f.) erspart werden sollen. Dies soll aber nur dann gelten, wenn die Motivation des Täters in **wertender Betrachtung** objektiv nachvollziehbar erscheint; nicht, wenn er nach eigenen Wertmaßstäben selbstherrlich „selektiert" (BGH **37**, 377 [*Roeder-Fall*]; krit. hierzu *Langer* JR **93**, 141; *Geilen,* Spendel-FS 522; *Kutzer* NStZ **94**, 111; zust. *Otto* Jura **94**, 147).

49 Nach BGH **48**, 207, 209 ff. (*Erpresser-Fall* [*1 StS*]: von § 32 nicht gedeckte Tötung eines Erpressers in einer Notwehrlage; zust. Roxin JZ **03**, 966; *Widmaier* NJW **03**, 2790 f.; *Rengier* BT II, 4/26; *ders.* NStZ **04**, 233, 236; *Bendermacher* JR **04**, 301; krit. *Schneider* NStZ **03**, 428; *Quentin* NStZ **05**, 128; *Hillenkamp* JZ **04**, 48, 49; *ders.*, Rudolphi-FS [2004] 463, 466 ff. [iErg aber zustimmend ebd. 477 ff.]; *Küper* GA **06**, 310; vgl. auch *Trüg* JA **04**, 272 ff.; *Bürger* JA **04**, 298 ff.; abschließende Entscheidung NStZ **05**, 332 [Verdeckungsabsicht]) ist das Heimtückemerkmal einer *normativ* orientierten tatbestandlich einschränkenden Auslegung auch auf **Opferseite** zugänglich. Danach kann ein Angriff des späteren Tötungsopfers bei bestehender **Notwehrlage** der Annahme von **Arglosigkeit** auch dann entgegenstehen, wenn der Angreifer mit einem überraschenden und ggf. die Grenzen der Notwehr überschreitenden Angriff auf Leib oder Leben zwar *nicht rechnet*, aber „grundsätzlich *rechnen muss*" (anders, bei abweichendem Sachverhalt, NStZ **95**, 231 [4. *StS*]; krit. NStZ **05**, 688, 689 [*2. StS*]; **07**, 5623, 525 [*4. StS*]). Zur **Begründung** hat der *1. StS* ausgeführt, es sei „regelmäßig der Angreifer, der durch seinen Angriff einen schützenden oder trutzwehrenden Gegenangriff herausfordert … Mit seinem konkreten Angriff hat das spätere Opfer … in aller Regel seine Arglosigkeit bereits verloren" (210); als „wirklicher Angreifer" sei es „regelmäßig nicht gänzlich arglos" (211). **Offen gelassen** hat der *Senat,* „ob unter besonderen Umständen Fallgestaltungen denkbar sind, bei denen ausnahmsweise eine Arglosigkeit des Erpressers tragfähig festgestellt werden kann" (211).

50 In der Entscheidung, deren Vereinbarkeit mit früherer Rspr anderer *Senate* zweifelhaft ist (zutr. NStZ **07**, 523, 525 [*4. StS*] unter Hinweis auf BGH [GrSen] **30**, 105, 114; **33**, 363, 364 f. [*3. StS*]; GA **67**, 244, 245 [*4. StS*]), wird eine Wendung

von dem psychologisierenden, empirischen Begriff der Arglosigkeit zu einem *normativen* Begriff vollzogen: Es reicht nicht aus, dass das Opfer sich eines gravierenden Angriffs auf Leben oder Leib konkret nicht versieht; vielmehr muss es diese Vorstellung *berechtigterweise* haben (in diese Richtung schon *Arzt/Weber* 2/45). Der *1. StS* hat dies auf einen „Wertungsgleichklang mit dem Notwehrrecht" gestützt (BGH **48**, 207, 211; zust. *Bendermacher* JR **04**, 301, 303 f.) und überdies ausgeführt, die normativ einschränkende Auslegung gründe „mit darin, dass der Gegenwehr hier ersichtlich nicht das Tückische in einem Maße innewohnt, welches den gesteigerten Unwert dieses Mordmerkmals kennzeichnet" (211). Andere *Senate* des BGH haben sich dem nicht angeschlossen: Der *2. StS* hat ausgeführt, Arg- und Wehrlosigkeit seien „faktische, aber keine normativen Begriffe" (NStZ **05**, 688, 689); der *4. StS* hat Zweifel geäußert, ob er der Ansicht des *1. StS* folgen könnte (NStZ **07**, 523, 525).

Kritik. Das Verhältnis der von BGH **48**, 207 ff. angeführten Begründungen – 51
der Angreifer begebe sich *normativ* seiner (empirisch vorhandenen) Arglosigkeit; der auf seinen Tod abzielenden „Gegenwehr" fehle das „Tückische"; es müsse ein Wertungsgleichklang mit dem Notwehrrecht hergestellt werden – zueinander ist recht unscharf geblieben; zum Tatbestandsausschluss führt offenbar eine *Gesamtwürdigung*, die sich gegen nicht näher beschriebene Ausnahmefälle (ebd. 211) sowie gegen Fälle abgrenzt, in denen das Opfer seine Arglosigkeit „nicht gänzlich einbüßt" (212) oder in denen eine Notwehr- oder Notstandslage gegenüber einer *Dauergefahr* besteht (ebd.). In dem nur kurze Zeit später entschiedenen Fall BGH **48**, 255 (*Haustyrannenfall*) hat der *1. StS* die Möglichkeit eines normativ begründeten Wegfalls der („mit in den Schlaf genommenen") Arglosigkeit allerdings nicht einmal erwähnt).

Die Annahme, das Opfer habe durch seinen Angriff (im Fall: auf das Vermögen 52
des Täters) seine Arglosigkeit (hinsichtlich eines Angriffs auf sein eigenes Leben) „eingebüßt", erweist sich, soweit dies als *empirischer* Sachverhalt gemeint ist, als **Fiktion** (zutr. *Hillenkamp*, Rudolphi-FS [2004] 463, 472 ff.; vgl. auch *Schneider* NStZ **03**, 428, 431; *Quentin* NStZ **05**, 128, 130). Soweit BGH **48**, 207 ff. einen „Wertungsgleichklang" zwischen Notwehrrecht und Heimtücke-Beurteilung postuliert, wird nicht deutlich, auf welches gemeinsame *Kriterium* diese Wertung bezogen sein soll. Die in der Literatur vertretene Ansicht, das Bestehen einer Notwehrlage führe ohne Weiteres dazu, dass der Angreifer im Hinblick auf einen Angriff auf sein Leben nicht mehr arglos sein „könne" (*Bendermacher* JR **04**, 301, 303), ist insoweit zu undifferenziert, denn das Vorliegen der das Notwehrrecht einschränkenden Kriterien der **Erforderlichkeit und Gebotenheit** der *konkreten* Verteidigungshandlung hat der *1. StS* gerade dahinstehen lassen (BGH **48**, 207, 209). Das ist konsequent, denn die von BGH **48**, 207 ff. aufgeworfene Frage kann sich überhaupt nur stellen, wenn die Tötung des Angreifers nicht schon gerechtfertigt ist: Auf Einschränkungen der Heimtücke kommt es nur dann an, wenn die Tötung unter Ausnutzung der Arg- und Wehrlosigkeit *nicht* das erforderliche und gebotene Mittel ist, einen gegenwärtigen rechtswidrigen Angriff abzuwehren. In der Konsequenz müssten dann schon geringfügige gegenwärtige Angriffe auf notwehrfähige Rechtsgüter (Ehre; Eigentum; Vermögen) zum Wegfall der Arglosigkeit führen. Vor dem Hintergrund, dass der „Wertungsgleichklang" von Notwehrrecht und Heimtücke „unbeschadet der weiteren Voraussetzungen" des Rechtfertigungsgrunds vorgenommen werden soll (BGH **48**, 207, 209), bleibt auch die **Abgrenzung** zu NStZ **95**, 231 fraglich: Wenn die Verteidigungshandlung (bei Notwehr gegen Dauergefahr) „jedenfalls nicht geboten" ist, soll die Arglosigkeit des Angreifers nicht entfallen (BGH **48**, 207, 212). Diese Abgrenzung setzt voraus, dass im Fall BGH **48**, 207 die Tötungshandlung (erforderlich und) **geboten** iS des § 32 war. Dann käme es aber auf Heimtücke gar nicht an (vgl. oben). Aus dem Sachverhalt ergibt sich dafür nichts; der *1. StS* hat es ausdrücklich offen gelassen (ebd. 209).

Der von BGH **48**, 207 zusätzlich eingeführte normative Einschränkungsmaßstab 53
fehlender „**Tücke**" (vgl. dazu schon OGH **2**, 389, 391 f.; BGH **3**, 330, 333; **9**, 385, 390; BGH NStZ **81**, 180; BGHR § 211 II Heimtücke 13; oben 49) ist wenig

aussagekräftig, denn der Begriff der „*Tücke*" bezeichnet nur das Plötzliche des Angriffs; *Heim*-Tücke ist „heimliche Tücke", also ein plötzlicher Angriff gegen einen Arglosen. Der „Tücke"-Begriff vermag daher dem der Heimtücke nichts Substanzielles hinzuzufügen (**aA** *Bendermacher* JR **04**, 301, 303); es verbleibt letztlich bei *wertenden Abstufungen* von „Hinterhältigkeit". Von einer **negativen Typenkorrektur** (vgl. oben 5) ist das kaum zu unterscheiden (**aA** *Hillenkamp*, Rudolphi-FS [2004] 463, 478). Das kann sich uU auf BVerfGE **45**, 187, 266 (Fehlen „besonderer Verwerflichkeit" trotz Ausnutzen von Arg- und Wehrlosigkeit) stützen, ist aber mit BGH (GrSen) **30**, 105, 114ff. kaum zu vereinbaren (ausdrücklich zweifelnd NStZ **07**, 523, 525 [*4. StS*]). Dass die Entscheidung des GrSen von BGH **48**, 207ff. gar nicht erwähnt wird, ist insb. im Hinblick auf BGH **30**, 105, 119f. bemerkenswert.

54 Die Tragfähigkeit der von BGH **48**, 207, 212 hervorgehobenen **Begrenzung** der Tatbestandseinschränkung ist mit gewichtigen Argumenten bezweifelt worden (vgl. unter kritischem Blickwinkel *Schneider* NStZ **03**, 428, 430f.; unter zustimmendem Blickwinkel *Bendermacher* JR **04**, 301, 304f.; *Otto* NStZ **04**, 142; *Rengier* NStZ **04**, 233, 236). Wenn das Merkmal der Arglosigkeit einer normativen Einschränkung unter dem Gesichtspunkt des **Opfer-Vorverhaltens** zugänglich ist, so besteht kein durchgreifender systematischer Grund, dies auf Notwehr-Lagen (die eine Abwägung der betroffenen Rechtsgüter nicht voraussetzen) zu beschränken und nicht im Einzelfall auch auf Lagen des **rechtfertigenden Notstands** (zutr. *Schneider* NStZ **03**, 431), der **Provokation** (vgl. *Arzt* JR **79**, 7 und *Arzt/Weber*, 2/45; *Rengier* NStZ **82**, 225, 229; *Bernsmann* JZ **83**, 45, 50) sowie des **entschuldigenden Notstands** (*Bendermacher* JR **04**, 301, 305; *Rengier* NStZ **04**, 233, 236f.) auszudehnen. Im *Haustyrannen*-Fall (BGH **48**, 255) hat der *1. StS* die Möglichkeit einer tatbestandlichen Einschränkung des Heimtücke-Begriffs allerdings nicht erwähnt (dazu *Hillenkamp*, Rudolphi-FS [2004], 463, 468f.). Es wird somit dem Bewußtsein des Täters, zur Abwehr eines Angriffs auf 5000 DM zu handeln (BGH **48**, 207), die Kraft zugestanden, eine heimtückische Tötung als „nicht verwerflich" erscheinen zu lassen; dagegen soll das Bewußtsein, sich in einer ausweglosen Lage der Bedrohung zu befinden und zur Abwehr einer anders nicht abwendbaren, jederzeit realisierbaren Gefahr schwerster körperlicher Misshandlung zu handeln (BGH **48**, 255), diese Kraft nicht haben. Das erscheint inkonsequent und überzeugt auch im wertenden Vergleich nicht.

55 Mit der Entscheidung BGH **48**, 207 könnte die *Erosion* des Heimtücke-Merkmals und damit uU des bisherigen Verständnisses des § 211 II insgesamt vorangeschritten sein (vgl. auch *Hillenkamp* JZ **04**, 48, 49f.). Ob die Entscheidung möglicherweise eine **Abkehr von der „Rechtsfolgenlösung"** eingeleitet hat (vgl. auch *Bendermacher* JR **04**, 301, 302), bleibt abzuwarten; andere *Strafsenate* haben sich ihr bislang nicht angeschlossen. Es wird dabei auch zu bedenken sein, dass die Annahme, es fehle einer die *faktische* Arglosigkeit des Opfers ausnutzenden Tötungshandlung die erforderliche *Verwerflichkeit*, häufig zur Annahme eines minder schweren Falls iS von § 213 führen müsste (so auch [zustimmend] *Rengier* NStZ **04**, 233, 237). Damit würden aber die Begrenzungen des § 32 weitgehend ausgehebelt. **Im Ergebnis** erscheint es **nicht angemessen,** in welchem Maße die Anwendung des § 211 mit ihrer hohen systematischen und symbolischen Bedeutung für das ganze StGB von bisweilen zufällig wirkenden Konstellationen abhängig und die Rspr des BGH durch *obiter dicta* und wenig abgestimmte Einzelfalls-Entscheidungen bestimmt ist. Die vom Gesetzgeber seit längerem erwogene **Reform der Tötungsdelikte** erscheint dringlich; sie könnte auch den Unzuträglichkeiten Rechnung tragen, welche durch die Streichung des früheren Abs. III (minder schwere Fälle) durch das 3. StÄG entstanden sind (zur Reformbedürftigkeit vgl. auch *Kargl* JZ **03**, 1141ff.).

56 **B. Grausamkeit.** Grausam tötet, wer seinem Opfer in gefühlloser, unbarmherziger Gesinnung Schmerzen oder Qualen körperlicher oder seelischer Art zufügt, die nach Stärke oder Dauer über das für die Tötung erforderliche Maß hinausgehen (BGH **3**, 180, 264; **37**, 40; NStZ **82**, 379; **89**, 363; **94**, 239 [Anm. *Fabricius* StV **95**, 637]; StV **84**, 509; **97**, 565; MDR/H **87**, 623; OGHSt. **1**, 99; 371, **2**, 116; LK-*Jähnke* 53; SK-*Horn* 41 ff.; *Arzt/Weber* 2/51; vgl. auch BVerfGE **87**, 226); das setzt eine objektiv besonders gravierende Begehungsweise sowie eine spezifische Haltung des Täters voraus. Die Grausamkeit muss sich in **objektiver Hinsicht** aus der Tatausführung und damit verbundenen besonderen Leiden des Opfers ergeben; dabei kommt es nicht darauf an, ob dem Täter eine andere, „schonendere" Tötungsmethode möglich gewesen wäre (LK-*Jähnke* 54; vgl. auch MK-*Schneider* 112) oder ob die Möglichkeit einer noch grausameren Tatbegehung bestanden hätte (BGH **49**, 189, 197 f. [Kriegsverbrechen; *Fall Engel*]). Grausamkeit kann auf Grund einer an sich regelmäßig grausamen Tötungsart gegeben sein (nahe liegend etwa bei Verbrennen; Ingangsetzen eines seiner Art nach sukzessive ablaufenden Tötungsgeschehens mit zwangsläufig besonders gravierenden Leiden des Opfers; Verhungern-Lassen), aber auch auf Grund der vom Täter gesteuerten Ausführungsart der Tat; hierzu zählen insb. Fälle von der Tötung vorausgehenden Folterungen, besonderen seelischen Leiden, etwa durch vorangehende Tötung von Angehörigen oder Tatvorbereitungen vor den Augen des Opfers (vgl. StV **84**, 509).

Grausame Tatbegehung ist auch durch **Unterlassen** möglich (MDR/D **74**, 14; **57** NStZ **82**, 379; **07**, 402, 403 [Verhungern-Lassen; im kronkreten Fall abgelehnt]; vgl. 5 StR 351/03; 5 StR 212/06; LK-*Jähnke* 54; MK-*Schneider* 112; *Mitsch* JuS **96**, 214; and. *Arzt,* Roxin-FS 855, 859). Die Grausamkeit muss zu besonderen **Leiden des Opfers** führen; seelische Leiden *Dritter* (Angehöriger), besondere Gefühllosigkeit oder sadistische Rohheit des Täters, die das Opfer selbst wegen Eintritts von Bewusstlosigkeit oder Tod nicht (mehr) empfindet, erfüllen die Voraussetzungen des Merkmals nicht (NStZ **01**, 647). Daher ist auch eine Tötung durch lang dauerndes Unterlassen ausreichender Nahrungsversorgung nicht grausam, wenn zum Zeitpunkt des erstmaligen Tötungsvorsatzes das Opfer keinen Hunger (mehr) verspürt (NStZ **07**, 402, 403 f.). Versuch ist insoweit möglich. Das Merkmal kann uU auch erfüllt sein, wenn erst die Gegenwehr den Täter zu einer Vielzahl qualvoller Messerstiche veranlasst (NStZ/A **98**, 344; *Frister* StV **89**, 344; *Witt,* Das Mordmerkmal „grausam" 1996, 79, 93 f.; vgl. auch StV **97**, 565 f.), jedoch ist in einem solchen Fall die innere Tatseite besonders sorgfältig zu prüfen. Auch aus den Umständen, unter denen die Tötung eingeleitet und vollzogen wird, kann sich die Grausamkeit ergeben (BGH **37**, 41; NJW **51**, 666; **71**, 1190), jedoch verlangt NJW **86**, 266 (m. Anm. *Amelung* NStZ **86**, 265, *Otto* JK 14 u. Jura **94**, 150), dass der Täter beim Tötungsgeschehen selbst und nicht nur bei vorausgegangenen Körperverletzungshandlungen grausam gehandelt hat (vgl. MK-*Schneider* 117 f.).

Subjektiv muss die Tat zudem von einer gefühllosen und mitleidlosen Gesin- **58** nung getragen sein (BGH **3**, 180; **3**, 264; NStZ **82**, 379; StV **88**, 486; **97**, 565). Das grausame Verhalten muss *vor* Abschluss einer den tödlichen Erfolg herbeiführenden Handlung vorliegen und vom Tötungsvorsatz umfasst sein (BGH **37**, 41). Eine grausame Misshandlung des Opfers *ohne* auf Tötung abzielenden Tatplan und anschließende Tötung des Opfers *ohne* Grausamkeit erfüllt den Tatbestand nicht; wohl aber eine grausame Misshandlung, die nach dem (zumindest bedingten) Tätervorsatz in eine (als isolierte Handlung nicht grausame) Tötung einmünden soll (**aA** *Kargl* StraFO **01**, 365, 371, der hierin einen Verstoß gegen Art. 103 II GG erblickt. Das ist unzutr. und führt zu einer evident ungerechten Bevorzugung eines Täters, der das Opfer von vornherein *zu Tode quälen* will). Grausamkeit ist nicht dadurch ausgeschlossen, dass der Täter aus Motiven tötet, die das Gesetz zu Mordmerkmalen erhebt (NJW **88**, 2682 m. Anm. *Frister* StV **89**, 343). Die rechtliche Wertung seiner Handlungsweise muss der Täter nicht mitvollziehen; es ist ausreichend, dass er die ihr zugrunde liegenden tatsächlichen Umstände kennt; das ist auch bei bedingtem Tötungsvorsatz möglich (NStZ **89**, 363; LK-*Jähnke* 56). Das bloße Fehlen von Mitgefühl und Menschlichkeit hat BGH **49**, 189, 197 (*Fall Engel*; grausame Massenerschießungen von Gefangenen; krit. Bespr. *Bertram* NJW **04**,

2278; zust. Anm. *Bröhmer/Bröhmer* NStZ **05**, 38f.) bei der Umsetzung eines auf objektiv grausame Tötung abzielenden offensichtlich völkerrechtswidrigen Befehls nicht als ausreichend angesehen (zw.). Das ist jedenfalls auf andere Konstellationen nicht übertragbar. Der Vorsatz der Grausamkeit setzt nicht *Freude* an der Unmenschlichkeit der Tötung voraus; ausreichend ist vielmehr auch eine emotional unbeteiligte Motivation möglichst *effektiver* Tötung, wenn der Täter die objektiven Umstände der Grausamkeit kennt. An dem Bewusstsein grausamer Tatausführung kann es bei Vorliegen erheblicher psychischer Störungen, namentlich auch im Fall von Affekt-Tötungen (vgl. auch NStZ **01**, 647) sowie bei schwerem Rauschzustand (NStZ-RR **04**, 205) fehlen.

59 **C. Gemeingefährliches Tatmittel.** Das 3. Merkmal der 2. Gruppe stellt auf eine über den Tötungserfolg hinausgehende Gefährdung Dritter ab, die ihren Ursprung gerade in der Ausführungsart der Tötung hat. Gemeingefährlich ist ein Mittel, wenn es durch seine **Anwendung im Einzelfall** eine (nicht notwendig ieS *konkrete*) Gefahr für eine unbestimmte Anzahl anderer Personen mit sich bringt (RG **5**, 309; BGH **34**, 13f.; **38**, 353f.; NJW **85**, 1477f.; *S/S-Eser* 29, 18; LK-*Jähnke* 57; **aA** SK-*Horn* 49). Ausreichend ist eine **generelle Gefährdung**; der Eintritt konkreter Gefahr ist nicht erforderlich. Es ist aber nach der Rspr des BGH nicht zwingend vorausgesetzt, dass das Mittel *seiner Natur nach* gemeingefährlich ist (Beispiel: Sprengsatz); vielmehr ist ausreichend, dass es in der *konkreten Tatsituation* eine Mehrzahl von Menschen an Leib und Leben gefährdet, weil der Täter eine Ausweitung der Gefahr nicht kontrollieren kann (vgl. NStZ **06**, 267, 268 [gegeben bei Amokfahrt mit PKW über Caféterrassen und Gehwege]; NStZ **06**, 503 [gegeben bei nächtlichem Befahren einer BAB mit einem PKW entgegen der Fahrtrichtung und ohne Licht]; NStZ **07**, 330 [*nicht* gegeben bei absichtlichem Abkommen von der Fahrbahn mit PKW mit Vorsatz des Suizids und der Tötung *einer* Beifahrerin ohne Drittgefährdung]). Umgekehrt kommt es auf die *allein abstrakte* Gefährlichkeit eines Tatmittels dann nicht an, wenn eine Gefährdung Dritter sicher *ausgeschlossen* ist (*Arzt/Weber* 2/52; LK-*Jähnke* 57; MK-*Schneider* 104; **aA** SK-*Horn* 49f.).

60 Nicht vollautomatische Schusswaffen gehören allein wegen ihrer abstrakten Gefährlichkeit noch nicht zu den gemeingefährlichen Mitteln; daher ist die zur Tötung eines bestimmten Menschen verwendete Pistole auch bei Inkaufnehmen eines Fehlschusses und der Verletzung anderer noch kein gemeingefährliches Mittel (BGH **38**, 355 [m. Anm. *Rengier* JZ **93**, 364; *Geppert* JK 23; *Mitsch* JuS **96**, 215; wohl missverstanden von *Kargl* StraFO **01**, 365, 372]; NStZ **93**, 341; *v. Danwitz* Jura **97**, 569). Gemeingefährlichkeit ist **zB** bejaht worden bei Tötung durch Brandstiftung; Herbeiführung einer Überschwemmung (OGHSt. **1**, 86); Einsatz von Brandflaschen (NJW **85**, 1477 [m. Anm. *Horn* JR **86**, 32; *Rengier* StV **86**, 405]; MDR/H **93**, 720), Sprengmitteln oder Maschinenwaffen; bei Steinwürfen (vgl. VRS **63**, 119) oder Würfen von schweren Gegenständen (zB Kanaldeckeln) von Brücken aus auf Kraftfahrzeuge; bei Amokfahrten über belebte Fußgängerbereiche (NStZ **06**, 167); bei nächtlicher Fahrt auf der BAB entgegen der Fahrtrichtung ohne Licht (NStZ **06**, 503).

61 Nach **hM** setzt das Merkmal ein aktives „Einsetzen" des gemeingefährlichen Mittels voraus und kann daher durch **Unterlassen** nicht erfüllt werden (BGH **34**, 13; *Lackner/Kühl* 11; *S/S-Eser* 29; MK-*Schneider* 109, 213; *Arzt/Weber* 2/53; *Arzt,* Roxin-FS 858; *W/Hettinger* 103; *Otto* BT 4/41; *Krey* BT I, 61a; hier bis 50. Aufl.). Das überzeugt nicht (zutr. LK-*Jähnke* 58). Die Formulierung, es reiche nicht aus, dass der Täter „eine bereits vorhandene gemeingefährliche Situation nur zur Tat ausnutzt" (BGH **34**, 13), ist jedenfalls ungenau: Es geht nicht um ein „Ausnutzen" gemeingefährlicher Lagen „zur Tat", sondern um eine Tötung *durch* garanten*pflicht*widriges Unterlassen der Abwendung einer vom Täter als unkontrollierbar erkannten Gefahr. Es ist in diesem Fall nicht erkennbar, warum bei Vorliegen von Tötungsvorsatz für den Garanten nicht § 211 gelten oder warum etwa eine Anstiftung durch einen Nichtgaranten nicht möglich sein sollte.

6) Mordmerkmale der 3. Gruppe. Die Merkmale der 3. Gruppe, sie sich mit den niedrigen Beweggründen überschneiden, stellen auf die Verwerflichkeit des **deliktischen Ziels** der Tötung ab (BGH **39**, 159), mit der eine andere Straftat **ermöglicht** oder **verdeckt** werden soll. Die Erwägung von BGH **35**, 127 *(2. StS)*, die Verdeckungsabsicht als gesetzliches *Regelbeispiel* anzusehen, hat der BGH nicht weiter verfolgt (vgl. NJW **96**, 939 [*1. StS*]; dagegen auch *Timpe* NStZ **89**, 70; *Wolters* JuS **90**, 23; *Otto* Jura **94**, 151; *Mitsch* JuS **96**, 216; *Fischer* NStZ **96**, 419). Beide Tatvarianten, insb. auch die des Handelns in Verdeckungsabsicht, können auch durch **Unterlassen** begangen werden (BGH **38**, 356, 361; NJW **00**, 1730, 1732; NStZ **92**, 125; MDR/D **66**, 24; and. noch BGH **7**, 287; str.; **aA** zB *Grünwald,* H. Mayer-FS 281, 289 ff.; JuS **65**, 311, 313; *Mitsch* JuS **96**, 219; *Arzt,* Roxin-FS [2001] 855, 857; *Haas,* Weber-FS [2004] 235, 241 ff.; vgl. im Einzelnen unten 72). 62

A. Andere Straftat. Die Tötung muss in beiden Fällen nach der Absicht des Täters auf eine andere Straftat (nicht Ordnungswidrigkeit, BGH **28**, 94; NStZ-RR **04**, 333; LK-*Jähnke* 14; SK-*Horn* 55; *Mitsch* JuS **96**, 218; **aA** *M/Schroeder/Maiwald* 2/34) bezogen sein; diese braucht in der ersten Var. trotz „Ermöglichens" nicht begangen zu werden (BGH **11**, 226; **aA** OGHSt. **1**, 190); in der zweiten Var. setzt die Absicht der Verdeckung das tatsächliche Vorliegen einer anderen Tat nicht notwendig voraus. Die andere Tat kann in beiden Fällen sowohl eine solche **des Täters** selbst als auch die eines **Dritten** sein (BGH **9**, 180); sie muss **keine selbständige Tat iS von § 264 StPO** sein (vgl. unten 65 f., 70 f.). Beim Verdecken kann auch ein fahrlässiges oder versuchtes Delikt ausreichen; beim Ermöglichen ist dies begrifflich ausgeschlossen („um zu"). Die andere Straftat muss sich objektiv und subjektiv als ein Verbrechen oder Vergehen darstellen. Unter diesen Voraussetzungen reicht aber die (irrige) **Absicht**, sie mit der Tötung zu ermöglichen; ebenso die Verdeckungs-Absicht in der irrigen Annahme, eine Straftat begangen zu haben, obwohl Notwehr (BGH **11**, 226) oder lediglich eine Ordnungswidrigkeit (BGH **28**, 95) gegeben war (LK-*Jähnke* 18; *Arzt/Weber* 2/65). Ob die Tat verfolgbar ist, ist gleichgültig; daher steht der Umstand, dass ein Strafverfahren wegen der zu verdeckenden Tat nach § 154 StPO vorläufig eingestellt ist, der Verwirklichung des Mordmerkmals nicht entgegen (MDR/H **83**, 622; NStZ-RR **04**, 333). Die Vortat muss weder Gegenstand der Anklage sein (NStZ-RR **04**, 333), noch besteht eine Bindungswirkung anderer Erkenntnisse. 63

B. Ermöglichen. In der **Ermöglichungs-**Alternative muss der Täter die Tötungshandlung vornehmen, um die andere Straftat zu ermöglichen. Der Tod des Opfers muss **nicht notwendiges Mittel** zur Ermöglichung der Tat sein (BGH **39**, 161 m. Anm. *Graul* JR **93**, 510; *Schroeder* JuS **94**, 294 ff.; **aA** noch MDR/H **80**, 629; vgl. dazu *Geilen,* Lackner-FS 573; *Fischer* NStZ **96**, 416; *Heine* [1 a, 1999] 326 f.); es genügt, dass sich der Täter deshalb für die zum Tod führende Handlung entscheidet, weil er glaubt, auf diese Weise die andere Straftat **schneller oder leichter** begehen zu können (BGH **45**, 211, 217), und dass ihm nicht der Tod des Opfers, sondern die *Tötungshandlung* als solche als Tatmittel geeignet erscheint (BGH **39**, 161 [m. Anm. *Graul* JR **93**, 510; *Schroeder* JuS **94**, 294]; NStZ-RR **97**, 132). 64

Beide Delikte müssen einander nicht zeitlich eng folgen (stRspr.; vgl. etwa BGH **50**, 80, 88 f. [= NJW **05**, 1876; *Kannibalen-Fall*; abl. *Mitsch* ZIS **07**, 197, 200]). Die **andere Tat** muss nach stRspr nicht prozessual selbständig iS von § 264 StPO sein; auch die in rechtlicher **Tateinheit** oder natürlicher **Handlungseinheit** stehende Verwirklichung eines gegen ein anderes Rechtsgut (desselben oder eines anderen Opfers) gerichteten anderen materiellen Straftatbestandes reicht grds. aus (MK-*Schneider* 199). Ermöglichung ist **zB** angenommen worden bei Tötung einer Bewachungsperson, um einen gewaltsamen Ausbruch aus einer Strafanstalt zu ermöglichen (MDR/D **70**, 560); bei Tötung der Schutzperson eines späteren Opfers (NJW **80**, 792; 5 StR 495/00); bei Tötung, um betrügerisch Zahlungen aus der 65

Lebensversicherung des Opfers zu erlangen (BGH **46**, 73, 80f. [Anm. *Sinn* JR **01**, 345; *Arndt* JZ **01**, 51]; vgl. auch NStZ **98**, 352, 353).

66 Praktisch häufigster Fall der Anwendung ist die Tötung, um dem Opfer Geld oder andere Gegenstände wegzunehmen (sog. **Raubmord;** vgl. NStZ-RR **98**, 203); hier wird eine „andere" Straftat selbst dann angenommen, wenn die Tötungshandlung gerade die für den Raub eingesetzte Gewalteinwirkung darstellt (BGH **39**, 159, 160f.; 1 StR 870/92; *S/S-Eser* 32a; MK-*Schneider* 199; vgl. dazu *Graul* JR **93**, 510f.) und mit der Handlung noch ein weiterer *Teilakt* (Wegnahme) ermöglicht werden soll (anders nur, wenn *gerade* die Wegnahme sich zugleich als Tötungshandlung darstellt; **zB** bei Wegnahme lebensnotwendiger Medikamente). Im Hinblick auf den Wortlaut des § 251, der eine **Qualifizierung** des Raubs gerade auch bei *vorsätzlicher* Herbeiführung des Todes enthält (vgl. auch §§ 176b, 178, 239a III, 306c), mithin die vorsätzliche Tötung *ausdrücklich* als Teil der Raubtat bezeichnet, erscheint das sehr weitgehend (Zweifel in NStZ **03**, 536, 537). Die Rspr. des BGH lässt insoweit kaum noch eine Unterscheidung zwischen den Tatbeständen des Ermöglichens und Verdeckens erkennen (vgl. auch unten 70 29b): Wenn der Täter in der vorgefassten Absicht handelt, das Opfer zu berauben und (anschließend) zu töten, ist es im praktischen Ergebnis fast gleichgültig, was der Tatrichter im übrigen feststellt: Stets liegt *entweder* Ermöglichungs- *oder* Verdeckungsabsicht (und zusätzlich *jedenfalls* „Habgier") vor.

67 Die **Absicht** des Täters muss nicht auf die Begehung der anderen Tat, sondern auf ihre **Ermöglichung** gerichtet sein. Nach zutr. Ansicht (LK-*Jähnke* 9; *Jakobs* AT 25/29) ist daher ein Mord auch zur Ermöglichung einer nur **bedingt vorsätzlich** geplanten Tat („für alle Fälle") möglich. Es muss dem Täter aber **darauf ankommen,** die andere Tat, auf deren Schwere es nicht ankommt (BGH **46**, 73, 80), durch die Tötungshandlung zu ermöglichen oder zu erleichtern. Dies wird nicht dadurch ausgeschlossen, dass dem Täter nach seiner Vorstellung auch andere Wege offen stehen (vgl. etwa BGH **39**, 160f.). Die finale „Verknüpfung von Unrecht mit Unrecht" (krit. zu diesem Kumulationsgedanken *Heine* [1a, 1999] 328) soll nach NStZ **96**, 81 (hierzu krit. *Fischer* NStZ **96**, 416; vgl. auch *Otto* JK 29) nicht gegeben sein, wenn die Strafbarkeit des mit der Tötung ermöglichten Handelns sich nur durch das Fehlen einer behördlichen Erlaubnis ergibt, da die Strafbarkeit dann nur „Begleiterscheinung eines an sich erlaubten Handelns" sei (NStZ **96**, 81 [Überfahren eines den Ausgang aus einem nichtöffentlichem Gelände versperrenden Opfers mit bedingtem Tötungsvorsatz, um sich nicht am Autofahren ohne Fahrerlaubnis hindern zu lassen]). Das ist nicht zutr. (abl. auch MK-*Schneider* 201; LK-*Jähnke* 9 Fn. 46), denn es verlangt vom Täter die *Absicht,* sich *strafbar* zu machen, und würde bei vorsätzlicher Tötung zur Ermöglichung etwa von Zoll-, Waffen-, BtM- und Umweltstraftaten zu untragbaren Ergebnissen führen: Wer einen Grenzposten tötet, um (überhaupt oder leichter) unerlaubt einreisen oder Waffen einführen zu können, handelt nicht deshalb ohne Ermöglichungsabsicht, weil er lieber ein Visum oder eine Einfuhrgenehmigung hätte. Anders ist es bei Sachverhalten wie NStZ-RR **01**, 298 (Zufahren auf eine Person mit bed. Tötungsvorsatz, um sie zum Ausweichen zu zwingen: Hier soll nicht die Nötigung „ermöglicht" werden; vielmehr ist die Tötungshandlung *zugleich* Nötigung).

68 **C. Verdecken.** In der **Verdeckungs-**Variante muss der Täter handeln, um eine andere Straftat (oben 63) zu verdecken; insb. durch Tötung des einzigen Tatzeugen oder eines Verfolgers, um unerkannt zu entkommen (BGH **11**, 268; **15**, 291; NJW **55**, 1119; VRS **23**, 207; **37**, 28; NStZ-RR **97**, 132). Es kommt auch hier auf die Tötungs**handlung** an (oben 64), so dass jeder durch diese Handlung (vorsätzlich) getötete Mensch Opfer des Verdeckungsmordes sein kann, auch wenn von ihm selbst keine Entdeckungsgefahr ausgeht (BGH **41**, 358 [Anm. *Schroeder* JZ **96**, 688]; vgl. dazu *Fischer* NStZ **96**, 416; *Mitsch* JuS **97**, 788; *Saliger* StV **98**, 22 u. ZStW **109**, 317; *Otto* JK 28). Eine Verdeckungsabsicht setzt keine längere „Überlegungsphase" oder ein abwägendes Reflektieren des Täters über seine Ziele vor-

aus; sie kann auch bei spontanem Tötungsentschluss aufgrund einer unvorhergesehenen Augenblickslage gegeben sein (vgl. BGH **35**, 116; NJW **99**, 1039, 1041; 1 StR 3/07 [in BGHSt insoweit nicht abgedr.]). Dass die zu verdeckende **Tat schon entdeckt** ist, steht der Annahme von Verdeckungsabsicht, etwa im Hinblick auf die eigene Täterschaft, die Überführung oder Ergreifung, grds nicht entgegen (BGH **15**, 291, 296; NStZ-RR **97**, 132). Verdeckung ist daher auch dann noch möglich, wenn das Opfer der früheren Tat diese schon einer anderen Person mitgeteilt hat, eine Überführung des Täters allein aufgrund der Aussage dieses Zeugen vom Hörensagen aber zweifelhaft wäre (BGH **50**, 11, 15f. [= NJW **05**, 1203; Anm. *Steinberg* JR **07**, 293]). Eine Verdeckungsabsicht liegt nicht schon darin, dass der Täter einen zeitlichen Vorsprung erhalten will, um fliehen zu können (NStZ **85**, 166; NJW **91**, 1189); nach BGHR § 211 II, Verd. 6 auch nicht darin, dass er nach Erhebung der Anklage die Überführung durch Tötung eines Belastungszeugen erschweren will (zw.). Die Verdeckungsabsicht muss nicht das einzige Motiv der Tötungshandlung sein; sie kann mit anderen Beweggründen in einem „**Motivbündel**" zusammentreffen und als zusätzliches Motiv auch dann hinzutreten, wenn der Täter schon aus anderen Gründen zur Tötung entschlossen war (NStZ **03**, 261; NStZ **05**, 332, 333f.). In diesem Fall muss das Verdeckungsmotiv aber „leitend" sein; der Tötungsentschluss muss durch das Motiv „seine wesentliche Kennzeichnung erfahren" (MDR/H **77**, 809f.; NStZ **05**, 332, 333; MK-*Schneider* 77). Zur Vereinbarkeit mit **bedingtem Tötungsvorsatz** vgl. unten 79.

a) Nach **stRspr.** ist nicht erforderlich, dass der Täter sich (oder einen Dritten) gerade einer **Straf**verfolgung entziehen will; es genügt die Absicht, **außerstrafrechtliche Konsequenzen** der anderen (Straf-)Tat zu vermeiden (BGH **41**, 8; NStZ **99**, 615; zust. *S/S-Eser* 34; *Saliger* StV **98**, 19 u. ZStW **109**, 317; *Fischer* NStZ **96**, 418; krit. *Küper* JZ **95**, 1158f.; *Brocker* MDR **96**, 228; *Sowada* JZ **00**, 1035, 1036ff.; MK-*Schneider* 178). Diese Rspr führt zu einer Öffnung des Merkmals gegenüber dem des sonstigen niedrigen Beweggrunds im Wege eines „erst recht"-Schlusses. Das Motiv, sich „nur" der Verfolgung zu entziehen, kann ebenso einen **niedrigen Beweggrund** begründen (vgl. GA **79**, 108; StV **89**, 151; NStZ **92**, 127 [krit. Anm. *Hohmann* NStZ **93**, 183]) wie die Verschleierung, wenn es an einer „anderen" Straftat fehlt, der Täter sich aber der Verantwortung für **sittlich anstößiges** oder rechtlich unerlaubtes Verhalten entziehen will (NJW **92**, 920 [m. Anm. *Hohmann* NStZ **93**, 183; *Otto* Jura **94**, 151]; nicht überzeugend daher LG Passau NStZ **05**, 101, 102 [m. krit. Anm. *Schneider*]). Die Verdeckungsabsicht umfasst andererseits auch solche Motive, die im Rahmen eines sonstigen niedrigen Beweggrundes zu berücksichtigen sind. Zielt die Tötung eines Tatzeugen, um sich der Strafverfolgung zu entziehen, daneben auch darauf ab, außerstrafrechtliche Konsequenzen, etwa einen Ansehensverlust zu vermeiden, so liegt insgesamt nur das Mordmerkmal der Verdeckungsabsicht vor (NStZ **99**, 243). 69

b) Die Tötung und die *andere* Straftat müssen nicht im Verhältnis der Tatmehrheit stehen; verdeckt oder ermöglicht werden kann auch eine in **Tateinheit** stehende Tat (vgl. BGH **7**, 325; NStZ **03**, 371f.; StraFO **99**, 100; BGHR § 52 I Handlung, dies. 22). Eine andere Tat liegt auch dann vor, wenn bei einheitlichem Geschehen der Täter **zunächst mit Körperverletzungsvorsatz** handelt und dann zur Tötung übergeht, um die vorausgegangene Misshandlung zu verdecken (BGH **7**, 325, 327; NStZ **83**, 34; **85**, 167); wenn nach Fehlschlagen eines Tötungsversuchs, zwischenzeitlicher Aufgabe des Tötungsvorsatzes oder Unterbrechung des Geschehens der Täter mit Verdeckungsabsicht **neu ansetzt** (MDR/D **74**, 366; NStZ **97**, 435); wenn die Tat von Anfang an als **mehraktiges Geschehen** geplant ist (NJW **01**, 763 [krit. Bespr. *Wolf*, Schreiber-FS 2003, 519ff.]; NStZ **03**, 372f.); wenn die Tat einen zuvor begangenen, noch nicht beendeten Raub verdecken soll (NJW **01**, 763; 2 StR 445/03). 70

Eine andere Tat ist aber **nicht gegeben** bei einer von vornherein auf Tötung gerichteten sukzessiven Tatausführung, insb. wenn eine mit zumindest **bedingtem** 71

Tötungsvorsatz begonnene Handlung mit „nachträglicher" Verdeckungsabsicht (auch bei Wechsel vom bedingten zum direkten Vorsatz) fortgeführt wird (NStZ **90**, 385 [Anm. *Hohmann* JR **91**, 212]), wenn also im Verlauf einer einheitlichen Tötungshandlung die Verdeckungsabsicht (nur) als zusätzliches Motiv hinzutritt (NStZ **92**, 127 [Anm. *Hohmann* NStZ **93**, 183]; **00**, 498; **02**, 253 [krit. *Freund* JuS **02**, 640]; **03**, 259; **03**, 312 [krit Bespr. *Freund* NStZ **04**, 123]; StV **01**, 553; **04**, 598 f.).

72 **c)** Für ein Handeln durch **Unterlassen** (zur Garantenstellung von Vortat-**Beteiligten** vgl. NJW **99**, 69, 72; NStZ **00**, 583; **04**, 89, 91 [m. Anm. *Schneider*]; **04**, 294, 296) gelten insoweit grds. keine Besonderheiten (vgl. JR **93**, 29, 30 [m. Anm. *Schwarz*]; NJW **00**, 1730, 1732; LK-*Jähnke* 20; hM; **aA** NK-*Neumann* 100 ff.; *Groth* [1 a] 176 ff.; *Arzt*, Roxin-FS [2001] 855 ff.; *Freund/Schaumann* JuS **95**, 801, 805; *Mitsch* JuS **96**, 213, 219; *Kargl* StraFO **01**, 373, 375; *Freund* NStZ **04**, 123, 125; *Haas*, Weber-FS [2004] 235, 241 ff.; vgl. dazu auch *Grünewald* GA **05**, 502 ff.; *Theile* JuS **06**, 110). Die Entscheidung BGH **7**, 287, wonach ein „Nicht-Aufdecken" nicht ausreiche und der bei Entfernen vom Unfallort billigend in Kauf genommene Tod des Opfers nicht in Verdeckungsabsicht erfolge, weil der Begriff des Verdeckens ein aktives „Zudecken" verlange (so auch *Grünwald,* H. Mayer-FS 281) und die Tötung „das Mittel der Verdeckung und nicht nur die Folge eines anderen Mittels" sein müsse (ebenso hier bis 50. Aufl.), ist überholt (vgl. MDR/D **66**, 24; NJW **89**, 2479; NStZ **92**, 125; BGH **38**, 356; **41**, 358, 361 f.; vgl. dazu *Schlüchter,* BGH-FG 933, 944 ff. mwN; *Mitsch* JuS **96**, 213, 218; NK-*Neumann* 100 ff.; *Arzt* Roxin-FS 855, 863 ff.; *Freund* NStZ **04**, 123 ff.; *Haas*, Weber-FS [2004], 235, 245 f.). Dass den Täter, der einen (Tötungs-)Erfolg zumindest bedingt vorsätzlich herbeizuführen versucht hat, schon keine Rechtspflicht zur Abwendung desselben Erfolgs trifft, es also schon an einer **Garantenstellung** fehlt (so NStZ-RR **96**, 131 [*1. StS*, zu § 221]), trifft nicht zu (NStZ **04**, 89, 91 [*2. StS*]; vgl. dazu auch 30 ff. zu § 13; *Stein* JR **99**, 265 ff.; *Schneider* NStZ **04**, 91 f.; vgl. auch NStZ **03**, 312, 313 [krit. Anm. *Stein* JR **04**, 79; Bespr. *Freund* NStZ **04**, 123; *Wilhelm* NStZ **05**, 177]; *S/S-Stree* 107 vor § 52; MK-*Freund* 125 zu § 13; *Roxin* AT II, 32/191); es liegt hier eine Frage der **Konkurrenz** vor (vgl. 31 zu § 13; 5 zu § 221).

73 Die Absicht muss sich auch im Fall der Verdeckung durch Unterlassung auf eine **andere Straftat** beziehen. Verdeckungsmord durch Unterlassen ist nach der Rspr. des *4. StS* dann nicht gegeben, wenn der Täter einer **mit Tötungsvorsatz begonnenen** Gewalthandlung ohne Aufgabe seines Tötungsvorsatzes eine Abwendung des Erfolgs aufgrund der nachträglichen Absicht der Verdeckung unterlässt; das „Hinzutreten" des weiteren Motivs macht die Tat nicht zu einer „anderen" (**03**, 259, 260; **03**, 312 [krit. *Wilhelm* NStZ **05**, 177, 178 f.]; StraFo **07**, 123, 124; vgl. oben 71; zum „Hinzutreten" eines Verdeckungsmotivs bei aktivem Tun vgl. NStZ **00**, 498 f.; **02**, 253). Das soll auch dann gelten, wenn zwischen einer mit zumindest bedingtem Tötungsvorsatz aufgeführten Handlung und einem späteren Entschluss des Täters, *auch* zur Verdeckung dieser Handlung dem Opfer die zur Abwendung des Todeserfolgs erforderliche Hilfe nicht zu leisten, eine **zeitliche Zäsur** liegt, der Tötungsvorsatz aber nicht aufgegeben wurde (NStZ **03**, 312 f.; StraFo **07**, 123, 124). Danach mangelt es hier an einer „anderen" Tat, weil, wenn der **Tötungsvorsatz fortbesteht** (Zweifelssatz!), der Verzicht auf Hilfeleistung mit dem zusätzlichen Motiv der Verdeckung sich nur als Unterlassen eines strafbefreienden Rücktritts darstellt, das dem Täter nicht als (selbständige) „Verdeckungstat" angelastet werden kann. Hieran kann man zweifeln, denn die Verdeckungsabsicht verliert nicht dadurch ihren Charakter als *neu* verwirklichtes (unrechtsbegründendes) subjektives Tatbestandsmerkmal, dass sie als „zusätzliches Motiv" bezeichnet wird; und dass im Ergebnis derjenige Täter *privilegiert* werden soll, der von vornherein mit (bedingtem) Tötungsvorsatz handelt, ist nicht eben überzeugend (krit. zur „Zäsur"-Rspr des BGH im Zusammenhang mit dem Verde-

ckungsmord *Freund* JuS **02**, 640ff.; *ders.* NStZ **04**, 123ff.; *Wilhelm* NStZ **05**, 177, 178ff.). **Anders** wird daher jedenfalls in Fällen zu entscheiden sein, in denen das mit mindestens bedingtem Tötungsvorsatz misshandelte Opfer zunächst überlebt und der Täter zwischenzeitlich den **Tatvorsatz aufgibt.** Hier ist die frühere Tötungshandlung eine „andere" Tat; wenn daher der Täter aufgrund eines nunmehr *neu gefassten* (Verdeckungs-)Entschlusses (vgl. oben 71) die für erforderlich gehaltene Hilfeleistung unterlässt, liegt jedenfalls **Versuch** des Verdeckungsmords vor.

d) Das **BVerfG** (E **45**, 187, 259ff) hat, damit in Grenzfällen durch die Verhängung der lebenslangen Freiheitsstrafe nicht gegen den Verhältnismäßigkeitsgrundsatz verstoßen wird, eine **einengende Auslegung** des Mordmerkmals verlangt, aber der Rspr. die Wahl des Weges zu diesem Ziel überlassen. Der BGH hat im Hinblick auf BGH **9**, 389 (GrSen) entgegen der Anregung des BVerfGE aaO bei Verdeckungstaten, soweit sie besonders verwerfliche Züge tragen, eine Vorausplanung nicht vorausgesetzt (BGH **27**, 282; **28**, 210); der 2. StS, der zunächst – dem Hinweis des BVerfG entsprechend – einen Verdeckungsmord in Fällen verneinte, in denen Vortat und Verdeckungstat sachlich und zeitlich eng zusammentrafen und sich der Täter während oder sofort nach der Vollendung der Vortat zur Tötung hinreißen ließ (BGH **27**, 346; GA **78**, 372; **79**, 426; **84**, 476; vgl. auch NStZ **84**, 453), hat diese Rspr aufgegeben (BGH **35**, 116 [m. Anm. *Schmidhäuser* u. *Timpe* NStZ **89**, 55, 70; *Hohmann/Matt* JA **89**, 134; *Wohlers* JuS **90**, 20; ferner *Otto* JK 16 u. Jura **94**, 151; zusf u. krit. *Laber* MDR **89**, 861; *Geis* NJW **90**, 2735]), weil § 211 weder Planung und Vorbedachtsein voraussetzt noch eine jähe Eingebung des Tötungsentschlusses einem Verdeckungsmord entgegensteht (vgl. auch *W/Hettinger* 130f.). 74

Eine allgemeine **Einschränkung** des Merkmals im Hinblick auf die **Selbstbegünstigungstendenz** der Verdeckung (vgl. BVerfGE **45**, 259ff., 266) wird zu Recht abgelehnt (*Timpe* NStZ **89**, 71; *Küper* JZ **95**, 1158, 1162; *Mitsch* JuS **96**, 217; *Sowada* JZ **00**, 1035, 1045; *Saliger* ZStW **109** [1997], 302f.; *Schlüchter,* BGH-FG 933, 946ff., 951; LK-*Jähnke* 12; *S/S-Eser* 32; *W/Hettinger* 123; **aA** *Hohmann* NStZ **93**, 183; *Kargl* StraFO **01**, 365, 372). Der BGH hat eine Verdeckungsabsicht zwar in Fällen abgelehnt, in denen die Vortat bereits entdeckt war und es dem Täter bei der Tötung allein noch darum ging, sich einen zeitlichen Vorsprung zur Flucht zu verschaffen (vgl. NStZ **85**, 166; NJW **91**, 1189), nicht aber bei noch unentdeckter Tat, wenn die Absicht der Ermöglichung der Flucht zugleich den bestimmenden Willen umfasst, die eigene Täterschaft zu verdecken (NJW **99**, 1039, 1041 [Anm. *Hefendehl* ebd. 107; *Momsen* JR **00**, 26; *Schroth* NStZ **99**, 554; *Altvater* NStZ **00**, 20]; vgl. auch NStZ **99**, 615; **04**, 495f.; NStZ-RR **97**, 132). 75

Anlass zur **Restriktion** geben jedoch Fallkonstellationen der Tötung eines Erpressers (*Schröder* JZ **52**, 526; LK-*Jähnke* 13; zur Abwehrbefugnis gegen sog. **Chantage** vgl. auch *Amelung* NStZ **98**, 70ff.; *Eggert* NStZ **01**, 225; *Müller* NStZ **93**, 366; *Novoselec* NStZ **97**, 218; vgl. dazu auch BGH **48**, 207 [Notwehr; vgl. in derselben Sache auch NStZ **05**, 332]; 38 zu § 32); der Tötung in Paniksituationen insb. nach Fahrlässigkeitstaten (vgl. dazu *Schlüchter,* BGH-FG 933, 956f.), namentlich durch Unterlassen gebotener Hilfeleistung (dazu auch *Arzt,* Roxin-FS 855, 857, 860); weiterhin wie bei der Heimtücke Fälle minderer Verwerflichkeit, insb. bei Verantwortlichkeit des Opfers für die Vortat (vgl. *Timpe* NStZ **89**, 70; *Saliger* ZStW **109**, 302, 329). Eine hier teilweise vorgeschlagene Anwendung der **Rechtsfolgenlösung** entspr. BGH **30**, 105 (LK-*Jähnke* 13) bleibt freilich in ihrer dogmatischen Begründung wie dort ungewiss (zutr. *Lackner/Kühl* 13). 76

7) Wahlfeststellung zwischen den Mordmerkmalen des Abs. II ist grds möglich (vgl. BGH **22**, 12; BGHR vor § 1, WF, TatsAlt. 3; *Eser* NStZ **81**, 386), **zB** zwischen Handeln aus niedrigem Beweggrund und Verdeckungsmord (NStZ-RR **99**, 234 m. krit. Bespr. *Bosch/Schindler* Jura **00**, 77, 83f.). 77

8) Subjektiver Tatbestand. Der Vorsatz besteht zunächst im Wissen und Wollen der Tötung eines Menschen (vgl. 6ff. zu § 212). Die Mordmerkmale des § 211 muss der Vorsatz nach stRspr in ihren **tatsächlichen Voraussetzungen** umfassen; gleichgültig ist, ob sie der Täter auch als solche *bewertet* (vgl. BGH **3**, 180; **6**, 329; 78

22, 80; StV **97**, 565, 566; MDR/D **68**, 895; **74**, 546; MDR/H **77**, 460, 638; krit. zu dieser Trennung *Köhler* JZ **80**, 238, 239f.; *Jakobs* ZStW **118** [2006] 831, 837 Fn 26).

79 **A.** Es genügt grds **bedingter Vorsatz** (NJW **68**, 660; StV **92**, 259; BGHR § 13 I, Gar.St. 3); freilich nicht bei **Mordlust** (MDR/D **74**, 547; 3 StR 18/86). Die Annahme dieses Merkmals setzt voraus, dass die Tötung aus Freude an der Vernichtung eines Menschenlebens und ohne bestimmenden außerhalb dieses Zwecks liegenden Anlass und Handlungsantrieb erfolgt (vgl. BGH **34**, 59, 61); auf Vorgänge außerhalb des Tatgeschehens bezogene affektive Regungen spielen, wenn diese Voraussetzung erfüllt ist, für die Annahme des Mordmerkmals keine Rolle (NStZ **94**, 239 [Anm. *Fabricius* StV **95**, 637). Bedingter Vorsatz kann ausreichen bei **niedrigen Beweggründen** (vgl. BGHR § 211 II n.BewGr. 1). Er ist auch mit der Annahme gefühlloser unbarmherziger Gesinnung vereinbar (NStE Nr. 22). Im Falle des **Ermöglichens** ist bedingter Vorsatz möglich, wenn die Tötung nicht *notwendiges* Mittel zur Begehung der anderen Straftat ist (BGH **39**, 161 m. Anm. *Graul* JR **93**, 510; *Schroeder* JuS **94**, 94; *Geppert* JK 25; vgl. *Fischer* NStZ **96**, 416; oben 67). Auch die **Verdeckungsabsicht** ist grds. mit bedingtem Tötungsvorsatz vereinbar (vgl. zB NStZ **04**, 495, 496 [Angriff mit bedingtem Tötungsvorsatz auf unbekannte Wohnungsinhaberin in der Absicht, vorangegangenen Einbruch zu verdecken]). Das gilt aber dann nicht, wenn nach der Tätervorstellung der Verdeckungserfolg ausschließlich durch den Tod des Opfers erreichbar ist (BGH **21**, 283; **41**, 358, 359ff.; NJW **88**, 2682; **92**, 583f.; **99**, 1039f.; **00**, 1730f.; NStZ **84**, 116; **85**, 166; **04**, 495, 496; StV **83**, 458; **92**, 260); anders kann es sein, wenn der Täter das ihn kennende Opfer einsperrt (NJW **88**, 2682 [m. Anm. *Frister* StV **89**, 343]; MDR/H **93**, 406) oder wenn die Verdeckung sich nach seiner Vorstellung auch ohne Tötung erreichen ließe (NStZ **84**, 454, NJW **00**, 1730f. [Verhungernlassen eines Pflegekindes]; vgl. auch LK-*Jähnke* 22). Affektive **Erregung** ist bei Verdeckungs-Tötungen häufig oder typisch (NJW **99**, 1039, 1041) und steht der Annahme von Verdeckungsabsicht idR nicht entgegen (1 StR 3/07).

80 **B.** Im Fall der **Heimtücke** muss der Täter *bewusst* die Arg- und Wehrlosigkeit des Opfers ausnutzen (sog. **„Ausnutzungsbewusstsein"**; vgl. BGH **2**, 61f.; **6**, 121; 331; NJW **66**, 1824; NStZ **84**, 20; **03**, 535; **06**, 502, 503; **07**, 330f.; 3 StR 234/00; zutr. krit. zur den bisweilen zufällig wirkenden Anforderungen in der Rspr *Rengier* NStZ **04**, 233, 235f.; *Dannhorn* NStZ **07**, 297, 298ff.; krit. zur Tendenz der Ausweitung in der Rspr *Seebode* StV **04**, 596, 597f.); das setzt voraus, dass er sich bewusst ist, einen ahnungslosen und schutzlosen Menschen zu überraschen (BGH **34**, 358; **39**, 369; NStZ **87**, 173; **99**, 506f.; **03**, 535; **05**, 331; **07**, 268f.; NStZ-RR **97**, 295; **00**, 166f.; **04**, 79; 2 StR 159/01; 1 StR 145/04), und dass er sich die Bedeutung der Lage des Opfers vergegenwärtigt (StV **81**, 277). Das ist auch dann möglich, wenn der Täter auf jeden Fall zur Tötung entschlossen ist (NStZ **84**, 507; **85**, 216; MDR/H **90**, 488); wenn er die Arg- und Wehrlosigkeit nicht zur (ursächlichen) Bedingung des eigenen Handelns macht (BGHR § 211 II, Heimt. 1; NStZ-RR **97**, 295; 5 StR 457/03); wenn er einer raschen Eingebung folgt (BGH **3**, 185; NJW **78**, 709; NStZ **81**, 104) oder einen seit längerem gefassten Tatentschluss letztlich „spontan" umsetzt (vgl. NStZ-RR **04**, 79, 80). **Affektive Erregung,** selbst wenn sie zu einer iS von § 21 erheblichen Einschränkung der Steuerungsfähigkeit führt, steht einem Ausnutzungs-Bewusstsein nicht grds. entgegen (GrSenBGH **11**, 139; NStZ **03**, 535; 1 StR 260/78; hierzu *Rengier* MDR **79**, 972; *ders.* NStZ **04**, 233, 234f.; LK-*Jähnke* 45; vgl. aber auch BGH **6**, 121; MDR/D **67**, 726; GA **75**, 306; 3 StR 81/80; krit. zu diesem Regel-Ausnahme-Verhältnis *Dannhorn* NStZ **07**, 297f.); etwa wenn der Täter vor der Tötungshandlung erkennt oder für möglich hält, dass das Opfer schläft (NStZ-RR **04**, 139, 140 [krit. Anm. *Seebode* StV **04**, 596). Nach NStZ-RR **01**, 296 reicht es allerdings nicht, dass der Täter die Umstände, auf welche sich die Würdigung als heimtückisch stützt, „in einer äußerlichen, nicht ins Bewusstsein dringenden Weise" wahrnimmt.

Dass es dem Heimtücke-Vorsatz entgegen stehen soll, dass dem Täter „jeglicher Zugang zu seiner eigenen feindseligen Handlung fehlt" (NStZ **07**, 330), überzeugt nicht.

Am Bewusstsein der Arg- und Wehrlosigkeit kann es zB fehlen, wenn der Täter in plötzlich aufsteigender Verbitterung und Wut (NStZ **87**, 555; StV **90**, 545; 1 StR 406/00) oder in einer verzweifelten und affektiv angespannten Lage gehandelt hat (BGH **6**, 120; NJW **99**, 1039, 1041; BGHR § 211 II n. BewGr 32; Heimt. 26; NStZ **98**, 67); freilich steht die Absicht eines „Mitnahme-Suizids" dem Bewusstsein der Heimtücke nicht schon an sich entgegen. Hat der Tatrichter das Fehlen des „Ausnutzungsbewusstseins" festgestellt, so muss er nach NStZ **03**, 535 die Gründe dafür im Urteil umfassend darlegen (and. 5 StR 223/02; 5 StR 545/02). Bei **irriger Annahme** von Arglosigkeit und dem Willen, diese zur Tötung auszunutzen, liegt (untauglicher) Versuch des § 211 vor (NStZ **94**, 583; **06**, 501). Beim **Anstifter** kann nach BGH **50**, 1, 6f. = NJW **05**, 996, 997 bedingter Vorsatz der Heimtücke auch dann vorliegen, wenn er aus Gleichgültigkeit mit jeder Möglichkeit der Tatausführung einverstanden ist. **81**

C. Die **rechtliche Bewertung** braucht der Täter nicht mitzuvollziehen (BGH **22**, 80; NJW **51**, 410; NJW **04**, 1466; BGHR § 211 II niedr. Beweggr. 13, 23; 1 StR 526/79); er braucht also seine Motive nicht als „niedrig" zu bewerten (NJW **94**, 395), muss aber die tatsächlichen Umstände, welche die Wertung „heimtückisch" begründen oder die **Niedrigkeit der Beweggründe** ausmachen, in ihrer Bedeutung für die Tatausführung ins Bewusstsein aufgenommen und erkannt haben (BGH **6**, 121; 331; NJW **67**, 1140; **80**, 793; NStZ **81**, 140, 523; **83**, 34; **93**, 342 [m. Anm. *Brocker* NStZ **94**, 33]; **04**, 620; BGHR § 211 II n. BewGr 6, 13, 15, 23, 34; stRspr.; dagegen *Jakobs* ZStW **118** [2006] 831, 837 Fn. 26) und sie, insb. auch bei affektiver Erregung, **gedanklich beherrscht und gewollt gesteuert** (BGH **28**, 212; **35**, 116; 121; NJW **89**, 1739 [m. Anm. *Heine* JR **90**, 299]; **93**, 3210 [m. Anm. *Fabricius* StV **94**, 373]; NStZ **93**, 183; 281; 343; **99**, 19; **07**, 525f; StV **81**, 231; 338; **83**, 504; **84**, 72; **87**, 150; BGHR § 211 II, n.BewGr. 10; 5 StR 548/06; stRspr.; vgl. oben 16) oder in unduldsamer Selbstgerechtigkeit ignoriert haben (3 StR 67/78; krit. *Herdegen,* BGH-FS 204). **Persönlichkeitsstörungen,** die dem Täter diese Einsicht versperren, können einer Beurteilung seiner Beweggründe als niedrig entgegenstehen (vgl. NStZ **07**, 525, 526; weitere Nachw. oben 16). **82**

D. Der **Verdeckungsabsicht** steht ein Handeln in Panik grds nicht entgegen (NJW **99**, 1039, 1041); nach Auffassung des BGH gelten „gesteigerte Anforderungen" für die *Feststellung,* der Täter habe wegen eines panischen Affekts die Erkenntnis seiner Verdeckungsabsicht „verdrängt". Es liegt jedoch nahe, dass ein Täter, dessen Erkenntnis- und Steuerungsfähigkeit nicht beeinträchtigt ist, schwerlich behaupten kann, das Ausmaß seiner Angst vor *Ent*deckung habe ihn daran gehindert, zu erkennen, dass er zur *Ver*deckung tötete; im Übrigen ist die (tatsächliche) Grenze des Irrtums nicht von den Anforderungen an seine *Feststellung* abhängig (vgl. jetzt auch 3 StR 382/03 zu Vereinbarkeit von Verdeckungsabsicht und eingeschränkter Steuerungsfähigkeit aufgrund Affekts). **83**

9) Versuch des Mordes liegt vor, wenn der Entschluss zum Töten so betätigt wird, dass das gewollte Verhalten Akt des Tötens ist oder ohne Zwischenakte in das Töten des Opfers übergeht (NJW **86**, 266 m. Anm. *M. Amelung* NStZ **86**, 265 u. *Otto* JK 14, vgl. 10 zu § 22), und wenn zu diesem Zeitpunkt die subjektiven Voraussetzungen eines Mordmerkmals gegeben sind; weiterhin dann, wenn der Täter einer versuchten oder vollendeten vorsätzlichen Tötung irrig die Voraussetzungen eines Mordmerkmals annimmt (vgl. NJW **06**, 3155 [irrige Annahme von Arglosigkeit]). **84**

10) Täterschaft und Teilnahme. Täter des Mordes kann jedermann sein. Wer die Tatbestandsmerkmale in eigener Person verwirklicht, ist stets Täter und, entgegen der früheren Rspr (RG **74**, 84; BGH **18**, 87), nicht nur Gehilfe (BGH **38**, **85**

315; *S/S-Eser* 42; *W/Hettinger* 138; vgl. aber *Lackner/Kühl* 1 zu § 25; LK-*Jähnke* 6 zu § 212; hierzu 2 zu § 25).

86 **A.** Bei **Mittäterschaft** können die Mittäter unterschiedliche Mordmerkmale verwirklichen (vgl. SK-*Horn* 21). Sie setzt nicht eigenhändige Begehung durch jeden Beteiligten voraus (vgl. 5 StR 591/03 [in StV **05**, 19 nicht abgedr.]); die Mitwirkung an Vorbereitungshandlungen kann genügen (BGH **37**, 289 [m. krit. Anm. *Herzberg* JZ **91**, 856; *Puppe* NStZ **91**, 571; *Roxin* JR **91**, 206]; NJW **92**, 919). Der Annahme von Mittäterschaft steht nicht entgegen, dass offen bleibt, welcher von mehreren Mittätern den tödlichen Schlag ausgeführt hat, wenn für jede der denkbaren Konstellationen die Voraussetzungen des § 25 II vorliegen (vgl. aber NStZ **96**, 434 und **98**, 565 zur Anwendung des Zweifelssatzes bei insoweit lückenhaften Feststellungen). Ist von einem Mittäter eine im Rahmen des gemeinsamen Plans liegende heimtückische Tatbegehung für möglich gehalten und gebilligt worden, so entfällt die Zurechnung nicht deshalb, weil er im *konkreten* Moment der Ausführung hiervon überrascht ist (NStZ-RR **04**, 40 f.). Mittäterschaft ist nach stRspr des BGH auch in der Form möglich, dass ein Täter wegen Mordes, ein anderer nur wegen Totschlags strafbar ist (BGH **36**, 231 [m. Anm. *Beulke* NStZ **90**, 278; *Timpe* JZ **90**, 97] unter Aufgabe von BGH **6**, 330; aber im Widerspruch zur Annahme selbstständiger Tatbestände; vgl. unten 89).

87 **B. Teilnahme.** Die Frage, inwieweit bei Beteiligten **§ 28** eingreift, wenn die Mordmerkmale nicht bei allen gegeben sind, hängt von dem umstrittenen rechtssystematischen **Verhältnis zwischen § 211 und § 212** ab (vgl. oben 6; dazu *Schünemann* Jura **80**, 578; *Puppe* JR **84**, 233; NStZ **06**, 290; *H. J. Hirsch,* Tröndle-FS 34; *LK-Rissing-van Saan* 95 vor § 52; Übersicht bei *Arzt/Weber* 2/41; *Geppert/Schneider* Jura **86**, 106; gegen die BGH-Rspr etwa *Küper* JZ **91**, 761; *ders.* JZ **06**, 608, 611 ff.; **06**, 1157 ff.; *Langer* JR **93**, 137; *Otto* Jura **94**, 142; *Lackner/Kühl* 22 vor § 211; MK-*Schneider* 211).

88 **a)** Nach der im **Schrifttum** ganz überwiegend vertretenen hM enthält § 211 eine **Qualifikation** des § 212 (vgl. LK-*Jähnke* 61 ff. und 43 ff. vor § 211; *S/S-Eser* 5 vor § 211; MK-*Schneider* 133 ff. vor § 211; NK-*Neumann* 141 vor § 211; *M/Schroeder/Maiwald* 2/6 ff.; *Gössel/Dölling* BT 1, 1/7, 13; jeweils mwN; auch BVerfGE **45**, 187; abw., *Eb. Schmidt* DRZ **49**, 272; *Hall,* Eb. Schmidt-FS 343; krit. zur Qualifizierungs-These der hM *Kargl* JZ **03**, 1141 ff.). Eine Anwendung von § 28 I auf persönliche Merkmale kommt danach nicht in Betracht. Vielmehr unterfallen nach hM die *täter*bezogenen Mordmerkmale § 28 II. Die Akzessorietät der Teilnahme ist insoweit aufgehoben („gelockert"); die Bestrafung des Teilnehmers richtet sich nicht nach der (von seinem Vorsatz umfassten) Haupttat, sondern danach, ob er selbst ein solches Mordmerkmal in eigener Person verwirklicht.

89 Der **BGH** hat dagegen seit BGH **1**, 368 in stRspr auch nach Einfügung von § 28 I an der Auffassung festgehalten, dass es sich bei §§ 211 und 212 um zwei **selbstständige Tatbestände** handele (BGH **2**, 251, 254 ff.; **22**, 375; **23**, 40; **36**, 233; **50**, 1, 5 [= NJW **05**, 996, 997; Anm. *Puppe* JZ **05**, 902; *Jäger* JR **05**, 477]; NJW **96**, 2241; StV **84**, 69; NStZ **06**, 288, 290 [Anm. *Puppe*]); allerdings ist die vorsätzliche Tötung gem. § 212 notwendig in § 211 enthalten (BGH **36**, 231, 233 ff. [krit. Anm. *Timpe* JZ **90**, 98; vgl. auch *Otto* Jura **94**, 143]). Die *zugleich* vertretene Auffassung, dass mittäterschaftliche Begehung bei jeweils unterschiedlicher Verwirklichung beider Tatbestände möglich sei (BGH **36**, 231, 233 [m. Anm. *Timpe* JZ **90**, 98, *Beulke* NStZ **90**, 278; *Küpper* JuS **91**, 639]; NJW **06**, 1008 [Anm. *Küper* JZ **06**, 608; *Beulke* StV **06**, 569; *Barisch* StV **06**, 569]), ist damit nicht ohne Weiteres vereinbar (vgl. dazu etwa *Gössel/Dölling* BT 1, 1/14; *Küper* JZ **06**, 1157, 1158; im einzelnen zur BGH-Rspr. *Küper* JZ **91**, 761 ff., 862 ff.; *ders.*, JZ **06**, 1157 ff.; *Neumann*, Lampe-FS [2003] 643 ff.; vgl. auch *Arzt/Weber* 2/41). Nach dieser Rspr *begründen* die Merkmale des § 211 die Strafbarkeit, so dass **§ 28 II in keinem Fall** anzuwenden ist (BGH **22**, 375, 377 f.; **50**, 1, 6; NStZ **06**, 34, 35).

b) Für die praktischen Folgerungen aus diesen unterschiedlichen Systemen kommt es auf die Unterscheidung zwischen **tatbezogenen** und **täterbezogenen** Mordmerkmalen an. 90

Tatbezogen sind die Merkmale der 2. Gruppe, also „heimtückisch" (BGH **2**, 255; **23**, 103; **24**, 106, 108; **35**, 351; NJW **74**, 1005; **82**, 2738; 1 StR 571/95; auch SK-*Horn* 37; *Mitsch* JuS **96**, 213; hM; **aA** *S/S-Eser* 49), „mit gemeingefährlichen Mitteln" (3 StR 337/68) und „grausam" (BGH **23**, 123; 224; **24**, 106; *M/Schroeder/Maiwald* 2/50; *W/Hettinger* 140; *Vogler,* Lange-FS 277; *Hake* [1 a zu § 28] 135; *Witt* [oben 57] 144; abw. *Langer,* Lange-FS 262 u. E. Wolf-FS 340); nicht das Merkmal „eine andere Straftat zu ermöglichen oder zu verdecken" (BGH **23**, 39; NJW **74**, 1005; MDR/H **80**, 628; 5 StR 619/92; SK-*Horn* 61; dazu krit. *Dreher* JR **70**, 146; gegen ihn *Jakobs* NJW **70**, 1089; zum Ganzen krit. *Küper* JZ **91**, 765, 864, 910; *Langer* JR **93**, 137). 91

Täterbezogen sind die Merkmale der 1. und 3. Gruppe (BGH **22**, 375; **23**, 39; hM; vgl. *S/S-Eser* 49; *W/Hettinger* 141), insb. auch stets die „niedrigen Beweggründe" (BGH **22**, 375, 378; **35**, 351; StV **84**, 69; **03**, 26; 2 StR 206/04; SK-*Horn* 21) sowie die Verdeckungsabsicht (NStZ-RR **02**, 139 f.). 92

c) Soweit ein **tatbezogenes** Merkmal vorliegt, bleibt es nach **Rspr. und hM** bei der **akzessorischen** Bestrafung des Teilnehmers; für eine Akzessorietätsaufhebung nach § 28 I oder II ist hier kein Raum (vgl. BGH **50**, 1, 6; *S/S-Eser* 48; SK-*Horn* 46; LK-*Jähnke* 63 f.; jew. mwN). Der Teilnehmer wird daher nach § 211 bestraft, wenn der Täter ein tatbezogenes Merkmal verwirklicht und der Vorsatz des Teilnehmers sich hierauf erstreckt (zur Feststellung des *Anstifter*-Vorsatzes bei Heimtücke vgl. NStZ **06**, 288, 289); fehlt ihm dieser Vorsatz. so kommt nur Teilnahme am Totschlag in Betracht. Verwirklicht umgekehrt der Täter ein vom Vorsatz des *Anstifters* umfasstes *tat*bezogenes Merkmal nicht, so steht die Anstiftung zu § 212 in Tateinheit mit §§ 30, 211 (StV **89**, 150; BGH **50**, 1, 10; krit. *Puppe* JZ **05**, 902 f.]). Erstreckt sich der Vorsatz eines *Gehilfen* auf ein (tatbezogenes) Mordmerkmal, das beim Haupttäter nicht vorliegt, so bleibt es bei der Strafbarkeit wegen Beihilfe zum Totschlag. 93

d) Bei **täterbezogenen** Merkmalen ist nach der **Rspr**, wenn der Teilnehmer das beim Täter vorliegende Merkmal nicht verwirklicht, § 28 I anzuwenden (BGH **22**, 375; **24**, 106; NStZ **81**, 299; NJW **93**, 2126; 2 StR 206/04); für die **hM** in der Literatur kommt in diesen Fällen § 28 II zur Anwendung. Liegt auch beim Teilnehmer das täterbezogene Merkmal vor, so ist er aus § 211 (ggf. gemildert nach § 27) zu bestrafen. 94

Wenn ein täterbezogenes Merkmal **bei Täter und Teilnehmer** vorliegt, ist (auch) der Letztere aus § 211 zu bestrafen; ggf. gemildert nach § 27; vorausgesetzt ist dabei, dass sich der *Vorsatz* des Teilnehmers auch auf das Vorliegen des Mordmerkmals bei dem Täter erstreckt (vgl. NStZ **81**, 299). Liegt ein täterbezogenes Mordmerkmal **nur beim Täter** vor und weiß oder billigt dies der Teilnehmer, so trifft diesen nach der Rspr des BGH eine nach § 28 I gemilderte Strafe aus § 211 (vgl. StV **84**, 69; 2 StR 206/04); es ist daher ggf. eine *doppelte Milderung* vorzunehmen (stRspr.; vgl. NStZ-RR **02**, 139). Das kann bei Beihilfe (2 StR 206/04) oder versuchter Anstiftung (NJW **82**, 3738; NStZ **06**, 34 [1 StR 227/05]) zum *Mord dazu führen,* dass der (zweifach gemilderte) Strafrahmen für die Teilnahme am Mord *niedriger* ist als derjenige für eine Teilnahme am Totschlag. Um diesen Wertungswiderspruch abzuwenden, ist nach NStZ **06**, 288, 290 [4 StR 243/05; zutr. krit. Anm. *Puppe*] eine **Sperrwirkung** der Mindeststrafe aus § 212 anzunehmen (erwogen schon in NStZ **06**, 34 f. [*1. StS*]; vgl. dazu auch *Altvater* NStZ **06**, 86, 88). Liegt ein täterbezogenes Merkmal nicht beim Täter, sondern **nur beim Teilnehmer** vor, so wird dieser nur wegen Teilnahme zu § 212 bestraft; die Akzessorietät ist insoweit nicht gelockert (BGH **1**, 369; StV **87**, 386; krit. *Küper* JZ **91**, 761, 763; *W/Hettinger* 153; *Freund* NStZ **04**, 123, 127; vgl. auch *Küper* JZ **06**, 1157, 1159). 95

96 Diese Grundsätze hat die Rspr auf Fälle ausgedehnt, in denen Täter und Teilnehmer *verschiedene*, jedoch *gleichartige* Mordmerkmale verwirklichen (sog. „**gekreuzte Mordmerkmale**"; vgl. BGH **23**, 39, 40; **50**, 1, 9; ebenso bei „gekreuztem" Mordmerkmal im Sinne nur unterschiedlich *motivierter* Habgier; vgl. Arzt/Weber BT 2/35; *Kühl* NStZ **06**, 94, 95). Daher reicht es **zB** nach BGH **23**, 39 f., wenn der Täter in Verdeckungsabsicht, der Gehilfe aus einem anderen niedrigen Beweggrund handelt (zust. *Jakobs* NJW **70**, 1089; abl. *Arzt* JZ **73**, 681). Voraussetzung ist auch hier, dass sich der *Vorsatz* des Teilnehmers auf das Vorliegen des beim Täter gegebenen Mordmerkmals bezieht; fehlt es hieran, so kommt auch hier nur Teilnahme am Totschlag in Betracht (vgl. BGH **50**, 1, 5). Die Grundsätze gelten nicht, wenn sich *tat-* und *täter*bezogene Merkmale „kreuzen", wenn also zB der Anstifter aus Habgier, der Haupttäter heimtückisch handelt (BGH **50**, 1, 10 [= NJW **05**, 996, 998]). In diesem Fall wird der Teilnehmer nur wegen Teilnahme am Totschlag bestraft (bei Anstiftung und *irrtümlicher* Annahme von Heimtücke beim Haupttäter in Tateinheit mit *versuchter* Anstiftung zum Mord); das Vorliegen des Mordmerkmals kann bei der Strafzumessung berücksichtigt werden. Weist umgekehrt nur der Teilnehmer ein täterbezogenes, der Täter aber ein tatbezogenes Merkmal auf, das vom Vorsatz des Teilnehmers umfasst wird, so bleibt es bei der Teilnahmestrafbarkeit aus § 211 (vgl. *Küper* JZ **06**, 1157, 1160).

97 Nach hM in der **Literatur** trifft dagegen den Teilnehmer, bei dem ein täterbezogenes Merkmal nicht vorliegt, über eine „**Tatbestandsverschiebung**" nach § 28 II von vornherein nur die Strafe des § 212 (**aA** *Jescheck/Weigend* § 42 III 2 und § 67 VII 4 b f.; *Schmidhäuser* BT I 278 f., die die Mordmerkmale als Schuldelemente nach § 29 behandeln; krit. *Herzberg* ZStW **88**, 70 ff.). Liegt das Merkmal nur beim Teilnehmer, nicht aber beim Täter vor, so gelangt die hL über §§ 28 II, 29 zur Anwendung des § 211.

98 **Stellungnahme.** Der BGH sollte seine Rspr. zur Anwendung des § 28 insgesamt überdenken und aufgeben. Die verbreitete Annahme, dies sei nicht mehr zu erwarten (vgl. etwa *Puppe* JZ **05**, 903), trifft trotz der neuerlichen Bestätigung in BGH **50**, 1 ff. in dieser (resignativen) Gewissheit nicht zu. Der *5. StS* hat in NJW **06**, 1008, 1012 f. (gemeinschaftliche Tötung *möglicherweise* mit niedrigem Beweggrund bei einem von zwei Tätern, sowie einheitliche Beihilfe hierzu; Bespr. *Küper* JZ **06**, 608, 612 f.) auf die gewichtigen Argumente, die gegen die Ansicht des BGH sprechen, und auf die mit ihr verbundenen systematischen Widersprüche hingewiesen und ausdrücklich **offen gelassen**, ob für die täterbezogenen Merkmale § 28 Abs. I oder Abs. II gilt (wie die stRspr. dagegen NStZ **06**, 288, 290 [4 StR 243/05; m: Anm. *Puppe*]).

99 **11) Strafdrohung; besonders schwere Schuld; Rechtsfolgenlösung.**

A. Die Strafe ist die **lebenslange Freiheitsstrafe.** Sie ist absolut und zwingend, da § 211 minder schwere Fälle nicht kennt. Lebenslange Freiheitsstrafe ist bei restriktiver Auslegung der Mordmerkmale mit dem GG vereinbar (BVerfGE **45**, 187; **54**, 100; NStZ **92**, 484; 1 StR 20/84; vgl. *Schmidhäuser* JR **78**, 265; *Laubenthal* 93 ff.); grds auch bei Vorliegen des vertypten Milderungsgrunds nach § 21 (BVerfGE **50**, 5), wenn die Minderung der Schuldfähigkeit durch schulderhöhende Umstände ausgeglichen ist (NStZ **94**, 34; 184;), selbst wenn es nur zu einem Mordversuch gekommen ist (3 StR 459/80; LG Frankfurt NJW **80**, 1402; vgl. aber 5 StR 87/95). Nach BVerfGE **45**, 187, 229 ff. verlangt der Grundsatz der Achtung der Menschenwürde, dass auch dem zu lebenslanger Freiheitsstrafe Verurteilten die Chance verbleibt, jemals wieder in Freiheit zu gelangen. Dem hat der Gesetzgeber im 20. StÄG mit Schaffung des **§ 57 a** Rechnung getragen; eine Strafaussetzung zur Bewährung ist danach auch bei lebenslanger Freiheitsstrafe möglich.

100 Mit der Entscheidung E **86**, 288 hat das BVerfG festgelegt, dass die Feststellung einer der Strafrestaussetzung entgegenstehenden **besonderen Schwere der Schuld** (§ 57 a I Nr. 2) vom **Tatgericht** vorzunehmen ist, an dessen Feststellung die StVK gebunden ist. Damit ist eine zusätzliche **materiell-rechtliche** Bewertung, die nach Kriterien und Maßstäben der **Strafzumessung** vorzunehmen ist, in das Erkenntnisverfahren integriert worden. In der Praxis wirkt die Schuldschwere-Klausel des § 57 a I Nr. 2 daher wie eine **Qualifikation** des § 211 (konsequent daher *Lüderssen* StV **06**, 61 [Anwendung des § 265 StPO]). Zur Feststellung der besonders schweren Schuld vgl. 6 ff. zu § 57 a.

B. Eine **Ausnahme** von der absoluten Strafdrohung hat der BGH **30**, 105 (GrSen; dazu oben 46) für den Fall des **Heimtücke-**Mordes bei Vorliegen *außergewöhnlicher mildernder Umstände* angenommen; danach folgt hier aus dem verfassungsrechtlichen Übermaßverbot (vgl. BVerfGE **45**, 187, 267) die (zwingende) Anwendung von § 49 I Nr. 1 (sog. **Rechtsfolgenlösung**). Die Entscheidung ist überwiegend auf Kritik, teilweise aber auch auf Zustimmung gestoßen (Nachw. oben 47). Ihre Anwendung im Fall der Heimtücke setzt voraus, dass **vor** der Annahme „außergewöhnlicher Umstände" die subjektiven Voraussetzungen des Heimtückebegriffs ebenso sorgfältig zu prüfen sind wie das etwaige Vorliegen von Rechtfertigungs- und Entschuldigungsgründen (vgl. BGH **48**, 255 [Familientyrann: Bespr. *Hillenkamp* JZ **04**, 48]; NStZ **84**, 21; vgl. auch *Rengier* NStZ **82**, 225; *Spendel* StV **84**, 47). Der **BGH** hat wiederholt darauf hingewiesen, dass bei einem Heimtückemord im Regelfall auf eine lebenslange Freiheitsstrafe zu erkennen ist; eine Abweichung kommt nur bei Entlastungsfaktoren in Betracht, die den Charakter außergewöhnlicher Umstände aufweisen und die Verhängung lebenslanger Freiheitsstrafe als unverhältnismäßig erscheinen lassen; dies setzt eine umfassende Würdigung der Tat voraus (vgl. NStZ **05**, 154; BGHR § 211 I Strafmilderung 5; 3 StR 243/05 [*Familientyrann*]). Als „außergewöhnlich" iS von BGH **30**, 105 werden daher nur solche schuldmindernden Umstände anerkannt, die in ihrer Gewichtung gesetzlichen Milderungsgründen vergleichbar sind (NJW **83**, 54); nach stRspr ist die Strafrahmenverschiebung auf Tatumstände beschränkt, die in einem Maße außergewöhnlich sind, dass von einem „Grenzfall" (vgl. BVerfGE **45**, 187, 266) oder (nach NJW **90**, 2897) von einer unverschuldeten, als ausweglos empfundenen, notstandsähnlichen Situation (so im Falle NStZ **95**, 232) gesprochen werden kann (NStZ **83**, 554; NJW **83**, 2456 [m. Anm. *Rengier* NStZ **84**, 21; *Hassemer* JZ **83**, 967; *Günther* JR **85**, 268; *Kerner* UniHD-FS 440]; NStZ **05**, 154, 155). Die Rechtsfolgenlösung begründet also nicht allgemein einen Sonderstrafrahmen für minder schwere Fälle (NStZ **05**, 154, 155). Die Feststellung verlangt eine umfassende Gesamtwürdigung unter Berücksichtigung von Umständen, die einen solchen unlösbaren Konflikt in Frage stellen können (NStZ **82**, 69; **84**, 20; **05**, 154 f.; BGHR § 211 I Strafmilderung 2, 3; 3 StR 243/05). **101**

Ob die Grundsätze von BGH **30**, 105 auch dann anwendbar sind, wenn sie, etwa beim Versuch (§ 23 II), zu einer *Doppelmilderung* nach § 49 führen würden, ist zweifelhaft (offen gelassen in NStZ **83**, 554; abl. *Rengier* NStZ **82**, 229). Obgleich systematisch fraglich, dürften die sonstigen schuldmindernden Umstände hier bei der Zumessung in dem nach §§ 23 II, 49 I gemilderten Rahmen zu berücksichtigen sein (vgl. NJW **83**, 54; 2456 m. Anm. *Rengier* NStZ **84**, 21; NStZ **84**, 454; **94**, 581; *Spendel* StV **84**, 45; *S/S-Eser* 57). **102**

Eine Anwendung der Grundsätze für eine außerordentliche Strafrahmenverschiebung auf **andere Merkmale** hat der BGH abgelehnt (zur Verdeckungsabsicht vgl. BGH **35**, 116, 127; zur Habgier BGH **42**, 301); er hat aber in BGH **41**, 72, 93 (Fall *Mielke*; 6 Jahre Freiheitsstrafe für Heimtückemord 1931) offen gelassen, ob an der Rspr, die für eine Strafrahmenverschiebung ausschließlich auf *tatbezogene* Umstände abgestellt hat, auch in außergewöhnlichen Fällen extrem lang zurückliegender Taten festzuhalten sei (vgl. auch BGH **40**, 239; *Widmaier* NStZ **95**, 366 u. krit. *Schuster* NJW **95**, 2699; *Große* NStZ **96**, 220). In 1 StR 538/01 [Mord und versuchter Mord als Aufseher eines Gestapo-Gefängnisses 1943 und 1944] hat der *1. StS* offen gelassen, ob beim täterbezogenen Merkmal der niedrigen Beweggründe eine Strafrahmenmilderung überhaupt in Betracht kommt; eine Milderung auf Grund der langen Zeitspanne seit der Tat hat er unter Hinweis auf die Einfüh- **103** rung der Unverjährbarkeit des Mordes gerade im Hinblick auf NS-Taten abgelehnt.

104 Daher ist im Ergebnis die **praktische Bedeutung** der „Rechtsfolgenlösung" begrenzt (*Eser* NStZ **83**, 438; *Rengier* NStZ **86**, 505; *Jähnke,* Spendel-FS 545; *Langer,* E. Wolf-FS 342; *Fünfsinn* Jura **86**, 138; vgl. NStZ **87**, 321 [m. Anm. *Blau* JR **88**, 210]; vgl. aber BGH **35**, 127/128). Die Praxis gelangt in „ähnlichen" Fällen zu sehr weitgehenden Lösungen unter *Vermeidung* der „Rechtsfolgenlösung" (vgl. zB LG Offenburg StV **03**, 672 [Bewährungsstrafe wegen Heimtücke-Mordes bei doppelter Milderung nach § 35 II S. 2 und § 21]). Dagegen bringt die **tatbestandliche** Restriktion des Heimtücke-Begriffs unter dem Gesichtspunkt des Opferverhaltens durch BGH **48**, 207 möglicherweise eine viel weiter gehende Normativierung (dazu oben 53).

105 **C. Maßregeln** der Besserung und Sicherung sind, soweit ihre Voraussetzungen vorliegen, auch dann in die Urteilsformel aufzunehmen, wenn sie neben anderen Rechtsfolgen (noch) nicht vollstreckt werden können (*Meyer-Goßner* 30 zu § 260 StPO). Den Ausschluss der Verhängung von **Sicherungsverwahrung** neben *(allein)* lebenslanger Freiheitsstrafe hat das G zur Einführung der **vorbehaltenen SV** gestrichen (vgl. 1 zu § 66). Die Anordnung des **Vorbehalts** der SV neben lebenslanger Freiheitsstrafe ist nach § 66 a nicht ausgeschlossen (vgl. Erl. zu § 66 a). Wenn die Voraussetzungen der nachträglichen Anordnung vorliegen, können diejenigen des § 57 a I Nr. 3 iV mit § 57 I S. 1 Nr. 2 nicht gegeben sein.

106 12) **Konkurrenzen. Tateinheit** ist möglich mit dem Führen von Waffen, die zur Tat eingesetzt werden; mit Erwerb oder Besitz jedenfalls dann, wenn der Täter schon bei Beginn des Waffenbesitzes den Willen hatte, die Waffe zur Tat zu benutzen (5 StR 27/83; vgl. auch BGH **31**, 30; StV **83**, 148; 2 StR 657/81; Bay **75**, 8, Hamm NStZ **86**, 278 [m. Anm. *Puppe* JR **86**, 205, *Grünwald* StV **86**, 243, *Neuhaus* NStZ **87**, 138 u. *Mitsch* NStZ **87**, 457]; Zweibrücken NJW **86**, 2842; LK-*Jähnke* 44 zu § 212). Nach der Rspr des BGH, die §§ 211 und 212 als zwei verschiedene (Grund-)Tatbestände ansieht, ist Tateinheit zwischen Mordversuch und **Totschlag** möglich, wenn das Mordmerkmal (zB Arg- und Wehrlosigkeit des Opfers) während der Ausführung wegfällt (5 StR 128/63; vgl. BGH **10**, 232). Umgekehrt ist auch Tateinheit zwischen versuchtem Totschlag und Mord (beim Hinzutreten eines Mordmerkmals) möglich (MDR/H **74**, 366; LK-*Jähnke* 39 zu § 212). Tateinheit zwischen (versuchtem) Verdeckungsmord und Vergewaltigung ist nur dann gegeben, wenn der Täter den Tötungsentschluss noch während des Sexualakts gefasst hat (NStE Nr. 41). Zwischen vollendeter Tötung und bewaffnetem Handeltreiben mit BtM ist Tateinheit gegeben, wenn sich in der Tötungshandlung die Gefährlichkeit realisiert, die der erhöhten Strafdrohung des § 30 a II BtMG zugrunde liegt (BGH **42**, 123, 125; **43**, 8, 13 ff.; NStZ **01**, 492; 2 StR 438/00). Zwischen Verdeckungsmord und §§ 249, 255 ist Tateinheit auch nach Vollendung des Raubs noch möglich, wenn die Tötungshandlung **vor Beendigung** des Raubs zugleich der Beutesicherung dient (NStZ **04**, 329; vgl. 26 vor § 52).

107 In der Frage des **Verhältnisses zur Körperverletzung** ist davon auszugehen, dass jeder Tötungsvorsatz stets den Körperverletzungsvorsatz iS eines **notwendigen Durchgangsstadiums** umfasst. In Fällen der vollendeten Tötung tritt die Körperverletzung daher als subsidiär zurück (sog. **Einheitstheorie***;* BGH **16**, 123; **21**, 266; NJW **84**, 1568; NStZ **95**, 80; **98**, 35; 43; **04**, 684; NStZ-RR **98**, 42; stRspr.; vgl. auch 22 zu § 212). **Tateinheit** ist hingegen nach zutr. neuerer Rspr und ganz hM **zwischen versuchter Tötung und vollendeter Körperverletzung** gegeben; eine Verurteilung nur wegen versuchten Tötungsdelikts würde den Unrechtsgehalt der Tat nicht hinreichend zum Ausdruck bringen, wenn das Opfer bei der Tat verletzt wird (BGH **44**, 196 [unter Aufgabe von BGH **16**, 122; **21**, 265; **22**, 248] m. Anm. *Martin* JuS **99**, 298; 4 StR 212/98; vgl. auch NStZ **97**, 234 u. LK-*Rissing-van Saan* 107 f. vor § 52; vgl. ausf. *Maatz* NStZ **95**, 211). **Tateinheit** ist ferner gegeben, wenn der Täter bei natürlicher Handlungseinheit erst den einen und dann den anderen Vorsatz hat (BGH **35**, 306; NJW **90**, 130 [m. Anm. *Wolter* JR **90**, 471]; MDR/D **69**, 902; MDR/H **77**, 282; StV **94**, 13; anders BGH **16**, 122; MDR/D **74**, 366); weiterhin, wenn das Opfer nach mit Tötungsvorsatz ausgeführter Abgabe eines tödlichen Schusses in Weiterführung eines einheitlichen „Bestrafungs"-Willens misshandelt wird (NStZ **98**, 621; vgl. NStZ-RR **96**, 356). Zwischen Körperverletzung mit Todesfolge und einem Tötungsdelikt durch Unterlassen kann, wenn sich ein durch Handlungen Dritter eingetretener Todeserfolg zugleich als zurechenbare Folge der garantenpflichtbegründenden vorausgehenden Misshandlungen durch den Täter darstellt, Tateinheit bestehen (NStZ **00**, 29 f.).

Tatmehrheit ist bei fahrlässig gesetzter Todesursache und nachher versuchter vorsätzlicher Tötung gegeben (BGH **7**, 287). Mit § 178 ist Tateinheit möglich (vgl. dort 7); ebenso mit §§ 251, 239 a III, 308 c. Zwischen Mord an der Schwangeren und § 218 ist nach BGH **11**, 15 Tateinheit gegeben (str. und zw.; vgl. *Jescheck* JZ **58**, 748); Tateinheit besteht zwischen Mord und § 218, wenn das lebend geborene Kind unmittelbar darauf getötet wird (BGH **10**, 291), je nach Tatgestaltung kann aber auch Tatmehrheit gegeben sein (GA **63**, 15; LK-*Jähnke* 42 zu § 212). Tateinheit zwischen Beihilfe zu § 211 und Totschlag (so NJW **69**, 1725; LK-*Jähnke* 41 zu § 212) ist nicht möglich. Wegen der Konkurrenz mit §§ 239 a, 239 b vgl. 18 zu § 239 a; LK-*Jähnke* 41 zu § 212; wegen der mit § 242 (GA **83**, 566) und Raub (11 zu § 249), mit § 315 b (dort 10). Tateinheit mit § 240 ist gegeben, wenn die Nötigungshandlung zugleich Mittel zur Verwirklichung des Tötungsaktes ist (2 StR 588/78) oder wenn Nötigung und Tötung mit derselben Waffe (WaffG) begangen worden ist (StV **83**, 148), ferner ist Tateinheit mit § 142 möglich (NJW **92**, 584). 108

Bei **Tötung mehrerer Menschen** durch *eine* Handlung liegt (rechtliche) **Tateinheit** vor (vgl. etwa 4 StR 594/06). Bei Tötung mehrerer Personen hintereinander ist **idR Tatmehrheit** gegeben, auch wenn sie auf einem einheitlichen Plan beruht (NStZ **06**, 284, 285 f.; anders NStZ **03**, 146, 147 f.: „näher liegend" Tateinheit). **Tateinheit** aufgrund **natürlicher Handlungseinheit** kann ausnahmsweise gegeben sein, zB wenn der Täter eine Serie von Schüssen ohne zeitliche Zäsur abgibt (NStZ-RR **01**, 82); wenn der Täter bei auf zwei Personen gerichtetem Tötungsvorsatz zunächst zur Tötung der einen Person ansetzt, dies unterbricht und eine Tötungshandlung gegen die andere Person in der Absicht begeht, anschließend die begonnene Tötung der ersten Person zu vollenden (3 StR 371/04); wenn sich ein (gemeingefährlicher) Angriff von vornherein gegen eine nicht individualisierte Personenmehrheit richtet (NJW **85**, 1565), der Kreis der Opfer sich zufällig ergibt und das Tatgeschehen in engem zeitlichem Zusammenhang aufgrund eines einheitlichen Tatentschluss abläuft (NStZ **06**, 165, 169). Rechtliche **Tateinheit** ist gegeben, wenn sich die Ausführungshandlungen überschneiden. 109

13) Sonstige Vorschriften. Androhung (§ 126 I Nr. 2), Belohnung oder Billigung (§ 140), Vortäuschen (§ 145 d) von Mord oder Totschlag; Bildung terroristischer Vereinigungen zur Begehung von Mord oder Totschlag (§ 129 I Nr. 1); Anzeigepflicht §§ 138, 139 III; UHaft § 112 III StPO; Nebenklagebefugnis § 374 I Nr. 2 StPO; Zuständigkeit § 74 II Nr. 4, 5 GVG. 110

Totschlag

212 **I Wer einen Menschen tötet, ohne Mörder zu sein, wird als Totschläger mit Freiheitsstrafe nicht unter fünf Jahren bestraft.**

II In besonders schweren Fällen ist auf lebenslange Freiheitsstrafe zu erkennen.

1) Allgemeines. Die Vorschrift gilt idF durch das G zur Änderung des StGB v. 4. 9. 1941 (RGBl. I 549); der Strafrahmen wurde durch das 3. StÄG v. 4. 8. 1953 (BGBl. I 735) eingeführt. Die Tatbestandsfassung („als Totschläger") knüpft terminologisch wie § 211 an die überholte *Tätertypen*-Lehre an. 1

Literatur (Auswahl): *Bönner* u. a. (Hrsg.), Antrieb u. Hemmung bei den Tötungsdelikten, 1982; *Jakobs,* Die Konkurrenz von Tötungsdelikten mit Körperverletzungsdelikten, 1967; *Dencker,* Zum Erfolg der Tötungsdelikte, NStZ **92**, 333; *Geppert,* Zur Abgrenzung von Vorsatz und Fahrlässigkeit, insbesondere bei Tötungsdelikten, Jura **01**, 55; *Kargl,* Zum Grundtatbestand der Tötungsdelikte, JZ **03**, 1141; *Kion,* Grundfragen der Kausalität bei den Tötungsdelikten, JuS **67**, 499; *Maatz,* Kann ein (nur) versuchtes schweres Delikt den Tatbestand eines vollendeten milderen Delikts verdrängen?, NStZ **95**, 209; *Momsen,* Der besonders schwere Fall des Totschlags (§ 212 II), NStZ **98**, 487; *Mühlbauer,* Die Rechtsprechung des BGH zur Tötungshemmschwelle, 1999; *Oske,* Der besonders schwere Fall des Totschlags (usw.), MDR **68**, 811; *Puppe,* Die Logik der Hemmschwellentheorie des BGH, NStZ **92**, 576; *Schild,* Strafrechtsdogmatische Probleme der Tötung des Intimpartners, JA **91**, 48; *Schneider,* Zur Annahme von Tötungsvorsatz bei Abgabe von Schüssen auf menschen, Dahs-FS (2005) 189; *Schroth,* Die Rechtsprechung des BGH zum Tötungsvorsatz in der Form, des „dolus eventualis", NStZ **90**, 324; *Trück,* Die Problematik der Rechtsprechung des BGH zum bedingten Tötungsvorsatz, NStZ **05**, 233; *Verrel,* (Noch kein) Ende der Hemmschwellentheorie?, NStZ **04**, 309; Vgl. i. Ü. die Angaben 1 a zu § 211 und 1 vor § 211. 1 a

2) Systematik. Die Formulierung „ohne Mörder zu sein" grenzt § 212 von § 211 ab, ist aber eher verwirrend, da eine ähnliche Abgrenzung zu dem Privile- 2

gierungstatbestand des § 216 fehlt (*S/S-Eser* 1). Zum Verhältnis zu § 211 vgl. 87 ff. zu § 211.

3 **3) Tathandlung** des Abs. I ist die **Verursachung** des Todes eines Menschen durch eine beliebige Handlung. Die Ursächlichkeit einer auf die Tötung gerichteten Handlung entfällt nicht dadurch, dass ein Dritter durch auf denselben Erfolg gerichtetes Tun zu dessen Herbeiführung beiträgt und hierbei an das Handeln des Täters anknüpft (NStZ **01**, 29 [„endgültiges" Töten eines von dem zunächst handelnden Täter irrtümlich schon für tot gehaltenen Opfers]); auf hypothetische Kausalverläufe kommt es nicht an. Ausreichend ist auch eine **Lebensverkürzung** auch um eine geringe Zeitspanne; auch die Beschleunigung des Todeseintritts unterfällt § 212 (BGH **21**, 61; NJW **63**, 1366; **66**, 1823; **87**, 1092; NStZ **81**, 218 m. Anm. *Wolfslast* **85**, 27; StV **86**, 59, 200; *S/S-Eser* 3; SK-*Horn* 22; *Lackner/Kühl* 2; krit. LK-*Jähnke* 3; *Puppe* JR **94**, 517; zur sog. **Sterbehilfe** vgl. BGH **42**, 301 und 16 ff. vor § 211 mwN). Für die Anwendbarkeit des § 212 kommt es nicht auf den Moment des Handelns, sondern auf denjenigen an, in welchem die Einwirkung auf das Opfer beginnt (SK-*Horn* 4; *S/S-Eser* 15 vor § 211); daher liegt Totschlag auch dann vor, wenn das Opfer zurzeit der Handlung (zB Vergraben einer Sprengladung) noch gar nicht geboren war; aber § 218, wenn pränatale Einwirkungen zur Geburt eines lebenden Kindes führen, das alsbald nach der Geburt verstirbt (BGH **31**, 348, 352 [Anm. *Hirsch* JR **85**, 336; *Lüttger* NStZ **83**, 481; *Arzt* FamRZ **83**, 1019]; krit. *Gropp* GA **00**, 1).

4 Die **Art der Einwirkung** oder des Mittels ist gleichgültig; es kommen daher alle physischen und psychischen Einwirkungen auf das Opfer in Betracht, die ursächlich zur Lebensverkürzung führen. Dazu gehört grds auch die **Infektion** mit einer tödlichen Krankheit (vgl. 7 f. zu § 223 mwN). In den Grundsatzentscheidungen zur HIV-Infektion (BGH **36**, 1; **36**, 362) hat der BGH offen gelassen, ob durch den möglicherweise viele Jahre später eintretenden Tod der Tatbestand des mit der Infektion begangenen Totschlags vollendet wird; er hat für den Regelfall schon den (bedingten) Tötungsvorsatz verneint. Hierdurch wird das Problem freilich ebenso nur verlagert (auf § 222) wie durch die Frage einer Zurechnung bei eigenverantwortlicher Selbstgefährdung (zutr. LK-*Jähnke* 3; krit. auch *Arzt*, Schlüchter-GedS [2002] 163, 165; vgl. dazu 28 zu § 222); an der Ursächlichkeit der Infektion für den Tod ändert sich dadurch nichts. Teilweise wird erwogen, die Zurechnung des lange Zeit später und unter Mitwirkung weiterer Faktoren eintretenden Todes dadurch zu begrenzen, dass für die Verjährung nicht auf den Zeitpunkt des Erfolgs (§ 78 a), sondern den der Handlung abgestellt wird (vgl. LK-*Jähnke* 3; LK-*Lilie* 10 vor § 223; *Gomez Rivero* GA **01**, 283, 289). Das überzeugt, abgesehen davon, dass die Frist auch in diesem Fall 20 Jahre vom Zeitpunkt der Infektion an betrüge, in der Sache nicht: Handelt der Täter mit (zumindest bedingtem) Tötungsvorsatz, so gewinnt der Eintritt des Erfolgs nicht dadurch den Charakter des *Zufälligen* (so LK-*Jähnke* 3), dass er wegen der guten Konstitution des Opfers 20 Jahre lang hinausgezögert werden kann.

5 Totschlag ist auch durch **Unterlassen** möglicher Rettungsmaßnahmen begehbar (NStZ **07**, 402; *Mitsch* JuS **96**, 218). Die Begründung der Garantenstellung folgt den allg. Grundsätzen des § 13; § 221 begründet keine Garantenstellung, sondern setzt sie gleichfalls voraus (LK-*Jähnke* 5). Für die Kausalität (iS von „Quasi-Kausalität"; vgl. 4 zu § 13) kommt es nach stRspr und hM darauf an, ob die gebotene Handlung mit an Sicherheit grenzender Wahrscheinlichkeit das Leben „nicht nur ganz unwesentlich" verlängert hätte (StV **94**, 425 [m. Anm. *Puppe* JR **94**, 515]; Düsseldorf StV **93**, 477; LK-*Jähnke* 4; *Lackner/Kühl* 12 vor § 13; *Schreiber* NStZ **86**, 337, 341; vgl. auch NStZ **81**, 218 [m. Anm. *Wolfslast*]; **85**, 26; **aA** *Ulsenheimer* 206 ff., 221; *Ranft* JZ **87**, 863; zweifelnd *Lackner/Kühl* 2); eine hypothetische Lebensverlängerung um eine kurze Zeitspanne (ein Tag oder wenige Stunden) soll jedenfalls dann ausreichen, wenn durch das Unterlassen (weitergehende) Überlebenschancen vereitelt worden sind (vgl. NStZ **81**, 218). Das ist eine schwer

verständliche, auf bestimmte Fallgruppen (Sterbehilfe) zugeschnittene Relativierung des Lebensschutzes, die Fragen der Kausalität mit solchen der objektiven Zurechnung und der Zumutbarkeit vermischt. Eine **mittelbare Täterschaft** durch Unterlassen ist möglich (BGH **40**, 257, 265 ff.; **45**, 270, 296; **48**, 77, 89); der BGH hat sie auch bei uneingeschränkt schuldhaft handelndem unmittelbarem Täter dann angenommen, wenn der Hintermann die innerhalb hierarchischer Organisationsstrukturen bestehenden regelhaften Abläufe ausnutzt (BGH **48**, 77, 90 f. [ZK der SED] vgl. Erl. zu § 25).

4) Subjektiver Tatbestand. § 212 setzt **Vorsatz** voraus; bedingter Vorsatz genügt (BGH **14**, 193; NJW **68**, 660; NStZ **81**, 22 [m. Anm. *Köhler* JZ **81**, 35]; zum Begriff und zu den zahlreichen Streitfragen vgl. 9 ff. zu § 15 mwN; zusammenfassend auch *Roxin* AT I, 12/ 21 ff., 75 ff.; *ders.*, Rudolphi-FS [2004] 243 ff.; *Schünemann*, Hirsch-FS [1999] 363 ff.; jew. mwN). Aus der **Kenntnis der Gefährlichkeit** einer Handlung kann auf eine billigende Inkaufnahme des Tötungserfolgs zwar grds., jedoch idR nicht ohne Weiteres geschlossen werden (NStZ **88**, 175; vgl. auch NStZ **92**, 588; **05**, 90 [Würgen]; **02**, 315 f. [Angriff eines Hundes]; NStZ-RR **98**, 50 [Schießen auf Reifen eines Pkw; vgl. auch NStZ **06**, 572]; StV **97**, 7 [Schießen aus kurzer Entfernung mit einer großkalibrigen Pistole auf das Gesäß]; 4 StR 243/96 [Aussetzen des nackten Opfers bei Kälte]; NStZ **04**, 51 f. [massive Gewalteinwirkung unter Zechkumpanen ohne erkennbares Motiv]; NStZ **06**, 36 [Verabreichen von überdosiertem Schmerzmittel an Kleinklind]; krit. Darstellung der Rspr bei *Trück* NStZ **05**, 233 ff.). Die Feststellung, der Täter habe auf einen glücklichen Ausgang nicht vertrauen „können", belegt nur (bewusste) Fahrlässigkeit, nicht aber bedingten Vorsatz (NStZ **03**, 259, 260 [Bespr. *Jasch* NStZ **04**, 8]; vgl. auch *Altvater* NStZ **02**, 20); die Annahme einer quasi „zwangsläufigen" Erfolgsherbeiführung ist aber nicht erforderlich (vgl. NStZ-RR **07**, 43, 44). 6

Im Grenzbereich zwischen bewusster Fahrlässigkeit und bedingtem Vorsatz verlangt der BGH eine **umfassende Würdigung** der objektiven und subjektiven Tatumstände (BGH **36**, 1, 9 f.; NStZ **99**, 507, 508; **03**, 431, 432; **04**, 329, 330; **07**, 331 f.; 3 StR 402/04), namentlich der konkreten Tatsituation und Angriffsweise, Lage und Abwehrmöglichkeit des Opfers; der psychischen Verfassung des Täters und seiner Motivation (Übersicht über mögliche Indizien bei *S/S-Cramer/Sternberg-Lieben* 87 b). Ein Schluss auf bedingten Tötungsvorsatz ist rechtsfehlerfrei, wenn der Tatrichter in seine Erwägungen auch Umstände einbezogen hat, die ein solches Ergebnis in Frage stellen (NStZ **88**, 361; NStZ-RR **97**, 35; 232; **98**, 101; StV **92**, 574; 4 StR 30/02; NStZ **03**, 536; **04**, 329 f.; **06**, 36); das ergibt sich schon aus der gesetzlichen Unterscheidung zwischen vorsätzlicher Tötungshandlung und Körperverletzung mit *vorsätzlicher Lebensgefährdung* (§ 224 I Nr. 5; vgl. NJW **99**, 2533 f.; StV **01**, 572 [Mitschleifen mit Kfz]; BGHR § 212 I Vorsatz, bed. 10, 41). Bei *mittäterschaftlicher* Begehung von Misshandlungen ist auch zu prüfen, ob im Verlauf sich steigernder Gewalttätigkeiten der Mittätervorsatz dahin erweitert wird, dass auch die Tötung des Opfers durch einen enthemmten Tatgenossen in Kauf genommen wird (vgl. 5 StR 530/03; 5 StR 410/03; NStZ **05**, 93, 94 [m. Anm. *Heinrich*]). 7

A. Die Vornahme als **besonders gefährlich** erkannter (Gewalt-)Handlungen hat eine **Indizwirkung** für das das billigende Inkaufnehmen des Tötungserfolgs (stRspr.; vgl. zB BGH **36**, 19 ff.; NJW **92**, 583 [m. Anm. *Schwarz* JR **93**, 31]; vgl. dazu auch *Schneider*, Dahs-FS [2005] 189 ff. [zur Differenzierung bei Abgabe von Schüssen]; krit. zur Rspr. *Prittwitz* GA **94**, 461). Der Schluss auf billigendes Inkaufnehmen wird sich bei Gewalthandlungen, bei welchen das Ausbleiben des Todeserfolgs unter Berücksichtigung der Kenntnis des Täters von den objektiven Tatumständen nur als **glücklicher Zufall** erscheinen kann, oft **aufdrängen** (NStZ **07**, 150 f. [Hammerschläge auf den Hinterkopf mit Zertrümmerung der Schädeldecke]); **zB** bei einem Schuss in den Kopf; einem tiefgehendem gezielten Stich in Brust oder Rücken; massiver Gewalteinwirkungen auf Kopf oder Hals; Sturz aus großer 8

Höhe; usw. Eher **fern liegen** wird er dagegen **zB**, wenn es an Verletzungshandlungen fehlt, die schon ihrer Art nach regelmäßig auf Tötung des Opfers abzielen (NStZ-RR **07**, 268); bei *gezieltem* Einsatz von Waffen oder gefährlichen Werkzeugen gegen Körperteile, deren Verletzung idR nur bei unglücklichem Verlauf zum Tod führt (vgl. auch StV **03**, 213f. [*gezielter* Schuss in den Fuß aus 1m Entfernung]; NStZ **03**, 536 [möglicherweise *gezielter* Schuss ins Bein aus 4m Entfernung]; NStZ-RR **04**, 140f. [Schüsse auf geschlossene Tür mit nach unten zielender Waffe]; NZV **06**, 270 [Schüsse auf die Reifen eines vorbeifahrenden Kfz aus kurzer Entfernung; Anm. *König* NZV **06**, 432]). Eine solche Indizwirkung kann auch ein **Unterlassen** aufweisen (vgl. zB 5 StR 92/07 [Verhungern- und Verdurstenlassen eines Kindes]).

9 **Einzelfälle:** BGH **39**, 181; BGHR § 212 I Vors. bed. 44 (Schießen auf den Oberkörper eines Flüchtlings durch Grenzposten; uU auch bei Zielen auf die Beine); VRS **63**, 119 [Steinwürfe von Autobahnbrücken]; 2 StR 264/81 (Hinabstürzen eines 70-Jährigen aus 4,5m Höhe); NStZ **88**, 360 (massives Schlagen des Opfers mit Fäusten und einer Stahlrute); 3 StR 493/90 (Versetzen wuchtiger Schläge mit einer Flasche auf den Kopf; 3 StR 314/92 (Schießen aus nur wenigen Zentimetern Entfernung mit einem „manuell umgebauten" Schreckschussrevolver in den Nacken des Tatopfers); NStZ **94**, 484; 584 u. 655 (Brandanschläge auf Wohnungen; vgl. auch 2 StR 301/94; 4 StR 552/94 [hierzu *Sonnen* JA **95**, 270]; 5 StR 212/94); StV **94**, 654; 5 StR 166/95 (Zudecken eines 3 Monate alten, in Bauchlage liegenden Kindes mit einem Kopfkissen); DAR **96**, 169 (bewusstes Überfahren eines Menschen mit einem Pkw; vgl. aber StV **01**, 572 [Mitschleifen]); NStZ-RR **96**, 35 [Molotowcocktails]; NStZ **97**, 434; NStZ-RR **96**, 97 (Würgen; ebenso NStZ-RR **97**, 233); NStZ-RR **97**, 199 (Würgen des Tatopfers und Drosseln mit einer Paketschnur); LG Rostock NStZ **97**, 391 (m. Anm. *Fahl*; Werfen eines Gullydeckels auf den Kopf des Opfers); StV **98**, 17; **99**, 507 [Gasexplosion]; NStZ-RR **00**, 165f.; NStZ **01**, 369 (massives Treten in den Bauch eines auf dem Rücken liegenden Kleinkindes); StV **01**, 572; StV **03**, 431 [Tritte u.a. gegen den Kopf]; 4 StR 86/01 (Inbrandsetzen des einzigen Treppenhauses eines mehrgeschossigen Altbau-Wohnhauses zur Nachtzeit); 4 StR 144/01 (mehrfache mit äußerster Heftigkeit geführte Schlägen mit einem schweren Rechen gegen den Kopf); StV **04**, 74 (Tritte gegen den Bauch); StV **04**, 598, 599 (Schläge mit einer Eisenstange gegen den Kopf); 1 StR 233/04 (Schüsse in Personengruppe); 3 StR 402/04 (Schläge mit einem Baseballschläger gegen den Kopf); 4 StR 465/04; 5 StR 290/04; 1 StR 78/05; **03**, 39f.; **04**, 329f.; **04**, 330f.; NStZ **05**, 90 (jeweils massives, langdauerndes Würgen); NStZ-RR **05**, 372 (bedingt vorsätzliches Rammen eines Motorrades mit einem PKW bei ca. 80km/h); 1 StR 288/05 (Tritte ins Gesicht); NJW **06**, 386 (*Fall Karolina*; Schlagen gegen den Kopf eines 3-jährigen Kindes, so dass dieser gegen eine Wand prallt); 3 StR 294/06 (Messerstiche in den Rücken); NStZ **06**, 98 (schwer kontrollierbare Messerstiche gegen den Hals); NStZ **06**, 169 (Messerstiche in Brustkorb); 1 StR 307/06 (gegen Oberkörper gerichtete Messerstiche); NStZ-RR **06**, 101 (u.a. Schnitt in den Hals); NStZ **07**, 150 (Hammerschläge auf den Kopf); 1 StR 73/07 (wuchtiger waagrechter Stich in die linke Brustseite, der das Herz durchdringt).

10 Es gibt allerdings keinen Rechtssatz des Inhalts, dass bei demjenigen, der lebensbedrohliche Gewalthandlungen vornimmt, *stets* oder *regelmäßig* auch das voluntative Moment des (bedingten) Tötungsvorsatzes gegeben ist (vgl. NStZ **03**, 369f.; 4 StR 489/06; einschr. aber NStZ **04**, 330f.). Wie nahe liegend der Schluss von der festgestellten (vgl. NStZ **03**, 603f.) *Kenntnis* der Lebensgefährlichkeit auf die *Billigung* des Taterfolgs ist, ist vielmehr eine Frage des **Einzelfalls**; der Tatrichter hat sich in einer **Gesamtschau** aller objektiven und subjektiven Umstände umfassend mit den für die Beurteilung maßgeblichen Umständen des Tatgeschehens und der Persönlichkeit des Täters auseinander zu setzen (NJW **06**, 386, 387; NStZ-RR **07**, 199, 200; 3 StR 233/07; vgl. auch die Nachw. bei *Altvater* NStZ **06**, 86, 87). Zu berücksichtigen sind **zB** mögliche Erfahrungen des Täters mit Gewalthandlungen;

auch sein psychischer Zustand zum Tatzeitpunkt, zB in Folge von Alkoholisierung (vgl. NStZ **03**, 603; **04**, 51 f.; **04**, 329, 330 [*4. StS*]; NStZ **06**, 98 [Wesensveränderung durch überdosierte Hormoneinnahme]; **06**, 169; and. aber NStZ **04**, 330 f. [*5. StS*]). Wenn dem Tatopfer verschiedene Verletzung, die jeweils für sich allein nicht in kürzester Zeit zum Tod führen können, über einen längeren Zeitraum zugefügt werden, kann das gegen die Annahme eines Tötungsvorsatzes sprechen (NStZ-RR **06**, 101 f.).

Bei einer **spontanen**, in **affektiver Erregung** ausgeführten Einzelhandlung **10 a** kann nach der Rspr des BGH aus dem (festgestellten!) *Wissen* um die Möglichkeit des Erfolgseintritts allein idR nicht auf das voluntative Vorsatzelement geschlossen werden (NStZ **03**, 603; NStZ-RR **07**, 45; vgl auch NStZ **07**, 331 f. [spontaner lebensgefährlicher Messerstich gegen körperlich überlegenes, provozierendes Tatopfer bei hochgradiger Alkoholisierung; sofortige Bemühung um Rettung]; **07**, 199 f. [hohe Alkoholisierung und gegen Vorsatz sprechendes Nachtatverhalten]). Das ist *zweifelhaft*, denn gerade Fälle spontaner Gewalttätigkeit sind häufig durch eine Einstellung der Gleichgültigkeit gekennzeichnet (*„jetzt ist mir alles egal"*). Die in solchen Fällen oft gegebenen sofortigen Rücktritts-Bemühungen sprechen zwar für *nachträgliche* „Betroffenheit", nicht aber gegen *vorhergehenden* spontanen Tötungsvorsatz. Näher liegend ist es, in solchen Fällen schon das kognitive Element kritischer zu prüfen.

Der Schluss aus einer besonders gefährlichen Gewalthandlung auf (bedingten) **11** Tötungsvorsatz ist nur dann rechtsfehlerfrei, wenn der Tatrichter die *nach Sachlage* in Betracht kommenden Umstände, die den Vorsatz in Frage stellen könnten, in Erwägung gezogen hat (NStZ-RR **04**, 204; **05**, 304 [Fehlen eines einsichtigen Beweggrunds; affektive Erregung; Persönlichkeitsstörung und erhebliche Alkoholisierung; Anm. *Schneider* NStZ **05**, 629]; 3 StR 233/07 [Fehlen eines Motivs; hochgradige Alkoholisierung]). Sind solche Umstände nicht gegeben, so wird bei äußerst gefährlichen Gewalthandlungen die tatrichterliche Schlussfolgerung jedenfalls bedingten Vorsatzes aus dem objektiven Tatgeschehen keiner näheren Begründung bedürfen (NStZ **06**, 169, 170). Bei **jugendlichen** Tätern mag insoweit auch zu berücksichtigen sein, ob und wieweit die Gewalthandlung quasi *ritualisierten* Formen der (häufig als folgenlos dargestellten) Gewaltanwendung in medialen Darstellungen entspricht und ob der Täter über tatsächliche Erfahrungen verfügt. Auf Fälle gefährlicher Handlungen ohne *unmittelbare* Einwirkung auf das Tatopfer kann die vorgenannte Rspr wohl nicht ohne Weiteres übertragen werden. So kann **zB** aus dem Wissen um die Möglichkeit eines Verkehrsunfalls aufgrund Manipulationen am Kfz ohne Berücksichtigung aller konkreten Umstände nicht auf einen bedingten Tötungsvorsatz geschlossen werden (NStZ **06**, 446).

Kritischer Prüfung bedarf eine mögliche Billigung des Erfolgs **zB** bei Taten in **12** affektiver Erregung (MDR/H **77**, 458; **78**, 458; NStE § 212 Nr. 2; NStZ **88**, 175 [hierzu *Herzberg* JZ **88**, 637, *Schumann* JZ **89**, 427]; NStZ **03**, 603 f.; **04**, 329; NStZ-RR **05**, 304 [Anm. *Schneider* NStZ **05**, 629]); bei Spontantaten in emotional aufgeladener, insb. alkoholbedingt enthemmter Atmosphäre (NJW **06**, 386, 387; NStZ **07**, 331 f.); bei Handeln (auch) in Selbsttötungsabsicht mit dem Bestreben, ein „Fanal" zu setzen (vgl. NStZ **02**, 314); bei alkoholischer Enthemmung (NJW **83**, *2268;* NStZ **82**, 506; 588; **94**, 76; 483; **04**, 51; NStZ-RR **04**, 204 f.; StV **83**, 444; **92**, 10; **94**, 640; **98**, 17; BGHR § 212 I Vors. bed. 6, 7, 9, 11, 15, 40, 41, 48; stRspr; vgl. *Prittwitz* GA **94**, 465 ff.); bei Taten in für den Täter extrem bedrohlich erscheinender Lage (NStZ **03**, 369 f.); bei Fehlen vergleichbaren Vorverhaltens (StV **94**, 13 f.); bei Fehlen eines (aus der Sicht des Täters; vgl. 5 StR 458/03) einleuchtenden Motivs (vgl. 4 StR 30/02; NStZ-RR **05**, 304); bei Fehlen jedes Anhaltspunkts für eine (motivatorische) Integration der Tat in den vom Täter vorgestellten weiteren Geschehens- und Lebensablauf; auch bei sich über einen längeren Zeitraum hinziehenden **Unterlassen** (vgl. NStZ **07**, 402 [Verhungern-Lassen eines Kindes).

13 **B.** Der BGH nimmt in **stRspr** (beginnend mit StV **82**, 509; NStZ **83**, 407; **84**, 1087) an, dass gegenüber der Tötung eines Menschen regelmäßig eine **erhöhte Hemmschwelle** besteht (Kritik zB bei *Puppe* NStZ **92**, 576, 577; MK-*Schneider* 48f.; *Geppert* Jura **01**, 55, 59; *Trück* NStZ **05**, 233, 234f.; vgl. dazu auch *Verrel* NStZ **04**, 309, 310f., krit. Darstellung der Rspr bei *Puppe*, AT im Spiegel der Rechtsprechung Bd. I, 16/1 ff.; jew. mwN), die bei einer Tat gegen das eigene Kind besonders hoch ist (NStZ-RR **07**, 267 [Schütteln eines Zweijährigen durch die Mutter]). Auch bei (normalpsychologisch motivierter) massiver Gewaltausübung erfordert die Billigung eines tödlichen Ausgangs danach idR die bewusste Überschreitung einer besonderen **psychologischen Grenze** (vgl. dazu umf. *Mühlbauer* [1 a], *passim*). Diese muss nicht unbedingt auf Mitleid mit dem Opfer beruhen; vielfach wird ihr, auch in affektiven Extremsituationen, eine **Risiko-Abwägung** zugrunde liegen: Das Bewusstsein, mit dem Eintritt des Todeserfolgs einen nicht zurücknehmbaren Schritt zu tun, ist regelmäßig psychologisch deutlich präsenter als zB Grenzen zwischen „einfacher" und „(lebens-)gefährlicher" Körperverletzung (zutr. krit. zur Übertragung der „Hemmschwellen-These auf die Körperverletzung daher *Schneider* NStZ **04**, 202, 203).

14 Es ist daher auch dann, wenn der Täter den Tötungserfolg als möglich vorausgesehen hat, die Möglichkeit zu prüfen, dass er ernsthaft darauf vertraut hat, er werde nicht eintreten (BGH **36**, 1, 15f. [dazu *Puppe* NStZ **92**, 576; *Schwarz* JR **93**, 31]; **36**, 267; NJW **85**, 2428; NStZ **83**, 407; **84**, 19; **86**, 550; **87**, 424; **91**, 126; **92**, 384; **03**, 431f.; **03**, 603f.; NStZ-RR **99**, 45; StV **84**, 187; **86**, 198; **91**, 510; **97**, 8; BGHR § 212 I, Vors. bed. 1, 5, 27; NZV **89**, 400 [m. Anm. *Joerden* JZ **90**, 298]; **00**, 88 [Zufahren auf eine Person mit einem Pkw]). Nach Ansicht des BGH können in diesem Zusammenhang gerade auch festgestellte alkoholische Beeinflussung sowie hohe affektive Erregung des Täters, namentlich bei Spontantaten, Anlass zur kritischen Prüfung des voluntativen Elements unter dem Gesichtspunkt der „Hemmschwelle" sein (zur Abgrenzung vgl. NJW **06**, 386, 387 [*Fall Karolina*]). Bei **Unterlassungstaten** soll eine solche Hemmschwelle nicht gleichermaßen bestehen (NJW **92**, 581 [krit. *Puppe* NStZ **92**, 576; *Schwarz* JR **93**, 31]; NStZ **98**, 101; anders aber NStZ **07**, 402, 403 [„höchste Hemmschwelle"]).

15 **Kritik.** Der Rspr wird „eine gewisse Beliebigkeit" in der *konkreten Anwendung* des „Hemmschwellen"-Gedankens vorgeworfen (vgl. MK-*Schneider* 47; *Verrel* NStZ **04**, 309, 310; *Trück* NStZ **05**, 233, 234); weiter gehend richtet sich Kritik gegen den Ansatz insgesamt, soweit er – über den Hinweis auf eine sorgfältige Beweiswürdigung hinaus – die „erhöhte Hemmschwelle" wie eine naturwissenschaftliche Gegebenheit behandelt und so ein bloßes *Postulat* als gleichwertige Tatsachenalternative betrachtet (vgl. *Geppert* Jura **01**, 55, 59; MK-*Schneider* 48f.). Diese Kritik weist zutr. darauf hin, dass jedenfalls eine schematische „Anwendung" des „Hemmschwellen"-Gedankens verfehlt ist, welche den *Begriff* für die *Wirklichkeit* nimmt (einschränkend auch NStZ **00**, 583; **02**, 541f.; StV **01**, 572; BGHR § 212 I Vorsatz, bed. 10, 35, 41; auch NJW **06**, 386f. [für mehrtägige, sich steigernde Misshandlungen]). Schwer begründbar ist eine auf *allgemeinen* Erwägungen beruhende faktische Privilegierung des aggressiv handelnden Gewalttäters gegenüber dem Unterlassungs-Täter (zutr. *Puppe* NStZ **92**, 567, 577). Nicht einleuchtend ist die Anknüpfung von „Hemmschwellen"-Erwägungen an Umstände, welche *typischerweise* gerade für das *Gegenteil,* nämlich für eine *Enthemmung* sprechen (Alkoholisierung; affektive Erregung) und daher allenfalls Anlass für eine kritische Prüfung des kognitiven Elements sein könnten (auch insoweit einschr. *Trück* NStZ **05**, 233, 237ff.). Ist Letzteres aber festgestellt, so kommt es darauf an, ob eine („erhöhte" oder nicht) Hemmung in der **konkreten** Tatsituation tatsächlich bestand und wirksam werden konnte (vgl. auch *Altvater* NStZ **03**, 21f.; **04**, 24 mwN). Hierfür gibt es kaum *allgemeine* Regeln; die Argumentation mit „durchschnittlichen" Motivationslagen beim Töten von Menschen ist schon im Ansatz wenig sinnvoll.

16 So wird man zB bei Personen mit langjähriger Erfahrung in einer „Gewalt-Kultur" und abstumpfender Einübung in emotionsarme Anwendung auch massiver

Gewalt kaum von einer „erhöhten Hemmschwelle“ ausgehen können. Eine solche psychologische Grenze kann im Einzelfall auch schon auch während einer der Tötungshandlung vorausgehenden Phase der **Eskalation** überschritten worden sein („jetzt ist mir alles egal“); auch unter dem Einfluss **gruppendynamischer Prozesse** wird sie regelmäßig leichter überwunden. Wenn etwa der **Vorsatz konkreter Lebensgefährdung** festgestellt ist, dürften idR *abstrakte* „Hemmschwellen“-Erwägungen eher zurücktreten; einen Erfahrungssatz, wonach derjenige, der eine konkret lebensgefährliche Verletzung seines Opfers billige, mit dessen als möglich erkanntem Tod gleichwohl idR nicht einverstanden sei, gibt es nicht (zweifelnd auch *Geppert* Jura **01**, 55, 59; *Lackner/Kühl* 3; *Arzt*, Schlüchter-GedS [2002], 163, 167; *Mühlbauer* [1a] 41 ff.; dem BGH zust. LK-*Jähnke* 22; vgl. auch 11 zu § 15 mwN). Das voluntative Vorsatzelement ist jedenfalls zu bejahen, wenn nach der Vorstellung des Täters ein Ausbleiben des Tötungs-Erfolgs nur aufgrund eines *Zufalls* möglich ist (NStZ **05**, 90). Ein *nachträgliches Erschrecken*, uU auch mit Bemühung um Rettung, steht der Feststellung von Tötungsvorsatz nicht zwingend entgegen (NJW **06**, 386, 387).

5) Rechtswidrigkeit. Eine **Rechtfertigung** kommt namentlich im Fall der **Notwehr** oder Nothilfe (§ 32) in Betracht; § 34 scheidet dagegen auf Grund der Gleichwertigkeit des Rechtsguts idR aus (BGH **48**, 255, 257; *Rengier* NStZ **84**, 21 f.), gilt aber bei Notstandstötung eines in der Geburt befindlichen Kindes (LK-*Jähnke* 10; **aA** SK-*Horn* 24). Zur Rechtfertigung durch **Pflichtenkollision** vgl. vor § 32. Rechtfertigung ist weiterhin auf Grund **hoheitlicher Befugnisse** zur Tötung möglich. Dabei geht es nicht um „Waffengebrauchsrechte“ (so *Lackner/Kühl* 4; unklar auch LK-*Jähnke* 11 f. mwN) mit möglicherweise unbeabsichtigt tödlichen Folgen, sondern um die Frage einer rechtlichen Erlaubnis vorsätzlicher Tötungen durch staatliche Stellen. Eine ausdrückliche gesetzliche Befugnis geben **landesrechtliche Regelungen** (sog. „finaler Rettungsschuss“), deren Verhältnis zur Nothilfe ungeklärt ist; dagegen erlauben Vorschriften über die Anwendung unmittelbaren Zwangs, auch im Bereich der Grenzkontrolle (vgl. BGH **35**, 379), die (bedingt) vorsätzliche Tötung nicht (BGH **1** 21; **39**, 168). Aus § 10 V S. 2 SG ergibt sich keine Befugnis militärischer Vorgesetzter, Befehle in Friedenszeiten durch Tötung von Soldaten oder Dritten durchzusetzen (**aA** LK-*Jähnke* 15). Unter den Bedingungen des **Kriegsrechts** ist die vorsätzliche Tötung nach Maßgabe des Kriegsvölkerrechts gerechtfertigt (vgl. zusf. LK-*Jähnke* 16 ff.). Dies gilt nicht ohne weiteres auch bei sog. humanitären Einsätzen. 17

6) Rechtsfolge. Der Regelstrafrahmen des I ist Freiheitsstrafe von 5 bis 15 Jahren. Absichtlichkeit ist nicht stets ein Strafschärfungsgrund (NJW **81**, 2204 m. Anm. *Bruns* JR **81**, 513; NStZ **82**, 116; MDR/H **84**, 276); das gilt auch für direkten Vorsatz (MDR/H **92**, 633; StV **93**, 72); umgekehrt kann bedingter Vorsatz nicht in jedem Fall zur Strafmilderung führen (vgl. auch MK-*Schneider* 61). **Strafschärfend** werden idR Umstände wirken, welche sich in der Tatausführung, in der Tätermotivation oder in den zurechenbaren Auswirkungen Mordmerkmalen annähern, ohne deren Gewicht zu erreichen; das gilt im Rahmen der Vorhersehbarkeit für den Täter auch für solche Tatmodalitäten, die auf einer grds schuldmindernden Persönlichkeitsstörung beruhen, welche aber die Voraussetzungen einer schweren anderen seelischen Abartigkeit nicht erfüllt (NStZ-RR **03**, 294). Liegen Strafmilderungsgründe von Gewicht, aber keine erheblichen Strafschärfungsgründe vor, so ist die Verhängung einer Strafe in der Mitte des Strafrahmens ohne nähere Begründung rechtsfehlerhaft (StV **02**, 72). Für **minder schwere Fälle** gilt § 213. 18

Für **besonders schwere Fälle** ist in **Abs. II** lebenslange Freiheitsstrafe angedroht. Dies können etwa Fälle sein, bei denen der Täter mit Überlegung, besonders brutal oder zur Verdeckung eines nicht strafbaren, aber sozial missbilligten Geschehens (NStZ **91**, 432) handelt, ohne dass § 211 gegeben ist; freilich scheidet II aus, wenn die Tat in einer Persönlichkeitsstruktur ihre Ursache hat, die der Anwendung des § 211 entgegensteht (NStZ **81**, 258; *Momsen* NStZ **98**, 489). **Abs. II** 19 ist mit dem GG vereinbar (BVerfG JR **79**, 28 m. krit. Anm. *Bruns*); er kommt in Betracht, wenn das Verschulden des Täters so außergewöhnlich groß ist, dass es **ebenso schwer** wiegt wie das eines Mörders (NStZ **93**, 342; BGHR § 57a II SchSchw. 8 [brutale Tötung zweier anvertrauter Kinder aus nichtigem Anlass]; NStZ **01**, 647; 5 StR 395/03) und das im Zurückbleiben hinter den Mordmerkmalen liegende Minus durch ein Plus an Verwerflichkeit ausgeglichen wird (NJW **81**, 2310 [m. Anm. *Bruns* MDR **82**, 65]; NJW **82**, 2265 [zust. *Bruns* JR **83**, 29]; NStZ **84**, 312; StV **89**, 152; **00**, 309; enger *Momsen* NStZ **98**, 487, 490: Verwerflichkeit „mindestens" entspr. § 211; Nähe zu „mindestens" zwei Mordmerkmalen; Ausschluss unrechtssteigernder Faktoren, die dem Grunde nach kein Mordmerkmal verwirklichen können).

20 Dass die Tötung „nahe an ein Mordmerkmal herankommt", reicht zur Annahme von Abs. II nicht aus; zu der „Nähe" der die Tat oder den Täter kennzeichnenden Umstände zu einem gesetzlichen Mordmerkmal müssen zusätzlich schulderhöhende Momente von besonderem Gewicht treten (NJW **82**, 2264f.; NStZ **93**, 342; **01**, 647; **04**, 200f.; NStZ-RR **04**, 205f.; StV **00**, 309). Die Zubilligung von § 21 hindert die Annahme eines besonders schweren Falles grundsätzlich nicht (5 StR 331/78; MK-*Schneider* 65; **aA** SK-*Horn* 38), ebenso wenig das Vorliegen von allgemeinen Milderungsgründen (NJW **82**, 2265); jedoch müssen in diesen Fällen angesichts der Wahl zwischen lebenslanger und zeitiger Freiheitsstrafe schulderhöhende Umstände von besonderem Gewicht hinzukommen (NStZ **93**, 342). Sind wegen erheblich eingeschränkter Schuldfähigkeit des Täters die subjektiven Voraussetzungen eines Mordmerkmals nicht gegeben, so liegt es nahe, auch eine vorwerfbare Nähe zu Mordmerkmalen zu verneinen (NStZ-RR **04**, 205, 206).

21 Ob die Ablehnung der Annahme eines besonders schweren Falles allein im Hinblick auf den **vertypten Milderungsgrund** nach § 21 regelmäßig die Anwendung des § 50 nach sich zieht, so dass eine Milderung des I ausgeschlossen ist, hat der BGH offen gelassen (NStZ **04**, 200f.; NStZ-RR **04**, 205, 206; vgl. auch NJW **86**, 1699f.; LK-Gribbohm 14 zu § 50; 2 zu § 50). An einer Milderung des Rahmens des Abs. I nach §§ 21, 49 I ist der Tatrichter aber nicht schon dadurch gehindert, dass er die Annahme eines besonders schweren Falls im Hinblick auf die der Anwendung des § 21 zugrunde liegende konkrete Störung abgelehnt hat (NStZ **04**, 200, 201).

22 **7) Konkurrenzen.** Vgl. 106ff. zu § 211. Eine vollendete **Körperverletzung** wird durch eine nur versuchte Tötung nicht verdrängt, sondern steht in Tateinheit (BGH **44**, 196 [m. Anm. *Martin* JuS **99**, 298] gegen BGH **16**, 122; **21**, 265; **22**, 248; **30**, 167; NStZ-RR **98**, 42; vgl. *Maatz* NStZ **95**, 210ff.; SK-*Horn* 32; *S/S-Eser* 23; *Lackner/Kühl* 9; jew. mwN). Ein einheitliches Tötungsdelikt liegt vor, wenn Körperverletzungshandlungen bei Erweiterung des Vorsatzes übergangslos in eine Tötungshandlung einmünden (NStZ **05**, 93, 94; vgl. auch 1 StR 145/04). Bei klarer Zäsur kann dagegen Tatmehrheit bestehen. Zwischen beabsichtigter schwerer Körperverletzung nach § 226 II und Totschlag ist Tateinheit nicht möglich (NStZ **97**, 233). Lässt sich nicht aufklären, welche von mehreren mit Tötungsvorsatz ausgeführten Handlungen den Tod verursacht hat, so ist nach der Rspr des BGH nur wegen (einer) vollendeten Tat zu bestrafen; der Versuch tritt zurück (BGH **36**, 262 [Anm. *Otto* JR **90**, 203]; **39**, 195 [Anm. *Rogall* JZ **93**, 1066; *Wolter* JR **94**, 468]). Mit durch vorsätzlich herbeigeführte Todesfolge qualifizierten Delikten kann Tateinheit gegeben sein.

Minder schwerer Fall des Totschlags

213 **War der Totschläger ohne eigene Schuld durch eine ihm oder einem Angehörigen zugefügte Misshandlung oder schwere Beleidigung von dem getöteten Menschen zum Zorn gereizt und hierdurch auf der Stelle zur Tat hingerissen worden oder liegt sonst ein minder schwerer Fall vor, so ist die Strafe Freiheitsstrafe von einem Jahr bis zu zehn Jahren.**

Übersicht

1) Allgemeines ... 1, 1 a
2) Provokation ... 2–11
3) Sonstiger minder schwerer Fall ... 12–16
4) Zusammentreffen von Milderungsgründen ... 17–20

1) Allgemeines. Die **Strafzumessungsregel** (BGH **4**, 228; **21**, 14; **27**, 287, 289; Hamm NJW **82**, 2786; hM) wurde durch Art. 1 Nr. 34 des 6. StRG (2f. vor § 174) sprachlich und durch eine erhebliche Verschärfung des Strafrahmens geändert. Anlass dazu waren die seit langem kritisierten Unzuträglichkeiten, welche sich aus der Abgrenzung des Normalstrafrahmens des § 212 von dem gemilderten Rahmen des § 213 ergaben. So führte namentlich im Verfahren wegen vorsätzlichen Tötungen innerhalb von Partnerschaftsbeziehungen die – fragliche, jedoch oft unwiderlegbare – Behauptung des Täters, von dem Opfer im Rahmen eines Partnerschaftskonflikts schwer beleidigt worden zu sein, vielfach zu Entscheidungen, die dem Wert des vernichteten Rechtsguts im allgemeinen Empfinden nur unzureichend gerecht wurden. § 213 gilt nur für den Totschlag (§ 212; stRspr. krit. *Geilen* [1 a] 383 u. JR **80**, 316; zT **aA** *Rengier* MDR **80**, 1; *Bernsmann* [1 a] 51; *Laber* MDR **89**, 869). Unklarheiten im Verhältnis zu § 211 sind durch die Reform nicht beseitigt worden (krit. LK-*Jähnke* 1). Das gilt auch im Verhältnis der Strafrahmen der §§ 212, 213 bei Vorliegen von vertypten Milderungsgründen. Da das 6. StRG zugleich den **§ 217** aufgehoben und daher auf die spezielle Privilegierung des § 217 gegenüber § 212 verzichtet hat, erhielt die 2. Alt. des § 213 einen weiteren Anwendungsbereich (*Kudlich* JuS **98**, 471). Allerdings scheidet der Rückgriff auf § 213 beim Zusammentreffen mit einer Privilegierung nach § 216 weiterhin aus (dort 1). 1

Literatur: *Bernsmann* JZ **83**, 47, *ders.,* Affekt u. Opferverhalten, NStZ **89**, 160; *Blau,* Die Affekttat zwischen Empirie u. normativer Bewertung, Tröndle-FS 109; *Diesinger,* Der Affekttäter, 1977; *Eser,* Renaissance des § 213 StGB, Middendorff-FS 65; *Geilen,* Provokation als Privilegierungsgrund der Tötung?, Dreher-FS 357 ff., 383, JR **78**, 342 u. **80**, 315; *Glatzel,* Privilegierung versus Dekulpation bei Tötungsdelikten, StV **87**, 553; *ders.,* Die affektabhängige Tötungshandlung als Zeitgestalt (usw.), StV **93**, 220; *Guhl-Finkenthei,* § 217 StGB, Bemmann-FS 299; *Haddenbrock* NJW **79**, 1237; *Herde,* Regelungsbedarf für eine gesetzliche Verschärfung des Strafrahmens u. eine Ausdehnung des Anwendungsbereichs des § 213 StGB, ZRP **90**, 458; *Hillenkamp,* Miyazawa-FS 41; *Hussels,* Renaissance oder endgültiger Tod des § 217 StGB?, NStZ **94**, 526; *Latzel* StV **87**, 553; *Maatz,* Der minder schwere Fall des Todschlags, Salger-FS 91; *Maneros,* Zur Frage der Schuldfähigkeit nach „negierter" Schwangerschaft, MSchrKrim **98**, 173; *Schmoller,* Abschaffung der Sonderregelung für „Kindestötung"?, Gössel-FS (2002), 369; *Schneider,* Überlegungen zur restriktiven Auslegung von § 213 StGB, NStZ **01**, 455; *Rump/Hammer,* Zur Verfassungswidrigkeit des § 217 StGB, NStZ **94**, 69; *Schmoller,* Abschaffung der Sonderregelung für „Kindestötung"?, Gössel-FS (2002), 369; *Sieg,* Gegen die Privilegierung der Tötung des nichtehelichen Kindes, ZStW **102**, 292; *Zwiehoff,* Die provozierte Tötung, 2001. 1 a

2) Provokation. Ein **minder schwerer Fall** (85 ff. zu § 46) ist unter den Voraussetzungen der Provokation stets (11 zu § 12) gegeben (vgl. BGH **25**, 222; StV **81**, 524; LK-*Jähnke* 2; MK-*Schneider* 4, 42; *Mitsch* JuS **96**, 28; **aA** *S/S-Eser* 12 a; SK-*Horn* 10; *Maatz,* Salger-FS 102); für eine nochmalige „Gesamtabwägung" (so *S/S-Eser* 12 a) ist bei Bejahung aller Voraussetzungen, insb. des Merkmals „ohne eigene Schuld" (unten 8), kein Raum. Es ist daher zunächst zu prüfen, ob ein solcher Fall vorliegt (MDR/H **79**, 107), und erst dann, ob „sonst" ein (unbenannter) minder schwerer Fall gegeben (unten 12 ff.). 2

Zwei Fälle der Provokation sind von Gesetzes wegen als Beispiele für minder schwere Fälle anzusehen: die **Misshandlung** und die schwere **Beleidigung,** falls sie von dem Getöteten (nicht etwa einem Dritten, MDR/D **73**, 90) dem Täter selbst oder einem seiner Angehörigen zugefügt sind (2 ff. zu § 11; vgl. 5 StR 503/81). Hierbei kann es auf das frühere Verhalten des Opfers und auf länger zurückliegende Vorgänge (2 StR 416/86), wie auch sonst auf alle Umstände für die Entstehung und Auslösung des Tatentschlusses ankommen (MDR/H **78**, 110); es ist eine Gesamtwürdigung (StV **83**, 199) vorzunehmen. Ist das Vorliegen einer Misshandlung oder schweren Beleidigung nicht auszuschließen, so ist nach dem *Zweifelsgrundsatz* von der dem Angeklagten günstigsten Version auszugehen (StV **85**, 146 L; NStE Nr. 22; *Maatz,* Salger-FS 100; vgl. StV **84**, 69; 464 L; SK-Horn 4). 3

4 **A.** Als **Misshandlungen** können nur erhebliche Beeinträchtigungen gewertet werden (MDR/H **91**, 483; vgl. im Übrigen 3ff. zu § 223). Ein Körperverletzungserfolg iS einer Gesundheitsbeschädigung ist nicht erforderlich (BGHR § 213 Alt. 1 Missh. 4, 5; StV **03**, 73). Erfasst sind auch Beeinträchtigungen *seelischer* Art, die zu physischen Reaktionen führen (*Lackner/Kühl* 2; SK-*Horn* 4; *S/S-Eser* 5; krit. MK-*Schneider* 11f.; vgl. 4 zu § 223), so etwa ein fehlgeschlagener, aber bedrohlicher *Angriff* auf Leib oder Leben (NJW **95**, 1911; MDR/H **97**, 20).

5 **B.** Unter einer **schweren Beleidigung** sind nicht nur Ehrverletzungen iS der §§ 185ff., sondern schwere Kränkungen jeglicher Art zu verstehen (MDR/H **78**, 110; StV **90**, 205; enger LK-*Jähnke* 4). Auf eine mögliche Strafbarkeit des Opferverhaltens kommt es nicht an (NStZ **95**, 287; LK-*Jähnke* 4; *M/Schroeder/Maiwald* 2/56; **aA** *Schneider* NStZ **01**, 455f.). Die Anforderungen an die Schwere der Beleidigung sind nicht zu niedrig anzusetzen (BGHR § 213 1. Alt. Bel. 8; NStZ **96**, 33). Bei der Bewertung ist ein **objektiver Maßstab** anzulegen (MDR/H **77**, 638; **81**, 631; **89**, 111; NStZ **81**, 301; **82**, 27; **85**, 217; StV **81**, 234; NStE Nr. 24; LK-*Jähnke* 6; *Rasch* NJW **80**, 1313; *Eser* NStZ **81**, 431, **84**, 52 u. Middendorff-FS 69); die Handlung muss auf der Grundlage aller maßgeblichen Umstände unter objektiver Betrachtung und nicht nur aus der subjektiven Sicht des Täters als schwer beleidigend zu beurteilen sein (NStZ **04**, 631, 632; BGHR § 213 Alt. 1 Beleidigug 4, 5, 6). Maßgebend sind aber nicht abstrakte Erwägungen, sondern der **konkrete Geschehensablauf** (MDR/H **79**, 280; **88**, 817) unter Berücksichtigung von Persönlichkeit und Lebenskreis der Beteiligten (MDR/H **81**, 631; NJW **87**, 3143; 2 StR 382/94), namentlich auch der konkreten Ausgestaltung der **Beziehung** zwischen Täter und Opfer vor der Tat. Die Schwere kann sich auch aus *fortlaufenden,* für sich allein noch nicht schweren Kränkungen ergeben (MDR/H **81**, 631; NStZ **84**, 507); wenn eine nachfolgende Misshandlung die Kränkung vertieft (NStZ **85**, 217); wenn die Beleidigung nach einer Reihe von Kränkungen gleichsam „der Tropfen war, der das Fass zum Überlaufen brachte" (MDR/H **79**, 456; JZ **83**, 400; NStZ **83**, 365; **04**, 631, 632; StV **84**, 284; **91**, 106; BGHR § 213 1. Alt. Bel. 8; NStZ-RR **96**, 259; **98**, 131; 1 StR 202/97; stRspr; *Maatz,* Salger-FS 99).

6 **Sexualbezogene Kränkungen** und sexuelle Untreue im Rahmen partnerschaftlicher Konflikte nehmen bei der Anwendung des § 213 seit jeher einen unverhältnismäßig großen Raum ein; der Anteil zweifelhafter, aber als unwiderlegbar angesehener Beleidigungsbehauptungen ist hoch. Daher besteht für das Tatgericht idR Anlass, entsprechende Einlassungen des Täters kritisch zu prüfen (vgl. unten 11). Die bloße Mitteilung von Trennungsabsichten oder einer aus längerfristiger Entfremdung erwachsenen Hinwendung zu einem anderen Partner können idR nicht als schwere Beleidigungen angesehen werden. Unvermittelte schwere Beleidigungen sexualbezogener Art (zB Vorwurf sexuellen „Versagens"; herabsetzende Vergleiche mit Dritten) ohne vorangehendes beiderseitiges Verschulden an der Konflikteskalation dürften in der Lebenswirklichkeit nicht sehr häufig sein. Nicht ausreichend ist eine bloße Drohung mit einem Verhalten in der Zukunft (MDR/H **79**, 280); an einer schweren Beleidigung fehlt es auch, wenn die provozierende Äußerung von einem (für den Täter) erkennbar psychisch erkrankten Opfer ausgeht (NJW **87**, 3143); häufig, aber nicht stets auch bei einem Betrunkenen (NStZ **85**, 217; **aA** LK-*Jähnke* 5). In der Praxis dürften Fälle der **Alkoholisierung** von Opfer *und* Täter den weitaus größten Anteil ausmachen; der oft alkoholbedingten Neigung des Opfers zu Beleidigungen steht die gleichfalls trunkenheitstypische Herabsetzung der Kränkungs- und Hemmschwelle des Täters gegenüber. IdR wird vom Täter, der eine erhebliche Alkoholisierung des provozierenden Opfers erkennt, ein erhöhtes Maß an Zurückhaltung zu verlangen sein; das gilt aber dann nicht, wenn massive Beleidigungen (oder Tätlichkeiten) in alkoholisiertem Zustand sich, etwa bei Alkoholikern, als *regelmäßiges* Verhalten darstellen, das den Täter zermürbt und zum Effekt eines „Dammbruchs" führen kann.

Voraussetzung für die Annahme einer schweren Beleidigung ist, dass das Verhalten des Opfers **beleidigend gemeint** war (BGH **34**, 37; BGHR § 213 1. Alt., Bel. 2), denn sonst fehlt es an einem vorsätzlichen Angriff (vgl. MDR/H **89**, 111; ebenso *Lackner/Kühl* 3; LK-*Jähnke* 9; SK-*Horn* 4; MK-*Schneider* 14; *W/Hettinger* 174; *Maatz,* Salger-FS 91, 101; *Mitsch* JuS **96**, 29; *Schneider* NStZ **01**, 459; **aA** *S/S-Eser* 12; *Arzt/Weber* 2/80; *Jescheck/Weigend* § 29 V 5 c; *M/Schroeder/Maiwald* 2/56). Nimmt der Täter irrig Umstände an, die eine Provokation wären, so ist die 1. Alt. des § 213 nicht anzuwenden (vgl. *Blau,* Tröndle-FS 116); es kann aber ein sonstiger minder schwerer Fall gegeben sein (BGH **1**, 203; **34**, 38; NStZ **82**, 27; **88**, 216; LK-*Jähnke* 9; SK-*Horn* 4; *Gössel/Dölling* BT 1, 3/36; **aA** *S/S-Eser* 12; *Eser* NStZ **84**, 53). **6 a**

c) Auf **Verhältnismäßigkeit** im engeren Sinn zwischen der Schwere der Kränkung und dem Totschlag kommt es nicht an (GA **70**, 215; NStZ **85**, 217; SK-*Horn* 5; NStZ/T **86**, 156; **aA** *Geilen* [1 a] 374 ff., 382; LK-*Jähnke* 4; *S/S-Eser* 11 u. *ders.* [1 a] 71; *Blau* [1 a] 114 Fn. 24; einschr. *Lackner/Kühl* 7 [„eine gewisse Verhältnismäßigkeit“]), da die Tötung eines Menschen als Reaktion auf Kränkungen oder tätliche Angriffe *immer* unverhältnismäßig ist. Es reicht andererseits nicht aus, dass *der Täter* auf Grund subjektiver, nach allgemeinen Maßstäben aber unvertretbarer Wertung eine Kränkung für „schwer“ hält; insoweit ist auch seine individuelle *Affektschwelle* einer **wertenden Objektivierung** zugänglich. So sind zB weder die *„Zuhälterehre“* noch die Reizschwelle eines *Skinhead*-Schlägers akzeptable Maßstäbe, wie überhaupt die Berufung auf überindividuelle, etwa gruppenspezifische, politische oder religiöse Maßstäbe nur eingeschränkt rechtliche Beachtung finden kann. Die Prüfung dieser **normativen Voraussetzungen** findet nicht unter einem gesonderten, ungeschriebenen Tatbestandsmerkmal der *Verhältnismäßigkeit* statt, sondern geht regelmäßig schon in die Bewertung der kränkenden Provokation als „schwer“ ein. **7**

d) Ohne eigene Schuld des Täters muss die Provokation erfolgt sein; er darf zu ihr bei einer auf den Tatzeitpunkt abstellenden Wertung (NStZ **81**, 301; **92**, 588; NJW **87**, 3143) keine genügende Veranlassung gegeben (BGH **21**, 16; MDR/D **74**, 723; NStZ **81**, 140 L; **84**, 216; 3 StR 87/95; NStZ/M **84**, 495; vgl. *Glatzel* StV **87**, 554) und selbst zur Verschärfung der Situation nicht beigetragen haben (BGHR § 213 1. Alt. Missh. 2; 2 StR 301/94; vgl. oben 6). An einer eigenen Schuld des Täters an der Entstehung der Provokation fehlt es, wenn er dem Opfer begründete Vorhaltungen gemacht (MDR/H **81**, 980) oder sich lediglich ungeschickt verhalten hat (NStZ **83**, 554); nicht aber, wenn das Verhalten des Opfers als verständliche und angemessene Reaktion auf ein vorangegangenes schuldhaftes Tun des Täters erscheint (NStZ **81**, 479 L; MDR/H **86**, 272; NStE Nr. 9); daher muss die Reaktion des Opfers unter dem Gesichtspunkt der Angemessenheit geprüft werden (StV **85**, 367). Die Schuld des Täters kann zeitlich zurückliegen (*Geilen* [1 a] 361, 383; LK-*Jähnke* 10). Es kommt in diesen Fällen auf eine **wertende Gesamtbeurteilung** des beiderseitigen Verhaltens an (*S/S-Eser* 7). Dabei ist Schuld im strafrechtlichen Sinn nicht vorausgesetzt (**aA** SK-*Horn* 7); andererseits reicht bloße ursächliche Veranlassung der Provokation nicht aus (StV **86**, 200). Früheres Fehlverhalten des Täters schließt die Privilegierung aus, wenn ihm die Veranlassung der Provokation in der *konkreten Tatsituation* vorzuwerfen ist (MDR **61**, 1027; StV **81**, 546; **86**, 200); etwa wenn sich das Verhalten des Täters als Wiederholung oder Fortsetzung früherer Kränkungen darstellt und das die Tötung auslösende Opferverhalten daher als *verständliche Reaktion* hierauf erscheint (vgl. NStZ **92**, 588; **98**, 191; *Geilen,* Dreher-FS 357, 363). **8**

e) Der Täter muss **durch die Provokation** auf der Stelle **zur Tat hingerissen** worden sein. Es kommt insoweit auf die tatsächlich gegebene Motivation an; Einschränkungen im Hinblick darauf, ob der Täter gekränkt und zur Tat hingerissen sein „durfte“ (vgl. schon RG **66**, 161), sind schon unter den oben 5 ff. genannten Gesichtspunkten zu prüfen. Die Provokation muss **nicht alleiniges Motiv** für die **9**

Tötung sein; ein Motivbündel kann genügen (StV **83**, 60, 61; 199; 3 StR 329/80), wenn nicht andere Motive den Zorn über die Kränkung in eine unerhebliche Rolle gedrängt haben (NJW **77**, 2086 [m. Anm. *Geilen* JR **78**, 341]; MDR/H **79**, 107; NStZ **04**, 500; BGHR § 231 Alt. 2 Opferverhalten 3; LK-*Jähnke* 11; krit. *Eser* aaO [1 a] 74; *Blau,* Tröndle-FS 115). Eine solche Verdrängung des Motivs liegt aber nicht schon dann vor, wenn die aktuelle Provokation (nur) als **auslösender Anlass** wirkt, und eine über einen längeren Zeitraum aufgebaute Kränkung über eine demütigende und entwertende Situation im Sinn eines „Tropfens, der das Fass zum Überlaufen bringt", aktualisiert (vgl. NStZ **04**, 500 f.). Eine besondere Erregung des Täters ist nicht vorausgesetzt (NStZ **81**, 301).

9 a Der Täter muss **„auf der Stelle"**, d. h. alsbald, zur Tat **„hingerissen"** worden sein. Das setzt nicht in allen Fällen eine „Spontantat" ieS, also eine Tatbegehung noch im unmittelbaren Handlungszusammenhang mit der Provokation voraus. Maßgebend ist vielmehr, ob der durch die Kränkung hervorgerufene Zorn noch angehalten und als nicht durch rationale Abwägung unterbrochene **Gefühlsaufwallung** fortgewirkt hat (NStZ-RR **07**, 200; vgl. NStE Nr. 20; 2 StR 352/93). Das kann im Einzelfall auch noch nach mehreren Stunden der Fall sein (MDR/D **75**, 542; StV **81**, 234; NStZ **84**, 216; *Schneider* NStZ **01**, 455, 458); ausgeschlossen sind jedoch Fälle einer aus „kalter Wut" oder Rache begangenen Tötung, denn „hingerissen" ist der Täter nur, wenn die Tat unter dem beherrschenden Einfluss einer **anhaltenden Erregung** über die Provokation geschieht (MDR/H **88**, 1002). Auch ein Täter, der generell darauf gefasst ist, irgendwann einmal angegriffen zu werden, kann durch eine Provokation auf der Stelle zur Tat hingerissen werden (3 StR 87/95). Ein Affekt iS des § 213 braucht nicht das Maß der §§ 20, 21 zu erreichen (StV **91**, 106 L; MK-*Schneider* 27 f.). Eine so weite Auslegung wie bei § 199 ist für § 213 nicht am Platze (krit. zur häufig großzügigen Anerkennung von Provokationslagen *Schneider* NStZ **01**, 458). § 213 kommt auch in Betracht, wenn der Täter zunächst in berechtigter Notwehr handelt, nach Beendigung der Notwehrlage aber aus Zorn über den Angriff das Opfer tötet (NStZ **01**, 477). War der Täter schon vor der Provokation zur Tat entschlossen, so ist § 213 nicht gegeben (BGH **21**, 14); auch nicht, wenn sich der Täter von vornherein auf eine tätliche Auseinandersetzung unter Inkaufnahme eines tödlichen Ausgangs eingestellt hat (NJW **91**, 1963 m. Anm. *Otto* JR **91**, 382).

10 **f) Der Vorsatz** des Täters muss sich auf die Voraussetzungen der Provokation beziehen; er muss also die tatsächlichen Umstände kennen, aus welchen sich die Provokation ergibt, und sie als solche auch *werten* (zum Irrtum vgl. oben 6 aE).

11 **g)** Für die **Feststellung** einer Provokation durch das Opfer gelten die allgemeinen Beweisgrundsätze, daher auch der Zweifelssatz. Dieser ist jedoch nur dann anzuwenden, wenn nach Ausschöpfen der Beweismöglichkeiten und umfassender Würdigung der Beweisergebnisse Zweifel verbleiben, welche der Tatrichter nicht zu überwinden vermag. Die Annahme einer Provokation kann daher idR nicht auf den Zweifelssatz gestützt werden, wenn sich aus den Gesamtumständen der Tat hierfür kein Anlass ergibt. Auch die Tatsache allein, dass der Täter sich im Verlauf eines Streits zur Tat „hinreißen" ließ, legt für sich noch nicht nahe, dass dem eine Provokation durch das Opfer vorausging (NStZ-RR **03**, 166, 168). Ist ein Fall der Provokation gegeben, so kann der Strafrahmen, etwa im Falle des § 21, ohne Verstoß gegen § 50 nochmals nach § 49 I gemildert werden. Das gilt nach NStZ **98**, 191, 192 grds. auch dann, wenn die Beeinträchtigung der Steuerungsfähigkeit (auch) auf dem durch die Reizung zum Zorn ausgelösten Affekt beruht (**aA** MK-*Schneider* 28); beide Milderungsgründe stehen selbstständig nebeneinander (MDR/H **85**, 445; vgl. auch StV **93**, 421; NStZ **98**, 191 f; anders StV **03**, 73 [„eher fern *liegend"] unter nicht* ganz zutr. Hinweis auf NStZ **86**, 71; BGHR § 213 Alt. 2 Gesamtw. 2).

12 **3) Sonstiger minder schwerer Fall.** Wenn ein Fall der Provokation nicht gegeben ist, kann „sonst" ein minder schwerer Fall in Betracht kommen (vgl. NStZ-

RR **07**, 194). Dieser liegt idR nur dann vor, wenn die schuldmindernden Umstände in ihrem *Gewicht* insgesamt der Affektlage gleichkommen. Der *einzelne* Milderungsgrund muss in seinem Gewicht der Provokation nicht entsprechen; es reicht ein Zusammentreffen mehrerer gewöhnlicher Milderungsgründe (NStZ **85**, 310; StV **84**, 73; 5 StR 645/92; LK-*Jähnke* 13; *Eser* [1 a], 75). Nicht vorausgesetzt ist, dass mildernde Gründe dem Fall der Provokation „vergleichbar" sind, etwa dass ein verständlicher Anlass zur Tat bestand (vgl. NStZ-RR **02**, 140). Vielmehr kommt es nach stRspr. des BGH wie auch sonst bei minder schweren Fällen auf eine **Gesamtbewertung** aller Umstände an.

Minder schwere Fälle sind **zB** angenommen worden: bei verschuldetem, aber verständlichem Zustand hoher Erregung (NJW **68**, 757); beim Handeln in Bedrängnis oder Furcht (4 StR 635/78); beim Tod eines nahen Angehörigen im Falle des missglückten Doppelselbstmords (StV **81**, 124); bei berechtigter Empörung auf Grund eines einer schweren Beleidigung vergleichbaren Vorgangs (StV **91**, 106); bei Vorliegen eines seelischen Ausnahmezustandes (StV **89**, 390); bei Entwicklungsrückständen des Täters (StV **84**, 284); bei einer Tötungshandlung im Grenzbereich der Notwehr (StV **81**, 508; **83**, 60) oder in einer notstandsähnlichen Lage (vgl. NStZ-RR **06**, 270, 271 [Tötung eines schwerstbehinderten Kleinkinds]; bei Überschreitung der Grenzen der Notwehr, ohne dass der zugrunde liegende Affekt die Voraussetzungen des § 33 erreicht (StV **03**, 74); bei Taten aus Mitleid (vgl. BGH **27**, 299; *Arzt* ZStW **83**, 27); bei Stellung des Täters als letztes Glied einer (staatlichen) Befehlskette (NJW **95**, 2729, 2732 [*Mauerschützen*]); bei Einbindung des Täters in ein staatliches Unrechtssystem und sehr lange zurückliegendem Tatzeitpunkt (BGH **41**, 317, 341 [Mitwirkung eines DDR-Richters an Todesurteilen]). Bei **Ausländern** sind bei der Bewertung von Tatmotivationen unter Umständen auch herkunftsgeprägte Vorstellungen zu berücksichtigen (vgl. NStZ **82**, 115; StV **88**, 341; LG Osnabrück StV **94**, 430; zur Einschränkung vgl. aber 29 zu § 211). **13**

Anlass einer Milderung nach der 2. Alternative kann insb. auch das Vorliegen eines **vertypten Milderungsgrunds** (§§ 21, 23 II, 27 II, 46 a) sein. Beim Zusammentreffen mehrerer vertypter oder vertypter mit allgemeinen Milderungsgründen gelten die Grundsätze des § 50. Bei der Strafrahmenbestimmung hat das Gericht daher zu bedenken, dass schon das Vorliegen des vertypten Milderungsgrunds allein oder mit anderen Milderungsgründen zusammen die Annahme eines minder schweren Falles rechtfertigen kann (vgl. dazu StV **92**, 371 f.; NStZ **84**, 118; **90**, 537; **98**, 84; StraFo **07**, 125; vgl. unten 17 f. sowie die Erl. zu § 50; **aA** *Schneider* NStZ **01**, 455, 459 f.). Bei Vorliegen erheblich verminderter Steuerungsfähigkeit auf Grund von **Alkoholisierung** gelten die Erwägungen zur Milderung nach §§ 21, 49 I entspr. (vgl. 25 ff. zu § 21). **14**

Maßgebend ist, ob der Strafrahmen des § 212 **unangemessen** hart oder, bei Vorliegen der Voraussetzungen von § 21 oder eines sonstigen benannten Strafmilderungsgrundes, der nach §§ 212 I, 49 gemilderte Strafrahmen nicht schuldangemessen wäre (StV **82**, 28; 223; **83**, 60; **84**, 14; **96**, 81; NStZ **83**, 366; **84**, 118; 507). Dies ist nach einer **Gesamtwürdigung** (MDR/H **75**, 542; **78**, 280; **79**, 456; GA **80**, 143; StV **82**, 223; **84**, 284; **89**, 14; NJW **85**, 871 [m. Anm. *Timpe* JR **86**, 76]; EzSt Nr. 12; BGHR § 213 1. Alt., Bel. 2; Alt. 2 Verneinung 2; 4 StR 197/94; stRspr) zu beurteilen (krit. *Horn,* Arm. Kaufmann-GedS 590), wobei der Tatrichter alle für und gegen den Angeklagten sprechenden Umstände in objektiver und subjektiver Hinsicht (NStZ **85**, 310) zu berücksichtigen hat. Der Rang des geschützten Rechtsgutes gebietet es, die Schwelle des § 213 – auch nach der Strafrahmenverschärfung durch das 6. StrRG – nicht zu niedrig anzusetzen (NStZ **98**, 84 f.; 191 f.; NStZ-RR **98**, 42; **02**, 140 f.; *S/S-Eser* 14; ähnlich LK-*Jähnke* 1, 4). Soweit das Gesetz zwischen den Strafdrohungen des § 213 und der §§ 212, 49 I die Wahl lässt (unten 19), hat der Tatrichter nicht von vornherein den günstigeren, sondern nach einer **Gesamtwürdigung** den **schuldangemesseneren Strafrahmen** zu wählen (vgl. SK-*Horn* 11 f.; krit. LK-*Jähnke* 1). **15**

16 Eine Fallgruppe, die aber nicht schon für sich einen *zwingenden* oder *regelmäßigen* Anwendungsfall des § 213 enthält (vgl. NStZ-RR **04**, 80; LG Erfurt NStZ **02**, 260), stellt nach der Aufhebung des § 217 aF durch das 6. StrRG die **Kindstötung** dar, dh die Tötung eines Kindes in oder gleich nach der **Geburt** durch die Mutter (hierzu i. E. 48. Aufl. zu § 217 aF und *S/S-Eser* 15ff.; zur Streichung des Privilegierungstatbestands BT-Drs. 13/1764, 34 u. 13/8587, 34; *Rump/Hammer* NStZ **94**, 69; *Hussels* NStZ **94**, 526; *Sieg,* ZStW **102**, 292; *Eser* NStZ **84**, 57; *Guhl-Finkenthei,* Bemmann-FS 299ff.; *Schmoller*, Gössel-FS [2002] 369ff.). Grund für die Milderung kann die psychische Ausnahmesituation der Frau im unmittelbaren Zusammenhang mit der Geburt sein (zur Anwendung des § 21 vgl. NStZ-RR **05**, 168); die für § 217 aF im Zusammenhang mit der *Nichtehelichkeit* eines Kindes spielen im Rahmen des § 213 keine eigenständige Rolle; im *Einzelfall* können insoweit vorliegende außergewöhnliche Belastungen, insb. im Zusammenwirken mit anderen Milderungsgründen, die Annahme eines minder schweren Falles rechtfertigen (vgl. NStZ **83**, 280; **87**, 21). Die Anwendung des § 213 setzt auch in diesen Fällen eine **Gesamtwürdigung** nach allgemeinen Regeln voraus (4 StR 296/03; vgl. 85 zu § 46). Da der Privilegierungstatbestand weggefallen ist, gelten auch für die Abgrenzung zu § 211 auch im Fall der Kindstötung die allgemeinen Regeln (vgl. *Struensee* Einführung 5; *S/S-Eser* 15). Eine strafschärfende Berücksichtigung des Umstands, dass keine straflose Abtreibung vorgenommen wurde, ist nach NStZ-RR **05**, 168 nicht zulässig.

17 **4) Zusammentreffen von Milderungsgründen.** Das Vorliegen der **1. Alt.** des § 213 (Provokation) eröffnet nach hM *zwingend* den gemilderten Strafrahmen (oben 2; **aA** SK-*Horn* 10; *S/S-Eser* 12a). In diesem Fall ist es möglich und ggf geboten, die Strafdrohung des § 213 ihrerseits nach §§ 21, 49 I zu mildern, falls in einem Provokationsfall der zu § 213 hinzutretende § 21 oder andere gesetzliche Milderungsgründe eine selbstständige sachliche Grundlage haben (StV **83**, 400; **85**, 233; NStZ **86**, 71; **95**, 287; MDR/H **93**, 1038; NStZ-RR **04**, 105f.; StraFo **07**, 125 [Provokation und Persönlichkeitsstörung]; **aA** für den Fall, dass gerade die Stärke des provokationsbedingten Affekts zugleich zur verminderten Steuerungsfähigkeit führt, LK-*Jähnke* 14; *Blau,* Tröndle-FS 109; *Schneider* NStZ **01**, 455, 457); § 50 steht dem nicht entgegen (BGH **26**, 54; MDR/H **77**, 107; 1 StR 603/78). Eine doppelte Milderung nach § 49 (§§ 21, 23 II) ist auch möglich, wenn die Tat gesetzeseinheitlich eine Voraussetzung des § 224 mitenthält (BGH **30**, 167 [zu § 223a aF] m. Anm. *Bruns* JR **82**, 166).

18 Kommt ein **sonstiger minder schwerer Fall** in Betracht, so ist bei Vorliegen eines **gesetzlich vertypten Milderungsgrundes,** insb. bei *verminderter Schuldfähigkeit* (NStZ **83**, 366; **84** 507; **87**, 70; **96**, 328; NJW **86**, 793 m. Anm. *Bruns* JR **86**, 337; NStZ-RR **97**, 99), *Versuch* (NJW **86**, 794; StV **82**, 69, 72; MDR/H **85**, 793) oder *Unterlassen* (NStZ/E **84**, 55) zunächst zu bedenken, dass schon das Vorliegen des vertypten Milderungsgrundes allein zur Annahme eines minder schweren Falles führen kann (vgl. i. e. 2 zu § 50; *W/Hettinger* 177ff.; **aA** *Schneider* NStZ **01**, 455, 459f.; MK-*Schneider* 53). Es ist daher zu prüfen, ob bereits die sonstigen Milderungsgründe zur Anwendung des § 213 führen; nur in diesem Fall ist eine **Doppelmilderung** möglich (vgl. NStZ **86**, 115; **95**, 287; StV **85**, 233; **93**, 421; MDR **85**, 793; JZ **83**, 400 m. Anm. *Schmitt*; zum Ganzen auch *Maatz,* Salger-FS 94; SK-*Horn* 14ff.); andernfalls kommt eine Doppelmilderung nicht in Betracht, da der Milderungsgrund nach § 49 I „verbraucht" ist (2 zu § 50).

19 Nach stRspr. bleibt dem Tatrichter die Möglichkeit, nach seinem pflichtgemäßen Ermessen im Wege einer Gesamtwürdigung (oben 15) zwischen den Strafdrohungen des § 213 und der §§ 212, 49 I **zu wählen** (BGH **21**, 59; MDR/H **79**, 280; StV **81**, 340; NStZ **82**, 200; **84**, 118; NStE Nr. 7; § 33 Nr. 3; BGHR vor § 1 msF GesWü. unv. 7; 4 StR 476/94; hierzu *Theune* StV **85**, 168; NStZ **86**, 155; **88**, 306; NStZ/D **91**, 475). Hierbei hat das Revisionsgericht das tatrichterliche Ergebnis hinzunehmen, auch wenn eine andere Wertung möglich gewesen wäre (4 StR

136/ 98). Wird der Rahmen des § 213 angewendet, so dürfen bei der Strafzumessung innerhalb dieses Rahmens die Gründe nicht entwertet werden, die zu seiner Anwendung geführt haben (vgl. 2 StR 126/04 [strafschärfende Bewertung „großer Brutalität“ bei Provokation und Voraussetzungen des § 21]).

Der Tatrichter kann von der Anwendung des § 213 absehen und nur nach §§ 212, 21, 49 I mildern (NStZ **93**, 278), wenn die Umstände, die zur Schuldminderung geführt haben, ihrerseits dem Täter zurechenbar sind (Alkoholisierung, 4 StR 651/77; verschuldeter Affekt, 56ff. zu § 20; 2 StR 225/86), ihrem schuldmindernden Gewicht nach den Fällen 3 bis 6 nicht nahe kommen und daher die Annahme des minder schweren Falles nicht rechtfertigen (zB bei grausamer und kaltblütiger Tatausführung; NStZ **98**, 85). Hierzu sind idR nähere Erörterungen erforderlich (NStZ/M **81**, 134; **83**, 164; NStZ/E **81**, 432), es sei denn, dass nach dem Tatbild ein minder schwerer Fall fern liegt (5 StR 590/81). 20

§§ 214, 215 [weggefallen]

Tötung auf Verlangen

216 **I Ist jemand durch das ausdrückliche und ernstliche Verlangen des Getöteten zur Tötung bestimmt worden, so ist auf Freiheitsstrafe von sechs Monaten bis zu fünf Jahren zu erkennen.**

II Der Versuch ist strafbar.

1) Allgemeines. Abs. I ist seit 1871 unverändert; die Versuchsstrafbarkeit des Abs. II ist durch VO v. 29. 5. 1943 (RGBl. I 339) eingeführt worden; die Strafdrohung ist durch das 3. StÄG geändert worden. **De lege ferenda** ist die Strafbarkeit umstritten (vgl. dazu auch NStZ **03**, 537, 538; *Kargl* [unten 1a] 379, 389ff.; 10ff. vor § 211 mwN). Die Frage war Gegenstand des 56. DJT (1986), des 63. DJT und des 66. DJT (2006). Zum Streitstand vgl. die umfangreiche Darstellung bei *Verrel,* Patientenautonomie und Strafrecht bei der Sterbebegleitung, Gutachten zum 66. DJT, 2006, Teil C, 15ff. mwN. 1

Neuere Literatur (Auswahl): *Bringewat,* Unbeachtlicher Selbsttötungswille (usw.), in: *Eser* (Hrsg.), Suizid u. Euthanasie, 1976, 369; *Chatzikostas,* Die Disponibilität des Rechtsguts Leben, 2001; *Detering,* § 216 StGB u. die aktuelle Diskussion um die Sterbehilfe, JuS **83**, 418; *Dreier,* Grenzen des Tötungsverbots, JZ **07**, 261, 317; *Fink,* Selbstbestimmung u. Selbsttötung, 1992; *Große-Vehne,* Tötung auf Verlangen /§ 216 StGB), „Euthanasie und Sterbehilfe. Reformdiskussion und Gesetzgebung seit 1870, 2005 (Diss. Hagen); *Herzberg,* Der Fall Hackethal, NJW **86**, 1635; *ders.,* Die Quasi-Mittäterschaft bei Eigenverantwortlichkeit des Opfers?, JuS **88**, 771; *ders.,* Straffreies Töten bei Eigenverantwortlichkeit des Opfers?, NStZ **89**, 559; *ders.,* Vorsätzliche und fahrlässige Tötung bei ernstlichem Sterbebegehren des Opfers, NStZ **04**, 1; *Hirsch,* Einwilligung u. Selbstbestimmung, Welzel-FS 775; *Hoerster,* Rechtsethische Überlegungen zur Freigabe der Sterbehilfe, NJW **86**, 1786; *ders.,* Warum keine aktive Sterbehilfe?, ZRP **88**, 1; *Ingelfinger,* Grundlagen und Grenzbereiche des Tötungsverbots, 2004; *Jakobs,* Zum Unrecht der Selbsttötung u. der Tötung auf Verlangen, A. Kaufmann-FS 459; *ders.,* Tötung auf Verlangen, Euthanasie u. Strafrechtssystem, 1998; *Kargl,* Aktive Sterbehilfe im Zugriff der volkspädagogischen Deutung des § 216 StGB, in: Institut für Kriminalwissenschaften Ffm (Hrsg.), Jenseits des rechtsstaatlichen Strafens, 2007, 379; *Kreuzer,* Einverständliches Töten als Mord?, Kriminologische, strafrechtliche und justizkritische Bemerkungen zum Revisionsurteil im Kannibalenfall, MSchrKrim **05**, 412; *Krock,* Teilnahme am Suizid u. Tötung auf Verlangen, KritJ **95**, 60; *Küpper,* Die „Sperrwirkung“ strafrechtlicher Tatbestände, Meurer-GedS (2002), 123; *Laber,* Der Schutz des Lebens im Strafrecht, 1997; *Mitsch,* Nantucket Sleighride – Der Tod des Matrosen Owen Coffin, Weber-FS (2004) 49; *ders.,* Der „Kannibalen-Fall“, ZIS **07**, 197; *Müller,* Tötung auf Verlangen – Wohltat oder Untat?, 1997; *Roxin,* Die Abgrenzung von strafloser Suizidteilnahme (usw.), GA-FS 177; *ders.,* Zur strafrechtlichen Beurteilung der Sterbehilfe, in: *Roxin/Schroth* (Hrsg.), Medizinstrafrecht, 2. Aufl. 2001, 93; *ders.,* Fahrlässige Tötung durch Nichtverhinderung einer Tötung auf Verlangen?, Schreiber-FS (2003) 399; *ders.,* Tatbestandslose Tötung auf Verlangen?, Jakobs-FS (2007) 571; *Schneider,* Tun u. Unterlassen bei Abbruch lebenserhaltender Behandlung, 1977 [Rez. *Jakobs* GA **99**, 149]; *Schreiber,* Strafbarkeit des assistierten Suizides?, Jakobs-FS (2007) 615; *Schroeder,* Beihilfe zum Selbstmord u. Tötung auf Verlangen, ZStW **106**, 565; *Verrel,* Patientenautonomie und Strafrecht bei der Sterbebegleitung, Gutachten 1 a

C zum 66. DJT, 2006; *Wilms/Jäger,* Menschenwürde u. Tötung auf Verlangen, ZRP **88**, 41; *Wolfslast*, Rechtliche Neuordnung der Tötung auf Verlangen?, Schreiber-FS (2003) 913. Vgl. ferner die Angaben zur **Sterbehilfe**, 28 vor § 211.

2 **2)** § 216 enthält einen **Privilegierungstatbestand,** der nach teilw. vertretener Ansicht nicht auf die Straflosigkeit des Suizids (vgl. dazu 10ff. vor § 211) gestützt ist, sondern allein auf die *Konfliktsituation* des Täters (vgl. *Schmidhäuser* BT 2/35). Das ist nicht zutr., denn ein Konflikt *ohne* Verlangen des Getöteten nützt dem Täter nichts (sondern führt allenfalls zu § 213), und das Verlangen iS von § 216 muss nicht zu einer Konfliktlage führen und tut dies tatsächlich, etwa in Fällen sog. „aktiver Sterbehilfe", auch häufig nicht (so auch *S/S-Eser* 1; *Lackner/Kühl* 1; *Arzt/Weber* 3/12; *W/Hettinger* 158; vgl. auch *Hoerster,* Sterbehilfe im säkularen Staat, 1996, 17; *Höfling* JuS **00**, 111; zur *Kargl* [1 a] 379, 380). Bestimmend ist daher die in der Einwilligung liegende Unrechtsminderung (LK-*Jähnke* 2; MK-*Schneider* 1; zur **Legitimation** der Bestrafung trotz Einwilligung vgl. ausf. *Ingelfinger* [1 a] 169ff. mwN; krit. *Kargl* [1 a] 379, 389ff. mwN). § 216 ist gegenüber § 212 privilegierender Tatbestand; die Anwendung des **§ 211** ist auch bei Vorliegen von Mordmerkmalen ausgeschlossen (BGH **2**, 258; *S/S-Eser* 2; *Lackner/Kühl* 1; LK-*Jähnke* 2; *Arzt/Weber* 3/12; *M/Schroeder/Maiwald* 2/61). **§ 213** ist nicht anwendbar (BGH **2**, 258; **13**, 165).

3 **3) Tathandlung.** Abs. I setzt die Tötung eines anderen Menschen voraus.

4 **A.** Da die Beihilfe zur Selbsttötung straflos ist (10 vor § 211), bestimmt sich insoweit die Grenze der Strafbarkeit nach der **Abgrenzung von Täterschaft und Teilnahme** (vgl. dazu NStZ **03**, 537f. mwN; 10a vor § 211). Nach allg. Regeln ist dies idR weniger problematisch, wenn der Täter selbst *allein* alle tatsächlichen Handlungen vollzieht, die den Tod der anderen Person (im Rechtssinn unmittelbar) verursachen; problematisch ist die Abgrenzung insb. bei **mitwirkenden Handlungen des Opfers**. Die für die Bestimmung der Mittäterschaft geltenden Regeln sind freilich nicht unmittelbar anwendbar, da es nicht um eine (wechselseitige) Zurechnung von Unrechtshandlungen geht (vgl. *Roxin* NStZ **87**, 345, 347; *Hohmann/König* NStZ **89**, 304, 307 [dazu abl. *Herzberg* NStZ **89**, 559]; *Lackner/Kühl* 3; LK-*Jähnke* 11; *W/Hettinger* 161ff.; *Otto,* Tröndle-FS 157; *Engländer* JZ **03**, 747f.).

4a Die **Rspr** unterscheidet – mangels überzeugender anderer Maßstäbe – gleichwohl im Grundsatz nach Kriterien der **Tatherrschaft** (vgl. BGH **19**, 135; GA **86**, 508; NJW **87**, 1092; NStZ **95**, 230; **03**, 538; München NJW **87**, 2940; Nürnberg JZ **03**, 745); es kommt danach darauf an, wer das zum Tode führende Geschehen tatsächlich beherrscht und welches Gewicht die Verfügung des Getöteten über sein Leben im Rahmen der tatsächlichen Umsetzung des Gesamtplans gewonnen hat. Danach besteht jedenfalls nach Eintritt von Bewusstlosigkeit des Opfers eine volle Tatherrschaft des Täters für positives, zum Tod führendes Handeln (NJW **87**, 1092); straflose Beihilfe liegt vor, wenn der Todeswillige bis zuletzt die freie Entscheidung und die Kontrolle über den Geschehensablauf behält. Diese nach Kriterien der Mittäterschaft *wertende* Abgrenzung (zutr. LK-*Jähnke* 11) führt in vielen Fällen, freilich keineswegs stets zu tragfähigen Ergebnissen: An die Grenze sinnvoller Wertung stößt es, beim Einflößen von tödlichem Gift für die Täterschaft darauf abzustellen, ob das *Hinunterschlucken* (dann Selbsttötung) oder das *Becher-Halten* (dann Fremdtötung) als entscheidende Tathandlung anzusehen ist (zutr. krit. *Arzt/Weber* 3/40).

4b Eine in der **Lit.** vorgeschlagene „von den allgemeinen Regeln losgelöste" Beurteilung (*Lackner/Kühl* 3) mit zahlreichen i. e. abweichenden Vorschlägen (vgl. etwa *Roxin* NStZ **87**, 345, 347; *ders.*, in: *Roxin/Schroth* [1 a] 93, 11ff.; *ders.,* GA-FS 177, 183ff.; *Jakobs* [1 a] 25f. und AT 21/58a; *Herzberg* JA **85**, 137; NJW **86**, 1635, 1638ff.; JuS **88**, 771; *Hohmann/König* NStZ **89**, 304; *Kühl* JR **88**, 338; *Arzt* JR **86**, 309; *Arzt/Weber* 3/41; *Schroeder* ZStW **106**, 565, 579; *W/Hettinger* 161ff.; *Otto,* Tröndle-FS 157ff.; jew. mwN) hat bislang zu über einzelne Fallgestaltungen hinausreichenden, *allgemein* überzeugenden Abgrenzungskriterien gleichfalls nicht geführt (krit. LK-*Jähnke* 11; MK-*Schneider* 40 ff.; vgl. dazu auch 10 b, 13 ff. vor § 211).

Besondere Probleme ergeben sich insoweit in Fällen des (einseitig oder ganz) fehlgeschlagenen **Doppelsuizids,** in denen das Handeln beider (oder mehrerer) Beteiligter sich zugleich als straflose Selbsttötung und als Beteiligung an der Selbsttötung des anderen oder Fremdtötung darstellt. Die **Rspr.** (vgl. BGH **19**, 135; München NJW **87**, 2940; and. bei bloßer „Mitnahme" Dritter in den eigenen Tod ohne gemeinsamen Entschluss; vgl. NStZ **95**, 230) unterscheidet auch hier im Wesentlichen nach Tatherrschafts-Kriterien, wobei freilich das Abstellen darauf, welcher der Suizidenten die „letzte" zum Tode führende Handlung ausführt (BGH **19**, 135, 137 ff. [Treten des Gaspedals bei geplantem Doppelsuizid durch Kohlenmonoxydvergiftung]; zust. LK-*Jähnke* 15; krit. *Krey* JuS **71**, 142; *M/Schroeder/Maiwald* 1/22; *Schroeder* ZStW **106**, 569; *W/Hettinger* 164; *Lackner/Kühl* 3), dem Vorwurf der Abhängigkeit von Zufälligkeiten ausgesetzt ist, von welcher es sich gerade absetzen will (BGH **19**, 135, 139). Die allgemeine Formel, § 216 sei gegeben, wenn eine der am Doppelselbstmord beteiligten Personen den eigenen Tod iErg einer **Gesamtwertung** des Geschehens nur duldend entgegennehme (BGH **19**, 135; vgl. auch München NJW **87**, 2940; LK-*Jähnke* 12), trifft zwar den Kern der Sache, liefert eine abschließende Vorstellung der für diese Gesamtwürdigung maßgeblichen *Kriterien* aber ebenso wenig wie die abweichenden Vorschläge in der Lit. (vgl. etwa *Dreher* MDR **64**, 337; JR **67**, 269; *Herzberg,* Täterschaft u. Teilnahme, 75 ff.; *Arzt/Weber* 3/40; vgl. dazu auch *Neumann*, Tröndle-FS [1989] 162 f.; *Bottke,* Suizid und Strafrecht, 1982, 239). In der Praxis mag das Problem vielfach schon auf tatsächlicher Ebene zu lösen sein, da sich die meisten Fälle des Doppelsuizids auf Grund abweichender Machtposition, einseitiger Einschränkung der Freiverantwortlichkeit und aus der Beziehung der Beteiligten entspringender Motivationslage vermutlich eher als „Einwilligungen in Mitnahme-Suizide" darstellen. 5

B. Aus der notwendigen Abgrenzung zur straflosen Teilnahme am Suizid ergibt sich, dass eine **Unterlassungs-Täterschaft** nach § 216 desjenigen, an den sich die Aufforderung des Opfers richtet, idR nicht möglich ist (**aA** BGH **13**, 162 [*„Hammerteich"*-Fall]; iErg auch BGH **32**, 367, 371 f. [*„Peterle"*-Fall; Anm. *Eser* MedR **85**, 6]; *Herzberg* JA **85**, 178 u. Täterschaft u. Teilnahme 87 ff.; *Schmidhäuser,* Welzel-FS 801, 821; *Schwalm* Engisch-FS 548, 555; *M/Schroeder/Maiwald* 2/61). Die **Garantenstellung** des Unterlassenden begründet für sich **keine Tatherrschaft;** das Untätigbleiben auf Grund ausdrücklichen Wunsches des Suizidenten ist straflose Unterstützung der Selbsttötung (so zutr. hM; vgl. *Lackner/Kühl* 4; *S/S-Eser* 10; SK-*Horn* 14; LK-*Jähnke* 9; *Arzt/Weber* 3/43; *W/Hettinger* 162; *Otto* BT 6/52; jew. mwN; vgl. auch 19 vor § 211). Eine Strafbarkeit wegen **Beihilfe durch Unterlassen** kann sich ergeben, wenn ein Garant pflichtwidrig eine durch einen Dritten begangene Tat nach § 216 nicht verhindert (vgl. Düsseldorf NJW **73**, 2215; unklar insoweit MK-*Schneider* 62, der hier von „Beteiligung" des Garanten spricht, also möglicherweise auch die Täterschaft einbezieht). 6

4) Bestimmung durch das Opfer. Der Täter muss durch ein **Verlangen des Opfers** zu dessen Tötung bestimmt worden sein; das Verlangen muss ausdrücklich und ernstlich sein. Ein **„Verlangen"** ist mehr als eine Einwilligung (BGH **50**, 80, 92 [= NJW **05**, 1876; *Kannibalen-Fall*]; *Lackner/Kühl* 2; *S/S-Eser* 5; NK-*Neumann* 10; MK-*Schneider* 13; *W/Hettinger* 156; krit. zur Abgrenzung aber *Mitsch*, Weber-FS [2004] 49, 59; vgl. auch *Arzt/Weber* BT 3/12). *Inhaltlich* wird man mehr als eine unbedingte Einwilligung nicht voraussetzen können; ein *besonders starker* Wunsch im Sinne einer alleinigen oder primären Motivation ist nicht erforderlich. *Formal* ist nach dem Wortsinn freilich mehr als ein nur passiv-hinnehmendes Einverständnis vorauszusetzen; vielmehr ein aktives, auf die Tötungsmotivation des Täters gerichtetes Handeln (so auch *M/Schroeder/Maiwald* 2/62). 7

8 **Ausdrücklichkeit** bedeutet nicht „Wörtlichkeit"; sie liegt auch bei eindeutigen Gebärden vor. Sie fehlt aber, wenn das Opfer seinen Willen zu sterben gerade *verheimlicht*, um den Täter ohne dessen Willen zum „Werkzeug" einer Selbsttötung zu machen (Nürnberg JZ **03**, 745; vgl. auch NStZ **03**, 537); in diesem Fall greift, wenn der Täter den Plan durchschaut, § 212 (oder § 211) ein (MK-*Schneider* 50; *Herzberg* NStZ **04**, 1, 2).

9 **Ernstlichkeit** setzt fehlerfreie Willensbildung voraus (NJW **81**, 932; *Herzberg* JZ **86**, 1022; *Brandts* Jura **86**, 497). Sie fehlt also etwa, wenn das Verlangen auf arglistiger Täuschung oder Vorspiegelung eigener Selbstmordabsicht des Täters beruht (zutr. *Brandts/Schlehofer* JZ **87**, 443; **aA** *Charalambakis* GA **86**, 51, jew. zu BGH JZ **87**, 474); bei Handeln in Augenblicksstimmung, Trunkenheit oder unter Drogeneinfluss; bei Entschlüssen aufgrund jugendtypischer Konfliktlagen (vgl. Auch LK-*Jähnke* 7); insb. auch bei Vorliegen einer **psychischen Störung**, wenn diese einer vernünftigen Abwägung entgegensteht (vgl. BGH **50**, 80, 92 f. [= NJW **05**, 1876; *Kannibalen-Fall*]; die gegen den BGH gerichtete Polemik von *Kreuzer* [MSchrKrim **05**, 412, 417 ff., 420] unterschlägt die ausdrückliche tatrichterliche *Feststellung* der Unwirksamkeit; die Kritik von *Mitsch* [ZIS **07**, 197, 198], der BGH sei „auf § 16 II nicht eingegangen", übersieht, dass es, weil der Täter eben *nicht* durch ein Verlangen des Opfers *bestimmt* wurde, auf einen Irrtum gar nicht ankam [BGH **50**, 92 f.]). Ein ernstliches Verlangen kann auch unter einer Bedingung geäußert sein, zB für den Fall des Misslingens eines Suizids (*Scophedal-Fall:* NJW **87**, 1092 [m. Anm. *Kühl* JR **88**, 338]).

10 Die Äußerung des Verlangens muss den Täter zur Tat **bestimmt** haben. Wie bei der Anstiftung ist das ausgeschlossen, wenn er ohnehin zur Tat entschlossen war oder nicht durch das Verlangen, sondern im Wesentlichen durch andere Umstände zur Tat veranlasst wurde (BGH **50**, 80, 92 [*Kannibalen-Fall*; unzutr. ist die Ansicht von *Mitsch* ZIS **07**, 197, 199, diese Anforderung verstoße gegen den *Nemo-tenetur*-Grundsatz]).

11 **5) Subjektiver Tatbestand.** § 216 setzt **Vorsatz** voraus; bedingter Vorsatz genügt. Er muss sich vor allem auch auf das Verlangen des Opfers und auf dessen Ernstlichkeit beziehen. Bei irriger Annahme gilt § 16 II (*W/Hettinger* 158; LK-*Jähnke* 2; MK-*Schneider* 51), so dass der Täter nach § 216 zu bestrafen ist; die Anwendung des § 222 auf die *vorsätzliche* Tötung ist ausgeschlossen.

12 Ob bei **fahrlässiger Verkennung** eines tatsächlich gegebenen Todeswunsches des Opfers (vgl. etwa die Fälle NStZ **03**, 537; Nürnberg JZ **03**, 745) der Täter nach § 222 strafbar ist (so *Herzberg* aaO), ist nicht unzweifelhaft; zur gegenteiligen Ansicht gelangt man, wenn man annimmt, wegen der besonderen Struktur des § 216 seien die Grundsätze der Tatherrschaftslehre (bzw. der darauf abstellenden Abgrenzung zwischen Täterschaft und Teilnahme) nicht anwendbar, wenn das Opfer die eigene Tötung als „Hintermann" steuert (*Engländer* JZ **03**, 747, 748; in diese Richtung wohl *Neumann* JA **87**, 249; *Bottke* [1 a] 238; *Otto*, Tröndle-FS 157, 162 f.; *Roxin* TuT 570 f.; dagegen MK-*Schneider* 45).

13 **6) Rechtswidrigkeit.** Eine Rechtfertigung aus § 32 ist praktisch kaum denkbar (LK-*Jähnke* 17); dass eine solche aus Einwilligung nicht in Betracht kommt, ergibt sich gerade aus dem Tatbestand. Rechtfertigung nach § 34 wird für (i. e. zweifelhafte; vgl. LK-*Jähnke* 1, 17) Grenzsituationen diskutiert und teilw. bejaht („Gnadentod"-Fälle; vgl. *Herzberg* NJW **96**, 3043, 3048; *Otto* Jura **99**, 434, 441); nach hM scheidet sie wie in Fällen sog. „aktiver Sterbehilfe" aus (vgl. dazu 17 vor § 211).

14 **7) Teilnahme.** Von der Teilnahme am Suizid ist die Teilnahme an der Tat nach § 216 abzugrenzen. Das Opfer ist im Fall des Fehlschlags stets straflos. Eine **Anstiftung** durch einen Außenstehenden ist grds ausgeschlossen, da dann der Täter nicht durch das Verlangen des Opfers bestimmt ist. Denkbar ist freilich eine *gemeinschaftliche* Anstiftung durch das Opfer selbst *und* eine dritte Person. Die (erfolgreiche) „Anstiftung" eines Lebensmüden, die eigene Tötung von einem Dritten zu verlangen, ist straflos (*Jakobs* AT 24/9; *Roxin*, Schreiber-FS [2003] 399, 402). **Beihilfe**

durch einen Außenstehenden ist möglich. Für den Teilnehmer gilt § 28 II; ist er selbst nicht durch Verlangen des Opfers bestimmt worden, so ist er aus § 212, ggf. auch § 211 strafbar (LK-*Jähnke* 10; SK-*Horn* 13; *S/S-Eser* 18; MK-*Schneider* 59; zweifelnd *Lackner/Kühl* 2; and. SK-*Hoyer* 42 zu § 28; *Otto* BT 7/73; *Schmidhäuser* AT 10/121). Verhindert ein **Garant** für das Leben des Opfers eine Tötung auf Verlangen fahrlässig nicht, so dürfte eine Strafbarkeit nach §§ 222, 13 mangels Zurechenbarkeit des eigenverantwortlichen Verlangens nicht gegeben sein (dazu *Roxin*, Schreiber-FS [2003] 399, 400);

8) Versuch (Abs. II). Der Versuch des § 216 ist strafbar; er kann bei Fehl- 15
schlagen des Tötungsvorhabens vorliegen. Bei vollendeter Tötung unter **irriger Annahme** der Voraussetzungen des § 216 liegt nicht Versuch, sondern Vollendung des § 216 vor (§ 16 II; vgl. oben 2; LK-*Jähnke* 18; *Lackner/Kühl* 3; *Mitsch* JuS **96**, 309, 311). Eine bei strafbefreiendem Rücktritt bereits eingetretene Körperverletzung bleibt strafbar; sie wird nach hM durch die Einwilligung in die Tötung nicht gerechtfertigt (LK-*Jähnke* 20; *Lackner/Kühl* 7; SK-*Horn* 18). Für die Fälle der §§ 224, 226 tritt nach hM aber eine **Sperrwirkung** des § 216 I ein, da die dortigen Strafdrohungen höher sind als die der *vollendeten* Tötung nach § 216 (*S/S-Eser* 25; *Lackner/Kühl* 7; *Hirsch* ZStW **81**, 917, 931; *Küpper*, Meurer-GedS 123, 126 f.; ähnl. *Krey* BT 1, 244). Zum selben Ergebnis gelangt die **aA,** die minder schwere Fälle der §§ 224, 226 I annimmt (LK-*Jähnke* 20; *Jäger* JuS **00**, 31, 37).

9) Konkurrenzen. Von § 216 I werden die §§ 223 ff. verdrängt (vgl. 106 ff. zu § 211). 16
Tateinheit ist zwischen Versuch nach Abs. II und §§ 223 ff. möglich; für den Strafrahmen gilt das oben 10 Ausgeführte. Tateinheit besteht auch mit Delikten, über deren Rechtsgut das Opfer nicht verfügen kann (zB Waffendelikte; BtM-Delikte [vgl. BGH **46**, 279]; § 315 b). Straflose Teilnahme am Suizid schließt eine Strafbarkeit nach § 323 c aus.

§ 217 (aufgehoben durch Art. 1 Nr. 35 des 6. StrRG; vgl. 1, 1 a zu § 213).

Vorbemerkungen zu den §§ 218 bis 219 b

Übersicht

1) Regelungssystematik .... 1, 1 a
2) Rechtsgut .... 2, 2 a
3) Reformgeschichte .... 3–10 c
4) Literatur .... 11, 11 a

1) Regelungssystematik. Die §§ 218 bis 219 b regeln – im Abschnitt über die 1
Straftaten gegen das Leben – die Strafbarkeit der Abtreibung (Schwangerschaftsabbruch). Die seit 1. 10. 1995 geltende Gesamtregelung (krit. zum Aufbau *Schroeder* ZRP **92**, 409; *M/Schroeder/Maiwald* 6/1, 2; *Otto* Jura **96**, 136; vgl. auch unten 10) wird ergänzt durch das **SchwangerschaftskonfliktG** v. 27. 7. 1992 (BGBl. I 1398; III 404–25).

Strafbegründende Norm ist **§ 218 I S. 1;** § 218 II enthält Strafschärfungsvorschriften für besonders schwere Fälle.

Abgestufte Strafbestimmungsgründe (zur Abstufung vgl. *Gropp* GA **00**, 1 ff.) enthalten **§ 218 a I** (Tatbestandsausschluss für Abbrüche nach Beratung), **§ 218 a II, III** (rechtfertigende Indikationslage), **§ 218 a IV S. 1** (persönlicher Strafausschließungsgrund für Schwangere bei Abbrüchen nach Beratung außerhalb der Frist des § 218 a I), **§ 218 a IV S. 2** (Absehen von Strafe bei Abbrüchen auch durch Laien, ohne Rechtfertigung und ohne Beratung, wenn eine „besondere Bedrängnis" der Schwangeren vorlag).

Subsidiäre Strafdrohungen zur Sicherstellung des Verfahrens enthalten **§ 218 b,** der sich ausschließlich gegen Ärzte richtet, und **§ 218 c I. § 219** regelt Grundsätze der Beratung nach dem SchKG; die Vorschrift erscheint angesichts ihres überwiegend verwaltungsrechtlichen Charakters als Fremdkörper im StGB.

Schließlich enthalten die **§§ 219 a, 219 b** Strafdrohungen gegen tatbestandlich herausgehobene, abstrakt gefährliche Vorbereitungs- und Beihilfehandlungen.

1 a **Ergänzende Vorschriften:** § 13 II SchKG setzt landesrechtliche Normen für Einrichtungen zur Vornahme von Schwangerschaftsabbrüchen voraus; § 13 I SchKG droht für den Fall des Schwangerschaftsabbruchs außerhalb des Krankenhauses oder einer zugelassenen Einrichtung Bußgeld an. Zur Zuständigkeit der Landesbehörden für die Anerkennung nach Art. 1 § 3 SFHG vgl. §§ 3, 9 SchKG. Zur **Bundesstatistik** über Schwangerschaftsabbrüche vgl. §§ 15 bis 18 SchKG (dazu *Giesen* ZfL **97**, 57).

2 **2) Rechtsgut.** Geschütztes **Rechtsgut** der §§ 218 ff. ist nach allgM das **ungeborene menschliche Leben.** Nach allgM scheiden **bevölkerungspolitische** Gesichtspunkte als Rechtsgut der §§ 218 ff. aus (**aA** noch BGH **18**, 285 f. unter Berufung auf E 1962, 277: Rechtsgut seien auch „Bestand und Lebenskraft des Volkes"). Nur mittelbar geschützt ist die **Gesundheit** der Schwangeren, dh ihr Schutz vor Schädigung durch Nichtärzte (ähnlich *S/S-Eser* 12; SK-*Rudolphi* 56: „bloßer Schutzreflex"; *Kindhäuser* BT 1 6/4; zurückhaltend auch BGH **28**, 15; **aA** *Otto* BT § 13, 6 u. Jura **96**, 140; vgl. auch *M/Schroeder/Maiwald* 5/22; LK-*Kröger* 16; *Lackner/Kühl* 1 zu § 218).

2 a Nach der Rspr des BVerfG (E **39**, 1; **88**, 203) und hM ist das ungeborene Leben dem geborenen **gleichartig** (und daher im Grds **gleichwertig**) und steht wie dieses unter dem Schutz der Art. 1 I und 2 II S. 1 GG (vgl. BVerfGE **39**, 36; **88**, 251; vgl. dazu aber 3 a, 4 a vor § 211). Zu diesen Postulaten steht das einfache Recht in ersichtlichem **Widerspruch**, da es die Vernichtung von Leben *vor der Nidation* ganz straflos stellt (vielmehr im Gegenteil seine verwaltungsrechtswidrige Fortentwicklung in § 6 II EmbryonenschutzG mit Freiheitsstrafe bis zu 5 Jahren bedroht!), das Leben *nach der Nidation* (§ 218 I S. 2; vgl. BGH **11**, 17; **18**, 15) nur dem *eingeschränkten* Schutz der §§ 218 ff. unterstellt und erst die Vernichtung *geborenen* Lebens mit Höchststrafen bedroht – die in der Phase des *„Erlöschens"* dann wiederum unter dem Druck übergesetzlicher Verhältnismäßigkeitsgrundsätze stehen (vgl. 16 ff. vor § 211; zutr. *Dreier* ZRP **02**, 377 ff.; JZ **07**, 260, 267 ff.; *Mitsch* JR **06**, 540, 453). Schon BVerfGE **39**, 45 hat ausgeführt, dass den Staat von Verfassungs wegen nicht die Pflicht trifft, die gleichen (strafrechtlichen) Maßnahmen zum Schutz des ungeborenen wie des geborenen Lebens zu treffen. In der Wirklichkeit (wohl über 120 000 Abtreibungen im Jahr; keine Fahrlässigkeitsstrafbarkeit) kann von einer Gleichbewertung des ungeborenen mit dem geborenen Leben weder rechtlich noch praktisch die Rede sein. Bemühungen, dies – bis in den Gesetzestext hinein (vgl. 3 zu § 219) – undeutlich werden zu lassen, müssen als **Heuchelei** bezeichnet werden: Es hat keinen erklärenden Sinn, sondern nur eine *verschleiernde* Funktion, Rechtsgüter „gleichartig" und „gleichwertig" zu nennen, die in der Wirklichkeit aufgrund von – mehr oder weniger nah liegenden – Abwägungen offenkundig als *verschieden*-artig und *verschieden*-wertig behandelt werden.

3 **3) Reformgeschichte.** Die Strafbestimmungen über den Schwangerschaftsabbruch zählen zu den seit langem am meisten umstrittenen Regelungen des StGB; die zwischen den Positionen „Freiheit" und „Lebensschutz" zugespitzte Diskussion der vergangenen Jahrzehnte war freilich durch die **geringe Bedeutung** der Vorschriften für die **Strafrechtspraxis** kaum veranlasst. Da im Zentrum des erbitterten Streits kaum rechtsdogmatische, kriminologische oder Effizienzfragen stehen, sondern zugespitzte moralische Postulate, deren Umsetzung in **praktische** Strafrechtsanwendung oft gar nicht ernsthaft erwogen wird, erscheint jeder Kompromiss – und schon die Suche danach – schwierig.

4 **A. Reform bis zum 15. StÄG.** Die bis 1974 geltende Rechtslage erkannte, entspr. der Entscheidung RG **61**, 241 aus dem Jahr 1927 (dazu *Otto* Jura **85**, 298), nur eine strenge medizinische Indikation an. Das **5. StrRG** v. 18. 6. 1974 verwirklichte eine (schon vom AE 1970 vorgeschlagene) **Fristenlösung mit Beratungspflicht** (Mat. vgl. 46. Aufl. 2). Diese trat nicht in Kraft, weil **das BVerfG** diese Regelung im **1. Fristenregelungsurteil** (BVerfGE **39**, *1 ff.) für nichtig erklärte. Die durch* das 15. StÄG eingeführte **Indikationslösung** enthielt neben der medizinischen und der embryopatischen Indikation erstmals die sog. **kriminologische Indikation** (vgl. § 218 a III) sowie eine allgemeine **soziale Notlagenindikation,** deren praktische Anwendung sich vielfach einer Fristenlösung annäherte (und daher dem Vorwurf des „Missbrauchs" ausgesetzt war; vgl. BGH **38**, 144). Die mit einer faktischen sozialen

Ungleichbehandlung (u. a. „Abtreibungstourismus"; vgl. *Arzt/Weber* 5/50) verbundenen Probleme vermochte die Regelung nicht zu lösen; der Versuch ihrer *straf*rechtlichen Umsetzung in den sog. *Memminger Verfahren* (in welchen die demonstrative Durchsetzung des Legalitätsprinzips u. a. deshalb kaum überzeugte, weil die sich aufdrängende Teilnahmestrafbarkeit der beteiligten Männer unbeachtet blieb) offenbarte ein gravierendes Legitimitätsdefizit.

B. Beitritt der DDR. Der EV ließ die im Beitrittsgebiet geltenden Bestimmungen für eine Übergangszeit in Geltung (StGB-DDR idF v. 14. 12. 1988, GBl. 1989 I 33, §§ 153 bis 155; G über d. Unterbrechung der Schwangerschaft v. 9. 3. 1972, GBl. I 89; vgl. 46. Aufl. 19) und wies in Art. 31 IV dem gesamtdeutschen Gesetzgeber die Aufgabe zu, spätestens bis zum 31. 12. 1992 eine den Lebensschutz verbessernde Neuregelung zu erarbeiten. Das Inkrafttreten des **Schwangeren- und Familienhilfegesetzes (SFHG** v. 27. 7. 1992, BGBl. I 1398 [E: BT-Drs. 12/2605; zu weiteren Entwürfen vgl. 46. Aufl. 3 f]) wurde durch **einstweilige Anordnungen des BVerfG** v. 4. 8. 1992 (BGBl. I 1585; BVerfGE **86**, 390) und v. 25. 1. 1993 (BGBl. I 270; BVerfGE **88**, 83) bzgl. Art. 13 Nr. 1 §§ 218–219 b verhindert. 5

C. Das 2. Fristenregelungsurteil des BVerfG vom 28. 5. 1993 (BVerfGE **88**, 203) erklärte § 218 a I und § 219 StGB idF des SFHG, Art. 15 Nr. 2 SFHG soweit Art. 4 des 5. StrRG idF des Art. 15 Nr. 2 SFHG für nichtig. **Das BVerfG** traf im selben Urteil nach § 35 BVerfGG eine **Vollstreckungsanordnung,** die vom 16. 6. 1993 bis zum 31. 9. 1995 (vgl. Art. 11 SFHÄndG) galt (Wortlaut s. 49. Aufl. 7; SK-*Rudolphi* 34; krit. *Geiger/Lampe* Jura **94**, 29; *Weiß* JR **94**, 316; *Schneider* NJW **94**, 2591; SK-*Rudolphi* 37; *Eser* KritV **93** [Sonderheft 1], 138; jew. mwN). 6

BVerfGE **88**, 203 ff. hat die **Grundsätze** des 1. Fristenregelungsurteils (BVerfGE **39**, 1 ff.) bestätigt: Der *Nasciturus* entwickelt sich danach nicht *zum* Menschen, sondern *als* Mensch. Dem Ungeborenen kommt *Menschenwürde* zu [LS 1]; diese setzt keine ausgebildete Personalität voraus. Der ungeborene Mensch hat ein eigenes *Lebensrecht,* das nicht erst durch die Annahme seitens der Mutter begründet wird [LS 1; 251 f.]. Die **Schutzpflicht des Staates** bezieht sich „auf das einzelne Leben", nicht nur auf das menschliche Leben allgemein [LS 2]. Das **grundsätzliche Verbot** des Schwangerschaftsabbruchs und die grundsätzliche Pflicht zum Austragen des Kindes sind untrennbar verbundene Elemente des verfassungsrechtlich gebotenen Schutzes [LS 3; 253]. Der Schwangerschaftsabbruch muss für die ganze Dauer der Schwangerschaft als Unrecht angesehen werden und verboten sein [LS 4]; nur in **Ausnahmelagen** kann es zulässig oder geboten sein, eine Rechtspflicht zum Austragen des Kindes nicht aufzuerlegen; maßgebend für die Anerkennung solcher Ausnahmetatbestände ist das Kriterium der **Unzumutbarkeit** [LS 7; 256]. 7

Das BVerfG hat das gesetzliche **Beratungskonzept** des SFHG als verfassungsgemäß angesehen: Es ist mit dem GG vereinbar, auf eine indikationsbestimmte Strafdrohung und auf die Feststellung von Indikationstatbeständen durch einen Dritten zu verzichten und den Schwerpunkt des Lebensschutzes im ersten Schwangerschaftstrimester auf die Beratung der schwangeren Frau zu legen [LS 11; 264]. Abbrüche nach Beratung (§§ 218 a I, 219), die vom Straftatbestand des § 218 ausgenommen sind, bleiben rechtswidrig [273]. Eine „Selbstindikation" durch die Schwangere ist nicht möglich, da der Rechtsstaat nicht zulässt, in eigener Sache über Recht und Unrecht zu befinden [275]. 8

D. SFHÄndG 1995. Der Gesetzgeber des SFHÄndG vom 21. 8. 1995 (BGBl. I 1050; Inkrafttreten: 1. 10. 1995; Materialien: BT-Drs. 13/1850; BR-Drs. 390/95; weitere Mat. zu den zahlreichen Entwürfen der 12. WP vgl. 47. Aufl. 14 bis 15 c, der 13. WP 50. Aufl. 16), dessen Art. 1 das SchwangerschaftskonfliktG enthielt **(SchKG),** ist von der verfassungsgerichtlichen VollstrAO teilweise abgewichen (scharf abl. *Tröndle* 49. Aufl. 15 b; widersprüchlich aber ebd. 8 *gegen* eine Bindungswirkung der Anordnung). Die *embryopathische Indikation* wurde der (erweiterten) medizinischen Indikation unterstellt (hierzu 21 zu § 218 a). Der Arzt wurde von der verfassungsgerichtlich vorgesehenen Pflicht [212, 290] freigestellt, sich die Motive der Schwangeren darlegen zu lassen (vgl. 3 zu § 218 c); der Schwangeren erlegt § 5 SchKG keine Darlegungs- und Begründungspflicht auf. **Landesrechtliche Regelungen** Bayerns (BaySchwBerG, BaySchwHEG; vgl. im Einzelnen BayLT-Drs. 13/4692; 16; BayPlenProt. 13/57 S. 3930; vgl. hierzu *Seckler* NJW **96**, 3049, *Büchner* ZfL **96**, 18; SK-*Rudolphi* 5 zu § 219; *Oberlies* ZRP **97**, 149; gegen sie *Daiber* ZRP **97**, 464) hat das BVerfG durch **Urt. v. 27. 10. 1998** (BVerfGE **98**, 265 [= NJW **99**, 841]; diss. Voten ebd. 329) wegen Verstoßes gegen Art. 12 I GG und wegen des Vorrangs der bundesrechtlich abschließenden Regelung für nichtig erklärt (vgl. schon einstweilige Anordnung, BVerfGE **96,** 220). Zur Förderung von katholischen Beratungsstellen, die keine Beratungsbescheinigung ausstellen, vgl. BVerwG NJW **04**, 3727; BayVerfGH NJW **06**, 1050 (Bespr. *Richardi* NJW **06**, 1036) 9

E. Kritik und rechtspolitische Bewertung. Mit dem SFHÄndG vom 21. 8. 1995 und der Entscheidung BVerfGE **98**, 265 ist die Diskussion um die **Strafbar-** 10

keit der Abtreibung zu einem vorläufigen Ende gekommen; ihr Ergebnis ist der Gesetzesanwendung in der **Rechtspraxis** zu Grunde zu legen. **In der Sache** ist ein **Fristenmodell** Gesetz geworden, ergänzt durch eine Beratungs-Angebots-Pflicht (§§ 218c, 219 II iVm §§ 5 bis 7 SchKG) und eine erweiterte (21 zu § 218a) Indikationslösung. Eine konsensfähige Alternative ist derzeit nicht in Sicht: Eine *allein* auf das Lebensrecht abstellende Schutzkonzeption könnte nur um den Preis totalitärer Kontrolle und Inpflichtnahme „optimal" verwirklicht werden; eine gänzliche Freistellung der Abtreibung würde zu einer nicht vertretbaren Preisgabe des Rechtsguts führen, insb. auch zu Gunsten von Vermögensinteressen. Eine realistische Lösung kann daher nur ein Kompromiss zwischen diesen Extremen sein. Vieles spricht nach den Erfahrungen der Reformgeschichte dafür, dass die Einwirkungsmöglichkeiten des *Straf*rechts hier sehr beschränkt sind. Nach Angaben des Stat. Bundesamts hat die Anzahl der gemeldeten Abtreibungen von 1996 bis 2006 um knapp 10% abgenommen. Allerdings ist im selben Zeitraum auch die Anzahl der Geburten stark gesunken; es gibt also weniger Schwangerschaften. Mit den Zahlen lässt sich ein „Erfolg" des Beratungskonzepts nicht belegen; freilich auch nicht die Ansicht es habe sich als *erfolglos* und *kontraproduktiv* erwiesen (so *Tröndle*, Otto-FS [2007] 821).

10a Das Urteil vom 28. 5. 1993 ist von Vertretern der unterschiedlichsten Regelungsmodelle zT heftig kritisiert worden (Nachw. 54. Aufl.). Die **Kritik** namentlich an der „Widersprüchlichkeit" oder an der „Inkonsequenz" des Urteils vermag insoweit nicht zu überzeugen, als sie dem BVerfG vorwirft, nicht erreicht zu haben, wozu Gesetzgeber, Rechtswissenschaft und Gesellschaft ihrerseits unfähig waren, und iErg von dem Gericht nur ein weiteres Mal die Umsetzung der jeweils *eigenen* rechtspolitischen Meinung fordert. Die **Problematik** des Urteils (E **88**, 203) liegt darin, dass es **einerseits** ausdrücklich von einer Grundrechtsträgerschaft des nasciturus ausgeht und eine auf das **einzelne Leben** bezogene staatliche Schutzpflicht während der ganzen Dauer der Schwangerschaft bestätigt, **andererseits** aber die Fristenlösung mit Beratungspflicht als verfassungskonform ansieht, die das einzelne Leben gar nicht („optiomal") schützt, sondern darauf angelegt ist, einen Schutz des „menschlichen Lebens *allgemein*" zu erreichen. Der vom BVerfG behauptete Grundsatz, wonach ungeborenem Leben derselbe Wert (und Schutzanspruch) zukomme wie geborenem Leben (vgl. auch *Böckenförde* JZ **03**, 809, 811 f.), beschreibt daher die **Rechtswirklichkeit** ersichtlich nicht zutreffend (*Arzt/Weber* 5/22; *Dreier* JZ **07**, 260 ff.). Dieses **Begründungs-Defizit** lässt sich mit bloßen *Begriffen* nicht verbergen. Hieraus ergibt sich freilich entgegen der fundamentalistischen Kritik nicht schon ein „desolater Zustand unseres Rechtssystems" (so zB *Weinacht* ZfL **99**, 34). Dass um der Freiheitsrechte Einzelner willen die (massenhafte) Verletzung hochrangiger fremder Rechtsgüter als „unvermeidbar" angesehen wird, ist keineswegs ungewöhnlich.

10b Intensität und Polarisierung der Abtreibungsdebatte in den vergangenen Jahrzehnten standen *seit jeher* in einem merkwürdigen Gegensatz zu der weit gehenden Relativierung des Rechtsguts im allgemeinen Bewusstsein und zur **geringen Relevanz** des Abtreibungstatbestands in der praktischen Strafrechtspflege (auch zu Zeiten der kompromiss-losen Strafdrohung). Dies ist nur verständlich, wenn man sie als einen Kristallisationspunkt einer „*Modernisierungs*"-Debatte begreift, welche grundlegende Veränderungen der kulturellen und wirtschaftlichen Orientierung der Gesellschaft begleitet hat. Die „Liberalisierung" der Abtreibung ist kein zeitlos-moralisches Problem, sondern Ausdruck sozialer Strukturveränderungen: Trennung von Sexualmoral und Fortpflanzungsethik; Auflösung überkommener familiärer Bindungen und sozialer Orientierungen; Vereinzelung von Verantwortung – mithin von Entwicklungen, die nicht durch bloßen Willensakt *guter Menschen* auf den Stand der frühen 60er Jahre zurück gesetzt werden können. Sie stellen Anpassungen der normativ wirksamen Strukturen an die Erfordernisse der *wirtschaftlich-sozialen Entwicklung* dar.

10c Die Widersprüche und Verwirrungen der Begriffe sind daher *Folge*, nicht Ursache der Misere: **Widersprüchlich** ist vor allem der offenkundige Umstand, dass die Befolgung *angeblich* höchstrangiger moralischer Gebote (Austragen und Aufziehen von Kindern unter Hintanstellung egoistischer Interessen) in der Wirklichkeit mit eklatanten sozialen Nachteilen verknüpft ist, welche sodann mit geheuchelter

Überraschung registriert und als sog. „soziale Härten" definiert werden; diese sollen sodann mit allerlei Programmen gelindert werden. Es ist aber eine empirisch gesicherte Tatsache, dass normative Forderungen nach einem sittlichen Handeln, das mit den *tatsächlich* leitenden, d.h. über Macht und Reichtum entscheidenden Prinzipien einer Gesellschaft nicht übereinstimmt, nicht befolgt werden. Ein solches (angeblich „unmoralisches") Verhalten ist in hohem Maße rational; es zu beklagen ist naiv. Wenn massenhafte Abtreibungen für die Gesellschaft tatsächlich „unerträglich" wären, könnte man dem *leicht* entgegenwirken: Wenn das Austragen und Erziehen von Kindern regelmäßig zu *Wohlstand, Ansehen und sozialer Sicherheit* führen würde, würde sich die Diskussion weitgehend von selbst erledigen. Da aber die als *Natur*-Notwendigkeit dargestellte sog. „Modernisierung" der Gesellschaft tatsächlich das genaue Gegenteil beabsichtigt und bewirkt, sind die folgenlosen moralischen Appelle schon im Ansatz unglaubwürdig.

4) Literatur (Auswahl): Zur **rechtshistorischen Entwicklung:** *Dähn,* in: *Baumann* (Hrsg.), Das Abtreibungsverbot des § 218, 1971, 329; *Jerouschek,* Lebensschutz u. Lebensbeginn. Kulturgeschichte des Abtreibungsverbots, 1988 [Bespr. *Landau* ZStW **103**, 505]; *Jütte* (Hrsg.), Geschichte der Abtreibung, 1993; *Matouschek,* Gewandelte Auffassungen über Sterben u. Tod, 1991; *W. Müller,* Die Abtreibung. Anfänge der Kriminalisierung 1140–1650, Köln 2000. 11

Zur **Rechtsvergleichung:** *Eser/Koch* (Hrsg.), Schwangerschaftsabbruch im internationalen Vergleich. Rechtliche Regelungen – Soziale Rahmenbedingungen – Empirische Grunddaten, Teil 1: Europa, 1988; Teil 2: Außereuropäische Länder, 1989; Teil 3: Rechtsvergleichender Querschnitt, 1999.

Zum **15. StÄG** vgl. die Nachw. 49. Aufl. 3a. Zur Rechtslage nach der Wiedervereinigung vgl. die Nachw. 46. Aufl. 3c. Zum **SFHG** vgl. Nachw. 46. Aufl. 22.

Zur Rechtslage nach BVerfGE 88, 203: *P.-A. Albrecht* u.a. (Hrsg.), Das Urteil zu § 218 StGB – im Wortlaut u. Kommentar KritV, Sonderheft 1/1993; *Belling* MedR **95**, 184; *Berkemann* JR **93**, 442; *Burmeister* JVL **12** [1995], 59; *Eser* JZ **94**, 503; *Dreier* ARSP **95**, 496; *Fietz* DNO **95**, 145; *J. Geiger/v. Lampe* Jura **94**, 20; *Geiger,* Menetekel – an die Adresse des BTags, der BReg. und des BVerfG, JVL **10**, 33; *Groh/Lange-Bertalot,* Der Schutz des Lebens Ungeborener nach der EMRK, NJW **05**, 713; *Gropp* GA **94**, 147; *Hassemer,* Mahrenholz-FS 731; *Hermes/Walther* NJW **93**, 2337; *Hirsch,* Die Grenze zwischen Schwangerschaftsabbruch und allgemeinen Tötungsdelikten nach der Streichung des Privilegierungstatbestands der Kindestötung (§ 217 StGB a.F.), Eser-FS (2005), 309; *Hoerster,* Ein „verringertes" Lebensrecht zur Legitimation der Fristenregelung, NJW **97**, 753; *R. Hofmann,* Sutor-FS 333 u. Lobkowicz-FS 339; *Jakobs,* Geschriebenes Recht u. wirkliches Recht beim Schwangerschaftsabbruch, Zeitschr. für Medizinische Ethik, Heft 90, 1994; *ders.* Jahrb. f. Wissensch. u. Ethik 1996, 111; *Kayßer,* Abtreibung und die Grenzen des Strafrechts, 1997 [Bespr. *Wohlers* GA **99**, 504]; *Kluth* FamRZ **93**, 1382; ZfL **99**, 35; *Laufs/Reiling* MedR **93**, 301; *Lorenz,* Die verfassungsrechtliche Garantie der Menschenwürde und ihre Bedeutung für den Schutz menschlichen Lebens vor der Geburt, ZfL **01**, 38; *Reiter/Keller* (Hrsg.), Paragraph 218. Urteil u. Urteilsbildung, 1993; *T. Schmidt,* Die derzeitige Rechtslage beim Schwangerschaftsabbruch, in *Roxin/Schroth* (Hrsg.), Medizinstrafrecht, 2. Aufl. 2001, 313; *Schulz* StV **94**, 38; *Silva Sanchez,* Die Unerwünschten als Feinde: Die Exklusion von Menschen aus dem status personae, ZStW **118** (2006) 547; *Starck* JZ **93**, 816; *Thomas/Kluth* (Hrsg.), Das zumutbare Kind. Die 2. Bonner Fristenregelung vor dem BVerfG, 1993; *Tröndle* MedR **94**, 356; Zeitg. II 423, JVL **12** [1995], 91; NJW **95**, 3010; *ders.,* Unzeitgemäße Betrachtungen zum „Beratungsschutzkonzept", Müller-Dietz-FS (2001) 919; *ders.,* Das „Beratungsschutzkonzept" – Die Reglementierung einer Preisgabe des Lebensschutzes Ungeborener, Otto-FS (2007) 821. 11 a

Schwangerschaftsabbruch

218 **I Wer eine Schwangerschaft abbricht, wird mit Freiheitsstrafe bis zu drei Jahren oder mit Geldstrafe bestraft. Handlungen, deren Wirkung vor Abschluss der Einnistung des befruchteten Eies in der Gebärmutter eintritt, gelten nicht als Schwangerschaftsabbruch im Sinne dieses Gesetzes.**

II In besonders schweren Fällen ist die Strafe Freiheitsstrafe von sechs Monaten bis zu fünf Jahren. Ein besonders schwerer Fall liegt in der Regel vor, wenn der Täter

1. **gegen den Willen der Schwangeren handelt oder**
2. **leichtfertig die Gefahr des Todes oder einer schweren Gesundheitsschädigung der Schwangeren verursacht.**

III **Begeht die Schwangere die Tat, so ist die Strafe Freiheitsstrafe bis zu einem Jahr oder Geldstrafe.**

IV **Der Versuch ist strafbar. Die Schwangere wird nicht wegen Versuchs bestraft.**

Übersicht

1) Allgemeines	1
2) Tathandlung	2–8
A. Angriffsgegenstand	3, 4
B. Abbruchshandlung, Abs. I S. 1	5–7 a
C. Handlungen vor Nidation, Abs. I S. 2	8
3) Täterschaft und Teilnahme	9, 10
4) Vorsatz	11, 12
5) Rechtswidrigkeit	13
6) Versuch	14
7) Rechtsfolgen	15–20
A. Regelstrafe	15
B. Besonders schwere Fälle	16–19
C. Sonstige Rechtsfolgen	20
8) Konkurrenzen	21, 22

1 **1) Allgemeines.** Die Vorschrift (idF des SFHG) bestimmt die grundsätzliche Strafbarkeit des Schwangerschaftsabbruchs mit Ausnahme von nidationshemmenden Handlungen (unten 8) sowohl für die Schwangere (unten 9) wie für den Dritten sowie mit einer auf diesen beschränkten Strafschärfung in besonders schweren Fällen (II). **Auslandstaten** sind nach § 5 Nr. 9 strafbar.

2 **2) Tathandlung** ist jede Handlung, die zum Tod eines zum Handlungszeitpunkt im Mutterleib befindlichen, lebenden (nicht notwendig: überlebensfähigen) Embryos (unten 3) führt; der Begriff „Schwangerschaftsabbruch" ist eher irreführend, denn nicht die Schwangerschaft, sondern der Embryo ist das Tatobjekt. Unter **Schwangerschaft** ist eine intakte Gravidität zu verstehen. § 218 ist **vor der Nidation** (vgl. dazu *Lüderssen,* Meurer-GedS 209, 218f.) und nach dem **Beginn des Geburtsvorgangs,** dh mit dem Einsetzen der Eröffnungswehen (2f. vor § 211; *S/S-Eser* 40; MK-*Gropp* 70 vor § 218), nicht mehr anwendbar, da zu diesem Zeitpunkt die Schwangerschaft abgeschlossen ist. Eingriffe nach Geburtsbeginn (zweifelnd an der Sachgerechtigkeit dieses Unterscheidungsmerkmals *Gropp* GA **00**, 1; *Hanke,* Spätabtreibungen [1a zu § 218a] 33ff.) unterfallen daher §§ 211ff., §§ 223ff.; dabei kommt es auf den Zeitpunkt der *Handlung,* nicht des Erfolgseintritts an.

3 **A. Angriffsgegenstand** der Tat ist eine **lebende Frucht im Mutterleib** (nicht in einer Retorte). Auf die Art der Zeugung (künstliche Insemination, Vergewaltigung) und auf die Entwicklungsstufe nach der Nidation kommt es nicht an (BVerfGE **39**, 37). Auch die (noch lebende) Leibesfrucht einer **hirntoten Frau** ist geschützt (*Beckmann* MedR **93**, 123; *Hilgendorf* JuS **93**, 99; SK-*Rudolphi* 9; MK-*Gropp* 7; vgl. dazu *Gruber,* Die strafrechtliche Problematik des „Erlanger-Baby-Falles", in: *Roxin/Schroth* [Hrsg.], Medizinstrafrecht, 2. Aufl. 2001, 175), denn der Schwangerschaftsabbruch ist *Tötungs*handlung am Embryo und nicht *Heil*behandlung an der Schwangeren vgl. (dazu unten 7). Das krankhaft entartete Ei (die Mole) ist keine lebende Frucht (LK-*Kröger* 3).

4 Ein **Anencephalus** ist eine durch die §§ 211ff., 218 geschützte Leibesfrucht, bei der idR nur noch Reste des Hirnstamms vorhanden sind (SK-*Rudolphi* 7; *Isemer/Lilie* MedR **88**, 66; LK-*Kröger* 6 vor § 211; **aA** *S/S-Eser* 7; *Hanack,* Noll-GedS 205); aus diesem Grunde ist die Frage einer Organentnahme bei Anencephalen auch keine Frage des Selbstbestimmungsrechts der Eltern (*Wolfslast* MedR **89**, 163, vgl. auch *Jähnke, Spann* in: *Hiersche* u. a. [28 vor § 211] 103, 130; *Laufs* FPflMedAR 38; *Kloth* MedR **94**, 180; *Wagner/Brocker* ZRP **96**, 227).

B. Abbruchshandlung, Abs. I S. 1. Abbrechen der Schwangerschaft ist jede Einwirkung auf die Schwangere oder die Frucht, die das Absterben der noch lebenden Frucht im Mutterleib oder den Abgang der Frucht in nicht lebensfähigem Zustand herbeiführt (vgl. BGH **10**, 5; 293; **13**, 24; **aA** *Tröndle* 49. Aufl.: nur *final* auf Abtötung abzielende Handlungen); erfasst ist auch eine Kaiserschnittentbindung eines nicht lebensfähigen Fötus (vgl. LG Lübeck ZfL **07**, 17 [Abtötung durch Gewalteinwirkung gegen die Schwangere]). Mit welchen Mitteln oder nach welcher Methode dies geschieht, ist ohne Bedeutung. **Vollendet** ist die Tat mit dem Absterben der Frucht (LK-*Kröger* 6; *S/S-Eser* 44; *Arzt/Weber* 5/28; vgl. BGH **10**, 5, 10; **13**, 24; **aA** *Tröndle* 49. Aufl.); zugleich ist sie beendet (§ 78 a). Auch durch *Selbstmordversuch* kann die Tat begangen werden (schon zur aF BGH **11**, 17; *Roxin* JA **81**, 543; SK-*Rudolphi* 14; str.); kommt es nicht zur Tötung der Frucht, ist die Schwangere aber nicht wegen Versuchs strafbar **(IV S. 2).** Die vorsätzliche Tötung einer Schwangeren kann zugleich Schwangerschaftsabbruch sein (BGH **11**, 15; LK-*Kröger* 8; *S/S-Eser* 25); das gilt auch nach der Neuregelung des SFHÄndG (NStZ **96**, 276; *Lackner/Kühl* 21; vgl. auch *S/S-Eser* 59). 5

a) Bei einer planmäßig eingeleiteten **Frühgeburt** (2 vor § 211) fehlt es, wenn die Handlung darauf gerichtet ist, das Leben des Kindes zu erhalten, am Vorsatz (**aA** [schon am objektiven Tatbestand] RegE 13; LK-*Kröger* 10; *Tröndle* 49. Aufl.). War der Vorsatz auf Abtötung der Frucht gerichtet, so gilt folgendes: Bleibt die Frucht am Leben, so liegt versuchter Schwangerschaftsabbruch vor. Stirbt die Frühgeburt, weil sie nicht lebensfähig ist, so ist nur § 218 gegeben, wenn der spätere Tod vom Täter von vornherein gewollt war; die §§ 211 ff. treten zurück (BGH **10**, 5; **10**, 291, 292 f.; **13**, 24, **31**, 352 [m. Anm. *Hirsch* JR **85**, 336]; *Lenckner/Winkelbauer* FPflMed 213; differenzierend *S/S-Eser* 22; *Lackner/Kühl* 4; SK-*Rudolphi* 12, 13; *Roxin* JA **81**, 545). Bei einem *neuen* Angriff auf das soeben Geborene, um es zu töten, sind neben § 218 auch §§ 211 ff. anwendbar (BGH **10**, 291, 293; **13**, 21; **31**, 352; GA **63**, 15; *Weiß* GA **95**, 374; LK-*Kröger* 11). Verursacht in diesem Fall der Schwangerschaftsabbruch den späteren Tod mit, so ist Tateinheit zwischen vollendetem § 218 und dem vollendeten Tötungsdelikt anzunehmen (BGH **10**, 291, 293 f.); andernfalls ist Tatmehrheit gegeben (BGH **13**, 21; LK-*Kröger* 52). Wenn der Täter die durch die Abtreibungshandlung schon getötete Frühgeburt irrtümlich für lebend hält und aufgrund eines neuen Entschlusses zu töten versucht, ist vollendete Abtreibung in Tatmehrheit mit versuchtem Totschlag gegeben (BGH **10**, 291, 294 [im Zweifel Wahlfeststellung möglich]). Zu den Konsequenzen bei sog. **Spatabtreibungen** vgl. 22 zu § 218 a. 6

b) Der Schwangerschaftsabbruch ist nach den allgemeinen Regeln auch durch **Unterlassen** möglich, da nicht nur die Schwangere, sondern auch der Erzeuger als Beschützergarant (9 zu § 13) in Betracht kommt (LK-*Kröger* 33; *S/S-Eser* 31; *Lackner/Kühl* 3; SK-*Rudolphi* 18; **aA** *Otto* Jura **96**, 140). Der durch positives Tun bewirkte Schwangerschaftsabbruch kann aber auch im Hinblick auf die Austragungspflicht der Schwangeren und die Sorgepflicht für die Leibesfrucht nicht, um die Unterlassensregeln anwendbar zu machen, in ein Unterlassen dieser Pflichterfüllung umgedeutet werden (*Lackner/Kühl* 3; SK-*Rudolphi* 15; *Lennartz* JuS **94**, 903; *Otto* Jura **96**, 140; **aA** *v. Renesse* ZRP **91**, 322). Das Herbeiführen des Todes der Frucht einer **hirntoten Frau** durch Abschalten des Reanimators ist nicht als Unterlassen zu beurteilen (**aA** *Beckmann* MedR **93**, 124; *Hilgendorf* JuS **93**, 99; vgl. 20 vor § 211). Es gibt auch hier keine Lebensrettungspflicht „um jeden Preis" (BGH **32**, 379; *Hilgendorf* aaO); die Aufrechterhaltung der Vitalversorgung verbietet sich jedenfalls in Fällen, in denen sie lediglich die Herauszögerung des Fruchttodes erwarten lässt oder nach der Geburt wegen schwerer Beeinträchtigung vitaler Funktionen keine Lebensfähigkeit besteht (SK-*Rudolphi* 19). 7

Literatur hierzu: *Abele-Brehm/Schreyer, Birnbacher, Hoerster, Petersen, Ranke-Heinemann,* Lebensrecht versus Menschenwürde. Erlangen u. die Konsequenzen, Univ. **93**, 205; *S. Gescher,* Rechtsprobleme des Schwangerschaftsabbruchs bei Anencephalen, 1994 [Bespr. *Hilgendorf* 7 a

GA **96**, 138]; ferner die Kontroverse *Hilgendorf/Hoerster* MedR **94**, 429, **95**, 394, 396; *Hilgendorf* NJW **96**, 758 u. **97**, 3074 sowie Univ. **98**, 151 [gegen ihn *Heuermann* u. *Weiß* NJW **96**, 3063, 3064]; *ders.* in: *Brugger* (Hrsg.), Legitimation aus Sicht von Rechtsphilosophie u. Gesellschaftstheorie, 1996, 249; *Heuermann* JZ **94**, 133; *Höfling,* JZ **95**, 30; *Hoerster* NJW **97**, 773; *Kiesecker,* Die Schwangerschaft einer Toten, 1994 (Diss. Tübingen [Bespr. *Hoerster* NJW **96**, 2419; *Heuermann* MedR **96**, 340; *Geerds* GA **97**, 344; *Scheffler* LebF **41** (1997) 33]); *Otto* Jura **96**, 140; *Salinger* DÄBl. **93**, A 1258; *Seidler/Beckenheimer-Lucius,* Hirntod u. Schwangerschaft, in: Med. Ethik, Ärztebl. BadWürtt. Sonderbeil. 1/93 [TagBer.].

8 **C. Handlungen vor Nidation, Abs. I S. 2.** Nicht als Schwangerschaftsabbruch iS des Gesetzes (Prot. 7/2433 f.; Ber. II 13; *Müller-Emmert* DRiZ **76**, 168; *Günther* FPflMed 149) gelten nach **I S. 2** Handlungen, deren Wirkung vor Abschluss der Einnistung des befruchteten Eies in der Gebärmutter **(Nidation)** eintritt (krit. *Hirsch* MedR **87**, 15). I S. 2 bezeichnet mit der **Gebärmutter** den für die Anwendbarkeit des § 218 maßgeblichen *Ort* der Nidation, so dass Handlungen mit Wirkung auf eine Extrauteringravidität nicht unter § 218 fallen. I S. 2 stellt auf die **nidationshindernde Wirkung** ab. Tatbestandslos sind danach nur solche Handlungen, die nur nidationshemmend wirken können (Prot. 7/2434; Ber. II 13), so dass die §§ 218 ff. auch Handlungen erfassen, die zur Abtötung einer schon eingenisteten Frucht führen, also auch die sog. **Abtreibungspille** (hierzu 2 zu § 219 b; *Otto* Jura **96**, 140; *Starck* NJW **00**, 2714 mwN). Unter **I S. 2** fällt also die Verwendung **nidationshemmender Mittel** (**zB** der sog. „Pille danach" oder von Intrauterinpessaren, Schleifen, Plastikspiralen; hierzu *G. Hirsch* MedR **87**, 13; *Belling* 143; *Beckmann* ZRP **87**, 86; *Narr* 793).

9 **3) Täterschaft und Teilnahme.**

A. Täterschaft. Zwischen **Fremdabbruch** und **Eigenabbruch** durch die Schwangere besteht kein Unterschied im Tatbestand, sondern nur in der Straflosigkeit des Versuchs (unten 14) und in den Rechtsfolgen. **Mittelbare Täterschaft** sowie **Mittäterschaft** (vgl. BGH **4**, 19) sind bei beiden Formen, also mit oder ohne Beteiligung der Schwangeren möglich. **Eigenabbruch** kommt in Betracht, wenn die Schwangere **a)** eigenhändig unterbricht, zB durch Einnahme medikamentöser Abortivmittel; **b)** als mittelbare Täterin handelt, zB durch Einschalten eines von ihr über eine strafbefreiende Indikation **getäuschten Arztes** (LK-*Kröger* 27); **c)** bei Zulassen des Schwangerschaftsabbruchs durch einen anderen, das als Mittäterschaft (LK-*Kröger* 27, *S/S-Eser* 31; *Roxin* JA **81**, 542; vgl. SK-*Rudolphi* 9; **aA** *Tröndle* 49. Aufl. [auch Beihilfe möglich]) und idR nicht als Unterlassen (oben 7) zu beurteilen ist (vgl. *Lackner/Kühl* 7; MK-*Gropp* 40; *Arzt/Weber* 5/31). **Anstiftung** eines anderen wird durch Selbstbegehung verdrängt (RG **64**, 151). Die Annahme eines besonders schweren Falls nach Abs. II kommt für die Schwangere nach Abs. III nicht in Betracht; Umstände, die bei Dritten einen unbenannten schweren Fall (unten 19) begründen können (Stadium der Schwangerschaft; Tatmotiv), sind im Rahmen des Abs. III zu berücksichtigen. In allen Fällen unterliegt die Frau nur dem milderen Strafrahmen nach **Abs. III,** der einen **persönlichen Strafmilderungsgrund** darstellt (§ 28 II; *Otto* Jura **96**, 141; so schon BGH **1**, 142; 250).

10 **B. Teilnahme.** Der Fremdbeteiligte ist stets nach I, II, die Frau stets nach III zu bestrafen (§ 28 II; *Lackner/Kühl* 16), und zwar auch bei Mittäterschaft. Auch **Berater** und **Gutachter** kommen für eine strafbare Teilnahme **zB** bei gesetzwidriger Beratung, bewusst falscher Begutachtung (Prot. 7/1609) oder bei Benennung von Adressen zur Durchführung unerlaubter Abbrüche (im Einzelnen *S/S-Eser* 53; SK-*Rudolphi* 27) in Betracht. Dass die Ausstellung eines **Beratungsscheines** nach § 219 II schon bei Kenntnis des Beraters davon, dass die Schwangerschaft die 12-Wochenfrist bereits überschritten hat, zur Beihilfestrafbarkeit führt (so *Tröndle* ZfL **97**, 52), trifft nicht zu, denn eine zu späte Beratung schließt eine Rechtfertigung nicht aus; da die (datierte; vgl. § 219 II S. 2) Bescheinigung nicht wegen Fristüberschreitung verweigert werden darf, erscheint auch eine Verpflichtung des Beraters zu einem ausdrücklichen Vermerk zweifelhaft. Teilnahme durch **Unterlassen** ist

möglich (NJW **53**, 591; MDR/D **73**, 363; krit. *Otto/Brammsen* Jura **85**, 538). Der Fremdbeteiligte bleibt auch in den Fällen von III, IV S. 2 sowie in den Fällen § 218a IV strafbar (38 zu § 218a).

4) Subjektiver Tatbestand. Vorsatz ist erforderlich; bedingter Vorsatz reicht aus (NJW **51**, 412), wobei es gleichgültig ist, ob der Erfolg im Mutterleib oder in oder nach der Geburt eintreten soll (vgl. BGH **10**, 6; oben 6). Nimmt der Täter irrig an, seine Handlung könne lediglich vor der Nidation wirken, so ist das ein den Vorsatz ausschließender Tatbestandsirrtum (I S. 2; LK-*Kröger* 44); hält der Täter einen Eingriff vor der Nidation für tatbestandsmäßig, so ist ein Wahndelikt gegeben (*Lackner/Kühl* 9). Eine unrichtige Beratung (§ 219) kann für die Schwangere, soweit der Tatbestand nicht schon nach § 218a I ausgeschlossen ist, zu einem Tatbestands- oder Verbotsirrtum führen (*Lackner/Kühl* 9). **11**

Fahrlässiger Schwangerschaftsabbruch, auch im Falle fahrlässiger pränataler Einwirkungen mit tödlichen Folgen durch einen Arzt, ist straflos (BGH **31**, 353 [Anm. *Hirsch* JR **85**, 337]). Fahrlässige Tötung der Frucht oder ihre **Schädigung** ohne Abbrechungsvorsatz (zB durch Medikamente), sind innerhalb des StGB nur pönalisiert, wenn sie als Verletzung des Körpers der *Schwangeren* angesehen werden können (Karlsruhe MDR **84**, 686 [m. Anm. *Jung* NStZ **85**, 316]). **12**

5) Rechtswidrigkeit. Eine Rechtfertigung kommt insb. durch die Rechtfertigungsgründe des **§ 218a II, III** in Betracht; die **allgemeinen Rechtfertigungsgründe** werden durch sie aber nicht ausgeschlossen. Die Einwilligung der Schwangeren hat für sich allein keine rechtfertigende Wirkung (vgl. auch 12 zu § 218; *Otto* Jura **96**, 141). **13**

6) Versuch, Abs. IV. Versuch ist gegeben, wenn es nicht zum Tod der Frucht kommt (BGH **10**, 5; **13**, 24), sei es, dass die Mittel erfolglos blieben oder untauglich waren (vgl. RG **34**, 218; **68**, 13, wobei uU § 23 III zu prüfen ist), sei es, dass die Frucht bereits tot war oder dass gar keine Schwangerschaft bestand (RG **34**, 217); er kann auch gegeben sein, wenn nicht ausgeschlossen werden kann, dass der Tod der Frucht bereits durch eine vorangegangene, ohne Abtreibungsvorsatz ausgeführte Handlung verursacht wurde (vgl. 2 StR 203/07). Für die **Schwangere** selbst ist der versuch nicht strafbar; **IV S. 2** begründet für sie einen **persönlichen Strafausschließungsgrund**, so dass Teilnehmer an ihrem Versuch strafbar bleiben (RegE 15; FamRZ **75**, 488; AG Albstadt MedR **88**, 262 [Anm. *Mitsch* Jura **89**, 193]; LK-*Kröger* 46). **Vorbereitungshandlungen** stellen die §§ 219a und 219b unter Strafe. **14**

7) Rechtsfolgen. A. Die Strafe ist als Regelstrafe für den Fremdtäter die in I, für die Schwangere die in III angedrohte. Absehen von Strafe kommt lediglich für die Frau nach § 218a IV S. 2 in Betracht. **15**

B. Besonders schwere Fälle, Abs. II. In besonders schweren Fällen (11 zu § 12; 88f. zu § 46) droht **Abs. II** unter Hervorhebung von zwei **Regelbeispielen** allein dem **Fremdtäter** (oben 9) Freiheitsstrafe von 6 Monaten bis zu 5 Jahren an. **16**

a) Nr. 1 setzt voraus, dass der Täter vorsätzlich **gegen den** ausdrücklich oder schlüssig erklärten natürlichen **Willen der Schwangeren** handelt. Nr. 1 ist nicht gegeben, wenn die Schwangere den nur innerlich nicht gebilligten Abbruch, etwa nach Überredung, hinnimmt oder ihm ambivalent gegenüber steht (LK-*Kröger* 62); ein Handeln gegen den Willen ist nicht mit einem solchen ohne Einwilligung (§ 218a) gleichzusetzen. Nr. 1 ist – als mittelbare Täterschaft – stets bei Nötigung zum Abbruch gegeben; in diesem Fall steht § 240 IV Nr. 2 in Tateinheit. Ein besonders schwerer Fall liegt auch vor, wenn sich der Täter über den von ihm erkannten **mutmaßlichen Willen** nach Versetzen der Schwangeren in einen willensunfähigen Zustand (Narkose, Drogen; SK-*Rudolphi* 30) hinwegsetzt; Nr. 1 gilt ebenso dann, wenn die Schwangere trotz gegebener Indikation ihre Einwilligung verweigert (SK-*Rudolphi* 30). Ein Handeln gegen den ausdrücklichen Willen in solchen Fällen, in denen es auf die Einwilligung der Schwangeren nicht ankommt **17**

(vgl. 16f. zu § 218a), unterfällt Nr. 1, wenn Tatbestand oder Rechtswidrigkeit des I nicht aus anderen Gründen ausgeschlossen sind (and. *Tröndle* 49. Aufl.). Nach NStZ **96**, 276 ist Nr. 1 im Fall eines tateinheitlich begangenen Tötungsdelikts an der Schwangeren nicht gegeben, weil das Regelbeispiel nicht auf die vorsätzliche Tötung der Schwangeren zugeschnitten ist und das über den Abbruch hinausgehende Unrecht durch §§ 211, 212 voll erfasst wird.

18 **b) Nr. 2** setzt voraus, dass der Täter durch die Tat, möglicherweise auch durch den Versuch, (wenigstens) **leichtfertig** (20 zu § 15; 9 zu § 18) die konkrete **Gefahr** (3 zu § 34) des **Todes** oder einer **schweren Gesundheitsschädigung der Schwangeren verursacht** (dazu 8 zu § 176a). Eine solche Gefahr bei *Laienabtreibungen* stets anzunehmen (so Ber. I 13), geht zu weit (wie hier SK-*Rudolphi* 32); freilich wird insb. das Fehlen von Kenntnissen über mögliche Komplikationen eine Leichtfertigkeit idR begründen. Nr. 2 ist unzweifelhaft gegeben, wenn Gewalteinwirkungen zum Absterben des Fötus im Uterus führen (vgl. 2 StR 203/07 [Tateinheit mit § 224 I Nr. 5]). Wenn Tod oder schwere Gesundheitsschädigung tatsächlich eintreten, ist ggf. Tateinheit anzunehmen.

19 **c)** Ein **unbenannter besonders schwerer Fall** (89 zu § 46) kommt bei gewerbsmäßiger Begehung in Betracht (LK-*Kröger* 64; vgl. *Lackner* NJW **76**, 1236), ebenso, wenn der Täter übermäßige Gewinne anstrebt oder die Schwangere sonst ausbeutet. Er kann sich darüber hinaus aus einer besonders verwerflichen Form oder Motivation ergeben; auch das Stadium der Schwangerschaft ist bei der Bewertung zu berücksichtigen.

20 **C. Sonstige Rechtsfolgen:** Da die rechtswidrige Tatbegehung (durch Dritte) idR auf die Erlangung von Vermögensvorteilen abzielt, ist auf die **Abschöpfung** von erlangten Vorteilen (§§ 73 ff.) zu achten (idR auch § 370 AO). **Berufsverbot** § 70.

21 **8) Konkurrenzen. A.** Im **Verhältnis zu den §§ 218b ff.** gilt folgendes: § 218b tritt als subsidiär hinter § 218 zurück. Mit § 219a, der wegen seines besonderen Unrechtsgehalts nicht hinter § 218 zurücktritt, besteht Tatmehrheit (ebenso LK-*Kröger* 56; *S/S-Eser* 67); dasselbe gilt für § 219b (dort 7).

22 **B. Verhältnis zu anderen Vorschriften:** Zum Verhältnis zu den Tötungsdelikten vgl. oben 5, 6. Die dem Schwangerschaftsabbruch dienende Körperverletzung der Frau wird idR als Begleittat von § 218 verdrängt (BGH **10**, 312); mit **§ 224 I Nr. 5** (lebensgefährdende Behandlung) besteht Tateinheit (NJW **07**, 2565). Mit **§ 227** ist **Tateinheit** gegeben (BGH **28**, 17 [zust. *H. Wagner* JR **79**, 295]), weil § 218, auch wenn II Nr. 2 eingreift, ein Verbrechen nicht verdrängen kann (so auch *W/Hettinger* 242; anders noch BGH **15**, 345). **Tateinheit** besteht auch mit **§ 224** und **§ 226** (2 StR 203/07 [zu § 224 I Nr. 5]; *S/S-Eser* 68; SK-*Rudolphi* 40); soweit BGH **28**, 16 entgegensteht, ist das durch das 6. StrRG überholt (2 StR 203/07; **aA** *Lackner/Kühl* 21 [§ 224 verdrängt]; LK-*Kröger* 54f). Tateinheit mit **§ 222** kann vorliegen, wenn der Anstifter (oder Gehilfe; vgl. oben 14) einer von der Schwangeren selbst vorgenommenen Abtreibung die gefahrbegründenden Umstände kannte (vgl. BGH **1**, 280); im Fall des II Nr. 2 (oben 18), wenn sich die leichtfertig verursachte Gefahr verwirklicht. Tateinheit ist möglich mit **§ 240** (GA **66**, 339; vgl. § 240 IV Nr. 1).

Straflosigkeit des Schwangerschaftsabbruchs

218a **I Der Tatbestand des § 218 ist nicht verwirklicht, wenn**

1. **die Schwangere den Schwangerschaftsabbruch verlangt und dem Arzt durch eine Bescheinigung nach § 219 Abs. 2 Satz 2 nachgewiesen hat, dass sie sich mindestens drei Tage vor dem Eingriff hat beraten lassen,**
2. **der Schwangerschaftsabbruch von einem Arzt vorgenommen wird und**
3. **seit der Empfängnis nicht mehr als zwölf Wochen vergangen sind.**

II Der mit Einwilligung der Schwangeren von einem Arzt vorgenommene Schwangerschaftsabbruch ist nicht rechtswidrig, wenn der Abbruch der Schwangerschaft unter Berücksichtigung der gegenwärtigen und zukünftigen Lebensverhältnisse der Schwangeren nach ärztlicher Erkenntnis

angezeigt ist, um eine Gefahr für das Leben oder die Gefahr einer schwerwiegenden Beeinträchtigung des körperlichen oder seelischen Gesundheitszustandes der Schwangeren abzuwenden, und die Gefahr nicht auf eine andere für sie zumutbare Weise abgewendet werden kann.

III Die Voraussetzungen des Absatzes 2 gelten bei einem Schwangerschaftsabbruch, der mit Einwilligung der Schwangeren von einem Arzt vorgenommen wird, auch als erfüllt, wenn nach ärztlicher Erkenntnis an der Schwangeren eine rechtswidrige Tat nach den §§ 176 bis 179 des Strafgesetzbuches begangen worden ist, dringende Gründe für die Annahme sprechen, dass die Schwangerschaft auf der Tat beruht, und seit der Empfängnis nicht mehr als zwölf Wochen vergangen sind.

IV Die Schwangere ist nicht nach § 218 strafbar, wenn der Schwangerschaftsabbruch nach Beratung (§ 219) von einem Arzt vorgenommen worden ist und seit der Empfängnis nicht mehr als zweiundzwanzig Wochen verstrichen sind. Das Gericht kann von Strafe nach § 218 absehen, wenn die Schwangere sich zur Zeit des Eingriffs in besonderer Bedrängnis befunden hat.

Übersicht

1) Allgemeines ... 1, 1 a
2) Tatbestandsausschluss, Abs. I ... 2–13
  A. Dogmatische Einordnung ... 3–5
  B. Voraussetzungen ... 6–13
3) Rechtfertigende Indikation ... 14–32
  A. Einwilligung ... 16, 16 a
  B. Abbruch durch einen Arzt ... 17
  C. Ärztliche Erkenntnis ... 18, 19
  D. Medizinisch-soziale Indikation, Abs. II ... 20–28
  E. Kriminologische Indikation, Abs. III ... 29–31
  F. Subjektive Anforderungen ... 32
4) Rechtsfolgen der Abs. I bis III ... 33
5) Strafausschließungsgrund, Abs. IV S. 1 ... 34–37
6) Absehen von Strafe, Abs. IV S. 2 ... 38–40

1) Allgemeines. Die Vorschrift ersetzt nach Abs. I bis III idF des **SFHÄndG** (9 vor § 218) den § 218 a I bis III idF des SFHG, dessen Abs. I vom BVerfGE **88**, 203 für nichtig erklärt worden ist (6 vor § 218) und an dessen Stelle bis zum Inkrafttreten des SFHÄndG als Übergangsregelung die Nr. 2 der BVerfG-VollstrAO (6 ff. vor § 218) getreten war. **Abs. I** enthält eine **Fristenlösung** in der (etwas rätselhaften) Form eines Tatbestandsausschlusses, **Abs. II** einen Rechtfertigungsgrund der **medizinisch-sozialen** (einschließlich der embryopathischen) **Indikation, Abs. III** einen Rechtfertigungsgrund bei **kriminologischer Indikation. Abs. IV** (idF des SFHG) enthält weitere Privilegierungsfälle. Ergänzende Regelungen enthält das **SchwangerschaftskonfliktG** v. 27. 7. 1992 (BGBl. I 1398; III 404–25). **1**

Literatur (Weitere Angaben 11 vor § 218): *Ahrens,* Med. Indikationen zum therap. Schwangerschaftsabbruch, 1972; *Beckmann,* Der „Wegfall" der embryopathischen Indikation, MedR **98**, 155; *Böhme-Marr,* Schwangerschaftsunterbrechung aus psychiatrischer Indikation, DMW **75**, 865; *Böckenförde,* Menschenwürde als normatives Prinzip, JZ **03**, 809; *Büchner,* Abtreibung u. Berufsfreiheit, NJW **99**, 833; *ders.,* Ist abtreiben wirklich noch Unrecht?, JVL Nr. 17 (2000), 9; *Cramer,* Embryopatische Indikation u. pränatale Diagnostik, ZRP **92**, 136; *ders.,* Pränatale Diagnostik u. Fetaltherapie, MedR **92**, 14; *Eberbach,* Pränatale Diagnostik (usw.), JR **89**, 265; *Engelhardt,* Ethische Indikation u. Grundgesetz, FamRZ **63**, 1; *Eser,* „Ärztliche Erkenntnis" u. richterl. Überprüfung (usw.), Baumann-FS 155; *ders.,* Zur Rechtsnatur der „Allgemeinen Notlagenindikation" (usw.), R. Schmitt-FS 171; *Gropp,* Der Embryo als Mensch (usw.), [Spätabbrüche], GA **00**, 1; *ders.,* Atypische rechtmäßige Schwangerschaftsabbrüche, Schreiber-FS (2003) 113; *Hanke,* Spätabtreibungen im Personenstandsrecht, im Bestattungsrecht u. in § 159 StPO, 2001 (Diss. Dresden); *Heinemann,* Schwangerschaftsabbruch auf Grund embryopatischer Indikation, Zentralbl. f. Gynäkologie 1998, 589; *Hennies,* Schwangerschaftsabbruch bei schweren embryonalen Schäden?, ArztR **98**, 127; *Herrmann/v. Lüpke,* Lebensrecht u. Menschenwürde, 1991; *Hirsch,* „Reduktion" von Mehrlingen, MedR **88**, 292; *Hülsmann,* Indikationsfeststellung zum Schwangerschaftsabbruch, StV **92**, 78; *Jähnke,* Rechtsgutvernich- **1 a**

tung nach ärztl. Ermessen?, Hanack-FS 187; *S. Koch,* Der Bayerische Sonderweg im Abreibungsrecht, 1998; *Kluth,* Das Grundrecht auf Leben u. die „ratio" des Gesetzgebers, GA **88**, 547; *Lang-Hinrichsen,* Betrachtungen zur sog. ethischen Indikation der Schwangerschaftsunterbrechung, JZ **63**, 721; *Laufs,* Pränatale Diagnostik u. Lebensschutz aus arztrechtl. Sicht, MedR **90**, 231; *ders.,* Am Ende eine nur wenig verhüllte Fristenlösung, NJW **95**, 3042; *Mende,* Schwangerschaftsabbruch u. Sterilisation aus nervenärztl. Sicht, 1968; *Mitsch,* Notwehr gegen Schwangere, JR **06**, 450; *Otto,* Vom medizinisch indizierten Schwangerschaftsabbruch zur Kindstötung, ZfL **99**, 55; *Pluisch,* Der Schwangerschaftsabbruch aus kindl. Indikation im Spannungsfeld der pränatalen Diagnostik, 1992; *Schlund,* Rechtsfragen der „eugenischen" Indikation, JR **90**, 105; *ders.,* Aufklärungsdefizit über mögliche pränatale Schädigung (usw.), JR **93**, 144; *T. Schmidt,* Die derzeitige Rechtslage beim Schwangerschaftsabbruch, in: *Roxin/Schroth* (Hrsg.), Medizinstrafrecht, 2. Aufl. 2001, 313; *Schmidt-Recla/Schumann,* Die Abschaffung der embryopathischen Indikation (usw.), MedR **98**, 497; *Schneble,* Behinderung – keine Indikation zur Abtreibung, DÄBl. **91**, 2142; *Schramm,* Alles andere als „Eugenik", MMW **94**, 61; *Schroeder-Kurth,* Ärztl. Indikation u. Selbstbestimmung bei der vorgeburtl. Chromosomendiagnostik, MedR **91**, 128; *Starck,* Mifegyne und die Abtreibungsgesetzgebung, NJW **00**, 2714; *Süfke,* „Ärztliche Erkenntnis" und die Pflicht zur sorgfältigen Prüfung im Rahmen des § 218 StGB, 1995.

2 **2) Tatbestandsausschluss, Abs. I.** Unter den Voraussetzungen der Nr. 1 bis 3 erklärt Abs. I den **Tatbestand** des *§ 218* für **nicht verwirklicht.** Das bedeutet, dass Abbrüche nach Beratung für die am Schwangerschaftsabbruch Beteiligten straffrei sind. Der Tatbestandsausschluss bezieht sich nur auf § 218, nicht auf andere Tatbestände.

3 **A. Dogmatische Einordnung.** Abs. I hat daher ein **Fristenmodell** eingeführt, das eine Straffreistellung der Abtreibung während der ersten 12 Schwangerschaftswochen bei freier Letztentscheidung durch die Schwangere bewirkt. Die Regelung ist nur vor dem Hintergrund der jahrzehntelangen rechtspolitischen Auseinandersetzungen um die Strafbarkeit des Schwangerschaftsabbruchs (vgl. dazu 3ff. vor § 218) und der beiden Entscheidungen des BVerfG (E **39**, 1; **88**, 203) verständlich. Danach wäre mit Art. 2 Abs. 2 S. 1 iVm Art. 1 GG eine Fristenlösung unvereinbar; der Schwangerschaftsabbruch ist daher grds Unrecht (E **88**, 203, 207, 253ff.). Hieraus folgt aber nicht zwingend seine **Strafrechtswidrigkeit** (E **88**, 203, 279f.; vgl. dazu *Günther,* Strafrechtswidrigkeit u. Strafrechtsausschluss, 1983, 83ff., 314ff.).

4 Die Konstruktion eines „tatbestandslosen, aber rechtswidrigen" Handelns und damit die Annahme einer „gespaltenen" Rechtswidrigkeit ist vielfach kritisiert worden (vgl. etwa *Eser* KritV **93**, 159; JZ **94**, 507; Lenckner-FS 26; *S/S-Eser* 13ff.; *Hermes/Walther* NJW **93**, 2344; *Berkemann* JR **93**, 443; *Gropp* GA **94**, 155; MK-*Gropp* 7ff. [vgl. aber *ders.*, Schreiber-FS 2003, 113, 114f.]; *M/Schroeder/Maiwald* 6/2; *Hettinger,* Entwicklungen 18; *Hofmann,* Lobkowicz-FS 346; *Langer* ZfL **99**, 47; *Jakobs* JVL 17 [2000], 17; ausf. *Tröndle* 49. Aufl. 11ff. vor § 218 u. 3 zu § 218a). Den vom BVerfG (E **88**, 279, 295) und vom Gesetzgeber (BT-Drs. 13/1850, 25) angestrebten Ausschluss der **Nothilfe** erreicht sie nicht, denn die Rechtswidrigkeit des Angriffs iS von § 32 setzt kein straftatbestandsmäßiges, sondern nur ein im Widerspruch zur Rechtsordnung stehendes Handeln voraus (*Satzger* JuS **97**, 802; *Otto* Jura **96**, 140; *Arzt/Weber* 5/48; vgl. *S/S-Lenckner/Perron* 19 zu 32). Ein Nothilferecht zugunsten des Ungeborenen kann daher nur dann ausgeschlossen werden, wenn aus dem Verhältnismäßigkeitsgrundsatz und dem öffentlichen Interesse an der Wirksamkeit des Beratungsschutzkonzepts eine **sozialethische Schranke** abgeleitet wird (*S/S-Eser* 14 zu § 218a; vgl. auch *Schittenhelm* NStZ **97**, 171; **abl.** und *für* ein Nothilferecht *Tröndle* NJW **95**, 3011 u. 49. Aufl. 14g vor § 218): Eine Nothilfe, um die Schwangere (ggf. mit Gewalt) zum Austragen des Kindes zu zwingen, ist idR als *nicht geboten* anzusehen (*Satzger* JuS **97**, 802; *Arzt/Weber* 5/48; *Mitsch* JR **06**, 450, 452).

5 Die Tatbestandslösung des I ist neben dem allgemeinen Einwand der Willkürlichkeit jeder Fristenlösung – ein sachlicher Grund, einen *13 Wochen* alten Embryo strafrechtlich besser zu schützen als einen *12 Wochen* alten, ist auf der Grundlage der Rechtsgutsbestimmung der ganz hM (vgl. 2 vor § 218) nicht ersichtlich – vielfach dem Vorwurf ausgesetzt, den Rechtsgutsschutz *nicht auf eine in sich stimmige* Abgrenzung zwischen Recht und Unrecht zu stützen, sondern auf ein nur allgemeines Konzept sozialpädagogischer und -politischer Bemühungen zu verlagern, an dessen praktischer Erfolgsaussicht seinerseits Zweifel bestehen können (vgl. 1a zu § 219; 10a vor § 218). Freilich hat *Jakobs* (JVL 17 [2000], 27) zutreffend darauf hingewiesen, das Rechtssystem habe den Tatbestandsausschluss einer rechtswidrigen Handlung

ohne praktischen Widerstand in seine Selbstbeschreibung aufgenommen. Dass er „de facto einen **Rechtfertigungsgrund** darstellt" (vgl. auch *Denninger/Hassemer* KritV **93**, 99; *Hassemer,* Mahrenholz-FS 731; *Wolter* GA **86**, 227 [*prozeduraler Rechtfertigungsgrund*]; *Hermes/Walther* NJW **93**, 2341 [*Rechtswidrigkeitssausschluss sui generis*]; *S/S-Eser* 17 [*Tatbestandsausschluss sui generis*]; *Günther* ZStW **103**, 874 [*Strafunrechtsausschließungsgrund*]; krit. *Büchner* JVL **17**, (2000), 9 ff.) und jedenfalls in der Praxis so verstanden wird (SK-*Rudolphi* 2), kann kaum bezweifelt werden (vgl. auch *Jakobs* JVL **17** (2000), 17 ff., 34 ff.; *Kindhäuser* BT I, 6/8; 10 ff. vor § 218).

B. Voraussetzungen. Der **Tatbestandsausschluss setzt voraus,** dass die Schwangerschaft **innerhalb von 12 Wochen** nach der Empfängnis (*Nr. 3,* unten 7) und **durch einen Arzt** (*Nr. 2,* unten 8) abgebrochen wird, dass die Schwangere den Abbruch **verlangt** (unten 12) und durch eine **Bescheinigung nachgewiesen** hat (unten 13), dass sie sich mindestens 3 Tage vor dem Eingriff von einer anerkannten Beratungsstelle (5 zu § 219) hat **beraten** lassen *(Nr. 1).* Fehlt es an diesen Voraussetzungen, ist der Schwangerschaftsabbruch rechtswidrig und für alle Beteiligten nach § 218 strafbar; falls sie die Sachlage nicht kennen, kommt ein Tatbestandsirrtum in Betracht (*Lackner/Kühl* 5). 6

a) Frist. Nur **innerhalb von 12 Wochen nach der Empfängnis** ist der Schwangerschaftsabbruch von der Strafbarkeit ausgenommen. Die 12-Wochenfrist ist nach dem jeweiligen Stand der wissenschaftlichen Erkenntnis zu ermitteln (*Lackner/Kühl* 6). Die Schwangere (nicht der Arzt oder andere Beteiligte; unten 34) ist in den Fällen des Abs. I außerdem nach IV nicht strafbar, wenn seit der Empfängnis nicht mehr als **22 Wochen** verstrichen sind (unten 37); von Strafe kann abgesehen werden, wenn nach Ablauf dieser Frist die – nicht beratene – Schwangere sich zZ des Eingriffs in besonderer Bedrängnis befunden hat (unten 38). Bei der Abtreibung mittels sog. „Abtreibungspille" verkürzt sich die Frist für Beratung und Entscheidung, da das Mittel nur vom 42. bis 49. Tag nach dem ersten Tag der letzten Menstruation verabreicht werden darf, auf eine Woche nach sicherer Feststellung der Schwangerschaft (krit. *Starck* NJW **00**, 2714). 7

b) Ärztliche Pflichten. In allen Fällen des § 218 a darf der Schwangerschaftsabbruch nur **von einem Arzt** vorgenommen werden; wenn er im **Inland** vorgenommen wird, muss es ein hier approbierter Arzt sein (Prot. 7/1558, 1644; **aA** *M/Schroeder/Maiwald* 6/9, der eine gleichwertige Qualifikation genügen lässt). Bei einem im **Ausland** vorgenommenen Abbruch genügt die nach dem dortigen Recht wirksame ärztliche Zulassung (**aA** *Tröndle* 49. Aufl. 5). § 218 a bestimmt nicht ausdrücklich, dass der Arzt Gynäkologe sein muss (krit. *S/S-Eser* 58), doch folgt schon aus § 13 I SchKG, dass das gebotene Fachwissen vorausgesetzt ist. 8

Die dem abbrechenden **Arzt** obliegenden **Pflichten** sind den **§§ 218 b, 218 c** und dem SchKG nur mittelbar zu entnehmen. Er ist gehalten, über seine Feststellungen, aber auch über die Erfüllung der erweiterten Aufklärungs- und Beratungspflicht hinreichende **Aufzeichnungen** zu machen. Im Hinblick auf die mitgeschützte Gesundheit der Schwangeren sind die ärztlichen Kunstregeln zu beachten (BGH **14**, 2); hierzu gehören auch ärztliche Maßnahmen der notwendigen Nachbehandlung (§ 13 I SchKG; *S/S-Eser* 59). § 13 I SchKG verlangt, dass der Abbruch (wenn auch nur ambulant) in einer Einrichtung vorgenommen wird, in der auch die notwendige **Nachbehandlung** (durch Ärzte und geschultes Personal mit Hilfe der zeitgemäß erforderlichen Einrichtungen für möglicherweise längere Zeit) gewährleistet wird. 9

Im Fall des **Abs. I** sind Feststellungen des abtreibenden Arztes über das mögliche Vorliegen einer rechtfertigenden Indikation (unten 14 ff., 18) nicht erforderlich. Der Vorwurf, dem Arzt werde damit „unärztliches Handeln" vorgeschrieben (*Tröndle* 49. Aufl. 5 b), würde nur auf der Grundlage einer *allein* medizinischen Indikation zutreffen. Vgl. i. ü. § 218 c; zu Abs. II und III *unten 18 f.,* 32. 10

Eine **Verpflichtung** des Arztes, einen Schwangerschaftsabbruch vorzunehmen, besteht nicht (§ 12 I SchKG). Dieses **Weigerungsrecht** des Arztes ist grds in allen Fällen des § 218 a gegeben; § 12 II SchKG schränkt dies nur für die Fälle der strengen medizinischen Indikation dahin ein, dass in diesen Fällen eine Mitwirkung nicht verweigert werden darf, wenn sie notwendig ist (zB Fehlen eines Ersatzarztes), um von der Frau eine nicht anders abwendbare Gefahr des Todes abzuwenden; da eine bereits übernommene Behandlung eine Garantenstellung begründet, kann eine Weigerung hier zur Strafbarkeit nach §§ 211 ff., 223 ff., i. ü. nach § 323 c führen (vgl. *S/S-Eser* 86; LK-*Kröger* 82; SK-*Rudolphi* 51). 11

c) Verlangen der Schwangeren. Ein Schwangerschaftsabbruch nach Abs. I setzt ferner ein (regelmäßig ausdrückliche) Verlangen der Schwangeren voraus. Das 12 ist mehr als die bloße Einwilligung (hierzu unten 16f.; vgl. auch *S/S-Eser* 61), vielmehr die eigene „Letztentscheidung" der Frau, welcher die vorgeschriebene Beratung und ein ärztliches, am Lebensschutz orientiertes Beratungs- und Aufklärungsgespräch (BVerfGE **88**, 290) vorausgegangen sind. Über die letztlich maßgebenden Gründe ihres Verlangens ist die Schwangere niemandem Rechenschaft schuldig. Allerdings muss sich der abbrechende Arzt im Rahmen der ihm obliegenden Vergewisserungspflichten auf geeignete Weise Gewissheit darüber verschaffen, dass das Verlangen der Schwangeren **ernsthaft** ist und auf einer eigenen Entscheidung beruht. Str. ist, wie zu verfahren ist, wenn eine **minderjährige Schwangere** ein solches Verlangen stellt. Auf **Geschäftsfähigkeit** kommt es grds nicht an; kindliche oder wegen Geisteskrankheit nicht einwilligungsfähige Schwangere können einen Schwangerschaftsabbruch aber wohl idR nicht iS des § 218a I wirksam verlangen.

13 **d) Beratungsbescheinigung.** Die Schwangere hat dem abbrechenden Arzt **durch** eine Bescheinigung (Abs. I Nr. 1) nachzuweisen, dass sie sich mindestens 3 Tage vor dem Eingriff von einer anerkannten Beratungsstelle (5 zu § 219) hat beraten lassen. Der Arzt hat nur zu *überprüfen*, ob die Bescheinigung von einer anerkannten Beratungsstelle ordnungsgemäß ausgestellt ist und die darin bestätigte Beratung 3 Tage, ohne dass der Tag der Erteilung der Beratungsbescheinigung anzurechnen ist, zurückliegt, sowie festzustellen, dass die Gravidität der Schwangeren bis zum Eingriff nicht älter als 12 Wochen ist (vgl. § 218c I Nr. 3). Unerheblich ist, ob die die Bescheinigung ausstellende Beratungsstelle sich – allgemein oder im Einzelfall – von dem Schwangerschaftsabbruch **distanziert.** Ein Zusatz, die Bescheinigung dürfe für einen Schwangerschaftsabbruch nicht verwendet werden, hat daher für den Tatbestandsausschluss nach **I keine Bedeutung** (vgl. dazu *Spieker* ZfL **99**, 2ff.; 69ff.). Ausführungen zur Beurteilung der Konfliktlage, zur Ernsthaftigkeit des Abbruchwunsches oder zur Zweckmäßigkeit des Abbruchs sind in die Bescheinigung nicht aufzunehmen.

14 **3) Rechtfertigende Indikation. Abs. II und III** enthalten Indikationen, die als **Rechtfertigungsgründe** zu verstehen sind. Im Gegensatz zur aF („nicht strafbar") hat der Gesetzgeber den rechtfertigenden Charakter der **medizinisch-sozialen** und der **kriminologischen** Indikation im SFHÄndG ausdrücklich geregelt (vgl. BT-Drs. 13/1850, 25) und damit die schon zur aF vertretene Auffassung der Rspr (BVerfGE **88**, 257, 272ff.; 325; BGH **38**, 158; BGHZ **86**, 245; **89**, 102; **95**, 202; BSG NJW **85**, 2216; BAG NJW **89**, 2347) bestätigt. Die Indikationen sind daher als Spezialfälle des **rechtfertigenden Notstands** anzusehen (so schon die hM zur aF; vgl. etwa *Gropp* GA **88**, 1; **94**, 151; *Lenckner* GA **85**, 306; *Roxin* JA **81**, 229; *Schmidhäuser,* Lackner-FS 93f.; *M/Schroeder/Maiwald* 6/32ff.; vgl. auch *Lackner/Kühl* 16 vor § 218; SK-*Rudolphi* 8ff.; *S/S-Eser* 21/22; *W/Hettinger* 232; *Arzt/Weber* 5/62; jew. mwN; zur Anwendung von **§ 34** auf atypische Fälle vgl. *Gropp*, Schreiber-FS [2003] 113ff.).

15 Die **Gegenauffassungen** („rechtsfreier Raum" [*Schild* JA **78**, 631, 635; *Kerber,* Arth. Kaufmann-FS 161; *Priester,* Arth. Kaufmann-FS 499]; „Strafunrechtsausschließungsgründe" [*Günther,* Strafrechtswidrigkeit u. Strafunrechtsausschluss, 1983, 314]; „objektive Strafausschließungsgründe [*Otto* NStZ **90**, 178]; „Strafwürdigkeitsvoraussetzungen" [*Sax* JZ **77**, 326]; Entschuldigungsgründe [*Tröndle* MedR **86**, 32; ZRP **89**, 54, 58; NJW **89**, 2990; and. aber noch *Dreher/Tröndle* 41. Aufl. vor § 218]; umf. Darstellung des Streits bei *S/S-Eser,* 24. Aufl. 2ff.; *Dreher/Tröndle* 46. Aufl. 8a bis 8i vor § 218) finden im Gesetz keine Stütze mehr (*S/S-Eser* 21/22; SK-*Rudolphi* 9; *Lackner/Kühl* 16 vor § 218; *W/Hettinger* 232; *Arzt/Weber* 5/45). Einwendungen gegen die Verfassungsmäßigkeit der Rechtfertigung (vgl. *Kluth* FamRZ **93**, 1390; *Belling* MedR **95**, 184; *Tröndle* 49. Aufl. 14k vor § 218; vgl. auch *Gropp* GA **94**, 151ff.) stützen sich vor allem darauf, dass eine *Interessenabwägung,* wie sie der rechtfertigende Notstand *voraussetzt, zwischen dem Leben* der Frucht und dem Leben oder sonstigen Interessen der Schwangeren von Verfassungs wegen ausgeschlossen sei. Dem könnte, wenn das ungeborene menschlichen Leben tatsächlich dem geborenen Leben *gleichwertig* wäre (BVerfGE **39**, 1; **88**, 203), nur entgegengehalten werden, dass ein **Allgemeininteresse** an der Vermeidung von Laienabtreibungen und sonstigen negativen Auswirkungen des alten Abtreibungsrechts (SK-

Rudolphi 10; *S/S-Eser* 6; *Gropp* GA **88**, 1 ff.) sowie an der Realisierung des Beratungskonzepts als (überwiegendes) Interesse anzusehen sei.

A. In allen Fällen der Indikation ist eine **Einwilligung der Schwangeren** in den Abbruch erforderlich. Die Wirksamkeit der Einwilligung setzt nicht Geschäftsfähigkeit, sondern nur **Einsichts- und Urteilsfähigkeit** der Schwangeren voraus (vgl. 3 b vor § 32; Prot. 7/1535, 1600; BGH **12**, 382; BGHZ NJW **72**, 325; LK-*Kröger* 9 u. SK-*Rudolphi* 18, jew. zu § 218 a); nach KBer. 22 soll diese bei Schwangeren bis zu 14 Jahren idR zu verneinen, bis zum 16. Lebensjahr von der individuellen Reife abhängig sein. Die Einwilligung ist bis zum Eingriff frei widerruflich, eine Weigerung für Dritte verbindlich; eine frühere Abrede der Kinderlosigkeit ist rechtlich unbeachtlich (Stuttgart FamRZ **87**, 701). Die Einwilligung ist grundsätzlich **von der Schwangeren selbst** zu erteilen; sie ist eine höchstpersönliche Willensentscheidung. Auf sie **verzichtet** werden kann allenfalls bei **medizinisch-sozialer Indikation** (unten 20 ff.; LK-*Kröger* 8), wenn die Schwangere zu einer Willenserklärung nicht in der Lage ist. Ist genügend Zeit gegeben, so ist in diesem Fall die Einwilligung eines gesetzlichen Vertreters oder eines Pflegers einzuholen (§ 219 e IV RegE). 16

Bei **minderjährigen Frauen** sollte die Problematik wie folgt gelöst werden: Bei **schon Sechzehnjährigen** entscheidet in allen Fällen, wenn nicht die Ausnahme unter oben 16 eingreift, die Schwangere allein (vgl. § 219 e IV RegE; KBer. 22; so auch AG *Schlüchtern* NJW **98**, 832; **aA** jedoch Hamm NJW **98**, 3424; AG Celle NJW **87**, 2308 m. Anm. *Mittenzwei* MedR **88**, 43; vgl. auch BGH **12**, 383). Möchte die **noch nicht sechzehnjährige,** einwilligungsfähige Schwangere das Kind austragen, so ist diese Entscheidung zu respektieren, es sei denn, dass bei Austragung Tod oder schwerer Gesundheitsschaden drohen; in solchen Fällen entscheidet, wenn eine entsprechende Feststellung nach § 218 b vorliegt, der gesetzliche Vertreter (**aA** *Laufhütte/Wilkitzki* JZ **76**, 331). Sollte die noch nicht Sechzehnjährige, jedoch Einwilligungsfähige in den Fällen der medizinischen Indikation, wenn eine entsprechende Feststellung nach § 218 b vorliegt, den Eingriff wünschen, so reicht entgegen § 219 e IV RegE ihre eigene Einwilligung aus; in einer solchen Lage dürfen Eltern ihr Kind nicht zwingen, trotz anerkannter Indikation die Frucht auszutragen (vgl. LK-*Kröger* 11 u. SK-*Rudolphi* 20, jew. zu § 218 a; *Wille* PraxRMed 232). Dasselbe gilt für die kriminologische Indikation. Bei **einwilligungsunfähigen Schwangeren** (Kinder, Geisteskranke, Schwachsinnige) ist eine **Ersatzeinwilligung** bei der medizinisch-sozialen Indikation allenfalls entbehrlich, wenn die Gefahr für die Schwangere nicht auf andere für sie zumutbare Weise abgewendet werden kann (vgl. dazu auch die Antwort der BReg. BT-Drs. 11/3951 auf die Kleine Anfrage BT-Drs. 11/3877, sowie die Große Anfrage v. 31. 10. 1989 [BT-Drs. 11/5517] zu Abschn. B). Von einer **mutmaßlichen Einwilligung,** etwa wenn die Einwilligung aus tatsächlichen Gründen (zB wegen Bewusstlosigkeit der Schwangeren) nicht erklärt werden kann, ist allenfalls bei Vorliegen einer anders nicht abwendbaren Gefahr des Todes oder einer schweren Gesundheitsschädigung auszugehen (vgl. auch österrOGH JBL. **98**, 443 m. Anm. *Bernat* ebd. 464). 16 a

B. Beschränkung auf ärztliche Abbrüche. Der Abbruch muss **von einem Arzt** vorgenommen werden; dazu oben 8 ff. Das ist hinsichtlich der Strafbarkeit der Schwangeren unter dem Blickwinkel des § 34 nicht zwingend, da die Grundlage der Rechtfertigung nicht aus der Mitwirkung des Arztes folgt (etwa iS einer von ihm erteilten „Befugnis"), sondern von diesem „erkannt" wird. Das (strafbewehrte) Erfordernis eines ärztlichen Abbruchs ergibt sich daher nur aus der Gesamtkonzeption des kombinierten Fristen- und Indikationsmodells; die zwingende Mitwirkung eines Arztes soll neben dem Schutz des Ungeborenen auch – uU gegen deren Willen – den der Schwangeren bewirken. 17

C. Ärztliche Erkenntnis. In allen Fällen der Abs. II und III ist vorausgesetzt, dass die Indikation nach ärztlicher Erkenntnis vorliegt. **Ärztliche Erkenntnis** ist nicht gleichzusetzen mit ärztlichem Ermessen; sie ist also nicht allein die subjektive Wertung einer Person, die „von Beruf Arzt" ist (vgl. BGH **38**, 144, 150 *[Memmingen-Fall];* BT-Drs. 7/4128, 7). Der Begriff „kennzeichnet sowohl die Grundsätze, nach denen die Prüfung sich inhaltlich zu richten hat, als auch die Person (des abbrechenden Arztes), auf deren Erkenntnis es wesentlich ankommt" (BGH **38**, 144, LS 1). Er hat den der „medizinischen Wissenschaft" (Fassung des 5. StrRG) ersetzt, 18 um deutlich zu machen, dass nicht allein medizinisch-technische, sondern alle Faktoren in die Bewertung eingehen müssen, die für die ärztliche Beurteilung von Belang sind (*S/S-Eser* 36; enger *Lackner/Kühl* 10). Der Arzt ist nicht verpflichtet, ohne nähere Anhaltspunkte alle Umstände des sozialen und persönlichen Hintergrunds aufzuklären; eine Pflicht zu **Erkundigungen** besteht nur im Ausnahmefall (BGH **38**, 155; SK-*Rudolphi* 37).

19 Der Begriff der ärztlichen Erkenntnis räumt dem Arzt daher einen **Beurteilungsspielraum** ein (BGH **38**, 144 m. Anm. *Frommel* StV **92**, 106; krit. *Lackner* NStZ **92**, 328; *Kluth* JZ **92**, 533; *Otto* JR **92**, 210; diff. *S/S-Eser* 36; SK-*Rudolphi* 39), der eine detaillierte gerichtliche **Nachprüfung der Einzelfallsentscheidung** (so Bay NJW **90**, 2329 m. krit. Anm. *Eser* JZ **91**, 1003) ebenso ausschließt wie ein jeder gerichtlichen Prüfung entzogenes „Letztentscheidungs"-Ermessen (so BGH NJW **85**, 2753; Düsseldorf NJW **87**, 2307; *Köhler* GA **88**, 435). Erforderlich ist ein **ex-ante-Urteil** auf der Grundlage der arztrechtlichen Standards (*Lackner/Kühl* 10), wobei es sowohl bei der Auswahl als auch bei der Gewichtung der einzelnen Faktoren auf das Urteil eines sachkundigen und sorgfältigen Arztes ankommt (SK-*Rudolphi* 37). Eine Entscheidung innerhalb dieses **Rahmens des Vertretbaren** ist bei der gerichtlichen Überprüfung anzuerkennen (*S/S-Eser* 36). Ob dieser Bereich zutreffend bestimmt und die zugrunde liegenden Tatsachen mit zureichender Sorgfalt erforscht worden sind, unterliegt der Überprüfung in vollem Umfang (SK-*Rudolphi* 39; *Lackner/Kühl* 10; jew. mwN). Die Pflicht zur Beurteilung nach ärztlicher Erkenntnis trifft den **abbrechenden** Arzt, aber auch denjenigen, der eine **Feststellung** nach § 218b trifft. Zum Vorsatz und zum subjektiven Rechtfertigungselement vgl. unten 32.

20 **D. Medizinisch-soziale Indikation, Abs. II.** Die Indikation des Abs. II entspricht der Sache nach § 218a I Nr. 2 idF des 15. StÄndG [1976], der bis zum Teilinkrafttreten des SFHG [5. 8. 1992] geltendes Recht war und vom BVerfGE **88**, 203 nicht beanstandet wurde (vgl. *Otto* Jura **96**, 142). Die rein gynäkologische Indikation hat durch den medizinischen Fortschritt an Bedeutung verloren. Die Indikation hat sich im Schwerpunkt auf das psychiatrische Gebiet verlagert (Depressionen; Suizidgefahr); auch Techniken der Fortpflanzungsmedizin haben zu einer Erweiterung geführt (Gefahr durch Mehrlings-Schwangerschaften; vgl. *Schlingensiepen-Brysch* ZRP **90**, 225).

21 **a)** Der bis zum Inkrafttreten des SFHÄndG in Geltung gebliebene *§ 218a II idF des SFHG* enthielt die Worte „unter Berücksichtigung der gegenwärtigen und der zukünftigen Lebensverhältnisse der Schwangeren" nicht und grenzte damit diesen Rechtfertigungsgrund auf die **rein medizinische** Indikation ein, weil sich das Beratungskonzept vom Ansatz her mit einer Notlagenindikation nicht verträgt (*Denninger, Schlink/Bernsmann* jew. KritV 1/1993, 132, 181), was für das Einfügen sozialer Elemente in die medizinische Indikation str. ist (abl. *Tröndle* 49. Aufl. 9a; *Steiner* KritV **93**, 139; **aA** *Eser* JZ **94**, 510; *Gropp* GA **94**, 165). Die Begrenzung der medizinischen Indikation wurde im Gesetzgebungsverfahren des SFHÄndG gestrichen, um Fälle der **embryopatischen Indikation** – die *als solche* aber „aus ethischen Gründen" gestrichen wurde (krit. *Beckmann* MedR **98**, 155) – hier auffangen zu können (Ber. 26; BGHZ **151**, 133 [= NJW **02**, 2363]; einschr. SK-*Rudolphi* 8; scharf ablehnend *Tröndle* 49. Aufl. 9a; krit. auch *Scholz,* in: *M/D/H/S,* GG, 177 zu Art. 3; *Rüfner,* in: BK, 188 zu Art. 3; offengel. von *Schramm,* Lenckner-FS 541). Damit hat Abs. II aber auch die **22-Wochen-Frist** für Fälle einer der Schwangeren unzumutbaren Behinderung des Kindes beseitigt (krit. *Helmke* ZRP **95**, 441; *Beckmann* MedR **98**, 157; *Tröndle,* Kaiser-FS 1397; *Otto* Jura **96**, 142 und ZfL **99**, 55ff.; *Scholz* aaO 177 zu Art. 3 III GG; **aA** *Schumann/Schmidt-Recla* MedR **98**, 504). Freilich ist nicht etwa eine zu erwartende **Behinderung des Kinds** Indikationsgrund für einen unbefristeten Abbruch (so aber *Tröndle* 49. Aufl. 9a), sondern die (hieraus zu erwartende) **Gefahr für die Schwangere,** etwa im Fall einer ernsthaften Suizidgefahr (vgl. auch BÄK MedR **99**, 31f.; BT-Drs. 14/1045 [Antw. der BReg. auf die Kl. Anfr. BT-Drs. 14/749: Spätabtreibung usw.]).

22 *Die Überlebensrate* bei Abtreibungen nach der 20. Schwangerschaftswoche soll bei 30% liegen; danach kommen jährlich etwa 100 Kinder nach Spätabtreibungen lebend zur Welt (*Philipp* Frauenarzt **98**, 1512; *Otto* ZfL **99**, 58; zur Statistik *Hanke* [1a] 21). Der die **Spätabtreibung** vornehmende Arzt kann hier leicht in die Situation geraten, unmittelbar nach Beendigung der gerechtfertigten Abtreibungshandlung als Garant dem „frühgeborenen" Kind ggf. Lebenshilfe oder, falls es nicht lebensfähig ist, Leidhilfe gewähren zu müssen. Um dem *vorzubeugen,* wird als eine von mehreren möglichen Abbruchsmethoden der sog. *Fetozid* praktiziert, dh die Tötung des Kindes im Mutterleib durch Injektion von Kaliumchlorid oder Fibrinkleber in das Herz (vgl. BÄK, DÄBl. **98**, 3; zu weiteren Methoden vgl. *Hanke* [1 a] 19 f.). Der *Oldenburger Fall* (StA Oldenburg NStZ **99**, 461 m. Anm. *Tröndle*; vgl. dazu auch *Beckmann* MedR **98**, 158 u. LebF **45** [1998] 8; *Philipp* Frauenarzt **98**, 1512; *Laufs* NJW **98**, 1752; *Gropp* GA **00**, 1 ff.; *Otto* ZfL **99**, 55, 58 f.; zur Überlebensrate bei Abbrüchen nach der 20. Schwangerschaftswoche vgl. DÄBl. **98**, C 49, A 57; *Schumann/Schmidt-Recla* MedR **98**, 502, 504) macht deutlich, wie nah der aus der embryopatischen Indikation erwachsene Rechtfertigungsgrund einer **„Früheuthanasie"** kommen kann (vgl. zum Ganzen auch *Tröndle* NJW **95**, 3015 u. JVL **12** [1995], 101; *Otto* Jura **96**, 142; *Helmke* ZRP **95**, 441; *Gropp* GA **00**, 1; *S/S-Eser* 43; Erklärung der BÄK zum Schwangerschaftsabbruch nach Pränataldiagnostik, DÄBl. **98**, C 2126).

Soweit nach landesrechtlichen Regelungen bei der Abtreibung von Feten mit einem Gewicht von mehr als 500 Gramm ein ärztlicher **Totenschein** auszustellen und das Kind zu **bestatten** ist, kommt in diesem Zusammenhang der Angabe der Todesursache schon im Hinblick auf § 159 StPO erhebliche Bedeutung zu, um der StA die Möglichkeit einer Kontrolle der Rechtmäßigkeit zu geben (umf. dazu *Hanke* [1 a] 161 ff.). Diese Regelungen werden nicht selten mit der Begründung ignoriert, die Spätabtreibung belaste die Mutter und den Arzt (!) idR so stark, dass schon eine *Vorprüfung* durch die StA „unverhältnismäßig" sei. Das ist hinsichtlich des Arztes fern liegend und würde, wenn es zuträfe, eher seine Fähigkeit zur Berufsausübung in Frage stellen (vgl. auch *Weber/Vogt-Weber* ArztR **99**, 4). 23

b) Nach **ärztlicher Erkenntnis** muss der Schwangerschaftsabbruch **notwendig** (zur rechtlichen Nachprüfbarkeit oben 18 f.), dh indiziert sein, um eine **Lebens- oder schwere Gesundheitsgefahr** von der Schwangeren abzuwenden. Bloße Vermutungen oder vage Anhaltspunkte für eine *mögliche* Gefahr reichen nicht aus; vielmehr muss eine erhebliche Wahrscheinlichkeit für den Schadenseintritt bestehen. Das Erfordernis der Berücksichtigung der **zukünftigen** Lebensverhältnisse zeigt, dass die Gefahr **nicht gegenwärtig** iS von § 34 sein muss (*Arzt/Weber* 5/62); es sind auch Gefahren zu berücksichtigen, die erst im weiteren Schwangerschaftsverlauf, bei oder nach der Geburt drohen (**aA** *Laufhütte/Wilkitzki* JR **76**, 332; LK-*Kröger* 36). Der Grad der erforderlichen Wahrscheinlichkeit ist abhängig von der Schwere drohenden Schadens (SK-*Rudolphi* 29). 24

Die Gefahr muss entweder für das **Leben der Schwangeren** bestehen (sog. strenge medizinische Indikation, zB bei Gebärmutterkrebs; aber auch bei ernsthafter Selbstmordgefahr [vgl. RG **61**, 258; BGH **3**, 9; Prot. VI/2203, 2273]); oder es muss die Gefahr einer **schwerwiegenden Beeinträchtigung des körperlichen oder seelischen Gesundheitszustandes** der Schwangeren bestehen. Der Begriff **Gesundheitszustand** ist weiter als der im Wesentlichen auf das Körperliche beschränkte Gesundheitsbegriff in den §§ 223 ff., andererseits reicht nicht schon jede Störung des subjektiven Wohlbefindens (dazu auch RegE 21; *Lackner/Kühl* 12 u. *Lackner* NJW **76**, 1237; *M/Schroeder/Maiwald* 6/17; MK-*Gropp* 44; LK-*Kröger* 45; *S/S-Eser* 29; SK-*Rudolphi* 27 f.; *Hiersche,* Tröndle-FS 673). Es ist vielmehr in einem engeren Sinne auf die **psycho-physische Gesamtverfassung** der Schwangeren abzustellen. 25

Die zu besorgende **Beeinträchtigung** muss eine **schwerwiegende,** das Austragen der Schwangeren auch zur Erhaltung des ungeborenen Lebens **nicht zuzumuten** sein, so zB im Falle einer sonst unumgänglichen Einweisung in eine Klinik oder ein psychiatrisches Krankenhaus (*Lackner/Kühl* 13 mwN), aber auch bei Gefahren durch Mehrlingsgeburten, Embolien oder durch problematische Kindslagen (vgl. die Richtlinien der BÄK, DÄBl. **89**, 1390; *Hülsmann* NJW **92**, 2334; *Hirsch* MedR **88**, 293). Einbezogen sind auch Störungen von **erheblicher Dauer und Gewicht,** die keinem festen Krankheitsbild entsprechen, sich im Zusammenhang der gegenwärtigen und zukünftigen **Lebensverhältnisse** der Schwangeren jedoch als ernsthafte Bedrohung ihres Gesundheitszustandes darstellen. Insoweit sind auch soziale, familiäre und wirtschaftliche Belastungen in die Gesamtwürdigung einzubeziehen (BT-Drs. VI/3434, 20; SK-*Rudolphi* 28, 31; *Lackner/Kühl* 12). So kann etwa die Summierung sozialer Belastungen im Zusammenhang mit voraussichtlichen Überforderungen durch die Fürsorgepflichten im Fall der Geburt des Kindes (vgl. BVerfGE **88**, 256) zur Gefahr psychischer Dauerüberlastung mit psychosomatischer Symptomatik oder depressiver Fehlentwicklung füh- 26 ren (Bremen VersR **84**, 289; Düsseldorf NJW **87**, 2307; *S/S-Eser* 29). Zu berücksichtigen sind auch Kontraindikationen (RegE 20; *Lackner/Kühl* 13).

27 **Einzelnen Gesichtspunkten** kommt insoweit keine von vornherein indizierende Bedeutung zu; je nach Ausprägung und konkreter Bedeutung können sie vor dem Hintergrund der Persönlichkeit der Schwangeren, ihres Gesundheitszustandes und der voraussichtlichen Entwicklung Gewicht erlangen und die Feststellung einer **Gefahrenlage** begründen (**zB** nicht nur vorübergehender Abbruch der Ausbildung; Abwendung des Kindsvaters oder der Familie; Verlust von Wohnung, Arbeitsplatz oder sozialen Bezügen; Überforderung durch schon lebende Kinder, durch Alkoholismus oder Drogensucht des Lebenspartners; geplante Trennung oder Ehescheidung; hoffnungslose Überschuldung; psychische Abhängigkeit; Furcht bei Schwangerschaft aus einem „Seitensprung"; vgl. auch BGH **38**, 162 ff. zu § 218 a aF). Eine **allgemeine Notlagen-**Indikation enthält Abs. II nicht; insb. können durch einzelne voraussichtliche Erschwernisse oder durch die **Neuorientierung von Lebensplänen** verursachte psychische Belastungen nicht in schwerwiegende Gesundheitsgefahren umgedeutet werden.

28 **c)** Die Gefahr darf **nicht auf andere, der Schwangeren zumutbare Weise abwendbar** sein (**zB** durch medizinische Behandlung oder Einleitung einer Frühgeburt zu einem gefahrlosen Zeitpunkt; vgl. LK-*Kröger* 47; *S/S-Eser* 33; *M/Schroeder/Maiwald* 6/20). Bei Gefährdung durch depressive Verstimmungen ist es eine Frage des Einzelfalls, ob etwa ambulante oder stationäre Psychotherapie Erfolg versprechend **und** zumutbar sind (vgl. LK-*Kröger* 48). Festzustellen ist daher zunächst die **faktische** Abwendbarkeit, sei es durch medizinische, sei es durch soziale oder sonstige Maßnahmen des Arztes, der Schwangeren oder Dritter. Entscheidend ist sodann die Frage, ob die faktisch mögliche (ggf. welche von mehreren) Abwendungsmaßnahmen der Schwangeren **zumutbar** ist (BVerfGE **88**, 256 f.). So kann etwa eine langfristige Aufnahme der Frau in einem psychiatrischen Krankenhaus oder Heim gegen ihren Willen wohl nur im Ausnahmefall zumutbar sein (BT-Drs. VI/3434, 21; *Lackner/Kühl* 13; einschr. SK-*Rudolphi* 34; vgl. auch MK-*Gropp* 49); unzumutbar ist, wenn die Schwangere dies ablehnt, idR die Trennung von einem kranken oder süchtigen Lebenspartner (SK-*Rudolphi* 34) oder die Weggabe schon vorhandener Kinder in Pflegefamilien (*S/S-Eser* 35; LK-*Kröger* 71). Dasselbe gilt für eine drohende dauerhafte Unterbringung des Kindes, wenn hieraus besondere, über das regelmäßig zu erwartende Maß hinausgehende Belastungen für die Mutter zu erwarten sind. Nach Lage des Einzelfalls ist auch die Zumutbarkeit einer Freigabe zur **Adoption** zu beurteilen. Diese ist weder regelmäßig zumutbar (so AG Celle NJW **87**, 2307; *Weiß* JR **93**, 457; **94**, 318 f.; *Kluth* FamRZ **93**, 1388; *Tröndle* 49. Aufl. 23 mwN) noch regelmäßig unzumutbar (so LG Memmingen NStZ **89**, 229; LK-*Kröger* 76 zu § 218 a aF mwN; ähnlich wie hier SK-*Rudolphi* 34); aus einer Freigabe kann sich im Einzelfall die Gefahr einer schwerwiegenden psychischen Beeinträchtigung der Frau ergeben (BGH **38**, 161 f.; Bay NJW **90**, 2330; *Lackner/Kühl* 13; *S/S-Eser* 35; *Arzt/Weber* 5/65; jew. mwN).

29 **E. Kriminologische Indikation, Abs. III.** Auch III (dazu BVerfGE **88**, 213; Nr. 9) folgt den bisherigen Vorbildern und setzt eine **rechtswidrige Tat** nach den §§ 176 bis 179 voraus. In diesen Fällen wird die Unzumutbarkeit der Fortsetzung einer Schwangerschaft gesetzlich unwiderleglich vermutet (*S/S-Eser* 51; SK-*Rudolphi* 36; *Lackner/Kühl* 20). Eine Beratung nach § 219 ist nicht vorgeschrieben (Ber. 26; zutr. krit. *Lackner/Kühl* 7 a).

30 **a)** Die kriminologische Indikation setzt voraus, dass die Frau Opfer einer Tat nach den **§§ 176 bis 179** geworden ist. In den Fällen der §§ 176, 179 steht ein Einverständnis des Opfers mit der Sexualstraftat der Einwilligung in die Abtreibung nicht entgegen (*S/S-Eser* 47; *Lackner/Kühl* 19). Das Merkmal der **Außerehelichkeit** ist durch das 6. StrRG gestrichen worden. Taten nach § 173 scheiden aus; ebenso (mit zweifelhafter Berechtigung gegenüber § 179) solche nach §§ 174, 174 b, 174 c, 182. Ein Strafverfahren wegen der Tat braucht nicht zu laufen.

31 **b) Dringende Gründe** müssen für die Annahme sprechen, dass **die Schwangerschaft auf der Tat beruht.** Es muss ein hoher Grad von Wahrscheinlichkeit

gegeben sein, dass der Täter, der nicht identifiziert zu sein braucht (*S/S-Eser* 49), auch der Schwängerer ist. Auch für diese Feststellung ist die **ärztliche Erkenntnis** (oben 18) maßgebend (SK-*Rudolphi* 43). Wie diese zu gewinnen ist, kann nur im Einzelfall entschieden werden. Zwar kann der Arzt mit Einwilligung der Schwangeren, wenn ein Ermittlungsverfahren geführt wird, eine Auskunft der StA einholen und etwa vorhandene Ermittlungsakten einsehen (BVerfGE **88**, 213; krit. *S/S-Eser* 49; *Eser* JZ **94**, 510; *Hermes/Walther* NJW **93**, 2345); wie eine Ermittlungsbehörde braucht er sich aber nicht zu betätigen; allerdings hat er die ihm zur Verfügung stehenden Erkenntnismittel auszuschöpfen (Ber. 25), dh in erster Linie das Gespräch mit der Patientin (vgl. MK-*Gropp* 74; krit. *Tröndle* NJW **95**, 3016). Aus der Entscheidung der Schwangeren, keine **Strafanzeige** zu erstatten, kann nicht ohne weiteres auf die Unglaubhaftigkeit ihres Vorbringens geschlossen werden. Auch für die kriminologische Indikation dürfen **seit der Empfängnis nicht mehr als 12 Wochen** verstrichen sein (III, letzter Halbs.; SK-*Rudolphi* 44; hiergegen *Eser* JZ **94**, 510).

F. Subjektive Anforderungen. Die Indikation nach II oder III muss nach ärztlicher Erkenntnis (oben 18f.) vorliegen; der abbrechende Arzt, der an die ihm vorliegende schriftliche Feststellung eines anderen Arztes über das Gegebensein einer Indikation nicht gebunden ist (4 zu § 218b), muss deshalb **nach eigenem Urteil davon überzeugt** sein, dass die Indikation nicht nur möglicherweise, sondern mit Sicherheit zu bejahen ist (*Gössel* BT 1, 10/23). Bei Unkenntnis einer objektiv gegebenen Indikation liegt daher Versuch des § 218 vor (23 zu § 16; 51 zu § 32). Wird in der Feststellung nach § 218b I die Indikation **verneint** und unterlässt der abbrechende Arzt eine eigene Prüfung oder kann seine eigene Prüfung die Feststellung nicht entkräften, so wird regelmäßig bedingter Vorsatz nach § 218 anzunehmen sein (LK-*Kröger* 23). Wird jedoch in der Feststellung die Indikation **bejaht,** so können an die Vergewisserungspflicht des abbrechenden Arztes keine hohen Anforderungen gestellt werden. Bei einem Abbruch ohne Feststellung nach § 218b I trifft den Arzt eine besondere Prüfungspflicht; in jedem Fall wird er nach § 218b I strafbar. **32**

4) Rechtsfolgen der Abs. I bis III. Bei Vorliegen der Voraussetzungen des **Abs. I bis III** ist eine **Strafbarkeit** aller Beteiligten **nach § 218** ausgeschlossen, unabhängig davon, ob eine formelle Indikationsfeststellung nach § 218b vorlag und ob der Abbruch in einer zugelassenen Einrichtung durchgeführt wurde. **33**

5) Strafausschließungsgrund, Abs. IV S. 1. Abs. IV enthält in Satz 1 einen **persönlichen Strafausschließungsgrund.** Er entspricht § 218 III aF, hat aber, da er einen rechtswidrigen Schwangerschaftsabbruch voraussetzt und Abbrüche nach I tatbestandslos sind, nur noch geringe Bedeutung (*Lackner/Kühl* 22). Die Vorschrift stellt **nur die Schwangere** von der Strafbarkeit frei, und zwar auch als etwaige Anstifterin (Prot. 7/2359; LK-*Kröger* 57), nicht aber sonstige Beteiligte. Die Tat bleibt rechtswidrig, die Abbruchkosten werden nicht nach § 24b SGB V erstattet (Ber. II 6; KBer 20). Satz 1 betrifft nur Fälle, die an sich nach § 218 strafbar wären, so dass er ausscheidet, wenn die Strafbarkeit nach § 218 schon deshalb entfällt, weil die Voraussetzungen des I vorliegen oder weil eine rechtfertigende Indikation gegeben ist oder die Frau irrig die Voraussetzungen einer solchen Indikation annimmt. **34**

Voraussetzung der Straffreiheit ist, dass eine **Beratung** nach § 219 (iVm § 7 SchKG) stattgefunden hat und bescheinigt wurde (**aA** *Lackner/Kühl* 23). Eine 3-Tage-Frist wie in Abs. I Nr. 1 ist nicht vorgesehen. **35**

Auch hier muss den Abbruch **ein Arzt** (auch außerhalb eines Krankenhauses oder einer zugelassenen Einrichtung iS von § 13 I SchKG) vorgenommen haben, der zwar nicht derjenige sein darf, der die Beratung durchgeführt hat (sonst wegen § 218c I Nr. 4 keine ordnungsgemäße Beratung), wohl aber ein beliebiger Arzt, auch im Ausland (vgl. LK-*Kröger* 58; **aA** SK-*Rudolphi* 52). **36**

37 Seit der Empfängnis dürfen nicht mehr als **22 Wochen** verstrichen sein. Ein Irrtum über die Frist ist entspr. § 16 zu behandeln (*S/S-Eser* 72; **aA** LK-*Kröger* 58). Bedenklich ist, dass die Frist auch bei ethisch verwerflichen Motiven gilt.

38 **6) Absehen von Strafe, Abs. IV S. 2.** Schließlich sieht Abs. IV S. 2 die Möglichkeit des Absehens von Strafe (8 zu § 23) nach § 218 vor, wenn sich die Schwangere zZ eines **vollendeten** (sonst schon § 218 IV S. 2) und sowohl nach § 218 IV S. 1 wie nach (§ 218a) IV S. 1 **strafbaren** Schwangerschaftsabbruchs in **besonderer Bedrängnis** befunden hat (krit. SK-*Rudolphi* 53; *S/S-Eser* 76). S. 2 kommt in Betracht, wenn eine Indikation nach II, III fehlte und auch von der Schwangeren nicht angenommen wurde; oder wenn der Abbruch (selbst bei gegebener Indikation) nicht von einem Arzt, sondern einem Laien oder der Frau selbst vorgenommen wurde oder zwar von einem Arzt, aber ohne vorausgegangene Beratung; oder wenn der Abbruch erst nach Ablauf der Frist von 22 Wochen in S. 1. durchgeführt wurde. Satz 2 gilt **nur für die Schwangere** selbst (*Lackner/Kühl* 24; *S/S-Eser* 77; **aA** *Otto* Jura **96**, 148) und in jedem Stadium der Schwangerschaft.

39 **Voraussetzung** für das Absehen von Strafe ist, dass sich die Schwangere in der Zeit vor und bis zu dem Eingriff in **besonderer Bedrängnis** befunden hat; diese muss nach dem Gesetzessinn eine wesentliche Rolle für den Entschluss gespielt haben. Unter besonderer Bedrängnis ist eine **Notsituation** zu verstehen, die zwar zur Rechtfertigung nach II nicht ausreicht, aber schwerere Belastungen mit sich bringt, als sie idR mit einer Schwangerschaft verbunden sind. Angesichts der Weite der Straffreistellungen in Abs. I, II, III, IV S. 1 reicht die Bedrängnis dadurch, dass die Frau keinen abbrechenden Arzt gefunden hat, idR nicht aus (*Müller-Emmert* DRiZ **76**, 165). **Beispiele** für die Anwendung von IV S. 2 sind namentlich Fälle der Laien- oder Selbstabtreibung bei subjektiv ausweglos erscheinender persönlicher oder sozialer Lage; Ausübung von Druck durch das soziale Umfeld, sei es zur Abtreibung, sei es – etwa um Straftaten (Abs. III) zu vertuschen – zu einer von der Frau ungewollten Schwangerschaft und zur Verhinderung von Beratung oder Indikationsfeststellung. Hierher gehören auch die nicht ganz seltenen Fälle einer von (oft jugendlichen und/oder sozial randständigen) Schwangeren über die Fristen der Abs. I, III hinaus „verdrängten" Schwangerschaft bei psychopathologischer Symptomatik und anschließender „Kurzschlussreaktion" in Form von Selbstabtreibung, also psychosoziale Lagen, die in ähnlicher Form nicht selten auch *Kindstötungen* zugrunde liegen (vgl. 16 zu § 213).

40 Ob das Gericht im Einzelfall von Strafe absieht, wird von den gesamten Umständen abhängen, vor allem davon, inwieweit der Täterin zum Vorwurf zu machen ist, dass sie nicht den Weg zum Arzt und zur Beratungsstelle gefunden hat (vgl. LK-*Kröger* 65). In die Abwägung einzubeziehen sind auch die Risiken des Abbruchs sowie die **im Einzelfall** gegebene Möglichkeit einer **Adoption** (oben 28).

Schwangerschaftsabbruch ohne ärztliche Feststellung; unrichtige ärztliche Feststellung

218b **I Wer in den Fällen des § 218a Abs. 2 oder 3 eine Schwangerschaft abbricht, ohne dass ihm die schriftliche Feststellung eines Arztes, der nicht selbst den Schwangerschaftsabbruch vornimmt, darüber vorgelegen hat, ob die Voraussetzungen des § 218a Abs. 2 oder 3 gegeben sind, wird mit Freiheitsstrafe bis zu einem Jahr oder mit Geldstrafe bestraft, wenn die Tat nicht in § 218 mit Strafe bedroht ist. Wer als Arzt wider besseres Wissen eine unrichtige Feststellung über die Voraussetzungen des § 218a Abs. 2 oder 3 zur Vorlage nach Satz 1 trifft, wird mit Freiheitsstrafe bis zu zwei Jahren oder mit Geldstrafe bestraft, wenn die Tat nicht in § 218 mit Strafe bedroht ist. Die Schwangere ist nicht nach Satz 1 oder 2 strafbar.**

II Ein Arzt darf Feststellungen nach § 218a Abs. 2 oder 3 nicht treffen, wenn ihm die zuständige Stelle dies untersagt hat, weil er wegen einer rechtswidrigen Tat nach Absatz 1, den §§ 218, 219a oder 219b oder wegen einer anderen rechtswidrigen Tat, die er im Zusammenhang mit einem Schwangerschaftsabbruch begangen hat, rechtskräftig verurteilt worden ist. Die zuständige Stelle kann einem Arzt vorläufig untersagen, Feststellungen nach § 218a Abs. 2 und 3 zu treffen, wenn gegen ihn wegen des Verdachts einer der in Satz 1 bezeichneten rechtswidrigen Taten das Hauptverfahren eröffnet worden ist.

1) Allgemeines. Die Vorschrift idF des SFHÄndG (9 vor § 218) entspricht sachlich in *Abs. I S. 1* [Schwangerschaftsabbrüche ohne ärztliche Feststellung] dem § 219 I S. 1 idF des 15. StÄG, in *Abs. I S. 2 u. 3* [Unrichtige ärztliche Feststellung] dem § 219a I u. II idF des 15. StÄG und in *Abs. II* [ausgeschlossener Arzt] dem § 219 II idF des 15. StÄG. 1

2) Nach **Abs. I S. 1** ist **Tathandlung**, das Abbrechen einer Schwangerschaft, ohne dass dem Täter die schriftliche Feststellung eines nicht am Abbruch beteiligten Arztes darüber vorgelegen hat, *ob* die Voraussetzungen des § 218a II, III gegeben sind. **Täter** kann nur ein Arzt sein, da sonst § 218 gegeben wäre und § 218b infolge seiner Subsidiaritätsklausel in I S. 1 ausschiede. Die Schwangere selbst ist niemals nach § 218b strafbar (I S. 3). Dennoch ist kein Sonderdelikt gegeben. 2

A. Die **Feststellung** nach I S. 1 kann jeder Arzt treffen, der, wie sich aus II ergibt, im Inland approbiert (Ber. II 11; *Müller-Emmert* DRiZ **76**, 168; LK-*Kröger* 1, 6; *S/S-Eser* 8; **aA** SK-*Rudolphi* 7), nicht am Schwangerschaftsabbruch beteiligt und nicht nach II ausgeschlossen ist, auch wenn ihm Fachkenntnisse zur Indikationsbeurteilung fehlen (SK-*Rudolphi* 7; vgl. aber 8 zu § 218a). 3

B. Die Feststellung hat sich inhaltlich darüber auszulassen, *ob* eine Indikation nach § 218a II oder III vorliegt. Dagegen zählt die Dauer der Schwangerschaft nicht zu den „Voraussetzungen" iS von I S. 1, da § 218c I Nr. 3 insoweit eine selbstständige Prüfungspflicht des Arztes enthält. Dem abbrechenden Arzt muss die Feststellung in *schriftlicher Form* vorliegen, wobei es ausreicht, wenn sie als solche nach § 218b klar gekennzeichnet ist und das Ergebnis (auch ohne Begründung) mitteilt. Die Anknüpfung der Strafdrohung an das bloße Fehlen eines *Beweismittels* für die Rechtfertigung ist absonderlich und verfassungsrechtlich problematisch, denn der Abtreibende kann auf andere Weise sichere Kenntnis vom Vorliegen der Feststellung erlangen. Eine **Bindung** des abbrechenden Arzt an die Feststellung besteht nicht (Prot. 7/2426; Ber. II 11; vgl. 10f. zu § 218a). Er ist daher nach § 218a II, III nicht strafbar, wenn er erkennt, dass eine negative Feststellung falsch ist (vgl. *S/S-Eser* 16; *Laufhütte/Wilkitzki* JZ **76**, 336) oder wenn er die Voraussetzungen von § 218a irrig annimmt (vgl. aber 32 zu § 218a). Umgekehrt ist er nach § 218 strafbar, wenn er erkennt, dass eine positive Feststellung falsch ist, und strafbar nach § 218 IV S. 1, wenn er die positive Feststellung irrig für falsch hält (vgl. *S/S-Eser* 16; SK-*Rudolphi* 15). Nimmt der abbrechende Arzt von einer tatsächlich vorliegenden Feststellung keine Kenntnis, so ist I S. 1 nicht gegeben, wenn er von der Existenz der Feststellung weiß, ihr jedoch auf Grund eigener Überzeugung vom Vorliegen einer Indikation von vornherein keine Bedeutung beimessen will (str.; **aA** *Lackner/Kühl* 3; *Müller-Emmert* DRiZ **76**, 168; vgl. LK-*Kröger* 8). 4

3) Abs. I S. 2 bedroht den Arzt mit Strafe, der **wider besseres Wissen** eine **unrichtige** (nach **hM** positive oder negative; vgl. LK-*Kröger* 7; SK-*Rudolphi* 18) schriftliche **Feststellung** nach S. 1 trifft. Für Fälle einer wissentlich falschen **negativen** Feststellung, also der unzutreffenden Verneinung einer Indikation, ist das sehr zweifelhaft, denn hier bleibt der Strafgrund unklar (so auch MK-*Gropp* 32). Da eine Rechtsgutsgefährdung nicht ersichtlich ist, würde die Vorschrift bei dieser Auslegung einen bloßen **Verfahrensverstoß,** der zur *Rettung* des Rechtsguts führen soll, ebenso bestrafen wie einen vorsätzlichen Beitrag zu dessen rechtswidriger Vernichtung. Das ergibt keinen Sinn, denn aus Rechtfertigungsgründen folgt keine **Pflicht** zur Tatbestandserfüllung. 5

5a Kommt es mit Hilfe einer **falschen positiven** Feststellung (die der abbrechende Arzt als solche erkennt) mindestens zu einem strafbaren Versuch des § 218, macht sich der feststellende Arzt wegen Teilnahme daran strafbar, so dass § 218b I S. 2 wegen seiner **Subsidiaritätsklausel** zurücktritt (*Lackner* NJW **76**, 1242). Bei erfolgreicher Täuschung des abbrechenden Arztes kann mittelbare Täterschaft nach § 218 vorliegen; für die Annahme einer Beihilfe kommt es hier darauf an, welche Bedeutung für den Tatvorsatz man dem Irrtum über das Vorliegen eines Rechtfertigungsgrundes beimisst (vgl. 20ff. zu § 16). Werden die Kosten des Abbruchs über die gesetzliche oder eine private Krankenversicherung abgerechnet, so liegt tateinheitlich § 278 vor (*Laufhütte/Wilkitzki* JZ **76**, 336; **aA** *Koch* I 217). § 218b I S. 2 hat also bei falscher Bejahung einer Indikation nur dann Bedeutung, wenn es nicht einmal zum Versuch des Abbruchs kommt, wenn die unrichtige Feststellung dabei keine Rolle spielt oder wenn die Feststellung keiner Versicherung vorgelegt werden soll.

6 **A.** Die Tat nach **I S. 2** ist **Sonderdelikt,** das nur von einem Arzt als Täter begangen werden kann (LK-*Kröger* 8). Da § 218b II die Arzteigenschaft unberührt lässt, ist I S. 2 auch anwendbar, wenn der Täter eine Feststellung nach I S. 1 infolge von II an sich nicht treffen durfte (LK-*Kröger* 8). Ein anderer als der Arzt kann nur Teilnehmer sein, nicht aber die Schwangere, die niemals nach I S. 2 (I S. 3; persönlicher Strafausschließungsgrund), wohl aber nach anderen Vorschriften strafbar sein kann, vor allem nach § 278 oder § 279.

7 **B. Tathandlung** nach I S. 2 ist das **Treffen einer unrichtigen Feststellung** über die Voraussetzungen des § 218a II, III. Sie ist unrichtig, wenn sie eine nicht gegebene Indikation bejaht oder eine gegebene verneint oder in einem eindeutigen Fall die Indikation als zweifelhaft bezeichnet. Unrichtigkeiten in bloßen Einzelheiten, die nicht für das Ergebnis maßgebend sind, fallen nicht unter I S. 2.

8 **Vollendet** ist die Tat, wenn ein Dritter die schriftliche Feststellung zur weiteren Veranlassung erhält, etwa die Arzthilfe zum Absenden an den abbrechenden Arzt (SK-*Rudolphi* 19, LK-*Kröger* 4, jew. zu § 219a aF); nicht erst mit der Herausgabe an die Schwangere selbst oder einen anderen Arzt (so wohl Ber. II 12).

9 **C. Wider besseres Wissen** muss der Täter handeln; dh er muss wissen, dass die getroffene Feststellung unrichtig ist (7 zu § 15); das ist idR auch dann anzunehmen, wenn der Arzt die Feststellung trifft, ohne den Fall überhaupt geprüft zu haben (Ber. II 12; 2 zu § 278), oder wenn der Feststellung eine offenkundig unzulängliche medizinische Untersuchung vorangegangen ist (KBer. 22). Der Täter muss **zur Vorlage** an den abbrechenden Arzt handeln. Ob es zu der Vorlage kommt, ist ohne Bedeutung (vgl. BGH **10**, 157 zu § 278). Insoweit genügt auch bedingter Vorsatz (MK-*Gropp* 34; **aA** SK-*Rudolphi* 21; vgl. 2 zu § 278).

10 **D.** Zu den **Konkurrenzen** vgl. auch oben 5. Tatmehrheit mit § 263 liegt vor, wenn Versicherungsleistungen erschwindelt werden sollen (LK-*Kröger* 10).

11 **E.** Für nicht qualifizierte **Teilnehmer** gilt 28 I.

12 **4) Ausschluss von der Feststellungsberechtigung, Abs. II.** Ausgeschlossen nach II von der Berechtigung, eine Feststellung nach I S. 1 zu treffen, ist ein Arzt, wenn ihm eine nach Landesrecht zuständige Stelle in einem förmlichen Verfahren rechtskräftig untersagt hat, nach I S. 1 tätig zu werden. Diese Entscheidung kann nur darauf gestützt werden, dass der Arzt wegen einer rechtswidrigen Tat (zur Frist vgl. § 51 I BZRG) nach I S. 1, 2 oder den §§ 218, 219a, 219b oder auch wegen einer anderen rechtswidrigen Tat verurteilt worden ist, die er **im Zusammenhang** mit einem Schwangerschaftsabbruch begangen hat, **zB** wegen eines Vermögensdelikts (*Laufhütte/Wilkitzki* JZ **76**, 336 Anm. 126) wie Erpressung, Wucher, Betrug oder einer Tat nach § 203. Die Entscheidung steht im **pflichtgemäßen Ermessen;** ebenso die Entscheidung nach II S. 2, dem Arzt schon vor rechtskräftiger Verurteilung wegen einer in S. 1 genannten Tat ein vorläufiges Verbot nach S. 1 aufzuerlegen, wenn gegen ihn wegen Verdachts der Tat das Hauptverfahren

eröffnet ist. Trifft ein Arzt, dem das untersagt ist, dennoch eine Feststellung nach I S. 1, so ist dafür keine strafrechtliche Sanktion vorgesehen (oben 6).

Die **strafrechtliche Bedeutung** der Vorschrift erschließt sich aus ihrem Wortlaut nur mittelbar. Es ist davon auszugehen, dass Abs. II nicht nur regelt, wann ein Arzt keine Feststellungen nach § 218a II, III treffen „darf", sondern dass Feststellungen eines Arztes, dem dies nach Abs. II untersagt worden ist, die **rechtlichen Wirkungen** des § 218a II, III nicht entfalten, dh nicht als Feststellungen iS dieser Vorschriften sowie des Abs. I **gelten** (vgl. *S/S-Eser* 9, 32). Dass derjenige Arzt, dem die Feststellung nach II untersagt ist, dies der Schwangeren und dem den Abbruch vornehmenden Arzt mitteilt und gleichwohl eine formell ordnungsgemäße schriftliche Feststellung erstellt, erscheint freilich praktisch fern liegend; daher greift insoweit regelmäßig § 16 ein. Bei (*zufälliger*) Kenntnis der Schwangeren oder des abbrechenden Arztes von der Untersagung entfällt die rechtfertigende Wirkung ihnen gegenüber (*S/S-Eser* 9; vgl. zur Kritik auch *Lackner* NJW **76**, 1241; *Müller-Emmert* DRiZ **76**, 168). 13

Abs. II hat keine Bedeutung, wenn dem betreffenden Arzt wegen einer in II S. 1 genannten Tat im Strafverfahren ein **Berufsverbot** nach § 70 auferlegt wurde, sowie während der Zeit eines vorläufigen Berufsverbots nach § 132a StPO, aber auch dann, wenn dem Arzt deshalb die Approbation entzogen wird (§§ 5 II, 3 I S. 1 Nr. 3 BÄO; Ber. II 12). Das strafrechtliche Berufsverbot kann auf eine Tätigkeit nach I S. 1 beschränkt werden (10 zu § 70; and. LK-*Kröger* 13). 14

5) Eine **Rechtfertigung** nach § 34 ist möglich, wenn im Falle einer streng medizinischen Indikation die bei einem Aufschub des Eingriffs drohende Gefahr für die Schwangere so schwer wiegt, dass die Pflicht nach I S. 1 zurücktreten muss (LK-*Kröger* 10; *Lackner/Kühl* 5). 15

Ärztliche Pflichtverletzung bei einem Schwangerschaftsabbruch

218c **I Wer eine Schwangerschaft abbricht,**

1. ohne der Frau Gelegenheit gegeben zu haben, ihm die Gründe für ihr Verlangen nach Abbruch der Schwangerschaft darzulegen,

2. ohne die Schwangere über die Bedeutung des Eingriffs, insbesondere über Ablauf, Folgen, Risiken, mögliche physische und psychische Auswirkungen ärztlich beraten zu haben,

3. ohne sich zuvor in den Fällen des § 218a Abs. 1 und 3 auf Grund ärztlicher Untersuchung von der Dauer der Schwangerschaft überzeugt zu haben oder

4. obwohl er die Frau in einem Fall des § 218a Abs. 1 nach § 219 beraten hat,

wird mit Freiheitsstrafe bis zu einem Jahr oder mit Geldstrafe bestraft, wenn die Tat nicht in § 218 mit Strafe bedroht ist.

II Die Schwangere ist nicht nach Absatz 1 strafbar.

1) Allgemeines. Die Vorschrift idF des SFHÄndG (9 vor § 218) sanktioniert Verstöße gegen **Darlegungs-, Beratungs- und Vergewisserungspflichten** des abbrechenden Arztes entsprechend den verfassungsgerichtlichen Vorgaben (BVerfGE **88**, 212, 293; scharf ablehnend aber *Tröndle* 49. Aufl. 1 und 15f vor § 218 [„evident verfassungswidrig"] u. Müller-Dietz-FS 919, 933ff.); sie bedroht die Verletzung von Verhaltenspflichten des abbrechenden Arztes, die – für sich betrachtet – **Ordnungswidrigkeitencharakter** haben, mit Kriminalstrafe. Die Einstellung eines **Ausschnitts** der ärztlichen Berufspflichten in einen subsidiären Gefährdungstatbestand erscheint systematisch nicht sehr sinnvoll; nahe liegender wäre, ihre Erfüllung in die Strafbarkeitsvoraussetzungen einzubeziehen (zutr. *S/S-Eser* 12). 1

2) Abs. I umschreibt vier Tatbestandsvarianten. Die **Tat** ist ein **Sonderdelikt**, das nur von einem abbrechenden Arzt als Täter begangen werden kann. Der Tatbestand setzt voraus, dass es zu einem **vollendeten Schwangerschaftsabbruch** 2 gekommen ist, der entweder den Tatbestand des § 218 nicht verwirklicht hat (§ 218 a I) oder nach § 218 a II, III gerechtfertigt ist. Auf Grund der **speziellen Subsidiaritätsklausel** (I, letzter Halbs.) tritt § 218 c gegenüber einer *Strafbarkeit* nach § 218 zurück (*Lackner/Kühl* 9; SK-*Rudolphi* 9).

3 **A. Nr. 1** setzt voraus, dass der abbrechende Arzt der Frau **keine Gelegenheit gegeben** hat, **die Gründe** für ihr Verlangen nach dem Abbruch der Schwangerschaft **darzulegen,** den Abbruch also ohne Nachfrage nach Gründen vornimmt. Ärztliches Handeln setzt, über rein medizinische Feststellungen hinaus, das **positive Bemühen** des Arztes um ein Gespräch mit der Schwangeren über die Gründe für ihr Abbruchverlangen voraus, schon um die Überzeugung gewinnen zu können, dass dieser Wunsch auf ihrer eigenen verantwortlichen Entscheidung beruht (BVerfGE **88**, 290, 292). Freilich kann es, da die Schwangere keine Pflicht zur Darlegung hat, für den Arzt auch keine Pflicht geben, auf einer solchen Darlegung zu bestehen (*S/S-Eser* 4; *Lackner/Kühl* 2; SK-*Rudolphi* 4; **aA** *Tröndle* 49. Aufl.). Jedenfalls ist die Verpflichtung aus Nr. 1 nicht durch bloßes Schweigen des Arztes oder durch Fragen nach der Einwilligung erfüllt (krit. auch *S/S-Eser* 4; *Otto* Jura **96**, 143; vgl. aber auch Deutscher Ärztetag 1995, DÄBl. **95**, A 1688).

4 **B. Nr. 2** setzt voraus, dass der abbrechende Arzt die Schwangere über die **Bedeutung des Eingriffs,** insbesondere über Ablauf, Folgen, Risiken, mögliche physische und psychische Auswirkungen, **ärztlich nicht beraten** hat. Nach Nr. 2 (Sonderdelikt, oben 2) obliegt diese Pflicht allein dem *abbrechenden* Arzt (*S/S-Eser* 7). Das zur Konfliktberatung (§ 5 SchKG, § 219, dort 3) Ausgeführte gilt entsprechend (*S/S-Eser* 6). Zur Beratung gehört neben der stets für ärztliche Eingriffe vorausgesetzten Aufklärung, „ein hinreichendes Wissen davon zu vermitteln und zur Sprache zu bringen, dass der Schwangerschaftsabbruch menschliches Leben zerstört" (BVerfGE **88**, 290); daneben der Hinweis auf mögliche physische und psychische Wirkungen eines Schwangerschaftsabbruchs. Gegenüber einer Strafbarkeit nach § 223 wegen durch unzureichende Beratung verursachte Gesundheitsschäden tritt Nr. 2 zurück. Für die ärztliche Beratung nach Nr. 2 gilt abweichend von §§ 218 a I, 219 **keine Karenzfrist.** Die Risikoaufklärung muss schon um der Wirksamkeit der Einwilligung (16 zu § 218 a) wegen so rechtzeitig erfolgen, dass eine gut überlegte Entscheidung getroffen werden kann (*S/S-Eser* 8; Düsseldorf NJW-RR **96**, 347).

5 **Nr. 3** setzt voraus, dass der abbrechende Arzt sich in den Fällen des § 218 a I und III **nicht zuvor** auf Grund ärztlicher Untersuchung **von der Dauer der Schwangerschaft überzeugt hat.** Als **Gefährdungstatbestand** greift Nr. 3 auch ein, wenn es trotz Unterlassen der Untersuchung zu keiner Schädigung der Frau gekommen ist oder wenn die 12-Wochenfrist nach § 218 a I oder III beim Abbruch nicht überschritten wurde. Im Falle der Fristüberschreitung ist nämlich § 218 verwirklicht; Nr. 3 tritt zurück (unten 11). Nur § 218 ist gegeben, wenn ein nichtindizierter Schwangerschaftsabbruch ohne Untersuchung der Dauer der Schwangerschaft stattfindet (*S/S-Eser* 9).

6 **Nr. 4** setzt voraus, dass der **abbrechende** Arzt die Frau in einem Fall des § 218 a I **nach § 219 beraten** hat. Die Vorschrift sanktioniert das gesetzliche Verbot des § 219 II S. 3, wonach der abbrechende Arzt nicht auch die vorgeschriebene Schwangerenkonfliktberatung vorgenommen haben darf. Auf diese Weise sollen **Interessenkollisionen** vermieden und entsprechend den Vorgaben des BVerfG (E **88**, 287) unvoreingenommene Konfliktberatungen sichergestellt werden. Soweit in Nr. 4 von „einem Fall des § 218 a Abs. 1" die Rede ist, meint das Gesetz dieselbe *konkrete Schwangerschaft,* nicht die Vornahme einer Konfliktberatung bei derselben Schwangeren in einem früheren Fall (*S/S-Eser* 10; *Lackner/Kühl* 5). In den Fällen der indizierten Abbrüche iS des § 218 a II und III ist eine obligatorische Beratung iS des § 219 nicht vorgesehen. In den Fällen des § 218 a IV S. 1, der allein die Schwangere von Strafe freistellt (34 zu § 218 a), ist der beratende und zugleich abbrechende Arzt bereits vor Ablauf der 22. Woche nach § 218 strafbar. Nimmt er

hingegen in dieser Doppelrolle innerhalb der 12-Wochenfrist einen Abbruch vor, so greift wegen § 218a I nur § 218c Nr. 4 ein (*S/S-Eser* 10; *Lackner/Kühl* 5 zu § 218a).

3) Vorsatz ist erforderlich; auch bedingter genügt, so etwa, wenn im Falle der Nr. 1 der Arzt in Kauf nimmt, dass er schon durch seinen Behandlungsstil oder seine rasche Vorgehensweise eine unsichere Schwangere daran hindert, ihren Abbruchwunsch zu erläutern (*S/S-Eser* 11). 7

4) Abs. II stellt die **Schwangere** durch einen **persönlichen Strafausschließungsgrund** von der Strafbarkeit nach I (auch als Teilnehmerin) frei (vgl. auch die Privilegierungen in § 218 IV S. 2, §§ 218a IV, 218b I S. 3, § 219b II). Im Übrigen ist **Teilnahme** am Delikt des I, etwa durch das Personal des abbrechenden Arztes, nach den allgemeinen Grundsätzen der §§ 26, 27 möglich (*S/S-Eser* 12). 8

Beratung der Schwangeren in einer Not- und Konfliktlage

219 **I Die Beratung dient dem Schutz des ungeborenen Lebens. Sie hat sich von dem Bemühen leiten zu lassen, die Frau zur Fortsetzung der Schwangerschaft zu ermutigen und ihr Perspektiven für ein Leben mit dem Kind zu eröffnen; sie soll ihr helfen, eine verantwortliche und gewissenhafte Entscheidung zu treffen. Dabei muss der Frau bewußt sein, dass das Ungeborene in jedem Stadium der Schwangerschaft auch ihr gegenüber ein eigenes Recht auf Leben hat und dass deshalb nach der Rechtsordnung ein Schwangerschaftsabbruch nur in Ausnahmesituationen in Betracht kommen kann, wenn der Frau durch das Austragen des Kindes eine Belastung erwächst, die so schwer und außergewöhnlich ist, dass sie die zumutbare Opfergrenze übersteigt. Die Beratung soll durch Rat und Hilfe dazu beitragen, die in Zusammenhang mit der Schwangerschaft bestehende Konfliktlage zu bewältigen und einer Notlage abzuhelfen. Das Nähere regelt das Schwangerschaftskonfliktgesetz.**

II Die Beratung hat nach dem Schwangerschaftskonfliktgesetz durch eine anerkannte Schwangerschaftskonfliktberatungsstelle zu erfolgen. Die Beratungsstelle hat der Schwangeren nach Abschluss der Beratung hierüber eine mit dem Datum des letzten Beratungsgesprächs und dem Namen der Schwangeren versehene Bescheinigung nach Maßgabe des Schwangerschaftskonfliktgesetzes auszustellen. Der Arzt, der den Abbruch der Schwangerschaft vornimmt, ist als Berater ausgeschlossen.

1) Allgemeines. Die Vorschrift idF des SFHÄndG (9 vor § 218) ist an die Stelle des § 219 idF des SFHG (vgl. 5 vor § 218); **ergänzt** wird sie nach Abs. I S. 5 durch die Regelungen des **SchKG** v. 27. 7. 1992 (BGBl. I 1398). Die Regelung der weithin unverbindlichen und strafrechts-irrelevanten **Programmsätze** des Abs. I und der **verwaltungsrechtlichen** Vorschriften des Abs. II S. 1 und 2 im StGB verdeutlicht weniger die herausragende Bedeutung des Rechtsgutschutzes als vielmehr das Bemühen des Gesetzgebers, die faktisch geringe Schutzwirkung der Fristenregelung zu verbergen (vgl. 2 vor § 218). Ein strafgesetzliches *Unikum* ist die Regelung(?) des Abs. I S. 3 (*„Der Frau muss bewusst sein ...“*), die schon auf Grund der **offenkundigen Undurchsetzbarkeit** des Gesetzesbefehls (vgl. *Eser* JZ **94**, 509) die Frage nach *ihrer Ernsthaftigkeit* nahe legt. Jedenfalls **missverständlich** sind die gesetzliche Überschrift sowie Abs. I S. 4, die das Vorliegen von **„Not- und Konfliktlagen“** als tatsächliche Voraussetzung der Beratung behaupten. Der Abbruch nach § 218a I, für den die Beratung geleistet wird, setzt aber weder das eine noch das andere voraus; in den **Indikationsfällen** des § 218a II und III, in denen tatsächlich Konfliktlagen bestehen, ist dagegen eine Beratung gar nicht vorgesehen (vgl. *S/S-Eser* 1/2). Die Ausführungsbestimmungen des **SchKG** weichen von den Programmsätzen des Abs. I wiederum teilweise ab; so regelt insb. § 5 I SchKG nicht, was der Schwangeren *„bewusst sein muss“* (vgl. *Lackner/Kühl* 1f.), sondern befasst sich mit (verwaltungsrechtlichen) Einzelheiten zur Absicherung ihres Selbstbestimmungsrechts. 1

2) Abs. I lehnt sich weitgehend wörtlich an Nr. 3 der VollstrAO (6 vor § 218) an, verzichtet freilich auf eine Umsetzung der dortigen Erkenntnis, „dass das Un- 2 geborene in jedem Stadium der Schwangerschaft auch ihr (der Schwangeren) gegenüber ein eigenes Recht auf Leben hat". Was das BVerfG (E **88**, 284) für *„unerlässlich"* gehalten hat, nämlich zumindest den Konflikt offen zu legen (aaO 279), wird in das Belieben der Schwangeren gestellt. Der Rechtsgutsschutz – für ein angeblich überragend wichtiges Rechtsgut – tritt weitgehend hinter einer Sanktionierung eher inhaltsarmer verwaltungsrechtlicher Formalia zurück. Ähnliche Regelungen zur strafrechtlichen „Konfliktlösung" zB im Bereich auch nur geringfügiger Vermögens- oder Eigentumsdelikte würden gewiss als unakzeptabel angesehen.

3 3) Das **Schwangerschaftskonfliktgesetz** (**SchKG;** vgl. oben 1), das „das Nähere" der Ausgestaltung der Schwangerschaftskonfliktberatung „regelt" (I S. 5), ist seinerseits von etwas zweifelhaftem Gehalt. Es relativiert die Aussage des I S. 1 über die Zielorientierung der Beratung („Schutz des ungeborenen Lebens") dadurch, dass es den Inhalt der Beratung dadurch kennzeichnet, dass sie **„ergebnisoffen"** zu führen sei (§ 5 I). Da die Entscheidung über den Abbruch nicht bei der Beratungsstelle, sondern bei der Schwangeren liegt, ist das selbstverständlich; damit ist freilich die Frage, ob sie auch **zieloffen** zu sein hat, nicht beantwortet. Das BVerfG (E **88**, 306) hat darauf hingewiesen, dass die Beratung nicht „ergebnis- *und* zieloffen" sein dürfe, sondern „auf den Schutz des ungeborenen Lebens hin orientiert sein" müsse. Im Übrigen „erwartet" das Gesetz, dass die Schwangere die **Gründe** für ihr Abbruchverlangen **mitteilt** (§ 5 II Nr. 1 SchKG). Da dies nicht erzwungen werden kann, ist es aber für alle Beteiligten recht gleichgültig, was das Gesetz „erwartet".

4 Die beratende Person ist verpflichtet, nach Abschluss der Beratung der Schwangeren eine – mit dem Datum des letzten Beratungsgesprächs und dem Namen der Schwangeren versehene – **Beratungsbescheinigung** darüber **auszustellen,** dass **eine Beratung** nach §§ 5, 6 SchKG **stattgefunden** hat (II S. 2; § 7 SchKG), und zwar ist schon das bloße **Angebot** hierzu als „Beratung" zu bescheinigen, auch wenn ein Gespräch nicht stattgefunden hat. § 7 III SchKG bestimmt, dass in jedem Fall die Beratungsbescheinigung so rechtzeitig auszustellen ist, dass auch unter Berücksichtigung der Karenzfrist des § 218a I ein Schwangerschaftsabbruch noch innerhalb der 12-Wochenfrist möglich ist (krit. *Otto* Jura **96**, 144).

5 4) **Beratungsstellen. Abs. II** bestimmt, dass die Beratung nur durch **anerkannte Beratungsstellen** erfolgen darf. Als Beratungsstellen kommen neben staatlichen und kommunalen Behörden auch kirchliche (zum Konflikt um die Mitwirkung der katholischen Kirche vgl. ausf. *Spieker,* Kirche u. Abtreibung in Deutschland, 2000) und freie Träger sowie einzelne Ärzte in Betracht (§ 8 S. 3 SchKG). Diese bedürfen einer staatlichen Anerkennung (hierzu im Einzelnen § 9 SchKG). Sie ist Einrichtungen zu versagen, in denen zugleich Schwangerschaftsabbrüche vorgenommen werden (§ 9 Nr. 4 SchKG); ebenso wenig darf ein Arzt, der als Berater anerkannt ist, Abbrüche vornehmen (II S. 3).

6 5) **Strafrechtliche Folgen** haben Verstöße gegen die Vorschriften des § 219 nur in Ausnahmefällen: für die **Schwangere** kommt Strafbarkeit nach § 218 in Betracht, wenn überhaupt keine Beratung stattfand oder die Karenzzeit des § 218a I nicht eingehalten ist (BT-Drs. 13/1850, 21); ebenso für den **abbrechenden Arzt,** wenn er in Kenntnis dieser Mängel den Abbruch durchführt. Hat er entgegen II S. 3 auch die Beratung durchgeführt, so ist er im Fall des § 218a I nach § 218c I Nr. 4 strafbar, im Fall des § 218a IV S. 1 nach § 218 (*S/S-Eser* 24). Die **beratende Person** ist wegen Beihilfe zu § 218 strafbar, wenn sie eine nicht stattgefundene Beratung bescheinigt, die Beratung zur Umgehung der Karenzzeit des § 218a I vordatiert oder ohne staatliche Anerkennung Beratungsbescheinigungen ausstellt.

Werbung für den Abbruch der Schwangerschaft

219a **I Wer öffentlich, in einer Versammlung oder durch Verbreiten von Schriften (§ 11 Abs. 3) seines Vermögensvorteils wegen oder in grob anstößiger Weise**

1. **eigene oder fremde Dienste zur Vornahme oder Förderung eines Schwangerschafsabbruchs oder**

2. Mittel, Gegenstände oder Verfahren, die zum Abbruch der Schwangerschaft geeignet sind, unter Hinweis auf diese Eignung

anbietet, ankündigt, anpreist oder Erklärungen solchen Inhalts bekannt gibt, wird mit Freiheitsstrafe bis zu zwei Jahren oder mit Geldstrafe bestraft.

II Absatz 1 Nr. 1 gilt nicht, wenn Ärzte oder auf Grund Gesetzes anerkannte Beratungsstellen darüber unterrichtet werden, welche Ärzte, Krankenhäuser oder Einrichtungen bereit sind, einen Schwangerschaftsabbruch unter den Voraussetzungen des § 218a Abs. 1 bis 3 vorzunehmen.

III Absatz 1 Nr. 2 gilt nicht, wenn die Tat gegenüber Ärzten oder Personen, die zum Handel mit den in Absatz 1 Nr. 2 erwähnten Mitteln oder Gegenständen befugt sind, oder durch eine Veröffentlichung in ärztlichen oder pharmazeutischen Fachblättern begangen wird.

1) Allgemeines. Die Vorschrift (idF des SFHG, 5 vor § 218) stellt Vorstufen der Teilnah- 1
me unter Strafe und „will verhindern, dass der Schwangerschaftsabbruch in der Öffentlichkeit als etwas Normales dargestellt und kommerzialisiert wird" (Ber. I, 17; vgl. auch Prot. 7/1646). Statistisch spielt die Vorschrift keine Rolle. Es handelt sich um **abstrakte Gefährdungsdelikte** (19 vor § 13; LK-*Kröger* 30 vor § 218 und 1 zu § 219a; SK-*Rudolphi* 1; *S/S-Eser* 1).

2) Tathandlung ist in beiden Fällen des Abs. I, dass der Täter **öffentlich,** in einer 2
Versammlung (2 zu § 80a) oder durch **Verbreiten von Schriften** (5 zu § 111), zB mit Adressen abbrechungsbereiter Ärzte, seines **Vermögensvorteils** wegen (ausreichend ist die Erwartung des regulären Honorars; vgl. LG Bayreuth ZfL **07**, 16 [m. Anm. *Goldbeck*]) oder in **grob anstößiger,** dh nicht nur in moralische oder ästhetisch Ärgernis erregenden **Weise,** zB durch reißerische Werbung (vgl. Prot. 7/1646f.), oder durch Angebote von nichtindizierten Abbrüchen (*Laufhütte/Wilkitzki* JZ **76**, 337; LK-*Kröger* 7) **anbietet, ankündigt** oder **anpreist** (vgl. Erl. zu § 184); oder dass er Erklärungen solchen Inhalts bekannt gibt, dh einem größeren Personenkreis zugänglich macht (Zeitungsinserate; Internetwerbung).

A. Abs. I Nr. 1 betrifft das Anbieten usw. **eigener** oder **fremder Dienste zur** 3
Vornahme oder Förderung eines illegalen oder straffreien (*S/S-Eser* 1; *Lackner/Kühl* 1) Schwangerschaftsabbruchs iS von 5 zu § 218; dazu gehört nicht nur das Anbieten eigener Durchführung eines Schwangerschaftsabbruchs, zB durch Ärzte, die sich zu indizierten Abbrüchen erbieten, sondern jedes Angebot von eigenen oder fremden Handlungen, die einen Abbruch erleichtern können, so durch Vermittlungsbüros; und zwar auch in Fällen, in denen der Täter von demjenigen, der die Dienste leisten soll, keinen Auftrag hat (RegE 16). Nicht erfasst wird die sachliche Information über straffreie Schwangerschaftsabbrüche durch Behörden, Beratungsstellen usw., denen es nicht um Geld geht (Ber. 18).

B. Abs. I Nr. 2 betrifft das Anbieten usw. von **Mitteln** (zB Pharmaka), **Gegen-** 4
ständen oder **Verfahren,** die zum Schwangerschaftsabbruch **geeignet** sind, wobei nicht nur Mittel gemeint sind, die als solche zum Abbruch bestimmt sind, sondern auch solche, die ihn nur bei einer ihrer eigentlichen Bestimmung nicht entsprechenden Anwendung bewirken können (Ber. 18). In allen Fällen muss der Täter bei der Handlung offen oder versteckt (aaO) auf die Eignung zum Schwangerschaftsabbruch **hinweisen;** das Angebot muss sich gerade auf diese Eignung beziehen. Nicht erfasst wird daher zB das Anbieten von Medikamenten mit unerwünschten abortiven Nebenwirkungen, wenn in der Gebrauchsanweisung warnend auf diese Gefahr aufmerksam gemacht wird (LK-*Kröger* 4; SK-*Rudolphi* 5). Voraussetzung ist ferner, was auch für Nr. 1 gilt, dass auf konkrete Möglichkeiten hingewiesen wird. Bloße Aufklärung über die Existenz der Mittel, ihre Anwendung und Wirkungsweise sowie über Abbruchsmethoden wird nicht erfasst (aaO).

5 **3)** Durch **Abs. II, III** wird die **Tatbestandsmäßigkeit ausgeschlossen** (LK-*Kröger* 8; *S/S-Eser* 9; *M/Schroeder/Maiwald* 7/II 2; *Lackner/Kühl* 6; MK-*Gropp* 9; SK-*Rudolphi* 9; **aA** *Tröndle* 49. Aufl.: Rechtswidrigkeit), wenn im Fall **I Nr. 1** Ärzte (8 zu § 218 a) oder anerkannte Beratungsstellen (5 zu § 219), auch gewerbsmäßig, darüber unterrichtet werden, welche Ärzte, Krankenhäuser oder Einrichtungen (iS von § 13 I SchKG) generell bereit sind, einen Schwangerschaftsabbruch unter den Voraussetzungen des § 218 a vorzunehmen; oder wenn im Fall **I Nr. 2** die Tat gegenüber Ärzten oder zum Handel mit Mitteln oder Gegenständen nach Nr. 2 Befugten (zB Apotheken) begangen wird oder durch Veröffentlichung in ärztlichen oder pharmazeutischen Fachblättern (auch in der Form beigelegter Reklameschriften, LK-*Kröger* 8; MK-*Gropp* 11). Das gilt nicht nur beim Handeln um eines Vermögensvorteils willen (MK-*Gropp* 10), sondern auch bei Handlungen in grob anstößiger Weise.

6 **4) Konkurrenzen.** Tateinheit mit § 111 (nicht jede Tat nach Nr. 1 oder 2 ist eine Aufforderung iS von § 111; dort 2). Mit § 218 ist Tatmehrheit gegeben (*S/S-Eser* 14); ebenso mit § 219 b (MK-*Gopp* 11 zu § 219 b).

Inverkehrbringen von Mitteln zum Abbruch der Schwangerschaft

219b **I Wer in der Absicht, rechtswidrige Taten nach § 218 zu fördern, Mittel oder Gegenstände, die zum Schwangerschaftsabbruch geeignet sind, in den Verkehr bringt, wird mit Freiheitsstrafe bis zu zwei Jahren oder mit Geldstrafe bestraft.**

II Die Teilnahme der Frau, die den Abbruch ihrer Schwangerschaft vorbereitet, ist nicht nach Absatz 1 strafbar.

III Mittel oder Gegenstände, auf die sich die Tat bezieht, können eingezogen werden.

1 **1) Allgemeines.** Die Vorschrift idF des 5. StrRG (als § 219 b; nach dem 15. StÄG als § 219 c und seit dem SFHG wieder als § 219 b) soll im Vorfeld des § 218 (Vorstufe der Beteiligung) der Verhinderung strafbarer Schwangerschaftsabbrüche, vor allem durch Laienabtreiber, dienen. Die Tat ist **abstraktes Gefährdungsdelikt** (LK-*Kröger* 20 vor § 218 und 1 zu § 219 b; *S/S-Eser* 1).

2 **2) Tathandlung** ist, dass der Täter **Mittel oder Gegenstände, die zum Schwangerschaftsabbruch** objektiv **geeignet** sind (4 zu § 219 a), **in Verkehr bringt.** Erfasst ist auch die sog. **Abtreibungspille** (BT-Drs. 11/4351).

3 Der Begriff des **Inverkehrbringens** soll sich nach RegE 17, Ber. 18 nach dem AMG bestimmen (vgl. AMG § 4 Abs. XVII; *Horn* NJW **77**, 2329). Nach zutr. Ansicht muss der Täter des § 219 b die Sache aber aus seinem Gewahrsam entlassen (*Laufhütte/Wilkitzki* JZ **76**, 337; *S/S-Eser* 3; LK-*Kröger* 4). Damit sind Vorbereitungshandlungen (Vorrätighalten zum Verkauf oder zur sonstigen Abgabe, Feilhalten, Feilbieten oder Abgabe an andere) ausgeschlossen; ihrer Einbeziehung in § 219 b steht entgegen, dass Handlungen wie das Anbieten in § 219 a behandelt sind und dass III enger gefasst sein müsste, wenn I sich auch auf vorrätig gehaltene Sachen erstrecken würde. Inverkehrbringen ist somit jedes Überlassen an einen anderen (LK-*Jähnke*; vgl. auch MK-*Gropp* 4); die Tat kann von Garanten auch durch **Unterlassen** begangen werden.

4 **3)** Zum **Vorsatz,** der sich als mindestens bedingter auf die Eignung des Mittels zu beziehen hat, muss die **Absicht** (6 zu § 15) treten, **rechtswidrige Taten nach § 218** irgendwelcher Art, die noch nicht konkretisiert zu sein brauchen (vgl. *Herzberg* JR **77**, 470), **zu fördern,** dh herbeizuführen oder zu erleichtern. Hinsichtlich der hier als Tatbestandsmerkmal anzusehenden Rechtswidrigkeit genügt bedingter Vorsatz (LK-*Kröger* 5; MK-*Gropp* 7). Bei Handel mit Laienabtreibern wird die Absicht idR gegeben sein (*S/S-Eser* 7). In den Anwendungsbereich fallen Abbrüche nach § 218 a I nicht, bei denen schon die Tatbestandsmäßigkeit ausgeschlossen ist

(*Lackner/Kühl* 1; *S/S-Eser* 7; SK-*Rudolphi* 2; MK-*Gropp* 1; **aA** *M/Schroeder/Maiwald* 6/74).

4) Teilnahme ist nach allgemeinen Grundsätzen strafbar. Nur der Schwangeren steht, wenn sie ihren Abbruch durch Anstiftung oder Beihilfe vorbereitet, ein persönlicher Strafausschließungsgrund zur Seite (*S/S-Eser* 8). 5

5) Einziehung der in den Verkehr gebrachten Sachen, die Beziehungsgegenstände sind (10 zu § 74), ist nach III iVm § 74 IV möglich; § 74a ist nicht anwendbar (*S/S-Eser* 11). **Verfall** der erlangten Vermögensvorteile ist nach § 73 vorgeschrieben. 6

6) Konkurrenzen. Tateinheit mit §§ 222, 229 ist möglich, nicht aber mit § 218 (auch in der Form der Beihilfe); hier ist vielmehr meist Tatmehrheit gegeben (*S/S-Eser* 12). Hat der Täter jedoch nur einer bestimmten Schwangeren ein Mittel zur Unterbrechung gegeben, die diese dann mindestens versucht, so tritt § 219b hinter § 218 zurück (LK-*Kröger* 8; *M/Schroeder/Maiwald* 7/9). Zum Verhältnis zu § 219a vgl. dort 6. 7

§ 220 [weggefallen]

§ 220 a [aufgehoben durch Art. 2 Nr. 10 des EinfG zum VStGB]

Aussetzung

221 **I Wer einen Menschen**

1. in eine hilflose Lage versetzt oder

2. in einer hilflosen Lage im Stich lässt, obwohl er ihn in seiner Obhut hat oder ihm sonst beizustehen verpflichtet ist,

und ihn dadurch der Gefahr des Todes oder einer schweren Gesundheitsschädigung aussetzt, wird mit Freiheitsstrafe von drei Monaten bis zu fünf Jahren bestraft.

II Auf Freiheitsstrafe von einem Jahr bis zu zehn Jahren ist zu erkennen, wenn der Täter

1. die Tat gegen sein Kind oder eine Person begeht, die ihm zur Erziehung oder zur Betreuung in der Lebensführung anvertraut ist, oder

2. durch die Tat eine schwere Gesundheitsschädigung des Opfers verursacht.

III Verursacht der Täter durch die Tat den Tod des Opfers, so ist die Strafe Freiheitsstrafe nicht unter drei Jahren.

IV In minder schweren Fällen des Absatzes 2 ist auf Freiheitsstrafe von sechs Monaten bis zu fünf Jahren, in minder schweren Fällen des Absatzes 3 auf Freiheitsstrafe von einem Jahr bis zu zehn Jahren zu erkennen.

Übersicht

1) Allgemeines ... 1, 1 a
2) Anwendungsbereich von I Nr. 1 ... 2
3) Anwendungsbereich von I Nr. 2 ... 3–5
4) Tathandlung des I Nr. 1 ... 6, 7
5) Tathandlung des I Nr. 2 ... 8, 9
6) Konkrete Gefährdung ... 10, 11
7) Subjektiver Tatbestand ... 12
8) Rechtsfolgen; Qualifikationen ... 13–18
9) Beteiligung ... 19
10) Konkurrenzen ... 20

1) Allgemeines. Die Vorschrift wurde durch Art. 1 Nr. 37 des 6. StrRG (2f. vor § 174) in Anlehnung an § 139 E 1962 (Begr. 276) umgestaltet und im doppelten Sinne erweitert: Auf der Opferseite wurde die Beschränkung auf besonders schutzbedürftige Personen beseitigt, die Tathandlungen wurden neu umschrieben; zugleich wurde verdeutlicht, dass der Aussetzungs- 1 tatbestand kein räumliches Verlassen voraussetzt. Klargestellt ist ferner, dass § 221 ein **konkretes Gefährdungsdelikt** und **geschütztes Rechtsgut** die körperliche Unversehrtheit ist, beschränkt auf die Gefahr einer schweren Gesundheitsschädigung oder des Todes des Opfers (RegE 34; *Kreß* NJW **98**, 641). Durch die Erweiterung von Opferkreis und Tathandlung ist § 221 in Richtung auf ein „allgemeines" Lebens- und Gesundheitsgefährdungsdelikt erweitert worden (*Küper* BT 36 f.; krit. *Struensee*, Einf./6. StrRG 22, 28, 32; vgl. unten 8).

1a **Literatur:** *Ebel,* Die „hilflose Lage" im Straftatbestand der Aussetzung, NStZ **02**, 404; *Feloutzis,* Das Delikt der Aussetzung nach deutschem u. griechischem Recht, 1984; *Heinrich,* Die geschichtliche Entwicklung des Aussetzungsdelikts, 2004 (Diss. Heidelberg); *Küper,* Die Aussetzung als konkretes Gefährdungsdelikt, Jura **94**, 513; *ders.,* Die Aussetzung, JZ **95**, 168; *ders.* Grundfragen des neuen Aussetzungstatbestands, ZStW **111** [1999], 30; *Mitsch,* Unvollendete Hilfeleistung als Straftat, JuS **94**, 555; JuS **96**, 408; *Schroth,* Zentrale Integrationsprobleme des 6. StrRG, NJW **98**, 2861; *Sternberg-Lieben/Fisch,* Der neue Tatbestand der (Gefahr-)Aussetzung, Jura **99**, 45.

2 **2) Anwendungsbereich von I Nr. 1.** Opfer und Täter kann in den Fällen des *Versetzens* in eine hilflose Lage (I Nr. 1) jedermann sein.

3 **3) Anwendungsbereich von I Nr. 2.** Im Fall des Im-Stich-Lassens (I Nr. 2) handelt es sich um ein echtes *Sonderdelikt*: Täter kann nur sein, wer die schutzbedürftige Person in seiner Obhut hat oder ihr sonst beizustehen verpflichtet ist. Die Hilfspflicht aus § 323 c begründet die Garantenstellung nicht.

4 **A. Obhut** ist ein bereits bestehendes allgemeines Schutz- oder Betreuungsverhältnis. Der Täter muss **Garant** dafür sein, dass die geschützte Person nicht in Lebens- oder schwere Gesundheitsgefahr gerät (*S/S-Eser* 10; SK-*Horn* 6; *Struensee,* Einf./6. StrRG 34). Hierfür haben zB Eltern gegenüber ihren unmündigen Kindern einzustehen, aber auch der vertraglich verpflichtete Bergführer, dem sich ein bergunkundiger Bergsteiger anvertraut hat (BT-Drs. 13/8587, 34; *Lesch* JA **98**, 474; *Jäger* JuS **00**, 31, 33; *Lackner/Kühl* 2).

5 **B.** Für die Fälle der **Beistandspflicht** sind die **Grundsätze des unechten Unterlassungsdelikts** iS des § 13 I maßgebend (*Küper* BT 207; *Kudlich* JuS **98**, 470; *S/S-Eser* 10). Der RegE des 6. StrRG hat hervorgehoben (S. 34), dass dieser Begriff über die in der aF umschriebenen Fälle der Sorge „für die Unterbringung, Fortschaffung oder Aufnahme" hinausgeht. Allein daraus, dass jemand einem Hilfsbedürftigen beisteht, ergibt sich noch keine Garantenpflicht zur Vollendung der begonnenen Hilfeleistung; sie besteht erst, wenn der Helfer die Situation des Hilfsbedürftigen wesentlich verändert hat (NJW **93**, 2628 m. krit. Anm. *Hoyer* NStZ **94**, 555; *Mitsch* JuS **94**, 555; *Schroth* NJW **98**, 2863). Denn es muss in jedem Fall eine Rechtspflicht gegeben sein, für deren Begründung die Grundsätze über die Entstehung einer **Garantenstellung** iS von § 13 I heranzuziehen sind (BGH **4**, 22, 327; **26**, 35; NJW **73**, 1706; NStZ **83**, 454; 7 ff. zu § 13; *Welp* JZ **71**, 434). Sie ist **zB** zu bejahen, wenn ein Gastwirt, dessen Gast sichtlich unter solcher Alkoholwirkung steht, dass er nicht mehr eigenverantwortlich handeln kann, ihn auf die Straße geleitet (BGH **26**, 35); wenn ein Taxifahrer einen Fahrgast, den er in Kenntnis von dessen Volltrunkenheit zunächst befördert hat, nachts in menschenleerer Gegend aus dem Fahrzeug weist und zurücklässt (LG Zweibrücken DAR **00**, 226). Bloße Zechgemeinschaft reicht idR nicht aus (Bay NJW **53**, 556). Nach NStZ-RR **96**, 131 (*1.*StS) soll einen Täter, der zuvor mit Tötungsvorsatz auf das Opfer eingewirkt hat, schon keine Rechtspflicht treffen, gerade den Erfolg abzuwenden, den er durch vorsätzliches strafbares Handeln herbeizuführen versucht hat (vgl. auch *S/S-Eser* 10); nach zutr. **aA** tritt die Unterlassungstat hinter der vorsätzlichen Begehungstat im Wege der Gesetzeskonkurrenz zurück (NStZ **04**, 89, 91 [*2. StS*; m. zust. Anm. Schneider]; *Stein* JR **99**, 265 ff.; Wilhelm NStZ **05**, 177, 178; *Roxin* AT II 32/191; MK-*Freund* 125 f.; *S/S-Stree* 107 vor § 52; offen gelassen *in NStZ* **03**, *312, 313* [*4. StS*]; vgl. dazu im einzelnen 30 f. zu § 13; 72 f. zu § 211).

6 **4) Tathandlung des Abs. I Nr. 1.** In den Fällen des **I Nr. 1** ist Tathandlung das **Versetzen in eine hilflose Lage.** Dieser Begriff geht weiter als das „Ausset-

zen" des § 221 aF (*Küper* ZStW **111**, 42 ff.). Auch nach der Neufassung wird ein „*räumliches* Aussetzen" die regelmäßige und *typische* Begehungsform bleiben (*Küper* BT 36). Es sind aber auch andere Tatformen *ohne* räumliche Veränderung möglich, so wenn der Täter das Opfer im Freien alkoholisiert und es in strenger Kälte seinem Schicksal überlässt (*Hörnle* Jura **98**, 177; *Sternberg-Lieben/Fisch* Jura **99**, 45 f.; *Küper* ZStW **111**, 30, 42; *Küpper* JuS **00**, 225; SK-*Horn* 4; *S/S-Eser* 4; hierzu *Schroth* NJW **98**, 2863; and. *Hohmann/Sander* BT II, 5/4). Die Veränderung der Sachsituation muss allerdings auf einem bestimmenden Einfluss des Täters beruhen, wobei die Mittel einer solchen Beeinflussung (Gewalt, Drohung, Täuschung) gleichgültig sind (*Küper* BT 38 u. ZStW **111**, 42 ff.). Auszuscheiden sind jedoch Fälle, in denen das Opfer, wenn auch vom Täter veranlasst, sich *eigenverantwortlich* selbst gefährdet (*W/Hettinger* 199). Auch durch **Unterlassen** ist die Tat begehbar, wenn zB ein Garant das „Sich-selbst-Aussetzen" des hilflosen Opfers geschehen lässt oder das Aussetzen durch einen Dritten duldet (LK-*Jähnke* 21; *S/S-Eser* 5; SK-*Horn* 5; MK-*Hardtung* 10; *Sternberg-Lieben/Fisch* Jura **99**, 46; *Jäger* JuS **00**, 33; zweifelnd *Schroth* NJW **98**, 2863).

Unklar ist, ob – und ggf wie – sich die **hilflose Lage** von der **Gefahr** überhaupt unterscheidet (vgl. *Struensee* Einführung 26 ff.). Nach dem Wortlaut von Nr. 1 muss *durch* das Versetzen in die hilflose Lage die Gefahr iS von I entstehen. Da die Hilflosigkeit kaum im abstrakten Sinn, sondern ihrerseits nur im Hinblick auf bestimmte Gefahren bestimmt werden kann, ist schwer erkennbar, wie die (bloße) *Verursachung* von Gefahren vom Tatbestand ausgenommen werden sollte (*Struensee* aaO 29; vgl. auch *Küper* ZStW **111**, 30, 44 ff. und unten 9). Dass sich die Begriffe der „hilflosen Lage" und der (konkreten) „Gefahr", die der Gesetzgeber nebeneinander gestellt hat, dahin unterscheiden lassen, dass Nr. 1 nur eine *potentielle* Hilflosigkeit meint (so *Küper* ZStW **111**, 48; *S/S-Eser* 9), zu welcher eine konkrete Gefahr hinzutreten muss (vgl. BGH **21**, 44 f. zur aF; *Otto* BT 10/2; *W/Hettinger* 199; *Jäger* JuS **00**, 33), erscheint zweifelhaft (vgl. auch MK-*Hardtung* 5); im Hinblick darauf, dass der Tatbestand jedenfalls die Herbeiführung einer konkreten Gefahr verlangt, in welcher sich Hilflosigkeit des Opfers konkretisiert (so iErg auch *Sternberg-Lieben/Fisch* Jura **99**, 48; *Mitsch* JuS **00**, 848, 849), erscheint das Merkmal der hilflosen Lage zur Einschränkung des darin liegenden allgemeinen Gefährdungsdelikts kaum geeignet (*Küper* ZStW **111**, 49; *Struensee* Einführung 29). 7

5) Tathandlung des Abs. I Nr. 2. In den Fällen des **I Nr. 2** ist Tathandlung das **Im-Stich-Lassen** „in" einer hilflosen Lage; eine solche darf daher nach dem Wortlaut nicht erst nach dem Verlassen eintreten, sondern muss – als *potentielle* (zutr. *Ebel* NStZ **02**, 404, 408) – schon vor der Tat bestanden haben; die in der Lage des Opfers angelegte Hilflosigkeit muss sich also durch das Im-Stich-Lassen *aktualisieren.* Die Neufassung verdeutlicht, dass der Tatbestand nicht nur das räumliche Verlassen (hierzu *Küper* ZStW **111**, 30, 59 ff.; vgl. BGH **38**, 80 zur aF; 48. Aufl. 6) einbezieht, sondern alle Fälle, in denen der Beistandspflichtige sich der Beistandsleistung vorsätzlich entzieht, obwohl er dazu in der Lage wäre (RegE 34; krit. zu I Nr. 2 *Struensee,* Einf./6. StrRG 34 ff., 42). Im-Stich-Lassen bedeutet **Unterlassen der Hilfeleistung,** und zwar, was zur aF umstritten war (vgl. 48. Aufl. 6), gleichgültig in welcher Form, dh sowohl durch Sich-Entfernen vom Opfer, durch Einschließen unter Beseitigung des Schlüssels, durch sonstige räumliche Trennung, aber auch durch bloße Untätigkeit bei weiterer Anwesenheit (*Küper* 182 u. ZStW **111**, 49 ff., 56 f.; *Sternberg-Lieben/Fisch* Jura **99**, 48; *Hörnle* Jura **98**, 177; *Lesch* JA **98**, 475; *W/Hettinger* 202; *Struensee* Einf./6. StrRG 34), zB untätiges Sitzenbleiben am Bett des Patienten; Nicht-Zurückkehren einer sorgepflichtigen Person zu ihren hilflosen Kleinkindern (BGH **21**, 47; vgl. *W/Hettinger* 202) oder anderer Obhutspflichtiger an den Aufenthaltsort des Schutzbedürftigen (vgl. BGH **38**, 81). I Nr. 2 kann daher sowohl durch aktives Tun als auch durch Unterlassen begangen werden; ob die Tat dadurch zum unechten Unterlassungsdelikt wird (so *S/S-Eser* 4; *Lackner/Kühl* 4; **aA** LK-*Jähnke* 22; *Struensee* Einführung 42; SK-*Horn* 6), er- 8 scheint im Hinblick auf die schwer abgrenzbare Schutzrichtung gleichwohl zweifelhaft (unten 9; vgl. auch Zweibrücken NStZ **97**, 601; NJW **98**, 841; *Mitsch* JuS **96**, 407, 409).

9 In dem Bemühen, strafwürdig erscheinende Fälle zu erfassen, die ein räumliches Verlassen nicht voraussetzen (vgl. BGH **21**, 44; **38**, 78), ist die Neuformulierung des Tatbestands weit über dieses Ziel hinausgegangen. So wird vom Wortlaut auch das pflichtwidrige **Unterlassen von Warnungen** erfasst, wenn das Opfer eine ihm – aus eigenem Handeln oder sonstigen Umständen – drohende Gefahr nicht erkennt oder der Täter dies im Fall des II Nr. 1 auch nur irrig annimmt. Die Abgrenzung zwischen dem Unterlassen der Gefahrabwendung und der Gefahr selbst bleibt unklar, denn seine Untätigkeit ist dem Täter nur vorzuwerfen, wenn „dadurch" eine konkrete Gefahr (unten 10) verursacht wird; andererseits ist eine hilflose Lage allein im Hinblick auf die Gefahrenlage bestimmbar; es kommt also darauf an, ob das Opfer aus eigener Kraft (körperliche Kraft; Fortbewegungsfähigkeit; Kenntnis) eben der Gefahr nicht entgegenwirken kann, der es „durch" die Untätigkeit des Täters „ausgesetzt" wird. Damit wird jedenfalls Nr. 2 in der Tat zu einem **allgemeinen Gefährdungsdelikt** für *Garanten,* das die **Nichtbeseitigung** von Lebens- oder schweren Gesundheitsgefahren bestraft. Damit wird, da es sich trotz der aktivischen Formulierung im Kern um Unterlassungsstrafbarkeit handelt (*Struensee* Einführung 35 ff.), die Strafmilderung des § 13 II umgangen (daher insoweit zutr. SK-*Horn* 6: *echtes* Unterlassungsdelikt). Zum anderen wird die Nichtabwendung von Gefahren unter eine hohe Strafdrohung gestellt, deren vorsätzliche Herbeiführung durch aktives Tun für denselben Garanten straflos wäre oder nur unter den Voraussetzungen des II als *Versuch* von I Nr. 1 erfasst werden könnte. **Unklar** ist auch eine Abgrenzung allgemein pflichtwidriger Untätigkeit unter Inkaufnahme einer Gefährdung vom „Im-Stich-Lassen", namentlich bei Eintritt fahrlässig verursachter schwerer Folgen. Nach dem Wortlaut wird die fahrlässige Tötung eines Patienten durch einen mit bedingtem *Gefährdungs*vorsatz handelnden, den Hausbesuch verzögernden Hausarzt zum Verbrechen mit 3 Jahren Mindeststrafe (LK-*Jähnke* 29 verlangt daher ein *besonderes,* im räumlichen Zusammensein begründetes Näheverhältnis; vgl. unten 17).

10 **6) Konkrete Gefährdung.** Eine **konkrete Gefahr** oder deren Steigerung (BT-Drs. 13/9064, 14) muss in beiden Fällen der Erfolg der Tathandlung sein (1 StR 210/93; Zweibrücken NJW **98**, 841; hierzu *Otto* JK 5; *Struensee,* Einf./6. StrRG 14 ff., 23; *Sternberg-Lieben/Fisch* Jura **99**, 48; *Küpper* JuS **00**, 225). Einen Schadenseintritt setzt I nicht voraus. An einer *konkreten* Gefahr iS von I fehlt es, wenn mit Sicherheit erwartet werden kann, dass Dritte den Schadenserfolg verhindern werden; freilich wird es dann idR schon an der Hilflosigkeit fehlen (oben 7, 9). Der Täter muss in den Fällen **I Nr. 1** das Opfer, das (nach dem Wortlaut) zwar hilflos, aber allein dadurch (noch) nicht konkret hilfsbedürftig ist, durch die Tat einer konkreten *Gefahr des Todes oder* einer *schweren Gesundheitsschädigung* (15 zu § 239; 18 zu § 225, *Küper* ZStW **111**, 35 ff.; *Struensee, Stein,* Einf./6. StrRG 10, 60 ff.; *Schroth* NJW **98**, 2866) aussetzen; im Fall von **I Nr. 2** muss der Täter gerade durch das Im-Stich-Lassen des Opfers dieses der konkreten Gefahr aussetzen. Die Tatbestandsmerkmale lassen sich kaum voneinander abgrenzen (vgl. auch *W/Hettinger* 203). **Nicht strafbar** ist nach dem Wortlaut derjenige, der ein nicht hilfloses Opfer im Stich lässt und dadurch einer Todesgefahr aussetzt; ebenso nicht derjenige, der ein hilfloses Opfer „im Stich lässt", aber dadurch keine oder nur die Gefahr einer nicht schweren Gesundheitsschädigung verursacht; schließlich derjenige, der ein hilfloses Opfer einer konkreten Todesgefahr aussetzt, *ohne* es im Stich zu lassen. Das „Im-Stich-Lassen" kann aber nur im Unterlassen von (pflichtgemäßem) Beistand bestehen; der Beistand wiederum nur in der Abwendung einer (konkreten) Gefahr, der gegenüber das Opfer „hilflos" ist; eine hilflose Lage *an sich* gibt es nicht (vgl. *S/S-Eser* 9; LK-*Jähnke* 18; *W/Hettinger* 204; and. *Jäger* JuS **00**, 33 f.). An der Eigenständigkeit der Merkmale „hilflose Lage" und „konkrete Gefahr" bestehen daher Zweifel (zutr. LK-*Jähnke* 18; and. SK-*Horn* 3; *S/S-Eser* 9; *W/Hettinger* 199; *Ebel* NStZ **02**, 404), damit aber auch an der Abgrenzung von I Nr. 1 und I Nr. 2 (vgl. *Arzt/Weber* 36/8; *W/Hettinger* 201, 204).

11 **Vollendet** ist die Tat mit dem Eintritt der Gefahr (BGH **4**, 115; **21**, 44). Der **Versuch** ist im Fall des Abs. I nicht strafbar (krit. *Bussmann* GA **99**, 21, 23; *Kühl,* Küper-FS [2007] 289, 293 f.).

7) Subjektiver Tatbestand. Vorsatz ist erforderlich, bedingter genügt (BGH **4**, 116). Der Täter muss in sein Bewusstsein aufgenommen haben, dass sein Verhalten zu einer bedrohlichen Verschlechterung der Lage des Hilfsbedürftigen führen werde (NStZ **85**, 501 m. Anm. *Ulsenheimer* StV **86**, 201; zum Gefährdungsvorsatz im Einzelnen *Struensee,* Einf./6. StrRG 44 ff.). § 221 scheidet nicht schon deshalb aus, weil der Täter die hilflose Person zuvor mit bedingtem Tötungsvorsatz misshandelt hat (zutr. *Stein* JR **99**, 265; *Lackner/Kühl* 4; LK-*Jähnke* 33; **aA** NStZ-RR 96, 131 [*1. StS*] u. hier bis 51. Aufl.; offen gelassen von NStZ **03**, 312, 313 [*4. StS*; krit. Bespr. *Freund* NStZ **04**, 123]; vgl. oben 5 und 72 zu § 211). 12

8) Rechtsfolgen; Qualifikationen. Die abgestufte **Strafdrohung** sieht im Regelstrafrahmen (I) eine Freiheitsstrafe von 3 Monaten bis zu 5 Jahren vor. 13

A. Abs. II enthält in **Nr. 1** eine Qualifikation zum **Verbrechen,** wenn der Täter die Tat entweder **gegen sein Kind** begeht, womit nach hM zur aF allein das personenstandsrechtliche Verhältnis gemeint (SK-*Horn* 14) ist, das mit dem 14. Lebensjahr nicht endet; oder wenn die Tat gegen eine Person gerichtet ist, die dem Täter zur Erziehung oder Betreuung in der Lebensführung **anvertraut** ist; diese Merkmale sind – ohne ausdrückliche Altersbegrenzung – dem § 174 I Nr. 1 entnommen (vgl. *Hörnle* Jura **98**, 177; *Struensee* Einf./6. StrRG 51). Das ist zweifelhaft, denn es führt zu dem unsinnigen Ergebnis, dass zwar die Aussetzung eines 50-jährigen „Kindes" durch seinen greisen Vater, nicht aber die des gebrechlichen Vaters durch das Kind nach Abs. II Nr. 1 qualifiziert ist (einschr. daher *Sternberg-Lieben/Fisch* Jura **99**, 49). Sinnvoller wäre es daher, den Begriff „Kind" im Sinne der Legaldefinition des § 176 I als „Person unter 14 Jahren" zu verstehen. Dafür spricht jedenfalls auch die Gleichstellung mit Personen, die dem Täter „zur Erziehung" anvertraut sind; auch die „Betreuung in der *Lebensführung*" weist in der Sache eher auf jugendliches Alter als auf ein allgemeines „Anvertraut-Sein" (zB § 174 c I) hin (vgl. auch MK-*Hardtung* 31: minderjähriges Kind). 14

B. Abs. II Nr. 2 enthält eine Erfolgsqualifikation (§ 18), wenn durch die Tat eine schwere Gesundheitsschädigung des Opfers (17 zu § 225; 15 zu § 239) verursacht wird. Ein erfolgsqualifizierter Versuch (8 zu § 18) ist nicht möglich, da der Versuch des Grunddelikts nicht strafbar ist (hM; **aA** SK-*Horn* 16; *Otto* BT 10/9). 15

C. Abs. III droht – entsprechend den §§ 227, 235 V, 239 IV – in einem weiteren Qualifikationstatbestand eine Freiheitsstrafe nicht unter 3 Jahren an, wenn der Täter durch die Tat (vgl. 2 zu § 227) den **Tod des Opfers** verursacht hat (Zuständigkeit hier nach § 74 II Nr. 7 GVG); das ist auch schon beim Versuch der Aussetzung möglich (7 zu § 18; 8 zu § 227; vgl. LK-*Jähnke* 25). Für diese **Erfolgsqualifikation** genügt es schon, dass dem das Tatopfer vorsätzlich gefährdenden (Abs. I) Täter hinsichtlich der schweren Folge wenigstens Fahrlässigkeit (§ 18; *Struensee* Einf./6. StrRG 53) zur Last gelegt werden kann. Nicht jede fahrlässige Tötung, die mit § 221 zusammentrifft, begründet aber die Qualifikation des Abs. III, diese hat vielmehr zur Voraussetzung, dass sich im tödlichen Erfolg gerade die dem § 221 eigentümliche Gefahr niedergeschlagen hat (MDR/H **83**, 797; NStZ **85**, 501; 4 StR 482/03 [Aussetzung eines Betrunkenen durch Polizeibeamte]; vgl. oben 9, unten 17). 16

D. Die **Strafdrohung** des II entspricht der des § 226, die des III entspricht § 227 I. Dabei erscheinen die *systematischen* Zusammenhänge auch hier zweifelhaft: Der Grundtatbestand des I verlangt Gefährdungsvorsatz; daher wird regelmäßig Fahrlässigkeit hinsichtlich der Verwirklichung dieser Gefahr vorliegen. Der außerordentlich hohe Sprung zwischen Grunddelikt und Erfolgsqualifikation ist daher, verglichen mit demjenigen zwischen *Versuch* und *Vollendung,* schwer nachvollziehbar (*Struensee* Einführung, 54). Eine „groteske Regelung" ist es nach Ansicht *Struensees* (ebd. 56), dass im Fall des III eine *fahrlässige Tötung,* die sich von § 222 nur durch den Gefährdungsvorsatz unterscheidet, den vollen Strafrahmen des vorsätzlichen Totschlags eröffnet (krit. auch LK-*Jähnke* 29). Das gilt i. ü. auch für die 17

Regelung des Abs. IV: Die *vorsätzliche* Tötung etwa eines neugeborenen Kindes durch die Mutter (§ 217 aF) ist als (sonstiger) minder schwerer Fall nach § 213 ebenso zu bestrafen wie nach III, IV bei *fahrlässiger* Tötung mit Gefährdungsvorsatz. Nach II Nr. 2 wird, wer sein Kind bedingt vorsätzlich einer Lebens*gefahr* aussetzt, ebenso bestraft wie derjenige, der es unter den Voraussetzungen des § 213 vorsätzlich tötet. Eine gerechte Gewichtung des Unrechts ist hierin nicht zu erkennen; eine Eingrenzung kann nur durch restriktive Handhabung des Merkmals „durch die Tat" oder durch Eingrenzung der Tathandlung (vgl. LK-*Jähnke* 29; oben 9) versucht werden.

18 **E. Abs. IV** sieht für **minder schwere Fälle** (11 zu § 12; 85 ff. zu § 46) in den Fällen des II Freiheitsstrafe von 6 Monaten bis zu 5 Jahren und in den Fällen des III Freiheitsstrafe von 1 Jahr bis zu 10 Jahren vor.

19 **9) Täterschaft und Teilnahme.** Täter nach I Nr. 1 kann jedermann sein; I Nr. 2 ist echtes **Sonderdelikt;** die besondere Pflichtenstellung ist strafbegründendes persönliches Merkmal iS von **§ 28 I** (LK-*Jähnke* 34; *Sternberg-Lieben/Fisch* Jura **99**, 45, 47; **aA** *S/S-Eser* 10). Eine Teilnahme ist auch noch nach Eintritt der Gefahr bis zu deren Beendigung möglich.

20 **10) Konkurrenzen.** Eine Aussetzung nach vorangegangenen Misshandlungen *kann* mit diesen eine natürliche Handlungseinheit bilden; Tatmehrheit liegt aber vor, wenn das Opfer einer Körperverletzung nach deren Abschluss aufgrund eines neuen Tatentschlusses in eine Lage nach I Nr. 1 verbracht wird (vgl. NStZ **02**, 432); die Fortdauer der konkreten Gefahrenlage führt auch nicht zur Tateinheit mit nachfolgenden, auf neuem Tatenschluss beruhenden Körperverletzungs- oder Tötungsdelikten (ebd.). **Tateinheit** ist gegeben, wenn sich die einheitliche Tat auf mehrere Opfer bezieht (BGH **21**, 49); sie kommt weiter in Betracht mit § 142 (NJW **92**, 584); mit Körperverletzung, wenn der Vorsatz auch die Lebensgefährdung umfasst (BGH **4**, 116); i. Ü. tritt § 221 hinter das vorsätzliche Verletzungs- und Tötungsdelikt zurück. **Gesetzeseinheit** ist gegeben mit den zurücktretenden §§ 170 (**aA** LK-*Dippel* 24 zu § 170 d [aF]), 323 c (str.). §§ 222, 229 treten hinter II Nr. 2 und III zurück (SK-*Horn* 17); mit § 227 ist jedoch Tateinheit möglich (2 StR 343/65). Spannungen, die durch die hohe Mindeststrafe des III eintreten, können nur im Gnadenwege beseitigt werden (LK-*Jähnke* 28; **aA** *Krey* BT/1, 143; *Renzikowski* GA **92**, 174). Da das 6. StrRG den § 221 der Sache nach in ein allgemeines Lebens- und Gesundheitsgefährdungsdelikt umgestaltet hat (oben 1, 9), wurden insbesondere im Hinblick auf III neue, noch ungeklärte Konkurrenzprobleme zu Tatbeständen geschaffen, die die Verursachung von Leibes- und Lebensgefahren spezieller umschreiben (*Struensee*, Einf./6. StrRG 33). Bei Rücktritt vom versuchten Tötungsdelikt lebt die Strafbarkeit nach § 221 wieder auf (LK-*Jähnke* 26; str.).

Fahrlässige Tötung

222 **Wer durch Fahrlässigkeit den Tod eines Menschen verursacht, wird mit Freiheitsstrafe bis zu fünf Jahren oder mit Geldstrafe bestraft.**

1 **1) Allgemeines.** Zum geschützten **Rechtsgut** und zum **Tatobjekt** des § 222 vgl. 1 ff. vor § 211. Fahrlässige Tötung ist ein **Massendelikt,** dessen kriminalpolitische Problematik sich einerseits aus der in Teilbereichen ungeklärten Einordnung des Fahrlässigkeitsbegriffs ergibt (vgl. 12 ff. zu § 15), zum anderen aus der jedenfalls der unbewussten Fahrlässigkeit innewohnenden Zurechnung des **Zufalls** unter Rückgriff auf Sorgfalts-Pflichten, deren *Erfüllung* nicht erzwungen wird, die in weiten Lebensbereichen (insb. öffentlicher Straßenverkehr; Arbeitsschutz iwS; Aufsicht über Kinder; usw.) von einer *Mehrzahl* der Beteiligten nicht eingehalten werden (vgl. auch *Arzt/Weber* 4/3 f.; *Arzt,* Schröder-GedS 130 ff.) und deren Verletzung daher als Zwischenglied zwischen der *Handlung* des Täters und dem ihm zugerechneten *Erfolg* der Vernichtung des höchstrangigen Rechtsguts zweifelhaft sein kann (vgl. dazu auch *Zielinski*, Schreiber-FS [2003] 533, 537 ff.). Das wird in der Rechtspraxis namentlich dann deutlich, wenn Strafverfahren nach § 222 überwiegend als Anknüpfungspunkt für zivilrechtliche Schadensersatzforderungen dienen; eine Rechtsfrieden stiftende Wirkung entfalten Rechtsfolgenentscheidungen zu § 222 häufig nicht.

1 a **Literatur:** *Amelung,* Zur Verantwortlichkeit Drogenabhängiger für Selbstschädigungen, NJW **96**, 2393; *Dölling,* Fahrlässige Tötung bei Selbstgefährdung des Opfers, GA **84**, 71; *Geerds,* Fahrlässige Tötungen, Middendorff-FS 81 [kriminologisch]; *Herzberg*, Vorsätzliche und

fahrlässige Tötungen bei ernstlichem Sterbebegehren des Opfers, NStZ **04**, 1; *Hettinger,* Handlungsentschluss und -beginn als Grenzkriterium tatbestandsmäßigen Verhaltens beim fahrlässig begangenen sog. reinen Erfolgsdelikt, Schroeder-FS (2006) 209; *Herzig,* Notwendige Verteidigung bei fahrlässiger Tötung im Straßenverkehr?, NJW **80**, 164; *Koch,* Die Entkriminalisierung im Bereich der fahrlässigen Körperverletzung und der fahrlässigen Tötung, 1998 (Diss. [Bespr. *Vormbaum* GA **00**, 185]); *Landau,* Das strafrechtliche Risiko der am Bau Beteiligten, wistra **99**, 47; *Lenckner,* Technische Normen u. Fahrlässigkeit, Engisch-FS 490; *v. Liszt,* Fahrlässige Tötung u. Lebensgefährdung VDB V, 144; *Madea* u. a., Fahrlässige Tötung durch medikamentöse Therapie, RMed **94**, 123; *Middendorff* HdbwKrim. V 89 u. BA **80**, 259; *Mitsch* JuS **96**, 410; *Paeffgen,* Gefahr-Definition, Gefahr-Verringerung und Einwilligung, Rudolphi-FS (2004) 187; *Roxin,* Fahrlässige Tötung durch Nichtverhinderung einer Tötung auf Verlangen?, Schreiber-FS (2003), 399; *Schmidt-Salzer,* Strafrechtliche Produktverantwortung, NJW **88**, 1937; *Schünemann,* Fahrlässige Tötung durch Abgabe von Rauschmitteln?, NStZ **82**, 60; *ders.,* Die Regeln der Technik im Strafrecht, Lackner-FS 367; *Sowada,* Zur strafrechtlichen Zurechenbarkeit von durch einen Primärtäter ausgelösten Retterunfällen, JZ **94**, 663; *Tamm,* Die Zulässigkeit von Außenseitermethoden und die dabei zu beachtenden Sorgfaltspflichten, 2007 (Diss. Bayreuth 2006); *Tröndle,* Abschaffung der Strafbarkeit der fahrlässigen Tötung u. fahrlässigen Körperverletzung bei leichtem Verschulden?, DRiZ **76**, 129; *Ulsenheimer,* Arztstrafrecht in der Praxis, 3. Aufl. 2003; *Umbreit,* Die Verantwortlichkeit des Arztes für fahrlässiges Verhalten anderer Medizinalpersonen, 1992.

2) Tathandlung ist eine beliebige Handlung des Täters, die für den Tod des Opfers **ursächlich** ist (2ff. zu § 212, 21ff. vor § 13). Die Verknüpfung mehrerer Handlungs- und Ursachenzusammenhänge beseitigt die Kausalität nicht, solange nur die Handlung des Täters überhaupt bis zum Erfolg fortwirkt; in Fällen außergewöhnlichen Kausalverlaufs kann die Voraussehbarkeit fehlen (unten 25). Allgemein zur **Kausalitäts**-Prüfung bei fahrlässigen Erfolgsdelikten vgl. 33 vor § 13. Nach stRspr des BGH entfällt der rechtliche Ursachlichenzusammenhang iS der Bedingungs-Formel zwischen einem sorgfaltswidrigen Verhalten und dem Erfolg dann, wenn derselbe Erfolg auch bei verkehrsgerechtem Verhalten sicher oder möglicherweise eingetreten wäre (BGH **11**, 1; **33**, 61, 63). Bei der Prüfung einer solchen „hypothetischen" Kausalität ist aber allein auf die **konkrete Tatsituation** abzustellen; weggedacht werden darf daher nur das konkrete dem Täter vorwerfbare Verhalten, an seiner Stelle hinzugedacht nur eine solche Bedingung, deren Grund in dem Tatgeschehen selbst unmittelbar angelegt ist (vgl. BGH **11**, 1, f; **33**, 61ff.; **45**, 270, 294f.; VRS **74**, 359f.; BGHR § 222 Kausalität 1; BGH **49**, 1, 4 [Bespr. *Saliger* JZ **04**, 977; *Puppe* NStZ **04**, 555; *Roxin* StV **04**, 485; *Pollähne* JR **04**, 429]). Zu berücksichtigen ist daher **zB** insb. das eigene Verhalten eines Geschädigten in der konkreten Tatsituation (vgl. BGH **11**, 1 *[Radfahrerfall];* nicht dagegen eine hypothetische Ursache, die gänzlich außerhalb des Tatgeschehens liegt und auf einer autonomen Willensbildung des Opfers selbst oder Dritter beruht hätte (vgl. BGH **49**, 1, 4f. [sorgfaltswidrige Ausgangs-Gewährung für gefährlichen Untergebrachten]). Einem Arzt, der eine gebotene Behandlung pflichtwidrig nicht veranlasst, ist der Tod des Patienten nur anzulasten, wenn dieser bei pflichtgemäßem Handeln des Arztes mit an Sicherheit grenzender Wahrscheinlichkeit länger gelebt hätte (NJW **87**, 2940 [Anm. *Brammsen* MDR **89**, 124]; MDR/H **88**, 100; vgl. Düsseldorf OLGSt Nr. 4; StV **93**, 477); das ist schon bei einem um mehrere Stunden früheren Todeseintritt der Fall (NStZ **85**, 26; krit. *Ranft* JZ **87**, 863; vgl. auch StV **86**, 200). Entsprechendes gilt bei einem ärztlichen **Aufklärungsmangel,** wenn der Patient auch im Falle einer alternativ möglichen Behandlungsmethode, über die er nicht aufgeklärt wurde, mit an Sicherheit grenzender Wahrscheinlichkeit den tatsächlichen Todeszeitpunkt überlebt hätte (JZ **94**, 514 m. Anm. *Puppe*; *Otto* JK 5 vor § 13). Zum Zurechnungs-Zusammenhang vgl. 24ff. vor § 13; zur Kausalität des **Unterlassens** 39 vor § 13. 2

3) Die **Rechtswidrigkeit** wird durch die Einwilligung des Getöteten grds. nicht beseitigt (vgl. MDR/H **78**, 987 m. Anm. *H.J. Hirsch* JR **79**, 429), denn eine dem § 228 entsprechende Vorschrift fehlt (BGH **4**, 89); das menschliche Leben wird im Allgemeininteresse geschützt (vgl. § 216; Bay **57**, 76). Eine Einwilligung 3 kann bei vorheriger Aufklärung einer gefährlichen Handlung die Pflichtwidrigkeit nehmen (BGH **4**, 89; **7**, 115; dazu krit. LK-*H.J. Hirsch* 93 vor § 32). Bei einverständlicher Fremdgefährdung oder (Mit-)Veranlassung freiverantwortlicher **Selbstgefährdung** scheidet Strafbarkeit idR aus (unten 28; vgl. BGH **32**, 262; **37**, 181; NStZ **87**, 406; **92**, 489; Bay NZV **89**, 80 [m. Anm. *Molketin*]).

4 **4)** Der Täter muss **fahrlässig** (12 ff. zu § 15) handeln. Bestraft wird nicht das Unterlassen der Erfüllung von eigenständigen (Sorgfalts)-"Pflichten", sondern das *Handeln* des Täters, wenn es normativen Anforderungen an die zur Vermeidung des Taterfolgs erforderliche Sorgfalt nicht entspricht (SK-*Horn* 3). Dieser Grundsatz wird von Rspr und hM bei der Zurechnung *schuldlosen* Verhaltens durchbrochen, wenn in Anwendung der Figur der sog. „fahrlässigen actio libera in causa" (vgl. dazu 51, 54 zu § 20) der Fahrlässigkeits-Vorwurf nicht an die Erfolgs-verursachende Tathandlung, sondern an das vorwerfbare *Nicht-Bedenken* ihrer *Möglichkeit* zum in der Vergangenheit liegenden Zeitpunkt des Sich-Berauschens geknüpft wird (krit. dazu *Hettinger*, Schroeder-FS [2006] 209, 217 ff.). Ob eine solche Zurechnung *neben* § 323 a erforderlich und zulässig ist, ist zweifelhaft und umstritten (vgl. Nachw. in 54 zu § 20). Allgemeine Sorglosigkeit oder Nachlässigkeit, die nicht Erfolgsursache ist, scheidet schon deshalb aus (BGH **1**, 194), weil das Strafrecht nicht der Erzwingung einer rechtsgutsunabhängigen durchschnittlichen Sorgfalt in der Lebensführung dient; was Fahrlässigkeit *ist,* kann daher allein im Hinblick auf den gesetzlichen Tatbestand (Art. 103 II GG) überhaupt bestimmt werden.

4 a Die Abgrenzung **bewusster** Fahrlässigkeit vom **bedingtem Tötungsvorsatz** ist in der Praxis in vielen Fällen schwierig (vgl. dazu 6 ff. zu § 212); im Rahmen der Anwendung des Zweifelssatzes ist die vom BGH regelmäßig herangezogene Erwägung einer vor dem Tötungsvorsatz wesentlich höher liegenden **Hemmschwelle** zu beachten (NStZ **83**, 407; BGHR § 212 I Vorsatz, bed. 31, 33, 37, 40, 41); das gilt freilich bei **Unterlassungen** nur sehr eingeschränkt (NStZ **92**, 125). Das hier – anders als im Bereich von § 21 – allein voluntative Element der Hemmschwelle vor dem (billigenden, jedenfalls resignativ zur Kenntnis nehmenden) In-Kauf-Nehmen des als möglich erkannten Tötungserfolgs kann freilich nicht allein auf Grund einer *konkreten* kognitiven Gefahr-Erkenntnis zurücktreten (vgl. etwa zu besonders gefährlichen Gewalthandlungen BGHR § 212 I Vorsatz, bed. 35, 38, 42; 8 zu § 212 mwN), sondern auch auf Grund der Kenntnis **statistischer Gewissheit** des Erfolgseintritts in mehr oder weniger zahlreichen Fällen bei massenhaften Gefährdungshandlungen, namentlich bei In-Verkehr-Bringen fehlerhafter oder von vornherein (dh „fehlerfrei") lebensgefährlicher **Produkte.**

5 **A.** Das **Maß der erforderlichen Sorgfalt** richtet sich **objektiv** nach den Umständen und **subjektiv** nach den persönlichen Kenntnissen und Fähigkeiten des Täters; es kann in besonderen Vorschriften oder allgemeinen Regeln konkretisiert sein; insoweit kann eine Pflicht zum Handeln in bestimmter Richtung durch eine wichtigere Pflicht zum gegenteiligen Tun verdrängt werden.

6 **a) Gesetze und RechtsVOen** (zB nach §§ 143 I, 148 GewO für überwachungsbedürftige Anlagen oder **Unfallverhütungs- oder Sicherheitsvorschriften** gegen hypothetische Gefahren, zB nach dem GerätesicherheitsG [vgl. *Göhler* 327]; nach dem MPG; nach der GenTS V für Medizinprodukte) begründen Pflichten nur für Gefahren, die allgemein und regelmäßig eintreten können, während für die Fahrlässigkeit nach § 222 die **konkrete** Gestaltung entscheidet; daher kann sie fehlen trotz Übertretung (BGH **12**, 78) und gegeben sein trotz Beachtung einer Sicherheitsvorschrift (BGH **4**, 185) oder trotz Fehlens einer solchen (BGH **5**, 273; Oldenburg NJW **50**, 555; Koblenz OLGSt. 55), etwa bei außergewöhnlichen Gefährdungsumständen (vgl. BGH **37**, 184, 187). Doch wird bei Einhaltung der Unfallverhütungsvorschriften der Erfolg meist als nicht voraussehbar bezeichnet werden können (2 StR 85/77), während bei Nichteinhaltung regelmäßig Vorhersehbarkeit anzunehmen ist (MDR/D **51**, 274; 4 StR 222/60; Karlsruhe DAR **00**,

178); bei dauerhafter Tolerierung von Verstößen durch die zuständigen Behörden kann im Einzelfall der Vorwurf der Sorgfaltspflichtwidrigkeit entfallen (vgl. StV **01**, 108).

Die strafrechtliche Verantwortlichkeit eines **Arbeitgebers** entfällt bei Nichtein- 7
haltung der Unfallverhütungsvorschriften auch dann nicht, wenn die Nichteinhaltung dem Arbeitnehmer bekannt war und dieser in Kenntnis der hieraus entspringenden Gefahren seine Arbeitsleistung erbrachte (Naumburg NStZ-RR **96**, 229 [dazu *Puppe* Jura **97**, 411]). Fehlt es an spezifischen Unfallverhütungsvorschriften, so trifft leitende Angestellte eine erhöhte Sorgfaltspflicht (1 StR 857/76). Sorgfaltspflichten können auch durch **besondere Umstände** (zB außergewöhnliche Gefährlichkeit der Giftanwendung zur Schädlingsbekämpfung) begründet werden, ohne dass es hierfür bestimmte Rechtsnormen oder technische Regeln gibt (BGH **37**, 189). Die Erteilung einer behördlichen Genehmigung nach der GewO befreit den Unternehmer nicht von der Sorgfaltspflicht bezüglich der Anlage einer Schutzvorrichtung nach § 120a III GewO (RG **18**, 73; Bay **16**, 96). Wenn öffentlich-rechtliche Befugnisse (zB der Feuerwehr) die Nichtbeachtung polizeilicher Vorschriften zulassen, kann sich hieraus die Pflicht zu etwa nötigen Ersatzmaßnahmen (RG **59**, 409) ergeben. **Allgemeine** „Verhaltenshinweise", Sicherheitsratschläge, „Empfehlungen" etc. bestimmen in keinem Fall das Maß individuell aufzuwendender Sorgfalt; sie geben insoweit nur Anhaltspunkte.

b) Auch der **Beruf** kann eine Sorgfaltspflicht begründen. Der Unkundige darf 8
nicht eine dem Berufenen zukommende Aufgabe übernehmen, von der er sich sagen muss, dass er ihr nicht gewachsen ist (BGH **10**, 133; vgl. *Geerds,* Middendorff-FS 88).

aa) Ein **Arzt** darf nicht gegen allgemein anerkannte Regeln der ärztlichen 9
Kunst verstoßen, selbst wenn er Anhänger eines anderen Heilverfahrens ist (Düsseldorf MedR **84**, 28). Eingriffe ohne eigene Diagnose oder bei nur oberflächlicher Untersuchung der Operationsstelle (vgl. MedR **88**, 150; dazu *Krümpelmann* JR **89**, 353) sind stets Kunstfehler. Übernimmt der Arzt eine Behandlung oder ist er als Bereitschaftsarzt behandlungspflichtig, so hat er die Notwendigkeit eines **Hausbesuchs** pflichtgemäß zu prüfen (BGH **7**, 211; Köln NJW **91**, 64). Hilfskräfte muss er genügend überwachen (BGH **3**, 91), zB das Personal einer Badeabteilung, ob es die erforderlichen Vorsichtsmaßregeln gegen das Ertrinken von Epileptikern einhält (BGHR PflVerl. 1); oder Krankenschwestern evtl. anweisen, das Zurückgleiten von Instrumenten in die Operationswunde zu vermeiden (NJW **55**, 1487). Fahrlässigkeit kann gegeben sein, wenn ein Patient bei unsicherer Diagnose nicht in eine Spezialklinik gebracht wird (MDR/D **56**, 144; NJW **79**, 1258) und daher der Tod früher eintritt (NStZ **81**, 219, zw.; m. krit. Anm. *Wolfslast*; hierzu *Ulsenheimer,* MedR **84**, 163, **87**, 213 u. **92**, 130; *Wachsmuth/Schreiber* NJW **82**, 2095; *Scholl* NJW **83**, 319; *Schlüchter* JA **84**, 675; *Krümpelmann* GA **84**, 493, 507). Ein Arzt ist verpflichtet, sich in dem Umfang **fortzubilden**, wie es zur Erhaltung und Entwicklung der zu seiner Berufsausbildung erforderlichen Fachkenntnisse notwendig ist (BGH **43**, 310). Ein „Arztprivileg", wonach die Strafbarkeit sich auf Fälle grober Behandlungsfehler beschränkt, gibt es nicht; Art und Maß der erforderlichen Sorgfalt ergeben sich aus den Anforderungen, die bei objektiver ex-ante-Betrachtung an einen besonnenen und gewissenhaften Menschen in der konkreten Lage und der sozialen Rolle des Handelnden zu stellen sind (NStZ **01**, 188 [Transfusion; Anm. *Altenhain*]; LG Kassel VersR **01**, 1031). Zum Sorgfaltsmaßstab von Ärzten eines psychiatrischen Krankenhauses bei der Gewährung von Lockerungen beim **Maßregelvollzug** vgl. BGH **49**, 1 [Bespr. *Saliger* JZ **04**, 975]; StA Paderborn NStZ **99**, 51 (m. Anm. *Pollähne*). Zur Sorgfaltspflicht hinsichtlich möglicher eigener **Infektionen** eines Operateurs (Hepatitis B) vgl. NStZ **03**, 657 (Anm. *Ulsenheimer* StV **07**, 77, 79; dazu auch *Paeffgen*, Rudolphi-FS 187 ff.).

Bei einer Operation oder sonstigen Heilbehandlung, bei der **mehrere Ärzte** 10
und Hilfspersonen beteiligt sind, bestimmt sich das Maß der Sorgfalt jedes Betei-

ligten nach seinem jeweiligen Verantwortungsbereich (*Lackner/Kühl* 40 zu § 15; *Rieger* NJW **79**, 583; vgl. NStZ **86**, 217 und hierzu *Kahlo* GA **87**, 67 u. *Ranft* JZ **87**, 863). Beteiligte Fachärzte können sich grundsätzlich auf die fehlerfreie Mitwirkung von Kollegen anderer Fachrichtungen verlassen (**Vertrauensgrundsatz,** NStZ **83**, 263; StV **88**, 251; vgl. dazu *Wilhelm* MedR **83**, 45, Jura **85**, 183; *Weißauer* MedR **83**, 21, 93; *Ulsenheimer* 144ff.; vgl. schon BGH **3**, 96; NJW **80**, 649; NJW **80**, 651; 5 StR 93/84 [dazu *Ulsenheimer* MedR **84**, 163, **92**, 132 u. Weißauer-FS 172). Ein solcher anerkannter Vertrauensgrundsatz unter arbeitsteilig tätigen Fachärzten gilt jedoch nur, wenn keine ernsthaften Zweifel an der Ordnungsmäßigkeit der Vorarbeiten des Kollegen bestehen (BGH **43**, 310). Die Anforderungen an die Geltung des Vertrauensgrundsatzes sind umso höher, je größer das Risiko eines Behandlungsfehlers und die daraus resultierende Patientengefährdung ist (BGH aaO; vgl. auch JR **86**, 248 m. Anm. *Ulsenheimer*; NStZ **83**, 134). Der Vertrauensgrundsatz gilt nicht gegenüber unerfahrenen **Assistenzärzten** (1 StR 90/81); erst recht nicht gegenüber **Ärzten im Praktikum** (AiP; vgl. dazu *Peters* StV **01**, 708). Zu den Sorgfaltspflichten bei der Anwendung oder Inbetriebnahme von Medizinprodukten vgl. MPG.

11 **Heilbeflissene** müssen die Zuziehung eines Arztes veranlassen, sobald sie erkennen, dass ihre Kenntnisse und Fähigkeiten für die Behandlung der festgestellten Krankheit nicht ausreichen, so insbesondere bei lebensgefährlichen Erkrankungen (RG **64**, 27: Homöopath). Zur Sorgfaltspflicht einer **Hebamme** Düsseldorf NJW **91**, 2979 m. Anm. *Meurer* JR **92**, 38.

12 **bb) Sonstige Berufe** (vgl. auch die Übersicht bei LK-*Jähnke* 10ff.): **Inhaber eines Betriebes** sowie Geschäftsführungs- und Kontrollbefugte Personen (vgl. § 14, § 75) müssen die dort beschäftigten oder verkehrenden Personen gegen die Betriebsgefahren schützen; insbesondere gefährliche Arbeitsvorgänge absichern (1 StR 857/76) und Schutzvorschriften (zB über gefährliche Stoffe nach dem ChemG; s. auch oben 6) beachten. Zur Sorgfaltspflicht des **Kfz-(Zubehör-)Händlers** für den Fall des Rückrufs bei Seriendefekten Karlsruhe NJW **81**, 1054; hierzu *Scholl* NJW **81**, 2737. An die **Veranstalter von Autorennen** und an die Rennleiter werden besonders hohe Anforderungen hinsichtlich der Gewährleistung der Verkehrssicherheit gestellt, die auch über die geltenden Sicherheitsbestimmungen hinausgehen können (VRS **62**, 127; AG Schwabach DAR **97**, 326; vgl. auch LG Waldshut-Tiengen NJW **02**, 153 [Radrennen]); der **Hauseigentümer** hat für gefahrlosen Verkehr im Hause zu sorgen (Treppenbeleuchtung; RG **14**, 362); der aufsichtsführende **Lehrer** ist neben dem Fahrer dafür verantwortlich, dass beim Halten und Anfahren von Schulbussen auf dem Schulhof Kinder nicht zu Schaden kommen (Oldenburg VRS **56**, 445); dasselbe gilt bei Klassenausflügen (Köln NJW **86**, 1948). Der bauleitende **Architekt** hat Gefahren auf der Baustelle abzuwenden (BGH **19**, 289; MDR **66**, 160; Hamm NJW **69**, 2211; **71**, 442); er haftet jedoch nicht bei Missachtung der Unfallverhütungsvorschriften durch die Arbeiter des Bauunternehmers (Stuttgart NJW **84**, 2897 m. krit. Anm. *Henke* NStZ **85**, 124); zur Verantwortlichkeit von General- und Subunternehmern Karlsruhe NJW **77**, 1930; von Gerüstbauern MDR **78**, 904; von den für Plan, Bau, Betrieb und Genehmigung eines Regenüberlaufbeckens Verantwortlichen, das bei starken Regenfällen Menschen gefährdet (Düsseldorf OLGSt. 10) in diesen Fällen kommt es für die strafrechtliche Verantwortlichkeit nicht allein auf vertragliche Vereinbarungen, sondern uU auch auf tatsächliche Gegebenheiten an (MDR/H **83**, 985). Der **Gastwirt** darf einem angetrunkenen Fahrer keinen Alkohol mehr ausschenken; evtl. muss er dessen Fahrt, notfalls durch Benachrichtigung der Polizei, verhindern (BGH **4**, 20; MDR/D **54**, 334; vgl. 33 zu § 13). Den **Hersteller von Produkten,** die in Händen von Kleinkindern, für die sie nicht bestimmt sind, zu einer tödlichen Gefahr werden können, trifft keine generelle strafrechtliche Verantwortlichkeit (Stuttgart NStE Nr. 11). Zu Fällen der **Produkthaftung** vgl. *Tiedemann,* H.J. Hirsch-FS 765ff.; *Hilgendorf,* Weber-FS (2004) 33ff.; 39 zu § 13; zur Ver-

kehrssicherungspflicht von **Skilift- und Bergbahnunternehmern** NJW **73**, 1379; *Kürschner* NJW **82**, 1968.

c) Teilnahme am öffentlichen Verkehr. Ein **Kfz-Führer** (vgl. Übersicht LK-*H.J. Hirsch* 18 ff. zu § 230 [aF]) muss sich auch auf unerwartete Zufälle ein- 13
richten. Er muss zB in der kalten Jahreszeit bei Autobahnbrücken mit Glatteis rechnen und seine Geschwindigkeit danach einrichten (Koblenz VRS **63**, 354), ebenso auf eine ihm bekannte Sehbeeinträchtigung (VRS **69**, 440), im ländlichen Bereich mit Wildwechsel rechnen; er darf Kleinwild nicht gefahrbringend auswei- chen (LG Verden VRS **55**, 421).

Der Vertrauensgrundsatz (BGH **4**, 47; VGrSenBGH **7**, 118; *Böhmer* MDR **64**, 14
100; *Clauß* JR **64**, 207; *Krümpelmann,* Lackner-FS 289; *Maiwald* JuS **89**, 187; *Roxin* § 24, 21) gilt nur für Verkehrsteilnehmer (auch für Fußgänge VM **61**, 23), die sich ihrerseits verkehrsgerecht verhalten (Bay VRS **58**, 222; *Puppe* Jura **98**, 21).

Einzelfälle: Der Kraftfahrer darf auf das verkehrsgerechte Verhalte anderer Verkehrsteil- 15
nehmer vertrauen, solange er keine Anhaltspunkte dafür hat, dass sie s verkehrswidrig ver- halten könnten (VRS **19**, 343; Hamm VRS **55**, 351); ebenso darf de Wartepflichtige idR darauf vertrauen, dass der Berechtigte die angezeigte Fahrtrichtungsände g tatsächlich vor- nimmt (Düsseldorf NStZ **82**, 117); zu den Sorgfaltspflichten für einen s in ein Grund- stück abbiegenden Kraftfahrer Bay VRS **80**, 341. Der Fahrer braucht sich t darauf einzu- stellen, dass ein entgegenkommender Fahrer seine Scheinwerfer pl aufblendet (BGH **12**, 81); dass sich Passanten, die nicht als „hochbetagt oder gebrech erkennbar sind, verkehrswidrig verhalten (VRS **17**, 204; **23**, 373; Bay NJW **78**, 1491; n VRS **56**, 28), insbesondere unerwartet die Fahrbahn betreten (VRS **14**, 296; **20**, 129; Köln DAR **78**, 331; enger jedoch BGH **3**, 51; VRS **11**, 225; Köln VRS **30**, 192; VRS **58**, 222 [hierzu *Krümpelmann* aaO; *Puppe* Jura **98**, 21]; Hamm VRS **59**, 86; Bay VRS **78**, 108). rlsruhe

Er muss nicht damit rechnen, dass **Kinder,** soweit nicht besondere Umstände g (BGH **3**, 51; **9**, 94; **13**, 176; VRS **23**, 371; Celle VRS **31**, 35; Saarbrücken VM 7 sind 16
vermittelt in die Fahrbahn laufen (VM **61**, 64; 24; vgl. auch VM **62**, 64; 445, **63**, n- dorf VRS **25**, 45; VM **76**, 55; ZfS **93**, 210; Karlsruhe NJW **74**, 156; Bay ZfS **89**, 69; NZV **92**, 196); *anders* jedoch für **Kleinkinder** (Saarbrücken VRS **30**, 352); auch w durch größere Kinder beaufsichtigt sind (Bay **74**, 16; Hamm OLGSt. 60); aber auch fü 10-Jährige (VRS **35**, 113; Hamm MDR **80**, 1040; VRS **59**, 260; Karlsruhe VRS **71**, 6 NStE Nr. 15); zur Sorgfaltspflicht beim Überholen von 7-jährigen (Oldenburg VRS **57**, NStZ/J **89**, 565) oder 9-jährigen Radfahrern unter dem Aspekt des § 3 IIa StVO (NJW **82**, 346) und der eines anhaltenden oder abfahrenden Schulbusfahrers (Koble NJW **77**, 60; Oldenburg VRS **56**, 445; Köln MDR **69**, 949; NJW **97**, 2190).

Ferner braucht der Kraftfahrer nicht damit zu rechnen, dass **Fußgänger,** die hinter einem Omnibus die Straße überqueren wollen, hinter diesem mehr als einen Schritt auf die Fahrbahn hinaustreten (BGH **13**, 169); daher genügt das Einhalten eines Seitenabstandes von 2 m zu einem auf der Gegenfahrbahn haltenden Linienbus (Köln VRS **64**, 434); der Kraftfahrer kann sich nicht auf den Vertrauensgrundsatz berufen, wenn er diesen Seitenabstand nicht einhält oder zu schnell fährt (Frankfurt JR **94**, 77 m. Anm. *Lampe*).

Weiter braucht der Kraftfahrer nicht damit zu rechnen, dass die an einer Verkehrsinsel ein- 18
steigenden und aussteigenden Straßenbahnbenutzer das Vorrecht des Verkehrs auf der Fahrbahn missachten werden (VRS **15**, 445; VM **67**, 27); dass ein nachts in der Nähe einer beleuchteten Gaststätte ordnungsgemäß gehender Fußgänger betrunken ist (VM **76**, 9); dass das Vorfahrtsrecht von einem nicht sichtbaren Wartepflichtigen verletzt wird (VGrSenBGH **7**, 118); dass eine Lichtsignalanlage falsche Zeichen gibt (vgl. Bay VM **75**, 57; aber auch BGH VRS **4**, 133; Köln VRS **15**, 54). Der anfahrende *Linienbusfahrer,* der Zeichen gibt (vgl. § 10 S. 2, § 20 II StVO), darf darauf vertrauen, dass im fließenden Verkehr das Einfädeln ermöglicht wird (BGH **28**, 222); er muss bei schneeglatter Fahrbahn mit einer angepassten Geschwindigkeit fahren und stets gefahrlos lenken und anhalten können (Düsseldorf NZV **93**, 158 m. Anm. *Laubenthal* JR **94**, 202).

Ein Kraftfahrer **muss damit rechnen,** dass an Zebrastreifen plötzlich unvorsichtige Fuß- 19
gänger auftauchen (BGH **20**, 215), bei Dunkelheit ein einbiegendes Fahrzeug nicht bemerken (Hamm VRS **61**, 266), auch nach kurzem Zurücktreten erneut die Fahrbahn überqueren (Bay ZfS **82**, 187); dass andere im Verkehr erfahrungsgemäß häufige Nachlässigkeiten vorkommen (BGH **13**, 169; VRS **31**, 317); dass von einem sich ohnehin verkehrswidrig verhaltenden jugendlichen **Radfahrer** weitere Verkehrsverstöße drohen (Koblenz VRS **58**, 28, zum Sicherheitsabstand: Frankfurt DAR **81**, 18; Bay MDR **87**, 784; vgl. auch Bay DAR **81**, 237;

Oldenburg ZfS **91**, 321); dass bei ampelgeregelten Kreuzungen Nachzügler den Kreuzungsbereich noch nicht geräumt haben (KG DAR **78**, 339); dass Radfahrer das kurz vor dem Anfahren betätigte Blinklicht eines Rechtsabbiegers übersehen (Köln VRS **56**, 442; vgl. auch **59**, 425). Ein langsamfahrender LKW-Fahrer muss damit rechnen, dass Radfahrer ihn rechts überholen (Celle NZV **90**, 481). Der rechtsabbiegende LKW-Fahrer muss schon beim vorherigen Anhalten an der Ampel beobachten, ob sich neben ihm Zweiradfahrer befinden (Hamm VRS **73**, 280).

20 **Sicherheitseinrichtungen** *am Fahrzeug* hat der Kraftfahrer zu gebrauchen, auch wenn er deren Notwendigkeit nicht durchschaut (BGH **15**, 386; vgl. auch BGH **16**, 89; **17**, 181; NJW **60**, 446; 583). Treten erhebliche *Fahrzeugmängel* unterwegs auf, so hat er die Weiterfahrt zu unterlassen, § 23 II StVO; nach Eingriffen in eine Bremsanlage ist stets eine Bremsprobe erforderlich (VRS **65**, 141). Den Sorgfaltsanforderungen für die Wartung der Bremsen eines LKW wird der verantwortliche Fahrer nicht schon mit der Durchführung der vorgeschriebenen Pflicht- und Sonderuntersuchungen durch den TÜV gerecht, er muss namentlich bei älteren Fahrzeugen regelmäßig die Betriebssicherheit überprüfen (Hamm NZV **90**, 36); hierzu gehört aber nicht ohne weiteres das zwischen den Achsen des Anhängers angebrachte, schwer zugängliche ALB-Ventil (LG Göttingen ZfS **92**, 245). Beim Verlassen des Fahrzeugs hat es der Fahrer gegen unbefugte Benutzung zu sichern (§ 14 II StVO; BGH **15**, 386; **17**, 289; NJW **62**, 116 **64**, 404; VRS **14**, 197). Für ausreichenden *Treibstoff* hat er zu sorgen, um nicht in verkehr fährdende Lagen zu geraten (Celle VRS **11**, 228; Hamm DAR **61**, 176; VRS **36**, 220 f; Karlsruhe NJW **75**, 838). Sind im Straßenbereich irgendwelche *Warnblinkanlagen* eingeschaltet, muss der Kraftfahrer mit plötzlichen Fahrbehinderungen rechnen (Köln VRS **68**, 3 es sei denn, das betreffende Fahrzeug stünde bei fließendem Verkehr auf dem Fahrstreif der Standspur (Bay DAR **86**, 59). Das **Rückwärtsfahren** aus einem Grundstück m de Gefährdung des Straßenverkehrs ausschließen (BGH **2**, 226; zur Sorgfaltspflich über einem Einweiser, Koblenz VRS **58**, 256). Auch die Vorfahrt ist mit Umsicht haben. Auf der **Autobahn** darf man idR nicht rechts überholen (BGH **12**, 258), es sei die Kolonne auf der Überholspur führe nicht schneller als 60 km/h und die Mehrgeschwindigkeit des Überholers betrüge bei äußerster Vorsicht nicht mehr als 20 km/h 2, 137; Bay **77**, 172; vgl. § 7 StVO). Auf der Autobahn muss man ferner auch bei heit auf Sicht fahren (BGH **2**, 190; **10**, 123; VGrSenBGH **16**, 145; vgl. jedoch § 18 VO).

er **Dienstherr** darf einen stark übermüdeten Fahrer nicht auf Fahrt schicken; der **Halter** Fahrzeug einem Fahruntüchtigen nicht überlassen (BGH **3**, 277; Karlsruhe NJW **80**, 59); er hat auch Vorsorge zu treffen, dass bei einer gemeinsamen Zechtour sein fahruntüchiger Mitfahrer das Fahrzeug nicht benützt (Hamm NJW **83**, 2456). Zu den Sorgfaltspflichten von *Fahrlehrern* und Fahrschülern Hamm NJW **79**, 993. Das bloße Überlassen des Autos an eine Person ohne Fahrerlaubnis macht im Tötungsfalle den § 222 nicht anwendbar, falls er einwandfrei fährt (Bay **55**, 96). Eine Wettfahrt mit einem Betrunkenen auf Krafträdern ist fahrlässig (BGH **7**, 115). Die Inanspruchnahme von **Sonderrechten** (§ 35 StVO) für Fahrzeuge der *Polizei, Feuerwehr, BWehr,* des *BGS, Katastrophen- und Rettungsdienstes* verpflichtet zu besonderer Vorsicht (NZV **90**, 121; Braunschweig NZV **90**, 198). Baustellen (VRS **37**, 355) sowie Unfallstellen sind ausreichend zu sichern (VRS **17**, 199); andererseits sind dort Kraftfahrer zu besonderer Sorgfalt verpflichtet (Hamm VRS **58**, 258). Zur Vermeidbarkeit eines Unfalls für einen alkoholbedingt fahruntüchtigen Kraftfahrer grundlegend BGH **24**, 31.

22 Für **Schienenbahnen** ist § 2 III StVO zu beachten. Sie haben im Übrigen kein Vorrecht im Verkehr, soweit sich nicht aus ihrer Eigenschaft als schweres Schienenfahrzeug im städtischen Massenverkehr etwas anderes ergibt (BGH **1**, 195). Zur Sorgfaltspflicht des *Führers* eines auf besonderem Bahnkörper fahrenden *Straßenbahnzuges* vor einer Fußgängerfurt Bay NZV **91**, 78.

23 Für den **Skifahrer** gelten Grundsätze entsprechend § 3 I StVO (Bay VRS **13**, 353; OLGSt. 15 zu § 230; Karlsruhe NJW **59**, 1589; *Lossos* NJW **61**, 490; vgl. Art. 24 BayLStVG; München NJW **66**, 2406).

24 **d)** Ein **Hundehalter** braucht ein folgsames Tier nicht ohne besonderen Anlass auf öffentlicher Straße anzuleinen (Bay NJW **80**, 300 [m. Anm. *Volk* JR **80**, 251]; **87**, 1094) oder mit Maulkorb zu führen, sofern nicht eine gesetzliche Pflicht hierzu besteht. Ob es für den Tierhalter voraussehbar ist, dass ein bislang nicht auffälliger Hund eine andere Person beißt, hängt von den Umständen des Einzelfalles ab (Bay NJW **93**, 2001); die Kenntnis einer (widerleglichen oder unwiderleglichen) gesetzlichen Vermutung der Gefährlichkeit (vgl. dazu auch 53. Aufl. Erl. zu § 143 ff), begründet freilich ein nur im Ausnahmefall widerlegliches Indiz (vgl. auch

NStZ **02**, 315 f.). Der Tierhalter braucht aber grds nicht damit zu rechnen, dass ein als nicht aggressiv bekanntes, in einem umzäunten Grundstück frei laufendes Tier durch eine schadhafte Stelle am Gartentor ein Kind beißt (Bay NJW **91**, 1695); wohl aber damit, dass ein scharf abgerichteter, zum Schutz vor Einbrechern in einem Geschäftslokal eingesetzter Hund aus einer Öffnung der Geschäftsräume entkommt und andere Personen beißt (Düsseldorf NJW **93**, 1609 m. Anm. *Brammsen* JR **94**, 373; vgl. auch Düsseldorf NJW **92**, 2583). Nähere Feststellungen zur Führung des Hundes sind nicht erforderlich, wenn ein unbeaufsichtigt frei herumlaufender Hund einen Menschen verletzt (Bay NJW **87**, 1094). Die erforderlichen Vorkehrungen zur Sicherung Dritter vor Schädigungen bestimmen sich nach dem Maß des für einen *umsichtigen* Hundehalter Voraussehbaren und Zumutbaren (Bay VRS **74**, 370; hierzu ferner Stuttgart Die Justiz **84**, 209; Hamm NJW **96**, 1295; vgl. auch Neustadt GA **64**, 185; Düsseldorf NJW **87**, 201; AG Hamm NStE § 230 Nr. 6; zu weitgehend AG Neuwied NStZ **97**, 239 m. Anm. *Quednau*). Hierzu gehört auch, falsche, schreckhafte oder Panikreaktionen Dritter bei der Konfrontation insb. mit freilaufenden Hunden in Rechnung zu stellen. Für Art und Maß von Sicherungs-Vorkehrungen sind auch Alter und Rasse des Hundes und sein bisheriges Verhalten, insb. ob er zB durch erhöhte Aggressionsbereitschaft aufgefallen ist (vgl. AG Verden NStZ **06**, 689). Den unbeteiligten Bürger, erst recht Kinder, trifft keine Pflicht zum „hundegerechten" Verhalten; der Halter muss jedoch ohne besonderen Anlass idR keine Vorsorge dagegen treffen, dass das Tier von Dritten mutwillig zum Angriff gereizt wird, soweit dies nach der Art (Rasse, Größe) des Hundes nicht geboten ist. Entsprechendes gilt für den Halter oder Führer anderer **Tiere.**

B. Voraussehbarkeit des Erfolges ist Voraussetzung der Fahrlässigkeit. Der Täter muss in der Lage sein, unter den konkreten Umständen (MDR/D **73**, 18) bei seinen persönlichen Kenntnissen und Fähigkeiten (BGH **12**, 78; GA **69**, 246) den Eintritt des konkreten Erfolgs (vgl. NJW **73**, 1379) als möglich vorauszusehen (vgl. Nürnberg NStZ-RR **06**, 248 [Alkoholentzugsdelir]; LK-*Jähnke* 6 ff.; *Rudolphi* JuS **69**, 549). Im Fall einer **Unterlassung** ist maßgebend, ob deren Folgen vom Unterlassenden in der konkreten Situation hätten vorausgesehen werden können (1 StR 568/80). Beim notwendigen **Zusammenwirken** mehrerer Umstände müssen alle diese Umstände für den Täter voraussehbar sein (1 StR 324/79). Der Erfolg darf nicht außerhalb aller Lebenserfahrung liegen (NJW **92**, 1708 [m. Anm. *Graul* JR **92**, 344, *Geppert* JK 3 zu § 226 [aF]; *Mitsch* Jura **93**, 18]; Stuttgart NStZ **97**, 190 [m. Anm. *Gössel* JR **97**, 519]). 25

Im Übrigen genügt die **Voraussehbarkeit** des Verlaufs **im Allgemeinen:** alle konkreten Einzelheiten brauchen nicht voraussehbar zu sein (BGH **12**, 77; **17**, 226; MDR **70**, 604; MDR/D **57**, 141; **66**, 198; **71**, 17; 722; **76**, 16; VRS **16**, 33; **17**, 37; **20**, 278; Bay NJW **56**, 355; **69**, 1583). Indizielle Bedeutung auch für die Voraussehbarkeit hat idR die Verletzung von Vorschriften **zB** über Geschwindigkeitsbegrenzung (Koblenz VRS **55**, 424) oder sonstigen **Sicherheitsvorschriften** (oben 6; BGH **4**, 185; **15**, 112; GA **66**, 374; NJW **57**, 1526; VRS **5**, 393; **10**, 282; MDR/D **69**, 194); jedoch ist die Voraussehbarkeit stets unabhängig davon zu prüfen, ob eine objektive Pflichtverletzung vorliegt (Bay NZV **89**, 201). Der Erfolg ist nur voraussehbar, wenn er nach der Erfahrung des täglichen Lebens eintreten konnte, was idR auszuschließen ist, wenn der rechtswidrige Erfolg ohne das für den Täter nicht voraussehbare **Verhalten eines Dritten** oder des **Opfers** nicht eingetreten wäre (BGH **3**, 62; **12**, 78; NStZ **99**, 18; MDR/D **76**, 16; GA **60**, 111; **69**, 246; NZWehrr **70**, 231; Hamburg NJW **68**, 663; Karlsruhe OLGSt. 35; LK-*Jähnke* 9). 26

Einzelfälle: Fährt der Kraftfahrer gegen einen Baum, so ist der Tod eines Mitfahrers voraussehbar, auch wenn dieser erst nach längerem Krankenhausaufenthalt auf Grund eines nicht schweren ärztlichen Kunstfehlers stirbt (Celle MDR **57**, 627; vgl. auch Stuttgart MDR **80**, 951; NJW **82**, 295 m. Anm. *Ebert* JR **82**, 421); anders bei Lungenembolie nach Stichverletzung (MDR/D **76**, 15). Wer sein Auto ungesichert auf der Straße stehen lässt, muss damit rechnen, dass ein Unbefugter damit fährt und einen tödlichen Unfall verursacht (VRS **20**, 282; vgl. auch 27

Köln VRS **50**, 110). Für einen chronischen Alkoholiker ist es nach Nürnberg NStZ-RR **06**, 248 vorhersehbar, dass während des Führens eines Kfz ein deliranter Verwirrungszustand eintritt, der zu einem für Dritte tödlichen Fahrfehler führt. **Nicht vorhersehbar** ist Tod an Wundstarrkrampf bei harmloser Platzwunde nach Ablehnung einer Tetanusspritze (Celle MDR **68**, 341); an einer Fruchtwasserembolie bei einer lege artis durchgeführten Amniocentese (Koblenz OLGSt. 57); nach leichtem Auffahrunfall infolge der Schockwirkung bei schwer herzkranken Beteiligten (Karlsruhe NJW **76**, 1853; vgl. schon Stuttgart VRS **18**, 366). Ebenso wenig kann einem Unfallverursacher das grob verkehrswidrige, nicht im Rahmen gewöhnlicher Lebenserfahrung liegende Verhalten eines *anderen* Verkehrsteilnehmers als voraussehbar angelastet werden (Bay JZ **82**, 731). Die bloße Unvorsichtigkeit bei einer Handlung ohne Voraussehbarkeit des Erfolges ist nicht ausreichend (Frankfurt VRS **41**, 32). Zur Voraussehbarkeit eigener Bewusstlosigkeit am Steuer Hamm NJW **76**, 2307; einer Herzattacke bei herzkrankem Kraftfahrer LG Heilbronn VRS **52**, 188.

28 **C.** In Fällen der Beteiligung an **eigenverantwortlicher Selbstverletzung oder Selbstgefährdung** scheidet § 222 grds aus (oben 3 aE; BGH **32**, 262 [dazu Anm. *Roxin* NStZ **84**, 411; *Kienapfel* JZ **84**, 751; *Dach* NStZ **85**, 24; *Horn* JR **84**, 513; *Otto,* Tröndle-FS 173]; BGH **37**, 179; **49**, 34, 39; NStZ **87**, 406; **92**, 489; **03**, 537 f.; Bay NZV **89**, 80 [Anm. *Molketin*]; vgl. auch *Walther,* Eigenverantwortlichkeit und strafrechtliche Zurechnung, 1991 [Bespr. *Zaczyk* GA **93**, 240 u. *Bottke* AIFO **93**, 47]; 7 zu § 228). Veranlasst der Täter lediglich die eigenverantwortliche **Selbstgefährdung** einer anderen Person, so ist er grds nur dann strafrechtlich verantwortlich, wenn er kraft überlegenen Sachwissens das Risiko besser erfasst als der sich selbst Gefährdende (Karlsruhe [SchiffObGer] NZV **96**, 325; Bay NZV **96**, 461; NStZ **97**, 341 [m. Anm. *Otto* JZ **97**, 522; *Fahl* JA **97**, 834]; **03**, 537 f.; Übersicht zur Rspr. bei *Duttge* NStZ **06**, 266, 270 f.; vgl. dazu 10 a vor § 211). Die *täterschaftliche* Beteiligung an einem frei verantwortlichen Suizid (vgl. dazu 4 zu § 216; 10 ff. vor § 211) kann eine Strafbarkeit nach § 222 begründen, wenn der Täter in Kenntnis des Gefährdungsgehalts seines Handelns, aber – aufgrund Täuschung durch den Suizidenten – in Unkenntnis des zum Tod führenden (planmäßigen) Kausalablaufs handelt (NStZ **03**, 537 f.; vgl. 10 a vor § 211). Zu den Voraussetzungen einer eigenverantwortlichen Risikoübernahme durch einen alkoholisierten *Beifahrer* vgl. Hamm BA **00**, 113. Eine Strafbarkeit durch **Unterlassen** kann begründet sein, wenn für den aus vertraglicher oder tatsächlicher Obhutsübernahme Garantenpflichtigen erkennbar ist, dass eine drohende Selbstschädigung nicht auf eigenverantwortlicher Entscheidung beruht (Stuttgart NJW **97**, 3103 [Suizid minderjähriger Patientin in psychiatrischer Klinik]).

29 Das gilt auch im Falle des **Überlassens von Betäubungsmitteln** an einen BtM-Abhängigen (NStZ **85**, 319/320 [m. Anm. *Roxin*]; NStZ **01**, 205 [Anm. *Hardtung*]; vgl. auch NStZ **85**, 25 [hierzu *Fahl* JA **98**, 105]; **86**, 266; 1 StR 638/99; LG Kempten NJW **89**, 2069; Stuttgart NJW **81**, 182; ferner Celle MDR **80**, 74; vgl. auch *Amelung* NStZ **94**, 338; NJW **96**, 2393). Ob BGH **32**, 262 allgemein für den BtM-Bereich gilt, hat BGH **37**, 179, 181 offen gelassen. Danach soll den Regeln über die bewusste Selbstgefährdung für die Anwendung von § 30 I Nr. 3, § 29 III Nr. 2 BtMG keine Bedeutung zukommen, weil der Schutzzweck des BtMG ein anderer sei als der des § 222 (str.; zust. Anm. *Rudolphi* JZ **91**, 572; *Beulke/Schröder* NStZ **91**, 393; *Frisch* NStZ **92**, 62; *U. Weber,* Spendel-FS 378 u. Baumann-FS 53; krit. *Hohmann* MDR **91**, 1117; *Nestler-Tremel* StV **92**, 275; *Köhler* MDR **92**, 739; NK-*Puppe* 189 vor § 13; differenzierend *Otto* Jura **91**, 444; vgl. dazu NStZ **92**, 489 [Anm. *Hoyer* StV **93**, 129; *Helgerth* JR **93**, 419]; NStZ **01**, 205, 206). Von einem überlegenen Sachwissen ist im Zweifel bei einem Einsatz von **Doping-Mitteln** durch einen Arzt (vgl. 23 zu § 228) auszugehen (*Linck* NJW **87**, 2548 u. MedR **93**, 57; vgl. dazu auch *Bottke*, Kohlmann-FS [2003], 85, 95 f.).

30 Ob die Rechtsgrundsätze der eigenverantwortlichen Selbstgefährdung (36 vor § 13) auch auf den sexuellen Umgang mit **HIV-Infizierten** oder sonst ansteckend Kranken anwendbar sind (verneinend *Helgerth* NStZ **88**, 262), hat BGH **36**, 1, 17 offengelassen, aber mit der hM darauf hingewiesen, dass die Strafbarkeit eines HIV-Infizierten dort beginnt, wo er *kraft überlegenen Wissens* das Risiko besser erfasse als der nichtinformierte Partner (so schon AG Mün-

chen NJW **87**, 234 m. Anm. *Arloth* NStZ **87**, 408; *Eberbach* ZRP **87**, 396 u. AIFO **88**, 308; *Herzberg* NJW **87**, 2284; *Bottke* RProblAIDS 204 ff.; **aA** *M. Bruns* NJW **87**, 2282). Denn niemand, der weiß, dass von ihm Gefahr ausgeht, darf sie auf – wenn auch unvorsichtige – Gefährdete verlagern (BGH **36**, 18; ebenso *Herzberg* JZ **89**, 474; *Schlehofer* NJW **89**, 2021; *B.-D. Meier* GA **89**, 221; *Rengier* Jura **89**, 230; *Wokalek/Köster* MedR **89**, 289; *Frisch* JuS **90**, 369 u. NStZ **92**, 2; *Meurer* in: *Gallwas/Riedel/Schenke,* AIDS und Recht, 1992, 122; krit. aber *Schünemann* JR **89**, 95 Fn. 67; vgl. auch RProblAIDS 481). In einem Fall, in dem eine voll informierte 16-jährige Gymnasiastin einen HIV–Infizierten zum ungeschützten Geschlechtsverkehr gedrängt hatte, ist Bay (NJW **90**, 132 [m. Anm. *Dölling* JR **90**, 474; *Hugger* JuS **90**, 972; *Geppert* JK 4 zu § 223 a; *Puppe* Jura **98**, 28], so schon LG Kempten NJW **89**, 2068 in der selben Sache) von einer eigenverantwortlichen Selbstgefährdung ausgegangen, hat aber darauf hingewiesen, dass bei Minderjährigen besondere Feststellungen über die Verantwortungsreife für die zu treffende Einschätzung der Selbstgefährdung erforderlich sind (NStZ **85**, 26; vgl. aber hierzu *Helgerth* NStZ **88**, 262; *U. Weber,* Baumann-FS 54). Die Einhaltung allgemeiner gesundheitspolitischer Empfehlungen, insb. die Benutzung eines Kondoms, befreit infizierte Personen nicht von ihrer Aufklärungspflicht gegenüber dem Sexualpartner.

Die Grundsätze der bewussten Selbstgefährdung sind jedoch nicht schematisch **31** auf Fälle anwendbar, in denen durch deliktisches Verhalten ein Dritter zu einer sich selbst gefährdenden Handlung veranlasst worden ist; in diesen Fällen bedarf die auf BGH **32**, 262 zurückgehende Rspr einer Einschränkung, wenn der Täter die nahe liegende Möglichkeit einer bewussten Selbstgefährdung schafft, indem er ohne Mitwirkung und ohne Einverständnis des Opfers eine erhebliche Gefahr für ein Rechtsgut des Opfers begründet und damit ein einsichtiges Motiv für gefährliche Rettungsmaßnahmen schafft (BGH **39**, 322 m. Anm. *Alwart* NStZ **94**, 84 u. *Amelung* NStZ **94**, 338; *Sowada* JZ **94**, 663; *Derksen* NJW **95**, 240; *Günther* StV **95**, 78; *Bernsmann/Zieschang* JuS **95**, 775; *Puppe* Jura **98**, 30).

5) Täter des § 222 kann neben dem unmittelbar Handelnden auch ein **mittelbar** den Erfolg verursachender Dritter sein, insb. der **Auftraggeber** (vgl. Stuttgart NJW **84**, 2897); derjenige, der gefährliche Gegenstände **überlässt** oder in Verkehr bringt; wer das Opfer selbst oder Dritte zu gefährlichen Handlungen **veranlasst;** wer für das Verhalten des unmittelbar Handelnden auf Grund einer Garantenstellung verantwortlich ist (vgl. BGH **49**, 1 [Anm. *Saliger* JZ **04**, 975]; StA Paderborn NStZ **99**, 51 [Anm. *Pollähne;* jeweils zur Verantwortlichkeit eines Arztes für rechtswidrige Taten eines Untergebrachten bei Vollzugslockerung]); insoweit gelten die oben 7 ff. genannten Grundsätze. Eine **Delegation** von Sorgfaltspflichten ist grds möglich; ein Fahrlässigkeitsvorwurf trifft den Delegierenden jedoch bei Auswahlverschulden, Unterlassen von Kontrolle (vgl. Stuttgart NJW **84**, 2897 m. krit. Anm. *Henke*) sowie bei Untätigkeit trotz konkreter Anhaltspunkte für sorgfaltswidriges Verhalten des Beauftragten (BGH **37**, 190). **Teilnahme** an der Fahrlässigkeitstat ist ausgeschlossen (BGH **1**, 282); insoweit kommt Nebentäterschaft in Betracht. **32**

6) Die **Strafe** ist Geldstrafe oder Freiheitsstrafe bis 5 Jahre. An die Verurteilung **33** können straf- (vgl. §§ 69 I, 70 I) oder verwaltungsrechtliche Nebenfolgen sowie disziplinarische und berufsrechtliche Sanktionen anknüpfen.

7) Tateinheit (gleichartige) liegt vor, falls durch eine fahrlässige Handlung mehrere Men- **34** schen getötet werden (RG **2**, 256). Auch mit § 306 d (NJW **89**, 2420 m. Anm. *Eue* JZ **90**, 765; *Otto* JK 4), mit §§ 315 bis 315 d ist Tateinheit möglich (vgl. RG **8**, 67); ebenso mit § 218 (BGH **1**, 284); § 284 b (RG **68**, 218); § 53 III Nr. 1 a, b WaffG (2 StR 318/78); mit § 30 I Nr. 3 BtMG (2 StR 178/83); mit §§ 43, 44 MPG; uU mit versuchter vorsätzlicher Tötung (BGH **7**, 287); zur Konkurrenz zwischen § 222 und § 19 I WStG, JugSchG Celle NZWehrr **82**, 158. **Gesetzeskonkurrenz** liegt gegenüber Vorsatzdelikten vor, die durch fahrlässige oder leichtfertige Verursachung der Todesfolge qualifiziert sind (§§ 176 b, 178, 221 III, 227; 239 a III, 251, 306 c); § 222 tritt hier zurück (BGH **8**, 54).

8) Sonstige Vorschriften: Nebenklage § 395 II Nr. 1 StPO. **35**

Siebzehnter Abschnitt
Straftaten gegen die körperliche Unversehrtheit

Körperverletzung **RiStBV 15 Abs. 2, 233–235, 243**

223 **I Wer eine andere Person körperlich misshandelt oder an der Gesundheit schädigt, wird mit Freiheitsstrafe bis zu fünf Jahren oder mit Geldstrafe bestraft.**

II Der Versuch ist strafbar.

Übersicht

1) Allgemeines ... 1, 1 a
2) Rechtsgut ... 2
3) Tathandlungen ... 3–11
A. Körperliche Misshandlung ... 3 a–5
B. Gesundheitsschädigung ... 6–8
C. Ärztlicher Heileingriff ... 9–11
4) Rechtswidrigkeit ... 12–19
A. Einwilligung; Heileingriff ... 13, 14
B. Mutmaßliche Einwilligung ... 15–16 a
C. Züchtigungsrecht ... 17–19
5) Subjektiver Tatbestand ... 20
6) Versuch (Abs. II) ... 21
7) Konkurrenzen ... 22
8) Sonstige Vorschriften ... 23

1) Allgemeines. Die Vorschrift wurde durch das **VerbrBekG** (1 zu § 130), neu gefasst 1 (vgl. dazu *Hauf* ZRP **95**, 52; *Schautes* ZRP **95**, 232; krit. *Hettinger* GA **95**, 399). Art. 1 Nr. 38 des 6. StrRG (2f. vor § 174) gab dem ganzen Abschnitt, um das geschützte Rechtsgut zu betonen, eine neue Überschrift, änderte den Abs. I redaktionell und führte in II auch für den Grundtatbestand des § 223 die Versuchsstrafbarkeit ein. Der Vorschlag des RegE des 6. StrRG zu einer Regelung der „eigenmächtigen Heilbehandlung" (§ 229 E) ist nicht umgesetzt worden (vgl. dazu LK-*Lilie* 6 vor § 223 mwN). Der *Aktionsplan der BReg.* zur Bekämpfung von **Gewalt gegen Frauen** (BT-Drs. 14/2812) erwog die Einführung eines gesonderten Tatbestands der „fortgesetzten häuslichen Gewalt" (S. 6; zum zivilrechtlichen Schutz vgl. GewaltschutzG v. 11. 12. 2001, BGBl. I 3513). Zur **Statistik** der §§ 223ff. vgl. LK-*Lilie* 20ff. vor § 223; zur geschlechtsspezifischen Ungleichverteilung von Gewaltdelikten vgl. auch *Fetchenhauer,* Schwind-FS (2006) 841.

Literatur: *Amelung/Lorenz,* Mensch und Person als Scvhutzobjekte strafrechtlicher Normen, insbesondere bei der Körperverletzung, Otto-FS (2007) 527; *Rackow,* Die „körperliche Misshandlung" als Erfolgsdelikt, GA **03**, 135; 1 a

Zum Heileingriff: *Arzt;* Baumann-FS 201 [Blanko-Einwilligung bezüglich der Person des Arztes]; *Barnikel* DMW **76**, 468; *Bockelmann* NJW **61**, 945; Strafrecht des Arztes, 1968, 50; *Boll,* Strafrechtliche Probleme bei Kompetenzüberschreitungen nichtärztlicher medizinischer Hilfspersonen in Notsituationen, 2001 (Diss. Heidelberg 2000); *Duttge,* Zum Unrechtsgehalt des kontraindizierten ärztlichen „Heileingriffs", MedR **05**, 706; *Engisch/Hallermann,* Die ärztliche Aufklärungspflicht aus rechtlicher u. ärztlicher Sicht, 1970; *Eser,* Zur Regelung der Heilbehandlung in rechtsvergleichender Perspektive, H.J. Hirsch-FS 465; *Gaisbauer* VersR **76**, 214; *Geilen,* Materielles Arztstrafrecht, in: Wenzel (Hrsg), Handbuch des Fachanwalts: Medizinrecht, Kap. 4; *Günther,* in: *Koslowski,* Maximen in der Medizin, 1992, 124; *Herrmann* MedR **88**, 1; *H.J. Hirsch,* Zur Frage eines Straftatbestandes der eigenmächtigen Heilbehandlung, Zipf-GedS 353; *ders.,* Rechtfertigungsfragen u. Judikatur des Bundesgerichtshofs, BGH-FG 199; *Hollmann* NJW **73**, 1393; *Kargl,* Körperverletzung durch Heilbehandlung, GA **01**, 538; *Arth. Kaufmann* ZStW **73**, 341; *Kern,* Fremdbestimmung bei Einwilligung in ärztliche Eingriffe, NJW **94**, 753; *Knauer,* Ärztlicher Heileingriff, Einwilligung u. Aufklärung (usw.), in: *Roxin/Schroth* (Hrsg.), Medizinstrafrecht, 2. Aufl. 2001, 11; *Kuhlen,* Ausschluss der ojektiven Zurechnung bei Mängeln der wirklichen und der mutmaßlichen Einwilligung, Müller-Dietz-FS (2001) 431; *Laufs* NJW **77**, 1081; **78**, 1181; *ders.,* Arztrecht, 5. Aufl. 1993; *Laufs/Uhlenbruck,* Hdb. des Arztrechts, 2. Aufl. 1999; *Lippert,* Forschung an und mit Körpersubstanzen – Wann ist die Einwilligung des ehemaligen Trägers erforderlich?, MedR **01**, 406; *Lissel,*

Strafrechtliche Verantwortung in der präklinischen Notfallmedizin, 2001 (Diss. Tübingen); *Mitsch,* Strafrechtlicher Schutz gegen medizinische Behandlung, 2000; *ders.*, Die „hypothetische Einwilligung" im Arztstrafrecht, JZ **05**, 279; *F. Müller,* Operationserweiterung, in: *Roxin/Schroth* (Hrsg.), Medizinstrafrecht, 2. Aufl. 2001, 31; *Riedelmeier,* Ärztlicher Heileingriff und allgemeine Strafrechtsdogmatik, 2004 (Diss. Düsseldorf 2004); *Schreiber,* Dünnebier-FS 633; *ders.*, Zur Reform des Arztstrafrechts, H.J. Hirsch-FS 713; *Schroeder,* Besondere Strafvorschriften gegen Eigenmächtige und Fehlerhafte Heilbehandlung?, 1998; *ders.*, Begriff u. Rechtsgut der „Körperverletzung", H.J. Hirsch-FS 725; *Schwalm* MDR **60**, 722; **62**, 689; Engisch-FS 439; *Tag,* Der Körperverletzungstatbestand im Spannungsfeld zwischen Patientenautonomie u. lex artis, 2000; *Trockel* NJW **70**, 489; **71**, 217; **72**, 1493; **79**, 2329; *Voll,* Die Einwilligung im Arztrecht, 1996 (Diss. Heidelberg; Rez. *Sternberg-Lieben* GA **99**, 249]; *Wolfslast,* Psychotherapie in den Grenzen des Rechts, 1985; *Eb. Schmidt,* Gutachten 44. DJT (1961), Die juristische Problematik in der Medizin, Bd. I, II, 1971; *Ulsenheimer,* Arztstrafrecht in der Praxis, 2. Aufl. 1998 [Bespr. *Kunert* GA **99**, 609].

Speziell zum Züchtigungsrecht: *Baltz,* Ächtung der Gewalt in der Erziehung, ZfJ **00**, 210; *Beulke,* Züchtigungsrecht – Erziehungsrecht – strafrechtliche Konsequenzen der Neufassung des § 1631 Abs. 2 BGB, Hanack-FS 1999, 538; *ders.*, Neufassung des § 1631 Abs. 2 BGB und Strafbarkeit gemäß § 223 StGB, Schreiber-FS (2003), 29; *Bussmann,* Verbot familialer Gewalt gegen Kinder, 2000; *Gebhardt,* Prügelstrafe u. Züchtigungsrecht im antiken Rom u. in der Gegenwart, 1994; *Günther,* Die Auswirkungen familienrechtlicher Verbote auf das Strafrecht, Lange-FS 877; *Kargl,* Das Strafunrecht der elterlichen Züchtigung (§ 223 StGB), NJ **03**, 57; *Kienapfel,* Körperliche Züchtigung und soziale Adäquanz im Strafrecht, 1961; *Priester,* Das Ende des Züchtigungsrechts, 1999; *Reichert-Hammer* JZ **88**, 617; *Riemer,* Körperliche Züchtigung nunmehr verboten, ZfJ **03**, 328; *ders.*, Auswirkungen des Gewaltverbots in der Erziehung nach § 1631 II BGB auf das Strafrecht, FPR **06**, 387; *Roxin,* Die strafrechtliche Beurteilung der elterlichen Züchtigung, JuS **04**, 177; *Schneider,* Körperliche Gewaltanwendung in der Familie, 1987.

Rechtsprechungsübersicht: *Miebach* NStZ-RR **07**, 65

2 **2) Rechtsgut.** Von §§ 223 ff. geschützte Rechtsgüter sind, wie die vom 6. StrRG eingeführte Abschnittsüberschrift hervorhebt, die körperliche Unversehrtheit und Gesundheit eines anderen Menschen (vgl. *Schroeder,* H.J. Hirsch-FS 725; LK-*Lilie* 1 vor § 223; differenzierend *Amelung/Lorenz* Ottpo-FS [2007] 527 ff.; vgl. 1 vor § 211); Schädigungen vor Beginn der Geburt (vgl. 2 vor § 211) unterfallen nicht § 223 (vgl. *Tag* [1 a] 125 ff.; dazu auch *Sternberg-Lieben* NStZ **88**, 1; *Gropp* GA **00**, 1, 12 ff.). Vom lebenden Körper abgetrennte natürliche Körperteile fallen vom Zeitpunkt der Trennung an nicht mehr unter den rechtlichen Schutz des Körpers. Etwas anderes soll gelten, wenn dem Körper Organe oder Gewebe entnommen werden, um sie ihm später wieder einzugliedern (Eigentransplantation; die zur Befruchtung entnommene Eizelle; Eigenblutspende); solche vorübergehend getrennten Bestandteile sollen auch während ihrer Trennung vom Körper aus der Sicht des Schutzzwecks der Norm eine funktionale Einheit bilden und dem Schutz der Körperverletzungsvorschrift unterliegen (BGHZ **124**, 52 [hierzu *Otto* Jura **96**, 219; vgl. auch *Taupitz* NJW **95**, 747; *Freund/Heubel* MedR **95**, 197]). Das ist zumindest zweifelhaft (vgl. auch *Schroeder,* H.J. Hirsch-FS 737; LK-*Lilie* 1 vor § 223), denn die von § 223 geschützte personale Integrität ist nicht vom *Interesse,* sondern vom (zumindest potentiellen) *Bewusstsein* der Person als Identität umgrenzt, und niemand käme auf die Idee, einen Plastikbeutel mit einer Eigenblutspende als seinen „Körperteil" anzusehen. Vorsätzliche Körperverletzung in **mittelbarer Täterschaft** ist nach allg. Regeln dadurch möglich, dass der Täter eine andere Person durch Zwang oder Täuschung veranlasst, sich selbst zu verletzen (LK-*Lilie* 3). Täterschaftliche **Selbstverletzung** ist grds. straflos (vgl. aber § 17 WStG, Anh 16), daher auch die Teilnahme an einer im Hinblick auf § 228 nicht gerechtfertigten fremden täterschaftlichen Verletzung der eigenen Person.

3 **3) Tathandlungen.** Die Tathandlungen beschreibt Abs. I als körperliche Miss*handlung oder Schädigung der Gesundheit*; beide Varianten überschneiden sich.

3a **A. Körperliche Misshandlung** ist nach der in stRspr und Lit. verwendeten Formel ein übles, unangemessenes Behandeln, das entweder das **körperliche Wohlbefinden** oder die körperliche Unversehrtheit nicht nur unerheblich beeinträchtigt (BGH **14**, 269, 271 [eher auf *Rechtswidrigkeit* des Handelns abstellend]; **25**, 277 f.; NStZ **07**, 218; Bay NJW **70**, 769; LK-*Lilie* 6; zur Einordnung als **Erfolgsdelikt** vgl. *Rackow* GA **03**, 135 mwN; and. *Jerouschek* JZ **92**, 227, 229). Eine mittelbare Einwirkung auf den Körper genügt. Die Misshandlung kann auch durch **Unterlassen** begangen werden (vgl. LK-*Lilie* 17); zB durch Vorenthaltung der Nahrung; Nichtzuziehung eines Arztes bei Erkrankung eines Angehörigen (3 StR 9/82; NStZ-RR **06**, 174; Düsseldorf NStZ **89**, 269); pflichtwidrige Aufrechterhaltung von Schmerzen (Hamm NJW **75**, 605; *Kutzer* ZRP **93**, 404 u. Salger-FS 669). Eine Schmerzerregung setzt § 223 nicht voraus (BGH **25**, 278; 3 StR 269/80).

a) Das **körperliche Wohlbefinden** ist der Zustand des (auch unbewussten) Körper*empfindens* des Opfers, der vor der Einwirkung vorhanden war (SK-*Horn/Wolters* 5). **Erfolg** der Tathandlung muss eine negative Beeinträchtigung dieses Zustands sein. Eine solche kann im Einzelfall auch bei vorübergehenden somatischen und psycho-vegetativen Beschwerden gegeben sein (vgl. zB Köln NJW **97**, 2192 [Erbrechen; Schlaflosigkeit auf Grund von Angst]; StA Hannover NStZ **87**, 176 [Schalleinwirkungen]); ein bloßes Ekelgefühl reicht aber nicht aus (Zweibrücken NJW **91**, 241; LK-*Lilie* 8); auch nicht ein geringgradiger Rauschzustand in Folge der Verabreichung psychogener Substanzen (Alkohol, BtM). Als § 223 unterfallende Beeinträchtigung ist **zB** eine durch langdauerndes Nachstellen hervorgerufene depressive Verstimmung mit Schlaf- und Konzentrationsstörungen angesehen worden (NStZ **00**, 25; vgl. § 238); ein so massives Erschrecken, dass dem Betroffenen „schwarz vor Augen" wird (Hamm DAR **72**, 190; zw.); der Schmerz infolge einer Ohrfeige (NJW **90**, 3157; StV **92**, 106; MDR/D **73**, 901); das Hinlegen einer mit Klebeband gefesselten und geknebelten Person mit dem Gesicht nach unten über einen längeren Zeitraum (NStZ **07**, 404). Ganz unerhebliche körperliche Einwirkungen scheiden aus (vgl. Bay NJW **70**, 769; Düsseldorf NJW **91**, 2919). Daher reicht zB ein „kleiner Schock" durch einen Stoß nicht aus (Köln StV **85**, 17; vgl. auch StV **01**, 680 [Schlag vor die Brust mit tödlicher Folge]). Auch ein nicht einverständlicher Geschlechtsverkehr ist *als solcher* noch nicht ohne Weiteres als Misshandlung iS von § 223 anzusehen (NStZ **07**, 217). 4

b) Die **körperliche Unversehrtheit** ist der zum Zeitpunkt der Einwirkung bestehende Zustand körperlicher Integrität und somatischer Funktionsfähigkeit des Opfers. Dieser Zustand (nicht etwa ein gedachter „unversehrter" Zustand) muss durch die Tat nachteilig verändert, dh nicht ganz unerheblich beeinträchtigt sein (BGH **14**, 269; NJW **53**, 1440). Eine dauerhafte Funktionseinschränkung oder eine Entstellung ist nicht erforderlich; daher kann zB auch ein unangemessenes Abschneiden von Haaren den Tatbestand erfüllen (NJW **53**, 1440; **66**, 1763; BVerwG NJW **72**, 1728; LK-*Lilie* 7; MK-*Joecks* 9). Ein Eingriff in die körperliche Unversehrtheit kann auch durch Strahlen (Gammastrahlen, Röntgenstrahlen) verursacht werden (BGH **43**, 306 [Bespr. *Detter* JA **98**, 535; *Jerouschek* JuS **99**, 746]; **43**, 346 [m. Anm. *Rigizahn* JR **98**, 523; *Jung/Wigge* MedR **98**, 329; *Wolfslast* NStZ **99**, 133; krit. *Götz/Hinrichs/Seibert/Sommer* MedR **98**, 505]; Stuttgart NJW **83**, 2644; LG München NStZ **82**, 470); zwar reicht die einmalige, kurzzeitige oder nur gelegentlich wiederholte ordnungsgemäße Anwendung von Röntgenstrahlen idR nicht aus, anders aber, wenn die Zerstörung der Zellstrukturen durch Röntgenuntersuchungen die Gefahr des Eintritts von Langzeitschäden nicht nur unwesentlich erhöht (BGH **43**, 355; krit. SK-*Horn/Wolters* 20 a; MK-*Joecks* 33). 5

B. Schädigung der Gesundheit ist das Hervorrufen oder Steigern (NJW **60**, 2253) eines wenn auch vorübergehenden **pathologischen Zustands,** unabhängig davon, ob das Opfer zuvor „gesund" war oder ob eine Vorschädigung bestand. Er kann ohne körperliche Misshandlung verursacht werden, so durch Verunreinigung von Wasser oder Luft durch Giftstoffe (MDR/D **75**, 723); durch In-Verkehr-Bringen verdorbener, vergifteter oder gesundheitsschädliche Stoffe enthaltender **Lebensmittel** oder **sonstiger Produkte** (vgl. dazu BGH **37**, 106 [*Lederspray-Urteil*]; 6

41, 206 [*Holzschutzmittel-Urteil*]; *Kuhlen,* Fragen einer strafrechtlichen Produkthaftung, 1989, 90ff.; *Tiedemann,* H.J. Hirsch-FS 765ff.; *Hilgendorf,* Weber-FS [2004] 33ff.); **Infektion** mit einer Krankheit (vgl. BGH **36**, 1; unten 7); durch Zuführung grds. unschädlicher Stoffe des täglichen Bedarfs in konkret schädigender Dosis (vgl. NJW **06**, 1822 [4 StR 536/05 **aS**: Überdosis Speisesalz bei Kleinkind]).

6a Gesundheitsbeschädigung ist auch die Herbeiführung von **Volltrunkenheit** (MDR/D **72**, 386; NJW **83**, 462, [vgl. dazu *Amelung/Weidemann* und *Herzberg* JuS **84**, 595; 937]; NStZ **86**, 266; AG Saalfeld NStZ **06**, 100, 101[fahrlässige Körperverletzung durch Verkauf von Alkoholika an Kinder]); grds auch das Verabreichen von bewusstseinstrübenden Mitteln (BGHR § 223 I Bew. Verl. 1), von **Betäubungsmitteln** (NJW **70**, 519) oder von sog. Geständnisdrogen. Beim Konsum leichter Drogen in geringer Dosis werden die normalen Körperfunktionen aber nicht notwenig so nachteilig beeinflusst, dass von einem pathologischen Zustand gesprochen werden kann; beim Verabreichen (§ 30 I Nr. 3 BtMG) kann daher der objektive oder subjektive Tatbestand des § 223 fehlen (BGH **49**, 34, 37f.). Tatbestandsmäßig ist das Aufrechterhalten einer Medikamentenabhängigkeit durch medizinisch unbegründete Verschreibungen (Frankfurt NJW **88**, 2965; Bay StV **93**, 642 [krit. Anm. *Dannecker/Stoffers*]); auch die Verschreibung suchterzeugender Medikamente zur Behandlung einer andersartigen stoffgebundenen **Abhängigkeit** (vgl. Bay JR **03**, 428 [Anm. *Freund/Klapp* ebd. 430]).

6b **Beschneidung** von Knaben aus religiösen Gründen ist nach wohl hM als sozialadäquate Handlung, auch wenn sie an einem noch nicht Einwilligungsfähigen vorgenommen wird, tatbestandslos (zw.; **aA** *Gropp* AT 6/231). Das gilt in keinem Fall für als Beschneidung bezeichnete **Genitalverstümmelung** von Mädchen; diese sind regelmäßig als Misshandlung und Gesundheitsschädigung anzusehen und im Hinblick auf § 228 auch nicht durch Einwilligung von Sorgeberechtigten gerechtfertigt (regelmäßig sind §§ 224 I Nr. 2, 225 I gegeben, wohl nicht dagegen § 226 I Nr. 2 oder 3).

6c Eine Einwirkung, die lediglich das **seelische Wohlbefinden** berührt (zB häufiges Aufwecken aus dem Schlaf [vgl. 3 StR 536/77]), ist grds. keine Gesundheitsschädigung; daher auch nicht Angst- und Panikgefühle, die durch eine Verfolgung (*zum Zweck* gravierender Misshandlungen) ausgelöst werden (BGH **48**, 34, 36f.); wohl aber ein somatisch objektivierbarer pathologischer Zustand *infolge* psychischer Belastungen (NJW **76**, 1143; NStZ **86**, 166; **97**, 123; **03**, 149, 150; NStZ-RR **00**, 106; BGHR § 223 Gesundheitsbesch 3; LK-*Lilie* 2 vor § 223); **zB** bei Mitteilung einer Schreckensnachricht, die einen psychosomatisch krankhaften Zustand hervorruft (NJW **96**, 1069; NStZ **97**, 123); bei dauerhafter Belastung durch Lärm; durch sog. „Telefonterror" (Bay JZ **74**, 393; Köln OLGSt. 15; *Brauner/Göhner* NJW **78**, 1472); durch einen Unfallschock (Koblenz VRS **42**, 29); durch bedrohliches, erheblichen psychischen Stress verursachendes Nachstellen (sog. **Stalking**; vgl. § 238) oder Aufbauen einer psychisch zermürbenden Atmosphäre der Feindseligkeit, der die betroffene Person nicht ausweichen kann (sog. **Mobbing**; vgl. dazu auch *Fehr,* Mobbing am Arbeitsplatz, 2007 [Diss. Giessen 2005]).

7 Eine Gesundheitsschädigung liegt auch bei der **Infektion** einer anderen Person mit einer (übertragbaren) Krankheit vor. Der Tatbestand ist ohne Zweifel stets vollendet, wenn die körperliche Erkrankung verursacht und *ausgebrochen* ist, sich also in einem pathologischen Zustand manifestiert, denn es ist gleichgültig, auf welche Weise die Gesundheitsschädigung iS von I verursacht wird (BGH **36**, 1, 6). Eine Gesundheitsschädigung liegt in diesem Fall auch bei Auftreten einer Früh- oder Übergangssymptomatik vor. Problematisch ist hingegen die Übertragung von Krankheitserregern bei längerer Inkubationszeit oder ungewissem Krankheitsausbruch, wenn *Symptome* der Krankheit und damit eine tatsächliche Beeinträchtigung *körperlicher Funktionen (noch) nicht* eingetreten ist. Das Problem ist vor allem im Hinblick auf **HIV-Infektionen** diskutiert worden, gilt aber gleichermaßen bei anderen ernsthaften Infektionskrankheiten. Rspr. und hM nehmen bei Infektionskrankheiten, die „nicht ganz unerheblich" sind (BGH **36**, 1, 6), eine tatbestandliche

Gesundheitsbeschädigung unabhängig vom Ausbruch der Krankheit schon bei Übertragung der Krankheitserreger an. Selbst wenn die Inkubationszeit sehr oder unabsehbar lang und der Ausbruch der Krankheit ungewiss ist, kann danach der Tatbestand des § 223 gegeben sein, wenn die Infektion zur dauerhaften **Infektiosität** der geschädigten Person selbst führt (BGH **36**, 1; 262); dem steht nicht entgegen, dass die infizierte Person während der Inkubationszeit und der Latenzphase beschwerdefrei ist und nicht feststeht, wie und wann die Krankheit bei ihr ausbricht (**aA** *Prittwitz* StV **89**, 127; AG Kempten NJW **88**, 2314 [hiergegen *Bottke* AIFO **88**, 629]).

Die (bedingt) vorsätzliche Infektion mit dem HI-Virus ist danach eine das Leben gefährdende Behandlung iS von § 224; fehlt der Nachweis der Kausalität, so liegt Versuch der gefährlichen Körperverletzung vor (BGH **36**, 1; LG Nürnberg-Fürth NJW **88**, 2311; LG Hamburg AIFO **92**, 201; AG München NJW **87**, 2341 [m. Anm. *Arloth* NStZ **87**, 408]; hierzu ferner *Herzberg* NJW **87**, 2284, JuS **87**, 777 u. JZ **88**, 640; *Geppert* Jura **87**, 671; *Bottke* RProblAIDS 198; *B.-D. Meier* GA **89**, 209; *Knauer* AIFO **94**, 465, 471 u GA **98**, 430; LK-*Lilie* 11 vor § 223; **aA** *M. Bruns* NJW **87**, 2282; *F. Herzog/Nestler-Tremel* StV **87**, 365; *Prittwitz* JA **88**, 489; LG München AIFO **95**, 379). In solchen Fällen kann, wenn die Infektion zum Krankheitsausbruch geführt hat, auch § 226 (SK-*Horn/Wolters* 22 a; LK-*Lilie* 11 vor § 223) und wenn sie zum Tode geführt hat, § 227 in Betracht kommen (fern liegend dagegen *Wisuschil* ZRP **98**, 61, 63, der schon jeden Geschlechtsverkehr HIV-infizierter Personen als Verbrechen nach § 330 a I erfassen will). Ist hingegen der **bedingte Vorsatz** (sowie dessen Erstreckung auf einen Todeserfolg, hierzu 13 f. zu § 224 und 8 ff. zu § 212) nicht nachweisbar, so sind aber auch, falls Fahrlässigkeit bei der Infizierung wegen Verletzung der Sorgfaltspflichten (16 zu § 15) gegeben ist, die §§ 222 und 229 (*Lang* AIFO **86**, 149; *Wokalek/Köster* MedR **89**, 286) anwendbar (vgl. auch Überblicke von *Schünemann,* in: *Szwarc* [Hrsg.], Aids u. Strafrecht, 1996, 9; *Herzberg* ebd. 61; *Bottke* ebd. 277). Ein Tatbestandsausschluss wegen eigenverantwortlicher Selbstschädigung oder Selbstgefährdung des Opfers (36 vor § 13; vgl. Bay NJW **90**, 131) scheidet aus, wenn der Täter seine Infektiosität nicht offenbart hat (BGH **36**, 17). **8**

C. Ärztlicher Heileingriff. Nach **stRspr.** erfüllt jede in die körperliche Unversehrtheit eingreifende ärztliche Behandlungsmaßnahme den objektiven Tatbestand der Körperverletzung (seit RG **25**, 375; **38**, 34; BGH **11**, 112; **16**, 309; **35**, 246; BGHZ **29**, 33; 46; **85**, 327; **108**, 153; NJW **71**, 1887; **72**, 336; **78**, 1206; **00**, 885; NStZ **96**, 34; 4 StR 549/06), auch eine kunstgerecht durchgeführte und erfolgreiche Maßnahme (zust. auch SK-*Horn/Wolters* 33). Ob Schmerzen, die durch ärztliche Behandlung verursacht werden, *vermeidbar* sind oder nicht, ist keine Frage des objektiven Merkmals „Misshandlung", sondern eine solche der objektiven Zurechnung oder der subjektiven Vorwerfbarkeit. Ein ärztlicher Eingriff, der zu einem der oben 3 ff. genannten Erfolge führt, steht daher nicht schon wegen der „guten Absicht" oder der medizinischen Indiziertheit, wegen des mit ihm verfolgten therapeutischen oder diagnostischen Zwecks oder wegen eines „letzten Endes" erzielten, zu einem quasi *positiven Gesamtsaldo* führenden Behandlungserfolgs außerhalb des Anwendungsbereichs der §§ 223 ff. (ebenso wenig außerhalb der §§ 212 ff., 222). Er bedarf vielmehr, um eigenmächtige Eingriffe unter Verletzung des Selbstbestimmungsrechts der Patienten auszuschließen, einer besonderen **Rechtfertigung**, und zwar idR durch die ausdrücklich oder stillschweigend erklärte (BGH **12**, 382; JZ **64**, 231; NJW **71**, 1887) **Einwilligung** des Patienten (BGHZ **29**, 46; 176). Bei einem Aufklärungsmangel (vgl. dazu 12 ff. zu § 228) kann die Rechtswidrigkeit auch dann entfallen, wenn der Patient auch bei ordnungsgemäßer Aufklärung in den Eingriff eingewilligt hätte (NStZ-RR **04**, 16; 4 StR 549/06). Auf eine Abgrenzung zu nicht der Diagnose oder Therapie, sondern anderen Zwecken dienenden Eingriffen (**zB** Schönheitsoperationen; wissenschaftliche Experimente; Sterilisation; Entnahme von Blutspenden oder Transplantaten; Entnahme von Körpersubstanzen zu Forschungszwecken [vgl. dazu *Lippert* MedR **01**, 406 ff.]; Schwangerschaftsabbruch aus nicht medizinischen Gründen; Doping) kommt es auf *tatbestandlicher* Ebene nicht an; für die Wirksamkeit der Einwilligung (§ 228) gelten hier aber erhöhte Anforderungen an die Aufklärungspflicht des Arztes. Eine Einwilligung (oder mutmaßliche Einwilligung) bezieht sich stets nur auf einen **lege** **9**

artis durchgeführten Eingriff (BGH 43, 306, 309); Sorgfaltspflichtverletzungen sind daher nicht etwa schon dadurch gerechtfertigt, dass der Patient in die Maßnahme an sich eingewilligt hat (vgl. 4 StR 4 StR 549/06).

10 Für Blutentnahmen zum Zweck des **HIV-Tests** gelten keine Besonderheiten. Sie bedürfen einer gesonderten Aufklärung und Einwilligung, wenn zur sachgerechten Diagnose und Therapie der Erkrankung erforderlich sind, aus deren Anlass die Behandlung erfolgt (StA Aachen DRiZ **89**, 20; *S/S-Eser* 41; *Eberbach* MedR **87**, 271; *Laufs/Narr* MedR **87**, 282; *Janker* NJW **87**, 2897; *Michel* JuS **88**, 8; *Lesch* NJW **89**, 2309; *Sternberg-Lieben* GA **90**, 295; **aA** StA Mainz NJW **87**, 2946; *Buchborn* MedR **87**, 263). Auch bei (mutmaßlichen) Angehörigen sog. Hochrisikogruppen ist die Klärung einer möglichen HIV-Infektion nicht etwa regelmäßig und unabhängig vom Behandlungsauftrag erlaubt (**aA** Tröndle 49. Aufl. 9w).

11 Die hM im **Schrifttum** vertritt demgegenüber (in mancherlei Abweichungen im Einzelnen) den Standpunkt, dass jedenfalls der indizierte ärztliche *Heil*eingriff (zum nicht indizierten Eingriff vgl. *Duttge* MedR **05**, 706ff.) dem Tatbestand der Körperverletzung nicht unterfalle (vgl. LK-*Lilie* 3ff. vor § 223; NK-*Paeffgen* 57; *S/S-Eser* 30ff.; *Lackner/Kühl* 8; *M/Schroeder/Maiwald* 8/26; *Schmidhäuser* BT 1/5; *Bockelmann* JZ **62**, 525; ZStW **93**, 105; *Eser* III 7 A 5 u. H.J. Hirsch-FS 465ff.; *Gössel* BT 1, 13/72; *Maiwald* [3 vor 32] 178; krit. *E. Müller* DRiZ **98**, 115; *M.K. Meyer* GA **98**, 418; **aA** *Schwalm,* Bockelmann-FS 539; *Schroeder* NJW **61**, 951f.; *Baumann* GA **62**, 221f.; *Arzt/Weber* 6/96ff.; *Krey* BT I, 219f.; *Cramer,* Lenckner-FS 774; *Schreiber,* BGH-FG 503, 506 u. H.J. Hirsch-FS 713, 724; *Kargl* GA **01**, 538, 553; SK-*Horn/Wolters* 31ff.). Hiernach ist eine Handlung, die auf Wiederherstellung oder Erhaltung des körperlichen Wohls **abzielt** und im Erfolgsfalle dieses Ziel auch erreicht oder zumindest körperliche Beschwerden lindert, ihrem „sozialen Sinngehalt nach das Gegenteil einer Körperverletzung" (*Niese,* Eb. Schmidt-FS 361; *S/S-Eser* 32). Dahinter steht, soweit nicht auf eine „saldierende" Betrachtung abgestellt wird (vgl. LK-*Lilie* 3 vor § 223 mwN), die Erwägung, **Rechtsgut** des § 223 sei im Kern das **Interesse** der Person an körperlicher Integrität (vgl. *S/S-Eser* 32f.; dazu *H.J. Hirsch,* Zipf-GedS 353, 357). Das gilt freilich für andere Individualrechtsgüter gleichermaßen, ohne dass vertreten wird, Sachbeschädigungen oder Freiheitsberaubungen seien tatbestandslos, wenn sie nur darauf abzielen, dem Berechtigten *im Ergebnis* irgendwie zu nützen. Die Rspr hat an der Rechtfertigungslösung namentlich auch deshalb festgehalten, weil die Einbeziehung des Handlungs*zwecks* schon in den Tatbestand Fälle der **eigenmächtigen Heilbehandlung,** also der Vornahme von Eingriffen in *guter Absicht,* jedoch unter Verletzung des Selbstbestimmungsrechts des Patienten, straflos stellen würde (vgl. *H.J. Hirsch,* Tröndle-FS 34; LK-*Lilie* 6 vor § 223; *Jescheck/Weigend* § 34 III 3a; vgl. auch *Mitsch* [1a] 18ff.; *Kargl* GA **01**, 538, 541ff.). Der RefE des BMJ zum 6. StrRG hatte nach dem Vorbild früherer Entwürfe (vgl. §§ 161f. E 1962; § 123 AE) und von **§ 110 öStGB** Vorschriften über die **eigenmächtige und fehlerhafte Heilbehandlung** vorgesehen (§§ 229, 230 RefE, Wortlaut und Begr. bei *E. Müller* DRiZ **98**, 157; *Eser,* H.J. Hirsch-FS 465, 468; hierzu *Katzenmeier* ZRP **97**, 156; krit. *Freund* ZStW **109**, 465; *Stächelin* StV **98**, 100; *E. Müller* DRiZ **98**, 156; *Schreiber,* H.J. Hirsch-FS 712, 718ff.; *Mitsch* [1a] 9f.; abl. *Cramer,* Lenckner-FS 761; *M.K. Meyer* GA **98**, 415; abweichende Vorschläge vgl. bei *H.J. Hirsch,* Zipf-GedS 353ff.; *Schroeder* [1a] 44). In den RegE des 6. StrRG (BT-Drs. 13/8587) wurden diese Tatbestände nicht aufgenommen, die Rechtfertigungslösung der Rspr wurde durch die neue Abschnittsüberschrift gestützt.

12 **4) Rechtswidrigkeit.** Eine Rechtfertigung der Körperverletzung kommt insbesondere in Betracht bei Einwilligung des Verletzten (§ 228), mutmaßlicher Einwilligung, bei Notwehr (§ 32) und rechtfertigendem Notstand (§ 34).

13 **A. Rechtfertigung beim Heileingriff.** Der nach stRspr tatbestandsmäßige *(vgl. oben 9f.)* Heileingriff kann insb. durch **Einwilligung** gerechtfertigt sein (dazu i.e. 12ff. zu § 228). Die Einwilligung bezieht sich grundsätzlich auf eine nach den anerkannten Regeln der Heilkunst (lege artis) durchgeführte Heilbehandlung (BGH **43**, 310; LK-*H.J. Hirsch* 32 zu § 228). Ein **Kunstfehler,** aber

auch eine überflüssige, ärztlich nicht indizierte Maßnahme (NStZ **82**, 296), ist von der Einwilligung grundsätzlich nicht gedeckt und macht den Eingriff zur rechtswidrigen Körperverletzung. Dasselbe gilt, wenn es an einer wirksamen Einwilligung deswegen fehlt, weil dem Patienten vor dem Eingriff keine **Aufklärung** zuteil wurde, die es ihm ermöglicht hätte, sein Selbstbestimmungsrecht auszuüben (vgl. BGH **16**, 309; NStZ **04**, 442; stRspr.; dazu i.E 12ff. zu § 228). Die Rechtswidrigkeit entfällt aber, wenn wenn der Patient bei pflichtgemäßer Aufklärung in den Heileingriff eingewilligt *hätte* (NStZ **96**, 34; NStZ-RR **04**, 16 [Anm. *Kuhlen* JR **04**, 227; *Rönnau* JZ **04**, 801]; BGHR § 223 I Heileingriff 2); im Zweifel ist zugunsten des Arztes davon auszugehen, dass die Einwilligung auch bei ordnungsgemäßer Aufklärung erteilt worden wäre (NStZ **96**, 34; NStZ-RR **04**, 16f.). Die Missachtung einer frei verantwortlichen **Verweigerung** der Einwilligung durch den Patienten macht einen Heileingriff rechtswidrig (vgl. München [Z] NJW-RR **02**, 811 [Verweigerung der Einwilligung in Bluttransfusion]; vgl.12 zu § 228; 6 zu § 323c).

Ein Heileingriff muss, um gerechtfertigt zu sein, jedenfalls nach den **Regeln der Kunst** *(lege artis)* vorgenommen werden; sorgfaltspflichtwidrige Verstöße *(Kunstfehler)* begründen eine Strafbarkeit nach §§ 222, 229 (zur Kasuistik vgl. 9f. zu § 222). Unter der *lex artis* versteht man die „Regeln der ärztlichen Kunst" (vgl. § 81a I S. 2 StPO), das sind die auf Grund des Fachwissens und der Standards der Disziplin anerkannten Grundsätze und Methoden (*Laufs* 155). Sie sind nicht ohne weiteres der „Schulmedizin" gleichzusetzen; es gilt der Grundsatz der Methodenfreiheit (*Bockelmann,* Strafrecht des Arztes, 1968, 86; *Schwalm,* Bockelmann-FS 548; *Siebert* MedR **83**, 217; *Schreiber* HNO **83**, 229; *Laufs* NJW **84**, 1384; *H. Schmid* NJW **86**, 2339). Die Wahl der Behandlungsmethode ist primär Sache des Arztes (NStZ **96**, 34 m. Anm. *Ulsenheimer* NStZ **96**, 132 u. *Rigizahn* JR **96**, 72; hierzu *Jordan* JR **97**, 32); auch wer kritisch zur „Schulmedizin" steht, darf sich aber insb. bei lebensgefährlichen Erkrankungen nicht über deren Erfahrungen hinwegsetzen (vgl. NJW **60**, 2253; **62**, 1780; LM Nr. 6 zu § 230). Ein Arzt hat sich über die Fortschritte der Medizin zu unterrichten (BGH **43**, 310) und mit neuen Heilmitteln und -verfahren vertraut zu machen (*Laufs* 159). Bei neuen oder Außenseitermethoden gelten erhöhte Anforderungen an die Aufklärung (dazu 12ff. zu § 228) hinsichtlich der bestehenden Risiken (RG **67**, 24; *Siebert* MedR **83**, 220; *Jung* ZStW **97**, 57; vgl. *Eser* ZStW **97**, 12). 13a

Die rechtfertigende Einwilligung ist darüber hinaus im Bereich von **Sportverletzungen** von praktischer Bedeutung; weiterhin bei vom Betroffenen erwünschter Verabreichung zutreffend als (sicher) gesundheitsschädlich erkannter **Doping**-Mittel (vgl. dazu 22, 23 zu § 228); weiterhin in Fällen freiverantwortlicher **Selbstgefährdung** (Genuss- und Rauschmittelkonsum [vgl. dazu BGH **49**, 34, 39ff.]; Verzehr gesundheitsschädlicher Nahrungsmittel; „Mutproben" oder gefährlicher [Freizeit-]Betätigungen, usw.; vgl. dazu 7, 22f. zu § 228). Ein Arzt, der einem eigenverantwortlich handelndem Patienten Medikamente verordnet, die dessen Medikamentenabhängigkeit aufrechterhalten, ist nicht schon deshalb nach § 223 strafbar, weil er eine (die Einwilligung verdrängende) Garantenstellung hat (Zweibrücken NStZ **95**, 89 [Anm. *Horn* JR **95**, 304]). Die Verabreichung suchtbegründender oder -fördernder Medikamente im Rahmen einer Heilbehandlung kann selbstverständlich durch Einwilligung gerechtfertigt sein (vgl. Bay NJW **95**, 797; and. Frankfurt NJW **91**, 763 [Anm. *Radloff* NStZ **91**, 235]). Zur **Substitutionsbehandlung** Drogenabhängiger vgl. auch BGH **37**, 385 (dazu *Moll* NJW **91**, 2334; *Körner* StV **91**, 580; *Hellebrand* NStZ **92**, 13; MedR **92**, 71; *Hassemer* JuS **92**, 110; *Laufs/Reiling* JZ **92**, 105; *Helgerth* JR **92**, 170)); SK-*Horn/Wolters* 42a; *Körner* MedR **95**, 332; *Fiala,* in: *Roxin/Schroth* [Hrsg.], Medizinstrafrecht, 2. Aufl. 2001, 121ff. mwN. 14

B. Mutmaßliche Einwilligung. Als Rechtfertigungsgrund kommt auch mutmaßliche Einwilligung in Betracht. Von besonderer Bedeutung ist dies im Be- 15

reich des **Heileingriffs.** Fehlt hier eine tatsächliche (wirksame) Einwilligung, weil der Patient nicht befragt werden kann, so kann im Einzelfall eine mutmaßliche Einwilligung in Betracht kommen (BGH **35**, 249; **45**, 219; BGHZ **29**, 185; NJW **66**, 1885; LK-*H.J. Hirsch* 35 zu § 228; *S/S-Eser* 38). Ihre Feststellung hat sich an den persönlichen Umständen und Interessen des Betroffenen (Wünschen, Bedürfnissen, Wertvorstellungen) zu orientieren; objektive Kriterien haben keine eigenständige Bedeutung, können aber im Zweifel auch bei der Ermittlung des individuellen mutmaßlichen Willens Anhaltspunkte liefern (BGH **35**, 249 m. krit. Anm. *Geppert/Giesen* JZ **88**, 1025, 1031; *E. Fuchs* StV **88**, 524; *Hoyer* StV **89**, 245; *Müller-Dietz* JuS **89**, 281).

16 Eine von der erteilten Einwilligung nicht gedeckte, aber indizierte **Operationserweiterung** kann durch mutmaßliche Einwilligung gerechtfertigt sein, insb. wenn eine Alternative nicht gegeben ist (vgl. zB BGH **11**, 115; **35**, 246; **45**, 219 m. Anm. *Granderath* ArztR **00**, 91 [Sterilisation nach Kaiserschnitt]; LK-*H.J. Hirsch* 35 zu § 228; *Wachsmuth,* Bockelmann-FS 478; *Tröndle* MDR **83**, 884; vgl. *Ulsenheimer* 98 ff.; *ders.* MedR **92**, 133; *Dettmeyer/Madea* MedR **98**, 251; *F. Müller* [1 a] 34 ff.; *Granderath* ArztR **00**, 91; **aA** *Giesen* JZ **82**, 353); § 34 kommt in Betracht, wenn ein Abbruch der Operation mit dem Ziel der Nachholung der Einwilligung zu einer schwerwiegenden Gefährdung des Patienten führen würde (Frankfurt NJW **81**, 1322; LG Mannheim VersR **81**, 761; *S/S-Eser* 44). Eine mutmaßliche Einwilligung kommt hier aber nur dann in Betracht, wenn ohne den (weitergehenden) Eingriff eine *erhebliche* Gefahr für Leben oder Leib des Patienten besteht; sie ist idR ausgeschlossen, wenn dieser einer möglichen Erweiterung vor der zunächst (durchgeführten) Operation ausdrücklich widersprochen hatte (BGH **45**, 219, 226). Allerdings ist dem Arzt ein strafrechtlich relevantes **Vorverhalten** zurechenbar, wenn er die Operation begonnen hatte, ohne über ein nahe liegendes und aufklärungsbedürftiges Operationsrisiko zu informieren (hierzu BGH **11**, 111, 113 f.; **35**, 246, 250 [Anm. *Geppert/Giesen* JZ **88**, 1024, 1030; *E. Fuchs* StV **88**, 524; *Hoyer* StV **89**, 245; *Müller-Dietz* JuS **89**, 280]). Die Rechtfertigung der Verletzungshandlung (OP-Erweiterung) in der Konfliktlage ändert nichts daran, dass der Täter verpflichtet war, gerade diese Konfliktlage zu vermeiden (vgl. dazu *Freund* GA **06**, 267, 270 f. [Anwendungsbereich der *actio illicita in causa*]). Eine Strafbarkeit *jedenfalls* wegen Fahrlässigkeitstat (BGH **35**, 246, 250) ist daher gegeben, wenn der Patient im konkreten Fall der Erweiterung nicht zugestimmt hätte. Nimmt eine Arzt bei einer (nicht konsentierten) Operationserweiterung, die er für geboten hält, *irrig* an, der Patient hätte bei vorheriger Befragung der Erweiterung zugestimmt, so liegt ein **Erlaubnistatbestandsirrtum** vor, der entspr. § 16 zu behandeln ist (BGH **11**, 114; **35**, 250 [Anm. *Geppert* JZ **88**, 1028; *Fuchs* StV **88**, 524; *Hoyer* StV **89**, 245; *Müller-Dietz* JuS **89**, 284]; **45**, 219, 224 f.). Ein **Verbotsirrtum** ist gegeben, wenn er das Fehlen des Einverständnisses für möglich, den Eingriff aber für zulässig hält, weil er medizinisch geboten ist; die **Vermeidbarkeit** eines solchen Irrtums ist „kaum je zweifelhaft" (BGH **45**, 219, 225).

16 a Von der (notstandsähnlichen) mutmaßlichen Einwilligung sind Fälle der sog. **hypothetischen Einwilligung** zu unterscheiden, in denen es an einer Einwilligung nicht deshalb fehlt, weil der Patient nicht befragt werden *konnte* (vgl. BGH **35**, 246). Es handelt sich nach der Rspr des BGH vielmehr um eine Frage der Kausalität (NStZ **96**, 34, 35; NStZ-RR **04**, 16, 17 [Anm. *Rönnau* JZ **04**, 801; *Kuhlen* JR **04**, 227; Bespr. auch *Mitsch* JZ **05**, 279 ff.]; vgl. 31 vor § 13) oder der objektiven Zurechnung (*Rönnau* JZ **04**, 801 f.; zur dogmatischen Begründung *Kuhlen*, Müller-Dietz-FS [2001]431 ff.; *ders.* JR **04**, 227; *Otto* AT 8/134; *Mitsch* JZ **05**, 279, 281 f.; **abl.** *Gropp*, Schroeder-FS [2006] 197, 206 f.): Ein Aufklärungsmangel führt nur dann zur Strafbarkeit wegen Körperverletzung, wenn bei ord*nungsgemäßer Aufklärung* die Einwilligung unterblieben wäre; die Rechtswidrigkeit entfällt, wenn der Patient bei wahrheitsgemäßer Aufklärung in den Eingriff eingewilligt hätte. Für den Nachweis des Ursachenzusammenhangs gilt der Zweifelssatz (BGHR § 223 I Heileingriff 2; NStZ-RR **04**, 16, 17 [durch Täuschung nach vorangegangenem Kunstfehler erschlichene Einwilligung in zwingend indizierte Operation]; vgl. auch BGH [Z] NJW **80**, 1333, 1334; **84**, 1397, 1399 [m. Anm. *Deutsch*]; **91**, 2344, 2345; **94**, 2414, 2415; **98**, 2734).

C. Züchtigungsrecht. Körperverletzungen, namentlich **Misshandlungen** (iS „übler, unangemessener Behandlung"; vgl. oben 3 a) aus erzieherischen Motiven haben Rspr und hM teils für tatbestandslos (wohl unter dem Gesichtspunkt der sog Sozialadäquanz; zutr. abl. dazu *Kargl* NJ **03**, 57, 59 f.; *Roxin* JuS **04**, 177, 178), jedenfalls für gerechtfertigt gehalten, wenn (und soweit) ein Recht zur Züchtigung „maßvoll und angemessen" (BGH **6**, 263; **11**, 241; so auch noch *Beulke*, Schreiber-FS [2003] 29, 39: „maßvolle Ohrfeigen") ausgeübt wurde; selbst Schläge mit einem „stockartigen Gegenstand" sollten nach NStZ **87**, 174 nicht stets entwürdigenden Charakter haben (abl. *Rolinsky* StV **88**, 63; *Reichert-Hammer* JZ **88**, 617, *Gössel* BT 1, 13/113). Dabei ist freilich schon die Bedeutung des **Begriffs** „Züchtigungs-*Recht*" weithin unklar geblieben: Er hebt auf eine *Rechtfertigungs*-relevante Komponente einer privaten „Straf"-Befugnis ab; jedoch befasst sich die Mehrzahl der Entscheidungen und Aufsätze zum Thema seit jeher mit *Schuld*-relevanten Fragen der *Gefahrabwehr,* der *Pädagogik* oder der Mühsal elterlicher Selbstbeherrschung. Die Argumente für das Fortbestehen eines Rechts zur „mäßigen" Misshandlung (vgl. *Roellecke* NJW **99**, 337 f.; *Beulke*, Schreiber-FS [2003] 29, 37 ff.; krit. zur Ausweitung der Strafbarkeit auch *Roxin* AT I 17/36 und JuS **04**, 177 ff.; *M/Schroeder/Maiwald* 8/19) trotz ausdrücklich entgegen stehender Gesetzeslage (unten 18) setzen sich mit dem Hinweis auf allfällige Nervenbelastungen von Erziehungsberechtigten (und deren daher „ausrutschende" Hand) ersichtlich in Widerspruch zur Behauptung einer *Rechtfertigung* durch pädagogische Motivation: Auch der *gut gemeinte,* aber nicht konsentierte Heileingriff wird bekanntlich nicht dadurch gerechtfertigt, dass der Patient dem Arzt *auf die Nerven* geht. Individuelle **Schuld**-Gesichtspunkte (zB lebensumständliche, persönlichkeitsbedingte, situative Überforderung; eigene Gewalterfahrung) sind bei der Strafzumessung zu berücksichtigen (vgl. *Kargl* NJ **03**, 57, 63 f.), können aber weder einen *generellen*, dogmatisch unklaren Freiraum begründen noch eine kriminalpolitisch motivierte (prozessuale) Einschränkung der Verfolgbarkeit (SK-*Horn/Wolters* 14; vgl. *Nelles/Velten* NStZ **94**, 367 f.; *Priester* [1 a] 294; *Vormbaum* ZStW **107** [1995], 740). **17**

Schon am **Tatbestand** fehlt es freilich, wenn eine leichte taktile Einwirkung nicht Schmerz zufügt, sondern lediglich Missbilligung *symbolisiert* (ähnlich *Hirsch* ZStW **74**, 114; *Thomas* ZRP **77**, 184; weiter *Beulke,* Hanack-FS [1999] 551; ders., Schreiber-FS [2003] 29, 39 f.; ähnl. LK-*Lilie* 10; MK-*Joecks* 66; **aA** *Riemer* ZfJ **03**, 328). Die Voraussetzungen eines **rechtfertigenden Notstands** sind regelmäßig nicht gegeben (*Kargl* NJ **03**, 57, 61 f.). Für Personen, die zur Personensorge berechtigt sind (für eine „Übertragbarkeit" und ein Misshandlungsrecht für Lehrer, Heimleiter, Erzieher, Kindergärtner/innen usw. sowie von Privaten gegen „freche" fremde Kinder etwa *Dreher/Tröndle* 38. Aufl.; *Tröndle* 48. Aufl. 16 ff.), ergab sich aber nach früher hM ein **Rechtfertigungsgrund** für tatbestandsmäßige Misshandlungen aus dem **Familienrecht;** Rechtfertigung setzte „maßvollen" Einsatz voraus (vgl. schon Köln NJW **52**, 479; BGH NJW **76**, 1949; EGMR EuGRZ **79**, 162; schon damals abwegige Grenzbestimmung aber in NJW **53**, 1440). In Rspr. *und Lit.* wurde lange über die Grenze angemessener Misshandlung gerätselt, eine grundsätzliche Abschaffung des Züchtigungsrechts aber als sachwidrig angesehen (eine *Gefahr* der „Störung des Familienfriedens" bei Strafverfolgung wegen „kräftiger" Schläge ins Gesicht sieht auch *Roxin* JuS **04**, 177, 179 f.; ähnlich *Beulke*, Schreiber-FS [2003] 29, 37). **18**

Entwürdigende Erziehungsmaßnahmen erklärte zunächst § 1631 II BGB idF des KindRG (1997) für unzulässig; jedoch sollte es sich hier um eine „programmatische Norm" in Gestalt eines „Leitbilds ohne Sanktionsbewährung" handeln, die den Kreis der verbotenen Erziehungsmethoden nicht veränderte (BT-Drs. 12/6343; 13/8511; krit. 13/8588, 2; vgl. *Beulke,* Hanack-FS 540 ff.). Durch das Gesetz **18 a** zur Ächtung von Gewalt in der Erziehung v. 2. 11. 2000 (BGBl. I 1479; vgl. dazu BT-Drs. 14/1247, 14/2096) ist sodann in **§ 1631 II BGB** ein gesetzliches **Verbot** von „körperlichen Bestrafungen, seelischen Verletzungen und anderen entwürdigenden Maßnahmen" eingeführt worden. Mit der Gesetzesänderung ist einem strafrechtlichen *Rechtfertigungs*grund daher der Boden entzogen worden, der auf die familienrechtliche Befugnis gerade gestützt wurde (LK-*Lilie* 10; SK-*Horn/Wolters* 13f.; *Bohnert* Jura **99**, 533f.; *Bussmann* [1a] 289; *Kellner* NJW **01**, 769; *Beulke,* Hanack-FS 541f.; *Kargl* NJ **03**, 58f.; iErg auch *Roxin* JuS **04**, 177, 179; vgl. auch BT-Drs. 14/1247, 6; **aA** *Moritz* JA **98**, 704, 709); Überblick über Einzelfälle bei *Riemer* FPR **06**, 387, 390f.

18b Eine **Einschränkung** ergibt sich nach teilweise vertretener Ansicht aus der Formulierung „... und *andere entwürdigende* Maßnahmen"; hieraus wird geschlossen, körperliche Bestrafungen seien nur insoweit verboten, als sie *zusätzlich* „entwürdigend" sind (*Lackner/Kühl* 11; *Kühl* AT 9/77b; *Hoyer* FamRZ **01**, 521; *Palandt-Diederichsen* 11 zu § 1631 BGB; wohl auch *Hillenkamp* JuS **01**, 159, 165; *Beulke,* Schreiber-FS [2004] 29, 39; **aA** LK-*Lilie* 10; *Kellner* NJW **01**, 796; vgl. auch BT-Drs. 14/3781, 14/1247, 6). Damit hätte sich eine Änderung gegenüber der Fassung des KindRG kaum ergeben (so *Lackner/Kühl* 11 und *Kühl* AT 9/77b; **aA** LK-*Lilie* 10). Diese Auslegung lässt aber die *Regelwirkung* im Wortlaut des § 1631 II BGB außer Acht, der nicht „entwürdigende Körperstrafen", sondern körperliche Bestrafungen und „andere entwürdigende" Maßnahmen verbietet; i. Ü. lässt sie auch offen, wie und nach welchen Kriterien sich das *zusätzliche* Merkmal der Entwürdigung in die Systematik von Erziehungsrecht (vgl. dazu *Bohnert* Jura **99**, 533f.), Bestrafung und Misshandlung einfügen sollte. Dass Körperstrafen gegen *Erwachsene* stets deren Würde verletzen, ist allgemeine Ansicht. Es müsste daher dargelegt werden, warum und nach welchen Kriterien die Würde-Grenze bei geringerem Lebensalter sinkt. Pädagogische Anleitungen zu Ordnung, Fleiß und Selbstbeherrschung können in *würdiger* Weise durch Misshandlungen nicht gegeben werden.

19 Auch gegenüber **fremden Kindern** besteht kein Züchtigungsrecht, weder als „übertragenes" (so *Lackner/Kühl* 11) noch als eigenes (Gewohnheits-) Recht. **Erzieher** haben, auch soweit sie praktisch elterliche Funktionen ausüben, daher keine Züchtigungsrechte (vgl. schon BGH **3**, 106; NJW **76**, 1950; **aA** *Tröndle* 49. Aufl.; *Lackner/Kühl* 11). Auch in **Internaten** und **Jugendheimen** besteht ein solches Recht nicht (**aA** Tröndle 49. Aufl.); erst recht nicht in Jugendarrest- und Jugendstrafvollzugsanstalten. **Lehrer** dürfen ihnen anvertraute Schüler **nicht züchtigen** (NStZ **93**, 591; *Jescheck/Weigend* § 35 III 2; LK-*Lilie* 10; *S/S-Eser* 22; SK-*Horn/Wolters* 11; *Lackner/Kühl* 11; *W/Beulke* 387; *Jakobs* 16/35; *Roxin* § 17, 38; *Wagner* JZ **87**, 662; vgl. BT-Drs. 7/3318, 8/3229, 12/6343, 12/6783; EGMR EUGRZ **82**, 153). Für eine gewohnheitsrechtliche Erlaubnis ist kein Raum mehr; BGH **6**, 268; **11**, 242 sind überholt (LK-*Lilie* 10). Dasselbe gilt selbstverständlich für **Ausbilder** gegenüber minderjährigen Auszubildenden (vgl. auch § 31 JArbSchG).

20 **5) Subjektiver Tatbestand.** Der **Vorsatz** der Körperverletzung (bedingter Vorsatz genügt) umfasst die Handlung und das Bewusstsein, durch sie das Wohlbefinden des Körpers oder dessen Unversehrtheit zu beeinträchtigen oder die Gesundheit zu schädigen; bedingter Vorsatz genügt (BGHR § 15 Vors. 1); nicht aber schon ein nur potentielles Bewusstsein der Verletzungs-*Möglichkeit* (NStZ **04**, 201f. [Anm. *Schneider* ebd. 202). Dem Vorsatz steht nicht entgegen, dass der Täter durch die Tat dem Opfer helfen will (vgl. BGH **45**, 219; 2 StR 196/77). Bei **fehlerhafter ärztlicher Behandlung** ist Vorsatz jedenfalls gegeben, wenn die Art und Weise der Behandlung nicht am Wohl des Patienten orientiert ist. Das liegt auch bei groben Kunstfehlern nicht nahe (vgl. Bay NStZ-RR **04**, 45), kann sich aber im Einzelfall bei Handlungen aus **sachfremden Motiven** (NStZ **04**, 35), bei bewusster Falschinformation (1 StR 319/03) oder bewusst unzureichender Behandlung aufdrängen; das gilt auch für mögliche schwere Folgen (vgl. NStZ **04**, 35, 36). Nimmt der Täter irrig Umstände an, die einen Rechtfertigungsgrund begründen würden, so kommt nur Bestrafung wegen Fahrlässigkeit in Betracht (BGH **3**, 105; 272; **45**, 224f.; Bay NJW **55**, 1848). Verbotsirrtum ist gegeben, wenn der Täter

einen nicht bestehenden Rechtfertigungsgrund annimmt oder die Grenzen eines bestehenden überschreitet.

6) Versuch (Abs. II). Der Versuch ist (seit Inkrafttreten des 6. StrRG 1. 4. 21
1998) strafbar (krit. *Arzt/Weber* 6/7; *Hettinger,* Entwicklungen im Strafrecht u. Strafprozessrecht der Gegenwart, 1997, 34). Die zunächst befürchtete hohe Mehrbelastung der Praxis (*Kreß* NJW **98**, 637; *Sander/Hohmann* NStZ **98**, 275; *Tröndle* 49. Aufl. 18; abl. auch *Freund* ZStW **109**, 472; *Struensee,* Einf./6. StrG 63; and. *Rengier* ZStW **111**, 2ff.) ist nicht eingetreten (vgl. auch LK-*Lilie* 23). Die prognostizierten „unlösbaren Beweisschwierigkeiten" beim Ansetzen zum und Rücktritt vom Versuch im Bereich der üblichen Misshandlungs-Taten („Vorbeischlagen"; Erheben und Sinken-Lassen der Hand) spielen in der Praxis keine Rolle (SK-*Horn/Wolters* 26). Die mögliche Bedeutung der Versuchsstrafbarkeit bei bedingt vorsätzlicher Gesundheitsschädigung etwa im Bereich der **Medizinprodukte,** der **Produkthaftung** insgesamt sowie bei gesundheitsgefährdenden **Umweltbeeinträchtigungen** wird in der Praxis bislang nicht hinreichend beachtet. Die Strafbarkeit des Versuchs verlagert hier den Schwerpunkt der Tatsachenfeststellung, da die gefahrbegründende Handlung vielfach feststeht, von der Feststellung der Erfolgskausalität auf die Abgrenzung zwischen bedingtem Vorsatz und bewusster Fahrlässigkeit; zugleich stellt sich die Frage des „erlaubten" Risikos bei Kenntnis der (statistisch *sicheren*) Wahrscheinlichkeit von Schädigungen. Der Verursacher gesundheitsgefährdender **Emissionen** wird von § 223 Abs. II erfasst, wenn er eine von ihm als möglich erkannte Gesundheitsschädigung Dritter, sei es auch im Zusammenwirken mit anderen, im Einzelnen noch ungeklärten Ursachen, billigend in Kauf nimmt.

7) Konkurrenzen. Bei Verletzung **mehrerer** Personen durch **eine** Handlung ist gleichar- 22
tige Idealkonkurrenz gegeben. § 223 erfasst auch den fahrlässig verursachten weitergehenden Erfolg einer vorsätzlichen Körperverletzung, so dass nicht tateinheitlich § 229 gegeben sein kann (NStZ **97**, 493); bei schweren Folgen gilt § 226. **Gesetzeskonkurrenz** liegt mit § 218 vor (BGH **10**, 312); ebenso mit § 30 WStG (MDR **70**, 603); während mit § 25 WStG Tateinheit anzunehmen ist (**aA** Frankfurt NJW **70**, 1333). Zum Verhältnis zu §§ 212, 211 vgl. 107 zu § 211.

8) Sonstige Vorschriften. FAufsicht § 228 (vgl. § 384 I S. 2 StPO); Strafantrag § 230; 23
Privatklage, Sühneversuch, Nebenklage §§ 374, 380, 395 StPO (vgl. BGH **33**, 117).

Gefährliche Körperverletzung

224 **I Wer die Körperverletzung**

1. durch Beibringung von Gift oder anderen gesundheitsschädlichen Stoffen,
2. mittels einer Waffe oder eines anderen gefährlichen Werkzeugs,
3. mittels eines hinterlistigen Überfalls,
4. mit einem anderen Beteiligten gemeinschaftlich oder
5. mittels einer das Leben gefährdenden Behandlung

begeht, wird mit Freiheitsstrafe von sechs Monaten bis zu zehn Jahren, in minder schweren Fällen mit Freiheitsstrafe von drei Monaten bis zu fünf Jahren bestraft.

II Der Versuch ist strafbar.

1) Die Vorschrift ist durch das 6. StrRG (2f. vor § 174) an Stelle des früheren § 223 a neu 1
gefasst worden. Sie hat die Merkmale des zugleich aufgehobenen Verbrechenstatbestands der Vergiftung (§ 229 aF) aufgenommen und die Begehungsweisen der gefährlichen Körperverletzung in fünf **Qualifikationstatbestände** gefasst. Gegenüber der Strafdrohung des § 223 a aF (3 Monate bis zu 5 Jahren) wurde die Regelstrafdrohung des § 224 deutlich erhöht (6 Monate bis zu 10 Jahren; krit. *Struensee,* Einf./6. StrRG 65).

1a **Neuere Literatur:** *Fischer,* Waffen, gefährliche und sonstige Werkzeuge nach dem Beschluss des Großen Senats, NStZ **03**, 569; *Heinrich,* Die gefährliche Körperverletzung. Tatbestandsaufnahme u. Versuch einer Neuorientierung, 1993; *ders.,* Die gefährliche Körperverletzung – Versuch einer Neuorientierung – Teil 1, JA **95**, 601, Teil 2 JA **95**, 712; *Hilgendorf,* Körperteile als gefährliche Werkzeuge, ZStW **112** (2000), 811; *Jäger,* Die Delikte gegen Leben und körperliche Unversehrtheit nach dem 6. StrRG, 2000; *Küper,* Die gemeinschaftliche Körperverletzung im System der Konvergenzdelikte, GA **97**, 301; *ders.,* Lebensgefährdende Behandlung, H.J. Hirsch-FS 595; *ders.,* Das „Gemeinschaftliche" an der gemeinschaftlichen Körperverletzung, GA **03**, 362; *Rengier,* Die Reform u. Nicht-Reform der Körperverletzungsdelikte, ZStW **111** (1999), 1; *Streng,* Die „Waffenersatzfunktion" als Spezifikum des „anderen gefährlichen Werkzeugs" (usw.), GA **01**, 359; *Wolters* JuS **98**, 583.

2 **2) Voraussetzungen der Qualifikation (Abs. I).** Abs. I zählt abschließend fünf Formen der Tatbegehung auf, durch welche die vorsätzliche Körperverletzung zur „gefährlichen" qualifiziert wird. Sie sind durch die gefährliche Art ihrer Ausführung und nicht durch den Erfolg gekennzeichnet (BGH **3**, 109; VRS **32**, 355; vgl. LK-*Lilie* 3). Nach hM sind Nrn. 1, 2 und 5 als **konkrete,** Nr. 3 und 4 als abstrakte Gefährdungsdelikte zu verstehen (**aA** zB *Zieschang,* Die Gefährdungsdelikte, 1998, 292ff. [einheitlich konkretes Gefährdungsdelikt]; SK-*Horn/Wolters* 3 [einheitlich abstraktes Gefährdungsdelikt]; vgl. unten 9c).

3 **A. Nr. 1: Beibringung von Gift oder anderen gesundheitsschädlichen Stoffen. a) Tatmittel** nach Nr. 1 sind „gesundheitsschädliche Stoffe"; herausgehobenes Beispiel hierfür ist „Gift". **Gift** ist jeder (organische oder anorganische) Stoff, der unter bestimmten Bedingungen (Einatmen, Verschlucken, Aufnahme auf der Haut) durch chemische oder chemisch-physikalische Wirkung (zB ätzend, reizend, Hervorrufen von Überempfindlichkeitsreaktionen) nach seiner Art und der vom Täter eingesetzten Menge generell (nach Rspr und hM: im **konkreten Fall**) geeignet ist, ernsthafte gesundheitliche Schäden zu verursachen. Als Gift ist **zB** angesehen worden: Blausäure (BGH **15**, 113; 130; **32**, 130 [Anm. *Bottke* NStZ **84**, 166; *Schall* JZ **84**, 337]; NJW **76**, 1851); Stechapfelsamen (NJW **79**, 556; NStZ **85**, 25f.); namentlich auch Stoffe wie Arsen, Zyankali, Dioxine, Blei- oder Kadmiumverbindungen; Opiate; im Grds kann – nach den Umständen des Einzelfalls, insb. nach **Menge** und Einwirkungsweise – **jeder Stoff** im *konkreten* Fall die Eigenschaft eines Giftes haben (nach der Regel: „Allein die Dosis macht, dass ein Ding kein Gift ist" [*Paracelsus*]; vgl. unten 5); Gifte können daher auch „Stoffe des täglichen Bedarfs" sein, wenn ihre Beibringung mit der konkreten Gefahr einer erheblichen Schädigung im Einzelfall verbunden ist (so auch BGH **51**, 18 = NJW **06**, 1822 [Speisesalz]). Abw. von § 229 aF setzt Nr. 1 *nicht* mehr voraus, dass das Gift die Gesundheit zu *zerstören* geeignet ist. Das Merkmal Gift (sowie das der „anderen Stoffe") lässt vielmehr schon alle Stoffe genügen, die iS des § 223 I lediglich **gesundheitsschädlich** sind. Voraussetzung ist aber, dass das Gift oder die anderen gesundheitsschädlichen Stoffe im konkreten Fall die körperliche Substanz *verletzen* oder einen Gesundheitsschaden (unten 5) herbeiführen (*Küper* BT 68; *Arzt/Weber* 6/52);

4 **Andere gesundheitsschädliche Stoffe** sind danach solche, die auf mechanischem oder thermischem Wege wirken, zB zerstoßenes Glas, zerhacktes Metall, heiße Flüssigkeit, mit Radioaktivität kontaminierte Stoffe (SK-*Horn/Wolters* 8a; MK-*Hardtung* 9); Bakterien, Viren oder sonstige Krankheitserreger, soweit sie nicht schon zu den Giften zählen (vgl. *Schiebel,* Zur Problematik um Reformbedürftigkeit des Tatbestands der Vergiftung [§ 229 StGB], 1995, 113), so dass Wahlfeststellung (18ff. zu § 1) zwischen beiden Varianten möglich ist. Hingegen fallen **nicht** unter die Tatmittel der Nr. 1 Röntgenstrahlen, radioaktive Strahlen, Gammastrahlen (5 zu § 223) und elektrischer Strom, da es sich insoweit um keine Stoffe iS dieser Vorschrift handelt (*S/S-Stree* 2b; *Schiebel* aaO 109; **aA** noch BGH **15**, 115); ggf. kann aber I Nr. 5 in Betracht kommen, sofern im Falle einer Kontamination eines Menschen mit ionisierenden Strahlen nicht die spezielleren §§ 309 oder 311 eingreifen (SK-*Horn/Wolters* 8a).

Gesundheitsschädlichkeit ist die Eigenschaft des Stoffes, im konkreten Fall iS des § 223 I die Gesundheit zu schädigen. Sie kann sich aus der Art der Anwendung oder Zuführung des Stoffes, seiner Menge oder Konzentration, aber auch aus der Konstitution des Verletzten oder dem Ort der Einwirkung ergeben (Schleimhaut, Blut). Die Neufassung hat Nr. 1 insoweit an Nr. 2 angenähert (so auch BGH **51**, 18, 22f. [= NJW **06**, 1822, 1823]; vgl. dazu auch LK-*Lilie* 15; weitergehend *Rengier* BT II, 14/15: Nr. 1 [überflüssige] Spezialregelung von Nr. 2) und daher auch die dortigen Anwendungsprobleme eröffnet (vgl. unten 9 ff.). Nach hM ist auch für Nr. 1 zu fordern, dass die Substanz nach ihrer **Art** *und* dem konkreten Einsatz zur (erheblichen) Gesundheitsschädigung **geeignet** ist (vgl. 2 StR 207/04 [Gießen kochenden Wassers auf Unterleib und Beine]; BGH **51**, 18 [= NJW **06**, 1822; zwangsweises Zuführen von Kochsalz]; *Zieschang,* Die Gefährdungsdelikte, 1998, 282; *Rengier* ZStW **111**, 8; *Hilgendorf* ZStW **112**, 811, 828; *Jäger* JuS **00**, 31, 35; *W/Hettinger* 267; LK-*Lilie* 11; MK-*Hardtung* 7, 8; NK-*Paeffgen* 7; *Lackner/Kühl* 1 a; *S/S-Stree* 2 d; enger SK-*Horn/Wolters* 8 a; *Wolters* JuS **98**, 582 f. [Eignung zur Herbeiführung einer schweren Folge]; weiter *Struensee,* in: *Dencker* u. a., Einführung in das 6. StrRG, 1998, 48; *Arzt/Weber* 6/52; vgl. dazu auch *Küper* BT 68 f.,). Das ist unproblematisch gegeben, wenn eine *erhebliche* Gesundheitsschädigung tatsächlich eingetreten ist (krit. aber *Bosch* JA **06**, 745); umgekehrt dann *nicht*, wenn nur eine geringfügige Schädigung eingetreten ist und die Gefahr einer darüber hinausgehenden erheblichen Schädigung von vornherein nicht bestand (*S/S-Stree* 2 d). Hieraus wird in der Lit. gefolgert (LK-*Lilie* 11 aE; *Lackner/Kühl* 1 a; *Jäger* JuS **00**, 35; *Krey* BT I, 301; *Rengier* ZStW **111**, 8 f. u. BT II, 14/4), dass „nicht alle Stoffe**,** die Gesundheitsschädigungen hervorrufen" (LK-*Lilie* 11), solche iS von Nr. 1 sein können (zB auch Alkohol, Nikotin, Brechmittel zur Erlangung von verschluckten BtM-*Bubbles,* Schlaf- oder Beruhigungsmittel, usw.). Dieser Versuch einer *Objektivierung* des Gift-Begriffs knüpft an § 229 aF an. **5**

Nach zutr. **aA** ist Nr. 1, um eine Abgrenzung zu § 223 I zu erhalten, als zumindest "einfach" schädigende Beibringung von Stoffen mit der **konkreten Gefahr** einer *erheblichen* Schädigung im Einzelfall zu verstehen; auch „an sich" unschädliche Stoffe können im konkreten Fall gesundheitsschädlich im o. g. Sinn sein (*Horn/Wolters* 8 a; *S/S-Stree* 2 d; **zB** Zucker; Speisesalz [BGH **51**, 18]; Medikamente; Alkohol; selbst *Wasser* oder *Luft* [Injektion]). Diese Auffassung, die vermutlich auch diejenige des Gesetzgebers des 6. StrRG war, führt zur weitgehenden **Deckungsgleichheit mit Nr. 2**; wie sich dort die *(objektive)* „Gefährlichkeit" des Werkzeugs idR aus der konkreten Erheblichkeit der Verletzung ergibt, so in Nr. 1 die „Gift"-Qualität aus der Gesundheitsbeschädigung (zur „Konkretisierung" vgl. unten 9 c). **5 a**

b) Die **Tathandlung** von I Nr. 1 besteht im Beibringen der Gifte oder anderen gesundheitsschädlichen Stoffen. **Beibringen** ist ein solches Einführen der Stoffe in oder Auftragen der Stoffe auf den Körper eines anderen, dass sie ihre schädigende Eigenschaft zu entfalten in der Lage sind (BGH **15**, 114; **32**, 130, 132 f.; Bay NJW **98**, 3366 f.; LK-*Lilie* 12); zB durch Verschlucken-Lassen, Einspritzen, Einatmenlassen oder Auftragen auf die Haut. Dabei kann der andere infolge Täuschung das Mittel sich selbst beibringen (BGH **4**, 278; LK-*Lilie* 17). Der Begriff des Beibringens erfasst Fälle der Einbringung in den Körper ebenso wie der Herstellung eines äußeren Körperkontakts etwa mit Bakterien oder Chemikalien (BGH **15**, 113; NJW **76**, 1851 m. krit. Anm. *Stree* JR **77**, 342), wobei es für die Vollendung des Beibringens – abw. von der Auslegung des Begriffs in § 229 aF (vgl. Bay NJW **98**, 3366) – nicht erforderlich ist, dass der angewandte Stoff bereits in das Innere des Körpers *eingedrungen* ist (MK-*Hardtung* 10; **aA** SK-*Horn/Wolters* 8 b; LK-*Lilie* 14). Soweit (zur Abgrenzung von Nr. 2) Nr. 1 nur für anwendbar gehalten wird, wenn die Wirkung des Stoffs im **Körperinnern** eingetreten ist (vgl. LK-*Lilie* 15 mwN), ist diese Grenze im Einzelfall, etwa bei Verätzungen, Verbrühungen oder Aufbringen von Stoffen, die von außen nach innen wirken, schwer zu bestimmen. **6**

7 **B. Nr. 2: Verletzung mittels einer Waffe oder eines anderen gefährlichen Werkzeugs.** Nr. 2 qualifiziert solche Taten, bei welchen sich eine besondere Gefährlichkeit aus der Verwendung eines – im Unterschied zu Nr. 1 – **von außen** auf den Körper des Opfers einwirkenden Tatmittels ergibt (so auch NStZ **06**, 572, 573; **07**, 405). Dabei unterscheidet die Vorschrift zwischen Waffen und „anderen" gefährlichen Werkzeugen, nennt also die Waffen als Unterfall der „Werkzeuge" im Allgemeinen und der gefährlichen Werkzeuge im Besonderen (hM; vgl. *Lackner/Kühl* 2; *S/S-Stree* 4; LK-*Lilie* 20; *Hilgendorf* ZStW **112**, 811; *Fischer* NStZ **03**, 569, 570 f.). Bei der Auslegung dieser Begriffe sind die Änderungen der §§ 244, 250 durch das 6. StrRG zu berücksichtigen, die nach Auffassung des Gesetzgebers auf die Merkmale von Nr. 2 zurückgreifen (vgl. dazu 7 ff. zu § 244; 3 ff. zu § 250). Von Nr. 2 erfasst ist die „mittels" Waffe oder Werkzeug verursachte Verletzung. Eigenhändigkeit ist daher nicht vorausgesetzt; die Zurechnung des Einsatzes richtet sich nach allg. Regeln. „**Mittels**" des Werkzeugs ist die Körperverletzung begangen, wenn sie mit dessen Hilfe, also „durch" das Werkzeug, unter dessen zweckgerichteter Verwendung durch den Täter verursacht wurde (vgl. KG NZV **06**, 111 [m. Anm. *Krüger*]; MK-*Hardtung* 21). Das ist *nicht* gegeben, wenn durch die Einwirkung des gefährlichen Werkzeugs ein Kausalverlauf ausgelöst wird, der nur mittelbar zur Körperverletzung führt (NStZ **06**, 572, 573 [Unfallgeschehen nach Schüssen auf Kfz; Anm. *König* NZV **06**, 432]; NStZ **07**, 405 [Aufprall auf den Boden nach Herausfallen aus fahrendem Kfz]).

8 **a) Werkzeug** ist jeder Gegenstand, mittels dessen durch Einwirkung auf den Körper eine Verletzung zugefügt werden kann; der Begriff ist daher nach zutr. allg. Ansicht grds tatbestandsspezifisch und nicht in einem umgangssprachlich-technischen Sinn auszulegen. Nach hM sind damit **bewegliche Sachen** gemeint, die vom Täter geführt, also zur Verstärkung der Einwirkung allein körperlicher Kraft oder zur Hervorbringung spezifischer Kraft-Wirkungen benutzt werden können. Die Rspr. schließt daher unbewegliche Gegenstände, gegen welche der Täter des § 223 das Opfer stößt oder drückt, vom Werkzeug-Begriff aus; **zB** Felsen; eine Wand (BGH **22**, 235 [m. Anm. *R. Schmitt* JZ **69**, 304]; NStZ **88**, 361; NStZ-RR **05**, 75; *Küper* BT 441 f.; krit. *Heinrich* [1 a] 141 u. JA **95**, 601; SK-*Horn/Wolters* 17 f.); einen heißen Ofen (RG **24**, 372); einen eisernen Zeltpfosten mit herausragender Schraube (MDR/H **79**, 987); ein Eisengitter (5 StR 644/93); den Fußboden (NStZ-RR **05**, 75; zust. auch NK-*Paeffgen* 13; *W/Hettinger* 274; vgl. aber auch KG NZV **06**, 111 [m. Anm. *Krüger*; Verletzung mittels Kfz durch Aufprall auf die Fahrbahn]). Die **Gegenansicht** will von der naturalistischen Bedeutung des Begriffs absehen und im Hinblick auf den Schutzzweck der Norm auch unbewegliche Gegenstände einbeziehen (vgl. etwa *S/S-Stree* 8; LK-*Lilie* 27; MK-*Hardtung* 14; *Küpper* JuS **00**, 225 f.; differenzierend SK-*Horn/Wolters* 17; zweifelnd *Lackner/Kühl* 4). Ob eine Kraftentfaltung des Täters das Werkzeug gegen das Opfer oder das Opfer gegen das Werkzeug bewegt, ist für § 224 Nr. 2 nach allg. Ansicht unerheblich; das ändert nichts daran, dass für den Begriff des Werkzeugs die **Wortlautgrenze** des Art. 103 II GG gilt (zutr. daher SK-*Horn/Wolters* 17: Ein See, ein Abgrund oder die heiße Sonne können nicht „Werkzeuge" sein; zust. *Hilgendorf* ZStW **112**, 819). Streitig ist der Werkzeug-Begriff auch für **Körperteile** des Täters. **Rspr und hM** nehmen an, dass Körperteile selbst kein „Werkzeug" (des Körpers) sein können (vgl. GA **84**, 125; Köln StV **94**, 247; *Lackner/Kühl* 3; *S/S-Stree* 4; SK-*Horn/Wolters* 13; LK-*Lilie* 22; MK-*Hardtung* 14; jew. mwN; **aA** *Hilgendorf* ZStW **112**, 811, 822 ff.; einschr. auch *M/Schroeder/Maiwald* 9/16; *Heinrich* [1 a] 665 f.). Das liegt nach dem Wortsinn nahe; im Grenzbereich, der nicht erst in skurrilen Fallbeispielen (künstliches Gebiss; „Piraten"-Haken als Handprothese) beginnt, ist es gleichwohl zweifelhaft, weil Rspr und hM sich vom ursprünglichen Begriffskern immer mehr entfernt haben (Gipsarm [SchlHA **78**, 185]; Bekleidungs- und Schutzgegenstände [Helme], usw. vgl. unten). Der in der Praxis vielfach als gefährliches Werkzeug genannte „*beschuhte Fuß*" (vgl. unten 9 c) ist also als „befußter Schuh" zu verstehen.

Ein **gefährliches** Werkzeug ist nach der in stRspr verwendeten Formel ein solches, das nach seiner **objektiven Beschaffenheit** *und* nach der **Art seiner Benutzung** im Einzelfall geeignet ist, erhebliche Körperverletzungen zuzufügen (sog. „**potentielle Gefährlichkeit**"; vgl. BGH **3**, 109; **14**, 152, 154; **30**, 375, 377; NStZ **87**, 174; **99**, 616f.; **07**, 95; StV **98**, 485f.; 486f.; so auch *Lackner/Kühl* 5). Dem liegt die Annahme einer „generellen Geeignetheit" des Werkzeugs zur Verursachung erheblicher Verletzungen zugrunde, welche in der „objektiven Beschaffenheit" zum Ausdruck kommen soll. Tatsächlich ist aber diese generalisierte Betrachtungsweise, welche die Gefährlichkeit als (objektives) **Merkmal des Werkzeugs** ansieht, zugunsten einer konkreten Betrachtung aufgegeben worden (zutr. *Hilgendorf* ZStW **112**, 821f.), wonach die Gefährlichkeit ein **Merkmal der Verwendung**, dh der Tathandlung mit *irgendeinem* Werkzeug ist. Mit anderen Worten: ob ein Werkzeug „gefährlich" ist, wird von der Rspr und hM nach Maßgabe der **Erheblichkeit der Verletzung** beurteilt, die der Täter durch den Einsatz verursacht *hat* oder verursachen *wollte* (vgl. NStZ **07**, 95; auch *S/S-Stree* 4; LK-*Lilie* 21f.; SK-*Horn/Wolters* 13, 16; *Joecks* 17; MK-*Hardtung* 19f.; *M/Schroeder/Maiwald* 9/13; *W/Hettinger* 275; *Rengier* BT II, 14/6; *Hilgendorf* ZStW **112**, 811). Nach NStZ **02**, 86 sind auf Grund der Neufassung des Tatbestands an die Annahme der „Gefahr einer erheblichen Verletzung" keine höheren Anforderungen zu stellen als nach § 223a aF. 9

An ihre Grenzen stößt diese Auslegung, wenn mit einem offenkundig *abstrakt gefährlichen* Werkzeug oder einer *Waffe* Verletzungen verursacht wurden, der Gegenstand hierzu jedoch konkret „ungefährlich" eingesetzt wurde (zB Schlag mit dem Pistolengriff; Injektionsstiche durch einen Arzt; Abschneiden der Haare durch Friseur). Hier sollen die Injektionsnadel oder das Skalpell „in der Hand des Arztes", die Schere „in der Hand des Friseurs" *ungefährliche* Werkzeuge sein (vgl. NJW **66**, 1763 [Schere]; **87**, 1206 [Zahnarzt-Zange]; StA Mainz NJW **87**, 2946 [Injektionsnadel; and. beim Heilpraktiker: NStZ **87**, 174]; BGHR § 223a I aF StRZ 3 [Rasierklinge]). Diese Abgrenzungen überzeugen, da sie Tatbestands- und Rechtfertigungsfragen verbinden, insb. in „Mischfällen" kaum: Ob die Säge „in der Hand des Arztes", der (ohne Einwilligung) das *falsche* Bein amputiert, ein gefährliches Werkzeug ist, kann schwerlich davon abhängen, ob er das *lege artis* tut (ebenso *Kargl* NStZ **07**, 489, 490). Ebenso unklar sind Entscheidungen, wonach etwa ein „leichter Turnschuh" bei einem Tritt ins Gesicht (Schleswig SchlHA **87**, 105) oder eine brennende Zigarette beim Ausdrücken auf der Wade (Köln StV **94**, 246; zust. *S/S-Stree* 4; dagegen NStZ **02**, 86) *keine* gefährlichen Werkzeuge sind, denn es kommt im ersten Fall nicht auf die „Leichtigkeit" des Schuhs, sondern auf die Schwere des Tritts an, im zweiten Fall weder auf die Beschaffenheit der Zigarette noch auf die der Wade, sondern auf die Dauer der Brandeinwirkung. 9a

Einzelfälle: Als gefährliche Werkzeuge sind **zB** angesehen worden: **Messer**, Knüppel (MDR/H **85**, 446); Eisenstange; Präzisionskatapult (NJW **75**, 985); Scheren, Nadeln, Gabeln usw. je nach Verwendung (NJW **66**, 1763; oben 9); Schlauch bei Verwendung zum Schlagen (BGH **3**, 105, 109; 2 StR 463/05); Würgeholz (2 StR 396/83); fahrendes **Kfz** (VRS **44**, 422; **56**, 190; NStZ **07**, 405; KG NZV **06**, 111 [m. Anm. *Krüger*]); der Sicherheitsgurt eines Kfz bei Verwendung zum Drosseln (BGHR § 250 I Nr. 2 aF Beisichführen 4); **Klebeband** bei Verwendung zum Fesseln und Knebeln (NStZ 17 zu § 223a aF; im einzelnen str.); Paketschnur bei konkret gefährlicher Fesselung (1 StR 364/03); Rohrzange (GA **89**, 132); Kleiderbügel bei Schlägen ins Gesicht (2 StR 572/74); Rasierklinge (BGHR § 223a aF StRZ 3); Schlüsselbund bei Verwendung zum Schlagen (VRS **63**, 206); Federhalter bei Verwendung zum Stechen (BGE 101 IV 287); Schal bei Verwendung zum Drosseln (vgl. § 223a I aF Werkzeug 4); glimmende Zigarette bei Ausdrücken auf der Stirn (NStZ **02**, 30), auf der Brust oder dem Arm (NStZ **02**, 86; 3 StR 7/01); Feuerzeug (BGHR § 170d aF Fürsorgepflichtiger 1; NStZ **02**, 30); hölzerne Kleiderschrankstange (3 StR 306/05). In der Lit. findet sich eine Vielzahl weiterer Beispiele (vgl. LK-*Lilie* 23; *S/S-Stree* 4 mwN). **Nicht** als gefährliche Werkzeuge sind 9b

zB angesehen worden: Schnürsenkel bei Verwendung zur Fesselung der Fußgelenke (NStZ **02**, 594; anders bei konkret gefährlicher Verwendung, 5 StR 411/93); Plastiktüte, die (nur) *bis zur Nase* über den Kopf gestülpt wird (NStZ **02**, 594).

9c Gefährliche Werkzeuge können grds auch **Bekleidungs- oder Ausrüstungsgegenstände** des Täters sein (oben 8). Nach stRspr. ist dies idR ein schwerer, fester **Schuh** (MDR/H **79**, 987; NStZ **84**, 329; NStE Nr. 3 zu § 223 aF; VRS **32**, 355; BGHR § 223a I aF LebGef. 1; 2 StR 410/91), aber je nach konkretem Einsatz auch ein normaler Straßenschuh (NStE Nr. 3 zu § 223a aF; BGH **30**, 376 [Tritte in Gesicht und Unterleib]; NStZ **99**, 616 [Tritte ins Gesicht; vgl. auch Düsseldorf NJW **89**, 920]; Stuttgart NJW **92**, 851). Die Behandlung des „beschuhten Fußes" (vgl. dazu oben 8 aE) zeigt besonders deutlich ein teilweise missverständliches Schwanken zwischen „genereller" und „konkreter" Betrachtung, so wenn gefordert wird, es müsse sich *entweder* um einen schweren Schuh (zB Springerstiefel; vgl. NStZ **00**, 29f.) *oder* um einen „normalen Schuh" bei konkret gefährlichem Einsatz (Wucht, Heftigkeit, Ziel, Konstitution des Opfers) handeln (vgl. LK-*Lilie* 25). Das ist nicht zutreffend; wer einem anderen mit schweren Springerstiefeln vorsätzlich auf die Zehen tritt und ein geringfügiges Hämatom verursacht, soll nach allg. Ansicht gerade nicht nach § 224 strafbar sein. Ein **Ledergürtel** ist nach NStZ **07**, 95 (4. StS) bei Schlägen mit *geringer Intensität* nicht als gefährliches Werkzeug anzusehen.

9d **b) Waffe** iS von Nr. 2 ist nach hM ein Gegenstand, der **nach seiner Art dazu bestimmt** ist, erhebliche Verletzungen von Menschen zu verursachen. Der Begriff ist in diesem strafrechts-technischen Sinn zu verstehen (*Lackner/Kühl* 2; LK-*Lilie* 19; *W/Hettinger* 273); er ist keine Blankett-Verweisung auf die Definitionen des WaffG (missverständlich daher BGH [GrSen] **48**, 197, 204f.; vgl. dazu *Fischer* NStZ **03**, 569, 573). Erfasst sind die in § 1 WaffG bezeichneten Gegenstände, also neben Schusswaffen auch Geräte zum Abschießen von Munition, Schussapparate sowie Hieb- und Stoßwaffen und ihnen gleichstehende Geräte (vgl. § 1 II WaffG); nach schon bisher stRspr auch (geladene) **Gaspistolen** (BGH **45**, 92f.; NStZ **02**, 31, 33). Der **BGH** (GrSen) hat (auf Vorlage des *2. StS*; vgl. NJW **02**, 2889) entschieden, „jedenfalls für die **geladene Schreckschusswaffe**" werde an der bisherigen Rspr., wonach Schreckschusspistolen keine Waffen im strafrechtlichen Sinn seien, nicht festgehalten (BGH **48**, 197, 201). Die Bedeutung dieser Entscheidung ist nicht klar (dazu 4ff. zu § 250); für § 224 spielt dies aber keine wesentliche Rolle, weil die Vorschrift nicht zwischen Waffen und gefährlichen Werkzeugen differenziert. **Messer** sind Waffen, wenn sie nach ihrer konkreten Bauart zum Einsatz als Verletzungsmittel bestimmt sind; dagegen sind sonstige Messer sowie Schneid- oder Stichwerkzeuge, die zwar *wie eine Waffe* eingesetzt werden können, denen diese Funktion jedoch nicht bestimmungsgemäß zukommt (Küchenmesser; Taschenmesser), idR gefährliche Werkzeuge. Nach **hM** ist aus der Hervorhebung von Waffen als *Beispiele* für gefährliche Werkzeuge abzuleiten, dass auch Waffen im technischen Sinn Nr. 2 nur dann unterfallen, wenn sie als gefährliche Werkzeuge eingesetzt werden (vgl. auch *Küper* BT 427; *W/Hettinger* 273; *Struensee,* Einf./6. StrRG 66), so dass etwa ein (leichter) Schlag mit dem Griff einer Schusswaffe § 224 Nr. 2 nicht unterfällt.

9e **c) Kritik.** Die Auslegung des (relativ) engeren Waffen-Begriffs nach Maßgabe des unbestimmten Begriffs des gefährlichen Werkzeugs erscheint nicht unzweifelhaft, denn ein Werkzeug wird nicht dadurch „seiner Art nach" gefährlich, dass der Täter mit ihm eine erhebliche Verletzung verursacht hat oder verursachen will (!), sondern umgekehrt ist die erhebliche Verletzung Folge der objektiven Gefährlichkeit eines Gegenstands. Die Auslegung von Rspr. und hM führt zu einer Umkehrung der Orientierungsfunktion der Tatbestands-Begriffe und iErg zu einer **Verschiebung des Unrechtsgehalts** von einer abstrakten zu einer konkreten Gefährdung (mit einer etwas *merkwürdigen Indiz*funktion ihrer Realisierung durch Eintritt einer Verletzung). Da – entgegen der allgemein verwendeten Formel, wonach es für die Gefährlichkeit auf die objektive Beschaffenheit des Gegenstands **und** seine konkrete Verwendung ankomme – für die **Feststellung von Nr. 2** regelmäßig nicht auf die Art und allgemeine Bestimmung des *Werkzeugs,* sondern auf die konkret **gefährliche Verwendung eines beliebi-**

gen Gegenstands abgestellt wird, werden auch generell ungefährliche Gegenstände in den Tatbestand einbezogen; dies widerspricht jedenfalls der Verwendung desselben Begriffs in Abgrenzung zu dem des „sonstigen Werkzeugs oder Mittels" in § 244 I Nr. 1 Buchst. b, § 250 I Nr. 1 Buchst. b. Andererseits wird (gegen den Wortlaut) die Zufügung von Verletzungen unter konkret ungefährlicher Verwendung von Waffen, dh ihrer *Bestimmung* nach gefährlichen Werkzeugen, privilegiert, obgleich deren objektive *Eignung* zur Verursachung schwerer Verletzungen nicht zweifelhaft ist. Damit verliert Nr. 2 aber in der Sache den Charakter einer „gefährlichen" Körperverletzung und wird zu einem unklaren Zwischen-Tatbestand für „erhebliche" Verletzungen bei Einsatz *irgendwelcher* Gegenstände (so – konsequent – *Heinrich* [1 a] 555 ff.; für Verzicht auf das Kriterium „objektiver Beschaffenheit" auch *S/S-Stree* 4; *Joecks* 17). Mit der Verwendung derselben Begriffe in § 177 III, § 244 I, § 250 I ist das nur schwer vereinbar; es führt zu unterschiedlicher, teilweise **widersprüchlicher Auslegung derselben Begriffe** in den genannten Vorschriften und zu einer kasuistischen Auslegungspraxis. Eine **Objektivierung** des Begriffs des gefährlichen Werkzeugs unter Orientierung am Waffenbegriff (vgl. dazu auch *Lesch* JA **99**, 34, 36; GA **99**, 376 f.; *Seier* JA **99**, 666, 669; *Mitsch* ZStW **111**, 65, 79; *Jäger* JuS **00**, 651, 654 f.; *Maatsch* GA **01**, 75, 82 f.; *Streng* GA **01**, 359, 365; *Kindhäuser/Wallau* StV **01**, 18 f.; *S/S-Eser* 4 f. zu § 244; *Arzt/Weber* 14/57 [jew. zu §§ 244, 250]) wäre vorzuziehen (vgl. dazu 7 ff. zu § 244).

C. Nr. 3: Tatbegehung **mittels eines hinterlistigen Überfalls.** Überfall ist ein Angriff auf den Verletzten, dessen er sich nicht versieht und auf den er sich nicht vorbereiten kann (GA **61**, 241; vgl. schon RG **65**, 66). **Hinterlistig** ist der Überfall, wenn sich die Absicht des Täters, dem andern die Verteidigungsmöglichkeit zu erschweren, äußerlich manifestiert (MDR/H **81**, 267; MDR/D **56**; 526; MDR/H **89**, 111; NStZ **92**, 490; NStZ-RR **96**, 101; 1 StR 271/94), wenn der Täter also **planmäßig** seine Verletzungsabsicht verbirgt (NStZ **01**, 478; **04**, 93; **05**, 40; BGHR § 223 a I aF Hinterlist 1). Ein plötzlicher Angriff von hinten sowie das bloße Ausnutzen des Überraschungsmoments reichen nach stRspr für sich allein nicht aus (NStE Nr. 8 zu § 223 a aF; GA **61**, 241; MDR/H **81**, 267; NStZ **04**, 93; **05**, 40; **05**, 97; StraFo **07**, 341; 3 StR 532/00 [in NStZ **01**, 478 f. nicht abgedr.]; 4 StR 377/03; *S/S-Stree* 10); als ausreichend angesehen worden ist **zB** das verdeckte Beibringen von Schlafmitteln (NStZ **92**, 490) oder BtM (NStZ-RR **96**, 100); das Vortäuschen von Friedfertigkeit (NStZ **04**, 93; **05**, 40). Nicht erforderlich ist, dass die Hinterlist gerade eine Gefahr *erheblicher* Verletzungen begründet (*Lackner/Kühl* 6; *S/S-Stree* 10; LK-*Lilie* 32; MK-*Hardtung* 22; **aA** SK-*Horn/Wolters* 23; *Hirsch* ZStW **83**, 140, 153 f.; *Lampe* ZStW **83**, 177, 195). **10**

D. Nr. 4: Tatbegehung **mit einem anderen Beteiligten gemeinschaftlich.** **11**
Die Neufassung hat klargestellt, dass Mittäterschaft (wie in § 223 a aF, BGH **23**, 122) nicht mehr vorausgesetzt ist; **ausreichend** ist das gemeinsame Wirken eines **Täters** und eines **Gehilfen** bei der Begehung einer Körperverletzung (BGH **47**, 383 [= NStZ **03**, 86; Anm. *Stree* NStZ **03**. 203; *Schroth* JZ **03**, 213; *Paeffgen* StV **04**, 77; Bespr. *Küper* GA **03**, 362]; NStZ **06**, 572 f.; ebenso *S/S-Stree* 11; LK-*Lilie* 33 f.; *Arzt/Weber* 6/56; *W/Hettinger* 281; *Struensee,* Einf. 6. StrRG 66; *Lackner/Kühl* 7; *Rengier* ZStW **111**, 1, 9 f.; *Jäger* JuS **00**, 31, 53 f.; **aA** *Schroth* NJW **98**, 2861; *Renzikowski* NStZ **99**, 377, 382; *Krey* BT I, 252 b; iErg auch SK-*Horn/Wolters* 24 a ff.; NK-*Paeffgen* 23). Auf Schuldfähigkeit des anderen Beteiligten kommt es nicht an (BGH **23**, 122; LK-*Lilie* 35); oder ein dritter Beteiligter abwesend sein kann (NStZ **00**, 194; StV **98**, 128; Düsseldorf MDR **63**, 521). Es ist ausreichend, aber auch erforderlich, dass mindestens zwei Beteiligte am Tatort **bewusst zusammenwirken**. Dafür ist eigenhändige Ausführung von Verletzungshandlungen durch jeden der Anwesenden nicht erforderlich (vgl. BGH **5**, 344 f.; NStZ **00**, 194 f.; **06**, 572; StV **94**, 542 f.; 2 StR 111/02; Düsseldorf NStZ **89**, 530 [Anm. *Otto*]; LK-*Lilie* 35).

Ausreichend ist jedenfalls, wenn eine am Tatort anwesende Person den unmittelbar Tatausführenden aktiv physisch unterstützt (NStZ **06**, 572, 573), zB durch Fluchtverhinderung; Zureichen von Werkzeugen usw.; ebenso eine psychische Unterstützung, die sich als Demonstration von Eingriffsbereitschaft und daher als Erhöhung der qualifikationsspezifischen Gefahr darstellt (BGH **47**, 383, 384 f.; **11 a**

NStZ **06**, 572, 573 [Anm. *König* NZV **06**, 432]). Dagegen wird eine *allein* passiv „befürwortende", den Tatwillen des Haupttäters bestärkende Beihilfe (zur „Bestärkung des Tatwillens" als schon nach früherer Fassung ausreichend aber GA **86**, 229; NStZ-RR **97**, 297) auch bei Anwesenheit am Tatort idR nicht ausreichen (vgl. *Jäger* JuS **00**, 35 f.; *W/Hettinger* 281; *Küper* GA **03**, 363, 380 ff.); das ergibt sich aus der Abschichtung zur Anstiftung. Die Qualifikation setzt eine Beteiligung voraus, welche die **erhöhte Gefährlichkeit der konkreten Tatsituation** begründet. Eine **Anstiftung** zur Körperverletzung erfüllt die Voraussetzungen von Nr. 4 nicht, wenn nicht der Anstifter am Tatort anwesend ist und zugleich (konstruktiv) als Gehilfe im o. g. Sinn mitwirkt (vgl. LK-*Lilie* 35; W/*Hettinger* 281; *Jäger* JuS **00**, 35 f.). Nr. 4 scheidet aus, wenn die mit dem unmittelbaren Täter zusammenwirkende Person sich nicht am Tatort befindet (so auch MK-*Hardtung* 26; für die Neufassung offen gelassen von BGH **47**, 383; vgl. StV **94**, 543). Dagegen ist es nicht erforderlich, dass das *Tatopfer* von der Beteiligung einer zweiten Person weiß (so *hier* bis 53. Aufl.), da die erhöhte objektive Gefährlichkeit der Körperverletzung hiervon – namentlich bei verdeckt geführten Angriffen – nicht abhängt (NStZ **06**, 572 f.). Eine mittäterschaftliche Verurteilung nach I Nr. 4 ist auch möglich, wenn bei gemeinsamem Tatplan, das Opfer (nur) zu verprügeln, eine Exzesshandlung eines Mittäters zu einer schweren Folge iS von § 226 führt (NStZ-RR **06**, 37).

12 **E. Nr. 5:** Tatbegehung **mittels** einer **das Leben gefährdenden Behandlung.** Die systematische Einordnung des Merkmals ist im Einzelnen streitig (vgl. die Darstellung bei *Küper,* H. J. Hirsch-FS 595 ff. u. BT 58 ff.); dabei geht es zum einen um das Erfordernis eines Gefährdungs-"Erfolgs", zum anderen darum, ob die Lebensgefährdung *ex ante* oder *ex post* zu beurteilen ist. Die **Rspr** behandelt Nr. 5 iErg als **„Eignungsdelikt"**; danach braucht die Behandlung das Leben **nicht konkret** zu gefährden (NStZ **07**, 339; 2 StR 105/07); es genügt, dass die Art der Behandlung nach den Umständen des Einzelfalls dazu **generell geeignet** ist (BGH **2**, 163; BGHR § 223 a I [aF] Leb.Gef. 1; NJW **02**, 3264; NStZ **04**, 618; **05**, 156, 157; NStZ-RR **97**, 67; **05**, 44; 4 StR 123/06; Köln NJW **83**, 2274; Düsseldorf NJW **89**, 920 u. NStE Nr. 12; SK-*Horn/Wolters* 30; MK-*Hardtung* 31; LK-*Lilie* 36; *W/Hettinger* 282; *Geerds* Jura **88**, 46; **aA** [konkretes Gefährdungsdelikt] NK-*Paeffgen* 27; *Schröder* JZ **67**, 522; *Stree* Jura **80**, 291; *Küper,* H. J. Hirsch-FS 595 f.). Stets kommt es auf die Gefährlichkeit der **Behandlung,** nicht auf diejenige einer eingetretenen Verletzung an (StV **88**, 65; BGHR § 223 a I aF Lebgef. 3); die Gefahr muss sich nicht realisiert haben (BGH **2**, 160, 163; **36**, 1, 9; 262, 265; Düsseldorf NJW **89**, 920; JZ **95**, 908; Köln NJW **83**, 2274; StV **94**, 247). Der Körperverletzungs-*Erfolg* muss **„mittels"** der gefährlichen Behandlung und nicht erst als deren mittelbare Folge eintreten. Nr. 5 soll daher nicht vorliegen, wenn nicht die Körperverletzungshandlung selbst lebensbedrohlich ist, sondern erst eine durch sie ausgelöste Gefahr (NStZ **07**, 34, 35 [*4. StS;* Stoßen einer Person auf eine stark befahrene Autobahn; i. e. zw.; Anm. *Grupp/Kinzig* NStZ **07**, 132]).

12 a Lebensgefährliche Behandlung kann auch durch **Unterlassen** begangen werden, wenn eine Garantenstellung zur Verhinderung der Gefahrverwirklichung besteht. Das ist etwa gegeben bei Misshandlung durch Unterlassen der Ernährung eines Kleinkinds; bei Gesundheitsschädigung durch (tateinheitliche) Aussetzung nach § 221; bei Unterlassen des Rückrufs von oder Warnung vor **Produkten** mit lebensgefährdenden Mängeln (vgl. BGH **37**, 106, 111 ff. [Bespr. *Samson* StV **91**, 182; *Hassemer* JuS **91**, 253; *Brammsen* Jura **91**, 533; *Meier* NJW **92**, 3193; *Hirte* JZ **92**, 257; *Puppe* JR **92**, 30; *Hilgendorf* NStZ **93**, 10]).

12 b **Einzelfälle.** Als lebensgefährliche Behandlung sind **zB** angesehen worden: Werfen in eiskaltes Wasser (LG Saarbrücken NStZ **83**, 414); Drosseln mit Sicherheitsgurt (1 StR 731/97); wuchtig geführter Kopfstoß gegen den Kopf des Verletzten (Düsseldorf JZ **95**, 908); Hetzen eines Hundes auf einen Menschen (RG **8**, 316); Herunterstoßen von einem Fahrrad; von einem Moped (MDR/D **57**, 652); von einem Kfz (VRS **56**, 144); Anfahren eines Menschen mit einem PKW (VRS **14**,

286); Aufrechterhalten einer Fesselung unter mangelnder Flüssigkeitszufuhr (NStE Nr. 17 zu § 223 a); zahlreiche schwere Schläge auf den Kopf (Köln NJW **83**, 2274); Bedrohung mit einer Waffe bei Gefahr eines Herzinfarkts (NStZ **86**, 166; SK-*Horn/Wolters* 30); ungeschützter Geschlechtsverkehr einer HIV-infizierten Person mit einem unwissenden Partner (BGH **36**, 9; **36**, 265; str.; zust. *Bottke* AIFO **89**, 469; *Helgerth* NStZ **88**, 261; *Rudolphi* JZ **90**, 198; *Frisch* JuS **90**, 365; abl. *Prittwitz* StV **89**, 127; *ders.* NStZ **90**, 386; *Schramm* JuS **94**, 405; vgl. *Heinrich* [1 a] 331); nicht indizierte exzessive Röntgenbehandlung (BGH **43**, 356 [m. Anm. *Rigizahn* JR **98**, 523; *Jung/Wigge* MedR **98**, 329]; krit. *Götz/Hinrichs/Seibert/Sommer* MedR **98**, 505; LK-*Lilie* 37); Tritte gegen den Kopf; Schläge mit Knüppeln, Baseballkeulen usw. gegen den Kopf (NStZ **04**, 618); massive Faustschläge gegen den Kopf (NStZ **05**, 156); Messerstiche in Brust, Rücken oder Bauch; Beibringen lebensgefährlicher Gifte; Überdosieren von BtM oder Medikamenten; Verletzungen mit elektrischem Strom.

Würgegriffe am Hals können lebensgefährlich sein (vgl. etwa GA **61**, 241; **12 c** NStZ-RR **97**, 67; BGHR § 212 I Vors. 1; NStZ **02**, 594; **02**, 646; NStZ-RR **05**, 44); insb. bei Abschnüren der Halsschlagader; Bruch des Kehlkopfknorpels; Unterbrechen der Luftzufuhr bis zur Bewusstlosigkeit (vgl. auch StV **93**, 27; Köln VRS **100**, 185). Es reicht aber nicht schon jeder Griff an den Hals, auch wenn er zu würgemal-ähnlichen Druckmerkmalen und Hautunterblutungen führt (NStZ-RR **05**, 44; vgl. auch StV **93**, 27); auch ein kurzfristiges Würgen, etwa im Rahmen eines Kampfes, erfüllt die Voraussetzungen von Nr. 5 meist nicht (vgl. BGHR § 223 a I aF LebGef. 6). Lebensgefährlich ist das Knien auf dem Brustkorb einer Person, bis diese blau anläuft (2 StR 463/05 [Einwirken auf 7jähriges Kind]).

3) Subjektiver Tatbestand. In allen Fällen von Abs. I ist **Vorsatz** erforderlich; **13** bedingter Vorsatz genügt. Er muss die Umstände umfassen, aus denen sich die Gesundheitsschädlichkeit des Giftes und die Eigenschaft einer Sache als gefährliches Werkzeug ergibt; bei der Lebensgefährdung nach der Rspr des BGH die Umstände, aus denen sich die allgemeine Gefährlichkeit des Tuns in der konkreten Situation für das Leben des Opfers ergibt, auch wenn der Täter sie nicht als lebensgefährdend *bewertet* (BGH **2**, 163; **19**, 352; **36**, 15; MDR/D **56**, 526; NStZ **86**, 166; NJW **90**, 3156; Köln VRS **70**, 274), jedoch muss die Tat in der Vorstellung des Täters auf eine Lebensgefährdung „angelegt" sein (BGHR § 223 a I LebGef. 6). Nach **aA** muss der Täter die Lebensgefährlichkeit seines Handelns zumindest für möglich halten und in Kauf genommen haben (*W/Hettinger* 284; NK-*Paeffgen* 34; MK-*Hardtung* 36; *Lackner/Kühl* 9; vgl. auch *Herdegen,* BGH-FS 203). In Fällen ungeschützten Geschlechtsverkehrs von HIV-Infizierten reicht nach der Rspr. des BGH für den bedingten Vorsatz das Bewusstsein, dass „selbst bei statistisch gering zu veranschlagendem Infektionsrisiko jeder ungeschützte Sexualakt derjenige von vielen sein kann, der eine Virusübertragung zur Folge hat, dass also jeder Einzelne für sich in Wirklichkeit das volle Risiko einer Ansteckung in sich trägt" (BGH **36**, 11, ebenso **36**, 267; **38**, 200; krit. *Herzberg* JZ **89**, 476; *Schlehofer* NJW **89**, 2018; *Lüderssen* StV **90**, 85; *Frisch* JuS **90**, 366; zweifelnd auch *Rengier* Jura **89**, 228; **aA** *M. Bruns* MDR **89**, 199; *Prittwitz* JA **88**, 499, StV **89**, 125 u. NStZ **90**, 386; *Knauer* AIFO **94**, 473; vgl. auch MK-*Schneider* 44 zu § 212).

4) Der Versuch ist **nach II** strafbar. Er liegt vor, wenn die vom Täter gewollte **14** Körperverletzung nicht eingetreten ist; aber auch dann, wenn bei eingetretenem Verletzungserfolg der Täter irrig die Voraussetzungen des Abs. I annahm (SK-*Horn/Wolters* 32; *S/S-Stree* 14); in diesem Fall besteht Tateinheit mit § 223. Versuch liegt nach NStZ **00**, 422 vor, wenn Mittäter Brandflaschen gegen ein Gebäude in der Absicht werfen, hinaus kommende Bewohner gemeinsam zu verprügeln (Fehlschlag, wenn keiner erscheint).

5) Die **Strafe** ist seit dem Inkrafttreten des 6. StrRG (1. 4. 1998) im Regelstraf- **15** rahmen erheblich erhöht (6 Monate bis zu 10 Jahren); der frühere Regelstrafrahmen (3 Monate bis zu 5 Jahren) ist für **minder schwere Fälle** vorgesehen. Solche können **zB** dann gegeben sein, wenn eine **Provokation** iS von § 213, 1. Alt. vorliegt (BGHR § 223a I aF StRZ 2; vgl. auch 3 StR 456/03 [wiederum aufgehoben durch StV **04**, 654]); auch bei anderer erheblicher Mitverantwortung des Geschädigten (vgl. NStZ-RR **06**, 140f.). Geldstrafe kann aber in minder schweren Fällen nur unter den Voraussetzungen des § 47 II verhängt werden.

16 **6) Tateinheit** ist möglich mit § 177; zwischen I Nr. 5 und § 218 (NJW **07**, 2565); mit § 231; mit § 225 (NJW **99**, 72; 2 StR 105/07); mit § 240 (NStZ **90**, 490); mit unerlaubtem Waffenführen (2 StR 591/84; 3 StR 45/85; Bay **75**, 89). **Gesetzeskonkurrenz** liegt mit §§ 226 und 227 vor, so dass § 224 von ihnen jedenfalls dann verdrängt wird, wenn gerade der Qualifikationsgrund des § 224 die Gefahr für das Leben des Tatopfers begründet hat (vgl. BGH **21**, 195; NJW **67**, 297; NStZ-RR **07**, 76; SK-*Horn/Wolters* 27 zu § 226, 17 zu § 227; **aA** LK-*Lilie* 41; MK-*Hardtung* 43; jew. mwN). Jedoch ist zwischen § 224 und Versuch nach § 226 Tateinheit möglich (BGH **21**, 194; *Schröder* JZ **67**, 369). § 223 tritt hinter § 224 zurück (MDR/D **73**, 18); zur Verwirklichung mehrerer Tatbestandsvarianten des § 224 ist nur eine Tat (*Altenhain* ZStW **107**, 395; SK-*Horn/Wolters* 5.) Zum Verhältnis zu den §§ 125, 125a vgl. dort 20f., 11; zum Verhältnis zu § 211 dort 107, sowie BGH **44**, 196; zu § 340 vgl. dort. **Abs. I Nr. 5** wird von den Tatvarianten der **konkreten Lebensgefährdung** in den §§ 176a V, 177 IV Nr. 2 Buchst. b, 250 II Nr. 3 Buchst. b (vgl. 2 StR 170/04; NStZ **06**, 449), § 306b II Nr. 1 (vgl. 2 StR 211/07) verdrängt; Tateinheit bleibt insoweit aber mit § 223 I.

17 **7) Sonstige Vorschriften.** § 230 ist nicht anwendbar; auch ist die gefährliche Körperverletzung nach § 374 I Nr. 4 StPO idF des 6. StrRG (Art. 3 Nr. 5 Buchst. b) kein Privatklagedelikt mehr. Nebenklage § 395 I Nr. 1c StPO. UHaft § 112a I Nr. 2 StPO.

Misshandlung von Schutzbefohlenen

225 **I Wer eine Person unter achtzehn Jahren oder eine wegen Gebrechlichkeit oder Krankheit wehrlose Person, die**

1. seiner Fürsorge oder Obhut untersteht,
2. seinem Hausstand angehört,
3. von dem Fürsorgepflichtigen seiner Gewalt überlassen worden oder
4. ihm im Rahmen eines Dienst- oder Arbeitsverhältnisses untergeordnet ist,

quält oder roh misshandelt, oder wer durch böswillige Vernachlässigung seiner Pflicht, für sie zu sorgen, sie an der Gesundheit schädigt, wird mit Freiheitsstrafe von sechs Monaten bis zu zehn Jahren bestraft.

II Der Versuch ist strafbar.

III Auf Freiheitsstrafe nicht unter einem Jahr ist zu erkennen, wenn der Täter die schutzbefohlene Person durch die Tat in die Gefahr

1. des Todes oder einer schweren Gesundheitsschädigung oder
2. einer erheblichen Schädigung der körperlichen oder seelischen Entwicklung bringt.

IV In minder schweren Fällen des Absatzes 1 ist auf Freiheitsstrafe von drei Monaten bis zu fünf Jahren, in minder schweren Fällen des Absatzes 3 auf Freiheitsstrafe von sechs Monaten bis zu fünf Jahren zu erkennen.

Übersicht

1) Allgemeines ... 1, 1a
2) Rechtsgut ... 2
3) Schutzverhältnis ... 3–7
4) Tathandlung (Abs. I) ... 8–12
5) Subjektiver Tatbestand ... 13
6) Rechtswidrigkeit ... 14
7) Versuch (II) ... 15
8) Teilnahme ... 16
9) Strafdrohung; Qualifikation (Abs. III) ... 17–20
10) Konkurrenzen ... 21
11) Sonstige Vorschriften ... 22

1) Allgemeines. Die Vorschrift trat an die Stelle des zuletzt durch das VerbrBekG (1 zu § 130) geänderten bisherigen § 223b und erhielt durch Art. 1 Nr. 38 des 6. StrRG (2f. vor § 174) als **§ 225** eine Neufassung; zugleich wurden die Strafbarkeit des Versuchs einführt und die mehrfach abgestuften Strafdrohungen erheblich erhöht (vgl. dazu *Rengier* ZStW **111**, 1, 23ff.). 1

Literatur: *G. Bauer,* Die Kindesmißhandlung, 1969; *C. Friedrich* KR **90**, 390; *Geerds* MSchrKinderheilk **86**, 327; *Maresch/Schick* Forensia **9** (1988), 205; *W. Meurer,* Probleme des Tatbestandes der Mißhandlung Schutzbefohlener (§ 223b StGB [aF]), 1997; *Müther* KR **91**, 447; *Schaible-Fink,* Das Delikt der körperlichen Kindesmißhandlung, 1968; *V. Schmidt* KR **91**, 315; *U. Schneider* HdwbKrim V 324; *Schneider,* Kriminologie 668; *Trube-Becker,* Gewalt gegen das Kind, 1982 u. KR **80**, 111; **82**; 118; *Warda,* H.J. Hirsch-FS 391 [Quälen als mehraktiges Geschehen]; *Wille/Rönnau* PraxRMed 488ff.; *Zuck,* MDR **87**, 15. 1a

2) Rechtsgut des § 225 sind die körperliche Unversehrtheit und die psychische Integrität minderjähriger sowie in besonderer Weise auf Fürsorge angewiesener Personen in bestimmten Fürsorge- und Abhängigkeitsverhältnissen, in welchen sie schädigenden Einwirkungen durch die Personen, von denen sie abhängig sind, wehrlos ausgeliefert sind. § 225 dient also dem **Individualschutz;** Allgemeininteressen sind nicht geschützt. Die Vorschrift umschreibt teils **Qualifikationstatbestände** des § 223 (BGH **3**, 20; **4**, 113; Bay **60**, 285; *Arzt/Weber* 6/83), enthält aber auch, da seelische Beeinträchtigungen von § 223 nicht erfasst sind, einen eigenständigen Tatbestand und ist *insoweit* echtes Sonderdelikt (hM; vgl. LK-*H.J. Hirsch* 1; SK-*Horn* 2; *M/Schroeder/Maiwald* 10/2; *M/Zipf* 20/46). 2

3) Schutzverhältnis. § 225 schützt **Personen unter achtzehn Jahren** sowie wegen Gebrechlichkeit oder Krankheit **wehrlose Personen.** Wehrlos ist, wer sich nicht zur Wehr setzen kann; er braucht nicht hilflos zu sein (vgl. *Fischer* ZStW **112**, 80f.). So ist nicht hilflos, aber evtl. wehrlos, wer fliehen kann (LK-*H.J. Hirsch* 4). Die Wehrlosigkeit muss auf Gebrechlichkeit oder Krankheit beruhen; nicht auf einem anderen Grunde, zB auf Fesselung durch den Täter (LK-*H.J. Hirsch* 4; MK-*Hardtung* 4). **Krankheit** ist jeder pathologische Zustand unabhängig von seiner Ursache; auch vorübergehende Zustände fallen darunter (Bewusstlosigkeit; Volltrunkenheit; vgl. BGH **26**, 35f.; NStZ **83**, 454). **Gebrechlichkeit** ist ein infolge hohen Alters, Krankheit oder Behinderung eingetretener Zustand eingeschränkter körperlicher Bewegungsfähigkeit (*S/S-Stree* 5; LK-*H.J. Hirsch* 4). 3

Abs. I unterscheidet 4 verschiedene **Schutzverhältnisse:** Die verletzte minderjährige oder wehrlose Person muss nach **Nr. 1 der Fürsorge oder Obhut** des Täters **unterstehen.** Das Fürsorgeverhältnis kann auf Gesetz beruhen (Eltern, Vormund, Pfleger, Betreuer); auf Übertragung durch Behörden (der Kinder- und Jugendhilfe, Vollzugsanstalt); auf Übernahme durch Vertrag; auf konkludenter Vereinbarung und tatsächlicher Übernahme der Fürsorgepflicht, insb. bei Zusammenleben mit einem Elternteil einer minderjährigen Person und dieser selbst (BGHR § 170d FürsPfl. 1). Ein Gefälligkeitsverhältnis genügt nicht (NJW **82**, 2390). 4

Im Fall von **Nr. 2** muss das Opfer dem **Hausstand** des Täters **angehören;** das sind Familienangehörige sowie Kinder, Jugendliche, junge Volljährige, für die eine Person die Erziehung oder Betreuung im Rahmen der §§ 27ff., 34, 35a, 41 SGB VIII übernommen hat; auch Hausangestellte. Es reicht die tatsächliche Zugehörigkeit zum Haushalt. Als Täter kommen nur solche Personen in Betracht, die Haushaltsvorstand sind (vgl. § 1356 I S. 1 BGB). 5

Im Fall von **Nr. 3** muss das Opfer **vom Fürsorgepflichtigen** der Gewalt des Täters **überlassen** worden sein. Das ist ein tatsächlicher Vorgang, der vom Pflichtigen auszugehen hat oder von ihm gebilligt ist; Fürsorge- oder Obhutspflichten müssen nicht begründet sein, so dass auch kurzfristige Überlassungen ausreichen (LK-*H.J. Hirsch* 9). 6

Im Fall von **Nr. 4** muss das Opfer dem Täter im Rahmen eines **Dienst- oder Arbeitsverhältnisses untergeordnet** sein (vgl. § 174 I Nr. 2). Auch Berufsausbildungs- und arbeitnehmerähnliche Verhältnisse nach § 5 ArbGG gehören hierzu. Ein Unterordnungsverhältnis setzt voraus, dass der Täter dem Opfer unmittelbar 7 oder mittelbar vorgesetzt ist und diesem gegenüber insoweit weisungsbefugt ist. Die Anwendung von § 225 setzt voraus, dass die Tat *im Rahmen* dieses Verhältnisses begangen wird (*S/S-Stree* 10; LK-*H.J. Hirsch* 10).

8 **4) Tathandlung (Abs. I).** Die **Handlungen** des Quälens, rohen Misshandelns und der böswilligen Fürsorgepflichtverletzung sind selbstständige Tatmodalitäten, die im Rahmen der Modalitätenäquivalenz (3 StR 290/78) auch durch **Unterlassen** begangen werden können (BGH **41**, 113, 117; NStZ **91**, 234; **04**, 94; NStZ-RR **96**, 197; 3 StR 64/02; SK-*Horn* 15; LK-*Hirsch* 17; MK-*Hardtung* 15). Dem Täter muss in diesem Fall seine Handlungspflicht und die Zumutbarkeit normgemäßen Verhaltens bewusst sein (BGH aaO). Lässt sich nicht aufklären, welcher von zwei Garanten (zB Eltern) die Tat durch aktives Handeln begangen hat, so ist im **Zweifel** für beide Unterlassungstäterschaft zu prüfen. Insoweit sind, insbesondere wenn wiederholte, auch für Laien ohne weiteres erkennbare Misshandlungen vorliegen, an deren Kenntnis sowie an den Vorsatz hinsichtlich der Gefahr zukünftiger weiterer Teilakte und damit der Handlungspflicht keine überzogenen Anforderungen zu stellen (vgl. NStZ **04**, 94, 95).

8 a **A. Quälen** ist das Verursachen länger dauernder oder sich wiederholender Schmerzen oder Leiden (BGH **41**, 115 [m. Anm. *H.J. Hirsch* NStZ **96**, 37, *Wolfslast/Schmeißner* JR **96**, 338 u. krit. *Otto* JK 2 zu § 223b aF]; NJW **54**, 1942; *Warda*, H.J. Hirsch-FS 391). Das Merkmal wird *typischerweise* durch eine Mehrzahl von Handlungen verwirklicht (vgl. BGH **41**, 113, 115; MK-*Hardtung* 14). Eine Mehrzahl zeitlich, situativ und motivatorisch zusammenhängender Handlungen ist daher ggf. unter dem Gesichtspunkt einer deliktischen Einheit im Sinne einer **tatbestandlichen Handlungseinheit** zu prüfen (vgl. 5 StR 92/07). Das Zufügen seelischen Leidens mit erheblichen Folgen (Verängstigung) genügt (Bay **60**, 285); zB das Versetzen in Todesangst durch kurzes Ausströmenlassen von Gas (NJW **54**, 1942; krit. MK-*Hardtung* 16). Ein Quälen kann auch darin liegen, dass **unterlassen** wird, andauernde Schmerzen durch Zuziehung eines Arztes zu lindern (NStZ-RR **96**, 197; Düsseldorf NStZ **89**, 269).

9 **B. Rohes Misshandeln** setzt eine gefühllose, fremdes Leiden missachtende Gesinnung voraus (BGH **3**, 109; NStZ **07**, 405). Der Begriff „roh" beschreibt sowohl diese innere Haltung des Täters als auch das „Wie" der Misshandlung (NStZ **04**, 94; S/Stree 13). Als rohe Misshandlung ist **zB** angesehen worden: Schlagen mit „Bullen-Peitsche", das Striemen und später Narben hinterlässt (3 StR 39/94); Zufügung wiederholter erheblicher Verletzungen an gänzlichem wehrlosem Säugling (NStZ **04**, 94 f.); Schütteln eines Kleinkindes, wenn es zu erheblichen Folgen führt und auf einer gefühllosen Gesinnung beruht (NStZ **07**, 405); nicht ohne weiteres ein einzelner Faustschlag auf den Mund (4 StR 140/97). Hat der Eingriff erhebliches Gewicht, so braucht es nicht zu beträchtlichen Schmerzen zu kommen (BGH **25**, 277 [mit krit. Anm. *Jakobs* NJW **74**, 1829]; SK-*Horn* 16; MK-*Hardtung* 17). Die Gefühllosigkeit braucht keine dauernde Charaktereigenschaft zu sein (vgl. BGH **3**, 109; NStZ **04**, 94); es reicht aus, dass sie nur unter Alkoholeinwirkung hervortritt (2 StR 492/67; LK-*H.J. Hirsch* 14). In Fällen vom Opfer vorwerfbar verursachter Erregung kann es an der Voraussetzung „roher" Gesinnung fehlen (vgl. BGH **3**, 110; LM Nr. 2 zu § 223 aF).

10 **C.** Eine **Gesundheitsschädigung** (6 zu § 223) durch **böswillige Vernachlässigung** der Fürsorgepflicht (echtes Unterlassungsdelikt) kann schon vorliegen, wenn die Vernachlässigung der Sorgepflicht die gesunde Entwicklung eines Kindes beeinträchtigt oder hemmt (hM; abw. SK-*Horn/Wolters* 18; MK-*Hardtung* 22). Nur seelische Beeinträchtigungen reichen nicht aus, da der Begriff der Gesundheitsschädigung dem des § 223 I entspricht (LK-*H.J. Hirsch* 16). Eine allgemeine Verwahrlosung reicht nur dann, wenn eine Gesundheitsschädigung eingetreten ist; beides muss sich nicht decken (missverständlich *S/S-Stree* 14). Eine *Gefährdung* reicht nicht (SK-*Horn/Wolters* 18; LK-*H.J. Hirsch* 16); andererseits setzt eine Gesundheitsschädigung nicht das Vorliegen einer akuten Erkrankung voraus, so dass

etwa eine (schon eingetretene) langfristige Schädigung durch Mangel- (NStZ **07**, 402, 404) oder extreme Fehlernährung ausreicht.

Böswillig ist die Vernachlässigung, wenn sie aus verwerflichen, insbesondere eigensüchtigen Beweggründen (Hass, Sadismus, Geiz, Rache, BGH **3**, 22; 5 StR 178/79) geschieht. Unterlassen aus Geldmangel in dürftigen Verhältnissen spricht gegen die Böswilligkeit (BGH **3**, 21); ebenso bloße Duldung aus Schwäche oder Überforderung wegen jugendlichen Alters oder mangels Reife (LK-*H.J. Hirsch* 18 zu § 223b aF). Eine gleichgültige, abgestumpfte Haltung reicht nicht aus, wenn sie **zB** auf eigener Minderbegabung (vgl. aber zutr. NStZ **07**, 402, 404) und Alkoholabhängigkeit beruht (NStZ **91**, 334; *Niedermair* ZStW **106**, 388, 391; LK-*H.J. Hirsch* 18); Gleichgültigkeit kann aber auch Ausdruck böswilliger Motive sein. Das Unterlassen muss aus gefühlloser und die Leiden des Schutzbefohlenen missachtender Gesinnung geschehen (StV **87**, 150). Die nicht böswillige Vernachlässigung der Sorgepflicht kann (oben 8) ein Quälen durch Unterlassen sein (NStZ **91**, 234; 5 StR 252/97). 11

Die **Sorgepflicht** kann auf Gesetz, Vertrag, behördlicher Anordnung, Hausgemeinschaft oder sonstigen Lebensverhältnissen beruhen (RG **74**, 311); so die Pflicht, das eigene Kind gegen Misshandlungen des anderen Ehegatten zu schützen. 12

5) Der Vorsatz (bedingter genügt) muss auch die Kenntnis der Bedeutung der tatsächlichen Umstände zu umfassen, die die Beurteilung als „roh" oder „böswillig" begründen (SK-*Horn* 12). Der Täter hat sein Verhältnis zum Verletzten entsprechend § 225 und dessen Jugend oder Wehrlosigkeit zu kennen; desgl. im letzten Falle die Schädigung der Gesundheit. Ob der Vorsatz des Quälens einen auf die Gesamtdauer oder die Wiederholung gerichteten „Gesamtvorsatz" erfordert (LK-*H.J. Hirsch* 12, 19; **aA** *Warda,* H.J. Hirsch-FS 391, 411), ist str.; BGH **41**, 113 (krit. Anm. *H.J. Hirsch* NStZ **96**, 37; *Wolfslast/Schmeisser* JR **96**, 338) lässt dies offen. 13

6) Rechtfertigung durch ein Züchtigungsrecht (17 zu § 223) ist ausgeschlossen. Eine rechtfertigende Einwilligung kommt grds in Betracht (*S/S-Stree* 15a); jedoch wird es idR an einer Wirksamkeit der Einwilligung mangels Einsichtsfähigkeit oder Entscheidungsfreiheit fehlen oder § 228 eingreifen. 14

7) Der Versuch ist seit 1. 4. 1998 strafbar **(II)**. Zum Versuch des „untauglichen Subjekts" bei irriger Annahme einer die Schutzpflicht begründenden Stellung vgl. 55 zu § 22. Der Versuch des Quälens oder des rohen Misshandelns beginnt – bei entsprechendem Vorsatz – mit dem Ansetzen zum ersten Verwirklichungsakt (LK-*H.J. Hirsch* 21; SK-*Horn* 20). 15

8) Beteiligung. Die **Täterschaft** setzt das besondere Pflichtverhältnis des Abs. I voraus. Mittäterschaft zwischen einem nach § 225 tauglichen Täter und einem Außenstehenden (§§ 223, 224) ist möglich; in der (Mit-)Täterschaft des Außenstehenden liegt dann zugleich Beihilfe zu § 225 (LK-*H.J. Hirsch* 28). Für **Teilnehmer** des § 225 gilt § 28 II, *soweit* eine Qualifikation des § 223 vorliegt (vgl. oben 2; *S/S-Stree* 16; LK-*H.J. Hirsch* 28). Soweit § 225 ein eigenständiges Delikt enthält (seelisches Quälen), gilt § 28 I. 16

9) Strafdrohung. Der Regelstrafrahmen **(I)** beträgt Freiheitsstrafe von 6 Monaten bis zu 10 Jahren. Im Fall einer **Qualifikation** nach **Abs. III** ist die Tat zum Verbrechen erhoben und mit Freiheitsstrafe nicht unter 1 Jahr bedroht, wenn der Täter durch die Tat das Tatopfer in die Gefahr des Todes oder einer schweren Gesundheitsschädigung **(Nr. 1)** oder in die Gefahr einer erheblichen Schädigung der körperlichen oder seelischen Entwicklung bringt **(Nr. 2).** Es handelt sich nicht um Erfolgsqualifikationen, so dass § 18 nicht gilt (vgl. NJW **99**, 3132; **aA** SK-*Horn/Wolters* 23). In beiden Fällen ist eine **konkrete Gefahr** vorausgesetzt. 17

Die Qualifikation nach **Nr. 1** entspricht §§ 113, II Nr. 2, 125a Nr. 3, 221 I (vgl. auch § 176a I Nr. 3, IV Nr. 2, § 218 II Nr. 2, §§ 330, 330a). Die **Gefahr einer schweren Gesundheitsschädigung** setzt nicht die einer *schweren* Körper- 18 verletzung voraus, umfasst diese aber regelmäßig (vgl. *S/S-Stree* 21; 5 StR 92/07). Der Begriff umfasst nach zutr. Ansicht solche Schädigungen, die den Folgen iS von § 226 nahe kommen, **zB** Verlust der Hörfähigkeit; dauernde Bewegungseinschränkung oder -unfähigkeit eines wichtigen Körpergliedes; gravierende langfristige Störung oder Aufhebung wichtiger Körperfunktionen (vgl. 5 StR 92/07; *S/S-Stree* 21); schwere Erkrankungen mit der Notwendigkeit langwieriger Rehabilitationsmaßnahmen (*Schroth* NJW **98**, 2865). Es soll auch die Gefahr ausreichen, dass das Opfer „in eine ernste langwierige Krankheit verfällt oder seine Arbeitskraft erheblich beeinträchtigt wird (vgl. RegE 28; *Sander/Hohmann* NStZ **98**, 275; *Wolters,* JuS **98**, 584; *Stein,* in: *Dencker* u. a., Einführung in das 6. StrRG, 60 ff. *Schroth* NJW **98**, 2865). Diese zu §§ 218 II, 330 entwickelte Formel passt für Fälle des § 225 aber nur teilweise (krit. auch *S/S-Stree* 21; LK-*H. J. Hirsch* 25). Die konkrete **Gefahr des Todes** (vgl. dazu 17 zu § 176 a) kann auch bei einer durch die Tat verursachten konkreten Suizidgefahr gegeben sein (*S/S-Stree* 20). Zur Qualifikation nach **Nr. 2** vgl. 7 zu § 176 a, 7 zu § 171.

19 Die Gefahr muss **durch die Tat** verursacht sein, sie muss also ihre Ursache in einer Handlung haben, die Teil der Tatbestandsverwirklichung ist (vgl. 5 zu § 250). **Versuch** einer Qualifizierung nach Abs. III ist gegeben, wenn der Täter mit dem auf die Gefahrverursachung gerichteten (bedingten) Vorsatz zu einer Tat nach I ansetzt (LK-*H. J. Hirsch* 26). Gegen eine Einschränkung dahin, dass eine **Vollendung** des III stets auch eine solche des I voraussetze und „die Tat" iS von III nicht auch der Versuch des Grunddelikts (II) sein könne (so LK-*H. J. Hirsch* 23), spricht der Aufbau der Vorschrift. Von Bedeutung ist dies, wenn der Täter zu einem ersten Teilakt ansetzt und *hierbei* – dh vor Vollendung des Grunddelikts, bereits (vorsätzlich) die qualifizierende Gefahr verursacht.

20 Nach Abs. **IV** ermäßigt sich in **minder schweren Fällen** (11 zu § 12; 85 ff. zu § 46) der Regelstrafrahmen des I auf Freiheitsstrafe von 3 Monaten bis zu 5 Jahren und der Strafrahmen für die qualifizierte Tat des III auf Freiheitsstrafe von 6 Monaten bis zu 5 Jahren.

21 **10) Tateinheit** ist mit § 171 möglich (NStZ-RR **96**, 197); selbständige Taten nach § 225 III werden durch § 171 nicht zu *einer* Tat verklammert (vgl. NStZ-RR **06**, 42). Tateinheit ist auch mit § 227 möglich, denn das Quälen und roh Misshandeln wird nicht schon vom in § 227 vorausgesetzten Körperverletzungsunrecht erfasst (BGH **41**, 113 [m. Anm. *H. J. Hirsch* NStZ **96**, 37, *Wolfslast/Schmeißner* JR **96**, 338, *Otto* JK 2 zu § 223 b aF]. Auch mit § 224 kann Tateinheit bestehen (NJW **99**, 72; 2 StR 105/07). § 223 tritt hinter § 225 zurück.

22 **11) Sonstige Vorschriften.** § 171; Entziehung des Jagdscheins § 41 I Nr. 2 BJagdG; Beschäftigungsverbot § 25 I Nr. 3, § 58 II JArbSchG; UHaft § 112 a I Nr. 2 StPO.

Schwere Körperverletzung

226 **I Hat die Körperverletzung zur Folge, dass die verletzte Person**

1. das Sehvermögen auf einem Auge oder beiden Augen, das Gehör, das Sprechvermögen oder die Fortpflanzungsfähigkeit verliert,

2. ein wichtiges Glied des Körpers verliert oder dauernd nicht mehr gebrauchen kann oder

3. in erheblicher Weise dauernd entstellt wird oder in Siechtum, Lähmung oder geistige Krankheit oder Behinderung verfällt,

so ist die Strafe Freiheitsstrafe von einem Jahr bis zu zehn Jahren.

II Verursacht der Täter eine der in Absatz 1 bezeichneten Folgen absichtlich oder wissentlich, so ist die Strafe Freiheitsstrafe nicht unter drei Jahren.

III In minder schweren Fällen des Absatzes 1 ist auf Freiheitsstrafe von sechs Monaten bis zu fünf Jahren, in minder schweren Fällen des Absatzes 2 auf Freiheitsstrafe von einem Jahr bis zu zehn Jahren zu erkennen.

1) Allgemeines. Die Vorschrift idF des Art. 1 Nr. 38 des 6. StrRG (2f. vor § 174) hat die §§ 224, 225 aF in einem Qualifikationstatbestand zusammengefasst. Dabei ist der Gesetzgeber der Forderung (*Freund* ZStW **109**, 470), die Strafbarkeit für leichte Fahrlässigkeit zurückzunehmen, nicht gefolgt; die gesonderte Behandlung der leichtfertigen Erfolgherbeiführung (§ 225 idF des VerbrBekG) ist wieder beseitigt worden. Die abgestuften Strafrahmen wurden gegenüber der aF erheblich erhöht. 1

2) Die Qualifikation des **Abs. I** gegenüber §§ 223, 224 besteht in der durch die vorsätzlich begangene vollendete Körperverletzung unmittelbar fahrlässig verursachten (NJW **71**, 152) schweren Folge **(erfolgsqualifiziertes Delikt).** 2

A. Nr. 1 erfasst (abschließend) die Aufhebung besonders wichtiger Sinnes- und Körperfunktionen. Der **Verlust des Sehvermögens** auf einem Auge oder beiden Augen ist die Aufhebung der Fähigkeit, mittels der Augen Gegenstände wahrzunehmen, wenn auch nur auf kurze Entfernung; bloße Lichtempfindlichkeit ist kein Sehvermögen. Eine Minderung auf 2% steht dem Verlust gleich; nach Hamm GA **76**, 304 möglicherweise schon die Minderung auf 5 bis 10%; eine Minderung auf 20% erfüllt den Tatbestand nicht (AG Köln MDR **81**, 780). Der Verlust entfällt nicht dadurch, dass durch das Tragen einer Kontaktlinse und einer Prismenbrille am verletzten Auge ein Sehvermögen wieder erreicht wird (Bay NStZ-RR **04**, 264, 265). 2a

Verlust des Gehörs (Taubheit) ist der Verlust der Fähigkeit, artikulierte Laute zu verstehen, Wahrnehmungen ohne Unterscheidung genügen nicht (LK-*H.J. Hirsch* 11). Die Fähigkeit muss im Gegensatz zu den Augen auf beiden Ohren fehlen, wenn auch auf einem aus einem anderen Anlass (NK-*Paeffgen* 20 zu § 224 aF). Verlust ist nicht eingetreten, wenn der Zustand nicht chronisch ist. 3

Verlust des Sprechvermögens (Stummheit) ist der Verlust der Fähigkeit zu artikuliertem Reden (SK-*Horn/Wolters* 6). Völlige Stimmlosigkeit ist zum Verlust nicht erforderlich; bloßes Stottern genügt nicht (*S/S-Stree* 1b; MK-*Hardtung* 24). 4

Der **Verlust der Fortpflanzungsfähigkeit.** Die Neufassung des 6. StrRG stellt klar (vgl. *Scheffler* Jura **96**, 505), dass vom Tatbestand selbstverständlich nicht nur die (männliche) Zeugungsfähigkeit, sondern auch, wie bisher schon die Rspr. anerkannt hat (BGH **10**, 315; **21**, 194), die (weibliche) Empfängnisfähigkeit erfasst ist. Fortpflanzungsfähigkeit und Beischlafsfähigkeit sind nicht deckungsgleich; daher können zB auch vorpubertäre *Kinder* Opfer der Tat sein (SK-*Horn/Wolters* 6; MK-*Hardtung* 25). 5

B. Nr. 2: Der Verlust oder die **dauernde Gebrauchsunfähigkeit** eines wichtigen **Gliedes** des Körpers. Das kann jeder *nach außen* in Erscheinung tretende Körperteil sein, der mit dem Körper oder einem anderen Körperteil verbunden ist und für den Gesamtorganismus eine besondere Funktion erfüllt. Nach hM muss das „Glied" nicht notwendig durch **Gelenke** mit dem Körper verbunden sein, so dass **zB** auch die Nase (MDR/D **57**, 267) oder Ohrmuscheln Körperglieder sind (vgl. auch *S/S-Stree* 2; *W/Hettinger* 288; *Wolters* JuS **98**, 585); die **aA** weist zutr. darauf hin, dass hierdurch eine Abgrenzung zwischen Körper-*Teilen* und Körper-*Gliedern* iErg aufgegeben wird (LK-*H.J. Hirsch* 14; SK-*Horn/Wolters* 8; MK-*Hardtung* 26; *Lackner/Kühl* 3). Nach BGH **28**, 100 (zust. Anm. *H.J. Hirsch* JZ **79**, 109) sind Körperglieder jedenfalls keine *inneren* Organe wie die Niere (*Hörnle* Jura **98**, 179; *Wolters* JuS **98**, 585; SK-*Horn* 8; aM Neustadt NJW **61**, 2076; *Bockelmann* BT/2 § 10 III 1a; *Ebert* JA **79**, 278; *Otto/Ströber* Jura **87**, 375; *Velten/Mertins* ARSP **90**, 529). 6

Die **Wichtigkeit** eines Gliedes bestimmt sich nach seiner allgemeinen Bedeutung für den Gesamtorganismus (vgl. NJW **91**, 990 [Finger]) unter Berücksichtigung individueller Körpereigenschaften und ggf. Vorschädigungen des Opfers (BGH **51**, 252 = NStZ **07**, 470f.). Umstr. ist, ob sonstige individuelle Verhältnisse des Opfers zu berücksichtigen sind (so *Lackner/Kühl* 3; *S/S-Stree* 2; *M/Schroeder/Maiwald* 9/21) oder ob es allein auf die generelle Bedeutung für jeden Menschen ankommt (NK-*Paeffgen* 27; *W/Hettinger* 289). Der differenzierenden Ansicht, die zwischen individuellen *sozialen* Bezügen, die vom Rechtsgutsschutz der §§ 223, 7

226 nicht umfasst sind (insb. Beruf), und der individuellen *körperlichen* Verfassung (zB Rechts- oder Linkshändigkeit; Vorschädigung) unterscheidet (SK-*Horn/Wolters* 10; LK-*Hirsch* 15; MK-*Hardtung* 27), hat sich der *4. StS* angeschlossen (BGH **51**, 252 = NStZ **07**, 470 f.).

8 **Verlust** ist die *völlige,* möglicherweise erst durch eine ärztlich indizierte Amputation geschehene *Abtrennung* des Gliedes vom Körper. Dem steht die **dauernde Gebrauchsunfähigkeit** gleich, also entgegen der Rspr. zu § 224 aF (NJW **88**, 2622 m. Anm. *Kratzsch* JR **89**, 295) auch die völlige Versteifung eines Gelenks (Ber. 38); daher kann § 226 bei Versteifung des rechten Zeigefingers nicht mit der Begründung abgelehnt werden, er könne *zum Zeigen* noch gebraucht werden, habe also seine Funktion nicht eingebüßt (vgl. StV **07**, 353 f.). Dem Verlust oder der Gebrauchsunfähigkeit steht ein Ersatz durch Prothesen oder prothetische Hilfsmittel nicht entgegen (Bay NStZ-RR **04**, 264; SK-*Horn/Wolters* 11).

9 **C. Nr. 3:** Eine **dauernde Entstellung in erheblicher Weise ist eine** Verunstaltung der Gesamterscheinung des Verletzten. Dies ist (selbstverständlich) auch bei einem alten (MDR/D **68**, 16) oder nach allgemeinem Verständnis unansehnlichen Menschen möglich. Die Entstellung muss nicht stets sichtbar sein; es genügt, wenn sie im sozialen Leben in Erscheinung tritt, wenn auch zB nur beim Baden (BGH **17**, 163); dass die Entstellung idR durch Kleidung verdeckt ist, ist ohne Bedeutung (BGH **17**, 163). Umgekehrt reicht bloße *Sichtbarkeit*, etwa einer Narbe, für sich allein nicht aus (3 StR 126/07; 3 StR 185/07). **Erheblichkeit** der Entstellung setzt auch voraus, dass die Beeinträchtigung den übrigen in § 226 genannten schweren Folgen in ihren Auswirkungen auf die betroffene Person vergleichbar ist (StV **92**, 115; NStZ **06**, 686). Das Maß der Beeinträchtigung muss zumindest der in ihrem Gewicht geringsten der übrigen in § 226 genannten Folgen gleichkommen (ebd.). Das ist grds. nach einem **objektiven Maßstab** zu bestimmen; das subjektive Befinden der betroffenen Person ist nur in diesem Rahmen zu berücksichtigen.

9 a Die Entstellung muss **dauerhaft** sein. Kommt eine künstliche Beseitigung durch Schönheitsoperation in Betracht, so ist das nach hM zu verneinen, wenn die Maßnahme mit Sicherheit durchgeführt wird oder üblich, ausführbar und zumutbar ist (vgl. BGH **24**, 315 [Zahnprothese; Anm. *Hanack* JR **72**, 472; *Ulsenheimer* JZ **73**, 64]; NJW **67**, 297; Bay **54**, 115; Stuttgart NJW **60**, 1399; *Lackner/Kühl* 4; *S/S-Stree* 5; SK-*Horn/Wolters* 14; MK-*Hardtung* 42 [„bedrängende Umstände" müssen gegen eine Beseitigung der schweren Folge sprechen]; and. BGH **17**, 161, 163 ff.; GA **68**, 120). Dem ist jedenfalls dann zuzustimmen, wenn die Entstellung *beseitigt* oder wesentlich gemildert werden kann; das dürfte etwa bei Zahn-Verlusten auch bei der Möglichkeit von Implantaten anzunehmen sein. Dagegen ist die bloße Möglichkeit der *Verdeckung* „im üblichen sozialen Leben" (etwa durch herausnehmbare Zahnprothesen, Perücken, Brustimplantate, Prothesen oder künstliche Augen) im Grundsatz nicht geeignet, die Dauerhaftigkeit einer Entstellung zu beseitigen (zutr. LK-*H.J. Hirsch* 21; einschr. auch NK-*Paeffgen* 30); eine Ausnahme mag gelten, wenn auf Grund individueller Umstände die „entstellende" Verletzungsfolge im sozialen Leben gar nicht als solche wahrgenommen wird (Zahnprothese bei alten Menschen; Perücken bei älteren Männern).

9 b **Einzelfälle.** Eine erhebliche dauerhafte Entstellung ist **zB bejaht** worden bei Verlust mehrerer Vorderzähne (OGH NJW **50**, 713; BGH **17**, 161; [nach 2 StR 414/64 aber noch nicht von 2 Schneidezähnen; nach Bay **54**, 115 noch nicht von 5 Zähnen]; vgl. BGH **24**, 315); eines Teils der Nase (MDR/D **57**, 267); bei auffälliger Narbe im Gesicht (NJW **67**, 297 [abl. Anm. *Schröder* JR **67**, 146]), an der Schulter (Bremen MDR **59**, 777) oder am Bauch (NJW **88**, 2747 f.); bei Verlust der Brustwarzen (LG Saarbrücken NStZ **82**, 204); bei auffälliger Fehlstellung eines Fußes (StV **91**, 262). **Verneint** worden ist eine erhebliche Entstellung zB bei Entstellung der Hände durch auffällige Narben und Verfärbungen (StV **92**, 115 [*1. StS*]); bei Verunstaltung der Beine durch zahlreiche Narben an den Unterschenkeln und Operationsnarbe von der Kniekehle bis zum Oberschenkel (NStZ **06**, 686 [*3. StS*]);

bei einer 12 cm langen, 4 mm breiten rötlichen Narbe vom Ohrläppchen zum Kehlkopf (3 StR 185/07).

10 Das **Verfallen in Siechtum, Lähmung oder geistige Krankheit oder Behinderung** setzt einen lang andauernden (chronischen), den Gesamtorganismus erheblich beeinträchtigenden Krankheitszustand voraus, dessen Beseitigung sich zZ nicht übersehen lässt (MDR/D **68**, 17; Saarbrücken OLGSt. § 223 a, 1).

11 **Siechtum** ist ein chronischer Krankheitszustand von nicht absehbarer Dauer, der wegen Beeinträchtigung des Allgemeinbefindens Hinfälligkeit zur Folge hat (MDR/D **68**, 17; BGHR § 224 I [aF] Siecht. 1; vgl. NStZ **97**, 233; **07**, 325, 326 [Epilepsie, Bewusstlosigkeiten, Schwierigkeiten beim Sprechen und Schreiben, chronische Schmerzen]). Bei einer Person in der Vollkraft ihrer Jahre genügt dazu die Arbeitsunfähigkeit (NK-*Paeffgen* 33).

12 **Lähmung** ist die erhebliche Beeinträchtigung der Bewegungsfähigkeit eines Körperteils, die den ganzen Körper in Mitleidenschaft zieht (NJW **88**, 2622; 1 StR 376/76). Eine Lähmung einzelner Gliedmaßen reicht aus; so etwa Versteifung des Hüftgelenks, so dass zur Fortbewegung Krücken nötig sind (RG JR **26**, 1201); Versteifung des Kniegelenks (NJW **88**, 2622 m. Anm. *Kratzsch* JR **89**, 295).

13 Die Begriffe der **geistigen Krankheit oder Behinderung** entsprechen § 174 c (dort 4); Nr. 3 geht daher über den engen Begriff der Geisteskrankheit iS von § 20 (vgl. § 224 aF) hinaus (and. LK-*H. J. Hirsch* 25; *Schumacher,* in: *Schlüchter* u. a., Bochumer Erläuterungen, 1998, 42); er erfasst nicht nur exogene und endogene Psychosen und Intelligenzdefekte und ist nicht auf Schädelverletzungen mit Gehirnbeteiligung beschränkt (so *Schroth* NJW **98**, 2861 f.; *Jäger* JuS **00**, 31); wohl auch nicht allein auf eine „Störung der Gehirntätigkeit" (*S/S-Stree* 7). Dass es sich nur um eine geistig/seelische Behinderung handeln kann, ergibt sich aus dem Sach- und Sprachzusammenhang (*Hörnle* Jura **98**, 179; *Schroth* NJW **98**, 2862; *Rengier* ZStW **111**, 17). Geistige Krankheit kann die Wahrscheinlichkeit schwerer Epilepsie sein (NStZ **97**, 188); Behinderung sind auch die Auswirkungen eines verletzungsbedingten Schlaganfalls (*S/S-Stree* 7).

14 **D.** Die schwere Folge muss im Fall von Abs. I **mindestens fahrlässig** herbeigeführt sein (§ 18). Bei Unvorhersehbarkeit scheidet die Qualifikation aus (StV **91**, 262); sie umfasst andererseits auch den (bedingten; sonst Abs. II) Vorsatz (BGH **9**, 135, 137; **21**, 194). Für den spezifischen **Risikozusammenhang,** auf den sich die Fahrlässigkeit zu erstrecken hat, gelten die Erl. zu § 227 entspr. Beruht die schwere Folge auf einer Exzesshandlung eines Mittäters des § 224 I Nr. 4, so ist *insoweit* eine mittäterschaftliche Verurteilung möglich (NStZ-RR **06**, 37).

15 **3)** Der **Qualifikationstatbestand** des **II** hat mit einem verschärften Strafrahmen (nicht unter 3 Jahren) den früheren § 225 II idF des VerbrBekG ersetzt. Voraussetzung ist, dass eine der Folgen iS von I **absichtlich** (6 zu § 15) oder **wissentlich** (7 zu § 15) verursacht wird; der Täter muss die Folge also entweder (wenn auch nur zur Erreichung weitergehender Zwecke) anstreben oder als sichere Folge seiner Verletzungshandlung voraussehen (vgl. NJW **01**, 980; NStZ-RR **06**, 174, 175; 5 StR 103/02). *Bedingter* Tötungsvorsatz schließt die Absicht schwerer Körperverletzung nicht aus (BGH **22**, 249; BGHR Konk. 1, 2), umfasst sie aber nicht regelmäßig, da die Folgen eine dauernde Schädigung eines **weiter lebenden** Menschen voraussetzen (NJW **01**, 980 [krit. *Martin* JuS **01**, 513]; LK-*H. J. Hirsch* 29); daher setzt eine tateinheitliche Verurteilung die Feststellung eines entspr. **Vorsatzes** voraus (vgl. NStZ **97**, 234 [Bespr. *Lesch* JA **97**, 448]; vgl. auch 2 StR 242/04). Direkter Vorsatz nach II kann auch alternativ zum *direkten* Tötungsvorsatz gegeben sein, wenn der Täter alternativ zur beabsichtigten Tötung die schwere Folge als sichere Auswirkung voraussieht (BGHR § 226 II schwere Folge 1; 5 StR 103/02).

16 **4) Rechtfertigung** kommt für § 226 insb. aus §§ 32, 34, daneben aus **Einwilligung** in Betracht, die vor allem beim ärztlichen **Heileingriff** von praktischer Bedeutung ist (vgl. 13 zu § 223; 12 ff. zu § 228), bei dessen Rechtswidrigkeit auch § 226 anwendbar ist (BGH **45**, 219, 226 f.; Köln NStE Nr. 1 zu § 225 aF).

17 **5) Abs. III** sieht für **minder schwere Fälle** (11 zu § 12 und 85 ff. zu § 46) des I Freiheitsstrafe von 6 Monaten bis zu 5 Jahren und für solche des II Freiheitsstrafe von einem Jahr bis zu 10 Jahren vor. Ein minder schwerer Fall kommt bei **Provokation** (vgl. StV **04**, 654) oder sonstigen § 213 entsprechenden Umständen (BGH **25**, 224; LK-*H.J. Hirsch* 38; *S/S-Stree* 11; *Lackner/Kühl* 10) in Betracht; auch bei fehlgeschlagener Tat nach § 216 oder bei Ausschluss einer Einwilligung nach § 228.

18 **6) Versuch** der Qualifikation nach II ist nach allg. Regeln strafbar; die Vollendung des Grunddelikts ist nicht erforderlich (vgl. 36 zu § 22). Versuch des I ist bei bedingtem Vorsatz gleichermaßen strafbar, wenn zum Grunddelikt zumindest angesetzt, die schwere Folge aber nicht eingetreten ist. Tritt der *fahrlässig verursachte* schwere Erfolg bereits mit dem **Versuch** der Körperverletzung ein, so ist, da § 226 I ein erfolgsqualifiziertes Verbrechen ist (§ 11 II), wegen Versuchs zu bestrafen, wenn die schwere Folge eine typische Auswirkung der Körperverletzung ist (vgl. *Lackner/Kühl* 9 zu § 18; NK-*Paeffgen* 42).

19 **7) Beteiligung.** Bei der Beteiligung ergeben sich – erst recht in Verbindung mit möglichen Irrtumslagen – unübersichtliche Probleme aus der Kombination von Grunddelikt (§ 223), Erfolgsqualifikation (Abs. I) und Qualifikation (Abs. II). Mittäter und Teilnehmer des Grunddelikts sind nach Abs. I zu bestrafen, wenn ihnen hinsichtlich der schweren Folge wenigsten Fahrlässigkeit zur Last fällt (§ 18; vgl. *S/S-Stree* 17; LK-*H.J. Hirsch* 31). Liegt diese Voraussetzung nur bei einem von zwei Mittätern vor, so ist dieser nach § 226 I, der andere nach § 223 zu bestrafen, wobei eine Zurechnung der Tathandlungen jeweils über § 25 II möglich ist (SK-*Horn/ Wolters* 22). Entsprechendes gilt für die Teilnahme. Der Teilnehmer an einer Tat nach Abs. II muss selbst mindestens direkten Vorsatz haben; es reicht nicht aus, dass er die Absicht oder den direkten Vorsatz des Täters nur kennt und die schwere Folge billigend in Kauf nimmt (wie hier LK-*Hirsch* 35; MK-*Hardtung* 49; **aA** *S/S-Stree* 17; NK-*Paeffgen* 59). Sind beim Teilnehmer die Voraussetzungen des II, beim Haupttäter nur die des I gegeben, so ist der Teilnehmer nach Abs. II zu bestrafen (LK-*H.J. Hirsch* 35; MK-*Hardtung* 49; **aA** *S/S-Stree* 17; SK-*Horn/Wolters* 26 [mittelbare Täterschaft oder Teilnahme an I]).

20 **8) Konkurrenzen.** Bei Eintritt mehrerer schwerer Folgen liegt nur eine **einheitliche Tat** vor. § 224 I Nr. 2 wird ebenso wie § 223 von § 226 verdrängt (BGH **21**, 194 f.; NJW **67**, 297); mit § 224 I Nr. 5 dürfte **Tateinheit** anzunehmen sein (so auch SK-*Horn/Wolters* 27; offen gelassen von 2 StR 252/07; **aA** *Lackner/Kühl* 12 zu § 224 [§ 224 stets verdrängt]; *S/S-Stree* 16 zu § 224; NK-*Paeffgen* 61 und 42 zu § 224 [mit § 224 stets Tateinheit]). Mit § 225 ist **Tateinheit** möglich (NJW **99**, 72); ebenso mit versuchten Tötungsdelikten (vgl. NStZ **95**, 589).

21 **9) Sonstige Vorschriften:** Vgl. 22 zu § 225.

Körperverletzung mit Todesfolge

227 **I Verursacht der Täter durch die Körperverletzung (§§ 223 bis 226) den Tod der verletzten Person, so ist die Strafe Freiheitsstrafe nicht unter drei Jahren.**

II In minder schweren Fällen ist auf Freiheitsstrafe von einem Jahr bis zu zehn Jahren zu erkennen.

1 **1) Allgemeines.** Die bis dahin unverändert gebliebene **Vorschrift** wurde durch Art. 1 Nr. 38 des 6. StrRG (2 f. vor § 174) neu gefasst: I wurde redaktionell geändert (krit. *Wolters* JuS **98**, 585), in II die Strafdrohungen für minder schwere Fälle erhöht.

1a **Neuere Literatur:** *Altenhain,* Der Zusammenhang zwischen Grunddelikt und schwerer Folge bei den erfolgsqualifizierten Delikten, GA **96**, 19; *Dornseifer,* Arm. Kaufmann-GedS 427; *Geilen,* Welzel-FS 655; *Ingelfinger,* Die Körperverletzung mit Todesfolge durch Unterlassen (usw.), GA **97**, 573; *Küpper,* Der „unmittelbare" Zusammenhang zwischen Grunddelikt u. schwerer Folge beim erfolgsqualifizierten Delikt, 1982; *ders.,* Unmittelbarkeit u. Letalität, H.J. Hirsch-FS 615; *ders.,* Zur Entwicklung der erfolgsqualifizierten Delikte, ZStW **111** (1999),

785; *Laubenthal,* Der Versuch des erfolgsqualifizierten Delikts (usw.), JZ **87**, 1065; *Lorenzen,* Zur Rechtsnatur u. verfassungsrechtlichen Problematik der erfolgsqualifizierten Delikte, 1981; *Maiwald* JuS **84**, 439; *Miseré,* Die Grundprobleme der Delikte mit strafbegründender besonderer Folge, 1997; *Otto,* Kausalität u. Verantwortungszuweisung, E. A. Wolff-FS 395; *Paeffgen,* Die erfolgsqualifizierten Delikte, JZ **89**, 220; *Puppe,* Erfolgszurechnung im Strafrecht, 2000; *Sowada,* Das sog. „Unmittelbarkeits"-Erfordernis als zentrales Problem erfolgsqualifzierter Delikte, Jura **94**, 643; *ders.*, Die erfolgsqualifizierten Delikte, Jura **95**, 644; *ders.*, Der Mittäterexzess bei § 227 StGB, Schroeder-FS (2006) 621; *Stuckenberg,* Körperverletzung mit Todesfolge bei Exzess des Mittäters, Jakobs-FS (2007) 693; *Wolter,* Zur Struktur der erfolgsqualifizierte Delikte, JuS **81**, 168; *ders.,* Der „unmittelbare" Zusammenhang zwischen Sonderdelikt u. schwerer Folge, GA **84**, 443.

2) § 227 qualifiziert die Tatbestände der vorsätzlichen Körperverletzung (§§ 223 bis 226), wenn als Folge der Tat der Tod des Verletzten eingetreten und mindestens fahrlässig verursacht worden ist (**Erfolgsqualifikation**; § 18). Die Todesfolge muss **durch die Körperverletzung** verursacht worden sein, die auch in einem Unterlassen bestehen kann (unten 6 f.) und den **Versuch** mit einbezieht (BGH **48**, 34, 37 f. [*Gubener Hetzjagd*; [Anm. *Hardtung* NStZ **03**. 261; *Puppe* JR **03**, 122; *Sowada* Jura **03**, 549]; vgl. *Rengier* ZStW **111**, 19 f.; and. *Wolters* JuS **98**, 585). Hierzu gehören auch Fälle, in denen der Tod sofort (Durchgangskausalität) eintritt (LK-*H.J. Hirsch* 3; *M/Schroeder/Maiwald* 9/30); schon nach dem Wortlaut des I muss aber jedenfalls eine vollendete vorsätzliche Körperverletzung gegeben sein. 2

A. Es genügt für § 227 nach allgM nicht, dass überhaupt ein ursächlicher Zusammenhang (21 vor § 13) besteht, vielmehr ist eine *engere Beziehung* zwischen Tat und schwerer Folge vorausgesetzt: Der Verwirklichung des Grunddelikts muss gerade eine ihm eigentümliche **(tatbestandsspezifische) Gefahr** anhaften (krit. dazu *Altenhain* GA **96**, 23 ff.), die sich im tödlichen Ausgang **unmittelbar** niedergeschlagen hat (BGH **31**, 98; **33**, 323 [m. Anm. *Wolter* JR **86**, 464 u. *Krehl* StV **86**, 432]; **41**, 113, 116 [m. Anm. *H.J. Hirsch* NStZ **96**, 37; *Wolfslast/Schmeißner* JR **96**, 338]; **48**, 34, 37 f.; NJW **71**, 153; **92**, 1708; **95**, 3194 [hierzu *Ingelfinger* GA **97**, 573]; MDR/D **76**, 16; MDR/H **82**, 102; **95**, 444; NStZ **86**, 226; **92**, 333 [hierzu *Dencker* NStZ **92**, 311; *Puppe* JR **92**, 511; *Joerden* NStZ **93**, 268; abl. *Küpper,* H.J. Hirsch-FS 622]; **94**, 394; **97**, 82; NStZ-RR **07**, 76). 3

a) Anders als die frühere Rspr setzen die **Rspr des BGH** und die ihr (mit Unterschieden i. e.) folgende Lit. nicht voraus, dass dieser spezifische Zusammenhang zwischen dem Körperverletzungs-**Erfolg** und dem Todeseintritt besteht (so noch RG **44**, 137; OGH **2**, 335), sondern beziehen die Körperverletzungs**handlung,** soweit bereits ihr das Risiko eines tödlichen Ausgangs anhaftet, in den Gefahrenzusammenhang mit ein (BGH **14**, 110; **31**, 96, 99; **48**, 34, 37 f.; NStZ **97**, 341; NStZ-RR **98**, 171; stRspr. [dazu *Kühl* BGH-FG 237, 251]; vgl. auch LG Kleve NStZ-RR **03**, 235; *Sowada* Jura **94**, 643 ff.; *ders.* **03**, 549 ff.; *ders.*, Schroeder-FS [2006] 621, 636 ff.; *Wolter* JuS **81**, 168; GA **84**, 443; *Laubenthal* JZ **87**, 1065; 1068; *W/Hettinger* 299 f.; *Rengier* BT II, 16/4; *S/S-Stree* 5; ähnl., aber einschr. SK-*Horn/Wolters* 10 [„Handlungslösung" bei Vorliegen der objektiven *und* subjektiven Voraussetzungen des § 224 I Nr. 5]; in diese Richtung auch NK-*Paeffgen* 10 [Leichtfertigkeit]). Dabei hat sich die **neue Rspr.** (vgl. insb. BGH **48**, 34) i. E. auch von der früher vertretenen Ansicht gelöst, es reiche nicht aus, wenn der tödliche Ausgang erst durch ein **Verhalten des Opfers** (vgl. unten 4) oder durch das **Eingreifen Dritter** (vgl. unten5 ff.) herbeigeführt werde; vielmehr müsse die Todesfolge *unmittelbar* durch die Verletzungshandlung herbeigeführt werden (so NJW **71**, 152 f.; vgl. dazu *Kühl,* BGH-FG 237, 256 ff.; *Otto* BT 18/6; *Puppe,* die Erfolgszurechnung im Strafrecht, 2000, 214; *Rengier* BT II, 16/7 f.). 3a

b) Einzelfälle. § 227 ist **zB** bejaht worden, wenn beim vorsätzlichen Schlag mit einer Pistole sich versehentlich ein Schuss löst und der Geschlagene dabei zu Tode kommt (BGH **14**, 112 [abl. Anm. *Deubner* NJW **60**, 1068; MDR/D **75**, 196; *H.J. Hirsch* JR **83**, 79; *Jakobs* AT 9/35]); wenn nach einem gezielten wuchtigen Faustschlag ins Gesicht das Opfer mit dem Hinterkopf auf ein geparktes Fahrzeug 3b geschleudert wird (LG Gera NStZ-RR **96**, 37); wenn der Tod durch einen späteren, wegen der Körperverletzungshandlung mitverursachten Herzinfarkt eingetreten ist (NStZ **97**, 341; hierzu *Fahl* JA **98**, 8); wenn bei einer nächtlichen Konfrontation mit Einbrechern die älteren Tatopfer gefesselt werden und infolge von Schrecken, Angst und Aufregung durch Herzversagen zu Tode kommen (NStZ-RR **97**, 269); wenn ein von mehreren Tätern in der Absicht gravierender Misshandlungen verfolgtes Opfer in Angst und Panik flieht und sich beim Durchsteigen einer eingetretenen Glastür tödliche Verletzungen zuzieht (BGH **48**, 34, 37f. [*Gubener Hetzjagd*]).

3c **c)** In der **Lit.** wird diese Rspr. vielfach als zu weitgehend abgelehnt (vgl. zB *Lackner/Kühl* 2 u. BGH-FG 255; *S/S-Cramer/Sternberg-Lieben* 4 zu § 18; LK-*Hirsch* 4; MK-*Hardtung* 8ff.; *Roxin* AT I, 10/115; *Krey* BT I, 271; *Küpper* BT I, 2/29 u. H.J. Hirsch-FS 615, 619; *Hardtung* NStZ **03**, 261ff.); danach muss sich in der Todesfolge gerade die Gefahr realisieren, die in Art und Schwere der **Verletzung** (jedenfalls also des Verletzungs**erfolgs**) begründet ist (ähnl. *Altenhain* GA **95**, 19; *Jakobs* JR **86**, 380), weil ansonsten der Verbrechenstatbestand des § 227 auf Fälle bloßer Idealkonkurrenz von § 223 und § 222 ausgedehnt werde (LK-*H.J. Hirsch* 4; vgl. ausf. auch *Küpper* H.J. Hirsch-FS 615ff.; abw. *Sowada* Jura **03**, 549, 556 [erfolgsqualifizierter Versuch nur unter den Voraussetzungen des § 224 I Nr. 5]; vgl. auch *ders.* in Schroeder-FS [2006] 621, 636ff.). Dabei kann zwischen **„Erfolgslösung"** und **„Letalitätslösung"** unterschieden werden (i.E. dazu LK-*H.J. Hirsch* 5; NK-*Paeffgen* 11 ff.). Eine „bloße Idealkonkurrenz" reicht freilich auch nach der Rspr nicht aus; wenn der Kritik auch zuzugeben ist, dass Einzelfallsentscheidungen des BGH das Erfordernis des „spezifischen Gefahrzusammenhangs" von Verletzungs-*Geschehen* und Todesfolge nicht stets einheitlich anwenden (krit. insoweit *Lackner/Kühl* 2; LK-*H.J. Hirsch* 4; SK-*Horn/Wolters* 9f.; *Küpper* H.J. Hirsch-FS 615, 621) und die Grenze bisweilen zu weit gezogen haben (so insb. BGH **31**, 96 [*Hochsitz-Fall;* dazu krit. *H.J. Hirsch* JR **83**, 81; *Puppe* NStZ **83**, 22 und AT/Rspr 10/2ff., 32ff.; *Schlapp* StV **83**, 62; zust. *Stree* JZ **83**, 75; *Maiwald* JuS **84**, 444]).

4 **B.** Die spezifische Beziehung zwischen der Verwirklichung des Grunddelikts und dem Todeserfolg kann grds auch dann gegeben sein, wenn die *unmittelbar* zum Tod führende Ursache durch ein **Verhalten des Opfers** gesetzt wird; das betrifft insb. Fälle, in welchen ein solches Verhalten seinerseits direkte Folge des Verletzungserfolgs ist (etwa bei Benommenheit; vgl. NJW **92**, 1708 [krit. *Graul* JR **92**, 344; *Mitsch* Jura **93**, 18; *Sowada* Jura **94**, 649; **95**, 644]) oder in denen selbstschädigendes Opferverhalten sich als nahe liegende und *deliktstypische* Reaktion (*W/Hettinger* 301) darstellt; etwa hochriskante **Fluchtversuche** in Panik und Todesangst (BGH **48**, 34; *S/S-Stree* 5; *Wolter* GA **84**, 443; and. NJW **71**, 152; vgl. aber BGHR § 226 Todesfolge 5, 8). Dagegen sind mittelbare, insb. vom Tatgeschehen zeitlich abgegrenzte Handlungen des Opfers idR nicht mehr dem von § 227 vorausgesetzten Gefahrzusammenhang zuzurechnen (**zB** Suizid infolge reaktiver Depression; Unfälle infolge von Alkohol- oder Drogenrausch zur „Verarbeitung" des Geschehens). Das gilt grds auch, wenn der Tod des Opfers auf Grund eigenschädigenden Verhaltens im Zusammenhang mit der (ärztlichen) Behandlung der erlittenen Verletzung eintritt (**zB** Weigerung, notwendige Untersuchungen durchführen zu lassen; Verlassen des Krankenhauses gegen ärztlichen Rat trotz Aufklärung über die Gefahr): § 227 kommt hier nur in Betracht, wenn im Einzelfall gerade auch die Gefahr einer solchen Selbstschädigung schon in der Körperverletzungstat selbst angelegt und dem Täter erkennbar war (vgl. NStZ **94**, 394 [Behandlungsabbruch eines schwer alkoholkranken Tatopfers]; krit. dazu *Otto,* E.A. Wolff-FS 395; 398; *W/Hettinger* 302).

5 **C.** Die Zurechnung des Erfolgs setzt nicht Eigenhändigkeit der Körperverletzung voraus; **Mittäter** einer Körperverletzung sind Mittäter auch des § 227, wenn eine zum Tod des Opfers führende Exzesshandlung für sie vorhersehbar war (vgl.

NStZ **00**, 29; **04**, 89; **04**, 684; **05**, 93 f. [m. zust. Anm. *Heinrich*]; **05**, 261; krit. Besprechung der Rspr. zur Zurechung bei *Sowada*, Schroeder-FS [2006] 621, 628 ff.). Soweit Körperverletzungshandlungen eines von mehreren Mittätern die Gefahr eines tödlichen Ausgangs anhaftet, ist der Todeserfolg einem Mittäter auch dann zuzurechnen, wenn er nach Beendigung der eigenen Handlung durch die übrigen Beteiligten herbeigeführt wird (vgl. NStZ **92**, 333, 334; 1 StR 198/06).

Das gilt gleichermaßen für ein der Verletzung nachfolgendes Verhalten des Täters selbst oder von **Dritten,** denn es kommt nicht entscheidend darauf an, ob nach einer Körperverletzung der Tod des Opfers durch den Täter, das Opfer oder hinzutretende Dritte unmittelbar verursacht wird (NStZ-RR **98**, 171). Daher besteht der spezifische Gefahrzusammenhang des § 227 idR nicht, wenn der Täter das Opfer nach Abschluss der Körperverletzung irrtümlich für tot hält, tatsächlich aber den Tod durch weitere Handlungen zur Beseitigung der vermeintlichen Leiche (BGH **10**, 208; NStZ-RR **98**, 171; 5 StR 473/91) oder zur Vortäuschung eines Selbstmordes (vgl. aber NStZ **92**, 333) verursacht. **5 a**

Der unmittelbare Gefahrverwirklichungs-Zusammenhang kann auch bei Eingreifen Dritter vorliegen (NStZ-RR **07**, 76). **Handlungen Dritter** nach Beendigung der Körperverletzung sind dem Täter idR nicht zuzurechnen, wenn sie den Tod vorsätzlich – unter Ausnutzung der durch die Verletzung geschaffenen Lage – herbeiführen; grds auch nicht, wenn sie ihrerseits auf grober Fahrlässigkeit beruhen (zB leichtfertige Behandlungsfehler; Trunkenheit des Rettungswagenfahrers). Dagegen wird der Gefahrzusammenhang nach der Rspr nicht schon durch leicht oder einfach **fahrlässiges Handeln Dritter** unterbrochen, wenn dies nach Art und Schwere der Verletzung im Bereich des dem Täter erkennbaren Risikos lag; ein nicht unerhebliches Mitverschulden Dritter ist aber strafmildernd zu berücksichtigen (VRS **98**, 434). Insb. in Fällen fahrlässig fehlerhafter Heilbehandlung (vgl. BGH **31**, 96; MDR/D **76**, 16) kann die Begrenzung hier im Einzelfall zweifelhaft sein, denn *jeder* nicht ganz unerheblichen Körperverletzung wohnt das „Risiko" einer Heilbehandlung inne, und die *Möglichkeit* von Kunstfehlern entspricht allgemeiner Lebenserfahrung. Für die Zurechnung nach § 227 allein hierauf abzustellen (in diese Richtung BGH **31**, 96), würde die Abgrenzung des Verbrechenstatbestands zu §§ 223, 222, 52 in der Tat konturenlos machen. Dass in diesen Fällen die Letalitätslösung stets „den Vorteil klarer und eindeutiger Ergebnisse" aufweise (*Küpper,* H.J. Hirsch-FS 621; ähnl. LK-*H.J. Hirsch* 5), ist freilich ebenfalls zweifelhaft, denn die Frage, welches das „spezifische" Risiko der *konkreten* Verletzung sei, stellt sich hier gleichermaßen (zutr. SK-*Horn/Wolters* 6 f.). **5 b**

3) Begehen durch Unterlassen. § 227 kann auch durch (unechtes) Unterlassen begangen werden (vgl. BGH **41**, 113 [Anm. *H.J. Hirsch* NStZ **96**, 37]; NJW **95**, 3194 [Anm. *Wolters* JR **96**, 471; *Schmidt* JuS **96**, 270; *Ingelfinger* GA **97**, 573]; MDR/H **82**, 624; NStZ **06**, 686). Nach BGH NJW **95**, 3194 (Körperverletzung durch Unterlassen schmerzlindernder [und *rettender*] Maßnahmen nach Körperverletzung durch einen Dritten) setzt die Gleichstellung des Unterlassens mit positivem Tun voraus, dass der im pflichtwidrigen Unterlassen selbst liegenden Körperverletzung nach Art, Ausmaß und Schwere die Gefahr des Todes innewohnt, wenn das Unterlassen an einen zuvor von einem Dritten vorsätzlich verursachten Verletzungserfolg anknüpft (krit. dazu LK-*H.J. Hirsch* 3; NK-*Paeffgen* 33; *Wolters* JR **96**, 471); § 227 ist nach NJW **95**, 3194 f. (*4. StS*) nur gegeben, wenn die durch das Unterlassen selbst begangene Körperverletzung die (nahe liegende) Gefahr des Todes begründet (vgl. auch MDR/H **82**, 624 [Unterlassen der Ernährung eines Kleinkinds]; zweifelnd NStZ **06**, 686 [*3. StS*]; krit. *Wolters* JR **96**, 471 f.,; *Ingelfinger* GA **97**, 573 ff.); jedenfalls aber auch dann, wenn durch die Untätigkeit die durch die Vorschädigung verursachte Lebensgefahr erheblich erhöht wird (NStZ **06**, 686). Nach BGH **41**, 113, 118 reicht es nicht aus, dass sich der *Vorsatz* des Garanten auf *irgendeine* Körperverletzung des aktiv Handelnden bezieht; seine Vorstellung muss vielmehr „gerade auf eine Körperverletzung gerichtet sein, **6**

die … den Tod des Opfers besorgen lässt" (krit. dazu *Küpper,* H.J. Hirsch-FS 615, 627 ff.; *H.J. Hirsch* NStZ **96**, 37).

6a Anknüpfungspunkt für die täterschaftliche Erfolgszurechnung des § 227 ist freilich auch bei Begehung durch Unterlassen nicht eine fremde, sondern nur eine *eigene* Tat; es kommt darauf an, ob das pflichtwidrige *Unterlassen selbst* den Tatbestand einer vorsätzlichen Körperverletzung verwirklicht. Ist das gegeben, so kann eine Beschränkung des Gefahrzusammenhangs entgegen NJW **95**, 3194 (noch weitergehend *Ingelfinger* GA **97**, 573, 586 ff.) mit der Todesfolge kaum über die Entsprechungsklausel des § 13 I, 2. HS gefunden werden. Es ist daher nicht recht klar, welche Bedeutung in den Unterlassungsfällen der Anknüpfung an die *Vortat* eines Dritten zukommen soll: Dass dem *Unterlassen* der Behandlung (und daher der weiteren Gesundheitsschädigung) eines schwerst verletzten Kindes (NJW **95**, 3194) die Gefahr des Todes innewohnt, liegt mindestens ebenso sicher im Bereich der „Lebenswahrscheinlichkeit" wie eine Lungenembolie 6 Wochen nach einer Sprunggelenksfraktur (BGH **31**, 96) oder zwei Herzinfarkte als psychogene Folge einer Misshandlung durch Faustschläge ins Gesicht (NStZ **97**, 341). Die Ausführungen zum Vorsatz des Unterlassenden in BGH **41**, 113, 118 liegen nicht auf derselben Ebene (insoweit wohl unzutr. *Küpper,* H.J. Hirsch-FS 628 f.), denn sie beziehen sich nicht auf eine schon begangene, sondern erst durch (weiteres) Unterlassen *zu begehende* Tat nach § 225 I (insoweit auch missverständlich NK-*Paeffgen* 33, der den Fall mit MDR/H **82**, 624 gleichsetzt). Es ist aber ein Unterschied, ob das Unterlassen „unmittelbar" eine *eigene* Körperverletzung des Garanten bewirkt oder ob dieser es unterlässt, einen Dritten an einer Körperverletzung zu hindern, und hierdurch zum Beteiligten wird. Die Rspr nähert sich in den Unterlassungsfällen daher iErg der von *Horn* vertretenen (vgl. SK 10, 16) Auffassung an, dass die Zurechnung einen Lebensgefährdungs-*Vorsatz* verlange; es bleibt aber unklar, warum dies ein Spezifikum der Unterlassungstäterschaft sein soll.

7 **4) Subjektiver Tatbestand.** § 227 setzt den **Vorsatz** einer Körperverletzung (§ 223) voraus. Der – zumindest bedingte – Vorsatz muss zum Zeitpunkt der Handlung vorliegen, die den Körperverletzungserfolg herbeiführt (NStZ **04**, 201 [m. Anm. *Schneider*]). Die **Todesfolge** muss nach § 18 „wenigstens" **fahrlässig** verursacht sein. Bei Vorliegen von zumindest bedingtem **Vorsatz** ist § 227 aber ausgeschlossen, da § 212 gegeben ist (zur Anwendung des Zweifelssatzes vgl. BGH **35**, 305, 306 f.); es kann iErg dahinstehen, ob § 212 den § 227 schon auf Tatbestandsebene oder erst im Konkurrenzwege verdrängt (vgl. dazu LK-*H.J. Hirsch* 8 f.; NK-*Paeffgen* 36; jew. mwN). In der **Praxis** kommt daher hier der Abgrenzung bewusster Fahrlässigkeit vom bedingten Tötungsvorsatz große Bedeutung zu (vgl. dazu 8 ff. zu § 212). Einfache Fahrlässigkeit reicht für § 227; Leichtfertigkeit ist nicht vorausgesetzt (vgl. auch BT-Drs. 13/8587, 21, 61; 13/9064, 36; krit. LK-*H.J. Hirsch* 14; NK-*Paeffgen* 17). **Kriterium der Fahrlässigkeit** ist, da schon in der Begehung des Grunddelikts eine Sorgfaltsverletzung liegt, allein die Voraussehbarkeit des *Todes*-Erfolges (BGH **24**, 215; NJW **06**, 1821,1822 **aS** [4 StR 536/05]; MDR/D **72**, 386; NStZ **82**, 27; **84**, 329; **01**, 478; NStZ-RR **97**, 296; NStZ/A **98**, 345; 3 StR 233/84; ebenso Düsseldorf MedR **84**, 30; *Jescheck/Weigend* § 26 II 1 a; *Geilen* [oben 1 a] 675; *W/Hettinger* 306; *Bosch* JA **06**, 745; **aA** *Meisenberg* NJW **72**, 694; SK-*Horn/Wolters* 4; *S/S-Stree* 7; *Wolter* JuS **81**, 171; NK-*Paeffgen* 42 ff. zu § 18, 13 zu § 226; vgl. dazu *Küpper,* H.J. Hirsch-FS 624; 25 zu § 222). Der Streit, ob dies allein subjektive Vorhersehbarkeit voraussetze oder ob als deren Voraussetzung auch objektive Vorhersehbarkeit gegeben sein muss (vgl. LK-*H.J. Hirsch* 8), ist eher terminologischer Natur; auch BGH **24**, 213, 216 stellt auf die subjektive Fähigkeit im Rahmen „gewöhnlicher Erfahrung" ab (vgl. auch NStZ **92**, 333). In der Lit. wird eine Vorhersehbarkeit des Folgen*zusammenhangs* verlangt (*Wolter* GA **84**, 445; *H.J. Hirsch,* Oehler-FS 118, 132; *Küpper,* H.J. Hirsch-FS 626); dass dies zu praktisch anderen Ergebnissen führt, ist zweifelhaft. Entscheidend ist, ob vom Täter in seiner konkreten Lage und nach seinen persönlichen Möglichkeiuten der Todesein-

tritt im Ergebnis vorhergesehen werden konnte (BGHR § 226 aF Todesfolge 6, 7; NStZ-RR **97**, 296; 5 StR 27/02) oder ob aus dieser Sicht der Todeserfolg so weit außerhalb der Lebenswahrscheinlichkeit lag, dass eine Zurechnung ausscheiden muss (BGH **31**, 96, 100; NJW **06**, 1811 **aS**; NStZ **97**, 82f.).

5) Versuch des § 227 kommt bei auf die Todesfolge gerichtetem Vorsatz nicht in Betracht, weil dann §§ 212/211, 22 vorliegen (oben 7). Ein „erfolgsqualifizierter Versuch" (Versuch des Grunddelikts und fahrlässig verursachte Todesfolge) ist aber aus Sicht der „Handlungslösung" der **Rspr.** (oben 3a) durchaus möglich (BGH **48**, 34 [= NStZ **03**, 149, 150 m. Anm. *Hardtung* NStZ **03**, 261]; *S/S-Stree* 6; NK-*Paeffgen* 23ff.; ebenso *Laubenthal* JZ **87**, 1068; *Sowada* Jura **95**, 649, 652) und folgerichtig. Praktisch bedeutsam ist das idR nur beim **unbeendeten** Versuch des Grunddelikts, während der Eintritt der Todesfolge beim beendeten (und beim fehlgeschlagenen) Versuch des Grunddelikts sich meist als unerhebliche Abweichung des Kausalverlaufs darstellt und zur Vollendung führt (vgl. BGH **14**, 110, 112; *S/S-Stree* 6; NK-*Paeffgen* 26). Wenn die Voraussetzungen der Unmittelbarkeit und der Voraussehbarkeit des Erfolgseintritts gegeben sind, besteht kein durchgreifender Grund, die Erfolgsqualifikation bei (unbeendetem) Versuch abzulehnen (vgl. auch *B/Weber/Mitsch* 26/41; *Wolter* JuS **81**, 168, 179; GA **84**, 443ff.). 8

Nach **aA** der in der Literatur hM (vgl. oben 3c), die (jedenfalls) eine Vollendung des Grunddelikts voraussetzt, ist dagegen ein erfolgsqualifizierter Versuch des § 227 nicht möglich (vgl. *Lackner/Kühl* 3; LK-*H.J. Hirsch* 9; *Jakobs* AT 25/26; iErg auch SK-*Horn/Wolters* 12 [im Hinblick auf eine dann stets wesentliche Abweichung]; jew. mwN). Bei unbeendetem Versuch des § 224 in Tateinheit mit vollendetem § 223 I muss die Letalitäts-Lösung zu merkwürdigen Ergebnissen gelangen, wenn **zB** der Täter im Rahmen eines einheitlichen Geschehens dem Opfer *zunächst* eine nicht „spezifisch" todesgefährliche Verletzung zugefügt, *dann* ausreichend schwere Verletzungen mittels eines Messers (§ 224 I Nr. 2) beibringen will und das Opfer nun (vorhersehbar) beim Fluchtversuch zu Tode kommt. 9

6) Beteiligung. Für die Beteiligung an § 227 gilt § 18; der Mittäter oder Teilnehmer muss daher vorsätzlich im Hinblick auf die Körperverletzung und hinsichtlich der Todesfolge fahrlässig handeln (vgl. 19 zu § 226). Mittäterschaft setzt keine Eigenhändigkeit hinsichtlich der Körperverletzung voraus (NStZ **94**, 339; **97**, 82; MDR/H **86**, 795; **95**, 444; *S/S-Stree* 10; LK-*H.J. Hirsch* 10). Mittäterschaft an § 227 ist auch möglich, wenn der andere Täter mit Tötungsvorsatz handelt (NStZ **04**, 684f.; MDR/H **90**, 294; *S/S-Stree* 10; LK-*Hirsch* 10; and. *Lackner/Kühl* 3; vgl. dazu auch *Kudlich* JA **00**, 511, 514). Das gilt entspr. für Teilnehmer an der Körperverletzung; sie haften aus dem Grunddelikt iV mit §§ 26, 27, wenn hinsichtlich der Todesfolge bei ihnen keine Fahrlässigkeit gegeben ist. Liegt diese beim Teilnehmer vor, während der Haupttäter mit (vom Teilnehmer unerkannten) Tötungsvorsatz handelt, so ist wegen Teilnahme an § 227 zu bestrafen. 10

7) Minder schwere Fälle (Abs. II). Das 6. StrRG hat die Strafdrohung für minder schwere Fälle im Höchstmaß verdoppelt und im Mindestmaß vervierfacht. Die ursprüngliche Begründung (RegE 37) stellte auf das Erfordernis der *Leichtfertigkeit* ab, das im Gesetzgebungsverfahren aber entfallen ist. Im Hinblick auf die Mindeststrafe des **§ 222** und die grds Möglichkeit leicht fahrlässiger Todesverursachung in Folge einer geringfügigen Körperverletzung kommt daher einer sorgfältigen Prüfung des Risiko-Zusammenhangs besondere Bedeutung zu. Sind die **Voraussetzungen des § 213** gegeben, so *muss* die Strafe nach II gemildert werden (BGH **25**, 222; MDR/D **74**, 723; StV **81**, 524; **92**, 115; **94**, 315; NStZ **83**, 555; **88**, 498; BGHR § 226 [aF] StRWahl 1; MDR/H **94**, 130; StV **96**, 87; NStZ-RR **97**, 99; **00**, 80; 5 StR 27/02; NK-*Paeffgen* 39). Abs. II kommt aber **zB** auch in Betracht im Falle eines Exzesses im Rahmen einer einverständlichen tätlichen Auseinandersetzung (StV **94**, 16); wenn das Tatgeschehen auch „gewisse Züge eines Unglücksfalls" aufweist (5 StR 764/93); wenn die Folge durch eine körperliche Anomalität des Opfers bedingt ist (EzSt Nr. 2); die Anwendung ist von 5 StR 154/04 als im Rahmen tatrichterlicher Würdigung liegend hingenommen worden bei einer Wiederholungstat in einer Überlastungssituation gegen einen Säugling (zw.). 11

12 **8) Konkurrenzen. Tateinheit** ist möglich mit § 231 (BGH **32**, 25); mit § 225 (BGH **41**, 113, 115 f.); mit § 218 (BGH **28**, 17 m. Anm. *H. Wagner* JR **79**, 295; 5 StR 681/79; LK-*H. J. Hirsch* 11); mit § 30 WStG (MDR **70**, 603). Tateinheit besteht auch mit (versuchter) Vergewaltigung mit Todesfolge (NStZ **00**, 420); ebenso mit versuchtem Raub mit Todesfolge (BGH **46**, 24 [Anm. *Kindhäuser* NStZ **01**, 31; *Kudlich* StV **00**, 669, *Stein* JR **01**, 72]). Mit § 222 (BGH **8**, 54) und mit **§ 224** liegt **Gesetzeskonkurrenz** vor, wenn die Gefahr für das leben des Tatopfers gerade durch den Qualifikationsgrund des § 224 geschaffen wurde (vgl. NStZ-RR **07**, 76; 16 zu § 224; **aA** NK-*Paeffgen* 29); mit vollendetem § 251 (BGH **46**, 24, 26 f.). Zum Verhältnis zu den §§ 125, 125 a vgl. dort 20, 9. **§ 30 I Nr. 3 BtMG** steht zu § 227 nicht im Verhältnis privilegierender Spezialität, denn das Verabreichen von BtM enthält nicht notwendig eine vorsätzliche Körperverletzung (BGH **49**, 34, 38). Von den Tötungsdelikten wird § 227 idR verdrängt. Doch ist Tatmehrheit anzunehmen, wenn der Täter dem Opfer einen zum Tod führenden Schlag versetzt und es erst anschließend durch eine nicht für den Tod kausale Handlung zu töten versucht (vgl. BGHR Konk. 1). Tateinheit ist mit § 212, 22 möglich, wenn der Täter das Opfer zunächst mit Körperverletzungsvorsatz verletzt und ihm dann mit Tötungsvorsatz weitere, für den Tod nicht kausale Verletzungen beibringt (MDR/H **77**, 282); mit § 212, 13, wenn der Täter des § 227 es unterlässt, die (nun als möglich erkannte und gebilligte) Todesfolge abzuwenden (NStZ **00**, 29); freilich darf die Todesfolge bei der Strafzumessung nicht mehrfach zu Lasten des Täters verwertet werden (ebd.).

13 **9) Sonstige Vorschriften:** Vgl. 22 zu § 225 sowie zur Zuständigkeit § 74 II Nr. 8 GVG.

Einwilligung

228 **Wer eine Körperverletzung mit Einwilligung der verletzten Person vornimmt, handelt nur dann rechtswidrig, wenn die Tat trotz der Einwilligung gegen die guten Sitten verstößt.**

Übersicht

1) Allgemeines .... 1, 1 a
2) Regelungszweck 2
3) Anwendungsbereich 3, 4
4) Allgemeine Voraussetzungen der Einwilligung 5–7
5) Sittenwidrigkeit 8–11
6) Einzelne Fallgruppen .... 12–24 a
A. Einwilligung in ärztliche Eingriffe 12–19
B. Sterilisation 20, 21
C. Verletzungen im Sport 22
D. Doping .... 23–23 b
E. Transplantationen .... 24, 24 a
7) Irrtum 25

1 **1) Allgemeines.** Die Vorschrift (§ 226 a aF) wurde durch Art. 1 Nr. 38 des 6. StrRG (2 f. vor § 174) **§ 228** und in der Fassung geringfügig geändert.

1 a **Literatur (Auswahl):** *Amelung,* Irrtum u. Täuschung als Grundlage von Willensmängeln bei der Einwilligung des Verletzten, 1998; *Arzt,* Willensmängel bei der Einwilligung, 1970; *Dölling*, Einwilligung und überwiegende Interessen, Gössel-FS (2002) 209; *Duttge*, Der BGH auf rechtsphilosophischen Abwegen – Einwilligung in Körperverletzung und „gute Sitten", NJW **05**, 260; *ders.*, Erfolgszurechnung und Opferverhalten. Zum Anwendungsbereich der einverständlichen Fremdgefährdung, Otto-FS (2007) 227; *Frisch,* Zum Unrecht der sittenwidrigen Körperverletzung; H. J. Hirsch-FS 485; *Geilen*, Materielles Arztstrafrecht, in: Wenzel (Hrsg), Handbuch des Fachanwalts: Medizinrecht, Kap. 4; *Göbel,* Die Einwilligung im Strafrecht als Ausprägung des Selbstbestimmungsrechts, 1992; *Golbs*, Das Vetorecht eines einwilligungsunfähigen Patienten, 2006 (Diss. Dresden); *Hellmann,* Einverständliche Fremdgefährdung u. objektive Zurechnung, Roxin-FS 271; *Hirsch,* Rechtfertigungsfragen u. Judikatur des Bundesgerichtshofs, BGH-FG 199, 218 ff.; *Jakobs,* Einwilligung in sittenwidrige Körperverletzung, Schroeder-FS (2006) 507; *Kühl*, Die sittenwidrige Körperverletzung, Schroeder-FS (2006) 521; *ders.*, Strafrecht in Anlehnung an Ethik/Moral, Otto-FS (2007) 63; *ders.*, Der Abschied des Strafrechts von den guten Sitten, Jakobs-FS (2007) 293; *Lahti*, Ärztliche Eingriffe und das Selbstbestimmungsrecht des Individuums, Jung-FS (2007) 511; *May,* Die Anwendbarkeit des § 226 a StGB bei einverständlichen sadistischen oder masochistischen Körperverletzungen, 1996; *Mitsch,* Rechtfertigung und Opferverhalten, 2004; *Mosbacher,* Strafrecht u. Selbstschädigung, 2001; *Niedermair,* Körperverletzung mit Einwilligung u. die Guten Sitten, München 1998; *Paeffgen*, Gefahr-Definition, Gefahr-Verringerung und Einwilligung im me-

dizinischen Bereich, Rudolphi-FS (2004) 187; *Rönnau,* Willensmängel bei der Einwilligung im Strafrecht, 2001; *Rössner,* Fahrlässiges Verhalten im Sport als Prüfstein der Fahrlässigkeitsdogmatik, H. J. Hirsch-FS 313; *Sternberg-Lieben,* Die objektiven Schranken der Einwilligung im Strafrecht, 1997. Zur Einwilligung in **ärztliche Eingriffe** vgl. auch die Literaturangaben 1 a zu § 223. Zum **Doping** vgl. unten 23 b.

Gesetzgebung zur Doping-Problematik: GesE der BReg eines Gesetzes zur Verbesserung der Bekämpfung des Doping im Sport (BT-Drs. 16/5526; dazu *Kargl* NStZ **07**, 489); Ber. (BT-Drs. 16/5937); Gesetzesbeschluss 5. 7. 2007 (Prot. 16/108, 5. 7. 2007 S. 11 073; BR-Drs. 580/07).

2) Regelungszweck. Die Einwilligung des Verletzten nimmt einer Körperverletzung grds die **Rechtswidrigkeit** (vgl. 12 f. zu § 223; für Tatbestandsausschluss *Schmidhäuser,* Geerds-FS 602; *M/Zipf* 17/66; *Roxin* AT I, 13/17 ff. SK-*Horn/Wolters* 2). § 228 stellt diese Wirkung unter den Vorbehalt einer normativen Bewertung nach Maßgabe der „guten Sitten" (grds. krit. und für Verfassungswidrigkeit des § 228 *Sternberg-Lieben* [1 a] 162). Dass der Vorschrift angesichts der Ausdifferenzierung des Allgemeinen Teils eigenständige Bedeutung zukommt, wird bezweifelt (*Niedermair* [1 a] 257); sie enthält jedenfalls keinen eigenen Wirksamkeits-Maßstab. Auf körper-*spezifische* moralische Normen verweist § 228 insoweit, als die Selbstbestimmung über den eigenen Körper (zu Lebzeiten; eingeschränkt aber auch nach dem Tod; § 168 I, 2. Var. ist durch vorangehende Einwilligung des Verstorbenen nicht gerechtfertigt) in generalpräventivem Interesse eingeschränkt wird. 2

3) Anwendungsbereich. § 228 gilt grds für alle Fälle der vorsätzlichen Körperverletzung, wie seine Stellung hinter § 227 ergibt (LK-*H. J. Hirsch* 1); § 225 ist freilich der Sache nach ausgeschlossen. Im Fall des § 227 greift bei Vorliegen einer Einwilligung in die *Verletzung* § 222 ein, da in die Tötung nicht wirksam eingewilligt werden kann (BGH **4**, 93; Bay **57**, 75). Für eine mit der Körperverletzung einhergehende Verletzung **überindividueller Rechtsgüter** (zB Verkehrssicherheit in Fällen des § 315 c; Volksgesundheit in Fällen des § 29 BtMG) hat § 228 keine Bedeutung (vgl. BGH **6**, 232, 234; **23**, 261, 264; **37**, 179, 181 f.; **49**, 34, 43). 3

Eine **Einwilligung** in **lebensgefährdende Verletzungen** (§ 224 I Nr. 5) ist nicht ausgeschlossen (vgl. aber BGH **4**, 93; **7**, 114, 115; NJW **70**, 1381; einschr. Bay NJW **57**, 1245 f.; Karlsruhe NJW **67**, 2321); häufig ist sie etwa im Fall lebensgefährlicher Operationen; auch im Bereich gefährlicher Kampfsportarten (vgl. unten 22). Für **§ 340** hat die Einwilligung nur im Rahmen öffentlich-rechtlicher Befugnisse Bedeutung. **Sonderregelungen** gelten für die **Organspende** (vgl. § 8 TPG; unten 24) sowie für die **Kastration** (§§ 2, 3 KastrG; vgl. dazu *S/S-Eser* 55 ff. zu § 223; LK-*H. J. Hirsch* 42). Zur Sterilisation vgl. unten 20. § 228 gilt nach ganz hM auch für **fahrlässige** Körperverletzungen (§ 229); auch insoweit ist eine Einwilligung in das **Risiko** möglich (BGH **4**, 88; **6**, 234; **17**, 359; MDR **59**, 856; **65**, 1001; *U. Weber,* Baumann-FS 47; *S/S-Stree* 1; LK-*H. J. Hirsch* 1 und BGH-FG 199, 217; NK-*Paeffgen* 9; SK-*Hoyer* Anh 96 f. zu § 16; and. MK-*Hardtung* 8). Von Bedeutung ist dies insb. bei Körperverletzungen im **Straßenverkehr** (vgl. dazu *S/S-Stree* 21; LK-*H. J. Hirsch* 13) sowie bei **Sportverletzungen** (vgl. unten 20). 4

4) Allgemeine Voraussetzungen der Einwilligung. Die Einwilligung iS von § 228 ist eine bewusste vorherige (BGH **17**, 359 f.) Erklärung der Zustimmung zu dem tatbestandsmäßigen Verhalten einer bestimmten (wenn auch nicht individuell bekannten) Person; sie bezieht sich daher nicht allein auf den **Erfolg**, sondern auf die zum Erfolg führende **Handlung** (Bay **77**, 694 f.; NK-*Paeffgen* 10; LK-*H. J. Hirsch* 3, jew. mwN; str.). Die Rechtswirksamkeit der Einwilligung (vgl. dazu auch 19 f. vor § 32) setzt natürliche Einsichts- und Steuerungsfähigkeit (BGH **4**, 118), nicht aber Geschäftsfähigkeit (BGH **4**, 88) voraus (3 b vor § 32). Die Einwilligung muss mit vollem Verständnis der Sachlage erteilt sein; der Einwilligende muss eine zutreffende Vorstellung vom voraussichtlichen Verlauf und den zu erwartenden Folgen des Angriffs haben (NStZ **00**, 87 [keine Einwilligung in 5 überraschenden Reizgas-Angriff nach „Wette“ zwischen betrunkenen Alkoholikern, wer der Überlegene sei]); für den Umfang dieser Kenntnis kommt es auf den konkreten Fall, dh auf den individuellen Reifegrad der Person, auf Bedeutung, Art und Schwere der Verletzung sowie die Kenntnis der Risiken an (Bay NJW **99**, 372). Die Bestimmung der Grenze hinreichender Selbstbestimmungsfähigkeit ist namentlich bei **Minderjährigen** schwierig; von Bedeutung ist sie hier auch im Hinblick auch gegensätzliche Entscheidungen von betroffener und sorgeberechtigter Person („Veto-Kompetenz“; vgl. NK-*Paeffgen* 16; Beispielsfälle sind etwa Einwilligungen in auffällige Tätowierungen, *Piercings* oder kosmetische Operationen; vgl. auch *Amelung* ZStW **104**, 525 ff.); weiterhin vor allem für Irrtumsfragen. Bei der Entscheidung, ob hinreichende „natürliche“ Einsichts- und Selbstbestimmungsfähigkeit vorliegt, ist grds vom **Autonomie-**Prinzip auszugehen; es dürfen jedenfalls nicht allgemeine *Vernünftigkeits*-Erwägungen oder eine (von § 228 nicht erfasste; vgl. BGH **4**, 88, 91; LK-*H.J. Hirsch* 7) Bewertung der Sittenwidrigkeit der *Einwilligung* zum Maßstab der individuellen Einwilligungsfähigkeit gemacht werden.

6 Die Einwilligung muss regelmäßig von dem Rechtsgutsinhaber selbst erklärt werden. Bei **Einwilligungsunfähigen** kann grundsätzlich der gesetzliche Vertreter im Rahmen seiner Vertretungsmacht die Einwilligung erteilen (vgl. *Kern* NJW **94**, 755), bei einem Betreuten so, wie es dessen Wohl entspricht (§ 1901; vgl. zum Einwilligungsvorbehalt § 1903, zur vormundschaftsgerichtlichen Genehmigung § 1905 BGB). **Zwangsbehandlungen** nicht einwilligungsfähiger Betreuter sind nach dem BtG nicht grundsätzlich verboten, wenn die Behandlungsbedürftigkeit auf Grund psychischer Krankheit, geistiger oder seelischer Behinderung nicht erkannt werden kann (BT-Drs. 11/4528, 72). Eine fehlende oder vom Sorgeberechtigten gegen die Interessen der betroffenen Person verweigerte Einwilligung kann ggf durch vormundschaftsgerichtliche Entscheidung ersetzt werden (insb. Einwilligung in notwendige und aussichtsreiche medizinische Eingriffe; **Bluttransfusionen**; vgl. dazu auch *Ulsenheimer*, Eser-FS [2005] 1225 ff.; *Hillenkamp*, Küper-FS [2007] 123 ff. mwN; 13 zu § 223; 6 zu § 323 c).

7 Die Einwilligung darf nicht gegen ein **gesetzliches Verbot** verstoßen, welches gerade dem Schutz des Rechtsguts dient (vgl. Bay JR **78**, 279 [Anm. *Kienapfel*]; sie ist nur wirksam, wenn sie nicht **erzwungen** oder durch **Täuschung** erreicht ist (vgl. BGH **4**, 113; **12**, 379; **16**, 309; **19**, 201; NJW **98**, 1784 [Anm. *Kern* MedR **98**, 518]; Hamm NJW **87**, 1043; Frankfurt NStZ **91**, 235). Nach hM schließen nur *rechtsgutsbezogene* Irrtümer die rechtfertigende Wirkung der Einwilligung aus; eine stärker opfer-orientierte Ansicht (vgl. *B/Weber/Mitsch* 17/109 ff.) gelangt zu sehr weitgehender Berücksichtigung auch allein vom Opfer zu verantwortener Irrtümer (*Amelung* [1 a] 46 ff. [dazu *Weber* GA **00**, 78]; vgl. auch *ders.,* ZStW **104**, 525, 544 ff.; **109**, 490 ff.; JR **99**, 45 ff.; *Roxin,* Noll-GedS 275, 281 ff. u. AT I 13/66 ff.; NK-*Paeffgen* 22 ff.; jew. mwN). Eine besondere **Form** der Einwilligung ist nicht erforderlich; sie kann auch konkludent erteilt werden (Bay JR **61**, 73; NJW **68**, 665; Celle NJW **64**, 736; MDR **69**, 69; vgl. *Amelung* ZStW **109**, 491). Namentlich bei der **Risiko-Einwilligung** (vgl. dazu auch *SternbergLieben* [1 a] 214; *Rössner,* H.J. Hirsch-FS 313 ff.; *Hellmann,* Roxin-FS 271, 275 ff.) kann auf eine Einwilligung freilich nicht schon aus einer *allgemeinen* Gefährlichkeit des (einverständlichen) Verhaltens geschlossen werden; eine konkludente Einwilligung setzt voraus, dass der Betroffene eine zutreffende Vorstellung vom **konkreten** Risiko-Umfang hat (vgl. für Verletzungen im Straßenverkehr zB MDR **59**, 856 [vier Personen auf einem Motorroller]; BGH **6**, 233; DAR **92**, 348; Bay JR **63**, 27; Frankfurt VRS **29**, 460; Zweibrücken VRS **30**, 284; Hamm MDR **71**, 67; DAR **72**, 77; **73**, 219 [Trunkenheit des Fahrzeugführers]; BGH **40**, 341, 347 [Epilepsie des Fahrzeugführers]; Düsseldorf NStZ-RR **97**, 325 [„Autosurfen“; krit. *Hammer* JuS **98**, 785; *Saal* NZV **98**, 49]); Voraussetzung für eine Rechtfertigung ist zudem, dass sich der Täter im Rahmen des Einverständnisses hält (LK-*H.J. Hirsch* 4; *ders.,* BGH-FG 217 f.; NK-*Paeffgen* 113).

5) Sittenwidrigkeit. Eine Rechtfertigung der Körperverletzung ist nach § 228 auch bei Vorliegen einer Einwilligung ausgeschlossen, wenn **die Tat** (also nicht die *Einwilligung*; vgl. BGH **4**, 88, 91; **49**, 34, 42; **49**, 166, 170; NStZ **00**, 87 f.; BGHR § 228 Einwilligung 1) gegen die **guten Sitten** verstößt; § 228 beschreibt insoweit eine **generalpräventiv** begründete Grenze individueller Autonomie. Die Berechtigung eines solche Eingriffs des Gesetzgebers wird teilweise insgesamt bestritten (vgl. *Schmitt,* Maurach-FS 113 ff.); vielfach wird die **Unbestimmtheit** der Anknüpfung an unklare Wertanschauungen kritisiert (vgl. etwa *Berz* GA **69**, 145; *Roxin* JuS **64**, 373; *Lenckner* JuS **68**, 249; SK-*Horn/Wolters* 8; NK-*Paeffgen* 35 ff.; *Freund* ZStW **109**, 455, 473; *Sternberg-Lieben* [1 a] 121 ff., 157 ff.). Nach **Rspr.** und **hM** bestehen keine verfassungsrechtlichen Einwände (vgl. etwa BGH **4**, 24, 32; **49**, 34, 41; *S/S-Stree* 6; LK-*H.J. Hirsch* 2; *Lackner/Kühl* 11; jew. mwN); freilich sind Anknüpfungspunkte und Maßstäbe der Beurteilung streitig (vgl. dazu *Kühl,* Schroeder-FS [2006] 519 ff.; *ders.*, Otto-FS [2007] 63, 68 ff.). 8

Der Beschränkung im Wortlaut des § 228, wonach es auf die Beurteilung **der Tat** ankommt, wird eine Auslegung nicht gerecht, die von vornherein nur allgemein auf die „Beweggründe und Ziele der Beteiligten" abstellt (so namentlich das RG [vgl. etwa RG **74**, 94; JW **28**, 2229; **29**, 1015; **38**, 30; DR **43**, 579]; ebenso *Eb. Schmidt* JZ **54**, 374; ähnl. *S/S-Stree* 7; SK-*Horn/Wolters* 9; *Berz* GA **69**, 145 f.; hier bis 50. Aufl.), denn dann lässt sich – bei „deckungsgleicher" Einwilligung – eine Unterscheidung zwischen Tat (= Körperverletzung) und Einwilligung gar nicht mehr treffen (konsequent daher *S/S-Stree* 9, wonach dieser Gesichtspunkt „ohnehin keine Bedeutung" habe). Eine allein auf den **Zweck der Handlung** abstellende Betrachtung entfernt sich vom Rechtsgutsschutz (zutr. LK-*H.J. Hirsch* 9) und führt zu ganz unklaren Abgrenzungen etwa bei *unstreitig* sittenwidriger Zweckvereinbarung hinsichtlich *geringfügiger* Verletzungen (vgl. *Arzt/Weber* 6/30) und im Hinblick auf die Anforderungen an das subjektive Rechtfertigungselement. 9

Der **BGH** hat sich jedenfalls im Ergebnis (vgl. BGH **49**, 34, 43 f. [*3. StS*; Injektion von Heroin]; **49**, 166, 169 ff. [*2. StS*; sexuell motivierte Körperverletzung; Anm. *Hirsch* JR. **04**, 475; *Stree* NStZ **05**, 40; *Arzt* JZ **05**, 103; Bespr. *Duttge* NJW **05**, 260]) der schon früher in der **Lit.** vertretenen Ansicht angeschlossen, dass die normative Bewertung des § 228 sich grds auf Art und Gewicht des **Erfolgs** der Körperverletzung zu beschränken hat, weil allein im Bereich gravierender Verletzungen generalpräventiv-fürsorgliche Eingriffe des Staats in das individuelle Selbstbestimmungsrecht legitimiert sein können (so *Arzt* [1 a] 36 ff.; *Göbel* [1 a] 51 f.; *Weigend* ZStW **98**, 44, 64 f.; *Otto,* Tröndle-FS 157, 168; *Rudolphi* ZStW **86**, 86; LK-*H.J. Hirsch* 9 f.; *ders.,* ZStW **83**, 166 f.; Welzel-Fs 798 f. u. BGH-FG 199, 218 f.; vgl. auch BGH **38**, 83, 87; abl. NK-*Paeffgen* 43, 55); allenfalls hier besteht ein **Allgemeininteresse** daran, den einzelnen „gegen seine Kurzsichtigkeit zu schützen" (*Arzt/Weber* 6/9). Es erschiene unverständlich, eine **Tötung** auf Verlangen nach § 216, wenn nur das Verlangen (gleich aus welchen *Zwecken*) „ernstlich" ist, mit 5 Jahren Freiheitsstrafe zu bedrohen, geringfügige Verletzungen mit gefährlichen Werkzeugen (§ 224 I Nr. 2) aus „ernstlichen", aber dem allgemeinen Anstandsgefühl widersprechenden Gründen dagegen mit Freiheitsstrafe von 10 Jahren. 9 a

Das führt zu einer **Beschränkung** jedenfalls insoweit, dass die **Zwecke** der Tat quasi im Gegenschluss die Rechtswidrigkeit von auf gravierende Verletzungen gerichteten einverständlichen Körperverletzungshandlungen ausschließen können (vgl. LK-*H.J. Hirsch* 9 f.). Vom Anwendungsbereich des § 228 **ausgenommen** und daher grds. durch Einwilligung gerechtfertigt sind daher, sofern sie nicht gravierende, an § 226 heranreichende Verletzungen zum Gegenstand haben, etwa auch **sexuell** motivierte sadomasochistische Taten (BGH **49**, 166 [dazu *Hirsch* JR **04**, 475; *Stree* NStZ **05**, 40; *Arzt* JZ **05**, 103; Duttge NJW **05**, 260; *Jakobs,* Schroeder-FS 507, 511 ff.]; vgl. dazu *Sitzmann* GA **91**, 71; *Frisch,* H.J. Hirsch-FS 485, 502; *Niedermair* [1 a] 185 ff.; *May,* Strafrecht u. Sadomasochismus, 1997); **kriminell** motivierte Taten (da **zB** §§ 109, 258, 263 keine Regelungen zum Schutz der tolerablen Grenze der Selbstbestimmung über den Körper sind); „unanständig" **kommerziell** 10 motivierte Verletzungen; „unvernünftige" oder aus **abwegigen Motiven** begangene Taten (**zB Mutproben** [vgl. Bay NJW **99**, 372; Bespr. *Amelung* NStZ **99**, 460; *Otto* JR **99**, 124; *Martin* JuS **99**, 403]; **Bestimmungsmensur** [BGH **4**, 24; mit BGH **4**, 88 kaum vereinbar]; eigenwillige ästhetische Motive [Tätowierungen; Piercings; implantive Gestaltung grotesker Schönheitsideale]). Der Umgang mit **Betäubungsmitteln** ist nicht deshalb verboten, um Konsumenten vor geringfügigen körperlichen Verletzungen, etwa durch Injektionsnadeln, zu schützen. Die Einwilligung eines Drogenkonsumenten in die Injektion durch einen Dritten ist daher grds. nicht wegen Sittenwidrigkeit unwirksam (BGH **49**, 34, 43 f. [Anm. *Moosbacher* JR **04**, 390, *Sternberg-Lieben* JuS **04**, 954; krit. *Kühl*, Otto-FS 63, 70 f.). Eine **Grenze** besteht hier nach der Rspr des BGH, ebenso wie bei Einwilligungen in **sexuell motivierte** Körperverletzungen (BGH **49**, 166, 173 f. [Würgen zur sexuellen Stimulation; **aA** *Jakobs*, Schroeder-FS 507, 514, der es erstaunlicherweise für „nicht haltbar" hält, das Würgen einer Person mittels eines Metallrohrs bis zum Eintritt von Sauerstoffmangel und Bewusstseinstrübungen als tatbestandsmäßige Misshandlung anzusehen]), für die Einwilligung in **konkret lebensgefährliche** Verletzungen (BGH **49**, 34, 44 [Injektion von Heroin]). Die Unwirksamkeit der Einwilligung in diesem Fall setzt Kenntnis des Täters von der konkreten Todesgefahr voraus; fehlt diese, so liegt ein entspr. § 16 zu behandelnder Erlaubnistatbestandsirrtum vor; eine Strafbarkeit nach § 229 bleibt möglich (vgl. dazu BGH **49**, 34, 44 f.; **49**, 166, 175 f.). Damit lassen sich die problematischen Fälle unter enger Begrenzung des Unwirksamkeits-Bereichs und Anbindung des Begriffs der Sittenwidrigkeit an *Rechtsgut*-orientierte Kriterien lösen. Soweit *Duttge* (NJW **05**, 260, 261, 263) dem BGH das Fehlen von Überblick und ein „erschreckendes Begründungsdefizit" vorgeworfen hat, ist die Überlegenheit des von *Duttge* herangezogenen Kriteriums der „Menschenwürde" nicht erkennbar.

10 a Im Bereich **fahrlässiger Verletzungen** gilt das entsprechend (LK-*H. J. Hirsch* 10). Soweit die neuere **Rspr.** in den genannten Fallgruppen (auch) auf die Sittenwidrigkeit entsprechender Taten abstellt, liegt idR eher ein Problem des Einwilligungs-Umfangs zugrunde (vgl. etwa NStZ **00**, 87 f.; eher zweifelhaft Düsseldorf NStZ-RR **97**, 325; LG Mönchengladbach NStZ-RR **97**, 169).

11 Auch mit diesen Einschränkungen verbleibt freilich ein breiter Raum, in welchem die **Maßstäbe** der Bewertung durchaus zweifelhaft sind (insoweit zutr. NK-*Paeffgen* 43 ff.; vgl. auch *Mosbacher* [1 a] 180 ff.; *Frisch*, H. J. Hirsch-FS 485 ff.), etwa im von § 8 TPG nicht erfassten Bereich der Entnahme von Blut (vgl. § 1 II Nr. 2 TPG; § 29 S. 2 TransfusionsG); bei kosmetischen Operationen; Geschlechtsumwandlungen (vgl. BVerfG NJW **79**, 595; **82**, 2061; and. BGHZ **57**, 63); medizinisch-experimentellen Eingriffen; im Bereich der Sterilisation (unten 20); des Doping (unten 23). BGH **49**, 34, 41 (*3. StS*) hat hierzu ausgeführt, die Feststellung von Sittenwidrigkeit sei „ein Akt **empirischer Feststellung** bestehender Moralüberzeugungen". Sittenwidrig ist danach, „was nach allgemein gültigen moralischen Maßstäben, die vernünftigerweise nicht in Frage gestellt werden können, mit dem eindeutigen Mangel der Sittenwidrigkeit behaftet ist" (ebd., im Anschluss an S/S-Stree 6); was „gegen das Anstandsgefühl *aller* billig und gerecht Denkenden verstößt" (ebenso BGH **4**, 24, 32; **4**, 88, 91; LK-*Hirsch* 6). Diese Wertmaßstäbe seien allgemeinkundig (ebd.). Das erscheint im einzelnen nicht unzweifelhaft. Tatsächlich werden *empirische* sozialpsychologische Daten über die Moral-Vorstellungen der Bevölkerung vom Rechtssystem weder erhoben noch genutzt. Was „unbezweifelbar" ist, bestimmt sich nach **normativen Maßstäben** und muss daher nach den Maßstäben des *Rechts* rational beschreibbar sein. Anders als der *3. StS* (in BGH **49**, 34 ff.) hat daher der *2. StS* (in BGH **49**, 166 ff.) auf *rechtliche* Kriterien, nicht auf Postulate *außer*rechtlicher „Überzeugungen" abgestellt.

12 **6) Einzelne Fallgruppen.**

A. Einwilligung in ärztliche Eingriffe. Die Rechtfertigung ärztlicher Heileingriffe durch Einwilligung (9 zu § 223; vgl. dazu auch *Steffen/Dressler*, Arzthaftungsrecht, 8. Aufl. 2000; *Kern,* in: *Laufs/Uhlenbruck* [1 a zu § 223] 161 ff.; zur praktischen Handhabung auch *Geilen*, in: Wenzel (Hrsg), Handbuch des Fachanwalts: Medizinrecht, 4/429 ff.) setzt voraus, dass die Einwilligung vom **Berechtigten,** also vom Patienten oder bei Minderjährigkeit (BGH **12**, 383; BGHZ **29**, 33; NJW **72**, 337; MedR **83**, 26; *Laufs* 83; Kern NJW **94**, 755) vom gesetzlichen Vertreter (§ 1626 II BGB) oder Pfleger oder bei mangelnder Einsichtsfähigkeit vom Betreuer (zur **Betreuerbestellung** bei Verweigerung der Zustimmung zur Bluttransfusion vgl. BVerfG NJW **02**, 206) wirksam erteilt (oben 6) und von **Willensmängeln** (Täuschung, Irrtum, Zwang) nicht beeinflusst ist (vgl. NStZ **04**, 442; *S/S-Eser* 39; vgl. *Roxin* § 13, 66 u. Noll-GedS 275; *Amelung* ZStW **109**, 490; LK-*H.J. Hirsch* 14 ff.; NK-*Paeffgen* 56 ff.). Eine Einwilligung „aus laienhaftem Unverstand", die aber ernsthaft und in voller Kenntnis der Situation erteilt ist, soll nach NJW **78**, 1206 nicht wirksam sein (zw.; zust. *Bichlmeier* JZ **80**, 53; krit. *Hruschka* JR **78**, 519; *Horn* JuS **79**, 29; LK-*H.J. Hirsch* 32; *Roxin* AT 13/57). Die Einwilligung (ebenso eine mutmaßliche Einwilligung; vgl. 9 zu § 223) betrifft stets nur einen **lege artis** ausgeführten Eingriff (BGH **43**, 306, 309; 4 StR 549/06).

Die Einwilligung muss jedenfalls in Kenntnis von Grund, Art, Umfang sowie **13** beabsichtigten und möglichen Folgen des Eingriffs erteilt werden. Die ärztliche **Aufklärungspflicht** hat daher für die Rechtfertigung zentrale Bedeutung (vgl. dazu auch *Köhler*, Selbstbestimmung im Rechtsverhältnis zwischen Patient und Arzt, Küper-FS [2007] 275, 284 ff.). Aufzuklären hat der **Arzt,** nicht das Pflegepersonal (NStZ **81**, 351; LK-*H.J. Hirsch* 21; Köln MedR **83**, 113), idR durch ein **Aufklärungsgespräch,** das durch eine standardisierte Patientenaufklärung (Formblätter, Broschüren) zwar unterstützt, nicht aber ersetzt werden kann. Die Aufklärung muss so **rechtzeitig** vor dem Eingriff erfolgen, dass dem Patienten Gelegenheit zu eigener Überlegung und Willensbildung bleibt („Selbstbestimmungsaufklärung"; Stuttgart NJW **79**, 2356; LG Bremen MedR **83**, 76; LK-*H.J. Hirsch* 22; *Narr* aaO). **Inhaltlich** muss sie Art, Chancen und Risiken der vorgesehenen Maßnahme umfassen. Der Patient muss im Wesentlichen über den Befund unterrichtet werden (**Diagnoseaufklärung;** *Herrmann* MedR **88**, 4; LK-*H.J. Hirsch* 24; vgl. Hamm [Z] NJW **02**, 307). Hierzu gehört auch die Aufklärung über Grund und Anlass einer Maßnahme. Daher kommt es, wenn ein Eingriff zur Behebung eines vorangegangenen Kunstfehlers vorgenommen und dies gegenüber dem Patienten verschleiert wird, nicht darauf an, ob der Zweite Eingriff objektiv notwendig war und lege artis durchgeführt wurde (NStZ **04**, 442). Aufzuklären ist ferner über die Methoden der Behandlung, ggf. über Alternativen (**Methodenaufklärung;** *S/S-Eser* 41 zu § 223; MedR **83**, 29; Düsseldorf MedR **84**, 29); auch über Schmerzhaftigkeit des Eingriffs (BGHZ **90**, 96 [Anm. *Laufs/Kern* JZ **84**, 631]); regelmäßig auch über sicher oder wahrscheinlich eintretende Folgen (**Sicherungsaufklärung;** LG Konstanz NJW **72**, 2223; *Riemenschneider/Paetzold* NJW **97**, 2421; LK-*Hirsch* 27). Die Aufklärung muss sich schließlich auch auf Risiken und mögliche Nebenfolgen erstrecken, mit denen bei der Art des Eingriffs zu rechnen ist (**Risikoaufklärung;** vgl. BGHR § 223 I HeilE 2; BGH **43**, 308; *Ulsenheimer,* in: AG Rechtsanwälte im Medizinrecht eV [Hrsg.], Medizin u. Strafrecht, 2000, 127 ff.); etwa bei der Anwendung nicht zugelassener Arzneimittel (NStZ **96**, 34 m. Anm. *Ulsenheimer* NStZ **96**, 132, u. *Rigizahn* JR **96**, 72; hierzu *Jordan* JR **97**, 32; *Kuhlen,* Roxin-FS 331, 345*); ggf. auch auf* Risiken, die in der Person desjenigen liegen, der den Eingriff vornimmt (zB Hepatitis-Infektion eines Operateurs; vgl. NStZ **03**, 657 [Anm. *Ulsenheimer* StV **07**, 77]; dazu auch umf. *Paeffgen*, Rudolphi-FS [2004], 187, 203 ff). Aufzuklären ist selbstverständlich zB auch darüber, dass wegen Unwürdigkeit und Unzuverlässigkeit das Ruhen der Approbation eines Arztes angeordnet wurde (vgl. NStZ-RR **06**, 59, 61). **Ausnahmsweise** kann auf die Aufklärung über *einzelne* Maßnahmen verzichtet werden, wenn sich der Patient dem Arzt uneingeschränkt anvertraut, was auch stillschweigend geschehen kann (NJW **61**, 262; BGHZ **29**, 54; *Rieger* ArztR 263), wenn er ihm auf Grund von Vorinformationen (NJW **73**, 558; **76**, 364; NStZ **81**, 351) oder eigener Sachkunde (MDR **62**, 45) vertraut (*Tempel* aaO 613; vgl. jedoch LG Duisburg MedR **84**, 196). Jedoch kann nicht ohne weiteres von einem Aufklärungsverzicht ausgegangen werden, weil ein Vertrauensverhältnis besteht (BGHZ **29**, 56; Bremen MedR **83**, 76, 112; *Laufs* 78; *Herrmann* MedR **88**, 5).

14 **Umfang** und Intensität der Aufklärung richtet sich nach der *konkreten Sachlage* (vgl. auch NK-*Paeffgen* 74ff.). Die Aufklärungspflicht ist im Falle unklarer Diagnose entsprechend eingeschränkt (JZ **64**, 232 m. Anm. *Eb. Schmidt*). Aufklärung über extrem seltene Risiken, die in der medizinischen Literatur nicht beschrieben sind und die der Arzt nicht kannte oder kennen musste, kann nicht verlangt werden (Karlsruhe MedR **83**, 191). Auf den Bildungsstand (vgl. *Kern* MedR **86**, 176) und das Verständnisvermögen des Patienten (*Aufklärungsfähigkeit: Eberbach* MedR **86**, 181) ist Bedacht zu nehmen (NJW **71**, 336). Maßgebend ist, was ein Patient erwarten darf, um sein Selbstbestimmungsrecht (BVerfGE **52**, 168) ausüben zu können.

15 Die Aufklärung hat sich auch auf etwaige Behandlungsalternativen zu erstrecken, wenn nur auf diese Weise eine verantwortliche Abwägung von Für und Wider des Eingriffs möglich ist (StV **94**, 425 [m. Anm. *Puppe* JR **94**, 515]; *Laufs* 195). Die Aufklärungspflicht erstreckt sich nach der (überwiegend zivilrechtlichen) Rspr auch auf selten auftretende, wenn auch „typische" Risiken, die zB nur etwa im Verhältnis 1:2000 aufzutreten pflegen (BGH[Z] NJW **80**, 1907), oder gar 1:10000 bis 1:20000 (BGHZ **90**, 96; vgl. Bremen MedR **83**, 111; einschränkend Celle VersR **81**, 1185). Diese Rspr (vgl. dazu ausf. LK-*H.J. Hirsch* 20ff.) erklärt sich aus den beweisrechtlichen Besonderheiten zivilrechtlicher Kunstfehlerprozesse.

16 Ist der Eingriff *per se* bedenklich (wie bei *Doping*-Maßnahmen; vgl. unten), **nicht erforderlich** (NStZ **81**, 351), sondern nur „gegeben" (BGH **12**, 379), etwa rein prophylaktisch, diagnostisch (Bremen MedR **83**, 75, 111; *Narr* aaO; *S/S-Eser* 40) oder aus nur kosmetischen Gründen veranlasst, so werden an die Aufklärung besondere Anforderungen gestellt (vgl. MedR **91**, 85; *Ulsenheimer* MedR **92**, 133); diese sind jedenfalls weitergehend als bei **Notfallpatienten,** bei denen idR keine Aufklärung über alternative Behandlungsmethoden, sondern nur pauschale Aufklärung erforderlich ist (NJW **82**, 2121; *Laufs* NJW **83**, 1350; *Eser* ZStW **97**, 20; LK-*H.J. Hirsch* 20). Geht es um Leben oder Tod, braucht der Arzt „mit der Einwilligung nicht viel Umstände zu machen" (BGH **12**, 382).

17 Ziel einer **therapeutischen Aufklärung** ist es, den Patienten für eine Therapie und die notwendigen diagnostischen Maßnahmen zu motivieren (*Deutsch* NJW **82**, 2586; *S/S-Stree* 25. Aufl. 35, NK-*Paeffgen* 79). Dabei hat der Arzt, will er dieses Ziel auf humane Art erreichen, auf Persönlichkeit und Zustand des Patienten Bedacht zu nehmen. Aus therapeutischen Gründen kann daher ausnahmsweise eine **Teilaufklärung** zulässig oder gar geboten sein, wenn eine volle Aufklärung den Patienten „seelisch so schwer belasten würde, dass dadurch der Behandlungserfolg voraussichtlich erheblich beeinträchtigt würde" (so § 162 III Nr. 3 E 1962; ähnlich § 123 IV AE-BT, Begr. 79; im Einzelnen sehr str.). Aus therapeutischen Gründen ganz *unterbleiben* kann eine Aufklärung nach der **Rspr.** nur äußerst selten, zB bei *konkreter* Suizidgefahr.

18 Eine Einwilligung kann, solange dies im Hinblick auf das Fortschreiten des Eingriffs möglich ist, **widerrufen** werden (LK-*H.J. Hirsch* 33; *S/S-Eser* 46). Hat der Arzt in Fällen, in denen eine (volle) Aufklärung nicht möglich oder nicht vertretbar ist, Grund zur Annahme, dass der Patient die **Einwilligung versagen** würde, so hat er den **Eingriff zu unterlassen** (vgl. aber § 101 StVollzG), auch um den Preis einer schweren Folge oder des Todes; denn die Beachtung des **Selbstbestimmungsrechts** des Patienten ist ein wesentlicher Teil des ärztlichen Aufgabenbereichs (BGH **32**, 378; München [Z] NJW-RR **02**, 811 [Bluttransfusion]; *Sternberg-Lieben,* Lenckner-FS 352; vgl. auch 24 vor § 211). Da Art. 2 II S. 1 GG (vgl. BVerfGE **52**, 170) auch nach Eintritt der Bewusstlosigkeit zu beachten ist, bleibt der Arzt an die Bestimmung gebunden, falls sich die ihr zugrunde liegenden tatsächlichen Umstände nicht wesentlich geändert haben (München NJW **87**, 2943;

Kutzer MDR **85**, 712). Zu Fällen der **Operationserweiterung** vgl. BGH **11**, 111; **35**, 246; **45**, 219; 16 zu § 223.

Hält ein Arzt eine gebotene Aufklärung nicht für erforderlich, ist ein Verbotsirrtum gegeben (vgl. 16 zu § 223). Hält er irrig die auf einer unzureichenden Teilaufklärung beruhende Einwilligung für wirksam, so ist nach der Rspr des BGH die Vorsatzstrafe ausgeschlossen (vgl. BGH **35**, 246, 250); es gelten die Grundsätze für den Irrtum über das Vorliegen der tatsächlichen Voraussetzungen eines Rechtfertigungsgrundes (22 zu § 16; vgl. auch *Freund* GA **06**, 267, 270 f.). **19**

B. Sterilisation. Die Rechtswidrigkeit der freiwilligen Sterilisation ist nach § 228 zu beurteilen (dazu LK-*H. J. Hirsch* 38 ff.; NK-*Paeffgen* 100; *Eser/H. J. Hirsch* [Hrsg.], Sterilisation u. Schwangerschaftsabbruch, 1980; BGHZ **67**, 48; and. noch BGH **20**, 81). Eine gesetzliche Regelung der **freiwilligen Sterilisation** sahen der RegE eines 5. StrRG (BT-Drs. VI/3434) und die Entwürfe BT-Drs. 7/375, 7/443 sowie der AE (AE-BT-Straftaten gegen die Person, 1. Halbb. 1970 § 112 II bis IV) vor; der Gesetzgeber hat von einer Regelung jedoch abgesehen (BT-Drs. 7/1982, 7/1983, Prot. 7/1705). Das BtG hat mit dem Verbot der elterlichen Einwilligung in eine Sterilisation des Kindes (§ 1631 c BGB) bewirkt, dass **Minderjährige** in keinem Fall sterilisiert werden dürfen (BT-Drs. 11/4528, 73, 107; hierzu *Kern/Hiersche* MedR **95**, 465; SK-*Horn/Wolters* 18 a). **20**

Die Rechtmäßigkeit medizinisch indizierter Sterilisation ist selbstverständlich (vgl. BGH **19**, 201; **35**, 246; **45**, 219). Darüber hinaus ist aber nach ganz hM eine Einwilligung in die Sterilisation auch ohne Indikation möglich und durch § 224 nicht ausgeschlossen (LK-*H. J. Hirsch* 40 mwN). Dagegen wirft die **Sterilisation geistig Behinderter** (Erwachsener) zahlreiche Rechtsfragen auf (vgl. hierzu *Reis* ZRP **88**, 318; *Horn* ZRP **83**, 265; *Mahnkopf* ZRP **84**, 255; *Hirsch/Hiersche* MedR **87**, 135 und Hamm MDR **83**, 317; *Eser,* Tröndle-FS 625; *Kern* MedR **91**, 69; **93**, 250; *Kern/Hiersche* MedR **95**, 466; *Hoffmann,* Sterilisation geistig behinderter Menschen, 1996; SK-*Horn/Wolters* 18 a), für die das BtG mit der Regelung über die Einwilligung des Betreuers in eine Sterilisation des Betreuten (§ 1905 BGB) eine auch weiterhin i. E. umstr. Lösung bietet (vgl. dazu die von der DGMR herausgegebenen sog. *Einbecker Empfehlungen* [*Hiersche/Hirsch/Graf-Baumann* (Hrsg.), Die Sterilisation geistig Behinderter, 1988; *S/S-Eser* 62 zu § 223 mwN). Das BtG (vgl. BT-Drs. 11/4528, 75 ff.) schließt eine Sterilisation geistig Behinderter im Interesse der Allgemeinheit ebenso aus wie im Interesse von Verwandten oder im (vorsorglichen) Interesse möglicher Kinder; ebenso die Sterilisation vorübergehend Einwilligungsunfähiger und von Minderjährigen (vgl. dazu *Niedermair* [1 a] 240 ff.). **21**

C. Verletzungen im Sport. Für Körperverletzungen bei Wettkampf-Sportarten gelten die allg. Regeln, unabhängig davon, ob es sich um eine „anerkannte“ Sportart handelt; insb. auch die Grundsätze der **Risiko-Einwilligung** (oben 7). Hier wird freilich jedenfalls bei fahrlässigen Verletzungen in Sportarten, die nicht auf Körperverletzungen *abzielen,* meist schon der **Tatbestand** des § 229 ausgeschlossen sein (LK-*H. J. Hirsch* 12), weil es bei sportartspezifischem, sozialüblichen Verhalten an einer Sorgfaltspflichtverletzung fehlt (zutr. *Rössner* H. J. Hirsch-FS 313, 319 ff.; vgl. auch *Dölling* ZStW **96**, 36; *Eser* JZ **78**, 368, 372). Die insoweit engere Auffassung der Rspr. und hM, die leicht fahrlässig unter Regelverstoß herbeigeführte Verletzungen als durch Einwilligung gerechtfertigt ansieht und eine Rechtfertigung bei grob fahrlässigem und vorsätzlichem regelwidrigen Verhalten ausschließt (vgl. BGH **4**, 88, 92; Bay **60**, 266; **61**, 180; Karlsruhe NJW **82**, 394; Hamm JR **98**, 465; *S/S-Stree* 16; NK-*Paeffgen* 109; wohl auch SK-*Horn/Wolters* 21 f.), wird den Gegebenheiten kaum gerecht und müsste zu merkwürdigen Ergebnissen führen, wenn etwa Mitwirkende eines Fußball- oder Eishockeyspiels *individuell* erklärten, eine Einwilligung *nicht* zu erteilen (*Rössner* aaO 316 f.). Das gilt auch für erhebliche Verletzungen auf Grund fahrlässiger Regelverstöße, aber auch für leichtere Verletzungen durch vorsätzliches Verhalten, das sich im Rahmen des sportartspezifisch zu Erwartenden hält *(Fouls)*; in „kampf“-betonten Wettkampf- **22**

sportarten übersteigt die Zahl der (zumindest bedingt) vorsätzlichen leichten Körperverletzungen die der fahrlässigen bei weitem, und die Annahme, die Strafbarkeit der (allseits gelobten) *aggressiven Manndeckung* hänge vom Strafantrags-Verhalten der Gefoulten ab, erschiene lebensfremd. Erhebliche vorsätzliche Verletzungen im Spielverlauf (etwa bewusste Tätlichkeiten oder geplante *Revanche*-Fouls mit erheblichen Verletzungsfolgen; Schlägereien beim Eishockey), ebenso Verletzungen außerhalb des Wettkampfgeschehens gehören nicht zum Bereich des Sozialüblichen; hier spielt aber die Einwilligung keine Rolle. Im Anwendungsbereich des § 228 liegen daher idR nur Verletzungen bei **Kampfsportarten,** die auf (erhebliche) Körperverletzungen gerade *abzielen* (insb. Boxen); hier sind regelgerecht zugefügte, auch erhebliche Verletzungen durch die Einwilligung gedeckt und nicht sittenwidrig; in regelferne Tätlichkeiten (Beißen eines Boxers) wird nicht eingewilligt.

23 **D. Doping.** Die Frage der Wirksamkeit einer Einwilligung in Doping-Maßnahmen (Verabreichen körperfremder oder abnorm wirkender physiologischer Substanzen an Sportler zur Leistungssteigerung; verbotene, mit Eingriffen verbundene medizinische Methoden wie *Blutdoping*) stellt sich nur, wenn es sich dabei um tatbestandsmäßige *Fremd*-Verletzungen oder *Fremd*-Gefährdungen handelt; Teilnahme an (konstruktiv täterschaftlicher) Eigenverletzung oder Selbstgefährdung ist von § 223 ff. grds. nicht erfasst (vgl. 19 f. vor § 32; 2 zu § 223). Das am 5. 7. 2007 vom BTag beschlossene G zur Verbesserung der Bekämpfung des Doping im Sport (BT-Drs. 16/5526; BR-Drs. 580/07 vgl. oben 1 a; krit. dazu *Kargl* NStZ **07**, 489 ff.) sieht allerdings in § 6 a IIa AMG eine strafbewehrtes (§ 95 I Nr. 2 b AMG) Verbot des *Besitzes* nicht geringer Mengen von Dopingmitteln vor. Das Verbot des Inverkehrbringens, Verschreibens oder Anwendens von Dopingmitteln (§ 6 a iVm § 95 I Nr. 2 a, III AMG) gilt auch für Nichtärzte, insb. also für Trainer, Masseure, Physiotherapeuten; eine erhöhte Strafdrohung gilt für das Doping von Minderjährigen; das Eigen-Doping unterfällt § 6 a AMG nicht (vgl. *Bottke*, Kohlmann-FS 85, 91; umf. dazu *Swarc*, Arten der Verantwortlichkeit für Doping im Sport, Otto-FS [2007] 179, 186 ff.).

23 a Soweit eine Strafbarkeit nach §§ 223 ff. in Betracht kommt, ist nach hM das **Fremddoping** auch bei hinreichender Aufklärung (vgl. oben 16) und daher nach allgemeinen Regeln wirksamer Einwilligung sittenwidrig, wenn **schwerwiegende Gesundheitsschäden** verursacht werden (vgl. LK-*Hirsch* 49; *S/S-Stree* 18; *Linck* NJW **87**, 2545, 2550; *Gössel* BT 1 13/110; *U. Weber,* Baumann-FS 54; **aA** NK-*Paeffgen* 110; *Kargl* JZ **02**, 389, 396 ff.; wohl auch SK-*Wolters/Horn* 23). Das kann man, ausgehend vom Ansatz des BGH (vgl. oben 11), durchaus auch im Grundsatz bezweifeln; man wird es jedenfalls auf *vorsätzlich* (konsentiert) herbeigeführte Folgen zu beschränken haben. Die Grenze des „Schwerwiegenden" (vgl. oben 9 a) dürfte an § 226 zu orientieren sein. Eine darüber hinaus gehende, auf die sportethische Verwerflichkeit des „Betrugs" gestützte Sittenwidrigkeit der Einwilligung schon bei **leichten Schädigungen** ist umstritten (Sittenwidrigkeit bejahend *Linck* NJW **87**, 2250; *ders.* MedR **93**, 60; *Haas/Prokop* SpuRt **97**, 59; Sittenwidrigkeit verneinend zB *Jung* JuS **92**, 132; *Kargl* JZ **02**, 389, 396 ff. [and. wohl *ders.* NStZ **07**, 489, 491]; *S/S-Stree* 18; LK-*Hirsch* 9; NK-*Paeffgen* 110; SK-*Horn/Wolters* 23; vgl. dazu auch *Niedermair* [1 a] 147; *Heger* JA **03**, 76; *Maiwald*, Gössel-FS 399; *Bottke*, Kohlmann-FS 85, 103). Soweit sie aus dem auf Täuschung abzielenden, regelwidrigen *Zweck* der Leistungsmanipulation abgeleitet wird, ist dies nicht überzeugend (vgl. oben 9); auch deshalb nicht, weil die Grenzen *verbotenen* Dopings fließend sind und Maßnahmen einbeziehen, die außerhalb des Leistungssportbereichs der Einwilligung ohne weiteres zugänglich sind. Da in unserer Gesellschaft die Verwendung von Drogen und Medikamenten zur Steigerung der Leistungsfähigkeit und zur Steuerung der psychischen Befindlichkeit weit verbreitet ist und mit hohem Werbeaufwand gefördert wird, und weil die *Grenze* zwischen legaler und krimineller Selbstschädigung, auch mit gravierenden Folgen, vielfach nach Maßgabe verwaltungsrechtlicher Zweckmäßigkeiten und kommerzieller Interessen gezogen ist, wird man von einem

„unbezweifelbaren" moralischen Makel kaum sprechen können. Eine Teilnahme am **Eigendoping** ist mangels strafbarer Haupttat nicht strafbar (*Kargl* NStZ **07**, 489, 490f.).

Literatur zum Doping im Sport (Auswahl): *Ahlers,* Doping und strafrechtliche Verantwortlichkeit (usw.), 2. Aufl. 1998; *Bottke*, Doping als Straftat?, Kohlmann-FS (2003), 85; *Derleder/Deppe,* Die Verantwortung des Sportarztes gegenüber Doping, JZ **92**, 116; *Franz/Hartl* NJW **88**, 2277; *Heger,* SpuRt **01**, 92; *Körner* ZRP **89**, 418; *Kargl,* Probleme der Strafbegründung bei Einwilligung des Geschädigten am Beispiel des Dopings, JZ **02**, 389; *ders.*, Begründungsprobleme des Dopingstrafrechts, NStZ **07**, 489; *Klug*, Doping als strafbare Verletzung der Rechtsgüter Leben und Gesundheit, 1996; *Linck,* Doping und staatliches Recht, NJW **87**, 2545; *ders.*, Doping aus juristischer Sicht, MedR **93**, 55; *Maiwald*, Probleme der Strafbarkeit des Doping im Sport – am Beispiel des italienischen Antidoping-Gesetzes, Gössel-FS (2002), 399; *Markowetz,* Doping – Haftungs- und strafrechtliche Verantwortlichkeit, 2003; *Mestwerdt*, Doping – Sittenwidrigkeit und staatliches Sanktionsbedürfnis?, 1997; *Momsen-Pflanz,* Die sportethischen und strafrechtliche bedeutung des Dopings, 2005; *A. Müller*, Doping im Sport als strafbare Gesundheitsbeschädigung (§§ 223 I, 230 StGB)?, 1993; *Otto,* Zur Strafbarkeit des Dopings, SpuRt **94**, 10; *Prokop,* Die Grenzen der Dopingverbote, 2000; *Rain,* Die Einwilligung des Sportlers beim Doping, 1998; *Schild* (Hrsg)., Rechtliche Fragen des Dopings, 1986; *Turner,* Die Einwilligung des Sportlers zum Doping, NJW **91**, 2943; *ders.,* Rechtsprobleme beim Doping im Sport, MDR **91**, 569; *ders.,* Ist ein Anti-Doping-Gesetz erforderlich? ZRP **92**, 121; *Vieweg,* Doping und Verbandsrecht, NJW **91**, 1511; *ders.* (Hrsg.), Doping. Realität und Recht, 1998; *Zittlau* KR **93**, 559 [Doping als polizeiliches Problem]; *Zuck,* Doping, NJW **99**, 831. **23 b**

E. Transplantationen. Für Organtransplantationen und Gewebespenden gilt die Regelung des § 8 I TPG (Entnahme nur mit Einwilligung); § 8 II S. 1 TPG beschränkt den zulässigen Spenderkreis (dazu BVerfG NJW **99**, 3399 [Anm. *Gutmann* NJW **99**, 3387; vgl. auch *Schroth* MedR **99**, 67]; *Dufkova* MedR **00**, 408; *Rittner/Besold/Wandel* MedR **01**, 118; Strafdrohung in § 19 II TPG; vgl. dazu *Seidenath* MedR **98**, 253; *Kühn* MedR **98**, 455; *König,* Strafbarer Organhandel, 1999, 43ff., 61ff.; *Gutmann/Schroth,* Organlebendspende in Europa, 2002, 2ff.; jew. mwN). Für die Entnahme von embryonalen oder fötalen Organen oder Geweben gilt § 4a I Nr. 2 TPG; für Knochenmarkspenden von Minderjährigen § 8a TPG. Sonderregelungen bestehen auch für die Verwendung von Organen und Geweben, die im Rahmen einer medizinischen Behandlung zu anderen Zwecken als zur Spende entnommen wurden (§ 8b TPG), sowie für die Entnahme von Organen und Geweben zur Rückübertragung (§ 8c TPG). **24**

Nach **hM** machten kommerziell motivierte Einwilligungen in Organentnahmen diese jedenfalls bis zur Einführung des TPG nicht sittenwidrig (vgl. auch BSG NJW **97**, 3116). Dass sich dies durch die Geldbußen- und Strafbewehrung des Organhandels in §§ 18, 19 TPG geändert hat, wird teilweise angenommen (*Schroth* JZ **97**, 1149, 1152; wohl auch in: *Roxin/Schroth* [Hrsg.], Medizinstrafrecht, 2. Aufl. 2001, 271, 276f.; *Lackner/Kühl* 23), von der hM jedoch zutreffend verneint (*S/S-Stree* 9; SK-*Horn/Wolters* 8f.; NK-*Paeffgen* 93; *König,* Strafbarer Organhandel, 62f.; 226f.; ebenso in: *Roxin/Schroth* [Hrsg.], Medizinstrafrecht, 2. Aufl. 2001, 291, 310f.; *Niedermair* [1a] 223, 230; wohl auch LK-*Hirsch* 46; vgl. auch *Deutsch* ZRP **94**, 179; *M/Schroeder/Maiwald* 8/14), denn sittenwidrig kann hier (im Einzelfall, nicht aber regelmäßig) infolge der „Kommerzialisierung" allenfalls die Einwilligung (auch dies ist, jedenfalls bei paarigen Organen, nicht nur bei „Befreiung aus dem Elend" [NK-*Paeffgen* 94; *M/Schroeder/Maiwald* 8/14] zweifelhaft), nicht aber schon der Eingriff selbst sein. Für vom TPG nicht erfasste Eingriffe zu **Blutspenden** gilt das entsprechend (vgl. auch § 10 TransfusionsG). . **24 a**

7) Die **irrtümliche Annahme** des Vorliegens einer Einwilligung schließt Bestrafung wegen **vorsätzlicher** Körperverletzung aus (22 zu § 16; vgl. BGH **4**, 119; **16**, 313; **49**, 34, 44; **49**, 166, 175f.; NJW **78**, 1206). Dasselbe gilt, wenn der Täter eine unwirksame Einwilligung für wirksam hält (BGH **16**, 309). Irrt er über die *Bewertung* der Tat als sittenwidrig, so ist dagegen ein Verbotsirrtum gegeben (vgl. BGH **49**, 34, 44; NK-*Paeffgen* 115; str.; vgl. Hamm JMBlNW **64**, 128; LK- **25**

H.J. Hirsch 51). Zur irrtümlichen Unkenntnis einer tatsächlich vorliegenden Einwilligung vgl. 23 zu § 16.

Fahrlässige Körperverletzung

229 Wer durch Fahrlässigkeit die Körperverletzung einer anderen Person verursacht, wird mit Freiheitsstrafe bis zu drei Jahren oder mit Geldstrafe bestraft.

1 **1) Die Vorschrift** (§ 230 aF) wurde durch Art. 1 Nr. 38 des 6. StrRG (2f. vor § 174) **§ 229** und in der Fassung geringfügig geändert. Umstritten sind rechtspolitische Bestrebungen (*Hofmann* NZV **93**, 209; *Müller-Metz* NZV **94**, 89; umfassend *Koch,* Die Entkriminalisierung im Bereich der fahrlässigen Körperverletzung und Tötung, 1998 [Diss.; Bespr. *Vormbaum* GA **00**, 185]; *Bode,* Zur strafrechtlichen Produkthaftung, BGH 50-FS, 515), die leichte und mittlere Fahrlässigkeit ohne schwere Folgen aus der Strafbarkeit nach § 229 herauszunehmen.

2 **2) Körperverletzung** ist hier iS des § 223 zu verstehen, umfasst also die Gesundheitsbeschädigung ebenso wie die Misshandlung. Auf die Schwere der Verletzung kommt es für § 229 nicht an.

3 **3)** Die fahrlässige Körperverletzung hat mit der fahrlässigen Tötung des § 222 viele Berührungspunkte; auf die dortigen Erl. wird verwiesen. Zu den Sorgfaltspflichten bei **ärztlicher Behandlung** vgl. 9ff. zu § 222 (vgl. auch BGH **49**, 1ff. zu Sorgfaltspflichten im Maßregelvollzug); zur **Produkthaftung** *Bode* BGH-FS 50, 515ff.; zu fahrlässigen **Sportverletzungen** vgl. *Rössner,* H.J. Hirsch-FS 229; zur Verantwortlichkeit von **Hundehaltern** vgl. Bay NJW **87**, 1094; **91**, 1695; **93**, 1609 (m. Anm. *Brammsen* JR **94**, 372); NJW **93**, 2001; Hamm NJW **96**, 1295; AG Neuwied NStZ **97**, 239 (abl. Anm. *Quedtman*); AG Verden NStZ **06**, 689. Beruht der Erfolg unmittelbar auf einer aktiven Handlung, der ein (fahrlässiges) Unterlassen von Vorkehrungen zur Erfolgsvermeidung vorausgegangen ist, so liegt kein Unterlassungs-, sondern ein Begehungsdelikt vor (NStZ **03**, 657 [iErg. zust. *Ulsenheimer* StV **07**, 77, 79; vgl. 17 vor § 13).

3a Auch vorsätzliche Herbeiführung des Erfolgs kann zur Bestrafung wegen Fahrlässigkeit führen, so bei fahrlässiger Überschreitung der Grenzen einer Einwilligung; bei irriger Annahme eines solchen (zB infolge *error in persona,* RG GA Bd. **61**, 333), wenn der Notwehr-Übende das Risiko einer Abwehrwaffe vorwerfbar nicht gemindert hatte (BGH **27**, 314; krit. *Hassemer* JuS **80**, 412), oder im Falle eines vermeintlichen Notstandes; bei *aberratio ictus* (6 zu § 16). Wenn eine Handlung den Tod des Opfers herbeiführt und der Täter nur eine Körperverletzung, nicht die Todesfolge voraussehen konnte, so greift § 229 ein (Köln NJW **56**, 1848).

4 **4) Tateinheit** zwischen fahrlässiger und vorsätzlicher Körperverletzung an **einer Person** durch **eine Handlung** ist ausgeschlossen (RG **16**, 129; NStZ **97**, 493; hierzu *Paul* JZ **98**, 297; SK-*Horn/Wolters* 6; **aA** MK-*Hardtung* 22). Bei vom Vorsatz einer Körperverletzung nicht umfassten, sorgfaltswidrig herbeigeführten Verletzungsfolgen kommt die Fahrlässigkeit, falls nicht § 226 eingreift, nur als Strafzumessungsgrund bei der vorsätzlichen Körperverletzung in Betracht (LK-*H.J. Hirsch* 46). Tateinheit ist möglich mit § 240 (BGH **1**, 84); mit §§ 315ff.; § 323a (BGH **2**, 18); § 43 MPG. Der Wegfall des § 47 WStG [fahrlässige Körperverletzung oder Tötung im Dienst] lässt die Anwendbarkeit des § 229 unberührt (LG Köln NZWehrr **82**, 110).

5 **5) Sonstige Vorschriften.** Strafantrag § 230; Privatklage, Sühneversuch, Nebenklage §§ 374, 380, 395 StPO.

Strafantrag **RiStBV 234**

230 **I Die vorsätzliche Körperverletzung nach § 223 und die fahrlässige Körperverletzung nach § 229 werden nur auf Antrag verfolgt, es sei denn, dass die Strafverfolgungsbehörde wegen des besonderen öffentlichen Interesses an der Strafverfolgung ein Einschreiten von Amts wegen für geboten hält. Stirbt die verletzte Person, so geht bei vorsätzlicher Körperverletzung das Antragsrecht nach § 77 Abs. 2 auf die Angehörigen über.**

II Ist die Tat gegen einen Amtsträger, einen für den öffentlichen Dienst besonders Verpflichteten oder einen Soldaten der Bundeswehr während der Ausübung seines Dienstes oder in Beziehung auf seinen Dienst begangen, so wird sie auch auf Antrag des Dienstvorgesetzten verfolgt. Dasselbe gilt für Träger von Ämtern der Kirchen und anderen Religionsgesellschaften des öffentlichen Rechts.

1) Die Vorschrift (§ 232 aF) wurde durch Art. 1 Nr. 38 des 6. StrRG (2f. vor § 174) **§ 230** und redaktionell sowie sprachlich geringfügig geändert (krit. hierzu *Duttge* JZ **98**, 560). 1

2) Strafantrag (§§ 77 bis 77d) ist für die vorsätzlichen Körperverletzungen nach § 223 und die fahrlässigen nach § 229, nicht für die nach §§ 224 bis 227, 340 sowie nach §§ 25, 30 WStG, Prozessvoraussetzung (2 vor § 77). Hier wie in den 3 vor § 77 genannten Fällen handelt es sich um eine Mischform von Antrags- und Offizialdelikten. Zu beachten ist § 77c, der auch bei wechselseitigen fahrlässigen Körpererletzungen gilt. Ein Verletzter ist zum Anschluss als Nebenkläger seit Inkrafttreten des OpferschutzG (1 zu § 46) berechtigt, auch wenn er keinen Strafantrag gestellt hat (BGHR § 395 StPO, Anschl. 1). **Stirbt** der Verletzte, ohne Antrag gestellt zu haben, so geht das Antragsrecht in den Fällen von § 223, nicht aber von § 229 im Rahmen von §§ 77 II, 77b IV auf die in § 77 II bezeichneten Angehörigen über. 2

3) Das Antragserfordernis entfällt, wenn nach Auffassung der Strafverfolgungsbehörde ein **besonderes öffentliches Interesse** (zur verfassungsrechtlichen Unbedenklichkeit dieses Begriffs, vgl. BVerfGE **50**, 216) die Verfolgung gebietet (vgl. LK-*H. J. Hirsch* 8f.). Lehnt die Tatort-StA (§ 7) die Verfolgung ab, so kann trotzdem die Wohnsitz-StA (§ 8) die öffentliche Klage erheben (MK-*Hardtung* 19). Das Gericht darf das besondere öffentliche Interesse *nicht* auch seinerseits nachprüfen (BVerfGE **51**, 176; BGH **6**, 285; **16**, 225; **19**, 381; Bay NJW **91**, 1765; **aA** Köln NJW **52**, 1307; LK-*H. J. Hirsch* 16; SK-*Horn/Wolters* 4; NK-*Paeffgen* 15). Die StA kann auch nach Einspruchseinlegung durch den Betroffenen im OWi-Verfahren nachträglich noch das öffentliche Interesse an einer Strafverfolgung bejahen (Hamburg NStZ **86**, 81, krit. *Friebe* MDR **90**, 684). 3

Die StA braucht das Vorliegen des besonderen öffentlichen Interesses nicht ausdrücklich auszusprechen (NJW **64**, 1630; Karlsruhe NJW **74**, 1006). Es genügt formlose Erklärung (BGH **16**, 225; 2 StR 749/77; *S/S-Stree* 7), sie erfasst die gesamte Tat iS von § 264 I StPO (Braunschweig MDR **75**, 862; and. MK-*Hardtung* 32), auch bloße Erhebung der Anklage oder die Beantragung eines Strafbefehls genügt (BGH **6**, 282; Bay **50/51**, 577; **aA** Hamburg HESt. **1**, 99; Bremen MDR **61**, 167), nicht jedoch, wenn die StA von einer von Amts wegen verfolgbaren Tat ausgegangen ist (LG Kempten NJW **81**, 934). In den Fällen des § 224 genügt indessen ein bloßes Zitat des § 230 als Erklärung nicht (5 StR 447/78). Andererseits kann die StA das öffentliche Interesse noch in der Revisionsinstanz erklären (BGH **6**, 282; **16**, 225; **19**, 381; MDR/D **74**, 546; Bay NJW **91**, 3293). Die Erklärung ist nicht im Verwaltungsrechtsweg überprüfbar (BVerwG NJW **59**, 448; vgl. BVerfGE **51**, 177; **aA** *Tröndle* 49. Aufl.). Wird bei einer Tat nach § 229 das besondere öffentliche Interesse verneint und das Verfahren wegen der Verfolgung einer zugleich begangenen Ordnungswidrigkeit an die Verwaltungsbehörde abgegeben, so hat das Gericht auf einen Einspruch gegen einen Bußgeldbescheid in das Strafver- 4 fahren überzugehen (§ 81 I OWiG), falls § 229 gegeben ist und ein wirksamer Strafantrag gestellt ist (Bay MDR **77**, 246; vgl. auch LG Oldenburg MDR **81**, 421; hierzu *Kellner* MDR **77**, 626; *Göhler* OWiG 10 zu § 43; *Preisendanz* DRiZ **89**, 366 [auch zu §§ 153, 153 a StPO]; LK-*H.J. Hirsch* 6).

5 Die Erhebung von Anklage unter einem anderen rechtlichen Gesichtspunkt als den §§ 223, 229 enthält für sich allein noch nicht die Erklärung der StA nach § 230 I (NJW **64**, 1969; Bay **55**, 126). Gibt das Gericht in der Hauptverhandlung zu erkennen, dass eine Verurteilung nur nach § 223 oder § 229 in Betracht komme, so hat sich der StA zu erklären; gibt er keine Erklärung ab, so gilt das öffentliche Interesse als verneint (BGH **19**, 377); bloßes Schweigen ist dagegen nach MDR/D **75**, 367 nicht als Verneinung zu werten. Verneint die StA nach Anklageerhebung das besondere öffentliche Interesse, so ist das Verfahren nach §§ 206 a, 260 III StPO einzustellen (BGH **19**, 377; Düsseldorf NJW **70**, 1054). Eine Zustimmung nach § 153 II StPO ist keine Rücknahme der Bejahung des besonderen öffentlichen Interesses iS von I und führt daher nicht etwa zur Einstellung wegen Verfahrenshindernisses (**aA** *Tröndle* 49. Aufl.).

6 **4) Abs. II** regelt das Antragsrecht von **Dienstvorgesetzten;** es gilt unabhängig von dem persönlichen Antragsrecht der verletzten Person. Insoweit gelten die Erl. zu § 194 III entsprechend.

Beteiligung an einer Schlägerei

231 **I Wer sich an einer Schlägerei oder an einem von mehreren verübten Angriff beteiligt, wird schon wegen dieser Beteiligung mit Freiheitsstrafe bis zu drei Jahren oder mit Geldstrafe bestraft, wenn durch die Schlägerei oder den Angriff der Tod eines Menschen oder eine schwere Körperverletzung (§ 226) verursacht worden ist.**

II Nach Absatz 1 ist nicht strafbar, wer an der Schlägerei oder dem Angriff beteiligt war, ohne dass ihm dies vorzuwerfen ist.

1 **1) Die Vorschrift** (§ 227 aF) wurde durch Art. 1 Nr. 38 des 6. StrRG (2 f. vor § 174) **§ 231** und ohne sachliche Änderung sprachlich verbessert. Nach dem RegE (S. 35) sollte sie wegen ihrer geringen praktischen Bedeutung und wegen verfassungsrechtlicher Einwände ersatzlos gestrichen werden. Sie wurde aber auf Empfehlung des BRats als ein durch andere Vorschriften nicht zu ersetzender Auffangtatbestand (RegE 61) beibehalten. Die Vorschrift stellt den **Raufhandel** wegen der Gefährlichkeit von Schlägereien und der Schwierigkeit, die Einzelverantwortlichkeit der Beteiligten für schwere Folgen aufzuklären, unter Strafe (BGH **14**, 132; **33**, 103 [m. Anm. *Günther* JZ **85**, 585]; NJW **65**, 1285). Sie ist ein **abstraktes Gefährdungsdelikt** (BGH **33**, 103; MK-*Hohmann* 2; krit. *Montenbruck* JR **86**, 139; hierzu SK-*Horn/Wolters* 2; NK-*Paeffgen* 2).

1 a **Schrifttum:** *Eisele* ZStW **110**, 69; *ders.,* Zur Bedeutung des § 231 II StGB nach dem 6. StrRG, JR **01**, 270; *Geisler,* Zur Vereinbarkeit objektiver Bedingungen der Strafbarkeit mit dem Schuldprinzip, 1988 (Diss. Berlin; Strafr. Abh. NF **109**, 262); *ders.,* Objektive Strafbarkeitsbedingungen u. „Abzugsthese“, GA **00**, 166; *Hund,* Beteiligung an einer Schlägerei – ein entbehrlicher Tatbestand?, 1987 (Diss. Mainz); *Rengier,* Gedanken zur Problematik der objektiven Zurechnung im Besonderen Teil des Strafrechts, Roxin-FS 811; *Rönnau/Bröckers* GA **95**, 549; *Saal,* Die Beteiligung an einer Schlägerei (§ 231 StGB). Ein Plädoyer für die Streichung der schweren Folge, 2005 (Diss. Bochum 2004; Rez. *Geisler* GA **07**, 371); *Stree,* Probleme des Schlägereitatbestandes, R. Schmitt-FS 215; *Zopfs,* Die „schwere Folge“ bei der Schlägerei (§ 231 StGB), Jura **99**, 172.

2 **2) Voraussetzungen sind eine Schlägerei oder ein Angriff,** der von mehreren verübt wird. Sie werden sich meistens in mehreren Einzelakten abspielen; diese bilden einen **einheitlichen** Raufhandel, wenn sie in engem zeitlich-räumlichen Zusammenhang stehen und unter zumindest zeitweiser Überschneidung der Anwesenheit handelnder Personen in einem „natürlichen“ Gesamtgeschehen begangen werden (NK-*Paeffgen* 5).

3 **Schlägerei** ist der Streit von mindestens 3 Personen mit gegenseitigen Körperverletzungen (BGH **15**, 369; **31**, 125; **33**, 102; hierzu *Henke* Jura **85**, 586), auch

wenn einer von ihnen ohne Schuld oder in Notwehr handelt, die sich nicht auf bloße Schutzwehr beschränkt, sondern in Trutzwehr übergeht (aaO; str.). Ggf. ist bei den einzelnen Beteiligten zu prüfen, ob der Rechtfertigungsgrund der Nothilfe vorliegt (2 StR 54/83).

Der Angriff besteht in der feindlichen, unmittelbar gegen den Körper eines 4
anderen *zielenden* Einwirkung (BGH **33**, 102; vgl. hierzu LK-*H.J. Hirsch* 5f.), wobei bei den Angreifenden Einheitlichkeit des Angriffs, des Angriffsgegenstandes und des Angriffswillens bestehen muss (BGH **31**, 126; **33**, 102 [m. Anm. *Günther* JZ **85**, 585; *Henke* Jura **85**, 587; *Montenbruck* JR **86**, 141; *J. Schulz* StV **86**, 250]; NJW **84**, 621). Körperliche Berührung oder gar eine Körperverletzung sind nicht vorausgesetzt. Insbesondere können sich die Angegriffenen auf die bloße Abwehr beschränken (anders zu 3). **Mehrere** müssen den Angriff verüben; dass einer zwei andere angreift, die sich bloß wehren, genügt nicht. Mittäter müssen die Angreifer nicht sein (RG **59**, 264; **aA** NK-*Paeffgen* 7). An der Tätlichkeit braucht sich nicht jeder Angreifer zu beteiligen (BGH **2**, 163; *Eisele* ZStW **110**, 73).

3) Der Tod oder eine schwere Körperverletzung eines Menschen (§ 226) 5
müssen durch die Schlägerei oder den Angriff verursacht worden sein; sie sind **Bedingung der Strafbarkeit** nach § 231 (BGH **14**, 132; **16**, 130; **33**, 103; Stree JuS **65**, 472; hM; **aA** LK-*H.J. Hirsch* 1; zu den *verfassungsrechtlichen* Einwänden gegen die Vorschrift *Montenbruck* JR **86**, 138; *Rönnau/Bröckers* GA **95**, 553; *Geisler* [1 a]; *Saal* [1 a]); sie müssen durch die Schlägerei oder den Angriff verursacht sein, brauchen aber nicht bei einem Teilnehmer der Schlägerei oder des Angriffs einzutreten (BGH **16**, 130; **33**, 100 m. Anm. *Günther* JZ **85**, 585 u. *J. Schulz* StV **86**, 250); die Verletzung eines Unbeteiligten genügt (LK-*H.J. Hirsch* 11).

Zwischen Schlägerei oder Angriff und der schweren Folge muss ein **ursächlicher Zusammenhang** gegeben sein. Es genügt, dass der Erfolg sich auf den „von 6
mehreren gemachten Angriff" zurückführen lässt (NJW **84**, 621 m. Anm. *Geppert* JK 2 zu § 226 aF). Es muss sich um eine „tatbestandsspezifische" Folge (ähnlich § 227) handeln (hierzu im Einzelnen *Stree* [1 a] 222; krit. zum Kausalitäts-Kriterium und für eine Behandlung nach Kriterien der **objektiven Zurechnung** *Rengier,* Roxin-FS 811, 816f.; vgl. auch MK-*Hohmann* 27). Die Folge kann auch durch eine Notwehrhandlung herbeigeführt sein; sie kann auch bei einem der Angreifer eintreten (BGH **33**, 103 [dazu *Montenbruck* JR **86**, 141]; **39**, 305 m. Anm. *Seitz* NStZ **94**, 185, *Stree* JR **94**, 370; *H. Wagner* JuS **95**, 296; *Rönnau/Bröckers* GA **95**, 549; *Geppert* JK 1 zu § 227 aF). Denn die Beteiligung an Schlägerei oder Angriff wird schon als solche bestraft, und zwar wegen ihrer Gefährlichkeit (SK-*Horn/Wolters* 8 a; vgl. aber LK-*H.J. Hirsch* 1, 10). Daher ist es auch gleichgültig, ob die schwere Folge einer bestimmten beteiligten Person zugerechnet werden kann; auch der Verletzte selbst kann Täter sein (BGH **33**, 104 m. Anm. *Günther* JZ **85**, 585 u. *J. Schulz* StV **86**, 250; *Stree* [1 a] 224), mag auch für ihn § 60 in Betracht kommen (*Stree* aaO). § 18 gilt nicht (NK-*Paeffgen* 3).

Bei **Verschulden** eines Beteiligten am Tod oder schwerer Körperverletzung 7
liegt bei ihm Idealkonkurrenz des § 231 mit dem betr. Tötungsdelikt oder § 226 vor (BGH **33**, 104, vgl. unten 11).

4) Tathandlung ist die Beteiligung des Täters an der Schlägerei oder dem An- 8
griff. **Beteiligung** ist *im umgangssprachlichen Sinn* zu verstehen, nicht als Teilnahme iS von §§ 26, 27 oder als Mittäterschaft (BGH **31**, 127; **33**, 102 m. Anm. *Günther* JZ **85**, 585 u. *J. Schulz* StV **86**, 251). Es wird überhaupt kein Zusammenwirken verlangt (RG **59**, 264); doch müssen die Beteiligten bei der Schlägerei **anwesend** sein und physisch oder geistig dazu beitragen, dass geschlagen wird (RG **5**, 170). Nicht erforderlich ist, dass der Beteiligte mitschlägt (RG **3**, 241); auch sonstige sachliche Anteilnahme genügt wie anfeuernde Zurufe, Ziehen eines Messers, Abhalten von Hilfskräften (BGH **15**, 369; GA **60**, 213). Fehlt es an solcher Beteiligung, kann Beihilfe zu § 231 gegeben sein, (5 StR 619/73); das Nichtverhindern der Beteiligung durch einen Überwachungsgaranten ist Beihilfe durch

Unterlassen an der Tat des § 231 (*Stree* [1 a] 217). Nicht beteiligt ist der Angegriffene, der sich auf bloße Schutzwehr beschränkt (BGH aaO); desgl. der Abwiegler. Durch welche der im Rahmen des einheitlichen Geschehens erfolgende Handlung die schwere Folge eintritt, ist grds ohne Belang; sie kann auch schon durch die Erste, das weitere Kampfgeschehen eröffnende Handlung erfolgen, wenn diese sich aus Sicht der Beteiligten bereits als Teil eines ins Auge gefassten Gesamtangriffs darstellt (1 StR 469/99). Auch nach Eintritt der schweren Folgen kann die Beteiligung noch stattfinden (BGH **16**, 130; str.; vgl. *Birkhahn* MDR **62**, 625; hiergegen *Stree* JuS **62**, 94 u. *S/S* 15). Ebenso ist § 231 anzuwenden, wenn sich der Beteiligte entfernt, bevor die schwere Folge eintritt (BGH **14**, 132; str).

9 **5) Der Vorsatz** umfasst das Wissen, dass eine Schlägerei oder ein Angriff mehrerer vorliegt und dass eine nach den Umständen schuldhafte Beteiligung stattfindet (BGH **2**, 163), hingegen braucht die schwere Folge weder vom Vorsatz noch von der Fahrlässigkeit eines Beteiligten umfasst zu sein (BGH **33**, 103; vgl. oben 5). Bei der Strafzumessung darf das Ausmaß der schweren Folgen der Tat berücksichtigt werden (*Stree* [1 a] 228).

10 **6) Abs. II** stellt klar (vgl. aber krit. *Eisele* JR **01**, 270 ff.), dass eine Beteiligung an der Schlägerei oder dem Angriff **nicht** nach I **strafbar** ist, **wenn** sie dem Beteiligten **nicht vorzuwerfen** ist. Das entspricht iErg schon der Rspr. zur aF (48. Aufl. 10 zu § 227). Offen bleibt, ob II einen Tatbestandsausschluss bewirkt (so Celle MDR **70**, 608, *M/Schroeder/Maiwald* 11/7) oder ob das Gesetz auf Rechtfertigungs- und Entschuldigungsmöglichkeiten verweist (LK-*H. J. Hirsch* 16). Eine schuldhafte Beteiligung kann auch bei einem zunächst schuldlos Beteiligten nachträglich hinzukommen (RG **30**, 281); die Schuldlosigkeit des Beteiligten kann sich auch aus einer Notwehrlage ergeben (RG **65**, 163); ist diese aber beendet, beginnt die Schuld iS des § 231 (Celle MDR **70**, 608). Jedoch ist Schuld nicht schon deswegen gegeben, weil sich der Beteiligte an einen Ort begeben hat, wo mit Angriffen zu rechnen war (RG **65**, 163), sie kann aber gegeben sein, wenn er sich, um bei der Schlägerei Hilfe zu leisten, an den Tatort begeben hat, auch wenn er dann in Notwehr oder Nothilfe handelt (5 StR 358/59; 2 StR 501/63). Auch der schuldhaft Beteiligte kann im Hinblick auf einen Totschlag oder eine Körperverletzung in Notwehr handeln (RG **59**, 266; Bay **54**, 115).

11 **7) Tateinheit** ist möglich mit den §§ 125, 221, 212 (RG **32**, 33); desgl. mit § 224 (BGH **33**, 104; hierzu differenzierend und krit. *Montenbruck* JR **86**, 141; NStZ **84**, 329), §§ 226 I, II, 227 (**aA** *Gössel* BT 1, 17/13). Dagegen liegt gegenüber dem speziellen § 340 I einerseits und der Anstiftung zu § 231 Gesetzeskonkurrenz vor; § 340 I geht vor (RG **59**, 86). Bleiben die Folgen des § 231 aus, so kann § 224 II bleiben (BT-Drs. V/4095, 49).

Achtzehnter Abschnitt

Straftaten gegen die persönliche Freiheit

Menschenhandel zum Zweck der sexuellen Ausbeutung

232 **I Wer eine andere Person unter Ausnutzung einer Zwangslage oder der Hilflosigkeit, die mit ihrem Aufenthalt in einem fremden Land verbunden ist, zur Aufnahme oder Fortsetzung der Prostitution oder dazu bringt, sexuelle Handlungen, durch die sie ausgebeutet wird, an oder vor dem Täter oder einem Dritten vorzunehmen oder von dem Täter oder einem Dritten an sich vornehmen zu lassen, wird mit Freiheitsstrafe von sechs Monaten bis zu zehn Jahren bestraft. Ebenso wird bestraft, wer eine Person unter einundzwanzig Jahren zur Aufnahme oder Fortsetzung der Prostitution oder zu den sonst in Satz 1 bezeichneten sexuellen Handlungen bringt.**

II Der Versuch ist strafbar.

III Auf Freiheitsstrafe von einem Jahr bis zu zehn Jahren ist zu erkennen, wenn

1. das Opfer der Tat ein Kind (§ 176 Abs. 1) ist,
2. der Täter das Opfer bei der Tat körperlich schwer misshandelt oder durch die Tat in die Gefahr des Todes bringt oder
3. der Täter die Tat gewerbsmäßig oder als Mitglied einer Bande, die sich zur fortgesetzten Begehung solcher Taten verbunden hat, begeht.

IV Nach Absatz 3 wird auch bestraft, wer

1. eine andere Person mit Gewalt, durch Drohung mit einem empfindlichen Übel oder durch List zur Aufnahme oder Fortsetzung der Prostitution oder zu den sonst in Absatz 1 Satz 1 bezeichneten sexuellen Handlungen bringt oder
2. sich einer anderen Person mit Gewalt, durch Drohung mit einem empfindlichen Übel oder durch List bemächtigt, um sie zur Aufnahme oder Fortsetzung der Prostitution oder zu den sonst in Absatz 1 Satz 1 bezeichneten sexuellen Handlungen zu bringen.

V In minder schweren Fällen des Absatzes 1 ist auf Freiheitsstrafe von drei Monaten bis zu fünf Jahren, in minder schweren Fällen der Absätze 3 und 4 ist auf Freiheitsstrafe von sechs Monaten bis zu fünf Jahren zu erkennen.

Übersicht

1) Allgemeines .... 1, 1 a
2) Anwendungsbereich; Rechtsgut .... 2–2 b
3) Aufbau; Tenorierung 3
4) Bringen zur Prostitution oder zu sex. Handlungen (I S. 1) 4–15
5) Bringen von Personen unter 21 Jahren zur Prostitution (I S. 2) 16, 17
6) Versuch (II); Vollendung; Beendigung 18–20
7) Schwerer Menschenhandel (III) 21–24
8) Besonders schwerer Menschenhandel (IV) .... 25–32 a
9) Täterschaft und Teilnahme 33
10) Rechtsfolgen; minder schwere Fälle (V) .... 34, 34 a
11) Konkurrenzen 35, 36
12) Sonstige Vorschriften 37

1) Allgemeines. Die Vorschrift ist durch Art. 1 Nr. 10 des 37. StÄG vom 11. 2. 2005 1
(BGBl. I 239; III 450–1) eingefügt worden. Sie ist an die Stelle der zugleich aufgehobenen §§ 180 b, 181 aF (idF durch das 26. StÄG v. 14. 7. 1992) getreten (zur Anwendung des milderen

Rechts gem. § 2 III vgl. NStZ-RR **05**, 234; NStZ **05**, 445). **Mat.: GesE** SPD, B90/GR, BT-Drs. 15/3045; Beschlussempf. und Ber. RA-BTag, BT-Drs. 15/4048; Anrufung VermA BR-Drs. 846/04; Einigungsvorschlag VermA BR-Drs. 988/04. **In-Kraft-Treten: 19. 2. 2005.** Für die Tat gilt das **Weltrechtsprinzip** (§ 6 Nr. 4). **EU-Recht:** vgl. unten 2. **Praktische Bedeutung: PKS 2005:** 78 Verfahren nach § 232; 625 Verfahren nach §§ 180b, 181 aF.

Gesetzgebung: Weitergehende Änderungen, die namentlich auch eine **Strafbarkeit der Kunden** von Menschenhandelsopfern zur Folge haben, hat der GesE CDU/CSU v. April 2005, BT-Drs. 15/5326 vorgeschlagen (Vorschlag eines Tatbestands „Sexueller Missbrauch von Menschenhandelsopfern" mit Einbeziehung leichtfertigen Handelns; ebenso GesA Bayern, BR-Drs. 140/05; vgl. auch BT-Drs. 15/4048, 9ff.). Der Vorschlag ist als GesE des BRats in der 16. WP wieder eingebracht worden (BT-Drs. 16/1343 mit Stellungn. der BReg ebd. 10; vgl. dazu auch *Merk* ZRP **06**, 250); das Gesetzgebungsverfahren war bei Redaktionsschluss der 55. Auflage nicht abgeschlossen. Vgl. auch unten 2b.

1a **Literatur:** *Caldwell/Galster/Steinzor,* Crime and Servitude: An Exposé of the Traffic in Women for Prostitution (usw.), 1997; *Dencker,* Prostituierte als Opfer von Menschenhandel, NStZ **89**, 249; *Dern,* Menschenhandel, Gesellschaft u. Polizei, MSchrKrim **91**, 392; *Dreixler,* Der Mensch als Ware, 1998; *v. Fischer,* Junge Frauen als Opfer des Menschenhandels aus osteuropäischen Ländern, BewHi **99**, 387; *Heine-Wiedenmann,* Konstruktion u. Management von Menschenhandelsfällen, MSchrKrim **92**, 121; *Heine-Wiedenmann/Ackermann u. a.*, Umfeld und Ausmaß des Menschenhandels mit ausländischen Mädchen u. Frauen, 1992; Ministerium f. Gleichstellung von Mann u. Frau NRW, Internationaler Frauenhandel, 1993; *Herz*, Straftatbestand Menschenhandel, 2006; *Preising*, Die Bekämpfung des Menschenhandels im deutschen und internationalen Recht, 2006 (Diss. Köln 2006); *Renzikowski,* Frauenhandel – Freiheit für die Täter, Abschiebung für die Opfer?, ZRP **99**, 53; *ders.*, Die Bekämpfung der Zwangsprostitution, ZRP **05**, 213; *Schroeder,* Irrwege aktionistischer Gesetzgebung, JZ **95**, 231; *ders.,* Neuartige Absichtsdelikte, Lenckner FS; *ders.*, Gesetzestechnische Fehler im 37. Strafrechtsänderungsgesetz, GA **05**, 306; *ders.*, Das 37. StÄG: Neue Vorschriften zur Bekämpfung des „Menschenhandels", NJW **05**, 1393; *Sieber/Bögel,* Logistik der organisierten Kriminalität, 1993; *Steinke* KR **92**, 649; *Thielmann*, Die Grenze des Opferschutzes, StV **06**, 41.

2 **2) Anwendungsbereich; Rechtsgut; kriminalpolitische Bedeutung.**

A) Die Vorschrift bedroht unter unzutreffender Überschrift (krit. auch SK-*Wolters* 2; *Schroeder* JZ **99**, 827, 832; *Eydner* NStZ **06**, 10, 11) Handlungen mit Strafe, die dem Begriff eines „Handels mit Menschen" gar nicht unterfallen, sondern Erscheinungsformen der organisierten Ausbeutung von Personen im Zusammenhang mit Prostitution und prostitutionsnahen Tätigkeiten betreffen (vgl. dazu auch 3 zu § 180a). Der eigentliche „**Handel**" mit Personen zu diesem Zweck wird von § 232 idR nicht erfasst (vgl. dazu BT-Drs. 15/4380 [Anrufung des Vermittlungsausschusses], S. 2; EntschließungsA Bayern, BR-Drs. 141/05). Ziel der 2005 erfolgten Neuregelung der Vorschrift, die eine Nachfolgeregelung zu § 180b a. F. enthält und im Zusammenhang mit §§ 233, 233a, 233b, 234 zu sehen ist, war **zum einen** die Umsetzung der Verpflichtungen der Bundesrepublik aus **Vorgaben der VN** (Zusatzprotokoll zur Verhütung, Bekämpfung und Bestrafung des Menschenhandels, insbesondere des Frauen- und Kinderhandels, zum Übk. der VN gegen die grenzüberschreitende organisierte Kriminalität; BT-Drs. 15/5150, Anlage 1; vgl. dazu auch MK-*Renzikowski* 14ff., 17 zu § 180b aF) und der **EU** (Rahmenbeschluss des Rates v. 19. 7. 2002 zur Bekämpfung des Menschenhandels; ABl. EG Nr. L 203 v. 1. 8. 2002, S. 1; teilw. abgedr. bei *Schroeder* NJW **05**, 1393; vgl. dazu auch *S/S-Eisele* 4); **zum anderen** eine systematische Neuordnung und Ergänzung der Strafvorschriften unter einem einheitlichen Begriff des Menschenhandels (BT-Drs. 15/3045, 6f). Die *Voranstellung* des „Bringens zur Prostitution" *vor* dem „Bringen in Sklaverei" ist ebenso unpassend wie bezeichnend (zutr. *Schroeder* NJW **05**, 1393, 1395: „dubios und populistisch"). Zur **Rückwirkung** vgl. unten 34a.

2a **B.** Durch § 232 geschützt wird die **sexuelle Selbstbestimmung** als Freiheit einer von Zwang freien Bestimmung über die Ausübung von **Prostitution** sowie **prostitutionsnaher sexueller Kontakte** (vgl. schon BGH **33**, 354; **42**, 184; NStZ **83**, 262 [zu § 180b aF]). Das gilt auch, soweit die Vorschrift Qualifikationen des § 240 enthält. Daneben ist durch die Neufassung auch das **Vermögen** von

Personen geschützt, die für Zwecke der Prostitution oder sexueller Handlungen **ausgebeutet** werden (vgl. unten 7; and. für § 181 b aF 3 StR 199/01; wohl auch *S/S-Eisele* 7). Nicht geschützt ist die Freiheit von (allgemeiner) prostitutionsfördernder wirtschaftlicher Not oder ein sozial- oder entwicklungspolitisches Allgemeininteresse. Bei der Strafverfolgung ist zu bedenken, dass *gut gemeinter* Opfer-Schutz bisweilen mit den Erfordernissen eines rechtsstaatlichen Verfahrens in Konflikt gerät. Außerstrafrechtliche, interessengeleitete Definitionen von „Opfer" und „Täter" können zu einer Verzerrung des Verfahrens führen (zutr. *Thielmann* StV **06**, 41, 44 ff.) und dürfen daher nicht ohne weiteres übernommen werden.

C. Unter dem Schlagwort „Zwangsprostitution" kommt es immer wieder zu **Medienkampagnen**, die zwischen voyeuristisch-aufgeregter „Anteilnahme" und hysterisierter Opfer-Rhetorik schwanken. So wurde zB im Vorfeld der Fußball-WM 2006 breit über etwa 40 000 ausländische Zwangs-Prostituierte berichtet, die angeblich von kriminellen Organisationen zusätzlich nach Deutschland gebracht werden sollten; die wochenlange Berichterstattung führte zu einer Vielzahl rechtspolitischer Forderungen. Die Zahlen sind in der Wirklichkeit auch nicht ansatzweise bestätigt worden: Nach Polizei-Angaben wurden während der WM 2006 insgesamt 33 *Ermittlungs*verfahren wegen Menschenhandels eingeleitet; bei fünf (!) möglichen Opfern stand der Aufenthalt in Deutschland im Zusammenhang mit der WM (vgl. etwa Fed-Pol Schweiz, Auswertung: Zwangsprostitution und Menschenhandel während der WM 2006 [usw.], 2007). **2 b**

3) Aufbau; Tenorierung. § 232 enthält in Abs. I S. 1 und 2 zwei Grundtatbestände, die teilweise an § 180 b I aF anknüpfen. Abs. III enthält in Nr. 1 eine Qualifikation des I S. 2; in Nr. 2 und Nr. 3 Qualifikationen beider Grundtatbestände. **Abs. IV** enthält keine Qualifikationen, sondern **selbständige Tatbestände** (vgl. unten 25). Der Versuch ist in allen Fällen strafbar; Vorbereitungshandlungen sind in § 233 a selbständig unter Strafe gestellt. Die **Tenorierung** des Schuldspruchs kann wegen der unklaren Abstufung der Abs. I, III und IV problematisch sein (vgl. auch *Schroeder* GA **05**, 307). Fälle des **Abs. III**, sind, der Praxis bei §§ 177, 250 folgend, als „*schweren* Menschenhandel zum Zweck der sexuellen Ausbeutung" zu bezeichnen (so auch 2 StR 207/07). Eine Bezeichnung des Abs. IV als „*besonders schwerer* Menschenhandel" (so hier 54. Aufl.) wäre hingegen wegen der mit III gleichen Strafdrohung missverständlich; die eigenständigen Tatbestände des **Abs. IV** (unten 25) sind daher ebenfalls als „schwerer Menschenhandel" zu bezeichnen (2 StR 207/07). Zur Konkurrenz vgl. unten 35. **3**

4) Bringen zur Prostitution oder zu sexuellen Handlungen (Abs. I S. 1). Der Grundtatbestand des I S. 1 knüpft an § 180 b I aF an, verzichtet aber auf die frühere Vorverlagerung durch Subjektivierung; er enthält ein **Erfolgsdelikt.** **4**

A. In der **1. Var.** muss der Täter eine andere Person zur **Aufnahme oder Fortsetzung der Prostitution** bringen. Zum Begriff der Prostitution vgl. 3 zu § 180 a. Der Täter muss eine zZ der Tat noch nicht der Prostitution nachgehende Person zu deren **Aufnahme** (auch Wiederaufnahme) **oder** eine bereits als Prostituierte tätige Person dazu veranlassen, die Tätigkeit jedenfalls in **demselben Umfang** wie bisher (wenn auch evtl. unter Ortswechsel oder durch Wechsel der Straßen- zur Bordell- oder Wohnungsprostitution oder umgekehrt) oder in **intensiverer** Form (Bay NJW **85**, 277 m. Anm. *Bottke* JR **85**, 381) weiter auszuüben (vgl. BGH **33**, 353 [zu § 181 Nr. 1 aF]; BGH **42**, 179 [Anm. *Wolters* NStZ **97**, *339]). Eine* **Aufnahme** der Prostitution liegt schon dann vor, wenn das Opfer die erste Handlung begeht, die unmittelbar auf eine entgeltliche sexuelle Betätigung abzielt. Typische Anbahnungsverhandlungen reichen aus, nicht aber zB das Verhandeln mit einem Bordellbetreiber über die Tätigkeitsbedingungen (NStZ-RR **97**, 294). **5**

Ein Bringen zur **Fortsetzung** der Prostitution liegt vor, wenn eine Person, die bereits der Prostitution nachgeht, dies aber **aufgeben oder einschränken** will, dazu veranlasst wird, den bisherigen Umfang aufrechtzuerhalten, oder bei Veranlassung einer **umfangreicheren** Tätigkeit, also einer Prostitutionsausübung, durch welche die Selbstbestimmung der betroffenen Person stärker eingeschränkt wird **5 a**

(*S/S-Eisele* 14). Das ist insb. bei Veranlassung qualitativ anderer Prostitution der Fall (zB wesentliche zeitliche Ausweitung; Wechsel der Prostitutionsform, zB von Wohnungsprostitution zu Straßenstrich; Angebot bisher abgelehnter Praktiken; Aus BGH **42**, 179, 184 f. (abl. Anm. *Schroeder* JZ **97**, 155; vgl. auch 5 StR 605/90) ist nicht zu schließen, dass die Veranlassung zur Fortsetzung in **minderem Umfang** in keinem Fall ausreicht. Richtig ist zwar, dass eine Einwirkung, welche eine *Reduzierung* zur Folge hat, nach dem Sinn der Vorschrift den Tatbestand nicht erfüllen kann. Im Übrigen kommt es aber auf den Willen der betroffenen Person an: Will diese die Prostitution ganz aufgeben und bringt sie der Täter dazu, sie „wenigstens" in minderem Umfang fortzuführen, so ist der Tatbestand erfüllt.

5 b Eine **Ausbeutung** der Prostitutionstätigkeit oder eine darauf gerichtete Absicht des Täters setzt die 1. Var. nach dem insoweit klaren Wortlaut des I S. 1, der auch durch I S. 2 bestätigt wird, *nicht* voraus (**aA** *S/S-Eisele* 16; *Schroeder* NJW **05**, 1393, 1395: auch dort ungeschriebenes Tatbestandsmerkmal); das Merkmal „seines Vermögensvorteils wegen" des § 180 b aF ist in Bezug auf die Prostitutionstätigkeit in § 232 I S. 1 gerade nicht übernommen worden. Die Gegenansicht kann weder aus der Abschnittsüberschrift noch aus der Zielrichtung des Rahmenbeschlusses (oben 1 a) abgeleitet werden (so *S/S-Eisele* 16).

6 **B.** Die **2. Var.** setzt voraus, dass die betroffene Person **dazu gebracht** wird, **sexuelle Handlungen** (§ 184 f) vorzunehmen oder vornehmen zu lassen. Aufgeführt sind Handlungen des **Opfers an sich** selbst, Handlungen **an oder vor dem Täter**, Handlungen **an oder vor Dritten,** Handlungen des **Täters am Opfer** und Handlungen von **Dritten am Opfer.** Ein prostitutiver Zusammenhang ist nicht vorausgesetzt; daher unterfallen dem Begriff grds. auch sexuelle Handlungen im Rahmen partnerschaftlicher Beziehungen. Kriminalpolitisch *gemeint* sind Handlungen im Rahmen von **Peepshows**, Strip- und Live-Shows sowie als Darsteller in der **Pornographie**-Industrie (vgl. Art. 1 I Rahmenbeschluss; *S/S-Eisele* 15). Nach dem Willen des Gesetzgebers soll auch „die menschenverachtende Vermarktung im **Heiratshandel**" erfasst sein (GesE 8; ebenso SK-*Wolters* 10); also offenbar sexuelle Handlungen innerhalb einer im Wege des „Heiratshandels" zustande gekommenen Ehe oder Partnerschaft. Die **Kunden** von Personen, die von Dritten zur Prostitution gezwungen werden (sog. *Freier von Zwangsprostituierten*) können über die 2. Tatvariante nur ausnahmsweise als Tatbeteiligte erfasst werden (weiter SK-*Wolters* 20; vgl. aber oben 1).

7 Anders als bei der Prostitution (oben 5 b) muss es sich um solche sexuellen Handlungen handeln, „durch die" die Person **ausgebeutet** wird (vgl. Art. 1 I des RB [oben 2]: Ausbeutung der Prostitution und andere Formen sexueller Ausbeutung; deutsche Übersetzung: Ausbeutung *mittels* Prostitution). Der Begriff des **Ausbeutens** (vgl. auch §§ 180 a II Nr. 2, § 181 a I Nr. 1, 291 I) ist enger als der des Ausnutzens; er ist im Sinn **wirtschaftlicher** Ausbeutung gemeint (BT-Drs. 15/4048, 12) und bezeichnet entweder ein grobes, nach den Umständen des Einzelfalls unvertretbares Missverhältnis zwischen Leistung und Gegenleistung oder ein rücksichtsloses, die persönlichen und wirtschaftlichen Belange des Opfers missachtendes Gewinnen wirtschaftlicher Vorteile aus Leistungen einer anderen Person. Für die Begriffsbestimmung gelten die Erl. zu § 181 a I Nr. 1 entsprechend (vgl. dort 7 f. sowie 14 zu § 291). Der RA-BTag, der das Merkmal (anstelle des noch im GesE vorgesehenen Merkmals „seines Vermögensvorteils wegen") eingefügt hat, hat zur Erläuterung ausgeführt, gedacht sei „vor allem an sexuelle Handlungen zur Herstellung pornographischer Schriften, die Ausbeutung von Frauen in Peepshows und beim so genannten Heiratshandel" (Ber. 12; krit. *Schroeder* NJW **05**, 1393, 1395: „abwegig"). Soweit der missverständliche Wortlaut eine Ausbeutung „*durch*" die sexuelle Handlung voraussetzt, kann es nach dem Sinn der Vorschrift nicht um eine Ausbeutung *mittels* sexueller Handlungen, sondern nur um eine Ausbeutung *der Handlungen* gehen (ebenso *Schroeder* GA **05**, 307, 309). Wie sich dies beim "so genannten **Heiratshandel**" vollziehen soll, ist nicht ersichtlich. Der Tatbestand versteht die Beziehungen und Handlungen der Beteiligten ersichtlich auf der Grundlage einer kommerzialisierten Betrachtung sexuellen Verhaltens. Probleme des „Heiratsmarkts" lassen sich so aber nicht erfassen; man kann auch nicht, wie sich der Gesetzgeber möglicherweise vorgestellt hat (vgl. GesE 8), sexuelle Handlungen, die im Rahmen abhängiger persönlicher oder arbeitsrechtlicher Beziehungen (Hauspersonal; Kellnerinnen; illegal Beschäftigte) erbracht werden, **fiktiv** in Prostitutions-Leistungen „umrechnen", um dann zu bestimmen, ob eine „Ausbeutung" vorliegt (wie hier *S/S-Eisele* 16).

C. Tathandlung. Abs. I setzt voraus, dass der Täter das Opfer **dazu bringt,** die genannten Handlungen zu vollziehen oder vornehmen zu lassen. „Dazu bringen" bedeutet, die tatsächliche Aufnahme oder Fortsetzung der Prostitution oder die Vollziehung oder Duldung der sonstigen sexuellen Handlungen zu **veranlassen,** das Opfer also dazu zu bestimmen (*Schroeder* GA **05**, 307, 308) oder den Erfolg auf irgend eine andere Weise zu verursachen (*S/S-Eisele* 18); eine bestimmte Form des Bewirkens ist nicht vorausgesetzt. Die für ein „Einwirken" iS von § 180b aF erforderliche Hartnäckigkeit muss nicht vorliegen (NStZ-RR **05**, 234), wird freilich in der Praxis häufig gegeben sein (SK-*Wolters* 12). Das Bestimmen zur Prostitution oder den genannten sexuellen Handlungen muss **unter Ausnutzung** einer **Zwangslage** oder von **Hilflosigkeit** des Opfers in einem fremden Land geschehen. Das Merkmal knüpft an die subjektiv formulierten Merkmale der §§ 180b, 181 I Nr. 2 aF an; als objektives Merkmal ist es in § 182 I Nr. 1 aufgeführt. Täterschaft eines Garanten durch **Unterlassen** ist nach allgemeinen Regeln möglich (SK-*Wolters* 22). 8

a) Zwangslage. Das Opfer muss sich in einer Zwangslage befinden. Der Begriff der Zwangslage ist weiter als derjenige der Notlage, dh der dringenden wirtschaftlichen Not (BGH **11**, 186; **12**, 390; vgl. 10 zu § 291). Erforderlich ist wie in § 182 I Nr. 1 das Bestehen einer ernsten wirtschaftlichen oder persönlichen Bedrängnis (**zB** drohender wirtschaftlicher Ruin, Wohnungslosigkeit, uU auch Krankheit [vgl. aber *S/S-Eisele* 10], persönliche Ausnahmesituationen wie Scheidung, Arbeitslosigkeit u. a.), die mit einer wesentlichen Einschränkung der Entscheidungs- und Handlungsmöglichkeiten verbunden ist und der die Gefahr anhaftet, den Widerstand des Opfers gegen Angriffe auf seine sexuelle Selbstbestimmung herabzusetzen (BGH **42**, 399 [zu § 182 I Nr. 1]). Situationen, die die Tat nur allgemein begünstigen oder ermöglichen, reichen nicht aus. Ob die Lage selbst verschuldet ist oder nicht, ist ohne Bedeutung; es sind auch Personen geschützt, die auf Grund unvernünftiger eigener Entscheidungen in Not geraten sind. Schlechte soziale Verhältnisse, etwa im Heimatland einer ausländischen Person, reichen für sich allein nicht aus (str., and. *S/S-Eisele* 10; vgl. BT-Drs. 12/2046, 4), wohl aber etwa die Furcht sich illegal in der BRep. aufhaltender Personen vor Ausweisung und Abschiebung; ebenso die Furcht, bei Rückkehr in das Heimatland, etwa nach einer gescheiterten Ehevermittlung nach Deutschland, dort geächtet zu werden. Die Zwangslage muss nicht objektiv bestehen, wohl aber vom Opfer **subjektiv empfunden** werden (*S/S-Eisele* 10); jedoch reichen unvernünftige subjektive Dramatisierungen allgemeiner Lebensrisiken nicht aus. Aus der alternativen Aufführung beider Möglichkeiten ist zu schließen, dass auslandsspezifische Hilflosigkeit einer Person für sich allein (noch) keine Zwangslage darstellt. Zwangslagen, an denen sich durch Aufnahme oder Fortsetzung der Prostitution aus Sicht des Opfers gar nichts ändern würde, scheiden aus (MK-*Renzikowski* 19; *S/S-Eisele* 10). 9

b) Hilflosigkeit durch Aufenthalt in einem fremden Land. Das Opfer muss sich in einer Lage der Hilflosigkeit befinden, die mit dem Aufenthalt der Person in einem für sie fremden Land verbunden ist. Die „Fremdheit" des Landes beurteilt sich im Hinblick auf die Kriterien möglicher „Hilflosigkeit" (*S/S-Eisele* 11). Es kommt auf die konkrete Lage und die persönlichen Fähigkeiten der betroffenen Person an; dabei ist grds. vor allem auf den Zeitraum der ersten Phase des Aufenthalts abzustellen (NStZ-RR **07**, 46, 47f.). Auslandsspezifische Hilflosigkeit setzt 10 voraus, dass die betroffene Person auf Grund der spezifischen Schwierigkeiten des Auslandsaufenthalts nach ihren persönlichen Fähigkeiten und den konkreten Umständen nicht oder nur wesentlich eingeschränkt in der Lage ist, sich dem Verlangen nach sexueller Betätigung zu widersetzen (BT-Drs. 7/514, 10; vgl. BGH **45**, 158, 161; NStZ **99**, 349; NStZ-RR **97**, 293; **04**, 233; NStZ-RR **07**, 46, 47; zur Abgrenzung zur „Schutzlosigkeit" iS von § 177 I Nr. 3 vgl. 23 ff. zu § 177; *Fischer* ZStW **112**, 75, 102). Die Hilflosigkeit muss gerade darauf **beruhen,** dass das Opfer sich in einem fremden Land befindet (NStZ-RR **04**, 233; BT-Drs. 7/514, 10; 12/2589, 8); entgegen dem zu weiten Wortlaut reicht eine bloß zufällige „Verbindung" mit dem Auslandsaufenthalt nicht aus. **Sprachunkenntnis** dürfte regelmäßige Voraussetzung sein, andererseits nicht stets ausreichen.

10 a Nach der Rspr des **BGH** ist von einer auslandsspezifischen Hilflosigkeit auszugehen, „wenn das Opfer der deutschen **Sprache** nicht mächtig ist, über keine Barmittel verfügt und bezüglich Unterkunft und Verpflegung auf den Täter angewiesen ist" (NStZ **99**, 349; NStZ-RR **04**, 233; **07**, 46, 47). Dies beschreibt freilich auch einen Zustand, in welchem sich ständig zahlreiche Menschen befinden, ohne dass man sie gemeinhin als „hilflos" bezeichnet (zB Saisonarbeiter, Asylbewerber, Au-Pair-Kräfte). Es kommt auf eine **Gesamtbewertung** der objektiven und subjektiven Umstände an, unter Einbeziehung insb. auch des Maßes der Überwachung und der persönlichen Abhängigkeit, der konkret gegebenen Möglichkeiten zum sozialen Kontakt, zum Abbruch oder zur Änderung der mit dem Aufenthalt verbundenen Pläne (NStZ-RR **07**, 46, 47). Eine nur theoretische **Rückkehrmöglichkeit** ins Heimatland schließt, auch wenn die Personal- u. Reisedokumente durch den Täter nicht einbehalten werden, eine konkrete Hilflosigkeit nicht aus (vgl. auch BGHR § 181 I Nr. 2 Anwerben 4). Die Einbehaltung oder Wegnahme des Passes durch den Täter oder Dritte ist ein deutliches **Indiz** für das Vorliegen von Hilflosigkeit (ebenso SK-*Wolters* 15; vgl. NStZ **99**, 349, 350; NStZ-RR **04**, 233); ebenso das Abschneiden von Außen-Kommunikation.

11 Zu der auf subjektive Kenntnis des Täters und auf zielgerichtetes „Einwirken" abstellenden Fassung der §§ 180 b I, II Nr. 1, 181 I Nr. 3 a.F. war es streitig, zu welchem **Zeitpunkt** die auslandsspezifische Hilflosigkeit gegeben sein musste. BGH **42**, 179, 182 f. hat (zu § 181 I Nr. 3 aF) entschieden, es reiche aus, wenn sie nach der Vorstellung des Täters erst dadurch eintreten werde oder solle, dass sich das Opfer auf Grund der Einwirkung ins Ausland begibt (ebenso hM; LK-*Laufhütte* 7 f.; SK-*Wolters/Horn* 7; *Lackner/Kühl* 8; MK-*Renzikowski* 39; alle zu § 180 b aF). Das war schon nach Wortlaut („*verbunden ist*"; nicht „*verbunden sein wird*") und Sinn der alten Fassung zweifelhaft (vgl. i. e. 52. Aufl. 11 f. zu § 180 b aF). Für die Neufassung kann es nicht mehr vertreten werden, denn das Opfer kann nicht durch *Ausnutzen* einer Lage zur Prostitution usw. „gebracht" werden, die zum Zeitpunkt des „Dazu-Bringens" noch gar nicht vorliegt. Das Selbstbestimmungsrecht über das sexuelle Verhalten bedarf des Schutzes, wenn und soweit sich das Opfer in einer Lage befindet, in welcher seine Selbstbestimmungs*fähigkeit* allgemein oder im Einzelfall gemindert ist (vgl. 7 ff. vor § 174). Das ist bei Personen, die sich in ihrem Heimatland befinden und dort *nicht* in einem Zustand der Hilflosigkeit sind, ebenso wenig der Fall wie bei Personen, die sich *nicht* in einer „Zwangslage" befinden. Die hilflose Lage muss daher bereits vorliegen oder spätestens durch die Tathandlung geschaffen werden (so auch *S/S-Eisele* 12). Einwirkungen des Täters, die einer auslandsspezifischen Hilflosigkeit vorausgehen und auf ihre Herbeiführung gerichtet sind, können als **Versuch** strafbar sein (II; vgl. unten 19).

12 **c)** Der Täter muss das Opfer **„unter Ausnutzung ... dazu bringen"**. Die Bestimmungs-Handlung muss sich somit als Ausnutzen gerade der zur Tatzeit bestehenden Lage des Opfers darstellen; umgekehrt muss das Ausnutzen gerade in einer Handlung zum Ausdruck kommen, welche die sexuellen Handlungen usw. bewirkt. Als Tathandlungen in Betracht kommen **zB** ein erfolgreiches Einwirken auf das Opfer, dh eine intensive Einflussnahme (vgl. BGH **45**, 158, 161; NJW **85**,

924; 2 StR 294/87); auch wiederholtes Drängen, Überreden, Versprechungen, Wecken von Neugier, Einsatz von Autorität, Täuschung, Einschüchterung (NJW **90**, 196); nach BGH **45**, 158, 161 auch eine mittelbare, von dem Betroffenen nicht bemerkte *suggestive* Steuerung, etwa durch Schaffung bestimmter Lebensumstände (zw.); weiterhin schlichte Angebote, wenn der Täter eine **Situation herbeigeführt** hat, die den Entschluss des Opfers erleichtert (Vermittlung an Zuhälter oder Prostitutionsbetrieb). Ein Ausnutzen ist daher auch dann gegeben, wenn der Täter die Zwangslage oder Hilflosigkeit zielgerichtet herbeiführt und das Opfer dann „von sich aus" zur Aufnahme der Tätigkeit entscheidet (so auch *Schroeder* NJW **05**, 1393, 1395). Alle Handlungen müssen die besondere Lage des Opfers ausnutzen, also sich die aus jeweils spezifischen Gründen gegebene Einschränkung der Möglichkeit planmäßig zunutze machen, das Ansinnen des Täters abzulehnen. Ein Handeln gegen den Willen der betroffenen Person ist nicht vorausgesetzt. Bei Einsatz von Nötigungsmitteln ist Abs. IV anwendbar (vgl. NJW **99**, 3276 zu § 180b aF); auf das Ausnutzen einer der genannten Lagen kommt es dann nicht an.

Die Erfassung **nicht-nötigender** Bestimmungs-Handlungen ist mit der Anerkennung von vertraglichen Beschäftigungsverhältnissen zur Prostitutionsausübung nicht vereinbar (vgl. 5 zu § 180a): Es ist aus Sicht des § 1 S. 2 ProstG (BGBl. 2001 I, 3983) nicht ersichtlich, warum es als Menschenhandel zu bestrafen sein soll, zB eine in einer Zwangslage befindliche erwachsene Person in *nicht* nötigender oder täuschender Weise dazu zu bringen, durch Abschluss eines auf Prostitution gerichteten Beschäftigungsvertrags ihre *Zwangslage zu beenden* (ebenso *v. Galen* [1a zu § 180a] 350; **aA** *S/S-Eisele* 19 [auf der Grundlage eines vom Wortlaut des I S. 1 ausdrücklich *nicht* erfassten *Ausbeutungs*-Erfordernisses; vgl. oben 5b]). Eine „suggestive Steuerung" (vgl. BGH **45**, 158, 161) hierzu kann wohl nur in Ausnahmefällen ausreichen, zB wenn zugleich mit dem Unterlassen von Handlungen gedroht wird, zu welchen keine Verpflichtung besteht. 13

Das Erfordernis des **Ausnutzens** setzt objektiv voraus, dass der **Erfolg** der Bestimmungshandlung des Täters gerade auf die Zwangslage oder Hilflosigkeit zurückgeht, dass sie also **ursächlich** für den Taterfolg ist und dass die kausale Verknüpfung zwischen Zwangslage und Prostitution usw. gerade durch Handlungen des Täters hergestellt wird. Diese müssen aber nicht alleinige Ursache sein. Nicht ausreichend dürfte sein, dass Hilflosigkeit oder Zwangslage zwar zurzeit der Einwirkung, nicht aber zurzeit der Prostitutionsausübung usw. bestehen, etwa wenn der Täter eine im Ausland befindliche, *dort* hilflose Person zur Rückkehr in die Heimat und zu *dortiger* Aufnahme der Prostitution bringt. Obwohl dieser Fall vom Wortlaut umfasst ist, würde der Anwendungsbereich des I S. 1 überdehnt. 14

D. Subjektiver Tatbestand. § 232 I setzt Vorsatz voraus; bedingter Vorsatz reicht grds. aus; das gilt abweichend von § 180b aF auch für die Voraussetzungen einer Zwangslage oder von auslandsspezifischer Hilflosigkeit sowie für die Kausalität. Der Täter muss also zunächst die objektiven Umstände oder jedenfalls die subjektiv empfundene Bedrängnis des Opfers kennen oder mit ihrem Vorliegen rechnen, aus denen sich die Zwangslage oder Hilflosigkeit ergibt. Der Vorsatz des **Ausnutzens** verlangt aber eine zielgerichtete Verknüpfung; insoweit reicht bedingter Vorsatz nicht aus. Vom Vorsatz umfasst sein müssen auch die Voraussetzungen der Aufnahme oder Fortsetzung der Prostitution sowie Art und Umstände sonstiger sexueller Handlungen einschließlich des ausbeuterischen Zusammenhangs, in welchem sie erfolgen. Auch insoweit reicht bedingter Vorsatz aus; erforderlich ist aber auch insoweit eine einigermaßen konkrete Vorstellung, so dass nicht schon die allgemeine Kenntnis eines „Milieu"-Zusammenhangs ausreicht. 15

5) Bringen von Personen unter 21 Jahren zur Prostitution oder sexuellen Ausbeutung (Abs. 1 S. 2). Die Regelung des S. 2 knüpft an § 180b II Nr. 2 aF an, ist aber wie S. 1 als Erfolgsdelikt formuliert und um die Variante ausbeutender sexueller Handlungen ergänzt. Geschützt sind Personen **unter 21 Jahren**; Zwangslagen iS von I S. 1 müssen nicht gegeben sein. Die **Tathandlung** des Abs. I 16

S. 2 ist dieselbe wie in I S. 1 (oben 8); es reicht jede Art kausaler Veranlassung. Die Formulierung „Bringen zu…sexuellen Handlungen" ist missverständlich, denn eine Person kann nicht zu Handlungen „gebracht" (= veranlasst) werden, die ein anderer ausführt (zutr. *Schroeder* GA **05**, 307, 308). Auf das Ausnutzen eingeschränkter Selbstbestimmungsfähigkeit oder auf Unredlichkeit der Beeinflussung kommt es für I S. 2 nicht an; ausreichend ist auch ein Bestimmen aufgrund zutreffender Information und freier Entscheidung des „Opfers" (vgl. auch MK-*Renzikowski* 58 zu § 180b aF); I S. 2 ist aber nicht gegeben, wenn einer unter 21 Jahre alten Person im Hinblick auf deren schon bestehenden Wunsch nur *geholfen* wird, eine Prostitutionstätigkeit (wieder) aufzunehmen (vgl. StraFo **07**, 340 [Hilfe bei Verlassen einer Klinik]). Das Motiv des Täters ist unerheblich; er muss aber das Alter des Opfers kennen. Geht er irrtümlich von einem Alter unter 21 Jahren aus, so liegt Versuch (II) vor. Die Tat ist wie diejenige nach S. 1 mit der Aufnahme oder Fortsetzung der Prostitution oder der Ausführung einer sexuellen Handlung **vollendet**. Das ist im Einzelfall im Hinblick auf § 8 problematisch, wenn eine Person unter 21 Jahren zur Prostitution bestimmt wird, diese Tätigkeit aber erst nach Vollendung des 21. Lebensjahrs aufnimmt (vgl. auch 3 StR 346/97 [in NStZ **98**, 187 Nr. 35 nicht abgedr.]). Die Vorschrift ist im übrigen in Verbindung mit § 180a II Nr. 1 zu sehen; die Strafrahmendifferenz ist nicht ohne weiteres verständlich.

17 Die **Schutzaltersgrenze** des I S. 2 entspricht internationalen Verpflichtungen, ist aber im StGB systemwidrig. Der GesE hatte daher eine Senkung der Grenze auf 18 Jahre vorgesehen (BT-Drs. 15/3045, 8f.). Die *Begründung* für die Beibehaltung der Grenze von 21 Jahren, dass junge erwachsene Frauen „die größte *Opfer*-Gruppe" darstellten (BT-Drs. 15/4048, 12), ist zirkelschlüssig, da sie das Ergebnis schon voraussetzt: Warum man mit 20 Jahren „Opfer" sein soll, ist ja gerade die Frage. Im Einzelfall ist die Strafdrohung nicht angemessen (zB Überreden einer 20jährigen durch eine 19jährige Prostituierte); auch im Grundsatz ist nicht ersichtlich, warum 20jährige, voll verantwortliche Personen von allen lebensbestimmenden (falschen) Entscheidungen ausgerechnet vor derjenigen über die Aufnahme der Prostitution mittels Strafdrohung zu schützen sein sollen. Mit den **Wertungen des ProstG** (vgl. dazu 4f. zu § 180a) ist die Regelung schwer vereinbar (zutr. krit. auch *S/S-Eisele* 20): Danach gehen Prostituierte ab 18 Jahren grds. einer selbstbestimmten, sozialversicherungspflichtigen Berufstätigkeit nach. Wer sie kurz vor Erreichen des 21. Lebensjahrs von Vorteilen dieser Tätigkeit überzeugt und zur Fortsetzung einer (*nicht* ausbeutenden) Beschäftigung iS von § 1 II ProstG bewegt, ist mit Freiheitsstrafe bis 10 Jahre bedroht; das ist kriminalpolitisch in hohem Maße widersprüchlich. Auch das systematische **Verhältnis zu § 182 I** ist nicht klar.

18 **6) Versuch (Abs. II); Vollendung; Beendigung.** Der Versuch des I ist strafbar (II). Durch die Neufassung des Tatbestands als Erfolgsdelikt (in den Beratungen des RA-BTag, vgl. BT-Drs. 15/4048, 12) ist die frühere Problematik einer extremen Vorverlagerung durch Strafbarkeit des *Versuchs* von Vorbereitungshandlungen in § 180b aF entschärft worden. Die früher zur Tatvollendung ausreichenden Bewirkungs-Handlungen vor Erfolgseintritt sind in den Bereich des Versuchs verlagert (zum milderen Recht iS von § 2 III vgl. auch NStZ-RR **05**, 234). Als Versuch strafbar können daher insb. alle Formen des **Einwirkens** iS von § 180b aF sein (so auch *S/S-Eisele* 22); dazu zählen auch Überreden, (wahre) Versprechungen, suggestive Beeinflussungen usw. (vgl. dazu BGH **45**, 158, 161ff.). Insoweit stellt sich auch hier die Frage einer Vorverlagerung der Strafbarkeit des (versuchten) Ausnutzens auf einen Zeitpunkt, zu dem die auszunutzende Lage (Zwangslage oder Hilflosigkeit) noch gar nicht besteht (vgl. oben 11). Nach **aA** (SK-*Wolters* 33) reicht für den Versuchsbeginn die möglicherweise zeitlich weit vorgelagerte *Täter*-Handlung nicht aus; erforderlich ist danach vielmehr das unmittelbare Ansetzen des Tat*opfers* zu der selbstschädigenden Handlung, zu der es gebracht werden soll.

19 Wenn die allgemeinen Voraussetzungen des § 22 gegeben sind, wird man bei hinreichend konkreter Vorstellung des Täters ein Ansetzen zum Versuch zB auch dann annehmen können, wenn die auslandsspezifische Hilflosigkeit erst im weiteren Tatverlauf eintreten soll (zB bei Anwerben im Ausland). Erforderlich ist dann aber, dass der Vorsatz des Täters sich auch auf ein *eigenes* Ausnutzen der Lage bezieht; will er nur ein Ausnutzen durch Dritte unterstützen, so kommt § 233a I in Betracht. Gleichwohl erscheint die Strafdrohung **zB** für das *Ansetzen* zur Beeinflussung einer Person im Ausland (§ 6 Nr. 4), die dort *nicht* hilflos ist (BGH **42**, 182f.) und *freiwillig* der Prostitution nachgeht (ebd. 184), dies in einem anderen Land fortzusetzen, in der *irrigen* Annahme, die Person werde dort mangels Sprachkenntnis hilflos sein, sehr weit gehend. Versuch ist im Übrigen möglich bei **Irrtum** des Täters über das Bestehens einer Zwangslage; wenn es an der Kausalität der Tathandlung fehlt, weil der Täter irrtümlich nicht weiß, dass die betroffene Person schon zur Prostitution usw. entschlossen ist; im Fall des I S. 2 bei Irrtum über das Alter der Person (oben 16).

Vollendung ist mit dem Beginn des Ausübens der Prostitution (im Sinne des „Nachgehens"; vgl. dazu 3 zu § 184d) oder mit der Ausführung von sexuellen Handlungen iS von I S. 1 gegeben; **Beendigung** (§ 78a) tritt grds. zu diesem Zeitpunkt ein (vgl. *Lackner/Kühl* 10; MK-*Renzikowski* 74 zu § 180b aF). Das jeweilige Zuführen eines neuen Partners an eine Prostituierte ist aber nur dann eine neue Tat, wenn das Opfer zuvor den Willen hatte, die Prostitution aufzugeben (vgl. NStZ-RR **01**, 170). Das gilt entsprechend für andere sexuelle Handlungen. 20

7) Schwerer Menschenhandel (Abs. III). III enthält **Qualifikationen** der Taten nach I S. 1 und S. 2, die sich an Art. 3 II des EU-Rahmenbeschlusses v. 19. 7. 2002 (oben 1) orientieren (vgl. dazu BT-Drs. 15/4048, 12). Die Taten sind durch Anhebung der Mindeststrafe auf 1 Jahr als **Verbrechen** qualifiziert; der Versuch ist stets strafbar. 21

Nr. 1 setzt voraus, dass das Opfer der Tat ein **Kind** iS von § 176 I ist, also eine Person unter 14 Jahren. Hieraus folgt, dass „Tat" iS von Nr. 1 nur eine solche nach Abs. I S. 2 sein kann; das Ausnutzen einer Zwangslage oder auslandsspezifischer Hilflosigkeit ist daher nicht erforderlich. Schwer verständlich ist das Verhältnis von III Nr. 1 iV mit I S. 2 zu § 176a III: Führt dort schon die *Absicht*, einen sexuellen Missbrauch zum Gegenstand einer zu verbreitenden pornographischen Schrift zu machen, zur Freiheitsstrafe von 2 bis 15 Jahren, ist nach III Nr. 1 das *erfolgreiche* Veranlassen eines Kindes zu sexuellen Handlungen, die in pornographischen Schriften ausgebeutet werden (oben 6), mit Freiheitsstrafe von 1 bis 10 Jahren bedroht (krit. auch *S/S-Eisele* 25). 22

Nr. 2 setzt voraus, dass das Opfer einer Tat nach I S. 1 oder S. 2 von dem Täter körperlich schwer misshandelt oder in konkrete Todesgefahr gebracht wird. Zur **schweren körperlichen Misshandlung** vgl. 18f. zu § 176a. Sie muss von dem Täter oder Mittäter des I und **„bei der Tat"** begangen werden. Dazu zählen, anders als in §§ 176a V, 177 IV Nr. 2, grds. nicht die sexuellen Handlungen oder Handlungen, die zur Prostitutionsausübung gehören (**aA** *S/S-Eisele* 26), denn die „Tat" nach § 232 sind nicht irgendwelche sexuellen Handlungen, welche die betroffene Person später einmal aufgrund der Bestimmungshandlung des Täters vollzieht oder an sich vollziehen lässt, sondern diejenigen Handlungen, die das Opfer „dazu bringen", einschließlich der ggf. durch sie verwirklichten Gefahren der Zwangslage oder Hilflosigkeit. Eine Ausnahme ist möglich, wenn Bewirkungs-Handlungen mit sexuellen Handlungen (namentlich: des Täters) zusammenfallen oder *unmittelbar* dazu führen. Die **konkrete Todesgefahr** ist keine Erfolgsqualifikation iS von § 18; sie muss daher vorsätzlich herbeigeführt werden (vgl. BGH **46**, 225). Der Täter selbst muss das Opfer **„durch die Tat"** in Todesgefahr „bringen". Hierzu ist eine besondere, über das ursächliche Herbeiführen hinaus gehende Intensität der Einwirkung nicht erforderlich. Die Gefahr ist durch die Tat verursacht, wenn die Tathandlung („Dazu-Bringen"; vgl. oben) **oder** die Handlung, zu welcher das Opfer gebracht wird, unmittelbar zu der konkreten Gefahr 23 führen. Dies muss vom **Vorsatz** des Täters umfasst sein; allgemeine Kenntnisse, dass zB eine Tätigkeit im Rotlichtmilieu „gefährlich" ist, reichen nicht aus.

24 **Nr. 3** setzt **gewerbsmäßige** (62 vor § 52) oder **bandenmäßige** (vgl. 17 ff. zu § 244) Begehung voraus; die Merkmale müssen nicht kumulativ vorliegen. „Solche Taten", zu deren Begehung der Bandenzusammenschluss bestehen muss, sind Taten nach § 232 I (*S/S-Eisele* 27); eine Ausweitung ist, wie sich aus § 233 III und der eigenständigen Regelung in § 233a II Nr. 3 ergibt, nicht beabsichtigt. Auch die bandenmäßige Begehung von Taten nach § 181a dürfte für III Nr. 3 nicht ausreichen.

25 **8) Schwerer Menschenhandel (Abs. IV).** Abs. IV, der aus § 232a-E (GesE BReg, BT-Drs. 15/3045) übernommen ist, enthält keine Qualifikationen, sondern **eigenständige Tatbestände** (*Schroeder* NJW **05**, 1393, 1396; *ders.* GA **05**, 307; *Gössel*, SexualstrafRecht 5/62; *S/S-Eisele* 28; *Kindhäuser* LPK 12; *Lackner/Kühl* 12; **aA** SK-Wolters 41 ff.), denn in IV Nr. 1 sind dessen Voraussetzungen nicht *zusätzlich* zu denjenigen des I vorausgesetzt, und IV Nr. 2 regelt einen selbständigen Vorbereitungstatbestand. Die Formulierung, der Täter des IV werde „nach Absatz 3" bestraft, ist missverständlich, denn Abs. III liegt ja gerade nicht vor (*Schroeder* GA **05**, 307; vgl. auch 6 zu § 142). Gemeint ist, dass **dieselbe Strafdrohung** wie in III gilt. Ob auch IV Nr. 1 Zur **Tenorierung** vgl. oben 3.

26 **A. Bestimmen zur Prostitution durch Nötigung oder List (Abs. IV Nr. 1).** Der Tatbestand entspricht § 181 I Nr. 1 aF. Der Täter muss das Opfer mit **Gewalt** (iS von § 240 I; vgl. 8 ff. zu § 240) oder durch **Drohung** mit einem empfindlichen Übel (31 ff. zu § 240) oder durch **List** (vgl. unten 31 a; 3 zu § 234) dazu bringen, d. h. veranlassen, die **Prostitution** oder eine qualitativ andere als die selbst gewählte Form der Prostitution (*Dencker* NStZ **89**, 249) aufzunehmen oder fortzusetzen (vgl. dazu oben 5; BGH **33**, 353; **42**, 179 [m. Anm. *Schroeder* JZ **97**, 155]; NStZ-RR **96**, 291) oder sexuelle Handlungen iS von I S. 1 vorzunehmen oder vornehmen zu lassen, im Zusammenhang mit deren Vornahme oder Duldung es **ausgebeutet** (oben 7) wird.

27 Die **Nötigungshandlungen** müssen das Mittel sein, um die Person gegen ihren Willen dazu zu bringen, die Prostitution überhaupt (nicht notwendig: erstmals) oder in wesentlich anderer Form aufzunehmen oder fortzusetzen. Als „qualitativ andersartig" ist nach NStZ **04**, 682, 683 der entgeltliche Geschlechtsverkehr mit *übergewichtigen* Kunden wohl nicht anzusehen; wohl aber **zB** mit geschlechtskranken Personen. Eine Nötigung durch Drohung liegt auch vor, wenn der Täter – ggf. konkludent – androht, eine bereits durch frühere Handlungen geschaffene hilflose Lage aufrechtzuerhalten, wenn das Opfer den Aufwand des Täters nicht „abarbeitet" (NStZ **00**, 86 f. [Drohung, den Pass und die persönliche Habe nicht herauszugeben]). IV Nr. 1 schützt nicht das Recht von Prostituierten, über eigene Einnahmen nach Belieben zu verfügen (StV **95**, 23; vgl. StV **96**, 481 [zu § 181 aF]: kein Bestimmen bei Zwang zum Abliefern des Entgelts aus *freiwilliger* Prostitution). Dasselbe gilt für ausgebeutete sexuelle Handlungen iS von I S. 1.

28 Mit der **List** muss der Täter durch täuschende Machenschaften den **Widerstand des Opfers** gegen die Prostitution oder die unter ausbeuterischen Verhältnissen vollzogenen sexuellen Handlungen ausschalten; das lediglich unredliche und arglistige Schaffen eines Anreizes gegenüber einer Person, die sich frei für oder gegen eine Prostitutionsaufnahme oder –Fortsetzung entscheiden kann, genügt zur Verwirklichung des Verbrechenstatbestands nicht (so BGH **27**, 27; 1 StR 192/80; wie hier *S/S-Eisele* 32; MK-*Renzikowski* 61 zu § 180b aF). Auch unter diesen Voraussetzungen ist die Erhöhung der Mindeststrafe für die Anwendung von List (IV Nr. 1) gegenüber dem Ausnutzen einer Zwangslage (I) nicht echt verständlich.

29 Die Nötigung einer schon der Prostitution nachgehenden Person zu **einzelnen Prostitutionsakten** unterfällt nicht § 232, sondern § 177, ggf § 240 IV (vgl. NStZ-RR/P **01**, 362 Nr. 49; 363 Nr. 50; Nr. 51), wenn die erzwungenen sexuellen Handlungen **hinreichend konkretisiert** sind (zur problematischen Abgren-

zung vgl. aber NStZ **04**, 682, 683 und dazu 49a f. zu § 177). Die Tat nach § 232 ist mit der Aufnahme oder der ersten Fortsetzung der Prostitutionsausübung **vollendet;** im Zuführen weiterer Freier liegt daher nur dann eine neue Tat, wenn das Opfer zwischenzeitlich den Entschluss gefasst hat, die Prostitutionsausübung aufzugeben, und der Täter in Kenntnis dessen erneut Mittel des I Nr. 1 anwendet (NStZ-RR **01**, 170f.; 3 StR 135/01; BGHR § 181a I Nr. 1 Konk. 3). Hieraus folgt, dass § 232 IV Nr. 1 **kein Dauerdelikt** ist; die Fortsetzung der erzwungenen Prostitutionsausübung kann daher wiederholte Nötigungshandlungen nicht zu unselbstständigen Einzelakten einer einheitlichen Tat verklammern (vgl. NStZ-RR/P **01**, 363 Nr. 51 [zu § 181 I Nr. 1 aF]). Problematisch kann dies sein, wenn das Opfer über einen längeren Zeitraum durch wiederholten Einsatz von Nötigungsmitteln zu einer Vielzahl entgeltlicher Sexualkontakte gezwungen wird, ohne dass es seinen – dem Täter bekannten – entgegenstehenden Willen aufgibt, wenn es also zu einer (zeitweisen) Aufgabe des entgegenstehenden Willens und zu einer „freiwilligen" Prostitutionsausübung (ggf nach dem *neuen* Entschluss, die Tätigkeit zu beenden) gar nicht kommt. Es liegt nahe, hier jeweils selbstständige Taten nach IV Nr. 1 anzunehmen, die mit Einzeltaten nach § 177 oder § 240 in Tateinheit stehen.

B. Sich Bemächtigen zur Prostitution oder sexuellen Ausbeutung (Abs. IV Nr. 2). Der Tatbestand hat Teile des früheren § 181 I Nr. 2 übernommen, dessen teilweise unterschiedlich schwerwiegenden Tathandlungen jedoch anders gewichtet; er stellt statt auf ein Entführen nun zutreffend auf die Begründung eines Gewaltverhältnisses an und knüpft damit an die §§ 234, 239a, 239b an. 30

a) Tathandlung ist, dass der Täter sich einer anderen Person unter Einsatz von Gewalt, Drohung mit einem empfindlichen Übel oder List bemächtigt. **Sich-Bemächtigen** ist das Erlangen der physischen Herrschaft über die andere Person (MDR/H **78**, 987; 1 StR 325/92); erforderlich ist hierfür, dass das Opfer körperlich an der freien Bestimmung über sich selbst gehindert ist (BGHR § 239a I Sichb.). Als ausreichend angesehen wurde **zB** das Legen einer Schlinge um den Hals (BGHR § 250 I Nr. 2 Beisichf. 4); die Bedrohung des Opfers mit einer scheinbar echten Schusswaffe aus größerer (2, 5 m) Distanz (StV **99**, 646 [m. Anm. *Renzikowski*]). Eine Ortsveränderung ist nicht erforderlich (NStZ **96**, 277); auch nicht zwingend eine Freiheitsberaubung. Das Opfer selbst muss seine Lage nicht erkennen (GA **75**, 53); eine Einwilligung des Opfers schließt ein Sich-Bemächtigen aus (vgl. LK-*Gribbohm* 69 zu § 234). 31

Mittel des Sich-Bemächtigens sind **Gewalt** (vgl. 8ff. zu § 240); **Drohung** mit einem empfindlichen Übel (vgl. 30ff. zu § 240) oder **List**. Das ist das geflissentliche und geschickte Verbergen einer wahren Absicht (**zB** Einladung zur Autofahrt; Vortäuschen eines dringenden Anlasses, den Täter zu begleiten; Vorspiegeln besonders günstiger Lebensumstände [vgl. MDR **62**, 750, BGH **1**, 366; **16**, 62; **32**, 189; 269; NJW **89**, 917 m. Anm. *Otto* JR **89**, 340]; zum Ganzen *Bohnert* GA **78**, 353ff.; *Krack,* List als Tatbestandsmerkmal, 1994). Auch das Ausnutzen eines Irrtums kann genügen (BGH **10**, 376); ebenso das Verdecken eines wahren Sachverhalts ohne Täuschungshandlung (BGH **1**, 201; Frankfurt NStE § 235 Nr. 3; aM *Bohnert, Krack,* jew. aaO). Wahlfeststellung (18 zu § 1) zwischen den einzelnen Tatmitteln ist möglich MK-*Wieck-Noodt* 73). Erforderlich ist stets eine aktive, tatsächliche Umstände verschleiernde Handlung (vgl. BGH **32**, 269; NStZ **96**, 276; *Laubenthal* 672; LK-*Laufhütte* 9 [jew. zu § 181 aF]; *S/S-Eisele* 32). Auf dem hierdurch hervorgerufenen Irrtum des Opfers über die wahren Absichten oder Umstände muss der Erfolg beruhen. Der Tatbestand ist auch erfüllt, wenn das Opfer zwar den Verbringungszweck der sexuellen Handlungen, nicht aber deren Art und Ausmaß kennt. 31a

Das **Entführen** einer Person kann Mittel des Sich-Bemächtigens sein; es setzt Handlungen voraus, mit denen der Täter das Opfer entweder mittels nötigender Einwirkung (Gewalt; Drohung) oder durch List gegen seinen Willen an einen an- 31b deren Ort verbringt. Die Variante des **„Anwerbens mit List“** (§ 181 I Nr. 2, 1. Var. aF) ist in Nr. 2 nicht enthalten; in der Anwerbe-Variante des § 233 a I fehlt das arglistige Vorgehen; nicht jede durch List bewirkte Ortsveränderung des Opfers kann als „Sich-Bemächtigen“ angesehen werden.

32 **b)** Der Täter muss in der **Absicht** handeln („um zu“), das Opfer zur Aufnahme oder Fortsetzung der Prostitution oder zur Vornahme oder Duldung sexueller Handlungen iS von I S. 1 zu veranlassen. Auf das beabsichtigte Mittel dieser beabsichtigten Bewirkung kommt es nicht an. Anders als §§ 239 a, 239 b setzt der Tatbestand somit auch subjektiv keine weitergehenden Nötigungs-Handlungen voraus; er verbindet somit ein Element der Rechtsguts-Verletzung (durch Nötigung und Freiheitsberaubung) mit einem Element der Gefährdung. Eine **Verwirklichung** der Absicht ist nicht vorausgesetzt; der Tatbestand ist mit Erlangen der tatsächlichen Gewalt über die betroffene Person vollendet.

32 a Abs. IV Nr. 2 kann im Hinblick auf den Schuldgrundsatz **problematisch** sein: Das Bewirken der Aufnahme oder Fortsetzung von Prostitution *kann*, auch in der Vorstellung des Täters, nach Vollendung des Sich-Bemächtigens freiwillig erfolgen. In diesem Fall (der nicht gänzlich fern liegend erscheint: zB Entführen einer „ausstiegswilligen“ Prostituierten mit dem Ziel, dass diese den Entschluss noch einmal überdenkt; Sich-Bemächtigen mit demselben Ziel, ohne dass das Opfer dies überhaupt bemerkt) ist das „Dazu-Bringen“ selbst straflos, da ein Fall des IV Nr. 1 nicht gegeben ist. Es erscheint dann problematisch, die subjektive Verknüpfung dieses *straflosen* Erfolgs mit dem geringen Erfolgsunrecht des Sich-Bemächtigens usw. als schweres *Verbrechen* zu bestrafen.

33 **9) Täterschaft und Teilnahme.** Täter des § 232 kann jede Person sein. Täterschaft ist auch als mittelbare möglich. Die Abgrenzung zur Teilnahme folgt allgemeinen Regeln (vgl. NStZ **95**, 179 [zu § 181 Nr. 1, 2 aF]). Da in IV Nr. 2 Gewalt, Drohung und List tatbezogene Umstände sind, kommt insoweit für den Teilnehmer eine Anwendung von § 28 nicht in Betracht. **Teilnahme an § 232** geht selbständigen **Taten nach § 233 a** regelmäßig vor (zu dem Verhältnis vgl. BT-Drs. 15/4048, 13 f. und Erl. zu § 233 a).

34 **10) Rechtsfolgen.** Die Strafdrohung für die beiden Fälle des Abs. I beträgt 6 Monate bis 10 Jahre; die Qualifikationen des III und die Taten nach IV sind als Verbrechen mit Freiheitsstrafe von 1 bis 10 Jahren bedroht. **Abs. V** enthält im Mindestmaß abgestufte Strafrahmen für **minder schwere Fälle**. Ein minder schwerer Fall des I S. 1 kann **zB** bei nur kurzfristiger Beschäftigung oder bei sexuellen Handlungen geringen Gewichts gegeben sein; bei erheblicher Mitschuld der betroffenen Person; bei Taten von Personen, die selbst Tatopfer sind; bei von vornherein untauglichen Versuchen, etwa wenn die vom Täter angenommene Hilflosigkeit gar nicht eintreten konnte. Minder schwere Fälle des I S. 2 sind zB denkbar bei Personen knapp unter der Schutzaltersgrenze; bei Fehlen schädigender oder ausbeuterischer Tendenz; bei Veranlassung freiwilliger Prostitutionstätigkeit iS von § 1 ProstG (StV **06**, 418 [2 StR 555/05]). Ein minder schwerer Fall des Abs. IV Nr. 2 kommt **zB** in Betracht, wenn die prostitutive Tätigkeit nur kurzfristig oder von geringem Umfang sein soll.

34 a Im Verhältnis zu § 180 b a. F. ist **§ 2 III** zu beachten. Die iS von § 2 III erforderliche Unrechtskontinuität liegt vor (NStZ **05**, 445). Gegenüber § 180 b aF ist § 232 idR nur dann **milderes Recht**, wenn eine konkrete Betrachtung das Vorliegen eines **minder schweren Falles** gem. Abs. V ergibt (NStZ-RR **07**, 46 f.).

35 **11) Konkurrenzen.** Probleme ergeben sich aus den zahlreichen Überschneidungen mit §§ 177, 180 a, 181 a, 182, 240; mit § 233; auch mit §§ 239, 239 b. **Subsidiarität** dürfte nur dann vorliegen, wenn sich die Schutzrichtungen gleichen, die Begehungsformen kein qualitativ verschiedenes Unrecht darstellen und die mildere Form in der schwereren aufgeht (*Lackner/ Kühl* 3 vor § 174). In den übrigen Fällen ist von **Tateinheit** auszugehen (vgl. auch NStZ-RR **07**, 46, , 47 f.). So können § 180 a und § 232 in Tateinheit stehen (vgl. auch BGH **42**, 179 [m. Anm. *Wolters* JR **97**, 340 u. *Schroeder* JZ **97**, 155]). **Tateinheit** ist möglich mit § 181 a; mit § 233; zwischen III Nr. 1 und §§ 176, 176 a; zwischen III Nr. 2 und §§ 223,

224, §§ 176 a, 177 IV; IV Nr. 1 und § 177; mit Einschleusen von Ausländern (NStZ-RR **04**, 233); wohl auch zwischen I und IV Nr. 2 (so auch *S/S-Eisele* 37; **aA** MK-*Renzikowski* 77). § 180 II wird von § 232 I S. 2 (vgl. NStZ-RR **98**, 299 zu § 180 b aF). **Tateinheit** ist auch **zwischen I und IV** sowie zwischen qualifizierten **Taten nach III und Taten nach IV** möglich; die unklar wirkende Tenorierung (vgl. oben 3) „schwerer Menschenhandel … in Tateinheit mit schwerem Menschenhandel …" kann ggf. durch Zusätze verdeutlicht werden. Auch zwischen Taten nach I S. 1 und I S. 2 muss grds. Tateinheit möglich sein; jedenfalls ist nicht eine „einheitliche Tat" gegeben, wenn eine unter 21-jährige Person mit den Mitteln des I S. 1 zur Prostitution gebracht wird.

Bei Taten zu Lasten **mehrerer Personen** durch dieselbe Handlung liegt **Tateinheit** vor **36** (vgl. NStZ-RR **04**, 233; 3 StR 290/99; NStZ-RR/P **05**, 366 Nr. 30). Bei mehreren Opfern ist Tateinheit möglich, wenn die Ausführungshandlungen teilidentisch sind (NStZ-RR **07**, 46, 47; vgl. auch StV **87**, 243 L; 1 StR 538/91; 3 StR 290/99; 4 StR 395/01; 2 StR 474/03 [in NStZ-RR **04**, 233 insoweit nicht abgedr.]; StV **03**, 617, 618; NJW **04**, 81, 83; NStZ-RR/P **04**, 358 Nr. 34; NStZ-RR/P **05**, 366 Nr. 30). Das Dauerdelikt der Zuhälterei (§ 181 a) kann mehrere Taten nach § 232 zum Nachteil verschiedener Personen als milderes Delikt idR nicht zur Tateinheit verklammern (vgl. NStZ-RR **07**, 46, 47; LK-*Rissing-van Saan* 27 ff. zu § 52).

12) Sonstige Vorschriften. Verfall erlangter Vermögensvorteile nach §§ 73 ff.; Erweiterter Verfall § 233 b. Zur Stellung des Opfers als Verletzter iS von § 73 I S. 2 vgl. NStZ **03**, 533; **37** 20 zu § 73. FAufsicht §§ 233 b, 68 I; Anzeigepflicht § 138 I Nr. 6. Überwachungsmaßnahmen § 100 a Nr. 2 StPO; DNA-Untersuchung § 81 g StPO. Zur **Geldwäsche** § 261 I S. 2 Nr. 4; **kriminelle Vereinigung** §§ 129, 129 b. Eine **Abschiebung** ausländischer Tatopfer ist auf Ersuchen der Staatsanwaltschaft zurückzustellen und den Betroffenen eine Duldung zu erteilen, wenn sie als Zeugen im Verfahren gegen den Täter benötigt werden; ein eigenes Ermessen hat die Ausländerbehörde insoweit nicht. Absehen von Strafverfolgung selbst straffälliger Opfer: § 154 c II StPO.

Menschenhandel zum Zweck der Ausbeutung der Arbeitskraft

233 **I Wer eine andere Person unter Ausnutzung einer Zwangslage oder der Hilflosigkeit, die mit ihrem Aufenthalt in einem fremden Land verbunden ist, in Sklaverei, Leibeigenschaft oder Schuldknechtschaft oder zur Aufnahme oder Fortsetzung einer Beschäftigung bei ihm oder einem Dritten zu Arbeitsbedingungen, die in einem auffälligen Missverhältnis zu den Arbeitsbedingungen anderer Arbeitnehmerinnen oder Arbeitnehmer stehen, welche die gleiche oder eine vergleichbare Tätigkeit ausüben, bringt, wird mit Freiheitsstrafe von sechs Monaten bis zu zehn Jahren bestraft. Ebenso wird bestraft, wer eine Person unter einundzwanzig Jahren in Sklaverei, Leibeigenschaft oder Schuldknechtschaft oder zur Aufnahme oder Fortsetzung einer in Satz 1 bezeichneten Beschäftigung bringt.**

II Der Versuch ist strafbar.

III § 232 Abs. 3 bis 5 gilt entsprechend.

1) Allgemeines. Die Vorschrift ist durch Art. 1 Nr. 10 des 37. StÄG v. 11. 2. 2005 **1** (BGBl. I 239; III 450–2) eingefügt worden. **Mat.: GesE** BT-Drs. 15/3045; **Ber.** BT-Drs. 15/4048. Vgl. i. ü. 1 zu § 232. Zu den internationalen Verpflichtungen vgl. 2 zu § 232; im übrigen **Übk. Nr. 182** der Internationalen Arbeitsorganisation (ILO) vom 17. 7. 1999 über das Verbot und unverzügliche Maßnahmen zur Beseitigung der schlimmsten Formen der Kinderarbeit (BGBl. 2001 II S. 1290). Zum Nebenstrafrecht vgl auch §§ 15, 15 a AÜG. Für §§ 233, 233 a gilt das **Weltrechtsprinzip** (§ 6 Nr. 4). **In-Kraft-Treten: 19. 2. 2005**.

Statistik: PKS: 2005: 3 Fälle (tatsächlich 1 Fall; vgl. BT-Drs. 16/4266, 2).

Literatur: *Arlacchi*, Ware Mensch – Der Skandal des modernen Sklavenhandels, 1999; *Bales*, **1 a** Die neue Sklaverei, 2001; *Eydner*, Der neue § 233 StGB – Ansätze zum Verständnis der „Ausbeutung der Arbeitskraft", NStZ **06**, 10; *Schroeder*, Das 37. StÄG: Neue Vorschriften zur Bekämpfung des Menschenhandels, NJW **05**, 1393.

2) Rechtsgut; Systematik; kriminalpolitische Bedeutung. Von § 233 ge- **2** schütztes **Rechtsgut** ist die Freiheit der Person, über Einsatz und Verwertung ihrer

Arbeitskraft zu verfügen. Daneben ist auch das Vermögen geschützt. Die Fassung des Tatbestands ist, abgesehen von der auch hier irreführenden Überschrift (vgl. 2a zu § 232), **sprachlich missglückt**: Sie enthält zwischen Subjekt und Prädikat („Wer … bringt") 58 Wörter in zwei jeweils alternativ formulierten Satzteilen mit wiederum alternativen Unterscheidungen und drei ineinander verschachtelten Relativsätzen. Dies erschwert das Verständnis (krit. auch *Schroeder* GA **05**, 307, 309). Im Übrigen ist die Vorschrift **§ 232 nachgebildet;** Abs. III verweist auf die dortigen Qualifikationen (Abs. III), besonders schweren Tatbestände (Abs. IV) und minder schweren Fälle (Abs. V). Versuch ist strafbar (II); Vorbereitungshandlungen und Versuche der Beihilfe (!) sind nach § 233a selbständig strafbar. Systematisch unverständlich und **unpassend** erscheint es, den Straftatbestand gegen Sklaverei und Leibeigenschaft *hinter* dem Tatbestand gegen das Bringen zur Prostitution in den 18. Abschnitt einzustellen und mittels Verweisungen wie ein Anhängsel der Bekämpfung von *peep-shows* zu behandeln (2 zu § 232; *Schroeder* NJW **05**, 1393, 1395).

3 Welche *tatsächliche* **praktische Bedeutung** die Strafvorschrift haben wird, bleibt abzuwarten (skeptisch *Eydner* NStZ **06**, 10, 11); erste Erkenntnisse deuten auf weitgehende *Bedeutungslosigkeit* hin (vgl. im einzelnen BT-Drs. 16/4266 [Kleine Anfrage]: im Jahr 2005 *ein* Ermittlungsverfahren [PKS]). Namentlich die Geltung des **Weltrechts-Grundsatzes** (§ 6 Nr. 4) *scheint* eine erhebliche Intensivierung der Verfolgung ausbeuterischen Menschenhandels zu versprechen, jedenfalls soweit deutsche Täter oder Teilnehmer daran beteiligt sind (vgl. auch 10a zu § 291). Freilich muss die Strafverfolgung realistischerweise mit erheblichen Schwierigkeiten und Unwillen in der Zusammenarbeit gerade da rechnen, wo Ausbeutung absoluter Armut, Kinderarbeit und -verkauf sowie sklaverei-ähnliche Verhältnisse weit verbreitet sind (vgl. unten 5). Vor der sozialen *Wirklichkeit* in weiten Gegenden der Welt könnte die Strafdrohung des deutschen StGB als Beispiel **folgenloser Symbolik** erscheinen. Umso mehr Anlass besteht freilich, Beteiligungen *deutscher* Täter, namentlich auch in Unternehmen, zu verfolgen, die von den Bedingungen des ausbeuterischen Menschenhandels profitieren.

4 **3) Bringen in ausbeuterische Arbeitsverhältnisse (Abs. I S. 1).** Abs. I S. 1 setzt voraus, dass der Täter eine andere Person in eine der aufgeführten Lebenslagen oder in ein ausbeuterisches Beschäftigungsverhältnis „bringt". Wie in § 232 ist gemeint, dass der Täter den Eintritt dieses Erfolgs in irgendeiner Weise **bewirkt.**

5 **A.** Die Begriffe **Sklaverei und Leibeigenschaft** sind iS des Übk. v. 25. 9. 1926 idF d. ÄndProt. v. 7. 12. 1953 (BGBl. 1972 II 1473) sowie iS des Ges. v. 4. 7. 1958 über den Beitritt der BRep. zu dem ZusatzÜbk. v. 7. 9. 1956 über die Abschaffung der Sklaverei, des Sklavenhandels und sklavenähnlicher Einrichtungen und Praktiken (BGBl. II 203) sowie von Art. 4 I MRK zu verstehen. **Sklaverei** ist „die Rechtsstellung oder Lage einer Person, an der Einzelne oder alle mit dem Eigentumsrecht verbundenen Befugnisse ausgeübt werden" (vgl. EGMR NJW **07**, 41, LS 4). Nach Schätzung verschiedener NGO's liegt die Zahl der derzeit in Sklaverei gehaltenen Menschen zwischen 12 Mio. [*Terre des Hommes*] und 27 Mio. [*Anti-Slavery International*] weltweit; die meisten davon sind Kinder und Jugendliche. **Leibeigenschaft** ist vor allem „die Lage oder Rechtsstellung eines Pächters, der … verpflichtet ist, auf einem einer anderen Person gehörenden Grundstück zu arbeiten und dieser Person bestimmte … Dienste zu leisten, ohne seine Rechtsstellung selbstständig ändern zu können". Der EGMR hat den Begriff *weiter gehend* auf jede Lage einer Person angewandt, in der diese „unter Zwang Dienste leisten" muss (EGMR NJW **07**, 41 [Leibeigenschaft einer rechtlos gehaltenen 15jährigen Haushaltshilfe]); Leibeigenschaft ist danach „eine besonders schwere Form der Freiheitsberaubung". Das Opfer muss einer Rechtsordnung unterworfen sein, die die Rechtstellung eines Sklaven oder Leibeigenen noch kennt oder diese faktisch duldet (vgl. BGH **39**, 214). Das ist in der BRep. nicht der Fall. Aus Art. 4 I MRK

ergibt sich nicht nur ein Abwehrrecht des Einzelnen gegen den Staat, sondern die Verpflichtung der Vertragsstaaten, Strafvorschriften zu schaffen, welche die von ihm erfassten Praktiken unter Strafe stellen (EGMR NJW **07**, 41). Misshandlungen oder menschenunwürdige Gefangenhaltung im Inland erfüllen den Tatbestand nicht (BGH aaO 215); auch nicht Taten nach § 232 oder § 181a I Nr. 2, auch wenn die Lage der betroffenen Personen faktisch durch eine umfassende Verfügungsgewalt des Täters gekennzeichnet ist.

Schuldknechtschaft ist eine Lage, in welcher eine existenziell bedrohliche (tatsächliche oder vorgebliche) wirtschaftliche Verschuldung so mit einer abhängigen oder (schein-)selbständigen Beschäftigung verbunden ist, dass der Schuldner seine Arbeitskraft ganz oder überwiegend gegen ein unverhältnismäßig geringes Entgelt dem Gläubiger oder einem mit diesem verbundenen Unternehmen zur Verfügung stellen muss, ohne dass eine realistische Aussicht besteht, die Verschuldung in absehbarer Zeit zurückzuführen (vgl. BT-Drs. 15/3045, 9; vgl. auch Sklaverei-ZusatzÜbk. v. 7. 9. 1956, BGBl. II 203, Art. 1 lit. a). **Beispiele** für die *Begründung* einer solchen Lage sind etwa die Verpflichtung, eine vom Arbeitgeber zur Verfügung gestellte Wohnung „abzuarbeiten"; Darlehen aus persönlichen (Entgelte für Migranten-Schleusungen; Vermittlung illegalen Aufenthalts; Scheinehen), familiären (Heirat; Todesfall) oder geschäftlichen Gründen (Anschaffung von Arbeitsgeräten; Begründung von „Selbständigkeit") zu ruinösen Bedingungen unter Verrechnung mit minimalem Arbeitsentgelt (vgl. i. E. *Arlacchi* [1a] 69ff., 156ff.; *Eydner* NStZ **06**, 10, 11f.). Kennzeichen der „Schuldknechtschaft" ist in jedem Fall ein **ausbeuterisches Verhältnis** von Arbeitsleistung und Entgelt unter langfristiger oder unabsehbarer persönlicher Bindung. Bloße langfristige *Verschuldung* reicht nicht aus. Aus der Gleichstellung mit der Sklaverei ergibt sich vielmehr die Voraussetzung einer *faktischen* Einschränkung wesentlicher Persönlichkeits- und Grundrechte der abhängigen Person und der Möglichkeit eines willkürlichen Zugriffs bis in ihren Privatbereich (zutr. *Eydner* NStZ **06**, 10, 12). Ein solches Verhältnis kann **zB** gegeben sein bei der Ausbeutung von **Prostituierten** (dann ggf. Tateinheit mit § 232); von illegalen **Einwanderern**; uU auch in sog. **„Drückerkolonnen"**, wenn eine Anwerbung in Verbindung mit der Ablösung hoher Schulden (Geldstrafen; Bewährungsauflagen; Miet- und Konsumschulden) erfolgt, die dann in einer fast ausweglosen Situation von Kontrolle, Einschüchterung und neuen Schulden „abgearbeitet" werden sollen. 6

B. Ausbeuterische Beschäftigung. Den oben genannten Verhältnissen, bei denen schon per definitionem eine menschenrechtswidrige persönliche Abhängigkeit auf der Grundlage sittenwidriger Ausbeutung der Arbeitskraft besteht, gleichgestellt ist „eine Beschäftigung zu Arbeitsbedingungen, die in einem **auffälligen Missverhältnis** zu den Arbeitsbedingungen anderer Arbeitnehmerinnen und Arbeitnehmer stehen, welche die gleiche oder eine vergleichbare Tätigkeit ausüben". 7

a) Die Formulierung ist aus den früheren §§ 406, 407 SGB III sowie § 15a I AÜG übernommen (krit. hierzu unter Hinweis auf die unterschiedlichen Schutzzwecke *Eydner* NStZ **06**, 10, 13); auch **§ 291 I Nr. 3** stellt auf ein „auffälliges Missverhältnis" ab, wobei dort vom Missverhältnis zwischen „Leistung" (uU: Lohn) und „Vermögensvorteil" (uU: Arbeitsleistung) die Rede ist, in § 233 I vom Missverhältnis zwischen „Arbeitsbedingungen". Der Gesetzgeber hat auf die Übernahme der Formulierung aus diesen Vorschriften ausdrücklich hingewiesen (BT-Drs. 15/3045, 9f.), allerdings nicht näher erläutert, wie das **Verhältnis zwischen § 291 und § 233,** also einerseits dem „Ausbeuten der Zwangslage" eines anderen im Rahmen eines Leistungsverhältnisses mit „auffälligem Missverhältnis" (nach bislang hM auch **Lohnwucher,** § 291 I Nr. 3: Freiheitsstrafe 1 Monat bis 3 Jahre oder Geldstrafe) und andererseits dem „Bringen" eines anderen „unter Ausnutzung einer Zwangslage" in ein Beschäftigungsverhältnis mit auffälligem Missverhältnis zu vergleichbaren Arbeitsbedingungen (Menschenhandel, § 233: Freiheitsstrafe 6 Monate bis 10 Jahre) beschaffen sein soll. 8

9 Da § 291 I Nr. 3 unverändert geblieben ist, wird man davon auszugehen haben, dass beide Vorschriften nebeneinander bestehen und eigenständige Anwendungsbereiche haben sollen. **Merkmal der Spezialität** kann nicht das „**Ausnutzen** einer Zwangslage" sein, da dieser Begriff im Regelungszusammenhang von ausbeuterischen Arbeitsbedingungen nichts substanziell anderes als der Begriff „**Ausbeuten** einer Zwangslage" bedeuten kann. Auch der Bezugspunkt des **Missverhältnisses** kann nicht als spezielles Unrechtsmerkmal des § 233 I angesehen werden: Der komplizierte Begriff „Missverhältnis von Arbeitsbedingungen" stellt in Wahrheit auf ein „Missverhältnis" zwischen den *jeweiligen* Verhältnissen von Leistung (Arbeit) und Gegenleistung (Lohn) ab, denn „Arbeitsbedingungen" sind ihrerseits ein Verhältnis von Leistung und Gegenleistung. Andere als quantitative Kriterien sind aber für die Beurteilung dieses „Missverhältnisses" nicht ersichtlich. Schließlich ist auch das **Maß des Missverhältnisses** kein hinreichend bestimmtes Unterscheidungsmerkmal. Aus Wortlaut und Systematik des § 233 ergibt sich kein Anhaltspunkt dafür, dass etwa nur Sklaverei-ähnliche Gewaltverhältnisse (vgl. Art. 7 Buchst. b ZusatzÜbk.; vgl. auch BGH **39**, 214) den Tatbestand erfüllen können (so BT-Drs. 15/3045, 9; gegen eine Einbeziehung in § 234 aF, auch hinsichtlich der Zwangsarbeit, LK-*Gribbohm* 49; MK-*Wieck-Noodt* 47; jew. zu § 234). Daher wird man von Spezialität des § 233 auszugehen haben, soweit **Beschäftigungsverhältnisse von Arbeitnehmern** betroffen sind: Wenn insoweit die Voraussetzungen des § 233 gegeben und zugleich die Merkmale eines allgemeinen Leistungswuchers erfüllt sind, tritt § 291 I S. 1 Nr. 3 zurück.

10 **b)** Es kann sich um eine **Beschäftigung bei dem Täter oder einem Dritten** handeln. Der Täter oder eine andere natürliche oder juristische Person muss also in dem Beschäftigungsverhältnis die Position des Arbeitgebers innehaben. Auf das Vorliegen eines wirksamen Vertrags kommt es nicht an. Der Hinweis auf „andere Arbeitnehmer" bedeutet nicht, dass Scheinselbständigkeiten nicht erfasst sind; dagegen unterfallen tatsächlich **selbständige Beschäftigungen,** auch zu ausbeuterischen Bedingungen, dem Tatbestand nicht (*S/S-Eisele* 6). Armutsbedingte Ausbeutung von Selbstständigen kann daher, wenn nicht die Voraussetzungen von „Schuldknechtschaft" vorliegen, nur über § 291 erfasst werden. Ob diese Ungleichbehandlung sachlich gerechtfertigt ist, mag im Einzelfall zweifelhaft sein (**zB** Bauern; Fischer; Kleinhandwerker; Kleinhändler; Spediteure).

11 **c)** Der ausbeuterische Charakter des Beschäftigungsverhältnisses muss sich aus einem **auffälligen Missverhältnis** ergeben, das zwischen den Arbeitsbedingungen (im Wesentlichen: Entlohnung) des Opfers und den Arbeitsbedingungen von Arbeitnehmern mit gleicher oder „vergleichbarer" (gemeint: ähnlicher) Tätigkeit besteht. Die Formulierung entspricht § 15 a I AÜG. Dort ist zwischen den Arbeitsbedingungen ausländischer und deutscher Leiharbeitnehmer mit gleicher Tätigkeit zu vergleichen. Dass die Regelung die martialischen „*Bekämpfungs*"-Versprechen erfüllen wird, ist zu bezweifeln: Da es an einem **Vergleichskriterium** außerhalb der Arbeitsbedingungen selbst fehlt, kann ein „Missverhältnis" nicht festgestellt werden, wenn andere Arbeitnehmer mit gleicher oder ähnlicher Tätigkeit *ebenso (schlecht)* behandelt werden. Daher wird man mit diesem Instrumentarium „den schlimmsten Formen der Kinderarbeit" (vgl. oben 1) kaum weltweit entgegenwirken können, wenn *alle* als Teppichknüpfer, Müllsammler, Boten usw. arbeitenden Kinder in demselben oder vergleichbarem Elend gehalten werden. Ein Vergleich zwischen Arbeitnehmern in ganz verschiedenen Lebens- und Marktsituationen ist nicht sinnvoll möglich; es handelt sich dann nicht um eine „vergleichbare" Tätigkeit. Daher ist eine Beurteilung namentlich des Verhältnisses von Arbeitsbedingungen im **Ausland** und im Inland fast nicht möglich.

11a Es bleiben dann allerdings mögliche Anwendungsbereiche bei grob ungleicher Behandlung von Arbeitnehmern *innerhalb* desselben Marktsegments, also insb. bei der **inländischen** Beschäftigung **illegaler Arbeitnehmer** zu *Dumpinglöhnen* und zu ansonsten ausbeuterischen Bedingungen (Nominalentlohnung in Höhe von

Bruchteilen deutscher Arbeitsnehmer; Abzug von überhöhten Entgelten für Einschleusung, Unterbringung, Verpflegung sowie von Provisionen für illegale Vermittler; Isolierung unter Wegnahme von Pässen und sonstigen Papieren; Vorenthalten des Arbeitsentgelts; usw.). Gibt es rechtliche Kriterien für die „Vergleichbarkeit", etwa gesetzliche **Mindestlöhne,** bindende Regelungen in **Tarifverträgen** oder **Unternehmensrichtlinien,** so sind diese dem Vergleich zugrunde zu legen. Die Beurteilung der „Auffälligkeit" des Missverhältnisses kann sich an der Rspr zu § 291 orientieren (vgl. die Erl. dort).

C. Tathandlung des I ist, dass der Täter das Opfer in die oben bezeichnete Lage oder zur **Aufnahme** oder **Fortsetzung** (vgl. dazu 5 zu § 232) des ausbeuterischen Arbeitsverhältnisses **bringt** und dabei eine Zwangslage oder Hilflosigkeit ausnutzt. Das Tatopfer des I S. 1 muss sich in einer **Zwangslage** (vgl. dazu 9 zu § 232; 10f. zu § 291) oder in einer Lage **auslandsspezifischer Hilflosigkeit** (dazu 10f. zu § 232) befinden. Die Begriffe sind entsprechend § 232 auszulegen, freilich mit Blick auf die Schutzrichtung des § 233. Von großer praktischer Bedeutung ist namentlich auch die Problematik einer Zwangslage aufgrund **allgemeiner Not** (illegale Arbeitsmigration; vgl. dazu 10a zu § 291). Durch welche konkreten Handlungen der Täter den Erfolg bewirkt, ist gleichgültig; es gelten die Erl. 12ff. zu § 232 entsprechend. Der Begriff des **Ausnutzens** stellt nicht auf die bloße *Gelegenheit* zur Tatbegehung ab, sondern verlangt subjektiv eine **zweckgerichtete Verknüpfung** von Erkenntnis der Zwangslage, Handlungsziel und Bewirkungshandlung (vgl. 15 zu § 232; *S/S-Eisele* 10). 12

4) Ausbeutung der Arbeitskraft von Personen unter 21 Jahren (I S. 2). 13 Entsprechend § 232 I S. 2 setzt der Tatbestand des I S. 2 voraus, dass die betroffene Person unter 21 Jahren alt ist. In diesem Fall ist das Ausnutzen einer Zwangslage oder auslandsspezifischen Hilflosigkeit nicht erforderlich; der Tatbestand setzt vielmehr nur voraus, dass der Täter das Opfer in eine der genannten Ausbeutungslagen bringt, es also dazu bestimmt, oder dies in anderer Weise bewirkt. Im Hinblick auf die Weite des Tatbestands in der Variante eines ausbeuterischen Beschäftigungsverhältnisses gelten die zu § 232 I S. 2 formulierten Vorbehalte (vgl. dort 17) hier gleichermaßen. Für das Verhältnis zu **§ 291 I** gilt das oben 9 Ausgeführte: Für Fälle des **Lohnwuchers,** wenn also die jugendliche Person in ein ausbeuterisches Verhältnis als **Arbeitnehmer** gebracht oder zu dessen Fortsetzung veranlasst wird, gilt § 233 I S. 2; bei Kindern ist die Tat ein Verbrechen (III iV mit § 232 III Nr. 1). Dagegen ist der allgemeine Leistungswucher auch gegen *Kinder* unter Ausbeutung einer *Zwangslage* nur mit Mindeststrafe von 1 Monat oder 5 Tagessätzen bedroht.

5) Subjektiver Tatbestand. Abs. I setzt Vorsatz voraus; bedingter Vorsatz 14 reicht grds. aus (vgl. 15 zu § 232). Er muss auch die Voraussetzungen des ausbeuterischen Missverhältnisses umfassen (vgl. auch 24 zu § 291); in S. 1 auch die Voraussetzungen der Zwangslage oder der Hilflosigkeit.

6) Der **Versuch** von Taten nach Abs, I ist strafbar **(Abs. II).** Er kann mit Be- 15 ginn des Einwirkens auf das Opfer vorliegen. Untauglicher strafbarer Versuch ist gegeben, wenn das Beschäftigungsverhältnis irrig für ausbeuterisch gehalten wird; ebenso, wenn der Täter eine Person irrig für jünger als 21 Jahre hält. **Vollendung** ist mit Begründung des Beschäftigungsverhältnisses oder mit Fortsetzung der Beschäftigung nach Aufgabe eines Beendigungswillens gegeben; ebenso mit Begründung des Verhältnisses der Schuldknechtschaft usw. Hierbei reicht das faktische Verhältnis aus; erforderlich ist weder der Abschluss von Verträgen noch dass bereits Leistungen ausgetauscht sind.

7) Qualifikationen (Abs. III iV mit § 232 III). Für den Tatbestand gelten 16 die Qualifikationen des § 232 III entsprechend (vgl. dazu 21ff. zu § 232). Die Gefahr des Todes (§ 232 III Nr. 2) muss „durch die Tat" eintreten. Das kann nicht nur durch die Bestimmungs- oder Bewirkungshandlung, sondern auch durch Gefahren oder Behandlung in dem Beschäftigungsverhältnis der Fall sein; es muss sich in diesem Fall aber der Vorsatz des Täters schon bei seiner Tathandlung hierauf beziehen, denn § 18 gilt nicht.

17 **8)** Auch die Tatbestände des **besonders schweren Menschenhandels** (§ 232 IV) sind gem. **Abs. III** entsprechend anzuwenden.

18 **9) Minder schwere Fälle (III iV mit § 232 V)** des I sind denkbar bei sehr kurzfristiger Dauer des Beschäftigungsverhältnisses; bei Einwilligung des Opfers (die zB bei illegal Eingewanderten das Vorliegen einer Zwangslage nicht ausschließt); bei Handeln ohne eigenen Vermögensvorteil.

19 **10) Konkurrenzen.** Vgl. 35 zu § 232. Zum Verhältnis zu § 291 vgl. oben 8f. **Tateinheit** kommt in Betracht mit § 239; § 266a; §§ 223ff. § 240 tritt gegenüber den speziellen Nötigungen zurück; ebenso § 263 gegenüber dem Ausbeuten durch List (**aA** *S/S-Eisele* 17).

20 **11) Sonstige Vorschriften:** Führungsaufsicht und Erweiterter Verfall: § 233b. **Geldwäsche**: § 261 I S. 2 Nr. 4 Buchst. a. **Nebenstrafrecht:** Beschäftigung ausländischer Leiharbeitnehmer ohne Genehmigung: § 15 AÜG; Entleih von Ausländern ohne Genehmigung zu Arbeitsbedingungen mit auffälligem Missverhältnis: § 15a AÜG. **Nebenklage**: § 395 I Nr. 1 Buchst. d StPO.

Förderung des Menschenhandels

233a **I Wer einem Menschenhandel nach § 232 oder § 233 Vorschub leistet, indem er eine andere Person anwirbt, befördert, weitergibt, beherbergt oder aufnimmt, wird mit Freiheitsstrafe von drei Monaten bis zu fünf Jahren bestraft.**

II Auf Freiheitsstrafe von sechs Monaten bis zu zehn Jahren ist zu erkennen, wenn

1. **das Opfer der Tat ein Kind (§ 176 Abs. 1) ist,**
2. **der Täter das Opfer bei der Tat körperlich schwer misshandelt oder durch die Tat in die Gefahr des Todes bringt oder**
3. **der Täter die Tat mit Gewalt oder durch Drohung mit einem empfindlichen Übel oder gewerbsmäßig oder als Mitglied einer Bande, die sich zur fortgesetzten Begehung solcher Taten verbunden hat, begeht.**

III Der Versuch ist strafbar.

1 **1) Allgemeines.** Die Vorschrift ist durch Art. 1 Nr. 10 des 37. StÄG v. 11. 2. 2005 (BGBl. I 239; III 450–2) eingefügt worden; sie wurde erst in den Beratungen des RA-BTag in den Entwurf aufgenommen. **Mat.:** GesE, BT-Drs. 15/3045; Ber., BT-Drs. 15/4048. Vgl. i. Ü. 1 zu § 232. **In-Kraft-Treten: 19. 2. 2005. Literatur**: vgl. 1a zu § 232.

2 **2) Anwendungsbereich.** Die selbständige Strafbarkeit des Förderns knüpft an den Tatbeständen der §§ 232, 233 an und stellt der Sache nach **Beihilfehandlungen** zu diesen Taten unter Strafe (weiter SK-*Wolters* 5: Auch Vorbereitung *eigener* Taten). Daher stellt sich die Frage nach dem Anwendungsbereich, denn die Beihilfe zu Taten nach § 232 I oder § 233 I ist mit höherer Strafe bedroht als das täterschaftliche „Fördern" in § 233a I. Dagegen ist die Strafdrohung für die Beihilfe zu Taten nach § 232 III und IV niedriger als die Strafdrohung nach § 233a II. Der Rechtsausschuss des BTags, der die Vorschrift eingefügt hat, hat „die Aufnahme empfohlen, um noch verbleibende Lücken bei der Umsetzung des Rahmenbeschlusses zur Bekämpfung des Menschenhandels zu schließen" (BT-Drs-. 15/4048, 13). Von den Strafvorschriften über die Teilnahme an Taten nach §§ 232, 233 seien Fälle nicht erfasst, in denen die **Haupttat nicht versucht** wird, weiterhin Fälle, in denen eine **Beihilfe nur versucht** wird (vgl. i. E. die vergleichende Darstellung von *Art. 1 I des Rahmenbeschlusses* (1 zu § 232) und der Regelungen der §§ 232ff. in BT-Drs. 15/4048, 13f.; krit. *Schroeder* NJW **05**, 1393, 1396).

3 **3) Tathandlung.** Abs. I setzt voraus, dass der Täter einer Tat nach § 232 oder § 233 **Vorschub leistet.** Das Gesetz verwendet diesen Begriff sonst nur noch in

§ 180 I und II; er umschreibt das Schaffen von Bedingungen, welche die Begehung der Tat begünstigen (vgl. BGH **10**, 386; KG NJW **98**, 3791, 3792; MK-*Renzikowski* 19 zu § 180; vgl. auch 6 zu § 180). Es ist für § 180 umstritten, worin der **Erfolg** des Vorschub-Leistens besteht und ob der Tatbestand voraussetzt, dass die Handlungen oder der Erfolg, welcher gefördert werden soll, tatsächlich eintreten; nach hM ist dies in den Fällen des § 180 I und II unterschiedlich zu beurteilen (vgl. NJW **96**, 334, 335; **aA** aber hier 7f. , 16 zu § 180 mwN; ebenso MK-*Renzikowski* 26f. zu § 180; *Kindhäuser* LPK 2 zu § 180). **Für § 233 a** ergibt sich die Antwort auf diese Frage aus der Gesetzessystematik: Wenn der Tatbestand die Vollendung oder den Versuch einer Tat nach §§ 232, 233 voraussetzen würde, hätte er keinen Anwendungsbereich, da die Beihilfe zu diesen Taten strafbar und mit höherer Strafe bedroht ist. Einen systematischen Sinn hat die Vorschrift somit nur dann, wenn Handlungen erfasst, die nicht schon strafbare Beihilfe zu den genannten Taten sind (vgl. oben 2), also die *erfolglose* Beihilfe (ebenso *S/S-Eisele* 5; unzutr. daher die Kritik im Entschl.-A Bayern, BR-Drs. 141/05). Ausreichend ist das Herstellen günstigerer Bedingungen für eine nach Zeit und Ort hinreichend konkretisierte Tat (*Schroeder* NJW **05**, 2393, 2395; SK-*Wolters* 2).

Das Vorschub-Leisten muss durch eine der in I enumerativ aufgeführten Tathandlungen erfolgen, die **„eine andere Person"** betreffen müssen. Gemeint ist die Person, die Opfer der Tat nach § 232, 233 werden soll; Abs. I erfasst also nicht etwa den Transport eines Tatbeteiligten. 3a

Zum Begriff des **Anwerbens** (vgl. NStZ **94**, 78; *Schroeder* JZ **95**, 235) gehört das Element des Aktivwerdens des Werbenden iS eines nachdrücklichen Einwirkens auf die Willensentschließung des Opfers (NStZ **92**, 434; NStZ-RR **98**, 299; LK-*Laufhütte* 19 zu § 180a; *Laubenthal* 681; vgl. BGH **27**, 29). Das Merkmal des Anwerbens erfüllt, wer einen andern zum Abschluss einer **Vereinbarung** veranlasst (*S/S-Eisele* 4: als „treibende Kraft"), wodurch der Angeworbene sich als verpflichtet ansieht, die Tätigkeit, für die er angeworben ist, wahrzunehmen (BGH **42**, 182; NStZ **94**, 78; NStZ-RR/J **98**, 323 Nr. 16; SK-*Wolters* 7). Hieran fehlt es **zB,** wenn nur die allgemeine Möglichkeit in Aussicht gestellt wird, eine Arbeitsstelle zu besorgen (NStZ-RR **97**, 293), oder wenn nur die durch einen anderen erfolgte Anwerbung ausgenutzt wird (BGH **42**, 186). **Befördern** ist das Transportieren der Person; **Weitergeben** ihre kontrollierte Übergabe an eine dritte Person zum Zweck weiterer Beförderung oder Verwendung; **Beherbergen** das vorübergehende und **Aufnehmen** ein auf längere Dauer angelegtes Gewähren von Wohnung (vgl. *Renzikowski* JZ **05**, 883). 4

Durch die Tathandlungen muss einer Tat nach § 232 oder § 233 **Vorschub geleistet** werden; sie müssen ihre Begehung also erleichtern und begünstigen. Entsprechend der hM zu § 180 I ist zu verlangen, dass die Gefahr der Verwirklichung der zu fördernden Tat objektiv erhöht wird (vgl. BGH **24**, 253; *S/S- Eisele* 5; MK-*Renzikowski* 26 zu § 180). Zur Vollendung der Tat oder zu ihrem Versuch muss es nicht kommen; die Tathandlung muss sich vielmehr als **Versuch der Beihilfe** darstellen (vgl. oben 2, 3). Nach den zu § 180 I entwickelten Grundsätzen dürfte § 233 a I ausscheiden, wenn das Bestehen einer Zwangslage oder auslandsspezifischer Hilflosigkeit von vornherein objektiv ausgeschlossen war. 5

4) Subjektiver Tatbestand. Der Tatbestand setzt Vorsatz voraus; bedingter Vorsatz reicht aus. Er muss wie der Vorsatz des Gehilfen ein **doppelter** und einerseits auf die Verwirklichung der Haupttat, andererseits auf die Merkmale des Vorschub-Leistens einschließlich der (allgemein überschauten) Kausalität des Förderns gerichtet sein. Eine detaillierte Kenntnis der zu fördernden Haupttat ist nicht erforderlich; so muss der Täter zB nicht wissen, zu welcher der tatbestandlichen Tätigkeiten das Opfer gebracht werden soll. 6

5) Rechtsfolgen; Qualifikationen. Die nach Abs. I angedrohte Strafe ist 3 Monate bis 5 Jahre; Geldstrafe ist nicht angedroht (§ 47 II). **Abs. II** enthält Qualifikationen, deren Nr. 1 (Taten gegen Kinder) und Nr. 2 (schwere körperliche 7

Misshandlung; Todesgefahr) denen des § 232 III Nr. 1 und 2 entsprechen (vgl. Erl. dort); Nr. 3 kombiniert § 232 III Nr. 3 (Gewerbsmäßigkeit; Bandenmäßigkeit) mit einzelnen Merkmalen nach § 232 IV Nr. 1 (Gewalt; Drohung). Eine Tatbegehung durch List ist nicht erfasst. Der subjektive Tatbestand setzt in allen Fällen der Qualifikation **Vorsatz** voraus. Die **Rechtsfolge** (Freiheitsstrafe von 6 Monaten bis 10 Jahren) entspricht der Strafdrohung der Grundtatbestände der §§ 232 I, 233 I.

8 **6)** Der **Versuch ist strafbar (Abs. III).** Da es sich schon bei der Vollendung des § 233a konstruktiv um den Versuch einer Beihilfe handelt (vgl. oben 2), ist diese weitere Vorverlegung der Strafbarkeitsgrenze zur Schließung von „Lücken" nur noch schwer zu übertreffen; sie geht letztlich noch über die Bestrafung des Versuchs eines Unternehmensdelikts hinaus. Die Strafbarkeit der **Teilnahme** an vollendeten oder versuchten Taten nach § 233a verbreitert den Anwendungsbereich nochmals weiter. Da § 233a in vollem Umfang dem Weltrechtsgrundsatz unterliegt (§ 6 Nr. 4), erschließt die Vorschrift somit eine unermessliche Zahl von Straftätern von *Afghanistan* bis *Zentralafrikanische Republik*, welche der Anwendung des deutschen Strafrechts entgegen sehen. An der Ernsthaftigkeit solcher Tatbestände könnten Zweifel bestehen.

Führungsaufsicht, Erweiterter Verfall

233b **I In den Fällen der §§ 232 bis 233a kann das Gericht Führungsaufsicht anordnen (§ 68 Abs. 1).**

II In den Fällen der §§ 232 bis 233a ist § 73d abzuwenden, wenn der Täter gewerbsmäßig oder als Mitglied einer Bande handelt, die sich zur fortgesetzten Begehung solcher Taten verbunden hat.

1 **1) Allgemeines.** Die Vorschrift ist durch Art. 1 Nr. 10 des 37. StÄG v. 11. 2. 2005 (BGBl. I 239; III 450–2) eingefügt worden. **Mat.:** 1 zu § 232.

2 **2)** In allen Fällen der §§ 232, 233, 233a kann das Gericht unter den Voraussetzungen des § 68 I **Führungsaufsicht** anordnen (Abs. I). **Erweiterter Verfall** (§ 73d) ist nach Abs. II in allen Fällen möglich, wenn der Täter **gewerbsmäßig** (vgl. 37 vor § 52) oder als Mitglied einer **Bande** handelt (zu den Voraussetzungen vgl. GrSenBGH **46**, 321; 17ff. zu § 244), die sich zur Begehung solkcher Taten, d. h. von Taten nach §§ 232 bis 233a, zusammengeschlossen hat. Das Opfer, dem Prostitutionserlöse vorenthalten werden, ist Verletzter iS von § 73 I S. 2 (vgl. NStZ **03**, 533; StV **03**, 617; 5 StR 21/04; 20 zu § 73).

Menschenraub

234 **I Wer sich einer anderen Person mit Gewalt, durch Drohung mit einem empfindlichen Übel oder durch List bemächtigt, um sie in hilfloser Lage auszusetzen oder dem Dienst in einer militärischen oder militärähnlichen Einrichtung im Ausland zuzuführen, wird mit Freiheitsstrafe von einem Jahr bis zu zehn Jahren bestraft.**

II In minder schweren Fällen ist die Strafe Freiheitsstrafe von sechs Monaten bis zu fünf Jahren.

1 **1) Allgemeines.** Die Vorschrift wurde, um einen einheitlichen Sprachgebrauch zu erreichen, durch Art. 1 Nr. 39 des 6. StrRG (RegE 38; 2f. vor § 174) geändert, anderen Vorschriften angeglichen und in Abs. II durch einen Strafrahmen für minder schwere Fälle ergänzt. Durch Art. 1 Nr. 11 des 37. StÄG v. 11. 2. 2005 (BGBl I 239) wurden die Merkmals der Sklaverei und der Leibeigenschaft gestrichen, die in § 233 I übernommen wurden; die Strafdrohung wurde im Höchstmaß den §§ 232 I, 233 I angepasst.

2 **2)** Die Vorschrift betrifft einen Sonderfall der Freiheitsberaubung (zur weithin fehlenden praktischen Bedeutung und zu Vorschlägen der Streichung vgl. NK-*Sonnen* 9; MK-*Wieck-Noodt* 6; SK-*Wolters* 1). **Rechtsgut** ist die persönliche Freiheit, also der Zustand eines Menschen, in dem er seine natürliche Fähigkeit zur Selbstbestimmung körperlich ungehindert zur Geltung bringen kann (RG **48**, 348; LK-*Gribbohm* 1).

3) Tathandlung ist das **Sich-Bemächtigen** einer anderen Person; der Täter muss die physische Herrschaft über ihn erlangen (vgl. dazu i. E. 31 ff. zu § 232). **Mittel** der Bemächtigung sind wie in § 232 IV Nr. 2 Gewalt, Drohung mit einem empfindlichen Übel oder List. 3

4) Subjektiver Tatbestand. Der Tatbestand setzt **Vorsatz** voraus. Hinsichtlich des Sich-Bemächtigens durch eines der genannten Tatmittel reicht bedingter Vorsatz aus. Darüber hinaus verlangt § 234 die **Absicht** des Täters (6 zu § 15), das Opfer in hilfloser Lage auszusetzen (§ 221) oder es dem Dienst in einer militärischen oder militärähnlichen Einrichtung im Ausland zuzuführen (unten 5). Der Täter muss also gerade diesen Erfolg anstreben; bedingter und direkter Vorsatz reichen insoweit nicht (*S/S-Eser* 6). Zum Begriff des **Aussetzens** und der **hilflosen Lage** vgl. § 221; es muss dem Täter darauf ankommen, das Opfer in eine Lage zu bringen, in der es zur Selbsthilfe unfähig und konkret an Leib oder Leben gefährdet ist (NStZ **01**, 247). 4

a) Militärische oder militärähnliche Einrichtungen im **Ausland** (das kann auch das Heimatland des Opfers sein) sind bewaffnete, nach militärischen Befehlsstrukturen organisierte Einheiten; der durch das 6. StrRG anstelle der „auswärtigen Kriegsdienste" eingefügte Begriff entspricht § 109 h (dort 2). Die Hervorhebung eines „auswärtigen Schiffsdienstes" wurde vom Gesetzgeber nicht mehr für erforderlich gehalten (RegE 38). Eine Einrichtung liegt nur vor, wenn eine dauerhafte, von konkreten Personen unabhängige Verwaltungs- und Befehlsstruktur gegeben ist; dass diese für das einzelne Mitglied transparent ist, ist nicht erforderlich. Unerheblich ist, ob die Einrichtung eine staatliche ist und ob sie ggf. verdeckt operiert. Erfasst sind daher einerseits auch Bürgerkriegsarmeen und Guerilla-Organisationen, nicht aber von der individuellen Zusammensetzung abhängige „Kommandos", andererseits neben staatlichen Militär- und Polizeieinheiten auch paramilitärische Organisationen, die mit staatlicher Duldung operieren. Geheimdienste unterfallen dem Begriff nur dann, wenn sie (auch) militärähnliche Organisationseinheiten besitzen oder diese steuern. Der **Dienst,** dem das Opfer zugeführt werden soll, muss kein militärischer Dienst ieS sein; erforderlich ist eine Eingliederung in die Befehls- und Organisationsstruktur der Einrichtung. Auf einen konkreten *Kriegszustand* kommt es nicht mehr an (LK-*Gribbohm* 59). Zum *Anwerben* vgl. § 109 h. 5

b) Die Absicht muss sich auf eine **Zuführung** des Opfers zu der Einrichtung beziehen. Dafür reicht jede vermittelnde Tätigkeit aus; eine auf dem durch die Freiheitsberaubung begründeten Gewaltverhältnis beruhende Auslieferung ist nicht erforderlich. Eine Einwilligung des Opfers, die auf dem Druck dieses Gewaltverhältnisses beruht, lässt den Tatbestand daher unberührt (*S/S-Eser* 5; LK-*Gribbohm* 69). Wird das Opfer nur durch qualifizierte Drohung (insb. mit langdauernder Freiheitsentziehung) zur Zustimmung genötigt, so liegt idR § 239 b vor (unten 11). 6

5) Vollendet ist die Tat mit dem Sich-Bemächtigen, wenn der Täter zu diesem Zeitpunkt die oben beschriebene Absicht hatte. **Versuch** ist strafbar (§ 23 I). Eine Regelung zur Tätigen Reue entspr. § 239 a IV fehlt. Die Tat ist ein Dauerdelikt; beendet ist sie, wenn das Opfer sich nicht mehr in der Gewalt des Täters befindet. 7

6) Die **Strafe** nach **Abs. I** ist Freiheitsstrafe von 1 Jahr bis 10 Jahre. Die durch das 37. StÄG gesenkte Obergrenze Rahmen entspricht der der §§ 232 I, 233 I; das Mindestmaß wurde nicht ermäßigt. Durch das 6. StrRG wurde in **Abs. II** ein Strafrahmen für **minder schwere Fälle** angefügt. Die Abstimmung mit § 239 b, der infolge der Ausweitung auf Zwei-Personen-Verhältnisse (vgl. 5 f. zu § 239 a) die Mehrzahl der Taten nach § 234 erfasst und selbst bei Tätiger Reue eine Mindeststrafe von 2 Jahren androht (§§ 239 a IV, 239 b II, 49 I Nr. 3), erscheint nicht gelungen. 8

7) Tateinheit ist möglich mit § 109 h, ebenso mit § 235 und § 169. § 239 und § 240 werden von § 234 verdrängt. Das Verhältnis zu § 239 b ist vom Gesetzgeber des 6. StrRG nicht 9 hinreichend geklärt worden: Erfolgt das Verbringen oder Zuführen nach I auf Grund einer qualifizierten Nötigung, insb. mit der Drohung einer lang dauernden Freiheitsentziehung, so liegt regelmäßig § 239b vor; man wird dann, da § 234 einerseits *weiter* (Nötigung nach Sich-Bemächtigen nicht erforderlich), andererseits *enger* (abgenötigte Handlung oder Duldung) ist, Tateinheit annehmen müssen.

10 **8) Sonstige Vorschriften.** Eine Anzeigepflicht für den geplanten Menschenraub begründet § 138 I Nr. 6, ein Verbot des Androhens § 126 I Nr. 4, der Belohnung oder öffentlichen Billigung nach der Ausführung § 140 und des Vortäuschens § 145d I Nr. 2, II Nr. 2. Die vorher zugesagte Belohnung fällt aber unter § 234 (als Mittel der Anstiftung). Überwachungsmaßnahmen § 100a Nr. 2 StPO.

Verschleppung

234a **I Wer einen anderen durch List, Drohung oder Gewalt in ein Gebiet außerhalb des räumlichen Geltungsbereichs dieses Gesetzes verbringt oder veranlasst, sich dorthin zu begeben, oder davon abhält, von dort zurückzukehren, und dadurch der Gefahr aussetzt, aus politischen Gründen verfolgt zu werden und hierbei im Widerspruch zu rechtsstaatlichen Grundsätzen durch Gewalt- oder Willkürmaßnahmen Schaden an Leib oder Leben zu erleiden, der Freiheit beraubt oder in seiner beruflichen oder wirtschaftlichen Stellung empfindlich beeinträchtigt zu werden, wird mit Freiheitsstrafe nicht unter einem Jahr bestraft.**

II In minder schweren Fällen ist die Strafe Freiheitsstrafe von drei Monaten bis zu fünf Jahren.

III Wer eine solche Tat vorbereitet, wird mit Freiheitsstrafe bis zu fünf Jahren oder mit Geldstrafe bestraft.

1 **1) Allgemeines.** Die Vorschrift idF des Ges. v. 15. 7. 1951 (BGBl. I 448; dazu BT-Drs. 1/2344, 2377; Denkschrift des BMJ BAnz. 28. 6. 1951; *Maurach* NJW **52**, 163; *Wagner* MDR **67**, 629; 709) ist ein Gefährdungstatbestand (19 vor § 13). **Rechtsgut** sind die in I genannten Persönlichkeitsrechte des Opfers (Bewahrung der Freiheit, körperlichen Unversehrtheit, Nichtbeeinträchtigung beruflicher und wirtschaftlicher Betätigung; str.; vgl. BGH **14**, 107; NJW **60**, 1211). Den Anlass zum Gesetz gaben die zahlreichen Verschleppungen aus der BRep. in die ehem. DDR (BGH **30**, 2; zu Alttaten vgl. 33f. vor § 3). Das frühere Recht reichte hier (und bei § 241) zur Verurteilung nicht aus, wenn sich nicht feststellen ließ, was aus den verschleppten oder angezeigten Personen geworden war. Daher lässt § 234a (wie auch § 241a) eine **konkrete Gefährdung** des Opfers für die Strafbarkeit genügen. Seit dem 1. 4. 1970 galt § 234a auch in Berlin (Art. 103 II 1. StrRG; NJW **97**, 2609 in BGH **43**, 125 nicht mitabgedruckt).

2 **2)** Der Tatbestand setzt die Herbeiführung einer für Leib und Leben, Freiheit oder Vermögen konkret gefährlichen Lage im Ausland voraus; Tatmittel können, wie bei dem der Verschleppung verwandten Menschenraub **List** (3 zu § 234), **Drohung** (30ff. zu § 240) **oder Gewalt** (8ff. zu § 240) sein.

3 **Gefährdungsbereich** kann das ganze Gebiet außerhalb des Geltungsbereichs des StGB (12 vor § 3) sein, soweit dort die Verfolgung aus politischen Gründen zu erwarten ist (vgl. 7ff.; KG NJW **56**, 1570; LK-*Gribbohm* 10). **Taten im Ausland** sind nach § 234a strafbar, wenn das Opfer ein Deutscher (2 zu § 7) ist, der im Inland seinen Wohnsitz oder gewöhnlichen Aufenthalt hat (§ 5 Nr. 6). Dagegen sind gegen Taten im **Inland** auch **Ausländer** geschützt; der Wortlaut („einen anderen") sowie die Entstehungsgeschichte der Norm (vgl. LK-*Gribbohm* 1) rechtfertigen eine weitergehende Schutzbereichseinschränkung nicht (wie hier *S/S-Eser* 1; SK-*Horn* 2; **aA** LK-*Gribbohm* 3f.). Der Tatbestand ist daher grds auch auf Ausweisungen oder Abschiebungen von Ausländern aus der BRep. in ein Gefahrengebiet anwendbar. Schon nach § 3 strafbar sind Taten von Ausländern gegen Ausländer, die in der BRep. begangen werden, etwa die durch Drohung mit Gewalttaten gegen Familienangehörige erzwungene Verschleppung von Regimegegnern (LK-*Gribbohm* 6). Gerade hier ist die selbstständige Strafbarkeit von Vorbereitungshandlungen nach III (unten 13) zu beachten.

3) Tathandlungen sind: **A. Verbringen in die Gefahrenzone.** Es setzt ein **tatsächliches Herrschaftsverhältnis** über das Opfer voraus; ein Handeln gegen den Willen des Opfers ist aber nicht erforderlich. 4

B. Veranlassen, sich dorthin zu begeben; gemeint ist eine psychische Beeinflussung durch List; so zB durch die Vorspiegelung von Geschäftsabschlüssen, Erkrankung Angehöriger, behördlicher Rücksprache und dgl., oder durch Drohung; sie muss dazu führen, dass sich das Opfer selbst – freiwillig oder unfreiwillig – in den Gefahrenbereich begibt. 5

C. Abhalten von der Rückkunft von dort; gemeint ist, die Gefahrenzone wieder zu verlassen. 6

4) Die **Folge der Handlung** muss die Gefahr für das Opfer sein, in der unten 8ff. beschriebenen Weise verfolgt zu werden. Es muss eine **konkrete Gefahr** sein; die bloße Möglichkeit eines Schadens reicht nicht aus (GA **62**, 198, 202; **66**, 307 Nr. 36; MDR **67**, 633; 3 StR 393/80; LG Koblenz NStZ **83**, 508). Der Begriff der **Verfolgung entspricht Art. 16a GG.** Die Verfolgung muss nicht unmittelbar von einer fremden Staatsmacht ausgehen; ausreichend ist eine Gefahr der Verfolgung, etwa durch ethnische oder religiöse Bevölkerungsgruppen, die von dem ausländischen Staat geduldet wird oder faktisch nicht verhindert werden kann. Jedoch reichen rein private Bedrohungen, etwa durch kriminelle Organisationen, nicht aus. 7

A. Es muss die Gefahr einer Verfolgung **aus politischen Gründen** bestehen; dazu gehören neben der Zugehörigkeit zu einer politischen Partei oder Gruppierung insb. auch rassische, religiöse oder weltanschauliche Gründe (BGH **14**, 104; LK-*Gribbohm* 24); in Betracht kommt auch Verfolgung wegen Agententätigkeit (KG NJW **57**, 684) oder politisch wichtiger Arbeit als Wissenschaftler oder Ingenieur (vgl. *S/S-Eser* 9; *Laubenthal* MSchrKrim **89**, 328). Auf die für Verfolgungsmaßnahmen angegebenen Gründe kommt es nicht an, wenn diese nur vorgeschoben sind (**zB** Vorspiegelung angeblicher Wirtschaftsverbrechen oder krimineller Verfehlungen; vgl. BGH **6**, 166); die Gründe als solche brauchen auch nicht rechtsstaatswidrig zu sein (zB Verfolgung wegen terroristischer Taten; wegen Staatsschutzdelikten, usw.; vgl. MK-*Wieck-Noodt* 26f.). Die politischen Gründe müssen nicht allein ausschlaggebend sein (*S/S-Eser* 9; LK-*Gribbohm* 25; einschr. SK-*Horn/Wolters* 6). 8

B. Die drohende Verfolgung muss im **Widerspruch zu rechtsstaatlichen Grundsätzen** stehen (**zB** Bestrafung ohne Prozess; in rechtsstaatswidrigem Verfahren; vgl. BGH **1**, 392); durch Verhängung oder Vollstreckung der Todesstrafe; durch Gewalt- oder Willkürmaßnahmen, grob ungerechte Strafen (KG NJW **57**, 684; **zB** bei Maßnahmen der DDR-Organe gegen Fluchthelfer nach § 105 I StGB-DDR, NJW **97**, 2609 [in BGH **43**, 125 nicht abgedr.]; *nicht* jedoch im Falle von Verstößen gegen die DDR-Devisengesetzgebung, BGH **33**, 239 m. Anm. *Schroeder* JR **86**, 162; vgl. auch BGH **14**, 104; **42**, 338 m. Anm. *Schlüchter/Duttge* NStZ **97**, 596; GA **66**, 307f.; LK-*Gribbohm* 20, 27). Willkürmaßnahmen, die nicht durch *politische* Verfolgung drohen, unterfallen dem Tatbestand nicht. 9

C. Es muss schließlich die Gefahr für das Opfer bestehen, **Schaden an Leib oder Leben** zu erleiden oder **der Freiheit beraubt** zu werden oder in seiner **beruflichen oder wirtschaftlichen Stellung** empfindlich **beeinträchtigt** zu werden; zB durch Einziehung des Vermögens, dauerndes Berufsverbot. Dass die Verfolgung *formell* nicht aus politischen Gründen, sondern etwa zur Bekämpfung von Kriminalität, Terrorismus etc. geschieht, steht der Annahme des Tatbestands nicht entgegen; ebenso wenig die Erfüllung positiv-rechtlicher Normen des fremden Staates; diese sind vielmehr an rechtsstaatlichen Grundsätzen zu messen (LK-*Gribbohm* 26ff., 34, 41f.; einschr. SK-*Horn/Wolters* 6). 10

5) Der Vorsatz des Täters (bedingter genügt; Düsseldorf NJW **79**, 60) muss sich auf die **Handlung** (Verbringen, Veranlassen, Abhalten) und auch auf die be- 11 sondere Art **der Gefährdung** erstrecken. Hinsichtlich des „Widerspruchs zu rechtsstaatlichen Grundsätzen" sowie der „Gewalt- und Willkürmaßnahmen" genügt Parallelwertung in der Laiensphäre (GA **66**, 77; 13 zu § 16; LK-*Gribbohm* 49).

12 **6) Vollendung; Versuch.** Die Tat ist vollendet, wenn auf Grund einer Handlung des Täters der Gefährdungserfolg eingetreten ist; Beendigung tritt mit Abschluss der Handlungen des Täters ein. Für den **Verjährungsbeginn** (vgl. 2 zu § 78a) kommt es nicht auf die Dauer oder das Ende der Gefährdung an (vgl. BGH **32**, 293f.). Der **Versuch** des Abs. I ist stets strafbar, da die Tat Verbrechen ist. Es liegt etwa beim Ansetzen zu einer täuschenden Einwirkung auf das Opfer vor.

13 **7) Vorbereitung (Abs. III).** Unterhalb der Versuchsschwelle bestraft Abs. III schon die **Vorbereitung** einer Tat nach I, II mit (Vollendungs-) Strafe. Die Tat nach Abs. III ist **selbstständiges Delikt,** Versuch daher nicht strafbar. Für die Abgrenzung gelten die allg. Regeln (vgl. 7ff. zu § 22; LK-*Gribbohm* 51ff.). Vorbereitungen sind zB das Aufstellen von Listen über als künftige Verschleppungsopfer in Aussicht genommene Personen; ebenso ihr bloßes Beobachten, um Anhaltspunkte für die spätere Entführung zu gewinnen. **§ 30** iV mit Abs. I verdrängt den III (LK-*Gribbohm* 54; *S/S-Eser* 15), falls mehrere Personen zusammenwirken, so dass III auf den allein vorbereitenden Täter anzuwenden ist (BGH **6**, 85); **§** 31 ist entspr. anwendbar (so auch BGH **6**, 85; NJW **56**, 30; LK-*Gribbohm* 56; *S/S-Eser* 15). **Teilnahme** an Taten nach III ist möglich, da es sich um eine selbstständige Straftat handelt (vgl. BGH **14**, 156 m. Anm. *Dreher* NJW **60**, 1163).

14 **8) Konkurrenzen.** Tateinheit ist mit Beteiligung an gegen das Opfer nach der Verschleppung begangenen Taten gegeben.

15 **9) Sonstige Vorschriften** 12 zu § 234; Androhung § 126 I Nr. 4; Vortäuschung § 145d I Nr. 2, II Nr. 2; Belohnung und Billigung § 140; Anleitung § 130a. Zuständigkeit nach §§ 74a, 120 II, 142a GVG.

Entziehung Minderjähriger

235 **I Mit Freiheitsstrafe bis zu fünf Jahren oder mit Geldstrafe wird bestraft, wer**

1. eine Person unter achtzehn Jahren mit Gewalt, durch Drohung mit einem empfindlichen Übel oder durch List oder

2. ein Kind, ohne dessen Angehöriger zu sein,

den Eltern, einem Elternteil, dem Vormund oder dem Pfleger entzieht oder vorenthält.

II Ebenso wird bestraft, wer ein Kind den Eltern, einem Elternteil, dem Vormund oder dem Pfleger

1. entzieht, um es in das Ausland zu verbringen, oder

2. im Ausland vorenthält, nachdem es dorthin verbracht worden ist oder es sich dorthin begeben hat.

III In den Fällen des Absatzes 1 Nr. 2 und des Absatzes 2 Nr. 1 ist der Versuch strafbar.

IV Auf Freiheitsstrafe von einem Jahr bis zu zehn Jahren ist zu erkennen, wenn der Täter

1. das Opfer durch die Tat in die Gefahr des Todes oder einer schweren Gesundheitsschädigung oder einer erheblichen Schädigung der körperlichen oder seelischen Entwicklung bringt oder

2. *die Tat gegen Entgelt* oder in der Absicht begeht, sich oder einen Dritten zu bereichern.

V Verursacht der Täter durch die Tat den Tod des Opfers, so ist die Strafe Freiheitsstrafe nicht unter drei Jahren.

VI In minder schweren Fällen des Absatzes 4 ist auf Freiheitsstrafe von sechs Monaten bis zu fünf Jahren, in minder schweren Fällen des Absatzes 5 auf Freiheitsstrafe von einem Jahr bis zu zehn Jahren zu erkennen.

VII Die Entziehung Minderjähriger wird in den Fällen der Absätze 1 bis 3 nur auf Antrag verfolgt, es sei denn, dass die Strafverfolgungsbehörde wegen des besonderen öffentlichen Interesses an der Strafverfolgung ein Einschreiten von Amts wegen für geboten hält.

Übersicht

1) Allgemeines ... 1, 1 a
2) Rechtsgut; Schutzbereich ... 2–4
3) Entziehung Minderjähriger (Abs. I) ... 5–10
4) Entziehung von Kindern in das Ausland oder im Ausland (Abs. II) ... 11–11 b
5) Versuch (Abs. III) ... 12
6) Subjektiver Tatbestand ... 13
7) Rechtswidrigkeit ... 14
8) Rechtsfolgen; Qualifikationen ... 15–19
9) Teilnahme ... 20
10) Strafantrag (Abs. VII) ... 21
11) Konkurrenzen ... 22

1) Allgemeines. Die Vorschrift (früher „Kindesentziehung" idF des 1. StrRG [vgl. Prot. V/2375; 2477; 2871; Ber. BT-Drs. V/4094, 34], ferner Abs. II S. 2 idF des Art. 1 Nr. 21 des 4. StrRG, 1 f. vor § 174) wurde durch Art. 1 Nr. 40 des 6. StrRG (2 f. vor § 174), um Strafbarkeitslücken zu schließen, unter neuer Überschrift neu gefasst: Die Tatbestände der Vorschrift wurden neu umschrieben und erheblich erweitert, insbesondere auf die Wegnahme von Kleinstkindern sowie auf die Verbringung von Kindern ins Ausland ausgedehnt; die Strafbarkeit des Versuchs wurde eingeführt und das Antragserfordernis modifiziert sowie Qualifikationstatbestände mit erheblich verschärften Strafrahmen geschaffen. 1

Literatur: *Albrecht,* Kinderhandel, 1994 [Bespr. *Geerds* GA **96**, 349; *Jesionek* MSchrKrim **96**, 287]; *Geppert,* Kindesentziehung beim „Kampf um das gemeinsame Kind", H. Kaufmann-GedS 759; *Bohnert,* Das Tatbestandsmerkmal „List" im StGB, GA **78**, 353; *Fahl,* Freiheitsberaubende Kindesentziehung ohne Strafantrag?, GA **96**, 476; *Krack,* List als Tatbestandsmerkmal, 1994; *Schwarz,* Entwicklung u. Reform der Entführungsdelikte, 1972. 1 a

2) Geschütztes Rechtsgut ist das **elterliche** oder sonstige familienrechtliche **Sorgerecht** (10 zu § 180; BGH **1**, 364; **10**, 376; **16**, 61; NJW **63**, 1412) **und** außerdem, wie sich seit dem 6. StrRG aus IV Nr. 1 und V (unten 16 a, 18) ergibt, die körperliche und seelische Integrität der **minderjährigen Person** selbst („Opfer"; vgl. RegE 38; *Kreß* NJW **98**, 641; *Nelles* Einf. 6. StrRG, 28), während die Rspr zur aF den Standpunkt vertrat, dass der Minderjährige nur mittelbar geschützt sei (BGH **39**, 243 m. Anm. *Bottke* NStZ **94**, 81; 48. Aufl. mwN). „Opfer" iS von IV Nr. 1, V ist nicht der Sorgeberechtigte (NStZ **06**, 447, 448). Die **Einwilligung** des Sorgerechtsinhabers lässt allerdings schon den Tatbestand des I entfallen; auf die Einwilligung des Minderjährigen kommt es insoweit nicht an. 2

A. Geschützt sind die sorgeberechtigten **Eltern** oder **ein Elternteil** (§§ 1626, 1628 BGB); in diesem Fall kann der andere Elternteil die Tat nach § 235 I begehen. Geschützt ist aber auch das **Umgangsrecht** des nicht sorgeberechtigten Elternteils gegenüber dem allein sorgeberechtigten (BGH **10**, 376; **44**, 355 [m. Anm. *Peschel-Gutzeit* FPR **99**, 250; *Baier* JA **99**, 835; zu § 235 aF]; LK-*Gribbohm* 17 ff.; **aA** *S/S-Eser* 14; *Geppert* [1 a] 773). Außer den leiblichen sind auch Adoptiveltern geschützt, da das angenommene Kind dem ehelichen gleichsteht (10 zu § 11); desgl. Pflegeeltern auf Grund des § 1630 III BGB. Bei nichtehelichen Kindern hat deren Mutter die elterliche Sorge (§ 1705 BGB), ist also ebenfalls geschützt. Das Kind braucht sich im Zeitpunkt der Tat nicht bei den Eltern zu befinden (BGH **16**, 62; NJW **63**, 1412). Weiterhin geschützt ist der **Vormund** (§§ 1773 ff. BGB; vgl. LK-*Gribbohm* 21 ff.), auch das Jugendamt als Amtsvormund (§§ 1709, 1791 c BGB), falls ihm das volle Sorgerecht (BGH **1**, 364) oder das der Mutter entzogene (§§ 1666, 1666 a BGB) Aufenthaltsbestimmungsrecht (Bremen, JR **61**, 107) zusteht; schließlich der **Pfleger** (§§ 1671 V, 1680 II S. 2, §§ 1909 ff. BGB). 3

4 **B. Nicht geschützt** sind **dritte Personen,** zB Pflegeeltern, denen die Erziehung nur tatsächlich anvertraut ist (Düsseldorf NStZ **81**, 103 m. Anm. *Bottke* JR **81**, 387); zB Heimleiter (NJW **63**, 1412) oder Verwandte, bei denen sich das Kind tatsächlich befindet, ohne dass ihnen die Personensorge übertragen ist; auf ihre Einwilligung kommt es daher nicht an.

5 **3) Entziehung Minderjähriger (Abs. I).** Abs. I enthält zwei sich überschneidende (und wiederum in schwer verständlicher Weise mit Abs. II überschnittene) Tatbestände. Hierbei kann Nr. 1 von jedermann hinsichtlich minderjähriger Personen unter 18 Jahren begangen werden, Nr. 2 nur von Nicht-Angehörigen eines Kindes, dh einer Person unter 14 Jahren.

6 **A. Tathandlung.** Ein **Entziehen** liegt vor, wenn der Täter den wesentlichen Inhalt des Rechts auf Personensorge (§ 1631 BGB: Pflege, Erziehung, Aufenthaltsbestimmung) **durch räumliche Trennung von gewisser Dauer** beeinträchtigt. 10 Minuten genügen jedenfalls nicht (SK-*Horn/Wolters* 5; **aA** BGH **16**, 58 [10 Minuten bei 4jährigem Kind; krit. *Hillenkamp,* Wassermann-FS 872]); im Einzelfall aber einige Stunden (BGH **10**, 376 [für den Fall eines nur kurzfristigen Umgangsrechts]; 5 StR 516/70; offen gelassen von NStZ **96**, 333; Hamm OLGSt. 1; vgl. *Geppert* [1 a] 781; **aA,** aber unklar *Lackner/Kühl* 3). Entziehen setzt nicht voraus, dass sich der Täter eine personensorgerechtliche Stellung anmaßt (MK-*Wieck-Noodt* 45; vgl. NStZ **96**, 333 [sexuelle Motivation]). Dass bei Streitigkeiten von Eltern Abs. I voraussetzt, dass ein Teil das Sorgerecht *ganz und auf Dauer* für sich usurpiert (so *Geppert* 783; SK-*Horn/Wolters* 5), ergibt sich aus dem Gesetz nicht (wie hier LK-*Gribbohm* 17 ff.).

7 Mit der durch das 6. StrRG aufgenommenen ergänzenden Tathandlungsumschreibung des **Vorenthaltens** war *im Rahmen des I* nach dem RegE (S. 38) keine Ausdehnung der Strafbarkeit beabsichtigt. Diese Ergänzung folgt vielmehr daraus, dass im Hinblick auf die besonderen Fallgestaltungen bei Auslandstaten (II Nr. 2) die Tatform des Vorenthaltens ausdrücklich genannt werden muss (unten 11; ferner 6 a zu § 5). Im Übrigen überschneiden sich die Tatformen des Entziehens und des Vorenthaltens, zumal der Übergang zwischen „aktivem" und „passivem" Entziehen fließend ist (RegE 38; LK-*Gribbohm* 66). Auch § 1632 BGB beschränkt sich auf den Begriff des Vorenthaltens. Ein Vorenthalten liegt nicht nur vor, wenn der Täter die Herausgabe des Kindes verweigert, sondern auch, wenn er sie durch Verheimlichen des Aufenthaltsorts oder durch anderweitige Unterbringung des Kindes erschwert (*Lackner/Kühl* 3: Entziehen); *nicht* jedoch, wenn sich das Kind gegen den Willen der Eltern bei einem sich völlig passiv verhaltenden Dritten aufhält (*Palandt-Diedrichsen* 5 zu § 1632; *Nelles* Einf. 6. StrRG, 31) oder wenn ihm nur die Mittel gewährt werden, um auf Unterkunft und Verpflegung durch den Sorgerechtsinhaber nicht angewiesen zu sein (LK-*Gribbohm* 67). Auch ein bloßes (wenngleich vorsätzliches) zeitliches Überziehen des Umgangsrechts reicht idR nicht aus (SK-*Horn/Wolters* 5; MK-*Wieck-Noodt* 46; offen gelassen von NStZ **96**, 334).

8 Beide Tatformen können auch durch **Unterlassen** verwirklicht werden (MDR/D **68**, 728; 1 StR 385/81; Hamburg HESt. **2**, 300; LK-*Gribbohm* 11; *Geppert* [1 a] 785). Der **Zweck** des Entziehens oder Vorenthaltens ist grds ohne Bedeutung; aus ihm kann sich aber sowohl ein Rechtfertigungsgrund (unten 14) als auch ein Qualifikationsgrund (IV Nr. 2, unten 17) ergeben.

9 **B. Nötigende oder täuschende Entziehung (I Nr. 1).** Im Fall des I Nr. 1 sind die **Mittel** des Entziehens und Vorenthaltens von minderjährigen Personen **Gewalt, Drohung** oder **List** (3 zu § 234; 8 ff., 30 ff. zu § 240 und zur List BGH **10**, 379; **32**, 269; NStZ **96**, 276; enger *Bohnert* GA **78**, 353; *Krack,* List als Tatbestandsmerkmal, 1994, 19 ff.). Sie können sich gegen die Eltern, den Minderjährigen oder gegen dritte Personen richten, die tatsächlich oder aus Sicht des Täters bereit sind, das Obhutsverhältnis zu schützen (BGH **16**, 58; MDR **62**, 750; **63**, 694; **68**, 728). Der Fall, dass der Täter durch List die Entziehung des Sorgerechts durch ein **Gericht** erreicht, soll von § 235 nicht erfasst sein, da hierdurch

die Substanz des Sorgerechts beseitigt und nicht nur beeinträchtigt werde (Stuttgart NJW **68**, 1342; *Geppert* [1 a] 772; *S/S-Eser* 8; *Lackner/Kühl* 3). Das ist nicht überzeugend; die durch List erreichte widerrechtliche Einschränkung oder Aufhebung des Sorgerechts oder Umgangsrechts stellt vielmehr eine besonders intensive Beeinträchtigung dieses Rechts dar (krit. auch MK-*Wieck-Noodt* 5f.; auch LK-*Gribbohm* 44). Eine in mittelbarer Täterschaft begangene Entziehung durch Einschaltung hoheitlicher Gewalt (Gerichtsvollzieher, Jugendamt, Polizei; auch gerichtliche Entscheidungen) ist nach allgemeinen Regeln möglich (zB durch Vorzeigen gefälschter Herausgabetitel). **Täter** des I Nr. 1 kann ein Angehöriger (§ 11 I Nr. 1), also auch ein Elternteil gegenüber dem anderen, aber auch ein Dritter sein (MK-*Wieck-Noodt* 23; **aA** SK-*Horn/Wolters* 4).

C. Entziehung von Kindern durch Nicht-Angehörige (I Nr. 2). In Abs. I **Nr. 2** hat das 6. StrRG, um auch die bisher straflos gebliebenen Fälle der Kindesentziehung (vgl. RegE 23f., 38f.), nämlich die heimliche Wegnahme von Säuglingen und Kleinkindern, zu erfassen, den Tatbestand dadurch erheblich erweitert, dass in Fällen, in denen sich die Entziehung **gegen ein Kind** (§ 19) richtet, es der oben 9 genannten *besonderen Tatmittel* nicht bedarf (*Sander/Hohmann* NStZ **98**, 276), sondern das bloße Entziehen oder Vorenthalten genügt, falls die Tat von einem **Täter** begangen wird, der **nicht Angehöriger** (§ 11 I Nr. 1) des Kindes ist. Diese Beschränkung des Täterkreises soll verhindern, dass familieninterne Konflikte in größerem Umfang mit strafrechtlichen Mitteln ausgetragen werden (RegE 25; *Nelles* Einf. 6. StrRG 30, 32). Dieser gesetzgeberischen Absicht widerspricht freilich II (vgl. dazu unten 11). Straffrei bleiben Taten durch Angehörige (insb. unter den Eltern), wenn Gewalt, Drohung oder List nicht angewendet werden. 10

4) Entziehung von Kindern in das Ausland oder im Ausland (Abs. II). Die Regelungen des II sollen Sorgeberechtigte davor schützen, dass ein **Kind** gegen ihren Willen **ins Ausland** verbracht oder ihnen dort vorenthalten wird, da in diesen Fällen die Durchsetzung des Rechts idR in besonderer Weise erschwert ist. Tatsächlich erweitert II freilich nur den Tatbestand des I Nr. 2 auf **Angehörige,** wenn diese die **besondere Absicht** des II aufweisen. Gegen Verbringung ins oder Vorenthalten im Ausland durch **Nicht-Angehörige** ist das Kind schon durch I Nr. 2 geschützt, da es dort auf ein Motiv der Tat nicht ankommt. Gegen das Verbringen oder Vorenthalten im Ausland durch **Angehörige** schützt I Nr. 1, wenn Gewalt, Drohung oder List angewendet werden, II, wenn die besonderen Tatmittel nicht angewendet werden; die Strafdrohung ist erstaunlicherweise gleich. Auch in diesen Fällen kommt es nicht auf die besonderen Tatmittel des 9 an, ebenso wenig ist der Täterkreis iS des I Nr. 2 beschränkt. 11

In **Nr. 1** *(„aktive Entführung")* genügt eine Tathandlung des **Entziehens** (oben 6), falls sie in der Absicht begangen wird, das Kind in das Ausland zu verbringen (*Nelles* Einf. 6. StRG, 33). In diesen Fällen ist der Versuch strafbar (III). 11a

Nr. 2 *(„passive Entführung")* betrifft das im Ausland begangene **Vorenthalten** (oben 7), wenn der Täter das Kind zwar im Einvernehmen mit dem Inhaber der Sorge, etwa im Rahmen einer gemeinsamen Urlaubsreise, ins Ausland gebracht hat, sich aber weigert, es wieder in die Heimat zurückkehren zu lassen (RegE 39). Der Begriff des Auslands entspricht dem in §§ 3ff. verwendeten Entziehungen aus dem Ausland in die BRep. sind von Abs. II nicht erfasst, können aber Abs. I unterfallen. Taten nach II Nr. 2 sind auch als Auslandstaten (§ 5 Nr. 6a, dort 6a) strafbar, wenn sich die Tat gegen eine Person richtet, die in der BRep. ihren Wohnsitz oder gewöhnlichen Aufenthalt hat. Person iS von § 5 Nr. 6a ist die sorgeberechtigte Person; auf Wohnsitz oder Aufenthalt des Kindes kommt es nicht an (**aA** *Lackner/Kühl* 3 zu § 5). 11b

5) Versuch (Abs. III). Nach Abs. III ist der Versuch in den Fällen I Nr. 2 und II Nr. 1 strafbar. Die Begründung, die Versuchsstrafbarkeit werde eingeführt, damit Ermittlungen bereits vor der Vollendung der Tat mit dem Ziel aufgenommen werden können, die Ausreise und damit eine möglicherweise endgültige Entziehung 12 des Kindes zu verhindern (RegE 39), stellt in zweifelhafter Weise auf *polizeiliche* Erwägungen ab. Ihre Plausibilität wird durch kaum überwindliche Schwierigkeiten bei der Bestimmung des *Versuchsbeginns* und seines *Nachweises* in Frage gestellt. Eine Anwendung der Regeln für den Versuchsbeginn beim Diebstahl (SK-*Horn/Wolters* 16) dürfte nur in den (wenigen) Fällen möglich sein, in denen *schon* Entziehungshandlungen vorliegen, aber *noch* keine Vollendung eingetreten ist (etwa bei kurzer Zeitspanne). Der **Versuch des Vorenthaltens** ist im Regelfall nur für Nicht-Angehörige strafbar (I Nr. 2, III), für Angehörige nur bei Vorliegen einer Qualifikation nach IV oder V (§ 23 I). Vollendete *Auslands*taten nach II Nr. 2 sind nach § 5 Nr. 6a strafbar, versuchte Auslandstaten nach I Nr. 2, III allerdings über § 7 I. Der *Sinn* dieser Differenzierung erschließt sich kaum. **Vollendung** ist in Abs. I und II jeweils mit der Erfüllung des Merkmals „Entziehung" oder „Vorenthalten" gegeben. **Beendigung** des Dauerdelikts (§ 78a) tritt erst mit Aufhebung des rechtswidrigen Zustands ein.

13 **6) Subjektiver Tatbestand.** Erforderlich ist jeweils **Vorsatz** des Täters; bedingter Vorsatz reicht. Im Fall des I Nr. 1 muss er das besondere Tatmittel umfassen; im Fall des II Nr. 1 ist die zusätzliche **Absicht** (6 zu 15) der Verbringung ins Ausland erforderlich. Am Vorsatz fehlt es, wenn der Täter glaubt, ein eigenes Sorgerecht zu haben (vgl. LK-*Gribbohm* 108), oder wenn er irrtümlich eine Einwilligung des Sorgeberechtigten annimmt. Bei Irrtum über das Alter des Kindes kommt bei I Nr. 2, II Nr. 1 **Versuch** in Betracht. Kennt der Täter die tatsächlichen Voraussetzungen eines bestehenden Sorgerechts nicht, so fehlt es am Vorsatz; irrt er über ihre rechtiche Bedeutung, so liegt ein Verbotsirrtum vor.

14 **7) Rechtswidrigkeit.** Das Entziehen oder Vorenthalten muss rechtswidrig sein. Hinsichtlich der **Einwilligung** ist zu unterscheiden: Die Einwilligung des Minderjährigen schließt weder Tatbestand noch Rechtswidrigkeit aus (SK-*Horn/Wolters* 2; LK-*Gribbohm* 103). Eine wirksame (zu Unwirksamkeitsgründen vgl. LK-*Gribbohm* 93ff.) Einwilligung des (oder der) Sorgeberechtigten schließt schon den **Tatbestand** aus, wenn nicht die Tat unter Einsatz der Tatmittel des I Nr. 1 gegen den Minderjährigen oder einen schutzbereiten Dritten begangen wird; in diesem Fall wirkt sie rechtfertigend (LK-*Gribbohm* 99). Die Rechtswidrigkeit kann durch Notwehr oder Nothilfe ausgeschlossen sein, uU auch durch Selbsthilfe, die jedoch nicht ausgeübt werden darf, solange obrigkeitliche Unterstützung zu erlangen ist (LK-*Gribbohm* 106; vgl. aber *S/S-Eser* 15; *Geppert* [1a] 786).

15 **8) Rechtsfolgen; Qualifikationen.** Die abgestufte **Strafdrohung** sieht im Regelstrafrahmen (I, II) wie bisher eine Freiheitsstrafe bis zu 5 Jahren oder Geldstrafe vor. Entgegen der aF und dem RegE (S. 7), die besonders schwere Fälle vorsahen, erhebt § 235 idF des 6. StrRG die Tat (umfasst ist auch der Versuch) bei Vorliegen der **Qualifikationsmerkmale** zum Verbrechen:

16 **A. Qualifikationen nach Abs. IV.** Abs. IV enthält zwei Qualifikationstatbestände, die mit Freiheitsstrafe von einem bis zu 10 Jahren bedroht sind.

16a **Nr. 1** setzt voraus, dass der Täter das Opfer (dh die entzogene oder vorenthaltene minderjährige Person, nicht aber die berechtigte Person; NStZ **06**, 447, 448) in die Gefahr des Todes oder einer schweren Gesundheitsschädigung (15 zu § 239) oder einer erheblichen Schädigung der körperlichen oder seelischen Entwicklung bringt (10 zu § 225). Diese konkrete Gefahr muss **durch die Tat** verursacht werden. Das kann zum einen in Folge von Tathandlungen, etwa bei gewaltsamer Entführung, zum anderen als unmittelbare Auswirkung des Taterfolgs der Fall sein, wenn etwa das Opfer in ein Milieu gebracht wird, wo es verwahrlost; auch ein dauerhaftes Verbringen in einen fremden Kulturkreis oder in den Einflussbereich *einer fremden* Religion kann genügen, wenn im Einzelfall eine **konkrete Gefahr** für die körperliche, seelische oder psychische Entwicklung des Kindes damit verbunden ist (NJW **90**, 1489 [Pakistan]; NStZ **06**, 447 [Ägypten]; LG Koblenz NStZ **88**, 312 [Libanon]); das ergibt sich freilich nicht schon aus dem Verbringen ins Ausland an sich, dem eine *abstrakte* Gefahr anhaftet (5 StR 5643/05). § 18 ist insoweit nicht anwendbar; der **Vorsatz** des Täters muss sich daher die Gefahr erstrecken.

Nr. 2 qualifiziert die Tat zum Verbrechen, wenn der Täter sie **gegen Entgelt** begeht (§ 11 I Nr. 9; vgl. dazu RegE 39) oder wenn er in (Selbst- oder Dritt-) **Bereicherungsabsicht** handelt. Der Vermögensvorteil muss nicht an sich rechtswidrig sein (*W/Hettinger* 443; MK-*Wieck-Noodt* 86; **aA** *Nelles* Einf. 6. StrRG, 36). Vorteile, die mit dem Aufenthalt des Kindes oder Jugendlichen verbunden sind und dem Täter zugutekommen (Unterhalt; öffentl. Unterstützung), reichen aus (wie hier SK-*Horn/Wolters* 19; MK-*Wieck-Noodt* 86). Die Bereicherung muss nicht alleiniges Motiv des Täters sein; sie muss jedoch zielgerichtet erstrebt werden. 17

B. Erfolgsqualifikation nach Abs. V. Abs. V sieht – entsprechend den §§ 221 III, 227, 239 IV – eine erhebliche Strafschärfung (Freiheitsstrafe nicht unter 3 Jahren) vor, wenn der Täter durch die Tat (vgl. 2 zu § 227) den **Tod des Opfers** verursacht hat. Für diese Erfolgsqualifikation genügt es schon, dass dem Täter hinsichtlich der schweren Folge wenigstens Fahrlässigkeit (§ 18) zur Last gelegt werden kann, während der RegE (S. 8) auch für den Regelfall des besonders schweren Falles Leichtfertigkeit vorausgesetzt hatte (krit. zur Einbeziehung auch einfacher Fahrlässigkeit LK-*Gribbohm* 90). Zur Frage des *erfolgsqualifizierten* Versuchs (wobei zu beachten ist, dass nach III der Versuch des Grunddelikts nur in den Fällen des I Nr. 2 und des II Nr. 1 strafbar ist) vgl. 6 zu § 227. 18

C. Minder schwere Fälle (Abs. VI). Abs. VI sieht für minder schwere Fälle (11 zu § 12; 85 ff. zu § 46) in den Fällen des IV Freiheitsstrafe von 6 Monaten bis zu 5 Jahren, in den Fällen des V Freiheitsstrafe von 1 Jahr bis zu 10 Jahren vor (vgl. hierzu 8 zu § 227). 19

9) Teilnahme ist nach allg. Regeln möglich. Der Minderjährige selbst kann nicht Teilnehmer an seiner Entziehung sein, selbst wenn die Initiative von ihm ausgegangen ist (RG **18**, 281; LK-*Gribbohm* 112; SK-*Horn/Wolters* 11; MK-*Wieck-Noodt* 94; *Geppert* 772). Anstiftung und Beihilfe zur *Selbst*entziehung (Flucht) sind straflos; die Abgrenzung zur täterschaftlichen Entziehung mit (tatbestandlich unerheblicher) Einwilligung des Minderjährigen ist im Einzelfall schwierig. 20

10) Strafantrag. Nach **Abs. VII** wurde das bisherige absolute Antragsrecht (§ 238 I aF) durch das 6. StrRG in ein **relatives Antragsdelikt** umgewandelt (RegE 39): Taten nach I bis III werden nicht nur – wie bisher – auf Antrag, sondern auch dann von Amts wegen verfolgt, wenn die Strafverfolgungsbehörde im *öffentlichen Interesse* eine Strafverfolgung für geboten erachtet (4 zu § 230; krit. *Nelles* aaO 39), zB dann, wenn der Täter einschlägig vorbestraft ist oder er sich gegenüber dem Sorgeberechtigten oder dem Kind besonders rücksichtslos oder verwerflich verhalten hat (RegE 39). **Verletzter** (§ 77 I) ist, wessen Sorgerecht durch die Tat beeinträchtigt wird, aber auch der Minderjährige selbst (LK-*Gribbohm* 139). 21

11) Konkurrenzen. Tateinheit ist möglich mit § 120 (NJW **63**, 1412), mit §§ 169, 234, 236, 239 (BGH **39**, 243, hierzu *Bottke* NStZ **94**, 80; *Geppert* JK 1). Auch mit §§ 239 a, 239 b ist Tateinheit möglich (LK-*Gribbohm* 135; SK-*Horn/Wolters* 21, 17; MK-*Wieck-Noodt* 103; *S/S-Eser* 20; *M/Schroeder/ Maiwald* 63/67), ebenso mit § 240 (vgl. SK-*Horn* 21; **aA** *Lackner/Kühl* 10). Bei gegen ein Kind begangenen Taten nach I Nr. 1 durch einen Nicht-Angehörigen dürfte I Nr. 2 verdrängt sein. 22

Kinderhandel

236 **I Wer sein noch nicht achtzehn Jahre altes Kind oder seinen noch nicht achtzehn Jahre alten Mündel oder Pflegling unter grober Vernachlässigung der Fürsorge- oder Erziehungspflicht einem anderen auf Dauer überlässt und dabei gegen Entgelt oder in der Absicht handelt, sich oder einen Dritten zu bereichern, wird mit Freiheitsstrafe bis zu fünf Jahren oder mit Geldstrafe bestraft. Ebenso wird bestraft, wer in den Fällen des Satzes 1 das Kind, den Mündel oder Pflegling auf Dauer bei sich aufnimmt und dafür ein Entgelt gewährt.**

II Wer unbefugt

1. die Adoption einer Person unter achtzehn Jahren vermittelt oder
2. eine Vermittlungstätigkeit ausübt, die zum Ziel hat, dass ein Dritter eine Person unter achtzehn Jahren auf Dauer bei sich aufnimmt,

und dabei gegen Entgelt oder in der Absicht handelt, sich oder einen Dritten zu bereichern, wird mit Freiheitsstrafe bis zu drei Jahren oder mit Geldstrafe bestraft. Bewirkt der Täter in den Fällen des Satzes 1, dass die vermittelte Person in das Inland oder in das Ausland verbracht wird, so ist die Strafe Freiheitsstrafe bis zu fünf Jahren oder Geldstrafe.

III Der Versuch ist strafbar.

IV Auf Freiheitsstrafe von sechs Monaten bis zu zehn Jahren ist zu erkennen, wenn der Täter

1. aus Gewinnsucht, gewerbsmäßig oder als Mitglied einer Bande handelt, die sich zur fortgesetzten Begehung eines Kinderhandels verbunden hat, oder
2. das Kind oder die vermittelte Person durch die Tat in die Gefahr einer erheblichen Schädigung der körperlichen oder seelischen Entwicklung bringt.

V In den Fällen der Absätze 1 und 3 kann das Gericht bei Beteiligten und in den Fällen der Absätze 2 und 3 bei Teilnehmern, deren Schuld unter Berücksichtigung des körperlichen oder seelischen Wohls des Kindes oder der vermittelten Person gering ist, die Strafe nach seinem Ermessen mildern (§ 49 Abs. 2) oder von Strafe nach den Absätzen 1 bis 3 absehen.

Übersicht

1) Allgemeines ... 1, 1 a
2) Rechtsgut ... 2
3) Entgeltliche Überlassung minderjähriger Personen (Abs. I S. 1) ... 3–7
4) Entgeltliche Aufnahme von minderjährigen Personen (Abs. I S. 2) ... 8–10
5) Unbefugte Adoptionsvermittlung (Abs. II) ... 11–16
6) Versuch (Abs. III) ... 17
7) Qualifikationen (Abs. IV) ... 18, 19
8) Strafmilderung bei geringer Schuld (Abs. V) ... 20
9) Konkurrenzen ... 21
10) Ersatzmutterschaft ... 22

1 **1) Allgemeines.** Die Vorschrift wurde **durch das 6. StrRG** (2f. vor § 174) **eingefügt** (vgl. dazu BT-Drs. 13/6038, 6; 13/8587, 10, 40). Durch Art. 1 Nr. 20 des SexualdelÄndG v. 27. 12. 2003 (BGBl. I 3007; **Mat.:** 3a vor § 174) wurden Abs. I neu gefasst und Abs. V ergänzt; die **Schutzaltersgrenze** des Abs. I wurde von 14 auf 18 Jahre heraufgesetzt. **In-Kraft-Treten:** 1. 4. 2004. Diese Änderung diente der Umsetzung des **Fakultativprotokolls zum Übk. der Vereinten Nationen** vom 20. 11. 1989 über die Rechte des Kindes betreffend den Verkauf von Kindern, die Kinderprostitution und die Kinderpornographie (dazu Gesetz v. 17. 2. 1992 [BGBl. II 121: 990]). Vgl. auch Haager Übk. v. 29. 5. 1993 über den Schutz von Kindern und die Zusammenarbeit auf dem Gebiet der internationalen Adoption (**AdoptionsÜbk.;** BGBl. 2001 II 1034; AusführungsG v. 5. 11. 2001 [BGBl. I 2950]; dazu BT-Drs. 14/6011 [GesE BReg.]; 14/6583 [Ber.]; BR-Drs. 692/01) sowie **Rahmenbeschluss** des Rates der EU v. 19. 7. 2002 zur Bekämpfung des Menschenhandels (ABl. EU Nr. L 203 v. 1. 8. 2003, S. 1). **Ergänzend** enthält **§ 14 AdVermiG** idF v. 22. 12. 2001 (BGBl. 2002 I 354; III 404–21) OWi-Tatbestände gegen die unerlaubte Vermittlungstätigkeit, das Suchen oder Anbieten von Kindern, Ersatzmüttern oder Bestelleltern sowie die gewerbs- oder geschäftsmäßige Teilnahme an der Weggabe eines (künftigen) Kindes durch eine Schwangere.

Gesetzgebung: Der GesE der BReg eines G zur Umsetzung des RB der EU zur Bekämpfung der sexuellen Ausbeutung von Kindern und der Kinderpornographie (BT-Drs. 16/3439) u. a. sieht die Einfügung eines neuen Abs. II S. 2 vor (Strafbarkeit des Gewährens eines Entgelts als Vermittler der Adoption einer Person unter 18 Jahren für die Erteilung der erforderlichen Zustimmung zur Adoption). Das Gesetzgebungsverfahren war bei Redaktionsschluss der 55. Aufl. nicht abgeschlossen. Abdruck des GesE im **Anhang unter Nr. 23 a**.

Literatur: *Albrecht,* Kinderhandel – Der Stand des empirischen Wissens (usw.), 1994; *Bach,* Neue Regelungen gegen Kinderhandel u. Ersatzmuttervermittlung, FamRZ **90**, 574; *Baer,* Übereinkommen der Vereinten Nationen über die Rechte des Kindes, NJW **93**, 2309; *Lüderitz,* Verbot von Kinderhandel u. Ersatzmuttervermittlung (usw.), NJW **90**, 1633. 1 a

2) Geschütztes Rechtsgut ist die ungestörte körperliche und seelische Entwicklung der betroffenen Kinder und Jugendlichen. Dies gilt nicht nur für Abs. I, sondern für den gesamten Tatbestand; die Sicherung der Vermittlungsverbote des AdVermiG erfüllt keinen darüber hinaus gehenden Schutzzweck (LK*Gribbohm* 4). Die Tat ist **abstraktes Gefährdungsdelikt.** 2

3) Entgeltliche Überlassung (I S. 1). Mögliche **Täter** des I S. 1 sind vor allem leibliche **Eltern**, auch ein Elternteil; auch Adoptiveltern sowie sog. „Scheinväter", denen das Kind nur rechtlich nach § 1591 BGB als ehelich zugeordnet ist (RegE 40). Darüber hinaus hat das SexualdelÄndG v. 27. 12. 2003 (oben 1) auch **Vormünder** und **Pflegeeltern** als taugliche Täter eingefügt. Die Tat ist ein **echtes Sonderdelikt**. Für Teilnehmer gilt § 28 I, soweit sie nicht Täter iS des II oder des § 235 sind. Geschützte Personen sind Personen **unter 18 Jahren,** die die leiblichen Kinder (nicht: Abkömmlinge), Mündel oder Pfleglinge (§ 35 b I FGG) des Täters sind. Die gesetzliche Überschrift ist durch die Tatbestandserweiterung daher missverständlich geworden. IdR unterfällt der Verkauf eines Mündels oder Pfleglings schon § 235 I; die zur Umsetzung des Fakultativprotokolls (oben 1) zu schließende Lücke bestand nur für Waisen (BT-Drs. 15/350, 22). 3

Tathandlung des Abs. I S. 1 ist das **Überlassen** der minderjährigen Person. Den Begriff des Überlassens bezieht das Gesetz meist auf Sachgegenstände (zB § 87 I Nr. 3, § 152 a I Nr. 2, § 275 I Nr. 3) und meint dort die Besitzübertragung zu eigener Verfügung; wenn der Begriff, wie hier, auf Personen bezogen ist (§ 225 I Nr. 3) geht es um das Begründen eines rein tatsächlichen (Gewalt-) Verhältnisses über die betreffende Person (LK-*Gribbohm* 25; *Lackner/Kühl* 2; LK[10]-*H.-J. Hirsch* 9, zu § 223 b aF). Ein Überlassen **auf Dauer** ist schon mit der Übergabe an den anderen Teil gegeben, wenn das dadurch begründete Gewaltverhältnis nach dem Täterwillen auf Dauer angelegt ist; die Vollendung setzt daher nicht das Verstreichen dieser „Dauer" voraus (LK-*Gribbohm* 25). Ein **auf Dauer** angelegtes Überlassen setzt, der Natur der Sache nach, kein endgültiges Verbleiben beim Aufnehmenden voraus (anders LK-*Gribbohm* 26); entscheidend ist vielmehr, dass das bisherige Sorgeverhältnis dauerhaft, dh auf unabsehbare Zeit, gelöst werden soll. Das wird bei Anerkennung der Vaterschaft oder Begründung eines Pflegeverhältnisses idR der Fall sein (MK-*Wieck-Noodt* 18). Eine Eingliederung in den Haushalt des Aufnehmenden ist nicht zwingend erforderlich; ausreichend ist die Übertragung des tatsächlichen Bestimmungsrechts. 4

Das Überlassen der minderjährigen Person muss **unter grober Vernachlässigung der Fürsorge- oder Erziehungspflicht** iS des § 171 (dort 4 ff.) geschehen; dies ist ein einschränkendes Merkmal, das das Gesetz gewählt hat, um in diesem Zusammenhang sozial akzeptierte Vorgänge, wie die Unterbringung des Kindes bei Verwandten oder das Begründen eines Pflegeverhältnisses, vom Tatbestand auszuschließen (BT-Drs. 13/8587, 40; krit. Stelln. BRat ebd. 62; *W/Hettinger* 446 [„Schlupfloch"]). 5

Der Täter muss in den Fällen des Satzes 1 die Tat (gewissermaßen als *„Verkäufer"; vgl. RegE 40) die Tat gegen* **Entgelt** begehen oder **in der Absicht** handeln, sich oder einen Dritten **zu bereichern** (17 zu § 235). Dass schon hierin regelmäßig eine grobe Vernachlässigung der Fürsorge- und Erziehungspflicht liegt (BRat-Stellungnahme, RegE 62), wird man nicht sagen können, da das Tatbestandsmerkmal dann überflüssig wäre (LK-*Gribbohm* 42); in jedem Fall bedarf es einer positiven Feststellung einer groben Pflichtverletzung. Die Gegenleistung braucht nicht erlangt zu sein (**aA** MK-*Wieck-Noodt* 25). 6

Der **Vorsatz** des Täters muss, mindestens als bedingter, die Fakten umfassen, aus denen sich die grobe Vernachlässigung der Fürsorge- oder Erziehungspflicht und die entgeltliche Überlassung ergibt; zur Bereicherungsabsicht vgl. Erl zu 263). 7

8 **4) Entgeltliche Aufnahme von minderjährigen Personen (I S. 2).** In Abs. I S. 2 ist **Täter** der *„Käufer"* (RegE 40) der minderjährigen Person, also derjenige, der sie bei sich aufnimmt.

9 Die **Tathandlung** des **Aufnehmens** in den eigenen räumlichen Herrschaftsbereich ist spiegelbildlich zum Überlassen; sie muss – entsprechend oben 4 – **auf Dauer** und unter **Gewährung von Entgelt** geschehen. Während S. 1 ein „Handeln gegen Entgelt" verlangt, setzt S. 2 nach seinem Wortlaut voraus, dass ein Entgelt tatsächlich gewährt wurde; ein bloßes Versprechen reicht danach nicht aus (SK-*Horn/Wolters* 5; LK-*Gribbohm* 34; **aA** MK-*Wieck-Noodt* 30).

10 I S. 2 setzt zumindest bedingten **Vorsatz** des Aufnehmenden dahingehend voraus, dass die Übernahme der minderjährigen Person auf Dauer erfolgen soll; erforderlich ist weiter, dass er gerade die Umstände kennt und billigt, aus denen sich iS des Satzes 1 die Vernachlässigung der Pflichten des „Verkäufers" ergibt. Eine Strafbarkeit entfällt daher, wenn der Käufer annimmt, dass die minderjährige Person *„zu ihrem Besten"* weggegeben wird, und wenn er sie aus diesem Grund bei sich aufnimmt (vgl. LK-*Gribbohm* 43). Das ist, insbesondere bei verbotenen Kindesannahmen aus Entwicklungsländern, nicht selten der Fall.

11 **5) Unbefugte Vermittlung Minderjähriger (Abs. II).** Die Regelung des Abs. II hat die Strafnorm des § 14a AdVermiG ersetzt, der durch Art. 4 III des 6. StrRG aufgehoben worden ist.

12 **A. Tathandlung** des **II S. 1 Nr. 1** (bisher § 14a I AdVermiG) ist das **unbefugte Vermitteln einer Adoption** einer Person unter 18 Jahren, Tathandlung des **II S. 1 Nr. 2** das **unbefugte Ausüben einer Vermittlungstätigkeit,** die zum Ziel hat, dass ein Dritter eine Person unter 18 Jahren auf Dauer bei sich aufnimmt.

13 Eine **Adoptionsvermittlung** iS von II Nr. 1 setzt eine rechtsgültige Adoption nicht voraus (**aA** SK-*Horn/Wolters* 8); vielmehr reichen nach § 5 I iVm § 1 AdVermiG das **Zusammenführen** von Personen unter 18 Jahren und Adoptionsbewerbern mit dem *Ziel* der Annahme als Kind sowie der **Nachweis** einer Gelegenheit zur Adoption (wie hier LK-*Gribbohm* 46). Die Vermittlung kann sich auch auf ein noch nicht geborenes oder nicht gezeugtes Kind beziehen (§ 1 S. 1 AdVermiG). Keine Adoption ist die Ersatzmutterschaft (§§ 13a, 13b AdVermiG). **Befugt** zur Adoptionsvermittlung sind nach § 5 I, IV AdVermiG nur die Adoptionsvermittlungsstellen der Jugendämter, die zentrale Adoptionsstelle des Landesjugendamts sowie die in § 2 II AdVermiG bezeichneten staatlich anerkannten Stellen der freien Wohlfahrtspflege. Für die internationale Adoptionsvermittlung gilt die Befugnisnorm nach § 2a III AdVermiG; ergänzend gelten im Anwendungsbereich des AdoptionsÜbk (oben 1) die Bestimmungen des AdoptionsÜbk-AusfG. Andere Personen oder Organisationen dürfen Adoptionen nicht vermitteln (§ 5 I AdVermiG; Ausnahmen § 5 II für Verwandte oder Verschwägerte sowie für Dritte bei unentgeltlichem Nachweis im Einzelfall).

14 **B.** Tathandlung des **II S. 1 Nr. 2** ist das **Ausüben einer Vermittlungstätigkeit** mit dem Ziel der dauerhaften Aufnahme einer minderjährigen Person durch einen Dritten. Die Vermittlungstätigkeit muss nicht auf *Adoption* gerichtet sein; sie kann jede Art der **Aufnahme auf Dauer** (hierzu oben 4, 9) zum Gegenstand haben. Den Tatbestand erfüllt etwa die Zusammenführung von überlassungswilligen Müttern und Männern, die beabsichtigen, die Vaterschaft wahrheitswidrig anzuerkennen (LK-*Gribbohm* 50); aber auch eine Vermittlung von „Pflegeverhältnissen", die auf eine dauerhafte Aufnahme angelegt sind. Eine **Befugnis** kann sich etwa aus dem Vorschlagsrecht des Jugendamtes gegenüber dem Vormundschaftsgericht (*§ 53 I SGB VIII*) hinsichtlich zum Pfleger geeigneter Personen ergeben.

15 **C.** Erforderlich ist in beiden Fällen des II S. 1 ein Handeln des Vermittlers gegen **Entgelt** oder in **Bereicherungsabsicht** (17 zu § 235); fehlt es hieran, so ist die verbotene Vermittlung eine Ordnungswidrigkeit nach § 14 AdVermiG.

D. Abs. II S. 2 enthält eine **Qualifikation** für grenzüberschreitende Vermittlung; die Verbringung des Minderjährigen ins Inland oder ins Ausland ist keine Erfolgsqualifikation, so dass Vorsatz erforderlich ist (LK-*Gribbohm* 61). **Bewirken** ist jedes ursächliche Herbeiführen des Grenzübertritts in Folge der Vermittlungstätigkeit iS von S. 1. Ein „Bringen" der minderjährigen Person durch Dritte ist nicht erforderlich, erst recht kein Handeln gegen ihren Willen; vielmehr reicht eine allein vollzogene Ein- oder Ausreise aus, wenn sie von dem Vermittler oder in Folge seiner Tätigkeit von Dritten initiiert oder organisiert wird. Auch S. 2 setzt nicht voraus, dass das *Ziel* der Vermittlungstätigkeit tatsächlich erreicht wurde (vgl. oben 13); „vermittelte Person" ist die minderjährige Person. 16

6) Versuch. Nach **Abs. III** ist der Versuch der Taten nach I und II strafbar, um 17
– so RegE 40 – den Kinderhandel bereits im Ansatz zu bekämpfen, auch im Falle späteren Scheiterns wirksam verfolgen und angemessen ahnden zu können. Wann der Täter, etwa beim „Überlassen" (oben 4) oder „Vermitteln" (oben 12), unmittelbar zur Tatbestandsverwirklichung ansetzt (§ 22), ist im Einzelfall schwierig festzustellen; ausreichen sollen konkrete Verhandlungen über den Modus des Überlassens oder Vermittelns (*Schumacher* BochErl. 59; vgl. auch MK-*Wieck-Noodt* 61). Aus der missverständlichen Stellung des Abs. III ist nicht zu schließen, dass die Versuchsstrafbarkeit sich auf Taten nach Abs. IV nicht erstreckt (LK-*Gribbohm* 78 ff.).

7) Abs. IV enthält **Qualifikationstatbestände** mit einer Strafdrohung von 18
6 Monaten bis zu 10 Jahren, und zwar nach **Nr. 1** in den Fällen des *organisierten und kommerziellen Kinderhandels,* wenn der Täter aus **Gewinnsucht** handelt, d. i. ein ungewöhnliches, auf ein anstößiges Maß gesteigertes Erwerbsstreben (BGH **1**, 389; **3**, 32), wenn also der Täter elementare Entwicklungsinteressen des Kindes seinen Gewinninteressen unterordnet; oder **gewerbsmäßig** (62 vor § 52); oder – insbesondere in den Fällen der verbotenen Vermittlung – **bandenmäßig** (als Mitglied einer Bande, die sich zur fortgesetzten Begehung von Kinderhandel verbunden hat) handelt. Mehrfache Tatbestandsverwirklichung im Rahmen eines Vermittlungsvorgangs reichen nicht aus (LK-*Gribbohm* 70). Für die Voraussetzungen bandenmäßiger Begehung gelten die Grundsätze von BGH **46**, 321 entspr. (vgl. 17 ff. zu § 244); die Mitwirkung eines anderen Bandenmitglieds ist nicht erforderlich.

Die Qualifikation nach **Nr. 2 ist** in Fällen gegeben, in denen das Kind oder die 19
vermittelte Person durch die Tat in die Gefahr einer erheblichen Schädigung der körperlichen oder seelischen Entwicklung gebracht wird (10 zu § 225; 16a zu § 235).

8) Strafmilderung (Abs. V). Abs. V sieht unter bestimmten Voraussetzungen 20
für Fälle geringer Schuld **fakultative Strafmilderung** oder **Absehen von Strafe** vor. Geringe Schuld kann in Fällen von **Abs. I** bei **Tätern oder Teilnehmern** etwa vorliegen, wenn die Eltern in unverschuldeter Notlage gehandelt und sich nicht anders als durch Weggabe des Kindes zu helfen wussten, oder wenn die aufnahmewilligen Personen sich von einem anders nicht erfüllbaren Kinderwunsch haben leiten lassen. Hinsichtlich der Eltern wird in diesen Fällen schon das Merkmal der groben Pflichtverletzung genau zu prüfen sein; ein Fall des V kann vorliegen, wenn der Tat etwa materielle Not oder eine sonstige Zwangslage zugrunde liegen, ohne dass die Überlassung sich als dem Kindeswohl dienlich darstellt (vgl. oben 6, 10). In solchen Fällen kann auch ein Absehen von Strafe erwogen und das Verfahren nach § 153b StPO eingestellt werden (RegE 41; *Nelles* Einf. 6. StrRG, 45). In den Fällen des **Abs. II** kommen solche Vergünstigungen aber nur bei **Teilnehmern,** also Eltern und aufnahmewillige Personen in Betracht, da nur bei ihnen uU von geringer Schuld ausgegangen werden kann (MK-*Wieck-Noodt* 75), idR auch nur dann, wenn eine körperliche oder seelische Entwicklungsschädigung des Kindes auszuschließen ist (RegE 41). Gesetzlich ausgeschlossen ist dagegen eine Vergünstigung nach V bei professionellen Vermittlern. Der **Versuch** (Abs. III) ist sowohl für Fälle des I als auch solche des II einbezogen.

21 **9) Konkurrenzen.** In dem „Austauschverhältnis" des Abs. I sind Abgebender und Aufnehmender jeweils notwendige Teilnehmer an der Tat des anderen. Eine gleichzeitige Beteiligung an einer Vermittlungstat nach Abs. II tritt gegenüber ihrer Täterschaft nach I zurück (LK*Gribbohm* 108); umgekehrt soll die Täterschaft nach II S. 1 gegenüber der Teilnahme an I zurücktreten (LK-*Gribbohm* 109; zw.). Innerhalb des IV ist Tateinheit zwischen Nr. 1 und Nr. 2 möglich. Die minderjährige Person selbst ist als Teilnehmer einer Tat nach II stets straffrei. Bezieht sich dieselbe Vermittlungshandlung nach II auf mehrere Minderjährige, so liegt gleichartige Tateinheit vor, bei mehreren parallel laufenden, jedoch selbstständigen Vermittlungstätigkeiten (insb. bei Gewerbsmäßigkeit) Tatmehrheit; eine zeitweise Überschneidung in einer Handlung (zB Schalten einer Anzeige, in welcher mehrere Minderjährige angeboten werden) verbindet im Übrigen getrennte Vermittlungstätigkeiten nicht zur Handlungseinheit. **Tateinheit** ist möglich mit § 171, §§ 235, 239, 240. Für zugleich begangene Ordnungswidrigkeiten nach § 14 AdVermiG gilt § 21 I OwiG.

22 **10) Ersatzmutterschaft** (vgl. § 13 a AdVermiG: Vereinbarung, sich einer künstlichen oder natürlichen Befruchtung zu unterziehen oder einen fremden Embryo auszutragen und das Kind nach der Geburt Dritten zu überlassen) und **Ersatzmuttervermittlung** (vgl. § 13 b AdVermiG: Zusammenführung von Ersatzmüttern und Bestelleltern oder Nachweis der Gelegenheit zu einer Ersatzmutterschafts-Vereinbarung) sind in § 236 als solche nicht erfasst. § 14 b AdVermiG enthält Strafvorschriften für Vermittler, die milder als die Strafdrohung nach Abs. II sind. Soweit Handlungen nach § 13 b AdVermiG und Abs. II Nr. 2 grds zusammentreffen können, tritt § 236 zurück.

§ 237 [aufgehoben durch Art. 1 Nr. 5 des 33. StÄG]

Nachstellung

238 I **Wer einem Menschen unbefugt nachstellt, indem er beharrlich**

1. seine räumliche Nähe aufsucht,

2. unter Verwendung von Telekommunikationsmitteln oder sonstigen Mitteln der Kommunikation oder über Dritte Kontakt zu ihm herzustellen versucht,

3. unter missbräuchlicher Verwendung von dessen personenbezogenen Daten Bestellungen von Waren oder Dienstleistungen für ihn aufgibt oder Dritte veranlasst, mit diesem Kontakt aufzunehmen,

4. ihn mit der Verletzung von Leben, körperlicher Unversehrtheit, Gesundheit oder Freiheit seiner selbst oder einer ihm nahe stehenden Person bedroht, oder

5. eine andere vergleichbare Handlung vornimmt,

und dadurch seine Lebensgestaltung schwerwiegend beeinträchtigt, wird mit Freiheitsstrafe bis zu drei Jahren oder mit Geldstrafe bestraft.

II **Auf Freiheitsstrafe von drei Monaten bis zu fünf Jahren ist zu erkennen, wenn der Täter das Opfer, einen Angehörigen des Opfers oder eine andere dem Opfer nahe stehende Person durch die Tat in die Gefahr des Todes oder einer schweren Gesundheitsschädigung bringt.**

III **Verursacht der Täter durch die Tat den Tod des Opfers, eines Angehörigen des Opfers oder einer anderen dem Opfer nahe stehenden Person, so ist die Strafe Freiheitsstrafe von einem Jahr bis zu zehn Jahren.**

IV **In den Fällen des Absatzes 1 wird die Tat nur auf Antrag verfolgt, es sei denn, dass die Strafverfolgungsbehörde wegen des besonderen öffentlichen Interesses an der Strafverfolgung ein Einschreiten von Amts wegen für geboten hält.**

Übersicht

1) Allgemeines .... 1, 1 a
2) Rechtsgut; kriminalpolitische Bedeutung; Legitimität .... 2–3 b
3) Systematik des Tatbestands 4
4) Verfassungsmäßigkeit 5–8

5) Tathandlung (Abs. I) 9–20
A. Nachstellen 9, 10
B. Tatvarianten Abs. I Nr. 1 bis 4 11–16
C. Andere vergleichbare Handlungen (Abs. I Nr. 5) .... 17–17 b
D. Beharrlichkeit 18–20
6) Taterfolg: schwerwiegende Beeinträchtigung 21–25
7) Unbefugtheit; Rechtswidrigkeit 26–29
8) Subjektiver Tatbestand 30
9) Einschränkungen der Schuldfähigkeit 31
10) Vollendung; Versuch 32
11) Beteiligung 33
12) Rechtsfolgen 34
13) Qualifikation (Abs. II) 35, 36
14) Erfolgsqualifikation: Verursachung des Todes (Abs. III) .... 37, 37 a
15) Strafantrag (Abs. IV) 38
16) Konkurrenzen 39
17) Sonstige Vorschriften 40

1) Allgemeines. Die Vorschrift ist durch das 40. StÄG vom 22. 3. 2007 (BGBl I 354) eingefügt worden. **Mat.** (zum ungewöhnlichen Gesetzgebungsverfahren vgl. *Gazeas* KJ **06**, 247, 249 ff.)**:** Koalitionsvertrag vom 11. 11. 2005, S. 120; GesE der BReg. BT-Drs. 16/575; GesE BRat BT-Drs. 16/1030 (GesA Bayern BT-Drs. 15/5410; Bad.-Württ., Hess., BR-Drs. 551/04, 48/06); Öffentl. Anhörung 18. 10. 2006 (RA-Prot. 30. Sitzung); BeschlEmpf und Ber. BT-Drs. 16/3641; ÄndAnträge BT-Drs. 16/3663; GesBeschluss 26. 1. 2007, BR-Drs. 46/07; BRat 16. 2. 2007. **In-Kraft-Treten:** 31. 3. 2007. Vgl. auch **GewaltschutzG** v. 11. 12. 2001 (BGBl I 3513, **Anh. Nr. 5**). **1**

Literatur (Auswahl): *Endrass/Rossegger/Noll/Urbaniok*, Rechtliche Grundlagen und Interventionen im Umgang mit Stalking, MSchrKrim **07**, 1; *Fünfsinn*, Argumente für ein strafrechtliches Stalking-Bekämpfungsgesetz, NK **05**, 82; *Gazeas*, Stalking als Straftatbestand – effektiver Schutz oder strafrechtlicher Aktionismus?, KJ **06**, 247; *Helldrich*, Persönlichkeitsschutz und Pressefreiheit nach der EMRK, NJW **04**, 2634; *Hoffmann*, Stalking. Obsessive Belästigung und Verfolgung, 2006; *Hoffmann/Voß*, Psychologie des Stalking, 2006; *Kinzig*, Stalking – Ein Fall für das Strafrecht?, ZRP **06**, 255; *Kinzig/Zander*, Der neue Tatbestand der Nachstellung (§ 238 StGB), JA **07**, 481; *Krüger* (Hrsg.), Stalking als Straftatbestand, 2007; *Löhnig*, Zivilrechtliche Probleme des neuen § 238 StGB, FamRZ **07**, 518; *Meyer*, Strafbarkeit und Strafwürdigkeit von „Stalking" im deutschen Recht, ZStW **115** (2003), 249; *Mitsch*, Der neue Stalking-Tatbestand im Strafgesetzbuch, NJW **07**, 1237; *ders.*, Strafrechtsdogmatische Probleme des neuen Stalking-Tatbestands, Jura **07**, 401; *Müller*, Notwendigkeit eines eigenständigen Stalking-Straftatbestands im Hinblick auf dessen praktische Relevanz, in: Krüger (Hrsg.), Stalking als Straftatbestand, 2007, 17; *Neubacher*, An den Grenzen des Strafrechts – Stalking, Graffiti, Weisungsverstöße, ZStW **118** (2006), 855; *v. Pechstaedt*, Stalking: Strafbarkeit nach englischem und deutschem Recht, 1999 (Diss.); *Pollähne*, Stalking am Rande des Strafrechts, NKrimPol **02**, 56; *ders.*, Lücken im strafrechtlichen Diskurs – Zu den Gesetzentwürfen zur Verbesserung des Schutzes der Intimsphäre, KritV **03**, 387; *ders.*, Grenzen der Strafbarkeit nach § 4 GewSchG (insb. bei sog. Stalking), StraFo **06**, 398; *Rupp* (Hrsg.), Rechtstatsächliche Untersuchungen zum Gewaltschutzgesetz (Studie des Inst. für Familienforschung der Univ. Bamberg im Auftrag des BMJ), 2005; *Smischek*, Stalking, 2006 (Diss. Hamburg 2006); *Sommerfeld/Voß*, Stalking als Straftatbestand – Zu unbestimmt und überflüssig?, SchlHA **05**, 326; *Stange/Rillinger*, Begriff und Erscheinungsformen des „Stalking", StraFo **03**, 194; *Steinberg*, Nachstellen – Ein Nachruf?, JZ **06**, 30; *Vahle*, Neues Gesetz gegen das sogenannte Stalking, DVP **07**, 233; *Valerius*, Stalking: Der neue Straftatbestand der Nachstellung in § 238 StGB, JuS **07**, 319; *Vander*, Stalking – Aktuelle Entwicklungen und Tendenzen zur Schaffung eines speziellen Tatbestandes, KritV **06**, 81; *Voß/Hoffmann/Wondrak*, Stalking in Deutschland, 2006 (=Studie TU Darmstadt); *Wagner*, Stalking – Zur Notwendigkeit eines eigenständigen Straftatbestandes, RuP **05**, 18. **1 a**

Ausländisches Recht: Japan: *Nishihara*, Eser-FS 577; **Österreich:** vgl. *Seling*, § 107 a StGB. Eine Strafvorschrift gegen Stalking, Wien 2006; *Smischek*, Stalking – eine strafrechtswissenschaftliche Untersuchung, 2006; Nachweise zu **Australien** und den **Niederlanden** bei *Stange/Rilinger* StraFo **03**, 194. **GB:** *v. Pechstaedt* 1999 [oben], 30 ff. **USA:** Lit-Nachw. unter www.antistalking.com/research, sowie bei *Endrass* ua MSchrKrim **07**, 1, 9. Zum „*Model Antistalking Law*", an dem sich die Gesetzgebung der meisten US-Staaten orientiert, vgl. *Löbmann* MSchrKrim **02**, 25.

Kriminologie; Psychiatrie, Psychologie (Auswahl): *Albrecht*, Stalking – nationale und internationale Rechtspolitik und Gesetzesentwicklung, FPR **06**, 204; *Bettermann*, Stalking, KrimJ **03**, 267; *Bettermann/Feenders* (Hrsg.), Stalking, 2004; *Dreßing/Gass*, Stalking – Vom Psychoterror zum Mord, Nervenarzt **02**, 1112; *Dreßing/Gass*, Stalking – Modethema oder relevant für die forensische Psychiatrie?, in: Forensische Psychiatrie, Entwicklungen und Perspektiven. Ulrich Venzlaff zum 85. Geburtstag, 2007, 131; *Dreßing/Kühner/Gass*, Ergebnisse der ersten epidemiologischen Studie zu Stalking in Deutschland, 2004, Informationsdienst Wissenschaft, http://idw-online.de/pages/de/news83 261; *dies.*, Was ist Stalking? – Aktueller Forschungsstand, FPR **06**, 176; *Dreßing/Maul-Backer/Gass*, Forensisch-Psychiatrische Begutachtung bei Stalking, NStZ **07**, 253; *Fiebig*, Stalking. Hintergründe und Interventionsmöglichkeiten, 2005; *Fiedler*, Stalking. Opfer, Täter, Prävention, Behandlung, 2006; *Hoffmann*, Stalking, 2006; *Hoffmann/Voss* (Hrsg.), Psychologie des Stalking, 2005; *Löbmann*, Stalking, MSchrKrim **02**, 25; *Mullen/Pathé/Purcell*, Stalkers and their victims, Cambridge 2000; *Purcell/Pathé/Mullen*, When do repeated intrusions become stalking?, in: Journal of Forensic Psychiatry and Psychology, 2004, 571; *Rusch/Stadler/Heubrock*, Ergebnisse der Bremer Stalking-Opfer-Studie, KR **06**, 171; *Stange/Rilinger*, Begriff und Erscheinungsformen des Stalking, StraFo **03**, 194; *Voss/Hoffmann/Wondrak*, Stalking in Deutschland aus Sicht der Betroffenen und Verfolger, 2006.

2 **2) Rechtsgut; kriminalpolitische Bedeutung; Legitimität.** Die Vorschrift soll den **individuellen Lebensbereich** schützen (BT-Drs. 16/575, 6; ebenso *Lackner/Kühl* 1; krit. *Kinzig* ZRP **06**, 255, 257). Der Begriff steht dem des „höchstpersönlichen Lebensbereichs" in § 201 a I nahe, ist aber weiter als dieser und daher auch wesentlich weiter als der des „intimen" Lebensbereichs; er bezeichnet eine Gesamtheit im allgemeinen Persönlichkeitsrecht begründeter individueller Freiheits-Gewährleistungen. Die Einordnung in den 18. Abschnitt entspricht der Ansicht, das als Nachstellen bezeichnete Verhalten richte sich insgesamt gegen die **Freiheit** der Person. Mit dem Begriff der „**Lebensgestaltung**" sind auch Bereiche der sozialen Kommunikation als Voraussetzungen persönlicher Lebensäußerung und Freiheits-Betätigung geschützt. Dahinter stehen die Individual-Rechtsgüter der körperlichen und psychischen Integrität, der Fortbewegungs-Freiheit, aber auch der Entschließungs- und Handlungsfreiheit, des informationellen Selbstbestimmungsrechts und der Ehre (and. der Vorschlag von *Meyer* ZStW **115**, 249, 284: individueller **Rechtsfriede**; ähnlich *Kinzig* ZRP **06**, 255, 257; *Mitsch* NJW **07**, 1237, 1238; *Krüger* [1 a] 87 ff.). Das *Vermögen* des Tatopfers oder Dritter (I Nr. 3) ist durch § 238 nicht geschützt.

3 Die **soziale Wahrnehmung** des als „Phänomen" umschriebenen Verhaltens des „Nachstellens", das sich im Grenzbereich zwischen kriminellem Verhalten, psychopathologischer Auffälligkeit, misslungener Aufarbeitung von Lebenskrisen und sozialer Lästigkeit abspielt, ist in Deutschland relativ neu (vgl. *Meyer* ZStW **115** [2003] 249 f.; *Gazeas* KJ **06**, 247, 248), hat aber unter der amerikanischen Bezeichnung „**Stalking**" auch hier eine außerordentliche Konjunktur erfahren (zutr. *Neubacher* ZStW **118** [2006] 855, 864: Import auch einer „bestimmten Problemwahrnehmung"). Nachdem es lange Zeit vorwiegend als Problem von *Prominenten* (namentlich Popstars, Filmschauspielern, Sportlern) angesehen wurde (vgl. *Meyer* ZStW **115** [2003], 249, 250 f.), ist es in den USA seit Beginn der 80er Jahre popularisiert (*Hollywood-Filme* zB „Der Fan" [1982], „Eine verhängnisvolle Affäre" [1987]) und bald als *Massen*erscheinung breit diskutiert worden. Seit einigen Jahren wird, mit der gegenüber den USA üblichen Verzögerung (vgl. GesA BW u. Hess., BR-Drs. 551/04, 1: „ein neues Phänomen"), auch in Deutschland eine *massenhafte* Verbreitung im Leben breiter Bevölkerungskreise beschrieben (vgl. GesE BRat, BT-Drs. 16/1030, 1: „in der Praxis der Strafverfolgung zunehmende Bedeutung"). Nach populären Veröffentlichungen sollen mehr als *10% der Bevölkerung* Opfer von *Stalking* werden (vgl. auch *Dressing/Kühner/Gass* [1 a]: 12%). Da *80%* der Betroffenen Frauen und 80% der Täter Männer sein sollen, müssten hiernach 16% aller Frauen „Opfer" und etwa 16% aller Männer „Täter" von *Stalking*-Verhalten werden (USA: angeblich 1,4 Mio [!] *Opfer* jährlich; in Umfragen geben 30% [!] der Studentinnen an, Opfer geworden zu sein). Eine „Arbeitsgruppe Stalking" der TU Darmstadt gibt die Zahl von *aktuell 700 000* Stalking-Opfern in Deutschland an und konstatiert eine „immense Strafbarkeitslücke" (www.stalkingforschung.de; vgl. auch *Müller* [1 a] 23). Solche Zahlen mahnen zur Vorsicht; sie können auch auf Anteile einer *Hysterisierung* hindeuten, deren konjunkturartiges Auftreten unter

dem Einfluss von Massenmedien und Psycho-Industrie (vgl. *Hoffmann/Wondrak*, Stalking als neues Aufgabenfeld der Psychologie, Praxis der Rechtspsychologie **05**, 222ff.) auch aus anderen Bereichen bekannt ist (zB sog. *Mobbing*; *Kampfhunde-*Überfälle; *sexuelle* Belästigungen oder Missbräuche; jeweils mit Behauptungen angeblich extrem hoher Fallzahlen). Angaben wie die, „in 25% aller Fälle (werde) das Opfer getötet" (*Müller* [1 a] 24), sind schon mit der PKS nicht vereinbar (2006: ca. 800 vollendete Tötungsdelikte *insgesamt*) und führen zu drastisch überzogenen Bedrohungs-Annahmen. *Sozialpsychologisch* ist zu vermuten, dass sowohl die Häufigkeit des „Stalking"-Verhaltens selbst als auch die Bereitschaft, aufdringliche Sozialkontakte als bedrohlich zu *empfinden*, mit zunehmender *Anonymisierung* des gesellschaftlichen Lebens stark ansteigen.

Die BReg hat aus Anlass der Einfügung des § 238 mitgeteilt, für das Phänomen gebe es keine allgemeingültige Definition (vgl. www.bmj.de/strafrecht/stalking). Nach Auffassung des Gesetzgebers bestand, obgleich ein großer Teil schwerwiegender Belästigungs-Handlungen durch die Tatbestände der §§ 123, 177, 185, 201ff., 223, 229, 240, 241, 303 (zur Anwendung auf Stalking-Sachverhalte im Einzelnen vgl. *Meyer* ZStW **115** [2003] 249, 261ff.) sowie durch § 4 GewaltschutzG (Anh. 5) erfasst ist, **Regelungsbedarf**. Der Tatbestand solle ein *Zeichen setzen* (BMJ aaO; BT-Drs. 15/5410 [GesE BRat], 1: „schweres strafwürdiges Unrecht") und einen „noch effektiveren Opferschutz" bewirken (GesE BReg, 1). In den Darlegungen des Regelungsziels (vgl. auch BT, Prot. 70. Sitzung, 6948ff.) schwingt in bedenklicher Weise eine Mischung aus polizeirechtlicher *Gefahrenabwehr* und populärer Strafrechts-*Symbolik* mit, die zu einem Rechtsgüterschutz durch Strafverfolgung idR wenig beitragen kann. Die etwas *skurrile Begründung*, der Tatbestand solle, einer Forderung von Staatsanwälten und Opfern entsprechend, Polizei und die Gerichte von der „Relevanz" des (nach § 4 GewSchG strafbaren) Verhaltens überzeugen (BT-Drs. 16/575, 1; dies bezieht sich auf die Ergebnisse bei *Rupp* [oben 1 a] 311ff., lässt aber weg, dass alle *anderen* befragten Gruppen dies gerade *nicht* meinten), erhöht die Glaubwürdigkeit der Vorschrift nicht. **3 a**

Ob die behauptete Regelungslücke bestand, ist str. (bejahend zB *Mitsch* NJW **07**, 1237, 1238 mwN; abl. zB *Neubacher* ZStW **118** [2006] 855, 866; *Kinzig* ZRP **06**, 255, 257f.; differenzierend *Meyer* ZStW **115** [2003], 249, 290ff.): **Einerseits** sind **rechtsgutsverletzende** Formen des Nachstellens (vgl. unten 9) auch durch andere strafrechtliche Tatbestände erfasst (oben 3 a); leichtere, nur **belästigende** Verhaltensweisen können auf zivilrechtlichem Weg abgewehrt werden; vielfach sind auch sie über § 1 II iV mit § 4 GewSchG mit Strafe bedroht (vgl. auch *Grziwotz* NJW **02**, 872, 873; *Pollähne* NKrimPol **02**, 56, 58). Eine Begleitstudie zur Wirkung des GewSchG hat ergeben, dass *Lücken* ganz überwiegend nicht in rechtlicher Hinsicht, sondern nur bei der praktischen Umsetzung des GewSchG gesehen wurden (*Rupp* [oben 1 a] 311, 317). Zutreffend ist aber **andererseits** der Hinweis darauf, dass das *Spezifikum* des als Nachstellen bezeichneten Verhaltens (unten 9f.), die *andauernde* und sich *wiederholende* Belästigung, idR durch andere Tatbestände des StGB nicht erfasst wird (*Smischek* [1 a] 302; *Kerbein/Pröbsting* ZRP **02**, 76, 78; *Meyer* ZStW **115** [2003] 249, 271; *Mitsch* NJW **07**, 1237, 1238). Da dem Verhalten nach gesicherten kriminologischen Erkenntnissen ein **hohes Eskalationspotential** zukommt (rasche Steigerung der Beeinträchtigungen; häufiges Überschreiten der Gewalt-Schwelle in einigen Fallgruppen; Habitualisierung), überdies angesichts sozialer Integriertheit der meisten Täter eine frühe und konsequente Sanktionierung deutlich abschreckende Wirkung zeigt, wird man iErg. die **Legitimität** strafrechtlicher Verfolgung grds. nicht bestreiten können (ebenso iErg. *Krüger* [1 a] 95ff., 99). **3 b**

3) Systematik des Tatbestands. § 238 I ist – im Hinblick auf die Anforderungen des Bestimmtheitsgebots – als **Erfolgsdelikt** ausgestaltet (vgl. BT-Drs. 16/3641, 13). Die in I Nr. 1 bis 5 bezeichneten Tathandlungen, die für sich allein abstrakt gefährliche Verhaltensweisen (Nr. 1, 2) oder Rechtsgutsverletzungen (Nr. 4) voraussetzen und in Nr. 2 auch ein unechtes Unternehmensdelikt enthalten, müssen jeweils zu dem Taterfolg einer schwerwiegenden Beeinträchtigung der Lebensgestaltung führen (unten 21). **Abs. II** enthält **Qualifikationen**, die § 177 III Nr. 3, IV Nr. 2 Buchst b ähneln (unten 35f.), **Abs. III** eine **Erfolgsqualifikation** **4**

(§ 18; unten 37 f.). Die *sprachliche* Fassung der Vorschrift ist jedenfalls in der Variante des I Nr. 3 nicht gelungen; die Vielzahl zufällig wirkender Pronomen erschwert hier die Unterscheidung zwischen *Täter* und *Tatopfer.*

5 **4) Verfassungsmäßigkeit.** Bedenken gegen die Verfassungsmäßigkeit der Vorschrift sind in mehrfacher Hinsicht, nämlich im Hinblick auf ihre Bestimmtheit, auf mögliche Eingriffe in verfassungsrechtlich geschützte Grundrechte sowie auf die Verhältnismäßigkeit der Strafdrohungen geltend gemacht worden. Erstere sind begründet:

6 **A.** Zweifel an der **Bestimmtheit** des Tatbestands (Art. 103 II GG) liegen hinsichtlich der Tatvariante des **Abs. I Nr. 5** nahe, die im GesE der BReg nicht enthalten war und erst durch den Rechtsausschuss eingefügt wurde (BT-Drs. 16/3641, 4, 14; beruht auf dem GesA Hess. u. BW [BR-Drs. 551/04]: „einen ähnlichen Eingriff vornimmt"; GesE BRat [BT-Drs. 15/5410], 5: „andere, ebenso schwerwiegende Handlungen"). Es soll sich um einen „Auffang-Tatbestand" handeln, der „künftigen technischen Entwicklungen", „neu auftretenden Verhaltensweisen" sowie der Vielfältigkeit, die „für dieses Delikt typisch" sei, Rechnung tragen soll; hierdurch sollen *Strafbarkeitslücken* vermieden und Vorbereitungen auf „neue, derzeit noch nicht absehbare Verhaltensweisen" getroffen werden (BT-Drs. 16/3641, 14). Einwände gegen die Unbestimmtheit der Variante (vgl. zB *Neubacher* ZStW **118** [2006] 855, 870; *Gazeas* KJ **06**, 247, 266; *Vander,* KritV **06**, 81, 89 ff.; *Valerius* JuS **07**, 319, 324; *Kühl,* Anhörung RA, Prot. 30. Sitzung, 16; unklar *Krüger* [1 a] 139 ff., 150, 160; vgl. auch Entschließungsantrag FDP, BT-Drs. 16/3641, 7; Antrag B90/Grüne ebd. 8 f.; Antrag Die Linke ebd. 11, 12) hat der Rechtsausschuss nicht als durchgreifend angesehen, da es sich um eine zulässige **innertatbestandliche Analogie** entspr. §§ 315 I Nr. 4, 315 b I Nr. 3 handele (BT-Drs 16/3641, 14; zust. auch *Sommerfeld/Voß* SchlHA **05**, 326, 328 [Mitverfasser GesA SchlH]; *Wagner* FRP **06**, 208, 210 [Mitverfasser GesA Hess]; so auch schon *Meyer* ZStW **115** [2003] 249, 288; im Erg. wohl auch *Lackner/Kühl* 5; *Mitsch* NJW **07**, 1237, 1239).

6 a Das ist zweifelhaft. Art. 103 II GG (§ 1 StGB) verbietet eine Strafbegründung im Wege der **Analogie**, also jede Rechtsanwendung, die über den Inhalt einer gesetzlichen Sanktionsnorm hinausgeht (vgl. zB BVerfGE **25**, 269, 285; **26**, 41, 42; **64**, 389, 393; **71**, 108, 115; **73**, 206, 234 ff.; **91**, 1, 12; 10 zu § 1; NK-*Hassemer/Kargl* 75 ff. zu § 1). Strafrechtliche Normen müssen, um die aus Sicht des Normadressaten zu bestimmende (BVerfGE **91**, 1, 12), verfassungsrechtlich gebotene Erkennbarkeit und Vorhersehbarkeit der Strafbarkeitsgrenze zu gewährleisten, das *verbotene* vom *erlaubten* Verhalten klar trennen (BVerfGE **25**, 269, 285); diese Abgrenzung muss um so präziser sein, je schwerer die angedrohte Strafe ist (BVerfGE **14**, 245, 251; **26**, 41, 43). Diesen Anforderungen genügt ein Straftatbestand nicht, welcher die Bestimmung der Tatbestands-Grenzen dem Richter überlässt, der sie im Einzelfall im Wege eines wertenden „Vergleichs" mit anderen strafbaren Handlungen vollzieht, ohne dass sich hierfür im Gesetz bestimmte Anhaltspunkte finden. Der Hinweis der Materialien auf die von der hM als ausreichend angesehene Bestimmtheit der §§ 315 I Nr. 4, 315 b I Nr. 3 führt insoweit nicht weiter, denn diese Tatbestände enthalten mit dem Begriff des „gefährlichen Eingriffs" ihrerseits ein Merkmal, welches den Tatbestand derjenigen Tatvarianten vervollständigt, auf welche sich die erforderliche „Ähnlichkeit" bezieht. Eine solche Anknüpfung enthält § 238 I Nr. 5 mit der Verweisung auf die Varianten I Nr. 1 bis 4 aber gerade nicht. Die vorausgesetzte „**Vergleichbarkeit**" bezieht sich hier auf die Handlungsbeschreibungen der Tatvarianten 1 bis 4, denen eine äußere Gemeinsamkeit aber nicht zukommt (ähnlich *Vander* KritV **06**, 81, 89; *Gazeas* KJ **06**, 249, 258;

6 b Die Begründung des Gesetzgebers, dass „häufig wechselnde Angriffsformen, die durch konkret umschriebene Handlungsalternativen nicht abschließend erfasst werden können, für dieses Delikt typisch sind" (BT-Drs. 16/3641, 14), ist *zirkelschlüssig,* denn nur dann, wenn eine Verhaltensweise durch eine den Anforderungen des Art. 103 II GG genügende gesetzliche Regelung mit Strafe bedroht ist, „wird sie *dadurch* zu einer strafbaren Handlung" (BVerfGE **25**, 269, 285 f.), also zu einem „Delikt". Es kann nicht umgekehrt die Bestimmtheit einer

Strafnorm damit *begründet* werden, dass diese geeignet sei, ein als *Phänomen* bezeichnetes „Delikt" zu erfassen.

Aus dem Begriff einer „**Beeinträchtigung der Lebensgestaltung**" (unten 21 ff.) ergeben sich gleichfalls keine Grenzen der „Vergleichbarkeit", denn die Lebensgestaltung einer Person kann durch eine *unbegrenzte Vielzahl* unterschiedlichster Handlungen beeinträchtigt werden (Bestimmtheitsbedenken auch gegen dieses Merkmal daher bei *Steinberg* JZ **06**, 30, 32); gerade dies hat den Gesetzgeber zur Einfügung der Tatvariante des I Nr. 5 veranlasst (BT-Drs. 16/3641, 14). Daher ist schwer vorstellbar, welche Handlungen, die die Lebensgestaltung einer Person beeinträchtigen können, von I Nr. 5 *nicht* erfasst sein könnten. Wenn die *Abgrenzung* eines vom Tatbestand *nicht* erfassten Handlungs-Bereichs aber nicht vorhersehbar ist, erfüllt die Handlungs-Umschreibung in Wahrheit keine Unrechts-selektierende Funktion iS von Art. 103 II GG mehr. Gegen die Unbestimmtheit der Auffang-Klausel des I Nr. 5 bestehen daher **im Ergebnis** wohl durchgreifende Bedenken (vgl. unten 17 f.). 6c

B. Bedenken sind im Gesetzgebungsverfahren dahin gehend erhoben worden, der Straftatbestand könne die **Pressefreiheit** (Art. 5 I S. 2 GG) unzulässig einschränken (vgl. etwa BT, Prot. 70. Sitzung, 6948 ff.; BT-Drs. 16/3641, 6 f.; Gemeinsame Stellungn. ARD, BDJV, DJV, Deutscher Presserat, VDZ, dju/ver.di, VPRT, ZDF v. 11. 10. 2006 [zB unter www.djv.de; bundestag.de/ ausschuesse/a06/anhoerungen/06_stalking]). Das kann aber durch eine dem Gewicht des Grundrechts Rechnung tragende Auslegung des Merkmals der „Unbefugtheit" vermieden werden (vgl. unten 28); eine Verfassungswidrigkeit des Tatbestands ergibt sich aus der bloßen Möglichkeit der Grundrechtsverletzung bei seiner Anwendung nicht. 7

C. Gegen den GesE des BRats (BT-Drs. 15/5410), der Abs. II und III entsprechende Strafrahmen für Qualifikationen vorsah, hatte die *Bundesregierung* noch eingewandt, dass diese Strafdrohungen „im Hinblick auf die gebotene Verhältnismäßigkeit und Schuldangemessenheit Bedenken aufwerfen" (BT-Drs. 15/5410, 9; abl. auch *Gazeas* KJ **06**, 249, 260 f.). Der Rechtsausschuss hat sich insoweit auf den Hinweis beschränkt, dass die Strafdrohungen der Abs. II und III *angemessen* seien (BT-Drs. 3641, 14). In der Tat wird man mit Blick auf entsprechende andere Qualifikationstatbestände des StGB durchgreifende Bedenken weder in systematischer Hinsicht noch hinsichtlich der Verhältnismäßigkeit geltend machen können, soweit es jeweils das *Tatopfer* selbst betrifft. Darüber hinaus können sich freilich Probleme der *Zurechnung* ergeben; überdies erscheint die tatbestandliche Abgrenzung der Erschwerungsgründe teilweise zweifelhaft (vgl. unten 36, 37). 8

5) Tathandlung (Abs. I). Tathandlung des I ist das **Nachstellen**. 9

A. Dies ist ein aus dem *Jäger*-Jargon übernommener Begriff, mit dem ein aus einer Mehrzahl einzelner Handlungen zusammen gesetztes **Gesamtverhalten** bezeichnet wird (vgl. *Meyer* ZStW **115** [2003] 249, 259: „spezifischer Eigenwert eines *Verhaltensmusters* über die Summe der Einzelhandlungen hinaus"; ähnlich BT-Drs. 16/575, 6), das als Nachspüren, Heranpirschen, Auskundschaften, Auflauern, Verfolgen, Stellen umschrieben wird (engl. *to stalk*: jagen, hetzen, verfolgen; vgl. auch § 292 I). Gemeint sind auf **ungewollte Kommunikation** abzielende und auf **Rechtsgutsbeeinträchtigungen** gerichtete Verhaltensweisen, die eine spezifische, allein vom Täter definierte persönliche Beziehung zwischen Täter und betroffener Person zur *Grundlage* oder zum *Gegenstand* haben. Gemeinsam sind den als Nachstellen bezeichneten Verhaltensweisen die **Einseitigkeit** der Aktionen **gegen den Willen** der betroffenen Person, die Zielrichtung des **Eindringens** in den **persönlichen Lebensbereich** sowie die zumindest als Belästigung, oft als **Bedrohung** empfundene Wirkung; insgesamt ist das Verhalten idR auf die Gewinnung oder Demonstration von **Kontrolle** und **Macht** über die betroffene Person gerichtet. Die Beeinträchtigung entsteht vielfach erst durch die Kombination und Wiederholung einzelner Handlungen (*Meyer* ZStW **115** [2003] 249, 251). Dem Begriff des Nachstellens ist ein gewisses Maß an **Dauerhaftigkeit** immanent (vgl. 11 zu § 292); es fällt jedoch mit „beharrlichem" Handeln iS von I (unten 18) nicht ohne weiteres zusammen. Die Ansicht, der Begriff habe gegenüber den Handlungsbeschreibungen der Nrn. 1 bis 4 keinen eigenständigen Inhalt (*Lackner/Kühl* 3), ist daher wohl nicht zutr.; man kann nicht sagen, dass *jedes* beharrliche Handeln iS der Nrn. 1 bis 4 das Tatbestandsmerkmal des „Nachstellens" erfüllt.

10 **Kriminologisch** werden leichte **Formen** (sog. *mildes Stalking*: insb. unerwünschte Kommunikation jeder Art; auch Verbreiten von Verleumdungen oder Gerüchten) von schweren Formen (sog. *schweres Stalking*: konfrontatives Auftreten, Drohungen, Sachbeschädigungen; körperliche Angriffe; sexuelle Übergriffe) des Nachstellens unterschieden (vgl. zB *Löbmann* MSchrKrim **02**, 25 ff.; *Meyer* ZStW **115**, 249, 254 f.). Hinsichtlich der typischen **Beziehungen** zwischen Täter und Opfer wird gemeinhin zwischen Fällen ehemaliger Partnerschaften, Nachstellungen zwischen Bekannten (Arbeit; Nachbarschaft; Bekanntenkreis; Geschäftspartner) sowie solchen zwischen Fremden (typisch: prominente Personen) unterschieden (vgl. *Schäfer* KR **00**, 587; *Hoffmann*, KR **01**, 34 ff.; *Kerbein/Pröbsting* ZRP **02**, 76 f.; *Füllgrabe* KR **01**, 163 ff.; *Stange/Rilinger* StraFo **03**, 194; *Dreßing/Kühner/Gass* [oben 1 a]). Jeweils unterschiedlich sind die Täter-**Persönlichkeiten** (vgl. unten 31), Motive und Zielsetzungen des Verhaltens. Diese Differenzierungen müssen bei der Auslegung der Tatbestandsmerkmale berücksichtigt werden und können bei der Anwendung hilfreich sein.

11 **B.** In I Nr. 1 bis 4 sind – insoweit abschließend – **typische Handlungen** aufgeführt, die unter den weiteren Voraussetzungen des I das Merkmal des „Nachstellens" erfüllen.

12 **Nr. 1: Aufsuchen räumlicher Nähe.** Räumliche Nähe ist eine Entfernung, die nach *objektiven Maßstäben* geeignet ist, den Taterfolg einer Beeinträchtigung (unten 21) herbeizuführen. Hierbei sind die Besonderheiten des als **Nachstellen** bezeichneten Verhaltens (oben 9 f.) sowie besondere Umstände der konkreten Tat zu berücksichtigen. Allein auf subjektive Empfindungen der betroffenen Person kann nicht abgestellt werden; ein Umzug in dieselbe Stadt reicht daher nicht aus. Räumliche Nähe setzt aber nicht notwendig **Sichtkontakt** voraus (**aA** *Gazeas* KJ **06**, 247, 256 f.). *Heimliches*, jedenfalls unentdecktes Beobachten reicht aus; das gilt nicht nur, wenn es zB zum Zweck von Straftaten nach § 201 a geschieht oder dem Tatopfer nachträglich in demonstrativer Weise offenbart werden soll (**aA** *Krüger* [1 a] 113: stets *Wahrnehmung* durch das Opfer erforderlich]). Nr. 1 beschreibt kein (unechtes) Unternehmensdelikt. Der Tatbestand ist nur erfüllt, wenn die räumliche Nähe tatsächlich hergestellt wird; der bloße Versuch reicht nicht aus. Typisches *Vermeide*-Verhalten des Tatopfers lässt daher insoweit den Tatbestand entfallen.

13 Tathandlung ist das **aktive Herstellen** räumlicher Nähe zu der betroffenen Person selbst, also grds. nicht nur zu Dritten, Sachen oder Örtlichkeiten. Letzteres kann dem Tatbestand aber unterfallen, wenn die Nähe zum Tatopfer sich hierdurch *mittelbar* ergibt, insb. weil das Opfer selbst diese Orte regelmäßig oder notwendig aufsucht (Wohnung, Arbeitsstelle, Freizeiteinrichtungen, Wohnungen Dritter). Das „Aufsuchen" kann somit auch in einer die räumliche Nähe nur *vorbereitenden* Handlung und anschließendem bloßen *Abwarten* bestehen. Heimlichkeit (zB durch „Auflauern") ist nicht vorausgesetzt. Auch das Herstellen einer *statischen* Situation ist nicht erforderlich, so dass zB auch das körperliche Verfolgen einer Person von Nr. 1 erfasst wird. Eine die Nähe ausnutzende Kontaktaufnahme jeglicher Art (Berühren; Ansprechen; Fotografieren) ist nicht vorausgesetzt. Typische Handlungen sind **zB**: Aufstellen vor der Wohnung oder sonstigen Aufenthaltsorten des Tatopfers; Auflauern; (heimliches) Eindringen in Wohnung, Grundstück, Arbeitsörtlichkeit der betroffenen Person; Verfolgen; Aufsuchen von Lokalen, Freizeiteinrichtungen usw. bei Anwesenheit des Tatopfers; Beziehen einer Wohnung in demselben Haus, eines Hotelzimmers im selben Hotel; usw. Das bloße **Unterlas-**

sen des Sich-Entfernens (zB Auszug aus gemeinsamer Wohnung) erfüllt den Tatbestand nicht (zutr. *Mitsch* NJW **07**, 1237, 1238f.).

Aus dem Begriff des „**Aufsuchens**" soll sich nach der Vorstellung des Gesetzgebers auch ein *subjektives*, über den bloßen Tatvorsatz der räumlichen Annäherung hinaus gehendes Element des „gezielten" Handelns ergeben; hierdurch soll eine „zufällige zeitgleiche Anwesenheit zu anderen Zwecken" (zB Warten an der Bushaltestelle, Einkaufen im Supermarkt) ausgeschlossen werden (BT-Drs. 16/575, 7; vgl. auch Krüger [1 a] 111). *Zufällige* Annäherungen scheiden freilich schon mangels Vorsatz aus. Im Übrigen würde das Abstellen auf (innerpsychische) Zwecke die Feststellung des Tatbestands in hohem Maße *unvorhersehbar* und unsicher machen: Ein Täter, der dem Tatopfer durch Verfolgen in öffentlichen Verkehrsmitteln nachstellt, wird regelmäßig (und kaum widerlegbar) *auch* den Zweck des Busfahrens verfolgen; es ist nicht ersichtlich, wie man einen im Supermarkt *einkaufenden* von einem *einkaufend-nachstellenden* Täter unterscheiden sollte, wenn die übrigen Merkmale erfüllt sind und der Vorsatz des Herstellens von räumlicher Nähe gegeben ist; usw. Die erforderlichen Einschränkungen lassen sich bei der Beurteilung der Unbefugtheit erreichen; eine Einschränkung schon des von Nr. 1 erfassten *Handlungs*bereichs auf *gezielt belästigende* Verhaltensweisen ist nicht sinnvoll. 13 a

Nr. 2: Versuch des Kontakt-Herstellens. Nr. 2 enthält ein (*echtes*) **Unternehmensdelikt**; erfasst sind sowohl das *erfolgreiche* Herstellen eines „Kontakts" als auch ausdrücklich der bloße *Versuch*, dies zu erreichen; untaugliche Versuche sind nicht ausgeschlossen. Unter **Kontakt** ist eine kommunikative Verbindung zu verstehen, also das **gegenseitige** oder **einseitige** Zuleiten und Entgegennehmen von sprachlich-gedanklichen Informationen; das kann auch in Form von Bildern, Symbolen oder sonstigen Zeichen geschehen. Auch das bloße *äußere Herstellen* der Kommunikationsmöglichkeit (zB die *Zusendung*) kann bereits ohne weiter gehenden Informationsgehalt die intendierte „Nachricht" darstellen (**zB** die *Botschaft*, das Tatopfer könne sich dem Einfluss des Täters nicht entziehen; seine Erreichbarkeit sei bekannt oder aufgedeckt; usw.). Kontakt-Herstellen ist daher zB auch das Terrorisieren durch eine Vielzahl von (Stör-)Telefonanrufen, ohne dass irgendwelche Nachrichten übermittelt werden. Der Täter kann das Ziel verfolgen, das Tatopfer zu einer kommunikativen Reaktion zu veranlassen; erforderlich ist das nicht (and. wohl *Mitsch* NJW **07**, 1237, 1239). Dasselbe gilt für das Abzielen auf sonstige Verhaltensweisen der betroffenen Person. Für die Ausführung enthält Nr. 2 **drei Varianten**: 14

a) Verwenden von **Telekommunikationsmitteln**. Erfasst ist das Verwenden sämtlicher Mittel technischer Telekommunikation iS von § 3 Nrn. 22, 23 TKG (technische Einrichtungen oder Systeme, die als Nachrichten identifizierbare elektromagnetische oder optische Signale senden, übertragen, vermitteln, empfangen, steuern oder kontrollieren können), mit dem Ziel des Aussendens, Übermittelns und Empfangens von Nachrichten jeder Art; also **zB** Telefon, Fax, SMS/MMS, E-Mail, Internet; auch Mittel optischer Übertragung (aber nicht bloße Lichtquellen). 14 a

b) Verwendung von **sonstigen Mitteln der Kommunikation** ist der Einsatz aller denkbaren gegenständlichen Mittel zur Übermittlung von Nachrichten. Das sind insbesondere Briefe und sonstige **Postsendungen**, selbst übergebene oder hinterlegte Nachrichtenträger (**zB** schriftliche Aufzeichnungen, Zettel, Tonbänder, **Datenträger** jeder Art); auch **Fotos** oder Videoaufzeichnungen; Bemalungen von Gegenständen („Graffiti"); unter den Beteiligten bekannte Nachrichtensymbole; usw. Auch das Zusenden (unerwünschter) **Geschenke** unterfällt dem Begriff (zweifelnd *Mitsch* NJW **07**, 1237, 1239; *Krüger* [1 a] 119). 14 b

c) Versuch der **Kontaktaufnahme über Dritte** ist die *offene* Einschaltung gut- oder bösgläubiger Personen zum Zweck der Kontaktaufnahme *des Täters* selbst; eine *verdeckt mittelbare* Kontaktaufnahme unterfällt Nr. 3. Von Nr. 2 erfasst ist je- 14 c denfalls die Einschaltung von **Boten**; **zB** indem Nachrichten mit der Bitte, sie an die betroffene Person weiterzuleiten, an deren Verwandte, Freunde, Angestellte oder Arbeitskollegen oder sonstige Dritte geleitet werden.

15 **Nr. 3: Aufgeben von Bestellungen; Veranlassen Dritter zur Kontaktaufnahme.** Nr. 3 enthält zwei Varianten, denen das Merkmal einer **missbräuchlichen Verwendung personenbezogener Daten** des Tatopfers gemeinsam ist. Das sind insbesondere Name, Anschrift, Telefonnummer; E-Mail- und sonstige Adressdaten; auch Daten über Interessen, Konsumverhalten, Aktivitäten gehören dazu (*Krüger* [1 a] 17). Nicht erforderlich ist, dass es sich um geheime oder sonst besonders geschützte Daten handelt. Sie können insgesamt oder teilweise, auch in Verbindung mit zutreffenden oder unzutreffenden weiteren Daten dritter Personen oder des Täters selbst, verwendet werden. Die **Missbräuchlichkeit** des Verwendens ist, nach der Systematik des Tatbestands, mit der *Unbefugtheit* der Handlung (unten 26) nicht deckungsgleich (**aA** *Krüger* [1 a] 129), *befugtes* Nachstellen unter *missbräuchlicher* Datenverwendung daher denkbar. Der Missbrauch bezieht sich allein auf die Befugtheit zur Verwendung gerade zu dem in Nr. 3 bezeichneten Zweck (krit. zum Begriff *Steinberg* JZ **06**, 30, 32). Auf welche Weise der Täter die Daten erlangt hat, ist hierfür gleichgültig.

15 a Die **1. Var.** erfasst das **Aufgeben von Bestellungen** von Waren oder Dienstleistungen aller Art „für" die betroffene Person, dh in einer Weise, die *geeignet* ist dazu zu führen, dass die Bestellung, also der Auftrag zur Lieferung oder Leistung, dem Opfer zugerechnet wird (zur zivilrechtlichen Zurechnung vgl. § 241 a BGB). Dieser Erfolg muss nicht eintreten; es reicht, wenn die Tathandlung des „Aufgebens" der Bestellung verwirklicht ist. Dies kann unmittelbar persönlich, mündlich oder schriftlich (§ 267), durch Telekommunikation (insb. Telefon, Fax, Internet) oder unter Einschaltung Dritter geschehen. Unerheblich ist, ob der Täter unter dem Namen des Tatopfers auftritt oder die eigene Identität in sonstiger Weise verschleiert; ein Auftreten als angeblicher Bote oder Vertreter reicht aus. Auf *Entgeltlichkeit* der Leistung kommt es nicht an; typischerweise ist eine solche gegeben (**zB** bei Vortäuschen von Käufen bei Versandhäusern, Internethändlern; Abonnements); in Betracht kommen aber auch Bestellungen unentgeltlicher Lieferungen, etwa wenn eine diffamierende oder ehrverletzende Absicht schon durch deren Bekanntwerden verwirklicht werden soll. Die Handlung *kann*, muss aber nicht (bei Fehlen des Vorsatzes einer Verfügung oder von [Dritt]-Bereicherungsabsicht) zugleich § 263 I verwirklichen.

15 b Die **2. Var.** setzt voraus, dass der Täter eine **dritte Person** veranlasst, **Kontakt** mit dem Tatopfer **aufzunehmen**. Auch diese Variante setzt voraus, dass dabei **personenbezogene Daten** des Opfers missbräuchlich verwendet werden. Erfasst ist insb. das Veranlassen dritter Personen, ihrerseits mit der betroffenen Person Kontakt aufzunehmen, *ohne* dass der Veranlasser selbst nach außen in Erscheinung tritt; **zB** durch missbräuchliche Verwendung persönlicher Daten des Opfers in *Chatrooms*, Eingabe von Klarnamen in *Sex-Hotlines* oder *Partner-Suchforen* im Internet. Auch wenn der Täter hier (je nach Fallgruppe: häufig) beabsichtigt, dass das Opfer ihn als Urheber dieser Kontaktaufnahmen dritter Personen erkennen wird, kann ein solches Veranlassen unerwünschten Verhaltens Dritter nicht schon als „Herstellen von Kontakt" des Veranlassers selbst iS von Nr. 2 angesehen werden. Für Nr. 3, 2. Var. kommt es darauf, ob das Tatopfer den Täter als Veranlasser der Kontaktaufnahme erkennt, nicht an. Wohl *nicht* ausreichend ist, dass Dritte bei *offenem Auftreten* des Veranlassers, wenngleich uU unter inhaltlich falschen Vorwänden, dazu gebracht werden, zur Erfüllung dienstlicher Pflichten Kontakt mit der betroffenen Person aufzunehmen (**zB** Erstattung von Strafanzeigen; Geltendmachen angeblicher Ansprüche gegenüber Versicherungen des Tatopfers oder Einschalten von Rechtsanwälten; Erheben von Zivilklagen; Beantragen von Mahnbescheiden; Beauftragen eines Gerichtsvollziehers).

15 c **Vollendet** ist die Tatvariante nicht schon beim bloßen *Versuch* der dritten Person, einen kommunikativen Kontakt herzustellen (so *Mitsch* NJW **07**, 1237, 1239);

vielmehr ist es erforderlich, dass es zu einem „Aufnehmen" des Kontakts, also zu einem (zumindest einseitigen) **Zugang** kommunikativer Akte kommt (Brief; EMail; Telefonanruf; persönliche Ansprache; usw.). Ob das Tatopfer diese Kontaktaufnahme beantwortet oder ob dies vom Täter oder der dritten Person überhaupt beabsichtigt ist, ist gleichgültig; eine Kontaktaufnahme liegt daher auch vor, wenn sich die Aktivität des Dritten in der einmaligen Zusendung einer Nachricht erschöpft.

Nr. 4: Bedrohung. Zum Begriff der Drohung vgl. 30f. zu § 240. **Drohungsinhalt** können hier nur Verletzungen der genannten Rechtsgüter sein. Mit „Freiheit" ist die körperliche Bewegungsfreiheit (§ 239) gemeint (so auch *Krüger* [1 a] 133); „Gesundheit" bezeichnet neben der körperlichen Integrität auch die psychische. Drohungen mit sonstigen empfindlichen Übeln iS von § 240 I reichen nicht aus; andererseits muss weder das angedrohte Übel ein Verbrechen sein (§ 241) noch die Drohung mit einer Forderung nach einem bestimmten Verhalten verbunden werden. Die Drohung muss sich gegen das *Tatopfer* selbst oder eine ihm *nahe stehende Person* (vgl. 7 zu § 35) richten; sie muss aber stets gegenüber dem Tatopfer erklärt werden (*Valerius* JuS **07**, 319, 322; krit. *Krüger* [1 a] 138f.). Ob sie vom Täter ernst gemeint ist und vom Opfer ernst genommen wird, ist unerheblich; es kommt nur auf die intendierte Wirkung beim Opfer an, wenn der Taterfolg (unten 21ff.) erreicht wird. Für die Drohungs-**Handlung** gelten die Erl. 31 zu § 240. 16

C. Andere vergleichbare Handlungen (I Nr. 5). Nr. 5 soll einen „Auffang-Tatbestand" enthalten (Ber., BT-Drs. 16/3641, 14; dazu ausf. oben 6ff.); er soll angesichts der „Vielgestaltigkeit des Phänomens", das sich einer exakten Bestimmung entziehe, mögliche „neue Formen" erfassen und möglichen technischen Entwicklungen Rechnung tragen (Ber. aaO; vgl auch *Zypries* BT-Prot. 16/6948). Das überzeugt *systematisch* nicht, denn es sind zB bei den Mitteln zur Herstellung von Kontakt technische Entwicklungen, welche sich *nicht* mit den Begriffen der „Telekommunikation" und der „sonstigen (!) Mittel der Kommunikation" erfassen lassen (Nr. 2), gar nicht vorstellbar. Auch die Merkmale der „räumlichen Nähe" (Nr. 1) oder des Bedrohens (Nr. 4) enthalten keine Beschreibungen, die für *technische Entwicklungen* offen gehalten werden könnten. Das gilt im Ergebnis auch für die in Nr. 3 beschriebenen Handlungen. Unklar ist der Hinweis von *Kühl* (*Lackner/Kühl* 5), wonach Handlungen iS von Nr. 5 „nicht knapp neben oder kurz vor" solchen nach Nrn. 1 bis 4 liegen dürfen, sondern „anders" sein müssen. Aus Sicht des Art. 103 II GG sind „*knapp daneben*" liegende Tatbestände eben auch „anders"; im Übrigen wäre es widersinnig, als tatbestandsmäßig „vergleichbar" zwar *ganz andere* Handlungen anzusehen, *ähnliche* aber im Hinblick auf Art. 103 II GG auszuschließen. 17

Aus der Vielzahl denkbarer Stalking-Handlungen *könnten* als **„vergleichbar" zB** genannt werden: Erstatten von Strafanzeigen; Ausgeben für das Tatopfer oder eine ihm nahe stehende Person gegenüber Dritten; Beschädigungen von Sachen des Opfers; Legen falscher Spuren, die zu ehrverletzenden Verdachtsgründen gegen das Opfer führen; Verwenden unbefugt oder befugt hergestellter (§ 201 a III) Bildaufnahmen zur Bloßstellung des Tatopfers; Schalten inhaltlich falscher Anzeigen (z. B. Todesanzeigen); unzutreffende, herabsetzende oder sonst behelligende Einträge in Internet-Foren oder Gästebüchern; Hinterlassen von Blumen oder sonstigen Gegenständen an Kfz oder Briefkasten des Opfers, soweit nicht Nr. 2 gegeben ist; Verleumdungen und üble Nachrede; Nötigungshandlungen, namentlich durch Drohung mit Offenbarung strafbarer oder sozial missbilligter Tatsachen; Überwachung des Freundes- und Bekanntenkreises des Opfers; Ausspionieren persönlicher Daten, Gewohnheiten, Aufenthaltsorte oder sozialer Kontakte; mittelbare Bedrohungen; Beauftragen von Privatdetektiven mit Beobachtungen und Ausforschungen; Drohung mit Suizid; Methoden des sog. **investigativen Journalismus** wie verdeckte Ausforschungen des Tatopfers (soweit nicht Nr. 2), von Nachbarn oder Arbeitskollegen; unbefugte Tonaufzeichnungen (§ 201), Herstellen von Bildauf- 17 a nahmen (§ 201 a); usw. „**Vergleichbarkeiten**" mit Handlungen nach Nrn 1 bis 4 sind hier rein zufällig und allenfalls nach Maßgabe des *Beeinträchtigungs*-Gehalts festzustellen.

17 b I Nr. 5 öffnet den Tatbestand daher *nicht*, wie vom Gesetzgeber dargelegt, gegenüber *neuen Formen* der schon in Nrn. 1 bis 4 bestimmten Handlungen, sondern gegenüber einer unbeschränkten Vielzahl **irgendwelcher anderer** Handlungen, deren „Vergleichbarkeit" mit diesen sich in ihren ähnlichen *Wirkungen* erschöpft. Nach hier vertretener Ansicht genügt Nr. 5 daher, auch unter Berücksichtigung eines eigenständigen Gehalts des Begriffs „Nachstellen" (vgl. oben 9), den Anforderungen des **Art. 103 II GG** nicht.

18 **D. Beharrlichkeit.** Die in I Nrn. 1 bis 4 (5) bezeichneten Handlungen müssen **beharrlich** vorgenommen werden, um den Tatbestand des *Nachstellens* (oben 9) zu erfüllen. Der Begriff wird auch in § 184 d (vgl. dort 5), im AT in §§ 56 d III S. 2, 56 f I Nr. 2 und 3, 67 g I Nr. 2 und 3, 70 b I Nr. 2 und 3 verwendet. Im GewSchG (Anh. 5) ist er, wie auch im GesE des BRats (BT-Drs. 15/5410: „fortgesetzt"), nicht enthalten (§ 1 II Nr. 2 Buchst. b GewSchG: „wiederholt"). Die Anforderung der Beharrlichkeit soll den *spezifischen Unrechtsgehalt* der „fortwährenden Verfolgung" erfassen, deren Strafbarkeit das Regelungsziel des § 238 war (BT-Drs. 16/575, 6). Eine Anknüpfung an eine *bloße* Wiederholung (so etwa GesE BRat, BT-Drs. 15/5410, 7: mindestens *fünf* Handlungen; vielfach auch in ausländischen Regelungen; vgl. zB *Model Antistalking Law* USA [oben 1 a]) war ausdrücklich nicht beabsichtigt (BT-Drs. 16/575, 7); vielmehr hat der Gesetzgeber auf den auch **subjektive Elemente** enthaltenden Begriff der Beharrlichkeit iS des StGB verwiesen (ebd.). In der Lit. werden Bedenken gegen die **Bestimmtheit** des Begriffs erhoben (vgl. etwa *Gazeas* KJ **06**, 247, 254; *Steinberg* JZ **06**, 30, 32; *Mitsch* NJW **07**, 1239, 1240); jedoch meist auf eher praxisferne „Lehrbuch"-Probleme gestützt (vgl. *Mitsch* aaO: Sukzessives Stalking gegen alle Mitglieder einer Frauen-Fußballmannschaft).

19 Beharrlichkeit setzt danach voraus, dass die Handlung aus bewusster **Missachtung des entgegenstehenden Willens** der betroffenen Person oder aus **Gleichgültigkeit** gegenüber ihren Wünschen und Belangen wiederholt vorgenommen wird und dass die Tathandlung selbst dies sowie die fortdauernde Bereitschaft zu einer solchen Missachtung erkennen lässt. Die **Feststellung** der Beharrlichkeit soll sich aus einer **Gesamtwürdigung** sämtlicher Handlungen im Zusammenhang mit den konkreten Gegebenheiten des Falls ergeben (BT-Drs. 16/575, 7; zust. *Nack*, Prot. 30 [oben 1 a], 35); **Kriterien** der Beurteilung sollen namentlich der zeitliche Abstand und der innere Zusammenhang der Handlungen sein (ebd.; zust. *Gazeas* KJ **07**, 249, 255; krit. *Lackner/Kühl* 3). Es handelt sich somit, dem (problematischen) Feststellungs-Modell der „Gesamtwürdigung" folgend, um eine Mischung objektiver (Wiederholung), subjektiver (Missachtung des Opferwillens) und normativer (Rechtsfeindlichkeit) Elemente, wobei ohne feststehende Gewichtung aus jedem dieser Elemente Rückschlüsse auf das Vorliegen der anderen gezogen werden können.

20 Eine **Abmahnung** (durch das Tatopfer selbst, sog. polizeiliche Gefährder-Ansprachen, Anwaltsschriftsatz oder Verfahren nach § 1 GewSchG) kann, muss aber nicht Voraussetzung sein. Bei Handlungen, deren beeinträchtigende Wirkung offenkundig ist (Drohungen; Sachbeschädigungen; Verleumdungen), ist sie regelmäßig überflüssig; hier dürfte idR auch eine einmalige **Wiederholung** ausreichen. Für Handlungen, die dem Täter nach § 1 I, namentlich auch iV mit II Nr. 2 Buchst. b GewSchG (Anh. 5) untersagt sind, gilt das nicht ohne Weiteres. Soweit es auf eine Wiederholung potenziell beeinträchtigender Handlungen ankommt, sind Handlungen nach I Nrn, 1 bis 4 (5) in ihrer *Gesamtheit* zu berücksichtigen; Beharrlichkeit liegt daher nicht etwa erst dann vor, wenn *dieselbe* Handlung beharrlich vorgenommen wird. Die Beharrlichkeit ist ein **besonderes persönliches Merkmal** iS des § 28 I (vgl. 5 zu § 184 d).

6) Taterfolg: Schwerwiegende Beeinträchtigung. § 238 ist (anders als § 107 a öStGB) ein Erfolgsdelikt; Vorschläge, den Tatbestand als (potentielles) Gefährdungsdelikt zu fassen (vgl. GesE BRat, Bt-Drs. 15/5410, 7), sind namentlich im Hinblick auf das Bestimmtheitsgebot nicht umgesetzt worden (BT-Drs. 16/575, 8; krit. *Mitsch* NJW **07**, 1237, 1240). 21

Es muss die **Lebensgestaltung** beeinträchtigt sein. Das ist nicht schon dann gegeben, wenn Belästigung oder Bedrohung von der betroffenen Person subjektiv nachteilig empfunden werden, auch wenn dies mit uU gravierenden psychischen Folgen (Furcht; Depression; Angespanntheit) verbunden sein mag. Vielmehr muss sich die Beeinträchtigung auf die objektive, *äußere Gestaltung* des Lebens, d. h. alltäglicher Abläufe, Verrichtungen oder Planungen, oder auf einzelne gewichtigere Entscheidungen der Lebensgestaltung, ausgewirkt haben. Das ist **zB** gegeben bei Änderungen des Freizeit- oder Sozialverhaltens; Verschieben, Aufgeben oder Umsetzen von Plänen etwa zu Umzug, Arbeitsplatzwechsel oder Reisen; Einschränken von Kommunikation oder sozialen Kontakten; Aufgeben oder Verändern von Freizeitaktivitäten; Verstärken von Vorkehrungen oder Verhaltensweisen zur Sicherheit; Verzicht auf geplante Anschaffungen; usw. **Beeinträchtigt** ist die Lebensgestaltung, wenn die betroffene Person die genannten oder ähnliche Einschränkungen oder Veränderungen **gegen ihren Willen** vornimmt oder wenn sie ohne oder gegen ihren Willen von Dritten vorgenommen werden. 22

Die Beeinträchtigung muss **schwerwiegend** sein. Das Merkmal ist auch in § 218 a II verwendet (vgl. dort 26 f.), dort freilich im Hinblick auf den Gesundheitszustand. Es soll eine *unzumutbare*, über das „übliche" Maß hinausgehende, von der betroffenen Person zu recht als aufgezwungen empfundene negative Veränderung erfasst sein, die über die „normalen" Behelligungen, welche als Folge belästigenden Verhaltens auftreten können, hinaus gehen (GesE BReg, BT-Drs. 16/575, 8 [dort noch *kumulativ*: „unzumutbar"]; Ber., BT-Drs. 16/3641, 14; *Lackner/Kühl* 2; *Gazeas* KJ **06**, 247, 259). Als **Beispiele** *nicht* schwerwiegender Veränderungen sind genannt worden: Anschaffung und Betrieb eines Anrufbeantworters; Einrichten einer Fangschaltung. Dasselbe dürfte, wenn nicht *zusätzliche* Beeinträchtigungen hinzu kommen, idR gelten **zB** für Anschaffung einer Video-Überwachung oder von Alarmanlagen; Wechsel der Telefonnummer (**aA** *Krüger* [1 a] 179) oder der E-MailAdresse; geringfügige Verschiebungen oder Veränderungen im üblichen Tagesablauf; uU auch Austritt aus Vereinen oder vorübergehender Verzicht auf bestimmte Freizeitaktivitäten. 23

Beispiele schwerwiegender Beeinträchtigungen: Aufgeben der Wohnung; Umzug in andere Stadt; Wechsel oder Aufgeben der Arbeitsstelle; gravierende Veränderungen im Sozialverhalten, zB durch Aufgeben erheblicher Teile von Freizeitaktivitäten usw.; Verlassen von Wohnung oder Arbeitsstelle nur noch unter besonderen Sicherungsvorkehrungen; Aufgeben der üblichen sozialen Erreichbarkeit durch Verheimlichen sämtlicher persönlicher Daten (zB Wohnen unter Deck-Adresse; Führen von Deck-Namen im Arbeitsbereich); Namensänderung. Auch die **Kumulation** einer Mehrzahl für sich allein nicht schwer wiegender Beeinträchtigungen kann die Voraussetzung erfüllen. Auch **subjektive Umstände** spielen eine Rolle; es kommt auf die Beeinträchtigung des Freiheitsbereichs der *konkreten* Person, daher auch auf ihre objektiven und subjektiven Handlungsalternativen an. Bei der Beurteilung des Gewichts des Taterfolgs ist auf die **Sicht der betroffenen Person** abzustellen; es kommt nicht darauf an, ob sich ein „vernünftiger", objektiver *Dritter* (schwerwiegend) beeinträchtigt fühlen würde. 24

Die Beeinträchtigung muss **durch die Tathandlung** („dadurch") verursacht sein. An der **Kausalität** fehlt es, wenn Veränderungen der Lebensgewohnheiten aus *anderen* Gründen eintreten, die auch die der Motivation des Täters zugrunde liegenden sein können; so zB bei Aufgabe von Wohnung oder Arbeitsstelle in Folge der Beendigung einer Partnerschaft mit dem Täter. Die Grenzen können hier im Einzelfall verschwimmen. Nicht ausreichend ist es, wenn schwerwiegende Folgen (oben 24) infolge einer außergewöhnlichen, für den Täter nicht vorhersehba- 25 ren psychischen Disposition oder durch Kumulation mit anderen, unvorhersehbaren Belastungen auftreten; hier kann die **Zurechenbarkeit** (unter dem Gesichtspunkt der Risikoverteilung) entfallen.

26 **7) Unbefugtheit.** Der Täter muss unbefugt handeln. Der Begriff beschreibt nach Auffassung des Gesetzgebers hier ein **Tatbestandsmerkmal**; eine Befugnis lässt also nicht erst die Rechtswidrigkeit entfallen (BT-Drs. 16/575, 7; ebenso *Gazeas* KJ **06**, 247, 260; *Lackner/Kühl* 6). Als Grund hierfür ist angeführt worden, dass die Handlungsvarianten des I Nr. 1 bis 4 auch *sozialadäquate* Handlungen umfassen, deren Verwirklichung die Rechtswidrigkeit nicht indiziere. Das hierfür erforderliche zusätzliche Merkmal ist namentlich, dass die Handlung **gegen den Willen** der betroffenen Person erfolgt; ihr Einverständnis lässt daher den Tatbestand entfallen. Hiergegen ist zutr. eingewandt worden, dass die genannte Begründung nur auf die Varianten **I Nr. 1 und 2** zutreffen kann; dagegen beschreiben **Nr. 3 und 4** ersichtlich kein „sozialadäquates" Verhalten (*Mitsch* NJW **07**, 1237, 1240). Insoweit wirkt eine Befugnis daher als **Rechtfertigungsgrund**, so dass bei der Frage der Bedeutung des Unbefugtheits-Merkmals zu differenzieren ist (*Mitsch* aaO).

27 **A.** Neben dem **Einverständnis** der betroffenen Person kann sich eine **Befugnis** namentlich ergeben: Aus öffentlich-rechtlichen Vorschriften (Befugnisse von Polizei, Strafverfolgungsbehörden, Verwaltungsbehörden); aus zivilrechtlichen Ansprüchen (Mahn- und Inkassowesen; Verfolgung von Unterhaltsansprüchen; Geltendmachen von Forderungen, usw.); aus Vertrag (Sammlung von Daten über Bewegungen, Konsum- und Freizeitverhalten zB durch Kreditkarten-Unternehmen aufgrund AGB). Die Zustimmung zur Veröffentlichung personenbezogener Daten in Verzeichnissen (zB Telefonbücher; Branchenverzeichnisse; Personalverzeichnisse des Öffentl. Dienstes) enthält kein Einverständnis in „beharrliche" Tathandlungen nach I; dasselbe gilt für die Eingabe von Klarnamen oder Anschriften zB in Seiten von Internet-Auktionshäusern. Eine *allgemeine* analoge Anwendung von **§ 193** scheidet aus (*Gazeas* KJ **06**, 247, 256; vgl. 9 zu § 193; **aA** wohl *Krüger* [1 a] 189 f.). Aus **Art. 5 I GG** ergibt sich keine verfassungs-unmittelbare Befugnis für Mitarbeiter der **Presse** (Journalisten, Fotografen, Kameraleute usw.).

28 **B. Unbefugt** handeln idR zB auch private **Geldeintreiber**, die durch öffentliche Bloßstellung oder bedrohliches Verfolgen von Schuldnern Zahlungen zu erreichen versuchen. **Journalisten** handeln (namentlich nach I Nr. 1 und 2) unbefugt, wenn sie unter Überschreitung der sich aus den Pressegesetzen unter Berücksichtigung von Art. 5 I S. 2 GG ergebenden Grenzen Personen bedrängen, verfolgen, in ihrem Privatbereich belästigen oder zum Zweck öffentlicher Bloßstellung oder vermeintlicher „Aufdeckung" Taterfolge des I verwirklichen. Insoweit gelten ähnliche Grenzen wie bei § 185 oder §§ 201, 201 a (vgl. 17 ff. zu § 193; 9 zu § 201). Personen *der Zeitgeschichte* (vgl. dazu neuerdings BGH[Z] NJW **07**, 1977; **07**, 1981 [dazu *Teichmann* NJW **07**, 1917]) oder solche Personen, die *aus eigenem Interesse* die Aufmerksamkeit von Massenmedien suchen oder jedenfalls Teile ihrer Lebensgestaltung zum Gegenstand öffentlicher Darstellung machen, müssen Einschränkungen ihrer von § 238 geschützten Freiheitssphäre auch dann in höherem (freilich nicht in beliebigem) Maß hinnehmen, wenn sie in Stalking-Handlungen im Einzelfall nicht einwilligen.

29 **C. Rechtfertigungsgründe** können sich im Einzelfall namentlich aus § 34, uU auch aus § 32 ergeben; auch Fälle rechtfertigender Pflichtenkollision kommen in Betracht.

30 **8) Subjektiver Tatbestand.** § 238 setzt Vorsatz voraus. Bedingter Vorsatz reicht grds. aus; jedoch werden sich die subjektiven Voraussetzungen der „Beharrlichkeit" (oben 19) meist nicht bedingt vorsätzlich verwirklichen lassen. Dagegen setzen die Tathandlungen der Nrn. 1 bis 4 weder Absicht noch Wissentlichkeit voraus (**aA** *Lackner/Kühl* 7 für Nr. 1: „Gezieltheit"). Hinsichtlich der normativen Elemente des

Taterfolgs („schwerwiegend") reicht, neben Kenntnis der tatsächlichen Umstände, eine Parallelwertung in der Laiensphäre.

9) **Einschränkungen der Schuldfähigkeit.** In der Mehrzahl der praktischen Fallgestaltungen stellen sich Probleme der Schuldfähigkeit nicht; in einer kleineren Gruppe von Fällen kann aber eine genauere Prüfung einer Einschränkungen der Einsichtsfähigkeit (Taten auf der Grundlage wahnhaften Erlebens) oder der Steuerungsfähigkeit (insb. bei Vorliegen schwerer Persönlichkeitsstörungen) geboten sein. In der psychologischen Literatur werden folgende **Typen** von Tätern unterschieden (*Mullen/Pathé/Purcell* [1 a]; vgl. auch *Meyer* ZStW **115** [2003] 249, 252 f.): 1. Zurückgewiesene; 2. Beziehungssuchende; 3. intellektuell Retardierte; 4. Rachsüchtige; 5. Erotomane; 6. Sadistische. Diese psychologischen Voraussetzungen sind für die **Motivation** der konkreten Tat (insb: Rache; Dominanzstreben; Unwille, Machtpositionen aufzugeben; wahnhafte Verkennungen [„Liebeswahn"]; Eifersucht; Konkurrenz) von Bedeutung. Nicht jedes rational unverständliche, obsessive Nachstellens-Verhalten kann als Indiz für das Vorliegen einer psychischen Störung iS von § 20 Störung angesehen werden. Bei der Feststellung **nicht ausreichend** sind allgemeine, eher vage Diagnosen oder Symptom-Schilderungen, bei denen offen bleibt, welche der Eingangs-Voraussetzungen der §§ 20, 21 vorliegt oder wie diese sich *konkret* auf die Schuldfähigkeit (und, unter dem Gesichtspunkt des § 63, auf die Gefährlichkeit) des Täters auswirkt (vgl. StraFo **04**, 390 [„wahnhafte Verkennung"; m. Anm. *Pollähne* R&P **05**, 86]). 31

10) **Vollendung; Versuch.** Die Tat nach I ist mit dem Eintritt der Beeinträchtigung vollendet. In den Fällen des I Nr. 1, 3 und 4 muss dies auf den dort beschriebenen Handlungserfolgen beruhen; im Fall I Nr. 2 reicht der Versuch aus (vgl. oben 14). Der **Versuch** des Nachstellens ist als solcher nicht strafbar; unberührt bleibt die Strafbarkeit des Versuchs nach *anderen* Vorschriften strafbarer Taten im Zusammenhang des Nachstellens. Zum Versuch der Erfolgsqualifikation vgl. unten 37. 32

11) **Beteiligung.** Täter kann grds. jeder sein. Die Tat nach I Nr. 1 ist ein **eigenhändiges** Delikt; die räumliche Nähe kann nur zwischen betroffener Person und dem Täter selbst hergestellt werden. Auch I Nr. 2 setzt voraus, dass der Kontakt zum Täter selbst hergestellt wird oder werden soll; zwar reicht ein Kontakt *über* Dritte, jedoch nicht bloßer Kontakt *mit* ihnen. **Dritte** iS von I Nr. 2 und 3 können bei Bösgläubigkeit Gehilfen sein; typisch ist in vielen Fällen jedoch die Einschaltung Gutgläubiger. Die Beharrlichkeit iS von I ist ein **besonderes persönliches Merkmal** (§ 28 I). 33

12) **Rechtsfolgen.** Das Vergehen nach I ist mit Freiheitsstrafe bis zu drei Jahren oder Geldstrafe bedroht. Bei der Strafzumessung wird insbesondere das Maß der Beeinträchtigung zu berücksichtigen sein; strafschärfend können besondere Hartnäckigkeit und Massivität des Vorgehens gewertet werden. Soweit eine **Maßregel** nach § 63 in Betracht kommt, ist bei der Gefahrprognose auch auf mögliche, ggf. bereits nach I Nr. 4 angedrohte Eskalationen abzustellen. Auch die Gefahr der Fortsetzung nur von Taten nach § 238 I wird aber die Erheblichkeits-Schwelle des § 63 häufig überschreiten, wenn weitere schwerwiegende Beeinträchtigungen drohen. Insb. bei persönlichkeitsgestörten Tätern ist, wenn die Voraussetzungen für die *konkrete* Nachstellens-Beziehung weggefallen sind (zB durch Wegzug des Opfers; „Bewältigung" des tatauslösenden Konflikts), sorgfältig zu prüfen, ob die Gefahr weiterer Taten (gegen andere Personen) besteht; das bloße Vorliegen einer grundsätzlichen psychischen *Disposition* reicht dafür nicht aus. 34

13) **Qualifikation (Abs. II).** Abs. II enthält eine dem Regelbeispiel des § 113 II Nr. 2 entsprechende tatbestandliche Qualifikation, die das Verursachen der **konkreten Gefahr** des **Todes** (vgl. zB § 176 a V; § 250 II Nr. 3 b) oder einer **schweren Gesundheitsschädigung** (vgl. zB § 177 III Nr. 3; § 250 I Nr. 1 c; dazu auch 4 zu § 306 b) voraussetzt. Mögliche Qualifikationsfälle sind zB Panikreaktionen des 35

Tatopfers, um Verfolgungen oder Bedrohungen zu entkommen; aber auch psychische Erkrankungen wie schwere Depressionen oder Suizidalität. Auf den Eintritt der Gefährdung muss sich der **Vorsatz** des Täters erstrecken; § 18 gilt nicht. Zum Gefährdungsvorsatz vgl. 10 zu § 15; 3 zu § 18.

36 Die Gefahr muss bei dem **Opfer** der Tat nach Abs. I, bei einem *Angehörigen* des Tatopfers oder bei einer diesem *nahe stehenden Person* (7 zu § 35) eintreten. Damit wird der Schutzbereich der Norm in nicht überzeugender Weise auf **Dritte** ausgedehnt, zu denen das den spezifischen Unrechtsgehalt der Tat nach I (oben 3b, 9) ausmachende Verhältnis *gerade nicht* besteht (insg. krit. auch *Krüger* [1a] 199ff., 201). Der Gesetzgeber hat die genannten Personen „mit Blick auf die Typik des Stalking" für geboten gehalten (BT-Drs. 16/3641, 14), weil Täter vor „Pressionen gegen das Umfeld des Opfers" nicht zurückschrecken und diesem nahe stehende Personen von zahlreichen Stalking-Handlungen mit betroffen seien (ebd.). Das lässt außer Acht, dass die genannten Gefahren für die in I Nr. 1 bis 4 genannten Handlungen grds. ganz *untypisch* sind; diese gewinnen ihre spezifische Gefährlichkeit vielmehr allein durch das „übergreifende" Unrecht des Nachstellens mit der Folge schwerwiegender Beeinträchtigung. Hiervon sind *Dritte* regelmäßig nur *mittelbar* betroffen.

37 **14) Verursachung des Todes (Abs. III).** Abs. III enthält eine **Erfolgsqualifikation** (§ 18). In Bezug auf die schwere Folge reicht daher Fahrlässigkeit aus; eine vorsätzliche Verwirklichung ist möglich. Die Tat ist Verbrechen (§ 12); der **Versuch** ist daher strafbar, wenn der Grundtatbestand verwirklicht und die schwere Folge versucht wird (37a zu § 22). Ein sog. **erfolgsqualifizierter Versuch** ist nach wohl zutr. Ansicht (vgl. aber 7 zu § 18) nicht strafbar, weil der Versuch des Grunddelikts nicht strafbar ist (str.; vgl. 7f.; 37 zu § 22 mwN). Für die Einbeziehung von Angehörigen und nahe stehenden Personen in den Schutzbereich der Vorschrift gelten die oben 36 genannten Einwände; es stellt sich daher insoweit auch hier das Problem der *Zurechnung*. Sie ist zB fraglich, wenn das Tatopfer aufgrund tatbedingter psychischer Labilität einen Verkehrsunfall verursacht und dabei eine nahe stehende Person getötet wird.

37a Der Tod muss „durch die Tat" nach I verursacht sein; erforderlich ist ein **spezifischer Ursachenzusammenhang** (vgl. dazu 2a ff. zu § 227). Dieser ist idR gegeben, wenn der Tod unmittelbare Folge gerade der durch die Tathandlung verursachten schwerwiegenden Beeinträchtigung ist; **zB** bei Panikreaktionen; Suizid. Problematisch ist der erforderliche tatspezifische Zusammenhang insb. bei Verursachung des Todes *Dritter* (vgl. dazu *Krüger* [1a] 205f., der allerdings nur auf einen *erfolgs*-spezifischen Zusammenhang abstellt).

38 **15) Strafantrag (Abs. IV).** Die Tat nach Abs. I ist (relatives) Antragsdelikt. Verletzter iS von § 77 I ist die von der Nachstellung betroffene Person. Die Ausgestaltung als Antragsdelikt soll sicherstellen, dass grds. die betroffene Person selbst entscheiden kann, ob sie sich den Belastungen eines Strafverfahrens aussetzen will (BT-Drs. 16/575, 8). Befürchtungen, dies werde in der Praxis zur Verfolgungsunwilligkeit und regelmäßig zur Verweisung auf den Privatklageweg (vgl. RiStBV NR. 87) führen (vgl. Entschl.-Antrag B90/GR, BT-Drs. 16/3641, 9), soll durch die Möglichkeit der Bejahung eines **besonderen öffentlichen Interesses** entgegen gewirkt werden; in diesem Fall ist die Tat von Amts wegen zu verfolgen. Es wird bei *gravierenden*, namentlich den **Rechtsfrieden** über den Bereich der Beteiligten hinaus berührenden Taten sowie insb. auch dann anzunehmen sein, wenn die Vermutung nahe liegt, das Tatopfer werde aus **Angst** oder Einschüchterung auf eine Antragstellung verzichten oder den Antrag unter dem Einfluss des Täters zurücknehmen.

39 **16) Konkurrenzen.** Mehrere Handlungen nach Abs. I gegen dasselbe Tatopfer sind eine einheitliche Tat (tatbestandliche Handlungseinheit). Gleichzeitige Nachstellungen gegen mehrere Personen stehen in (gleichartiger) Idealkonkurrenz. Mit zum Zweck des Nachstellens begangenen anderen Straftaten (zB §§ 240, 241, 123, 177, 185ff., 223ff.; auch §§ 263, 267 [I

Nr. 3]) ist Tateinheit möglich; § 238 kann aber nicht selbständige schwerere Taten (insb. Verbrechen) zur Tateinheit „verklammern"; in diesem Fall stehen die selbständigen (§ 53) Taten *jeweils* in Tateinheit mit § 238. Taten nach § 4 iV mit § 1 II Nr. 2 Buchst. b GewSchG (Anh. 5) treten gegenüber Taten nach I Nrn. 1 und 2 idR zurück.

17) Sonstige Vorschriften: Haftbefehl (sog. „Deeskalationshaft"; krit. Vander KritV **06**, 81, 92; Gazeas KJ **06**, 247, 264 f.) bei Wiederholungsgefahr von Taten nach Abs. II und III: § 112 a I Nr. 1 StPO; **Privatklage** § 374 I Nr. 5 StPO; **Nebenklage** § 395 I Nr. 1 Buchst. e StPO. **40**

Freiheitsberaubung

239 **I Wer einen Menschen einsperrt oder auf andere Weise der Freiheit beraubt, wird mit Freiheitsstrafe bis zu fünf Jahren oder mit Geldstrafe bestraft.**

II Der Versuch ist strafbar.

III Auf Freiheitsstrafe von einem Jahr bis zu zehn Jahren ist zu erkennen, wenn der Täter

1. das Opfer länger als eine Woche der Freiheit beraubt oder
2. durch die Tat oder eine während der Tat begangene Handlung eine schwere Gesundheitsschädigung des Opfers verursacht.

IV Verursacht der Täter durch die Tat oder eine während der Tat begangene Handlung den Tod des Opfers, so ist die Strafe Freiheitsstrafe nicht unter drei Jahren.

V In minder schweren Fällen des Absatzes 3 ist auf Freiheitsstrafe von sechs Monaten bis zu fünf Jahren, in minder schweren Fällen des Absatzes 4 auf Freiheitsstrafe von einem Jahr bis zu zehn Jahren zu erkennen.

1) Allgemeines. Die Vorschrift wurde durch Art. 1 Nr. 43 des 6. StrRG (2 f. vor § 174) in Abs. I redaktionell geändert, die Versuchsstrafbarkeit auch für den Grundtatbestand eingeführt (II) und die Qualifikationstatbestände mit zT höheren Strafdrohungen neu gefasst. **1**

Literatur: *Bloy,* Freiheitsberaubung ohne Verletzung fremder Autonomie?, ZStW **96**, 703; *Eicken/Ernst/Zenz,* Fürsorglicher Zwang, 1990; *Fahl,* Schlaf als Zustand verminderten Strafrechtsschutzes?, Jura **98**, 456; *Geppert* JuS **75**, 384; *Geppert/Bartl,* Probleme der Freiheitsberaubung, insbesondere zum Schutzgut des § 239 StGB, Jura **85**, 221; *Kargl,* Die Freiheitsberaubung nach dem 6. StrRG, JZ **99**, 72; *Meyer-Gerhards* JuS **74**, 566; *Park/Schwarz,* Die Freiheitsberaubung, Jura **95**, 294; *Schumacher,* Freiheitsberaubung u. „Fürsorglicher Zwang" in Einrichtungen der stationären Altenhilfe, Stree/Wessels-FS 431; *Widmann,* Die Freiheitsberaubung mit Todesfolge (usw.), MDR **67**, 972. **1 a**

2) Rechtsgut und Anwendungsbereich. Die Vorschrift schützt die persönliche **Fortbewegungsfreiheit** iS einer „Freiheit zur Ortsveränderung" (BGH **32**, 189). Damit ist nicht die Freiheit gemeint, sich *an* einen Ort zu begeben (Aussperren unterfällt § 239 daher nicht; LK-*Träger/Schluckebier* 1) oder an einem Ort zu verweilen (Zwang zum Weggehen ist Nötigung, nicht Freiheitsberaubung; SK-*Horn/Wolters* 2); ebenso nicht die Fähigkeit an sich, sich *an einem Ort* zu bewegen (Fesselung etwa an den Händen ist daher idR keine Freiheitsberaubung). Entscheidend ist vielmehr die Möglichkeit, sich von einem best. Ort **wegzubewegen.** Dabei kann der Ort der Freiheitsberaubung eng (Stuhl, Bett, Zimmer) oder weit (Gebäude, Gelände eines Krankenhauses) bestimmt sein (vgl. *Amelung/Brauer* JR **85**, 475; *Schumacher,* Stree/Wessels-FS 441). **2**

Geschützt ist das **Selbstbestimmungsrecht** der Person über ihren Aufenthaltsort. Dieses Recht setzt die allgemeine Fähigkeit voraus, einen natürlichen Willen zur Ortsveränderung zu bilden (vgl. BGH **14**, 314, 316; **32**, 183, 188). Nicht geschützt ist daher ein Kleinstkind, das eine Selbstbestimmung über seinen Aufenthalt nicht hat (Bay JZ **52**, 237; LK-*Träger/Schluckebier* 6). Umstr. ist die Frage, ob § 239 einen **aktuellen Fortbewegungswillen** voraussetzt. Nach **Rspr.** (RG **61**, 239; BGH **14**, 316; **32**, 183; Köln NJW **86**, 334) und hM (LK-*Träger/Schluckebier* **3**

8 f.; *S/S-Eser* 3; *Lackner/Kühl* 1; *M/Schroeder/Maiwald* 14/2; iErg wohl auch *Küper* BT 141 f.; abw. *Kargl* JZ **99**, 72, 79) kommt es allein auf einen **potentiellen** Willen des Opfers an, nicht also darauf, ob das Opfer in der konkreten Situation tatsächlich einen Ortsveränderungswillen hat und ob es von der objektiven Beschränkung der Fortbewegungsmöglichkeit Kenntnis hat. Dabei wird überwiegend weiter danach differenziert, ob zum Tatzeitpunkt ein natürlicher Wille nicht gebildet werden kann (Bewusstlose; Schlafende; sinnlos Betrunkene); in diesem Fall soll Vollendung ausscheiden (*Rengier* BT II, 22/2), oder ob das Opfer einen Fortbewegungswillen zwar potentiell bilden könnte, dies jedoch nicht tut, weil es von der objektiven Beschränkung keine Kenntnis hat (wiederum anders – Schutz potentieller Bewegungsfreiheit unabhängig von der Kenntnis des Opfers – *Geppert* JuS **75**, 387; *Schmidhäuser* BT 4/26; wohl auch *Lackner/Kühl* 1; differenz. *W/Hettinger* 370: Vollendung gegenüber Schlafenden, wenn die Möglichkeit des Aufwachens auszuschließen ist und die Beschränkung *für diesen Fall* wirken soll; wieder anders, aber unklar MK-*Wieck-Noodt* 12 f.: Vollendung unabhängig von Kenntnis und Willen des Opfers und vom Willen des *Täters* [?]). Andererseits schließt das **Einverständnis** des Betroffenen den Tatbestand regelmäßig aus (NJW **93**, 1807; *W/Beulke* 366; *W/Hettinger* 374; vgl. aber unten 4, 12).

4 **Kritik.** Diese Vorverlegung des Vollendungszeitpunkts durch Rspr und hM erscheint **nicht überzeugend** (krit. auch *Bloy* ZStW **96**, 721 ff.; *Otto* BT II 28/3; *Park/Schwarz* Jura **95**, 295 f.; *Schumacher*, Stree/Wessels-FS 433 ff.; SK-*Horn/Wolters* 2 a; NK-*Sonnen* 8; *Arzt/Weber* 9/13). Wenn sich die Freiheitsberaubung nicht gegen den aktuellen *Willen* des Opfer richtet, seine Ortsveränderungsfreiheit zu „gebrauchen" (vgl. § 239 aF), sondern gegen den objektiven *Zustand* dieser Freiheit selbst, kommt es auf das Bewusstsein des Opfers nicht an; freilich erscheint es dann kaum plausibel und ist wohl nur mit dem Bedürfnis nach *Beweis*erleichterungen zu erklären, zwischen dem *nicht vorhandenen* Willen eines *Schlafenden* und eines *Wachenden* nach Maßgabe „potentieller" Willensbildung zu unterscheiden (krit. auch *Otto* BT § 28 I 1; *Jakobs* JR **82**, 207; SK-*Horn/Wolters* 2 a); es wäre dann vielmehr nahe liegend, allein nach dem Vorliegen oder Fehlen einer objektiven Handlungsmöglichkeit des Opfers zu unterscheiden. Dies würde eine Tatvollendung gegen Bewegungsunfähige (Gelähmte, Kranke, Bewusstlose) ausschließen, nicht aber gegen Schlafende oder Fortbewegungsunwillige. Die Ausweitung des Tatbestands auf einen – wie auch immer bestimmten – hypothetischen Fortbewegungswillen mutet dagegen letztlich willkürlich an. Sie verkehrt den Schutz der persönlichen Fortbewegungs*freiheit* in denjenigen einer objektiven Fortbewegungs*möglichkeit*. Das ist weder aus Gründen eines „optimalen Grundrechtsschutzes" geboten (so LK-*Träger/Schluckebier* 9) noch mit der Annahme einer tatbestandsausschließenden Einwilligung vereinbar, an welcher auch die hM zurecht festhält (vgl. BGH **32**, 183 [dazu *Herzberg/Schlehofer* JZ **84**, 482]; NStZ **92**, 33; NJW **93**, 1807; *W/Hettinger* 374; **aA** *Otto* BT § 28 II). Die hM stützt sich daher auf eine sachlich kaum begründbare Ausweitung des geschützten **Rechtsguts** in einen überindividuellen Bereich, etwa mit der Erwägung, der bewusstlose Mensch stehe nicht einer Sache gleich (LK-*Träger/Schluckebier* 9). Dies rechtfertigt aber nicht eine Vollendungsstrafe für den untauglichen Versuch, einen Menschen an der Ausübung einer (Fortbewegungs-) Freiheit zu hindern, welche er weder nutzen kann noch will.

4 a **Grund** für die seit RG **61**, 239 (anders noch RG **33**, 236) herrschende Ausdehnung des Tatbestands war vor allem auch das Bestreben, den Bereich des (nach früherer Rechtslage nicht strafbaren) **Versuchs** zugunsten einer Vorverlagerung der Vollendung einzuschränken (BT-Drs. 13/8587, S. 41; vgl. *Bussmann* GA **99**, 21, 24; *Arzt/Weber* 9/15). Dieser Grund ist mit dem 6. StrRG **weggefallen;** auch ein kriminologischer Anlass, bloße *Gefährdungen* der Bewegungsfreiheit als vollendete Verletzungen zu bestrafen, besteht nicht.

5 Es liegt daher auch unter praktischen Gesichtspunkten nahe, zu einem Verständnis des § 239 als **Spezialfall der Nötigung** zurückzukehren (vgl. BGH **30**, 235 f.; so hinsichtlich der *Konkurrenz* auch die hM; vgl. LK-*Träger/Schluckebier* 41: Tateinheit nur, wenn die Freiheitsberaubung *Mittel* einer weitergehenden Nötigung ist)

und allein auf den **tatsächlichen Willen** des Opfers abzustellen; eine Vollendung kann danach wie im Fall des § 240 nicht gegeben sein, wenn sich die Handlung des Täters auf den Willen des Opfers gar nicht auswirken konnte oder tatsächlich nicht ausgewirkt hat. Das Einsperren schlafender, bewusstloser, betrunkener oder nichtsahnender Personen ist daher dann nicht vom Tatbestand erfasst, wenn der Täter davon ausgeht, dass sich ihr Wille zur (potentiellen) Ortsveränderung während der Dauer des von ihm verursachten Hindernisses nicht aktualisieren werde. Hält er dies für gewiss oder billigt er eine solche Möglichkeit, so liegt **Versuch** vor (II). **Vollendung** tritt erst und nur dann ein, wenn das Opfer einen aktuellen Fortbewegungswillen bildet, zu seiner Verwirklichung grds in der Lage ist (nicht also bei Bewegungsunfähigen) und hieran durch die Wirkungen der Tathandlung gehindert ist (ebenso *Arzt/Weber* 9/14; NK-*Sonnen* 9). Unerheblich ist es dabei, ob das Opfer tatsächlich Versuche unternimmt, das vom Täter errichtete Hindernis zu überwinden, oder ob es im Hinblick auf die – zutreffend oder irrtümlich angenommene – Aussichtslosigkeit solcher Versuche hierauf verzichtet.

3) Tathandlung ist ein Eingriff in die persönliche Bewegungsfreiheit, durch den ein Mensch des Gebrauchs der persönlichen Freiheit beraubt wird; es muss ihm die Möglichkeit genommen werden, sich nach seinem Willen fortzubewegen, insbesondere einen Raum zu verlassen (NStE § 177 Nr. 16). Der Raum kann auch eine bewegliche Sache sein; zB ein Kraftfahrzeug (BGH **21**, 188; NZV **01**, 351; Karlsruhe NJW **86**, 1358 f.; Koblenz VRS **49**, 347). Auf die **Dauer** kommt es für I nicht an; es reicht daher grds auch eine nur **kurzfristige** Entziehung der Bewegungsfreiheit (BGH **14**, 314, 315; 4 StR 147/75; vgl. schon RG **33**, 234). **Nicht** ausreichend ist aber eine nur **ganz kurzfristige** Beschränkung, etwa das kurzzeitige Festhalten eines Gegners im Rahmen einer körperlichen Auseinandersetzung (NStZ **03**, 371) oder eine Einschränkung, die sich für den Betroffenen nur als alsbald zu überwindendes *Hemmnis* mit dem Ergebnis einer (bloßen) *Verzögerung* seiner Fortbewegung darstellt (sehr weit aber NStZ-RR **03**, 168). 6

A. Einsperren ist das Festhalten in einem umschlossenen Raum durch äußere Vorrichtungen, so dass der Betroffene objektiv gehindert ist, sich von dem Ort weg zu bewegen. Es können die Ausgänge versperrt oder durch Bewachung verschlossen sein. Ist ein nicht geschlossener Ausgang vorhanden, den das Opfer nicht kennt, so ist es eingesperrt (LK-*Träger/Schluckebier* 13; hM); ebenso, wenn es nach seinen Möglichkeiten einen vorhandenen Ausgang nicht benutzen kann. 7

Auf andere Weise kann das Opfer durch jede Handlung der Freiheit beraubt sein, welche objektiv die Aufhebung der Fortbewegungsfreiheit bewirkt; **zB** durch Drohung (nicht jedoch schon mit jedem empfindlichen Übel; vgl. NJW **93**, 1807); Gewalt; Hinderung am Verlassen eines Kfz durch schnelles Fahren (NStZ **92**, 34); politische Verdächtigung (Düsseldorf NJW **79**, 60; vgl. auch BGH **42**, 275; LG Berlin NJ **95**, 381); rechtsbeugerische Verurteilung zu Freiheitsstrafe (BGH **40**, 125, 136; **41**, 247; 255); Blockieren aller Ausgänge eines Kasernengeländes (Köln NJW **86**, 333); Verbringung an entlegenen Ort nach rechtswidriger Festnahme durch Polizeibeamte (BGHR § 239 I Konk. 9; LG Mainz MDR **83**, 1044). Problematisch ist die Einordnung von **List** als Mittel der Freiheitsberaubung. Vom Standpunkt der hM (oben 3) ist die Annahme von Vollendung bei bloßer Vorspiegelung der Bewegungsbeschränkung schwer vereinbar mit einer vom Willen des Opfers absehenden, objektiven Bestimmung des Rechtsguts. Nach zutr. Ansicht (vgl. oben 4, 5) umfasst die „andere Weise" auch die Vorspiegelung von Fortbewegungshindernissen, wenn das Opfer im Hinblick hierauf seinen (bestehenden) Willen zur Ortsveränderung nicht betätigt (so auch LK-*Träger/Schluckebier* 14; MK-*Wieck-Noodt* 24). 8

B. Erforderlich für die **Vollendung** ist grds eine vollständige Aufhebung der Bewegungsfreiheit, dh der Möglichkeit, den Aufenthaltsort innerhalb des tatbezogenen Freiheitsraumes zu verändern (NJW **93**, 1807; dazu *Otto* JK 2). Der Tatbestand ist daher auch bei einer *weiteren* Beschränkung des Bewegungsraums erfüllt 9 (das in einem Gebäude gefangen gehaltene Opfer wird in einem Zimmer eingesperrt; vgl. *Arzt/Weber* 9/17). Dagegen reichen allein partielle oder vollständige Einschränkungen *innerhalb* des gegebenen Freiheitsraums nicht aus (also kein § 239 durch Unmöglichkeit, sich *in der gewünschten Weise* zu bewegen). Von daher sind die Anforderungen an die vom Täter errichteten Hindernisse zu bestimmen; an einer Unmöglichkeit der Fortbewegung fehlt es insb., wenn die Fortbewegung nur **erschwert** wird (etwa durch Wegnahme der Kleider [vgl. RG **6**, 231; **aA** *M/Schroeder/Maiwald* 14/6]; Versperren der Tür bei Möglichkeit, durchs Fenster zu steigen [SK-*Horn/Wolters* 5; *S/S-Eser* 6; *Arzt/Weber* 9/21; **aA** RG **8**, 211]; Wegnahme oder Unbrauchbarmachung eines Fahrzeugs; anders *Schumacher* 443). Unüberwindlich muss die Einsperrung nicht sein; daher schließen nach Lage des Einzelfalls **unzumutbare Alternativmöglichkeiten** die Vollendung nicht aus (NStZ **01**, 420; zB Sprung aus hochgelegenem Fenster; Einsatz massiver Gewalt zur Überwindung der Sperre; Erfüllung abgenötigter Bedingungen; Herausspringen aus schnell fahrendem Fahrzeug [vgl. RG **25**, 147; NStZ **92**, 34]; vgl. *M/Schroeder/Maiwald* 14/5; SK-*Horn/Wolters* 6; *S/S-Eser* 6; *Park/Schwarz* Jura **95**, 296; *Lackner/Kühl* 2). Auch in diesem Fall muss die Freiheitsbeschränkung aber auf die *physische* Wirkung der Einsperrung zurückgehen; eine *allein psychische* Wirkung (zB Schließen der – unversperrten – Tür mit dem Verbot, diese zu öffnen, reicht ggf. für § 240, nicht aber für § 239 aus (nicht zweifelsfrei daher NStZ **01**, 420 [im Keller „eingesperrter" Jugendlicher wagt aus Angst vor Sanktionen und um nicht im Freien übernachten zu müssen nicht, einen ihm erreichbaren Ausgang zu nutzen]).

10 **C.** Auch durch **Unterlassen** kann eine Freiheitsberaubung begangen werden, falls der Unterlassende Garantenstellung hat (vgl. LK-*Träger/Schluckebier* 17). So muss jemand, der einen anderen versehentlich eingeschlossen hat, für seine Freilassung sorgen, sobald er vom Einschließen erfährt (RG **24**, 339; MK-*Wieck-Noodt* 29). Unterlassen kommt auch bei pflichtwidriger Verzögerung einer rechtlich gebotenen Freilassung in Betracht (**zB** nach Aufhebung oder Außervollzugsetzung eines Haftbefehls; bei Nichtvorführung eines Festgenommenen beim Richter nach Ablauf der gesetzlichen Höchstfrist (vgl. BVerfG NJW **01**, 2247; BGH NStZ **88**, 233); ebenso bei Verstoß gegen die Pflicht zur Überprüfung der Erforderlichkeit einer zunächst rechtmäßigen (vom Täter oder einem Dritten) vorgenommenen Freiheitsberaubung (**zB** bei Fesselung pflegebedürftiger oder in psychiatrischen Krankenhäusern untergebrachter Personen).

11 **D. Mittelbare Täterschaft** ist nach allgemeinen Regeln möglich und praktisch nicht selten. Der mittelbare Täter kann rechtswidrig handeln, der Tatmittler aber rechtmäßig (BGH **10**, 307); so etwa bei einer durch falsche Anschuldigung erreichten Festnahme (BGH **3**, 4) oder bei der auf Grund eines rechtsbeugerischen Urteils vollzogenen Freiheitsentziehung (zur mittelbaren Täterschaft durch Benutzung rechtsstaatswidrig handelnder Staatsorgane BGH **42**, 278 m. Anm. *König* JR **97**, 317; *Martin* JuS **97**, 660; zum Verhältnis zu § 339 vgl. dort 22 und unten 13).

12 **4)** Die Tathandlung muss **rechtswidrig** sein. Daran kann es fehlen bei Handlungen in Ausübung des Sorgerechts (vgl. aber § 1631 II BGB), bei erlaubter Selbsthilfe (§§ 229, 561 BGB; RG **41**, 82), auch im Rahmen der Familienpflege (BGH **13**, 197; zw.; vgl. dazu LK-*Träger/Schluckebier* 25; *Schumacher* Stree/Wessels-FS 446; *Sax* JZ **59**, 778; *Sack/Denger* MDR **82**, 972); bei vormundschaftsgerichtlicher Genehmigung nach § 1631 b BGB (*Sack/Denger* MDR **82**, 972) oder nach § 1906 BGB (zu den Fällen des § 1906 IV BGB und einer Rechtfertigung nach § 34 vgl. aber im Einzelnen *U. Schumacher* [1 a] 446); bei Festnahme nach § 127 StPO; bei Ingewahrsamnahme wegen Selbstgefährdung; bei rechtmäßigen Vollstreckungshandlungen (Köln NStZ **86**, 1044 m. krit. Bespr. *Geppert* Jura **86**, 532); bei Anordnung besonderer Sicherungsmaßnahmen gegen einen im Maßregelvollzug Untergebrachten auf Grund ärztlicher Gefahrprognose (NStZ **99**, 431). Rechtfertigung ist bejaht worden bei zwangsweiser Bergung von „Republikflüchtigen" aus

Seenot durch den Kapitän eines DDR-Schiffes (JZ **98**, 366 m. Bespr. *Schroeder*; *Lemke* NJ **98**, 265; *Fahl* NJ **98**, 573). Zur Strafbarkeit und Verfolgbarkeit eines DDR-Amtsträgers wegen einer 1954/55 begangenen Verschleppung eines Spions der Organisation *Gehlen* in die DDR: BGH **42**, 332 m. Anm. *Schlüchter/Duttge* NStZ **97**, 596; vgl. ferner NStZ-RR **97**, 100. Eine Unterbringung auf Grund des „Gutachtens" eines falschen Arztes ist nicht rechtswidrig, falls die Freiheitsberaubung sachlich gerechtfertigt ist (Schleswig NStZ **85**, 74 m. Anm. *Otto* und *Amelung/Brauer* JR **85**, 474; *Geppert* JK 1; zw.). Die wirksame **Einwilligung** des Verletzten schließt nach hM bereits den Tatbestand aus (BGHR § 239 I Freiheitsber. 2; *Lackner/Kühl* 5; *S/S-Eser* 8; LK-*Träger/Schluckebier* 27; MK-*Wieck-Noodt* 46; SK-*Horn/Wolters* 9; *W/Hettinger* 374; krit. *Kargl* JZ **99**, 75; and. *Jescheck/Weigend* § 34 I 1 c).

5) Vorsatz ist erforderlich, bedingter genügt. Der Täter muss die Bewegungsfreiheit völlig aufheben wollen (BGH **32**, 183, 187 ff.). Nimmt der Täter **irrig Umstände** an, die ihm nach dem Gesetz ein Recht zum Eingreifen in die Freiheit des anderen geben würden, so steht dieser Irrtum dem Irrtum über Tatumstände iS des § 16 rechtlich gleich (BGH **3**, 105). Bei staatlichen Maßnahmen, die *offensichtlich* gegen Gerechtigkeit und Menschlichkeit verstoßen, ist das Bewusstsein der Widerrechtlichkeit offensichtlich (vgl. BGH **41**, 338 ff.; JZ **52**, 376). Die Annahme eines Richters, der Betroffene habe die in einem rechtsbeugerischen *Verfahren* verhängte Freiheitsentziehung materiell-rechtlich „verdient", beseitigt den Tatvorsatz nicht. Umgekehrt wirkt das Fehlen des Rechtsbeugungsvorsatzes auf Grund der *Sperrwirkung* des § 339 auch auf § 239 (vgl. 21 zu § 339). 13

6) Der Versuch ist nach **Abs. II** auch in den Fällen der einfachen Freiheitsberaubung (I) strafbar. Der Anwendungsbereich ist durch die von der hM vorgenommene Vorverlegung der Vollendung auf Fälle nur potentiellen Fortbewegungswillens eingeschränkt (vgl. oben 3 ff.); nach hier vertretener Ansicht liegt Versuch zB dann vor, wenn der Täter das schlafende Opfer „vorsorglich" für den Fall des Erwachens einschließt, strafbefreiender Rücktritt, wenn er vor dem Erwachen die Tür wieder öffnet. Bedeutung hat Abs. II insb. für Fälle des (untauglichen) Versuchs in **mittelbarer Täterschaft** (oben 11), etwa bei falschen Anschuldigungen oder Aussagen; dass die praktische Bedeutung sich im Wesentlichen auf Handlungen gegen untaugliche Tatobjekte beschränke (so LK-*Träger/Schluckebier* 18 a), lässt sich nicht sagen. 14

7) Abs. III enthält Qualifikationstatbestände. Im Hinblick auf die unterschiedliche Formulierung dürfte für **Nr. 1** die Annahme einer **Erfolgsqualifikation** nicht mehr möglich sein; die länger als 1 Woche dauernde Freiheitsentziehung muss daher vom **Vorsatz** umfasst sein (ebenso *Nelles* Einf. 6. StrRG, 12; *Schumacher* in BochErl 63; *W/Hettinger* 377; MK-*Wieck-Noodt* 38; SK-*Horn/Wolters* 16; *S/S-Eser* 12; **aA** *Lackner/Kühl* 9; LK-*Träger/Schluckebier* 33; *Otto* BT 28/11; *Krey* BT 1, 321; *Arzt/Weber* 9/30; *Rengier* BT II 22/11). **Versuch** setzt daher mindestens bedingten Vorsatz auch der längeren Dauer voraus. In den Fällen des III **Nr. 2** wurde dagegen die Erfolgsqualifikation des § 239 II aF beibehalten, jedoch ist als Tatfolge nicht mehr eine schwere Körperverletzung iS des § 226, sondern lediglich eine – wenigstens fahrlässig verschuldete (§ 18) – **schwere Gesundheitsschädigung** *vorausgesetzt (ebenso in* § 218 II Nr. 2, § 221 II Nr. 2, § 225 III Nr. 2, § 235 VII Nr. 1, § 330 II Nr. 1, § 330 a I), die zwar weiter geht als der starre Katalog des § 226, aber sich an dessen *Schweregrad* orientiert (RegE 41; vgl. 18 zu § 225). 15

8) Abs. IV droht eine Freiheitsstrafe von nicht unter 3 Jahren an, wenn der Täter **durch die Tat** oder durch eine **während der Tat begangene Handlung** den **Tod des Opfers** wenigstens fahrlässig (§ 18) verursacht. Die von der aF abweichende Formulierung (früher: während der Tat widerfahrene Behandlung) ist nicht dahin zu verstehen, dass schon die bloße zeitliche Verknüpfung einer fahrlässigen Tötung mit einer Freiheitsberaubung zur Mindeststrafe von 3 Jahren führen kann; es muss vielmehr zwischen den Umständen der Freiheitsberaubung und der 16

Tötungshandlung ein unmittelbarer innerer **Zusammenhang** bestehen (BGH **19**, 328; **28**, 18; BGHR § 239 III aF Behandlung 1; 4 StR 498/97 [Sichbemächtigen in der Absicht, am Opfer Sexualdelikte zu begehen und es zu töten]; LK-*Träger/Schluckebier* 37; *W/Hettinger* 377). Ein solcher Zusammenhang ist zB gegeben beim Tod des Opfers auf Grund der Art der Behandlung (Fesselung; Kälte; mangelnde Versorgung); durch dessen Selbstmord (LM Nr. 4; *S/S-Eser* 12), oder beim Fluchtversuch (BGH **19**, 386; *S/S-Eser* 12; abl. *Widmann* MDR **67**, 972; einschr. *Bussmann* GA **99**, 21, 32; abl. im Fall der Freiheitsberaubung durch Unterlassen SK-*Horn/ Wolters* 18). Führt der Täter die Folge (bedingt) vorsätzlich herbei, so ist Tateinheit (unten 18) mit §§ 211, 212, 226 II, 241 a möglich (BGH **9**, 135; **28**, 19; NStZ-RR **98**, 324; BGHR § 239 I Konk. 9, § 239 III Beh. 1; KG NJW **89**, 1373; 11 zu § 18; vgl. *Küpper* [1 a zu § 227]. Zum **Versuch** des erfolgsqualifizierten Delikts vgl. 37 zu § 22. Es liegt nahe, die Verwirklichung der schweren Folge trotz Fehlens einer gesetzlichen Überschrift auch im **Schuldspruch** zum Ausdruck zu bringen („Freiheitsberaubung mit Todesfolge"; zutr. LK-*Träger/Schluckebier* 39; vgl. auch Erl. zu § 177 III, IV).

17 **9)** In **Abs. V** hat das 6. StrRG für **minder schwere Fälle** (vgl. 11 zu § 12; 85 zu § 46) die Strafen erhöht: Für die Fälle des III auf Freiheitsstrafe von 6 Monaten zu 5 Jahren und für die des IV auf Freiheitsstrafe von 1 Jahr bis zu 10 Jahren.

18 **10) Konkurrenzen. Tateinheit** ist möglich mit § 113, § 132 (RG **59**, 298); § 164; § 185 (GA **63**, 16; NStE § 178 Nr. 5); §§ 223 ff. (RG **62**, 160; vgl. auch oben 16). **Soweit** bei anderen Delikten die Freiheitsberaubung nur das **tatbestandsmäßige Mittel** zu ihrer Begehung bildet, kommt § 239 als das allgemeine Delikt nicht zur Anwendung; so bei §§ 177 (vgl. 2 StR 447/06), 239 a, 239 b, 240, 249 ff. (BGHR § 177 I Konk. 5, 7, 11; § 239 I Konk. 8; NStZ-RR **03**, 168; 2 StR 150/04; Bay **94**, 163). **Tateinheit** ist aber gegeben, wenn die Freiheitsberaubung über das hinausgeht, was zur Tatbestandsverwirklichung des anderen Delikts gehört (BGH **18**, 27; **28**, 18; **39**, 244 [m. Anm. *Bottke* NStZ **94**, 81]; NJW **55**, 1327; **64**, 1630; NStZ **99**, 83; MDR/H **88**, 627; **91**, 1021; NStE § 177 Nr. 14; BGHR § 177 I Konk. 9); in diesem Fall ist Tateinheit mit 240 möglich; auch mit § 177 (NStE § 177 Nr. 16), § 224 (NStZ-RR **98**, 187; 5 StR 454/95), § 315 c (NJW **89**, 1228). Soll **Gewaltanwendung** nur zur Freiheitsberaubung führen, so wird § 240 von § 239 verdrängt (BGH **30**, 236 m. Anm. *Jakobs* JR **82**, 206; Koblenz VRS **49**, 347; *Park/Schwarz* Jura **95**, 298; LK-*Träger/Schluckebier* 41). Von Abs. IV wird § 222 verdrängt (dort 16). Zum Verhältnis zu § 235 vgl. dort 22.

19 **11) Sonstige Vorschriften.** Entziehung des Jagdscheins § 41 I Nr. 2 BJagdG. Zuständigkeit in den Fällen des IV nach § 74 II Nr. 10 GVG.

Erpresserischer Menschenraub

239a **I Wer einen Menschen entführt oder sich eines Menschen bemächtigt, um die Sorge des Opfers um sein Wohl oder die Sorge eines Dritten um das Wohl des Opfers zu einer Erpressung (§ 253) auszunutzen, oder wer die von ihm durch eine solche Handlung geschaffene Lage eines Menschen zu einer solchen Erpressung ausnutzt, wird mit Freiheitsstrafe nicht unter fünf Jahren bestraft.**

II In minder schweren Fällen ist die Strafe Freiheitsstrafe nicht unter einem Jahr.

III Verursacht der Täter durch die Tat wenigstens leichtfertig den Tod des Opfers, so ist die Strafe lebenslange Freiheitsstrafe oder Freiheitsstrafe nicht unter zehn Jahren.

IV Das Gericht kann die Strafe nach § 49 Abs. 1 mildern, wenn der Täter das Opfer unter Verzicht auf die erstrebte Leistung in dessen Lebenskreis zurückgelangen lässt. Tritt dieser Erfolg ohne Zutun des Täters ein, so genügt sein ernsthaftes Bemühen, den Erfolg zu erreichen.

Übersicht

1) Allgemeines .... 1, 1 a
2) Rechtsgut 2
3) Sich-Bemächtigen in Erpressungsabsicht (I, HS 1) 3–9
4) Ausnutzen einer Bemächtigungslage (I, HS 2) .... 10–13 a
5) Versuch 14
6) Teilnahme 15
7) Rechtsfolgen (I, II) 16, 17
8) Erpresserischer Menschenraub mit Todesfolge (III) 18
9) Tätige Reue (IV) 19, 20
10) Konkurrenzen 21
11) Sonstige Vorschriften 22

1) Allgemeines. Die Vorschrift (idF des **12. StÄG** und des StÄG 1989) erfuhr durch Art. 1 Nr. 44 des 6. StrRG (2 f. vor § 174) in I eine Änderung ohne Belang, in III eine Klarstellung (Einfügung: „wenigstens") iS der Rspr.; die eigentlichen Sachprobleme der §§ 239 a, 239 b, die einer Korrektur durch den Gesetzgeber bedürften (*Hettinger,* Entwicklungen 23 Fn. 85), blieben aber ungeklärt (*Freund* ZStW **109**, 481; *Sander/Hohmann* NStZ **98**, 274; *Nelles* Einf. 6. StrRG, 15, 16; unten 6 ff.). **Materialien zum 12. StÄG:** BT-Drs. VI/2139 (BR-E); Prot. VI/1547, 1565 ff., 1571, 1577; BT-Drs. zum 12. StÄG: VI/2722 (Ber.); BTag-PlenProt. 11 Anl. 7, 8; **zum StÄG 1989:** *RegE:* BR-Drs. 238/88 u. BT-Drs. 11/2834; Stellungnahme: BR-Drs. 238/88 (Beschluss) = BT-Drs. 11/2834 Anl. 2; Ber.: BT-Drs. 11/4359; BR-Drs. 222/1/86 u. 222/89 (Beschluss); Ges. v. 9. 6. 1989 (BGBl. I 1057). 1

Literatur: *Backmann,* Geiselnahme bei nicht ernst gemeinter Drohung, JuS **77**, 444; *Blei,* Erpresserischer Menschenraub u. Geiselnahme (usw.), JA **75**, 91, 163; *Bohlinger,* Bemerkungen zum 12. StÄG, JZ **72**, 230; *Fahl,* Zur Problematik der §§ 239 a, 239 b StGB bei der Anwendung auf „Zwei-Personen-Verhältnisse", Jura **96**, 456; *Graul,* Vom Zustand der Zeit im Umgang mit Gesetzen (usw.), Frankf. kriminalwiss. Studien 50, 1995, 345; *Hansen,* Tatbestandsfassung u. Tatbestandsauslegung beim erpresserischen Menschenraub, GA **74**, 353; *Heinrich,* Zur Notwendigkeit der Einschränkung des Tatbestandes der Geiselnahme, NStZ **97**, 365; *Immel,* Zur Einschränkung der §§ 239 a I, 239 b I StGB in Fällen „typischer" Erpressung/Nötigung im Drei-Personen-Verhältnis, NStZ **01**, 67; *ders.*, Die Gefährdung von Leib und Leben durch Geiselnahme (§§ 239 a, 239 b StGB), 2001 (Diss. Bochum); *Jescheck* GA **81**, 64; *Kunert/Bernsmann,* Neue Sicherheitsgesetze – mehr Rechtssicherheit?, NStZ **89**, 449; *Maurach,* Probleme des erfolgsqualifizierten Delikts bei Menschenraub (usw.), Heinitz-FS 403; *Middendorff,* Menschenraub, Flugzeugentführungen, Geiselnahme, Kidnapping, 1973; *Müller-Emmert/Maier,* Erpresserischer Menschenraub u. Geiselnahme, MDR **72**, 97; *Rengier,* Genügt die „bloße" Bedrohung mit (Schuß-) Waffen zum „Sichbemächtigen" iSd §§ 239 a, 239 b StGB?, GA **85**, 314; *Renzikowski,* Erpresserischer Menschenraub u. Geiselnahme im System des BT des StGB, JZ **94**, 492; *ders.*, Zur Anwendbarkeit der §§ 239 a, 239 b neben Nötigungsdelikten, JR **95**, 349; *Rheinländer,* Erpresserischer Menschenraub u. Geiselnahme, 1999 (Diss. Hagen); *Satzger*, Erpresserischer Menschenraub (§ 239 a StGB) und Geiselnahme (§ 239 b StGB) im Zweipersonenverhältnis, Jura **07**, 114; *Schultz/Richter* JuS **85**, 798; *Stocker,* Geiselnahme von Polizisten, KT **91**, 62; *Tenckhoff/ L. A. Baumann,* Zur Reduktion der Tatbestände (der) §§ 239 a, 239 b, JuS **94**, 836; *Wolter* JR **86**, 465 [krim.-stat. Angaben zu §§ 239 a, 239 b]. 1 a

2) Rechtsgut sind primär die Freiheit und Unversehrtheit des Entführten (ähnlich MK-*Renzikowski* 3), dh seine psycho-physische Integrität, daneben auch die in Sorge gebrachter Dritter (1 StR 580/73), die regelmäßig mindestens in Gefahr kommen, sowie das Vermögen. Zu den Unterschieden zu § 239 b vgl. dort 2. Insoweit ist die Tat nach I **abstraktes Gefährdungsdelikt;** durch die Kombination des Angriffs ergibt sich der hohe Unrechtsgehalt (ähnlich LK-*Träger/Schluckebier* 1; *Lackner/Kühl* 1; *Renzikowski* JZ **94**, 496; MK-*Renzikowski* 9; and. *S/S-Eser* 3). 2

3) Sich-Bemächtigen in Erpressungsabsicht (I, HS 1). Abs. I 1. HS enthält zwei Tatbestands-Varianten, nämlich einen Entführungs- und einen Ausnutzungstatbestand. Tatopfer kann jeder beliebige Mensch, auch ein Kleinkind sein (vgl. BGH **26**, 70; Bay JZ **52**, 237; GA **75**, 53). Gleichgültig (jedenfalls für die Tat im „Dreipersonen-Verhältnis") ist, ob das Opfer die Lage wahrnimmt (vgl. BGH **25**, 237). Auch eine *Ersatzgeisel* ist taugliches Opfer (LK-*Träger/Schluckebier* 2). 3

A. Tathandlung. Die Tathandlung der **1. Var.** ist das **Entführen** einer anderen Person wider deren Willen, also das Verbringen des Opfers an einen anderen Ort, an dem es dem ungehemmten Einfluss des Täters ausgesetzt ist (BGH **22**, 178; 4

24, 90; **39**, 350; NStZ **94**, 283; 430; *Lackner/Kühl* 3; *S/S-Eser* 6; SK-*Horn* 4). Tathandlung der **2. Var.** ist das **Sich-Bemächtigen** (vgl. 2 ff. zu § 234) durch Erlangung anhaltender physischer Gewalt über das Opfer (vgl. BGH **26**, 70 [mit krit. Anm. *Lampe* JR **75**, 424]; StV **99**, 646 [m. Anm. *Renzikowski*]; NStZ-RR **04**, 333, 334; NStZ **06**, 448), das sich mit dem „Entführen" überschneidet, aber keine Ortsveränderung voraussetzt (Beispiel: Geiselnahme bei Banküberfall; vgl. NStZ **02**, 31); auch eine Freiheitsberaubung muss nicht zwingend gegeben sein (vgl. NStZ **86**, 166; **96**, 277; **99**, 509). Der Begriff des Entführens ist im Zusammenhang des Tatbestands auszulegen; die bloße Ortsveränderung reicht daher nicht aus, wenn sie nicht zur **Herrschaftsgewalt** des Täters über das Opfer führt (SK-*Horn* 6; *S/S-Eser* 6; *Lackner/Kühl* 3; *Krey* BT 2, 334; *W/Hettinger* 454). Die Entführung kann daher mit dem Sich-Bemächtigen zusammenfallen (NStZ **03**, 604), diesem jedoch auch vorausgehen oder nachfolgen. Auf die angewandten Mittel kommt es nicht an (NStZ **99**, 509). Das Vorliegen einer Bemächtigungslage setzt nicht voraus, dass eine Schutz- oder Fluchtmöglichkeit für das Tatopfer gänzlich ausgeschlossen ist. Daher kann zB auch bei dessen Begleitung in der Öffentlichkeit durch einen bewaffneten oder physisch überlegenen Täter, der auch nach Kenntnis des Opfers entschlossen ist, etwaige Fluchtversuche zu unterbinden, eine Bemächtigungslage fortbestehen (NStZ **06**, 448; NStZ-RR **07**, 77 [Begleitung zum Geldautomat]).

4a Die vom Tatbestand vorausgesetzte körperliche Herrschaftsgewalt kann nach hM auch mit **List** herbeigeführt werden. Dass hieraus geschlossen werden kann, das Gewaltverhältnis selbst müsse gar nicht objektiv vorliegen, sondern könne auch **vorgetäuscht** sein, erscheint zweifelhaft: Ein Sich-Bemächtigen liegt nach der **Rspr. des BGH** (vgl. NStZ **02**, 31) auch dann vor, wenn der Täter das Opfer – selbst über einer größere Distanz – mit einer *scheinbar* echten Schusswaffe bedroht (im Fall: Gaspistole; Spielzeugpistole) und das Opfer durch die Täuschung über die Gefährlichkeit der Waffe an der freien Selbstbestimmung über sich gehindert wird (vgl. auch NStZ **86**, 166; **99**, 509 [Bombenattrappe]; StV **99**, 646 [ungeladene Gaspistole; krit. *Renzikowski* ebd. 647, 648]; BGHR § 239 a I Sichbem. 1; 2 StR 579/98).

4b **Kritik.** Dem ist zu widersprechen: Durch eine Kombination des Rechtssatzes einerseits, ein Entführen oder Sich-Bemächtigen könne auch mit **List** geschehen, mit dem aus §§ 255, 250 übernommenen Abstellen auf die (bloße) *Drohwirkung* von Scheinwaffen (vgl. 10 ff. zu § 250) andererseits verschiebt die Rspr den Tatbestand des Sich-Bemächtigens insgesamt in das subjektive, durch **Täuschung** manipulierte Empfinden des Opfers. Kommt es aber auf das „Mittel" überhaupt nicht an und ist eine Bemächtigungslage auch dann gegeben, wenn das Opfer nur *irrig annimmt*, es befinde sich in der Hand des Täters, so müsste dies konsequent auch *allein verbalen* Erklärungen oder Täuschungen offen stehen: Zwischen der täuschenden Erklärung, eine vorgehaltene Spielzeugpistole sei gefährlich, und der täuschenden Erklärung, ein tatsächlich offen stehender Ausgang sei abgeschlossen oder der Täter führe eine verborgene Waffe bei sich, besteht in der Sache kein Unterschied, wenn das Opfer jeweils gleichermaßen überzeugt ist, an der freien Selbstbestimmung über sich gehindert zu sein. Dann gäbe es aber *systematisch* auch keinen Grund, entsprechende Sachverhalte beim *Entführen* auszuschließen, da ja die Entführung nur eine Form oder Vorstufe des Sich-Bemächtigens ist. Eine solche Übertragung der zweifelhaften „Scheinwaffen"-Rspr. (vgl. 11 f.. zu § 250) in den objektiven Tatbestand der §§ 239 a, 239 b *entwertet* das „Stabilisierungs"-Kriterium des Großen Senats entscheidend: Eine „stabile Zwischenlage" wäre danach auch erreicht, wenn sich das Opfer dies (auf Grund von täuschenden Erklärungen des Täters) nur *einbildet.* Dies vernachlässigt den im Tatbestand vorausgesetzten **abstrakten Gefährdungsgehalt** einer objektiv bestehenden Bemächtigungslage und entwertet § 239 a in nicht verständlicher Weise: Die *Vorbereitung* einer Erpressung (Mindeststrafe: 5 Tagessätze) durch bloßes **Vortäuschen** einer Freiheitsberaubung kann schwerlich zur Mindeststrafe von 5 Jahren führen. Das gilt gleichermaßen für das Zwei-Personen- wie für das Drei-Personen-Verhältnis: Wenn es auf die **objek-**

tive Gefährdung des Opfers des Sich-Bemächtigens gar nicht ankommt, sondern nur auf den subjektiven Eindruck des *Erpressungs*-Opfers von einer solchen Lage, so besteht in der Sache kein Grund, vorgetäuschte Dritt-Erpressungen (zB bei einverständlichem Zusammenwirken mit dem angeblichen Entführungs-Opfer; bei sog. „Trittbrettfahrern"; bei täuschender Behauptung, sich eines Dritten bemächtigt zu haben) mit der Begründung vom Tatbestand auszunehmen, es fehle hier die objektiv gefährliche Lage (vgl. unten 10f.). Es ist zu befürchten, dass der Subjektivierung des Tatbestands durch die Rspr. wie bei §§ 255, 250 die Übertragung der *„Labello"*-Rspr folgen wird. Überzeugend ist dies nicht; es entfernt sich von der gesetzlichen Systematik.

Nach hier vertretener Ansicht setzt der Tatbestand daher den **objektiven Eintritt** einer abstrakt gefährlichen Bemächtigungslage voraus (ebenso MK-*Renzikowski* 37; *Satzger* Jura **07**, 114, 116). Eine **konkrete** Gefahr für Leib oder Leben der entführten Person braucht jedoch objektiv nicht zu entstehen; es ist auch nicht erforderlich, dass das Opfer seine Lage zutreffend erkennt. So scheidet etwa ein „Sichbemächtigen" nicht dadurch aus, dass ein Sorgeberechtigter seine Zugriffsmöglichkeit auf sein willensunfähiges Kleinkind missbraucht (BGH **26**, 70; vgl. *W/Hettinger* 457). Bei **Einverständnis** einer nur zum Schein entführten oder in der Gewalt des Täters befindlichen Person oder bloßer **Vortäuschung** des Entführens oder Sich-Bemächtigens gegenüber dem Entführungs- oder Erpressungsopfer scheidet dagegen § 239 a schon objektiv aus (vgl. aber oben 4 a); es kommt dann (mittäterschaftliche) Erpressung nach § 253 oder § 255 oder Betrug zu Lasten der getäuschten Person in Betracht. **4 c**

B. Erpressungsabsicht. Der Täter muss in beiden Fällen des I, 1. HS zugleich mit dem Entführen oder Sichbemächtigen (sonst 7) die **Absicht** haben, entweder die **Sorge eines Dritten** um das Wohl des Opfers oder die **Sorge des Opfers** um sein Wohl zu einer Erpressung auszunutzen (NStZ **93**, 39 [hierzu *Renzikowski* JZ **94**, 493; *Geppert* JK 3 a, b]; BGHR § 239 a I Sichb. 5). Der Begriff der „Sorge um das Wohl" ist weit auszulegen; die Befürchtung einer in § 239 b I angedrohten Handlung ist nicht erforderlich; vielmehr reicht jede Sorge um das körperliche oder seelische Wohl bzw. die hierauf gerichtete Absicht des Täters aus (LK-*Träger/Schluckebier* 11). Dritter kann jede Person sein, die nach der Vorstellung des Täters eine solche Sorge haben wird; unerheblich ist es, wenn daneben noch andere Motive für die Entschließung der dritten Person mitbestimmend sind (StV **98**, 661; *S/S-Eser* 15). Die (beabsichtigte) Drohung allein mit dem Aufrechterhalten der Lage des Opfers reicht nach BGH **25**, 35 nicht aus (zw.). **5**

Der Täter muss beabsichtigen, die Sorge **zu einer Erpressung** auszunutzen, dh zur Erlangung eines rechtswidrigen Vermögensvorteils (9 zu § 253) mittels Nötigung. Meist wird der qualifizierte Fall des § 255 beabsichtigt sein (vgl. aber BGH **16**, 318); vielfach wird auch eine Drohung mit gegenwärtiger Gefahr für Leib oder Leben des Opfers geplant sein; erforderlich ist das für § 239 a nicht. Nötigungsadressat kann nach der Absicht des Täters auch eine Person sein, die nicht in einer persönlichen oder sonstigen Nähebeziehung zu dem Entführungsopfer steht; also **zB** der Arbeitgeber, der Staat, irgendeine Stelle mit humanitärem Verantwortungsbewusstsein (MK-*Renzikowski* 50). Auf einen bestimmten Adressaten muss die Nötigungsabsicht zum Zeitpunkt der Entführung usw. noch nicht gerichtet sein (LK-*Träger/Schluckebier* 12; wohl auch *Hansen* GA **74**, 363; *Blei* JA **75**, 93; vgl. *Rengier* GA **85**, 319; offen gelassen BGH GA **87**, 309; **aA** *Horn* StV **87**, 484; *Müller-Emmert/Maier* MDR **72**, 97). Es ist unerheblich, ob bei der dritten Person die beabsichtigte Sorge um das Wohl des Opfers tatsächlich eintritt; ebenso, ob diese Sorge begründet ist (daher § 239 a auch, wenn der Täter die entführte Person auf keinen Fall verletzen will; aber auch, wenn er sie alsbald tötet und ihre angebliche Freilassung nur noch im Rahmen der Erpressung in Aussicht stellt). Es muss dem Täter darauf ankommen, die Erpressung noch **während der Bemächtigungslage** zu vollenden; nicht ausreichend ist es daher, wenn die gestellten oder beabsichtig- **5 a** ten Forderungen erst nach der Freilassung des Tatopfers erfüllt werden sollen (vgl. unten 12; 6 zu 239b).

5b Der Täter muss den Vorsatz des Erpressers sowie die **Absicht ungerechtfertigter Bereicherung** für sich oder einen Dritten haben. Glaubt der Täter an den Bestand seiner Forderung, so entfällt insoweit sein Vorsatz (vgl. 3 StR 4/02 [Durchsetzung eines Schadensersatzanspruchs wegen Betrugs beim BtM-Handel]); allerdings kann dann § 239b eingreifen (vgl. dort 4). Aus dem Wortlaut (ausnutzen zu „einer Erpressung") wird gefolgert, dass die sich *sorgende* dritte Person und die *erpresste* Person nicht **identisch** sein müssen (LK-*Träger/Schluckebier* 12). Das ist in dieser Allgemeinheit nicht zutr., weil ein „Ausnutzen" der Sorge nicht vorliegt, wenn die nötigende Drohung bei der erpressten Person keine Sorge auslöst. Gemeint sind Fälle, in denen etwa die Zahlung eines Lösegeldes nicht von primär sich sorgenden Personen (zB Angehörigen), sondern von Dritten (zB Bank; Polizei) verlangt werden soll; auch in diesem Fall handelt der Erpresste aber (jedenfalls *auch*) aus Sorge um das Wohl der entführten Person.

5c Der Tatbestand ist nach der Rspr des **BGH** auch dann anwendbar, wenn die Absicht des Täters sich auf die Begehung eines **Raubs** richtet (NStZ **03**, 604; NStZ-RR **04**, 333, 334; inzident auch NStZ **07**, 32 [krit. *Wolters* StV **07**, 356]) oder wenn nach Änderung der Zielrichtung die Bemächtigungslage für einen Raub ausgenutzt wird (NStZ **06**, 448, 449), da nach der stRspr des BGH jeder Raub auch das allgemeinere Delikt des § 255 enthält (vgl. BGH **14**, 368, 390; NStZ **02**, 31, 32). Nicht anwendbar ist § 239a, wenn die Erlangung des erstrebten Vermögensvorteils mit dem Sich-Bemächtigen zusammenfällt (vgl. NStZ-RR **03**, 328 [Entführen einer Kraftfahrerin in deren Pkw, um sich den Besitz am Fahrzeug zu verschaffen]). Da § 239a einen funktionalen und zeitlichen Zusammenhang zwischen Bemächtigungslage und (beabsichtigter) Erpressung voraussetzt, ist der Tatbestand auch nicht erfüllt, wenn eine dem Opfer abgepresste Handlung (Zahlung) erst *nach* der Freilassung erfolgen soll (StV **07**, 354 [Freilassung nach Drohung mit der Auflage, binnen einer Woche zu zahlen]).

6 **C. Anwendung im Zwei-Personen-Verhältnis.** Das StÄG 1989 (oben 1) hat die Tatbestände der §§ 239a, 239b, die zuvor eine *„Dreieckstruktur"* (Täter – Entführter – Genötigter) aufwiesen, um einer sachgemäßen Bekämpfung „typischer Erscheinungsformen terroristischer Gewaltkriminalität" (BT-Drs. 11/4359, 13; krit. *Kunert/Bernsmann* NStZ **89**, 450; *Hassemer* StV **89**, 72, 78; *Satzger* Jura **07**, 114, 115) willen auch auf die Nötigung und Erpressung des Entführungs-(Bemächtigungs-)Opfers selbst ausgedehnt; Nötigungsadressat kann daher auch (allein) die entführte Person selbst sein. Diese Einbeziehung von Zwei-Personen-Verhältnissen (Täter – Nötigungsopfer) hat zur Folge, dass nach dem Wortlaut auch Sachverhalte, die bereits durch §§ 253, 255 (im Fall des § 239b auch zB durch § 177) erfasst sind, den §§ 239a, 239b mit ihren schwereren Strafdrohungen unterfallen.

6a Die **Rspr.** hat daher versucht, den Anwendungsbereich der §§ 239a, 239b einzuschränken und ihr Verhältnis zu den §§ 177 und 253, 255 zu klären (BGH **39**, 36; **39**, 330; NStZ **94**, 283; 284; 481; NJW **94**, 2162; Vorlagebeschl. NStZ **94**, 430; GrSen BGH **40**, 350; insg. abl. *S/S-Eser* 13a; *Graul* [1a] 365). Während der *1. StS* eine Tatbestandseingrenzung dadurch zu erreichen versuchte, dass er bei Zwei-Personen-Beziehungen ein Wirksamwerden des abgenötigten Verhaltens *außerhalb* des unmittelbaren Gewaltverhältnisses voraussetzte (BGH **39**, 33; 330; hierzu *Geerds* JR **93**, 424; *Renzikowski* JZ **94**, 492, 493; *R. Keller* JR **94**, 428; *Tenckhoff/L. A. Baumann* JuS **94**, 836; *Satzger* Jura **07**, 114, 118; dagegen *3. StS* NStZ **94**, 482), hob der *5. StS* auf die Intensität der Zwangslage ab: die Drohung mit dem Tod, einer schweren Körperverletzung oder einer lang dauernden Freiheitsentziehung (vgl. § 239b) müsse *so konkret* sein, dass sie aus der Opfersicht *unmittelbar* bevorstehe (BGH **40**, 90; hiergegen *1. StS* NStZ **94**, 284; *Vorl. Beschl. 2. StS* NStZ **94**, 430; über den damaligen Meinungsstand im Einzelnen 47. Aufl.). Im **Schrifttum** wurde, wenn in Zwei-Personen-Verhältnissen kein über die §§ 177 bzw. 253, 255 hinausgehender Nötigungserfolg festzustellen ist, auch die Auffassung vertreten, dass diese – milderen – Vorschriften als *speziellere* Normen vorgehen (*Geerds* JR **93**, 424; vgl. dazu auch *Bohlander* NStZ **93**, 439; *R. Keller* JR **84**, 428; *Tenckhoff/L. A. Baumann* JuS **94**, 836; *Fahl*

Jura **96**, 459; zusf. *Heinrich* NStZ **97**, 366; *Freund* ZStW **109**, 455, 481; *Renzikowski* JZ **94**, 492; *ders.* JR **98**, 126; *W/Hettinger* 450).

Der **GrSen** (BGH **40**, 350 [m. Anm. *Renzikowski* JR **95**, 349; *Hauf* NStZ **95**, 184; *Lesch* JA **95**, 449; ferner *Jung* JuS **95**, 556; *Fahl* Jura **96**, 456]; vgl. auch BGHR § 239b Entf. 3) ist dem nicht gefolgt; er hat Einschränkungen des Anwendungsbereichs des § 239b iS einer echten Spezialität des § 177 abgelehnt (aaO 360; krit. *Heinrich* NStZ **97**, 370). Der GrSen hat vielmehr darauf abgestellt, dass es sich bei § 239b (ebenso wie bei § 239a) um ein **unvollkommen zweiaktiges Delikt** handelt: Zwischen dem objektiv verwirklichten *Teilakt* des Entführens oder Sich-Bemächtigens und dem in die Vorstellung des Täters verlagerten *Teilakt* der angestrebten weitergehenden Nötigung muss ein *funktionaler Zusammenhang* bestehen (BGH **40**, 355; StV **97**, 302; MDR/H **97**, 21; NJW **97**, 1082). Voraussetzungen des Ausnutzens sind daher nach stRspr eine **eigenständige Bedeutung der Bemächtigungssituation** und eine **„gewisse Stabilisierung"** der Lage, die ausgenutzt werden soll (BGH **40**, 359 [hierzu *Fahl* Jura **96**, 460]; im Anschluss hieran ebenso BGHR § 239a Anwendungsbereich 1, Konk. 2, Sichbemächtgen 4, 8; NStZ **96**, 277 [zu §§ 30 II, 239a]; NJW **97**, 1082 [Anm. *Fahl* JA **97**, 746; *Renzikowski* JR **98**, 126]; NStZ **06**, 448f.; NStZ **07**, 32 [Anm. *Wolters* StV **07**, 356]; stRspr.; *Heinrich* NStZ **97**, 368; anders NStZ-RR **96**, 141 [im Fall über längere Zeit fortbestehender Drohung]; zur Diskussion vgl. auch *Graul* in: Inst. f. Kriminalwiss. Frankfurt [Hrsg.], Vom unmöglichen Zustand des Strafrechts, 1995, 345ff.). Mit der „eigenständigen Bedeutung" ist gemeint, dass über die Beherrschungssituation hinaus sich gerade aus der stabilisierten Bemächtigungslage eine „weitergehende Druckwirkung" auf das Opfer ergeben und der Täter beabsichtigen muss, gerade dies für sein erpresserisches Vorhaben auszunutzen (vgl. NStZ-RR **04**, 333, 334; NStZ **06**, 448, 449; NStZ-RR **07**, 77). **Im Ergebnis** kommt es hiernach somit auf die – jedenfalls in der Vorstellung des Täters gegebene – *Zweiaktigkeit* des Geschehens an. Auch bei Bemächtigungs-Verhältnissen von *kurzer Dauer* kann nach NStZ **07**, 32f. (*3. StS*; krit. Anm. *Wolters* StV **07**, 356) ein solcher funktionaler Zusammenhang bestehen, wenn „die Gesamtumstände der Tat, insbesondere die Intensität der Bemächtigungssituation" diese Annahme rechtfertigen. Danach ist auch im Zwei-Personen-Verhältnis an der Unterscheidung zwischen dem Gewaltverhältnis (Entführen, Sich Bemächtigen) und der (beabsichtigten) Nötigung festzuhalten (vgl. NStZ-RR **03**, 328); *wenn* eine solche Unterscheidung im Einzelfall möglich ist, kann § 239a neben §§ 255, 250 (und § 239b bei qualifizierter Nötigung neben § 177) zur Anwendung kommen (vgl. auch NStZ **06**, 448f.). Stets erforderlich ist nach stRspr ein funktioneller Zusammenhang dergestalt, dass nach der Vorstellung des Täters die Erpressung während der Dauer der Dauer der Zwangslage realisiert werden soll (vgl. unten 12). 7

Kritik. Dass damit die vom Gesetzgeber geschaffenen Unklarheiten in den *problematischen* Fällen hinreichend gelöst sind, in denen eine solche (beabsichtigte) Zweiaktigkeit gerade fraglich ist, ist nicht unzweifelhaft (krit. auch *W/Hettinger* 450, 458; *Rengier* BT II, 24/11ff., 18; *Küper* BT 265f.; *Hauf* NStZ **95**, 184; *Renzikowski* JR **95**, 349; **98**, 126; MK-*Renzikowski* 58; *Geppert* JK 6a, b; *Fahl* NJ **96**, 70 und Jura **96**, 456; *Müller-Dietz* JuS **96**, 110; *Freund* ZStW **109**, 481; *Satzger* Jura **07**, 114, ff.; *Wolters* StV **07**, 356ff.; *Lackner/Kühl* 4; *S/S-Eser* 13a; grds zust. dagegen *LK-Träger/Schluckebier* 17a). So kann das Erfordernis einer „gewissen Stabilisierung" der durch Entführung oder Sich-Bemächtigen geschaffenen Lage zu unbilligen Ergebnissen führen, wenn der besonders brutal vorgehende Täter, der mit der Bemächtigungshandlung *von vornherein* zugleich qualifizierte Drohungen einsetzt, gegenüber dem, der die geschaffene Lage dazu ausnützt, privilegiert wird (*Renzikowski* JR **95**, 349; vgl. 6a zu § 239b). Ob das Merkmal einer „gewissen Stabilisierung" im Einzelfall klarer zu bestimmen ist als das einer (vom *1. StS* in BGH **39**, 36; 330 geforderten) „Außenwirkung" des (beabsichtigten) Nötigungserfolgs, ist zweifelhaft; angesichts der Vielgestaltigkeit möglicher Sachverhalte haftet der Unterscheidung nach stabilisierten und nicht stabilisierten Gewaltverhältnissen ein 8

Moment des *Zufalls* an. So hat zB NStZ-RR **00**, 367 § 239a für den Fall bejaht, dass der Täter eines Bankraubs im Kassenraum abwechselnd eine Kundin und eine Kassiererin bedroht, die ihm daraufhin Geld übergibt (ähnlich NStZ **02**, 31f.; vgl. auch StV **99**, 646 [Anm. *Renzikowski*]). Nach NStZ-RR **07**, 77 besteht eine Lage iS von § 239a I auch dann fort, wenn ein physisch überlegener Täter das Opfer auf dem Weg zu einem Geldautomaten in der Öffentlichkeit begleitet.

8a In Fällen des Dreiecksverhältnisses hat die Rspr das einschränkende Kriterium (jedenfalls in „Bankraub"-Fällen) inzwischen erheblich zurückgenommen (vgl. NStZ **99,** 509 [Anm. *Baier* JA **00**, 191; *Immel* NStZ **01**, 67]; ähnlich NStZ **02**, 31f.; and. noch BGHR § 239a I Sichbem. 4; krit. zu der unterschiedlichen Behandlung von Zwei- und Drei-Personen-Verhältnissen LK-*Träger/Schluckebier* 17; and. *Rengier* BT II, 24/18). Die bloße Vollendung einer Dreieckserpressung ist aber für § 239a ohne Bedeutung; wenn die (intendierte) **Zweiaktigkeit** des Geschehens das *kennzeichnende Unrechtskriterium* der §§ 239a, 239b ist, so kann es für Zwei- und Drei-Personen-Verhältnisse nicht unterschiedlich gehandhabt werden; die Annahme, bei Nötigung eines Dritten müsse die Bemächtigungslage *„weniger stabil"* sein, wäre systematisch nicht verständlich und mit der tragenden Begründung des Großen Senats kaum vereinbar (vgl. auch LK-*Träger/Schluckebier* 17; *Immel* NStZ **01**, 67, 68 mwN). Dass die Bedrohung von Bankkunden mit (Schein-)-Waffen eine „Bedeutung" für die *hierdurch* erreichte räuberische Erpressung hat, liegt auf der Hand und ergibt sich schon aus § 255. Es erscheint daher problematisch, wenn etwa NStZ **02**, 31 hieraus eine „eigenständige" Bedeutung für eine „nachfolgende *Nötigung*" macht. Von einer „stabilisierten Lage" des Sich-Bemächtigens kann in Fällen eines nur wenige Minuten dauernden Banküberfalls (vgl. NStZ **99**, 509) – mit regelmäßig unvorhersehbarem, dynamischem Verlauf – ohnehin kaum gesprochen werden. Insgesamt hat sich die Bestimmung der „eigenständigen Bedeutung" (der Bemächtigungslage) durch die Rspr. in Fällen der Bedrohung von Personen zur (unmittelbaren) Erpressung *Dritter* von den ursprünglichen Anforderungen an die „stabilisierte Lage" weit entfernt. Wendet man sie auf Fälle des *Zwei*-Personen-Verhältnisses an, so ist man wieder bei der Konstellation von BGH **39**, 36; **39**, 330 angelangt, gegen welche sie sich doch gerade richten sollte.

8b Man kann daher auch unter Berücksichtigung der Rechtspraxis seit BGH **40**, 350 Zweifel daran haben, dass eine gleichmäßige und hinreichend sicher voraussehbare Anwendung des Tatbestands erreicht sei. Abhilfe kann und sollte (zutr. *Fahl* Jura **96**, 456, 461; *Freund* ZStW **109**, 481; *Renzikowski* JR **98**, 126; *Satzger* Jura **07**, 114, 120) der **Gesetzgeber** schaffen, der mit dem StÄG 1989 ohne hinreichenden sachlichen Grund (der im Gesetzgebungsverfahren diskutierte Fall der Entführung eines Unternehmers mit dem Ziel, ihn zu Leistungen „an die Armen" zu erpressen, ist nicht gerade häufig und kann unschwer nach §§ 255, 250 angemessen bestraft werden) und ohne Berücksichtigung der Folgewirkungen die Tatbestände der §§ 239a, 239b auf Sachverhalte ausgedehnt hat, die in ihre Struktur schlechterdings nicht passen.

9 **D. Vollendet** ist die Tat im Fall des 1. HS bereits mit der Entführung oder dem Sichbemächtigen in erpresserischer Absicht (BGH **39**, 334); zur Erpressung oder auch nur zu einem Ansetzen hierzu braucht es nicht gekommen zu sein (1 StR 188/97; LK-*Träger/Schluckebier* 10a).

10 **4) Ausnutzen einer Bemächtigungslage (I, HS 2).** Nach Abs. I, 2. HS ist das Ausnutzen einer *vom Täter* durch Entführen oder Sich-Bemächtigen (*ohne* Erpressungsabsicht; also zB allein zur Nötigung des Opfers) geschaffenen, noch fortdauernden Lage zu einer Erpressung einer Tat nach HS 1 gleichgestellt. **Tathandlung** ist somit das Ausführen einer **Erpressung**, nicht, wie der Wortlaut nahe legen könnte, das „Ausnutzen". Der Begriff des Ausnutzens bezeichnet keine *Handlung*, sondern nur das Verhältnis der (Erpressungs-)Handlung zu ihren tatbestandsmäßigen Bedingungen (vgl. auch 5 zu § 239b). Erforderlich ist daher, dass gerade die vom Täter geschaffene Bemächtigungs-Lage die Erpressung ermöglicht und der Täter diese Verknüpfung auch subjektiv herstellt („Ausnutzungsbewusstsein"). Regelmäßig ist das gegeben, wenn die Lage des Opfers die Ausführung nötigender Gewalt ermöglicht; weiterhin, wenn die Lage die Verwirklichung des dem Opfer selbst oder einer dritten Person angedrohten Übels (§ 253 I) ermöglichen oder erleichtern würde. Nicht ausreichend ist es, dass die Bemächtigungslage es ermöglicht, nötigende Drohungen auszusprechen, deren Verwirklichung erst *nach Beendigung* der Lage in Aussicht gestellt wird (vgl. auch oben 5 c).

Eigenhändigkeit ist nicht vorausgesetzt; Täter der Ausnutzungsvariante können **10 a** auch *Mittäter* des Sich-Bemächtigens sein. Die Formulierung „eine solche" Erpressung verweist auf HS 1 (oben 5). Die Lage der Person, die der Täter entführt oder deren er sich bemächtigt hat, muss jedenfalls zu dem Zeitpunkt noch bestehen, in welchem der Vorsatz der Anschlusstat gefasst wird. Ein Ausnutzen iS von HS 2 liegt daher nicht vor, wenn der Täter das Opfer getötet oder freigelassen hat, bevor der den Erpressungsvorsatz fasst (SK-*Horn/Wolters* 15); ebenfalls nicht in sog. **„Trittbrettfahrer"**-Fällen, in welchen der Täter eine *von ihm* geschaffene Lage nur vortäuscht (LK-*Träger/Schluckebier* 19; MK-*Renzikowski* 65). Str. ist, ob die Lage des Opfers zum Zeitpunkt der (ersten) Erpressungshandlung noch tatsächlich bestehen muss (so MK-*Renzikowski* 66; *S/S-Eser* 23; SK-*Horn* 15; wohl auch LK-*Träger/Schluckebier* 20) oder ob ein Ausnutzen auch dann vorliegt, wenn das Opfer *nach* Fassung des Tatplans, aber vor dem Ansetzen zur Erpressung (eines Dritten) zu Tode kommt (*M/Schroeder/Maiwald* 15/23). Für die letztere Auslegung spricht zwar die Vergleichbarkeit der Tatsituation mit derjenigen des HS 1; dagegen aber, dass objektiv nicht mehr die Integrität des Opfers bedroht ist, sondern nur noch Willensfreiheit und Vermögen des Erpressten.

A. Bemächtigungslage. „Eine solche Handlung" ist eine Entführung oder ein **11** Sich-Bemächtigen gegen den Willen des anderen. Hat das Opfer sich freiwillig in den Beherrschungsbereich des Täters begeben, so liegt bei nachträglichem Erpressungsentschluss idR ein Sich-Bemächtigen iS von HS 1 vor. Auf das Motiv für die vorausgehende Handlung kommt es nicht an. Der Täter darf die Lage nicht nur vorgefunden (dann evtl. HS 1), sondern muss sie selbst durch die vorausgegangene rechtswidrige Handlung geschaffen haben (LK-*Träger/Schluckebier* 19). Eigenhändigkeit ist insoweit allerdings nicht erforderlich; es reicht, wenn ihm die Handlung als Mittäter oder mittelbarer Täter zuzurechnen ist (*S/S-Eser* 21). Wer die Lage des Opfers zu einer Erpressung ausnutzt, ohne Vortäter zu sein, ist nach HS 1 strafbar, wenn er selbst die Gewalt über das Opfer erlangt (BGH **23**, 294).

B. Vollendung. Vollendet ist die Tat nach **hM,** wenn der Täter mindestens **12** einen **Versuch der Erpressung** oder, nach der Rspr des BGH (vgl. oben 5 b), des **Raubs** begeht (StV **87**, 483 [m. Anm. *Horn*]; 2 StR 340/76; *S/S-Eser* 24; LK-*Träger/Schluckebier* 20; *W/Hillenkamp 740, 744*; *Satzger* Jura **07**, 114, 117; vgl. auch 9 zu § 293 b). Am „Ausnutzen" fehlt es, wenn die Leistung, die der Täter erpressen will, erst *nach* Beendigung der Bemächtigungslage erbracht werden soll (NStZ **96**, 277; StV **97**, 302; 3 StR 273/96; 3 StR 124/07; vgl. hierzu aber auch NStZ **06**, 36 f. [zu § 239 b; Anm. *Jahn/Kudlich* NStZ **06**, 340]; 6 zu § 239 b). Diese Auffassung hat zur Folge, dass ein **Versuch** der Ausnutzungsvariante praktisch ausscheidet (*LK-Träger/Schluckebier* 30; vgl. unten 14). Ihre Zweifelhaftigkeit zeigt sich im Zwei-Personen-Verhältnis: Da die (durch Entführung oder Sich-Bemächtigen, also idR auch durch jede Freiheitsberaubung) geschaffene Lage regelmäßig den „Stabilitäts"-Anforderungen von BGH **40**, 350 genügt, führt schon jeder *Versuch* einer – auch geringfügigen – Erpressung (zB mit leichter Körperverletzung drohende Aufforderung an das Opfer, einen Gegenstand herauszugeben) zur Mindeststrafe von 5 Jahren, wenn er während einer Freiheitsberaubung stattfindet. Dieselbe Folge haben in der Konsequenz von NStZ **03**,604 auch jeder Versuch einer Wegnahme, die das Opfer aus Sorge um sein Wohl oder infolge („fortwirkender") Gewalteinwirkung dulden soll (vgl. auch NStZ-RR **04**, 333 f.).

13 Die zutr. **Gegenansicht** (*M/Schroeder/Maiwald* 15/25; MK-*Renzikowski* 68; SK-*Horn/Wolters* 15; *W/Hettinger* 453; *Elsner* JuS **06**, 784, 788) kann sich vor allem auf den *Wortlaut* der §§ 239a, 239b stützen: Wenn das Gesetz durch Nennung der gesetzlichen Überschrift von einer Tat (§ 11 I Nr. 5) spricht, ist damit regelmäßig deren *Vollendung* gemeint (zutr. MK-*Renzkowski* 68). Auch der Begriff „Ausnutzen" wird durchweg so gebraucht, dass erst die Verwirklichung des tatbestandsmäßigen Erfolgs zur Vollendung des „Ausnutzens" führt (vgl. zB §§ 177 I Nr. 3, 182 I, 232 I, 291 I S. 2, 264 II Nr. 3). Diese Ansicht führt freilich ihrerseits zu einem gewissen Wertungswiderspruch zur Entführungsvariante des HS 1, da es auf einen *Erfolg* der Erpressung weder für die dem Opfer drohende Gefahr noch für die Zwangslage des Nötigungsadressaten ankommt.

13a Die **Rechtspraxis** der Tatgerichte lässt die Ausnutzungs-Variante vielfach unbeachtet; das mag darauf beruhen, dass auch das *Rechtsgefühl* eine solch extensive Anwendung des Tatbestands, wie sie in der Konsequenz der hM liegt, häufig nicht nahe legt. Auch diese Unklarheit sollte der **Gesetzgeber** endlich beseitigen. Es ist in keiner Weise überzeugend, lückenhafte und widersprüchliche Straftatbestände mit drakonischer Strafdrohung jahrzehntelang einer praktischen „Erprobung" zu überlassen, was *gemeint* sein könnte.

14 **5) Versuch.** Der Versuch beginnt im Fall des I, **HS 1** mit dem Anfang des Entführens oder Sich-Bemächtigens (zur Abgrenzung von der Vorbereitung vgl. JR **00,** 293 m. Anm. *Dey*; 1 StR 325/92). Bis zur Erlangung der Herrschaftsmacht über das Opfer ist Rücktritt nach § 24 möglich. Tritt der Täter nach Tatvollendung von der beabsichtigten Erpressung freiwillig zurück, gilt die Sonderregelung des IV (unten 19). Im Fall von **HS 2** liegt Vollendung nach hM schon mit dem **Ansetzen zur Erpressung** vor (vgl. oben 12, 13), so dass ein Versuch allenfalls in eher theoretischen Fällen der *irrtümlichen* Annahme des Täters in Betracht kommt, es bestehe eine Bemächtigungs-Lage. Diese Vorverlegung, die im Drei-Personen-Verhältnis der *ratio legis* entsprechen mag, überzeugt im Zwei-Personen-Verhältnis nicht und erhöht die Gefahr von Verdeckungstaten (fehlgeschlagener Versuch, vom Opfer einer vorausgehenden Freiheitsberaubung einen geringen Geldbetrag zu erpressen, erhöht die Mindeststrafdrohung von 1 Monat auf 5 Jahre!). Es spricht daher mehr für die Gegenauffassung (*M/Schroeder/Maiwald* 15/25; MK-*Renzikowski* 68), wonach beim bloßen Versuch einer Erpressung im Fall von HS 2 auch nur Versuch des § 239a vorliegt. Die Unklarheiten des Tatbestands werden damit freilich nur gemildert.

15 **6) Teilnahme.** Für die Teilnahme reicht es aus, wenn ein Teilnehmer bei Kenntnis des anderen die Erpressungsabsicht hat (4) oder die Erpressung unternimmt (12). Eigenhändigkeit ist nicht vorausgesetzt. Der Gehilfe einer in (weitergehender Nötigungsabsicht) durchgeführten Freiheitsberaubung wird nach NStZ **98**, 622 nicht schon dadurch Gehilfe des § 239a, dass er vom nachträglich gefassten Erpressungsvorsatz der Haupttäter Kenntnis erlangt und bei der von ihm gebilligten Ausführung ohne fördernden Beitrag anwesend ist. Für die Teilnahme im Fall des Abs. III gilt 4 zu § 18.

16 **7) Rechtsfolgen.** Der **Regelstrafrahmen** des **Abs. I** wurde durch das StÄG 1989 durch die Erhöhung der Mindeststrafe von 3 auf 5 Jahre angehoben, um die generalpräventive Wirkung der Vorschriften zu verstärken. Eine mehr als symbolische Bedeutung dürfte das nicht haben; angesichts der niedrigen Tatbestandsschwelle sowohl für die Entführung (vgl. § 237 aF: Mindeststrafe 5 Tagessätze für Entführung) als auch für die Erpressung ist die Mindeststrafdrohung **überzogen** (vgl. zB § 234!).

17 **Abs. II** führt (trotz der Möglichkeiten nach IV, unten 19) **für minder schwere Fälle** eine Strafrahmenuntergrenze von 1 Jahr aus der Erwägung ein, durch die Erhöhung der Mindeststrafe in I könnten die Verhandlungen zwischen Polizei und Geiselnehmern erschwert werden (Ber. 13; krit. *Achenbach* KR **89**, 634). Die Reichweite des *gemilderten* Rahmens bis zur zeitigen Höchststrafe ist nicht ver-

ständlich (*W/Hettinger* 451; MK-*Renzikowski* 106) und gibt keinen Anhaltspunkt zur Einordnung. II kommt in Betracht, wenn Anlass und Motiv der Tat deren erpresserische Zielrichtung zurücktreten lassen (5 StR 517/03).

8) Erpresserischer Menschenraub mit Todesfolge (Abs. III). Die Tat ist nach Abs. III qualifiziert, wenn der Täter oder ein Teilnehmer **durch die Tat** (BGH **33**, 322 [m. Anm. *Küpper* NStZ **86**, 117; *Fischer* NStZ **86**, 314; *Wolter* JR **86**, 465; *Krehl* StV **86**, 432; *Geppert* JK 1; *Sowada* Jura **94**, 650]; NStZ **86**, 166), dh durch irgendeinen Akt, der Bestandteil des erst mit Empfang des Vermögensvorteils und Freilassung des Opfers beendeten Dauerdelikts ist (aA MK-*Renzikowski* 75), **wenigstens leichtfertig** (20 zu § 15) den **Tod des Opfers,** also nicht den eines Dritten, der zB einen Befreiungsversuch unternimmt, **verursacht.** Es kommt darauf an, dass sich im Tod des Opfers die *tatbestandsspezifische* Gefahr verwirklicht (Rechtswidrigkeitszusammenhang; vgl. *S/S-Eser* 30; *W/Hettinger* 460; 8 zu § 239 b). Da zum Dauerdelikt auch dessen Modalitäten gehören, wird man auch die Behandlung des Opfers als Bestandteil *der Tat* anzusehen haben. Im Fall des HS 2, bei dem das Aufrechterhalten der Lage zur Tat gehört, kann III erst eingreifen, sobald der Erpressungsversuch begonnen hat (ebenso *Maurach,* Heinitz-FS 408). Ob im Fall des HS 1 eine Bestrafung aus dem Vollendungs-Strafrahmen des III auch dann erfolgt, wenn der Tod des Opfers schon beim **Versuch** des Grunddelikts, also zB beim Versuch des Entführens eintritt (MK-*Renzikowski* 71; *S/S-Eser* 30; hier bis 50. Aufl.), ist str.; nach zutr. Ansicht ist der ggf nach § 23 II gemilderte Rahmen des III anzuwenden (erfolgsqualifizierter Versuch; vgl. LK-*Träger/Schluckebier* 31; SK-*Horn/Wolters* 27; *M/Schroeder/Maiwald* 15/29; *Sowada* Jura **95**, 644, 651; 7 zu § 18; zum Rücktritt vom Versuch nach Eintritt der Todesfolge vgl. auch BGH **42**, 158, 160 f. [zu § 251]). Zum Tod des Opfers bei Fluchtversuch gilt 16 zu § 239. Bei **mittelbarer** Verursachung, insb. durch **Eingreifen Dritter** (Tod bei riskantem Befreiungsversuch) kommt es darauf an, ob der Tod des Opfers sich als Verwirklichung eines tatbestands-*typischen* Risikos darstellt (vgl. BGH **33**, 322, 325 [nicht bei irriger Annahme von Polizeibeamten, die Geisel sei einer der Täter]; krit. LK-*Träger/Schluckebier* 25; MK-*Renzikowski* 82; *M/Schroeder/Maiwald* 15/29; zweifelnd *Kühl,* BGH-FG 237, 267). Wird das Opfer durch die Tat vorsätzlich getötet, so ist Tateinheit mit §§ 211, 212 anzunehmen (11 zu § 18; BGH **9**, 135; GrSenBGH **39**, 100; NStZ-RR **96**, 98); andernfalls liegt Tatmehrheit vor (BGH **16**, 320; LK-*Träger/Schluckebier* 28). Die wahlweise angedrohte lebenslange Freiheitsstrafe kommt in schweren Fällen von III in Betracht, zB bei hohem Grad von Leichtfertigkeit (**aA** MK-*Renzikowski* 107) oder grausamem Vorgehen. Für die **Mindeststrafdrohung** des Abs. III gilt das oben 16 Ausgeführte. Sie ist doppelt so hoch wie diejenige für vorsätzliche Tötung (§ 212), mehr als dreimal so hoch wie die des § 239 IV. 18

9) Tätige Reue (Abs. IV). Abs. IV sieht abw. von den übrigen Rücktrittsvorschriften auch bei **unfreiwilliger** (18 ff. zu § 24) **tätiger Reue** nach Tatvollendung **Strafmilderung** vor (*Bohlinger* JZ **72**, 232; hM), allerdings nur **nach § 49 I.** Der Täter kann sie dadurch erreichen, dass er dem Opfer, wenn auch vielleicht nicht unversehrt (Ber. 3), die Rückkehr in dessen Lebenskreis, dh idR an den Wohn- oder Aufenthaltsort ermöglicht. Dass es dabei auf Handlungen des Täters *nicht* ankomme, wenn das Opfer nur irgendwie in seinen Lebenskreis zurückgelangt (in diese Richtung SK-*Horn/Wolters* 21), wird man nicht sagen können; vielmehr ergibt sich aus dem Wortlaut („lässt"), dass der Täter die Rückkehr des Opfers *wollen* muss. Dazu reicht es nicht aus, das Opfer etwa im Entführungsversteck zurückzulassen oder unter Umständen auszusetzen, die eine Rückkehr aus Sicht des Täters gerade nicht wahrscheinlich machen (vgl. NStZ **01**, 532); privilegierend können also nicht Nachlässigkeiten des Täters wirken, die der entführten Person nur die Möglichkeit eröffnen, aus eigener Kraft die Freiheit wieder zu erlangen. Bei Erwachsenen wird idR eine Freilassung genügen, wenn das Opfer den von ihm bestimmten Aufenthaltsort erreichen kann (LK-*Träger/Schluckebier* 34); be- 19 stehen hierfür besondere Schwierigkeiten (kindliche, gebrechliche, kranke oder verletzte Person), so muss der Täter Vorsorge dafür treffen, dass das Opfer in entsprechende Obhut gelangt (*S/S-Eser* 36; SK-*Horn/Wolters* 21; MK-*Renzikowski* 94). Einer Freilassung des Opfers steht ein **„Aufgeben"** durch Beendigung der Bemächtigungssituation und Selbststellung des Täters gleich, etwa bei Absperrung des Tatorts durch die Polizei (vgl. NStZ **03**, 605). Tritt der Erfolg des Abs. III ein, so ist IV stets ausgeschlossen, auch wenn das Opfer erst nach seiner Rückkehr verstirbt (SK-*Horn/Wolters* 21). Die **Motive** der Tätigen Reue sind grds gleichgültig; auch ein Aufgaben in auswegloser Situation steht der Strafmilderung im Einzelfall nicht entgegen (NStZ **03**, 605, 606; vgl. auch 5 StR 517/06).

20 Außerdem muss der Täter **auf die erstrebte Leistung verzichten,** dh sie nicht mehr unter den Voraussetzungen des § 239a fordern (NStE Nr. 2; LG Mainz MDR **84**, 687; LK-*Träger/Schluckebier* 28). Hat er noch nichts erhalten, so kann das schlüssig durch Freilassen des Opfers geschehen (*S/S-Eser* 39). Hat er weniger als die erstrebte Leistung oder eine andere erhalten, so genügt es, wenn er das Erhaltene zurückgibt und auf das übrige verzichtet. Kann er die erhaltene Leistung oder ein Äquivalent überhaupt nicht zurückerstatten, so ist IV unanwendbar (**aA** SK-*Horn/Wolters* 23; *S/S-Eser* 39). Das zeigt sich auch im Vergleich mit § 239b, da dort eine „Rückerstattung" abgenötigter Handlungen regelmäßig unmöglich ist (vgl. 8a zu § 239b). Allenfalls kann man IV mit Ber. 3 noch dann eingreifen lassen, wenn der Täter lediglich einen geringen Teil der Leistung nicht zurückgeben kann (wie hier *Lackner/Kühl* 10; wohl auch LK-*Träger/Schluckebier* 37). Das Vorliegen des Milderungsgrundes IV S. 1 kann dem Tatrichter auch Anlass geben, allein oder zusammen mit anderen Umständen einen minder schweren Fall (II) anzunehmen (StV **94**, 17). Wenn **ohne Zutun** des Täters das Opfer zurückkehrt oder das erpresste Geld wiedererlangt wird (Polizei findet das Versteck), so genügt für IV S. 1 sein **ernsthaftes Bemühen,** diesen Erfolg zu erreichen. Sind die Voraussetzungen von IV gegeben, so ist unter Berücksichtigung der gesamten Tatumstände (ggf auch einer von IV nicht vorausgesetzten Freiwilligkeit; vgl. LK-*Träger/Schluckebier* 39) zu entscheiden, ob der Strafrahmen zu mildern ist.

21 **10) Konkurrenzen. Tateinheit** ist möglich mit §§ 223 ff. und 211, 212 (und zwar auch in den Fällen des Abs. III; 2 StR 578/93; oben 18); ebenso idR mit **§ 239 b** wegen der verschiedenen Zielrichtung und des besonderen Tatmittels dort (BGH **25**, 386; **26**, 24; NStZ **93**, 39), wenn *neben* der Bereicherung andere Nötigungsziele verfolgt werden. § 239b tritt aber zurück, wenn die Geiselnahme nur den Zweck unrechtmäßiger Bereicherung verfolgt (BGH **25**, 386; **26**, 24; BGHR § 239b Konk. 1; NStZ **03**, 604 f.; 4 StR 473/93; SK-*Horn/Wolters* 30; *Lackner/Kühl* 4 zu § 239b), und zwar auch in den Fällen der §§ 22 und 27 (5 StR 9/80). Die §§ 235 (**aA** SK-*Horn/Wolters* 19; LK-*Träger/Schluckebier* 41; *Lackner/Kühl* 11; MK-*Renzikowski* 104) 239, 240 werden grds. verdrängt (1 StR 731/97); mit § 239 ist aber nach NStZ-RR **03**, 45 f. Tateinheit möglich, wenn die Dauer der Freiheitsberaubung deutlich über die zur Erfüllung des § 239a erforderliche Einschränkung der Bewegungsfreiheit hinausgeht. Mit §§ 253, 255 besteht jedenfalls im Fall von Abs. 1, HS 1 **Tateinheit**, da hier nur die Absicht der Erpressung vorausgesetzt ist (NStZ **86**, 166; **87**, 222; **93**, 39; BGHR § 239a Sichbem. 1; LK-*Träger/Schluckebier* 41; *S/S-Eser* 47; *Lackner/Kühl* 10). Nach 2 StR 169/03 ist unter dem Gesichtspunkt natürlicher Handlungseinheit Tateinheit zwischen sämtlichen während eines noch andauernden erpresserischen Menschenraubs begangenen Begleitdelikten und unmittelbar anschließenden Gewalthandlungen anzunehmen (ebenso NStZ-RR **04**, 333, 335). § 222 tritt hinter III zurück (*Lackner/Kühl* 10).

22 **11) Sonstige Vorschriften:** vgl. 12 zu § 234; § 139 III; § 129a I Nr. 2; FAufsicht § 239c; Zuständigkeit § 74 II Nr. 11, 12 GVG. Terroristische Vereinigung: § 129a I Nr. 2.

Geiselnahme

239b **I Wer einen Menschen entführt oder sich eines Menschen bemächtigt, um ihn oder einen Dritten durch die Drohung mit dem Tod oder einer schweren Körperverletzung (§ 226) des Opfers oder mit dessen Freiheitsentziehung von über einer Woche Dauer zu einer Handlung, Duldung oder Unterlassung zu nötigen, oder wer die von ihm**

durch eine solche Handlung geschaffene Lage eines Menschen zu einer solchen Nötigung ausnutzt, wird mit Freiheitsstrafe nicht unter fünf Jahren bestraft.

II **§ 239 a Abs. 2 bis 4 gilt entsprechend.**

1) Allgemeines. Zur **Vorschrift** idF des 12. StÄG, des StÄG 1989 und des Art. 1 Nr. 45 des 6. StrRG (vgl. 1 zu § 239 a. **Literatur:** vgl. 1 a zu § 239 a. 1

2) Rechtsgut des § 239 b sind wie in § 239 a Freiheit und Willensfreiheit der entführten Person; in § 239 b tritt jedoch als Schutzgut die körperliche Integrität des Opfers stärker in den Vordergrund; vgl. auch Ges. zum Übk. gegen Geiselnahme v. 15. 10. 1980 (BGBl. II 1361; 1983 II 461). Der Unterschied zu § 239 a besteht darin, dass Tatziel nicht die Bereicherung mittels Erpressung ist, sondern die Beeinträchtigung der Entscheidungsfreiheit (*Renzikowski* JZ **94**, 494). Die hohe Strafdrohung erfordert aber, weil nach § 239 b jede beliebige Absicht der Nötigung ausreicht, unter Beachtung der Grundsätze des GrSenBGH **40**, 350, 357 (hierzu 7 zu § 239 a) eine besonders qualifizierte Drohung (vgl. zu den Drohmitteln unten 4; vgl. auch Prot. VI/1555; *Müller-Emmert/Maier* MDR **72**, 97; *Backmann* JuS **77**, 445). § 239 b erfasst aber nach seinem insoweit klaren Wortlaut nicht etwa nur Fälle der Schwerstkriminalität, wie sie der Gesetzgeber des StÄG 1989 als „tatbestandstypisch" angesehen hat (vgl. BT-Drs. 11/4359; 5 zu § 239 a), sondern reicht unter der Voraussetzung einer qualifizierten Drohung bis in den Bereich von Bagatell-Nötigungen. 2

3) Abs. I enthält wie § 239 a einen Entführungs- und einen Ausnutzungstatbestand (vgl. 4, 10 zu § 239 a). Zu den objektiven Anforderungen der **Bemächtigungslage** vgl. 4 ff. zu § 239 a). 3

A. Tathandlung des Abs. I, 1. HS ist das **Entführen** oder **Sichbemächtigen,** das auch bei einem Geiselaustausch, zB mit einem freiwillig sich anbietenden Polizisten, gegeben ist (BGH **26**, 70 mit krit. Anm. *Lampe* JR **75**, 424; LK-*Träger Schluckebier* 2; *S/S-Eser* 9 zu § 239 a). 3 a

Mit dem **Vorsatz** muss eine **doppelte Absicht** verbunden sein, nämlich die Absicht einer **Drohung** (30 ff. zu § 240) gegen das Entführungsopfer („ihn") oder einen Dritten mit dem Tode, dh einer vorsätzlichen Tötung, oder einer schweren Körperverletzung iS des § 226 des Opfers oder mit dessen qualifizierter Freiheitsberaubung von über 1 Woche Dauer (NStZ **98**, 27); die Mindestdauer entspricht der des § 239 III Nr. 1. Nach dem insoweit wohl eindeutigen Wortlaut muss die Freiheitsentziehung nicht schon eine Woche andauern (zweifelnd LK-*Träger/Schluckebier* 4); es reicht eine entsprechende Drohung auch zu Beginn der Tat. Drohung mit anderen Mitteln reicht nicht aus (NJW **90**, 57; krit. *S/S-Eser* 4; zutr. dagegen LK-*Träger/Schluckebier* 3). Vorausgesetzt ist die **Nötigungsabsicht,** dh die Absicht, durch die Drohung mit den vorgenannten Nötigungsmitteln den Entführten selbst oder eine beliebige dritte Person zu einer (*weiteren*) Handlung, Duldung oder Unterlassung irgendeiner Art zu nötigen (3 StR 378/96; NStZ **06**, 36, 37 [Anm. *Jahn/Kudlich* NStZ **06**, 340]; **06**, 340). Der Täter kann, anders als bei § 239 a, einen **Anspruch auf die Handlung** haben oder zu haben glauben, oder sie kann sonst dem Recht entsprechen (vgl. das erstaunliche Beispiel in den Beratungen des Sonderausschusses [Prot. VI, 1558]: Nötigung zur gesetzmäßigen [!] Behandlung von Untersuchungshäftlingen); § 240 II ist unanwendbar. Das führt zu der Konsequenz, dass es bei einer unter den Voraussetzungen des § 239 b beabsichtigten oder vorgenommenen Abpressung von Vermögenswerten auf die **Rechtswidrigkeit** der Forderung iErg gar nicht ankommt: Hat der Täter keinen Anspruch und weiß dies auch, so ist § 239 a gegeben. Will er einen rechtmäßigen Anspruch durchsetzen, so liegt § 239 b vor. Das kann durch die qualifizierte Drohungs-Absicht nur schwer legitimiert werden. Es ist befremdlich, wenn zB bei Misslingen der Nötigung ein Sprung der *Mindest*strafe von 5 Tagessätzen (§ 240, 22) auf 5 Jahre (§ 239 b I) davon abhängt, ob der Täter mit 7 oder mit 8 Tagen Freiheitsberaubung drohen *wollte.* 4

B. Tathandlung des **Abs. I, 2. HS** ist das **Nötigen** in dem oben 4 genannten Sinn (vgl. etwa NStZ **02**, 117 f.; NStZ-RR **03**, 328, 329) unter **Ausnutzen** einer von dem **Täter** durch eine Tathandlung nach 2 ff. (NStZ **96**, 276), aber ohne Nö- 5

tigungsabsicht geschaffenen, fortdauernden Lage auf Grund eines nachträglich gefassten Vorsatzes (11 zu § 239a). Die in der Literatur meist verwendete, vom Gesetzeswortlaut nahe gelegte Formulierung, *Tathandlung* sei das „Ausnutzen", ist zumindest missverständlich: „Ausnutzen" ist keine *Handlungs*-Beschreibung, sondern beschreibt das objektive und subjektive *Verhältnis* einer Handlung zu bestimmten Bedingungen ihrer Ausführung (vgl. dazu auch 34 zu § 177). Der Täter muss daher eine Nötigung begehen. Hierzu muss er die Bemächtigungs-Lage ausnutzen. Dies ist gegeben, wenn gerade diese Lage des Tatopfers eine *Verwirklichung* der nötigenden Gewalt ermöglicht oder des angedrohten qualifizierten Übels ermöglichen würde; dagegen reicht es nicht aus, wenn die Lage nur die Drohungs-*Äußerung* ermöglicht oder erleichtert (unten 6).

5a Eigenhändigkeit ist wie bei § 239a nicht erforderlich (*S/S-Eser* 21 zu § 239a); nutzt ein **Dritter** die Lage aus, so greift § 239b aber nur ein, wenn ihm das Schaffen oder Aufrechterhalten der Lage als (Mit-)Täter zurechenbar ist (vgl. NStZ **01**, 248). Zur Vollendung vgl. unten 9.

6 **C. Nötigungsadressat** kann in beiden Fällen eine beliebige dritte Person, aber auch das Opfer selbst sein. Es stellt sich hier im **Zwei-Personen-Verhältnis** das in 6ff. zu § 239a dargestellte Problem der Abgrenzung zu Tatbeständen qualifizierter Nötigung, denen ein §§ 239a, 239b entsprechendes Gewaltverhältnis zugrunde liegt. GrSenBGH **40**, 350, 359 verlangt hier zur Vollendung des § 239b eine **„gewisse Stabilisierung"** der Lage des Opfers. Das erscheint jedenfalls (vgl. auch 8 zu § 239a) dann fraglich, wenn das Nötigungsmittel zugleich *Mittel* der Entführung oder des Sich-Bemächtigens ist und das Opfer schon hierdurch zu der vom Täter beabsichtigten *Handlung* gezwungen wird, deren *Erfolg* erst später eintritt; in diesem Fall folgt die Stabilisierung der Lage der Nötigungshandlung nach. Zwischen der Zwangslage und der abzunötigenden Handlung muss nach der Rspr des BGH ein funktionaler und zeitlicher Zusammenhang bestehen. Das setzt voraus, dass die Handlung während der Dauer der Zwangslage, d.h. unter der Drohung der Verwirklichung des angedrohten Übels, vorgenommen werden soll; Drohungen zur Erzwingung eines erst *nach Beendigung* der Bemächtigungslage zu vollziehenden Verhaltens reichen nicht aus (NJW **97**, 1082; NStZ **06**, 36, 37 [Anm. *Jahn/Kudlich* NStZ **06**, 340]; 1 StR 157/07; vgl. auch 3 StR 124/07 [zu § 239a]; 12. zu § 239a). Es genügt aber, dass bereits während der Zwangslage eine Handlung abgenötigt wird oder werden soll, die aus der Sicht des Täters gegenüber dem erstrebten Endzweck *selbstständige* Bedeutung hat (NJW **97**, 1082 [Opfer gibt „*Ehrenwort*", sich nach Freilassung für die Erfüllung weitergehender Forderungen einzusetzen; dazu Anm. *Fahl* JA **97**, 746; *Renzikowski* JR **98**, 126]; vgl. *Immel* NStZ **01**, 67, 71; 7 zu § 239a). Daher reicht es nicht aus, wenn die abgenötigte Handlung sich in der *Duldung der Bemächtigungslage* erschöpft, das Tatopfer also durch eine Freiheitsberaubung (nur) daran gehindert werden soll, irgend etwas anderes zu tun (NStZ **06**, 340; vgl. unten 6b). § 239b ist auch nicht anwendbar, wenn es an einer „stabilisierten Zwischenlage" fehlt, die als Grundlage für die Nötigung ausgenutzt werden kann (BGH **40**, 359; NStZ **99**, 509; LK-*Träger/Schluckebier* 8). Möglicherweise würde das (vom GrSen aber verworfene) Merkmal der *„Außenwirkung"* (BGH **39**, 33; 330; vgl. 6 zu § 239a) in solchen Fällen leichter sachgerechte Differenzierungen ermöglichen.

6a Die wenig durchdachte Ausweitung des Tatbestands führt zu eher vom *Zufall* bestimmten Merkwürdigkeiten der Anwendung: So ist es *im Zwei-Personen-Verhältnis* nicht erklärbar, dass zwar die *Drohung* mit einer schweren Körperverletzung, nicht aber die Nötigung durch deren *Zufügung,* also durch **Gewalt,** erfasst ist. Dies ist auch im Verhältnis zu § 239a, der schon die Nötigung mit (einfacher) Gewalt oder durch Drohung mit einem empfindlichen Übel ausreichen lässt, wenig überzeugend (vgl. auch oben 4aE). Wer einen Menschen entführt und ihn während der Dauer der Bemächtigung mit **Gewalt** erfolgreich zu einer Handlung oder Duldung nötigt, wird nach §§ 239 I, 240 I, 52 II mit **Höchst**strafe von 5 Jahren oder Geldstrafe bestraft. Die bloße *Absicht,* dieselbe Handlung oder Duldung mit der nicht ernst gemeinten **Drohung** zu erzwingen, das Opfer 8 Tage lang einzusperren, führt zur Strafe von 5 bis 15 Jahren. Sperrt der Täter das Opfer dagegen tatsächlich 8 Tage lang ein und nötigt es während dieser Zeit mit Gewalt, so senkt sich die Strafe wieder auf 1 bis 10 Jahre (§ 239 III Nr. 1). Dies ist nicht sinnvoll.

Zum Zwei-Personen-Verhältnis im Fall des **HS 2** gilt das in 13 zu § 239 a Ausgeführte entsprechend. Eine Restriktion nach Maßgabe von BGH **40**, 350 spielt hier keine Rolle, da die „geschaffene Lage" regelmäßig die nötige Stabilisierung aufweist. Erschöpft sich das vom Täter erzwungene Verhalten des Opfers in der Duldung der Bemächtigungslage selbst, so ist § 239 b nicht gegeben (vgl. NStZ-RR **05**, 173 [Gewaltsames Entführen, um das Tatopfer am *Weggehen* zu hindern]; NStZ-RR **06**, 141 [Entführen eines Gerichtsvollziehers, um ihn an der Zwangsvollstreckung zu hindern]; NStZ **06**, 340 [§ 239 zur Verhinderung der Wahrnehmung eines Scheidungstermins]). **6 b**

4) Zum **Regelstrafrahmen** des I vgl. 16 zu § 239 a. **7**

5) Nach **Abs. II** gelten der durch das StÄG 1989 eingeführte § 239 a II (obligatorische Strafmilderung in **minder schweren Fällen;** vgl. 17 zu § 239 a), weiterhin § 239 a III **(Erfolgsqualifizierung)** entsprechend. Die Erfolgsqualifikation kann wegen der für Geiselnahmen typischen Zwangslagen auch in Fällen verwirklicht sein, in denen der Tod des Opfers *nur mittelbar* durch die Geiselnahme, unmittelbar aber durch das **Eingreifen Dritter** (zB eine Befreiungsaktion) herbeigeführt worden ist, soweit dieses Eingreifen als Teil des qualifikationsspezifischen Gefahrenzusammenhangs erscheint (BGH **33**, 324 m. Anm. *Küpper, Fischer* NStZ **86**, 117, 214; *Wolter* JR **86**, 465; *Krehl* StV **86**, 432; *Sowada* Jura **94**, 650; krit. *Geppert* JK 1 zu § 239 a; *Lackner/Kühl* 9 zu § 239 a; vgl. auch *W/Hettinger* 460 f.; *S/S-Eser* 30 zu § 239 a; *Laubenthal* Jura **89**, 99; zu polizeilichen Befreiungsaktionen *Sundermann* NJW **88**, 3192). **8**

Auch § 239 a IV **(Tätige Reue)** gilt entsprechend (vgl. dazu 19 f. zu § 239 a). Das Merkmals des „Verzichts auf die erstrebte Leistung" muss tatbestandsspezifisch ausgelegt werden; der Täter muss auf die nach dem ursprünglichen Tatplan abzunötigende Handlung, Duldung oder Unterlassung verzichten (NStZ **03**, 605; LK-*Träger/Schluckebier* 14). Wenn diese Handlung usw. schon *vollständig* erbracht ist, kann § 239 a IV grds. keine Anwendung mehr finden (vgl. 20 zu § 239 a; SK-*Horn/Wolters* 10); ausnahmsweise mag eine „Rücknahme" möglich sein (MK-*Renzikowski* 39). Probleme der Abgrenzung von Teil-Leistungen können sich ergeben, wenn die Tat auf die Erzwingung sukzessive und über einen längeren Zeitraum zu erbringender Handlungen abzielt (**zB** Erzwingung von „Aussprachen"; vgl. auch NStZ **03**, 605: „Machtdemonstration"); ebenso, wenn die geplante Nötigung im Versuchsstadium stecken bleibt: Hier wird man bei aus Sicht des Täters fehlgeschlagenem Nötigungsversuch (Handlung des Opfers bringt den gewünschten Erfolg nicht) die Anwendung des § 239 a IV ausschließen, dagegen bei wirksamem Rücktritt vom Versuch des Nötigungsdelikts auch dann zulassen müssen, wenn das Opfer entsprechende Handlungen schon vorgenommen hat (nahe liegend etwa im Fall 5 StR 517/06 [Aufgabe nach Geiselnahme in JVA]). Schon aus Gesichtspunkten des **Opferschutzes** sollte § 239 a IV nicht zu eng begrenzt werden. **8 a**

6) Vollendung ist in den Tatvarianten des Entführens und Sich-Bemächtigens mit dem Eintritt der Bemächtigungslage gegeben, wenn dies von der weitergehenden Absicht getragen ist. Die Ausnutzungs-Variante ist nach **hM** mit dem Beginn der Nötigung zugleich versucht und vollendet (BGH **26**, 309; StV **87**, 483; **97**, 302; *S/S-Eser* 14 und 24 zu § 239 a; *Lackner/Kühl* 7; LK-*Träger/Schluckebier* 20; *Kindhäuser* LPK 14; *Joecks* 21; NK-*Sonnen* 22 [jeweils zu § 239 a]; *Satzger* Jura **07**, 107, 114). **Gegen** diese Ansicht und für das Erfordernis einer *vollendeten* Nötigung sprechen, neben dem wohl eindeutigen *Wortlaut* (vgl. 13 zu § 239 a), die in 12 f. zu § 239 a genannten Argumente (so auch MK-*Renzikowski* 68; SK-*Horn-Wolters* 15; **9**

M/Schroeder/Maiwald 15/25; vgl. auch 12 ff. zu § 239 a); auch NStZ **06**, 36, 37 (Anm. *Jahn/Kudlich* NStZ **06**, 340) hat auf die Vollendung der *Nötigung* abgestellt.

9 a Für **Versuch** und **Teilnahme** gelten 14, 15 zu § 239 a entsprechend, grundsätzlich ebenso für die **Tätige Reue** 19 zu § 239 a. Da hier die von dem Täter angestrebte Leistung, wenn er sie einmal erreicht hat, in aller Regel nicht zurückerstattet werden kann (Entlassung von Gefangenen usw.), wird besonders deutlich, dass man das Nicht-Zurückerstatten-Können dem Zurückerstatten nicht gleichsetzen kann (**aA** Prot. VI/1559; unklar *Müller-Emmert/Maier* MDR **72**, 99).

10 **7) Konkurrenzen.** Tateinheit ist mit §§ 105, 106, 223 ff. und 211, 212 möglich (21 zu § 239 a); auch mit §§ 24, 27 WStG; mit § 239 a nur dann, wenn die Geiselnahme neben dem Zweck der unrechtmäßigen Bereicherung noch weiteren, selbständigen Zwecken dient oder hierfür ausgenutzt wird (vgl. 21 zu § 239 a). Die §§ 235, 239, 240 werden verdrängt (NStZ **94**, 284; NStZ-RR **96**, 141; BGHR § 250 I Nr. 2 Beisichf. 4). Zum Verhältnis zu den §§ 177 vgl. GrSenBGH **40**, 350, hierzu 6 ff. zu § 239 a. **Sonstige Vorschriften:** Nebenklage § 395 I Nr. 1 d StPO; vgl. ferner 22 zu § 239 a.

Führungsaufsicht

239c **In den Fällen der §§ 239 a und 239 b kann das Gericht Führungsaufsicht anordnen (§ 68 Abs. 1).**

Vgl. Anm. zu §§ 68 ff.

Nötigung

240 **I Wer einen Menschen rechtswidrig mit Gewalt oder durch Drohung mit einem empfindlichen Übel zu einer Handlung, Duldung oder Unterlassung nötigt, wird mit Freiheitsstrafe bis zu drei Jahren oder mit Geldstrafe bestraft.**

II Rechtswidrig ist die Tat, wenn die Anwendung der Gewalt oder die Androhung des Übels zu dem angestrebten Zweck als verwerflich anzusehen ist.

III Der Versuch ist strafbar.

IV In besonders schweren Fällen ist die Strafe Freiheitsstrafe von sechs Monaten bis zu fünf Jahren. Ein besonders schwerer Fall liegt in der Regel vor, wenn der Täter

1. eine andere Person zu einer sexuellen Handlung oder zur Eingehung der Ehe nötigt,
2. eine Schwangere zum Schwangerschaftsabbruch nötigt oder
3. seine Befugnisse oder seine Stellung als Amtsträger missbraucht.

Übersicht

1) Allgemeines ... 1, 1 a
2) Rechtsgut ... 2
3) Verfassungsmäßigkeit ... 3
4) Begriff der Nötigung (Abs. I) ... 4–7
5) Gewalt ... 8–29
  A. Wirkungsformen der Gewalt ... 9, 9 a
  B. Entwicklung des Gewaltbegriffs ... 10–20 b
  C. Gewalt durch Dritte ... 21
  D. Gewalt durch Unterlassen ... 22
  E. Kasuistik zur Anwendung des Gewalt-Begriffs ... 23–29
6) Drohung mit einem empfindlichen Übel ... 30–37
  A. Drohung ... 31
  B. Empfindliches Übel ... 32–35
  C. Realisierbarkeit des Übels ... 36
  D. Drohung gegen Dritte ... 37
7) Rechtswidrigkeit (II) ... 38–52
  A. Rechtfertigung (Allgemeine Rechtfertigungsgründe) ... 39
  B. Verwerflichkeitsklausel ... 40–52

8) Vorsatz 53, 54
9) Vollendung und Versuch 55–56
10) Rechtsfolgen; besonders schwere Fälle (IV) 57–62
11) Konkurrenzen .... 63, 63 a
12) Sonstige Vorschriften 64

1) Allgemeines. Die Vorschrift gilt idF des 3. StÄG v. 4. 8. 1953 (BGBl. I 735); Art. 1 Nr. 65 des 1. StrRG (BT-Drs. 5/4094, 36), (zu I S. 2) idF des Art. 8 Nr. 7 SFHÄndG (vgl. 9 vor § 218) u. (zu I u. IV) idF des Art. 1 Nr. 46 des 6. StrRG (zur **Entstehungsgeschichte** vgl. *Amelung* NJW **95**, 2584 f.; *Fabricius* [1 a]; *Jakobs,* H. Kaufmann-GedS 791 ff.). Durch das SFHÄndG v. 21. 8. 1995 wurde das Regelbeispiel des IV Nr. 2 zunächst als I S. 2 eingefügt. Das **6. StrRG** (2 f. vor § 174) hat den besonders schweren Fall im neuen Abs. IV geregelt und die Regelbeispiele des IV Nr. 1 u. 3 eingefügt. Art. 1 Nr. 12 des 37. StÄG ergänzte IV Nr. 1. 1

Gesetzgebung: Der GesE des BRats eines „G zur Effektivierung des Strafverfahrens" (BT-Drs. 16/3659) hat die Aufnahme von § 240 I und III in den Katalog der Privatklagedelikte (§ 374 a I StPO) vorgeschlagen. Zu **Reformvorschlägen** im Hinblick auf die sog. **Zwangsheirat** vgl. unten 59 a.

Literatur (Auswahl): *Amelung,* Über Freiheit u. Freiwilligkeit auf der Opferseite einer Strafnorm, GA **99**, 182; *Arnold,* Auslegung des Gewaltbegriffs in § 240, JuS **97**, 289; *Arzt,* Zum Zweck u. Mittel der Nötigung, Welzel-FS 823; *ders.,* Zwischen Nötigung u. Wucher, Lackner-FS 641; *Baumann,* Demonstrationsziel als Bewertungsposten, NJW **87**, 36; *ders.,* Bei § 240 ist der Gesetzgeber gefordert, ZRP **87**, 265; *Bergerhoff,* Nötigung durch Boykott, 1998; *Bergmann,* Das Unrecht der Nötigung, 1983 [hierzu *Jakobs* ZStW **95**, 690]; *ders.,* Zur strafr. Beurteilung von Straßenblockaden als Nötigung, Jura **85**, 457; *Bertuleit,* Sitzdemonstrationen zwischen prozedural geschützter Versammlungsfreiheit u. verwaltungsrechtsakzessorischer Nötigung, 1994 [Bespr. *Gusy* GA **96**, 590]; *Berz,* Gewalt u. Nötigung im Straßenverkehr, 34. VGT 1996, 67; BKA (Hrsg.), Was ist Gewalt?, BKA-Forschungsreihe, 3 Bde., 1986–1989 [zit. BKA I–III]; *Blei* JA **70**, 19, 77, 141; *Bohnert* JR **82**, 397; *Brohm,* Demonstrationsfreiheit u. Sitzblockaden, JZ **85**, 501; *v. Calliess,* Der Begriff der Gewalt (usw.), 1974; *ders.,* Der strafrechtl. Nötigungstatbestand u. das verfassungsrechtl. Gebot der Tatbestandsbestimmtheit, NJW **85**, 1506 u. NStZ **87**, 209; *Dearing,* Sitzblockade u. Gewaltbegriff, StV **86**, 125; *Dierlamm,* Sitzblockaden u. Gefahrabwehr, NStZ **92**, 573; *Dreher* MDR **88**, 19; *Ermer,* Politisch motivierte Sitzblockaden als Problem der strafbaren Nötigung, 1987; *Eschenbach,* Der spezielle Zusammenhang zwischen Nötigungsmittel u. Erfolg, Jura **95**, 14; *Eser,* Irritationen um das „Fernziel", Jauch-FS 35; *Fabricius,* Die Formulierungsgeschichte des § 240 StGB, 1991; *Fezer* JZ **74**, 599; *ders.,* Zur jüngsten Auseinandersetzung um das Rechtsgut des § 240 StGB, GA **75**, 353; *ders.,* Zur Rechtsgutsverletzung bei Drohungen, JR **76**, 95; *Fischer,* Sexuelle Nötigung in schutzloser Lage, ZStW **112**, 75; *Frommel,* Zur Strafbarkeit von Sitzblockaden, KJ **90**, 484; *Geilen,* H. Mayer-FS 455; *Grasnick* JR **98**, 179; *Graul,* Nötigung durch Sitzblockade, JR **94**, 51; *Günther,* Baumann-FS 213; *Haffke* ZStW **84**, 37; *Hansen,* Die tatbestandliche Erfassung von Nötigungsunrecht, 1972; *Helmken,* Wider Schulmeisterei u. Faustrecht auf dt. Straßen, NZV **91**, 372; *Herzberg,* GA **96**, 557; *ders.,* Die nötigende Gewalt (§ 240), GA **97**, 251; *ders.* JuS **97**, 1067; *ders.,* Die Sitzblockade als Drohung mit einem empf. Übel, GA **98**, 211; *R. Hofmann,* Lobkowicz-FS 314; *Horn* NStZ **83**, 497; *Hoyer,* Straßenblockade als Gewalt in mittelbarer Täterschaft, JuS **96**, 200; *ders.,* Der Sitzblockadenbeschluß des BVerfG (usw.), GA **97**, 451; *Hruschka,* Die Nötigung im System des Strafrechts, JZ **95**, 737; *ders.,* Die Blockade einer Autobahn durch Demonstranten, NJW **96**, 160; *Huhn,* Nötigende Gewalt mit und gegen Sachen, 2007 (Diss. FU Berlin 2006); *Jahr* GA **87**, 346; *Jakobs,* Nötigung durch Drohung als Freiheitsdelikt, Peters-FS 69; *ders.,* Kaufmann-GedS 791 u. JZ **86**, 1063 [Urt. Anm.]; *Kargl,* Zur objektiven Bestimmung der Nötigung, Roxin-FS 905; *Kaufmann,* Gerechtigkeit, 1986; *ders.,* Der BGH u. die Sitzblockade, NJW **88**, 2581; *R. Keller,* Strafrechtlicher Gewaltbegriff u. Staatsgewalt, 1982 [hierzu *Jakobs* ZStW **95**, 684] u. JuS **84**, 109; *Kitz,* Der Gewaltbegriff im Informationszeitalter und die strafrechtliche Beurteilung von Onlineblockaden, ZUM **06**, 730; *Klein,* in: *Rüthers/Stern* (Hrsg.), Freiheit u. Verantwortung im Verfassungsstaat, 1984, 189; *Knodel,* Der Begriff der Gewalt im Strafrecht, 1962; *Köhler,* Nötigung als Freiheitsdelikt, Leferenz-FS 511; *ders.,* Vorlesungsstörung als Gewaltnötigung?, NJW **83**, 10; *Krause,* Gedanken zur Nötigung u. Erpressung durch Rufgefährdung (usw.), Spendel-FS 547; *Krauß* NJW **84**, 905; *Krey,* Probleme der Nötigung mit Gewalt, JuS **74**, 418 u. *Krey* BKA [s. o.]; *Kühl,* Sitzblockaden vor dem BVerfG, StV **87**, 122; *Küper,* Drohung und Warnung. Zur Rekonstruktion und Revision des klassischen Drohungsbegriffs, GA **06**, 439; *Küper/Bode,* Neuere Entwicklungen zur Nötigung durch Sitzblockaden, Jura **93**, 187; *Lampe,* Die strafrechtliche Bewertung des „Anzapfens" (usw.), Stree/Wessels-FS 449; *Lesch,* Die Nötigung als Delikt gegen die Freiheit, Rudolphi-FS (2004) 483; *ders.,* Gewalt als Tatbestandsmerkmal des § 240 StGB, Jakobs-FS (2007) 327; *Löwisch/Krauß,* Die rechtliche Bewertung von Betriebsblo- 1 a ckaden nach der Sitzblockadenentscheidung des BVerfG, DB **95**, 1330; *Maatz*, Nötigung im Straßenverkehr, NZV **06**, 337; *Marxen*, Demonstrationsfreiheit und strafrechtlicher Gewaltbegriff, KJ **84**, 54; *Meiski*, Der strafrechtliche Versammlungsschutz, 1995; *Meurer/Bergmann*, Gewaltbegriff u, Verwerflichkeitsklausel, JR **88**, 49; *M. K. Meyer*, Ausschluß der Autonomie durch Irrtum, 1984; *Michale*, Recht u. Pflicht zur Zwangsernährung (usw.), 1983; *Mitsch*, Strafrechtsschutz gegen gewaltsame Verhinderung eines Mordes?, Die Polizei **04**, 253; *Müller-Dietz* GA **74**, 33 u. in: *Böhme* (Hrsg.), Ziviler Ungehorsam? 1984, 16; *Neumann*, Zur Systemrelativität strafrechtsrelevanter Deutungsmuster (usw.), ZStW **109**, 1; *Nußstein*, Die Verwerflichkeit der Nötigung (usw.), StV **87**, 223; *Offenloch*, Geforderter Rechtsstaat, JZ **86**, 11; *ders.*, Zur rechtl. Bewertung der Blockade von Militäreinrichtungen, JZ **88**, 12; *ders.*, Der Streit um die Blockaden, JZ **92**, 438 u. in: *Gutzeit/Reimann* (Hrsg.), Liber discipulorum, 1996, 102; *Ostendorf*, Kriminalisierung des Streikrechts, 1987 [Bespr. *Geerds* GA **88**, 241]; *Otto* BT § 27 10ff., NStZ **87**, 212; *ders.*, Strafbare Nötigung durch Sitzblockaden in der höchstrichterlichen Rechtsprechung (usw.), NStZ **92**, 568; *Priester*, Bemmann-FS 360; *Prittwitz* JA **87**, 17; *Radtke*, Überlegungen zum Verhältnis von „zivilem Ungehorsam" zur „Gewissenstat", GA **00**, 19; *Reichert-Hammer*, Politische Fernziele u. Unrecht, 1991; *Rheinländer*, Sitzblockaden und/oder Gewaltbegriffsentscheidung, Bemmann-FS 385; *Schmitt Glaeser*, Private Gewalt im politischen Meinungskampf, 2. Aufl. 1992 [zit. PrivGew], BayVBl. **88**, 454, Dürig-FS 91 u. ZRP **95**, 58; *Scholz* NStZ **95**, 417; *Schroeder* JuS **82**, 491; *ders.*, Widerstand gegen Willensmittler als Nötigung?, NJW **85**, 2392; *ders.*, Die Grundstruktur der Nötigung (usw.), NJW **96**, 2627; *ders.*, Zur Sitzblockade als Drohung mit einem empfindlichen Übel, Meurer-GedS (2002), 237; *ders.*, Die drei Arten der Nötigung, Gössel-FS (2002), 415; *Schubarth* JuS **81**, 726; *Schürmann*, Der Begriff der Gewalt im SchweizStGB, 1986 [hierzu *Schultz* SchweizZSt **86**, 468]; *Seiler*, Pallin-FS 381; *Sinn*, Die Nötigung im System des heutigen Strafrechts, 2000 (Diss. Gießen); *Sommer*, Lücken im Strafrechtsschutz des § 240 StGB?, NJW **85**, 769; *Starck* JZ **87**, 145 [Anm. zu BVerfGE **73**, 206]; *Stoffers*, Drohung mit dem Unterlassen einer rechtl. gebotenen Handlung, JR **88**, 492; *Suhren*, Gewalt u. Nötigung im Straßenverkehr, DAR **96**, 310; *Tiedemann* JZ **69**, 717; *Timpe*, Die Nötigung, 1989 [Bespr. *U. Weber* ZStW **104**, 419] u. JuS **92**, 748 [Nötigende Gewalt durch Unterlassen]; *Tröndle*, Ein Plädoyer für die Verfassungsmäßigkeit des § 240 StGB, Lackner-FS 627; *ders.*, Sitzblockaden u. ihre Fernziele, Rebmann-FS 481 u. Odersky-FS 261; *ders.*, Irrungen u. Wirrungen der verfassungsgerichtlichen Rechtsprechung zu Sitzblockaden, BGH-FG 527; *Volk*, Nötigung durch Drohung mit Unterlassen, JR **81**, 274; *Voß-Broemme*, Nötigung im Straßenverkehr, NZV **88**, 2; *Wallau*, Der „Mensch" in §§ 240, 241, 253 StGB und die Verletzung der Rechte juristischer Personen, JR **00**, 312; *Wohlers*, Die polizeilich vereitelte Sitzblockade als vollendete Nötigung?, NJW **92**, 1432; *Wolter* NStZ **85**, 193, 245; *ders.*, Verfassungskonforme Restriktion u. Reform des Nötigungstatbestandes, NStZ **86**, 241; *Zechlin*, Streikposten u. Nötigung, AuR **86**, 289; *Zopfs*, Drohung mit einem Unterlassen, JA **98**, 813; *ders.*, Der „Widerstand gegen Vollstreckungsbeamte" als privilegierte Form der „Nötigung" oder der „Körperverletzung"?, GA **00**, 527; *Zuck* MDR **87**, 636.

Zur historischen Entwicklung: *Hruschka* JZ **95**, 738. *Jakobs*, Kaufmann-GedS 791; *Schaffstein*, Lange-FS 893.

2 **2) Rechtsgut.** Geschütztes Rechtsgut ist die **Freiheit der Willensentschließung und Willensbetätigung** (BVerfGE **73**, 237; **92**, 13; RG **48**, 346; LK-*Träger/Altvater* 2; *S/S-Eser* 1; *Lackner/Kühl* 1; *M/SchroederMaiwald* 12/10; *W/Hettinger* 380; **aA** *Hruschka* JZ **95**, 743; *Kargl*, Roxin-FS 905, 910ff.; *Sinn* [1 a] 53ff., 99ff.). Diese Freiheit kommt nur **natürlichen Personen** zu (krit. zur Neufassung *Wallau* JR **00**, 313ff.). Rspr und hM verstehen diese Freiheit in empirisch-psychologisierendem Sinn als naturalistische, vor-rechtliche **Freiheit beliebigen Handelns**: diese umfasst daher als solche auch die Freiheit, sich rechtlos oder *gegen* das Recht zu verhalten; die Frage, ob ein diese Freiheit einschränkender Zwang aus normativen Gründen hinzunehmen ist, entscheidet sich danach erst auf der Ebene der „Verwerflichkeit" des Abs. II. Nach **aA** schützt § 240 nur eine **rechtlich garantierte Freiheit** (*Jakobs*, Kaufmann-GedS 791; SK-*Horn/Wolters* 3, 29, 39; *Timpe* 186; *Wallau* JR **00**, 314; *Lesch*, Rudolphi-FS [2004], 483, 486; *Mitsch* Die Polizei **04**, 254, 255f.; dagegen *Schroeder* NJW **96**, 2627, 2629; *Herzberg* GA **97**, 254). Danach ist, soweit eine Person von Rechts wegen verpflichtet ist, Zwang hinzunehmen, schon der Tatbestand des Abs. I nicht verwirklicht; wer daran gehindert wird, ein Verbot zu übertreten, wird dadurch nicht zum Verzicht auf eine durch § 240 geschützte Freiheit gezwungen (vgl. dazu auch unten 50f.; zu weiteren abw. Auffassungen vgl. *S/S-Eser* 1 a). Damit werden freilich Fragen der

normativen Bewertung von Abs. II in den Tatbestand verlagert (krit. auch *Kindhäuser* LPK 5; zust. aber *Mitsch* Die Polizei **04**, 253, 256); eine Aufwertung (vermeidbarer) Verbotsirrtümer zu Tatbestandsirrtümern erschiene nicht angemessen.

3) Verfassungsmäßigkeit. Die Vereinbarkeit der tatbestandlichen Umschreibung des § 240 mit Art. 103 II GG ist trotz ihrer Anerkennung (BVerfGE **73**, 206; **92**, 1) im Schrifttum nicht unumstritten (vgl. *Wolter* NStZ **86**, 241 ff.), jedoch bestehen insoweit iErg keine durchgreifenden Bedenken. Das BVerfG hat allerdings in *Sitzblockadefällen* (unten 20 ff.) „die erweiternde *Auslegung* des Gewaltbegriffs im Zusammenhang mit Sitzdemonstrationen" als Verstoß gegen Art. 103 II GG angesehen und die „notwendige Eingrenzung des Gewaltbegriffs" den Strafgerichten überlassen (E **92**, 1, 19). Die Auswirkungen dieser Entscheidung auf den strafrechtlichen Gewaltbegriff im Ganzen, die zunächst als außerordentlich hoch angesehen wurden (vgl. das abw. Votum in BVerfGE **92**, 1, 24; *Krey* JR **95**, 272; *Schroeder* JuS **96**, 876; *Amelung* NJW **95**, 2587; *Scholz* NStZ **95**, 422; *Lackner/Kühl* 2, 8) sind überschätzt worden (unten 25). 3

4) Begriff der Nötigung. § 240 I ist ein Erfolgsdelikt (**37**, 353). Abs. I beschreibt die Tathandlung in verkürzter Weise als das Nötigen einer anderen Person zu einer eigenen Handlung, zur Duldung einer fremden Handlung oder zur Unterlassung einer eigenen Handlung. „**Nötigen**" ist ein Rechtsbegriff, der einen tatsächlichen Handlungszusammenhang wertet; er setzt voraus, dass der Täter der anderen Person ein bestimmtes Verhalten *aufzwingt,* dh sie *gegen ihren Willen* dazu veranlasst. Der Begriff des Nötigens ist daher vom Handlungserfolg nicht zu trennen (krit. und mit einer objektivierten Bestimmung des Schutzgutes als „Willensvermögen" *Kargl,* Roxin-FS 905 ff.; vgl. unten 55). Dies setzt zunächst voraus, dass ein entgegen stehender Wille überhaupt vorhanden ist: Wer keinen Willen zu einem bestimmten Verhalten hat, kann nicht zum gegenteiligen Verhalten „gezwungen" werden; was eine Person schon will, kann nicht gegen sie erzwungen werden. Daher ist eine Täuschung über den *Gegenstand* der Willensbildung (nicht: über deren Grundlagen) keine Nötigung (zu abw. Ansichten vgl. unten 17 f.). Der Begriff des Nötigens beschreibt somit einen **Wirkungszusammenhang** zwischen einer (grds. beliebigen) Handlung, einer hierdurch verursachten Freiheitseinschränkung einer anderen Person und einem Verhalten dieser Person, welches sich im Bewusstsein des Opfers als gerade durch die Einschränkung der Entscheidungsfreiheit bestimmt darstellt. Der vom Täter ausgeübte **Zwang** muss sich auf ein **Verhalten** des Opfers richten, welches über das bloße Erleiden der Zwangshandlung selbst hinausgeht; die Bedeutung des Nötigungs-Begriffs erschöpft sich nicht in der Anwendung des (jeweils) tatbestandlichen Zwangsmittels (BVerfGE **91**, 1, 16 ff.; and. wohl *Jakobs* ZStW **95**, 690, 695; *Bergmann* [1 a] 54). Es liegt angesichts der praktisch unbegrenzten sozialen Ursachenzusammenhänge individueller Willensbildung und fremdbestimmten Verhaltens auf der Hand, dass das bloße vorsätzliche Herstellen eines solchen Zusammenhangs nicht den Tatbestand einer strafbaren Handlung erfüllen kann. Daher würde eine Tatbestandsbeschreibung, die ein beliebiges „*Bestimmen* des Opfers gegen dessen Willen" ausreichen lässt, den Anforderungen des Art. 103 II GG nicht genügen (vgl. *Kargl* JZ **99**, 72, 76; *Fischer* ZStW **112**, 75, 84 f.). Da die Ausübung von Zwang schon im Begriff des „Nötigens" enthalten ist, ist für die Tatbestandserfüllung iS von § 240 I eine „äußere Manifestation der Zwangshandlung" durch Anwendung **bestimmter Zwangsmittel** (unten 7) erforderlich, die über den Zwang selbst hinausgehen (BVerfGE **92**, 17 f.). 4

Nach insoweit zutr. Ansicht von BGH **45**, 253, 258 ff. ist der Gesetzgeber nicht gehindert, den Begriff des „Nötigens" in strafrechtlichen Tatbeständen in unterschiedlicher Bedeutung zu verwenden und sich dabei auch auf die *allgemeine* Bedeutung des „Zwingens" iS von „Bestimmen gegen den Willen" zu beschränken. In der noch weiter gehenden Auffassung, es könne *deshalb* auf eine tatbestandliche Eingrenzung der **Handlungsform** als Einsatz „bestimmter Nötigungsmittel" ganz verzichtet werden (so i. E. NStZ **04**, 440), hat zwar das BVerfG keinen Verstoß gegen Art. 103 II GG gesehen (NJW **04**, 3768 [zutr. krit. Bespr. *Güntge* NJW **04**, 3750]). Sie führt aber zu einer Auflösung des Nötigungsbegriffs (MK-*Renzikowski* 47 zu § 177) und ist daher vom BGH zu recht aufgegeben worden (BGH **50**, 359). 5

6 Die Nötigung setzt voraus, dass *durch* das Nötigungsmittel das vom Täter erwünschte Verhalten des Opfers veranlasst wird (NStZ **04**, 385, 386; unten 55) und dass dies **gegen dessen Willen** geschieht. Die Eignung des Nötigungsmittels, den Genötigten iS des Täterverlangens zu motivieren, ist nicht nur faktische, sondern normative Tatbestandsvoraussetzung (BGH **31**, 201; **32**, 174). Das erzwungene Verhalten kann in einer **Handlung** (iS eines positiven Tuns), einer **Duldung** (dh der Untätigkeit gegenüber einer Handlung des Täters oder eines Dritten) oder einer **Unterlassung** (dh der Nichtvornahme einer beliebigen vom Opfer gewollten Handlung) bestehen (ausf. dazu *Schroeder*, Gössel-FS 415, 416 ff.). Entgegen Frankfurt NStZ **00**, 146 kann die erzwungene Handlung auch in dem Unterlassen von (öffentlicher) Kritik liegen; wird ein solches Verhalten durch Drohung mit (pflichtwidriger) Nichtberücksichtigung bei der Vergabe öffentlicher Aufträge erzwungen (= Drohung mit Unterlassen zur Erzwingung eines Unterlassens), so liegt § 240 vor (jedenfalls unklar daher Frankfurt aaO). **Nicht ausreichend** ist freilich das „Erzwingen" des *Duldens* der Zwangs-Handlung selbst (vgl. *Schroeder*, Gössel-FS 421; SK-*Horn/Wolters* 5). Eine Beleidigung ist nicht Nötigung zum Hören beleidigender Worte; das Festhalten einer Person nicht Nötigung zum Dulden des Körperkontakts (sondern zum Unterlassen der Bewegung). *Insoweit* ist die Nötigung ein „zweiaktiges" Delikt. Nicht ausreichend ist auch das Erreichen eines *weiteren* Ziels durch eine Handlung des Opfers, zu welcher dieses durch die Tathandlung veranlasst wird (NStZ **04**, 385, 386 [Herbeirufen der Polizei]).

7 **Mittel** des nötigenden Zwangs können in § 240 ausschließlich **Gewalt** (8 ff.) oder **Drohung mit einem empfindlichen Übel** (unten 30 ff.) sein; dagegen scheiden *Täuschung* und *Überreden* ebenso aus wie das bloße *Ausnutzen* von Zwangslagen des Betroffenen, die der Täter nicht in Nötigungsabsicht herbeigeführt hat oder aufrechterhält (LK-*Träger/Altvater* 6).

8 **5) Gewalt.** Gewalt ist der (zumindest auch) **physisch vermittelte Zwang** zur Überwindung eines geleisteten oder erwarteten Widerstandes. Diese Definition (*Krey* BT/1, 342 u. BKA I 136) des umstrittenen Gewaltbegriffs, von der iErg die Rspr ausgeht, wird, mit zahlreichen Unterschieden im Einzelnen, auch in der Literatur überwiegend gebilligt (vgl. LK-*Träger/Altvater* 25 ff., 35 ff.; LK-*Herdegen* 4 zu § 249; *S/S-Eser* 7 ff. vor § 234; SK-*Horn/Wolters* 9, 11; *Lackner/Kühl* 5; *M/Schroeder Maiwald* 13/11 ff.; *Otto* BT 27/3 ff., NStZ **87**, 213; *W/Hettinger*, 383; *Gössel* BT 1, 18/37 f.; *Tröndle*, Lackner-FS 627, 629; *Altvater* NStZ **95**, 280 ff.).

9 **A. Wirkungsformen der Gewalt.** Zu den Wirkungsformen der Gewalt gehört nicht nur die beeinflussende willensbeugende Gewalt **(vis compulsiva),** die den Willen des Genötigten in eine gewünschte Richtung treibt, sondern auch die überwältigende Gewalt **(vis absoluta),** die den Willen des Tatopfers völlig ausschaltet, dem Opfer also die Möglichkeit, sich aus eigenem Willen entsprechend zu verhalten, gänzlich nimmt. Nach Rspr und hM kann auch absolut wirkende Gewalt Nötigungsmittel iS von § 240 sein, wenn durch sie verhindert wird, dass das Opfer einen (dem Täterwillen entgegenstehenden) Handlungswillen überhaupt fasst oder dass es einen solchen Willen faktisch, dh durch Entfaltung willensgetragener körperlicher Kraft, betätigen kann. Die **Gegenansicht** (vgl. *Köhler*, Leferenz-FS 516 u. NJW **83**, 10, 11 f.; *Hruschka* JZ **95**, 737 ff.; NJW **96**, 161 f.; *Sinn* [1 a] 133 f., 196 ff.; MK-*Gropp/Sinn* 59, 95 ff.; zweifelnd auch *Kargl*, Roxin-FS 905, 906 ff. [aber iErg wohl bejahend auf der Grundlage einer abweichenden Rechtsgutsbestimmung; ebd. 914 f.; krit. dazu *Herzberg* GA **97**, 251, 257]) kann sich darauf stützen, dass die *Begriffe* der Gewalt und der Nötigung zusammenfallen, wenn das bloße Erleiden einer Krafteinwirkung als (*durch* diese) erzwungenes „Dulden" einer Handlung angesehen wird, und dass eine *erzwungene Handlung* des Opfers gar nicht vorliegt, wenn sein körperliches Verhalten auf absoluter Gewalteinwirkung des Täters beruht (wer einen anderen im Kaufhaus in eine Geschirr-Pyramide stößt, „nötigt" ihn nicht, das Porzellan zu zerschlagen). Das ist insoweit zutr., als die Nötigung *im Kern* ein **zweiaktiges Delikt** ist; sie *erschöpft* sich nicht in *irgend-*

einem Verhalten, welches das Opfer dazu „zwingt", *das Zwangsmittel zu erleiden*. Die Herausnahme von vis absoluta berücksichtigt aber wohl nicht hinreichend den **sozialen Sinngehalt des Handelns,** der sich in dem „Erst-recht"-Argument der hM ausdrückt (vgl. *M/Schroeder/Maiwald* 13/8; *Kargl,* Roxin-FS 910): Wer einen anderen vom Beckenrand ins Wasser stößt oder aus einem Raum hinausträgt, nötigt ihn nicht (allein oder vor allem) zum Erleiden der Krafteinwirkung, sondern zum Sprung ins Wasser oder zum Verlassen des Raums; hier wäre es unverständlich, die Zwangshandlung straffrei zu lassen, nur weil dem Opfer keine Entscheidungs- oder Handlungsalternative bleibt (vgl. dazu auch *Jakobs* H. Kaufmann-GedS 801; *S/S-Eser* 1, 12; NK-*Kindhäuser* 18 vor § 242).

Absolute und kompulsive Gewalt können auch in einem Akt zusammentreffen (LK-*Träger/Altvater* 7; vgl. SK-*Horn/Wolters* 26). *Unwiderstehlich* braucht die *vis compulsiva* nicht zu sein (LK-*Träger/Altvater* 45; *S/S-Eser* 24 vor § 234); der Begriff setzt auch nicht voraus, dass tatsächlich (körperlicher) Widerstand geleistet wird (vgl. auch Erl. zu § 177; *S/S-Eser* 22 vor § 234). Nach BGH **4**, 211 ist nicht erforderlich, dass das Tatopfer die Gewalt auch bemerkt oder empfindet (Gewaltanwendung gegenüber Bewusstlosen; zw.; **aA** *Wolter* NStZ **85**, 247). Von der *Drohung* (unten 30ff.) unterscheidet sich die *vis compulsiva* dadurch, dass bei jener eine rein psychische Beeinflussung stattfindet und ein Übel erst in Aussicht gestellt, während es bei der *vis compulsiva* schon zugefügt wird (vgl. *Sommer* NJW **85**, 769). Die Ankündigung, eine *Hausbesetzung* (5 a zu § 123) fortzuführen, ist nach Hamm NJW **82**, 2677 lediglich Drohung (**aA** *S/S-Eser* 16 vor § 234). **9 a**

B. Entwicklung des Gewaltbegriffs. Der Begriff der (strafrechtsrelevanten) Gewalt hat sich seit Inkrafttreten des RStGB wesentlich gewandelt. In der nicht mehr überschaubaren Kasuistik und der abundanten Literatur lassen sich gegenläufige Tendenzen (aber wohl keine klar unterscheidbaren „Phasen"; so BVerfGE **73**, 206, 239; krit. *Starck* JZ **87**, 145f.; zusammenfassende Übersicht zur Entwicklung auch in BVerfG NJW **07**, 1669) unterscheiden, die zum einen auf die *Zwangs*wirkung von Handlungen, zum anderen auf deren *körperliche* Vermittlung abstellen. Dabei ist Kern des Problems die Frage, wie sich ein „mit Gewalt" vermittelter Zwang von der *Drohung* (mit einem empfindlichen Übel) einerseits (fraglich zB der Unterschied zwischen einem fehlgehenden scharfen Schuss [unstr. Gewalt], einem Schreckschuss [vgl. RG **60**, 158; **66**, 355], einem Warnschuss [GA **62**, 263] und dem Zielen mit durchgeladener und entsicherter Waffe [BGH **23**, 127; **39**, 136: Gewalt; zust. *Backmann/Müller-Dietz* JuS **75**, 39; *Schroeder* JuS **82**, 492; abl. *Geilen* JZ **70**, 524; krit. auch *S/S-Eser* 16 vor § 234]), andererseits von solchen Einwirkungen auf die Entscheidungs- und Handlungsfreiheit abgrenzen lässt, die sich allein als eine intellektuell oder psychisch vermittelte *Zwangslage* darstellen. **10**

a) Entwicklung in der Rechtsprechung. Ursprünglich hat das RG Gewalt als **Anwendung physischer Kraft** zur Überwindung geleisteten oder erwarteten Widerstands definiert (RG **46**, 404; **56**, 88; **64**, 115; **69**, 330; **73**, 343; Überblick zur Entwicklung bei *Huhn* [1 a] 36ff.); auch NStZ **81**, 218; **85**, 71; **86**, 218; StV **90**, 262 stellen aber noch auf eine „gewisse – nicht erhebliche – körperliche Kraftentfaltung" ab (ähnlich wieder BVerfGE **104**, 92, 102f. [= NJW **02**, 1031]; NJW **07**, 1669; vgl. unten 23 a). Schon früh hat aber das RG für den Bereich der *vis compulsiva* (vgl. *Müller-Dietz* GA **74**, 33, 44) an die Kraftentfaltung des *Täters* nur geringe Anforderungen gestellt und Gewalt etwa beim Einschließen in einen Raum (RG **13**, 49; **27**, 405; **73**, 343) oder bei Abgabe von Schreckschüssen (RG **60**, 157; **66**, 355) angenommen (vgl. *Otto* NStZ **87**, 212f.; **92**, 569); stattdessen aber auf die vom *Opfer* für die Überwindung eines Hindernisses aufzubringende Kraft abgehoben (RG **27**, 406 [Einschließung in einen Raum]; **45**, 153 [geschlossene Menschenmenge]; vgl. *Starck* JZ **87**, 146). **11**

Das Merkmal körperlicher Kraftentfaltung des Täters wurde von BGH **1**, 143 aufgegeben („gewaltloses" Beibringen von Betäubungsmitteln; ebenso NJW **53**, 351, MDR/H **94**, 434); abgestellt wurde seither vor allem auf die physische **11 a**

Zwangswirkung auf das Opfer (vgl. etwa BGH **8**, 102; **19**, 263; **23**, 126; **37**, 353; NJW **81**, 2204 m. Anm. *Otto* JR **82**, 116; NJW **95**, 3133). Eine kasuistische Fortentwicklung anhand einzelner das Merkmal der Gewalt enthaltender Tatbestände (insb. zu § 105 [BGH **32**, 165 m. Bespr. *Willms* JR **84**, 120 und *Arzt* JZ **84**, 428]; § 177 [NJW **81**, 2204 m. Anm. *Goy/Lohstöter* StV **82**, 20; BGH **42**, 378] und § 249 [BGH **7**, 252; **16**, 341; **18**, 75; **18**, 329]) führte für die Nötigung zu einem immer weiteren Zurücktreten des Körperlichkeitskriteriums auch bei der Zwangswirkung, so etwa wenn Gewalt angenommen wurde bei erheblicher innerer Beunruhigung durch dichtes Auffahren (BGH **19**, 266; vgl. schon RG **60**, 158 [„Nervenerregung"]), beim Vorhalten einer Pistole (BGH **23**, 127; **39**, 136), beim „Aufzwingen von Gegengewalt" (BGH **23**, 54; Düsseldorf NJW **86**, 943; Köln NJW **85**, 2435; Zweibrücken NJW **86**, 1055) oder beim Abstellen der Strom- und Wasserzufuhr durch den Vermieter (Karlsruhe MDR **59**, 233; **aA** Neustadt MDR **57**, 309; Bay NJW **59**, 496). Schon BGH **4**, 210 stellte andererseits fest, dass es nicht darauf ankomme, ob der Genötigte den körperlichen Zwang *empfindet* (Gewalt gegen Bewusstlose; ebenso BGH **16**, 341; **25**, 237).

11 b BGH **23**, 46 (*Laepple*-Fall; Straßenbahnblockade) führte schließlich zur Gleichstellung eines allein **psychisch wirkenden Zwangs** mit einer körperlichen Zwangswirkung im Fall der Blockade von öffentlichen Verkehrswegen durch „gewaltloses" Sich-Hinsetzen, weil hier mit geringem körperlichen Kraftaufwand ein psychisch determinierter Prozess in Lauf gesetzt werde, der zu einem *unwiderstehlichen Zwang* für den Genötigten führe (BGH **23**, 46, 54; ebenso BGH **23**, 126 f.; **35**, 270, 274; **41**, 350, 353). Diese Rspr, von Kritikern als „Vergeistigung" des Gewaltbegriffs abgelehnt, stellte im Rahmen eines *tatbestandsbezogenen* Verständnisses der Gewalt, das auf andere Tatbestände nicht ohne weiteres übertragbar war (vgl. BGH **23**, 126; MDR/D **73**, 555 [§§ 249, 255]; NStZ **81**, 218; **95**, 230; StV **96**, 29; GA **81**, 168 [§ 177]), für den Fall der Gewaltnötigung iErg auf das **Maß der Zwangswirkung** ab, das vom Opfer empfunden wird; einbezogen wurde der (wenn auch geringe) Kraftaufwand der Nötigungshandlung (vgl. BGH **37**, 353), die Unüberwindlichkeit eines vom Täter errichteten Hindernisses oder seine Körperlichkeit (AG Schwäb. Gmünd NJW **86**, 2445; AG Schwandorf NStZ **86**, 462), die Unzumutbarkeit des Widerstands sowie das Aufzwingen von Gegengewalt (BGH **23**, 54). Vom BVerfG ist diese Rspr. in der **Ersten Sitzblockadenentscheidung** v. 11. 11. 1986 (BVerfGE **73**, 206 [= NJW **87**, 43; 4 : 4 Stimmen; Bespr. *Kühl* StV **87**, 122; *Otto* NStZ **87**, 212; *Starck* JZ **87**, 145; *Meurer/Bergmann* JR **88**, 49]) als verfassungsgemäß bestätigt worden.

12 **b) Literatur.** In der Literatur ist der Gewaltbegriff seit langem heftig umstritten (Huhn [1 a] 52 ff., zählt *12 verschiedene* „Gewaltbegriffe" auf; abl. *Werle* KritJ **84**, 56). Dabei werden einerseits **extensive** Ansätze vertreten, namentlich von einem rein **normativen Ansatz** (*Jakobs,* H. Kaufmann-GedS 799; *Lesch* JA **95**, 889; *Timpe,* Die Nötigung, 1989, 72 ff.), der als Gewalt jeden *Eingriff in die garantierten Rechte* des Einzelnen ansieht und insoweit auch Drohung und List einbezieht. Auch eine Bestimmung der Gewalt als gegenwärtige Zufügung eines empfindlichen Übels (SK-*Horn/Wolters* 9; uU widersprüchlich aber ebd. 11 a [körperliche Zwangswirkung]; *S/S-Eser* 8 vor § 234; LK-*Herdegen* 4 zu § 249; *Gössel* BT 1, 18/33; BT 2, 13/8 f.; krit. LK-*Träger/Altvater* 34, 42; NK-*Kindhäuser* 25 vor § 249; *Küper* BT, 174; *Küpper/Bode* Jura **83**, 187; ähnlich auch BGH **23**, 126, 127 f.; JR **88**, 75; vgl. BVerfGE **73**, 243; *Knodel,* Der Begriff der Gewalt im Strafrecht, 1962, 54) verzichtet iErg weitgehend auf die *Körperlichkeit* von Zwangsanwendung oder Zwangswirkung, weil es nicht plausibel sei, dass die *Ankündigung* eines empfindlichen Übels (Drohung) strafbar sein solle, nicht aber seine unmittelbare Verwirklichung (SK-*Horn/Wolters* 11 a).

12 a Dem stehen freilich nicht nur der naturalistische Ursprung des Begriffs und der *Wortlaut* des § 240 entgegen, der eben nicht vom „Androhen oder Zufügen eines empfindlichen Übels" spricht und, anders als § 234, auch die List nicht einbezieht (vgl. *Arzt/Weber* 9/59), sondern auch systematische Gründe (*Köhler* NJW **83**, 10; NK-*Kindhäuser* 25 vor § 249; LK-*Träger/Altvater* 42; *Meurer/Bergmann* JR **88**, 50; *Schroeder* NJW **96**, 2628; *Sommer* NJW **85**, 769) und eine Besinnung auf das von § 240 geschützte *Rechtsgut*. Während der Androhung empfindlicher Übel ihrem sozialen Sinngehalt nach regelmäßig eine in die Zukunft gerichtete, willensbeugende Tendenz innewohnt, ist dies bei der Zufügung solcher Übel nur ausnahmsweise der Fall: Ihr Zwang erschöpft sich idR darin, dass er ausgeübt, das Opfer also zur Duldung *des Übels* gezwungen wird. Wenn nicht § 240 zum (idealkonkurrierenden) allgemeinen Gewalttatbestand ausgedehnt werden soll, so kann daher von vornherein nur die Zufügung solcher Übel in Betracht kommen, deren Erleiden im konkreten Fall *willensbeugend* wirken kann. Daher nähert die Auffassung, Zufügung eines (beliebigen) Übels sei Gewalt, den Gewaltbegriff kaum noch unterscheidbar dem der *Drohung* an (zutr. abl. auch Frankfurt StV **07**, 244, 246); gerade der Kernbereich körperlicher Zwangseinwirkung würde ihm nurmehr ausnahmsweise unterfallen.

Die wohl überwiegende Ansicht in der Lit. ist – mit unterschiedlichen Akzenten **13** und erheblicher Bandbreite bei der Beurteilung des Einzelfalls – der oben skizzierten Entwicklung der Rspr im Wesentlichen gefolgt (vgl. *S/S-Eser* 6 ff., 12 ff. vor § 234; *Lackner/Kühl* 10; LK-*Herdegen* 4 zu § 249; LK-*Träger/Altvater* 34 ff.; NK-*Kindhäuser* 13 vor § 249; *W/Hettinger* 391 ff.; *Rengier* BT II, 23/23 ff.; *Krey* BT 1/341 ff.; *Schroeder* JuS **82**, 491; *Tröndle,* Rebmann-FS 481 ff.; *Otto* NStZ **92**, 568; *Kühl* StV **87**, 122, 125; *Wolter* NStZ **85**, 193, 245 und **86**, 241; jew. mwN). **Restriktive** Tendenzen, namentlich seit Mitte der 80er Jahre, kritisierten dagegen eine Entmaterialisierung und „Vergeistigung" des Gewaltbegriffs in Rspr. und hL und traten – gleichfalls mit zahlreichen Unterschieden im Einzelnen – für eine Rückkehr zum „klassischen" Gewaltbegriff des RG und eine Beschränkung auf die *Körperlichkeit* des Zwangs ein (vgl. etwa *Arzt/Weber* 9/72 f.; *Schmidhäuser* BT 37 f.; *Geilen,* H. Mayer-FS 445 ff. und JZ **70**, 528; *Müller-Dietz* GA **74**, 33; *Wolter* AK 7 zu § 105 und NStZ **95**, 193 ff.; *Hirsch,* Tröndle-FS 24; *Krey* JuS **74**, 418 ff.; *Dierlamm* NStZ **92**, 576; vgl. auch *Calliess* NStZ **87**, 209; *Otto* NStZ **87**, 212; für gesetzgeberische Korrekturen *Fezer* GA **75**, 361; *Wolter* NStZ **86**, 241; *Baumann* ZRP **87**, 265).

c) Zweite Sitzblockadenentscheidung des BVerfG. Das BVerfG ist dieser **14** Kritik in seinem Beschluss vom 10. 1. 1995 (BVerfGE **92**, 1 [= NJW **95**, 1141]) in Abkehr von BVerfGE **73**, 206; **76**, 211 jedenfalls teilweise gefolgt und hat entschieden, die erweiternde Auslegung des Gewaltbegriffs im Zusammenhang mit Sitzblockaden verstoße gegen Art. 103 II GG, soweit „die Gewalt lediglich in körperlicher Anwesenheit besteht und die Zwangswirkung auf den Genötigten nur psychischer Natur ist" (E **92**, 18). Da die Ausübung von Zwang bereits im Begriff der Nötigung enthalten ist und die Benennung bestimmter Nötigungsmittel in § 240 I die Funktion hat, innerhalb der Gesamtheit denkbarer Nötigungen die strafwürdigen einzugrenzen, könne die Gewalt nicht mit dem Zwang zusammenfallen, sondern muss über diesen hinausgehen (E **92**, 17).

aa) Kritik. Die Entscheidung BVerfGE **92**, 1 (dissVot E **92**, 20) ist vielfach auf scharfe **Kritik** gestoßen (*Altvater* NStZ **95**, 278 u. LK-*Träger/Altvater* 28 ff.; *Amelung* NJW **95**, 2584; *Gusy* JZ **95**, 782; *Herzberg* GA **96**, 557; *Krey* JR **95**, 221, 265; *Otto* JK 15; *Röllecke* NJW **95**, 1525; *Scholz* NStZ **95**, 417; *Schroeder* JuS **95**, 875; *Tröndle* 49. Aufl. 2a–2o; *Lesch* StV **96**, 152; vgl. auch *Starck* JZ **96**, 1039; *Küper* JuS **96**, 786; *Herzberg* GA **96**, 568; *Rheinländer,* Bemmann-FS 398; *Priester,* Bemmann-FS 366; **zust.** aber *Hruschka* JZ **95**, 737; *ders.* NJW **96**, 160 [vom Ansatzpunkt, dass *vis absoluta* § 240 nicht unterfalle]; *Arzt/Weber* 9/68 f.; iErg wohl auch *W/Hettinger* 392 f.). Strafrechtsdogmatisch ist namentlich die Rückkehr zu einem anachronistischen Gewaltbegriff körperlicher Kraftentfaltung kritisiert worden (*Küper* JuS **96**, 786; *Lesch* JA **95**, 894; *Schroeder* JuS **95**, 878), der sich in die bisherige Rspr. nicht einpassen lasse (*Scholz* NStZ **95**, 417; vgl. auch *Starck* JZ **96**, 1038). **15**

Letzteres trifft insoweit zu, als das absichtsvolle *Herstellen* eines Hindernisses, sei es auch mit **15 a** dem eigenen Körper, auf der Grundlage *jedes* (straf-)rechtlichen **Handlungsbegriffs** schwerlich als bloße „körperliche Anwesenheit an einer Stelle, die ein anderer einnehmen oder passieren möchte" (E **92**, 18), beschrieben werden kann. Eine solche Bestimmung würde der Auflösung des *Gewalt*begriffs diejenige des *Handlungs*begriffs entgegenstellen und könnte daher nicht zu sinnvollen Ergebnissen führen. Eine Differenzierung zwischen dem „schlichten Vorhandensein" eines menschlichen Körpers und dem einer (verschlossenen) Tür ist fern liegend; in beiden Fällen kommt es auf die das Hindernis bereitende **Handlung** des Täters und auf Art und Ausmaß des **Zwangs** an, der durch sie verursacht wird. Die Vorgabe des BVerfG führt daher, isoliert betrachtet, zu einer Annäherung des (allgemeinen) Gewaltbegriffs an den Begriff der *Gewalttätigkeit* (gegen eine Person); das wird Schutzrichtung und systematischer Stellung des § 240 nicht gerecht (*Otto* JK 15; *Altvater* NStZ **95**, 280).

16 **bb)** Bei der Beurteilung von **Blockaden** mag im Übrigen bedacht werden: Demonstrative Blockaden von Verkehrswegen gewinnen ihre **rechtspolitische Bedeutung** dadurch, dass die Ausübung von Zwang aus Sicht der Täter nur **Mittel zum Zweck** der Erregung von Aufmerksamkeit für (beliebige) weitergehende *politische* Ziele ist (**Beispiele:** Straßenbahnblockaden von Studenten gegen Fahrpreiserhöhungen [BGH **23**, 46]; Blockaden von Kasernenausfahrten oder Durchgangsstraßen durch Mitglieder von Friedensinitiativen gegen nukleare „Nachrüstung"; von Zufahrtsstraßen zum Baugelände der Wiederaufbereitungsanlage *Wackersdorf* (BVerfG NJW **02**, 1031); Sperrung von Rheinbrücken durch Gewerkschafter gegen Stilllegung von Betrieben und Arbeitslosigkeit; Blockade von Autobahnen oder Pässen durch LKW-Fahrer gegen die Erhöhung der Mineralölsteuer oder die Einführung von Mautgebühren; Blockade von Eisenbahnstrecken durch Atomkraftgegner gegen Castor-Transporte; Sperrung der Zufahrten zum Bundestag, um eine Abstimmung zu verhindern; Blockade von Autobahnen durch PKK-Anhänger gegen Menschenrechtsverletzungen in der Türkei; von Sinti und Roma für Bürgerrechte in Deutschland und der Schweiz (vgl. BVerfG NJW **02**, 1031); Straßenblockaden zur Demonstration gegen Asylbewerberheime, Flughafenausbau, BaföG-Kürzungen, G8-Gipfeltreffen; usw.). Es handelt sich daher idR um **demonstrative Rechtsbrüche** mit dem *Ziel,* auf ein (angebliches oder tatsächliches) Missverhältnis zwischen der Verfolgung dieses Rechtsbruchs und der Tolerierung des jeweils angeprangerten Missstand aufmerksam zu machen. Der Täter übernimmt – als „**Überzeugungstäter**" (vgl. dazu *Frisch*, Schroeder-FS [2006] 11, 19) – die Rolle als Beschuldigter *demonstrativ*, weil er sie im Hinblick auf *übergeordnete* Motive und Ziele *bestreiten* will; die eigene „Kriminalisierung" ist als *Legitimitäts*-Argument für Verschiebungen der Legalität in ganz anderen Bereichen **eingeplant.** Eine Veränderung des Gewaltbegriffs ist daher gar nicht angestrebt, vielmehr die Anerkennung von *Fernzielen* als **Rechtfertigungsgrund:** *Castor*-Blockierer fordern nicht Straflosigkeit für Blockaden von Asylbewerberheimen durch Rechtsradikale; *LKW-Fahrer,* die Alpenpässe blockieren, um Steuererleichterungen zu erpressen, halten Blockaden gegen den LKW-Verkehr durch Umweltschützer selbstverständlich für Gewaltkriminalität; usw. Entfiele die Tatbestandsmäßigkeit des Verhaltens, so verlören solche Aktionen weitgehend ihren **Sinn.** Die *strafrechtsdogmatische* Diskussion um die **Tatbestandsgrenze** setzt den demonstrativen Rechtsbruch durch *Angriffe auf unbeteiligte Dritte* Fällen gleich, in denen die bewusste Verwirklichung eines Tatbestands sich gerade gegen die Verfolgung **dieses Verhaltens** richtet (**zB** Aktion „Ich habe abgetrieben" gegen § 218 aF; öffentliches *Outing* prominenter Personen gegen § 175 aF; demonstratives öffentliches Haschischrauchen gegen die Verfolgung entsprechender Selbstgefährdung bei gleichzeitiger Tolerierung von Massen-Alkoholismus; usw.).

17 **cc) Konsequenzen.** In ihrem Bemühen, den strafrechtlichen Gewaltbegriff auf einen eingrenzbaren Bereich körperlicher Zwangsausübung zu beschränken und allein *psychische* Einwirkungen auf die Willensbildung auszuschließen, verdient die Entscheidung **Zustimmung**, denn die (bloße) Verursachung einer *psychologischen* Hemmung, Menschen zu verletzen oder Gesetze zu brechen, ist kein körperlich wirkender Zwang (so auch LK-*Träger/Altvater* 32; zur Einordnung von Sitzblockaden als Drohung mit einem empfindlichen Übel vgl. u. a. *Hoyer* GA **97**, 451 ff.; *Herzberg* GA **98**, 211 ff.; *Paeffgen*, Grünwald-FS [1999] 433, 465; *Schroeder*, Meurer-GedS [2002] 237 ff.). Freilich sind auch mittelbare Wirkungen zu bedenken, wenn sie von dem Handelnden gerade bezweckt sind: In der umstrittenen Entscheidung BGH **41**, 182 hat der *1. StS* entschieden, dass auch geringer körperlicher Kraftaufwand – das Sich-auf-die-Fahrbahn-Begeben und Hinsetzen – als Gewalt anzusehen sei, wenn seine **Auswirkungen** den Bereich des Psychischen verlassen und auch physisch wirkend sich als körperlicher Zwang darstellen (aaO 185). Mit *Gewalt* genötigt sind danach diejenigen Kraftfahrer, die durch vor ihnen anhaltende Fahrzeuge an der Weiterfahrt gehindert werden, denn diese stellen sich für die Nachfolgenden als unüberwindliches *physisches* Hindernis dar (zust. *Krey/Jäger* NStZ **95**,

542; *Rebmann* VGT **96**, 20; *Hentschel* NJW **96**, 637; *Schmidt* JuS **95**, 1135; *Buchwald* DRiZ **97**, 513, 522; *S/S-Eser* 10 vor § 234; LK-*Träger/Altvater* 33; zweifelnd *Arzt/Weber* 9/70; **krit.** *Amelung* NStZ **96**, 230; *Hoyer* JuS **96**, 200 [dagegen *Kudlich* JuS **96**, 664]; *Herzberg* GA **96**, 557; *Hruschka* NJW **96**, 160; *Kniesel* NJW **96**, 2606; *Lesch* StV **96**, 152; *Sinn* [1a] 187ff.; *Lackner/Kühl* 8; SK-*Horn/Wolters* 11; vgl. auch *Priester,* Bemmann-FS 382; *Rheinländer,* Bemmann-FS 402; *Tolksdorf* DAR **96**, 170; *Berz* NZV **95**, 297; *Kargl* JZ **99**, 72, 76 [zu § 239]; *Harzer,* E.A. Wolff-FS aaO). Dasselbe gilt bei Verwendung von eigenen Fahrzeugen als Blockademittel (NStZ-RR **97**, 196f.); Weiterbenutzung bereits errichteter Barrieren aus Personenkraftwagen (NStZ **95**, 592); Blockade einer Straßenkreuzung im Zusammenwirken mit mehreren hundert Mittätern (NStZ **95**, 593); Anbringen eines fest verbundenen Stahlkastens auf Bahngleisen (BGH **44**, 34 m. Anm. *Dietmeier* JR **98**, 470; *Krüßmann* JA **98**, 626; *Martin* JuS **98**, 957; *Otto* NStZ **98**, 513); Anhalten eines Busses durch eine aggressive Menschenmenge (KG NStZ-RR **98**, 11) und anderen Fällen von Blockaden mit physischer Zwangseinwirkung (Bay **95**, 167; NStZ-RR **96**, 101; Karlsruhe NJW **96**, 1551; Hamm URS **92**, 210; vgl. auch Zweibrücken NJW **96**, 867; **aA** Koblenz NJW **96**, 3551 [m. Anm. *Otto* JK 18]; NStZ-RR **98**, 47; vgl. Düsseldorf NJW **96**, 2245).

Ausgeschlossen aus dem Gewaltbegriff sind **rein psychische** Einwirkungen, 18 also die Veranlassung – sei es auch mit geringem Kraftaufwand (Sprechen, Schreiben, Hin-Stellen oder Hin-Setzen) – allein **intellektueller Abwägungsprozesse.** Wer im Autoradio hört, 10km weiter vorn sei die Straße durch quergestellte LKWs blockiert, wird nicht „durch Gewalt“ zum Fahren eines Umwegs genötigt. Umgekehrt erschiene es iErg nicht gerechtfertigt, Gewalt in der Form der **vis absoluta,** dh der unmittelbar erzwingenden körperlichen Einwirkung (unten 27f.), aus dem Nötigungstatbestand auszunehmen (so aber *Köhler,* Leferenz-FS 516; *Hruschka* JZ **95**, 737 und NJW **96**, 162; *Sinn* [1a] 133f., 195ff.): Auch der Gelähmte, der gegen seinen Willen von einem Ort an einen anderen verbracht wird, wird mit Gewalt genötigt, selbst wenn er keinen (körperlichen) Widerstand leisten kann und selbst nicht gehen könnte (vgl. *Wolter* NStZ **85**, 248; *Herzberg* GA **97**, 257; *Fischer* ZStW **112**, 100). Zwischen beiden Extremen sind die Fälle unmittelbarer körperlicher Zwangseinwirkung in **wertender Betrachtung** einzuordnen. Dem Kriterium der (tatsächlichen, nicht allein psychischen) Unüberwindlichkeit des Zwangs kann dabei in bestimmten **Fallgruppen** wesentliche Bedeutung zukommen (zB bei Blockaden der Fortbewegung oder bei der nötigenden Gewalt gegen Sachen); in anderen Fallgruppen ist sie ohne Belang (zB bei Ausübung – drohungsnaher – *vis compulsiva*). Die Frage der Verwerflichkeit (unten 40ff.) im Einzelfall kann für den *Begriff* der Gewalt grds keine Rolle spielen. Zu beachten ist darüber hinaus, dass § 240 die *Willensbildungs*freiheit des einzelnen ebenso schützt wie seine *Handlungs*freiheit. Ein Gewaltbegriff, der allein auf Unüberwindlichkeit körperlichen Zwangs abstellte, würde den strafrechtlichen Schutz sachwidrig auf den Ausschluss einer *dieser* Zwangswirkung entgegenstehenden Handlungsmöglichkeit des Opfers und damit auf die Abwehr von *vis absoluta* beschränken. Das widerspräche der – für *vis compulsiva* zutreffenden – Vorgabe des BVerfG (E **92**, 18), dass der nötigende Zwang nicht mit dem abgenötigten Verhalten in eins fallen darf.

dd) Im Ergebnis sollten die Auswirkungen von BVerfGE **92**, 1 auf die Be- 19 stimmung des strafrechtlichen Gewaltbegriffs nicht überschätzt werden (so auch LK-*Träger/Altvater* 33; and. *Sinn* [1a] 179ff.); andererseits wäre es verfehlt anzunehmen, nur Extremfälle der „Vergeistigung“ von Zwang seien aus dem Anwendungsbereich des § 240 ausgeschlossen. Die Vorgabe körperlicher *Kraftentfaltung* des Täters stellt freilich, da sie in der dogmatischen Diskussion zurückfällt (oben 21), die Praxis vor dieselben Probleme wie die frühe reichsgerichtliche Rspr; die Entwicklung seit BVerfGE **92**, 1 zeigt, dass – bei geringen Anforderungen an die Kraftaufwendung des *Täters* – das entscheidende Gewicht auch weiterhin der hierdurch verursachten **unmittelbaren physischen Zwangswirkung** auf das *Opfer* zukommt (nicht überzeugend daher Düsseldorf NJW **99**, 2912 [krit. Anm. *Erb* NStZ **00**, 199]). **Unmittelbarkeit** ist dabei nicht mit „Gewalt gegen eine Person“ (vgl. zB §§ 249, 255) gleichzusetzen; es handelt sich weder um ein Kausalitätsproblem noch um ein solches der Feststellung physikalischer Wirkungen, sondern um eine Frage der rechtlichen **Bewertung.**

20 **c)** Dass eine dogmatisch und praktisch befriedigende abschließende Lösung in der neuen Rspr gefunden sei, mag bezweifelt werden. In BVerfGE **104**, 92 (= NJW **02**, 1031; Bespr. *Sinn* ebd. 1024) hat das **BVerfG** entschieden, eine Verurteilung wegen (Gewalt-) Nötigung begegne keinen verfassungsrechtlichen Bedenken, wenn sich Blockierer anketten und dadurch ein über die bloße Anwesenheit hinausgehendes physisches Hindernis errichten, weil das Anketten ihnen „die Möglichkeit (nahm), beim Heranfahren von Kraftfahrzeugen auszuweichen, und ... die Räumung der Einfahrt (erschwerte)“. Der Zusammenhang dieser Begründung mit den Gründen von BVerfGE **92**, 1, 18 ist nicht ohne weiteres zu erkennen, denn danach geht es nicht darum, wie schnell ein Blockierer *fliehen* oder *weggeräumt werden,* sondern darum, aus welchen Gründen er nicht *überfahren* werden kann (zutr. abw. Meinung *Jaeger* und *Bryde* ebd. 1037; vgl. auch MK-*Gropp/Sinn* 50). Es ist schwer erkennbar, warum die „Anwesenheit“ eines Menschen an einer Stelle *dadurch* zur Gewalt (gegen einen Dritten) werden sollte, dass der „Täter“ nicht *weglaufen* kann. In NJW **07**, 1669 (Anm. *Huhn* DAR **07**, 387) hat das BVerfG ausgeführt, es sei für die Annahme tatbestandlicher Gewalt „aus verfassungsrechtlicher Sicht nicht erforderlich, dass die Kraftentfaltung des Täters eine gewisse Intensität entfaltet.“

20a Der zweite in NJW **02**, 1031 vom BVerfG entschiedene Fall (Autobahn-Blockade zur Erzwingung der Einreise in die Schweiz) bot „keinen Anlass, auf die so genannte Zweite-Reihe-Rechtsprechung des BGH ... einzugehen“ (1032), *weil* die Blockierer eigene Fahrzeuge so auf der BAB abstellten, dass Nachfolgende nicht vorbeifahren konnten; von diesen Fahrzeugen sei eine Zwangswirkung ausgegangen, weil „die Überwindung ... das Risiko der Selbstschädigung für diejenigen ausgelöst (hätte), die sich hätten widersetzen wollen“ (ebd. 1033). Ein Unterschied zu BGH **41**, 182 ist hier schwer erkennbar: Wenn die Errichtung einer physischen Barriere mittels stehender Fahrzeuge Gewalt ist, so kann es kaum darauf ankommen, ob der Täter hierzu seinen *eigenen* PKW benutzt oder sich gerechtfertigt oder schuldlos handelnder Dritter bedient.

20b Naumburg NStZ **98**, 623, 624 hat Gewalt ohne weiteres als gegeben angesehen, wenn der Täter sich einem Pkw „entgegenstemmt“; insoweit handele es sich um einen „herkömmlichen Fall der Ausübung von Kraft“. Ähnlich hat 1 StR 100/02 in einem Fall entschieden, in dem sich der Täter *auf* die Motorhaube eines Pkw legte, um dessen Weiterfahrt zu verhindern (die Fahrerin blieb stehen, weil sie den Täter nicht gefährden wollte). Der *1. StS* hat hier eine *vollendete* Nötigung bejaht, weil der Täter „unter Einsatz seines Körpers und unter Entfaltung gewisser Körperkraft“ ein *physisches* Hindernis geschaffen habe. Das ist zweifelhaft, denn „unter Einsatz seines Körpers“ handelt auch derjenige, der sich (nur) auf die Straße setzt; und auf die Entfaltung von Körperkraft kann es nur ankommen, wenn diese *als solche* auf die genötigte Person einwirkt (zutr. LK-*Träger/Altvater* 37; vgl. auch *Herzberg* GA **96**, 557, 566; *Paeffgen,* Grünwald-FS 445), denn sonst würde der „Gewalt“-Begriff mit dem allgemeinen Handlungs-Begriff zusammenfallen. Wer vorne *auf* einen Pkw drückt, verhindert die Weiterfahrt *physisch* ebenso wenig wie derjenige, der mit bloßen Händen *hinten* an einem LKW zieht.

21 **C. Gewalt durch Dritte.** Die nötigende Gewalt kann auch durch Dritte ausgeübt werden; § 240 ist kein eigenhändiges Delikt. Voraussetzung ist, dass die Gewaltausübung durch den Dritten dem Täter als eigene Handlung zugerechnet werden kann, etwa einem Rädelsführer bei der Organisation unfriedlicher Demonstrationen (BGH **32**, 180 m. Anm. *Willms* JR **84**, 120) oder einem Mittäter bei arbeitsteiligem Vorgehen. Die Gewalt des mittelbaren Täters muss durch das Werkzeug nicht in der Weise „vermittelt" werden, dass Merkmale der Gewalt auch im Verhältnis zwischen Täter und Tatmittler vorliegen (vgl. BGH **41**, 182, 186).

D. Gewalt durch Unterlassen. Gewaltanwendung kann auch durch Unterlassen verwirklicht werden (vgl. Bay NJW **63**, 1261; Düsseldorf VRS **73**, 284; LK-*Träger/Altvater* 36, 52; *Rengier* BT II § 23, 36; *S/S-Eser* 8; einschränkend *Lackner/Kühl* 9a; vgl. *Timpe* [oben 1a] 92). Das setzt eine **Garantenstellung** des Täters für die Abwendung körperlich wirkenden Zwangs voraus, die bei vorausgegangenem unvorsätzlichen Handeln (zB versehentliches Einsperren) in Betracht kommt, aber auch bei gerade auf diese Zwangswirkung abzielendem vorsätzlichen Handeln nicht ausgeschlossen ist (vgl. dazu *Stein* JR **99**, 265ff.; i.e. 30f. zu § 13). Allerdings genügt es dem **Entsprechens-**Erfordernis des § 13 nicht schon, dass das pflichtwidrige Unterlassen einer gebotenen Handlung irgendwelche (mittelbaren) physischen *Auswirkungen* hat, insb. beim Unterlassen der Herausgabe geschuldeter Gegenstände (**zB** Unterlassen der Räumung von Wohnraum; Weiterbenutzung gemieteter Sachen nach Kündigung; Nichtzahlung von Schulden; vgl. auch LK-*Träger/Altvater* 53 mwN). Auf die *Erheblichkeit* der physischen Wirkung des Unterlassens kommt es wohl für die Abgrenzung nicht an (so aber LK-*Träger/Altvater* 52); nahe liegend ist ein Entsprechen bei *unmittelbarer* Einwirkung durch Bestehen lassen schon gegebener (Feuerwehrmann löscht nicht; versehentlich Eingesperrter wird nicht befreit [vgl. RG **13**, 49f.; *S/S-Eser* 20 vor § 234]) oder Hinnahme alsbald bevorstehender Zwangswirkung (Verweigerung von Nahrung; Nicht-Aufhalten eines Hunde-Angriffs [LK-*Träger/Altvater* 52]). 22

E. Kasuistik zur Anwendung des Gewalt-Begriffs in § 240 I: 23

a) Zwangsausübung: Als Gewalt ist **zB** angesehen worden: *Einsperren* in einen umschlossenen Raum (RG **13**, 49; **27**, 405; BGH **20**, 194) oder Unterlassen des Aufsperrens (Bay NJW **63**, 1261); *Aussperren* durch Verschließen der Tür (RG **41**, 82; **69**, 330; BGH **18**, 134); *Versperren* des Weges (Köln VRS **75**, 104), des Durchgangs (RG **45**, 153); Versperren des Weges zum Rollstuhl eines Behinderten (NStZ **96**, 31); Zufahren mit einem Kraftwagen auf einen anderen, um ihn zum Beiseitespringen zu bewegen (*Jakobs* [1a] 805; *Janiszewski* 562; vgl. unten 15f.); Hindern am Betreten eines Gebäudes oder des Arbeitsplatzes (Düsseldorf NJW **86**, 943); Erschwerung des Zugangs zur Fabrik durch Streikposten im Falle des *„Spießrutenlaufen lassens"* oder im Falle durch das Streikrecht nicht gedeckter Ausschreitungen (Bay NJW **55**, 1806; LK-*Träger/Altvater* 107; *S/S-Eser* 25 mwN; *Krey* BKA I 193, 256ff.; vgl. *Neumann* ZStW **109**, 11); Betriebsbesetzungen und Betriebsblockaden (*Löwisch* RdA **87**, 221; *Ostendorf* AuR **95**, 274; *Löwisch* (Hrsg.) Arbeitskampf- und Schlichtungsrecht, 1997, 170); das von einem streikenden Fluglotsen ausgesprochene Landeverbot gegenüber einem zur Landung bereiten Flugzeug (*Krey* JuS **74**, 422; vgl. LK-*Träger/Altvater* 107; **aA** *Wolter* NStZ **85**, 249); Straßenblockaden, auch wenn der Zwang nur mittelbar durch vorgelagerte Verkehrssperren der Polizei (BGH **37**, 350) oder bereits blockierte Fahrzeuge (BGH **41**, 182) ausgeübt wird; „Stehblockaden" mit einem Sich-Stemmen gegen die Motorhaube eines Pkw (Naumburg NStZ **98**, 623); Vorlesungsstörungen durch Schreien und Gebrauchen von Lärmwerkzeugen (NJW **82**, 189 [m. Anm. *Dingeldey* NStZ **82**, 161]; KG JR **79**, 162; zust. LK-*Träger/Altvater* 108; Koblenz MDR **87**, 162; *S/S-Eser* 13 vor § 234; *W/Hettinger* 381; *Schroeder* JuS **82**, 112 [and. aber *ders.*, Gössel-FS 415, 418f.]; *Krey* BT 1, 351 u. BKA I 254; *Geilen* JK 1; *Brendle* NJW **83**, 727; *Gössel* BT 1, 18/57; **aA** *Köhler* NJW **83**, 10; *R. Keller* JuS **84**, 112; *Wolter* NStZ **85**, 247; *Rengier* BT II § 23, 27); Werfen von Stinkbomben in einem Kino (BGH 5, 245; hierzu *Meiski* [1a] 130); Schließen einer Straßenbahntür (AG Stgt-Bad Cannstatt NZV **98**, 477); Straßensperren durch Einsatz technischer Blockademittel (NJW **95**, 2862; Karlsruhe NJW **96**, 1551); Befestigen von Stahlsperren auf Bahngleisen (BGH **44**, 34, 40 m. Bespr. *Otto* NStZ **98**, 513; *Martin* JuS **98**, 957; *Dietmeier* JR **98**, 470, 472; *Krüßmann* JA **98**, 626); massenhafte Zugriffe auf eine Internet-

Seite (AG Frankfurt/Main NStZ **06**, 399; mit zutr. Begründung aufgeh. durch Frankfurt StV **07**, 244).

24 **b) Zwangseinwirkung:** Als Gewalt wurden ferner angesehen: die *gewaltlose* Beibringung von **Betäubungsmitteln** (NJW **53**, 351; vgl. NStZ **92**, 490); von Chloroformdämpfen (1 StR 769/79), Salzsäure, Narkose und Hypnose (BGH **1**, 1; 145; NJW **94**, 1166), Schlaf-, Beruhigungs- oder Betäubungsmittel (BGHR § 249 I Gew. 6; *Gössel* BT 1, 18/42); Vorhalten einer entsicherten Pistole (BGH **23**, 126; **39**, 133).

25 **c)** Als ausreichend angesehen wurde **Gewalt gegen Sachen,** soweit sie sich mittelbar physisch auf die Person des Genötigten auswirkt (körperlich vermittelter Zwang, gegen diese Einschränkung allerdings SK-*Horn/Wolters* 11b; vgl. dazu umf. *Huhn* 2007 [oben 1a]); so das Aushängen der Fenster (1 StR 804/52; vgl. RG **7**, 269; **61**, 156); das Ausräumen der Wohnung (Köln NJW **96**, 472; RG **61**, 157; vgl. aber RG **20**, 354) oder des Verkaufsladens (BGH wistra **87**, 212 m. Anm. *Otto* JK 11; krit. *Meurer/Bergmann* JR **88**, 49), um den Mieter zum Aufgeben der Räume zu zwingen; das Sperren der Wasser- und Stromzufuhr (Karlsruhe MDR **59**, 233; LK-*Träger/Altvater* 51; **aA** Neustadt MDR **57**, 309; Bay NJW **59**, 496; *Rengier* BT II § 23, 30); das Zudrehen der Heizung im Winter, um Mieter zur Zahlung rückständiger Miete oder Heizungskosten zu zwingen (Hamm NJW **83**, 1505); das Besetzen eines Daches, um die Einstellung des Abbruchs des Hauses zu erzwingen (Köln NJW **85**, 2434); die Wegnahme von Krücken, Rollstühlen oder ähnlichen Hilfsmitteln Behinderter (*Krey* BKA I 203; *Timpe* [oben 1a] 53). Eine „**Online-Blockade**" (zeitweiliges Blockieren der Zugänglichkeit von Internet-Seiten durch massenhafte Zugriffe) hat Frankfurt StV **07**, 244 (abw. Von AG Frankfurt NStZ **06**, 399) zutr. *nicht* als Gewalt angesehen (zust. *Kitz* ZUM **06**, 730ff.; vgl. dazu § 303b I Nr. 2).

26 **d) Gewalt gegen Dritte** *(„Dreiecksnötigung")* ist als ausreichend jedenfalls dann angesehen worden, wenn die zu nötigende Person dem Opfer der Gewalt so nahe steht, dass sie sich dadurch beeinflussen lässt (GA **62**, 82; LK-*Träger/Altvater* 46; SK-*Horn/Wolters* 11c; *S/S-Eser* 6 u. 19 vor § 234; MK-*Gropp/Sinn* 64; vgl. schon RG **17**, 82; Bay JZ **52**, 237; weitergehend *Krey* BKA I 209; zum Ganzen *Bohnert* JR **82**, 397; **aA** *Timpe* [oben 1a] 120; vgl. Erl. zu § 177 auch BGH **42**, 378); jedoch ist stets vorausgesetzt, dass der zu Nötigende die dem Opfer angetane Gewalt überhaupt als Zwang empfindet (vgl. BGH **23**, 50; LK-*Träger/Altvater* 46).

27 **e) Zwangsausübung im Straßenverkehr:** Die Anwendung von § 240 auf (verkehrswidriges) Verhalten im Straßenverkehr, das seiner Natur nach vielfach „zwingenden" Charakter hat, bestimmt die Praxis nach Maßgabe der **Intensität** der Einwirkung (vgl. aber BVerfG NJW **07**, 1669 [*verfassungsrechtlich* „keine bestimmte Intensität erforderlich"; Anm. *Huhn* DAR **07**, 387]). Erforderlich ist danach eine **Einwirkung** von gewisser **Dauer**, von der eine körperliche **Zwangswirkung** ausgeht.

28 Gewaltnötigung ist **zB** angenommen worden bei Versperren eines Wegs zur Hinderung der Weiterfahrt (Bay NJW **70**, 1807; Köln MDR **79**, 777); Verhindern des Überholens durch Ausscheren nach links (BGH **15**, 390; **18**, 389 m. Anm. *Schroeder* JZ **64**, 30; NJW **62**, 1629; VM **63**, 57; Koblenz VRS **55**, 355; Frankfurt VRS **51**, 435; Stuttgart MDR **91**, 467; Düsseldorf NJW **89**, 51; NStZ/J **87**, 401; Köln NStZ/J **89**, 258; vgl. dazu *Helmken* NZV **91**, 373ff.); Sperren eines tatsächlich öffentlichen Wegs (Bay NZV **94**, 116); Erzwingen des Überholens durch Verdrängen von der Überholspur (BGH **18**, 389; **19**, 263; Karlsruhe NJW **72**, 962; Hamm NJW **91**, 3230; Köln NZV **92**, 371; Bay NJW **93**, 2882); „Kolonnenspringen" trotz Gegenverkehr (Köln VRS **57**, 196); Hineindrängen nach Rechtsüberholen mit Nötigung zu starkem Bremsen (Düsseldorf VM **70**, 76); Blockieren der Überholspur (Köln NZV **91**, 119; **93**, 36; **97**, 318); Verhinderung des Überholens durch mehrfaches Beschleunigen und Abbremsen (Bay VRS **70**, 441), durch beharrliches Linksfahren auf freier Autobahn mit allenfalls mäßiger Geschwindigkeit

(Düsseldorf NZV **00**, 301); Schneiden nach Überholen (KG DAR **69**, 81; Koblenz VRS **55**, 278; Köln NZV **95**, 465); (Stuttgart NJW **95**, 2647; zust. *Berz* NZV **95**, 297 f.; *Hentschel* NJW **96**, 628, 637; *Geppert* JK 16); dichtes, bedrängendes **Auffahren** mit erheblicher Zwangseinwirkung und Gefährdung (BGH **19**, 263; Nw. bei *Hentschel,* 16 zu § 4 StVO; so auch Köln NStZ-RR **06**, 280 [bestätigt durch BVerfG NJW **07**, 1669: Kraftentfaltung durch Treten des Gaspedals reicht, wenn Intensität der *körperlichen* Auswirkungen bei der genötigten Person ausreichend hoch ist]); auch im innerstädtischen Verkehr (Köln NStZ-RR **06**, 280); Querstellen des Fahrzeugs und Blockade, um Fehlverhalten des Genötigten zu rügen (Köln NJW **68**, 1892; Bay NJW **70**, 1803); willkürliches scharfes Abbremsen (DAR **95**, 298; Stuttgart NJW **95**, 2647; Düsseldorf VRS **73**, 71); Erzwingen des Anhaltens aus verkehrsfremden Gründen durch „Ausbremsen" (NJW **95**, 3133 m. Anm. *Berz* NStZ **96**, 85; Stuttgart NJW **95**, 2647 [hierzu *Geppert* JK 16; *Rheinländer,* Bemmann-FS 400]); starke Reduzierung der Geschwindigkeit über einen längeren Zeitraum ohne verkehrsbedingten Grund, um den Nachfolgenden zu einer unangemessen niedrigen Geschwindigkeit zu zwingen, wenn dieser sich dem weder durch Ausweichen noch durch Überholen entziehen kann (vgl. Bay NJW **02**, 628); Rammen eines vorausfahrenden Fahrzeugs, um den Fahrer zum Anhalten zu zwingen (NZV **01**, 265); Zufahren auf einen Parkplatz-„reservierenden" Fußgänger (MDR/D **55**, 145; VRS **51**, 510; DAR/S **87**, 195);

Keine Zwangausübung: Behinderungen durch kurzes, wenn auch bedrängendes 28 a
Auffahren (Düsseldorf NJW **89**, 51; Saarbrücken NJW **91**, 3299; Bay NJW **93**, 2882; Karlsruhe NStZ-RR **98**, 58; Hamm NZV **06**, 388, 389); Verhindern des Überholens durch „Antipppen" des Bremspedals (Köln NZV **97**, 318 m. Bespr. *Fahl* JA **98**, 274); kurzes Anhalten auf der Überholspur von einer Baustelle (LG Dresden NZV **98**, 83 m. abl. Bespr. *Paul* NZV **98**, 312); bewusst verkehrswidriges Gehen auf der Fahrbahn (BGH **41**, 231, 240 m. krit. Anm. *Meurer* BA **96**, 161); Hupen, um andere zum Weiterfahren zu veranlassen (Düsseldorf NJW **96**, 2245); Überholen bei Gegenverkehr in der Mitte der Fahrbahn, so dass andere Fahrzeugführer ihre Fahrzeuge an den rechten Fahrbahnrand lenken (Karlsruhe VM **99**, 31); plötzliches Einscheren in die Lücke einer Fahrzeugkolonne bei stockendem Verkehr, so dass der folgende Pkw-Fahrer abbremsen muss und nicht (um eine Fahrzeuglänge!) aufschließen kann (Köln NZV **00**, 99); kurzfristige Behinderungen, selbst wenn diese verkehrswidrig und aus „demonstrativen" Gründen erfolgen (Düsseldorf NZV **00**, 301 f.); Versperren der Fahrbahn durch Fußgänger mit ausgebreiteten Armen (NStZ-RR **02**, 236).

Die Rspr zur Anwendung des § 240 auf **verkehrswidriges Verhalten** (Über- 29
blick: *Maatz* NZV **06**, 337 ff.) ist unübersichtlich und uneinheitlich (*Lackner/Kühl* 9; krit. auch *Nehm* NZV **97**, 432; weitere Nachw. auch bei *S/S-Eser* 24; LK-*Träger/Altvater* 98 ff.; *Voß-Broemme* NZV **88**, 2; *Haubrich* NJW **89**, 1197; *Kölbel,* Rücksichtslosigkeit und Gewalt im Straßenverkehr, 1997; *Busse,* Nötigung im Straßenverkehr, 1968; *Helmken* NZV **91**, 372; *Maatz* NZV **06**, 337 ff.). Die Einschränkung des Gewaltbegriffs durch BVerfGE **92**, 1 (oben 20 ff.; zu den Auswirkungen vgl. *Berz* NZV **95**, 297) muss jedenfalls zu einer stärkeren Abgrenzung zwischen Behinderungen mit körperlicher Zwangswirkung (insb. Blockaden; Veranlassen zu Notbremsungen oder riskantem Ausweichen; Abdrängen) und solchen Einwirkungen führen, die das Verhalten des Betroffenen nur psychisch determinieren (so iErg wohl auch BVerfG NJW **07**, 1669 [Anm. *Huhn* DAR **07**, 387]). Parkplatz-Blockaden durch *Fußgänger* stellen daher keine Gewalt dar; bei der Zwangsausübung durch anhaltendes dichtes Auffahren kann allein aus der dadurch verursachten nervlichen Erregung auf das Vorliegen von Gewalt nicht geschlossen werden.

6) Drohung mit einem empfindlichen Übel. Das Nötigungsmittel der 30
Drohung steht gleichberechtigt neben dem der Gewalt; beide können sich im Grenzbereich überschneiden (vgl. oben 27 f.).

31 **A. Drohung** ist das (im Fall des § 240: bedingte) Inaussichtstellen eines künftigen Übels, auf dessen **Eintritt** der Drohende Einfluss hat oder zu haben vorgibt (BGH **16**, 386; Düsseldorf OLGSt. 1 zu § 253) und dessen **Verwirklichung** er nach dem Inhalt seiner Äußerung für den Fall des Bedingungseintritts will (vgl. unten 36). Die Äußerung der Drohung kann **ausdrücklich** oder **konkludent** (vgl. NJW **84**, 1632; **90**, 1055; *W/Hettinger* 403) erfolgen. Die Drohung muss sich – zumindest mittelbar – gegen diejenige Person richten, deren Willen gebeugt werden soll. Grds. gleichgültig ist, ob sie tatsächlich zu verwirklichen ist (BGH **23**, 296 m. Anm. *Küper* NJW **70**, 2253; LK-*Träger/Altvater* 56; SK-*Horn/Wolters* 18) und ob der Drohende dies irrig annimmt oder nicht (NJW **57**, 598); ebenso, ob der Bedrohte die Verwirklichung für möglich hält oder nicht (Versuch; vgl. BGH **23**, 295; **26**, 310; BGHR § 255, Drohung 2). Eine Vorstellungsdiskrepanz zwischen Täter und Opfer über Art und Verwirklichungsweise des angedrohten Übels hindert die Annahme einer vollendeten Nötigung nicht (EzSt Nr. 2); auch nicht, dass das angedrohte Übel anders als durch das vom Täter verlangte Verhalten abgewendet werden kann (wistra **84**, 23; dazu *Otto* Jura **86**, 606).

32 **B. Empfindliches Übel.** Übel ist jede vom Betroffenen als nachteilig empfundene Veränderung in der Außenwelt; Abs. I setzt eine hinreichende **Konkretisierung** voraus (MDR/H **87**, 281; NJW **89**, 1289), die freilich den Kausalverlauf einer in Aussicht gestellten Handlung nicht im Einzelnen umfassen muss, wenn das **Ergebnis** bestimmt ist (zB Drohung, für den Eintritt eines bestimmten Übels „zu sorgen"). Ob allgemeine, unspezifische Ankündigungen eines schädigenden Verhaltens ausreichen (vgl. zB StraFO **03**, 320 f. [„totaler Krieg"], ist nach den Umständen des Einzelfalls und dem (konkludenten) Äußerungsinhalt in seinem **konkreten Bedeutungszusammenhang** zu entscheiden; für den *Begriff* des Übels kommt es hierbei auf die mögliche Rechtswidrigkeit nicht an.

32 a **Empfindlich** iSd Abs. I ist ein Übel, wenn der in Aussicht gestellte Nachteil von einer Erheblichkeit ist, dass seine Ankündigung geeignet erscheint, den Bedrohten iS des Täterverlangens zu motivieren (NStZ **87**, 223 m. Anm. *Jakobs* JR **87**, 340), es sei denn, dass *gerade von diesem Bedrohten* in seiner Lage erwartet werden kann, dass er der Drohung in besonnener Selbstbehauptung standhält (BGH **31**, 195, 201; NStZ **92**, 278; Düsseldorf OLGSt. 1 zu § 253; ähnlich Bay **55**, 12; Schleswig SchlHA **78**, 185; LK-*Träger/Altvater* 56; SK-*Horn/Wolters* 10; *S/S-Eser* 9); daher beseitigt der Umstand, dass ein besonnener Mensch der Drohung standgehalten hätte, den Drohungscharakter nicht ohne weiteres (so zutr. BGH wistra **84**, 23; *Otto* Jura **88**, 606). Es kommt daher, da § 240 die *individuelle* Willens- und Handlungsfähigkeit schützt, grds auf die **subjektive** Empfindung und Motivierbarkeit des konkret Betroffenen an. **Ausnahmen** hiervon sind nur da zu machen, wo der in Aussicht gestellte Nachteil *allein* innersubjektiver Natur ist (etwa „die Freundschaft aufzukündigen") sowie im *Evidenz*bereich geringfügiger Behelligungen, die von jedermann hinzunehmen sind (etwa Drohung, „nicht mehr zu grüßen"). Sind mit angedrohten Veränderungen des zwischenmenschlichen Verhältnisses gravierende, über das allgemein hinzunehmende Lebensrisiko hinausgehende äußere Nachteile verbunden, so kann hierin ein empfindliches Übel liegen (daher *nicht* bei der Drohung, eine Liebesbeziehung abzubrechen [NStZ **82**, 287]; wohl aber bei der Drohung, die Beziehung zu und die Besuche bei einem Kind abzubrechen, das keinerlei sonstige persönliche Kontakte hat [vgl. NStZ **81**, 139]).

33 **a) Einzelfälle.** Stets ausreichend ist die Ankündigung eines Verhaltens, das, würde es verwirklicht, **Gewalt** iSd 1. Alt. wäre. Für ausreichend gehalten wurde in der Rspr. **zB:** das Unterbinden einer Heizöllieferung in ein Miethaus im Winter (Hamm NJW **83**, 1506); langanhaltender, über Monate andauernder Lärmterror in einem Wohnhaus (Koblenz NJW **93**, 1809); die Drohung, sich selbst zu töten (Hamm NStZ **95**, 548); das Drohen eines Professors gegenüber einer Doktorandin, ihr kein Dissertationsthema zu geben (NStZ **97**, 494, hierzu *Otto* JK 19); in Ar-

beitsverhältnissen das Drohen mit Entlassung oder mit der Aufnahme in schwarze Listen (Hamburg HESt **2**, 294); Drohung mit der öffentlichen Bekanntgabe ehrenrühriger Tatsachen (München NJW **50**, 714); mit der Veröffentlichung unwahrer Berichte über das Intimleben eines anderen (NJW **93**, 1485); mit einer wahrheitsgemäßen Veröffentlichung in der Presse (Hamm NJW **57**, 1081; vgl. aber NStZ **92**, 278; Bremen NJW **57**, 151); mit der Nichtrückgabe eines Schmuckstücks von beträchtlichem ideellen Wert (Düsseldorf 7. 9. 1990, 5 Ss 268/90); mit einer Strafanzeige (BGH **5**, 254; **31**, 201); mit der Fortsetzung einer Hausbesetzung (Köln NJW **82**, 2678; abl. *Schön* NJW **82**, 2650). **Nicht ausreichend** ist die Drohung mit bloßen Unannehmlichkeiten, Schwierigkeiten oder Weiterungen (NJW **76**, 760) oder bloßen Belästigungen (Düsseldorf OLGSt 1 zu § 253). Auch das *bloße Anwenden* eines Übels kann nicht ohne weiteres als Drohung mit seinen *Folgen* angesehen werden (so AG Frankfurt/Main NStZ **06**, 399, 400). Dass Drohungen zB mit **Dienstaufsichtsbeschwerden** (Koblenz VRS **51**, 208) oder mit **gerichtlicher Geltendmachung** von Forderungen (Karlsruhe NStZ-RR **96**, 296 [Telefonsex-Verträge]) schon kein „empfindliches" Übel ankündigen (hier bis 51. Aufl.), ist zweifelhaft; es handelt sich wohl um eine Frage der Rechtswidrigkeit.

b) Drohung mit Unterlassen. Auch die Drohung mit einem Unterlassen 34
kann ausreichend sein, falls es für den Bedrohten motivierende Kraft hat und aus dessen Sicht der Täter in dem Sinne *Herr des Geschehens* ist, dass Herbeiführung und Verhinderung des Nachteils (wenn auch nur scheinbar) in seiner Macht stehen (BGH **31**, 195, 201 [Drohung mit Nichtverhinderung einer Anzeigeerstattung durch Warenhaus-Detektiv]; BGH **44**, 251 [Drohung mit Beendigung geschäftlicher Beziehung; vgl. dazu 6ff. zu § 253]; NJW **93**, 1807, hierzu *Otto* JK 2 zu § 239 [Drohung mit Nichteinhaltung einer Einstellungszusage durch Arbeitgeber]). Der BGH verlangt hier bereits für die Tatbestandsfeststellung eine *verwerfliche* Verbindung von Mittel und Zweck (unten 42f.); hieran soll es fehlen, wenn durch die Tat nur der Handlungsspielraum des Bedrohten erweitert und die Autonomie seiner Entschlüsse nicht in strafwürdiger Weise angetastet wird (BGH aaO; iErg zust. *Roxin* JR **83**, 333; *Arzt* JZ **84**, 429, MSchKrim. **84**, 113 u. Lackner-FS 641; *Krey* BT 1, 387; *Mitsch* JA **89**, 486; zusf. *Stoffers* JR **88**, 492; ferner *Michalke* aaO 146; MK-*Gropp/Sinn* 88; LK-*Herdegen* 4 zu § 253; wie BGH auch Stuttgart NStZ **82**, 161; *S/S-Eser* 20; *Volk* JR **81**, 274 u. Tröndle-FS 228; *Gössel* BT 1, 18/68; *Bergmann* [oben 1a], 132; vgl. *Dencker* NStZ **82**, 462; *Puppe* JZ **89**, 597; *Zopfs* JA **98**, 813; einschr. LK-*Träger/Altvater* 62). Bei der Drohung mit einem Unterlassen kommt es danach für die Frage der Nötigung nicht auf den sich aus der Unterlassungsdogmatik ergebenden Pflichtenkreis des Täters an (BGH **31**, 195; **44**, 251f.; NJW **98**, 2612; Stuttgart NStZ **82**, 161; zust. *S/S-Eser* 10; LK-*Träger/Altvater* 62), sondern auf die Wirkung der Drohung auf den Bedrohten. Versetzt ihn der Täter durch die inadäquate Androhung einer Unterlassung in eine (neue) Pression (vgl. RG **64**, 381), so steht das „Autonomieprinzip" (*Roxin* JuS **64**, 378; JR **83**, 334) einer strafbaren Nötigung dann nicht entgegen, wenn wie im Falle BGH **31**, 195 der Täter mit der angekündigten Unterlassung ein auf die bedrohte Person bereits zukommendes Übel, das abzuwenden er in der Lage, wenn auch **nicht verpflichtet** war, sich zunutze macht (*Roxin* aaO 336; **aA** *Schroeder* JZ **83**, 286; *W/Hettinger* 394; *Rengier* BT II § 23, 52; *Schubarth* NStZ **83**, 312; *Frohn* StV **83**, 365; *Horn* NStZ **83**, 497 und SK-*Horn/Wolters* 16, 43; *Stoffers* JR **88**, 492; *Lesch*, Rudophi-FS [2004] 483, 488; vgl. unten 50).

c) Drohung durch Zufügung empfindlicher Übel. Eine konkludente Dro- 35
hung kann auch in der Zufügung eines Übels liegen, wenn dieses fortwirkt und die Furcht vor der **Fortsetzung** der Übelszufügung den Genötigten motivieren soll (Hamm NJW **83**, 1505; Koblenz NJW **93**, 1808; *Lackner/Kühl* 12; *S/S-Eser* 9; LK-*Träger/Altvater* 56; weiter *Tröndle* 49. Aufl. 19; anders SK-*Horn/Wolters* 11b, 24, der jede aktuelle Übelszufügung als „Gewalt" ansieht [oben 17]; vgl. auch *Hirsch*, Tröndle-FS 23; *Sommer* NJW **85**, 770; *Schroeder*, Meurer-GedS [2002] 237ff.); un-

ter dieser Voraussetzung kann auch die Ausnutzung eines bereits zugefügten Übels eine Drohung enthalten (NJW **84**, 1632). Wenn der Bedingungs-Zusammenhang der Übelzufügung aufgehoben wird, kann freilich von einer Drohung nicht mehr gesprochen werden: Angedrohtes Übel kann nicht das angestrebte Verhalten des Opfers selbst sein (*Schroeder* NJW **96**, 2627, 2629; Meurer-GedS 237, 241).

36 **C. Realisierbarkeit des Übels.** Das Übel muss als **vom Willen des Drohenden abhängig** dargestellt werden. Mit dem Handeln oder mit Entscheidungen **Dritter** kann gedroht werden, wenn der Täter dies beeinflussen kann oder vorgibt zu können (BGH **7**, 197; **31**, 195; NStZ **96**, 435 [hierzu *Otto* JK 46 zu § 263]; StraFo **06**, 507; Bay JZ **51**, 25; Koblenz OLGSt. 25). Fehlt es nach der Darstellung des Täters an einer solchen (uU auch nur vorgetäuschten; vgl. NStZ **96**, 435; StraFo **06**, 507) Einflussmöglichkeit, so ist eine bloße **Warnung** gegeben, hinter der sich freilich auch eine wirkliche Drohung verbergen kann (vgl. RG **54**, 236; SK-*Horn/Wolters* 17). Erforderlich ist stets, dass der Täter gegenüber dem Opfer den Eintritt des angedrohten Übels für den Fall der Verweigerung des verlangten Verhaltens als **von ihm gewollt** darstellt; droht er (wahrheitswidrig) mit dem Eintritt eines von ihm abwendbaren, aber ihm selbst unerwünschten Übels, so liegt eine Täuschung, nicht aber eine Drohung vor (NStZ **96**, 435). Nur eine Warnung liegt nach NStZ-RR **01**, 171, 172 vor, wenn ein Strafverteidiger seinen (inhaftierten) Mandanten zum Widerruf wahrheitsgemäßer Aussagen über eine Strafvereitelungshandlung des RA mit dem Hinweis bewegt, er „könne" andernfalls die Verteidigung nicht fortführen und eine (erlogene!) günstige Absprache mit dem StA werde scheitern (zw.).

37 **D. Drohung gegen Dritte.** Ausreichend ist auch die Ankündigung eines Übels, dessen Verwirklichung sich **gegen einen Dritten** (uU sogar gegen den Täter selbst [Drohung der Selbstverbrennung] Hamm NStZ **95**, 548, hierzu *Geppert* JK § 113, 2) richtet, der keine nahe stehende Person zu sein braucht (NStE Nr. 23), falls die Drohung auch dem Genötigten als ein Übel erscheint (BGH **16**, 318; **23**, 295; **38**, 86; GA **61**, 82; NStZ **85**, 408 [m. Anm. *Zaczyk* JZ **85**, 1059; *Geppert* JK 7 zu § 255]; **87**, 223 [m. Anm. *Jakobs* JR **87**, 340]; vgl. NStZ **82**, 286; *Bohnert* JR **82**, 398; *Seelmann* JuS **86**, 203; LK-*Träger/Altvater* 60); etwa bei einer Drohung, Produkte eines Lebensmittelherstellers zu vergiften und in frei zugänglichen Verkaufsstellen zu deponieren (NJW **94**, 1166 m. Anm. *Kelker* NStZ **94**, 657 u. *Hauf* JR **95**, 172); bei Nötigung eines Kassierers durch Bedrohung eines Bankkunden (BGHR § 255 Genötigter 1). Das Übel kann auch ein seelisches sein, MDR **54**, 530 (Drohung mit Ablehnung der Zustimmung zur Operation des Kindes gegenüber der Ehefrau). Dass das angedrohte Übel anders (durch Einschaltung der Polizei) abgewendet werden kann, beseitigt den Drohungscharakter nicht (wistra **84**, 23; hierzu *Otto* Jura **88**, 606).

38 **7) Rechtswidrigkeit.** Abs. I verlangt eine **rechtswidrige** Nötigung; hierauf bezieht sich die **Verwerflichkeitsklausel des Abs. II** (unten 40). Die Natur dieser Klausel ist str. Sie ist durch Gesetz v. 29. 5. 1943 (BGBl. I, 339) eingefügt worden, weil die Ausweitung des Tatbestands (früher Drohung nur mit Verbrechen oder Vergehen) die Einführung einer Korrekturmöglichkeit erforderlich machte. Nach der Rspr des **BVerfG** kommt der Klausel eine **tatbestandsbegrenzende** Funktion zu; angesichts der außerordentlich Weite des Tatbestands, der insb. in der Drohungsalternative einen weiten Bereich sozial üblichen Handelns erfasst (vgl. *Amelung* GA **99**, 182, 191 f.), dient danach die Verwerflichkeitsklausel iS eines Tatbestandskorrektivs zur Abgrenzung **strafwürdiger** von sozialadäquater Ausübung willensbeugenden Zwangs (BVerfGE **73**, 238, 253; BVerfG NJW **91**, 971, 972; **93**, 1519; **02**, 1031, 1033; BGH **35**, 270, 275 ff.; *S/S-Eser* 16; *W/Hettinger* 422 ff.; *Eser,* Jauch-FS 38; *Lenckner* JuS **88**, 353; *Roxin* JuS **64**, 374). Hieraus wird **teilweise** geschlossen, die Verwerflichkeit gehöre zu den **Tatbestandsmerkmalen** der §§ 240, 253 (*Jakobs* AT 160 f.; LK-*Hirsch* 21 vor § 32; *Armin Kaufmann,* Klug-FS 283; vgl. auch *Amelung* NJW **95**, 2584, 2590 ff.; GA **99**, 182, 191 f.; *Jakobs,* Peters-FS 76);

Rechtfertigungsgründe seien daher erst *nach* ihrer Bejahung zu prüfen. Nach **aA** handelt es sich um eine Tatbestandsergänzung und eine Rechtswidrigkeitsregel (*S/S-Eser* 16; *W/Hettinger* 423).

Die wohl **hM** sieht Abs. II dogmatisch als **spezielle Rechtswidrigkeitsregel** an; danach ist § 240 I ein offener Tatbestand, der wegen seiner Weite die Rechtswidrigkeit der Tat (auch in der Gewalt-Alternative; BVerfGE **73**, 206, 247ff.; BGH **35**, 279; *S/S-Eser* 16; anders noch BGH **23**, 55; NJW **82**, 189; KG NJW **85**, 211; unklar BGH **44**, 251; vgl. dazu 6a f. zu § 253) nicht indiziert; diese bedarf vielmehr stets einer **positiven Feststellung** (vgl. BGH **2**, 195; Bay NJW **63**, 824; Braunschweig NJW **76**, 62; *Lackner/Kühl* 18; LK-*Träger/Altvater* 68; *Gössel* BT I, 19/20; *Arzt/Weber* 9/74). Allgemein *gerechtfertigte* Nötigungen können nicht verwerflich iSd II sein; daher ist die Verwerflichkeit iSd II iErg nur dann zu prüfen, wenn kein allgemeiner Rechtfertigungsgrund eingreift (BGH **5**, 247; **39**, 136f.; Bay NJW **93**, 211; MK-*Gropp/Sinn* 109; SK-*Wolters/Horn* 51; LK-*Träger/Altvater* 75, 84; *Lackner/Kühl* 17; *W/Hettinger* 425; *Bergmann* Jura **85**, 462; *Rengier* BT II, 23/58; **aA** *S/S-Eser* 33: Prüfung erst, wenn die Tat nach II rechtswidrig wäre). Dabei kann es dahinstehen, ob die Prüfung allgemeiner Rechtfertigungsgründe der des II *vorgeht* (so wohl hM) oder ob sie nicht, was näher liegt, als erste Stufe der Verwerflichkeitsprüfung zu betrachten ist (vgl. *Küper* BT 240f.). Allgemeine Rechtfertigungsgründe sind (gesetzliche) *Konkretisierungen* einer generellen Bewertung von Mittel-Zweck-Relationen; Abs. II öffnet diese Bewertung für die Gesamtheit objektivierbarer *Strafwürdigkeits*-Gesichtspunkte. 38a

A. Rechtfertigung. Allgemeine Rechtfertigungsgründe können insbesondere in den Fällen des Selbsthilferechts gegeben sein (§§ 229, 561, 859 BGB; vgl. 3 StR 163/84; Frankfurt NStZ-RR **00**, 107), ferner wenn die Voraussetzungen der vorläufigen Festnahme (§ 127 StPO), der Notwehr oder des Notstandes (§§ 32, 34) vorliegen; bei Vorliegen eines auf die Personensorge gestützten Erziehungsrechts; wenn Amtsträger durch Zwang Störungen des Verwaltungs- und Dienstbetriebs verhindern (Schleswig OLGSt 11 zu § 163a StPO), wobei sich die Beschränkung dieser Befugnisse aus dem Verhältnismäßigkeitsgrundsatz (zB Verbot des Rechtsmissbrauchs) ergibt und die Rechtswidrigkeit nach II zu beurteilen ist (LK-*Träger/Altvater* 84; *S/S-Eser* 33). Eine unspezifische Rechtfertigung bei Wahrnehmung **berechtigter Interessen** durch analoge Anwendung des § 193 (dort 1) kommt nicht in Betracht (LK-*H.J. Hirsch* 167, *S/S-Lenckner* 80, jew. vor § 32; *Krey* JuS **74**, 422 u. BT 1, 376, 378 mwN; **aA** *Tiedemann* JZ **69**, 721). Auch ein Anspruch nach bürgerlichem Recht auf die erzwungene Handlung berechtigt den Täter nicht zur Nötigung (vgl. aber unten 50). Zum **Irrtum** vgl. unten 54. 39

B. Verwerflichkeitsklausel (Abs. II). Nach II hängt die Rechtswidrigkeit jeder Nötigung davon ab, dass die Anwendung der Gewalt oder die Androhung des Übels zu dem angestrebten Zweck verwerflich ist. Nach dieser „Verwerflichkeitsklausel" sind Nötigungsmittel und Nötigungszweck in ihrer Verknüpfung (sog. **Mittel-Zweck-Relation**) in einer **Gesamtwürdigung** in Beziehung zu setzen (BVerfG NJW **91**, 972; **92**, 2689; **02**, 1031, 1034; NStZ **91**, 279). Die Klausel ist in der Reformgeschichte als Korrektiv entwickelt worden, um den tatbestandlich auf alle Rechtsbereiche ausgedehnten Schutz der Freiheit der Willensentschließung und Willensbestätigung auf die **strafwürdigen Fälle** einzugrenzen (vgl. BGH **35**, 276; *Roxin* JuS **68**, 375; oben 38; krit. *Lesch*, Rudolphi-FS [2004] 483ff. mwN). Verfassungsrechtliche Einwände gegen die Verwerflichkeitsklausel sind unbegründet (BVerfGE **73**, 239; **76**, 216ff.; BGH **35**, 273; Köln StV **85**, 458; LK-*Träger/Altvater* 71f.; *Lenckner* JuS **68**, 307; *Brohm* JZ **85**, 505). 40

a) Verwerflichkeit. Nach einer in der Rspr üblichen Formel bedeutet Verwerflichkeit einen „erhöhten Grad sittlicher Missbilligung" (BGH **17**, 328, 331f.; **18**, 391; **19**, 268; VRS **40**, 107; Bay NJW **71**, 768; Saarbrücken NJW **68**, 458; Hamburg NJW **68**, 663; Hamm NJW **70**, 2075; Köln NJW **86**, 2443; *Günther,* Baumann-FS 219 und ihm folgend Stuttgart NJW **91**, 994 heben auf Grade und Abstu- 41 fungen des Unrechts ab). Bei diesem Unwerturteil darf jedoch nicht auf moralische oder Gesinnungsmaßstäbe abgestellt werden, vielmehr ist ein erhöhter Grad **sozialwidrigen Handelns** gemeint (*Tröndle,* Lackner-FS 633; Bedenken gegen diese Bestimmung bei *S/S-Eser* 18). Das Wort „verwerflich" hat das sachgerechte Verständnis der Vorschrift erschwert, weil ein (sozialwidriger) Rechtsverstoß ein *moralisches* Unwerturteil nicht stets verdient (krit. zu dem Begriff *Bergmann* Jura **85**, 465; *Kühl* StV **87**, 126; *Baumann* ZRP **87**, 267; *R. Jahn* JuS **88**, 949; *Krey* BT 1, 362; *R. Hofmann,* Lobkowicz-FS 321). Verwerflichkeit iS des II ist als **Sozialwidrigkeit des Handelns** zu begreifen (*Roxin* JuS **64**, 373; LK-*Träger/Altvater* 69; SK-*Horn/Wolters* 39; *Lackner/Kühl* 18; *Küper* BT 239). *Roxin* hat für die Bestimmung objektivierbare und aus der gesamten *Rechts*ordnung abgeleitete Kriterien vorgeschlagen (Rechtswidrigkeit des abgenötigten Verhaltens, Güterabwägung, Geringfügigkeitsprinzip, Vorrang staatlicher Zwangsmittel, Prinzip des mangelnden Zusammenhangs und Autonomieprinzip, *Roxin* aaO 375/376; vgl. dazu *Küper* BT 239 f.). Sie gewinnen für die Rechtswidrigkeitsformel des II ebenso Bedeutung wie Vorgaben der Verfassung, des Schutzes der Betroffenen sowie andere unabdingbare Grundsätze rechtlich geordneten Zusammenlebens (vgl. hierzu *Gössel* BT 1, 19/24). So handelt nach Rspr. und hM verwerflich, wer den **Vorrang staatlicher Zwangsmittel** außer Acht lässt und sich anmaßt, den Staat mit Nötigungsmitteln zu vertreten (BGH **39**, 137 [m. Anm. *Roxin* NStZ **93**, 335; *Lesch* StV **93**, 578]; *Arzt* **94**, 314; *Drescher* JR **94**, 423; *Hillenkamp* JuS **94**, 769; vgl. auch StV **88**, 386; **90**, 205; **aA** *Lesch,* Rudolphi-FS [2004] 483, 492 ff.). Die Rspr hebt bei der Auslegung des II vielfach (so schon BGH **18**, 392; ebenso **35**, 277) auf ein **„sozial unerträgliches Verhalten"** ab (Bay JZ **86**, 405; NJW **88**, 719; **92**, 521; wistra **05**, 235, 237; Düsseldorf NJW **86**, 943 u. NStZ/J **87**, 401; Stuttgart NStZ **88**, 130; Köln VRS **75**, 107; krit. Stuttgart NStZ **87**, 539; **aA** Zweibrücken StV **87**, 441). Nach **aA** kommt es, namentlich bei Durchsetzung subjektiver Rechte im Wege der **Selbsthilfe**, unter dem Gesichtspunkt der „rechtlich garantierten Freiheit" (oben 2) allein darauf an, ob ein fälliger und einredefreier Anspruch auf das erzwungene Verhalten besteht (*Lesch,* Rudolphi-FS [2004] 483, 492 f.). Als verwerflich angesehen worden ist daher **zB** das eigenmächtige Eintreiben von Geldforderungen mit Nötigungsmitteln (BGH **4**, 105, 107; vgl. 14 zu § 253); die eigenmächtige Inpfandnahme von Gegenständen (NJW **82**, 2265); das Einwirken auf Mieter zur Veranlassung der Zahlung oder des Auszugs durch Abstellen des Stroms (Hamm NJW **83**, 1505) oder Ausräumen der Wohnung (Köln NJW **96**, 472; vgl. schon RG **9**, 58).

42 **b) Mittel-Zweck-Relation.** Der Einsatz des Nötigungsmittels muss zu dem angestrebten Zweck verwerflich sein. Das bedeutet, dass die Rechtswidrigkeit der Nötigung sich nicht einseitig nach dem angewandten Mittel oder dem angestrebten Zweck bestimmt, sondern aus dem **Verhältnis** zueinander (BGH **2**, 196). Bei der Beurteilung der Mittel-Zweck-Relation ist zu beachten, dass jede Entscheidung zugunsten dessen, der Zwang iS des § 240 ausübt, den Freiheitsraum des Betroffenen verkürzt (BGH **34**, 77; **35**, 276, 279; *Lenckner* JuS **68**, 310; *Doehring* DRiZ **87**, 8; *Tröndle,* Lackner-FS 636; *Otto* NStZ **92**, 572). Das Korrektiv der Verwerflichkeitsregel beschränkt nicht nur die Strafbarkeit zugunsten des Täters (BVerfGE **73**, 238), sondern legt damit zugleich auch die Abwehrrechte des durch die Tat Beeinträchtigten und die strafrechtliche Relevanz etwaiger Abwehrmaßnahmen fest; das setzt die Anknüpfung an *objektive* Kriterien voraus (BGH **35**, 276, 278).

43 Unter dem **angestrebten Zweck** kann nach BGH **35**, 276 (vgl. auch Stuttgart NStZ **88**, 109: „handlungs- und opfernahe Betrachtung"), nur „das in I genannte Handeln, Dulden oder Unterlassen" verstanden werden, das der Täter vom *Opfer* erzwungen hat oder erzwingen will (zust. *Arzt* JZ **88**, 776; *Schmitt Glaeser* BayVBl. **88**, 457; *Graul* JR **94**, 52; *Tröndle* 49. Aufl. 24; krit. *Ostendorf* StV **88**, 488; *Arth. Kaufmann* NJW **88**, 2583; *Roggemann* JZ **88**, 1110); **andere Ziele** des Täters sollen für die Rechtswidrigkeit ohne Bedeutung sein (**aA** *Eser,* Jauch-FS 42 u. *S/S* 29).

Das ist insoweit zutr., als die Mittel-Zweck-Relation schon aus der Struktur der Vorschrift auf das **Nötigungsopfer** und dessen Freiheitsinteresse zu beziehen ist und nicht primär auf die Motivation des Täters (*Lackner/Kühl* 18 a). Freilich würde es zu kurz greifen, eine Differenzierung ausschließlich zwischen dem **unmittelbar** abgenötigten Verhalten **(Taterfolg)** und einer allgemeinen Tatmotivation (sog. **Fernzielen**) vorzunehmen, denn der objektive Taterfolg ist häufig rechtlich indifferent und steht als solcher einer Sozialwidrigkeitsprüfung gar nicht zur Verfügung (vgl. *Rengier* BT II, 23/67). Die Abwägung setzt daher eine Erfassung des **sozialen Sinngehalts** sowohl des Nötigungsmittels als auch des abgenötigten Verhaltens und damit des „Zwecks" der Tat voraus (so jetzt auch LK-*Träger/Altvater* 82). Diese Abgrenzung ist durch die „Fernziel"-Diskussion insb. um Sitzblockaden (vgl. oben 20 ff. und unten 44) eher verdunkelt worden. Da der Begriff der „Verwerflichkeit" nicht an allgemeinen moralischen *Gesinnungswerten* gemessen werden kann, scheiden sie als Bewertungskriterien aus (für „Mitberücksichtigung" aber *S/S-Eser* 29; vgl. auch Stuttgart NJW **92**, 2714 ff.). Umgekehrt müssen die unmittelbaren Taterfolge auf die Ebene eines vom Täter verfolgten *Zwecks* gehoben werden, um sie *rechtlicher* Betrachtung und Abwägung zugänglich zu machen. Zu **unterscheiden** ist, ob das abgenötigte Verhalten *Zweck* der Tat ist und diese sich hierin erschöpft (**zB** bei gewaltsamer Hinderung zu sprechen), oder ob die Nötigung nur *Mittel zum Zweck* (*S/S-Eser* 29) einer Ausweitung der Handlungsfreiheit des Täters ist (*Zweck* einer demonstrativen Straßenblockade ist nicht das *Abbremsen* von Autofahrern, sondern ihre Instrumentalisierung zum Objekt der eigenen Meinungsäußerung; *Zweck* des nötigenden Auffahrens nicht das Beschleunigen des Vordermanns, sondern die „Verkehrserziehung" oder das eigene schnellere Fortkommen). Wo Fernziele in diesem Sinn nicht vorliegen, können nicht *Zwecke* als solche definiert werden; daher geht etwa der Einwand *Rengiers* (BT II, 23/67) fehl, auch die Rspr. ziehe (widersprüchlich) Fernziele heran, wenn sie etwa in NStZ **97**, 494 (Drohung eines Professors, einer von ihm sexuell bedrängten Studentin kein Dissertationsthema zu vergeben) auf die sexuelle Motivation des Täters abstellt: Diese ist im o. g. Sinn *Zweck*, nicht *Fernziel* (unerhebliches Fernziel wäre es, wenn der Täter die Absicht verfolgte, das Opfer zu heiraten).

c) Eigentliche **Fernziele** (also Tatmotive, Beweggründe oder politische Ziele, die dem nötigenden Verhalten zugrunde liegen) sind dagegen *bei der Prüfung der Rechtswidrigkeit* (II) **nicht zu berücksichtigen** (*Jakobs* JZ **86**, 1064; *Baumann* NJW **87**, 36 u. ZRP **87**, 265; *Arzt* JZ **88**, 776; *Günther,* Baumann-FS 224; vgl. hierzu auch *Reichert-Hammer,* Politische Fernziele und Unrecht, 1991 [krit. Bespr. *Otto* GA **93**, 181]; **aA** *Rengier* BT II, 23/68; zur Abgrenzung von „Fernzielen" und dem angestrebten Zweck vgl. auch Zweibrücken GA **91**, 323). So können **zB** ein Eintreten für die Sittlichkeit nicht das Sprengen einer Filmvorführung durch Stinkbomben (BGH **5**, 243), die Erhöhung der Verkehrssicherheit nicht die gewaltsame Verhinderung des Überholens auf der Autobahn (BGH **18**, 393; Bay NStZ/J **86**, 541; *Helmken* NZV **91**, 373), das Eintreten für Abrüstung oder niedrigere Diesel-Preise nicht Verkehrsblockaden rechtfertigen (BGH **35**, 270). Die von den dissentierenden Richtern in BVerfGE **73**, 258 für die Fernziele empfohlene Unterscheidung zwischen „eigennützigem" und „gemeinwohlorientiertem" Handeln hilft in der Sache kaum weiter (BGH **35**, 281 f.; iErg schon bisher Bay JZ **86**, 405; **93**, 212; Stuttgart NJW **84**, 1910; NStZ **88**, 130; KG NJW **85**, 209; Koblenz MDR **87**, 162), weil sie auf die **Gesinnung** abstellt und schon das Grundrecht der Meinungsfreiheit (Art. 5 GG) es zweifelhaft erscheinen lässt, die Strafbarkeit eines Demonstrationsverhaltens von einer solchen Unterscheidung abhängen zu lassen (hierzu *Tröndle,* Lackner-FS 635, Rebmann-FS 503 mwN; ferner *Starck* JZ **87**, 148; *Schmitt Glaeser* BayVBl. **88**, 457; *Isensee* HdbStaatsR III 28 zu § 57 Fn. 36 u. Sendler-FS 44, 62; *Günther,* Baumann-FS 224; *Ermer* [oben 1 a] 104). Für den Fall einer Meinungskundgebung durch Hausfriedensbruch und Sachbeschädigung hat BVerfG NJW **99**, 2106 aS die Vorlage des AG Stuttgart für unzulässig erklärt, weil 44 der Vorlagebeschluss einen Zusammenhang zwischen dem vom Angeklagten verfolgten *Fernziel* (Abschaffen von Nuklearwaffen) und einer *Rechtfertigung* nach § 34 nicht ergab.

45 **d) Verwerflichkeit bei Nötigung durch Gewalt.** Die Verwerflichkeitsklausel ist in beiden Alternativen des Abs. I zu prüfen. Für die **Anwendung von Gewalt** hat dies das BVerfG (E **73**, 206) – auf der Basis des „weiten" Gewaltbegriffs, aber mit dem Hinweis, bei Anwendung eines „engen" Gewaltbegriffs sei die Annahme einer Indizwirkung vertretbar (E **73**, 206, 255) – besonders hervorgehoben; sie ist für die Rechtswidrigkeit nicht „idR indiziell" (BGH **34**, 71; stRspr. [anders noch BGH **23**, 55]; vgl. LK-*Träger/Altvater* 76; *Lackner/Kühl* 20). Andererseits ist es für die Rechtswidrigkeit indiziell, wenn die Gewaltanwendung schon unabhängig hiervon eine strafbare Handlung darstellt (BGH **44**, 303 [§ 303]).

46 **aa) Straßenblockaden.** Für den Bereich der demonstrativen **Straßenblockaden** (vgl. oben 24) kann von diesen allgemeinen Grundsätzen nicht abgewichen werden, ohne damit widersprüchliche Rückwirkungen auf das Strafrechtssystem im ganzen zu provozieren (BGH **35**, 280; Stuttgart NJW **89**, 1871; zust. *Arzt* JZ **88**, 775; *Otto* NStZ **92**, 571 u. JK 3; *Krey* BT 1, 380 a; *Tröndle,* Rebmann-FS 501; **aA** *Ostendorf* StV **88**, 489; *Bertuleit* JA **89**, 21; *Bick* BKA III 54; *Eser,* Jauch-FS 44; LG Zweibrücken StV **89**, 397). Der Einsatz von Gewalt ist auch hier nicht ausnahmsweise strafbar, sondern ausnahmsweise straffrei (Bay NJW **88**, 719). Bei der Prüfung der für das Verwerflichkeitsurteil wesentlichen Umstände (Umfang, Intensität, Dauer, Auswirkungen der Blockade; vgl. hierzu BVerfGE **73**, 257; **76**, 217; *Graul* JR **94**, 53) ist insbesondere auf das Gewicht gewaltsamer Eingriffe in die individuellen Rechte dritter Personen abzuheben, die von den Tätern zu Objekten ihrer Selbstdarstellung gemacht werden. Die Grundrechte der Meinungs- und Versammlungsfreiheit (Art. 5, 8 GG) erlauben Behinderungen und Nötigungen Dritter nur als sozialadäquate *Nebenwirkungen* rechtmäßiger Demonstrationen (BVerfGE **73**, 249). Zwangseinwirkungen, die allein darauf *abzielen,* durch gewaltsamen Eingriff in Rechte Dritter gesteigertes Aufsehen in der Öffentlichkeit zu erregen (BVerfG aaO), sind durch Art. 5, 8 GG nicht gedeckt (vgl. hierzu auch *Kühl* StV **87**, 132; *Timpe* [oben 1 a] 96), denn diese Grundrechte schließen Gewalt und Zwang als Mittel des Meinungskampfs gerade aus (BVerfGE **25**, 266). Demonstrative Blockaden sind daher idR iS von II verwerflich (Stuttgart NJW **84**, 1910; KG NJW **85**, 211; Koblenz NJW **85**, 2433; NJW **88**, 721; Düsseldorf [2. StS] NJW **86**, 943 u. StV **87**, 394; LG Münster NJW **85**, 816; AG Schwäbisch Gmünd NJW **85**, 211).

46 a In der Entscheidung NJW **02**, 1031 (dissVot. *Haas* ebd. 1035; dissVot. *Jaeger* und *Bryde* ebd. 1037; Bespr. *Sinn* NJW **02**, 1024) hat das BVerfG eine wiederum neue Abschichtung vorgenommen, welche die Verwerflichkeits-Klausel iErg mit schwer vorhersehbaren Abwägungen belastet: Danach ergibt sich auch im Fall der Nötigung mit Gewalt (zur Gewalt-Bestimmung der Entscheidung vgl. oben 23 a) aus Art. 8 GG ein **Recht zur Selbstbestimmung** der Teilnehmer einer auf öffentliche Meinungsbildung gerichteten Versammlung hinsichtlich Ort, Zeit und Art der Versammlung. Für eine Begrenzung des Schutzbereichs des Art. 8 I GG ist allein der verfassungsrechtliche Begriff der *Unfriedlichkeit,* nicht der strafrechtliche Gewaltbegriff maßgebend (ebd. 1033). Das Selbstbestimmungsrecht auf (gewaltsame!) gemeinsame Meinungskundgabe umfasst allerdings nicht die Entscheidung darüber, welche Beeinträchtigungen die Träger kollidierender Grundrechte hinzunehmen haben. Für die Verwerflichkeitsprüfung ist daher „der Einsatz des Mittels der Beeinträchtigung … zu dem angestrebten Versammlungszweck bewertend in Beziehung zu setzen, um zu klären, ob eine Strafsanktion zum Schutz der kollidierenden Rechtsgüter angemessen ist" (1034); es sind danach der **Zweck** der Versammlung, für einen Standpunkt öffentliche Aufmerksamkeit zu erzielen, sowie die näheren **Umstände** der Demonstration zu berücksichtigen. Das BVerfG hat in den entschiedenen Fällen einer Straßenblockade des Bauplatzes *Wackersdorf* angenommen,

die Strafgerichte hätten den Schutzbereich des Art. 8 GG *verkannt,* indem sie die Annahme der Verwerflichkeit auf die Erwägung stützten, es hätten weniger einschneidende Mittel für eine symbolische Aktion zur Verfügung gestanden; hierdurch sei das Recht zur Selbstbestimmung über die Ausgestaltung der Versammlung verkannt worden. Da die Strafgerichte jedoch das kommunikative Anliegen der Täter sowie die konkreten Umstände der Taten „jedenfalls bei der Strafzumessung" berücksichtigt hätten, sei es ausgeschlossen, dass bei hinreichender (!) Berücksichtigung der Grundrechte eine günstigere Entscheidung getroffen worden wäre.

Diese Systematik erschließt sich nicht: Wenn **einerseits** bei der Prüfung der *Rechtswidrigkeit* Grundrechte des Täters „nicht hinreichend berücksichtigt", also verletzt wurden (ebd. 1035), so hätte ein *Schuldspruch* nicht erfolgen dürfen. Wieso *Strafzumessungs*-Erwägungen dies „letztlich" heilen sollten, ist nicht erklärlich, denn für einen *rechtmäßig* Handelnden wäre eine *milde Strafe* allemal zu hoch. Sind **andererseits** „die für die Verwerflichkeitsprüfung wesentlichen Gesichtspunkte zum Tragen gebracht", so bleibt schon unklar, wo eigentlich die Grundrechts-*Verletzung* liegen sollte. Die Annahme, auch bei Zugrundelegung des „engen" Gewaltbegriffs iS von BVerfGE **92**, 1 gewähre Art. 8 I GG ein Grundrecht darauf, gemeinsam mittels Gewalt „in einer die Öffentlichkeit angehenden Frage" Aufmerksamkeit für die eigene Meinung zu erzwingen (krit. dissVot. *Haas* NJW **02**, 1036 f.; *Sinn* NJW **02**, 1024 f.; MK-*Gropp/Sinn* 138), belastet § 240 II mit einer schwierigen Abwägung von Gewalt (und *Gegen*gewalt!), Kommunikationsfreiheit, „Versammlungsthemen" und „die Öffentlichkeit angehenden Fragen". Die Ausführungen der Entscheidung zu den **Maßstäben** dieser Abwägung bleiben vage; ebenso das Verhältnis von Versammlungszweck und Nötigungsziel. **46 b**

Ausnahmen können sich namentlich aus dem *Geringfügigkeitsprinzip* ergeben, zB bei einer *ganz kurzfristigen* Straßenblockade von weniger als einer Minute (Bay NJW **93**, 214) oder während einer Ampelphase (Koblenz NJW **85**, 2432; zust. *Krey* BT 1, 382 u. BKA I 282; LK-*Träger/Altvater* 112; vgl. auch LG Stuttgart StV **84**, 28 [5 bis 10 Min.]; Köln VRS **87**, 426 [3 bis 5 Min.]; Bay NJW **92**, 521 [10 Min.]; Zweibrücken NJW **91**, 55 [15 Min.; ähnlich Köln VRS **83**, 420]). Absolute Grenzen lassen sich nicht angeben, da es auf die Umstände des Einzelfalls ankommt; hierbei sind zB die Selbstbetroffenheit von Tätern (vgl. Stuttgart NJW **91**, 994 [krit. Anm. *Otto* NStZ **91**, 334]; LG Heilbronn MDR **87**, 430; LK-*Träger/Altvater* 112), die Dringlichkeit verhinderter Fahrten, vorhandene Ausweichmöglichkeiten (vgl. Stuttgart NJW **91**, 339; **92**, 2713), der Charakter einer Blockade als nur symbolische Aktion zu berücksichtigen. Nach Bay NJW **88**, 719 darf in Fällen, in denen der nötigenden Gewalt von dritter Seite nach kurzer Behinderung ein Ende gemacht wurde (zB durch Wegtragen), deren *beabsichtigtes* Ausmaß nicht unberücksichtigt bleiben. Die Ansicht des BVerfG, gewaltsame Nötigung von Dritten sei *weniger* verwerflich, wenn die Genötigten einen „Bezug zum Versammlungsthema" haben (BVerfG NJW **02**, 1034: dort Lkw-Fahrer von an der Baustelle *Wackersdorf* tätigen Bauunternehmen), überzeugt nicht: Wer durch Einsatz von Gewalt die Massenmedien auf seine Meinung zur Asylpolitik aufmerksam machen möchte, ist schwerlich dadurch gerechtfertigt, dass er *Ausländer* am Betreten „deutscher" Geschäfte hindert; und wer mit Gewalt Kunden daran hindert, „bei *Juden*" oder „bei *Ausländern*" zu kaufen, handelt nicht weniger rechtwidrig, weil dies eine „Meinungskundgebung" an diejenigen ist, die es angeht. Das Argument des BVerfG ist vermutlich der sog. *politischen Korrektheit* geschuldet; in Wahrheit enthält es ein *denunziatorisches* Element. **47**

bb) Behinderungen im Straßenverkehr können bei Einsatz von Gewalt als Nötigungsmittel iS von II verwerflich sein (so auch VGT **88**, 11; zusf *Voß-Broemme* NZV **88**, 2; *Haubrich* NJW **89**, 1197; *Krey* BKA II 225 ff.; *Kaiser,* Salger-FS 61). Die Entscheidung BVerfGE **92**, 1 (oben 20) lässt die Mehrzahl der von der Rspr. als Gewaltnötigung angesehenen Fälle unberührt (oben 25); jedoch scheiden rein psychische Einwirkungen jedenfalls aus (vgl. Düsseldorf NJW **96**, 2245; Köln NZV **97**, 318; *Berz* NZV **95**, 297 u. *Berz/Borck/Suhren* VGT **96**, 67, 76, 91; *Janiszewski* NStZ **95**, 583; *Hentschel* NJW **96**, 637; *Suhren* DAR **96**, 310). Zu **Einzel-** **48**

fällen vgl. oben 15f. Für die Frage der *Verwerflichkeit* spielt eine Rolle, ob und inwieweit das Verhalten zu einer *Gefährdung des andern* führt (Köln NJW **68**, 1892; Stuttgart VM **73**, 68; Bay NStZ/J **86**, 541; **92**, 271), doch braucht es nicht zu einer konkreten Gefährdung zu kommen (BGH **18**, 389; KG JR **69**, 389). Im Übrigen ist Verwerflichkeit iSd II insb. bei verkehrsfremder Motivation des Täters sowie in Fällen anzunehmen, in denen die Nötigung allein der rücksichtslosen Durchsetzung eigener Interessen dient; aber auch bei schikanösem Verhalten mit dem Zweck einer „verkehrserzieherischen" Maßregelung (vgl. Bay NJW **02**, 628f.).

49 In den Fällen des **Streits um eine Parklücke** wendet ein *Fußgänger,* der dem Parkwilligen die Einfahrt versperrt, im Hinblick auf den Gewaltbegriff des BVerfG (E **92**, 1; oben 20ff.) keine Gewalt an (LK-*Träger/Altvater* 101; *Berz* NZV **95**, 300 u. VG **96**, 72; *Geppert* JK 16; *Kaiser,* Salger-FS 58; **aA** Bay NJW **63**, 823; Köln NJW **79**, 2057; Hamm VRS **59**, 427; *S/S-Eser* 14 vor § 234), wohl aber der *Kraftfahrer,* der die Einfahrt erzwingt (oben 15). Der *Fußgänger* handelt unbeschadet des Verstoßes nach § 1 II StVO idR auch *nicht verwerflich* iS des II (Köln NJW **79**, 2057; Hamm VRS **59**, 427; **aA** Schleswig SchlHA **68**, 265), und zwar zufolge des Geringfügigkeitsprinzips (oben 47); *anders jedoch* wegen der damit verbundenen Gefahren idR *der Kraftfahrer,* der die Einfahrt erzwingt und – wenn auch nur langsam fahrend – den Fußgänger wegdrückt (Hamm NJW **70**, 2075; Bay NJW **95**, 2646; LK-*Träger/Altvater* 101; *Lackner/Kühl* 23; *Hentschel* 62 zu § 12 StVO; *Kaiser,* Salger-FS 58; **aA** *Jakobs* 12, 4; Hamburg NJW **68**, 663; Stuttgart NJW **66**, 748 [m. krit. Anm. *Bockelmann* aaO, *Berz* JuS **69**, 367, *Möhl* JR **66**, 229]). Das gilt auch im Falle eines *vorrangigen* (§ 12 V StVO) *Parkrechts* (Bay NJW **61**, 2075), das kein notwehrfähiges subjektives Recht begründet (Stuttgart NJW **66**, 748 m. Anm. *Bockelmann; Jescheck/Weigend* § 32 II 1a; *W/Hettinger* 434; *Krey* BT 1, 367; *Voß-Broemme* NZV **88**, 5).

49a **cc)** Im Bereich des **Arbeitskampfes** ist die Nötigung durch **Streik** und **Aussperrung** jedenfalls dann nicht rechtswidrig, wenn sie sich in den rechtlich anerkannten Grenzen des Arbeitskampfes bewegt und nicht außer Verhältnis zu Anlass und Zweck des Arbeitskampfes steht (vgl. *Neumann* ZStW **109**, 4ff.; *Schumann/Wolter,* in: *Däubler,* Arbeitskampfrecht, 2. Aufl. 1987, 213ff., 264ff.; *Zechlin* AuR **86**, 294; LK-*Träger/Altvater* 107; jew. mwN); umgekehrt folgt aus der Arbeitsrechtswidrigkeit einer Maßnahme noch nicht ohne weiteres die Verwerflichkeit einer Nötigung insb. auch iS von § 253 II (zutr. LK-*Träger/Altvater* 107). Rechtswidrig können aber einzelne Maßnahmen sein (gewaltsame Hinderung Arbeitswilliger [Bay NJW **55**, 1806]; Beschädigung von Produktionsmitteln; Drohung mit Arbeitsniederlegungen zur Erzwingung der Entlassung von Ausländern oder Nichtorganisierten [*S/S-Eser* 25]; gezielte Lahmlegung existentiell betriebswichtiger Produktions- oder Versorgungseinrichtungen). **Betriebsbesetzungen** sind idR rechtswidrig, wenn sie ausschließlich oder überwiegend dazu dienen, Arbeitswillige an der Arbeit zu hindern (vgl. aber *Ostendorf,* Kriminalisierung des Streikrechts, 1987, 43ff.); das gilt auch für **Betriebsblockaden.**

50 **e) Verwerflichkeit bei Nötigung durch Drohung.** In den Fällen der Drohung mit einem empfindlichen Übel (30ff.) kann die Rechtswidrigkeit fehlen, wenn der Täter einen Anspruch auf die erzwungene Handlung hat. Soweit der Schutzbereich des § 240 auf die **rechtlich anerkannte Freiheit** beschränkt wird (vgl. dazu *Lesch,* Rudolphi-FS [2004] 483ff. mwN; oben 2), entfällt beim Zwang zu Verhaltensweisen, zu welchen eine rechtliche Verpflichtung besteht, schon der Tatbestand des Abs. I; ebenso bei Drohung mit einem erlaubten Verhalten (*Lesch* aaO 487ff.). Nach **Rspr.** und **hM** kommt es in diesen Fällen unter dem Gesichtspunkt des Abs. II auf die **Konnexität** zwischen Zwang und erzwungenen Verhalten an: So entfällt zB die Rechtswidrigkeit, wenn der Täter mit einer der Sachlage entsprechenden **Strafanzeige** droht (BGH **5**, 261; NJW **57**, 598; Bay **56**, 282; Düsseldorf NStZ-RR **96**, 5f.; Karlsruhe NStZ-RR **96**, 296f.; krit. *Fezer* JR **76**, 98).

50a **Verwerflichkeit** ist **zB** angenommen worden bei entsprechenden Drohungen trotz Zweifelhaftigkeit der Forderung (Koblenz OLGSt. 24); bei beleidigender Form der angedrohten Bekanntmachung (Bay **32**, 15); bei Drohung mit Widerruf eines Prozessvergleichs durch einen Amtsträger, wenn der Betroffene seinen Einspruch gegen einen Bußgeldbescheid in anderer Sache nicht zurücknimmt (Düsseldorf JMBlNW **84**, 56); bei Drohung mit der Veranlassung von Abschiebungsmaßnahmen zum Zweck der Beitreibung einer privaten Forderung gegen einen Ausländer (Düsseldorf NStZ-RR **96**, 6); bei Hinderung von Wanderern an der Benutzung eines Privatweges durch Drohung mit Hunden und Schusswaffen (Bay NJW **65**, 163); Vertreibung von Reitern aus dem Jagdrevier durch Androhung von Schusswaffengebrauch (Koblenz VRS **68**, 207; LK-*Träger/Altvater* 97); Androhung von Hausbesetzern, Gebäude weiter besetzt zu halten (Köln NJW **82**, 2678; abl. *Schön* NJW **82**, 2650); Drohung eines Rechtsanwalts mit einer Strafanzeige, um einen Rechtsmittelverzicht zu erzwingen (AnwBl. **55**, 69; vgl. auch Düsseldorf AnwBl. **73**, 316; LK-*Träger/Altvater* 91); Drohung einer Arbeitgeberin, einen Schöffen wegen seines Sitzungsdienstes zu entlassen (vgl. BGH **27**, 346); Nötigung zum Eintritt in eine Gewerkschaft (vgl. Bay **60**, 296) oder zum Austritt aus ihr durch Androhung wirtschaftlicher Nachteile; Drohung mit Veröffentlichung angeblicher „Missstände" bei einer Bank, um die Einstellung eines Zwangsversteigerungsverfahrens zu erreichen (Bay wistra **05**, 235). Auch die **Drohung mit Unterlassen**, zu dem der Täter rechtlich nicht verpflichtet ist, kann unter dem Gesichtspunkt des Mittel-Zweck-Verhältnisses („Konnexität") rechtswidrig sein (vgl. BGH **31**, 195 [Drohung eines Kaufhausdetektivs, eine Strafanzeige nicht verschwinden zu lassen, wenn die Ladendiebin nicht sexuelle Handlungen dulde; **aA** *Lesch*, Rudolphi-FS [2004] 483, 488; vgl. oben 34).

Andererseits ist die bloße Drohung **nicht** (schon deshalb) **verwerflich,** weil die Verwirklichung rechtswidrig wäre (Bay **63**, 22; NJW **71**, 768). Nach BGH **44**, 68 fehlte es in Fällen, in denen Vermittler in der DDR ihre Hilfeleistung zur Erlangung einer Ausreisegenehmigung von einer Grundstücksveräußerung an den Vermittler selbst oder an Dritte zu einem äußerst günstigen Preis abhängig machten, an der Verwerflichkeit iS des II (zust. *Lesch*, Rudolphi-FS 488; **aA** *Arzt/Weber* 9/51; vgl. dazu 6 zu § 253). Bei der Forderung sog. **„Fangprämien",** die Geschäftsinhaber Ladendieben abfordern, scheidet § 253 aus, wenn der Täter einen Anspruch auf die Prämie zu haben glaubt, so dass dann uU § 240 zu prüfen ist (schon den Tatbestand verneinend *Lesch* aaO 488). Ferner darf man uU durch Androhung einer Körperverletzung von einer strafbaren Handlung oder einer Ordnungswidrigkeit (VRS **40**, 104) abhalten, selbst wenn bei deren Begehung ein Notwehrrecht zweifelhaft wäre (vgl. aber SK-*Horn/Wolters* 46); desgl. von einer Selbsttötung LK-*Träger/Altvater* 96 (vgl. Saarbrücken VRS **17**, 26). Die **Drohung mit Selbsttötung** ist idR nicht verwerflich (str.; vgl. MK-*Gropp/Sinn* 151; LK-*Träger/Altvater* 95; *Lackner/Kühl* 13; *S/S-Eser* 31; *Bohnert* JR **82**, 397; *M. K. Meyer* Ausschluss 147; vgl. NStZ **82**, 286; Hamm NStZ **95**, 548). Anders soll es sein, wenn Häftlinge durch **Hungerstreik** ihnen nicht zustehende Haftbedingungen oder ihrerseits strafbare Ziele erzwingen wollen (*Kühne* NJW **75**, 676; *Böhm* JuS **75**, 288; *Bottke* JR **85**, 123; LK-*Spendel* 56 zu § 323 c; *S/S-Eser* 31; *Tröndle* 49. Aufl.; vgl. auch MK-*Gropp/Sinn* 152; zw.; **aA** LK-*Träger/Altvater* 95; *Rudolphi,* Bruns-FS 324; *Ostendorf,* Das Recht zum Hungerstreik, 1983 [hierzu *Jakobs* ZStW **95**, 677; *Jekewitz* GA **84**, 335] und JZ **79**, 256; GA **84**, 308; *Timpe* [oben 1 a] 104; vgl. aber BGH **27**, 325, 329 [schon keine Drohung, wenn Abbruch vor konkreter Lebensgefährdung geplant ist]). Problematisch sind die Drohung mit sowie der Aufruf zu **Boykottmaßnahmen** (vgl. dazu NJW **85**, 1620 [Bespr. *Hufen* JuS **86**, 192]; *Krumpholz* NJW **93**, 113; *Kübler* AfP **73**, 405; *Möllers* NJW **96**, 1374; allg. dazu *Simmler,* Boykott und Strafrecht, 1979 [Diss. Freiburg]; *Bergerhoff,* Strafbarer Boykott, 1998 [Diss. Bochum 1997]; *Binkert,* Gewerkschaftliche Boykottmaßnahmen im System des Arbeitskampfrechts, 1981; *Brummer,* Der Boykott [usw.; Arbeitskampfrecht], 1979 [Diss. Köln]; *Kreuzpointer,* Boykottaufrufe durch Verbraucherorganisationen, 1980 [Diss. München]). Soweit darin nur die Drohung mit dem **Unterlassen rechtlich nicht gebotener Handlungen** liegt, wird es idR schon am Tatbestand des § 240 fehlen. Anders kann es bei der Drohung liegen, geschäftliche Beziehungen des Bedrohten durch Boykottmaßnahmen gegen Dritte zu schädigen. 51

52 **f) Verwerflichkeit bei Nötigung von Amtsträgern.** Zur Nötigung *durch* Amtsträger vgl. Abs. IV Nr. 3. Richtet sich die Nötigung *gegen* einen Amtsträger in dieser Eigenschaft, so ist die Tat (auch im Falle des § 121 I Nr. 1) nach Abs. I zu beurteilen (BGH **24**, 266; vgl. LK-*Träger/Altvater* 104; LK-*v. Bubnoff* 3 zu § 113). Nötigt der Täter zur Vornahme einer rechtswidrigen Diensthandlung, so ist seine Tat grundsätzlich nach II verwerflich (Bay **88**, 9). Nötigt er zur Aufhebung einer rechtswidrigen Diensthandlung, so kann die Tat bei bloßer Drohung mit einem empfindlichen Übel uU rechtmäßig sein (weiter *Tröndle* 49. Aufl. 31: grds gerechtfertigt). Bei Gewalt oder Drohung mit Gewalt wird es auf die konkrete Fallgestaltung, u. a. auch darauf ankommen, ob dem Täter der Weg des Rechtsbehelfs zuzumuten ist. Wird zur Vornahme einer rechtmäßigen Diensthandlung genötigt, so spricht die Vermutung für Rechtswidrigkeit, da die Freiheit amtlicher Entschließung grundsätzlich gesichert sein muss. Leistet der Täter einer Vollstreckungshandlung Widerstand, aber nur durch Androhung eines empfindlichen Übels, so dass die Tat nicht unter den Privilegierungstatbestand des § 113 fällt, so entfaltet § 113 keine allgemeine „Sperrwirkung" (LK-*Träger/Altvater* 105; and. BGH **30**, 235, 236; Frankfurt NJW **73**, 1806; vgl. *Zopfs* GA **00**, 527, 541 f.); vielmehr ist ggf. § 113 III, IV analog zugunsten des Täters anzuwenden (LK-*v. Bubnoff* 3, 65 zu § 113; LK-*Träger/Altvater* 105; *M/Schroeder/Maiwald* 71/24). Die Androhung einer Dienstaufsichtsbeschwerde (RG **56**, 47; Bremen NJW **57**, 151; Koblenz VRS **51**, 208) oder einer Presseveröffentlichung (Frankfurt NJW **53**, 1363) ist nur dann rechtswidrig (vgl. NJW **76**, 760; Neustadt GA **60**, 251; 286; Hamm NJW **65**, 1495; AG Köln MDR **72**, 164), wenn der Täter eine entstellte Darstellung androht (Celle NJW **57**, 1847; vgl. LK-*Träger/Altvater* 106); nicht aber schon die allgemeine Drohung, einen „Skandal" öffentlich zu machen, Schadensersatzansprüche zu erheben oder „die Presse einzuschalten", um eine rechtlich gebotene Handlung zu erzwingen (vgl. BVerfG NJW **93**, 1519 [Herausgabe von Krankenhausunterlagen]). Die Drohung mit Strafanzeigen, Presseveröffentlichungen, Mitteilungen an den Dienstherrn usw. ist idR rechtswidrig, wenn die betr. Tatsachen in keinem inneren Zusammenhang mit dem Ziel der Nötigung stehen.

53 **8) Vorsatz.** Nach hM reicht **bedingter Vorsatz** grds aus (BGH **5**, 245 f.; NJW **84**, 439; *S/S-Eser* 34; LK-*Träger/Altvater* 115). Hinsichtlich des **abgenötigten Verhaltens** werden hier jedoch weitgehende Einschränkungen gemacht: Nach verbreiteter Ansicht ist bei Anwendung von Gewalt (vgl. MK-*Gropp/Sinn* 103; *Rengier* BT II, 4/70; *Arzt/Weber* 9/89; *M/Schroeder/Maiwald* 13/41), nach **aA** jedenfalls bei Gewalt gegen Sachen (LK-*Träger/Altvater* 115; *W/Hettinger* 419) **Absicht** iS zielgerichteten Handelns erforderlich (vgl. auch JR **88**, 75; Bay NJW **63**, 1262); nach der am weitesten gehenden Ansicht setzt § 240 in allen Fällen Absicht hinsichtlich des Nötigungszwecks voraus (*S/S-Eser* 34; SK-*Horn/Wolters* 7). Dies wird teils aus dem Wortlaut des Abs. II („angestrebter Zweck"; vgl. *S/S-Eser* 34; *M/Schroeder/Maiwald* 13/41; *W/Hettinger* 419), teils aus einem dem Gewaltbegriff innewohnenden Absichts-Element abgeleitet (so *Arzt/Weber* 9/89; *Rengier* BT II, 24/70); nach wiederum aA soll es sich daraus ergeben, dass der Unrechtsgehalt einer im Sachentzug liegenden Nötigung bei Entwendung oder Zerstörung von Sachen von den betr. Tatbeständen umfasst ist (LK-*Träger/Altvater* 115 für Kfz-Diebstahl). Keine der genannten Begründungen ist zwingend (vgl. auch *Geilen,* H. Mayer-FS 461); dass die Anforderung eines „Willens, durch Gewalt oder Drohung ein bestimmtes Verhalten zu erzwingen" (vgl. BGHR § 240 I Vorsatz 1; LK-*Träger/Altvater* 115), sich *zugleich* auf BGH **5**, 246 („nicht haltbar" sei die Rechtsansicht, die Gewalt müsse „mit dem ausdrücklichen [?] Willen angewendet werden, ein bestimmtes Verhalten zu erzwingen") *und* auf die Erwägung stützen kann, es reiche aus, wenn der Täter das Erzwingen eines bestimmten Verhaltens billigend in Kauf nehme (BGH ebd.; LK-*Träger/Altvater* ebd.), erscheint zweifelhaft. In der **Praxis** dürfte der Streitfrage kein sehr großes Gewicht zukommen.

Zum Vorsatz gehören auch die Kenntnis (oder das Inkaufnehmen) der tatsächlichen Umstände, welche die Merkmale der Gewalt enthalten, die das Übel als empfindlich und das Vorgehen des Täters als rechtswidrig erscheinen lassen (LM Nr. 3; NJW **54**, 480; Bay NJW **61**, 2074; **92**, 521; Frankfurt DAR **67**, 222; Hamburg NJW **68**, 663; Karlsruhe NJW **73**, 380; *Arzt/Weber* 90f.; LK-*Träger/Altvater* 115). Je nachdem, ob man II als Tatbestandsergänzung oder als Rechtswidrigkeitsmerkmal ansieht (vgl. oben 38), liegt im Falle eines Irrtums über den *Sachverhalt* (oben 53), der der Wertung des II zugrunde liegt, ein Tatbestandsirrtum (§ 16) oder ein als solcher zu behandelnder Irrtum über rechtfertigende Umstände (20 ff. zu § 16) vor, was für die Rechtsfolge gleich bleibt (*Lackner/Kühl* 25; SK-*Wolters/Horn* 53; *Arzt/Weber* 9/91). Das **Bewusstsein der Rechtswidrigkeit** gehört nicht zum Vorsatz. Der **Irrtum** hierüber ist Verbotsirrtum (GrSenBGH **2**, 194; Hamburg NJW **72**, 1290; Braunschweig NJW **76**, 62; vgl. LK-*Träger/Altvater* 116; *M/Schroeder/Maiwald* 13/42; SK-*Wolters/Horn* 53). 54

9) Vollendung und Versuch. A. Vollendet ist die Tat, wenn der Genötigte als Folge des auf ihn ausgeübten Druckes die ihm aufgezwungene **Handlung vorgenommen** oder zumindest mit ihrer Ausführung **begonnen** hat (MDR/H **79**, 281; NStZ **87**, 71 [hierzu *Otto* JK 10]; **04**, 442f.; vgl. BGH **37**, 350), etwa wenn das Opfer sich über einen nicht ganz unbedeutenden Zeitraum dem Zwang entsprechend verhält (vgl. 4 StR 181/91). Ein **Teilerfolg** ist als Vollendung anzusehen, wenn die Handlung nach der Vorstellung des Täters eine eigenständig bedeutsame Vorstufe des angestrebten Enderfolgs darstellt (NJW **97**, 1082; NStZ **87**, 70f.). Kleine Vollendung liegt aber vor, wenn das Opfer zu einem (kurzfristigen) Verhalten veranlasst wird, das nicht Zweck, sondern lediglich **Mittel** ist, um das vom Täter gewollte Verhalten zu ermöglichen (NStZ **04**, 442, 443; NStE Nr. 1 zu § 178 [aF]). Voraussetzung für die Vollendung ist in allen Fällen, dass die vom Täter vorgenommene Zwangshandlung *als solche* für das Verhalten des Opfers **kausal** ist (vgl. NStZ **04**, 385, 386); ein erfolgreiches Nötigen liegt daher nicht vor, wenn das Opfer die Handlung aus anderen, selbstbestimmten Gründen gleichermaßen vorgenommen hätte (**aA** *Kargl,* Roxin-FS 905, 913: vollendete Nötigung, wenn ein Taxifahrer, der auf dem Weg zum Bahnhof ist, unter Drohung mit Gewalt dazu aufgefordert wird, eben dorthin zu fahren), also allein das Zwangsmittel *gegen seinen Willen* erleidet. Strebt der Täter zwei Handlungen an, so ist § 240 vollendet, wenn er eine von beiden erreicht (MDR/D **72**, 386). 55

Bei Nötigung zu einem **Unterlassen** ist Vollendung gegeben, wenn das Opfer die Handlung infolge des Zwangs entweder ganz unterlässt oder über den Zeitraum hinaus verschiebt, in welchem sie vorgenommen werden sollte (vgl. auch LK-*Träger/Altvater* 66; *S/S-Eser* 13). Ein willentliches Verhalten des Opfers ist nicht erforderlich (*Schroeder*, Gössel-FS 415, 416); es reicht daher auch die gewaltsam herbeigeführte Unmöglichkeit des Handelns. Auf den Eintritt eines vom Täter beabsichtigten *weiteren* Erfolgs kommt es nicht an (*W/Hettinger* 418). 55 a

Problematisch ist die Vollendung der *Gewalt*nötigung in Fällen, in denen ein *Dritter* auf Grund eigener (Ermessens-)Entscheidung dazwischentritt und die Handlung des Täters den Betroffenen daher nur **mittelbar**, uU in Form hoheitlicher Maßnahmen, erreicht. Bei demonstrativen Verkehrsblockaden (oben 20 ff., 46 f.) kommt es nach BGH **37**, 350, 357 (auf Vorlage von Bay NJW **90**, 59) für die Abgrenzung von Versuch und Vollendung darauf an, ob der für eine Nötigung mit Gewalt erforderliche *spezifische Zusammenhang* zwischen Nötigungshandlung (Hindernisbereiten) und dem Nötigungserfolg (Anhalten der Kraftfahrer) vorliegt; danach ist eine *vollendete* Nötigung gegeben, wenn die Polizei im unmittelbar örtlich-zeitlichen Zusammenhang mit der Sitzblockade die Kraftfahrer, gegen welche sich die Blockade richtete, angehalten hat (BGH aaO; so schon Stuttgart MDR **86**, 602; zust. *Otto* JK 11; vgl. *Dierlamm* NStZ **92**, 573; *S/S-Eser* 14 a; SK-*Horn/Wolters* 27; *Tröndle* 49. Aufl. 32; krit. *Wohlers* NJW **92**, 1432 u. *Eschenbach* Jura **95**, 14; **aA** Bay NJW **90**, 59; Zweibrücken NJW **91**, 55; Düsseldorf NStZ **87**, 368; Köln 55 b

NJW **83**, 2206; *Altvater* NStZ **95**, 281 f.). Diese Rspr. ist im Hinblick auf BVerfGE **92**, 1 zweifelhaft, soweit der Zwang auf betroffene Kraftfahrer, anzuhalten oder eine Umleitung zu benutzen, sich *unmittelbar* allein aus der polizeilichen Anordnung ergibt; denn dadurch, dass eine vorgezogene Straßensperrung die Konfrontation zwischen Blockierern und Blockierten verhindert, wird eine unmittelbare körperliche Zwangseinwirkung idR gerade ausgeschlossen (vgl. oben 23, 26).

56 **B. Versuch.** Versuch **(Abs. III)** liegt vor, wenn der Täter mit der Anwendung der Nötigungsmittel beginnt, ohne dass diese zum Erfolg führen, der Genötigte zB noch nicht einmal einen Entschluss fasst; oder wenn das Opfer mit der vom Täter erstrebten Handlung noch nicht begonnen hat (LK-*Träger/Altvater* 66). An der **Kausalität** fehlt es, wenn der Genötigte die Handlung nicht infolge der Nötigung, sondern aus anderen Gründen ausführt (MDR/D **53**, 722; BGH **37**, 353; Hamburg MDR **74**, 330). Bei der Nötigung zu einem Unterlassen kommt es nicht darauf an, ob das Opfer mit der betreffenden Handlung den *von ihm* beabsichtigten Zweck erreicht hätte; wohl aber darauf, ob es zu der „unterlassenen" Handlung überhaupt in der Lage ist (*S/S-Eser* 14 a; **aA,** aber unklar LK-*Träger/Altvater* 66). Eine Vollendung scheidet hier auch aus, wenn das Opfer zur Vornahme einer unterlassenen Handlung gar nicht willens war; § 240 erfasst nicht die Vereitelung bloßer Handlungs-*Möglichkeiten* (and. wohl LK-*Träger/Altvater* 66). Der Rechtssatz, es sei für die Vollendung „zwischen dem Willen und den Empfindungen des Nötigungsopfers zu unterscheiden" (LK-*Träger/Altvater* 118 unter Hinweis auf Stuttgart NJW **89**, 1620), daher sei es unerheblich, ob der Genötigte das ihm angesonnene Verhalten *mit Missbehagen* oder *gerne* zeigt (ebd.), ist in dieser Allgemeinheit wohl nicht zutr., denn wer sich zu einem Verhalten „gerne" veranlassen lässt, die auf *Zwang* gerichtete Täterhandlung also nur zum *Anlass* nimmt, das zu tun, was er will, wird nicht *gegen seinen Willen* genötigt. § 240 schützt die *konkrete* Willens(betätigungs-)Freiheit, nicht die Pflicht, einen bestimmten Willen zu haben. Freilich kommt es nicht auf einen „unbedingten" Willen oder auf die Bereitschaft des Nötigungsadressaten an, seinen Willen gegen den Täter durchzusetzen, also Widerstand zu leisten. Die Grenze dürfte wie bei der Freiheitsberaubung dort zu ziehen sein, wo das „Opfer" die *Möglichkeit* der Willensbetätigung tatsächlich gar nicht haben will, in Wahrheit also hofft, das vom Täter verlangte Verhalten zeigen zu können. Wer sich in der freudigen Erwartung auf den Weg zur Arbeit oder Schule macht, jemand habe die Straße gesperrt oder das Schultor verschlossen, wird daher nicht (erfolgreich) genötigt, wenn dieser erhoffte Fall eintritt.

57 **10) Rechtsfolgen. A.** Die Strafe nach Abs. I ist Freiheitsstrafe bis zu 3 Jahren oder Geldstrafe.

58 **B. Abs. IV,** der durch das **6. StrRG** (2 f. vor § 174) eingefügt wurde, führt Regelbeispiele für **besonders schwere Fälle** (11 zu § 12; 90 ff. zu § 46) auf. Ein benannter besonders schwerer Fall (der Nötigung zum Schwangerschaftsabbruch) ist erstmals durch das SFHÄndG v. 21. 8. 1995 als Abs. I S. 2 aF eingefügt worden (unten 60); das 6. StrRG hat dies um die Regelbeispiele der Nrn. 1 und 3 ergänzt; Art. 1 Nr. 12 des 37. StÄG hat Nr. 1 um die Nötigung zur Eingehung einer Ehe ergänzt (unten 59 a). Gegen die Regelung bestehen insoweit grundsätzliche **Bedenken**, als angesichts der Weite des Tatbestands der Auswahl einiger weniger abgenötigter Handlungen oder Duldungen (Nrn. 1 und 2) von vornherein eine gewisse *Beliebigkeit* anhaftet (vgl. *Fischer* ZStW **112**, 79; ähnl. LK-*Träger/Altvater* 120). Aus der unbegrenzten Vielzahl denkbarer Nötigungsfälle, die sich *im Einzelfall* als besonders schwer darstellen können, sind in Nrn. 1 bis 3 drei Fälle herausgehoben, ohne dass die Lebenserfahrung gerade diese Auswahl nahe legen würde. Man mag sich, je nach individueller Lebenseinstellung oder Persönlichkeit, eine beliebige Zahl anderer Verhaltensweisen vorstellen, zu welchen man *besonders ungern* genötigt werden möchte.

59 **a) Nr. 1, 1. Var.** erfasst die **Nötigung zu einer sexuellen Handlung.** Hierbei ist die Erheblichkeitsschwelle des § 184 f (dort 6) zu beachten. Unverständlich

ist, dass die Nötigung zur **Duldung** sexueller Handlungen nicht erfasst ist; eine Begründung hierfür ergibt sich aus den Materialien des 6. StrRG nicht. Eine *Auslegung* des Begriffs „Handlung" dahin, dass auch das Dulden *fremder* Handlungen erfasst sei (so SK-*Wolters/Horn* 55), würde aber die Wortlautgrenze überschreiten. Die **Abstimmung mit § 177** ist auch im Übrigen nicht gelungen (vgl. dort 39 c): In § 177 I ist für die sexuelle Nötigung bereits im Grundstrafrahmen eine höhere Strafdrohung vorgesehen als in § 240 IV, so dass Nr. 1 nur für sexuelle Nötigungen durch Drohung mit einem empfindlichen Übel (*Nelles* Einf. 6. StrRG, 20; vgl. etwa NStZ-RR **07**, 173 [Drohung mit „Wegnahme" eines Kindes]) ohne Ausnutzung einer *schutzlosen Lage* (§ 177 I Nr. 3; vgl. 27 ff. zu § 177) oder für sexuelle Handlungen Bedeutung hat, die – wie sexuelle Handlungen ohne körperliche Berührung oder solche an sich selbst – von § 177 nicht erfasst sind (*Renzikowski* NStZ **99**, 440; SK-*Wolters/Horn* 59 a; NK-*Frommel* 28 zu § 177; vgl. auch *Gössel,* H.J. Hirsch-FS 183; unklar *S/S-Eser* 38). Der Strafrahmen des *besonders schweren* Falles durch Nötigung zu einer sexuellen Handlung (Vergehen!) ist derselbe wie der des *minder schweren* Falles einer sexuellen Nötigung (§ 177 V, 1. HS; Verbrechen!).

b) Nr. 1, 2. Var. erfasst die **Nötigung zur Eingehung der Ehe**. Das Regelbeispiel wurde durch Art. 1 Nr. 12 des 37. StÄG eingefügt, „um das Unrecht zu betonen" (BT-Drs. 15/3045, 10; ähnlich schon GesA Bad.-Württ. BR-Drs. 767/04); dies bestätigt das oben 58 zur Kritik Ausgeführte. Erfasst ist die Nötigung zur Eheschließung mit dem Täter selbst oder mit einer dritten Person. Vollendung setzt wirksame Eheschließung voraus. Weitergehend jetzt GesE BRat, BT-Drs. 16/1035 („Zwangsheirats-BekämpfungsG" mit Vorschlag der Einführung eines § 234 b [„**Zwangsheirat**"] und Streichung der Variante in IV Nr. 1; vgl. schon BT-Drs. 15/5951; GesA Bad.-Württ. BR-Drs. 767/04). Das Gesetzgebungsverfahren war bei Redaktionsschluss der 54. Aufl. nicht abgeschlossen. 59 a

c) Nr. 2 (I S. 2 aF) erfasst die **Nötigung zum Schwangerschaftsabbruch.** Der Gesetzgeber des SFHÄndG ist mit der Einführung des Regelbeispiels (jedenfalls *pro forma*) der Forderung des BVerfG nachgekommen, Strafvorschriften zu schaffen, die einem vom sozialen Umfeld einer Schwangeren ausgehenden Druck zum Schwangerschaftsabbruch entgegenwirken (BVerfGE **88**, 298; krit. *Tröndle* NJW **95**, 3009, 3018). Nicht erfasst ist bloße **Hilfsunwilligkeit** des Kindsvaters oder von Angehörigen; auch die Drohung, eine Beziehung zu beenden, wenn die Schwangerschaft nicht abgebrochen wird, reicht allein idR nicht aus (oben 34). Drohungen mit dem Verlust des Arbeitsplatzes, der Wohnmöglichkeit bei der Familie oder mit „Heimeinweisung" u. ä. erfüllen das Regelbeispiel, idR auch die Ankündigung des Kindsvaters, sich bei Austragen der Schwangerschaft der Unterhaltspflicht rechtswidrig zu entziehen (vgl. § 170). Bedrängende Hinweise auf mögliche nachteilige Folgen für die Schwangere (zB Abbruch der Ausbildung), das Kind (zB schwierige soziale Verhältnisse; Adoption) oder den Kindsvater (zB Bestrafung nach § 174 oder § 173) reichen freilich idR nicht aus, obgleich sie in ihrem Gewicht einer tatbestandlichen Nötigung jedenfalls gleichkommen können. Nr. 2 erfasst daher nur einen schmalen Ausschnitt von Rechtsgutbeeinträchtigungen; dass die Regelung in der Praxis eine Rolle spielen könnte, erscheint mehr als zweifelhaft. Dass austragungswillige Schwangere in größerer Zahl Eltern, Lebenspartner oder andere nahe stehende Personen wegen *versuchter* Nötigung zur Anzeige bringen, ist auch früher nicht bekannt geworden; für *vollendete* Fälle gilt dies erst recht. 60

d) Nr. 3 erfasst den **Missbrauch von Befugnissen oder Stellung als Amtsträger** bei der Nötigung (zum Ursprung in § 339 RStGB und zum Bezug zu § 343 vgl. *Rogall*, Rudolphi-FS [2004] 511, 525). Ein Missbrauch von **Befugnissen** liegt vor, wenn der Täter eine ihm nach seinem Amt grds gestattete Zwangsausübung missbräuchlich, dh mit einer verwerflichen Zweck-Mittel-Relation (oben 42 f.) einsetzt; ein Missbrauch der **Stellung,** wenn die Eigenschaft und Stel- 61 lung als Amtsträger dem Täter den *Zugang* zum Opfer ermöglicht, die Nötigungshandlung selbst aber nicht im Rahmen seiner grds. Amtsbefugnisse liegt. Hierzu gehört der Fall, dass der Täter die irrtümliche Annahme des Opfers ausnutzt, er sei zu der Zwangsausübung berechtigt (SK-*Horn/Wolters* 61). Die Voraussetzungen gelten auch für Teilnehmer, da auf Regelbeispiele § 28 II analog anzuwenden ist (*S/S-Eser* 38; LK-*Ruß* 39 zu § 243; *S/S-Cramer/Heine* 9 zu § 28; *Nelles* Einf. 6. StrRG, 23). Die Amtsträgereigenschaft muss tatsächlich vorliegen; ein Irrtum ist unbeachtlich.

62 **d) Unbenannte besonders schwere Fälle** können außerhalb der Regelbeispiele vorliegen, etwa bei Drohung mit schwerwiegenden Straftaten (auf ein Regelbeispiel der Drohung mit einem *Verbrechen* wurde im Hinblick auf § 241 verzichtet; vgl. BT-Drs. 13/9064, 17); bei Nötigung zur Ausführung oder Duldung besonders erniedrigender, gefährlicher oder schädigender Handlungen; bei besonders bedenkenlosem Einsatz von Gewalt (vgl. NStZ-RR **97**, 196 f.).

63 **11) Konkurrenzen.** Wenn sich die nötigende Drohung zugleich gegen zwei Personen richtet, ist (gleichartige) Tateinheit anzunehmen (4 StR 220/07). **Gesetzeskonkurrenz** ist gegeben, wenn die Nötigung zum Tatbestand eines anderen Delikts gehört; diese Spezialdelikte gehen dann vor, so §§ 105 (vgl. BGH **32**, 165, 176 f.), 106, 107, 108, 113 (BGH **48**, 233; VRS **35**, 174; 2 zu § 113), 114, 121 I Nr. 1; § 177 (BGHR § 240 III Konk. 1; NStZ-RR **96**, 228), § 181; § 239 (BGHR § 239 III Beh. 1); §§ 239 a, 239 b; idR auch § 253 (RG **41**, 276; vgl. 25 zu § 253). Für §§ 249, 250, 255 gilt das stets, soweit nötigender Zwang zur Erlangung der Tatbeute eingesetzt wird; aber auch dann, wenn ein nach Vollendung der Raubtat dem Opfer abgenötigte Verhalten ausschließlich der Sicherung der zuvor erlangten Beute dient (NStZ-RR **00**, 106). Umgekehrt tritt **§ 241** hinter vollendete Nötigung (JR **53**, 192; BGHR § 240 III Konk. 2; 2 StR 9/97; Koblenz MDR **84**, 1040), nach stRspr. aber auch hinter versuchte Nötigung zurück (NStZ **04**, 137 [in BGH **48**, 322 nicht abgedr.]; GA **70**, 373; MDR/H **79**, 281; 3 StR 359/80; BGHR § 240 III, Konk. 2; 1 StR 364/03; 4 StR 652/99; NStZ **06**, 342; Koblenz OLGSt. Nr. 1 zu § 241; NJW **06**, 3015, 3016; and. Bay NJW **03**, 911, 912; krit. LK-*Träger/Altvater* 124).

63 a **Tateinheit** ist möglich mit der Anstiftung zu einer abgenötigten strafbaren Handlung (LK-*Träger/Altvater* 127); mit § 132 (RG **59**, 298), § 176 (vgl. RG **11**, 387); §§ 211, 212; § 223 (NStZ-RR **97**, 34; **00**, 106; Hamm VRS **27**, 30); § 239 (RG **31**, 301), §§ 248 b, 250 (5 StR 469/94), es sei denn, dass die Gewalt lediglich zur Unterlassung einer Ortsveränderung angewendet wird, BGH **30**, 236 (nur § 239, BGHR § 239 I, Konk. 1; vgl. *Otto* Jura **89**, 497). Auch mit § 235 kann Idealkonkurrenz vorliegen (RG **33**, 339; vgl. aber 22 zu § 235), ferner mit § 315 b (BGH **22**, 365); §§ 315 c (Celle VRS **38**, 431) und mit § 53 I S. 1 Nr. 3 a. a und b WaffG (JR **95**, 168 m. Anm. *Erb* JR **95** 169–171).

64 **12) Sonstige Vorschriften.** Absehen von Strafe § 154 c StPO; Entziehung des Jagdscheins § 41 I Nr. 2 BJagdG; Dauer der Freiheitsentziehung § 42 I BGSG. Im **WStG** (Anh 16) ist das **Unternehmen** einer Nötigung gegen Vorgesetzte mit Strafe bedroht (§ 24 WStG).

Bedrohung

241 **I Wer einen Menschen mit der Begehung eines gegen ihn oder eine ihm nahe stehende Person gerichteten Verbrechens bedroht, wird mit Freiheitsstrafe bis zu einem Jahr oder mit Geldstrafe bestraft.**

II Ebenso wird bestraft, wer wider besseres Wissen einem Menschen vortäuscht, dass die Verwirklichung eines gegen ihn oder eine ihm nahe stehende Person gerichteten Verbrechens bevorstehe.

1 **1) Allgemeines.** Die Vorschrift ist, nachdem das EGStGB eine Verschärfung des Strafrahmens gebracht hatte, durch Art. 1 Nr. 8 des 14. StÄG (1 zu § 86; ferner Prot. 7/2298, 2381) dahin umgestaltet worden, dass in I (*Sturm* JZ **76**, 351) die nahe stehende Person eingefügt und II neu angefügt worden ist; das 6. StrRG (2 f. vor § 174) brachte redaktionelle Änderungen.

1 a **Literatur:** *Jakobs,* Kriminalisierung im Vorfeld einer Rechtsgutsverletzung, ZStW **97**, 751; *Laufhütte* MDR **76**, 441; *F. C. Schroeder,* Die Bedrohung mit Verbrechen, Lackner-FS 665; *Spendel,* Zum Problem der Bedrohung durch einen Gewalttäter, R. Schmitt-FS 205; *Stree,*

Strafrechtsschutz im Vorfeld von Gewalttaten, NJW **76**, 1177; *Teuber,* Die Bedrohung, 2001 (Diss. Freiburg).

2) Rechtsgut ist nach hM in erster Linie der Rechtsfrieden des einzelnen (BVerfG NJW **95**, 2777) iS des individuellen Rechtssicherheitsvertrauens (vgl. RG **32**, 102; Bay **4**, 278; MK-*Gropp/Sinn* 2; *Schroeder* aaO 670; i. E. ähnlich Teuber [1 a] 60 ff.: Freiheit von Furcht); denn § 241 schützt schon die abstrakt gefährdete Handlungsfreiheit des einzelnen (Prot. 7/2298; LK-*Träger/Schluckebier* 1; *Laufhütte* MDR **76**, 443 Anm. 38). Die **Legitimität** als **abstraktes Gefährdungsdelikt** ist nicht unbestritten (krit. *Schroeder,* Lackner-FS 665 ff.; Teuber [1 a] 79 ff.). 2

3) Abs. I (Bedrohungstatbestand) erfasst die Bedrohung eines anderen Menschen (nicht einer Organisation als solcher oder einer juristischen Person; krit. dazu *Wallau* JR **00**, 313, 315 f.) mit einem Verbrechen. 3

A. Zur **Drohung** vgl. 30 ff. zu § 240. Erforderlich ist das Inaussichtstellen eines Verbrechens, das bei dem Bedrohten den Eindruck der Ernstlichkeit erwecken soll und hierzu nach seinem objektiven Erklärungsgehalt auch geeignet ist. Konkludentes Erklärungsverhalten genügt. Ob der Bedrohte die Ankündigung ernst nimmt, ist grds. ohne Bedeutung (zur möglichen *Notwehr* gegen Bedrohung vgl. *Müller,* Schroeder-FS [2006] 323 ff.). Eine tatsächliche Störung seines Rechtsfriedens braucht nicht einzutreten (BVerfG NJW **95**, 2776 f.; MDR/D **75**, 22; 1 StR 355/92); es genügt daher, dass der Bedrohte die Drohung ernst nehmen soll (Bedrohung mit einer Gaspistole; Bay **33**, 130; Köln NStE Nr. 1); ob der Drohende sie tatsächlich verwirklichen will oder kann, ist ohne Bedeutung. Andererseits reichen vage Erwägungen oder die Mitteilung von bloßen Möglichkeiten nicht aus (vgl. Koblenz NJW **06**, 3015; Köln NJW **07**, 1150, 1151 [zw.]). Bloße Prahlereien reichen ebenso wenig aus (Schleswig SchlHA **87**, 106) wie jugendtypische **Wichtigtuereien** (vgl. AG Saalfeld NStZ-RR **04**, 264), *Szene*-typische oder im Lebensumfeld der Beteiligten übliche und dort eher *symbolisch* verstandene Großspurigkeiten, die nach Lage des Einzelfalls von vornherein nicht als objektiv ernst zu nehmende Verbrechensandrohung angesehen werden können. Die Verwirklichung der angedrohten Tat muss nicht als sicher dargestellt werden; es reicht aus, wenn der Täter sie als **Nötigungsmittel** einsetzt. Im Beginn der *Verwirklichung* eines Verbrechens liegt keine selbständige Äußerung seiner Androhung (NStZ **84**, 454). Für die Androhung irrationaler und übernatürlicher Abläufe gilt § 23 III entsprechend. Nach BVerfG NJW **95**, 2777 fehlt es an einer den Rechtsfrieden störenden Eignung der Drohung, wenn die „nahe stehende Person" gar nicht existiert (hierzu *Küper* JuS **96**, 783).

B. Der Täter muss mit der **Begehung eines Verbrechens** drohen, dh mit einem bestimmten zukünftigen (NStZ **84**, 454) Verhalten, das nach § 12 I als Verbrechen (BGH **17**, 307; MDR/H **86**, 795; Köln StV **94**, 246) und als rechtswidrige Handlung zu werten ist. Erforderlich ist die Ankündigung eines bestimmten äußeren Verhaltens, welches die Merkmale eines bestimmten Verbrechenstatbestands enthält (NStZ-RR **03**, 45). Die Androhung *schuldhaften* Verhaltens ist nicht erforderlich; erfasst ist etwa auch die Drohung, in volltrunkenem Zustand ein Verbrechen zu begehen, unabhängig davon, ob insoweit die Voraussetzungen einer (vorsätzlichen) actio libera in causa vorlägen (*Stree* NJW **76**, 1182; LK-*Träger/Schluckebier 13; Gössel BT 1, 20/5*). Für die Drohung gilt das zu § 240 Ausgeführte entsprechend; der Täter muss daher die Verwirklichung des Verbrechens als in seiner Macht stehend und – sei es auch nur unter einer Bedingung – als von ihm *gewollt* darstellen; eine *Warnung,* auch nur zum Schein, unterfällt Abs. II. 4

Der Täter muss nicht eine eigenhändige Begehung androhen; es reicht aus, dass er behauptet, auf die Begehung durch einen (uU gutgläubigen oder schuldunfähigen) Dritten einen bestimmenden Einfluss zu haben. Das Verbrechen muss **gegen den Bedrohten** selbst (so dass dieser im Rechtssinne Verletzter wäre) oder gegen eine **ihm nahe stehende Person** (7 zu § 35) gerichtet sein. Diese Person muss jedenfalls tatsächlich existieren; die Bedrohung nur vermeintlich existierender Per- 4 a sonen reicht nicht aus (vgl. BVerfG NJW **95**, 2776). Aber auch ein Irrtum des Täters über das Näheverhältnis des Äußerungsadressaten zu einer tatsächlich existierenden Person ist von Belang: Eine dem Bedrohten fremde oder fern stehende Person wird nicht „nahe stehend", weil der Täter dies irrig annimmt. Androhung einer gerechtfertigten Handlung (zB „rücksichtslose Ausübung des Notwehrrechts") reicht nicht aus (*S/S-Eser* 5), es sei denn, dass von vornherein eine Notwehrprovokation oder eine Überschreitung der Grenzen angedroht wird. Die Begehung der angedrohten Tat muss als vom Willen des Täters abhängig dargestellt werden; bloße Warnungen oder Hinweise auf Taten Dritter unterfallen II.

5 **4) Abs. II (Vortäuschungstatbestand)** erfasst Tathandlungen, bei denen der Täter einem anderen (oben 3) **vortäuscht,** dass die Verwirklichung, dh Begehung eines gegen ihn oder eine ihm nahe stehende Person gerichteten **Verbrechens bevorstehe.** Es gilt 8 zu § 126 entsprechend. Wie dort gilt II nur für den Fall, dass der Täter die bevorstehende Tat als von ihm unabhängig darstellt; sonst gilt auch bei wissentlicher Vortäuschung I (*Sturm* aaO). II erfasst nicht unernsthafte Drohungen, die ungeeignet sind, den Bedrohten in seinem Rechtsfrieden zu stören (*Laufhütte* aaO). Im Unterschied zu I erfasst II nur tatsächlich *nicht* bevorstehende Taten (*S/S-Eser* 10). Nicht strafbar ist also der Hinweis auf (tatsächlich oder nach der Vorstellung des Täters) wirklich bevorstehende Taten Dritter, auch wenn der Täter diese befürwortet.

6 **5) Vorsatz** ist erforderlich. Der Täter braucht die Einordnung der angedrohten Tat als Verbrechen nicht zu kennen; nach BGH **17**, 307 reicht es aus, wenn er nur die Tatsachen kennt, die zu der rechtlichen Bewertung führen; nach weitergehender Ansicht muss der Täter wissen, dass es sich um eine schwere Straftat handelt (LK-*Träger/Schluckebier* 18; *S/S-Eser* 7). Zum Vorsatz gehört auch die Vorstellung der tatsächlichen Umstände eines Näheverhältnisses zwischen Äußerungsadressat und einer dritten Person; der Irrtum hierüber führt zur Straflosigkeit, da der Versuch nicht strafbar ist. Bei der Täuschungshandlung nach II muss der Täter wider besseres Wissen (7 zu § 15) handeln. Im Übrigen genügt bedingter Vorsatz. Ein Wille, beim Bedrohten Furcht zu erzeugen, ist nicht erforderlich (LK-*Träger/Schluckebier* 19).

7 **6) Tateinheit** ist möglich zB mit § 125 (Bay NStZ-RR **99**, 269), § 126 sowie mit § 145 d. Hinter § 113 (dort 31; 1 StR 96/98), § 177 (vgl. 1 StR 510/93; 1 StR 32/02), §§ 253, 255 (RG **41**, 276), § 23 WStG tritt § 241 zurück; ebenso hinter **§ 240** (vgl. 3 StR 137/03 [in BGH **48**, 322 nicht abgedr.]; 63 zu § 240); nach hM auch dann, wenn die zugleich begangene Nötigung nur versucht wurde (MDR/H **79**, 280 f.; BGHR § 240 III Konk. 2; 4 StR 391/98; 1 StR 364/03; NStZ **06**, 342; Koblenz NJW **06**, 3015,3016; LK-*Träger/Schluckebier* 27; *S/S-Eser* 16; and. NJW **99**, 69; Bay NJW **03**, 911, 912; *Lackner/Kühl* 4; LK-*Träger/Altvater* 124 zu § 240; vgl. dort 63). Jedenfalls bei strafbefreiendem Rücktritt vom Nötigungsversuch lebt § 241 aber wieder auf (vgl. NStZ **84**, 454; 5 StR 310/77).

8 **7) Sonstige Vorschriften.** Privatklage, Nebenklage §§ 374, 395 StPO.

Politische Verdächtigung **RiStBV 202 bis 205**

241a **I Wer einen anderen durch eine Anzeige oder eine Verdächtigung der Gefahr aussetzt, aus politischen Gründen verfolgt zu werden und hierbei im Widerspruch zu rechtsstaatlichen Grundsätzen durch Gewalt- oder Willkürmaßnahmen Schaden an Leib oder Leben zu erleiden, der Freiheit beraubt oder in seiner beruflichen oder wirtschaftlichen Stellung empfindlich beeinträchtigt zu werden, wird mit Freiheitsstrafe bis zu fünf Jahren oder mit Geldstrafe bestraft.**

II Ebenso wird bestraft, wer eine Mitteilung über einen anderen macht oder übermittelt und ihn dadurch der in Absatz 1 bezeichneten Gefahr einer politischen Verfolgung aussetzt.

III Der Versuch ist strafbar.

IV **Wird in der Anzeige, Verdächtigung oder Mitteilung gegen den anderen eine unwahre Behauptung aufgestellt oder ist die Tat in der Absicht begangen, eine der in Absatz 1 bezeichneten Folgen herbeizuführen, oder liegt sonst ein besonders schwerer Fall vor, so kann auf Freiheitsstrafe von einem Jahr bis zu zehn Jahren erkannt werden.**

1) Allgemeines. Die Vorschrift idF des EGStGB ist durch das G zum Schutz der persönlichen Freiheit v. 15. 7. 1951 (BGBl. I 448) zusammen mit § 234 a eingefügt worden. Sie schützt Leben, körperliche Unversehrtheit, Freiheit und Vermögen der von politisch motivierter Verfolgung betroffenen Personen. Es handelt sich um ein **konkretes Gefährdungsdelikt;** die Verfolgung muss nicht eintreten (BGH **33**, 239 m. Anm. *Schroeder* JR **86**, 162; Düsseldorf NJW **79**, 59). Zum Verjährungsbeginn vgl. BGH **32**, 294; zur Verfolgbarkeit von DDR-Alttaten 33 f. vor § 3. Vgl. i. Ü. 1 zu § 234 a. Zum **Tatort** gilt § 5 Nr. 6. 1

Literatur: *Bath,* Innerdeutsches Strafrecht u. politische Verteidigung, Jura **85**, 197; *Franßen,* Der Denunziant u. sein Richter, NJ **97**, 169; *König,* Denunzianten u. Rechtsbeugung, JR **97**, 317; *Schroeder,* Zur Verurteilung wegen politischer Verdächtigung nach der Vereinigung Deutschlands, NStZ **97**, 436; *Seebode,* Denunzianten in der DDR u. Anwendung des § 241 a StGB, JZ **95**, 417. 1 a

2) Politische Verdächtigung liegt vor, falls der Täter einen anderen durch eine Anzeige oder Verdächtigung, dh eine belastende Mitteilung tatsächlicher Art, der Gefahr der Verfolgung aus politischen Gründen (BGH **6**, 166; **14**, 104; **30**, 2) aussetzt. Tatbestandserheblich sind aber nur Anzeigen und Verdächtigungen, die den Angezeigten der konkreten Gefahr aussetzen, rechtsstaatswidrige Gewalt- oder Willkürmaßnahmen zu erleiden, die wegen ihrer offensichtlichen, schweren Menschenrechtsverletzungen auch eine Strafbarkeit der Verantwortlichen begründen könnten (so BGH **40**, 136 [iErg zust. *Seebode* JZ **95**, 417; *Reimer* NStZ **95**, 84; krit. *Wassermann* NJW **95**, 931]; NStZ **95**, 288; *König* JR **97**, 322; *Lackner/Kühl* 1 a). Durch das vom BVerfG für die Verfolgbarkeit von MfS-Mitarbeitern angenommene, aus dem Verhältnismäßigkeitsprinzip abgeleitete Verfolgungshindernis (BVerfGE **92**, 277; hierzu 3 ff. zu § 99) sind die in BGH **40**, 125 entwickelten Gründe für die weitere Anwendung des § 241 a nicht in Frage gestellt worden (NStZ **97**, 435 [*Fall Schnur*] m. Anm. *Schroeder*). Die Verfolgung wegen Devisenvergehen in der DDR erfolgte jedenfalls in der Mehrzahl der Fälle nicht aus politischen Gründen (BGH **33**, 239 m. Anm. *Schroeder* JR **86**, 162). Die Verdächtigung kann sich auf kriminelle Taten beziehen, wenn eine Strafe zu erwarten ist, die außer Verhältnis zum Unrechtsgehalt steht (3 StR 57/62). 2

3) Tathandlung nach **Abs. I** ist eine **Anzeige** oder eine **Verdächtigung** (vgl. § 164). Auf die Wahrheit der Anzeige oder Verdächtigung kommt es nicht an. Empfänger der Anzeige oder Verdächtigung können insb. staatliche Stellen, aber auch Parteien, Organisationen und Einzelpersonen (insbesondere Funktionäre und ihre Mittelsmänner) sein. Dabei kommen nicht nur ausländische Behörden (vgl. LG Koblenz NStZ **83**, 508: Botschaft) und sonstige Adressaten, sondern auch Behörden der Bundesrepublik als Empfänger in Betracht (SK-*Horn/Wolters* 5; **aA** *S/S-Eser* 3; LK-*Träger/Schluckebier* 9; vgl. auch MK-*Gropp/Sinn* 5), denn der Adressat der Anzeige muss nicht derjenige sein, von dem die Gefahr rechtsstaatswidriger Verfolgung ausgeht. Das kommt namentlich bei unwahren Anzeigen usw. (Abs. IV) in Betracht, die nach der Vorstellung des Täters zur Verbringung des Opfers in das Ausland (zB durch Abschiebung, Auslieferung) führen sollen. Ist der Täter nach Tatortsrecht zur Anzeige verpflichtet, so kann er nach § 34 gerechtfertigt oder durch Notstand entschuldigt sein (vgl. KG GA **62**, 207; *Wagner* MDR **67**, 798). Die politische Verdächtigung wird nicht schon dadurch gerechtfertigt, dass die Anzeige durch das am Tatort geltende (rechtsstaatswidrige) Recht vorgeschrieben war; soweit sich der Täter insoweit in einer Zwangslage befand, ist ihr nach §§ 34, 35 Rechnung zu tragen (BGH **40**, 137 m. Anm. *Seebode* JZ **95**, 417). 3

4) Die Anzeige muss die **konkrete Gefahr** der rechtsstaatswidrigen Verfolgung verursachen. Die Verfolgung selbst kann im Inland nicht eintreten (LG Koblenz 4

NStZ **83**, 508; SK-*Horn/Wolters* 4); jedoch kann im Einzelfall die konkrete Gefahr schon vorliegen, wenn das Opfer sich noch in der Bundesrepublik befindet. **Einzelheiten** der Gefährdung 7 ff. zu § 234 a.

5 **5)** Zu **Abs. II:** Im Gegensatz zu der förmlichen Anzeige oder Verdächtigung nach **I** genügt hier die **einfache,** möglicherweise heimliche, vielleicht nur gelegentliche **Mitteilung** über einen anderen oder deren Weitergabe (Übermittlung). Die Mitteilung kann inhaltlich wahr sein. Doch ist die bloße wahrheitsgemäße Bestätigung einer belastenden Tatsache auf Befragen eines Polizisten keine „Mitteilung"; erforderlich ist eine Eigeninitiative des Täters (LK-*Träger/Schluckebier*; vgl. auch BGH **11**, 91). Auch ist ein Zeuge nicht zur falschen Aussage vor einem rechtsstaatliche Grundsätze verleugnenden Gericht verpflichtet, um einen Dritten vor der Verhaftung zu schützen (NJW **58**, 874; bei *Wagner* GA **62**, 200). Die Grenzen zwischen I und II sind fließend. Die **Gefährdung** entspricht der in I.

6 **6) Subjektiver Tatbestand.** Der Vorsatz hat sich auf die Gefährdung und ihre Art zu erstrecken (vgl. insoweit 11 zu § 234 a). Bedingter Vorsatz genügt. Dass dem Täter Einzelheiten der Verfolgungsmaßnahmen unbekannt sind oder er hierüber irrt, steht dem Vorsatz nicht entgegen (SK-*Horn/Wolters* 6); ebenso wenig seine Annahme, die angezeigte oder mitgeteilte Tatsache sei wahr (LK-*Träger/Schluckebier* 10).

7 **7) Besonders schwere Fälle (IV;** vgl. 88 ff. zu 46). **Zwei Beispiele** gibt das Gesetz: **a)** Die Behauptung ist **unwahr** (dazu GA **62**, 203); **b)** oder der Täter **beabsichtigt,** die schweren Folgen von I für das Opfer herbeizuführen. Diese „zwingenden Beispielsfälle" ändern an dem Vergehenscharakter der Tat nichts (§ 12 III; vgl. 11 zu § 12). **Der Vorsatz** muss hier zu a) die **Unwahrheit** umfassen und zu b) die dort erwähnte **Absicht** enthalten.

8 **8) Versuch (Abs. III)** ist gegeben, wenn die Anzeige usw. den Adressaten nicht erreicht oder nicht ernst genommen wird, oder wenn aus sonstigen Gründen die zur Vollendung erforderliche konkrete Gefährdung nicht eintritt. Zur Frage des Versuchs, falls die Verdächtigung durch eine unzutreffende rechtliche Bewertung beeinflusst sein kann, vgl. 3 StR 370/95.

9 **9) Konkurrenzen.** Es kommen in Betracht: **Tateinheit** mit §§ 94 bis 96 (vgl. GA **62**, 204), §§ 98, 99 (vgl. KG NJW **57**, 684); bei IV mit §§ 164, 186, 187, 188; ebenso mit der Straftat als Folge der Anzeige, falls der Zusammenhang nachweisbar ist, mit § 239 III (KG NJW **89**, 1373); jedoch soll versuchte Freiheitsberaubung (§§ 239 II, 23) hinter § 241 a zurücktreten (NJW **60**, 1211; *S/S-Eser* 8; *Tröndle* 49. Aufl.; zutr. **aA** LK-*Träger/Schluckebier* 24; SK-*Horn/Wolters* 10).

10 **10) Zuständigkeit** §§ 74 a, 120, 142 a GVG.

Neunzehnter Abschnitt

Diebstahl und Unterschlagung

Diebstahl

242 **I Wer eine fremde bewegliche Sache einem anderen in der Absicht wegnimmt, die Sache sich oder einem Dritten rechtswidrig zuzueignen, wird mit Freiheitsstrafe bis zu fünf Jahren oder mit Geldstrafe bestraft.**

II Der Versuch ist strafbar.

Übersicht

1) Allgemeines, Rechtsgut 1–2
2) Tatobjekt 3–9
3) Tathandlung 10–28
4) Subjektiver Tatbestand 29–48
5) Rechtswidrigkeit 49–52
6) Vollendung, Beendigung, Versuch 53–57
7) Beteiligung 58
8) Konkurrenzen 59–62
9) Sonstige Vorschriften 63

1) Allgemeines. Die Vorschrift ist durch Art. 1 Nr. 48 des **6. StrRG** (2f. vor § 174) ergänzt worden; sie umfasst nunmehr auch die Drittzueignung (unten 45 ff.). Die Vorschrift ist, auch soweit sie den Diebstahl geringwertiger Sachen (§ 248 a) unter Strafe stellt, mit dem GG vereinbar (BVerfGE **50**, 212). 1

Neuere Literatur: *Achenbach,* Die „kleine Münze" des sog. Computer-Strafrechts – Zur Strafbarkeit des Leerspielens von Geldspielautomaten, Jura **91**, 225; *Androulakis,* Objekt u. Grenzen der Zueignung im Strafrecht, JuS **68**, 409; *Arzt,* Offener oder versteckter Rückzug des Strafrechts vom Kampf gegen Ladendiebstahl?, JZ **76**, 54; *Baumann,* Zum Zueignungsbegriff, GA **71**, 306; *Begemann,* Gewahrsam bei Bewußtlosigkeit bis zum Eintritt des Todes?, JuS **87**, 592; *Behrend,* Der Begriff der Zueignung in den Tatbeständen des Diebstahls u. der Unterschlagung, 1996 [Bespr. Otto JZ **97**, 352]; *Berard,* Die eigenmächtige Zueignung geschuldeter Sachen als strafrechtliches Problem, 1978; *Bernsmann,* Zur strafrechtlichen Beurteilung der eigenmächtigen „In-Pfand-Nahme", NJW **82**, 2214; *Bittner,* Der Gewahrsamsbegriff u. seine Bedeutung für die Systematik der Vermögensdelikte, 1972; *ders.,* Zur Abgrenzung von Trickdiebstahl, Betrug u. Unterschlagung, JuS **74**, 156; *Bloy,* Der Diebstahl als Aneignungsdelikt, JA **87**, 187; *Bockelmann,* ZStW **65**, 575; *Börner,* Die Zueignungsdogmatik der §§ 242, 246 StGB, 2004 (Diss. Potsdam; Rez. *Gössel* GA **06**, 492]); *Bollweg,* Geldwechsel, Jura **85**, 605; *Borchert/Hellmann,* „Tanken, ohne zu zahlen" – Eine Problemklärung in Sicht?, NJW **83**, 2799; *Borsdorff,* Gewahrsamsproblematik bei elektronischer Warensicherung, JR **89**, 4; *Brandenburg,* Wem gehört der Herzschrittmacher?, JuS **84**, 47; *Bringewat,* Der lukrative Herzschrittmacher, JuS **81**, 211; *ders.,* Die Wiederverwendung von Herzschrittmachern – Strafrechtliche Aspekte einer fragwürdigen medizinischen Versorgung, JA **84**, 61; *Brocker,* Das Passieren der Kasse mit „versteckter Ware", JuS **94**, 919; *ders.,* Der Zueignungsbegriff u. die Geldentnahme aus Briefsendungen durch das MfS der DDR, wistra **95**, 292; *Bussmann,* Konservative Anmerkungen zur Ausweitung des Strafrechts nach dem 6. StrRG, StV **99**, 613; *Charalambakis,* Die Nichtbezahlung beim Selbstbedienungstanken – Eine kritische Diskussionsübersicht, MDR **85**, 975; *Cordier,* Diebstahl oder Betrug in Selbstbedienungsläden, NJW **61**, 1340; *Dencker,* Zueignungsabsicht und Vorsatz der Zueignung, Rudolphi-FS (2004) 425; *Disse,* Die Privilegierung der Sachbeschädigung (§ 303 StGB) gegenüber Diebstahl (§ 242 StGB) u. Unterschlagung (§ 246 StGB), 1982; *Droste,* Privatjustiz gegen Ladendiebe, 1972; *Ebel* JZ **83**, 175; *Engel,* Die Eigentumsfähigkeit u. Diebstahlstauglichkeit von Betäubungsmitteln, NStZ **91**, 520; *Eser,* Zur Zueignungsabsicht beim Diebstahl, JuS **64**, 477; *Etter,* Noch einmal: Systematisches Entleeren von Glücksspielautomaten, CR **88**, 1021; *Fabricius* GA **98**, 205; *Fricke,* Wertminderung oder Teilfunktionsentzug als Voraussetzung der Enteignungskomponente bei der Zueignungsabsicht in § 242 StGB, MDR **88**, 538; *Füllkrug/Schnell,* Zur Strafbarkeit des Spielens an Geldspielautomaten bei Verwendung von Kenntnissen über den Programmablauf, wistra **88**, 177; *Gehrig,* Der Absichtsbegriff in den Tatbeständen des Besonderen Teils des StGB, 1986; *Gehrmann,* Systematik und Grenzen der Zueignungsdelikte, 2002; *Geiger,* Zur Abgrenzung von Diebstahl u. Be- 1 a trug, JuS **92**, 834; *Geilen,* Wegnahmebegriff u. Diebstahlvollendung – Kritische Betrachtungen zu BGH 5 StR 86/63, JR **63**, 446; *Geppert,* Die Abgrenzung von Betrug u. Diebstahl, insbesondere in den Fällen des sog. „Dreiecksbetruges", JuS **77**, 69; *Görgens,* Künstliche Teile im menschlichen Körper, JR **80**, 140; *Gössel,* Über die Vollendung des Diebstahls, ZStW **85**, 591; *ders.,* Über den Gegenstand der strafbaren Zueignung u. die Beeinträchtigung von Forderungsrechten, GA-FS, 39; *ders.,* Über das Verhältnis von Vorsatz u. subjektiven Tatbestandsmerkmalen, dargestellt an den Beispielen des Diebstahls (§ 242 StGB) u. des Menschenhandels (§§ 180b, 181 StGB), Zipf-GedS 217; *Graul,* Zum Tier als Sache iS des StGB, JuS **00**, 215; *Gribbohm,* Zur Abgrenzung des Diebstahls vom Betrug, JuS **64**, 233; *ders.,* Zur Problematik des Zueignungsbegriffs, MDR **65**, 874; *ders.,* Verwendung fremder Sachen zum Zwecke der Täuschung des Eigentümers, NJW **66**, 191; *ders.,* Gewahrsamsbruch u. guter Glaube, NJW **67**, 1897; *ders.,* Die rechtswidrige Zueignung vertretbarer Sachen, NJW **68**, 240; *Gropp,* Die Codekarte: der Schlüssel zum Diebstahl?, JZ **83**, 487; *ders.,* Der Diebstahlstatbestand unter besonderer Berücksichtigung der Regelbeispiele, JuS **99**, 1041; *ders.*, Der „Moos-raus-Fall" und die strafrechtliche Irrtumnslehre, Weber-FS (2004) 127; *Haffke,* Mitgewahrsam, Gewahrsamsgehilfenchaft u. Unterschlagung, GA **72**, 225; *Hammer,* Eigentum an Wildtieren, NuR **92**, 62; *Hanft*, Strafrechtliche Probleme im Zusammenhang mit der Einmann-GmbH, 2006 (Diss. München 2005); *Hauck*, Drittzueignung und Beteiligung, 2007 (Diss. Gießen 2006); *Hellmann,* Zur Strafbarkeit der Entwendung von Pfandleergut und der Rückgabe dieses Leerguts unter Verwendung eines Automaten, JuS **01**, 353; *Herzberg,* Tanken ohne zu zahlen. Zivil- u. strafrechtliche Probleme beim Barkauf durch unredliche Käufer, JA **80**, 385; *ders.,* Verkauf u. Übereignung beim Selbstbedienungstanken, NStZ **83**, 251; *ders.,* Betrug u. Diebstahl durch listige Sachverschaffung, ZStW **89**, 367; *Heubel,* Grundprobleme des Diebstahltatbestandes, JuS **84**, 445; *Hillenkamp,* Der „Einkauf" verdeckter Ware: Diebstahl oder Betrug?, JuS **97**, 217; *Hirsch,* Eigenmächtige Zueignung geschuldeter Sachen. Rechtswidrigkeit u. Irrtum bei den Zueignungsstrafbestimmungen, JZ **63**, 152; *Huff,* Die Strafbarkeit im Zusammenhang mit Geldautomaten, NStZ **85**, 438; *ders.,* Strafbarkeit der mißbräuchlichen Geldautomatenbenutzung durch den Kontoinhaber?, NStZ **86**, 902; *ders.,* Die mißbräuchliche Benutzung von Geldautomaten. ein Überblick über die bisherige Rechtsprechung, NJW **87**, 815; *Hruschka,* Diebstahl oder Betrug im Selbstbedienungsladen?, NJW **60**, 1189; *Hruschka* Jahrb. f. Recht u. Ethik Bd. 2 (1994) 177 [hist. zu den Sachentziehungsdelikten]; *Jäger,* Diebstahl nach dem 6. StrRG, JuS **00**, 651; *Janßen,* Der Diebstahl in seiner Entwicklung von der Carolina bis zum Ausgang des 18. Jahrhunderts, 1969; *Kahlo,* Begriffliche Rechtsbestimmung (...) im Diebstahlstatbestand, in: *Albrecht* (Hrsg.), Vom unmöglichen Zustand des Strafrechts, 1995, 123; *Kargl,* Gesinnung u. Erfolg im Unterschlagungstatbestand. Die Manifestation der Zueignung, ZStW **103**, 184; *ders.,* Gewahrsamsbegriff u. elektronische Warensicherung, JuS **96**, 971; *Kauffmann*, Zur Identität des strafrechtlichen Zueignungsbegriffs, 2005 (Diss. Hamburg; Rez. *Gössel* GA **07**, 177); *Keller,* ZStW **107**, 457; *Kindhäuser,* Gegenstand u. Kriterien der Zueignung beim Diebstahl, Geerds-FS 655; *ders.*, Zum Tatbestand der Unterschlagung (§ 246 StGB), Gössel-FS (2002), 451; *Kleb-Braun* JA **86**, 249; *Kösch*, Der Status des Merkmals „rechtswidrig" in Zueignungsabsicht und Bereicherungsabsicht, 1999 (Diss. Münster); *Kudlich*, Normatives Tatherrschaftsgefälle beim Zusammentreffen von Selbst- und Drittzueignungsabsicht?, Schroeder-FS (2006) 271; *Kühl,* Vollendung und Beendigung bei den Eigentums- und Vermögensdelikten, JuS **02**, 729; *Küper,* Die „Sache mit den Tieren" oder: Sind Tiere strafrechtlich noch „Sachen"?, JZ **93**, 435; *ders.*, Gläubiger-Eigenmacht, Selbsthilfe und Zueignungsunrecht, Gössel-FS (2002), 429; *Laubenthal,* Einheitlicher Wegnahmebegriff im Strafrecht?, JA **90**, 38; *Lenckner/Winkelbauer,* Strafrechtliche Probleme im modernen Zahlungsverkehr, wistra **84**, 83; *Ling,* Zum Gewahrsamsbruch beim Diebstahl, ZStW **110**, 919; *Maiwald,* Der Zueignungsbegriff im System der Eigentumsdelikte, 1970; *Marcelli,* Diebstahl „verbotener Sachen", NStZ **91**, 520; **92**, 220; *Martin,* Gewahrsambruch in und vor Selbstbedienungsläden, JuS **98**, 890; *de la Mata,* Madrid-Symp. 227 [funktionaler Eigentums- u. Vermögensbegriff]; *Mayer,* Zum Begriff der Wegnahme, JZ **62**, 617; *Meier,* Strafbarkeit des Bankautomatenmißbrauchs, JuS **92**, 1017; *Meister*, Die Zueignungsabsicht beim Diebstahl, 2003 (Diss. Göttingen); *Miehe,* Zueignung u. Sachwert, Festschrift der Juristischen Fakultät Heidelberg (1986), 481; *Mitsch,* Strafbare Überlistung eines Geldspielautomaten; JuS **98**, 307; *ders.,* Vermögensdelikte nach dem 6. StrRG, ZStW **111**, 65, 67; *Neumann,* Leerspielen von Geldautomaten. Diebstahl u. Computerbetrug, CR **89**, 717; *ders.,* Leerspielen von Geldautomaten, JuS **90**, 535; *Noak,* Drittzueignung und Sechstes StrRG, 1999; *Otto,* Die Struktur des strafrechtlichen Vermögensschutzes, 1970; *ders.,* Zur Abgrenzung von Diebstahl, Betrug u. Erpressung bei der deliktischen Verschaffung fremder Sachen, ZStW **79**, 84f.; *ders.,* JuS **80**, 491; *ders.,* Die neuere Rechtsprechung zu den Vermögensdelikten, JZ **85**, 21; 69; *ders.,* Zum Bankautomatenmißbrauch nach Inkrafttreten des 2. WiKG, JR **87**, 221; *ders.,* Strafrechtliche Aspekte des Eigentumsschutzes, Jura **89**, 138; *ders.,* Der Wegnahmebegriff in §§ 242 usw., Jura **92**, 666; *ders.,* Die neuere Rechtsprechung zu den Vermögensdelikten, JZ **93**, 559, 652;

ders. Jura **97**, 464; *Paulus,* Der strafrechtliche Begriff der Sachzueignung, 1968; *Ranft,* Grundfälle aus dem Bereich der Vermögensdelikte, JA **84**, 277; *Richter,* Mißbräuchliche Benutzung von Geldautomaten, Verwendung duplizierter u. manipulierter Euroscheckkarten, CR **89**, 303; *Rönnau,* Die Dritt-Zueignung als Merkmal der Zueignungsdelikte, GA **00**, 410; *Roxin,* Geld als Objekt von Eigentums- u. Vermögensdelikten, Mayer-FS 467; *Rudolphi,* Der Begriff der Zuignung, GA **65**, 33; *ders.,* JR **85**, 252; *Ruß,* Die Aneignungskomponente bei Wegnahme eines Behältnisses, Pfeiffer-FS 61; *Samson,* Grundprobleme des Diebstahls (§ 242 StGB), JA **80**, 285; *Schmidthäuser,* Über die Zueignungsabsicht als Merkmal der Eigentumsdelikte, Bruns-FS, 345; *Schmitz,* Altes und Neues zum Merkmal der zueignungsabsicht in § 242 StGB, Otto-FS (2007) 759; *Schnabel,* Telefon-, Geld-, Prepaid-Karten und Sparcard, NStZ **05**, 18; *Schroeder,* Rechtswidrigkeit u. Irrtum bei Zueignungs- u. Bereicherungsabsicht, DRiZ **56**, 69; *ders.,* Tanken ohne Bezahlen, JuS **84**, 846; *Schroth,* Der Diebstahl mittels Codekarte, NJW **81**, 729; *Schünemann,* Methodenprobleme bei der Abgrenzung von Betrug u. Diebstahl in mittelbarer Täterschaft, GA **69**, 46; *Seelmann,* Grundfälle zu den Eigentumsdelikten, JuS **85**, 199; *ders.,* Grundfälle zu den Eigentumsdelikten – Teil 2, JuS **85**, 288; *Seelmann/Pfohl,* Gewahrsam bei Bewußtlosigkeit bis zum Eintritt des Todes?, JuS **87**, 199; *Seier,* Der Schutz vor Ladendiebstahl durch Sicherungsetiketten, JA **85**, 387; *Sonnen,* Der Diebstahl nach § 242 StGB, JA **84**, 569 [auch krim. stat. Angaben]; *Spahn,* Wegnahme u. Mißbrauch codierter Scheckkarten nach altem u. neuem Recht, Jura **89**, 513; *Stoffers,* die entgeltliche Rückveräußerung einer gestohlenen Sache, Jura **95**, 113; *Tenckhoff,* Der Zueignungsbegriff bei Diebstahl u. Unterschlagung, JuS **80**, 723; *Thaeter,* Die unendliche Geschichte „Codekarte", JA **88**, 547; *Toepel,* Zur Funktion des Einverständnisses bei der Wegnahme im Sinne der §§ 242, 249 StGB, Rudolphi-FS (2004) 581; *Ulsenheimer,* Der Zueignungsbegriff im Strafrecht, Jura **79**, 169; *Vitt,* Nochmals: Zur Eigentumsfähigkeit u. Diebstahlstauglichkeit von Betäubungsmitteln, NStZ **92**, 221; *Wallau,* Sachbeschädigung als Zueignung?, JA **00**, 248; *Welzel,* Der Gewahrsamsbegriff u. die Diebstähle in Selbstbedienungsläden, GA **60**, 257; *Wessels,* Die Entwendung von Dienstgegenständen zum vorübergehenden Gebrauch, JZ **65**, 631; *ders.,* Die Zueignung, Gebrauchsanmaßung u. Sachentziehung, NJW **65**, 1153; *Widmann,* Die Grenzen der Sachwerttheorie, MDR **69**, 529; *Wimmer,* Diebstahl mittels Verbergens, NJW **62**, 609; *Witthaus,* Probleme der Rechtswidrigkeit u. Zueignung bei dem Eigentumsdelikten der §§ 242, 246 StGB, 1981; *Zopfs,* Diebstahl im Selbstbedienungsladen, NStZ **96**, 190.

Geschütztes **Rechtsgut** ist das **Eigentum** (vgl. BGH **10**, 400). Die früher hM sah als zusätzlich geschütztes Rechtsgut den Gewahrsam an (vgl. BGH **10**, 401; **29**, 319; 323; Hamm NJW **64**, 1427 f.; LK-*Ruß* 3 vor § 243; *Tröndle* 49. Aufl.; *M/Schroeder/Maiwald* 32/5, 33/1; *Gössel* BT 2, 7/1; *Rengier* BT 1, 2/1); nach zutr. **aA** gewährt § 242 aber keinen isolierten Gewahrsamsschutz (*S/S-Eser* 2; SK-*Hoyer* 1; *Kindhäuser* BT II/1, 2/6 und NK 4 vor § 242, 5 zu § 242; MK-*Schmitz* 8; *Arzt/Weber* 13/30 ff.; *Mitsch* ZStW **111**, 67, 69 und BT II/1, 1/6; *W/Hillenkamp* 57 f.; *Otto* BT 144 u. Jura **89**, 137 f.). Diese Ansicht wird durch die Neufassung des § 246 durch das 6. StrRG bestätigt, nach der es auf den Gewahrsam des Unterschlagungstäters nicht mehr ankommt (vgl. 4 zu § 246). Rspr. und (wohl) hM verstehen § 242 als **erfolgskupiertes Delikt;** die Zueignung gehört danach nicht zum objektiven Tatbestand des Diebstahls (vgl. unten 32), daher kann, muss aber in der Wegnahme nicht stets eine Zueignung liegen. Im **Verhältnis zu § 246** ist § 242 danach keine Qualifikation; § 246 nicht „Grundtatbestand", sondern „Auffangtatbestand" (vgl. unten 32; *Hirsch* JZ **63**, 149; **aA** [Diebstahl ist „Zueignung durch Wegnahme"] insb. *Kindhäuser* BT II, 2/2; NK 9 ff. vor § 242; *ders.,* Gössel-FS 451; *Otto* BT 39/8; *ders.* Jura **98**, 551; *Lesch* JA **98**, 474, 477). 2

2) Tatobjekt. Tatobjekte des Diebstahls sind **fremde bewegliche Sachen.** 3

A. Sache. Der strafrechtliche Begriff der Sache ist ein vom Zivilrecht unabhängiger öffentlichrechtlicher Begriff (RG **32**, 179). Er hat mit § 90 BGB die **Körperlichkeit** des Gegenstandes zur Voraussetzung, weicht aber zB von § 90 a BGB und § 265 ZPO ab. Der Sachbegriff ist nach dem Zweck des StGB auszulegen, so dass zB iS des § 242 auch ein **Tier** eine Sache ist (Bay NJW **93**, 2760; vgl. *Gropp* JuS **99**, 1041 f.; *Graul* JuS **00**, 215 ff.); die Herausnahme von Tieren aus dem zivilrechtlichen Sachbegriff (§ 90 a S. 1 BGB) hat auf das Strafrecht keinen Einfluss (*Lorz* MDR **89**, 201; *Schlüchter* JuS **93**, 19; *Küper* JZ **93**, 435). **Teile** einer beweglichen Sache sind taugliches Diebstahlsobjekt, sobald sie aus der Verbindung gelöst und zu selbständigen Sachen werden. Forderungen und sonstige Rechte kann man nicht stehlen; ebenso wenig *Giralgelder* (München JZ **77**, 409 m. Anm. *Sieber* mwN; *Tiedemann* **2**, 155; *Sieber* 196 f.; *Pikart* WM **80**, 513; vgl. *Kienapfel* ÖJZ **85**, 487; **86**, 338; *Haft* NStZ **87**, 8); wohl aber die solche Rechte verkörpernden Urkunden, und zwar selbst dann, wenn die Urkunde ohne das verbriefte Recht nicht übertragen werden kann. Der Aggregatzustand der Sache ist gleichgültig; erfasst werden also auch Gase und Dämpfe (RG **44**, 335) sowie Flüssigkeiten, aber nicht Elektrizität (RG **32**, 165; daher das Ges. v. 9. 4. 1900, RGBl. 228, jetzt § 248 c; vgl. *Bockelmann* BT/1 § 3 I 1; *Heubel* JuS **84**, 445); auch nicht computergespeicherte Informationen als solche (*v. zur Mühlen* NJW **71**, 1642; *Lampe* GA **75**, 19, 23; *Vogt* JuS **80**, 860; *Müller-Hengstenberg* NJW **94**, 3128), wohl aber **Datenträger.**

3 a Auf den **wirtschaftlichen Wert** der Sache kommt es nicht an (MDR **60**, 689), daher auch nicht auf eine Vermögensschädigung durch die Wegnahme. Fehlt es, wie beim eigenmächtigen Geldwechseln, von vornherein offenkundig an jedem Interesse des Eigentümers, sich eine Entscheidung über den Austausch vorzubehalten, so wird teilweise angenommen, dass der Schutzbereich des § 242 nicht verletzt sei (Celle NJW **74**, 1833; *S/S-Eser* 6; weitergehend *Gribbohm* NJW **68**, 241, *Roxin*, Mayer-FS 469 ff.; Welzel-FS 462; *Krey* BT 2, 48; **aA** *Mitsch* BT 2/1, 15). Die problematischen Fälle (zB Wegnahme geschuldeter Sachen; Austausch wertgleicher Sachen) sind, falls es nicht schon wegen konkludenter Einwilligung an der Wegnahme fehlt (unten 22), nach hM im Bereich der Rechtswidrigkeit zu lösen (unten 50).

4 **B. Beweglichkeit.** Die Sache muss beweglich im natürlichen Sinne sein; das sind Teile von unbeweglichen Sachen, die zum Zweck der Wegnahme losgelöst werden (vgl. LG Karlsruhe NStZ **93**, 543 [abgefressenes Gras] sowie schon RG **23**, 24 [Getreide auf dem Halm]; RG **21**, 27 [Torf]; RG **35**, 67 [Stecklinge]); es reicht also aus, dass die Sache (mit der Wegnahme) beweglich *gemacht* wird (*Samson* JA **90**, 5; MK-*Schmitz* 37).

5 **C. Fremdheit.** Fremd ist eine Sache, die nach bürgerlichem Recht im Eigentum einer anderen Person steht (BGH **6**, 377; NStZ-RR **00**, 234; Düsseldorf NJW **88**, 1335; *Otto* Jura **89**, 139). **Betäubungsmittel** sind nicht schon deswegen, weil sie ohne Erlaubnis des BGA nicht erworben werden dürfen, „eigentumsunfähig" (so *Engel* NStZ **91**, 520), vielmehr können auch illegal erworbene Drogen Gegenstand von Eigentumsdelikten sein (NStZ **06**, 170 f.; *Marcelli* NStZ **92**, 220; *Vitt* NStZ **92**, 521; *Kindhäuser* NK 22 und LPK 9; **aA** MK-*Schmitz* 14). Kein Eigentum soll beim Handeltreiben mit BtM der Verkäufer am Erlös erwerben (§ 134 BGB; BGH **31**, 147 m. Anm. *Schmid* JR **83**, 432).

a) *Eigene* Sachen kann man nicht stehlen, wohl aber Sachen, die im Miteigentum (RG **21**, 273) oder Gesamthandseigentum stehen (NJW **92**, 250). Auch der Gesellschafter einer **Einmann-GmbH** kann grds an deren Sachen Diebstahl begehen, da sie ihm rechtlich fremd sind (NK-*Kindhäuser* 15; *S/S-Eser* 14; LK-*Ruß* 7 zu § 246; zweifelnd *Lackner/Kühl* 5; krit. *Otto* JZ **93**, 559; Jura **96**, 220; BT 40/10 ff.; *Hanft* [1 a] 142 ff.); freilich liegt hier regelmäßig *Einwilligung* vor. Verpflichtungen zur Übereignung berühren das Eigentum nicht. Ein **rückwirkende** Beseitigung der Fremdheit durch Anfechtung beseitigt Tatbestandsmäßigkeit und Rechtswidrigkeit nicht (**aA** *S/S-Eser* 59; vgl. unten 50); die wirksame Anfechtung einer Übereignung *nach* Wegnahme durch den Anfechtungsberechtigten ist ein Strafaufhebungsgrund (*Weber*, Schlüchter-GedS 243, 245 ff.).

6 **b) Herrenlose Sachen** scheiden aus. Das sind solche, an denen Eigentum entweder noch nie bestanden hat (zB wilde Tiere, bergbaufreie Mineralien) oder aufgegeben worden (unten 7) oder sonst erloschen ist (§§ 960 II, III, 961 BGB). Auch die Natur einer Sache kann das eigentumsmäßige Beherrschen ausschließen, so bei der freien Luft oder der Wasserwelle, falls nicht das Landesrecht (Art. 65 EGBGB) Eigentum an ihr anerkennt. **Wilde Tiere** und **Fische** in der Freiheit sind herrenlos (§ 960 I S. 1 BGB); auch an Tierarten, die dem Jagdrecht unterliegen (vgl. § 2 BJagdG), besteht nur ein ausschließliches Aneignungsrecht des Jagdrechtsinhabers (§ 1 I BJagdG, § 958 II BGB), das ein Aneignen durch Wilderer verhindert, aber zum Eigentumserwerb des Berechtigten beim Erlegen oder Fang führt. Das Entwenden des Wildes beim Wilderer ist daher ein am untauglichen Objekt versuchter Diebstahl (vgl. 16 zu § 292). Erlangt ein gefangenes Tier die Freiheit, so wird es mangels unverzüglicher Verfolgung durch den Eigentümer herrenlos (§ 960 II BGB); entsprechend beim ausziehenden Bienenschwarm (§ 961). Wilde Tiere in **Tiergärten** und Fische in **Teichen** sind nicht herrenlos (§ 960 I S. 2). **Zahme Tiere** werden durch Entlaufen nicht herrenlos (vgl. aber § 960 III BGB). Fremde **Tauben** im Freien können landesrechtlich einem besonderen Aneignungsrecht unterliegen (Art. 130 EGBGB).

Besitzaufgabe mit Eigentumsverzichtsabsicht macht eine Sache herrenlos 7 (§ 959 BGB). Eine solche Dereliktion ist zB idR zu bejahen bei auf Übungsplätzen verschossener Munition; ebenso bei **Hausmüll,** der zur Abfuhr bereitgestellt ist (RG **48**, 121), *nicht* aber bei auf dem Gehsteig zur Abholung bereitgestelltem Sammelgut (Bay MDR **87**, 75; Düsseldorf JMBlNW **92**, 191; vgl. aber JZ **70**, 36). Verlorene oder vergessene Sachen sind nicht derelinquiert.

c) Körperteile, Leichen, Leichenteile. Am lebenden menschlichen Körper, 8 auch vor der Geburt, sowie am menschlichen **Leichnam** kann Eigentum nicht begründet werden (vgl. 2f. zu § 168), es sei denn, dass dieser nicht mehr zur Bestattung bestimmt ist; so in Anatomien, Museen (Mumie; *Tag* MedR **98**, 389; vgl. 2ff. zu § 168; MK-*Schmitz* 31ff.). Teile des lebenden oder toten menschlichen Körpers können Sachqualität erlangen, wenn sie aus dem körperlichen Zusammenhang gelöst sind und Gegenstand des Rechtsverkehrs geworden sind (vgl. BGHZ **124**, 52, 55); so neben künstlichen Körperteilen (str., inwieweit sie mit Einpflanzung ihre Sachqualität verlieren, vgl. *Bringewat* JA **84**, 61, 63; *Gropp* JR **85**, 181; *Otto* Jura **89**, 137f.; *S/S-Eser* 10; NK-*Kindhäuser* 11 mwN) insb. entnommene **Organe** (vgl. AG Tiergarten NJW **96**, 3092 [m. Anm. *Schmeisser/Wolfslast* NStZ **97**, 548]; *R. Müller,* Die kommerzielle Nutzung menschlicher Körpersubstanzen, 1997; *Tag* MedR **98**, 387; NK-*Kindhäuser* 11; *Mitsch* BT 1/13; *S/S-Eser* 20; zur Abgrenzung vgl. 4 zu § 168); aber auch menschlicher Samen sowie das Ei vor der Befruchtung (*S/S-Eser* 10 mwN); ebenso Haare, Zähne, Blut usw. Teile des menschlichen Körpers sowie fest mit ihm verbundene Hilfsmittel fallen mit der Trennung ohne weiteres in das Eigentum ihres Trägers (*S/S-Eser* 20; SK-*Hoyer* 4; *M/SchroederMaiwald* 32/19; str.; zur Explantation von Herzschrittmachern unter dem Aspekt der §§ 242, 246 vgl. *Bringewat* JA **84**, 63; *Gropp* JR **85**, 181; *Otto* Jura **89**, 138 u. BT § 40, 7), aber nicht menschliches Sperma und Ovum bei der In-vitro-Fertilisation (*Arth. Kaufmann,* Oehler-FS 649; **aA** *Bilsdorfer* MDR **84**, 802). Entsprechendes kann bei **Leichenteilen** gelten, wenn Eigentumsrechte durch Abtrennung entstehen (str.; vgl. SK-*Hoyer* 16; *S/S-Eser* 21, jew. mwN).

d) Ein Anspruch auf Eigentumsverschaffung, sei er rein schuldrechtlich oder 9 dinglich gesichert (**Anwartschaftsrecht**), ändert nichts an der Fremdheit der Sache, so dass der Vorbehaltsverkäufer bis zur Zahlung der letzten Rate (Düsseldorf NJW **84**, 810) und der Sicherungsnehmer bei **Sicherungsübereignung** (BGH **1**, 262; NJW **87**, 2242f.) durch § 242 geschützt sind.

3) Tathandlung. Tathandlung des § 242 ist die **Wegnahme** der Sache. Das 10 setzt voraus, dass sie sich im Gewahrsam eines anderen befindet, dass dieser Gewahrsam vom Täter gebrochen und dass neuer Gewahrsam begründet wird (hM; anders *Kargl* JuS **96**, 971, 976; vgl. auch *Ling* ZStW **110**, 919). Nach hM ist die Wegnahme nur *Vorbereitung* der Zueignung (unten 32ff.); diese selbst gehört danach nicht zum objektiven Tatbestand. Diebstahl ist nach dieser Auffassung ein „erfolgskupiertes" Delikt (vgl. dazu *Gössel,* Zipf-GedS 217, 227f.; *Küper,* Gössel-FS 429, 447f.; jeweils mwN). Das ist jedenfalls insoweit zweifelhaft, als damit das *schwerere* Delikt (§ 242) als Vorbereitung des *leichteren* (§ 246) angesehen wird, welches dann aber wiederum (tatbestandlich oder als subsidiär) zurücktreten soll (vgl. unten 59).

11 **A. Gewahrsam.** Die Sache muss sich im Gewahrsam eines anderen (nicht notwendig des Eigentümers) befinden. **Gewahrsam** ist die vom Herrschaftswillen getragene **tatsächliche Sachherrschaft** (BGH **8**, 275; **16**, 271); auf die Rechtmäßigkeit kommt es nicht an (vgl. NJW **53**, 1358 [Gewahrsam eines Diebs]). Ob (und wessen) Gewahrsam an einer Sache besteht, ist nach **hM** nach den Umständen des einzelnen Falles und den Anschauungen des Verkehrs (BGH **22**, 182) oder des täglichen Lebens (BGH **16**, 271; **23**, 255; NStE Nr. 17; 4 StR 427/90) zu beurteilen (vgl. GA **62**, 78; *M/Schroeder/Maiwald* 33/12 ff.; *Arzt/Weber* 13/39; *Heubel* JuS **84**, 446; *Otto* Jura **89**, 140; *Laubenthal* JA **90**, 39; **aA** *Gössel* ZStW **85**, 591; *Kargl* JuS **96**, 971, 976; SK-*Hoyer* 20; NK-*Kindhäuser* 33 und LPK 22 [Unterscheidung in *faktisches* und *normatives* Element]; *Schmidhäuser* BT, 8/19 u. Henkel-FS 229, 233; *W/Hillenkamp* 71 [jew. mwN]), die auf die „sozial *normative* Zuordnung" der Sache zu einer Person abstellen (vgl. auch *Keller* ZStW **107**, 478; *Ling* ZStW **110**, 919; *Wallau* JA **00**, 248, 256; zusf. MK-*Schmitz* 43 ff.; *Martin* JuS **98**, 890; *Gropp* JuS **99**, 1041 f.; zweifelnd hinsichtlich der Differenzen *Otto* Jura **89**, 140; *ders.*, JZ **93**, 560; *Heubel* JuS **84**, 446). Die Besitzregelungen des BGB, das auch Besitz ohne tatsächliche Herrschaft kennt, gelten insoweit nicht. So hat der **Besitzdiener** (§ 855 BGB) keinen Besitz, aber (Mit-)Gewahrsam, vgl. unten; der **Erbe** hat Besitz (§ 857 BGB), aber nicht Gewahrsam, so dass an Sachen des Erblassers vor tatsächlicher Inbesitznahme durch einen anderen Unterschlagung, nicht Diebstahl möglich ist (RG **58**, 228). Auch der mittelbare Besitzer (§ 868 BGB) hat keinen Gewahrsam.

12 **a) Einzelfälle:** Die Möglichkeit tatsächlicher Herrschaft **fehlt** dem Käufer vor Übergabe (RG **23**, 71); dem Eigentümer am Auto, das Fremde zur (ungenehmigten) Schwarzfahrt benutzen (MDR/D **54**, 398). **Gewahrsam** hat der Autofahrer an seinem geparkten Wagen (GA **62**, 78); der Wohnungsinhaber an Sachen in seiner Wohnung auch bei längerer Abwesenheit (BGH **16**, 271); ein Landwirt an auf seiner Weide stehenden Tieren (1 StR 165/63); der Spediteur an den einem angestellten Fahrer mitgegebenen Sachen, es sei denn, dass dieser verbotene Wege fährt (RG **54**, 33); anders aber bei der Übergabe an einen selbstständigen Frachtführer (RG **56**, 116; MK-*Schmitz* 67; vgl. unten 14); die Telekom an im Münzfernsprecher zurückgelassenen Geldmünzen (Düsseldorf NJW **88**, 1336); der Eigentümer eines Kaufhauses an den Waren, auch wenn Kunden diese dort zB anprobieren (Kleidung); auch an dem Geld, das Kassierern von Kunden übergeben wird; anders ist es, wenn ein Kassierer alleinigen Zugang zur Kasse hat (NStZ-RR **01**, 268).

13 **b) Beherrschungswille.** Für den Gewahrsam ist der Wille zur Sachherrschaft nötig (BGH **8**, 273; LK-*Ruß* 21; *S/S-Eser* 29; anders SK-*Hoyer* 26; *Bittner* JuS **74**, 159). Der Wille setzt ein Wissen, also Kenntnis vom Entstandensein des Herrschaftsverhältnisses voraus, hingegen nicht ständiges Bewusstsein der Sachherrschaft (BGH **4**, 211; vgl. aber KG GA **79**, 428). Auch braucht sich der Herrschaftswille nicht auf die einzelne Sache zu erstrecken; er kann auch **allgemein bekundet** sein oder sich aus den Umständen ergeben (RG **50**, 46); so bei Sachen im Briefkasten, Münzen im Münzfernsprecher (Düsseldorf NJW **83**, 2153 [m. Anm. *Bottke* JR **84**, 35; *Seier* JA **83**, 673] u. **88**, 1336); bei Sachen, die dem Wohnungs- oder Ladeninhaber zur Empfangnahme vor die Tür gestellt worden sind (NJW **68**, 662; dazu *Schmitt* JZ **68**, 307). Daher stehen auch in Geschäftsräumen (Hamm NJW **69**, 620; dazu krit. *Bittner* MDR **70**, 291), öffentlichen Verkehrsmitteln oder auf einem Bahnsteig zurückgelassene Sachen im Gewahrsam des Unternehmens (SK-*Hoyer* 36; vgl. aber GA **69**, 25; einschr. *Arzt/Weber* 13/49). Auch Betrunkene oder **Schlafende** (BGH **20**, 33) sowie **Kinder** und Geisteskranke können Gewahrsamsinhaber sein (RG **2**, 334); auch **Bewusstlose,** selbst wenn sie die Fähigkeit, einen Willen zu fassen und zu äußern, bis zu ihrem Tode nicht wieder erlangen (NJW **85**, 1911 [Anm. *Lampe*]; *Otto* Jura **89**, 14 u. BT 40/21; *Mitsch* BT I, 1/59; *Lackner/Kühl* 10; NK-*Kindhäuser* 40; LK-*Ruß* 22; *Arzt/Weber* 13/52; and. Bay JR **61**, 188; *Seelmann/Pfohl* JuS **87**, 199). Keinen Gewahrsam haben juristische Per-

sonen als solche, vielmehr die Personen, die für die juristische Person die tatsächliche Gewalt ausüben.

c) Mitgewahrsam. Auch Mitgewahrsam eines Dritten ist fremder Gewahrsam (BGH **14**, 40; NJW **60**, 1357; 3 StR 226/93), gleichgültig ob er zu gleichem Recht (Gesellschafter) oder im Verhältnis der **Besitzdienerschaft** gemeinsam ausgeübt wird (BGH **16**, 271; krit. *Bittner,* Der Gewahrsamsbegriff und seine Bedeutung für die Systematik der Vermögensdelikte, 1972; *Haffke* GA **72**, 225). Zivilrechtliche Besitzdienerschaft schließt **Alleingewahrsam** nicht aus. So haben Alleingewahrsam ein Angestellter, der Waren zum Kunden zur Ansicht bringt (RG GA Bd. **59**, 459); ein selbstständiger Frachtführer (RG **56**, 116); auch der angestellte Fahrer einer Transportfirma (BGH **2**, 318; Düsseldorf wistra **85**, 110) am Speditionsgut, solange er dem unmittelbaren Weisungsbereich des Arbeitgebers entzogen ist (StV **01**, 13; vgl. auch Karlsruhe wistra **03**, 36, 37 [zum Mitgewahrsam unter Ehegatten; krit Anm. *Beckemper/Wegner*]); das Vorhandensein von Fahrtschreibern in einem LKW genügt für eine tatsächliche Sachherrschaft des Unternehmers nicht (GA **79**, 390; vgl. BGH **16**, 273). Alleingewahrsam haben auch der Packmeister am Bahngut (RG **46**, 376); das Bahnpostpersonal an der Paketpost; der Postbedienstete an eingezogenen Nachnahmebeträgen (RG **26**, 43); der Kassierer in einem Kaufhaus oder einer Bank am Geld, wenn er alleinigen Zugang zur Kasse hat (BGH **8**, 275; wistra **89**, 60; MDR **89**, 111; BGHR § 242 I, Gew. 4; NStZ-RR **96**, 131; **01**, 268; SK-*Hoyer* 26); Arbeitnehmer und Beamte an den ihnen zu alleinigem (Dienst-)Gebrauch zugewiesenen Sachen (vgl. auch *Arzt/Weber* 13/46). Das gilt freilich nur, soweit nach der Verkehrsauffassung von einer alleinigen tatsächlichen Sachherrschaft auszugehen ist (daher Alleingewahrsam von Beamten an Schreibutensilien, Büchern, Datenträgern, wohl auch an PC-Terminals zur alleinigen Benutzung, nicht aber an Schreibtischen, Aktenschränken oder „dienstlichen" Bildern an der Wand; Alleingewahrsam von Bauarbeitern an Werkzeugen, nicht aber am Baukran); es gilt auch nur in dem tatsächlichen Rahmen des jeweiligen Dienstverhältnisses (daher kein § 242, sondern § 246 bei unbefugter Mitnahme von Arbeitsgerät; dagegen § 242 bei nächtlichem „Besorgen" derselben Sachen). An den in einem Betrieb oder einer Behörde **umlaufenden Akten** wird man idR keinen Alleingewahrsam des (jeweiligen) Sachbearbeiters annehmen können. Der Mieter von Wohnraum hat an mitvermieteten Sachen regelmäßig Alleingewahrsam; anders kann es sein, wenn der Vermieter die Räume jederzeit betreten kann (Hotel; Pension; untervermietete Zimmer; vgl. NJW **60**, 1357; LK-*Ruß* 28). 14

Liegt ein (Ausnahme-)Fall des Alleingewahrsams trotz Weisungs- oder Abhängigkeitsverhältnis nicht vor, so nimmt die Rspr einen uU **„mehrstufigen"** Gewahrsam an (vgl. BGH **10**, 400; NStZ-RR **96**, 131), so dass die untergeordnete Person den (Mit-) Gewahrsam des Übergeordneten, nicht aber dieser umgekehrt den Gewahrsam des Untergeordneten brechen kann (vgl. zB BGH **2**, 318 [Transportfahrer]; **8**, 273 [Kassierer]; **16**, 271 [Hausangestellte]; **18**, 221 [Inhaber einer Sammelgarage]; wistra **89**, 18 [Postbedienstete]; BGH **40**, 8, 23; NStZ **95**, 131 [MfS-Mitarbeiter bei Postkontrolle]; LG Aachen NJW **85**, 338 [Steuerberater hinsichtlich Belegen von Mandanten]; allg. Ansicht; abweichende Begründung etwa bei *S/S-Eser* 32; SK-*Hoyer* 45; *Mitsch* BT II/1, 1/55; *Schünemann* GA **69**, 46, 52). **Gleichrangigen** Mitgewahrsam kann jeder der Gewahrsamsinhaber gegenüber dem anderen brechen. 14 a

d) Verlust des Gewahrsams. Eine Beendigung des Gewahrsamsverhältnisses tritt mit dem Ende der Möglichkeit ein, die Sache zu beherrschen (BGH **4**, 210). Tote haben keinen Gewahrsam mehr (BGHR § 242 I, Gew. 1; 2 StR 268/92); Gewahrsam eines erheblich Verletzten an seinen Sachen ist dagegen nicht schon deswegen zu verneinen, weil er nichts mehr zu deren Schutz zu unternehmen vermag (NJW **85**, 1911, hierzu *Otto* JK 5; *Lampe* JR **86**, 294; *Seelmann/Pfohl* JuS **87**, 199; *Begemann* JuS **87**, 592; NK-*Kindhäuser* 36, 42). Der bloße Zuschlag an 15 den Ersteher in der Zwangsvollstreckung (RG **20**, 428) und die Eröffnung des Insolvenzverfahrens genügen für den Gewahrsamsverlust nicht (MK-*Schmitz* 66); auch nicht das Verlegen oder Verstecken (RG **53**, 175) einer Sache innerhalb der Gewahrsamssphäre (vgl. aber BGH **4**, 132). Auch das Vergessen einer Sache an einem bekannten Ort beseitigt den Gewahrsam nicht. Dies soll auch für das Liegenlassen in einem öffentlichen Verkehrsmittel gelten, wenn die Sache alsbald angefordert wird (RG **38**, 444; zw.); zum mindesten hat hier idR der Betreiber den Gewahrsam erlangt. An (endgültig) **verlorenen Sachen** (vgl. § 956 BGB) ist der Gewahrsam weggefallen. Dies gilt auch für entlaufene Haustiere, wenn der Gewahrsamsinhaber ihren Aufenthalt nicht kennt. Der Mitgewahrsam von Fahrer und Beifahrer eines Kfz an diesem wird nicht dadurch beendet, dass der Beifahrer das Fahrzeug kurzfristig für eine Erledigung verlässt (vgl. Köln VRS **107**, 366 [Diebstahl eines Geldtransporters durch den Fahrer).

16 **B. Wegnahme** ist der Bruch, dh die gegen den Willen des Berechtigten erfolgende (vgl. *Ludwig/Lange* JuS **00**, 446, 449; and. *Lackner/Kühl* 14: *ohne* dessen Willen; wieder and. *Küper* BT 432: *gegen oder ohne* den Willen; die Unterschiede sind fraglich, da ein „genereller“ Sachbeherrschungswille ohne aktuelles Bewusstsein ausreicht) **Aufhebung des Gewahrsams** des bisherigen Gewahrsamsinhabers und die gleichzeitige oder spätere **Begründung neuen Gewahrsams** für eine andere Person. Heimlichkeit, also Unkenntnis des Gewahrsamsinhabers ist nicht erforderlich (MDR/H **87**, 281); ebenso nicht eigenhändiges Handeln des Täters. Die Wegnahme kann auch in **mittelbarer Täterschaft** erfolgen, zB durch Veranlassung eines gutgläubigen Dritten, die Sache „abzuholen“ (*M/Schroeder/Maiwald* 33/28 ff.); durch Vorspiegelung einer polizeilichen Beschlagnahme und dadurch erzwungene Aushändigung (vgl. dazu und zur Abgrenzung vom Betrug 46 zu § 263); Weidenlassen von Vieh auf fremdem Grundstück ist Wegnahme (LG Karlsruhe NStZ **92,** 543). Im Fall von **Mitgewahrsam** ist Wegnahme gegeben, wenn einer von mehreren gleichrangigen Gewahrsamsinhabern die Sachherrschaft der anderen aufhebt (BGH **2**, 317); ebenso, wenn nur ein nicht allein verfügungsberechtigter Gewahrsamsinhaber in die Wegnahme einwilligt (BGH **8**, 276; BGH **18**, 221). Eine Sekretärin, die weisungswidrig Blankoschecks ausfüllt oder verwendet, bricht den übergeordneten Gewahrsam des Geschäftsführers (NStZ-RR **96**, 132; vgl. NStZ **83**, 455); Bruch des untergeordneten Mitgewahrsams durch den übergeordneten Mitgewahrsamsinhaber ist dagegen keine Wegnahme (Hamm JMBlNW **65**, 10; vgl. *Seelmann* JuS **85**, 201; *S/S-Eser* 32; NK-*Kindhäuser* 77 ff.).

17 **C. Begründung neuen Gewahrsams.** Die Tat muss zur Begründung neuen Gewahrsams führen; der Gewahrsamserwerber muss also die **tatsächliche Herrschaft** über die Sache erlangen (vgl. BGH **16**, 271; NJW **81**, 997; BGHR § 242 I, Wegn. 6). Nach allg. Ans. sind weder das Fortschaffen vom Tatort noch das Verbergen für sich allein geeignete Kriterien der Abgrenzung, da sie nicht hinreichend zwischen bloßer Gewahrsams-*Lockerung* und der vollendeten Begründung neuen, der Beherrschungssphäre des Berechtigten entzogenen Gewahrsams unterscheiden (BGH **20**, 194; Hamburg MDR **70**, 1027; vgl. LK-*Ruß* 40; NK-*Kindhäuser* 43 mwN). Der Zeitpunkt des Bruchs des früheren muss mit dem der Erlangung des neuen Gewahrsams nicht zusammenfallen (zB: der Täter wirft eine Geldtasche aus einem fahrenden Zug, um sie später abholen zu lassen [vgl. LK-*Ruß* 75; **aA** *Tröndle* 49. Aufl. 13]; der Täter verbirgt die Sache im Herrschaftsbereich des Geschädigten). Der neue Gewahrsam muss nicht zwingend der des Täters sein (zB bei Abholen-Lassen durch gutgläubigen Dritten). Ob eine Gewahrsamserlangung und damit die **Vollendung des objektiven Tatbestands** (NJW **81**, 997; *Lackner/Kühl 18; S/S-Eser* 37; SK-*Hoyer* 111; NK-*Kindhäuser* 43) durch Wegnahme vorliegt, ist nach der Verkehrsauffassung zu beurteilen (BGH **16**, 271); es kommt darauf an, ob der neue Gewahrsamsinhaber die Herrschaft über die Sache ungehindert durch den alten Gewahrsamsinhaber ausüben kann und dieser über die Sache nicht mehr verfügen kann, ohne seinerseits die Verfügungsgewalt des Täters zu brechen (GA **66**,

78; Köln StV **89**, 156). In der praktischen Anwendung sind namentlich folgende **Fallgruppen** zu unterscheiden:

a) Im **Selbstbedienungsladen** erlangt bereits Gewahrsam, wer Waren in die Tasche steckt (BGH **16**, 273; **17**, 209; **26**, 24; NJW **81**, 997), zum Verkauf angebotene Lebens- oder Genussmittel isst oder trinkt (Köln NJW **86**, 392; NK-*Kindhäuser* 37), auch wenn ihn das Personal hierbei beobachtet (hierzu *Geilen* JK 12 zu § 22; *Seelmann* JuS **85**, 203). Das gilt auch, wenn die Ware mit einem elektromagnetischen Sicherungsetikett versehen ist, das beim Verlassen des Kontrollbereichs ein Alarmsignal auslöst (Bay NJW **95**, 300 [hierzu *v. Heintschel-Heinegg* JA **95**, 833 u. *Kargl* JuS **96**, 971; *Schmidt* JuS **96**, 78]; Stuttgart JR **85**, 385 m. Anm. *Kadel* u. *Dölling* JuS **86**, 688; *Lackner/Kühl* 16; NK-*Kindhäuser* 49; **aA** [Wegnahme erst mit Passieren der Ausgangssperre] *Borsdorff* JR **89**, 4; *Seier* JA **85**, 387). Gewahrsam erlangt auch, wer in Zueignungsabsicht eine Ware in seinem Einkaufswagen **verbirgt** und die Kasse ohne Bezahlung der versteckten Ware passiert (BGH **41**, 198 [m. Anm. *Zopfs* NStZ **96**, 190; *Scheffler* JR **96**, 342; ferner *Th. Schmidt* JuS **96**, 177; *v. Heintschel-Heinegg* JA **96**, 97; *Hillenkamp* JuS **97**, 217; *Otto* JK 17] auf Vorl. Zweibrücken NStZ **95**, 448); in diesen Fällen liegt daher nicht Betrug, sondern Diebstahl vor (**aA** Düsseldorf NJW **93**, 1407 m. Anm. *Vitt* NStZ **94**, 133 u. *Stoffers* JR **94**, 205; ferner *Brocker* JuS **94**, 919; *Roßmüller/Rohrer* Jura **94**, 469 u. **88**, 293), denn der Verfügungswille des Kassierers bezieht sich nicht auf die verborgenen, von ihm gar nicht wahrgenommenen Waren, vielmehr dient die Täuschung dem Täter nur dazu, gegen den Willen des Berechtigten einen Gewahrsamsbruch zu ermöglichen (BGH **41**, 201, 202). Bei *kleinen,* leicht beweglichen *Gegenständen* kann Wegnahme angenommen werden, wenn sie der Täter ergriffen hat und festhält (BGH **23**, 254; GA **87**, 307), zB bei einer Damenhandtasche (Köln MDR **71**, 595); ebenso, wenn der Täter in einem Kaufhaus von einem Laufständer eine Lederjacke heruntergenommen und angezogen (NStZ **88**, 270) oder in der Kabine eines Kaufhauses den Anzug, den er stehlen will, angezogen hat und im Begriff ist, das Haus zu verlassen (Düsseldorf OLGSt 27; ähnlich Hamm MDR **69**, 862). Nach Bay NJW **97**, 3326 (zust. *Martin* JuS **98**, 890) bleibt die Zugriffsmöglichkeit und damit der Gewahrsam des Geschäftsinhabers erhalten, wenn kleinere, leicht bewegliche Sachen auf einer Verkaufsfläche im Freien **offen** weggetragen werden (ähnlich Köln StV **89**, 156 m. krit. Anm. *Freund* StV **91**, 63: keine Vollendung bei Verlassen der Abteilung eines Kaufhauses mit der dort entnommenen Sache). Auch hier kommt es aber auf die Umstände des Einzelfalls an. Auch das offene Wegtragen von Sachen ist jedenfalls dann Wegnahme, wenn nach den äußeren Umständen und der Verkehrsauffassung mit einem Zugriff des Berechtigten nicht mehr gerechnet werden muss. 18

b) Das **Bereitstellen** oder Bereitlegen einer Sache innerhalb der Gewahrsamssphäre des Berechtigten zum **späteren Abtransport** reicht idR zur Gewahrsamserlangung nicht aus (BGH **16**, 271); grds auch dann nicht, wenn die Sache versteckt, die endgültige Erlangung aber noch mit Schwierigkeiten verbunden ist (NJW **55**, 71; Celle MDR **65**, 315; LG Potsdam NStZ **07**, 336). In diesem Fall nur eine **Vorbereitungshandlung** und daher auch noch kein Versuch der Wegnahme vor. Versteckt der Täter die Sache zunächst innerhalb des Herrschaftsbereichs des Gewahrsamsinhabers, um sie bei späterer Gelegenheit mitzunehmen, so kommt es darauf an, ob durch das Verbergen die Zugriffsmöglichkeit des Gewahrsamsinhabers tatsächlich schon vereitelt ist und der spätere Abtransport nur die endgültige Sicherung schon erlangter ungehinderter Sachherrschaft des Täters darstellt (vgl. *S/S-Eser* 39). So wird das absichtsvoll falsche Einstellen eines Buches in einer Bibliothek in der Absicht, eine spätere Mitnahme zu erleichtern, idR noch keinen Gewahrsam des Täters begründen (vgl. unten 57), wohl aber das Verstecken eines Schmuckstücks in einem zum alsbaldigen Abtransport bestimmten Müllsack. Das Hinausschaffen von Diebesgut auf das schwach gesichtere Außengelände eines Baumarkts in der Absicht, es nachts abzuholen, hat LG Potsdam NStZ **07**, 336 19 zutr. als *Versuch* des § 242 angesehen. Ein **Herausschaffen** der Sache aus den Räumen des Gewahrsamsinhabers reicht zur Tatvollendung dann nicht, wenn der Abtransport noch weitere erhebliche Anstrengungen erfordert (NStZ **81**, 435 [Abstellen eines 300 kg schweren Tresors vor dem Gebäude]; dazu *Kühl* JuS **82**, 112; *Geilen* JK 6 zu § 22), je nach den Umständen des Einzelfalls auch nicht das Verladen der Sache auf ein Transportfahrzeug (vgl. NJW **81**, 997; anders GA **61**, 346). Dagegen ist die Wegnahme *vollendet*, wenn eine Sache aus der Gewahrsamssphäre herausgeschafft und zum Abtransport verladen wurde (Karlsruhe NStZ-RR **05**, 140 [Verladen eines Steinguttopfs auf einen Mofa-Anhänger]).

20 **c)** An kleinen, unauffälligen, **leicht zu verbergenden Sachen** erlangt der Dieb idR (vollendeten) Gewahrsam, wenn er sie, sei es auch in der Herrschaftssphäre des Gewahrsamsinhabers, in der Kleidung oder in einem seinerseits leicht zu transportierenden Behältnis (Tasche, Koffer) verbirgt, denn die Herrschaftsmacht des Berechtigten ist aufgehoben, wenn er zur Wiedererlangung des ungehinderten Gewahrsams in die persönliche Sphäre des Wegnehmenden eindringen müsste (BGH **26**, 24; NJW **81**, 997; Düsseldorf NJW **90**, 1492 [dazu krit. *Roßmüller/Rohrer* Jura **94**, 469, 744]; *Mitsch* BT 2/1, 1/63; *Lackner/Kühl* 16; NK-*Kindhäuser* 47; *S/S-Eser* 39; LK-*Ruß* 43 a; SK-*Hoyer* 24; jew. mwN). Dagegen ist beim Diebstahl von **Kraftfahrzeugen** die Wegnahme regelmäßig erst mit dem Wegfahren vollendet (BGH **18**, 69; VRS **13**, 350; NStZ **82**, 420); hierbei reicht freilich auch eine kurze Fahrstrecke aus (Hamburg MDR **70**, 1027 [Unfall nach 10 m]; LK-*Ruß* 42 a; **aA** MDR/D **75**, 367). Bei nicht fahrbereiten Fahrzeugen ist die Wegnahme mit Beginn des **Abschleppens** vollendet (Koblenz VRS **46**, 430).

21 **d)** Eine **Beobachtung** durch den Gewahrsamsinhaber oder Dritte schließt nach ganz hM die Gewahrsamserlangung nicht aus, denn § 242 setzt **Heimlichkeit** nicht voraus (BGH **16**, 273 f.; **17**, 208; **26**, 24; **41**, 205; NStZ **87**, 71; **88**, 270; StV **85**, 323; Düsseldorf NJW **88**, 1335; **90**, 1492; vgl. dazu *Geiger* JuS **92**, 834; *Otto* Jura **97**, 467). Bei beobachteter Wegnahme in Selbstbedienungsläden liegt daher, sofern die übrigen Voraussetzungen der Gewahrsamserlangung erfüllt sind, nach **hM** vollendete Wegnahme vor. Jedoch liegt nach StV **85**, 323 (krit. *Otto* JZ **93**, 559, 561) nur Versuch vor, wenn der bei der Ansichnahme von der Polizei beobachtete Dieb von vornherein keine Chance hat, die Beute zu bergen. Entsprechendes gilt bei **Ladendiebstählen,** wenn es sich um auffällige, sperrige Sachen (StV **84**, 376) handelt oder die Sachen sich vor Passieren des Kassenbereichs noch im Einkaufskorb befinden (Düsseldorf NJW **86**, 2266; Köln NJW **86**, 392; vgl. oben 18).

22 **e)** Ein **Einverständnis** des Gewahrsamsinhabers schließt die Vollendung schon des *Tatbestands* aus (BGH **4**, 199; **8**, 273, 276; Düsseldorf NStZ **92**, 237; LK-*Ruß* 35; *S/S-Eser* 36; *Jescheck/Weigend* § 34 I 1 b; str.; dazu *Toepel*, Rudolphi-FS [2004] 581; zur Abgrenzung von Einwilligung und Einverständnis *Kindhäuser*, Rudolphi-FS [2004] 135), so dass nur Versuch vorliegt, wenn der Täter vom Einverständnis nichts weiß (Bay JR **79**, 297). Der Zustimmende muss die natürliche Willensfähigkeit besitzen; das kann bei Kindern oder Betrunkenen zweifelhaft sein (dann nur Unterschlagung). Die Wirksamkeit des Einverständnisses mit dem Gewahrsamsverlust wird nicht dadurch berührt, dass es durch *Täuschung* (§ 263) oder *Zwang* (§ 255) zustande gekommen ist. Bloßes **Dulden** der Wegnahme ist keine Zustimmung (NJW **53**, 753; vgl. oben 21). ass Von praktischer Bedeutung sind insoweit die folgenden Fälle:

23 Bei der sog. **Diebesfalle** (Bereitstellen einer Sache in der Absicht, eine – idR früherer Taten verdächtige – Person zur Wegnahme zu veranlassen, um sie zu überführen) liegt nach **hM** kein vollendeter Diebstahl vor, weil der eingeweihte Berechtigte in die Wegnahme einwilligt (BGH **4**, 199; **16**, 278; NJW **53**, 1271; Köln NJW **61**, 2360; Bay JR **79**, 296 m. Anm. *Paeffgen;* Celle JR **87**, 253 m. Anm. *Hillenkamp;* Düsseldorf NJW **88**, 83; NStZ **92**, 237 [Anm. *Janssen* ebd.; *Hefendehl* NStZ **92**, 544; *Geppert* JK 15]; LG Gera StraFO **00**, 358; *Lackner/Kühl* 14; *S/S-*

Eser 41; LK-*Ruß* 44; NK-*Kindhäuser* 51; SK-*Hoyer* 42; *W/Hillenkamp* 106; *Mitsch* BT 2/1, 1/79; *Gropp* JuS **99**, 1042; **aA** *Janssen* NStZ **92**, 237). Ein Widerspruch zur Behandlung der Beobachtungsfälle (oben 21) besteht nicht, denn in jenen Fällen willigt der Berechtigte weder in die Wegnahme noch gar in die Zueignung ein. Anders ist es, wenn die Diebesfalle von einem Dritten gestellt wird, der keinen (Allein-)Gewahrsam hat; hier tritt ein Gewahrsamsbruch nach den allgemeinen Regeln ein (Hamm JMBlNW **57**, 176; LK-*Ruß* 44). Kommt es bei der Diebesfalle zur Wegnahme mit Einverständnis des Berechtigten, so steht zum Diebstahlsversuch die vollendete Unterschlagung in Tateinheit (Celle JR **87**, 235 m. abl. Anm. *Hillenkamp* 254; *Otto* Jura **89**, 204; *Paeffgen* JR **79**, 297; *S/S-Eser* 41; NK-*Kindhäuser* 51; **aA** Köln NJW **61**, 2360; *Krey* BT 2, 35; *Duttge/Fahnenschmidt* Jura **97**, 287), falls nicht auch Einverständnis mit der Zueignung bestand (*W/Hillenkamp* 106; vgl. unten 55).

24 Beim Tanken ohne zu zahlen an **Selbstbedienungstankstellen** kann nach **hM** ein Eigentumsdelikt vorliegen, da der Eigentumsübergang erst bei Bezahlung des Kaufpreises eintritt (Hamm NStZ **83**, 266 m. Anm. *Müller-Luckmann*; *Borchert/Hellmann* NJW **83**, 2802; *Charalambakis* MDR **85**, 976; *Deutscher* JA **83**, 126 u. NStZ **83**, 507; *Otto* JZ **87**, 22; *Ranft* JA **84**, 4; LK-*Ruß* 6; NK-*Kindhäuser* 17, 53; *S/S-Eser* 36; str.; **aA** Düsseldorf JR **85**, 207 m. zust. Anm. *Herzberg; Herzberg* JA **80**, 389, NStZ **83**, 251 u. NJW **84**, 898; *Seier* JA **84**, 322). § 242 wird jedoch in den meisten Fällen ausscheiden, denn bei **ordnungsgemäßer Bedienung** ist regelmäßig von einem Einverständnis des Berechtigten mit dem Gewahrsamsübergang auszugehen; es liegt daher nur eine Unterschlagung vor (NK-*Kindhäuser* aaO; LK-*Ruß* 36; *Lackner/Kühl* 14; vgl. *W/Hillenkamp* 184; *S/S-Cramer* 63 a zu § 263), anders, wenn schon der Gewahrsam durch Täuschung erreicht wird (vgl. Köln NJW **02**, 1059; oben 15). Anders (§ 242) soll es sein, wenn der Täter in *Abwesenheit* des Tankwarts das Benzin einfüllt (NK-*Kindhäuser* aaO; LK-*Ruß* aaO); das erscheint im Hinblick auf die tatsächlichen Gegebenheiten (Unübersichtlichkeit der Tankstellenanlagen; Video-Überwachung) jedoch praktisch eher fern liegend (zutr. Köln NJW **02**, 1059 f.). Zur Abgrenzung zum **Betrug** vgl. 19 zu § 263.

25 Bei **Waren- und Spielautomaten** liegt nach **hM** ein Einverständnis des Berechtigten jedenfalls mit dem Gewahrsamsübergang vor, wenn der Automat **ordnungsgemäß bedient** wird (MDR **52**, 563; Celle StV **97**, 79; *S/S-Eser* 36; LK-*Ruß* 36; NK-*Kindhäuser* 56; *Hilgendorf* JR **97**, 347; *Mitsch* JuS **98**, 313; *W/Hillenkamp* 108; **aA** AG Lichtenfels NJW **80**, 2206 m. abl. Anm. *Schulz* NJW **81**, 1351; SK-*Hoyer* 54 ff.; vgl. 1 a zu § 265 a). Wegnahme liegt dagegen vor beim Bedienen mit **Falschgeld** oder präpariertem Geld (MDR **52**, 563 [m. abl. Anm. *Dreher*]; Stuttgart JR **82**, 508 [m. Anm. *Seier*]; Celle NJW **97**, 1518 [m. Anm. *Hilgendorf* JR **97**, 347; *Mitsch* JuS **98**, 307]; Düsseldorf NStZ **99**, 3208; NJW **00**, 158 [Bespr. *Biletzki* NStZ **00**, 424; *Martin* JuS **00**, 406; *Kudlich* JuS **01**, 20, 23]); bei äußeren Einwirkungen auf die und Manipulationen an der Mechanik (Bay JR **82**, 291 [m. Anm. *Meurer*]; Koblenz NJW **84**, 2424; Düsseldorf NJW **99**, 3208) sowie bei Tricks beim Geldeinwurf (Stuttgart aaO; Koblenz aaO; vgl. *Otto* JZ **85**, 23; Jura **89**, 142; JR **00**, 214; *Ranft* JA **84**, 6; *Sonnen* JA **84**, 571; *Kindhäuser* BT II/1, 2/55; *Mitsch* BT II/1, 1/77). Dagegen schließt nach hM allein eine „unfaire" Bedienung, etwa durch Ausnutzen von Kenntnissen über das elektronische Programm, den Übertragungswillen des Berechtigten bei äußerlich ordnungsgemäßer Bedienung nicht aus; das **Leerspielen von Geldspielautomaten** mit Hilfe unbefugt verwendeter Programmdaten unterfällt daher nicht § 242 (Celle wistra **89**, 355; Bay NStZ **90**, 595 m. Anm. *Hildner*; LG Freiburg NJW **90**, 2635 m. Anm. *Schmucker* u. *Bühler* NStZ **91**, 343; LG Ravensburg StV **91**, 214 m. Anm. *Herzog*; LG Stuttgart NJW **91**, 441; *Achenbach* Jura **91**, 226; *Etter* CR **88**, 1022; *Neumann* CR **89**, 719 u. JuS **90**, 538); zur Streitfrage, ob *Computerbetrug* vorliegt, vgl. 19 zu § 263 a.

26 Bei unbefugtem Benutzen von **fremden** oder **gefälschten Codekarten** zum unberechtigten Geldabheben an **Bankautomaten** wird teilweise Wegnahme des Geldes bejaht (Bay NJW **87**, 663, 665; Koblenz wistra **87**, 261; *Gropp* JZ **83**, 490; *Mitsch* JuS **86**, 769; *Lenckner/Winkelbauer* wistra **84**, 83; *S/S-Eser* 36). Nach BGH **35**, 158 (zust. *Huff* NJW **88**, 981; *Otto* Jura **89**, 142; *Ranft* JR **89**, 165;

Schmitt/Ehrlicher JZ **88**, 364; *Thaeter* wistra **88**, 339; *Löhnig* JR **99**, 362, 364; NJW **83**, 2827; Stuttgart NJW **87**, 666) liegt dagegen jedenfalls Einverständnis der Bank mit dem Gewahrsamsübergang (und daher allenfalls § 246) vor. BGH **38**, 120 (m. zust. Anm. *Cramer* JZ **92**, 1031; *Otto* JZ **93**, 562 u. JK 6 zu 263 a; *Schlüchter* JR **93**, 512; *Zielinski* CR **92**, 223) nimmt auch in diesen Fällen ein tatbestandsausschließendes Einverständnis und, wie beim Missbrauch des *berechtigten* Karteninhabers, Vorrang des § 263 a an (zw.; vgl. hierzu Erl. zu § 263 a). Missbrauch der Karte durch den berechtigten Besitzer unterfällt § 266 b.

27 In den Fällen des **Trickdiebstahls** ist die Wegnahme von einer (irrtums- oder nötigungsbedingten) Vermögensverfügung und daher Diebstahl von Betrug und Erpressung abzugrenzen; §§ 242 und 253, 263 schließen sich gegenseitig aus (vgl. NK-*Kindhäuser* 61 f.; *Mitsch* BT II/1, 1/78; SK-*Hoyer* 48; *W/Hillenkamp* 635; **aA** *Haas* GA **90**, 204; *Herzberg* ZStW **89**, 367, 387; *Lenckner* JZ **66**, 320; vgl. aber BGH **41**, 198). Schafft der Täter durch Täuschung nur die Voraussetzungen für die spätere Wegnahme, so liegt unzweifelhaft Diebstahl vor (MDR/D **74**, 15; BGHR Wegn. 2; Köln MDR **73**, 866; Düsseldorf NJW **90**, 923 [dazu *Otto* JK 31 zu § 263]; LK-*Ruß* 37). Bei scheinbaren **„Beschlagnahmen"** unter Vortäuschung einer Amtsträgerschaft liegt nach hM Wegnahme nicht nur bei bloßer Duldung der angeblichen Sicherstellung, sondern auch bei Aushändigung der Sache durch das Opfer vor (BGH **7**, 252; **18**, 221; NJW **52**, 796; **53**, 73; *Otto* ZStW **79**, 74 f.; LK-*Ruß* 39; *S/S-Eser* 35; *Lackner/Kühl* 14; SK-*Hoyer* 51; *W/Hillenkamp* 629; *Hillenkamp* JuS **94**, 771; *Krey* BT 2, 404 ff.; zw.; **aA** *Miehe,* Unbewusste Verfügungen, 1987, 74 ff.; *Geppert* JuS **77**, 70; *Rengier* JuS **81**, 654; NK-*Kindhäuser* 62 f. u. Bemmann-FS 339, 353; *Mitsch* BT II/1, 1/79; *Schmitt,* Spendel-FS 575), da aus Sicht des Opfers Widerstand zwecklos wäre und eine Weigerung daher keine Gewahrsamssicherung bewirken würde. Wegnahme liegt unstr. auch vor, wenn der Täter einen **Dritten,** der keinerlei Gewahrsamsbeziehung zu der Sache hat, durch Täuschung dazu veranlasst, die fremde Sache an ihn zu übergeben (zB Zureichenlassen von Garderobestücken, Koffern etc.; vgl. Stuttgart JR **66**, 29 m. krit. Anm. *Dreher* und zust. Anm. *Lenckner* JZ **66**, 320; *Kindhäuser* ZStW **103**, 415 f.; *Otto* ZStW **79**, 78).

28 Im Einzelnen str. sind dagegen die Fälle, in denen der Täter einem **Mitgewahrsamsinhaber** oder einem **Gewahrsamshüter** vortäuscht, der Gewahrsamsinhaber sei mit der Herausgabe einverstanden. Nach BGH **18**, 221 (ebenso MDR/D **74**, 15; Bay GA **64**, 82) liegt hier Diebstahl in mittelbarer Täterschaft vor, wenn der Dritte zur Herausgabe **nicht berechtigt** ist und sich subjektiv nicht im Rahmen seiner Hüter-Aufgabe hält; Betrug dagegen, wenn der Dritte über eine ihm (faktisch) *anvertraute* Sache verfügt (**„Lagertherorie";** vgl. LK-*Ruß* 38; *Mitsch* BT II/1, 1/84 ff.; **aA** NK-*Kindhäuser* 67 ff.; SK-*Hoyer* 60 ff.; jew. mwN; vgl. dazu 49 zu § 263).

29 **4) Subjektiver Tatbestand.** § 242 setzt Vorsatz hinsichtlich der Fremdheit der Sache und der Wegnahme voraus; darüber hinaus die zum Zeitpunkt der Wegnahme gegebene Absicht des Täters, die Sache sich oder einem Dritten anzueignen.

30 **A. Vorsatz.** Der Vorsatz des Täters muss sich auf die Verletzung fremden Gewahrsams und fremden Eigentums sowie auf Begründung neuen Gewahrsams richten. Den Rechtsbegriff der **Sache** muss der Täter in seiner Vorstellung zutreffend erfassen; die rechtliche Wirkung selbst muss er nicht nachvollziehen (vgl. zum Irrtum 51 zu § 22). Der Vorsatz muss sich nicht von Anfang an auf ganz bestimmte Sachen richten; es reicht der Tatplan, etwas „Brauchbares" (Vorzufindendes) wegzunehmen. Daher kann sich der Vorsatz auch nachträglich konkretisieren, erweitern oder verengen (BGH **22**, 350 f.). Wenn sich im Verlauf der Tatbegehung Änderungen in Bezug auf das Tatobjekt ergeben, so kommt es für die Kongruenz von objektivem und subjektivem Tatbestand auf die Vorstellung des Täters zum Zeitpunkt der letzten Wegnahmehandlung an (NStZ **04**, 386 f. [Vorsatz auch bei un-

bemerkter Zerstörung der Sache durch die Wegnahmehandlung]). Die Wegnahme einer anderen als der ursprünglich geplanten Sache ist, wenn im übrigen Tatidentität gegeben ist, nur *ein* (vollendeter) Diebstahl; anders, wenn der Täter nach endgültigem Scheitern eines Diebstahlversuchs beschließt, etwas anderes wegzunehmen (MDR/D **69**, 722; *S/S-Eser* 45). Wenn sich Vorsatz und Zueignungsabsicht nur auf einen bestimmten, vom Täter vermuteten **Inhalt eines Behältnisses** beziehen, den hiervon abweichenden tatsächlichen Inhalt und das Behältnis selbst aber nicht umfassen, liegt nur Versuch vor (vgl. NStZ **04**, 333; **06**, 686; 2 StR 205/04; 19a zu § 249); eine spätere Zueignung des tatsächlich Erbeuteten kann § 246, eine Vernichtung § 303 unterfallen.

Bedingter Vorsatz reicht aus. Hinsichtlich des normativen Merkmals der **Fremdheit** kommt es auf eine zutreffende Parallelwertung in der Laiensphäre an (BGH **3**, 255; LK-*Ruß* 45; SK-*Hoyer* 65; NK-*Kindhäuser* 71). Vorsatz fehlt, wenn der Täter irrtümlich Tatumstände annimmt, die seine Annahme rechtfertigen würden, er sei selbst Eigentümer (RG **14**, 112; Bay **73**, 15) oder Gewahrsamsinhaber, oder wenn er die Sache für herrenlos oder für gewahrsamslos hält. Dasselbe gilt, wenn er annimmt, der Berechtigte (Eigentümer oder Gewahrsamsinhaber) sei mit der Wegnahme einverstanden. Nimmt der Täter irrig an, er sei zur Wegnahme befugt, so ist das nicht nur dann ein Tatbestandsirrtum, wenn er irrig einen Sachverhalt annimmt, der ihn zur Zueignung berechtigte, sondern auch dann, wenn er den wahren Sachverhalt kennt, aber rechtlich falsch beurteilt (BGH **17**, 87 [mit Anm. *Schröder* JR **62**, 347]; StV **88**, 527; 529; **90**, 546; SK-*Hoyer* 83, 88f.; *Warda* Jura **79**, 77; NK-*Kindhäuser* 122; **aA** *Hirsch* JZ **63**, 149; vgl. unten 55). Glaubt der Wegnehmende im umgekehrten Irrtum, der Gewahrsamsinhaber sei mit der Wegnahme nicht einverstanden, während dieser eingewilligt hat *(Fangbrieffälle),* so liegt, da es am Tatbestand der Wegnahme fehlt (oben 23), Versuch vor (BGH **4**, 200; Bay JR **79**, 296 m. Anm. *Paeffgen;* Köln NJW **61**, 2360; Celle JR **87**, 253 [m. Anm. *Hillenkamp; Geppert* JK 11]; Düsseldorf NJW **88**, 83) Untauglicher Versuch ist auch gegeben, wenn der Täter die eigene Sache irrig für eine fremde hält (BGH **3**, 255; Stuttgart NJW **62**, 65). 31

B. Zueignungsabsicht. § 242 verlangt darüber hinaus die Absicht (unten 41) des Täters, die Sache **sich oder einem Dritten** (unten 45ff.) **rechtswidrig** (unten 49ff.) zuzueignen. Ob es tatsächlich zu einer Zueignung kommt, ist nach der **hM** zum Begriff der Zueignung unerheblich; der Diebstahl ist danach ein Delikt mit *überschießender Innentendenz* („erfolgskupiertes" Delikt; „Differenzlösung"; vgl. *S/S-Eser* 46; SK-*Hoyer* 67; *M/Schroeder/Maiwald* 33/10; *W/Hillenkamp* 57f., 149, 277; *Gössel,* Zipf-GedS 217ff.; **aA** *Küper* JuS **86**, 869f.; *ders.,* Gössel-FS 429, 448; NK-*Kindhäuser* 12ff. vor § 242; *ders.,* Gössel-FS 451ff.), die Zueignung ist kein Element des objektiven Diebstahlstatbestands. Nach der **Gegenansicht** ist Diebstahl als „Zueignung durch Wegnahme" zu begreifen („Qualifikationslösung"), die Unterschlagung daher als Grundtatbestand der Zueignungsdelikte (vgl. i.e. *Kindhäuser,* Gössel-FS 451ff.). 32

a) Zueignung. Zueignung einer Sache ist die Begründung des **Eigenbesitzes** unter Ausschluss des Berechtigten mit dem Willen, **wie ein Eigentümer** über die Sache zu verfügen (BGH **1**, 264; **4**, 236; **5**, 205; **14**, 43; **16**, 192; **24**, 115; GA **69**, 306; Celle JR **64**, 266; MDR **68**, 777). Erforderlich sind daher sowohl ein objektives Element (Sachherrschaft) als auch ein subjektives Element (Wille eigentümerähnlicher Verfügung). Die hM (oben 32) versteht die Zueignung als einen der Wegnahme nachfolgenden *äußeren* Handlungsakt (vgl. 6ff. zu § 246). 33

Erforderlich ist eine **dauernde Enteignung** des Berechtigten sowie eine – zumindest vorübergehende (NJW **52**, 1184; **85**, 812 [m. Anm. *Gropp* JR **85**, 518]; wistra **88**, 186; str.) – **Aneignung** durch den Wegnehmenden oder einen Dritten (zu dieser Begriffs-Teilung *Dencker,* Rudolphi-FS [2004] 425, 429ff.). Der Begriff der Zueignung ist nicht im zivilrechtlichen Sinn dahingehend zu verstehen, dass der Täter oder der Dritte wirksam *Eigentum* an der Sache erwerben muss; dies ist 33a bei weggenommenen, dh abhanden gekommenen Sachen idR nur über §§ 946 ff.; 935 II BGB möglich. Es kommt für die Enteignungs-Komponente daher darauf an, dass der Berechtigte aus der **faktischen Stellung** verdrängt wird, die § 903 BGB dem Eigentümer gewährt, die Sache nach seinem Belieben verwenden zu können (vgl. NStZ **81**, 63; **82**, 420; JR **85**, 251 m. Anm. *Rudolphi*; *S/S-Eser* 47; SK-*Hoyer* 70 f.; NK-*Kindhäuser* 3 vor § 242; LK-*Ruß* 50; *Tenckhoff* JuS **80**, 723 f.; *Otto* JuS **80**, 169, 174); Inhalt der Aneignungs-Komponente sind nicht die Voraussetzungen der Rechtsstellung eines Eigentümers, sondern **faktische Merkmale** dieser Stellung.

34 **aa)** In der **Literatur** ist der Gegenstand der Zueignung streitig geblieben; es stehen sich – mit unterschiedlichen Ausprägungen i. e. (dazu ausf. SK-*Hoyer* 72 ff.; NK-*Kindhäuser* 91 ff.; *ders.*, Gössel-FS 451, 455 ff.; *Ulsenheimer* Jura **79**, 169; *Tenckhoff* JuS **80**, 723; *Mitsch* BT II/1, 1/105 ff.; *Küper* BT 463 ff.; *ders.*, Gössel-FS 429 ff.; *Wessels* NJW **65**, 1153; *Wallau* JA **00**, 248 ff.; jew. mwN. Nach Ansicht von *Schmitz*, Otto-FS [2007] 759, 775, ist, gegenläufig zur Ausdehnungs-Absicht des Gesetzgebers, seit dem 6. StrRG wieder eine Orientierung zur Substanztheorie festzustellen) – **Substanztheorien** und **Sachwerttheorien** gegenüber. Die Substanztheorie, die in einer strengen Form urspr. auch vom RG vertreten wurde (RG **5**, 220; **26**, 151; **39**, 242), lässt es ausreichen, dass die Sache selbst dem Eigentümer entzogen wird; der Nichteigentümer muss mit der Sachsubstanz so verfahren, wie es nur der Eigentümer darf (vgl. *Rudolphi* GA **65**, 33). Die Sachwerttheorien behandeln § 242 dagegen als speziellen Fall der Vermögensdelikte (vgl. GA **69**, 306); eine Zueignung liegt danach vor, wenn sich das Vermögen des Eigentümers durch die Entziehung des der Sache unmittelbar innewohnenden Werts *(lucrum ex re)* oder des aus einem bestimmten Umgang mit der Sache entspringenden wirtschaftlichen Wert *(lucrum ex negotio cum re)* gemindert hat und dieser Einbuße ein entsprechender Vorteil auf der Seite des Nichtberechtigten gegenübersteht (vgl. BGH **4**, 238; **40**, 18; **41**, 194; Frankfurt NJW **62**, 1879; Hamm NJW **64**, 1427; *Eser* JuS **64**, 481).

35 **bb)** Die **Rspr.** folgt seit RG **61**, 233 einer als **Vereinigungstheorie** bezeichneten, pragmatischen Kombination von Substanz- und Sachwerttheorie, die die bei beiden Extrempositionen auftretenden Lücken und Widersprüche (vgl. NK-*Kindhäuser* 80; *ders.*, Gössel-FS 451, 455 ff.; *Otto* JuS **96**, 584) zu vermeiden sucht (BGH **24**, 119; NJW **85**, 812; NStZ **81**, 63; GA **69**, 306; zur Kritik *Gössel,* GA-FS 39; *Kindhäuser,* Gössel-FS 451, 456 f.). Dabei kommt dem **Sachwert,** damit die Grenzen zwischen Zueignungs- und Bereicherungsdelikten nicht verwischt werden, nur subsidiäre Bedeutung zu (vgl. *Tenckhoff* JuS **80**, 725). Zueignung setzt danach voraus, dass die Sache selbst **oder** der in ihr verkörperte Wert dem Vermögen des Berechtigten dauerhaft entzogen und dem des Nichtberechtigten zumindest vorübergehend einverleibt werden (BGH **4**, 263, 238 f.; **16**, 192; **24**, 115, 119; **35**, 152, 156; NJW **70**, 1753; **77**, 1460; **85**, 812; NStZ **81**, 63). Dem Eigentümer muss die **Nutzungsmöglichkeit** endgültig entzogen werden **(= Enteignung);** muss er sie nur zeitlich verschieben, so liegt nur Gebrauchsanmaßung vor, die regelmäßig (vgl. aber § 248 b und unten 38) straflos ist (BGH **34**, 312; NJW **85**, 1564). Das kann in Fällen problematisch sein, in denen die Sache von vornherein dem Berechtigten, sei es gegen Entgelt, sei es nach Erfüllung sonstiger Bedingungen, **zurückgegeben** werden soll. Rspr und hM differenzieren hier danach, ob die (beabsichtigte) Rückgabe *in Anerkennung* oder gerade unter *Leugnung* des Eigentumsrechts geschehen soll; daher liegt Zueignungsabsicht vor, wenn die Sache dem Eigentümer „zurückverkauft", nicht aber, wenn er mit der Entziehung der Sache *erpresst* werden soll (RG **57**, 199; MDR/H **80**, 106; *Gropp* JR **85**, 519; *Wessels* NJW **65**, 1153; *Gribbohm* NJW **66**, 191; *Widmaier* NJW **70**, 672; *Ulsenheimer* Jura **79**, 169, 179; *Samson* JA **80**, 285, 292; LK-*Ruß* 62; NK-*Kindhäuser* 90; *S/S-Eser* 50; **aA** SK-*Hoyer* 94 f.; *Seelmann* JuS **85**, 288, 290; *Mitsch* BT II/1, 1/115). Die Wegnahme von **Pfandleergut** in der Absicht, es gegen Zahlung des Pfandes einzutauschen, bezieht sich nicht auf den Sachwert und ist daher nicht auf dauernde Enteignung gerichtet (vgl. auch AG Flesburg NStZ **06**, 101 f.); die Rückgabe entwendeten Leerguts ist keine Zueignung, da sie unter ausdrücklicher Anerkennung des Eigentums erfolgt (vgl. *Hellmann* JuS **01**, 353, 355; and. Bay **60**, 187).

cc) Einzelfälle: Zueignungsabsicht ist **verneint** worden bei Wegnahme, um den Eigentümer zu **ärgern** (keine Aneignung; MDR/H **82**, 810; Bay NJW **92**, 2040 [m. Anm. *Meurer* JR **92**, 347]; Frankfurt StV **84**, 248; Köln NJW **97**, 2611 [m. Anm. *Martin* JuS **97**, 1140]; krit. *Wallau* JA **00**, 248, 256); beim **Kopieren von Daten** von einer Diskette (Bay NJW **92**, 1778); beim funktionsgerechten Verwenden einer fremden **Codekarte** am Bankautomaten, da es an der *Verkörperung* eines Vermögenswerts fehlt (BGH **35**, 158; vgl. oben 26; zu **Telefonkarten**, **Geld- und Sparkarten** vgl. *Schnabel* NStZ **05**, 18 ff.); bei der Wegnahme als **Pfand** oder zur Durchsetzung anderer Ansprüche (NJW **55**, 1764; MDR/D **68**, 18; NJW **82**, 2265; NStZ-RR **98**, 235; StV **83**, 329; Celle NJW **70**, 1139; Hamm MDR **72**, 706; 1 StR 103/80); bei Wegnahme, um die Unterschlagung einer gleichen Sache zu **verdecken** (Koblenz OLGSt 5 zu § 246); bei **Zerstörung** oder sonstiger Vernichtung ohne Gewinnung eines wirtschaftlichen Werts (MDR/D **76**, 16; NJW **77**, 1460 m. Anm. *Lieder* NJW **77**, 2272; *Geerds* JZ **78**, 172 [Strafakten]; Düsseldorf NJW **87**, 2526; **aA** *Wallau* JA **00**, 248, 255); bei Wegnahme zwecks Erschleichung von **Finderlohn** (RG **55**, 59; Stuttgart NJW **70**, 672 m. abl. Anm *Widmaier*); bei Wegnahme in **Rückgabeabsicht** (NJW **85**, 1564 m. Anm. *Rudolphi* JR **85**, 252; vgl. hierzu *Joerden* Jura **86**, 80; aber oben 35); beim Entwenden eines Briefs, um ihn zu lesen und zu vernichten (**aA** Celle JR **64**, 266 [zust. Anm. *Schröder*]); Wegnahme eines Hundes, um ihn in einem Tierheim unterzubringen (wistra **88**, 186); Verbrennen von weggenommenen Fahnen, Abzeichen oder Symbolen gegnerischer Gruppen von Fußball-Fans (vgl. NJW **85**, 812; StV **90**, 407; Köln NJW **97**, 2611; Bay NJW **92**, 2040; *Schild* in: *Schild* (Hrsg), Rechtliche Aspekte bei Sportgroßveranstaltungen, 1994, 63, 88); hinsichtlich von **Behältnissen** bei Wegnahme allein um des Inhalts willen (MDR/H **77**, 461; MDR **76**, 16 [Wegwerfen einer Handtasche]; GA **62**, 145; MDR/D **75**, 22; NJW **90**, 2569; NStZ-RR **00**, 343; StV **83**, 460; **87**, 245; **88**, 14; **90**, 408; **str.;** vgl. zust. *Otto* JZ **85**, 21; abl. *Gropp* JR **85**, 518, 521; *Ruß,* Pfeiffer-FS 61); Wegnahme von Ausrüstungsgegenständen von Kameraden durch einen Soldaten, um sie bei der Bekleidungskammer als Ersatz für gleichartige, verloren gegangene Gegenstände abzugeben (BGH **19**, 387; **aA** Frankfurt NJW **62**, 1879; Hamm NJW **64**, 1427); Wegnahme zum Zweck der **Täuschung** in **Rückgabeabsicht** (Hamburg NJW **64**, 736 m. Anm. *Schröder* JR **64**, 229 u. *Baumann* NJW **64**, 705 [Wegnahme einer polizeilichen Verwarnung von einem fremden Pkw und Befestigung am eigenen, verkehrswidrig parkenden]; Verwendung weggenommener Sachen im Eigentümerinteresse (als Vertreter oder in Geschäftsführung ohne Auftrag; vgl. GA **62**, 78; wistra **88**, 186). **36**

Zueignungsabsicht ist **bejaht** worden bei Gebrauch einer Sache, soweit er **Verbrauch** darstellt (vgl. schon RG **44**, 335; **64**, 250; auch wenn die Sache dabei (bestimmungsgemäß) zerstört (Holz zum Heizen) oder anderweitig aufgezehrt wird (Benzin zum Fahren; Lebensmittel zum Verzehr; zur Gebrauchsentwendung vgl. unten 38); Schaffung vollständiger Verfügungsmacht des Täters (BGH **16**, 190, 192; NStZ **81**, 63); Ausübung von **Druck** auf den Berechtigten, sofern darin eine Nicht-Anerkennung seines Eigentumsrechts zum Ausdruck kommt („Rückverkauf", vgl. oben 35; nicht aber bei unberechtigter Inpfandnahme; vgl. StV **83**, 329 f.; MDR/H **80**, 106; *Gropp* JR **85**, 591; *Otto* JR **85**, 21, 23 u. JZ **96**, 583); Wegwerfen entwendeter Schlüssel an unbekannter Stelle (Anstaltsschlüssel nach gelungener Flucht von Gefangenen; MDR **60**, 689; GA **69**, 306 f.; NStZ **81**, 63 m. krit. Bespr. *Ranft* JA **84**, 279); Aneignung des in weggenommenen **Legitimationspapieren** (BGH **35**, 152, 157 [Sparbuch]; ebenso BGH **8**, 273; StV **92**, 272) sowie in sonstigen Urkunden **verkörperten Werts** (BGH **4**, 236, 240 [Biermarken]; RG **50**, 254 [Rabattmarken]; Konzert-, Fahr-, Eintrittskarten); Wegnahme eines „Pfands" durch den Gläubiger und Veräußerung zum Zweck der Befriedigung (StV **84**, 422). **37**

dd) Eine unbefugte **Gebrauchsanmaßung** *(furtum usus)* ist mangels Zueignungsabsicht grds (Ausn. §§ 248 b, 290) straflos. Sie liegt nach hM bei (Absicht des) nur vorübergehenden Gebrauchs der Sache ohne erhebliche Substanzverlet- **38**

zung oder Wertminderung vor (BGH **34**, 309, 312; NJW **85**, 1564 [m. Anm. *Rudolphi* JR **85**, 252 u. *Joerden* Jura **86**, 80]; NJW **87**, 266 [m. Anm. *Keller* JR **87**, 343]; NStZ **81**, 63; BGHR § 249 I, ZuEignA 6; BGHR § 242 I, ZuEignA 11; stRspr.; *Lackner/Kühl* 24; *S/S-Eser* 53); ob beim Täter eine Bereicherung durch ersparte Aufwendungen eintritt, ist unerheblich (*Rudolphi* JR **85**, 253). Ob längerdauernde Benutzung mit erheblicher **Abnutzung** regelmäßig zur Zueignung führt, ist in der Lit. umstritten. Teilweise wird bei einer Sachwertminderung von mehr als 50% Zueignung angenommen (*Fricke* MDR **88**, 538); teilweise bei dauernder Entziehung von Teilfunktionen (*Rudolphi* GA **65**, 46) oder Aufhebung der Gesamtfunktion (*Kargl* ZStW **103**, 136, 184). Nach **aA** kommt es auch hier allein auf die Anerkennung oder Missachtung des Eigentumsrechts und des Herausgabeanspruchs des Eigentümers an; eine Wertminderung durch Abnutzung ist danach nur als Sachbeschädigung (§ 303) zu erfassen, wenn die Sache selbst dem Eigentümer zurückgegeben werden soll (*Kindhäuser,* Geerds-FS 655, 671 u. NK 106 ff.). Die Abgrenzung ist im Einzelfall schwierig, da der in der Sache verkörperte *Nutzungswert* weder mit Substanz- noch mit Sachwerttheorien präzise erfasst werden kann.

39 Die **Rspr.** stellt pragmatisch vor allem auf den **Rückführungswillen** des Täters ab: Fehlt dem Täter der Wille zur Rückführung der Sache, so liegt Zueignung vor (BGH **16**, 190; **22**, 45; NJW **85**, 812 [m. Anm. *Gropp* JR **85**, 518]; NStZ **82**, 420; **96**, 38). In der Praxis ist das insb. bei der Wegnahme von Kraftfahrzeugen von Bedeutung (vgl. 12 zu § 243; 2 zu § 248 b); Zueignung ist hier nach stRspr anzunehmen, wenn das Fahrzeug nach unbefugter Benutzung so zurückgelassen wird (für § 242: zurückgelassen werden soll), dass es dem Zugriff Dritter preisgegeben (BGH **22**, 45; GA **60**, 82, 182; VRS **24**, 213; NStZ **96**, 38; BGHR § 249 I, ZuEignA 9; dazu krit. *Schaudwert* JR **65**, 413; *Rudolphi* GA **65**, 50; *Otto* Jura **89**, 207; *S/S-Eser* 54; SK-*Hoyer* 84; LK-*Ruß* 57; NK-*Kindhäuser* 113) und es dem Zufall überlassen ist, ob der Berechtigte das Fahrzeug zurückerlangt (BGH **5**, 205; NJW **87**, 266 [Anm. *Keller* JR **87**, 343]). Ob das auch für Fahrzeuge gilt, die sehr auffällig sind (VRS **51**, 210) oder bei denen nicht mit einer Wegnahme durch Dritte zu rechnen ist, zB bei einem Feuerwehrauto (so Koblenz OLGSt. 7 zu § 248 b), ist zw.; es versteht sich jedenfalls nicht von selbst, wenn **zB** ein entwendetes Taxi-Fahrzeug nur wenige Straßen vom Wegnahmeort entfernt stehen gelassen wird (NStZ **96**, 38).

40 Im Hinblick darauf, dass § 242 eine Vollendung der Zueignung nicht voraussetzt („überschießende Innentendenz" des Tatbestands), begnügt sich die Praxis insoweit regelmäßig mit **Indizien** für eine entsprechende Absicht des Täters. So ist die Wegnahme eines (neuen) Buchs aus einer Buchhandlung in der Absicht, es nach dem Lesen zurückzubringen, im Hinblick auf den Verlust der *Neuwertigkeit* als Zueignung angesehen worden (Celle NJW **67**, 1921 m. Anm. *Deubner* u. Bespr. *Androulakis* JuS **68**, 409; zw.; krit. NK-*Kindhäuser* 108 und *ders.,* Gössel-FS 451, 454; *S/S-Eser* 53; *Mitsch* BT II/1, 1/114; vgl. dazu *Gribbohm* NJW **68** 1270; *Schröder* JR **67**, 390; *Widmann* MDR **69**, 529). Das unbefugte Kopieren von Daten ist Gebrauchsanmaßung (ggf. § 202 a), wenn der Datenträger anschließend zurückgegeben werden soll (Bay NJW **92**, 1777 m. Anm. *Julius* JR **93**, 255), Zueignung des Datenträgers aber bei der Absicht, diesen anschließend zu vernichten (*Cramer* CR **97**, 693). Auch im Übrigen reicht kurzfristiger Gebrauch einer weggenommenen Sache aus, wenn diese dem Eigentümer endgültig entzogen werden soll (NStZ **81**, 63; MDR **60**, 689; and. Celle JR **64**, 266 m. Anm. *Schröder* [Lesen und anschließendes Vernichten eines Briefs]). Auf die **Dauer** unbefugten Gebrauchs kommt es grds nicht an; sie kann freilich Indizwirkung für die Zueignungsabsicht des Täters haben (vgl. NStZ **96**, 38; krit. *S/S-Eser* 54; NK-*Kindhäuser* 111 f.). Der sich insoweit ergebenden Strafbarkeitslücke für Fälle langdauernder Gebrauchsanmaßung begegnet die Praxis mit i. e. zweifelhaften Ausdehnungen des Zueignungsbegriffs auf *Teil*zueignungen, Abnutzungen oder Nutzungsentzug (krit. SK-*Hoyer* 86).

b) Absicht. § 242 verlangt die **Absicht** der Zueignung im Zeitpunkt der Wegnahme (unten 43). Das bedeutet nach hM, dass es dem Täter auf die Herstellung einer eigentümerähnlichen Verfügungsgewalt ankommt, so dass für die **Aneignungs-**Komponente (oben 33) ein zielgerichteter Wille erforderlich ist (VRS **22**, 206; Hamburg NJW **64**, 736; zur dogmengeschichtlichen Entwicklung ausf. *Meister* [1 a] 224 ff.). Hinsichtlich der Ausschließung des Berechtigten **(Enteignung)** genügt nach hM jedoch bedingter Vorsatz (vgl. LK-*Ruß* 51; aA zB *Schmitz*, Otto-FS [2007] 759, 773 mwN). Der *Endzweck* des Täters muss die Zueignung nicht sein. Die Absicht fehlt bei notwendigerweise der Tat anhaftenden Begleitumständen, die der Täter hinnimmt, aber nicht wünscht; so bei Mitnahme der Anstaltskleidung durch den flüchtigen Gefangenen (LK-*Ruß* 55; *M/Schroeder/Maiwald* 33/35; NK-*Kindhäuser* 127); anders bei einem Schlüssel, den der Gefangene braucht, um sich zu befreien (MDR **60**, 689; es sei denn, der Täter hätte sich über den weiteren Verbleib der Schlüssel keine Gedanken gemacht, NStZ **81**, 63, *Ranft* JA **84**, 277; vgl. dazu auch *Krehl* Jura **89**, 646, 649; *v. Selle* JR **99**, 309, 313); beim Verbrauch des Benzins infolge Benutzung eines Autos (vgl. 9 zu 248 b). Nimmt jemand eine Sache weg, um einen anderen zu ärgern (Bay NJW **92**, 2040 [m. Anm. *Meurer* JR **92**, 347 u. *Otto* JK 3 zu § 323 a]; Köln NJW **97**, 2611) oder zu reizen (MDR/H **82**, 810; NJW **85**, 812; Frankfurt StV **84**, 248) oder die Sache als Druckmittel zur Durchsetzung einer Forderung zu benutzen (NStZ-RR **98**, 236; StV **83**, 329; vgl. auch 1 StR 275/98) oder um von der Polizei festgenommen zu werden, so kann Zueignungsabsicht fehlen (GA **69**, 307; oben 36); anders, wenn der Täter die Sache nach einmaligem Gebrauch wegwerfen will (BGH **16**, 192; Hamburg MDR **54**, 697). Kommt es dem Dieb nur auf den Inhalt eines **Behältnisses** an, das er nach Entnahme des Inhalts wegwerfen will, so eignet er sich das Behältnis nicht zu (NJW **85**, 812; NStZ **96**, 494; StV **96**, 541; MDR/D **68**, 372; **76**, 16; BGHR § 249 I, ZuEignA. 1; GA **62**, 145; **89**, 171; NStE § 250 Nr. 12; 3 StR 592/94; 1 StR 752/94; 5 StR 470/97; stRspr; *Meyer-Goßner* NStZ **86**, 106: Dieb wirft ungeeignete Sachen weg). Findet er das Erwartete nicht in dem Behältnis, so liegt versuchter Diebstahl des Inhalts vor (BGH **4**, 58; NJW **90**, 2569; StV **90**, 408; NStE Nr. 31; 5 StR 555/97; 5 StR 195/97; 2 StR 205/04); findet er im Behältnis etwas Unerwartetes und entschließt sich, dies zu behalten, ist insoweit § 246 gegeben. 41

aa) Dass die Absicht **Erfolg** hat, verlangt das Gesetz nicht. Die Absicht besteht daher auch, wenn der Täter die Zueignung vom Eintritt einer Bedingung abhängig macht (vgl. *S/S-Eser* 62; *Mohrbotter* NJW **70**, 1857), etwa davon, ob die weggenommene Sache seinen Erwartungen entspricht (vgl. RG **65**, 148). Unerheblich ist der *Vorbehalt,* sich der Sache nach Gebrauch zu entledigen oder zunächst zu behalten und erst später darüber schlüssig zu werden, wie mit ihr verfahren wird (NJW **85**, 812 [m. Anm. *Gropp* JR **85**, 518; hierzu *Otto* Jura **89**, 143]; BGHR § 249 I ZuEignA 7). 42

bb) Der Zueignungswille muss sich im Fall des § 242 nicht in **äußerlichen Handlungen** manifestieren, da eine erfolgreiche Zueignung nicht Voraussetzung der Vollendung ist; es handelt sich also nicht um ein Tatbestands-, sondern um ein Beweis-Problem. Die Feststellung der Absicht als innerer Tatsache ist meist unproblematisch, wenn tatsächlich bereits eine vollendete Zueignung vorliegt (vgl. dazu 6 ff. zu § 246) und keine Anhaltspunkte gegeben sind, dass der Zueignungsvorsatz erst nach der Wegnahme gefasst wurde (vgl. dazu auch *Küper* JuS **86**, 869 f.; NK-*Kindhäuser* 12 ff.). Täterschaft setzt stets Zueignungsabsicht **zum Zeitpunkt der Wegnahme** voraus; ist dies nicht feststellbar, so kommen, wenn nicht straflose Gebrauchsanmaßung vorliegt (oben 38), § 246 oder § 303, ggf. solche Tatbestände in Betracht, die die Sachentziehung unter besonderen Voraussetzungen mit Strafe bedrohen (zB § 133, § 289). Will der Täter die weggenommene Sache (nur) für eine andere Straftat gebrauchen (zB Urkunde, um einen Betrug zu begehen), so kommt es darauf an, ob dieser Gebrauch als Zueignung im oben 33 ff. genannten 43

Sinn anzusehen ist. Wer an einem weggenommenen Fahrzeug fremde Kennzeichenschilder anbringt, lässt Zueignungsabsicht erkennen (BGHR § 257 I Konk. 1). Nicht notwendig ist aber, dass der Täter sich nach außen als Eigentümer ausgibt (*Bloy* JA **87**, 191; *Herzberg/Brandts* JuS **83**, 203; anders *S/S-Eser* 47); so kann es ausreichen, wenn er als Mieter oder Entleiher eines (fiktiven) Dritten auftritt (NK-*Kindhäuser* 92). Wer sich ohne die Absicht eigener oder dritter Zueignung am Diebstahl beteiligt, kann nicht Mittäter (NJW **85**, 812; MDR/H **86**, 273; 1 StR 612/95), sondern nur Anstifter oder Gehilfe sein (StV **88**, 527; **89**, 250 L; vgl. unten 58).

44 cc) **Bereicherungsabsicht** braucht der Dieb nicht zu haben (GA **69**, 306; NJW **85**, 812 m. Anm. *Gropp* JR **85**, 518). Daher liegt grds auch Diebstahl vor, wenn der Wert der Sache in Geld zurückgelassen wird; dasselbe gilt für einen sonstigen unberechtigten Austausch. Beim **unbefugten Geldwechseln** (vgl. oben 3a) wird jedoch in den meisten Fällen eine (mutmaßliche) Einwilligung des Eigentümers anzunehmen sein (NK-*Kindhäuser* 91; weitergehend Celle NJW **74**, 1833: Tatbestandsausschluss durch teleologische Reduktion; vgl. dazu *Bollweg* Jura **85**, 607; *Ebel* JZ **83**, 175; *Roxin,* Mayer-FS 467 ff.; *Sax* JZ **76**, 429 ff.).

45 c) **Drittzueignung.** Wann in solchen Fällen, in denen der Täter die weggenommene Sache einem Dritten zuwendet oder zur Nutzung überlässt, Zueignungsabsicht vorliegt, war zwischen Substanz- und Sachwerttheorie lange Zeit umstritten. Die **Rspr.** verlangte die Absicht des Täters, aus der Drittzueignung zumindest mittelbar einen eigenen wirtschaftlichen Vorteil zu erlangen (GrSBGH **41**, 187; 194 m. krit. Anm. *Otto* JZ **96**, 582; BGH **4**, 236; NJW **70**, 1754; **87**, 77; **96**, 1536; StV **86**, 61; wistra **88**, 186; **94**, 98; **95**, 26; JZ **96**, 581); nach **aA** beinhaltete jede Drittzueignung zwingend ein Sich-Zueignen, da der Täter sich eigentumsähnliche Befugnisse anmaßt (*Rudolphi* GA **65**, 42 f.; *Tenckhoff* JuS **80**, 726; *Otto* JZ **96**, 582; *Wolfslast* NStZ **94**, 542; krit. *Küper* JuS **86**, 862, 867; *Werle* Jura **79**, 485 f.; *Kindhäuser,* Geerds-FS 655 f.; vgl. *Rengier,* Lenckner-FS 802; *Rönnau* GA **00**, 410, 412 ff. mwN).

46 **aa)** Durch das **6. StrRG** (2 f. vor § 174) ist *zur Klarstellung* (vgl. aber BT-Drs. 13/8587, 43, wonach „als strafwürdig erachtete Fälle“ *neu* erfasst werden sollten; vgl. auch *Rengier,* Lenckner-FS [1998] 801. 802; *Rönnau* GA **00**, 410, 416) das Merkmal der **Drittzueignungsabsicht** eingefügt worden. Sichergestellt werden soll, dass auch derjenige nach § 242 (entspr. §§ 246, 248 c, 249, 292, 293) strafbar ist, der die Sache einem Dritten zuwenden will (BT-Drs. 13/8587, 43), unabhängig davon, ob eine zumindest mittelbare *Bereicherungs*absicht vorliegt. **Auswirkungen** (krit. zur praktischen Relevanz *Dencker* Einf./ 6. StrRG 30 ff., 39; *Mitsch* ZStW **111**, 67; *Rönnau* GA **00**, 410 ff.) hat die Änderung namentlich im Bereich der **Beteiligung.** Der umstr. Rechtsfigur des „absichtslos dolosen Werkzeugs“ bedarf es nicht mehr, wenn der für einen Dritten (in dessen Auftrag) Wegnehmende die Absicht der Drittzueignung hat (*Rengier,* Lenckner-FS 803; *Mitsch* ZStW **111**, 67 f.; *Dencker* Einf./6. StrRG 36 f.; *Lackner/Kühl* 26 a; *Küper* BT 470). Beteiligte, die mangels Absicht eigener Zueignung früher nur als Gehilfen erfasst wurden, können daher nun in den Rang von (Mit-)Tätern und Anstiftern aufsteigen (vgl. *Lackner/Kühl* 26 a; *Mitsch* BT II/1, 1/127, 163 f. u. ZStW **111**, 68 f.; *Bussmann* StV **99**, 613, 615 f.); der Bereich der **Mittäterschaft** ist damit erweitert worden (*Küper* BT 471 f.; zweifelnd *Ingelfinger* JuS **98**, 534 f.; abl. *Rönnau* GA **00**, 410 ff.), da bei gemeinsam handelnden Tätern nicht mehr erforderlich ist, dass jeder zumindest einen Teil des Weggenommenen *sich* zueignen will. Teilweise wird allerdings keine Gleichrangigkeit von Selbst- und Fremdzueignungsabsicht, sondern ein *normatives Stufenverhältnis* angenommen (vgl. *Kudlich,* Schroeder-FS [2006] 271 ff., 282); danach ist bei mehreren Beteiligten und einem Nebeneinander von Selbst- und Drittzueignungsabsicht trotz gleicher objektiver Handlungsherrschaft nicht notwendig Mittäterschaft anzunehmen (vgl. auch unten 58). Für **mittelbare Täterschaft** bleibt Raum in Fällen des Irrtums des Vordermanns über die Rechts-

widrigkeit der Drittzueignung (*Mitsch* BT II/1, 1/165; vgl. auch *Krüger* Jura **98**, 616; *Fahl* JuS **98**, 24; *Maulzsch* JuS **99**, 104) sowie bei Fehlen auch der Drittzueignungsabsicht (etwa bei der Annahme, der Dritte wolle die Sache nur vernichten oder unbefugt gebrauchen; vgl. *Küper* BT 471 f.; *Mitsch* aaO; *Krüger* Jura **98**, 616; *Jäger* JuS **00**, 652 f.; *Lackner/Kühl* 26 a; *W/Hillenkamp* 153; *S/S-Eser* 72; **aA** *Hörnle* Jura **98**, 170; *Lesch* JA **98**, 476).

bb) Dritter kann grds jeder sein, unabhängig davon, ob dieser sich die Sache selbst zueignen *kann* (juristische Person) oder *will* (V-Mann; Verdeckter Ermittler; SK-*Hoyer* 92) oder ob er sie etwa unverzüglich an den Eigentümer zurückgeben will. Der **Eigentümer** selbst scheidet aus; will der Täter ihm die Sache zurückgeben (durch „Verkauf", nach Erpressung oder nach unbefugtem Gebrauch), so gelten die allgemeinen Regeln der Selbst-Zueignung (oben 35). Der – mit dem Eigentümer nicht identische – **Gewahrsamsinhaber** kann dagegen Dritter sein (etwa, wenn die Tat eine spätere Unterschlagung durch den Gewahrsamsinhaber vorbereiten soll; vgl. *Mitsch* ZStW **111**, 69), da nach richtiger Ansicht der Gewahrsam nicht Schutzgut des § 242 ist (oben 1). 47

cc) Voraussetzung der Drittzueignungsabsicht ist die Absicht des Täters, dem Dritten die Sache zuzueignen, also sowohl die Enteignungs- wie die Aneignungs-Komponente des Tatbestands *selbst* zu verwirklichen (vgl. *Lackner/Kühl* 26 a; *S/S-Eser* 58; *Kindhäuser* BT II/1, 2/135 f. und NK 133). Hierzu reicht es nicht aus, dass allein die Selbst-Aneignung eines Dritten **ermöglicht** werden soll (so *Cantzler* JA **01**, 571; missverständlich SK-*Hoyer* 92; *Mitsch* BT II/1, 1/138); vielmehr muss der Täter die Sachherrschaft des Dritten **durch eigenes Täterhandeln** begründen wollen (*S/S-Eser* 58; *Otto* Jura **98**, 551; *Rönnau* GA **00**, 410, 416 ff.; *Rengier* BT I, 2/69; vgl. 11 zu § 246; dazu auch *Arzt/Weber* 13/114 ff.; *Gropp* JuS **99**, 1044 f.; *Jäger* JuS **00**, 651 ff.; *Rengier,* Lenckner-FS 801). Eine *Aneignungs*-Absicht kann freilich nur der *Sich*-Aneignende selbst haben. Während die Enteignungs-Komponente der Zueignung von der Gesetzesänderung unberührt bleibt (*Dencker* Einf. 6. StrRG, 19; *Krey* BT 2, 1/83), verlangt die Drittzueignungsabsicht daher eine gerade auf die **Selbstaneignung durch den Dritten** gerichtete Absicht des Täters (*Küper* BT 470 f.; *W/Hillenkamp* 153; *Lackner/Kühl* 26 a; and. NK-*Kindhäuser* 134; *Dencker,* Rudolphi-FS [2004] 425, 435). Die **Gegenansicht** (*Rönnau* GA **00**, 410, 419 ff.) verweist zwar zutr. auf konstruktive Probleme bei der Abgrenzung zur Fremd-*Bereicherung,* deren Klärung im Gesetzgebungsverfahren des 6. StrRG unterblieben ist; sie beschränkt aber die Drittzueignung auf Fälle einer *unmittelbaren* Zuführung der weggenommenen Sache zur wirtschaftlichen Nutzung durch den Dritten unabhängig von dessen Kenntnis und Willen und gelangt daher zum Ergebnis, dass gerade diejenigen Fragen, die der Gesetzgeber mit der Neufassung klären wollte, von ihr kaum berührt sind (*Rönnau* aaO 423 f.). Drittzueignung setzt weder **Gutgläubigkeit** des Dritten noch ein rein **altruistisches Verhalten** des Täters voraus; erfasst sind daher auch die Fälle, in denen der Täter mit der Zuwendung an den Dritten (zB eine jur. Person) einen *mittelbaren Vermögensvorteil* für sich selbst erstrebt (*Lackner/Kühl* 26 a; enger *Kindhäuser* LPK 110 ff.). 48

5) Rechtswidrigkeit. A. Rechtswidrigkeit der Zueignung. Die *beabsichtigte* Zueignung muss **objektiv rechtswidrig** sein. Die Rechtswidrigkeit der Zueignung ist nach *hM* ein **normatives Tatbestandsmerkmal** (GA **62**, 144; **66**, 211; **68**, 121; NJW **90**, 2832; *Lackner/Kühl* 28; *S/S-Eser* 65; NK-*Kindhäuser* 156; SK-*Hoyer* 96; LK-*Ruß* 73; *Küper,* Gössel-FS 429, 446 f.; alle mwN; vgl. auch *Herdegen,* BGH-FS 200; **aA** [allgemeines Verbrechensmerkmal] BGH **17**, 87, 89 f.; MK-*Schmitz* 142; zum dann notwendigen Zusammenhang mit den Voraussetzungen der Selbsthilfe vgl. *Küper,* Gössel-FS 429, 437 ff.), das von der Rechtswidrigkeit der Wegnahme abzugrenzen ist und auf welches sich der **Vorsatz** des Täters erstrecken muss (vgl. BGH **17**, 90 f.; NJW **90**, 2832; NStZ **82**, 380; StV **84**, 422; wistra **87**, 98; 136; **aA** *Gössel,* Zipf-GedS 217, 224 ff.; Überblick über den Streitstand bei *Kösch* [1 a] 27 ff.; *Küper,* Gössel-FS 429 ff.; *Gropp,* Weber-FS 127, 131 ff.); es genügt 49 insoweit ein dem bedingten Vorsatz entsprechendes billigendes Inkaufnehmen. Dies führt im Fall des **Irrtums** über die Rechtswidrigkeit nach hM bei irriger Annahme zum strafbaren untauglichen Versuch, bei irriger Unkenntnis zur Straflosigkeit; die Gegenansicht gelangt bei irriger Annahme der Rechtswidrigkeit zur Vollendungsstrafbarkeit (*Gössel* aaO).

50 Die Absicht einer Verletzung der gesetzlichen Eigentumsregelung fehlt zB, wenn der Täter (im Fall der Drittzueignung der Dritte) ein gesetzliches **Aneignungsrecht** oder einen fälligen Anspruch auf **Übereignung** *bestimmter* Sachen (*Stückschuld)* hat; es wird hier nur die allgemeine Rechtsordnung verletzt (BGH **17**, 87, 89; str.; vgl. LK-*Ruß* 68, 74; MK-*Schmitz* 147; *Gropp*, Weber-FS [2004] 127, 133; **aA** *Hirsch* JZ **63**, 149; gegen ihn *Mohrbotter* GA **67**, 199). Dagegen verletzt bei Gattungsschulden die Wegnahme einer entsprechenden Zahl von Gattungssachen die Eigentumsordnung; sie ist also objektiv rechtswidrig, doch wird subjektiv oft das Bewusstsein der Rechtswidrigkeit fehlen (BGH **17**, 87; wistra **87**, 98; 136; StV **88**, 526 f.; **00**, 78; NJW **90**, 2832; StV **94**, 128; str.; **aA** NK-*Kindhäuser* 154, 159 u. LPK 126; bei Geldschulden auch SK-*Hoyer* 103; *Otto* BT 40/81). *Maiwald* aaO 162 lehnt Diebstahl in jedem Fall ab (ausführlich *Ebel* JZ **83**, 178 ff.); *Roxin* [oben 1 a] will bei Erlangung von Geld die Verschaffung einzelner Stücke schlechthin erst dann strafrechtlich relevant werden lassen, wenn sich der Täter damit zugleich die Summe verschaffen will; *Gribbohm* NJW **68**, 240 will diesen Gedanken auch auf andere vertretbare Sachen ausdehnen (hiergegen *Ebel* JZ **83**, 184). Die Pflicht zur Herausgabe von Geldstücken entfällt, wenn der Schuldner mit einem gleich hohen Geldanspruch aufrechnet. Die Rechtswidrigkeit der Zueignung fehlt nicht schon bei nachträglicher (rückwirkender) **Anfechtung** eines Übereignungsgeschäfts oder bei bloßer Anfechtbarkeit (*Weber*, Schlüchter-GedS [2002] 243, 245 ff.; **aA** *S/S-Eser* 59; vgl. oben 5).

51 Eine **Rechtfertigung** der Zueignung kommt weiter in Betracht bei **mutmaßlicher Einwilligung** des Berechtigten, wenn diesem das Schicksal der Sache offensichtlich gleichgültig ist (vgl. SK-*Hoyer* 99; zum eigenmächtigen Geldwechseln oben 3 und NK-*Kindhäuser* 149); dies ist bei zur Abholung bereit gestelltem *Sperrmüll* nicht regelmäßig anzunehmen (vgl. oben 7). Bei berechtigter Geschäftsführung ohne Auftrag können die Voraussetzungen mutmaßlicher Einwilligung (vgl. *Roxin* AT/I, 18/3 ff.) vorliegen.

52 **B.** Hiervon zu unterscheiden ist die Rechtswidrigkeit der Wegnahmehandlung, die allgemeines Verbrechensmerkmal ist (vgl. *Küper* BT 485 f.; *Mitsch* II/1, 1/146; NK-*Kindhäuser* 145). Als **Rechtfertigungsgründe** kommen praktisch nur **Notstand** und mutmaßliche Einwilligung in Betracht; dagegen schließt ein Einverständnis des Gewahrsamsinhabers schon den Tatbestand aus (zur Wirkung einer Einwilligung des vom Gewahrsamsinhaber verschiedenen, verfügungsbeschränkten Eigentümers vgl. *Mitsch* aaO 148).

53 **6) Vollendung, Beendigung, Versuch. A. Vollendung.** Die Tat ist mit der Wegnahme vollendet (BGH **16**, 272; **23**, 255; NJW **75**, 1177; **87**, 2687; NStZ **82**, 420; **87**, 71). In diesem Zeitpunkt muss die Absicht rechtswidriger Zueignung vorliegen; wird diese Absicht erst später gefasst, so liegt nur Unterschlagung vor (BGH **16**, 190; vgl. oben 43). Ein Irrtum über den Wert der Sache, die sich nach Wegnahme als geringwertiger erweist als erhofft, steht der Vollendung nicht entgegen (NStZ **96**, 599). Bedeutsam ist der Vollendungszeitpunkt auch für die Anwendbarkeit der §§ 249 ff.: Wird Gewalt zur Ermöglichung der Wegnahme eingesetzt, so liegt Raub vor; dient sie der Sicherung des Gewahrsams nach vollendeter Wegnahme, so kommt § 252 in Betracht (BGH **8**, 162; vgl. 4 zu § 252; *Lackner/Kühl* 1; *Geppert* Jura **90**, 554). Der Eintritt des **Zueignungserfolgs** ist für die Vollendung nicht erforderlich (oben 42). Dagegen liegt bei irrtümlicher Annahme der **Rechtswidrigkeit** der Zueignung nach Rspr und hL, die eine objektive Rechtswidrigkeit der erstrebten Zueignung verlangen, nur Versuch vor (vgl. *Küper* BT 484 f.; NK-*Kindhäuser* 13 vor § 242; vgl. auch BGH **17**, 87, 91; StV **00**, 78;

aA *Gössel,* Zipf-GedS 228 f.; MK-*Schmitz* 158; SK-*Hoyer* 108 f., 111, der zutr. darauf hinweist, dass damit in Bezug auf die Rechtswidrigkeit nur *taugliche* Versuche strafbar sind [**aA** *W/Hillenkamp* 190]. Jedoch kann auf der Tatbestandsebene die fehlende Kenntnis rechtswidrigkeitsbegründender Tatsachen nicht durch irrige Rechtsannahmen ausgeglichen werden; *Mitsch* BT II/1, 1/161).

B. Beendigung. Der Diebstahl ist beendet, wenn die Beute gesichert ist **54**
(BGH **4**, 133; **20**, 196), insb. wenn sie in die Räume des Täters oder in ein Versteck verbracht wurde (BGH **8**, 391; NJW **87**, 2687); in diesem Fall steht der Beendigung nicht entgegen, dass der Täter bei der Tat beobachtet wurde (StV **01**, 622). Ein Verbergen kleinerer Gegenstände in der Kleidung kann genügen, wenn die räumliche Herrschaftssphäre des Berechtigten verlassen wurde (NJW **87**, 2687; VRS **60**, 295 f.); beim nicht beobachteten **Ladendiebstahl** liegt daher Beendigung idR mit Verlassen des Verkaufsraums vor (anders bei sofortigem Verzehr oder Verbrauch). Beim Abtransport größerer Gegenstände kommt es auf die Umstände des Einzelfalls an (NJW **81**, 997; **85**, 814; NStZ **81**, 435). Beim Diebstahl von **Kraftfahrzeugen** ist Beendigung anzunehmen, wenn das Fahrzeug aus dem räumlichen Bereich des Entwendungsorts entfernt wurde und nach den konkreten Umständen Rückholungsaktivitäten des Berechtigten nicht mehr zu erwarten sind. Das kann im Einzelfall schon mit dem Einordnen in den fließenden Verkehr gegeben sein (zB Wegfahren von einem Autobahn-Parkplatz). Das fortbestehende Risiko der Entdeckung hindert die Beendigung nicht. Beendigung ist regelmäßig auch anzunehmen bei Veränderungen des Erscheinungsbilds der Sache, die einer Rückführung entgegenstehen. Gewalteinsatz zur Sicherung des erlangten Besitzes unterfällt bis zum Beendigungszeitpunkt § 252 (hM; **aA** *Lackner/Kühl* 4 zu § 252; *Gössel* BT 2, 15/15; vgl. 4 zu § 252).

C. Versuch. Der Versuch ist nach **Abs. II** strafbar; er beginnt mit dem unmit- **55**
telbaren Ansetzen zum Gewahrsamsbruch (unten 56 f.). Versuch liegt vor, wenn es zur Wegnahme einer fremden beweglichen Sache nicht gekommen ist, so etwa, wenn der Täter eine eigene oder herrenlose Sache irrtümlich für fremd hält oder wenn er eine Einwilligung des Eigentümers in die Wegnahme nicht kennt (zB bei der sog. *Diebesfalle* [oben 23]; vgl. BGH **4**, 199; StV **85**, 323; Bay JR **79**, 297 [hierzu *Maaß* Jura **81**, 516]; Celle JR **87**, 253 [m. Anm. *Hillenkamp*; *Geppert* JK 11]; Düsseldorf NJW **88**, 83; NJW **92**, 2041 m. Anm. *Janssen* NStZ **92**, 237; *Hefendehl* NStZ **92**, 544; *Geppert* JK 15; *Otto* JK 16; *Duttge/Fahnenschmidt* Jura **87**, 281); hier kann neben Diebstahlsversuch vollendete Unterschlagung in Betracht kommen (*Paeffgen* JR **79**, 299; *Otto* Jura **89**, 204). Versuch liegt weiterhin vor bei irriger Annahme der Rechtswidrigkeit der beabsichtigten Zueignung (vgl. oben 49; SK-*Hoyer* 111).

Für die **Abgrenzung zur Vorbereitung** gelten die allgemeinen Regeln (vgl. **56**
7 ff. zu § 22). **Versuch** liegt vor beim unmittelbaren Ansetzen zur Wegnahme, auch wenn der Vorsatz zu diesem Zeitpunkt noch nicht auf eine bestimmte Sache konzentriert ist; **zB** bei Öffnen eines Schranks; In-die-Hand-Nehmen einer Sache, um sie zu entwenden (RG **55**, 244); Eindringen in fremdes Besitztum mit dem bestimmten Willen, etwas (nicht notwendig etwas schon Bestimmtes; *S/S-Eser* 69) zu stehlen; bei sozial auffälligem Eindringen in die Schutzsphäre des Opfers (BGH **22**, 82, **26**, 201; **28**, 163; GA **80**, 24); Durchsuchen von Behältnissen oder Kleidungsstücken nach Stehlenswertem (MDR/D **68**, 372; **75**, 543; **76**, 16); Ansetzen zur Verwirklichung eines Regelbeispiels nach § 243 I Nr. 1 oder einer Qualifikation nach § 244 I Nr. 3 in Diebstahlsabsicht (vgl. 97 ff. zu § 46).

Vorbereitung ist gegeben bei Handlungen, die erst bei Eintritt weiterer Bedin- **57**
gungen oder Hinzutritt weiterer Handlungen zur Wegnahme führen sollen; etwa bei Anfertigen von Nachschlüsseln (vgl. BGH **28**, 162; StV **92**, 62 [hierzu *Otto* JK 15 zu § 22]); Beseitigung eines Wachhundes (RG **53**, 218); Hingehen zum Tatort (StV **87**, 528); Bereitlegen des Werkzeugs zum Einbruch (NStZ **89**, 473); Beobachten oder Verfolgen des Tatopfers (MDR/D **73**, 900); Auskundschaften der

Tatörtlichkeit oder von Sicherungseinrichtungen (anders BGH **28**, 82 beim Rütteln an den Vorderrädern eines Pkw); Überprüfen der Anwesenheit des Berechtigten, wenn die Wegnahme erst später erfolgen soll; Lockerungen des Gewahrsams zur Vorbereitung späterer Wegnahme (etwa durch Verstellen oder Verstecken in den Räumen des Berechtigten; vgl. oben 19; Aufenthalt des Täters in einem Ladengeschäft und Führen von (vorgeblichen) Kaufverhandlungen in der Absicht, eine günstige Gelegenheit für die geplante Wegnahme auszunutzen (StV **01**, 621).

58 **7) Beteiligung. Täter** des § 242 kann nur sein, wer selbst **Zueignungsabsicht** hat. Mit der Einführung der **Drittzueignungsabsicht** durch das 6. StrRG ist die Rechtsfigur des „absichtslos dolosen Werkzeugs" weitgehend obsolet geworden (vgl. oben 46 mwN; einschr. *Lackner/Kühl* 26; *W/Beulke* 537; *S/S-Eser* 72; *Kindhäuser* LPK 110 ff.; anders im Sonderfall, dass der Wegnehmende irrig nur Gebrauchsabsicht des Dritten annimmt). Zugleich ist die Abgrenzung von (Mit-)Täterschaft und Beihilfe erschwert worden (krit. *Lackner/Kühl* 26 a; *Schroth* BT 97; and. *S/S-Eser* 72 unter Hinweis auf die allgemeinen Abgrenzungskriterien; vgl. dazu *Hauck* 2007 [oben 1 a]); sie kann idR nurmehr nach dem Maß der Beteiligung an der *Wegnahme* vorgenommen werden (NK-*Kindhäuser* 168; *W/Hillenkamp* 153; vgl. *Ingelfinger* JuS **98**, 534 f.; *Krey* BT 2, 90 c). Nur **Beihilfe** liegt danach vor, wenn der Beteiligte im Hinblick auf die Wegnahme keine Täterstellung erlangt; weiterhin, wenn ihm *jede,* also auch eine Drittzueignungsabsicht, fehlt (etwa, weil er nur von einer Gebrauchsanmaßung durch den Haupttäter ausgeht; *Lackner/Kühl* 26 a). **Mittelbare Täterschaft** liegt, außer bei Täuschung des Handelnden über die Wegnahme (oben 16), auch dann vor, wenn der Hintermann über die *Rechtswidrigkeit* der Zueignung täuscht (*Krüger* Jura **98**, 616; *Mitsch* BT II/1, 1/165; *Lackner/Kühl* 26 a; *Küper* BT 472; **aA** *Hörnle* Jura **98**, 170; *Lesch* JA **98**, 476; vgl. auch *Dencker* Einf. 18). **Anstiftung** liegt vor, wenn der (mit Selbstzueignungsabsicht handelnde) Auftraggeber an der Wegnahme selbst nicht mitwirkt (*Küper* BT 472; *W/Hillenkamp* 153).

59 **8) Konkurrenzen.** Verfährt der Dieb nach der Wegnahme mit der Sache so, wie er es als Eigentümer könnte, so liegt keine neue Straftat, sondern eine **mitbestrafte Nachtat** vor; so bei Verwertung oder Beschädigung der Sache (BGH NStZ **98**, 294); bei der Geldabhebung vom gestohlenen Sparbuch (StV **92**, 272; BGHR § 263 I Konk. 7) oder beim Versuch hierzu (2 StR 720/82), falls nicht ein weiterer Betrug begangen wird, um an das Geld heranzukommen (NStZ **93**, 591, hierzu *Otto* JK 39 zu § 263); bei Anstiftung des Hehlers (Bay NJW **58**, 1597); bei Beseitigung von Motor- und Fahrgestellnummer am gestohlenen Auto (NJW **55**, 876). **Anders** ist es beim Waffendiebstahl hinsichtlich des nachfolgenden Dauerdelikts des Waffenbesitzes, §§ 28 I, 53 III Nr. 1 a WaffG (insoweit ist Tateinheit anzunehmen, Hamm NJW **79**, 118); oder wenn sonst durch die Nachtat ein anderes Rechtsgut verletzt wird; in den letzteren Fällen ist Realkonkurrenz mit dem vorausgegangenen Diebstahl gegeben, selbst wenn die nachfolgende Handlung schon bei Begehung des Diebstahls beabsichtigt war. Gleiches gilt, wenn eine gestohlene Sache einem gutgläubigen Dritten gegen Entgelt veräußert wird, da er nach § 935 BGB nicht Eigentümer wird (Betrug). Zum Fall einer „mitbestraften Vortat" vgl. 64 vor § 52; 136 zu § 263; Diebstahl einer Scheckkarte steht zum nachfolgenden Computerbetrug (§ 263 a) nicht in Gesetzeskonkurrenz (NJW **01**, 1508). Für einen **Dritten,** dem der Täter die Sache zueignen wollte (oben 48), gelten die allgemeinen Regeln; für ihn liegt, wenn Zueignung vollzogen wird, idR § 259 vor.

60 **B. Gesetzeskonkurrenz** ist gegeben, soweit gesetzlich qualifizierte diebstahlsähnliche Verfehlungen vorliegen. Hier kommen nur die Sondervorschriften der §§ 249, 250, 252 zur Anwendung (NStZ-RR **05**, 202, 203; Karlsruhe MDR **78**, 244). Die besonderen Vorschriften der Länder über Feld- und Forstdiebstahl sind durch Art. 4 IV EGStGB (Anh. 1) grundsätzlich beseitigt worden und nur insoweit unberührt geblieben, wie sie gewisse unbedeutende Fälle von der Strafbarkeit oder der Strafverfolgung ausnehmen. Im Übrigen gilt § 248 a, der wie § 247 bestimmte Fälle von Diebstahl zum Antragsdelikt macht.

61 ***C. Natürliche Handlungseinheit*** kann bei Wegnahme verschiedener, nicht von vornherein spezifizierter Sachen auch verschiedener Eigentümer vorliegen, wenn sie in engem räumlichen und zeitlichen Zusammenhang erfolgt und auf dem Vorsatz beruht, möglichst viel oder möglichst Wertvolles zu stehlen (vgl. dazu 4, 6 vor § 52). **Tateinheit** kann gegeben sein mit § 113 (dort 31), mit § 132 (RG **54**, 256); desgl. mit § 133 (RG **54**, 122); mit § 223,

wenn der Diebstahlsvorsatz der Gewaltanwendung nachfolgt (NStZ **83**, 365; 3 StR 611/92); mit § 259; mit § 263 (Verkauf an einen gutgläubigen Dritten, der die Sache dann fortnimmt; vgl. auch *Gribbohm* JuS **64**, 233; Köln OLGSt. 11); sowie mit § 266 (MDR/D **54**, 399; Köln JMBlNW **58**, 208), mit § 267 (MDR/H **81**, 452; **85**, 283; Bay NStZ-RR **97**, 6); mit § 303 im Falle des Öffnens und „Antrinkens" einer Schnapsflasche im Selbstbedienungsladen (Köln NJW **86**, 392); mit § 316 (Wegfahren zur Sicherung des Diebesguts, Bay MDR **83**, 247); ebenso mit § 21 StVG (Fahren des gestohlenen Autos ohne Fahrerlaubnis; MDR/D **58**, 13; BGH **18**, 66; GA **71**, 39; DRiZ **81**, 338; DAR **85**, 189; NJW **95**, 1766; 5 StR 69/96; vgl. NStZ **84**, 135); anders nach GA **61**, 346 beim Wegfahren der Beute nach beendetem Gewahrsamsbruch; anders, wenn das Wegfahren den Gewahrsamsbruch erst beendet (vgl. GA **62**, 77; BGH **8**, 391; VRS **13**, 350; **30**, 283; 1 StR 498/94); beim Waffendiebstahl mit § 28 I, § 53 III Nr. 1 a WaffG; eine allein zeitliche Überschneidung von unerlaubtem Waffenbesitz und Diebstahlstaten ohne Teilidentität der Tathandlungen (BGH **43**, 317, 317) führt jedoch weder zur Tateinheit noch zur Verklammerung (NStZ **00**, 641); beim Diebstahl von BtM mit § 29 I Nr. 1 BtMG (BGH **30**, 360).

D. Wahlweise Feststellung zwischen Diebstahl und anderen Taten ist zulässig; in Betracht kommen vor allem § 259 (BGH **1**, 304; **11**, 28; **16**, 184; vgl. aber zur *Postpendenz* NStZ **89**, 574; NJW **90**, 2476 f. und 26 zu § 259). Vgl. i. e. 28 zu § 1. **62**

9) Sonstige Vorschriften. Strafantrag in den Fällen der §§ 247, 248 a. FAufsicht § 245. **63**

Besonders schwerer Fall des Diebstahls

243 **I In besonders schweren Fällen wird der Diebstahl mit Freiheitsstrafe von drei Monaten bis zu zehn Jahren bestraft. Ein besonders schwerer Fall liegt in der Regel vor, wenn der Täter**

1. **zur Ausführung der Tat in ein Gebäude, einen Dienst- oder Geschäftsraum oder in einen anderen umschlossenen Raum einbricht, einsteigt, mit einem falschen Schlüssel oder einem anderen nicht zur ordnungsmäßigen Öffnung bestimmten Werkzeug eindringt oder sich in dem Raum verborgen hält,**
2. **eine Sache stiehlt, die durch ein verschlossenes Behältnis oder eine andere Schutzvorrichtung gegen Wegnahme besonders gesichert ist,**
3. **gewerbsmäßig stiehlt,**
4. **aus einer Kirche oder einem anderen der Religionsausübung dienenden Gebäude oder Raum eine Sache stiehlt, die dem Gottesdienst gewidmet ist oder der religiösen Verehrung dient,**
5. **eine Sache von Bedeutung für Wissenschaft, Kunst oder Geschichte oder für die technische Entwicklung stiehlt, die sich in einer allgemein zugänglichen Sammlung befindet oder öffentlich ausgestellt ist,**
6. **stiehlt, indem er die Hilflosigkeit einer anderen Person, einen Unglücksfall oder eine gemeine Gefahr ausnutzt oder**
7. **eine Handfeuerwaffe, zu deren Erwerb es nach dem Waffengesetz der Erlaubnis bedarf, ein Maschinengewehr, eine Maschinenpistole, ein voll- oder halbautomatisches Gewehr oder eine Sprengstoff enthaltende Kriegswaffe im Sinne des Kriegswaffenkontrollgesetzes oder Sprengstoff stiehlt.**

II *In den Fällen* des Absatzes 1 Satz 2 Nr. 1 bis 6 ist ein besonders schwerer Fall ausgeschlossen, wenn sich die Tat auf eine geringwertige Sache bezieht.

Übersicht

1) Allgemeines	1, 1 a
2) Besonders schwerer Fall	2
3) Regelbeispiele, Abs. I S. 2	3–22
4) Unbenannte besonders schwere Fälle	23
5) Geringwertige Sachen; Abs. II	24–26
6) Subjektive Voraussetzungen	27

7) Versuch ... 28
8) Beteiligung ... 29
9) Konkurrenzen ... 30
10) Sonstige Vorschriften ... 31

1 **1) Allgemeines.** Die Vorschrift ist durch das 1. StrRG und das EGStGB in Anlehnung an § 236 E 1962 (Begr. 401) neu gefasst und durch Art. 1 Nr. 3 StÄG 1989 (durch Einfügung der Nr. 7 und der Beschränkung der Ausschlussklausel des II; vgl. Prot. V/2457; BT-Drs. V/4094, 36; BT-Drs. 7/1261, 16; *Dreher,* Bruns-FS 152; zu Nr. 7 vgl. 1 zu § 239 a) sowie durch Art. 1 Nr. 49 des 6. StrRG (in I S. 1 Nr. 1 [vgl. 1 zu § 244] und in I S. 1 Nr. 6 u. II redaktionell) geändert worden.

1 a **Literatur:** *Arzt,* Die Neufassung der Diebstahlsbestimmungen, JuS **72**, 515; *Braunstetter,* Strafzumessung u. Zusammentreffen von Regelbeispiel und Milderungsgrund, NJW **76**, 736; *Borsdorff,* Gewahrsamsproblematik bei elektronischer Warensicherung, JR **89**, 4; *Callies,* Die Rechtsnatur der besonders schweren Fälle" (usw.), JZ **75**, 112; *ders.,* Der Rechtscharakter der Regelbeispiele im Strafrecht, NJW **98**, 928; *Eisele,* Die Regelbeispielsmethode: Tatbestands- oder Strafzumessungslösung?, JA **06**, 309; *Fabry,* Der besonders schwere Fall der versuchten Tat, NJW **86**, 15; *Gribbohm,* Der Bezug der Tat auf eine geringwertige Sache (usw.), NJW **75**, 1153; *Gropp,* Der Diebstahlstatbestand unter besonderer Berücksichtigung der Regelbeispiele, JuS **99**, 1041; *Henseler,* Die Geringwertigkeit im Sinne der §§ 243 Abs. 2 und 248 a StGB, StV **07**, 323; 1; *Hirsch* ZStW **84**, 380; *Jungwirth,* Bagatelldiebstahl u. Sachen ohne Verkehrswert, NJW **84**, 954; *Küper,* Die Geringwertigkeitsklausel des § 243 II StGB als gesetzgeberisches Problem, NJW **94**, 349; *ders.,* Deliktsversuch, Regelbeispiel u. Versuch des Regelbeispiels, JZ **86**, 518; *Laubenthal,* Der Versuch des qualifizierten Delikts (usw.), JZ **87**, 1065; *Lieben,* Gleichstellung von „versuchtem" u. „vollendetem" Regelbeispiel?, NStZ **84**, 538; *Maiwald,* Bestimmtheitsgebot, tatbestandliche Typisierung u. die Technik der Regelbeispiele, Gallas-FS 137; *ders.,* Zur Problematik der „besonders schweren Fälle" im Strafrecht, NStZ **84**, 433; *Mitsch,* Strafbare Überlistung eines Geldspielautomaten, JuS **98**, 307; *ders.,* Die Vermögensdelikte im StGB nach dem 6. StrRG, ZStW **111**, 65, 71; *Schmitt,* Juristische „Aufrichtigkeit" am Beispiel des § 243 StGB, Tröndle-FS 313; *Seier,* Der Schutz vor Ladendiebstählen durch Sicherungsetiketten, JA **85**, 387; *Stein,* Kraftfahrzeugdiebstahl, ZRP **92**, 232; *Sternberg-Lieben,* Versuch und § 243 StGB, Jura **86**, 183; *Wessels,* Zur Problematik der Regelbeispiele (usw.), Maurach-FS 295; *Zieschang,* Besonders schwere Fälle u. Regelbeispiele (usw.), Jura **99**, 561; *Zipf,* Dogmatische u. kriminalpolitische Fragen bei § 243 Abs. 2 StGB, Dreher-FS 389. Vgl. i. ü. 1 a zu § 242; zu Abs. II unten 24; zur Regelbeispielstechnik 11 zu § 12.

2 **2) Besonders schwerer Fall.** Die Erfüllung einer der in Abs. I S. 2 genannten Voraussetzungen eines Regelbeipiels (11 zu § 12; 90 ff. zu § 46) führt idR zur Anwendung des verschärften Strafrahmens aus § 243. Nach der Regelbeispielstechnik (zur Krit. vgl. auch 90 zu § 46; *Freund* ZStW **109**, 455; *Hettinger* NJW **96**, 2263; *Gropp* JuS **99**, 1041) besteht, wenn ein Beispielsfall gegeben ist, die widerlegbare Vermutung dafür, dass er als besonders schwerer anzusehen ist. Die *Regel*-Beispiele entfalten nach hM eine Analogie- und eine Gegenschlusswirkung (90 ff. zu § 46; abl. zur Analogiewirkung *Arzt/Weber* 14/19; NK-*Hassemer* 74 zu § 1). § 243 ersetzt den früheren Qualifikationstatbestand durch gesetzliche Strafbemessungsregeln, die **keinen Tatbestand** bilden (krit. MK-*Schmitz* 3; *Eisele* JA **06**, 309 ff.), sondern als Wertgruppe des besonders schweren Falles idR zur Strafrahmenverschiebung führen (so schon *Lange,* Mat. I, 69; *M/Schroeder/Maiwald* 33/69, u. a.; Schleswig NJW **79**, 2057; str.; für bloße Zumessungsregel BGH **23**, 254; NJW **70**, 2120; BGHR § 256 I StPO Körperverl. 2 u. a.; abw. *Jakobs* AT 6/99). Die Rspr zu § 243 aF ist für die Feststellung, ob eines der Regelbeispiele gegeben ist, von Bedeutung, soweit die früheren Merkmale des Qualifikationstatbestandes denen der Regelbeispiele entsprechen.

3 **3) Einzelne Regelbeispiele.** Abs. I S. 2 führt die folgenden Beispiele besonders schwerer Fälle auf:

4 **A. Nr. 1: Einbruchdiebstahl.** Nr. 1 betrifft den Diebstahl unter Verletzung des Schutzbereichs eines **umschlossenen Raums.**

a) Umschlossener Raum. GrSenBGH **1**, 158 definiert den umschlossenen Raum als jedes Raumgebilde, das dazu bestimmt ist, **von Menschen betreten** zu werden, und das mit mindestens teilweise künstlichen Vorrichtungen zur Abwehr des Eindringens Unbefugter umgeben ist (Prot. V/2460; StV **83**, 149). Hiernach fallen sowohl Teile eines Gebäudes wie Zimmer, abgeschlossene Keller oder Bodenräume darunter als auch bewegliche Raumgebilde wie Schiffe, Eisenbahnwagen, Wohnwagen, Bürowagen und vor allem Autos (BGH **2**, 214); auch noch ein Schaufenster oder eine Ausstellungsvitrine, die von Menschen betreten werden können (1 StR 335/61). Als bloß illustrierende Beispiele nennt das Gesetz **Gebäude,** dh ein durch Wände und Dach begrenztes, mit dem Erdboden fest – wenn auch nur durch die eigene Schwere (Zirkuszelt; RG **10**, 103) – verbundenes Bauwerk, das den Eintritt von Menschen gestattet und das Unbefugte abhalten soll (GrSenBGH **1**, 163; anders bei §§ 305, 306; BGH **6**, 107). Halbfertige Bauten oder solche, die im Abbruch begriffen sind, sind Gebäude nur, soweit sie schon oder noch die nötigen Vorrichtungen zur Abwehr Unbefugter haben. **Wohnungen** sind in Nr. 1 **nicht** mehr genannt, da sie seit dem 6. StrRG durch § 244 I Nr. 3 (vgl. dort) geschützt sind (krit. *Fahl* NJW **01**, 1699; zur Reichweite des Wohnungs-Begriffs im Hinblick auf zugeordnete Nebenräume vgl. 23 f. zu § 244), sondern nur noch **Dienst-** und **Geschäftsräume** (4, 7 ff. zu § 123). Eine nur natürliche Abschließung (Insel) genügt nicht (MK-*Schmitz* 13). Die Umschließung muss den Zweck haben, Unbefugte fernzuhalten. Lücken in der Einschließung sind unschädlich. Der umschlossene Raum braucht auch nicht überdacht zu sein; erfasst sein kann daher auch ein Hof (RG **39**, 105), ein Lagerplatz (NStZ **00**, 143), ein umzäuntes Freigelände (Karlsruhe NStZ-RR **05**, 140, 141 f.) ein Friedhof (NJW **54**, 1897), auch wenn eine Seite nur durch ein Gewässer begrenzt ist (MDR/D **55**, 145). Vgl. i. Ü. 3 zu § 306.

b) Tatmodalitäten. Nr. 1 beschreibt vier Modalitäten der Tatausführung: **5**

aa) Einbrechen in den Raum ist die Aufhebung einer Umschließung durch gewaltsame Beseitigung eines dem Diebstahl entgegenstehenden Hindernisses. Dazu gehört die Aufwendung nicht unerheblicher körperlicher Kraft (RG **13**, 200) oder die Verletzung der Substanz der Umschließung. Es genügt danach, wenn eine vorhandene Öffnung erweitert wird, um leichter eindringen zu können (1 StR 560/73). Anstelle einer Substanzverletzung genügt es, wenn entsprechende Kraft entfaltet werden muss (2 StR 144/63), so das Auseinanderbiegen eines Autolüftungsfensters (NJW **56**, 389; **aA** NK-*Kindhäuser* 15; *Lackner/Kühl* 10; *Gropp* JuS **99**, 1041, 1049); von Torflügeln (RG **4**, 353; Hamm JR **52**, 287); Wegrücken eines die Tür versperrenden Schrankes (RG **60**, 379). **Nicht ausreichend** ist das Hineingreifen mit der Hand durch einen Türspalt und Wegschieben des Riegels (5 StR 52/61); das „einfache", ohne weiteres mögliche Hochheben und Beiseiteschieben eines den Außenlagerplatz eines Baumarktes umgebenden Zauns (NStZ **00**, 143 f.; zust. MK-*Schmitz* 22; zw.); das Öffnen eines Gartentors durch schlichtes Hochheben einer Arretierung (Karlsruhe NStZ-RR **05**, 140, 142). Der Täter muss sich **von außen her** Zugang verschaffen. Ein (vollständiger) Eintritt des Diebes in den Raum ist nicht erforderlich (NStZ **85**, 217 [Anm. *Arzt* StV **85**, 103]; Düsseldorf JZ **84**, 684); auch das Hineinlangen mit der Hand oder mit Werkzeugen (RG **54**, 211) genügt.

bb) Einsteigen in den Raum ist über den engeren Sprachsinn hinaus jedes nur unter Schwierigkeiten mögliche (vgl. NJW **93**, 2252 f.; NStZ **00**, 143; StV **84**, *204; krit.* zum *Abstellen* auf die *physische* Schwierigkeit *Arzt/Weber* 14/7 f. mit Fn. 4) Eindringen durch eine zum ordnungsgemäßen Eintritt nicht bestimmte Öffnung; so durch Steigen über eine höhere Mauer (RG GA Bd. **53**, 448); Erklimmen eines 1 m über dem Boden liegenden Fensterbretts (1 StR 616/69); Einkriechen (NJW **53**, 992; **57**, 638); **nicht** aber das bloße Hineinbiegen des Oberkörpers oder bloßes Herausangeln (BGH **10**, 132; NJW **68**, 1887; Bay JZ **73**, 324; der Täter muss sich innen wenigstens einen Stützpunkt geschaffen haben, Hamm NJW **60**, 1359); das einfache Eintreten durch Lücken einer Umfriedung (MDR/H **82**, 810; StV **84**, 204; NJW **93**, 2252; vgl. BGH **10**, 132); die Benutzung eines verbotenen, aber offenen Eingangs (4 StR 46/69); das Hinübertreten **6**

von einem Boot ans Ufer (5 StR 250/60); das Hochheben und Beiseiteschieben eines den Lagerplatz eines Baumarktes umgebenden Zauns (NStZ **00**, 143; zw.). Ein Einsteigen, das auch der Berechtigte zum Zwecke des **regelmäßigen** Zugangs vornehmen muss, ist nicht ausreichend (zB Benutzen einer zum ständigen Zugang benutzten Leiter).

7 **cc) Eindringen** in den Raum mit einem **falschen Schlüssel** oder einem anderen nicht zur ordnungsmäßigen Öffnung bestimmten Werkzeug liegt vor, wenn der Täter einen Verschluss, der nur mit dem richtigen Schlüssel oder einem anderen dafür bestimmten Werkzeug geöffnet werden soll, unter Verwendung des falschen Instruments öffnet und auf diese Weise eindringt. Schlüssel iS von Nr. 1 sind auch mechanische oder elektronische Öffnungsinstrumente (*S/S-Eser* 14; *Lackner/Kühl* 12).

8 **Falsch** ist ein Schlüssel, der zZ der Tat nicht vom Berechtigten zur Öffnung bestimmt ist (Hamburg VRS **31**, 362), den also der Berechtigte überhaupt nicht, nicht mehr oder nicht als Zubehör zum Schloss betrachtet (BGHR § 243 I Nr. 1, Schl. f. 1). Berechtigter ist nicht stets der Eigentümer, sondern zB auch der Wohnungsmieter. Die Bestimmung muss ein bestimmtes Schloss und einen bestimmten Schlüssel betreffen. Sie kann befristet oder erst in Aussicht genommen sein, so für einen **Ersatzschlüssel**, falls der richtige Schlüssel verloren gehen sollte. Dagegen wird ein Reserveschlüssel schon durch gelegentliche aushilfsweise Verwendung zum richtigen Schlüssel. An der Bestimmung eines Schlüssels zum Schließen oder Öffnen ändert sich nichts dadurch, dass der Berechtigte nicht wollte, dass er einem Unbefugten überlassen und von diesem verwendet wird (StV **98**, 204). Die Bestimmung kann aber infolge der Begleitumstände oder nach dem Willen des Berechtigten enden, so bei (heimlich) **unterlassener Rückgabe** eines Schlüssels beim Auszug des Mieters, der den Schlüssel ohne Wissen des Vermieters behält (NJW **59**, 948; wohl anders KG StV **04**, 544). Die einem neuen Mieter (BGH **13**, 15) oder Pächter ohne deren Wissen nicht mit übergebenen Schlüssel sind von der Übernahme des Objekts an falsche; ebenso unbefugt beschaffte Nachschlüssel von Angestellten (Stuttgart VersR **83**, 745). Das bloße Verlegen oder Verlieren (selbst bei Diebstahl) genügt noch nicht (RG **52**, 84; Karlsruhe Die Justiz **84**, 212), es muss grds eine **Entwidmung** durch den Berechtigten hinzukommen (BGH **21**, 189). Daher ist der Diebstahl mit einem gestohlenen Schlüssel nicht ohne weiteres ein Nachschlüsseldiebstahl (*Huff* NStZ **85**, 440; vgl. aber 1 StR 724/96). Die Entwidmung muss grds nach außen erkennbar sein; beim Diebstahl eines richtigen Schlüssels genügt aber nach BGH **21**, 189 schon die Entdeckung durch den Berechtigten (vgl. auch BGHR § 243 I S. 2 Nr. 1 Schlüssel, falscher 2; Bay NJW **87**, 664). Die Ansicht, dass ein heimlich angefertigter oder verlorener Schlüssel in der Hand dritter Personen auf Dauer „richtig" bleibt, auch wenn der Berechtigte von seiner Existenz gar nichts weiß (so iErg KG StV **04**, 544) und daher auch keinen Anlass zur Entwidmung hat, erscheint zweifelhaft und kann sich auf die Entscheidung BGH **21**, 189f. wohl nicht stützen: Während ein *gestohlener* Schlüssel „richtig" bleiben kann, solange der Berechtigte den Diebstahl nicht bemerkt und die Bestimmung des Schlüssels daher nicht aufgehoben hat (BGH **21**, 189), fehlt es schon an einer Grundlage für eine Bestimmung, soweit der Berechtigte von der Existenz von Schlüsseln nichts – oder nichts mehr – weiß (vgl auch NJW **59**, 948).

9 **Andere Werkzeuge,** die nicht zur ordnungsgemäßen Öffnung **bestimmt** sind, sind nur solche, die, ohne Schlüssel ieS zu sein, doch auf den Schließmechanismus wirken, wenn auch nicht gerade unter Benutzung des Schlüssellochs (BGH **5**, 207). Hierher gehören Dietriche, Werkzeuge zum Drehen des innen steckenden Schlüssels usw. Das gewaltsame Aufbrechen unter Einsatz von Werkzeug, das nicht auf den Schließmechanismus einwirkt, ist Einbrechen (NJW **56**, 271).

10 **dd) Sich-verborgen-Halten** in einem Raum ist jedes Sich-Verstecken in dem Raum in einer Weise, die den Täter den Blicken arglos Eintretender entzieht. Wie der Täter in den Raum kommt und zu welcher Tageszeit er sich versteckt und

wann er stiehlt, ist ohne Bedeutung. Verborgen-Halten durch bloße Anwesenheit scheidet aus, wenn der Täter zu dieser Zeit den Raum benutzen darf; im Übrigen kann das Regelbeispiel auch durch Personen verwirklicht werden, die den Raum zu anderer Zeit betreten dürfen, etwa Besucher oder Angestellte eines Warenhauses, die sich dort über den Ladenschluss hinaus verstecken.

c) Vorsatz. Der Täter muss die in Nr. 1 beschriebene Handlung **zur Ausführung der Tat** begehen. Sie muss nach seiner (vielleicht irrigen) Vorstellung das Mittel zur Vollendung des Diebstahls sein (2 StR 56/82; MK-*Schmitz* 10). Zur Ausführung der Tat handelt der Dieb nicht, wenn er mit den Mitteln der Nr. 1 eindringt, um die in seinen Gewahrsam übergegangene Beute einstweilen zu verwahren (*M/Schroeder/Maiwald* 33/79; MK-*Schmitz* 11; NK-*Kindhäuser* 10; **aA** LK-*Ruß* 6; zweifelnd *Lackner/Kühl* 8). Fasst der Täter den Diebstahlsvorsatz erst nach Verwirklichung des Regelbeipiels, so ist Nr. 1 nicht gegeben. Veränderungen des Vorsatzes sind unschädlich, soweit die Konkretisierung des Tatentschlusses nach § 242 reicht; so liegt Nr. 1 vor, wenn der Einsteigedieb eine bestimmte Sache stehlen will, dann aber eine andere nimmt (BGH **22**, 350; MDR **53**, 272). 11

d) Einzelheiten zum Kfz-Diebstahl. Für den Diebstahl **von und aus Autos** ergibt sich aus dem Gesagten folgendes: **Einbruch** ist gegeben, wenn der Täter den Personenteil oder einen für Menschen betretbaren Laderaum des Wagens (BGH **4**, 16) aufbricht oder sich mit Gewalt Zugang dazu verschafft. Es ist gleichgültig, ob er aus dem Personenraum stiehlt, daraus Teile abmontiert oder lose Sachen nimmt oder ob er das ganze Auto stiehlt; gleichgültig ist es im Ergebnis auch (oben 5), ob er zunächst nur Sachen aus dem Auto stehlen will und dann das ganze Auto nimmt oder umgekehrt. Bricht der Täter dagegen nur den vom Personenteil abgetrennten Kofferraum eines Pkw auf und stiehlt daraus, so ist Nr. 2 gegeben (vgl. BGH **4**, 16). **Nachschlüsseldiebstahl** ist gegeben (oben 7 ff.), wenn der Täter einen falschen Schlüssel, etwa einen dem Eigentümer beim Verkauf nicht überlassenen Ersatzschlüssel (EzSt Nr. 3), oder nicht zur ordnungsmäßigen Öffnung bestimmte Werkzeuge wie Schraubenzieher usw. (BGH **5**, 205; NJW **56**, 271) zum Öffnen des Schlosses verwendet; so zB auch, wenn er an der Gummieinfassung des Fensters vorbei einen Draht einschiebt und damit die Türverriegelung löst. Als Schlüssel iS von oben 7 sind auch elektronische, infrarot- oder funkgesteuerte *Bedien*elemente anzusehen, soweit sie eine Entriegelung des umschlossenen Raums bewirken. Dagegen sind **Wegfahrsperren** als solche Schutzvorrichtungen iS von Nr. 2. **Einsteigediebstahl** kommt in Betracht, wenn der Täter durch ein offenes Fenster oder ein offenes Schiebedach einsteigt. **Sich-verborgen-Halten** ist bei größeren Wagen, LKW oder Omnibussen nicht ausgeschlossen. 12

B. Nr. 2: Diebstahl einer durch **Schutzvorrichtung besonders gesicherten** Sache. Nr. 2 ergänzt Nr. 1 im Hinblick auf die Durchbrechung oder Ausschaltung besonderer gegenständlicher Sicherungsvorkehrungen. Soweit Nr. 1 eingreift, wird Nr. 2 verdrängt. 13

a) Behältnis. Als Beispiel einer Schutzvorrichtung (Bay NJW **81**, 2826) nennt Nr. 2 ein **Behältnis,** dh „ein zur Aufnahme von Sachen dienendes und sie umschließendes Raumgebilde, das nicht dazu bestimmt ist, von Menschen betreten zu werden" (*GrSenBGH* **1**, 163). Es muss verschließbar sein, also ein Schloss oder eine diesem vergleichbare Sicherungsvorrichtung haben, und zZ der Tat auch verschlossen sein. Das Behältnis kann unbeweglich (Wandschrank [RG **30**, 390]; Taubenschlag, Briefkasten, Münzgaszähler [Stuttgart Die Justiz **63**, 211]; Automat [BGH **9**, 173; vgl. 4 StR 331/85]; Schaukasten [BGH **15**, 134]) oder beweglich sein (wie verschließbare Möbel, Koffer, Kisten, Container, Säcke [Hamm NJW **78**, 769]; geschlossene oder codierte Registrierkasse [Frankfurt NJW **88**, 3028; AG Freiburg NJW **94**, 400, hierzu *Murmann* NJW 95, 335]). Auch Kassetten, Aktentaschen oder Sammelbüchsen fallen darunter, *nicht* jedoch eine unverschlossene Registrierkasse (NJW **74**, 567; vgl. aber Frankfurt NJW **88**, 3028). 14

15 **b) Andere Schutzvorrichtungen.** Neben Behältnissen jeder Art kommen auch andere gegenständliche Schutzvorrichtungen in Betracht, soweit sie nicht schon unter Nr. 1 fallen (Bay JZ **73**, 324). Es muss sich um eine **besondere Vorrichtung** handeln, die geeignet und bestimmt ist, die Wegnahme einer Sache zu erschweren, so **zB** das Zündschloss eines Kfz; eine elektronische oder mechanische Wegfahrsperre; auch das Lenkradschloss; das Kofferraumschloss; das Fahrradschloss; die verschließbare Kette am Ruderboot; Sicherungsketten an zum Publikumsgebrauch bestimmten Gegenständen; Schutzvorrichtungen an Museumsstücken; nach Bay NJW **81**, 2826 auch die Walzen des Spielwerks eines Spielautomaten, da die Sicherung nicht der alleinige Zweck der Schutzvorrichtung zu sein braucht (krit. dazu *Meurer* JR **82**, 292; vgl. unten 16); auch (elektronische) Sicherungen an Waren in Kaufhäusern, die schon das Wegnehmen der Sachen verhindern sollen (zB Sicherungskabel an elektronischen Geräten, Taschenrechnern usw.; vgl. Düsseldorf NJW **98**, 1002); **nicht** aber die mit einem Zählwerk verbundene Abfüllanlage eines Tanklastwagens, da hierdurch nicht die Entnahme schlechthin, sondern nur die unkontrollierte Entnahme verhindert werden soll (Zweibrücken NStZ **86**, 411); auch nicht das **Sicherungsetikett** an einem Kleidungsstück in einem Warenhaus (Stuttgart NStZ **85**, 76; Frankfurt MDR **93**, 671; Bay NJW **95**, 3000 [Bespr. *Kargl* JuS **96**, 971]; Düsseldorf NJW **98**, 1002; AG Frankfurt/M NJW **92**, 2906; SK-*Hoyer* 30; MK-*Schmitz* 33; **aA** LG Stuttgart NStZ **85**, 28 und NJW **85**, 2489, hierzu *Kadel* JR **85**, 384; *S/S-Eser* 24; NK-*Kindhäuser* 27; *Seier* JA **85**, 387; *Dölling* JuS **86**, 692; *Borsdorff* JR **89**, 4) oder die Umzäunung eines Grundstücks (Bay JZ **73**, 324 m. Anm. *Schröder* JR **73**, 508). Die bloße Beschaffenheit einer Sache selbst (Gewicht, Größe) ist keine Sicherung iS von Nr. 2 (Stuttgart NStZ **85**, 76 [Bespr. *Dölling* JuS **86**, 688]).

16 **c) Besondere Sicherung.** Die Sache muss durch die Vorrichtung **gegen Wegnahme** besonders gesichert sein (vgl. *Corves* JZ **70**, 158). Bei einem verschlossenen Behältnis wird das, wenn nicht gerade der Schlüssel steckt, idR gegeben sein, wenn nicht das Behältnis selbst ohne weiteres und mühelos weggenommen werden kann (*Lackner/Kühl* 16; NK-*Kindhäuser* 30, 32). Auch bei nur allgemeinen Sicherungen gegen Verlust (Tasche mit Reißverschluss) oder Kenntnisnahme (Briefumschlag; vgl. Köln NJW **56**, 1932; Stuttgart NJW **64**, 738; *Deubner* JuS **67**, 469; aA RG **54**, 295) ist idR die Eigenschaft als Behältnis oder als *besondere* Sicherung gegen Wegnahme zu verneinen (*S/S-Eser* 24). Bei verschnürten Paketen ist das zu bejahen jedenfalls bei einem mit Klebestreifen verschlossenen Karton, der seinerseits in einem mit einer Schnur verschlossenen Postsack liegt (Hamm NJW **78**, 769); Sicherheitsvorrichtungen an Halsketten und Armbändern dürften nur gegen Verlieren schützen (vgl. aber Prot. V/2469). Auch sonst scheiden Vorrichtungen gegen Verlust oder Auseinanderfallen von Sachen aus, ebenso Vorrichtungen gegen das Entweichen von Flüssigkeiten oder Gasen (wie zB Rohre). Erforderlich ist, dass die Schutzvorrichtung vom Täter **überwunden** wird oder – bei Wegnahme mitsamt ihrer (17) – überwunden werden soll. Wird die Vorrichtung nicht überwunden, sondern *umgangen,* so liegt Nr. 2 nicht vor (*Otto* JZ **85**, 24; *Kadel* JR **85**, 386 f.; NK-*Kindhäuser* 33); daher ist § 243 nicht gegeben, wenn durch Einwurf manipulierter Münzen oder Chips in einen **Spielautomaten** die Ausgabe von Geld oder Spielmarken auf dem regulären Weg erreicht wird (Düsseldorf NJW **99**, 3208); ebenso nicht bei „Überlistung" eines Geldwechsel-Automaten mittels eines präparierten Geldscheins (Düsseldorf NJW **00**, 158 f. [krit. Anm. *Biletzki* NStZ **00**, 424; vgl. auch *Kudlich* JuS **01**, 20, 24]); in diesen Fällen kommt ein unbenannter besonders schwerer Fall in Betracht (Düsseldorf aaO). Keine Schutz*vorrichtung* sind Software-Zugangssperren für einen Programmablauf (insb. PIN bei Geldautomaten; Codierungen; Verschlüsselungen; vgl. *S/S-Eser* 25).

17 **d) Entwendung des Behältnisses.** Ohne Bedeutung ist, wo sich das Behältnis oder die Sache befindet, ob der Täter **das Behältnis mit entwendet** (BGH **24**, 248; LK-*Ruß* 18; **aA** *S/S-Eser* 25; SK-*Hoyer* 31; differenzierend MK-*Schmitz* 36)

und ob und wo der Täter das Behältnis öffnet oder die Schutzvorrichtung beseitigt und ob er zum Öffnen des Behältnisses einen falschen oder den richtigen Schlüssel verwendet (**aA** Hamm NJW **82**, 777 m. abl. Anm. *Schmid* JR **82**, 119; differenzierend LK-*Ruß* 18), insbesondere wenn er sich den richtigen Schlüssel durch eine Straftat verschafft hat (vgl. Bay NJW **87**, 666, krit. *Otto* JR **87**, 225 u. Jura **89**, 200). Nimmt der Täter nur das Behältnis und lässt nach dessen Öffnung den Inhalt zurück, so ist Nr. 2 nicht erfüllt. Ist das verschlossene Behältnis wider Erwarten leer und kam es dem Täter nur auf dessen Inhalt an, so scheidet Nr. 2 ebenfalls aus, da § 243 nur eine Strafzumessungsregel ist; es kommt dann nur ein *versuchter* Diebstahl in Betracht (1 StR 171/96); einen „Versuch des besonders schweren Falles" gibt es nicht (97 zu § 46); ob die Versuchstat schon zufolge ihres Unrechtsgehalts ein besonders schwerer Fall ist, bestimmt sich nach 100 ff. zu § 46.

C. Nr. 3: Gewerbsmäßiger Diebstahl liegt vor, wenn sich der Täter in der Absicht handelt, sich aus **wiederholten** Diebstählen (auch solchen nach § 244) eine nicht nur vorübergehende Einnahmequelle zu verschaffen (Hamm NStZ-RR **04**, 335; vgl. i. E. 62 vor § 52); die bloße Absicht der Veräußerung von Diebesgut im Einzelfall zur Erzielung von Einnahmen genügt nicht (vgl. auch Köln NStZ **91**, 585). Ist Gewerbsmäßigkeit zu verneinen, so kann die Regelwirkung im Fall gewohnheitsmäßiger Begehung uU auch hierauf gestützt werden (*S/S-Eser* 31); jedoch ist dann eine Gesamtbewertung aller tat- und täterbezogenen Umstände erforderlich (BGHR § 243 I Nr. 3, Gew. 1). Ist der Täter Bandendieb, so tritt § 242 mit § 243 I Nr. 3 hinter § 244 I Nr. 2 zurück; vgl. auch § 244 a I. 18

D. Nr. 4: Kirchendiebstahl. Das Regelbeispiel erfasst den Diebstahl von Sachen, die aus religiösen Gründen als besonders schutzwürdig angesehen werden und an besonders schutzwürdigen Orten aufbewahrt sind (vgl. NJW **98**, 2914) und deren Wegnahme daher den öffentlichen Frieden verletzen kann. Vorausgesetzt ist der Diebstahl einer Sache aus einer **Kirche,** dh einem mindestens ganz überwiegend dem Gottesdienst gewidmeten Gebäude oder aus einem anderen der **Religionsausübung dienenden** Gebäude oder Raum, also einer Räumlichkeit, die zwar nicht dem Gottesdienst ieS, wohl aber einer spezifisch religionsbezogenen Tätigkeit dient. Es braucht sich nicht um eine im Inland bestehende Kirche oder Religionsgesellschaft (§ 166 II) zu handeln. Die Sachen müssen aus dem geschützten Gebäude gestohlen werden, müssen sich also in ihm befinden, wenn auch in einem profanen Raum des insgesamt geschützten Gebäudes, so zB aus der Sakristei (BGH **21**, 65; 1 StR 697/82). Die weggenommene Sache muss **dem Gottesdienst gewidmet** sein; es sind dies Sachen, an oder mit denen gottesdienstliche Handlungen vorgenommen werden (LM Nr. 1); dabei entscheidet die Anschauung der betreffenden Glaubensgemeinschaft (BGH **21**, 64; LK-*Ruß* 25); ferner Sachen, die **Gegenstand religiöser Verehrung** sind wie Reliquien, Heiligenbilder, Statuen oder Votivtafeln (BGH **21**, 64). Nicht unter Nr. 4 fallen Opferstöcke (NJW **55**, 1119) sowie kunsthandwerkliches Inventar ohne religiöse Zweckbestimmung (Bay **7**, 284; LK-*Ruß* 23; MK-*Schmitz* 42). 19

E. Nr. 5: Diebstahl besonders schutzwürdiger Sachen. Nr. 5 wertet den *Diebstahl solcher Sachen* als besonders schweren Fall, an deren bestimmungsgemäßer Verwendung ein besonderes Interesse der Öffentlichkeit besteht. Es sind dies Sachen von **Bedeutung** für **Wissenschaft, Kunst, Geschichte** oder für die **technische Entwicklung.** Dies ist nicht schon jedes Buch in einer Bibliothek, jedes Bild in einer Galerie oder jedes Stück einer naturwissenschaftlichen Sammlung. Von Bedeutung ist die Sache vielmehr, wenn ihr Verlust eine spürbare Einbuße für die aufgeführten Disziplinen darstellen würde, wenn auch nur in einem lokalen Bereich oder für eine Teildisziplin (MK-*Schmitz* 46). Die Bedeutung kann auch in der Dokumentation zurückliegender Entwicklungen liegen. Die Sache muss sich darüber hinaus in einer **allgemein zugänglichen Sammlung** befinden 20 oder **öffentlich ausgestellt** sein; ob sie im öffentlichen oder privaten Eigentum steht, ist ohne Bedeutung (BGH **10**, 286). Allgemein zugänglich ist eine Sammlung auch dann, wenn Zutritt oder Benutzung von einem Entgelt, dem Nachweis bestimmter persönlicher Voraussetzungen oder einer besonderen Erlaubnis abhängt, wenn diese aber regelmäßig gewährt wird (BGH **10**, 286). Bei einer Gerichtsbücherei, die nur einem bestimmten Personenkreis zugänglich ist, ist das nicht der Fall. Nr. 5 ist dann auch gegeben, wenn die Sache selbst im Einzelfall nicht allgemein zugänglich ist (Magazin einer Bibliothek oder eines Museums; **aA** MK-*Schmitz* 47). **Öffentlich ausgestellt** sind Sachen in Ausstellungen, die allgemein zugänglich sind (BGH **10**, 285), aber auch einzelne Stücke an öffentlichen Orten. Die Sache muss sich *zur Besichtigung* an ihrem Ort befinden.

21 **F. Nr. 6: Diebstahl unter Ausnutzung von Hilflosigkeit, Unglücksfällen** oder **gemeiner Gefahr.** Der Täter muss sich bewusst entweder die Hilflosigkeit eines anderen oder einen Unglücksfall oder eine gemeine Gefahr zunutze machen. Bei der **Hilflosigkeit** (6f. zu § 221) ist es ohne Bedeutung, welche Ursachen sie hat; in Betracht kommt vom Täter selbst aus anderen Gründen herbeigeführte Hilflosigkeit (NStZ-RR **03**, 186, 188; 1 StR 28/02), aber auch zB Ohnmacht, Trunkenheit, Krankheit oder Gebrechlichkeit (Bay NJW **73**, 1808; zust. *Schröder* JR **73**, 427; NK-*Kindhäuser* 46; krit. *M/Schroeder/Maiwald* 33/99); nicht jedoch Schlaf, soweit er nicht mit einer krankhaften Störung zusammenhängt (NJW **90**, 2569; daher anders als „Arglosigkeit" iS von § 211 II). Ein **Unglücksfall** (3 zu § 323c; weitergehend LK-*Ruß* 33; *S/S-Eser* 39) kann zugleich auch zur Hilflosigkeit des Opfers führen. In Betracht kommt aber auch ein größerer Unglücksfall, der viele Menschen an der Unglücksstelle zusammenströmen lässt. Der Täter kann dann die Menschenansammlung zu Taschendiebstählen ausnutzen oder aber den Umstand, dass Häuser menschenleer sind, zu Diebstählen benutzen (NStZ **85**, 215; and. MK:-*Schmitz* 52). In Betracht kommt auch, dass der Täter einen mit Helfen beschäftigten anderen bestiehlt oder aus einem in Brand geratenen Gebäude stiehlt. Eine **gemeine Gefahr** ist eine konkrete Gefahr für eine unbestimmte Zahl von Menschen oder zahlreiche Sachen von mindestens insgesamt hohem Wert, so zB bei Überschwemmungen, Bränden oder bei Umweltverseuchungen; vielfach wird zugleich ein Unglücksfall gegeben sein.

22 **G. Nr. 7: Diebstahl von Schusswaffen und Sprengstoff.** Nr. 7 wurde zur Stärkung der generalpräventiven Wirkung und im Hinblick darauf eingeführt, dass beim Waffen- und Sprengstoffdiebstahl ein überdurchschnittlicher Unrechts- und Schuldgehalt vorliegt (BT-Drs. 11/2834, 10; krit. *Achenbach* KR **89**, 634; *Kunert/Bernsmann* NStZ **89**, 451). Einbezogen in Nr. 7 sind nur **Handfeuerwaffen** (§ 1 IV WaffG iV mit Ziff. 2.6 der Anlage 1 **[Anh 15];** LK-*Ruß* 34a; MK-*Schmitz* 56; **aA** *S/S-Eser* 41a), mit denen nur auf Grund einer Erlaubnis (§ 2 II WaffG) umgegangen werden darf (vgl. § 1 III WaffG); ferner **Maschinengewehre, Maschinenpistolen** (vgl. 3 zu § 244), **voll- oder halbautomatische Gewehre** (Anl. 1 zu § 1 IV WaffG, Ziff. 2.3; § 1 KriegswaffG iVm der Kriegswaff-Liste), **Sprengstoff enthaltende Kriegswaffen** iS des KriegswaffG sowie **Sprengstoffe** (§ 1 SprengG), so dass auch selbstgefertigte Waffen erfasst sind. Nr. 7 wird von den Taten, die sich auf geringwertige Sachen beziehen **(II),** ausdrücklich ausgenommen.

23 **4) Unbenannte besonders schwere Fälle.** Als weitere Fallgruppen für besonders schwere Fälle, die von den Regelbeispielen nicht erfasst werden, können vor allem in Betracht kommen (einschränkend SK-*Hoyer* 12; vgl. auch MK-*Schmitz* 58): Diebstahl von Sachen mit **hohem Wert** (BGH **29**, 322 m. Anm. *Bruns* JR **81**, 336; EzSt § 266 Nr. 4); Fälle, in denen ein hoher Schaden angerichtet wird; der Fall des Eindringens mit einem „richtigen", aber (heimlich) entwendeten Schlüssel (BGHR § 243 I S. 2 Nr. 1, Schl. f. 1); **Amtsdiebstahl,** dh Diebstahl durch einen Amtsträger (§ 11 I Nr. 2) an einer Sache, die ihm in dieser Eigenschaft anvertraut (BGH **29**, 323) oder zugänglich geworden ist; Fälle der **Gewohnheitsmäßigkeit.**

5) Geringwertige Sachen (Abs. II). Die Regelung des Abs. II schließt ohne Ausnahme und Ermessensspielraum für den Richter, jedoch **nur für I S. 2 Nr. 1 bis 6** (ebenso nach §§ 263 IV, 263 a II, 266 III), also **nicht für Nr. 7** (krit. *S/S-Eser* 57 a), einen besonders schweren Fall dann aus, wenn sich die Tat auf eine **geringwertige Sache** bezieht, wozu solche *ohne* messbar objektiven Substanzwert nicht gehören (NJW **77**, 1460; *Arzt/Weber* 14/30; and. Düsseldorf NJW **89**, 116; vgl. Hamm OLGSt. 51 zu § 318 StPO; *Otto* Jura **89**, 202; differenz. SK-*Hoyer* 43). Es gelten dann vielmehr §§ 242, 248 a (vgl. Ber. BT-Drs. 7/1261, 17; aus kriminalpolitischer Sicht krit. gegen II: *Zipf*, Dreher-FS 399 ff.; ferner *S/S-Eser* 3; NK-*Kindhäuser* 66; *W/Hillenkamp* 239). Dass entgegen dem Wortlaut des II die Geringwertigkeit auch die Annahme eines unbenannten besonders schweren Falles (oben 23) ausschließen soll (*Lackner/Kühl* 4; *Küper* NJW **94**, 349, 351 f.; *Krey* BT 2, 127 a; *W/Hillenkamp* 239; SK-*Hoyer* 42), erscheint zweifelhaft (vgl. auch MK-*Schmitz* 62; abl. *Mitsch* BT II/1, 1/213. ZStW **111**, 73 f.). 24

Die Sache muss objektiv **geringwertig** sein; das ist sie, wenn ihr Geldwert die **Grenze von 25 €** nicht übersteigt (2 StR 176/04; vgl. 3 f. zu § 248 a). Ist bei Diebstahl mehrerer Sachen eine natürliche Handlungseinheit gegeben, so sind die Werte für II zusammenzurechnen (Düsseldorf NJW **87**, 1958; aA Bremen JZ **60**, 331), für die jedoch nur das wirklich Gestohlene, nicht das darüber hinaus Erstrebte entscheidet (vgl. BGH **5**, 263). Bei Mittäterschaft entscheidet die Gesamtmenge und deren Wert, nicht der Anteil jedes Täters. 25

Die Tat muss sich auf die geringwertige Sache **beziehen;** das Tatobjekt muss daher sowohl **objektiv** als auch nach der **Vorstellung** des Täters geringwertig sein (hM; BGH **26**, 104; NStZ **87**, 71; *S/S-Eser* 52; *Lackner/Kühl* 4; LK-*Ruß* 41; NK-*Kindhäuser* 71; SK-*Hoyer* 47 f.; **aA** *Gribbohm* NJW **75**, 1153 [nur subj. Seite]; *Braunstetter* NJW **75**, 1570 [nur obj. Seite]). Das ist insb. bei **Vorsatzwechsel** sowie bei **Irrtum** des Täters von Bedeutung. Bei gleich bleibend auf eine geringwertige Sache gerichtetem Vorsatz ist II stets anzuwenden, und zwar auch bei Versuch. Bricht zB der Täter ein, um geringwertige Sachen zu stehlen, nimmt dann aber wertvolle, so ist das Regelbeispiel nach I S. 2 Nr. 1 erfüllt (vgl. zu § 370 Nr. 5 aF; BGH **9**, 253; SK-*Hoyer* 48 f.; *M/Schroeder/Maiwald* 33/102). Will er hingegen wertvolle Sachen, begnügt sich dann aber mit geringwertigen, so ist entspr. 100 ff. zu § 46 zu prüfen, ob schon der Versuch die Voraussetzungen eines besonders schweren Falls erfüllt; ist das zu bejahen, so ist der gesamte vollendete Diebstahl ein solcher Fall (ebenso BGH **26**, 104; MDR/D **75**, 543; *Gribbohm* NJW **75**, 1154; *Zipf* aaO 395; *W/Hillenkamp* 249; *Seelmann* JuS **85**, 456; zum Vorsatzwechsel bei II *Zipf* aaO 394; SK-*Hoyer* 51 ff.; NK-*Kindhäuser* 75). Hat der Täter noch keine bestimmten Vorstellungen, was er stehlen möchte, so ist II gegeben, wenn er nur geringwertige Sachen nimmt, andernfalls ist das Regelbeispiel I S. 2 Nr. 1 erfüllt. Nimmt der Täter irrig an, die gestohlene Sache sei geringwertig (er hält ein wertvolles Schmuckstück für eine billige Imitation), so bezieht sich die Tat zwar nicht auf eine geringfügige Sache; auch greift § 16 nicht unmittelbar ein, weil es sich um kein Tatbestandsmerkmal handelt (anders die Auffassung, die Abs. II als „negatives Tatbestandsmerkmal" des I ansieht; vgl. *Kindhäuser* BT 1, 3/52 ff. u. NK 67; dazu *Küper* BT 163; SK-*Hoyer* 48 f.), doch sind Handlungsunrecht und Schuld so herabgemindert, dass nach allgemeinen Grundsätzen (10 zu § 16) idR ein besonders schwerer Fall ausscheiden wird (vgl. hierzu *Zipf* aaO 397; **aA** *Gribbohm* NJW **75**, 1153). Entdeckt der Täter nachträglich den Wert der Sache, kann § 246 unter Ausscheiden von § 248 a nicht angewendet werden, weil sich der Täter die Sache schon strafbar zugeeignet hatte (vgl. GrSenBGH **14**, 38). 26

6) Subjektive Voraussetzungen. Hinsichtlich der Merkmale der Nr. 1, 2, 4 bis 7 muss **Vorsatz** gegeben sein, wenn ein Regelbeispiel vorliegen soll (3 StR 197/80; BayOLGSt. **90**, 99 [zu § 29 III BtMG]; *Jescheck/Weigend* § 29 II 3 b; NK-*Puppe* 17 zu § 16). Im Fall der Nr. 3 muss der Plan des Täters, sich aus der Begehung derartiger Taten eine Einnahmequelle zu schaffen (oben 18), festgestellt wer- 27 den. Im Übrigen genügt bedingter Vorsatz. Bei dem Merkmal „Bedeutung für Wissenschaft“ usw. in Nr. 5 ist entsprechende Parallelwertung in der Laiensphäre (14 zu § 16) erforderlich. Zu Nr. 1 vgl. oben 11.

28 **7) Versuch.** Auch der **Versuch eines Diebstahls** *kann* ein besonders schwerer Fall sein, und zwar nach BGH **33**, 370 (m. Anm. *Schäfer* JR **86**, 522; NStZ **84**, 262) auch ohne vollständige Verwirklichung des Regelbeispiels, wenn der Täter zu dessen Verwirklichung unmittelbar angesetzt hat (so auch Bay *[2. StS]* NStZ **97**, 442 [zu § 234 II Nr. 2] m. Anm. *Sander/Malkowski* NStZ **99**, 36; vgl. Bay JR **99**, 36 m. Anm. *Wolters*; **aA** noch Bay *[1. StS]* NJW **80**, 2207; Stuttgart NStZ **81**, 222; Düsseldorf NJW **83**, 2712; MK-*Schmitz* 88; krit. zB *Küper* JZ **86**, 518, 524; *Graul* JuS **99**, 852, 854 ff.; str.; vgl. im Einzelnen 97 ff. zu § 46.

29 **8) Beteiligung.** Für die **Teilnahme** (hierzu *Kindhäuser,* Triffterer-FS 128) und Mittäterschaft vgl. 105 zu § 46. Ob die Teilnahme ein besonders schwerer Fall ist, muss an Hand der Regelbeispiele in einer eigenen Gesamtbewertung festgestellt werden (vgl. BGH **29**, 239; 243 f.; NStZ **83**, 217; StV **92**, 372 f.).

30 **9) Konkurrenzen.** Eigene Konkurrenzen des § 243 mit anderen Vorschriften kann es nicht geben. Vielmehr gilt 59 ff. zu § 242. Nach bislang hM werden die §§ 123, 303, obwohl die Regelbeispiele keine Tatbestandsmerkmale sind (91 f. zu § 46), von Nr. 1 iVm § 242 verdrängt (NStZ **98**, 91; Bay NJW **91**, 3293; *S/S-Eser* 59; LK-*Ruß* 43; *Lackner/Kühl* 25; SK-*Hoyer* 52; *Arzt/Weber* 14/52; and. *M/Schroeder/Maiwald* 33/109; *Gössel,* Tröndle-FS 366), wenn nicht die Sachbeschädigung aus dem regelmäßigen Tatbild des § 243 herausfällt und einen eigenständigen Unrechtsgehalt aufweist (LK-*Rissing-van Saan* 119 vor § 52 mwN). **Weitergehend** hat der *1. StS* in NStZ **01**, 642 (Anm. *Kargl/Rüdiger* NStZ **02**, 202; *Sternberg-Lieben* JZ **02**, 514; *Rengier* JuS **02**, 850; *Fahl* JA **02**, 541) regelmäßige **Tateinheit** zwischen § 303 und besonders schweren Fällen nach § 243 I Nr. 1 und 2 angenommen; die Verwirklichung des Regelbeispiels hat für die Frage der Konkurrenz grds. außer Betracht zu bleiben (ebd. 643).

31 **10) Sonstige Vorschriften.** FAufsicht §§ 245, 68 I Nr. 2; UHaft § 112a I Nr. 2 StPO; zur Fassung des Urteilstenors vgl. NStZ **99**, 205; 96 zu § 46.

Diebstahl mit Waffen; Bandendiebstahl; Wohnungseinbruchdiebstahl

244 **I Mit Freiheitsstrafe von sechs Monaten bis zu zehn Jahren wird bestraft, wer**

1. einen Diebstahl begeht, bei dem er oder ein anderer Beteiligter
  a) eine Waffe oder ein anderes gefährliches Werkzeug bei sich führt,
  b) sonst ein Werkzeug oder Mittel bei sich führt, um den Widerstand einer anderen Person durch Gewalt oder Drohung mit Gewalt zu verhindern oder zu überwinden,

2. als Mitglied einer Bande, die sich zur fortgesetzten Begehung von Raub oder Diebstahl verbunden hat, unter Mitwirkung eines anderen Bandenmitglieds stiehlt oder

3. einen Diebstahl begeht, bei dem er zur Ausführung der Tat in eine Wohnung einbricht, einsteigt, mit einem falschen Schlüssel oder einem anderen nicht zur ordnungsmäßigen Öffnung bestimmten Werkzeug eindringt oder sich in der Wohnung verborgen hält.

II Der Versuch ist strafbar.

III In den Fällen des Absatzes 1 Nr. 2 sind die §§ *43a*, 73 d anzuwenden.*

**Zu Abs. III: § 43 a ist nach der Entscheidung des BVerfG vom 20. 3. 2002 (BGBl. I 1340) verfassungswidrig und nichtig.*

Übersicht

1) Allgemeines .... 1, 1 a
2) Diebstahl mit Waffen, Abs. I Nr. 1 .... 2–15 a
A. Waffe (I Nr. 1 a) 3–5
B. Anderes gefährliches Werkzeug (I Nr. 1 a) .... 6–9 d
C. Sonstiges Werkzeug oder Mittel (I Nr. 1 b) 10, 11

D. Bei-sich-Führen 12–14
E. Vorsatz .... 15, 15 a
3) Bandendiebstahl (I Nr. 2) 16–22
A. Bande .... 17–19 a
B. Fortgesetzte Begehung 20
C. Bandentat 21–22
4) Wohnungseinbruchdiebstahl (I Nr. 3) 23–25
5) Versuch 26
6) Rechtsfolgen 27
7) Konkurrenzen 28
8) Sonstige Vorschriften 29

1) Allgemeines. Die Vorschrift ist in ihren Abs. I, II durch das 1. StrRG (Einl. 6) eingefügt worden (vgl. Ndschr. **6**, 34, 37 ff.; Prot. V/2473; Ber. 36). III wurde durch Art. 1 Nr. 14 OrgKG (v. 15. 7. 1992; BGBl. I 1302) eingefügt, das außerdem in dem nachfolgenden **§ 244 a** die **bandenmäßige Begehung** von Diebstählen unter den Voraussetzungen des § 243 I S. 2 (besonders schwere Fälle) und in den Fällen des § 244 I Nr. 1, 2 [jetzt Nr. 1, 3] zu Verbrechenstatbeständen erhob. Art. 1 Nr. 50 des **6. StrRG** (2 f. vor § 174) hat die Vorschrift neu gefasst: Neben redaktionellen Änderungen wurden die Fälle des *bewaffneten Diebstahls* (I Nr. 1) neu gegliedert und erweitert; daneben wurde unter Ergänzung der Überschrift der *Wohnungseinbruchdiebstahl* (I Nr. 3) aus den besonders schweren Fällen des § 243 I Nr. 1 aF herausgenommen und in die **Qualifikationstatbestände** (mit höherem Strafrahmen) **des § 244** eingestellt. 1

Literatur: *Baier* JA **04**, 12; *Becker,* Waffe und Werkzeug als Tatmittel im Strafrecht, 2003; *Behm,* Zur Auslegung des Merkmal „Wohnung" im Tatbestand des § 123 u. § 244 Abs. 1 Nr. 3 StGB, GA **02**, 153; *Boetticher/Sander,* Das erste Jahr des § 250 n F in der Rspr des BGH, NStZ **99**, 292; *Braum,* Die Tatbestände des Diebstahls mit Waffen (usw.), in: Inst. f. KrimWiss. Frankfurt/M., Irrwege der Strafgesetzgebung, 1999, 27; *Bussmann,* StV **99**, 613; *Ellbogen,* Zu den Voraussetzungen des täterschaftlichen Bandendiebstahls, wistra **02**, 8; *Erb,* Schwerer Raub nach § 250 II Nr. 1 durch Drohen mit einer geladenen Schreckschusspistole (Bespr. von BGH **48**, 197), JuS **04**, 653; *Fischer,* Waffen, gefährliche und sonstige Werkzeuge nach dem Beschluss des Großen Senats, NStZ **03**, 569; *Geppert,* Zur „Scheinwaffe" und anderen Streitfragen (usw.), Jura **92**, 496; *ders.,* Zum „Waffen"-Begriff (usw.), Jura **99**, 599; *Graul,* Jura **00**, 204; *Hilgendorf,* Körperteile als „gefährliche Werkzeuge", ZStW **112** (2000), 811; *Hörnle,* Die wichtigsten Änderungen des Besonderen Teils des StGB durch das 6. Gesetz zur Reform des Strafrechts, Jura **98**, 169; *Jäger,* JuS **00**, 651; *Kargl,* Verwenden einer Waffe als gefährliches Werkzeug nach dem 6. StrRG, StraFO **00**, 7; *Katzer,* Der Diebstahl mit Schusswaffe, NStZ **82**, 236; *Kreß* NJW **98**, 633; *Krüger,* Neue Rechtsprechung zum „Beisichführen eines gefährlichen Werkzeugs" in §§ 244 I Nr. 1 a, 250 I Nr. 1 a StGB – Bestandsaufnahme und Ausblick, Jura **02**, 766; *Küper,* Verwirrungen um das neue „gefährliche Werkzeug", JZ **99**, 187; *ders.,* „Waffen" u. „Werkzeuge" (usw.), Hanack-FS 569; *Kudlich,* Zum Stand der Scheinwaffenproblematik (usw.), JR **98**, 357; *ders.,* Das 6. Gesetz zur Reform des Strafrechts, JuS **98**, 468; *Krüger,* Neue Rechtsprechung zum „Beisichführen eines gefährlichen Werkzeugs" in §§ 244 I Nr. 1 a, 250 I Nr. 1 a StGB – Bestandsaufnahme und Ausblick, Jura **02**, 766; *Lesch,* Waffen, (gefährliche) Werkzeuge (usw)., JA **99**, 30; *ders.,* Diebstahl mit Waffen nach dem 6. StrRG, GA **99**, 365; *Maatsch,* Das gefährliche Werkzeug im neuen § 244 StGB, GA **01**, 75; *Meyer,* Zur Täterschaft beim Bandendiebstahl, JuS **86**, 189; *Mitsch,* ZStW **111** (1999), 65; *K. Müller,* Die Konvergenz der Bandendelikte, GA **02**, 318; *Peterson,* Diebstahl mit Schusswaffen durch Soldaten, NZWehrR **78**, 134; *Rath,* Bandenmitgliedschaft durch Zusage späterer Gehilfentätigkeit?, GA **03**, 823; *Rissing-van Saan,* Die „Bande" – Rückblick und Ausblick nach der Entscheidung des Großen Senats für Strafsachen (usw.), in *Bernsmann/Ulsenheimer* (Hrsg.), Vorträge anl. des Symposions für Gerd Geilen, Bochumer Beiträge zu aktuellen Strafrechtsthemen, 2003, 131; *Sander/Hohmann,* Sechstes Gesetz zur Reform des Strafrechts (6. StrRG): Harmonisiertes Strafrecht?, NStZ **98**, 273; *Schall,* Einbruchsdiebstahl und Wohnungsbegriff nach dem 6. Strafrechtsreformgesetz, Schreiber-FS (2003) 423; *Schild,* Der strafrechtsdogmatische Begriff der Bande, GA **82**, 55; *Schlothauer/Sättele,* Zum Begriff des „gefährlichen Werkzeugs" (usw.), StV **98**, 505; *Schöch,* Kriminologische Differenzierungen bei der Zweierbande, NStZ **96**, 166; *Schroth,* Zentrale Interpretationsprobleme des 6. Strafrechtsreformgesetzes, NJW **98**, 2861; *Seier,* JA **99**, 666; *ders.,* Der Wohnungseinbruchsdiebstahl (§ 244 I Nr. 3 StGB), Kohlmann-FS (2003), 295; *Solbach,* Diebstahl mit Schusswaffen unter bewaffneten Soldaten, NZWehrR **77**, 161; *Sowada,* Der Bandendiebstahl (§ 244 Abs. 1 Nr. 2 StGB) im Spiegel der aktuellen Rechtsprechung des Bundesgerichtshofs, Schlüchter-GedS (2992), 383; *Streng,* Die „Waffenersatzfunktion" als Spezifikation des „anderen gefährlichen Werkzeugs" (§§ 244 Abs. 1 Nr. 1 a, § 250 Abs. 1 Nr. 1 a StGB), 1 a

GA **01**, 359; *Sya,* Der Bandenbegriff im Wandel, NJW **01**, 343; *Wolters,* Das sechste Gesetze zur Reform des Strafrechts, JZ **98**, 397; *Zieschang,* JuS **99**, 49; *Zopfs,* JR **99**, 1062.

2 **2) Diebstahl mit Waffen oder Werkzeugen (Abs. I Nr. 1).** Die Qualifikationen nach Nr. 1 unterscheiden seit dem 6. StrRG **einerseits** Waffen (unten 3) oder **andere gefährliche Werkzeuge** (unten 6), hinsichtlich derer das Gesetz ein bloßes Beisichführen (unten 12) voraussetzt **(Buchst. a), andererseits** sonstige Werkzeuge oder Mittel (unten 10), die der Täter bei sich führen muss, um den Widerstand einer anderen Person durch Gewalt oder durch Drohung mit Gewalt zu verhindern oder zu überwinden **(Buchst. b).**

3 **A. Waffe.** Der Begriff der **Waffe (I Nr. 1 a)** ist wie in § 250 (vgl. dort 4 ff.) und in § 177 III Nr. 1, IV Nr. 1 zu verstehen; er ist nach stRspr und hM ein **strafrechtlicher,** vom Waffen(Verwaltungs-)Recht grds. unabhängiger Begriff (BGH **48**, 197, 206 [GrSen]).

3 a **a)** In der bis 31. 3. 1998 geltenden Fassung waren „Schusswaffen" (I Nr. 1 aF) von „Waffen oder sonstigen Werkzeugen oder Mitteln" (I Nr. 2 aF) unterschieden. Als Waffen iS von § 244 aF wurden seit jeher solche **„im technischen Sinn"** angesehen, dh bewegliche Sachen, die nach ihrer **bestimmungsgemäßen Art** für Angriffs- oder Verteidigungszwecke gegen Menschen bestimmt und zur Verursachung erheblicher Verletzungen von Personen generell geeignet sind (vgl. BGH **44**, 103, 105; **45**, 92, 93; NStZ **99**, 301; stRspr.); **Schusswaffen** iSv I Nr. 1 aF waren eine Untergruppe dieser Waffen im (strafrechtlichen) technischen Sinn (BGH **43**, 269). Als Schusswaffen (vgl. jetzt § 1 II Nr 1 WaffG iVm Anl. 1, A 1, UA 1, Ziff. 1.1) wurden neben scharfen Waffen auch **Luftdruckpistolen** angesehen (NStZ **00**, 431; MDR/D **74**, 547); ebenso **Gaspistolen,** bei denen (wie üblich) die Gase nach vorn austreten (BGH **45**, 92 [Anm. *Zopfs* JZ **99**, 1062; *Mitsch* NStZ **99**, 617]; NStZ **99**, 301, 302; StV **98**, 382; 1 StR 272/98; 4 StR 668/98); als **sonstige Waffen im technischen Sinn** Hieb- und Stoßwaffen (vgl. § 1 II Nr. 2 Buchst. a WaffG; BGH **43**, 269), **zB** Dolche, Springmesser, Stahlruten, Schlagringe und Gummiknüppel; Handgranaten und Molotow-Cocktails (SK-*Hoyer* 13); nach Bay NJW **99**, 2535 f. ein feststehendes Messer mit einer Klingenlänge von 8,5 cm.

3 b **Keine Waffen** sind nach bisheriger Rspr. **zB** Äxte, Beile, Sensen, Schlachtmesser, „Schweizer Offiziersmesser" (BGH **43**, 267), Fahrten- und Taschenmesser, Schraubendreher (StV **99**, 91; NJW **04**, 3437 [krit. Anm. *Schlothauer* StV **04**, 655; *Gössel* JR **05**, 159]). Auch **ungeladene** und nicht ohne weiteres mit bereitliegender Munition ladbare (BGH **20**, 197; **45**, 249, 250 [Anm. *Hannich* NJW **00**, 3475]; Hamm NStZ **07**, 473) oder nicht funktionstüchtige (1 StR 210/98) Schusswaffen sind keine Waffen iS von Nr. 1 a (1 StR 370/98; 5 StR 362/98; 2 StR 351/98; 3 StR 271/01; 3 StR 487/03; 5 StR 339/04); erst recht nicht Spielzeugpistolen (StV **98**, 422; NStZ **00**, 156 f.; zur Problematik sog. Scheinwaffen vgl. unten 11 f. und 10 ff. zu § 250), denn Waffen sind jedenfalls auch gefährliche Werkzeuge und müssen objektiv gefährlich sein (BGH **44**, 103, 106; **45**, 92, 94 f.). Bei einem **Feuerzeug** soll sich nach NStZ **03**, 439 die objektive Bestimmung zur Verletzung, also die Waffen-Eigenschaft, „nicht von selbst verstehen"; ein **Hund** ist auch dann, wenn er „scharf gemacht" ist, keine Waffe im technischen Sinn (NStZ **00**, 431). Das ist nach hier vertretener Ansicht selbstverständlich, zeigt aber beispielhaft die durch den Beschluss des *GrSen* (BGH **48**, 197) entstandenen Schwierigkeiten (vgl. unten 3 d ff.). Dass beim Mitführen einer **Dienstwaffe** durch einen Polizisten während eines dienstlichen Einsatzes die *Vermutung,* dass die Waffe geladen sei, für die Feststellung nicht ausreiche (Hamm NStZ **07**, 473, 474), ist eine überaus großzügige Annahme.

3 c **b)** Die **Neufassung** durch das 6. StrRG hat die alte Unterscheidung aufgegeben; sie führt die „Waffe" nurmehr als Beispiel für den **Oberbegriff des „gefährlichen Werkzeugs"** auf. Die frühere Problematik der sog. „Scheinwaffen" (BGH **24**, 341; vgl. dazu 10 ff. zu § 250) ist daher insoweit geklärt, als Nr. 1 a allein

objektiv gefährliche Werkzeuge unterfallen (BGH **44**, 103; NJW **98**, 3130; StV **98**, 487; 5 StR 339/04 [zu § 250 II Nr. 1]; vgl. dazu *Kudlich* JR **98**, 358 u. JuS **98**, 472; *Schroth* NJW **98**, 2865; *Sander/Hohmann* NStZ **98**, 277; *Wolters* JZ **98**, 399; *Mitsch* ZStW **111**, 80; krit. SK-*Hoyer* 9): „Waffe" kann nur sein, was die Voraussetzungen eines „gefährlichen Werkzeugs" erfüllt (Schleswig NStZ **04**, 212, 214).

c) Der **GrSen** des **BGH** hat im Beschluss vom 4. 2. 2003 (BGH **48**, 197 [auf Vorlage des *2. StS*; NJW **02**, 2889]; Bespr. *Fischer* NStZ **03**, 569 [dort auch Nachw. zum Anfrageverfahren]; *Erb* JuS **04**, 653) entschieden, eine **geladene Schreckschusspistole** sei eine **Waffe** (iS von § 250 I Nr. 1 Buchst. a, II Nr. 1); jedenfalls insoweit werde der bisherige strafrechtliche *Waffenbegriff aufgegeben*. **3 d**

Kritik. Der Entscheidung ist *nur* in dem Ergebnis zuzustimmen, dass sie die geladene Scheckschusspistole unabhängig von einer konkret gefährlichen Verwendung (oder der Absicht dazu) im Einzelfall dem Anwendungsbereich des I Nr. 1 Buchst. a und damit den **gefährlichen Werkzeugen** zuordnet (so auch NJW **02**, 2889 [Vorlagebeschl.]; zum Anfrageverfahren vgl. 2 StR 441/01 [Anfrage]; 1 ARs 5/02; 3 ARs 5/02; 4 ARs 6/02; 5 ARs 6/02). Unzutreffend ist dagegen die die Annahme, eine Schreckschusspistole sei eine „Waffe" (vgl. dazu i. E. *Baier* JA **04**, 415; *Fischer* NStZ **03**, 569 ff.; *Erb* JuS **04**, 653 ff.; abl. auch *W/Hillenkamp* 255; *Küper* BT 430; vgl. i. E. 5 a ff. zu § 250). Der GrSen hat ausdrücklich ausgeführt, es solle an einem *strafrechtlichen Waffenbegriff* festgehalten werden; der Waffen-Begriff sei daher keine Blankett-Verweisung auf die Vorschriften des WaffG (BGH **48**, 197, 205). Dann kommt es aber für die Abgrenzung auf die „artgemäße Bestimmung" eines Gegenstands an: Waffen sind Gegenstände, die nach ihrer Art objektiv **zur Verursachung erheblicher Verletzungen bestimmt** sind (Schusswaffen; Stilette; Kampfmesser; Schlagstöcke; usw.; vgl. auch § 1 II Nr. 2 WaffG; BGH **44**, 103, 105). Das kann für Schreck(!)schusspistolen offenkundig *gerade nicht* angenommen werden, wenn man nicht den Waffen-Begriff insgesamt aufgeben will (vgl. *Fischer* NStZ **03**, 569, 572). Die Argumentation, „in Bezug auf die geladene Schreckschusswaffe" werde am bisherigen *Begriff der Waffe* nicht festgehalten (BGH **48**, 197, 201), entzieht der begrifflichen Differenzierung die Grundlage (zutr. *Erb* JZ **04**, 653, 655; vgl. etwa NStZ **03**, 439 [Feuerzeug]). Nachfolgende Entscheidungen haben – *folgerichtig, aber in der Sache unzutreffend* – als „maßgebend" für den strafrechtlichen Waffenbegriff angesehen, ob ein Gegenstand nach seiner Beschaffenheit **geeignet** ist, erhebliche Verletzungen hervorzurufen (vgl. etwa NStZ-RR **04**, 169 [3. StS]). **3 e**

Die Entscheidung BGH **48**, 197 (GrSen) hat, um – *ohne Not* – die Subsumtion der Schreckschusspistole unter den Begriff der Waffe „im technischen Sinn" zu ermöglichen, den **Inhalt des Waffenbegriffs geändert** (BGH **48**, 197, 205). Diese weitreichende Änderung ist in der Formulierung verborgen worden, Schreckschusspistolen seien ihrer Art nach zwar nicht *zum Verletzen bestimmt*, sie hätten aber eine „**Bestimmung zum Schießwerkzeug**" (ebd. 203) und seien zur Verletzung geeignet. Der GrSen hat somit für den Waffenbegriff nicht mehr auf den bestimmungs-*gemäßen* Gebrauch zur Verletzung abgestellt, sondern auf die Verletzungsgeeignetheit bei bestimmungs-*widrigem* Gebrauch. Das Argument hierfür (*Bestimmung* zum „Schießwerkzeug") erschöpft sich freilich in einer sprachlichen Verdrehung. Es müsste für zahllose andere Gegenstände gleichermaßen gelten, die zur Verletzung *geeignet* sind: Ein Hammer ist ein „Zertrümmerungswerkzeug", eine Schere ein „Schneidewerkzeug", ein Feuerzeug ein „Verbrennungswerkzeug"; usw. **3 f**

Diese wenig sinnvolle Aufgabe des bisherigen Waffenbegriffs wird in der Entscheidung mit der Behauptung verhüllt, sie gelte nur für (geladene) Schreckschusspistolen. Auch das ist unzutreffend, denn einen systematischen Begriff kann man nicht nur für *einen* Fall ändern: Wenn Schreckschusspistolen Waffen sind, obwohl sie *gerade nicht* „ihrer Art nach zur Verletzung *bestimmt*", sondern dazu nur (bei **3 g** missbräuchlicher Verwendung) *geeignet* sind, so kann die Beurteilung, ob **andere Gegenstände** „Waffen" sind, nur nach *denselben Kriterien* erfolgen. Damit ist ohne sachliches Erfordernis und hinreichende Begründung die bewährte begriffliche Unterscheidung zwischen Waffen und gefährlichen Werkzeugen aufgegeben worden, obgleich das Gesetz selbst sie ausdrücklich voraussetzt und in § 250 II Nr. 2 zur Voraussetzung unterschiedlicher Strafdrohungen macht. Der *Sinn* dieses groben systematischen Fehlgriffs ist nicht erkennbar. Die Rspr des BGH hat gleichwohl inzwischen begonnen, aus der *systemwidrigen* Entscheidung neue *„systematische"* Folgerungen zu ziehen (vgl. NStZ **06**, 176).

4 Für die **praktische Anwendung** des § 244 I Nr. 1 a ist BGH **48**, 197 insoweit *folgenlos*, als „Waffen" nur herausgehobene Beispiele für gefährliche Werkzeuge sind: Geladene (nicht aber ungeladene; NStZ-RR **04**, 169) Schreckschusspistolen sind Waffen. Entsprechendes dürfte, wenn man die vom *GrSen* genannten Kriterien anwendet, auch für die in § 1 II Nr. 2 Buchst. b WaffG (A 1 UA 2 Ziff. 2 der Anl. 1) genannten **Messer** (Springmesser, Fallmesser, Faustmesser, Faltmesser) gelten; ebenso für Reizstoff- und Signalwaffen (Ziff. 2.7, 2.8, 2.9). **Waffen** sind nach 1 StR 25/03 auch **Schlagstöcke** und **„Totschläger".**

5 **d)** Für **berufsmäßige Waffenträger** (zB Soldaten, Polizisten), die während ihres Dienstes einen Diebstahl begehen, ergibt sich aus I Nr. 1 a keine Einschränkung. Zwar führt der Täter hier die Waffe in Erfüllung einer Pflicht; er ist aber dadurch nicht weniger gefährlich als ein anderer Täter, der eine Waffe bei sich führt (ebenso BVerfG NStZ **95**, 76; Köln NJW **78**, 652 [m. abl. Anm. *Hruschka* NJW **78**, 1338]; *Hettinger* GA **82**, 525; *Seelmann* JuS **85**, 457; *Otto* Jura **89**, 202; *Geppert* Jura **92**, 498; LK-*Ruß* 3, 5 u. LK-*Herdegen* 13 zu § 250; *Küper* BT 430 f.; *Rengier* BT I § 4,23; *W/Hillenkamp* 257; SK-*Hoyer* 23 u. SK-*Günther* 16 zu § 250; *Mitsch* BT II/1, 1/241 f.). Die **Gegenansicht** (*S/S-Eser* 6; *Schünemann* JA **80**, 355; *Kotz* JuS **82**, 92; *Lenckner* JR **82**, 424; *Scholderer* StV **88**, 431; *Haft* JuS **88**, 364, 369; *Solbach* NZWehrR **77**, 161 f.; *Schroth* NJW **98**, 2865), die eine *teleologische Reduktion* für erforderlich hält, löst sich vom Gesetzeszweck und differenziert anhand von Kriterien, die für die *abstrakte* Gefährlichkeit ohne Gewicht sind.

6 **B. Anderes gefährliches Werkzeug (I Nr. 1 a).** Den Begriff des „anderen gefährlichen Werkzeugs" hat das 6. StrRG in §§ 244, 250 I Nr. 1 a, II Nr. 1, § 177 III Nr. 1, IV Nr. 1 als **Oberbegriff** eingeführt, welcher auch die „Waffen" umfasst (Schleswig NStZ **04**, 212, 214). Er ist seinerseits vom „sonstigen", also einem **nicht gefährlichen** Werkzeug (I Nr. 1 b; § 250 I Nr. 1 b) abzugrenzen; durch diese Abgrenzung soll nach dem Willen des Gesetzgebers vor allem das nur subjektive Bedrohungspotential sog. „Scheinwaffen" vom Anwendungsbereich des I Nr. 1 a ausgenommen werden (vgl. BGH **44**, 103; NStZ **99**, 135; StV **99**, 91). **Werkzeug** ist jeder körperliche Gegenstand, der nach seiner konkreten Beschaffenheit und nach der Vorstellung des Täters die Eigenschaft aufweist, als „Mittel" zur Gewaltanwendung oder -androhung eingesetzt werden zu können (BGH **24**, 341; **38**, 117; NJW **96**, 2663 [zu §§ 244, 250 aF]). Das kann grds jeder beliebige Gegenstand sein.

6 a Bei der **systematischen Neuordnung** der Tatbestände der §§ 244, 250 (gleichermaßen § 177 III, IV) sind dem Gesetzgeber des 6. StrRG aber nach allg. Ansicht Fehler unterlaufen (vgl. auch NStZ **99**, 301 f.; 3 ARs 5/02 [„dogmatisch verfehlt"]); diese liegen der Erwägung zugrunde, bei der Auslegung des Begriffs des gefährlichen Werkzeugs könne unproblematisch an der in der Rspr entwickelten Auslegung des gleich lautenden Begriffs in **§ 224 I Nr. 2** (§ 223 a aF) angeknüpft werden (BT-Drs. 13/9064, 18 [Ber. RA]). Obgleich eine solche Anknüpfung für § 244 I Nr. 1 a, § 250 I Nr. 1 a und § 177 III Nr. 1 **systematisch gar nicht *möglich*** *ist (unten 7), hat der* **BGH** die Bezugnahme auf § 224 I Nr. 2 in Entscheidungen zu § 250 *Abs. II Nr. 1* übernommen (vgl. zB BGH **45**, 249, 250; NStZ **99**, 135; **99**, 301; NStZ-RR **98**, 249; **98**, 358; StV **99**, 92; BGHR § 250 I Nr. 1 a Waffe 2; vgl. auch den Überblick bei *Boetticher/Sander* NStZ **99**, 292 ff. mwN; NJW **02**, 2889 mwN). Dies hat im Hinblick auf die Verwendungs-Tatbestände der §§ 250 II Nr. 1, 177 IV Nr. 1 zu einer unterschiedlichen

Auslegung des Begriffs des gefährlichen Werkzeugs mit nicht sehr überzeugenden (zutr. *Kargl* StraFO **00**, 7 ff.; *Maatsch* GA **01**, 75 ff.; *Streng* GA **01**, 359 ff.; *Schlothauer* StV **04**, 655, 656; aus anderer Sicht auch *Küper* BT 443 ff.; *W/Hillenkamp* 260 ff.; jew. mwN) Ergebnissen geführt (vgl. unten 9 ff.). Die Entscheidung des *GrSen* in BGH **48**, 197 hat die **Fragen nicht geklärt,** sondern ist ihnen ausgewichen (oben 3 c ff.; vgl. dazu *Fischer* NStZ **03**, 569 ff.).

Systematik. Gefährliches Werkzeug **iSd § 224 I Nr. 2** ist nach hM ein körperlicher Gegenstand, der nach der Art seiner Verwendung im konkreten Fall geeignet ist, erhebliche Verletzungen herbeizuführen (BGH **3**, 109; NJW **98**, 3130; NStZ **99**, 135; 242; StV **98**, 486; MDR/H **79**, 988; **86**, 272; NJW **78**, 1206; NStZ **84**, 328; **87**, 174; **88**, 361: stRspr; hM; vgl. 9 ff. zu § 224). Auf die Zugehörigkeit des Gegenstands zu irgendeiner „Art" oder auf seine abstrakte Gefährlichkeit kommt es danach für § 224 I Nr. 2 nicht an. Der Gesetzgeber des 6. StrRG hat dieses **konkretisierende Merkmal** nun in den §§ 244 I Nr. 1, 250 I Nr. 1 und II Nr. 1 in eine Systematik einzufügen versucht, welcher Abstufungen der objektiven, **abstrakten Gefährlichkeit** zugrunde liegen: Werkzeuge mit objektiver Eignung, Verletzungen des Opfers herbeizuführen, dürfen wegen der latenten Gefahr ihres Einsatzes schon nicht *mitgeführt* werden. Das Beisichführen *anderer*, also nicht schon abstrakt gefährlicher Werkzeuge qualifiziert den Diebstahl (vgl. auch §§ 177 III Nr. 1, 2; 250 I Nr. 1) nur dann, wenn durch eine Verwendungsabsicht des Täters die Gefahr ihres Einsatzes konkretisiert wird. Die tatsächliche Verwendung im Einzelfall schließlich macht den Diebstahl zum Raub (250 II Nr. 1; entspr. § 177 IV Nr. 1), wenn es sich um ein „gefährliches" Werkzeug iS von I Nr. 1 a handelt; dagegen bleibt die Verwendung eines „sonstigen" Werkzeugs (nur) ein Fall des § 250 I Nr. 1 b (entspr. für § 177 III Nr. 1, IV Nr. 1). Diese grds plausible Systematik ist mit einer Einbeziehung des auf die konkrete Verwendung abstellenden Begriffs des „gefährlichen Werkzeugs" in Vorschriften über das Bei-sich-Führen, das eine Verwendung oder die Absicht hierzu *gerade nicht* vorsieht, schlechterdings unvereinbar. Die dadurch entstandene Wirrnis (pointiert *Schlothauer* StV **04**, 655, 656: „Chaotisierung des Rechts") ist **systematisch nicht auflösbar** und führt zu zufällig erscheinenden Ergebnissen. Der Gesetzgeber muss den Fehler korrigieren. 7

Die **Rspr. des BGH** hat das Problem in pragmatischer Weise umgangen, indem er das Augenmerk fast gänzlich auf Fälle *konkret gefährlicher* Verwendung (iS von § 250 II Nr. 1) *irgendwelcher* Werkzeuge gelegt hat. **Beispiele**: Hund (NStZ **99**, 174); Kraftfahrzeug (**00**, 530); Zigarette (**02**, 86); Besenstiel (NStZ-RR **99**, 135); Holzknüppel (StV **99**, 91); Injektionsspritze (NStZ-RR/P **01**, 359 Nr. 36); Schranktür (4 StR 255/98); Kugelschreiber (3 StR 6/01); stabiler Kugelschreiber (NStZ **04**, 261); Winkeleisen (2 StR 400/01); Sicherheitsgurt (BGHR § 250 I Nr. 2 aF Beisichf. 4); Turnschuh (NStZ **03**, 662); *nicht identifizierter* Gegenstand (NStZ **04**, 263); Elektroschockgerät (NStZ-RR **04**, 169); Teleskopschlagstock (NStZ-RR **05**, 209); vgl. dazu auch 7 b zu § 250. **Messer,** die nach den Begriffsbestimmungen des Waffenrechts teilweise Waffen, i. Ü. dort aber nicht erfasst sind, sind von der Rspr. durchweg als abstrakt gefährliche Werkzeuge iS von § 244 I Nr. 1 a, § 250 I Nr. 1 a angesehen worden (vgl. etwa NStZ **99**, 136; NStZ-RR **01**, 41; BGHR § 250 II Nr. 1 Verwenden 1; vgl. auch Bay NJW **99**, 2535 f.; NStZ-RR **01**, 202 [Anm. *Kindhäuser/Wallau* StV **01**, 18; *Erb* JR **01**, 206]; Hamm *NJW **00**, 351 f.* [Anm. *Kindhäuser/Wallau* StV **01**, 352]). Für **Taschenmesser** iS von sog. „*Schweizer Offiziersmesser*", soweit sie Gebrauchsgegenstände des täglichen Lebens sind, hat der BGH dies offen gelassen (vgl. StV **02**, 191; NStZ-RR **03**, 12; **05**, 430; vgl. BGH **43**, 266, 268; einschränkend Braunschweig NJW **02**, 1735; Frankfurt StV **02**, 145; dagegen zutr. Schleswig NStZ **04**, 212, 214); Frankfurt StraFo **06**, 467 hat für ein (als *Diebesgut* mitgeführtes) kleines Taschenmesser die Eigenschaft als gefährliches Werkzeug verneint; München 5 St RR 169/06 (in NStZ-RR **06**, 342 mit unzutr. Leitsatz abgedr.) hat ein Taschenmesser „mit Schneide und Spitze" (mit was sonst?) als abstrakt gefährliches Werkzeug iS von I Nr. 1 a angesehen. 7 a

7b Als abstrakt gefährlich hat der *2. StS* einen bei einer räuberischen Erpressung verborgen mitgeführten **Schraubendreher** angesehen (NJW **04**, 3437 [insoweit zust. *Gössel* JR **05**, 159 f.; krit. *Schlothauer* StV **04**, 655]); ebenso Schleswig NStZ **04**, 212 für ein **Teppichmesser**. Unklare Fälle, insb. der Verwendung zur **Drohung**, sind zunächst dem „Auffangtatbestand" des I Nr. 1b zugeschlagen worden (vgl. 4 ff. zu § 250). Für § 244, der eine anhand der konkreten **Verwendung** erweisbare Abgrenzung zwischen **abstrakt** (I Nr. 1a) und **konkret** (I Nr. 1b) gefährlichen Werkzeugen gar nicht ermöglicht, scheidet eine solche Differenzierung aber aus. Es muss daher nach Wortlaut und Systematik der Vorschrift für I Nr. 1a die Definition eines „Werkzeugs" gefunden werden, welches **einerseits nicht Waffe, andererseits kein „sonstiges" Werkzeug** ist, dessen unrechtssteigernde Gefährlichkeit sich also nicht erst aus der Absicht, es ggf zur Verletzung von Personen einzusetzen (I Nr. 1b), oder gar aus der Verwirklichung dieser Absicht (§§ 249, 250, 252) ergibt. Lösungsvorschläge, die von dieser Systematik abweichen, weil sie die gesetzliche Regelung *missglückt* oder *falsch* finden, entfernen sich vom insoweit eindeutigen Wortlaut.

8 In der **Literatur** werden unterschiedliche Lösungen erwogen: So wird von Vertretern einer **subjektiven Lösung** angenommen, eine rein objektive Bestimmung des gefährlichen Werkzeugs sei unmöglich (*Küper,* Hanack-FS 569, 579 ff.; *ders.,* JZ **99**, 187 ff. u. BT 433 f.; *Lesch* JA **99**, 30; *Bussmann* StV **99**, 621; *W/Hillenkamp* 262 f.); str. ist insoweit aber, welche Schlussfolgerungen hieraus zu ziehen sind. Während *Lesch* (JA **99**, 34, 36) nur solche Werkzeuge mit Abs. I Nr. 1a erfassen will, deren Mitführen einem gesetzlichen Verbot unterliegt, fordern andere einen unterhalb der Schwelle der Verwendungsabsicht iSd Abs. I Nr. 2 liegenden subjektiven „**Verwendungsvorbehalt**" (*W/Hillenkamp* 262 b; *Hilgendorf* ZStW **112**, 811, 832), eine *„konkrete Gebrauchsabsicht"* (SK-*Günther* 8 zu § 250) oder eine **Verwendungsabsicht** des Täters (insb. *Küper,* Hanack-FS 569, 585 ff.; JZ **99**, 187, 192 u. BT 433 f.; *Rengier* BT I, 4/25; *Geppert* Jura **99**, 602; iErg. auch *W/Hillenkamp* 262 b ff.; ähnl. *Lackner/Kühl* 3 [„am äußersten Rand noch zulässiger Auslegung"]; vgl. auch *Arzt,* BGH-FG 755, 770 [*„Einsatzbereitschaftsvermutung"*]). Eine subjektivierende Auslegung vertrat auch Braunschweig NJW **02**, 1735 (Vorlagebeschl.; gegen Bay NStZ-RR **01**, 202; zurückgegeben durch NStZ-RR **03**, 12).

8a Nach **aA** sind, um dem Willen des Gesetzgebers jedenfalls annähernd Rechnung zu tragen, **objektive Abgrenzungskriterien** zu entwickeln, anhand derer sich „gefährliche" von *sonstigen* Werkzeugen einerseits, von *Waffen* andererseits unterscheiden lassen (in der **Rspr.** insb. NJW **02**, 2889 [2 StS]; Schleswig NStZ **04**, 212; wohl auch München 5 St RR 169/06; in der **Lit.** etwa *Schroth* NJW **98**, 2864 f.; *Kargl* StraFO **01**, 7, 10; *Streng* GA **01**, 359, 365 ff.; *Kindhäuser* BT II/1, 4/4; NK-*Kindhäuser* 13 f.; *Mitsch* ZStW **111**, 79). Als mögliche Bestimmungen werden genannt: Werkzeuge, die *potentiell* zu Verletzungszwecken eingesetzt werden können (vgl. NJW **04**, 3437 [Schraubendreher]; *Hörnle* Jura **98**, 169, 172); die nach ihrer Art und Beschaffenheit einen gefährlichen Einsatz nahe legen (*Otto* GK 2, 41/52); deren Eignung zur Zufügung erheblicher Verletzungen ohne weiteres ersichtlich ist (*Dencker* JR **99**, 36); die zur Herbeiführung erheblicher Verletzungen generell geeignet sind (SK-*Günther* 11 zu § 250); deren Art einen bestimmten gefährlichen Einsatz nahe legt (*Kindhäuser* BT II/1, 4/4; vgl. auch *ders.* LPK 12); die in der konkreten Tatsituation keine andere Funktion erfüllen können, als ggf zu Verletzungszwecken eingesetzt zu werden (*Schlothauer/Sättele* StV **98**, 508; *S/S-Eser* 5); deren Zweckentfremdung zu Körperverletzungszwecken als nahe liegend erscheint (SK-*Hoyer* 11); die auf Grund ihres besonderen Risikopotentials nicht für jedermann frei verfügbar sind (*Lesch* GA **99**, 375 ff.); die erfahrungsgemäß zu Verletzungszwecken eingesetzt werden (*Schroth* NJW **98**, 2864); deren typische, bestimmungsgemäße Anwendungsart gefährlich ist (*Mitsch* BT II/1, 1/236) und die daher „Waffenähnlichkeit" (*Mitsch* ZStW **111**, 79) oder eine „Waffenersatzfunktion" (*Streng* GA **01**, 359, 365 ff.) aufweisen; die nicht „sozial- und deliktstypisch" sind (*Jäger* JuS **00**, 651, 656). Vereinzelt vertreten wird auch eine weitere Lösung, wonach der Begriff des gefährlichen Werkzeugs **unterschiedlich** (in § 244 objektiv und in § 250 subjektiv) auszulegen sei (vgl. *Krüger* Jura **02**, 766, 770).

Gegen eine **subjektiv** begründete Eingrenzung des Merkmals spricht, dass zwar eine Harmonisierung der §§ 244 I Nr. 1 a, 250 I Nr. 1 a mit § 224 I Nr. 2 erzielt wird, dass dies aber zu einer merkwürdigen unterschiedlichen Auslegung *desselben* Begriffs innerhalb *derselben* Vorschrift (§ 250) führt; mit dem Wortlaut der Vorschriften ist das nicht vereinbar (iErg ebenso *S/S-Eser* 5). Da überdies die *(abstrakt)* gefährlichen Werkzeuge den *Waffen* gleichgestellt sind, vermag die subjektive Auslegung (im Fall des § 250 II **Nr. 2**) nichts auszurichten, wenn sie nicht den „Waffen"-Begriff selbst aufgeben will: Es kann schwerlich sein, dass die „Waffe" in § 244 I Nr. 1 a, § 250 I Nr. 1 a als *Beispiel* für „ein anderes gefährliches" Werkzeug genannt ist, dessen *abstrakte* Gefährlichkeit sich aus seiner *konkreten* Verwendung ergibt; ein nur auf Grund der subjektiven Verwendungsabsicht gefährliches Werkzeug ist nicht „Oberbegriff" zur Waffe. Das Erfordernis eines subjektiven „Verwendungsvorbehalts" lässt sich von der Verwendungs*absicht* des I Nr. 1 b nicht sinnvoll abgrenzen und würde daher zur Überflüssigkeit dieser Regelung führen (vgl. *Streng* GA **01**, 363). In unklarer Weise ist die Frage schließlich mit der Problematik der sog. „Scheinwaffen" vermischt (vgl. dazu 3 d zu § 250). 9

Gegen eine rein **objektive** Bestimmung wird vor allem eingewandt, dass es an hinreichend sicheren **Kriterien** mangele, abstrakt gefährliche von „sonstigen" Gegenständen zu unterscheiden, und dass dies in der Praxis zu einer ausufernden Kasuistik auf der Grundlage „diffuser Spekulationen über den „Einsatzwillen" (*Küper* JZ **99**, 193; *W/Hillenkamp* 262 a) führen müsse, weil sich Gegenstände wie Hammer, Brecheisen, Steine, Schraubenzieher kaum zuverlässig etwa von Stricken, Gürteln, Springerstiefeln, Rohrzangen oder Wagenhebern abgrenzen ließen. Auch das Beisichführen von Säure (vgl. SK-*Günther* 11 zu § 250) oder eines Beils (*Mitsch* BT II/1, 1/234) kann mit dem Kriterium der **Zweckentfremdung** nur bei Kenntnis der Vorstellung des Täters vom möglichen Tatablauf erfasst werden, denn das Merkmal der *Zweck*entfremdung grenzt im Grds nur *Waffen* von Werkzeugen ab, ist den „anderen gefährlichen" und den „sonstigen" Werkzeugen aber gemeinsam (zur Kritik vgl. auch *Küper,* Hanack-FS 569, 587 f.; *Rengier* BT I, 4/24 d; *W/Hillenkamp* 262 a; *Lesch* JA **99**, 30; *Graul* Jura **00**, 205 f.; *Hilgendorf* ZStW **114**, 832; *Erb* JR **01**, 207). 9 a

Eine **objektive Abgrenzung** erscheint trotz der genannten Einwände vorzugswürdig (so auch Vorlagebeschl. des *2. StS,* NJW **02**, 2889; Schleswig NStZ **04**, 212, 214; ähnlich Frankfurt StraFo **06**, 467, 468). Sie ist mit dem Wortlaut des Gesetzes am ehesten vereinbar und entspricht jedenfalls dem Willen des Gesetzgebers des 6. StrRG, in Abs. I Nr. 1 a auf die **abstrakte Gefährlichkeit** mitgeführter Gegenstände abzustellen. Der verfehlte Rückgriff auf die Rspr zu § 224 I Nr. 2 kann für die Auslegung des § 244 keine Rolle spielen und sollte aufgegeben werden. Einer objektiven, von § 224 I Nr. 2 unabhängigen Auslegung folgt schon bisher die Rspr in Fällen des Mitführens von **Messern** (vgl. oben 7); die Anwendung einer auf die konkrete Verwendung abstellenden Abgrenzung bei *anderen* – generell gefährlichen – Werkzeugen (zB Schreckschusspistolen, Baseballkeulen) *bevorzugte* in der Vergangenheit daher Täter, die solche Werkzeuge mit sich führen, ohne sachlichen Grund, oder *benachteiligte* Messer-Träger. Auch die Entscheidung des *2. StS* NJW **04**, 3437 (*verborgen* mitgeführter **Schraubendreher**) nähert sich der objektiven Auslegung (krit. Anm. *Schlothauer* StV **04**, 655). Dagegen hat der *4. StS* beim Mitführen einer **Schere** wieder auf die „Art der Verwendung im konkreten Fall" abgestellt (NStZ **05**, 35 [zu § 177 IV Nr. 1]) und bei einem „*Schweizer Offiziersmesser*" die Frage offen gelassen (NStZ-RR **05**, 340). Auch die Entscheidung des **GrSen** in BGH **48**, 197 (vgl. dazu oben 3 ff.) mag in Richtung auf eine subjektivierende Anwendung ausgelegt werden (vgl. *Fischer* NStZ **03**, 569, 576; dafür auch Braunschweig NJW **02**, 1735; Frankfurt StV **02**, 145). 9 b

Nahe liegender Ansatz einer objektivierenden Auslegung ist der **Wortlaut** des I Nr. 1 a, der die **Waffen** als herausgehobenes **Beispiel** für „andere" gefährliche Werkzeuge bezeichnet. Nach diesem **gesetzlichen Auslegungshinweis** kommt es nicht darauf an, ob „Waffen" die konkret-subjektivierenden Voraussetzungen eines iS von § 224 I Nr. 2 gefährlichen Werkzeugs erfüllen; vielmehr können umgekehrt gefährliche Werkzeuge nur solche sein, die eine den Waffen entsprechende **generelle Gefährlichkeit** – wenngleich ohne „technische" *Zweck*-Bestimmung zur Verletzung – aufweisen (vgl. ähnl. *Seier* JA **99**, 666, 669; *Kargl* StraFO **00**, 7, 9; *Maatsch* GA **01**, 75, 82 f.; *Streng* GA **01**, 359, 365; in diese Richtung auch *S/S-Eser* 4 f.; *Jäger* JuS **00**, 651, 655; *Arzt/Weber* 14/57; *Mitsch* BT II/1, 1/236 u. ZStW **111**, 65, 79; *Kind-* 9 c *häuser* LPK 12 ff.). Als zur Abgrenzung weiterführendes Kriterium erscheint insoweit das Merkmal einer **„Waffenersatzfunktion"** (*Streng* GA **01**, 359, 365 ff.; ähnl. *Kindhäuser/Wallau* StV **01**, 18 f.; *Kindhäuser* LPK 12). Mit diesem Kriterium könnten in der Lit. befürchtete uferlose Ausweitungen auf jeden beliebigen Gegenstand vermieden werden, denn dass die Bekleidung mit Krawatten und Gürteln, das Mitführen von Kugelschreibern (vgl. 3 StR 6/01; NStZ **04**, 261), Besen (vgl. NStZ-RR **99**, 355) oder Feuerzeugen (oder das Rauchen am Tatort; vgl. NStZ **02**, 86) oder das Tragen von festem Schuhwerk nicht zur Qualifizierung führen können, ist evident.

9 d Eine solche waffenähnliche oder „waffenersetzende" abstrakte Gefährlichkeit ist zum einen anzunehmen, wenn ein Gegenstand seiner Art nach ein erhebliches Verletzungspotential aufweist, ohne im technischen Sinn zur Verletzung von Menschen *bestimmt* zu sein (zu geladenen Schreckschusspistolen vgl. NJW **02**, 2889); **zB** bei **Messern** (idR nicht bei kleineren Taschenmessern [so auch Frankfurt StraFo **06**, 467 f.; **aA** Bay NStZ-RR **01**, 202] oder Tafelmessern), Baseballkeulen oder **Knüppeln;** sog. Elektroschockgeräten (NStZ-RR **04**, 169); Reizgassprühgeräten; **Hunden** (jedenfalls solchen von mehr als 35 cm Größe; nach NStZ **00**, 431 nur bei „abgerichteten"; zw.). Gefährlichkeit weisen zum anderen an sich neutrale Gegenstände auf, welche aus Sicht eines objektiven Betrachters in der **konkreten Tatsituation** – unabhängig von einer Verwendungsabsicht – allein waffenvertretende Funktion haben (ähnl. *Schlothauser/Sättele* StV **98**, 505, 507; *Dencker* JR **99**, 35 f.; *Bussmann* StV **99**, 613, 621; *Seier* JA **99**, 666, 668; *Arzt/Weber* 14/57; *Mitsch* BT II/1, 1/236; *Kindhäuser/Wallau* StV **01**, 18; *Kindhäuser* NK 7 und LPK 13 f.). Das liegt etwa nahe bei Schneid- und Stichwerkzeugen (vgl. BT-Drs. 13/9064, 18: Tapetenmesser), Handwerksgeräten (Hammer, größerer Schraubendreher [vgl. NJW **04**, 3437], Meißel, Stemmeisen), Schlaggeräten wie Metallstangen oder -rohre, Ketten usw.; gefährlichen Hunden. Die Einordnung als gefährliches Werkzeug drängt sich hier insb. auf, wenn der Gegenstand nach den Umständen der Tat keine dem Gewahrsamsbruch dienende Funktion hat (Messer beim Ladendiebstahl; Baseballkeule oder Metallrohr beim Einsteigediebstahl). **Ausnahmen** sind bei verwendungsneutralen Gegenständen zu machen, wenn sie nach den konkreten Umständen der Vollendung der Wegnahme selbst dienen (Beil beim Tannenbaum-Diebstahl; Bolzenschneider beim Fahrrad-Diebstahl; Stemmeisen beim Einbruch).

10 **C. Sonstiges Werkzeug oder Mittel (Abs. I Nr. 1 b).** Von der Umschreibung „sonst ein Werkzeug oder Mittel" werden Gegenstände erfasst, die der Täter mit der **Absicht** bei sich führt, sie erforderlichenfalls (vgl. NJW **99**, 69 f.; NStZ-RR **96**, 3) zur Überwindung von Widerstand einzusetzen. Dies können grds *beliebige* Gegenstände sein, ohne dass es auf eine „objektive Gefährlichkeit" iS von I Nr. 1 a; ankommt (and. MK-*Schmitz* 28: nur nicht-waffenähnliche Gegenstände); also **zB** Handschellen, Kabelstücke (NJW **89**, 2549), Klebeband zur Fesselung (NStZ **93**, 79; BGHR § 22 Ansetzen 22; NStZ-RR **03**, 328 [zu § 177 IV]; NStZ **07**, 332, 334) oder ein sonstiges Fesselungs- oder Knebelungsmittel (MDR/H **92**, 18; 4 StR 366/94), ein Plastiksack, um dem Tatopfer den Mund zuzuhalten (BGHR § 250 I Nr. 2 Mittel 1), der Schuh am Fuß (BGH **30**, 376; vgl. dazu 9 c zu § 224) oder sonstige **Mittel,** um möglichem Widerstand gewaltsam zu begegnen (vgl. zB 2 StR 520/70; Hamm StV **97**, 243 [Chloroform]; MDR/H **94**, 434; StV **98**, 660 [Schlafmittel]; NStZ-RR **99**, 355 [Besenstiel]; 3 StR 6/01 [Kugelschreiber]; 2 StR 400/01 [Winkeleisen]; NStZ **02**, 86 [brennende Zigarette]; NStZ-RR **05**, 373 [Reizgas]; jew. zu § 250). Zu den sonstigen Werkzeugen zählen insb. auch alle „neutralen" **Gegenstände des täglichen Gebrauchs,** denen aus objektiver Sicht eine waffenähnliche Funktion grds nicht zukommt und deren erhöhte Gefährlichkeit sich erst aus der Absicht eines zweckwidrigen Einsatzes ergibt. Eine Abgrenzung von **Werkzeugen** und **Mitteln** ist weder möglich noch notwendig (SK-*Günther* 20 zu § 250).

11 Zu diesen Tatmitteln gehören nach stRspr. und hM auch die sog. **Scheinwaffen,** Gegenstände also, deren Verletzungstauglichkeit nur *vorgetäuscht* wird (NStZ-RR **98**, 294; vgl. dazu 10 ff. zu § 250), deren Verwendung zur *Drohung* dem Täter aber „Durchsetzungsmacht" verleiht (*Schroth* NJW **98**, 2865); **zB** *ungeladene* Schusswaffen jeder Art (BGH **44**, 103, 105f.; NJW **98**, 3130; 3131 [m. Anm. *Dencker* JR **99**, 33]; NStZ-RR **98**, 295; StV **98**, 487; 1 StR 370/98; 5 StR 362/98; 2 StR 326/98; 5 StR 381/98), wenn die Schussbereitschaft nicht unmittelbar herstellbar ist; eine „Salut-Doppelflinte" (StV **99**, 92); Waffenattrappen; Bombenattrappen; Injektionsspritze [NStZ-RR/P **01**, 359 Nr. 36]; nach BGH **38**, 116, 118 (*1. StS*) auch ein metallischer Gegenstand, der sich, in das Genick des Opfers gesetzt, wie der Lauf einer Pistole anfühlt (**aA** NStZ **07**, 332, 333 [*4. StS*; Metallrohr am Hals]). Der Umstand, dass das Opfer die Ungefährlichkeit einer Waffe kennt, steht der Anwendung der Nr. 1b nicht entgegen (NJW **90**, 2570 m. Anm. *Herzog* StV **90**, 547; *Geppert* Jura **95**, 500). Berechtigte **Kritik** an der Einbeziehung von sog. Scheinwaffen richtet sich gegen die systemwidrige Ausdehnung der an einer Verletzungsgefahr anknüpfenden Qualifikation auf die bloße **Vortäuschung** einer solchen Gefahr (vgl. etwa *Lesch* GA **99**, 356ff.; *Kindhäuser* NK 28 und LPK 26; vgl. hierzu sowie zur Abgrenzung „absolut **untauglicher**" von bedrohungstauglichen Scheinwaffen 11f. zu § 250).

D. Beisichführen. Abs. I Nr. 1 setzt in beiden Varianten voraus, dass der Täter oder ein anderer Beteiligter das Tatmittel bei der Tat **bei sich führt.** Das Merkmal ist inhaltsgleich mit dem des „Mit-sich"Führens" iS von § 30a II Nr. 2 BtMG (BGH **42**, 368, 371). Es setzt nicht voraus, dass der Täter oder Teilnehmer den Gegenstand in der Hand hält oder am Körper trägt (BGH **3**, 232; **13**, 260; **24**, 136; **30**, 44; NJW **65**, 2115; NStZ **97**, 137); es genügt, wenn sie sich in Griffweite befindet oder er sich ihrer jederzeit ohne nennenswerten Zeitaufwand bedienen kann (BGH **13**, 260; **29**, 185; **31**, 105 [m. Anm. *Kühl* JR **83**, 423]; NStZ **97**, 137; **98**, 354; MDR/H **80**, 106; **90**, 294; BGHR § 250 I Nr. 2, Beisichf. 4; BGH **42**, 368 u. **43**, 10 [m. Anm. *Paul* NStZ **98**, 222; *Lenckner* NStZ **98**, 257]; NStZ-RR **97**, 16; NStZ **04**, 111). Die Begriffsbestimmung des § 1 III WaffG iVm Abschn. 2 Ziff. 4 der Anl. 1 (Anh. 15) gilt hier nicht. Eine nicht funktionsfähige Waffe oder eine nicht geladene Schusswaffe ist nicht einsatzbereit (BGH **44**, 103; NJW **98**, 3131; StV **98**, 487; NStZ-RR **03**, 186, 188 [Messer]); anders ist es, wenn auch die Munition ohne weiteres griffbereit ist (NStZ **01**, 88, 89). Nicht in diesem Sinn bei sich geführt wird ein Messer, das der Täter während eines Diebstahls in seinem verschlossenen Rucksack mit sich herumträgt (Bay NJW **99**, 2535). Der *1. StS* hat es (für § 30a II Nr. 2 BtMG) als ausreichend angesehen, dass die Waffe sich im Kofferraum eines PKW befindet, in dessen Führerraum sich (der Täter und) die gehandelten BtM befinden (NStZ **04**, 111). 12

Der **Täter oder ein anderer Beteiligter** muss die Waffe oder das gefährliche Werkzeug bei sich führen. Danach ist der Dieb auch dann nach Abs. I Nr. 1 Buchst. a strafbar, wenn nicht er selbst, sondern (mit seinem Wissen) nur sein Gehilfe die Waffe bei sich führt (BGH **3**, 233; **27**, 57); auf eine Zurechnung nach § 25 II kommt es hier nicht an. 12a

Der Täter oder Teilnehmer muss die Waffe oder das Werkzeug **beim Diebstahl** bei sich führen, dh in irgendeinem Zeitpunkt vom Ansetzen zur Tat bis zur Beendigung der Wegnahme (BGH **13**, 260; NStZ **97**, 138; NStZ-RR **03**. 186, 188). Hierzu gehören *nicht* die Fahrt zum Tatort oder die Flucht nach missglücktem Überfall (BGH **31**, 106 [zu § 250 I Nr. 1 aF; m. zust. Anm. *Hruschka* JZ **83**, 217; *Kühl* JR **83**, 423; *Otto* JZ **85**, 25; *Haft* JuS **88**, 367; *Geppert* Jura **92**, 496; SK-*Günther* 12 zu § 250 mwN]; NStZ **97**, 137; SK-*Hoyer* 16; *S/S-Eser* 7; insoweit **aA** noch GA **71**, 82), denn im letzten Fall ist die Tat *beendet*. In dem Zeitraum **zwischen Vollendung und Beendigung** ist nach der Rspr ein Beisichführen grds möglich (vgl. BGH **20**, 194; **31**, 105, 107; MDR/H **80**, 106 [jew. zu § 250 I Nr. 1 aF]; vgl. auch NStZ-RR **05**, 168f.; dagegen *Isenbeck* NJW **65**, 2326; *Hruschka* JZ **69**, 609; *Schünemann* JA **80**, 394; *Kühl* JuS **88**, 192; *Lackner/Kühl* 2; MK-*Schmitz* 21; *W/Hillenkamp* 256). Ausreichend ist es aber, wenn sich der Täter erst **während der Tat** (BGH **13**, 259; **20**, 194; NJW **75**, 1177; NStZ **85**, 547; 13

MDR/H **93**, 720 [jew. zu § 250 I Nr. 1 aF]; NStZ-RR **03**, 202 [zu § 177 III]) oder sogar erst aus der Beute mit der Waffe versieht (Frankfurt StraFo **06**, 467, 468 [Diebstahl eines Messers]). Entledigt sich umgekehrt der Täter während des Versuchsstadiums freiwillig der Waffe oder des Werkzeugs und vollendet erst *danach* die Tat, so ist zw., aber wohl zu bejahen, dass in solchen Fällen ein **Teilrücktritt** *vom Versuch der Qualifikation* möglich und nur nach dem Grundtatbestand zu bestrafen ist (*verneinend* NStZ **84**, 216 m. abl. Anm. *Zaczyk*; *Otto* JZ **85**, 27; offen gelassen von BGH **33**, 145 [krit. dazu *Küper* JZ **97**, 229, 233]; *bejahend Streng* JZ **84**, 656 u. NStZ **85**, 359; *S/S-Eser* 113; *Lackner/Kühl* 13, jew. zu § 24; SK-*Hoyer* 18; SK-*Günther* 15, 52 zu § 250; *W/Beulke* 643; *Rengier* BT I § 4, 40; NK-*Kindhäuser* 20; vgl. aber NJW **07**, 1699 [zu § 1777 IV Nr. 1]; allg. dazu 27 zu § 24). Bei der **Strafzumessung** ist nach 3 StR 127/07 (zu § 30 a II Nr. 2 BtMG) eine strafschärfende Berücksichtigung des Umstands, dass „nicht nur eine, sondern zwei" Schusswaffen mitgeführt wurden, rechtsfehlerfrei.

14 Nr. 1 setzt nicht voraus, dass der Täter den Gegenstand **eigenhändig** „führt"; es reicht für die Qualifikation aus, dass die Waffe oder das Werkzeug von einem anderen Beteiligten mitgeführt wird, wenn sich der Vorsatz des Täters hierauf erstreckt. Das Führen allein *während* des Diebstahls durch Mittäter, die am Wegnahmeort nicht anwesend sind (vgl. etwa unten 22), reicht nach dem Sinn der Vorschrift nicht aus.

15 **E. Vorsatz.** Subjektiv setzt das Beisichführen im Fall des **I Nr. 1 a** voraus, dass der Täter die Waffe oder das gefährliche Werkzeug **bewusst gebrauchsbereit** bei sich hat (NStZ-RR **97**, 50; **03**, 12; **05**, 340; Schleswig NStZ **04**, 212, 214): Es reicht das allgemeine, noch auf keinen bestimmten Zweck gerichtete Bewusstsein, ein funktionsbereites Werkzeug zur Verfügung zu haben, das (generell) geeignet (bei Waffen: bestimmt) ist, erhebliche Verletzungen zu verursachen (Schleswig aaO). Im Gegensatz zu Nr. 1 b muss sich der Vorsatz des in keiner Phase der Tat auf die **Verwendung** der Waffe oder des Gef. Werkzeugs erstrecken (NStZ-RR **05**, 168, 169; zur aF BGH **24**, 137; NStZ **84**, 216 [m. Anm. *Zaczyk;* vgl auch *Streng* JZ **84**, 652; *Geppert* Jura **92**, 497; **85**, 547 jew. zu I Nr. 1 aF]; BGH **43**, 10 [m. Anm. *Zaczyk* JR **98**, 256]; StV **96**, 673, 674 [jew. zu § 30 a II Nr. 2 BtMG]; **aA** die Vertreter der „subjektiven" Auslegung; vgl. *W/Hillenkamp* 262 f.; *Küper*, Hanack-FS 569, 579 ff.; dazu oben 8). Das **Bewusstsein**, das Werkzeug *als gefährliches* bei sich zu führen, liegt bei Waffen und offenkundig objektiv gefährlichen Werkzeugen nahe, bei Gebrauchsgegenständen des täglichen Lebens, die regelmäßig mitgeführt und durchweg in sozialadäquater Weise eingesetzt werden, eher fern (vgl. NStZ-RR **05**, 340 [kleines Taschenmesser zum Öffnen von Bierflaschen]). Die Erwägung, ein Polizeibeamter, der während einer Hausdurchsuchung einer Diebstahl begeht, könne (wegen eines Ehestreits am Abend zuvor) „vergessen" haben, dass er seine Dienstwaffe bei sich führt (so Hamm NStZ **07**, 473 f. unter Berufung auf Bay StV **99**, 383 f.), ist daher mehr als großzügig.

15 a In den Fällen des **Abs. I Nr. 1 b** muss der Beteiligte das Werkzeug oder Mittel bei sich führen, **um** den möglichen **Widerstand einer anderen Person,** sei es des Opfers oder eines beliebigen Dritten, der den Täter oder einen anderen Beteiligten an der Tat hindert, ihn festhalten oder ihm die Beute wieder abnehmen will, **zu verhindern** (noch bevor er einsetzt) oder **zu überwinden.** Es müssen also Werkzeug oder Mittel mitgeführt werden, um einen etwa geleisteten Widerstand zu brechen (1 StR 694/96); der Täter muss entschlossen sein, möglichen Widerstand ggf. (NStZ-RR **96**, 3) durch **Gewalt** (8 f. zu § 240) oder durch **Drohung** (30 ff. zu § 240) mit Gewalt zu überwinden. Daraus folgt, dass Werkzeug oder Mittel solche sein müssen, die der Täter dafür *geeignet hält,* Gewalt zu üben oder mit ihnen zu drohen (NJW **89**, 2549, hierzu *Hillenkamp* JuS **90**, 456; *Geppert* Jura **92**, 501; MK-*Schmitz* 28); nach hM genügen auch **Scheinwaffen** oder **scheingefährliche Werkzeuge** (oben 11; vgl. auch 10 f. zu § 250; BT-Drs. 13/9064, 18). **Nicht erforderlich** ist, dass das Werkzeug oder Mittel schon **von vornherein** in

Verwendungsabsicht mitgeführt wird; es reicht auch insoweit ein ergreifen oder eine „Umwidmung“ während der Tatausführung (vgl. NStZ-RR **03**, 202 [zu § 177 III]).

16 **3) Bandendiebstahl (Abs. I Nr. 2).** Voraussetzung der Qualifikation nach I Nr. 2 ist, dass der Täter einen Diebstahl **als Mitglied** einer zur fortgesetzten Begehung von **Raub oder Diebstahl** (also nicht auch von *Hehlerei*; vgl. abw. §§ 260 I Nr. 2, 260a I) verbundenen Bande und **unter Mitwirkung** eines anderen Bandenmitglieds begeht. Die der Qualifikation zugrunde liegende abstrakte Gefährlichkeit der Bande folgt aus der Bindung, die die Bandenmitglieder für die Zukunft eingehen und die einen Anreiz zur Fortsetzung der kriminellen Tätigkeit bildet (BGH **46**, 321, 336; **47**, 214, 216f.; **50**, 160, 167).

17 **A. Bande.** Eine Bande iS von Nr. 2 ist eine **Gruppe** von Personen, die sich ausdrücklich oder stillschweigend (MDR/D **73**, 555) zur Verübung fortgesetzter (unten 20), im Einzelnen noch ungewisser Diebes- oder Raubtaten (dh §§ 242/243; § 244 I Nr. 1; §§ 249 bis 252, 255) verbunden hat.

18 Der Große Senat für Strafsachen hat mit der Entscheidung v. 22. 3. 2001 (BGH **46**, 321; dazu *Erb* NStZ **01**, 561; *Altenhain* Jura **01**, 836; *Joerden* JuS **02**. 329; *Rissing-van Saan* [oben 1a, 131ff.]; auf Vorlage des *4. StS* NStZ **01**, 35 [Anfragebeschl. NStZ **00**, 474; Antworten NJW **00**, 2907 – *1. StS* –; NStZ **01**, 33 – *3. StS* –; 2 ARs 76/00; 5 ARs 20/00; zur Anfrage *Otto* StV **00**, 313ff.; *Engländer* JZ **00**, 630]) die frühere Rspr aufgegeben, wonach eine Bande schon beim Zusammenwirken von zwei Personen vorliegen konnte (vgl. zur früheren Rspr *Sya* NJW **01**, 343; *Sowada*, Schlüchter-GedS 383ff.; 50. Aufl. 17a). Nach der neuen Rspr des BGH setzt der Begriff der Bande den Zusammenschluss von **mindestens drei Personen** voraus (**zust.** *Erb* NStZ **01**, 561f.; *Ellbogen* wistra **02**, 9f.; *Rengier* BT I, 4/45; *Otto* BT 41/62, 64; *Lackner/Kühl* 6; *Kindhäuser* LPK 31; *Sowada*, Schlüchter-GedS 383, 387ff.; **abl.** *W/Hillenkamp* 271a; auch *Arzt/Weber* 14/60). Zugleich hat der GrSen die Anforderungen an die „Mitwirkung“ eines anderen Bandenmitglieds iS von I Nr. 2 neu bestimmt (dazu unten 21ff.). Die Mindestzahl von drei Bandenmitgliedern ist für **andere Bandendelikte** übernommen worden (vgl. zB zu **§ 260a** wistra **02**, 57; zu **§ 92b AuslG aF** wistra **01**, 431; zu **§ 30 I BtmG** NStZ **07**, 288; **07**, 339f.; NStZ-RR **07**, 153). Für weitere Einschränkungen des Bandenbegriffs hat der GrSen keinen Anlass gesehen (ebd. 329f.); insb. ist ein an § 129 angenähertes „Mindestmaß konkreter Organisation oder festgelegter Strukturen“ nicht erforderlich (ebd. 329; krit. hierzu *Erb* NStZ **01**, 561, 565f.; vgl. auch *Engländer* JZ **00**, 630ff.; JR **01**, 78f.; *Hohmann* NStZ **00**, 258f.; *Schmitz* NStZ **00**, 477f.; *Müller* JA **01**, 12; *Sowada*, Schlüchter-GedS 383, 391f.); ebenso wenig ein „gefestigter Bandenwille“ (NStZ **04**, 398, 399) oder bei der einzelnen Tat ein Tätigwerden in einem „übergeordneten Bandeninteresse“ (wistra **04**, 262; NStZ **05**, 230, 231; **06**, 574; 3 StR 28/04; nicht zutr. daher *Lackner/Kühl* 6).

18a Das Bestehen einer Bande setzt keine gegenseitige bindende Verpflichtung voraus (GA **74**, 308; NStZ **06**, 574); auch ein Wechsel der Mitglieder schadet nicht (2 StR 276/77). Für eine **Bandenabrede** erforderlich ist aber der – in einer ausdrücklichen oder konkludenten (NStZ **06**, 176) *Vereinbarung* manifestierte – *übereinstimmende* Wille, sich mit (mindestens zwei) anderen zusammenzutun, um künftig für eine gewisse Dauer eine Mehrzahl von Straftaten zu begehen (BGHR § 30 I 1 BtMG, BandMitgl. 1); es ist also zwischen mindestens *drei* Personen ein *übereinstimmender* „Wille zur Bindung für die Zukunft und für eine gewisse Dauer“ vorausgesetzt (NStZ **04**, 398; NStZ **05**, 230, 231). Dabei ist nicht erforderlich, dass sich sämtliche Mitglieder einer bandenmäßig organisierten Gruppe persönlich verabredet haben oder sich untereinander kennen (BGH **50**, 160, 164 = NStZ **06**, 174 [Anm. *Kindhäuser* StV **06**, 526]; vgl. auch wistra **04**, 265); andererseits steht eine familiäre oder sonstige persönliche Verbindung der Beteiligten einer Bandenabrede nicht entgegen (NStZ **07**, 339f.). Jedes Bandenmitglied muss aber den Willen haben, sich mit mindestens zwei anderen zur künftigen Begehung von Taten zu verbinden. Es genügt nicht, wenn sich die Beteiligten von vornherein nur zu einer einzigen Tat verbunden haben oder in der Folgezeit jeweils aus neuem Entschluss wiederum derartige Taten begehen (StV **96**, 99; NStZ **96**, 442); auch nicht bereits ein Handeln im Rahmen eines eingespielten Deliktssystems; auch nicht eine Verbindung von lediglich *zwei* Personen, die sich für einzelne Taten jeweils aufgrund neuen Tatentschlusses weitere Beteiligte suchen (StV **06**, 639). Andererseits sind eine gleichberechtigte Partnerschaft (5 StR 10/98), eine bandenmäßige Organisation oder ein „mafiaähnlicher" Charakter nicht erforderlich (StV **98**, 599; wistra **00**, 135); auch nicht ein „bestimmter Typus" des Zusammenschlusses (vgl. NStZ **07**, 339, 340); auch nicht, dass jede an der Abrede beteiligte Person an sämtlichen (Banden-)Taten teilnehmen soll (StV **06**, 639) oder dass alle Bandenmitglieder am Erlös sämtlicher Taten beteiligt sind (vgl. NStZ **06**, 574). **Gegen** die Annahme einer Bande kann sprechen, dass sich die Beteiligten zunächst nur aus persönlichen Gründen zusammengeschlossen haben und es erst im weiteren Ablauf zur gemeinsamen Begehung von Straftaten kommt (BGHR § 244 I Nr. 3 Bande 3; Stuttgart NStZ **99**, 248 f.). An diesen Anforderungen hat sich durch BGH **46**, 331 nichts geändert.

19 Die Vereinbarung muss sich auf die Begehung von **Diebstahls- oder Raubtaten** beziehen. Ausreichend ist eine auf die Verwirklichung der Merkmale der *Grunddelikte* gerichtete Vorstellung; auch besonders schwere Fälle (§ 243) und Qualifikationen (§ 250) sind dann, ungeachtet der Beteiligung im Einzelfall (unten 22), als Bandentaten erfasst. Vom Begriff des Raubs ist auch die räuberische Erpressung umfasst (vgl. 16 zu § 250). Ausreichend ist es, wenn sich die Bandenabrede bei einzelnen Beteiligten auf Diebstahls-, bei anderen auf Raubtaten bezieht. Die Abrede von *Hehlerei*-Taten ist in I Nr. 2 nicht aufgeführt. Bei sog. **gemischten Banden** aus Dieben und Hehlern kann das im Einzelfall zu Ungleichgewichten der Bestrafung führen (vgl. dazu 3 zu § 260). Eine Person kann *zugleich* mit einer Hehlerbande (als Täter) und einer Diebesbande (als Gehilfe) sein (NStZ **07**, 33, 34 [dazu *Kudlich* JA **06**, 746 f.]).

19 a **Bandenmitgliedschaft und Beteiligung** an Bandentaten sind unabhängig voneinander zu beurteilen (vgl. unten 22). Nicht jeder Beteiligte an einer von einer Bande ausgeführten Tat ist hierdurch schon **Bandenmitglied** (vgl. NStZ **07**, 393; 5 StR 386/06); umgekehrt ist nicht jeder Beteiligte an Bandentaten schon deshalb als deren **Mittäter** anzusehen (vgl. dazu BGH **47**, 214, 216 [Bandenmitgliedschaft von Gehilfen]; StraFo **07**, 78 f. [zu § 263 V]; NStZ **02**, 375, 377; **07**, 288, 289 [zum Bandelhandel mit Btm]; unten 22). Die Bandenmitgliedschaft ist keine „gesteigerte Mittäterschaft", sondern ein *aliud* (vgl. auch NStZ **03**, 32 f.; NStZ-RR **07**, 112). Der Mitgliedschaft (sowie der Annahme einer „Dreierbande") steht daher nicht entgegen, dass nach der Bandenabrede Beteiligte bei allen Bandentaten nur Gehilfen sein sollen (BGH **47**, 214, 218 f. [krit. Bespr. *Rath* GA **03**, 823; dazu auch *Erb* JR **02**, 338; *Toepel* StV **02**, 540; *Gaede* StV **03**, 78]; **aA** *Lackner/Kühl* 6). Möglich ist zB auch eine Bande aus einem Täter und zwei Gehilfen (vgl. NStZ **07**, 33, 34 [dazu *Kudlich* JA **06**, 746]).

20 **B. Fortgesetzte Begehung.** Mit dem Erfordernis des Zusammenschlusses zur „fortgesetzten Begehung" ist *nicht* eine fortgesetzte Tat im früheren Sinn (hierzu 47 ff. vor § 52) gemeint (NStZ **86**, 408, 409 [hierzu *Jähnke* GA **89**, 379]; **93**, 294; StV **91**, 519; BGHR § 244 I Nr. 3 Bande 1; vgl. aber BGH **35**, 374; NJW **04**, 2840 f.), sondern Begehung mehrerer **selbstständiger,** im Einzelnen ggf noch ungewisser Taten (vgl. GA **74**, 308). Eine Beschränkung der geplanten Taten nach Zeit und Ort oder nach Gegenständen (Autodiebstähle) steht einer Bandenabrede nicht entgegen (MDR **78**, 624); eine auf wenige Stunden begrenzte Verabredung genügt aber nicht (Hamm NJW **81**, 2207, zust. *Tenckhoff* JR **82**, 208). Die bandenmäßige Verbindung nimmt den begangenen einzelnen Taten ihre rechtliche Selbstständigkeit nicht. Das Erfordernis beabsichtigter wiederholter Tatbegehung stellt auf die Vorstellung der **Gesamt-Bande**, nicht des einzelnen Mitglieds ab.

Wenn diese dahin geht, dass eine Deliktsserie durch Handlungen verwirklicht wird, die jedenfalls in der Person einzelner Mitglieder selbständige Straftaten darstellen, ist bereits mit der Begehung der **ersten Tat** für die daran Beteiligten das Merkmal der Bandenmäßigkeit erfüllt (NJW **04**, 2940, 2842). Dagegen macht eine *nach* Begehung einer ersten gemeinsamen Tat gefasste Bandenabrede für die Zukunft die erste Tat nicht nachträglich zur Bandentat (vgl. NStZ **06**, 176).

C. Bandentat. Der Täter des I Nr. 2 muss einen Diebstahl **als Mitglied** der Bande begehen. Die Tatbegehung „als Bandenmitglied" setzt eine über die Beteiligung an der Einzeltat tendenziell hinausgehende Einbeziehung in die Gesamtabrede voraus. Ferner muss die Tat **unter Mitwirkung eines anderen Bandenmitglieds** (also nicht allein eines Außenstehenden) begangen werden (vgl. dazu ausf. *Müller* GA **02**, 318, 320 ff.; *Sowada*, Schlüchter-GedS 383, 391 ff.). Es reicht die Mitwirkung *eines* anderen Bandenmitglieds (unten 22). Wenn die Tat von zwei Bandenmitgliedern begangen wird und auf der Bandenabrede beruht, kommt es auf Kenntnis eines dritten, die Bande führenden Mitglieds nicht an (NStZ **06**, 342 f.). 21

Auf die Vorlage des 4. StS (NStZ **01**, 35) hat der **GrSen** in BGH **46**, 321 entschieden, dass der Tatbestand des Bandendiebstahls ein **zeitliches und örtliches Zusammenwirken** von mindestens zwei Bandenmitgliedern **nicht voraussetzt** (vgl. *Rissing-van Saan* [1 a] 131, 140; zust. *Kindhäuser* LPK 34; *Altenhain* ZStW **113**, 112, 129 ff.; *Hohmann* NStZ **00**, 258; *Otto* BT 41/64; wohl auch *Rengier* BT II 4/49 ff.; zweifelnd *Lackner/Kühl* 8; offen gelassen bei *Küper* BT 50; **krit**. *Engländer* GA **00**, 578, 581 f.; JZ **00**, 630 ff.; JR **01**, 78 f.; *Schmitz* NStZ **00**, 478; MK-*Schmitz* 50; *Geppert* JK **00**, Nr. 1; *Erb* NStZ **01**, 561, 564 ff.; *Sowada*, Schlüchter-GedS 383, 395 ff.; *W/Hillenkamp* 272; zur früher stRspr. vgl. 52. Aufl. 21 a; *Rissing-van Saan* [1 a] 131, 138 ff.). Der Begriff der **Mitwirkung** bezeichnet dabei jede Form der Beteiligung am Diebstahl, die nach allgemeinen Regeln als Beitrag zu dessen Förderung angesehen werden kann (BGH **46**, 321, 333 f.). Der „Aktionsgefahr" kommt danach beim Bandendiebstahl nur sekundäre Bedeutung zu; der Grund für die erhöhte Strafwürdigkeit liegt vor allem in der (abstrakten) Gefährlichkeit der Bandenabrede sowie in der (konkreten) Gefährlichkeit der Tatbegehung *als Bandentat* (334; zust. *Müller* GA **02**, 318, 332 ff.); die bandenspezifische „Ausführungsgefahr" (krit. zum Begriff *Sowada*, Schlüchter-GedS 383, 398 ff.) durch arbeitsteiliges Zusammenwirken ist „zumindest genauso gefährlich wie die Arbeitsteilung am Ort der Wegnahme selbst" (BGH **46**, 321, 335). 21 a

Die allgemeinen Regeln über die **Tatbeteiligung** bleiben unberührt (GrSen-BGH **46**, 321, 338; StV **02**, 191, 192 f.; **04**, 21, 22 [zu § 263 V]; NStZ **03**, 32, 33; 3 StR 450/01; 4 StR 281/01; vgl. oben 19 a). Einem am Tatort nicht anwesenden Bandenmitglied ist die Tat als Mittäter (des § 244) zuzurechen, wenn es entsprechende Tatbeiträge leistet (insb. beim Hintermann oder „Bandenchef", der das Geschehen dirigiert; vgl. schon BGH **46**, 120; NStZ **00**, 257; **aA** MK-*Schmitz* 52); zur sog. „**gemischten Bande**" (aus Dieben und Hehlern) vgl. §§ 260 I Nr. 2, 260 a I; dazu NStZ **07**, 33, 34 [Bespr. *Kudlich* JA **06**, 746 f.]). Es muss – gleichgültig, ob am Tatort oder nicht – **mindestens ein Bandenmitglied als Täter** beteiligt sein und **mindestens ein weiteres Bandenmitglied – als Täter oder Teilnehmer** – an der konkreten Tat mitwirken (oben 21 a). Nicht erforderlich ist daher, dass an jeder *einzelnen* Tat *drei* Bandenmitglieder beteiligt sind. Ein Tätigwerden im Interesse der Bande ohne konkreten Bezug zu einer Banden-Straftat genügt nicht (NStZ **03**, 32 f. [Zusage der Mitwirkung bei Beuteverwertung]; NStZ **07**, 33 f. [Mitwirkung nur an Hehlereihandlungen]). Die Wegnahmehandlung muss nicht von mehreren Beteiligten in zeitlichem und örtlichem Zusammenwirken begangen werden; sie kann auch durch eine Person ausgeführt werden, die nicht Bandenmitglied ist; in diesem Fall müssen mindestens zwei nicht anwesende Bandenmitglieder beteiligt sein. Ein **Nichtmitglied** ist, gleichgültig ob es anwesend oder abwesend ist, nur nach dem Grunddelikt, d. h. nach §§ 242/243 22 (evtl. § 244 I Nr. 1) zu bestrafen (Tatbestandsverschiebung; vgl. NStZ **07**, 393; MK-*Joecks* 53 zu § 28), und zwar je nach Fallgestaltung als Mittäter, Anstifter oder Gehilfe; die Eigenschaft als Mitglied der Bande ist ein **besonderes persönliches Merkmal** iS von § 28 II (BGH **12**, 226; **46**, 120, 128; **47**, 214, 216; StV **95**, 408; NStZ **96**, 128; **00**, 257; **07**, 101 f.; **07**, 393; NStZ-RR **07**, 112; StR 609/05; SK-*Günther* 41 zu § 250; *Lackner/Kühl* 7; LK-*Ruß* 15; **aA** noch BGH **6**, 260; **8**, 72; 205, 208; *S/S-Eser* 28; SK-*Hoyer* 35; *Küper* GA **97**, 331; *Vogler,* Lange-FS 278; *Rengier* BT I § 4/53; wohl auch *Kindhäuser* LPK 38; differenzierend *Schünemann* JA **80**, 396). Dagegen ist das Merkmal der **Mitwirkung** eines anderen Bandenmitglieds nicht täterbezogen (s. o.), sondern ein tatbezogenes Merkmal, das akzessorisch zu behandeln ist (BGH **46**, 128; *W/Hillenkamp* 272).

23 **4) Wohnungseinbruchsdiebstahl (Abs. I Nr. 3).** Nr. 3 regelt den Wohnungseinbruchsdiebstahl, der durch das 6. StrRG aus den Regelfällen des § 243 I S. 2 Nr. 1 aF herausgenommen und in die Qualifikationstatbestände des § 244 eingestellt worden ist (zust. *Kreß* NJW **98**, 640; *Hörnle* Jura **98**, 171; *Kudlich* JuS **98**, 472; *Sander/Hohmann* NStZ **98**, 276; *Gropp* JuS **99**, 1041, 1947; Mitsch ZStW **111** [1999], 63, 83 ff.; *Noak* BochErl. 70; krit. *Dencker* Einf./6. StrRG 5; *Seier,* Kohlmann-FS [2003], 295 ff.; *Schall*, Schreiber-FS [2003] 423 ff.), um dem erhöhten Sicherheits- und Schutzbedürfnis der Bevölkerung, aber auch dem besonderen Unwertgehalt solcher in den Kernbereich des Privat- und Intimlebens eindringender Taten Rechnung zu tragen (RegE 43). Auch wer bei einem Wohnungseinbruch nur eine *geringwertige Sache* wegnimmt (was nach § 243 II iVm I S. 1 Nr. 1 aF kein besonders schwerer Fall war), erfüllt nunmehr das Qualifikationsmerkmal des I Nr. 3 und ist daher bereits beim unmittelbaren Ansetzen zum Einbruch (vgl. 100 ff. zu § 46) wegen Versuchs strafbar (vgl. *Mitsch* ZStW **111**, 84).

24 Der Begriff der **Wohnung** umfasst den Inbegriff der Räumlichkeiten, die Einzelpersonen oder einer Mehrzahl von Personen zum ständigen Aufenthalt dienen oder zur Benutzung dienen; die Auslegung entspricht grds derjenigen des § 123 I. Wohnungen sind daher abgeschlossene und überdachte Räume, die **Menschen** zumindest vorübergehend (**aA** MK-*Schmitz* 56) **als Unterkunft dienen,** also nicht Arbeits-, Geschäfts- oder Ladenräume. Das Vorhandensein von Schlafräumen ist für Wohnungen idR kennzeichnend, aber für die Wohnungseigenschaft nicht erforderlich (**aA** MK-*Schmitz*). Dem Begriff der Wohnung iS von Nr. 3 unterfallen auch möbliert vermietete sowie untervermietete Zimmer; Obdachlosenunterkünfte (Köln NJW **66**, 265; Bremen NJW **66**, 1766); uU auch bewegliche Sachen, wie zB zum Wohnen dienende Schiffe, Wohnmobile, Wohnanhänger.

24 a **Einschränkungen** gegenüber dem weiten Wohnungsbegriff des § 123 I sind aber im Hinblick auf die Abschichtung des Wohnungs- von Gebäudeeinbruchsdiebstahl des § 243 I Nr. 1 und die der Qualifikation zugrunde liegende **Rechtsguts-Bestimmung** angezeigt (Schleswig NStZ **00**, 479 f.; *Lackner/Kühl* 11; LK-*Laufhütte/Kuschel* Nachtr. 11; *Joecks* 24; *W/Hillenkamp* 267; *Rengier* BT I, 4/42 a; *Arzt/Weber* 14/64; *Otto* BT 41/66; *M/Schroeder/Maiwald* 33/130; *Hellmich* NStZ **01**, 511, 513 ff.; *Schall*, Schreiber-FS [2003] 423, 432 ff.; and. *Behm* GA **02**, 153, 162 ff., der einen einheitlich „engen" Wohnungsbegriff vorschlägt). Wenn der legitimierende Grund für die Heraushebung der „Wohnung" in dem vom Diebstahls- (und Einbruchs-) Opfer regelmäßig als besonders verletzend empfundenen Eindringen in die Intimsphäre liegt (das dem Opfer vielfach als schwerer wiegend erscheint als das Abhandenkommen des gestohlenen Gegenstands und oft ein fortdauerndes *Bedrohtheits-* und *Schutzlosigkeits-* Gefühl auslöst; vgl. BT-Drs. 13/8587, 43), so liegt es nahe, die Erfüllung des Qualifikationstatbestands von der Verletzung *dieses* gegenüber § 123 I und § 243 I Nr. 1 **engeren Schutzbereichs** abhängig zu machen. Zur „Wohnung" iS von I Nr. 3 gehören danach jedenfalls **nicht:** Kellerverschläge in einem Wohnblock (Schleswig NStZ **00**, 479); freistehende oder mit Wohnräumen nicht verbundene Garagen, Gartenhäuser (AG Saalfeld NStZ-RR **04**, 141) und Nebengebäude; idR Campingzelte; Speicher-, Keller- und ge-

meinschaftlich genutzte Räume (vgl. dazu auch *Jäger* JuS **00**, 656 f.; MK-*Schmitz* 56 und 17 zu § 243). Für **Hotelzimmer** hat der BGH die Wohnungseigenschaft bejaht (StV **01**, 624; ebenso *Arzt/Weber* 14/64; zw.; abl. MK-*Schmitz* 56; *Hellmich* NStZ **01**, 511, 513; *W/Hillenkamp* 267).

Abs. I Nr. 3 setzt nicht voraus, dass eine Sache **aus einer Wohnung** gestohlen wird. Nach NStZ **01**, 533 (dazu *Trüg* JA **02**, 191) ist der Tatbestand daher auch dann erfüllt, wenn nach Einbrechen oder Einsteigen **in Wohnräume** die Wegnahme selbst aus einem angrenzenden, nicht zur Wohnung gehörenden Raum erfolgt (zust. auch *Schall*, Schreiber-FS [2003] 423, 435; krit. *Seier* aaO 305; *W/Hillenkamp* 267). Der **umgekehrte** Fall, dass in einen Nebenraum (zB Keller; Garage; Geschäftsraum) eingebrochen wird, um von dort (ohne Überwindung erheblicher weiterer Hindernisse) in Wohnräume zu gelangen, lässt sich nur dann mit I Nr. 3 erfassen, wenn solche Nebenräume als Teil der Wohnung angesehen werden (so etwa *Jaeger* JuS **00**, 651, 656; *M/Schroeder/Maiwald* 33/130). Diese in vielen Fällen nahe liegende Lösung eröffnet freilich wiederum Unsicherheiten: Wenn ein Kellerraum oder eine Garage nur deshalb zur „Wohnung" gezählt werden, weil sie einen *Zugang* zum räumlichen „Kernbereich privater Lebensführung" (Schleswig NStZ **00**, 479), zum „Bereich der Selbstentfaltung und vertraulichen Kommunikation" (MK-*Schmitz* 56) eröffnen, trifft dies den Täter nicht, der vom Zugang nichts weiß oder tatsächlich nur Wein aus dem Keller oder Reifen aus der Garage stehlen will. Umgekehrt lässt sich weder empirisch noch normativ bestimmen, welche Räumlichkeiten dem Einzelnen zur Selbstentfaltung dienen (sollen): Auch in Speicher- und Kellerräumen mag Höchstpersönliches gelagert sein. Mit der am *individuellen* Schutzbedürfnis ansetzenden Einschränkung entsteht so, insb. bei sog. **„Mischgebäuden"**, eine Anwendungsunsicherheit, die sich durch *allgemeine* Regeln objektiv nur schwer begrenzen lässt (zutr. *Seier*, Kohlmann-FS [2003] 295, 302 ff.) und viele Irrtums-Möglichkeiten eröffnet. 24 b

Der Täter muss in den Fällen der Nr. 3 **zur Ausführung der Tat** (11 zu § 243) in die Wohnung **einbrechen, einsteigen,** mit einem falschen Schlüssel (vgl. 8 zu § 243) **eindringen** oder sich **verborgen halten** (5 ff. zu § 243); ein schlichtes „Hineingelangen" reicht nicht aus (vgl. Köln NStZ-RR **02**, 247 [offene Terrassentür]). Der Täter muss schon im Zeitpunkt der Begehung dieser Tatmodalitäten den **Diebstahlsvorsatz** gefasst haben. Im Übrigen genügt bedingter Vorsatz. Im Falle der **Nr. 1 b** muss jedoch die dort genannte Absicht bestehen (oben 15), die auch noch während der Tat gefasst werden kann (BGH **30**, 376; SK-*Günther* 26 zu § 250), hingegen braucht der Täter im Falle der **Nr. 1 a** nur die tatsächlichen Umstände zu kennen, aus denen sich ergibt, dass das Tatmittel eine Waffe im technischen Sinne oder ein gefährliches Werkzeug ist (oben 6 ff.). 25

5) Der **Versuch** (II) ist strafbar. 26

6) Nach **Abs. III** in den Fällen des I Nr. 2 **Erweiterter Verfall** nach § 73 d angeordnet werden. Die Verweisung auf § 43 a ist wegen der Nichtigkeit der Vorschrift (oben vor 1) obsolet. 27

7) Konkurrenzen. Die § 242, 243 werden grundsätzlich von § 244 und § 244 a verdrängt (BGH **23**, 239; Hamm StraFo **00**, 276); das gilt vor allem, wenn im Falle eines Wohnungseinbruchsdiebstahls (I Nr. 3) zugleich in Geschäfts- und andere umschlossene Räume eingebrochen wird (*Hörnle* Jura **98**, 171); § 243 I Nr. 6 tritt hinter § 244 zurück (aber strafschärfende Berücksichtigung der Hilflosigkeit möglich; vgl. NStZ/P **01**, 365; NStZ-RR **03**, 186, 188 f.). Innerhalb des § 244 schließen Nr. 1 a und 1 b einander aus. Nr. 1 a oder 1 b können mit Nr. 2 in Tateinheit stehen (MDR/D **71**, 363; **aA** LK-*Ruß* 18; *Otto* BT § 41, 68) ebenso §§ 242, 243, 25 II und § 244 I Nr. 2, § 27 (BGH **33**, 53). Von §§ 244 a, 249 ff., auch § 255 wird § 244 verdrängt (BGH **20**, 235; NStZ-RR **05**, 202, 203). Doch besteht zwischen vollendeter Tat nach Nr. 1 a oder 1 b und versuchtem Raub Tateinheit (BGH **21**, 78). Setzt der Täter unmittelbar dazu an, zu drohen oder Gewalt anzuwenden, so besteht Tateinheit zwischen vollendeter Nr. 1 b und Versuch nach § 250 I Nr. 1 b (*Kühl* JuS **80**, 509). Vorher kann versuchter Raub bei nur bedingtem Vorsatz der Anwendung von Drohung oder Gewalt nicht angenommen werden, weil der Täter zur Tatbestandsverwirklichung noch nicht unmittelbar ansetzte (NStZ-RR **96**, 3; vgl. *Arzt* JuS **72**, 578; *Berz* Jura **82**, 320; 7 zu § 249). Tateinheit ist 28 möglich zwischen Nr. 2 mit §§ 129, 129a; ebenso zwischen Nr. 1a, 1b mit §§ 51, 52 I Nr. 2b, III Nr. 1, 2, 5, 9, 10 WaffG (zur aF vgl. BGH **29**, 185; 1 StR 497/85). Mit den sonstigen Tatbeständen des § 52 WaffG besteht idR Tatmehrheit. Zwischen einer Tat nach I Nr. 1a, § 113 während einer nachfolgenden Fluchtfahrt und Waffendelikten besteht Tateinheit, wenn beide Taten durch das Führen derselben Waffen miteinander verklammert sind (4 StR 150/04). **Wahlfeststellung** zwischen Bandendiebstahl (§ 244 I Nr. 2, § 244a I und Bandenhehlerei (§ 260a) ist möglich (vgl. 3 StR 500/99; dazu auch 1 StR 568/99).

29 **8) Sonstige Vorschriften.** FAufsicht §§ 245, 68 I Nr. 2. Strafantrag im Falle des § 247; § 248a gilt für § 244 nicht (NK-*Kindhäuser* 2; vgl. Köln OLGSt. 9); Überwachungsmaßnahmen §§ 98a ff., 100a I Nr. 2 StPO, § 110a StPO; UHaft § 112a I Nr. 2 StPO.

Schwerer Bandendiebstahl

244a **I Mit Freiheitsstrafe von einem Jahr bis zu zehn Jahren wird bestraft, wer den Diebstahl unter den in § 243 Abs. 1 Satz 2 genannten Voraussetzungen oder in den Fällen des § 244 Abs. 1 Nr. 1 oder 3 als Mitglied einer Bande, die sich zur fortgesetzten Begehung von Raub oder Diebstahl verbunden hat, unter Mitwirkung eines anderen Bandenmitglieds begeht.**

II In minder schweren Fällen ist die Strafe Freiheitsstrafe von sechs Monaten bis zu fünf Jahren.

III Die ***§§ 43a,*** **73d sind anzuwenden.**

Zu Abs. III: § 43a ist nach der Entscheidung des BVerfG vom 20. 3. 2002 (BGBl. I 1340) verfassungswidrig und nichtig.

1 **1) Allgemeines.** Die Vorschrift wurde als Qualifikationstatbestand zusätzlich zum Vergehenstatbestand des Bandendiebstahls (§ 244 I Nr. 2) durch Art. 1 Nr. 15 des OrgKG eingefügt, weil § 244 I Nr. 2 den Straftätern vorbehalten bleiben soll (zB Jugendbanden), die nicht dem Bereich der OrgK zuzurechnen sind (RegE BT-Drs. 12/ 989, 25). Art. 1 Nr. 51 des 6. StrRG (2f. vor § 174) hat die Vorschrift redaktionell dem § 244 angepasst und die frühere Geringwertigkeitsklausel des Abs. IV gestrichen.

1a **Literatur:** *Zopfs,* Der schwere Bandendiebstahl nach § 244a StGB, GA **95**, 320.

2 **2) Anwendungsvoraussetzungen.** Abs. I erhebt die Begehung von Diebstählen, die unter den in **§ 243 I S. 2,** insbesondere dessen Nr. 3 und den in **§ 244 I Nr. 1, 3** (Diebstahl mit Waffen und Wohnungseinbruchdiebstahl) umschriebenen Voraussetzungen zu Verbrechenstatbeständen, wenn der Täter einen solchen Diebstahl **als Mitglied einer Bande** (17 ff. zu § 244), die sich zur fortgesetzten Begehung von Raub oder Diebstahl verbunden hat, **unter Mitwirkung eines anderen Bandenmitglieds** (21 zu § 244; 4 StR 544/97; *Zopfs* GA **95**, 326; LK-*Ruß* 3) begeht. Die besonders schweren Fälle des § 243 I S. 2 entfalten hier nicht nur die in 2 zu § 243 bezeichneten Wirkungen, sondern gelten für § 244a als **Tatbestandsmerkmale** (LK-*Ruß* 2; SK-*Hoyer* 3; *S/S-Eser* 4; *Lackner/Kühl* 2; *W/Hillenkamp* 273). Für die Strafbarkeit des Täters nach § 244a kommt es nicht darauf an, ob auch das mitwirkende Bandenmitglied die Voraussetzungen der §§ 243 I S. 2, 244 I Nr. 1 oder 3 erfüllt oder ob der Mitwirkende weiß, dass der Täter unter diesen Voraussetzungen handelt. Umgekehrt setzt Täterschaft nach § 244a stets eigene **täterschaftliche** Verwirklichung der genannten Tatbestände voraus. Für den nicht zur Bande gehörenden Teilnehmer gilt bei Gewerbsmäßigkeit § 28 II (SK-*Hoyer* 6; NK-*Kindhäuser* 8; vgl.NStZ **07**, 101; **07**, 393; 22 zu § 244).

3 Mit der **Aufstufung zum Verbrechen** wird § 30 anwendbar, so dass auch das Vorfeld der Tatbegehung erfasst ist.

4 **3) Zum Vorsatz** des Diebstahls unter den Voraussetzungen des § 243 I S. 2 vgl. 27 zu § 243; zum Vorsatz des Diebstahls mit Waffen (§ 244 I Nr. 1a, 1b) vgl. 14, 15 zu § 244. **Der Versuch** ist strafbar (§ 23 I; vgl. LK-*Ruß* 6). Zur **Täterschaft und Teilnahme** vgl. 22 zu § 244. Zu den **Konkurrenzen** vgl. 28 zu § 244.

4) Die Strafe ist Freiheitsstrafe von 1 Jahr bis zu 10 Jahren; zusätzlich kann **nach Abs. III** der **erweiterte Verfall** (§ 73 d) angeordnet werden. Die Verweisung auf die Vermögensstrafe ist obsolet (vgl. oben vor 1). In **minder schweren Fällen** ist die Strafe Freiheitsstrafe von 6 Monaten bis zu 5 Jahren **(II).** 5

5) Sonstige Vorschriften: Überwachungsmaßnahmen nach §§ 98 a ff. §§ 100 a ff., §§ 110 a ff. StPO. 6

Führungsaufsicht

245 In den Fällen der §§ 242 bis 244 a kann das Gericht Führungsaufsicht anordnen (§ 68 Abs. 1).

Führungsaufsicht kann das Gericht nach § 245 in sämtlichen Fällen des Diebstahls nach §§ 242 bis 244 a im Rahmen des § 68 I Nr. 2 anordnen, nicht also in den Fällen der §§ 246, 248 b, 248 c. In den Fällen der §§ 248 a, 243 II ist FAufsicht gesetzlich nicht ausgeschlossen, wird aber mit Rücksicht auf die in § 68 I Nr. 2 vorausgesetzte Freiheitsstrafe von mindestens 6 Monaten praktisch ausscheiden. Auch bei § 247 wird FAufsicht kaum in Betracht kommen. Hauptanwendungsfälle werden solche nach § 243 I Nr. 1, 3, § 244 (vor allem Nr. 3) und § 244 a I sein.

Unterschlagung

246 I Wer eine fremde bewegliche Sache sich oder einem Dritten rechtswidrig zueignet, wird mit Freiheitsstrafe bis zu drei Jahren oder mit Geldstrafe bestraft, wenn die Tat nicht in anderen Vorschriften mit schwererer Strafe bedroht ist.

II Ist in den Fällen des Absatzes 1 die Sache dem Täter anvertraut, so ist die Strafe Freiheitsstrafe bis zu fünf Jahren oder Geldstrafe.

III Der Versuch ist strafbar.

Übersicht

1) Allgemeines ... 1, 1 a
2) Rechtsgut ... 2
3) Tatobjekt ... 3, 4
4) Tathandlung des Abs. I ... 5–12
5) Rechtswidrigkeit der Zueignung ... 13
6) Wiederholte Zueignung ... 14, 15
7) Veruntreuende Unterschlagung (Abs. II) ... 16–19
8) Subjektiver Tatbestand ... 20
9) Versuch ... 21
10) Täterschaft und Teilnahme ... 22
11) Subsidiaritätsklausel ... 23–23 d
12) Konkurrenzen im Übrigen ... 24
13) Sonstige Vorschriften ... 25

1) Allgemeines. Die Vorschrift wurde durch Art. 1 Nr. 52 des 6. StrRG (2 f. vor § 174) nach dem Vorbild des E 1962 (Begr. 401, 409) umgestaltet und erweitert. Es wurde auf die frühere „Gewahrsamsklausel" verzichtet, die Drittzueignung ausdrücklich in den Tatbestand einbezogen und eine Subsidiaritätsklausel eingefügt. 1

Literatur: *Ambos*, Gewahrsamslose „Zueignung" als Unterschlagung?, GA **07**, 127; *Backmann,* Die Abgrenzung des Betruges von Diebstahl u. Unterschlagung, 1974; *Basack,* Die Neufassung des Unterschlagungstatbestandes, in: Inst. f. KrimWiss. Frankfurt/M (Hrsg.), Irrwege der Strafgesetzgebung, 1999, 173; *ders.,* Die Tathandlung der Unterschlagung (usw.), GA **03**, 108; *Baumann,* Zum Zueignungsbegriff, GA **71**, 306; *Börner,* Die Zueignungsdogmatik der §§ 242, 246 StGB, 2004 (Diss, Potsdam); *Bussmann,* Konservative Anmerkungen zur Erweiterung des Strafrechts nach dem 6. StrRG, StV **99**, 613; *Charalambakis,* Der Unterschlagungstatbestand de lege lata u. de lege ferenda, 1985 [Bespr. *Maiwald* ZStW **102**, 323]; *,St. Cramer,* Untersuchung von Daten u. Datenträgern, CR **97**, 693 [Unterschlagung von Datenträgern]; *Degener,* Der Zueignungsbegriff des Unterschlagungstatbestandes, JZ **01**, 388; *Dencker,* Zueignungsabsicht und Vorsatz der Zueignung, Rudolphi-FS (2004) 425; *Duttge/Fahnenschmidt,* Zueignung durch Gewahrsamsbegründung: ein Fall der Unterschlagung? – oder: die kleine zu be- 1 a richtigende Auslegung, Jura **97**, 281; *dies.*, § 246 nach der Reform des Strafrechts: Unterschlagungstatbestand oder unterschlagener Tatbestand?, ZStW **110**, 884; *Fahl,* „Drittzueignung", Unterschlagung u. Irrtum über die eigene Täterschaft, JuS **98**, 24; *Freund/Putz,* Materiellrechtliche Strafbarkeit und formelle Subsidiarität der Unterschlagung (§ 246 StGB) wörtlich genommen, NStZ **03**, 242; *Friedl,* Die Veruntreuung gem. § 246 II nach dem 6. StrRG, wistra **99**, 206; *Haft/Eisele,* Auswirkungen des § 241 a BGB auf das Strafrecht, Meurer-GedS (2002), 245; *Hirsch,* Eigenmächtige Zueignung geschuldeter Sachen, Rechtswidrigkeit u. Irrtum bei den Zueignungsstrafbestimmungen, JZ 63, 149; *Jäger,* Unterschlagung nach dem 6. StrRG, JuS **00**, 1167; *Jahn,* Gesetzgebung im Putativnotwehrexzeß – zur verfassungskonformen Auslegung des § 246 StGB, in: Inst. f. KrimWiss. Frankfurt, Irrwege aus der Strafgesetzgebung, 1999, 195; *Kauffmann,* Zur Identität des strafrechtlichen Zueignungsbegriffs, 2005 (Diss. Hamburg; Rez. *Gössel* GA **07**, 177); *Kargl,* Gesinnung u. Erfolg im Unterschlagungstatbestand. Die Manifestation der Zueignung, ZStW **103**, 136; *Kindhäuser,* Zum Tatbestand der Unterschlagung, Gössel-FS (2002), 451; *Kösch,* Der Status des Merkmals „rechtswidrig" in Zueignungsabsicht u. Bereicherungsabsicht, 1999; *Kudlich,* Zueignungsbegriff u. Restriktion des Unterschlagungstatbestands, JuS **01**, 767; *Küper,* Das Gewahrsamserfordernis bei mittäterschaftlicher Unterschlagung, ZStW **105**, 355; *ders.*, Gläubiger-Eigenmacht, Selbsthilfe und Zueignungsunrecht, Gössel-FS (2992), 429; *Maiwald,* Der Zueignungsbegriff im System der Eigentumsdelikte, 1970; *ders.*, Unterschlagung durch Manifestation des Zueignungswillens?, Zur Neufassung des § 246 StGB, Schreiber-FS (2003), 315; *Meyer,* Die Nichtbenachrichtigung des Sicherungs-(Vorbehalts-)Eigentümers, MDR **74**, 809; *Murmann,* Ungelöste Probleme des § 246 StGB nach dem 6. StrRG, NStZ **99**, 14; *Mylonopoulos,* Die Endgültigkeit der Enteignung als Merkmal des Unterschlagungstatbestands, Roxin-FS 917; *Noak,* Drittzueignung u. 6. StrRG, 1999; *Otto,* Die Struktur des strafrechtlichen Vermögensschutzes, 1970; *ders.*, Die neuere Rechtsprechung zu den Vermögensdelikten – Teil 1, JZ **85**, 25; *ders.*, Unterschlagung: Manifestation des Zueignungswillens oder der Zueignung?, Jura **96**, 383; *ders.*, Die Erweiterung der Zueignungsmöglichkeiten in den §§ 242, 246 durch das 6. StrRG, Jura **98**, 550; *Rengier,* Drittzueignung u. allgemeiner Zueignungstatbestand, Lenckner-FS 801; *Rudolphi,* Der Begriff der Zueignung, GA **65**, 33; *Sander/Hohmann,* Sechstes Gesetz zur Reform des Strafrechts: Harmonisiertes Strafrecht?, NStZ **98**, 273; *Samson,* Grundprobleme des Unterschlagungstatbestands (§ 246 StGB), JA **90**, 5; *Schenkewitz,* Die Tatsituation der drittzueignenden Unterschlagung, NStZ **03**, 17; *Schmid-Hapmeier,* Das Problem der Drittzueignung bei Diebstahl und Unterschlagung, 2000; *Schneider,* Zur Strafbarkeit der Fundunterschlagung, MDR **56**, 337; *Schröder,* Konkurrenzprobleme bei Untreue u. Unterschlagung, NJW **63**, 1958; *Schünemann,* Die Stellung der Unterschlagungstatbestände im System der Vermögensdelikte, JuS **68**, 114; *Seelmann,* Grundfälle zu den Eigentumsdelikten, JuS 85, 702; *Sinn,* Der Zueignungsbegriff bei der Unterschlagung, NStZ **02**, 64; *Stächelin,* Das 6. StrRG – Vom Streben nach Harmonie, großen Reformen u. höheren Strafen, StV **98**, 98; *Tenckhoff,* Die Unterschlagung (§ 246 StGB), JuS **84**, 775; *Wagner,* Zur Subsidiaritätsklausel in § 246 nF, Grünwald-FS 797; *Wallau,* Sachbeschädigung als Zueignung, JA **00**, 248.

2 **2) Rechtsgut; systematische Stellung.** Von § 246 geschütztes Rechtsgut ist nur das **Eigentum;** Verletzter ist nur der Eigentümer, auch wenn die Sache einem Dritten oder von einem Dritten anvertraut war (*S/S-Eser* 1). Eine Bereicherung des Täters ist nicht vorausgesetzt (vgl. aber *Kindhäuser,* Gössel-FS 451, 455 ff.). Die Neufassung durch das 6. StrRG sollte der Vorschrift den Charakter einer **Auffangnorm** gegenüber anderen schwereren Eigentums- und Vermögensdelikten geben (vgl. BT-Drs. 13/8587, 43 f.,; krit. *Otto* Jura **98**, 541; *Lesch* JA **98**, 477; *Murmann* NStZ **99**, 15; unklar *Basak* GA **03**, 109, 122, wonach die „Auffangfunktion" darin besteht, dass § 246 zu einer Art qualifiziertem Diebstahl wird). Nach **aA** ist § 246 das **Grunddelikt der Zueignungstatbestände** (vgl. schon *Hirsch* JZ **63**, 149; *Küper* JuS **86**, 869 f.; *ders.*, Gössel-FS 429, 446 ff.; *Kindhäuser,* Gössel-FS 451 ff. und NK 12 ff. vor § 242; MK-*Hohmann* 6; *Otto* BT 39/8; *Lesch* JA **98**, 477; **aA** *Lackner/Kühl* 1; *W/Hillenkamp* 57 f., 277).

3 **3) Tatobjekt.** Gegenstand der Unterschlagung können wie in § 242 nur **fremde bewegliche Sachen** sein; insoweit gelten die Erläuterungen zu § 242. Forderungen kann man nicht unterschlagen (zum verlängerten Eigentumsvorbehalt Düsseldorf vgl. NJW **84**, 811; **87**, 854); hebt jemand einen versehentlich seinem Konto gutgeschriebenen Betrag ab, so unterschlägt er daher nicht (MDR/D **75**, 22; zum Betrug vgl. BGH **39**, 392; **46**, 196). Für die Fremdheit kommt es auf die zivilrechtliche dingliche Rechtslage an; Miteigentum (MDR/D **53**, 402; Düssel-

dorf NJW **92**, 60; Koblenz NStZ-RR **98**, 364) und Gesamthandseigentum machen eine Sache bezüglich des Anteils der anderen zu einer fremden (Düsseldorf NJW **92**, 61); der Alleingesellschafter einer GmbH kann dieser gehörende Sachen unterschlagen (NK-*Kindhäuser* 18; vgl. 5 zu § 242). Eine unter **Eigentumsvorbehalt** gelieferte Sache kann vom Abzahlungskäufer unterschlagen werden; ebenso sicherungsübereignete Sachen (nicht bei Veräußerung durch Händler im Rahmen des von der Einwilligung des Lieferanten gedeckten ordnungsgemäßen Geschäftsbetriebs; vgl. NStZ-RR **05**, 311, 312; Düsseldorf NJW **84**, 810 f.; MK-*Hohmann* 47). Unklar ist die Lage hinsichtlich solcher Sachen, die einem Verbraucher von einem Unternehmer **unverlangt zugesandt** wurden und nach § 241 a BGB keinem Herausgabeanspruch unterliegen. Von einer *Schenkung* kann nach dem Sinn des Rechtsgeschäfts nicht ausgegangen werden, so dass Eigentum und Besitz dauerhaft auseinander fallen. § 241 a BGB enthält daher einen Rechtfertigungsgrund für Zueignungen oder Sachbeschädigungen durch den Empfänger (vgl. auch 16 zu § 303; *Haft/Eisele*, Meurer-GedS [2002] 245 ff.; SK-*Hoyer* 18; *W/Hillenkamp* 17; *Saliger* Jura **06**, 428, 434; umf. auch *Tachau*, Ist das Strafrecht strenger als das Zivilrecht? Zur Problematik des § 241 a BGB, 2005 [Diss. Potsdam]).

Jedenfalls seit 1. 4. 1998 (6. StrRG) kommt es nicht darauf an, ob der Täter die Sache schon in Besitz oder Gewahrsam hat, vielmehr umfasst § 246 ohne Rücksicht auf Gewahrsamsverhältnisse **alle Formen rechtswidriger Zueignung** (vgl. *Dencker*, Einf./6. StrRG 49; *Duttge/Fahnenschmidt* Jura **97**, 281; *Küper* BT 475; *W/Hillenkamp* 277; *Arzt/Weber* 15/1; *Otto* BT 42/25; *Ambos* GA **07**, 127, 134 ff.); die Streitfragen um die Bedeutung der früheren Tatbestandsformulierung sind daher erledigt (*Otto* Jura **98**, 550 f.; *Mitsch* BT II/1, 2/29). § 246 nähert sich daher nach seinem Wortlaut einem allgemeinen Sachentziehungs-Tatbestand an (dazu *Bloy*, Oehler-FS 559, 565 ff.; krit. *Stächelin* StV **98**, 99; *Sander/Hohmann* NStZ **98**, 276; *Duttge/Fahnenschmidt* ZStW **110**, 884, 898 ff.; vgl. aber unten 10 f.). Von der **hM** in der Literatur wird zutr. angenommen, dass durch **restriktive Auslegung** des Zueignungsbegriffs ein (jedenfalls eingeschränkter) **Gewahrsams-Bezug** beizubehalten sei, um eine sinnlose Uferlosigkeit des Tatbestands zu vermeiden (vgl. zB *Rengier*, Lenckner-FS 809, 810 f. u. BT I, 5/18 f.; *Mitsch* BT II/1, 2/19 ff.; *Otto* BT 42/8 u. Jura **98**, 552; *W/Hillenkamp* 276, 293; *Jäger* JuS **00**, 1167, 1169; *Cantzler* JA **01**, 569; *Kudlich* JuS **01**, 765, 771 f.; *Dencker*, Rudolphi-FS [2004] 425, 427 f.; *S/S-Eser* 10; LK-*Laufhütte/Kuschel* Nachtr. 4; *Kindhäuser* LPK 12; *ders.*, Gössel-FS 451, 455 ff.; *Lackner/Kühl* 4; *Joecks* 20 ff.; *Ambos* GA **07**, 127, 134 ff.; Überblick und Kritik bei *Schenkewitz* NStZ **03**, 17, 19): Eine Zueignungs-„Manifestation" durch bloße Willensäußerung ohne besitzbezogenes Verhalten kann nicht ausreichen (vgl. unten 10 f.). 4

4) Tathandlung des Abs. I. Die Handlung besteht in der rechtswidrigen (49 zu § 242) **Zueignung** (vgl. auch 33 ff. zu § 242), dh darin, dass der Täter die Sache oder den in ihr verkörperten Sachwert (**aA** *Ambos* GA **07**, 127, 132 f.) mit Ausschlusswirkung gegenüber dem Eigentümer seinem **eigenen** (BGH **1**, 264; **4**, 236; **5**, 205; **16**, 192; **34**, 309, 312) oder dem Vermögen eines **Dritten** (wistra **07**, 18, 20) in der Weise zuführt (vgl. hierzu 45 ff. zu § 242), dass er selbst oder der Dritte zum **Scheineigentümer** wird (vgl. 33 zu § 242; Ausn. §§ 935 II, 946 ff. BGB). 5

A. Manifestation der Zueignung. Die Zueignung muss nach dem Wortlaut von I zur *Vollendung* kommen (krit. zur Einordnung als *Erfolgs*delikt *Mitsch* BT II/1, 2/36). Wie dieser Erfolg mit hinreichender Bestimmtheit zu definieren ist, ist seit jeher i. E. str.; bis auf evidente Fallgruppen (nutzender Verbrauch; Veräußerung an Gutgläubige; nach Ansicht der „Qualifikationslösung" auch *jede* Wegnahme in Zueignungsabsicht" [vgl. *Kindhäuser*, Gössel-FS 451, 454 mwN]) kann zur Tatbestandsvollendung regelmäßig nicht auf einen „endgültigen" Verlust des Berechtigten gewartet werden (vgl. *Mylonopoulos*, Roxin-FS 917, 918 f.). Gewiss ist zur Vollendung auch kein wirksamer Eigentumserwerb erforderlich (vgl. 33 zu § 242); liegt 6 ein solcher vor, so ist regelmäßig Zueignung gegeben (BGH **1**, 264). Nach hM zur aF verlangt die Vollendung des § 246 weder eine dauernde Enteignung des Berechtigten noch den tatsächlichen Eintritt einer (zumindest vorübergehenden) Aneignung durch den Täter oder einen Dritten. Nach **stRspr.** und hM reicht es vielmehr aus, dass der Zueignungswille des Täters durch eine *nach außen* erkennbare Handlung betätigt wird (**„Manifestationstheorie";** BGH **1**, 264; **14**, 39 [dazu *Schünemann* JuS **68**, 114]; Braunschweig NJW **50**, 158; JR **66**, 393; Düsseldorf JZ **85**, 592 [hierzu *Otto,* Jura **89**, 205 u. **96**, 383]; StV **90**, 164 [für den Fall der Nichtrückgabe eines gemieteten Kfz]; zusf. *Tenckhoff* JuS **84**, 778; *Degener* JZ **01**, 388 ff.; *Basak* GA **03**, 109 ff.; NK-*Kindhäuser* 26; SK-*Hoyer* 11 ff.; *W/Hillenkamp* 279 ff.; *Küper* BT 474 ff.; *Mitsch* BT II/1, 2/32 ff.; *Arzt/Weber* 15/21 ff.; *S/S-Eser* 10; krit. *Maiwald* [1 a, 1970] 191 ff.; *ders.*, Schreiber-FS [2003] 315, 321 ff.; *Ambos* GA **07**, 127, 134 ff.). In der **Lit.** werden eine „Aneignungslehre" (vgl. *Samson* JA **90**, 8, 9; *Duttge/Fahnenschmitt* ZStW **110** [1998] 917 f.; krit. *Dencker*, Rudolphi-FS [2004] 425, 438 f.) und eine „Enteignungslehre" (vgl. SK-*Hoyer* 22 ff.) oder eine „Enteignungs*gefahr*-Lehre" (vgl. MK-*Hohmann* 31; *Degener* JZ **01**, 398 f.; *Basak* GA **03**, 115, 120) unterschieden.

6 a Die **Rspr** lässt als Manifestation des Zueignungswillens Verhaltensweisen genügen, in denen sich der Zueignungswille **objektiviert.** Dazu gehört auch äußerlich ordnungsgemäßes Verhalten; eine Zueignung liegt somit vor, wenn ein objektiver Beobachter bei Kenntnis der Täterabsicht die Handlung als **Betätigung** des Zueignungswillens ansieht. Unsicherheiten bleiben freilich auch hier; so ist die Annahme, § 246 (wie § 242) enthalte kein **Bereicherungs**-Element, nur schwer mit der Abgrenzung der „angemaßten Eigentümerstellung" zB von der Sachbeschädigung zu vereinbaren: warum die „Anmaßung" ausgerechnet da nicht gelten soll, wo der Schein-Eigentümer mit der Sache in denkbar weitester Weise nach seinem Belieben verfährt, indem er sie *vernichtet,* lässt sich so kaum erklären. Nach Ansicht von *Dencker* kann der objektive Gehalt der Zueignung „sinnvoll nur auf der Enteignungsseite gemessen werden"; Zueignung ist danach ein (von der „Absicht" des § 242 getragenes!) Handeln, das für den Eigentümer die Gefahr dauernden Sachverlustes und für den Täter oder einen Dritten die Möglichkeit der Sachnutzung mit sich bringt (Rudolphi-FS [2004], 425, 440 f.; ähnlich *Gropp* JuS **99**, 1045; *Degener* JZ **01**, 398 [Enteignungsgefahrerfolg]; *Maiwald*, Schreiber-FS [2003] 315, 326 ff.).

7 **Einzelfälle.** Zueignung ist **bejaht** worden: bei Verfügung des Täters über das Eigentum an der fremden Sache (BGH **1**, 264), zB durch Verpfändung (vgl. BGH **12**, 299, 302; RG **66**, 155) oder Sicherungsübereignung (vgl. LK-*Ruß* 15) unabhängig von deren Wirksamkeit (*S/S-Eser* 13); bei Einstecken einer gefundenen Sache in der Absicht, sie zu behalten (MDR/D **53**, 21); bei Anbieten einer fremden Sache als eigene zur Pfändung durch den Gerichtsvollzieher (*S/S-Eser* 18; **aA** SK-*Hoyer* 29 [erst bei Zuschlag an den Erwerber]), uU aber auch bei **Unterlassen** eines Hinweises auf die Fremdheit (Koblenz StV **88**, 287 f.); bei Vermischung mit eigenen Sachen in der Absicht, über den Gesamtbetrag oder einen den eigenen Anteil übersteigenden Teil zu verfügen (Celle NJW **74**, 1833); bei pflichtwidriger Nichtrückgabe einer geliehenen oder gemieteten Sache unter **Verbrauch** oder erheblicher Wertminderung (BGH **34**, 309; Düsseldorf StV **90**, 164; str.; vgl. dazu 37 zu § 242); bei Verheimlichung und Ableugnen des Besitzes gegenüber dem Eigentümer (Bay JR **55**, 271; Celle NJW **74**, 2326 f.; **aA** SK-*Hoyer* 27); Verwendung von eingenommenem Geld zum Ausgleich von Kassenfehlbeträgen durch Unterlassen entsprechender Einnahmebuchungen (BGH **9**, 348; **24**, 115; str.; zust. *Rudolphi* GA **65**, 33, 43 ff.; *Tröndle* GA **73**, 289, 338; *Tenckhoff* JuS **84**, 775; *Wessels* JZ **65**, 631, 635; *W/Hillenkamp* 285 ff.; **aA** *Gribbohm* JuS **63**, *106, MDR* **65**, 874 u. NJW **66**, 191; NK-*Kindhäuser* 43 mwN; and. auch *S/S-Eser* 12; vgl. dazu auch *Arzt/Weber* 15/32); bei **Abschluss schuldrechtlicher Verträge** über die fremde Sache, uU schon beim Verkaufsangebot (MDR/D **54**, 398; MK-*Hohmann* 19; vgl. aber unten 10; **aA** SK-*Hoyer* 27); bei **Verschweigen** des Besitzes

auf ausdrückliches Nachfragen nach der Sache (Bay **55**, 72); bei abredewidriger Verwendung von Diebesgut (4 StR 182/86); bei Annahme von Geld durch einen Dritten unter Erteilung einer gefälschten Quittung (Köln NJW **63**, 1992) oder durch Erteilung eines Verkaufsauftrages (MDR/D **54**, 398); weiterhin bei **Vermengung oder Vermischung** von Sachen in Zueignungsabsicht (Celle NJW **74**, 8
1833); **Spezifikation** an fremder Sache, obwohl sie dem Täter Eigentum nach § 950 BGB verschafft; Sicherungsübereignung, wenn sie zur Ausschaltung des ersten Sicherungseigentümers führen soll (GA **65**, 207; MDR/D **67**, 173); Abschluss eines Pfandvertrages über die Sache (RG **66**, 156), wenn er die rechtzeitige Wiedereinlösung des Pfandes ausschließt (BGH **12**, 299; Karlsruhe Die Justiz **72**, 319; and. *Kargl* ZStW **103**, 183); bei Nichterfüllung einer Herausgabepflicht, wenn dies darauf gerichtet ist, das bisherige Eigentum nicht mehr anzuerkennen (*Cramer* CR **97**, 694), etwa bei Nichtablieferung einer geliehenen Sache trotz Rückforderung; bei Benützung eines nur kurzfristig gemieteten Autos weit über die Zeit hinaus und an entferntem Ort (KG VRS **37**, 438); bei Nichtabführen einkassierten Geldes (Düsseldorf NJW **92**, 60; NStZ-RR **99**, 41); bei Verheimlichen oder Ableugnen des Besitzes, falls sie mit Zueignungswillen erfolgen (Bay **55**, 72; Celle NJW **74**, 2326).

Zueignung ist **verneint** worden: bei Unterlassen der Herausgabe trotz rechtskräftiger Verurteilung zur Durchsetzung eigener Gegenansprüche (StraFo **07**, 251), oder unter Anerkennung des fremden Eigentums (vgl. Koblenz StV **84**, 288 [hierzu *Geilen* JK 3]; LK-*Ruß* 20; BGH **34**, 312); bei bloßer abredewidriger Weiterbenutzung einer Mietsache (Düsseldorf StV **90**, 164; NStE Nr. 2; Hamm wistra **99**, 112 m. Anm. *Fahl* JA **99**, 539); bei bloßem eigenmächtigen Verfügen, falls nicht der Fall einer Drittzueignung (oben 1, unten 11) vorliegt und Zueignungsvorsatz fehlt (BGH **4**, 239; GA **53**, 83; NJW **70**, 1754; Bay NJW **61**, 280; **90**, 462); bei Preisgabe oder Zerstörung der Sache (Düsseldorf NJW **87**, 2526 [m. Anm. *R. Keller* JR **87**, 521]; vgl. dazu *Wallau* JA **00**, 248), es sei denn, der Zueignungswille wäre zuvor betätigt worden (MDR/H **77**, 461; vgl. aber unten 11); bei Kopieren und Verwerten von Daten, die auf einer Diskette gespeichert sind, wenn der Täter diese dem Berechtigten wieder unverändert zurückzugeben beabsichtigt (Bay NJW **92**, 1778 m. Anm. *Julius* JR **93**, 255; hierzu *St. Cramer* CR **97**, 696); bei auftragsgemäßer Entgegennahme von Geld durch einen Kassierer mit der Absicht, es für sich zu behalten (Zueignung erst bei Nicht-Weiterleitung [Düsseldorf NStZ-RR **99**, 41] oder bei Vornahme von Verschleierungsmaßnahmen; vgl. *S/S-Eser* 11); bei Unterlassen der Rückgabe durch den Leasingnehmer nach Kündigung des Vertrags (Hamburg StV **01**, 577). Ob die bloße Behauptung des Beschuldigten bei seiner polizeilichen Vernehmung, die betreffende Sache gehöre ihm, ausreicht (so Hamm JR **52**, 204), ist zw. (vgl. SK-*Hoyer* 42). Zur Übereignung durch Unterlassen *Ranft* JA **84**, 287; *Otto* JZ **85**, 25. In der Verwendung fremden Geldes in der Absicht und mit der tatsächlichen Möglichkeit, es aus unmittelbar verfügbaren Mitteln zurück zu erstatten („präsenter Deckungsfonds"), liegt nach Ansicht *Roxins* (H. Mayer-FS 476; zust. *Mylonopoulos,* Roxin-FS 925) keine Zueignung (zw.; **aA** *M/Schroeder/Maiwald* 34/33); es wird hier vielfach eine mutmaßliche Einwilligung gegeben sein. 9

B. Kritik. Gegen die weite *Subjektivierung* der Zueignung durch die Einbeziehung formell ordnungsgemäßen Verhaltens und gegen die Ausweitung auf *beliebiges* Tun oder Unterlassen (vgl. dazu *Lagodny* Jura **92**, 664 f.) wird in der Literatur – mit Unterschieden in der Begründung und im Ergebnis – Kritik erhoben (vgl. etwa *Arzt/Weber* 15/13; *Rönnau* GA **00**, 410, 423; *Kudlich* JuS **01**, 767, 768 ff.; *Degener* JZ **01**, 388 ff.; *Schenkewitz* NStZ **03**, 17, 19 f.; *Basak* GA **03**, 109 ff.; *Ambos* GA **07**, 127, 134 ff.; jew. mwN), die sich gegen die Neufassung des Tatbestands als **allgemeines Sachzueignungsdelikt** (vgl. *Bussmann* StV **99**, 613, 615 f.) sowie gegen das Zusammenfallen der Manifestation des Zueignungs*willens* mit dem Taterfolg wendet, weil dadurch für den Versuch praktisch nur Fälle der „Zueignung" un- 10 tauglicher Objekte übrig bleiben (*S/S-Eser* 13; *Arzt/Weber* 15/23). So wird zum einen von einer **engen Manifestationstheorie** eine weitergehende **Objektivierung** der Zueignungshandlung gefordert; danach muss die Aneignung „objektiv vollzogen", nach **aA** hinsichtlich der *Enteignung* eine objektive Gefahrenlage geschaffen sein, die den endgültigen Sachverlust unmittelbar befürchten lässt; der Vorsatz muss in unmissverständlicher Weise nach außen deutlich geworden sein (vgl. *S/S-Eser* 11; *Lackner/Kühl* 5; *Bockelmann* ZStW **65**, 588 f. und JZ **60**, 622; *Maiwald* [oben 1 a] 191 f.; *Schneider* MDR **56**, 337; *Schröder* NJW **63**, 1959; *Tenckhoff* JuS **84**, 780; *Rudolphi* GA **65**, 38 f.; Überblick bei *Küper,* Stree/Wessels-FS 481 f.; *Otto* Jura **96**, 383 ff.; *Dencker* Einf./6. StrRG). Teilweise wird der Eintritt eines (endgültigen; vgl. *Mylonopoulos,* Roxin-FS 917, 920 f.) Enteignungs*erfolgs* verlangt (SK-*Hoyer* 22); teilweise eine in einer Nutzung der Sache objektivierte Aneignung unter Schaffung einer „konkreten Enteignungsgefahr" (*Basak* GA **03**, 109, 120 f.); noch weitergehend beschränkt *Kargl* die Zueignung auf Verbrauch, Entwertung und Veräußerung (ZStW **103** [1991], 167, 181 ff.).

10 a Zuzugeben ist dieser Kritik, dass durch die Streichung des Gewahrsamserfordernisses nicht nur die „große berichtigende Auslegung" (vgl. dazu LK-*Ruß* 10; NK-*Kindhäuser* 22; *Küper* ZStW **106**, 354 ff.) Gesetz geworden ist (vgl. BT-Drs. 13/8587, 43; dazu *Wolters* JZ **98**, 399; Stächelin StV **98**, 98 f.; *Lesch* JA **98**, 474, 477; *Rengier,* Lenckner-FS 801, 806), sondern dass der Tatbestand nach seinem **Wortlaut** auf Fälle ausgedehnt worden ist, in denen der Täter in **keinerlei näherer Beziehung** zu der Sache steht (krit. *Küper* BT 480; vgl. auch *Duttge/Fahnenschmidt* ZStW **110**, 884, 898 ff.; *Kindhäuser,* Gössel-FS 451, 456 ff.; *Schenkewitz* NStZ **03**, 17, 20; Ambos GA **07**, 127, 135). Vorschläge in der Lit. fordern daher eine **Nähebeziehung** in Form von mindestens mittelbarem Besitz (vgl. *Rengier,* Lenckner-FS 810 f. und BT I, 5/17 ff.; NK-*Kindhäuser* 9), eine „nicht völlig untergeordnete Herrschaftsbeziehung" des Täters zum Tatobjekt (*S/S-Eser* 10; ähnl. *Bussmann* StV **99**, 616; *Lackner/Kühl* 4; *W/Hillenkamp* 293; *Arzt/Weber* 15/28, 33), eine tatsächliche oder zumindest scheinbare Besitzbeziehung des Täters oder des Empfängers zum Tatobjekt (*Kudlich* JuS **01**, 767, 772; ähnlich *Sinn* NStZ **02**, 64, 68) oder eine Einschränkung des Tatobjekts auf die Sach*substanz* (*Duttge/Fahnenschmidt* ZStW **110**, 917; vgl. dazu *Lackner/Kühl* 4; *Mitsch* BT II/1, 2/20 ff. und ZStW **111**, 88 ff.; 89; *Kindhäuser* LPK 15 f.; *Sander/Hohmann* NStZ **98**, 276).

11 **C. Drittzueignung.** Seit der Neufassung durch das 6. StrRG (2 f. vor § 174) ist klargestellt, dass auch die **Zueignung an einen Dritten** genügt (*Otto* Jura **98**, 551; krit. *Dencker* aaO 33 ff.; *Murmann* NStZ **99**, 15; *Jäger* JuS **00**, 1167; *Rönnau* GA **00**, 410, 421 ff.; *Maiwald,* Schreiber-FS [2003] 315, 317 ff.; vgl. dazu 45 ff. zu § 242). Verschafft jemand einem Dritten Eigenbesitz nach eigenem „Durchgangs"-Erwerb (Verkauf; Schenkung), so liegt *Selbst*-Zueignung vor. Die Rspr hat daher den Tatbestand schon auf der Grundlage der alten Fassung als erfüllt angesehen, wenn der Täter durch die Zueignung an einen Dritten einen auch nur mittelbaren *eigenen* wirtschaftlichen Vorteil im weitesten Sinne erlangt hatte. Insoweit hat die Tatbestandsvariante daher nur klarstellende Funktion. Anlass für die Neufassung war aber nicht zuletzt auch die Entscheidung BGH (GrSen) **41**, 187 (m. Anm. *Otto* JZ **96**, 582; vgl. auch BGH **40**, 8 [m. Anm. *Weiß* JR **95**, 29]; and. noch NStZ **94**, 542; **95**, 131), in der eine strafbare (Selbst-)Zueignung in Fällen der Entnahme von Sachen aus Postsendungen durch MfS-Mitarbeiter wegen Fehlens eines solchen mittelbaren Vorteils verneint wurde. Die Neufassung soll daher nach dem Willen des Gesetzgebers gerade solche Fälle einbeziehen, in denen der Täter zu keinem Zeitpunkt Eigenbesitz begründet oder begründen will.

11 a *Sprachlich* ist die Tatbestandsvariante missglückt (zutr. *Kindhäuser,* Gössel-FS 451, 454, 463 f.), da der Täter *allein* schwerlich *Eigen*besitz eines Dritten begründen kann. Vom Wortlaut nicht ausgeschlossen wäre nach der Neufassung nämlich, dass für die *An*eignungskomponente der Zueignung in Fällen der *Drittzueignung* schon die bloße **Ermöglichung der „Fremdaneignung"** genügt (*Küper* BT 478, 481;

Otto Jura **98**, 551; differenzierend *Dencker* aaO 41 f.; *Schenkewitz* NStZ **03**, 17 ff.): etwa wenn der Täter dem Eigentümer eine Sache ohne Selbstzueignungsabsicht entzieht, zugleich aber in Kauf nimmt, dass ein Dritter sie sich zueignet (Beispiele bei *Noak* BochErl. 74; ähnl., aber krit. *Murmann* NStZ **99**, 15; *Sander/Hohmann* NStZ **98**, 276 [Drittzueignung durch telefonisches „Verschenken" einer fremden Sache ohne Gewahrsamsbezug]; *Duttge/Fahnenschmidt* ZStW **110**, 884, 894 ff.; *Basak* GA **03**, 10; vgl. dazu auch *Rengier,* Lenckner-FS 801; *Rönnau* GA **00**, 410, 415 ff.; 48 zu § 242). Es kann aber das bloße Schaffen einer *Gelegenheit* für die Selbstzueignung eines anderen für die Drittzueignung ebenso wenig ausreichen wie für die Selbstzueignung (so auch wistra **07**, 18, 20]). Das gilt auch für eine „Manifestation" durch bloße (täuschende) Behauptung (zutr. *W/Hillenkamp* 293; *Kindhäuser,* Gössel-FS 451, 463 ff.). Vielmehr muss die **Tathandlung** zu einer Stellung des Dritten in Bezug auf die Sache führen, wie sie auch bei der **Selbstzueignung** für die Tatbestandserfüllung notwendig wäre (so auch NStZ-RR **06**, 377, 378). Eine solche lässt sich analog etwa der „Drittverschaffung" iS des § 259 I konstruieren (*Kindhäuser* aaO).

Praktische Fälle der Drittzueignung sind **zB** die Begründung mittelbaren Be- 12
sitzes *für* einen Dritten ohne Wegnahme; die Verbindung, Vermischung oder Verarbeitung fremder Sachen mit denen eines hierdurch Eigentum erwerbenden Dritten (*Kindhäuser* LPK 27); die Übereignung an einen gutgläubigen Dritten, der den unmittelbaren Besitz innehat, nach § 932 I S. 2 BGB; der Eigentumserwerb durch Abtretung eines Herausgabeanspruchs gem. § 934 BGB (*Arzt/Weber* 15/31). Bei der Drittzueignung von **Sicherungsgut** durch den Sicherungsgeber muss im Zueignungsakt (insb.: Übertragung des unmittelbaren Besitzes) zum Ausdruck kommen, dass der bisherige Fremdbesitz durch dem Dritten auf Dauer verschafften Eigenbesitz ersetzt werden soll (wistra **07**, 18, 20 [Drittzueignung sicherungsübereigneter Kfz]).

5) Rechtswidrigkeit der Zueignung. Für die von § 246 vorausgesetzte 13
Rechtswidrigkeit der Zueignung gilt das zu § 242 Ausgeführte entsprechend (vgl. dort 49); nach hM handelt es sich um ein (normatives) **Tatbestandsmerkmal** (vgl. GA **68**, 121; NJW **90**, 2832; dazu *Herdegen,* BGH-FS 195, 200; *Gössel,* Zipf-GedS 217, 226; *Küper,* Gössel-FS. 429 ff.; *Kösch* [1 a]). Die Rechtswidrigkeit entfällt bei **Einwilligung** des Eigentümers (vgl. NStZ-RR **05**, 311 [Veräußerung von im Rahmen einer Händlereinkaufsfinanzierung sicherungsübereigneter Ware]; 50 zu § 242); ebenso, wenn die Zueignung sich auf einen fälligen und einredefreien **Übereignungsanspruch** stützt; ein **Irrtum** des Täters hierüber ist Tatbestandsirrtum (BGH **17**, 87, 91; NJW **90**, 2832; wistra **87**, 98; StV **00**, 78; Hamm NJW **69**, 619; **and.** *Gössel,* Zipf-GedS 228; SK-*Hoyer* 109 zu § 242). Als **Rechtfertigungsgründe** iS des allgemeinen Deliktsmerkmals der Rechtswidrigkeit kommen mutmaßliche Einwilligung (nahe liegend beim eigenmächtigen Geldwechseln), uU auch § 34 in Betracht.

6) Wiederholte Zueignung. Nach der zur aF ergangenen Entscheidung 14
GrSenBGH **14**, 38 [m. Anm. *Schünemann* JuS **68**, 114] kann der Täter in Fällen, in denen er sich die Sache zugeeignet hat, den Tatbestand nicht noch einmal erfüllen; weitere Zueignungsakte sind also tatbestandslos (**„Tatbestandslösung"**, BGH **16**, 282; NStZ-RR **96**, 132 [hierzu *Otto* JK 10]; Saarbrücken NJW **66**, 76; Düsseldorf JZ **85**, 592; *Krey* BT 2, 174; *Küper* BT 481; *Rengier* I § 5, 21; NK-*Kindhäuser* 62; LK-*Ruß* 11). Im **Schrifttum** (*Schröder* JR **60**, 308; *Bockelmann* JZ **60**, 621; *Tenckhoff* JuS **84**, 778; *Mitsch* JuS **98**, 312; *M/Schroeder/Maiwald* 34/22; *W/Hillenkamp* 301; *S/S-Eser* 19) wird hingegen überwiegend die Meinung vertreten, dass in einer wiederholten Betätigung des Herrschaftswillen eine erneute Zueignung liegt, diese aber als mitbestrafte Nachtat gegenüber dem ersten Zueignungsakt zurücktritt **(Konkurrenzlösung),** weil nur die Konkurrenzlösung es ermöglicht, die Förderung einer späteren (Zweit-)Zueignung als Beihilfe zu bestrafen (vgl. SK-*Hoyer* 31).

15 Umstr. ist (auch) hier die Bedeutung der durch das 6. StrRG eingefügten **Subsidiaritätsklausel** (unten 23; vgl. dazu BGH **47**, 243; *Dencker* Einf./6. StrRG 57, *Lesch* JA **98**, 477; *Otto* Jura **98**, 551 und NStZ **03**, 87; *Mitsch* BT II/1, 2/68 ff. und ZStW **111**, 65, 92 f.; *Murmann* NStZ **99**, 15; *Freund/Putz* NStZ **03**, 242; *Lackner/Kühl* 14; *S/S-Eser* 32; *Rengier,* Lenckner-FS 810 ff.; *Küper* BT 482; *ders.,* Gössel-FS 429 ff.; *W/Hillenkamp* 300 ff.), wonach eine Bestrafung nach § 246 nicht eintritt, wenn **die Tat** in anderen Vorschriften mit schwererer Strafe bedroht ist. Die Klausel bezieht sich nicht auf Zweit- oder **wiederholte Zueignungen,** also auf solche Fälle, in denen der Täter nach Vollendung der Tat weitere Zueignungsakte ausführt; *insoweit* bleibt die **Tatbestandslösung** des BGH anwendbar (Küper BT 481; *Mitsch* BT II/1, 2/74; *Lackner/Kühl* 7; zweifelnd *W/Hillenkamp* 301). Das gilt auch für (nachfolgende) Dritt-Zueignungen (ebenso *Mitsch* BT II/1, 2/52; *Cantzler* JA **01**, 567, 573; iErg auch *Murmann* NStZ **99**, 14 f.). Soweit für die Zweitzueignung die **Konkurrenzlösung** vertreten wird (oben 14), kann die Subsidiaritätsformel gleichfalls nicht eingreifen, da sie für die **zugleich** mit § 246 verwirklichten Delikte gilt (vgl. dazu i. e. unten 23 f.).

16 **7) Veruntreuende Unterschlagung, Abs. II.** Abs. II regelt die Veruntreuung als **qualifizierten Fall** der Unterschlagung (zur Hinweispflicht gem. § 265 StPO vgl. Jena StV **07**, 230 f.). Sie liegt vor, wenn die unterschlagene Sache dem Täter **anvertraut** ist, sei es vom Eigentümer oder einer sonstigen Person; allerdings darf das Anvertrauen nicht dem Recht des Eigentümers zuwiderlaufen. **Anvertrauen** ist die Hingabe oder das Belassen in dem Vertrauen, der Besitzer werde mit der Sache nur iS des Anvertrauenden verfahren, sie also zu einem bestimmten Zweck verwenden, aufbewahren oder zurückgeben (**aA** MK-*Hohmann* 54; SK-*Hoyer* 46, der eine Gewahrsamsüberlassung ohne jede Nutzungsbefugnis verlangt und dies aus einem Vergleich des vom Nicht-mehr-Berechtigten oder Nicht-so-Berechtigten [zB Mieter] durch Zueignung verwirklichten Unrechts mit dem vom gänzlich Nicht-Berechtigten [zB Finder] verwirklichten herleitet. Das überzeugt nicht, weil es bei der Fundunterschlagung an einem Vertrauens-Verhältnis ja gerade fehlt; das in einen Entleiher oder Mieter gesetzte Vertrauen, dass dieser die Sache nicht etwa verkauft, ist nicht weniger schützenswert als das einem Verwahrer oder Pfandnehmer entgegengebrachte).

17 Ein **Treueverhältnis** iS von § 266 ist nicht erforderlich (BGH **9**, 90). Ein **Anvertrauen** liegt daher **zB** vor beim Auftrag, Leihvertrag (MK-*Hohmann* 52); bei der Miete eines Kfz (BGH **9**, 90); bei unter Eigentumsvorbehalt gelieferten Sachen vor vollständiger Bezahlung (BGH **16**, 280); bei „zu getreuen Händen angedienten Dokumenten" vor vollständiger Kaufpreiszahlung (*Timmermann* MDR **77**, 534); bei der Sicherungsübereignung (NStZ-RR **06**, 377, 378); nach hM auch, wenn mit dem Anvertrauen ein sitten- oder gesetzwidriger Zweck verfolgt wird (NJW **54**, 889; Braunschweig NJW **50**, 656; LK-*Ruß* 26; *Lackner/Kühl* 13; *W/Hillenkamp* 296; *Küper* BT 25; *Rengier* BT I, 5/26; einschränkend NK-*Kindhäuser* 60, 72; *S/S-Eser* 30 [kein besonderer Schutz gesetz- oder sittenwidriger Verhältnisse]; SK-*Hoyer* 47 [nur bei durch betrügerische Täuschung zustande gekommenem Vertrauensverhältnis]). Entgegen der Rspr, die in II ein rein *tatsächliches* Verhältnis sieht, dürfte der besondere Schutz des II aber solchen Überlassungen nicht zukommen, die den Eigentümerinteressen zuwiderlaufen (zB Überlassung der gestohlenen Sache an den Hehler; vgl. *W/Hillenkamp* 296).

18 Ob ein Anvertraut-Sein in jedem Fall **Gewahrsam** des Täters voraussetzt (so SK-*Hoyer* 43; *S/S-Eser* 29; *W/Hillenkamp* 295; wohl auch *Lackner/Kühl* 13), ist nach dem Wegfall des Gewahrsamserfordernisses in I (oben 4) zweifelhaft. *Küper* (BT 24) hält daher eine „Sachherrschaft" etwa durch mittelbaren Besitz für ausreichend (ähnlich *Mitsch* ZStW **111**, 94). Diese Auslegung ist vom Wortlaut der Vorschrift gedeckt; Zweifel begegnet sie zum einen, weil die Drittzueignung in dieser Konstellation von einer *„Untreue ohne Treueverhältnis"* nicht mehr zu unterscheiden ist; zum anderen, wenn nach der weiten Manifestationstheorie der Rspr. qualifi-

zierte *Sach*veruntreuungen ohne tatsächliche Sachherrschaft möglich sein sollten, was § 246 nicht nur zum allgemeinen Eigentumsdelikt macht, sondern auch einem allgemeinen Vermögensdelikt annähern würde.

Das Anvertrautsein bildet einen **besonderen Umstand** iS des § 28 II und ist daher den anderen Teilnehmenden nicht zuzurechnen (StV **95**, 84; *Rengier* BT I § 5, 27; NK-*Kindhäuser* 73; SK-*Hoyer* 42). Der **Vorsatz** muss hier das Wissen umfassen, dass ein Anvertrauen vorliegt (LK-*Ruß* 27; **aA** MK-*Hohmann* 55). 19

8) Subjektiver Tatbestand. Der **Vorsatz** (bedingter Vorsatz genügt) besteht in dem Willen des Täters, sich oder einem Dritten rechtswidrig eine fremde, bewegliche Sache zuzueignen (vgl. dazu 30 ff. zu § 242). Der Vorsatz muss zum Zeitpunkt der Zueignung vorliegen. Es muss sich auf die **Rechtswidrigkeit** erstrecken, die hier Tatbestandsmerkmal ist (hM; vgl. oben 14). Eine Zueignungs**absicht** iS von § 242 (dort 32 ff.) ist nicht erforderlich. 20

9) Versuch. Der Versuch ist nach **Abs. III** strafbar. Er ist beim Ansetzen zur Zueignungshandlung gegeben; freilich wird hier auf der Grundlage der herrschenden Manifestations-Lehre idR bereits Vollendung vorliegen, wenn die Position des Eigentümers verschlechtert wird. Der Wegfall des Gewahrsamserfordernisses durch das 6. StrRG kann nicht dazu führen, dass das bloße Anbieten einer fremden Sache zum Verkauf ohne jede Besitzbeziehung bereits zur *vollendeten* (Selbst- oder Dritt-) Zueignung wird (**aA** *Sander/Hohmann* NStZ **98**, 276; *Duttge/Fahnenschmidt* ZStW **110**, 909). In Fällen bloßer Berührung liegt auch kein Versuch vor. 21

10) Täterschaft und Teilnahme. Nach § 246 aF konnte **Mittäter** einer Unterschlagung nur sein, wer spätestens im Zeitpunkt der Zueignungshandlung eigenen *Gewahrsam* erlangte (BGH **2**, 317; str.); Beteiligte ohne eigenen Gewahrsam waren Anstifter oder Gehilfen. Dieses Abgrenzungskriterium steht nach der Reform ebenso wie das des *Selbstzueignungswillens* nicht mehr zur Verfügung. Eine Drittzueignung dürfte in den meisten Fällen ohne Mitwirkung des Dritten nicht möglich sein (*Rengier,* Lenckner-FS 805), der daher regelmäßig Täter einer *Selbstzueignung* ist; die täterschaftliche Drittzueignung stellt sich daher (zugleich) als Beihilfe zur Selbstzueignung des Dritten dar. Der Wille des Gesetzgebers des 6. StrRG dürfte dahin gegangen sein, diese Fälle regelmäßig zur **Täterschaft** aufzuwerten (vgl. auch *Küper* BT 471 f.); zwischen dem *Dritt*zueignenden und dem *selbst*zueignendem Dritten ist Mittäterschaft möglich (and. *Ingelfinger* JuS **98**, 534 f.). Damit wird auch die Teilnahme eines Garanten durch Unterlassen (vgl. dazu *Lagodny* Jura **92**, 664) zur Täterschaft hochgestuft, ebenso jede andere Ermöglichung fremder Zueignung, soweit sie die Voraussetzungen einer vollendeten Selbst-Zueignung des Dritten schafft (vgl. *Duttge/Fahnenschmidt* ZStW **110**, 909; *Mitsch* ZStW **111**, 87). Der Anwendungsbereich der Teilnahme ist jedenfalls nach dem Wortlaut der Neufassung sehr schmal geworden; Kriterien einer Eingrenzung der Täterschaft sind i. E. str. (vgl. dazu *Jäger* JuS **00**, 1167, 1169; *Kudlich* JuS **01**, 767, 769; oben 11). 22

11) Subsidiaritätsklausel. Zum Anwendungsbereich der Subsidiaritätsklausel vgl. schon oben 15; sie erfasst nur Fälle der Gleichzeitigkeit; sie ist auch anwendbar, wenn die Annahme von Tateinheit zwischen der Unterschlagung und dem anderen Delikt auf der Anwendung des Zweifelssatzes beruht (BGH **47**, 243 [krit. *Otto* NStZ **03**, 87; and. *Freund/Putz* NStZ **03**, 242, 244]; vgl. auch *Mitsch* BT II/1, 2/70). Die Klausel gilt, trotz ihres Standorts in Abs. I, auch für Taten nach Abs. II und für versuchte Unterschlagungen (*Küper* BT 482; *Mitsch* BT II/1, 2/71; *Rengier* BT I, 5/28; *Lackner/Kühl* 14; MK-*Hohmann* 59; *Freund/Putz* NStZ **03**, 242, 243). Vorausgesetzt ist, dass der Täter sich nach dem anderen Delikt *strafbar gemacht* hat; die bloße *Möglichkeit* hierzu reicht nicht aus (so auch *Freund/Putz* NStZ **03**, 242, 246; MK-*Hohmann* 59). 23

Der **Wortlaut** der Vorschrift erfasst, wie die gleichlautende Subsidiaritätsklausel in § 125 (vgl. dort 19), *alle* mit schwererer Strafe bedrohten Delikte unanhängig von Ihrer Schutzrichtung (dazu krit. *Otto* [BT 43/25 und NStZ **03**, 87 [„schlicht 23 a sachwidrig"]; *Wagner*, Grünwald-FS 797, 806ff.). In der **Literatur** wird zu Recht überwiegend die Ansicht vertreten, aus der Umwandlung des § 246 in ein *allgemeines* Zueignungsdelikt ergebe sich nicht, dass die Vorschrift gegenüber allen zugleich begangenen Delikten ohne Rücksicht auf das verwirklichte Unrecht und die möglicherweise unterschiedlichen Schutzrichtungen zurücktrete. „Die Tat" iS von I (vgl. § 11 I Nr. 5) ist danach nicht als prozessualer Begriff (§ 264 I StPO) zu verstehen; die Klausel hat keinen **materiell** strafbarkeits-einschränkenden Charakter (zutr. *Freund/Putz* NStZ **03**, 242, 245). Daher kann das „andere" Delikt nur ein solches sein, das sich **gegen Eigentum oder Vermögen** richtet; Tatbestände, welche das Zueignungsunrecht gar nicht erfassen, verdrängen nach zutr. Ansicht § 246 nicht (so auch SK-*Hoyer* 48; *ders.* JR **02**, 517; *S/S-Eser* 32; LK-*Rissing-van Saan* 127f. vor § 52; MK-*v. Heinschel-Heinegg* 45 vor § 52; *Otto* Jura **98**, 550, 551; *Jäger* JuS **00**, 1167, 1171; *Cantzler* JA **01**, 571; *W/Hillenkamp* 300; *Mitsch* BT II/1, 2/76 und ZStW **111**, 92; *Rengier* BT I, 5/29); es handelt sich um eine (materielle) Konkurrenzregel (vgl. auch *Küper* BT 482).

23 b Der *1. StS* des **BGH** ist in BGH **47**, 243 dieser Ansicht nicht gefolgt. Wie bei der entsprechenden Klausel des § 125 (dazu BGH **43**, 237 [Anm. *Rudolphi* JZ **98**, 471]; vgl. 19 zu § 125) soll es vielmehr der Wortlaut der Vorschrift nicht zulassen, die Subsidiarität auf das in § 246 verwirklichte Unrecht zu beschränken (BGH **47**, 243 [Anm. *Hoyer* JR **02**, 517; *Otto* NStZ **03**, 87; Bespr. *Freund/Putz* NStZ **03**, 242]); ein entsprechender Wille des Gesetzgebers sei im Gesetzeswortlaut nicht zum Ausdruck gebracht. Der *2. StS* hat die Frage in einer späteren Entscheidung offen gelassen (2 StR 477/02), sich dem *1. StS* dann aber ohne weitere Begründung angeschlossen (2 StR 234/04).

23 c Nach der Rspr des BGH gilt die Subsidiaritätsklausel des § 246 daher für alle Delikte mit höherer Strafdrohung, **unabhängig von ihrer Schutzrichtung** (BGH **47**, 243, 244; 2 StR 234/04 [jeweils Subsidiarität gegenüber – im Zweifel tateinheitlich begangenem – Totschlag]; in der Lit. ebenso *Wagner*, Grünwald-FS 797, 800ff.; *Sander/Hohmann* NStZ **98**, 273, 276; *Lackner/Kühl* 14; LK-*Laufhütte/Kuschel* Nachtrag 9; der Entscheidung auf der Basis der gesetzgeberischen Entscheidung zust. auch *Otto* NStZ **03**, 87f.). Der BGH stellt dabei auf den **prozessualen Tatbegriff** ab: „Die Tat" ist mit Strafe bedroht, wenn die Unterschlagung mit *irgendeinem* anderen Delikt mit höherer Strafdrohung zu einer prozessualen Tat (§ 264 StPO) verbunden ist. Das führt zB zu dem *widersinnigen* Ergebnis, dass auch eine gravierende Tat nach § 246 I schon von einer Bagatelltat zB nach § 223 I „verdrängt" wird (Beisp. bei *Freund/Putz* NStZ **03**, 242, 247); dass in diesem Fall das verwirklichte Unrecht des § 246 bei der Strafzumessung nach § 223 I zu berücksichtigen sein soll, ist mit der Annahme formeller Subsidiarität schwer zu vereinbaren. Für Fälle des **Abs. II** ist für den Vergleich der Strafdrohungen auf den Strafrahmen der (tatbestandlichen) Qualifikation abzustellen. Daraus ergeben sich *zufällig* erscheinende Konkurrenz-Folgen.

23 d Problematisch ist die **Konkurrenz der Subsidiaritätsklauseln** von § 246 und **§ 257 III S. 1**, etwa wenn ein Mittäter der Unterschlagung zugleich eine Begünstigung des anderen Tatbeteiligten begeht (Bsp. bei *Mitsch* aaO 79). Hier führt die Limitierung des § 257 II dazu, dass jedenfalls keine schwerere Strafe angedroht ist; der Täter ist aus § 246 zu bestrafen. Bei Konkurrenz von § 246 I mit **§ 125 I** ist ein Vorrang nicht gegeben; hier führt die den Täter „begünstigende" Auslegung des BGH (BGH **47**, 243, 245) also zum gerade entgegen gesetzten Ergebnis.

24 **12) Konkurrenzen im Übrigen.** Bei Manifestation des Zueignungswillens hinsichtlich mehrerer Sachen durch eine Ausführungshandlung liegt nur eine Tat vor (wistra **06**, 227f.). Von **§ 259** wird § 246 verdrängt, wenn der Hehler sich im Einverständnis mit dem Vortäter eine Sache zueignet. Für den Vortäter kann die Unterschlagung mit Drittzueignungswillen *zugleich* Beihilfe zur Hehlerei sein; in diesem Fall dürfte die Beteiligung an § 259 ebenso zurücktreten wie im Fall einer real konkurrierenden mitbestraften *Nachtat* (vgl. *Lackner/Kühl* 18 zu § 259; *S/S-Stree* 58 zu § 259; 26, 28 zu § 259; **aA** *Mitsch* BT II/1, 2/80 [Idealkonkurrenz]). Zum Verhältnis zu **§ 248 b** vgl. dort 11. **Tatmehrheit** ist mit § 267 möglich, wenn

die Urkundenfälschung die Unterschlagung (nur) vorbereitet oder die vollendete Zueignung verdecken soll. Gegenüber § 263 tritt § 246 zurück, wenn die Zueignung *durch Betrug* geschieht; dagegen ist ein der Unterschlagung nachfolgender *Sicherungsbetrug* mitbestrafte Nachtat. § 303 tritt hinter § 246 idR zurück (SK-*Hoyer* 49).

13) Sonstige Vorschriften. § 246 ist **Antragsdelikt** in den Fällen der §§ 247, 248 a. **Geldwäsche** § 261 I Nr. 4 a; **Fernmeldeüberwachung** 100 a S. 1 Nr. 2 StPO. Zuständigkeit in Wirtschaftsstrafsachen § 74 c I Nr. 6 GVG. 25

Haus- und Familiendiebstahl

247 Ist durch einen Diebstahl oder eine Unterschlagung ein Angehöriger, der Vormund oder der Betreuer verletzt oder lebt der Verletzte mit dem Täter in häuslicher Gemeinschaft, so wird die Tat nur auf Antrag verfolgt.

1) Allgemeines. Die Vorschrift idF des EGStGB (vgl. RegE 247) wurde durch Art. 7 § 34 Nr. 2 BtG geändert. 1

2) Anwendungsbereich. stellt, um bestimmte persönliche Beziehungen (3, 4) durch Eingreifen von Amts wegen nicht zu stören (BGH **10**, 403; **18**, 126; **29**, 56), für **Diebstahl** und **Unterschlagung** (in allen Formen, also auch für §§ 243, 244; nicht für § 252) ein Antragserfordernis auf. Entsprechend anzuwenden ist § 247 bei Hehlerei (§ 259 II), Betrug (§ 263 IV), Computerbetrug (§ 263 a II iVm § 263 IV), Erschleichen von Leistungen (§ 265 a III) und Untreue (§ 266 III). 1 a

3) Strafantrag (§§ 77 bis 77 d; 77 II gilt nicht) des Verletzten ist erforderlich, wenn ein **Angehöriger** (2 ff. zu § 11) des Täters, sein **Vormund** (und zwar auch der Gegenvormund, LK-*Ruß* 5; NK-*Kindhäuser* 6; **aA** *Otto* BT 43 1) oder sein **Betreuer** (§§ 1896 ff. BGB) verletzt ist; oder wenn eine **häusliche Gemeinschaft** besteht, in der der Verletzte mit dem Täter lebt, und zwar zZ der Tat (2 vor § 77). Ihr späterer Wegfall berührt das Antragrecht nicht (Celle JR **86**, 385 [m. Anm. *Stree*]; Hamm NStE Nr. 2; MK-*Hohmann* 3). Häusliche Gemeinschaft ist eine auf einem freien Entschluss beruhende Gemeinschaft mit gemeinsamem Haushalt für eine gewisse Dauer (BGH **29**, 57; NK-*Kindhäuser* 8), die von dem Willen getragen ist, die Verpflichtungen aus der persönlichen Bindung zu tragen; also **zB Familie,** nichteheliche **Lebensgemeinschaften** (Hamm wistra **03**, 356; NStZ-RR **04**, 111, 112) sowie **Wohngemeinschaften.** Einbezogen sind aber auch die Bewohner eines Internats, Klosters oder Altenwohnheims (MK-*Hohmann* 6); **nicht** aber zB Soldaten in der Kaserne; Gefangene in einer Strafanstalt (E EGStGB 247; NK-*Kindhäuser* 9); in Krankenhäusern oder sonstigen Einrichtungen zwangsweise Untergebrachte; nach BGH **29**, 57 auch nicht Personen, die das Zusammenleben allein dazu ausnutzen wollen, um strafbare Handlungen gegenüber Mitgliedern der Gemeinschaft zu begehen (vgl. *Seelmann* JuS **85**, 703). Der bloße zeitgleiche Aufenthalt sowie eine gemeinsame Versorgung begründen keine häusliche Gemeinschaft; eine solche ist daher idR auch nicht gegeben bei gemeinsamem Aufenthalt in Alten- oder Pflegeheimen; im Einzelfall, etwa bei gemeinsamer (Teil-)Haushaltsführung in Wohngruppen, kann aber § 247 gegeben sein. 2

4) Verletzter ist sowohl bei der Unterschlagung (auch in der Form der Veruntreuung, RG **49** 198; str.) als auch beim Diebstahl der **Eigentümer,** wenn er die persönlichen Eigenschaften hat (*S/S-Eser* 11; MK-*Hohmann* 10; *W/Hillenkamp* 307; *Arzt/Weber* 13/35). Hat nur der Gewahrsamsinhaber diese Eigenschaften, so entfällt § 247; hat sie der Eigentümer, nicht hingegen ein fremder Gewahrsamsinhaber, so ist § 247 anzuwenden, es sei denn, dass der Fremde ein durch den Gewahrsam vermitteltes dingliches Recht an der Sache hat (BGH **10**, 400; MDR/D **55**, 143; NK-*Kindhäuser* 15; **aA** *M/Schroeder/Maiwald* 33/130; MK-*Hohmann* 11). 3

5) Ein Irrtum des Täters über die Voraussetzungen des Antragserfordernisses ist als Irrtum über die Verfolgbarkeit der Tat bedeutungslos (BGH **18**, 123). 4

5 **6)** Für **Teilnehmer** am Diebstahl oder an der Unterschlagung gilt § 247, wenn zwischen ihnen und dem Verletzten das bestimmte persönliche Verhältnis besteht; dh auch dann, wenn der Haupttäter nicht in einem solchen Verhältnis steht; anderseits dann nicht, wenn zwar der Haupttäter, nicht aber der Teilnehmer in diesem Verhältnis steht (vgl. 3 StR 137/03 [in BGH **48**, 322 nicht abgedr.]). Für Begünstigung und Strafvereitelung gelten §§ 257 IV, 258 VI, 258 a III.

§ 248 [Aufgehoben durch Art. 19 Nr. 122 EGStGB]

Diebstahl und Unterschlagung geringwertiger Sachen

248a Der Diebstahl und die Unterschlagung geringwertiger Sachen werden in den Fällen der §§ 242 und 246 nur auf Antrag verfolgt, es sei denn, dass die Strafverfolgungsbehörde wegen des besonderen öffentlichen Interesses an der Strafverfolgung ein Einschreiten von Amts wegen für geboten hält.

1 **1) Allgemeines.** Die Vorschrift idF des Art. 19 Nr. 131 EGStGB (RegE 247, 297; Prot. 7/183, 402, 495; Ber. BT-Drs. 7/1261; 17, 26) ist nicht als selbstständiger Tatbestand (vgl. BVerfGE **50**, 205), sondern prozessual ausgestaltet und daher nicht in die Urteilsformel, wohl aber in die Liste der angewendeten Vorschriften (§ 260 V S. 1 StPO) aufzunehmen (Düsseldorf NJW **87**, 1958; m. krit. Anm. *Naucke* NStZ **88**, 220). § 248 a wird **ergänzt** durch die §§ 153 I S. 2, 153 a StPO. § 248 a gilt sinngemäß in den übrigen Fällen der Bagatellkriminalität im Bereich der Begünstigungs- und Bereicherungsdelikte (vgl. §§ 244 a IV, 257 IV S. 2, 259 II, 263 IV, 263 a II, 265 a III, 266 III).

1 a **Literatur:** *Ahrens,* Die Einstellung in der Hauptverhandlung gem. §§ 153 II, 153 a II StPO, 1978; *Baumann* JZ **72**, 3 u. ZRP **72**, 273; *Bertram* NJW **95**, 238; *Blau/Franke* ZStW **96**, 488; *Dencker* JZ **73**, 150; *Denzlinger* KR **81**, 512; *Dölling,* in: Deutsche Wiedervereinigung, Arb.Kr. StrafR Bd. I [Hrsg. *Lampe*] 3 ff.; *Dreher,* Welzel-FS 917; *Ebert* ZStW **90**, 377; *Eckl* JR **75**, 99; *Füllkrug* KR **86**, 319; *Geerds,* Dreher-FS 533; *Geisler* (Hrsg.), Das Ermittlungsverhalten der Polizei u. die Einstellungspraxis der Staatsanwaltschaften, 1999 (KrimZ); *Hanack,* Gallas-FS 339; *Henseler,* Die Geringwertigkeit im Sinne der §§ 243 Abs. 2 und 248 a StGB, StV **07**, 323; *H.J. Hirsch* ZStW **92**, 218; *Hünerfeld* ZStW **90**, 905; *Kaiser* ZStW **86**, 364 u. **90**, 877; *Kaiser/Meinberg* NStZ **84**, 343; *Kausch,* Der Staatsanwalt. Ein Richter vor dem Richter 1980; *Krümpelmann,* Die Bagatelldelikte, 1966; *Krupp/Brinke* KR **95**, 144; *Lange,* Jahrreiß-FS 1974, 123; *Mertins* GA **80**, 44; *Meurer,* Die Bekämpfung des Ladendiebstahls, 1976; *Meyer* GA **97**, 404 [zum „öffentlichen Interesse"]; *Nugel,* Ladendiebstahl und Bagatellprinzip, 2004 (Diss. Hamburg 2003); *Ostendorf* GA **82**, 333; *ders.*, Präventionsmodell „Ladendiebstahl", ZRP **95**, 18; *Roos,* Entkriminalisierungstendenzen 322; *Schmidhäuser* JZ **73**, 529; *Sprenger/Fischer,* Sächsisches Modell zur verbesserten Verfolgung des Ladensdiebstahls, DRiZ **99**, 111; *dies.*, ZRP **01**, 241; *Vogler* ZStW **90**, 157; *J. Wagner,* Staatliche Sanktionspraxis beim Ladendiebstahl, 1979; *Weßlau,* Ahndungskompetenz für die Polizei? – „Strafgeld" auf dem Prüfstand, DRiZ **99**, 225; *Wolter,* GA **89**, 397; E eines Ges. gegen Ladendiebstahl (AE-GLD), 1974 (hierzu *Arzt* JuS **74**, 69); Gutachten *Naucke, Deutsch* (D, E) zum 51. DJT [Sanktionen für Kleinkriminalität]; *Reichert* ZRP **97**, 492 [§ 248 a als Privatklagedelikt]. **Kriminologie:** *de Boor/Kohlmann,* Obsessionsdelikte, 1980; *Bussmann,* Ladendiebstahlsprojekte unter die kriminologische Lupe genommen, BewH **00**, 34; *H. U. Lange/Engelmeier/Pach* MSchrKrim **80**, 140; *Hoffmann* DRiZ **98**, 209 [Umfrage über Sanktionen beim Ladendiebstahl]; *ders.*, Der Ladendiebstahl, BewH **00**, 3; *Loitz* KR **84**, 379; **87**, 192 [professionelle Ladendiebe]; *Meinberg,* Geringfügigkeitseinstellungen von Wirtschaftsstrafsachen. Eine empirische Untersuchung zur staatsanwaltschaftlichen Verfahrenserledigung nach § 153 a I StPO, 1985; *Osburg* MSchrKrim **92**, 10 [psychiatrisch begutachtete Ladendiebe]. **Ausland: *Österreich:*** *Burgstaller,* Der Ladendiebstahl u. seine Bekämpfung im österr. Strafrecht, 1981 [hierzu *Maiwald* ZStW **96**, 88]; *Müller-Dietz,* Constantinesco-GedS 517; *Moos* ZStW **95**, 153; *Nowakowski* ZStW **92**, 255; *Roxin,* Pallin-FS 345; *Triffterer* ÖJZ **82**, 617; *Weigend* KrimJ **84**, 8; ***Schweiz:*** *Driendl* SchweizZSt. **80**, 1; **90**, 1017; *R. Hauser* ZStW **92**, 295; *Kapteyn* MSchrKrim **90**, 405; ***Schweden/Niederlande:*** *Beckmann* [Disk. Ber. ZStW **92**, 592]; *Cosmo, Hulsman* ZStW **92**, 561, 568.

2 **2) Anwendungsbereich.** § 248 a bezieht sich beim **Diebstahl** nur auf § 242; es darf daher weder ein besonders schwerer Fall nach § 243 I (gleichgültig, ob es sich um ein Regelbeispiel oder einen unbenannten besonders schweren Fall han-

delt, BGH **26**, 104 [m. abl. Anm. *Braunstetter* NJW **75**, 1570]; MK-*Hohmann* 2; **aA** SK-*Hoyer* 6) noch ein qualifizierter Fall nach § 244 (1 StR 521/83; Köln NZWehrr **78**, 35), § 244 a oder § 252 vorliegen (MDR/D **75**, 543; NK-*Kindhäuser* 2); jedoch ist § 243 II zu beachten (vgl. dort). Auf die Fälle der §§ 249ff. ist § 248 a nicht anzuwenden (NStZ-RR **98**, 103). Bei der **Unterschlagung** erfasst § 248 a dagegen auch den qualifizierten Fall der Veruntreuung nach § 246 II. § 248 a gilt auch für Versuch (vgl. Hamm NJW **79**, 117) und Teilnahme (MK-*Hohmann* 2).

3) Geringwertigkeit. § 248 a setzt Geringwertigkeit der Sache voraus. Der Begriff (dessen Unbestimmtheit verfassungsrechtlich unbedenklich ist, BVerfGE **50**, 216) stellt auf den **objektiven Wert** der Sache ab (BGH **6**, 41). Das ist der Verkehrswert zZ der Tat (NK-*Kindhäuser* 7); ist die Sache beim Eigentümer zum Weiterverkauf bestimmt (Ladendiebstahl), so kommt es auf den **Verkaufswert** an. Die Verhältnisse der Beteiligten (zB Armut des Verletzten; besonderer Affektionswert) treten weitgehend zurück, können jedoch nicht ganz außer Betracht bleiben (BGH **6**, 41; Celle NJW **66**, 1932; *Lackner/Kühl* 3; str.; **aA** *S/S-Eser* 7; MK-*Schmitz* 64 zu § 243; vgl. *Naucke,* Lackner-FS 704). Die **Grenze der Geringwertigkeit** wurde in der Praxis in den 90er Jahren bei etwa 50 DM angenommen. Der **BGH** zieht die Grenze derzeit bei **25 €** (2 StR 176/04; ebenso *S/S-Eser* 10]); auch eine Grenze von 30 € (Oldenburg NStZ-RR **05**, 111) erscheint noch vertretbar. Dagegen ist eine Wertgrenze von 50 EUR (so Zweibrücken NStZ **00**, 536; Hamm StV **03**, 672; wistra **04**, 34; *Lackner/Kühl* 3; MK-*Hohmann* 6; *Henseler* StV **07**, 323, 326) auch in Anbetracht der Preissteigerungen zu hoch; Sachen im Wert des halben Wochenlohns eines geringfügig Beschäftigten (oder: eines Zehntels des monatlichen Sozialhilfesatzes) wegzunehmen, kann nicht schon tatbestandlich als belanglose *Bagatelle* angesehen werden. Eine **kriminologische Orientierung** an empirisch besonders häufigen Diebstahlsobjekten bei *noch* „bagatell"-hafter Begehungsweise (zB: CDs; Kosmetika; Modeschmuck) liegt nahe. 3

Nicht „geringwertig" sind Gegenstände ohne messbaren objektiven Verkehrswert, wenn sich ihr Wert für den Dieb in dem mit der Sachherrschaft verknüpften Wert funktioneller Möglichkeiten erschöpft (*Lackner/Kühl* 3; NK-*Kindhäuser* 8) liegt (NJW **77**, 1461 m. Anm. *Lieder* NJW **77**, 2272 und *Geerds* JR **78**, 172), **zB** entwendete Akten, Führerschein oder Ausweise (Bay NJW **79**, 2218 m. Anm. *Paeffgen* JR **80**, 300; vgl. *Otto,* Jura **89**, 202), Scheckkarte (4 StR 224/87; *Huff* NStZ **85**, 439; **aA** *Bieber* WM Beil. 6/87, 17; *Jungwirth* MDR **87**, 538), einzelner Briefbogen mit Firmenkopf (NStZ **81**, 62; **aA** [stets nur der realisierbare oder ein hypothetisch ermittelter Marktpreis] SK-*Hoyer* 7; MK-*Hohmann* 4; MK-*Schmitz* 66 zu § 243; wie hier *W/Hillenkamp* 311). § 248 a entfällt, wenn sich die Tat sowohl auf geringwertige als auch auf höherwertige Sachen bezieht (BGH **26**, 104; NStZ **87**, 71). 4

4) Versuch und Irrtum. Beim **Versuch** kommt es darauf an, ob die angestrebte Sache geringwertig ist. Hat der Täter zunächst eine geringwertige Sache stehlen wollen, dann aber eine höherwertige genommen, so scheidet § 248 a aus. Hat er hingegen eine hochwertige stehlen wollen, sich aber dann mit einer geringwertigen begnügt, so ist § 248 a anzuwenden, es sei denn, dass die Tat nach den Grundsätzen unter 26 zu § 243 ein besonders schwerer Fall nach § 243 ist (ebenso NJW **75**, 1286; SK-*Hoyer* 12; *Gribbohm* NJW **75**, 2213; **aA** LK-*Ruß* 9; *S/S-Eser* 17). Ist nicht auszuschließen, dass die Sache geringwertig war, ist § 248 a zugunsten des Täters anzuwenden MK-*Hohmann* 15). Bei Teilnehmern kommt es darauf an, ob sich ihr Beitrag nur auf eine geringwertige Sache bezieht. 5

Ein **Irrtum** des Täters über die Geringwertigkeit ist als Irrtum über die Verfolgbarkeit der Tat in jeder Hinsicht bedeutungslos (NK-*Kindhäuser* 14; MK-*Hohmann* 14; SK-*Hoyer* 9 f.; 4 zu § 247), gleichgültig ob der Täter eine geringwertige Sache für hochwertig hält oder umgekehrt, oder ob er den Begriff der Geringwertigkeit und deren Grenze falsch beurteilt (vgl. auch *Naucke,* Lackner-FS 705). 6

7 5) **Prozessvoraussetzung** ist entweder ein **Strafantrag** (§§ 77 bis 77 c; § 77 II gilt nicht) des (oder von mehreren, § 77 IV) Verletzten, im Fall des Diebstahls also der **Eigentümer** (vgl. 1 zu § 242); oder dass die **Strafverfolgungsbehörde** ein Einschreiten von Amts wegen für geboten hält, und zwar wegen des **besonderen öffentlichen Interesses** an der Strafverfolgung. Insoweit gilt 4 ff. zu § 230. Das besondere Interesse wird vor allem bei Rückfall und bei gewerbsmäßigem Diebstahl in Betracht kommen, wenn § 243 II einen besonders schweren Fall ausschließt, oder in entsprechenden Fällen von § 243 I Nr. 1, 2; kaum hingegen, wenn der Verletzte wegen seiner persönlichen Verhältnisse oder seines Affektionsinteresses den Verlust der Sache hart empfindet, denn gerade hier muss es grundsätzlich dem Verletzten überlassen bleiben, ob er Bestrafung will (NK-*Kindhäuser* 21; abw. Prot. 7/192, Ber. 27).

Unbefugter Gebrauch eines Fahrzeugs

248b **I Wer ein Kraftfahrzeug oder ein Fahrrad gegen den Willen des Berechtigten in Gebrauch nimmt, wird mit Freiheitsstrafe bis zu drei Jahren oder mit Geldstrafe bestraft, wenn die Tat nicht in anderen Vorschriften mit schwererer Strafe bedroht ist.**

II Der Versuch ist strafbar.

III Die Tat wird nur auf Antrag verfolgt.

IV Kraftfahrzeuge im Sinne dieser Vorschrift sind die Fahrzeuge, die durch Maschinenkraft bewegt werden, Landkraftfahrzeuge nur insoweit, als sie nicht an Bahngleise gebunden sind.

1 1) **Allgemeines.** Die Vorschrift idF des 3. StÄG (1 zu § 240) iVm Art. 19 Nr. 124 EGStGB geht auf die NotVO v. 20. 10. 1932 (RGBl. I 496) zurück (dazu *Wagner* JR **32**, 253).

1 a **Literatur:** Vgl. die Angaben zu § 242; *Franke,* Zur unberechtigten Ingebrauchnahme eines Fahrzeugs, NJW **74**, 1803; *Schaudwet,* Die Kraftfahrzeugentwendung in der Rechtsprechung, JR **65**, 413; *Schmidhäuser* NStZ **86**, 460 (Anm.); *Seibert,* Unbefugter Fahrzeuggebrauch, NJW **58**, 1222.

2 2) **Rechtsgut.** Die Vorschrift stellt die **Gebrauchsanmaßung** (furtum usus) an Fahrzeugen ohne Zueignungsabsicht unter Strafe und will der damit verbundenen Gefährdung der öffentlichen Sicherheit entgegentreten (BGH **11**, 49). Die **Schutzrichtung** der Vorschrift ist umstritten. Teilweise wird angenommen, § 248 b schütze wie § 289 ausschließlich das **Gebrauchsrecht,** und zwar auch gegen den Eigentümer (NK-*Kindhäuser* 2; LK-*Ruß* 6; *W/Hillenkamp* 396; *M/Schroeder/Maiwald* 37/5; *Arzt/Weber* 13/141). Diese Auffassung kann sich insb. auf den Wortlaut der Vorschrift stützen; freilich steht dem die systematische Stellung der Vorschrift entgegen (SK-*Hoyer* 2; MK-*Hohmann* 2). Nach **aA** setzt § 248 b daher stets eine **Eigentumsverletzung** voraus, kann also vom Eigentümer selbst gegen einen Nutzungsberechtigten nicht begangen werden (SK-*Hoyer* 2; MK-*Hohmann* 2; *S/S-Eser* 1; *Schmidhäuser* BT, 8/67; *Franke* NJW **74**, 1804); der Nutzungsberechtigte ist danach nur durch § 289 geschützt. Nach BGH **11**, 47, 51 ist Berechtigter „nicht bloß der Eigentümer, sondern jeder Gebrauchsberechtigte". Das spricht für die erstgenannte Ansicht. Dafür spricht neben dem auf Verhinderung gefährlicher und unfallträchtiger „Schwarzfahrten" gerichteten Zweck (*Wagner* JR **32**, 253; vgl. BGH aaO) aber auch die Entwicklung der tatsächlichen Verhältnisse des Kfz-Marktes, in dem ein Auseinanderfallen von Nutzungs-Berechtigung und (Sicherungs-) Eigentum eher die Regel als die Ausnahme ist.

3 3) **Tatobjekte. Kraftfahrzeuge** iS des § 248 b sind **nach IV** alle durch Maschinenkraft bewegten Fahrzeuge, also auch Motorboote und Flugzeuge. Ausgenommen sind an Bahngleise gebundene Landkraftfahrzeuge, also zB die meisten Straßenbahnen. Zu den Kfz treten nach I die **Fahrräder.**

4 4) **Ingebrauchnehmen.** Gemeint ist das *vorübergehende* (sonst § 242) eigenmächtige **Ingangsetzen** des Fahrzeugs (NStZ **82**, 420) zur selbstständigen Fahrt, also das Gebrauchen als Fortbewegungsmittel (BGH **11**, 50). Ein **Gewahrsamsbruch** ist nicht stets erforderlich (**aA** AG München NStZ **86**, 458 m. zust. Anm. *Schmidhäuser*); vielmehr ist dem Ingebrauch**nehmen** das unbefugte Ingebrauch**halten** nach hM gleichgestellt (BGH **11**, 47; GA **63**, 344; Zweibrücken VRS **34**, 444; Schleswig NStZ **90**, 340 m. abl. Anm. *Schmidhäuser* u. *Otto* Jura **89**, 206; *S/S-*

Eser 4a; *Lackner/Kühl* 3; *W/Hillenkamp* 398; differenzierend [nur für den Fall des Anvertraut-Seins iS von § 246 II] SK-*Hoyer* 14f.; **aA** MK-*Hohmann* 17). Nach hM sind auch der **Nicht-mehr**-Berechtigte sowie der **Nicht-so-**Berechtigte (anders in § 246 II) von § 248b grds erfasst (**aA** SK-*Hoyer* 14); etwa bei Benutzen nach Ablauf der Mietzeit (GA **63**, 344; Schleswig NStZ **90**, 340); bei unbefugtem Fortsetzen einer vermeintlich befugt begonnenen Benutzung (BGH **11**, 47); bei unbefugtem Entleihen eines Mietwagens durch einen Dritten (Neustadt MDR **61**, 708; str.; **aA** *Hentschel* 6 mwN).

A. Zu dem **bestimmungsgemäßen Zweck,** dh als Fortbewegungsmittel muss der Täter das Fahrzeug ingangsetzen oder inganghalten, so dass nicht jede beliebige Art der Benutzung unter § 248b fällt, zB nicht das bloße Schlafen im parkenden Fahrzeug (BGH **11**, 47; NJW **60**, 1068). Dagegen fällt unter § 248b die Benutzung eines Motorrads im Leerlauf (BGH **11**, 44; Bay NJW **59**, 111). 5

B. Gegen den Willen des Berechtigten (Tatbestandsmerkmal) muss das Ingebrauchnehmen geschehen. Hieran soll es fehlen, wenn das Fahrzeug bei dem Gebrauch wieder an den Eigentümer zurückgeführt wird (Düsseldorf NStZ **85**, 413); das ist nicht nur im Hinblick auf die Beweislage zweifelhaft, sondern beachtet auch die Abgrenzung zwischen *Zueignung* und Gebrauchsanmaßung nicht hinreichend. Berechtigter ist jeder, der als Eigentümer, Fahrzeughalter (4 StR 203/70) oder sonst kraft dinglichen, obligatorischen oder sonstigen Rechts befugt ist, das Fahrzeug als Fortbewegungsmittel zu benutzen (BGH **11**, 51; Schleswig SchlHA **76**, 168; NK-*Kindhäuser* 12); der angestellte Fahrer jedoch nicht bei Schwarzfahrten. Ist zZ der Tat ein Dritter über den Wagen zu verfügen befugt (Nießbraucher, Mieter), so ist nur er der Berechtigte. Gibt dieser den Wagen an einen Dritten, ohne zur Weitergabe befugt zu sein, und weiß das der Dritte, so soll dieser nach § 248b strafbar sein (Neustadt MDR **61**, 708; Düsseldorf VM **72**, 62; zw.; **aA** *Hentschel* 6). Benutzt ein Miteigentümer das Fahrzeug abredewidrig, so scheidet § 248b aus (VRS **39**, 199). Der entgegenstehende Wille muss nicht ausdrücklich erklärt sein; er kann sich aus den Umständen ergeben (*Lackner/Kühl* 4). Einverständnis des Berechtigten schließt den Tatbestand aus. 6

5) Subjektiver Tatbestand. Bedingter Vorsatz des Täters genügt. **Irrige Annahme,** der Berechtigte sei einverstanden (so, falls der Täter den erlaubenden Nachbarn für den Eigentümer hält), schließt den Vorsatz aus (BGH **11**, 52). Irrige Annahme, der Berechtigte sei nicht einverstanden, ist strafbarer Versuch am untauglichen Objekt (BGH **4**, 200). 7

6) Beteiligung. § 248b ist kein eigenhändiges Delikt. **Täter** kann auch sein, wer einen (gutgläubigen) Dritten zur unbefugten Benutzung veranlasst. Eine Mitfahrt des Täters ist in diesem Fall nicht erforderlich; jedoch muss die Aneignungskomponente der Gebrauchsentziehung bei ihm selbst vorliegen. Dies kann bei einem Sich-fahren-Lassen anders zu bewerten sein (vgl. RG **76**, 176; VRS **19**, 288); jedoch reicht ein bloßes „Veranlassen" nicht aus (*Küper* BT 218). Für die Teilnahme gelten die allgemeinen Regeln. 8

7) Versuch. Nach **Abs. II** ist der Versuch strafbar. Für die Abgrenzung zur Vorbereitungshandlung gelten, soweit die Ingebrauchnahme durch Gewahrsamsbruch geplant ist, die Ausführungen zu § 242 (dort 16). Bei unbefugtem Ingebrauch*halten* ist eine selbstständige Versuchs-Phase nur in Ausnahmefällen denkbar. **Vollendet** ist die Tat mit dem Ingangsetzen des Fahrzeugs zur Fahrt (BGH **7**, 316), beim unbefugten Inganghalten auf Grund eines späteren Entschlusses mit dessen Ausführung; **beendet** ist sie erst mit der Beendigung der Fahrt (Düsseldorf NStZ **85**, 413). 9

8) Strafantrag (**III,** §§ 77 bis 77d). Verletzter ist der Berechtigte (oben 2). Die Antragsfrist beginnt mit Wiedererlangung des Fahrzeugs (MK-*Hohmann* 24). 10

9) Konkurrenzen. Die in I bestimmte formelle **Subsidiarität** (42 vor § 52) gilt nach hM nur für Vorschriften mit gleichem oder ähnlichem Schutzzweck (*Lackner/Kühl* 6; *S/S-Eser* 13; 11

MK-*Hohmann* 23), zB für § 242; jedoch sind §§ 242, 246 gegenüber § 248 b insoweit subsidiär, als bei Gelegenheit des unbefugten Gebrauchs des Fahrzeugs Benzin und Schmiermittel verbraucht werden (BGH **14**, 388; GA **60**, 182; *S/S-Eser* 15 mwN; *Seelmann* JuS **85**, 288; and. SK-*Hoyer* 18). Auch gegenüber § 246 tritt § 248 b zurück (Celle VRS **41**, 271). Bei Vorschriften mit anderer Schutzrichtung liegt dagegen Tatmehrheit oder Tateinheit vor; so zB Tateinheit mit §§ 222, 229, 315 c, 316 oder mit § 21 StVG bei teilidentischem Zusammentreffen (2 StR 811/82; 20 vor § 52); ferner ist Tateinheit mit § 21 StVG und mit § 242 möglich, wenn der unbefugt Fahrende das unbefugt benützte Fahrzeug zum Abtransport von Diebesbeute benötigt (BGHR § 52 I, Hdlg. dies. 3).

Entziehung elektrischer Energie

248c **I Wer einer elektrischen Anlage oder Einrichtung fremde elektrische Energie mittels eines Leiters entzieht, der zur ordnungsmäßigen Entnahme von Energie aus der Anlage oder Einrichtung nicht bestimmt ist, wird, wenn er die Handlung in der Absicht begeht, die elektrische Energie sich oder einem Dritten rechtswidrig zuzueignen, mit Freiheitsstrafe bis zu fünf Jahren oder mit Geldstrafe bestraft.**

II Der Versuch ist strafbar.

III Die §§ 247 und 248 a gelten entsprechend.

IV Wird die in Absatz 1 bezeichnete Handlung in der Absicht begangen, einem anderen rechtswidrig Schaden zuzufügen, so ist die Strafe Freiheitsstrafe bis zu zwei Jahren oder Geldstrafe. Die Tat wird nur auf Antrag verfolgt.

1 **1) Allgemeines.** Die Vorschrift idF des 3. StÄG (1 zu § 240) iVm Art. 19 Nr. 125 EGStGB und des Art. 1 Nr. 53 des 6. StrRG (2 f. vor § 174) ergänzt die §§ 242, 246. Die im Jahr 1900 eingefügte Regelung schließt die Lücke, die durch fehlende **Sach-**Eigenschaft elektrischer Energie (vgl. RG **29**, 111; **32**, 165) und die Unanwendbarkeit der §§ 242, 246, 303 entsteht. Geschützt ist die **Verfügungsbefugnis** über elektrische Energie (SK-*Hoyer* 1; MK-*Hohmann* 1); dabei entspricht Abs. I dem § 242; Abs. IV dem § 303. Das 6. StrRG hat auch in § 248 c die **Drittzueignungsabsicht** eingefügt.

2 **2) Tathandlung des Abs. I.** Eine **Entziehung fremder elektrischer Energie** ist die einseitig bewirkte Minderung des Energievorrats (*Herzberg/Hardtung* JuS **94**, 414) durch Entnahme von Energie, über die zu verfügen dem Täter nicht zusteht (Celle MDR **69**, 597); die Stromzuführung kann auch von einem Dritten bewerkstelligt sein, wenn nur der Täter den ihm stetig zufließenden Strom für eigene Zwecke ausnutzt (Hamburg MDR **68**, 257). Ein Schaden braucht nicht zu entstehen. Die Energie muss einer elektrischen **Anlage** oder **Einrichtung,** also einer Sachgesamtheit zur Erzeugung, Weiterleitung oder Ansammlung von elektrischer Energie entzogen werden (vgl. BGH **31**, 1). Erfasst sind neben Generatoren, Akkumulatoren und Transformatoren auch das gesamte (öffentliche oder private) Stromnetz, gleich welcher Spannung, sowie Batterien (MK-*Hohmann* 9); elektrisch betriebene **Geräte** nur, wenn sie an das Stromnetz angeschlossen sind.

3 **Mittels eines Leiters** muss der Täter entziehen. **Leiter** ist jede Einrichtung, die vermöge ihrer physikalischen Eigenschaften den Strom weiterleitet; sei es auch nur im Wege der Induktion (*S/S-Eser* 9; *Lackner/Kühl* 2; **aA** SK-*Hoyer* 5; *M/Schroeder/Maiwald* 33/139; MK-*Hohmann* 11; NK-*Kindhäuser* 10; *Ranft* JA **84**, 3, die eine körperliche Berührung des Leiters mit der Anlage fordern). Der Leiter muss zur **ordnungsmäßigen** Energieentnahme **nicht bestimmt** sein; die vertragswidrige Benutzung eines ordnungsmäßigen Leiters ist nicht strafbar (so bei unbefugtem Stromverbrauch mittels vorhandener Energiequellen), wohl aber der unberechtigte Anschluss eines eigenen Verbrauchers oder eines nicht zur Anlage gehörenden Kabels (GA **58**, 369; Düsseldorf NStE Nr. 1; NK-*Kindhäuser* 11); die Verbindung eines gesperrten Stromanschlusses mit einem ebenfalls auf den Namen des Täters laufenden nicht gesperrten Stromkreis (Celle MDR **69**, 597); die Umgehung des Stromzählers (Celle MDR **69**, 579). Die Bedienung eines Stromauto-

maten mittels Falschgeld soll § 248c unterfallen (Bay MDR **61**, 619; zw.; krit. SK-*Hoyer* 7).

3) Die Absicht (6 zu § 15) **der Zueignung,** wobei seit dem 6. StrRG auch die Zueignung zugunsten eines Dritten genügt (45 ff. zu § 242), muss der Täter in den Fällen des I haben. Der Wille, den Strom zu entziehen, genügt. Gleichgültig ist, in wessen Gewahrsam die Energie sich befindet. **Rechtswidrig ist** eine Zueignung, auf die man kein Recht hat. Irrtum darüber ist Tatbestandsirrtum. 4

4) Nach **Abs. II** ist der Versuch strafbar. Für ein Ansetzen zur Tat reicht die Installation eines ordnungswidrigen Leiters aus, wenn die nachfolgende Entziehung ohne weiteres Zutun des Täters erfolgen soll. 5

5) Abs. III regelt ein Antragserfordernis in Fällen entspr. §§ 247, 248a (vgl. Erl. dort). 6

6) Nach Abs. IV milder als nach I wird der Täter bestraft, wenn er ohne Zueignungsabsicht in der **Absicht** handelt, **einem anderen** rechtswidrig **Schaden zuzufügen.** Die Tat muss auch hier mittels eines nicht ordnungsgemäßen Leiters begangen werden. Bedingter Schädigungsvorsatz reicht nicht aus. **Strafantrag** (**IV S. 2;** §§ 77 bis 77d) ist erforderlich. 7

7) Konkurrenzen. Als Sondervorschrift geht I dem § 242 vor; desgl. dem § 263 (GA **58**, 369). Bloße Veränderungen am Zähler zur Täuschung des Stromlieferers stellen aber einen Betrug (§ 263). In den Fällen des § 265a scheidet § 248c praktisch aus. 8

Zwanzigster Abschnitt
Raub und Erpressung

Raub

249 [I] **Wer mit Gewalt gegen eine Person oder unter Anwendung von Drohungen mit gegenwärtiger Gefahr für Leib oder Leben eine fremde bewegliche Sache einem anderen in der Absicht wegnimmt, die Sache sich oder einem Dritten rechtswidrig zuzueignen, wird mit Freiheitsstrafe nicht unter einem Jahr bestraft.**

[II] **In minder schweren Fällen ist die Strafe Freiheitsstrafe von sechs Monaten bis zu fünf Jahren.**

Übersicht

1) Allgemeines	1
2) Systematische Stellung	1 a
3) Wegnahme	2
4) Nötigungsmittel	3–5
5) Verknüpfung von Nötigung und Wegnahme	6–15
6) Vollendung und Versuch	16, 17
7) Subjektiver Tatbestand	18–20
8) Beteiligung	21
9) Rechtsfolgen	22
10) Konkurrenzen	23, 24
11) Sonstige Vorschriften	25

1) Allgemeines. Die Vorschrift ist durch Art. 1 Nr. 54 des 6. StrRG (2f. vor § 174) um die Drittzueignungsabsicht ergänzt worden. 1

Neuere Literatur (Auswahl): *Blesius,* Verschärfung des Gewaltbegriffs beim Raubtatbestand?, Jura **04**, 570; *Brands,* Der Zusammenhang von Nötigungsmitteln und Wegnahme beim Raub, 1990; *Burkhardt,* Die Geringwertigkeit des Weggenommenen beim Raub und raubgleichen Delikten NJW **75**, 1687; *Ingelfinger,* Fortdauernde Zwangslagen als Raubmittel, Küper-FS (2007) 197; *Jakobs,* Zur Kritik der Fassung des Raubtatbestandes, Eser-FS (2005) 323; *Knodel,* Zum Gewaltbegriff in § 249 StGB, JZ **63**, 701; *Küper,* „Sukzessive" Tatbeteiligung vor und nach Raubvollendung, JuS **86**, 862; *Rengier,* Der Große Senat entscheidet: Exklusivitäts- oder Konkurrenzlösung?, StV **92**, 469; *Seier,* das Unmittelbarkeitserfordernis bei Raub und räuberischer Erpressung, JA **84**, 441.

2) Systematische Stellung. Der Raub ist ein **selbstständiges Delikt** (BGH **20**, 235, 237f.), konstruktiv ein durch qualifizierte Nötigung ermöglichter Diebstahl; er richtet sich gegen das Eigentum und gegen die persönliche Freiheit (NJW **68**, 1292; LK-*Herdegen* 1; *S/S-Eser* 1; *M/Schroeder/Maiwald* 35/6; *W/Hillenkamp* 317). Folglich sind die §§ 247, 248a unanwendbar; auch bei ihrer Sachlage ist Raub gegeben (NStZ-RR **98**, 103; hM; abw. *Burkhardt* JZ **73**, 110; NJW **75**, 1687). **Diebstahl** tritt, auch in den Formen der §§ 243, 244, gegenüber dem auf denselben Erfolg gerichteten Raub zurück (vgl. BGH **20**, 235, 237f.; NStZ-RR **05**, 202, 203; unten 23). Das **Verhältnis zu §§ 253, 255** ist zwischen Rspr und hM in der Lit. seit langem umstritten: Der BGH nimmt in stRspr an, dass § 255 eine Vermögensverfügung nicht voraussetzt (vgl. BGH **7**, 252, 254; **14**, 386, 390; **25**, 224, 228; **32**, 88; **41**; 123, 125; **42**, 196, 199; NJW **99**, 69; NStZ-RR **99**, 103; NStZ **03**, 604f.); danach ist § 249 gegenüber § 255 ein **spezielles *Delikt;*** *in* jedem Raub liegt zugleich eine räuberische Erpressung (zust. zB LK-*Herdegen* 6ff. zu § 253; *Arzt/Weber* 18/25; abl. die hM in der Literatur; vgl. zB *Lackner/Kühl* 3 zu § 253; MK-*Sander* 13ff. zu § 253; *S/S-Eser* 8f. zu § 253; *Küper* BT 396ff.; vgl. dazu 3 zu § 255). 1 a

3) Wegnahme. Der objektive Tatbestand setzt die Wegnahme einer fremden beweglichen Sache (vgl. dazu Erl. zu § 242) mit Nötigungsmitteln voraus. Wenn diese dazu dienen, das Opfer zur Herausgabe oder zur Preisgabe von Zugangsmöglichkeiten zu veranlassen (zB Angabe des Verstecks; Nennen einer Tresorkombination oder PIN; Herausgabe eines Schlüssels), deren Kenntnis dem Täter einen *ungehinderten* und vom Opfer nicht mehr verhinderbaren Zugriff auf die Sache 2 ermöglicht, so ist idR § 255 gegeben, weil die Preisgabe (*Verfügung*) schon zu einer *konkreten* Vermögensgefährdung führt (and. aber NStZ **06**, 38 [mit zweifelhafter Berufung auf LK-*Träger/Schluckebier* 15 zu § 239 a; LK-*Herdegen* 11 zu § 253 und MK-*Sander* 27: Abnötigen der Preisgabe eines Geldverstecks in Bemächtigungslage]).

3 **4) Nötigungsmittel.** Der Täter muss zum Zweck der Wegnahme die qualifizierten Nötigungsmittel der **Gewalt** (8 ff. zu § 240) gegen eine Person oder der **Drohung** (30 ff. zu § 240) mit gegenwärtiger Gefahr (3, 4 zu § 34) für Leib und Leben (3, 4 zu § 35) anwenden; eine wahlweise Feststellung (Tatsachenalternativität) ist zulässig (LK-*Herdegen* 3). Das Nötigungsmittel kann sich gegen den Gewahrsamsinhaber, aber auch gegen eine andere Person richten, die nach Meinung des Täters (BGH **4**, 211; *Eser* NJW **65**, 378; *S/S-Eser* 7) den (fremden) Gewahrsam an den Sachen wahren will (vgl. BGH **3**, 297; 7, 252, 254; **41**, 123, 126). Beim Einsatz des Nötigungsmittels kommt es auf die **Vorstellung des Täters** von dessen Wirkung an (vgl. BGH **4**, 210, 211); der Umstand, dass der Beraubte die Sache freiwillig herausgegeben hätte, schließt danach Raub nicht aus.

4 **A. Gewalt.** In der 1. Alt. ist objektiv die Ausübung von **Gewalt** (vgl. allg. dazu 8 ff. zu § 240) **gegen eine Person,** dh gegen deren Körper erforderlich; dies muss in der Absicht erfolgen, gegen die Wegnahme geleisteten **Widerstand** zu brechen oder erwarteten Widerstand zu verhindern (NStZ **82**, 114; MDR/H **80**, 455). Ausreichend ist eine *mittelbar* gegen den Körper gerichtete Gewalt, wenn diese vom Opfer als körperlicher Zwang empfunden wird. Darauf, ob Gewaltausübung und Wegnahmehandlung in einem Akt zusammenfallen oder ob die Gewalthandlung eine darauf folgende Wegnahme ermöglicht, kommt es nicht an (vgl. BGH **18**, 329, 331). Die körperliche Auswirkung der Krafteinwirkung muss für sich gesehen nicht erheblich sein (vgl. NStZ **03**, 89 [Sprühen von *Deodorant* aus 60 cm Entfernung ins Gesicht des Opfers, das daraufhin die Augen schließt]), wenn gerade sie die Wegnahme ermöglicht oder hierzu aus Sicht des Täters geeignet ist und vom Opfer als körperlicher Zwang empfunden wird (BGH **18**, 329; NJW **55**, 1404; NStZ **86**, 218; **03**, 89; BGHR § 249 I, Gew. 2; 5 StR 471/97; LG München NStZ **93**, 189; LK-*Herdegen* 6 f.). Dass das Opfer den Zweck der Gewaltausübung erkennt, ist nicht erforderlich (BGH **4**, 210; **20**, 32; MDR/D **72**, 16; **aA** *Gössel* BT 2, 13/22). Ein besonderer, „restriktiver" Gewaltbegriff lässt sich aus der Gleichsetzung mit der Drohungsalternative nicht ableiten; daher kann zB ein mit beiden Händen ausgeführter Stoß, der das Opfer ins Straucheln bringt, nicht als völlig unbedeutende Krafteinwirkung angesehen werden (**aA** LG Gera NJW **00**, 159 f.). Gewalt-Ausübung ist nach allgemeinen Regeln grds. auch durch **Unterlassen** möglich (vgl. 29 zu § 240), wenn eine Garantenstellung vorliegt (str.; dazu *Eser* NJW **65**, 375, 377 f.; Überblick bei *Walter* NStZ **05**, 240, 241 f.; i. Erg. bejahend BGH **48**, 365 ; i. Erg. verneinend BGH **32**, 88, 92; vgl. dazu i. E. unten 8 ff.).

4 a Keine Wegnahme mit Gewalt liegt vor, wenn nicht die eingesetzte Kraft, sondern List und Schnelligkeit das Tatbild prägen (MDR/H **90**, 296); die bloße Überwindung einer dem üblichen Halten oder Tragen einer Sache dienenden Kraft, die vom Gewahrsamsinhaber nicht als „Widerstand" gerade gegen Wegnahme ausgeübt wird, genügt daher idR nicht (zu weit BGH **18**, 329, 330). Das betrifft insb. Fälle **überraschenden Zugriffs** auf eine im unmittelbaren körperlichen Gewahrsam des Opfers befindliche Sache (zB Handtasche; vgl. NStE Nr. 2; StV **90**, 208; BGHR § 249 I Gewalt 1, 2, 4). Gewalt **gegen Sachen** genügt nur, wenn sie auch als physische Einwirkung auf die Person empfunden wird (NK-*Kindhäuser* 9; vgl. dazu Erl. zu § 240).

5 **B. Drohung.** In den 2. Alt. ist objektiv eine Drohung (vgl. dazu 30 ff. zu § 240) **mit gegenwärtiger Gefahr** (3, 4 zu § 34) **für Leib oder Leben** (3, 4 zu § 35) erforderlich; sie kann sich auch gegen einen Dritten (14 zu § 240) richten (LK-*Herdegen* 11). Ob sie tatsächlich verwirklicht werden soll oder ggf verwirklicht werden könnte, ist unerheblich; der Täter muss nur wollen, dass das Opfer die

Verwirklichung für möglich hält. Zur konkludenten Drohung vgl. noch unten 13 und 21 zu § 177.

6 **5) Verknüpfung von Nötigung und Wegnahme.** Gewalt oder Drohung müssen das Mittel zur Ermöglichung der Wegnahme sein (BGH **4**, 210, 211; **20**, 32f.; **48**, 365, 368; StV **95**, 416; **06**, 633; NStZ **03**, 431, 432; **04**, 556; **06**, 508; NStZ-RR **02**, 304f.; stRspr). Im Regelfall des Raubs besteht die Wirkung des Nötigungsmittels darin, dass körperlicher Widerstand überwunden oder aufgrund der Zwangswirkung unterlassen und dass hierdurch dem Täter ermöglicht wird, den Gewahrsam an der Sache zu brechen. Nach stRspr. und hM verlangt der Tatbestand („mit" Gewalt oder „unter" Anwendung von Drohung, nicht „durch" sie) aber nicht, dass die Nötigungsmittel hierfür objektiv erforderlich sind (BGH **4**, 210f.; **18**, 331; **20**, 32f.; **30**, 337; NStZ **82**, 380; **93**, 79; StV **90**, 159f.; *S/S-Eser* 7; LK-*Herdegen* 14; *Lackner/Kühl* 4; MK-*Sander* 26; *Schünemann* JA **80**, 352; *Otto* JZ **93**, 568; *W/Hillenkamp* 322; *Küper* BT 111); ausreichend, aber erforderlich ist, dass dies **aus Sicht des Täters** der Fall ist. Nach **aA** muss der Einsatz des Nötigungsmittels die Wegnahme kausal fördern (SK-*Günther* 36; *Arzt/Weber* 17/11; *Schmidhäuser* BT 8/50; *Seelmann* JuS **86**, 203f.; *Rengier,* Maurer-FS 1195; and. auch NK-*Kindhäuser* 30 u. LPK 11 [„objektive Zweck-Mittel-Relation"]). Ein Raub ist nicht gegeben, wenn Gewalt oder Drohung einer vollendeten Wegnahme erst nachfolgen; in diesem Fall kann § 252 gegeben sein. Ob § 249 stets auch ausscheidet, wenn der Wegnahmevorsatz umgekehrt erst gefasst wird, nachdem eines der Nötigungsmittel allein zu anderen Zwecken eingesetzt wurde (vgl. BGH **41**, 123, 124; NStZ **82**, 380; **04**, 556 [zur Qualifikation]; NStZ-RR **02**, 304 [Anm. *Walter* NStZ **04**, 154]; OGHSt. **3**, 114), ist dagegen streitig:

7 **A. Mehrheit von Zwecken.** Einigkeit herrscht darüber, dass die Erzwingung der (Duldung der) Wegnahme nicht alleiniger und auch nicht der *zunächst* bestimmende Zweck der Nötigungshandlung sein muss. Es genügt, wenn der Täter das Nötigungsmittel *neben* anderen Zwecken auch zur Wegnahme einsetzt (1 StR 422/73) oder wenn er den Wegnahmevorsatz erst *während* einer zunächst anderen Zielen dienenden Gewalthandlung fasst (BGH **20**, 32; NStZ **82**, 380; vgl. BGH **32**, 92 [m. Anm. *Otto* JZ **84**, 142; **85**, 26; *Jakobs* JR **84**, 385]; StV **83**, 460, hierzu *Geilen* JK 4; *Joerden* JuS **85**, 20; *Seelmann* JuS **86**, 203; *Otto* Jura **87**, 500), wenn also eine zunächst zu anderen Zwecken begonnene Gewalt*handlung* beim Fassen des Wegnahmevorsatzes noch andauert (vgl. BGH **20**, 32, 33; NStZ **82**, 380; SK-*Günther* 34; NK-*Kindhäuser* 35; *Lackner/Kühl* 4; *Küper* JZ **81**, 568, 571).

8 **B.** Im Einzelnen **umstritten** ist aber die Frage, ob und unter welchen Voraussetzungen die **Ausnutzung der Wirkung** von zuvor *ohne* Wegnahmevorsatz angewandter Gewalt den Tatbestand erfüllen kann, insbesondere ob das Ausnutzen einer mit *vis absoluta* geschaffenen Zwangslage (zB Verletzung; Bewusstlosigkeit; Fesseln; Einsperren usw. mit bloßem Nötigungsvorsatz) *nach* Beendigung der aktiven Gewalthandlung noch als Einsatz von Gewalt *zum Zweck* der Wegnahme angesehen werden kann.

9 **a)** Nach in der **Literatur** teilw. vertretener Ansicht ist das Merkmal „mit Gewalt" zu bejahen, wenn eine durch Einsatz von Gewalt geschaffene Zwangslage andauert; Mittel der Wegnahme ist nach dieser Ansicht nicht die (als solche abgeschlossene) Gewaltausübung durch positives Tun, sondern die (aufgrund Garantenstellung aus Ingerenz) pflichtwidrige **Nichtbeendigung der Gewaltwirkung;** diese soll positivem Tun entsprechen (*Eser* NJW **65**, 375, 377; *S/S-Eser* 9; *Schünemann* JA **80**, 349, 351f.; *Jakobs* JR **84**, 385f.; *Seelmann* JuS **86**, 203; *Mitsch* BT II/1, 3/27; zweifelnd *Lackner/Kühl* 4). Es wäre dann freilich ggf. auch die Frage des Verhältnisses von Garantenstellung zu vorangegangenem vorsätzlichen Tun zu klären (vgl. 30ff. zu § 13).

9a **b)** Die in der Lit. überwiegende, i. Erg. zutr. **Gegenansicht** lehnt eine solche Gleichstellung von zweckgerichteter Gewalt*ausübung* und bloßer Gewalt*ausnutzung* ab. Teilweise wird eingewandt, Gewalt iS von § 249 könne aufgrund der finalen Struktur des Tatbestands idR nicht durch Unterlassen ausgeübt werden (vgl. aber NK-*Kindhäuser* 36 ff.: möglich bei pflichtwidrigem Nichthindern eines Dritten an seinerseits positivem Tun); jedenfalls *entspreche* (§ 13) aber die Nichtbeendigung der Fortwirkung früherer Gewalt nicht der Gewaltanwendung durch positives Tun (vgl. insb. LK-*Herdegen* 16; MK-*Sander* 32; SK-*Günther* 34; *Küper* JZ **81**, 568, 571; *ders.* JuS **86**, 862; *ders.* BT 169; *Joerden* JuS **85**, 20; *Otto* JZ **85**, 21 f.; *Graul* Jura **00**, 204 f.; *W/Hillenkamp* 333, 337; *Krey/Hellmann* BT 2, 193; *Rengier* BT I, 7/16; *Ingelfinger*, Küper-FS [2007] 197, 203 ff.; krit. dazu *Walter* NStZ **05**, 240, 241).

10 **c)** Die **Rspr. des BGH** ist nicht leicht überschaubar. In stRspr hat der BGH zwar ausgesprochen, dass die bloße **Ausnutzung** einer ohne Wegnahmevorsatz gewaltsam geschaffenen Zwangslage oder Wehrlosigkeit nicht als Raub angesehen werden könne, wenn es zum **Zeitpunkt der Gewalthandlung** an der erforderlichen **finalen Verknüpfung** mit der Wegnahme fehlt (vgl. zB BGH **32**, 88, 92; **41**, 123, 124; NJW **69**, 619; DRiZ **72**, 30; NStZ **82**, 380, 381; **99**, 510; **06**, 508; NStZ-RR **97**, 298; **02**, 304, 305 [Anm. *Walter* NStZ **04**, 154]; StV **06**, 633; BGHR § 249 I Gewalt 5, 7; 4 StR 738/94; 3 StR 176/01). Die Rspr ist gleichwohl stark am Einzelfall orientiert und nicht widerspruchsfrei. Es lassen sich insoweit **drei Fallgruppen** unterscheiden, die sich tatsächlich überschneiden und deren Abgrenzung im Einzelnen fraglich erscheint: **(1)** Fortwirkung körperlicher Misshandlung als (körperliche) Wehrlosigkeit; **(2)** Fortwirkung gewaltsam herbeigeführter Freiheitsberaubung oder sonstiger Zwangslagen; **(3)** Fälle so genannter „Fortwirkung von Gewalt als Drohung".

11 **(1)** In der **ersten Fallgruppe** hat der BGH in einer Vielzahl von Fällen entsprechend dem oben 10 genannten Grundsatz entschieden:

So hatte **zB** im **Fall** BGH **41**, 123 der Täter das Opfer aus Wut niedergestochen; aufgrund erst danach gefassten Entschlusses nötigte er sodann eine dritte Person, die Uhr des hilflos am Boden liegenden Opfers wegzunehmen und ihm zu übergeben. Der *4. StS* hat die Annahme von Raub in mittelbarer Täterschaft abgelehnt, weil die Gewalthandlung abgeschlossen war und lediglich ihre Wirkungen andauerten (BGH **41**, 123, 124). – Im **Fall** StV **95**, 416 sprach der Täter das ihm unbekannte Opfer an und forderte von ihm 10 DM; wegen dessen Weigerung schlug er den Geschädigten aus Wut bewusstlos. Er entfernte sich, kehrte dann zurück und durchsuchte das Opfer nach Geld. Der *2. StS* hat den Versuch eines Raubes verneint, weil es an einer finalen Verknüpfung fehle. – Im **Fall** 4 StR 738/94 schlug der Täter aus nicht festgestellten Gründen auf das „durch das Festhalten seines Mofas wehrlose" Opfer ein. Dieses ließ das Mofa fallen und lief weg; der Täter nahm sodann das Mofa weg. Der *4. StS* hat einen Raub verneint, da die Wegnahme mit der Gewalt nicht final verknüpft gewesen sei, sondern nur deren Wirkung ausgenutzt habe. – Im **Fall** StV **95**, 340 schlug der Täter das Opfer zunächst zu Boden; dann nahm er ihm die Brieftasche weg. Der *4. StS* hat die Verurteilung wegen Raubs aufgehoben, weil eine finale Verknüpfung fehle. – Im **Fall** NStZ **00**, 87 misshandelte der Täter das Opfer aufgrund einer „Wette" bis zur Kampfunfähigkeit. Aufgrund neuen Entschlusses nahm er dem Opfer unmittelbar danach den (angeblichen) „Wettgewinn" weg. Der *1. StS* hat einen Raub verneint, weil zum Zeitpunkt des Wegnahmevorsatzes die Gewaltanwendung nicht mehr angedauert habe. – Im **Fall** NStZ-RR **97**, 298 wurde das Opfer von zwei Tätern zunächst massiv durch Schläge und Tritte misshandelt und mit dem Tod bedroht, um die Herausgabe einer Pistole an einen der beiden zu erzwingen. Sie durchsuchten sodann die Wohnung; gefundenes Geld nahm der Mittäter in Anwesenheit des anderen weg; dann wurde das Opfer weiter misshandelt. Der *4. StS* hat einen Raub verneint, da Anhaltspunkte für eine Erweiterung des Wegnahmevorsatzes und daher für eine finale Verknüpfung fehlten. – Im **Fall** NStZ **99**, 510 misshandelte und bedrohte einer von vier Tätern das Opfer, um angebliche Geldschulden einer Mittäterin einzutreiben; auf Aufforderung der anderen ließ er von dem Opfer ab. Einer der Mittäter nahm sodann ein TV-Gerät des Opfers mit dem Bemerken weg, damit sei „ein Teil eingetrieben". Der *4. StS* hat einen Raub nicht als gegeben angesehen, weil die Gewaltausübung nur der Erpressung von Geld, nicht der Wegnahme gedient habe. – Im **Fall** 4 StR 633/99 wollten die beiden Mittäter dem Opfer Zigaretten wegnehmen, schlugen es deshalb zu Boden und durchsuchten seine Taschen. Sie fanden ein Handy und nahmen es weg. Der *4. StS* hat insoweit einen vollendeten Raub verneint, weil das Telefongerät „nicht unter Gewaltanwendung weggenommen" worden sei. – Im **Fall** 3 StR 176/01 wurde das Opfer von einem der beiden Täter ohne Wegnahmevorsatz misshandelt und bedroht; der zweite Täter durchsuchte derweil in Anwesenheit des anderen das Zimmer und nahm Geld weg. Der *3. StS* hat die erforderliche finale Verknüpfung von Gewalt und Wegnahme verneint. – Im **Fall** NStZ **05**, 90 würgte der Täter das Opfer aus sexueller Motivation mit Tötungsvorsatz bis zur Bewusstlosigkeit; diese nutzte er anschließend zur Wegnahme von Geld aus. Der *5. StS* hat hier die Verurteilung wegen (tatmehrheitlichen) Diebstahls nicht beanstandet (vgl. zB auch NStZ **06**, 508 (Wegnahmevorsatz nach Bewusstlosigkeit des Opfers aufgrund vorheriger Misshandlung). Im **Fall** StV **06**, 633 schlug und trat der Täter ein Opfer zu Boden, um mit ihm „etwas zu klären"; dem eingeschüchterten Geschädigten nahm er sodann ein Mobiltelefon weg. In einem anderen Fall schlug er ein Opfer in dessen Wohnung bewusstlos, um ihn „zur Rede zu stellen"; sodann nahm er ihm Wertgegenstände weg. Der *3. StS* hat in beiden Fällen den für § 249 erforderlichen finalen Zusammenhang verneint. –

(2) Entsprechend hat der BGH auch in Fällen der **zweiten Fallgruppe** entschieden: 12

Im Fall BGH **32**, 88 (Anm. *Otto* JZ **84**, 145; *Jakobs* JR **84**, 385) fesselten die Täter einen Hotelportier in ihrem Zimmer, um sich ohne Bezahlung entfernen zu können, und nahmen beim anschließenden Weggehen aufgrund jetzt gefassten Entschlusses Geld aus der von dem Portier verwahrten Kasse an der Rezeption. Der *4. StS* hat hier angenommen, es sei nur Diebstahl und nicht Raub gegeben, weil zum Zeitpunkt der Fassung des Wegnahmevorsatzes die Nötigungs*handlung* abgeschlossen war und nur noch die Nötigungs*wirkungen* fortdauerten (BGH **32**, 88, 92; vgl. auch MDR/D **68**, 17). – Im Fall NStZ **93**, 79 überwältigten und fesselten die aus einer JVA entflohenen Täter das Opfer, um eine Entdeckung ihrer Flucht zu verhindern; wie von Anfang an beabsichtigt, setzten sie ihre Flucht mit dem PKW des Opfers fort. Der *1. StS* hat die Verurteilung wegen Diebstahls aufgehoben, weil es nach den Umständen nahe liege, dass die Täter den Geschädigten „*gerade auch deshalb* fesselten, um … leichter dessen PKW wegnehmen zu können."

Anders hat der *2. StS* in BGH **48**, 365 (Anm. *Otto* JZ **04**, 364; *Walter* NStZ **04**, 623; Bespr. *Walter* NStZ **05**, 240) entschieden: 12 a

Der Täter eines Hausfriedensbruchs misshandelte den überraschend auftauchenden Eigentümer und fesselte ihn, um unerkannt fliehen zu können; aufgrund *danach* gefassten Vorsatzes (anders im Fall NStZ **93**, 79; vgl. oben 12) nahm er sodann Sachen des Opfers weg. Der BGH hat hier einen Raub bejaht. Er hat die Frage, ob Gewalt durch **aktives Tun oder Unterlassen** vorliege (vgl. oben 9), ausdrücklich **offen gelassen,** weil sich bei dem Dauerdelikt der Freiheitsberaubung die Gewalt-*Handlung* bis zur Aufhebung des rechtswidrigen Zustands fortsetze; von einem unterschiedlichen Unrechtsgehalt je nachdem, wann der Täter sich zur Wegnahme entschlossen hat, könne nicht ausgegangen werden, wenn die aus anderen Gründen erfolgte Gewaltanwendung und ihre Ausnutzung zur Wegnahme zeitlich und räumlich dicht beieinander liegen (BGH **48**, 365, 371).

Kritik. Dass BGH **48**, 365 sich mit den oben 12 genannten Entscheidungen ohne Weiteres vereinbaren lässt, ist zweifelhaft (krit. insoweit auch *Walter* NStZ **04**, 623; *ders.* NStZ **05**, 240, 241; *Ingelfinger*, Küper-FS [2007] 197, 202 ff.). Bei dem Dauerdelikt nach § 239 tritt zwar der Tat*erfolg* bis zur Aufhebung der Freiheitsberaubung immer wieder von neuem ein; es wird dadurch aber nicht die Tat*handlung* ständig wiederholt (*Roxin* AT I 10/105; *Ingelfinger*, Küper-FS [2007] 197, 203). Die **Fortdauer** der körperlichen Zwangswirkung als Gewalt-**Handlung** anzusehen (BGH **48**, 365, 370; **aA** BGH **32**, 88, 92 [Fesselung]; **41**, 123, 124 [Verletzung; Bewusstlosigkeit]; *W/Hillenkamp* 335; *Walter* NStZ **04**, 623 f.), welche *zum Zweck* der Wegnahme ausgeführt wird, würde daher voraussetzen, dass die Gewalthandlung im **Unterlassen** der Aufhebung des Zustands besteht. Die Frage, ob Unterlassen den Tatbestand des § 249 erfüllen kann (zutr. ablehnend BGH **32**, 88, 92; vgl. i. ü. oben 9 a), konnte daher nicht offen gelassen werden. Auch wenn man aber der Ansicht folgen wollte, dass die Gewalt iS von § 249 grds. auch durch Unterlassen ausgeübt werden kann, so leuchtet nicht ein, zwischen Zwangs-Zustand und Wegnahme einen „engen zeitlichen und räumlichen Zusammenhang" zu fordern: Wenn das „Aufrechterhalten" der Fesselung (durch Nichts-Tun) eine Gewalt*handlung* iS von § 249 ist, so findet jede Wegnahme bis zu ihrer Aufhebung *gleichzeitig* statt; auf eine Abgrenzung zwischen „engem" und „weitem" **zeitlichen** Zusammenhang kommt es dann unter sachlichen Gesichtspunkten nicht an. Ähnliches gilt auch für den **räumlichen** Zusammenhang: Wenn sich die *Gewalthand-* 12 b *lung* bis zum Lösen der Fesselung fortsetzt, kann es keinen Unterschied machen, ob sich das gefesselte Opfer zum Zeitpunkt des Wegnahmevorsatzes in einem anderen Raum (BGH **32**, 88) oder im selben Raum (BGH **48**, 365) befindet. Bei zeitlich und räumlich engem Zusammenhang könnte zwar die abweichende Beurteilung von BGH **41**, 123 einerseits und BGH **48**, 365 andererseits damit begründet werden, dass im einen Fall die Folgen einer *Verletzungs*-Handlung, im anderen Fall die Einwirkungen eines Gewalt-*Mittels* (Fessel) fortdauerten. Aus Sicht des Rechtsguts ist es aber gleichgültig, ob die Unmöglichkeit des Widerstands gegen eine Wegnahme auf Fesselung, Bewusstlosigkeit oder verletzungsbedingter Wehrlosigkeit des Opfers beruht.

12 c BGH **48**, 365 ff. folgt daher **der Sache nach**, unter **Abweichung** von BGH **32**, 88, der **Unterlassungs**-Lösung (oben 9), die in entsprechenden Fällen zur Strafbarkeit wegen Raubs führen kann, im Hinblick auf das **Kausalitäts-Erfordernis** aber nicht regelmäßig führen muss (zutr. *Walter* NStZ **05**, 240, 243). Die Entscheidung weicht den Konsequenzen aber eher aus, indem sie die Abgrenzung zwischen aktivem Tun und Unterlassen offen lässt. Der Rechtssatz, bei engem Zusammenhang zwischen Fesselung und nachfolgender Wegnahme komme es auf den Zeitpunkt nicht an, in welchem der Wegnahmevorsatzes gefasst wird, hängt daher ein wenig in der Luft und erweist sich überdies als zwiespältig: Es gibt keinen Grund, warum ein Opfer, dass bis zur Widerstandsunfähigkeit misshandelt wurde (vgl. auch NStZ **04**, 556), **weniger** Schutz gegen anschließende Wegnahmen verdienen sollte als ein Opfer, das gewaltsam eingesperrt wurde. Wird aber der Rechtssatz auf Fälle wie die oben 12 genannten ausgedehnt, so werden die Grenzen des § 249 I überschritten.

12 d Auch die *weiteren* **praktischen Auswirkungen** der durch BGH **48**, 365 ff. vorgenommenen Erweiterung können erheblich sein: Das einer gewaltsamen Freiheitsberaubung nachfolgende Ausnutzen einer fortdauernden Zwangswirkung zur Wegnahme macht diese **idR** zum **schweren Raub**, denn der zur Freiheitsberaubung **verwendete Gegenstand** (zB Fessel; Türschloss) wird durch das Ausnutzen jedenfalls ein „sonstiges Werkzeug oder Mittel" iS von § 250 I Nr. 1 Buchst. b (BGH **48**, 365, 371; krit. *Walter* NStZ **04**, 623, 624). Da in zahlreichen Fällen einer gewaltsamen Freiheitsberaubung zugleich ein **Sich-Bemächtigen** iS von § 239 a gegeben ist, könnte (da nach der Rspr. des BGH in jedem Raub zugleich eine Erpressung zur Duldung der Wegnahme liegt) während der Dauer einer Freiheitsberaubung jede Wegnahme auch geringwertiger Sachen ein „Ausnutzen der Lage" iS von § 239 a I (Mindeststrafe 5 Jahre) sein. Problematisch ist auch die Frage einer **„sukzessiven" Mittäterschaft,** da § 249 Eigenhändigkeit der Nötigungshandlung nicht voraussetzt.

13 **(3)** Die **dritte Fallgruppe** verbindet Fälle einer „Ausnutzung" vorangegangener Gewalt mit der Nötigungsvariante des Drohens (vgl. oben 5) und stützt sich auf den Rechtssatz, (abgeschlossene) **Gewalt** könne **„als Drohung fortwirken"** (vgl. etwa NStZ **93**, 77; **04**, 556; StV **95**, 340; **95**, 416; NStZ-RR **97**, 298; 2 StR 97/96; 4 StR 752/95 [in NStZ **96**, 331 nicht abgedr.]; BGHR § 249 I Drohung 3; BGH **48**, 365, 368). Wenn die früheren, ohne Wegnahme- oder Erpressungsvorsatz ausgeführten Gewalthandlungen mit einem gefährlichen Werkzeug ausgeführt wurden, wird idR bei nachträglichem Ausnutzen der „als aktuelle Drohung erneuter Gewaltanwendung weiterwirkenden Zwangslage" eine Qualifikation nach § 250 I Nr. 1 Buchst. a gegeben sein (vgl. NStZ **04**, 556). Mit der Figur der „als Drohung fortwirkenden" Gewalt sind in der Rspr vielfach nicht allein (unproblematische) Fälle einer ausdrücklichen oder schlüssigen drohenden **Äußerung** des Täters, sondern auch solche des **Ausnutzens** einer „bedrohlichen Lage" oder einer vom Täter erkannten Furcht des Opfers erfasst worden. Der Einzelfalls-Rspr hierzu (vgl. **zB** einerseits NStZ **93**, 77, 78; **04**, 556 [3. StS]; 2 StR 97/96; NStZ-RR **04**, 333; andererseits NStZ **82**, 380; **83**, 364 f.; NStZ-RR **97**, 298; NStZ **99**, 510 [4. StS]; NStZ **00**, 87 [1. StS]; ähnlich StV **95**, 340) lassen sich die Grenzen zwischen Drohung mit (weiterer) Gewalt und „bloßem Ausnutzen" von Zwangslagen nicht stets hinreichend deutlich entnehmen; NStZ **93**, 77 hat gar eine „Fortwirkung von Gewalt als Drohung" in einem Fall bejaht, in dem gar keine *Gewalt* angewendet worden war (zutr. einschr. NStZ **07**, 468 [zu § 177]).

14 **Kritik.** Die sprachlich wie dogmatisch zweifelhafte Figur eines „Fortwirkens von Gewalt als Drohung" ist **in sich unklar:** Wenn eine (abgeschlossene) Gewalt-Handlung ohne weiteres Handeln des Täters als Drohung „wirken" oder „fortwirken" könnte, so käme es für § 249 auf den Wegnahmevorsatz zum Zeitpunkt *dieser* Handlung an. Geht es dagegen um eine erst *nach* Abschluss einer Gewalt-Handlung zum Zweck der Wegnahme vom Täter eingesetzte Drohung, so kann die frühere Gewalt jedenfalls nicht *Mittel* dieser Drohung sein; sie ist vielmehr das Übel, dessen Fortsetzung oder Wiederholung in Aussicht gestellt wird. „Als Drohung wirken" kann somit nicht die frühere Gewalt selbst, sondern allein eine (ausdrückliche oder konkludente) **Bezugnahme** des Täters auf sie; Drohen setzt nach seinem Wortsinn eine ausdrückliche oder konkludente **Gedankenäußerung** voraus. Das ist – entgegen missverständlichen Einzelfallsentscheidungen des BGH – keinesfalls schon dann gegeben, wenn der Täter die Furcht des Opfers vor (weiterer) Gewalt erkennt und zur Wegnahme ausnutzt. Von einem Fortwirken von Gewalt „als Drohung" kann daher nur die Rede sein, wenn einer *neuen*, mit Wegnahmevorsatz ausgeführten Handlung des Täters ein ausdrücklicher oder konkludenter *Erklärungs*-Wert zukommt, der sich auf eine frühere Gewalthandlung bezieht und deren Wiederholung androht (so auch *Ingelfinger*, Küper-FS [2007] 197, 201), und wenn der Täter weiß oder in Kauf nimmt, dass das Opfer die Wegnahme gerade im Hinblick auf diese Drohung duldet (vgl. auch NStZ **07**, 468 [zu § 177]).

Würde das bloße Ausnutzen der Furcht des Opfers vor Gewalt ausreichen, so **14 a** könnte es im Übrigen gar nicht darauf ankommen, ob die Furcht berechtigt ist oder ob überhaupt Gewalthandlungen des Täters vorangegangen sind. Ungerecht wäre es überdies, eine dem Wegnahmevorsatz vorausgehende abgeschlossene Gewalthandlung zu privilegieren, wenn sie *besonders massiv* war: Wenn das Opfer aufgrund von Gewaltanwendung hilflos geworden ist (bewusstlos; widerstandsunfähig), kann die Gewalt nicht „als Drohung fortwirken"; auch dann wirkt sie freilich *als Gewalt* fort. Warum aber das Ausnutzen gewaltsam herbeigeführter **Hilflosigkeit** nur Diebstahl (§ 243 I Nr. 6; vgl oben 11), das Ausnutzen der **Furcht** vor neuer Misshandlung Raub (§ 249) und das Ausnutzen einer „räumlich nahen" **Fesselung** sogar schwerer Raub sein soll (§ 250 I Nr. 1 b; vgl. oben 12 c), erschließt sich nicht.

Nach hier vertretener Ansicht ist die Ausdehnung des § 249 I auf Fälle des Aus- **15** nutzens der Fortwirkung von zu anderen Zwecken oder von Dritten zugefügten Misshandlungen mit **Art. 103 II GG** nicht vereinbar. Der Rspr ist früher der Vorwurf gemacht worden, die Begriffe der (qualifizierten) Gewalt und Drohung beim Eigentumsschutz in § 249 großzügiger auszulegen als beim Schutz der (sexuellen) Selbstbestimmung (§§ 177, 178 aF). Die Figur des „Fortwirkens von Gewalt als Drohung" versucht eine „Lücke" zu schließen, welche der Gesetzgeber des 33. StÄG *für § 177* durch Einfügung des § 177 I Nr. 3 schließen wollte (vgl. dort 23 ff.). Der Tatbestand des § 249 I sieht aber eine solche Variante *gerade nicht* vor. Wenn, wie stRspr und hM annehmen, zum einen der Begriff der Drohung in § 177 I und § 249 I gleich ist und zum anderen § 177 I Nr. 3 einen eigenständigen Anwendungsbereich hat, dann muss für die Anwendung des § 249 *insoweit* auch weiterhin eine „Lücke" bestehen. Die Rechtsfigur des „Fortwirkens von Gewalt als Drohung" vermag keine dritte Tatvariante zu begründen.

6) Vollendung und Versuch. Die Tat (Nötigung *und* Wegnahme) ist **vollen-** **16** **det,** wenn die **Wegnahme** der Sache vollendet ist, welche der Täter sich oder einem Dritten zueignen will (unten 19), wenn also der Täter die Herrschaft über die Sache derart erlangt hat, dass er sie gegenüber dem bisherigen Gewahrsamsinhaber unbehindert ausüben und dieser nicht mehr über sie verfügen kann (BGH **20**, 195; NStE Nr. 12; vgl. BGH **21**, 378). Sie ist **beendet,** wenn der Täter eine ausreichend sichere Verfügungsgewalt über die Beute erlangt hat (BGHR § 52 I Handl. dies. 31; *Dreher* MDR **76**, 531) oder der Angriff auf das betroffene Rechtsgut schon vorher seinen unabänderlichen Abschluss gefunden hat (NJW **85**, 814, hierzu *Laubenthal* Jura **85**, 630; *Küper* JuS **86**, 862; vgl. auch StV **81**, 127); bis zu diesem Zeitpunkt ist nach der Rspr des BGH **Teilnahme** möglich (BGH **6**, 248). Vollendung scheidet aus, wenn die vom Täter weggenommene Sache von seinem

Zueignungswillen nicht umfasst ist (zB bei Wegnahme aus Sicht des Täters wertloser Behältnisse; vgl. NStZ **04**, 333; **06**, 686f.; unten 19a).

17 **Versuch** des Raubs liegt vor, sobald zu der Nötigungshandlung angesetzt wird, die unmittelbar zur Tatvollendung führen soll (vgl. *Mitsch* BT II/1, 3/50); dagegen liegt beim Ansetzen zur Wegnahme ohne (vorangehende oder gleichzeitige) Nötigungshandlung idR kein Raubversuch vor, obgleich der Täter hier zur Verwirklichung eines Tatbestandsmerkmals ansetzt. Wie sich aus **§ 244 I Nr. 1b** ergibt, ist es kein Versuch nach § 249/§ 250 I Nr. 1, wenn der Täter einen Diebstahl versucht, bei dem er *eventuellen* Widerstand mit einer Waffe brechen will (*Mitsch* BT II/1, 3/50; and. 4 StR 385/72); anders bei konkretisiertem direktem Vorsatz der Gewaltanwendung. Das Lauern auf das Opfer ist idR noch kein unmittelbares Ansetzen zur Tatbestandsverwirklichung (9ff. zu § 22; vgl. NJW **54**, 567). Versuch liegt zB vor, wenn der Täter in der Absicht an der Haustür des Opfers klingelt, alsbald nach Öffnen der Tür Nötigungsmittel gegen die öffnende Person einzusetzen (NStZ **84**, 506); wenn der Begleiter des zu Beraubenden angegriffen wird, um ihn als Schutzperson auszuschalten (BGH **3**, 297); Auch in Handlungen nach § 243 I Nr. 1 kann schon ein Versuch liegen (48 zu § 46).

18 **7) Subjektiver Tatbestand.** Der **Vorsatz** ist, entsprechend der Doppelnatur des Raubs, doppelten Inhalts; er muss sowohl Wegnahmevorsatz (vgl. dazu 29ff. zu § 242) als auch Nötigungsvorsatz (53f. zu § 240) sein. Das gilt jeweils auch für Mittäter (MDR/H **89**, 858; LK-*Herdegen* 20). Zueignungsabsicht muss zum **Zeitpunkt der Wegnahme** vorliegen (NStZ-RR **07**, 15). Für die Konkretisierung des Wegnahmevorsatzes kommt es auf die Vorstellung des Täters zum Zeitpunkt der letzten Wegnahmehandlung an (vgl. NStZ **04**, 386f.). Bereicherungsabsicht (iS von §§ 253, 255) muss nicht vorliegen.

19 Die **Absicht rechtswidriger Zueignung** (vgl. dazu 32ff. zu § 242) ist wie beim Diebstahl erforderlich (BGH **17**, 92; MDR/D **68**, 18; **76**, 16; GA **62**, 144; **66**, 211; **68**, 121; 338; StV **88**, 527; 529; **90**, 546; **91**, 515; **95**, 302 L; NJW **90**, 2837; BGHR § 249 I ZEignAbs 4, 5, 7; NStZ-RR **97**, 297, 298; 2 StR 95/97; 2 StR 136/97; 4 StR 219/97), wobei wie dort (45ff. zu § 242) die Absicht zur Drittzueignung genügt. Selbst- oder Drittzueignungsabsicht muss bei jedem (Mit-) Täter vorliegen; es genügt nicht, dass nur andere Tatgenossen die Zueignungsabsicht haben (NStZ **94**, 30; **98**, 158; NStZ-RR **97**, 298; 2 StR 263/97). Die **Rechtswidrigkeit der Zueignung** ist subjektives **Tatbestandsmerkmal;** der Vorsatz entfällt daher bei irrtümlicher Annahme eines Rechts zur Zueignung der Sache (BGH **17**, 87, 91; BGHR § 249 Zueignungsabs. 10; 3 StR 153/01; 2 StR 239/03; *Gropp*, Weber-FS [2004] 127, 131ff.; vgl. dazu auch 49 zu § 242; 21 zu § 253, 112f. zu § 263 mwN).

19a Nicht ausreichend ist eine Wegnahme, um die Sache als Druckmittel zur Durchsetzung einer Forderung einzusetzen, wenn der Täter (zum Zeitpunkt der Wegnahme; vgl. NStZ-RR **07**, 15) weder die Sache selbst noch ihren Sachwert seinem Vermögen einverleiben will (StV **99**, 315 [eigenmächtige Inpfandnahme]); auch § 255 kommt in diesem Fall mangels Stoffgleichheit von erstrebtem Vermögensvorteil und Schaden idR nicht in Betracht. An der Zueignungsabsicht fehlt es auch, wenn ein geraubtes **Behältnis** das Erwartete nicht enthält und es dem Täter ausschließlich auf den erwarteten Inhalt ankommt (StV **83**, 460; **90**, 208; NStZ **00**, 531; **04**, 333; **06**, 686f.; BGHR § 249 I Zueignungsabsicht 4; 4 StR 404/95; 2 StR 205/04; vgl. 30 zu § 242); in diesem Fall ist nur Versuch gegeben. Der BGH hat aber Vollendung angenommen, wenn der Täter in dem Behältnis nur *weniger* als erwartet auffindet und daraufhin aus Enttäuschung Behältnis und Inhalt wegwirft (NStZ **96**, 599 [Geldbörse mit geringer Summe Münzgeld]), denn die Aneignungs*komponente setzt nicht* notwendig voraus, dass der Täter die Sache auf Dauer behalten will (vgl. BGH NJW **85**, 812; BGHR § 242 Abs. 1 Zueignungsabsicht 7). Es kommt auf das subjektive Vorstellungsbild des Täters im Zeitpunkt der Wegnahme an; bei der insoweit vorzunehmenden Wertung ist dem Tatrichter ein Beurteilungsrahmen eröffnet (1 StR 456/97 [in NStZ-RR **99**, 6 f. nicht abgedr.]; vgl. auch *Ruß* in Pfeiffer-FS [1988], 64 ff.).

Zur **Drittzueignung** vgl. 45 ff. zu § 242, 11 f. zu § 246. Die Ergänzung durch das 6. StrRG hat die Grenze zwischen (Mit-)Täterschaft und Beihilfe verschoben; insb. im Fall mittäterschaftlicher Nötigung reicht es aus, wenn die wegzunehmende Sache *einem* der Beteiligten zugeeignet werden soll; ein Ausweichen auf eine (umstr.) in der Dritt*zueignungs*absicht enthaltene Dritt*bereicherungs*absicht (§§ 253, 255; vgl. *Mitsch* BT II/1, 3/47) ist nicht mehr erforderlich. Die **Abgrenzung** zwischen (Mit-) Täterschaft und Beihilfe bestimmt sich daher idR im Hinblick auf die Beteiligung an der Nötigungs- und Wegnahmehandlung (vgl. 58 zu § 242). Es fehlt an der Zueignungsabsicht hinsichtlich eines Behältnisses, wenn es dem Täter nur auf dessen Inhalt ankommt (4 StR 193/97; 4 StR 36/98). Raub scheidet auch aus, wenn das Nötigungsmittel nur zur Erzwingung einer **Gebrauchsanmaßung** eingesetzt wird (uU aber §§ 253, 255; vgl. oben 1); ebenso bei erzwungener Wegnahme zur Vernichtung oder um das Opfer am Gebrauch zu hindern (vgl. 2 StR 620/97 [Wegnahme zur Entwaffnung]). Das Nötigungsmittel muss nach der Vorstellung des Täters mit der vom Willen der rechtswidrigen Zueignung getragenen Wegnahme ursächlich verknüpft sein (StV **91**, 516; vgl. oben 7). Nimmt der Täter mehr weg, als er bei der Gewaltausübung beabsichtigt hat, so liegt nur ein einziger Raub und nicht hinsichtlich des Mehrbetrages § 242 in Tateinheit mit § 249 vor (BGH **22**, 350; NStZ **82**, 380). 20

8) Beteiligung. § 249 ist kein eigenhändiges Delikt; Mittäterschaft ist insb auch in der Form möglich, dass ein Beteiligter nötigt, der andere wegnimmt. Voraussetzung ist aber für jeden Mittäter ein „subjektiv-finaler Konnex". Der Wegnehmende muss gewusst und gewollt haben, dass das Nötigungsmittel gegen das Opfer zum Zwecke der Wegnahme ausgeübt wird (BGHR § 249 I Gew. 3, 5; BGH **41**, 124; NStZ-RR **97**, 298); ohne gemeinsamen Tatplan reicht das bloße Ausnutzen einer von einem Dritten verübten Gewalthandlung zum Diebstahl nicht aus (BGHR § 249 I Gew. 8). Umgekehrt muss aus Sicht des Gewalt-Ausübenden diese Handlung der Ermöglichung der Wegnahme dienen. Täterschaftlicher Raub (auch in mittelbarer Täterschaft) setzt wie beim Diebstahl stets eigene (Selbst- oder Dritt-) Zueignungsabsicht voraus; fehlt diese, so liegt nur Teilnahme vor. Diese Absicht ist kein besonderes persönliches Merkmal iS von § 28 I. Im Übrigen bestimmt sich die Abgrenzung von Täterschaft und Teilnahme nach allgemeinen Grundsätzen (vgl. NStZ **06**, 94; 11 ff. zu § 25). 21

9) Rechtsfolgen. Der (einfach) Raub ist Verbrechen; der Strafrahmen beträgt 1 bis 15 Jahre. Für **minder schwere Fälle** (vgl. 11 zu § 12; 85 ff. zu § 46) gilt **Abs. II;** ein solcher kann zB vorliegen, wenn das Maß der Gewalt gering ist oder wenn die Drohung eine geringe Intensität hat (MDR/H **83**, 91; 5 StR 612/85); bei einer Tatserie von zehn Raubtaten liegt die Annahme fern (NStZ **06**, 343). **Qualifikationen** sind in § 250 geregelt; eine Erfolgsqualifikation in § 251. 22

10) Konkurrenzen. Gesetzeseinheit liegt zwischen § 249 und §§ 242/243, 244, 244 a vor, die von § 249 verdrängt werden (vgl. BGH **20**, 235, 237 f.; NStZ-RR **05**, 202, 203). Entsprechendes gilt zwischen §§ 250/22 und §§ 242, 243/22 (4 StR 34/94). Gleiches gilt idR für § 239 (BGH **32**, 93), ebenso für § 240. § 255 wird regelmäßig durch § 249 verdrängt (vgl. oben 1; BGH **14**, 390; MDR **55**, 17; MDR/H **82**, 280; **92**, 18); versuchter Raub kann mitbestrafte Vortat zu räuberischer Erpressung sein (NJW **67**, 60; zur Abgrenzung *Grebing* Jura **80**, 95; *Rengier* JuS **81**, 654; *Biletzki* Jura **95**, 635; *Krack* JuS **96**, 494). Gegenüber vollendetem Raub tritt ein auf denselben Gegenstand gerichteter Versuch des § 255 als mitbestrafte Vortat zurück (4 StR 554/03). 23

Tateinheit kann für § 249 gegeben sein bei vollendetem Diebstahl und versuchtem Raub (BGH **21**, 78; NStZ-RR **05**, 202, 203; 4 StR 34/94), auch zwischen § 250 und § 249 im Falle einer unterschiedlichen Begehung gegenüber mehreren Personen (BGHR § 249 I Konk. 1); ferner mit §§ 223 (NStZ-RR **99**, 173), 224, da nicht jede Gewalt in einer Körperverletzung besteht, vgl. 4; und zwar auch dann, wenn die Körperverletzung nach Vollendung, aber vor Beendigung des Raubes begangen wird (GA **69**, 347; NK-*Kindhäuser* 59). Ebenso mit § 222, wenn nur einfache Fahrlässigkeit vorliegt (sonst kommt § 251 in Betracht); mit §§ 177, 178, wenn nach einem Raub dieselbe Gewaltanwendung einer nachfolgenden Ver- 24 gewaltigung als Nötigungsmittel dient (MDR/H **79**, 106; BGHR § 177 I, Konk. 1; 4 StR 49/95; 4 StR 122/96) oder nach einer Vergewaltigung die noch fortwirkenden Nötigungsmittel der Wegnahme dienen (4 StR 342/92). Ferner ist Tateinheit mit Mord und Totschlag (§§ 211, 212) möglich (MDR/H **90**, 676; 5 StR 304/92; vgl. oben 2). Ein Raub mit Nötigung von zwei Personen ist nur *eine* einzige Handlung (LK-*Herdegen* 28). Tateinheit ist auch mit § 316a möglich (NJW **63**, 1413); mit § 239, wenn die Freiheitsberaubung über das hinausgeht, was zur Verwirklichung des Raubes erforderlich ist (4 StR 640/83), wie auch mit einer Handlung, die der Beendigung eines bereits vollendeten Raubes dient (BGH **26**, 24; StV **83**, 413) oder vor dessen Beendigung vorgenommen wird (NStZ **84**, 409; BGHR § 52 I, Hdlg. dies. 13; 1 StR 472/96). Zum Verhältnis zu §§ 306b, 306c und § 316a vgl. dort.

25 **11) Sonstige Vorschriften.** § 126 I Nr. 5 (auch iVm §§ 140, 145d I Nr. 2, II Nr. 2); Nichtanzeige § 138 I Nr. 7; Überwachungsmaßnahmen § 100a Nr. 2 StPO; UHaft § 112a I Nr. 2 StPO.

Schwerer Raub

250 I **Auf Freiheitsstrafe nicht unter drei Jahren ist zu erkennen, wenn**

1. der Täter oder ein anderer Beteiligter am Raub
   a) eine Waffe oder ein anderes gefährliches Werkzeug bei sich führt,
   b) sonst ein Werkzeug oder Mittel bei sich führt, um den Widerstand einer anderen Person durch Gewalt oder Drohung mit Gewalt zu verhindern oder zu überwinden,
   c) eine andere Person durch die Tat in die Gefahr einer schweren Gesundheitsschädigung bringt oder

2. der Täter den Raub als Mitglied einer Bande, die sich zur fortgesetzten Begehung von Raub oder Diebstahl verbunden hat, unter Mitwirkung eines anderen Bandenmitglieds begeht.

II **Auf Freiheitsstrafe nicht unter fünf Jahren ist zu erkennen, wenn der Täter oder ein anderer Beteiligter am Raub**

1. bei der Tat eine Waffe oder ein anderes gefährliches Werkzeug verwendet,

2. in den Fällen des Absatzes 1 Nr. 2 eine Waffe bei sich führt oder

3. eine andere Person
   a) bei der Tat körperlich schwer misshandelt oder
   b) durch die Tat in die Gefahr des Todes bringt.

III **In minder schweren Fällen der Absätze 1 und 2 ist die Strafe Freiheitsstrafe von einem Jahr bis zu zehn Jahren.**

Übersicht

1) Allgemeines, Rechtsgut ... 1, 1a
2) Systematik ... 2
3) Bei-sich-Führen von Waffen und anderen gefährlichen Werkzeugen (I Nr. 1a) ... 3–8
4) Raub mit sonstigen Werkzeugen oder Mitteln (I Nr. 1b) ... 9–12
5) Raub mit Gefahr einer schweren Gesundheitsschädigung (I Nr. 1c) ... 13–15
6) Bandenraub (I Nr. 2) ... 16
7) Raub unter Verwendung von Waffen oder gefährlichen Werkzeugen (II Nr. 1) ... 17–23
8) Bandenraub mit Waffen (II Nr. 2) ... 24, 25
9) Raub mit schwerer körperlicher Misshandlung (II Nr. 3a) ... 26
10) Raub mit Lebensgefährdung (II Nr. 3b) ... 27
11) Versuch ... 28
12) Minder schwere Fälle (III) ... 29
13) Konkurrenzen ... 30, 31
14) Sonstige Vorschriften ... 32

1 **1) Allgemeines.** Die Vorschrift idF des EGStGB, das die Nummern 1, 2, 4 weitestgehend dem § 244 angeglichen hatte, wurde durch Art. 1 Nr. 55 des 6. StrRG (2f. vor § 174) wiederum unter weitgehender Angleichung an § 244 nF umgestaltet. So wurden die Qualifika-

tionsmerkmale in I und II neu abgegrenzt und erhielten ihrem Unrechtsgehalt entsprechend abgestufte Strafrahmen (vgl. RegE 44, 63; Beschlussempfehlung RA-BTag [BT-Drs. 13/8991, 20]; Ber. 17). Die einzelnen qualifizierenden Tatbestände sind in unübersichtlicher Weise nach unterschiedlichen Wertungskriterien in den Abs. I und II aufgeführt. In minder schweren Fällen (III) wurde das Höchstmaß der Freiheitsstrafe von 5 auf 10 Jahre erhöht (zutr. krit. zur Neufassung SK-*Günther* 5; *Hörnle* Jura **98**, 174; zur verunglückten Genese *Dencker,* Einf./6. StrRG 10, 12ff.; vgl. auch NStZ **99**, 302 [*3. StS*]: „anerkanntermaßen wenig geglückte Neufassung"). Vgl. zum Ganzen auch *Kreß* NJW **98**, 642f.; zur Anwendungspraxis *Boetticher/Sander* NStZ **99**, 292.

Literatur: *Becker,* Waffe und Werkzeug als Tatmittel im Strafrecvht, 2003; *Boetticher/Sander,* Das 1. Jahr des § 250 StGB in der Rechtsprechung des BGH, NStZ **99**, 292; *Erb,* JR **01**, 206; *ders.*, Schwerer Raub nach § 250 II Nr. 1 StGB durch Drohen mit einer geladenen Schreckschusspistole, JuS **04**, 653; *Fischer,* Waffen gefährliche und sonstige Werkzeuge nach dem Beschluss des Großen Senats, NStZ **03**, 569; *Geppert,* Zum „Waffen"-Begriff, zum Begriff des „gefährlichen Werkzeugs", zur „Scheinwaffe" (usw.), Jura **99**, 599; *Graul,* Jura **00**, 204; *Klesczewski,* Raub mit Scheinwaffe?, Zur Neufassung des § 250 StGB durch das 6. StrRG, GA **00**, 257; *Kreß,* Das 6. StrRG, NJW **98**, 633; *Küper,* „Waffen" und „Werkzeuge" im reformierten Besonderen Teil des StGB, Hanack-FS 569; *ders.,* Verwirrungen um das neue „gefährliche Werkzeug", JZ **99**, 197; *Lesch,* Waffen, (gefährliche) Werkzeuge u. Mittel beim schweren Raub nach dem 6. StrRG, JA **99**, 30; *Maatsch,* Das gefährliche Werkzeug im neuen § 244 StGB, GA **01**, 75; *Mitsch,* Die Vermögensdelikte nach dem 6. StrRG, ZStW **111**, 65; *ders.,* Raub mit Waffen u. Werkzeugen (Bespr. v. NJW **98**, 2914 u. **98**, 2915), JuS **99**, 640; *Streng,* Die „Waffenersatzfunktion" als Spezifikation des „anderen gefährlichen Werkzeugs" (usw.), GA **01**, 359; *Zopfs,* JZ **99**, 1062. 1a

2) Systematik. Der schwere Raub wird seit dem 6. StrRG in **2 Qualifikationsgruppen** unterteilt: die des Abs. I („*schwerer* Raub"), dessen Mindeststrafdrohung auf 3 Jahre herabgesetzt worden ist, und die des Abs. II („*besonders schwerer* Raub"; vgl. 5 StR 230/04; 3 StR 52/06; NStZ-RR **03**, 328), dessen Mindeststrafdrohung 5 Jahre beträgt (krit. *Sander/Hohmann* NStZ **98**, 277). Die Qualifikationen des I entsprechen § 177 III; Nr. 1 Buchst. a und b sowie Nr. 2 entsprechen § 244 I Nr. 1 und 2. Die Qualifikation nach II Nr. 1 entspricht § 177 IV Nr. 1; II Nr. 3 hat eine Parallele in § 177 IV Nr. 2. 2

3) Bei-sich-Führen von Waffen und anderen gefährlichen Werkzeugen (Abs. I Nr. 1 Buchst. a). Der Qualifikationstatbestand, der § 244 I Nr. 1 Buchst. a entspricht, erfasst die **abstrakte** Gefährdung von Leib und Leben anderer Personen, welche durch die bloße Möglichkeit der Verwendung generell gefährlicher Gegenstände beim Raub geschaffen wird. Es reicht das bloße vorsätzliche **Bei-sich-Führen** (vgl. dazu 12ff. zu § 244); eine Verwendung bei der Tat (II Nr. 1) ist ebenso wenig erforderlich wie ein hierauf gerichteter Vorsatz des Täters (NStZ-RR **05**, 168, 169; **aA**, aber mit Wortlaut und Systematik der Vorschrift nicht vereinbar, der in der Lit. vertretene „subjektive" Ansatz zum Begriff des gefährlichen Werkzeugs; vgl. dazu 4ff. zu § 244 und unten 6). Für die Anwendung des § 250 kann – anders als in § 244 I Nr. 1 und § 177 III Nr. 1, IV Nr. 1 – die **Unterscheidung** zwischen Waffen und gefährlichen Werkzeugen nicht dahinstehen, denn Abs. II Nr. 2 qualifiziert bei bandenmäßiger Begehung allein das Bei-sich-Führen von Waffen (vgl. unten 24f.). 3

A. Waffen. Abweichend von § 250 I Nr. 1 idF vor dem 6. StrRG sind in I Nr. 1a nicht nur Schusswaffen erfasst (also Waffen, mit denen Projektile oder Gas durch einen Lauf verschossen werden; vgl. BGHR § 250 II Nr. 1 Waffe 2 [Anm. *Dencker* JR **99**, 33]), sondern alle Waffen (ebenso in II Nr. 1 und 2). Als **Waffen** wurden in stRspr und Lit. bewegliche Sachen angesehen, die **ihrer Art nach** zur Verursachung erheblicher Verletzungen von Personen generell **geeignet und bestimmt** sind (BGH **44**, 103, 105; BGHR § 250 I Nr. 1a Waffe 1, 2, 3; *Lackner/Kühl* 3 zu § 244; *S/S-Eser* 3 zu § 244; LK-*Laufhütte/Kuschel* Nachtr. 4; MK-*Schmitz* 7 zu § 244; *Kindhäuser* LPK 4 zu § 244; *Küper,* Hanack-FS 569, 572; *Streng* GA **01**, 359, 365ff.; *Rengier* BT I, 4/5; *Otto* BT 41/51; *Arzt/Weber* 14/55 [zu § 244]; *Küper* BT 428f. [mit Differenzierung zwischen *vier* „Waffen"-Begriffen 4 des StGB]; jew. mwN; vgl. auch 3f. zu § 244). § 250 (ebenso §§ 113 II Nr. 2, 121 III Nr. 2, 127, 125a Nr. 1, 177 III Nr. 1, IV Nr. 1, 244 I Nr. 1a) liegt dieser **strafrechtliche Waffenbegriff** zugrunde. Missverständlich wird gelegentlich auch von **„Waffen im technischen Sinn"** gesprochen; damit ist der genannte strafrechtliche Begriff gemeint, nicht ein im engen Sinn „waffen-technischer", auch nicht der verwaltungsrechtliche Begriff des WaffG (so aber unzutr. BGH [GrSen] **48**, 197, 204). Der Begriff ist in Abs. I Nr. 1a (sowie in § 244 I Nr. 1 Buchst. a, § 177 III Nr. 1) derselbe wie in Abs. II Nr. 1 (BGHR § 250 I Nr. 1a Waffe 2, 3; LK-*Laufhütte/Kuschel* Nachtr. 4; **aA** *Küper,* Hanack-FS 569, 571 ff.; *ders.,* BT 412 ff.; vgl. unten 19 ff.). Soweit einzelne Entscheidungen des *3. StS* des BGH eine hiervon abweichende Ansicht nahe legen konnten (vgl. 3 StR 333/98; 3 StR 467/98), ist dies iS der stRspr. klargestellt worden (3 ARs 5/02; and. aber wohl der *1. StS* in 1 ARs 5/02; vgl. dazu NJW **02**, 2889).

5 Von dieser zuvor gesicherten Bestimmung der Waffe als Gegenstand, der **seiner Art nach zur Verletzung bestimmt** ist, ist der *GrSen* in BGH **48**, 197 abgewichen (vgl. dazu 3c ff. zu § 244; *Fischer* NStZ **03**, 569 ff.; *Erb* JuS **04**, 653 ff.), obgleich die Notwendigkeit einer Neuordnung insoweit gar nicht bestand: Auf die Rechtsfrage, ob eine geladene Schreckschusspistole ein **„gefährliches Werkzeug"** iS von II Nr. 1 sei, auch wenn sie nicht *konkret* gefährlich eingesetzt wird (NStZ **02**, 594; zum Anfrageverfahren vgl. 3c ff. zu § 244]), hat der *GrSen* entschieden, es werde am **Waffen**-Begriff „in Bezug auf die geladene Schreckschusswaffe nicht mehr fest(gehalten)" (BGH **48**, 197, 201), denn eine Schreckschusspistole sei artgemäß verletzungs-**geeignet** und bei entsprechender Anwendung *konkret* gefährlich (ebd. 201 ff.; ebenso NStZ-RR **04**, 169).

5a **Kritik.** Der Entscheidung kann nicht zugestimmt werden (vgl. auch 3e f. zu § 244). Der *GrSen* hat das vorgelegte Problem *kasuistisch* zu lösen versucht, dabei aber übersehen, dass dies ohne Beschädigung der Systematik gar nicht möglich war. Die Entscheidung ersetzt die *strafrechtliche* Definition der Waffe durch eine *externe* Definition, die zum einen auf Tatsachen-Erwägungen (BGH **48**, 197, 201 f., 205) gestützt wird, zum anderen (ausschnitthaft) auf rechtstechnische Begriffe des WaffG (ebd. 204) zurück greift. Beide Gesichtspunkte sind aber ungeeignet, den Bruch der strafrechtlichen Systematik zu rechtfertigen: Dass eine Schreckschusspistole ein „*Schießwerkzeug*" (ebd. 203) und unter Umständen konkret gefährlich ist, macht sie so wenig zu einer „Waffe" wie einen Hammer der Umstand, dass er ein „*Zertrümmerungswerkzeug*" und bei Schlägen auf den Kopf eines Menschen gefährlich ist (vgl, dazu *Fischer* NStZ **03**, 569, 571 ff.). Käme es darauf an, was die Anlagen zum WaffG als Waffen im verwaltungsrechtlichen Sinn bezeichnen, so wären auch *ungeladene* (Schreckschuss)-Pistolen (vgl. dazu zutr. NStZ-RR **04**, 169) oder einzelne Patronen „Waffen". Bei Anwendung der vom *GrSen* genannten **sachlichen Kriterien** wären nicht nur Schreckschusswaffen den scharfen Schusswaffen gleichzustellen, sondern auch Eisenstangen den Totschlägern, Tapetenmesser den Säbeln, usw., also allgemein die „gefährlichen Werkzeuge" den „Waffen". Der Wortlaut des Gesetzes (Abs. II Nr. 2) schließt eine solche Auslegung aus.

5b Zur **Begründung** hat der *GrSen* hervorgehoben, die Einordnung der Schreckschusspistole als „Waffe" führe zu einer Harmonisierung des Waffenbegriffs in Abs. I Nr. 1a und Abs. II Nr. 1 und beseitige einen Wertungswiderspruch zur Behandlung von Messern (BGH **48**, 197, 206). Beides trifft den Kern der Sache nicht: Der Waffen-Begriff des I Nr. 1a, II Nr. 1 und Nr. 2 war vor der Entscheidung des GrSen nicht streitig und bedurfte auch keiner „Harmonisierung". Streitig war vielmehr der Begriff des gefährlichen Werkzeugs in I Nr. 1a, II Nr. 1; *seine* „Harmonisierung" ist gerade offen geblieben (vgl. etwa NStZ **99**, 301; 1 ARs 5/02, wonach § 250 *zwei verschiedene* Begriffe des gefährlichen Werkzeugs enthalte). Dass ein Widerspruch zur Behandlung von Messern, die vom BGH regelmäßig als „gefährliche Werkzeuge" iS von II Nr. 1, also *nicht* als Waffen angesehen wurden, dadurch beseitigt sein soll, wenn Schreckschusspistolen als Waffen angesehen werden, leuchtet nicht ein.

Für die Praxis hat die Entscheidung des *GrSen* die Rechtsanwendung daher nur insoweit erleichtert, als über den Einzelfall des Mitführens (I Nr. 1 a, II Nr. 2) oder Verwendens (II Nr. 1) einer **geladenen Schreckschusspistole** nicht mehr nachgedacht werden muss. Das hätte sich freilich auch ohne Aufgabe des Waffen-Begriffs leicht erreichen lassen, wenn man – mit der Vorlage – Schreckschusspistolen zutreffend als „gefährliche Werkzeuge" einordnet hätte (so auch *W/Hillenkamp* 255; *Baier* JA **04**, 15 f.; *Erb* JZ **04**, 653, 655). Den **systematischen Begriff** „Waffe" kann man nicht nur für *einen Einzelfall* aufgeben. War vor der Entscheidung nur die Abgrenzung zwischen „gefährlichen" und „sonstigen" Werkzeugen unklar, so ist nun auch diejenige zwischen „Waffen" und „gefährlichen Werkzeugen" fraglich geworden (vgl. dazu auch *Fischer* NStZ **03**, 569, 575). Auch ob in **Abs. II Nr. 2** der angeblich „hamonisierte" oder wieder ein anderer Waffen-Begriff anzuwenden ist, ist ungeklärt. **Insgesamt** ist nun unklar, was eine „Waffe" von einem *„anderen* gefährlichen Werkzeug" unterscheidet. Das macht insb. die Anwendung von **Abs. II Nr. 2** unberechenbar (vgl. unten 25); dasselbe gilt von §§ 113 II Nr. 1, 121 III Nr. 2, 124 I Nr. 2. 5 c

B. Gefährliche Werkzeuge. Für den Begriff des gefährlichen Werkzeugs, insb. auch für die streitige Begriffsbestimmung nach **objektiven** oder **subjektiven** Ansätzen, gilt das in 6 ff. zu § 244 Ausgeführte. Die in Rspr und Lit. ungeklärte Frage, anhand welcher Kriterien ein **abstrakt** gefährliches Werkzeug iS von I Nr. 1 a zu bestimmen ist, gewinnt in § 250 dadurch Gewicht, dass der Begriff nicht nur von dem des „sonstigen" Werkzeugs iS von I Nr. 1 b abzugrenzen ist, sondern in **Abs. II Nr. 1** zur Bestimmung eines (nochmals) erhöhten Unrechtsgehalts dient, wenn ein „gefährliches" Werkzeug bei der Tat **verwendet** wird. Die irrige Ansicht des RA des BTags (BT-Drs. 13/9064, 18), zur Definition des gefährlichen Werkzeugs könne auf die Rspr zu § 224 I Nr. 2 (§ 223 a aF) zurückgegriffen werden, hat in der **Rspr. des BGH** sowie in Teilen der Lit. zu einer **Aufspaltung** des Begriff geführt: Danach enthält § 250 **zwei verschiedene** Begriffe des „gefährlichen Werkzeugs" (so ausdr. 1 ARs 5/02; *Küper,* Hanack-FS 569, 579 ff.); einen **„abstrakten"** in I Nr. 1 a, wonach ein Werkzeug – je nach Standpunkt – durch objektive Gefährlichkeit oder subjektive Verwendungsabsicht gefährlich sein kann (zum Meinungsstand vgl. *Streng* GA **01**, 359, 361 ff.; MK-*Sander* 16 ff.; 4 a f. zu § 244; Überblick auch bei *Erb* JuS **04**, 653, 656; *W/Hillenkamp* 260 ff.); und einen **„konkreten"** in II Nr. 1, der sich nach Maßgabe des § 224 I Nr. 2, also danach bestimmen soll, ob der verwendete Gegenstand „nach seiner Art und seiner Verwendung im Einzelfall geeignet ist, erhebliche Verletzungen zu verursachen" (vgl. BGH **45**, 249 f.; NStZ **99**, 135; **99**, 301; StV **99**, 92; BGHR § 250 I Nr. 1 a Waffe 2; anders aber NJW **04**, 3437). Unter der „Verwendung im Einzelfall" wird dabei auch eine **Drohung** verstanden, wenn diese nach der objektiven Beschaffenheit des Werkzeugs in „gefährlicher" Weise verwirklicht werden *könnte;* die („generelle") Gefährlichkeit eines Gegenstands, mit dessen Verwendung gedroht wird, bestimmt sich somit nach dem **hypothetischen Wahrheitsgehalt** dieser Drohung (anders bei Drohung mit einem objektiv „ungefährlichen" Gegenstand; vgl. unten 22). 6

a) Einzelfälle. Auf der Grundlage dieser Auslegung hat der BGH **für die Anwendung des II Nr. 1** als („konkret") **gefährliche** Werkzeuge angesehen: Holzknüppel (StV **99**, 91); Besenstiel (NStZ-RR **99**, 355); Hund (NStZ **99**, 174); Kraftfahrzeug (NStZ **00**, 530); brennende Zigarette (NStZ **02**, 86); Teppichmesser (NStZ-RR **01**, 41); Kugelschreiber (3 StR 6/02; aber differenziert zwischen „stabilen" und „zerbrechlichen" in NStZ **04**, 261); Injektionsspritze (NStZ-RR/P **01**, 359 Nr.. 36); Winkeleisen (2 StR 400/01); Schranktür (4 StR 255/98); Elektroschockgerät (NStZ-RR **04**, 169); Pfefferspray; „stramme Fesselung" (NStZ-RR **04**, 169); Turnschuhe (NStZ **03**, 662); Scheren (NStZ **05**, 35: je nach „Beschaffenheit"); Teleskopschlagstock (NStZ-RR **05**, 209). Für die **Anwendung des I Nr. 1 a** kann diese Rspr nicht ohne weiteres übernommen werden, da dort ein 6 a anderer, „abstrakter" Gefährlichkeits-Begriff gelten soll. Gefährlichkeit iS von **Abs. I Nr. 1 a** ist insb. für **Messer** angenommen worden (vgl. die Nachw. 7 zu § 244); in NJW **04**, 3437 für einen 28 cm langen, spitz zulaufenden **Schraubendreher** (zust. *Gössel* JR **05**, 159 f.; krit. *Schlothauer* StV **04**, 655); von Schleswig NStZ **04**, 212 für ein **Teppichmesser.**

7 **b) Kritik**. Diese Auslegung ist mit dem Wortlaut von I Nr. 1 a, II Nr. 1 und II Nr. 2 schwer vereinbar und führt zu ungerechten Ergebnissen. Gegen eine unterschiedliche Bedeutung desselben Begriffs innerhalb derselben Vorschrift spricht der Wortlaut. Sie kann hier auch nicht auf die – unstreitig irrige – Verweisung des historischen Gesetzgebers (Ber. 18) auf § 224 I Nr. 2 gestützt werden (vgl. NStZ **99**, 301, 302; 3 ARs 5/02; *S/S-Eser* 5 zu § 244; SK-*Hoyer* 10 zu § 244; *Lackner/Kühl* 3 zu § 244; LK-*Laufhütte/Kuschel* Nachtr. 6; *Kindhäuser* LPK 7 zu § 244; jew. mwN): Schwierigkeiten ergeben sich insoweit daraus, dass § 224 I Nr. 2 einen **Verletzungs-Erfolg** „mittels" eines gefährlichen Werkzeugs voraussetzt, § 250 II Nr. 1 aber eine „Verwendung bei der Tat" ausreichen lässt, also nach allg. Ansicht auch die **Verwendung zur Drohung** umfasst (vgl. § 249 I, § 255 I). Damit ist im Grunde eine an § 224 ausgerichtete *konkrete* Bestimmung schon ausgeschlossen: Ein ungefährliches Werkzeug wird nicht *dadurch* „objektiv" gefährlich, dass mit ihm unter Vortäuschung von Verletzungstauglichkeit gedroht wird; umgekehrt wird ein objektiv gefährliches Werkzeug nicht dadurch ungefährlich, dass nicht sein Einsatz angedroht, sondern es nur mitgeführt wird.

7 a Die Rspr. muss daher bei der Bestimmung des „gefährlichen" Werkzeugs auf die Behandlung der sog. **Scheinwaffen** (unten 10) zurückgreifen: Da bei einer Verwendung nur zur *Drohung* nicht an einer tatsächlichen Verletzung angeknüpft werden kann, soll es auf eine **hypothetische Gefährlichkeit**, d. h. darauf ankommen, ob die *angedrohte* Verwendung „gefährlich" iS von § 224 I Nr. 2 *wäre*, wenn sie verwirklicht *würde*. „Verwenden" iS von II Nr. 1 ist danach die (täuschende!) Drohung, *irgendeinen* Gegenstand so einzusetzen, dass dies zu einer erheblichen Verletzung des Opfers führen würde: Diese Konstruktion objektiver Gefährlichkeit *durch* (Verwendung zur) Drohung (mit der Verwendung zur Verletzung) und das Abstellen auf den subjektiven *Wahrheits*gehalt dieser Drohung führt zu einer auch im tatsächlichen Bereich merkwürdigen Vermischung von abstrakter Gefahr und Scheinwaffenproblematik und zu **ungerechten Ergebnissen** (vgl. die Beispiele bei *Fischer* NStZ **03**, 569, 570; krit. auch *Schlothauer* StV **04**, 655, 656). Die Entscheidung des *GrSen* (BGH **48**, 197) hat insoweit keine Klärung gebracht (vgl., 3 ff. zu § 244; *Erb* JuS **04**, 653 ff.; *Fischer* NStZ **03**, 569, 574 ff.).

8 **c)** Nach **hier vertretener Ansicht** erscheint eine an der gesetzlichen Systematik ausgerichtete, **objektive** Auslegung des Begriffs möglich (so auch Schleswig NStZ **04**, 212, 213 f.; wohl auch München St RR 169/06 [fehlerhafter Abdruck in NStZ-RR **06**, 342]); ihr stehen Befürchtungen einer *uferlosen* Einbeziehung „neutraler" Alltagsgegenstände nicht entgegen, wenn die **verfehlte Anknüpfung an § 224 I Nr. 2** aufgegeben wird, die iErg gar nicht auf „Verletzungen mit *gefährlichen* Werkzeugen", sondern auf „gefährliche Verletzungen mit *irgendwelchen* Werkzeugen" abstellt (vgl. 9 zu § 224). Besser wäre es, den Begriff des gefährlichen Werkzeugs in I Nr. 1 a und II Nr. 1 (ebenso in § 244 I Nr. 1 a, § 177 III Nr. 1, IV Nr. 1) einheitlich zu bestimmen. Er wäre dann unter Orientierung an der Fallgruppe der *Waffen* auszulegen und umfasste Werkzeuge, die aus Sicht eines objektiven Beobachters bei der konkreten Tatausführung keine andere als eine **„waffenvertretende" Funktion** haben können (**zB** Schlag- und Stichwerkzeuge; Messer; gefährliche Hunde; Elektroschock- und Reizgas-Sprühgeräte usw.; vgl. dazu zutr. *Streng* GA **01**, 359, 365 ff.; *Maatsch* GA **01**, 75, 80 ff.; *Kargl* StraFO **00**, 7, 9; *Kindhäuser* LPK 23 und 12 ff. zu § 244; LK-*Laufhütte/Kuschel* 6; vgl. auch *Schlothauer/Sättele* StV **98**, 505; *Schroth* NJW **98**, 2861; *Dencker* JR **99**, 33; *Mitsch* ZStW **111**, 65 und JuS **99**, 640; *Zieschang* JuS **99**, 49; *Seier* JA **99**, 666; ; *Erb* JZ **04**, 653 ff.; 9 *c f. zu § 244). Im Hinblick* auf die **Schutzrichtung** des § 250 (wie der §§ 177 IV, 244 I) kommt es, anders als bei dem auf einen Verletzungs-Erfolg abstellenden § 224 I Nr. 2, für § 250 I Nr. 1 a und II Nr. 1 auf die **generelle Gefährlichkeit** an. Gegenstände, die eine solche nicht aufweisen, insb. also Gegenstände des tägli-

chen Gebrauchs, auch sog. **Scheinwaffen,** werden nicht durch ihre *konkrete* Verwendung *generell* gefährlich (vgl. auch unten 23): Wer das Raubopfer mit einem Zahnstocher sticht, mit einer Zigarette verbrennt oder mit einer Krawatte drosselt, verwendet daher nach hier vertretener Ansicht kein „gefährliches", sondern ein „sonstiges" Werkzeug iS von I Nr. 1 b. Umgekehrt verlieren eine Waffe oder ein gefährliches Werkzeug nicht dadurch ihre generelle Gefährlichkeit, dass sie konkret ungefährlich eingesetzt werden. Auf die „Wahrheit" vom Täter ausgesprochener **Drohungen** kann es nur insofern ankommen, als sie die *tatsächlich gegebene* generelle Gefährlichkeit eines Gegenstands betreffen; Eine Schreckschusspistole wird nicht dadurch ungefährlich, dass der Täter über den *Realisierungsweg* der Gefahr täuscht, und umgekehrt wird eine Krawatte nicht dadurch zum „gefährlichen Werkzeug", dass der Täter aus 10 Metern Entfernung *androht*, er werde das Opfer mit ihr erwürgen (vgl. aber NStZ-RR **99**, 355; 1 ARs 5/02). – Dass auch die hier vorgeschlagene Lösung Fragen offen lässt, ist einzuräumen; sie „korrigiert" aber nicht das Gesetz entgegen seinem Wortlaut, ist jedenfalls in sich halbwegs schlüssig und iErg. auch einfacher praktikabel.

4) Raub mit sonstigen Werkzeugen oder Mitteln (Abs. I Nr. 1 Buchst. b). 9
Dem Qualifikationstatbestand kommt nach hM eine *Auffangfunktion* zu (BGH **44**, 103, 104; Ber. 18; SK-*Günther* 18). Die Tatmittel entsprechen denen des § 244 I Nr. 1 b (dort 10 ff.).

A. Scheinwaffen. Erfasst sind nach stRspr. (vgl. 11 zu § 244) auch sog. **Scheinwaffen,** also solche Gegenstände, von denen *weder* auf Grund ihrer bestimmungsgemäßen Eigenschaften (Waffe) oder ihrer objektiven Beschaffenheit (gefährliches Werkzeug; vgl. dazu aber 7 ff. zu § 244) *noch* bei dem vom Täter beabsichtigten konkreten Einsatz eine **objektive** Gefahr für Leib und Leben ausgeht, die jedoch bei ihrer Verwendung durch den Täter eine diesen Werkzeugen und Mitteln vergleichbare **Bedrohungswirkung** entfalten (stRspr; vgl. NStZ **07**, 332, 333 mwN). Der Gesetzgeber des 6. StrRG ist in der früher umstrittenen (hierzu 48. Aufl. 8) Scheinwaffenproblematik nicht der überwiegenden Meinung im Schrifttum gefolgt (vgl. *Kreß* NJW **98**, 642; *Mitsch* JuS **99**, 644; **aA** *Hörnle* Jura **98**, 173 f.), die im Hinblick auf die Höhe der Strafdrohung stets auch eine *objektive Gefährlichkeit* des Tatmittels voraussetzte (vgl. auch *Klesczewski* GA **00**, 257 ff.); vielmehr wollte er – wie die Rspr. zur aF – auf der Opferseite schon die *Einschüchterungs- und Bedrohungswirkung* für das Vorliegen dieses Qualifikationstatbestandes grundsätzlich genügen lassen, ging aber gleichwohl davon aus, dass die „einschränkende neuere Rspr des BGH" bei der Auslegung der nF „Beachtung finden wird" (Ber. 18; hierzu SK-*Günther* 5 u. 24 zu § 250: „logisch-systematisch nicht begründbarer Fremdkörper"; krit. auch *Sander/Hohmann* NStZ **98**, 277; *W/Hillenkamp* 344). 10

Die **Abgrenzungsprobleme** im Rahmen von Nr. 1 b sind durch die Neufas- 10 a
sung nicht erledigt (*Rengier* BT I § 4, 36; vgl. *Hohmann* NStZ **97**, 185; *W/Hillenkamp* 344). Als Drohungsmittel sollen nach gesetzgeberischen Vorstellungen auch Gegenstände ausscheiden, die *offensichtlich ungefährlich* sind. Damit sind solche Gegenstände gemeint, deren Täuschungseffekt nicht im Erscheinungsbild des wahrgenommenen Gegenstandes selbst besteht und die daher den „Schein einer Waffe nicht begründen" können (*Kudlich* JR **98**, 359; vgl. BGH **38**, 116), sondern die dadurch Täuschungswirkung erzielen, dass das Opfer (*unwahre*) Erklärungen oder konkludente Vorspiegelungen des Täters über die Eigenschaften des Gegenstands ernst nimmt (*S/S-Eser* 13 zu § 244; MK-*Sander* 45; SK-*Günther* 22; *Rengier* BT I § 4, 33; *Küper* BT 451 f., 455 f.; *W/Hillenkamp* 344 a). Die **Rspr.** hat das bei Verwendung folgender Gegenstände angenommen: kurzes, gebogenes Plastikrohr (BGH **38**, 116 [m. Anm. *Graul* JR **92**, 297; *Geppert* Jura **92**, 501; *Mitsch* NStZ **92**, 435; *Kelker* NStZ **92**, 539; *Grasnick* JZ **93**, 268]); ein Lippenpflegestift „Labello" (NStZ **97**, 184 [m. Anm. *Hohmann* NStZ **97**, 185; *Saal* JA **97**, 859]); eine Schrotpatrone ohne Einsatz der entsprechenden Schusswaffe (NStZ **98**, 38); ein mit der Hand vollständig umschlossenes Holzstück (NStZ-RR **96**, 356); ein nicht näher

beschreibbarer „Metallstift" oder ein dünnes Metallrohr (NStZ **07**, 332, 333f.; vgl. auch *Geppert* Jura **99**, 604; *Lesch* StV **99**, 93; *Küper,* Hanack-FS 584).

11 **B. Kritik.** Die Abgrenzung ungefährlicher, aber bedrohungstauglicher von offensichtlich ungefährlichen Gegenständen (vgl. auch die Nachw. 11 zu § 244) ist weiterhin ungeklärt. Die Rspr. hat zunächst solche Gegenstände vom Anwendungsbereich des § 250 ausgenommen, die *aus Sicht des Täters* nicht ohne weiteres geeignet sind, bei dem Opfer die gewünschte Bedrohungswirkung zu erzielen (BGH **38**, 116, 118 [*1. StS*]). Eine neue Entscheidung des *4. StS* nimmt von § 250 Gegenstände aus, die nach ihrer äußeren Erscheinung aus *Sicht eines objektiven Beobachters* eine Bedrohungswirkung nicht entfalten können (so NStZ **07**, 332, 333). Nach BGH **38**, 116, 118 ist eine zur Bedrohung *geeignete* Scheinwaffe zB ein „Metallgegenstand, der sich wie der Lauf einer Schusswaffe anfühlen soll" und in das Genick des Opfers gesetzt wird. NStZ **07**, 332, 333f. hat *genau das Gegenteil* entschieden (Metallrohr, das dem Opfer an den Hals gehalten wird, ist *keine* bedrohungsgeeignete Scheinwaffe), sich aber zur Begründung gerade auf BGH **38**, 116 berufen. Dass diese Rspr widersprüchlich und mit der Systematik der §§ 244, 250 im Grunde gar nicht zu vereinbaren ist, hat auch der BGH ausdrücklich eingeräumt (vgl. NStZ **07**, 332, 333). Er hält gleichwohl daran fest, weil ihm die *Strafe* des § 250 I Nr. 1b und der Sprung von der Mindeststrafe des § 249 zu hoch erscheint (ebd.; vgl. schon BGH **38**, 116, 118 zur aF) und daher eine „restriktive Auslegung" *sachgerecht* sei. Diese Differenzierungen (vgl. *Küper* BT 456: „inkonsequent und im Grunde willkürlich") führen zu unverständlichen, zufällig wirkenden Ergebnissen: Wenn der Täter ein Metallrohr in der Absicht mit sich führt, dem Tatopfer anzudrohen, es damit zu *stechen*, ist die Mindeststrafe drei Jahre (§ 250 I Nr. 1b), wenn er es benutzen will, um mit dem *Erschießen* zu drohen, ist die Mindeststrafe ein Jahr (§ 249 I). Dass zwischen der (*täuschenden*) Behauptung, ein an den Hals des Opfers gedrücktes Metallrohr sei eine Schusswaffe, und der (*täuschenden*) Behauptung, eine Pistolenattrappe aus Plastik könne scharf schießen, ein Strafrahmensprung von 1 auf 3 Jahre liegen soll, obgleich sich beide Taten weder in der objektiven Gefährlichkeit noch in der subjektiven Bedrohungswirkung für das Opfer unterscheiden, ist *sachlich* nicht zu rechtfertigen.

11a Mit dem **Wortlaut** des I Nr. 1b ist das nur noch schwer vereinbar. Die Rspr zur Scheinwaffe beruht auf BGH **24**, 339, 341, wonach ein „sonstiges Werkzeug oder Mittel" (iS von § 244 I Nr. 2 aF; vgl. aber im Anschluss daran NJW **76**, 248 für § 250 I Nr. 2 aF) ein Gegenstand ist, der „seiner Art nach sich dazu eignet, bei dem anderen den Eindruck hervorzurufen, er könne … gefährlich sein". *Schon hier* und nicht erst in BGH **38**, 116 ist daher eine (widersprüchliche) Differenzierung nach der objektiven „Art" von Gegenständen eingeführt, deren Verwendung *gerade nicht* auf Grund objektiver Merkmale unrechtssteigernd ist. Es ist offenkundig, dass es nicht die „Art" einer Spielzeugpistole als solcher ist, welche Bedrohungswirkung entfaltet: Würde das Opfer diese *Art* kennen, so würde es sich ja von dem Spielzeug gerade nicht bedroht fühlen. Es ist ja gerade *das Wesen der „Scheinwaffe"*, dass ihre Drohungswirkung auf einer *Täuschung* beruht; und ob diese vom Täter ausdrücklich oder konkludent erklärt wird, begründet keinen sachlichen Unterschied. Die Annahme von BGH **38**, 116f., für die Einordnung als Scheinwaffe dürften objektive Gesichtspunkte „nicht völlig" unberücksichtigt bleiben, hat daher dem von BGH **24**, 339 begründeten Missverständnis ein weiteres hinzugefügt (so auch *Klesczewski* GA **00**, 257, 259ff.) und versucht, mit dem „Täuschungscharakter" des Einsatzes „offensichtlich untauglicher" Mittel als *Ausnahme* zu definieren, was bei allen „Scheinwaffen" (*per definitionem*) die *Regel* ist (insoweit krit. auch MK-*Sander* 44).

11b Dass *die Rspr im Ergebnis* auch unvorhersehbar werden muss wird deutlich, wenn die Kasuistik der Spielzeug- und ungeladenen Pistolen verlassen wird: Stellt der Täter eine Aktentasche auf den Banktresen, in welcher ein Wecker tickt, so lässt sich, da die Verpackung von Sprengsätzen keine bestimmte Gestalt hat, von einer „Art" gar nicht mehr sprechen; eine Aktentasche eignet sich zum Sprengen ebenso viel oder so wenig wie ein Kugelschreiber zum Schießen (vgl. NStZ **99**, 188 [Bombenattrappe]). Welche „restriktive" Bewertung hier – zwischen dem Eindruck des *Tatopfers*, der Sicht des *Täters* (der den Gegenstand ja nicht benutzen würde, wenn er ihn nicht für tauglich hielte) und dem „*objektiven Beobachter*" – über die Bedrohungs-Tauglichkeit entscheiden soll, ist unklar. Der Versuch, zwischen (angeblich scheinwaffen-*tauglichen*) Pistolen „aus dunkler Seife" und (angeblich scheinwaffen-*untauglichen*) Gegenständen, mit denen der Täter eine Pistole „nur vortäuscht", zu unterscheiden (so MK-*Sander* 44 f.), führt nicht weiter, denn *objektive Beobachter* fürchten sich auch vor Seifen-Pistolen nicht. Der **BGH** hat diese Widersprüche zwar eingeräumt, gleichwohl aber an der genannten Rspr festgehalten (NStZ **07**, 332, 333 [*4. StS*]), weil sich „allgemeine Abgrenzungsmaßstäbe kaum finden ließen" und die Beurteilung die Tatrichter *nicht* vor größere Schwierigkeiten stelle (ebd.). Beide Argumente überzeugen nicht; die **Rspr-Praxis** hat sich daran aber zu orientieren.

C. Verwendungsabsicht. Es muss in den Fällen von I Nr. 1 **Buchst. b** (nach 12
aA in der Lit. stets auch beim „gefährlichen Werkzeug" im Fall des I Nr. 1 a; vgl. *W/Hillenkamp* 260 ff., 342) – ebenso wie in § 244 I Nr. 1 b (vgl. dort) – die **Absicht** dazu kommen, diese Tatmittel zur Verhinderung oder Überwindung des Widerstandes einer anderen Person durch Gewaltanwendung oder Drohung damit **einzusetzen**; die Absicht kann auch erst während der Tatausführung gefasst werden (vgl. NStZ-RR **03**, 202 [zu § 177 III]). Der Tatbestand ist natürlich *erst recht* erfüllt, wenn das Werkzeug oder Mittel tatsächlich verwendet wird (vgl. NStZ-RR **05**, 373).Wird als sonstiges Werkzeug oder Mittel iS des I Nr. 1 b eine ungeladene Schusswaffe verwendet (vgl. BGH **44**, 103; 1 StR 370/98; 5 StR 362/98; 2 StR 351/98; weitere Nachw. 12 zu § 244), so kann dies im Hinblick auf die erhöhte kriminelle Energie bei der Strafzumessung berücksichtigt werden (NJW **98**, 3130, 3131 m. Anm. *Dencker* JR **99**, 33), wobei zu beachten ist, dass bei Vorliegen eines minder schweren Falles – trotz des niedrigeren Regelstrafrahmens des § 250 I nF – die Strafdrohung des § 250 II aF deutlich milder ist als die des § 250 III nF (BGH **44**, 103, 106). Die Ansicht, dass bei der Absicht, das Mittel **nur eventuell** anzuwenden, allein § 244 I Nr. 1 b oder § 249 gegeben sei, bei der Absicht *unbedingten* Gebrauchs aber § 250 I Nr. 1 b (vgl. *Tröndle* 49. Aufl. 4; *Berz* Jura **82**, 320), wird von der **stRspr. des BGH** (vgl. NJW **99**, 70; NStZ **99**, 188, jew. mwN) jedenfalls für den Fall eines *unbedingten* Raubvorsatzes zu Recht nicht geteilt. Lässt sich ein solcher nicht feststellen und hat der Täter zur Nötigungshandlung (noch) nicht angesetzt, so bleibt es bei § 244 I Nr. 1 b (vgl. dort 15).

**5) Raub mit Gefahr einer schweren Gesundheitsschädigung (Abs. I 13
Nr. 1 Buchst. c).** Nr. 1 c erweitert den Qualifikationstatbestand des § 250 I Nr. 3 aF wie in § 225 III Nr. 1 (vgl. auch § 177 III Nr. 3) auf die Gefahr einer schweren Gesundheitsschädigung. Dabei reicht die **konkrete Gefahr** aus, dass das Opfer in eine ernste langwierige Krankheit verfällt oder dass seine Arbeitskraft erheblich beeinträchtigt wird (RegE 28; SK-*Günther* 28; *Schroth* NJW **98**, 2866); die Gefahr eines Erfolgs iS von § 226 I ist nicht erforderlich (BGH **48**, 28; in der Lit. wird teilw. ein „entsprechender Schweregrad" verlangt; vgl. *Wolters* JuS **98**, 582, 584; *Stein*, Einf. 6. StrRG, 103). I Nr. 1 c ist ein **konkretes Gefährdungsdelikt** (LK-*Laufhütte/Kuschel* Nachtr. 9); bei Untauglichkeit des Mittels scheidet die Qualifikation aus (NJW **94**, 1166). Die (gefährdete) andere Person braucht weder die beraubte noch diejenige Person zu sein, gegen welche sich Gewalt oder Drohung richten, es kann sich auch um einen Unbeteiligten handeln (SK-*Günther* 29; NK-*Kindhäuser* 15; *S/S-Eser* 22; *Schünemann* JA **80**, 394; *W/Hillenkamp* 347; *Mitsch* BT II/1, 3/68 ff.). Täter und Beteiligte scheiden als geschützte Personen aus (*Lackner/Kühl* 3; SK-*Günther* 29; NK-*Kindhäuser* 31).

Die **konkrete Gefahr** (14 zu § 315) muss **durch die Tat** herbeigeführt werden, dh durch eine Handlung, die Bestandteil der Tatbestandsverwirklichung ist 14

(SK-*Günther* 31). Handlungen, die noch vor dem Versuchsstadium der tat liegen, scheiden daher als Qualifikationsgrundlage aus (StV **06**, 418 [Verletzungen vor Fassen des Wegnahmevorsatzes]). Der Tatbestand erfasst nicht allein raub-*typische* Gefahren, sondern auch konkrete Gefahren, denen das Opfer allein wegen seiner individuellen Schadensdisposition ausgesetzt ist (NJW **02**, 2043 [Anm. *Degener* StV **03**, 332]). Ausreichend ist nach allg. Ansicht jedenfalls eine Gefährdung vom Zeitpunkt des Versuchsbeginns an bis zur Vollendung; dagegen scheiden Vorbereitungshandlungen aus. Umstritten ist, ob auch Handlungen nach Tatvollendung bis zur **Beendigung** als Anknüpfungspunkt für die konkrete Gefährdung (bzw. ihre Verwirklichung, vgl. § 251) ausreichen. Nach Auffassung der Rspr. und von Teilen der Literatur reicht eine Gefährdung bei der **Beutesicherung** aus, so zB die Gefährdung von Straßenpassanten durch Davonfahren in einem von der Polizei verfolgten Auto (vgl. BGH **20**, 197; **38**, 295; zust. *Otto* JZ **93**, 569; *Geilen* Jura **79**, 557; *S/S-Eser* 23). Dagegen verweist die hM in der Lit. auf die Abgrenzung zu § 252, dessen engere Voraussetzungen nicht durch Ausdehnung des § 250 I Nr. 1 c, II Nr. 3 b unterlaufen werden dürfen (LK-*Herdegen* 26; SK-*Günther* 31; NK-*Kindhäuser* 28; *Lackner/Kühl* 3; *W/Hillenkamp* 347; *Mitsch* BT II/1, 3/68 u. ZStW **111**, 102f.; *Rengier* NStZ **92**, 590 u. JuS **93**, 462; *Scholderer* StV **88**, 429). Unstreitig erfasst sind Gefährdungen, welche gerade die bei Raub eingesetzten **Nötigungsmittel** verursachen, insb. also der Einsatz von Gewalt, aber uU auch eine Todesdrohung gegen ein erkennbar schwer herzkrankes Opfer. Dagegen reichen Gefährdungen durch die **Wegnahme,** etwa bei Raub eines lebenswichtigen Medikaments, nicht aus (*Mitsch* ZStW **111**, 103 u. BT II/1, 3/69; NK-*Kindhäuser* 12, 28; LK-*Herdegen* 26; **aA** 4 StR 652/76; *S/S-Eser* 23; *Lackner/Kühl* 3; MK-*Sander* 52; offengel. von SK-*Günther* 32), da von der Wegnahme von Sachen Leibes- und Lebensgefahr idR nicht ausgeht und daher auch § 244 eine entsprechende Qualifikation nicht enthält.

15 Es genügt (zumindest bedingter) **Gefährdungsvorsatz** (vgl. dazu BGH 22, 67, 73f.; 26, 176, 182), nicht jedoch Fahrlässigkeit (MDR/H **77**, 638; StV **91**, 262); I Nr. 1c ist keine Erfolgsqualifikation iS von § 18 (vgl. auch BGH **26**, 175, 180f.; **48**, 28ff.; NStZ **05**, 156, 157; 4 zu § 18). Dabei reicht es aus, dass der eine Beteiligte mit der Gefährdung einverstanden ist, die der andere möglicherweise herbeiführt. I Nr. 1c tritt gegenüber II Nr. 3b zurück.

16 **6) Bandenraub (Abs. I Nr. 2).** Die Qualifikation nach I Nr. 2 erfasst – entsprechend § 244 I Nr. 2 – den **Banden**raub. Raub iS des I Nr. 2 ist auch der räuberische Diebstahl (§ 252), die räuberische Erpressung (§ 255) und der räuberische Angriff auf Kraftfahrer (§ 316a; LK-*Herdegen* 31). Zu den Voraussetzungen einer **Bande** vgl. BGH **46**, 321; i.E. 17ff. zu § 244). Unter „Täter" ist jeder Beteiligte zu verstehen (LK-*Herdegen* 31; NK-*Kindhäuser* 34; *S/S-Eser* 26). Es reicht aus, wenn sich die Bandenabrede zunächst nur auf die Begehung von Diebstählen bezog und (jedenfalls zwei) Bandenmitglieder sich spontan entschließen, zum Raub überzugehen (NStZ **99**, 454; *Lackner/Kühl* 2). Diese Rspr ist durch die Entscheidung des GrSen BGH **46**, 321 grds nicht berührt. Zu beachten sind aber die Anforderungen an die Mindestzahl der Bandenmitglieder; unter dieser Voraussetzung können einen Banden*raub* auch zwei Mitglieder einer (mindestens dreiköpfigen) *Diebes*bande begehen. Für das **Mitwirkungs-**Erfordernis gelten die Ausführungen 21cf. zu § 244. **Bandenfremde Beteiligte** sind nach § 249 zu bestrafen.

17 **7) Raub unter Verwenden von Waffen oder gefährlichen Werkzeugen (Abs. II Nr. 1).** Mit nochmals erhöhter Mindeststrafe ist durch die **Qualifikation** nach II Nr. 1 (zur Tenorierung vgl. oben 2) der Raub unter Verwenden von Waffen oder gefährlichen Werkzeugen bedroht. Zum Begriff der Waffe und des gefährlichen Werkzeugs vgl. 3ff. zu § 244 und oben 4ff., 6ff. Der **Täter** oder ein anderer **Beteiligter** (zur Zurechnung vgl. NStZ **04**, 263) muss in diesen Fällen das gefährliche Tatmittel zur Verwirklichung der raubspezifischen **Nötigung** (nicht ausreichend: zur Wegnahme; vgl. *Mitsch* JuS **99**, 642) **verwenden,** also **zur Ge-**

waltanwendung oder **zur Drohung** (BGH **45**, 92; NStZ **98**, 511) mit Gewalt gebrauchen (vgl. RegE 45 unter Hinweis auf BGH **26**, 180; *Hörnle* Jura **98**, 174).

A. Verwenden iS von Nr. 1 ist nach stRspr jeder **zweckgerichtete Gebrauch** im Rahmen der Verwirklichung des Grundtatbestands, also den Einsatz des Gegenstands als Nötigungsmittel zur Herbeiführung der Wegnahme. Die Qualifikation ist daher jedenfalls dann verwirklicht, wenn das Werkzeug im Zeitraum vom Ansetzen zum Versuch bis zur Vollendung der Wegnahme eingesetzt wurde (vgl. 2 StR 523/06); ein „Teilrücktritt" liegt nicht deshalb vor, weil ein in diesem Zeitraum zunächst verwendeter Gegenstand im weiteren Fortgang der Tat nicht mehr eingesetzt wird (27 zu § 24; vgl. auch NJW **07**, 1699 **aS** [zu § 177 IV Nr. 1]). **„Bei der Tat"** ist das Werkzeug aber auch dann verwendet, wenn es *nach Vollendung* des Raubs bis zu dessen *Beendigung*, insb. also zur Beutesicherung eingesetzt wird (NStZ **04**, 263; ebenso Mitsch BT II/1, 3/81; vgl. oben 14; **aA** *Lackner/Kühl* 2 zu § 244; *W/Hillenkamp* 350 a). 18

Kein Verwenden ist das bloße Mitsichführen (NStZ-RR **04**, 169); auch dann nicht, wenn es offen erfolgt (vgl. aber NStZ-RR **99**, 7 [Verwenden durch konkludente Drohung bei sichtbarer „Ausbeulung des Hemdes"]); bei der im Hinblick auf den Qualifikationsgrund gebotenen engen Auslegung auch nicht das Verwenden allein zur **Wegnahme** (zB Aufbrechen eines Schlosses mittels eines weder zur Gewaltanwendung noch zur Gewaltandrohung eingesetzten gefährlichen Werkzeugs). Vollendetes **Verwenden zur Drohung** setzt voraus, dass das Opfer die Waffe oder das gefährliche Werkzeug als solches erkennt und dass die Drohung mit seinem Einsatz vom Opfer wahrgenommen wird (NJW **04**, 3437 [Anm. *Gössel* JR **05**, 159]). Dass durch den Einsatz eine **konkrete Gefahr** erheblicher Verletzungen begründet wird, ist **nicht erforderlich** (BGH **45**, 92 [Bankangestellte hinter schusssicherem Glas]). Einer vom *4. StS* zunächst erwogenen Einschränkung auf die Verursachung eine *konkreten* Leibes- oder Lebensgefahr (Anfragebeschl. StV **99**, 151) haben sich die anderen *Senate* nicht angeschlossen (vgl. NStZ **99**, 301 [3. StS]; weitere Nachw. bei *Boetticher/Sander* NStZ **99**, 292, 296); der *4. StS* hat an seiner Rechtsauffassung nicht festgehalten (BGH **45**, 92, 95 [m. Anm. *Mitsch* NStZ **99**, 617; krit. *Zopfs* JZ **99**, 1062]). 18 a

B. Gefährlichkeit des Tatmittels. Nach der Rspr des BGH (BGH **44**, 103) muss es sich bei den Tatmitteln iS von Nr. 1 um **objektiv gefährliche** Gegenstände handeln (vgl. NStZ **00**, 156, 157; 4 StR 6494; 5 StR 339/04); hieran fehlt es bei einer „Scheinwaffe" (vgl. etwa 1 StR 109/99 [Spielzeugpistole]; oben 10 f.) ebenso wie bei einer ungeladenen Schusswaffe (StV **99**, 646; 3 StR 487/03 [ungeladene Gaspistole]; StraFo **06**, 253 [ungeladene Schreckschusspistole]); in solchen Fällen greift der Auffangtatbestand des I Nr. 1 b ein (NStZ-RR **98**, 295; StV **99**, 92 [Dekowaffe]). Bei der **Strafzumessung** kann innerhalb des Gesamtspektrums gefährlicher Werkzeuge die Verwendung eines objektiv *besonders* gefährlichen strafschärfend gewertet werden (NStZ **03**, 29). 19

Die Rspr. stellt hier also nicht auf eine *generelle* Gefährlichkeit verwendeter Gegenstände ab, versteht unter Waffen und gefährlichen Werkzeugen iS von II Nr. 1 somit nicht ohne Weiteres Gegenstände iS von I Nr. 1 a, sondern folgt hier wieder dem (in anderem Zusammenhang als „verfehlt" bezeichneten) Hinweis des Rechtsausschusses des BTags, die „objektive" Gefährlichkeit bestimme sich nach Maßgabe der Rspr zu § 223 a aF, also *konkret* (vgl. dazu auch 4 ff. zu § 244). Damit sollen einerseits verletzungsuntaugliche Gegenstände aus Abs. II Nr. 1 ausgeschieden werden (Attrappen [NJW **98**, 2914]; ungeladene Schusswaffen, selbst wenn der Täter das aufmunitionierte Magazin in der Jackentasche bei sich führt [BGH **45**, 249 [m. Anm. *Hannich* NJW **00**, 3475]; ebenso StraFo **06**, 253; *W/Hillenkamp* 350 a; zw.; and. NJW **98**, 3110]). Das führt zu **unterschiedlichen Anforderungen** an „mitgeführte" (I Nr. 1 a) und „verwendete" (II Nr. 1) Waffen (*Hillenkamp* aaO). 20

21 Zugleich ist andererseits ein prinzipiell unbegrenzter Bereich **neutraler Gegenstände** einbezogen worden, deren objektive Gefährlichkeit sich erst aus der konkreten Art ihrer **Verwendung im Einzelfall** ergibt (vgl. die Beispiele oben 6 a; *Boetticher/Sander* NStZ **99**, 292 ff.; *Streng* GA **01**, 359 ff.) und unter denen die brennende Zigarette (NStZ **02**, 86), die Schranktür (4 StR 255/98) sowie diverse Arten von Fesselungsmitteln (vgl. NStZ-RR **99**, 15 [nicht bei Klebeband *nur* zum Fesseln]; 3 StR 345/03; BGH **48**, 365, 371) beispielhaft herausragen. Dass es auf die „Art" des Gegenstands gar nicht ankommt, zeigt NStZ **04**, 263, wonach das Verursachen einer Platzwunde durch einen **nicht identifizierten Gegenstand** zur Anwendung des II Nr. 1 führt. Nach StV **04**, 201 ist der Umstand, ob ein Werkzeug **generell** bestimmt und geeignet ist, erhebliche Verletzungen zu verursachen, **„ohne Belang"** für die Anwendung von II Nr. 1 (vgl. auch NStZ-RR **03**, 202).

22 **C. Kritik.** An ihre **Grenze** gerät diese Rspr., weil die „Verwendung" in II Nr. 1 anders als in § 244 I Nr. 2 auch die **Drohung** mit verletzendem Einsatz sein kann. Für diese – in der Praxis häufigsten – Fälle führt die Rspr zu iErg merkwürdigen Vermischungen von „Scheinwaffen"-Kasuistik, abstrakter Gefährlichkeit (vgl. NStZ **99**, 301 f.) und „konkretem Einsatz" (dh: *Wahrheits*gehalt der Drohung; vgl. oben 6). Danach soll eine **ungeladene Schusswaffe,** wenn mit ihr *gedroht* wird, ein „sonstiges Werkzeug" (I Nr. 1 b) sein (vgl. NStZ **00**, 156, 157; 4 StR 64/04; 5 StR 339/04; stRspr.), wenn mit ihr *geschlagen* wird, ein „gefährliches Werkzeug" (BGH **44**, 103; 4 StR 240/98). Ein **Klebeband** ist ungefährlich, wenn es zur Fesselung tatsächlich verwendet wird (vgl. etwa NStZ-RR **03**, 328 [zu § 177 III Nr. 2]; NStZ **07**, 332, 334), aber gefährlich, wenn der Täter (täuschend) droht, dem Opfer Mund und Nase zu verkleben. Ein **Holzknüppel** soll objektiv ungefährlich sein, wenn ihn der Täter bei sich führt, objektiv gefährlich, wenn er mit ihm droht (StV **99**, 91). Die **Kombination** des „konkretisierenden" Ansatzes aus § 224 I Nr. 2 mit der abstrakt „objektivierenden" Zielsetzung des Gesetzgebers des 6. StrRG *und zugleich* mit der „subjektivierenden" Ausdehnung auf sog. Scheinwaffen (die dann wiederum nach „objektiven" Kriterien eingeschränkt wird; oben 11 ff.) führt zu einer **Wirrnis** schwer verständlicher und sehr unübersichtlicher Verschachtelungen, über die nur noch wenige Spezialisten einen Überblick behalten können.

22 a Hinzu kommt, dass auch die praktischen **Ergebnisse** kaum überzeugen: Es leuchtet nicht ein, dass die (ernst gemeinte) Drohung, das Opfer zu **erwürgen,** mit **1 Jahr,** die nicht ernst gemeinte Drohung, es mit einer ungeladenen Pistole in den Bauch zu schießen (5 StR 339/04), mit **3 Jahren,** die nicht ernst gemeinte Drohung, es mit einer brennenden Zigarette am Bein zu verletzten (NStZ **02**, 86), mit **5 Jahren** Freiheitsstrafe bedroht sein soll; dies ergibt sich auch keineswegs aus dem irrtümlichen Verweis des Gesetzgebers auf § 224 I Nr. 2. Es erscheint auch **unangemessen** und unverhältnismäßig, die nicht ernst gemeinte (täuschende) Drohung mit irgendeinem Alltagsgegenstand dem bewaffneten Bandenraub (II Nr. 2), der schweren Misshandlung (II Nr. 3 a) oder der konkreten Lebensgefährdung (II Nr. 3 b) gleichzustellen und mit mindestens 5 Jahren Freiheitsstrafe zu bedrohen, massive tatsächliche Anwendung von Gewalt (*ohne* Werkzeug) aber nur nach dem Grundtatbestand zu bestrafen. Dass etwa ein Täter, der das Opfer massiv zusammenschlägt und mit dem Tod bedroht, von einer gem. § 249 I anzuwendenden Mindeststrafe von 1 Jahr in dem Moment auf 5 Jahre aufrückt, in welchem er die vom Opfer als unernstlich erkannte Drohung ausstößt, das Opfer mit einer Kuchengabel ins Bein zu stechen, dürfte bei Täter *und* Opfer auf Überraschung stoßen, denn es gewichtet den Unrechts- und Gefährdungsgehalt der Tathandlungen *unter Verletzung* des allgemeinen Gerechtigkeitsempfindens eklatant falsch. **Umgekehrt** erscheint es gleichermaßen nicht zutreffend, das als fehlerhaft angesehene Gesetz entgegen dem Wortlauts dahin zu *korrigieren*, in Abs. I Nr. 1 a sei für das „gefährliche Werkzeug" eine zusätzliche *Verwendungsabsicht* erforderlich (so insb.

Küper, Hanack-FS 569, 579 ff.; *W/Hillenkamp* 260 ff. mwN), oder dahin, innerhalb derselben Vorschrift (§ 250) seien *unterschiedliche* Waffen-Begriffe („abstrakt" in Abs. I Nr. 1 a sowie wohl II Nr. 2; „konkret" in Abs. II Nr. 1) anzuwenden.

Die **hier vorgeschlagene** Lösung (oben 8) würde *nicht* „waffenvertretende", also *nicht* abstrakt gefährliche Alltagsgegenstände vom Anwendungsbereich des II Nr. 1 ausnehmen; und zwar **sowohl** für die Verwendung Gewaltanwendung **als auch** für die Verwendung zur Drohung. Wer eine andere Person mit einem Kugelschreiber sticht (3 StR 6/02) oder mit einer Schranktür schlägt (4 StR 255/98), mag eine **gefährliche Verletzung** verursachen; er verwirklicht aber kein spezifisches Gefährdungspotential, welches **Waffen und anderen** (!) **gefährlichen** (!) Werkzeugen *ihrer Art nach* innewohnt und dessen vorsätzliche Schaffung daher an sich (und ohne Verwendungsabsicht) schon eine höhere Strafe legitimiert. Kommt bei solchen schon **generell gefährlichen** Werkzeugen (I Nr. 1 a) eine konkrete Verwendung hinzu (gleich ob sie eine konkrete Lebens- oder Leibesgefahr ieS begründet), so rechtfertigt dies die nochmalige Straferhöhung in II Nr. 1. Bei **nicht generell gefährlichen** („sonstigen") Werkzeugen und Mitteln iS von I Nr. 1 b ist dies gerade nicht der Fall. Diese Lösung ist mit der Neuregelung des Waffenrechts ohne weiteres vereinbar und wird von der Rspr. des BGH gestützt, die eine *konkrete* Gefährdung von Leib oder Leben im Fall des II Nr. 1 gerade nicht voraussetzt (oben 7). Sie führt freilich – will man am hergebrachten Begriff des gefährlichen Werkzeugs in § 224 I Nr. 2 festhalten – zu einer begrifflichen Trennung von § 224 I Nr. 2 einerseits, §§ 244 I, 250 I und II, 177 III und IV andererseits. Eine solche Differenzierung mag im Hinblick auf den *Erfolgs*charakter der Qualifikation in § 224 I Nr. 2 gerechtfertigt sein. 23

8) Bandenraub mit Waffen (Abs. II Nr. 2). Es handelt sich um eine weitere Qualifikation des § 250 I Nr. 2; sie wurde erst im RA-BTag eingefügt (Ber. 18) und soll der besonderen Gefährlichkeit bewaffneter Räuberbanden Rechnung tragen (NJW **98**, 3130, 3131 m. Anm. *Dencker* JR **99**, 33). Zum **Begriff der Waffe** und zum **Beisichführen** vgl. 3, 12 zu § 244; zur Bande 17 ff. zu § 244. Das Beisichführen **gefährlicher Werkzeuge** erfüllt den Tatbestand nicht. 24

Daher ist unbeschadet der Gleichbehandlung der Tatmittel in den Nr. 1 a der §§ 244 I, 250 I hier zwischen dem Begriff der Waffe (im strafrechtlichen Sinn) und dem eines „anderen" gefährlichen Werkzeugs zu **unterscheiden** (krit. *Mitsch* ZStW **111**, 105; *W/Hillenkamp* 351). Auf der Basis von BGH **48**, 197 ist das nicht möglich (vgl, dazu auch *Erb* JuS **04**, 653 ff.; *Fischer* NStZ **03**, 569 ff.; oben 5 a ff.), denn nach den Kriterien, welche nach Ansicht des *GrSen* die Einordnung der Schreckschusspistole als „Waffe im technischen Sinn" erfordern, lassen sich „andere" generell gefährliche Werkzeuge von Waffen gar nicht unterscheiden (vgl. oben 5 c): Wenn eine Schreckschusspistole deshalb eine „Waffe" ist, weil sie *konkret* ähnlich gefährlich sein kann wie eine scharfe Schusswaffe (BGH **48**, 197, 201 f.), dann gilt das gleichermaßen für Eisenstangen oder Holzknüppel im Verhältnis zu *Schlagstöcken* (unstreitig „Waffen"), für Schraubenzieher im Verhältnis zu *Messern* oder für Beile im Verhältnis zu *Säbeln*. Daher muss man spätestens hier den **Waffenbegriff** des *GrSen*, der in der Sache nichts anderen beschreibt als ein „gefährliches Werkzeug", beiseite lassen, denn er führt zu einer dem Wortlaut widersprechenden Ausdehnung des Abs. II Nr. 2, welche der Gesetzgeber ersichtlich nicht gewollt hat. 25

9) Raub mit schwerer körperlicher Misshandlung (Abs. II Nr. 3 a). Der Qualifikationstatbestand ist durch das 6. StrRG eingeführt worden. Zum Begriff der schweren körperlichen Misshandlung vgl. auch Erl. zu § 176 a V. Schwere Folgen iS von § 226, auch eine schwere Gesundheitsschädigung iS von § 239 III Nr. 2, sind nicht vorausgesetzt (so auch NStZ-RR **07**, 175); die körperliche Integrität des Opfers muss aber mit erheblichen Folgen für die Gesundheit **oder** in einer Weise, die mit erheblichen Schmerzen verbunden ist, beeinträchtigt werden (NStZ **98**, 461; NStZ-RR **07**, 175; *Hörnle* Jura **98**, 174; *S/S-Eser* 33; SK-*Günther* 26

48; MK-*Sander* 66); beides muss nicht zusammentreffen (vgl. 1 StR 151/06 [schmerzhafte Schürfwunden und Prellungen]). Die Misshandlung muss **bei der Tat**, d. h. vor deren Beendigung geschehen (vgl. oben 14; **aA** *W/Hillenkamp* 350 a: bis zur Vollendung); es ist aber nicht vorausgesetzt, dass gerade die Misshandlung das Mittel zur Wegnahme ist.

27 **10) Raub mit Lebensgefährdung (Abs. II Nr. 3 b).** Die Vorschrift qualifiziert einen Raub, der eine andere Person in die **konkrete Gefahr** des Todes bringt (vgl. 39 zu § 113, 4 zu § 125 a). Es gilt das oben 14 Ausgeführte entspr. Die Todesgefahr muss **vorsätzlich** herbeigeführt sein (NStZ **05**, 156, 157; vgl. 4 zu § 18). § 224 I Nr. 5 wird verdrängt (NStZ **06**, 449).

28 **11) Versuch.** Der Versuch des schweren Raubes beginnt frühestens, wenn der Täter zum Versuch des Grundtatbestandes (§ 249) unmittelbar ansetzt (LK-*Herdegen* 24); ferner muss er die qualifizierenden Merkmale bereits erfüllt haben oder im Sinne des § 22 unmittelbar dazu ansetzen (SK-*Günther* 51; NK-*Kindhäuser* 39). Zur Frage des **Teilrücktritts** von einer Qualifikation vgl. 27 zu § 24; 13 zu § 244. Aufgrund der mehrfachen Qualifikationsstufen des § 250 stellt sich das Problem der **Konkurrenz** bei Vollendung des Grunddelikts (§ 249) und Versuch einer Qualifikation oder bei Vollendung einer Qualifikation nach Abs. I und Versuch des Abs. II. Nach NJW **04**, 3437 verdrängt „jedenfalls" die Vollendung des I Nr. 1 Buchst. a den Versuch des II Nr. 1 (abl. Anm. *Gössel* JR **05**, 159, 161 f.; vgl. dazu auch 36 zu § 22).

29 **12) Minder schwere Fälle (Abs. III).** Die Strafdrohung für minder schwere Fälle der Qualifikation (vgl. allg. 85 ff. zu § 46) ist durch das 6. StrRG ohne Unterscheidung der Abs. I und II von 5 auf 10 Jahre erhöht worden. Mit der Neuregelung wollte der Gesetzgeber der früheren Praxis entgegenwirken, wegen der hohen Mindeststrafdrohung des I aF in der Mehrzahl der Fälle des schweren Raubs einen msF anzunehmen (RegE 44; *Kreß* NJW **98**, 642; SK-*Günther* 55). Nach den gesetzgeberischen Intentionen (krit. *Dencker,* Einf./6. StrRG 16 u. JR **99**, 36; SK-*Günther* 5; vgl. auch NJW **99**, 2189; NStZ **99**, 302; *Boetticher/Sander* NStZ **99**, 297) soll daher nicht schon beim Mitsichführen oder Verwenden einer *Scheinwaffe* (also im *Regelfall* des Abs. I 1 b; vgl. NJW **98**, 3130; oben 4 a) ein msF angenommen werden (NStZ-RR **01**, 215, 216; *S/S-Eser* 37; *Kudlich* JR **98**, 357). Ein msF kommt auf Grund raubspezifischer Umstände und allgemeiner gesetzlicher Milderungsgründe in Betracht (SK-*Günther* 56); **zB** wenn das Opfer die Ungefährlichkeit eines „sonstigen" Mittels erkennt (*Boetticher/Sander* NStZ **99**, 297); wenn die Wahl des Tatobjekts nur eine geringe Beute verspricht (NStZ-RR **98**, 103; NStE Nr. 13); wenn der Täter versucht hat, einen Mitbeteiligten von der Tat abzuhalten (StV **81**, 343); bei Spontantaten (EzSt Nr. 7); wenn das Opfer den Täter provoziert hatte (StV **82**, 575); bei finanzieller Notlage, Rückerlangung der Beute (EzSt Nr. 2); wenn der Raub nur Mittel zum Ausbruch aus der haft ist (LG Verden NStZ-RR **07**, 200 f.). Bei einer Tatserie von zehn Raubtaten liegt die Annahme minder schwerer Fälle bei Fehlen gravierender Strafmilderungsgründe fern (NStZ **06**, 343). Ein msF darf im Hinblick auf § 46 III nicht schon deshalb abgelehnt werden, weil ein gefährliches Werkzeug verwendet, also der Tatbestand des II Nr. 1 verwirklicht wurde (5 StR 96/07). *Innerhalb* des Strafrahmens des III, der Fälle des I und des II gleichermaßen umfasst, kann dieser Umstand aber zu Lasten des Täters verwertet werden.

30 **13) Konkurrenzen.** Innerhalb von I schließen Nr. 1 a und Nr. 1 b einander aus (MDR/H **80**, 986 zur aF; MK-*Sander* 73); im Übrigen ist zwischen den einzelnen Nummern, die selbstständige Qualifikationstatbestände darstellen, Tateinheit möglich (NStZ **94**, 285; and. NStZ **94**, 284; NJW **94**, 2034; hierzu *v. Heintschel-Heinegg* JA **94**, 538; zum Ganzen *Altenhain* ZStW **107**, 386; SK-*Günther* 57; *Rengier* BT I § 8, 11). Ebenso ist Tateinheit möglich zwischen I Nr. 1 c oder II Nr. 3 b und §§ 226, 227 (NStE Nr. 12 zur aF), während II Nr. 3 b II Nr. 3 b von § 251 verdrängt wird. § 229 wird von I 1 c und II 3 b konsumiert (LG Köln MDR **90**, 1134). Abs. I tritt gegenüber Abs. II (also insbesondere I Nr. 1 c gegenüber II Nr. 3 b) zurück (*Rengier* BT I § 8, 12). Nach NJW **04**, 3437 wird der **Versuch** des II Nr. 1

von der Vollendung des I Nr. 1a verdrängt (vgl. oben 28; **aA** Gössel JR **05**, 159, 160f.). Gegenüber Abs. II Nr. 3 Buchst. a tritt eine Körperverletzung nach § 223 zurück; gegenüber Abs. II Nr. 3 Buchst. b eine gefährliche Körperverletzung nach § 224 I Nr. 5 (2 StR 170/04; NStZ **06**, 449; vgl. 12 zu § 224).

Milderes Gesetz iS von § 2 III kann § 250 aF bei konkreter Betrachtungsweise auch dann sein, wenn die Neufassung die Anwendung des Abs. III (minder schwerer Fall) deutlich einschränkt. Abs. II Nr. 1 ist im Verhältnis zu § 250 I aF nicht milder (BGH **44**, 106, **45**, 92 [krit. *Mitsch* NStZ **99**, 617f.]; NJW **98**, 2914; NStZ **98**, 355; NStZ-RR **98**, 268; StV **99**, 91); milder gegenüber Abs. I aF sind Abs. I Nr. 1a (NJW **98**, 3130); Abs. I Nr. 1b (BGH **44**, 107; NJW **98**, 2914; 3131; **99**, 1647; NStZ **99**, 448; NStZ-RR **98**, 294; **99**, 214; StV **98**, 486; **99**, 92; 646); Abs. II Nr. 3a (NStZ **98**, 463). 31

14) Sonstige Vorschriften vgl. 12 zu § 249. FAufsicht § 256. 32

Raub mit Todesfolge

251 Verursacht der Täter durch den Raub (§§ 249 und 250) wenigstens leichtfertig den Tod eines anderen Menschen, so ist die Strafe lebenslange Freiheitsstrafe oder Freiheitsstrafe nicht unter zehn Jahren.

1) Allgemeines. Die Vorschrift idF des Art. 19 Nr. 128 EGStGB und des Art. 1 Nr. 56 des 6. StrRG (2f. vor § 174) enthält nach Rspr und hM eine **Erfolgsqualifikation** iS von § 18 (**aA** *Wolters* GA **07**, 65, 68ff., 78f.; vgl. unten 9) und entspricht in ihrem Aufbau § 178. Die Einfügung des Wortes „wenigstens" durch das 6. StrRG hat den früheren Streit um das Verhältnis zur *vorsätzlichen* Todesverursachung erledigt. 1

Literatur (Auswahl): *Günther,* Der Zusammenhang zwischen Raub u. Todesfolge, H.J. Hirsch-FS 543 (1999); *Hardtung*, Versuch und Rücktritt bei den Teilvorsatzdelikten des § 11 Abs. 2 StGB, 2002; *Herzberg*, Zum Merkmal „durch den Raub" in § 251 StGB und zum Rücktritt vom tödlichen Raubversuch, JZ **07**, 615; ; *Radtke*, Die Leichtfertigkeit als Merkmal erfolgsqualifizierter Delikte?, Jung-FS (2007) 737; *Streng*, Rücktritt vom erfolgsqualifizierten Versuch?, Küper-FS (2007) 629; *Wolters*, Der Rücktritt vom „erfolgsqualifizierten Delikt", GA **07**, 65. Allgemein zu den erfolgsqualifizierten Delikten vgl. die Nachw. zu § 18. 1a

2) Der **Tod eines anderen Menschen** muss durch einen Raub (§§ 249, 250) verursacht sein. Der getötete andere Mensch muss nicht das Raubopfer, sondern kann auch ein Unbeteiligter sein (5 zu § 250; *Geilen* aaO; SK-*Günther* 4, 14), nicht aber ein Tatbeteiligter (*S/S-Eser* 3; LK-*Herdegen* 1; NK-*Kindhäuser* 3). 2

3) Der Todeserfolg muss **durch den Raub** verursacht sein, also durch eine Tathandlung iS von §§ 249, 250 (ggf. iV mit § 255). Erfasst sind unstreitig alle **Nötigungshandlungen** vom Beginn des Versuchs bis zur Vollendung des Raubs. IdR reicht aber nicht eine Verursachung durch die **Wegnahmehandlung** selbst (LK-*Herdegen* 2; *S/S-Eser* 4; NK-*Kindhäuser* 5f.; SK-*Günther* 13 und Hirsch-FS 564; *Altenhain* GA **96**, 35; vgl. 5 zu § 250). Anders soll das zB bei Wegnahme eines lebenswichtigen Medikaments sein (*Wolters* GA **07**, 65, 72ff.; *Herzberg* JZ **07**, 615, 616); freilich kann hier der „raubspezifische" Gefahr-Zusammenhang problematisch sein (**aA** daher *W/Hillenkamp* 355; *Hardtung* [oben 1a] 103f.). § 251 setzt also im Grundsatz keine von der Nötigungs*handlung* über den Nötigungs*erfolg* bis zum Tod eines Menschen durchgängig verlaufende Kausalität voraus; vielmehr reicht es aus, dass der Todeserfolg durch das Raub*mittel* verursacht wird (insoweit zutr. *Wolters* GA **07**, 65, 72). Nach 4 StR 652/76 genügt eine für den Todeserfolg ursächliche **Unterlassung** für § 251 nicht. 3

Umstr. ist die Erstreckung auf **Handlungen nach Vollendung** bis zur Beendigung des Raubs, namentlich solche der Beutesicherung sowie der Sicherung gegen Ergreifung. Die **Rspr.** nimmt an, dass beim bewaffneten Raub sich dessen tatspezifische Gefährlichkeit auch auf die anschließende Flucht und Beutesicherung erstreckt (BGH **20**, 194, 196; **38**, 295, 298f. [m. abl. Anm. *Rengier* NStZ **92**, 590 u. zust. Anm. *Otto* JZ **93**, 569]; NJW **98**, 3361; **99**, 1040 [m. zust. Anm. *Schroth* NStZ **99**, 544]; zust. *S/S-Eser* 4; *Lackner/Kühl* 1; *Geilen* Jura **79**, 557; *Wolter GA* **84**, 450 u. JR **86**, 465ff.). 4

5 Dagegen verneint die hM in der **Literatur** den unmittelbaren tatbestandsspezifischen Zusammenhang bei Handlungen *nach* der Vollendung des Tatbestandes; danach kann der Wortlaut nicht iS von „bei Gelegenheit eines Raubes" verstanden werden (SK-*Günther* 8 u. Hirsch-FS 544; LK-*Herdegen* 6; NK-*Kindhäuser* 8; MK-*Sander* 11; *Rengier* NStZ **92**, 590 u. JuS **93**, 462; *Jung* JuS **92**, 1066; *Schroeder* JZ **93**, 52; *Mitsch* BT II/1, 3/95; *M/Schroeder/Maiwald* 35/32; *W/Hillenkamp* 355; *Küpper,* Der „unmittelbare" Zusammenhang zwischen Grunddelikt und schwerer Folge, usw, 1982, 100; *ders.,* ZStW **111**, 785, 792 ff.). Diese Ansicht erscheint iErg vorzugswürdig, auch wenn gewichtige kriminalpolitische Erwägungen (vgl. BGH **38**, 298 f.) eine andere gesetzliche Abgrenzung zu § 252 nahe legen mögen. Die Erwägung, die bei bewaffneter Beutesicherung bestehenden Gefahren seien nicht geringer als die der Wegnahme mit (Waffen-)Gewalt, vermag die vom Gesetz vorgesehene Lücke zwischen §§ 249, 251 und §§ 252, 251 nicht zu schließen (zutr. *W/Hillenkamp* 355); in einer Gewaltanwendung zur Ermöglichung der Flucht liegt keine **raubspezifische** Gefahr; sie kann jeder beliebigen Tat nachfolgen (*Günther,* Hirsch-FS 544 f.). Schwer vereinbar mit der Rspr zur „raubspezifischen" Gefahrverwirklichung durch bewaffnete Flucht ist BGH **31**, 105, 107, wonach eine Qualifikation nach *fehlgeschlagenem Versuch* ausscheidet.

6 Im Übrigen kommt es auf das Vorliegen eines **unmittelbaren Risikozusammenhangs** an (vgl. 3 f. zu § 227). Nach allg. Ansicht reicht eine bloße Kausalität nicht aus; vielmehr kommt es darauf an, ob die Todesursache sich als Verwirklichung des tatbestandsspezifischen Risikos darstellt. § 251 scheidet zB aus, wenn das Opfer ohne Einwirkung des Täters bei dessen Verfolgung tödlich verunglückt (BGH **22**, 362). Umstr. ist die Anwendung von § 251, wenn ein Raubopfer durch das **Eingreifen Dritter** zu Tode kommt (verneint von *S/S-Eser* 5; NK-*Kindhäuser* 11; MK-*Sander* 9; **aA** *Lackner/Kühl* 1; str. insb. für **Rettungsversuche** der Polizei; vgl. auch SK-*Günther* 14 ff.; *Sowada* Jura **94**, 643; LK-*Herdegen* 3 ff.). Auch eine durch einen Verkehrsunfall leichtfertig verursachte Tötung bei der Anfahrt zum Tatort oder der Abfahrt nach bereits gesicherter Wegnahme unterfällt § 251 nicht (SK-*Günther* 9; *Lackner/Kühl* 1). Ist der Tod nur durch einfache Fahrlässigkeit verursacht, so kommt § 250 II Nr. 3 b in Tateinheit mit § 222 oder § 227 in Betracht (MDR/D **75**, 543; Nürnberg NStZ **86**, 556; vgl. *Altenhain* GA **96**, 35).

7 **4) Subjektiver Tatbestand.** Der Tod muss **wenigstens leichtfertig** verursacht sein (vgl. 4 zu § 18; 20 zu § 15); erfasst ist also auch die *vorsätzliche* Tötung (vgl. schon BGH **39**, 100), wenn die in der Tötung liegende Gewalt nach der Vorstellung des Täters Mittel zur Ermöglichung der Wegnahme war (NStZ **93**, 79; NStZ-RR **03**, 44 f.). In der Vorsatz-Variante ist § 251 daher eine *Qualifikation* des § 212 (*Wolters* GA **07**, 65, 71). Im Hinblick auf den hohen Strafrahmensprung dürfen die Anforderungen an den Begriff der Leichtfertigkeit nicht niedrig liegen; sie sind von denen der einfachen Fahrlässigkeit *deutlich* zu unterscheiden (zur mangelnden Differenzierung in der Praxis vgl. *Radtke*, Jung-FS [2007] 737, 739 f.). Die Begehung des Grunddelikts kann für sich allein idR noch nicht ausreichen, um die Anforderung *besonderer* Nachlässigkeit in Bezug auf den Eintritt der schweren Folge zu erfüllen (zutr. NK-*Paeffgen* 7; *Radtke* aaO 748).

8 **5) Vollendung** des § 251 ist nach der Rspr des BGH und hM gegeben, wenn der Raub (als „Grundtatbestand") *vollendet* und in diesem Zusammenhang (oben 6) der Tod eines Menschen (als „schwere Folge" iS von § 18) eingetreten ist.

8 a **Versuch** ist danach in zwei Konstellationen möglich: wenn durch eine Tathandlung der Tod einer Person leichtfertig oder vorsätzlich (NStZ **03**, 34) verursacht wird, ohne dass die Wegnahme vollendet wird (sog. **erfolgsqualifizierter Versuch**; vgl. BGH **42**, 159 [dazu *Küper* JZ **97**, 229; *Jäger* NStZ **98**, 161; *Geppert* JK 5; *Sonnen* JA **97**, 184; *Rengier* BT I § 9, 14; *Günther,* H.J. Hirsch-FS 1999, 553]; NJW **98**, 3361; vgl. schon RG **62**, 423); oder wenn bei vollendeter Raubtat die vom **Vorsatz** umfasste Todesfolge nicht eintritt (**Versuch der Erfolgsqualifikation**; vgl. NStZ **01**, 534; *Schünemann* JA **80**, 397; LK-*Herdegen* 15). Ein **Rücktritt**

vom nur versuchten Raub ist nach hM auch dann noch möglich, wenn der Tod eines Menschen durch die auf die Verwirklichung des Raubs gerichteten Handlungen bereits eingetreten ist (BGH **42**, 158 ff.; *Herzberg* JZ **07**, 615, 619 ff.; vgl. 7 ff. zu § 18); die Verursachung des Todes kann dann nur nach § 222, ggf. § 227 erfasst werden.

Nach **aA** ist der Tatbestand mit dem finalen Einsatz des Nötigungsmittels vollendet; daher kommt ein „Rücktritt" von einem „Versuch" des § 251 nach Eintritt der schweren Folge nicht in Betracht (*Wolters* GA **07**, 65, 68 ff.; mit anderer Begründung auch LK-*Herdegen* 16; *Ulsenheimer*, Bockelmann-FS [1979] 405, 413 ff.; *Wolter* JuS **81**, 168, 178; *Wolters* GA **07**. 65 ff.; *Streng*, Küper-FS [2007] 629, 636 ff.; krit. dazu *Herzberg* JZ **07**, 615, 622 f.). Der dagegen von BGH **42**, 158, 160 erhobene Einwand, der Tatbestand „könne" nicht in ein *Unternehmensdelikt* umgedeutet werden (vgl. auch *Herzberg* JZ **07**, 615, 616), setzt voraus, dass die Vollendung des § 251 an die *Vollendung* des *Raubs* geknüpft sein muss und dass für sie die Todesverursachung „durch Einsatz eines Raubmittels" nicht ausreicht (krit. *Wolters* GA **07**, 65, 72 ff.). 9

6) Die Tat ist für alle **Beteiligten** eines Raubes nach § 251 strafbar, wenn nur *einer* die Todesursache setzt, der Vorsatz der anderen sich – auch sukzessive (5 StR 494/06) – auf die Gewalthandlung erstreckt (NJW **98**, 3361) und hinsichtlich der Todesfolge bei ihnen ebenfalls Leichtfertigkeit vorliegt (vgl. 5 zu § 18). Der Anstifter zum Grunddelikt wird, wenn ihm hinsichtlich der Todesfolge Leichtfertigkeit zur Last fällt, nach § 251 bestraft, auch wenn der Täter ohne Verschulden gehandelt hat (BGH **19**, 339; SK-*Günther* 24). 10

7) Die **Strafe** ist Freiheitsstrafe nicht unter 10 Jahren; die Mindeststrafe ist daher auch bei (grob) *fahrlässiger* Todesverursachung *doppelt* so hoch wie bei vorsätzlicher Tötung (§ 212 I). In **besonders schweren**, zB dem Mord nahe kommenden Fällen lebenslange Freiheitsstrafe (vgl. BGH **23**, 126). FAufsicht § 256. 11

8) Konkurrenzen. Gesetzeskonkurrenz liegt mit dem verdrängten § 222 vor; nach Ansicht des BGH auch mit allen Begehungsformen des § 250 (BGH **21**, 183; MDR **51**, 274; OGH JR **50**, 561; str.; **aA** *Vogler*, Bockelmann-FS 724; *Schröder* JZ **65**, 729; *S/S-Eser* 10; NK-*Kindhäuser* 23); richtiger dürfte sein, nur § 250 I Nr. 1 c, II Nr. 3 b als verdrängt anzusehen. **Tateinheit** ist, falls die Folge mindestens bedingt gewollt ist, möglich mit den § 211, 212 (BGH **39**, 100 [GrSen]; vgl. auch BGH **35**, 257 [m. zust. Anm. *Laubenthal* JR **88**, 335; *Alwart* NStZ **89**, 225]; NStZ-RR **03**, 44 f.; stRspr.; ebenso LK-*Herdegen* 14; LK-*Jähnke* 41 zu § 212; *S/S-Eser* 9; SK-*Günther* 17). § 227 wird bei vollendetem § 251 verdrängt (BGH **46**, 24 [Anm. *Kudlich*, StV **00**, 669; *Kindhäuser*, NStZ **01**, 31]; NJW **65**, 2116; *S/S-Eser* 9; SK-*Günther* 25; LK-*Herdegen* 6; *M/Schroeder/Maiwald* 35/34; **aA** NK-*Kindhäuser* 21; *Fuchs* NJW **66**, 868); das gilt auch nach der Änderung der Rspr zum Verhältnis von versuchtem Totschlag und vollendeter Körperverletzung. Wird beim **Versuch** des § 251 die Todesfolge leichtfertig herbeigeführt, so steht die vollendete Körperverletzung mit Todesfolge dagegen aus Gründen der Klarstellung in Tateinheit hierzu (BGH **46**, 24, 28 [abl. Anm. *Stein* JR **01**, 70]). Hatte der Täter zumindest bedingten Vorsatz hinsichtlich der (ausgebliebenen) Todesfolge, so ist Tateinheit zwischen dem Versuch des § 211 und dem versuchten Raub mit Todesfolge gegeben. 12

9) Sonstige Vorschriften. Vgl. 12 zu § 249. Zuständigkeit: § 74 II Nr. 13 GVG. 13

Räuberischer Diebstahl

252 **Wer, bei einem Diebstahl auf frischer Tat betroffen, gegen eine Person Gewalt verübt oder Drohungen mit gegenwärtiger Gefahr für Leib oder Leben anwendet, um sich im Besitz des gestohlenen Gutes zu erhalten, ist gleich einem Räuber zu bestrafen.**

1) Allgemeines. Die Vorschrift, seit 1871 unverändert, umschreibt einen **selbstständigen, raubähnlichen Tatbestand** (*Lackner/Kühl* 1; *Otto* BT 46/50; SK-*Günther* 2; *Küper* Jura **01**, 21; hM; and. *Kratzsch* JR **88**, 399 [„Sonderform des Raubes"]; ähnlich *S/S-Eser* 1; zur Struktur des § 252 vgl. auch *Perron* GA **89**, 169; *Weigend* GA **07**, 274 ff.). Der **Strafgrund** für die Qualifikation wird in der Raub-Ähnlichkeit des Unrechts gesehen (vgl. BGH **9**, 255, 257; **26**, 95, 96; SK-*Günther* 2; krit. NK-*Kindhäuser* 3; *Perron* GA **89**, 145, 169; *Küper* JZ **01**, 730, 736; *Weigend* GA **07**, 274, 276). 1

2 **Neuere Literatur:** *Dreher,* Die Malaise mit § 252 StGB, MDR **76**, 529; *ders.,* Im Gestrüpp des § 252 StGB, MDR **79**, 529; *Fezer* JZ **75**, 609; *Geppert,* Zu einigen immer wiederkehrenden Streitfragen im Rahmen des räuberischen Diebstahls, Jura **90**, 554; *Goossens,* Zum Betriff der „frischen Tat" (usw.), 1996 (Diss. Bonn); *Haas,* Der Tatbestand des räuberischen Diebstahls als Beispiel für die fragmentarische Natur des Strafrechts, Maiwald-FS (2003), 145; *Kratzsch,* Das „Räuberische" am räuberischen Diebstahl, JR **88**, 397; *Küper,* Besitzerhaltung, Opfertauglichkeit u. Ratio legis beim räuberischen Diebstahl, JZ **01**, 730; *ders.,* Vollendung u. Versuch beim räuberischen Diebstahl, Jura **01**, 21; *Lund,* Mehraktige Delikte, 1993; *Perron,* Schutzgut u. Reichweite des räuberischen Diebstahls, GA **89**, 145; *Schnarr* JR **79**, 314; *Seier,* Die Abgrenzung des räuberischen Diebstahls von der räuberischen Erpressung, NJW **81**, 2152; *Weigend,* Der altruistische räuberische Died. Neue Komplikationen bei einem alten Straftatbestand, GA **97**, 274.

3 **2)** Als **Vortat** nennt § 252 einen **Diebstahl**; erfasst ist damit nach hM jede Form der Wegnahme in (Selbst- oder Ditt-)Zueignungsabsicht (LK-*Herdegen* 4, 5), also auch ein Raub (BGH **21**, 379 [hierzu *Eser* IV 9, A 6]; **38**, 299 m. Anm. *Rengier* NStZ **92**, 590 u. JuS **93**, 460; *Schroeder* JZ **93**, 52; *Geppert* 3 zu § 251; NK-*Kindhäuser* 10; vgl. hierzu *Hohmann* JuS **94**, 860; *Zöller* JuS **97**, L 89; dazu *Kudlich* JuS **98**, 966), ebenso die privilegierten Fälle der §§ 247, 248 a (MDR/D **75**, 543; **aA** *Burkhardt* NJW **75**, 1687); nicht aber Betrug (BGH **41**, 203 f.).

4 **3)** Die Vortat muss insoweit **vollendet** sein, als § 252 die Erlangung des **Gewahrsams** voraussetzt (BGH **9**, 256; **16**, 277; MDR/D **67**, 897; 4 StR 772/95). Werden Nötigungsmittel *zuvor,* nämlich zur Erlangung der Sache, eingesetzt, so greifen bereits die §§ 249 ff. ein (vgl. unten 10). **Bei einem Diebstahl** bedeutet das, dass nur die Fälle erfasst sind, in denen die Nötigungsmittel *nach* Vollendung der Wegnahme, spätestens aber *bei* **Beendigung** der Vortat eingesetzt werden (BGH **22**, 230 [m. Anm. *Hruschka* JZ **69**, 607]; **28**, 225 [m. Anm. *Schnarr* JR **79**, 314; zust. *Seier* JuS **79**, 336; *Geppert* JK 1; krit. *Dreher* MDR **79**, 529]; MDR/D **67**, 897). Die Beendigung (6 zu § 22) der Vortat ist der letztmögliche Zeitpunkt für die Verwirklichung des Tatbestands (StV **87**, 196; MDR/H **87**, 95; **88**, 628; NK-*Kindhäuser* 11, 17; SK-*Günther* 7; MK-*Sander* 7; insoweit **aA** *Gössel* BT 2, 15/15; *Lackner/Kühl* 4; abw. *Dreher* MDR **76**, 529; **79**, 529; krit. auch *Weigend* GA **07**, 274, 276 f.).

5 **4) Auf frischer Tat** betroffen ist der Täter, wenn er in Tatortnähe und spätestens alsbald nach Tatausführung wahrgenommen wird (BGH **9**, 257; **26**, 96). Dieses Tatbestandsmerkmal sichert – im Hinblick auf die Gleichstellung mit § 249 (unten 13) – die Eingrenzung des § 252 (*Perron* GA **89**, 157; *W/Hillenkamp* 364) auf Fälle des *raumzeitlichen Zusammentreffens* (BGH **28**, 230 [hierzu *Seier* JuS **79**, 338]; NJW **87**, 2687 [hierzu *Kratzsch* JR **88**, 397; *Perron* GA **89**, 145; *Geppert* Jura **90**, 556]; SK-*Günther* 10; ausf. *Mitsch* BT II/1, 4/25 ff.). Hieran fehlt es nicht nur *nach Beendigung* des Diebstahls und nach Begründung eines gesicherten Gewahrsams (JZ **88**, 471; MDR/H **87**, 95; insoweit **aA** *Lackner/Kühl* 4; *S/S-Eser* 4; *Dreher* MDR **79**, 531), sondern uU auch beim vollendeten Diebstahl schon *vor* dessen Beendigung (vgl. etwa BGH **28**, 229; **aA** *Dreher* MDR **79**, 531; anders wohl BGH **21**, 377; **22**, 229).

6 **Betroffen** ist der Täter dann, wenn er am Tatort wahrgenommen, also durch Sehen oder Hören (LM Nr. 1) bemerkt worden ist (BGH **9**, 257; LK-*Herdegen* 11; MK-*Sander* 9); das kann auch schon **vor Vollendung** der Vortat geschehen (*Küper* JZ **01**, 730, 731; Jura **01**, 21, 25). Dieses Merkmal schließt nach Ansicht des BGH nicht nur ein Betroffen*werden* (durch einen anderen), sondern auch ein Betroffen*sein* des Täters selbst in dem Sinne ein, dass er, weil er sich für „betroffen" *hält,* dem unmittelbar bevorstehenden Bemerktwerden durch schnelles Zuschlagen zuvorkommt (BGH **26**, 96; ebenso *S/S-Eser* 4; *Lackner/Kühl* 4; *M/Schroeder/Maiwald* 35/41; **aA** MK-*Sander* 11; *W/Hillenkamp* 368; *Krey* BT II/1, 16/13; *Seier* JuS **79**, 338; *Geppert* Jura **90**, 556 f.; *Küper* Jura **01**, 21, 24 f.; differenzierend NK-*Kindhäuser* 12 ff.; *Mitsch* BT II/1, 4/31 f.); SK-*Günther* 13; *Bockelmann* BT/1 § 8 VI 2; *Schünemann* JA **80**, 398; *Schnarr* JR **79**, 314; *Perron* GA **89**, 163; *Geppert*

Jura **90**, 556; krit. *Fezer* JZ **75**, 609; NK-*Kindhäuser* 12; abl. *Dreher* MDR **76**, 529 u. **79**, 529; *R. Schmitt,* Jescheck-FS 233; *Seelmann* JuS **86**, 206; *Krey* ZStW **101**, 849; SK-*Günther* 6). Es kommt nach hM nicht darauf an, ob der Täter als Tatverdächtigter erkannt wird (*S/S-Eser* 4; *Kindhäuser* BT II, 1 § 16, 15; zw.; offen gelassen in BGH **9**, 258; **aA** *Schnarr* JR **79**, 316).

§ 252 kann nach Ansicht des BGH grds. auch dann anwendbar sein, wenn ein Dieb nach Vollendung der Tat während der **Nacheile** aufgespürt wird und erst dann, uU nach längerer *Verfolgung* (vgl. GA **62**, 145; LK-*Herdegen* 14), Nötigungsmittel einsetzt (BGH **9**, 257; NJW **52**, 1026; *M/Schroeder/Maiwald* 35/41; **aA** MK-*Sander* 12 [Betroffensein in unmittelbarer Nähe des Tatorts]; vgl. auch BGH **28**, 224, 228 ff.). Voraussetzung hierfür ist aber, dass der Dieb noch nicht im gesicherten Besitz der Beute ist (Hamm MDR **69**, 238) und dass er noch im **engen örtlichen und zeitlichen Zusammenhang** mit der Tat betroffen und sogleich – ohne Zäsur – verfolgt wird. **7**

5) Tathandlung des § 252 ist der Einsatz der Nötigungsmittel des § 249 (dort 4, 5); sie können auch bei der Nacheile (oben 7) und gegenüber jedem Verfolger, der nach der Vorstellung des Täters dem Berechtigten das Diebesgut sichern will, eingesetzt werden (Köln MDR **67**, 511; *Mitsch* BT II/1, 4/36). Für § 252 gilt kein eigener, „restriktiver" Gewaltbegriff (so aber LG Gera NJW **00**, 159 f.). **8**

6) § 252 setzt **Vorsatz** voraus, der sich auf den Diebstahl und auf die Nötigungshandlung beziehen muss. Darüber hinaus muss der Täter in der **Absicht** (6 zu § 15) handeln, eine Gewahrsamsentziehung zu verhindern (StV **87**, 196 [hierzu *Perron* GA **89**, 145; *Geppert* Jura **90**, 557];), die gegenwärtig ist oder unmittelbar bevorsteht (BGH **13**, 65; **28**, 231; *S/S-Eser* 6). Das ist nach BGH **9**, 162 nicht gegeben, wenn der Täter lediglich die Feststellung seiner Person und einen dadurch bedingten späteren Verlust des Diebesguts verhindern will. Jedoch muss die Verteidigung des Diebesguts nicht der einzige Beweggrund für die Gewaltanwendung sein (BGH **13**, 65; **26**, 97; NStZ **84**, 455; NStZ-RR **05**, 340; NK-*Kindhäuser* 28); die Vorschrift ist auch anwendbar, wenn der Täter sich der Strafverfolgung entziehen, *zugleich* aber das Diebesgut verteidigen will (NStZ-RR **05**, 430, 341); nach Köln NJW **67**, 739 auch dann, wenn der Täter sich, um seine Überführung zu verhindern, nachher der Beute rasch entledigen will (zust. *M/Schroeder/Maiwald* 35/43; **aA** *Schröder* NJW **67**, 1335; *Geilen* Jura **80**, 45; SK-*Günther* 11). Die Feststellung, der Täter habe Gewalt angewendet, um sich der Festnahme zu entziehen, reicht für sich allein nicht aus, um das Merkmal der Beuteerhaltungsabsicht zu bejahen (vgl. Köln NStZ-RR **04**, 299). Aus der Tatsache, dass der Täter die Beute nicht weggeworfen hat, kann nicht schon ohne weiteres auf das Vorliegen einer Gewahrsamsbehauptungsabsicht geschlossen werden (Zweibrücken NStE Nr. 6 [m. Anm. *Perron* JR **91**, 384]; StV **94**, 546); freilich liegt, wenn der Täter unter Mitnahme der Beute flieht, obgleich er die Möglichkeit hatte, sich ihrer zu entledigen, der Schluss auf eine jedenfalls *auch* vorhandene Beutesicherungsabsicht nahe (Köln NStZ **05**, 448, 449). **9**

Die Absicht, **einem anderen** den Besitz an der Beute zu erhalten, genügt nicht (vgl. BGH **6**, 250; StV **91**, 349 [m. Anm. *Ennuschat* JR **91**, 500]; *Weigend* GA **07**, 274 ff.). Die vom 6. StrRG in §§ 242, 249 aufgenommene **Drittzueignungsabsicht** ist – ohne Begründung – in § 252 nicht aufgenommen worden (vgl. schon *Freund* ZStW **109**, 482; krit. SK-*Günther* 19). Daher kann ein an der Vortat Beteiligter, der an der Beute weder selbst Gewahrsam hat noch später erlangen soll, nicht Täter des § 252 sein (*Lackner/Kühl* 5; SK-*Günther* 24; NK-*Kindhäuser* 27; *S/S-Eser* 7); andererseits reicht eine mit Drittzueignungsabsicht begangene Vortat für eine Täterstellung nach § 252 aus, wenn die spätere Nötigungshandlung jedenfalls *auch* in der Absicht der **Sicherung des Eigenbesitzes** erfolgt (vgl. unten 11). Der kriminalpolitische Sinn dieser Abkoppelung des § 252 vom Raub ist schwer erkennbar (*Mitsch* ZStW **111**, 109; *W/Hillenkamp* 360, 374; SK-*Günther* 19); daher wird vorgeschlagen, im Wege („teleologischer") Auslegung auch *fremd*nützig Han- **9 a** delnde in den Anwendungsbereich des § 252 einzubeziehen (*Weigend* GA **07**, 274, 281, 284 f.). Eine solche Auslegung überschreitet die Wortlautgrenze.

10 7) **Vollendet** ist § 252 bereits mit dem auf eine Gewahrsamserhaltung abzielenden Einsatz der Nötigungsmittel. Es kommt nicht darauf an, ob es dem Täter gelingt, sich den Besitz des gestohlenen Guts zu erhalten (NJW **68**, 2386; StV **85**, 13; *S/S-Eser* 8; SK-*Günther* 16; *Küper* JZ **01**, 730, 731; Jura **01**, 21, 25). **Versuch** ist möglich, wenn der Einsatz des Nötigungsmittels im Versuch stecken bleibt (BGH **14**, 115; Karlsruhe MDR **78**, 244) oder wenn die abgeschlossene Wegnahmehandlung sich zB auf eine dem Täter gehörende oder herrenlose Sache bezog (*W/Hillenkamp* 372; *Mitsch* BT II/1, 4/57; MK-*Sander* 18). Der Verlust der Beute nach Einsatz von Nötigungsmitteln lässt die Vollendung unberührt; auch eine „Tätige Reue" bleibt insoweit unberücksichtigt.

11 8) **Täter** (oder Mittäter) des § 252 kann nach **hM** nur sein, wer sich bereits an der Vortat **täterschaftlich** beteiligt hat, da § 252 voraussetzt, dass der Täter nach vollendetem Diebstahl handelt, „um *sich* im Besitze des gestohlenen Guts zu erhalten" (MDR/D **67**, 727; MDR/H **91**, 105; ebenso LK-*Herdegen* 18; *S/S-Eser* 10; *Lackner/Kühl* 6; MK-*Sander* 17; NK-*Kindhäuser* 32; Mitsch BT II/1, 4/24, 40; *Weigend* GA **07**, 274, 277). Nach **aA** (BGH **6**, 250; MDR/D **67**, 727; SK-*Günther* 25; *M/Schroeder/Maiwald* 35/40; *Otto* BT 46/64; *Schmidhäuser* BT 8/59; *Geppert* Jura **90**, 558; jew. mwN) kann auch der *Gehilfe* des Diebstahls oder Raubs Täter des § 252 werden, wenn er sich im Besitz der Beute befindet und diese *für sich* sichern will. Durch die Einführung der **Drittzueignungsabsicht** in § 249 hat die hM an Überzeugungskraft verloren, da das Argument, die Täterschaft des § 252 könne nicht weiter reichen als die des § 249 (vgl. NK-*Kindhäuser* 32 mwN), nun (auch) bei dem mit Drittzueignungsabsicht handelnden Vortäter nicht mehr passt. Andererseits steht es mit der Unrechtsbegründung des § 252 kaum im Zusammenhang, ob derjenige, der die (nötigende) Gewalt ausübt, an der Vortat gar nicht oder als Gehilfe beteiligt war; und dass ein Gehilfe „bei" dem Diebstahl derjenigen Person, der er geholfen hat, betroffen wird, dürfte ein eher *zufälliges* Ereignis sein.

11 a Ein mit Selbstzueignungsabsicht handelnder Mittäter der Vortat kann auch, wenn er nicht im Besitz der Beute ist, Täter nach § 252 sein (Stuttgart NJW **66**, 1913); das gilt aber **nicht** für einen mit Drittzueignungsabsicht handelnden Mittäter der Vortat, der durch die Nötigungshandlung einer *anderen* Person den Besitz sichern will (vgl. oben 9 a); er kann nur Gehilfe des § 252 sein (*Lackner/Kühl* 6; *W/Hillenkamp* 374; **aA** *Weigend* GA **07**, 274, 24). Für alle übrigen Beteiligten kommt nur **Teilnahme** am Delikt des § 252, Täterschaft uU nach § 240, in Betracht (*S/S-Eser* 11). **Gehilfe** nach § 252 kann im übrigen nur sein, wer weiß, dass die Nötigungsmittel zur Sicherung des durch die Vortat erlangten Gewahrsams eingesetzt werden (LK-*Herdegen* 18; *Blei* BT § 58 IV 2 e; *Geppert* Jura **90**, 558); Voraussetzung ist darüber hinaus der Vorsatz, die Besitzerhaltung des Haupttäters zu unterstützen.

12 9) **Konkurrenzen. Gesetzeseinheit** besteht mit §§ 242, 244 sowie § 240 (NK-*Kindhäuser* 37). In § 249 geht § 252 auf, wenn die Raubmittel gleichermaßen zur Wegnahme *und* später zur Sicherung des Gewahrsams eingesetzt werden (**aA** *S/S-Eser* 13; SK-*Günther* 29). Wird aber nur die Tathandlung des § 252 unter den erschwerenden Voraussetzungen des § 250 I begangen, so wird auch der Raub (§ 249) als Vortat (oben 3) durch §§ 252, 250 I aufgezehrt, ebenso wie dies umgekehrt für eine nicht erschwert begangene Tat nach § 252 gilt, der ein schwerer Raub (§§ 249, 250 I) als Vortat vorausgegangen ist (GA **69**, 348; vgl. BGH **21**, 380; SK-*Günther* 29; NK-*Kindhäuser* 39; *Dreher* MDR **76**, 532; zT **aA** *S/S-Eser* 13). Tateinheit zwischen § 252 und § 249 ist möglich, wenn durch eine Nötigungshandlung zugleich bereits erlangter Besitz gesichert und die Wegnahme weiterer Sachen ermöglicht werden soll (NK-*Kindhäuser* 39). Handlungen, die nach Vollendung des Diebstahls, aber vor Beendigung vorgenommen werden und zugleich weitere Strafgesetze verletzen, stehen mit § 252 in **Tateinheit**, wenn sie (auch) der Beutesicherungsabsicht dienen (StraFo **99**, 100, 101; NStZ-RR **05**, 340, 341 [gefährlicher Eingriff in den Straßenverkehr]). Nach *beendetem* Diebstahl ist die Sicherung des Diebesguts mit Nötigungsmitteln unter dem Blick der Vermögensschädigung

mitbestrafte Nachtat und nur Nötigung nach § 240 (MDR/H **87**, 95). Blieb es trotz abgeschlossener Wegnahmehandlung bei einem Versuch nach § 252 (oben 10), so ist **Tateinheit** zwischen dem vollendeten einfachen und dem versuchten räuberischen Diebstahl gegeben (LK-*Herdegen* 21; *Lackner/Kühl* 8; MK-*Sander* 19; **aA** Karlsruhe MDR **78**, 244; *S/S-Eser* 13). Tateinheit kann weiter vorliegen mit § 113 (Hamm JMBlNW **50**, 50), mit § 211 (MDR/H **82**, 101), mit §§ 223, 224 (NJW **68**, 2386; **75**, 1177; GA **69**, 358), mit § 255 (MDR/H **84**, 981; LK-*Herdegen* 23; SK-*Günther* 26; NK-*Kindhäuser* 41 ff.; *Seelmann* NJW **81**, 2152).

10) Der Täter ist **gleich einem Räuber,** also grds nach § 249 zu bestrafen (hierzu krit. *Kratzsch* JR **88**, 399; *Perron* GA **89**, 150). Es gelten für § 252 auch die Erschwerungsgründe der §§ 250, 251 unter der Voraussetzung, dass sie erst bei der Tathandlung des § 252 verwirklicht worden sind (BGH **17**, 180), im Falle eines Raubs als Vortat greifen sie über § 249 unmittelbar ein (LK-*Herdegen* 25). 13

11) Sonstige Vorschriften. FAufsicht § 256; UHaft § 112 a I Nr. 2 StPO; Zuständigkeit bei Todesfolge § 74 II Nr. 14 GVG. 14

Erpressung

253 **I Wer einen Menschen rechtswidrig mit Gewalt oder durch Drohung mit einem empfindlichen Übel zu einer Handlung, Duldung oder Unterlassung nötigt und dadurch dem Vermögen des Genötigten oder eines anderen Nachteil zufügt, um sich oder einen Dritten zu Unrecht zu bereichern, wird mit Freiheitsstrafe bis zu fünf Jahren oder mit Geldstrafe bestraft.**

II Rechtswidrig ist die Tat, wenn die Anwendung der Gewalt oder die Androhung des Übels zu dem angestrebten Zweck als verwerflich anzusehen ist.

III Der Versuch ist strafbar.

IV In besonders schweren Fällen ist die Strafe Freiheitsstrafe nicht unter einem Jahr. Ein besonders schwerer Fall liegt in der Regel vor, wenn der Täter gewerbsmäßig oder als Mitglied einer Bande handelt, die sich zur fortgesetzten Begehung einer Erpressung verbunden hat.

1) Die Vorschrift idF des 3. StÄG (1 zu § 240) iVm Art. 19 Nr. 129 EGStGB wurde durch das VerbrBekG (1 zu § 130) iVm § 256 II mit dem Ziel geändert, die gewerbs- oder bandenmäßige Begehung in den Anwendungsbereich des *§ 43 a* und 73 d einzubeziehen; weil die Erpressung von Schutzgeldern eine typische Erscheinungsform der OK ist, nennt IV sie als Regelbeispiel eines besonders schweren Falles. Durch Art. 1 Nr. 57 des 6. StrRG (2 f. vor § 174) wurde die Vorschrift geschlechtsneutral formuliert. 1

Literatur: *Arzt,* Zur Strafbarkeit des Erpressungsopfers, JZ **01**, 1052; *Küper*, Drohung und Warnung. Zur Rekonstruktion und Revision des klassischen Drohungsbegriffs, GA **06**, 439; *Eggert,* Chantage – Ein Fall der Beschränkung des Notwehrrechts?, NStZ **01**, 225; *Hecker,* Die Strafbarkeit des Ablistens oder Abnötigens der persönlichen Geheimnummer, JA **98**, 300; *Küper,* Erpressung ohne Verfügung?, Lenckner-FS 495; *Lesch,* Die Nötigung als Delikt gegen die Freiheit, Rudolphi-FS (2004), 483; *Moseschus,* Produkterpressung, 2004 (Diss. Berlin 2004); *Röckrath,* Die Zurechnung von Dritthandlungen bei der Dreieckserpressung, 1991; *Tausch,* Die Vermögensverfügung des Genötigten – notwendiges Merkmal des Erpressungstatbestandes?, 1995; *Wallau,* Der „Mensch" in §§ 240, 241, 253 StGB und die Verletzung der Rechte juristischer Personen, JR **00**, 312. 1 a

2) Erpressung ist Nötigung (§ 240) eines anderen (vgl. dazu *Wallau* JR **00**, 312) zu einer **Vermögensverfügung** (str.; vgl. 9 ff.), durch die dem Vermögen des Genötigten oder eines anderen in Bereicherungsabsicht ein Nachteil zugefügt wird. Der Vorteil muss durch den Schaden vermittelt werden; zwischen Schaden und Nutzen muss also **„Stoffgleichheit"** bestehen (wie beim Betrug, vgl. 106 zu § 263). Die gewaltsame Inpfandnahme von Gegenständen für eine Forderung, die der Täter als bestehend betrachtet, ist daher mangels Stoffgleichheit zwischen Vermögensnachteil und erstrebter Bereicherung nicht als Erpressung strafbar (NStZ-RR **98** 235; 4 StR 277/91; zur Nötigung vgl. 41 zu § 240). Zur Vollendung ist 2 nötig, dass der Nachteil eintritt; die Bereicherung braucht dagegen nicht einzutreten (vgl. 15). Die Erpressung ist also Vermögensdelikt und zugleich ein Angriff gegen die freie Willensbildung (BGH **41**, 125; NJW **87**, 510; BGHR § 253 I Konk. 2; SK-*Günther* 2). Vom Betrug unterscheidet sie sich nur im Mittel, das dort Täuschung, hier Nötigung ist (Hamburg MDR **66**, 1018; LK-*Herdegen* 1; *Mitsch* BT II/1, 6/4; offen gelassen in BGH **19**, 342). Zur Abgrenzung vom Raub vgl. 1 zu § 249 und unten 9).

3 **A.** Erpressung ist ein **Vermögensdelikt**; sie bezweckt die rechtswidrige (unten 21) Bereicherung des Täters selbst oder eines Dritten in Folge der Schädigung des Vermögens eines andern durch die tatbestandliche Nötigungshandlung (BGH **1**, 20). Zum Begriff des Vermögens und des Vermögensschadens gelten die Erl. 54 ff. zu § 263. Die genötigte Person kann zugleich die geschädigte sein; erfasst ist aber auch die sog. Dreiecks-Erpressung (vgl. 86 zu § 263). Die genötigte Person muss aber, gleichfalls entsprechend § 263 I, stets zugleich die verfügende sein.

4 **B. Nötigungsmittel** (8 ff., 30 ff. zu § 240) sind **Gewalt** oder **Drohung** mit einem empfindlichen Übel.

5 **a) Gewalt** kann hier nur *vis compulsiva* sein, da die abgenötigte Handlung eine Vermögensverfügung durch das Nötigungs-Opfer sein muss (vgl. unten 9; LK-*Herdegen* 3, 9; MK-*Sander* 8; **aA** *Lüderssen* GA **68**, 257; SK-*Günther* 7). Gewalt gegen die Person des Genötigten oder eines Dritten (nicht aber gegen den Täter selbst; vgl. *Mitsch* BT I/1, 6/17) wird allerdings von § 255 erfasst; in § 253 ist also nur die **Gewalt gegen Sachen** (13 zu § 240) gemeint.

6 **b)** Der Begriff der **Drohung** hat in § 253 I denselben Inhalt wie in § 240 I (BGH **31**, 195, 198). Sie muss sich an die Person wenden, von deren Willen die Gewährung des Vorteils abhängt. Wird mit dem Verhalten **dritter Personen** gedroht, so liegt eine Drohung im Rechtssinn nur vor, wenn der Täter nach seiner (ggf. unzutreffenden) Darstellung auf dieses Verhalten *Einfluss* nehmen kann und die *Verwirklichung* des drohenden Übels für den Fall der Verweigerung des abgenötigten Opferverhaltens auch *will.* Eine Drohung ist also nicht bei bloßen – auch vorgetäuschten – *Warnungen* gegeben (vgl. NStZ **96**, 435; StraFo **06**, 507); wer in Bereicherungsabsicht vorspiegelt, er selbst werde erpresst, oder wer unter Verlangen einer Geldsumme vortäuscht, er könne damit einen Dritten von Angriffen auf Leib und Leben auf das Opfer abhalten (StV **96**, 482), begeht Betrug und nicht Erpressung (BGH **7**, 197).

6a Anders als in § 255 reicht als Nötigungsmittel auch die Drohung mit einem **empfindlichen Übel** (30 ff. zu § 240; SK-*Günther* 9 ff.); dieses kann auch auf ein **Unterlassen** (34 zu § 240) gerichtet sein kann. Die Veranlassung um Ausreise ersuchender **DDR-Bürger,** ihre Grundstücke an dem MfS genehme Personen zu verkaufen, durch insoweit im Auftrag staatlicher Stellen handelnde Rechtsanwälte und Notare hat der *5. StS* des BGH nicht als Erpressung angesehen, weil die Täter nur mit der Unterlassung einer Handlung drohten (Aufnahme in die Liste der bevorzugt behandelten Ausreisewilligen), auf welche die Bedrohten keinen Anspruch hatten (BGH **44**, 68, 74 m. zust. Anm. *Hesse/Lagodny* JZ **99**, 313; *Sinn* NStZ **00**, 195 [Fall *Vogel*]; vgl. auch die Folgeentscheidung 5 StR 503/96; dazu auch 34 zu § 240). Mit BGH **31**, 195 ist das schwer vereinbar (and. wohl auch BGH **44**, 251 f.; vgl. unten); die Argumentation, andere Ausreisewillige, die gar nicht die Chance hatten, erpresst zu werden, seien *noch schlechter* behandelt worden (BGH **44**, 68, 81 f.), ist nicht überzeugend.

7 Bei der Beurteilung von Drohungen mit dem **Unterlassen rechtlich nicht gebotener Handlungen** stellen sich dieselben Probleme wie im Rahmen des § 240 (dort 34). Nach der Rspr. ist auch die Ankündigung *rechtmäßigen* Unterlassens von §§ 240 I, 253 I erfasst, wenn die Koppelung einer solchen Ankündigung mit dem angestrebten Zweck als *verwerflich* erscheint (BGH **31**, 195, 200 f. [Nötigung einer Ladendiebin zu sexuellen Handlungen mit der Drohung, die Weiterlei-

tung der Strafanzeige nicht zu verhindern; vgl. dazu Anm. *Roxin* JR **83**, 331; *Schubarth* NStZ **83**, 311]; ebenso Karlsruhe NJW **04**, 3724 [Forderung von Geldbeträgen von Ladendieben als Gegenleistung für das „Fallenlassen" von Strafanzeigen]; **aA** *Lesch*, Rudolphi-FS [2004], 483, 488).

BGH **44**, 251 *(5. StS)* hat unter Bezugnahme hierauf (sowie auf BGH **44**, 68) entschieden, die Drohung mit dem Abbruch geschäftlicher Beziehungen zur Erlangung von Schmiergeldzahlungen unterfalle dann § 253 I, „wenn der Adressat der Drohung ohne den Geschäftsabschluss in existenzielle wirtschaftliche Nöte geriete" (ebd. 252 [Erpressung eines existenziell von zukünftiger Auftragsvergabe abhängigen Zulieferers durch den Leiter der Beschaffungsabteilung eines Großbetriebs]). Richtet sich die Drohung zur Erlangung vereinbarten Schmiergelds dagegen auf den Abbruch oder die Nichtdurchführung eines (seinerseits strafbaren) Geschäfts *zum Nachteil eines Dritten* (Drohung mit Rückgängigmachung von Verträgen des Bedrohten mit dem Arbeitgeber des Drohenden, die unter Vereinbarung von Schmiergeldzahlungen an den letzteren abgeschlossen wurden und deren Durchführung beim Vertragspartner einen [Untreue-]Schaden realisieren würde), so ist danach bei fehlender existenzieller Abhängigkeit des Bedrohten die Bejahung von § 253 jedenfalls bedenklich; *zudem* ist danach wegen der minderen Schutzwürdigkeit des seinerseits unredlichen Drohungsopfers die Rechtswidrigkeit iS von Abs. II sorgfältig zu prüfen (BGH **44**, 251, 253 f.). 7 a

Kritik. Diese **Differenzierung** erscheint insoweit zweifelhaft, als die Kriterien der existenziellen wirtschaftlichen Abhängigkeit und der Schadensverlagerung auf einen Dritten, die miteinander in keinem tatsächlichen oder rechtlichen Bedingungszusammenhang stehen, auf der *Tatbestands-Ebene* miteinander kombiniert werden und „zudem" offen bleibt, ob und ggf wie sie uU erst auf der *Rechtswidrigkeits*-Ebene von Bedeutung sind (vgl. dazu 38 zu § 240); schließlich bleibt die dogmatische Verortung des Kriteriums der **„Schutzwürdigkeit"** unklar, die der *5. StS* offenbar der Rechtswidrigkeit und nicht, wie bei § 263, dem Begriff des tatbestandlich geschützten Vermögens zuordnet. Tatsächlich kann es für die Entscheidung, ob auch derjenige durch § 253 geschützt ist, der (auf Grund rechtswidriger Vereinbarung mit dem Drohenden *oder einem Dritten*) faktisch in der Lage ist, den ihm abgepressten Vermögensnachteil betrügerisch auf einen anderen zu verlagern, schwerlich darauf ankommen, ob der Bedrohte wirtschaftlich auf die Begehung von oder die Teilnahme an solchen Straftaten *angewiesen* ist. Umgekehrt kommt es für die Empfindlichkeit eines angedrohten Übels nicht darauf an, ob der Drohende zu seiner Abwendung verpflichtet ist (zutr. BGH **31**, 195, 200 f.). Berücksichtigt man bei der systematischen Abgrenzung der Fallgruppen zudem das von der Rspr entwickelte (tatbestandseinschränkende) Merkmal der „Zumutbarkeit besonnener Selbstbehauptung" des Drohungsadressaten (BGH **31**, 201; NStZ **92**, 278; vgl. 32 zu § 240 mwN) sowie die höchst str. Frage nach dem von § 253 (wie von § 263) geschützten *Vermögen* (vgl. 54 ff. zu § 263), so erhöht sich die Anzahl ungeklärter Zweifelsfragen beträchtlich. 8

Nach dem hier vertretenen **normativen Vermögensbegriff** sind Ansprüche oder Expektanzen aus wegen Sittenwidrigkeit oder gesetzlichem Verbot unwirksamen Verträgen von § 253 ebenso wenig geschützt wie von § 263 (vgl. unten 14 und i. e. 64 ff. zu § 263; **aA** aber die Rspr zur Rückforderung von im Rahmen verbotener Geschäfte erlangten Vermögenswerten; vgl. BGH **48**, 322 [Forderung aus Drogengeschäft; Anm. *Kühl* NStZ **04**, 387]; NStZ **03**, 151 [*3. StS*; Anm. *Kindhäuser/Wallau* ebd.; *Engländer* JR **03**, 163]; vgl. aber auch 3 StR 74/04; NStZ **02**, 597 [*1. StS*; offen gelassen]). Hiervon unabhängig ist der strafrechtliche Schutz der Entscheidungs- und Handlungsfreiheit (§ 240) oder des Gewahrsams (§§ 242, 249). Im Fall von BGH **44**, 251 käme es danach, unabhängig von einer Verpflichtung des mit der Unterlassung Drohenden zum Handeln (BGH **31**, 195), auf eine Existenzbedrohung des Genötigten allenfalls insoweit an, als bei ihrem Vorliegen eine „Empfindlichkeit" des Übels außer Frage steht. Dagegen ergäbe sich aus dem Umstand, dass mit dem **Unterlassen der Erfüllung eines sittenwidrigen Vertrags** gedroht wird, nicht eine bei der Rechtswidrigkeit der Nötigung zu berücksichtigende „mindere Schutzwürdigkeit" des Bedrohten (so BGH aaO), sondern schon der Ausschluss des Tatbestands des § 253 I; im Rahmen des tatbestandlich und rechtswidrig verwirklichten § 240 mag die Unredlichkeit des Nötigungsopfers bei der Bewertung der Schuld von Belang sein. 8 a

C. Abs. II ist zur **Rechtswidrigkeitsprüfung** erst heranzuziehen, wenn allgemeine Rechtfertigungsgründe (2 ff. vor § 32; 39 zu § 240) fehlen (hM). Die sog. **Verwerflichkeitsklausel** des II entspricht der des § 240 II. Rechtswidrig kann 9

namentlich auch die Drohung mit Nachteilen sein, deren Zufügung an sich zulässig wäre (zB Veröffentlichung kompromittierender Tatsachen; sog, **Chantage;** dazu *Krause,* Spendel-FS 547; *Müller* NStZ **93**, 366; *Eggert* NStZ **01**, 225; LK-*Herdegen* 4; SK-*Günther* 37 f.; vgl. auch 38 zu § 32 mwN). Abs. II betrifft die Rechtswidrigkeit der Tat insgesamt; die Rechtswidrigkeit des erstrebten Vermögensvorteils ist Tatbestandsmerkmal (vgl. unten 14 a).

10 **3) Folge der Nötigung** müssen ein **Handeln, Dulden oder Unterlassen** der genötigten Person sowie der Eintritt des **Nachteils** sein; andernfalls liegt höchstens Versuch vor (Frankfurt NJW **70**, 343; SK-*Günther* 15; NK-*Kindhäuser* 29). Das abgenötigte Verhalten muss geeignet sein, das Vermögen des Genötigten oder eines Dritten zu schädigen. Abgenötigte Handlung kann auch der Verzicht auf das Geltendmachen einer (werthaltigen) Forderung sein (NStZ **07**, 95 f.).

11 **A.** Nach der in der Literatur hM muss das Verhalten des Genötigten eine **Vermögensverfügung** darstellen (vgl. zB *Tenckhoff* JR **74**, 489; *Rengier* JuS **81**, 661; *Lackner/Kühl* 3; *S/S-Eser* 8 f.; MK-*Sander* 13 ff.; *M/Schroeder/Maiwald* 42/6; *W/Hillenkamp* 711 ff.). Dagegen ist nach stRspr., des **BGH** (BGH **7**, 252, 254; **14**, 386, 390; **25**, 225, 228; **41**, 123, 124; **42**, 196, 199; NStZ-RR **97**, 321 [m. Anm. *Cramer* NStZ **98**, 299; *Krack* NStZ **99**, 134]; NJW **99**, 69; NStZ **99**, 350; **03**, 604; NStZ-RR **99**, 103; *Geilen* Jura **80**, 51; *Schünemann* JA **80**, 486; LK-*Herdegen* 6 ff.; SK-*Günther* 17; *Küper,* Lenckner-FS 495, 511 ff.; vgl. *Gössel* BT 2, 31/12) § 249 das gegenüber §§ 253, 255 speziellere Delikt; in jedem Raub liegt zugleich eine räuberische Erpressung (vgl. auch 2 zu § 249). Die durch Erpressung erzwungene Preisgabe von eigenen oder fremden Vermögenswerten braucht danach – anders als beim Betrug – nicht in der Form einer Vermögensverfügung zu geschehen, so dass eine **Dreieckserpressung** weder eine rechtliche Verfügungsmacht noch eine tatsächliche Herrschaftsgewalt des Genötigten über die fremden Vermögensgegenstände iS einer Gewahrsamsdienerschaft voraussetzt (BGH **41**, 123, 125 [m. krit. Anm. *Mitsch* NStZ **95**, 499; *Otto* JZ **95**, 1020 u. JK 4; *Wolf* JR **97**, 73; zusf. *Krack* JuS **96**, 493; *Mitsch* BT II/1, 6/41 ff.]; ebenso NStZ-RR **97**, 321 [m. Anm. *Cramer* NStZ **98**, 299; *Krack* NStZ **99**, 134]); auch eine mit den Nötigungsmitteln des § 249 erzwungene **Gebrauchsanmaßung** (BGH **14**, 386) sowie die mit vis absoluta erzwungene Ermöglichung der Vornahme einer vermögensschädigenden Handlung durch den Täter selbst unterfallen § 255.

12 Danach richtet sich die Zuordnung zu § 249 oder §§ 253, 255 auch in diesen Fällen nach dem *äußeren Erscheinungsbild* und nicht nach der Sicht des Gewahrsamsinhabers. Jedoch kann nicht jedes einem Dritten abgenötigte vermögensschädigende Verhalten eine Strafbarkeit wegen Erpressung begründen; vielmehr muss nach hM zwischen dem Genötigten und dem in seinem Vermögen Geschädigten ein **Näheverhältnis** dergestalt bestehen, dass das Nötigungsopfer spätestens im Zeitpunkt der Tatbegehung auf der Seite des Vermögensinhabers steht (so aaO 125) und dessen Vermögensinteressen dem Genötigten nicht gleichgültig sind (insoweit zust. *Mitsch* BT II/1, 6/45, der auf ein subjektives „Mitbetroffensein" abstellt); zum „Dreiecksbetrug" vgl. 47 a zu § 263.

13 **B.** Der Begriff des **Vermögensnachteils** entspricht dem des Vermögensschadens in § 263 (wistra **87**, 21; NStZ-RR **98**, 233; vgl. dazu die Erläuterungen dort).

14 **a)** Nach der Rspr des BGH ist auch das **Vermögen** desjenigen geschützt, der eine *Geldleistung* im Rahmen eines **gesetz- oder sittenwidrigen Geschäfts** erbringt (vgl. BGH **48**, 322, 330; NStZ **02**, 33; **03**, 151 f.; vgl. auch KG NJW **01**, 68; zutr. **aA** LG Regensburg NStZ-RR **05**, 312, 313; *Cramer* JuS **66**, 472, 474; *Kindhäuser/Wallau* NStZ **03**, 152 ff. mwN; vgl. dazu i. E. 64 ff. zu § 263). Eine auf die Erfüllung eines Straftatbestands gerichtete (abgepresste) **Leistung** hat grds. keinen Vermögenswert (NStZ **01**, 534; str.; vgl. dazu 64 ff., 69 zu § 263). Ob dem (unerlaubten) **Besitz** an **BtM** grds ein (strafrechtlicher) Vermögenswert zukommt (so etwa BGHR § 253 I Vermögenswert 3; § 263 I Versuch 1; BGHR BtMG

§ 29 I Nr 1 Sichverschaffen 2), hat der *3. StS* in BGH **48**, 322, 326 offen gelassen; in der Entscheidung NStZ **05**, 155 (räuberische Erpressung zur Erlangung von BtM von Drogenhändlern) ist er hiervon aber ausgegangen (zw.; vgl. Erl. zu § 263). Ein (betrogener) BtM-**Verkäufer** hat danach keinen Anspruch auf Zahlung des Kaufpreises, Rückgabe des BtM oder Schadensersatz wegen eines vom Käufer durch Täuschung bewirkten Verlusts des Besitzes (BGH **48**, 322). Die Rechtswidrigkeit einer Schadensersatz-Forderung soll sich hier aus § 242 BGB ergeben, weil ein Anspruch auf Rückgabe des BtM auf die Herstellung eines gesetzlich verbotenen Erfolgs ziele und daher auch ein Ersatzanspruch (§ 251 BGB) ausgeschlossen sei. Die Durchsetzung des Anspruchs auf Rückzahlung des Kaufgeldes mit Nötigungsmitteln durch den bei einem BtM-Geschäft getäuschten **Käufer** erfüllt dagegen nach NStZ **03**, 151 (*3. StS*; krit. *Kindhäuser/Wallau* NStZ **03**, 152 ff.) zwar § 240, nicht aber § 253. Ein Vermögensschaden (und daher ein Rückzahlungs-Anspruch) des betrogenen Käufers ist nach BGH **48**, 322, 329 f. auch nicht im Hinblick auf eine mögliche Einziehung des Kaufgelds ausgeschlossen, weil der Verfall eine Straftat (nach § 253 oder § 263) gerade voraussetze. Das überzeugt nicht, denn das Kaufgeld unterliegt der Einziehung oder dem Verfall nicht deshalb, weil der Käufer *betrogen* oder *erpresst* wurde (vgl. § 73 I S. 2!), sondern deshalb, weil er unerlaubt BtM erworben oder mit ihnen Handel getrieben hat (vgl. dazu auch *Kindhäuser/Wallau* NStZ **03**, 152 ff.; 69 zu § 263). **Im Ergebnis** ist sowohl dann eine (rechtwidrige) Erpressung gegeben, wenn ein Drogen-*Verkäufer* durch Nötigungsmittel zur Herausgabe von BtM veranlasst wird, als auch dann, wenn ein Drogen-*Käufer* mit Nötigungsmitteln zur Zahlung veranlasst wird. Ist im Erwerbsgeschäft getäuscht worden, so führt das Abpressen der BtM-Rückgabe zur Strafbarkeit nach § 253 (§ 255), das Abpressen der Geldrückzahlung nur zur Strafbarkeit nach § 240. Dass dies widerspruchsfrei ist (so iErg. *Kühl* NStZ **04**, 387, 388 f.), kann nicht gesagt werden (wie hier LG Regensburg NStZ-RR **05**, 312; *Kindhäuser/Wallau* NStZ **03**, 152 ff.).

b) Ein **Vermögensschaden** entsteht auch bei Zahlung eines „Lösegeldes“ durch den Eigentümer an den Dieb oder Hehler einer gestohlenen Sache (praktisch bedeutsam namentlich nach Entwendung von **Kunstwerken**), denn die Rückgabe erfüllt nur die ohnehin bestehende Verpflichtung (BGH **26**, 346; vgl. dazu *Mohrbotter* JZ **75**, 102; *Schünemann* JA **80**, 491; *Seelmann* JuS **82**, 916; *Trunk* JuS **85**, 944; *Stoffers* Jura **95**, 118; SK-*Günther* 20; *M/Schroeder/Maiwald* 42/15). Im Fall des gewaltsamen „Mieterrückens“ durch zahlungsunfähige Mieter kann nach BGH **32**, 88 (dazu *Joerden* JuS **85**, 24) ein Vermögensnachteil darin liegen, dass das gesetzliche **Pfandrecht** beeinträchtigt wird. Der erzwungene Verzicht auf das Geltendmachen oder Durchsetzen einer **Forderung** führt zu einem Vermögensschaden, wenn die Forderung werthaltig ist; das ist nicht der Fall, wenn nach der konkreten Sachlage keine Aussicht auf erfolgreiche Durchsetzung besteht (NStZ **07**, 95 f. [Nötigung eines Taxifahrers zum Dulden des Sich-Entfernens des zahlungsunfähigen Fahrgasts nach betrügerisch erlangter Taxifahrt]). 15

Ein Vermögensschaden **fehlt**, wenn der Wert eines durch Drohung erlangten Gegenstandes einer Gegenleistung entspricht (StV **96**, 33; vgl. BGH **44**, 254) oder wenn nur der vorübergehende Besitz einer Sache erstrebt wird, der keinen Vermögensnachteil verursacht (BGH **38**, 87). Ein Schaden entfällt auch dann (daher nur Versuch), wenn die Vermögensverfügung so von der Polizei **überwacht** wird, dass der Täter von vornherein keine Chance hat, den Vorteil endgültig zu erlangen (BGHR § 253 I VermSchaden 6; NStZ-RR **98**, 271). 15 a

Auch ein **Gefährdungsschaden** (vgl. dazu i. e. 94 ff. zu § 263) reicht aus; zB bei Abpressung der Geheimzahl einer **EC-Karte**, wenn der Täter dadurch eine unmittelbare Zugriffsmöglichkeit erlangt (NStZ-RR **04**, 333, 334; BGHR § 263 a Konkurrenzen 1; vgl. 101 aE zu § 263; einschr. NJW **01**, 1508). Dasselbe gilt bei nötigungsbedingter Offenbarung von **Zugangsdaten** (PIN, TAN, Passwörter; Tresorkombination), soweit dadurch dem Täter eine unmittelbare Zugangsmöglichkeit 16 eröffnet ist; dass dieser den Vermögenszugriff überhaupt noch (selbst) vornehmen muss, steht dann einem (vollendeten) Schaden nicht entgegen (and. wohl *Graf* NStZ **07**, 129, 130). Eine durch Drohung erzwungene formlose „Ratenzahlungsvereinbarung" streitiger Forderungen kann eine konkrete Vermögensgefährdung sein; hieran fehlt es aber bei *offenkundig* nicht bestehender Forderung (4 StR 335/97), so dass eine Durchsetzung fern liegt. Die Abpressung eines **Schuldscheins** begründet einen Gefährdungsschaden, wenn das Vermögen durch die geplante oder zu erwartende Verwendung schon *konkret* gefährdet wird. Das ist der Fall, wenn zum Zeitpunkt der Ausstellung mit einer Inanspruchnahme aus der Urkunde zu rechnen ist (NStZ-RR **98**, 233). Kommt es dem Täter dagegen nur auf einen „Beweis" im Verhältnis zum Tatopfer an, ohne dass eine gerichtliche Inanspruchnahme zu erwarten ist, so liegt noch kein Vermögensschaden vor; bei tatsächlich nicht bestehender Forderung ist Versuch gegeben (NStZ **99**, 618; **00**, 197).

17 **4) Subjektiver Tatbestand.** Der **Vorsatz** hat die Nötigung und die Bereicherungsabsicht durch Schädigung des fremden Vermögens zu umfassen.

18 **A.** Für die **Nötigung** gilt insoweit das in 53 ff. zu § 240 Gesagte; auch bezüglich der Kenntnis der Empfindlichkeit des Übels und der Rechtswidrigkeit der Tat. Der Täter muss den mindestens bedingten Vorsatz haben, dass seine Tat zu einer nachteiligen Vermögensverfügung des Genötigten führt.

19 **B.** Der Täter muss darüber hinaus die **Absicht** haben, durch die Tat sich oder einen Dritten zu Unrecht zu **bereichern** (vgl. dazu 105 ff. zu § 263; NJW **88**, 2623). Die Bereicherung muss nicht das ausschließliche Ziel des Täters sein (BGH **16**, 4; NStZ **96**, 39; Frankfurt NJW **70**, 342); bloßes Inkaufnehmen der Bereicherung als notwendige Folge eines *anderen* Zwecks genügt aber nicht (NJW **88**, 2623; Jena NStZ **06**, 450 [Abpressen eines Mobiltelefons, um Hilferuf zu verhindern]). Die Absicht muss im Zeitpunkt der Nötigung vorliegen; doch reicht es aus, wenn die aus anderem Grund begonnene Nötigung bei Hinzutreten der Bereicherungsabsicht aufrechterhalten wird (NJW **53**, 1400, Frankfurt NJW **70**, 342). Es muss ein **finaler Zusammenhang** zwischen Einsatz des Nötigungsmittels und dem erstrebten Vorteil vorliegen (MDR/H **88**, 1002); hieran **fehlt** es, wenn ein Zechpreller unter Gewaltanwendung das Lokal verlässt (MDR/H **88**, 453) oder wenn eine Geldforderung nur ein Mittel sein sollte, um zu erreichen, dass Drohungen ernst genommen werden (5 StR 223/94). Die Absicht der Bereicherung fehlt auch dann, wenn die dem Opfer abgepresste Sache alsbald vernichtet werden soll (NStZ **05**, 155, 156).

20 Hinsichtlich der **Unrechtmäßigkeit** der Bereicherung reicht bedingter Vorsatz aus (BGH **32**, 92; 4 StR 376/90; StV **91**, 20). Die Formel „zu Unrecht zu bereichern" stimmt sachlich voll mit der des § 263 „sich einen rechtswidrigen Vermögensvorteil zu beschaffen" überein (NJW **88**, 2623; 105 zu § 263; LK-*Herdegen* 20; SK-*Günther* 25); erforderlich ist daher insb. auch **Stoffgleichheit** zwischen Vermögensnachteil und erstrebter Bereicherung (NStZ **02**, 254).

21 Im Gegensatz zur Rechtswidrigkeit des Nötigungsaktes, die allgemeines Verbrechensmerkmal ist (BGH **2**, 194), ist die **Rechtswidrigkeit** der Bereicherung (subjektives) **Tatbestandsmerkmal** (BGH **3**, 99; **4**, 105; **48**, 322, 328; NStZ **98**, 299; NStZ-RR **96**, 9; **99**, 6; StV **99**, 315; **04**, 45; 4 StR 48/02; 4 StR 318/03; stRspr); bei irriger Annahme des Bestehens einer Forderung liegt daher ein **Tatbestandsirrtum** vor (BGH **17**, 87; NJW **82**, 2265; **86**, 1623; MDR/D **68**, 18; VRS **42**, 111; MDR/H **79**, 107; **88**, 453; NStZ **88**, 216; NStZ-RR **99**, 6; StV **84**, 422; **90**, 205; **94**, 128; StV **00**, 79; NStE Nr. 1; 1 StR 763/94; 5 StR 135/95; 2 StR 197/95; 4 StR 263/96; 5 StR 434/96; 4 StR 232/00; stRspr; vgl. dazu auch 112 f. zu § 263). Das ist aber nicht schon dann gegeben, wenn der Nötigende sich *moralisch* als „berechtigter" Anspruchsinhaber fühlt; entscheidend ist, ob er sich vorstellt, dass sein Anspruch auch von der Rechtsordnung anerkannt wird (BGH **48**, 322, 328 f.). An der Absicht rechtswidriger Bereicherung fehlt es, wenn der Nötigende

sich Quittungen über die Tilgung nicht bestehender Forderungen verschaffen (BGH **20**, 136) oder sich gegen eine rechtsgrundlose Forderung durch eine angebliche Gegenforderung zur Wehr setzen will (BGHR § 253 I, Ber Abs. 5).

5) Versuch ist nach Abs. III strafbar. Er ist gegeben, wenn die Nötigungshandlung nicht zu einer vermögensschädigenden Handlung des Opfers führt; wenn das Opfer die Handlung unabhängig von der Nötigung vornimmt; wenn der Täter irrig die Rechtswidrigkeit des erstrebten Vorteils annimmt (MK-*Sander* 41). Zur **Vollendung** ist erforderlich, dass die geplante Vermögensbeschädigung, nicht jedoch auch die Bereicherung tatsächlich eingetreten ist (BGH **19**, 342; Bay **55**, 14; 2 StR 495/06). Vollendung ist grds auch bei Teilleistung des Genötigten gegeben (BGHR § 253 I, Vollend. 1); nur Versuch liegt aber vor, wenn der Täter von vornherein fest entschlossen ist, einen geringeren Betrag als den geforderten sogleich zurückzuweisen (BGHR § 253 I, Vollend. 1); wenn das Opfer anstelle der verlangten Sache eine andere herausgibt (1 StR 30/80) oder nur ein leeres Behältnis (GA **89**, 171; GA **83**, 411); wenn die gesamte Tatausführung durch Polizeibeamte beobachtet wurde und es daher von vornherein ausgeschlossen war, sie erfolgreich auszuführen (StV **89**, 149; BGHR § 253 I VermSchad. 6; 4 StR 298/98). **22**

6) Beteiligung. Bei Mittäterschaft kann bei einem Mittäter nur Nötigung (§ 240) vorliegen, falls ihm die Bereichungsabsicht fehlt (RG **54**, 153). Schweigendes Dabeisein kann bereits *tätiges* Fördern der Erpressung und nicht nur Beihilfe durch Unterlassung sein (JZ **83**, 462 m. Anm. *Rudolphi* StV **82**, 518; vgl. *Sieber* JZ **83**, 431). Anstiftung ist möglich, auch wenn der Anstiftende keine eigene Bereicherung will. Beruht die Drohung auf Täuschung und weiß der Gehilfe nur von dieser, so ist er nur nach § 263 strafbar (BGH **11**, 66). **23**

Das **Opfer** der Erpressung ist als notwendiger Teilnehmer stets straffrei. Das muss im Ergebnis auch für **Gehilfen** gelten, die auf der Seite des Opfers und mit dessen Einwilligung bei der Erfüllung der Forderung tätig werden. Für neutrale Vermittler ist das str. (vgl. dazu i. e. *Rönnau* JuS **05**, 481 ff.; *Roxin* AT II 26/56; *Arzt/Weber* BT 18/21). **23 a**

7) Rechtsfolgen. Der Strafrahmen des Abs. I ist Freiheitsstrafe von 1 Monat bis 5 Jahre oder Geldstrafe. Der **Schuldumfang** wird im Fall der Drohung maßgeblich durch Art und Ausmaß des angedrohten empfindlichen Übels geprägt; als Grundlage der Strafzumessung sind entsprechende Feststellungen erforderlich (Köln NStZ **04**, 269 [Drohung mit Veröffentlichung von Unterlagen aus Ermittlungsverfahren]). Mildernd kann wirken, dass die Tat der Durchsetzung einer zwar nicht als legal, aber als im weiteren Sinn „berechtigt" angesehenen Forderung dient (vgl. 5 StR 351/04). **Abs. IV** regelt **besonders schwere Fälle** (11 zu § 12; 88 f. zu § 46) und nennt ein Regelbeispiel, das idR vorliegt, wenn der Täter **gewerbsmäßig** (62 vor § 52; 2 zu § 260) oder als **Mitglied einer Bande** handelt (17 ff. zu § 244). Über § 256 II ist 73 d anwendbar. Zur FAufsicht beachte § 256 I. **24**

8) Konkurrenzen. Gesetzeskonkurrenz liegt mit § 240 und mit § 241 vor, so dass nur § 253 anwendbar ist; jedoch ist nur § 240 gegeben, wenn der Vermögensschaden bereits durch den vorausgegangenen Betrug zugefügt worden ist (NJW **84**, 501 m. Anm. *Kienapfel* JR **84**, 388; *Seier* JA **84**, 321; *Geilen* JK 4 zu § 255). Tateinheit mit § 240 ist aber möglich, wenn die Drohung zwei verschiedene Zwecke verfolgt, von denen der eine § 253, der andere § 240 entspricht, oder wenn vollendete Nötigung mit versuchter Erpressung zusammentrifft (MDR/D **72**, 386) oder der räuberischen Erpressung eine Nötigung nachfolgt (BGH **37**, 259, hierzu *Geppert* JK 3 zu § 316 a). Nach hM tritt § 241 auch hinter (mittels Bedrohung) nur versuchter Erpressung zurück (**aA** Bay JR **03**, 477 [m. abl. Anm. *Jäger*]). Raub und Diebstahl einerseits sowie Erpressung andererseits schließen grundsätzlich einander aus; denn wenn der Täter wegnimmt, so fehlt es an der für § 253 nötigen Vermögensverfügung des Genötigten (BGH **7**, 254); Tateinheit ist möglich, wenn die Nötigung zur Wegnahme der einen und zur Herausgabe der anderen Sache führt (4 StR 549/91; vgl. LK-*Herdegen* 35). **Tateinheit** ist möglich mit § 263, falls neben die Drohung selbstständig noch eine Täuschung tritt (BGH **9**, 245; Hamburg JR **50**, 629), anders, wenn die Täuschung die Drohung lediglich verstärkt (BGH **11**, 67; **23**, 294; dazu *Küper* NJW **70**, 2253), oder wenn umgekehrt die Täuschung durch die Drohung nur verstärkt wird (2 StR 88/64). Nur nach §§ 240, 263 ist zu bestrafen, **25**

wenn die Nötigung nur den durch vorausgegangenen Betrug erlangten Vermögensvorteil sichern soll (NJW **87**, 910 [hierzu *Otto* JK 2 vor § 52]). Auch mit § 249 ist Tateinheit möglich (StV **83**, 413), ferner mit § 239b (NJW **86**, 438), nicht mit § 239 (str.; vgl. 18 zu § 239a).

26 **9)** Zum Schutz des Opfers der Erpressung ermöglicht **§ 154c StPO** der StA ein Absehen von der Verfolgung einer Straftat des Erpressten, mit deren Offenbarung er bedroht worden ist. **Sonstige Vorschriften:** Überwachungsmaßnahmen § 100a Nr. 2 StPO; UHaft § 112a I Nr. 2; DNA-Speicherung § 81g StPO.

§ 254 (weggefallen).

Räuberische Erpressung

255 Wird die Erpressung durch Gewalt gegen eine Person oder unter Anwendung von Drohungen mit gegenwärtiger Gefahr für Leib oder Leben begangen, so ist der Täter gleich einem Räuber zu bestrafen.

1 **1)** Die **Vorschrift** enthält einen **Qualifikationstatbestand** zu § 253. Die Anwendung von Gewalt (8ff. zu § 240; 5 zu § 253) muss unmittelbar **gegen eine Person** gerichtet sein, nicht gegen Sachen. Die Drohung (30ff. zu § 240) muss hier mit gegenwärtiger **Gefahr für Leib oder Leben** verbunden sein, nicht jedoch die Gewalt (BGH **18**, 75). Es ist nicht erforderlich, dass der Genötigte die Bedrohung eines Dritten selbst als Drohung mit gegenwärtiger Gefahr für Leib oder Leben empfindet (so *Zaczyk* JZ **85**, 1061); es genügt vielmehr, dass die **Bedrohung des Dritten** mit Leib- und Lebensgefahr für den Erpressten selbst ein Übel ist (NStZ **85**, 408; **87** 223 [m. Anm. *Jakobs* JR **87**, 340]; **96**, 494; NStZ-RR **99**, 266 m. krit. Anm. *Kindhäuser/Wallau* StV **99**, 379). Die Bedrohung von Bankkunden mit einer Waffe ist daher idR auch dann ursächlich, wenn sich der Kassierer nicht bedroht fühlt und er das Geld nur auf Grund interner Bankanweisung herausgibt (NStE Nr. 2).

2 **2) Gegenwärtig** ist auch eine *Dauergefahr* (4 zu § 34). Das schädigende Ereignis braucht nicht mit Sicherheit unmittelbar bevorzustehen. Es genügt, dass eine Dauergefahr über einen längeren Zeitraum in dem Sinne gegenwärtig ist, dass sie jederzeit – alsbald oder später – in einen Schaden umschlagen kann (MDR **57**, 691; StV **82**, 517; NJW **97**, 265; NStZ-RR **99**, 266 m. Anm. *Kindhäuser/Wallau* StV **99**, 379; *Zaczyk* JR **99**, 343 [Drohung mit Vergiften von Lebensmitteln, Bomben und Entgleisenlassen von Zügen innerhalb bestimmter Zeiträume]). Genaue zeitliche Grenzen dafür, wann eine für die Zukunft angedrohte Gefahr noch gegenwärtig ist, gibt es nicht, vielmehr kommt es auf die Umstände des Einzelfalls an (NStZ-RR **98**, 135). Gegenwärtigkeit ist jedenfalls dann stets gegeben, wenn das Opfer **alsbald handeln muss,** um die Forderung des Täters innerhalb der von diesem gesetzten Frist zu erfüllen (NJW **89**, 176; 1289). Eine Drohung ohne Fristsetzung wird daher idR ausreichen (NJW **97**, 265), ebenso Fristsetzungen von einem oder wenigen Tagen (NStZ **94**, 187; **96**, 494; NStZ-RR **98**, 135 [2½ Wochen]); bei nach Monaten oder Jahren bemessenen Fristen ist die Gegenwärtigkeit zweifelhaft (StV **82**, 517; NJW **97**, 266; vgl. NStZ-RR **99**, 266).

3 **3)** Die hier vertretene Auffassung, dass die Erpressung eine **Vermögensverfügung** des Genötigten verlangt (9 zu § 253), führt dazu, dass auch bei § 255 *vis absoluta* als Nötigungsmittel ausscheidet (offen gelassen in BGH **19**, 344; **aA** 1 StR 304/71). Die dadurch entstehenden Lücken sind aber im Wesentlichen ohne praktische Bedeutung, da regelmäßig Raub vorliegt, wenn sich der Täter einer Sache mit *vis absoluta* bemächtigt. Für die **Abgrenzung von Raub und räuberischer Erpressung** ist nach stRspr (vgl. die Nachw. 10 zu § 253; 2 zu § 249) das **äußere Erscheinungsbild** des vermögensschädigenden Verhaltens des Verletzten maßgebend; es spielt daher keine Rolle, ob dieser freiwillig handelt oder sich unter dem Druck der Vorstellung, Widerstand sei zwecklos, dem Willen des Täters fügt (*MDR/H* **93**, 1040). Das gilt auch in Fällen einer **Dreieckserpressung** (BGH **41**, 123; NStZ-RR **97**, 321 m. Anm. *Cramer* NStZ **98**, 299). Führt der Einsatz der Nötigungsmittel nicht zu einer **Gewahrsamsübertragung** durch den Genötigten, sondern zur Möglichkeit des **Gewahrsamsbruchs** durch den Täter, so liegt da-

nach Raub, nicht räuberische Erpressung vor (BGH **7**, 252, 254; **14**, 386, 390; NStZ **99**, 350f.; **06**, 38 [Abnötigen der Preisgabe eines Geldverstecks; zw.; vgl. 2 zu § 249]; BGHR Konk. 3). Die durch Gewalt oder Drohung abgepresste „Sicherung" einer offenkundig nicht bestehenden Forderung – etwa durch „Ratenzahlungsvereinbarungen" – ist idR keine (vollendete) räuberische Erpressung, da es an einer hinreichend konkreten Vermögensgefährdung fehlt (4 StR 335/97). Auch die **eigenmächtige Inpfandnahme** einer Sache erfüllt, wenn § 249 nicht vorliegt, den Tatbestand des § 255 idR nicht, weil es an der Stoffgleichheit zwischen eingetretenem Schaden und erstrebtem Vermögensvorteil fehlt (StV **99**, 315f.).

4) Zum **Versuch** vgl. 18 zu § 253. Versuch ist auch gegeben, wenn das Erpressungsopfer nur zahlt, weil ihm dies die Polizei oder ein Dritter aus ermittlungstaktischen Gründen rät (MDR/H **53**, 722); jedoch ist Vollendung gegeben, wenn in einem solchen Falle für das Opfer auch die Furcht vor der Verwirklichung der Drohung *mit*bestimmend war (NJW **97**, 265). Zu den Fällen einer sukzessiven räuberischen Erpressung BGH **41**, 368 m. Anm. *Puppe* JR **96**, Heft 12 u. *Beulke/Satzger* NStZ **96**, 432; *Geppert* JK § 52, 9; 10 vor § 52). 4

5) Konkurrenzen: Die Abpressung mehrerer Gegenstände auf Grund einheitlichen Tatentschlusses und Einsatzes des Nötigungsmittels ist *eine* Tat. **Tateinheit** iS natürlicher Handlungseinheit liegt zwischen § 255 und Versuch der schweren räuberischen Erpressung vor, wenn unmittelbar nach Abpressung eines Gegenstandes erstmals ein Tatmittel nach § 250 I, II Nr. 1 eingesetzt wird, um weitere Gegenstände zu erlangen (NStZ **99**, 406). Gegenüber vollendetem Raub tritt zunächst versuchte räuberische Erpressung zurück (4 StR 554/03). **Tateinheit** ist möglich mit §§ 211, 212 (StV **95**, 298), mit § 125a Nr. 4; mit § 113, wenn die Tat der Beutesicherung dient (MDR/H **88**, 453); mit § 177, wenn die Gewaltanwendung die Begehung beider Straftaten bezweckt (2 StR 473/83; MDR/H **79**, 987); mit Körperverletzung (VRS **55**, 263; LK-*Herdegen* 34 zu § 253), nicht mit § 239a (str.); mit §§ 239; mit 240 (NStE Nr. 1), auch wenn nach Vollendung, aber vor Beendigung der Tat das Unterlassen einer Verfolgung erzwungen wird (StraFo **05**, 255); mit § 239b (NJW **86**, 438); mit Raub (JZ **52**, 240; NStZ **93**, 77; vgl. 25 zu § 253), wenn der Einsatz des Nötigungsmittels zur Übergabe einzelner Sachen führt und zugleich die Wegnahme anderer Sachen ermöglicht (StV **99**, 369 [keine strafschärfende Berücksichtigung, wenn die – teilweise – Wegnahme nur der „Beschleunigung" des Vorgangs dient und das Opfer nicht zusätzlich belastet]). Ferner ist Tateinheit mit § 311 (BGH **41**, 370), mit Dauerstraftaten nach dem WaffG möglich (BGHR § 52 I, Hdlg. dies. 14). Zum Verhältnis zu § 252 dort 12; zu § 316a dort 7. Zur Wahlfeststellung mit § 249 dort 10. Zur **tatbestandlichen Handlungseinheit** bei sukzessiv ausgeführtem Versuch der (schweren) räuberischen Erpressung vgl. 10 vor § 52. 5

6) Die Strafe trifft den Täter **gleich einem Räuber** (§§ 249–251, 256). Dient die Tat der Durchsetzung einer im weiteren (moralischen) Sinn als „berechtigt", wenngleich nicht als legal angesehenen Forderung, so kann dies mildernd wirken (vgl. 5 StR 351/04). FAufsicht macht § 256 I möglich. Nach § 256 II ist unter den dortigen Voraussetzungen § 73d (Erweiterter Verfall) anwendbar. 6

7) Sonstige Vorschriften § 126 I Nr. 5 (auch iVm §§ 140, 145d I Nr. 2, II Nr. 2), Nichtanzeige § 138 I Nr. 7; Überwachungsmaßnahmen § 100a Nr. 2 StPO; UHaft § 112a I Nr. 2 StPO; DNA-Speicherung § 81g StPO; Zuständigkeit bei Todesfolge § 74a II Nr. 15 GVG. 7

Führungsaufsicht, *Vermögensstrafe* und Erweiterter Verfall

256 **I In den Fällen der §§ 249 bis 255 kann das Gericht Führungsaufsicht anordnen (§ 68 Abs. 1).**

II In den Fällen der §§ 253 und 255 sind die *§§ 43a,* 73d anzuwenden, wenn der Täter als Mitglied einer Bande handelt, die sich zur fortgesetzten Begehung solcher Taten verbunden hat. § 73d ist auch dann anzuwenden, wenn der Täter gewerbsmäßig handelt.

Zu Abs. II S. 1: § 43a ist nach der Entscheidung des BVerfG vom 20. 3. 2002 (BGBl. I 1340) verfassungswidrig und nichtig.

1 **Abs. I** entspricht § 256 idF des Art. 19 Nr. 130 EGStGB. Vgl. insoweit Anm. zu den §§ 68 ff.

2 Die Erweiterung der Überschrift und die Anfügung des **Abs. II** gehen auf das VerbrBekG (1 zu § 130) zurück. Die durch das 2. OrgK eingeführte Anwendbarkeit des § 73 d dient der Gewinnabschöpfung. Wie auch bei den anderen Vorschriften, die durch die Verweisung auf § 73 d deren Anwendung ermöglichen, setzt die Anordnung des erweiterten Verfalls bandenmäßige oder gewerbsmäßige Begehung einer Straftat voraus. Die Verweisung auf die Vermögensstrafe (§ 43 a) ist obsolet (vgl. oben vor 1).

Einundzwanzigster Abschnitt

Begünstigung und Hehlerei

Vorbemerkung

1) Allgemeines. Der Abschnitt ist durch Art. 19 Nr. 131 bis 133 EGStGB neu gefasst worden (dazu *Stree* JuS **76**, 137; krit. *Hruschka* JR **80**, 221; Begr. 455; 630; Ndschr. **5**, 123, 245, 258, 284, **6**, 105, 289, 329; E EGStGB 248 ff.; Ber. BT-Drs. 7/1261, 18; Prot. 7/195 f. 418, 1061). Zur Einführung der Strafvorschriften gegen Bandenhehlerei (durch Erweiterung des § 260), gewerbsmäßige Bandenhehlerei und Geldwäsche durch Art. 1 Nr. 17, 18 OrgK vgl. die Erl. zu §§ 260, 260 a und § 261. 1

2) Das Rechtsgut der sog. **Anschlussdelikte** der §§ 257 ff. (zur Terminologie vgl. *Altenhain*, Die Anschlussdelikte, 2002; *Schittenhelm*, Lenckner-FS [1997] 519 ff.; *Joerden*, Lampe-FS [2003] 771 ff.; *Hörnle*, Schroeder-FS [2006] 477 ff.) ist uneinheitlich und str. (vgl. *S/S-Stree* 2). Während die Hehlerei eine Tat gegen das **Vermögen** ist (1 zu § 259), richtet sich die Strafvereitelung (und zwar auch die im Amt, bei der noch Elemente der Amtsdelikte hinzukommen) gegen die staatliche **Rechtspflege** in ihrer Aufgabe, den Täter einer rechtswidrigen Tat zu bestrafen oder einer Maßnahme zu unterwerfen (vgl. BGH **30**, 78; **43**, 84; **45**, 101; wistra **89**, 19). Bei der (sachlichen) Begünstigung (**§ 257**) ist das Rechtsgut str. Die Rspr. und hM (BGH **2**, 362; NJW **71**, 1572; LK-*Ruß* 2 zu § 257; *W/Hillenkamp* 802; *Lenckner,* Schröder-GedS 340) sehen die Rechtspflege als Rechtsgut an (ähnlich NStZ **87**, 22); nach **aA** (Zweibrücken OLGSt. 2 zu § 257; wohl auch BGH **23**, 361; **36**, 280 [m. Anm. *R. Keller* JR **90**, 480]; *Bockelmann* NJW **51**, 621; *Miehe,* Honig-FS 91) ist die Begünstigung gegen das Vermögen oder dasselbe Rechtsgut wie die Vortat gerichtet (vgl. auch *Amelung* JR **78**, 230; *Geppert* Jura **80**, 270; *Zipf* JuS **80**, 25; *Geerds* GA **88**, 262; SK-*Hoyer* 4 mwN). Für **§ 261** ist ein eigenständiges Rechtsgut – sofern man als solches nicht die „öffentliche Sicherheit" ansehen wollte – nicht begründbar (vgl. Erl. dort). 2

Begünstigung

257 **I Wer einem anderen, der eine rechtswidrige Tat begangen hat, in der Absicht Hilfe leistet, ihm die Vorteile der Tat zu sichern, wird mit Freiheitsstrafe bis zu fünf Jahren oder mit Geldstrafe bestraft.**

II Die Strafe darf nicht schwerer sein als die für die Vortat angedrohte Strafe.

III Wegen Begünstigung wird nicht bestraft, wer wegen Beteiligung an der Vortat strafbar ist. Dies gilt nicht für denjenigen, der einen an der Vortat Unbeteiligten zur Begünstigung anstiftet.

IV Die Begünstigung wird nur auf Antrag, mit Ermächtigung oder auf Strafverlangen verfolgt, wenn der Begünstiger als Täter oder Teilnehmer der Vortat nur auf Antrag, mit Ermächtigung oder auf Strafverlangen verfolgt werden könnte. § 248 a gilt sinngemäß.

1) Allgemeines. Die Vorschrift erfasst die **sachliche Begünstigung.** Ihr Wesen liegt in der Hemmung der Rechtspflege, die dadurch bewirkt wird, dass der Täter die Wiederherstellung des gesetzmäßigen Zustandes verhindert, der sonst durch einen Eingriff des Verletzten oder der Organe des Staates erfolgen könnte (NStZ **87**, 22; **94**, 188); daneben tritt ein Präventionseffekt (vgl. 2 vor § 257). Die Tat ist eine zum selbstständigen Delikt erhobene (BGH **4**, 224) nachträgliche Beihilfe zur Vortat (ähnlich RegE 248; krit. *Vogler,* Dreher-FS 415), verjährt selbstständig und hat ihren eigenen Tatort (RG **43**, 84); § 9 II gilt nicht. Andererseits besteht eine innere Abhängigkeit zur Vortat (BGH **14**, 156), wie sie in II, IV, aber auch in III S. 1 zum Ausdruck kommt. 1

Literatur: *Amelung,* Vorteilssicherung u. Angehörigenprivileg, JR **78**, 227; *Cramer,* Zur Anwendbarkeit der persönlichen Strafausschließungsgründe gemäß § 258 V und VI auf die Begünstigung, NStZ **00**, 246; *Geerds* GA **88**, 250 [auch kriminologisch]; *Geppert,* Begünstigung, Jura **80**, 267, 327; *Horn,* Das Verhältnis von Begünstigung, Strafvereitelung u. Hehlerei zur Vortat (usw.), JA **95**, 218; *Hruschka,* Hehlerei u. sachliche Begünstigung, JR **80**, 221; *Laubenthal,* 1 a

Zur Abgrenzung zwischen Begünstigung u. Beihilfe zur Vortat, Jura **85**, 630; *Lenckner,* Begünstigung, Strafvereitelung u. Vereidigungsverbot nach § 60 Nr. 2 StPO, NStZ **82**, 401; *Schittenhelm,* Alte u. neue Probleme der Anschlußdelikte im Lichte der Geldwäsche, Lenckner-FS 519; *Schneider,* Grund u. Grenzen des strafrechtlichen Selbstbegünstigungsprinzips (usw.), 1991; *Seel,* Begünstigung u. Strafvereitelung durch Vortäter u. Vortatteilnehmer, 1999; *Stree,* Begünstigung, Strafvereitelung u. Hehlerei, JuS **76**, 137; *Weisert,* Der Hilfeleistungsbegriff bei der Begünstigung, 1999; *Zieschang,* Der Begriff Hilfeleisten" in § 27 StGB, Küper-FS (2007) 733.

2 **2) Abs. I** setzt eine **Vortat** voraus, und zwar die **rechtswidrige Tat** eines anderen, also eine mit Strafe bedrohte Handlung jeder Art, die dem Vortäter Vorteile gebracht hat oder bringen soll, so dass nicht nur Vermögensdelikte in Betracht kommen (vgl. BGH **24**, 167; *S/S-Stree* 2; SK-*Hoyer* 2), sondern auch Taten zB nach §§ 108b II, 136, 146 ff., 180 a, 181 a, 184, 203; 235, 267 ff., 331 ff.; §§ 106 ff. UrhG (*U. Weber,* K. Meyer-GedS 633). Ordnungswidrigkeiten scheiden aus; §§ 257 und 259 (dort 1) haben, obwohl von einer Vortat abhängig, jeweils einen eigenen Unrechtsgehalt (Bay StV **88**, 530; *S/S-Stree* 2). Die Vortat kann wahlweise festgestellt werden, zB als Unterschlagung oder Untreue (MDR/D **69**, 194).

3 **A.** Die Vortat muss **rechtswidrig** sein (27 zu § 11); die Schuld des Vortäters kann fehlen (BGH **1**, 48), auch seine persönliche Strafbarkeit spielt keine Rolle. Es ist gleichgültig, ob ein persönlicher Strafausschließungs- oder -aufhebungsgrund bei ihm vorliegt (LK-*Ruß* 8). Die Vortat kann eine fahrlässige Tat, aber auch ein Sonderdelikt sein, das der Begünstiger als Täter nicht begehen könnte (LK-*Ruß* 4), sie braucht nicht nach deutschem Recht verfolgbar zu sein (**aA** SK-*Hoyer* 7; MK-*Cramer* 7); jedoch sind Taten, die nach deutschem Recht nur Ordnungswidrigkeiten wären, nicht erfasst. Der Unrechtsgehalt des § 257 entfällt wegen des inneren Zusammenhangs mit der Vortat (vgl. BGH **14**, 156, 158; wistra **99**, 103, 104; SK-*Hoyer* 5; *S/S-Stree* 14), wenn der Bezugstatbestand nachträglich entfällt (BGH **14**, 158; StV **03**, 167 [zu § 180 a aF]; NK-*Hassemer* 40 zu § 2).

4 **B.** Die Vortat muss **begangen,** dh mindestens in mit Strafe bedrohter Form vorbereitet oder versucht sein. Im Stadium des noch nicht beendeten Versuchs und der zwar vollendeten, aber noch nicht beendeten Tat, insbesondere bei Dauerstraftaten ist nach hM sowohl Beihilfe als auch Begünstigung möglich (BGH **4**, 133; vgl. Köln NJW **90**, 588; *W/Beulke* 583; **aA** *W/Hillenkamp* 804); nach Beendigung der Vortat kommt nur noch § 257 (ggf. § 261) in Betracht (StV **98**, 25; NStZ **00**, 31). Allerdings wird eine nur vorbereitete oder versuchte Tat als Vortat praktisch geringe Bedeutung haben, weil sie dem Vortäter idR noch keine Vorteile bringen kann (vgl. BGH **4**, 133). Vortat kann auch die strafbare Beteiligung an einer Tat sein.

5 **C. Abs. III S. 1** nimmt den **an der Vortat Beteiligten** (vgl. *Fahrenhorst* JuS **87**, 707) von der Strafbarkeit aus; denn wer Täter, Anstifter oder Gehilfe der Vortat war und deshalb strafbar ist, kann nicht auch noch wegen Begünstigung eines anderen Vortatbeteiligten oder wegen einer Begünstigung bestraft werden, die zu seinen Gunsten ein anderer Vortatbeteiligter oder ein Dritter begeht (*straflose Nachtat;* vgl. RegE 248). III hindert eine Bestrafung nach § 257 nicht, wenn dem Begünstiger bei der Vortatbeteiligung qualifizierende oder deliktsändernde Umstände unbekannt waren und er hiervon bei der späteren Begünstigungshandlung Kenntnis hat (MDR/H **81**, 454; *S/S-Stree* 32 a). Ferner macht III **S. 2** eine Ausnahme für den Fall, dass ein Vortatbeteiligter einen Unbeteiligten anstiftet, ihn oder einen anderen Vortatbeteiligten zu begünstigen. Der Außenstehende ist in jedem Fall strafbar, auch wenn er nur an der straflosen Selbstbegünstigung des Vortatbeteiligten teilnimmt.

6 **3)** Der Vortäter muss durch die rechtswidrige Tat **Vorteile** erlangt haben. Der Tatbestand des I setzt voraus, dass der Vortäter noch im Besitz des durch die Tat erlangten Vorteils ist (BGH **36**, 281; NStZ **94**, 188) und ihn noch nicht eingebüßt hat (BGH **24**, 166 [zust. *Maurach* JR **72**, 69; krit. *Blei* JA **72**, 237; *Seelmann* JuS **83**, 34]; NJW **85**, 814 [hierzu *Laubenthal* Jura **85**, 630; *Küper* JuS **86**, 862], Bay 26. 6. 1986, RReg. 2 St. 163/86). Unter Vorteilen sind nicht nur Vermögensvorteile zu verstehen (RegE 248), sondern jede Besserstellung für den Vortäter (RG **54**, 134).

Doch müssen die Vorteile **unmittelbar** durch die Straftat erlangt sein (BGH **24**, 166; **36**, 281 [m. Anm. *R. Keller* JR **90**, 480; *Geppert* JK 4]; NJW **86**, 1185). Der Erlös aus einem Verkauf des Erlangten oder Vorteile aus dessen Anlage sind keine unmittelbaren Vorteile mehr (NStZ **87**, 22, hierzu *Geppert* JK 3); die Hilfeleistung beim Verkauf kann freilich Sicherung des Erlangten selbst sein. Unmittelbar aus der Vortat stammende Vorteile sind nach hM auch die Banknoten, die der Vortäter einwechselt (MK-*Cramer* 14) oder von einem Bankkonto abhebt, auf das er den Erlös aus der Vortat eingezahlt hatte (Frankfurt NJW **05**, 1727, 1734; in diese Richtung auch NStZ **87**, 22). Denn § 257 spricht nur von „Vorteilen", nicht wie § 259 von „Sachen", die durch die Vortat erlangt sind (Hamm HESt. **2**, 35; *Geppert* Jura **80**, 272; LK-*Ruß* 10; str; vgl. BGH **36**, 277 [m. Anm. *Keller* JR **90**, 480]; *S/S-Stree* 23; SK-*Hoyer* 14; *W/Hillenkamp* 813f.).

4) Tathandlung ist, dass der Täter dem Vortäter nach dessen Tat (über die Abgrenzung zur Beihilfe oben 4) in bestimmter Absicht **Hilfe leistet,** dh eine Handlung vornimmt, die **objektiv geeignet** ist (and. *Arzt/Weber* 27/5ff.; *Seelmann* JuS **83**, 32, 34f.) und subjektiv mit der Tendenz vorgenommen wird, die durch die Vortat erlangten oder entstandenen Vorteile gegen Entziehung zu sichern (BGH **4**, 224; **36**, 281; NStZ **87**, 22; **94**, 188; NJW **71**, 526; Frankfurt NJW **05**, 1727, 1735; LK-*Ruß* 13; *S/S-Stree* 19; *Lackner/Kühl* 3; *Mitsch* BT II/1, 9/32; *W/Hillenkamp* 806; *Vogler,* Dreher-FS 421; *Geerds* GA **88**, 259; vgl. hierzu *Seelmann* JuS **83**, 34; *Küper* BT 200ff.; and. SK-*Hoyer* 16f.). Im Ergebnis braucht die Handlung den Vortäter nicht besser zu stellen (BGH **4**, 224; NJW **71**, 526; Düsseldorf NJW **79**, 2320; and. noch BGH **2**, 375, 376); eine abstrakte Gefährdung iS einer generellen Eignung der Handlung zur Vorteilssicherung reicht nach hM aus (**aA** SK-*Hoyer* 18 [konkrete Erschwerung der Restitution und Besserstellung des Vortäters]; *Zieschang;* Die Gefährdungsdelikte, 1998, 333ff.; *ders.*, Küper-FS [2007] 733, 734f. [konkrete Gefährdung]). Ausreichend ist **zB** auch das Hinterlegen von aus Tatbeute stammenden Geldmitteln zum Zweck der Kautionszahlung durch einen Strafverteidiger im eigenen Namen (Frankfurt NJW **05**, 1727, 1734f.). **7**

Eine Begehung durch **Unterlassen** ist möglich, wenn der Begünstiger Garant ist (NStZ **92**, 540; *S/S-Stree* 17; LK-*Ruß* 15; MK-*Cramer* 19; *Tenckhoff,* Spendel-FS 355), so zB ein Gastwirt, in dessen Räume gestohlene Sachen gebracht sind (vgl. § 4 I Nr. 1 GaststG; RG **58**, 300). Für die Eltern minderjähriger Kinder ist dieelbe Pflicht durch §§ 1627, 1631 BGB geschaffen, soweit Verhinderung möglich ist (vgl. Braunschweig GA **63**, 211). **8**

Die Hilfe muss **einem anderen** geleistet werden. Die **Selbstbegünstigung,** dh eine Begünstigungshandlung, die der Vortäter oder ein Vortatbeteiligter nur sich selbst leistet, erfüllt den Tatbestand nicht (BGH **5**, 81; **9**, 72; **14**, 174). **9**

5) Vorsatz ist erforderlich; bedingter Vorsatz reicht grds. aus. Nach Frankfurt NJW **05**, 1727, 1735 sollen auf das Handeln von **Strafverteidigern** aber die für § 261 II Nr. 1 entwickelten Grundsätze des BVerfG anzuwenden sein (BVerfGE 110, 226 = NJW **04**, 1305; vgl. dazu ausf. 35ff. zu § 261); danach wäre mindestens direkter Vorsatz erforderlich (zw.). Der Vorsatz muss sich auf die Vortat, also darauf beziehen, dass ein Vortäter, den der Täter der Person nach nicht zu kennen braucht, eine rechtswidrige Tat begangen hat; von dieser muss der Täter nur so viele Umstände kennen, dass die Tat allgemein erfasst wird; im Einzelnen braucht er weder tatsächlich noch rechtlich eine zutreffende Vorstellung davon zu haben (vgl. Hamburg NJW **53**, 1155). Die irrige Annahme eines Schuldausschließungsgrundes (§ 20), eines persönlichen Strafausschließungsgrundes oder der Verjährung bei dem Vortäter ist ohne Bedeutung. Dazu muss der Vorsatz treten, eine Handlung der Hilfeleistung vorzunehmen, sowie **die Absicht** (iS von *dolus directus;* vgl. *Geppert* Jura **80**, 327; MK-*Cramer* 20), hierdurch dem Vortäter die **Vorteile der Vortat zu sichern.** Es muss dem Täter, ohne dass dies der einzige Zweck zu sein braucht (BGH **4**, 107; MDR/H **85**, 447; NStZ **92**, 540), darauf ankommen, die Wiederherstellung des gesetzmäßigen Zustandes zu verhindern oder zu er- **10**

schweren. Das kann auch bei Vermittlung einer Rückveräußerung von Diebesgut an den Eigentümer der Fall sein, wenn diese nicht die Erfüllung des Herausgabeanspruchs verfolgt (vgl. Düsseldorf NJW **79**, 2320 f.; *Geppert* Jura **80**, 328 f.; *Stoffers* Jura **95**, 113, 122 ff.; MK-*Cramer* 22; krit. *Hruschka* JR **80**, 221, 225).

11 **6) Vollendet** ist die Tat mit der Hilfeleistung, mag sie erfolgreich sein oder nicht (wistra **93**, 17; StV **94**, 185). Eine Rücktrittsmöglichkeit sieht das Gesetz nicht vor; auch Tätige Reue ist nicht vorgesehen (hM; vgl. *Lackner/Kühl* 7; *W/Hillenkamp* 817; MK-*Cramer* 27). Eine entspr. Anwendung des § 261 X befürwortet *Schittenhelm* (Lenckner-FS 535).

12 **7)** Für die **Teilnahme** gelten die allgemeinen Grundsätze. Jedoch ist eine vor der Vortat zugesagte Begünstigungshandlung idR (dazu BGH **11**, 317) psychische Beihilfe zur Vortat; im Einzelfall, wenn eine (psychische) Beihilfe ausscheidet, kann § 257 anwendbar sein (vgl. SK-*Hoyer* 24). Erschwerende Umstände sind dem Zusagenden zuzurechnen, wenn er sie vor Beendigung der Vortat erfährt. Ist die Zusage nicht als Teilnahme an der Vortat strafbar (zB mangels Schuldfähigkeit) und kommt es dann zu der Handlung, so greift § 257; dagegen schließt nur fehlende Verfolgbarkeit der Vortatbeteiligung (Strafantrag; Verjährung) nach hM die Anwendung von § 257 aus (vgl. SK-*Hoyer* 32; and. hier bis 50. Aufl; vgl. *Lenckner,* Schröder-GedS 305 f.; *Geppert* Jura **80**, 330; **94**, 441.

13 **8) Abs. II** bestimmt, dass die (in § 257 selbstständig angedrohte) **Strafe** nicht schwerer sein darf als die für die Vortat selbst angedrohte Strafe. Die Regelung wirkt ausschließlich zugunsten des Täters nach § 257, kann also nicht zu einer Anhebung des Strafrahmens nach Abs. I führen. Hat sich der Begünstigte irrig eine Vortat mit milderem Strafrahmen vorgestellt, so gilt für ihn dieser; hat er irrig eine schwerere Vortat angenommen, so bleibt es beim Rahmen des Abs. I (LK-*Ruß* 25; *S/S-Stree* 36; SK-*Hoyer* 38). Ist der Strafrahmen der Vortat milder als der des § 257, so bildet sein Höchstmaß nicht eine Obergrenze für eine nach Maßgabe des Rahmens aus I zu verhängenden Strafe; die Strafe ist vielmehr nach allg. Regeln aus dem milderen Strafrahmen zu bestimmen. Auch die **Verjährungsfrist** bestimmt sich ggf nach dem milderen Strafrahmen (StV **00**, 474).

14 **9) Nach IV S. 1** sind **Strafantrag,** Ermächtigung oder Strafverlangen (§§ 77 bis 77 e) dann Prozessvoraussetzung (2 vor § 77), wenn der Begünstiger als Täter oder Teilnehmer der Vortat nur auf Antrag usw. verfolgt werden könnte. Wird Strafantrag nach § 257 gestellt, so ist es aber gleichgültig, ob auch wegen der Vortat Antrag gestellt ist (E 1962, 461). **IV S. 2,** der § 248 a für sinngemäß anwendbar erklärt, wird auch für die §§ 259 II, 263 IV, 263 a II, 265 a III und 266 III praktisch. Satz 2 beschränkt die Strafverfolgung aber dann nicht, wenn die Strafverfolgungsbehörde in den genannten Fällen ein besonderes öffentliches Interesse annimmt. Satz 2 bedeutet nicht, dass die Vortat ein geringfügiges Vermögensdelikt sein muss, sondern führt zur Anwendung des § 248 a in allen Fällen, in denen sich die **Begünstigung** auf geringwertigere Vermögensvorteile bezieht (*Lackner/Kühl* 10; LK-*Ruß* 27; SK-*Hoyer* 37; MK-*Cramer* 34; *Vogler* aaO 405, 420; *M/Schroeder/Maiwald* 101/13).

15 **10) Konkurrenzen.** Tateinheit ist möglich mit §§ 258, 258 a oder mit Beihilfe zur Vortat, falls der Helfer das bisher Erlangte sichern (Begünstigung) und dem Haupttäter einen Mehrerwerb ermöglichen will (Beihilfe, RG **58**, 14; LK-*Ruß* 28). Wegen § 145 d vgl. dort 14. Mit § 259 kann § 257 ideell konkurrieren, falls nur der innere Tatbestand beider Vorschriften vorliegt (BGH **2**, 363; vgl. 27 zu § 259); ebenso mit §§ 153 ff. (RG **60**, 346). Für die Begünstigung von Steuerstraftätern, vgl. § 369 I Nr. 4, § 375 I Nr. 4 AO (Anh. 10). **Wahlfeststellung** mit §§ 242, 258 ist möglich (BGHR § 259 I AbsHilfe 1; LK-*Ruß* 29; 27 zu § 1; **aA** MK-*Cramer* 35).

Strafvereitelung

258 **I Wer absichtlich oder wissentlich ganz oder zum Teil vereitelt, dass ein anderer dem Strafgesetz gemäß wegen einer rechtswidrigen Tat bestraft oder einer Maßnahme (§ 11 Abs. 1 Nr. 8) unterworfen wird, wird mit Freiheitsstrafe bis zu fünf Jahren oder mit Geldstrafe bestraft.**

[II] Ebenso wird bestraft, wer absichtlich oder wissentlich die Vollstreckung einer gegen einen anderen verhängten Strafe oder Maßnahme ganz oder zum Teil vereitelt.

[III] Die Strafe darf nicht schwerer sein als die für die Vortat angedrohte Strafe.

[IV] Der Versuch ist strafbar.

[V] Wegen Strafvereitelung wird nicht bestraft, wer durch die Tat zugleich ganz oder zum Teil vereiteln will, dass er selbst bestraft oder einer Maßnahme unterworfen wird oder dass eine gegen ihn verhängte Strafe oder Maßnahme vollstreckt wird.

[VI] Wer die Tat zugunsten eines Angehörigen begeht, ist straffrei.

Übersicht

1) Allgemeines ... 1, 1 a
2) Anwendungsbereich ... 2
3) Verfolgungsvereitelung (Abs. I) ... 3–28
A. Vortat ... 4
B. Straf- oder Maßnahmenanspruch ... 5, 6
C. Tathandlung ... 7–11
D. Begehen durch Unterlassen ... 12–15
E. Strafverteidigung ... 16–28
4) Vollstreckungsvereitelung (Abs. II) ... 29–32
5) Subjektiver Tatbestand ... 33
6) Selbstbegünstigung (Abs. V) ... 34–36
7) Versuch (Abs. IV) ... 37
8) Rechtsfolge; Strafrahmenlimitierung (Abs. III) ... 38
9) Angehörigenprivileg (VI) ... 39, 40
10) Konkurrenzen ... 41

1) Allgemeines. Mat. zur Gesetzgebungsgeschichte: 1 vor § 257. 1

Gesetzgebung: Eine Einschränkung sah der GesE des BRats eines Gesetzes zur Abschaffung des Zeugnisverweigerungsrechts für Verlobte und weiterer Privilegien von Verlobten im Strafrecht vor (BT-Drs. 16/516; in der 15. WP bereits als BR-Drs. 203/05). Die BReg ist dem entgegen getreten (ebd. 8). Das Gesetzgebungsverfahren ist seit Februar 2006 nicht weiter geführt worden.

Literatur (Auswahl): *Beulke,* Die Strafbarkeit des Verteidigers, 1989 [zit. *Beulke*]; *ders.,* Zwickmühle der Verteidigers – Strafverteidigung u. Strafvereitelung im demokratischen Rechtsstaat, Roxin-FS 1173; *Ellbogen,* Die Anzeigepflicht der Kassenärztlichen Vereinigungen nach § 81 a IV SGB V und die Voraussetzungen der Strafvereitelung gem. § 258 I StGB; MedR **06**, 457; *Ferber,* Strafvereitelung – Zur dogmatischen Korrektur einer missglückten Vorschrift, 1997; *Frank,* Gedanken zur Strafvereitelung durch staatsanwaltschaftliches Handeln, Schlüchter-GedS (2002), 275; *Geerds,* Jura **85**, 627 [kriminolog. und stat. Hinweise]; *Grabenweger,* Die Grenzen rechtmäßiger Strafverteidigung, 1997 (Diss. Wien 1996); *Gubitz/Wolters,* Vortatbeteiligung u. Strafvereitelung, NJW **99**, 764; *U. Günther,* Das Unrecht der Strafvereitelung, 1998 (Diss. Marburg); *Hassemer,* Professionelle Adäquanz, wistra **95**, 81; *Hoffmann/Wißmann,* Die Erstattung von Geldstrafen, Geldauflagen und Verfahrenskosten im Strafverfahren durch Wirtschaftsunternehmen gegenüber ihren Mitarbeitern, StV **01**, 249; *Jahn,* Kann „Konfliktverteidigung" Strafvereitelung (§ 258 StGB) sein?, ZRP **98**, 103; *Jerouschek/Schröder,* Die Strafvereitelung: ein Tatbestand im Meinungsstreit, GA **00**, 51; *Joerden,* Strafvereitelung durch vorab zugesagte Bestätigung eines falschen Alibis, JuS **99**, 1063; *Kappelmann,* Die Strafbarkeit des Strafverteidigers, 2006 (Diss.); *Kienapfel,* FS f. Rudolf Strasser, 1993, 227 [Begünstigung, § 299 öStGB]; *Küper,* Zulässige „Rechtsrückbildung" oder unzulässige „Rechtsfortbildung"? – Zur Verhaltensform der Strafvereitelung, Schroeder-FS (2006) 555; *Laubenthal,* Privates Wissen und strafrechtliche Verantwortlichkeit von Polizeibeamten, Weber-FS (2004) 109; *ders.,* Schutz des Strafvollzugs durch das Strafrecht, Otto-FS (2007) 659; *Lüderssen,* Beihilfe, Strafvereitelung u. objektive Zurechnung, Grünwald-FS 329; *Müller/Gussmann,* Berufsrisiken des Strafverteidigers, 2007; *Otto,* „Vorgeleistete Strafvereitelung" durch berufstypische oder alltägliche Verhaltensweisen als Beihilfe, Lenckner-FS (1998) 193; *ders.,* Das Strafbarkeitsrisiko berufstypischen geschäftsmäßigen Verhaltens, JZ **01**, 436; *Peglau,* Strafvollstreckungsvereitelung durch Mitwirkung beim Erschleichen von Freigang, NJW **03**, 3256; *Pellkofer,* Sockelverteidigung u. Strafvereitelung, 1999; *Schall,* Die „Sperrwirkung" strafrechtlicher Tatbestände, Meurer-GedS 1 a

(2002) 123; *Scholl,* Die Bezahlung einer Geldstrafe durch Dritte (usw.), NStZ **99**, 599; *Schroeder,* Zwischen Absicht und dolus eventualis, Rudolphi-FS (2004) 285; *A. Schröder,* Vortat u. Tatobjekt der Strafvereitelung, 1999; *Siepmann,* Abgrenzung zwischen Täterschaft u. Teilnahme im Rahmen der Strafvereitelung, 1988 (Diss. Münster); *Stephan,* Strafvereitelung durch Strafverteidiger, 2006; *Stumpf,* zur Strafbarkeit des Verteidigers gemäß § 258 StGB, wistra **01**, 123; *ders.,* Die Strafbarkeit des Strafverteidigers wegen Strafvereitelung, 1999; *Verrel,* Der Anstaltsleiter als Garant für die Verfolgung durch Straftaten während des Strafvollzugs?, GA **03**, 595; *Vormbaum,* Der strafrechtliche Schutz des Strafurteils, 1987; *ders.,* Strafvereitelung auf Zeit – ein zeitloses Thema, Küper-FS (2007) 663; *Wappler,* Der Erfolg der Strafvereitelung, 1998 (Diss. Münster); *U. Weber,* Probleme der Strafvereitelung (§ 258) im Anschluß an Urheberstraftaten (§§ 106 ff. UrhG), K. Meyer-GedS 633; *Widmaier,* Strafverteidigung im strafrechtlichen Risiko, BGH-FG 1042; *Wohlers,* Strafverteidigung vor den Schranken der Strafgerichtsbarkeit, StV **01**, 420.

2 **2) Anwendungsbereich.** Die Vorschrift behandelt die sog. *persönliche Begünstigung.*Die Tat ist anders als § 257 ein Erfolgsdelikt; der Anwendungsbereich der Vorschrift ist gegenüber der aF eingeschränkt (BGH **31**, 12; 2 StR 214/82). Da sich die Tat gegen die Strafgewalt der deutschen Gerichte richtet, tritt der Erfolg stets im Inland ein (§ 9 I), auch wenn Tathandlungen im Ausland begangen werden (BGH **44**, 52 [m. Anm. *Schroeder* JR **98**, 426]; **45**, 97, 100). Die Anwendbarkeit des § 258 unterliegt jedoch völkerrechtlichen Einschränkungen: Eine Strafbarkeit der Mitarbeiter ausländischer staatlicher Stellen wegen Vereitelung der deutschen Strafverfolgung kommt nur in Betracht, wenn auf Grund völkerrechtlicher Vereinbarungen und innerstaatlichen Rechts eine Pflicht zur Auslieferung bestand; das war hinsichtlich der in der ehemaligen DDR mit Hilfe staatlicher Stellen untergetauchten RAF-„Aussteiger“ nicht der Fall (BGH **45**, 52).

3 **3) Verfolgungsvereitelung (Abs. I).** Der Tatbestand setzt eine rechtswidrige Vortat einer anderen Person sowie einen darauf beruhenden staatlichen Strafanspruch voraus.

4 **A.** Zur **Vortat** gelten die 2 ff. zu § 257 mit der Maßgabe entsprechend, dass es bei § 258 gleichgültig ist, ob die Vortat dem Vortäter einen Vorteil gebracht hat, so dass auch strafbarer Versuch und strafbare Vorbereitung praktisch eine Rolle spielen. Andererseits ist bei § 258 Voraussetzung, dass zZ der Tat ein staatlicher Anspruch auf *Strafe* oder Anordnung einer *Maßnahme* (§ 11 I Nr. 8), vor allem einer Maßregel der Besserung und Sicherung, aber auch von Verfall, Einziehung oder Unbrauchbarmachung besteht (Zweibrücken OLGSt. 8, andernfalls untauglicher Versuch möglich; unten 19). Da sich § 258 nicht gegen die Rechtspflege oder ein ordnungsgemäßes Verfahren *im Allgemeinen* richtet, sondern nur gegen die Vereitelung eines materiell richtigen *Verfahrensergebnisses* (zutr. *Stumpf* wistra **01**, 125; SK-*Hoyer* 2), kommt nur ein materiell begründeter Sanktionsanspruch des Staats in Betracht.

5 **B.** Die Vereitelung einer **Strafe** setzt voraus, dass nicht nur eine rechtswidrige und tatbestandsmäßige, sondern auch eine verschuldete Tat gegeben ist, bei der weder ein persönlicher Strafausschließungsgrund noch ein Verfahrenshindernis eingreift (RegE 250; Bay **6**, 94). Die Tat muss nach deutschem Strafrecht strafbar sein (vgl. BGH **44**, 57 [Anm. *Schröder* JR **98**, 428]). Während des Fristenlaufs ist vor Antragstellung Strafvereitelung möglich, doch kann sie erst nachher verfolgt werden (LK-*Ruß* 4). Nach NJW **60**, 1163 (mit krit. Anm. *Dreher*) scheidet Strafvereitelung auch aus, wenn der Vortäter wegen § 2 III nicht mehr bestraft werden könnte (ebenso *Mazurek* JZ **76**, 236), die Straftat verjährt ist (Düsseldorf NStE Nr. 1) oder, falls Jugendstrafrecht anzuwenden ist, nicht feststeht, ob die Verhängung von Jugendstrafe in Betracht kommt (BGHR § 258 I Bestr. 1; Hamm StV **04**, 659 f.). Unter Bestrafung versteht § 258 jede Art von **Strafe**, auch Neben*strafen wie das Fahrverbot* oder das Verbot der Jagdausübung (§ 41 a BJagdG), sowie Nebenfolgen (§ 45; insoweit **aA** LK-*Ruß* 2; SK-*Hoyer* 8; MK-*Cramer* 6); *nicht* jedoch Disziplinarmaßnahmen; Geldbuße (vgl. Bay NJW **81**, 772); Beschlagnahme oder Sicherstellung eines Gegenstands (3 StR 234/81); Auflagen und Weisungen iS

von § 153a StPO (*Momberg* ZRP **82**, 70; LK-*Ruß* 2; MK-*Cramer* 6); wohl auch nicht die Auslieferungshaft (*S/S-Stree* 13; *Jerouschek/Schröder* GA **00**, 53; *Günther* [1a] 42; **aA** LK-*Ruß* 1).

Bei Vereitelung einer **Maßnahme** (30 zu § 11; Jugendarrest fällt nicht darunter) 6
kommt es auf das Vorliegen von deren Voraussetzungen im Einzelfall an, so dass zB bei § 66 auch eine verschuldete Tat gegeben sein muss, nicht aber bei §§ 63, 64, 68 II, 69, 70, wenn § 20 eingreift (vgl. § 71; *U. Weber.* K. Meyer-GedS 635). Auch Verfall (§ 73) und Sicherungseinziehung (§ 74 III) kommen in Betracht (*Jerouschek/Schröder* GA **00**, 53); bei § 73d ist das im Hinblick auf die Verschuldensanforderung fragl. Strafausschließungsgründe oder Verfahrenshindernisse dürfen auch hier nicht bestehen. Die rechtswidrige Tat braucht nicht von dem durch eine Einziehung Betroffenen begangen zu sein, so dass auch die Vereitelung einer Dritteinziehung nach § 74a unter § 258 fällt (RegE 249).

C. Tathandlung ist, dass der Täter den staatlichen Anspruch auf Verhängung 7
der Strafe oder Anordnung der Strafe oder Maßnahme gegen den anderen **ganz oder zum Teil vereitelt** (BGH **31**, 12 [hierzu *Lenckner,* Schröder-GedS 342ff.; *Beulke* NStZ **82**, 331]; **45**, 97). Dabei bedeutet Vereitelung jede Besserstellung des Täters in dieser Hinsicht (NJW **84**, 135 m. Anm. *Rudolphi* JR **84**, 338; *Seier* JA **84**, 57; *Beulke* 132; Zweifel bei *Lackner/Kühl* 3 und UniHD-FS 42). Dabei scheiden **sozialadäquate** Handlungen, die sich im Rahmen üblicher, rechtlich anerkannter sozialer Kontakte, insb. auch berufstypischen Verhaltens bewegen, schon tatbestandlich aus (*Otto,* Lenckner-FS 193, 217f.; *Frisch* JuS **83**, 921; SK-*Hoyer* 24f.; MK-*Cramer* 28). Keine Vereitelungshandlungen sind auch Hinweise, die den Vortäter zu Handlungen veranlassen, welche seine Strafbarkeit entfallen lassen, also insb. zur Tätigen Reue. Hierzu gehören Hinweise von Bank-Mitarbeitern (auf Ermittlungsmaßnahmen), durch welche Bankkunden zur strafbefreienden Selbstanzeige nach § 371 AO veranlasst werden (zutr. *Ransiek* wistra **99**, 401, 403f.).

a) Gänzliche Vereitelung ist nicht nur das endgültige tatsächliche oder recht- 8
liche Verhindern der Aburteilung bis zum Eintritt der Verjährung, sondern auch eine Verzögerung **auf geraume Zeit** (krit. zur Unbestimmtheit dieses Begriffs *Vormbaum,* Küper-FS [2007] 663ff). Dabei kommt es nicht auf eine mögliche *Ermittlungs-*, sondern auf das Ergebnis einer *Ahndungs*verzögerung an (vgl. BGH **15**, 18, 21; **45**, 97, 100; NJW **59**, 495; MDR/H **81**, 631; wistra **95**, 143; NStZ-RR **07**, 40, 41; KG JR **85**, 24f.; NStZ **88**, 178; Stuttgart NJW **76**, 2084 [10 Tage ausreichend]; Karlsruhe NStZ **88**, 504; OGHSt. **2**, 224; Koblenz NStZ **92**, 146f.; *Beulke* 133; *Jerouschek/Schröder* GA **00**, 51, 58f.; **aA** [Vollendung nur bei „Endgültigkeit"] *Wappler* [oben 1a] 170ff.; *Samson* JA **82**, 181; *Seebode* JR **98**, 338, 341; *Schittenhelm,* Lenckner-FS 530ff.; *Vormbaum,* Der strafrechtliche Schutz des Strafurteils, 1987, 394; *ders.*, Küper-FS [2007] 663, 667ff.; SK-*Hoyer* 17; NK-*Altenhain* 51; für die Vollstreckungsvereitelung auch *Kusch* NStZ **85**, 385, 389).

b) Eine **teilweise** Vereitelung ist gegeben, wenn der Täter erreicht, dass der 9
Vortäter entgegen dem wahren Sachverhalt nur wegen eines Vergehens statt eines Verbrechens bestraft (vgl. auch Bay JR **74**, 73) oder dass nur ein Teil des Gewinns aus der Tat für verfallen erklärt wird.

c) Beispiele für Tathandlungen: Beseitigen von Tatspuren; Verbergen des Täters; 10
Fluchthilfe durch Rat oder Überlassung eines Fahrzeugs (OGH **2**, 224; Stuttgart NJW **76**, 2084 L); Überlassen eines Verstecks an einen Täter zur Fahndungsvereitelung (Stuttgart NJW **81**, 1569; *Beulke* 74); Organisation des „Untertauchens" im Ausland (BGH **45**, 97 [krit. zur Einbeziehung von Handlungen, die *Selbstvereitelungs-*Verhalten des Vortäters fördern, *Küper,* Schroeder-FS [2006] 555ff.]); begünstigende Falschaussagen; auch die wahrheitswidrige Angabe vor der Polizei, nichts zu wissen (Bay NJW **66**, 2177; LK-*Ruß* 16); Beseitigen von Ermittlungsakten; die unberechtigte Zeugnisverweigerung (vgl. RG **54**, 41; nicht aber der Versuch, einen Zeugnisverweigerungsberechtigten zur Zeugnisverweigerung [BGH **10**, 393] oder einen Antragsberechtigten zur Unterlassung der Stellung eines Strafan-

trags zu bestimmen [*Beulke* 54]); Hinausschmuggeln von Briefen eines U-Gefangenen (Schleswig SchlHA **84**, 87).

11 **Nicht** ausreichend ist **zB** das schlichte Gewähren von Obdach (vgl. 1 StR 833/84; *Schubarth,* FestG *Schultz* 158; *Küpper* GA **87**, 401) oder das bloße Zusammenleben mit dem Täter (NJW **84**, 135 [m. Anm. *Rudolphi* JR **84**, 338]); das ärztliche Versorgen eines Flüchtigen; das bloße Beschäftigen Entwichener (vgl. *Frisch* JuS **83**, 915 und NJW **83**, 2471 (and. *Rudolphi,* Kleinknecht-FS 390; hierzu *Küpper* GA **87**, 396); das Durchführen von Überweisungen durch Bankangestellte (*Otto,* Lenckner-FS 221 ff.); Vermieten von Wohnraum; berufsmäßige Beherbergung; Versorgung des oder Verkauf von Gegenständen an den Vortäter, die diesem die Flucht oder das Verbergen erleichtern. Auf einen Verdacht des Handelnden kommt es dabei nicht an.

12 **D. Tatbegehung durch Unterlassen** ist grds möglich, setzt jedoch eine Garantenstellung (§ 13) voraus. Täter kann daher nur sein, wer von Rechts wegen dazu berufen ist, an der Strafverfolgung mitzuwirken, also in irgendeiner Weise dafür zu sorgen oder dazu beizutragen, dass Straftäter ihrer Bestrafung oder sonstigen strafrechtlichen Maßnahmen zugeführt werden (BGH **43**, 82 [m. Anm. *Rudolphi* NStZ **97**, 599; *Seebode* JR **98**, 338]; *Lackner/Kühl* 7 a; SK-*Hoyer* 32; *Frank,* Schlüchter-GedS 275, 278).

13 **a)** Eine allgemeine Verfolgungspflicht von **Polizeibeamten** auch außerhalb des Dienstes besteht nicht (BGH **38**, 388); sie kann aber insb. bei Kenntniserlangung von schweren Straftaten gegeben sein (vgl. NJW **89**, 914; Karlsruhe NStZ **88**, 503; sehr weitgehende Freistellung durch Koblenz NStZ-RR **98**, 332 mwN; vgl. 4 zu § 258 a).

14 **b)** Ein **Dienstvorgesetzter** ist, soweit er nicht unter den Personenkreis des § 258 a fällt, nach BGH **4**, 169 (hierzu LK-*Ruß* 18) nur dann verpflichtet, Straftaten von Untergebenen anzuzeigen, wenn ihm dies nach pflichtgemäßem Ermessen geboten erscheint; nach zutr. Auffassung (so etwa *Rudolphi* NStZ **91**, 361) ist er nur dann als Garant für die Strafverfolgung des Untergebenen nach §§ 258, 13 verantwortlich, wenn sein Ermessen auf Null reduziert ist und seine öffentlich-rechtliche Anzeigepflicht demselben Rechtsgut dient wie § 258 (zB § 40 WStG). In diesem Umfang obliegt eine solche Pflicht auch dem **Leiter einer JVA** als Dienstvorgesetztem hinsichtlich Straftaten von Bediensteten gegen Gefangene (BGH **43**, 82; **aA** MK-*Cramer* 19). Bei Straftaten Gefangener während des Vollzugs wird teilweise eine Garantenstellung hinsichtlich der Verfolgung zumindest schwerer Taten aus §§ 2, 156 StVollzG abgeleitet (vgl. Hamburg NStZ **96**, 102 [zust. Anm. *Kleczewski*; **abl.** *Küpper* JR **96**, 524; *Volckart* StV **96**, 608; *Geppert* JK 9; *Lackner/Kühl* 7 a; MK-*Cramer* 19; *Verrel* GA **03**, 595, 599 ff.]). Nach der Rspr. des BGH ergibt sich aus der Sachnähe von Strafverfolgung und Strafvollzug keine allgemeine Pflicht von Strafvollzugsbeamten, ihnen bekannt gewordene Straftaten anzuzeigen (BGH **43**, 82 [Anm. *Rudolphi* NStZ **97**, 599; *Sonnen* JA **97**, 837; *Martin* JuS **97**, 1047; *Seebode* JR **98**, 338; *Klesczewski* JZ **98**, 313]; zust. SK-*Hoyer* 32); die Möglichkeit der Begründung einer Garantenstellung aus Verwaltungsvorschriften hat der BGH insoweit offen gelassen (BGH **43**, 82, 87 f.). Eine Pflicht zur Veranlassung oder Förderung der Strafverfolgung kann sich für Strafvollzugsbedienstete daher nur bei „Ermessensreduzierung auf Null" und nur in dem Umfang ergeben, in welchem ihnen die Aufrechterhaltung oder Widerherstellung eines geordneten Strafvollzugs obliegt (ebd. 88 f.).

15 **c) Ärzte** trifft idR eine solche Pflicht nicht; die Weigerung, eine Blutprobe zur Verfolgung einer Trunkenheitsfahrt zu entnehmen, begründet keine Strafbarkeit nach § 258 (*Händel* BA **77**, 193; *Blank* BA **92**, 86). Zur Anzeigepflicht der Amtsträger von **Umweltbehörden** vgl. *Scheu* NJW **83**, 1107 f.; *Papier* NJW **88**, 1115; von **Kassenärztlichen Vereinigungen** (§ 81 a IV SGB V) vgl. *Ellbogen* MedR **06**, 457 ff. Nach Bay NStZ **90**, 85 (m. Anm. *Kreuzer*; abl. *Ostendorf* JZ **94**, 562) kann

auch die Unterlassung der Mitteilung vom *Abbruch* einer Therapie nach § 35 III BtMG (idR aber nicht des Nicht-Antritts) den Tatbestand erfüllen.

E. Strafverteidigung. Vielfach umstr. Probleme ergeben sich im Hinblick auf die Beurteilung von strafverhindernden Handlungen im Rahmen der **Strafverteidigung** (Überblick bei *Stephan* [oben 1 a]). Aus der Stellung als Strafverteidiger ebenso wie aus §§ 60 Nr. 2, 138 a I Nr. 3 StPO lassen sich weder für den Versuchsbeginn noch für die Abgrenzung von Täterschaft und Teilnahme (vgl. *S/S-Stree* 32; **aA** *Beulke* NStZ **82**, 330; **83**, 504) Besonderheiten ableiten (vgl. auch *W/Hettinger* 728; *Lackner/Kühl* 10). Der Verteidiger ist als Rechtsanwalt nach § 1 BRAO unabhängiges Organ der Rechtspflege. Sein staatlich gebundener Vertrauensberuf weist ihm eine auf Wahrheit und Gerechtigkeit verpflichtete Stellung zu (so BVerfGE **38**, 119; hierzu *Beulke* 11 ff.; krit. *Krekeler* NStZ **89**, 146), die er unter Wahrung der Schweigepflicht und Treuepflicht gegenüber dem Beschuldigten auszuüben hat (*Pfeiffer* DRiZ **84**, 342; zu den Gegenmeinungen zusf. *Bottke* ZStW **96**, 730 ff.). 16

a) Pflichtentsprechendes Verteidigerhandeln ist iS des § 258 daher **nicht tatbestandsmäßig** (BVerfG StV **06**, 522; BGH **29**, 102; **38**, 347; **46**, 53, 54 f.; NJW **92**, 3047; KG NStZ **88**, 178 [hierzu *H. Schneider* Jura **89**, 344]; AG Köln StV **88**, 256 [hierzu *Krekeler* NStZ **89**, 149]; **98**, 64; 65; 552; Düsseldorf NJW **91**, 996; Karlsruhe StV **91**, 519; SK-*Hoyer* 25; LK-*Ruß* 19; *Lackner/Kühl* 8; MK-*Cramer* 10; *Kindhäuser* LPK 6 f.; *Wohlers* StV **01**, 420, 426; *Pellkofer* [1 a] 85; *Bottke* JA **80**, 448; *Müller-Dietz* JR **81**, 76; *Pfeiffer* DRiZ **84**, 348; *Beulke* 1 ff. und JR **94**, 117; *Liemersdorf* MDR **89**, 207; *Welp* ZStW **90**, 804; *Schall*, Meurer-GedS (2002) 123, 133); iErg. ebenso *Müller-Dietz* Jura **79**, 254; *Ostendorf* NJW **78**, 1346; *Seier* JuS **81**, 808; *Paulus* NStZ **92**, 310; *Hassemer* wistra **95**, 81, 83 [„professionelle Adäquanz"]; *Stumpf* NStZ **97**, 7; *Otto* JZ **01**, 436, 438; vgl. auch BGH **10**, 394; Düsseldorf StV **87**, 288; *Arzt/Weber* 26/11; **aA** (Rechtfertigungsgrund) *Seibert* JR **51**, 679; *I. Müller* StV **81**, 96; *Volk* BB **87**, 139, 144). Den Strafverteidiger trifft keine Pflicht, an der Verwirklichung des staatlichen Strafanspruchs mitzuwirken. *Insoweit* verweist § 258 auf die Regelungen des **Prozessrechts;** was prozessual zulässig ist, wird vom Tatbestand der Strafvereitelung nicht erfasst (and. *Stumpf* [1 a] 29). Die hieraus abgeleitete Formel, „prozessual zulässige" (Beweis)-Anträge seien vom Tatbestand von vornherein ausgeschlossen, ist insoweit verkürzt, als es auf eine *prozessuale* Zulässigkeit ieS nicht ankommen kann; was ein „zulässiger" Beweisantrag in dem hier gemeinten Sinn ist, ergibt sich vielmehr umgekehrt aus einer dem Strafprozess *insgesamt* eigenen **Risiko-**Verteilung, ist also eine Frage der tatbestandlichen Zurechnung iS von § 258 (vgl. unten 28). Bei der Auslegung des Prozessrechts kann auch das Standesrecht von Bedeutung sein; standesrechtlich zulässiges Verhalten wird idR prozessual nicht zu beanstanden sein (BGH **46**, 53, 54). Auf die materielle Begründetheit des Strafanspruchs, dh auf die Schuld des Mandanten kommt es insoweit grds nicht an: Was der Verteidiger im Verfahren zugunsten eines Unschuldigen tun darf, ist ihm auch zugunsten eines Schuldigen erlaubt (vgl. BGH **29**, 102; StV **00**, 427; Düsseldorf StV **98**, 552; *Ransiek* wistra **99**, 404; *Wohlers* StV **01**, 425; SK-*Hoyer* 26). 17

Daher **darf** der Verteidiger (vgl. auch die Zusammenstellung von Beispielen bei *Beulke,* Roxin-FS 1173, 1182 f.) **zB** seinen Mandanten über die Rechtslage allseitig aufklären; hierbei darf er auch mitteilen, was er aus den Akten erfahren hat, ihm idR auch Aktenauszüge oder -abschriften aushändigen, soweit dies nicht den Untersuchungszweck gefährdet oder verfahrensfremder Missbrauch zu befürchten ist (BGH **29**, 103; *Beulke* 39 ff.; *Meyer-Goßner* 15 zu § 147; *Bottke* ZStW **96**, 757; *Otto* Jura **87**, 330; vgl. auch *Welp,* Peters-FG 317; MK-*Cramer* 44), eigene Ermittlungen vornehmen (Frankfurt NStZ **81**, 144; *Beulke* 84 ff.); von einer Selbstanzeige (BGH **2**, 378) oder von Angaben des Beschuldigten zur Sache (MDR/H **82**, 970) kann er abraten (*Beulke* 27; *Krekeler* NStZ **89**, 148, 150); er darf ihn auf das Recht zur Lüge hinweisen (NJW **92**, 3047; Karlsruhe StV **91**, 519; Düsseldorf StV **98**, 18

552); freilich nicht zur Lüge raten (NStZ **99**, 188 [einschr. SK-*Hoyer* 29; *Lüderssen* StV **99**, 537; *Stumpf* wistra **01**, 123; zust. *Widmaier* BGH-FG 1051). Auch kann er im Falle des Nichterscheinens bei notwendiger Verteidigung nicht etwa als Garant (§ 13) für die Durchsetzung des staatlichen Strafanspruchs angesehen werden (*H. Schneider* Jura **89**, 343). Er ist nicht verpflichtet, Privatgutachten vorzulegen, wenn sich daraus Belastendes für seinen Mandanten ergibt (LG Koblenz StV **94**, 378); selbstverständlich auch nicht, sonstige belastende Beweismittel zu benennen. Auch kann er einen zur Aussageverweigerung berechtigten Zeugen veranlassen, die Aussage zu verweigern (Düsseldorf NJW **91**, 996; *Beulke* 57; BGH **10**, 393); einen sachverständigen Zeugen darf er, auch außerhalb der Hauptverhandlung, darauf hinweisen, dass eine Schweigepflicht iS von § 203 bestehe und der Beschuldigte den Zeugen nicht entbunden habe (vgl. Frankfurt StV **05**, 204f.). Er darf auch zweifelhaftes Vorbringen seines Mandanten vortragen (BGH **38**, 347; vgl. 3 StR 234/81; *Beulke* 33). Er darf (und muss ggf) Beweismittel und Tatsachen, deren (entlastende) Richtigkeit er für *möglich* hält, in das Verfahren einführen; Zweifel an der Richtigkeit stehen dem nicht entgegen.

19 **b)** Strafverteidigung ist freilich nicht etwas vom Strafprozess Getrenntes oder gar seinen Zielen Entgegengesetzes; das *nach Rechtsregeln* geführte Verfahren erlaubt, wenn es den Normgeltungsanspruch *insgesamt* bestätigen soll, keine rechtsfeindliche Komplizenschaft des Verteidigers mit dem Beschuldigten. Hieraus folgt allgemein, dass strafverhindernde Verteidigungsmaßnahmen zugunsten eines Schuldigen **unzulässig** und daher tatbestandsmäßig sind, die auch zugunsten eines Unschuldigen nicht erlaubt wären (NStZ **99**, 188 [krit. *Lüderssen* StV **99**, 537; *Stumpf* wistra **01**, 123; zust. *Widmaier,* BGH-FG 1042, 1051]). Der Strafverteidiger muss sich nach der von der Rspr verwendeten Formel daher jeder **aktiven Verdunkelung und Verzerrung** des Sachverhalts enthalten (BGH **38**, 348 [m. Anm. *Scheffler* StV **93**, 470, *Beulke* JR **94**, 116; *v. Stetten* StV **95**, 607]; **46**, 55; Hamm NJW **93**, 292; *Otto* JK 17 zu § 267); er darf die Aufklärung nicht sachwidrig erschweren (Düsseldorf StV **94**, 472; NStZ **99**, 188; krit. zu dieser Rspr. *Lüderssen* StV **99**, 537 [der bei der Bestimmung der Zulässigkeitsgrenze die Beteiligungsregeln anwenden will: Solange die Handlungen des Verteidigers nur Beteiligung an strafloser täterschaftlicher Vereitelung durch den Beschuldigten sind, ist danach § 258 nicht verwirklicht, wohl aber bei „mittelbarer Täterschaft" des Verteidigers]); *Jahn* JuS **06**, 760).

20 Besondere Schwierigkeiten können sich im Einzelfall aus der Kenntnislage namentlich durch Informationen des Beschuldigten selbst ergeben; das von *Salditt* (StV **99**, 61, 64) gebildete **Beispiel** macht das deutlich: Offenbart der Beschuldigte seinem Verteidiger, er habe nach einem nächtlichen Verkehrsunfall den angefahrenen, später verstorbenen Fußgänger schwerverletzt vorgefunden und Rettung für möglich gehalten, dann aber die Flucht ergriffen, so kann sich die Grenze zwischen einer Verurteilung nach §§ 222, 142 oder nach §§ 211, 13 nach der (unwiderlegbaren) Einlassung bestimmen, das Opfer sei beim Wegfahren schon tot gewesen. Der Verteidiger darf hier *nicht* dem Beschuldigten zu dieser Einlassung raten (zutr. *Salditt* aaO; ebenso *Widmaier,* BGH-FG 1042, 1050f. [aber unter Hinweis auf subtile *Nuancen* der Informationsgewinnung]). Er darf ihm aber ebenso unzweifelhaft zum *Schweigen* raten; er darf (und muss) im Verfahren auf den Zweifel verweisen, ob das Opfer noch lebte; er darf die Freisprechung seines Mandanten wegen *non liquet* beantragen (BGH **2**, 375; **29**, 107; vgl. auch MDR/D **57**, 267; Köln NJW **75**, 459; *Hammerstein* NStZ **97**, 12).

21 **c) Einzelfälle.** Der Verteidiger **darf nicht** Beweismittel verfälschen oder verfälschte wissentlich verwenden (BGH aaO); einen nach seiner Kenntnis zum Meineids entschlossenen Zeugen benennen (RG **66**, 323; *Beulke* 93; LK-*Ruß* 20a; *S/S-Stree* 20; **aA** *SK-Hoyer* 26; zweifelnd *Lackner/Kühl* 9); auf Zeugen mit dem Ziel einwirken, dass sie falsch aussagen, und sie hernach als Beweismittel benennen (NJW **83**, 2712 m. Anm. *Beulke* NStZ **83**, 504; *Bottke* JR **84**, 300; ZStW **96**, 758; *Pfeiffer* DRiZ **84**, 345; *Ostendorf* JZ **87**, 340; *Otto* Jura **87**, 331; vgl. hierzu auch

Rudolphi, Kleinknecht-FS 387; *Krekeler* NStZ **89**, 150; recht weitgehend aber Düsseldorf StV **98**, 552 [kein § 258 bei „Durchspielen" einer entlastenden Aussage des zur „Anzeigerücknahme" entschlossenen Geschädigten und „Formulierungshilfe"]; vgl. auch Karlsruhe StV **91**, 519 [zulässig der Rat an den Beschuldigten, sein Äußeres zu verändern; zw.; abl. LK-*Ruß* 20a; zust. *Widmaier,* BGH-FG 1042, 1052 Fn. 36]; MK-*Cramer* 43). Die Frage, ob die Mitwirkung an der (dem Berufungsgericht nicht offenbarten) Vereinbarung eines als Schmerzensgeld bezeichneten „Erfolgshonorars" für eine entlastende Aussageänderung einer Belastungszeugin den objektiven Tatbestand des § 258 verwirklichte, hat BGH **46**, 53, 58 offen gelassen (Bespr. *Martin* JuS **00**, 1124; *Cramer/Papadopoulos* NStZ **01**, 148; *Kudlich/Roy* JA **01**, 15; *Scheffler* JR **01**, 294; dazu *Beulke,* Roxin-FS 1173, 1191 f.).

Der Verteidiger **darf nicht** auf Zeugen mit dem Ziel einwirken, sich auf ein nicht bestehendes Verlöbnis zu berufen (Düsseldorf StV **98**, 64); Zeugen durch Nötigung oder Täuschung zur Aussageverweigerung bestimmen (BGH **10**, 393); einen Mitangeklagten durch Täuschung vom Erscheinen in der Hauptverhandlung abhalten (Düsseldorf NJW **91**, 996); belastende Beweisstücke beseitigen (vgl. Hamm DAR **60**, 19; *Krekeler* NStZ **89**, 151); Tatbeteiligte, deren Aussage den Beschuldigten belasten könnte, zur Flucht ins Ausland auffordern (zweifelnd aber NStZ **01**, 171); zur Einsicht überlassene Strafakten zum Zwecke der Verfahrensverschleppung zurückhalten (vgl. Koblenz JR **80**, 478; *Beulke* 102; and. MK-Cramer 20); den Angeklagten zu falschen Angaben oder zum Widerruf eines Geständnisses veranlassen (BGH **2**, 378 [dagegen *Otto* Jura **87**, 330]); ihm wegen Gefährdung des Untersuchungszwecks von geheim gehaltenen Maßnahmen, insbesondere der bevorstehenden Verhaftung oder Wohnungsdurchsuchung, von der er zufällig oder aus den Akten erfahren hat, Mitteilung machen (BGH **29**, 103; KG NStZ **83**, 556 [abl. Anm. *Mehle*]; *S/S-Stree* 20; *Pfeiffer* DRiZ **84**, 347; LR-*Dünnebier* 15; KK-*Laufhütte* 8, jew. zu § 147 StPO; krit. *Krekeler* NStZ **89**, 149; **aA** *Tondorf* StV **83**, 257), insbesondere dann nicht, wenn er die Kenntnis auf unzulässige Weise (Täuschung) erlangt hat (BVerfG StV **06**, 522); durch Übermittlung von Informationen begünstigende Absprachen unter verhafteten Mitangeklagten herbeiführen (zu weitgehend Frankfurt NStZ **81**, 144 [ebenso *Beulke* 83], wonach nur die absichtliche Herbeiführung von Falscheinlassungen unter § 258 falle, hierzu *Ernesti* JR **82**, 227; *Seier* JuS **81**, 806; *Geppert* JK 1); Zeugen wider besseres Wissen verdächtigen (RG GA Bd. **73**, 352); Untersuchungsgefangenen durch Beförderung von Kassibern die Verdunkelung ermöglichen (Schleswig SchlHA **84**, 87; *Krekeler* NStZ **89**, 151); im Auftrag des inhaftierten Beschuldigten Gespräche mit Belastungszeugen führen und hierbei Drohungen an die Zeugen übermitteln; an einem Info-System mitwirken, das den Zusammenhalt terroristischer Gewalttäter fördert (33 zu § 129) und den gemeinsamen Hungerstreik organisiert (BGH **32**, 247 [m. Anm. *Bottke* JR **85**, 121], 3 StR 28/82; Hamburg JZ **79**, 218 und von *Ostendorf* JZ **79**, 252; auch NJW **78**, 1345; GA **84**, 325; ferner *I. Müller* StV **81**, 98 [gegen ihn *Beulke* 1]); dem Angeklagten Informationen über Wirkungsweise und Dosierung von die Steuerungsfähigkeit beeinträchtigenden Medikamenten verschaffen, damit dessen geplante wahrheitswidrige Einlassung nicht widerlegbar ist (NStZ **99**, 188); durch mutwillige Missachtung der Verfahrensordnung und Stellen *offensichtlich* missbräuchlicher Verfahrensanträge den Fortgang einer prozessordnungsgemäßen Verhandlung verhindern (vgl. 2 ARs 199/06 [u. a. „Belehrung" der Schöffen darüber, dass sie wegen Teilnahme am Verfahren nach den fortbestehende Gesetzen des Deutschen Reichs mit dem Tode zu bestrafen seien]). Der bloße **Verstoß gegen Standespflichten,** etwa mutwilliges Nicht-Erscheinen zur Hauptverhandlung (*S/S-Stree* 20) oder Verlassen der Hauptverhandlung mit der Folge von Terminverschiebungen oder Aussetzungen, stellt für sich allein keine Vereitelungshandlung dar. 22

d) Im Verhältnis zu **„verteidigungsspezifischen" anderen Straftaten** (zB §§ 267, 263, 129, 129a, 153, 154, 26, 159) kann es im Hinblick auf die unter- 23 schiedlichen Vorsatzanforderungen zu Konflikten kommen. Streitig und noch ungeklärt ist, ob sich aus § 258 eine **„Sperrwirkung“** hinsichtlich des subjektiven Tatbestands anderer Tatbestände ergibt.

24 **(1)** BGH **38**, 345 (*1. StS*) hat diesen Konflikt unter **Ablehnung einer „Sperrwirkung“** des § 258 (zust. insoweit *Beulke* JR **94**, 119; *Stumpf* NStZ **97**, 7; **aA** *v. Stetten* StV **95**, 606, 610; *Wünsch* StV **97**, 45, 46ff.; *Küpper*, Meurer-GedS [2002] 123, 132f.) durch Erhöhung der Anforderungen an den bedingten Vorsatz (im Fall: bei Vorlage gefälschter Urkunden) zu lösen versucht (ebenso BGH **46**, 53, 59f. [Anstiftung zur Falschaussage]). BGH **38**, 345, 350 hat insoweit klargestellt, dass auch für eine im Rahmen der Strafverteidigung begangene Urkundenfälschung bedingter Vorsatz ausreiche. Unstimmigkeiten zwischen § 258 und den Voraussetzungen anderer Tatbestände könnten „durch eine sorgfältige und strenge Prüfung“ des bedingten Vorsatzes ausgeräumt werden. Dieser sei dann nicht gegeben, wenn der Verteidiger Beweismittel, deren Unrichtigkeit er für möglich hält, „mit dem **inneren Vorbehalt** verwendet, das Gericht werde sie seinerseits einer kritischen Prüfung unterziehen und ihre Fragwürdigkeit nicht übersehen“ (BGH **38**, 350f.; ebenso BGH **46**, 53, 60 [Anm. *Scheffler* JR **01**, 294]).

25 **Kritik.** Hiergegen ist eingewandt worden, die Entscheidung verallgemeinere unzulässig ein Einzelfallsergebnis (vgl. dazu *Beulke* JR **94**, 121; *ders.*, Roxin-FS 1187ff., 1192; *Stumpf* NStZ **97**, 7; *Otto,* Lenckner-FS 211; jew. mwN). In der Tat erscheint der Inhalt des „inneren Vorbehalts“ zweifelhaft, denn ein bedingter Vorsatz der Täuschung im Rechtsverkehr entfällt nicht schon dadurch, dass der Täter hofft, der Empfänger werde die Echtheit der Urkunde *prüfen*, sondern nur dann, wenn er hofft, der Empfänger werde als möglich angesehene Unechtheit *erkennen*. Der „Vorbehalt“ müsste sich also nicht auf die Erkenntnis einer (vom Täter verschwiegenen) „*Fragwürdigkeit*“ der Urkunde, sondern auf die Erkenntnis ihrer *Falschheit* beziehen. Ein Strafverteidiger, der *insgeheim* hofft, eine von ihm vorgelegte Urkunde möge sich, wenn sie falsch ist, als gefälscht erweisen, dient aber gerade nicht den (tatsächlichen) Interessen seines Mandanten, sondern täuscht dies diesem nur vor. Die sprachlich wenig präzisen Erwägungen von BGH **38**, 345 liegen in einem **unklaren Bereich** zwischen Tatsachenfeststellung und Rechtsauslegung: Eine „sorgfältige Prüfung“ vermag allenfalls die *tatsächlichen*, nicht aber die *rechtlichen* Voraussetzungen tatbestandsmäßigen Verhaltens zu klären. Mit einer Tatbestands-Einschränkung haben solche Appelle (vgl. zB auch BVerfG NJW **04**, 1305 [Geldwäsche durch Strafverteidiger; dazu *Fischer* NStZ **04**, 473]) nichts zu tun; aus einer **berufstypischen Pflicht** ergeben sich weder für den Begriff noch für den Nachweis des Vorsatzes „erhöhte Anforderungen“, sondern nur die *tatsächliche* Vermutung, der Betroffene werde sich pflichtgemäß verhalten (so wohl auch SK-*Hoyer* 27; *Scheffler* JR **01**, 295; *Cramer/Papadopoulos* NStZ **01**, 149). Die Annahme von BGH **38**, 345, 350f., ein **Rechtsanwalt** billige einen als möglich erkannten Straftaterfolg (zB die Falschheit einer von ihm vorgelegten Urkunde, die Unrichtigkeit einer von ihm beantragten Zeugenaussage) von Berufs wegen allenfalls in seltenen Ausnahmefällen, entfernt sich von Kriterien der Bewertung von **Indizien** (zB Erfahrungs- und Kenntnisstand des Täters; konkretes Erfolgsinteresse), die bei **anderen Berufsgruppen** durch das bloße Bestehen einer *Pflicht* zur Rechtstreue regelmäßig nicht verdrängt werden. Es handelt sich daher, entgegen der Diktion des BGH, nicht um eine tatsächliche, sondern um eine *normative* Vermutung: Weil es Rechtsanwälten *verboten* ist zu täuschen, soll es *besonders* unwahrscheinlich sein, dass sie es tun.

26 **(2)** BGH **46**, 53, 59f. (*1. StS*) hat insoweit folgerichtig die *Grundlage* dieser „Vermutung“ gemildert, ohne dass dies im Wortlaut der Begründung deutlich wird: Verteidigern wird „*empfohlen*“, Vereinbarungen mit Zeugen den anderen Verfahrensbeteiligten zu offenbaren, „um sich den von der Rspr zugebilligten inneren Vorbehalt zu erhalten“ (ebd. 59). Dieser „innere Vorbehalt“, den man sich absichtsvoll „erhalten“ soll; beruht hier aber anders als in BGH **38**, 345 nicht mehr

auf einer *tatsächlichen* (wenngleich vielleicht zweifelhaften) Vermutung; sondern auf einer **rechtlichen Privilegierung.** Seine „Zubilligung" gewinnt den Charakter eines *Rechtssatzes*, denn man kann nicht eine Handlung in der *Absicht* vornehmen, sich das Nichtvorliegen *bedingten Vorsatzes* zu „erhalten". **In der Sache** hat BGH **46**, 53, 59ff. daher den Grundsatz, dass sich aus § 258 keine (subjektive) „Sperrwirkung" für sog. verteidigungs-spezifische Straftaten ergebe (BGH **38**, 350; in diesem Sinn auch BGH **46**, 361; **aA** *Scheffler* StV **93**, 472; *v. Stetten* StV **95**, 606; *Wünsch* StV **97**, 45), unter dem Begriff einer **„Tatbestandslösung"** und unter Ablehnung einer „Rechtfertigungslösung" (vgl. dazu *Volk* BB **87**, 139, 144; *Otto*, Lenckner-FS 193, 212) aufgegeben (vgl. auch *Widmaier*, BGH-FG 1042, 1054f.). Diese weitreichende **Änderung der Rspr** kommt in der Entscheidung freilich nur undeutlich zum Ausdruck. Diese beruft sich auf die von BGH **38**, 345 postulierten *beweisrechtlichen* Rechtssätze, obgleich sie in der Sache zu einem ganz anderen Ergebnis gelangt: Bei **prozessual zulässigem Verhalten** entfällt danach der objektive Tatbestand des § 258 (BGH **46**, 53, 54). Die Grenze prozessualer Zulässigkeit ergibt sich aus dem „inneren Vorbehalt" (ebd. 56, 58f.); am voluntativen Vorsatzelement soll es andererseits auch dann fehlen können, wenn der Verteidiger die (so definierte) Grenze zulässigen Verhaltens objektiv überschritten hat (ebd. 59). Ob ein *danach* unzulässiges Verteidigungsverhalten vorgelegen hat, kann schließlich *offen bleiben*, wenn es an der Vereitelungs-Absicht fehlt (ebd. 58); hiervon ist auf Grund eines „regelmäßig ‚vermuteten' inneren Vorbehalts" (ebd. 60) auszugehen. *Aus denselben Gründen* (ebd. 61) entfällt dann das voluntative Element des (bedingten) Vorsatzes eines „verteidigungs-spezifischen" anderen Delikts (zB Anstiftung zur Falschaussage).

Kritik. Es ist fraglich, was unter dem Begriff der „verteidigungs-spezifischen Begleittat" verstanden werden soll: Die denkbare Palette reicht von Urkundenfälschung über Anstiftung zur Rechtsbeugung, Bestechung, Volksverhetzung (vgl. BGH **46**, 36), Unterstützung krimineller Vereinigungen (vgl. BGH **29**, 99) bis zum Offenbaren von Staatsgeheimnisen (§§ 95, 97) und Betrug. Dass sich aus Grundrechten des Beschuldigten oder aus dem „Wesen" des Strafprozesses ein *materielles* Recht des Verteidigers ergeben sollte, diese Delikte vorsätzlich zu begehen, leuchtet nicht ein. Unklar ist bislang auch, welche (prozessualen) *Beweis*-Anforderungen hier „erhöht" sein sollten und warum eine solche Anhebung des *rechtlichen Maßstabs* Angehörigen **anderer Berufe,** die fremde Interessen wahrnehmen, nicht gleichermaßen zuteil werden sollte. *Im Ergebnis* der Argumentation von BGH **46**, 53ff. liegt ein Unterschied zur „Sperrwirkung" nicht vor (zutr. *Widmaier*, BGH-FG 1042, 1058): Wenn der Umstand, dass der *subjektive* Tatbestand des § 258 nicht erfüllt ist, dazu führt, dass der *objektive* Tatbestand „begleitender" Delikte entfällt, so ist dies in der Sache gerade die „Sperrwirkung", die BGH **38**, 345 ausdrücklich abgelehnt hat. Das voluntative Element des *bedingten Vorsatzes* (der „verteidigungs-spezifischen" anderen Straftat) wird demjenigen der Vereitelungs-*Absicht* gleichgesetzt (BGH **46**, 53, 59, 61). Dies kann wohl nur bedeuten, dass die Voraussetzung der „Billigung" des Erfolgs sog. verteidigungs-spezifischer Straftaten auf die Stufe der subjektiven Voraussetzungen des § 258 angehoben werden soll (so iErg auch *Widmaier*, BGH-FG 1055). Das Postulat, die Stellung als Strafverteidiger erfordere „eine **besondere Abgrenzung zwischen erlaubtem und unerlaubtem Verhalten**" (BGH **46**, 53, 54), formuliert keine „strenge Beweisanforderung für die Beweiswürdigung" (ebd. 59), sondern ist in der Sache eine materiellrechtliche **Privilegierung.** 27

(3) Dass die Frage abschließend geklärt ist, erscheint zweifelhaft. Das Problem dürfte nach hier vertretener Ansicht abweichend von den Entscheidungen des *1. StS* – ohne „Sperrwirkung" und ohne „Zubilligung eines inneren Vorbehalts" – am ehesten im Bereich **objektiver Zurechnung** nach Maßgabe der **Risiko-Verantwortung** zu lösen sein: Eine entlastende Falschaussage oder eine entlastende gefälschte Urkunde sind dem Verteidiger idR auch dann nicht – im Sinn der 28

Schaffung eines unerlaubten Risikos – zuzurechnen, wenn er ihre Unrichtigkeit (wie alle anderen Verfahrensbeteiligten) für *möglich* gehalten (weiter wohl *Kindhäuser* LPK 7 zu § 153: bei *jedem* „zulässigen Beweisantrag") und ihre Einführung als Beweismittel beantragt hat. Verfügt er über einen hiervon unabhängigen **Informationsvorsprung** (zB im Fall BGH **46**, 53, 58 durch Kenntnis davon, dass eine entlastende Zeugenaussage durch eine Schmerzensgeldzahlung des Beschuldigten „stark motiviert" war), so verändern sich die Zurechnungs-Grundlagen. In diesem Fall ist eine Offenbarung (nicht des „inneren Vorbehalts", sondern der Entstehungs-Umstände!) nicht „empfehlenswert" (so BGH **46**, 53, 60), sondern *zwingend* (iErg ebenso *Otto* JZ **01**, 435, 439): Wer über den Umfang und die Grundlagen des von ihm geschaffenen Risikos täuscht, kann nicht *von Rechts wegen* so behandelt werden, als ob er *nicht* getäuscht habe. Auf die „Zubilligung" eines „inneren Vorbehalts" kommt es dann nicht an. Bedingt vorsätzliche Anstiftung zur Falschaussage durch einen Strafverteidiger ist nach hier vertretener Ansicht somit strafbar, wenn er Erkenntnisse über für die Bewertung maßgebliche Umstände bewusst unterdrückt oder verschweigt. Dasselbe gilt entsprechend für die Vorlage gefälschter Urkunden.

29 **4) Vollstreckungsvereitelung (Abs. II).** Voraussetzung der Vollstreckungsvereitelung ist, dass eine gegen eine andere Person rechtskräftig (§ 449 StPO) verhängte Strafe (oben 5) oder Maßnahme (oben 6) mindestens teilweise noch nicht vollstreckte ist. Die Vollstreckung kann zur Bewährung ausgesetzt sein; eine (weitere) Vollstreckung muss aber zur Tatzeit noch möglich sein. Ob die der Verurteilung zugrunde liegende Vortat wirklich begangen ist, ist (auch für den Vorsatz) ohne Bedeutung und vom Gericht im Verfahren nach § 258 auch nicht nachzuprüfen (MK-*Cramer* 32).

30 **Tathandlung** des Abs. II ist, dass der Täter die **Vollstreckung** durch ein grds. beliebiges Tun oder Unterlassen ganz oder zum Teil **vereitelt**. Darunter ist auch hier jede Besserstellung des Verurteilten hinsichtlich des Ob und Wann der Vollstreckung zu verstehen, so dass eine **nicht unerhebliche Verzögerung** genügt.

31 Erfasst von II sind **zB** ein bewusst täuschendes Gesuch um Gnade (RG **35**, 128) oder Strafaufschub (RG **16**, 204 [ärztl. Attest]); ein auf wissentlich falsche Tatsachenbehauptung gestützter Wiederaufnahmeantrag (vgl. BGH **17**, 303; nach Vollstreckungsende: Abs. I; aA MK-*Cramer* 33); das Weiterbeschäftigen eines aus dem Hafturlaub nicht in die Strafhaft zurückgekehrten Gefangenen unter Abschirmung vor der Polizei (Koblenz NJW **82**, 2785; einschränkend *Frisch* NJW **83**, 2471); das Verbüßen einer Freiheitsstrafe anstelle des Verurteilten; die Verletzung der Meldepflicht (durch Unterlassen) nach § 35 III BtMG im Falle des Abbruchs (nicht jedoch bei Nichtantritt) der Behandlung (Bay NStZ **90**, 85 m. Anm. *Kreuzer*); das Beiseiteschaffen oder Verschleiern von Verfalls- oder Einziehungsgegenständen (MK-*Cramer* 33). Nach wohl überwiegend vertretener Ansicht ist teilweises Vereiteln auch das Verschaffen eines Scheinarbeitsverhältnisses für einen **Freigänger** (LG Berlin NStZ **88**, 132; *Kusch* NStZ **85**, 385, 389; *Peglau* NJW **03**, 3256 f.; *S/S/Stree* 14 f zu § 258 a; MK-*Cramer* 33; zw.; **aA** LK-*Ruß* 24; SK-*Hoyer* 11; *Ostendorf* JZ **89**, 573, 379). Danach liegt in Fällen unrechtmäßig erschlichenen Freigangs tatsächlich kein Strafvollzug und daher auch keine (vollständige) Vollstreckung vor; für die Dauer der unrechtmäßig „vollzugsfreien" Zeit wird die Vollstreckung *teilweise* vereitelt (vgl. *Peglau* NJW **03**, 3256; **aA** *Ostendorf* JZ **89**, 573, 579).

32 Die **Bezahlung einer Geldstrafe** durch Dritte ist nach BGH **37**, 226 keine Vollstreckungsvereitelung (zust. *Krey* JZ **91**, 889; *Müller-Christmann* JuS **92**, 380; *Geppert* JK 7; MK-*Cramer* 35; *Lackner/Kühl* 13; *Arzt/Weber* 26/12; *Rengier* BT I, *21/11; Otto BT § 96 II 2 a*; *Engels* Jura **81**, 381; and. noch Frankfurt StV **90**, 112 [abl. Anm. *Noack*]). Die **Gegenansicht** (*Hillenkamp* JR **92**, 74; *Krey* JZ **91**, 189; *Wodicka* NStZ **91**, 487; *Mitsch* JA **93**, 304; *Scholl* NStZ **99**, 599; LK-*Ruß* 24 a; *S/S-Stree* 28) kritisiert insb. eine Entwertung der Geldstrafe, deren Festsetzung nach

dem Tagessatzsystem gerade auf die Höchstpersönlichkeit der Sanktion abstellt. Auch die BGH **37**, 226 widersprechende Literatur hält aber überwiegend eine nachträgliche *Erstattung* für nicht tatbestandsmäßig, wenn die Strafe zunächst aus dem Vermögen des Täters bezahlt wird (*S/S-Stree* 28a; *Müller-Christmann* JuS **92**, 379; 381; *Scholl* NStZ **99**, 605). Im Hinblick auf die schwer kontrollierbaren Umgehungsmöglichkeiten (vgl. auch BGH **23**, 224; **41**, 223) ist der Rspr iErg zuzustimmen (so auch *Lackner/Kühl* 13).

5) Subjektiver Tatbestand. Hinsichtlich der **Vereitelung** ist **direkter Vorsatz** vorausgesetzt (BGH **38**, 348; **46**, 53, 58; BGHR § 258 I Vorsatz 1; 4 StR 501/94); der Täter muss also eine Besserstellung des Vortäters erstreben oder als sichere Folge seines Handelns voraussehen. Hinsichtlich der **Vortat** (I) bzw. der rechtskräftigen Verurteilung (II) genügt nach Rspr und hM **bedingter Vorsatz** (BGH **45**, 97, 100 [m. Anm. *Neumann* StV **00**, 425; *Dölling* JR **00**, 379]; Düsseldorf NJW **64**, 2123; LK-*Ruß* 22; **aA** *Müller* StV **81**, 90, 92; differenzierend im Hinblick auf den Absichts-Begriff *Schroeder*, Rudolphi-FS [2004], 285, 291 f.; vgl. dazu schon RG **55**, 126). Der Täter muss sich danach bei I Umstände vorstellen, welche möglicherweise eine rechtswidrige Tat bedeuten (vgl. Hamburg NJW **53**, 1155), wobei es auf exakte tatsächliche oder rechtliche Einordnung nicht ankommt (SK-*Hoyer* 35); 10 zu § 257 gilt entsprechend. Entlastende Falschaussagen eines Zeugen, der an die Unschuld des Angeklagten glaubt, sind daher nur nach §§ 153 ff., nicht aber nach § 258 strafbar (vgl. BGH **15**, 18, 21 [zu § 346 aF]; BGHR § StPO § 60 Nr. 2 Strafvereitelung, versuchte 7). Zum **Verbotsirrtum** bei Annahme, sich nach dem Recht des (ausländischen) *Handlungs*orts (vgl. oben 1) nicht strafbar gemacht zu haben, vgl. BGH **45**, 97. 33

6) Selbstbegünstigung (Abs. V). Begeht ein an der Vortat (auch als Hehler oder als Begünstiger) Beteiligter die Vereitelungshandlung nur für sich selbst **(persönliche Selbstbegünstigung),** so ist sie tatbestandslos (hM; vgl. 9 zu § 257). Will er dagegen **allein** zugunsten eines anderen Vortatbeteiligten sachlichen Beistand zur Abwendung drohender strafrechtlicher Folgen leisten, so sind I und II anwendbar (NStZ **98**, 210; hM). **Abs. V** ist als persönlicher Strafausschließungsgrund aber anzuwenden, wenn die Vereitelungshandlung nicht allein dem anderen, sondern zugleich auch dem Täter gilt, wobei es gleichgültig ist, welche Zweckrichtung überwiegt (NJW **95**, 3264) und ob die Handlung zugunsten eines anderen und die zugunsten des Täters selbst verschiedene Vortaten betreffen (MDR/H **81**, 99; NJW **84**, 136 m. Anm. *Rudolphi* JR **84**, 338; 1 StR 833/84). Straffrei kann daher auch sein, wer einem anderen hilft, weil dieser ihn sonst anzeigen will (NJW **95**, 3264). Abs. V gilt auch dann, wenn der Täter irrig annimmt, er sei Beteiligter der Vortat, und wenn daher die Befürchtung eigener Strafverfolgung unbegründet ist (BGH **2**, 375; 2 StR 66/02; vgl. BGH **9**, 73 [Rechtfertigungsgrund]; **9**, 182 [Strafausschließungsgrund]; *Fahrenhorst* JuS **87**, 707; LK-*Ruß* 33), denn aus seiner Sicht besteht die notstandsähnliche Lage gleichermaßen (vgl. BGH **43**, 356, 358; Bay NStZ **96**, 497; gegen die Analogie zum Notstand *Seebode* JZ **98**, 781 f.). 34

Jedoch greift Abs. V **nicht** ein, wenn der Vortatbeteiligte wegen der Vortat rechtskräftig abgeurteilt ist, denn dann entfällt für ihn die Zwangslage und die Gefahr, wegen der Vortat verfolgt zu werden (Bay NStZ **96**, 497). Ferner greift V nicht ein, wenn der Täter sich an einer zeitlich nachfolgenden Tat der Vortäter beteiligt (Karlsruhe NStZ **88**, 504 m. Anm. *Geerds* JR **89**, 212). Die Ausnahme, die § 257 III S. 2 macht, gilt hier nicht, so dass der Vortäter straflos auch einen nicht Vortatbeteiligten zur Vereitelung anstiften darf (RegE 250 f.); stiftet er gleichzeitig zu Begünstigung und Vereitelung an, so ist er nur nach § 257 III S. 2 strafbar (LK-*Ruß* 34), aber straflos, wenn die Vereitelung nicht anders erreichbar ist. Schließlich gilt V auch nicht, wenn die Beteiligung an der Vortat allein in der **Zusage** der späteren Strafvereitelungshandlung besteht (vgl. auch MK-*Cramer* 53). Das gilt nach BGH **43**, 356 (m. Anm. *Paul* JZ **98**, 739, *Geerds* NStZ **99**, 31; Bespr. *Seebode* JZ **98**, 781; *Martin* JuS **98**, 663; *Gubitz/Wolters* NJW **99**, 764; *Joerden* JuS **99**, 1063) 35 jedenfalls in Fällen der vorherigen Zusage eines falschen Alibis, die ihrerseits den Tatbestand der (psychischen) Beihilfe zur Vortat erfüllt. In diesem Fall besteht die für den Strafausschluss nach V vorausgesetzte notstandsähnliche Lage nicht, denn die Einlösung der Zusage durch falsche Aussage verbessert die Beweislage hinsichtlich der Zusage selbst nicht. Das wird man entgegen der Ansicht *Strees* (*S/S* 20 zu § 258 a) auf alle Fälle ausdehnen können, in denen die Beihilfe zur Vortat allein in der Zusage der späteren Strafvereitelung bestand (offen gelassen von BGH **43**, 359; NStZ **00**, 259 [Bespr. *Cramer* NStZ **00**, 246]).

36 Die Straflosigkeit gilt im Übrigen nur **für die Strafvereitelung als solche,** nicht auch für andere mit ihr in Tateinheit stehende Taten wie zB Meineid (BGH **15**, 53), Vortäuschen einer Straftat (Bay NJW **78**, 2563 [m. Anm. *Stree* JR **79**, 258; *Rudolphi* JuS **79**, 862]; Hamm VRS **67**, 32; vgl. auch 2 StR 66/02), aber auch Fremdbegünstigung, es sei denn, dass der Täter die Vereitelung nicht ohne die Begünstigung erreichen zu können glaubt (str.; vgl. unten 21 aE). Ist ein Nachtatgeschehen, das bei nicht erweisbarer Beteiligung des Beschuldigten an der Vortat nach Abs. V straffrei wäre, im Anklagesatz beschrieben, so handelt es sich um *dieselbe Tat* iSd § 264 StPO (NStZ **99**, 206 [krit. Anm. *Bauer* ebd. 207; *Pauly* StV **99**, 415). Anstiftung zur Selbstbegünstigung ist straflos; soll diese aber zugleich die Strafverfolgung eines Dritten vereiteln, so bleibt aber insoweit § 258 I anwendbar (offen gelassen von NStZ-RR **01**, 171).

37 **7) Versuch (Abs. IV)** ist strafbar. Er setzt mit dem Beginn der Handlung ein, die den Vereitelungserfolg unmittelbar erreichen soll (**zB** Absenden des täuschenden Gnadengesuchs; Einreden auf den Vortäter, dass er fliehen möge; Stellen eines Antrags auf Vernehmung eines „präparierten" Zeugen [NJW **83**, 2714 m. Anm. *Beulke* NStZ **83**, 504; *Bottke* JR **84**, 300; BGHR § 258 IV VersBeg. 1]); **nicht** die bloße Zusage oder Verabredung einer Falschaussage, sondern erst deren Beginn (BGH **30**, 333; **31**, 12; NJW **82**, 1602 [and. StV **82**, 356]; Bay NJW **86**, 203 [m. Anm. *Krümpelmann/Heusel* JR **87**, 41]; Hamburg, Bremen NJW **81**, 771, 2711; Karlsruhe MDR **93**, 368; Frankfurt StV **92**, 360; Köln StV **03**, 15 f.; LK-*Ruß* 28; MK-*Cramer* 49); auch nicht ein vorbereitendes Einwirken auf einen Zeugen mit dem Ziel, diesen zu einer Falschaussage zu bestimmen (Köln StV **03**, 15); die Vorlage auf Vereitelung abzielender inhaltlich falscher Schriftstücke (NJW **92**, 1635). Versuch ist auch gegeben, wenn der Täter irrig die Voraussetzungen der Vortat annimmt; daher auch, wenn die Vereitelungshandlung des Täters sich auf eine Ordnungswidrigkeit bezieht, die er irrig für eine Straftat hält (BGH **15**, 210; *Stree* JR **81**, 297; SK-*Hoyer* 42; MK-*Cramer* 49; **aA** Bay NJW **81**, 772; LK-*Ruß* 29; *Burkhardt* JZ **81**, 681). Ein Wahndelikt liegt vor, wenn der Täter die Vereitelung einer Geldbuße für strafbar hält (*Jerouschek/Schröder* GA **00**, 56).

38 **8) Rechtsfolge; Strafrahmenlimitierung (Abs. III).** Nach III ist der Strafrahmen durch denjenigen der Vortat limitiert, wenn dieser milder ist (vgl. dazu auch 13 zu § 257); im Fall untauglichen Versuchs bei irriger Annahme der Vortat kommt es auf die vom Täter angenommene Tat an. Der *Straf*rahmen der Vortat ist auch dann maßgebend, wenn es von vornherein allein um die Vereitelung der Verhängung oder Vollstreckung eine *Maßnahme* geht; Abs. III knüpft daher allein am Gewicht der Rechtsgutsverletzung durch die Vortat an. Das ist im Hinblick auf die Selbständigkeit des von § 258 geschützten Rechtsguts (vgl. oben 1 und 2 vor § 257) inkonsequent (*Lackner/Kühl* 19; *Schröder* [1 a] 173) und passt zur Vollstreckungsvereitelung und zur Vereitelung von Maßnahmen nicht; der (erneute) Perspektivenwechsel in § 258 Abs. III macht dies kaum plausibler.

39 **9) Angehörigenprivileg (Abs. VI).** Abs. VI enthält einen **persönlichen Strafausschließungsgrund** (LK-*Ruß* 37; str.; **aA** zB SK-*Rudolphi* 10, 14 vor § 19) für den Fall, dass der Täter zugunsten eines Angehörigen (2 ff. zu § 11) handelt (anders bei § 257 und § 258 a; dort III); sonstige nahe stehende Personen (§ 35) sind nicht erfasst. Gleichgültig ist, ob der Täter nur Gehilfe der Strafvereitelung ist (BGH **9**, 73) oder ob der Angehörige nur Teilnehmer an der Vortat war. Auch die Anstif-

tung eines Dritten ist nach Abs. VI straffrei (BGH **14**, 172; *Horn* JA **95**, 218, 220). Es kommt nach teilw. vertretener Ansicht nur darauf an, ob das Angehörigenverhältnis tatsächlich besteht; die irrige Annahme der Beziehung nützt danach dem Täter nichts, wenn sich nicht ein Verbotsirrtum daraus ergibt, und die Nichtkenntnis des tatsächlichen Vorhandenseins schadet ihm nicht (RG **61**, 271; LK-*Ruß* 37; hier bis 50. Aufl.). Die **Gegenansicht** (*Stree* JuS **76**, 141 und *S/S* 39; *Lackner/Kühl* 17; SK-*Hoyer* 36; *Warda* Jura **79**, 286, 292; *W/Beulke* 501; *M/Schroeder/Maiwald* 100/22; *Joecks* 17) weist zutr. auf den Zusammenhang mit Abs. V hin, nach dem es allein auf die Vorstellung des Täters ankommt. Handelt der Täter gleichzeitig zugunsten eines nicht Angehörigen, so ist er insoweit strafbar, es sei denn, dass die Vereitelung zugunsten des Angehörigen nach der Vorstellung des Täters nicht anders erreichbar ist (vgl. zu § 257 aF Celle NJW **73**, 1937; LK-*Ruß* 39; *Ruß* JR **74**, 164; *Blei* JA **74**, 462; **aA** *Kratzsch* JR **74**, 186).

Ist die Vereitelung **zugleich eine andere Tat,** so gilt VI für diese nicht (Celle NJW **80**, 2205 m. Anm. *Geerds* JR **81**, 35; Köln VRS **59**, 32); grds auch im Fall **gleichzeitiger Begünstigung,** zB durch Beiseiteschaffen der Beute, um sie dem Vortäter zu sichern und zugleich die Tatspuren zu beseitigen (BGH **11**, 343). Doch wird man auch nach Trennung von § 257 aF mit der Rspr zu § 257 II aF mit Rücksicht auf die notstandsähnliche Situation daran festzuhalten haben, dass auch die Strafe nach § 257 entfällt, wenn der Täter den Vereitelungserfolg ohne die Begünstigung nach seiner Vorstellung nicht erreichen kann (vgl. BGH **11**, 343 [zu § 257 II aF]; NStZ **95**, 595 m. Anm. *Paeffgen* JR **96**, 346; offen gel. von NStZ **00**, 258 f. [m. Bespr. *Cramer* NStZ **00**, 246]; 4 StR 41/95; vgl. auch *Stree* JuS **76**, 140 und *S/S* 37; *Geppert* Jura **80**, 332; ebenso *Amelung* JR **78**, 227; wohl auch *Lackner/Kühl* 16; **aA** LK-*Ruß* 32; *Cramer* NStZ **00**, 246 f.; MK-*Cramer* 54 f.). 40

10) Konkurrenzen. I und II schließen sich bei demselben Vortäter aus. Tateinheit ist mit § 257 und mit § 259 möglich; hinter § 258 a tritt § 258 zurück (LK-*Ruß* 42). Mit § 120 steht Abs. II in Tateinheit, da die Vorschriften unterschiedliche Rechtsgüter schützen (RG **57**, 302; *Lackner/Kühl* 20; *Laubenthal*, Otto-FS [2007], 659, 668; str.; **aA** NK-*Ostendorf* 21 zu § 120; SK-*Horn/Wolters* 16 zu § 120). Gegenüber § 145 d (vgl. dort 14) geht § 258 vor. 41

Strafvereitelung im Amt

258a **I Ist in den Fällen des § 258 Abs. 1 der Täter als Amtsträger zur Mitwirkung bei dem Strafverfahren oder dem Verfahren zur Anordnung der Maßnahme (§ 11 Abs. 1 Nr. 8) oder ist er in den Fällen des § 258 Abs. 2 als Amtsträger zur Mitwirkung bei der Vollstreckung der Strafe oder Maßnahme berufen, so ist die Strafe Freiheitsstrafe von sechs Monaten bis zu fünf Jahren, in minder schweren Fällen Freiheitsstrafe bis zu drei Jahren oder Geldstrafe.**

II Der Versuch ist strafbar.

III § 258 Abs. 3 und 6 ist nicht anzuwenden.

1) Allgemeines. Mat. zur Gesetzgebungsgeschichte: 1 vor § 257. Die Vorschrift ist ein qualifizierter Fall des § 258 und damit ein uneigentliches Amtsdelikt (RegE 250; *Sturm* JZ **75**, 11; *S/S-Stree* 1); zugleich ist sie Sonderdelikt, so dass für außenstehende Teilnehmer § 28 II gilt. **Literatur:** Vgl. 1 a zu § 258. 1

2) Täter des § 258 a kann nur sein, wer **als Amtsträger** (12 ff. zu § 11) zur **Mitwirkung** bei einem bestimmten Verfahren, auf das sich seine Tat nach § 258 I bezieht (das aber noch nicht eingeleitet zu sein braucht, MDR/H **80**, 630) oder zur Mitwirkung bei der Vollstreckung in diesem Verfahren, auf die sich seine Tat nach § 258 II bezieht, **berufen ist** (auch durch Ausübung der Dienstaufsicht oder der Weisungsbefugnis; vgl. *Müller* StV **81**, 93). Eine bloße allgemeine Zuständigkeit reicht nicht aus, um ein „Berufen-Sein" zu begründen. **Verfahrensarten** sind die in 3 zu § 343 genannten Strafverfahren iwS; nicht jedoch die ebd. genannten anderen Verfahren, insbesondere nicht Bußgeldverfahren (Karlsruhe NJW **55**, 1200; 2

Hamm NJW **79**, 2115; LK-*Ruß* 2; offen gelassen in BGH **15**, 210). Für **Soldaten** gilt der mildere § 40 WStG.

3 **Beispiele** für Amtsträger iS von § 258a sind Richter und Staatsanwälte (dazu *Frank,* Schlüchter-GedS [2002], 275); Polizeibeamte (Koblenz NStZ-RR **98**, 322); auch Bürgermeister in Baden-Württemberg als Ortspolizeibehörde (BGH **12**, 277); und zwar auch bezüglich des ersten Zugriffs nach § 163 StPO; jedoch genügt bei einem Kriminalbeamten insoweit nicht die allgemeine Pflicht zur Erforschung von Straftaten, er muss vielmehr mit der Sache tatsächlich befasst sein (Karlsruhe NStZ **88**, 504 m. Anm. *Geerds* JR **89**, 212; *Otto* JK 2), was auch dann der Fall sein kann, wenn die Sache im Einzelfall bereits einem Kollegen zugewiesen ist (so Bay JZ **61**, 453 mit abl. Anm. *Geerds*); Finanzbeamte (RG **58**, 79); uU der Innenminister (LM Nr. 3 zu § 346 aF) oder der Justizminister (LK-*Ruß* 3). In Betracht kommen der mit der Sache tatsächlich befasste zuständige Amtsträger und dessen Vorgesetzte (vgl. Braunschweig GA **64**, 24); auch ein Amtsträger, der dienstlich eingreifen darf (Bay **60**, 257). Eine Tätigkeit an verantwortlicher Stelle ist nicht vorausgesetzt (*S/S-Stree* 4; SK-*Hoyer* 2; MK-*Cramer* 4), sofern die Voraussetzung der „Mitwirkung" erfüllt ist (**aA** LK-*Ruß* 3).

4 **3)** Die **Tathandlungen** sind die gleichen wie bei § 258. Als **Verfolgungsvereitelung** kommen **zB** in Betracht: Einreichen einer Anzeige gegen „Unbekannt" trotz Kenntnis des Täters (MDR **54**, 17); Entfernen einer Anzeige aus dem dienstlichen Aktengang (MDR/D **56**, 563); Liegenlassen einer Sache (vgl. BGH **15**, 18, 21; GA **59**, 178), auch aufgrund von Arbeitsüberlastung (vgl. Koblenz NStZ **07**, 334 [m. Anm. *Cramer*]); Weglegen einer Akte; Anordnung von verzögernden „Nachermittlungen" ohne Aussicht auf sachdienliche Ergebnisse; auch unvertretbares „Umdefinieren" von Straftaten zu polizeirechtlichen Störungen (etwa von gefährlichen Körperverletzungen oder schwerwiegenden Bedrohungen zu „häuslichen Streitigkeiten"). Lässt ein Polizeibeamter Strafanzeigen wegen unverschuldeter Arbeitsüberlastung liegen, so handelt er nicht rechtswidrig, wenn er seinen Vorgesetzten rechtzeitig unterrichtet (BGH **15**, 18; grds gegen Pönalisierung allgemeiner Faulheit SK-*Hoyer* 7). Es genügt auch eine Handlung, die gesetzwidrig auf Freispruch oder auf zu milde Strafe hinzielt; ebenso eine bewusste Überschreitung der Grenzen des Bereichs der **Opportunität,** etwa bei Verfahrenseinstellungen nach §§ 153a, 154 StPO. Eine Strafanzeige hat der Polizeibeamte auch vorzulegen, wenn er Zweifel an ihrer Richtigkeit oder Erfolgsaussicht hat (LM Nr. 10 zu § 346 aF). Im Bereich des § 258a können daher auch Bemühungen von **Polizeibeamten** liegen, Anzeigeerstatter unter Hinweis auf die (angebliche) *Unbeweisbarkeit* ihres Vorbringens, auf allerlei *Unannehmlichkeiten,* auf die *Aussichtslosigkeit* der Tätersuche oder auf einen prognostizierten *Verfahrensausgang* („bringt nichts", usw.) von Strafanzeigen oder -anträgen abzubringen oder diese „nicht anzunehmen". Zu Grenzen des Opportunitätsbereichs **staatsanwaltschaftlichen** Handelns vgl. (recht großzügig) *Frank,* Schlüchter-GedS 275 ff. mwN. Soweit die strafvereitelnde Handlung bei der Leitung oder Entscheidung einer Rechtssache, also insb. durch **richterliches Handeln** vorgenommen wird, ist die tatbestandliche **Sperrwirkung** des § 339 zu beachten (Karlsruhe NStZ-RR **05**, 12 f.; vgl. dazu 21 zu § 339).

4a Ein **Vorgesetzter,** der eine Straftat seines Untergebenen nicht anzeigt, kann sich nur bei besonderer Anzeigepflicht oder Ermessensmissbrauch strafbar machen (vgl. BGH **4**, 170; LK-*Ruß* 8). Die Beamten der StA und der Polizei sind nicht verpflichtet, alle ihnen auf **privatem Wege** bekannt gewordenen Straftaten zu verfolgen (BGH **5**, 229; **12**, 281), nach Rspr. und hM aber bei überwiegendem öffentlichen Interesse (vgl. BGH **38**, 388 [zu § 180a I Nr. 2 aF; krit. *Mitsch* NStZ **93**, 384; *Bergmann* StV **93**, 518; *Laubenthal* JuS **93**, 907, 909; *Rudolphi* JR **95**, 167]; NJW **89**, 916 [m. Anm. *Bottke* JR **89**, 432; *Geppert* JK 4 zu § 332]; NStZ **98**, 194; **00**, 147 [Bespr. *Wollweber* wistra **00**, 338]; Köln NJW **81**, 1794 [hierzu *Wagner* JZ **87**, 711; *Geppert* JK 1]; Karlsruhe NStZ **88**, 504 [m. Anm. *Geerds* JR **89**, 212]). Ein solches ist nach hM regelmäßig bei Katalogtaten des § 138 anzunehmen, darüber hinaus bei **„schwerwiegenden"** Straftaten (krit. *Krause* JZ **84**, 548; *Wagner* JZ **87**, 705, 711; *Bergmann* StV **93**, 518; *Laubenthal*, Weber-FS [2004] 109, 119 ff.; SK-*Hoyer* 6; MK-*Cramer* 7). Eine so weitgehende Pflichtenstellung, die auch ein

Angehörigenprivileg ausschließt (III), erscheint namentlich bei angestellten Bediensteten der Polizei nicht zweifelsfrei (vgl. auch *Pawlik* ZStW **111**, 335, 343). Kenntnis vom Bestehen eines Haftbefehls verpflichtet einen Amtsträger nicht zur **Festnahme** außerhalb seiner Dienstausübung (Koblenz NStZ-RR **98**, 332 [Bespr. *Martin* JuS **99**, 194]), wenn nicht der Haftbefehl wegen eines schweren Verbrechens ergangen ist (*S/S-Stree* 11). **Verdeckte Ermittler** und sonstige nicht offen ermittelnde Polizeibeamte sind von der Strafverfolgungspflicht nach § 163 StPO grds nicht befreit (vgl. auch RiStBV Anl. D, Nr. 2.6); im Rahmen des Auftrags (§ 110 a I StPO) können Ermittlungsmaßnahmen aber aus kriminaltaktischen Gründen zurückgestellt werden. Im Übrigen ist der VE zur Verfolgung von Straftaten verpflichtet, von denen er *bei Gelegenheit* seines Einsatzes Kenntnis erlangt (vgl. KK-*Nack* 14 zu § 110 a StPO; RiStBV Anl. D, Nr. 2.6.1 bis 2.6.3); er untersteht der Sachleitungsbefugnis der StA (BGH **41**, 42).

Als **Vollstreckungsvereitelung** (§ 258 II) kommen **zB** in Betracht: pflichtwidriges Nichtbetreiben der Vollstreckung der ausgesprochenen Strafe oder Maßnahme. Eine dauernde Entziehung braucht nicht beabsichtigt zu sein oder erreicht zu werden; die Entziehung für einen geraumen Zeitraum, etwa durch aus sachwidrigen Gründen gewährten Aufschub, reicht aus (*S/S-Stree* 14; **aA** SK-*Hoyer* 8; vgl. 30 f. zu § 258); ebenso die Vollstreckung einer leichteren als der verhängten Strafe oder Maßregel, etwa Abkürzung oder Ersetzung einer schweren (Freiheitsstrafe iS von § 38) durch eine leichtere Strafe (Strafarrest). Die Gewährung materiell fehlerhafter Vergünstigungen innerhalb der Vollstreckung oder von materiell rechtmäßigen, aber fehlgeschlagenen **Vollzugslockerungen** ist idR keine Vereitelung (im Einzelnen str.; vgl. dazu auch 31 zu § 258; LK-*Ruß* 5; MK-*Cramer* 34 zu § 258; SK-*Hoyer* 11 zu § 258; *Laubenthal* JuS **89**, 827 ff.); jedoch kommt eine Tat nach I iVm § 258 II in Betracht, wenn gesetzlich gar nicht zulässige Vergünstigungen oder wenn Lockerungen (Freigang, Urlaub) allein aus sachwidrigen Gründen gewährt werden (vgl. die Nachw. 31 zu § 258). Missbraucht der Gefangene unrechtmäßig gewährte Lockerungen zu einer neuen Straftat, so kommt ggf. eine Fahrlässigkeits-Strafbarkeit des verantwortlichen Amtsträgers in Betracht (vgl. dazu BVerfG NJW **98**, 2202, 2204; BGH **30**, 320, 324 ff.; **49**, 1, 5 ff.; LG Göttingen NStZ **85**, 410; *Kusch* NStZ **85**, 385 ff.; *Schaffstein,* Lackner-FS 796; *Wagner* JZ **87**, 709; *Laubenthal* JuS **89**, 831). Nicht tatbestandsmäßig sind rechtswidrige Vergünstigungen *innerhalb* des Vollzugs, daher insoweit auch nicht eine Vereitelung des Vollstreckungs-*Zwecks* (**zB** auf Bestechung beruhende Genehmigung von Selbstbeschäftigung; Aushändigung von Alkohol an nach § 64 Untergebrachte; vorschriftswidrige Gewährung von Umschluss, usw.). 5

4) Der **subjektive Tatbestand** erfordert neben den Voraussetzungen des § 258 (vgl. dort 17) das Wissen des Täters, dass er, obwohl zum Tun amtlich verpflichtet, jemanden der gesetzlichen Strafe oder Maßnahme rechtswidrig entzieht. Bedingter Vorsatz reicht insoweit nicht aus (BGH **15**, 21; **19**, 80). Eine individualisierte Kenntnis des Einzelfalls, auch des Vortäters, oder ein konkretisiertes Interesse des Täters am Taterfolg sind nicht erforderlich. § 258 a unterfällt daher auch, wer sich von vornherein (allgemein) entschließt, rückständige Verfahren nicht mehr zu fördern (vgl. DRiZ **77**, 88). Erforderlich ist aber bei der Straf*verfolgungs*-Vereitelung auch hier der zumindest bedingte Vorsatz hinsichtlich einer Vortat iS von § 258 I. Für die *Vollstreckungs*vereitelung gilt das nicht. Die Ansicht, aus dem *sicheren Wissen* um den Eintritt des Vereitelungserfolgs ergebe sich der Tatvorsatz noch nicht, wenn der Täter diesen Erfolg nicht wolle (Koblenz NStZ-RR **06**, 77 [Anm. *Cramer* NStZ **07**, 334]), überzeugt daher nicht. **Motiv** (BGH **15**, 21) oder Ziel des Täters (Oldenburg HESt **2**, 62) sind ohne Bedeutung; daher unterfällt § 258 a auch, wer ohne Interesse an der Sache in der Absicht handelt, einen lästigen Fall „loszuwerden“ oder eigene dienstliche Versäumnisse zu verschleiern. Hält der Täter eine strafbare Handlung nicht für strafbar, so fehlt es am Vorsatz; umgekehrt ist strafbarer Versuch gegeben, wenn er strafloses Verhalten für strafbar hält (vgl. BGH **15**, 6

210 [abl. *Weber* MDR **61**, 426]; vgl. hierzu *Herzberg* JuS **80**, 473; *Burkhardt* JZ **81**, 681; *Stree* JR **81**, 297, LK-*Ruß* 10).

7 **5)** Für die **Teilnahme** gelten die allg. Regeln. Für außenstehende Teilnehmer gilt § 28 II; auch § 258 III und VI sind für sie anwendbar.

8 **6)** Die Vereitelung **zu eigenen Gunsten** ist auch für Amtsträger tatbestandslos; § 258 V ist durch Abs. III nicht ausgeschlossen. Der Amtsträger braucht daher den Haupttäter nicht anzuzeigen, wenn er selbst an der Haupttat beteiligt war (BGH **6**, 20). Dies gilt aber nicht, soweit die Dienstpflicht, den Täter der strafbaren Handlung zu verfolgen, schon vor der Beteiligung bestand (BGH **4**, 169; **5**, 167; LK-*Ruß* 12; *S/S-Stree* 21); wenn der Täter seine Kenntnis von der Tat des anderen zu einer eigenen Straftat ausnutzen will (BGH **5**, 155); wenn die Vereitelungshandlung durch eine korruptive Unrechtsvereinbarung mit der Vortat verbunden ist (vgl. BGH **4**, 167; 3 StR 404/77). Zweifelhaft ist die Anwendung von III iVm § 258 V, wenn durch die Vereitelung eigene frühere Straftaten verschleiert werden sollen, welche sich *gerade* auf die Verfolgung der Sache bezogen. Nicht ausreichend ist die Absicht, sich allein disziplinarischer Ahndung zu entziehen.

9 **7) Nach III** ist die **Angehörigenbegünstigung** strafbar, da § 258 VI nicht gilt; doch kann dann ein minder schwerer Fall in Betracht kommen (LK-*Ruß* 14; MK-*Cramer* 17). Für Unterlassungen zugunsten eines Angehörigen gelten die allg. Regeln des § 13; die Zumutbarkeit pflichtgemäßen Handelns kann entfallen (*Stree* JuS **76**, 142 u. *S/S* 18; SK-*Hoyer* 5; wohl enger LK-*Ruß* 7).

10 **8) Der Versuch** ist strafbar **(II)**; vgl. 37 zu § 258.

11 **9) Die Strafe** ist danach gestaffelt, ob ein minder schwerer Fall (85 ff. zu § 46) gegeben ist. Nach **III** gilt § 258 II nicht, so dass die Strafe stets dem Rahmen des § 258 a zu entnehmen ist (vgl. dazu 38 zu § 258). Für die Zumessung spielt das Gewicht der Vortat oder der verhängten Strafe oder Maßregel eine wichtige Rolle.

12 **10) Konkurrenzen.** § 258 tritt zurück, ebenso § 145 d (dort 14). Tateinheit ist zB mit §§ 257, 336, 345 möglich; Tatmehrheit mit Diebstahl (vgl. BGH **5**, 167) oder Steuerhehlerei (vgl. BGH **4**, 167). Vgl. auch 41 zu § 258.

13 Der **Verletzte** der Vortat ist im Verfahren wegen § 258 a nicht Verletzter iS des § 172 StPO (Frankfurt NStZ-RR **98**, 279).

Hehlerei

259 **I Wer eine Sache, die ein anderer gestohlen oder sonst durch eine gegen fremdes Vermögen gerichtete rechtswidrige Tat erlangt hat, ankauft oder sonst sich oder einem Dritten verschafft, sie absetzt oder absetzen hilft, um sich oder einen Dritten zu bereichern, wird mit Freiheitsstrafe bis zu fünf Jahren oder mit Geldstrafe bestraft.**

II Die §§ 247 und 248 a gelten sinngemäß.

III Der Versuch ist strafbar.

1 **1) Allgemeines.** Mat. zur Gesetzgebungsgeschichte: 1 vor § 257. Die Vorschrift idF des Art. 19 Nr. 132 EGStGB erfasst die Aufrechterhaltung des durch die Vortat geschaffenen rechtswidrigen Vermögenszustandes durch einverständliches Zusammenwirken mit dem Vortäter. § 259 ist nach der von Rspr und hM vertretenen **Perpetuierungs-Theorie** ein **Vermögensdelikt** (BGH **27**, 46; **33**, 52; NJW **79**, 2621; vgl. *W/Hillenkamp* 824 mwN). **Täter** kann auch ein Teilnehmer, nicht aber ein (Mit-)Täter der Vortat sein (vgl. unten 26). Zum **Tatort** bei Hehlerei-Handlungen im Ausland vgl. 4b zu § 9.

1 a **Literatur (Auswahl):** *Arzt,* Fremdnützige Hehlerei, JA **79**, 574; *ders.,* Die Hehlerei als Vermögensdelikt, NStZ **81**, 10; *Dencker,* Der Hehler als „Verkaufskommissionär" Küper-FS (2007) 9; *Fahl/Beulke,* Prozessualer Tatbegriff u. Wahlfeststellung (usw.), Jura **98**, 262; *Geppert,* Zum Verhältnis von Täterschaft/Teilnahme an der Vortat u. sich anschließender Hehlerei, Jura **94**, 100; *Gribbohm,* Die rechtswidrige Zueignung vertretbarer Sachen, NJW **68**, 24; *Heinrich,* Die Entgegennahme von raubkopierter Software als Hehlerei?, JZ **94**, 938; *Hruschka,* Hehlerei u. sachliche Begünstigung, JR **80**, 221; *Knauth* NJW **80**, 2666; *Janson,* Begünstigung u. Hehlerei vor dem Hintergrund des Rückerwerbs der Diebesbeute, 1992; *Küper,* Über das

„zeitliche Verhältnis" der Hehlerei zur Vortat, Stree/Wessels-FS 467; *ders.*, Probleme der Hehlerei bei ungewisser Vortatbeteiligung, 1989; *Lenz*, Die Vortat der Hehlerei, 1994; *Martens*, Mittelbarer Besitz des Betrügers u. Hehlerei, JA **96**, 248; *Miehe*, Die Schutzfunktion der Strafdrohung gegen Begünstigung u. Hehlerei, Honig-FS 91; *Otto*, Hehlerei, Jura **85**, 148; *Rose*, Die Anforderungen an die Vortat der Hehlerei – Auswirkungen der Eigentums- und Besitzlage des Vortäters, JR **06**, 109; *Roth*, Ablösung der Perpetuierungstheorie zur Hehlerei für bestimmte Fallgruppen?, NJW **85**, 2242; *ders.*, JA **88**, 193, 258; *Rudolphi* JA **81**, 1, 90; *Seelmann*, Grundfälle zur Hehlerei, JuS **88**, 39; *Sippel*, Hehlerei an durch Scheckeinreichung erlangtem Bargeld?, NStZ **85**, 348; *Stoffers*, Die entgeltliche Rückveräußerung einer gestohlenen Sache an den Eigentümer durch einen Dritten, Jura **95**, 113; *Stree* JuS **61**, 52; GA **61**, 36 u. **76**, 142; *Zieschang*, Jüngere Entwicklungen in der Rechtsprechung zu den Merkmalen „Absetzen" und „Absatzhilfe" im Rahmen des § 259 StGB, Schlüchter-GedS (2002), 403; *Zöller/Frohn*, Zehn Probleme des Hehlereitatbestands, Jura **99**, 378.

2) Gegenstand der Hehlerei ist eine **Sache,** uU auch eine unbewegliche (RG **56**, 336) oder eine eigene Sache (vgl. § 289) des Vortäters (RG **20**, 222; *Roth* JA **88**, 197) oder des Hehlers (RG **18**, 303; wistra **88**, 25); uU auch eine herrenlose Sache (6 zu § 242); nicht aber Rechte. 2

A. Die Sache muss durch **einen Diebstahl** (§§ 242 bis 248 a) oder **ein anderes Vermögensdelikt** erlangt sein, wobei der Vortäter den äußeren und inneren Tatbestand dieses Vermögensdelikts erfüllt haben muss (2 StR 274/82). Ein Disziplinarvergehen oder eine Ordnungswidrigkeit reichen nicht aus (LK-*Ruß* 4). Die Vortat muss **fremdes Vermögen** verletzt und zu einer **rechtswidrigen Besitzlage** geführt haben. Sie muss aber kein Vermögens- oder Eigentumsdelikt ieS sein; möglich Vortat kann **zB** auch eine Tat § 154 sein (RG **32**, 328); § 240 (MDR/D **72**, 571), § 257 (RG **39**, 237); weiterhin *Hehlerei selbst* (BGH **27**, 46; **33**, 44, 48; GA **57**, 177; MDR/H **77**, 283; NJW **79**, 2621), wenn ein Zwischenhehler die Sache in eigene Verfügungsgewalt gebracht hat, nicht also, wenn er nur Absetzer oder Absatzhelfer ist (NStZ **99**, 351; NK-*Altenhain* 6; SK-*Hoyer* 6); auch § 257; § 267 (NJW **69**, 1261; **aA** *Sippel* NStZ **85**, 349; MK-*Lauer* 29; NK-*Altenhain* 6); § 283 (GA **77**, 145); **nicht** jedoch §§ 133, 136 (*Rudolphi* JA **81**, 3), §§ 106, 108 ff. UrhG (vgl. *Friedrich* MDR **85**, 367; *Heinrich* JZ **94**, 938; vgl. auch LK-*Ruß* 5; *Otto* Jura **85**, 150; *Weber*, Locher-FS 438); auch nicht Versicherungsbetrug (§ 263) oder Versicherungsmissbrauch (§ 265; vgl. NStZ **05**, 447, 448 [iErg zust. *Rose* JR **06**, 109, 112]). An einer rechtswidrigen Besitzlage fehlt es bei Sachen, die durch eine Straftat nur hergestellt sind (§ 146 I Nr. 1, § 267); ebenso bei Erwerbs- oder Besitztaten (zB § 146 I Nr. 2; § 29 I Nr. 1, Nr. 3 BtMG). Die Formulierung „einen Diebstahl" (usw.) bezieht sich nur auf die einzelne Sache; für die Frage, ob eine oder mehrere Taten nach § 259 vorliegen, hat sie keine Bedeutung (vgl. wistra **03**, 99; unten 26). 3, 4

Ein rechtswidriges Aufrechterhalten der durch die Vortat geschaffenen Vermögenslage liegt auch vor, wenn der Täter formal Eigentümer wird, aber zu Unrecht, so bei Gelderwerb durch Betrug; bei anfechtbarem Erwerb während der Dauer der Anfechtungsmöglichkeit (*S/S-Stree* 8; *Roth* NJW **85**, 2243 u. JA **88**, 199; *Friedrich* MDR **85**, 367; NK-*Altenhain* 16; **aA** *Zöller/Frohn* Jura **99**, 378 f.). Gutgläubiger Erwerb beendet die rechtswidrige Vermögenslage; eine gutgläubig erworbene Sache kann daher nicht Gegenstand der Hehlerei sein (vgl. BGH 15, 53, 57 [wegen § 935 BGB Hehlerei an *abhanden* gekommenen Sachen trotz Zwischenerwerbs möglich]). *Keine* Aufrechterhaltung einer rechtswidrigen Besitzlage liegt im Falle des Erwerbs von **Raubkopien** vor (KG NStZ **83**, 561 m. Anm. *Flechsig*, auch ZRP **80**, 313; ferner *Friedrich* MDR **85**, 366; *Heinrich* JZ **94**, 938), jedoch sind die §§ 106, 108 ff. UrhG zu prüfen (AG Mainz NJW **89**, 2637; vgl. ferner *Beermann* Jura **95**, 610). 5

Eine Sache, an der der Dieb nach **§ 950 BGB** Eigentum erworben hat, kann kein tauglicher Gegenstand einer Hehlerei sein (Bay NJW **79**, 2218 m. krit. Anm. *Paeffgen* JR **80**, 300); ggf. kommt § 261 II Nr. 1 in Betracht. Bei Vermischung von Geld ist nach NJW **58**, 1244 Hehlerei möglich, wenn der empfangene Betrag den Miteigentumsanteil des Vortäters übersteigt (krit. *Otto* Jura **85**, 151; NK-*Altenhain* 18). 6

7 Der **Vortäter** muss mit mindestens „natürlichem“ Vorsatz gehandelt haben (BGH **4**, 78; vgl. auch BGH **9**, 370). Schuldfähig braucht er daher nicht zu sein (BGH **1**, 47). Hehlerei ist auch möglich, wenn der Vortäter in unvermeidbarem Verbotsirrtum gehandelt hat (SK-*Hoyer* 5; *Lackner/Kühl* 4; MK-*Lauer* 19; **aA** Hamburg NJW **66**, 2228; *Otto* Jura **85**, 150; vgl. *M/Schroeder/Maiwald* 39/18). Nimmt der Täter irrig Tatumstände an, welche die Vortat zu einer strafbaren machen, so liegt Versuch vor (RG **64**, 130). Hehlerei ist möglich, auch wenn der Vortäter nur wegen eines persönlichen Strafausschließungsgrundes oder wegen Fehlens des Strafantrags nicht verfolgt werden kann; wenn die Vortat verjährt ist (LK-*Ruß* 4); wenn sie beim Vortäter als mitbestrafte Nachtat zurücktritt (vgl. NJW **59**, 1377). Bei Auslandstaten kommt es auf die materielle Strafbarkeit nach deutschem Recht an (LK-*Ruß* 4).

8, 9 **B.** Ein **Ersatz** für die durch die Vortat erlangte Sache ist dieser nicht gleichzustellen (BGH **9**, 139; NJW **69**, 1260; hM). Die **Ersatzhehlerei** fällt also nicht unter § 259; es reicht – anders als in § 261 II – nicht aus, dass ein Gegenstand aus einer Vortat „herrührt“. Daher ist eine mit Mitteln aus der Vortat erworbene Sache kein tauglicher Gegenstand einer Hehlerei; auch nicht der für erbeutete Sachen erlangte Verkaufserlös; nach hM auch nicht eingewechseltes Geld (*Lackner/Kühl* 8; NK-*Altenhain* 10; **aA** *Rudolphi* JA **81**, 4; *Roxin,* Mayer-FS 467). Stellt sich jedoch das Ersatzgeschäft seinerseits als Straftat dar, so kommt Hehlerei am Ersatzgegenstand in Betracht. Verkauft der Dieb die gestohlene Sache an einen Gutgläubigen, so begeht er einen Betrug gegenüber dem Käufer; am Erlös ist daher Hehlerei (mit § 263 als Vortat) möglich (vgl. auch NJW **69**, 1260 [Abheben von Geld mit gestohlenem Sparbuch]).

10 **C.** Der Vortäter muss die Sache durch eine rechtswidrige Tat **erlangt haben.** Für die **Abgrenzung** der Hehlerei zur Beteiligung an der Vortat kommt es darauf an, ob die Sache vom Vortäter schon „erlangt“ ist. Das Erlangen durch den Vortäter muss also der Hehlerei vorausgehen (BGH **13**, 403; StV **89**, 435; **96**, 81; MDR/H **90**, 98; LK-*Ruß* 11 ff.; *Lackner/Kühl* 6). § 259 setzt voraus, dass die **Vortat abgeschlossen** ist (NStZ-RR **03**, 13). Jedenfalls vor ihrer Vollendung ist nicht Hehlerei, sondern Beihilfe zur Vortat gegeben (NStZ **94**, 486; Düsseldorf NJW **90**, 1493; Stuttgart NStZ **91**, 285 [mit krit. Anm. *Stree, Otto* JK 11 zu § 1]; *Küper,* Stree/Wessels-FS 477). Die Gegenansicht, nach welcher Hehlerei schon gegeben sein soll, wenn die Vortat, etwa eine Unterschlagung, im Veräußerungsgeschäft an den „Hehler“ liegt (NJW **59**, 1377; Stuttgart JZ **60**, 289 mit abl. Anm. *Maurach; S/S-Stree* 18; *Berz* Jura **80**, 60; *Rudolphi* JA **81**, 7), verwischt die Grenzen zwischen Beihilfe und Hehlerei (LK-*Ruß* 12) und führt zu einer unangebrachten Tateinheit zwischen beiden Fällen (GrSenBGH **7**, 134). Eine **Beendigung** der Vortat ist nicht erforderlich (*Berz* aaO 59; *Geppert* Jura **94**, 101; *W/Hillenkamp* 835; *S/S-Stree* 15; LK-*Ruß* 11; **aA** Hamburg NJW **66**, 2227). Ein Versuch reicht aus, wenn er zur Erlangung der Sache und zu einer rechtswidrigen Besitzlage geführt hat.

11 **3)** Die **Tathandlungen** des I können **wahlweise** (RG **56**, 61; 4 StR 522/69), aber auch **kumulativ** festgestellt werden; sie setzen in jedem Fall Zusammenwirken mit dem Vortäter voraus (oben 1; *Sturm* JZ **75**, 11).

12, 13 **A. Sich oder einem Dritten verschaffen** ist das Aufrechterhalten der rechtswidrigen Besitzlage durch vom Vortäter abgeleiteten Erwerb. **Ankaufen** ist ein Unterfall des Sichverschaffens und nur als *Beispiel* hervorgehoben (NStZ-RR **05**, 236; MK-*Lauer* 78); es kommt auch insoweit nicht auf den schuldrechtlichen Vertrag, sondern auf die Übertragung des Besitzes (GA **54**, 58; *Rudolphi* JA **81**, 90) und die Erlangung von **Verfügungsgewalt des Hehlers** an (BGHG **27**, 160, 163; 2 StR 287/90; EzSt Nr. 3; krit. aber NK-*Altenhain* 32).

14 ***Sich-Verschaffen*** *ist die Herstellung tatsächlicher eigener Herrschaftsgewalt* über die Sache im Einverständnis mit dem Vortäter (vgl. RG **64**, 326; Celle OLGSt. 21; sonst ev. § 246, BGH **15**, 57; NStZ **92**, 36; LK-*Ruß* 18). Der Hehler muss die Sache zur **eigenen Verfügungsgewalt** erlangen, und zwar in dem Sinn,

dass er über die Sache als eigene oder zu eigenen Zwecken verfügen kann und dies auch will (BGH **7**, 137 [GrSen]; **10**, 151; **15**, 56; **27**, 46, 163; NJW **76**, 1698; GA **65**, 374; vgl. aber unten 17). Bei Übertragung an eine **Mehrheit von Personen** genügt es, wenn diese untereinander Mitverfügungsbefugnis erlangen (BGH **35**, 172, 175; NStZ-RR **05**, 236). Beabsichtigt der neue Besitzer nur, die Sache dem Berechtigten wieder zu beschaffen, so erlangt er keine eigenen Verfügungsgewalt (BGH **43**, 111 [Anm. *Seelmann* JR **98**, 342]; NStZ **97**, 493 [Anm. *Krack* NStZ **98**, 462; *Rosenau* NStZ **99**, 352]; NStZ-RR **00**, 266 [Bespr. *Baier* JA **00**, 923]; jew. zu Lieferungen an V-Personen der Polizei). Bei Mitverfügungsbefugnis von Vortäter und Erwerber liegt § 259 nur vor, wenn der Erwerber unabhängig vom Willen des Vortäters über die Sache verfügen kann (BGH **27**, 160, 163; **35**, 175, 176; StV **99**, 604; BGHR § 259 I Sichversch. 8; StV **05**, 87; NK-*Altenhain* 33). Dazu ist der Erwerb eines Gepäck- oder Pfandscheins durch den Hehler ausreichend (BGH **27**, 160; LK-*Ruß* 19; **aA** Schleswig NJW **75**, 2217).

Es genügen aber **nicht**: Entgegennahme nur zur Ansicht (2 StR 494/73); Entleihen, Mieten und In-Gewahrsam-Nehmen (MDR/D **58**, 13; **69**, 723; 1 StR 24/76); die Annahme zur „Entsorgung" oder Vernichtung (NStZ **95**, 544); eine vorübergehende unentgeltliche Nutzungsüberlassung (wistra **93**, 146) oder die Verarbeitung gestohlener Sachen für den Vortäter (NStZ-RR **05**, 373 f.; 4 StR 78/97); Mitbenutzen, Mitverzehr oder Mitverbrauch (StV **99**, 604); das gemeinsame Benutzen eines gestohlenen Fahrzeugs für eine Spritztour (StV **87**, 197); Mitbesitz ohne selbstständige Mitverfügungsbefugnis (BGH **33**, 47 [m. Anm. *Arzt* JR **85**, 212]; Stuttgart NJW **73**, 1386); nach hM auch nicht der bloße **Mitgenuss** oder Mitverbrauch (BGH **9**, 137, NJW **52**, 754; 1 StR 570/90; *Geerds* GA **88**, 256; LK-*Ruß* 21; SK-*Hoyer* 27; *Zöller/Frohn* Jura **99**, 382; str.; **aA** *S/S-Stree* 24; NK-*Altenhain* 29; *M/Schroeder/Maiwald* 39/24; *Roth* JA **88**, 203). 15

Der Täter muss die Sache **auf abgeleitetem Weg** an sich bringen, also – uU auch über einen gutgläubigen Mittelsmann (**hM;** vgl. BGH **15**, 53, 57; Düsseldorf NJW **78**, 713; Celle NJW **88**, 1225; *S/S-Stree* 42; *Lackner/Kühl* 7, 10; LK-*Ruß* 10; MK-*Lauer* 73; *Küper* BT 273; *Otto* BT 58/16; **aA** *Paeffgen* JR **78**, 466; *Hruschka* JZ **96**, 1136; *Seelmann* JuS **88**, 39 f.; *Rudolphi* JA **81**, 6; *Rengier* BT I, 22/22; *Kindhäuser* LPK 18) – **mit Einverständnis des Vortäters** (BGH **7**, 137; **10**, 152; **42**, 196, 198; 3 StR 582/95; Hamm NJW **72**, 835; LK-*Ruß* 17; *S/S-Stree* 42; and. *Hruschka* JR **80**, 221; *Roth* JA **88**, 193, 207); bei mehreren Vortätern reicht das Einverständnis eines von ihnen. Dass die Sache unmittelbar vom Vortäter zum Hehler gelangt, ist nicht erforderlich; es genügt auch Erwerb vom Zwischenhehler (BGH **15**, 57; LM Nr. 2), wenn die rechtswidrige Besitzlage fortdauert. Am Einverständnis des Vortäters fehlt es, wenn er durch **Täuschung, Drohung** oder **Gewalt** zur Übertragung der Verfügungsmacht veranlasst wird (BGH **42**, 196 [Anm. *Hruschka* JZ **96**, 1135]; *Otto* Jura **88**, 606; *Zöller/Frohn* Jura **99**, 381 f.; *Mitsch* BT II/1, 10/38; *Rengier* BT 1, 22/20 f.; *W/Hillenkamp* 858; SK-*Hoyer* 31; NK-*Altenhain* 23 f. [diff. bei Täuschung]; vgl. auch *Arzt/Weber* 28/12; *Küper* BT 274 f.; *Kindhäuser* LPK 18; zum Vermögensschutz des Vortäters vgl. 64 ff. zu § 263). Bei irriger Annahme des Einverständnisses liegt Versuch vor. 16

Einem Dritten verschafft der Täter die Sache, wenn er zB die Diebesbeute unmittelbar vom Vortäter an den Dritterwerber vermittelt. Von § 259 erfasst sind Fälle des Erwerbs durch Gewerbegehilfen für ihren Dienstherrn (zur aF BGH **2**, 267, 355; **6**, 59); auch ein Erwerb für sonstige Dritte in deren Auftrag. Für die Abgrenzung fremdnütziger Hehlerei (hierzu krit. *Arzt* JA **79**, 574; NK-*Altenhain* 39) von der Beihilfe ist maßgebend, ob der Täter selbstständig vorgeht oder sich dem Geschäftsherrn unterordnet. 17

B. Absetzen bedeutet nach Ansicht der Rspr. dasselbe wie „Mitwirken zum Absatz" iS von § 259 aF (BGH **26**, 361 [m. Anm. *D. Meyer* JR **77**, 80, 126]; NJW **90**, 2898; krit. *Lackner,* UniHD-FS 40; vgl. unten 19 a), nämlich die Sache im **Einverständnis mit dem Vortäter** oder Zwischenhehler und in dessen Inte- 18 resse, im Übrigen aber – im Unterschied zur Absatzhilfe – **selbstständig** (vgl. E EGStGB 253; BGH **27**, 49) durch rechtsgeschäftliche Weitergabe an einen gut- oder bösgläubigen Dritten gegen Entgelt (str.) wirtschaftlich zu verwerten (BGH **2**, 135; **9**, 137; **10**, 1; **23**, 27; NJW **76**, 1698; Hamm NJW **72**, 835). Wenn der Vortäter zur Übergabe *gezwungen* wird, fehlt es am Einverständnis (BGH **42**, 196 [zust. *Hruschka* JZ **96**, 1135]); ein durch Täuschung erreichtes Einverständnis reicht aber aus (*Kudlich* JA **02**, 672, 674; *Lackner/Kühl* 10; *Arzt/Weber* 28/12; **aA** *Hruschka* JZ **96**, 1135, 1136; *Zöller/Frohn* Jura **99**, 378, 381; *Mitsch* BT II/1, 10/38; *W/Hillenkamp* 858).

18 a Absetzen setzt wie die Absatzhilfe ein **Handeln für einen andern** voraus (3 StR 195/85 [zu § 124 I BranntwMonG]); der Täter des Absetzens steht „im Lager" des Vortäters. Das Handeln als „Verkaufskommissionär", also das Verkaufen der Sache im eigenen Namen für Rechung des Vortäters (vgl. § 383 HGB), ist nach RG **55**, 58 Absetzen (vgl. auch NStZ **94**, 395, 396; **aA** *Dencker*, Küper-FS [2007] 9, 16 ff. [Sich-Verschaffen; vgl. dazu auch *Küper* BT 8 f., 272 f.]). Wer Schecks einlöst, denen durch Fälschung auf gestohlenen Formularen der Anschein der Echtheit gegeben wurde, „setzt" nicht „ab" (NJW **76**, 1950; *M/Schroeder/Maiwald* 39/8; krit. *Meyer* MDR **77**, 373); nach Ansicht der Rspr auch nicht, wer Diebesgut verschenkt (NJW **76**, 1950; wistra **85**, 66; zw.; **aA** *S/S-Stree* 32; *Kindhäuser* LPK 23; NK-*Nelles* 59; SK-*Hoyer* 38; *Arzt/Weber* 28/17; *Roth* JA **88**, 204); wohl aber, wer es tauscht (NJW **76**, 1950) oder verpfändet (RG **17**, 392). Eine **Rückveräußerung** an die durch die Vortat verletzte Person (oder in deren Interesse oder Auftrag handelnde Personen) ist kein Absetzen, weil dadurch die rechtswidrige Besitzlage nicht aufrechterhalten wird (hM; vgl. BGH **43**, 110, 111; NStZ **99**, 351; LK-*Ruß* 27; *S/S-Stree* 33; NK-*Altenhain* 47; *Lackner/Kühl* 14; *Kindhäuser* LPK 23; *M/Schroeder/Maiwald* 39/32; *Mitsch* BT II/1, 10/48; *Rengier* BT I, 22/30; *W/Hillenkamp* 868; *Arzt/Weber* 28/16; *Stoffers* Jura **95**, 113, 115; **aA** *Zöller/Frohn* Jura **99**, 378, 384); daher kommt es nicht darauf an, ob bei der Rückveräußerung getäuscht (§ 263) oder erpresst (§ 253) wird. Zur umstr. Frage der **Tatvollendung** vgl. unten 19 a ff.

19 **C. Absatzhilfe** ist die unmittelbare (vgl. 2 StR 260/80) Unterstützung des Vortäters beim Absetzen der Sache iS von 18; der Sache nach also eine Beihilfe, die wegen der Straflosigkeit der „Haupttat" (Absatztat des Vortäters) zur selbständigen Tat aufgewertet ist (BGH **26**, 362; **27**, 48; NStZ-RR **99**, 208; 2 StR 377/92; 2 StR 378/92). Absatzhilfe setzt **Unterstützung des Vortäter,** nicht eines selbständig handelnden Absatz-Hehlers (oben 18) voraus; der Täter muss also „im Lager" des Vortäters stehen (vgl. NStZ-RR **05**, 373, 374; *S/S-Stree* 36; NK-*Altenhain* 53); wird nicht der Vortäter, sondern ein Absatz-Hehler unterstützt, so liegt hierin Beihilfe zu dessen Tat (BGH **26**, 362; **27**, 48 [m. Anm. *D. Meyer* JR **77**, 81, 126]; **33**, 44, 49 [Anm. *Arzt* JR **85**, 212]; NJW **78**, 2042; **79**, 2621; **90**, 2898; NStZ **99**, 351; MDR/H **82**, 970; GA **84**, 427; StV **89**, 435; Zweibrücken OLGSt. 38; Düsseldorf wistra **89**, 197; *Berz* Jura **80**, 66; *Otto* Jura **85**, 154; SK-*Hoyer* 39). Absatzhilfe liegt auch dann nicht vor, wenn der Täter „im Lager" des Erwerbers steht; in diesem Fall ist Beihilfe zum Sich-Verschaffen gegeben. Wird die Unterstützung vor dem Erwerb zugesagt, so liegt hierin eine Beihilfe zum Sich-Verschaffen, die bei einer Einhaltung der Zusage in täterschaftliche Absatzhilfe einmündet (BGH **33**, 48; MDR/H **86**, 793).

19 a **D.** Die **Tatvollendung** setzt nach stRspr. des BGH für das Absetzen ebenso wie für die Absatzhilfe (wie in § 259 aF [BGH **22**, 207 mwN] und in § 374 AO [Anh. 10; BGH **29**, 240]) einen **Absatzerfolg** nicht voraus (BGH **26**, 358, 359; **27**, 45, 49; **29**, 242; **33**, 47; NJW **79**, 2621; NStZ **90**, 539; **93**, 282; **94**, 396; offen *gelassen in BGH* **43**, *110, 111*; entsprechend der stRspr aber wieder NStZ **97**, 493; **99**, 208; NStZ-RR **00**, 266; GA **83**, 472; zust. *Arzt/Weber* 28/19; *W/Hillenkamp* 867; *Rosenau* NStZ **99**, 352). Es reicht zur Tatvollendung vielmehr grds. das bloße **Tätigwerden** durch vorbereitende, ausführende (oder, im Fall der Absatzhilfe: unterstützende) Tätigkeit zum *Zweck* des Absatzes (BGH **27**, 45, 47), auch wenn dieser nicht gelingt. Die Rspr behandelt die beiden Tatvarianten somit als **unechte Unternehmensdelikte**.

Verständlich ist diese im Hinblick auf den **Wortlaut** des Abs. I sowie auf Abs. III jedenfalls nicht nahe liegende Auslegung nur vor dem Hintergrund der Fassung des RStGB vor der Änderung durch die VO vom 29. 5. 1943 (RGBl I 339), durch welche die **Strafbarkeit des Versuchs** eingeführt wurde. Das RG hatte, um eine „Strafbarkeitslücke" für erfolglose Absatzbemühungen zu schließen, für die Vollendung des nach aF erforderlichen „Mitwirkens zum Absatz" eine hierauf gerichtete Tätigkeit ausreichen lassen (vgl. RG **5**, 241 f.; **55**, 58; **56**, 191, 192) und hielt hieran auch nach Einführung der Versuchsstrafbarkeit fest. Der BGH übernahm diese Auslegung (BGH **2**, 135, 136; **22**, 206, 207; NJW **55**, 351) und hielt an ihr nach der Neufassung 1974 nach kurzem Schwanken (NJW **76**, 1698 [für „Absetzen" Erfolg erforderlich]; vgl. auch Köln NJW **75**, 987 f.) weiterhin fest (BGH **26**, 358; **27**, 45, 47; jew. mwN). Die Begründungen stellten – neben der bloßen Behauptung, der Wortlaut der Neufassung spreche „eindeutig" für diese Auslegung (BGH **27**, 45, 50; vgl. auch BGH **26**, 358, 359 f.) – darauf ab, der Gesetzgeber habe mit den Tatvarianten des Absetzen und der Absatzhilfe dasselbe gemeint wie mit „Mitwirken zum Absatz" und nicht erkennen lassen, dass er den „gefestigten Stand der Rechtsprechung verlassen" wolle (vgl. BGH **27**, 45, 48 f.). Das ist unzutreffend, da der *Grund* für die extensive Auslegung schon 1943 weggefallen war. *Anders* als durch Einführung der Versuchsstrafbarkeit hätte das Gesetz einen Willen, „Absetzen" als Erfolgsdelikt zu gestalten, gar nicht ausdrücken können. **19 b**

BGH **43**, 110 (Anm. *Krack* NStZ **98**, 462; *Endriß* NStZ **98**, 463; *Seelmann* JR **98** 342; *Rosenau* NStZ **99**, 352) hat diese Rspr im Grds bestätigt, die Vollendungsstrafbarkeit aber dahin eingeschränkt, dass „Absetzen-Helfen" als „Bemühen um Absatz" **im konkreten Fall geeignet** sein muss, die rechtswidrige Vermögenssituation aufrechtzuerhalten oder zu vertiefen. Die Vermittlung von Diebesgut an einen Verdeckten Ermittler erfüllt daher, weil es an der Eignung zur Vollendung fehlt, nur den Tatbestand des Versuchs (ebenso NStZ **99**, 351; NStZ-RR **00**, 266 [für Lieferung an Vertrauensperson; Anm. *Baier* JA **00**, 923]; krit. hierzu *Zieschang*, Schlüchter-GedS 403, 408 f.). Diese Einschränkung (ähnlich NStZ **97**, 80 [zu § 146; vgl. dort]; **99**, 83 f. [zu § 261]) führt zu Abgrenzungsproblemen bei Abs. III, weil danach zwischen erfolglosen „geeigneten" und erfolglosen „ungeeigneten" (und uU „völlig ungeeigneten") Tathandlungen unterschieden werden muss (zutr. *Krack* NStZ **98**, 463; vgl. auch *Küper* BT 10 f.; zur Anwendung auf andere *unechte Unternehmensdelikte* [insb. Handeltreiben, § 29 BtMG] vgl. *Endriß* NStZ **98**, 463). **19 c**

Nach der in der Literatur überwiegend vertretenen **Gegenansicht** setzen die Tatvarianten des Absetzen und der Absatzhilfe jeweils einen **Absatzerfolg** voraus; bei Ausbleiben dieses Erfolgs liegt Versuch vor (LK-*Ruß* 26, 30; *S/S-Stree* 32, 38; *Stree* JuS **76**, 143; *Kindhäuser* LPK 27; *Lackner/Kühl* 13; SK-*Hoyer* 20; NK-*Altenhain* 44, 50; MK-*Lauer* 82 f.; *Küper* JuS **75**, 633; NJW **77**, 58 f.; BT 10 f.; *Franke* NJW **77**, 857; *Berz* Jura **80**, 65; *Lackner/Werle* JR **80**, 214; *Rudolphi* JA **81**, 92 f.; *Roth* JA **88**, 205; *Seelmann* JuS **88**, 41; *Freund/Bergmann* JuS **91**, 224; *Paeffgen* JR **96**, 346; *Kunz* Jura **97**, 155; *Krack* NStZ **98**, 462; *Endriß* NStZ **98**, 463; *Zöller/Frohn* Jura **99**, 383; *Otto* BT § 58 I 3 b; *M/Schroeder/Maiwald* 39/34; *Rengier* BT I, 22/35; *Krey* ZStW **101**, 849; *Krey/Hellmann* BT/2, 182; *Zieschang*, Schlüchter-GedS 403, 407 ff.). Die Kritik an der Rspr ist **zutreffend**: Es ist nicht einleuchtend, für das Sich-Verschaffen (oben 14) am Erfordernis eines Erfolgs (Erlangung von Verfügungsgewalt) festzuhalten, das Absetzen aber als (konkretes; and. *Zieschang,* Die Gefährdungsdelikte, 1998, 53 ff.; *ders.*, Schlüchter-GedS 403, 413) Gefährdungsdelikt zu verstehen. Das gilt namentlich auch im Hinblick auf die Tatvariante des Ankaufens (oben 12, 13): Eine von den Beteiligten als bindend angesehene Ankaufs-Vereinbarung kann schwerlich als weniger Rechtsgutsbeeinträchtigend angesehen werden als ein „Sich-Umhören", ob sich ein Käufer finde; einen systematischen Grund, den Kaufvertrag als Vorbereitungshandlung oder Versuch, das Anbieten an Dritte aber als Vollendung anzusehen, gibt es nicht. Es ist nicht sinnvoll, im Hinblick auf eine (seit 60 Jahren!) gar nicht mehr bestehende Strafbar- **19 d** keitslücke eine wortlautferne Auslegung vorzunehmen, die Anlass zu komplizierten und fehlerträchtigen Ausnahmen gibt.

19e **Einzelfälle.** Als Absatzhilfe ist **zB** angesehen worden: Umwechseln erbeuteten Geldes (BGH **9**, 138); uU dessen Ausgeben (GA **65**, 374; 5 StR 147/85); Beratung des Täters, wie dieser das Geld ausgeben solle (BGH **9**, 139); eigennütziges Anmieten von Lagerräumen oder Transportfahrzeugen für das Diebesgut (2 StR 660/79); das mit dem Vortäter einvernehmliche Übernehmen des Transports des Diebesguts zum Umsatzort (NJW **90**, 2897, hierzu *Geppert* JK 11); das Umschlagen von Motor- und Karosserienummern bei gestohlenen Fahrzeugen; die Fälschung von Fahrzeugpapieren; das Zerlegen und Umschleifen gestohlener Schmuckstücke (BGH **26**, 362); Übernahme zum kommissionsweisen Verkauf (2 StR 587/78) oder das sonstige Übernehmen des Absatzes (RG **57**, 70); die Benennung eines Käufers; die Reparatur der Sache (NStZ **94**, 395); Hilfe bei der Erlangung des Kaufpreises (4 StR 184/65). **Keine Absatzhilfe** ist der Mitgenuss von mit Diebesgut bezahlten Speisen (BGH **9**, 137); bloßes Verwahren oder vorübergehendes Einlagern (BGH **2**, 136; NJW **89**, 1490 [m. Anm. *Stree* JR **89**, 384]; JZ **93**, 663; NStZ **93**, 282; StraFo **05**, 214, 215).

20 **4) Subjektiver Tatbestand.** Der **Vorsatz** des § 259 muss den Umstand erfassen, dass die Sache durch eine rechtswidrige Tat erlangt ist (NStZ-RR **00**, 106; Hamm NStZ-RR **03**, 237 f.). Welche Tat dies im Einzelnen war, braucht der Täter nicht zu wissen (NStZ **92**, 84); es ist auch unerheblich, ob er schuldhaftes Handeln des Vortäters annimmt oder nicht (vgl. 2 ff.). Bedingter Vorsatz reicht aus (NStZ **83**, 264; wistra **93**, 264; **99**, 339); ausreichend ist, dass der Täter mit der Möglichkeit einer Vortat rechnet und dies billigt oder sich um des erstrebten Zieles willen damit abfinden (wistra **00**, 177). Die Rechtswidrigkeit der Vortat muss der Täter als solche nicht kennen; er muss nicht die rechtliche Bewertung nachvollziehen, sondern nur die tatsächlichen Umstände kennen, aus welchen sie sich ergibt (NK-*Altenhain* 56). Erfährt der Täter erst nach Erlangung des Gewahrsams von der Herkunft der Sache aus der Vortat, so kommt Hehlerei dann in Betracht, wenn der Täter den Gewahrsam zunächst zwar zu eigener Verfügungsgewalt, aber ohne seinen Willen erlangt hat und die Sache erst dadurch „an sich bringt", dass er sie nun behält (BGH **2**, 138; **15**, 58; GA **67**, 315) oder absetzt (1 StR 488/66; vgl. auch Zweibrücken OLGSt. 39). Im Verhältnis zur (leichtfertigen) **Geldwäsche** (§ 261 II Nr. 1; V) entfaltet der Tatbestand des § 259, wenn Vorsatz nicht vorliegt, keine „Sperrwirkung" (vgl. BGH **50**, 347, 352 [=NJW **06**, 1287]).

21 Erforderlich ist weiterhin der Vorsatz, eine der Tathandlungen (13 ff.) zu begehen und *dadurch* die rechtswidrige Vermögenslage aufrechtzuerhalten (RG **54**, 281; Bay MDR **71**, 1029). Auch insoweit reicht bedingter Vorsatz aus; für den Vorsatz der Rechtswidrigkeit der Vermögenslage gilt das oben 20 Ausgeführte. Nimmt der Täter irrig Umstände an, auf Grund derer der Vorbesitzer unanfechtbar Eigentümer geworden wäre, so fehlt der Vorsatz (*S/S-Stree* 45; NK-*Altenhain* 57).

22 Vorausgesetzt ist darüber hinaus die **Absicht,** sich oder einen Dritten zu **bereichern,** dh einen **Vermögensvorteil** zu erlangen oder dem Dritten zu verschaffen (105 ff. zu § 263); ob der Vorteil erlangt wird, ist für den Tatbestand ohne Bedeutung (GA **69**, 62; MDR/H **81**, 267). Die Absicht ist tatbezogen; § 28 I gilt nicht (JR **78**, 344; LK-*Ruß* 39; *S/S-Stree* 59; MK-*Lauer* 99; **aA** SK-*Hoyer* 45). Andere als Vermögensvorteile reichen nicht aus (MDR/H **77**, 283; *Roth* JA **88**, 258). Der bloße **Besitz** ist nach stRspr. kein Vermögensvorteil (MDR/H **83**, 92 [hierzu *Geilen* JK 6]; GA **86**, 559; Bay NJW **79**, 2219 [m. Anm. *Paeffgen* JR **80**, 301]; vgl. *Otto* Jura **85**, 155); der **Ankauf zum Marktpreis** erfüllt daher die Voraussetzung der Bereicherungs-Absicht nicht (MDR/D **67**, 369; 4 StR 172/60; Stuttgart NJW **77**, 770; Hamm NStZ-RR **03**, 237 f.; LK-*Ruß* 36; *S/S-Stree* 47; NK-*Altenhain* 63), auch wenn es für die Sache nur einen illegalen Markt gibt (vgl. NJW **79**, 2358; GA **80**, 69, 70; LK-*Ruß* 36 [zu BtM]); am Vorteil fehlt es auch beim Erwerb gestohlener Sachen, die sich der Täter zum gleichen Preis auf rechtmäßigem Wege hätte verschaffen können (MDR/D **67**, 369; GA **69**, 62; Düsseldorf StV **91**, 110). Anders ist es, wenn die Sache in der Absicht gewinnbringender Verwertung (Weiterveräußerung, -verarbeitung) zum marktüblichen Einkaufpreis erworben wird (GA **78**, 372; MDR/H **81**, 267; **96**, 118; NStZ **81**, 147); das Erstreben des üblichen

Geschäftsgewinns reicht aus. Ein Vermögensvorteil ist auch angenommen worden, wenn der Erwerb eine bislang ungesicherte Forderung erfüllt (GA **78**, 372) oder wenn die gestohlene Sache als Pfand für eine solche Forderung gewährt wird (MDR/D **54**, 16). Rechtswidrig braucht der Vorteil als solcher nicht zu sein (LK-*Ruß* 37; SK-*Hoyer* 43; *S/S-Stree* 49; *Roth* JA **88**, 259; **aA** *Arzt* NStZ **81**, 13).

Dritter kann idR **nicht der Vortäter** sein. Jedenfalls dann, wenn der Täter ausschließlich mit dem Ziel handelt, dem Vortäter den durch die Vortat erlangten Vermögensvorteil zu erhalten, und es ihm nicht darauf ankommt, ihm einen hierüber hinaus gehenden Vorteil zu verschaffen, liegt nicht Hehlerei, sondern Begünstigung vor (NStZ **95**, 595 [Anm. *v. Heintschel-Heinegg* JA **96**, 273; *Paeffgen* JR **96**, 346; *Geppert* JK 13]; StraFo **05**, 214, 215; LK-*Ruß* 38; SK-*Hoyer* 45; NK-*Altenhain* 67; *Lackner/Kühl* 17; *M/Schroeder/Maiwald* 39/41; *W/Hillenkamp* 876; *Lackner/Werle* JR **80**, 216; *Roth* JA **88**, 258; *Zieschang*, Schlüchter-GedS 403 f.; **and.** NJW **79**, 2621 [vgl. hierzu *Paeffgen* JR **96**, 349]; *Mitsch* BT II/1, 10/62 u. JuS **99**, 375 f.; *S/S-Stree* 50). **22 a**

Stoffgleichheit, also die Absicht, den Vorteil gerade aus der gehehlten Sache zu erreichen, ist **nicht erforderlich** (MDR/H **77**, 283; Bay NJW **79**, 2219; *M/Schroeder/Maiwald* 39/38; *S/S-Stree* 48; *Lackner/Kühl* 17; *LK-Ruß 37; W/Hillenkamp* 877; SK-*Hoyer* 44; NK-*Altenhain* 65; *Otto* JZ **85**, 77; *Roth* JA **88**, 259; **aA** *Arzt* NStZ **81**, 14; *Arzt/Weber* 28/28; *Seelmann* JuS **88**, 42; zweifelnd *Lackner/Kühl* 17). **23**

5) Nach **Abs. II** gelten die **§§ 247** (bei gegen Angehörige usw. gerichteter Vortat) **und 248 a** (bei Hehlerei geringwertiger Sachen) sinngemäß. § 248 a ist gegeben, wenn die gehehlte Sache geringwertig (3 zu § 248 a) ist; auf den Wert der angestrebten Bereicherung kommt es nicht an. **24**

6) Nach **Abs. III** ist der **Versuch,** auch als untauglicher (NStZ **83**, 264), bei allen Tatformen strafbar, zB dann, wenn es entgegen der Vorstellung des Täters an den tatsächlichen Voraussetzungen einer geeigneten Vortat fehlt (NStZ **92**, 84) oder dies nicht nachweisbar ist (wistra **93**, 264); oder wenn der Täter irrig ein Einverständnis des Vortäters annimmt (oben 16). Solange die Sache vom Vortäter noch nicht rechtswidrig erlangt ist, kommt versuchte Hehlerei in Betracht, wenn der Täter zum Zeitpunkt seines Handelns glaubt oder für möglich hält und billigt, dass die Sache schon erlangt ist (MDR/H **95**, 881). Nimmt er irrig die tatsächlichen Umstände einer Vortat an, die gar nicht gegen fremdes Vermögen gerichtet ist, so liegt, auch wenn er mit „Hehlerei"-Vorsatz handelt, nur ein Wahndelikt vor (MK-*Lauer* 113). Die Abgrenzung zwischen Vorbereitung und Versuch ist auf der Grundlage der stRspr, die für die Vollendung einen Absatzerfolg nicht voraussetzt, bei den Tatformen der Absatzhehlerei schwierig (vgl. oben 19). In Fällen, in denen der Absatz des (zB wegen Defekts) noch gar nicht „absatzfähigen" Diebesguts erst vorbereitet wird, kommt (nur) versuchte Hehlerei in Betracht (NStZ **94**, 396). **25**

7) Verhältnis zur Vortat. Der **Alleintäter** der Vortat kann schon tatbestandsmäßig (BGH **8**, 392) nicht Hehler oder Anstifter zur Hehlerei sein, da die Hehlerei die Vortat eines anderen voraussetzt (RegE 252), im Übrigen aber hier mitbestrafte Nachtat ist (BGH **7**, 135 und Bay NJW **58**, 1597). Gleiches gilt für den **Mittäter** (GrSenBGH **7**, 392; BGH **8**, 392; StraFo **05**, 214, 215 mwN; *Geppert* Jura **94**, 113; *Martens* JA **96**, 250), auch beim Zuerwerb des Anteils eines anderen Mittäters nach Verteilung der Beute (LK-*Ruß* 41; *S/S-Stree* 54; *Lackner/Kühl* 7; *Otto* Jura **85**, 152; *Seelmann* JuS **88**, 42), sowie für den am Bandendiebstahl bloß Beteiligten, soweit er hinsichtlich des einfachen oder erschwerten Diebstahls Mittäter ist, BGH **33**, 52 (m. Anm. *Jakobs* JR **85**, 352; *Joerden, Taschke* StV **85**, 329, 367; *J. Meyer* JuS **86**, 192; *Roth* JA **88**, 201). Für **Anstifter und Gehilfen** der Vortat ist Hehlerei möglich an Sachen, die andere Teilnehmer an der Vortat durch diese erlangt haben (BGH **5**, 378; **8**, 392; **13**, 403, 405; 5 StR 483/95; LK-*Ruß* 42; *S/S-Stree* 55 ff.); dies auch dann, wenn die Teilnahme von vornherein darauf abzielte, die Gelegenheit für einen späteren hehlerischen Erwerb zu schaffen (GrSenBGH **7**, 134; MDR/H **84**, 626; 1 StR 325/93; StraFo **05**, 214, 215; München wistra **07**, **26**

37; NK-*Altenhain* 77; **aA** *Oellers* GA **67**, 6; *Roth* JA **88**, 200). Voraussetzung dafür ist, dass durch die Teilnahme an der Vortat keine Herrschaftsgewalt über und kein „Anrecht" an der Tatbeute begründet wurde; die Übertragung durch den Vortäter an den Hehler muss sich aufgrund einer „freien" Verfügung vollziehen (München wistra **07**, 37; *S/S-Stree* 57). Außer in Fällen natürlicher Handlungseinheit wird idR **Tatmehrheit** anzunehmen sein (BGH **13**, 403; **22**, 206 [zust. *Schröder* JZ **69**, 32]; MDR/H **86**, 293). **Wahlfeststellung** zwischen §§ 242 und 259 ist möglich, (vgl. 27 zu § 1); zur Anwendbarkeit bei erschwerten Formen (§§ 243, 244, §§ 260, 60 a) vgl. wistra **00**, 258; 6 zu § 260. Zu den **Postpendenzfeststellungen** vgl. 30 zu § 1.

27 **8) Konkurrenzen.** Die einheitliche Mitwirkung beim Absatz von Beute aus mehreren Vortaten ist nur eine Tat nach § 259 (wistra **03**, 99). Gegenüber dem Sich-Verschaffen ist päteres Absetzen mitbestrafte Nachtat (NJW **75**, 2109; 2 StR 287/90; LK-*Ruß* 46; für Tatbestandsausschluss; BGH **23**, 38; *S/S-Stree* 64; *Hübner* NJW **75**, 2110). Der Erwerb von mehreren aus einer oder mehreren Vortaten stammenden Sachen ist nur eine Hehlerei (NStZ-RR **05**, 236; 5 StR 157/98; MK-*Lauer* 120).

Mit **Begünstigung** ist Idealkonkurrenz bei Einheit der Handlung denkbar (BGH **2**, 363), da § 259 ein selbstständiges Delikt ist. Tateinheit ist auch möglich mit § 258 (NStZ **99**, 84) und mit § 261 (JuS **99**, 300). Gegenüber der **Geldwäsche** (§ 261) hat der objektive Tatbestand des § 259 keine Sperrwirkung (BGH **50**, 347, 352 = NJW **06**, 1297).

Mit **Unterschlagung** (§ 246) liegt Gesetzeskonkurrenz vor, so dass allein § 259 anwendbar ist. Mit **Urkundenfälschung** besteht Tateinheit im Falle des „Umfrisierens" der Motor- und Fahrgestellnummer gehehlter Fahrzeuge (MDR/H **81**, 452). Ferner ist Tateinheit möglich mit **Fälschung technischer Aufzeichnungen** (§ 268) und mit **Betrug** (KG JR **66**, 307), an dem der Hehler zugunsten des Vortäters teilnehmen kann.

28 **9) Zuständigkeit** in Wirtschaftsstrafsachen: § 74 c I Nr. 6 GVG. FAufsicht § 262. **Qualifikationen** in § 260, 260 a. Fahrlässigkeitstat: § 148 b GewO; vgl. auch § 261 V.

Gewerbsmäßige Hehlerei; Bandenhehlerei

260 **I Mit Freiheitsstrafe von sechs Monaten bis zu zehn Jahren wird bestraft, wer die Hehlerei**

1. gewerbsmäßig oder

2. als Mitglied einer Bande, die sich zur fortgesetzten Begehung von Raub, Diebstahl oder Hehlerei verbunden hat,

begeht.

II Der Versuch ist strafbar.

III In den Fällen des Absatzes 1 Nr. 2 sind die §§ *43 a*, 73 d anzuwenden. § 73 d ist auch in den Fällen des Absatzes 1 Nr. 1 anzuwenden.

Zu Abs. III S. 1: § 43 a ist nach der Entscheidung des BVerfG vom 20. 3. 2002 (BGBl. I (1340) verfassungswidrig und nichtig.

1 **1) Allgemeines.** Die Vorschrift wurde durch Art. 1 Nr. 17 OrgKG eingefügt. Sie ist **Qualifikationstatbestand** zu § 259, entspricht in Nr. 1 § 260 aF und wurde um den Tatbestand der bandenmäßigen Hehlerei (I Nr. 2) erweitert, für den Abs. III die Anwendbarkeitsvoraussetzung für § 73 d (Erweiterter Verfall) schafft.

1 a **Literatur:** *Erb,* Die Qualifikationstatbestände der Bandenhehlerei (§§ 260 I Nr. 2, 260 a StGB) – ein spezifisches Instrument zur Bekämpfung der „Organisierten Kriminalität"?, NStZ **98**, 537.

2 **2) Abs. 1 Nr. 1** erfasst die **gewerbsmäßige Begehung** der Hehlerei. Gewerbsmäßigkeit erfordert, dass der Täter in der Absicht handelt, durch wiederholte Begehung von Hehlerei aus deren Vorteilen sich eine fortlaufende Einnahmequelle von einigem Umfang und einiger Dauer zu verschaffen (MDR/D **75**, 724; wistra **93**, 62; NStZ **95**, 85; **96**, 495; 62 vor § 52). Das setzt jedoch nicht voraus, dass er den Betrieb eines „kriminellen Gewerbes" plant und seinen Lebensunterhalt auf Dauer ganz oder teilweise hierdurch bestreiten will (4 StR 250/98). Die Ge-

werbsmäßigkeit ist als Qualifikationsmerkmal (anders als zB bei § 243) in den Schuldspruch aufzunehmen (NStZ-RR **07**, 111 f.). Gewerbsmäßigkeit ist ein **persönliches Merkmal** iS des § 28 II (6, 9 zu § 28; NJW **53**, 955; SK-*Hoyer* 2; *Roth* JA **88**, 260), so dass der Gehilfe nur nach § 259 zu bestrafen ist, wenn der Erschwerungsgrund nicht auch bei ihm vorliegt (BGH **3**, 191; **4**, 43; StV **94**, 17; **96**, 87).

3) Abs. I Nr. 2 stellt mit der **Bandenhehlerei** eine Erscheinungsform organisierter Kriminalität unter die verschärfte Strafe des § 260 (zutr. krit. zum Anwendungsbereich *Erb* NStZ **98**, 537 f.). Zu den allgemeinen Anforderungen an die Banden-Qualifikation vgl. 17 ff. zu § 244, 8 zu § 250I. Nr. 2 erfasst sowohl den Fall, dass mehrere Hehler sich zu einer Bande zusammenschließen, als auch das Handeln eines Hehlers als Mitglied einer Räuber- oder Diebesbande; anders als § 244 I Nr. 2 auch sog. „**gemischte Banden**" zur Begehung von Diebstahl *oder* Hehlerei. Erforderlich ist der Zusammenschluss von mindestens **3 Personen** (GrSenBGH **46**, 321) zur gemeinsamen (wenn auch nicht stets von allen Mitgliedern zugleich zu vollziehenden) Tatbegehung. Hierzu reicht eine bloße (auch dauerhafte) Geschäftsbeziehung eines Hehlers mit verschiedenen Vortätern nicht aus (vgl. wistra **02**, 57); jedoch kann ein Hehler *zugleich* Mitglied einer Diebesbande (als Gehilfe) und einer Hehlerbande (als Täter) sein (vgl. NStZ **07**, 33, 34 [dazu *Kudlich* JA **06**, 746 f.]). Die Bandenmitgliedschaft ist ein besonderes persönliches Merkmal iS von § 28 II (ebenso MK-*Lauer* 7; str.). 3

Abweichend von § 244 I Nr. 2 verlangt der Tatbestand nicht die **Mitwirkung** eines anderen Bandenmitglieds bei der Tat (NStZ **95**, 85; wistra **00**, 135); es reicht, wenn ein Mitglied der Bande die Hehlerei allein oder gemeinsam mit Außenstehenden begeht, sofern dies „**als Mitglied**" der Bande geschieht, also entweder im Rahmen der Bandenabrede oder im mutmaßlichen Einverständnis der übrigen zur Förderung des Bandenzwecks (NJW **00**, 2034 f.). Die Reduzierung der Anforderungen an die „Mitwirkung" in § 244 I Nr. 2 (§ 250 I Nr. 2) durch BGH **46**, 321 (vgl. auch BGH **46**, 120; 138; 21 ff. zu § 244) mildert zwar die in der Lit. kritisierten Anwendungsunterschiede bei der Beurteilung gemischter Banden aus Dieben und Hehlern (vgl. *Miehe* StV **97**, 249; *Erb* [1 a] 539; *Jakobs* JR **85**, 342; *Krack* JR **06**, 435; einschränkend NK-*Altenhain* 8 ff.), hebt sie aber nicht auf (vgl. BGH **46**, 331, 335), denn für § 260 I Nr. 2 reicht auch eine Tat ohne jede Mitwirkung anderer Bandenmitglieder. Wenn der (bandenangehörige) Hehler an dem Diebstahl eines Bandenmitglieds nicht mitwirkt, so gilt für den Dieb nur § 242, für den Hehler aber (idR) § 260 a (vgl. auch NStZ **00**, 255; wistra **00**, 258, 260; NStZ **07**, 33 34.f.; 19 a zu § 244). Auch die Einbeziehung „vertikaler" Strukturen (Abkäufer eines Hehlers) in die Bandenstrafbarkeit erscheint problematisch (vgl. NStZ **96**, 495). 3 a

4) Nach **Abs. II** ist der **Versuch** strafbar; zB auch dann, wenn der Hehler irrtümlich eine Vortat annimmt (RG **64**, 130; MK-*Lauer* 8). Auch untauglicher Versuch mit bedingtem Vorsatz ist möglich (KG JR **66**, 307). 4

5) Nach **Abs. III** ist in beiden Fällen des Abs. I § 73 d (Erweiterter Verfall) anzuwenden. Die Verweisung auf § 43 a (Vermögensstrafe) in III S. 1 ist auf Grund der Nichtigkeit des § 43 a (vgl. oben vor 1) obsolet. 5

6) Wahlfeststellung zwischen gewerbsmäßiger Hehlerei nach § 260 und gewerbsmäßig begangenem Diebstahl (§§ 242, 243 I Nr. 3) ist möglich (BGH **11**, 26, 28; NJW **74**, 804 f.; wistra **00**, 258 f.; 4 StR 250/98); ebenso zwischen Bandendiebstahl nach § 244 I Nr. 2, § 244 a I und Bandenhehlerei nach §§ 260 I Nr. 2, 260 a I (NStZ **00**, 473 [Bespr. *Baier* JA **00**, 176]). Im Hinblick auf die unterschiedlichen Anforderungen an die Beteiligungsverhältnisse bei Bandentaten (vgl. oben 3) scheidet Wahlfeststellung zwischen (schwerer) Bandenhehlerei und Diebstahl aber aus, wenn hinsichtlich der möglichen Diebstahltaten eine *Mitwirkung* eines anderen Bandenmitglieds nicht erwiesen ist; in diesem Fall kommt Wahlfeststellung in Betracht, *soweit* rechtsethische und psychologische Vergleichbarkeit sicher festgestellt ist, also etwa hinsichtlich der Gewerbsmäßigkeit (wistra **00**, 258, 260). § 247 (Antragserfordernis) dürfte wie bei § 244 (vgl. 1 zu § 247) anwendbar sein (*Lackner/Kühl* 7), nicht hingegen § 248 a. 6

7 **7) Sonstige Vorschriften:** FAufsicht § 262; Überwachungsmaßnahmen §§ 98 a ff., 100 a I Nr. 2, 110 a StPO, UHaft § 116 a I Nr. 2 StPO; Zuständigkeit in Wirtschaftsstrafsachen § 14 c I Nr. 6 GVG.

Gewerbsmäßige Bandenhehlerei

260a **I Mit Freiheitsstrafe von einem Jahr bis zu zehn Jahren wird bestraft, wer die Hehlerei als Mitglied einer Bande, die sich zur fortgesetzten Begehung von Raub, Diebstahl oder Hehlerei verbunden hat, gewerbsmäßig begeht.**

II In minder schweren Fällen ist die Strafe Freiheitsstrafe von sechs Monaten bis zu fünf Jahren.

III Die §§ *43 a*, 73 d sind anzuwenden.

Zu Abs. III: § 43 a ist nach der Entscheidung des BVerfG vom 20. 3. 2002 (BGBl. I (1340) verfassungswidrig und nichtig.

1 **1) Allgemeines. Die Vorschrift** wurde durch Art. 1 Nr. 18 OrgKG eingefügt. § 260 a ist neben § 260 ein weiterer echter Qualifikationstatbestand zu § 259 I.

2 **2) Abs. I** setzt zunächst voraus, dass die äußeren Tatbestandsmerkmale der **Hehlerei** vorliegen und in subjektiver Hinsicht die Bereicherungsabsicht (22 f. zu § 259) gegeben ist. Zudem muss der Täter die Hehlerei **gewerbsmäßig** (62 vor § 52, 2 zu § 260) begehen, so dass für die Beteiligung mehrerer auch hier § 28 II gilt (vgl. dort). **Zusätzlich** muss der gewerbsmäßig handelnde Hehler die Tat **als Mitglied einer Bande** (17 ff. zu § 244) begehen, die sich zur **fortgesetzten Begehung** (20 zu § 244) von Raub oder Diebstahl oder von Hehlerei verbunden hat (vgl. 2 f. zu § 260). Da bandenmäßiges Handeln, das *nicht* zugleich gewerbsmäßig ist, in der Praxis kaum vorkommt, ist die Abstufung zu § 260 I Nr. 2 nicht sehr überzeugend (*Erb* NStZ **98**, 541; MK-*Lauer* 2). Bei der Feststellung bandenmäßigen Handelns ist eine Trennung in ein „Bezugssystem" und ein „Absatzsystem" (mit jeweils getrennter Beurteilung der Bandenmäßigkeit) nicht veranlasst, wenn es sich hierbei nur um eine Form der **Arbeitsteilung** bei übergreifender Bandenabrede handelt (vgl. wistra **03**, 260, 261; zu „gemischten" Banden vgl. auch 3 zu § 260). Dasselbe gilt für Begrenzungen von Kenntnissen oder Einfluss aus konspirativen Gründen. Ob bei Bestehen einer zur Begehung von Vermögensstraftaten gebildeten Bande der Hehler Teil dieser (dann „gemischten"; vgl. dazu 3 zu § 260) Bande ist (dann § 260 a) oder dieser nur als (gewerbsmäßiger) Abnehmer gegenübersteht (dann § 260 I Nr. 1), ist unter Bewertung der Umstände des Einzelfalls (Inhalt von Abreden; Erlösverteilung; Risikoverteilung) festzustellen (StraFO **05**, 214, 215; vgl. auch NStZ **07**, 33 f.).

3 **3) Abs. II** sieht für **minder schwere Fälle** (85 ff. zu § 46) einen milderen Strafrahmen vor.

4 **4) Abs. III** sieht für die gewerbsmäßige Bandenhehlerei zusätzlich zur Freiheitsstrafe die Anordnung des erweiterten Verfalls (§ 73 d) vor. Die Verweisung auf § 43 a ist obsolet (vgl. oben vor 1).

Geldwäsche; Verschleierung unrechtmäßig erlangter Vermögenswerte

261 **I Wer einen Gegenstand, der aus einer in Satz 2 genannten rechtswidrigen Tat herrührt, verbirgt, dessen Herkunft verschleiert oder die Ermittlung der Herkunft, das Auffinden, den Verfall, die Einziehung oder die Sicherstellung eines solchen Gegenstandes vereitelt *oder gefährdet, wird mit* Freiheitsstrafe von drei Monaten bis zu fünf Jahren bestraft. Rechtswidrige Taten im Sinne des Satzes 1 sind**

1. Verbrechen,
2. Vergehen nach

a) § 332 Abs. 1, auch in Verbindung mit Abs. 3, und § 334,
b) § 29 Abs. 1 Satz 1 Nr. 1 des Betäubungsmittelgesetzes und § 29 Abs. 1 Nr. 1 des Grundstoffüberwachungsgesetzes,

3. Vergehen nach § 373 und, wenn der Täter gewerbsmäßig handelt, nach § 374 der Abgabenordnung, jeweils auch in Verbindung mit § 12 Abs. 1 des Gesetzes zur Durchführung der Gemeinsamen Marktorganisationen und der Direktzahlungen,
4. Vergehen
a) nach den §§ 152 a, 181 a, 232 Abs. 1 und 2, § 233 Abs. 1 und 2, §§ 233 a, 242, 246, 253, 259, 263 bis 264, 266, 267, 269, 284, 326 Abs. 1, 2 und 4 sowie § 328 Abs. 1, 2 und 4,
b) nach § 96 des Aufenthaltsgesetzes und § 84 des Asylverfahrensgesetzes,

die gewerbsmäßig oder von einem Mitglied einer Bande, die sich zur fortgesetzten Begehung solcher Taten verbunden hat, begangen worden sind, und

5. Vergehen nach §§ 129 und 129 a Abs. 3 und 5, jeweils auch in Verbindung mit § 129 b Abs. 1, sowie von einem Mitglied einer kriminellen oder terroristischen Vereinigung (§§ 129, 129 a, jeweils auch in Verbindung mit § 129 b Abs. 1) begangene Vergehen.

Satz 1 gilt in den Fällen der gewerbsmäßigen oder bandenmäßigen Steuerhinterziehung nach § 370 a der Abgabenordnung für die durch die Steuerhinterziehung ersparten Aufwendungen und unrechtmäßig erlangten Steuererstattungen und -vergütungen sowie in den Fällen des Satzes Nr. 3 auch für einen Gegenstand, hinsichtlich dessen Abgaben hinterzogen worden sind.

II Ebenso wird bestraft, wer einen in Absatz 1 bezeichneten Gegenstand

1. sich oder einem Dritten verschafft oder
2. verwahrt oder für sich oder einen Dritten verwendet, wenn er die Herkunft des Gegenstandes zu dem Zeitpunkt gekannt hat, zu dem er ihn erlangt hat.

III Der Versuch ist strafbar.

IV In besonders schweren Fällen ist die Strafe Freiheitsstrafe von sechs Monaten bis zu zehn Jahren. Ein besonders schwerer Fall liegt in der Regel vor, wenn der Täter gewerbsmäßig oder als Mitglied einer Bande handelt, die sich zur fortgesetzten Begehung einer Geldwäsche verbunden hat.

V Wer in den Fällen des Absatzes 1 oder 2 leichtfertig nicht erkennt, dass der Gegenstand aus einer in Absatz 1 genannten rechtswidrigen Tat herrührt, wird mit Freiheitsstrafe bis zu zwei Jahren oder mit Geldstrafe bestraft.

VI Die Tat ist nicht nach Absatz 2 strafbar, wenn zuvor ein Dritter den Gegenstand erlangt hat, ohne hierdurch eine Straftat zu begehen.

VII Gegenstände, auf die sich die Straftat bezieht, können eingezogen werden. § 74 a ist anzuwenden. Die §§ *43 a,* 73 d sind anzuwenden, wenn der Täter als Mitglied einer Bande handelt, die sich zur fortgesetzten Begehung einer Geldwäsche verbunden hat. § 73 d ist auch dann anzuwenden, wenn der Täter gewerbsmäßig handelt.*

VIII Den in den Absätzen 1, 2 und 5 bezeichneten Gegenständen stehen solche gleich, die aus einer im Ausland begangenen Tat der in Absatz 1 bezeichneten Art herrühren, wenn die Tat auch am Tatort mit Strafe bedroht ist.

IX Nach den Absätzen 1 bis 5 wird nicht bestraft, wer

1. die Tat freiwillig bei der zuständigen Behörde anzeigt oder freiwillig eine solche Anzeige veranlasst, wenn nicht die Tat in diesem Zeitpunkt ganz oder zum Teil bereits entdeckt war und der Täter dies wusste oder bei verständiger Würdigung der Sachlage damit rechnen musste, und

2. in den Fällen des Absatzes 1 oder 2 unter den in Nummer 1 genannten Voraussetzungen die Sicherstellung des Gegenstandes bewirkt, auf den sich die Straftat bezieht.

Nach den Absätzen 1 bis 5 wird außerdem nicht bestraft, wer wegen Beteiligung an der Vortat strafbar ist.

X Das Gericht kann in den Fällen der Absätze 1 bis 5 die Strafe nach seinem Ermessen mildern (§ 49 Abs. 2) oder von Strafe nach diesen Vorschriften absehen, wenn der Täter durch die freiwillige Offenbarung seines Wissens wesentlich dazu beigetragen hat, dass die Tat über seinen eigenen Tatbeitrag hinaus oder eine in Absatz 1 genannte rechtswidrige Tat eines anderen aufgedeckt werden konnte.

** Zu Abs. VII S. 3: § 43 a ist nach der Entscheidung des BVerfG vom 20. 3. 2002 (BGBl. I 1340) verfassungswidrig und nichtig.*

Übersicht

1) Allgemeines ... 1–1 c
2) Rechtsgut und kriminalpolitische Bedeutung ... 2–4 e
3) Tatobjekt des § 261 ... 5–8 b
4) Vortaten ... 9–18
5) Tathandlung ... 19–26 a
A. Tathandlungen nach Abs. I ... 20–22
B. Tathandlungen nach Abs. II ... 23–26 a
6) Strafloser Vorerwerb, Abs. VI ... 27–29
7) Einschränkungen des Anwendungsbereichs ... 30–39
8) Subjektiver Tatbestand ... 40–44
A. Vorsatz ... 40–41 a
B. Leichtfertigkeit, Abs. V ... 42–44
9) Versuch, Abs. III ... 45
10) Täterschaft und Teilnahme ... 46
11) Rechtsfolgen ... 47–49
12) Tätige Reue, Abs. IX S. 1, X ... 50–53
13) Konkurrenzen ... 54
14) Sonstige Vorschriften ... 55

1 **1) Allgemeines.** Die Vorschrift wurde durch Art. 1 Nr. 19 **OrgKG** v. 15. 7. 1992 (BGBl. I 1302) eingefügt (**Mat.:** BT-Drs. 12/3533; 12/4901 [Ber.]) und durch Art. 1 des AusführungsG Suchtstoffübereinkommen 1988 v. 2. 8. 1993 (BGBl. I 1407) sowie durch § 35 GÜG geändert. Das **VerbrBekG** (1 zu § 130) hat den Katalog der Vortaten erweitert. Durch Art. 1 Nr. 1 bis 7 des **G zur Verbesserung der Bekämpfung der Organisierten Kriminalität** v. 4. 5. 1998 (BGBl. I 845) wurde die Strafbarkeit auf Fälle ausgedehnt, in denen der Vortäter selbst tätig wird; gleichzeitig wurde der Vortatenkatalog erweitert; damit wurde auch der Verpflichtung aus Art. 2 iVm Art. 1 e des Zweiten Protokolls zum Übk. über den Schutz der finanziellen Interessen der EU vom 19. 6. 1997 (ABl. EG C 211, S. 11) Rechung getragen (**Mat.:** RegE BT-Drs. 13/6620; E CDU/CSU, FDP, SPD BT-Drs. 13/8651; Ber. BT-Drs. 13/9661, 13/9644; VA BT-Drs. 13/10 004; Darstellung des Gesetzgebungsverfahrens bei *Kreß* wistra **98**, 121 ff.; zu den internationalen Verpflichtungen *Vogel* ZStW **109**, 335). Durch Art. 4 des **SteuerverkürzungsbekämpfungsG (StVBG)** v. 19. 12. 2001 (BGBl. I 3922) wurden Abs. I S. 3 neu gefasst sowie die Anwendung der Vorschrift auf Vortaten nach **§ 370 a AO** und der Bereich der erfassten Vermögensgegenstände erweitert (**Mat.: RegE** BT-Drs. 14/6883; 14/7085; BR-Drs. 637/01; **Ber.** BT-Drs. 14/7470; 14/7471; BRat: BR-Drs. 892/01). Diese Änderung wurde durch Art. 8 des **Fünften G zur Änderung des Steuerbeamten-AusbildungsG und zur Änderung von Steuergesetzen** v. 23. 7. 2002 (BGBl. I S. 2715) wieder aufgehoben und durch eine Neufassung des **Abs. I S. 3** ersetzt (**Mat.:** GesE BReg BT-Drs. 14/8286; **Ber.** FinanzA BT-Drs. 14/8887; **BRat:** BR-Drs. 351/02 [Anrufung VermA]; Beschlussempfehlung **VermA** BT-Drs. 14/9631; Annahme BT: Drs. 14/9631; Zustimmung BR: Drs. 607/02). Das **34. StÄG – § 129 b** v. 22. 8. 2002 (BGBl. I S. 3390) änderte **Abs. I S. 2 Nr. 5**. Das **35. StÄG** vom 22. 12. 2003 (BGBl. I 2838) ergänzte **I S. 2 Nr. 4 Buchst. a**

um die Verweisung auf § 152a. Das TerrorismusbekämpfungsG v. 22. 12. 2003 (BGBl. I 2836; vg. 1 zu § 129a) hat **I S. 2 Nr. 5** redaktionell geändert. Art. 6 Abs. II des **G zur Umsetzung der Reform der Gemeinsamen Agrarpolitik** v. 21. 7. 2004 (BGBl. I 1763) ergänzte **I Nr. 3**. Durch Art. 11 Nr. 14 des **ZuwanderungG** v. 30. 7. 2004 (BGBl. I 1950) wurde **I S. 2 Nr. 4 Buchst. b** geändert. Das **37. StÄG** v. 11. 2. 2005 (BGBl. I 239) änderte **I S. 2 Nr. 4 Buchst. a und Nr. 5.**

Gesetzgebung: In Art. 4 des RegE eines G zur Neuregelung der TK-Überwachung (BT-Drs. 16/5846) ist eine redaktionelle Änderung von I S. 2 und 3 vorgesehen. Das Gesetzgebungsverfahren dauerte bei Redaktionsschluss der 55. Aufl. an.

Der E eines Zweiten KorrBekG (Br-Drs. 548/07) sieht eine Änderung von I Nr. 2 Buchst. a) und Nr. 4 Buchst. a) vor. Gesetzgebungsverfahren bei Redaktionsschluss 55. Aufl. nicht abgeschlossen (vgl. Abdruck im **Anhang unter Nr. 23 b**).

Der E eines ... StÄG – Strafzumessung bei Aufklärungshilfe (BR-Drs. 353/07) hat eine Aufhebung von Abs. X im Hinblick auf § 46b–E vorgeschlagen (vgl. Abdruck im **Anhang unter Nr. 23 c**).

Eine wichtige Ergänzung erfährt § 261 durch das **GeldwäscheG (GwG),** durch das die **1. EU-Geldwäsche-RL** (unten 1b) in Deutschland umgesetzt wurde. das Kredit- und Finanzinstituten (§ 1 GwG), anderen Unternehmen und Personen (§ 3 GwG, zB Spielbanken) sowie Versicherungsunternehmen (§ 1 II Nr. 2, § 4 GwG) Identifizierungs-, Aufzeichnungs-, Feststellungs- u. Mitteilungspflichten auferlegt, die in § 17 GwG bußgeldbewehrt sind. **1 a**

Das zur Umsetzung der **2. EU-Geldwäsche-RL** ergangene **GeldwäschebekämpfungsG** v. 8. 8. 2002 (BGBl. I S. 3105; **Mat.:** GesE BReg BT-Drs. 14/8739; BeschlEmpf und Ber. BT-Drs. 14/9263) hat den Umfang (§§ 1, 6, 8, 9 GWG) der Identifizierungspflichten sowie den Kreis der Verpflichteten (§ 3 I, § 4 III GWG) erheblich erweitert; erfasst sind neben den **steuerberatenden Berufen** (§ 3 Abs. I Nr. 2; vgl. dazu *Rüping*, Kohlmann-FS [2003] 499ff.), Immobilienmaklern und Spielbanken ausdrücklich auch **Rechtsanwälte, Rechtsbeistände, Patentanwälte und Notare** (§ 3 Abs. 1 Nr. 1 GWG), soweit sie für Mandanten an der Planung oder Durchführung von Immobiliengeschäften, Vermögensverwaltung, Eröffnung oder Verwaltung von Bank-, Spar- oder Wertpapierkonten, Beschaffung von Mitteln zur Gründung, zum Betrieb oder zur Verwaltung von Gesellschaften, an Gründung, Betrieb oder Verwaltung von Gesellschaften mitwirken oder im Namen und für Rechnung von Mandanten Finanz- oder Immobilientransaktionen durchführen; damit wird ein weiter Bereich der Tätigkeit der rechts- und steuerberatenden Berufe grds. von den **Identifizierungs- und Anzeigepflichten** des GWG erfasst; eine Ausnahme von der Anzeigepflicht gilt nach § 11 Abs. III S. 1 GWG für Informationen, welche die genannten Personen im Rahmen der **Rechtsberatung** oder Prozessvertretung dieses Mandanten erhalten haben, wenn nicht die Rechtsberatung gerade zum Zweck der Geldwäsche in Anspruch genommen wird und der Anzeigepflichtige dies weiß (§ 11 Abs. 3 S. 2 GWG). Weitergehende Pflichten enthalten die §§ 12 bis 14 GWG; § 5 GWG begründet die Zuständigkeit des Bundeskriminalamts als **Zentralstelle für Verdachtsanzeigen** und setzt damit Forderungen der **FATF** und der **G 7** an die Errichtung einer **Financial Intelligence Unit (FIU)** um. Die Aufzeichnungspflichten von Kreditinstituten sind in § 25b (neu) **KreditwesenG (KWG)** erweitert worden.

Durch Art. 6 des **Vierten FinanzmarktförderungsG** v. 21. 6. 2002 (BGBl. I S. 2010; RegE BT-Drs. 14/8017; vgl. dazu *Moosmayer* wistra **02**, 161; *Fleischer* NJW **02**, 2977) ist **§ 24c KWG** eingefügt worden, der Kreditinstituten zur Speicherung von Konten und personenbezogenen Daten über Kontoinhaber und -Berechtigte verpflichtet und die Bundesanstalt für Finanzdienstleistungsaufsicht (Art. 1 § 1 des G über die integrierte Finanzdienstleistungsaufsicht v. 22. 4. 2002, BGBl. I S. 1310) zu einem verdeckten, automatisierten Abruf der Daten berechtigt sowie zur Weiterleitung der Daten an Strafverfolgungsbehörden auf deren Ersuchen verpflichtet (§ 24c Abs. I bis III KWG; vgl. zum automatisierten Kontenabrufverfahren **§ 93 VII iVm § 93b AO**; zur Häufigkeit der Anwendung und zur Verfassungsmäßigkeit vgl. BFH wistra **06**, 154ff.; vgl. dazu auch BVerfGE **112**, 284; zu Mängeln beider Umsetzung Kleine Anfrage BT-Drs. 16/535). Kontenbezogene Auskunftsrechte der Bundesanstalt bestehen daneben nach § 44 I KWG. Umsetzungen des „Know your Customer"-Prinzips (vgl. die *Customer Due Dilligence*–Standards des Baseler Ausschusses für Bankenaufsicht v. 4. 10. 2001) sowie die Einrichtung der von der FATF geforderten Möglichkeiten eines lückenlosen „Konten-Screening" sind durch die Neufassung des **§ 25a KWG** erfolgt; Finanzdienstleistungsinstitute sind danach u.a. zu umfangreichen kundenbezogenen Sicherungssystemen gegen Geldwäsche (Abs. I Nr. 4) sowie zur Gewährleistung einer lückenlosen Überwachung durch die Bundesanstalt (Abs. I Nr. 3) verpflichtet. Einbezogen wurden **Kreditkartenunternehmen** (§ 1 Abs. Ia S. 2 Nr. 8 KWG).

Von erheblicher Bedeutung war die Einführung des **§ 31b AO** durch Art. 18 des Vierten FinanzmarktförderungsG, der eine Offenbarung der nach § 30 AO geschützten Verhältnisse von Betroffenen zulässt und Strafanzeigen durch die Finanzbehörden vorschreibt, wenn Tatsachen auf die Begehung einer Tat nach § 261 schließen lassen (vgl. zum Umfang der Einbeziehung von Finanzdienstleistern in die Informationsgewinnung etwa *Höche* Die Bank **02**, 196, 197; *Herzog/Christmann* WM **03**, 6 ff.). Zum Umfang der Auskunftsverpflichtungen von Finanzdienstleistungsunternehmen nach dem TerrorismusbekämpfungsergänzungsG (**TBEG**) vom 9. 1. 2007 (BGBl I, 2) vgl. im einzelnen *Huber* NJW **07**, 881. Zusammenfassende Darstellung der Gesetzesentwicklung bei *Jekewitz*, in: Herzog/Mühlhausen [unten 1 c] 59 ff.

1 b **EU-Recht:** Die **Geldwäsche-Richtlinie** 91/308/EWG v. 10. 6. 1991 (ABl. EG 1991 Nr. L 199, 77) ist durch die **3. Geldwäsche-RL** 2005/60/EG des EP und des Rates vom 26. 10. 2005 zur Verhinderung der Nutzung des Finanzsystems zum Zweck der Geldwäsche und der Terrorismusfinanzierung (ABl. EU Nr. L 309, 15) ersetzt worden. Sie soll insb. den von der FATF im Jahr 2003 beschlossenen Empfehlungen Rechnung tragen. **Frist zur Umsetzung** für die Mitgliedstaaten: 15. 12. 2007.

Das EG Finanzschutz-Übk. v. 26. 7. 1995 (ABl. EG Nr. C 151, 2) sowie das Erste Protokoll hierzu v. 27. 9. 1996 (ABl. EG Nr. C 313, 1) sind durch das Zweite Protokoll v. 19. 6. 1997 (ABl. EG Nr. C 211, 11) ergänzt worden (RatifikationsG: vgl. BT-Drs. 14/9002); die Umsetzung ist durch das AusführungsG v. 22. 8. 2002 (BGBl. I S. 3387) erfolgt (vgl. dazu 1 zu § 14). Zur Erweiterung der Zuständigkeit von **Europol** auf Geldwäschetaten vgl. G v. 16. 8. 2002 zum Prot. v. 30. 11. 2000 zur Änderung des Europol-Übk. (BGBl II 2138) und G v. 17. 3. 2006 zum Prot. v. 27. 11. 2003 zur Änderung des Europol-Übk. und zur Änderung des EuropolG (BGBl II 250).

1 c **Literatur:** *Ambos,* Internationalisierung des Strafrechts: das Beispiel „Geldwäsche", ZStW **114** (2002), 236; *Arzt,* Geldwäscherei – Eine neue Masche zwischen Hehlerei, Strafvereitelung und Begünstigung, NStZ **90**, 1; *ders.,* SchweizZSt **89**, 190; *ders.,* SchweizJZ **90**, 189; *ders.,* Geldwäsche u. rechtsstaatlicher Verfall, JZ **93**, 913; *ders.,* Das missglückte Strafgesetz – am Beispiel der Geldwäschegesetzgebung, in: *Diederichsen/Dreier* (Hrsg.), Das missglückte Gesetz, 1997, 19; *ders.,* Wechselseitige Abhängigkeit der gesetzlichen Regelungen der Geldwäscherei u. der Einziehung, in: *Trechsel* (Hrsg.), Geldwäscherei, 1997, 25; *ders.*, Dolus eventualis und Verzicht, Rudolphi-FS (2004), 3; *ders.*, Neue Wirtschaftsethik, neues Wirtschaftsstrafrecht, neue Korruption, Wiegand-FS (2005), 739; *Barton,* Sozial übliche Geschäftstätigkeit u. Geldwäsche, StV **93**, 156; *ders.,* NStZ **93**, 159; *Bauer*, Der Geldwäschetatbestand gem. § 261 StGB einschließlich der Probleme seiner Anwendung, Maiwald-FS (2003), 127; *Bernsmann,* Geldwäsche u. Vortatkonkretisierung, StV **98**, 46; *ders.*, Zur Stellung des Strafverteidigers im deutschen Strafverfahren, StraFO **99**, 226; *ders.*, Das Grundrecht auf Strafverteidigung u. die Geldwäsche (usw.), StV **00**, 40; *ders.*, Der Rechtsstaat wehrt sich gegen seine Verteidiger – Geldwäsche durch Strafverteidiger?, Lüderssen-FS (2002), 683; *Beulke*, Gedanken zur Diskussion über die Strafbarkeit des Verteidigers wegen Geldwäsche, Rudolphi-FS (2004), 391; *Bittmann,* Die gewerbs- oder bandenmäßige Steuerhinterziehung und die Erfindung des gegenständlichen Nichts als geldwäscherelevante Infektionsquelle, wistra **03**, 161; *Bottermann,* Untersuchung zu den grundlegenden Problematiken des Geldwäschetatbestandes (usw.), 1995; *Bottke,* Teleologie u. Effektivität der Normen gegen Geldwäsche, wistra **95**, 87, 121; *Brüning*, Die Strafbarkeit des Insolvenzverwalters wegen Geldwäsche gem. § 261 StGB, wistra **06**, 241; *Buchheit,* Geldwäschebekämpfung in der Sackgasse, Der Kriminalist **97**, 227; *Burger,* Die Einführung der gewerbs- u. bandenmäßigen Steuerhinterziehung sowie aktuelle Änderungen im Bereich der Geldwäsche, wistra **02**, 1; *Burger/Peglau,* Geldwäsche durch Entgegennahme „kontaminierten" Geldes als Verteidigerhonorar, wistra **00**, 161; *Burr,* Geldwäsche, 1994 (Diss. Bonn); *Bussenius*, Geldwäsche und Strafverteidigerhonorar, 2004; *Carl* wistra **91**, 288; *Carl/Klos,* Regelungen zur Bekämpfung der Geldwäsche u. ihre Anwendung in der Praxis, 1994; *Cebulla,* Gegenstand der Geldwäsche, wistra **99**, 281; *Dahm/Hamacher,* Geldwäschebekämpfung u. strafrechtliche Verfahrensgarantien (usw.), wistra **95**, 206; *Dyoniyssopoulou,* Der Tatbestand der Geldwäsche, 1999; *Fabel,* Geldwäsche u. Tätige Reue, 1997 (Diss. Marburg); *Feigen,* Die Beweislastumkehr im Strafrecht. Geldwäsche, Vermögenseinziehung, Hehlerei de lege lata et ferenda, 1998; *Felsch*, Annahme „kontaminierten" Geldes als Verteidigerhonorar, NJW-Sonderheft für Gerhard Schäfer, 2002, 24; *Fertig*, Grenzen einer Inkriminierung des Wahlverteidigers wegen Geldwäsche, 2006 (Diss. Jena 2004); *Findeisen,* Der Präventionsgedanke im Geldwäschegesetz, wistra **97**, 121; *Fischer*, Ersatzhehlerei als Beruf und rechtsstaatliche Strafverteidigung, NStZ **04**, 473; *Flatten,* Zur Strafbarkeit von Bankangestellten bei der Geldwäsche, 1996; *Forthauser,* Geldwäscherei (usw.), 1992 (Diss. München); *Fülbier,* Die Umsetzung der EG-Richtlinie zur Bekämpfung der Geldwäsche in Luxemburg, wistra **96**, 49; *ders.,* Die Umsetzung der EG-Richtlinien zur Bekämpfung der Geldwäsche in Frankreich, EuZW **94**, 52; *ders./Aepfelbach,* GWG. Kommentar zum Geldwäschegesetz, 4. Aufl. 1999; *v. Galen,* Der Verteidiger – Garant eines rechtsstaatlichen Verfahrens oder Mittel zur Inquisition? (usw.), StV **00**, 575; *dies.*, Drahtseilakt oder Rechtssicherheit? – Strafverteidigerhonorar und Geldwäsche, NJW **04**, 3304;

Geurts, Die Strafbarkeit der Geldwäsche – Metastasen politischen Willens, ZRP **97**, 250; *Gotzens / Schneider,* Geldwäsche durch Annahme von Strafverteidigerhonoraren?, wistra **02**, 121; *Graber,* Geldwäscherei, 1990; *Gradowski / Ziegler,* Geldwäsche, Gewinnabschöpfung (BKA-Forschungreihe Bd. 39), 1997; *Gropp / Huber* (Hrsg.), Rechtliche Initiativen gegen Organisierte Kriminalität, 2000; *Großwieser,* Der Geldwäschestraftatbestand § 261 StGB, 1998; *Haas,* Die fahrlässige Geldwäscherei – der Entwurf Bernasconi, MDR **91**, 212; *Hamm,* Geldwäsche durch die Annahme von Strafverteidigerhonorar?, NJW **00**, 636; *Hammerstein,* Verteidigung wider besseres Wissen?, NStZ **97**, 12; *Hartmann,* Internationale Finanzströme und Geldwäsche, KJ **07**, 2; *Hartung,* Strafverteidiger als Geldwäscher?, AnwBl. **94**, 440; *Hassemer,* Professionelle Adäquanz, wistra **95**, 41; 81; *ders.,* WM-Sonderbeil. 3/1995; *Hefendehl,* Organisierte Kriminalität als Begründung für ein Feind- oder Täterstrafrecht, StV **05**, 156; *Heghmanns,* Strafbarkeit des „Phishing" von Bankkontendaten und ihrer Verwertung, wistra **07**, 167; *Hentschel,* Neue und erweiterte Befugnisse der Finanzämter durch das StVBG, NJW **02**, 1703; *Hertweck* KR **96**, 22; *Herzog / Christmann,* Geldwäsche und „Bekämpfungsgesetzgebung" – Ein Plädoyer für rechtsstaatliche Sensibilität, WM **03**, 6; *Herzog / Mülhausen* (Hrsg.), Geldwäschebekämpfung und Gewinnabschöpfung, 2006; *Hetzer,* Bekämpfung der Organisierten Kriminalität durch Unterbindung der Geldwäsche, wistra **93**, 286; *ders.,* Geldwäsche im Schnittpunkt von Wirtschaft u. Kriminalität, ZfZ **93**, 258; *ders.,* Der Geruch des Geldes – Ziel, Inhalt u. Wirkung der Gesetze gegen Geldwäsche, NJW **93**, 3298; *ders.,* KR **97**, 386; *ders.,* Systemgrenzen des Geldwäschebekämpfung? ZRP **99**, 245; *ders.,* Magna Charta der Mafia?, ZRP **99**, 471; *ders.,* Geldwäsche u. Steuerhinterziehung, WM **99**, 1306; *ders.,* Geldwäsche und Strafverteidigung, wistra **00**, 281; *ders.,* Finanzbehörden im Kampf gegen Geldwäsche und organisierte Kriminalität, JR **00**, 141; *ders.,* Finanzmärkte und Tatorte – Globalisierung und Geldwäsche, MSchrKrim **03**, 353; *Hillmann-Stadtfeld,* Die strafrechtlichen Neuerungen nach dem Steuerverkürzungsbekämpfungsgesetz, NStZ **02**, 242; *Höreth,* Die Bekämpfung der Geldwäsche unter Berücksichtigung einschlägiger ausländischer Vorschriften u. Erfahrungen, 1996; *Hofmann / Reich,* Kompetenzüberschreitung der Gemeinschaft durch die geplante Einführung einer Verdachtsanzeigepflicht für Steuerberater, EuGRZ **01**, 371; *Hombrecher,* Geldwäsche durch Strafverteidiger?, 2001 (Diss. Kiel 2001); *Hoyer / Klos,* Regelungen zur Bekämpfung der Geldwäsche u. ihre Anwendung in der Praxis, 2. Aufl. 1998; *Huber,* Das Bankgeheimnis der Nachrichtendienste, NJW **07**, 881; *Jahn,* Freie Advokatur schützt keine Komplizenschaft, AnwBl. **00**, 412; *Joecks,* Strafvorschriften im Steuerverkürzungsbekämpfungsgesetz, wistra **02**, 201; *Kaiser,* Möglichkeiten zur Verbesserung des Instrumentariums zur Bekämpfung von Geldwäsche u. zur Gewinnabschöpfung, wistra **00**, 121; *Kargl,* Probleme des Tatbestandes § 261 StGB, NJ **01**, 57; *Katholnigg,* Kann die Honorarannahme des Strafverteidigers als Geldwäsche strafbar sein?, NJW **01**, 2041; *Keidel* KR **96**, 406 [Strafbarkeit von Bankangestellten]; *Kempf,* Das Honorar des Strafverteidigers u. Geldwäsche, Referat f. d. Strafrechtsausschuß der BRAK, Juni 1999; *Kern,* Geldwäsche u. organisierte Kriminalität, 1993; *Kilching,* Die vermögensbezogene Bekämpfung der Organisierten Kriminalität, wistra **00**, 241; *Knorz,* Der Unrechtsgehalt des § 261 StGB, 1996 [Bespr. *Otto* GA **98**, 251]; *Kögel,* Die Strafbarkeit des „Finanzagenten" bei vorangegangenem Computerbetrug durch „Phishing", wistra **07**, 206; *Körner,* Rechtsprechungsübersicht zu Geldwäschedelikten in Deutschland u. in der Schweiz, NStZ **96**, 64; *ders.,* Wer nicht wäscht, der nicht gewinnt, NJW **96**, 2143; *Körner / Dach,* Geldwäsche. Ein Leitfaden zum geltenden Recht, 1994 [m. umfass. Lit. Hinweisen 45]; *Kraushaar,* Die „kontrollierte Weiterleitung" inkriminierter Gelder (usw.), wistra **96**, 168; *Krauskopf* SchweizZSt **91**, 385; *Kreß,* Das neue Recht der Geldwäschebekämpfung, wistra **98**, 121; *Krey / Dierlamm,* Gewinnanschöpfung u. Geldwäsche. Kritische Stellungnahme zu den materiell-rechtlichen Vorschriften des Entwurfs eines Gesetzes zur Bekämpfung des illegalen Rauschgifthandels und anderer Erscheinungsformen der organisierten Kriminalität (OrgKG), JR **92**, 353; *Kulisch,* Strafverteidigerhonorar u. Geldwäsche, StraFO **99**, 337; *Lampe,* Der neue Tatbestand der Geldwäsche (§ 261 StGB), JZ **94**, 123; *Leip,* Der Straftatbestand der Geldwäsche, 1995; *Leip / Hardtke,* Der Zusammenhang von Vortat u. Gegenstand der Geldwäsche unter besonderer Berücksichtigung der Vermengung von Giralgeld, wistra **97**, 281; *Leitner,* Eine Dekade der Geldwäschegesetzgebung, AnwBl **03**, 675; *Löwe-Krahl* Die Strafbarkeit von Bankangestellten wegen Geldwäsche (usw.), wistra **93**, 123; *ders.,* Das Geldwäschegesetz – ein taugliches Instrumentarium zur Verhinderung der Geldwäsche?, wistra **94**, 121; *Lüderssen,* Beihilfe, Strafvereitelung u. objektive Zurechnung, Grünwald-FS 329; *Lütke,* Geldwäsche bei Auslandsvortat u. nachträgliche Gewährung rechtlichen Gehörs, wistra **01**, 85; *Matt,* Strafverteidigerhonorar und Geldwäsche, Riess-FS (2002), 739; *ders.,* JR **04**, 321; *Maiwald,* Auslegungsprobleme im Tatbestand der Geldwäsche, H. J. Hirsch-FS 631; *Mehlhorn,* Der Strafverteidiger als Geldwäscher, 2004 (Diss. Gießen); *Meyer / Hetzer,* Neue Gesetze gegen die organisierte Kriminalität, NJW **98**, 1017; *dies.,* Die Abschöpfung von Verbrechensgewinnen, KR **97**, 31; *dies.,* Gewinnabschöpfung durch Besteuerung, ZRP **97**, 13; *Möhrenschlager,* Das OrgKG – eine Übersicht nach amtlichen Materialien (I), wistra **92**, 286; *Müller / Gussmann,* Berufsrisiken des Strafverteidigers, 2007; *Müssig*, Strafverteidiger als „Organ der Rechtspflege" und die Strafbarkeit wegen Geldwäsche, wistra **05**, 201; *Müther*, Verteidigerhonorar u. Geldwäsche, Jura **01**, 436; *Nestler*, Der Bundesgerichtshof u. die Strafbarkeit des Verteidigers wegen Geldwäsche, StV **01**, 641; *Obermüller* KR **92**, 361; *K. Oswald*, Die Implementation gesetzlicher Maßnahmen zur Bekämpfung der Geldwäsche in der Bundesrepublik Deutschland, 1997 (Diss. Freiburg); *dies.*, Die Maßnahmen zur Bekämpfung der Geldwäsche (usw.), wistra **97**, 328; *Otto*, Examinatorium: Geldwäsche, § 261 StGB, Jura **93**, 329; *ders.*, ZKred. **94**, 63; *Petropoulos*, Der Zusammenhang von Vortat und Gegenstand in § 261 StGB, wistra **07**, 241; *Pieth*, Gewinnabschöpfung bei Betäubungsmitteldelikten (usw.), StV **90**, 558; *ders.* (Hrsg.), Bekämpfung der Geldwäscherei-Modellfall Schweiz? 1992 [Bespr. *Arzt* SchweizZSt **93**, 219]; *Prittwitz*, Die Geldwäsche u. ihre strafrechtliche Bekämpfung – oder: Zum Einzug des Lobbyismus in die Kriminalpolitik, StV **93**, 498; *Rüping*, Der Steuerberater als „Organ der Steuerrechtspflege" im System staatlicher Kontrollen, Kohlmann-FS (2003), 499; *Salditt* StV-Forum **92**, 121; *ders.*, Geldwäsche durch Strafverteidigung, StraFo **02**, 181; *Samson*, Geldwäsche nach Steuerhinterziehung? Gedanken zur Halbwertzeit von Strafgesetzen, Kohlmann-FS (2003), 263; *Schittenhelm*, Alte u. neue Probleme der Anschlußdelikte im Lichte der Geldwäsche, Lenckner-FS 519; *Schmidt*, Geldwäsche u. Verteidigerhonorar, JR **01**, 448; *Sieber/Bögel*, Logistik der Organisierten Kriminalität, 1993; *Siska* KR **93**, 565 [Österreich]; *ders.*, Die Geldwäscherei u. ihre Bekämpfung in Österreich, Deutschland u. der Schweiz, Wien 1999; *Spatschek/Wulf*, „Schwere Steuerhinterziehung" gemäß § 370 a AO, NJW **02**, 2983; *dies.*, „Schwere Steuerhinterziehung" und Geldwäsche, DB **02**, 392; *Spiske*, Pecunia olet? Der neue Geldwäschetatbestand § 261 StGB im Verhältnis zu den §§ 257, 258, 259 StGB (usw.), 1998; *Stellpflug*, Die Umsetzung der EG-Richtlinie 91/308/EWG zur Bekämpfung der Geldwäsche in Großbritannien, wistra **94**, 257; *Steuer*, Die Geldwäsche u. die Maßnahmen zu ihrer Bekämpfung aus Sicht der Banken, in: BKA (Hrsg.), Org. Krim. 1990, S. 163; *Trechsel* (Hrsg.), Geldwäscherei, 1997; *Urbanski*, Die Bekämpfung der Geldwäsche im internationalen Vergleich, USA, in: Polizeiliche Führungsakademie (Hrsg.), Organisierte Kriminalität unter besonderer Berücksichtigung illegaler Gewinne, 1994, S. 197; *Vahlenkamp/Hauer*, Organisierte Kriminalität. Täterlogistik u. Präventionsansätze, 1994; *Vogel*, Geldwäsche – ein europaweit harmonisierter Straftatbestand?, ZStW **109**, 335; *Voß*, Die Tatobjekte der Geldwäsche, 2007; *Wack*, Internationaler Transfer illegal erlangter Gewinne, in: BKA (Hrsg.), Organisierte Kriminalität in einem Europa durchlässiger Grenzen, 1991, 147; *Wegner*, Die Reform der Geldwäsche-Richtlinie u. die Auswirkungen auf rechtsberatende Berufe, NJW **02**, 794; *Werner*, Wachstumsbranche Geldwäsche 1996 [Krim.]; *Winkler*, Die Strafbarkeit des Strafverteidigers jenseits der Strafvereitelung. Zugleich ein Beitrag zur Auslegung von § 261 StGB, 2005 (Diss. Passau); *Wirtz*, Das „Al Capone –Prinzip" – Risiken und Chancen einer „Gewinnabschöpfung durch Besteuerung" nach dem Steuerverkürzungsbekämpfungsgesetz, 2006 (Diss. Augsburg); *Wittkämper/Krevert/Kohl*, Europa u. die innere Sicherheit, 1996; *Wohlers*, Strafverteidigung vor den Schranken der Strafgerichtsbarkeit, StV **01**, 420; *ders.*, Geldwäscherei durch die Annahme von Verteidigerhonoraren – Gefahr für das Institut der Wahlverteidigung, ZStrR **02**, 197; *Zuck*, Die verfassungswidrige Indienstnahme des Rechtsanwalts für die Zwecke der Strafverfolgung, NJW **02**, 1397.

Zu Regelungen im Ausland: Österreich (§ 165 öStGB) *Kienapfel* Grundriß II; *Foregger-Serini-Kodek*, (ö)StGB 5. Aufl. Erg. Heft 1993; **Schweiz** (Art. 315bis, 305ter) *Hauser/Rehberg*, SchweizStGB, 12. Aufl. 1992; *Guggenbühl* KR **95**, 217; *Arzt*, Zum gegenwärtigen Stand der Geldwäscherei in der Schweiz, in: *Hirsch* u. a. (Hrsg.), Neue Erscheinungsformen der Kriminalität, 1996, 133; *de Capitani* SJZ **98**, 97; *Schmid/Ackermann/Arzt/Bernasconi/de Capitani*, Einziehung – Organisiertes Verbrechen – Geldwäscherei, Kommentar, Bd. I. 1998; Bd. II 2002; **Polen** *Weigend/Wrobel* ZStW **108**, 416; **Türkei** *Yenisey*, H. J. Hirsch-FS 809.

2 **2) Rechtsgut und kriminalpolitische Bedeutung.** Die Einordnung des Tatbestands in die Systematik repressiver Strafverfolgung ist umstritten.

3 **A. Rechtsgut.** Das von § 261 geschützte Rechtsgut wird unterschiedlich umschrieben: Nach BT-Drs. 12/989, 27 ist es, ähnlich wie bei der Begünstigung (2 vor § 257), die staatliche **Rechtspflege** und das **Ermittlungsinteresse** der Strafverfolgungsbehörden (so auch krit. *Kargl* NJ **01**, 57, 61), in II zugleich auch das durch die **Vortat** verletzte Rechtsgut (*Hetzer* NJW **93**, 3299; *Lackner/Kühl* 1); dieses allein hält *Salditt* (aaO [oben 1 a] 122) für das jeweils geschützte Rechtsgut, hingegen *Otto* (Jura **93**, 331) nur die Rechtspflege, *Lampe* (JZ **94**, 125) neben der Rechtspflege auch den „legalen Wirtschafts- und Finanzkreislauf" (zust. *Findeisen* wistra **97**, 121). Demgegenüber meint *Barton* (StV **93**, 190), dass nur der in I enthaltene Vereitelungstatbestand (unten 22) die Rechtspflege schütze, während als Rechtsgut der übrigen Tatbestände des § 261, dem es um den vorverlagerten Schutz der durch die OrgK potentiell gefährdeten Rechtsgüter geht, das Universalrechtsgut der **inneren Sicherheit** anzusehen sei (ebenso *Körner/Dach* 13; vgl. dazu auch *Leip* [1 a] 41 ff.; *Burr* [1 a] 11 ff.; *Hassemer* WM-

Sonderbeilage 3/1995, 14; *Schittenhelm* Lenckner-FS 522 ff.; *Maiwald,* H.J. Hirsch-FS 631, 633 ff.; NK-*Altenhain* 7 ff.). Der **BGH** (NJW **97**, 3322 f.) geht von einem **eigenständigen Unrechtsgehalt** des § 261 aus, hat diesen aber nicht konkretisiert; das BVerfG hat die Rechtsgutsbestimmung als „vage" bezeichnet (2 BvR 1520/01, Rn 100). Der Ursprung der Vorschrift liegt im **Beweisrecht;** sie soll **Ermittlungsansätze** für die Verfolgung von Katalogtaten schaffen; im Übrigen erhofft man sich eine Verbesserung der Abschöpfung von Verbrechensgewinnen. Daneben misst die hM dem Tatbestand eine (zweifelhafte) generalpräventive Wirkung bei: Durch Verkehrsunfähigkeit von Straftaterlösen soll die Begehung von Vortaten „unattraktiv" gemacht werden. Insgesamt steht daher der **präventive** Charakter der Vorschrift im Vordergrund; sie zielt eher auf **sekundäre Effekte** als auf Verfolgung klar bestimmbaren Unrechts ab (vgl. *Arzt,* Das missglückte Strafgesetz [1 a] 24, 27).

B. Kriminalpolitisches Konzept. „Geldwaschen" ist Umtausch, Transfer, 4
Verheimlichen, Verschleiern, Erwerben, Besitzen und Verwenden von unmittelbar oder mittelbar aus Straftaten stammenden Vermögensgegenständen (vgl. RL 2001/97/EG v. 4. 12. 2001; zu den Erscheinungsformen im Einzelnen *[Placement, Layering, Integration]* vgl. *Körner/Dach* 28 ff.; *Becker/Kölbach* KR **95**, 755). Über den **tatsächlichen Umfang** existieren nur vage Schätzungen; es werden Beträge von **1000 Mrd. US-Dollar** jährlich (vgl. *Flatten* [oben 1 a] 3) oder Größenordnungen von **2 bis 5% der globalen Wirtschaftsleistungen** genannt (vgl. *Zuck* NJW **02**, 1397). § 261 soll dem entgegenwirken und folgt insoweit Empfehlungen der Financial Action Task Force on Money Laundering **(FATF)** der G-7-Staaten (dazu auch BT-Drs. 13/10 118) und trägt dem Suchtstoff-Übk. vom 20. 12. 1988 (ratifiziert durch G v. 22. 7. 1993, BGBl. II 1136) und dem Übk. des Europarats vom 8. 11. 1990 über das Waschen, das Aufspüren, die Beschlagnahme und die Einziehung der Erträge aus Straftaten (abgedr. in *van der Wyngaert* [Hrsg.], International Criminal Law, Den Haag, 1996, S. 107) sowie der Geldwäsche-RL 91/308/EWG v. 10. 6. 1991 (ABl. EG Nr. L 166, S. 77; dazu *Tiedemann* NJW 93, 23, 26) Rechnung, die durch die RL 2001/97/EG v. 4. 12. 2001 (Abl. EG Nr. L 344, 76) geändert und teilw. erweitert worden ist (vgl. hierzu auch *Ambos* ZStW 114 [2002], 236 ff.). Die **Konzeption** folgt recht unkritisch **Vorgaben der USA,** namentlich im Zusammenhang mit der dortigen *Drogenpolitik* (zu den von der FATF formulierten Kriterien internationaler Kooperationsbereitschaft und zu Sanktionen gegen nicht kooperierende Staaten vgl. BT-Drs. 14/5638, 17 ff.).

Eine **praktische und kriminalpolitische Bedeutung** des Tatbestands wird vor allem im 4 a
polizeilichen und *rechtspolitischen* Raum betont (vgl. etwa BT-Drs. 14/8739, 10; 14/9043, 9; in der Literatur vor allem *Hetzer* NJW **93**, 3298; wistra **93**, 286; **94**, 176; **99**, 126; ZRP **99**, 245; KR **97**, 31; 386; 694; **98**, 234; **99**, 218; 570; 788; JR **99**, 141; WM **99**, 1306; Der Kriminalist **97**, 548; **98**, 165; 259; ZfZ **93**, 258; **98**, 146; **99**, 193; 230; **00**, 38; **01**, 7; MSchrKrim **03**, 353; *Meyer/Hetzer* NJW **98**, 1017; ZRP **97**, 13). Dabei wird der Geldwäschebekämpfung programmatisch geradezu *epochaler* Charakter zugeschrieben: Der Europäische Rat in Tampere (Schlussfolgerungen vom 15./16. 10. 1999; vgl. NJW **00**, 339) forderte (unter deutschem Vorsitz) eine „*Ausmerzung* der Geldwäsche, wo auch immer sie vorkommt" (Ziff. X. 51; vgl auch Prot. v. 30. 11. 2000 zum Europol-Übk.[zur Ratifikation BT-Drs. 14/8709]). Im **Ausland** sind die genannten Verpflichtungen in unterschiedlicher Weise umgesetzt worden (**England:** Sec. 93 A–93 D Criminal Justice Act 1988 idF des CJA 1993; Sec. 49–52 Drug Trafficking Act 1994 [DTA]; **Frankreich:** Art. 222–38, 225–6 no. 2 Code pénal; Art. 10 L. no. 90–614, Art. 415 Code de douanes; **Italien:** Art. 648 bis, 648 ter Codice penale; **Spanien:** Art. 344 bis h)–k), 546 bis f) Código penal (alt); Art. 301–304 Código penal (neu); **Österreich:** §§ 165, 165 a, 278 a ö. StGB; **Schweiz:** Art. 305 bis schweiz. StGB; vgl. auch die Beiträge zum internationalen Vergleich in: Polizeiliche Führungsakademie (Hrsg.), Organisierte Kriminalität unter besonderer Berücksichtigung illegaler Gewinne, 1994; *Vogel* ZStW **109**, 335). Das Übk. v. 8. 12. 1990 folgt dem sog. **„all-crime-Prinzip",** knüpft also nicht an bestimmte Vortaten an (dafür auch *Hetzer* ZRP **99**, 245 f.); Regelungen anderer Mitgliedsstaaten (Österreich, Italien, Schweiz) verzichten daher auf einen Vortatenkatalog. Die BRep. hat insoweit an ihrem **Vorbehalt** festgehalten (vgl. *Kreß* wistra **98**, 124); die Vorbehaltsmöglichkeiten sind allerdings durch die Gemeinsame Maßnahme v. 3. 6. 1998 (98/699/J I; ABl. L 333/1 v. 9. 12. 1998) eingeschränkt worden.

Kritik. Das Konzept der Geldwäsche-Verfolgung vollzieht **Polizeirecht in den** 4 b
Formen des Strafrechts. Einwände dagegen sind zunächst praktisch begründet:

Nach polizeilichen Schätzungen sind in Deutschland schon hunderte von Milliarden Euro *erfolgreich* „gewaschen" worden (vgl. oben 4; dazu auch *Arzt*, Gössel-FS 383, 391); jährlich sollen mindestens 30 Mrd. Euro dazukommen (ca. 2% des Sozialprodukts), durch die wiederum mindestens 120 Mrd. Euro „kontaminiert" (vgl. unten 8) und damit ihrerseits zum Tatobjekt von Geldwäsche werden (der Zweite Periodische Sicherheitsbericht der BReg spricht demgegenüber von nur 1,35 Mrd. Euro Gewinn der „organisierten Kriminalität [vgl. ebd. 4.3.6.2]. Quelle und Präzision dieser Erkenntnis bleiben unklar). Bei einem Geldmengenwachstum von durchschnittlich 4,5% p.a. folgt daraus, dass schon heute fast das gesamte Volksvermögen „verseucht" sein muss und dass somit erhebliche Teile unseres **Umlaufvermögens,** aber auch des **Anlagevermögens** taugliche Tatobjekte der Geldwäsche sind. *Objektiv* hat die Geldwäsche daher einen hohen Anteil am Waren- und Geldaustausch der Gesellschaft: Die Wahrscheinlichkeit, dass sich im eigenen Vermögen Gegenstände finden, die aus Katalogtaten „herrühren", ist für *jedermann* extrem hoch. In *subjektiver* Hinsicht sieht es nicht viel günstiger aus: Angesichts der ständig verbreiteten Hinweise auf Umfang und stetiges Anwachsen von Geldwäsche kann sich ein Tatbestandsirrtum – soweit er eine Strafbarkeit überhaupt ausschließen kann; vgl. Abs. V – eigentlich nur noch auf *Ignoranz* stützen. Je mehr also das Bild einer von Geldströmen von Mafia, Organisiertem Verbrechen, Korruption und internationalem Terrorismus weit unterwanderten Gesellschaft von den Bürgern *geglaubt* wird, desto weniger Grund gibt es für deren Hoffnung, das *eigene* Wirtschaften habe damit nichts zu tun.

4 c Evident **erklärungsbedürftig** ist der Umstand, dass nach hM sich das Konzept in der Praxis als geradezu dramatisch *unwirksam* erwiesen hat (vgl. dazu auch *Hefendehl* StV **05**, 155, 161): Verglichen mit den behaupteten Fallzahlen und Summen ist die Anzahl der Verurteilungen äußerst gering (vgl. BT-Drs. 15/1864), die der Gewinn-Abschöpfungen noch geringer (vgl. *Kaiser* wistra **00**, 121 f.; *Kilching* wistra **00**, 245 ff.; mwN; BT-Drs. 13/4942, 27; *Oswald* wistra **97**, 329 f.; *Kreß* wistra **98**, 121; *Gradowski/Ziegler,* Geldwäsche, Gewinnabschöpfung, 1997, 12 ff., 133 ff.; *W/J-Harder* 5/47 f.). Die Bedeutung für (polizeiliche) *Ermittlungen* im Bereich der Katalogtaten mag höher sein (PKS 2001: 877; 2002: 1061; 2006: ca. 2100; „Aufklärungsquote" ca. 96%); auch die Anzahl der **Verdachtsanzeigen** hat sich erhöht (2000: ca. 4000; 2001: ca. 7300; 2002: ca. 8000; 2004: 8700; 2006 wohl über 10 000). Wenn die behaupteten Erkenntnisse auch nur annähernd stimmen, ist von einem **exorbitanten Dunkelfeld** auszugehen: So produziert **zB** allein die Versorgung der 2 1/2 Millionen Konsumenten illegaler Drogen in Deutschland *zwangsläufig* monatlich Geldwäsche-Umsätze in Milliardenhöhe; die *tatsächliche* Aufklärungsquote tendiert gegen Null. Eine Verminderung der sog. OK, also ein *Erfolg des Konzepts,* ist trotz ständiger Ausweitung des Tatbestands und Aufbau eines extrem teuren Überwachungssystems nicht eingetreten (krit. auch *Kaiser* wistra **00**, 122; *Kilching* wistra **00**, 246 ff.; *Arzt,* in: *Trechsel* [oben 1 a] 25 ff.); im Gegenteil klagt die Polizei auch weiterhin über ständige Zunahme der Taten und eine „immer höhere" Bedrohung. Bei Anwendung normaler Maßstäbe müsste daher das Konzept nach 15 Jahren Erfahrung als schlicht **gescheitert** angesehen werden.

4 d Dass eine Abkehr gleichwohl nicht in Betracht gezogen wird, beruht auch darauf, dass das Konzept Züge der *Irrationalität* aufweist: Geldwäsche ist *per definitionem* eine notwendige Folge vermögensrelevanter und gewinnorientierter Kriminalität. Kriminell kontaminiertes Vermögen umfassend „verkehrsunfähig" zu machen, müsste daher entweder zum Ende dieser Kriminalität oder zur Abschaffung des Geldes führen. Beides sind ersichtlich *lebensfremde Ziele*, die in einer freien Gesellschaft nicht erreicht werden können. Dem begegnen die Befürworter des Konzepts, indem sie es definitorisch immunisieren: Sie behaupten regelmäßig, die vorausgesagten Erfolge hätten sich „*noch nicht*" eingestellt (vgl. etwa *Hetzer* ZRP **99**, 245, 248: „Von Erfolgen kann … nicht gesprochen werden"); es fehle gerade eben noch eine letzte Erweiterung des Tatbestands, damit sich Erfolg einstelle. Dabei gelten **irrationale Regeln**: Je umfassender die Tatbestände und je aufwändiger die

Geldwäsche-„Bekämpfung" werden, als desto unvollkommener erweisen sie sich; je mehr die Ermittlungsmöglichkeiten ausgeweitet werden, desto größer wird die Gefahr; je weniger Drahtzieher der OK gefasst werden, als desto mächtiger und gefährlicher im Verborgenen wird diese angesehen. So speist sich die Legitimität des Konzepts in *paradoxer* Weise aus seiner Erfolglosigkeit. Den Gesetzgeber treibt dieses Konzept vor sich her (vgl. dazu treffend *Samson,* Kohlmann-FS [2003] 263 ff.). Außer Betracht bleibt oft, dass die zu bekämpfenden Gefahren ihre Grundlage in den Freiheitsgarantien und Legitimationsgründen der Gesellschaft selbst haben und dass der Preis für die verheißene „Ausmerzung" der Gefahr daher *deren* Zerstörung sein müsste.

Praktisch begründet das Bekämpfungs-Konzept eine strafbewehrte *Pflicht* der Bürger (vgl. BT-Drs. 14/8739, 10) zur Unterstützung der Sicherheitsbehörden bei der Abwehr unkonkreter, allgegenwärtiger Gefahren. Diesem Konzept liegt eine **Neubestimmung des Sicherheitsbegriffs** im Kontext eines „modernen", präventiven Strafrechts zugrunde, das weniger durch messbare Erfolge als durch eine martialische „*Kriegs*"- und „*Bekämpfungs*"-Terminologie auffällt (zur Kritik vgl. auch *Hefendehl* StV **05**, 156 ff.; *Sauer* NJW **05**, 1703 ff.), die aus dem *Polizei-Jargon der USA* übernommen wurde. Aus seiner Perspektive sind „überholte" Relikte des aus dem 19. Jhd. überkommenen Rechtsstaats – namentlich Tatbestands-Garantie, fragmentarischer Charakter des Strafrechts und Unschuldsvermutung – durch die Vision eines Sicherheits-Staats zu ersetzen, in dem das Verbrechen von der Legalität weniger anhand objektiver Handlungserfolge als nach Maßgabe von „strukturell" zu erfassendem Gefährdungs-Verhalten im *Vorfeld* unterschieden wird. Ein solches Konzept *gefährdet* aber letztlich, was es zu schützen verspricht. **4 e**

3) Tatobjekte des § 261. Die Tathandlungen des § 261 beziehen sich auf Gegenstände, die aus bestimmten, in Abs. I S. 2 aufgeführten rechtswidrigen Vortaten herrühren. Mögliches Tatobjekt kann sein: **a)** ein Gegenstand, der aus einer rechtswidrigen Tat herrührt (I S. 1); **b)** durch Steuerhinterziehung ersparte Aufwendungen (I S. 3); **c)** durch Steuerhinterziehung unrechtmäßig erlangte Steuererstattungen und –vergütungen (I S. 3); **d)** ein Gegenstand, hinsichtlich dessen Abgaben hinterzogen worden sind (I S. 3 iVm S. 2 Nr. 3). **5**

A. Von Abs. I S. 1 erfasst sein können grds. alle **vermögenswerten Gegenstände** (*Lampe* JZ **94**, 126; umf. *Voß*, Die Tatobjekte der Geldwäsche, 2007), also insb. Bargeld, Buchgeld und Forderungen (*Arzt* JZ **93**, 913; *Hetzer* NJW **93**, 3299; wistra **93**, 287; WM **99**, 1306, 1312 f.), bewegliche Sachen, Grundstücke und Rechte an solchen (BT-Drs. 12/989, 27), Beteiligungen an Gesellschaften und Anteile an Gemeinschaftsvermögen (*Salditt* aaO [oben 1 a] 123; LK-*Ruß* 7; *Cebulla* wistra **99**, 281); auch illegal erworbene Gegenstände (NK-*Altenhain* 26). **6**

B. Der Gegenstand iS von I S. 1 muss aus einer Vortat **herrühren.** Dieser bewusst weit gefasste Begriff (Frankfurt NJW **05**, 1727, 1732) löst sich von §§ 257, 259. Die **Grenzen** des Merkmals blieben im Gesetzgebungsverfahren **ungeklärt** (vgl. *Barton* NStZ **93**, 159; *Lampe* JZ **94**, 127; *Bottke* wistra **95**, 90; *Otto* wistra **95**, 327; *Burr* [1 a] 66; *Leip/Hardtke* wistra **97**, 281; *Maiwald,* H.J. Hirsch-FS 631, 636 ff.; *Hetzer* WM **99**, 1313 f.; *Kargl* NJ **01**, 57, 58). Erfasst werden soll nach dem Willen des Gesetzgebers auch, was unter Beibehaltung des Werts nach (möglicherweise) mehreren **Austausch- und Umwandlungs-Aktionen** an die Stelle des ursprünglichen Gegenstands getreten ist (vgl. Karlsruhe NJW **05**, 767, 768); ein „Herrühren" soll danach erst dann nicht mehr anzunehmen sein, wenn der Wert eines Gegenstandes „durch Weiterverarbeitung" auf die selbstständige Leistung eines Dritten zurückzuführen ist (BT-Drs. 12/989, 27; dazu *Möhrenschlager* wistra **92**, 287). **7**

In der **Rspr** zu § 261 ist eine hinreichende Konkretisierung nach mehr als einem Jahrzehnt noch immer nicht gelungen. Das wird dadurch verhüllt, dass sich in der Wirklichkeit die (allenfalls „symbolische") Verfolgung auf wenige *evidente* Fälle im Grenzbereich der Hehlerei beschränkt. Zugleich wird von *Polizei*, *Massenmedien* **7 a** und *Politik* anhaltend über ein „ständiges Ansteigen" gewaltiger Summen „gewaschener" Straftaterlöse geklagt; die Frage, wohin die *30 Mrd. Euro* des jeweils vergangenen Jahres verschwunden sind, bleibt dabei stets ungeklärt (vgl. oben 4c). In der Literatur gehen die Meinungen über die Reichweite des Merkmals weit auseinander (vgl. etwa zur Anwendung der Äquivalenztheorie *Barton* NStZ **93**, 161; *Leip* [1a] 82f.; **aA** *Hetzer* WM **99**, 1314 [Adäquanztheorie]): Einigkeit besteht wohl darüber (vgl. LK-*Ruß* 8; *Lackner/Kühl* 5; MK-*Neuheuser* 44; NK-*Altenhain* 62ff.; *Otto* Jura **93**, 330), dass mögliche Tatobjekte jedenfalls Lohn oder Entgelt (31 zu § 11) der Vortat, aber auch die *producta sceleris* (5 zu § 74) sowie die der Einziehung unterliegenden Beziehungsgegenstände (10 zu § 74) sind.

8 **Surrogate** bleiben „bemakelt", wenn ein **konkreter Zusammenhang** eines Gegenstands mit dem aus der Vortat stammenden Gegenstand besteht und nicht nur aus einem Gesamt-Wertvergleich des Vermögenslage vor und nach dem Zufluss nachweisbar ist (Frankfurt NJW **05**, 1727, 1732; *S/S-Stree* 8; vgl. auch SK-*Hoyer* 10ff.; LK-*Ruß* 9; *Lackner/Kühl* 5; *Otto* Jura **93**, 331). Bei **Teil-Kontaminationen** von Wirtschaftsgütern soll § 261 nach teilw. vertretener Ansicht eingreifen, wenn die Anschaffung des Objekts „weit überwiegend" illegal finanziert worden ist (so *Salditt* aaO; *Tröndle* 48. Aufl.); nach **aA** sind 5% des Gesamtwerts ausreichend (*Barton* NStZ **93**, 163; vgl. auch *Lampe* JZ **94**, 127; *Körner/Dach* 20); nach wiederum **aA** (*Leip/Hardtke* wistra **97**, 281, 285) ist zwischen *horizontaler* (Besitzwechsel des aus der Katalogtat stammenden Gegenstands) und *vertikaler* (Transformationen, zB durch Mischfinanzierungen, Vermengung von Giralgeld) Kontamination zu differenzieren und zur Bestimmung der Letzteren § 74 AO heranzuziehen; danach ist ein Wertanteil von **25%** ausreichend. Vertreten wird auch, „Teilgegenstände" mit selbständigem wirtschaftlichem Wert als von § 261 erfasst anzusehen, ohne dass es zu einer Kontamination des Gesamtgegenstands kommt (vgl. *Petropoulos* wistra **07**, 241ff., der das Problem der Teilkontamination auf diese Weise *begrifflich* „wegdefiniert"). Die **Rspr.** lässt es ausreichen, dass der in den Ersatzgegenstand eingegangene Anteil „aus wirtschaftlicher Sicht **nicht völlig unerheblich**" ist (Karlsruhe NJW **05**, 767, 769). Wenn Gegenstände durch Überweisung von Konten bezahlt werden, auf denen neben legal erworbenem auch illegal erworbenes Geld eingeht, soll es nach Ansicht *Strees* (*S/S* 9) darauf ankommen, ob und inwieweit sich ein Neuerwerb in den Grenzen des (jeweils) legalen Zuflusses hält (ebenso *Salditt* [1a]; wohl auch SK-*Hoyer* 14; dagegen *Leip/Hardtke* wistra **97**, 284). Das würde allerdings ein sukzessives „Waschen" illegaler Vermögenswerte durch Vermischung mit legal erworbenen Mitteln erlauben. Zur Anwendung des Abs. VI auf Einzahlungen bei **Banken** vgl. unten 27.

8a Im Fall des **I S. 2 Nr. 3** iVm **I S. 3, 2. HS.** idF des StVBG v. 19. 12. 2001 sowie des G v. 23. 7. 2002 (BGBl. I S. 2715; vgl. oben 1) ist das Zusammenhangserfordernis durch Einbeziehung von durch Steuerhinterziehung **„großen Ausmaßes"** (verfassungsrechtliche Bedenken dagegen in NJW **04**, 2990 [*5. StS*; zust. *Hild/Albrecht* NJW **05**, 336; krit. Anm. *Hunsmann* NStZ **05**, 72]; NJW **05**, 374, 375f.; ebenso *Jäger* wistra **07**, 254, 255; vgl. dazu auch *Klein* StV **05**, 459ff.) nach § 370a AO **ersparten Aufwendungen,** erlangten **Steuererstattungen** und **-vergütungen** sowie von Gegenständen, *„hinsichtlich derer"* in Fällen der §§ 373, 374 AO Abgaben hinterzogen wurden, nochmals gelockert (vgl. unten 16a); hier ist somit **legal erworbenes Vermögen** als Geldwäsche-tauglicher Gegenstand iS von Abs. I S. 1 einbezogen (entspr. Forderungen schon bei *Meyer/Hetzer* ZRP **97**, 13; *Hetzer* ZRP **99**, 141ff.; 245ff.; WM **99**, 1306ff.; zu dem bemerkenswerten Gesetzgebungsverfahren vgl. *Spatschek/Wulf* DB **01**, 2572; *dies.* DB **02**, 392; *dies.* NJW **02**, 2983; *Joecks* DStR **01**, 2187; *ders.* wistra **02**, 203; *Bender* ZfZ **02**, 147; *Salditt* StV **02**, 215; *Hillmann-Stadtfeldt* NStZ **02**, 242; *dies.* DStR **02**, 434; *Gotzens/Wegner* PStR **02**, 32; *Ott* PStR **02**, 41; *Schiffer* BB **02**, 1174; *Wegner* wistra **02**, 205ff.; zu den teilweise absurden dogmatischen Konsequenzen vgl. *Samson*, Kohlmann-FS [2003] 263ff.). Die Begründung führt aus, zwar sei *nicht jede* Form der Steuerhinterziehung Teil der OK, aber hinterzogene Steuern „erhöhen die Finanzmacht der Organisierten Kriminalität" (BT-Drs. 14/7471, 18; vgl. schon *Hetzer* WM **99**, 1306, 1316 f. und ZRP **99**, 245, 246; *Meyer/Hetzer* ZRP **97**, 13). Die Regelung beruht auf der Erkenntnis, dass eine „Ersparnis" durch Steuerhinterziehung als „Gegenstand" iS von § 261 I S. 1 nicht bestimmbar ist, weil sie in das *Gesamtvermögen* eingeht (vgl. auch *Spatschek/Wulf* NJW **02**, 2983, 2986 f.; *Bittmann* wistra **03**, 161, 165 ff.). Daher sollte nach Ansicht des Gesetzgebers „*zur Klarstellung*" sichergestellt werden, „dass auch die Vermögensbestandteile erfasst werden, die zwar nicht (!) aus der Steuerstraftat selbst hervorgegangen sind, jedoch in einem *klaren Zusammenhang* mit dieser stehen" (BT-Drs. 14/7471, 18 f.). Von einer „Klarstellung" konnte freilich nicht die Rede sein, denn die Erweiterung betraf ausdrücklich **legal erworbene** Gegenstände, die *nicht* aus der Katalogtat herrühren und daher zuvor auch nicht erfasst waren.

Auf den Anteil der durch die Vortat erzielten „Ersparnis" hieran kann es nicht ankommen, **8b** denn der zB durch betrügerische Abschreibung einer Sache erlangte Vorteil fließt in deren Wert zu keiner Zeit ein. Mit „Geldwäsche"-Verfolgung hat I S. 3 daher nichts mehr zu tun; vielmehr wird eine Strafbarkeit des Erwerbs von Gegenständen begründet, die vom „Vortäter" *legal* erworben wurden, also von *irgendwelchen* Teilen des **Gesamtvermögens** eines Steuerhinterziehers (vgl. krit. hierzu schon *Käbisch* wistra **84**, 10; *Bottermann* [1 a] 208 f.; *Geurts* ZRP **97**, 250 f.). Das ist unverhältnismäßig, widerspricht dem Schuldgrundsatz und ist praktisch undurchführbar (vgl. 16 a; Versuch einschränkender verfassungskonformer Auslegung bei *Bittmann* wistra **03**, 161, 166 f., der aber ebd. 168 gleichwohl zur **„Kontaminierung" des Gesamtvermögens** gelangt; **aA** A/R-*Löwe-Krahl* XIII/28: Kontaminiert sei nur „der Betrag der hinterzogenen Steuern"; unklar bleibt, wie sich dieser Betrag mit dem Restvermögen vermischt und von diesem unterschieden werden soll). Wie eine Geldwäsche an **„ersparten Aufwendungen"** begangen werden könnte, ist nicht erkennbar (zutr. *Spatschek/Wulf* NJW **02**, 2983, 2987; *Samson*, Kohlmann-FS [2003], 263, 268 ff.; so auch noch BT-Drs. 14/7471, 18). Dasselbe gilt aber grds. auch für (gewerbs- oder bandenmäßig erlangte) nicht gerechtfertigte **Steuererstattungen** oder **-vergütungen;** ebenso für nicht abgeführte Abgaben in den Fällen von I S. 2 Nr. 3 (vgl. unten 13). Der interpretatorische Rettungsversuch *Wegners* (wistra **02**, 205, 207 f.), der den Abgeordneten des BTags ein Fehlen „jeglichen Erklärungsbewusstseins" für den Inhalt des StVBG attestiert und zu der *Auslegung* gelangt, § 370 a AO betreffe die Steuerhinterziehung gar nicht, ist kühn, aber untauglich.

4) Vortaten. Die Vortaten, an welche die Tathandlung des § 261 anknüpft, sind **9** in Abs. I S. 2 und 3, Abs. VIII beschrieben. Es muss sich bei der Vortat um eine **rechtswidrige Tat** handeln. Die Vortat muss hinreichend konkretisiert festgestellt sein (wistra **00**, 65).

A. Der **Katalog des I S. 2** erfasst **10**

a) nach **Nr. 1 Verbrechen** (§ 12 I, III), gleichgültig, ob es sich gegen fremdes Vermögen oder andere Rechtsgüter richtet oder dem Bereich der OK zuzurechnen ist oder nicht (*Löwe-Krahl* wistra **93**, 124; MK-*Neuheuser* 33; krit. *Schoreit* StV **91**, 535, 539; *Lampe* JZ **94**, 126; *Schittenhelm,* Lenckner-FS 529); erfasst ist damit auch die gewerbs- oder bandenmäßige Steuerhinterziehung (§ 370 a AO; vgl. oben 8 a). Die Weite des Tatbestands führt zu Konkurrenzproblemen, die durch Abs. IX S. 2 nicht zuverlässig ausgeschlossen werden (vgl. *König,* Strafbarer Organhandel, 1999, 227 ff. zu § 18 II TPG);

b) nach **Nr. 2 Buchst. a** Vergehen der **Bestechlichkeit** (§ 332 I und III) und **11** der **Bestechung** (§ 334), auch iVm § 1 IntBestG (Anh. 22); die Beschränkung auf bandenmäßige Begehung nach I Nr. 3 aF ist weggefallen, da sie Art. 2 iVm Art. 1 Buchst. e des Zweiten Protokolls zum Übk. über den Schutz der finanziellen Interessen der EG v. 19. 6. 1997 (ABl. EG C 211, S. 11) widersprach. Ein Vorbehalt ist von der BRep. nicht erklärt worden (vgl. BT-Drs. 13/8651, 11). Verbrechen nach § 332 II sind schon über Nr. 1 erfasst;

c) nach **Nr. 2 Buchst. b Vergehen nach § 29 I Nr. 1 BtMG** (Anh. 4); das **12** sind praktisch alle Straftaten, die sich auf illegalen BtM-Verkehr beziehen; sowie Taten nach **§ 29 I Nr. 1 GÜG** in Bezug auf Grundstoffe (§ 3 GÜG) zur unerlaubten Herstellung von BtM. Um unsinnige Ergebnisse zu vermeiden, muss davon ausgegangen werden, dass § 261 verdrängt ist, soweit sich Erwerbsvorgänge nach § 29 I BtMG mit dem Tatbestand des § 261 überschneiden (zutr. *König* [oben 10] 230; anders *Lampe* JZ **94**, 126; vgl. auch BGH **43**, 164);

13 **d)** nach **Nr. 3** Vergehen des gewerbsmäßigen, gewaltsamen und bandenmäßigen **Schmuggels** nach § 373 AO (Anh. 10) und der gewerbsmäßigen **Steuerhehlerei** (§ 374 AO). Über § 12 MOG, der auf die Vorschriften der AO verweist, ist die Hinterziehung von Marktordnungsabgaben einbezogen; ebenso die Erlangung von Direktzahlungen iS von § 1 Abs. Ia MOG. Da I S. 3, 2. HS, ausdrücklich **„auch"** den Gegenstand erfasst, „hinsichtlich dessen" Abgaben hinterzogen wurden, bleibt unklar, was aus Taten iS von Nr. 3 eigentlich im übrigen „herrührt". Gemeint sein könnten, nach Begründung und Systematik der Neufassung, im Fall des § 373 AO die „ersparten Aufwendungen", also die *nicht* abgeführten Abgaben; freilich ist das Verhältnis von § 373 zu § 370 a AO unklar. Für § 374 AO könnte – vage – an einen (theoretischen) *Gewinn* bei möglichem Absatz der Erzeugnisse oder Waren gedacht werden. Wie sich diese „Gegenstände" im Vermögen des Täters erkennen lassen oder wie man sich eine von einem Dritten *nicht* abgeführte Einfuhrabgabe „verschaffen" kann, ist nicht erkennbar.

14 **e)** Nach **Nr. 4 Buchst. a** sind **Vergehen** aus beinahe allen Kriminalitätsbereichen erfasst. Der Katalog soll wesentliche Erscheinungsformen **Organisierter Kriminalität** umfassen (BT-Drs. 13/8651, 12); erforderlich ist eine gewerbsmäßige oder bandenmäßige Begehung der Vortat;

15 **f)** nach **Nr. 4 Buchst. b** Vergehen des Einschleusens von Ausländern (vgl Anm. vor Rn 1) und der Verleitung zur missbräuchlichen Asylantragsstellung (§ 84 AsylverfahrensG), falls sie von einem Mitglied einer Bande (vgl. 17 ff. zu § 244) oder gewerbsmäßig (2 zu § 260) begangen worden sind. Das in Nr. 3 aF enthaltene Erfordernis des kumulativen Vorliegens gewerbs- und bandenmäßiger Begehung ist aufgegeben worden (dazu *Kreß* wistra **98**, 123);

16 **g)** nach **Nr. 5** Vergehen nach § 129 sowie der Unterstützung oder Werbung für eine terroristische Vereinigung nach § 129 a V (§ 129 a I, II, IV ist schon durch Nr. 1 erfasst); weiterhin solche Vergehen, die von einem Mitglied einer kriminellen oder terroristischen Vereinigung (§ 129, § 129 a) begangen wurden. Auf diesem Wege werden als Tatobjekte Gegenstände aus jedweder Straftat erfasst, sofern sie Taten eines Mitglieds einer kriminellen Vereinigung entstammen. Über § 30 b BtMG, § 129 b sind auch **ausländische Vereinigungen** einbezogen. Die Neufassung durch das 34. StÄG (oben 1) bezieht außerdem die Organisationstaten nach §§ 129, 129 a V selbst in den Vortatenkatalog ein (zuvor schon § 129 a I, II, IV als Verbrechen iS von Nr. 1).

16 a **h)** Nach **Abs. I S. 3, 1. HS** sind **ersparte Aufwendungen,** unrechtmäßige **Steuererstattungen** und **Steuervergütungen** aus gewerbsmäßiger und bandenmäßiger **Steuerhinterziehung** erfasst, wenn diese zur Verkürzung von Steuern oder zur Erlangung von Vorteilen in großem Ausmaß geführt haben (§ 370 a AO; vgl. schon oben 8 b).

16 b Was ein **„großes Ausmaß"** von Ersparnis, Erstattung usw. ist, ist unklar und auch im Gesetzgebungsverfahren nicht geklärt worden (vgl. dazu *Seer* BB **02**, 1677, 1680; *Fahl* wistra **03**, 10; *Bittmann* wistra **03**, 161, 165 ff.; *Park* wistra **03**, 328; *Harms*, Kohlmann-FS [2003], 413 ff., 423 ff.; *Reiß* Stbg **04**, 113 ff.; *Langrock* wistra **04**, 241 ff.; *Rüping* DStR **04**, 1780, 1781; *Kohlmann*, Steuerstrafrecht, 7. Aufl., 12 zu § 370 a AO; *Wirtz* [oben 1 c]). Der *5. StS* hat in NJW **04**, 2990 **verfassungsrechtliche Bedenken** gegen § 370 a AO wegen Verstoßes gegen das Bestimmtheitsgebot dieses Merkmals geäußert (*obiter dictum*; vgl. auch NJW **03**, 3068; **05**, 374, 375 f.; wistra **07**, 18, 20; zust. *Hild/Albrecht* NJW **05**, 336; abl. *Hunsmann* NStZ **05**, 72; vgl. oben 8 a). Die Regelung ist aber auch aus einem anderen Grund abzulehnen: Die Gesetzeserweiterung stützte sich auf die Erwägung, dass Gewinne aus krimineller Tätigkeit idR nicht versteuert werden (so auch BT-Drs. 14/7471,

18 [vgl. oben 8a]; *Burger* wistra **02**, 1f.), „bekämpft" also die Organisierte Kriminalität auf dem Weg über § 261, indem es dessen kriminologischen Ansatz auf den Kopf stellt und die Geldwäschestrafbarkeit an das Nichtzahlen von Steuern aus **legalen Einkünften** anknüpft. Das gelingt freilich nur, indem kurzerhand die Steuerhinterziehung selbst zur „Organisierten Kriminalität" erklärt wird. Damit ist die Möglichkeit einer fast grenzenlosen ermittlungstechnischen Verknüpfung von Steuererhebung und „Verbrechensbekämpfung" eröffnet.

Eine **gewerbsmäßige** Steuerhinterziehung ist namentlich bei Hinterziehung von unternehmensbezogenen Steuern nahe liegend. Eine Beschränkung des § 370a AO etwa auf solche Fälle, in denen Einkünfte *ausschließlich* aus unberechtigten Steuerentlastungen oder Steuervergütungen stammen (insb. bei betrügerischen USt-Voranmeldungen), würde Fälle einer auf wiederholte, erhebliche *Zusatz*gewinne abzielenden Hinterziehung von **Ertragssteuern** nicht erfassen, deren Unrechtsgehalt nicht geringer ist. Wenn andererseits auch die Hinterziehung von Ertragssteuern dem Tatbestand unterfallen kann, so sind Kriterien für eine sachgerechte Eingrenzung einer „speziellen" Gewerbsmäßigkeit schwer zu finden (ähnl. *Joecks* wistra **02**, 201, 204; vgl. auch *Salditt* StV **02**, 214f.; *Harms*, Kohlmann-FS [2003] 413ff.). Damit rücken auch Annahme und Anlage von **„Schwarzgeld"** insb. durch **Banken** von der Beihilfe zur (einfachen) Steuerhinterziehung zum Verbrechen nach § 370a AO und zur Geldwäsche auf (*Hillmann-Stadtfeld* NStZ **02**, 242, 244; vgl. auch *Jäger* wistra **00**, 344; *Samson(Schillhorn* wistra **01**, 1). Nach wistra **05**, 145 kommt bei **USt-Hinterziehungen** die Anwendung des § 370a AO nur in Betracht, wenn nicht nur die Abgabe der falschen Jahreserklärung, sondern auch die der (materiellrechtlich selbständigen) Voranmeldungen in den Zeitraum nach Inkrafttreten der Vorschrift fällt. Dasselbe gilt für eine **Beihilfe** zur gewerbsmäßigen Steuerhinterziehung (wistra **05**, 145). Eine **bandenmäßige** Begehung wird jedenfalls im Unternehmensbereich nicht selten nahe liegen (and. *Burger* wistra **02**, 2; einschr. *Spatschek/Wulf* NJW **02**, 2983, 2986). **16c**

Die Bestimmung des Gegenstands **„ersparte Aufwendungen"** ist fraglich und im einzelnen streitig (vgl. oben 8b). Wenn Aufwendungen „erspart" wurden, so sind sie *nicht geleistet*. Dieses *Nichts* kann man nicht verschleiern usw. (Abs. I); man kann es sich auch schwerlich verschaffen (Abs. II). Die Tathandlungen können daher allenfalls am **Gesamtvermögen** anknüpfen, indem ein den hypothetischen Aufwendungen entsprechender **Geldbetrag** als erlangter Gegenstand angesehen wird (dazu *Samson*, Kohlmann-FS [2003] 263, 271ff.; ähnlich wohl A/R-*Löwe-Krahl* XIII/28); dieser ist freilich von vornherein Teil des Gesamtvermögens. **16d**

i) Nach Abs. I S. 3, HS 2 sind schließlich auch **Gegenstände** erfasst, **„hinsichtlich derer"** in Fällen von Nr. 3, also durch Taten nach §§ 373, 374 AO, gewerbsmäßig, bandenmäßig oder bewaffnet Einfuhr- oder Ausfuhrabgaben hinterzogen (§ 373 AO) oder gewerbsmäßig Verbrauchssteuern oder Ein- oder Ausfuhrabgaben iS von § 374 AO hinterzogen worden sind. Dies sind namentlich Erzeugnisse oder Waren iS von § 374 I AO. **16e**

B. Auslandstaten. Nach **Abs. VIII** (krit. *Löwe-Krahl* wistra **93**, 124; *Otto* ZKred **94**, 66) werden auch Gegenstände erfasst, die aus Auslandstaten *entsprechend dem Katalog des I* (*Körner/Dach* 18) herrühren (*Körner* NStZ **96**, 65; *Lackner/Kühl* 4; *Burr* wistra **95**, 255 u. [1a] 62; *Leip* [1a] 60; *Otto* wistra **95**, 326 u. BT § 96 IV 3b). Die Regelung dient der Klarstellung, dass nicht jede beliebige Auslandstat (auch nicht etwa jede im Ausland *formal* als *Verbrechen* definierte Tat; vgl. *Lütke* wistra **01**, 85, 87) Vortat des § 261 sein kann (so zur aF LG Stuttgart NJW **95**, 671 [abl. Anm. *Oellers* ZIP **94**, 1766]; AG Essen wistra **95**, 32 [abl. Anm. *Fülbier* ZIP **94**, 699; *Carl/Klos* NStZ **95**, 167]). Voraussetzung ist, dass die Vortat auch am Tatort mit Strafe bedroht ist (7 zu § 7). **17**

C. Verhältnis zur Vortat. Es muss sich bei der Vortat um eine **rechtswidrige Tat** handeln. Durch das G vom 4. 5. 1998 (oben 1) ist das Erfordernis gestrichen worden, dass es sich um die Tat **eines anderen** handelte. Damit ist die Strafbarkeit grds auf Fälle erweitert worden, in denen der **Vortäter** selbst Geld wäscht (zu IX S. 2 vgl. aber unten 46). Die Änderung wirkt sich vor allem in Fällen zweifelhafter **Beteiligung** (Täterschaft oder Teilnahme) an der Vortat aus (vgl. BT-Drs. 13/8651, 10f.; *Kreß* wistra **98**, 125; *Meyer/Hetzer* NJW **98**, 1020; *Hetzer* JR **99**, 142; **18**

Arzt JR **99**, 81). Nach der Rspr. des BGH hat im Wege einer **Postpendenzfeststellung** (30 zu § 1) eine Verurteilung wegen § 261 zu erfolgen, wenn der Täter des § 261 nur möglicherweise an der Vortat als Mittäter oder Gehilfe beteiligt war (NStZ **95**, 500; NStZ-RR **97**, 359; NJW **00**, 3725; zust. *Körner* wistra, **95**, 311 und NStZ **96**, 64; *Hertweck* KR **96**, 25; *W/Hillenkamp* 883; *Kreß* wistra **98**, 125; SK-*Hoyer* 34; krit. *Otto* JK 1). **Abs. IX S. 2** schließt im Hinblick auf den Grundsatz der Straflosigkeit von Selbstbegünstigungshandlungen eine Doppelbestrafung des Vortäters aus (BT-Drs. 13/8651, 11). Die Einführung eines persönlichen Strafausschließungsgrunds in IX S. 2 (vgl. 2 StR 225/05) schränkt die Anwendbarkeit des § 261 auf solche Teilnehmer der Vortat ein, die wegen ihrer Beteiligung hieran **nicht strafbar** sind, also etwa wegen Schuldunfähigkeit nicht oder wegen Tatbestandsirrtums nur nach einem milderen Gesetz bestraft werden (BT-Drs. 13/8651, 11; zu dieser *ermittlungstaktischen* Konstruktion einer grundsätzlichen „Selbstwäsche"-Strafbarkeit vgl. zutr. *Kilching* wistra **00**, 242).

19 **5) Tathandlung.** Als Tathandlungen umschreiben **Abs. I und II** Verhaltensweisen, die darauf abzielen, die inkriminierten Gegenstände unter Verdeckung ihrer Herkunft in den Finanz- und Wirtschaftskreislauf einzuschleusen (vgl. hierzu *Krey/Dierlamm* JR **92**, 354). Sie lassen sich untereinander nicht scharf abgrenzen und überschneiden sich in vielfacher Weise (krit. hierzu *Lampe* JZ **94**, 128; *Bottke* wistra **96**, 121; A/R-*Löwe-Krahl* XIII/31).

20 **A.** Nach **Abs. I** gehören hierzu **a)** das **Verbergen** des Gegenstandes, zB um ihn dem Zugriff der Strafverfolgungsbehörden zu entziehen und ihn für spätere wirtschaftliche Aktivitäten (gleich ob legaler oder ihrerseits illegaler Art) zur Verfügung zu halten;

21 **b)** das **Verschleiern der Herkunft** des Gegenstandes, womit irreführende Machenschaften gemeint sind (vgl. 30 zu § 283), die den Nachweis erschweren, dass der Gegenstand aus einer Straftat stammt (zB durch das Einfließenlassen „schmutziger" Gelder in Unternehmen mit hohem Bargeldaufkommen; vgl. *Körner* NStZ **96**, 65; *Kraushaar* wistra **96**, 169);

21 a Für das Verbergen und Verschleiern ist nach dem **Wortlaut** eine **konkrete Gefährdung** eines auf den Gegenstand gerichteten Anspruchs nicht erforderlich; vielmehr reicht die durch die genannten Handlungen begründete **abstrakte** Gefährdung (so auch *Müther* Jura **01**, 323). Hiergegen wird eingewandt, dass damit das Erfordernis konkreter Gefährdung in den übrigen Tatbestandsvarianten leer liefe; hiernach müssen auch Verbergen und Verschleiern zu einer *konkreten* Gefährdung führen; vom „Gefährden des Auffindens" und vom „Gefährden der Herkunftsermittlung" unterscheiden sie sich nur dadurch, dass in den letzteren Fällen der Gegenstand bereits gesucht wird (so *Arzt* JZ **93**, 913; *Krack* JR **99**, 474; *S/S-Stree* 10; SK-*Hoyer* 16). Die praktische Bedeutung der Streitfrage ist nicht groß, wenn die Konkretheit der Gefährdung in den beiden ersten Varianten bei (vorsorglichen) Handlungen im Hinblick auf ein potentielles späteres Suchen (SK-*Hoyer* 17; *S/S-Stree* 11) gegeben ist; dies liegt bereits in der subjektiven *Tendenz* des „Verbergens" und „Verschleierns".

22 **c)** alle weiteren Tathandlungen, die den Zugriff der Strafverfolgungsbehörden auf die inkriminierten Gegenstände dadurch behindern, dass der Täter die *Ermittlung der Herkunft* (oben 7), das *Auffinden,* den *Verfall* (§§ 73 ff.), die *Einziehung* (§§ 74 ff.) oder die *Sicherstellung* (§§ 111 b ff. StPO) eines solchen Gegenstandes **vereitelt** oder **gefährdet.** Im Falle des **Vereitelns** ist der Tatbestand ein Erfolgsdelikt, wobei uU auch eine nur teilweise Vereitelung den Tatbestand erfüllt (vgl. 7, 9 zu § 258; *Körner/Dach* 21; *Leip* [1 a] 129). Im Falle des **Gefährdens** liegt ein konkretes Gefährdungsdelikt vor (BT-Drs. 12/989 aaO). Da bereits der Eintritt der **konkreten Gefahr,** dass durch die Tat die betreffenden Ermittlungen scheitern, den Tatbestand erfüllt (vgl. NJW **99**, 436), hätte es eines Vereitelungstatbestandes gar nicht bedurft (*Lackner/Kühl* 7; *Kargl* NJ **01**, 57, 59). Die Vorschrift erfasst praktisch *alle Aktivitäten,* die den Zugriff der Strafverfolgungsbehörden auf einen inkriminierten Gegenstand zu verhindern trachten. Die Bemühung des Täters muss konkret **geeignet** sein, den Vereitelungserfolg herbeizuführen (enger NK-*Altenhain* 95); hieran fehlt es, wenn der Gegenstand einem verdeckten Ermittler der Po-

lizei übergeben werden soll (NJW **99**, 436 [Anm. *Jahn* StV **99**, 186; *Krack* JR **99**, 472]).

B. Abs. II erfasst als abstraktes Gefährdungsdelikt (*Werner* [1 a] 228; *Oswald* [1 a] 70; *Kargl* NJ **01**, 59) das **Sichverschaffen, Verwahren** und **Verwenden** von Gegenständen iS des I, um auf diese Weise Vortäter zu isolieren und die inkriminierten Gegenstände praktisch verkehrsunfähig zu machen. 23

a) Nr. 1 setzt voraus, dass der Täter Gegenstände iS des I **sich oder einem Dritten verschafft.** Hiermit ist wie in § 259 (dort 12 ff.) die Verschaffung eigener Verfügungsgewalt auf abgeleitetem Wege gemeint (MK-*Neuheuser* 66). Sich-Verschaffen ist zB die Hinterlegung von Tatbeute des Vortäters durch einen Strafverteidiger im eigenen Namen (Frankfurt NJW **05**, 1727, 1733). 24

b) Nr. 2, 1. Var. setzt voraus, dass der Täter solche Gegenstände **verwahrt,** um sie für sich oder einen Dritten zur Verfügung zu halten. 25

c) Nr. 2, 2. Var. setzt voraus, dass der Täter **für sich oder einen Dritten verwendet;** hierunter fällt jeder bestimmungsgemäße Gebrauch dieser Vermögensgegenstände, insbesondere die vielfältigen Geldgeschäfte (BT-Drs. 12/989 aaO; hierzu im Einzelnen *Salditt* aaO 127; *Bottke* wistra **95**, 122); auch die Hinterlegung als Haftkaution in einem Strafverfahren (Frankfurt NJW **05**, 1727, 1733). 26

Beide Fälle von Nr. 2 setzen nach dem Wortlaut voraus, dass der Täter die **Herkunft** des Gegenstandes zu dem Zeitpunkt **kannte,** in dem er ihn erlangt hat; anders als in Nr. 1 scheint danach bedingter Vorsatz nicht ausreichend (für Beschränkung auf direkten Vorsatz *Bottke* wistra **95**, 123). Nach **hM** ergibt sich aber aus Abs. V sowie aus dem ansonsten zu Nr. 1 bestehenden Wertungswiderspruch, dass auch hier **bedingter Vorsatz** ausreicht (*Lackner/Kühl* 8; *S/S-Stree* 13; einschr. *Burr* [1 a] 82; vgl. § 74 a Nr. 2). 26 a

6) Strafloser Vorerwerb (Abs. VI). Um eine Blockade des Wirtschaftsverkehrs insb. im Hinblick auf Abs. II Nr. 1 zu vermeiden, nimmt **Abs. VI** die Fälle des Abs. II von der Strafbarkeit aus, wenn ein Dritter zuvor den Gegenstand erlangt hat, ohne hierdurch „eine Straftat“ zu begehen. Dies kann nach **hM** nur eine solche nach **§ 261** sein (*S/S-Stree* 14; *Lackner/Kühl* 6; MK-*Neuheuser* 68; A/R-*Löwe-Krahl* XIII/35; *Maiwald,* H.J. Hirsch-FS 631, 645 f.; differenzierend SK-*Hoyer* 25), da bei Erlangung zB durch Betrug oder Diebstahl kein vernünftiger Sinn bestehe, die Kette der Strafbarkeit zu verlängern. Das ist jedenfalls im Hinblick auf den Wortlaut zweifelhaft; zudem erscheint nur schwer einsehbar, warum etwa die „Gutgläubigkeit“ eines Diebes, der einen aus einer Katalogtat stammenden Gegenstand beim Vortäter stiehlt, zur Straflosigkeit eines im Hinblick auf den Diebstahl gutgläubigen, bezüglich der Herkunft aber bösgläubigen Abkäufers führen sollte. 27

Die Regelung ist insbesondere für Geldgeschäfte **gutgläubiger Erwerber** (vgl. § 935 II BGB) von Bedeutung. Freilich entstehen Spannungen zu Abs. I, der von der Strafbarkeitseinschränkung des VI ausdrücklich ausgenommen ist. Denn iS des I inkriminierte Gegenstände kann zwar nach Abs. VI jedermann, ohne sich strafbar zu machen, sich verschaffen oder sie verwahren, falls ein Dritter sie zuvor gutgläubig erlangt hat; begeht er aber – falls er die Herkunft kannte oder leichtfertig nicht erkannte (V) – eine Tathandlung iS von Abs. I, so bleibt er unbeschadet der Tatsache, dass eine gutgläubige Zwischenperson die Sache straffrei erlangt hatte, strafbar (LK-*Ruß* 15; vgl. auch *Salditt* aaO 131; *Lampe* JZ 94, 128; vgl. BGH **47**, 68, 80; Karlsruhe NJW **05**, 767, 76 8 f.). Das führt insb. im Hinblick auf die Gefährdungs-Alternative des Abs. I zu Abgrenzungsschwierigkeiten, da bei der Verwendung von Gegenständen, die ein Bösgläubiger von einem Gutgläubigen erworben hat, kaum jemals der (bedingte) Vorsatz fehlen wird, zumindest *auch* „die Ermittlung der Herkunft zu gefährden“ (vgl. *Maiwald,* Hirsch-FS 642; Versuch reicht!). Es wird daher in der **Lit.** angenommen (*Lackner/Kühl* 5; *Rengier* BT 1, 23/14; *W/Hillenkamp* 901), dass Gegenstände, die einmal gutgläubig erworben worden sind, insgesamt von § 261 auszunehmen seien; dass die Tathandlungen des Abs. I 28 *zielgerichtetes* Handeln verlangen (vgl. *Leip* [1 a] 127 f.); oder dass sich aus dem (unklaren) Konkurrenzverhältnis von I und II – nach BT-Drs. 12/989, 27 ist Abs. II ein „Auffangtatbestand" (BGH **47**, 80) – ergebe, da eine Tathandlung nach I gegenüber dem Sich-Verschaffen keinen eigenständigen Unrechtsgehalt aufweise (*Maiwald,* Hirsch-FS 645) und daher nach gutgläubigem Zwischenerwerb straflos bleiben müsse. Diese Lösungen sind mit dem Wortlaut der Vorschrift kaum zu vereinbaren und widersprechen der gesetzgeberischen Zielsetzung (*Kindhäuser* LPK 12). Dass diese „nicht vollauf überzeugt" (*S/S-Stree* 14), ist freilich offensichtlich: Die Regelung des Abs. VI läuft weitgehend leer (vgl. auch *Gotzens/Schneider* wistra **02**, 121, 123).

29 Von besonderer Bedeutung ist die Frage der Anwendbarkeit von Abs. VI auf **Banküberweisungen.** Hier wird teilweise angenommen, die Einzahlung oder Überweisung auf ein Konto bei einer (gutgläubigen) Bank führe zur Unterbrechung des Rechtswidrigkeits-Zusammenhangs, so dass es auf die Bösgläubigkeit des Überweisungs-Empfängers nicht mehr ankomme (vgl. zB *Maiwald,* H.J. Hirsch-FS 640; *Hamm* NJW **00**, 638). Diese Ansicht lässt außer Betracht, dass zwar die Bank gutgläubig die eingezahlten Geldscheine, der Vortäter aber zugleich einen **Auszahlungsanspruch** erwirbt, der aus dem Tatgegenstand **herrührt;** diese **Forderung** überträgt er an den Zahlungsempfänger (*S/S-Stree* 14; SK-*Hoyer* 24; A/R-*Löwe-Krahl* XIII/36). Entsprechendes gilt bei Ausstellung von **Schecks.** Banküberweisungen sind daher – bei bösgläubigem Empfänger – nicht geeignet, Vortaterlöse (erfolgreich) zu „waschen" (ebenso MK-*Neuheuser* 69; *W/Hillenkamp* 895).

30 **7) Einschränkung des Anwendungsbereichs.** Wegen der außerordentlichen Reichweite namentlich des Abs. II, der tief in die sozial übliche Geschäftstätigkeit eingreift (*Schittenhelm,* Lenckner-FS 521), ist vielfach eine **restriktive Auslegung** (*Barton* StV **93**, 160; *Lampe* JZ 94, 128; hierzu *Bottke* wistra **95**, 123; *Löwe-Krahl* wistra **93**, 125; *Hartung* AnwBl. **94**, 440) oder der Ausschluss der Anwendbarkeit auf bestimmte Fallgruppen gefordert worden. Die Eingrenzungsvorschläge finden allerdings im Gesetzeswortlaut, in den Gesetzesmaterialien und in systematischen Überlegungen kaum eine Stütze, idR versuchen sie durch Rechtsgutsbetrachtungen (krit. dazu *Kargl* NJ **01**, 57, 60 f.) oder Praktikabilitätserwägungen den Anwendungsbereich einzuschränken.

31 **A. Alltagsgeschäfte; strafbarer Erwerb.** In Betracht kommt eine teleologische Reduktion in dem Sinne, dass die Entgegennahme bemakelten Geldes im Rahmen der **Geschäfte des täglichen Lebens** vom Tatbestand auszunehmen ist. Nach verbreiteter Ansicht ausscheiden sollen danach Erwerbsgeschäfte zur Deckung eines **existentiellen Lebensbedarfs** des Vortäters (vgl. *W/Hillenkamp* 900 f.; *S/S-Stree* 17; *Kindhäuser* LPK 13). Die Abgrenzung ist unsicher; im Wesentlichen geht es darum, einen „alltäglichen" von einem „Luxusbedarf" abzugrenzen. Kriterien, wie der Letztere (aus Sicht des Verkäufers, Vermieters oder sonstigen Anbieters) bestimmt werden soll, sind kaum ersichtlich, so dass eine Eingrenzung in Zweifelsfällen wohl nur auf der Ebene des subjektiven Tatbestands erreicht werden könnte (so iErg *S/S-Stree* 17). Über Abs. VI hinaus soll Abs. II dahingehend eingeschränkt werden (*S/S-Stree* 15; *Maiwald,* H.-J. Hirsch-FS 636), dass Erwerbsvorgänge nicht erfasst werden, die **als solche** in anderen Vorschriften mit Strafe bedroht sind und deren Unrechtsgehalt hierdurch vollständig erfasst ist. Das betrifft insb. den Erwerb von Betäubungsmitteln zum Eigenverbrauch (MK-*Neuheuser* 94), nicht aber den Ankauf von BtM oder sonstiger aus Straftaten stammender Gegenstände zum Weiterverkauf (*Stree* aaO).

32 **B. Honorarleistungen; Güteraustausch.** Bislang im Vordergrund steht die Diskussion um eine Strafbarkeit von **Rechtsanwälten** bei Annahme von aus Katalogtaten herrührenden Gegenständen, insb. als **Honorar** für die Tätigkeit als **Strafverteidiger** (empirische Daten zur Honorierungspraxis bei *Hommerich/Kilian/Jackmuth/Wolf* StV **07**, 320) in Verfahren *gerade wegen einer Katalogtat.* Diese Beschränkung ist schwer verständlich und auch nicht sachgerecht, da dieselben Prob-

leme auch in anderen Bereichen der Rechts- und Steuerberatung und bei Finanzdienstleistungen in gleicher Weise auftreten können. Überdies ist die Beschränkung der Diskussion auf die Fallgruppe, dass gerade der Vorwurf einer Katalogtat Gegenstand eines Verteidigungsverhältnisses ist *und* an den Verteidiger geleistete Gegenstände *gerade aus dieser* Katalogtat herrühren, unzureichend, denn dies ist nur eine von zahlreichen Möglichkeiten:

Der Gegenstand kann aus einer früheren, noch unbekannten, oder aus einer schon abgeurteilten Katalogtat des Mandanten herrühren; aus der Tat eines Dritten (so im Fall von Hamburg NJW **00**, 673); er kann über den RA an einen Dritten geleistet werden. Überhöhte Honorarleistungen können gerade zum *Zweck* der Herkunftsverschleierung vereinbart werden (vgl. auch § 11 III S. 2 GWG). Es kann sich um Naturalleistungen oder unmittelbare Teile der Tatbeute oder um bereits „gewaschene" oder vermischte Vermögenswerte handeln. Die Verteidigung kann als Teil eines „Dauer-Mandats" mit regelmäßigem pauschalen Beratungshonorar erfolgen. Auch der Inhalt des Mandats- und Vertrauensverhältnisses kann, soweit es eine Katalogtat betrifft, ganz unterschiedlich sein (Behauptung der Unschuld auch gegenüber dem Verteidiger; Auftrag zu einer „Strafmaß-Verteidigung"; Auftrag zu Schadensersatzverhandlungen oder zu Absprachen, usw.). Die Strafverteidigung kann im Zusammenhang mit anderen (zivilrechtlichen, gesellschaftsrechtlichen, steuerrechtlichen) Mandaten stehen; sie kann im Hinblick auf das Gesamt-Mandatsverhältnis nur einen kleinen Teil der RA-Tätigkeit umfassen. **32 a**

a) Einschränkungs-Vorschläge. Teilweise wurde eine **teleologische Reduktion** des Abs. II Nr. 1 befürwortet (*Barton* StV **93**, 159; wohl auch SK-*Hoyer* 21; *Wohlers* StV **01**, 425), teilweise der Gedanke der *Sozialadäquanz* angewendet (*Salditt* StraFo **92**, 122; *Kulisch* StraFo **99**, 337; *Löwe-Krahl* wistra **93**, 125; vgl. dazu aber *Bottke* wistra **95**, 121 f.; *Gotzens/Schneider* wistra **02**, 121, 124; *Körner/Dach,* Geldwäsche, 35; *Bottermann* [1 a] 67 ff.; *Kempf,* Gutachten für den Strafrechtsausschuss des DAV, 1999 [unveröff.]). Jedoch bestehen nach der Gesetzesgeschichte (ausf. dazu *Kreß* wistra **98**, 121; *Kempf* aaO) am Willen des Gesetzgebers, auch Honorarleistungen an Rechtsanwälte und Strafverteidiger grds in den Anwendungsbereich des Abs. II einzubeziehen, keine Zweifel, so dass für eine grds Unanwendbarkeit des Tatbestands kein Raum bleibt (BVerfG 2 BvR 1520/01, Rn 88 ff.; BGH **47**, 68, 72 f.; vgl. auch *S/S-Stree* 17; *Burger/Peglau* wistra **00**, 161); dies ist durch das StVBG v. 19. 12. 2001 (oben 8 a) erneut bestätigt worden. **Andere „Tatbestandslösungen"** sind auf ein „Honorarprivileg" (OLG Hamburg NJW **00**, 673 [dazu *Hamm* NJW **00**, 636; *Burger/Peglau* wistra **00**, 161; Anm. *Reichert NStZ* **00**, 316; *Lüderssen* StV **00**, 205; *Katholnigg* NJW **01**, 2044; *Hetzer* wistra **00**, 288; *Schäfer/Wittig* NJW **00**, 1388; *Otto* JZ **00**, 439; *Schmidt* JR **01**, 448; *Felsch* in NJW-Sonderheft f. G. Schäfer, 2002, 24) oder auf die strafbewehrte Verschwiegenheitspflicht des § 203 I Nr. 3 (*v. Galen* StV **00**, 575) gestützt worden. Nach Ansicht der Vertreter von **Rechtfertigungslösungen** (insb. *Bernsmann* StV **00**, 40; StraFO **01**, 344 ff. und in Lüderssen-FS (2002), 683, 688 ff.; *Hamm* NJW **00**, 636; *Lüderssen* StV **00**, 206) soll ein *spezifisch* prozessual-verfassungsrechtlicher Rechtfertigungsgrund die Geldwäsche durch einen Strafverteidiger auch dann rechtfertigen, wenn er vorsätzlich handelt (insoweit einschränkend *Hamm* NJW **00**, 637 f.; ähnl. *Ambos* JZ **02**, 70, 80 f.; abl. *Hefendehl* Roxin-FS 154; *Kargl* NJ **01**, 57, 63; NK-*Altenhain* 126). Diese Privilegierung soll auch für den Tatbestand der Hehlerei gelten, sofern mit einer aus einer Vortat iS von § 259 erlangten Sache eine äquivalente Honorierung des Strafverteidigers bewirkt wird (*Bernsmann* StraFO **01**, 347). Schließlich wurde von einzelnen Autoren eine Einschränkung des Anwendungsbereichs im subjektiven Tatbestand angestrebt (**Vorsatzlösung**; insb. *Kempf* aaO 30; ähnl. iErg *Schmidt* StraFo **03**, 5; *Matt* GA **02**, 137 ff. und Riess-FS [2002], 739 ff., 759, der aber wohl nur Leichtfertigkeit ausschließen will). Danach setzt die Anwendung von § 261 II auf Strafverteidiger direkten Vorsatz voraus, da sonst in unzulässiger Weise in das verfassungsrechtlich geschützte Vertrauensverhältnis zwischen Verteidiger und Beschuldigtem eingegriffen werde (vgl. BGH **38**, 345 zur Strafvereitelung; dazu 23 ff. zu § 258). **33**

b) Kritik. Aus der **Unschuldsvermutung** zugunsten eines Beschuldigten (Art. 6 II MRK) kann sich nicht die Straflosigkeit seines Verteidigers wegen Taten nach §§ 257, 258, 259 oder § 261 ergeben (BGH **47**, 77). Es steht – selbst da, wo es *im Kern* um *Strafverteidigung* geht, also vor allem im Bereich des § 258 – *außer Frage*, dass die Unschuldsvermutung einen Verteidiger nicht legitimiert, vorsätzliche Straftaten – gar noch zu Lasten Dritter – zu begehen oder sich aus dem durch Straftaten seines Mandanten rechtswidrig erlangten Vermögen Dritter zu bereichern (so zutr. auch NK-*Altenhain* 126; *Grüner/Wasserburg* GA **00**, 436 f.; *Otto* JZ **01**, 440; vgl. Erl. zu § 258). Schon **§ 138 a I Nr. 3 StPO** zeigt überdies, dass der pos- **34**

tulierte „Durchgriff" der Unschuldsvermutung mit dem Gesetz nicht vereinbar ist. Für den Verteidiger streitet in dem gegen **ihn** gerichteten Verfahren die *ihn* selbst schützende Unschuldsvermutung. Ist aber **festgestellt,** dass er sich **wissentlich** aus Straftaten herrührende Gegenstände als „Honorar" verschafft hat, so ist unerfindlich, wie ihm die zugunsten seines Mandanten wirkende Unschuldsvermutung nutzbar sein könnte. Ein eigenes, verfassungsrechtlich geschütztes Recht eines Rechtsanwalts auf Erwerb eines Anteils an der Beute fremder Straftaten lässt sich weder aus dem Grundrecht der **Berufsfreiheit** noch aus den prozessualen Rechten eines beschuldigten Mandanten ableiten (*Grüner/Wasserburg* GA **00**, 433 ff.; *Ambos* JZ **02**, 74). Die Annahme eines Rechtfertigungsgrunds würde zu dem der Rechtsordnung (und § 261 VI !) widersprechenden Ergebnis führen, dass die bloße Tatsache (oder Möglichkeit) eines Strafverfahrens gegen einen (*schuldigen*) Täter einer schweren Straftat die als Honorar geleisteten Mittel endgültig „waschen" würde; damit würde dem Anspruch des Straftäters auf eine ungehinderte Verteidigung ein die **Gesamtrechtsordnung** außer Kraft setzendes Gewicht verliehen (zutr. insoweit *Ambos* JZ **02**, 70, 80 f.). Für Fälle **dritter** Vortäter, die von dem RA gar nicht verteidigt werden, lässt sich ein solcher Rechtfertigungsgrund von vornherein nicht konstruieren.

34 a Der **BGH** ist den oben 33 genannten Vorschlägen daher in BGH **47**, 68 (Annahme hoher Bargeldsummen aus unmittelbarer Tatbeute als Verteidigungshonorar bei positiver Kenntnis der Herkunft) nicht gefolgt (Anm./Bespr. *Ambos* JZ **02**, 70; *Bernsmann* StraFO **01**, 344; *ders.*, Lüderssen-FS [2002], 683 ff.; *Burger* wistra **02**, 1; *Katholnigg* JR **02**, 30; *Matt* GA **02**, 137; *Meyer-Abich* NStZ **01**, 465; *Müssig* wistra **05**, 201; *Nestler* StV **01**, 641; *Salditt* StraFO **02**, 181; *Wohlers* ZStrR **02**, 197); er hat für den Fall **direkt vorsätzlicher** Annahme von (unmittelbarer) Tatbeute als Verteidigungshonorar eine Strafbarkeit nach II Nr. 1 bejaht.

35 **c) Entscheidung des BVerfG.** Das BVerfG hat durch Urt. v. 30. 3. 2004 die gegen BGH **47**, 68 erhobene Verfassungsbeschwerde verworfen (Tenor BGBl. 2004 I, 715 = BVerfGE **110**, 226 = NJW **04**, 1305 = NStZ **04**, 259 [Anm. *Dahs/Krause/Widmaier* NStZ **04**, 261; *Wohlers* JZ **04**, 678; Bespr. *Matt* JR **04**, 321; *Fischer* NStZ **04**, 473; v. *Galen* NJW **04**, 3304; *Müssig* wistra **05**, 201]; vgl. auch BVerfG NJW **05**, 1707 [2 BvR 1975/03]). Es hat entschieden, **§** 261 II Nr. 1 sei mit dem GG vereinbar, soweit Strafverteidiger nur dann mit Strafe bedroht werden, wenn sie im Zeitpunkt der Annahme ihres Honorars *sichere Kenntnis* von dessen Herkunft aus einer Katalogtat haben (LS 1). Eine Strafbarkeit *bedingt vorsätzlicher* oder *leichtfertiger* (Abs. V) Taten nach II Nr. 1 würde dagegen in unverhältnismäßiger Weise in die **Berufsausübungsfreiheit** des Strafverteidigers eingreifen (BverfGE **110**, 226, 262 ff.), da das Risiko eigener Strafverfolgung zum einen das für eine rechtsstaatliche Strafverteidigung grundlegende **Vertrauensverhältnis** zwischen Beschuldigtem und Verteidiger unverhältnismäßig gefährde, zum anderen den Verteidiger am Erwerb hindern könne (ebd. S. 264). Eine uneingeschränkte Strafbarkeit der Geldwäsche von Verteidigern würde daher das **Rechtsinstitut der Wahlverteidigung** gefährden. Das Niederlegen oder Nicht-Annehmen eines Wahlmandats sowie die Bestellung zum (geringer bezahlten) **Pflichtverteidiger** könne dem Verteidiger „nicht uneingeschränkt angesonnen werden" (ebd. S. 261).

35 a Das BVerfG hat sich damit iErg der „Vorsatzlösung" angeschlossen: In verfassungskonformer Auslegung (ebd. S. 267) ist Abs. II Nr. 1 auf Honorarleistungen an Strafverteidiger nur bei **direktem Vorsatz** hinsichtlich der bemakelten Herkunft des Gegenstands anwendbar; die Anwendung scheidet dagegen aus bei bedingtem Vorsatz und Leichtfertigkeit. Die **Feststellung** des erforderlichen direkten Vorsatzes durch die Strafgerichte hat sich ebenso wie die Beurteilung des entsprechenden *Tatverdachts* durch die Staatsanwaltschaften an den „*besonderen Anforderungen*" zu orientieren, welche die Beachtung des Grundrechtsschutzes insoweit gebietet (ebd. S. 268 ff.; dazu auch BVerfG NJW **05**, 1707 f.; vgl. unten 36 b); jedoch besteht keine „Ermittlungsimmunität". Das BVerfG hat darüber hinaus entschieden, an

die *Feststellung* direkten Vorsatzes seien bei Rechtsanwälten **besondere Anforderungen** zu stellen (ebd.; ebenso NJW **05**, 1707, 1708; vgl. auch 2 BvR 950/05 v. 4. 7. 2006). Welche Anforderungen als „besonders" zu gelten haben, sollen die Fachgerichte festlegen (BVerfG NJW **05**, 1708); diese sind bei der Beweiswürdigung „verpflichtet, der besonderen Rolle der Strafverteidiger angemessen Rechnung zu tragen" (ebd.). **Keine Anwendung** finden die Grundsätze des BVerfG nach Frankfurt NJW **05**, 1727, 1733, wenn ein Strafverteidiger Vortatbeute über ein eigenes privates Bankkonto leitet, um es in eigenem Namen als Haftkaution zu hinterlegen und so dem Zugriff von Gläubigern des Vortäters zu entziehen.

Kritik. Die Entscheidung ist *methodisch* zweifelhaft (so auch NK-*Altenhain* 128; *Ranft* Jura **04**, 764). Die Annahme, der Gesetzgeber hätte den Tatbestand entsprechend eingeschränkt, wenn er das Problem gesehen hätte (BVerfGE 110, 226, 268 [=NJW **04**, 1312]; zutr. dagegen NK-*Altenhain* 128 [„haltlose Mutmaßung"]), widerspricht den Gesetzesmaterialien, aus denen sich ergibt, dass das Problem ausdrücklich erörtert wurde (BT-Drs. 11/7663, 27; *Salditt* Prot. BT-Rechtsausschuss 12/31, Anl. 204); trotz jedenfalls nachträglicher Kenntnis des Problems hatte der Gesetzgeber überdies zahlreiche Änderungen des § 261 nicht zum Anlass genommen, eine Privilegierung von Strafverteidigern zu regeln. Die Entscheidung hat – *allein* für den Bereich der Strafverteidigung und des Abs. II Nr. 1 – eine privilegierende Grenze der Strafbarkeit bestimmt. *Aus welchem Grunde* diese ausgerechnet zwischen billigendem In-Kauf-Nehmen und positiver Kenntnis verlaufen soll, hat das BVerfG nicht erläutert (krit. zur *subjektiven* Anknüpfung der Differenzierung auch *Müssig* wistra **05**, 201, 204 ff.). Die Problematik der Entscheidung wird deutlich, wenn man ihre zentralen Rechtssätze einmal *positiv* formuliert: Es ist vom Grundrecht der anwaltlichen Berufsfreiheit geschützt, Honorar in beliebiger Höhe für Strafverteidigungstätigkeiten zu verlangen und anzunehmen, dessen Herkunft aus schweren Straftaten der Rechtsanwalt für möglich hält und *billigt* (!). Ein Rechtsanwalt, der sich so verhält, tritt *nicht* „aus seiner Rolle als Organ der Rechtspflege heraus" und „missbraucht seine privilegierte (!) Verteidigerstellung" *nicht*. – Solche Rechtssätze sind dem Ansehen des Berufsstands im Ergebnis wenig förderlich (zur Kritik i. E. vgl. *Fischer* NStZ **04**, 473 ff.; *Wohlers* JZ **04**, 678 ff.; NK-*Altenhain* 128). Das gilt im Übrigen erst recht für das Argument, eine *Pflicht*-Verteidigung sei einem Beschuldigten, der tatsächlich oder mutmaßlich nur über bemakeltes Vermögen verfügt, nicht *zumutbar*, denn Pflichtverteidigung sei erfahrungsgemäß *minderwertige* „Verteidigung zweiter Klasse" (so *Barton* StV **93**, 158; *Hardtung* AnwBl **94**, 444; *Nestler* StV **01**, 643 f.). 36

Die **Konsequenzen** der Differenzierung des BVerfG für die **Verteidigungspraxis** sind nicht erfreulich: Da Strafbarkeit (nur) bei „sicherer Kenntnis" der Herkunft aus Katalogtaten eintritt und es dabei auf den Zeitpunkt des Erlangens ankommt, drängt es sich bei halbwegs lebensnaher Betrachtung für jeden Verteidiger auf, möglichst hohe *Vorschuss*-Honorare zu verlangen und eine ernsthafte **Sachverhaltsaufklärung** *um so mehr* zu unterlassen, je stärker der Verdacht einer Katalogtat ist – je mehr also der Mandant die Verteidigung *besonders dringend* braucht. Eine Verteidigung, die bis zum Kassieren des Honorars angelegentlich mit der *eigenen* Straflosigkeit befasst ist, kann aber wohl kaum als „bestmöglich" angesehen werden. – Allerdings gerät der Verteidiger auch schon bei bedingtem Vorsatz in **Abhängigkeit** von taktischen Erwägungen seines Mandanten oder von Dritten. Nach Verfahrensabschluss wandelt sich ein den Zufluss von Beuteanteilen umfassendes „Verhältnis des Vertrauens" nämlich in ein Verhältnis der **Erpressbarkeit:** Die **Beweis**-Grenze zwischen bedingtem und direktem Vorsatz ist schmal, und ein *verurteilter* Vortäter, der sich *unzureichend* verteidigt fühlt, hat seinen Verteidiger 5 Jahre lang (§ 78 III Nr. 4) in der Hand. Im Übrigen ist ein bemüht „kenntnisloser" Verteidiger für interessierte Kreise unschwer zu identifizieren. Das führt zu in einer *Grauzone* angesiedelten Existenzen, die als *Organe der Rechtspflege* schwerlich angesehen werden können. 36 a

Wesentliche Probleme sind durch die Entscheidung daher nicht gelöst worden (vgl. auch NK-*Altenhain* 128; *von Galen* NJW **04**, 3308; *Ranft* Jura **04**, 760, 765; *Fischer* NStZ **04**, 476 ff.; *Müssig* wistra **05**, 201, 202 ff.; **aA** *Lackner/Kühl* 5). Un- 36 b geklärt ist zB das Verhältnis zu zivilrechtlichen **Rückforderungsansprüchen** – des Vortäters oder eines Opfers der Vortat – bei bedingt vorsätzlichem Handeln. Das Honorar eines bedingt vorsätzlich oder leichtfertig handelnden Strafverteidigers dürfte auch weiterhin dem **Verfall** (§§ 73, 73 a, 73 d, § 76 a; vgl. auch Abs. VII) unterliegen. Die Strafbarkeit des Strafverteidigers wegen **Hehlerei** ist bei unmittelbar aus Vermögensdelikten stammenden Honorarleistungen von der Privilegierung unberührt. Von der einschränkenden Auslegung nicht betroffen ist auch die Anwendbarkeit auf Taten von Rechtsanwälten nach **Abs. I** (zutr. für uneingeschränkte Strafbarkeit *Wohlers* JZ **04**, 678, 681; NK-*Altenhain* 127) sowie auf Taten nach II Nr. 1 durch Angehörige **anderer Berufsgruppen**, insb. zivilrechtlich tätige Rechtsanwälte und Steuerberater; auch Insolvenzverwalter können leicht in den Bereich des Abs. I S. 1 iV mit Abs. V geraten, wenn die Insolvenzmasse kontaminierte Gegenstände enthält (für eine „teleologische Reduktion" daher insoweit *Brüning* wistra **06**, 241, 242 ff.).

36 c Auf Fälle, in denen nicht eine Katalogtat, sondern eine **andere** dem Beschuldigten zur Last gelegte Tat Gegenstand des Strafverteidigungs-Mandats ist oder in denen die Katalogtat, aus welcher die Honorarmittel herrühren, von einem **Dritten** begangen wurde, oder in denen das Honorar nicht vom Beschuldigten (Mandanten), sondern von einem Dritten geleistet wird (vgl. oben 32 a), lassen sich die auf die Besonderheiten des Verteidigungs-Verhältnisses abstellenden Grundsätze des BVerfG gar nicht übertragen. Es wäre nicht nachvollziehbar, in diesen Fällen eine Privilegierung von Strafverteidiger-Honorar zu postulieren.

37 **d)** Eine **Garantenstellung** mit der Pflicht zur Rückzahlung des erworbenen Honorars bei späterer Kenntniserlangung besteht nicht und lässt sich auch aus II Nr. 2, 2. HS nicht herleiten (zutr. *Hamm* aaO); dies ergibt sich schon aus der Regelung des Abs. VI („… *erlangt* hat, ohne *hierdurch* eine Straftat zu begehen"). Auch Meldepflichten nach dem GWG bestehen nicht; nach Art. 6 Abs. III der RL 91/308/EWG idF d. RL 2001/97 EG v. 4. 12. 2001 sind die Mitgliedsstaaten nicht gehalten, Angehörige von rechts- und steuerberatenden Berufen zur Meldung von Informationen zu verpflichten, die sie als Verteidiger oder Vertreter zu einem Gerichtsverfahren oder betreffend ein solches oder bei der Beratung zum Betreiben oder Vermeiden eine Gerichtsverfahrens erhalten oder erlangen (vgl. §§ 3 I Nr. 1, 11 III GWG; dazu *Wegner* NJW **02**, 794 ff.).

38 **e) Sonstige Entgelte.** Das Vorstehende gilt grds auch für die Honorierung **sonstiger freiberuflicher Leistungen,** etwa durch Ärzte, Zahnärzte, Steuerberater (vgl. dazu *Rüping*, Kohlmann-FS [2003], 499, 505 ff.) oder Architekten sowie von Rechtsanwälten für Leistungen außerhalb der Strafverteidigung und von Notaren. Auch hier kann weder aus Grundrechten der genannten Personengruppen (Art. 12 I GG) noch aus solchen des Vortäters ein Recht abgeleitet werden, Straftaterlöse zur Erlangung von die Existenzsicherung übersteigenden Leistungen einzusetzen. Besondere Probleme können im Einzelfall im Bereich der **Steuerberatung** auftreten, da Taten nach § 370 a AO dem Katalog des I unterfallen (I Nr. 1) und I S. 3 den Zusammenhang zwischen Vortat und Gegenstand weitgehend auflöst (vgl. oben 8 a, 13 a). Dass ein Steuerberater gerade den Gegenstand als Honorar erlangt, „hinsichtlich dessen" durch Taten nach §§ 373, 374 AO Abgaben hinterzogen wurden, ist nicht nahe liegend. Kaum sinnvoll zu lösen ist aber das Problem der Honorierung bei Erlangung von „ersparten Aufwendungen", aber auch von Steuererstattungen oder -vergütungen iS von Abs. I S. 3, 1. HS. Da sich solche Vorteile im Gesamtvermögen des Vortäters idR gar nicht mehr individualisieren lassen, liegt – je nach dem Anteil am Vermögen – der Fall nicht ganz fern, dass eine Honorierung von Steuer- oder (Zivil-)Rechtsberatung *überhaupt nicht mehr* straffrei möglich ist.

39 Für Entgelte im Rahmen des **Warenabsatzes** sowie für **Dienstleistungsentgelte** kommt, soweit Alltagsgeschäfte des notwendigen Lebensbedarfs vorliegen (oben 31 f.), ein Tatbestandausschluss in Betracht. Im Übrigen gelten die allg. Regeln; aus Grundrechten **zB** eines Autohändlers, Hoteliers oder Wohnungsvermieters (sowie aus dem Menschenrecht des Vortäters auf Fortbewegung, Nahrung und

Unterkunft) lassen sich insoweit weder Tatbestandseinschränkungen noch Rechtfertigungsgründe ableiten (vgl. BT-Drs. 11/7663, 50).

8) Subjektiver Tatbestand. A. Vorsatz ist bei allen Tathandlungen nach I und II erforderlich; **bedingter Vorsatz genügt** grds (*Körner/Dach* 34; hierzu *Körner* NStZ **96**, 66), nach BVerfG 2 BvR 1520/01 aber nicht für berufsmäßige Strafverteidiger (oben 35). Der Täter muss die Vortat nicht rechtlich zutreffend bewerten; er muss aber die für sie nach I S. 2 Nr. 1 bis 3 vorausgesetzten Tatumstände kennen (wistra **03**, 260; vgl. auch LG Darmstadt wistra **06**, 468, 469; LK-*Ruß* 16; *Lackner/Kühl* 9; *Körner* NStZ **96**, 65). Irrt er hierüber oder nimmt er an, dass ein Vorgänger den Gegenstand durch einen rechtmäßigen Erwerbsakt oder in den Fällen des II durch eine nicht strafbare Handlung (oben 27) erlangt hat, so ist ein **Tatbestandsirrtum** gegeben (LK-*Ruß* 16; krit. *Lackner/ Kühl* 9 [„Einfallstor für schwer widerlegbare Schutzbehauptungen"]). 40

Problematisch ist die Feststellung des Vorsatzes insb. auch in Fällen des II Nr. 1 im Bereich der Honorierung **freiberuflicher Leistungen** und des **neutralen Güter- und Leistungsaustauschs.** Hier gelten namentlich für **Rechtsanwälte** oder **Steuerberater,** die in berufsspezifisch nahen Kontakt zu möglichen Katalogtaten kommen, **keine Beweisregeln** ieS (so aber *Matt* GA **02**, 137 ff.; *ders.* JR **04**, 321, 324). Hieraus ist aber nicht zu schließen, schon der Umstand, dass eine Katalogtat oder mit ihr zusammenhängende Rechtsfragen (Schadensersatz) Gegenstand des Mandatsverhältnisses ist, lege einen (bedingten) Tatvorsatz hinsichtlich der kriminellen Herkunft von Honorarmitteln nahe. Soweit Honorare für sachlich angemessene Leistungen nach **Gebührenordnungen** abgerechnet werden, besteht idR weder Anlass noch Verpflichtung zu Ermittlungen nach der Herkunft solcher Honorarmittel. Im **Einzelfall** kann sich freilich der Verdacht einer unlauteren Mittel-Herkunft in einem solchen Maße aufdrängen, dass ein voluntatives Element des Nicht-Billigens gänzlich zurücktritt. 41

Für den Bereich der **Strafverteidigung** kommt es auf die **Abgrenzung** zwischen **direktem** (strafbar) und **bedingtem** (nicht strafbar) Vorsatz an (BVerfGE **110**, 226, 265 ff.); insoweit gelten die allgemeinen Regeln. Dass das BVerfG dargelegt hat, für die Feststellung von (direktem) Vorsatz bei Strafverteidigern sollten „besondere Anforderungen" gelten (NJW **05**, 1707 f.), steht dem nicht entgegen, denn es ist unklar geblieben, nach welchen *anderen Maßstäben* der Vorsatz von Rechtsanwälten geprüft werden sollte (vgl. dazu auch 24 f. zu § 258). Eine Erkundigungs- oder Ermittlungspflicht besteht nicht (vgl. auch LG Berlin NStZ **04**, 103, 104). Selbstverständlich stellt die Übernahme eines **Wahlmandats** in einem Strafverfahren wegen einer Katalogtat für sich allein kein zur Bejahung eines Anfangsverdachts ausreichendes **Indiz** für den Vorsatz des Verteidigers dar; auch nicht schon **zB** die Barzahlung eines Honorarvorschusses in Höhe von 2000 € in einem BtM-Verfahren (LG Berlin NStZ **04**, 103). Indizien für die positive Kenntnis eines Verteidigers können sich aber im Einzelfall aus besonderen äußeren Umständen der Mandatsübernahme oder der Honorierung ergeben (vgl. BVerfG aaO Rn. 153 ff., 167 ff.; zur Begrenzung des Honorars aufgrund § 3 III BRAGO aF vgl. auch BGHZ **162**, 98 ff. [=NJW 05, 2142]; dazu *E. Müller*, Strauda-FS [2006] 161 ff.]; ab 1. 7. 2006 vgl. § 4 IV RVG). Die positive Kenntnis eines Strafverteidigers von der Herkunft seines Honorars aus einer Katalogtat wird nicht dadurch beseitigt, dass er seinen Mandanten für nicht überführt hält und Freispruch beantragt (vgl. BGH **47**, 77); entsprechendes gilt in Zivil- oder Finanzstreitverfahren. 41 a

B. Nach **Abs. V** genügt es auch, dass der Täterdes I oder II **leichtfertig** nicht erkennt, dass der Gegenstand aus einer in I S. 2 bezeichneten Straftat **herrührt; im übrigen**, namentlich hinsichtlich *Tathandlung* und *Taterfolg*, bleibt es bei dem Erfordernis des **Vorsatzes** (zw. daher LG Darmstadt wistra **06**, 468, 470). Leichtfertigkeit (20 zu § 15) des Nichterkennens liegt vor, wenn sich die kriminelle Herkunft iS des I S. 2 nach Sachlage aufdrängt und der Täter dies aus besonderer **Gleichgültigkeit** oder **grober Unachtsamkeit** außer acht lässt (BT-Drs. 12/989, 42

28; BGH **33**, 66; *Körner/Dach* 36; *Körner* NStZ **96**, 66; MK-*Neuheuser* 82; *Otto* wistra **95**, 326; *Leip* [1 a] 146; ausf. dazu *Dionyssopoulou* [1 a] 141 ff.). Das kommt auch in Betracht, wenn der Tatbestand der Hehlerei vorsatzlos verwirklicht wird; eine „Sperrwirkung" gegenüber § 261 V besteht insoweit nicht (BGH **50**, 347, 352 (= NJW **06**, 1297).

43 Probleme ergeben sich im Hinblick auf die Annahme von Leistungsentgelten für **berufsmäßige neutrale Tätigkeiten,** namentlich im Bereich der rechts- und steuerberatenden Berufe, bei Notaren, **Finanzdienstleistungs-Unternehmen** iS von Art. 1 der RL 2001/97/EG v. 4. 12. 2001 (ABl. EG Nr. L 344, 76), Immobilienmaklern, usw. Hier müssen die Maßstäbe für ein den Leichtfertigkeitsvorwurf rechtfertigendes Verhalten nach den Besonderheiten der jeweiligen Fallgruppe gefunden werden; es wäre jedenfalls verfehlt, ganze Berufsgruppen oder Tätigkeitsfelder pauschal mit einem Straftatverdacht zu überziehen. Bei Honorarannahme (II Nr. 1 iVm V) für freiberufliche Tätigkeit kommt es für den Vorwurf der Leichtfertigkeit darauf an, ob und in welchem Maße sich Anhaltpunkte für eine kriminelle Herkunft der Honorarmittel **aufdrängen.** Das ist nicht etwa regelmäßig der Fall, wenn ein Mandant oder Kunde früher einer Katalogtat beschuldigt wurde oder entsprechende Schadensersatzansprüche gegen ihn erhoben werden; es kann aber im Einzelfall nahe liegen etwa bei **Barzahlung** größerer, über die üblichen Gebührensätze hinaus gehender Beträge, bei Leistung in **Naturalien** oder bei Honorarvereinbarungen in einer Höhe, die mit den angegebenen Einkunftsquellen nicht vereinbar ist. In diesem Fall ist dem Empfänger zuzumuten, nachzufragen; das Maß dieser **Erkundigungspflicht** hängt vom Grad objektiver Auffälligkeit des Vorgangs ab. Soweit BVerfG 2 BvR 1520/01 **Strafverteidiger** nicht nur von der Leichtfertigkeits-Strafdrohung, sondern schon von der Strafbarkeit bedingten Vorsatzes ausgenommen hat (oben 35 f., 41 a), ergeben sich derzeit ungeklärte Spannungen zur Behandlung anderer Berufs- und Fallgruppen.

44 Gegen Abs. V sind – mit guten Gründen – systematische, kriminalpolitische und verfassungsrechtliche **Bedenken** erhoben worden, namentlich dass er als **verdeckte Beweisregel** das Schuldprinzip sowie das Bestimmtheitsgebot verletze (vgl. *Bottermann* 130 ff.; *Flatten* 111 ff.; *Hassemer* 14; *Knorz* 169 ff.; *Leip* 146 ff. [jew. 1 a]). Die Ausdehnung der Strafbarkeit auf das leichtfertige Nichtkennen der bemakelten Herkunft des inkriminierten Gegenstandes durchbricht – ähnlich wie in § 264 III – den sonst vom Gesetzgeber eingehaltenen Grundsatz, fahrlässiges Verhalten im Bereich der Vermögensdelikte im Interesse eines freien Wirtschaftsverkehrs nicht mit krimineller Strafe zu bedrohen (*Hetzer* NJW **93**, 3299). Die Ausdehnung des Vortatenkatalogs auf die gewerbs- und bandenmäßige Steuerhinterziehung und des „Gegenstands"-Bereichs auf **legales Vermögen,** hinsichtlich dessen Steuern hinterzogen wurden, hat diese Probleme nochmals verschärft. Für den **Gesetzgeber** war die Strafbarkeitsausdehnung freilich unabdingbar (BT-Drs. 12/989, 27; *Krey/Dierlamm* JZ **92**, 359; krit. *Lampe* JZ **94**, 129; noch weitergehend *[einfache Fahrlässigkeit]* der SPD-E eines 2. OrgKG, BT-Drs. 12/6784; zust. zur Leichtfertigkeitsschwelle auch BGH 347, 354 ff. [= NJW **06**, 1297]; *Kreß* wistra **98**, 127); er hat dies mit der kriminalpolitischen Notwendigkeit begründet, auftretende Beweisschwierigkeiten zu vermeiden. Nach BGH **43**, 158, 165 bedeutet dieses gesetzgeberische Motiv nicht, dass leichtfertiges Handeln nicht einen eigenständigen Unrechtsgehalt aufweist.

45 **9) Versuch.** Nach **Abs. III** ist der Versuch strafbar. Das gilt auch insoweit, als für Abs. I schon die konkrete **Gefährdung** zur Vollendung ausreicht (oben 22; vgl. *Lampe* JZ **94**, 131; *Körner/Dach* 31). Konstruktiv ergibt sich, wegen der zahlreichen Möglichkeiten irriger Annahmen und falscher Wertungen, ein breites Feld untauglicher (strafbarer) Versuche; in der Praxis wird es hier meist an der Nachweisbarkeit fehlen. Der (strafwürdige) Zusammenhang mit dem Schutz konkreter Rechtsgüter (etwa bei der „Zerschlagung der Strukturen des Terrorismus auf der ganzen Welt" [vgl. BT-Drs. 14/8739, 10]) ist teilweise nur noch schwer erkennbar. *Das Sich-Verschaffen* von Vermögensgegenständen in der Annahme, diese rührten aus „betrügerischen" oder „illegalen" Geschäften her, reicht nach wistra **03**, 260 f. zur Feststellung eines Versuchs nicht aus; erforderlich ist eine zumindest in groben Zügen zutreffende Vorstellung von einer Katalogtat. Mangels Vollendungs-Taug-

lichkeit liegt Versuch vor, wenn der Täter des II Nr. 1 den Gegenstand einem V-Mann der Polizei verschafft (NStZ **99**, 84; vgl. 19 zu § 259).

10) Täterschaft und Teilnahme sind nach allgemeinen Regeln zu beurteilen. **Abs. IX S. 2** ist durch das G vom 4. 5. 1998 (oben 1) eingefügt worden und stellt in Anlehnung an § 257 III die Straflosigkeit von Selbstbegünstigungshandlungen klar. Die Straflosigkeit beschränkt sich auf Täter und Teilnehmer der Vortat; die Beteiligung muss feststehen (NStZ **95**, 500; NJW **00**, 3725; 4 StR 474/06; *S/S-Stree* 5; SK-*Hoyer* 34; vgl. i. E. oben 18; krit. zur Neuregelung *Schittenhelm*, Lenckner-FS 537 f.). **46**

11) Rechtsfolgen. Die **Strafdrohung** ist nach Schuldform und Schuldumfang abgestuft. Für **Vorsatztaten** nach I, II gilt die Regelstrafdrohung (Freiheitsstrafe von 3 Monaten bis zu 5 Jahren). Falls der Täter die Herkunft des inkriminierten Gegenstandes **leichtfertig** nicht erkannt hat, ist die Strafe **Abs. V** zu entnehmen. **47**

Abs. IV sieht für **besonders schwere Fälle** (11 zu § 12; 85 ff. zu § 46) einen erhöhten Strafrahmen vor (Freiheitsstrafe von 6 Monaten bis zu 10 Jahren). Regelfälle sind die **gewerbsmäßige Begehung** (62 vor § 52, 2 zu § 260) oder das Handeln als **Mitglied einer Bande** (17 ff. zu § 244) zur fortgesetzten Begehung von Geldwäsche; die Mitwirkung eines anderen Bandenmitglieds bei der konkreten Tat ist nicht erforderlich (vgl. StV **97**, 590; SK-*Hoyer* 29; 3 zu § 260). Für die Gewerbsmäßigkeit reicht es aus, dass der Täter sich mittelbar geldwerte Vorteile verspricht, etwa durch den Gewinn einer von ihm beherrschten Gesellschaft oder in Form eines an ihn gezahlten Gehalts. Weder für gewerbsmäßiges noch für bandenmäßiges Handeln ist der Aufbau „mafiaartiger Strukturen" erforderlich (NStZ **98**, 622). Da Abs. IX S. 2 nur einen persönlichen Strafausschließungsgrund enthält, kann ein **Vortat-Beteiligter**, der gem. IX S. 2 selbst nicht nach § 261 strafbar ist, für die Beurteilung der Strafbarkeit von *nicht* an der Vortat beteiligten Personen auch als Mitglied einer Bande iS von IV S. 2 anzusehen sein, denn aus seiner Straflosigkeit können andere Bandenmitglieder für sich nichts ableiten (BGH **50**, 224, 230 = NStZ **06**, 237, 238 f. [abl. Anm. *Krack* JR **06**, 435]). Die Problematik der Behandlung („vertikaler") gemischter Banden bei Anwendung der §§ 260, 260 a (vgl. dazu 3 zu § 260) steht dem nicht entgegen (**aA** *Krack* aaO). „Fortgesetzte" bandenmäßige Tatbegehung ist auch möglich, wenn die Objekte mehrerer selbständiger Taten aus *derselben Vortat* stammen (vgl. BGH **50**, 224, 229 f.); die „gemeinsame Herkunft" einer Sachgesamtheit verbindet selbständige Taten der Geldwäsche ebenso wenig wie solche der Hehlerei zu einer Handlungseinheit (vgl. auch BGH **43**, 149; **aA** *Krack* JR **06**, 435, 436). **48**

Nach **Abs. VII** wird die **Einziehung** der inkriminierten Gegenstände, auf die sich die Geldwäsche bezieht („Beziehungsgegenstände": 10 zu § 74), auch unter den erweiterten Voraussetzungen des § 74 a (vgl. dort) ermöglicht (*Körner/Dach* 43). Im Fall des I S. 3 werden Teile des (legal erworbenen) Vermögens eines Steuerhinterziehers in dem Moment zum Einziehungsgegenstand, in dem es ein Dritter leichtfertig erwirbt (vgl. auch die Beispiele bei *Burger* wistra **02**, 4 f. [auf der Grundlage des StVBG]). Außerdem kann gegen Täter, die als Mitglied einer Bande iS des Regelfalls des besonders schweren Falls (IV S. 2) oder gewerbsmäßig gehandelt haben, der **Erweiterte Verfall** (§ 73 d) angeordnet werden, wenn dessen Voraussetzungen vorliegen. **49**

12) Tätige Reue. In den **Abs. IX S. 1 und X** sind Fälle der tätigen Reue geregelt. Hierdurch soll ein Anreiz für die Anzeige strafbarer Geldwaschvorgänge geschaffen und auch zur Aufklärung der Vortaten sowie zur Sicherstellung der inkriminierten Gegenstände beigetragen werden (BT-Drs. 12/989, 28; hierzu *Körner/Dach* 39; *Burr* [1 a] 95, 101; *Fabel* [1 a] 66 ff., 201 ff.). Ob sich diese Hoffnung über Einzelfälle hinaus bestätigt hat, ist nicht bekannt (denkbar etwa bei Rücküberweisungen sog. „Finanzagenten" nach „Phishing"-Sachverhalten; vgl. 25 zu § 263 a; *Heghmanns* wistra **07**, 167, 169; *Kögel* wistra **07**, 206, 211). **50**

51 **A.** Ein **Strafaufhebungsgrund** nach IX – aber nur hinsichtlich der Geldwäschestrafbarkeit (*Löwe-Krahl* wistra **94**, 126) – tritt dann ein, wenn der Täter die Tat freiwillig (18ff. zu § 24) bei der zuständigen Behörde (§ 158 I S. 1 StPO) anzeigt oder eine solche Anzeige veranlasst (hierzu *Carl/Klos* wistra **94**, 161). Nach dem Vorbild des § 371 II Nr. 2 AO ist vorausgesetzt, dass die Geldwäsche im Zeitpunkt der Anzeige noch nicht entdeckt war und der Täter dies wusste oder bei verständiger Würdigung keinen Anlass hatte anzunehmen, dass die Tat entdeckt war. Für eine Strafaufhebung im Falle **leichtfertigen** Handelns genügt das Vorliegen der Voraussetzungen der **Nr. 1.** Man wird davon ausgehen müssen, dass eine Selbstanzeige **„der Tat"** sich auf ein **konkretes Tatgeschehen** beziehen muss; die pauschale Offenbarung zB eines Hoteliers oder Finanzdienstleisters, er habe im vergangenen Monat vermutlich hundertmal leichtfertig Geld gewaschen, bleibt in ihren Wirkungen unklar; sie überschneidet sich mit einer „vorsorglichen" **Übererfüllung der Anzeigepflichten** nach dem GWG; auch die Mehrzahl der von Finanzdienstleistern erstatteten Verdachtsanzeigen ist (notwendig) unspezifisch (vgl. *Scherp* wistra **98**, 81 ff.; *Hetzer* ZRP **99**, 245, 247; jew. mwN).

51a Hat der Täter iS von I oder II **vorsätzlich** gehandelt, so ist nach **Nr. 2** für die Erlangung der Straffreiheit zusätzlich erforderlich, dass er durch die Anzeigeerstattung zugleich die Sicherstellung (§§ 111 b ff. StPO) des inkriminierten Gegenstandes bewirkt. Hierauf wird bei leichtfertigem Handeln verzichtet (BT-Drs. 12/989, 28; krit. *Löwe-Krahl* wistra **93**, 126).

52 **B.** Eine **Strafmilderung** (§ 49 II) oder ein **Absehen von Strafe** ist in allen Fällen der Geldwäsche (I bis V) unter den Voraussetzungen des Abs. X dann möglich, wenn der Täter freiwillig (18ff. zu § 24) sein Wissen offenbart und damit dazu beigetragen hat, dass die Tat über seinen eigenen Tatbeitrag hinaus oder eine iS des I bezeichneten Vortat eines anderen aufgedeckt werden konnte. Diese sog. „kleine Kronzeugenregelung" ist dem § 31 Nr. 1 BtMG nachgebildet. Zum **Entwurf** einer Neuregelung in § 46 b-E unter Wegfall von Abs. X vgl. 1 zu § 46 und Anhang Nr. 23 c.

53 **C.** Eine Anwendung des IX S. 1 (ebenso X) auf Beteiligte, die zugleich **Geheimnisträger** iS von § 203 I sind, ist nicht von vornherein ausgeschlossen (vgl. *Körner/Dach* [1 a] 39; and., *v. Galen* StV **00**, 575; dazu oben 33 b); so wird etwa im Fall rechtskräftiger Verurteilung des Mandanten eines Strafverteidigers oder Steuerberaters *wegen* der Katalogtat der Offenbarung einer Tat nach II Nr. 1 nach Abs. IX § 203 I nicht entgegenstehen. Freilich ergibt sich aus IX, X kein umfassender Rechtfertigungsgrund für den Verrat von Mandanten- oder Patientengeheimnissen. Es gelten hier dieselbe Grundsätze wie in Fällen der Tätigen Reue tatbeteiligter Geheimnisträger (vgl. etwa § 158; § 129 VI Nr. 2, auch iVm I Nr. 5).

54 **13) Konkurrenzen.** Innerhalb von I und II ist im Falle verschiedener Tatbegehungen **Tateinheit** möglich. Im Falle einheitlicher Tatbegehung oder bei Vorliegen mehrerer auf denselben Erfolg gerichteter Tathandlungen wird idR eine **natürliche Handlungseinheit** (2ff. vor § 52) gegeben oder von einer einzigen Gesetzesverletzung (*Lackner/Kühl* 19) auszugehen sein. Das gilt aber nicht, wenn sich der Täter bei verschiedenen Gelegenheiten Geldbeträge verschafft (I S. 2, II Nr. 1), gleichgültig, ob diese aus einer oder mehreren Vortaten herrühren (BGH **43**, 149 [m. Anm. *Arzt* JR **99**, 79]); in diesem Fall ist **Tatmehrheit** gegeben (ebenso SK-*Hoyer* 36). Aus dem Umstand, dass die Tatobjekte *selbständiger* Taten nach I oder II aus einer **einheitlichen Vortatbeute** stammen (vgl. zB BGH **50**, 224 ff.), kann nicht abgeleitet werden, dass „die gemeinsame Herkunft" die Taten zur Handlungseinheit verbinde (so aber *Krack* JR **06**, 435, 436). Kann I nicht nachgewiesen werden, so kann II als **Auffangtatbestand** in Betracht kommen (BT-Drs. 12/989, 27; vgl. BGH **47**, 68, 80). Entsprechendes gilt für V im Verhältnis zu II. **Tateinheit** ist möglich mit §§ 257 bis 260 a, aber auch mit § 263, 266 und § 267 (vgl. ferner *Körner/Dach* 44). Bei Identität der Geldwäschehandlung und einer Beihilfe an der Vortat ist § 261 **subsidiär** (BGH **43**, 164; NStZ-RR **98**, 26; **aA** SK-*Hoyer* 36); bleibt offen, ob der Täter des § 261 schon Mittäter der Vortat war, so ist im Wege der **Postpendenzfeststellung** *eine eindeutige* Verurteilung nach § 261 geboten (*NStZ* **95**, 500 [Anm. *Körner* wistra **95**, 311]). Soweit für einzelne Tathandlungen des § 261 spezialgesetzliche Regelungen bestehen (zB § 29 I BtMG; vgl. oben 12), gehen diese vor (*König* [oben 10] 230). Weitergehend will *Stree* (*S/S* 28; ebenso schon *Schittenhelm,* Lenckner-FS 592) § 261 stets zurücktreten lassen, wenn eine Tat nach §§ 257–259 vorliegt und die

Schutzrichtung des § 261 unberührt bleibt, etwa beim schenkweisen Erwerb eines „gewöhnlich" geraubten Gegenstands (zw.). Der Tatbestand des § 259 hat keine **Sperrwirkung** gegenüber 261 V nicht (BGH **50**, 347, 352 = NJW **06**, 1297).

14) Sonstige Vorschriften: Telefonüberwachung § 100a I Nr. 2, 100g StPO (zur Verwertbarkeit im Fall des IX S. 2 vgl. BGH **48**, 240; Hamburg StV **02**, 290; and. KG NStZ **03**, 326; im Fall des II S. 2 vgl. LG Hildesheim NStZ **03**, 327; vgl. aber NStZ **03**, 444); akustische Wohnraumüberwachung § 100c I Nr. 3 Buchst. a StPO; Sicherstellung § 111b StPO. 55

Führungsaufsicht

262 **In den Fällen der §§ 259 bis 261 kann das Gericht Führungsaufsicht anordnen (§ 68 Abs. 1).**

Die Vorschrift wurde durch Art. 1 Nr. 20 OrgKG auch auf § 260 I Nr. 2, § 260a und § 261 erstreckt. Zur FAufsicht siehe §§ 68ff.

Zweiundzwanzigster Abschnitt
Betrug und Untreue

Vorbemerkung

1) Die §§ 263 bis 266b enthalten mit dem Kernbereich des **Vermögensstrafrechts** auch wesentliche Teile des **Wirtschaftsstrafrechts** (zum Begriff vgl. *Bottke* JuS **02**, 320; *Achenbach* GA **04**, 559, 560ff.; zu aktuellen *Bekämpfungs*-Strategien im internationalen Vergleich *Hefendehl* JZ **06**, 119, 120f.; zur Bestimmung eines Kerns „moderner" *Strafwürdigkeits*-Kriterien vgl. *Alwart*, Otto-FS [2007] 3, 21ff.), soweit es im StGB geregelt ist. Zum Umfang und zur Struktur der Kriminalität vgl. Erster Periodischer Sicherheitsbericht der BReg. vom Juli 2001 (Hrsg. BMI), S. 126ff. (Vermögenskriminalität), 131ff., 619ff. (Wirtschaftskriminalität; Zusf. bei *Möhrenschlager* wistra **01**, H. 9, VIf.). Der Abschnitt hat seit dem EGStGB vom 2. 3. 1974 zahlreiche Änderungen erfahren, die namentlich der wirksameren Verfolgung der Wirtschaftskriminalität dienten und der technischen Entwicklung im Bereich der elektronischen Datenverarbeitung Rechnung tragen sollten. 1

Das **1. WiKG** v. 29. 7. 1976 (1 zu § 264) führte mit den §§ 264 und 265b Vorfeldtatbestände des Betruges ein und ergänzte den § 265a. Das **2. WiKG** v. 15. 5. 1986 (BGBl. I 721) sollte neuen Formen der Wirtschaftskriminalität begegnen, die insbesondere durch den zunehmenden Einsatz von Datenverarbeitungsanlagen in Wirtschaft und Verwaltung aufgetreten sind; eingefügt wurden die §§ 263a (Computerbetrug), 266b (Scheck- und Kreditkartenmissbrauch), 264a (Kapitalanlagebetrug) und 266a (Vorenthalten und Veruntreuen von Arbeitsentgelt). **Mat.:** RegE BR-Drs. 150/83; BT-Drs. 10/318; Ber. BT-Drs. 10/5058. 2

Literatur zum 2. WiKG: *Achenbach* NJW **86**, 1835 u. JuS **90**, 605; *Bühler* MDR **87**, 448; *Granderath* DB **86**, Beil. 18; *Jaath*, Dünnebier-FS 583; *Joecks* wistra **86**, 142; *Kolz* wistra **82**, 167; *Martens* wistra **85**, 81 u. **86**, 154; *Möhrenschlager* wistra **86**, 123, 128; *Otto* wistra **86**, 150; *H. Schäfer* wistra **82**, 96; *Schroth* wistra **86**, 158; *Stahlschmidt* wistra **84**, 304; *Tiedemann* JZ **86**, 865 u. NJW **88**, 1169; *Weber* NStZ **86**, 481. 2a

Durch das **6. StrRG** v. 26. 1. 1998 (2f. vor § 174) ist der besonders schwere Fall des § 263 III durch Regelbeispiele ausgeführt worden, auf die auch § 263a II und § 266 II verweisen. Qualifikationstatbestände für banden- und gewerbsmäßige Begehung (§§ 263 V, 263a II, 264 III) sollen wie die Anwendbarkeit des Erweiterten Verfalls (§§ 263 VII, 263a II) eine effektivere Verfolgung organisiert begangener Taten sicherstellen. Neu geregelt wurde der Versicherungsbetrug in § 263 III Nr. 5, § 265. 3

2) Der Einfluss des **EU-Rechts** auf das nationale Strafrecht ist im Bereich des Wirtschaftsstrafrechts besonders groß (umfassende Darstellung bei *W/J-Dannecker* [unten 6] Kap. 2; vgl. auch LK-*Tiedemann* 96ff. vor § 263; *ders.*, [Hrsg.], Wirtschaftsstrafrecht in der Europäischen Union [Freiburg-Symposium], 2002; *Satzger*, Die Europäisierung des Strafrechts, 2001, 295ff., 393ff.; *Achenbach* GA **04**, 559, 566ff.; *Husemann* wistra **04**, 447; *Soyka* wistra **07**, 127; zu Auswirkungen auf strafrechtliche Zurechnungs-Modelle auch *Heine* ZStrR **01**, 22). Rechtsakte der EU konzentrierten sich bislang vorwiegend auf den strafrechtlichen Schutz der **EG-Haushalte** (Betrug; Subventionsbetrug; Untreue; zum Schutz des Vermögens der Europäischen Gemeinschaften durch § 263 vgl. ausf. *Berger*, Der Schutz öffentlichen Vermögens durch § 263 StGB, 2000, 51ff. mwN), auf die Verfolgung von **Korruption, Geldwäsche** sowie von Straftaten unter Ausnutzung der europäischen **Geld-** und unbaren **Zahlungssysteme** (vgl. Unterrichtung durch die BReg., BR-Drs. 657/01, zum Vorschlag für eine Richtlinie des EP und des Rates über den strafrechtlichen Schutz der finanziellen Interessen der Gemeinschaft [KOM (2001) 272 endg.; Ratsdok. 11322/01]). Das **Zweite Protokoll** v. 19. Juni 4

1997 zum Übk. über den Schutz der finanziellen Interessen der Europäischen Gemeinschaften (vgl. BT-Drs. 14/9002, Anlage und Denkschrift) sowie das Übk. v. 26. Mai 1997 über die Bekämpfung der Bestechung, an der Beamte der Europäischen Gemeinschaften oder der Mitgliedsstaaten der Europäischen Union beteiligt sind (EU-Bestechungs-Übk.; vgl. BT-Drs. 14/8999), sind von Deutschland ratifiziert und mit der Gemeinsamen Maßnahme betreffend die Bestechung im privaten Sektor v. 22. Dezember 1998 umgesetzt worden (G v. 22. 8. 2002; BGBl. I 3387; vgl. BT-Drs. 14/8998 [RegE]). Die Änderung der Geldwäsche-RL durch die RL v. 4. Dezember 2001 sowie Vorgaben der FATF sind durch das GeldwäscheBekG v. 8. 8. 2002 (BGBl. I 3105) umgesetzt worden (vgl. dazu 1 zu § 261).

5 Durch Beschluss der Kommission v. 28. 4. 1999 ist mit Wirkung vom 1. 6. 1999 das Europäische Amt für Betrugsbekämpfung **(OLAF)** geschaffen worden (ABl. L 136 v. 31. 5. 1999; vgl. dazu SEK 1999/802; 1999/352/EG, EGKS, Euratom; BR-Drs. 1022/98). Ihre Tätigkeit ist in der VO (EG) Nr. 1073/99 des EP und des Rates v. 25. 5. 1999 (ABl. L 136 v. 31. 5. 1999, 1) und der VO (EGKS, Euratom) Nr. 1074/99 des Rates vom 25. 5. 1999 (ABl. L 136 v. 31. 5. 99, 8) geregelt. Danach übernimmt OLAF die der Kommission übertragenen **administrativen Befugnisse** zu **externen** und **internen** Untersuchungen zur Bekämpfung von Betrug, Korruption und sonstigen rechtswidrigen Handlungen zum Nachteil der Interessen der Europäischen Gemeinschaften (hierzu auch Interinstitutionelle Vereinbarung zwischen EP, Rat und Kommission v. 25. 5. 1999 [ABl. eg Nr: L 136, 15] sowie Beschl. der Kommission v. 2. 6. 1999 [1999/396/EG, EGKS, Euratom; ABl. EG Nr. L 149 v. 16. 6. 1999, 57]). Das Amt kann, soweit innerstaatliche Rechtsvorschriften nicht entgegenstehen, auch Kontrollen bei betroffenen Wirtschaftsunternehmen durchführen (vgl. dazu *Haus* EuZW **00**, 745; krit. *Albrecht* StV **01**, 69, 71 f.). Nachdem im Zusammenhang mit der „Eurostat-Affäre" **Unzulänglichkeiten** der Struktur und Koordination zutage getreten sind, sind Vorschläge der Kommission zur Änderung der VO (EG) 1073/1999 vorgelegt worden (vgl. dazu BR-Drs. 170/04, 171/04). Nach dem Vorschlag der Kommission vom Januar 2000 zur Schaffung eines **Europäischen Staatsanwalts** (vgl. auch Ergänzender Beitrag der Kommission zur Regierungskonferenz über die institutionellen Reformen v. 29. Sept. 2001 [doc/00/27]; „Aktionsplan 2001–2003" – Betrugsbekämpfung – der Kommission vom Mai 2001 [KOM (2001) 254 endg.]; Große Anfrage CDU/CSU v. 14. 12. 2000 und Antw. der BReg. [BT-Drs. 14/4991]; *Brüner/Spitzer,* Der Europäische Staatsanwalt (usw.), NStZ **02**, 393) hat die Kommission am 11. Dezember 2001 ein **Grünbuch** zum strafrechtlichen Schutz der finanziellen Interessen der Europäischen Gemeinschaften und zur Schaffung einer Europäischen Staatsanwaltschaft vorgelegt (KOM [2001] 715). Die Europäische Verfassung (vgl. dazu Einl. 11) sieht in Art. III-274 vor, dass zur Bekämpfung von Straftaten zum Nachteil der finanziellen Interessen der Union eine Europäische Staatsanwaltschaft eingesetzt werden kann.

5a Bei Vorliegen einer echten **Kollision** zwischen nationalem und Gemeinschaftsrecht besteht ein Vorrang des Letzteren (EuGH NJW **64**, 2371; BVerfG NJW **87**, 577, 579; BGH **37**, 168, 175; *W/J-Dannecker* 2/124). Dagegen sind **Richtlinien** zunächst vom Mitgliedsstaat in nationales Recht umzusetzen; das innerstaatliche Recht ist unabhängig davon *richtlinienkonform* auszulegen (vgl. EuGH NJW **84**, 2021, 2022; LK-*Tiedemann* 98 vor § 263; *Eisele* JA **00**, 991, 998). Eine Vereinheitlichung des Rechts kann zu erheblichen Einschränkungen des vom StGB erfassten Strafbarkeitsbereichs führen (vgl. dazu *Hecker* [unten 6] 306 ff.; *Soyka* wistra **07**, 127 ff. [zur Einschränkung es § 263 durch die **RL 2005/29/EG** v. 11. 5. 2005, ABl EU Nr. 149 v. 11. 6. 2005, 22, über unlautere Geschäftspraktiken]).

6 **Neuere Literatur zur *Wirtschaftskriminalität* (allgemein; Auswahl):** *Achenbach,* Schwerpunkte der BGH-Rspr zum Wirtschaftsstrafrecht, BGH-FG (2000), 593; *ders.,* Zur aktuellen Lage des Wirtschaftsstrafrechts in Deutschland, GA **04**, 559; *ders.,* Wirtschaftskriminalität und Wirtschaftsstrafrecht – Gedanken zu einer terminologischen Bereinigung, Schwind-FS (2006) 177; *Achenbach/Ransiek* (Hrsg.), Handbuch Wirtschaftsstrafrecht, 2004;

Alwart, Modernes Wirtschaftsstrafrecht als Projekt, Otto-FS (2007) 3; *Bandekow,* Strafbarer Mißbrauch des elektronischen Zahlungsverkehrs, 1989; *Baumann/Dähn,* Studien zum Wirtschaftsstrafrecht, 1972; *de Beer* SchweizZSt **92**, 272 [Börsenmanipulation und Betrug]; *Berkhauer* ZStW **89**, 1015, 1088; *Bottke* wistra **91**, 1, 5, 81 u. Madrid-Symp. 109 [Legitimität des Wirtschaftsstrafrechts]; *Cramer,* Triffterer-FS 323 [Insider-Informationen]; *Dierlamm* NStZ **96**, 519 [Das neue Insiderstrafrecht]; *Eidam,* Unternehmen und Strafe, 3. Aufl. 2001; *Franzheim* KR **80**, 278 u. **87**, 237; *Gallandi* wistra **93**, 255 [Verjährungsfragen]; *D. Geerds,* Wirtschaftsstrafrecht u. Vermögensschutz, 1990; *Hack,* Probleme des Tatbestands Subventionsbetrug, § 264 StGB, 1982; *Hecker*, Strafbare Produktwerbung, 2001; *Hefendehl,* Enron, Worldcom und die Folgen: Das Wirtschaftsstrafrecht zwischen kriminalpolitischen Erwartungen und dogmatischen Erfordernissen, JZ **04**, 18; *ders.*, Corporate Governance und Business Ethics: Scheinberuhigung oder Alternativen bei der Bekämpfung derWirtschaftskriminalität?, JZ **06**, 119; *Heinz,* Wirtschaftskriminologische Forschungen in der BRep., wistra **83**, 128, ZStW **96**, 417; *ders.,* in: *Eser/Kaiser* (Hrsg.), 2. dt.-ungar. Koll. über Strafrecht u. Kriminologie, 1995, 155; *Husemann,* Die Beeinflussung des deutschen Wirtschaftsstrafrechts durch Rahmenbeschlüsse der Europäischen Union, wistra **04**, 447; *Katholnigg,* Die Beteiligung von Laien in Wirtschaftsstrafsachen, wistra **82**, 91; *Kindhäuser,* Madrid-Symp. 125 [Legitimität der abstrakten Gefährdungsdelikte]; *Lüderssen,* Entkriminalisierung des Wirtschaftsstrafrechts, 1998; 2. Aufl. 2007; *Müller-Gugenberger/Bieneck* (Hrsg.), Wirtschaftsstrafrecht. 3. Aufl. 2000; *Otto* ZStW **96**, 339; *Park* (Hrsg.), Kapitalmarkt-Strafrecht, 2004; *Schünemann,* Unternehmenskriminalität u. Strafrecht, 1980; *ders.,* Unternehmenskriminalität, BGH-FG (2000), 621; *Tiedemann,* Wirtschaftsbetrug, 1999 (Sonderdruck aus LK); *ders.*, Zur Gesetzgebungstechnik im Wirtschaftsstrafrecht, Schroeder-FS (2006) 641; *Tiedemann* (Hrsg.), Multinationale Unternehmen u. Strafrecht, 1980; *ders.*, Betrug und Korruption in der europäischen Rechtsangleichung, Otto-FS (2007) 1055; *Tiegs,* Betrugsbekämpfung in der Europäischen Gemeinschaft: Eine Bestandsaufnahme des englischen und deutschen Strafrechts zum Schutz der EG-Finanzinteressen, 2006; *Wabnitz/Janovsky* (Hrsg.), Handbuch des Wirtschafts- u. Steuerstrafrechts, 3. Aufl. 2007; *Weber* ZStW **96**, 376; *Wohlers/Mühlbauer,* Finanzanalysten, Wirtschaftsjournalisten und Fondsmanager als Primär- und Sekundärinsider, wistra **03**, 41; *Ziouvas,* Das neue Kapitalmarktstrafrecht – Europäisierung und Legitimation, 2005. .

Rechtsprechungsübersichten: *Achenbach* NStZ **88**, 97; **89**, 497; **91**, 409; **93**, 427; 477; **94**, 421; **95**, 430; **96**, 533; **97**, 536; **98**, 560; **99**, 549; **00**, 524; **01**, 525; **02**, 523; **03**, 520; **04**, 549.

Betrug — RiStBV 236–238

263 **I Wer in der Absicht, sich oder einem Dritten einen rechtswidrigen Vermögensvorteil zu verschaffen, das Vermögen eines anderen dadurch beschädigt, dass er durch Vorspiegelung falscher oder durch Entstellung oder Unterdrückung wahrer Tatsachen einen Irrtum erregt oder unterhält, wird mit Freiheitsstrafe bis zu fünf Jahren oder mit Geldstrafe bestraft.**

II Der Versuch ist strafbar.

III In besonders schweren Fällen ist die Strafe Freiheitsstrafe von sechs Monaten bis zu zehn Jahren. Ein besonders schwerer Fall liegt in der Regel vor, wenn der Täter

1. **gewerbsmäßig oder als Mitglied einer Bande handelt, die sich zur fortgesetzten Begehung von Urkundenfälschung oder Betrug verbunden hat,**
2. **einen Vermögensverlust großen Ausmaßes herbeiführt oder in der Absicht handelt, durch die fortgesetzte Begehung von Betrug eine große Zahl von Menschen in die Gefahr des Verlustes von Vermögenswerten zu bringen,**
3. **eine andere Person in wirtschaftliche Not bringt,**
4. **seine Befugnisse oder seine Stellung als Amtsträger missbraucht oder**
5. **einen Versicherungsfall vortäuscht, nachdem er oder ein anderer zu diesem Zweck eine Sache von bedeutendem Wert in Brand gesetzt oder durch eine Brandlegung ganz oder teilweise zerstört oder ein Schiff zum Sinken oder Stranden gebracht hat.**

IV § 243 Abs. 2 sowie die §§ 247 und 248 a gelten entsprechend.

V Mit Freiheitsstrafe von einem Jahr bis zu zehn Jahren, in minder schweren Fällen mit Freiheitsstrafe von sechs Monaten bis zu fünf Jahren wird bestraft, wer den Betrug als Mitglied einer Bande, die sich zur fortgesetzten Begehung von Straftaten nach den §§ 263 bis 264 oder 267 bis 269 verbunden hat, gewerbsmäßig begeht.

VI Das Gericht kann Führungsaufsicht anordnen (§ 68 Abs. 1).

VII Die §§ *43 a* und 73 d sind anzuwenden, wenn der Täter als Mitglied einer Bande handelt, die sich zur fortgesetzten Begehung von Straftaten nach den §§ 263 bis 264 oder 267 bis 269 verbunden hat. § 73 d ist auch dann anzuwenden, wenn der Täter gewerbsmäßig handelt.

Zu Abs. VII S. 1: § 43 a ist nach der Entscheidung des BVerfG vom 20. 3. 2002 (BGBl. I 1340) verfassungswidrig und nichtig.

Übersicht

I. Allgemeines, Literatur ... 1, 1 a
II. Rechtsgut und kriminalpolitische Bedeutung ... 2–4 a
1) Rechtsgut ... 3
2) Kriminalpolitische Bedeutung ... 4, 4 a
III. Grundtatbestand, Abs. I ... 5–104
1) Tatsachen ... 6–9 a
2) Täuschung ... 10–31
A. Täuschungsarten ... 11
B. Konkludente Erklärungen ... 12, 12 a
C. Einzelfälle konkludenter Erklärungen ... 13–21
D. Täuschung durch Unterlassen ... 22–31
3) Irrtumserregung ... 32–39 b
A. Inhalt des Irrtums ... 33–33 b
B. Abgrenzung fehlerhafter von fehlenden Vorstellungen ... 34–35
C. Kausalität der Täuschung ... 36, 37
D. Subjekt des Irrtums ... 38–39 b
4) Vermögensverfügung ... 40–52
A. Verfügungshandlung ... 41–43
B. Verfügungsbewusstsein ... 44
C. Unmittelbarkeit der Verfügung ... 45, 46
D. Dreiecksbetrug ... 47–51
E. Kausalität des Irrtums ... 52
5) Gegenstand der Verfügung ... 53–69
A. Vermögensbegriff ... 54
B. Umfang des geschützten Vermögens ... 55
C. Einzelne Fallgruppen ... 56–63
D. Rechtlich missbilligte, sittenwidrige und gesetzeswidrige wirtschaftliche Werte ... 64–69
6) Schaden ... 70–104
A. Grundsätze der Schadensermittlung ... 71
B. Vermögensminderung ... 72–78 b
C. Bewusste Selbstschädigung, Zweckverfehlung ... 79
D. Subventionsbetrug ... 80–84
E. Persönlicher Schadenseinschlag ... 85–90
F. Anstellungsbetrug ... 91, 92
G. Kompensation ... 93
H. „Schadensgleiche" Vermögensgefährdung ... 94–102
I. Eingehungs- und Erfüllungsschaden ... 103, 104
IV. Subjektiver Tatbestand ... 105–112 a
1) Vorsatz ... 106–106 b
2) Bereicherungsabsicht ... 107–112 a
A. Stoffgleichheit ... 108–109
B. Absicht ... 110
C. Rechtswidrigkeit des Vorteils ... 111
D. Bewusstsein der Rechtswidrigkeit ... 112, 112 a
V. Versuch (Abs. II); Vollendung; Beendigung ... 113, 114
VI. Beteiligung ... 115, 116

VII. Rechtsfolgen ... 117–133
1) Grunddelikt ... 118
2) Besonders schwere Fälle, Abs. III ... 119–129
3) Antragserfordernis, Abs. IV ... 130
4) Qualifikation, Abs. V ... 131
5) Führungsaufsicht, Abs. VI ... 132
6) Erweiterter Verfall, Abs. VII ... 133
VIII. Konkurrenzen ... 134–138
IX. Sonstige Vorschriften ... 139

I. Allgemeines. Die Vorschrift wurde durch Art. 2 Nr. 41 des 3. StÄG (1 zu § 240), Art. 1 Nr. 76 des 1. StrRG und Art. 19 Nr. 134 EGStGB, das den IV neu fasste und V anfügte, zuletzt durch Art. 1 Nr. 58 des 6. StrRG (2f. vor § 174) geändert: in Abs. III wurden Regelbeispiele für besonders schwere Fälle aufgenommen. Abs. V und VII wurden neu eingefügt; der ursprüngliche Abs. V wurde Abs. VI. **1**

Gesetzgebung: Vorschlag zur Änderung von III S. 2 Nr. 4 im GesE eines ZweitenKorrbekG (BR-Drs. 548/07; Abdruck im **Anhang unter Nr. 23 b**).

Neuere Literatur (Auswahl): *Abrahams/Schwarz,* Nichtzahlung des Entgelts für „Telefon-Sex", (usw.), Jura **97**, 355; *Amelung,* Irrtum u. Zweifel des Getäuschten beim Betrug, GA **77**, 1; *Arzt,* Bemerkungen zum Überzeugungsopfer – insbesondere zum Betrug durch Verkauf von Illusionen, H.J. Hirsch-FS 431; *Bartmann,* Der Submissionsbetrug, 1997; *Behm,* Nichtzahlung des Lohns für „Telefonsex" (usw.), NStZ **96**, 317; *Becker/Ulbrich/Voß,* Tele-Gewinnspiele im „Hot-Button-Verfahren" – Betrug durch Moderatoren?, MMR **07**, 149; *Berger,* Der Schutz öffentlichen Vermögens durch § 263 StGB, 2000; *Best,* Betrug durch Kartellabsprachen bei freihändiger Vergabe, GA **03**, 157; *Bohnert,* BAföG und Betrug – Zur Ahndung von Falschangaben in Anträgen zur Ausbildungsförderung, NJW **03**, 3611; *Bommer,* Grenzen des strafrechtlichen Vermögensschutzes bei rechts- u. sittenwidrigen Geschäften, 1996; *Bosch,* Bestrafung privater Insolvenz durch § 263 StGB?, wistra **99**, 410; *Broß/Thode,* Untreue u. Betrug am Bau, NStZ **93**, 369; *Bung,* Gefährdungsschaden und Vermögensverlust, in: Inst. Für KrimWiss. Frankfurt (Hrsg.), Jenseits des rechtsstaatlichen Strafrechts, 2007, S. 363; *Cherkeh,* Betrug (§ 263 StGB), verübt durch Doping im Sport, 2000 (Diss. Halle 1999); *Cherkeh/Momsen,* Doping als Wettbewerbsverzerrung?, NJW **01**, 1745; *Cramer,* Zur Strafbarkeit von Preisabsprachen in der Bauwirtschaft – Der Submissionsbetrug, 1995; *Dencker,* Zum subjektiven Tatbestand des Betruges, Grünwald-FS 75; *Duttge,* Wider die Sonderbehandlung der Amtserschleichung beim Anstellungsbetrug, JR **02**, 271; *Eisele,* Der strafrechtliche Schutz von Erbaussichten durch den Betrugstatbestand – Zugleich ein Beitrag zur Bedeutung des Zivilrechts für das Strafrecht, Weber-FS (2004), 271; *Ellbogen/Wichmann,* Zu Problemen des ärztlichen Abrechnungsbetruges, insbesondere der Schadensberechnung, MedR **07**, 10; *Ellmer,* Betrug u. Opfermitverantwortung, 1986; *Fahl,* Strafbarkeit der „Lastschriftreiterei" nach § 263 StGB, Jura **06**, 733; *Freund/Bergmann,* Betrügerische Schädigung des Auftraggebers eines Mordes, JR **91**, 357; *Frisch,* Funktion u. Inhalt des „Irrtums" im Betrugstatbestand, Bockelmann-FS 647; *ders.,* Konkludentes Täuschen. Zur Normativität, Gesellschaftsbezogenheit und theoretischen Fundierung eines Begriffs, Jakobs-FS (2007) 97; *Gauger,* Die Dogmatik der konkludenten Täuschung, 2001; *Geppert,* Zur Strafbarkeit des Anstellungsbetruges, insbesondere bei Erschleichen einer Amtsstellung, H.J. Hirsch-FS 525; *Gerhold,* Zweckverfehlung und Vermögensschaden, 1988 [Bespr. *Graul* GA **91**, 285]; *Graf,* Phishing" derzeit nicht generell strafbar!, NStZ **07**, 129; *ders.,* Zur Strafbarkeit des „Phishing", in: Hoffmann/Leible/Sosnitza (Hrsg.), Geistiges Eigentum im virtuellen Raum, 2007, 173; *Gröseling,* Betrugsstrafbarkeit bei rechts- u. sittenwidrigen Rechtsgeschäften, NStZ **01**, 515; *Grunst,* Zum Abrechnungsbetrug bei fehlender ordnungsgemäßer Zulassung zum Vertragsarzt, NStZ **04**, 533; *Hanisch,* Die ignorantia facti im Betrugstatbestand, 2007 (Diss. Rostock 2006); *Hartig,* Strafbarkeit des Gebrauchs verfälschter Anwohnerparkkarten als Betrug?, JBl **97**, 23; *Hartmann,* Das Problem der Zweckverfehlung beim Betrug, 1988; *Hefendehl,* Vermögensgefährdung und Exspektanzen, 1994; *Heghmanns,* Strafbarkeit des „Phishing" von Bankkontendaten und ihrer Verwertung, wistra **07**, 167; *Heinrich,* Die Arbeitsleistung als betrugsrelevanter Vermögensbestandteil, GA **97**, 24; *Herffs,* Ärztlicher Abrechnungsbetrug durch Beschäfigung von Strohpartnern?, wistra **04**, 281; *Hilgendorf,* Tatsachenaussagen u. Werturteile im Strafrecht, 1998; *Hoffmann,* Täuschung trotz Erklärung der Wahrheit im Betrugsstrafrecht, GA **03**, 610; *Hohmann,* Die strafrechtliche Beurteilung von Submissionsabsprachen, NStZ **01**, 566; *Hoyer,* Testaments- und Erbfallerschleichung als Betrug, Schroeder-FS (2006) 497; *Jänicke,* Gerichtliche Entscheidungen als Vermögensverfügung im Sinne des Betrugstatbestandes, 2001 (Diss. Mainz 2000); *Jerouschek,* Strafrechtliche Aspekte des Wissenschaftsbetruges, GA **99**, 416; *Jerouschek/Koch,* Zur Neubegründung des Vermögensschadens bei „Amtserschleichung", GA **01**, 273; *Joecks,* Zur Vermögensverfügung beim Betrug, 1982; *Jordan,* Untreue u. Betrug durch **1 a**

Zweckverfehlung, JR **00**, 133; *Kargl,* Der strafrechtliche Vermögensbegriff als Problem der Rechtseinheit, JA **01**, 714; *ders.,* Die Tathandlung beim Betrug, Lüderssen-FS (2002), 613; *ders.,* Die Bedeutung der Entsprechensklausel beim Betrug durch Schweigen, ZStW **119** (2007), 250; *ders.,* Begründungsprobleme beiom Dopingstrafrecht, NStZ **07**, 489; *Kindhäuser,* Täuschung u. Wahrheitsanspruch beim Betrug, ZStW **103** (1991), 398; *ders.,* Betrug als vertypte mittelbare Täterschaft, Bemman-FS 339; *ders.,* Zum Vermögensschaden beim Betrug, Lüderssen-FS (2002) 635; *ders.,* Zur Vermögensverschiebung beim Betrug, Dahs-FS (2005) 65; *Knierim,* Neue strafrechtlich begründete Informationspflichten des Gläubigers beim Lastschriftauftrag?, NJW **06**, 1093; *König,* BAföG-Betrug – Nur eine Ordnungswidrigkeit?, JA **04**, 497; *Krack,* List als Straftatbestandsmerkmal. Zugleich ein Beitrag zu Täuschung u. Irrtum beim Betrug, 1994; *ders.,* Betrug durch Wettmanipulationen. Das Urteil des BGH zum Schiedsrichterskandal, ZIS **07**, 103; *Kretschmer,* Strafbares Erstreiten und Vollstrecken von Titeln. Ein Beitrag zur Frage des Betrugs im Zivilverfahren, GA **04**, 458; *Kudlich,* Telefonsex u. Betrug, JuS **97**, 768; *Kühl,* Umfang u. Grenzen des strafrechtlichen Vermögensschutzes, JuS **89**, 505; *ders.,* Vollendung und Beendigung bei den Eigentums- und Vermögensdelikten, JuS **02**, 729; *Kühne,* Geschäftstüchtigkeit oder Betrug?, 1978; *Küpper,* Mengenbegriffe im Strafgesetzbuch, Kohlmann-FS 133; *Küpper/Bode,* Subjektiver Schadenseinschlag u. Zweckverfehlung beim Betrug, JuS **92**, 642; *Kurth,* Das Mitverschulden des Opfers beim Betrug, 1984; *Kutzner,* Zweifelsfragen des Betrugstatbestands am Beispiel des Wettbetrugs, JZ **06**, 712; *Lampe,* Personales Unrecht im Betrug, Otto-FS (2007) 623; *Langrock,* Der Vermögensschaden des § 263 StGB – ein verschmähtes Tatbestandsmerkmal?, wistra **05**, 46; *Lindenau,* Die Betrugsstrafbarkeit des Versicherungsnehmers aus strafrechtlicher und kriminologischer Sicht, 2005 (Diss. Rostock 2005); *Maaß,* Betrug verübt durch Schweigen, 1982; *Maier,* Ist ein Verstoß gegen das Parteiengesetz straflos?, NJW **00**, 1006; *Maiwald* ZStW **103**, 686]; *Manzano,* Madrid-Symp. 213 objektive Zurechnung beim Betrug; *Miehe,* Unbewußte Verfügungen, 1987; *Mitsch,* Die Vermögensdelikte im Strafgesetzbuch nach dem 6. StrRG, ZStW **111** (1999), 65; *Murschetz,* Erschleichung der Verfahrenshilfe im Strafverfahren: ein Betrug?, ÖJZ **01**, 836; *Naucke,* Zur Lehre vom strafbaren Betrug, 1964; *ders.,* Ausnutzung einer Fehlbuchung kein Betrug durch Unterlassen, NJW **94**, 2809; *Noak,* Betrugstäterschaft bzw. -teilnahme von Ärzten beim Bezug von Röntgenkontrastmitteln?, MedR **02**, 76; *Ottemann,* Wissenschaftsbetrug und Strafrecht, 2006 (Diss. Jena 2006); *Otto,* Die Struktur des strafrechtlichen Vermögensschutzes, 1970; *ders.,* Neue und erneut aktuelle Formen betrügerischer Anlageberatung und ihre strafrechtliche Ahndung, Pfeiffer-FS (1987) 69; *ders.,* Vermögensgefährdung, Vermögensschaden u. Vermögenswertminderung, Jura **91**, 494; *ders.,* Betrug bei rechts- und sittenwidrigen Rechtsgeschäften, Jura **93**, 424; *Paschke,* Der Insertionsoffertenbetrug, 2007 (Diss Heidelberg 2007); *Pawlik,* Das unerlaubte Verhalten beim Betrug, 1999; *ders.,* Betrügerische Täuschung durch die Versendung rechnungsähnlicher Angebotsschreiben?, StV **03**, 297; *Peglau,* Die Regelbeispiele des § 263 Abs. 3 Nr. 2 StGB, wistra **04**, 7; *Prieß/Spitzer,* Die Betrugsbekämpfung in der Europäischen Gemeinschaft, EuZW **94**, 297; *Rau/Zschieschack,* Betrug durch missbräuchliche Inanspruchnahme von BAföG-Leistungen, StV **04**, 669; *Rengier,* Betrug im elektronischen Lastschriftverfahren bei unbekannter Zahlungsgarantie, Gössel-FS (2002), 469; *Riemann,* Vermögensgefährdung u. Vermögensschaden, 1989; *Saliger/Rönnau/Kirch-Heim,* Täuschung und Vermögensschaden beim Sportwettenbetrug durch Spielteilnehmer – Fall „Hoyzer", NStZ **07**, 361; *Satzger,* Der Submissionsbetrug, 1994; *Schlosser,* Der „Bundesliga-Wettskandal" – Aspekte einer strafrechtlichen Bewertung, NStZ **05**, 423; *Schmoller* JZ **91**, 117; *ders.* ZStW **103**, 92; *ders.,* Fehlüberweisung und Fehlbuchung im Strafrecht, Weber-FS [2004] 251; *Soyka,* Das moderne Lastschriftverfahren: Eine Einladung zum straflosen Betrug?, NStZ **04**, 538; *ders.,* Einschränkungen des Betrugstatbestands durch sekundäres Gemeinschaftsrecht am Beispiel der Richtlinie 2005/29/EG über unlautere Geschäftspraktiken, wistra **07**, 127; *Swoboda,* Betrug und Erpressung im Drogenmilieu: Abschied von einem einheitlichen Vermögensbegriff, NStZ **05**, 476; *Tiedemann,* Wirtschaftsbetrug, 1999; *ders.,* Das Betrugsstrafrecht in Rechtsprechung u. Wissenschaft, BGH-FG 551; *Triffterer,* Vermögensdelikte im Bundesligaskandal, NJW **75**, 612; *Worms,* Warenterminoptionen: Strafbarer Betrug oder nur enttäuschte Erwartungen?, wistra **84**, 123; *Wittig,* Das tatbestandsmäßige Verhalten des Betruges, 2005 (Rez.: *Pawlik* GA **06**, 540); *Zieschang,* Der Einfluß der Gesamtrechtsordnung auf den Umfang des Vermögensschutzes durch den Betrugstatbestand, H.J. Hirsch-FS 831; *Ziethen,* Dogmatische Konsequenzen des Prostitutionsgesetzes für Dirnen- und Freierbetrug, NStZ **03**, 184.

2 ***II. Rechtsgut und kriminalpolitische Bedeutung.*** Der Betrugstatbestand ist eine der zentralen Vorschriften des Besonderen Teils. Er grenzt – in rechtspolitisch wie dogmatisch in vielfach umstrittener Weise – erlaubte von verbotener Geschicklichkeit bei der Erlangung von materiellen Vorteilen ab.

1) Rechtsgut: Betrug ist ein Verschiebungsdelikt, das gegen das **Vermögen** als **Inbegriff aller wirtschaftlichen** Güter gerichtet ist, die nach der Gesamtrechtsordnung einer Person zugeordnet sind (BGH **16**, 221; **34**, 199; krit. A/R-*Gallandi* V 1/43 ff.). Geschützt ist das **Individualvermögen** (auch juristischer Personen des privaten und öffentlichen Rechts einschließlich des Staates) in seiner Gesamtheit (*S/S-Cramer/Perron* 1; NK-*Kindhäuser* 10). Str. ist, ob insoweit privates und öffentliches Vermögen grundsätzlich zu unterscheiden ist (so *Tiedemann* ZStW **86**, 911; and. NK-*Kindhäuser* 10; *S/S-Lenckner/Perron* 1 zu § 264; offen gelassen von BGH **31**, 95 m. Anm. *Tiedemann* JR **83**, 212). **Allgemeininteressen** (etwa „die Wirtschaftsordnung") schützt § 263 nicht. § 263 bezieht sich auf das Vermögen in seiner konkreten, zum Tatzeitpunkt vorhandenen Gesamtheit; die bloße Vereitelung einer **Vermögensvermehrung** ist, wenn sie nicht eine (schon) vermögenswerte Chance betrifft, von § 263 nicht erfasst (NJW **91**, 2573); auch nicht die **Dispositionsfreiheit** des Vermögensinhabers (NJW **83**, 1917; einschr. NK-*Kindhäuser* 13 ff.). 3

2) Kriminalpolitisch ist die Vorschrift schon deshalb umstritten, weil sie sich in weitem Umfang als Einfallstor wirtschafts- und gesellschaftspolitischer Zielsetzungen und Strukturveränderungen erweist. Der dogmatisch gesicherte Kernbereich des Tatbestands ist recht schmal. Als Schwerpunkte des breiten Randbereichs sind zu nennen: Unklarheiten des Vermögens- und Schadensbegriffs (unten 53 ff.); Risikoverlagerungen durch Verschiebung der Täter/Opfer-Grenze (vgl. unten 89; *Seelmann* JuS **82**, 269; *Hilgendorf* JuS **94**, 467); Vorverlagerung vom Erfolgs- in den Gefährdungsbereich (unten 94 ff.); Unklarheiten der Einpassung in die Gesamtrechtsordnung (unten 64 ff.); Abgrenzung zu Vorfeldtatbeständen (§§ 264, 264 a, 265, 298), zum Eigentumsschutz (§ 242) und zum Schutz des Rechtsverkehrs (§§ 267 ff.). **Statistisch** ist der Betrug von großer Bedeutung (PKS derzeit ca. 700 000; Verurteilte ca. 60 000; beides steigend). Die hohe Belastung der Strafverfolgungsbehörden mit Betrugsverfahren (ca. 10 % der Gesamtkriminalität) führt im **Bagatellbereich** zu – oft sozialpolitisch begründeten – Forderungen, dem (angeblichen) „Missbrauch" von Opferseite („Staatsanwaltschaften als Schuldeneintreiber"; vgl. RiStBV Nr. 237 I!) durch Verfolgungseinschränkungen zu begegnen. Schon heute ist der Anteil der Erledigungen nach Opportunitätsgrundsätzen (§§ 153, 153 a StPO) außerordentlich hoch. Im Bereich der *schweren* Betrugskriminalität ist die forensische Praxis vielfach von Absprachen geprägt (vgl. dazu 107 zu § 46). In Verbindung mit der Ausweitung der Tatbestandsgrenzen führt dies zu Rechtsunsicherheit und Unzufriedenheit mit (tatsächlichen oder vermeintlichen) Gerechtigkeitsdefiziten (Verfahrenseinstellungen gegen Millionenbetrüger). 4

Literatur hierzu: *Arzt,* Lehren aus dem Schneeballsystem, Miyazawa-FS 519; *Arzt/Weber* BT 20/1 ff.; *Ellmer,* Betrug u. Opfermitverantwortung, 1986; *R. Hassemer,* Schutzbedürftigkeit des Opfers und Strafrechtsdogmatik, 1981 (vgl. dazu *Schünemann* NStZ **86**, 439); *Hillenkamp,* Vorsatz u. Opferverhalten, 1981; *Kühne,* Geschäftstüchtigkeit oder Betrug, 1978; *Kühl,* Umfang u. Grenzen des strafrechtlichen Vermögensschutzes, JuS **89**, 505; *Naucke,* Zur Lehre vom strafbaren Betrug, 1964; *Smettau,* Kriminelle Bereicherung in Abhängigkeit von Gewinnen, Risiken, Strafen u. Moral, 1992. 4 a

III. Grundtatbestand, Abs. I. Der objektive Tatbestand des I ist mehrgliedrig aufgebaut. Tathandlung ist das **Täuschen** (unten 10 ff.) einer anderen natürlichen Person (also nicht einer juristischen Person [vgl. unten 38] und nicht einer Maschine oder eines Rechnerprogramms [vgl. NStZ **05**, 213]) über **Tatsachen.** Erfolg dieser Handlung muss ein **Irrtum** (unten 32 ff.) des Täuschungsadressaten sein; dieser muss – nach ganz hM auf Grund einer **Verfügung** über Vermögensbestandteile (unten 40 ff.) – zu einem **Vermögensschaden** (unten 70 ff.) bei dem Getäuschten oder einem Dritten führen. Zwischen allen Gliedern dieser Kette muss **Kausalität** iS eines Bedingungszusammenhangs bestehen (nur im systematischen Ansatz and. die Lehre vom Betrug als „vertypter mittelbarer Täterschaft", die als eigentliche Tathandlung die Vermögensverfügung ansieht, für welche die Täuschung eine „Zuständigkeit" des [*mittelbaren*] Täters begründe; vgl. *Kindhäuser* 45 ff. und Bemmann-FS 339 ff.; dagegen *Frisch,* Bockelmann-FS 651 f.). Die tatbestandliche Umschreibung in Abs. I ist sprachlich wenig genau, so dass die Zuordnung von Anwendungsproblemen zu einzelnen Merkmalen erschwert ist. 5

1) Tatsachen. Tathandlung ist eine täuschende Erklärung über Tatsachen (vgl. dazu 3 zu § 186; allg. zum Tatsachen-Begriff des StGB *Hilgendorf* [oben 1 a], insb. 6

29 ff., 113 ff.). Dies sind gegenwärtige oder vergangene Verhältnisse, Zustände oder Geschehnisse (MDR/D **73**, 18; Koblenz NJW **76**, 63); daher können nicht *Tatsachen,* sondern nur *Aussagen* über sie „wahr" oder „unwahr", richtig oder falsch sein. Nach gängiger Definition zeichnen sich Tatsachen dadurch aus, dass sie grds dem (gerichtlichen) Beweis zugänglich sind (RG **56**, 227; LK-*Tiedemann* 10; *S/S-Cramer/Perron* 8; *Arzt/Weber* 20/32; *Mitsch* BT II/1, 7/18; *Müller-Christmann* JuS **88**, 108 f.; krit. *Wolter* Der Staat **97**, 440 f.; and. *Hilgendorf* [1 a] 123 ff., 126: „prinzipielle empirische Überprüfbarkeit"); das stimmt freilich nur in sehr allgemeinem Sinn (zutr. *Hilgendorf* 17: „Faustformel"). Äußerungen über Tatsachen können *wahr* oder *falsch* sein; sie sind **Behauptungen** über Zustände oder Geschehnisse, die meist, jedoch nicht stets (Absichten; Kenntnisse) sinnlich wahrnehmbar sind (vgl. LK-*Tiedemann* 10; krit. *Bitzilekis,* H.J. Hirsch-FS 31 ff.). Als Tatsache ist nicht nur das wirklich, sondern auch das angeblich Geschehene oder Bestehende anzusehen, wenn ihm das Merkmal objektiver Bestimmtheit und Gewissheit eigen ist (BGH **48**, 331, 344). Tatsachenbehauptungen sind **Wirklichkeitsaussagen;** daher sind zukünftige Geschehnisse keine Tatsachen (*Mitsch* BT II/1, 7/21; *I. Sternberg-Lieben* JA **97**, 131). Soweit Äußerungen sich auf **Zukünftiges** beziehen, liegt eine Wirklichkeitsaussage vielmehr in der Behauptung der **gegenwärtigen Bedingungen** für das in der Zukunft eintretende Ereignis (**zB** eine schon gegenwärtig bestehende Chance oder Wahrscheinlichkeit [vgl. *Loos* NJW **80**, 847; str.]; eine gegebene Heilungsaussicht [**aA** 1 StR 175/65]). Auf die faktische Beweisbarkeit, die konkrete empirische Überprüfbarkeit oder die Wahrscheinlichkeit der (behaupteten) Tatsache kommt es nicht an; auch **Unmögliches** (vgl. BGH **32**, 38 [*Sirius-Fall*]) oder Unüberprüfbares kann Inhalt einer Wirklichkeitsaussage sein (A/R-*Gallandi* V 1/33; vgl. auch *Hillenkamp*, Unverstand und Aberglaube, Schreiber-FS [2003] 135, 141 ff). Gegenstand von Aussagen über objektive (äußere) Tatsachen kann daher eine unbegrenzte Vielzahl von Umständen sein (vgl. die Zusammenstellung von Einzelfällen bei LK-*Tiedemann* 11); in der Praxis sind dies vor allem die **Beschaffenheit** einer Sache oder eines Rechts oder tatsächliche Faktoren ihrer Wertbildung; **Eigenschaften,** Fähigkeiten oder wirtschaftliche Verhältnisse von Personen; tatsächliche **Bedingungen** für das zukünftige Eintreten von Ereignissen.

7 Auch **innersubjektive Zustände,** Vorgänge, Kenntnisse und Absichten können Tatsachen sein (LK-*Tiedemann* 12 ff.; zur Problematik *Hilgendorf* [1 a] 128 ff.); **zB** Zahlungs- und Erfüllungswilligkeit (BGH **15**, 26 f.; 4 StR 252/91 [insoweit in BGH **38**, 111 nicht abgedr.]; NJW **83**, 2827; Bay JR **58**, 66; Köln NJW **67**, 740); die Ernsthaftigkeit eines Vertragsabschlusses (NStZ **97**, 32); das Wissen vom Wert einer Sache (RG GA Bd. **46**, 323); die Überzeugung des Täters, trotz gegenwärtiger Zahlungsunfähigkeit eine Leistung termingemäß erbringen zu können (Braunschweig NJW **59**, 2175; vgl. auch Koblenz NJW **76**, 63); die Absicht, in der Zukunft bestimmte Handlungen vorzunehmen oder zu unterlassen (vgl. auch LK-*Tiedemann* 12 ff., 20 mwN); die **Nichtkenntnis** verborgener Mängel.

8 Von den Tatsachenbehauptungen abzugrenzen sind (wie bei §§ 185 ff.) **Werturteile** (vgl. *Graul* JZ **95**, 595), bei denen die Äußerung nicht die Behauptung einer intersubjektiv überprüfbaren Wirklichkeit, sondern **allein** diejenige einer innersubjektiven Bewertung (äußeren oder inneren Geschehens) enthält. Bei der im Einzelfall schwierigen **Abgrenzung** (vgl. BGH **48**, 331, 344 f.; JR **58**, 106; *Kargl,* Lüderssen-FS 613, 625 ff.) kommt es darauf an, ob die Äußerung sich allein auf den Ausdruck einer „Meinung" iS eines Werturteils beschränkt und nach ihrem Sinngehalt einer empirischen Überprüfung von vornherein entzogen ist (vgl. NJW **81**, 2132; Stuttgart NJW **79**, 2574; *S/S-Cramer/Perron* 9; NK-*Kindhäuser* 85). Das ist namentlich dann nicht der Fall, wenn die Bewertung zugleich einen **Tatsachenkern** enthält, der sich vor allem auch aus dem Sinnzusammenhang der Äußerung ergeben kann (BGH **48**, 331, 344 [Anm. *Kühne* JZ **04**, 743]; Karlsruhe JR **97**, 299 m. Anm. *Kindhäuser*; *S/S-Cramer/Perron* 9; LK-*Tiedemann* 14 f.; *Arzt/Weber* 20/32; *W/Hillenkamp* 496; *Küper* BT 289 f.; *Mitsch* BT II/1, 7/18 ff.; A/R-*Gallandi* V 1/112; abl. NK-*Kindhäuser* 87). Allgemeine (zB lobende) Redewen-

dungen oder reklamehafte Anpreisungen enthalten nach hM für sich allein keine täuschungsgeeigneten Tatsachen (wistra **92**, 255 f.; SK-*Hoyer* 18).

Dies trifft insb. auf zahlreiche Aussageinhalte der (als solche erkennbaren) **Werbung** zu, deren vielfach *offensichtlich* überzogene und einseitig positive Aussagen im Rahmen einer **Risikoverteilung** der Selbstverantwortung des Getäuschten zugeschrieben werden (*Arzt/Weber* 20/32; SK-*Hoyer* 20 ff.; krit., aber iErg kaum abweichend NK-*Kindhäuser* 89 ff.; allg. zur **Opfermitverantwortung** beim Betrug *Rengier,* Roxin-FS 811, 820 ff.; *Kurth* [1 a]; *Ellmer* [1 a]); ihnen wird im allgemeinen Verständnis auch dann, wenn sie Tatsachenaussagen enthalten, ein nur geringer Wahrheitsanspruch beigemessen (vgl. LK-*Tiedemann* 13 f. mwN; vgl. aber auch **§ 16 UWG**). Der Bereich der so aus dem Tatsachenbegriff ausgeschiedenen Aussagen ist aber recht schmal; er kann nur nach dem **sozialen Sinngehalt** der Äußerung in ihrem **konkreten Zusammenhang** bestimmt werden (dazu ausf. *Hilgendorf* [1 a] 179 ff., 192 ff.). Häufig enthalten scheinbare Werturteile für die Verkehrsauffassung wichtige Tatsachen („sichere" Kapitalanlage [vgl. dazu BGH **48**, 331, 344 ff.; Anm. *Beulke* JR **05**, 37, 39 f.]; „erfahrener" Berater; „einmalige" Chance; „konkurrenzloses" Produkt [Frankfurt wistra **86**, 34]); als tatsächlicher Umstand miterklärt sein kann auch eine besondere **Beurteilungskompetenz** des Erklärenden („wissenschaftlich erwiesene" Wirkung; vgl. BGH **34**, 199, 201 m. Anm. *Bottke* JR **87**, 428 [Schlankheits- und Haarwuchsmittel mit „100%-Garantie"]; LK-*Tiedemann* 15; **aA** *Joecks* 25; *Hilgendorf* 194). **8 a**

Bloße **Rechtsausführungen** sind, wenn sie allein die Rechtslage (zB das Bestehen eines Zahlungsanspruchs) beurteilen, keine Tatsachenerklärung (vgl. Frankfurt NJW **96**, 2172 [Inkassogebühren]); anders ist es, wenn zugleich (ausdrücklich oder konkludent) über anspruchsbegründende Tatsachen getäuscht wird; die Behauptung von Rechtssätzen oder einer bestimmten Entscheidungspraxis betrifft idR gleichfalls eher Tatsachen (vgl. NK-*Kindhäuser* 89); so ist die (unwahre) Behauptung eines Rechtsanwalts, es gebe mehrere gerichtliche Entscheidungen, welche seine Rechtsansicht stützten, eine (falsche) Tatsachenbehauptung (Koblenz NJW **01**, 1364 [wegen der Prüfungspflicht des Gerichts keine Täuschung; krit. *Protzen* wistra **03**, 208]; vgl. unten 10). Eine täuschungsgeeignete Tatsachenbehauptung kann auch in dem Rechtsrat liegen, eine angeblich unsichere oder schwierig zu realisierende Forderung mit hohem Abschlag an einen Dritten oder an den beratenden Rechtsanwalt selbst zu verkaufen (vgl. NStZ-RR **05**, 151 f.). **8 b**

Schwierig kann die Abgrenzung bei **Prognosen** – insb. über künftige Wertentwicklungen, Marktchancen, Erträge – sein, die regelmäßig Tatsachenaussagen enthalten. Hier kommt es darauf an, ob die Voraussage nach ihrem Sinngehalt hinreichend bestimmte (LK-*Tiedemann* 15) Behauptungen über **gegenwärtige** (äußere oder innere) tatsächliche Bedingungen ihres Eintritts enthält (dann Tatsache; vgl. *Puppe* JZ **94**, 1150 f.; *Graul* JZ **95**, 597 ff.) oder ob sie als bloße (wenngleich uU auf eine Tatsachengrundlage gestützte) „Meinungs"-Äußerung (dann Werturteil) zu verstehen ist (vgl. *Mitsch* BT II/1, 7/21). Wenn Prognosen über Kurs- oder Währungsschwankungen, Gewinnchancen usw. einen (gegenwärtigen) Tatsachenkern enthalten, können sie grds. § 263 unterfallen (vgl. Zweibrücken JR **89**, 390 m. Anm. *Keller;* krit. *Seier* ZStW **102**, 563). Von praktischer Bedeutung ist dies insb. auch im **Warentermin-** (vgl. dazu *A/R-Gallandi* V 1/228 ff.) und **Optionshandel** (vgl. dazu *Park-Zieschang* 6 ff., 161 ff.) sowie bei der **Anlageberatung** (dazu unten 17). Zu beachten ist hier die Grenze zwischen – ggf. konkludenten – Tatsachenbehauptungen durch aktives Tun und dem täuschenden Unterlassen von Aufklärung, das eine Garantenstellung voraussetzt. **9**

Unter dem Begriff des **„Scalping"** bekannt geworden sind Manipulationen durch öffentliche oder nicht öffentliche Empfehlungen im **Wertpapierhandel** mit dem Ziel, an den durch die Kauf- und Verkaufsempfehlung ausgelösten Kursschwankungen durch *eigene* Geschäfte zu partizipieren (vgl. dazu *Schneider/Burgard* ZIP **99**, 381; *Volk* BB **99**, 66; *Petersen* wistra **99**, 328; *Weber* NJW **00**, 562; zu tatsächlichen Vorgehensweisen vgl. die Sachverhaltswiedergabe in LG Stuttgart wistra **9 a**

03, 153 ff. [*Fall Prior*; Bespr. *Mühlbauer* wistra **03**, 169] und dazu BGH **48**, 373 [Bespr. *Vogel* NStZ **04**, 252; *Fleischer* DB **04**, 51; *Widder* BB **04**, 15; *Schäfer* BKR **04**, 78; *Kudlich* JR **04**, 191; *Schmitz* JZ **04**, 526; *Pananis* NStZ **04**, 287; *Gaede/Mühlbauer* wistra **05**, 9]; vgl. auch LG Frankfurt NJW **00**, 301; Frankfurt NJW **01**, 982 [*Fall Opel*]) Sie unterfallen aus den oben 9 genannten Gründen idR nicht § 263, sondern, wenn die Mitteilungen für sich genommen keine unrichtigen Tatsachen enthalten und nur das Eigeninteresse des Täters verschweigen, dem Tatbestand der Kurs- und Marktpreismanipulation iS von § 20a I S. 1 Nr. 2 iV mit § 38 I Nr. 4 WpHG (BGH **48**. 373, 377 ff.; vgl. auch *Park-Zieschang* 151; *Park-Sorgenfrei* 36 ff., 75 ff. zu §§ 20a, 38, 39 WpHG; *A/R-Gallandi* V 1/113; zur Möglichkeit der Verwirklichung durch Unterlassen *Bernsmann*, Richter II-FS [2006] 51 ff.; **Insider-RL** v. 28. 1. 2003 [ABl. EG 2003 Nr. L 96, 16], Art. 2; anders beim sog. **„Frontrunning"** [Insidergeschäft bei Kenntnis von Kauf- oder Verkaufsordern; vgl. BGH **48**, 373, 378]). Empfehlungen, die unrichtige Tatsachen enthalten oder tatsächliche Umstände entgegen bestehenden Rechtsvorschriften verschweigen, unterfallen § 38 I Nr. 4 WpHG (zur Unrechtskontinuität mit § 88 BörsG aF vgl. einerseits LG München NStZ **04**, 289 [m. Anm. Anm. *Wallau*]; andererseits NStZ **04**, 291 [m. Anm. *Eichelberger*]; *Petersen* wistra **99**, 328 ff.; *Volk* BB **99**, 66; *Weber* NZG **00**, 113; *Wohlers/Mühlbauer* wistra **03**, 41; jew. mwN). Damit geht die Strafbarkeit nach dem WpHG über den Bereich des § 263 hinaus und erfasst zum Schutz des Rechtsguts „Zuverlässigkeit und Wahrheit der Preisbildung an Börsen und Märkten" (vgl. *Vogel* NStZ **04**, 252, 255) die Mitteilung *wahrer* Tatsachen unter bloßer Täuschung über die *Motive* sowie die *möglicherweise* marktwirksame Verlautbarung von **„selbsterfüllenden Vorhersagen"**, mithin Verhaltensweisen, die im allgemeinen Geschäftsleben durchaus üblich sind (krit. zur Erfassung durch § 20a I Nr. 2 WpHG *Petersen* wistra **99**, 328, 329; *Pananis* NStZ **04**, 287, 288; *Gaede/Mühlbauer* wistra **05**, 9, 13 ff., *Park-Sorgenfrei* 10, 36 zu §§ 20, 38, 39 WpHG; jew. mwN). Ob der gewünschte Effekt tatsächlich eintritt, wenn sog. „Börsengurus" und Fachjournalisten ihren Empfehlungen wahrheitsgemäß den (tatbestandsausschließenden) Hinweis beifügen, sie selbst hätten sich entsprechend ihrer Prognose finanziell engagiert (vgl. Art. 1 II, 3. Spiegelstrich, nach Buchst. c **Marktmissbrauchs-RL** [ABl. EG 2003 Nr. L 96, 16]), erscheint zweifelhaft; entsprechende Hinweise könnten gerade den gegenteiligen Effekt haben (zutr. *Vogel* NStZ **04**, 252, 255).

10 **2) Tathandlung.** Der Begriff „**Täuschen**" ist im Wortlaut des Abs. I nicht verwendet; er ergibt sich aus dem Zusammenhang zwischen der Beschreibung der Tathandlung (unten 11) und dem Irrtum als ihrem (Zwischen-) Erfolg; *insoweit* sind die Begriffe „Täuschung" und „Irrtumserregung" deckungsgelich (vgl. *Kargl* ZStW **119** [2007] 250, 259). Täuschungshandlung kann jede Handlung sein, die die Voraussetzungen einer der in Abs. I beschriebenen Handlungsformen aufweist, einen **Erklärungswert** hinsichtlich Tatsachen (oben 6) besitzt und durch Einwirken auf die Vorstellung einer anderen natürlichen Person bei dieser zu einem Irrtum, dh zu einer objektiv fehlerhaften Annahme vom Vorliegen oder Nichtvorliegen dieser Tatsachen führen kann. Umstr. ist, ob dies „jede beliebige Handlung" sein kann, die Tathandlung also mit dem Verstoß gegen eine Wahrheitspflicht zusammenfällt (*Arzt/Weber* 20/35; *Kindhäuser*, Bemman-FS [1997] 339, 354 ff.; *Bergmann/Freund* JR **88**, 189; *Zieschang*, Hirsch-FS [1999] 831; krit. *Kargl*, Lüderssen-FS [2002] 613 ff.). Es wird eine „objektive Eignung" zur Irrtumserregung verlangt (Koblenz NJW **01**, 1364 [Behauptung eines RA, es gebe „mehrere Gerichtsentscheidungen", die seine Rechtsauffassung stützten]; vgl. auch BGH **46**, 196, 199 [Vorlage von Überweisungsaufträgen an Bankmitarbeiter]); idR dürfte es in entsprechenden Fällen schon an einer konkludenten Tatsachenbehauptung fehlen; liegt eine solche jedoch vor, so handelt es sich um ein Problem des Vorsatzes. Ein *subjektives* Element, also das Bewusstsein von der Unrichtigkeit der Behauptung, enthält der Täuschungs-Begriff nicht (ebenso *Mitsch* BT II/1, 7/25; NK-*Kindhäuser*

58; **and.** BGH **18**, 237; *Lackner/Kühl* 6; LK-*Tiedemann* 23; *Küper* BT 280; *W/Hillenkamp* 493; *Otto* BT 51/14). Eine bloße **Tatsachenveränderung** oder die **Manipulation von Objekten** (ohne Einwirken auf die Vorstellung eines andern, auch wenn die richtige Vorstellung des andern tatsächlich unrichtig wird) genügt grds nicht (hM; vgl. *S/S-Cramer/Perron* 37; LK-*Tiedemann* 23; NK-*Kindhäuser* 98; *Küper* BT 280; *Mitsch* BT II/1, 7/52). Daher handelt der *blinde Passagier* dann nicht tatbestandsmäßig, wenn er sich heimlich einschleicht (unten 34). Tatsachenveränderungen werden aber dann zur Täuschung, wenn sie (idR konkludente) *Erklärungen* enthalten oder wenn ihnen entsprechende – uU konkludente – Erklärungen nachfolgen (**zB** Vorlage ausgetauschter Preisschilder; Vorzeigen gefälschter Urkunde; Vorführung eines Pkw mit manipuliertem Kilometerzähler oder überlackierter Durchrostung zum Verkauf). Abs. I nennt in sich überschneidenden Formulierungen (LK-*Tiedemann* 7; *S/S-Cramer/Perron* 7; hierzu *Volk* JuS **81**, 881; *Maaß* GA **84**, 265; *Ranft* Jura **92**, 66) mehrere **Täuschungsarten:** Vorspiegelung falscher, Entstellung wahrer und Unterdrückung wahrer Tatsachen.

In allen Fällen muss es sich um **Erklärungen** handeln, die nach ihrer Natur **ausdrücklich** oder **konkludent** erfolgen können. Das bloße **Schweigen** kann Täuschungshandlung daher grds. nur dann sein, wenn ihm seinerseits ein (konkludenter) Erklärungswert zukommt (unten 12ff.). Rspr. und hM bejahen darüber hinaus aber die Möglichkeit einer Täuschung durch **Unterlassen** auch ohne Erklärung gegenüber dem Irrenden (dazu unten 22ff.; vgl. BGH **39**, 392, 398; Bay NJW **87**, 1654 [m. Anm. *Hillenkamp* JR **88**, 301]; LK-*Tiedemann* 51ff.; *S/S-Cramer/Perron* 18; *Lackner/Kühl* 12; *Arzt/Weber* 20/41; *W/Hillenkamp* 503; *M/Schroeder/Maiwald* 41/49; *Mitsch* BT II/1, 7/27; *Joecks* 35ff.; umf. *Maaß,* Betrug verübt durch Schweigen, 1982; **abl.** *Grünwald,* H. Mayer-FS 281, 291; *Naucke* [1a] 214). Das Auslösen eines oder das Einwirken auf einen **technischen Vorgang** ist kein Täuschen (NStZ **05**, 213); ggf. kann § 263a gegeben sein. Der **Adressat** der Erklärung muss aus Sicht des Täters nicht individualisiert sein; es reichen daher auch Erklärungen an die Öffentlichkeit (zB Werbeanzeigen) oder an den, „den es angeht"; daher zB auch **Massen-EMails** (SPAM; *Phishing*-Mails). 10a

A. Täuschungshandlungen. Vorspiegeln „falscher Tatsachen" ist das unwahre Behaupten des Vorliegens von Umständen, die in Wahrheit nicht gegeben sind. Der Erklärungsinhalt bestimmt sich nach den üblichen Auslegungsmethoden im Rahmen der Verkehrsauffassung und des Empfängerhorizonts (LK-*Tiedemann* 25). Hiervon sind zunächst **ausdrückliche** Erklärungen erfasst, die sowohl **mündlich** als auch **schriftlich** sowie in technischen Übermittlungen dieser Formen (Telefon; Telefax; E-Mail; Rundfunk; TV; Datenspeicher) erfolgen können. Nach hM (*Lackner/Kühl* 8; *Joecks* 24; LK-*Tiedemann* 24; **aA** *Mitsch* BT II/1, 7/26) sind auch Gesten oder Zeichen als ausdrückliche Erklärungen zu verstehen. Es kann im Einzelfall auch *mit* Aussagen über **wahre Tatsachen** (nicht: *über* solche) getäuscht werden, wenn der Täter es darauf anlegt, gerade hierdurch Missverständnis und Irrtum hinsichtlich *anderer* Tatsachen hervorzurufen (vgl. wistra **01**, 386; *Geisler* NStZ **02**, 87f.; *Schröder,* Peters-FS 153; *Tröndle* JR **74**, 224; **aA** *Schumann* JZ **78**, 588). **Beispiel** ist das Ausnutzen der Unkenntnis des Getäuschten von fremdsprachigen oder in speziellem Sinn verwendeten Wortbedeutungen (vgl. *Arzt,* H.J. Hirsch-FS 446). So kann zB eine Täuschung durch ein Rückgaberecht mit „Geldzurückgarantie" noch verstärkt werden (BGH **34**, 201 m. Anm. *Bottke* JR **87**, 428; *Müller-Christmann* JuS **88**, 108). Hier liegt idR entweder ein (konkludentes) Miterklären unwahrer oder ein Entstellen wahrer Tatsachen durch Weglassen vor (vgl. LK-*Tiedemann* 25); eine Täuschung ist gegeben, wenn der Täter die Eignung isoliert betrachtet richtiger Erklärungen, einen Irrtum über *andere* Tatsachen hervorzurufen, planmäßig einsetzt (BGH **47**, 1; wistra **01**, 386f.; vgl. unten 16). **Entstellen wahrer Tatsachen** geschieht durch Zusätze, Auslassungen oder Verzerrungen eines Sachverhalts (vgl. LK-*Tiedemann* 29, 37f.; NK-*Kindhäuser* 57). Das **Unterdrücken wahrer Tatsachen** ist das Unterlassen gebotener Aufklärung durch akti- 11 ves Verhindern der Kenntnisnahme von einer Tatsache (wistra **91**, 306). Die Handlung selbst muss nicht *heimlich* sein; auch scheinbar offene Erklärungen kommen in Betracht, wenn sie gerade auf Verschleierung der Tatsache abzielen. Dagegen ist ein *offenes* Nicht-Offenbaren kein „Unterdrücken“: Eine ausdrückliche *Weigerung*, vermögensrelevante Angaben zu machen oder Auskünfte zu erteilen, wird daher idR nicht als „Unterdrücken“ dieser Tatsachen anzusehen sein (*A/R-Gallandi* V 1 127); anders ist dies, wenn in der Weigerung die (konkludente) positive Behauptung liegt, entsprechende Tatsachen lägen nicht vor (**zB** kann die scheinbar „empörte“ Weigerung, Angaben zur Bonität zu machen, die konkludente Erklärung enthalten, um die Kreditwürdigkeit stehe es bestens).

12 **B. Konkludente Erklärungen.** Auch durch schlüssige Handlungen, nämlich durch irreführendes Verhalten, kann man vorspiegeln; von der Täuschung durch *Unterlassen,* das eine Garantenstellung voraussetzt, ist die konkludente *Erklärung* abzugrenzen (LK-*Tiedemann* 22; dazu i. e. *Gauger*, Die Dogmatik der konkludenten Täuschung, 2001; *Kargl* ZStW **119** [2007] 250, 260 ff.). Bevor eine – oft zweifelhafte – Garantenstellung insb. im Hinblick auf das Unterlassen einer *vollständigen* Erklärung gesucht wird, ist eine **Auslegung** des Täterverhaltens vorzunehmen. Dabei kann sowohl ausdrücklichen Erklärungen als auch tatsächlichem Handeln ein konkludenter Erklärungswert zukommen, der nach der Verkehrsauffassung und dem Empfängerhorizont im Einzelfall zu ermitteln ist. Aus der bloßen Feststellung eines **Irrtums** kann nicht schon auf eine (konkludente) Täuschung geschlossen werden (BGH **47**, 1, 5; **aA** *Mahnkopf/Sonnberg* NStZ **97**, 187 [„Wo ein Irrtum ist, ist auch eine Täuschung“]; dag. *Garbe* NJW **99**, 2869). Gegenstand von konkludenten Erklärungen können auch sog. **Negativtatsachen** sein, also die Behauptung, ein bestimmter tatsächlicher Umstand sei nicht gegeben (BGH **51**, 165, 169, 171 [= NStZ **07**, 151, 153; *Fall Hoyzer*; Anm. *Feinendegen* NJW **07**, 787; Bespr. *Saliger/Rönnau/Kirch-Heim* NStZ **07**, 361; *Gaede* HRRS **07**, 16; *Krack* ZIS **07**, 103]; wistra **07**, 183; vgl. unten 18). Von besonderer praktischer Bedeutung sind hier Fälle, in welchen die **Ordnungsmäßigkeit** einer vom Erklärungsempfänger unterstellten „**Geschäftsgrundlage**“ durch konkludentes Tun vorgetäuscht wird (vgl. i. E. LK-*Tiedemann* 28 ff.; NK-*Kindhäuser* 109 ff.; *Lackner/Kühl* 9 ff.; SK-*Hoyer* 29 ff.; *Küper* BT 269; *Maaß* GA **84**, 264, 268; krit. *Kargl,* Lüderssen-FS 613, 617 ff., 631). Das kann **zB** durch Verwendung **unrichtiger Beweismittel** geschehen (Vorlage unechter Urkunden, BGH **8**, 46); durch unvollständige Erklärungen über (manipulierte oder fehlerhafte) **Bezugsobjekte** (zB Verbrauchsmesser, Preisschilder, Kaufgegenstände); durch täuschendes Auftreten als Berechtigter einer Leistung (zB Scheckvorlage [Bay NJW **99**, 1648]; „Abholen“ eines fremden Pkw beim Pförtner einer Sammelgarage [BGH **18**, 221]); durch **Verschweigen** des Fehlens oder der Manipulation von **Gewinnchancen** bei Anlagegeschäften, Spielen oder Wetten (aus Sicht des Veranstalters zB Kapitalanlagewerbung mit beim Getäuschten gerade nicht erzielbaren Steuervorteilen; Veranstaltung eines Roulettespiels unter Ausschaltung jeder Gewinnchance, Bay NJW **93**, 2820 [m. Bespr. *Lampe* JuS **94**, 737]; aus Sicht des Spielteilnehmers vgl. dazu einerseits BGH **16**, 120 [*Spätwetten-Fall*]; andererseits BGH **29**, 165 [*Manipulations-Fall*]; unten 18); durch Verschweigen von Kartellabsprachen beim Submissionsbetrug (BGH **47**, 83; vgl. unten 20); durch **Inanspruchnahme von** entgeltlichen **Leistungen** (zB Hotel- oder Zechbetrug) oder Abschluss von Kaufverträgen unter stillschweigender Behauptung eigener **Zahlungsfähigkeit** (dazu unten 19).

12 a In der **Literatur** wird teilweise eine „faktische Betrachtungsweise“ (*S/S-Cramer/Perron* 14 f.) hervorgehoben, welche den Inhalt des vom Täter tatsächlich (wenngleich stillschweigend) Erklärten nach Maßgabe des durch die Verkehrsanschauung objektivierten Empfängerhorizonts ermittelt (vgl. auch *Lackner/Kühl* 7; *M/Schroeder/Maiwald* 41/39; *Arzt/Weber* 20/37 f.; *W/Hillenkamp* 498; *Rengier* BT I, 3/5; *Mitsch* BT II/1, 7/26). Nach **aA** kommt es nicht auf die *Fiktion* einer tatsächlichen Erklärung an; vielmehr ist nach **normativen Gesichtspunkten** der **Risikoverteilung** zu entscheiden, ob und in welchem Umfang ein Vertrauen des Erklärungsempfängers auf die Vollständigkeit der ihm erkennbaren Tatsachen ge-

rechtfertigt ist (so vor allem *Lackner* in LK[10] 28 ff.; ebenso Düsseldorf NJW **93**, 1872; vgl. auch *Küper* BT 268; *M/B-Nack* 47/16; *Seelmann* NJW **80**, 2547; *Maaß* JuS **94**, 26; ausf. dazu LK-*Tiedemann* 29 f.; SK-*Hoyer* 42 ff.; krit. *Kargl,* Lüderssen-FS [2002] 613 ff.; *Schlösser* NStZ **05**, 423, 426 f.). Danach hat sich die strafrechtliche Bewertung am regelmäßigen (zivilrechtlichen) **Geschäftstyp** zu orientieren (einschr. aber SK-*Hoyer* 43; LK-*Tiedemann* 30). Für die **praktische Anwendung** ergeben sich kaum Unterschiede (vgl. *Tiedemann* aaO: „Streit um Worte"), denn sowohl einer auf die Verkehrsauffassung abstellende Auslegung als auch einer normativen Begründung von Offenbarungspflichten liegt eine an **denselben Kriterien** orientierte Risikoverteilung zugrunde. Das wird namentlich bei der Beurteilung **unvollständiger** Erklärungen deutlich: Ob man hier eine konkludente (Mit-)Erklärung der dem Geschäftstyp zu entnehmenden Geschäftsgrundlage oder eine hieraus zu bestimmende Offenbarungspflicht annimmt, ist ohne praktische Bedeutung.

C. Einzelfälle zur Täuschung durch konkludentes Vorspiegeln: 13

a) Zahlungsverkehr: Bei Verfügungen über ein Guthaben (durch Barabhebung oder Weiter-Überweisung), das dem eigenen Konto durch eine irrtümliche **Fehlbuchung** (*innerhalb* der Bank) zu Unrecht gutgeschrieben wurde, hat die Rspr früher eine Täuschung bejaht (Köln NJW **61**, 1735; Karlsruhe Die Justiz **78**, 173; Stuttgart NJW **79**, 2321 [Fehlüberweisung]; Celle StV **94**, 188); verneint dagegen, wenn die unberechtigte Gutschrift auf einer **Fehlüberweisung** *zwischen verschiedenen* Banken beruhte (BGH **39**, 397 [krit. *Joerden* JZ **94**, 422; *Naucke* NJW **94**, 2809]). Diese Unterscheidung hat BGH **46**, 194 aufgegeben (Anm. dazu: *Hefendehl* NStZ **01**, 281; *Joeden* JZ **01**, 614; *Ranft* JuS **01**, 854; *Heger* JA **01**, 536; *Krack* JR **02**, 25). Danach enthalten die Vorlage eines Überweisungsauftrags (vgl. auch wistra **00**, 264 f.) oder ein Auszahlungsverlangen idR schon keine (konkludente) Erklärung über die materielle Berechtigung oder die (materiell rechtmäßige) Deckung des Kontos (BGH **46**, 194, 198 f.); eine Garantenstellung zur Offenbarung ergibt sich nicht schon aus der vertraglichen Beziehung (ebd. 203 f.). Damit trägt das Auszahlungsrisiko nach Fehlbuchungen regelmäßig die Bank (vgl. dazu auch *Pawlik*, Lampe-FS [2003] 689 ff.; *Schmoller*, Weber-FS [2004], 251, 255 ff. [Vergleich der Rechtslage in Deutschland und Österreich]).

Bejaht wurde eine Täuschung in folgenden Fällen: konkludente Erklärung der 14
Berechtigung bei Vorlage von **Schecks** zur Einziehung (BGH **3**, 69; NJW **69**, 1260; für **Inhaberschecks** vgl. aber 2 StR 69/07; Bay NJW **99**, 1648 f.); *nicht* konkludent erklärt ist aber das Bestehen einer Forderung gegen den Aussteller; daher beruht eine Gutschrift nicht auf einem Irrtum der Bank hierüber (NStZ **02**, 144); Vorlage von **Wechseln** zur Diskontierung (konkludente Erklärung, dass es sich nicht um einen bloßen Finanz-, sondern um einen Handelswechsel handele; NJW **76**, 2028; hM; vgl. LK-*Tiedemann* 46; *Otto* Jura **83**, 24, 28; *Maaß* GA **84**, 279; *Tiedemann,* GmbHG, 40 vor § 82); Vorspiegeln der Bonität einer Wechselforderung (vgl. MDR **81**, 810 f.); Vorlage von **Lastschriften** zur Einziehung *fingierter* Forderungen (Hamm NJW **77**, 1834; LG Oldenburg NJW **80**, 1176; LK-*Tiedemann* 39; *M/B-Nack* 49/53; *Otto* HWiStR „Lastschriftbetrug"); aber auch Vorlage zur Einziehung einer tatsächlich bestehenden Forderung, wenn ihr nicht ein übliches Umsatzgeschäft, sondern ein kurzfristiger Darlehensvertrag zugrunde liegt und wenn die Mitarbeiter der ersten Inkassostelle sowohl darüber getäuscht werden, dass die Lastschrift nicht widerrufen werden wird als auch darüber, dass der Zahlungsempfänger im Zeitpunkt der Rückrechnungslastschriften zahlungsfähig sein wird (BGH **50**, 147, 154 f. [= NJW **05**, 3008, „Lastschriftreiterei" [zust. Anm. *Hadamitzky/Richter* NStZ **05**, 636; *dies.* wistra **05**, 441; krit. *Soyka* NStZ **05**, 637; *Knierim* NJW **06**, 1093; *Fahl* Jura **06**, 733; vgl. auch *Lang* EWiR **05**, 741]; 5 StR 446/06); Antrag auf Zulassung zum Lastschrift-Einzugsverfahren unter Verschweigen der Absicht, das Verfahren allein zur Kreditschöpfung zu nutzen (AG Gera NStZ-RR **05**, 213 f.); konkludente Vorspiegelung von **Inkassovollmacht** (aber kein Schaden des Zahlenden bei Anscheinsvollmacht; vgl. NJW **68**, 1148); Abheben eines auf Grund Buchungsverzögerung scheinbar noch bestehenden Kontoguthabens (Celle StV **94**, 188 [m. krit. Anm. *Schmoller* ebd. 190; *Joerden* JZ **94**, 422). Die **Hingabe eines Schecks** enthält die konkludente Erklärung, dass bei

Einlösung hinreichende Kontodeckung bestehen wird (BGH **3**, 69; **24**, 386, 389; JZ **52**, 582; NJW **69**, 1260; wistra **84**, 223 [dazu *Otto/Brammsen* Jura **85**, 598]; Köln NJW **91**, 1122; Frankfurt NStZ-RR **98**, 333); im Einzelfall kann auch Deckung schon zum Übergabezeitpunkt erklärt sein (vgl. BGH **3**, 70; Köln NJW **81**, 1851; **91**, 1122; str.; vgl. LK-*Tiedemann* 42; *S/S-Cramer/Perron*; *Arzt/Weber* 20/58); sog. **Scheckreiterei** (vgl. Köln NJW **81**, 1851; **91**, 1122). Für **Zahlungskarten-** und **Kreditkartenmissbrauch** gilt § 266 b (dort 9; vgl. auch unten 34 a und 15 zu § 263 a); zum Missbrauch einer **Kundenkarte** im „Zwei-Partner-System" vgl. BGH **38**, 281 (10 zu § 266 b). Die Vorlage einer „Kundenkarte" gegenüber dem ausstellenden Unternehmen enthält keine konkludente Täuschung darüber, dass das Girokonto zum Zeitpunkt des Lastschrifteinzugs eine ausreichende Deckung aufweisen wird (wistra **05**, 222 [*post-card*]). Täuschung wurde **verneint** bei Vorlage blanco unterschriebener und abredewidrig ausgefüllter **Überweisungsformulare** bei der Bank, da Bankmitarbeiter regelmäßig nur formale Richtigkeit und Kontoabdeckung, nicht aber sachliche Berechtigung der Überweisung prüfen (NStZ **01**, 375); ebenso bei Vorlage eines **Schecks** bei nicht (mehr) bestehender Schuld (NStZ **02**, 144).

15 **b) Geltendmachen von Forderungen:** Verschweigen der zweckwidrigen **Verwendungsabsicht** hinsichtlich eines Investitionsdarlehens (JZ **79**, 75); falsche Etikettierung (BGH **12**, 347); **Verkauf** von Wein, dessen Verkehrsfähigkeit auf einer erschlichenen Prüfbescheinigung beruht (NJW **88**, 150); Erregung des Anscheins eines festen **Taxpreises** (JZ **52**, 46; Stuttgart NJW **66**, 990); Vorspiegelung eines ohne Absprache mit Konkurrenten gebildeten **Angebotspreises** (Submissionsbetrug; BGH **38**, 186; **47**, 83; vgl. dazu unten 100); Abrechnung nicht anerkannter **ärztlicher Leistungen** unter einer unzutreffenden Gebührenordnungsnummer (NStZ **93**, 388; wistra **92**, 95 f.; **94**, 22; NStZ **94**, 586; **95**, 85 [Anm. *Hellmann* NStZ **95**, 223]; zur Verfassungsmäßigkeit dieser Rspr BVerfG NStZ **98**, 29) oder Einbeziehung allgemeiner Praxiskosten in erstattungsfähige Laborkosten (NStZ **94**, 189).

16 Konkludente Täuschung ist auch die **Zusendung von „Rechnungen"**, bei denen es sich tatsächlich um Angebote handelt (vgl. dazu auch *Loos* JR **02**, 77; *Hoffmann* GA **03**, 610 ff.; *Paschke*, Der Insertionsoffertenbetrug, 2007 [1 a]; jew. mwN); und zwar auch dann, wenn sich der Angebots-Charakter bei genauer Durchsicht abgedruckter AGB und sorgfältigem Lesen klein gedruckter Hinweise erkennen ließe (so auch BGH **47**, 1 [*4. StS*; dazu *Baier* JA **02**, 364; *Franke* DB **01**, 1603; *Geisler* NStZ **02**, 86; *Hoffmann* GA **03**, 610; *Krack* JZ **02**, 613; *Loos* JR **02**, 77; *Pawlik* StV **03**, 297; *Rose* wistra **02**, 13]; wistra **01**, 36; NStZ-RR **04**, 110 [*5. StS*; m. abl. Anm. *Schneider* StV **04**, 535]; Frankfurt NStZ-RR **02**, 47; LG Mainz wistra **02**, 74; einschr. noch NStZ **97**, 186; dem BGH i. E. zust. *Kindhäuser* LPK 62; **aA** Frankfurt NStZ **97**, 187 [krit. Anm. *Mahnkopf/Sonnberg*]; LG Frankfurt wistra **00**, 72; grds. abl. *Schumann* JZ **79**, 588 f.), wenn also **einzelne wahre** Erklärungen hinter einen **täuschenden Gesamteindruck** gänzlich in den Hintergrund treten (BGH **47**, 1, 3 f. *[4. StS]; Garbe* NJW **99**, 2868, 2870). Solche Scheinrechnungen (**zB** Anzeigenofferten [BGH **47**, 1]; Angebote zur Aufnahme in privates „Handelsregister", Branchenverzeichnis [NStZ **97**, 186; NStZ-RR **04**, 110], Telefaxverzeichnis [Frankfurt NStZ **97**, 187]; „Gewerbedateien" [Frankfurt NStZ-RR **02**, 47; LG Mainz wistra **02**, 74]) sind *planvoll unklar* formuliert, um bei eiligen (Büropersonal) oder geschäftsunerfahrenen Empfängern den Eindruck der Zahlungspflicht zu erzeugen. Wer *bewusst* unklare Formulierungen in der Absicht verwendet, beim Adressaten einen Irrtum zu erzeugen, kann die Verantwortung für den *Erfolg* dieses Bemühens grds. nicht deshalb verlieren, weil der erfolgreich *Getäuschte die Unkl*arheit bei Aufwendung höherer Sorgfalt hätte erkennen können (**aA** *W/Hillenkamp* 499; *Lackner/Kühl* 9; für geschäftserfahrene Adressaten and. auch NStZ **97**, 186 [*5. StS*]; vgl. dazu *Garbe* NJW **99**, 2869); es gilt insoweit nichts anderes als bei objektiv falschen Erklärungen. Hier handelt es sich daher nicht um

die bloße *Ausnutzung* eines Irrtums (unten 21), sondern um dessen planvolle Herbeiführung. Auf dieses *Absichts*-Kriterium hat auch BGH **47**, 1, 5 abgestellt (zust. auch *Kindhäuser* LPK 62; *Loos* JR **02**, 77f.; abl. *Krack* JZ **02**, 613; *Pawlik* StV **03**, 297f.). Nach **aA** kommt es dagegen darauf an, ob konkretes Vertrauen in Anspruch genommen wird (*Hoffmann* GA **03**, 610, 616ff.; ähnlich LG Frankfurt NStZ-RR **00**, 7, 8f.); NStZ **97**, 187 hat eher auf die Sorgfalts-Obliegenheit des Erklärungsempfängers abgestellt (so auch *Pawlik* StV **03**, 297, 98f., der das Absichts-Kriterium als *Moralisierung* des Tatbestands ablehnt). Diese Kritik greift insoweit zu kurz, als sie die einzelnen Teile entsprechender Erklärungen *isoliert* betrachtet und den **Zusammenhang** zwischen Gestaltung, (konkludentem) Erklärungsinhalt und Empfängerhorizont außer Betracht lässt (ähnl. *Geisler* NStZ **02**, 87; dagegen *Pawlik* aaO 299f.).

c) bei **Anlageberatung:** Verschweigen eines Provisionsaufschlags, durch welchen die Gewinnchance bei Warentermingeschäften drastisch reduziert wird (BGH **30**, 177 [m. Anm. *Seelmann* NJW **81**, 2132; *Scheu* JR **82**, 121]; NJW **83**, 292; **94**, 512 [Bespr. *Grün* NJW **94**, 1330]; NStZ/A **88**, 89; NStZ **00**, 36]; *Park-Zieschang* 36; vgl. unten 99); **17**

d) beim Abschluss eines **Spielvertrags** wird konkludent das Vorliegen des jeweils **spezifischen Risikos** miterklärt (vgl. BGH **51**, 165, 172 [NStZ **07**, 151; *Fall Hoyzer*; dazu *Gaede* HRRS **07**, 16; *Krack* ZIS **07**, 103, 106]; wistra **07**, 183; vgl. schon RG **21**, 107, 108; **61**, 12, 16; **62**, 415). Täuschung ist zB der Verkauf von Lotterielosen, obgleich Gewinnlose zurückgehalten werden (BGH **8**, 289); die Veranstaltung eines „Hütchenspiels" (vgl. BGH **36**, 74; LG Frankfurt NJW **93**, 945; vgl. *Sack* NJW **92**, 2540). Gegenstand konkludenter Erklärungen können auch technische Grundlagen von (Gewinn-)Spielen sowie der angebliche Einfluss des Spielverhaltens auf die Gewinnchance sein; so etwa, wenn dem Spielteilnehmer suggeriert wird, nur eine *sofortige* (kostenpflichtige) Teilnahme erhalte oder erhöhe die Chance (zu sog. „Hot-Button"-Verfahren bei TV-Gewinnspielen vgl. *Becker/Ulbrich/Voß* MMR **07**, 149ff.). **18**

Für den Abschluss eines Spielvertrags bei **Sportwetten** wird die Anwendung des § 263 nicht einheitlich beurteilt: Von Seiten des **Veranstalters** ist im Abschluss des Spielvertrags die (jedenfalls) konkludente Erklärung zu sehen, der Vertrag komme zu den bekannten oder jeweils bekannt gegebenen Bedingungen, dh insb. mit einer sich *aus der Sache* ergebenden Gewinn- und Verlustchance zustande. Man wird daher insoweit eine konkludente Erklärung anzunehmen haben, dass die dem Spielvertrag zugrunde liegende Ergebniswahrscheinlichkeit nicht zugunsten des Veranstalters manipuliert ist. Bei einer Beteiligung des Veranstalters an der Manipulation selbst liegt das auf der Hand; im Übrigen ergibt es sich aus einer vertraglichen *Aufklärungspflicht*. Insoweit unterscheiden sich Fälle von manipulierten Sportwetten nicht von anderen Konstellationen des Vortäuschens nicht vorhandener oder wesentlich verringerter Gewinn-Chancen bei Spielverträgen (vgl. BGH **8**, 289, 291 [Losverkauf bei vorheriger Entnahme der Gewinnlose]; Bay **93**, 8 [Roulette; Bespr. *Lampe* JuS **94**, 737]). **18a**

Hinsichtlich des Vertragsangebots des **Spielteilnehmers** ist die Anwendung des § 263 umstritten: Im sog. *Spätwettenfall* (Abschluss einer Wette über ein auswärtiges Rennen bei nicht offenbarter Kenntnis von dessen Ausgang) hat BGH **16**, 120 (gegen RG **62**, 415, 416) eine Täuschung verneint, weil das Abschlussangebot nicht die Erklärung enthalte, den Ausgang noch nicht zu kennen, und sich aus dem Vertrag keine Offenbarungspflicht ergebe (ebenso *Weber,* in: *Pfister* [Hrsg.], Rechtsprobleme der Sportwette, 55, 59; *Schlösser* NStZ **05**, 423, 425ff.; krit. NK-*Kindhäuser* 133). Im *Jockeyfall* (Abschluss von Wettverträgen auf Pferderennen, deren Ausgang der Teilnehmer zuvor durch Bestechung von Jockeys manipuliert hatte) hat dagegen BGH **29**, 165, 167f. zutr. eine täuschende konkludente Erklärung angenommen, denn im Angebot des Vertragsabschlusses liege *jedenfalls* die konkludente Erklärung, die Geschäftsgrundlage nicht selbst rechtswidrig manipu- **18b** liert zu haben (zust. NK-*Kindhäuser* 133; *Wittig* SpuRt **94**, 134, 136; *Pawlik*, Das unerlaubte Verhalten beim Betrug, 1999, 170; *Lackner/Kühl* 9; i. E. auch *Kutzner* JZ **06**, 712, 716; **aA** *Klimke* JZ **80**, 581 f.; *Weber* aaO 59; *Schlösser* NStZ **05**, 423, 425 f.). Dies hat der BGH im *Fall Hoyzer* bestätigt (BGH **51**, 165, 172 f. [= NStZ **07**, 151; Bespr. *Feinendegen* NJW **07**, 787; *Saliger/Rönnau/Kirch-Heim* NStZ **07**, 361; *Jahn/Meier* JuS **07**, 215; *Gaede* HRRS **07**, 16; *Kubiciel* HRRS **07**, 68; *Krack* ZIS **07**, 103; Vorinstanz LG Berlin, 68 Js 451/05 Kls 42/05; dazu *Schlösser* NStZ **05**, 423 ff.; *Kutzner* JZ **06**, 712 ff.]; ebenso *S/S-Cramer/Perron* 16 e; MK-*Hefendehl* 113; NK-*Kindhäuser* 133; *Lackner/Kühl* 9; *Kutzner* JZ **06**, 712; *Krack* ZIS **07**, 103; zum Gefährdungs-Schaden bei Vertragsschluss unten 75 a).

19 **e) Vorspiegelung der Zahlungsbereitschaft:** Die schlüssige Erklärung, bei Fälligkeit einer Forderung zahlen zu können und zu wollen, ist der praktisch wohl häufigste Fall konkludenter Täuschung (BGH **15**, 24; wistra **82**, 66 f.; **92**, 146; StV **91**, 419; Düsseldorf NStZ **82**, 249; NJW **93**, 2694 [m. Anm. *Ranft* JR **94**, 523]). In der Regel erklärt, wer einen Vertrag schließt, Erfüllungsfähigkeit und -willigkeit (NJW **54**, 1414; NStZ-RR **98**, 247; LK-*Tiedemann* 38; *S/S-Cramer/Perron* 16 a; *Lackner/Kühl* 9; SK-*Hoyer* 33; NK-*Kindhäuser* 125 ff.; *M/Schroeder/Maiwald* 41/41; *Arzt/Weber* 20/37; *Küper* BT 281 f.; Erklärungsinhalt ist danach, dass nach der begründeten Erwartung (vgl. StV **95**, 188) zum Zeitpunkt der Fälligkeit Zahlungsfähigkeit bestehen werde. Das Vorliegen eines **Eingehungsbetrugs** (unten 103) ist hier idR unproblematisch, soweit es um das Versprechen *alsbald* zu erbringender Leistungen geht, **zB** Besteigen eines Taxis und Angabe des Fahrtziels (1 StR 304/71); Einchecken in einem Hotel (GA **72**, 209; vgl. aber unten 21); Bedienenlassen, aber auch **Selbstbedienungs-Tanken** an einer Tankstelle (NJW **83**, 2827 [Anm. *Gauf, Deutscher* NStZ **83**, 505; *Schroeder* JuS **84**, 846]; DAR **85**, 185; 2 StR 304/87; Düsseldorf NStZ **82**, 249; **85**, 270; Köln NJW **02**, 1059; vgl. dazu *Herzberg* JA **80**, 388; JR **82**, 344; **85**, 209; NStZ **83**, 251; NJW **84**, 896; *Charalambakis* MDR **85**, 975; *R. Schmitt,* Spendel-FS 580; **aA** Hamm NStZ **83**, 266; *Deutscher* JA **83**, 125; *Ranft* JA **84**, 5; *Borchert/Hellmann* NJW **83**, 2799, die § 246 annehmen), wenn das Auftreten als zahlungswilliger Kunde vom Personal bemerkt wird und zum Einfüllen des Benzins, zur Freigabe einer Tanksäule oder zum (bewussten) Einverständnis mit dem Selbsttanken führt (vgl. 24 zu § 242); Bestellen von Speisen und Getränken **(Zechbetrug).** Schwieriger ist die Abgrenzung bei zeitlich gestrecktem **Fälligkeitstermin** (Mietzins; Ratenzahlungsverpflichtung; Arbeitsentgelt); auch hinsichtlich der Anforderungen an die Sicherheit der konkludent (als innere Tatsache; vgl. oben 7) erklärten Überzeugung. Bei einem **Dauerschuldverhältnis** (zB Miete; Dienstvertrag) kann im Abschluss des Vertrags idR nicht die konkludente Erklärung gesehen werden, auch zu allen zukünftigen Fälligkeitsterminen zahlungsfähig zu sein (vgl. wistra **03**, 232 f. [bloße Weiterbeschäftigung eines Arbeitnehmers]); miterklärt ist stets eine *clausula rebus sic stantibus* (vgl. unten 21 aE). Bei der Beurteilung der schlüssig erklärten *Überzeugung,* bei Fälligkeit zahlen zu können, vermischen sich in der Praxis Gesichtspunkte der Täuschungshandlung und des Vorsatzes, des aktiven Tuns und des Unterlassens: Wer annimmt, er werde bis zur Ankunft der bestellten Waren noch im Lotto gewinnen, ist jedenfalls zur Offenbarung dieser „Überzeugung" verpflichtet (vgl. StV **85**, 188).

20 **f) Austausch von Leistungen:** Hier geht es vor allem um je nach dem Vertragstyp miterklärte Eigenschaften des Vertragsgegenstands, soweit der Erklärungsempfänger nicht hierfür das **Risiko** trägt (unten 21). Eine Täuschung ist daher **zB** angenommen worden bei **Verkauf** nachgemachter Butter (MDR **69**, 497) oder verfälschten Weins (Koblenz NJW **72**, 1907; zu „Mischbier" schon RG **29**, 369 f.; *zu verwässerter Milch RG* **59**, 311 f.); von verkehrsunfähigen Lebensmitteln; von Gegenständen mit verborgenen oder manipulativ **überdeckten Mängeln** (Kfz mit überlackierter Durchrostung; mit zurückgestelltem Km-Zähler); von nachgemachten Schmuckgegenständen zum Preis von echten (*Küper* BT 281). Die bloße

Mängelfreiheit einer gelieferten Sache ist grds nicht Gegenstand einer (konkludenten) Erklärung (*S/S-Cramer/Perron* 17b; NK-*Kindhäuser* 137; vgl. aber oben 7). Eine Rechnungsstellung für bestimmte Werk- oder Dienstleistungen enthält regelmäßig die konkludente Erklärung, diese Leistungen seien erbracht worden (zB die Geltendmachung von Honorarsätzen nach Leistungsverzeichnissen **ärztlicher Gebührenordnungen;** vgl. NStZ **93**, 388; **94**, 188f.; **94**, 585f.; **95**, 85 [Anm. *Hellmann* NStZ **95**, 232]). Regelmäßig konkludent erklärt ist auch die **Berechtigung** zur Vornahme des (Verfügungs-)Geschäfts, zB einer Inkassovollmacht (BGH **14**, 38; NJW **68**, 1147); einer Berechtigung zum Einfordern von Gebühren (GA **64**, 151) oder zur Entgegennahme verwahrter Sachen (BGH **18**, 221); nicht aber die Geschäftsfähigkeit (NK-*Kindhäuser* 126). Die Abgabe eines Angebots auf eine **Ausschreibung** enthält regelmäßig die konkludente Erklärung, dass es nicht auf einer verbotenen Absprache beruhe (BGH **38**, 186; **47**, 83 [Anm. *Rose* NStZ **02**, 41; *Satzger* JR **02**, 254; *Walter* JZ **02**, 254; Bespr. *Best* GA **03**, 157; *Rönnau* JuS **02**, 545; *Lampert/Götting* WuW **02**, 1069]; NJW **95**, 797; *Baumann* NJW **92**, 1661, 1664; *Hohmann* NStZ **01**, 566, 568; vgl. auch *A/R-Achenbach* III.4/5f.; *A/R-Gallandi* V 1/288ff.; vgl. § 298 und unten 100); das gilt auch bei freihändiger Vergabe (BGH **47**, 83, 87). Vertragsabschlüsse von **Berufssportlern** mit Veranstaltern von Sportveranstaltungen, Preisspendern und Sponsoren enthalten idR die konkludente Erklärung, die jeweils versprochenen sportlichen Leistungen nach den Regeln eines „fairen Wettbewerbs", dh ohne **Doping** oder Absprachen erbringen zu wollen (vgl. *Cherkeh/Momsen* NJW **01**, 1747, 1748f.; dazu auch *Dury*, Kann das Strafrecht die Doping-Seuche ausrotten?, SpuRt **05**, 137; krit. zu dem am 5. 7. 2007 vom BTag beschlossenen Anti-Doping-G (BT-Drs. 16/5526; BR-Drs. 580/07; vgl. 1 zu § 228) *Kargl* NStZ **07**, 489ff.; vgl. auch *Jahn*, SZ v. 9. 9. 2006, S. 2). Der Vorschlag der Fraktion B90/GR, als § 298a einen Tatbestand „Verfälschung des wirtschaftlichen Wettbewerbs im Sport" einzufügen (vgl. BT-Drs. 16/5937, Anlage 3), ist vom Deutschen Bundestag abgelehnt worden (Nachw. in 1 zu § 228).

Werbende Angebote einer „Service"-Leistung durch **Information** enthalten – auch unter Berücksichtigung des erkennbar werbenden Charakters (vgl. oben 8) – jedenfalls die Erklärung, die entgeltlich angebotene Leistung enthalte für den Bezieher nützliche Informationen zu dem jeweiligen Thema. Das Angebot zB von **Fax-Abrufen** über **0190-Nummern** (0900-Nummern) kann daher täuschenden Charakter haben, wenn es von vornherein praktisch *ausschließlich* der Erzielung der Gebühren-Einnahmen dient und die idR zu hohen Preisen übermittelten Informationen sich auf themenfremde, allgemeinkundige oder belanglose Tatsachen oder auf bloße werbende Verweisungen auf weitere entgeltspflichtige Quellen beschränken (vgl. NJW **02**, 3415, 3417; zu unverlangten Werbefax-Sendungen *Stöber* NStZ **03**, 515). Die Entwicklung der TK-Technik und die Verbreitung der sog. Mehrwegdienste haben insoweit neue Möglichkeiten geschaffen; freilich sind die **Maßstäbe** hierdurch nicht grundlegend verändert: Wer für 30 Euro Informationen über *geheime,* zu Wohlstand führende „Steuertricks" zu erwerben hofft, ist beim Faxabruf gleichermaßen wie beim Kauf eines „renommierten Handbuchs" idR nicht getäuscht, wenn er darüber „informiert" wird, er solle Quittungen über Betriebsausgaben sammeln (vgl. unten 89). **20a**

Einschränkungen ergeben sich auch hier aus der dem Geschäftstyp zugrunde liegenden **Risikoverteilung.** So gehört es grds in den Risikobereich des Leistenden, dass die Schuld besteht und die Leistung den Anspruch nicht übersteigt (BGH **39**, 392, 398). Die Ausnutzung eines Irrtums durch (bloße) Entgegennahme von **Zuvielleistungen** enthält keine konkludente Erklärung der Berechtigung (Wechselgeld: vgl. auch JZ **89**, 550; Düsseldorf NJW **69**, 623f. [Anm. *Deubner*]; Frankfurt NJW **71**, 527f.; Köln JR **61**, 433 [Anm. *Schröder*]; NJW **80**, 2366; **87**, 2527 [Anm. *Joerden* JZ **88**, 103]; *Lackner/Kühl* 9; LK-*Tiedemann* 39; SK-*Hoyer* 34; *M/Schroeder/Maiwald* 41/42; jew. mwN). Die Forderung eines **überhöhten Preises** enthält für sich allein idR keine konkludente Erklärung seiner Angemessenheit oder Üblichkeit (JZ **89**, 795; NJW **90**, 2005f.; Bay NJW **94**, 1078; Stuttgart NStZ **85**, 503 [krit. Anm. *Lackner/Werle*]; **03**, 554; vgl. das historische Bsp. bei *M/Schroeder/Maiwald* 41/40; umf. *Schauer,* Grenzen der Preisgestaltungsfreiheit im **21**

Strafrecht, 1989); auch nicht bei Preisbindung (NJW **90**, 2005 f. [Bücher]). Anders ist es bei Geltendmachung von Listenpreisen oder Entgelten nach **Gebühren- und Preisordnungen;** sie enthält jedenfalls die Erklärung, die entspr. Leistung erbracht zu haben **(Abrechnungsbetrug).** Auch in der Forderung eines der *erbrachten* Leistung entsprechenden Preises kann die täuschende konkludente Erklärung liegen, diese Leistung entspreche der geschuldeten (etwa wenn ein Taxifahrer einen ortsunkundigen Fahrgast mit 20 km Umweg ans Ziel bringt; wenn ein Reparaturauftrag zur Ausführung aufwändiger, nicht erforderlicher Arbeiten genutzt wird). In diesen Fällen wird nicht die Angemessenheit oder Marktüblichkeit des Preises vorgespiegelt, sondern die vertragsgemäße Leistung selbst; hierfür trägt der Besteller jedenfalls dann nicht das Risiko, wenn die Bestimmung des **Leistungsumfangs** der besonderen Sachkunde des Vertragspartners übertragen ist (zum Schaden vgl. auch unten 86). Das kommt meist bei Werkverträgen in Betracht, je nach Vertragsgegenstand auch bei Dienstverträgen (zB **ärztliche Behandlung**). Die **Mitgliederwerbung** für eine gemeinnützige Organisation enthält nicht die konkludente Erklärung über den Anteil der Verwaltungskosten am Beitragsaufkommen (NJW **95**, 539 f. [Anm. *Rudolphi* NStZ **95**, 289; abl. Bespr. *Deutscher/Körner* JuS **96**, 296; krit. LK-*Tiedemann* 50]; vgl. unten 79); das Passieren der **Ladenkasse** nicht die Erklärung, keine Ware verborgen zu haben (BGH **17**, 205; Bay NJW **62**, 244; KG JR **61**, 271; ebenso *W/Hillenkamp* 499; **aA** Düsseldorf GA **61**, 348 [abl. Anm. *Welzel*]; NJW **88**, 922; **93**, 1407 [Anm. *Vitt* NStZ **94**, 133; *S/S-Cramer/Perron* 63 a); auch nicht, der Inhalt einer an der Kasse vorgezeigten Verpackung sei nicht ausgetauscht (in diesem Fall daher nicht Betrug, sondern Wegnahme; vgl. unten 44; NK-*Kindhäuser* 128 und 55 zu § 242; str.); die Eintauschung von Devisen nicht die Erklärung, diese seien nicht kürzlich abgewertet worden (Frankfurt NJW **71**, 527; *M/Schroeder/Maiwald* 41/42; **aA** Hamm MDR **68**, 778). Die **fortdauernde Entgegennahme** wiederkehrender oder zeitlich gestreckter Leistungen über den Zeitpunkt der (zunächst erklärten) eigenen Leistungsfähigkeit hinaus (vgl. oben 19) enthält nach hM grds keine täuschende Erklärung *weiterer* Leistungsfähigkeit (zB Inanspruchnahme von Hotelleistungen bei *nachträglicher* Zahlungsunfähigkeit; vgl. GA **74**, 284; wistra **87**, 293; Hamburg NJW **69**, 335 [Bespr. *Triffterer* JuS **71**, 181]; zw.; **aA** *Hirsch* NJW **69**, 853; *M/Schroeder/Maiwald* 41/42); im Einzelfall ergibt sich eine Aufklärungspflicht (unten 30). Das Verlangen eines unzulässigen **Erfolgshonorars** durch einen Rechtsanwalt enthält nicht die Erklärung, die Forderung sei berechtigt (KG JR **84**, 292).

22 **D. Täuschung durch Unterlassen.** Eine Täuschung kann nach hM (**aA** *Naucke* [1 a; 1964] 106 ff.; *Grünwald*, H-Mayer-FS [1966] 281 ff.; *Kargl* ZStW **119** [2007] 250, 287 mwN) auch durch Unterlassen begangen werden, wenn eine **Garantenpflicht** zur Aufklärung besteht, das Unterlassen der Verwirklichung des § 263 durch ein Tun **entspricht** (BGH **39**, 392, 398; 47 zu § 13; vgl. dazu *Kargl* ZStW **119** [2007] 250 ff.) und die Aufklärung **möglich und zumutbar** ist (44 f., 47 f. 16 zu § 13; hM; vgl. BGH **6**, 198; **39**, 392, 398; Bay NJW **87**, 1654 [Anm. *Hillenkamp* JR **88**, 301]; *Ranft* JA **84**, 726 u. Jura **92**, 67; *Lampe* GA **87**, 257; *Hilgendorf* [oben 1 a], 68 ff.; LK-*Tiedemann* 51 ff.; *S/S-Cramer/Perron* 18 ff.; NK-*Kindhäuser* 144 ff.; MK-*Hefendehl* 135 ff.). Die Abgrenzung des Unterlassens zur konkludenten Erklärung und die Begründung von **Offenbarungspflichten** sind vielfach umstritten (dazu *Kargl* ZStW **119** [2007] 250, 264 ff.; abl. zB *Naucke* [1964; 1 a] 62 ff., 162 ff.; gegen die Tatbestandsmäßigkeit *nicht konkludenten* Schweigens auch *Schünemann*, Grund und Grenzen der unechten Unterlassungsdelikte, 1971, 369). Auf einen „Erklärungswert" des Schweigens, der teilweise aus der kommunikativen Struktur des § 263 abgeleitet wird (*Jakobs* AT 28/90 Fn. 162; *Herzberg*, Die Unterlassung im Strafrecht u. das Garantenprinzip, 1972, 74 ff.; vgl. auch *Ellmer* [oben 1 a] 119 f.; *Kühne* [1 a] 59; *Maaß* [1 a]), kommt es nach **Rspr.** und hM nicht an; eine „kommunikative Grundbeziehung" zwischen Täter und Getäuschtem ist danach nicht erforderlich (*Arzt/Weber* 20/42 ff.; *M/Schroeder/Maiwald* 41/49; LK-

Tiedemann 51; jew. mwN). Den Täter muss eine **Pflicht zur Wahrheit** hinsichtlich vermögensrelevanter Tatsachen treffen, und zwar in dem Sinn, dass er im Rahmen eines spezifischen Verhältnisses verpflichtet ist, falschen oder fehlenden Vorstellungen des Opfers über solche Tatsachen durch aktive Aufklärung entgegenzuwirken. Eine Garantenstellung hinsichtlich des Opfervermögens *im Allgemeinen* reicht hierzu nicht aus (zutr. *Arzt/Weber* 20/44; *S/S-Cramer/Perron* 19; LK-*Tiedemann* 51; SK-*Hoyer* 56); vielmehr muss sich gerade aus der konkreten Rechtsbeziehung eine Aufklärungspflicht ergeben (KG JR **84**, 292; LK-*Tiedemann* 51; *M/Schroeder/Maiwald* 41/49). Für die **Begründung der Garantenstellung** gilt grds. § 13; daneben hat sich als praktisch bedeutsame Fallgruppe die Anknüpfung einer Aufklärungspflicht an vertragliche Maßstäbe von **Treu und Glauben** entwickelt (unten 30).

a) Garantenstellung durch Gesetz. Die Garantenpflicht kann **durch Gesetz** 23
auferlegt sein (**zB** §§ 264 I Nr. 2, 265 b I Nr. 2 StGB, §§ 666, 713 BGB; § 60 SGB I; § 143 AFG; ferner § 28 a SGB IV iVm §§ 2 ff., 19 der 2. DEVO; vgl. dazu *Maaß* [oben 1 a] 53); so dass etwa durch unvollständige Angaben und Unterlassen der Anmeldung einzelner Arbeitnehmer nach § 28 a SGB IV **Beitragsbetrug** begangen werden kann, wenn diese Angaben zu einem geringeren Gesamtsozialversicherungsbeitrag führen würden (NJW **03**, 1821, 1823; KG JR **86**, 469 [Anm. *Martens* JR **87**, 211]; MDR/H **90**, 296; Stuttgart wistra **90**, 109; Köln NStZ-RR **03**, 212, 213; *H. Schäfer* wistra **82**, 96 mwN; *Stahlschmidt* wistra **84**, 209; *Franzheim* HWiStR „Arbeitnehmerüberlassung"; NStZ/A **88**, 102); § 266 a tritt dann zurück (NJW **03**, 1823). Der bloßen Nichterfüllung der gesetzlichen Meldepflicht kommt aber bei Fehlen jeglicher konkreter Beziehungen zwischen den Beteiligten kein Täuschungscharakter zu (wistra **92**, 141). Aus **§ 27 II VVG** ergibt sich eine Anzeigepflicht des **Versicherungsnehmers** (nicht des mit diesem nicht identischen Begünstigten [LK-*Tiedemann* 60; **aA** BGH(Z) NJW-RR **89**, 1184]) hinsichtlich risikoerhöhender Umstände nach Vertragsschluss (vgl. *S/S-Cramer/Perron* 21; NK-*Kindhäuser* 158; *Lackner/Kühl* 9); ein Verstoß gegen **§ 16 VVG** bei Vertragsschluss führt idR zu einer konkludenten Täuschung (StV **85**, 368 [Anm. *Sonnen* JA **85** 663]; LK-*Tiedemann* 60; and. *W/Hillenkamp* 505; *M/Gössel/Maiwald* 41/51).

Ein Empfänger von **Sozialleistungen,** insb. von **Arbeitslosengeld I oder II,** 23 a
hat anzuzeigen, dass er bezahlte Arbeit gefunden hat (vgl. Köln NJW **84**, 1979; StV **85**, 17; NStZ **03**, 374); ein früherer Beamter, dass ihm irrtümlich seine Bezüge weitergezahlt werden (Köln JMBlNW **83**, 184); ein Empfänger von **Sozialhilfe,** dass er anderweitig (selbst durch eine strafbare Handlung; zw.) Mittel zum Lebensunterhalt bekommen hat, wenn auf die Pflicht nach **§ 60 I Nr. 2 SGB I** hingewiesen wurde (Stuttgart NJW **86**, 1767; Düsseldorf StV **91**, 520). Diese Pflicht besteht auch nach einer Mitteilung an die leistende Stelle fort, wenn die Anzeige dort ersichtlich nicht zur Kenntnis der **sachbearbeitenden Personen** gelangt ist und die Leistungen daher weiter gewährt werden (Köln NJW **84**, 1979; NStZ **03**, 374; Hamburg wistra **04**, 151 [abl. Anm. *Peglau* wistra **04**, 316]; and. Düsseldorf NJW **87**, 853 für Angehörige nach Tod des Rentenempfängers). Nach *Lingens* (NZWehrr **99**, 70 f.) hat ein Soldat seine eigenmächtige Abwesenheit von der Truppe mitzuteilen, soweit diese zum Verlust der Dienstbezüge führt (zust. LK-*Tiedemann* 57; zw.). Ein Beamter hat die **Beihilfestelle** zu unterrichten, wenn er die Behandlungskosten nur zT zu tragen hat (Düsseldorf OLGSt. 164). Das **Verschweigen** von Kapital und Kapitalerträgen in Anträgen auf Sozialleistungen ist, wenn auf die Offenbarungspflicht nach § 60 I SGB I hingewiesen wurde, schon als Täuschung durch aktives Tun anzusehen. Gem. § 46 III iV mit §§ 21, 27 BAföG hat der Antragsteller bei Beantragung von **BAföG-Leistungen** seine Einkommens- und Vermögensverhältnisse unter Berücksichtigung eines Freibetrags (§§ 29 f. BAföG) anzugeben (zum Umfang der diesbezüglichen Kriminalität und zur Verfolgungspraxis vgl. ausf. BT-Drs. 15/5807 [Kleine Anfrage]). **Treuhandkonten** (zB zur steuermindernden Verteilung von Freibeträgen auf Familienmit-

glieder) sind jedenfalls dann anzugeben, wenn eine faktische Zugriffsmöglichkeit des Antragstellers besteht (*Rau/Zschieschack* StV **04**, 669, 670f.). Durch den OWi-Tatbestand nach **§ 58 BAföG** wird § 263 nicht verdrängt (Bay NStZ **05**, 172, 173 [m. abl. Anm. *Bohnert*; zust. Anm. *Vogel* JZ **05**, 308]; *König* JA **04**, 497, 499; *Rau/Zschieschack* StV **04**, 669, 674; **aA** *Bohnert* NJW **03**, 3611f.). Eine Täuschung durch positives Tun beim **Abheben** unberechtigt überwiesener Leistungen (konkludente Erklärung der Berechtigung) scheidet idR schon mangels Täuschung gegenüber der Bank aus (vgl. Düsseldorf NJW **87**, 853). Für Dritte, an die als Bevollmächtigte des Berechtigten Leistungen überwiesen werden, ergibt sich aus § 242 BGB regelmäßig keine Pflicht zur Aufklärung über Änderung oder Wegfall der Leistungsvoraussetzungen (vgl. Hamm MDR **79**, 692; Düsseldorf NJW **87**, 853 [Tod des Rentenberechtigten]; krit. *Möhlenbruch* NJW **88**, 1894; *Ranft* Jura **92**, 67); anders soll es sein, wenn zwischen dem Bevollmächtigten und der auszahlenden Stelle ein besonderes Vertrauensverhältnis besteht (Hamm NJW **87**, 2245; zw.; hierzu *Otto* JK 24).

23 b Für **Zuwendungen an politische Parteien** enthält § 23 PartG eine Offenbarungspflicht gegenüber dem Präsidenten des Deutschen Bundestages (vgl. i.E. §§ 24, 25 PartG); der vorzulegende vollständige und lückenlose **Rechenschaftsbericht** (§§ 24ff. PartG idF des G vom 22. 12. 2004 [BGBl. I 3673]) ist eine regelmäßig zu prüfende (§§ 23 III, 23a, 29 PartG) zwingende Voraussetzung für die Festsetzung von **Zuwendungen** (§ 23 IV S. 1 PartG; vgl. dazu *Maier* NJW **00**, 1006). Für seine Aufstellung gelten die **handelsrechtlichen Vorschriften** über die Rechnungslegung entsprechend (§ 24 II S. 1 PartG). Im Verhältnis von **Kassenärzten** zu Krankenkassen kann sich aus § 72 I SGB V eine Aufklärungspflicht darüber ergeben, dass etwa Hersteller von Labormaterial, die auf Grund von Direktbestellungen des Arztes unmittelbar mit der Krankenkasse abrechnen, dem Arzt hohe umsatzabhängige Rückvergütungen gewähren, welche aus den entsprechend überhöhten Produktpreisen bezahlt werden (**aA** *Noak* MedR **02**, 76).

24 Ein Sonderfall gesetzlicher Wahrheits- und Aufklärungspflicht ergibt sich für den **Prozess,** namentlich den Zivilprozess mit vermögenswertem Streitgegenstand. Der **Prozessbetrug** (dazu grundlegend *Lenckner,* Der Prozessbetrug, 1957) ist ein Anwendungsfall des **Dreiecksbetrugs** (unten 47ff.), bei dem ein Rechtspflegeorgan über entscheidungs- oder vollstreckungserhebliche Tatsachen in der Absicht getäuscht wird, es zu einer *materiellrechtlich falschen* Entscheidung zu veranlassen und dadurch eine *rechtswidrige* Bereicherung zu Lasten der anderen Partei zu erreichen (vgl. Karlsruhe NStZ **96**, 282 [Anm. *Kindhäuser* JR **97**, 301; Bespr. *Fahl* JA **98**, 361]; umf. dazu *Jänicke* [1a] 512ff.; *Kretschmer* GA **04**, 458ff.). Hier können sich die Täuschungsarten in besonderer Weise überschneiden. Die Täuschung kann durch ausdrückliches oder konkludentes Vorspiegeln von Tatsachen, etwa in vorbereitenden Schriftsätzen oder Anträgen, geschehen; auch durch unwahres Parteivorbringen (krit. *Eisenberg,* Salger-FS 20); aber auch durch mittelbare Einwirkungen, zB durch Veranlassen falscher Zeugenaussagen (BGH **43**, 317 [m. Anm. *Momsen* NStZ **99**, 306]; zur Konkurrenz vgl. 8 zu § 153); nach hM auch durch Manipulation eines beweismittels (sog. **Beweismittelbetrug**). Aus **§ 138 ZPO** folgt die Rechtspflicht der Parteien, Erklärungen über tatsächliche Umstände **wahrheitsgemäß** und **vollständig** abzugeben. Substantiierter Sachvortrag muss daher *wahr* sein; keine Partei darf überdies Tatsachen verschweigen, die ihrem Vorbringen die Rechtsgrundlage entziehen; **zB** die Erfüllung des Anspruchs; die Unrichtigkeit eines Schuldscheins über die eingeklagte Darlehensforderung (MDR/D **56**, 10); den Wegfall des Eigenbedarfs nach Erhebung der Räumungsklage (Zweibrücken NJW **83**, 694 [m. Anm. *Geppert* JK 13; krit. *Werle* NJW **85**, 2913]). Für Einreden, die erst bei ihrer Geltendmachung wirken (Verjährung), gilt das nicht; auch ein ***schlichtes Bestreiten*** von Tatsachenbehauptungen der Gegenseite ist idR keine Täuschungshandlung. Auch der **Rechtsanwalt** ist auf Befragen des Gerichts zu wahrheitsgemäßer und vollständiger Erklärung verpflichtet (vgl. NJW **52**, 1148). Ob im Geltendmachen einer nicht bestehenden Forderung im **Mahnverfahren**

eine Täuschungshandlung liegt (so Düsseldorf NStZ **91**, 586), hat BGHR § 263 I Täuschungshandlung 19 offen gelassen (vgl. dazu Bespr. *Kretschmer* GA **04**, 458); sie liegt jedenfalls in der Beantragung eines Pfändungs- und Überweisungsbeschlusses aufgrund des so erlangten Vollstreckungstitels (ebd.). Zur Vermögensverfügung beim Prozessbetrug vgl. unten 50; zur Rechtswidrigkeit des erstrebten Vorteils unten 61 a, 111; zum Versuchsbeginn unten 113.

b) Aufklärungspflicht aus Vertrag. Die Aufklärungspflicht kann auch vertraglich begründet sein (BGH NJW **54**, 1414; LK-*Tiedemann* 61 f.). Hierbei sind solche Fälle unproblematisch, in denen die Parteien eine Aufklärungspflicht vertraglich ausdrücklich vereinbart haben (BGH **39**, 392, 399 f.), etwa im Rahmen eines Vertrags über Vermögensberatung (BGH(Z) NJW **81**, 1266); bei einer Verpflichtung im Mietvertrag, die spätere Aufnahme weiterer Personen in die vermietete Wohnung mitzuteilen; bei der Verpflichtung im Versicherungsvertrag, eine spätere Versicherung desselben Risikos anzuzeigen (NJW **85**, 1563 [Anm. *Seelmann* JR **86**, 346]); in Verträgen über Makler-, Dienst- oder freiberufliche Leistungen; vor allem aber dann, wenn Hinweis- und Aufklärungspflichten die vertragliche **Hauptpflicht** sind (Beraterverträge, zB über Vermögens-, Rechts- [NStZ **82**, 70] oder Steuerberatung (vgl. *M/Schroeder/Maiwald* 41/52; LK-*Tiedemann* 62; krit. *S/S-Cramer/Perron* 22). 25

Häufiger und schwieriger abzugrenzen sind Aufklärungspflichten, die aus dem **Vertrag als Ganzem** oder einer **langfristigen Geschäftsbeziehung** als Nebenpflicht ergeben. Sie setzen regelmäßig ein **besonderes Vertrauensverhältnis** voraus (vgl. BGH **6**, 198; **39**, 392; **46**, 196; StV **88**, 386; NJW **00**, 3013); die Rspr stellt bei der Einzelfall-Beurteilung namentlich auf die (vertragstypische) Risikoverteilung ab. So kann sich aus einem bestehenden Vertrags- oder geschäftlichen Vertrauensverhältnis vor allem eine Pflicht zur Offenbarung von für die **Kreditfähigkeit** maßgebenden Tatsachen ergeben (vgl. etwa GA **65**, 94; Bay **64**, 122; 3 StR 149/83; für den Fall eines auf längere Dauer angelegten **Kreditkartenvertrags** BGH **33**, 246 [hierzu *Bringewat* NStZ **85**, 537; *Offermann* wistra **86**, 57; krit. *Labsch* NJW **86**, 105; *Otto* JZ **85**, 1008 u. **93**, 654; *Geppert* JK 20; *Ranft* Jura **92**, 69]; NStZ **93**, 283; vgl. auch die besondere Regelung in § 265 b). Eine Aufklärungspflicht besteht auch für den **Vermieter** hinsichtlich der Nebenkosten-Vorauszahlungen (*Kinne* Grundeigentum **99**, 482). Grundsätzlich braucht der **Darlehensnehmer** seine Zweifel an der pünktlichen Rückzahlung nicht anzugeben (MDR **55**, 528; differenzierend Köln NJW **67**, 740); hat er allerdings von Anfang an keine Aussicht auf künftige Rückzahlungsmöglichkeit, so unterdrückt er die Wahrheit, wenn er den anderen vorleisten lässt und schweigt (BGH **6**, 199). Entsprechendes gilt, wenn ein überschuldeter **Besteller** ohne jede Aussicht bezahlen zu können sich Waren liefern lässt (StV **90**, 19 L; NStZ **93**, 440; 1 StR 432/93; oben 19; anders bei nur vorübergehenden Zahlungsschwierigkeiten, MDR/D **68**, 202; Stuttgart MDR **78**, 336 m. Anm. *Beulke* JR **78**, 390). Aus der Unterhaltung eines **Girokontos** erwächst idR keine Aufklärungspflicht gegenüber der Bank (BGH **39**, 392, 399); auch nicht aus **Darlehens-** oder **Kreditverträgen** hinsichtlich *nachträglicher* Vermögensverschlechterungen (StV **84**, 511 f; wistra **87**, 213; **88**, 262; **92**, 26; **92**, 143; LK-*Tiedemann* 65). Wer den Abschluss eines **Dauerschuldverhältnisses** mit dem Hinweis auf eine besonders gute Vermögenslage erreicht, kann im Einzelfall verpflichtet sein, auf nachträgliche Veränderungen hinzuweisen (im Sachverhalt von Bay NJW **99**, 663 wohl offen). Jedenfalls begründet der (vertrauensbildende) Hinweis auf überdurchschnittliche Bonität eine Offenbarungspflicht auch für nahe liegende Gefährdungen (Bay aaO). Eine Aufklärungspflicht kann sich weiterhin ergeben: aus langjähriger **Geschäftspartnerschaft** (wistra **88**, 262; Stuttgart JR **78**, 388; Bay JZ **87**, 626 [Anm. *Otto*]); aus **Beratungsverträgen** mit Rechtsanwälten oder Steuerberatern (NStZ **82**, 70); aus **Gesellschaftsverträgen** (*S/S-Cramer/Perron* 22; LK-*Tiedemann* 62); aus dem Auftragsverhältnis zwischen einem Insolvenzverwalter und einem **Sachverständigen** (BGHR § 263 I 26

Unterlassen 1); aus **Warentermingeschäften** (NJW **80**, 794; **81**, 1266; 2131; **94**, 512; München NJW **80**, 794; Hamburg NJW **80**, 2593 [Anm. *Sonnen* NStZ **81**, 24; hierzu noch unten 99); aus **Wertpapiergeschäften** einer Bank mit einem Privatkunden; hier wird regelmäßig eine vertragliche Pflicht zur umfassenden Aufklärung und Beratung des Anlegers angenommen (BGH(Z) WM **93**, 1455; dazu *Helmschrott/Waßmer* WM **99**, 1853; *Park-Zieschang* 41), die über die Pflichten aus § 31 II WpHG hinausgehen können (zum Immobilienhandel vgl. *Gallandi* wistra **92**, 292; **96**, 323; *Bachmann* wistra **97**, 254).

27 Hierher gehören auch, soweit nicht schon ein Vorspiegeln durch konkludente Erklärung angenommen wird (oben 12), Fälle der **unvollständigen Erklärung,** also namentlich des Verschweigens ungünstiger Tatsachen, insb. bei Vertragsschluss oder bei Veranlassung vermögensrelevanter Verfügungen im Rahmen eines längerfristigen vertraglichen Verhältnisses. Wer Wohnungen in einem geplanten Neubau vermietet, darf nicht verschweigen, dass die Baugenehmigung noch fehlt (GA **67**, 94; vgl. München NJW **78**, 335); ebenso nicht der Vermieter, der wegen Eigenbedarfs gekündigt hat, dass dieser Kündigungsgrund nachträglich weggefallen ist (vgl. Bay NJW **87**, 1654 [dazu *Seier* NJW **88**, 1617]; *Rengier* JuS **89**, 802, 807; SK-*Hoyer* 60 f.). Der Verkäufer eines Kunstwerks, der auf eine Expertise verweist, muss offenbaren, dass ein anderer Sachverständiger Bedenken gegen die Echtheit hat (RG **68**, 213). Ein Gebrauchtwagenverkäufer ist verpflichtet, schwere verborgene Mängel auf Grund eines Unfalls zu offenbaren (Bay NJW **94**, 1078; vgl. dazu auch *Ranft* JA **84**, 728; Jura **92**, 66). Das gilt entspr. für andere verborgene Mängel einer verkauften beweglichen oder unbeweglichen Sache, wenn diese wesentlich sind.

28 Dagegen begründet der Abschluss eines **Austauschvertrags** idR keine Offenbarungspflicht hinsichtlich solcher Umstände, die in die **Risikosphäre** des Vertragspartners fallen; das gilt sowohl für den **Abschluss** als auch für die **Erfüllung** des Vertrags (vgl. LK-*Tiedemann* 64; *S/S-Cramer/Perron* 22; SK-*Hoyer* 60; *M/Schroeder/Maiwald* 41/53; *Arzt/Weber* 20/44). Es besteht insb. keine Aufklärungspflicht über die **Preisgestaltung** oder die **Angemessenheit des Preises** (vgl. Stuttgart NStZ **85**, 503; **03**, 554 f.); über die Marktlage; über vom Vertragstyp erfasste allgemeine Geschäftsrisiken; über den Umstand, dass es sich bei der verkauften Ware um ein „Auslaufmodell" handelt (vgl. München NJW **67**, 158); über die (allgemeinkundige) Tatsache, dass Risikogeschäfte auch zum Verlust des eingesetzten Kapitals führen können; über den Umstand, dass Risikogeschäfte die Versprechungen der Werbung im Allgemeinen übertrieben sind (vgl. oben 8); über die Tatsache einer versehentlichen Zuvielleistung (vgl. oben 21); über das Ausmaß der Vorschädigung eines Gebrauchtwagens, der ausdrücklich als Unfallwagen verkauft wird (Bay NJW **94**, 1078 m. Anm. *Hauf* MDR **95**, 2).

29 **c) Aufklärungspflicht aus vorangegangenem Tun.** Eine Garantenpflicht kann sich im Rahmen des § 263 aus einem vermögensgefährdenden Vorverhalten sowie aus dem Gesichtspunkt der **Gefahrbeherrschung** ergeben, soweit dies nicht schon vertragliche Aufklärungspflichten begründet (vgl. LK-*Tiedemann* 68; SK-*Hoyer* 59). Eine entsprechende Pflicht wird insb. bei mangelbegründenden oder -überdeckenden Einwirkungen auf Sachen angenommen; bei nachträglich als unrichtig erkannten Informationen (Eigenbedarf; Angabe über Menge oder Eigenschaften von Kaufgegenständen; Wiederauffinden als verloren oder gestohlen gemeldeter Sachen); bei verbotenem oder strafbarem Vorverhalten.

30 **d) Aufklärungspflicht aus Treu und Glauben.** Neben den genannten, an den allgemeinen Lehren zu § 13 orientierten Fallgruppen hat die ältere Rspr in weitem Umfang Aufklärungspflichten aus dem Gesichtspunkt von Treu und Glauben (§ 242 BGB) **auch außerhalb von Vertragsverhältnissen** abgeleitet (vgl. zB BGH **6**, 198; MDR/H **80**, 106; RG **66**, 58; **69**, 284; Hamburg NJW **69**, 333; Hamm NJW **87**, 2245; Bay NJW **87**, 1654 [Wegfall des Eigenbedarfs nach Erhebung einer hierauf gestützten Räumungsklage; krit. *Otto* JZ **87**, 628 u. **93**, 653; *Seier* NJW **88**, 1620; *Hillenkamp* JR **88**, 301; *Hellmann* JA **88**, 73; *Runte* Jura **89**,

129; *Rengier* JuS **89**, 802]). Diese zu weite Auslegung ist aber inzwischen **eingeschränkt** worden (vgl. dazu *S/S-Cramer/Perron* 23; SK-*Hoyer* 61; LK-*Tiedemann* 66f.; NK-*Kindhäuser* 163; *Arzt/Weber* 20/44; 7/28; *M/Schroeder/Maiwald* 41/49, 53; *W/Hillenkamp* 505f.; ganz abl. *Mitsch* BT II/1, 7/28; *Rengier* JuS **89**, 802, 807; *Otto* BT 51/20; *Krey* BT II, 353; *Küper* BT 283). Eine Rechtspflicht zum Offenbaren lässt sich nach heute hM idR nicht schon aus dem allgemeinen „Grundsatz von Treu und Glauben" herleiten (BGH **39**, 400 mwN [m. Anm. *Joerden* JZ **94**, 522; *Naucke* NJW **94**, 2809; *Schwane* JA **94**, 540; *Achenbach* NStZ **95**, 431; *Geppert* JK 40]; StV **88**, 386). Der **BGH** setzt vielmehr für das Vorliegen einer Offenbarungspflicht idR ein **besonderes Vertrauensverhältnis** voraus (BGH **39**, 398; vgl. auch *Ranft* Jura **92**, 66; *Otto* JZ **93**, 653). So kann etwa allein die Höhe des einem anderen drohenden Schadens für sich genommen keine Offenbarungspflicht begründen (BGH **39**, 401). Aus der Tatsache, dass sich nach Vertragsschluss herausstellt, dass Zahlung nicht werde erfolgen können, folgt noch keine strafbewehrte Aufklärungspflicht des **Käufers** (StV **88**, 386). Ein **Verkäufer** ist regelmäßig nicht zur Aufklärung darüber verpflichtet, dass die Ware anderswo billiger zu haben ist (NJW **90**, 2006; hierzu *Otto* JK 30). Ein **Vermieter** hat auch gegenüber geschäftsunerfahrenen Mietern keine weiteren Aufklärungspflichten, falls er sie über die Mietsache wahrheitsgemäß unterrichtet hat (wistra **83**, 190). **Mieter** oder **Hotelgäste** sind nicht verpflichtet, eine erst nach der Anmietung eingetretene Zahlungsunfähigkeit mitzuteilen (GA **74**, 284; MDR/H **87**, 623; Hamburg NJW **69**, 335 [zust. *Schröder* JR **69**, 108; *Triffterer* JuS **71**, 181; *Seelmann* JuS **82**, 269; abl. *G. E. Hirsch* NJW **69**, 853]; Bay OLGSt. 59; Stuttgart NJW **89**, 2553). Das bloße Schweigen nach **Entgegennahme einer Zuvielleistung** ist idR lediglich Ausnutzung eines bereits vorhandenen Irrtums und keine strafbare Handlung (BGH **39**, 398 [hierzu *Naucke* NJW **94**, 2809]; BGHR § 263 I Irrt. 6; Köln NJW **80**, 2366; **87**, 2527 m. Anm. *Joerden* JZ **88**, 103).

e) Gleichstellung mit positivem Tun. Nach Ansicht der **Rspr.** ist bei der Täuschung durch Unterlassen dem Erfordernis des Entsprechens iS von § 13 schon durch das Bestehen einer Aufklärungspflicht genügt. In der Literatur werden teilweise einschränkende Positionen vertreten, wonach das Unterlassen einen *Erklärungswert* haben müsse, um der aktiven Täuschung gleichzustehen (*Herzberg* [oben Rn. 10 eE] 70ff.; weniger weitgehend *Grünwald,* H. Mayer-FS 281; *Bockelmann,* Eb. Schmidt-FS 437; vgl. dazu *Arzt/Weber* 20/42). Die hM in der Literatur gelangt in den Fällen der Ingerenz zur Gleichstellung und scheidet im Übrigen nach der Entsprechungsklausel Fälle aus, in denen schon das Bestehen einer Pflicht zur Aufklärung zweifelhaft ist (vgl. *Lackner/Kühl* 15; LK-*Tiedemann* 74; NK-*Kindhäuser* 208f.; *Maaß* [oben 1a] 46; *Bloy,* Die Beteiligungsform als Zurechnungstypus im Strafrecht, 1985, 221; *Hillenkamp* JR **88**, 303). 31

3) Irrtumserregung. Durch die Täuschungshandlung muss ein **Irrtum erregt oder unterhalten** werden; dieser ist damit ihr spiegelbildliches Gegenstück (einschr. *Kargl,* Lüderssen-FS 613, 621f.; *ders.* ZStW **119** [2007] 250, 259) und selbstständiges Betrugsmerkmal (LK-*Tiedemann* 76). 32

A. Inhalt des Irrtums. Irrtum ist nach hM jeder Widerspruch zwischen einer subjektiven Vorstellung und der Wirklichkeit (*S/S-Cramer/Perron* 33), also eine **psychologische Tatsache** (vgl. zur Feststellung StV **94**, 82; Düsseldorf NJW **89**, 2003; **aA** *Pawlik* [oben 1a] 227ff.; *Kleb-Braun* JA **86**, 310, 320). 33

Ein Irrtum ist nach stRspr und hM auch gegeben, wenn der Getäuschte **Zweifel an der Wahrheit** des Vorgespiegelten hat, die Möglichkeit der Unwahrheit aber jedenfalls für **geringer** hält (BGH **24**, 257, 260; JR **87**, 427 [Anm. *Bottke*]; wistra **90**, 305; NStZ **03**, 213; Karlsruhe wistra **04**, 276; *Arzt/Weber* 20/65; LK-*Tiedemann* 84f.; *S/S-Cramer/Perron* 38ff. mwN; iErg auch NK-*Kindhäuser* 221; *Kargl* ZStW **119** [2007] 250, 256f.; zum Vergleichsbetrug vgl. Bay NStZ **04**, 503; *Tiedemann,* Klug-FS 411; *Meyer* wistra **06**, 281, 282ff.). Der *3. StS* hat in NStZ **03**, 313, 314 [Anm. *Beckemper/Wegner*; *Krüger* wistra **03**, 297; *Krack* JR **03**, 384] 33 a mitgeteilt, er neige zu der – weitergehenden – Ansicht, dass Zweifel des Opfers dem Vorliegen eines tatbestandlichen Irrtum so lange nicht entgegenstehen, wie das Opfer die Wahrheit der behaupteten Tatsache für **möglich** hält und *deshalb* die Vermögensverfügung trifft; danach können auch erhebliche Zweifel einen Irrtum so lange nicht ausschließen, wie noch eine durch die Täuschungshandlung verursachte Fehlvorstellung des Geschädigten vorliegt, die für die Vermögensverfügung ursächlich wird. Ein Irrtum liegt aber nicht vor, wenn die getäuschte Person nur durch die Annahme zu einer Vermögensverfügung veranlasst wird, die für unzutreffend gehaltene täuschende Behauptung *nicht widerlegen* zu können (wistra **07**, 183, 184). Aus der *Vermeidbarkeit* des Irrtums, dh dem Gesichtspunkt der **Opfer-Verantwortung** (mangelnder Selbstschutz; vgl. *Giehring* GA **73**, 1; *Amelung* GA **77**, 1; *Kühne* [4 a] 64 ff.; *Hassemer* [4 a] 131 ff.; *Schünemann* NStZ **86**, 439), lässt sich eine tatbestandliche Einschränkung nach bisher stRspr und hM grds nicht ableiten (NStZ **03**, 313, 314; *Günther,* Lenckner-FS 69, 74; SK-*Hoyer* 69 ff., 72; *Kindhäuser,* Bemmann-FS 357); freilich gelten auch hier *normative* Grenzen (vgl. unter dem Gesichtspunkt der „Zurechnung" *Pawlik* [1 a] 248; *Krüger* wistra **03**, 297, 298), namentlich im Bereich von **Risikogeschäften.** Aus der RL 2005/29/EG über unlautere Geschäftspraktiken (RLuG; vgl. 5 a vor § 263), die auf den Verständnishorizont eines verständigen *Durchschnitts*-Verbrauchers abstellt (Art. 5 RL), wird in der Lit. auf die Notwendigkeit einer **Einschränkung des § 263** durch richtlinienkonforme Auslegung geschlossen (*Soyka* wistra **07**, 127, 129 ff. mwN).

33 b An einem Irrtum (und nicht erst am Vermögensschaden) kann es im Bereich des „Verkaufs von Illusionen" (dazu ausf. *Arzt,* H. J. Hirsch-FS 421 ff.) fehlen, etwa wenn das Tatopfer über das **Risiko** einer auf wundersame Geldvermehrung angelegten Beteiligung an einem „Schneeball"-System gar nicht irrt, sondern auf eben das *Wunder* hofft, das ihm der Verkäufer verspricht (vgl. aber auch BGH **34**, 199 [„Wundermittel"]; LG Ingolstadt NStZ-RR **05**, 313 [Zukunftsvorhersage durch Kartenlegen]; ähnl. unter dem Gesichtspunkt objektiver Zurechnung und einer **„wertenden Gesamtbetrachtung"** *Rengier,* Roxin-FS 811, 822). Hat der Geschädigte nahe liegenden Anlass, an der Wahrheit einer (u.U konkludent) vorgespielten Tatsache zu zweifeln, weil sich ihre Unrichtigkeit schon in der Vergangenheit erwiesen hat, so bedarf die Feststellung, dass (weitere) Vermögensverfügungen auf einem (neuen) Irrtum beruhen, näherer Prüfung (zu Fällen besonderer **Leichtgläubigkeit** vgl. auch KG StV **06**, 584 [Glaube an Echtheit ersichtlich gefälschter Führerscheine]). Problematisch ist dies **zB** in Fällen weiterer Warenlieferungen trotz offener Rechnungen (StV **99**, 24): Wird einem Schuldner trotz in der Vergangenheit erkennbarer Unfähigkeit, offene Rechnungen zu begleichen, weiterer Waren- oder Geldkredit gewährt, so ist die Annahme eines Irrtums über die Zahlungsfähigkeit nicht ausgeschlossen, liegt aber auch nicht nahe (vgl. wistra **88**, 26; **96**, 263; MDR/H **88**, 817; BGHR § 263 I Irrtum 2). Im regelmäßigen Geschäftsbetrieb wird eine solche Verfügung zwar nicht getroffen werden, wenn nicht mindestens eine *Chance* der Realisierung der Forderung besteht; hieraus ergibt sich umgekehrt jedenfalls ein *Indiz* für die Ursächlichkeit der Täuschung trotz Zweifels. Wer aber *trotz* zutreffender Erkenntnis der (vermutlichen) Unrichtigkeit der Behauptung und der Gefährdung des Anspruchs vorleistet, um eine dem Schuldner sonst drohende Insolvenz abzuwenden und sich so die *Chance* zukünftigen Ausgleichs zu erhalten, irrt nicht. Dasselbe gilt, wenn es dem Verfügenden auf die Richtigkeit der Behauptung gar nicht ankommt, weil er einen Vermögensverlust *anstrebt* (zB zwecks steuerlicher Abschreibung) oder jedenfalls *in Kauf nimmt.*

34 **B. Abgrenzung fehlerhafter von fehlenden Vorstellungen.** Das gänzliche Fehlen einer Vorstellung, also die **Unkenntnis** von relevanten Tatsachen, begründet für sich allein nach hM keinen Irrtum (BGH **2**, 325; RG **42**, 40; KG JR **86**, 469; *Lackner/Kühl* 18; LK-*Tiedemann* 78; SK-*Hoyer* 64; *Arzt/Weber* 20/53;

W/Hillenkamp 508; *M/Schroeder/Maiwald* 41/57; *Küper* BT 222f.; **aA** Celle MDR **57**, 436; *S/S-Cramer/Perron* 36f.; NK-*Kindhäuser* 171f.; Gössel BT II, 21/74; vgl. dazu *Hanisch* [1a]). Die bloße Nichterfüllung einer gesetzlichen Meldepflicht (eines Arbeitgebers) bewirkt daher nach wistra **92**, 141 keinen Irrtum, wenn zwischen den Beteiligten keine weitere konkrete Beziehung besteht. Im Schulfall des **blinden Passagiers** fehlt es idR schon an einer Täuschungshandlung (oben 10). Ist andererseits durch die Täuschungshandlung eine **konkrete** positive Fehlvorstellung begründet worden, so steht die Unkenntnis des wahren Sachverhalts einem Irrtum nicht entgegen (Beispiel: Erschleichen einer Unterschrift, BGH **22**, 88; dazu *Arzt/Weber* 20/54; SK-*Hoyer* 64f.). In dem nicht selten problematischen Zwischenbereich kommt es darauf an, inwieweit das Opfer sich **im Einzelfall** unter Berücksichtigung des Geschäftstyps, seiner Stellung und seines Pflichten- und Interessenkreises sowie der bestehenden Informationslage positive Vorstellungen über das Vorliegen täuschungsrelevanter Tatsachen macht, wenn diese nicht offenbart werden. Es ist festzustellen und in den Urteilsgründen darzulegen, welche irrigen Vorstellungen diejenige Person hatte, die die Verfügung getroffen hat (NJW **03**, 1198, 1199).

Im Geschäftsverkehr wird sich, wer die **Berechtigung eines Leistungsverlangens** oder -auftrags nicht zu **prüfen** hat, hierüber idR auch keine (richtigen oder falschen) Gedanken machen (NStZ **97**, 281; StV **94**, 82; NStZ **06**, 687; vgl. Frankfurt NStZ-RR **98**, 333; unten 38). Wenn es dem Täter *selbst* obliegt, die Berechtigung von Verfügungen zu prüfen, und der Geschädigte oder eine diesem zuzurechnende Person die Verfügung danach ohne Weiteres auszuführen hat, fehlt es schon an einer Irrtumserregung, jedenfalls aber an der Kausalität zwischen Irrtum und Vermögensverfügung (NStZ **06**, 687). Bei **Banküberweisungen** fehlt es daher idR an einer Irrtumserregung, soweit es die Berechtigung des Auftrags betrifft; über die sachliche Berechtigung der Überweisung sowie darüber, ob der Unterschriftsberechtigte das Formular auch im Übrigen und sachlich richtig ausgefüllt hat, macht sich der Mitarbeiter der Bank regelmäßig keine Gedanken (wistra **00**, 264f.; vgl. oben 14); das betrifft wohl auch die Übereinstimmung zwischen der Angabe des bezogenen Kontos und des Namens des Kontoinhabers auf dem Überweisungsformular (vgl. AG Siegburg NJW **04**, 3725 [Tatbestandsirrtum bei Einziehung einer Forderung durch Angabe des eigenen Namens, aber der Kontonummer des Schuldners]). Auch bei **Barabhebungen** unter Vorlage eines entwendeten Sparbuchs (Düsseldorf NJW **89**, 2003), unter Überschreitung eines Girokredits (Köln NJW **91**, 1122; AG Tiergarten StV **88**, 256) oder auf Grund einer fehlerhaften Auszahlungsanordnung (StV **94**, 83) fehlt es idR an einem Irrtum der auszahlenden Person, denn diese hat die Berechtigung nicht zu prüfen. Wenn innerhalb einer **Behörde** die Zuständigkeiten für Rechnungsprüfung und Auszahlungsanordnung einerseits und kassenmäßige Abwicklung andererseits getrennt sind, so prüft der mit der Auszahlung beauftragte Amtsträger regelmäßig nur das Vorliegen der formellen Voraussetzungen, also die Feststellung sachlicher und rechnerischer Richtigkeit, nicht aber die Berechtigung der Zahlung; er irrt hierüber also nicht, wenn sie – sei es von einer externen Person, sei es von dem für die Prüfung zuständigen Amtsträger – vorgetäuscht wird (vgl. BGHR § 263 I Irrtum 9; NStZ **05**, 157, 158). Für den Missbrauch einer **Scheckkarte** (im früheren, seit 1. *Januar 2002 aufgehobenen Verfahren*) hat BGH **24**, 386 trotz Einlösungsgarantie noch einen Irrtum des Schecknehmers bejaht (krit. *Schroth* NJW **83**, 716ff.; *Steinhilper* NJW **85**, 301f.; LK-*Tiedemann* 43, 89); für den **Kreditkarten-**Missbrauch im Drei-Partner-System hat BGH **33**, 244 einen Irrtum verneint (vgl. dazu § 266b; dazu auch BGH **46**, 146; **47**, 160). Bei Verwendung der EC-Karte als **Zahlungskarte** ist zu unterscheiden (vgl. i. E. 14a, 15 zu § 263a): Bei missbräuchlicher Verwendung im **POS-System** ist wegen Vorliegens einer Einlösungsgarantie des Kartenemittenten regelmäßig ein Irrtum des Vertragspartners über die Zahlungsfähigkeit zu verneinen. Bei Verwendung im **POZ-System** (Lastschriftverfahren ohne Einlösungsgarantie) ist ein Irrtum dagegen zu bejahen; 34a

Unkenntnis des Täters von einem Garantievertrag mit einem Dritten führt hier zum Versuch des § 263 (zutr. *Rengier*, Gössel-FS 469, 474 ff.).

34 b Bei Medikamenten- und Hilfsmittelverordnungen im **Kassenarzt-System** wird durch Vorlage eines vom Kassenarzt bewusst ohne medizinische Indikation ausgestellten Rezepts bei dem **Apotheker** kein Irrtum erregt, da diesen allenfalls bei offenkundiger Unrichtigkeit eine Prüfungspflicht trifft (BGH **49**, 17, 21 [Anm. *Herffs* wistra **06**, 63]). Bei der Krankenkasse entsteht durch Weiterleitung ein Irrtum, jedoch kein der Bereicherung des Patienten *stoffgleicher* Schaden (ebd.; vgl. unten 109). Bei Verordnung von im Zusammenwirken mit dem Hersteller kollusiv (durch Vereinbarung von *kick-back*-Zahlungen an den Kassenarzt) überteuerten Medikamenten kann durch Weiterleitung des Rezepts durch den gutgläubigen Apotheker ein Irrtum erregt werden. Der Betrug ist dann für den Arzt mitbestrafte Nachtat der Untreue; der Hersteller kann mangels Treupflicht Mittäter des Betrugs sein (NStZ **04**, 568, 570). Abrechnungen gegenüber kassen(zahn)ärztlichen Vereinigungen oder Privatpatienten unter Verschweigen von Rabattgewährungen oder Kick-Back-Zahlungen durch Sachleistungslieferanten sind tatbestandsmäßige aktive Täuschungen (vgl. NStZ **07** 269 [Bande]). Auch im Fall der Inanspruchnahme **öffentlicher Leistungen** kommt es darauf an, ob der Verfügende im Rahmen seines Pflichtenkreises dazu berechtigt und verpflichtet ist, das Vorliegen der **Leistungsvoraussetzungen zu prüfen.** Das ist zB bei Leistungen nach dem **AsylbLG** nicht der Fall, soweit es die Berechtigung einer – anspruchsbegründenden – Aufenthaltsgestattung betrifft; § 263 liegt daher auch dann nicht vor, wenn *diese* durch Täuschung über die Identität erschlichen wurde (NStZ-RR **97**, 358).

35 Umstritten sind Fälle, die unter den Stichworten einer **allgemeinen Vorstellung** über die Ordnungsgemäßheit des Vorgangs und des **„Mitbewusstseins"** diskutiert werden (ausf. dazu LK-*Tiedemann* 79 f., 83 ff.; SK-*Hoyer* 67 ff., jew. mwN). Ein **allgemeines Gefühl der Sicherheit** (vgl. *Pawlik* [oben 1 a] 222: „diffus-undifferenziertes Allgemeinvertrauen") ist kein Irrtum, da es nicht auf konkrete Tatsachen bezogen ist (krit. *Park-Zieschang* 49). Dagegen hat BGH **2**, 325 *(Deputatkohlen-Fall)* es als ausreichend angesehen, dass das Opfer die Vorstellung hat, hinsichtlich des *konkreten* Geschäfts sei **„alles in Ordnung"** (vgl. auch BGH **24**, 389; Hamburg NJW **83**, 768; *Arzt/Weber* 20/54; *W/Hillenkamp* 509; *Küper* BT 222; einschr. *M/Schroeder/Maiwald* 41/58 f.; *Mitsch* BT II/1, 7/56). Dass dieser Unterscheidung gerade in den problematischen Fällen empirisch hinreichend gesicherte psychologische Tatsachen zugrunde gelegt werden können, mag bezweifelt werden (zutr. *Mitsch* aaO). Die Bestimmung eines nach Rspr und hM für einen Irrtum ausreichenden Bewusstseins von der Ordnungsgemäßheit eines „bestimmten Tatsachenkomplexes" vollzieht sich in der Praxis weithin nach denselben **normativen Gesichtspunkten** (vgl. wistra **94**, 104 f.; NStZ **07**, 213, 215) wie die Annahme einer konkludenten Täuschung (zutr. LK-*Tiedemann* 79 mwN); eine Unterscheidung von Fällen, in welchen die täuschungsbedingte Fehlvorstellung in der Abweichung eines **„sachgedanklichen Mitbewusstseins"** von den tatsächlichen Umständen gesehen wird, ist kaum möglich. Danach ist insb. der Bereich gleichförmiger, massenhafter oder routinemäßiger Geschäfte von als selbstverständlich angesehenen Verhaltens- und Erwartungsmustern geprägt; diese werden im Einzelfall zwar nicht mehr als positive Vorstellungen bewusst aktualisiert, liegen jedoch der vermögensrelevanten Handlung nach hM als hinreichend konkretisierte Tatsachenvorstellung zugrunde.

35 a **Beispiele:** Der Empfänger von Falschgeld irrt, auch wenn ihm die Erwartung, mit echtem Geld bezahlt zu werden, nicht bewusst ist (*Arzt/Weber* 20/54); ebenso, wer gutgläubig eine gestohlene Sache ankauft (*Mitsch* BT II 1, 7/57); wer als Kellner die Bestellung eines Gastes entgegennimmt, der seine Zahlungsunfähigkeit verschweigt (*W/Hillenkamp* 509). Bei auf Massenerledigung angelegten Abrechnungsverfahren muss der Sachbearbeiter nicht hinsichtlich jeder einzelnen geltend gemachten Psoition eine positive Vorstellung von der Richtigkeit haben; es genügt

die Annahme, die vorgelegte Gesamtabrechnung sei *insgesamt in Ordnung* (NStZ **07**, 213, 215f. [*1. StS*; **Kassenarztbetrug**]).

C. Kausalität der Täuschung. Der Irrtum muss durch die Täuschungshandlungen **erregt** oder **unterhalten** werden; sein (aktuelles) Vorliegen zum Zeitpunkt der Verfügung muss also jedenfalls kausal auf sie zurückzuführen sein (vgl. unten 37). Es gilt auch bei Opfermitverschulden (Leichtgläubigkeit) die Bedingungstheorie (BGH **34**, 199, 201; NStZ **03**, 313f.; LK-*Tiedemann* 93; *S/S-Cramer/Perron* 32; SK-*Hoyer* 81; *Loos/Krack* JuS **95**, 207; *Herzberg* GA **77**, 289; *Tiedemann,* Klug-FS 405; *Achenbach* Jura **84**, 602; *Hilgendorf* JuS **94**, 466f.; *Kindhäuser,* Bemmann-FS 339, 357). An der Verursachung fehlt es meist beim **Betteln,** wenn der Gebende den üblichen Angaben des Bettlers kein Gewicht beilegt (RG **6**, 361); anders soll es beim Sammeln von **Spenden** sein (vgl. LK-*Tiedemann* 122f., 181), wenn der Spender durch Vorspiegelung hoher Spenden anderer Personen zur eigenen Spende bestimmt wird (Bay JZ **52**, 377; vgl. auch *Mohrbotter* GA **69**, 225; *Seelmann* JuS **82**, 511; *Küpper/Bode* JuS **92**, 643; str; ausführlich zum Spendenbetrug *Rudolphi,* Klug-FS 315; *Gerhold* aaO 47; *Schmoller* JZ **91**, 118; *Kindhäuser* ZStW **103**, 412; zum Betrug bei kommerzieller **Mitgliederwerbung** für eine gemeinnützige Organisation NJW **95**, 539 m. Anm. *Rudolphi* NStZ **95**, 289; hierzu *Deutscher/Körner* JuS **96**, 296; *Otto* JK 43). **Mitverursachung** reicht aus; das ergibt sich schon aus der Tatvariante des „Unterhaltens", gilt aber zB auch beim **Prozessbetrug** (oben 24), wenn das Gericht seine Entscheidung *auch* auf das falsche Vorbringen stützt (LK-*Tiedemann* 93). 36

Das **Erregen** eines Irrtums setzt voraus, dass die Fehlvorstellung des Opfers **durch die Täuschungshandlung** begründet wird (Celle StV **94**, 188 m. Anm. *Schmoller*); das kann auch durch Unterlassen geschehen. **Unterhalten** eines Irrtums liegt vor, wenn die bereits bestehende Fehlvorstellung entweder verstärkt oder bestätigt wird, nach hM auch, wenn sie entgegen einer Aufklärungspflicht nicht beseitigt wird (*Lackner/Kühl* 20; LK-*Tiedemann* 95; *W/Hillenkamp* 512; *Mitsch* BT II/1, 7/60; **aA** *S/S-Cramer* 46 [Erregung neuen Irrtums]). Ein Unterhalten liegt jedenfalls vor, wenn bestehende Zweifel des Opfers durch aktive Einwirkung zerstreut werden. Die Abgrenzung zum straflosen bloßen **Ausnutzen eines bestehenden Irrtums** (**zB** Annahme irrtümlicher Überzahlung; dazu oben 21) ist im Einzelfall schwierig und nur nach Maßgabe der (normativen) Kriterien für die Bestimmung der Täuschungshandlung möglich. Die Einbeziehung garantenpflichtwidrigen Schweigens in die Tatalternative „Unterhalten" darf nicht zum Überspringen des Kausalitätserfordernisses führen, denn § 263 verlangt die Entstehung oder das Fortbestehen eines Irrtums als (Zwischen-)**Erfolg** der Tathandlung. Lässt sich nicht beweisen, dass der schon bestehende Irrtum beseitigt worden wäre, wenn der Täter ihn nicht (durch Schweigen) „unterhalten" hätte, so kann allenfalls **Versuch** vorliegen. Auch dieser entfällt, wenn es dem Täter am **Vorsatz** des Unterhaltens fehlt, wenn er also sein Schweigen als für das Fortbestehen des Irrtums nicht kausal ansieht. In diesem Fall liegt nur strafloses Ausnutzen vor. 37

D. Subjekt des Irrtums. Im Zusammenhang mit der Kausalität der Täuschungshandlung steht die Frage, auf wessen Irrtum es für die Strafbarkeit des Täuschenden ankommt. Dies ist regelmäßig **die verfügende Person,** denn der durch die Täuschung verursachte Irrtum muss seinerseits Ursache der Vermögensverfügung sein (vgl. BGH **18**, 223f.). Irren kann nur ein **Mensch;** Maschinen oder Tiere können keine subjektiven Fehlvorstellungen entwickeln (*M/Schroeder/Maiwald* 41/56; *Mitsch* BT II/1, 7/33). Daher ist die Einwirkung auf eine **Maschine** (Automat, vgl. § 265a; Computer; z.B. fingierte Lastschrifteinzüge im Wege des vollautomatischen Online-Banking; vgl. AG Gera NStZ-RR **05**, 213, 214) einschließlich ihres „Programms" keine Täuschung iS von § 263, wenn sie nicht den Irrtum einer **natürlichen Person** bewirkt (zur Abgrenzung i.e. vgl. 4 zu § 263a). 38

39 **Juristische Personen, Personenmehrheiten oder Behörden** können nicht als solche Subjekt eines Irrtums sein; es ist daher regelmäßig festzustellen, welche natürliche Person die Vermögensverfügung getroffen hat und welche Vorstellungen sie dabei hatte (NStZ **03**, 313, 314f.). Wird die Täuschung über mehrere Personen vermittelt, so kommt es daher darauf an, ob der beim Verfügenden verursachte oder fortbestehende Irrtum dem Täter der Täuschungshandlung zuzurechnen ist. Das ist bei **mittelbarer Täterschaft** der Fall, wenn ein unmittelbar getäuschter gutgläubiger Dritter veranlasst wird, seinen Irrtum an die verfügende Person zu vermitteln (NStZ **94**, 35; *S/S-Cramer/Perron* 180; LK-*Tiedemann* 284). Es reicht aus, dass sich der zu Täuschende die irreführende Information, wie vom Täter geplant, selbst durch Nachfrage beim unmittelbar Getäuschten beschafft (Stuttgart NJW **62**, 502). Im **Kassenarzt-System** ist ein – zur Bereicherung des Patienten – bewusst falsch verordnender Kassenarzt nicht Dritter in diesem Sinn; er ist Vertreter der Krankenkasse, bei der daher kein Irrtum erregt wird (BGH **49**, 17, 23; vgl. aber NStZ **04**, 568, 570). Täterschaft kraft **Organisationsherrschaft** (vgl. BGH **40**, 236ff.) kann auch bei Bösgläubigkeit des unmittelbar täuschenden „Werkzeugs" gegeben sein (wistra **98**, 148, 150; unten 115).

39a **Problematisch** sind Fälle, in denen zwar der Verfügende selbst sich im Irrtum befindet, jedoch Vertreter oder sonstige Hilfspersonen bösgläubig sind (dazu *Baum,* Die Wissenszurechnung, 1999, 474ff.; *Tiedemann,* Klug-FS 413 und LK 82; *Rengier,* Roxin-FS 811, 823f.; vgl. auch NStZ **03**, 313, 315). Hier wird bei **kollusivem Zusammenwirken** mit dem Täter idR Mittäterschaft oder Beihilfe vorliegen; in diesem Fall ist dem (verfügenden) Geschäftsherrn die Kenntnis eines an der Täuschung beteiligten Vertreters oder Repräsentanten nicht zuzurechnen (Bay NStZ **02**, 91). Erkennt die Hilfsperson des Verfügenden die Täuschung, ohne dies dem Täter oder dem Verfügenden zu offenbaren, so wird entsprechend der Zurechnung beim Dreiecksbetrug (unten 48) eine **Wissenszurechnung** erwogen, wonach dem Geschäftsherrn die Kenntnis eines *Repräsentanten* zuzurechnen ist; dies führt zur Strafbarkeit des externen Täuschenden nur wegen Versuchs (LK-*Tiedemann* 82). Jedoch wird hier idR Nebentäterschaft oder Beihilfe durch Unterlassen gegeben sein; durch das (ggf. iS von § 266 treupflichtwidrige) Schweigen des bösgläubigen Vertreters wird die Ursächlichkeit der von ihm nicht aufgeklärten Täuschung für den Irrtum des Verfügenden nicht beseitigt.

39b Das gilt umgekehrt wohl auch dann, wenn der *Verfügende* seinerseits nur Hilfsperson eines bösgläubigen Dritten ist. Erkennt **zB** der (bestochene) Leiter eines Bauamts die täuschende Unrichtigkeit einer Rechnung, klärt den ihm unterstellten verfügenden Sachbearbeiter jedoch nicht auf, so führt seine „Organisationsherrschaft" grds. nicht zur Wissenszurechnung und steht der Kausalität des Irrtums für die Verfügung nicht entgegen. Nach NStZ **06**, 623 (*3. StS*) kommt es dagegen auf den Irrtum des **Entscheidungsbefugten** an: Erkennt dieser die Unrichtigkeit vorgelegter Abrechnungen, so entfällt die Vollendung des § 263 auch dann, wenn die Bezahlung von einem nachgeordneten, gutgläubigen Mitarbeiter veranlasst wird. Bei „gestufter" Verfügungsbefugnis kommt es danach auf die Vorstellung derjenigen Person an, von welcher der unmittelbar Verfügende seine Befugnis ableitet (NStZ **06**, 623, 624; vgl. auch LK-*Tiedemann* 82). Dass sich dies ohne weiteres aus den vom *3. StS* zitierten Literaturmeinungen ergibt, ist zweifelhaft (vgl. *Eisele* ZStW **116** [2004] 15, 26f.; LK-*Tiedemann* 82). Richtig dürfte sein, hier zumindest zu **differenzieren**: Wenn die nachgeordnete Hilfsperson ohne eigene Verfügungs-Zuständigkeit handelt, stellt sich die Frage der *Irrtums*-Zurechnung gar nicht; es kommt dann nur auf die Kenntnis des (bösgläubigen) Organs oder Vertreters an, der selbst als Verfügender anzusehen ist. Hat die Hilfsperson eigene Verfügungsbefugnis, scheidet § 263 dann nicht aus, wenn das (den Irrtum weiterleitende oder die Aufklärung unterlassende) bösgläubige Organ seine Befugnis überschreitet und eine wirksame *Einwilligung* nicht erteilen könnte (zutr. *Eisele* aaO; vgl. auch *S/S-Cramer/Perron* 41a; *Rengier*, Roxin-FS [2001] 811, 823f.).

4) Vermögensverfügung. Als ungeschriebenes Tatbestandsmerkmal (RG **64**, 228; krit. *Schmidhäuser,* Tröndle-FS 306; gegen ihn *Hansen* Jura **90**, 515) setzt § 263 eine **Verfügung des Irrenden** (NStZ **06**, 687; vgl. auch unten 47) über eigenes oder fremdes Vermögen voraus. Verfügung ist hier jedes Tun oder Unterlassen, das sich **unmittelbar vermögensmindernd** auswirkt (BGH **14**, 170 f.; Bay MDR **64**, 343; Celle NJW **74**, 2326; *Lackner/Kühl* 22; LK-*Tiedemann* 97; SK-*Hoyer* 158 ff.; gegen Einbeziehung von Unterlassen *Naucke* [oben 1 a] 215). Das Merkmal steht daher als Bindeglied zwischen Irrtum und Vermögensschaden; von Letzterem unterscheidet es sich nach hM nur insoweit, als es nur die Vermögensminderung, nicht aber mögliche Kompensationen einbezieht (BGH **31**, 178 f.; LK-*Tiedemann* 97; SK-*Hoyer* 66; NK-*Kindhäuser* 243; *A/R-Gallandi* V 1/152; *Küper* BT 383; *Arzt/Weber* 20/69; *W/Hillenkamp* 514; jew. mwN); nach **aA** (*Schmidhäuser,* Tröndle-FS 308; *Mitsch* BT II/1, 7/64; *M/Schroeder/Maiwald* 41/72; *Hellmann* JA **88**, 73 f.) ist der Verfügungsbegriff vom Schadenserfolg scharf zu trennen. Wesentliche Aufgabe des Merkmals ist die Abgrenzung des Betrugs als **Selbstschädigungsdelikt** von den „Fremdschädigungsdelikten" (zB § 242; vgl. BGH **14**, 171; **17**, 209; **31**, 179; **41**, 198 [dazu *Scheffler* JR **96**, 342; *Zopfs* NStZ **96**, 190; *Hillenkamp* JuS **97**, 217]; **hM;** krit. *Miehe,* Unbewusste Verfügungen, 1987, 7 ff.; *Pawlik,* Das unerlaubte Verhalten beim Betrug, 1999, 235 ff.; vgl. hierzu auch *Hillenkamp* JuS **97**, 218; *Krey* BT 2, 389 ff.) und damit die Eingrenzung des strafbedrohten Bereichs rechtswidriger Vermögensschädigung (vgl. *Arzt/Weber* 20/28; *Küper* BT 382 f.; SK-*Hoyer* 136 f.; LK-*Tiedemann* 98; and. *Joecks,* Zur Vermögensverfügung beim Betrug, 1982, 57 ff.). Erforderlich ist **Identität** zwischen getäuschter, irrender und verfügender Person (vgl. unten 47). 40

A. Verfügungshandlung. Die Anzahl möglicher vermögensmindernder Handlungen ist grds unbeschränkt; sie sind meist den **Fallgruppen** des Eingehens oder des Erfüllens einer Verbindlichkeit, der Annahme von Leistungen als Erfüllung und der Nichtgeltendmachung von Forderungen zuzuordnen (*Arzt/Weber* 20/71); in Betracht kommt aber zB auch das Offenbaren von (vermögenswerten) **Informationen**. Verfügung kann auch der Abschluss eines verpflichtenden **Vertrags** sein (vgl. BGH **21**, 112 f.; LK-*Tiedemann* 173). Zivilrechtliche Verfügungen (Übereignung, Abtretung, Erlass, Verzicht, Belastung oder Veränderung eines vermögenswerten Gegenstands) sind regelmäßig Verfügungen iS von § 263, jedoch kommt es auf die Wirksamkeit einer Willenserklärung sowie darauf, ob eine solche überhaupt vorliegt, nicht an; entscheidend ist die **tatsächliche Einwirkung** (BGH **31**, 178; Bay MDR **64**, 343; LK-*Tiedemann* 99; SK-*Hoyer* 154 ff.; *Lackner/Kühl* 23). Auf die **Geschäftsfähigkeit** des Handelnden kommt es nicht an (RG **64**, 226). Einbezogen sind **behördliche Akte, zB** die Gewährung von Leistungen oder das Absehen von der Einforderung von Gebühren (nicht aber die Erteilung einer wirtschaftlich vorteilhaften Genehmigung; vgl. schon RG **47**, 151); weiterhin die Erbringung von **Dienst- oder Arbeitsleistungen;** auch **gerichtliche Entscheidungen** (BGH **14**, 170; **24**, 257), wenn sie einen unmittelbaren Vermögensbezug haben und sich nicht nur mittelbar (auf Dritte) auswirken (zum **Prozessbetrug** vgl. unten 50). 41

a) Einzelfälle. Als Verfügungen sind **zB** angesehen worden: Veranlassung oder Vornahme einer **Überweisung** (wistra **87**, 257; NStZ **99**, 558); **Herausgabe** fremder Sachen (dazu unten 46); **Bewilligung** von Sozialleistungen oder Subventionen (NJW **83**, 2646; wistra **92**, 142; 222; NStZ **06**, 624); Kreditbewilligung; Gewahrsamsübertragung (Hamm NJW **74**, 1957); Abschluss eines Kaufvertrags (BGH **22**, 88); Verhängung von **U-Haft** mit der Folge der Gewährung von Verpflegung und Unterkunft (BGH **14**, 170 [abl. *Mittelbach* JR **60**, 351; dazu LK-*Tiedemann* 104); Ausstellung eines **Schuldscheins** für nicht bestehende Ansprüche (StV **89**, 478 m. Anm. *Sonnen*); Rücknahme eines Antrags auf Gesamtvollstreckung (wistra **01**, 338 f.); Gewährung einer **Eigenheimzulage** durch das Finanzamt (kein Steuervorteil iS von § 370 AO; 5 StR 127/07 **aS**). 42

b) Verfügung durch Unterlassen. Nach ganz hM kann die Vermögensverfügung auch in einem Unterlassen bestehen (**aA** *Naucke* [oben 1 a] 215); das kann, 43 muss aber nicht das Unterlassen einer Verfügung sein (and. 50. Aufl. 25). Denkbar ist zum einen das Unterlassen vermögens*mehrender* Maßnahmen, **zB** durch Nicht-Geltendmachen eines Zahlungsanspruchs (wistra **84**, 226 [m. Anm. *Labsch* StV **84**, 514]; StV **94**, 186 L; NStZ-RR **05**, 311, 312); durch Absehen von der Ausübung eines Rechts; durch Nicht-Betreiben eines Zwangsvollstreckungsverfahrens (Stuttgart NJW **63**, 825; Düsseldorf NJW **94**, 3367); auch durch vorläufiges Nicht-Geltendmachen eines Anspruchs aufgrund eines Prozessvergleichs (vgl. Bay JR **69**, 307; StraFo **03**, 321 f.) oder eines Ratenzahlungsvergleichs (**Stundungsbetrug;** vgl. z. B. NStZ **05**, 160 f. [*Fall Krause*]), wenn hierdurch die Realisierungsmöglichkeit verschlechtert wird; zum anderen das Unterlassen vermögens*sichernder* Maßnahmen, **zB** bei der Duldung vorgetäuschter „Beschlagnahmen" (GA **65**, 107; vgl. aber BGH **18**, 223; BGHZ **5**, 365; unten 47 ff.).

44 **B. Verfügungsbewusstsein.** Vermögensverfügungen sind nach hM grds. sowohl als **bewusst** als auch als **unbewusst** vermögensmindernde Handlungen (Tun oder Unterlassen) möglich; eine aktuelle Vorstellung des Verfügenden von der Wirkung seines Handelns ist daher jedenfalls beim **Forderungsbetrug,** also insb. bei der irrtumsbedingten Verfügung durch Nicht-Geltendmachung eines Anspruchs, nicht erforderlich (BGH **14**, 172; **41**, 201 f.; Bay **88**, 5, 7; Hamm NJW **65**, 702; **69**, 620 f.; vgl. Düsseldorf JZ **85**, 251; NJW **94**, 3366; LK-*Tiedemann* 118; *Lackner/Kühl* 24, 26; *Arzt/Weber* 20/73; *Küper* BT 383 f.; *Mitsch* BT II/1, 7/66; *W/Hillenkamp* 517; *M/Schroeder/Maiwald* 41/73; **aA** LK[10]-*Lackner* 98; SK-*Hoyer* 181; *Miehe* [1 a] 54; *Ranft* JA **84**, 723, 731; Jura **92**, 66, 71). Verfügung ist daher auch das unbewusste Eingehen einer Verbindlichkeit (Irrtum über die Bedeutung einer Unterschrift unter einem Bestellformular; vgl. BGH **22**, 88 f.; KG JR **72**, 28; **aA** *Otto* BT 51/42; *Miehe* [1 a] 95). Eine Ausnahme gilt nach Rspr. und hM jedoch für den **Sachbetrug,** also bei der Übertragung des Gewahrsams: Hier ist, um die **Abgrenzung zur Wegnahme** durch ein Fremdschädigungsdelikt zu ermöglichen, das Bewusstsein des Getäuschten vom verfügenden (= „weggebenden") Charakter seines Handelns erforderlich (BGH **41**, 198, 203 [gegen Düsseldorf NJW **93**, 1407]; vgl. *Vitt* NStZ **94**, 133; *Zopfs* NStZ **96**, 190]; BGH **18**, 223; *Arzt/Weber* 20/74; *Küper* BT 383 f.; *W/Hillenkamp* 517; str.; **krit.** *Pawlik* [1 a] 236 ff.; *Miehe* [1 a] 77; *Joecks,* Verfügungen, 108 ff.). Für den Fall des Passierens einer Supermarktkasse mit **versteckter Ware** verlangt BGH **41**, 198 einen „konkretisierten Verfügungswillen" des Kassierers, der sich auf bestimmte Waren beziehen muss; andernfalls liegt, auch bei ausdrücklicher Täuschung über die Vollständigkeit der vorgelegten Waren, Diebstahl vor (dazu auch oben 21; Bay MDR **89**, 376; Düsseldorf NJW **86**, 2266; **88**, 922; **93**, 1407; Zweibrücken NStZ **95**, 448; vgl. dazu *Hillenkamp* JuS **97**, 221 mwN). In der Literatur wird das Problem teilweise nicht unter dem Begriff des Verfügungsbewusstseins, sondern bei der Frage der Unmittelbarkeit (unten 45) oder bei der Abgrenzung einer freiwilligen Selbstschädigung (dann Verfügung) von einem durch Zwang erreichten Dulden der Fremdschädigung (dann Wegnahme) diskutiert („Beschlagnahme"-Fälle; dazu u. a. *Herzberg* JuS **72**, 571; *Geppert* JuS **77**, 70; *Rengier* JuS **81**, 654; *Hillenkamp* JuS **94**, 771; *Graul* JuS **99**, 568; *Kindhäuser,* Bemmann-FS 353 und NK 54 zu § 242; and. SK-*Hoyer* 170 ff.; *Lackner/Kühl* 24; zum Ganzen LK-*Tiedemann* 118 ff.). Als Problem des Verfügungsbewusstseins wird schließlich in der Literatur (vgl. *Krey* BT 2, 468 ff.; *Küper* BT 385 f.; *Graul,* Brandner-FS 801; *Merz,* „Bewusste Selbstschädigung" [usw.], 1999; *Jordan* JR **00**, 153) die Abgrenzung von Fällen der (schadensbegründenden) **„Zweckverfehlung"** von solchen eines betrugsirrelevanten **Motivirrtums** bei bewusster Vermögensverfügung angesehen (Spenden-, Bettel-, Schenkungsbetrug). Soweit es hier nicht schon am Irrtum fehlt (oben 36), dürfte das Problem dogmatisch am ehesten beim Schadens-Begriff anzusiedeln sein (vgl. unten 79).

45 **C. Unmittelbarkeit der Verfügung.** Neben der *Freiwilligkeit* ist das Merkmal der *Unmittelbarkeit* für die praktische Anwendung nach stRspr. und hM das wich-

tigste Kriterium zur Beschränkung der § 263 unterfallenden Selbstschädigung infolge täuschungsbedingten Irrtums; systematisch könnte die Unmittelbarkeit freilich ebenso als (einschränkendes) Merkmal des Schadens angesehen werden (zutr. *Arzt/Weber* 20/79). Unmittelbarkeit bedeutet, dass das Tun oder Unterlassen des Opfers sich als (selbstschädigender) **Akt des Gebens** (LK-*Tiedemann* 98) darstellt, also ohne weitere Handlungen des Täters oder nicht dem Risikobereich des Opfers zuzurechnender Dritter die Vermögensminderung herbeiführt (BGH **14**, 171; **17**, 205, 209; **50**, 174 [= wistra **05**, 427; Missbrauch von Mertwertdiensten]; GA **66**, 212f.; MDR **68**, 772; Köln MDR **73**, 866); eine Beschränkung auf *deliktische* Zwischenhandlungen des Täters (so LK-*Tiedemann* 98; *Lackner/Kühl* 22; *Krey* BT 2, 386) erscheint im Hinblick auf mehraktige Verfügungen (vgl. BGHR § 263 I Vermögensschaden 29) fraglich.

Dagegen **fehlt eine Vermögensverfügung,** wenn durch die Handlung des Getäuschten nur eine Zugriffsmöglichkeit für den (täuschenden) Täter oder einen Dritten geschaffen wird; so namentlich beim **Trickdiebstahl,** wenn der Täter sich unter einem Vorwand Zugang zu Sachen des Opfers verschafft (BGH **14**, 171; **17**, 205; GA **66**, 212; Karlsruhe NJW **76**, 902; SK-*Hoyer* 163, 168f.); auch beim Abschluss eines Vertrags über die Errichtung einer **0190-Servicenummer** mit einem sog. Nummern-Provider (BGH **50**, 174 [Anm. *Eidam* JR **06**, 254]). **Zweifelhaft** sind Fälle, in denen – namentlich bei der **Gewahrsamslockerung** (vgl. Erl. zu § 242) – sich Fragen des Verfügungsbewusstseins und der Unmittelbarkeit überschneiden, etwa wenn das Opfer eine Sache zu einem vorgetäuschten Zweck übergibt. GA **65**, 107 hat hier § 263 für den Fall bejaht, dass ein angeblicher Polizeibeamter eine Geldbörse als Beweismittel „sicherstellt“. Näher liegend dürfte die Annahme einer Verfügung in Fällen vorgetäuschter „Überprüfungen“ von Sachen sein. Die Erteilung einer **Blankounterschrift** ist idR eine Verfügung (LK-*Tiedemann* 101, 109; *S/S-Cramer/Perron* 61; einschr. SK-*Hoyer* 173, 175f.; **aA** Düsseldorf NJW **74**, 1833 [m. Anm. *Oexmann* 2296]; BGHZ **40**, 67; *Rengier* BT I, 13/26; *Gössel* BT II, 21/190; differenz. *A/R-Gallandi* V 1 155), wenn es nur noch vom Willen des Täuschenden abhängt, die verfügende Willenserklärung zu vervollständigen. Die Erforderlichkeit eines eigenen Zugriffs des Täters auf den Vermögenswert schließt eine Verfügung dann nicht aus, wenn durch die Handlung des Getäuschten die wesentliche **Zugriffsschwelle** bereits überschritten wird; so etwa bei **Preisgabe der PIN** einer Geldkarte, die sich im Besitz des Täters befindet (vgl. BGH **33**, 244; NStZ-RR **04**, 333, 334; Jena wistra **07**, 236, 237; unten 55), eines den jederzeitigen Zugriff ermöglichenden Codeworts oder der Zahlenkombination eines Tresors, zu dem der Täter ungehinderten Zugang hat (zum *Schaden* vgl. aber unten 76). 46

D. Dreiecksbetrug. Da nur die getäuschte und die verfügende (oben 40), nicht aber die verfügende und die geschädigte Person identisch sein müssen, ist der Tatbestand des § 263 nur erfüllt, wenn die Vermögensverfügung durch diejenige Person vorgenommen wird, welche auf Grund der Täuschung irrt (oben 40), und wenn die Verfügung dem Vermögensinhaber **zuzurechnen** ist, dh als seine eigene erscheint; andernfalls kann, wenn sich die Tat auf eine bewegliche Sache bezieht, **Wegnahme** in mittelbarer Täterschaft (vgl. dazu 46 zu § 242) vorliegen (dazu auch wistra **98**, 157 [Anm. *Otto* JK 58]; ausf. LK-*Tiedemann* 112ff.; SK-*Hoyer* 138ff.; NK-*Kindhäuser* 208ff.; *ders.* ZStW **103** [1991], 398, 415ff.; *ders.,* Bemmann-FS 339, 358ff.; *Mitsch* BT II/1, 7/70ff.; *Arzt/Weber* 20/81ff.; *M/Schroeder/Maiwald* 41/79f.; *Küper* BT 389ff.; *W/Hillenkamp* 636ff.; *Pawlik* [oben 1a] 206ff.; jew. mwN). Zur Bestimmung des Verhältnisses, das eine solche Zurechnung erlaubt, finden sich in der **Literatur** zahlreiche Vorschläge, deren teilweise nur in Nuancen auftretende Differenzen schwer überschaubar sind (ausf. dazu *Offermann-Burckart,* Vermögensverfügungen Dritter im Betrugstatbestand, 1994, 43ff.; *Pawlik,* Das unerlaubte Verhalten beim Betrug, 1999, 211ff.; zusf. *Rengier* JZ **85**, 565). Die **praktische Bedeutung** ist – abgesehen von den Fällen des weitgehend geklärten 47

Prozessbetrugs (unten 50) und des **Scheckbetrugs** (unten 98) – recht gering (zur Vermögensverfügung des Bundestagspräsidenten als mittelverwaltender Stelle zu Lasten konkurrierender Parteien bei Verschleierung illegaler **Parteispenden** vgl. BGH **49**, 275 = NJW **04**, 3569, 3576 f.; dazu auch *Saliger/Sinner* NJW **05**, 1073, 1076 f.); die Rspr entscheidet meist nach eher intuitiven Kriterien des „Tatbildes".

48 **a) „Befugnistheorie".** Die rein **faktische Möglichkeit** des Getäuschten, auf das Vermögen eines Dritten zuzugreifen, reicht nach allg. Ansicht **nicht** aus, wenn kein Alleingewahrsam an fremden Sachen besteht (vgl BGH **18**, 221, 223 f.; NStZ **97**, 32 f.; Bay wistra **98**, 157 [Bespr. *Otto* JK 51]; *Lackner/Kühl* 29; SK-*Hoyer* 142, 146; *S/S-Cramer/Perron* 66; LK-*Tiedemann* 115; *Geppert* JuS **77**, 69, 72; *Krack/Radtke* JuS **95**, 17, 19; jew. mwN). Daher liegt im Schulfall des (täuschenden) Zureichenlassens fremder Garderoben- oder Gepäckstücke durch gutgläubige Dritte kein Betrug, sondern Diebstahl vor. Weitgehend unbestritten ist umgekehrt, dass dem Vermögensinhaber die Verfügungshandlung eines befugten **Vertreters** oder **Organs** zuzurechnen ist. Auf diese Fälle des **befugten Handelns** wird der Dreiecksbetrug von Teilen der Literatur beschränkt (*Roxin/Schünemann* JuS **69**, 375; *Schünemann* GA **69**, 53; *Samson* JA **78**, 564, 567; *Amelung* GA **77**, 14 f.; *Haas* GA **90**, 202 ff.; *Mitsch* BT II/1, 7/74; *Krey* BT 2, 417; SK-*Hoyer* 146; *Joecks* 54; NK-*Kindhäuser* 215; vgl. auch *ders.*, Bemmann-FS 361); freilich kann es hierbei, da die „Befugnis" gerade vorgespiegelt wird, nur darauf ankommen, ob sich der Getäuschte *subjektiv* im Rahmen seiner objektiv bestehenden Ermächtigung hält (dazu *Kindhäuser* ZStW **103** [1991], 417; *Otto* ZStW **79** [1967], 84 f.; *Schünemann* GA **69**, 55).

49 **b) „Lagertheorie".** Die **Rspr.** (BGH **18**, 221; NStZ **97**, 32 f.; Bay GA **64**, 82 f.; wistra **98**, 157 [krit. Anm. *Satzger* JA **98**, 926]; Stuttgart NJW **65**, 1930; Köln MDR **66**, 253; Düsseldorf NJW **94**, 3366; Celle NJW **94**, 142 f. [Bespr. *Krack/Radtke* JuS **95**, 17; *Linnemann* wistra **94**, 169) und Teile der Literatur (LK-*Tiedemann* 116; *S/S-Cramer/Perron* 66; *Arzt/Weber* 20/82; *Küper* BT 392 f.; *W/Hillenkamp* 649; *M/Schroeder/Maiwald* 41/80 f.; *Rengier* Roxin-FS 811, 824 f.; jew. mwN) folgen über die „Befugnistheorie" hinaus (vgl. *Küper* BT 391 f.) der von *Lenckner* (JZ **66**, 320 f.) vorgeschlagenen Formel, eine Zurechnung setze voraus, dass der Verfügende **im Lager des Vermögensinhabers** stehe („Lagertheorie"; krit. zB *A/R-Gallandi* V 1 158; anders aber ebd. 123); Voraussetzung hierfür ist ein – faktisches oder rechtliches – **besonderes Näheverhältnis** zu dem geschädigten Drittvermögen.

50 Als **ausreichend** wird danach insb. die Stellung als **Gewahrsamshüter** angesehen, **zB** als Inhaber von Mitgewahrsam oder als Gewahrsamsdiener (BGH **18**, 221 [Parkhaus-Wächter]; Stuttgart NJW **65**, 1930 [Untermieter]). Der Verfügende muss schon vor der irrtumsbedingten Handlung in einer „Nähe"-Beziehung zu dem betroffenen Vermögen gestanden haben, die sich von derjenigen eines Außenstehenden abhebt. Eine solche liegt regelmäßig vor, wenn der Getäuschte mit Kenntnis und Einverständnis des Vermögensinhabers eine Schutz- und Prüfungsfunktion wahrnimmt (Kassierer; Verkäufer; Verwahrer); in diesem Fall dürfte es grds auch nicht darauf ankommen, ob sich der Verfügende subjektiv im Rahmen der ihm erteilten Befugnis hält (daher Betrug, wenn der *Babysitter* durch Täuschung zur Herausgabe von Gegenständen veranlasst wird; vgl. *Rengier* JZ **85**, 565; **aA** *Mitsch* BT II/1, 7/23; *W/Hillenkamp* 643). Beim **Forderungsbetrug** kommt es namentlich darauf an, ob der Verfügende im Interesse des Geschädigten tätig ist und ob ihn eine besondere Prüfungs- oder Schutzpflicht trifft, die aus einer Vereinbarung mit dem Vermögensinhaber oder einer gesetzlichen Stellung abgeleitet sein kann. Ein solches Näheverhältnis besteht nach Celle NJW **94**, 142 (abl. *Linnemann* wistra **94**, 167; *Krack/Radtke* JuS **95**, 17) bei gutgläubiger Zahlung des Schuldners an einen nicht mehr berechtigten Altgläubiger oder an den Überbringer einer Quittung; ebenso bei Leistungen, die auf Grund Anscheinsvollmacht nach § 56 HGB befreiende Wirkung haben kann (wistra **92**, 299; StV **93**, 307; vgl. NJW **68**, 1147 f.), sowie in anderen Fällen des **Rechtsscheins.** Nach BGH **17**, 147; **34**, 390; NJW **97**, 3034, 3037 [insoweit in BGH **43**, 96 nicht abgedr.] verfügt beim **Ausschreibungsbetrug** (unten 100) die Vergabestelle durch Zuschlag an den Täuschenden über die Anwartschaft des Mitbewerbers. Beim **Kreditkartenmissbrauch** im Drei-Partner-System hat BGH **33**, 244 (dazu *Otto* JZ **85**, 1008) dagegen schon das Vorliegen eines Irrtums der Vertragsunternehmen verneint (vgl.

§ 266b). Beim **Prozessbetrug** (vgl. oben 24) ergibt sich nach allg. Ansicht (and. *Fahl* Jura **96**, 77) das erforderliche Näheverhältnis aus der gesetzlichen Befugnis des Gerichts (oder, beim Vollstreckungsbetrug, des Vollstreckungsorgans; vgl. dazu *Kretschmer* GA **04**, 458ff.), über die Zuordnung von Vermögensteilen zu entscheiden (vgl. Düsseldorf NJW **94**, 3366; Karlsruhe NStZ **96**, 282 [Anm. *Kindhäuser* JR **97**, 301]; vgl. dazu *Jänicke* [1a] 518ff.); ähnlich bei der Verteilung von Vergütungen durch die **Kassenärztlichen Vereinigungen.** Der gutgläubige Erwerber (§ 932 BGB) einer unterschlagenen Sache steht bei Leistung an den Täuschenden im „Lager" des wahren Eigentümers (*S/S-Cramer/Perron* 67; *Mitsch* BT II/1, 7/75; *Rengier* BT 1, 13/50; wohl auch *Arzt/Weber* 20/83; **aA** LK-*Tiedemann* 117; *M/Schroeder/Maiwald* 41/81).

Kein Näheverhältnis besteht nach Bay wistra **98**, 157 zwischen einer Bank **51**
und einem Vermieter im Hinblick auf eine auf einem Sparkonto angelegte Mietkaution, wenn allein der Mieter verfügungsberechtigt ist.

E. Kausalität. Für die Vermögensverfügung muss der täuschungsbedingte Irr- **52**
tum **kausal** sein (vgl. BGH **24**, 257, 260; **24**, 386, 389; NStZ **03**, 313, 314f.; Düsseldorf NJW **87**, 3145); Mitverursachung reicht aus (BGH **13**, 13). An der Ursächlichkeit fehlt es, wenn der Getäuschte die Verfügung auch bei Kenntnis des wahren Sachverhalts vorgenommen hätte; etwa beim Bettel-, Spenden- oder Schenkungsbetrug oder in sonstigen Fällen „überschießender" Täuschungshandlungen gegenüber Personen, die sich über die Wahrheit der vorgespiegelten Tatsachen keine Gedanken machen (müssen). Eine Weisungsgebundenheit des Getäuschten gegenüber dem Täuschenden reicht nicht schon für sich alleine für die Unterstellung aus, er hätte die Verfügung auch bei Kenntnis der wahren Sachlage vorgenommen; das gilt namentlich dann, wenn die Verfügung *pflichtwidrig* ist (BGH[Z] GmbHR **01**, 1036, 1039). Wird die Täuschung gegenüber einem arbeitsteilig tätigen Unternehmen, einer Körperschaft oder Personenmehrheit begangen, so ist stets festzustellen, welche Person die Vermögensverfügung getroffen hat und welche Vorstellungen sie hierbei hatte (vgl. NStZ **03**, 313, 314; oben 39).

5) Gegenstand der Verfügung. Abs. I setzt als **Erfolg** der Tathandlung den **53**
Eintritt eines **Vermögensschadens** voraus; der Schaden muss die **unmittelbare Folge** der Vermögensverfügung sein. Da die Bestimmung des Vermögensschadens durch Vergleich der Vermögenslage vor und nach der Verfügung erfolgt, ist zwischen Verfügung und Schaden zu unterscheiden.

A. Vermögensbegriff. Die begriffliche Bestimmung des von § 263 geschütz- **54**
ten Vermögens ist in fast allen Einzelheiten umstritten und Gegenstand weithin unübersichtlicher Auseinandersetzungen (ausf. dazu LK-*Tiedemann* 127ff.; SK-*Hoyer* 88ff.; NK-*Kindhäuser* 16ff.; *Hefendehl* [1a] 99ff.; jew.m. zahlr. Nachw.; Überblick bei *Küper* BT 354ff.; *Arzt/Weber* 20/87; *W/Hillenkamp* 530ff.; *M/Schroeder/Maiwald* 41/86ff.; *Rengier* BT 1, 3/52ff.; *Mitsch* BT II/1, 7/78ff.; *Kargl* JA **01**, 714; *Swoboda* NStZ **05**, 476ff.); die praktischen Ergebnisse weichen freilich nur in wenigen Fallgruppen voneinander ab (vgl. *Kühl* JuS **89**, 505ff.). Ein rein **„juristischer"** Vermögensbegriff (vgl. RG **3**, 332f.; **11**, 72; *Hirschberg,* Der Vermögensbegriff im Strafrecht, 1934) wird heute nicht mehr vertreten; auch der vom BGH zunächst vertretene **„rein wirtschaftliche"** Vermögensbegriff (vgl. noch BGH **2**, 364; **3**, 99; **8**, 254; **15**, 83; **16**, 220; **26**, 347; Hamburg NJW **66**, 1525) ist zunehmend eingeschränkt worden (BGH **4**, 373; **26**, 346f.; **31**, 178; NStZ **87**, 407 [dazu *Barton* StV **87**, 485; *Bergmann/Freund* JR **88**, 189; *Tenckhoff* JR **88**, 126]; wistra **89**, 142; NJW **95**, 1910 [dazu *Küper* JZ **95**, 1158]; vgl. aber unten 64ff.). Einen **personalen** Vermögensbegriff vertritt *Otto* (Die Struktur des strafrechtlichen Vermögensschutzes, 1970; vgl. dazu *Lampe,* Otto-FS [2007] 623ff), einen **funktionalen** Vermögensbegriff *Kindhäuser* (NK 35ff.; Lüderssen-FS [2002] 635ff.); danach ist unter Vermögen die Verfügungsmacht einer Person über *abstrakt* geldwerte, übertragbare Güter zu verstehen, die ihr rechtlich zugeordnet sind. Auf der Basis eines (weiten) „wirtschaftlichen" (der freilich kein „faktischer", sondern

wie *jeder* Vermögensbegriff ein *normativer* ist [zutr. *Arzt/Weber* 20/88]) Ansatzes vorherrschend ist ein sog. **ökonomisch-juristischer** Vermögensbegriff; er dehnt einerseits eine allein auf den *Rechtsbestand* beschränkte („juristische") Bestimmung insb. auf Expektanzen, Arbeitskraft und außervertragliche Positionen aus, führt aber auch zur Saldierung sowie zum Ausschluss des Verlusts wirtschaftlich wertloser Güter sowie zur Berücksichtigung eines individuellen Schadenseinschlags; andererseits beschränkt er eine allein wirtschaftlich-faktische Bestimmung unter dem Blickwinkel der Gesamtrechtsordnung (krit. NK-*Kindhäuser* 39).

55 **B. Umfang des geschützten Vermögens.** Vermögen ist danach grds die Gesamtheit der geldwerten Güter einer natürlichen oder juristischen Person, abzüglich der Verbindlichkeiten. Dazu gehört vor allem das **Eigentum;** ebenso beschränkte **dingliche Rechte.** Auch der **Besitz** und der Gewahrsam einer Sache (Bay NJW **87**, 1656 [hierzu *Otto* JZ **87**, 630; *Hellmann* JA **88**, 73]; Düsseldorf NJW **88**, 922, hierzu *Geppert* JK 28) gehören nach hM grds. zum Vermögen (BGH **8**, 256; **14**, 389; **16**, 281; BGHR § 253 I VermWert 1; Hamm MDR **72**, 706; Zweibrücken NJW **83**, 694 [hierzu *Werle* NJW **85**, 2913]; Celle StV **96**, 154; *Herzberg* ZStW **89**, 373; einschr. [nur *rechtmäßiger* Besitz] *M/Schroeder/Maiwald* 41/99; *Mitsch* BT II/1, 7/93; *Pawlik* 260; and. wiederum *S/S-Cramer/Perron* 94 f.; SK-*Hoyer* 124; vgl. unten 64); das gesetzliche Pfandrecht an eingebrachten Sachen nach § 704 BGB (BGH **32**, 91 [m. Anm. *Otto* JZ **84**, 144]; *Jakobs* JR **84**, 385; vgl. aber *Joerden* JuS **85**, 22); **Forderungen** und sonstige Ansprüche, soweit sie nicht nichtig sind (dazu unten 64 ff.); die wirtschaftlich werthaltige Aussicht auf Befriedigung in der Gesamtvollstreckung (wistra **01**, 338 f.). Ein **Vorkaufsrecht** enthält nur dann einen Vermögenswert, wenn seine Ausübung zu einem Vermögenszuwachs führt (so NJW **77**, 155; zw.; krit. Anm. *Schudt* und *Lackner/Werle* JR **78**, 299). Vermögenswert hat auch die **Möglichkeit der Nutzung** von Gegenständen; daher ist die dienstpflichtwidrige Benutzung von Einrichtungen des Dienstherrn oder Arbeitgebers, wenn sie auf Täuschung beruht, nach § 263 strafbar **(Nebentätigkeitsbetrug):** der Schaden besteht in entgangenem Nutzungsentgelt (NStZ **94**, 189; vgl. unten 75). Das ist sowohl in Wirtschaftsbetrieben als auch in Behörden und Forschungseinrichtungen (zB verschleierte Nutzung von Labors) von erheblicher praktischer Bedeutung und umfasst insb. auch die Beschäftigung von Hilfskräften (zB Inanspruchnahme von Universitätspersonal für private Gutachtens- oder sonstige Nebentätigkeit von Hochschullehrern; vgl. NJW **82**, 2881; LK-*Tiedemann* 152; LK-*Schünemann* 121 zu § 266). Die **Kenntnis** der Geheimzahl einer EC- oder sonstigen Geldkarte stellt für sich allein keine Vermögensposition dar (BGHR § 263 a Konkurrenzen 1; NStZ-RR **04**, 333, 334); anders ist es, wenn sie mit dem Kartenbesitz verbunden ist und eine unmittelbare Zugriffsmöglichkeit eröffnet (vgl. oben 46, unten 76). Gesetzlich nicht verbotene, aber nach allgemeiner Ansicht hinsichtlich ihres tatsächlichen Nutzens zweifelhafte Dienstleistungen, namentlich im Bereich des sog. *Esoterik*-Marktes, haben jedenfalls grds. Vermögenswert (vgl. zB LG Ingolstadt NStZ-RR **05**, 313 [Kartenlegen]; oben 33 a).

56 **C. Einzelne Fallgruppen. a) Anwartschaften und Erwartungen.** Auch **Anwartschaften** sind ein Vermögenswert (BGH **17**, 147; Stuttgart NJW **62**, 502; Hamburg NJW **62**, 1407; **aA** noch NJW **55**, 1526; zum Ganzen *Hefendehl* [1 a] 199). Ein solcher Wert ist auch die bereits vorhandene Kundschaft (RG **26**, 227; **71**, 334; **74**, 316); eine vertraglich eingeräumte wirtschaftliche Monopolstellung (Saarbrücken JBl. Saar **66**, 44); die **Gewinnchance** durch Losbesitz in einer Lotterie (BGH **8**, 289; MDR **56**, 116; vgl. auch unten 75 a); die Aussicht, bei einer öffentlichen **Ausschreibung** den Zuschlag als günstigster Anbieter zu erhalten (BGH **17**, 147; **19**, 37; **34**, 379; NStZ **97**, 542). Das Erschleichen der **Zulassung zum Studium** bei *numerus clausus* bewirkt keinen Vermögensschaden bei Dritten (NJW **55**, 1526; vgl. auch *A/R-Gallandi* V 1/178). Kein Vermögensschaden ist auch die Einbuße, die gesetzliche oder testamentarische **Erben** dadurch erleiden, dass der Erblasser durch Täuschung zu sie benachteiligenden (enterbenden oder mit

Vermächtnissen belastenden) Verfügungen von Todes wegen veranlasst wurde (**aA** *Schroeder* NStZ **97**, 585; dagegen zutr. *Jünemann* NStZ **98**, 393; *Brand/Fett* JA **00**, 211; *Eisele*, Weber-FS [2004] 271, 273ff.; *Hoyer*, Schroeder-FS [2006] 497, 500ff. [ggf aber Betrug zu Lasten des Erblassers; ebd. 503ff.]). Für die Einsetzung zum Erben ergibt sich dies aus der zivilrechtlich ungesicherten Erwartung auf Grund der aufschiebend bedingten Verfügung. Aber auch für den Erbteil belastende Verfügungen gilt nichts anderes, denn die Minderung einer durch § 263 nicht geschützten Position kann nicht ihrerseits ein Vermögensschaden iS des I sein. Etwas anderes kann allenfalls bei Überschuldung des Nachlasses durch eine erschlichene Nachlassverbindlichkeit (Vermächtnis) gelten. Anders ist es, wenn der infolge einer Täuschung Begünstigte bereits vor dem Erbfall eine **gesicherte Position** erlangt, etwa durch Bestimmung unwiderruflicher Bezugsberechtigungen aus einer Versicherung (BGH **32**, 40, *Sirius*-Fall); wohl nicht aber bei Einsetzung als Begünstigter im Todesfall, wenn der Erblasser zu Lebzeiten über den Vermögensgegenstand frei verfügen kann (Stuttgart NJW **99**, 1564, 1565f. m. Anm. *Thomas* NStZ **99**, 622 [Festgeldkonto]).

Unbestimmte Aussichten und Hoffnungen bilden keinen Vermögenswert (vgl. zB NStZ **96**, 191 [spekulative Gewinnerwartung]; Düsseldorf NJW **93**, 2694 [Anm. *Ranft* JR **94**, 523; Hoffnung auf Wiederverkaufsgewinn]; Bay NJW **94**, 208 [Anm. *Hilgendorf* JuS **94**, 466; Erwartung von Anschlussgeschäften]; Celle StV **96**, 154 [Erwartung günstiger Verkaufsmöglichkeit]; Karlsruhe JR **97**, 299 [Anm. *Kindhäuser* JR **97**, 301; *Fahl* JA **98**, 364; Erwartung gesetzlicher Schaffung eines Restitutionsanspruchs]; auch die bloße Vereitelung einer **Vermögensvermehrung** ist grundsätzlich kein Betrug (BGH **16**, 223; GA **78**, 332; NJW **04**, 2603, 2604; Stuttgart StV **07**, 132, 133; KG StraFO **04**, 285 [Gewinnerwartung bei Rabattbetrug; vgl. unten 74]); auch nicht die täuschungsbedingte, unerfüllt gebliebene Erwartung, einen höheren Gewinn zu erzielen (MDR/H **80**, 273); **anders** bei Gefährdung ganz konkreter Erwerbsaussichten bei starrer Marktlage (MDR/H **81**, 100; KG StraFO **04**, 285f.) oder wenn sonst ein wahrscheinlich zu erwartender Vermögenszuwachs vereitelt wird (BGH **2**, 367; **17**, 147; **20**, 143, 145; **31**, 232; NStZ **91**, 488; Saarbrücken OLGSt. 138; stRspr.; vgl. *Hefendehl* [1 a] 33ff.). Als Vermögenswerte sind **zB** angesehen worden: Aussicht auf Aktienzuteilung an privilegierten Personenkreis bei Privatisierung eines öffentlichen Unternehmens (BGH **19**, 37, 42); Aussicht auf Zuschlag für den günstigsten Anbieter bei Ausschreibung (BGH **17**, 147f.; **34**, 370, 390; wistra **89**, 100; NStZ **97**, 542f.; Frankfurt NJW **90**, 1057); Aussicht auf Einnahmen aus Pflichtspielen eines Lizenzliga-Vereins in einer höheren Spielklasse (NJW **75**, 1234 [„Bundesligaskandal"; vgl. dazu LG Bielefeld JZ **77**, 692f.; *Schreiber/Beulke* JuS **77**, 659; *Triffterer* NJW **75**, 614; *Bringewat* JZ **77**, 667]); Aussicht auf Erfüllung von Bauforderungen (vgl. *Lemme* wistra **98**, 42). **57**

Beim **Heirats- und Partnerschaftsschwindel** (iwS) berühren auf Grund der personenrechtlichen Natur des Verhältnisses bei vollzogener Eheschließung oder Eintragung der Lebenspartnerschaft weder das verheimlichte Motiv (allgemeiner) wirtschaftlicher Besserstellung noch die Begründung von Unterhaltsansprüchen (RG **8**, 12, 14; LK-*Tiedemann* 147; NK-*Kindhäuser* 339) oder gesetzlichem Güterstand das Vermögen. Dagegen begründen bei Ausbleiben der Eheschließung oder Lebenspartnerschaftseintragung täuschungsbedingt zugewandte Leistungen, insb. Geschenke oder Darlehen, einen Vermögensschaden, der sich entsprechend den Regeln zum Spendenbetrug bestimmt (BGH **3**, 215f.; Hamburg NStZ **89**, 226 [Anm. *Hillenkamp* StV **89**, 532; *Grasnick* JZ **90**, 704; *Weigend* JR **90**, 29]; *S/S-Cramer/Perron* 159; LK-*Tiedemann* 148; vgl. unten 79). Vermögenswert können auch geldwerte Vorteile haben, welche in einem (täuschungsbedingt) abgeschlossenen **Ehevertrag** zugewendet werden (AG Lörrach FamRZ **94**, 1456; NK-*Kindhäuser* 401) **58**

b) Immaterialgüter und sonstige Rechte. Soweit immaterielle Rechtsgüter einen geldwerten Vorteil darstellen und als solche einen Marktpreis erzielen kön- **59**

nen, gehören sie zum durch § 263 geschützten Vermögen (NK-*Kindhäuser* 292); so etwa **Betriebs- und Geschäftsgeheimnisse** (vgl. §§ 17 UWG; 404 AktG; 85 GmbHG; dazu *Tiedemann* ZStW **94**, [1982], 308ff.); Patent-, Marken und Urheberrechte; Unterhaltsansprüche; die Beteiligung an einer BGB-Gesellschaft (GA **79**, 271); nach *S/S-Cramer/Perron* 85 auch Gestaltungsrechte (Anfechtung; Kündigung; Wandlung), wenn ihre Ausübung wirtschaftliche Folgen hat (zust. LK-*Tiedemann* 154; zw.)

60 **c) Verbindlichkeiten.** Da der Vermögensschaden auf der Grundlage einer **Gesamtsaldierung** ermittelt wird (unten 71), **mindern** Verbindlichkeiten das Vermögen. Umgekehrt ist die **Freiheit von Belastungen** eine vermögenswerte Position; die Eingehung einer Verbindlichkeit oder die Belastung des Vermögens mit dinglichen Rechten sind daher regelmäßig als Vermögensminderung anzusehen.

61 **d) Wirtschaftlich wertlose Sachen und Rechte.** Gegenstände ohne wirtschaftlichen (Markt-)Wert zählen nach hM nicht zum Vermögen. Das gilt zum einen für Gegenstände mit allein immateriellem **Affektionswert;** nach MDR **72**, 17 aber auch für **Reisepässe** (abl. *Bittner* MDR **72**, 1000), nach MDR/H **83**, 92 für **Führerscheine,** nach VRS **42**, 110 für **Kfz-Scheine** (krit. NK-*Kindhäuser* 295), für Personalausweise und sonstige (gefälschte) Ausweispapiere (Bay NJW **79**, 2218 m. Anm. *Paeffgen* JR **80**, 300); ebenso für **Falschgeld,** unabhängig davon, ob ein (krimineller) Markt existiert (zw.; vgl. noch unten 65, 69).

61a e) Wirtschaftlich **wertlose** und rechtlich unbegründete **Forderungen.** Ansprüche, die keinen wirtschaftlichen Wert haben, zB wegen offensichtlicher Uneinbringlichkeit, gehören nicht zum Vermögen; ebenso wenig Rechte, die ausschließlich auf immaterielle Zuwendungen gerichtet sind, namentlich das allgemeine **Persönlichkeitsrecht** (anders bei wirtschaftlich wertvoller Teilnutzung, zB durch „Vermarktung" von Namen, Abbildungen etc.; vgl. dazu *Seitz* NJW **99**, 1940f. mwN). Aus der saldierenden Bestimmung des Vermögens ergibt sich, dass die (bloße) **Dispositionsfreiheit** als solche nicht geschützt ist. Nicht geschützt sind auch Forderungen, für die keine materiell-rechtliche Grundlage besteht (vgl. auch unten 64ff.). Die Abwendung einer Verurteilung zu einer materiell nicht geschuldeten Leistung durch unwahre Erklärungen im Prozess verstößt daher zwar gegen die prozessuale Wahrheitspflicht, erfüllt aber nicht den Tatbestand des **Prozessbetrugs**. Von Bedeutung ist dies insb. im Hinblick auf das Entfallen einer Versuchsstrafbarkeit bei **irrtümlicher Annahme** der Unberechtigtheit des gegnerischen Anspruchs (vgl. unten 111).

62 **f) Strafansprüche und verfahrensrechtliche Leistungen.** Die Verhängung von Strafen, Geldbußen und strafähnlichen Sanktionen ist nicht vermögensrechtlicher Natur (BGH **38**, 345, 351; **43**, 381, 405f.; wistra **07**, 258; Bay JR **91**, 433; hM; **aA** *Mitsch* BT II/1, 7/88; *Otto* BT 51/83). Nicht durch § 263 geschützt (so iErg auch NK-*Kindhäuser* 37) sind daher Geldstrafe (Karlsruhe NStZ **90**, 282f.), Freiheitsstrafe (Braunschweig NJW **57**, 600), Geldbuße (Köln NJW **02**, 527 [Anbringen gefälschter Parkscheine; Bespr. *Hecker* JuS **02**, 224]; Schleswig SchlHA **78**, 59), Einziehung (Stuttgart MDR **81**, 422), Verwarnungsgeld nach § 56 OWiG (Hamm NJW **79**, 2114; Bay JR **91**, 433 [m. krit. Anm. *Graul*] sowie Sicherheitsleistungen nach § 116 StPO (offen gelassen von BGH **38**, 345, 352); der staatliche Anspruch ist durch § 258 geschützt. **Anders** ist es bei Ansprüchen auf Zahlung von Gebühren (Bay NJW **55**, 1567) und **Kosten** (Karlsruhe NStZ **90**, 282). Staatliche Leistungen zur Sicherung des Verfahrens sind grds durch § 263 geschützt (zB Prozesskostenhilfe); sie können durch Betrug erlangt werden, soweit sie von individuellen vermögensrechtlichen Umständen abhängig sind. Das ist bei der Beiordnung eines Verteidigers als **Pflichtverteidiger** nicht der Fall. Umgekehrt können mit der Vollstreckung von Strafen verbundene Zuwendungen Vermögenswert haben; so nach hM die Gewährung von **Unterkunft und Verpflegung** in einer JVA.

g) Arbeitsleistung. Nach allg. Ansicht kommt zwar nicht der Arbeits*kraft* (als höchstpersönlicher Fähigkeit), wohl aber der Arbeits*leistung* eines Menschen Vermögenswert zu, soweit sie im **Austausch** gegen Entgelt geleistet wird (NStZ **98**, 85; **01**, 258; wistra **03**, 232, 233; BGHR § 263 I Vermögen 1; 2 StR 456/03; vgl. *S/S-Cramer/Perron* 96; NK-*Kindhäuser* 236; *M/Schroeder/Maiwald* 41/106; *Pawlik* [1 a] 261). Insoweit gelten die allgemeinen Regeln über den Eingehungs- und Erfüllungsbetrug. Verfügungsgegenstand ist die geldwerte Arbeitsleistung (zu Einschränkungen vgl. unten 67). Für die Schadensbestimmung kommt es nicht auf einen *abstrakten* Marktwert an (NStZ **01**, 258); andererseits auch nicht auf die Höhe des (vorgespiegelten) Entgelts. Nach den Grundsätzen über die Risikoverteilung müssen Leistungen ausscheiden, welche nach dem sozialen Sinngehalt der (Vertrags-)Beziehung nur auf Grund einer allgemeinen *Hoffnung* auf geldwerte Gegenleistung erbracht werden (zB überobligatorische Anstrengungen). 63

D. Rechtlich missbilligte, sittenwidrige und gesetzeswidrige wirtschaftliche Werte. Aus dem zivilrechtlichen Abstraktionsprinzip ergibt sich nach allg. Ansicht, dass das Eigentum als wirtschaftlicher Wert grds auch dann durch § 263 geschützt ist, wenn es rechtswidrig erlangt wurde (NK-*Kindhäuser* 230). Das gilt nach Rspr. und hM auch für den Besitz, unabhängig von der Rechtmäßigkeit seines Erwerbs und von der Gutgläubigkeit des Besitzers. Auch das durch Betrug **rechtswidrig erlangte Eigentum** und der durch Diebstahl erlangte **rechtwidrige Besitz** sind danach geschütztes Vermögen (BGH **2**, 364; **8**, 254; **15**, 83; NJW **88**, 2623; Bay JZ **87**, 626 [m. Anm. *Otto*]; Zweibrücken NJW **83**, 694 [Bespr. *Werle* NJW **85**, 2915]; *Tenckhoff* JR **88**, 126; *Arzt/Weber* 20/115; *Küper* BT 357 f.; *W/Hillenkamp* 535; LK-*Tiedemann* 140; *Lackner/Kühl* 34; **aA** *Lenckner* JZ **67**, 106 f.; *Zieschang,* H.J. Hirsch-FS 837 f.; *Cramer,* Vermögensbegriff, 225 ff.; *Foth* GA **66**, 39; *M/Schroeder/Maiwald* 41/99; *Mitsch* BT II/1, 7/93; *ders.* JuS **03**, 122 ff.; SK-*Hoyer* 125; and. auch *S/S-Cramer/Perron* 94 f.; NK-*Kindhäuser* 239; zum Ganzen *Otto* Jura **93**, 426; *Kühl* JuS **89**, 510; *Lüderssen,* Hanack-FS 487 ff.; *Gallas,* Beiträge zur Verbrechenslehre, 1968, 246 ff.; *Bommer,* Grenzen des strafrechtlichen Vermögensschutzes bei rechts- und sittenwidrigen Geschäften, 1996; *Swoboda* NStZ **05**, 476 ff.). Geschützt ist nach der Rspr. des BGH auch der als solcher **strafbare Besitz**, zB der Besitz des BtM-Händlers an Drogen (vgl. BGHR § 253 I Vermögensverfügung 1; BGHR § 263 I Versuch 1; BGHR BtMG § 29 I Nr. 1 Sicherverschaffen 1; NStZ **05**, 155, 156; offen gelassen aber in BGH **48**, 322, 326; vgl. auch 14 zu § 253). 64

Umstritten ist die Rechtslage bei Einsatz geldwerter Gegenstände im Rahmen von wegen Verstoß gegen eine gesetzliches Verbot (§ 134 BGB) oder wegen Sittenwidrigkeit (§ 138 BGB) **nichtigen Austauschgeschäften.** Im Grundsatz folgt hier die Rspr der schon von RG **44**, 230; BGH **2**, 364 vertretenen **wirtschaftlichen Betrachtungsweise** (vgl. auch OGH **2**, 259), wonach es ein von vornherein „schutzunwürdiges Vermögen" nicht gibt und ein „rechtsfreier Raum" im Interesse der öffentlichen Ordnung nicht hingenommen werden kann (BGH **8**, 254, 256; **48**, 322, 330; NStZ-RR **99**, 184; BGHR § 253 I Vermögenswert 3). Unter dem Gesichtspunkt der Gesamtrechtsordnung wird hier **unterschieden:** 65

a) Der Einsatz **illegal oder sittenwidrig erworbener Gegenstände** (einschließlich Geld) ist nach Rspr und hM durch § 263 geschützt, wenn diese Gegenstände einen *faktischen* Geldwert haben. Ausgenommen sind verkehrsunfähige Güter ohne Marktwert (RG **44**, 232; **65**, 3; BGH **2**, 364; JZ **87**, 684 [Anm. *Barton* StV **87**, 485]; 1 StR 132/80; vgl. auch BGH **16**, 220; **34**, 199; NStZ **86**, 455; NStZ-RR **99**, 184, 185 f.). Das gilt umgekehrt auch für **rechtmäßig erworbenes Vermögen** (insb. „gutes Geld"), das zu verbotenen oder sittenwidrigen *Zwecken* eingesetzt wird, **zB** für den unbefugten Ankauf von BtM (BGH **31**, 145; **48**, 322, 329 f.; NStZ **02**, 33; **03**, 151 f. [m. Anm. *Kindhäuser/Wallau*]) oder Waffen; für die Bezahlung in Auftrag gegebener Straftaten (KG NJW **01**, 86 [„Anzahlung" für Auftragsmord; iErg zust. *Gröseling* NStZ **01**, 515, 518 f.; abl. *Hecker* JuS **01**, 228]); für Bestechungen (BGH **15**, 88; **29**, 300). Nach der Rspr des BGH ist der Ersatz- 66 anspruch eines über die Zahlungswilligkeit getäuschten BtM-**Verkäufers** im Hinblick auf § 242 BGB rechtwidrig iS von §§ 253, 263 (BGH **48**, 322, 325 ff. [Anm. *Kühl* NStZ **04**, 387]), nicht dagegen umgekehrt der Rückzahlungsanspruch des getäuschten **Käufers** (NStZ **03**, 151 [Anm. *Kindhäuser/Wallau* ebd. 152; *Engländer* JR **03**, 160; *Mitsch* JuS **03**, 122]). Das überzeugt weder im Ergebnis noch in der Begründung (zutr. and. auch LG Regensburg NStZ-RR **05**, 312, 313; vgl. auch 14 zu § 253 und unten 69).

67 **b)** Anders als Geld- und Sachleistungen werden **Arbeits- oder Dienstleistungen** behandelt, die auf Grund einer verbotenen oder sittenwidrigen Vereinbarung erbracht werden (sollen): Da dieser Leistung kein rechtlich anerkennenswerter Marktwert zukommt (Auftrags-Straftat; dienstpflichtwidrige Handlung), zählt die **Entgeltsforderung** nicht zum Vermögen iS von § 263. Daher kann die die Leistung erbringende Person nicht um das vereinbarte Entgelt betrogen werden (**aA** *Zieschang,* H.J. Hirsch-FS 845 für den Auftragsmörder; zutr. dagegen *Mitsch* BT II/1, 7/41; abl. auch *Renzikowski* GA **92**, 175; NK-*Kindhäuser* 294). Der Auftraggeber kann umgekehrt auch nicht um den (wertlosen) Anspruch auf **Leistung** betrogen werden; nach hM aber, entsprechend den oben 66 genannten Grundsätzen, um das vereinbarte **Entgelt** (NStZ **87**, 407; vgl. aber NStZ-RR **99**, 185 f.). Das soll entsprechend bei einer durch Nötigungsmittel erzwungenen Mitwirkung an Straftaten gelten: Die erzwungene Arbeitsleistung hat keinen Marktwert und ist daher nicht Gegenstand einer Erpressung (wistra **01**, 340). Das wird **zB** angenommen bei Dienstpflichtverletzungen (zur bloßen Vorspiegelung der Pflichtwidrigkeit vgl. BGH **29**, 300 f. [zust. *Dölling* JuS **81**, 570; abl. *Maiwald* NJW **81**, 2777, 2780]; 8 zu § 332); nicht aber bei (nur steuerrechtlich oder sozialversicherungsrechtlich verbotener) Schwarzarbeit (vgl. dazu *Heinrich* GA **97**, 24, 32 ff.).

68 Hauptanwendungsfall waren in der Vergangenheit als sittenwidrig angesehene Vereinbarungen über entgeltliche **sexuelle Dienstleistungen,** dh bei Leistung von **Telefonsex** (NJW **98**, 2895 [krit. *Schulze* JuS **99**, 636]; Hamm NJW **89**, 2551 [krit. *Wöhrmann* NStZ **90**, 342]; LG Mannheim NJW **95**, 3398 [krit. *Krauss* NJW **96**, 2850; *Behm* NStZ **96**, 317; *Scheffler* JuS **96**, 1070; *Abrahams/Schwarz* Jura **97**, 355; vgl. auch *Geppert* JK 44]; and. Köln VersR **98**, 725; **aA** AG Offenbach NJW **88**, 1097 [dazu *Behm* NJW **90**, 1822]) und bei **Prostitution** (BGH **4**, 373; NStZ **87**, 407 [Anm. *Tenckhoff* JR **88**, 126; krit. *Barton* StV **87**, 485; *Bergmann/Freund* JR **88**, 189]; wistra **89**, 142 [krit. *Otto* Jura **93**, 428; JZ **93**, 655; JK 23; *Krey* BT 2, 439]). Nach hM konnte daher zwar der *Freier* um sein „gutes Geld", nicht aber die Prostituierte um ihre sittenwidrige Leistung und daher um ihren Entgelts-Anspruch betrogen (oder erpresst) werden. Durch das **ProstG** vom 20. 12. 2001 (BGBl. I 3983; vgl. dazu 3 ff. zu § 180 a) ist diese **Rspr. überholt**, denn nach § 1 S. 1 ProstG begründet die Vereinbarung entgeltlicher sexueller Leistungen „eine rechtswirksame Forderung" (zum zivilrechtlichen Rechtsverhältnis vgl. *Bergmann* JR **03**, 270 ff.), wenn die sexuelle Leistung danach erbracht wird (ebenso *Joecks* 79 a; *Ziethen* NStZ **03**, 184, 185 f.; *Heger* StV **03**, 350, 355; *Kretschmer* StraFo **03**, 191; *W/Hillenkamp* 566; *Rengier* BT I 13/57; krit. *Lackner/Kühl* 35). Der vermögensrechtliche Wert des Entgeltanspruchs ist daher ausdrücklich gesetzlich angeordnet; für die Annahme von *(rechtlicher)* Sittenwidrigkeit ist daneben für den Regelfall des Prostitutionsvertrags kein Raum (zutr. Zweibrücken NStZ **02**, 254 zum Verfall des vom Zuhälter vereinnahmten Entgelts [§ 73 I S. 2]; zu einzelnen Fallgruppen vgl. *Ziethen* NStZ **03**, 184, 186 ff.). Da dies für den *Kern* des Rechtsgeschäfts gilt, kommt es auf die Einwendungs-Einschränkungen nach § 2 S. 2 ProstG nicht an; auch vermeintliche (Rück-) Forderungen wegen Teil- oder Schlechterfüllung dürfen nicht durch Täuschung oder Erpressung durchgesetzt werden. Die Anerkennung des – auch strafrechtlich geschützten – Vermögenswerts muss nach der § 1 ProstG zugrunde liegenden Wertung auch für Entgeltsforderungen etwa im Bereich des **Telefonsex** oder der **Pornofilm**-Industrie gelten. Im Unklaren bleibt die Regelung des § 2 S. 2 ProstG freilich im Hinblick auf Einwendungen der

Nichtigkeit aus anderen Gründen, insb. aus § 123 BGB (vgl. auch *Bergmann* JR **03**, 270, 274): Es kann nicht sein, dass die Prostituierte durch täuschende oder drohende (§ 123 II BGB!) Herbeiführung eines Vertrags, welchen sie sodann planmäßig *besonders schlecht* erfüllt, einen einwendungsresistenten und strafrechtlich geschützten Anspruch auf das *Gesamt*-Entgelt erwirbt.

c) Die in der Literatur umstrittene Differenzierung der Rspr. ist nicht ohne **Widersprüche** (vgl. auch *Kohlhaas* JR **54**, 97; *Cramer* JuS **66**, 472, 474; *Kühne* ZRP **75**, 184 ff.; *Franzheim* GA **60**, 296; *Kühl* JuS **89**, 506; *Neumann* JuS **93**, 749; *Kudlich* NStZ **97**, 433; *Zieschang,* H. J. Hirsch-FS 831; *Kindhäuser/Wallau* NStZ **03**, 152 ff.; *Engländer* JR **03**, 160; *Kretschmer* StraFo **03**, 191 ff.; *Mitsch* JuS **03**, 122 ff.; *Swoboda* NStZ **05**, 476; LK-*Tiedemann* 138; *Arzt/Weber* 20/115 ff.; *Küper* BT 357 f.). In der zweiten Fallgruppe unterliegt das zu verbotenen Zwecken eingesetzte **sog. „gute Geld"** (zB des Mord-Auftraggebers oder BtM-Käufers) dem **Verfall** oder der **Einziehung;** die (Straf-)Rechtsordnung enthält also hier wie in der ersten Fallgruppe (zB Besitz des BtM-Händlers) im Gegensatz zu sittenwidrigen, aber *praktisch* geldwerten Leistungen eine eindeutige Bewertung *gegen* die Schutzwürdigkeit solcher Güter (ebenso *Mitsch* BT II/1, 7/41 u. JuS **03**, 124; *Bergmann/Freund* JR **88**, 191; **91**, 357 f.; NK-*Kindhäuser* 294; *Kindhäuser/Wallau* NStZ **03**, 152 f.). BGH **48**, 322, 330 hat dem entgegen gehalten, Betrug (oder Erpressung) am BtM-*Käufer* könne nicht im Hinblick auf Einziehung oder Verfall des Kaufgelds ausgeschlossen werden, weil diese Maßnahmen eine Straftat ja gerade voraussetzten; dass ein Betrug mangels Vermögensqualität des Geldes nicht möglich sei, könne nicht daraus abgeleitet werden, dass das Geld nicht eingezogen werden könne, weil ein Betrug nicht vorliege. Diese Argumentation trifft den Kern der Sache nicht: Das Kaufgeld ist nicht deshalb einzuziehen (§ 74 a Nr. 2), weil der Käufer *betrogen* wurde, sondern weil es zur Begehung einer *eigenen Straftat* (Erwerb von oder Handeltreiben mit BtM) eingesetzt wird (vgl. NStZ **96**, 226; 3 StR 182/98; 12 f. zu § 253). Dass nach Geschäften zwischen BtM-Händlern der Käufer berechtigt sein soll, sich sein „gutes Geld" von seinem Handelspartner durch Täuschung oder Gewalt (§ 253) wieder zu beschaffen, wenn er betrogen und zB statt Haschisch Schokolade geliefert wurde (NStZ **03**, 151), der durch Täuschung um seine Ware gebrachte *Verkäufer* aber nicht (BGH **48**, 322, 325 ff.), kann schwerlich auf das Argument der „Gesamtrechtsordnung" (vgl. NStZ **87**, 407) gestützt werden (zutr. abl. auch *Kindhäuser/Wallau* NStZ **03**, 152, 153; LG Regensburg NStZ-RR **05**, 312, 313; iErg. zustimmend dagegen *Kühl* NStZ **04**, 387, 388 f.). Der Hinweis auf die Vermeidung eines „rechtsfreien Raums" (vgl. auch *Gröseling* NStZ **01**, 519) bleibt unklar, da er das Ergebnis der Wertung nur wiederholt: Warum der Mord-Auftraggeber gegen Betrug geschützt sein soll, wenn er die Anzahlung in *Geld* (KG NJW **01**, 86), nicht aber, wenn er sie in *Heroin* leistet (oben 66), ergibt sich daraus nicht. Die Arbeitsleistung eines *Schlossers* ist zweifellos ein Vermögenswert, um den er betrogen werden kann; gleichwohl stellt auch die hM dieselbe Leistung „rechtsfrei", wenn sie der Beihilfe zu einem Einbruchsdiebstahl dient. 69

6) Schaden. Vermögensschaden iS von § 263 ist ein **negativer Saldo** zwischen dem Wert des Vermögens vor und nach der irrtumsbedingten Vermögensverfügung des Getäuschten (BVerfG NStZ **98**, 506; BGH **16**, 221; **30**, 388; NStZ **97**, 32; wistra **85**, 23 [m. krit. Anm. *Naucke* StV **85**, 187]; **88**, 188; Bay NJW **94**, 208 [hierzu *Hilgendorf* JuS **94**, 466]). 70

A. Grundsätze der Schadensermittlung. Ein Schaden tritt ein, wenn die Verfügung zu einer nicht durch Zuwachs ausgeglichenen Minderung des wirtschaftlichen Gesamtwertes führt (**Prinzip der Gesamtsaldierung;** vgl. BGH **3**, 102; **16**, 221; 321; **34**, 201 [m. Anm. *Bottke* JR **87**, 428; *Otto* JK 22; *Müller-Christmann* JuS **88**, 108]; NStZ **94**, 341 [insoweit in BGH **40**, 84 nicht abgedruckt]; NStZ **04**, 205 f.; ausf. dazu sowie zu den i. E. umstr. Einschränkungen NK-*Kindhäuser* 306 ff.). Der hierfür maßgebliche Zeitpunkt ist grds der der Verfügung (BGH **30**, 388 f.; wistra **93**, 265; **95**, 222; NStZ **99**, 353, 354; **99**, 555; Düs- 71 seldorf NJW **94**, 3367; LK-*Tiedemann* 161), bei Risikogeschäften (**zB** Warenterminoptionen, vgl. unten 99) der Vertragsschluss (*Park-Zieschang* 60). In den Vergleich ist eine Vermögensmehrung beim Verfügenden einzubeziehen, wenn diese *unmittelbar* auf Grund der Verfügung eintritt (NStZ **99**, 353, 354 mwN; **Prinzip der Kompensation**). Spätere, nicht unmittelbare „Kompensationen" stehen der Entstehung eines Schadens nicht entgegen (vgl. unten 93). In (schlichten) **Austausch-Verhältnissen** kommt es auf den Zeitwert der Gegenstände zum Zeitpunkt der Leistung an, in den Fällen des Gefährdungsschadens (unten 94 ff.) auf den Wert zum Zeitpunkt des Überschreitens der „Unmittelbarkeits-"Schwelle an. Unsicherheiten der Bewertung wirken sich, sofern die Risikoverteilung nicht konkret vereinbart wurde, idR zu Gunsten des Täuschenden aus (vgl. NStZ-RR **04**, 17 [Unternehmenskauf]). Eine unmittelbare (einschränkend zum Gleichzeitigkeitserfordernis BGH **47**, 295, 302 [zu § 266]), d. h. ohne rechtlich selbständige Handlungen eintretende (NStZ **99**, 354) Vermögensmehrung (und nicht nur ein „wieder gut machender" Ausgleich) tritt etwa beim Bestehen einer **Ausfallgarantie** ein (vgl. *Rengier*, Gössel-FS 469, 477 f.). Auch die Entstehung eines gesetzlichen **Pfandrechts** (insb. Unternehmerpfandrecht; Vermieterpfandrecht), kann, wenn es *werthaltig* ist, der Entstehung eines Schadens entgegenstehen oder diesen einschränken (Hamm JMBlNW **74**, 100; **aA** Bay JR **74**, 336 [m. Anm. *Lenckner*]; vgl. dazu auch *Amelung* NJW **75**, 624). Der Schaden, der beim Vorbehaltsverkäufer durch täuschungsbedingten Verlust von werthaltigen **Sicherheiten** eintritt, ist um den Wert des dem täuschenden Zwischenhändler zustehenden Gewinnanteils gemindert (NStZ-RR **07**, 201 [Erlangen von Kfz-Briefen durch Händler vom Importeur unter Vortäuschen der Überweisung des *Händler*-Einkaufspreises]). Auf ein (Mit)-Verschulden des Geschädigten an der Entstehung des Schadens kommt es grds nicht an (Bay NJW **99**, 1648). Wer eine lediglich **schwer beweisbare,** aber bestehende **Verbindlichkeit** erfüllt, erleidet keinen Schaden (BGH **20**, 136; vgl. **31**, 180; NStZ **95**, 185; **04**, 205 f. [zu § 266]); ein Schaden tritt aber nach Rspr und hM bei täuschungsbedingter Erfüllung von **Naturalobligationen** ein, wenn der Schuldner ohne die Täuschung nicht geleistet hätte (wistra **99**, 420, 422; vgl. *S/S-Cramer/Perron* 91, 119; LK-*Tiedemann* 149 f., 196 mwN; vgl. aber unten 111). An einem Schaden fehlt es, wenn die öffentliche Hand eine Leistung erbringt, zu der sie verpflichtet ist (NJW **83**, 2648; Köln StV **91**, 210).

72 **B. Vermögensminderung.** Erforderlich ist eine Minderung des Vermögenswerts durch den Verlust oder die Wertminderung von Aktiva oder durch eine (nicht ausgeglichene) Belastung mit Passiva (BGH **30**, 388; **45**, 4). Sie muss regelmäßig **in Geld** quantifizierbar sein (RG **16**, 4; **44**, 249; BGH **16**, 321; NJW **64**, 874; LK-*Tiedemann* 158). Nicht ausreichend ist eine nicht quantifizierbare Einbuße an wirtschaftlicher Freiheit, insb. der **Dispositionsfreiheit** (BGH **47**, 295, 301 [zu § 266]). Im Abschluss eines Austauschvertrags aufgrund täuschungsbedingten Irrtums liegt daher nicht schon deshalb ein Vermögensschaden, weil die Verpflichtung ohne den Irrtum nicht entstanden wäre, wenn also der Getäuschte eine Vermögensverfügung trifft, die er ohne die Täuschung nicht getroffen hätte (vgl. NJW **06**, 1679, 1681 [1 StR 379/05 **aS**]). Auch der Verlust nicht vermögenswerter Güter (vgl. oben 61, 65 ff.) scheidet aus; ebenso das bloße Ausbleiben einer Vermögens-Mehrung (vgl. BGH **16**, 220, 223; NJW **85**, 2428; NStZ **91**, 2573; 1 StR 133/92 [in BGH **38**, 281 nicht abgedr.]; NJW **04**, 2603, 2605; Bay NStZ **04**, 503 [Prozessvergleich]).

73 Außerhalb von Austauschverhältnissen kann ein Schaden durch Verlust einzelner Vermögensbestandteile eintreten; **zB** bei Verlust des **Besitzes** oder des **Eigentums** an Sachen (BGH **18**, 221, 224); Einziehung von **Forderungen** mit befreiender Wirkung (NJW **68**, 1147); Entziehung von Anwartschaften oder Erwerbsaussichten; Vereitelung vermögenswerter subjektiver Rechte (zB Kündigung); Verzicht auf werthaltige Forderungen oder auf ihre Durchsetzung (NStZ **07**, 95 [zu § 253]; vgl. unten 77).

a) Die täuschungsbedingte Vermögensverfügung führt nicht schon für sich zu einem Vermögensschaden (BGH **3**, 99; **16**, 222; 321; **22**, 88; NJW **06**, 1679, 1681 [1 StR 379/05]; wistra **86**, 169). Es kommt vielmehr auf eine **Minderung des Gesamtvermögenswerts** an; hierbei ist auf die **objektive Sachlage** zum Zeitpunkt der Verfügung oder Leistungserbringung abzustellen. Besteht die täuschungsbedingte Vermögensverfügung im Abschluss eines Vertrags zum Bezug von Waren oder Dienstleistungen, so kommt es für die Schadensfeststellung auf dessen wirtschaftliche Bewertung an. Bei **Austauschverträgen** ist daher der Wert der dem Opfer *unmittelbar* (2 StR 791/84) zufließenden **Gegenleistung** zu bestimmen (einschr. zum Unmittelbarkeits-Erfordernis BGH **47**, 295, 302 [zu § 266]); bleibt er hinter dem Geschuldeten zurück, so liegt in der Differenz grds ein Schaden (BGH **32**, 211 [m. Anm. *Puppe* JZ **84**, 531]; Stuttgart JR **82**, 470 [m. Anm. *Bloy*]). Beim **Spezieskauf** kann ein Schaden in der qualitativen Minderwertigkeit des erlangten Gegenstands bestehen (vgl. dazu i. E. *Schneider* JZ **96**, 917 mwN). Beim **Gattungskauf** liegt ein Schaden insb. bei Lieferung eines minderwertigen *aliud* vor; **zB** bei Lieferung von Kirschwasserverschnitt als „Schwarzwälder Kirschwasser" (GA **66**, 311); von verfälschter Butter als „Deutsche Landbutter" (MDR **69**, 497); von unzulässig verschnittenem Wein (NJW **95**, 2933 [abl. *Samson* StV **96**, 93]); von geringwertiger Auslandsbutter als Inlandsbutter (BGH **12**, 347; vgl. auch BGH **8**, 49); von minderwertigem milchfremdem Fett mit künstlichen Zusätzen als hochwertiges Vollmilchpulver für Kleinkinder (BGH **36**, 373 [zu § 264]). Der Schaden (als „Erfüllungsschaden"; vgl. unten 104) liegt hier darin, dass das Opfer infolge der Täuschung davon abgehalten wird, seinen fortbestehenden Lieferungsanspruch oder ein Zurückbehaltungsrecht geltend zu machen (LK-*Tiedemann* 198; *Küper* BT 375; jew. mwN). Beim sog. **Rabattbetrug** (Erlangung von Preisnachlässen durch Täuschung über Verwendungszweck einer Ware) besteht der Schaden nicht in der Differenz zwischen gemindertem und regulärem Preis, denn die Rabattgewährung führt regelmäßig nur zu einer Minderung des Vermögens*zuwachses*, die grds. keinen Schaden iS von § 263 begründet. Ein solcher kommt nur in Betracht, wenn die Gewinnchance sich vor Rabattgewährung bereits zu einem Vermögenswert konkretisiert hatte; dann liegt ein Schaden in der Differenz zwischen gezahltem (geminderten) Preis und tatsächlichem Marktwert (NStZ **91**, 488; NJW **04**, 2603, 2604; KG StraFo **04**, 285; LK-*Tiedemann* 163; NK-*Kindhäuser* 308; *Hefendehl* [1 a] 251). Es kommt daher darauf an, welcher Preis auf der jeweiligen Handelsstufe regelmäßig zu erzielen wäre; die Erwartung eines höheren höheren zu erzielenden Preises ist idR nur bei „starrer Marktlage" konkret genug, um einen Vermögensschaden zu begründen (vgl. oben 57). Bei Abhängigkeit der Rabattgewährung vom *einzelnen* Kauf (insb. auch bei Massenprodukten) liegt ein Schaden nicht vor (zutr. Stuttgart StV **07**, 132, 133). **74**

Auch bei **sonstigen Leistungen** (insb. Dienst- oder Werkleistungen) kann sich ein **Schaden durch Schlechtleistung** ergeben, wenn das Opfer weniger erlangt, als ihm vertraglich zusteht und über das Bestehen eines weitergehenden oder fortbestehenden Anspruchs getäuscht wird. Das gilt **zB** bei nicht fachgerechten Reparaturen (vgl. Hamm JMBlNW **63**, 93); ebenso beim **Submissionsbetrug** (unten 100), soweit nicht ein Eingehungsbetrug vorliegt (NJW **92**, 923 [insoweit in BGH **38**, 186 nicht abgedr.]; dazu *Achenbach* NStZ **93**, 429; *A/R-Achenbach* III 4/5 ff.; *Hefendehl ZfBR* **93**, 167; *Dölling* DJT C 94; LK-*Tiedemann* 165); aber auch in Fällen des sog. **Wissenschaftsbetrugs** (vgl. dazu *Jerouschek* GA **99**, 416, 418 f.; *Ottemann* [oben 1 a], mwN) bei Ablieferung von plagiierten oder fälschungsbehafteten wissenschaftlichen Beiträgen oder von den Mindeststandards nicht genügenden Untersuchungen oder Gutachten (zum Schaden durch „Medizinschädengutachten" durch Juristen ohne medizinische Sachkenntnis vgl. wistra **87**, 221). Beim **Kreditbetrug** entsteht mit Auszahlung der Valuta ein Schaden jedenfalls dann, wenn die vorgespiegelte Rückzahlungsmöglichkeit nicht besteht; ebenso dann, wenn gegebene **Sicherheiten** wertlos sind (vgl. NStZ-RR **05**, 373, 374; 2 StR 456/03; unten 77). Das Verschweigen **verdeckter Innenprovisionen** etwa bei **75**

Vermittlung von Immobilien begründet einen Vermögensschaden, wenn der Erwerber über das Verhältnis von Sachwert und Dienstleistungsentgelt getäuscht wird (*Bachmann* wistra **97**, 253; weitergehend *Gallandi* wistra **92**, 289; **94**, 243; **96**, 323); ebenso bei täuschungsbedingter Zahlung von Maklerprovision für Vermittlung nichtiger Versicherungsverträge (NStZ **99**, 353). Bei der unentgeltlichen **Inanspruchnahme von Leistungen,** für die üblicherweise ein Entgelt zu bezahlen ist, besteht der Schaden in der vorenthaltenen Gegenleistung (wistra **02**, 138, 139; stRspr.; LK-*Tiedemann* 189); **zB** bei betrügerischer Erschleichung der **Beförderung** in Verkehrsmitteln oder des Zugangs zu **Veranstaltungen** (für nicht täuschungsbedingtes Erschleichen vgl. § 265 a); bei täuschender Inanspruchnahme von Einrichtungen des Arbeitgebers oder Dienstherrn für private Zwecke oder **Nebentätigkeiten** (NStZ **94**, 189; auf die Höhe der dem Opfer entstandenen Kosten kommt es in diesem Fall nicht an).

75 a Bei **Sportwettenbetrug** durch den Spielteilnehmer hat der BGH im (konkludent) täuschenden Abschluss eines Wettvertrags in Kenntnis des Umstands, dass der Spielausgang vom Schiedsrichter manipuliert werden soll, *keinen* Gefährdungsschaden, sondern einen „Quotenschaden" angenommen (BGH **51**, 165, 174 ff. [= NStZ **07**, 151, 154; *Fall Hoyzer*]), weil der dem täuschenden Spieler ausgehändigte Wettschein (Inhaberschuldverschreibung, § 793 BGB) aufgrund der Manipulation mehr wert gewesen sein als der Wetteinsatz; er soll sich nach Abschluss des Spiels als *Durchgangsstadium* für den durch Gewinnauszahlung eintretenden endgültigen Schaden darstellen. Das ist zw., denn die den Preis des Wettscheins bestimmende Quote wird nicht nach der Wahrscheinlichkeit des Spielausgangs berechnet (insoweit zutr. krit. *Saliger/Rönnau/Kirch-Heim* NStZ **07**, 361, 365 ff.; **aA** auch *Valerius* SpuRt **05**, 90, 93; *Fasten/Oppermann* JA **06**, 69, 72; *Kutzner* JZ **06**, 712, 717; *Gaede* HRRS **07**, 18, 19 f.; dagegen *Krack* ZIS **07**, 103, 110 f.). Es spricht daher viel dafür, einen (vollendeten) Vermögensschaden erst bei Auszahlung eines auf der Täuschung über die Manipulation beruhenden Gewinns anzunehmen.

76 Bei der Entziehung des **Besitzes** ist zu unterscheiden, ob durch die Täuschung nur die Besitzposition entzogen wird (**zB** Miete, Leihe; bei späterer Zueignung liegt tateinheitlich § 246 vor, BGH **16**, 280), oder ob das Eigentum betroffen ist (zB betrügerischer Abzahlungskauf, BGH **18**, 221, 224: nur § 263, wenn von vornherein Zueignungsabsicht vorliegt). Die (unentgeltliche) Überlassung des Besitzes ist ein Schaden, wenn er üblicherweise nur gegen Entgelt überlassen wird (NJW **82**, 2265 f.); bei nur vorübergehendem Gebrauch fehlt es jedoch an einem Schaden, wenn eine Wertminderung der Sache nicht eintritt und wirtschaftliche Gebrauchsvorteile nicht entzogen werden (Celle StV **96**, 154 [täuschungsbedingte Überlassung von Teppichen „zur Auswahl"]). Daher begründet zB die täuschungsbedingte vorübergehende Überlassung einer Zahlungskarte für sich allein noch keinen (vollendeten) Betrug (Jena wistra **07**, 236, 237); anders kann das bei täuschungsbedingter Überlassung auch der PIN sein (vgl. oben 46, 55; unten 101 a). Bei im Innenverhältnis missbräuchlicher Benutzung ist § 266 gegeben; bei unbefugter Verwendung vom Berechtigten durch Täuschung erlangter (zB durch „Phishing"; 11 a zu § 263 a; unten 101 a), *nicht* überlassener Daten § 263 a (vgl. 13 zu § 263 a).

77 Ein Schaden liegt auch vor bei Entzug eines wirtschaftlich **nicht wertlosen Anspruchs** oder vermögenswerten Rechts (vgl. etwa NJW **77**, 155 [Vorkaufsrecht; abl. Anm. *Lackner/Werle* JR **78**, 299]; Bay NJW **87**, 1656 [Mietrecht; Anm. *Hillenkamp* JR **88**, 301; *Otto* JZ **87**, 628; *Seier* NJW **88**, 1617]); dabei bestimmt sich der Wert des täuschungsbedingt aufgegebenen Rechts (anders uU für den Wert einer Gegenleistung) nach objektiven wirtschaftlichen Maßstäben (**aA** AG Kenzingen NJW **92**, 440; *Lackner/Werle* JR **78**, 299; *Werle* NJW **85**, 2913; *Rengier* JuS **89**, 802 f.; *Lackner/Kühl* 51; wie hier LK-*Tiedemann* 177) zum Zeitpunkt der Verfügung. Wird täuschungsbedingt eine **Verbindlichkeit** begründet, so kommt es darauf an, ob ihr eine gleichwertige Forderung gegenübersteht (BGH **31**, 115, 117) und ob ein möglicher Minderwert des Rückzahlungsanspruchs durch **ausreichende Sicherheiten** ausgeglichen wird (BGH **15**, 24, 27; wistra **92**, 142; **93**,

265; **94**, 110, 111; **95**, 28; **95**, 222, 223; NStZ-RR **01**, 328, 329; **05**, 374, 375; StV **95**, 254, 256; **97**, 416, 417; **00**, 478, 479).

Die **Erfüllung** einer bestehenden Verbindlichkeit ist nach BGH **20**, 136 kein Schaden; der **Selbsthilfebetrug** des Gläubigers unterfällt § 263 daher nicht, wenn nicht durch die Täuschung zusätzliche abstrakte Verbindlichkeiten begründet werden (Bay **55**, 3). Anders ist es, wenn durch die Täuschung die Erfüllung einer Naturalobligation erschlichen wird (LK-*Tiedemann* 149 f., 196). Der (etwa durch Vorspiegelung von „Hilfsbereitschaft") erschlichene „Rückkauf" einer abhanden gekommenen Sache (zur Erpressung vgl. BGH **26**, 346) begründet einen Vermögensschaden, auch wenn der Preis den Sachwert nicht übersteigt (*S/S-Cramer/Perron* 117; LK-*Tiedemann* 195; **aA** Hamburg MDR **74**, 330). **77 a**

Eine durch Täuschung erlangte Stundung bei Rücknahme eines Zwangsvollstreckungsantrags oder Abschluss eines Stundungsvergleichs begründet beim **Stundungsbetrug** nur dann einen Schaden, wenn eine Verschlechterung der konkret gegebenen Vollstreckungsaussicht gerade durch den Zeitablauf eintritt und damit die Forderung an Wert verliert (BGH **1**, 262, 264; NStZ **05**, 160 f. [*Fall Krause*]; vgl. auch wistra **93**, 17; LK-*Tiedemann* 211, 229); das ist nicht der Fall, wenn schon zum Zeitpunkt der Stundung kein pfändbares Vermögen mehr vorliegt (NStZ **03**, 546, 548; Stuttgart NJW **63**, 825 f.; Düsseldorf NJW **94**, 3366 f.). Der **Verzicht** auf das Geltendmachen einer Forderung begründet einen Schaden, wenn die Forderung nach den konkreten Umständen werthaltig ist (NStZ **07**, 95 f.). Bei täuschungsbedingtem Abschluss eines **Prozessvergleichs** liegt ein Schaden nur vor, wenn sich die Realisierungsmöglichkeiten des Anspruchs hierdurch tatsächlich verschlechtert haben (Bay NStZ **04**, 503; vgl. dazu ausf., *Meyer* wistra **06**, 281, 283 f.). Beim **Sozialversicherungsbetrug** durch unzutreffende oder unvollständige Angaben des Arbeitgebers gegenüber der Einzugsstelle ist ein Schaden nur gegeben, wenn der Anspruch des Sozialversicherungsträgers auf den tatsächlich geschuldeten höheren Gesamtbeitrag werthaltig gewesen wäre (NJW **03**, 1821, 1824). **77 b**

Beim betrügerischen **Vertrieb von Beteiligungen** sind die gesamten Kosten einerseits, Einnahmen, Steuerersparnis und ggf. Wertsteigerungen andererseits zum Zeitpunkt der Vermögensverfügung gegenüberzustellen. Wenn beim täuschungsbedingten Kauf von Immobilien (in einem „Steuerspar"-Modell) Mieteinnahmen und Steuerersparnis die Kosten nicht decken, liegt ein Vermögensschaden vor, wenn die übersteigenden Aufwendungen nicht durch eine Wertsteigerung der Immobilie aufgewogen werden (NJW **98**, 302, 305; NStZ **99**, 555 f.). **78**

Im Einzelfall kann aber die *gesamte* Leistung des Tatopfers als Schaden anzusehen sein, wenn es die Gegenleistung nicht zu dem vertraglich vorausgesetzten Zweck oder in anderer zumutbarer Weise verwenden kann. In Fällen der betrügerischen Vermittlung von **Warenterminoptionen** hat der BGH dies angenommen, wenn der Anleger über Eigenart und Risiko des Geschäftes derart getäuscht worden ist, dass er etwas völlig anderes erwirbt, als er erwerben wollte und die Gegenleistung für ihn in vollem Umfang unbrauchbar ist (BGH **30**, 177, 181; **32**, 22; NJW **92**, 1709; **03**, 3644, 3645; NStZ **83**, 313; **00**, 479). Ein in dem Erlangten verkörperter Gegenwert ist nur dann schadensmindernd zu berücksichtigen, wenn das Tatopfer imstande ist, ihn ohne finanziellen und zeitlichen Aufwand, namentlich ohne Mitwirkung des Angeklagten zu realisieren (vgl. BGH **47**, 148, 154; NJW **06**, 1679, 1681 [1 StR 379/05]; NStZ-RR **00**, 331). **78 a**

BGH **51**, 10 (= NJW **06**, 1679) hat diese Grundsätze auf Fälle des **Anlagebetrugs** übertragen. Hier liegt grds. ein Schaden vor, wenn und soweit die Zins- und Gewinnerwartungen des über das Risiko Getäuschten hinter den Aufwendungen (Einlagen; Einzahlungen) zurückbleiben; wenn diese Erwartungen bei objektiver ex-ante-Beurteilung wertlos sind, so sind gleichwohl erfolgende Zahlungen strafmildernd zu berücksichtigen, wenn sie nicht ihrerseits (im Wege eines „Schneeball"-Systems) betrügerisch erlangt sind (vgl. NStZ **96**, 191). Ein Vermögensschaden in Höhe der *gesamten* vertraglichen Bindung und Leistung liegt aber vor, wenn **78 b** der Anleger täuschungsbedingt gegenüber dem vertraglich vorausgesetzten Gegenstand ein *aliud* erwirbt und diese Gegenleistung für den von ihm angestrebten *Zweck* völlig unbrauchbar ist (vgl. BGH **51**, 10 [wertlose hochrisikoreiche Fondsanlage statt „Alterssicherung"]).

79 **C. Bewusste Selbstschädigung. Zweckverfehlung.** Auch in Fällen der einseitigen Vermögenszuwendung beim **Bettel-, Spenden-** und **Schenkungsbetrug** ist die freiwillige Vermögensminderung nicht ohne weiteres einem Schaden iS von § 263 gleichzusetzen (NJW **92**, 2167; NStZ **95**, 134 [zust. *Rudolphi* NStZ **95**, 289; *Deutscher/Körner* JuS **96**, 296]; Bay NStZ **94**, 193; Düsseldorf NJW **90**, 2397 [abl. *Küpper/Bode* JuS **92**, 642]; vgl. aber auch BGH **19**, 37; **31**, 93 [Anm. *Tiedemann* JR **83**, 212]). Beim **Spendenbetrug** hat Bay NJW **52**, 798 [Motivierung des Spendenden durch Vorspiegelung hoher Spenden von Nachbarn] einen Schaden wegen Verfehlung des (subjektiven) **Zwecks der Verfügung** (soziale *Konkurrenz; Ansehen*) bejaht. Jedenfalls in dieser Weite wird die sog. **Zweckverfehlungslehre** heute überwiegend abgelehnt (vgl. *Hilgendorf* JuS **94**, 466; *Mitsch* JA **95**, 32, 42 und BT II/1, 7/35 ff.; *Schmoller* JZ **91**, 117; *Pawlik* [1 a] 269 ff.; hierzu ausf. *Graul,* Brandner-FS 801; *Jordan* JR **00**, 1563; *Kindhäuser* ZStW **103** (1991), 273 ff. und NK 262 ff.; *Merz,* „Bewusste Selbstschädigung" und die Betrugsstrafbarkeit nach § 263, 1999; *Hartmann,* Das Problem der Zweckverfehlung beim Betrug, 1988; *Berger,* Der Schutz öffentlichen Vermögens durch § 263 StGB, 2000, 123 ff.; 189 ff.; *Arzt/Weber* 20/111 ff. sowie *Arzt,* H.J. Hirsch-FS 431 ff.; *M/Schroeder/Maiwald* 41/118 ff.; *W/Hillenkamp* 559 ff.; *Lackner/Kühl* 55 f.; LK-*Tiedemann* 181 ff.; jew. mwN); aus dem bloßen „Verfehlen" eines motivatorischen Zwecks, dem für sich keine vermögensrelevante Bedeutung zukommt („bloßes Affektionsinteresse"), kann bei **normativer Betrachtung** kein Vermögensschaden abgeleitet werden (zum Gesichtspunkt **objektiver Zurechnung** vgl. *Rengier,* Roxin-FS 811, 820 ff. mwN). Auch bei einem **Austauschgeschäft** begründet nicht schon ein auf Täuschung beruhender Irrtum über den **sozialen Zweck** eine Vermögensminderung; nach wistra **03**, 457, 459 ist vielmehr maßgeblich, ob der Abschluss des Geschäfts *entscheidend* durch den sozialen Zweck bestimmt war. Beim Unternehmenskauf liegt das ohne konkrete vertragliche Anhaltspunkte nicht nahe (vgl. ebd. 459 f. [„Erhalt von Arbeitsplätzen"]). Nach der Rspr des BGH liegt beim **Schenkungsbetrug,** bei dem die bewusste Vermögenseinbuße durch Erreichen eines – nicht vermögensrelevanten – Zwecks „ausgeglichen" werden soll, ein Schaden iS von § 263 vor „bei Verfehlen eines Zwecks, der dem Verfügenden in der konkreten Situation notwendig und sinnvoll erscheint" (NJW **92**, 2167 [in BGH **38**, 281 nicht abgedr.; schenkweise Zuwendung von Geld, um angebliche Geldbuße der Täterin zu bezahlen und sie „vor Verfolgung" zu schützen]); beim **Spendenbetrug** hat NStZ **95**, 134 einen Schaden **verneint** bei Zuwendung von Mitgliedsbeiträgen an einen angeblich gemeinnützigen Verein in täuschungsbedingter Annahme, die Werbung erfolge durch ehrenamtlich Tätige. Ein täuschungsbedingter Irrtum über die Höhe von Verwaltungs- und Werbeaufwendungen einer (angeblich) gemeinnützigen Organisation kann einen Vermögensschaden durch Leistung von Spenden oder Mitgliedsbeiträgen begründen; der BGH hat im Hinblick auf die verbreitete öffentliche Kritik an der Werbepraxis von Hilfsorganisationen an die Feststellung eines *Irrtums* (und damit an die *Zweck*-Verfehlung) aber hohe Anforderungen gestellt und auch eine Aufklärungspflicht über den Anteil von Verwaltungs-, Werbe- und Provisionskosten (von 100% im ersten Jahr nach Gründung!) verneint (NStZ **95**, 134; zw.; insoweit krit. Anm. *Rudolphi* NStZ **95**, 289 f.). Entsprechende Probleme der Zweckverfehlung können auch bei Austauschverträgen auftreten, insb. in der Fallgruppe des „Kaufs von Illusionen" (vgl. *Arzt, H.J. Hirsch-FS* 831 ff.; vgl. oben 8, 33).

80 **D. Subventionsbetrug.** Von praktischer Bedeutung sind Fälle (ganz oder teilweise) einseitiger privater (**Sponsoring;** zum Sport-Sponsoring vgl. auch *Cherkeh,* Betrug (§ 263 StGB) verübt durch Doping im Sport, 2000; vgl. auch oben 20 aE;

Kargl NStZ **07**, 489, 493) oder öffentlicher Zuwendungen mit bestimmten wirtschaftlichen, sozialen oder politischen Zwecken (**Subventionen;** vgl. § 264 VII; **zB** Zulagen; direkte Subventionen; Bürgschaften; Kreditvergünstigungen; aber auch Sozialleistungen). Im Bereich des **Sozialleistungsbetrugs** liegt ein Schaden des Leistungsträgers auch bei täuschungsbedingtem Irrtum über die Leistungspflicht nicht vor, wenn die materiellen Leistungsvoraussetzungen weiterhin gegeben sind und bei Zuständigkeit eines anderen Trägers diesem gegenüber ein – gesetzlicher – Ausgleichsanspruch besteht (Bay StV **01**, 627 [Täuschung über Wohnortwechsel durch Sozialhilfe-Empfänger]). Bei täuschungsbedingter Erlangung von **Subventionen** kann idR das Vorliegen eines Vermögensschadens nur im Hinblick auf die **Zweckbestimmung** der Subventionsleistung beurteilt werden: Die Vorlage inhaltlich falscher *Nachweise* zur Erlangung der Subvention reicht nicht aus, wenn bzw. soweit mit der irrtumsbedingten Leistung der Subventions*zweck* tatsächlich *erreicht* wird; die Feststellung eines Schadens setzt voraus, dass die Inanspruchnahme der Subvention auch zweckwidrig gewesen war (NStZ **06**, 624 f. [Anm. *Allgaier* wistra **06**, 261]; *S/S-Cramer/Perron* 104).

Einzelfälle zum Subventionsbetrug: Vermögensschaden wurde zB in folgenden Entscheidungen **bejaht** (Überblick über die Rspr. bei *Berger,* Der Schutz öffentlichen Vermögens durch § 263 StGB, 2000, 148 ff.): BGH **2**, 325 (Deputatkohle; Täuschung über Weiterveräußerungsabsicht; vgl. schon RG **58**, 171); BGH **19**, 37 (VW-Vorzugsaktien; Täuschung über Bezugsberechtigung; ebenso Bay NJW **63**, 688 gegen Hamburg NJW **62**, 1407; vgl. auch BGH **18**, 317); MDR **81**, 267 (Fehlleitung von Haushaltsmitteln für Personalausgaben durch Hochschullehrer [zu § 266]); BGH **31**, 93 (Erschleichen von Investitionszulagen bei „zweckgemäßer" Verwendung); NStZ **84**, 549 (Vorspiegelung von Ausgaben und Umleitung öffentlicher Mittel in schwarze Kasse zur Finanzierung anderer Aufgaben durch Leiter eines Kulturamts); NStZ **86**, 455 (Verwendung vorgetäuschter Portokosten durch Schulleiter für schulische Zwecke); Hamm GA **62**, 219 (zweckwidrige Verwendung von Darlehen im sozialen Wohnungsbau); KG JR **62**, 26 (zweckwidrige Verwendung von Darlehensmitteln aus ERP-Sondervermögen). Ein Schaden wurde **verneint** bei täuschungsbedingter Überzahlung von denkmalschutzrechtlichen Förderungsmitteln, soweit der Förderungszweck erreicht wurde (NStZ **06**, 624). Bei betrügerischer Erlangung von **Sozialleistungen** sind hinreichend genaue **Feststellungen** dazu erforderlich, in welcher (ggf. anteiligen) Höhe täuschungsbedingte Leistungen unberechtigt erfolgt sind. Eine allgemeine Verweisung auf behördliche Aufstellungen zu „überzahlten" Beträgen reicht nicht aus (Düsseldorf StV **01**, 354). **81**

Zum Gefährdungsschaden bei sog. **Haushaltsuntreue** (§ 266) vgl. BGH **40**, 287; **43**, 293; NStZ **01**, 248; NJW **03**, 2179 f. (vgl. dazu 46 ff. zu § 266); zum Schaden beim **Parteispenden**-Betrug vgl. BGH **49**, 275 = NJW **04**, 3569, 3576 ff.; *Saliger/Sinner* NJW **05**, 1073, 1076 f. Wird durch Täuschung der zuständigen staatlichen Stelle eine (Subventions-)Leistung erreicht, auf die nach den entsprechenden haushaltsrechtlichen Vorschriften materiell kein Anspruch besteht (vgl. NJW **03**, 2179, 2180 f. [Erlangung von Wirtschafts-Subvention aufgrund täuschender Rückdatierung von Anträgen und *mündlicher* Genehmigung des zumindest mittelbar selbst begünstigten *Ministers*; dazu Anm. *Wagner* NStZ **03**, 543; Bespr. *Rübenstahl/Wasserburg* NStZ **04**, 521]), so ist regelmäßig zumindest ein Gefährdungsschaden gegeben; auf eine *allgemeine* „Zweckentsprechung" kommt es dann nicht an. Zur Erschleichung von Subventionen zum **Nachteil der EG** vgl. **EGV Art. 280** idF des Amsterdamer Vertrags; dazu umf. *Dannecker,* in: *Wabnitz/Janovsky,* Handb. des Wirtschafts- u. Steuerstrafrechts, 8/42 ff., 107 ff., 130; *Möhrenschlager* ebd 6/6; zum Subventionsbetrug im Zusammenhang der Marktordnungsregelungen *Wamers/Brandl* ebd. 9/135 ff.; zu Ausfuhrerstattungen BGH **44**, 233. **82**

Die **Rspr.** kann insg. nicht als einheitlich bezeichnet werden (vgl. auch *Berger,* Der Schutz öffentlichen Vermögens durch § 263 StGB, 2000, 181 ff.; NK-*Kindhäuser* 287). Während der Gedanke der bewussten Selbstschädigung idR zur **83**

Beurteilung eines Vermögensschadens nicht herangezogen wird (BGH **19**, 45; NJW **92**, 2167; Bay NJW **94**, 208 [dazu *Hilgendorf* JuS **94**, 466]), wird auf die Zweckverfehlung in durchaus unterschiedlicher Weise abgestellt (vgl. etwa BGH **19**, 44; **31**, 93; **43**, 293; NJW **95**, 539), wobei nicht stets zwischen Zuwendungen ohne wirtschaftlichen Ausgleich (einseitige Zuwendungen; gemischte Verträge) und „reinen" Zweckverfehlungen innerhalb wirtschaftlich ausgeglichener Geschäfte unterschieden wird; teilweise wird auch die „Stoffgleichheit" des erstrebten Vorteils als Kriterium herangezogen (NJW **92**, 2167; StV **95**, 255; NStZ **98**, 85).

84 In der **Literatur** reichen die Stellungnahmen von der gänzlichen Ablehnung der Zweckverfehlungslehre (*Arzt/Weber* 20/111 ff.; ähnlich *Mitsch* BT II/1, 7/39) jedenfalls bei unentgeltlichen Verfügungen (*Lackner/Kühl* 55; *Graul,* Brandner-FS 801, 807) bis zur weitgehenden Gleichstellung der Zweckerreichung mit geldwerten Äquivalenten auch im Bereich von Austauschverhältnissen (vgl. etwa *Hack,* Probleme des Tatbestands Subventionsbetrug, 1982, 51 ff.). Die **wohl hM** schränkt den Anwendungsbereich einer Schadensbegründung durch soziale Zweckverfehlung **normativ** ein, so dass jedenfalls rechts- und sittenwidrige Zwecke ausscheiden (*M/Schroeder/Maiwald* 41/122). Da öffentliche (etwa sozial- oder wirtschaftspolitische) Zwecksetzungen häufig gerade nicht nach wirtschaftlichen Gesichtspunkten erfolgen (*Tiedemann* ZStW **86** [1974], 910 ff.), bleibt zweifelhaft, nach welchen Kriterien die Verfehlung solcher Zwecke – soweit sie über das **Nichtvorliegen von Vergabevoraussetzungen** hinausgeht (hierzu LK-*Tiedemann* 185 mwN, der bei normativ geregelten Zuwendungen für die Zweckerreichungslehre keinen Anwendungsraum sieht) – in einen *wirtschaftlichen* Schaden umgedeutet werden kann.

85 **E. Persönlicher Schadenseinschlag.** Grds kommt es für die zur Schadensfeststellung vorzunehmende Gesamtsaldierung allein auf die objektive Sachlage an; ein Schaden fehlt, wenn die täuschungsbedingte Vermögensminderung durch den wirtschaftlichen Wert des unmittelbar Erlangten **ausgeglichen** wird (BGH **3**, 102; **16**, 220); **zB** wenn die Leistung an einen Unberechtigten befreiend wirkt; insb. aber auch, wenn die auf Grund eines erschlichenen Vertrags erlangte Gegenleistung dem Wert des Geleisteten entspricht. Das bloße **Affektionsinteresse** ist durch § 263 ebenso wenig geschützt wie die wirtschaftliche **Dispositionsfreiheit** oder die Wahrheit im Geschäftsverkehr als solche (NStZ-RR **01**, 41 f.); ein Schaden liegt daher nicht schon deshalb vor, weil die Verfügung ohne die Täuschung nicht vorgenommen wäre (BGH **3**, 99; **16**, 222; 321; **22**, 88; wistra **86**, 169; **98**, 103 [zu § 266]; vgl. auch LG Frankfurt NStZ-RR **03**, 140 f.; anders auf dem Boden des personalen Vermögensbegriffs *Ranft* Jura **92**, 74 f.; *Geerds* Jura **94**, 319 f.).

86 **a) Fallgruppen.** Dieser Grundsatz wird von der Rspr und hM im Anschluss an BGH **16**, 321 jedoch unter bestimmten Umständen nach Maßgabe einer wertenden Betrachtung eingeschränkt (krit. zum Ansatz NK-*Kindhäuser* 367). Danach ist unter **normativer Betrachtung** auch der subjektive Wert der (objektiv gleichwertigen) Gegenleistung für den Verletzten zu berücksichtigen; es kommt somit auf den Wert der Vermögensverschiebung für seine **individuellen wirtschaftlichen Verhältnisse** an (vgl. etwa BGH **16**, 321; **23**, 300; NJW **53**, 836; GA **63**, 208; **66**, 51; Düsseldorf OLGSt. 29; StV **95**, 592 [Gebrauchtwagenkauf]; Köln NJW **68**, 1893); dabei ist auf die Auffassung eines sachlichen Beurteilers abzustellen (BGH **23**, 300 f.). Ein Vermögensschaden liegt danach in folgenden **Fallgruppen** vor: **(1)** Dem Opfer werden Mittel entzogen, die für die ordnungsgemäße Erfüllung seiner sonstigen Verbindlichkeiten sowie für eine angemessene Wirtschafts- und Lebensführung unerlässlich sind; **(2)** Das Opfer wird zu weiteren vermögensschädigenden Maßnahmen genötigt; **(3)** Das Opfer kann die (rein wirtschaftlich gleichwertige) Gegenleistung nicht oder nicht in vollem Umfang zu dem vertraglich vorausgesetzten Zweck oder in anderer zumutbarer Weise verwenden (BGH **16**, 331 [dazu *Fahl* JA **95**, 198]; **23**, 300, 301; **47**, 1, 8; GA **66**, 52; wistra **99**, 299 f.; Bay NJW **73**, 633 [Bespr. *Berz* NJW **73**, 1337; *Weidemann* MDR **73**,

992]; Schleswig SchlHA **76**, 169; **79**, 203; zust. *Lackner/Kühl* 50; *W/Hillenkamp* 547; *M/Schroeder/Maiwald* 41/115f.; *Arzt/Weber* 20/92f.; *Küper* BT 372; *Rengier* BT 1, 13/27; jew. mwN).

b) Einzelfälle. Ein Schaden ist **zB** in folgenden Fällen bejaht worden: Lieferung einer für den Viehbestand des Käufers zu kleinen Melkmaschine zum Listenpreis unter Vorspiegelung eines hohen Preisnachlasses (BGH **16**, 321); Abonnement einer speziellen Fachzeitschrift auf Grund der Vorspiegelung, es handele sich um eine allgemein bildende Publikumszeitschrift (BGH **23**, 300 [Anm. *Schröder* JR **71**, 74; vgl. auch Düsseldorf NJW **90**, 2397 m. abl. Bespr. *Endriß* wistra **90**, 338]); Abschluss eines wirtschaftlich sinnlosen Versicherungsvertrags zur Absicherung gar nicht existierender Risiken (MDR/D **52**, 408); Kauf nicht verwendbarer Möbel auf Grund eines vorgespiegelten Heiratsversprechens (GA **66**, 51); Kauf eines für den Besteller nicht verwendbaren Warenautomaten (NJW **68**, 261); Verkauf einer Blitzschutzanlage unter Vorspiegelung einer gesetzlichen Pflicht (5StR 301/61); Bestellung eines Fernkurses, der die Bildungsvoraussetzungen des Getäuschten übersteigt (GA **63**, 208); Verkauf von gleichwertiger Ware unter falscher Herkunftsbezeichnung, wenn die Herkunft auf Grund der Marktbewertung von besonderer Bedeutung ist (BGH **8**, 49 [Hopfen]; **12**, 347 [Inlandsbutter]; NJW **80**, 1760 [Badesalz]; vgl. krit. dazu *Arzt,* H.J. Hirsch-FS 831ff.); Bestellung von Schulbüchern, die an der betr. Schule gar nicht zugelassen sind (Köln JR **57**, 351); Kauf eines Warenautomaten, der nicht kostendeckend eingesetzt werden kann (KG JR **66**, 391 [Anm. *Schröder*]); Kauf eines vielbändigen Lexikons ohne Nutzwert für den ungebildeten Käufer (Köln NJW **76**, 1222 [abl. Bespr. *Jakobs* JuS **77**, 228]); Auftrag zur Einstellung privater Todesanzeigen in eine Internet-Seite (BGH **47**, 1, 8). 87

Verneint worden ist ein Schaden **zB** in folgenden Fällen: Verkauf einer gleichwertigen Zellwollhose als Wollhose (BGH **16**, 220); Lieferung einer (für den Käufer sinnvoll einsetzbaren) Waschmaschine auf Grund erschlichenen Vertragsabschlusses (BGH **22**, 88); ordnungsgemäße Leistungserbringung durch Drittfirma anstelle des Vertragspartners (NJW **94**, 1745 [Abfallentsorgung]); Kauf eines gesetzlich vorgeschriebenen, aber vom Käufer für überflüssig gehaltenen Feuerlöschers (Bay **55**, 8); Ausführung von Wartungsarbeiten unter Vortäuschung einer gesetzlichen Pflicht (Stuttgart NJW **71**, 633); Kauf von „Kinder-Nährzucker" auf Grund der Vorspiegelung, dieser sei „unbedingt notwendig" (Köln NJW **68**, 1892); Werbung für Zeitschriften oder Buchclubs unter Vorspiegelung, die Bestellung oder die Provision diene karitativen oder sozialen Zwecken (vgl. Köln NJW **79**, 1419; Düsseldorf NJW **90**, 2397 [dazu *Küpper/Bode* JuS **92**, 642]); Vertrieb höchst risikoreicher Wertpapiere ohne absehbare Wiederverkäuflichkeit (NStZ **86**, 168 [m. Anm. *Schlüter*]; vorübergehender Besitzverlust in der Hoffnung auf einen Geschäftsabschluss (Celle StV **96**, 154 [Teppiche zur Ansicht]; vgl. auch Bay NJW **94**, 1078); lagebedingte Ungeeignetheit verkaufter Grundstücksparzelle zum vorgesehenen Zweck (NStZ **01**, 41); Verkauf von **Gebrauchtwagen** zum angemessenen Preis unter Vorspiegelung von Unfallfreiheit, Baujahr, Kilometerleistung usw. (1 StR 495/77; Bay NJW **87**, 2452; Hamm NJW **80**, 1762; Düsseldorf NJW **91**, 1841; JZ **96**, 913; Karlsruhe NJW **80**, 1762; Schleswig SchlHA **87**, 107; vgl. aber Koblenz VRS **46**, 281; Hamm StV **93**, 77; krit. *Puppe* JZ **84**, 531; *Schneider* JZ **96**, 914ff.; *Seyfert* JuS **97**, 32ff.; *S/S-Cramer/Perron* 123). 88

c) Risikoverteilung. Es ist nicht Aufgabe des Strafrechts, sorglose Menschen von den Folgen ihrer Entscheidungen freizustellen (BGH **3**, 103). Eine normative Erweiterung des wirtschaftlich-objektiven Schadenbegriffs kommt im Übrigen nur in Betracht, wenn die Tatsachen, aus welchen sich der „persönliche Schadenseinschlag" ergibt, dem Täuschenden bekannt waren (LK-*Tiedemann* 206, 242). Dass der Getäuschte ohne den Irrtum gar keine oder eine andere Verfügung getroffen, dieselbe Leistung zum selben Preis auch von einem Dritten, später oder anders hätte erwerben können, dass er durch die Verfügung daran gehindert wird, andere vermögensmehrende Dispositionen zu treffen oder dass sich rein subjektive Zwecksetzungen der 89

Verfügung nicht verwirklichen (vgl. schon oben 79), begründet für sich keinen Vermögensschaden. Die Berücksichtigung eines persönlichen Schadenseinschlags setzt daher voraus, dass das auf Täuschung beruhende Missverhältnis zwischen objektiver wirtschaftlicher Bewertung und subjektiver Beeinträchtigung sich in wertender Betrachtung der (vertraglichen) **Risikoverteilung** als schlechthin unerträglich erweist; dies kann nur auf **Ausnahmefälle** beschränkt sein (krit. und einschr. auch *Joecks* 93f.; LK-*Tiedemann* 180, 207; *W/Hillenkamp* 549; *Arzt/Weber* 20/91; *Mitsch* BT II/1, 7/103; weiter *Schmoller* ZStW **103** [1991], 94ff.).

90 **d) „Makeltheorie".** Hiermit im Zusammenhang steht die Frage eines Schadens bei Erwerb einer wirtschaftlich gleichwertigen, aber **„makelbehafteten"** Gegenleistung, insb. bei täuschungsbedingtem **gutgläubigen Erwerb.** RG **73**, 61 hat unter Abkehr von RG **49**, 16f. angenommen, die Gefahr von Rechtsstreitigkeiten sowie der Verdacht der Hehlerei begründe hier nach „gesundem Volksempfinden" regelmäßig eine auch wirtschaftliche Wertminderung. Schon BGH **3**, 370, 372 (ebenso **15**, 83, 86; JR **90**, 517m. Anm. *Keller*) ist einer solchen *sittlichen* Bewertung entgegengetreten (vgl. aber noch GA **56**, 181); das **Risiko** rechtlicher Auseinandersetzungen ist nach heutiger Rspr nach Lage des Einzelfalls als **Gefährdungsschaden** anzusehen (vgl. etwa BGH **15**, 83, 87; wistra **03**, 230; BGHR § 263 I Vermögensschaden 24; dazu *Hefendehl* [1a] 353ff.; LK-*Tiedemann* 209; *Mitsch* BT II/1, 7/105; unten 94ff.).

91 **F. Anstellungsbetrug.** In diesen Zusammenhang gehört auch die Fallgruppe des **Anstellungsbetrugs,** der idR als Eingehungsbetrug (hierzu unten 103) anzusehen ist (BGH **45**, 1, 4; LK-*Tiedemann* 223; vgl. dazu auch *Budde*, Der Anstellungsbetrug, 2005 [Diss. Greifswald]). Hier ergibt sich der Schaden durch einen wertmäßigen Vergleich des vom Dienstherrn gezahlten Entgelts mit der vom Täter zugesagten Dienstleistung (BGH **5**, 358f.; **17**, 254, 256; **45**, 1, 4; NJW **78**, 2042). Ein Schaden ist anzunehmen, wenn der Täter erforderliche Voraussetzungen von vornherein nicht erfüllt; **zB** wenn er ein höheres Besoldungsdienstalter oder eine zwingend vorausgesetzte Ausbildung vortäuscht (BGH **5**, 358; **45**, 5f.; MDR/D **58**, 564); zB eine Approbation als (Zahn-) Arzt (anders das Erschleichen der Approbation selbst; vgl. NJW **94**, 809). Nach hM kann ein Vermögensschaden aber auch durch Täuschung über **charakterliche Mängel** eintreten (vgl. schon 5 StR 323/60; Celle MDR **60**, 696; i.E.str.; vgl. etwa *M/Schroeder/Maiwald* 41/49; LK-*Tiedemann* 227; *Otto* JZ **85**, 72; *Maaß* [oben 1a], 109). Aus einer solchen **persönlichen Ungeeignetheit** ergibt sich bei **Beamten** nur dann ein Vermögensschaden, wenn der Beamte deshalb überhaupt nicht hätte angestellt werden dürfen. Da das Beamtenverhältnis sich nicht auf den Austausch von Arbeitsleistung und Entgelt beschränkt, sondern seinen Schwerpunkt in gegenseitigen Treuepflichten hat, ist ein Vermögensschaden ohne Rücksicht auf die Erfüllung der Dienstpflichten bei Beamten dann anzunehmen, wenn eine **Einstellung** im Hinblick auf die charakterliche Eignung bei Kenntnis der wahren Umstände **ausgeschlossen** gewesen wäre (BGH **45**, 1 [m. abl. Anm. *Geppert* NStZ **99**, 305; *Otto* JZ **99**, 738; *Jerouschek/Koch* GA **01**, 273, 280]; zust. LK-*Tiedemann* 224; **aA** LG Bln NJ **95**, 660; NStZ **98**, 302; dazu Vorlagebeschluss KG NStZ **98**, 413; vgl. dazu auch *Geppert,* H.J. Hirsch-FS 525ff., 533: Vermögensschaden nur bei „Ermessensreduzierung auf Null" der Einstellungsbehörde; *Jahn* JA **99**, 628; krit. *Dammann/Kutscha* NJW **99**, 284; *Jerouschek* GA **99**, 421; *Duttge* JR **02**, 271ff. [mit zutr. Hinweis auf das zwingende Erfordernis deutscher Staatsangehörigkeit, auf deren Vortäuschung ein *Vermögens*schaden schwerlich beruhen kann]). Das ist bei der durch Täuschung über eine frühere **IM-Tätigkeit** erlangten Übernahme von Richtern und Staatsanwälten der ehemaligen DDR schon im Hinblick auf die besonderen Vertrauensanforderungen, die an ihr Amt geknüpft sind, regelmäßig der Fall (BGH **45**, 1 [Bespr. *Prittwitz* JuS **00**, 335]; Dresden NStZ **00**, 259f.; LG Dresden NJ **98**, 154; vgl. auch BVerfGE **92**, 140; **96**, 189, 197; BVerwG DRiZ **96**, 491; krit. *Dammann/Kutscha* NJ **99**, 284).

Täuschung über Vorbildung und berufliche Bewährungszeit reicht bei **Nichtbeamten** dagegen idR nicht (NJW **61**, 2027; vgl. aber BGH **17**, 254 [Verschweigen erheblicher **Vorstrafen**]; NJW **78**, 2042; krit. *Miehe* JuS **80**, 261); in den Fällen von § 53 I BZRG scheidet § 263 jedenfalls aus. Kein Betrug ist anzunehmen, wenn ein früherer MfS-Mitarbeiter diese Tätigkeit auf Befragen verschweigt, um als *Arbeiter* im öffentlichen Dienst angestellt zu werden (AG Tiergarten NStZ **94**, 243), wohl aber, wenn die Tätigkeit als **Angestellter im öffentlichen Dienst** der eines Beamten gleichsteht, insb. bei hoheitlicher Tätigkeit oder bei besonders herausgehobener Funktion, etwa als Leiter einer Dienststelle, oder wenn die Funktion ein besonderes Vertrauen voraussetzt (vgl. *Protzen* NStZ **97**, 525 zum Vermögensschaden bei Weiterbeschäftigung). Diese differenzierte Anwendung der für Beamte geltenden Grundsätze auf Angestellte des Staates oder anderer öffentlich-rechtlicher Körperschaften ist verfassungsrechtlich, insb. im Hinblick auf Art. 103 II GG, nicht zu beanstanden (BVerfG, NJW **98**, 2589 [abl. Anm. *König* NJ **98**, 473]; für Gleichstellung von Beamten und Angestellten Dresden NStZ **00**, 259 f.). Auf **kommunale Wahlbeamte** sind diese Regeln nicht ohne weiteres anwendbar, da idR die Kausalität der Täuschung für die Wahlentscheidung nicht festgestellt werden kann. Anstellungsbetrug kommt auch im **Wissenschaftsbereich,** etwa bei Berufungen oder Anstellungen auf Grund manipulierter oder plagiierter Fachveröffentlichungen, in Betracht (vgl. *Jerouschek* GA **99**, 416, 420 f.); jedoch wird auch hier bei der Position entsprechender Leistung allein aus dem Makel der Forschungsfälschung ein Vermögensschaden nicht abzuleiten sein. Anders kann dies sein, wenn zwingende formale Voraussetzungen (Diplom, Promotion, Habilitation) vorgespiegelt werden. Liegen die genannten Voraussetzungen vor, so kommt es für die Feststellung eines Vermögensschadens des Dienstherrn auf die **Qualität** der vom Täter tatsächlich geleisteten Dienste grds nicht an. 92

G. Kompensation. Von der saldierenden Feststellung des *Eintritts* eines Vermögensschadens (oben 71) abzugrenzen ist die Frage seiner Wiedergutmachung durch **nachträgliche Veränderungen** des Vermögenswerts; diese sind idR ohne Bedeutung (BGH **30**, 388 f.). So wird durch die nachträgliche Schadensbeseitigung, mag sie auch von vornherein beabsichtigt gewesen sein (3 StR 410/80), der entstandene Schaden nicht aus der Welt geschafft (GA **79**, 143; vgl. etwa BGH **8**, 49; **12**, 353; wistra **93**, 265 f.). Auch die durch die Tat entstehenden **Schadens- und Gewährleistungsansprüche** verhindern die Vermögensbeschädigung nicht (MDR/D **70**, 13; KG NJW **65**, 705); idR auch nicht Schadensersatzansprüche gegen einen Dritten (vgl. NJW **01**, 1508 f. [zu § 263 a]). Erst recht kommen vertragliche (Versicherung) oder freiwillige **Leistungen Dritter** dem Täter nicht zugute; ebenso wenig die Realisierung zunächst unerkannt risikobehafteter Chancen. Problematisch kann dies im Einzelfall sein, wenn sich eine auf Grund der Vorspiegelung als „sicher" angesehene, in Wahrheit wirtschaftlich wertlose Chance durch glücklichen Zufall verwirklicht („Wundermittel" heilt auf Grund Placebo-Effekts; Option erweist sich als Glückstreffer; vgl. auch *Park-Zieschang* 62). Jedenfalls für den Bereich des **Sozialversicherungsrechts** ist eine Kompensation aufgrund der Erwägung, bei (hypothetisch) anderem Sachverhalt (ohne Täuschung) wären dem Geschädigten aus anderem Rechtsgrund Aufwendungen in gleicher Höhe entstanden, ausgeschlossen (vgl. NStZ **95**, 85; **03**, 313, 315 [Betrug durch Nicht-Kassenarzt; zust. Anm. *Beckemper/Wegner*]; Koblenz MedR **01**, 144; *Hellmann* NStZ **95**, 232; **aA** *Gaidzik* wistra **98**, 329; *Volk* NJW **00**, 3385; *Stein* MedR **01**, 124; *Wasserburg* NStZ **03**, 353, 357; *Grunst* NStZ **04**, 533, 535 ff. [Kompensation durch tatsächlich erbrachte Leistungen auch bei täuschender Abrechnung gegenüber der KÄV]; vgl. auch *Herffs* wistra **04**, 281, 285 ff. [Abrechnung durch scheinselbständigen Arzt; zur Abgrenzung vgl Koblenz MedR **01**, 144 f.]; *Ellbogen/Wichmann* MedR **07**, 10 ff.). 93

H. „Schadensgleiche" Vermögensgefährdung. Eine erhebliche Ausweitung erfährt der Tatbestand durch die von stRspr. und hM bejahte Möglichkeit eines *vollendeten* Schadenseintritt schon durch eine konkrete Gefährdung des Gesamt- 94

Vermögenswerts (vgl. BGH **33**, 244, 246; **47**, 160, 167; **48**, 354, 355; **51**, 100, 113 ff. [*Fall Kanther/Weyrauch*]; zur Entwicklung vgl. *Riemann*, Vermögensgefährdung und Vermögensschaden, 1989 (Diss. Heidelberg), 32 ff.; *Hefendehl*, Vermögensgefährdung und Expektanzen, 1994, 49 ff.). Sie stützt sich darauf, dass nach wirtschaftlicher Betrachtung zwischen Gefährdung und Schaden ein nur quantitativer Unterschied bestehe (BGH **34**, 395 f.; wistra **91**, 307 f.; *Arzt/Weber* 20/97; *Hefendehl* [1 a] 256 ff.; grds. krit. *Naucke* StV **85**, 187 f.; *Otto* Jura **91**, 494 f. u. Lackner-FS 723 f.; NK-*Kindhäuser* 360 ff.; *Bung* 2007 [oben 1 a], 363 ff.). Der Sprachgebrauch von der „schadensgleichen Gefährdung" des Vermögens ist Problematisch (vgl. *Otto* JZ **93**, 658), da die Vollendung des Tatbestands (Art. 103 II GG!) den *Eintritt* eines Schadens und nicht eines diesem *„ähnlichen"* Nachteils verlangt. Das ist nach hM gegeben, wenn die Möglichkeit des *endgültigen Verlusts* eines Vermögensbestandteils zum Zeitpunkt der täuschungsbedingten Verfügung so groß ist, dass dies schon jetzt eine **objektive Minderung** des Gesamtvermögenswerts zur Folge hat (BGH **48**, 331, 346; **51**, 165,, 174 ff. [*Fall Hoyzer*]; NStZ **04**, 264 f.); es liegt dann nicht eine bloße Schadens-*Gefahr* vor, sondern eine schon eingetretene Wertminderung mit der Gefahr der Schadens*vertiefung* (in diesem Sinne **„Gefährdungsschaden"**; vgl. BGHR § 263 I VermSchad 3; krit. aber auch insoweit zB *Bung* [oben 1 a] 363, 365; *Bernsmann* GA **07**, 219, 229 ff.). Das wird deutlich in Fällen, in denen bei täuschungsbedingtem Erwerb einer Forderung (zB einer Kaufpreis- oder Kreditrückzahlungsforderung) ein vollendeter „Eingehungs"-Schaden angenommen wird: Dieser beruht nicht auf der bloßen *Gefahr* eines Vermögensnachteils, sondern auf der tatsächlichen Wertminderung der Forderung (vgl. dazu auch *Feigen*, Rudolphi-FS [2004] 445, 45). Gleichwohl verbleibt auch in Fallgruppen, in denen eine *Vollendung* des Tatbestands schon *vor* tatsächlichem Abfluss von Vermögenswerten angenommen wird (zB bei jederzeitiger Zugriffsmöglichkeit des Täters), ein begrifflicher und auch faktischer Unterschied selbst zwischen „höchster Gefahr" (vgl. BGH **46**, 30, 35 [zu § 266]) und endgültigem Vermögensverlust. Dem trägt eine **Einschränkung auf subjektiver Ebene** bei, die der *2. StS* in BGH **51**, 100, 120 ff. (*Fall Kanther/Weyrauch*; zu § 266) für den Fall des **bedingten Vorsatzes** eines Gefährdungsschadens angenommen hat (vgl. unten 106 a und 78 a f. zu § 266).

95 **a) Voraussetzungen.** Nach stRspr muss eine **konkrete Vermögensgefährdung** eingetreten sein; vgl. **zB** BGH **3**, 371, 373 (Erwerb eines unsicheren Pfandrechts; vgl. oben 71); **15**, 83, 87 f.; wistra **03**, 230 (Prozessrisiko bei gutgläubigem Erwerb); BGH **21**, 112 (Risiko des Verlustes des Versicherungsschutzes bei Kfz-Vermietung an Person ohne Fahrerlaubnis); **27**, 342 (Bewilligung einer durch täuschende Angaben erschlichenen Rente); **33**, 244 (Erschleichen einer „einsatzbereiten" Kreditkarte; ebenso BGHR § 263 I VermSchad 40; NStZ-RR **04**, 333, 334 [EC-Karte]; abl. *Ranft* JuS **88**, 673, 680; and. auch NJW **01**, 1508); **34**, 394 (Hingabe eines Schuldscheins für nicht bestehende Verbindlichkeit; vgl. 11 zu § 253); **38**, 186 (Ausschreibungsbetrug; unten 100); NJW **94**, 1745 f. (mangelnde Erfüllungsbereitschaft; insoweit in BGH **40**, 84 nicht abgedr.); NStZ **94**, 236 f. (nicht schon bei – vorbereitendem – Erschleichen einer kassenärztlichen Zulassung); NStZ **96**, 203 (Bewilligung von Krediten; vgl. aber BGHR § 263 I VermSchad 45); wistra **87**, 21; StV **89**, 478; NStZ **04**, 264 (Übertragung von Bankguthaben Verstorbener aufgrund gefälschter Verträge); BGH **50**, 147 [„Lastschriftreiterei": konkrete Gefährdung der Gläubigerbank durch Vorlage von Lastschriften zur kurzfristigen Kreditbeschaffung bei hohem Risiko des Widerrufs und Zahlungsunfähigkeit des Gläubigers; vgl. oben 14 a; zust. Anm. *Hadamitzky/Richter* NStZ **05**, 636; abl. *Soyka* NStZ **05**, 637]). Die Gefährdung muss bei lebensnaher Betrachtung zu einer **Wertminderung** des Vermögens **zum Zeitpunkt der Vermögensverfügung** führen (wistra **95**, 223; Bay NJW **88**, 2550; **99**, 663 f.); darauf, ob es für den endgültigen Schadenseintritt noch weiterer Handlungen des Geschädigten, des Täters oder Dritter bedarf, kommt es für die Feststellung einer hinreichend konkre-

ten Gefährdung zu *diesem* Zeitpunkt grds. nicht an (BGH **16**, 327; **17**, 259; LK-*Tiedemann* 171 mwN). Die den Gefährdungsschaden begründenden Tatsachen müssen feststehen; die bloße *Möglichkeit* reicht nicht aus (StV **95**, 24).

Die Anerkennung eines Gefährdungsschadens darf nicht dazu führen, die Grenzen zwischen Versuch und Vollendung sowie zwischen Gefährdung und Schädigung unangemessen zu verschieben (vgl. auch 63 a, 78 a f. zu § 266). In der Praxis (zB massenhafte Verdachts-Anzeigen von Versandhäusern) kann sie zur Quasi-*Insolvenzstrafbarkeit* für „Personengruppen mit leicht zu überblickenden Vermögensverhältnissen" führen (*Bosch* wistra **99**, 411 Fn. 11 mwN), denen das hoffnungsvolle Vertrauen in die Werthaltigkeit ihrer Zahlungsversprechen regelmäßig schwerer geglaubt wird als risikofreudigen Gewerbetreibenden oder Freiberuflern. Bei diesen wiederum ist, wenn sich das Risiko von Gläubigern *verwirklicht* hat, die *Grenze* zwischen erwünschtem Wagemut und krimineller Vermögensgefährdung ex post oft schwer zu bestimmen (vgl. etwa Bay NJW **99**, 663 [m. Bespr. *Bosch* wistra **99**, 410; *Rengier* JuS **00**, 644]). **96**

b) Einzelne Fallgruppen. Der Abschluss eines unter Vorspiegelung von Leistungsfähigkeit erschlichenen **Kaufvertrags** kann im Einzelfall einen Gefährdungsschaden begründen, wenn nach den Umständen die gegenseitigen Ansprüche nicht gleichwertig sind und die Durchsetzung der Rechtsposition des Opfers unsicher ist, so dass eine nahe liegende Gefahr des Vermögensverlustes besteht; namentlich bei **Vorleistungspflicht** des Getäuschten. Keine konkrete Gefährdung ist idR gegeben, wenn der Getäuschte hinreichend gesichert ist, insb. wenn er nur **Zug um Zug** leisten muss (NStZ-RR **05**, 180). Bei Eintragung einer **Auflassungsvormerkung** für den (zahlungsunfähigen) Täter liegt nach Stuttgart NJW **02**, 384 noch kein Gefährdungsschaden vor. Eine derartige Gefahr kommt beim **Kreditbetrug** (hierzu *Lampe,* Der Kreditbetrug, 1980; *Geerds* FLF **88**, 99) in Betracht, wenn entgegen der täuschenden Vorspiegelung die Rückzahlungsforderung im Wert gemindert ist, insb. bei täuschender Hingabe **wertloser Sicherheiten,** zB gefälschter oder wertloser Akzepte zur Krediterlangung (GA **65**, 149; MDR **52**, 408); von Finanzwechseln, die als Warenwechsel ausgegeben werden (4 StR 652/78; NStZ/A **89**, 499; vgl. *Otto,* Zahlungsverkehr 11 ff., Bankentätigkeit 118, HWiStR „Wechselbetrug" und Jura **83**, 16; *Vollmer* HWiStR „Warenkreditbetrug"; umf. *Knierim,* in: *Wabnitz/Janovsky,* 3/151 ff., insb. auch zur Beteiligung von Bank-Mitarbeitern); wenn Sicherheiten nur mit besonderen Schwierigkeiten zu realisieren sind (1 StR 643/79); wenn die an sich ausreichenden Sicherheiten (sicherungsübereigneter Pkw) in der Hand des (zahlungsunwilligen) Darlehensnehmers bleiben (BGH **15**, 24; 2 StR 766/80; vgl. *Otto* Jura **83**, 20); bei unsicherer Realisierbarkeit eines täuschungsbedingt übernommenen Gegenleistungsanspruchs einer refinanzierenden Bank (NStZ-RR **98**, 268 [Konvertierung von **„Transferrubeln";** Anm. *Jordan* NJ **98**, 381; ausf. dazu *Sänger,* Wirtschaftskriminalität im Zusammenhang mit der Wiedervereinigung, 1999, 47 ff.); Vorlage gefälschter Verdienstbescheinigung (GA **65**, 149); Kreditaufnahme unter falschem Namen (GA **67**, 19); uU Täuschung über **Verwendungszweck** eines Kredits, wenn hierdurch das Risiko des Rückzahlungsanspruchs erhöht wird (JZ **79**, 75); bei Täuschungen über den Wert zu erwerbender Immobilien und die Bonität der Käufer zur Erlangung von **Kick-Back**-Zahlungen bei Einräumung von nicht realisierbaren Grundschulden (NStZ-RR **05**, 374 f.). Ein Gefährdungsschaden kann mit dem Eingang von Zahlungen auf einem gesperrten Konto eintreten (NStZ **96**, 203). Die auf Täuschung beruhende Abgabe einer selbstschuldnerischen **Bürgschaft** begründet keinen Schaden der Bank (NStZ **98**, 570); wohl aber die Hingabe eines **Schuldscheins** für eine nicht bestehende Forderung (BGH **34**, 395). Eine bloße Umbuchung von Mitteln auf ein anderes Kreditkonto des Täuschenden ohne neue Zugriffsmöglichkeit gefährdet das Vermögen der Bank idR nicht (NStZ **95**, 232; BGHR § 266 I Nachteil 29); ein Gefährdungsschaden liegt aber vor, wenn mit den Mitteln, die für einen fingierten Kreditnehmer zur Verfügung gestellt werden, **97**

von dem täuschenden Kreditmakler der Schaden aus einem anderen, ebenfalls fingierten Kreditgeschäft ausgeglichen werden soll (NStZ-RR **98**, 43).

98 Beim **Scheck-** oder **Wechselbetrug** (dazu wistra **86**, 170) gilt das zum Kreditbetrug Gesagte entsprechend. Bei Vorspiegelung der Deckung eines Schecks liegt nach hM ein Gefährdungsschaden schon bei Hingabe des Schecks vor, wenn zu diesem Zeitpunkt eine Deckung zum Zeitpunkt der Vorlage unsicher ist (BGH **3**, 69; krit. *Arzt/Weber* 20/58; vgl. oben 14a). Ist die Grundforderung ohne weiteres realisierbar, so fehlt aber auch bei mangelnder Deckung ein Schaden (NJW **83**, 461). Bei **Scheck-** und **Wechselreiterei** (vgl. dazu *Knierim,* in: *Wabnitz/Janovsky,* 3/252ff., 280ff.) liegt ein Gefährdungsschaden schon bei Vorlage oder Gutschrift vor (vgl. wistra **01**, 218 [zu § 266; Anm. *Bosch* wistra **01**, 257]); nach NStZ-RR **07**, 236f. aber nur dann, wenn der durch die Gutschrift Begünstigte während des Zeitraums der vorläufigen Gutschrift Zugriff auf diese nehmen kann. Bei der **Lastschriftreiterei** (vgl. auch oben 14a, 95) liegt ein Gefährdungsschaden der Gläubigerbank bei Einreichen von Lastschriften auch auf tatsächlich bestehende (Darlehens-)Forderungen vor, wenn mit Widerruf oder Rückbuchung zu rechnen und der Gläubiger zahlungsunfähig ist (BGH **50**, 147, 154f. = NJW **05**, 3008 [Bespr. *Knierim* NJW **06**, 1093; *Hadamitzky/Richter* NStZ **05**, 636; *Soyka* NStZ **05**, 637]; vgl. auch AG Gera NStZ-RR **05**, 213f). Beim **Sportwettenbetrug** durch den Spielteilnehmer (oben 18ff.) durch Abschluss eines Vertrags unter konkludenter Täuschung über die Manipulation der Gewinnchance liegt nach BGH **51**, 165, 177 (= NStZ **07**, 151, 155; *Fall Hoyzer*) beim Vertragsschluss *kein* Gefährdungsschaden vor, weil die endgültige Vermögensminderung nur *möglich* ist (stattdessen ebd. 175 Annahme eines [verwandten] *„Quotenschadens“*; dazu *Saliger/Rönnau/Kirch-Heim* NStZ **07**, 361, 365; *Krack* ZIS **07**, 103, 109f.; *Radtke* Jura **07**, 445, 451).

99 Bei **Warentermin-** und **Anlagegeschäften** (vgl. § 89 BörsG; dazu wistra **02**, 22) liegt ein Gefährdungsschaden vor, wenn der Täter von vornherein beabsichtigt, Kundengelder nicht zurückzuzahlen (3 StR 300/83; vgl. *Jaath,* Dünnebier-FS 591; *Worms,* Kapitalanlagebetrug aaO [1a zu § 264a], 176ff.; *Park-Zieschang* 66); wenn zugesicherte Deckungsgeschäfte nicht vorgenommen werden (BGH **29**, 154; **30**, 178; *Worms* wistra **84**, 125); wenn der Täter verschleiert, dass eine Option auf Grund versteckter Aufschläge und Provisionen ihre reale Werthaftigkeit verliert (BGH **30**, 181; 389; **31**, 116; NJW **83**, 292; *Scheu* JR **83**, 121; vgl. *Lackner/Imo* MDR **83**, 970; *Otto* BT § 51 VI 8; *Otto/Brammsen* Jura **85**, 598; NStZ/A **88**, 89; *Riemann* [oben 1a] 116; *Park-Zieschang* 19ff.). Die *zutreffende* Mitteilung eines – eine Gewinnerwartung praktisch ausschließenden – Aufschlags von mehr als 80% in einem Prospekt hindert die Bestrafung nach § 263 nicht, wenn der Täter im späteren Verkaufsgespräch von diesem Risiko nichts erwähnt, sondern im Gegenteil weit überdurchschnittliche Gewinne binnen kurzer Frist verspricht (NStZ **00**, 36). Für die Schadensberechnung kommt es nach BGH **30**, 388 [m. Anm. *Sonnen* NStZ **83**, 73]; **32**, 24; NJW **83**, 292; 1918 auf den Unterschied zwischen dem vereinbarten Preis und dem wirklichen Wert der Anlage (Marktpreis) an (vgl. *Lackner/Imo* MDR **83**, 976; *Park-Zieschang* 60ff.). Bei besonders hohen Aufschlägen kann angesichts der dadurch bedingten Wertlosigkeit der Anlage der gesamte bezahlte Betrag als Schaden anzusehen sein (BGH **30**, 181; **31**, 117; StV **86**, 299; wistra **91**, 25; BGHR § 263 I VermSch. 35; NStZ/A **91**, 410; München NJW **80**, 794; *Rochus* JR **83**, 338; *Scheu* MDR **81**, 469; *Füllkrug* KR **85**, 269; **aA** *Seelmann* NJW **80**, 2545; **81**, 2132; *Worms* wistra **84**, 126; Hamburg NJW **80**, 2593, zust. *Sonnen* NStZ **81**, 24; StV **84**, 175). Zur Frage eines etwaigen Schadens bei Handel mit Billigaktien (penny-stocks) vgl. München NStZ **86**, 169 (m. Anm. *Schlüter* u. *Otto* JK 21); NStZ/A **88**, 98; *Otto,* Pfeiffer-FS 71 mwN.

100 Beim **Ausschreibungsbetrug** (Submissionsbetrug; vgl. zur Täuschungshandlung, auch bei freihändiger Vergabe, BGH **47**, 83; oben 20; zur Vorverlagerung der Strafbarkeit § 298) kann es durch die Ausschaltung des Wettbewerbs jedenfalls dann, wenn der Auftraggeber ein über dem Marktpreis liegendes Entgelt bezahlen

muss, nach hM aber auch bei Vergabe zu sonst *angemessenen* Preisen, zur Schädigung des Ausschreibenden in Form eines Gefährdungsschadens kommen (**Eingehungsbetrug;** Fall der [endgültigen] Ungewissheit über den Eintritt eines Vermögensverlusts; vgl. *Arzt/Weber* 20/100). Hierbei ist nach der **Rspr. des BGH** (BGH **38**, 186 [m. Anm. *Cramer* NStZ **93**, 42; *Kramm* JZ **93**, 422; *Broß/Tode* NStZ **93**, 370; *Achenbach* NStZ **93**, 428; *Hefendehl* ZfBR **93**, 164; *Otto* JZ **93**, 656; *Mitsch* JZ **94**, 889; *Dölling* DJT C 93; *Ransiek* StV **96**, 452; *Kerner/Rixen* GA **96**, 387; *Otto* ZRP **96**, 300; krit. *Ranft* wistra **94**, 41]; BGH **47**, 83 [Nw zu Bespr. oben 20]) der über Angebot und Nachfrage gebildete Marktpreis *(Wettbewerbspreis)* maßgebend, der nach den Umständen des Einzelfalls hinsichtlich derselben Ware und der Dienstleistung unterschiedlich sein kann (vgl. auch NJW **95**, 737 [dazu *Lüderssen* wistra **95**, 430; *Achenbach* NStZ **95**, 430; *Dölling* DJT C 94; *Schaupensteiner* KR **96**, 239]; wistra **01**, 103 f.).

Dieser im Fall von Submissionsabsprachen zu Grunde zu legende **„hypothetische Wettbewerbspreis"** entspricht dem Preis, der sich bei ordnungsgemäßer Durchführung des Ausschreibungsverfahrens, also ohne Kartellabsprache und ohne Täuschung des Auftraggebers, gebildet hätte (BGH **38**, 186, 190 f., 196; **47**, 83, 88; NStZ **05**, 157, 158; stRspr.). Der **Schaden** liegt in der Differenz zwischen Zuschlag und Wettbewerbspreis (vgl. i. E. LK-*Tiedemann* 165; str.; **aA** *S/S-Cramer/Perron* 137 a). Für dessen Feststellung können **Indizien** (Tatsache der Absprache zur Erzielung eines höheren als des Wettbewerbspreises, Bekanntgabe der übrigen Mitbieter, Zahlung von Präferenzen an Mitbewerber und Ausgleichszahlungen an Außenseiter) ausreichen; namentlich Schmiergeld und Ausgleichszahlungen sind „nahezu zwingende Beweisanzeichen dafür, dass der ohne Preisabsprache erzielbare Preis den tatsächlich vereinbarten Preis unterschritten hätte" (BGH **47**, 83, 88; krit. *Hohmann* NStZ **01**, 566, 570; *Rönnau* JuS **02**, 545, 550; *Best* GA **03**, 157, 166 ff.). Dem Tatrichter ist daher bei Submissionsabsprachen ein vergleichsweise weiter Spielraum für die Schadensfeststellung und dessen Schätzung gegeben (BGH **38**, 186, 192 f.; **47**, 83, 88; NJW **95**, 737; **97**, 3034, 3038 [in BGH **43**, 96 nicht abgedr.]; NStZ **00**, 260; wistra **01**, 103 f.; *Tiedemann* ZRP **92**, 150; krit. hierzu *D. Geerds* DWiR **92**, 122; *Joecks* wistra **92**, 247; *Cramer* NStZ **93**, 42 f.; *Hefendehl* JuS **93**, 805; *Kramm* JZ **93**, 423; *Ranft* wistra **94**, 41; *Lüderssen* wistra **95**, 243; *Hohmann* NStZ **01**, 566, 569; **aA** *S/S-Cramer/Perron* 137 a). Einen **Erfüllungsbetrug** hat NJW **92**, 921, 923 [insoweit in BGH **38**, 186 nicht abgedr.] insoweit erwogen, als der Ausschreibende täuschungsbedingt mögliche Schadensersatzansprüche nicht geltend macht; einer solchen Schadensberechnung ist NStZ **00**, 260 f. aber (mangels) Stoffgleichheit entgegengetreten. Bei Absprachen zwischen einem einzelnen Anbieter und einem Mitarbeiter des Veranstalters, etwa zur nachträglichen Manipulation eines Angebots, liegt idR in dem täuschungs- und irrtumsbedingten Vertragsschluss auch ein Eingehungsbetrug zu Lasten des sonst aussichtsreichsten **Mitbewerbers** (BGH **17**, 147; **34**, 379, 390; NJW **97**, 3034, 3037 [insoweit in BGH **43**, 96 nicht abgedr.]; BGHR § 263 I Stoffgleichheit 4; *Satzger* [1 a] 213 ff.). Sind bei einer durch Täuschung erreichten Auftragsvergabe **Schmiergelder** in die vereinbarte Vergütung eingerechnet worden, so sind der bei Vertragsschluss vollendete Eingehungsbetrug und die hierauf beruhenden Bezahlungen der überhöhten Rechnungen *eine Tat* (BGH **43**, 96); die Verjährung beginnt mit der Letzten auf Grund der Vereinbarung geleisteten Zahlung. **100 a**

c) Weitere **Einzelfälle:** Verkauf einer Ware, die beschlagnahmt oder ersatzlos eingezogen werden könnte (GA **66**, 311; MDR **69**, 497); Eröffnung eines unwiderruflichen Akkreditivs (StV **85**, 189 L); Eintragung eines Nichtberechtigten im Grundbuch (Stuttgart NStZ **85**, 365); Weitergabe eines betrügerischen Steuervergütungsantrags zur kassenmäßigen Erledigung (Bay NJW **88**, 2550); Einsammlung von Anlagegeldern in einem „Schneeball"-System (NStZ **00**, 376); Belastung mit einem **Prozessrisiko** (vgl. *Hefendehl* [1 a] 353 ff.); Erwirkung eines vorläufig vollstreckbaren **Urteils** (NJW **92**, 233; anders bei Mahnbescheid; vgl. BGH **24**, 257, **101**

264); **Falschbuchungen,** wenn diese zu einem Zugriffsrecht des Täters oder Dritter führen (vgl. BGH **6**, 115; NStZ **96**, 203; **04**, 264); Gewährung einer **Stundung** bei Täuschung über eine sich verschlechternde Vermögenslage des Schuldners (BGH **1**, 264; Stuttgart NJW **63**, 825; *Tiedemann* Jura **81**, 26); ebenso bei Verzicht auf gerichtliche Geltendmachung (wistra **93**, 17) oder Aufschieben der Zwangsvollstreckung (*Haas* GA **96**, 117); Entstehung des **Rechtsscheins** einer Verbindlichkeit durch Erschleichung einer Unterschrift (BGH **21**, 386; **22**, 89; Bay NJW **73**, 633; KG JR **72**, 28; vgl. dazu *Kindhäuser,* Bemmann-FS 339, 356; *Bohnenberger,* Betrug durch Vertragserschleichung, 1990); Leistung an Zahlungsunwilligen oder insolventen Schuldner (BGH **15**, 24; JR **90**, 517 m. Anm. *Keller*; BB **92**, 523; Bay NJW **99**, 663; vgl. aber StV **92**, 177; 465; Düsseldorf wistra **96**, 32); Fehlen oder Wertlosigkeit vertraglich vereinbarter **Sicherheiten** (wistra **88**, 188; **93**, 265; **95**, 222; vgl. dazu LK-*Tiedemann* 212); täuschungsbedingter Verzicht auf **grundbuchliche Absicherung** eines Darlehensanspruchs, wenn sich dadurch das Risiko der Nichterfüllung erhöht (vgl. zur Schadensfeststellung aber NStZ **03**, 539).

101 a Die (täuschungsbedingte) Herausgabe von **EC-Karten**, Kreditkarten und weiteren **Zugangsdaten** zu Bank-Guthaben (PINs, TANs; Passwörter), sei es infolge persönlicher Täuschung oder von „Phishing"-Manipulationen (vgl. dazu auch 11 zu § 263 a), führt nur dann zu einem Gefährdungsschaden, wenn der Täter eine **unmittelbare Zugriffsmöglichkeit** auf das Vermögen des Getäuschten erlangt (zu Einschränkungen vgl. *Gercke* CR **05**, 606. 608; *Popp* MMR **06**, 84, 86; *Graf* NStZ **07**, 129, 130; *Heghmanns* wistra **07**, 167, 168). Die bloße *Möglichkeit* der Stornierung unberechtigter Kontenverfügungen (nach Maßgabe der AGB der Banken) steht dem nicht ohne Weiteres entgegen (**aA** *Graf* ebd.). Unter dem Gesichtspunkt der **Unmittelbarkeit** ist es zweifelhaft, ob das Zusenden von **Phishing-Mails** unter täuschendem Absender (vgl. dazu auch 9 a zu § 202 a, 11 a zu § 263 a, 5 a zu § 269) mit der Aufforderung, Konto-Zugangsdaten an den (angeblich berechtigten) Absender zu übermitteln, schon als **Versuch** des § 263 erfasst werden kann (dagegen *Graf* NStZ **07**, 129, 130 f.) oder ob es sich nicht nur um eine Vorbereitungshandlung handelt; hier kann § 44 BDSG eingreifen. Das (täuschungsbedingte) **Offenbaren von Zugangsdaten** (insb: Passwörtern) zu Internet-Anbietern, Auktionsportalen usw. (vgl. oben 46) begründet jedenfalls dann noch keine *unmittelbare* Gefährdung, wenn der Täter, meist überdies mit zeitlichem Abstand, noch weitere (Täuschungs-)Handlungen vornehmen muss (vgl. auch *Heghmanns* wistra **07**, 167, 168).

102 **d) Ausschluss eines Gefährdungsschadens.** An einem **Gefährdungsschaden fehlt** es, wenn der Gläubiger trotz der Täuschung über **werthaltige Sicherheiten** verfügt, die sein Ausfallrisiko abdecken und ohne erheblichen zeitlichen und finanziellen Aufwand realisierbar sind, ohne dass der Schuldner dies vereiteln kann (NStZ **94**, 194; **99**, 353; NStZ-RR **00**, 331; BGHR § 263 I VermSchad 54 mwN), oder wenn der (Rück-) Zahlungsanspruch des getäuschten Gläubigers auch ohne Sicherheit auf Grund der Vermögenslage des Schuldners oder sonstiger Umstände sicher ist (StV **85**, 186; 203; NStZ-RR **01**, 329 [Möglichkeit des Rückgriffs auf leistungsfähige Mitverpflichtete]). Auch die täuschungsbedingte Vereitelung einer vereinbarten **Übersicherung** begründet keinen Schaden (NJW **64**, 874; **86**, 1183; StV **95**, 254). Dasselbe gilt, wenn den (zahlungsunfähigen) Schuldner eine **Vorleistungspflicht** trifft (MDR/D **75**, 196) oder wenn der Getäuschte nur zur Leistung **Zug um Zug** verpflichtet ist (StV **83**, 330; **99**, 24; NStZ **98**, 85; BGHR Versuch 46; Düsseldorf NJW **93**, 2694; vgl. auch Bay NJW **99**, 663 f.).

103 **I. Eingehungs- und Erfüllungsschaden.** Entgegen der üblichen Terminologie handelt es sich bei der Unterscheidung von Eingehungs- und Erfüllungsbetrug nicht um unterschiedliche *Arten des Betrugs,* sondern um verschiedene Blickwinkel bei der **Feststellung** des Vermögensschadens und damit der Deliktsvollendung (zutr. *Joecks* 77 f.). Als **Eingehungsbetrug** (vgl. dazu LK-*Tiedemann* 173 ff.; *S/S-Cramer/Perron* 128 ff.; NK-*Kindhäuser* 316 ff.; SK-*Hoyer* 134, 237; *Tenckhoff*, Lackner-FS 678) wird der Eintritt eines **Gefährdungsschadens** (oben 94 ff.) durch betrügerische Begründung einer Verbindlichkeit bezeichnet (vgl. *Saliger/Rönnau/Kirch-Heim* NStZ **07**, 361, 365). Bei der Schadensfeststellung kommt es auf den Gesamt-Vermögensstand des Opfers vor und nach dem Vertragsschluss an. Nach der früher sehr weiten Auffassung der Rspr bleiben Anfechtbarkeit oder schwebende Unwirksamkeit des Vertrags außer Betracht (BGH **21**, 384; **22**, 89; **23**, 300; **31**, 115 [m. Anm. *Rochus* JR **83**, 338]; KG JR **72**, 28; Bay NJW **73**, 633; krit. *Schröder* JZ **65**, 516; **67**, 577; *Lenckner* JZ **71**, 320; JR **74**, 337). Die Stornierungsbereitschaft zB einer Lieferfirma, die mit betrügerischen Vertragserschleichungen ihrer Vertreter rechnet, steht der Deliktsvollendung nicht entgegen, wenn dem getäuschten Besteller das Risiko aufgebürdet ist, die Täuschung zu erkennen (vgl. BGH **23**, 300; **34**, 202 [m. Anm. *Bottke* JR **87**, 432; *Müller-Christmann* JuS **88**, 108; *Otto* JK 22]; and. aber GA **62**, 213). Die neuere Rspr. ebenso wie die Lit. stellen stärker auf die *Konkretheit* der Gefahr des Vermögensverlusts ab und gelangen zu Einschränkungen, **zB** bei vertraglichem **Rückrittsrecht** (MDR/D **71**, 546; vgl. auch Köln MDR **75**, 244); bei freier **Widerrufbarkeit** der Willenserklärung (Bay MDR **86**, 1046; vgl. *Sonnen/Hansen-Siedler* JA **88**, 26; *Lackner/Kühl* 44); wenn der Schadenseintritt vom Getäuschten selbst verhindert werden kann (vgl. NStZ **95**, 232; wistra **95**, 143); bei Verpflichtung nur zur **Zug-um-Zug**-Leistung (NStZ-RR **01**, 328); bei feststehenden **Einreden** gegen die betrügerisch erschlichene Verpflichtung (NStZ **98**, 570; i. E. str.; vgl. dazu LK-*Tiedemann* 175 f.; *Hefendehl* [1 a] 334 ff.).

Erfüllungsbetrug (vgl. BGH **8**, 46, 49) ist der („endgültige") Eintritt eines täu- **104** schungsbedingten Vermögensschadens, insb. beim Austausch von Leistungen (vgl. SK-*Hoyer* 238 ff.). Die Terminologie umschreibt die zugrunde liegenden Sachverhalte nur ungenau: In einem engen Sinn liegt „Erfüllungsbetrug" vor, wenn das Opfer *bei der Erfüllung* einer vermögensrelevanten Verbindlichkeit getäuscht wird und irrtumsbedingt entweder selbst mehr leistet oder als Gegenleistung weniger akzeptiert als geschuldet ist (*Küper* BT 375). So liegt in der Übergabe einer Werkleistung zur Abnahme die konkludente Erklärung, dass das Werk vertragsgemäß hergestellt sei und nach Kenntnis des Unternehmers keine gravierenden verborgenen Mängel enthalte (vgl. Düsseldorf [Z] VersR **01**, 644 f. [Bauleistung]). Der **Schaden** bemisst sich hier nach dem Wertverhältnis von Leistung und Gegenleistung. Er muss durch den Irrtum verursacht sein, der sich also gerade auf dieses Verhältnis beziehen muss (vgl. etwa *Mitsch* BT II/1, 7/98; *M/Schroeder/Maiwald* 41/129). Ein sog. **„unechter Erfüllungsbetrug"** liegt vor, wenn schon der *Begründung* der Verbindlichkeit eine täuschende Erklärung (insb. über die Minderwertigkeit der Leistung) zugrunde gelegen hat und später die minderwertige Leistung erbracht wird (vgl. dazu *Mitsch* BT II/1, 7/97; *Arzt/Weber* 20/96; *Küper* BT 377 f.; *Otto* JZ **93**, 656; *Schneider* JZ **96**, 918; *Seyfert* JuS **97**, 32). In diesem Fall kann nach Rspr und hM bei der Erfüllung der Schaden nicht als Wert der vereinbarten („entgangenen") Gegenleistung bestimmt werden (BGHR § 263 I VermSchad 19; vgl. auch BGH **16**, 220; **32**, 211, 213 [m. Anm. *Puppe* JZ **84**, 531]; Stuttgart NJW **60**, 2264; Köln NJW **80**, 1762; Karlsruhe NJW **80**, 1762; Bay NJW **87**, 2452; **99**, 663; Düsseldorf NJW **91**, 1841; JZ **96**, 913), sondern allenfalls in einer wertmäßigen Differenz der tatsächlich ausgetauschten Leistungen bestehen. Im Wege einer „Einheitsbetrachtung" von Verpflichtungs- und Erfüllungsgeschäft entfällt hier bei Gleichwertigkeit der Leistungen ein Eingehungsschaden und bei Vereitelung nur einer Vermögensmehrung auch ein Erfüllungsschaden (vgl. Bay NJW **87**, 2452 [Anm. *Otto* JK 27]; **99**, 663 [Bespr. *Bosch* wistra **99**, 413; *Martin* JuS **99**, 507; *Rengier* JuS **00**, 644]; krit. *Otto* JZ **93**, 657; *Schneider* JZ **96**, 916; *Tenckhoff*, Lackner-FS 689 ff.; *S/S-Cramer/Perron* 137 ff.; Überblick bei *Küper* BT 377 f.; SK-*Hoyer* 243 ff.; NK-*Kindhäuser* 332 ff.; LK-*Tiedemann* 202; zur Unterscheidung beim Submissionsbetrug vgl. *A/R-Achenbach* III 4/7 ff.). Dies kann zur Besserstellung desjenigen führen, der nicht (nur) bei der Erfüllung, sondern schon bei Abschluss des Verpflichtungsgeschäfts täuscht (krit. daher *S/S-Cramer/Perron* 123 und NStZ **93**, 42; *M/Schroeder/Maiwald* 41/117; *Puppe* JZ **84**, 531; *Schneider* JZ **96**, 917; *Seyfert* JuS **97**, 31). Zur Frage der Bestimmung des Beendigungszeitpunkts vgl. unten 114.

105 **IV. Subjektiver Tatbestand.** § 263 setzt **Vorsatz** voraus; darüber hinaus ist die **Absicht** rechtswidriger Bereicherung erforderlich.

106 **1) Vorsatz.** Der Vorsatz (bedingter Vorsatz genügt; BGH **16**, 1; **18**, 235, 237; **48**, 331, 346; MDR/D **75**, 22; and. SK-*Hoyer* 262 ff.; *Dencker,* Grünwald-FS 79 ff.; krit. *Arzt,* Rudolphi-FS [2004] 3, 7 f.) muss darauf gerichtet sein, durch **Täuschung** (zur konkludenten Täuschung vgl. Bay NJW **99**, 1648; zur *Beweiswürdigung* bei Irrtums-Behauptung vgl. auch wistra **07**, 108 [falsche Dienstreiseabrechnungen eines Spitzenbeamten]) einen **Irrtum** (Frankfurt NStZ-RR **98**, 333) hervorzurufen; die vorgespiegelte Tatsache muss der Täter für unwahr halten oder ihre Unwahrheit in Kauf nehmen (LK-*Tiedemann* 242 mwN). Das ist auch bei Behauptungen „ins Blaue hinein" idR der Fall. Insoweit kommt es auf den (uU konkludenten) Erklärungsinhalt sowie eine möglicherweise bestehende Aufklärungspflicht an (vgl. oben 12, 22 ff.); so schließt etwa die **vage Hoffnung**, bei Fälligkeit zahlungsfähig zu sein, den Täuschungsvorsatz hinsichtlich der Erklärung uneingeschränkter Zahlungsfähigkeit nicht aus; ebenso wenig der bloße „Glaube an ein Wunder" (vgl. 1 StR 16/07). Erforderlich ist weiter das Bewusstsein, gerade durch die Irrtumserregung eine Vermögensverfügung des Getäuschten hervorzurufen.

106 a Der Vorsatz muss auch die Verursachung einer unmittelbaren Vermögensschädigung umfassen. Der Täter muss die wesentlichen Umstände erkennen oder billend in Kauf nehmen, die den **Schaden** begründen. Bei Eintritt eines **endgültigen Vermögensverlustes** reicht es daher aus, wenn der Täter die Möglichkeit dieses Schadenseintritts kennt und mindestens billigt. Im Fall eines **Gefährdungsschadens** liegen die Dinge anders: Hier ist für das **kognitive Element** ausreichend, dass der Täter die Umstände kennt oder billigt, die die konkrete Gefährdung begründen (vgl. BGH **46**, 30, 35; **47**, 148, 156 f. [zu § 266]; **48**, 331, 456 f.; wistra **96**, 261; NJW **02**, 1211, 1216). Hieraus ergibt sich aber nicht ohne Weiteres schon das Vorliegen des **voluntativen Elements**. Der BGH hat entschieden, beim Gefährdungsschaden könne (in wirtschaftsstrafrechtlichen Fällen) „das Wollenselement nicht ausschließlich aus der Perspektive der Schadenswahrscheinlichkeit betrachtet werden" (BGH **48**, 331, 347 [*5. StS*]). Er verlangt daher eine „Gesamtwürdigung" (ebd. 348); dabei soll (für die Beurteilung von Risikogeschäften nach § 266) bei *Kenntnis* „äußerster Gefährlichkeit" die Annahme einer *Billigung* des Erfolgs nahe liegen (BGH **46**, 30, 35; ähnlich BGH **47**, 148, 156 f.); in diesem Fall soll es nicht darauf ankommen, ob der Täter darauf *vertraut*, dass die Gefährdung nicht zu einem *endgültigen Verlust* führen werde (BGH **48**, 331, 346 f.; NStZ-RR **01**, 328, 330; MDR/H **81**, 810; BGHR § 263 I, Vors. 1, 2; NStZ **03**, 264). Diese Rspr ist nicht ohne Widersprüche, da sie einerseits konkrete Gefährdung und endgültigen Schadensverlust gleichsetzt (vgl. BGH **48**, 331, 347); andererseits die Kenntnis der Gefahr nur als *Indiz* für die Billigung des Verlustes ansieht (BGH **46**, 30, 35; zutr. krit. zu diesem Widerspruch *Feigen,* Rudolphi-FS [2004] 445, 460 f. mwN). Der *2. StS* hat daher (für § 266, wo das Problem mangels Versuchs-Strafbarkeit besonders hervortritt) **bei bedingtem Vorsatz** (zur Abgrenzung vgl. wistra **07**, 306, 307) eine **Einschränkung** im subjektiven Bereich auf der Grundlage einer Differenzierung zwischen Vermögens-*Gefährdung* und Vermögens-*Verlust* vorgenommen (BGH **51**, 100, 120 ff. [*Fall Kanther/Weyrauch*]; 2 StR 469/06; vgl. 78 b zu § 266; vgl. dazu *Saliger* NStZ **07**, 545 ff.): Bedingter Tatvorsatz einer schadensgleichen Gefährdung liegt nicht schon vor, wenn der Täter den Eintritt des *Risikos* für möglich hält und billigt; vielmehr muss das voluntative Element auch die **Realisierung dieses Risikos** umfassen. Ein bedingter Vorsatz liegt daher nicht vor, wenn der

Täter zwar eine konkrete Vermögens-*Gefährdung* für möglich hält und billigt, den Eintritt eines endgültigen Vermögensschadens aber auf keinen Fall will (vgl. auch 78b zu § 266). Wie sich diese **neuen Linien** in der Rspr weiter entwickeln werden, bleibt abzuwarten.

Fahrlässigkeit reicht in keinem Fall aus. Es genügt daher namentlich in Fällen des Eingehungsbetrugs nicht die Feststellung, dass der Täter irrtumsrelevante Tatsachen „kennen musste". Im Fall täuschungsbedingter Kreditgewährung ist daher erforderlich, dass der Täter die Minderwertigkeit des Rückzahlungsanspruchs gegenüber dem erhaltenen Geldbetrag kennt oder billigend in Kauf nimmt (NStZ-RR **01**, 328, 330). Die Vorverlagerung der Vollendung in den Bereich der „konkreten Vermögensgefährdung" führt in der Praxis zu einer **Grauzone** zwischen bewusster Fahrlässigkeit und bedingtem Vorsatz; insb. in Fällen unterlassener Risikoaufklärung beim Eingehungsbetrug ergibt sich daraus faktisch ein **soziales Gefälle:** Während Geld- oder Warenkredit gewährende Unternehmen das (Täuschungs-) Risiko vielfach durch weitgehende vertragliche Auskunftspflichten auf ihre Kunden verlagern, bleiben umgekehrte Risiken (zB Lieferfähigkeit; Insolvenzrisiko) überwiegend in der Sphäre des *üblichen* Geschäftsrisikos. Das betrifft in zunehmendem Maße auch den Bereich kleinerer und mittlerer Unternehmen und Freiberufler, deren unternehmerische Risikofreude sich oftmals auf einem schmalen Grat zwischen *Erfolgsvision* und (bedingtem) Betrugsvorsatz bewegt. Im Bereich von **Risikogeschäften**, etwa über Kapitalanlagen, kann namentlich das Wollenselement hinsichtlich eines (Gefährdungs-) Schadens nicht allein aus der Perspektive der objektiven Schadenswahrscheinlichkeit betrachtet oder ohne Weiteres aus dem Schadenseintritt abgeleitet werden. Erforderlich sind genaue Feststellungen zur Risiko- und Interessenlage und zur Motivation des Täters (vgl. BGH **46**, 30, 35 [Anm. *Knauer* NStZ **02**, 399; *Otto* JR **00**, 517; *Gallandi* wistra **01**, 281]; **47**, 148, 157; **48**, 331, 346f. [Bespr. *Kühne* JZ **04**, 743; Anm. *Beulke* JR **05**, 37); aus groben Verstößen gegen Rechtsvorschriften gerade zum Schutz von Anlegern ergeben sich **Indizien** für den Vorsatz (BGH **47**, 157; **48**, 331, 348). **106b**

2) Bereicherungsabsicht. Die Tat muss subjektiv (dazu unten 110ff.) auf die Erlangung eines rechtswidrigen **Vermögensvorteils** für den **Täuschenden** oder eine **Dritten** gerichtet sein. Der Vermögensvorteil ist die Erhöhung des wirtschaftlichen Gesamtwerts des Vermögens; dieser Wert ist nach denselben Grundsätzen zu bestimmen wie der Vermögensschaden (LK-*Tiedemann* 254); er ist daher abhängig vom Vermögensbegriff (oben 54ff.). Eine Vermögenswertsteigerung kann daher durch alle Umstände eintreten, die auf Seiten des Opfers zu einem Vermögensschaden führen können (LK-*Tiedemann* 255; *Lackner/Kühl* 59). Bei Verursachung eines **Gefährdungsschadens** (oben 94ff.) richtet sich die Absicht nicht („spiegelbildlich") auf Erreichung der *Möglichkeit* eines Vorteils, sondern auf dessen Eintritt. **107**

A. Stoffgleichheit. Der Vorteil muss die **Kehrseite des Schadens** und ihm **„stoffgleich"** sein; er muss also **unmittelbare Folge** der täuschungsbedingten Verfügung sein, welche den Schaden des Opfers herbeiführt (BGH **6**, 116; **21**, 384; **34**, 379 [dazu *Lipps* NJW **89**, 503; *Geppert* JK 25]; NJW **89**, 918; Bay NStZ **94**, 491 [Anm. *Seier* NZV **95**, 34]; **03**, 264; krit. *Dencker,* Grünwald-FS 86ff.). Die „Stoffgleichheit" des Vermögensvorteils setzt voraus, dass Vorteil und Schaden auf derselben Vermögensverfügung beruhen und dass der Vorteil dem Täter oder dem Dritten aus dem geschädigten Vermögen zufließt (BGH **34**, 379, 391; NStZ **98**, 85; vgl. dazu umf. *Mohrbotter,* Die Stoffgleichheit beim Betrug, 1966; NK-*Kindhäuser* 418; LK-*Tiedemann* 256ff.). Es kommt daher, namentlich in Fällen des persönlichen Schadenseinschlags, eines Schadens durch Zweckverfehlung, durch Verlust von Anwartschaften oder durch konkrete Vermögensgefährdung, nicht auf eine Identität im Sinne einer „Gestaltgleichheit" an (Karlsruhe NJW **59**, 399); vielmehr auf den funktionalen Zusammenhang zwischen der Vermögensminderung und dem erstrebten Vorteil (*Dencker,* Grünwald-FS 82ff.), nach hM auf die **Unmittelbarkeit der Verschiebung.** Das Erfordernis der Stoffgleichheit schließt, da § 263 **108**

kein allgemeines Vermögensschädigungsdelikt ist, **mittelbare** und **Folgeschäden** aus. Seine Prüfung ist namentlich von Bedeutung, wenn Verfügender und Geschädigter nicht identisch sind; darüber hinaus, wenn der erstrebte Vermögensvorteil dem Täter nicht unmittelbar aus der Verfügung des Opfers zufließt.

108 a So führt **zB** beim **Ausschreibungsbetrug** der auf Täuschung beruhende Vertragsabschluss mit einem Bewerber unmittelbar zur Einbuße der sicheren Gewinnerwartung eines dritten Mitbewerbers (BGH **17**, 147; **19**, 37; **34**, 379, 390; NStZ **97**, 542). Beim **Scheck-** und **Kreditkartenmissbrauch** war die Frage der Stoffgleichheit lange umstritten (vgl. BGH **24**, 386; Köln NJW **78**, 713 [dazu *Gössel* JR **78**, 469; *Vormbaum* JuS **81**, 18; *Schroth* NJW **83**, 716); sie kann nach Einführung des § 266b dahinstehen. Beim Betrug durch **Provisionsvertreter** fehlt es an der Unmittelbarkeit zwischen dem Schaden des getäuschten Kunden und der Provisionszahlung an den Täter; Stoffgleichheit besteht hier zwischen dem Schaden des Kunden und dem Vorteil des Auftraggebers (insoweit drittnütziger Betrug; vgl. NJW **61**, 684; Braunschweig NJW **61**, 1272; Saarbrücken NJW **68**, 262; Düsseldorf NJW **74**, 1833) sowie ggf zwischen dem Schaden des über die Werthaltigkeit des erschlichenen Vertrags getäuschten Auftraggebers und der Provisionszahlung (insoweit eigennütziger Betrug; vgl. BGH **21**, 384). Das gilt entsprechend beim **Kapitalanlagebetrug** durch Vermittler: Wenn die Provision aus den Einzahlungen *anderer* als des getäuschten Anlegers gezahlt wird, fehlt es für einen eigennützigen Betrug an der Stoffgleichheit; hier liegt idR fremdnütziger Betrug vor (NStZ **03**, 264). Bei Täuschungen des Bundestagspräsidenten im Zusammenhang mit dem „Waschen" verbotener **Parteispenden** ist nach BGH **49**, 275ff. (= NJW **04**, 3569, 3578) Stoffgleichheit auch dann gegeben, wenn im Hinblick auf die Obergrenze der Parteienfinanzierung der Schaden nicht beim Bundeshaushalt, sondern bei den anderen Parteien eintritt (vgl. dazu *Saliger/Sinner* NJW **05**, 1073, 1076f.).

109 **Nicht „stoffgleich"** (krit. zum Begriff Bay MDR **74**, 776; *Beulke* JuS **77**, 35, 38; *Lackner/Kühl* 59; *Küper* BT 87f.; *Dencker,* Grünwald-FS 82ff.) sind danach **zB** **Belohnungen** des Täters durch Dritte (*Küper* BT 88; *S/S-Cramer/Perron* 168); Erlangung eines **Schadensfreiheitsrabatts** nach Täuschung einer Haftpflichtversicherung (Bay JZ **94**, 584 [Anm. *Seier* NZV **95**, 34]); **Folgeschäden** auf Grund erschlichener Gebrauchsüberlassung (NJW **89**, 918); **Aufwendungen** des Opfers zur Durchsetzung seines Schadensersatzanspruchs (NStZ **98**, 570; BGHR § 263 I Stoffgleichheit 2); Vermögensnachteile auf Grund der Nichtdurchführung eines Vertrags (StV **95**, 255; NStZ **98**, 85); die verhinderte Geltendmachung von **Schadensersatzansprüchen** des Ausschreibenden beim Submissionsbetrug (NStZ **00**, 260f.; **and.** NJW **92**, 921, 923 [insoweit in BGH **38**, 186 nicht abgedr.]; vgl. oben 100); Erlangung von Mieteinnahmen durch täuschende Beauftragung eines Handwerkers und dadurch bei Mietern erregtem Irrtum, Eigentümer zu sein (NStZ **01**, 650); Gewinn aus BtM-Handel bei Einräumung der Möglichkeit dazu (NStZ **02**, 254 [zu § 253: Nötigung eines Gastwirts zur Duldung]); Vorteilszuwendung an einen bestechlichen Beamten, der seinen Dienstherrn durch Täuschung daran hindert, einen vertraglichen Schadensersatzanspruch wegen unerlaubter Preisabsprachen geltend zu machen (NStZ **00**, 260f.); Vermögensnachteile von Arbeitnehmern durch unterlassene oder falsche Anmeldung des Arbeitgebers gegenüber der Einzugsstelle (Köln NStZ-RR **03**, 212f; vgl. § 266a); die Bereicherung eines Patienten durch pflichtwidrige Über-Verordnungen eines **Kassenarztes** und der (irrtumsbedingte) Schaden der Krankenkasse durch Unterlassen einer Regressforderung gegen den Arzt (NJW **04**, 454 [in BGH **49**, 17 nicht abgedr.]; vgl. 25 zu § 266). *Anders* hat Hamm (NJW **06**, 2341) für den Fall entschieden, dass ein Patient die Mitgliedschaft in der gesetzlichen Krankenversicherung (mittels ungültiger Cipkarte) gegenüber dem Arzt *vortäuscht*: Hier soll der Kassenarzt als Vertreter der Krankenkasse eine Verfügung vornehmen und einen stoffgleichen Schaden *der Versicherung* bewirken, weil diese (im Hinblick auf § 19 Abs. VIII des Bundesmantelvertrag Ärzte [BMV-Ä]) bei Unkenntnis des Kassenarztes die Leistrung vergüten muss (zw.). Die Eingehung einer selbstschuldnerischen Bürgschaft für einen zahlungsfähigen Schuldner stellt auch dann keinen Vermögensschaden dar, wenn die zugrunde liegende Forderung durch Täuschung des Gläubigers zustande gekommen ist (NStZ **98**, 570); das Risiko des Bürgen, bei der Abwehr der einredebehafteten Forderung mit Prozesskosten belastet zu werden, ist mangels Stoffgleichheit auch keine schadensgleiche Vermögensgefährdung (oben 94; BGH aaO).

B. Absicht. Es muss dem Täter darauf ankommen, sich oder einem Dritten einen **Vermögensvorteil** zu verschaffen. Motiv oder letzter Zweck muss dies nicht sein (BGH **4**, 107; **16**, 1; BGHR § 263 I Täusch. 9; *S/S-Cramer/Perron* 176; LK-*Tiedemann* 250 f.). Es fehlt an einer solchen Absicht, wenn die Vorteilserlangung nur eine notwendige, dem Täter aber unerwünschte Nebenfolge eines von ihm erstrebten anderen Erfolges ist (vgl. etwa Köln NJW **87**, 2095; Bay JZ **94**, 584 m. Anm. *Seier* NZV **95**, 34; krit. *Rengier* JZ **90**, 322, 325; *Dencker,* Grünwald-FS 91); auch dann, wenn der Täter den Vermögenszuwachs nur als notwendige Folge eines anderen erstrebten Zwecks in Kauf nimmt (vgl. Jena NStZ **06**, 450 [zu § 255]). **110**

C. Rechtswidrigkeit des Vorteils. Der erstrebte **Vorteil** muss **rechtswidrig** sein; das ist der Fall, wenn nach materiellem (privatem oder öffentlichem; BGH **3**, 162) Recht **kein Rechtsanspruch** auf den Vorteil besteht (BGH **19**, 206, 216; vgl. schon RG **5**, 352; zu **rechtlich missbilligten Ansprüchen** vgl. oben 64 ff.). Das ist im Strafprozess ohne Bindung an ggf. ergangene zivilrechtliche Entscheidungen zu prüfen (Bay StV **90**, 165). Hat der Täter oder der begünstigte Dritte ein Recht, also einen fälligen und einredefreien Anspruch auf den Vermögensvorteil, so entfällt die Rechtswidrigkeit; die durch Täuschung des Schuldners, einer Behörde oder eines Gerichts erreichte Erfüllung eines tatsächlich bestehenden Anspruchs unterfällt § 263 nicht (GA **66**, 52; NJW **83**, 2648; **90**, 2476; Bay StV **95**, 303; Düsseldorf NJW **98**, 692; München NJW **06**, 3364, 3365 [m. Anm. *Schiemann*]; Jena wistra **07**, 236, 237; Köln StraFo **07**, 299 [Antrag und Bezug von Leistungen nach dem AFG unter *falschem Namen*: schon kein Schaden, wenn materiell Anspruch besteht]), da es für die Rechtswidrigkeit nur auf das mit der Täuschung verfolgte Endziel ankommt (BGH **20**, 136 f.; **42**, 268 [m. Anm. *Kudlich* NStZ **97**, 432; *Arzt* JR **97**, 469]; vgl. *Lackner/Kühl* 61; LK-*Tiedemann* 265; SK-*Hoyer* 274 ff.; *Mitsch* BT II/1, 7/121 f.; jew. mwN; krit. *Arzt/Weber* 20/125 f.). Die **Manipulation von Beweismitteln** ist daher nicht nach § 263 strafbar, wenn die Täuschung der Durchsetzung eines tatsächlich oder vermeintlich (unten 112) **rechtmäßigen Anspruchs** dient. Das gilt umgekehrt auch für die täuschungsbedingte Abwendung unrechtmäßiger Forderungen, namentlich im Zivilprozess (vgl. oben 61 a). Die durch Täuschung erreichte Erfüllung von Naturalobligationen (vgl. oben 71) oder von schwer beweisbaren, aber bestehenden und fälligen Forderungen (vgl. wistra **99**, 420, 422 f.) ist nicht rechtswidrig (vgl. NJW **89**, 1435 f.). Rechtswidrig ist der Vorteil auch, soweit er über das Geschuldete hinausgeht; so besteht zB kein Anspruch auf Befriedigung nach Eröffnung des Insolvenzverfahrens (LK-*Tiedemann* 266). Auch die Täuschung über ein bestehendes Rücktrittsrecht oder über den Eintritt der Verjährung unterfällt § 263. Eine Möglichkeit der „Kompensation" soll bestehen, wenn die Leistung zwar nicht aus dem vorgetäuschten, jedoch aus einem anderen Rechtsgrund verlangt werden kann (vgl. MDR **83**, 419, 421 [Fördermittel]; dazu LK-*Tiedemann* 267). Das gilt jedenfalls dann nicht, wenn die Anspruchsvoraussetzungen für den *erschlichenen* Vorteil abschließend geregelt sind; daher richtet sich zB die täuschende Geltendmachung konkret nicht abrechnungsfähiger, aber medizinisch indizierter ärztlicher Leistungen beim Abrechnungsbetrug auf einen rechtswidrigen Vorteil (NStZ **93**, 388 f.; **95**, 85 f. [dazu BVerfG NJW **98**, 810]). **111**

D. Bewusstsein der Rechtswidrigkeit. Der Täter muss das Bewusstsein haben, dass er auf den angestrebten Vermögensvorteil kein Recht hat; die Rechtswidrigkeit **des Vorteils** ist subjektives Tatbestandsmerkmal (BGH **3**, 123; **4**, 106; **42**, 268; **48**, 322; NStZ-RR **97**, 257; NStZ **03**, 663, 664). Wegen der normativen Natur des Tatbestandsmerkmals reicht es nicht aus, dass der Täter die tatsächlichen Umstände kennt, aus denen sich ergibt, dass ihm zivilrechtlich ein Anspruch auf **112**

die vermögenswerte Leistung nicht zusteht; vorausgesetzt ist vielmehr, dass er jedenfalls im Sinne laienhafter Bewertung dieser Umstände einen Anspruch für nicht gegeben oder zumindest zweifelhaft hält (BGH **48**, 322, 328f.). Nimmt der Täter irrig an, einen Anspruch auf den Vorteil zu haben, so ist nach stRspr ein **Tatbestandsirrtum** iS von § 16 I gegeben (BGH **3**, 160, 163; **4**, 105, 106f.; **42**, 268, 272f.; **48**, 322, 328f.; NJW **53**, 1479; wistra **82**, 68; StV **92**, 106; NStZ-RR **96**, 9; **97**, 257f.; StV **00**, 78; NStZ **03**, 663, 664; 5 StR 325/88; Düsseldorf wistra **92**, 74). Das ist nach BGH **48**, 322, 329 (zu §§ 253, 255) aber nicht schon dann der Fall, wenn der Täter annimmt, er habe nach den rechtlich nicht anerkannten Anschauungen krimineller Kreise einen Anspruch auf Erlangung des Vermögensvorteils. Voraussetzung ist vielmehr die Vorstellung, der Anspruch werde auch von der Rechtsordnung anerkannt (ebd.).

112a Nach stRspr und hM muss sich die Absicht auf die Rechtswidrigkeit des Vorteils nicht erstrecken; vielmehr reicht insoweit **bedingter Vorsatz** (BGH **31**, 178, 181; **42**, 268, 273; wistra **91**, 181; vgl. schon RG **55**, 257, 261; **aA** *Mitsch* BT II/1, 7/125; *Arzt*, Rudolphi-FS [2004] 3, 8; *Schroeder*, Rudolphi-FS [2004] 285, 293), so dass vollendeter Betrug zB auch dann vorliegt, wenn der Täter durch Täuschung einen *möglicherweise* bestehenden Anspruch abwehrt oder durchsetzt (so auch München NJW **06**, 3364, 3365; krit. *Arzt* aaO). Bei irriger Annahme der Rechtswidrigkeit (iS eines *Bewertungs*irrtums) ist daher nach **hM** ein (untauglicher) **Versuch** gegeben (BGH **40**, 299, 302 [Bespr. *Roßmüller/Rohrer* MDR **96**, 986]; **42**, 268 [Anm. *Arzt* JR **97**, 469; *Kudlich* NStZ **97**, 432]; StV **03**, 671; LG Mannheim NJW **95**, 3398 [Bespr. *Behm* NStZ **96**, 317; *Scheffler* JuS **96**, 1070]; **aA** [Wahndelikt] *Jakobs* AT 25/38ff.; *Burkhardt* wistra **82**, 178; *Kindhäuser* GA **90**, 407, 419; wiederum **aA** [Vollendung] *Gössel* GA **03**, 903, 904; vgl. dazu *Küper* NStZ **93**, 313; LK-*Tiedemann* 268ff.).

113 **V. Versuch (Abs. II). Der Versuch** erfordert die Vornahme einer auf Täuschung und der Verwirklichung *aller* Tatbestandsmerkmale (Karlsruhe NJW **82**, 59 und hierzu *Burkhardt* JuS **83**, 426) abzielenden, aber nicht zum Erfolg gelangenden Handlung (BGH **2**, 380; **4**, 272; NJW **89**, 1436 [insoweit in BGH **36**, 124 nicht abgedr.]); dass der zu Täuschende von der Täuschung Kenntnis erlangt oder sich täuschen lässt oder dass eine Vermögensbeschädigung eingetreten ist, ist nicht erforderlich. Beim Eingehungsbetrug ist die bloße Sondierung der Vertragsbereitschaft Vorbereitungshandlung (vgl. wistra **84**, 225f.; NStZ **94**, 236; BGHR § 22 Ansetzen 8); ein von Täuschungshandlungen begleitetes ernst gemeintes Vertragsangebot in der Annahme, der andere Teil werde es möglicherweise annehmen, kann aber bereits ein Betrugsversuch sein (NStZ **97**, 31). Versuch liegt **zB** vor, wenn ein zahlungsunfähiger und zahlungsunwilliger Käufer Barzahlung vereinbart und nach seinem Tatplan den Kaufgegenstand ohne Barzahlung zu erhalten sucht (NStZ-RR **96**, 34); bei irrtümlicher Annahme der Rechtswidrigkeit des erstrebten Vermögensvorteils (BGH **42**, 268, 272f. [m. Anm. *Arzt* JR **97**, 469; *Kudlich* NStZ **97**, 432]) oder eines anderen Tatbestandmerkmals (vgl. NJW **83**, 2827 [Tanken an Selbstbedienungstankstelle, ohne dass dies bemerkt wird]); beim Prozessbetrug im Mahnverfahren mit dem Antrag auf Erlass des Mahnbescheids (BGH **24**, 257, 261; vgl. dazu auch BGHR § 263 I Täuschung 19 [Bespr. *Kretschmer* GA **04**, 458]; Düsseldorf NStZ **91**, 586; **aA** NK-*Kindhäuser* 376: Antrag auf Erlass des Vollstreckungsbescheids); in Verfahren ohne mündliche Verhandlung mit dem Einreichen von Klage- oder Antragsschriften (MDR/D **75**, 196; Bamberg NStZ **82**, 247 [Anm. *Hilger*]; Bay NStZ **96**, 406, 408); bei Vorlage fingierter auf den Todesfall bezogener Verträge zugunsten Dritter, so lange der angeblich Verfügende noch lebt (NStZ **04**, 264, 265). Zum Versuch bei irriger Annahme der Rechtswidrigkeit des Vermögensvorteils vgl. oben 112. Nur **Vorbereitung** liegt dagegen vor, wenn Täuschungshandlungen denjenigen Irrtum noch nicht hervorzurufen vermögen, der zur Verfügung und zum Schadenseintritt führen soll (BGH **37**, 296 [m. Anm. *Kienapfel* JR **92**, 122 u. im Einzelnen *Küper* JZ **92**, 338]); etwa auch dann, wenn nur planmäßig tatsächliche Umstände bewirkt werden, auf welche sich spätere Täuschungen beziehen sollen, etwa wenn ein Versicherungsfall fingiert, aber noch nicht an die Versicherung gemeldet wird (BGH **40**, 299, 302); oder wenn im Rahmen einer betrügerischen Baukostenabrechnung plangemäß unrichtige Leistungsverzeichnisse erstellt und zu einer „Vorprüfung" vorgelegt werden, die Einstellung in eine Schlussrechnung aber einer (streitigen) Erörterung vorbehalten ist (NStZ **00**, 589).

Vollendet ist der Betrug mit dem wenigstens teilweisen Eintritt des Vermögens- **114**
schadens (auch als Gefährdungsschaden iS von oben 94). Der erstrebte Vermögensvorteil braucht dagegen noch nicht erlangt (BGH **19**, 342; **32**, 243) oder gesichert (2 StR 305/83; Düsseldorf NJW **82**, 2268) zu sein. **Beendigung** ist gegeben und die Verjährungsfrist beginnt zu laufen (§ 78 a), wenn der Vermögensvorteil endgültig eingetreten ist (hM; vgl. BGH **19**, 342, 344; **32**, 236, 243; vgl. NStZ **01**, 650 [zu § 266]; **aA** *M/Schroeder/Maiwald* 41/149; *Lackner/Kühl* 63; *Otto,* Lackner-FS 722f. [endgültiger Schadenseintritt]; einschr. NK-*Kindhäuser* 381). Beim Fortwirken einer bei Vertragsschluss begangenen Täuschung liegt mit Abschluss des Verpflichtungsgeschäfts ein vollendeter Eingehungsbetrug vor; *Beendigung* tritt hier nach Rspr und hM durch endgültigen Vermögensverlust durch die (täuschungsbedingte) **Erfüllung** ein; bei Erfüllung durch mehrere täuschungsbedingte Verfügungen mit der Letzten (BGH **27**, 342, 343; **46**, 159, 166f.; NStZ **00**, 85; wistra **01**, 339; 5 StR 415/03). Daher ist bei Erschleichen von **Rentenzahlungen** (BGH **27**, 342 [Bespr. *Kühl* JZ **78**, 549]), Mietzahlungen (Koblenz MDR **93**, 70), Unterhaltsleistungen, Stipendien (wistra **01**, 339) oder **Subventionen** Beendigung erst mit Erlangen der Letzten von der Absicht des Täters umfassten Leistung gegeben. Dagegen soll beim **Anstellungsbetrug** die Beendigung bereits bei Abschluss des Anstellungsvertrags gegeben sein (BGH **22**, 38 [abl. Anm. *Schröder* JR **68**, 346]; MDR/D **58**, 564; LK-*Tiedemann* 275; zw.; vgl. 3 zu § 78 a mwN). Erfordert das Erlangen von **Teilleistungen** die Abgabe *jeweils* neu täuschender Erklärungen, so ist auch bei einheitlichem „Gesamtgeschäft" Beendigung jeweils mit Erlangen der Teilleistung gegeben (5 StR 415/03 [Bautenstandsbescheinigungen]).

VI. Beteiligung. Täterschaftliche Beteiligung ist sowohl als Mittäterschaft **115**
(BGH **24**, 286; **40**, 300) wie als mittelbare Täterschaft (NStZ **94**, 35; zur Täterschaft kraft „Organisationsherrschaft" vgl. wistra **98**, 148, 150) möglich und kann bis zur Beendigung der Tat geleistet werden. Mittäterschaft setzt Beteiligung am Kerngeschehen nicht zwingend voraus; es reicht im Einzelfall ein auf der Grundlage gemeinsamen Wollens fördernder Beitrag aus, der sich auf eine Vorbereitungs- oder Unterstützungshandlung beschränken kann (BGH **40**, 299, 301; NStZ **02**, 145f.; **02**, 200f.; NStZ-RR **00**, 327f.; **01**, 148; wistra **03**, 384; 2 StR 456/03; Celle NJW **94**, 142). An einer Mittäterschaft fehlt es idR, wenn der nur vorbereitend oder unterstützend Tätige keine hinreichende Kenntnis oder Bestimmungsmöglichkeit hinsichtlich der konkreten Tatausführung hat (vgl. NStZ **02**, 145f. [Scheckfälschung]). Besteht die Tathandlung des mittelbaren Täters im einmaligen Einwirken auf gutgläubige Werkzeuge, so liegt bei ihm nach der Rspr. des BGH nur eine Tat vor; mehrere selbstständige Betrugstaten der Werkzeuge sind, da jeder Beteiligte nur nach seinem eigenen Tatbeitrag beurteilt wird (NJW **95**, 2933f.), für den Hintermann zur Tateinheit verbunden (NStZ **98**, 247; **02**, 200f.; StV **00**, 196; wistra **01**, 217; **01**, 144; 1 StR 245/97). Dasselbe gilt auch bei Bösgläubigkeit des unmittelbar Handelnden (NStZ **94**, 35; wistra **98**, 148). Eine auf den Abschluss betrügerischer Verträge gerichtete geschäftsleitende Tätigkeit bildet idR für die Einzeltaten, die im Rahmen der vom Täter geleiteten betrügerischen Geschäftstätigkeit begangen werden, eine so enge Klammer, dass diese an sich selbständigen Taten zur Tateinheit zusammenfasst werden (wistra **98**, 225; vgl. auch **03**, 342; 2 StR 456/03).

Für den **Gehilfenvorsatz** ausreichend ist, dass der Gehilfe davon ausgeht, der **116**
Haupttäter werde seinen Tatbeitrag zu Manipulationen nutzen, die auf die Erlan-

gung rechtswidriger Vermögensvorteile gerichtet sind (BGH **42**, 135 m. Anm. *Loos* JR **97**, 297; *Roxin* JZ **97**, 210; *Kindhäuser* JR **97**, 273; *Schlehofer* StV **97**, 412; Bespr. *Martin* JuS **97**, 277; *Scheffler* JuS **97**, 598; *Fahl* JA **97**, 11 [Wertgutachten eines vereidigten Sachverständigen]). Das gilt auch für **„berufstypische" Handlungen** (vgl. BGH **46**, 107 zu § 370 AO). So ist die Auskehrung von Darlehensvaluta durch einen Notar als Beihilfe strafbar, wenn er in Kenntnis einer betrügerisch erlangten Überfinanzierung zur Sicherheit dienender Grundstücke handelt (NStZ-RR **01**, 241; vgl. NStZ **00**, 34; wistra **00**, 459). Die Bereicherungsabsicht ist kein persönliches Merkmal iS von § 28 I (LK-*Tiedemann* 288; NK-*Kindhäuser* 444).

117 **VII. Rechtsfolgen.** Die Rechtsfolgen sind in Abs. I, III bis VII abgestuft.

118 **1) Grunddelikt.** Die Strafe für das Grunddelikt des Abs. I ist Freiheitsstrafe bis zu 5 Jahren oder Geldstrafe. Ggf ist § 41 (dort 3) zu beachten. Bei der Zumessung sind vor allem die Schadenshöhe (BGH **36**, 320, 325), kriminelle Energie sowie die näheren Umstände der Tatbegehung (zB. besonderer Vertrauensbruch; vgl. NStZ **88**, 408; wistra **92**, 296; StV **93**, 520) zu berücksichtigen; ausufernden Beweisaufnahmen allein über die Höhe des Gesamtschadens bei Serientaten ist ggf. durch Beschränkung des Prozessstoffs entgegenzuwirken (Karlsruhe Die Justiz **98**, 535). Ein Gefährdungsschaden kann für die Strafzumessung nicht mit dem tatsächlich eingetretenen Schaden gleichgesetzt werden (wistra **99**, 185, 187).

119 **2) Besonders schwere Fälle, Abs. III.** Für besonders schwere Fälle droht die **Strafzumessungsregel** des Abs. III Freiheitsstrafe von 6 Monaten bis 10 Jahren an. Der Strafrahmen ist durch das 6. StrRG gemildert worden (vgl. BT-Drs. 13/8587, 22); zugleich sind in Nr. 1 bis 5 **Regelbeispiele** (vgl. 90 ff. zu § 243) eingefügt worden. Ihre Verwirklichung indiziert das Vorliegen eines besonders schweren Falles; einer zusätzlichen Prüfung, ob die Anwendung des erhöhten Strafrahmens im Vergleich zu anderen Fällen geboten ist, bedarf es nicht (wistra **04**, 339 f.). Zum Vergleich mit dem früheren Recht unter dem Gesichtspunkt des § 2 III vgl. NStZ-RR **07**, 193.

120 **A. Nr. 1** erfasst in der **1. Var.** die **gewerbsmäßige** Begehung (vgl. dazu 62 vor § 52). Sie liegt idR namentlich auch bei auf wiederkehrende Leistungen gerichteten Taten vor (Sozialhilfe, Arbeitslosengeld, Rente, BAföG-Leistungen usw.); der Regelwirkung kann dann im Einzelfall eine verhältnismäßig geringe Schadenshöhe, uU auch die mangelnde Kontrolle durch die geschädigte Stelle entgegenstehen (vgl. – recht großzügig – *Rau/Zschieschack* StV **04**, 669, 672). Der Annahme von Gewerbsmäßigkeit steht nicht entgegen, dass Teile der Tatbeute zur partiellen Schadenswiedergutmachung verwendet werden, wenn dies zur Vermeidung der Aufdeckung und damit zur Ermöglichung einer Fortsetzung der Straftaten dient (NStZ-RR **03**, 297 [zu § 266 II]); sie setzt auch nicht voraus, dass der Täter beabsichtigt, seinen Lebensunterhalt allein oder überwiegend durch die Begehung der Straftaten zu bestreiten (NStZ **04**, 265, 266).

120 a In der **2. Var.** erfasst Nr. 1 die **bandenmäßige Begehung** eines Betrugs, wenn sich die Bande zur Begehung einer Mehrzahl von selbstständigen, nicht notwendig schon bestimmten Taten der *Urkundenfälschung* oder des *Betrugs* verbunden hat. Für den Begriff der **Bande** (vgl. 17 ff. zu § 244) gelten die in BGH **46**, 321 entwickelten Grundsätze (wistra **02**, 21; NStZ **07**, 269 f.). Die von der Rspr zum bandenmäßigen Handeltreiben mit BtM entwickelten Grundsätze der Zugehörigkeit zur Verkäufer- oder Käuferseite ist auf Betrugstaten nicht übertragbar (NStZ **07**, 269 f. [*Kick-back* zu Lasten Kassenzahnärztl. Vereinigung; Anm. *Kudlich* StV **07**, 242]). Die Mitwirkung eines anderen Bandenmitglieds ist nicht erforderlich; für die Beteiligung gelten die allgemeinen Regeln (vgl. NStZ-RR-**03**, 265, 267; unten 131).

120 b Der Begriff der **Urkundenfälschung** ist weit zu fassen; er umfasst nicht nur Taten nach § 267, sondern auch solche nach §§ 268 bis 281 (ebenso LK-*Tiedemann* 297; NK-*Kindhäuser* 450; *S/S-Cramer/Perron* 188 a). Entsprechendes gilt für den **Betrug;** umfasst sind jedenfalls Taten nach 263, 264, 264 a, 265 b, wohl auch § 266 b (**aA** NK-*Kindhäuser* 392; *S/S-Cramer/Perron* 188 a), *nicht* aber §§ 263 a (insoweit **aA** LK-*Tiedemann* 297; NK-*Kindhäuser* 450;), 265, 265 a, 266, 266 a, da in diesen Tatbeständen das Täuschungselement gerade fehlt. Nach **aA** ist die Formulierung eng auszulegen und auf Taten nach §§ 263, 267 beschränkt (*Lackner/Kühl* 66); dies soll sich daraus ergeben, dass §§ 275 II, 276 II ihrerseits erhöhte Strafdrohungen für bandenmäßige Begehung enthalten. Dagegen spricht freilich die Formulierung von Abs. V, der die in Nr. 1 verwendeten Abschnittsbezeichnungen im Fall gewerbsmäßigen *und* bandenmäßigen Handelns einengt. Nr. 1 entspricht § 267 III Nr. 1; es kommt daher nicht darauf an, ob die Bandenabrede sich auf Betrugs- oder Fälschungstaten bezieht. Der Täter muss aber „als Mitglied" der Bande handeln; die Tat nach § 263 muss im inhaltlichen *Zusammenhang* der Bandenabrede stehen.

Sind **beide Varianten** erfüllt, ist eine Qualifikation nach Abs. V gegeben. Die **Abgrenzung** des III Nr. 1 zum Verbrechen nach Abs. V ist in Fällen bandenmäßiger Begehung schwierig, denn eine auf *fortgesetzte* Begehung von Taten insb. nach § 263 gerichtete Bandenabrede *ohne* den Vorsatz der Gewerbsmäßigkeit dürfte selten sein. Gleichwohl sind hieraus erhöhte Anforderungen an den Organisationsgrad der Bande für den Bereich des § 263 nicht abzuleiten (so aber LG Berlin StV **04**, 545; vgl. auch unten 131). Nicht jeder Beteiligte am Bandenbetrug muss notwendig mit der Absicht *eigenen* wiederholten Gewinnerwerbs handeln. **120 c**

B. Nr. 2 umfasst in der **1. Var.** einen Erfolgsunwert und in der **2. Var.** ein Delikt mit überschießender Innentendenz (zu abw. Vorschlägen im Gesetzgebungsverfahren des 6. StrRG vgl. BT-Drs. 13/8587, 64, 65). **121**

Ein **Vermögensverlust großen Ausmaßes** liegt vor, wenn die **Schadenshöhe** (nicht aber notwendig der erlangte Vermögensvorteil) außergewöhnlich hoch ist. Das Merkmal des großen Ausmaßes, das in § 264 II Nr. 1 und § 335 II Nr. 1 in Bezug auf den erlangten Vorteil verwendet wird (vgl. 46 zu § 264; 5 zu § 335), ist tatbestandsbezogen auszulegen (vgl. zu § 264 wistra **91**, 106; *Lackner/Kühl* 25; *S/S-Cramer S/S-Cramer/Perron* 74); dabei ist, wie sich mittelbar aus Nr. 3 ergibt, die Grenze objektiv und nicht aus Sicht des Opfers zu bestimmen. Bedenken hinsichtlich der hinreichenden **Bestimmtheit** des Merkmals, wie sie namentlich für § 370 a AO erhoben worden sind (vgl. *5. StS*, NJW **04**, 2990; **05**, 374, 375 f. [zust. *Hild/Albrecht* NJW **05**, 336; abl. *Hunsmann* NStZ **05**, 72]; dazu 16 b zu § 261), hat die Rspr des BGH, auch im Hinblick auf die Eingrenzung des Merkmals in § 264 II Nr. 1, für §§ 263, 266 nicht erkennen lassen. Ob die Grenze aufgrund der abweichenden kriminologischen Gegebenheiten niedriger als im Fall des § 264 II Nr. 1 anzusetzen sei, hat der **BGH** zunächst offen gelassen (NStZ-RR **02**, 50; *3. StS*); er hat aber in BGH **48**, 360 (*1. StS*; Anm. *Hannich/Röhm* NJW **04**, 2061; vgl. dazu auch *Golombek/v. Tippelskirch* NStZ **04**, 528, 530) im Anschluss an den RegE des 6. StrRG (dort 43; ebenso *S/S-Cramer S/S-Cramer/Perron* 188 c; LK-*Tiedemann* 298; NK-*Kindhäuser* 394; *Arzt/Weber* 20/135) entschieden, dass die Regel-Grenze wie dort bei etwa **50 000 Euro** anzusetzen sei. Das ist im Ergebnis nicht unbedingt überzeugend (krit. *W/Hillenkamp* 591), wenn man in Erwägung zieht, dass die *durchschnittliche* Schadenshöhe bei Taten nach § 263 deutlich weniger als ein Zehntel dieser Summe beträgt und die Rspr zu § 264 II Nr. 1 ganz andere Lebenssachverhalte betrifft. Die Entscheidung des *1. StS* ist aber in der **Rechtspraxis** der Staatsanwaltschaften und Instanzgerichte zu beachten. **122**

Der Verlust muss **tatsächlich eingetreten** sein; ein **Gefährdungsschaden** (oben 94 ff.) in gleicher Höhe begründet die Regelwirkung nicht (NStZ **02**, 547 [*3. StS*; Anm. *Joecks* StV **04**, 17]; BGH **48**, 354, 356 ff. [*1. StS*; Anm. *Rotsch* wistra **04**, 300; *Krüger* wistra **04**, 146; *Gallandi* NStZ **04**, 268: Bespr. *Lang/Eichhorn* NStZ **04**, 528]; wistra **07**, 111; NStZ-RR **07**, 269 L; NK-*Kindhäuser* 394; **aA** LK-*Tiedemann* 298; *Peglau* wistra **04**, 7, 8; *Gallandi* NStZ **04**, 268; vgl. auch *Joecks* 108), kann aber im Rahmen der erforderlichen Gesamtwürdigung (vgl. NStZ-RR **03**, 297, 298) die Annahme eines unbenannten besonders schweren Falles rechtfertigen. Auch auf den **Versuch** des § 263 ist Nr. 2 nicht anwendbar (StV **07**, 132; **122 a** wistra **07**, 183, 184). Dass der eingetretene Verlust von Dauer ist, ist nicht erforderlich (NStZ **02**, 547 [Anm. *Joecks* StV **04**, 17]).

123 Die **2. Var.** setzt die **Absicht** voraus, durch *fortgesetzte* Begehung von Betrug eine **große Zahl** (vgl. auch 8 zu § 330; zur Bestimmung an § 306b anknüpfend *W/Hillenkamp* 591; so auch NK-*Kindhäuser* 396; **aA** LK-*Tiedemann* 299: entspr. § 283a Nr. 2 [„viele"] 10 Personen; enger *Joecks* 109; *Schroth* BT 131: 50 Personen) von Menschen in die **Gefahr** eines Verlustes von Vermögenswerten zu bringen. Die Formulierung ist unklar und passt mit Abs. I schwer zusammen, denn auf eine *Gefährdungs*absicht kann es nach dem Sinn der Vorschrift gar nicht ankommen (krit. auch *Gallandi* NStZ **04**, 268; *A/R-Gallandi* V 1/184). Die Absicht muss auf die Begehung von wenigstens zwei für den Täter rechtlich selbstständigen Betrugstaten gerichtet sein (Stellungn. BRat aaO 64); nicht ausreichend ist daher etwa die täterschaftliche Mitwirkung (als *Hintermann*) durch *eine Handlung* an einer Vielzahl von Einzeltaten, die von Mittätern gegen eine große Zahl von Opfern begangen werden. „Menschen" iS von Nr. 2 sind nur **natürliche Personen** (NStZ **01**, 319). In der Zukunft geplante Taten müssen noch nicht im Einzelnen bestimmt sein. Das Regelbeispiel ist bei Vorliegen der Absicht bereits bei Begehung der ersten Tat erfüllt (NStZ **01**, 319).

124 **C. Nr. 3** setzt voraus, dass eine andere Person in **wirtschaftliche Not** gebracht worden ist. Damit wird die Verursachung von Schäden einbezogen, die nicht als *stoffgleich* iS von oben 108 anzusehen sind (ebenso LK-*Tiedemann* 300; NK-*Kindhäuser* 457). Zum Begriff der wirtschaftlichen Not vgl. 27 zu § 291; die Feststellung kann erhebliche Schwierigkeiten bereiten (krit. *Arzt/Weber* 20/136). Wie bei § 291 muss der Vorsatz des Täters die tatsächlichen Voraussetzungen der wirtschaftlichen Not umfassen (27 zu § 291; *S/S-Cramer S/S-Cramer/Perron* 188e u. *S/S-Stree/Heine* 45 zu § 291; LK-*Wolff* 66 zu § 302a aF; wohl and. LK-*Tiedemann* 300); § 18 gilt nicht.

125 **D. Nr. 4** verlangt einen Missbrauch der **Befugnisse** oder der **Stellung** des Täters als Amtsträger (§ 11 I Nr. 2). Das Regelbeispiel ist durch das 6. StrRG auch in § 240 IV S. 2 Nr. 3 und § 267 III S. 2 Nr. 4 aufgenommen worden und war schon bisher in § 264 II S. 2 Nr. 2 aufgeführt (dort 32). Missbrauch der *Befugnisse* liegt vor, wenn der Amtsträger im Rahmen seiner grds gegebenen Zuständigkeit handelt; Missbrauch der *Stellung* bei Handlungen außerhalb des Zuständigkeitsbereichs, aber unter Ausnutzung der durch das Amt gegebenen Handlungsmöglichkeiten (*S/S-Cramer S/S-Cramer/Perron* 76; S/S-*Lenckner/Perron* 76 zu § 264; LK-*Tiedemann* 301). Nicht erfasst ist der Fall einer (auch) vorgetäuschten Amtsträger-Eigenschaft.

126 **E. Nr. 5** beruht auf einem Formulierungsvorschlag der BReg. zum 6. StrRG, die der Anregung des BRats gefolgt ist, eine effektivere Verfolgung des Betrugs zu Lasten von Versicherungen sicherzustellen (BT-Drs. 8587, 65, 85). Während die Neufassung des § 265 in Anlehnung an § 256 II E 1962 formuliert und dort die enge Anbindung an § 263 gelöst wurde (vgl. RA-BTag, Ber., BT-Drs. 13/9064, 19f.), ist die Anschlusstat des § 265 aF als Regelbeispiel in § 263 III Nr. 5 aufgenommen worden; § 265 ist kraft ausdrücklicher Regelung subsidiär (§ 265 I, letzter HS). Nr. 5 setzt daher stets eine (vollendete) **Vortat** nach § 265 voraus, erfasst aber nur einen kleinen Teil der dort geregelten Fälle (dort 1, 5). Mit §§ 306, 306a, 306b (*nicht* aber Abs. II Nr. 2; vgl. 8f. zu § 306b), 315 besteht dagegen Tatmehrheit. Durch das Regelbeispiel wird die Herabstufung des § 265 zum Vergehen ausgeglichen (NStZ **99**, 243).

126a **Voraussetzung** von Nr. 5 ist die **Vortäuschung eines Versicherungsfalls.** Damit ist nicht die Herbeiführung eines tatsächlichen Schadens an einer der genannten Sachen, sondern die *Geltendmachung* eines in Wahrheit nicht bestehenden Anspruchs auf die Versicherungsleistung gegenüber der Versicherung gemeint (vgl. auch LK-*Tiedemann* 302; NK-*Kindhäuser* 399). Die Täuschung iS des I muss also die bewusst wahrheitswidrige Darstellung der tatsächlichen Voraussetzungen eines

Versicherungsfalls sein. Der geltend gemachte Anspruch muss sich gerade aus der Vortat ergeben, die der Täter selbst oder ein Dritter begangen haben kann, und zwar entweder aus einer **Brandstiftung** (13 ff. zu § 306) an einer Sache von bedeutendem Wert oder aus der Herbeiführung des **Sinkens oder Strandens** eines Schiffes (zweifelnd hinsichtlich des Sinns dieser Anknüpfung *Mitsch* ZStW **111**, 115). Für die Bestimmung des **bedeutenden Werts** sind die für §§ 305 a, 307 ff., 315 ff. geltenden Regeln heranzuziehen (16 zu § 315). Ein Schiff, dh ein Wasserfahrzeug jeder Art und Größe (Koblenz NJW **66**, 1669: Sportboot), ist zum Sinken gebracht, wenn wesentliche Teile unter die Wasseroberfläche geraten (RG **35**, 399); zum Stranden, wenn es auf Grund geraten und dadurch bewegungsunfähig ist. Die Tat muss **vollendet,** nicht notwendig aber beendet sein (ausreichend zB Geltendmachung von Abschlagsleistungen zum Zweck der Bergung). Eine Einschränkung erfährt Nr. 5 dadurch, dass die Vortat **zum Zweck** der Vortäuschung des Versicherungsfalls begangen sein muss. Das Merkmal knüpft an das der „betrügerischen Absicht" des § 265 aF an. Abzustellen ist auf die Vorstellung des Vortäters (des Täters selbst oder eines Dritten) vom Bestehen oder Nichtbestehen eines Versicherungsanspruchs (vgl. MDR/H **88**, 1002 m. Anm. *Ranft* StV **89**, 303; BGHR § 306 Nr. 2 Vorsatz 1; 10 zu § 265). Der Vortäter muss zudem **bei der Vortat** Vorsatz auch im Hinblick auf den späteren Versicherungsbetrug haben; das muss bei Anwendung von Nr. 5 festgestellt sein (zust. LK-*Tiedemann* 302). Wenn der Täter die Vortat nur betrügerisch ausnutzt, liegt nur Abs. I vor.

Ein **Versicherungsfall** muss vorgetäuscht werden. Aus den Materialien zum 6. StrRG ergibt sich nicht, dass der Gesetzgeber bei der Neufassung den Strafrahmen des Regelbeispiels über die Geltendmachung von **Sachversicherungsleistungen** aus der Brand- oder Schiffsunfallversicherung hinaus ausdehnen wollte (vgl. BT-Drs. 13/9064, 19 f.). Die Geltendmachung von Personen- und Vermögensfolgeschäden, die als Folge der Vortat eingetreten sind, ist daher nicht umfasst (ebenso LK-*Tiedemann* 302; NK-*Kindhäuser* 399). Ein **Versicherungsfall** ist sowohl dann vorgetäuscht, wenn die in Brand gesetzte Sache oder das untergegangene Schiff fälschlicherweise als die versicherte Sache ausgegeben werden, als auch dann, wenn die Vortat zwar eine versicherte Sache betrifft, der Versicherungsanspruch aber nicht entstanden ist, weil der Versicherer von der Leistungspflicht frei geworden ist (*Mitsch* BT II/1, 1/133; *Wolters* JZ **98**, 399; *W/Hillenkamp* 660). **127**

Im **Verhältnis zu den Brandstiftungsdelikten** ist insb. § 306 b II Nr. 2 zu beachten. Handelt der Täter bei der Brandstiftung an einem Objekt iS von § 306 a I oder II, also auch einem solchen nach § 306 I, in der von § 263 III Nr. 5 vorausgesetzten Absicht eines späteren Versicherungsbetrugs, so „ermöglicht" er diese Tat (nicht aber einen Versicherungsmissbrauch gem. § 265; vgl. BGH **51**, 236 [= NJW **07**, 2130]). Die zwischen beiden Vorschriften bestehende krasse Strafmaßdifferenz spricht zwar dafür, § 306 b II Nr. 2 einschränkend dahin auszulegen, dass ein „Ausnutzen" im engen zeitlich-räumlichen Zusammenhang mit der Brandstiftung erforderlich ist (so BGH **38**, 309 zu § 307 Nr. 2 aF). Der **BGH** (BGH **45**, 211) hat eine solche restriktive Auslegung (dafür etwa *Mitsch* ZStW **111**, 114 f.; *Staechlin* StV **98**, 100) jedoch im Hinblick auf den Wortlaut des § 306 b abgelehnt (vgl. 9 zu § 306 b), der anders als § 307 Nr. 2 aF kein „Ausnutzen" der Brandstiftung mehr verlangt, sondern wie § 211 II ein „Ermöglichen" ausreichen lässt. Die Brandstiftung und der nachfolgende Betrug bilden nach der Rspr. des BGH eine prozessuale Tat, wenn der Brandstifter die Versicherung über das Vorliegen eines Versicherungsfalls täuscht (BGH **45**, 211, 214; wistra **02**, 154; NStZ **06**, 350 [auch Anstiftung zu § 306]). **128**

F. Abweichung von der Regelwirkung; unbenannte besonders schwere Fälle. Bei Vorliegen von III Nr. 1 bis 5 ist **in der Regel,** wenn nicht ein Bagatellbetrug vorliegt (IV iVm § 243 II), ein besonders schwerer Fall anzunehmen. Die Aufnahme von Regelbeispielen in III macht aber eine **Gesamtabwägung** nicht überflüssig (vgl. NStZ **84**, 413; **99**, 244 f.; NStZ-RR **03**, 297; wistra **88**, 304; **01**, **129**

303; 5 StR 196/93 zu III aF; Köln NStZ-RR **03**, 298). Für ein Abweichen von der Regelwirkung kann das Fehlen von Kontrollen sprechen; Sorglosigkeit des Geschädigten (LG Gera NStZ-RR **96**, 167); das Vorliegen jeweils nur niedriger, teilweise unter der Bagatellgrenze liegender Schäden bei gewerbsmäßiger Begehung (vgl. wistra **01**, 303 f.); das Vorliegen eines vertypten Strafmilderungsgrunds (wistra **03**, 297 [§ 21]); nicht schon der Umstand, dass durch die Tat „nur" eine anonyme Solidargemeinschaft geschädigt wurde (Versicherung; öffentliche Kasse). Umgekehrt können gravierende schulderhöhende Umstände auch ohne Verwirklichung eines Beispiels nach Nr. 1 bis 5 zur Anwendung des III führen, etwa bei besonderer Skrupellosigkeit des Täters, Ausnutzung besonderen Vertrauens oder Verursachung erheblicher immaterieller Tatfolgen. Die Beurteilung als besonders schwerer Fall ist, wenn der Tatrichter alle wesentlichen Gesichtspunkte in seine Gesamtwürdigung einbezogen hat, einer **revisionsgerichtlichen** Prüfung nur sehr eingeschränkt zugänglich (NStZ **82**, 464; NStZ-RR **03**, 297 f.).

130 **3) Antragserfordernis, Abs. IV.** Nach Abs. IV iVm § 247 wird der Betrug gegenüber einem **Angehörigen** (§ 11 I Nr. 1), dem **Vormund** oder einem **Hausgenossen** zum relativen **Antragsdelikt** (vgl. Anm. zu § 247). Gegen sie richtet sich der Betrug, falls sie in ihrem Vermögen geschädigt sind; unerheblich ist, ob im Fall des Dreiecksbetrugs (oben 47 ff.) die getäuschte Person ein Angehöriger ist. Der Antrag ist auch in besonders schweren Fällen (III) erforderlich. In den Fällen des **Bagatellbetruges** (Abs. IV iVm § 248 a; vgl. 24 ff. zu § 243), dh einer Tat, bei der sowohl der angerichtete Vermögensschaden als auch der erstrebte Vermögensvorteil (nicht etwa nur der erlangte; zur Problematik *Dreher,* Welzel-FS 917, 929; *Naucke,* Lackner-FS 697; LK-*Tiedemann* 306) iS von § 248 a als geringwertig anzusehen ist (vgl. dort), ist ein besonders schwerer Fall ausgeschlossen (IV iVm § 243 II); die Tat kann hier Antrags- oder Offizialdelikt sein (vgl. 4 ff. zu § 230).

131 **4) Qualifikation (Abs. V).** Abs. V enthält einen **Qualifikationstatbestand,** der die Tat in Fällen **kumulativ gewerbs- und bandenmäßiger** Begehung zum **Verbrechen** macht; die Qualifikation ist in die Urteilsformel aufzunehmen (NStZ-RR **07**, 269 L). Für die Bandenabrede gilt das oben 120 Ausgeführte; Abs. V beschränkt den Deliktsbereich auf Taten nach §§ 263 bis 264 und §§ 267 bis 269. Abs. V ist nicht auf Fälle professionell organisierter Schwerkriminalität beschränkt (and. LG Berlin StV **04**, 545); die Abgrenzung zur *nicht gewerbsmäßigen* bandenmäßigen Begehung iS von III Nr. 1 kann nicht durch Erhöhung der Organisationsanforderungen des V in Richtung auf § 129 erfolgen. Der Annahme von Gewerbsmäßigkeit steht nicht entgegen, dass das strafrechtliche Verhalten als eine materiell einheitliche Tat iS von § 52 I zu bewerten ist (NStZ-RR **06**, 106). Zu beachten ist, dass nicht jeder Beteiligte am Bandenbetrug notwendig mit der Absicht *eigenen* wiederholten Gewinnerwerbs handeln (vgl. oben 120) oder zwingend die Stellung eines *Mittäters* haben muss (vgl. dazu StraFo **07**, 78 f.). **HS 2** enthält einen Strafrahmen für **minder schwere Fälle der Qualifikation;** dies kommt vor allem in Betracht, wenn die Tat sich auf geringe Vermögenswerte (§ 248 a) bezieht, da IV für den Qualifikationstatbestand nicht gilt.

132 **5) Abs. VI** erlaubt die Anordnung von Führungsaufsicht (§ 68 I).

133 **6) Abs. VII** erlaubt die Anordnung des **Erweiterten Verfalls** (§ 73 d) in Fällen bandenmäßiger oder gewerbsmäßiger Begehung. Die Verweisung auf die Vermögensstrafe ist wegen der Nichtigkeit des § 43 a (vgl. Anm. oben vor 1) obsolet. Auf Gegenstände aus Straftaten, die vor Einfügung des VII (1. 4. 1998) begangen wurden, kann die Vorschrift wegen des Rückwirkungsverbots nicht angewandt werden (wistra **03**, 228).

134 **VIII. Konkurrenzen.**

1) Mitbestrafte Nachtat kann der nach einem anderen Vermögensvergehen begangene Betrug sein, falls er die durch die erste Tat geschaffene Vermögenslage nur aufrechterhält (sog. **Sicherungsbetrug;** vgl. *Otto* JZ **93**, 662); insb. wenn ihn der Täter begeht, um den Anspruch des Geschädigten auf Wiedererlangung zu vereiteln und sich den Besitz der (gestohlenen) Sachen zu sichern (vgl. LK-*Tiedemann* 324 ff.). Anders ist es, wenn die durch beide Taten verursachten Schäden nicht deckungsgleich sind; etwa wenn gestohlene Schecks betrügerisch verwendet werden (MDR/H **82**, 280) oder wenn entwendete Sache an den Eigentümer oder Dritte „verkauft" werden; wenn bei der durch Täuschung erreichten Gutschrift eines unterschlagenen Orderschecks der Bank, sei es auch infolge grober Fahrlässigkeit, ein eigener Schaden entsteht (Bay NJW **99**, 1648). Der **Betrug als Vortat** kann eine spätere Handlung zur mitbestraften Nachtat machen, falls sie nur denselben Vermögenswert desselben Verletzten schädigt (BGH **6**, 67; NJW **55**, 508; NStZ-RR **96**, 131 f.; Celle MDR **73**, 242; LK-*Tiedemann* 328); **zB** wenn die durch den Betrug erlangte Urkunde vernichtet wird; wenn der Täter die durch Betrug erlangten Gelder verbraucht (BGH **8**, 259), im Prozess bestreitet, sie erlangt zu haben (4 StR 709/82); wenn der Täter durch Einreichung eines Reitschecks einen zuvor betrügerisch erlangten Kredit ausnutzt (5 StR 836/78); wenn eine spätere Untreue nur zur Sicherung und Verwertung der durch den Betrug erlangten Vorteile dient (NStZ **01**, 195). Dagegen liegt **Tatmehrheit** vor, wenn der Täter sich durch den Betrug nur den Besitz einer Sache verschafft, die er nachher unterschlägt (GA **57**, 147; BGH **16**, 280; Braunschweig GA **54**, 315; vgl. schon RG **61**, 37); wenn der Täter das mit dem anderen durch Betrug erlangte Geld nachher für sich verbraucht (NStZ **01**, 195).

2) Handlungseinheit. Ein **Fortsetzungszusammenhang** scheidet bei Betrugstaten regelmäßig aus (GrSenBGH **40**, 138; vgl. NJW **94**, 2966 f.; wistra **95**, 102; **96**, 62; 144 f.); zur Behandlung von **Serientaten** vgl. wistra **98**, 262 f.; **99**, 99; **04**, 422; 55 f. vor § 52; hierzu auch LK-*Tiedemann* 311. Zur Handlungseinheit bei Beteiligung vgl. oben 115 und Erl. 34 ff. vor § 52. 135

3) Konkurrenzen mit Delikten des StGB. Tateinheit ist möglich zB mit §§ 98, 99 (GA **62**, 23); § 132 (vgl. BGH **12**, 30); § 132 a (1 StR 782/91); mit § 145 c (dort 7); mit § 145 d (dort 14); mit § 154 (Zeugen- oder Parteieid); mit § 156 (NJW **81**, 2132); mit § 164; mit § 253 (vgl. dort 17), mit § 259 (dort 29); mit § 263 a (dort 17); mit § 266 (vgl. 87 zu § 266); uU mit § 266 b (dort 23 ff.); mit § 267, § 268, § 269; und § 283 sowie §§ 284 ff. (LK-*Tiedemann* 317 mwN); mit § 291 (*Lackner/Werle* NStZ **85**, 504). **Gesetzeskonkurrenz** besteht mit § 248 c; ebenso mit § 352 (5 StR 130/78), es sei denn, dass zur Gebührenerhebung noch eine sonstige Täuschung hinzutritt; dasselbe gilt für § 353, der § 263 idR verdrängt (BGH **2**, 35; NJW **61**, 1171; Köln NJW **66**, 1374; vgl. zur **Sperrwirkung** *Küpper*, Meurer-GedS 123, 128 f.). Tateinheit ist jedoch zB mit § 353 II möglich, wenn bestimmte Tatsachen vorgespiegelt werden, auf die dann die Abzüge gestützt werden (LK-*Träger* 26 zu § 353). Zwischen III Nr. 5 und § 306 b II Nr. 2 besteht Tatmehrheit (vgl. oben 128; zur prozessualen Verbindung vgl. BGH **45**, 211, 214; wistra **02**, 154). **§ 264** ist gegenüber § 263 lex specialis; eine Sperrwirkung des § 264 besteht nicht (BGH **44**, 233, 243; vgl. *Allgaier* wistra **06**, 261 f.; 5 zu § 264). Zum Verhältnis **zu §§ 146 ff.** vgl. 12 zu § 146; 6 zu § 147; 10 zu § 148; zu § 265 dort 1 ff.; zu § 265 a dort 4; zu § 265 b dort 6. **§ 266 a** tritt nach neuerer Rspr des BGH hinter § 263 zurück (wistra **03**, 262, 265 [*5. StS*; Anm. *Rolletschke* wistra **05**, 211]; anders BGH **32**, 241 [zu §§ 529 I, 1428 I RVO, § 225 I AFG jew. aF]; vgl. auch wistra **87**, 349; **88**, 23; **90**, 235 [jeweils *3. StS*]). **Tatmehrheit** besteht zwischen einer nach § 306 b II Nr. 2 qualifizierten Brandstiftung und dem durch sie ermöglichten späteren Betrug (NStZ-RR **04**, 235, 236). 136

4) Konkurrenzen mit Nebengesetzen. Die **Abgabengesetze** bilden regelmäßig ein Sonderstrafrecht, das dem § 263 vorgeht, so zB Steuerhinterziehung (§§ 370, 371 AO [Anh. 10] BGH **36**, 101 [m. Anm. *Kratzsch* JR **90**, 249]; **40**, 111; NJW **74**, 804; wistra **87**, 177; **90**, 58; 5 StR 127/07 **aS**) und Monopolhinterziehung (§§ 119 ff. BranntwMonG). Will der Täter aber nicht nur einen Steuer-, sondern noch einen sonstigen Vorteil erschleichen, so die Kinderzulage zum Lohn, so ist Tateinheit mit § 263 möglich (Koblenz OLGSt. 25 zu § 392 AO aF). Das gilt auch, wenn der gesamte Steuervorgang nur zu Täuschungszwecken erfunden ist (BGH **36**, 100; **40**, 109; wistra **90**, 58; anders noch NJW **72**, 1287; wistra **87**, 177; vgl. auch *Fuhrhop* NJW **80**, 1263). § 88 BörsG, §§ 399, 400, 403 AktG (hierzu *Geilen* AktStrR 182 zu § 399) und § 333 HGB treten hinter § 263 zurück; zum Gründungs- und Sanierungsschwindel durch verschleierte Sacheinlagen vgl. *Tiedemann,* Lackner-FS 737 u. HWiStR „GmbH-Strafrecht". **§ 266 a** wird von § 263 verdrängt, wenn hinsichtlich einer Verkürzung des Gesamtversicherungsbeitrags eine Betrugshandlung vorliegt (NJW **03**, 1821, 1823). 137

Tateinheit ist möglich mit § 16 UWG (Anh. 13; Bay OLGSt. 71; vgl. BGH **27**, 295; *Otto* GRUR **79**, 90); mit den Sondervorschriften zum Schutze gegen *Produktpiraterie:* § 143 MarkenG, §§ 106 bis 108 a UrhG, § 14 GeschmMG, § 142 PatentG, § 25 GebrMG, § 10 HalbleiterSchG, § 35 SortenSchG; mit § 96 Nr. 3, 5 AMG (5 StR 681/80), mit §§ 58 f. LFGB (vgl. BGH **8**, 49; **12**, 347; 1 StR 617/68 zu § 51 LMBG aF), mit § 48 WeinG (Koblenz OLGSt. 109); mit § 29 BtMG (Anh. 4); mit § 1 II, § 5 I HeilprG (BGH **8**, 237), mit § 98 BVFG 138

(BGH **9**, 30), §§ 148, 148a GewO (NStZ **92**, 595; LK-*Tiedemann* 323), § 89 BörsG (*Otto* ZStW Beih. 1982, 50); § 38 WpHG (vgl. i. e. LK-*Tiedemann* 323).

139 **IX. Sonstige Vorschriften.** FAufsicht §§ 263 V, 68 I. Verjährung 2ff. zu § 78a. Zuständigkeit in Wirtschaftsstrafsachen § 74c I Nr. 6, § 74e Nr. 2 GVG iVm § 103 II JGG. UHaft § 112a I Nr. 2 StPO. **Geldwäsche:** § 261 I Nr. 2. RiStBV Nr. 236 bis 238 enthalten Hinweise für die Verfolgung von Unterstützungs- und Vermittlungsbetrug, betrügerischen Bankgeschäften und Kunstwerkfälschungen.

Computerbetrug

263a **I Wer in der Absicht, sich oder einem Dritten einen rechtswidrigen Vermögensvorteil zu verschaffen, das Vermögen eines anderen dadurch beschädigt, dass er das Ergebnis eines Datenverarbeitungsvorgangs durch unrichtige Gestaltung des Programms, durch Verwendung unrichtiger oder unvollständiger Daten, durch unbefugte Verwendung von Daten oder sonst durch unbefugte Einwirkung auf den Ablauf beeinflusst, wird mit Freiheitsstrafe bis zu fünf Jahren oder mit Geldstrafe bestraft.**

II § 263 Abs. 2 bis 7 gilt entsprechend.

III Wer eine Straftat nach Absatz 1 vorbereitet, indem er Computerprogramme, deren Zweck die Begehung einer solchen Tat ist, herstellt, sich oder einem anderen verschafft, feilhält, verwahrt oder einem anderen überlässt, wird mit Freiheitsstrafe bis zu drei Jahren oder mit Geldstrafe bestraft.

IV In den Fällen des Absatzes 3 gilt § 149 Abs. 2 und 3 entsprechend.

Übersicht

1) Allgemeines ... 1, 1a
2) Schutzzweck ... 2
3) Anwendungsbereich ... 3, 4
4) Tathandlungen ... 5–19
A. Unrichtiges Gestalten des Programms ... 6
B. Verwenden unrichtiger oder unvollständiger Daten ... 7–8
C. Unbefugtes Verwenden von Daten ... 9–17
D. Sonstiges unbefugtes Einwirken auf den Ablauf ... 18, 19
5) Beeinflussen des Ergebnisses ... 20, 21
6) Vermögensschaden ... 22
7) Subjektiver Tatbestand ... 23–24
8) Teilnahme ... 25
9) Versuch ... 26
10) Rechtsfolgen ... 27, 28
11) Vorbereitungshandlungen (III, IV) ... 29–35
A. Tatbeeignete Computerprogramme (III) ... 30–32
B. Tathandlungen (III) ... 33
C. Subjektiver Tatbestand ... 34
D. Tätige Reue (IV) ... 35
12) Konkurrenzen ... 36–40
13) Sonstige Vorschriften ... 41

1 **1) Allgemeines.** Die Vorschrift ist durch Art. 1 Nr. 9 des 2. WiKG (2 vor § 263) eingefügt (zur Entstehungsgeschichte *Achenbach*, Gössel-FS 481ff.) und durch Art. 1 Nr. 59 des 6. StrRG (2f. vor § 174) redaktionell geändert worden. Aus. III und IV sind durch Art. 1 Nr. 10 des 35. StÄG vom 22. 12. 2003 (BGBl. I 2838) zur Umsetzung des Rahmenbeschlusses des Rates der EU v. 28. 5. 2001 (ABl. EG Nr. L 149, 1) eingefügt worden (vgl. dazu Erl. vor § 146); **In Kraft-Treten:** 28. 12. 2003. **EU-Recht: Rahmenbeschluss** (2005/222/JI) des Rates v. 24. 2. 2005 über Angriffe auf Informationssysteme (Abl. EU Nr. L 69, 67). Der RB war bis zum 16. 3. 2007 umzusetzen (dazu **41. StÄG – Computerkriminalität** vom 7. 8. 2007 [BGBl I 1786; Mat.: GesE BReg BT-Drs. 16/3656; Ber. BT-Drs. 16/5449). Vgl. auch **Übk. des Europarates** über Computerkriminalität (ETS-Nr. 185- unterzeichnet am 23. 11. 2001; dazu BR-Drs. 275/00).

Literatur (Auswahl): *Achenbach,* Die „kleine Münze" des sog. Computer-Strafrechts – Zur Strafbarkeit des Leerspielens von Geldspielautomaten; Jura **91**, 225; *ders.*, Strukturen des § 263 a StGB, Gössel-FS (2002), 481; *Altenhain,* Der strafbare Missbrauch kartengestützter elektronischer Zahlungssysteme [insb. zum electronic cash-System], JZ **97**, 752; *Arloth,* Computerstrafrecht u. Leerspielen von Geldspielautomaten, Jura **96**, 354; *Bandekow,* Strafbarer Missbrauch des elektronischen Zahlungsverkehrs, 1989; *Baumann/Bühler* JuS **89**, 49 [hierzu zutr. krit. *Bieber* JuS **89**, 475]; *Betzel,* Sicherung des Rechnungswesens, 1974; *Beucher/Engels,* Harmonisierung des Rechtsschutzes verschlüsselter Pay-TV-Dienste gegen Piraterieakte, CR **98**, 101; *Bieber,* Rechtsprobleme des ec-Geldautomatensystems, WM Beil. 6/87, 21; *Buggisch,* Dialer-Programme, NStZ **02**, 178; *Bühler,* Zum Konkurrenzverhältnis zwischen § 263 a StGB u. § 266 StGB beim Scheck- u. Kreditkartenmissbrauch, MDR **89**, 22; *ders.*, Die strafrechtliche Erfassung des Missbrauchs von Geldspielautomaten, 1993; *ders.*, Manipulation von Geldspielautomaten, wistra **94**, 256; *Dannecker,* Neuere Entwicklungen im Bereich der Computerkriminalität (usw.), BB **96**, 1285; *Duttge,* Vorbereitung eines Computerbetruges – Auf dem Weg zu einem „grenzenlosen" Strafrecht, Weber-FS (2004), 285; *Eisele/Fad,* Strafrechtliche Verantwortlichkeit beim Missbrauch kartengestützter Zahlungssysteme, Jura **02**, 305; *Engelhard,* Computerkriminalität u. deren Bekämpfung durch strafrechtliche Reformen, DVR **85**, 165; *Etter,* Neuere Rechtsprechung zu § 263 a StGB (usw.), CR **91**, 484; *Graf,* „Phishing" derzeit nicht generell strafbar!, NStZ **07**, 129; *ders.*, Zur Strafbarkeit des „Phishing", in: Hoffmann/Leible/Sosnitza (Hrsg.), Geistiges Eigentum im virtuellen Raum, 2007, 173; *Gogger,* Die Erfassung des Scheck-, Kredit- u. Codekartenmissbrauchs nach Einführung der §§ 263 a, 266 b StGB (usw.), 1995; *Granderath* DB **86**, Beil. 18; *v. Gravenreuth* NStZ **89**, 201; *Haft* NStZ **87**, 6; *Haß,* Der strafrechtliche Schutz von Computerprogrammen, in: *Lehmann* (Hrsg.), Rechtschutz u. Verwertung von Computerprogrammen, 2. Aufl. 1993; [zit. nach Rdn.]; *Hecker,* Herstellung, Verkauf, Erwerb und Verwendung manipulierter Telefonkarten, JA **04**, 762; *Heghmanns,* Strrafbarkeit des „Phishing" von Bankkontendaten und ihrer Verwertung, wistra **07**, 167; *Heinrich,* Die Strafbarkeit der unbefugten Vervielfältigung u. Verbreitung von Standardsoftware, 1993; *Hellmann,* Zur Strafbarkeit der Entwendung von Pfandleergut und der Rückgabe dieses Leergutes unter Verwendung eines Automaten, JuS **01**, 353; *Hilgendorf* Grundfälle zum Computerstrafrecht, JuS **96**, 509, 702, 890, 1082; **97**, 130, 323; *Hilgendorf/Frank/Valerius,* Computer- und Internetstrafrecht, 2005; *Huff,* Die Strafbarkeit der missbräuchlichen Geldautomatenbenutzung durch den Kontoinhaber, NJW **86**, 902; *Husemann,* Die Verbesserung des strafrechtlichen Schutzes des bargeldlosen Zahlungsverkehrs durch das 35. StÄG, NJW **04**, 104; *Jaeger,* Computerkriminalität, 1998; *Kindhäuser,* Computerbetrug (§ 263 a StGB) – ein Betrug?, Grünwald-FS 285; *Kögel,* Die Strafbarkeit des „Finanzagenten" bei vorangegangenem Computerbetrug durch „Phishing", wistra **07**, 206; *Lackner,* Zum Stellenwert der Gesetzestechnik (usw.), Tröndle-FS 43; *Lampe,* Die strafrechtliche Behandlung der sog. Computerkriminalität, GA **75**, 1; *Lenckner,* Computerkriminalität u. Vermögensdelikte, 1981; *Lenckner/Winkelbauer,* Strafrechtliche Probleme im modernen Zahlungsverkehr, wistra **84**, 83; *dies.*, Computerkriminalität – Möglichkeiten u. Grenzen des 2. WIKG, CR **86**, 654; *Liebl/Grosch,* Datendiebstahl als Form der Computerkriminalität CR **85**, 162; *B.-D. Meier* JuS **92**, 1017; *Meurer,* Die Bekämpfung der Computerkriminalität (usw.), Kitagawa-FS 971; *Möhrenschlager,* Der Regierungsentwurf eines Zweiten Gesetzes zur Bekämpfung der Wirtschaftskriminalität, wistra **82**, 201; *ders.*, Das neue Computerstrafrecht, wistra **86**, 128; *ders.*, Computerstraftaten und ihre Bekämpfung in der Bundesrepublik Deutschland, wistra **91**, 321; *Mühlbauer,* Die Betrugsähnlichkeit des § 263 a Abs. 1 Var. 3 StGB anhand der „Geschäftsgrundlagen" beim Geldautomatengebrauch, wistra **03**, 244; *ders.*, Ablisten und Verwenden von Geldautomatenkarten als Betrug und Computerbetrug, NStZ **03**, 650; *Münker,* Der Computerbetrug im automatisierten Mahnverfahren, 2000 (Diss. Freiburg); *Otto,* Probleme des Computerbetrugs, Jura **93**, 612; *Paul,* Über die vielen Möglichkeiten des Kreditkartenmissbrauchs: Gezinkte Karten, CoR **94**, 284; *ders.*, Die Computerkriminalität in der Statistik, CoR **95**, 42; *Popp,* Von „Datendieben" und „Betrügern" – Zur Strafbarkeit des so genannten Phishing, NJW **04**, 5317; *Ranft,* Der Bankomatenmissbrauch, wistra **87**, 79; *ders.*, Zur „betrugsnahen" Auslegung des § 263 a StGB, NJW **94**, 2574; *Rengier,* Betrug im elektronischen Lastschriftverfahren bei unbekannter Zahlungsgarantie, Gössel-FS (2002), 469; *Richter,* Missbräuchliche Benutzung von Geldautomaten (usw.), CR **89**, 303; *ders.*, Strafbarer Missbrauch des Btx-Systems, CR **91**, 361; *Rohner,* Computerkriminalität, 1976; *Rossa,* Missbrauch beim electronic cash (usw.), CR **97**, 219; Sachverständigenkommission zur Bekämpfung der Wirtschaftskriminalität (Hrsg.), BMJ 1980 [zit. SVKomm]; *Scheu/Kohler,* Der Strafrechtsschutz beim Missbrauch von computergesteuerten Geldspielautomaten, Der Münzautomat **87**, 63; *Schlüchter,* Zweckentfremdung von Geldspielgeräten durch Computermanipulationen, NStZ **88**, 53; *dies.*, Entschlüsselte Spielprogramme: Schutz für elektronisch gespeicherte geistige Inhalte, CR **91**, 105; *dies.*, Bankomatenmissbrauch mit Scheckkarten-Blanketten, JR **93**, 493; 1 a

Schmidt, Rechtsprechungsübersicht: „Leerspielen“ eines Geldautomaten, JuS **95**, 557; *Schnabel,* Telefon-, Geld- Prepaid-Karte und Sparcard, NStZ **05**, 18; *Sieber,* Computerkriminalität u. Strafrecht, 2. Aufl. 1980 [zit. *Sieber*]; *ders.,* Informationstechnologie u. Strafrecht, 1985; *ders.,* Der strafrechtliche Schutz der Information, ZStW **103** (1991), 779; *Sieg,* Strafrechtlicher Schutz gegen Computerkriminalität, Jura **86**, 352; *Steinhilper,* Ist die Bedienung von Bargeldautomaten unter missbräuchlicher Verwendung fremder Codekarten strafbar?, GA **85**, 114; *Steinke,* Kriminalität durch Beeinflussung von Rechnerabläufen, NStZ **84**, 295; *Thaeter,* Die unendliche Geschichte der „Codekarte“, JA **88**, 547; *ders.,* Zur Struktur des Codekartenmissbrauchs, wistra **88**, 339; *Tiedemann,* Computerkriminalität u. Missbrauch von Bankomaten, WM **83**, 1330; *ders.,* Die Bekämpfung der Wirtschaftskriminalität durch den Gesetzgeber, JZ **86**, 868; *ders.,* Computerkriminalität u. Strafrecht, Kaiser-FS 1373; *Uthemann* HdwbKrim. V 265; *U. Weber,* Konkurrenzprobleme bei der strafrechtlichen Erfassung der Euroscheck- und Euroscheckkartenkriminalität (usw.), Küchenhoff-GedS, 485; *ders.,* Probleme der strafrechtlichen Erfassung des Euroscheck- und Euroscheckkartenmissbrauchs (usw.), *ders.,* Aktuelle Probleme bei der Anwendung des Zweiten Gesetzes zur Bekämpfung der Wirtschaftskriminalität, Krause-FS 427; *Winkelbauer,* Computerkriminalität u. Strafrecht CR **85**, 40; *Yoo,* Codekartenmissbrauch am POS-Kassensystem: Strafrechtliche Überlegungen zur Computerkriminalität, 1997; *Zahn,* Die Betrugsähnlichkeit des Computerbetrugs, 2000; *Zielinski,* Urkundenfälschung durch Computer, Arm. Kaufmann-GedS 605.

2 **2) Schutzzweck.** Durch die Einfügung des § 263 a sollten Strafbarkeitslücken gefüllt werden (Zweifel hinsichtlich hinreichender Bestimmtheit etwa bei *Kindhäuser,* Grünwald-FS 285 ff.; vgl. aber BGH **38**, 123), weil es bei EDV-Manipulationen oft an Täuschung und Irrtumserregung einer natürlichen Person fehlt und § 263 daher nicht anwendbar ist (*Tiedemann* WM **83**, 1329; *Möhrenschlager* wistra **82**, 202); § 266 scheidet bei Fehlen einer Treupflicht aus. **Geschütztes Rechtsgut** ist wie bei § 263 (dort 2 ff.) allein **das Individualvermögen** (BGH **40**, 331, 334; SK-*Hoyer* 2; NK-*Kindhäuser* 2; *Mitsch* BT II/2, 3/6; jew. mwN); wirtschaftliche Allgemeininteressen oder die Funktionstüchtigkeit von EDV-Systemen sind allenfalls mittelbar geschützt (and. *Haß* [1 a] 6; *Lackner/Kühl* 1).

3 **3) Anwendungsbereich.** Objekt der tatbestandlichen Handlung des § 263 a ist ein **Datenverarbeitungsvorgang.** Der Begriff der **Daten** ist von dem des § 202 a unterschieden und erfasst auch nicht wie in § 3 I BDSG jede „Information“; auch eine „Aufzeichnung“ iS von §§ 268 II, 269 ist nicht erforderlich. Daten iS von § 263 a sind vielmehr nur **kodierte Informationen** in einer im Wege automatisierter Verarbeitung nutzbaren Darstellungsform (*W/Hillenkamp* 602; LK-*Tiedemann* 21). Dem Begriff der Kodierung (oder der Kodierbarkeit) wird teilweise ein darüber hinausgehender, auf „Verschlüsselung“ abstellender Inhalt beigemessen (vgl. Köln NJW **92**, 125, 127 [Anm *Otto* JR **92**, 252]; *Lackner/Kühl* 3; *Achenbach* Jura **91**, 227; *Neumann* CR **89**, 717; offen gelassen von BGH **40**, 334); eine solche Einschränkung ist jedoch nicht erforderlich. Maßgeblich für den Tatbestand ist die Einwirkung auf den **Vorgang** der **Datenverarbeitung;** diese setzt eine Kodierung jedenfalls im Moment der Eingabe voraus (**zB** Geldbetrag am Bankautomaten; „Risikotaste“ am Geldspielautomat [vgl. BGH **40**, 331, 334; unten 19]; Tastatur am PC; Aktivierung eines „Ausführungs“-Programms mittels digitalem, optischem, analogem oder mechanischem Impuls). **Datenverarbeitung (DV)** sind alle automatisierten Vorgänge, bei denen durch Aufnahme von Daten und ihre Verknüpfung nach **Programmen** Arbeitsergebnisse erzielt werden (*Lenckner/Winkelbauer* CR **86**, 658; *Möhrenschlager* wistra **86**, 133; *Lackner/Kühl* 4; LK-*Tiedemann* 22). Objekt der Tathandlung sind nicht DV-Anlagen oder die anlagenspezifische DV als solche, sondern **konkrete Vorgänge,** die nach der § 263 entsprechenden Struktur des Tatbestands an die Stelle einer **Vermögensverfügung** treten; § 263 a setzt voraus, dass das (manipulierte) Ergebnis eines DV-Vorgangs unrichtig ist, dh nach der Aufgabenstellung und den Beziehungen der Beteiligten der **materiellen Rechtslage** widerspricht (*Hilgendorf* JuS **97**, 130 f.). Auf eine system-immanente *technische* Unrichtigkeit kommt es dagegen grds nicht an. § 263 a erfasst daher nach teilw. vertretener Ansicht nur die (entgeltliche) *Vermittlung* einer Leistung durch die DV-Anlage, nicht deren eigene Leistung selbst (LK-*Tiedemann* 59; *Hefendehl* NStZ **00**, 348 f.; **aA** *Eck* ArchPT **87**, 105, 106; offen gelassen von Karlsruhe NStZ **04**, 333). Rein **mechanisch** wirkende Abläufe sind

nicht erfasst; wohl aber elektronische **Prüfprogramme,** deren Ergebnis den Zugang zu solchen Abläufen steuert (**zB** Geldprüfungsprogramme in Leistungs- oder Warenautomaten; Einlesung von Zugangsdaten von Magnetstreifen). Für die **Abgrenzung zu § 242** kommt es darauf an, ob die Manipulation der DV zur Gewahrsamsaufgabe führt; in diesem Fall liegt (nur) § 263 a vor (vgl. BGH **40**, 331).

Eine „Täuschungs"-Handlung setzt § 263 a nicht voraus, wohl aber Handlungen, die, würden sie gegenüber einer natürlichen Person vorgenommen, bei dieser einen Irrtum iS von § 263 I (vgl. dort 33) hervorrufen, also ihr Entscheidungs- und Handlungs- „Programm" in unlauterer Weise beeinflussen würden. Zu Problemen der **Abgrenzung zu § 263** kommt es (vgl. auch LK-*Tiedemann* 16 f.), wenn Datenverarbeitung und menschliche Entscheidungen kombiniert sind: Hier geht § 263 dem § 263 a vor, soweit *mittels* unlauterer Eingabe, Änderung oder Verwendung von Daten auf das Vorstellungsbild einer natürlichen Person eingewirkt wird, wenn also die Datenmanipulation nur Mittel des *Vorspiegelns* iS von § 263 I zur Erreichung einer Vermögensverfügung ist. Das ist namentlich dann der Fall, wenn das Ergebnis eines DV-Vorgangs der **Prüfung** durch eine Person unterliegt (unten 20; *Arzt/Weber* 21/34; *S/S-Cramer/Perron* 21; *Lenckner/Winkelbauer* CR **86**, 659); in diesem Fall fehlt es an der von § 263 a vorausgesetzten Unmittelbarkeit der Vermögensminderung (unten 20; einschr. *Lackner/Kühl* 18; krit. LK-*Tiedemann* 67; zum **Irrtum** hierüber vgl. unten 23). 4

4) Tathandlungen. Die Tathandlungen, dh die **verschiedenen Manipulationsweisen,** die „sich an empirischen Erscheinungsformen und an der Eigenart vermögensschädigender Computermanipulationen orientieren" (so Ber. 30), sind kaum voneinander abgrenzbar und überlagern sich zT erheblich (*S/S-Cramer/Perron* 4; NK-*Kindhäuser* 3 und Grünwald-FS 285, 286 f.; krit. *Bieber* WM Beil. 6/87, 24). Alle Tatvarianten können auch durch **Unterlassen** begangen werden (*Lenckner/Winkelbauer* CR **86**, 657). Nach hM sind die ersten drei Varianten nicht nur als Unterfälle der vierten („oder sonst") aufzufassen, da sich die objektive Unrichtigkeit oder Unvollständigkeit eingegebener Daten kaum als Kriterium zur Beurteilung der **Unbefugtheit** zur Eingabe selbst eignet (LK-*Tiedemann* 24); die 4. Var. ist daher ein **Auffangtatbestand** für von den Var. 1 bis 3 nicht erfasste Fälle (Bay NJW **94**, 960; vgl. unten 18, 30). **Ergebnis** aller Tathandlungen iS eines Zwischenerfolgs muss das **Beeinflussen** des Ergebnisses eines vermögensrelevanten DV-Vorgangs sein; dieses Merkmal ersetzt insoweit dasjenige des **Irrtums** in § 263 (*Lackner/Kühl* 16; LK-*Tiedemann* 26; SK-*Hoyer* 24; *W/Hillenkamp* 601), darüber hinaus aber auch das einer **Vermögensverfügung** (BT-Drs. 10/318, 19; unten 20). Die Tathandlung selbst muss also nicht *unmittelbar* einen Vermögensschaden herbeiführen (unten 20). 5

A. 1. Variante: Unrichtiges Gestalten des Programms. Programm ist eine durch Daten fixierte Arbeitsanweisung an den Computer (*Haft* NStZ **87**, 7). **Gestalten** ist das Neuschreiben, Verändern oder Löschen ganzer Programme oder von Programmteilen, insb. also auch das Einfügen oder Überschreiben von Dateien zur internen Programmablauf-Steuerung (**zB** „Überspringen" von Prüfprogrammen), die Herstellung neuer Verknüpfungen (**zB** „Einbau" von Überweisungsaufträgen), aber auch die Eingabe von Programmteilen (SK- *Hoyer* 22; NK-*Kindhäuser 20; LK-Tiedemann* 28). **Unrichtig** ist eine Programmgestaltung (abw. vom RegE 20) nach hM nur, wenn die Arbeitsanweisung auf betrugsrelevante Tatsachen bezogen ist und wenn sie bewirkt, dass die Daten zu einem Ergebnis verarbeitet werden, das inhaltlich unrichtig ist, den Computer also „täuscht" (*Haft* NStZ **87**, 7; *Lackner/Kühl* 10; *Haß* [1 a] 12; *M/Schroeder/Maiwald* 41/227; *Otto* Jura **93**, 613; and. NK-*Kindhäuser* 14), so dass die aus dem Verhältnis der Beteiligten abzuleitende **Aufgabenstellung** nicht richtig bewältigt wird. Die sog. **Programm-Manipulation** ist also, da auch Programme Daten sind, ein Unterfall der Verwendung unrichtiger Daten (unten 7; RegE 20; *Möhrenschlager* wistra **86**, 132; *Haft* NStZ **87**, 7). Maßgebend ist nicht die Abweichung von der Verwendungsabsicht (so 6

Lenckner/Winkelbauer CR **86**, 655), sondern ein **Abweichen vom Ergebnis,** wie es nach der Aufgabenstellung der DV im Blick auf das Verhältnis zwischen den Beteiligten erstrebt war (vgl. *Lackner,* Tröndle-FS 55; LK-*Tiedemann* 30f.). Dabei kommt es nach dem Sinn der Vorschrift nicht auf eine DV-*interne* „Unrichtigkeit" an; es ist somit nicht vorausgesetzt, dass etwa ein einzelnes Steuerungsprogramm *in sich* falsch oder gar nicht funktioniert. Das ist etwa von Bedeutung bei heimlicher Installation von Verknüpfungs- oder sonstigen Programmdateien auf fremden Rechnern, zB zur (vom Berechtigten ungewollten) Herstellung von DFÜ-Verbindungen (*Dialer*-Programme; vgl. *Buggisch* NStZ **02**, 178, 181).

7 **B. 2. Variante: Verwenden unrichtiger oder unvollständiger Daten.** Die Tatvariante erfasst Fälle, in denen eingegebene Daten in einen anderen Zusammenhang gebracht oder unterdrückt werden (RegE 20; sog. **Input-Manipulationen**). Anders als bei § 202a (dort 4) ist der Anwendungsbereich nicht auf unmittelbar wahrnehmbare Daten begrenzt, um vor allem auch die Eingabe noch nicht gespeicherter Daten erfassen zu können. **Unrichtig** sind Daten, wenn der durch sie bezeichnete Sachverhalt in Wahrheit gar nicht oder anders gegeben ist; **unvollständig** sind sie, wenn sie ihn nicht ausreichend erkennen lassen (vgl. 23 zu § 264; 29 zu § 265b; *Bühler* MDR **87**, 450); beide Begriffe sind am Täuschungsbegriff des § 263 orientiert (vgl. *Möhrenschlager* wistra **86**, 132; *Haft* NStZ **87**, 8). Nicht erfasst ist die Unbefugtheit der Verwendung selbst, soweit sie nicht Gegenstand des manipulierten DV-Vorgangs ist (vgl. 3. Var.). Daher ist etwa das **Abheben an Bankautomaten** durch einen Nichtberechtigten von der 2. Var. nicht erfasst (*Schlüchter* JR **93**, 495; *Lackner/Kühl* 10; LK-*Tiedemann* 35); auch nicht die Anwendung eines DV-Vorgangs auf einen manipulierten Sachverhalt (**zB** Herstellung inhaltlich falscher Ausdrucke an Selbstbedienungswaagen; Rückgabe entwendeten Pfandleerguts an Automaten [vgl. *Hellmann* JuS **01**, 353, 354]) oder die Eingabe *richtiger* Daten in Kenntnis eines im Risikobereich des DV-Betreibers liegenden internen Verarbeitungsfehlers (vgl. Karlsruhe NStZ **04**, 333, 334); wohl aber **zB** die Verwendung wieder aufgeladener **Telefonkarten** zur Erlangung unberechtigter Erlöse aus 0190-Nummern (NStZ-RR **03**, 265, 268; anders bei Verwenden allein zur Erlangung kostenfreien Telefonierens: § 265a; vgl. dazu auch *Hecker* JA **04**, 762ff.).

7a Umstr. ist, ob der Antragsteller, der im **automatisierten Mahnverfahren** (§ 689 I S. 2 ZPO) einen in Wahrheit nicht gegebenen Anspruch geltend macht, von § 263a erfasst wird: Dies wird teilweise aus der Parallele zu § 263 unter Lockerung des Kausalitätserfordernisses abgeleitet (RegE 20; *Granderath* DB **86**, Beil. 18, 4; *Möhrenschlager* wistra **86**, 132; *Haft* NStZ **87**, 8); nach **aA** fehlt es hier, da auch bei Einschaltung des Rechtspflegers eine (für § 263 relevante) Schlüssigkeitsprüfung entfiele, an einer für das Ergebnis des DV-Vorgangs kausalen Täuschungs-Parallele zu § 263 (*Lackner/Kühl* 20; *S/S-Cramer/Perron* 2; SK- *Hoyer* 30; *Lenckner/Winkelbauer* CR **86**, 656; *Bieber* WM **87**, Beil. 6, 21, 26). *Tiedemann* (LK 68) bejaht eine Täuschungs- und Verfügungsparallele in § 263a bei Eingabe materiell unrichtiger Angaben in den DV-Vorgang im Hinblick auf die Prüfungs*möglichkeit* des Rechtspflegers im nicht automatisierten Verfahren.

8 Das **Verwenden** besteht in der Einführung von Daten in den DV-Prozess, auch in mittelbarer Täterschaft (*Haß* [1a] 11; *Lackner/Kühl* 9; SK- *Hoyer* 17; diff. LK-*Tiedemann* 38). Handeln durch **Unterlassen** setzt einen DV-Vorgang voraus, ist also zB anwendbar, wenn pflichtwidrig Daten (teilweise) nicht eingegeben oder erforderliche Betriebshandlungen nicht vorgenommen werden, unanwendbar aber, wenn es infolge des Unterlassens (zB pflichtwidriges Nichtingangsetzen) überhaupt nicht zu einem DV-Vorgang kommt (*Lenckner/Winkelbauer* aaO mwN).

9 **C. 3. Variante: Unbefugtes Verwenden von Daten.** Die 3. Var. setzt in Abgrenzung zur 2. Var. die Verwendung „richtiger" Daten voraus; ihr Anwendungsbereich ist i. e. sehr streitig (vgl. zusf. LK-*Tiedemann* 40ff.). Ein **Verwenden** iS der 3. Var. liegt nicht vor, wenn unkodierte Daten, insb. dekodierte Ergebnisse von

DV-Vorgängen, benutzt werden (LK-*Tiedemann* 41; and. *Hilgendorf* JuS **97**, 131); vielmehr setzt eine Beeinflussung des DV-Vorgangs voraus, dass sein Zustandekommen oder die inhaltliche Richtigkeit seines Ergebnisses auf die Datenverwendung zurückzuführen ist (vgl. BGH **38**, 120; Bay NJW **91**, 438, 440; JR **94**, 476).

a) Die **Unbefugtheit** der Verwendung ist Tatbestandsmerkmal, die Auslegung 10
des Merkmals str. (vgl. Überblick bei *Mühlbauer* wistra **03**, 244, 245 f.; *ders.* NStZ **03**, 650). Bei *weiter* Auslegung iS von „gegen den (tatsächlichen oder mutmaßlichen) Willen des Berechtigten" würde in weitem Umfang untreueartiges Verhalten, aber auch schon der Verstoß gegen (öffentlich-rechtliche) Nutzungsverbote (vgl. *Kindhäuser,* Grünwald-FS 294) einbezogen (so wohl Bay JR **94**, 289; *Lenckner/Winkelbauer* CR **86**, 657; *Bühler* MDR **91**, 16; *Mitsch* JZ **94**, 883 f.; *Hilgendorf* JuS **97**, 132; *Ranft* JuS **97**, 22; *M/Schroeder/Maiwald* 41/233; jedenfalls für die 4. Var. auch BGH **40**, 334 f.); eine Einschränkung des Tatbestands könnte in diesem Fall nur nach normativen Kriterien erfolgen, insb. danach, ob der Täter die verwendeten (richtigen!) Daten rechtswidrig erlangt hat (*Zielinski* NStZ **95**, 346; *Schulz* JA **95**, 540; offen gelassen in BGH **40**, 334 [m. krit. Anm. *Neumann* StV **96**, 375]), oder wie nach der Art des zugrunde liegenden Geschäftsvorgangs der Erwartungshorizont des Rechtsgutinhabers typisierend zu bestimmen ist (vgl. etwa *Schlüchter* NStZ **88**, 59).

aa) Die am weitesten *einschränkende* Ansicht verlangt dagegen eine **„computer-** 10 a
spezifische" Auslegung des Merkmals der Unbefugtheit; danach müssen die verwendeten Daten gerade den DV-Vorgang betreffen (Celle NStZ **89**, 367 [zust. *Neumann* JuS **90**, 535; StV **96**, 375; *Arloth* Jura **96**, 354, 357 f.]); oder die Eingabe EDV-spezifischer Daten (PIN; Passwort; Kontrolldaten) muss dem Täter zu dem DV-Vorgang einen Zugang ermöglichen, welcher ihm nicht zusteht (*Achenbach* JR **94**, 293, 295; *ders.*, Gössel-FS 481, 494 f.); oder der der Verwendung entgegenstehende Wille des Rechtsgutinhabers muss sich im Programm (durch programmspezifische Sicherungen) niedergeschlagen haben und durch die Datenverwendung übergangen werden (LG Duisburg CR **88**, 1027; LG Freiburg NJW **90**, 2625; LG Ravensburg StV **91**, 214 [zust. Anm. *Herzog*]; *Lenckner/Winkelbauer* CR **86**, 657; *Arloth* Jura **96**, 357; *Neumann* StV **96**, 375). Eine solche Beschränkung scheidet gerade diejenigen Fälle aus dem Tatbestand aus (Missbrauch von Geldautomatenkarten; des Codierungs-Systems beim Home-Banking; vgl. *Möhrenschlager* wistra **86**, 128, 133), zu deren Erfassung die 3. Var. aufgenommen wurde (RegE 30); bei Verwendung „richtiger" Daten verbliebe für die Alternative ein Anwendungsbereich nur in Versuchsfällen (zutr. LK-*Tiedemann* 45).

bb) Nach zutr. **hM** ist das Merkmal daher **„betrugsspezifisch"** auszulegen 11
(BGH **38**, 121 f. [Bespr. *Cramer* JZ **92**, 1032]; **47**, 160 [Bespr. *Mühlbauer* wistra **03**, 244]; **50**, 174, 179 f.; NStZ **05**, 213; Bay NJW **90**, 414; Köln NJW **92**, 126 f. [*Otto* Jura **93**, 614; JK 5]; Zweibrücken StV **93**, 196; Düsseldorf NStZ-RR **98**, 137 [abl. *Hilgendorf* JuS **99**, 542]; Karlsruhe NStZ **04**, 333, 334; *Lackner,* Tröndle-FS 52 ff.; *Lackner/Kühl* 13; SK-*Hoyer* 33; LK-*Tiedemann* 44; *S/S-Cramer/Perron* 9; *Rengier* BT I, 14/8; *Arzt/Weber* 37; *W/Hillenkamp* 609; *Schlüchter* NStZ **88**, 59; *Maier* JuS **92**, 1019; *Altenhain* JZ **97**, 757; *Mühlbauer* wistra **03**, 244, 248 ff.; ähnl. *Lampe* JR **88**, 437; abw. *Hilgendorf* JuS **97**, 130, 132; NK-*Kindhäuser* 25 f.; *ders.*; Grünwald-FS 285, 291 ff.; krit. *Ranft* NJW **94**, 2577; *Gössel* BT 22/12 f.; *Mitsch* BT II/2, 3/22; *Achenbach.* Gössel-FS 481, 486 ff.; zur Rspr. des *1. StS* in BGH **40**, 331, 334 f. einerseits, 1 StR 412/02 andererseits vgl. *Mühlbauer* NStZ **03**, 650 ff.). Unbefugt ist die Verwendung danach dann, wenn sie gegenüber einer natürlichen Person **Täuschungscharakter** hätte. Das ist unter der Voraussetzung gegeben, dass die Befugnis des Täters zur Inanspruchnahme der Computerleistung zur Geschäftsgrundlage gehört, so dass sie auch beim Schweigen der Beteiligten als selbstverständlich vorausgesetzt werden kann (ähnl. *Mühlbauer* wistra **03**, 244, 249). So „täuscht" zB, wer die Verwendungsberechtigung dadurch schlüssig vorspiegelt, dass er über einen Mangel der Befugnis schweigt oder über das Fehlen der allgemeinen

Voraussetzung für einen wirksamen Geschäftsabschluss (Zahlungsfähigkeit) nicht aufklärt, also den Eindruck vermittelt, er sei zur Erfüllung der allgemeinen Wirksamkeitsvoraussetzungen in der Lage.

11a Eine unbefugte Verwendung liegt insb. auch vor bei **Eingabe von Zugangscodes** (PIN, TAN, usw.) gegen den (erkennbaren) Willen des Berechtigten (NK-*Kindhäuser* 36; LK-*Tiedemann* 48; *Dressel* MMR **99**, 390, 392 [Zugangsberechtigung von Pay-TV-Anbietern]); etwa nachdem mit Methoden des „**Phishing**" geheime Zugangsdaten eines Kontoinhabers für den Kontozugriff im **Online-Banking** erlangt wurden (vgl. § 202c; zur Strafbarkeit des Phishing vgl. auch 9a zu § 202; 76, 101a zu § 263; 5a zu § 269; in der Lit. u. a. *Popp* NJW **04**, 3517f.; *Knupfer* MMR **04**, 642, *Gercke* CR **05**, 611; *Stuckenberg* ZStW **118** [2006] 878, 883ff.; *Graf* NStZ **07**, 129ff.; *ders.* [oben 1a] 173, 181; *Heghmanns* wistra **07**, 165,7, 169; *Kögel* wistra **07**, 206f.).

11b Dagegen ist eine nur im **Verhältnis zu einem Dritten** unberechtigte Datenverwendung, **zB** die unbefugte Benutzung einer vom Arbeitgeber zur Verfügung gestellten (LG Bonn NJW **99**, 3726) oder durch Täuschung über die Identität erlangten (BGH **47**, 160, 162; **50**, 174, 179) **Mobilfunk-Karte** (SIM-Karte), von § 263a **nicht** erfasst; dasselbe gilt für die Benutzung dienstlicher **Internet-Zugänge** oder **E-Mail-Adressen** für unbefugte Privatnutzung; erst recht für sonstige entsprechende Untreue-Handlungen unter missbräuchlicher Verwendung elektronischer Zugangs- oder Nutzungssperren („key-cards"; elektronische Kfz-Schlüssel etc.); eine bloße Verwendung gegen den Willen des Verwendungsberechtigten (so *Hilgendorf* JuS **97**, 130, 132; *Mitsch* BT II/2, 3/23) reicht nicht aus. Auch das bloße Ausnutzen eines allein im Risikobereich des Leistungserbringers liegenden internen Verarbeitungsfehlers bei Eingabe *richtiger* Daten ist – entsprechend der bloßen Ausnutzung eines Irrtums bei § 263 (vgl. 30 zu § 263) – keine unbefugte Verwendung (Karlsruhe NStZ **04**, 333, 334 [Ausnutzung des Programmfehlers eines Mobilfunkbetreibers, der bei Wahl eines zulässigen Signalisierungsverfahrens zur Gebührenfreiheit führt]).

12 **b)** Praktisch wichtigster Anwendungsfall der 3. Var. ist die missbräuchliche Verwendung von **Codekarten** (ec-Karten; Kreditkarten mit Auszahlungsfunktion) zur unbefugten Bargeldbeschaffung an **Bankautomaten;** hierbei ist zwischen der Verwendung durch den Kontoinhaber selbst und durch Dritte zu unterscheiden.

12a **aa)** Nach ganz hM ist von § 263a 3. Var. ein **nicht berechtigter Dritter** erfasst, der eine von ihm selbst oder einem anderen **gefälschte oder manipulierte Karte** benutzt (vgl. BGH **38**, 120 [Kodierung von Blanketten; Anm. *Achenbach* NStZ **93**, 430; *Cramer* JZ **92**, 1032]; **47**, 160 [Bespr. *Mühlbauer* wistra **03**, 244]; Bay **93**, 86 [Manipulation von magnetgespeicherten Zugangsdaten; Anm. *Hilgendorf* JZ **94**, 478]; AG Böblingen WM **90**, 64; and. *Ranft* wistra **87**, 84; *Zielinski* CR **92**, 224: 2. Alt.). Dasselbe gilt für die Verwendung einer durch verbotene Eigenmacht **rechtswidrig erlangten Originalkarte** durch einen Nichtberechtigten (BGH **35**, 152; **47**, 160, 162; NStZ **05**, 213; NStZ-RR **04**, 333, 334; 4 StR 127/98; Bay **86**, 127; Köln NJW **92**, 125; *Lackner/Kühl* 14; SK- *Hoyer* 37; LK-*Tiedemann* 49; NK-*Kindhäuser* 46; *Arzt/Weber* 21/37f.; *W/Hillenkamp* 610; *Rengier* BT 1, 3/10; *M/Schroeder/Maiwald* 41/233; *Hilgendorf* JuS **97**, 134; vgl. auch *Ehrlicher* [1a] 80ff.; *Mitsch* JZ **94**, 877; jew. mwN; zur Tatmehrheit mit dem Diebstahl der Karte vgl. NJW **01**, 1508 [Anm. *Wohlers* NStZ **01**, 539]; unten 31).

13 **bb) Streitig** ist die Behandlung von Fällen, in denen ein **Dritter** die Geldkarte des Kontoinhabers, die er *mit dessen Einverständnis* in Besitz hat, **abredewidrig benutzt**. Hier liegt Betrug (§ 263) und nicht § 263a vor, wenn der Täter Karte und Geheimnummer (zum Überschreiten der „Zugriffsschwelle" vgl. 46 zu § 263) des Kontoinhabers durch Täuschung erschleicht, gleichgültig, ob er zu einer Abhebung gar nicht oder nur in einem bestimmten Rahmen bevollmächtigt wird (BGHR § 263 I Konk. 6; Jena wistra **07**, 236; vgl. auch *Meier* JuS **92**, 1017ff.; *S/S-Cramer/Perron* 12; aA SK-*Hoyer* 38). Werden der Besitz an der Karte und die

Kenntnis der Zugangsdaten (PIN) ohne Täuschung erlangt (oder ist dies nicht beweisbar), so wird die Frage, ob eine im *Innenverhältnis* zum Kontoinhaber unberechtigte Verwendung hinreichende „Betrugsäquivalenz" aufweist, unterschiedlich beantwortet: In der **Rspr.** wird das Vorliegen einer täuschungsgleichen Tathandlung nach § 263a in diesen Fällen zutr. verneint (BGHR § 263a Anw. 1 [Bespr. *Mühlbauer* NStZ **03**, 650]; NStZ **05**, 213; Köln NStZ **91**, 587 [krit. Anm. *Otto* JR **92**, 252]; Düsseldorf NStZ-RR **98**, 137 [abl. *Hilgendorf* JuS **99**, 542]; Hamm wistra **03**, 356; NStZ-RR **04**, 111, 112). Die Aushändigung der EC-Karte und die Überlassung der Geheimnummer mit der Erlaubnis, einen bestimmten Höchstbetrag innerhalb des dem Berechtigten von der Bank eingeräumten Rahmens abzuheben, entspricht der Einräumung einer Bankvollmacht; der abredewidrige Missbrauch stellt sich nicht als „Täuschung" der Bank, sondern ggf. als Untreue gegenüber dem Berechtigten dar (Düsseldorf NStZ-RR **98**, 137; Hamm wistra **03**, 356; NStZ-RR **04**, 111 f.; ebenso *S/S-Cramer/Perron* 19). Diese Regeln gelten entsprechend für andere Karten, zB Mobil-**Telefonkarten** (vgl. NStZ **05**, 213).

In der **Literatur** wird die Anwendung von § 263a je nach Auslegung des Merkmals „unbefugt" (oben 10 f.), mit ebenso zahlreichen wie unübersichtlichen Differenzen im Einzelnen, teils **bejaht** (*Lackner/Kühl* 14; *Arzt/Weber* 21/40; *M/Schroeder/Maiwald* 41/233; *Hilgendorf* JuS **97**, 130, 134; *Mitsch* JZ **94**, 877, 881 f.; *Otto* JR **92**, 252, 254), teils **verneint** (LK-*Tiedemann* 50; *S/S-Cramer/Perron* 12; *Meier* JuS **92**, 1019; *Möhrenschlager* wistra **86**, 133; *Joecks* 21; *Mühlbauer* wistra **03**, 244, 250); hiervon wird teilweise wiederum der Fall unterschieden, dass der Dritte sich **im Rahmen** einer mit dem Kontoinhaber getroffenen Absprache hält, diesem jedoch die Überlassung der Karte an Dritte durch die Bank (AGB) untersagt ist (vgl. SK-*Hoyer* 38 f.). Jedenfalls im letzteren Fall liegt sicher kein betrugsähnliches Handeln vor; der Kontoinhaber muss die vertragswidrig erteilte Vollmacht gegen sich wirken lassen (Köln NStZ **91**, 587). Dasselbe gilt, wenn der Dritte eine ihm von dem Kontoinhaber erteilte Vollmacht überschreitet, sich bei der Abhebung jedoch im Rahmen des dem Inhaber eingeräumten Kreditrahmens hält; hier mag im Einzelfall Betrug oder Untreue im Innenverhältnis gegeben sein. Bei einer „betrugsäquivalenten" Auslegung ist somit der Dritte, der Karte und Geheimnummer mit Willen des Kontoinhabers erlangt hat, diesem im Hinblick auf den Tatbestand des § 263a gleichzustellen (ähnlich *M/Schroeder/Maiwald* 41/233; *Mühlbauer* wistra **03**, 244, 249 f.; SK-*Hoyer* 39). **13 a**

cc) Umstritten ist auch die Behandlung des **Missbrauchs durch den berechtigten Karteninhaber,** der die Grenzen seiner vertraglichen Befugnis (Kreditrahmen) gegenüber der Bank überschreitet. Dies ist nach teilweise vertretener Ansicht wegen der gegebenen Kongruenz mit § 263 durch § 263a erfasst. Ein betrugsähnliches Verhalten soll hier deshalb vorliegen, weil die Befugnis des Kontoinhabers zur Geldabhebung am Automaten Geschäftsgrundlage sei und die Handlung die schlüssige Erklärung enthalte, befugt zu sein (Düsseldorf NStZ-RR **98**, 137; *Lackner/Kühl* 14; LK-*Gribbohm* 10 zu § 266b; *Lackner,* Tröndle-FS 53; *Möhrenschlager* wistra **86**, 133; *Otto* wistra **86**, 153; *Tiedemann* JZ **86**, 869 u. LK 51; *W/Hillenkamp* 600, 609; *Bernsau* [oben 1 a], 154 ff., 191 f.; wohl auch *M/Schroeder/Maiwald* 41/233). Die Tathandlung liegt danach nicht in der Eingabe der PIN, welche die Zugangsmöglichkeit öffnet, sondern in der Eingabe eines den Kreditrahmen überschreitenden Geldbetrags. **14**

Dagegen spricht freilich schon die Existenz der Sondervorschrift des § 266b (vgl. *Arzt/Weber* 21/43; *Mühlbauer* wistra **03**, 244, 253; *M/Schroeder/Maiwald* 45/78; unklar ebd. 41/233). Die Eingabe eines Auszahlungsbetrags kann nicht als (strafrechtlich) „unbefugte Datenverarbeitung" angesehen werden (mit dem Ergebnis, dass jedes *erfolglose,* aber in der Hoffnung auf Auszahlung vollzogene Eintippen als Versuch zu verfolgen wäre). Nach Ansicht des **BGH** (BGH **47**, 160) ist eine Bargeldabhebung durch den berechtigten Karteninhaber unter **Überziehung der Kreditgrenze** (nur) ein Verstoß gegen die durch AGB geregelten Vertragspflich- **14 a**

ten; dieser unterfällt nicht § 263a (ebenso Stuttgart NJW **88**, 981; Köln NJW **91**, 126; inzident auch Bay **97**, 77; vgl. auch Düsseldorf NStZ-RR **98**, 137; *S/S-Cramer/Perron* 11; SK-*Hoyer* 35; NK-*Kindhäuser* 47ff.; *Joecks* 23; *Arzt/Weber* 21/43; *M/Schroeder/Maiwald* 45/78; *Huff* NJW **87**, 817; *Weber* JZ **87**, 217 u. Küchenhoff-GedS 490; *Achenbach* NStZ **89**, 497, 501; *Meier* JuS **92**, 1017, 1021; *Zielinski* CR **92**, 223, 227; *Mitsch* JZ **94**, 881; *Mühlbauer* wistra **03**, 244, 251f.; vgl. auch *Altenhain* JZ **97**, 752, 758; für Missbrauch der eigenen **Telefonkarte** ebenso NStZ **05**, 213 [Anruf der eigenen 0190-Nummer durch berechtigten Karteninhaber]). Es kommt insoweit **nicht darauf an,** ob die Karte an Automaten der **ausgebenden** oder einer **fremden** Bank benutzt wird. **§ 266b** kommt nur bei Verwendung im Drei-Partner-System in Betracht (BGH **47**, 160, 166; vgl. 9 zu § 266b), so dass die vertragswidrige Bargeldbeschaffung durch den berechtigten Karteninhaber an Geldautomaten der ausgebenden Bank straflos bleibt.

15 **c)** Die Nutzung von Zahlungs-Karten in sog. **POS-Systemen** (Point-of-Sales = automatisiertes Lastschriftverfahren mit Online-Überprüfung der Karte und **Einlösungsgarantie** der kartenemittierenden Bank) ist entspr. dem Bankomaten-Missbrauch (14a) zu behandeln (SK-*Hoyer* 40). Fehlt eine Einlösungsgarantie (**POZ-System** = point of sales **ohne Einlösungsgarantie**), so liegt bei Verwendung durch den Nichtberechtigten oder Kreditrahmenüberschreitung durch den Berechtigten Betrug zu Lasten des Händlers vor (vgl. BGH **46**, 146, 153f.; *Altenhain* JZ **97**, 759; *Rossa* CR **97**, 228; LK-*Tiedemann* 53; NK-*Kindhäuser* 54; *Joecks* 24; SK-*Hoyer* 41; *Rengier*, Gössel-FS 469, 474; umf. zu den verschiedenen Systemen vgl. *Heermann*, Geld und Geldgeschäfte, 2003 [Hdb. des Schuldrechts Bd. 10]); da hier nur die Kartenechtheit geprüft, die Sperrdatei abgefragt und ein vom Kunden zu unterschreibender Lastschriftbeleg ausgedruckt wird, ist eine computerbedingte Vermögensverfügung nicht gegeben. Zahlt der Täter im POZ-System in Unkenntnis eines Garantievertrags des Händlers mit einem Dritten, so ist Versuch des § 263 gegeben (*Rengier*, Gössel-FS 469, 476ff.). Bei unbefugter Verwendung einer **Geldkarte,** dh einer am Automaten der kontoführenden Bank mit einem Geldbetrag aufzuladenden Speicherkarte, ist das **Laden** einer Bargeldabhebung gleichzustellen; das unbefugte **Entladen** durch einen Nichtberechtigten, der die Karte mit Einwilligung des Berechtigten erlangt hat, ist mangels Täuschungsäquivalenz nicht nach § 263a strafbar (**aA** *Joecks* 25). Eine Entladung nach Diebstahl oder Unterschlagung der Karte ist Zueignung des Sachwerts (§§ 242 oder 246); bei durch Täuschung erlangter Nutzungsmöglichkeit liegt § 263 vor (vgl. oben 13); bei Gebrauch gefälschter Karten kommen §§ 152a, 152b in Betracht (vgl. Erl. dort).

16 **d)** Im Bereich des **Online-Banking,** der Inanspruchnahme entgeltlicher **Online-Dienstleistungen** in geschlossenen Online-Systemen (früher Btx-Verfahren; vgl. Zweibrücken CR **94**, 241) und des **Internet-Handels** ist die 3. Var. ebenfalls anwendbar (vgl. schon BT-Drs. 10/318; 10/5058; vgl. *S/S-Cramer/Perron* 14; LK-*Tiedemann* 56ff.), wenn die Nutzung eines fremden Anschlusses oder der Zugriff auf ein fremdes Konto mit der unbefugten Eingabe von Daten (**zB** Berechtigungs- oder Transaktionsnummern; Passwörter; Signatur-Codes) verbunden ist. Eine vertragswidrige Nutzung durch den Konto- oder Anschlussinhaber selbst oder eines Dritten mit dessen Einverständnis unterfällt § 263a nur dann, wenn durch die Datenverwendung automatische Sicherungen oder Prüfprogramme „getäuscht" oder umgangen werden (vgl. hierzu auch *Möhrenschlager* wistra **86**, 133; *Lenckner/Winkelbauer* CR **86**, 657f.; *Richter* CR **91**, 241f.).

17 **e)** Als unbefugte Verwendung von Daten ist auch die Nutzung sog. „Piratenkarten", dh unbefugt hergestellten **Zugangsberechtigungen zu Pay-TV-Programmen** anzusehen (*Dressel* MDR **99**, 390, 392), soweit nicht § 265a vorliegt; freilich dürfte es hier idR an einer unmittelbaren Vermögensschädigung fehlen (*Beucher/Engels* CR **98**, 101). Von § 263a erfasst ist die Verwendung von Daten, die durch „Knacken" von Verschlüsselungen von E-Mails erlangt wurden, insb.

auch **Kreditkarten-** oder **Kontonummern,** die von Berechtigten im Internet versendet werden. Die unbefugte Nutzung von DV-Hardware ist kein Fall des Manipulierens von DV-Ergebnissen, sondern stellt nur unberechtigten Maschinen- und evtl. Softwaregebrauch dar (*Möhrenschlager* wistra **86**, 133). Evtl. Schäden sind daher auch nicht auf das manipulierte Arbeitsergebnis zurückzuführen. Wohl von der 3. Var. ist dagegen auch die Verwendung von sog. **Telefonkartensimulatoren** erfasst (vgl. *Sieber* CR **95**, 102), dh Totalfälschungen wieder aufladbarer Telefonkarten, bei welchen durch Einbau eines veränderten Chips beim Telefonieren von Kartentelefonen zum einen eine automatische Wiederaufladung auf den ursprünglich vorgetäuschten Wertbetrag erfolgt, zum andern durch ständige automatische Veränderung der Identifikationsnummer eine Feststellung durch den Telefonbetreiber verhindert wird (nach LG Würzburg NStZ **00**, 374 [zust. *Hefendehl* NSt **00**, 348; abl. *Schnabel* NStZ **01**, 374] liegt die 4. Var. vor). Dabei ist freilich – wie bei sonstigen **Telekommunikationseinrichtungen** (vgl. LG Bonn NJW **99**, 3726: Mobilfunk-Karte) – darauf zu achten, dass die bloße Nutzung des (Daten-)Netzes allein § 265 a unterfällt (dazu *Sieber* CR **95**, 102; *Dannecker* BB **96**, 1288 f.).

D. 4. Var.: Sonstige unbefugte Einwirkung auf den Ablauf. Nach dem gesetzgeberischen Konzept (vgl. BT-Drs. 10/318, 19, 30) erfüllt die 4. Var. eine **Auffangfunktion;** sie erfasst danach solche strafwürdigen Manipulationen, die nicht unter Var. 1 bis 3 fallen (auch Output-Manipulationen, **zB** die Verhinderung des Ausdrucks [**aA** *S/S-Cramer* 4]); darüber hinaus noch nicht bekannte, dh neue Techniken, insbesondere Hardware-Manipulationen (RegE 30; *Achenbach* JR **94**, 293). Der Begriff der Einwirkung auf den Ablauf (dh auf das Programm oder den Datenfluss) erfasst Konsolmanipulationen, die nicht stets unrichtige Daten voraussetzen, bei denen vielmehr sonst auf den Verarbeitungsvorgang eingewirkt oder der Ablauf des Programms verändert wird (*Möhrenschlager* wistra **82**, 202; krit. *Haft* NStZ **87**, 8). Die **Unbefugtheit** der Einwirkung gehört auch hier zum Tatbestand; hierzu gilt das oben 10 f. Ausgeführte. Eine „Täuschungsähnlichkeit" der Handlung ist nicht erforderlich (hM; **aA** *Haft* NStZ **87**, 8; *Ranft* NJW **94**, 2574). 18

Die Streitfrage, ob in dem systematischen **Leerspielen von Geldspielautomaten** (hierzu *Füllkrug* KR **88**, 587 u. zur Technik der Spielautomaten *Achenbach* Jura **91**, 225) bei rechtswidrig erlangter Kenntnis über den Programmablauf eine unbefugte Verwendung von Daten iS der 3. Var. liegen kann, hat BGH **40**, 331 (auf Vorlage Bay NStZ **94**, 287 m. abl. Anm. *Achenbach* JR **94**, 293 gegen Celle NStZ **89**, 367, hierzu *Lampe* JR **90**, 347) offen gelassen (für Anwendung der 3. Var. Bay NJW **91**, 438, 440 [Anm. *Neumann* JR **91**, 302]; *Hilgendorf* JuS **97**, 131), da in diesem Fall jedenfalls (**aA** zB *W/Hillenkamp* 613; LK-*Tiedemann* 61 mwN: ausschließlich) die **4. Var.** verwirklicht ist. In einem solchen Fall steht der Einwirkung auf den Ablauf nicht entgegen, dass der Täter das Gerät an sich ordnungsgemäß bedient. Für die vom BGH angenommene subjektivierende Auslegung liegt es danach auf der Hand, dass die Auswertung rechtswidrig erlangter Kenntnisse des Spielprogramms mit dem Willen des Automatenbetreibers nicht vereinbar ist (BGH **40**, 335; dagegen *Zielinski* NStZ **95**, 345; Bedenken gegen die Begründung bei *Mitsch* JR **95**, 435 [iErg aber zustimmend BT II/2, 3/25]; *Otto* JK 44; *L. Schulz* JA **94**, 538; *Neumann* StV **96**, 375; *Arloth* Jura **96**, 354). Nicht nach § 263 a zu beurteilen ist die Bedienung eines Geldspielautomaten mit **Falschmünzen,** und zwar auch dann, wenn der Automat mit einem elektronischen Münzprüfer ausgestattet ist (Celle JR **97**, 345 m. Anm. *Hilgendorf* und krit. Bespr. *Mitsch* JuS **98**, 307; Düsseldorf NJW **99**, 3208; vgl. auch 15 zu § 265 a, 25 zu § 242); dasselbe gilt für die „Überlistung" eines Geldwechselautomaten mit Hilfe eines präparierten Geldscheins, wenn nicht auf das Programm des Auszahlungsvorgangs eingewirkt, sondern dieses nur mittels des (mit Klebestreifen zurückholbaren) Geldscheins in Gang gesetzt wird (Düsseldorf NJW **00**, 158 [dazu *Kudlich* JuS **01**, 20]). 19

5) Beeinflussung des Ergebnisses. Die Tathandlungen des I müssen das Ergebnis des DV-Vorgangs **beeinflussen,** dh zumindest **mitursächlich** für dieses 20

Ergebnis sein. Das setzt nicht voraus, dass der DV-Vorgang sich vor der Tathandlung bereits im Gang befindet (BGH **38**, 121; Bay JR **94**, 289; Köln NStZ **91**, 586; hM; **aA** *Kleb-Braun* JA **86**, 259; *Ranft* wistra **87**, 83; *Jungwirth* MDR **87**, 543). In der Entsprechung zu § 263 tritt die Beeinflussung des Ergebnisses des DV-Vorgangs (oben 3) als **Zwischenerfolg** aller Tathandlungen an die Stelle der (irrtumsbedingten) Vermögensverfügung; erforderlich ist daher, dass die Manipulation des Vorgangs **unmittelbar** eine **vermögensrelevante Disposition** des Computers verursacht (Hamm NJW **06**, 2341 [nicht gegeben bei Missbrauch von Krankenversicherungskarte]; BT-Drs. 10/318, 19 f.; *Lackner/Kühl* 16; *S/S-Cramer/Perron* 20; SK-*Hoyer* 48 ff.; LK-*Tiedemann* 65, 67 f.; *M/Schroeder/Maiwald* 41/237; *W/Hillenkamp* 602; jew. mwN). Die Vermögensminderung muss **unmittelbar,** dh ohne weitere (Zwischen-)Handlung des Täters, des Opfers oder eines Dritten **durch den DV-Vorgang** selbst eintreten. Daran fehlt es, wenn durch die Manipulation der DV nur die Voraussetzungen für eine vermögensmindernde Straftat geschaffen werden, **zB** beim Ausschalten oder Überwinden elektronischer **Wegfahrsperren** oder sonstiger elektronischer Schlösser (*Lackner/Kühl* 19; LK-*Tiedemann* 65; vgl. auch Celle NJW **97**, 1518 [krit. Anm. *Hilgendorf* JR **97**, 347]; *Otto* JR **00**, 215). Kein Computerbetrug (sondern ggf § 263) liegt auch vor, wenn das Ergebnis des DV-Vorgangs der inhaltlichen **Prüfung** durch eine natürliche Person unterliegt (oben 4; *S/S-Cramer/Perron* 21; SK- *Hoyer* 51; NK-*Kindhäuser* 35). In beiden Fällen ist ggf. die Möglichkeit eines schon durch das nur „vorbereitende" DV-Ergebnis eintretenden **Gefährdungsschadens** (dazu 94 ff. zu § 263) zu prüfen; Anlass hierzu kann namentlich dann bestehen, wenn eine individuelle Prüfung des Ergebnisses nur **stichprobenweise** erfolgt und der Täter dies weiß (vgl. *Lackner/Kühl* 18; and. *Arzt/Weber* 21/34). Unmittelbarkeit liegt stets dann vor, wenn das **Ergebnis der DV** entweder materiell falsch ist (Eingabe unrichtiger/unvollständiger Daten; unbefugte Eingabe „richtiger" Daten) oder auf einer auch technisch „falschen" Manipulation des Programms beruht **und** ohne Zwischenschritt zu einer Vermögensdisposition führt, **zB** durch automatische Vornahme einer Buchung; Freigabe eines vermögensrelevanten Zugangs; Ingangsetzen eines (mechanischen) Leistungsvorgangs; Ausdruck eines Leistungsbescheids. Dabei kommt es nicht darauf an, ob der DV-Vorgang in einem einstufigen oder mehrstufigen Programm abläuft (*Lenckner/Winkelbauer* CR **86**, 359); selbst die Einschaltung natürlicher Personen schadet nicht, wenn diese nicht ihrerseits eine „Verfügung" iS von § 263 I treffen, wenn sie also etwa nur das DV-Ergebnis ohne inhaltliche Prüfung umsetzen.

21 **Dreiecks-Computerbetrug.** Da der Betreiber der DV-Anlage mit dem Inhaber des zu schädigenden Vermögens nicht identisch sein muss, kann die Tat nach ganz hM auch in einem § 263 I entsprechenden Dreiecksverhältnis begangen werden (*Lackner/Kühl* 21; *S/S-Cramer/Perron* 22; SK-*Hoyer* 49; NK-*Kindhäuser* 34; LK-*Tiedemann* 71; **aA** *Haft* NStZ **87**, 8). Der Betreiber der DV-Anlage tritt hier an die Stelle des Verfügenden bei § 263 (*Altenhain* JZ **97**, 754 f.); Voraussetzung ist auch hier ein „Näheverhältnis" entsprechend § 263 (vgl. dort 47 ff.).

22 **6) Vermögensschaden.** § 263 a setzt wie § 263 als **Taterfolg** den Eintritt eines Vermögensschadens voraus; dieser muss als **unmittelbare Folge** des Ergebnisses des DV-Vorgang bei dem Systembetreiber oder einem Dritten eintreten. Für seine Bestimmung gelten die zu § 263 dargestellten Regeln entsprechend; auch ein **Gefährdungsschaden** reicht aus (vgl. 94 ff. zu § 263). Bei der Prüfung des Ursachenzusammenhangs ist nicht die Tathandlung als solche, sondern das durch sie („dadurch") manipulierte Arbeitsergebnis des Computers zur Schadensfolge in Beziehung zu setzen. Zu dem § 263 a unterfallenden Vermögensschaden gehört nicht der Aufwand, der erforderlich wird, um die Anlage wieder für den programmgerechten Einsatz einzurichten (*Lackner/Kühl* 25; *S/S-Cramer/Perron* 21; *Möhrenschlager* wistra **86**, 133; *Lenckner/Winkelbauer* CR **86**, 660); sie sind ggf. durch §§ 303, 303 a erfasst.

7) Subjektiver Tatbestand. Die Tat setzt **Vorsatz** voraus; bedingter Vorsatz genügt. Er muss sich auf alle Tatbestandsmerkmale, zu denen auch die Unbefugtheit (oben 10) gehört, dh auch auf die Voraussetzungen erstrecken, die das „Betrugsspezifische“ des Merkmals „unbefugt“ ausmachen. Hält der Täter sich zur Verwendung der Daten für berechtigt, so ist ein Tatbestandsirrtum gegeben (*Lackner/Kühl* 24; *S/S-Cramer/Perron* 27; vgl. 112 zu § 263). Liegt auch Betrugsvorsatz vor, so geht § 263 vor (oben 4). Verwirklicht der Täter objektiv einen Betrug, weil er tatsächlich einen Menschen mit inhaltlicher Prüfungskompetenz täuscht, subjektiv aber § 263 a, weil er möchte, dass die Vermögensdisposition über den DV-Vorgang getroffen wird, so ist (wegen der Gleichwertigkeit des Unrechts) eine unwesentliche Abweichung des Kausalverlaufs anzunehmen (7 zu § 16), so dass Vollendung des Betrugs gegeben ist (SK-*Hoyer* 53; NK-*Kindhäuser* 38; LK-*Tiedemann* 73; *Arzt/Weber* 21/35; *Lenckner/Winkelbauer* CR **86**, 660 f.); der Versuch des § 263 a tritt dahinter zurück (and. *Lackner/Kühl* 24; 50. Aufl.). Das gilt entspr. bei umgekehrtem Irrtum des Täters. Stellt der Täter sich vor, *sowohl* eine DV-Anlage *als auch* in der Folge eine natürliche Person werde getäuscht, so ist (nur) Vorsatz des § 263 gegeben. Nimmt er *alternativ* beides in Kauf, so wird er nach dem objektiv verwirklichten Tatbestand bestraft; der begrifflich vorliegende Versuch des anderen Delikts ist demgegenüber subsidiär, und zwar auch dann, wenn die mit Alternativvorsatz ausgeführte Tat insgesamt im Versuchsstadium stecken bleibt (SK-*Hoyer* 55; LK-*Tiedemann* 73; **aA** *Lenckner/Winkelbauer* CR **86**, 661: im letzteren Fall Tateinheit). Bei **Unaufklärbarkeit** des tatsächlichen Ablaufs ist **Wahlfeststellung** zwischen § 263 und § 263 a zulässig (*Lenckner/Winkelbauer* CR **86**, 660). 23

Hinzukommen muss wie bei § 263 die **Absicht, sich oder einem Dritten** einen **rechtswidrigen Vermögensvorteil** zu verschaffen (dazu 107 ff. zu § 263). Zur **Stoffgleichheit** zwischen Vorteil und Schaden vgl. 108 zu § 263; Folgeschäden der Vermögensdisposition (vgl. MDR **88**, 980) reichen nicht aus (oben 22). 24

8) Teilnahme. Beihilfe-Handlungen müssen sich auf die Tat nach § 263 a beziehen; nachträgliche Sicherungshandlungen reichen daher idR nicht aus. Sog. **„Finanzagenten“**, die ihr (inländisches) Bankkonto für die Umleitung von durch sog. „Phishing“ (oben 11 a) erlangten Geldbeträgen zur Verfügung stellen, die Beträge nach Eingang abheben und im Wege der Bar-Transferierung an die im Ausland tätigen Haupttäter leiten, sind daher mangels hinreichend konkretisierten Vorsatzes idR nicht Gehilfen des § 263 a z (**aA** AG Hagen CR **06**, 70 [m. abl. Anm. *Werner*; krit auch *Gercke* ZUM **06**, 284, 288 ff.]); Täterschaftliche **Geldwäsche** nach § 261 I S. 1, S. 2 Nr. 4 Buchst. a (so *Kögel* wistra **07**, 206, 207 ff.) setzt ebenfalls eine genügend konkrete Vorstellung von der Vortat voraus (*Heghmanns* wistra **07**, 167, 169; vgl. 40 zu § 261). Die vage Vorstellung, es handle sich um „illegales“ Geld, reicht für den Vorsatz des § 261 nicht, kann aber Strafbarkeit nach § 261 V begründen (LG Darmstadt wistra **06**, 470). Hinsichtlich des subjektiven Tatbestands gilt für Teilnehmer gilt das oben 23 Ausgeführte entsprechend. Ein Irrtum des Gehilfen, der **zB** eine entwendete Codekarte zur Täuschung einer Person zur Verfügung stellt, während der Haupttäter damit am Bankautomaten abhebt, bleibt unbeachtlich (Bestrafung aus §§ 263, 27). 25

9) Versuch. Nach **Abs. II** iVm § 263 II ist der **Versuch strafbar.** Er ist gegeben, wenn der Täter unmittelbar zu einer der Handlungen 6 bis 19 ansetzt, also namentlich mit dem Beginn eines Eingabevorgangs. **Vollendet** ist die Tat mit dem mindestens teilweisen Eintritt des Vermögensschadens (114 zu § 263). Zur Beendigung 3 zu § 78 a. 26

10) Rechtsfolgen. Die **Strafe** entspricht der des § 263. Ggf ist § 41 (dort 3) zu beachten. Nach II sind auch die Regelungen des **§ 263 III (besonders schwerer Fall)** anzuwenden, soweit sie ihrem Inhalt nach für Taten nach § 263 a gelten können (*nicht* also § 263 III Nr. 5), weiterhin **§ 263 V** (Qualifikation für **Bandendelikte**). Nach Abs. II iVm **§ 263 VI** kann **Führungsaufsicht** angeordnet werden. 27

28 Nach **II** iVm **§ 263 IV,** § 247 ist die Tat, sofern sie gegenüber einem Angehörigen (§ 11 I Nr. 1), dem Vormund oder einem Hausgenossen begangen wird, ein **Antragsdelikt.** Im Falle des „Bagatell-Computerbetrugs" (§ 263 IV iV mit **§ 248 a**) hängt die Strafverfolgung von einem Antrag ab, es sei denn, dass die StA die Strafverfolgung für geboten erachtet. Über § 263 IV gilt bei **Geringwertigkeit** des erstrebten Vorteils auch **§ 243 II** entsprechend, so dass III ausscheidet.

29 **11) Vorbereitungshandlungen (Abs. III, IV).** Die Abs. III und IV sind durch das 35. StÄG eingefügt worden (vgl. oben 1; In-Kraft-Treten: 28. 12. 2003), um die Verpflichtung aus Art. 4 II, zweiter Spiegelstrich, des EU-Rahmenbeschlusses vom 28. 5. 2001 umzusetzen (BT-Drs. 15/1720, 8; krit. zur „Übererfüllung" dieser Verpflichtung *Duttge*, Weber-FS [2004] 285, 287 ff., der die Regelung für verfassungswidrig und den RB wegen Unverhältnismäßigkeit für unverbindlich hält [ebd. 303 ff.]). Die Regelung ist ähnlich wie §§ 149, 275 gefasst. Sie führt zu einer systematisch widersprüchlichen (ebenso *Lackner/Kühl* 26 a) und kriminologisch zweifelhaften **Vorverlagerung** des strafrechtlichen Vermögensschutzes in einen nach objektiven Merkmalen kaum mehr bestimmbaren Bereich (vgl. unten 32). Ihr Hintergrund ist von (polizeilichen) **Beweis**-Erwägungen geprägt, die auf Strukturen professionell organisierter krimineller Arbeitsteilung abzielen.

30 **A. Tatobjekte** der selbständigen Vorbereitungstat nach Abs. III sind **Computerprogramme;** insoweit gelten allgemein die Erl. oben 3, 6. Die pluralische Formulierung steht der Anwendung im Hinblick auf nur *ein* Programm wie bei §§ 152 a, 152 b nicht entgegen (vgl. BGH **46**, 146). Der **Zweck des Programms** muss die Begehung einer Tat nach Abs. I sein. Nach der Begründung des GesE ist der „objektive Zweck" des Programms gemeint (BT-Drs. 15/1720, 10 f.; vgl. auch *Husemann* NJW **04**, 104, 108; zur entsprechenden Formulierung in § 202 c BT-Drs. 16/3656, 12); das kann nur sein **Inhalt** sein, denn alle anderen Zwecke sind nicht „objektiv", sondern werden durch Verwendung gesetzt (ebenso SK-*Hoyer* 58). Andererseits führt der GesE aus: „Das Programm muss nicht ausschließlich für die Begehung eines Computerbetruges bestimmt sein" (BT-Drs. 15/1720, 11). Damit ist offen, welche *sonstigen* Zwecke gemeint sind: Wenn es ausreichte, dass ein Programm seinem Inhalt nach **geeignet** ist, für eine Tat nach Abs. I eingesetzt zu werden, wäre der Kreis möglicher Tatobjekte – bis hin zu Betriebssystemen – nicht abgrenzbar.

31 Es reicht aber, schon im Hinblick auf den von § 149 I Nr. 1 abweichenden Wortlaut, wohl nicht aus, dass das Programm zur Verwendung bei der Begehung einer Tat nach Abs. I nur „seiner Art nach geeignet" ist. Nach dem Sinn der Vorschrift können „Zweck" und „Begehung" auch nicht zusammenfallen, denn es geht in III nicht um die Tatbegehung *durch* Herstellen usw. eines Programms, sondern um Herstellung **tatvorbereitender Programme.** Im Ergebnis kommt es daher auf eine Abgrenzung zwischen „bloßer Eignung" und „wesentlichem Zweck" des Programms an: Programme, die nach ihrer objektiven Funktion grds. anderen Zwecken dienen und deren Einsatz zur Tatbegehung sich – aus objektiver Sicht – als „Missbrauch" darstellt, unterfallen Abs. III nicht; auch nicht allgemein einsetzbare Programme, deren Gebrauch für einen Computerbetrug noch wesentliche Programm-Änderungen erforderlich macht. Verbleibende Zweifelsfragen sind zugunsten der Straffreiheit zu lösen.

32 Computerprogramme iS von III sind danach jedenfalls solche Programme, die gerade im Hinblick auf eine spezielle Tatmodalität einer Tat nach I geschrieben sind; **zB** Ausspähungsprogramme; Crackingprogramme gerade zum Eindringen in fremde Programme, die gegen Vermögensmanipulationen geschützt sind; Steuerungsprogramme (Codierungen); Entschlüsselungsprogramme zum Auffinden verschlüsselter Bank- oder Kreditkartendaten in E-Mails, zur Entschlüsselung von Pay-TV-Sendungen (*Smart Cards*); Darstellung spezieller Sicherungsprogramme, usw.). **Nicht** erfasst sind allgemein und unspezifisch einzusetzende Programme; namentlich Systemprogramme; allgemeine Ver- und Entschlüsselungsprogramme, Filterprogram-

me; auch nicht Blanco-*Smart-Cards*, auf denen zwar die Basis-Funktionen von *Smart-Cards* gespeichert sind, jedoch noch keine Entschlüsselungs-Software zum Empfang von Pay-TV-Sendungen (LG Karlsruhe NStZ-RR **07**, 19 [„Opos"-Karten]). **Unklar** bleibt die Anwendung auf Programme mit hohem „**Missbrauchspotential**", die aber auch anderen Zwecken dienen können oder von Berechtigten wie Unberechtigten eingesetzt werden. Dazu zählen **zB** Programme zur Herstellung und zum Auslesen von Magnetstreifen; Programme zur Decodierung von Tonwahlverfahren; „Diagnose"- und „Reparatur"-Programme verschiedenster Art. Eine Abgrenzung dürfte hier allenfalls anhand subjektiver Merkmale möglich sein.

B. Die **Tathandlungen** entsprechen denen des § 149 I (vgl. auch § 152a I); auf 33
die dortigen Erl. wird verwiesen. Der Begriff „Vorbereiten" bezieht sich wie in § 149 I nicht auf eine äußerlich abgrenzbare Handlung, sondern beschreibt das subjektive Verhältnis des Täters zu den aufgezählten Tathandlungsvarianten. **Herstellen** eines Programms ist kein Tätigkeitsdelikt; Abs. III setzt, wie sich aus dem Zusammenhang ergibt, die Existenz eines „hergestellten" Programms als **Erfolg** voraus. Ein Computerprogramm ist hergestellt, wenn die wesentlichen Bestandteile einer Programmstruktur, also zumindest der **Quellcode** (auch **Scripte,** wie sie in Internet-Servern Verwendung finden) in einer maschinenlesbaren Sprache geschrieben und auf einem von Computern lesbaren Datenträger gespeichert sind. Die Beifügung eines **Compilierungs- oder Interpreter-Programms** ist nicht erforderlich. **Sich-Verschaffen** ist insb. durch Erwerb von Datenträgern oder durch Kopieren möglich; Einem-anderen-Verschaffen durch entsprechende Weitergabe eigener Programme, aber auch durch Vermittlung eines Erwerbs von Dritten. Der EU-Rahmenbeschluss (oben 29) sieht diese Tatvariante nicht vor; die Umsetzung in Abs. III hat daher Handlungen einbezogen, die sich aus Sicht des RB als *Beihilfe*-Handlungen darstellen (krit. *Duttge*, Weber-FS [2004] 285, 290). **Verwahren** ist das Zur-Verfügung-Halten insb. nicht selbst hergestellter Programme. Die Aufbewahrung muss nicht in einer unmittelbar verwendbaren Form geschehen; insb. können Programme auch geteilt, kryptisiert oder, zB im Wege der Steganografie, in anderen Dateien versteckt werden. Das **Feilhalten,** also ein jedenfalls für Eingeweihte nach außen erkennbares Bereithalten zur entgeltlichen Abgabe, setzt das Vorhandensein einer Mehrzahl von Programmkopien nicht voraus.

C. In **subjektiver Hinsicht** ist Vorsatz erforderlich. Ausreichend ist mindestens 34
bedingter **Vorsatz** hinsichtlich der Merkmale des Computerprogramms (und dessen objektiven Zwecks) sowie hinsichtlich der Tathandlung. Darüber hinaus muss der Täter durch die Tat nach III einen Computerbetrug iS von Abs. I **„vorbereiten";** der Wortlaut entspricht §§ 149 I, 275 I. Damit ist kein objektiver Kausalzusammenhang gemeint; vielmehr muss sich der Vorsatz auf eine zukünftige eigene oder fremde Tat erstrecken; ob sie tatsächlich begangen wird, ist unerheblich. Eine Absicht im Sinne zielgerichteten Wollens ist nicht erforderlich. Ob der Täter im Hinblick auf eine bereits **konkretisierte** eigene oder fremde Tat nach I handeln muss, ist fraglich; dies liegt insb. bei den Tathandlungen des Feilhaltens, Einem-andern-Verschaffens und Verwahrens praktisch nicht nahe, denn idR wird es dem Täter hier um eigenen Vermögensvorteil (durch entsprechendes Entgelt) bei Gleichgültigkeit hinsichtlich einer fremden Tatbegehung gehen (für § 149 str.; vgl. dort 5). **Für** das Erfordernis einer Konkretisierung zumindest in den wesentlichen Grundzügen spricht die Regelung des IV. Zur Vorbereitung einer Tat nach Abs. I handelt daher jedenfalls, wer bei Begehung der Tat nach Abs. III eine Verwendung des Computerprogramms für einen – in den Grundzügen, wenn auch nicht in Einzelheiten vorgestellten – eigenen oder fremden Computerbetrug zumindest für möglich hält und billigend in Kauf nimmt.

D. Tätige Reue (IV). Abs. IV verweist auf die Regelungen über die Tätige 35
Reue in § 149 II, III. Das Erfordernis eines Aufgebens der „Ausführung der vorbereiteten Tat" (§ 149 II Nr. 1) spricht dafür, dass eine solche bereits hinreichend konkretisiert vorgestellt werden muss (oben 34). Im Zusammenhang mit dem sei-

nem Inhalt nach unklaren Merkmal des Programm-“Zwecks“ sind die Anforderungen, die § 149 II Nr. 2 stellt, jedenfalls bei auch für andere Zwecke geeigneten Programmen schwer zu erkennen, denn ob es sich um ein Tatmittel in diesem Sinn (§ 149 II Nr. 2: „Fälschungsmittel“) handelt, bestimmt sich in diesem Fall weithin nach dem subjektiven Willen des Täters.

36 **12) Konkurrenzen.** Im Hinblick auf die unterschiedlichen Bestimmungen des Anwendungsbereichs und des Verhältnisses zu § 263 (vgl. oben 4, 10 f.) sind die Konkurrenzfragen i. E. sehr umstritten.

37 **A. Verhältnis der Tatvarianten.** Innerhalb des Tatbestands des Abs. I hat die **4. Var. Auffangcharakter;** sie ist daher subsidiär (insoweit unklar BGH **40**, 331, 334). Im Übrigen ist ein Vorrang einer Tatvariante nicht anzunehmen (**aA** LK-*Tiedemann* 80; *Joecks* 42); verwirklicht der Täter mehrere Varianten, so erfolgt der Schuldspruch einheitlich wegen Computerbetrugs (**aA** LK-*Tiedemann* 80: Tateinheit).

38 **B. Gesetzeskonkurrenz.** § 263 a und § 263 schließen sich tatbestandlich aus, wenn derselbe Schaden sowohl durch die Manipulationsweisen des § 263 a als auch durch Täuschung bewirkt wird (*Lenckner/Winkelbauer* CR **86**, 660; *Möhrenschlager* wistra **86**, 132; SK-*Hoyer* 63; **aA** [Subsidiarität] *Lackner/Kühl* 27; LK-*Tiedemann* 81; NK-*Kindhäuser* 62; *M/Schroeder/Maiwald* 41/339; vgl. oben 23). Mit § 263 ist **Wahlfeststellung** möglich (oben 23). Zu **§ 246** besteht dagegen keine Konkurrenz, weil die Unterschlagung erst nach Gewahrsamsbegründung begangen werden kann, der Tatbestand des § 263 a aber mit Eintritt des Vermögensschadens vollendet ist (14). Eine durch Betrug erlangte Sache kann man aber nicht mehr unterschlagen (BGH **38**, 124; *Lackner/Kühl* 29). Im **Verhältnis zu § 242** tritt bei Diebstahl einer Codekarte und deren anschließender Benutzung zum Computerbetrug § 242 in der **Lit.** hM als „mitbestrafte Vortat“ zurück, wenn der Karteneigentümer den Schaden zu tragen hat (*S/S-Cramer/Perron* 23; SK-*Hoyer* 64; LK-*Tiedemann* 84; **aA** AG Kulmbach NJW **85**, 2282 [Anm. *Mitsch* JuS **86**, 767]; *Arzt/Weber* 21/52 und *Weber* JZ **87**, 216 f. [Tatmehrheit; insb. im Hinblick auf §§ 243, 244]; *Ranft* JR **89**, 165 [Vorrang des § 242] u. JuS **97**, 23 [Tateinheit]). Nach Ansicht des **BGH** liegt hier idR **Tatmehrheit** auch dann vor, wenn die ausgebende Bank gegen den Karten- oder Kontoinhaber einen Schadensersatzanspruch erlangt, da dieser eine nur unsichere Rechtsposition verleiht und nicht als unmittelbare Kompensation angesehen werden kann (NJW **01**, 1508 [Anm. *Wohlers* NStZ **01**, 539]); dem ist zuzustimmen. Beim Diebstahl einer („aufgeladenen“) Geldkarte, in welcher der gespeicherte Geldwert verkörpert ist, dürfte dagegen § 263 a als mitbestrafte Nachtat zurücktreten (so auch LK-*Tiedemann* 84). Gesetzeskonkurrenz besteht zu **§ 370 AO,** der § 263 a (ebenso wie § 263) als *lex specialis* vorgeht, wenn der erstrebte Vermögensvorteil sich in der Verkürzung von Steuereinnahmen erschöpft (5 StR 127/07 **aS**; vgl. auch BT-Drs. 10/5058, 30). Zur Abgrenzung zu § 265 a vgl. Erl. dort.

39 **C. Tateinheit** ist hingegen mit **§ 370 AO** gegeben, wenn neben einer Steuerverkürzung auch Vermögensvorteile zu Lasten anderer erstrebt werden, ferner mit § 202 a, § 17 UWG (SK-*Hoyer* 65; *S/S-Cramer/Perron* 42; LK-*Tiedemann* 85); mit **§§ 267, 269, 274 I Nr. 1, 2;** mit **§§ 303, 303 a** (Bay wistra **93**, 306 m. Anm. *Hilgendorf* JR **94**, 478; *Otto* JK 1 zu § 303 a) und uU mit § 303 b; im Übrigen gilt das in 135 ff. zu § 263 für den Betrug Ausgeführte entsprechend. Tateinheit ist auch gegeben mit **§ 268,** insbesondere in Hinblick auf dessen Abs. III (vgl. dort).

40 **D.** Im Verhältnis von Vorbereitungstaten nach **Abs. III** und Taten nach Abs. I tritt III hinter eine Beteiligung an einer vollendeten oder versuchten Tat nach I zurück (vgl. auch 12 zu § 149); beim Rücktritt vom Versuch des I (Abs. II iVm § 263 II) bleibt eine Strafbarkeit wegen vollendeter Tat nach III, wenn nicht auch die Voraussetzungen des IV iVm § 149 II Nr. 2 erfüllt sind.

41 **13) Sonstige Vorschriften:** Verjährung 3 ff. zu § 78 a. Zuständigkeit in Wirtschaftsstrafsachen nach § 74 a I Nr. 5 GVG iVm § 74 e Nr. 2 GVG, § 103 II JGG.

Subventionsbetrug

264 **I Mit Freiheitsstrafe bis zu fünf Jahren oder mit Geldstrafe wird bestraft, wer**

1. einer für die Bewilligung einer Subvention zuständigen Behörde oder einer anderen in das Subventionsverfahren eingeschalteten Stelle oder Person (Subventionsgeber) über subventionserhebliche Tatsachen für sich oder einen anderen unrichtige oder unvollständige Angaben macht, die für ihn oder den anderen vorteilhaft sind,

2. einen Gegenstand oder eine Geldleistung, deren Verwendung durch Rechtsvorschriften oder durch den Subventionsgeber im Hinblick auf eine Subvention beschränkt ist, entgegen der Verwendungsbeschränkung verwendet,
3. den Subventionsgeber entgegen den Rechtsvorschriften über die Subventionsvergabe über subventionserhebliche Tatsachen in Unkenntnis lässt oder
4. in einem Subventionsverfahren eine durch unrichtige oder unvollständige Angaben erlangte Bescheinigung über eine Subventionsberechtigung oder über subventionserhebliche Tatsachen gebraucht.

II In besonders schweren Fällen ist die Strafe Freiheitsstrafe von sechs Monaten bis zu zehn Jahren. Ein besonders schwerer Fall liegt in der Regel vor, wenn der Täter

1. aus grobem Eigennutz oder unter Verwendung nachgemachter oder verfälschter Belege für sich oder einen anderen eine nicht gerechtfertigte Subvention großen Ausmaßes erlangt,
2. seine Befugnisse oder seine Stellung als Amtsträger missbraucht oder
3. die Mithilfe eines Amtsträgers ausnutzt, der seine Befugnisse oder seine Stellung missbraucht.

III § 263 Abs. 5 gilt entsprechend.

IV Wer in den Fällen des Absatzes 1 Nr. 1 bis 3 leichtfertig handelt, wird mit Freiheitsstrafe bis zu drei Jahren oder mit Geldstrafe bestraft.

V Nach den Absätzen 1 und 4 wird nicht bestraft, wer freiwillig verhindert, dass auf Grund der Tat die Subvention gewährt wird. Wird die Subvention ohne Zutun des Täters nicht gewährt, so wird er straflos, wenn er sich freiwillig und ernsthaft bemüht, das Gewähren der Subvention zu verhindern.

VI Neben einer Freiheitsstrafe von mindestens einem Jahr wegen einer Straftat nach den Absätzen 1 bis 3 kann das Gericht die Fähigkeit, öffentliche Ämter zu bekleiden, und die Fähigkeit, Rechte aus öffentlichen Wahlen zu erlangen, aberkennen (§ 45 Abs. 2). Gegenstände, auf die sich die Tat bezieht, können eingezogen werden; § 74 a ist anzuwenden.

VII Subvention im Sinne dieser Vorschrift ist

1. eine Leistung aus öffentlichen Mitteln nach Bundes- oder Landesrecht an Betriebe oder Unternehmen, die wenigstens zum Teil
   a) ohne marktmäßige Gegenleistung gewährt wird und
   b) der Förderung der Wirtschaft dienen soll;
2. eine Leistung aus öffentlichen Mitteln nach dem Recht der Europäischen Gemeinschaften, die wenigstens zum Teil ohne marktmäßige Gegenleistung gewährt wird.

Betrieb oder Unternehmen im Sinne des Satzes 1 Nr. 1 ist auch das öffentliche Unternehmen.

VIII Subventionserheblich im Sinne des Absatzes 1 sind Tatsachen,

1. die durch Gesetz oder auf Grund eines Gesetzes von dem Subventionsgeber als subventionserheblich bezeichnet sind oder
2. von denen die Bewilligung, Gewährung, Rückforderung, Weitergewährung oder das Belassen einer Subvention oder eines Subventionsvorteils gesetzlich abhängig ist.

Übersicht

1) Allgemeines .... 1, 1 a
2) Legitimation des Tatbestands 2–5
3) Sachlicher Anwendungsbereich 6–12

4) Subventionserhebliche Tatsachen (VIII) 13–17
5) Tathandlungen (Abs. I) 18–31
6) Subjektiver Tatbestand 32–37
7) Versuch, Vollendung, Beendigung 38
8) Täterschaft und Teilnahme 39
9) Tätige Reue (Abs. V) 40–43
10) Rechtsfolgen 44–53
A. Besonders schwere Fälle (Abs. II) 45–49
B. Qualifikationen (Abs. III) 50
C. Nebenstrafe; Nebenfolgen (Abs. VI) 51–53
11) Konkurrenzen .... 54, 54 a
12) Sonstige Vorschriften 55

1 **1) Allgemeines.** Die Vorschrift idF des **1. WiKG** ist 1976 mit dem Ziel einer intensiveren Verfolgung der Wirtschaftskriminalität (zum Begriff *Volk* JZ **82**, 86; *Otto* ZStW **96**, 339) eingefügt worden (Mat.: 50. Aufl.). In das Gesetz eingearbeitet (Art. 2) wurde zugleich das **Subventionsgesetz (SubvG; Anh. 6;** Übersicht über die LandessubventionsG bei *Göhler/Buddendiek/Lenzen* Nr. 802; LK-*Tiedemann* 103). Für die Subventionen nach dem Recht der Europ. Gemeinschaften gilt das SubvG nur dann, wenn sich der Subventionsgeber in der BRep befindet, und auch dann nur hinsichtlich der Verfahrensvorschriften der §§ 2, 6 SubvG. Durch Art. 1 Nr. 60 des **6. StrRG** ist Abs. III eingefügt worden (unten 50); die früheren Abs. III bis VII wurden IV bis VIII. Durch Art. 2 des **EG-FinanzschutzG** (EGFinSchG) vom 10. 9. 1998 (BGBl. II 2322) wurde Abs. I Nr. 2 neu eingefügt; die früheren Nrn. 2 und 3 wurden 3 und 4; Abs. VII ist neu gefasst worden. **Mat.:** BT-Drs. 13/10 425 (RegE); 13/10 760 (Stellungen. BRat und Gegenäußerung der BReg.); 13/10 971 (RA-BTag, Ber.). Damit wurde Art. 1 Abs. 1 Buchst. a des **Übk. über den Schutz der finanziellen Interessen der Europäischen Gemeinschaften** vom 26. 7. 1995 Rechnung getragen (vgl. BT-Drs. 13/10 425, 6 f.; dazu *Dannecker* ZStW **108** [1996], 594; *Zieschang* EuZW **97**, 78). Danach sind die Mitgliedsstaaten verpflichtet, einen umfassenden strafrechtlichen Schutz der *Ausgabenseite* der EG sicherzustellen, soweit aus EG-Haushalten zu zahlende Subventionen und Beihilfen betroffen sind (i. E. dazu *Dannecker,* in: *Wabnitz/Janovsky,* Hdb. des Wirtschafts- und Steuerstrafrechts, 3. Aufl. 2007, 2/124 ff.; *Möhrenschlager* ebd. 3/22; LK-*Tiedemann* Nachtrag 1 ff.). Lücken des deutschen Rechts bestanden insb. bei der Strafbarkeit nachträglicher zweckwidriger Verwendung von Subventionen (jetzt I Nr. 2; unten 25 ff.) und bei der Anwendung des § 264 auf *alle* Subventionen der EG ohne Beschränkung auf solche, die der Förderung der Wirtschaft dienen (hierzu VII S. 1 Nr. 2; unten 12; vgl. i. e. Denkschrift zum Übk.; BT-Drs. 10/10 425, 11 ff). Zur Einrichtung der europäischen Verfolgungsbehörde OLAF vgl. 5 vor § 263. In Abs. IV ist die Strafbarkeit des leichtfertigen Subventionsbetrugs durch Einbeziehung von I Nr. 2 erweitert worden.

Gesetzgebung: Vorschlag zur Änderung von II S. 2 im GesE eines ZweitenKorrbekG (BR-Drs. 548/07; Abdruck im **Anhang unter Nr. 23 b**).

1 a **Neuere Literatur** (Auswahl): *Dannecker,* Die Entwicklung des Strafrechts unter dem Einfluß des Gemeinschaftsrechts, Jura **98**, 79; *ders.*, Strafrechtlicher Schutz der Finanzinteressen der Europäischen Gemeinschaft gegen Täuschung, ZStW **108** (1996), 557; *Detzner,* Rückkehr zum „klassischen" Strafrecht u. die Einführung einer Beweislastumkehr, 1998; *Diemer-Nicolaus,* Der Subventionsbetrug, Schmidt-Leichner-FS 31; *Dörn,* Leichtfertige Steuerverkürzung (§ 378 AO) u. leichtfertiger Subventionsbetrug (§ 264 Abs. 1, Abs. 3 StGB) durch den Steuerberater (usw.), wistra **94**, 215; *ders.*, Verfolgung von Subventionsbetrug durch die Finanzbehörden, DStZ **95**, 16; *Dreis/Eitel-Dreis,* Erstes Gesetz zur Bekämpfung der Wirtschaftskriminalität mit Erläuterungen, 1977; *Eberle,* Der Subventionsbetrug nach § 264 StGB, 1983; *Fuhrhop,* Die Abgrenzung der Steuervorteilserschleichung von Betrug u. Subventionsbetrug, NJW **80**, 1261; *Gaede,* Kraft und Schwäche der systemimmanenten Legitimitätsfunktion der Rechtsgutstheorie am Beispiel des Subventionsbetrugs, in: *Hefendehl* u. a. (Hrsg.), Die Rechtsgutstheorie, 2003, S. 183; *Göhler/Wilts,* Das 1. Gesetz zur Bekämpfung der Wirtschaftskriminalität, DB **76**, 1609; *Gröblinghoff,* Die Verpflichtung des deutschen Strafgesetzgebers zum Schutz der Interessen der Europäischen Gemeinschaft, 1996; *Hack,* Probleme des Tatbestands Subventionsbetrug, 1982; *Heinz* GA **77**, 210, 225; *Hentschel,* Verjährt der Subventionsbetrug nach § 264 I Nr. 3 nie (usw.)?, wistra **00**, 81; *Kindhäuser,* Zur Auslegung der Merkmals „vorteilhaft" in § 264 Abs. 1 Nr. 1 StGB, JZ **91**, 492; *Krack,* Die Tätige Reue im Wirtschaftsstrafrecht, NStZ **01**, 505; *Lüderssen,* Das Merkmal „vorteilhaft" in § 264 Abs. 1 S. 1 StGB, wistra **88**, 43; *Lührs,* Subventionen, Subventionsvergabepraxis u. Strafverfolgung, wistra **99**, 89; *Meine,* Der Vorteilsausgleich beim Subventionsbetrug, wistra **88**, 13; *Müller-Emmert/Maier,* Das Erste Gesetz zur Bekämpfung der Wirtschaftskriminalität, NJW **76**, 1657; *Dannecker,* in: *Wabnitz/Janowsky,* Hdb. des Wirtschafts- u. Steuerstrafrechts, 2000, Kap. 8;

Odersky, Die Probleme der Rspr bei der Verfolgung des europäischen Subventionsbetrugs (usw.), in: *Sieber* (Hrsg.), Europäische Einigung u. europäisches Strafrecht, 1993, 91; *Otto,* Strafrecht als Instrument der Wirtschaftspolitik, MSchrKrim **80**, 397; *ders.,* Die Haftung für kriminelle Handlungen im Unternehmen, Jura **98**, 409; *Ranft,* Die Rspr. zum sog. Subventionsbetrug, NJW **86**, 3163; *ders.,* Täterschaft beim Subventionsbetrug i. S. des § 264 I Nr. 1 StGB, JuS **86**, 445; *Sannwald,* Rechtsgut u. Subventionsbegriff, 1982; *Satzger,* Der Submissionsbetrug, 1994; *G. Schmidt,* Zum neuen Subventionsvergabegesetz, DVBl. **78**, 200; GA **79**, 121; *Schmidt-Baumann,* Subventionserschleichung, in: *Achenbach/Wannemacher* (Hrsg.), Beraterhandbuch zum Steuer- u. Wirtschaftsstrafrecht, § 22 IV; *Schultze,* Die Betrugsnatur des Subventionsbetrugs, 2006 (Diss.); *Stöckel,* Bekämpfung der Gesetzesumgehung mit Mitteln des Strafrechts, ZRP **77**, 134; *Stoffers,* Maßnahmen zur Bekämpfung des SubvBetrugs im EG-Bereich, Europa-Blätter, Beil. z. BAnz. 4/1993 S. 6; *ders.,* Der Schutz der EU-Finanzinteressen (usw.), EuZW **94**, 304; *Streck/Spatschek,* Investitionszulage u. Subventionsbetrug, DStR Beil. 34/97; *Tenckhoff,* Das Merkmal der Vorteilhaftigkeit in § 264 StGB, Bemmann-FS 465; *Tiedemann,* Strafbare Erschleichung von Investitionszulagen (usw.), NJW **80**, 2557; *ders.,* Der Subventionsbetrug, ZStW **86** (1974), 897; *ders.,* Der Strafschutz der Finanzinteressen der Europäischen Gemeinschaft, NJW **90**, 2226; *ders.,* Grunderfordernisse des Allgemeinen Teils für ein europäisches Sanktionenrecht, ZStW **110** (1998), 497; *ders.,* Täterschaft u. Teilnahme im europäischen Strafrecht, Nishihara-FS 496; *ders.,* Wirtschaftsbetrug, 1999 (Sonderausgabe aus LK, 11. Aufl.); *Wassmann,* Strafrechtliche Risiken bei Subventionen, 1995; *Weigend,* Bewältigung von Beweisschwierigkeiten durch Ausdehnung des Strafrechts?, Triffterer-FS (1996), 695; *Zieschang,* Das Übereinkommen zum Schutz der finanziellen Interessen der EU (usw.), EuZW **97**, 78; *ders.,* Diskussionsbericht über die Arbeitssitzung der Fachgruppe Strafrechtsvergleichung bei der Tagung der Gesellschaft für Rechtsvergleichung am 21. 3. 1996 in Jena, ZStW **108** (1996), 609.

2) Legitimation des Tatbestands. A. Das **Rechtsgut** des § 264 ist im Einzelnen umstritten, da sowohl die kriminalpolitische Zielsetzung und Legitimation des Tatbestands als auch seine Abgrenzung insb. zu § 263 im Gesetzgebungsverfahren (oben 1) nicht überzeugend geklärt worden sind. Hier ist vor allem ein kriminalpolitisches (Straf-) Bedürfnis formuliert worden, welches es als „unerträglich" ansieht, bestimmte Formen von als sozialschädlich angesehener Erschleichung (öffentlicher) Förderung mit dem Betrugstatbestand nicht hinreichend erfassen zu können (vgl. etwa BT-Drs. 7/5291 [Ber. Sonderausschuss]; BT-Drs. 7/3441 [RegE]; *Tiedemann,* Subventionskriminalität, 1974; *ders,* ZStW **86** (1974), 897 ff. und Wirtschaftsbetrug, 1 ff. zu § 264; *Blei,* Prot. 7/2504 ff.; *Lampe,* Prot. 7/2511 ff.). Dogmatisch ist die Legitimation des Tatbestands insb. auf eine Kritik an der (angeblich unzureichenden) **Zweckverfehlungslehre** bei der Schadensbestimmung in § 263 gestützt worden (vgl. BT-Drs. 7/5291, 3). Dies (vgl. dazu 79 ff. zu § 263) ist schon deshalb unzutreffend, weil außerhalb des Abs. VII Nr. 2 Zuwendungen an Privatpersonen, namentlich die sog. Sozialsubventionen, auch weiterhin nur § 263 unterfallen und dort ohne wesentliche Probleme erfasst werden können (krit. auch *Ranft* JuS **86**, 448; NJW **86**, 3164; *S/S-Lenckner/Perron* 1; *Lackner/Kühl* 1; *M/Schroeder/Maiwald* 41/162 f.; vgl. auch *Achenbach* JR **88**, 253; *A/R-Wattenberg* IV 2/3 ff.; LK-*Tiedemann* 13). Tatsächlich ist § 264 vor dem Hintergrund eines kriminal*politischen* Bedürfnisses wohl eher als Versuch zu sehen, den **Beweisschwierigkeiten** im Hinblick auf die Kausalität einer Täuschung und eines hierdurch verursachten Irrtums, auf die Kenntnis des Täters von der Rechtswidrigkeit des erstrebten Vermögensvorteils (*Tiedemann* ZStW **86** [1974], 903; **87** [1975], 276) sowie auf die Verursachung eines Vermögensschadens (*Müller-Emmert/Maier* NJW **76**, 1657; *Borchers* Prot. 7/2483; *Botz* Prot. 7/2492) auszuweichen (vgl. *Weigend,* Triffterer-FS 711 f.; *Hillenkamp,* Wassermann-FS 861, 869; *Dannecker,* in: *Wabnitz/Janovsky,* 1/56 f.). 2

Insoweit folgerichtig wird als von § 264 geschütztes **Rechtsgut** vielfach allein die **Planungs- und Dispositionsfreiheit** des Subventionsgebers (vgl. etwa *Schmidt-Hieber* NJW **80**, 323 f.; *Kindhäuser* JZ **91**, 494 f.; LK-*Tiedemann* 11 ff., 14 [„öffentliche Vermögensplanungshoheit"]; *Heinz GA* **77**, *225; Diemer-Nicolaus,* Schmidt-Leichner FS 42; *Mitsch* BT II/2, 3/37 [„Funktionsfähigkeit der Subvention als staatliches Lenkungs- und Steuerungsinstrument"]; ähnlich auch Karlsruhe NJW **81**, 1383; Hamburg NStZ **84**, 218; *Geerds,* Wirtschaftsstrafrecht u. Vermögensschutz, 1990, 244; dagegen zB SK-*Hoyer* 7 f.) oder das **Allgemeininteresse** an der staatlichen Wirtschaftsförderung angesehen. Abweichende Rechtsgutsbestimmungen heben stärker auf den Vermögensschutz ab und halten das **Vermögen** für vorrangig (*S/S-Lenckner/Perron* 4: *A/R-Wattenberg* IV 2/9 ff.; NK-*Hellmann* 10) oder jedenfalls mitgeschützt (*Lackner/Kühl* 1; *W/Hillenkamp* 680; *Rengier* BT 1, 17/3; wohl auch *Arzt/Weber* 21/55; vgl. auch BGHZ **106**, 204 [Anm. *Peters* JR **89**, 241]). Allein die Ausweitung des Betrugs-Tatbestands in den Bereich der Vorbereitung (vgl. auch § 265; § 265 b) zur Vermeidung von Beweisschwierigkeiten kann freilich kaum eine Verlagerung des Schutzzwecks auf eher vage 2 a

Allgemeingüter rechtfertigen. Der Planungs- und Gestaltungswille von Subventionsgebern ist nicht um seiner selbst willen geschützt; § 264 kann ebenso wenig wie § 370 AO im Umfeld der *Staatsschutz*-Tatbestände angesiedelt werden. Auch das **Subventionsverfahren** ist nicht durch § 264 geschützt (zust. *S/S-Lenckner/Perron* 4; SK-*Hoyer* 8; krit. auch *Meine* wistra **88**, 14), denn es wäre unverständlich, „die Wirtschaftsförderung" als solche allein gegen vermögensrelevante Angriffe zu schützen. Die Ausweitung des strafbaren Bereichs auf Vorbereitungshandlungen sowie auf fahrlässige Gefährdungen (Abs. IV!) kann schließlich kaum damit gerechtfertigt werden, dass die für Subventionen vorgesehenen Vermögensteile des Staates wegen ihres spezifischen Verwendungszwecks in erhöhtem Maße schutzwürdig seien, denn diesem Zweck dienen andere öffentliche Mittel gleichermaßen.

2b **Zutreffend** ist daher die Ansicht, dass geschütztes Rechtsgut des § 264 allein das **Vermögen des Subventionsgebers** ist (ebenso SK-*Hoyer* 10; NK-*Hellmann* 10; *Ranft* NJW **86**, 3163, 3165; *ders.* JuS **86** 445; *Krack* NStZ 01, 505, 506; *Maiwald* ZStW **96** (1984), 77 f. und *M/Schroeder/Maiwald* 41/165; *Sannwald* [1 a] 65; *Hack* [1 a] 63). Nicht die „Förderung der Wirtschaft" (Abs. VII Nr. 2) begründet somit die Legitimation der Strafdrohung, sondern das Merkmal der **Gegenleistungsfreiheit,** welches im Zusammenhang mit den bürokratischen Zuteilungsverfahren besondere Tatanreize schafft und umgekehrt eine in besonderer Weise gefährdete Stellung des Rechtsgutsinhabers verursacht. Die wirtschaftspolitische Motivation zur Schaffung dieser Gefährdungslage, dh auch das **Allgemeininteresse** an planungskonformer und prozedural gerechter Verteilung öffentlicher Wohltaten, ist mittelbar geschützt. In merkwürdigem Gegensatz zur (angeblichen) Ubiquität und Sozialschädlichkeit der Tat und zur hieraus abgeleiteten Notwendigkeit des Tatbestands steht seit jeher (vgl. dazu *Dörn* DStZ **95**, 164; *Lührs* wistra **99**, 89, 95 ff.) seine weitgehende **Bedeutungslosigkeit in der Praxis.**

3 **B.** Die **Verfassungsmäßigkeit** des § 264 ist im Hinblick auf die Weite des Subventionsbegriffs (Abs. VII) bezweifelt worden (*Heinz* GA **77**, 210 f.; *Löwer* JZ **79**, 621; *Detzner* [1 a] 57 ff.). Die Kritik wendet sich darüber hinaus gegen die Möglichkeit der Bestimmung der Subventionserheblichkeit durch den Subventionsgeber selbst bei gesetzesfreien Subventionen (Abs. VIII Nr. 1, 2. Var. iVm § 2 SubvG; vgl. dazu *Löwer* JZ **79**, 630 f.; *Hack* [1 a] 152 ff.) sowie namentlich auch gegen die Strafbarkeit der Leichtfertigkeit (unten 36), soweit hierin eine bloße Verdachtsstrafe für nicht beweisbares vorsätzliches Handeln gesehen wird (*Hack* [1 a] 125 ff.; *Albrecht* KritV **93**, 168; *Herzog,* Gesellschaftliche Unsicherheit u. strafrechtliche Daseinsfürsorge, 1991, 133; *M/Schroeder/Maiwald* 41/173; *Eberle* [1 a] 148 ff.; *Hillenkamp,* Wassermann-FS 861, 869; *Weigend,* Triffterer-FS 711 f.; vgl. auch AE-Wirtschaft, 105). Nach **hM** bestehen gegen die Tatbestandsbestimmtheit aber keine durchgreifenden Bedenken (vgl. *S/S-Lenckner/Perron* 3; NK-*Hellmann* 8; LK-*Tiedemann* 5 und 20 zu § 265 b; jew. mwN). Erhebliche **Zweifel** bestehen freilich im Hinblick auf das Schuldprinzip an **Abs. IV,** der fahrlässige *Gefährdungen* eines Rechtsguts mit Strafe bedroht, dessen *Verletzung* nach § 263 nur bei Vorsatz strafbar ist (vgl. *Arzt/Weber* 21/73). Namentlich die Fahrlässigkeitsstrafe für die untreueartige Falschverwendung nach Abs. I Nr. 2 und für Unterlassungen nach Abs. I Nr. 3 lässt sich auch mit der zu ihrer Begründung angeführten besonderen *Pflichtposition* des Subventionsempfängers (vgl. BT-Drs. 7/5291, 8; LK-*Tiedemann* 6; *S/S-Lenckner/Perron* 2; *Ranft* JuS **76**, 449) kaum legitimieren, namentlich seit durch Abs. VII Nr. 2 auch (EG-) Subventionen an Private erfasst sind (vgl. unten 25; krit. auch SK-*Hoyer* 16 ff.; *M/Schroeder/Maiwald* 41/173; *Schubarth* ZStW **92** (1980), 101 ff.). Zur Einstufung der leichtfertigen Erschleichung von (indirekten) *Steuer*-Subventionen als Ordnungswidrigkeit in § 378 AO besteht ein offenkundiger Wertungswiderspruch (insoweit zust. auch *Tiedemann* NJW **90**, 2228 und LK 6), der sich mit Abstufungen des Pflicht- und „Gewaltverhältnisses" (*Tiedemann* aaO; *Peters* JR **89**, 242) nicht rechtfertigen lässt.

4 **C.** Dogmatisch ist § 264 nicht als Verletzungs- oder Unternehmensdelikt mit dem Erfolg der Gewährung einer unberechtigten Subvention, sondern als **verselbstständigtes Versuchsdelikt im Vorfeld des Betruges** zu verstehen. Im Fall von I Nr. 1, 4 wird selbst die versuchte Beihilfe zur vollendeten Tat aufgestuft (vgl. BGH **34**, 268). Der Tatbestand selbst fordert nur in I Nr. 2 den Eintritt eines **Erfolges** und im Übrigen auch nicht den einer konkreten Gefahr; auch der untaugliche Versuch ist danach strafbar, so wenn die Angaben des Täters ungeeignet sind, eine Subvention zu erhalten, oder wenn falsche Angaben für die Gewährung einer berechtigten Subvention nach der Sachlage ohne Bedeutung sind (vgl. *Gössel*

Prot. 7/2616; **aA** *Schmidt-Hieber* NJW **80**, 325; *Findeisen* JR **81**, 225; *S/S-Lenckner/Perron* 47 mwN; vgl. *Kohlmann/Brauns* wistra **82**, 61). Die Tat ist daher ein **abstraktes Gefährdungsdelikt** (RegE 25; *Gössel* Prot. 7/2615; *Wilts* Prot. 7/2751; *S/S-Lenckner/Perron* 5; *Lackner/Kühl* 1; NK-*Hellmann* 11; *Weigend,* Triffterer-FS 702; **aA** LK-*Tiedemann* 17; SK-Hoyer 19 [„abstrakt-konkretes Vermögensgefährdungsdelikt"]; vgl. auch *Ranft* JuS **86**, 449); Abs. II Nr. 2 verlangt einen (untreueartigen; vgl. unten 25) Erfolg; I Nr. 3 ist echtes Unterlassungsdelikt. Der **Versuch** der Tat ist nicht strafbar.

Da die Tat auch das **Gewähren** einer nicht gerechtfertigten Subvention mit umfasst, ist § 264 als **lex specialis gegenüber § 263** konstruiert (BGH **32**, 203, 206 f.; Bay NJW **82**, 2203; LK-*Tiedemann* 161; *Allgaier* wistra **06**, 261 f.; hM); § 263 wird verdrängt (BGH **32**, 203, 206 f. [Anm. *Otto* JR **84**, 475; *Ranft* JuS **86**, 449]; NJW **82**, 2453 [Anm. *Tiedemann* JR **83**, 212]; vgl. auch die Nachw. unten 54 a; **aA** NK-*Hellmann* 173; krit. *M/Schroeder/Maiwald* 41/162; *Gössel* wistra **85**, 128; *Achenbach* JR **88**, 251; für Tateinheit *Schmidt-Hieber* NJW **80**, 324). Durch § 370 AO wird § 264 verdrängt (unten 54). § 264 ist **Schutzgesetz** iS des § 823 II BGB (wistra **89**, 193 u. **92**, 210). **Auslandstaten** sind nach § 6 Nr. 8 strafbar. 5

3) Sachlicher Anwendungsbereich. § 264 gilt nur im Rahmen der Vergabe oder Verwendung von **Subventionen.** Hierzu enthält **Abs. VII** eine für das gesamte öffentliche Recht maßgebliche **Definition,** die entgegen § 264 VI RegE („durch Gesetz als Subvention bezeichnete Leistung") mit § 2 E SubvG keinen formellen (RegE 23), sondern in Anlehnung an den AE (Ber. 10; Prot. 7/2605) einen **materiellen Subventionsbegriff** formuliert (Ber. 9 ff.; LK-*Tiedemann* 26; NK-*Hellmann* 12; SK-*Hoyer* 20; *Löwer* JZ **79**, 624; *Schmidt* DVBl. **78**, 202; GA **79**, 123). Durch das EG-FinSchG (oben 1) ist Abs. VII neu gefasst worden und unterscheidet zwischen Subventionen nach Bundes- oder Landesrecht (Nr. 1) und solchen, die unmittelbar auf Grund von EG-Recht gewährt werden (Nr. 2). 6

A. Subvention nach Bundes- oder Landesrecht (Abs. VII S. 1 Nr. 1). 7
Nach VII S. 1 Nr. 1 ist Subvention eine **Leistung aus öffentlichen Mitteln,** dh eine **geldwerte direkte Zuwendung** an den Empfänger, die aus Mitteln der öffentlichen Hand (Bund, Ländern oder Gemeinden) erbracht wird (wobei auch Mittel aus einem zweckgebundenen Sondervermögen erfasst werden, in die private Mittel auf Grund öffentlich-rechtlicher Verpflichtung eingebracht werden; LK-*Tiedemann* 29; *Göhler/Wilts* DB **76**, 1612; *Lackner/Kühl* 4; and. MDR/H **81**, 268 [Wintergeld gem. § 354 SGB III]; *Heinz* GA **77**, 211); es muss sich um eine außerhalb regelmäßiger Haushaltszuweisungen (an öffentliche Unternehmen) liegende **Sonderunterstützung** handeln (*S/S-Lenckner/Perron* 10). Leistungen iS von VII sind nur **direkt** gewährte geldwerte Zuwendungen; nicht umfasst sind indirekte Subventionen durch Steuernachlässe oder nach steuerrechtlichen Vorschriften gewährte direkte Zahlungen (SK-*Hoyer* 22); insoweit gelten ausschließlich die §§ 370 ff. AO (zur Abgrenzung vgl. *Franzen/Gast/Joecks,* Steuerstrafrecht, 88 ff. zu § 370 AO; *Fuhrhop* NJW **80**, 1261; vgl. aber unten 9). Zuwendungen **nichtstaatlicher** (auch gemeinnütziger) Einrichtungen sind nicht erfasst; Leistungen aus staatlich vorgeschriebenen Ausgleichs- oder Unterstützungsfonds der Privatwirtschaft nur dann, wenn die Leistung letztlich aus öffentlichen Mitteln erbracht wird (vgl. SK-*Hoyer* 24; *S/S-Lenckner/Perron* 8; LK-*Tiedemann* 29; NK-*Hellmann* 16; *Sannwald* [1 a] 89 f.).

Leistungsgrundlage muss das Recht von Bund (zB MOG [dazu *Göhler/Buddendiek/Lenzen* 525 C, D], BauGB, II. WoBauG), oder Ländern (zugleich für die Gemeinden) sein, wobei es sich nicht um Gesetze zu handeln braucht, sondern auch auf Gesetz beruhende Haushaltsansätze genügen (RegE 5). 8

Die Leistung muss **ohne marktmäßige Gegenleistung** gewährt werden; die Gegenleistungsfreiheit kann **ganz** (zB verlorene Zuschüsse an die Landwirtschaft) **oder teilweise** (zB Darlehen zu verbilligten Zinsen; verbilligte Preise für landwirtschaftliche Produkte; Leistung über dem Marktwert der Gegenleistung) bestehen. Die Erfüllung des SubvZwecks ist keine Gegenleistung (NStZ **90**, 35). Fehlt für eine öffentliche Leistung ein Markt (wie **zB** bei Kredithilfen, Realförderungen [LK-*Tiedemann* 35], Garantien und Bürgschaften), so kommt es darauf an, ob die dafür geforderten Gegenleistungen im Ergebnis kostendeckend sind oder sogar 9

Überschüsse erbringen (wie bei den Hermes-Garantien; wie hier LK-*Tiedemann* 34; str.; vgl. *Samson/Günther* 31, 32; NK-*Hellmann* 30 ff.; Ber. 10; *Göhler/Wilts* [oben 1 a] 1612; *Schmidt* GA **79**, 135; *A/R-Wattenberg* IV 2/20). Sog. **Schadenssubventionen** sind grds. nicht erfasst (vgl. LK-*Tiedemann* 30 ff.; SK-*Hoyer* 22). Für Fördermittel nach dem **II. WoBauG** hat BGH **44**, 233 gegen die Qualifizierung als Subvention Bedenken geäußert, die Frage jedoch offen gelassen. **Investitionszulagen** nach § 19 BerlinFördG 1990 sind Subventionen, auch wenn sie vom FinA gewährt werden (vgl. *S/S-Lenckner/Perron* 10; LK-*Tiedemann* 28; jew. mwN). Subventionen liegen auch bei sog. **Realförderungen** vor (**zB** Vergabe öffentlicher Aufträge), wenn und soweit diese entgegen der Wirtschaftlichkeit vorgenommen werden (**zB** auch verbilligte Verpachtung; Einkauf zu unwirtschaftlichen Preisen); Subvention ist hier die Differenz zwischen tatsächlichem Preis und Marktwert (SK-*Hoyer* 28).

10 Die Leistung muss der **Förderung der Wirtschaft** dienen, und zwar wenigstens zum Teil. Der Begriff der Wirtschaft ist im weitesten Sinn zu verstehen (vgl. BGH **34**, 113 [Filmwirtschaft]); er umfasst umfasst alle unternehmerisch betriebenen Einrichtungen zur Erbringung von Leistungen (vgl. SK-*Hoyer* 33; LK-*Tiedemann* 46; NK-*Hellmann* 37). **Nicht erfasst** sind von Nr. 1 die Förderung von Bildung und Kultur, das Gesundheitswesen (NJW **83**, 2649) oder der soziale Sektor (Ber. 10, 12; *S/S-Lenckner/Perron* 15), während im Bereich der **Forschung** die marktnahe, wirtschaftsorientierte einbezogen ist, nicht aber die reine Grundlagenforschung (Ber. 11; *Jerouschek* GA **99**, 427; krit. *Samson/Günther* 33 ff.). **Sportförderung** soll dem Bereich des § 264 nicht unterfallen (*S/S-Lenckner/Perron* 15; krit. *Eberle* [1 a] 106 f.); dies sollte jedoch für rein wirtschaftlich orientierte Vermarktungsgesellschaften nicht gelten. Dass die Wirtschaftsförderung der alleinige oder Hauptzweck der Zuwendung ist, ist nicht erforderlich (*A/R-Wattenberg* IV 2/21; nicht ausreichend ist aber ein bloßer „Nebeneffekt", etwa von Sozialsubventionen (LK-*Tiedemann* 51; *S/S-Lenckner/Perron* 17).

11 Leistungsempfänger müssen **Betriebe oder Unternehmen** sein (zu den noch nicht eindeutig geklärten Begriffen 8 zu § 14), also nicht nur vorübergehende Zusammenfassungen mehrerer Personen unter Einsatz von Sachmitteln in gewissem räumlichem Zusammenhang unter einer Leitung zur Erreichung eines bestimmten, nicht stets wirtschaftlichen Zwecks. Auf die rechtliche Form und die Absicht der Gewinnerzielung kommt es nicht an (LK-*Tiedemann* 38 f.; vgl. 8 zu § 14); auch ein eingetragener (Förder-)Verein kann Betrieb oder Unternehmen sein (NJW **03**, 2179, 2181). **Öffentliche Betriebe** (LK-*Tiedemann* 40) und öffentliche Unternehmen (vgl. § 130 II OWiG) sind nach **VII S. 2** ausdrücklich eingeschlossen; damit sind Organisationsformen der **öffentlichen Verwaltung** gemeint, die als Erzeuger oder Verteiler von Gütern am Wirtschaftsleben teilnehmen, gleichgültig ob sie öffentlich- oder privatrechtlich organisiert sind, **zB** kommunale Verkehrsbetriebe, Gas- und Elektrizitätswerke oder Wohnungsbaugesellschaften (Ber. 12; LK-*Tiedemann* 40). Zu den Unternehmen und Betrieben iS von Nr. 1 zählen auch Krankenhäuser, Forschungseinrichtungen sowie Betriebe der Land- und Forstwirtschaft. Erfasst sind auch **freie Berufe** (*Schmidt-Baumann* [1 a] 15). **Privatpersonen** (**zB** Rentner, Sparer, Kinderreiche) und damit die Empfänger sog. **Sozialsubventionen** scheiden somit im Bereich von Nr. 1 aus. § 264 ist auch anwendbar, wenn eine Subvention für ein **fingiertes Unternehmen** erschlichen wird (NJW **03**, 2179, 2181; LK-*Tiedemann* 44; *S/S-Lenckner/Perron* 21).

12 **B. Subvention nach EG-Recht (Abs. VII S. 1 Nr. 2).** Im Hinblick auf die Ausgabeseite von **EG-Haushalten** wird der Subventionsbegriff durch VII S. 1 Nr. 2 definiert. Es muss sich um Leistungen aus öffentlichen Mitteln nach dem Recht der EG handeln. Dies sind Subventionen und Beihilfen, die vom Gesamthaushaltsplan der Gemeinschaften oder in Haushaltsplänen vorgesehen sind, welche von den Gemeinschaften oder für deren Rechnung verwaltet werden (vgl. Erläuternden Bericht zum Übk., BT-Drs. 13/10425, 14 ff.). **Erfasst sind** Subventionen der Europäischen Ausrichtungs- und Garantiefonds für die Landwirtschaft sowie der Strukturfonds (**zB** Europäischer Sozialfonds; Fonds für regionale Entwicklung; Kohäsionsfonds; Entwicklungsfonds; Europäische Investitionsbank usw.), darüber hinaus Fonds, die auf eigene Rechnung von Gemeinschaftsinstitutionen ohne Organstellung verwaltet werden (**zB** Europäische Umweltagentur; Europ. Zentrum zur Förderung der Berufsbildung). Die Leistung muss auch hier ganz oder zum Teil **ohne marktmäßige Gegenleistung** (oben 9) erfolgen. Abweichend von Nr. 1 ist aber **nicht** erforderlich, dass sie der **Förderung der Wirtschaft** dienen und dass sie an Betriebe oder Unternehmen geleitet werden soll. Erfasst sind damit auch Subventionen und Beihilfen etwa im **Sozial-, Kultur- oder Umweltbereich,** die nicht dem weiten Wirtschaftsbegriff der Nr. 1 unterfallen. Unerheblich ist, ob die Leistung unmittelbar von Behörden oder Stellen der EG oder nach EG-Vorschriften von nationalen Stellen vergeben wird (BT-Drs. 13/10 425, 10). Nr. 2 öffnet den Anwendungsbereich des § 264 daher für eine fast unübersehbare Vielzahl von EG-**Sozialsubventionen** (etwa im Bereich der Arbeitsförderung; der Eingliederung von Migranten; der Kultur-, Sport- und Wissenschaftsförderung usw.). Der Kreis möglicher **Täter** wird hierdurch stark erweitert; er bezieht auch **Inhaber öffentlicher Ämter** ein (etwa bei Leistungen und Zuschüssen zu Veranstaltungen der politischen und kulturellen Bildung); das ist namentlich im Hinblick auf I Nr. 2, IV von vermutlich nicht unerheblicher praktischer Bedeutung (vgl. unten 37, 47).

4) Subventionserhebliche Tatsachen (Abs. VIII). Gemeinsames Merkmal der Tathandlung nach I Nr. 1, 3, 4 ist ihr Bezug zu subventionserheblichen Tatsachen (= SubvTatsachen). Diese sind in Abs. VIII in zwei Gruppen definiert und nicht iS materieller oder formeller *Voraussetzungen* für die Subventionsgewährung zu verstehen; Abs. VIII knüpft vielmehr allein und abschließend an die **formale Bezeichnung** der Tatsache als subventionserheblich **in einem Gesetz (Nr. 1)** oder an die gleichfalls **durch Gesetz** angeordnete Abhängigkeit der Subventionsentscheidungen von der Tatsache **(Nr. 2)** an (BGH **44**, 233 ff.); auf die materielle **Erheblichkeit** der Tatsache kommt es daher nicht an (vgl. BT-Drs. 7/5291, 13; BR-Drs. 5/75, 28). Mit „Gesetz" ist jeweils ein Gesetz im materiellen Sinne, also auch eine RechtsVO (Art. 80 GG; Ber. 13; RegE 27) oder Satzung (*S/S-Lenckner/Perron* 33; LK-*Tiedemann* 56) gemeint; eingeschlossen sind rechtsverbindliche Regelungen der Europ. Gemeinschaften (RegE 29; Ber. 13; vgl. MOG und *Göhler* 525 D; hierzu *Löwer* JZ **79**, 627); nicht aber die Festlegung von Vergabevoraussetzungen durch Vertrag (insb. im EG-Recht; vgl. unten 17). **Nicht** ausreichend ist die Bezeichnung in einem ministeriellen Erlass (BGH **44**, 233). Zum Tatsachen-Begriff allgemein vgl. 6 ff. zu § 263; dazu gehören auch „innere Tatsachen" (zB die Absicht, keinen von der Filmförderung ausgeschlossenen [§ 19 FFG] Film herzustellen; vgl. BGH **34**, 114). Abs. VIII unterscheidet **drei Arten** subventionserheblicher Tatsachen: 13

A. Abs. VIII Nr. 1, 1. Var.: Tatsachen, die **durch Gesetz** (vgl. dazu LK-*Tiedemann* 56 f.; vgl. auch LG Magdeburg wistra **05**, 155, 156 [Bezeichnung in „Rahmenplan" nicht ausreichend]) als subventionserheblich bezeichnet sind. Es muss sich um eine ausdrückliche Bezeichnung handeln; pauschale Bezeichnungen reichen *nicht aus (vgl. BGH* **44**, *233, 237* ff.; LG Düsseldorf NStZ **81**, 223 [Anm. *Ranft* NJW **86**, 3164]; SK-*Hoyer* 39; *S/S-Lenckner/Perron* 30; LK-*Tiedemann* 55), so dass Gesetze, die den Ausdruck nicht verwenden, nicht in Betracht kommen, aber auch nicht die §§ 3 bis 5 SubvG, die keine solchen Tatsachen bezeichnen (§§ 4, 5) oder solche Tatsachen nur voraussetzen (§ 3). Als hinreichende Bezeichnung ist vom BGH die Formulierung „wirtschaftliche Verhältnisse des Antragstellers" angesehen worden (wistra **92**, 257). Der Begriff „subventionserheblich" muss nicht *wörtlich* verwendet werden (Bay NJW **82**, 2203; München NJW **82**, 457), wenn die Kennzeichnung eindeutig ist (vgl. Bsp. bei *S/S-Lenckner/Perron* 30: zB „für die Bewilligung von Bedeutung"). 14

15 **B. Abs. VIII Nr. 1, 2. Var.:** Tatsachen, die von dem im konkreten Fall maßgebenden SubvGeber **auf Grund eines Gesetzes** (dh infolge gesetzlicher Ermächtigung oder Verpflichtung) ausdrücklich als in diesem konkreten Fall subventionserheblich **bezeichnet** sind **(Nr. 1, 2. Var.;** vgl. BGH **44**, 233, 238; Bay NJW **82**, 2203; LG Düsseldorf NStZ **81**, 223; *Ranft* NJW **86**, 3170; *Lührs* wistra **99**, 89, 93). Als **Gesetz** kommen vor allem das SubvG selbst und die SubvG der Länder (*Göhler* 802 B), die das SubvG für anwendbar erklären, in Betracht (vgl. wistra **86**, 68). Die Formulierung „auf Grund eines Gesetzes" bedeutet nach hM nur, dass der SubvGeber die Grenzen der rechtlichen Zulässigkeit bei der Bestimmung subventionserheblicher Tatsachen nicht überschreiten darf (LG Hamburg wistra **88**, 362; LK-*Tiedemann* 58; *A/R-Wattenberg* IV 2/37). Bezeichnet er daher Tatsachen als subventionserheblich, die es nach den in Betracht kommenden Vorschriften (vgl. § 2 I Nr. 2 SubvG) gar nicht sind, so werden sie dadurch nicht iS von VIII subventionserheblich (*S/S-Lenckner/Perron* 34; LK-*Tiedemann* 59; *M/Schroeder/Maiwald* 41/168). Schöpft der SubvGeber die gesetzliche Bezeichnungsmöglichkeit nicht aus, so ist § 264 nicht gegeben (vgl. unten 28).

16 § 2 I SubvG verpflichtet den SubvGeber, dem SubvNehmer vor Bewilligung oder Gewährung einer Subv. diejenigen Tatsachen **genau** (vgl. LG Magdeburg wistra **05**, 155, 156) zu bezeichnen, die nach dem SubvZweck, nach dem Vergaberecht (Rechts- und Verwaltungsvorschriften sowie Richtlinien) und den sonstigen Vergabevoraussetzungen des konkreten Falles für die Bewilligung, Gewährung, Rückforderung, Weitergewährung oder das Belassen einer Subv. oder eines aus einer Subv. gezogenen mittelbaren Vorteils erheblich sind (vgl. **zB** wistra **92**, 257: Eigenkapitalausstattung des SubvNehmers). **Bewilligung** ist die verbindliche Zusage, **Gewährung** die tatsächliche Zuleitung auf Grund der Bewilligung, **Weitergewährung** die wiederholte Zuwendung auf Grund einheitlicher Entscheidung, **Belassung** die Entscheidung, eine Zuwendung nicht zurückzufordern, oder das tatsächliche Absehen hiervon (die sich überschneidenden Begriffe sind gewählt, um keinerlei Lücke zu lassen, RegE 29). Darüber hinaus hat der SubvGeber nach § 2 II SubvG dem SubvNehmer, wenn im Verfahren Zweifel auftauchen, auch die noch klärungsbedürftigen Tatsachen als subventionserheblich zu bezeichnen (*Ranft* NJW **86**, 3163). Da zu den Rechtsvorschriften, die für die Bewilligung usw. einer Subv. erheblich sind, auch die §§ 3 bis 5 SubvG gehören, hat der SubvGeber auch die dort bezeichneten Tatsachen mitzuteilen.

17 **C. Abs. VIII Nr. 2:** Tatsachen, **von denen die Bewilligung einer Subv.** usw. (vgl. oben 16) **gesetzlich abhängig** ist. Auch hier ist als Gesetz auch das SubvG anzusehen, vor allem dessen §§ 3 bis 5, so dass eine Überschneidung mit Nr. 1, 2. Var. eintritt: Soweit das SubvG gilt und der SubvGeber seiner Verpflichtung nach Nr. 1 nachkommt, läuft Nr. 2 leer. Soweit es sich jedoch um **Subventionen der EG** handelt, für welche die §§ 3 bis 5 SubvG nicht gelten (oben 12), spielt Nr. 2 eine selbstständige Rolle, die durch das Recht der EG näher bestimmt wird. Nr. 2 greift aber auch dann ein, wenn der SubvGeber seiner Bezeichnungspflicht nach Nr. 1 iVm § 2 SubvG nicht oder nicht vollständig nachkommt (vgl. BGH **34**, 111; **44**, 233; München NJW **82**, 458; hierzu *Ranft* NJW **86**, 3165) oder wenn derjenige, der Angaben macht, gar kein SubvNehmer ist und ihm gegenüber daher keine Bezeichnungspflicht besteht; die §§ 3 bis 5 SubvG beschreiben auch in diesen Fällen gesetzliche SubvTatsachen (hierzu *Schmidt* [1a] 203). Diese Konsequenz steht allerdings dem Bestreben des Gesetzgebers entgegen, für den SubvNehmer und jeden, der Angaben nach I Nr. 1 macht, durch eine präzise Bezeichnung volle Klarheit über die subv. erheblichen Tatsachen zu schaffen. Gesetzlich abhängig ist die Bewilligung auch davon, dass die Subv. einem Betrieb oder Unternehmen gewährt wird; **täuscht** der Täter daher Betrieb oder Unternehmen nur vor, so macht er unrichtige Angaben iS von I Nr. 1 (Ber. 12). **Subventionsvorteile** iS von Nr. 2 sind nicht solche nach § 5 SubvG, sondern die (ggf. mittelbar, etwa

bei Kauf zweckgebunden subventionierter Ware) durch die Zuwendung selbst erlangten wirtschaftlichen Vorteile (*S/S-Lenckner/Perron* 37).

5) Tathandlungen, Abs. I. Abs. I Nr. 1 bis 4 beschreiben, teilweise überschneidend, die tatbestandlichen Handlungen. Sie müssen nur teilweise (Nr. 1, Nr. 3) gegenüber dem SubvGeber begangen werden. Die Tathandlungen müssen innerhalb eines SubvVerfahrens oder im Zusammenhang damit begangen werden. Täter können SubvNehmer, teilweise auch Dritte sein. **18**

Das **Subventionsverfahren** (I Nr. 1, 4) ist im Gesetz nicht definiert. Es ist das in erster Linie auf Gewährung einer Subv. gerichtete, weitgehend formlose Verfahren (vgl. aber § 2 SubvG), das mit einem Antrag auf Bewilligung der Subv. (§ 2 I SubvG) beginnt und grundsätzlich mit der Gewährung oder mit dem endgültig ablehnenden Bescheid des SubvGebers endet (*S/S-Lenckner/Perron* 40; LK-*Tiedemann* 73; NK-*Hellmann* 71; SK-*Hoyer* 49). In Fällen der Weitergewährung erstreckt sich das SubvVerfahren bis zur letzten Leistung des SubvGebers. SubvVerfahren ist aber auch das von einem SubvGeber eingeleitete Verfahren, das auf Rückforderung (vgl. VIII Nr. 2) einer Subv. gerichtet ist. Von den in I beschriebenen Tathandlungen braucht nur die unter I Nr. 4 *in* einem SubvVerfahren, also *während* eines solchen Verfahrens begangen zu werden. I Nr. 2 wird stets, I Nr. 3 idR nach Abschluss des Verfahrens begangen werden, I Nr. 1 meist in einem solchen Verfahren. I Nr. 1 erfasst nicht den Fall, dass ein dem Antragsteller Zuarbeitender noch vor dem Eingang des Antrags dem SubvGeber unrichtige Angaben über subventionserhebliche Tatsachen macht (str.; wie hier *Lackner/Kühl* 16; LK-*Tiedemann* 74). **19**

Subventionsgeber (I Nr. 1; § 2 I SubvG) ist die im konkreten Fall für die Bewilligung der erstrebten Subv. sachlich wie örtlich **zuständige Behörde** (29 zu § 11) und/oder eine andere (uU durch zivilrechtlichen Vertrag, Ber. 6) auf der **Geberseite** (also nicht zB der vom SubvNehmer für sich eingeschaltete Anwalt oder seine Bank), insbesondere durch die zuständige Behörde „in einer der vielfältigen Formen einer Subventionsvermittlung" (RegE 26) in das konkrete SubvVerfahren von vornherein oder nachträglich eingeschaltete Stelle oder Person (**zB** ein Bankinstitut; eine dafür gegründete GmbH; eine Privatperson), die damit für die Entgegennahme entsprechender Angaben zuständig wird (*Müller-Emmert/Maier* NJW **76**, 1660; LK-*Tiedemann* 68; *A/R-Wattenberg* IV 2/26). **20**

Den Begriff des **Subventionsnehmers** verwendet § 264 selbst nicht; er wird aber in § 2 I SubvG mit mittelbarer Wirkung für § 264 dahin definiert, dass es sowohl derjenige ist, der für sich oder einen anderen eine Subv. **beantragt,** als auch derjenige, der eine Subv. oder einen mittelbar aus der Subv. erwachsenden Vorteil **in Anspruch nimmt**, also auch, wer einen Vorteil iS von § 5 SubvG erlangt. Er wird damit zum Verpflichteten nach I Nr. 3 (vgl. auch § 3 SubvG; Bay NJW **82**, 2203, hierzu *Ranft* NJW **86**, 3170). Täter nach I Nr. 1, 4 können auch andere als SubvNehmer sein. **21**

A. Abs. I Nr. 1 setzt voraus, dass der **Täter,** der jedermann sein kann (kein Sonderdelikt), dem in seinem Fall zuständigen oder eingeschalteten SubvGeber **für sich** (dh den Täter, seinen Betrieb oder sein Unternehmen, die als SubvNehmer in Betracht kommen) oder (zB als Auskunftsperson oder Sachbearbeiter) **für einen anderen** (nämlich den Antragsteller, einen Betrieb, ein Unternehmen, eine natürliche Person, in erster Linie für den SubvNehmer) über **SubvTatsachen** (oben 13 ff.) schriftlich oder mündlich **Angaben macht**, die entweder **unrichtig** oder **unvollständig** sind (vgl. wistra **06**, 262, 264; AG Hamburg wistra **84**, 151). Angaben iS von Nr. 1 sind ausdrückliche oder konkludente Gedankenerklärungen (vgl. NJW **03**, 2179, 2181; wistra **06**, 262, 264; *S/S-Lenckner/Perron* 43). Das „Machen" der Angaben setzt Eigenhändigkeit nicht voraus; mittelbare Täterschaft ist möglich (SK-*Hoyer* 54); ebenso Mittäterschaft, etwa mit einem in das SubvVerfahren eingeschalteten Amtsträger (vgl. **32**, 203, 205; NJW **84**, 2230; unten 47). Nicht erfasst ist das bloße Dulden fremder Handlungen (NJW **81**, 1744 [m. Anm. **22**

Tiedemann JR **81**, 470]: Dulden der Entnahme von Qualitätsproben); idR auch nicht die bloße Veränderung von äußeren Umständen (LK-*Tiedemann* 77; *S/S-Lenckner/Perron* 43), wenn ein Erklärungswert hierin nicht liegt. Im Tatbestand nicht ausdrücklich erwähnt, aber als **ungeschriebenes Tatbestandsmerkmal** anzusehen ist das Erfordernis, dass der Täter mit seinen Erklärungen **vorspiegeln** muss, die gemachten falschen Angaben richtig seien bzw. die unvollständigen Angaben vollständig (ebenso LK-*Tiedemann* 80, 86). Ob die Vorspiegelung zum Erfolg führt, ist ohne Bedeutung.

23 **Unrichtig** sind Angaben, die mit der Wirklichkeit nicht übereinstimmen (BGH **34**, 115; Bay MDR **89**, 1014; vgl. auch 10 zu § 263); sie bleiben auch unrichtig iS von § 264, wenn ein Amtsträger sie wider besseres Wissen als richtig bestätigt und der genehmigenden Stelle vorlegt (BGH **32**, 205 m. Anm. *Otto* JR **84**, 475; *Ranft* JuS **86**, 448). Es muss sich also um **Angaben tatsächlicher Art** handeln, die in solchen Teilen, die für die SubvErheblichkeit von Bedeutung sind, der Wahrheit nicht entsprechen oder **unvollständig** sind, dh neben (falschen oder richtigen) Angaben subventionserhebliche Umstände verschweigen (vgl. zB wistra **06**, 262 [Erfüllung des Eigenkapitalerfordernisses durch Kreditschöpfung und Belastung des Unternehmens]; LG Hamburg wistra **88**, 362). Dabei ist § 4 SubvG zu beachten, nach dessen I S. 1 **Scheingeschäfte und Scheinhandlungen** (vgl. dazu SK-*Hoyer* 52; *Bruns* GA **86**, 1; zu EG-Subventionen vgl. Art. 4 III EG-VO Nr. 2988/95 [ABl. L 312, 1]; dazu *Lührs* wistra **99**, 94) unerheblich sind, so dass ihre Ausgabe als Nichtscheingeschäfte eine unrichtige Angabe (vgl. Koblenz wistra **85**, 82) und das Verschweigen des durch die Scheinhandlung verdeckten Sachverhalts nach § 4 I S. 2 SubvG eine unvollständige Angabe ist (**zB** scheinbares *Neu*bestellen einer inzwischen subventionierten Ware, Koblenz JZ **80**, 736 [zust. *Findeisen* JR **81**, 225 mwN]; *Schmidt-Hieber* NJW **80**, 326; *Ranft* NJW **86**, 3168; **aA** *Tiedemann* NJW **80**, 1557; iErg ebenso AG Alsfeld NJW **81**, 2588). Auch ein geplanter Missbrauch iS von § 4 II SubvG ist mitzuteilen, wenn die Angaben nicht unvollständig sein sollen. Unvollständigkeit liegt auch vor, wenn der Umstand verschwiegen wird, dass ein vom Subventionsgeber geforderter Eigenbeitrag durch Verminderung des Vermögens des zu unterstützenden Unternehmens erbracht wird (NStZ **06**, 625 f.). Die Erklärung unvollständiger Angaben kann zugleich die Voraussetzungen von Nr. 3 erfüllen; doch wird Nr. 1 allein anzuwenden sein, wenn der Täter positive (vielleicht an sich richtige) Angaben macht und daneben über subventionserhebliche Tatsachen schweigt (LK-*Tiedemann* 79; *Bruns* GA **86**, 24).

24 Die Unrichtigkeit oder Unvollständigkeit der Angaben muss **für den Täter oder** den anderen, der als **SubvNehmer** in Betracht kommt, **vorteilhaft** sein, dh die Aussicht abstrakt verbessern (BGH **34**, 270 m. Anm. *Achenbach* JR **88**, 251; NStZ/A **89**, 500; hierzu *Meine* wistra **88**, 13; *Schmidt-Baumann* [1 a] 43), dass die Subv. in der angestrebten Weise bewilligt wird. Die in BGH **34**, 271 (hierzu *Ranft* NJW **86**, 3166; *Tiedemann,* Dünnebier-FS 534) offen gelassene Frage, ob es an der Vorteilhaftigkeit bereits dann fehlt, wenn die SubvVoraussetzungen schon anderweit vorliegen (so Karlsruhe NJW **81**, 1383) oder wenn eine Besserstellung des SubvNehmers nicht eintrat, weil die falschen Angaben ein bestimmtes Ereignis lediglich vorwegnehmen und die Verwaltungsbehörde dies ständig duldet (so wistra **85**, 150), hat BGH **36**, 374 gegen die hM in dem Sinne entschieden, dass unrichtige Angaben auch dann „vorteilhaft" und durch sie erlangte Subventionen ungerechtfertigt sind, wenn „schon auf Grund von anderen Tatsachen die Subventionsvoraussetzungen erfüllt" sind (vgl. auch BGH **34**, 265, 268; dazu *Achenbach* JR **88**, 251 und BGH-FG 593, 608 ff; *Meine* wistra **88**, 13; **aA** *Kindhäuser* JZ **91**, 492; *Otto* JK 2; *Lüderssen* wistra **88**, 43; *Ranft* JuS **86**, 449; NJW **86**, 3166; *W/Hillenkamp* 689; *Mitsch* BT II/2, 3/56; *Tenckhoff,* Bemmann-FS 465; *S/S-Lenckner/Perron* 47; *Lackner/Kühl* 18; NK-*Hellmann* 87; SK-*Hoyer* 58). Nicht erfasst sind Angaben, die für den SubvNehmer ungünstig oder indifferent sind oder sich nur gegen den Anspruch eines Mitbewerbers richten (*Müller-Emmert/Maier* NJW **76**, 1660; *S/S-Lenckner/Perron* 47; NK-*Hellmann 86*).

B. Abs. I Nr. 2 idF durch das EG-FinSchG (oben 1) setzt voraus, dass der Täter gegen eine **Verwendungsbeschränkung** verstößt. Beschränkungen können sich aus **Rechtsvorschriften** (nach § 6 Nr. 8 auch solche der EG oder ihrer Mitgliedsstaaten), dh unmittelbar aus den Vorschriften ergeben, die der Subventionsgewährung zugrunde liegen, oder solche des **Subventionsgebers** sein, namentlich Zweckbestimmungen durch **Vertrag oder VA** zur Ausfüllung unbestimmt formulierter Förderungszwecke. Die Beschränkung kann eine **Geldleistung** (idR also die Subvention oder Beihilfe selbst) oder einen **Gegenstand** betreffen; im letzteren Fall wirkt die Zweckbestimmung der Subvention mittelbar für solche Gegenstände (bewegliche und unbewegliche Sachen, aber auch Rechte, uU auch Unternehmen), die ganz oder teilweise mit Subventionsmitteln erworben wurden; sie gilt auch für solche Gegenstände, die schon vor der Zuwendung gebraucht wurden und deren Verwendung durch die Subvention gefördert werden soll (*S/S-Lenckner/Perron* 49b: Stilllegungsprämien; SK-*Hoyer* 61). Die Beschränkung muss „im Hinblick auf eine Subvention" erfolgt sein; es muss sich also um eine den Förderungszweck der Subvention konkretisierende Verwendungsbestimmung handeln. Im Hinblick auf das **Rechtsgut** des § 264 (oben 2a) lässt sich eine Vermögensgefährdung aus Handlungen nach Nr. 2 kaum ableiten; auch eine nach hM ausreichende Gefährdung des Systems der Wirtschaftsförderung oder der Planungshoheit des SubvGebers kann in vielen Fällen *konkret* ausgeschlossen werden. Nr. 2 hat daher den Charakter eines **untreueartigen** (*Arzt/Weber* 21/55; zur Abgrenzung von § 266 I vgl. aber NJW **04**, 2448 [m. Anm. *Tiedemann* JZ **05**, 45]) Erfolgsdelikts mit einer in problematischer Weise an die Verfügungsmacht über den Zuwendungsgegenstand geknüpften *Treuepflicht* auch für solche Dritte, für die sich eine Pflicht zur Sicherung von Rechtsgütern des SubvGebers weder aus dem Zuwendungsverhältnis noch gar auch einer allgemeinen staatsbürgerlichen Pflicht zur Unterstützung wirtschaftspolitischer Maßnahmen und Zielsetzungen ableiten lässt. Sie kann allenfalls mit einer „Planungsbefangenheit" der als Subvention zugewendeten Gegenstände begründet werden, für welche eine **Legitimation** allein bei enger Auslegung in den Rechtsvorschriften über die Subventionsgewährung selbst gefunden werden kann. Bei der Einbeziehung rein vertraglich begründeter Zuwendungen unter Einbeziehung von Sozialsubventionen (oben 12), Kunst-, Sport- und Kulturförderung (insb. Abs. VII S. 1 Nr. 2) ergibt sich gleichwohl eine Tatbestandsweite, die kaum noch als verfassungskonform angesehen werden kann (krit. zur Vereinbarkeit von VII S. 1 Nr. 2 mit Völkerrecht [Art. 1 EG-FinSchÜbk] auch LK-*Tiedemann,* Nachtr. 1, 5; vgl. auch *Zieschang* EuZW **97**, 80f.; *A/R-Wattenberg* IV 2/53; oben 3). 25

Tathandlung ist die Verwendung (auch rechtmäßig erlangter Zuwendungen) entgegen der Verwendungsbeschränkung. Nr. 2 knüpft daher nicht an eine Verletzung von Aufklärungspflichten über die Absicht beschränkungswidriger Verwendung (§ 3 II SubvG und entspr. Regelungen der Länder) an, die von Nr. 3 erfasst ist, jedoch bei Direktvergaben durch Institutionen der EG oder durch Stellen anderer Mitgliedsstaaten keine Anwendung findet; vielmehr wird **unmittelbar** die Verletzung der Verwendungsbeschränkung unter Strafe gestellt. Bei Geldleistungen kann schon die Einbringung in ein zentrales Cash-Management ohne Zweckbindung oder die Verwendung zur Liquiditätserhöhung oder die zinsbringende (Zwischen-)Anlage den Tatbestand erfüllen (BT-Drs. 13/10425, 6). **Täter** kann nicht nur der Subventionsempfänger, sondern auch ein Dritter sein, bei abgeleitetem Erwerb von Gegenständen iS von Nr. 2 jedoch nur, wenn die Verwendungsbeschränkung fortbesteht (*S/S-Lenckner/Perron* 49c). Eine mehrfache Tatverwirklichung bei jeweils vorübergehender Zweckentfremdung auf Grund einer neuen Entscheidung ist möglich; bei endgültiger Entnahme aus der geförderten Verwendung bleiben weitere Handlungen straffrei. **Nicht erfasst** ist die Verwendung solcher Gegenstände (insb. auch durch Dritte), die ganz oder zum Teil aus Subventionsleistungen, jedoch schon *entgegen* einer für die Subvention geltenden Verwendungsbeschränkung erworben wurden. 26

27 Die Geltung von I Nr. 2 ist nicht auf europäische Subventionen beschränkt. Soweit sich aus bundes- oder landesrechtlichen Vorschriften eine Anzeigepflicht für beabsichtigte Verwendungsänderungen ergibt, **überschneiden** sich daher die Anwendungsbereiche von Nr. 2 und Nr. 3. Bei Vollendung von Nr. 2 dürfte Nr. 3 auch dann verdrängt sein, wenn der Verstoß gegen die Anzeigepflicht mit der beschränkungswidrigen Verwendung zeitlich nicht zusammenfällt, sondern ihr vorausgeht (ebenso *S/S-Lenckner/Perron* 53). Für den nach Nr. 2 Strafbaren besteht keine Pflicht, sich durch nachträgliche Mitteilung nach Nr. 3 (iVm § 3 I SubvG) der Strafverfolgung auszusetzen. Im Hinblick auf den Beginn der Verjährung (vgl. 8 zu § 78a) führt die Einfügung von Nr. 2 daher nicht zu einer Erweiterung der Verfolgungsmöglichkeiten.

28 **C. Abs. I Nr. 3** setzt voraus, dass der Täter den in seinem Fall zuständigen oder eingeschalteten **SubvGeber** (oben 20) über **SubvTatsachen** (oben 13) entgegen den **Rechtsvorschriften** über die SubvVergabe **in Unkenntnis lässt,** dh Tatsachen nicht mitteilt, die dem SubvGeber unbekannt und subventionserheblich oder für die Erheblichkeit von Bedeutung sind (vgl. *Stöckel* ZRP **77**, 137). Die Tat ist danach ein **echtes Unterlassungsdelikt** und, da Täter nur der nach den Vergabevorschriften zur Mitteilung Verpflichtete sein kann, auch ein **Sonderdelikt** (Bay NJW **82**, 2202 [hierzu *Ranft* NJW **86**, 3169]; LK-*Tiedemann* 22, 93f.; *Tiedemann* JR **81**, 470; *A/R-Wattenberg* IV 2/55f.). Die **Verpflichtung** basiert, soweit nicht zusätzliche Pflichten vor allem nach § 2 I Nr. 3 SubvG begründet sind, vor allem auf § 3 I SubvG, der Mitteilungspflichten für den SubvNehmer normiert; wenn dieser ein Betrieb oder Unternehmen ist, richtet sich die strafrechtliche Haftung, da die Eigenschaft als SubvNehmer ein besonderes persönliches Merkmal iS des § 14 ist, nach dieser Vorschrift (Bay NJW **82**, 2202; *S/S-Lenckner/Perron* 56; LK-*Tiedemann* 22, 94). Eine Fortdauer der Verpflichtung zur Offenbarung für Personen, die etwa im Rahmen eines Mandats als Rechtsanwalt einen Antrag für einen anderen gestellt haben (und deshalb SubvNehmer sind), begründet Nr. 3 nicht; die mögliche Täterstellung endet hier mit dem Mandat (SK-*Hoyer* 67; *S/S-Lenckner/Perron* 56; LK-*Tiedemann* 94). Da das Verschweigen von subventionserheblichen Tatsachen im Zusammenhang mit positiven Angaben unter die Unvollständigkeitsklausel nach Nr. 1 fällt, findet Nr. 3 von der Sache her erst Anwendung, wenn ein Antrag mit positiven Angaben gestellt ist, vor allem aber **nach Abschluss des SubvVerfahrens,** wenn die Voraussetzungen von §§ 3 II, 4, 5 SubvG eintreten, die den SubvNehmer, also auch den, der nachträglich einen SubvVorteil erlangt, nach § 3 I SubvG zu Mitteilungen verpflichtet (RegE 26; Stuttgart MDR **92**, 788; vgl. *Göhler/Wilts* aaO 1614; *S/S-Lenckner/Perron* 50; *Samson/Günther* 70ff.; LK-*Tiedemann* 92ff.). Zum Verhältnis zu Nr. 2 vgl. oben 27. Bei Unterdrückung von Tatsachen, die entscheidungserheblich iS von § 3 SubvG, jedoch nach VIII nicht als subventionserheblich bezeichnet sind, kommt § 263 in Betracht (*S/S-Lenckner/Perron* 55: **zB** Verwendungs*absicht*). Neben § 3 SubvG kommen als Rechtsgrundlage für Mitteilungspflichten spezialgesetzliche Regelungen in Betracht (vgl. § 3 I S. 2 SubvG). Für **EG-Subventionen** gilt § 3 SubvG nicht; vgl. insoweit aber **Art. 1 Abs. 1 Buchst. a EG-FinSchÜbk** (dazu *Zieschang* ZStW **108** [1996], 609, 627). Für die Ausdehnung auf Vertragssubventionen gelten die oben 25 formulierten Vorbehalte (ebenso LK-*Tiedemann* Nachtrag 8).

29 **D. Abs. I Nr. 4** setzt voraus, dass der Täter **in einem SubvVerfahren** (oben 19), dh nicht nur während eines solchen Verfahrens, sondern als ein in das Verfahren eingeführtes Mittel, eine **Bescheinigung über eine SubvBerechtigung,** also eine von einem SubvGeber ausgestellte Bewilligungsbescheinigung (LK-*Tiedemann* 99) oder eine von irgendeiner dazu bestimmten Stelle (die nicht der SubvGeber im konkreten Verfahren sein kann) ausgestellte **Bescheinigung** über eine im konkreten Verfahren subventionserhebliche Tatsache (Abs. VIII; oben 13ff.) **gebraucht** (24 zu § 267), und zwar so, dass die Bescheinigung in dem Verfahren berücksichtigt werden kann (krit. zur Fassung *Lackner/Kühl* 22; *S/S-*

nimmt (vgl. Hamburg NStZ **84**, 219 [hierzu *Ranft* NJW **86**, 3172]; BGHZ **106**, 204; vgl. auch *Dörn* DStZ **95**, 170). An die Prüfungs- und Nachforschungspflichten sind der Sachlage und den Verhältnissen der Beteiligten angemessene Anforderungen zu stellen; diese werden etwa bei unklarer oder missverständlicher Bezeichnung nach Abs. VIII oder im Bereich von Sozial- und Kultursubventionen oft niedriger als etwa bei Wirtschaftssubventionen unter Beteiligung von erfahrenem Fachpersonal sein (SK-*Hoyer* 96; i. e. *S/S-Lenckner/Perron* 65).

7) Versuch, Vollendung, Beendigung. Der **Versuch** des § 264 ist nicht strafbar, da schon der Grundtatbestand eine weite Vorverlegung der Strafbarkeit in den (abstrakten) Gefährdungsbereich beinhaltet. **Vollendet** ist die Tat nach **Nr. 1,** sobald die falschen Angaben dem SubvGeber gegenüber gemacht sind (BGH **34**, 267; LK-*Tiedemann* 85); nach **Nr. 2,** sobald die Leistung entgegen der Verwendungsbeschränkung tatsächlich eingesetzt wird; das kann im Einzelfall auch schon bei der Überleitung auf ein hierfür genutztes Konto der Fall sein (vgl. oben 26). Das Unterlassungsdelikt nach **Nr. 3** ist vollendet, sobald bei Bestehen der Offenbarungspflicht die erste Möglichkeit verstrichen ist, diese zu erfüllen; **Nr. 4,** sobald die Bescheinigung der zuständigen Stelle vom Täter vorgelegt ist, diese also Kenntnis nehmen kann. **Beendet** (mit der Wirkung des § 78 a) ist die Tat nach Nr. 1, 2, 4 nach Ansicht der OLG-Rspr zugleich mit der Vollendung (Köln NJW **00**, 598 [für § 264 a]; München NStZ **06**, 630, 631), da der Tatbestand einen Schadenserfolg nicht voraussetze. Zutreffend ist dagegen, Beendigung erst bei Erlangen der Letzten auf der unrichtigen Angabe beruhenden Subventionsleistung oder bei endgültiger Versagung der Subvention anzunehmen (so auch wistra **07**, 217; *S/S-Lenckner/Perron* 66; MK-*Wohlers* 116 f.). Das kann man trotz des Charakters des § 264 als Gefährdungsdelikt zum einen aus Abs. V, zum anderen aus dem Vergleich mit Nr. 3 folgern, wonach die Handlungspflicht auch nach Tatvollendung fortdauert; Beendigung tritt hier bei nachträglicher Handlungspflicht ein, wenn die Subvention endgültig belassen wird (LK-*Tiedemann* 108; *S/S-Lenckner/Perron* 66; *Heinz* GA **77**, 193, 217; **aA** *Hentschel* wistra **00**, 81 ff.). 38

8) Täterschaft und Teilnahme. Beteiligung ist, soweit nicht Sonderdelikte vorliegen, grds nach allgemeinen Regeln möglich. Dabei ist zu beachten, dass durch I Nr. 1 und 4 auch Beihilfeformen zur selbstständigen Tat erhoben sind und Nr. 1 auch dadurch begangen werden kann, dass ein mittelbarer Täter durch schlüssiges Verhalten einen gutgläubigen Tatmittler täuscht (NJW **81**, 1744 [m. Anm. *Tiedemann* JR **81**, 470]; BGHR § 98 BVFG, Erschl. 1; LK-*Tiedemann* 136; Dünnebier-FS 535 und Delitala-GedS 154; krit. *Ranft* NJW **86**, 3173). Bei dem Sonderdelikt nach I Nr. 3 kann ein Extraneus nur Teilnehmer sein. Beihilfe zur Tat ist bis zu deren Beendigung (oben 38), dh bis zur Gewährung der Subv. möglich. Erst danach kommt Begünstigung in Betracht. 39

9) Tätige Reue (Abs. V). Der Strafaufhebungsgrund des Abs. V gilt auch für leichtfertige Taten nach IV (wenn der Täter nachträglich seinen Fehler entdeckt) und für besonders schwere Fälle nach II (LK-*Tiedemann* 129, NK-*Hellmann* 159), nicht aber für Verbrechen nach III iVm § 263 V (**aA** NK-*Hellmann* 160) sowie hinsichtlich konkurrierender Delikte. 40

Der Täter muss in der **1. Var. freiwillig** (18 ff. zu § 24) und erfolgreich **verhindern,** dass auf Grund, dh infolge der Tat, die Subv. **gewährt** (nicht: belassen; I Nr. 2 u. Nr. 3) wird **(V S. 1).** Durch welche Handlung der Täter diesen Erfolg herbeiführt (Berichtigung unrichtiger Angaben, Nachholen einer Mitteilung nach I Nr. 3, Antragsrücknahme), ist ohne Bedeutung. Rücktritt ist noch nach Bewilligung (abw. RegE IV), aber nicht mehr nach Gewähren der Subv. möglich (Ber. 9); so dass er auch **bei Weitergewährung ausgeschlossen** ist, sobald der erste Gewährungsakt abgeschlossen ist (anders wenn es sich um ein neues Verfahren handelt). **Nicht erfasst** sind daher entgegen IV RegE auch die Fälle, in denen der Täter nach der Gewährung eintretende Pflichten zB nach § 3 II, §§ 4, 5 SubvG verletzt (**aA** Stuttgart MDR **92**, 788); denn hier steht ihm die Mitteilungsmöglich- 41 keit nach § 3 I SubvG offen (Ber. 9; LK-*Tiedemann* 130 mwN). Eine (entspr.) Anwendung auf Fälle des **I Nr. 2** ist im Gesetzgebungsverfahren des EG-FinSchG (oben 1) nicht erörtert worden. Erforderlich ist, dass der Täter die Kausalität seiner Tathandlung für die Subventionsgewährung beseitigt; ob diese auf neuer Grundlage tatsächlich erfolgt, ist unerheblich. Erfasst ist wohl auch der Fall „überflüssig" falscher Angaben iS von oben 24. Abweichend von der Terminologie des § 24 I ist auch der Fall umfasst, dass der Täter von der *nicht* vollendeten Tat „zurücktritt", also etwa einen unrichtigen, aber noch (offensichtlich) unvollständigen Antrag nicht ergänzt (Stuttgart MDR **92**, 788; *S/S-Lenckner/Perron* 67; LK-*Tiedemann* 133; and. *A/R-Wattenberg* IV 2/78), so dass eine Bewilligung gar nicht erfolgen kann.

42 In der **2. Var.** muss der Täter sich **freiwillig und ernsthaft bemühen,** das Gewähren der Subv. **zu verhindern (V S. 2).** Voraussetzung ist (abw. RegE IV), dass die Subv. ohne sein Zutun, dh unabhängig von seinen Bemühungen **nicht** gewährt wird (Ber. 9; LK-*Tiedemann* 133). Bei Gewährung der Subvention reicht ein (erfolgloses oder erfolgreiches) Bemühen um Rücknahme nicht aus. Es gelten die Regeln zu § 24 entsprechend, so dass auch hier der Fall des „untauglichen Versuchs" mit erfasst wird, bei dem die Angaben des Täters ohnehin keine Aussicht hatten, zum Erfolg zu führen (vgl. oben 41).

43 Bei **mehreren Tatbeteiligten** gilt für die Tätige Reue des einzelnen Beteiligten § 24 II entsprechend (Ber. 9; Prot. 7/2903).

44 **10) Rechtsfolgen.** Die **Strafdrohungen** des § 264 sind abgestuft. **Abs. I** eröffnet einen § 263 I entsprechenden Strafrahmen für vorsätzliches Handeln. **Abs. II** enthält eine Strafzumessungsvorschrift für besonders schwere Fälle; **Abs. III** verweist auf die Qualifikationen des § 263 V; **Abs. IV** droht einen geminderten Strafrahmen für alle Fälle der Leichtfertigkeit (auch bei Vorliegen der objektiven Voraussetzungen der II, III) an.

45 **A. Besonders schwere Fälle (Abs. II).** Für besonders schwere Fälle einer vorsätzlichen Tat nach I droht II ähnlich wie in § 370 III AO, aber mit einer sachlich bedeutsamen (BGH **35**, 378 m. Anm. *Jung* StV **89**, 530) Abweichung, eine verschärfte Strafe an. S. 2 enthält drei **Regelbeispiele** (vgl. 88 zu § 46), deren Merkmale schon nach dem Gesetzesinhalt vom Vorsatz umfasst sein müssen (LK-*Tiedemann* 140):

46 **a) Nr. 1** setzt voraus, dass der Täter eine **nicht gerechtfertigte,** nämlich mit den Vergabevoraussetzungen nicht im Einklang stehende **Subv. großen Ausmaßes,** dh einen entsprechenden SubvVorteil (bei Berücksichtigung durchschnittlicher SubvBeträge etwa in einer Größenordnung **ab 50 000 EUR**) für sich oder einen anderen erlangt (vgl. BGH **34**, 270) **und dabei** entweder **aus grobem Eigennutz,** dh einem Gewinnstreben handelt, das deutlich über dem üblichen kaufmännischen Maß liegt (NStZ **90**, 497 [zu § 370 III Nr. 1 AO]; wistra **91**, 106; **95**, 223; vgl. auch 27 zu § 266 a), aber den Grad der Gewinnsucht (die § 264 II Nr. 1 RegE vorgeschlagen hatte) noch nicht erreichen muss (i. e. str.; vgl. Ber. 7, 26; LK-*Tiedemann* 144; NK-*Hellmann* 136; wistra **84**, 28; vgl. hierzu; NJW **85**, 208; wistra **84**, 227; NStZ **85**, 459; MDR/H **85**, 980; 2 StR 280/86; vgl. wistra **87**, 148 u. StV **91**, 21 [zu § 370 III Nr. 1 AO]); **oder** dass er die Subv. großen Ausmaßes (wistra **91**, 106) unter **Verwendung nachgemachter oder verfälschter Belege** erlangt. „Verwendung" bedeutet das unmittelbare Vorlegen der Belege bei der Tatbegehung; es genügt nicht, dass Scheinrechnungen Eingang in die Buchführung finden (BGH **31**, 225; BGHR § 370 III 4 AO, Bel. 3). Wer die Belege (auch technische Aufzeichnungen, LK-*Tiedemann* 145) verfälscht oder nachgemacht hat, ist ohne Bedeutung. Der Begriff des **Nachmachens** entspricht § 146 I (weiter *S/S-Lenckner/Perron* 75; NK-*Hellmann* 140 [§ 267 I]), der des **Verfälschens** § 267; eine schriftliche Lüge reicht nicht aus (wistra **91**, 106). Aus Nr. 1 ergibt sich, dass die bloße Höhe der Subv. ohne die in Nr. 1 genannten zusätzlichen Erschwerungsgründe nur dann einen **unbenannten** besonders schweren Fall

begründen kann, wenn sie weit über der Grenze eines „großen Ausmaßes" liegt (vgl. wistra **01**, 304, 305 [kein bes. schwerer Fall bei drei Einzeltaten mit Schadenshöhen von 250 000, 1,7 Mio. und 2,0 Mio DM und uneigennütziger Verwendung]).

b) Nr. 2 setzt voraus, dass der Täter **als Amtsträger** (12 ff. zu § 11) **seine Stellung** als solche oder die ihm durch sie rechtlich gegebenen **Befugnisse missbraucht** (vgl. 125 zu § 263). Erfasst ist uU (vgl. *Lackner/Kühl* 5 a) auch ein in das Bewilligungsverfahren eingeschalteter Amtsträger, der, ohne entscheidungsbefugt zu sein, falsche Angaben dadurch macht, dass er eine ihm bewusste Unrichtigkeit in seinem Prüfungsergebnis an den Entscheidungsbefugten weitergibt (vgl. oben 12). Er ist bei einer solchen Täuschungshandlung (entsprechend dem Steuerbeamten, § 370 I Nr. 1 AO) idR nicht nur Gehilfe, sondern Mittäter (BGH **32**, 205 m. krit. Anm. *Otto* JR **84**, 475; *Schünemann* NStZ **85**, 73; *Geilen* JK 1; *Ranft* JuS **86**, 445 u. NJW **86**, 3172; *Wagner* JZ **87**, 712; Hamburg NStZ **84**, 218; RegE 27; Prot. 7/2700; Ber. 7; LK-*Tiedemann* 149; *S/S-Lenckner/Perron* 76). Hinsichtlich I Nr. 4 erscheint Täterschaft möglich, idR wird aber ebenfalls nur Beihilfe in Betracht kommen. In den Beihilfehandlungen liegt, wenn sie dem Amtsträger durch Stellung oder Befugnisse möglich werden, stets ein Missbrauch. Mit Rücksicht auf § 27 II S. 2 erscheint zw., ob die Beihilfe eines Amtsträgers regelmäßig einen besonders schweren Fall begründet, zumal dieser abw. von II Nr. 2 RegE nicht zu seinem Vorteil zu handeln braucht (Ber. 7); anders ist das, wenn der Amtsträger sich hat bestechen lassen. Ein Fall der Täterschaft nach Nr. 3 ist allenfalls dann möglich, wenn der Amtsträger als Angehöriger eines öffentlichen Unternehmens (VII S. 2), das öffentlich-rechtlich organisiert ist, eine Subv. für dieses Unternehmen mit unrichtigen Angaben beantragt; ob darin allerdings regelmäßig ein besonders schwerer Fall zu sehen wäre, ist zw., denn bei privatrechtlicher Organisation des Unternehmens wäre der Unrechtsgehalt der Tat eines Angestellten kaum ein anderer. 47

c) Nr. 3 setzt voraus, dass der Täter die **Mithilfe eines Amtsträgers ausnutzt,** der seinerseits seine Befugnisse oder seine Stellung missbraucht. Nr. 3 setzt also den Fall der Nr. 2 voraus und trifft den außenstehenden Täter, der die Beteiligungshandlung des (idR bestochenen) Amtsträgers ausnutzt (*S/S-Lenckner/Perron* 78; and. LK-*Tiedemann* 153). Ausnutzen wird stets gegeben sein, wenn sich der Täter der Beihilfe des ungetreuen Amtsträgers bedient. 48

d) Außerhalb der Regelbeispiele wird ein besonders schwerer Fall zB bei ganz ungewöhnlichem Ausmaß der Subv. (oben 46 aE), besonderem Raffinement der Durchführung oder wiederholter Begehung in Betracht kommen; auch das Vorliegen der Voraussetzungen von § 263 III Nr. 1 und 2 wird die Annahme eines besonders schweren Falles nahe legen (vgl. BT-Drs. 13/9064, 19). Das Fehlen einer § 263 IV iVm § 243 II entsprechenden Vorschrift für **geringwertige Subventionen** ist im Hinblick auf VII Nr. 1 vertretbar (**aA** *Samson/Günther* 20), weil Wirtschaftssubv. von nur geringem Wert selten vorkommen (*S/S-Lenckner/Perron* 72); bei **Sozialsubventionen** nach VII Nr. 2 ist es nicht gerechtfertigt (vgl. *Schmidt-Baumann* [1 a] 81). 49

B. Qualifikationen, Abs. III. Die Verweisung des Abs. III, der durch Art. 1 Nr. 60 des 6. StrRG (2 f. vor § 174) eingefügt worden ist, fügt einen qualifizierenden **Verbrechens-**Tatbestand in Fällen kumulativ **banden- und gewerbsmäßiger** Begehung ein (dazu i. e. 120 zu § 263). 50

C. Nebenstrafe, Nebenfolgen (Abs. VI). Als **Nebenstrafe** sieht **VI S. 1** (entsprechend § 375 I AO) vor, dass das Gericht dem Täter oder Teilnehmer in den Fällen von I bis III, nicht also bei einer Leichtfertigkeitstat nach IV, neben einer Freiheitsstrafe von mindestens 1 Jahr die in § 45 I bezeichneten Fähigkeiten aberkennen kann; vgl. die Anm. dort. 51

Die Möglichkeit, Beziehungsgegenstände **einzuziehen** (10, 19 zu § 74), also namentlich auch Gegenstände, die iS von I Nr. 2 entgegen der vorausgesetzten Be- 52 schränkung verwendet wurden (vgl. *S/S-Lenckner/Perron* 82f.), eröffnet **VI S. 2,** wobei auch § 74a anzuwenden ist (vgl. dort); dh dass die Einziehung auch gegenüber dem nicht tatbeteiligten Käufer möglich ist, wenn die Voraussetzungen von § 74a erfüllt sind. Eine Einziehung kommt auch bei leichtfertiger Tat in Betracht.

53 Die Anordnung des **Verfalls** des aus der Tat erlangten Vermögensvorteils ist nach §§ 73ff. vorgeschrieben (vgl. dort); oft wird aber § 73 I S. 2 entgegenstehen.

54 **11) Konkurrenzen.** Innerhalb von I wird Nr. 3 von Nr. 1 („unvollständige Angaben") verdrängt (vgl. aber BGHR § 264 I Konk. 2). Zum Verhältnis von Nr. 1 zu Nr. 4 vgl. oben 29, von Nr. 2 zu Nr. 3 oben 26. Der Finanzierungsantrag im zweistufigen Verfahren und die dazugehörigen Mittelanforderungsanträge stehen zueinander in Tateinheit (wistra **07,** 217; vgl. oben 38)

54 a **§ 263** tritt hinter § 264 zurück (oben 5). Das gilt auch (anders als beim Verhältnis von Steuerhinterziehung und Betrug, NJW **72,** 1287) dann, wenn der Täter den gesamten Subv-Sachverhalt erfindet, zB die Existenz eines subv.berechtigten Unternehmens (oben 17) und den Plan subv.begünstigter Geschäfte nur vorspiegelt. Ist allerdings § 264 aus irgendeinem Grund nicht gegeben, zB infolge von unzureichender Bezeichnung der SubvTatsachen nach VIII Nr. 1 (vgl. *Müller-Emmert/Maier* [oben 1a] Anm. 15), wird § 263 anwendbar (BGH **32,** 208 [m. Anm. *Otto* JR **84,** 475; *Ranft* JuS **86,** 450 u. NJW **86,** 3164]; NJW **82,** 2454 [m. Anm. *Tiedemann* JR **83,** 212]; wistra **87,** 23; 1 StR 726/89; NStZ **06,** 625, 628; Jena StV **07,** 417; LK-*Tiedemann* 162; *S/S-Lenckner/Perron* 87). Anderseits ist § 370 AO (auch iVm § 29a BerlinFG) gegenüber § 264 lex specialis (**aA** NK-*Hellmann* 169) und verdrängt ihn ebenso (Ber. 6; *Göhler/Wilts* [oben 1a] 1615; vgl. *Samson/Günther* 30) wie § 31 MOG, der für bestimmte Abgaben im Bereich der Europ. Gemeinschaften die Strafvorschriften der AO für entsprechend anwendbar erklärt (vgl. *Heinz* GA **77,** 213); für die Verfolgung einer Straftat nach § 264, die sich auf die Eigenheimzulage bezieht, sowie die Begünstigung einer Person, die eine solche Straftat begangen hat, gelten die Vorschriften der AO über die Verfolgung von Steuerstraftaten entsprechend, § 15 II EigZulG. Tateinheit ist zwischen § 264 (II Nr. 1 bis 3) und §§ 267, 269 möglich (**aA** *Samson/Günther* 104), mit § 332 und § 334 idR Tatmehrheit. §§ 264 und 265b schließen sich regelmäßig aus.

55 **12) Sonstige Vorschriften.** Auslandstaten § 6 Nr. 8. Zuständigkeit § 74c I Nr. 5, § 74e Nr. 2 GVG, § 102 JGG; § 20 BerlinFG, jeweils iVm §§ 385ff. AO; Befugnisse der Zollbehörden § 33 MOG. Anzeigepflicht § 6 SubvG (vgl. dazu *Tiedemann* NJW **90,** 2228; LK-*Tiedemann* 169ff.). Kontrollbefugnisse der EU-Kommission VO Euratom EG Nr. 21/85/96 des Rates v. 11. 11. 1996 (ABl. Nr. L 292 v. 15. 11. 1996); Ermittlungszuständigkeit der OLAF: 5 vor § 263. Mitteilungsrecht der Finanzbehörden § 31a III AO.

Kapitalanlagebetrug

264a **I Wer im Zusammenhang mit**

1. dem Vertrieb von Wertpapieren, Bezugsrechten oder von Anteilen, die eine Beteiligung an dem Ergebnis eines Unternehmens gewähren sollen, oder

2. dem Angebot, die Einlage auf solche Anteile zu erhöhen,

in Prospekten oder in Darstellungen oder Übersichten über den Vermögensstand hinsichtlich der für die Entscheidung über den Erwerb oder die Erhöhung erheblichen Umstände gegenüber einem größeren Kreis von Personen unrichtige vorteilhafte Angaben macht oder nachteilige Tatsachen verschweigt, wird mit Freiheitsstrafe bis zu drei Jahren oder mit Geldstrafe bestraft.

II Absatz 1 gilt entsprechend, wenn sich die Tat auf Anteile an einem Vermögen bezieht, das ein Unternehmen im eigenen Namen, jedoch für fremde Rechnung verwaltet.

III Nach den Absätzen 1 und 2 wird nicht bestraft, wer freiwillig verhindert, dass auf Grund der Tat die durch den Erwerb oder die Erhöhung bedingte Leistung erbracht wird. Wird die Leistung ohne Zutun des Täters nicht erbracht, so wird er straflos, wenn er sich freiwillig und ernsthaft bemüht, das Erbringen der Leistung zu verhindern.

Übersicht

1) Allgemeines ... 1, 1 a
2) Schutzbereich der Norm ... 2–3
3) Geschäftsgegenstand (Abs. I, II) ... 4–11
4) Tatgegenstände ... 12
5) Tathandlungen ... 13–18
6) Anteile an Treuhandvermögen (Abs. II) ... 19
7) Subjektiver Tatbestand ... 20
8) Tätige Reue (Abs. III) ... 21
9) Täterschaft und Teilnahme ... 22
10) Verjährung ... 23
11) Konkurrenzen ... 24

1) Allgemeines. Die Vorschrift idF des 2. WiKG (2 vor § 263) geht auf Vorschläge der SVKomm. (Schlussber. 81), des AE-Wirtschaft (§ 188) und des StrABTag (BT-Drs. 7/5291, 16) zurück. Sie verlegt die Strafbarkeitsgrenze betrügerischer Kapitalmarktgeschäfte ins **Vorfeld des § 263,** der nach hM (krit. SK-*Samson/Günther* 6; NK-*Hellmann* 2 ff.; *Gallandi* wistra **87**, 316) namentlich wegen häufiger Schwierigkeiten der Beweisführung (Kausalität; Vorsatz) einen hinreichenden Schutz der oft unerfahrenen Anleger ebenso wenig gewährleistet (vgl. *Ungern-Sternberg* ZStW **88** [1976], 670 ff.) wie die sondergesetzlichen Schutznormen (**aA** *Weber* NStZ **86**, 486), die jeweils nur Teilbereiche abdecken (vgl. zB **§ 61 iVm § 23 I BörsG** idF v. 21. 6. 2002 [BGBl. I 2010] für Verleitung zu **Börsenspekulationsgeschäften** [krit. zu § 89 aF *Brenner* in *Wabnitz/Janovsky* 4/27]; OWi-Vorschrift in § 62 BörsG; zu **Insidergeschäften** §§ 14, 15 a WpHG; zu Kurs- und Marktpreismanipulationen (sowie sog. **Scalping**) § 20 a iVm § 38 I Nr. 1, 4, § 39 I Nr. 1 u. 2 WpHG (vgl. hierzu BGH **48**, 373 [Bespr. *Vogel* NStZ **04**, 252; *Fleischer* DB **04**, 51; *Widder* BB **04**, 15; *Schäfer* BKR **04**, 78; *Kudlich* JR **04**, 191; *Schmitz* JZ **04**, 526; *Pananis* NStZ **04**, 287; *Gaede/Mühlbauer* wistra **05**, 9]; LG Stuttgart wistra **03**, 153 [Bespr. *Mühlbauer* wistra **03**, 169]; LG Frankfurt NJW **00**, 301 [Bespr. *Weber* NJW **00**, 562]; Frankfurt NJW **01**, 982; vgl. 9 a zu § 263); vgl. auch die durch das Vierte FinanzmarktförderungsG v. 21. 6. 2002 [BGBl. I 2010] weitreichend geänderten Regelungen des **KAGG**, des **AuslInvestmG** und des **VerkaufsprospektG;** i. Ü. § 34 c I GewO, § 16 UWG). Zur **Transparenz-Richtlinie** 2004/109/EG des Parlaments und des Rates v. 15. 4. 2004 (ABl EG Nr. L 390 v. 31. 12. 2004) und zum Transparenz-RL-UmsetzungsG v. 5. 1. 2007 (BGBl I 10) vgl. u. a. *Hutter/Kaulamo* NJW **07**, 471; **07**, 550; *Bosse* DB **07**, 39. **1**

Literatur (Auswahl): *Bernsmann*, Kursmanipulation durch Unterlassen?, Richter II-FS (2006) 51; *Böhrer,* Anlagebetrug – Ein zeitgenössisches Delikt, Kriminalistik **97**, 793; *Borchard*, Gehalt und Nutzen des § 264 a StGB, 2004 (Diss. Göttingen); *Brenner,* Kapitalanlagebetrug, KR **87**, 86; *ders.,* in: *Wabnitz/Janovsky,* Hdb. des Wirtschafts- u. Steuerstrafrechts, 3. Aufl. 2007, Kap. 9; *Cerny,* § 264 a StGB – Kapitalanlagebetrug. Gesetzgeberischer Anlegerschutz mit Lücken, MDR **87**, 271; *Flanderka/Heydel,* Strafbarkeit des Vertriebs von Bauherren-, Bauträger- u. Erwerbermodellen gem. § 264 a StGB, wistra **90**, 256; *Gäbhard,* Das Tatbestandsmerkmal der „wesentlichen Umstände" beim Kapitalanlagebetrug, 1993 (Diss. Freiburg); *Gaede/Mühlbauer,* Wirtschaftsstrafrecht zwischen europäischem Primärrecht, Verfassungsrecht und der richtlinienkonformen Auslegung am Beispiel des Scalping, wistra **05**, 9; *Gallandi,* § 264 a StGB – Der Wirkung nach ein Missgriff?, wistra **87**, 316; *Geibel*, Der Kapitalanlegerschaden, 2002 (Diss. Tübingen); *Grotherr,* Der neue Straftatbestand des Kapitalanlagebetrugs (§ 264 a StGB) als Problem des Prospektinhalts (usw.), DB **86**, 2584; *Hagemann*, Grauer Kapitalmarkt und Strafrecht, 2005; *Jaath,* Zur Strafbarkeit der Verbreitung unvollständiger Prospekte über Vermögensanlagen, Dünnebier-FS 582; *Joecks,* Anleger- u. Verbraucherschutz durch das 2. WiKG, wistra **86**, 142 ff.; *ders.*, Der Kapitalanlagebetrug, in: Praxis der steuerbegünstigten Kapitalanlagen, Bd. XVII (1987); *ders.*, Der Kapitalanlagebetrug, 1987 [Bespr. *Otto* GA **88**, 380]; *ders.*, Kapitalanlagebetrug, in: *Achenbach/Wannemacher* (Hrsg.), Beraterhandbuch zum Steuer- u. Wirtschaftsstrafrecht, 1997, § 24 I [zit. Hdb.]; *Kiethe/Groeschke/Hohmann*, Die Vermögenszurückgewinnung beim Anlagebetrug im Spannungsverhältnis zur Insolvenzordnung, ZIP **03**, 185; *Knauth,* Kapitalanlagebetrug u. Börsendelikte im zweiten Gesetz zur Bekämpfung der Wirtschaftskriminalität, NJW **87**, 28; *Krieglsteiner,* Anlegerbetrug, in: *Poerting* (Hrsg.), Wirtschaftskriminalität, Bd. II (1985), 9 ff.; *Martin,* Aktuelle Probleme bei der Bekämpfung des Kapitalanlageschwindels (usw.), wistra **94**, 127; *ders.*, Criminal Securities and Commodities Fraud, Kapitalanlagebetrug im US-amerikanischen u. deutschen Recht, 1993; *Möhrenschlager,* Der Regierungsentwurf eines Zweiten Gesetzes zur Bekämpfung der Wirtschaftskriminalität, wistra **82**, 204; *Mutter,* § 264 a StGB: Ausgewählte Probleme rund um ein verkanntes Delikt, NStZ **91**, 421; *Otto,* Neue u. erneut aktuelle Formen betrügerischer Anlageberatung u. ihre strafrechtliche Ahndung, Pfeiffer-FS, 69; *ders.*, Strafrechtliche Aspekte der Anlageberatung, **1 a**

WM **88**, 729; *Park* (Hrsg.), Kapitalmarktstrafrecht, 2004; *ders.* Kapitalmarktstrafrechtliche Neuerungen des Vierten Finanzmarktförderungsgesetzes, BB **03**, 1513; *ders.*; Die Entwicklung edes Kapitalmarktstrafrechts, BRAK-FG (2006), 229; *ders.*, Kapitalmarktstrafrecht und Anlegerschutz, NStZ **07**, 369; *Quambusch*, Kapitalanlagebetrug im Zusammenhang mit dem Vertrieb von Beteiligungen an Windkraftprojekten, Kriminalistik **05**, 440; *Richter*, Strafbare Werbung beim Vertrieb von Kapitalanlagen, wistra **87**, 117 ff.; *ders.*, Kapitalanlagebetrug, in: *Krekeler/Tiedemann/Ulsenheimer/Weinmann* (Hrsg.), HWiStR (1988); *Rössner/Worms*, Welche Änderungen bringt § 264 a StGB für den Anlegerschutz?, BB **88**, 93; *Schmidt-Lademann*, Zum neuen Straftatbestand „Kapitalanlagebetrug" (§ 264 a StGB), WM **86**, 1241; *v. Schönborn*, Kapitalanlagebetrug, 2003; *Chr. Schröder*, Aktienhandel und Strafrecht, 1994; *ders.*, Die Einführung des Euro u. der graue Kapitalmarkt, NStZ **98**, 552; *ders.*, Handbuch Kapitalmarktstrafrecht, 2007; *Tiedemann*, Wirtschaftsstrafrecht u. Wirtschaftskriminalität, 1976, 133 ff.; *ders.*, Die Bekämpfung der Wirtschaftskriminalität (usw.), JZ **86**, 865, 872; *v. Ungern-Sternberg*, Wirtschaftskriminalität beim Handel mit ausländischen Aktien, ZStW **88**, 251 ff.; *Vogel*, Scalping als Kurs- und Marktpreismanipulation, NStZ **04**, 252; *Worms*, Anlegerschutz durch Strafrecht. Eine kritische Analyse des neuen Tatbestandes „Kapitalanlagebetrug" (§ 264 a StGB), 1987 [Bespr. *Gössel* GA **89**, 270]; *ders.*, § 264 a StGB – ein wirksames Remedium gegen den Anlageschwindel?, wistra **87**, 242, 271; *ders.* Der Straftatbestand des Kapitalanlagebetrugs (usw.), in: Handbuch des Kapitalanlagerechts, 2. Aufl. 1996, 317. **Übersichten** zum Kapitalmarktstrafrecht: *Weber* NJW **04**, 28; *Park* NStZ **07**, 369.

2 **2) Schutzbereich der Norm.** § 264 a soll das **Vermögen** von Kapitalanlegern gegen täuschende Übervorteilung bei Geschäften im Bereich des weithin anonymisierten Kapitalanlagemarkts schützen (für ausschließlichen Vermögensschutz SK-*Samson/Günther* 7; NK-*Hellmann* 9; *M/Schroeder/Maiwald* 41/180; *W/Hillenkamp* 692; *Joecks* wistra **86**, 143; *A/R-Joecks* X 1/9; *Worms* wistra **87**, 245; *Schlüchter*, Zweites WiKG, 1987, 156); die Vorschrift ist daher auch **Schutzgesetz** iS von § 823 II BGB (BGHZ **116**, 7). Nach verbreiteter Ansicht schützt die Vorschrift aber auch (nach wohl hM primär: *Lackner/Kühl* 1; *S/S-Cramer/Perron* 1; *Möhrenschlager* wistra **92**, 204; *Cerny* MDR **87**, 272; *Otto* WM **88**, 736; Jura **89**, 31), ähnlich § 265 b und § 298, ein **überindividuelles Rechtsgut,** nämlich das **Vertrauen der Allgemeinheit** in ein von groben Regelverstößen freies Funktionieren des Kapitalmarkts (vgl. auch BT-Drs. 10/318, 22; *Jath*, Dünnebier-FS 607; *Knauth* NJW **87**, 28; LK-*Tiedemann* 13; *Park-Park* 3). Die Gewährleistung eines auf der Basis von Chancengleichheit funktionierenden Markts muss freilich in der Praxis weithin auf ein (positiv) generalpräventives *Konzept* beschränkt bleiben (zweifelnd hinsichtlich der Präventivwirkung auch LK-*Tiedemann* 8); angesichts der Vielgestaltigkeit des Kapitalbeteiligungsmarkts mit ständigen dynamischen Veränderungen und teilweise selbst für Fachleute kaum überschaubaren Abläufen (vgl. den Überblick bei *Brenner*, in: *Wabnitz/Janovsky*, Hdb., Kap. 9) kann von einem *allgemeinen* Vertrauen in die Zuverlässigkeit der Regelungsmechanismen nur eingeschränkt gesprochen werden. Hinzu kommt, dass nach der Natur der Sache erhebliche Teile des Marktes gerade nicht auf einen Austausch zu *regelmäßigen* Bedingungen ausgerichtet sind, vielmehr die Hoffnung auf Erzielung überdurchschnittlicher Gewinne (auf Kosten Dritter) bestimmendes Motiv der Handelnden auf allen Seiten ist. Eine vollständige Transparenz der (jeweiligen) Marktbedingungen ist weder erstrebt noch erreichbar. Daher lässt sich auch ein (konkret kaum bestimmbares) *Maximum* an Aufklärung strafrechtlich nicht erzwingen; es kann von vornherein nur um die Garantie von formalisierten **Grundregeln** gehen. § 264 a dient daher „der Sicherung von Lauterkeit, Ehrlichkeit und Fairness im Kapitalanlageverkehr" (*Mitsch* BT II/2, 3/87) nicht mehr und nicht weniger wie § 263. **Verfassungsrechtliche Bedenken** gegen die Bestimmtheit des Tatbestands (vgl. *Joecks* wistra **86**, 145; *Weber* NStZ **86**, 485; SK-*Samson/Günther* 6; NK-*Hellmann* 7) sind nicht begründet, wenn namentlich der Begriff der erheblichen Umstände in Abs. I im Hinblick auf den eingeschränkten Schutzzweck der Vorschrift restriktiv ausgelegt wird (LK-*Tiedemann* 7, 47 f.; *Cerny* MDR **87**, 275 f.; unten 16).

2a **Kriminalpolitisch** sprechen dieselben Umstände freilich erheblich gegen eine Wirksamkeitschance der Vorschrift. Die **praktische Bedeutung** des Tatbestands ist sehr gering (1997: 3 Verurteilungen; vgl. LG Wiesbaden BB **94**, 2099 [m. Anm. *Hoffmann*]; *Albrecht* KritV **93**, 170; LK-*Tiedemann* 8; SK-*Samson/Günther* 6 a; jew. mwN). Das kann weder auf Verjährungsprobleme (vgl. unten 23) noch darauf zurückgeführt werden, dass der sog. Telefonhandel nicht erfasst ist (*Martin* wistra **94**, 128; vgl. aber unten 17). An einen meist kaum überschaubaren Kreis potentieller Anleger gerichtete Angaben mit werbendem Charakter (vgl. dazu 8 zu § 263) geben den *Strafverfolgungsbehörden* vielmehr regelmäßig keinen Anlass, von Amts wegen die Richtigkeit und Vollständigkeit von Prospekt-Behauptungen zu prüfen; zwischen straflosen Versprechungen und (versuchtem) Betrug zu Lasten konkreter Personen verbleibt trotz der Verlagerung der Tatbestandsvollendung auf Vorbereitungshandlungen gegenüber § 263 nur ein schmaler Anwendungsbereich (vgl. *Weber* NStZ **86**, 481, 486; *v. Hippel* ZRP **97**, 305; krit. zur Verfolgungsintensität auch *Brenner,* in: *Wabnitz/Janovsky,* Hdb., 9/2f.; zu Reformüberlegungen vgl. *Tiedemann,* Wirtschaftsstrafrecht II, 140f. und LK 12; *Otto,* Pfeiffer-FS 85; vgl. schon AE Wirtschaft § 189), in welchem die Verfolgungsintensität besonders gering ist.

§ 264a ist wie § 265b **ein abstraktes Gefährdungsdelikt** (*Achenbach* NJW **86**, 1839; *Weber* NStZ **86**, 485; *Schröder* NStZ **98**, 552; *Lackner/Kühl* 1; *S/S-Cramer/Perron* 1; SK-*Samson/Günther* 5; einschr. LK-*Tiedemann* 16 hinsichtlich der Funktionsbedingungen des Kapitalmarkts); im Verhältnis zu § 263 enthält es ein zum selbstständigen Tatbestand erhobenes Versuchsdelikt (wistra **01**, 57), das weit in den Vorbereitungsbereich hineinragt. Die Täuschung eines individuellen Anlegers und eine irrtumsbedingte Vermögensverfügung sind ebenso wenig erforderlich wie der Eintritt eines Vermögensschadens; der Tatbestand ist **vollendet,** wenn der Täter die unrichtigen Angaben iS von Abs. I gemacht hat (vgl. BGH **30**, 291). 3

3) Geschäftsgegenstand (Abs. I, II). Der Tatbestand ist auf Handlungen im Zusammenhang mit bestimmten Anlageobjekten und bestimmten Zielen beschränkt, erfasst also nur einen besonders täuschungsanfälligen Teil von Kapitalanlagegeschäften, der namentlich durch hohe Anonymität der Beteiligten gekennzeichnet ist, welche dem potentiellen Anleger eine Risikoeinschätzung auf Grund eigener Beurteilung erschwert. 4

A. Vertrieb von Wertpapieren usw. (Abs. I Nr. 1). Im Fall des I Nr. 1 müssen die Tathandlungen im Zusammenhang (unten 11) mit dem Vertrieb bestimmter Anlageobjekte stehen. **Vertrieb** ist hier nicht im engeren Sinn der betriebswirtschaftlichen Absatzlehre, sondern als jede auf die Veräußerung der Anlageobjekte gerichtete Tätigkeit im eigenen oder fremden Namen zu verstehen; dazu gehört auch die Werbung (*Knauth* NJW **87**, 31). Es muss (ebenso wie im AuslInvestmG) eine auf den Absatz einer Vielzahl von Stücken gerichtete Tätigkeit vorliegen. Es werden also offene Werbe- und Angebotaktionen erfasst, die sich an einen *unbestimmten* „größeren Kreis von Personen" (unten 17) wenden, *nicht* hingegen Einzelangebote und individuelle (unrichtige) Beratungen (vgl. RegE 24). Die Abgrenzung der in Nr. 1 aufgeführten Anlageobjekte ist wegen der begrifflichen Weite i. E. str.; nach dem Normzweck erfasst sind vor allem massenhaft ausgegebene und gehandelte Gewinnbeteiligungsrechte an Unternehmen. Dass das vertriebene Objekt bereits existiert, ist nicht erforderlich (*Knauth* aaO, LK-*Tiedemann* 40). 5

a) Wertpapiere sind Urkunden, die ein privates Recht in einer Weise verkörpern, dass zur Ausübung des Rechts die Innehabung der Urkunde erforderlich ist; nach dem Schutzzweck des § 264a (oben 2) sind nur „Kapitalmarktpapiere", nicht aber Wertpapiere des Zahlungsverkehrs und des Güterumlaufs (insb. Scheck und Wechsel) erfasst (*Park-Park* 19). Mit § 2 WpHG deckt sich I Nr. 1 nur teilweise; so sind Wertpapiere iS von § 264a keine Rechte, für die keine Urkunden ausgestellt sind (§ 2 WpHG). Anhaltspunkte geben § 151 Nr. 1 bis 4 sowie § 1 DepotG. Erfasst sind vor allem Aktien einschließlich Zwischenscheinen und Nebenpapieren; Schuldverschreibungen; Geldmarktpapiere; Investmentzertifikate. Auch Wertpapiere **ausländischer Emittenten** (öffentliche oder private; vgl. *Knauth* NJW **87**, 30; *S/S-Cramer/Perron* 6) kommen in Betracht; ebenso supranationale Papiere (EG, Weltbank). Die Behandlung sog. **Rektapapiere** (Namenspapiere; zB Hypotheken-, Grundschuldbriefe, Schiffspfandbriefe; Namensschuldverschreibungen) ist streitig; sie sind, wenn und soweit sie nicht massenhaft gehandelt werden, keine Wertpapiere iS von Nr. 1 (LK-*Tiedemann* 26; *Park-Park* 19; NK-*Hellmann* 17; wohl auch *Knauth* NJW **87**, 29; **aA** *S/S-Cramer/Perron* 5; *A/R-Joecks* X 1/13). Urkunden über Beteiligungen an **geschlossenen Immobilienfonds** und an Lebensversicherungen sind keine Wertpapiere. 6

b) Bezugsrechte sind nach hM (unklar BT-Drs. 10/318, 22) gesellschaftsrechtliche Leistungsrechte aus der Mitgliedschaft (zB Leistungsbezugsrecht; Bezugsrecht bei Kapitalerhöhungen nach § 186 AktG), soweit sie unverbrieft und nicht untrennbar mit der Mitgliedschaft verbunden sind (Teilschuldverschreibungen; Wandelschuldverschreibungen nach § 221 I AktG; vgl. i. E. *Möhrenschlager* wistra **82**, 206; *Knauth* NJW **87**, 29; *S/S-Cramer/Perron* 8; LK-*Tiedemann* 27). 7

8 **c) Anteile,** die **eine Beteiligung** an dem Ergebnis eines Unternehmens **gewähren** sollen (und sich somit auch mit den Fällen zu a und b überschneiden können), sind zB partiarische Darlehen (**aA** *Cerny* MDR **87**, 274); der Erwerb eines Kommanditanteils, insbesondere bei als KG organisierten sog. **Abschreibungsgesellschaften** (hierzu *Worms* [1 a] 31 ff. u. wistra **87**, 246); aber auch Anteile an ausländischen Aktiengesellschaften oder anderen Kapitalgesellschaften (RegE 22; *Möhrenschlager* wistra **82**, 205, 206; *Knauth* NJW **87**, 28; *Cerny* MDR **87**, 273; SK-*Samson/Günther* 13 ff.; LK-*Tiedemann* 28 ff.). Der Unternehmensbegriff ist daher hier enger als in II (unten 19). Noch ungeklärt ist, in welchem Umfang Bauherren-, Bauträger- und Erwerbermodelle als Anteile iS der Nr. 1 zu behandeln sind (vgl. unten 19). *Flanderka/Heydel* (wistra **90**, 258) setzen insoweit voraus, dass das Modell eine Beteiligung an einem Mietpool einbezieht, der als Außengesellschaft selbstständig als Vermieter auftritt (vgl. *Richter* wistra **87**, 118; *S/S-Cramer/Perron* 12; SK-*Samson/Günther* 15; LK-*Tiedemann* 32; *Otto* WM **88**, 737; *W. Schmid* WiStR § 23, 67 mwN).

9 **d) Nicht erfasst** sind von Nr. 1 **Warenterminoptionen** (dazu 99 zu § 263), die keine Beteiligung am Ergebnis eines Unternehmens gewähren (*Knauth* NJW **87**, 30; *Richter* wistra **87**, 117; *Joecks* Hdb. [1 a] 15; *A/R-Joecks* X 1/17; *Park-Park* 22; *S/S-Cramer/Perron* 11; vgl. aber § 2 Abs. II a WpHG).

10 **B. Erhöhungsangebote (Abs. I Nr. 2).** Nr. 2 erstreckt die Anwendbarkeit auf Tathandlungen im Zusammenhang mit dem **Angebot, Anteile iS von Nr. 1 zu erhöhen.** Angebote in diesem Sinne können nur an solche Personen gerichtet werden, die bereits Anteile erworben haben; auch hier kommen aber nur Angebote an größere Adressatenkreise in Betracht (BT-Drs. 10/318, 24). Das **Angebot** ist nicht im bürgerlich-rechtlichen Sinn zu verstehen, sondern erfasst auch die (werbende) Aufforderung, selbst ein Angebot abzugeben (*Park-Park* 26). Einen eigenständigen Anwendungsbereich hat Nr. 2 nur dann, wenn kein „Vertrieb" iS von Nr. 1 vorliegt; das wird freilich auch bei Erhöhungsangeboten meist der Fall sein. Soweit die hM eine „besondere Schutzbedürftigkeit" eines Personenkreises annimmt, der bereits Anteile iS von Nr. 1 erworben hat und durch das Erhöhungsangebot unter besonderem Druck stehe (so BT-Drs. 10/318, 24; *Cerny* MDR **87**, 275; LK-*Tiedemann* 42), folgt hieraus kein über Nr. 1 hinausgehender Anwendungsbereich. Besonders gefährliche Betrugsformen, etwa Erhöhungsangebote nach vorherigem „Anfüttern" mit relativ hohen Gewinnen aus kleineren Anlagesummen, werden überwiegend in Form individueller Beratungen durchgeführt und von § 264 a nicht erfasst (zutr. *Knauth* NJW **87**, 30).

11 **C. Zusammenhang.** Die Tathandlung muss mit dem Vertrieb oder dem Angebot im Zusammenhang stehen (krit. SK-*Samson/Günther* 21). Sie muss sich also sachlich und zeitlich hierauf beziehen. Dieses Merkmal bezieht auch Fälle ein, in denen der Täter als werbende Person mit dem Emittenten der genannten Objekte und Rechte nicht identisch ist. Damit sind Handlungen unseriöser Vertriebsgesellschaften erfasst, aber auch solche außerhalb des Vertriebs stehender Personen, die über eine individuelle unrichtige Anlageberatung hinaus tätig werden (*Möhrenschlager* wistra **82**, 206).

12 **4) Tatgegenstände.** Gegenstände der Tathandlung müssen die in Abs. I aufgeführten **Werbemittel** sein, die einen der oben 4 ff. genannten Geschäftsgegenstände betreffen. **Prospekte** sind nicht nur solche nach § 30 III Nr. 2, IV, V, § 32 I Nr. 2 u. 3, § 33 IV, § 34 III, § 35 BörsG (iS eines Informationspapiers für einzuführende Wertpapiere), sondern jedes Schriftstück, das für die Beurteilung der Geldanlage erhebliche Angaben enthält oder den Eindruck eines solchen Inhalts erwecken soll (vgl. BGH **40**, 385, 388). Eine (auch erkennbare) Lückenhaftigkeit (etwa bei Verweisungen auf andere Unterlagen) ändert den Charakter der Schrift als Prospekt grds nicht (wie hier LK-*Tiedemann* 35; **aA** *Lackner/Kühl* 10; *Cramer* WiB **95**, 305 und *S/S-Cramer/Perron* 19: „bloßes Werbeschreiben", für das § 16 UWG gilt; diff. *A/R-Joecks* X 1/25). Der Begriff der **Darstellungen und Über-**

sichten über den Vermögensstand knüpft an dieselben Merkmale an, wie sie § 400 I Nr. 1 AktG verwendet (vgl. *Geilen* 42ff., *Klug* 11, jew. zu § 400 AktG). „Übersichten über den Vermögensstand" bedeutet hierbei dasselbe wie „Vermögensübersichten" in § 265b I Nr. 1a (weiter *S/S-Cramer/Perron* 20; NK-*Hellmann* 28). Der Begriff der **Darstellungen** ist untechnisch zu verstehen, schließt **mündliche** mit ein (*Lackner/Kühl* 10; *S/S-Cramer/Perron* 21; LK-*Tiedemann* 37 mwN; **aA** NK-*Hellmann* 29) und ist insoweit weiter auszulegen als in § 11 III. Das ergibt sich daraus, dass in I den „Darstellungen oder Übersichten über den Vermögensstand" – anders in § 400 I Nr. 1 AktG – die „Vorträge und Auskünfte in der Hauptversammlung" nicht gegenübergestellt werden (RegE 23; *Cerny* MDR **87**, 274). Voraussetzung ist aber auch hier, dass die Mitteilung sich an einen größeren Personenkreis wendet.

5) Tathandlungen. Der Tatbestand setzt voraus, dass der Täter durch (idR) schriftliche oder mündliche Äußerungen in einem der Werbemittel tatsächliche Informationen verbreitet, die auf Grund ihres **unrichtigen Inhalts** geeignet sind, bei potentiellen Anlegern Fehlvorstellungen über die mit einem bestimmten Anlageobjekt verbundenen Risiken zu erzeugen. Dabei unterscheidet I zwei Tatmodalitäten: 13

A. Unrichtige vorteilhafte Angaben. Angaben sind Behauptungen über tatsächliche Umstände. Die Umschreibung knüpft an § 265b I Nr. 1 an: **Unrichtig** ist eine Angabe, wenn mit ihr nicht vorhandene Umstände als vorhanden oder vorhandene Umstände als nicht vorhanden bezeichnet werden (RegE 24). Erfasst werden damit auch die vielfach in Prospekten enthaltenen Liquiditätsberechnungen, Prognosen usw. (*Joecks* wistra **86**, 145; *Cerny* MDR **87**, 276; **aA** NK-*Hellmann* 32). Wer solche Angaben unvollständig macht, verschweigt (unten 15). Die unrichtigen Angaben müssen **vorteilhaft** (und beim Unterlassenstatbestand „nachteilig") sein (vgl. NK-*Hellmann* 43ff.). Namentlich diese Einschränkung zeigt, dass der Tatbestand in seinem Kern auf Vermögens- und nicht auf den Schutz der Funktionsfähigkeit des Kapitalmarktes abzielt (oben 2), denn die Sachgerechtigkeit der Marktbeziehungen wäre durch unrichtige Angaben über *unvorteilhafte* Umstände gleichermaßen gefährdet. 14

B. Verschweigen nachteiliger Tatsachen. Die dogmatische Einordnung der Tatalternative des **Verschweigens** ist fraglich; sie kann jedenfalls nicht allein als (unechtes) Unterlassungsdelikt iS von § 13 verstanden werden, das eine *außerhalb* § 264a bestehende Rechtspflicht zur Offenbarung voraussetzt (vgl. dazu 22ff. zu § 263; and. SK-*Samson/Günther* 6; wie hier *Lackner/Kühl* 12; LK-*Tiedemann* 61; *S/S-Cramer/Perron* 28f.; NK-*Hellmann* 34; jew. mwN); umfasst ist auch das (aktive) „Unterdrücken" von Tatsachen sowie die konkludente Erklärung der Vollständigkeit des Mitgeteilten (zutr. Bedenken gegen die Verschärfung des *Gefährdungs-* gegenüber dem Verletzungsdelikt bei *Weber* NStZ **86**, 481, 485 und *Arzt/Weber* 21/86; *Schlüchter,* Zweites WiKG, 161f.). Der **Umfang** der Mitteilungspflicht ergibt sich damit – neben den gesetzlichen Mindestanforderungen an den Prospektinhalt (oben 12) – aus dem Begriff der **Erheblichkeit.** Sie betrifft auch hier nur **Tatsachen,** die für die Anlageentscheidung – unabhängig von individuellen Besonderheiten des potentiellen Anlegers – von Bedeutung sein können; Wertungen (**zB** *Schlussfolgerungen* aus Sachverständigengutachten) müssen nicht offenbart werden (wohl aber ggf die Tatsache, dass ein Gutachten mit negativer Prognose vorliegt). Mitzuteilende Tatsachen sind vor allem solche zum aktuellen Vermögenswert des Anlageobjekts; darüber hinaus Umstände, welche das Verhältnis von Risiko und Chance betreffen; etwa der Umstand, dass das aufzubringende Kapital zu wesentlichen Teilen an den Initiator zurückfließt und für die erworbene Investition gar nicht zur Verfügung steht (BGH [Z] VersR **00**, 1288 [mehr als 50% Kosten und Provisionen]). Eine ins Einzelne gehende und individuelle Besonderheiten berücksichtigende „Anlageberatung" kann in Prospekten usw. nicht erwartet werden (vgl. aber *S/S-Cramer/Perron* 28f.). 15

16 **C. Erheblichkeit.** Die unrichtigen Angaben und die verschwiegenen Tatsachen (oben 15) müssen sich auf für die Entscheidung über den Erwerb oder die Erhöhung **erhebliche Umstände** beziehen (SK-*Samson/Günther* 31 ff.; LK-*Tiedemann* 47 ff. mit ausf. Beispielen ebd. 52; *Joecks* wistra **86**, 146; *Tiedemann* JZ **86**, 873; *D. Geerds* [1 a] 213). Verfassungsrechtliche Bedenken aus Art. 103 II GG (vgl. etwa *Joecks* wistra **86**, 145 u. Hdb. [1 a] 45 ff.; *A/R-Joecks* X 1/47 ff.; *Arzt/Weber* 21/86) bestehen gegen das Erheblichkeitsmerkmal nach hM nicht (*Jaath* [1 a] 608; *Cerny* MDR **87**, 275; *Worms* [1 a] 331 u. wistra **87**, 272; *Otto* WM **88**, 738; *Lackner/Kühl* 13; LK-*Tiedemann* 48). Danach soll (entspr. BGH **30**, 292 [Anm. Hassemer JuS **82**, 630] zu § 265 b) „erheblich" sein, was nach dem Urteil eines verständigen, **durchschnittlich vorsichtigen Anlegers** im Hinblick auf die Natur des konkreten Anlageangebots für dessen Bewertung maßgeblich ist (NJW **05**, 2242, 2244 f. [zust. Anm. *Ziemann* JR **06**, 251]; *Lackner/Kühl* 13; LK-*Tiedemann* 47 ff.; vgl. zu möglichen Konkretisierungen auch BT-Drs. 10/5058, 31; *Hagemann* [1 a] 263 f.). Die Übertragbarkeit dieser Formel auf die Anforderungen des § 264 a ist insoweit zweifelhaft, als aus der Sicht des Werbenden ein hinreichend *konkreter* Geschäftszweck des potentiellen Anlegers (anders als bei § 265 b) schwer beurteilt werden kann (*S/S-Cramer/Perron* 32; *Ziemann* JR **06**, 251; krit. auch SK-*Samson/Günther* 31; *Arzt/Weber* 21/86). Es kann daher nicht primär auf das „durchschnittliche" Anlegerinteresse abgestellt werden; vielmehr auf den „Gesamtzusammenhang" des **jeweiligen Anlageobjekts** (so auch *S/S-Cramer/Perron* 32). Für Wertpapiere nimmt *Tiedemann* (LK 47) bei Unterlassen von über §§ 4 ff. VerkProspVO hinausgehenden Angaben eine Strafbarkeit „allenfalls ausnahmsweise" an; bei anderen Anlageformen sollen die zivilrechtlichen Grundsätze zur **Prospekthaftung** sowie Prüfungskataloge der Wirtschaftsprüfer zur Bewertung von Kapitalanlagen jedenfalls als Indizien heranzuziehen sein (LK-*Tiedemann* 48, 52; zust. *Lackner/Kühl* 13; abl. *Cerny* MDR **87**, 277; *Gallandi* wistra **87**, 317; *S/S-Cramer/Perron* 31; SK-*Samson/Günther* 31). Die Weite des Tatbestandsmerkmals fordert zur Umgehung durch salvatorische Klauseln oder durch wahllose Informationsflut heraus, die das Risiko des Anlegers kaum transparenter machen (vgl. *Grotherr* DB **86**, 2584). Gerade die kriminalpolitisch begründete Konturenlosigkeit des Tatbestands fördert daher die Schwierigkeit seiner praktischen Anwendung (oben 2 a): Kommt es nicht zumindest zum Versuch der *individuellen* Täuschung (mit der höheren Strafdrohung des § 263), so ist eine Strafverfolgung idR auf *offenkundige* (und daher gerade weniger gefährliche) Fälle besonders ungeschickter Täter beschränkt.

17 **D. Erklärungsadressaten.** Die unrichtigen oder unvollständigen Werbemittel müssen **gegenüber einem größeren Kreis von Personen** gebraucht werden. Diese Forderung entspricht § 16 I UWG (dort neben dem Merkmal der „öffentlichen Bekanntmachung"; vgl. *Kempf/Schilling* wistra **07**, 41, 43 f.; krit. SK-*Samson/Günther* 28). Im Hinblick auf den Schutzzweck ist darunter „eine solch große Zahl potentieller Anleger zu verstehen, dass deren Individualität gegenüber dem sie zu einem Kreis verbindenden potentiell gleichen Interesse an der Kapitalanlage zurücktritt" (RegE 23; *Joecks* wistra **86**, 144; krit. *Cerny* MDR **87**, 274). Diesen Personenkreis brauchen keine sonstigen Gruppenmerkmale zu verbinden; auch ein tatsächlich bestehendes Anlageinteresse ist nicht erforderlich. Erfasst sind auch der „Haustür"-Verkauf, Werbungen per (Massen-)E-Mail oder im Internet, das Auslegen von Werbematerial in öffentlich zugänglichen Räumen; aber auch ein anonymisierter „Telefonverkauf" ohne individuelle Beratung, etwa bei unverlangten Erstkontakten mit potentiellen Anlegern aus bestimmten Berufsgruppen (*S/S-Cramer/Perron* 33). Im Fall von Erhöhungsangeboten nach I Nr. 2 kommen daher nur bisherige Anleger von Publikumsgesellschaften in Betracht (*Möhrenschlager wistra* **82**, *206; A/R-Joecks* X 1/32).

18 **E. Vollendung.** Die Tat ist vollendet, wenn die Prospekte einem größeren Personenkreis **zugänglich gemacht** sind, nicht schon mit der Erstellung des Werbemittels (*S/S-Cramer/Perron* 37).

37). **Beendet** ist sie (mit der Folge des Beginns der Verjährung, § 78a) nach Köln NJW **00**, 598, 600 zum selben Zeitpunkt, da ein Schaden bei dem Anleger nicht eintreten muss (*Joecks* Hdb. [1 a] 85; *A/R-Joecks* X 1/86; *Gallandi* wistra **93**, 255; vgl. BGH **32**, 294). Das erscheint im Hinblick auf Abs. III nicht unzweifelhaft, wonach die durch die unrichtigen Prospektangaben geschaffene Gefahr vor der Realisierung eines – ggf. nach § 263 zu beurteilenden – Schadens vom Täter zurückgenommen werden kann (vgl. zur ähnlichen Lage bei § 264 dort 38; *S/S-Lenckner/Perron* 66 zu § 264; **aA** Köln aaO unter Hinweis auf den Charakter von III als Sonderregelung). Der **Versuch** ist nicht strafbar.

6) Anteile an Treuhandvermögen (Abs. II). Abs. I gilt entsprechend, wenn sich die Tat auf solche Anteile (8) an einem Vermögen bezieht, das ein Unternehmen im eigenen Namen, jedoch für fremde Rechnung verwaltet, wenn also ein **Treuhandverhältnis** zwischen dem Unternehmen und den Anlegern vorliegt, das ihnen idR schuldrechtliche Ansprüche einräumt (**aA** *Schmidt-Lademann* WM **86**, 1243; krit. *Joecks* Hdb. [1 a] 19). Das Treuhandgut kann in Vermögenswerten bestehen, zu deren direktem Erwerb die Mittel der Anleger bestimmt sind; aber auch in einem Recht, kraft dessen sich das treuhänderisch tätige Unternehmen für die Anleger eine Beteiligung am Ergebnis eines anderen Vermögens (zB des Erwerbs von Geschäftsanteilen) verschafft (vgl. LK-*Tiedemann* 30f.). In Betracht kommen zB die sog. Treuhandkommanditisten bei Immobilienfondsgesellschaften; hierzu gehören die Bauträger von Wohnbesitzwohnungen (§ 12a II des II. WoBauG), aber auch bei anderen wirtschaftlichen Betätigungen (zB Reedereien und Flugzeuggesellschaften), bei denen es den Anlegern darum geht, als Mitunternehmer *steuerlich* anerkannt zu werden. *Zivilrechtlich* kommt ihnen keine Gesellschafterstellung zu. In II ist daher beim **Begriff des Unternehmens** – anders als in I – das des Treuhänders gemeint (8 zu § 14), und zwar auch dann, wenn er seinerseits Vermögensanteile verwaltet, die aus Beteiligungen an anderen Unternehmen bestehen (RegE 22/23; *Möhrenschlager* wistra **82**, 205, 206; *Knauth* NJW **87**, 32). Bauherren- und Erwerbermodelle (*Worms* [1 a] 57ff.) werden von § 264a nur erfasst, wenn sie in der nach II vorausgesetzten Form des Treuhandvermögens konstruiert sind, was idR nicht der Fall ist (*Joecks* wistra **86**, 144; **aA** *Richter,* Wirtschaftskriminalität **86**, 161; wistra **87**, 118; vgl. auch *Tiedemann* JZ **86**, 873 und LK 29, 32; NK-*Hellmann* 22). **19**

7) Subjektiver Tatbestand. Hinsichtlich aller Tatbestandsmerkmale ist Vorsatz erforderlich; bedingter genügt (allg. Ans.). Er hat sich vor allem darauf zu richten, dass die in den Prospekten usw. mitgeteilten vorteilhaften Angaben unrichtig und die verschwiegenen Tatsachen, die der Täter kennen muss, nachteilig sind (*Joecks* wistra **86**, 147). Der Vorsatz muss auch die tatsächlichen Voraussetzungen der normativen Merkmale (**zB** Wertpapier; Anteil; Prospekt) umfassen, namentlich auch die Erheblichkeit (oben 16; zu den durch die „Vorverlegung" des Tatbestands gegenüber § 263 keineswegs geringer gewordenen Beweisproblemen vgl. LK-*Tiedemann* 67ff.; *Worms* [1 a] 343). Der Täter muss weiter davon ausgehen, dass der Anleger auf die Richtigkeit und Vollständigkeit der Angaben vertraut. Der **Irrtum** über den Umfang der dem Täter in diesem Zusammenhang auferlegten Informationspflicht ist ein Gebotsirrtum (*Park-Park* 35; LK-*Tiedemann* 68; 17 zu § 16; vgl. auch 34 zu § 264; and. NK-*Hellmann* 65). **20**

8) Tätige Reue (Abs. III). Der Strafaufhebungsgrund der Tätigen Reue gilt nur für Taten nach I und II, nicht für zugleich begangene andere Delikte. § 263 ist unter den Voraussetzungen von III unmittelbar nach § 24 I ausgeschlossen (*Otto* Bankentätigkeit 102). III folgt dem Vorbild der §§ 264 V, 265b II (RegE 25; krit. *Worms* wistra **87**, 275); 40ff. zu § 264 gelten daher sinngemäß; an die Stelle der Gewährung der Subvention tritt in III die durch den Erwerb oder die Erhöhung (I) bedingte Leistung (vgl. *Achenbach* NJW **86**, 1835; *Joecks* wistra **86**, 142; *Cerny* MDR **87**, 278; *Richter* wistra **87**, 120). **21**

9) Täterschaft und Teilnahme. § 264a ist **kein Sonderdelikt;** Täter können neben Initiatoren, Anlageberatern und -vermittlern auch Außenstehende, etwa **22**

Bankmitarbeiter, Rechtsanwälte oder Steuerberater sein. **Mittelbare Täterschaft** kommt namentlich bei Einsatz gutgläubiger Werber in Vertriebs-Pyramiden in Betracht. Zur Täterschaft von Anlageberatern bei (verschleierter) Weitergabe lediglich fremder Informationen vgl. *Otto* WM **88**, 739. Besondere Probleme ergeben sich bei der Bestimmung des Täterkreises für das *Verschweigen* von Tatsachen. Die mögliche Täterstellung muss hier parallel zur Begehungsalternative bestimmt werden; Täter kann daher nur sein, wem (unrichtige) positive Angaben täterschaftlich zugerechnet werden könnten (zutr. LK-*Tiedemann* 80). Zur **Teilnahme,** die bis zum Erbringen der Leistung möglich ist (ebenso *S/S-Cramer/Perron* 38; zweifelnd *Joecks* Hdb. [1 a] 80; *A/R-Joecks* X 1/78), gilt 39 zu § 264 sinngemäß (vgl. *Cerny* MDR **87**, 278 sowie ausführlich LK-*Tiedemann* 74 ff.). Abgrenzungsprobleme können sich namentlich bei nur mittelbar fördernden Handlungen ergeben, die für sich gesehen ordnungsgemäß sind, also namentlich bei **berufstypischen Handlungen** (**zB** Architekten-, Beratungs- oder Notartätigkeit; vgl. dazu 16 ff. zu § 27).

23 **10) Verjährung.** § 264 a ist **Presseinhaltsdelikt** (BGH **40**, 385, 387; vgl. auch wistra **04**, 339); es gelten daher zwar grds die (kurzen) landesrechtlichen Verjährungsfristen (*Hoffmann* BB **94**, 2100; *Schmidt-Lademann* WM **86**, 1241; LK-*Tiedemann* 97; *Joecks* Hdb. [1 a]; **aA** *Cramer* WiB **95**, 305). Jedoch enthalten die meisten LPGe ausdrückliche **Ausnahmen** für **gewerbliche Druckschriften** (vgl. BGH **40**, 385, 387 f. [zu § 4 Nr. II HessPrG]; wistra **95**, 142), denen die Werbeschriften des § 264 a regelmäßig angehören.

24 **11) Konkurrenzen.** Innerhalb von I können die Fälle des aktiven Tuns und des Verschweigens eine natürliche Handlungseinheit bilden oder auch in Tateinheit (§ 52) stehen. Sie ist auch zwischen I Nr. 1 und Nr. 2 möglich. § 16 UWG tritt insoweit zurück, als § 264 a die dort geregelten Tatformen miterfasst (**aA** *A/R-Joecks* X 1/100: Tateinheit); er behält insoweit aber seine Bedeutung – dann ist auch Tateinheit mit § 264 a möglich –, als zB unwahre Mitteilungen in der Form eines Prospekts, einer Darstellung oder einer Übersicht über den Vermögensstand gemacht werden (RegE 22). Mit § 61 BörsG (Verleiten zur Börsenspekulation) und § 38 WpHG (Insidergeschäfte; Kursbetrug) ist Tateinheit möglich. Zum **Verhältnis zu § 263** vgl. schon oben 3. § 264 a tritt nach der Rspr des BGH (wistra **01**, 57; 1 StR 335/03) hinter § 263 zurück, wenn es zur Täuschung eines konkreten Anlegers gekommen ist (ebenso *Lackner/Kühl* 17; SK-*Samson/Günther* 57; *Joecks* wistra **86**, 148; *Knauth* NJW **87**, 32; vgl. auch NK-*Hellmann* 8; **aA** [Idealkonkurrenz] *S/S-Cramer/Perron* 41; LK-*Tiedemann* 82; *Arzt/Weber* 21/91 u. *Weber* NStZ **86**, 485; *W/Hillenkamp* 693; *M/Schroeder/Maiwald* 41/184; *Rengier* BT I, 3/11; *Cerny* MDR **87**, 278; *Otto* WM **88**, 739; Jura **89**, 31).

Versicherungsmissbrauch

265 **I Wer eine gegen Untergang, Beschädigung, Beeinträchtigung der Brauchbarkeit, Verlust oder Diebstahl versicherte Sache beschädigt, zerstört, in ihrer Brauchbarkeit beeinträchtigt, beiseite schafft oder einem anderen überlässt, um sich oder einem Dritten Leistungen aus der Versicherung zu verschaffen, wird mit Freiheitsstrafe bis zu drei Jahren oder mit Geldstrafe bestraft, wenn die Tat nicht in § 263 mit Strafe bedroht ist.**

II Der Versuch ist strafbar.

1 **1) Allgemeines.** Die Vorschrift ist durch Art. 1 Nr. 61 des 6. StrRG (2 f. vor § 174) an Stelle des § 265 aF eingefügt worden (dessen Regelungsgehalt durch Art. 1 Nr. 58 teilweise in § 263 III Nr. 5 übernommen wurde; vgl. 126 ff. zu § 263; zur Anwendung milderen Rechts nach § 2 III vgl. unten 18), um dem *Missbrauch* von Versicherungen bereits im **Vorfeld von Betrugshandlungen** nachdrücklicher entgegenzutreten (BT-Drs. 13/8991, 21; Ber., BT-Drs. 13/9064, 19 f.). Durch Einbeziehung von Handlungen versicherungsfremder Dritter sind Lücken geschlossen worden (krit. zur Erforderlichkeit *Arzt/Weber* 21/132), die auch nach der *neueren Rspr. zur versicherungsrechtlichen* Repräsentantenhaftung in unlauterer Absicht vorgenommene Handlungen straflos ließen (vgl. hierzu schon BT-Drs. IV/650, 427; BGH **1**, 210; NJW **76**, 2271 [hierzu *Gössel* JR **77**, 391]; *Eschenbach* Jura **76**, 239; *Wagner* JuS **78**, 161; *Ranft* Jura **85**, 398; *Arth. Kaufmann* JuS **87**, 307 sowie NStZ **87**, 505 [m. Anm. *Ranft* Jura **89**, 302; *Geppert* JK 3]; Bedenken gegen ein Regelungsbedürfnis in AE-Wirtschaft 125).

Literatur: *Bröckers,* Versicherungsmissbrauch, 1999; *Bussmann,* Konservative Anmerkungen zur Ausweitung des Strafrechts nach dem 6. StrRG, StV **99**, 613, 617; *Geppert,* Versicherungsmissbrauch, Jura **98**, 382; *Lindenau,* Die Betrugsstrafbarkeit des Versicherungsnehmers aus strafrechtlicher und kriminologischer Sicht, 2005 (Diss. Rostock); *Mitsch,* Die Vermögensdelikte im Strafgesetzbuch nach dem 6. StrRG, ZStW **111**, 65; *Papamoschou/Bung,* § 265 StGB: eine legislative Entgleisung, in: Inst. f. KrimWiss Frankfurt, Irrwege der Strafgesetzgebung, 1999, 241; *Rönnau,* Der neue Straftatbestand des Versicherungsmissbrauchs – eine wenig geglückte Gesetzesregelung, JR **98**, 441; *Rzepka,* Der neue Straftatbestand des Versicherungsmissbrauchs (§ 265 StGB) – auf dem Weg zum lückenlosen Strafrecht?, in: Inst. f. KrimWiss, Irrwege der Strafgesetzgebung, 1999, 271; *Wolff,* Die Neuregelung des Versicherungsmissbrauchs, 1999 (Diss. Freiburg); *Zopfs,* Erfordert der Schutz des Versicherers den strafrechtlichen Tatbestand des Versicherungsmissbrauchs?, VersR **99**, 265. **zu § 265 aF:** *Geerds,* Versicherungsmissbrauch, Welzel-FS 841; *ders.,* HWiStR „Versicherungsbetrug" u. Jura **89**, 296; *Küper,* Zur Problematik der „betrügerischen Absicht" (§ 265 StGB) in Irrtumsfällen, NStZ **93**, 313; *Meurer,* Betrügerische Absicht u. Versicherungsbetrug (§ 265 StGB), JuS **85**, 443; *Otto* Jura **89**, 28; *Seier,* Zum Rechtsgut u. zur Struktur des Versicherungsbetrugs (§ 265 StGB), ZStW **105**, 321; *Weibel* KR **93**, 141, 665. 1 a

2) Rechtsgut; kriminalpolitische Bedeutung. Zweck der Vorschrift ist der Schutz der **Sachversicherungen** (*Geppert* Jura **98**, 383; zutr. krit. zu dieser Einschränkung *W/Hillenkamp* 652; *Zopfs* VersR **99**, 268 ff.) vor in betrügerischer Absicht vorgenommenen Vortäuschungen von Versicherungsfällen, die namentlich im Bereich der Kfz-Kasko-Versicherung, bei Gebäude- (Brand!) und Hausratsversicherungen zeitweise stark zugenommen haben (vgl. *Werle* KR **95**, 78, 153 ff.) und zu hohen Schäden zu Lasten der Versicherungen und mittelbar der Gesamtheit der Versicherten führen. In manchen Bereichen (Glasbruch; Reisegepäck; Leitungsschäden) dürfte die betrügerische Inanspruchnahme von Sachversicherungen inzwischen zum **Massendelikt** mit nur noch geringer Hemmschwelle geworden sein; freilich befördert durch eine aggressive Werbung der Versicherungswirtschaft. **Rechtsgut** der Norm ist das **Vermögen** der Versicherung (*Geppert* Jura **98**, 383; *Bussmann* StV **99**, 617; *Rengier* BT I, 15/2), nach hM darüber hinaus zumindest auch ein **Allgemeingut** der **Funktionsfähigkeit der Versicherungswirtschaft** (*Lackner/Kühl* 1; *S/S-Perron* 2; LK-*Tiedemann* Nachtrag 11; *Mitsch* ZStW **111**, 116; *Hörnle* Jura **98**, 176; *Rönnau* JR **98**, 442; *W/Hillenkamp* 652; *Arzt/Weber* 21/132; *Mitsch* BT II/2, 3/111; zu § 265 aF vgl. BGH **11**, 398; **25**, 262; **35**, 262; wistra **93**, 225); warum ein solches Allgemeininteresse gerade (und nur) im Bereich der *Sach*versicherungen bestehen soll, bleibt unklar. Der **kriminalpolitische Sinn** des **abstrakten Gefährdungsdelikts** ist zweifelhaft; die zeitweise hohe Anzahl vorgetäuschter Versicherungsfälle (Kfz-Diebstahl), die Grund für die Tatbestandsfassung war, ist zwischenzeitlich durch Vorsorge- und Kontrollmaßnahmen der Versicherungsunternehmen stark zurückgegangen. 2

3) Tatobjekte sind **Sachen,** gleichgültig ob sie im Eigentum des Täters oder eines Dritten stehen. Sie müssen – weiter als § 265 I aF – gegen Untergang (dh Zerstörung), Beschädigung, Verlust oder Diebstahl **versichert** sein. Das ist gegeben, wenn der Versicherungsvertrag formell gültig ist; auf die materielle Gültigkeit kommt es nicht an (BGH **8**, 343; **35**, 261; StV **85**, 59 L; *Ranft* StV **89**, 301; *S/S-Perron* 6) Das versicherte Schadensrisiko muss sich auf eine oder mehrere der genannten Beeinträchtigungen beziehen; **nicht ausreichend** ist eine Versicherung gegen *Folge*risiken (zB Verluste aus einer durch Feuer verursachten Betriebsunterbrechung; BGH **32**, 138 m. Anm. *R. Keller* JR **84**, 434; *Geerds* Jura **89**, 296; krit. *Meurer* JuS **85**, 443; *Ranft* Jura **85**, 396); es muss insoweit **„Deckungsgleichheit"** zwischen der erstrebten Versicherungsleistung und dem von § 265 erfassten Versicherungsrisiko bestehen (BGH **25**, 261; **32**, 137; **35**, 326; NStZ **96**, 295 [zu § 265 aF]; *S/S-Perron* 14; and. *Arzt/Weber* 21/134; vgl. unten 11). 3

4) Täter des § 265 kann der Eigentümer der Sache, der Versicherungsnehmer, aber auch jede dritte Person ohne Rücksicht auf ein Näheverhältnis zum Versicherungsnehmer (oben 1) sein. Handelt ein Dritter, so ist ein Zusammenwirken mit dem Versicherungsnehmer weder im Hinblick auf § 265 noch auf eine mögliche spätere Tat nach § 263 erforderlich. 4

5) Tathandlungen sind solche Handlungen, die den Eintritt des versicherten Risikos bewirken; das sind **Beschädigen** (6 ff. zu § 303); **Zerstören** (14 zu § 303); **Beeinträchtigen der Brauchbarkeit** (einschr. zur Anwendung der für die Sachbeschädigung geltenden Grundsätze *Bröckers* [1 a] 120 ff.; *S/S-Perron* 8). Da 5 es sich bei § 265 nur um die vorverlagerte Verfolgung des Missbrauchs von Sachversicherungen handelt (oben 3), sind Handlungen, die nicht auf die Sache selbst einwirken, nicht umfasst. Die Tatvariante überschneidet sich daher weithin mit derjenigen des Beschädigens, das etwa auch bei Aufhebung des Zusammenhangs zusammengesetzter Sachen angenommen wird (10 zu § 303).

6 Beim **Beiseiteschaffen** kann es anders als bei § 283 I Nr. 1 hier nur um ein körperliches Wegschaffen (zB durch Verbergen einer Sache; durch Abstellen an einem gefährlichen Ort, um einen Diebstahl durch unbekannte Dritte zu provozieren; durch Wegwerfen, Verschenken oder Dereliktion), nicht aber um allein rechtliche Manipulationen gehen (ebenso *Geppert* Jura **98**, 384; LK-*Tiedemann* Nachtrag 7; *S/S-Perron* 9). Die Variante erfasst auch die von § 265 aF nicht umfassten Fälle des Zusammenwirkens des Versicherungsnehmers mit ihm im Einzelnen unbekannten Dritten. Handelt nicht der Eigentümer, sondern ein Dritter, so kommt es auch hier darauf an, dass die Sache **dem Zugriff der Versicherung entzogen** wird, denn § 265 schützt nicht den Eigentümer vor der Wegnahme (§ 242), sondern die Versicherung vor missbräuchlicher Inanspruchnahme. Die Tatvariante erfasst daher auch das Verbergen der Sache vor der Versicherung (*Geppert* Jura **98**, 384; *Otto* BT 61/4; *W/Hillenkamp* 654; *Rengier* BT I, 15/2 a; enger *Lackner/Kühl* 3; *Rönnau* JR **98**, 443 f.; *Mitsch* BT II/2, 3/122), nicht aber die bloße wahrheitswidrige Behauptung des Abhandenkommens (*W/Hillenkamp* 654).

7 **Einem anderen Überlassen** ist die einverständliche – entgeltliche oder unentgeltliche – Weitergabe an Dritte (zB Übergabe nach Verkauf; abgesprochenes Zurücklassen zum Zweck der Vortäuschung eines Diebstahls durch eine bestimmte andere Person; aber auch leihweise Überlassung; vgl. LK-*Tiedemann* Nachtrag 8; *S/S-Perron* 10; *W/Hillenkamp* 654). Täter kann sowohl der Versicherungsnehmer, der eine eigene oder fremde Sache einem Dritten überlässt, als auch ein Dritter sein. Ein **kollusives Zusammenwirken** zwischen dem Täter und der anderen Person ist nicht erforderlich; der andere kann gutgläubig sein (Verschenken, Verkauf). Häufig wird das Überlassen jedoch mit einer nachfolgenden Tathandlung nach oben 5, 6 des Dritten zusammentreffen. Der mit dem Eigentümer kollusiv zusammenwirkende Dritte ist nicht Mittäter des Überlassens, sondern Täter des Beiseiteschaffens (ebenso *W/Hillenkamp* 654; *Rengier* BT I, 15/2 a).

8 **6) Subjektiver Tatbestand. Vorsatz** ist erforderlich; hinsichtlich der Tathandlung genügt bedingter Vorsatz. Das in § 265 aF enthaltene Erfordernis eines Handelns *„in betrügerischer Absicht"* (dazu 48. Aufl., 3) ist weggefallen, da es in der Auslegung durch die hM (NJW **76**, 2271 m. Anm. *Gössel* JR **77**, 391; *Wagner* JuS **78**, 161; NStZ **87**, 505 m. Anm. *Ranft* StV **89**, 301; SK-*Samson/Günther* 9) eine zu enge Anbindung des Tatbestands an § 263 bewirkte und daher strafwürdige Fälle nicht erfasste, in denen der Handelnde weder Täter- noch Gehilfenvorsatz des § 263 hat (BT-Drs. 13/9064, 19 f.; vgl. auch *Seier* ZStW **105**, 321, 330 ff.).

9 **Absicht** im Sinne zielgerichteten Wollens (6 zu § 15) ist aber im Hinblick auf die **Verschaffung der Versicherungsleistung** weiterhin erforderlich. Der Täter muss zu dem Zweck handeln, dem Versicherten (sich selbst oder einem Dritten) eine Versicherungsleistung zu verschaffen. Damit sind Fälle aus dem Anwendungsbereich der Vorschrift ausgeschieden, in denen der Täter, der nicht Versicherungsnehmer ist, die Leistung nur als sichere Folge seines Handelns kennt (Diebstahl, Sachbeschädigung), sie jedoch weder im eigenen noch im fremden Interesse anstrebt.

10 Auf die **Rechtswidrigkeit der Versicherungsleistung** kommt es nach der Neufassung des Tatbestands hingegen nicht mehr an (*Geppert* Jura **98**, 384; *S/S-Perron* 14; krit. *Hörnle* Jura **98**, 176; *Rönnau* JR **98**, 445; zur aF vgl. NStZ **86**, 314; *W/Hillenkamp* 655). Für die Absicht des Verschaffens reicht es aus, wenn der (dritte) Täter ein nur mittelbares Interesse an der Versicherungsleistung hat (zB Hoferbe [Celle SJZ **50**, 682 m. Anm. *Bockelmann*]; Ehegatte [NStZ **87**, 505]; Mitgesellschafter [vgl. aber *Ranft* Jura **85**, 40]; im Hinblick auf die Erwartung von Zuwendungen des Versicherten nach Erhalt der Leistung interessierte Dritte). § 265 koppelt den

Versicherungs*missbrauch* daher vom Versicherungs*betrug* weitgehend ab, dessen Vorbereitung nur noch eine Fallgruppe der möglichen Tathandlungen darstellt (*W/Hillenkamp* 652; *Arzt/Weber* 21/132); im Hinblick auf das geschützte Rechtsgut erscheint das problematisch (oben 2), es entspricht jedoch einem kriminalpolitischen Bedürfnis (vgl. BT-Drs. 13/8587, 64). Auf **Fehlvorstellungen** des Täters über das Bestehen eines Anspruchs aus der Versicherung kommt es danach nur noch im Hinblick auf die Subsidiaritätsklausel des I, letzter HS an (unten 17).

Die Absicht des Täters muss sich auch nach der Neufassung auf eine (wenngleich wesentlich erweiterte) **„deckungsgleiche"** Versicherungsleistung beziehen (*Ranft* Jura **85**, 396 f.; *S/S-Perron* 14; vgl. oben 3). Das ist von Bedeutung, wenn sich die Absicht des Täters auf Leistungen für **Folgeschäden** (Personen- oder Vermögensschäden; vgl. BGH **32**, 137) richtet, schließt die Anwendung von § 265 aber auch dann aus, wenn der Täter eine fremde Sache beschädigt usw., um dem Eigentümer Leistungen aus seiner eigenen **Haftpflicht**versicherung zu verschaffen (so auch *S/S-Perron* 14). 11

7) Vollendung; Versuch (Abs. II). Die Tat ist mit der Beschädigung usw. vollendet; Handlungen im Hinblick auf die Erlangung der Versicherungsleistung sind nicht erforderlich. 12

Der **Versuch** ist nach **Abs. II** strafbar, obgleich schon die Vollendung weithin nur Vorbereitungshandlungen (zum Betrug) umfasst; der Gesetzgeber des 6. StrRG hat die Versuchsstrafbarkeit auch angesichts der erweiterten Tatbestandsfassung für nicht entbehrlich gehalten (RA-BTag aaO 20; vgl. auch E 1962, BT-Drs. IV/650, 428). Dass damit auch **die versuchte Beschädigung eigener Sachen** unter Strafe gestellt ist (ebenso zB das versuchte Verbergen fremder Sachen), erscheint außerordentlich weitgehend (insoweit zutr. krit. *Geppert* Jura **98**, 384 f.; *Kudlich* JuS **98**, 469; *Rönnau* JR **98**, 445 f. [„Gesinnungsstrafrecht"]; vgl. auch LK-*Tiedemann* Nachtrag 10: „kriminalpolitisch bedenklich, aber hinzunehmen"; ebenso *W/Hillenkamp* 656). Diese im Einzelfall **unverhältnismäßige Vorverlagerung** strafrechtlichen Vermögensschutzes wäre selbst mit einem (zweifelhaften; vgl. oben 2) Allgemeininteresse an der Leistungsfähigkeit der Versicherungswirtschaft nicht zu rechtfertigen und geht noch über die insoweit problematischen §§ 264, 265 b hinaus. Abwegig erscheinende Ergebnisse sowohl bei der Vollendung (Täter zerschlägt eigene Vase, unterlässt aber die ursprünglich geplante betrügerische Schadensmeldung) als auch beim Versuch (*Ansetzen* zur schenkweisen Übereignung; zum Barverkauf) werden allenfalls *praktisch* dadurch gemildert, dass der subjektive Tatbestand außer in Fällen der Einbeziehung Dritter schwerlich jemals nachweisbar sein wird. 13

Eine Regelung über **Tätige Reue** ist in die Neufassung nicht aufgenommen worden, obgleich § 265 auch weiterhin Fälle umfasst, in denen dies angezeigt wäre (Täter verbirgt eigene Sache, um sie als gestohlen zu melden; er unterlässt dies jedoch und holt sie wieder hervor; krit. auch *Bussmann* StV **99**, 617; *Rönnau* JR **98**, 446; *Rengier* BT I, 15/4; *S/S-Perron* 15). Eine analoge Anwendung von § 306 e (so *Geppert* Jura **98**, 385) kommt nach der Entscheidung des Gesetzgebers gleichwohl nicht in Betracht (ebenso *Lackner/Kühl* 5; *W/Hillenkamp* 656; *Rönnau* JR **98**, 446; *Rengier* BT 1, 15/4; *Mitsch* ZStW **111**, 119 und BT II/2, 3/131; **aA** *S/S-Perron* 15, der §§ 264 V, 264 a III, 265 b II analog anwenden will). Ein **Rücktritt** ist nach allg. Regeln möglich, liegt aber nicht vor, wenn der Täter erst den Täuschungsversuch gegenüber der Versicherung freiwillig aufgibt (*W/Hillenkamp* 657; LK-*Tiedemann* Nachtrag 13 [Einstellung nach § 153 StPO geboten]). 14

8) Für die **Beteiligung** gelten die allgemeinen Regeln. Beihilfe kommt namentlich in Betracht, wenn ein mit dem Täter zusammenwirkender Dritter ohne die erforderliche Absicht der Leistungsverschaffung handelt (etwa der professionelle Kfz-Schieber; *Rönnau* JR **98**, 445; *S/S-Perron* 13; *Bröckers* [1 a] 154). 15

9) Die **Strafe** ist Freiheitsstrafe bis zu 3 Jahren oder Geldstrafe; der Strafrahmen ist gegenüber dem Verbrechenstatbestand des § 265 aF wesentlich gemildert wor- 16 den, was schon im Hinblick auf die Anwendbarkeit von § 30 und den Umstand, dass die mit der Vorbereitungshandlung angestrebte Tat selbst nur ein Vergehen ist, angezeigt war (vgl. BT-Drs. 13/8587, 65; 13/9064, 19; zur Anwendung von § 2 III bei Tateinheit mit Brandstiftung NStZ-RR **98**, 235).

17 **10) Subsidiarität. Abs. I, letzter HS** enthält eine ausdrückliche Anordnung der **Subsidiarität gegenüber § 263** (vgl. NStZ **99**, 243). Entgegen dem unklaren Wortlaut kann es nicht darauf ankommen, ob **die Tat** im *materiellen Sinn* zugleich nach § 263 mit Strafe bedroht ist, denn eine *Handlungseinheit* wird gerade dann selten vorliegen, wenn Täter des § 265 der betrügerisch handelnde Versicherungsnehmer selbst ist (vgl. BGH **11**, 398; NJW **51**, 205; VRS **83**, 186 zur aF; *S/S-Perron* 16; vgl. auch *Mitsch* JuS **93**, 474; ZStW **111** (1999), 118); dies würde zu einer ungerechtfertigten Doppelbestrafung führen. Nach BGH **45**, 211, 215 muss daher der Begriff der Tat hier **prozessual** verstanden werden: Zwischen einer (schweren) Brandstiftung nach § 306b II Nr. 2 und dem nachfolgenden Betrug zu Lasten der Versicherung (§ 263 III Nr. 5) liegt zwar keine materielle Tateinheit vor (stRspr.; vgl. BGH **29**, 288; **38**, 39f.; **43**, 98; **45**, 213), wohl aber stellen beide Vorgänge als Teile eines *einheitlichen Lebensvorgangs* **eine prozessuale Tat iS von § 264 StPO** dar (BGH **45**, 214). Es kommt daher darauf an, ob der Täter wegen eines § 263 unterfallenden Verhaltens, das sich auf die mit der Vortat des § 265 angestrebte Versicherungsleistung bezieht, strafbar ist; in diesem Fall tritt § 265 zurück. Da dies auch für die Fälle der Teilnahme und des Versuchs gilt, steht der Täter des § 265, dessen Handlung zugleich eine Beihilfe zum versuchten Versicherungsbetrug ist, besser als derjenige, der dem Versicherungsnehmer erfolgreich einen rechtmäßigen Leistungsanspruch verschafft. Tritt der Täter vom Versuch des § 263 zurück, so bleibt die Strafbarkeit wegen der vollendeten Tat entgegen dem Wortlaut der Subsidiaritätsklausel („mit Strafe bedroht") nach § 265 bestehen (*Mitsch* ZStW **111**, 119 und BT II/2, 3/132; *W/Hillenkamp* 657; *Rengier* BT I, 15/4a), denn andernfalls würde sich dem betrügerisch handelnden Anschlusstäter eine Möglichkeit Tätiger Reue öffnen, die dem hinsichtlich des Leistungsanspruchs Gutgläubigen nicht offen steht. Die *gleichzeitige* betrügerische Meldung mehrerer angeblicher Schadensfälle ist eine Handlung im Rechtssinn (3 StR 211/03); sie verbindet insoweit auch mehrere zunächst selbständige Taten nach § 265.

18 **11) Konkurrenzen:** Zum Verhältnis zu § 263 I vgl. oben 17. Zum Verhältnis zu § 263 III Nr. 5 vgl. BGH **45**, 211; NStZ **99**, 32f.; 243f.; **00**, 93; NStZ-RR **98**, 235; 126f. zu § 263; *W/Hillenkamp* 663. Begeht der Täter des § 265 als Repräsentant (oben 10) die Tat ohne Wissen des Versicherten und macht dieser gutgläubig den Anspruch gegen die Versicherung geltend, so verdrängt die mittelbare Täterschaft nach § 263 die Vorbereitungshandlung nach § 265 (*Lackner/Kühl* 9). Zum Verhältnis zu § 306b II Nr. 2 vgl. BGH **51**, 236 ([= NJW **07**, 2130]; vgl. 14 zu § 306b). **Tateinheit** besteht mit §§ 303ff., 306, 306a, 306b (nicht aber mit § 306b II Nr. 2; BGH **45**, 211; vgl. 9 zu § 306b), mit §§ 315, 315b. Bei mit betrügerischer Inanspruchnahme der Versicherung einhergehenden falschen Strafanzeigen steht § 145d in Realkonkurrenz. Bei Taten **vor dem 1. 4. 1998** ist § 265 aF das **mildere Gesetz,** wenn die Tat **nur** von § 265 nF erfasst wird (NStZ **99**, 243). Sind beide Tatbestände erfüllt und liegt zudem ein Betrug iS von § 263 III Nr. 5 vor, so bleibt § 265 aF anwendbar, weil die Herabstufung des § 265 zum Vergehen durch die Neufassung des § 263 III Nr. 5 ausgeglichen wird; eine Ausnahme gilt daher nur, wenn ein besonders schwerer Fall des § 263 nicht vorliegt (NStZ **99**, 32; 243; **00**, 93; NStZ-RR **98**, 235; wistra **99**, 380). Liegt ein Betrug nicht vor, so ist § 265 nF gegenüber § 265 aF milder (NStZ-RR **98**, 235).

Erschleichen von Leistungen

265a **I Wer die Leistung eines Automaten oder eines öffentlichen Zwecken dienenden Telekommunikationsnetzes, die Beförderung durch ein Verkehrsmittel oder den Zutritt zu einer Veranstaltung oder einer Einrichtung in der Absicht erschleicht, das Entgelt nicht zu entrichten, wird mit Freiheitsstrafe bis zu einem Jahr oder mit Geldstrafe**

bestraft, wenn die Tat nicht in anderen Vorschriften mit schwererer Strafe bedroht ist.

II Der Versuch ist strafbar.

III Die §§ 247 und 248 a gelten entsprechend.

Übersicht

1) Allgemeines ... 1, 1 a
2) Schutzzweck der Vorschrift ... 2
3) Tathandlung: Erschleichen ... 3–6
4) Gegenstand des Erschleichens ... 7–25
A. Entgeltlichkeit der Leistung ... 8, 9
B. Leistung eines Automaten ... 10–15
C. Leistung eines TK-Netzes ... 16–18
D. Beförderung ... 19–21
E. Zutritt zu Einrichtung oder Veranstaltung ... 22–25
5) Subjektiver Tatbestand ... 26
6) Vollendung; Beendigung; Versuch ... 27, 28
7) Geringwertige Leistung; Strafantrag (Abs. III) ... 29
8) Konkurrenzen ... 30

1 **1) Allgemeines.** Die Vorschrift ist 1935 (Art. 8 des Ges. vom 28. 6. 1935, RGBl. I 839) zur Schließung von Strafbarkeitslücken bei der Inanspruchnahme von Automaten- und Massenleistungen ohne Täuschung einer Person und daher als **Auffangtatbestand** zu § 263 eingeführt worden (vgl. RG **68**, 65 [Telefon]; **42**, 40 [Schwarzfahren]). Sie ist durch das 3. StÄG (1 zu § 240), Art. 19 Nr. 137 EGStGB und Art. 1 Nr. 3 des 1. WiKG (1 zu § 264) mehrfach geändert worden, zuletzt durch Art. 2 Abs. XIII Nr. 3 des BegleitG zum TKG (1 zu § 206). Dem Vorschlag *Siebers* (IT 42 [1 a zu § 263 a]), die Vorschrift zu streichen, ist das 2. WiKG nicht gefolgt. GesEntwürfe des BRats (BT-Drs. 12/6484; 13/374) sahen für die Beförderungserschleichung eine Begrenzung des § 265 a auf wiederholtes Handeln unter Umgehung von Kontrollmechanismen sowie die Einführung eines OWi-Tatbestands (§ 118 a OWiG-E) für das einfache Schwarzfahren vor. Die Entwürfe sind nicht weiterberaten worden; ein GesE B90/GR (BT-Drs. 13/2005) zur Entkriminalisierung der Beförderungserschleichung ist im Rahmen der Beratungen zum 6. StrRG (2 f. vor § 174) abgelehnt worden (BT-Drs. 13/9064, 2, 7). Vgl. hierzu auch die GesAnträge RhPf v. 6. 10. 1992 (BR-Drs. 676/92) und Hmb v. 12. 8. 1994 (BR-Drs. 784/94). Zu weiteren Reformvorschlägen vgl. LK-*Tiedemann* 7; zu ausländischen Regelungen ebd. 8 ff.

1 a **Literatur:** *Alwart,* Über die Hypertrophie eines Unikums (§ 265 a StGB), JZ **86**, 563; *Beucher/Engels,* Harmonisierung des Rechtsschutzes verschlüsselter Pay-TV-Dienste gegen Piraterieakte, CR **98**, 101; *Bilda,* Zur Strafbarkeit des „Schwarzfahrens", MDR **69**, 434; *Brauner-Göhner,* Die Strafbarkeit „kostenloser Störanrufe", NJW **78**, 1469; *Bühler,* Die strafrechtliche Erfassung des Missbrauchs von Geldspielautomaten, 1995 (Diss. Tübingen); *Etter,* Noch einmal: Systematisches Entleeren von Glücksspielautomaten, CR **88**, 1021; *Falkenbach,* Die Leistungserschleichung, 1983; *Füllkrug/Schnell,* Die Strafbarkeit des Spielens an Geldspielautomaten bei Verwendung von Kenntnissen über den Programmablauf, wistra **88**, 177; *Fischer,* „Erschleichen" der Beförderung bei freiem Zugang?, NJW **88**, 1828; *ders.,* NStZ **91**, 41; *Gern/Schneider,* Die Bedienung von Parkuhren mit ausländischen Geld, NZV **88**, 129; *Hauf,* Schwarzfahren im modernen Massenverkehr – strafbar nach § 265 a?, DRiZ **95**, 15; *Hinrichs,* Die verfassungsrechtlichen Grenzen der Auslegung des Tatbestandsmerkmals „Erschleichen" (usw.), NJW **01**, 932; *Krause/Wuermeling,* Missbrauch von Kabelfernsehanschlüssen, NStZ **90**, 526; *Mahnkopf,* Probleme der unbefugten Telefonbenutzung, JuS **82**, 885; *Mitsch,* Strafbare Überlistung eines Geldspielautomaten [Bespr. von Celle NJW **97**, 1518], JuS **98**, 307; *Rinio,* Das „Überlisten" der Ausfahrtschranke eines Parkhauses – strafbares Unrecht?, DAR **98**, 297; *Schall,* Der Schwarzfahrer auf dem Prüfstand des § 265 a, JR **92**, 1; *Schlüchter,* Zweckentfremdung von Geldspielgeräten (usw.), NStZ **88**, 53; *Schulz,* „Leistungserschleichung" bei Spielautomaten, NJW **81**, 1351; *Stiebig,* „Erschleichen" iSd § 265 a Abs. 1 Alt. 3 StGB, Jura **03**, 699.

2 **2) Schutzzweck der Vorschrift.** Geschütztes **Rechtsgut** ist das **Vermögen** des Leistungserbringers usw. (Bay **85**, 94; Hamburg NJW **87**, 2688; Stuttgart NJW **90**, 924; *Lackner/Kühl* 1; *S/S-Lenckner/Perron* 1; SK-*Günther* 2; zweifelnd LK-*Tiedemann* 13); nicht etwa die „Funktionsfähigkeit" von TK-Netzen, öffentlichen Verkehrsmitteln oder der Automatenwirtschaft (so aber *Falkenbach* [1 a] 34, 340 ff.). Nach Einführung des § 263 a (dort 1) ist zwischen dem (nicht täuschenden) Erschleichen der Leistung von **elektronisch** (§ 263 a) und **mechanisch** (§ 265 a) gesteuerten Leistungen zu unterscheiden; das ist nicht sachgerecht (ebenso

S/S-Lenckner/Perron 4; *Lackner/Kühl* 4 zu § 263a; *Lenckner/Winkelbauer* CR **86**, 658f.; **aA** LK-*Tiedemann* 6).

3 **3) Tathandlung.** Die tatbestandliche Handlung des § 265a ist das **Erschleichen** der in Abs. I, Var. 1 bis 4 (unten 7ff.) genannten **Leistungen.** Erschleichen ist das (erfolgreiche) **Erlangen der Leistung** durch unbefugtes und ordnungswidriges Verhalten unter (manipulativer) **Umgehung von Kontroll- oder Zugangssperren,** Sicherheitsvorkehrungen usw. Das bloße **Erlangen** der Leistung ohne Befugnis, also etwa der Verstoß gegen vertragliche Verpflichtungen oder Nutzungsbedingungen durch AGB, reicht nicht aus (Stuttgart NJW **90**, 924 [m. Anm. *Fischer* NStZ **91**, 41]; Düsseldorf NStZ **92**, 84; *S/S-Lenckner/Perron* 8; *Lackner/Kühl* 6; SK-*Günther* 16; LK-*Tiedemann* 36; *Joecks* 9; *Arzt/Weber* 21/17; *W/Hillenkamp* 672; *Mitsch* BT II/2, 3/160; *Küper* BT 52; *Schall* JR **92**, 1, 7; jew. mwN). Die vielfach verwendete Formel, § 265a *verlange keine Heimlichkeit,* ist zur Abgrenzung von § 263 und von § 242 wenig geeignet. Der **Begriff des Erschleichens** kann in seinem Kern nicht nach Maßgabe des (kriminalpolitischen) Schutzbedürfnisses einzelner Leistungs-Alternativen bestimmt werden (vgl. LK-*Tiedemann* 34); er ist **einheitlich** zu bestimmen. Erschwert wird dies dadurch, dass das Gesetz mit der **Subsidiaritätsklausel** einer tatbestandlichen Abgrenzung ausweicht.

4 Schon nach seinem **allgemeinen Wortsinn** beinhaltet der Begriff ein **Element der Täuschung oder der Manipulation;** wer telefoniert, in einen Bus einsteigt oder ein Kino betritt, „erschleicht" nicht. Freilich kann es hier nur auf eine *hypothetische* Täuschung ankommen, da der Irrtum einer natürlichen Person gerade nicht vorausgesetzt ist. Nach der am weitesten gehenden Ansicht erschöpft sich das Erschleichen in der *unbefugten Erlangung* der Leistung; „verheimlicht" wird danach allein die Absicht, das Leistungsentgelt nicht zu bezahlen (so Stuttgart MDR **63**, 236; Nachw. zur älteren Lit. bei LK-*Tiedemann* 34 Fn. 15). Dies führt zu der in der Rspr (nur) zur Beförderungserschleichung (unten 19) verwendeten Formel, für ein „Erschleichen" sei ausreichend, dass der Täter sich „mit dem **Anschein der Ordnungsmäßigkeit** umgibt" (vgl. etwa Bay NJW **69**, 1042; StV **02**, 428 [m. Anm. *Ingelfinger*]; Hamburg NJW **87**, 2688; Stuttgart NJW **90**, 924; Düsseldorf NStZ **92**, 84; NJW **00**, 2120; Frankfurt NStZ-RR **01**, 269; zust. *M/Schroeder/Maiwald* 41/209f., 223; *Stiebig* Jura **03**, 699, 700). Nach **BVerfG** NJW **98**, 1135f. verstößt eine solche Auslegung nicht gegen das Bestimmtheitsgebot; eine Einschränkung dahin, dass die „Überlistung einer Kontrollmöglichkeit" oder eine „täuschungsähnliche Manipulation" erforderlich sei, ist danach *verfassungsrechtlich* nicht geboten (krit. hierzu *Hinrichs* NJW **01**, 932ff.). Das ist **wenig überzeugend:** Die genannte Formel ersetzt nur den Begriff des „Erschleichens" durch den ebenso unklaren des „Sich-Umgebens mit einem Anschein". Sie ist auch in sich unschlüssig: Wenn es auf die Umgehung von Zugangssperren und Kontroll-*Möglichkeiten* gar nicht ankommt und ein „Anschein" daher überhaupt keinen *Adressaten* hat, so kann er auch keine objektive Bedeutung haben, welche über die „Unbefugtheit" hinausgeht (zutr. *Kindhäuser* LPK 8). Damit ist die **handlungsbeschreibende** Bedeutung des Merkmals „Erschleichen" aufgegeben; wer sich *genauso* verhält wie alle anderen auch, tut eben *nichts,* was sich tatbestandlich unterscheiden ließe. In der Auslegung durch die Rspr. reduziert sich das Merkmal daher – freilich kaum verständlich beschränkt auf den Fall der *Beförderung* – auf die schlichte **Unbefugtheit** eines weder täuschenden noch „täuschungsähnlich" manipulativen Verhaltens.

5 Hiermit im **Widerspruch** steht die von derselben Rspr. betonte Einschränkung, wonach ein „offenes, demonstratives" Inanspruchnehmen der Leistung dem Begriff des Erschleichens nicht unterfalle, da es *kein Element der Täuschung* enthalte (Bay NJW **69**, 1042; Frankfurt aaO mwN; zust. *M/Schroeder/Maiwald* 41/223); denn wenn es auf täuschungsähnliches Verhalten gar nicht ankommt, kann der Tatbestand nicht deshalb entfallen, weil es fehlt. Widersprüchlich ist vor allem auch die unterschiedliche Auslegung des Begriffs in den verschiedenen Tatbestandsvarianten. So ist nach allg. Ansicht beim Automatenmissbrauch (unten 10)

eine täuschungsähnliche Manipulation stets erforderlich (vgl. MDR/H **85**, 795; Bay JR **61**, 270); dasselbe gilt für das Erschleichen von TK-Leistungen (unten 16), so dass weder der unbefugte Benutzer eines fremden Telefons noch der „Schwarzseher/-hörer" (OWi nach § 9 Rundfunkgebührenstaatsvertrag) ohne weiteres nach § 265 a strafbar sind (vgl. auch *S/S-Lenckner/Perron* 10; LK-*Tiedemann* 35, 43 f.; jew. mwN), obwohl sie sich gleichfalls (nur) „mit dem Anschein der Ordnungsmäßigkeit umgeben". Probleme wirft die auf bloße Unbefugtheit des Erlangens abstellende Ansicht weiterhin sowohl im Hinblick auf die **Kausalität** der „Tathandlung" (namentlich wenn die Entgeltszahlung dem „Erschleichen" nachfolgen soll, **zB** beim üblichen Telefonieren auf Rechung) als auch bei der Abgrenzung von Tun und **Unterlassen** auf: Selbst wenn das *Betreten* eines Raums oder Beförderungsmittels als aktives Tun mit (konkludentem) Erklärungswert (Vertragsschluss) anzusehen wäre (vgl. Frankfurt NStZ-RR **01**, 269), so kann jedenfalls im schlichten *Sitzenbleiben* (**zB** eines Fahrgastes am Ende der bezahlten Kurzfahrstrecke oder eines Kinobesuchers am Filmende) nur ein Unterlassen gesehen werden. Dem untätig die Leistung entgegennehmenden Täter würde damit eine **Garantenstellung** für das Vermögen des Betreibers zugeschrieben, die weit über die bei § 263 angenommenen Offenbarungspflichten hinausginge (**aA** *Stiebig* Jura **03**, 699, 701: Sitzen-Bleiben sei *aktives* Tun). Erhebliche Probleme treten schließlich bei der Bestimmung des (nach II strafbaren) **Versuchsbeginns** auf.

Nach zutr., inzwischen **hM** (insoweit unzutr. Darstellung bei *Hinrichs* NJW **01**, 932 f.) setzt § 265 a daher in **allen Tatbestandsvarianten** eine **betrugsähnliche Handlung** voraus, die über die innere Willensrichtung des Täters hinaus ein „manipulatives" **äußeres Verhalten** verlangt, das vor allem in der **Ausschaltung oder** (aktiven) **Umgehung von Sicherungsvorkehrungen** bestehen kann, die das Entrichten des Entgelts für die Leistung sicherstellen sollen (*Lackner/Kühl* 6 f.; *S/S-Lenckner/Perron* 8 ff., 11; SK-*Günther* 17 f.; *Joecks* 9; LK-*Tiedemann* 36; *Kindhäuser* LPK 8 ff., 11; *Arzt/Weber* 21/20; *W/Hillenkamp* 672; *Mitsch* BT II/1, 7/8; so schon *Alwart* JZ **86**, 563 u. NStZ **91**, 588; *Albrecht* NStZ **88**, 222; *Fischer* NJW **88**, 1828 u. NStZ **91**, 41; *Schall* JR **92**, 1; *Ranft* Jura **93**, 87 f.; *Figgener* [1 a] 189 ff.; weitere Nachw. unten 21 ff.; **aA** *M/Schroeder/Maiwald* 41/209 ff., 223; *Küper* BT 526; *Rengier* BT I, 3/6; *Gössel* BT II, 444 f.; *Hauf* DRiZ **95**, 20). 6

4) Gegenstand des Erschleichens. Die Tathandlung muss zur Erlangung einer der in Abs. I genannten **Leistungen** führen. 7

A. Entgeltlichkeit der Leistung. Schon aus dem Absichtserfordernis (unten 26) ergibt sich, dass nur **entgeltliche** Leistungen in Betracht kommen (LK-*Tiedemann* 17; *S/S-Lenckner/Perron* 2; SK-*Günther* 3); die Inanspruchnahme unentgeltlicher Leistungen reicht auch unter dem Gesichtspunkt einer schadensbegründenden Zweckverfehlung (79 zu § 263) nicht aus (Hamburg NJW **81**, 1281 f.; *Schall* JR **92**, 1, 4; *W/Hillenkamp* 668). Von Bedeutung ist dies etwa in Fällen, in denen **Automatenleistungen** (teilweise) unentgeltlich erbracht werden, so etwa die Auszahlungsleistung von Geldautomaten (*Winkelbauer* wistra **84**, 84; *Arzt/Weber* 21/10; SK-*Günther* 3: *S/S-Lenckner/Perron* 2; and. LK-*Tiedemann* 18) oder das (kostenlose) Ausdrucken von Kontoauszügen. Bei (für geladene Gäste) unentgeltlichen **Veranstaltungen** mit dem Charakter einer geschlossenen Gesellschaft fehlt es auch dann an einer (synallagmatischen) Gegenleistungspflicht, wenn der Zutritt an eine Mitgliedschaft oder Einladung geknüpft ist (ebenso LK-*Tiedemann* 17). Die unbefugte Inanspruchnahme von Leistungen, die einem bestimmten Personenkreis (unentgeltlich) zur Verfügung gestellt werden (**zB** Parkfläche für Anwohner), unterfällt § 265 a grds auch dann nicht, wenn die Zugehörigkeit zu diesem Kreis die Entrichtung eines Mitgliedsbeitrags voraussetzt; anders kann es sein, wenn der „Beitrag" sich (nach Satzung oder Vertrag) wesentlich auch als Leistungsentgelt darstellt (probl. **zB** bei Mitgliedsbeiträgen, deren gestaffelte Höhe zugleich zum ggf privilegierten Zugang zu Veranstaltungen [„VIP-Lounges"; „Backstage"-Bereiche; Tombola-Teilnahme] oder zum Bezug sonstiger vermögenswerter Vorteile [ermäßigter 8

Eintrittspreis] berechtigt). Entgeltlichkeit liegt auch nicht vor, wenn eine Gegenleistung nur informell erwartet wird (Wohltätigkeitsveranstaltung). **Einschränkungen** gelten nach **hM** darüber hinaus, wenn der Grund für die Entgeltlichkeit der Leistung nicht in einem **wirtschaftlichen Motiv** liegt, sondern *ausschließlich* in der Reglementierung des Zugangs (früher **zB:** „Bahnsteigkarte" [Hamburg JR **81**, 390 m. Anm. *Schmid*]; *S/S-Lenckner/Perron* 2; LK-*Tiedemann* 17; zw. schon deshalb, weil eine Begrenzung tatsächlich gar nicht erfolgt). Das ist nach hM bei **Parkuhren** nicht gegeben (vgl. § 6a VI, VII StVG), da das Entgelt jedenfalls auch eine Benutzungsgebühr enthält (Bay **91**, 62 [m. Anm. *Graul* JR **91**, 434]; *Gern/Schneider* NZV **88**, 130; *S/S-Lenckner/Perron* 2; LK-*Tiedemann* 17). **Rundfunkgebühren** haben nach BVerfGE **31**, 314, 330 keinen Entgeltscharakter, wohl aber Gebühren für die Inanspruchnahme von **Kabelnetzen** (vgl. unten 16).

9 Ausgeschlossen ist (jedenfalls Vollendung des) § 265a, wenn das **Entgelt** tatsächlich **bezahlt** wurde. Die vertragliche Verpflichtung, dies ggf zu **beweisen** (also **zB** eine Eintrittskarte, einen Berechtigungsausweis oder einen Dauerfahrschein mitzuführen und bei Kontrollen vorzuweisen), ist durch § 265a nicht sanktioniert (Bay **85**, 95; Koblenz NJW **00**, 86 [Anm. *Kudlich* NStZ **01**, 90]; AG Lübeck NJW **89**, 467). Das gilt auch dann, wenn der Berechtigungsnachweis (Fahrschein) *verloren* (nicht aber: an einen Dritten weitergegeben) wurde und der Täter nun die tatsächlich bezahlte Leistung „erschleicht" (*S/S-Lenckner/Perron* 2; LK-*Tiedemann* 19; SK-*Günther* 3); „Bearbeitungsgebühren" oder Vertragsstrafen bei Kontrollen sind kein Entgelt (and. *Lackner/Kühl* 7: Vorsatz entfällt).

10 **B. Leistung eines Automaten (Abs. I, 1. Var.).** Automat iS von § 265a ist ein technisches Gerät, dessen mechanische oder elektronische Steuerung entweder durch Barentrichten des Entgelts oder durch gleichwertige Eingabe einer Codierung in Gang gesetzt wird und **selbsttätig,** dh ohne Beteiligung des Betreibers (daher **zB** nicht POS-Kassen, die vom Personal bedient werden; *S/S-Lenckner/Perron* 4), eine beliebige (vertragliche) **Leistung** erbringt oder den (unmittelbaren) **Zugang** zu ihrer Inanspruchnahme eröffnet.

11 **a)** Vom **Wortlaut** des Abs. I sind alle Arten von Automaten erfasst, die den oben genannten weiten Voraussetzungen genügen. Dazu gehören vor allem Geräte, die eine entgeltliche *„Dienstleitung"* (iS eines Dienst-, Werk- oder Mietvertrags nach bürgerlichem Recht) erbringen (**Leistungsautomaten** ieS). Grds ist unerheblich, ob die Automatenleistung der Entrichtung des Entgelts nachfolgt oder vorausgeht; jedoch wird im letzteren Fall (etwa bei der Manipulation von Zählereinrichtungen) idR ein (Erfüllungs-)Betrug bei der Abrechnung mit dem Betreiber vorliegen, so dass § 265a verdrängt ist. Ob **Warenautomaten,** also solche Automaten, bei denen das Entgelt im Wesentlichen für die Übereignung von Sachen entrichtet wird, vom Tatbestand erfasst sind, ist str.; nach **hM** ist § 265a hier jedenfalls **durch die Eigentumsdelikte verdrängt** (RG **34**, 45; MDR **52**, 563 [m. Anm. *Dreher*]; Bay **55**, 121; Stuttgart JR **82**, 508; Koblenz NJW **84**, 2425; NJW **87**, 664; Celle NJW **97**, 1518 [Bespr. *Hilgendorf* JR **97**, 347; *Mitsch* JuS **98**, 307, 312]; Düsseldorf NJW **99**, 3209; **00**, 158; *Lackner/Kühl* 2; LK-*Tiedemann* 21; *Arzt/Weber* 21/14f.; *W/Hillenkamp* 674; *M/Schroeder/Maiwald* 41/214; *Rengier* BT I, 16/3; *Küper* BT 40f.; *Otto* BT 52/14; jew. mwN), wobei i. E. umstritten ist, ob dieses Ergebnis schon auf der Tatbestandsebene (vgl. *S/S-Lenckner/Perron* 4: „Leistung" iS von § 265a sei nur die „um ihrer selbst willen produzierte"; and. SK-*Günther* 10: Exklusivitätsverhältnis von Wegnahme und „Leistung") oder erst in Anwendung der Subsidiaritätsklausel erreicht wird (so *W/Hillenkamp* 674; vgl. zum Ganzen auch *Ahrens* [1a] 50ff.; *Bühler* [1a] 134ff.; LK-*Tiedemann* 21f. mwN). Bei **gemischter** Leistung kommt es darauf an, auf welchen Leistungsteil die Tat abzielt (*Kindhäuser LPK 16*).

12 Es kommt insoweit darauf an, ob beim Missbrauch von Warenautomaten **Wegnahme** (§ 242) oder zumindest rechtswidrige **Zueignung** (§ 246) angenommen wird (vgl. dazu 25 zu § 242; 12 zu § 246 mwN). Nach allg. Ans. liegt eine Wegnahme jedenfalls dann vor, wenn auf gewahrsamssichernde Einrichtungen so eingewirkt wird, dass eine (bedingt erklärte) Einwilligung des Eigentümers in die Gewahrsamsübertragung nicht vorliegt; das ist nach Rspr (vgl. Düsseldorf NStZ **99**, 3208; NJW **00**, 158 mwN) und hM auch beim Einwurf von **Falschgeld** der Fall (vgl. 25 zu § 242; **aA** [bei „täuschungsähnlichem" Einwirken § 265a oder – mangels wirksamer Übereignung – § 246]; *Dreher* MDR **52**, 563; *Arzt/Weber* 21/14f.; *Otto* BT 52/15; SK-*Günther* 11; *Tröndle* 48. Aufl. 1a). Für die Gegenansicht spricht namentlich das Argument der Harmonisierung mit § 263a (vgl. SK-*Günther* 11), den auch die Rspr (BGH **38**, 120) bei unbefugter Benutzung von Codekarten nach Maßgabe der *Betrugsähnlichkeit* von §§ 242ff. abgrenzt.

b) Leistungsautomaten iS von Abs. I sind **zB** Musik-, Film- oder Video-Automaten; Spielautomaten mit mechanischer Freigabe (Billard; Kegeln; Tischfußball) oder elektronischer Spielleistung (vor allem die in „Spielotheken" üblichen Video-Simulatoren); Kfz-Waschanlagen (differenz. LK-*Tiedemann* 22); Fernrohre oder Erläuterungsautomaten an Aussichtspunkten; Münzkassiergeräte für Rundfunk/Fernsehempfang (vgl. Stuttgart MDR **63**, 236) oder Elektrizität (MDR/H **85**, 795; Bay JR **61**, 270); Münzgeräte in Fitness- oder Sonnenstudios; Gepäck- oder Wertsachen-Schließfächer; Münz-Fotokopiergeräte; Automaten zur Erbringung von Auskunfts-, Druck-, Foto- oder Bearbeitungsleistungen; die durch Münzeinwurf gesteuerten Sichtfenster in *Peep-Shows;* Decoder-Systeme zur Nutzung (mittels sog. „Piratenkarten") verschlüsselter **Pay-TV**-Sendungen (*Beucher/Engels* CR **98**, 104; *Dressel* MMR **99**, 394; vgl. unten 18). 13

Keine Leistungsautomaten im o.g. Sinn sind **Parkuhren,** da die Entgeltzahlung keine tatsächliche Leistung (Parkmöglichkeit), sondern nur die (zeitweise) Aufhebung des Parkverbots bewirkt (Saarbrücken VRS **75**, 347 [krit. *Wenzel* DAR **89**, 455]; Bay **91**, 61 [m. Anm. *Graul* JR **91**, 435]; *W/Hillenkamp* 675; *Lackner/Kühl* 5; *S/S-Lenckner/Perron* 4; **aA** *Gern/Schneider* NZV **88**, 130). Auch **Selbstbedienungswaagen** in Lebensmittelgeschäften unterfallen § 265a idR nicht, da die Leistung des Automaten nicht entgeltlich erfolgt (bei Manipulationen daher § 263 beim Bezahlen; auch § 268 ist idR nicht erfüllt; vgl. dort). Geräte, an denen vertretbare Sachen erworben werden, die ihrerseits zur Inanspruchnahme von Leistungen berechtigen (Wertmarken; Fahrkarten), sind als Warenautomaten anzusehen. Soweit zugleich mit einer Leistung vom Automaten auch Sachen ausgegeben werden, die eine allein der Leistungserbringung dienende Funktion haben (**zB** Kopierpapier; Ausdrucke; Waschmittel), liegt § 265a vor (*S/S-Lenckner/Perron* 4; LK-*Tiedemann* 22). Auch **Geldautomatenmissbrauch** durch unbefugte Dritte unter Benützen fremder Codekarten an Bankautomaten fällt aus mehrfachen Gründen (iS des § 265a weder Automat noch „Entgeltlichkeit", noch „Erschleichen") nicht unter § 265a (allgM; *Steinhilper* GA **85**, 116; *Bieber* WM Beil. 6/87, 15; vgl. BGH **38**, 122), in diesen Fällen ist ebenso wie bei sonstigen *Computermanipulationen* § 263a zu prüfen (vgl. i.E. dort 12f.). 14

Bei **Geldspielautomaten** liegt eine Leistung iS von § 265a nach hM (oben 11) allenfalls hinsichtlich des Spielablaufs selbst vor; der Geldausgabe- und Geldrückgabeteil des Automaten ist dagegen als Warenautomat zu behandeln und grds. (vgl. oben 12) durch §§ 242ff. geschützt (Düsseldorf NJW **99**, 3208f.; vgl. dazu Bay **55**, *120;* NJW **81**, 2826 [m. Anm. *Meurer* JR **82**, 292]; Stuttgart NJW **82**, 1659 [m. Anm. *Seier* JR **82**, 509; Bespr. *Albrecht* JuS **83**, 101]; Koblenz NJW **84**, 2425; Celle NJW **97**, 1518 [Anm. *Hilgendorf* JR **97**, 347; Bespr. *Mitsch* JuS **98**, 307]; LG Freiburg NJW **90**, 2635; LG Ravensburg StV **91**, 214 [Anm. *Herzog*]; LG Stuttgart MDR **91**, 82; **aA** AG Lichtenfels NJW **80**, 2206 [zust. Anm. *Geppert* JK 1; abl. *Seier* JA **80**, 680; *Schulz* NJW **81**, 1351]). Nach **hM** begeht daher Diebstahl, wer den Automaten durch Einwurf von Falschgeld oder präpariertem Geld, durch Manipulation des Programmablaufs oder der Mechanik zur Ausgabe von Gewinnen oder Wechselgeld veranlasst (vgl. auch 25 zu § 242; *S/S-Lenckner/Perron* 4; LK-Tiedemann 22, 38f.; *Lackner/Kühl* 2; *W/Hillenkamp* 674; and. SK-*Günther* 12; 15

Arzt/Weber 21/14, 44; *Otto* BT 52/15; vgl. auch *Küper* BT 40f.). Bei **computergestützten Manipulationen,** insb. bei unbefugter Verwendung von Programmen zur Manipulation der elektronischen Programmsteuerung, liegt nach BGH **40**, 331 (dazu *Mitsch* JR **95**, 432; *Zielinski* NStZ **95**, 345; *Arloth* Jura **96**, 354; *Ranft* JuS **97**, 19) § 263a vor, der § 265a jedenfalls verdrängt (vgl. auch *Bühler* [1a] 134ff.; *ders.* NStZ **91**, 343f.; *Hilgendorf* JuS **97**, 130ff.; *Mitsch* JZ **94**, 877, 883; hierzu 19 zu § 263a). Dieselbe Abgrenzung gilt für **Geldwechsel-Automaten** (Düsseldorf NJW **00**, 158 [§ 242 bei Verwendung präparierten „zurückholbaren" Geldes]).

16 **C. Leistung eines öffentlichen Zwecken dienenden TK-Netzes (Abs. I, 2. Var.).** Die Formulierung der Tatvariante ist durch das BegleitG (v. 17. 12. 1997, BGBl. I, 3108) zum TKG geändert worden. **Telekommunikation (TK)** ist nach § 3 Nr. 22 TKG der technische Vorgang des (einseitigen oder zweiseitigen) Aussendens, Übermittels oder Empfangens von Signalen mittels TK-Anlagen (zum Begriff § 3 Nr. 23 TKG; vgl. 1a zu § 317). Erfasst sind neben dem herkömmlichen **Telefonnetz** (zum Begriff des TK-**Netzes** vgl. § 3 Nr. 27 TKG) alle öffentlichen **Datenübertragungssysteme,** gleichgültig, ob sie **leitungsbezogen** oder **drahtlos** aufgebaut sind (LK-*Tiedemann* 24; *S/S-Lenckner/Perron* 5; *Hilgendorf* JuS **97**, 323, 327; zum Breitband-Kabelnetz der Telekom vgl. *Krause/Wuermeling* NStZ **90**, 527); also auch der analog oder digital verschlüsselte **Rundfunk** (zum „Schwarzhören/-sehen" vgl. aber unten 18); ebenso das **Internet,** zu dem insoweit nicht nur die Leitungen und Knotenpunkte, Server von Portalen und Providern, sondern auch Schnittstellen, Modems, ISDN-Karten und Programmdateien in ihrer gegenständlichen Form gehören. Kein Teil des Netzes ist dagegen der **Inhalt** der Kommunikation. **Öffentlichen Zwecken** dient das Netz (anders als die TK-„Anlage" in § 317 I) schon dann, wenn es zur Benutzung durch die Allgemeinheit errichtet worden ist (vgl. BT-Drs. 7/3441, 30); das ist bei allgemeinen Telefon-, Fernseh- und Hörfunk-Netzen (einschließlich besonderer Einrichtungen zur Ver- und Entschlüsselung zB von Pay-TV-Programmen) und bei allen im Zusammenhang mit dem Internet stehenden Einrichtungen ohne Zweifel gegeben. Ein ausschließlich für die TK zwischen öffentlichen Behörden eingerichtetes Netz unterfällt § 265a mangels Entgeltlichkeit der Leistung nicht (*S/S-Lenckner/Perron* 5; and. wohl LK-*Tiedemann* 27); ebenfalls nicht Netze mit geschlossener Benutzergruppe (Haustelefonanlage; Intranet; Netzwerk-Server in Betrieben oder Behörden).

17 Die **Leistung** des TK-Netzes besteht in der Ermöglichung und technischen Durchführung der TK, im Wesentlichen also aus dem Aussenden, Übertragen und Empfangen von analogen oder digitalen Informationsinhalten (einschl. der hierzu erforderlichen Zwischenschritte). Auch die Übertragung von **Rufzeichen** ist eine Leistung des Netzes; freilich ist sie (bei Telefonnetzen) idR nicht entgeltlich (str.; vgl. oben 5; nach wohl überwiegender Ansicht fehlt es beim bloßen Auslösen von Rufzeichen [Störanrufe] am „Erschleichen", da die Bedienung ordnungsgemäß erfolgt; vgl. LK-*Tiedemann* 42; *S/S-Lenckner/Perron* 10; jew. mwN; **aA** LG Hamburg MDR **54**, 630; *Brauner/Göhner* NJW **78**, 1469; *Herzog* GA **75**, 257; vgl. auch SK-*Günther* 13; *Lackner/Kühl* 3). Davon zu unterscheiden ist eine (bloße) **Störung des Netzes** selbst; uU kann hier § 317 gegeben sein.

18 **Erschlichen** wird die Leistung des Netzes zum einen durch den Missbrauch eines Telefon-**Automaten** (der schon durch die 1. Alt. erfasst wäre), etwa durch Einwerfen von Falschgeld oder präpariertem (zurückholbarem) Geld; zum anderen durch manipulative **Umgehung** von Einrichtungen zur Gebührenerfassung; hier wird § 265a jedoch inzwischen weithin von § 263a verdrängt, weil die Manipulation zumeist durch Eingabe unrichtiger Daten oder unbefugte Datenverwendung erfolgt (zu ***Telefonkarten-Simulatoren*** vgl. LG Würzburg NStZ **00**, 374 [m. Bespr. *Hefendehl* ebd. 348]; 17 zu § 263a). Schließlich erfasst § 265a den durch technische Manipulationen erreichten, gebührenmäßig nicht erfassten **Zugang** zum Netz (etwa an Schaltpunkten) und seine Nutzung zu Lasten des Betreibers

oder eines anderen Teilnehmers. Das **unbefugte Telefonieren** von fremden Apparaten, aber auch die (im Innenverhältnis unbefugte) private Nutzung dienstlicher Anschlüsse, kann Betrug oder Untreue gegenüber dem Berechtigten sein, ist aber kein Erschleichen iS von § 265 a, da auch hier die Bedienung an sich ordnungsgemäß erfolgt (vgl. oben 5). Das gilt auch für das Betreiben nicht angemeldeter Endgeräte („Schwarzhören/-sehen"); ebenso für das bloße Ausnutzen eines im Risikobereich des Netzbetreibers liegenden Programmfehlers (Karlsruhe NStZ **04**, 333, 334). Zur Benutzung sog. **„Piratenkarten"** zur unbefugten Entschlüsselung von Pay-TV-Sendungen vgl. 17 zu § 263 a und oben 13 (str.; für grds. Erfassung durch § 265 a *Ory* ZUM **88**, 229; LK-*Tiedemann* 44; **aA** *Beucher/Engels* CR **98**, 104; *S/S-Lenckner/Perron* 10).

D. Beförderung durch ein Verkehrsmittel (Abs. I, 3. Var.). Ein **Verkehrsmittel** iS von Abs. I ist jedes technische Gerät, das dem **Transport von Personen** dient; **Beförderung** ist das Verbringen von Personen von einem Ort zum anderen. Die Entstehungsgeschichte der Vorschrift legt den öffentlichen **Massenverkehr** als Zielrichtung des Tatbestands nahe (vgl. LK-*Tiedemann* 3, 30); jedoch ist diese Einschränkung weder nach dem Wortlaut noch nach dem Zweck der Vorschrift geboten (**aA** *Tiedemann* aaO; wie hier *S/S-Lenckner/Perron* 6), so dass **zB** auch Lastkraftwagen, Frachtschiffe usw., grds auch Pkw (Taxi) umfasst sind. Nach **hM** ist Beförderung iS von Abs. I auch der **Transport von Sachen** (*Lackner/Kühl* 4; *S/S-Lenckner/Perron* 6; SK-*Günther* 14; LK-*Tiedemann* 30). Das ist nach dem Wortlaut nicht ausgeschlossen, aber nicht eben nahe liegend (abl. auch *Falkenbach* [1 a] 88) und führt zur Kriminalstrafe für belanglose ungerechtfertigte Bereicherungen. In der **Praxis** konzentriert sich die Tatvariante fast ausschließlich auf den öffentlichen Personenverkehr (Eisen-, Straßen-, U-, S-Bahn). Für die Beförderungs-**Leistung** gilt das oben 8 Gesagte; insb. ist stets Entgeltlichkeit erforderlich. 19

Erschleichen ist hier das Erlangen der (eigenen; s. o.) Beförderung durch manipulatives Einwirken auf, Umgehen von oder Ausschalten von **Sicherungseinrichtungen** (vgl. ausf. oben 3 ff.), die gerade die Entrichtung des Entgelts sicherstellen sollen (so auch *Kindhäuser* LPK 11), **zB** durch Einsteigen durch nicht zugelassenen Eingang; Überklettern von Sperreinrichtungen; Verbergen in dem Verkehrsmittel oder in transportierten Gegenständen (Container); Manipulation von Kontrolleinrichtungen, Zugangssperren u. a. Ebenso wenig wie beim Erschleichen von TK-Leistungen oder Automaten reicht das **bloße Ausnutzen** freien Zugangs oder ungesicherter Verfügbarkeit der Leistung; also regelmäßig nicht das schlichte Betreten oder Benutzen des Beförderungsmittels; das Nicht-Abstempeln eines Fahrscheins; das Nichtbeachten von schriftlichen Aufforderungen, sich „befugt" zu verhalten. 20

Nach der Rspr der Oberlandesgerichte und teilw. Ansicht in der Literatur ist das schlichte **„Schwarzfahren"** in öffentlichen Verkehrsmitteln als „Erschleichen" anzusehen, weil (und wenn; vgl. Bay NJW **69**, 1042; LK-*Tiedemann* 45) der Nichtberechtigte sich (vertragswidrig) „mit dem Anschein der Ordnungsmäßigkeit umgibt" (Hamburg NJW **87**, 2688; NStZ **91**, 587; Stuttgart NJW **90**, 924; Düsseldorf NStZ **92**, 84; NJW **00**, 2120; Frankfurt NStZ-RR **01**, 269; Bay StV **02**, 428 [Anm. *Ingelfinger*]; jew. mwN; vgl. schon oben 4 f.; nach BVerfG NJW **98**, 1135 [Bespr. *Hinrichs* NJW **01**, 932] verfassungsrechtlich zulässig). Das ist **nicht zutr.;** richtig ist vielmehr die in der **Literatur** inzwischen herrschende **Gegenansicht** (Nachw. oben 6; zutr. AG Offenbach 3. 8. 2000, 45 Js 71 120/99), die sich namentlich auch auf systematische Erwägungen zur Täuschungsähnlichkeit des von § 265 a erfassten Verhaltens stützen kann. Erschleichen setzt daher auch hier die Umgehung, Manipulation oder Ausschaltung von **Sicherungseinrichtungen** voraus (vgl. oben 6). Es gibt keinen einleuchtenden Grund, zwischen unbefugtem Telefonieren, unbefugtem Fernsehen und unbefugtem Mitfahren in der Straßenbahn zu unterscheiden; die in der Rspr verwendete Formel vom „Sich-Umgeben 21 mit einem Anschein" suggeriert sprachlich unzutreffend ein aktives Handeln, welches sie in einem „Verhalten wie alle anderen" gar nicht zu finden vermag.

22 **E. Zutritt zu einer Veranstaltung oder Einrichtung (Abs. 1, 4. Var.).** Eine **Veranstaltung** ist ein äußerlich, nach seiner Form und Zwecksetzung abgegrenztes **Ereignis** vorübergehender Art (**zB** Sport-, Kino-, Theater-, Konzert-, Vortragsveranstaltung), dh ein zeitlich begrenztes, planmäßiges, idR auf einem Ablaufprogramm beruhendes Geschehen (vgl. BGH **37**, 330 f.), das an einem beliebigen Ort (ggf auch an wechselnden Orten; **zB** „Volkslauf"; Umzüge) stattfinden kann und einem unbeschränkten (Allgemeinheit) oder beschränkten (Vereinsmitglieder; geladene Gäste) Kreis von Personen als „Teilnehmer" (Besucher; Zuschauer; Mitwirkende) offen steht. **Einrichtungen** iS von § 265 a (zur im StGB unterschiedlichen Verwendung des Begriffs vgl. BGH **31**, 1 f.) sind räumlich abgegrenzte Sachgesamtheiten, ggf auch Gesamtheiten von Personen und Sachen, die als solche einem bestimmten Zweck dienen und zu diesem Zweck von der Allgemeinheit (**zB** Bibliothek; Hallenbad; Museen) oder einem begrenzten Personenkreis (**zB** Mitglieder; Arbeitnehmer; Hotelgäste) genutzt werden können. Beide Begriffe können sich überschneiden. In jedem Fall ist eine **räumliche Abgrenzung** erforderlich, die freilich nicht durch die Schwierigkeit ihrer Überwindung definiert werden kann (zweifelh. insoweit Bay JR **91**, 433 [m. Anm. *Graul*] zur Abgrenzung einer öffentlichen Parkfläche), sondern im Sinne des § 265 a als räumliche **Sicherung** der Entgeltsleistung (für den „Zutritt") zu bestimmen ist. Daher ist der Empfang von Fernseh- oder Radioprogrammen schon keine Einrichtung oder Veranstaltung iS von Abs. I (zutr. LK-*Tiedemann* 33; **aA** *Tröndle* 48. Aufl.). Eine **Parkuhr** grenzt nicht den Zutrittsbereich zu einem öffentlichen Parkplatz ab (iErg ebenso Bay JR **91**, 433; *Lackner/Kühl* 5; *S/S-Lenckner/Perron* 7; LK-*Tiedemann* 33). Für **Parkhäuser** ist das umstr. (unten 24).

23 **Zutritt** ist das Erreichen des **körperlichen Eintritts** von Menschen in eine räumliche Sphäre, der eine Teilnahme an der Veranstaltung oder eine Nutzung der Einrichtung ermöglicht. Eine (bloße) **Anwesenheit,** die dem „Zutritt" *nachfolgt,* ist vom Wortsinn nicht erfasst (insoweit unklar die Definition in der Literatur: vgl. *Lackner/Kühl* 5; *S/S-Lenckner/Perron* 7; LK-*Tiedemann* 32); der Tatbestand stellt nicht auf die „Leistung" der Veranstaltung oder Einrichtung selbst ab. Daher erlangt keinen Zutritt, wer sich schon vor Beginn einer Veranstaltung in den Räumen aufhält; ebenso nicht, wer einer Freilicht-Aufführung vom Balkon seiner benachbarten Wohnung beiwohnt. Ob eine Nutzung der Einrichtung oder eine Teilnahme an der Veranstaltung angestrebt und erreicht werden, ist unerheblich; den Tatbestand verwirklicht auch, wer den Zutritt nur erschleicht, um in einer Bibliothek zu schlafen oder bei einem Rockkonzert BtM zu verkaufen (vgl. unten 25).

24 Auch hier kommt es auf die **Entgeltlichkeit** an (oben 8 f.), wobei grds auf diejenige des Zutritts selbst abzustellen ist. Es scheiden Entgeltszahlungen aus, die nicht im Hinblick auf die Nutzung der Einrichtung oder die Teilnahme an der Veranstaltung aus wirtschaftlichen Zwecken, sondern *ausschließlich* zur Reglementierung des Zugangs (früher: Bahnsteigkarten; vgl. Hamburg NJW **81**, 1281 [m. Anm. *Schmid* JR **81**, 391]) oder aus Sicherheitsgründen (Verwahrgebühr für mitgeführte Sachen) erhoben werden (*S/S-Lenckner/Perron* 7; SK-*Günther* 15; LK-*Tiedemann* 33; vgl. oben 8). Von hierher ist auch die umstr. Frage zu beantworten, ob die **Einfahrt** in **Parkhäuser** und ähnliche Einrichtungen § 265 a unterfällt (so die hM, vgl. *Rinio* DAR **98**, 297; *Lackner/Kühl* 5; LK-*Tiedemann* 33; *W/Hillenkamp* 675; *Küper* BT 40; **aA** *S/S-Lenckner/Perron* 8; *Rengier* BT I, 16/8). Das ist nur in den (seltenen) Fällen zu bejahen, in denen schon die Zutrittseröffnung entgeltlich erfolgt. Im Regelfall, in dem sich das geschuldete Entgelt nach der Dauer der Nutzung bestimmt und erst bei der *Ausfahrt zu entrichten* ist, ist weder die (auch vertraglich entgeltsfreie) *Einfahrt* noch gar das Abstellen des Fahrzeugs als „Erschleichen des Zutritts" anzusehen. Die Gegenansicht ließe sich nur damit begründen, der Täter „umgebe" sich, wenn er bei der Ausfahrt nicht zahlen will, schon bei der Einfahrt mit dem „Schein der Ord-

nungsmäßigkeit". Das geht freilich, da die Entgeltszahlung noch gar nicht fällig ist, über die entsprechende Konstruktion bei der Beförderungserschleichung (vgl. oben 4f., 21 mwN) noch hinaus und führt (namentlich in der Konstellation eines erst *nachträglichen* Erschleichens bei nach der Einfahrt gefasstem Vorsatz) zu Ergebnissen, die mit dem **Handlungsbegriff** des StGB nicht mehr vereinbar sind. Aber auch Manipulationen an der Ausfahrtschranke oder ihr Umfahren bei der **Ausfahrt** erfüllen den Tatbestand des § 265a nicht: Die *Ausfahrt* kann schon nach dem Wortsinn nicht als „Zutritt" angesehen werden; die „Leistung" der Schranke (Automat), die ungehinderte Ausfahrt zu ermöglichen, ist nicht entgeltlich. Es bleibt ggf. § 263a bei Manipulation an Entgeltsautomaten.

Das **Erschleichen** des Zutritts setzt eine Umgehung von Sicherungseinrichtungen voraus, durch welche die Entrichtung des Entgelts gewährleistet werden soll, insb. von **Eingangskontrollen** (**zB** Saalordner; Platzanweiser; Automaten zur Freigabe des Zugangs). Erschleichen ist **zB** das Eintreten durch nicht zugelassene Eingänge; Verbergen in einer Räumlichkeit; Überklettern von Sperren usw. Wer an einer (entgeltlichen) Veranstaltung lediglich unbefugt teilnimmt (etwa weil Eingangskontrollen nicht stattfinden), erschleicht nicht. Dasselbe gilt für den Besucher einer Einrichtung, der den unkontrollierten und ungesicherten Eingang passiert (**zB** Kinobesucher); § 265a ist aber verwirklicht, wenn lediglich *Lücken* tatsächlich vorhandener Sicherungen planmäßig ausgenutzt werden (**zB** bei kurzfristiger Abwesenheit des Kontrolleurs usw.). 25

5) Subjektiver Tatbestand. § 265a setzt **Vorsatz** voraus; bedingter Vorsatz genügt. Er muss die Entgeltlichkeit der Leistung umfassen (LK-*Tiedemann* 48), ebenso die Tathandlung des Erschleichens. Es fehlt daher, wenn der Täter beim Einsteigen in ein Verkehrsmittel annimmt, er sei im Besitz eines gültigen Fahrausweises, der Tatvorsatz des § 265a (vgl. Koblenz NJW **00**, 86f.). Bei irriger Annahme, die Benutzung des Verkehrsmittels ohne Mitführen des (vorhandenen) Dauerfahrscheins sei strafbar (vgl. oben 9), liegt ein Wahndelikt vor (LK-*Tiedemann* 54). Der Täter muss in der **Absicht** handeln, das Entgelt für Leistung oder Zutritt nicht zu entrichten. Es muss ihm also zum Tatzeitpunkt auf diesen Erfolg ankommen. 26

6) Vollendung; Beendigung; Versuch. § 265a ist ein **Erfolgsdelikt.** Die **Vollendung** setzt einen **Vermögensschaden** voraus, der in dem Entgehen des Entgelts liegt und regelmäßig mit der Verwirklichung des „Erschleichens" gegeben ist. Ob das vom Täter entgeltsfrei erlangte tatsächliche Ereignis auch ohne sein Handeln stattgefunden hätte (U-Bahn-Fahrt; Konzert), ist unerheblich, denn Taterfolg ist nicht das Stattfinden des Leistungsereignisses, sondern seine Nutzung durch den Täter unter Vorenthalten des Entgelts. 27

Der **Vollendungszeitpunkt** ist auf Grund der unklaren Struktur des Tatbestands schwierig zu bestimmen und i. E. str. Unproblematisch ist es nur in der **2. Var.;** Vollendung tritt hier mit der Herstellung der TK-Verbindung ein. Bei der **1. Var.** wird teilweise vertreten, die Tat sei mit dem **Beginn** der Automatenleistung vollendet (*S/S-Lenckner/Perron* 13; wohl auch SK-*Günther* 21). Eine so weitgehende Vorverlegung ist schon im Hinblick auf die Abgrenzung zum Versuch zw. (so auch LK-*Tiedemann* 51); sie berücksichtigt auch nicht hinreichend, auf welche Leistung sich der Vorsatz des Täters ebenso wie die Entgeltlichkeit bezieht. Das bloße Ingangsetzen des Automaten (**zB** „Aufklingen der Musik" [*S/S-Lenckner/Perron* aaO); Beginn eines Wäge-, Rechen- oder Freigabevorgangs) reicht nicht aus, wenn der Täter hierdurch eine vermögenswerte Leistung noch gar nicht erlangt; ein Abschluss des Leistungsumfangs ist andererseits nicht erforderlich. Der Vollendungszeitpunkt muss daher (wie bei § 263) nach der Art der Leistung im Einzelfall bestimmt werden. Bei der **3. Var.** ist nach **hM** die Tat mit dem **Beginn der Beförderungsleistung** vollendet (*S/S-Lenckner/Perron* 13; SK-*Günther* 21; LK-*Tiedemann* 51; *M/Schroeder/Maiwald* 41/225). Auch hier sind aber Fälle auszuscheiden, in denen nach der Verkehrsauffassung eine „Beförderung" noch gar nicht vorliegt (**zB** Abbruch der Fahrt oder Entdeckung des Täters nach wenigen Me- 28 tern), in denen also auch ein *nicht* erschleichender Fahrgast eine entgeltspflichtige Leistung nicht erlangt hätte. In der **4. Var.** kommt es nicht auf die Veranstaltungs- oder Einrichtungsleistung selbst, sondern auf das Erlangen der ungehinderten Möglichkeit durch „Zutritt" an (LK-*Tiedemann* 51; **aA** *S/S-Lenckner/Perron* 13). **Beendet** ist die Tat mit dem Abschluss der Leistungserbringung oder dem Verlassen der Einrichtung. Der **Versuch** ist nach **Abs. II** strafbar; er beginnt mit dem Ansetzen zur Erschleichens-Handlung.

29 **7) Geringwertige Leistung; Strafantrags-Erfordernis (Abs. 3).** Für Taten gegen Angehörige usw. sowie bei Erschleichen geringwertiger Leistungen sind nach Abs. III die §§ 247, 248a anwendbar. Die Regelung entspricht § 263 IV. Zum Übermaßverbot bei der **Strafzumessung** vgl. Stuttgart NStZ **06**, 37.

30 **8) Konkurrenzen. Tateinheit** ist möglich mit §§ 123, 146, 147 und mit §§ 267, 269. § 248c scheidet in den Fällen des § 265a praktisch aus. **Gesetzeskonkurrenz** liegt nach der **Subsidiaritätsklausel** vor, soweit „die Tat" nach anderen Vorschriften mit *schwererer Strafe* bedroht ist. Daher ist nur § 263 anwendbar, falls das Erschleichen durch Täuschung erreicht wird (Düsseldorf JR **83**, 428; vgl. *Dylla-Krebs* NJW **90**, 888; zu § 242 vgl. oben 12).

Kreditbetrug

265b **I Wer einem Betrieb oder Unternehmen im Zusammenhang mit einem Antrag auf Gewährung, Belassung oder Veränderung der Bedingungen eines Kredits für einen Betrieb oder ein Unternehmen oder einen vorgetäuschten Betrieb oder ein vorgetäuschtes Unternehmen**

1. über wirtschaftliche Verhältnisse

a) unrichtige oder unvollständige Unterlagen, namentlich Bilanzen, Gewinn- und Verlustrechnungen, Vermögensübersichten oder Gutachten vorlegt oder

b) schriftlich unrichtige oder unvollständige Angaben macht,

die für den Kreditnehmer vorteilhaft und für die Entscheidung über einen solchen Antrag erheblich sind, oder

2. solche Verschlechterungen der in den Unterlagen oder Angaben dargestellten wirtschaftlichen Verhältnisse bei der Vorlage nicht mitteilt, die für die Entscheidung über einen solchen Antrag erheblich sind,

wird mit Freiheitsstrafe bis zu drei Jahren oder mit Geldstrafe bestraft.

II Nach Absatz 1 wird nicht bestraft, wer freiwillig verhindert, dass der Kreditgeber auf Grund der Tat die beantragte Leistung erbringt. Wird die Leistung ohne Zutun des Täters nicht erbracht, so wird er straflos, wenn er sich freiwillig und ernsthaft bemüht, das Erbringen der Leistung zu verhindern.

III Im Sinne des Absatzes 1 sind

1. Betriebe und Unternehmen unabhängig von ihrem Gegenstand solche, die nach Art und Umfang einen in kaufmännischer Weise eingerichteten Geschäftsbetrieb erfordern;

2. Kredite, Gelddarlehen aller Art, Akzeptkredite, der entgeltliche Erwerb und die Stundung von Geldforderungen, die Diskontierung von Wechseln und Schecks und die Übernahme von Bürgschaften, Garantien und sonstigen Gewährleistungen.

Übersicht

1) Allgemeines 1, 1a
2) Rechtsgut; kriminalpolitische Bedeutung; Verfassungsmäßigkeit 2–5
3) Allgemeine Anwendungsvoraussetzungen 6–20
A. Betrieb oder Unternehmen (III Nr. 1) 7–9
B. Kredit (III Nr. 2) 10–16
C. Kreditantrag (I) 17–20

4) Tathandlung (I) 21–37
A. Wirtschaftliche Verhältnisse 23
B. Vorlage unrichtiger Unterlagen (I Nr. 1) 24–35
C. Unterlassen nachträglicher Mitteilungen (I Nr. 2) 36, 37
5) Subjektiver Tatbestand 38
6) Tätige Reue (II) 39
7) Teilnahme 40
8) Konkurrenzen 41
9) Zuständigkeit 42

1) Allgemeines. Die Vorschrift ist durch das 1. WiKG v. 29. 7. 1976 (BGBl. I 2034) eingefügt worden (Materialien: RegE BT-Drs. 7/3434; Ber. und Antrag des SA-Strafrechtsreform, BT-Drs. 7/5291). 1

Literatur (Auswahl): *Bockelmann,* Kriminelle Gefährdung u. strafrechtlicher Schutz des Kreditgewerbes, ZStW **79** (1967), 28; *Brodmann,* Probleme des Tatbestandes des Kreditbetrugs, 1984 (Diss. Köln); *Everding,* Früherkennung von Kreditbetrug mit Hilfe bankmäßiger Kreditwürdigkeitsprüfungen, 1996; *D. Geerds,* Wirtschaftsstrafrecht u. Vermögensschutz, 1990; *Gehm,* Bekämpfung des Kreditbetrugs aus der Sicht des BKA, FLF **88**, 155; *Hellmann,* Kreditbetrug, in: *Achenbach/Wannemacher* (Hrsg.), Beraterhdb. zum Steuer- u. Wirtschaftsstrafrecht (Losebl.); § 24 V; *Hillenkamp,* Beweisprobleme im Wirtschaftsstrafrecht, Osnabrücker Rechtsw. Abh. Bd. 1 (1985), 221; *Kießner,* Kreditbetrug, 1985 (Krim. Forschungsber. des MPI Freiburg, Bd. 22); *Knierim,* in: *Wabnitz/Janovsky,* Hdb. des Wirtschafts- u. Steuerstrafrechts, 2000, 3/151 ff., 171 ff.; *Lampe,* Der Kreditbetrug (§§ 263, 265 b StGB), 1980 [Bespr. *Maiwald* ZStW **96**, 85]; *Nack,* Kreditbetrug, in: *Müller-Gugenberger/Bieneck,* Wirtschaftsstrafrecht, 3. Aufl. 2000, 50/86 ff.; und ebd. 85/1 ff.; *Otto,* Bankentätigkeit u. Strafrecht, 1983; *ders.,* Probleme des Kreditbetrugs (usw.), Jura **83**, 16; *ders.,* Die strafrechtliche Bekämpfung unseriöser Geschäftstätigkeit, 1990; *Prost,* „Krediterschleichung" – ein Vorfeldtatbestand des Betrugs (usw.), JZ **75**, 18; *v. Rintelen,* Überindividuelle Rechtsgüter im Vorfeld des Betrugs?, 1993 (Diss. Bonn); *Weigend,* Bewältigung von Beweisschwierigkeiten durch Ausdehnung des materiellen Strafrechts?, Triffterer-FS (1996), 695. 1 a

2) Rechtsgut; kriminalpolitische Bedeutung; Verfassungsmäßigkeit. § 265 b ist ein **abstraktes Gefährdungsdelikt** (Bay NJW **90**, 1678; hM; and. LK-*Tiedemann* 12), das im „Vorfeld" des § 263 liegt und mit Vorlage der unrichtigen oder unvollständigen Angaben usw. vollendet ist (BGH **30**, 291; Bay NJW **90**, 1678; NStZ **03**, 539 f.); es handelt sich wie bei § 264 um ein zum selbstständigen Tatbestand erhobenes Versuchsdelikt (das systematisch auch die versuchte Beihilfe zum Betrug täterschaftlich einbezieht). § 265 b ist jedoch keine lex specialis gegenüber § 263 (allg. Ansicht). Die Vorschrift soll im **Vorfeld des § 263** den strafrechtlichen Schutz von Kreditgebern gegen betrügerische Erschleichung von Kapitalmitteln erhöhen, der durch § 263 zum einen wegen der Schwierigkeit des Vorsatznachweises (vgl. unten 38), zum anderen wegen als nicht ausreichend angesehener Prüfungsmöglichkeiten potentieller Kreditgeber (str.; vgl. auch § 18 KWG; dazu *M/B-Nack* 66/36 ff.; *Knierim,* in: *Wabnitz/Janovsky,* 3/151 ff.) nicht hinreichend gewährleistet sein soll (BT-Drs. 7/3434, 17 ff.; BT-Drs. 7/5291, 14 ff.; *Göhler/Wilts* DB **76**, 1697; *Berz* BB **76**, 1438; *Müller-Emmert/Maier* NJW **76**, 1661; LK-*Tiedemann* 3 f.). Die Regelung bezieht auf KGeber- und KNehmerseite nur Betriebe und Unternehmen ein und soll damit sog. Kleinkredite nicht erfassen (BT-Drs. 7/5291, 15; krit. *Lampe* [1 a] 51 ff.; LK-*Tiedemann* 6; SK-*Samson/Günther* 2; *S/S-Lenckner/Perron* 1, 5; *M/Schroeder/Maiwald* 41/189); daher (so auch BT-Drs. 7/5291, 16; and. LK-*Tiedemann* 15: wegen der unterschiedlichen Schutzrichtung von § 263 und § 265 b) gelten auch §§ 247, 248 a nicht entsprechend. **Nicht anwendbar** ist § 265 b auf Kreditgewährungen von und an **Private.** Für im **Inland** begangene Taten (§ 9 I) auch gegenüber ausländischen Kreditgebern gelten die allgemeinen Regeln. Das gilt auch umgekehrt, wenn im Ausland gemachte unrichtige Angaben einem Kreditgeber im Inland zugehen (§ 9 I; vgl. LK-*Tiedemann* 121). Die Frage, ob § 265 b darüber hinaus das **ausländische Kreditwesen**, dh jedes Kreditunternehmen mit Sitz in der EG (auch ohne Zweigstelle in Deutschland) schützt, stellt sich nach der hier vertretenen Ansicht zum geschützten Rechtsgut nicht. 2

A. Rechtsgut der Vorschrift ist das **Vermögen** von (potentiellen) KGebern (in diese Richtung auch BGH **36**, 131 [aber iErg. offen gelassen; krit. Anm. *Kindhäuser* JR **90**, 520]; SK-*Samson/Günther* 2; *M/Schroeder/Maiwald* 41/166; *Kindhäuser* JR **90**, 522; *ders.,* LPK 1 und Madrid-Symposium 125, 129; *v. Rintelen* [1 a] 128 ff., 152; *Schubarth* ZStW **92**, 91 f.). Die in der Literatur überwiegend vertretene **Gegenmeinung** (ähnlich auch Celle wistra **91**, 359; Stuttgart NStZ **93**, 545) sieht dagegen mit dem Gesetzgeber des 1. WiKG (BT-Drs. 7 (5291, 14) als Rechtsgut die **Funktionsfähigkeit des Kreditwesens** (*S/S-Lenckner/Perron* 3: „Kredit als Instrument des Wirtschaftsverkehrs"; LK-*Tiedemann* 9 ff.: „Funktionieren der Kreditwirtschaft als solcher"; noch weiter *Lackner/Kühl* 1: „Allgemeininteresse an der Verhütung 3 von Gefahren für die Wirtschaft im ganzen"; für überindividuelles Rechtsgut auch *Arzt/Weber* 21/93; *W/Hillenkamp* 695; *D. Geerds* [1 a] 232 ff.; *Lampe* [1 a] 37 ff.; *Otto* Jura **83**, 23; **89**, 29 u. [1 a] 1990, 84; *Bottke* wistra **91**, 7; *Kießner* [1 a] 55 f.). Dies ist schon deshalb zw., weil § 265 b nur einen (wichtigen, aber keineswegs den überwiegenden) Teil des Kreditgeschäfts erfasst (zum Umfang und zu den Geschäftsfeldern vgl. etwa *Knierim,* in: *Wabnitz/Janovsky,* 8/170 ff.). Der Tatbestand schützt auch keineswegs – wie das Allgemeininteresse nahe legen würde – vor unwirtschaftlichen Kreditvergaben, vertrauenszerstörenden Kredit-„Abenteuern" von Banken oder vor Manipulationen zur Erlangung von Warenkrediten (soweit nicht unten 14). Bis auf extrem seltene Einzelfälle, die freilich ohne kollusives Zusammenwirken zur Ausschaltung der internen und externen Bankenaufsicht gar nicht möglich wären, geraten Banken durch Vergabe von „faulen" Krediten regelmäßig nicht in die Gefahr des Vermögensverfalls; daher erscheint sowohl eine Beeinträchtigung der „Funktionsfähigkeit" des Kreditwesens als auch (erst recht) eines „Vertrauens" der Bevölkerung hierauf durch Tathandlungen iS von § 265 b als eher fern liegend. Von **praktischer Bedeutung** ist dies für das **Verhältnis zu § 263:** Kommt es zumindest zum Versuch des Betrugs, so tritt § 265 b hinter § 263 zurück (so auch BGH **36**, 130, 132; wistra **90**, 228; Celle wistra **91**, 359 [offen gelassen in wistra **84**, 26; Stuttgart NStZ **93**, 545]; ebenso SK-*Samson/Günther* 28; *M/Schroeder/Maiwald* 41/193; *Heinz* GA **77**, 216; *M/B-Nack* 50/118). Die **Gegenansicht** muss folgerichtig Idealkonkurrenz annehmen (*S/S-Lenckner/Perron* 51; LK-*Tiedemann* 115; *W/Hillenkamp* 695; *Rengier* BT I, 17/13; *Arzt/Weber* 21/102; *Otto* BT 61/37); dagegen erscheint die Ansicht, Tateinheit liege nur mit versuchtem, nicht aber mit vollendetem Betrug vor (*Kindhäuser* JR **90**, 522; *Lackner/Kühl* 10), im Hinblick auf die Rechtsgutbestimmung widersprüchlich.

4 **B. Kriminalpolitische Bedeutung.** Wie § 264 hat auch der „Vorfeldtatbestand" des § 265 b in der **Praxis** nur sehr geringe Bedeutung erlangt (pro Jahr etwa 10–15 Verurteilungen; vgl. *Kießner* [1 a] 222; *Otto* [Bekämpfung] 90); sie beschränkt sich im Wesentlichen auf eine Senkung der Einstiegsschwelle für prozessuale Zwangsmaßnahmen (*Arzt/Weber* 21/94; krit. *Otto* Jura **89**, 30 f.). Dies wird zutr. vor allem auch auf die geringe Anzeigebereitschaft von Banken zurückgeführt (vgl. LK-*Tiedemann* 6, 18; *Otto* [1 a] 84; *M/B-Nack* 50/87; *Arzt/Weber* 21/95), was ein bezeichnendes Licht auf die angebliche Notwendigkeit des Tatbestands zum Schutz der Kreditwirtschaft wirft (**aA** LK-*Tiedemann* 18). Namentlich die Hoffnung, mit der selbstständigen Verfolgung eines *Teil*bereichs von *Versuchs*handlungen Beweisprobleme *(Vorsatz!)* des § 263 umgehen zu können, hat sich nicht erfüllt (ebenso *M/B-Nack* 50/87); praktisch alle *nachweisbaren* Fälle lassen sich unschwer als versuchter (oder, bei Vorliegen eines Gefährdungsschadens [dazu 94 ff. zu § 263], als vollendeter) Betrug einordnen.

5 **C. Verfassungsrechtliche Einwände.** Bedenken sind gegen § 265 b unter dem Gesichtspunkt der Tatbestandsbestimmtheit wegen der Häufung unbestimmter und normativer Merkmale erhoben worden (vgl. *Lampe,* Der Kreditbetrug, 50, 54 f.; *Haft* ZStW **88**, 369; *S/S-Lenckner/ Perron* 2; *Vogel* StV **96**, 110; jew. mwN). Der BGH hat sich diesen Bedenken nicht angeschlossen (BGH **30**, 285, 286 ff.); nach hM ist auch die Kombination von auslegungsbedürftigen Merkmalen (**zB** „im Zusammenhang – unrichtig – vorteilhaft – erheblich") jedenfalls (noch) vertretbar (einschr. *S/S-Lenckner/Perron* 2; vgl. auch *Schlüchter* NStZ **84**, 301). Bedenken betreffen auch – unter dem Gesichtspunkt des Gleichheitssatzes – kaum zu rechtfertigende Beschränkungen des Täter- und Opferkreises (vgl. etwa *M/Schroeder/Maiwald* 41/189) ebenso wie die Definition der „Kreditwirtschaft" als herausragend schützenswert (vgl. *Kindhäuser,* in: *Schünemann/Suarez,* Madrid-Symposium, 125, 129; dagegen LK-*Tiedemann* 17). Insgesamt könnte der schwer verständliche und im allgemeinen Rechtsbewusstsein auch 25 Jahre nach seiner Einführung weithin unbekannte Tatbestand ohne Einbuße an Rechtsgüterschutz und Rechtssicherheit gestrichen werden (**aA** LK-*Tiedemann* 21).

6 **3) Allgemeine Anwendungsvoraussetzungen. Abs. I** beschränkt den Anwendungsbereich sowohl im Hinblick auf das mögliche Tatopfer (Betrieb oder Unternehmen) als auch hinsichtlich des Geschäftsgegenstands (Kredit für einen Betrieb oder ein Unernehmen); hierbei sind die **Legaldefinitionen** des **Abs. III** zu beachten. **Merkmale des Tatbestandes** sind:

7 **A. Betrieb oder Unternehmen (Abs. III Nr. 1).** Als **KGeber** und **KNehmer** kommen nur Betriebe oder Unternehmen (8 zu § 14; 11 zu § 264) in Betracht, die – soweit sie nicht vorgetäuscht werden – bereits bestehen (Bay NJW **90**, 1678), und zwar nach der für beide Teile geltenden Definition in **III Nr. 1** nur solche, „die nach Art und Umfang einen in kaufmännischer Weise eingerichteten Geschäftsbetrieb erfordern". Kreditinstitut braucht der KGeber nicht zu sein. Zur **Kaufmanns**-Eigenschaft vgl. § 1 HGB sowie 19 zu § 283. Die Formulierung des

Abs. I erfasst, da sie nicht auf die Kaufmannseigenschaft abstellt, mit der Formel „unabhängig von ihrem Gegenstand“ auch Betriebe und Unternehmen außerhalb des Handels, etwa solche der Land- und Forstwirtschaft (Prot. 7/2766), der Urproduktion (Ber. 15) sowie freier Berufe (krit. *Tiedemann* ZStW **87**, 263) entsprechender Größenordnung (RegE 32). Auch wenn III Nr. 1 im Gegensatz zu § 264 VI S. 2 darüber schweigt, kommen auch **öffentliche Unternehmen** sowohl als KGeber (Sparkassen) wie als KNehmer in Betracht (*S/S-Lenckner/Perron* 8; LK-*Tiedemann* 31; *Park-Heinz* 8).

Abs. III Nr. 1 stellt nicht darauf ab, dass ein **kaufmännisch eingerichteter Geschäftsbetrieb** tatsächlich vorliegt, sondern nur darauf, dass ein solcher **erforderlich** ist (LK-*Tiedemann* 33). Die hierfür maßgebenden Kriterien, nämlich der Art, dh Gegenstand (wobei es hier anders als bei § 2 HGB nicht auf kaufmännische Geschäfte ankommt) und Betriebsweise sowie den Umfang, nämlich Höhe des Anlage- und Betriebskapitals, Höhe von Umsatz und Gewinn, Zahl und Art der Beschäftigten und der Geschäftsvorgänge, geben dem Tatbestandsmerkmal nur wenig feste Grenzen. Aus dem Fehlen geordneter Kassen- und Buchführung sowie anderer Einrichtungen des kaufmännischen Geschäftsbetriebs kann für die Erforderlichkeit nichts abgeleitet werden; umgekehrt macht ihr Vorhandensein sie noch nicht erforderlich iS von III Nr. 1. Auch aus steuerrechtlichen Aufzeichnung- und Aufbewahrungspflichten ergeben sich keine zwingenden Anknüpfungspunkte. Es kommt daher im Einzelfall auf eine Gesamtbewertung aller Faktoren bei wirtschaftlicher Betrachtungsweise an (NStZ **03**, 539, 540; vgl. auch *S/S-Lenckner/Perron* 10; *Park-Heinz* 9). 8

Es reicht nach Abs. I auf der KNehmer-Seite aus, dass der Täter (auch nur mündlich) **vortäuscht,** dass der Kredit für ein Unternehmen iS von III Nr. 1 bestimmt ist, während es in Wirklichkeit überhaupt nicht existiert oder die Voraussetzungen von III Nr. 1 nicht erfüllt. Erforderlich ist auch in diesem Fall aber, dass ein angeblich bestehendes Unternehmen vorgetäuscht wird (*S/S-Lenckner/Perron* 5; *Park-Heinz* 10); die Vorspiegelung einer Gründungsabsicht reicht nicht aus. 9

B. Kredit (Abs. III Nr. 2). Der Begriff des Kredits wird durch **III Nr. 2** für § 265 b bestimmt und ist teils enger, teils erheblich weiter als § 19 KWG, der nur für Kredit- und Finanzinstitute (§ 1 KWG) gilt. Auf die Kredithöhe kommt es nicht an. Wohl nicht erfasst sind sog. durchlaufende Kredite im Fall der *Subventions*-Gewährung (ebenso *S/S-Lenckner/Perron* 5; **aA** LK-*Tiedemann* 29; *Kindhäuser* LPK 7). Kredite sind danach 10

a) Geldkredite aller Art, dh der vertragsmäßige (LK-*Tiedemann* 39) Empfang von Geld, das nach einer Frist als Geld zurückgezahlt werden soll, also auch im Falle von § 607 II BGB und iVm Pfandbestellung (Lombardgeschäfte) oder anderen Sicherheiten wie Hypotheken oder Grundschulden; erfasst ist auch **E-Geld** iS von § 1 XIV KWG; ebenso **Kreditkartengeschäfte** (vgl. § 1 Ia Nr. 8 KWG) bei Ausgabe von Unternehmens-Kreditkarten; auch die Einräumung von Rahmen- und Dispositionskrediten; 11

b) Akzeptkredite, dh Kredite, die eine Bank durch einen von ihr als Hauptschuldner unterschriebenen und dann regelmäßig von ihr diskontierten Wechsel einem Kunden gewährt. Eine entspr. Anwendung auf Fälle, in denen dem KNehmer statt des Akzepts nur die Unterschrift des KGebers als Aussteller zur Verfügung gestellt wird, ist für § 265 b ausgeschlossen (*S/S-Lenckner/Perron* 13); 12

c) der **entgeltliche Erwerb von Geldforderungen** (RegE 33), womit vor allem **Factoring-Geschäfte** erfasst werden (*Otto,* Bankentätigkeit 123), bei denen der eine Partner Geldforderungen des anderen an Dritte gegen Entgelt erwirbt und sich offen oder still zedieren lässt (§ 437 BGB). Während das unechte Factoring zweifelsfrei ein Kreditgeschäft darstellt, handelt es sich beim echten der Sache nach um ein Umsatzgeschäft; doch wird man nach der Gesetzesfassung auch dieses unter Nr. 2 zu rechnen haben (unrichtige Angaben über die Bonität der Schuldner; LK-*Tiedemann* 43). Nur der Zedent, nicht der Schuldner muss die Voraussetzungen des III Nr. 1 erfüllen; 13

14 **d)** Jede **Stundung von Geldforderungen** beliebiger Art, also auch von Forderungen aus Veräußerung von Waren und aus Dienstleistungen, auch wenn die Forderung nicht über die handelsübliche Frist hinaus gestundet wird. Der entscheidende Unterschied zu § 19 KWG ist darin zu sehen, dass der strafrechtliche Kreditbegriff praktisch den gesamten Bereich der Wirtschaft und insb. auch den gesamten **Warenkredit** erfasst;

15 **e)** die **Diskontierung von Wechseln und Schecks,** dh der Erwerb eines noch nicht fälligen Wechsels durch den Diskontgeber (regelmäßig eine Bank) unter Abzug von Zwischenzins, Unkosten und Provision vom Diskontnehmer; ebenso der (praktisch seltene) Erwerb eines Schecks, der nicht einer Bank zum Einzug eingereicht wird (aaO Anh. 19 zu Art. 28 ScheckG; LK-*Tiedemann* 47);

16 **f)** die **Übernahme von Bürgschaften** (§ 765 BGB), **Garantien** (zB die Ausbietungsgarantie für eine Hypothek) und **sonstigen Gewährleistungen** (zB Kreditauftrag, § 778 BGB; Wechselbürgschaft, Art. 30 ff. WechselG; Schuldmitübernahme; zugunsten Dritter gestellte Sicherheiten für fremde Verbindlichkeiten, nicht aber solche, die aus der Scheckkartenausgabe entstehen (hM; LK-*Tiedemann* 50; *S/S-Lenckner/Perron* 19).

17 **C. Kreditantrag (Abs. I).** Die Tat muss im Zusammenhang mit einem Antrag auf Gewährung, Belassung oder Veränderung der Bedingungen eines Kredites begangen werden. Gewähren ist das Erbringen der erbetenen Kreditleistung; Belassen der Verzicht auf die an sich mögliche sofortige Rückforderung der Leistung (nicht eine nichtberechtigte Kündigung oder Kürzung eines gewährten Kredits: Frankfurt StV **90**, 213); die Veränderung der Bedingungen umfasst auch den Fall, dass mit einer Verbesserung (längere Laufzeit) eine gewisse Verschlechterung (höherer Zinssatz) verbunden ist (RegE 31; *Müller-Emmert/Maier* NJW **76**, 1662).

18 **Antrag** iS von I ist jede auf Erlangung einer Kreditzusage oder -gewährung gerichtete Erklärung, die ein bestimmtes Begehren zum Ausdruck bringt, das von dem potentiellen KGeber (durch Zusage oder Gewährung) „angenommen" werden kann (*S/S-Lenckner/Perron* 25; SK-*Samson/Günther* 13; *Lackner/Kühl* 4; *M/B-Nack* 50/98 f.; and. LK-*Tiedemann* 56). Ein den Antragsteller bindendes Angebot iS von § 145 BGB muss freilich nicht vorliegen (*M/B-Nack* aaO 98); auch (zunächst) ausdrücklich unvollständige Erklärungen reichen aus, wenn sie später ergänzt werden sollen, den potentiellen KGeber aber schon zu einer Entscheidung veranlassen können. Nicht ausreichend (für das Vorliegen eines Antrags) sind aber „Vorsondierungen" in dem Sinn, dass die Stellung eines Antrags erst in Aussicht gestellt wird (allgM). Da eine bestimmte **Form** nicht erforderlich ist, der Antrag vielmehr auch mündlich gestellt werden kann, ist die **Abgrenzung** zu nach hM nicht erfassten „Vorverhandlungen" im Einzelfall sehr schwierig, denn gerade bei der Absicht betrügerischer Erlangung des Kredits sind „Sondierungen", Vorbehalte, Nachbesserungen von Angaben sowie Bestimmungen der Art und Höhe des Kredits häufig kaum unterscheidbar verbunden.

19 Ein **Zusammenhang** der Tathandlung (unten 21 ff.) mit dem Antrag liegt vor, wenn die Vorlage oder Erklärung sich **sachlich** auf einen oder mehrere **bestimmte** KAnträge bezieht. Ein darüber hinausgehender zeitlicher Zusammenhang ist nicht erforderlich (zutr. *S/S-Lenckner/Perron* 27; and. BT-Drs. 7/5291, 15; *Lackner/Kühl* 4; SK-*Samson/Günther* 13); die Tathandlung kann dem Antrag vorausgehen, nachfolgen oder mit ihm zusammenfallen; sie muss aber jedenfalls der Entscheidung des KGebers vorausgehen (*sollen;* vgl. *M/B-Nack* 50/101). Der (inhaltliche) Zusammenhang mit dem Antrag setzt voraus, dass zu irgendeinem Zeitpunkt ein solcher **Antrag** vorliegt. Liegen die Falschangaben usw. dem KGeber schon vor dem Antrag vor, so reicht es aus, wenn der Täter den erforderlichen Zusammenhang *durch eine Bezugnahme* bei der Antragstellung herstellt (*S/S-Lenckner/Perron* 27; LK-*Tiedemann* 60; *Park-Heinz* 21).

20 **Adressat** des Antrags muss stets ein Betrieb oder Unternehmen als potentieller KGeber sein.

4) Tathandlungen (Abs. I). Der Tatbestand beschreibt in I Nr. 1 zwei Begehungs- und in Nr. 2 eine Unterlassungshandlung (str.; vgl. unten 36), die geeignet sind, durch Kreditentscheidungen auf unrichtiger Tatsachengrundlage beim KGeber einen Vermögensschaden (zumindest einen Gefährdungsschaden; 94ff. zu § 263) herbeizuführen. **21**

Die umständliche Formulierung (treffend *M/B-Nack* 50/88: „Beim Lesen der Norm glaubt man manchmal, es beginne schon die Kommentierung.") verstellt den Blick darauf, dass alle Handlungsvarianten **Täuschungshandlungen** beschreiben, welche auch durch § 263 I erfasst werden können. Soweit Abs. I in Nr. 1 auf die *Schriftlichkeit* täuschungsgeeigneter Erklärungen abhebt (und damit den Eindruck besonders gravierender oder gefährlicher Täuschungshandlungen erzeugt), wird dies durch Nr. 2 alsbald (in unklarer Weise) zurückgenommen, freilich mit dem sachlich kaum überzeugenden Ergebnis, dass die (täuschende) Unterlassung von (mündlichen oder schriftlichen) Mitteilungen dann strafbar ist, wenn zuvor (zutreffende) *schriftliche,* nicht aber, wenn mündliche Angaben gemacht wurden. Auch diese unter dem Gesichtspunkt des Rechtsgüterschutzes kaum nachvollziehbare Unterscheidung zeigt die vorrangige Ausrichtung des Tatbestands auf die Umgehung von *Beweis*schwierigkeiten. **22**

A. Wirtschaftliche Verhältnisse. Die Tathandlungen des Abs. I müssen sich auf wirtschaftliche Verhältnisse beziehen, Eine Beschränkung auf die wirtschaftlichen Verhältnisse des **KNehmers** enthält die Vorschrift nicht, so dass vom Wortlaut auch die eines **Dritten** (**zB** Bürge; Schuldner des KNehmers; Mitbewerber), ja selbst des KGebers, eines Wirtschaftszweigs oder die wirtschaftliche Lage insgesamt umfasst sind (vgl. auch BT-Drs. 7/3441, 31; vgl. krit. *Haft* ZStW **88**, 369; für eine weite Auslegung unter Einbeziehung der „Branchen- und Konjunkturlage" LK-*Tiedemann* 80; mit Unterschieden i. e. einschränkend dagegen *S/S-Lenckner/Perron* 30 [überindividuelle Vermögensverhältnisse]; *M/B-Nack* 50/106 [nur Verhältnisse des KNehmers]; *Lackner/Kühl* 5 [nicht unmittelbar solche des KNehmers]). Da mit § 265 b wohl nicht ernstlich ein vorverlegter Strafschutz von Großbanken gegen die Vorlage unrichtiger *Konjunktur-Gutachten* durch Handwerksbetriebe bezweckt sein kann, ist das Merkmal sinnvoll einzuschränken. Das Kriterium hierfür ist dem Merkmal der „Erheblichkeit" (unten 31) allenfalls mittelbar insoweit zu entnehmen (and. *S/S-Lenckner/Perron* 30), als es auf (objektive und subjektive) Kausalitätserfordernisse des § 263 I und damit auf den **normativ** zu bestimmenden Inhalt (12 zu § 263) täuschungsgeeigneter Erklärungen und Offenbarungspflichten verweist. Wirtschaftliche Verhältnisse iS von I können daher nur solche tatsächlichen Umstände sein, für deren zutreffende Darstellung der KNehmer nach den Umständen des **konkreten** Antrags die Gewähr übernimmt, weil sie in seiner Sphäre liegen. Verhältnisse **Dritter** können dies allenfalls ausnahmsweise sein; insb. wenn sie nach dem erkennbaren Erklärungsinhalt mittelbar solche des KNehmers selbst sind (**zB** Bonität von Schuldnern; iErg ebenso *S/S-Lenckner/Perron* 31). **Wirtschaftliche Verhältnisse** sind nach dieser Maßgabe alle tatsächlichen Umstände nicht rein persönlicher Natur, die für die Sicherheit des Kredits von Bedeutung sein können, insb. der Stand von Aktiva und Passiva; die Bewertungsgrundlagen einzelner Vermögensteile; Höhe und Entwicklung von Umsatz und Absatzzahlen; technische oder kaufmännische Grundlagen der Marktgängigkeit von Produkten, usw. Der Verwendungszweck der beantragten Kreditmittel ist nicht unmittelbar erfasst (and. LK-*Tiedemann* 81); jedoch kann er Teil wirtschaftlicher Verhältnisse sein (**zB** Investitionsvorhaben). **23**

B. Schriftliche Falschangaben (Abs. I Nr. 1). Der Begehungstatbestand der Nr. 1 setzt den **Zugang** (Vollendung; vgl. BGH **30**, 291) von unrichtigen oder unvollständigen Unterlagen (Nr. 1 Buchst. a) oder schriftlichen Angaben (Nr. 1 Buchst. b) beim KGeber voraus. **24**

a) Unterlagen sind die in **Nr. 1 Buchst. a** beispielhaft aufgeführten; daneben **zB** Aufstellungen über Absatz; Kalkulationen; Kontoauszüge; Vertragsurkunden; Abnehmerlisten; Kostenvoranschläge; Erklärungen Dritter, die mit dem Kreditantrag sachlich zusammenhängen; usw. Ihre Bedeutung gewinnen sie namentlich als *Anlagen* zu Erklärungen im Antrag selbst sowie als *Beweismittel* (*S/S-Lenckner/Perron* **25**

34). Nach hM ebenfalls erfasst sind daher elektronisch gespeicherte Darstellungen sowie Augenscheinsobjekte wie Fotos, Zeichnungen der Modelle (LK-*Tiedemann* 51; *S/S-Lenckner/Perron* 34; SK-*Samson/Günther* 16). Keine Unterlagen „über" wirtschaftliche Verhältnisse sind Wechsel oder Schecks, auch wenn sie zur Diskontierung eingereicht werden (allgM; vgl. *Otto* Jura **83**, 27, 29). **Gutachten** sind nicht nur hinsichtlich der in ihnen aufgeführten tatsächlichen Beurteilungsgrundlagen, sondern auch hinsichtlich der Bewertung selbst Unterlagen. Die Unterlagen müssen nicht vom KNehmer oder Vorlegenden herrühren.

26 **Vorlegen** der Unterlagen setzt voraus, dass sie mit Willen des Täters dem KGeber oder einer diesem zuzurechnenden Person oder Stelle (externer Prüfer; Gutachter; Auskunftei) unter ausdrücklicher oder konkludenter Bezugnahme auf den Antrag (oben 17) zugänglich gemacht werden.

27 **b) Angaben** iS von **Nr. 1 Buchst. b** sind alle sonstigen Gedankenerklärungen über wirtschaftliche Verhältnisse. Soweit unter dem Begriff der „Angabe" auch (tätereigene) **Bewertungen** und **Prognosen** verstanden werden (*S/S-Lenckner/Perron* 39; LK-*Tiedemann* 53; *Lackner/Kühl* 5), ist dies unzutreffend, denn bloße Werturteile sind kein tauglicher Irrtumsgegenstand iS von § 263 I; sie können nicht „unrichtig" (unten 28) sein. Erfasst sind daher nur Erklärungen über **tatsächliche Umstände,** die freilich wie bei § 263 I in Werturteilen konkludent miterklärt sein können (vgl. 8 zu § 263). Der Täter muss diese Angaben „machen"; es kommen daher nur Erklärungen des Täters selbst oder einer für ihn handelnden Person in Betracht (*S/S-Lenckner/Perron* 36; LK-*Tiedemann* 65); Angaben Dritter sind Unterlagen. Der Tatbestand erfasst nur **schriftliche Angaben.** Die Bedeutung dieses Merkmals ist unklar (vgl. schon oben 22). Die Gesetzesmaterialien betrachten es als unrechts-indifferent (vgl. BT-Drs. 7/3441, 30; Prot. 7/2769) und legen insoweit eine Behandlung als objektive Strafbarkeitsbedingung nahe. Nach **hM** handelt es sich um ein echtes **Tatbestandsmerkmal** (zum Vorsatz unten 38), dessen Berechtigung sich daraus ergeben soll, dass schriftliche Erklärungen als idR besser überlegt gelten und daher ein höheres Gefährdungs-(= Täuschungs) potential besitzen (*S/S-Lenckner/Perron* 37; LK-*Tiedemann* 66). Diese Begründung ist zw., denn die schriftliche Fixierung erleichtert umgekehrt auch dem Empfänger die Überprüfung; i. ü. überzeugt diese Differenzierung des Rechtsgüterschutzes nach Kriterien der *Schutzwürdigkeit* umso weniger, als sie solche potentiellen KGeber bevorzugt, die auf Grund ihrer Marktmacht formalisierte Antrags- und Prüfungsverfahren durchsetzen können, während besonders schutzwürdige „schwache" KGeber (Warenkredit; Stundung) meist auf § 263 I verwiesen sind. Tatsächlich dürfte sich der kriminalpolitische *Sinn* des Schriftlichkeitserfordernisses (wie auch zB in § 266a; vgl. dort 25) darauf beschränken, **Beweiserleichterungen** in den Rang eines Tatbestandsmerkmals zu erheben (krit. auch *Kießner* [1a] 63; *Lampe* [1a] 48).

28 **c)** Die Unterlagen oder Angaben müssen **unrichtig** oder **unvollständig** sein. Die **Unrichtigkeit** liegt vor, wenn tatsächliche Angaben dem wahren Sachverhalt nicht entsprechen, im Fall der Vorlage von Gutachten (oben 25) auch dann, wenn Bewertungen oder Prognosen den tatsächlichen Grundlagen widersprechen. Unrichtig sind auch Bilanzen usw., wenn die darin enthaltenen **Bewertungen** (vgl. BGH **42**, 135 [Wertgutachten]) von Vermögensteilen sachlich unzutreffend sind. Hierbei kommt es, wie bei allen Unterlagen oder Angaben von I Nr. 1, allein auf die **sachliche Richtigkeit,** nicht aber darauf an, ob die Schriftstücke „falsch" iS von § 267 sind; nicht erfasst sind daher unechte Urkunden mit richtigem Inhalt. Für § 265b unerheblich ist auch grds., ob gegen Formvorschriften oder gegen den Grundsatz der Bilanzklarheit (vgl. §§ 283 I Nr. 7a; 283b I Nr. 3a; § 331 HGB; § *400 AktG*) verstoßen ist; Verstöße gegen Bilanzierungs- und Bewertungsvorschriften (§§ 242ff., 252ff. HGB) sind für die Unrichtigkeit iS von § 265b grds nur von Bedeutung, soweit sie zur inhaltlichen Unrichtigkeit des (Teil-)Ergebnisses führen (vgl. i. E. *S/S-Lenckner/Perron* 40; LK-*Tiedemann* 73ff.; jew. mwN; vgl.

auch BGH **30**, 285ff.). Um dem Tatbestandsmerkmal eine Art. 103 II GG genügende **Bestimmtheit** zu geben, geht die allgM davon aus, eine Unrichtigkeit von Bewertungen sei nur bei deren **Unvertretbarkeit** anzunehmen (*Lackner/Kühl* 5; *S/S-Lenckner/Perron* 39; LK-*Tiedemann* 76; *Park-Heinz* 34). Dagegen stellt BGH **30**, 285, 288f. pragmatisch allein auf die **Beweisbarkeit** ab. Tatsächlich ist eine Unrechts-Abstufung zwischen nur *„einfach falschen"* und *„ganz besonders"* unrichtigen Angaben kaum zu erkennen. Unklar ist die in der Literatur vertretene Ansicht, bei der Beurteilung der Unrichtigkeit sei auf die Sicht eines „bilanzkundigen Lesers" (*M/B-Nack* 40/109; *S/S-Lenckner/Perron* 40) abzustellen.

Unvollständigkeit ist gegeben, wenn für sich gesehen *richtige* Unterlagen oder Angaben im (uU konkludenten) Zusammenhang mit weiteren Erklärungen den unzutreffenden Eindruck einer umfassenden Information erwecken können, zugleich aber andere (richtige), idR nachteilige Tatsachen nicht angegeben werden (vgl. dazu 23 zu § 264). Soweit in zusätzlichen Erklärungen des Täters die Vollständigkeit zu einem bestimmten Sachkomplex behauptet wird, liegt insoweit schon Unrichtigkeit vor (SK-*Samson/Günther* 18). Namentlich bei Bewertungen und Prognosen ist die Bestimmung des Umfangs der Vorlegungs- und Erklärungspflicht im Einzelfall schwierig; § 265b kann nicht eine strafbewehrte Pflicht zur grenzenlosen Offenbarung von Betriebsgeheimnissen nach Maßgabe eines (im Zweifel umfassenden) Informationsinteresses von potentiellen KGebern begründen. Da eine Formalisierung entspr. § 264 VIII in § 265b unterblieben ist, kann eine **Begrenzung** wohl nur über eine Objektivierung des „Erheblichkeits-"Begriffs erreicht werden; Maßstab hierfür ist das erkennbare Erkenntnisinteresse des KGebers. 29

d) Die von I Nr. 1 erfassten Unterlagen oder Angaben müssen **für den KNehmer vorteilhaft** sein. Hierbei kommt es nach der Natur der Sache auf die objektive (*S/S-Lenckner/Perron* 41; LK-*Tiedemann* 83; *M/B-Nack* 50/112) Geeignetheit an, die Entscheidung über den Antrag zugunsten des KNehmers zu beeinflussen. Die Vorteilhaftigkeit muss sich gerade auf die Unrichtigkeit oder Unvollständigkeit beziehen; es müssen also die Unterlagen oder Angaben unrichtige oder vorteilhafte Umstände enthalten oder hinsichtlich nachteiliger Umstände unvollständig sein. 30

e) Die Unterlagen oder Angaben müssen schließlich **für die Kreditentscheidung erheblich,** nach BGH **30**, 285, 290ff. (m. krit. Anm. *Lampe* JR **82**, 430); **34**, 267 somit grds nach einem objektiven ex-ante-Urteil **generell geeignet** sein, die Entscheidung über den Kreditantrag zu beeinflussen (ebenso *Lackner/Kühl* 5; *S/S-Lenckner/Perron* 42; SK-*Samson/Günther* 20; *MB-Nack* 50/113; *Park-Heinz* 38). Ob und ggf. inwieweit darüber hinaus die gesetzliche Formulierung Raum für eine **individuelle** Bestimmung der Erheblichkeit durch KGeber oder durch beide Parteien lässt, ist str. (abl. SK-*Samson/Günther* 20). BGH **30**, 285, 290ff. hat festgestellt, dass die Beurteilung der Entscheidungserheblichkeit jedenfalls nicht dem Belieben des KNehmers überlassen werden kann (293). Nach in der Lit. vertretener Auffassung ist grds von einem objektiven Maßstab auszugehen; jedoch soll eine davon abweichende ausdrückliche Bestimmung durch den KGeber oder durch übereinstimmende Vereinbarung beider Parteien möglich sein (*Tiedemann* 84; *S/S-Lenckner/Perron* 42). 31

Eine weitreichende **Subjektivierung** des Merkmals erschiene auch im Hinblick auf die Deliktsnatur als *abstraktes* Gefährdungsdelikt zw. Auch die am weitesten gehende Auffassung schränkt die Möglichkeit einer Bestimmung durch den KGeber auf solche Umstände ein, die für ihn „verständlicherweise" entscheidungserheblich sind (*Tröndle* 48. Aufl. 23); *S/S-Lenckner/Perron* 42 wollen Individualisierungen zulassen, die von einem objektiven Standpunkt aus „sinnvoll und vernünftig" sind (ähnlich LK-*Tiedemann* 84). Damit wird freilich die Tat – wohl im Widerspruch zu ihrem von der hM angenommenen Charakter als *abstrakte* Gefährdung der „Kreditwirtschaft" – (erneut), um Beweisschwierigkeiten (*Vorsatz* der Sachgerechtigkeit!; vgl. *Tiedemann* aaO) auszuweichen, in Richtung auf eine *konkrete* Individualgefährdung erweitert. 32

Entgegen der genannten Ansicht ist daher an der vom Gesetzgeber gewollten objektiven Bestimmung der Erheblichkeit festzuhalten (ebenso *Park-Heinz* 41). 33

Hierbei kommt es freilich auf die Umstände des Einzelfalls insoweit an, als die Art des beantragten Kredits ebenso wie die des Kreditgebenden und -nehmenden Unternehmens nach objektiven, dh insb. marktüblichen Gegebenheiten, den Umfang der „erheblichen" Umstände bestimmen.

34 **Bagatell-**Unrichtigkeiten scheiden nach allgM aus; iErg auch nach hM rein persönliche Umstände, die nicht auf sachliche Kriterien der Kreditwürdigkeit abstellen. **Unerheblich** ist, ob Falschangaben usw. über erhebliche Umstände sich auf die Entscheidung tatsächlich **ausgewirkt** haben (BGH **30**, 393; allgM); ebenso, ob der KGeber die Unrichtigkeit oder Unvollständigkeit **erkennt** oder nicht. Ohne Bedeutung ist auch, ob der (gewährte) Kredit im Ergebnis wirtschaftlich vertretbar ist.

35 **f) Tathandlung** von Nr. 1 ist das **Vorlegen** der Unterlagen (Buchst. a) oder das **Machen** der Angaben. Vollendung tritt jeweils mit **Zugang** der Informationen beim potentiellen KGeber oder bei einer von ihm ermächtigten oder ihm zuzurechnenden Person oder Stelle ein; auf die **Kenntnisnahme** kommt es nicht an (*S/S-Lenckner/Perron* 43; LK-*Tiedemann* 87 f.). Die Einschaltung von **Hilfspersonen** ist auf beiden Seiten möglich. **Täter** kann grds. jeder sein; Nr. 1 ist **kein Sonderdelikt** (*Arzt/Weber* 21/96; *Mitsch* BT II/2, 3/176). Der Täter muss daher nicht selbst Antragsteller sein; jedoch muss nach dem Erklärungsinhalt und den äußeren Umständen die Vorlage oder Angabe als solche des KNehmers erscheinen. Daher sind jedenfalls dessen Vertreter, ggf. aber auch Angestellte ohne Vertretungsmacht, **taugliche Täter,** wenn sie nicht allein als Boten auftreten (vgl. *M/Schroeder/Maiwald* 41/191; LK-*Tiedemann* 111; **aA** *S/S-Lenckner/Perron* 50). **Mitarbeiter des Kreditgebers** können jedenfalls bei kollusivem Zusammenwirken und wenn sie für die Auftragsbearbeitung und -prüfung intern nicht zuständig sind, (Mit-)Täter des § 265 b sein. Wirkt dagegen das für die Entscheidung zuständige Organ des KGebers – etwa auf Grund einer Bestechungs-Vereinbarung mit dem KNehmer – an der Tat mit, so ist § 266 I gegeben (*Mitsch* BT II/2, 3/177). **Beihilfe** liegt idR vor, wenn dem KNehmer unrichtige Unterlagen von Dritten (nur) zur Verfügung gestellt werden (vgl. wistra **84**, 25); ebenso bei Angestellten oder sonstigen Hilfspersonen, die die Falschinformationen herstellen, vorbereiten, durch eigene Erklärungen lediglich absichern oder ergänzen oder sich in sonstiger Weise an ihrer Darstellung beteiligen (vgl. LG Mannheim wistra **85**, 158 [Steuerberater]).

36 **C. Unterlassen nachträglicher Mitteilungen (Abs. I Nr. 2).** Abs. I Nr. 2 enthält ein **echtes Unterlassungsdelikt** (*Lackner/Kühl* 6; *S/S-Lenckner/Perron* 44; LK-*Tiedemann* 96; *MB-Nack* 50/114; *Arzt/Weber* 21/100; *M/Schroeder/Maiwald* 41/191; *Kießner* [1 a] 61; *Park-Heinz* 41; **aA** SK-*Samson/Günther* 23 [Begehungsdelikt]), dessen **Anwendungsbereich** fraglich und im Hinblick auf den von Nr. 1 erfassten Bereich äußerst schmal ist. Nach ganz hM erfasst Nr. 2, da die Mitteilung *„bei der Vorlage"* unterbleiben muss, ausschließlich den Fall einer nachteiligen Veränderung von Umständen im Zeitraum zwischen der Erstellung von Unterlagen oder Angaben und ihrer Vorlage, *nicht* aber Veränderungen nach der Vorlage (ebenso RegE 31; Prot. 7/2771; *Müller-Emmert/Maier* NJW **76**, 1662; *Lackner/Kühl* 6; SK-*Samson/Günther* 24; *Mitsch* BT II/2, 3/187); nach weitergehender, mit dem Wortlaut aber kaum vereinbarer Ansicht sind auch Fälle erfasst, in denen die Verschlechterung vor der Vorlage usw. eintritt, dem Täter aber erst nach diesem Zeitpunkt bekannt wird (LK-*Tiedemann* 95). Das Unterlassen der Mitteilung von Veränderungen **nach Vorlage** sowie von nachträglich bekannt gewordenen Umständen unterfällt ggf. § 263 (vgl. dort 26, 30; *Lackner/Kühl* 6; *S/S-Lenckner/Perron* 47; **aA** *Mitsch* BT II/2, 3/187).

37 Nr. 2 betrifft nur **entscheidungserhebliche** (oben 31) **Verschlechterungen,** dh *für die Kreditwürdigkeit* nachteilige Veränderungen von wirtschaftlichen Verhältnissen, die in den Unterlagen oder Angaben **dargestellt** sind. Bei einer engen Auslegung sind somit allein Verschlechterungen positiv behandelter Umstände, nicht aber neu hinzukommende nachteilige Tatsachen mitzuteilen; jedoch wird

man auch das nachträgliche Unvollständig-Werden von Unterlagen oder Angaben als Verschlechterung der „Darstellung" aufzufassen haben (**aA** *Park-Heinz* 43). Ob schon die früheren Darstellungen (in einem anderen Punkt) unrichtig waren, ist für Nr. 2 unerheblich. Eine **Abgrenzung** zu Nr. 1 ist vielfach kaum möglich; Nr. 2 kann nur eingreifen, wenn sich aus Erklärungen des Täters bei der Vorlage usw. nicht schon (konkludent) die Behauptung ergibt, die Informationen seien richtig und vollständig. Das ist praktisch nur dann der Fall, wenn der Täter Unterlagen usw. im *Auftrag* des KNehmers übersendet (*S/S-Lenckner/Perron* 44). **Täter** von Nr. 2 kann nur derjenige sein, der die Unterlagen oder Angaben **vorlegt** (Sonderdelikt; LK-*Tiedemann* 96; and. RegE 30; *Müller-Emmert/Maier* NJW **76**, 1662).

5) Subjektiver Tatbestand. Hinsichtlich aller Tathandlungen ist **Vorsatz** erforderlich; bedingter Vorsatz genügt. Er hat sich insbesondere darauf zu richten, dass Unterlagen oder Angaben über wirtschaftliche Verhältnisse für den KNehmer vorteilhaft, aber unrichtig oder unvollständig, und dass sie entscheidungserheblich sind. Die Vielzahl normativer Merkmale lässt die vom Gesetzgeber angestrebte Beweiserleichterung hinsichtlich des Vorsatzes kaum erwarten. Ausreichend ist insoweit eine zutreffende Erfassung der tatsächlichen Umstände, die das normative Merkmal erfüllen. Aus dem Wissen um die Unrichtigkeit von Angaben kann nicht regelmäßig auf die Kenntnis ihrer Erheblichkeit geschlossen werden (LK-*Tiedemann* 98). Im Fall von I Nr. 2 muss sich der Vorsatz darauf erstrecken, dass eine entscheidungserhebliche Verschlechterung der dargestellten wirtschaftlichen Verhältnisse eingetreten ist; der Irrtum über die daraus resultierende Mitteilungspflicht ist nur ein Gebotsirrtum (17 zu § 16). 38

6) Tätige Reue (Abs. II). Da die Tat bereits mit Zugang der unrichtigen Unterlagen usw. beim KGeber **vollendet** und weder die Erregung eines Irrtums noch der Eintritt eines Schadens erforderlich ist, sieht Abs. II entspr. § 264 V für Taten nach Abs. I Nr. 1 (nicht auch für solche nach I Nr. 2!) die Möglichkeit Tätiger Reue vor (zu Einzelheiten vgl. 40ff. zu § 264). Wenn die **Leistung** iS von Abs. 2 „erbracht" ist, hängt von der Art des beantragten Kredits ab (**zB A**uszahlung des Gelddarlehens; Lieferung der Ware; Überlassung des akzeptierten Wechsels; Abschluss des Bürgschaftsvertrags; vgl. i. E. LK-*Tiedemann* 107). Bei in **Raten** zu erbringenden Kreditleistungen kommt es auf den Zeitpunkt der ersten Leistung an. Ein aktives Tun ist wie bei § 264 V nicht stets erforderlich. Abs. II S. 2 erfasst nur den Fall nicht kausaler Bemühungen (vgl. § 24 I S. 2); ist die Leistung ohne Wissen des Täters bereits erbracht, so kann er trotz ernsthafter Bemühungen Straflosigkeit nicht mehr erreichen. Andere, konkurrierende Taten (insb. §§ 263, 267) bleiben von Abs. II unberührt; jedoch wird auf einen zugleich vorliegenden Betrugsversuch idR § 24 I anzuwenden sein. Bei Beteiligung mehrerer ist § 24 II entspr. anzuwenden (BT-Drs 7/5291/16; *S/S-Lenckner/Perron* 49; LK-*Tiedemann* 109). 39

7) Zur **Teilnahme,** die bis zum Erbringen der Leistung möglich ist, gilt 39 zu § 264 sinngemäß. Vgl. auch oben 35. 40

8) Konkurrenzen. Innerhalb von I können Nr. 1. a, b eine natürliche Handlungseinheit bilden oder in Tateinheit stehen. Tateinheit ist grds auch zwischen Nr. 1 und Nr. 2 möglich (Vorlage unter gleichzeitigem Verschweigen von Verschlechterungen; **aA** *Park-Heinz* 55). Zum **Verhältnis zu § 263** gilt oben 3 aE; § 265 b tritt gegenüber Vollendung und Versuch des § 263 zurück (**aA** wohl hM). Tateinheit ist mit §§ 267, 269 möglich; mit §§ 332 und 334 idR Tatmehrheit. §§ 264 und 265 b schließen sich regelmäßig aus. 41

9) Zuständigkeit in Wirtschaftsstrafsachen nach § 74 c I Nr. 5, § 74 e Nr. 2 GVG; § 103 II JGG. 42

Untreue

266 **I Wer die ihm durch Gesetz, behördlichen Auftrag oder Rechtsgeschäft eingeräumte Befugnis, über fremdes Vermögen zu verfügen oder einen anderen zu verpflichten, missbraucht oder die ihm kraft Gesetzes, behördlichen Auftrags, Rechtsgeschäfts oder eines Treue-**

verhältnisses obliegende Pflicht, fremde Vermögensinteressen wahrzunehmen, verletzt und dadurch dem, dessen Vermögensinteressen er zu betreuen hat, Nachteil zufügt, wird mit Freiheitsstrafe bis zu fünf Jahren oder mit Geldstrafe bestraft.

II § 243 Abs. 2 und die §§ 247, 248 a und 263 Abs. 3 gelten entsprechend.

Übersicht

1) Allgemeines ... 1, 1 a
2) Rechtsgut und kriminalpolitische Bedeutung ... 2–4
3) Verfassungsmäßigkeit ... 5
4) Verhältnis der Tatbestandsvarianten ... 6–8
5) Missbrauchstatbestand ... 9–27
A. Befugnis ... 10–17
B. Vermögensbetreuungspflicht ... 18, 19
C. Tathandlung des Missbrauchstatbestands ... 20–27
6) Treubruchstatbestand ... 28–38 b
A. Allgemeine Anforderungen an die Treuepflicht ... 29, 29 a
B. Grundlage der Treuepflicht ... 30–34
C. Einzelfälle ... 35–37
D. Tathandlung des Treubruchstatbestands ... 38–38 b
7) Pflichtwidrigkeit der Tathandlungen ... 39–54 a
A. Bestimmung der Pflichtwidrigkeit ... 40, 41
B. Risikogeschäfte ... 42–45 a
C. Eigenmächtige Mittelverwendung ... 46–48
D. Einwilligung des Vermögensinhabers ... 49–54 a
8) Vermögensnachteil ... 55–76
A. Vermögen ... 56–58
B. Nachteil ... 59–76
9) Subjektiver Tatbestand; Irrtum ... 77–78 c
10) Täterschaft und Teilnahme ... 79, 80
11) Vollendung; Beendigung; Versuch ... 81
12) Rechtsfolgen ... 82–85
A. Strafdrohung des Abs. I ... 82
B. Besonders schwerer Fall (Abs. II iV mit § 263 Abs. III) ... 83–84
C. Strafantrag (Abs. II iV mit § 243 Abs. 2, 247, 248 a) ... 85
13) Konkurrenzen ... 86–88
14) Sonstige Vorschriften ... 89

1 **1) Allgemeines.** Die Vorschrift, deren Abs. I seine heutige Form durch G v. 26. 5. 1933 (RGBl. I 295) erhielt, wurde mehrfach geändert durch Art. 1 Nr. 26 des 3. StÄG, Art. 1 Nr. 78 des 1. StrRG und Art. 19 Nr. 138 EGStGB (Einl. 6; zur Entstehungsgeschichte LK-*Schünemann* vor 1 und 5 ff.; *Arzt/Weber* 22/4 f.; *M/Schroeder/Maiwald* 45/6 ff.); Abs. II ist durch Art. 1 Nr. 62 des 6. StrRG (2 f. vor § 174) neu gefasst worden.

1 a **Neuere Literatur (Auswahl):** *Achenbach,* Schwerpunkte der BGH-Rechtsprechung zum Wirtschaftsstrafrecht, BGH-FG 593; *Arloth,* Zur Abgrenzung von Untreue u. Bankrott, NStZ **90**, 570; *Arzt,* Zur Untreue durch befugtes Handeln, Bruns-FS 365; *Auer,* Gläubigerschutz durch § 266 StGB bei der einverständlichen Schädigung einer GmbH, 1991; *Bernsmann,* Alles Untreue? Skizzen zu Problemen der Untreue nach § 266 StGB, GA **07**, 219; *Birkholz,* Untreuestrafbarkeit als strafrechtlicher „Preis" der beschränkten Haftung, 1998; *Bittmann,* Das BGH-Urteil im sog. „Bugwellenprozeß" – das Ende der Haushaltsuntreue?, NStZ **98**, 495; *Bittmann/Richter,* Zum Geschädigten bei der GmbH- und der KG-Untreue, wistra **05**, 51; *Brammsen,* Strafbare Untreue des Geschäftsführers bei einverständlicher Schmälerung des GmbH-Vermögens?, DB **89**, 1609; *Busch,* Konzernuntreue, 2004 (Diss. Marburg); *Däke,* Strafen für Verschwender, Die Steuerberatung **94**, 418; *Dierlamm,* Untreue – ein Auffangtatbestand?, NStZ **97**, 534; *ders.,* Neue Entwicklungen bei der Untreue – Loslösung des Tatbestandes von zivilrechtlichen Kategorien?, StraFo **05**, 397; *Dittrich,* Die Untreustrafbarkeit von Aufsichtsratsmitgliedern bei der Festsetzung überhöhter Vorstandvergütungen, 2007 (Diss. Konstanz 2006); *Dunkel,* Erfordernis u. Ausgestaltung des Merkmals „Vermögensbetreuungspflicht" im Rahmen des Missbrauchstatbestandes der Untreue, 1976; *Eisele,* Untreue in Vereinen mit ideeller Zielsetzung, GA **01**, 377; *Fabricius,* Strafbarkeit der Untreue im öffentlichen Dienst, NStZ **93**, 414; *Feigen,* Untreue durch Kreditvergabe, Rudolphi-FS (2004) 445; *Flume,* Der strafrechtliche Schutz der GmbH gegen Schädigungen mit Zustimmung der Gesellschafter, 1990 (Diss. Konstanz); *Franzheim,* Zur Untreue-Strafbarkeit von Rechtsanwälten wegen

falscher Behandlung von fremden Geldern, StV **86**, 409; *Gallandi,* Die Untreue von Bankverantwortlichen im Kreditgeschäft, wistra **01**, 281; *Geerds,* Zur Untreuestrafbarkeit von Aufsichtsratsmitgliedern kommunaler Gesellschaften, Otto-FS (2007) 561; *Gössel,* Probleme notwendiger Teilnahme bei Betrug, Steuerhinterziehung u. Subventionsbetrug. Zugleich ein Beitrag zur sogenannten Parteispendenaffäre, wistra **85**, 125 ff.; *Gribbohm,* Untreue zum Nachteil der GmbH, ZGR **90**, 1; *ders.,* Strafrechtliche Untreue zum Nachteil der GmbH (usw.), DStR **91**, 248; *Güntge,* Untreueverhalten durch Unterlassen, wistra **96**, 84; *Günther,* Die Untreue im Wirtschaftsrecht, Weber-FS (2004), 311; *Haas,* Die Untreue, 1997; *Haft,* Absprachen bei öffentlichen Bauten u. das Strafrecht, NJW **96**, 238; *Hefendehl,* Vermögensgefährdung u. Expektanzen, 1994; *Hellmann,* Verdeckte Gewinnausschüttungen u. Untreue des GmbH-Geschäftsführers, wistra **89**, 214; *Hillenkamp,* Risikogeschäft u. Untreue, NStZ **81**, 161; *Höf,* Untreue im Konzern, 2006 (Diss. Bayreuth 2006); *Holzmann,* Bauträgeruntreue u. Strafrecht, 1981; *Jäger,* Untreue durch Auslösung von Schadensersatzpflichten und Sanktionen, Otto-FS (2007) 593; *Jakobs,* Bemerkungen zur subjektiven Tatseite der Untreue, Dahs-FS (2006) 49; *Kargl,* Die Missbrauchskonzeption der Untreue (§ 266 StGB) – Vorschlag de lege ferenda, ZStW **113**, (2001), 565; *Kasiske,* Untreue durch existenzgefährdende Eingriffe in das GmbH-Vermögen mit Zustimmung der Gesellschafter, wistra **05**, 81; *Kaufmann,* Organuntreue zum Nachteil von Kapitalgesellschaften, 1999; *Keuffel-Hospach,* Die Grenzen der Strafbarkeit wegen Untreue (§ 266 StGB) aufgrund eines (tatsächlichen) Treueverhältnisses, 1997; *Kiethe,* Strafrechtliche Verantwortung von Bürgermeistern bei Ausgabenentscheidungen, NStZ **05**, 529; *Kindhäuser,* Pflichtverletzung und Schadenszurechnung bei der Untreue (§ 266), Lampe-FS (2003) 709; *Kohlmann,* Untreue zum Nachteil des Vermögens einer GmbH trotz Zustimmung sämtlicher Gesellschafter?, Werner-FS 387; *ders.,* Die strafrechtliche Verantwortlichkeit des GmbH-Geschäftsführers, 1990; *ders.,* „Vor-GmbH" u. Strafrecht, Geerds-FS 675; *Kohlmann/Brauns,* Zur strafrechtlichen Erfassung der Fehlleitung öffentlicher Mittel, 1979; *Knauer,* Die Strafbarkeit der Bankvorstände für missbräuchliche Kreditgewährung, NStZ **02**, 399; *Krause,* Konzerninternes Cash-Management – der Fall Bremer Vulkan. Neue Ansätze bei der Untreue ((266 StGB) und ihre Konsequenzen für die Praxis, JR **06**, 51; *Krüger,* Zum Risikogeschäft im Untreuestrafrecht und seinen Risiken, NJW **02**, 1178; *Kubiciel,* Gesellschaftsrechtliche Pflichtwidrigkeit und Untreuestrafbarkeit, NStZ **05**, 353; *Kutzner,* Einfache gesellschaftsrechtliche Pflichtverletzungen als Untreue, NJW **06**, 3541; *Labsch,* Untreue (§ 266 StGB); Grenzen u. Möglichkeiten einer neuen Deutung, 1983, 217 ff.; *ders.,* Einverständliche Schädigung des Gesellschaftervermögens u. Strafbarkeit des GmbH-Geschäftsführers, NStZ **84**, 118; *ders.,* Grundprobleme des Missbrauchstatbestandes der Untreue; Jura **87**, 343, 411; *Laskos,* Die Strafbarkeit wegen Untreue bei der Kreditvergabe, 2001; *Lesch,* Zweckwidrige Verwendung von Fraktionszuschüssen als Untreue?, ZRP **02**, 159; *Laskos,* Die Strafbarkeit wegen Untreue bei der Kreditvergabe, 2001; *Lüderssen,* „Nützliche Aufwendungen" und strafrechtliche Untreue, Müller-Dietz-FS (2001), 467; *ders.,* Die Sperrwirkung der fehlenden Vermögensbetreuungspflicht gemäß § 266 StGB für die Bestrafung nach § 263 StGB wegen unterlassener Aufklärung, Kohlmann-FS (2003) 177; *ders.,* Zur Konkretisierung der Vermögensbetreuungspflicht in § 266 Strafgesetzbuch durch § 87 Abs. 1 Satz 1 Aktiengesetz – Das Problem akzessorischer Bindung strafrechtlicher Normen an kontrovers interpretierte Normen anderer Rechtsgebiete, Schroeder-FS (2006) 569; *ders.,* Bemerkungen zum Irrtum über die Pflicht zur Wahrnehmung fremder Vermögensinteressen im Sinne des § 266 StGB, Richter II-FS (2006) 373; *Matt,* Missverständnisse zur Untreue – Eine Betrachtung auch zum Verhältnis von (Straf)Recht und Moral, NJW **05**, 389; *Meilicke,* Verdeckte Gewinnausschüttung. Strafrechtliche Untreue bei der GmbH, BB **88**, 1261; *Mihm,* Strafrechtliche Konsequenzen verdeckter Gewinnausschüttungen, 1998; *Mosiek,* Risikosteuerung im Unternehmen und Untreue, wistra **03**, 370; *Muhler,* Darlehen von GmbH-Gesellschaftern im Strafrecht, wistra **94**, 283; *Munz,* Haushaltsuntreue, 2000 (Diss. Greifswald 2000); *Nack,* Untreue im Bankbereich durch Vergabe von Großkrediten, NJW **80**, 1599; *Nelles,* Untreue zum Nachteil von Gesellschaften, 1991 [dazu *Otto* ZStW **111**, 689]; *Nettesheim,* Können sich Gemeinderäte der „Untreue" schuldig machen?, BayVBl. **89**, 161; *Neye,* Die Verschwendung öffentlicher Mittel als strafbare Untreue, NStZ **81**, 369; *ders.,* Untreue im Öffentlichen Dienst, 1981; *Otto,* Bargeldloser Zahlungsverkehr im Strafrecht, 1978; *ders.,* Der Betreute als Opfer der Untreue, Jura **91**, 48; *ders.,* Untreue der Vertretungsorgane von Kapitalgesellschaften durch Vergabe von Spenden, Kohlmann-FS (2003) 187; *Pauly,* Untreue bei vertragswidrigem Eigenverbrauch der Mieterkaution?, ZMR **96**, 417; *Poller,* Untreue durch Übernahme von Geldsanktionen, Verfahrenskosten und Verteidigerhonoraren, StraFo **05**, 274; *Poseck,* Die strafrechtliche Haftung der Mitglieder des Aufsichtsrats einer Aktiengesellschaft, 1997; *Radtke,* Einwilligung und Einverständnis der Gesellschafter bei der sog. GmbH-rechtlichen Untreue, GmbHR **98**, 311; 368; *Ransiek,* Untreue im GmbH-Konzern, Kohlmann-FS (2003), 207; *ders.,* Risiko, Pflichtwidrigkeit und Vermögensnachteil bei der Untreue, ZStW 116 (2004),

634; *Reck,* Untreue im Rahmen der Veräußerung von Treuhandunternehmen, wistra **96**, 127; *Reiß,* Verdeckte Gewinnausschüttungen u. verdeckte Entnahmen als strafbare Untreue des Geschäftsführers?, wistra **89**, 81; *Richter,* Zur Strafbarkeit externer Sanierer konkursgefährdeter Unternehmen, wistra **84**, 97; *Rönnau,* „Kick-Backs" – Provisionsvereinbarungen als strafbare Untreue, Kohlmann-FS (2003), 239; *ders.*, Haftung der Direktoren einer in Deutschland ansässigen englischen private company limited by shares nach deutschem Strafrecht – eine erste Annäherung, ZGR **05**, 832; *Rönnau/Hohn,* Die Festsetzung (zu) hoher Vorstandsvergütungen durch den Aufsichtsrat – Ein Fall für den Staatsanwalt?, NStZ **04**, 113; *Rose,* Die strafrechtliche Relevanz von Risikogeschäften, wistra **05**, 281; *Rübenstahl/ Wasserburg,* „Haushaltsuntreue" bei Gewährung von Subventionen, NStZ **04**, 521; *Saliger,* Parteiengesetz und Strafrecht: Zur Strafbarkeit von Verstößen gegen das Parteiengesetz insbesondere wegen Untreue gemäß § 266 StGB, 2005; *ders.*, Untreue bei Stiftungen, in: *Walz/Hütteann/ Rawert/Schmidt* (Hrsg), Bucerius Law School: Non Profit Year Book 2005, 209; *ders.*, Gibt es eine Untreuemode? Die neuere Untreuedebatte und Möglichkeiten einer restriktiven Auslegung, HRRS **06**, 10; *ders.*, Parteienuntreue durch schwarze Kassen und unrichtige Rechenschaftsberichte, NStZ 07, 545; *Satzger,* Die Untreue des Vermieters im Hinblick auf die Mietkaution, Jura **98**, 570; *Sax,* Überlegungen zum Treubruchtatbestand des § 266 StGB, JZ **77**, 702; 743; *Schäfer,* Die Strafbarkeit der Untreue zum Nachteil einer KG, NJW **83**, 2850; *Schlösser,* Die Strafbarkeit des Geschäftsführers einer private company limited by shares in Deutschland, wistra **06**, 81; *Schmidt-Hieber,* Strafbarkeit der Ämterpatronage, NJW **89**, 558; *Schnauder,* Zum strafrechtlichen Schutz des Gesellschaftsvermögens, JuS **98**, 1080; *Schramm,* Untreue durch Insolvenzverwalter, NStZ **00**, 398; *Schünemann,* Organuntreue. Das Mannesmann-Verfahren als Exempel,? 2004; *ders.*, Die „gravierende Pflichtverletzung" bei der Untreue: dogmatischer Zauberhut oder taube Nuss?, NStZ **05**, 473; *ders.*, Der Bundesgerichtshof im Gestrüpp des Untreuetatbestandes, NStZ **06**, 196; *Schulte,* Abgrenzung von Bankrott, Gläubigerbegünstigung u. Untreue zum Nachteil einer KG, NJW **84**, 1671; *ders.*, Die „gravierende Pflichtverletzung" bei der Untreue: „Dogmatischer Zauberhut oder taube Nuss?", NStZ **05**, 473; *Seier,* Untreue, in: *Achenbach/Ransiek* (Hrsg.), , Handbuch Wirtschaftsstrafrecht, 2004 (zit. *A/R-Seier*), V 2; *Seier/Martin,* Die Untreue, JuS **01**, 874; *Spatschek/Ehnert,* Übernahme von Geldsanktionen und Verteidigerhonorar durch Unternehmen bei Strafverfahren gegen Mitarbeiter, StraFo **05**, 265; *Taschke,* Straftaten im Interesse von Unternehmen – auch strafbar wegen Untreue?, Lüderssen-FS (2002), 663; *Tiedemann,* Untreue bei Interessenkonflikten, Tröndle-FS 319; *ders.*, Der Untreuetatbestand – Ein Mittel zur Begrenzung von Managerbezügen?, Weber-FS (2004) 319; *Ulmer,* Schutz der GmbH gegen Schädigung zugunsten ihrer Gesellschafter?, Pfeiffer-FS 853; *Velten,* Untreue durch Belastung mit dem Risiko zukünftiger Sanktionen am Beispiel verdeckter Parteienfinanzierung, NJW **00**, 2852; *Volhard,* Die Untreuemode, Lüderssen-FS (2002), 675; *Waßmer,* Untreue bei Risikogeschäften, 1997 (Diss. Heidelberg; [Bespr. *Otto* GA **98**, 347]); *Weber,* Dreher-FS 555; *ders.*, Können sich Gemeinderatsmitglieder durch ihre Mitwirkung an Abstimmungen der Untreue schuldig machen?, BayVBl. **89**, 1661; *Wegenast,* Missbrauch u. Treubruch. Zum Verhältnis der Tatbestände in § 266, 1994; *Weinmann,* Pfeiffer-FS 98; *Winkelbauer,* Strafrechtlicher Gläubigerschutz im Konkurs der KG u. der GmbH & Co. KG, wistra **86**, 17; *Wittig/Reinhart,* Untreue beim verlängerten Eigentumsvorbehalt, NStZ **96**, 467; *Wodicka,* Die Untreue zum Nachteil der GmbH bei vorheriger Zustimmung aller Gesellschafter, 1993 (Diss. Heidelberg); *G. Wolf,* Die Strafbarkeit der rechtswidrigen Verwendung öffentlicher Mittel, 1998; *Wolf,* Die Strafbarkeit des ehemaligen CDU-Vorsitzenden Dr. Helmut Kohl nach § 266 StGB, KJ **00**, 531; *Zieschang,* Strafbarkeit des Geschäftsführers einer GmbH wegen Untreue trotz Zustimmung sämtlicher Geschäftsführer?, Kohlmann-FS (2003), 351.

2 **2) Rechtsgut und kriminalpolitische Bedeutung.** § 266 ist neben § 263 der zentrale Tatbestand zur strafrechtlichen Absicherung einer an der Zuordnung von Vermögen orientierten Erwartungssicherheit. Geschütztes **Rechtsgut** ist (allein) das individuelle **Vermögen** des Treugebers (BGH **8**, 254 ff.; **14**, 38, 47; **43**, 297; *S/S-Lenckner/Perron* 1; LK-*Schünemann* 28; *A/R-Seier* V 2/10; *M/Schroeder/ Maiwald* 45/1; *Arzt/Weber* 22/1; *Mitsch* BT II/1, 8/1; *Munz* [1 a] 61 ff., 77), nicht aber ein hiervon gelöstes individuelles oder kollektives „Vertrauen" in die Sicherheit der Güterzuordnung; erst recht nicht die Funktionsfähigkeit der Wirtschaftsordnung als solche; auch nicht das Befriedigungsinteresse von Gläubigern (NJW **00**, 154). *Von Bedeutung* ist dies namentlich auch für die Auslegung des „Nachteils"-Merkmals, dessen Rechtsgutsbezug etwa im Bereich der Amtsuntreue (unten 64 ff.) oder der Geschäftsführer- und Gesellschafteruntreue (unten 23 f.) in Rspr. und Literatur umstritten ist (vgl. auch *W/Hillenkamp* 747).

Die durchschnittliche **Schadenshöhe** der polizeilich bearbeiteten Fälle ist etwa 15 mal höher als beim Betrug; die Anzahl der erfassten Fälle aber gegenüber dem Betrug verschwindend gering; dies weist im Zusammenhang mit der **Aufklärungsquote** von ca. 98% darauf hin, dass nur ein geringer Anteil von Taten – meist solche mit „endgültigem" wirtschaftlichen Schadenseintritt und hohem Schaden – überhaupt zur Anzeige gelangt und dass im unteren und Bagatellschadensbereich die Grenze zur *Sozialadäquanz* fließend ist. 3

Untreueähnliche Sondertatbestände enthalten die §§ 266 a und 266 b sowie § 34 DepotG; auch § 26 c UStG idF durch das StVBG v. 19. 12. 2001 ist wohl so zu verstehen (zw.). Ein auf *kollektive* „Treuepflicht" abstellendes Delikt enthielt § 249 I StGB-DDR in der Variante der Beeinträchtigung des gesellschaftlichen Zusammenlebens durch Arbeitsscheu („Arbeitsbummelei"), verwirklicht etwa durch „Nichterfüllung finanzieller Verpflichtungen" oder „Einbußen an Lohn oder Prämien für das Arbeitskollektiv" (vgl. Komm. z. StGB-DDR, 5. Aufl. 1987, § 249 Anm. 2). 4

3) Verfassungsmäßigkeit. Im Hinblick auf die Tatbestandsfassung, die jedenfalls in der Treubruchsvariante auf eine Handlungsbeschreibung ganz verzichtet und zugleich mit der Vermögensbetreuungs-Pflicht im Wege eines Blanketts auf außerstrafrechtliche Normen verweist, und wegen des Ursprungs der Tatbestandsformulierung im Gesetz vom 26. 5. 1933 (i. E. dazu *Schäfer* DJZ **33**, 795) ist in der Lit. verschiedentlich die Vereinbarkeit mit **Art. 103 II GG** bestritten (*Labsch* [1 a] 177 ff.; *Jakobs* AT 4/29 f.) oder jedenfalls in Zweifel gezogen worden (vgl. schon *H. Mayer,* Die Untreue, 1954, 337; sowie *Sax* JZ **77**, 664 f.; *Arzt,* Bruns-FS 367; krit. auch *Jescheck/Weigend* AT 15 I 3; *Arzt/Weber* 22/45, 67; *A/R-Seier* V 2/18; *Lüderssen*, Schroeder-FS [2006] 569 ff.). **Rspr. und hM** halten, anknüpfend an den durch RG **69**, 58 vorgenommenen Einschränkungen, eine dem Bestimmtheitsgebot genügende Auslegung für möglich (vgl. i. E. LK-*Schünemann* 31; *Arzt/Weber* 22/66 f.; *Ransiek* ZStW **116** [2004], 634, 640 ff.; unten 28, 31). 5

4) Verhältnis der Tatbestandsvarianten. Abs. I enthält **zwei Tatbestände** (Missbrauchs- und Treubruchs-Tatbestand), deren **Verhältnis** zueinander seit jeher umstritten (umf. dazu LK-*Schünemann* 8 ff.; zur Entwicklung auch *Kargl* ZStW **113**, 565 ff.; jew. mwN) und für die Bestimmung des **Unrechtskerns** von erheblicher Bedeutung ist. Da die Bezeichnung des Geschädigten als desjenigen, „dessen Vermögensinteressen (der Täter) zu betreuen hat", für beide Tatbestände gilt, stellt sich die Frage, ob eine **identische Vermögensbetreuungspflicht** Voraussetzung beider Alternativen ist (zum normengeschichtlichen Ursprung und zum Streit zwischen „Missbrauchs"- und „Treubruchstheorie" um die Auslegung des bis zur „kombinierenden" Neufassung von 1933 geltenden **§ 266 I Nr. 2 RStGB** vgl. umf. *H. Mayer,* Die Untreue im Zusammenhang der Vermögensverbrechen, 1954, 1 ff.; LK-*Schünemann* vor 1 ff., 5 f. mwN); zur Unterscheidung der Formulierungen „Vermögensinteressen *wahrnehmen*" und „Vermögensinteressen *betreuen*" vgl. *Haft* BT 224; *Eisele* GA **01**, 380 f.; *Kargl* ZStW **113**, 565 ff.). Seit BGH **24**, 386, 387 f. (vgl. schon RG **69**, 58 f.) sehen **Rspr. und hM** als gemeinsamen Unrechtskern die Verletzung einer für beide Tatbestandsvarianten identischen **Pflicht zur fremdnützigen Vermögensbetreuung** an; danach liegt im Missbrauch einer (rechtsgeschäftlichen) Verfügungsbefugnis nur dann eine Untreue, wenn die Befugnis gerade zum Zweck der Vermögensfürsorge erteilt ist (vgl. unten 18). Der Missbrauchstatbestand ist nach dieser Auffassung ein (im Grunde überflüssiger) „ausgestanzter Spezialfall" des umfassenderen Treubruchstatbestands (vgl. BGH **24**, 386 [*Scheckkarten-Fall*]; BGH **33**, 244, 250 [*Kreditkarten-Fall*]; **35**, 244 [Anm. *Otto* JZ **88**, 883]; **46**, 30 [Anm. *Dierlamm* NStZ **00**, 656; *Links* NStZ **00**, 657; *Otto* JR **00**, 517; *Luttermann* ZIP **00**, 1212]; **47**, 187 [*Sponsoring*]; **50**, 331, 342 [*Mannesmann/Vodafone*]; NJW **75**, 1234; **77**, 443 f.; **84**, 2539 f.; NStZ **97**, 124; wistra **92**, 66; **00**, 384; **06**, 306 f.; MDR **88**, 594; Köln NJW **78**, 713 f.; **88**, 503 f.; 3219 f.; Hamburg NJW **83**, 768 f.; Hamm NJW **84**, 1633 f.; Karlsruhe NStZ **91**, 239; ebenso *Lackner/Kühl* 4, 8; *Arzt/Weber* 22/68, 79; *M/Schroeder/Maiwald* 45/11, 18; *W/Hillenkamp* 749 f.; *Krey* BT 2, 542; *Schreiber/Beulke* JuS **77**, 657; *Vormbaum* JuS **81**, 20; umf. LK[10]-*Hübner* 5 ff.; jew. mwN). 6

7 **Abweichende Ansichten.** Die heute hM ist seit jeher vielfältiger **Kritik** ausgesetzt, die ihrerseits im Einzelnen in eine vom Rechtsanwender nicht mehr überschaubare Meinungsvielfalt differenziert ist. Sie richtet sich vor allem gegen die Annahme, der **Inhalt** der Verfügungsbefugnis iS des Missbrauchstatbestands und der Pflicht zur Wahrnehmung fremder Vermögensinteressen iS des Treubruchstatbestands **ergebe sich** gleichermaßen aus dem für beide Varianten geltenden Relativsatz „dessen Vermögensinteressen er zu betreuen hat". Das ist nicht zwingend; vielmehr wäre es umgekehrt nahe liegend, die Anforderungen an die Betreuungspflicht nach Maßgabe der Täterstellung zu bestimmen (so LK-*Schünemann* 12; krit. gegen die Gleichsetzung auch *S/S-Lenckner/Perron* 2; *Labsch* [1 a] 83 ff., 170 ff.; Jura **87**, 345 f.; *Wegenast* [1 a] 60 ff.). Die Gegenansicht in der Lit. weist zudem darauf hin, dass notwendige Einschränkungen des Treubruchstatbestands (Selbständigkeit; Entscheidungsfreiheit; vgl. unten 28) für die Missbrauchsvariante keine Rolle spielen können, wenn dort nicht unakzeptable Strafbarkeitslücken entstehen sollen. Daher wird teilweise eine Beschränkung des Missbrauchstatbestands auf Fälle fremdnütziger Verfügungsbefugnis unter Ablehnung einer weitergehenden „Harmonisierung" mit dem Innenverhältnis des Treubruchstatbestands vertreten (*S/S-Lenckner/Perron* 2, 12; *Küper* BT 350 f.; *Steinhilper* Jura **83**, 408; *Schlüchter* JuS **84**, 675; *Wegenast* [1 a] 134 ff. vgl. auch *A/R-Seier* V 2/52 f.). Eine **weitergehende Ansicht** reduziert das auch für den Missbrauchstatbestand vorausgesetzte Innenverhältnis auf die Pflicht, die im Außenverhältnis bestehende Rechtsmacht nicht „missbräuchlich", dh rechtswidrig auszuüben; danach ergibt sich im Missbrauchstatbestand der Umfang der „Vermögensbetreuungspflicht" abschließend aus dem der Verfügungsbefugnis zugrunde liegenden Rechtsverhältnis (*Labsch* NJW **86**, 106; Jura **87**, 345 f.; *Otto* JR **85**, 29; **89**, 210; JZ **85**, 73; 1009; **88**, 884; BT 54/8 ff.; *Ranft* JuS **88**, 673; ähnlich *Bringewat* GA **73**, 358 ff.; NStZ **83**, 485 f.; wistra **84**, 196; NStZ **85**, 537).

8 Den genannten Auffassungen steht eine insb. von *Schünemann* entwickelte (LK 11 ff.) **typusorientierte** Systematisierung gegenüber, die den Kern des Untreueunrechts nicht in der Verletzung einer übergreifenden Betreuungspflicht sucht, sondern die Vermögensbetreuung als „anvertraute **Herrschaft** über fremdes Vermögen" versteht (LK 21), Untreue somit als zweckwidrige Ausübung einer solchen Herrschaft. Unter diesem Blickwinkel erschließt sich die Vorschrift durch differenzierende Analyse der **Art der Herrschaft** (LK 20); die Treuepflicht ist Kehrseite des Fehlens von Kontrolle in der Ausübung von Herrschaft; sie folgt nur insoweit aus der *Selbständigkeit* pflichtgemäßer Vermögensbetreuung, als diese ein Kennzeichen – jeweils spezifischer – rechtsgeschäftlicher oder tatsächlicher Herrschaftsmacht ist (vgl. schon *Sax* JZ **77**, 666 f.). Die Zuordnung von Sachverhalten zum Missbrauchs- oder Treubruchstatbestand nimmt *Schünemann* im Einzelfall anhand einer Bestimmung des „Mischungsverhältnisses" von Herrschaftstypen vor (aktuelle Herrschaftsposition im Innenbereich des Vermögens oder aus früherer anvertrauender Übertragung von Vermögensteilen zwecks Umwandlung in neue Vermögensstücke; vgl. LK 21).

9 **5) Missbrauch eingeräumter Befugnis (Missbrauchstatbestand).** Der Tatbestand stellt in seiner ersten Variante den Missbrauch einer rechtlichen **Befugnis** unter Strafe, über fremdes Vermögen zu **verfügen** oder eine andere natürliche oder juristische Person zu **verpflichten.** Er dient dem Schutz des Vermögens in Rechtsbeziehungen, die dem Täter ein **rechtliches Können** (im Außenverhältnis zu Dritten) gewähren, das über das **rechtliche Dürfen** (im Innenverhältnis zum Vermögensinhaber) hinausgeht (BGH **5**, 61, 63; MDR **84**, 953; wistra **88**, 191; NJW **95**, 1535).

10 **A. Befugnis.** Die Befugnis iS von Abs. I ist die Rechtsmacht, in wirksamer Weise über Vermögensrechte eines anderen durch Übertragung, Aufhebung, Belastung oder Änderung zu verfügen oder ihn gegenüber Dritten wirksam zu solchen Verfügungen zu verpflichten. Nach hM ist mit der Anknüpfung an die zivilrechtliche Terminologie allein auf **rechtsgeschäftliches Handeln** abgestellt (*Arzt/Weber* 22/12; *M/Schroeder/Maiwald* 45/17; *Lackner/Kühl* 6); jedoch ist auch die Befugnis umfasst, **hoheitlich** zu verfügen (BGH **13**, 274, 275 ff. [Gerichtsvollzieher]; 5 StR 127/07 **aS** [Finanzbeamter]; LK-*Schünemann* 43; *S/S-Lenckner/Perron* 15). Ob die Rechtshandlung im fremden (§ 164 BGB) oder im eigenen Namen (§ 383 HGB) vorgenommen wird, ist unerheblich. Die Befugnis muss gerade im Hinblick auf Verfügungen oder Verpflichtungen des Vermögensinhabers gegenüber Dritten bestehen; eine rein tatsächliche Einwirkungsmacht reicht daher nach allg. Ansicht nicht aus (Hamm NJW **72**, 299; Frankfurt MDR **94**, 1232; *Lackner/Kühl* 6; *S/S-Lenckner/Perron* 16; SK-*Samson/Günther* 9; LK-*Schünemann* 37, 43; jew. mwN);

hiernach werden etwa Verbindung, Vermischung und Verarbeitung, Zerstörung oder Eigenverbrauch fremder Sachen vom Missbrauchstatbestand nicht erfasst. Ein **Bote** handelt nicht mit rechtsgeschäftlicher Verfügungs- oder Verpflichtungsbefugnis (Hamm NJW **72**, 299; *S/S-Lenckner/Perron* 5; SK-*Samson/Günther* 11; *A/R-Seier* V 2/46; *Weber,* Dreher-FS 565; *Arzt/Weber* 22/20; *Mitsch* BT II/1, 8/17; vgl. schon RG **69**, 58 f.; differenz., aber iErg ebenso LK-*Schünemann* 45).

11 **a) Fremdes Vermögen.** Die dem Täter „eingeräumte“ Befugnis muss sich auf fremdes Vermögen (unten 56 f.) beziehen; ob dies der Fall ist, bestimmt sich nach materiellem (Zivil-) Recht (*S/S-Lenckner/Perron* 6; *Lackner/Kühl* 3; LK-*Schünemann* 47). Auf wirtschaftliche Gesichtspunkte kommt es nicht an (vgl. BGH **1**, 186, 187 f. mit Hinweisen zur RG-Rspr.); ebenfalls nicht auf eine „Zwecksetzungsbefugnis“ (so *Nelles* [1 a] 479 ff.; 513 ff.), etwa darauf, ob beschlagnahmtes (Täter-)Vermögen im Interesse Dritter verwertet wird (so aber LK-*Schünemann* 47 für den als Hilfsperson beigezogenen *Gemeinschuldner* sowie für die *Eigenverwaltung* nach §§ 270 ff. InsO; vgl. schon RG **39**, 416; wie hier *S/S-Lenckner/Perron* 6), so dass der InsVerwalter über fremdes, der Gemeinschuldner über eigenes Vermögen verfügt (BGH **1**, 186 ff.). Der Inhaber eines (Prolongations-)**Wechsels** verfügt bei Diskontierung jedenfalls auch über eigenes Vermögen (**aA** NJW **61**, 2302; BGHZ **8**, 276). Auch der **Sicherungsnehmer** (nach Sicherungsübereignung) und der **Vorbehaltsverkäufer** verfügen über eigenes, nicht über fremdes Eigentum (BGH **1**, 186 f.; *Arzt/Weber* 22/24); eine Strafbarkeit kann aber nach § 289 begründet sein. Bei Verfügungen über **Treuhand**-Vermögen kommt es auf den Inhalt des Treuhandvertrags an: Geldmittel, die im Rahmen eines banküblichen Treuhandvertrags vom Treugeber auf ein Anderkonto eines **Treuhänders** eingezahlt werden, scheiden grds. aus dem Vermögen des Treugebers aus; der Treuhänder verfügt dann nicht über fremdes Vermögen (vgl. auch NStZ **06**, 38 f.). Anders ist es namentlich bei uneigennützigen Treuhandverhältnissen, insb. bei Führung von Notar- oder Rechtsanwaltsanderkonten, die ausschließlich der Aufnahme und Verwaltung von Fremdgeldern dienen (vgl. § 27 II S. 1 BNotO).

11 a Dem **Sicherungsgeber** sowie dem **Vorbehaltskäufer** ist idR ein Verfügungsrecht über *fremdes* Vermögen (im Rahmen ordnungsgemäßen Wirtschaftens) eingeräumt (§ 185 BGB); es trifft sie jedoch regelmäßig keine Vermögensbetreuungspflicht (vgl. BGH **16**, 280, 282; **22**, 190). Das Vermögen einer **juristischen Person** ist nicht nur für **Vorstände** und **Geschäftsführer** fremd, sondern auch für die **Gesellschafter**; das gilt auch im Fall einer **Einmann-GmbH** für den geschäftsführenden Alleingesellschafter (BGH **34**, 384; **35**, 337; NJW **81**, 1793; **00**, 154 [Bespr. *Gehrlein* NJW **00**, 1089]; wistra **87**, 216; **97**, 146; BGHR § 266 I Nachteil 4, 21, 25; *S/S-Lenckner/Perron* 6; LK-*Schünemann* 47; *Zieschang*, Kohlmann-FS [2003], 351, 358 f.). Fremd ist daher auch das Vermögen einer AG für den **Vorstand** (BGH **47**, 187, 192) sowie für den **Aufsichtsrat** (vgl. dazu *Rönnau/Hohn* NStZ **04**, 113 ff.; vgl. auch BGH **50**, 331, 335 [= NJW **06**, 522 = NStZ **06**, 214, Fall *Mannesmann/Vodafone*] dazu schon Vorinstanz LG Düsseldorf NJW **04**, 3275; Bespr. *Jahn* ZRP **04**, 179; *Kort* NJW **05**, 333; *Jakobs* NStZ **05**, 276; *Schünemann* [oben 1 a] *Ransiek* NJW **06**, 814; *Schünemann* NStZ **06**, 196; *Rönnau* NStZ **06**, 218; *Steiner* Kreditwesen **06**, 109; *Peltzer* ZIP **06**, 205; *Spindler* ZIP **06**, 349; *Fleischer* DB **06**, 542; *Bauer* DB **06**, 546; *Vogel* JZ **06**, 568; *Hocke* JZ **06**, 568; *Krause* StV **06**, 307; *Hanft* Jura **07**, 58); ebenso für Geschäftsführende Direktoren (§ 40 I SEAG) und den **Verwaltungsrat** einer SE mit monistischem System (§§ 20 ff. SEAG; zur Sorgfaltspflicht und Verantwortlichkeit vgl. § 39 SEAG iV mit § 93 AktG). Zur **Personengesellschaft** vgl. unten 57.

12 **b) Einräumung der Befugnis.** Die Verfügungs- oder Verpflichtungsbefugnis muss dem Täter eingeräumt sein. Erforderlich ist somit eine – zugleich das Innenverhältnis gestaltende – rechtliche Legitimierung der nach außen wirkenden Macht über fremdes Vermögen; diese kann auf zivil- oder öffentlich-rechtlichen Vorschriften beruhen (LK-*Schünemann* 39). Abs. I führt als Quellen der Befugnis **Ge-**

setz, behördlichen Auftrag und **Rechtsgeschäft** auf, die einzeln, aber auch zusammen vorliegen können (*Park-Zieschang* 10) und sich insoweit überschneiden, als auch die durch behördlichen Auftrag oder durch Rechtsgeschäft verliehene Befugnis ihre Begründung und Wirksamkeit durch Gesetze erfährt. Als allein „**durch Gesetz** eingeräumt" wird man daher nur solche Befugnisse ansehen können, die sich in Anknüpfung an natürliche (elterliche Sorge, §§ 1629, 1705 BGB) oder rechtliche (Ehe, § 1357 BGB) Gegebenheiten *unmittelbar* aus dem Gesetz ergeben. In einer Vielzahl von Fällen beruht die gesetzlich geregelte Befugnis der als Täter des § 266 I in Betracht kommenden Person auf einem – auf Dauer oder im Einzelfall erteilten – behördlichen (oder gerichtlichen) **Auftrag,** der einen Bestellungsakt voraussetzt.

13 **Beispiele:** Vormund (§ 1793 BGB); Betreuer (§§ 1896 ff. BGB); Pfleger (§§ 1909 ff. BGB; vgl. Bremen NStZ **89**, 228; Celle NJW **94**, 142; *Otto* Jura **91**, 49); Nachlasspfleger (§ 1960 II BGB; vgl. BGH **35**, 227 [m. Anm. *Otto* JZ **88**, 883]); Testamentsvollstrecker (§§ 2205, 2216 BGB); Nachlassverwalter (§ 1985 BGB); Insolvenzverwalter (§§ 56 ff. InsO); Sequester (§§ 848, 855 ZPO); Liquidatoren und Abwickler (zB §§ 48 f. BGB; 146 II, 149, 161 II HGB; 265 III AktG; 66 II, 70 GmbHG); gerichtlich bestellter Notvertreter (§§ 29 BGB; 85 AktG; 26 III WEG); Gerichtsvollzieher (§§ 753, 804 ZPO; vgl. dazu BGH **13**, 274 ff.; Köln NJW **88**, 503 [Anm. *Keller* JR **89**, 77]; vgl. dazu aber unten 19).

14 **Behördlicher Auftrag** ist namentlich die Berufung in ein **öffentliches Amt** mit nach Maßgabe des öffentlichen Rechts (vgl. § 174 BGB) geregelter Vertretungsbefugnis (vgl. RG **69**, 333 ff.), **zB** der eines Inkassobeamten; auch eines Finanzbeamten im Hinblick auf das öffentliche Vermögen (NStZ **98**, 91; 5 StR 127/07 **aS**). Hierzu zählt auch eine durch **Wahl** begründete Stellung mit gesetzlicher Vertretungsbefugnis, **zB** als **Bürgermeister** (NStZ **03**, 540, 541; NStZ-RR **05**, 83; wistra **06**, 306, 307; **07**, 259; Bay JR **89**, 299 [m. Anm. *Seebode*]; vgl. schon RG **65**, 402) oder **Landrat** (vgl. wistra **06**, 307); als gewählter Vertreter einer öffentlich-rechtlichen Körperschaft (vgl. BGH **30**, 247; Hamm NJW **82**, 190 [AStA]); Parlamentspräsidien. Dagegen haben **Abgeordnete** als solche keine Befugnis iS von Abs. I; ein *politischer* „Missbrauch" der auf Wahl beruhenden, verfassungsmäßigen Rechtssetzungsmacht (etwa einer „Verpflichtungsbefugnis" zum Erlass von Abgabensatzungen oder Steuergesetzen) ist von § 266 I nicht erfasst (zu **Gemeinderatsmitgliedern** vgl. auch 23 zu § 11). Ob kommunalrechtliche Beschränkungen der Vertretungsmacht (zB Art. 29, 30 II, 36 f. BayGO) zivilrechtlich zu Lasten Dritter gelten und zu einer Einschränkung der Vertretungsmacht führen, ist umstr. (offen gelassen von NJW **80**, 115; wistra **06**, 306 f.); es kann dahinstehen, wenn die Vermögensbetreuungspflichten aus Missbrauchs- und Treubruchstatbestand übereinstimmen (vgl. BGH **47**, 187, 192; NJW **84**, 2539, 2540; **06**, 453, 454; wistra **06**, 306, 307).

15 Hauptfall der durch **Rechtsgeschäft** eingeräumten Befugnis sind die **Vollmacht,** in fremdem Namen zu handeln (§§ 166 II BGB, 80 f. ZPO), sowie die **Ermächtigung,** in eigenem Namen über fremde Rechte zu verfügen (§ 185 BGB; **zB** beim Kommissionsgeschäft). Grundlage kann insb. ein Auftragsverhältnis, ein Dienst- oder Gesellschaftsvertrag sein; es kommt jedes vertragliche Rechtsverhältnis in Betracht, durch das eine natürliche Person zur offenen oder verdeckten Vertretung einer anderen (natürlichen oder juristischen) Person ermächtigt wird; daneben mitgliedschaftliche Rechtsstellungen (vgl. *Eisele* GA **01**, 377 ff. für Mitglieder von Vereinen). Eine solche Rechtsmacht ist regelmäßig **zB** eingeräumt: Handlungsgehilfen (§§ 59 ff. HGB); Handelsvertretern (§§ 84 ff. HGB); Treuhändern; Kommissionären (vgl. RG **61**, 342); Rechtsanwälten (NJW **57**, 597; **60**, 1629; NStZ **86**, 361 [dazu *Tiedemann,* Tröndle-FS 327; *Franzheim* StV **86**, 409]; Karlsruhe NStZ **90**, 83; vgl. auch NStZ **97**, 124; 3 StR 326/85); Notaren (vgl. *BGH* **13**, 333; NJW **90**, 3220; dem Kassenarzt gegenüber der Krankenkasse (BGH **49**, 17, 23 f. ; NStZ **04**, 568); auch einem Arbeitnehmer gegenüber dem Arbeitgeber, wenn ihm im Rahmen des Dienstverhältnisses eine Kreditkarte zur dienstlichen Verwendung überlassen wird (vgl. LG Dresden NStZ **06**, 633 [Polizeibeam-

ter]). Vielfach sind Inhalt und Umfang einer durch Rechtsgeschäft eingeräumten Befugnis gesetzlich (ggf dispositiv) geregelt, so **zB** für Prokuristen (§§ 48ff. HGB); Handlungsbevollmächtigte (§§ 54ff. HBG); Vorstände von Vereinen (§ 26 II BGB), Stiftungen (§§ 26, 86 BGB), Genossenschaften (§ 24 GenG) oder Aktiengesellschaften (§ 78 AktG); geschäftsführende Gesellschafter von BGB-Gesellschaft, OHG und KG (§ 714 BGB; §§ 125f., 161 II, 170 HGB) sowie einer GmbH & Co. KG (§§ 161 II, 125 HGB; 35 GmbHG); Geschäftsführer einer GmbH (§§ 6, 35 GmbHG). Erfasst sind auch der noch nicht im Handelsregister eingetragene (BGH **3**, 32, 39) und der faktische Geschäftsführer (NJW **97**, 66; NStZ **00**, 34; vgl. hierzu auch 2, 21 vor § 283). Auch eine Untervollmacht reicht aus (vgl. RG **61**, 174; *S/S-Lenckner/Perron* 13).

Die Befugnis muss dem Täter **wirksam eingeräumt** sein. Im Fall eines behörd- **16**
lichen Auftrags oder einer durch Gesetz geregelten Befugnis von Inhabern bestimmter Ämter muss der **Bestellungsakt** wirksam sein; Unwirksam ist auch die Einräumung gesetzlich ausgeschlossener Befugnisse. Eine durch **Rechtsgeschäft** eingeräumte Befugnis setzt regelmäßig die Wirksamkeit der Vollmachtserteilung voraus.

Im Einzelnen umstritten ist die Frage, ob eine Täterstellung nach § 266 I auch **17**
durch einen im Außenverhältnis wirkenden **Rechtsschein** begründet sein kann (vgl. dazu *S/S-Lenckner/Perron* 4; LK-*Schünemann* 37ff.; *Arzt/Weber* 22/21f.; jew. mwN). **Unstr.** ist, dass Gutglaubensvorschriften wie §§ 407, 932 BGB, 366 HGB, die nicht an eine frühere (und sei es auch unwirksame) Vollmachtserteilung durch den Berechtigten anknüpfen, keine Befugnis iS von § 266 I begründen (BGH **5**, 61, 62ff.; *Lackner/Kühl* 5a; *S/S-Lenckner/Perron* 4; SK-*Samson/Günther* 13; LK-*Schünemann* 42; *A/R-Seier* V 2/44; *M/B-Schmid* 31/14; *Herzberg/Brandts* JuS **83**, 203, 205; *Arzt/Weber* 22/21; *M/Schroeder/Maiwald* 45/17; *Mitsch* BT II/1, 8/17; *W/Hillenkamp* 751). **Streitig** ist hingegen die Beurteilung bei fingiertem Fortbestehen (§§ 168, 674 BGB) oder bei Fortwirken (§§ 170ff. BGB) einer ursprünglich wirksam erteilten Vollmacht; nach zutr. Ansicht reichen auch solche Nachwirkungen rechtsgeschäftlicher Erteilung von Vertretungsmacht aus (Stuttgart NStZ **85**, 366; *S/S-Lenckner/Perron* 4; LK-*Schünemann* 41; *M/B-Schmid* 31/15; *Otto* BT 54/17; *Labsch* [1a] 307; Jura **87**, 412; *Nelles* [1a] 519; **aA** SK-*Samson/Günther* 13; *M/Schroeder/Maiwald* 45/17; *Arzt/Weber* 22/22; *Krey* BT 2, 548; *Wegenast* [1a] 152ff.). Auf die Wirksamkeit oder das Fortbestehen des dem *Innenverhältnis* zugrunde liegenden Vertrags kommt es dagegen grds. nicht an (*S/S-Lenckner/Perron* 11; ähnlich LK-*Schünemann* 37ff., 50; vgl. dazu *Labsch* Jura **87**, 414; *Küper* BT 352; **aA** SK-*Samson/Günther* 19; *M/Schroeder/Maiwald* 45/15); für Fälle der *Nichtigkeit* des Innenverhältnisses nach §§ 134, 138 BGB vgl. aber unten 22.

B. Vermögensbetreuungspflicht. Nach **Rspr. und hM** setzt auch der Miss- **18**
brauchstatbestand voraus, dass der Befugnisinhaber die Pflicht hat, die **Vermögensinteressen** desjenigen zu betreuen, über dessen Vermögen ihm Rechtsmacht eingeräumt ist (str.; vgl. dazu oben 6ff.). Die Befugnis muss dem Täter daher zur Erfüllung einer **im Interesse des Berechtigten** (Geschäftsherrn) liegenden Aufgabe eingeräumt sein (BGH **24**, 386f.; *S/S-Lenckner/Perron* 11; *Lackner/Kühl* 8; *M/B-Schmid* 31/16; **aA** LK-*Schünemann* 11ff.); die allgemeine Pflicht, auf die Interessen eines Vertragspartners Rücksicht zu nehmen, reicht ebenso wenig aus wie die Sonderstellung zu dem fremden Vermögen an sich. Die Vermögensbetreuungspflicht muss sich nach Maßgabe des Innenverhältnisses als „**wesentliche Pflicht**" darstellen (vgl. wistra **91**, 265; **92**, 66), der pflichtgemäße Gebrauch der Befugnis daher gerade auch als Instrument der Vermögenssorge erscheinen. Die **Rspr.** geht, idR ohne Begründung im Einzelnen (grundlegend BGH **24**, 386; **33**, 244, 250; NJW **83**, 461 [Anm. *Keller* JZ **83**, 516]; **84**, 2540) von einer Deckungsgleichheit mit der Fürsorgepflicht des Treubruchstatbestands aus (unten 28ff.); in der **Literatur** wird überwiegend gleichfalls eine Identität der Betreuungspflichten angenommen (vgl. etwa SK-*Samson/Günther* 4; *Lackner/Kühl* 8; *M/B-Schmid* 31/16; *W/Hil-*

lenkamp 752; *Arzt/Weber* 22/68; *Krey* BT 2, 542; *M/Schroeder/Maiwald* 45/18; *Schreiber/Beulke* JuS **77**, 657; *Vormbaum* JuS **81**, 20f.); teilweise wird eine gegenüber der Treubruchsvariante eingeschränkte Betreuungspflicht für ausreichend gehalten (so etwa *S/S-Lenckner/Perron* 11; *Kargl* ZStW **113**, 565, 577f.; vgl. auch *Bringewat* GA **73**, 383ff.; *Wegenast* [1a] 142f.) oder hervorgehoben, an die Vermögensbetreuungspflicht seien „keine hohen Anforderungen" zu stellen (so etwa *Mitsch* BT II/1, 8/19). Die **Gegenansicht** (vgl. insb. LK-*Schünemann* 57f.; *Labsch* Jura **87**, 344ff.; *Otto* JR **85**, 30f.; JZ **88**, 884; vgl. zum Ganzen auch *Nelles* [1a] 218ff., 502ff.), die von der Selbständigkeit der Untreuetatbestände ausgeht (oben 7f.), bestreitet das Erfordernis einer über eine eigennützige Treuhänderstellung hinausgehenden qualifizierten Vermögensfürsorgepflicht.

19 In der **Praxis** kommt den Unterscheidungen oft nur geringes Gewicht zu; weitgehende Einigkeit besteht darin, dass ein „Missbrauch" der Befugnis jedenfalls voraussetzt, dass diese nicht allein oder vorrangig im Interesse desjenigen verliehen ist, der sie *gebraucht.* Daher sind nach hM vom Missbrauchstatbestand **zB nicht erfasst:** Missbrauch von **Scheck-** oder **Kreditkarten** durch den berechtigten Karteninhaber (BGH **24**, 386; **33**, 244; vgl. dazu i.E. bei § 266b); missbräuchliche Ausnutzung des **Lastschrift-Einzugsverfahrens** (Hamm NJW **77**, 1834 [Anm. *Winterberg* BB **77**, 1627]; vgl. *Knierim,* in: *W/J,* 8/117ff.; *ders.* NJW **06**, 1093; *S/S-Lenckner/Perron* 12 mwN; and. *Labsch* [1a] 110f.; krit. *A/R-Seier* V 2/56; zum Betrug BGH **50**, 147 [vgl. 14a, 95 zu § 263]); Verfügungen des **Vorbehaltskäufers** (Nachw. bei LK-*Schünemann* 111), des **Sicherungsgebers** (vgl. BGH **16**, 280, 282) oder des **Leasingnehmers** (Köln StV **89**, 66) über das formell fremde Eigentum; Verfügungen entgegen den Verpflichtungen aus einem (echten oder unechten) Factoring-Vertrag (NStZ **89**, 72 [Anm. *Otto* JR **89**, 208]). Auch den Gerichtsvollzieher trifft keine besondere Vermögensbetreuungspflicht hinsichtlich des Schuldner-Vermögens (vgl. Köln NJW **88**, 504 [Anm. *Keller*]; **aA,** aber wohl überholt BGH **13**, 274; vgl. oben 14).

20 **C. Tathandlung des Missbrauchstatbestands.** Der Tatbestand setzt den „Missbrauch" der eingeräumten Befugnis voraus. Missbrauch ist Fehlgebrauch von Rechtsmacht, also keine vom Gebrauch unterscheidbare *Handlungs*-Form (zutr. *M/Schroeder/Maiwald* 45/21), sondern Ergebnis einer *Bewertung* der konkreten Befugnis-Ausübung im Verhältnis zu der aus dem Innenverhältnis entspringenden Pflicht. Ein Missbrauch kann daher nur dann vorliegen, wenn von der Befugnis in der *ihrem* Inhalt entsprechenden Form, dh durch **rechtsgeschäftliche** (allgM; vgl. auch *Schreiber/Beulke* JuS **77**, 656, 658; *Labsch* Jura **87**, 343, 347) Verfügung oder Verpflichtung, **wirksam** (vgl. unten 22; **aA** *Arzt,* Bruns-FS 365ff.; krit. auch *Heinitz,* H. Mayer-FS 433) Gebrauch gemacht wurde (*M/B-Schmid* 31/44f. mwN). Die Feststellung (wie die Verneinung; vgl. NStZ **01**, 155) einer Untreue durch Missbrauch setzt daher stets eine genaue Bestimmung des Befugnisbereichs voraus (vgl. auch *Eisele* GA **01**, 377, 393f. [Vereine]). Jedenfalls praktisch problematisch ist die Abgrenzung von Tathandlung und Taterfolg, also von Missbrauch und Schaden: Aus der Feststellung einer nicht kompensierten Vermögenseinbuße (vgl. unten 59ff., 73f.) kann nicht ohne Weiteres auf das Vorliegen eines Missbrauchs geschlossen werden.

21 **a) Handlungen außerhalb der Befugnis.** Hieraus folgt wiederum, dass Handlungen, welche von der Befugnis gar nicht umfasst sind, dem Missbrauchstatbestand *nicht* unterfallen (BGH **8**, 149; wistra **96**, 72), denn dieser setzt voraus, dass der Täter die Differenz zwischen „rechtlichem Können" (im Außenverhältnis) und „rechtlichem Dürfen" (im Innenverhältnis) in einer zu Lasten des Opfers *wirksamen* Weise ausnutzt (BGH **5**, 61, 63; NJW **95**, 1535; wistra **88**, 191; **07**, 259f.; JR **85**, 28f. [Anm. *Otto*]; *S/S-Lenckner/Perron* 17; SK-*Samson/Günther* 19f.; *M/Schroeder/Maiwald* 45/19; *W/Hillenkamp* 753; *Arzt/Weber* 22/31; *M/B-Schmid* 31/25ff.; insoweit zust. auch LK-*Schünemann* 43, 50). Schädigende Handlungen, die *außerhalb* des rechtlichen Könnens liegen und *deshalb* gegenüber dem Vermögensinhaber

unwirksam sind, sind durch den Missbrauchstatbestand nicht erfasst (vgl. zB BGH **50**, 299, 313f = NStZ **06**, 210, 213 [*Kölner Müllskandal*]; wistra **07**, 259f. [Abschluss unwirksamer öffentl.-rechtlicher Verträge zu Lasten einer Gemeinde durch den Bürgermeister]). Das betrifft insb. Handlungen eines **Vertreters ohne Vertretungsmacht** (vgl. §§ 164, 179 BGB), **zB** bei Veräußerung oder Belastung von Grundstücken durch einen Prokuristen (vgl. § 49 II HGB) oder Handlungsbevollmächtigten (§ 54 II HGB); Verfügungen des Betreuers außerhalb des Aufgabenkreises (§ 1896 II BGB); Genehmigung der zweckwidrigen Verwendung öffentlicher Mittel durch das Organ einer Körperschaft öffentlichen Rechts (2 StR 439/90 [insoweit in BGH **37**, 226 nicht abgedr.]); Vereinnahmung des Kaufpreises durch den (nur) Auflassungsbevollmächtigten (BGH **8**, 149); Einziehung von Kaufpreisen durch nicht inkassoberechtigten Handelsvertreter (BGHR § 266 I Missbrauch 3; auch bei Anscheins- oder Duldungsvollmacht, oben 18); Mitnahme von Waren durch Verkäufer zum eigenen Verbrauch (LM § 266 Nr. 4); Abgabe von Waren ohne Bezahlung (**aA** BGH **13**, 315f.); unerlaubtes Ausfüllen von Blanko-Formularen (*Labsch* [1 a] 105f.); Vereinbarung von **„kick-back"**-Provisionen durch Geschäftsführer oder Vorstände zu Lasten der vertretenen Gesellschaft (BGH **50**, 299, 313f. [= NStZ **06**, 210, 213]; *Rönnau*, Kohlmann-FS [2003], 239, 247f.; **aA** *Bernsmann* StV **05**, 576, 578; *ders.* GA **07**, 219, 235f.; zum Treubruch vgl. unten 38b). Vor Eintritt der Wirksamkeit der rechtsgeschäftlichen Handlung ist der Missbrauchstatbestand nicht erfüllt, bei **genehmigungspflichtigen** Rechtsgeschäften daher nicht bei schwebender Unwirksamkeit (vgl. Rotsch *wistra* **04**, 300, 301). Für Fälle, in denen die Außenmacht nicht weiter reicht als die Innenberechtigung und der Täter *zugleich beide Grenzen* überschreitet, gelten keine Besonderheiten (*M/B-Schmid* 31/49; LK-*Schünemann* 51); idR liegt daher ein Missbrauch nicht vor.

b) Missbrauchsausschluss trotz formeller Befugnis. Das gilt auch bei **kollusivem Zusammenwirken**, wenn der Täter zwar grds innerhalb seiner Befugnis tätig wird, der Dritte aber den bewussten Missbrauch zum Nachteil des Vertretenen erkennt (*Arzt/Weber* 22/35). Handlungen im Rahmen der Befugnis *und* der Innenberechtigung erfüllen *den Missbrauchstatbestand* auch dann nicht, wenn der Täter ein Rechtsgeschäft von Anfang an mit (untreuer) Schädigungsabsicht vornimmt; so **zB** wenn ein **Inkassobevollmächtigter** Geld in der Absicht einzieht, es für sich zu behalten (wistra **84**, 143 [m. zust. Anm. *Schomburg*]; *S/S-Lenckner/Perron* 19; *M/B-Schmid* 31/43; SK-*Samson/Günther* 20; *W/Hillenkamp* 763; *Schröder* NJW **63**, 1959; *Labsch* Jura **87**, 415; *Wittig/Reinhart* NStZ **96**, 467; *Wegenast* [1 a] 98ff.; krit. und abw. LK-*Schünemann* 52f. unter Berufung auf BGH **6**, 314, 316; **8**, 254, 260). Schließlich wird nach **hM** durch eine zu allein **sittenwidrigen oder gesetzwidrigen Zwecken** eingeräumte Befugnis eine dem Missbrauch zugängliche wirksame Außenrechtsmacht nicht begründet (BGH **20**, 143, 145f.; NJW **84**, 800; *Lackner/Kühl* 10; SK-*Samson/Günther* 36; *Mitsch* BT II/1, 8/30; vgl. auch unten 33f.). Das gilt gleichermaßen für die Wirksamkeit eines gesetzes- oder sittenwidrigen **Einverständnisses** im Einzelfall (*W/Hillenkamp* 761; unten 24; vgl. LG Chemnitz wistra **03**, 194 [unwirksame Zustimmung zur Auszahlung nicht fälligen Liquidatoren-Honorars]); **zB** bei (unwirksamer) Zustimmung zur gesetzwidrigen Verwendung von öffentlichen Haushaltsmitteln (BGH **30**, 247; Hamm NJW **82**, 190 [AStA]); bei Zustimmung der Mitgliederversammlung zur vereinszweckwidrigen Verwendung von Mitteln durch den Vorstand (Hamm wistra **99**, 350, 353); bei treuwidriger Zustimmung von GmbH-Gesellschaftern zu geschäftsschädigenden Verfügungen des Geschäftsführers (BGH **3**, 23; **34**, 379; **35**, 333; NJW **97**, 66; **00**, 154 [Bespr. *Brammsen* NJW **00**, 1089]). In diesen Fällen kann jedoch der Treubruch-Tatbestand gegeben sein (dazu unten 49ff.). 22

c) Differenz von Außenmacht und Innenberechtigung. Die Annahme des Missbrauchstatbestands setzt somit regelmäßig die Feststellung einer Abweichung von Außenmacht und Innenberechtigung voraus; diese ist anhand eines Vergleichs 23 des (gesetzlichen oder vertraglichen) Befugnisumfangs mit dem ggf einschränkenden Innenrechtsverhältnis vorzunehmen; vgl. **zB** für die OHG-Gesellschafter § 126 II HGB; für vertretungsberechtigte KG-Gesellschafter §§ 161 II, 126 II HGB; für Komplementäre der KGaA § 278 II AktG; für den GmbH-Geschäftsführer § 37 I GmbHG; für den Geschäftsführer der Komplementär-GmbH in der GmbH & Co. KG §§ 161 II, 126 II HGB, § 37 I GmbHG; für Vorstandsmitglieder einer AG § 82 AktG (Missbrauch von Aufsichtsrat-Mitgliedern ist namentlich bei Vertretung der AG gegenüber Vorständen möglich; vgl. §§ 112, 93 II AktG); für Mitglieder des Verwaltungsrats einer SE mit monistischem System (§ 22 SEAG); für den Vorstand einer Genossenschaft § 27 I GenG; bei BGB-Gesellschaften kann sich eine Innen-Beschränkung der nach § 714 BGB eingeräumten Vertretungsmacht aus dem Gesellschaftsvertrag ergeben. Für *Stiftungsvorstände* ergibt sich die Grenze der Innenberechtigung regelmäßig aus dem Stiftungsgeschäft.

24 **d) Einwilligung des Vermögensinhabers.** Die **Grenzen** einer hinter der Befugnis zurückbleibenden Innenberechtigung können durch **Einwilligung** des Vermögensinhabers im Einzelfall oder für bestimmte Arten von Verfügungen erweitert werden; da hier das „rechtliche Dürfen" an das „rechtliche Können" angepasst wird, entfällt in diesen Fällen schon der Tatbestand des Missbrauchs (BGH **3**, 23; *Hillenkamp* NStZ **81**, 161, 165; *Jordan* JR **00**, 137; *S/S-Lenckner/Perron* 21; LK-*Schünemann* 100; *Arzt/Weber* 22/70; *W/Hillenkamp* 757; **aA** BGH **9**, 203, 216 [Rechtfertigung]; vgl. BGH **30**, 247, 249). Dasselbe gilt für die **mutmaßliche Einwilligung** (*Arzt/Weber* 22/71). Voraussetzung ist, dass das Innenrechtsverhältnis einer erweiternden Einwilligung überhaupt zugänglich ist; das ist idR nur ein rechtsgeschäftlich begründeten Befugnissen der Fall. Vgl. hierzu i. E. unten 49 ff.

25 **e) Missbrauchshandlung.** Die dem Missbrauchstatbestand unterfallende Handlung ist die **rechtsgeschäftliche** Ausübung der Befugnis unter Verstoß gegen die sich aus dem Innenverhältnis ergebende Vermögensfürsorgepflicht (oben 19; vgl. wistra **88**, 305; Hamm NStZ **86**, 119; Düsseldorf wistra **92**, 354); im Einzelfall auch die Ausübung einer isoliert wirksam (fort-) bestehenden Befugnis, etwa nach Beendigung des Innenverhältnisses (*S/S-Lenckner/Perron* 11, 18).

26 **Einzelfälle:** Verfügungen eines Vereinsvorsitzenden außerhalb des Satzungszwecks (NStE Nr. 30; Hamm wistra **99**, 353; vgl. auch LG Bonn NStZ **01**, 375 [*Fall Kohl*]); Zahlung eines Anwaltshonorars durch Vorstandsmitglied einer AG an sich selbst (wistra **93**, 226); Zahlung überhöhter Provisionen durch GmbH-Geschäftsführer an sich selbst (wistra **87**, 65); grob unwirtschaftliche Verwertung der Masse durch Insolvenzverwalter zum Nutzen eines dritten Unternehmens, an dem der Täter beteiligt ist (NStZ **98**, 246); Einzug von Forderungen auf ein Privatkonto durch den Geschäftsführer einer Stiftung (2 StR 413/97); Bewilligung einer Subvention, obgleich die Voraussetzungen nicht vorliegen (5 StR 373/90); Vergabe von intern zustimmungspflichtigen Großkrediten (BGH **46**, 30 [Anm. *Knauer* NStZ **02**, 399; *Otto* JR **00**, 517; *Gallandi* wistra **01**, 281]; NStZ **02**, 262; vgl. dazu auch *Nack* NJW **80**, 1599; *Feigen*, Rudolphi-FS [2004] 445 ff.); Abschluss von Anstellungsverträgen oder Berufung in ein Beamtenverhältnis bei politisch oder finanziell motivierter Ämterpatronage (vgl. wistra **06**, 307; *Schmidt-Hieber* NJW **89**, 558; *Lackner/Kühl* 6); Vergabe öffentlicher Mittel unter Verstoß gegen die Pflicht zur sachgerechten Ermessensausübung (NJW **91**, 990; *Fabricius* NStZ **93**, 414, 416); Entzug von Liquidität durch Erfüllung nicht fälliger eigener Forderungen durch InsVerwalter oder Liquidator (vgl. LG Chemnitz wistra **03**, 194); Verordnung medizinisch nicht indizierter Medikamente oder Hilfsmittel durch einen Kassenarzt (BGH **49**, 17, 23 f. [Anm. *Herffs* wistra **06**, 63]; NStZ **04**, 568); Bestellung überteuerter Labormittel zu Lasten der gesetzlichen Krankenkasse unter Verschweigen von Vergütungen oder Rabattleistungen (vgl. Hamm MedR **05**, 236 [m. Anm. *Steinhilper*]).

27 Die Missbrauchshandlung kann auch in einem **Unterlassen** bestehen (Bremen NStZ **89**, 228; vgl. schon RG **65**, 333 f.; *S/S-Lenckner/Perron* 16; LK-*Schünemann* 54 f.; *Park-Zieschang* 15; *Güntge* wistra **96**, 89; *Seebode* JR **89**, 301). Das ist dort selbstverständlich, wo das Unterlassen selbst als rechtsgeschäftliche Handlung wirkt, **zB** bei Schweigen auf ein kaufmännisches Bestätigungsschreiben (*S/S-Lenckner/Perron* 16; LK-*Schünemann* 54; vgl. §§ 151, 496, 568 BGB; §§ 362, 383 HGB); ebenso, wenn es rechtsgestaltende Kraft hat (Unterlassen einer Kündigung; NJW

51, 645). Für das **Verjährenlassen** einer Forderung hat NStZ **83**, 461 die Anwendung des Missbrauchstatbestands offen gelassen (*dafür* RG **11**, 412, 414; *Lackner/Kühl* 6; LK-*Schünemann* 54; *dagegen* LM BGB § 222 Nr. 8; *S/S-Lenckner/Perron* 16; jew. mwN; vgl. auch *Schomburg* wistra **84**, 143). Das bloße **Nichtabführen** von vereinnahmten Zahlungen ist keine Verfügung (*S/S-Lenckner/Perron* 16; *A/R-Seier* V 2/73), unterfällt aber ggf dem Treubruchstatbestand. Soweit im Unterlassen eine rechtsgeschäftliche Handlung gesehen wird, ergibt sich eine **Garantenpflicht** aus der Vermögensbetreuungspflicht (and. *Mitsch* BT II/1, 8/46; SK-*Samson/Günther* 35); für die **Strafzumessung** ist nach hM § 13 II zu beachten (BGH **36**, 227 f.; NStZ-RR **97**, 357; vgl. unten 82).

6) Treubruchstatbestand. Die zweite Variante des Tatbestands knüpft nicht an eine formale Stellung des Täters zu dem betroffenen Vermögen, sondern an seine **tatsächliche Einwirkungsmacht** an, wenn dieser ein besonders, schützenswertes Vertrauen in die Wahrnehmung fremder Vermögensinteressen zugrunde liegt (NStZ **96**, 540; **99**, 558). Nach **hM** ist der überaus weite Wortlaut mit Art. 103 II GG zu vereinbaren (krit. aber *Arzt,* Bruns-FS 367; *Bernsmann* GA **07**, 219*Labsch* [1 a] 199 ff.; *Kargl* ZStW **113** [2001], 565, 570 ff., 589; *Gribbohm* JuS **65**, 391; *Weber,* Dreher-FS 564 ff.; *Jescheck/Weigend* AT § 15 I 3), wenn die vorausgesetzte **Vermögensbetreuungspflicht** auf besonders qualifizierte Pflichtenstellungen zu dem fremden Vermögen beschränkt wird, welche über allgemeine vertragliche Sorgfalts- und Rücksichtnahmepflichten (vgl. zB BGH **1**, 186, 188; **33**, 244, 251; NStZ **86**, 361; **94**, 35; NJW **91**, 1069; **94**, 251; wistra **86**, 256; **91**, 266; **98**, 61; Karlsruhe NStZ **90**, 82; **91**, 240) ebenso wie über eine allein tatsächliche Einwirkungsmöglichkeit deutlich hinausgehen (dazu umf. LK-*Schünemann* 57 ff.; vgl. auch *S/S-Lenckner/Perron* 23; *Dierlamm* NStZ **97**, 534 ff., jew. mwN). Den Versuch einer **Eingrenzung** hat schon RG **69**, 58 vorgenommen und als *Indizien* für das Vorliegen einer qualifizierten Vermögensbetreuungspflicht Umfang und Dauer der Pflichtenstellung, den Charakter der Betreuungspflicht als **Hauptpflicht** sowie eine **selbstständige Stellung** des Treupflichtigen herangezogen. Diese Kriterien sind in der nachfolgenden Rspr. des BGH einzelfallsbezogen fortentwickelt worden (vgl. namentlich BGH **1**, 186, 188 ff.; **3**, 289, 293 f.; **4**, 170, 172; **5**, 61, 64; **5**, 187 f.; **6**, 314, 318; **8**, 149 f.; **8**, 271 f.; **13**, 315, 317; **13**, 330, 332; **22**, 190 ff.; **24**, 386, 388; **28**, 20, 23; **33**, 244, 250 f.; **35**, 224, 226; **41**, 224, 227 ff.; NJW **53**, 1600; **83**, 461; **91**, 371; 2574; NStZ **82**, 201; **83**, 455; **86**, 455; **89**, 72; **96**, 81; aus der neueren OLG-Rspr Bay StV **99**, 31; Düsseldorf NJW **98**, 690; **00**, 529; Stuttgart NStZ **99**, 246). Die Literatur ist dem – mit zahlreichen Unterschieden im Einzelnen – im Wesentlichen gefolgt und hat sich insb. um eine **fallgruppenorientierte Systematisierung** bemüht (vgl. etwa LK-*Schünemann* 58 ff.; *S/S-Lenckner/Perron* 23 a; *M/B-Schmid* 31/85 ff.; *A/R-Seier* V 2/144 ff.; *Arzt/Weber* 22/58 ff.; *M/Schroeder/Maiwald* 45/26 ff.; *W/Hillenkamp* 769 ff.; *Mitsch* BT II/2, 8/38 ff.); gleichwohl bleibt insg. fraglich, ob es ausreichen kann, den vagen Anwendungsbereich durch ihrerseits unbestimmte Rechtsbegriffe einzuschränken und dann im Wege von vergleichenden Gesamtbetrachtungen zu „noch hinreichend bestimmten" Fallgruppen zu gelangen. 28

A. Allgemeine Anforderungen an die Treuepflicht. Den Täter muss eine inhaltlich *besonders herausgehobene Pflicht* treffen, Vermögensinteressen eines Dritten zu betreuen, dh diesem drohende Vermögensnachteile abzuwenden. Er muss innerhalb eines nicht ganz unbedeutenden Pflichtenkreises im Interesse des Vermögensinhabers tätig und zur *fremdnützigen* Vermögensfürsorge verpflichtet sein. Allgemeine schuldrechtliche Verpflichtungen, insb. solche aus **Austauschverhältnissen,** reichen nicht aus (NJW **88**, 2483; **91**, 1069; NStZ **86**, 361; **94**, 35; **06**, 38, 39; wistra **86**, 256; **87**, 136; Düsseldorf NJW **98**, 690; **00**, 530 f.; Karlsruhe NStZ **90**, 82; **91**, 240; München NJW **06**, 2278), auch wenn sich hieraus Rücksichtnahme- und Sorgfaltspflichten ergeben (*S/S-Lenckner/Perron* 23; zu Erweiterungen im Hinblick auf Mietverträge vgl. aber BGH **41**, 224; unten 36; grds. krit. zur 29

Praktikabilität dieser Abgrenzung *Kargl* ZStW **113**, 565, 585). Die Vermögensbetreuung muss sich, nach einer vielfach verwendeten Formel, als **Hauptpflicht,** dh als zumindest mitbestimmende und nicht nur „beiläufige" Pflicht darstellen (BGH **1**, 188; **4**, 170; **13**, 315; **33**, 244, 250; **41**, 229; NJW **95**, 1535; vgl. auch NStZ **06**, 221, 222 [*Kinowelt*-Fall]; stRspr.). Dabei kommt es – selbstverständlich – nicht darauf an, ob die Beteiligten die Pflicht als solche *bezeichnen;* so kann eine Vermögensbetreuungspflicht eines Chefarztes für Kardiologie, der für das Krankenhaus *überteuerte* Medizinprodukte bezieht und hierfür vom Hersteller Schmiergeld erlangt, nicht mit der Begründung verneint werden, „Hauptpflicht" sei das Ein*setzen* und nicht das Ein*kaufen* von Herzklappen (vgl. LG Mainz NJW **01**, 906). Vorausgesetzt ist darüber hinaus vor allem eine Möglichkeit zur verantwortlichen Entscheidung innerhalb eines gewissen **Ermessensspielraums** (BGH **13**, 315; **18**, 313; **41**, 229; wistra **89**, 60; vgl. auch NStZ-RR **05**, 83, 86; krit. *Kargl* ZStW **113**, 565, 587); rein mechanische Hilfstätigkeiten reichen idR nicht aus (BGH **3**, 293 f.; NStZ **83**, 455; GA **79**, 143; RG **69**, 61 f.; *S/S-Lenckner/Perron* 24 mwN; vgl. auch *Dahs* NJW **02**, 272 f.); hierbei kommt es freilich eher auf das **Fehlen von Kontrolle** als auf die Weite des dem Täter vorgegebenen Rahmens an (zutr. LK-*Schünemann* 85; vgl. auch BGH **41**, 229). Diese in Rspr und Literatur herangezogenen Kriterien werden in der Praxis als *Anhaltspunkte* betrachtet, deren Gewichtung im Einzelfall Grundlage einer wertenden **Gesamtbetrachtung** ist. Eine klare, einzelfallsunabhängige Grenze des Tatbestands lässt sich daher mit ihrer Hilfe kaum bestimmen (krit. auch *S/S-Lenckner/Perron* 24; LK-*Schünemann* 88; jew. mwN); sie formulieren Elemente des *Strafgrundes* der Untreue.

29 a Eine Treuepflicht wird sich idR (*Lackner/Kühl* 11: stets) nur aus einem fremdnützig typisierten Schuldverhältnis ergeben, in welchem der Verpflichtung des Täters **Geschäftsbesorgungscharakter** zukommt (NJW **83**, 461 [Anm. *Keller* JR **83**, 516]; **91**, 2574; **04**, 2448 [Anm. *Tiedemann* JZ **05**, 45; Bespr. *Rotsch* NStZ **05**, 13]; NStZ **89**, 72 [Anm. *Otto* JZ **89**, 208]; Koblenz NJW **95**, 51; *S/S-Lenckner/Perron* 23 a; LK-*Schünemann* 74 ff.). Innerhalb einer Gesamtheit rechtlicher Beziehungen, die sich insgesamt als Treueverhältnis iS von Abs. I darstellen, können Verpflichtungen enthalten sein, die nicht von § 266 geschützt sind. BGH **47**, 295, 297 ff. hat das für die Verpflichtung eines beamteten Chefarztes und Professors angenommen, Provisionen für von seiner Abteilung bezogene Medizinprodukte an die Universität abzuführen (von der Treuepflicht umfasst dagegen ist die Pflicht zur Wahrnehmung der Vermögensinteressen des Dienstherrn bei der Beschaffung selbst; § 266 daher, wenn die verdeckte Provisionszahlung zur *Preiserhöhung* führt [„*kick back*; ebd. 297 f.; BGH **50**, 299, 314; vgl. unten 38 a]).

30 **B. Grundlage der Treuepflicht. a)** Abs. I nennt als mögliche Grundlagen der Vermögensbetreuungspflicht zunächst gleichfalls **Gesetz, behördlichen Auftrag** und **Rechtsgeschäft** (dazu i. e. oben 13 ff.); insoweit besteht kein inhaltlicher Unterschied zum Missbrauchstatbestand (*Lackner/Kühl* 10; *S/S-Lenckner/Perron* 29; SK-*Samson/Günther* 34; LK-*Schünemann* 60; *M/B-Schmid* 31/73: *Arzt/Weber* 22/48; *Mitsch* BT II/1, 8/38); unerheblich ist freilich, ob und ggf. in welchem Umfang eine Verfügungs- oder Verpflichtungsbefugnis (oben 10 ff.) begründet wurde (*M/Schroeder/Maiwald* 45/24). Namentlich bei rechtsgeschäftlicher Grundlage kommt es im Einzelfall auf die (vertragliche) Ausgestaltung des Rechtsverhältnisses an. Fremdnützige Vermögensbetreuungspflichten können sich auf einzelne Verpflichtungen oder Vermögensteile **beschränken;** sie können ausdrücklich vereinbart sein, sich aber auch aus dem *Zusammenhang* rechtsgeschäftlicher Abreden ergeben. Sofern nicht die Vermögensbetreuung in typisierten Schuldverhältnissen die vertragliche Hauptpflicht darstellt (**zB** Vermögensverwaltung; umfassende Vermögensberatung; Geschäftsbesorgung; Verwaltung und Verwendung von Stiftungsvermögen), können sich **Indizien** insb. aus besonderen Vereinbarungen hinsichtlich der Stellung des Treunehmers (**zB** Selbständigkeit; Ermessensspielraum) oder ihm obliegender Pflichten (**zB** Überwachungs-; Benachrichtigungs-; Schadensabwendungspflicht) ergeben. Die Erteilung einer **Bankvollmacht** begründet regelmäßig eine Treuepflicht. Dem steht die Überlassung einer EC-Karte und der persönlichen Geheimzahl mit der Maßgabe der Verwendung im Auftrag und Interesse des berechtigten Karteninhabers gleich (Düsseldorf NStZ-RR **98**, 137; Hamm NStZ-RR **04**, 111, 112; vgl. 13 zu § 263 a).

b) Daneben nennt Abs. I **„ein Treueverhältnis"** als mögliche Grundlage einer Vermögensbetreuungspflicht. Namentlich dieses Merkmal öffnet den Tatbestand in einer bedenklichen Weite für Billigkeitserwägungen, denn die von Rspr und Lit. vielfach als solche bezeichneten „strengen Anforderungen" an die Vermögensbetreuungspflicht (vgl. dazu auch *Dierlamm* NStZ **97**, 534 ff.; *W/Hillenkamp* 769; *Küper* BT 363 ff.) stützen sich auf Kriterien, welche ihrerseits Ergebnisse von Wertungen sind und sich zudem in der Praxis als flexibel erweisen (krit. auch *Heinitz,* H. Mayer-FS 433, 438 ff; *Labsch* [1 a] 163 ff.; LK-*Schünemann* 82 f.; *S/S-Lenckner/Perron* 24). Das hier erfasste Verhältnis wird, in Abgrenzung zu den genannten Rechtsgründen, vielfach als **„tatsächliches Treueverhältnis"** beschrieben (vgl. schon RG **69**, 15, 16; BGH **6**, 67 f.; **12**, 208; NJW **97**, 66 [Anm. *Geerds* JR **97**, 340]; NStZ **97**, 124; *Lackner/Kühl* 10; *S/S-Lenckner/Perron* 30); bei der Bestimmung wird daher an die Begründung von Handlungspflichten in § 13 angeknüpft (ausdr. SK-*Samson/Günther* 27: „Garantenpflicht für fremdes Vermögen"; ähnl. *S/S-Lenckner/Perron* 23 a: „qualifizierte Garantenbeziehung"; abl. *Labsch* [1 a] 199 ff.). Auch hier geht es aber (allein) um *rechtliche* Pflichten (*Arzt/Weber* 22/50); das Merkmal kann nicht überindividuelle oder moralische Pflichten zu Grundlagen der Strafbarkeit aufwerten (zutr. BGH **8**, 257; LK-*Schünemann* 61; *M/Schroeder/Maiwald* 27). Es geht bei der Vermögensbetreuungspflicht aus („sonstigen") Treueverhältnissen somit nicht um eine *Erweiterung* der inhaltlichen Kriterien; sondern um deren (klarstellende) Erstreckung auf *strafrechtlich* begründete Pflichtenstellungen. Eine **faktische Herrschaft** über die Vermögensinteressen eines anderen kann im Einzelfall ausreichen (vgl. NJW **84**, 800; BGHR § 266 I VermBetrPflicht 13), wenn damit ein schützenswertes Vertrauen in eine Wahrnehmung der fremden Vermögensinteressen verbunden ist (NStZ **96**, 540; wistra **99**, 419). 31

Nach allg. Ansicht betrifft dies im Wesentlichen **zwei Fallgruppen:** Dies sind zum einen zivilrechtlich **nicht wirksam entstandene Betreuungsverhältnisse,** bei denen auf Grund tatsächlichen oder mutmaßlichen Willens der Beteiligten und tatsächlicher Pflichtenübernahme gleichwohl ein faktisches, fremdnütziges Herrschaftsverhältnis über fremdes Vermögen entstanden ist (vgl. NStZ **96**, 540; *S/S-Lenckner/Perron* 30; SK-*Samson/Günther* 37; LK-*Schünemann* 63; *Park-Zieschang* 22; einschr. *Sax* JZ **77**, 743; *M/Schroeder/Maiwald* 45/29 ff.). Das ist von NStZ **97**, 124 in einem Fall angenommen worden, in dem der Rechtsanwalt einer Partei auf Grund der Unerfahrenheit der anderen Partei praktisch unbegrenzten Zugriff auf deren Vermögen erlangte. Hierher gehört auch die Pflichtenstellung des faktischen Geschäftsführers (zum Begriff vgl. auch 21 vor § 283) einer GmbH (BGH **3**, 37; **6**, 315; **31**, 118; NJW **97**, 67 [Anm. *Geerds* JR **97**, 340]; NStZ **99**, 558; wistra **91**, 72; **92**, 140; *A/R-Seier* V 2/255 ff.; vgl. dazu ausf. LK-*Schünemann* 125; *M/B-Schmid* 30/10 ff., 19). Zum anderen können zivilrechtlich **erloschene Betreuungsverhältnisse** erfasst sein, bei denen nach dem (mutmaßlichen) Willen der Parteien das Betreuungsverhältnis tatsächlich fortbesteht (vgl. BGH **8**, 149; NStZ **97**, 124; Stuttgart JZ **73**, 739 [abl. Anm. *Lenckner* JZ **73**, 794]; *Arzt/Weber* 22/52; *Mitsch* BT II/1, 8/38; LK-*Schünemann* 62). Für einen solchen Willen bedarf es freilich besonderer Anhaltspunkte, etwa wenn bei Beendigung eines treupflichtbegründenden Rechtsverhältnisses die fremdnützige Herrschaftsbeziehung des Treunehmers über das fremde Vermögen tatsächlich (noch) fortbesteht (vgl. Stuttgart NJW **99**, 156). 32

c) Streitig ist die Behandlung von **gesetz- oder sittenwidrigen Rechtsgeschäften** *(„Ganovenuntreue")*. Hier sind zunächst schon die tatsächlichen Voraussetzungen eines *Vermögens*-Betreuungsverhältnisses, unabhängig von der Rechtswirksamkeit der Vereinbarung, kritisch zu prüfen; insoweit gelten die allgemeinen 33

Regeln, so dass die Rechtsfrage, ob zu rechtswidrigen Zwecken eingesetztes Vermögen von § 266 geschützt ist, sich **zB** bei bloßen Entgeltsleistungen gar nicht stellt; ebenso wenig idR bei der Übergabe von Geldmitteln oder Gegenständen mit dem Auftrag, sie für einen genau bestimmten Zweck (ohne eigenen Spielraum des Angewiesenen) zu verwenden oder weiterzugeben (daher keine Untreue des BtM-Kuriers, der das transportierte Rauschgift unterschlägt; des Schmiergeldempfängers, der einen Teil des Empfangenen absprachewidrig nicht weitergibt). Es kann nicht etwa schon allein aus der „Vertraulichkeit" einer gesetzwidrigen Absprache auf das Bestehen einer qualifizierten Treuepflicht geschlossen werden. In anderen Fällen, namentlich bei Einräumung einer selbstständigen Stellung mit weitem Ermessensspielraum wird man ein tatsächliches Treueverhältnis kaum bestreiten können (insoweit unklar *S/S-Lenckner/Perron* 31; *Lackner/Kühl* 10).

34 **Einigkeit** besteht insoweit darin, dass die (bloße) **Nichtausführung** eines gesetz- oder sittenwidrigen **Auftrags** eine durch § 266 geschützte Treuepflicht nicht verletzt, weil die Erwartung des Auftraggebers keinen Vermögenswert hat (vgl. BGH **8**, 254, 258; **20**, 143, 146; MDR/H **79**, 456; *S/S-Lenckner/Perron* 31; LK-*Schünemann* 65; *M/Schroeder/Maiwald* 45/28; *Arzt/Weber* 22/55; *W/Hillenkamp* 774; **aA** wohl *Zieschang* H.J. Hirsch-FS 831, 845 [für § 263]). Dasselbe gilt für eine **abredewidrige Verwendung** vom Vortäter entwendeter Gegenstände (**zB** Selbstzueignung statt auftragsgemäßem Verkauf durch Hehler; vgl. RG **70** 7, 9; iErg ebenso *Arzt/Weber* 22/55; *M/Schroeder/Maiwald* 45/28). Übrig bleiben insb. Fälle, in denen „gutes Geld" eines Auftraggebers vom Täter entgegen einer rechts- oder sittenwidrigen Absprache verwendet wird. Die **Rspr.** hat in diesen Fällen zunächst das Vorliegen eines schutzwürdigen Treueverhältnisses verneint (vgl. NJW **54**, 889 [Übergabe von Mitteln zum Kauf von Falschgeld]; Braunschweig NJW **50**, 656 [Geldmittel für Schwarzmarktgeschäfte]; vgl. aber RG **73**, 159 [Auftrag zu Devisenvergehen an Rechtsanwalt]). Seit BGH **8**, 254 [auftragswidrige Verwendung von zur illegalen „West-Arbeit" bestimmten Geldmitteln durch FDJ-Funktionär] vertritt der **BGH** die Ansicht, dass in derartigen Fällen Untreue möglich ist (vgl. auch BGH **20**, 143 [Verbrauch von zu Bestechungszwecken erhaltenem Geld]; NJW **84**, 800 [Veruntreuung von Geld aus Auftrag zu gesetzwidrigen Warentermingeschäften]; BGHR § 266 I Nachteil 10 [„Koffergeschäfte" iS illegalen Wertpapierhandels durch Vorstandsmitglied einer Bank]; NStZ-RR **99**, 184, 185 f. [auftragswidrige spekulative Anlage von aus Bestechungsgeldern angesammelten Geldmitteln]; *Luthmann* NJW **60**, 419; *Franke* JuS **81**, 444; *Kühl* JuS **89**, 505, 512 f.; *Lackner/Kühl* 10; LK-*Schünemann* 65; *Rengier* BT 1, 18/19; *W/Hillenkamp* 774; *Arzt/Weber* 22/55; wohl auch *M/B-Schmid* 31/82; **aA** *Freund/Bergmann* JuS **91**, 222 f.; *S/S-Lenckner/Perron* 31; SK-*Samson/Günther* 36; *M/Schroeder/Maiwald* 45/28; *Joecks* 29; *Mitsch* BT II/1, 8/38). Dies stützt sich namentlich auf das Argument, dass auch im Bereich sitten- und rechtswidriger Aufträge ein „rechtsfreier Raum" nicht gegeben sein dürfe (BGH **8**, 258 f.; LK-*Schünemann* 65). Damit ist das Problem bei der Frage der (straf-)rechtlichen **Schutzwürdigkeit von Vermögen** angesiedelt, welches zu rechtlich nicht geschützten Zwecken eingesetzt wird; vgl. dazu ausf. 64 ff. zu § 263.

35 **C. Einzelfälle.** Die **Rspr.** zur Bestimmung und Abgrenzung von Vermögensbetreuungspflichten ist umfangreich und unübersichtlich (umf. Zusammenstellung von Einzelfällen, insb. auch aus der älteren Rspr., bei LK-*Schünemann* 103 bis 130). Eine Orientierung wird dadurch erschwert, dass die oben 28 f. genannten Kriterien in Einzelfallsentscheidungen durchaus unterschiedlich gewichtet werden; zudem ist nicht selten die Feststellung einer Treuepflicht mit der eines Vermögensnachteils vermischt, da sich die Verpflichtung zur Vermögensfürsorge je nach Ausgestaltung des Rechtsverhältnisses vielfach auf die Pflicht zur Abwendung **bestimmter Risiken** für das gesamte, aber auch für Teile des Vermögens beschränkt.

36 **a) Bejaht** worden ist eine Vermögensbetreuungspflicht **zB** in folgenden Fällen:

Anlageberater gegenüber dem Beratenen, soweit zur umfassenden, über Einzelauftrag hinausgehenden Beratung verpflichtet (NStZ **94**, 35; **96**, 543 [Verpflichtung zur ordentlichen

Buchführung]; wistra **99**, 339f. [Pflicht zur auftragsgemäßen Anlage und Rückzahlung nach Ablauf des Anlagezeitraums]) und nicht weisungsgebunden (NJW **91**, 2574);

Architekt oder (bauleitender) Ingenieur gegenüber dem Bauherrn hinsichtlich Vergabe und Abrechung (MDR/D **69**, 534; **75**, 23; Bay NJW **96**, 271);

AStA-Vorstand gegenüber den Studenten hinsichtlich zweckentsprechender Verwendung von Beiträgen (BGH **30**, 247; Hamm NJW **82**, 190; LG Marburg NVwZ **00**, 353);

Aufsichtsrat einer AG gegenüber dieser und gegenüber den Gesellschaftern (BGH **50**, 331 [= NJW **06**, 522; *Fall Mannesmann/Vodafone*]; NJW **80**, 1629; **02**, 1585, 1588f.; wistra **01**, 304f.; Hamm NStZ **86**, 119; LG Düsseldorf NJW **04**, 3275; vgl. unten 54); nach hM besteht eine Vermögensbetreuungspflicht nicht allein in dem Bereich, in welchem das AktG dem Aufsichtsrat unternehmerische **Leitungsaufgaben** überträgt (**zB** Festsetzung der Vorstandsvergütung, § 87 AktG; krit. dazu *Lüderssen*, Schroeder-FS [2006] 569ff.), sondern auch im Bereich seiner **Überwachungsaufgabe** (§ 111 I AktG; vgl. *Tiedemann*, Tröndle-FS [1989] 319, 322; *Rönnau/Hohn* NStZ **04**, 113, 114);

Auftraggeber eines **Werkvertrags** bei Geltung der VOB/C im Hinblick auf die Verpflichtung, den zur Sicherung einbehaltenen Restwerklohn auf ein Sperrkonto einzuzahlen (München NJW **06**, 2278);

Auftragnehmer bei Auftrag zur Umschuldung (wistra **91**, 218); zur Grundstücksveräußerung (wistra **84**, 225 [Anm. *Labsch* StV **84**, 514]);

Bank- oder Sparkassenmitarbeiter in leitender Funktion gegenüber der Bank hinsichtlich der Verpflichtung zur Risikoprüfung bei Kreditvergaben (NJW **55**, 508; MDR **79**, 636; Bay **65**, 88; Karlsruhe NStZ-RR **04**, 367; vgl. wistra **85**, 190; **88**, 305; **00**, 305; BGH **46**, 30; vgl. § 18 KWG; dazu ausf. *Nack* § 66; unten 45);

Baubetreuer beim „Bauherrenmodell" gegenüber dem Bauherrn (vgl. wistra **91**, 72; 266);

Baudirektor eines Landratsamts gegenüber dem Landkreis (NStZ **94**, 191);

Bauherr/Vermieter gegenüber Mietern hinsichtlich gezahlter Baukostenzuschüsse (BGH **8**, 271; MDR **54**, 495);

Beauftragter aus entgeltlichem Geschäftsbesorgungsvertrag gegenüber dem Auftraggeber (wistra **91**, 218);

Behördenleiter gegenüber dem Staat hinsichtlich in Rechtsträgerschaft der Behörde (Ministerium) stehender Vermögensgegenstände (BGH **44**, 376 [Fall *Diestel*]);

Beihilfe-Sachbearbeiter gegenüber dem Dienstherrn (wistra **93**, 298);

Betreuer gegenüber dem Betreuten (Bremen NStZ **89**, 228); bei dessen Tod auch gegenüber den Rechtsnachfolgern hinsichtlich der Abwicklungspflichten (Stuttgart NJW **99**, 246, 248 [Anm. *Thomas* NStZ **99**, 620]);

Buchhalter oder Lohnbuchhalter mit eigenverantwortlicher Stellung gegenüber dem Arbeitgeber (GA **69**, 144; München JZ **77**, 408);

Bürgermeister einer Gemeinde gegenüber der Gemeinde nach Maßgabe der Kommunalverfassung, insb. bei Abschluss von Verträgen aufgrund einer Ermächtigung durch den Gemeinderat, über Vermögen der Gemeinde zu verfügen (NStZ **03**, 540f.; wistra **07**, 259, 260); hauptamtlicher Bürgermeister hinsichtlich des Abschlusses eines Aufhebungsvertrags und Vereinbarung einer Abfindungszahlung an einen städtischen Bediensteten (NStZ-RR **05**, 83);

Chefarzt und **ordentlicher Professor** gegenüber der Universität hinsichtlich der Anschaffung von Medizinprodukten zu nicht (durch verdeckte Provisionszahlungen) überhöhten Preisen (BGH **47**, 295, 298f.);

Darlehensnehmer gegenüber Darlehensgeber hinsichtlich Verwendung eines zweckgebundenen Darlehens (MDR **69**, 534; **76**, 987);

Finanzbeamter gegenüber dem Fiskus hinsichtlich des Steueraufkommens (NStZ **98**, 91; GA **54**, 313; 5 StR 127/07 **aS**);

Gerichtsvollzieher gegenüber dem Gläubiger hinsichtlich des Vollstreckungsauftrags (Köln NJW **88**, 504 [Anm. *Keller* JR **89**, 77]; Celle MDR **90**, 846; vgl. schon RG **61**, 228; **71**, 33); *nicht* aber hinsichtlich der Gebührenberechnung (Köln NJW **88**, 504; and. BGH **13**, 276);

Geschäftsführender Gesellschafter einer BGB- (Innen-) Gesellschaft (Bay NJW **71**, 1664 [Tippgemeinschaft]; vgl. auch LM Nr. 19);

Geschäftsführer einer GmbH gegenüber der GmbH (wistra **93**, 143; 301; MDR/H **79**, 456; Hamm NStZ **86**, 119 [Anm. *Molketin* NStZ **87**, 369]; gegenüber einer **abhängigen GmbH** im **GmbH-Konzern** hinsichtlich existenzerhaltender Liquidität (BGH[Z] wistra **02**, 58; vgl. NJW **89**, 112; vgl. dazu ausf. *J. Kaufmann* [1 a] 127ff.; *Höf* [oben 1 a]; *Ransiek*, Kohlmann-FS [2003] 207ff.; zur Entwicklung der Rspr. im Gesellschaftsrecht ausf. *Röhricht*, BGH-FS 50, 83ff.; *Ulmer* BGH-FG II, 273); **nicht** aber nach Anordnung der Sequestration (NJW **93**, 1278) oder nach Eröffnung des Insolvenzverfahrens (vgl. wistra **91**, 305; **97**, 146); auch **nicht** gegenüber den *Gesellschaftern* (NJW **06**, 1984, 1985); vgl. noch unten 52;

Geschäftsführer eines Vereins diesem gegenüber (NJW **75**, 1234; wistra **93**, 263);

Handelsvertreter nach § 84 I HGB gegenüber dem Geschäftsherrn (MDR **54**, 606; Koblenz MDR **68**, 779; Hamm JMBlNW **64**, 139; **aA** Braunschweig NJW **65**, 1193 [krit. *Gribbohm* JuS **65**, 389]; offen gelassen in NStZ **83**, 74; vgl. auch Köln NJW **67**, 1923; GA **71**, 37); **Hausverwalter** gegenüber Wohnungseigentümern hinsichtlich Umlage-Verwendung, Instandhaltungsrücklagen (BGH **41**, 227; NStZ **97**, 124; wistra **91**, 266; **92**, 150);

Freiberuflicher **Ingenieur** gegenüber öffentlichem Auftraggeber hinsichtlich Ausschreibung und Vergabe von Bauaufträgen der öff. Hand (Bay NJW **96**, 268 [Anm. *Haft* NJW **96**, 238]);

Insolvenzverwalter gegenüber den Insolvenzgläubigern und dem Insolvenzschuldner (BGH **15**, 342 [Anm. *Schröder* JR **61**, 268]; NJW **93**, 1278; NStZ **98**, 246; wistra **88**, 192 NStZ/A **89**, 499; Frankfurt MDR **94**, 1233; vgl. dazu *Schramm* NStZ **00**, 398);

Justizkassenbeamter gegenüber der Staatskasse hinsichtlich der auszuzahlenden Beträge für Zeugenentschädigung (wistra **93**, 61);

Kassenleiter einer Gemeinde dieser gegenüber hinsichtlich des Gemeindevermögens und der Richtigkeit von Kassenführung und Jahrsabschlüssen (BGHR § 266 I Nachteil 31);

Kassierer mit Verwaltungs- und Buchführungspflicht und dem Recht zur Erteilung von Quittungen (BGH **13**, 315, 318; **18**, 312 f.; wistra **89**, 60);

Kommissionär (§§ 383 ff. HGB) gegenüber dem Auftraggeber hinsichtlich der Pflicht, eingezogenes Geld getrennt aufzubewahren und Erlangtes herauszugeben (NJW **83**, 486; wistra **87**, 60; 137; NStZ **96**, 543; Düsseldorf NJW **98**, 690; **00**, 529);

Landrat gegenüber dem Landkreis hinsichtlich der Anstellung von (geeigneten) Bediensteten des Landratsamts (wistra **06**, 307);

Leasingnehmer gegenüber der Bank bei Einräumung der Befugnis, Ansprüche gegen Dritte im eigenen Namen geltend zu machen (Bay GA **69**, 308; Köln NJW **88**, 3219);

Lehrstuhlinhaber gegenüber dem Dienstherrn hinsichtlich der (Personal-) Mittelverwendung (NJW **82**, 2881);

Lieferant gegenüber Abnehmer bei Vereinnahmung von Vorauszahlungen zur Beschaffung der Ware (Bay wistra **89**, 113);

Liquidator von DDR-Betrieben gegenüber der Treuhandanstalt (BvS) hinsichtlich der Entnahme von eigenem Liquiditätshonorar (in Höhe von 33 Mio DM) *vor Fälligkeit* (vgl. NStZ **01**, 542);

Makler mit Alleinauftrag oder der „Vertrauensmakler" gegenüber dem Auftraggeber (NJW **64**, 1468; **66**, 1406; Stuttgart NJW **68**, 1340 [Verwendung von als Anzahlung für Grundstückskauf erhaltener Mittel]; wistra **84**, 225 [Auftrag zur Grundstücksveräußerung; Anm. *Labsch* StV **84**, 514]; NStZ **94**, 35 [Generalvollmacht bei Abschluss von Darlehensverträgen];

Mieter gegenüber dem Vermieter hinsichtlich einer zur treuhänderischen Verwaltung überlassenen Mietkaution (Bay wistra **98**, 157);

Nachlassverwalter und Nachlasspfleger gegenüber den Nachlassberechtigten (BGH **35**, 228 [Anm. *Otto* JZ **88**, 883]; Koblenz MDR **85**, 1048);

Notar gegenüber seinem Mandanten (BGH **13**, 333; NJW **90**, 3220; NStZ **82**, 331; wistra **84**, 71; **96**, 105; vgl. wistra **99**, 108);

Öffentlich Bedienstete gegenüber dem Träger öffentlicher Haushalte hinsichtlich Planung, Auftragsvergabe, Kontrolle und Abrechnung von Fremdleistungen und Verwendung öffentlicher Mittel (**Haushaltsuntreue;** vgl. BGH **40**, 287; **43**, 293; **46**, 30; **47**, 295, 297 ff.; NJW **03**, 2179; dazu unten 47, 64 ff.);

Parteivorsitzender gegenüber dem von ihm geleiteten Landesverband der Partei hinsichtlich der zweckentsprechenden Verwendung von Parteivermögen (NStZ **86**, 256; BGH **51**, 100; vgl. zu „schwarzen Kassen" unten 38, 46); *nicht* aber im Hinblick auf Erstattung von Aufwandsentschädigungen (ebd.);

Polizeibeamter gegenüber dem Dienstherrn im Hinblick auf vereinbarte Verwarnungsgelder (Köln NJW **63**, 1992; Koblenz GA **75**, 122; **aA** LK-*Schünemann* 105);

Rechtsanwalt gegenüber Mandanten im Zivilprozess oder vermögensrechtlichen Rechtsstreit hinsichtlich Anspruchsverfolgung und Weiterleitung eingegangener Zahlungen (BGH **15**, 376; NJW **57**, 597; **60**, 1629; **83**, 461 [Verjährung einzuklagender Forderungen; Anm. *Keller* JR **83**, 516]; wistra **95**, 186; Karlsruhe NStZ **90**, 82; **91**, 240; vgl. auch *Franzheim* StV **86**, 409); hinsichtlich Rückzahlung eines Kostenvorschusses (NStZ **86**, 361; and. Karlsruhe NStZ **90**, 83) oder erstatteter Gebühren (wistra **87**, 65); hinsichtlich der Weiterleitung von auf Anderkonto eingegangenen Zahlungen (NStZ-RR **04**, 54; Köln AnwBl. **99**, 601); Sicherstellung ordnungsgemäßer Weiterleitung eingegangener Zahlungen bei geschäftsunfähigem Mandanten und Auszahlung an gesetzliche Vertreter (NJW **06**, 3219, 3222 f.); hinsichtlich vom *Mandanten zur Ausführung* eines Auftrags überlassener Mittel (NStZ-RR **04**, 54); vgl. auch wistra **88**, 192; **93**, 301; Düsseldorf AnwBl. **98**, 47);

Reisebüroinhaber gegenüber dem Reiseveranstalter bei bereits bestehender Geschäftsbeziehung (BGH **12**, 208; **28**, 21; wistra **91**, 181);

Schulleiter gegenüber dem Schulträger hinsichtlich der Mittelverwendung (NStZ **86**, 455);

Sicherungseigentümer gegenüber Sicherungsnehmer bei ausdrücklicher vertraglicher Fürsorgepflicht (BGH **5**, 61, 63; wistra **84**, 143; **97**, 146; BGHR § 266 I VermBetrPflicht 14);

Steuerberater gegenüber Mandanten (BGHZ **78**, 263; MDR **85**, 1005) hinsichtlich Verfügung über Treuhandkonto (1 StR 179/78);

Siftungsvorstände hinsichtlich des Stiftungsvermögens; Beauftragte einer **Stiftungsaufsichtsbehörde** hinsichtlich des Stiftungsvermögens (BGH **31**, 232; NStZ **01**, 155; vgl. dazu *Sax* JZ **77**, 748; *Saliger*, Non Profit Year Book 2005 [1 a], 209, 211 f.);

Testamentsvollstrecker gegenüber Erben und Vermächtnisnehmern (GA **77**, 342);

Unternehmensberater, wenn er im Einzelfall eine vorstand-ähnliche Stellung und tatsächliche Entscheidungsmacht in Bezug auf das Vermögen des Beratenen erlangt (München ZIP **04**, 2438 [m. krit. Anm. *Tiedemann*];

Unternehmenssanierer gegenüber Gläubigern hinsichtlich Verwaltung eines Sanierungsfonds (Stuttgart wistra **84**, 115 [Anm. *Richter* wistra **94**, 97]);

Vereinsvorstand hinsichtlich Vereinsvermögen (BGHR § 266 I Vermögensbetreuungspflicht 18; Hamm wistra **99**, 353; vgl. auch *Eisele* GA **01**, 377 ff.);

Verkäufer gegenüber dem Kunden bei Abschluss von „Aussteuer-Kaufverträgen" mit langjähriger Laufzeit und Bindung (NJW **91**, 371); bei Entgegennahme von Anzahlungen mit dem Auftrag, diese nur für den Ankauf der Ware zu verwenden (BGH **1**, 190; Bay wistra **89**, 114);

Vermieter gegenüber dem Mieter hinsichtlich der Verwendung von durch diesen geleisteten Baukostenzuschüssen (BGH **8**, 271; **13**, 330; MDR **54**, 495; Braunschweig JZ **54**, 300); hinsichtlich der Verwendung der Mietkaution (BGH **41**, 224 [zust. *Pauly* ZMR **96**, 417; abl. *Sowada* JR **97**, 28; *Satzger* Jura **98**, 570; SK-*Samson/Günther* 29]; ebenso Frankfurt ZMR **90**, 342; LG Hamburg MDR **90**, 269; LG München NStZ **91**, 134; **aA** Düsseldorf NJW **89**, 1171; wistra **94**, 33; LG Bonn NStZ **93**, 343);

Vermittler mit Inkassovollmacht (BGH **28**, 21);

Vormund gegenüber dem Mündel hinsichtlich Mündelvermögen (NJW **90**, 3129);

Vorstandsmitglieder einer AG gegenüber der Gesellschaft (NJW **75**, 1234; **91**, 990; StV **95**, 303; BGH **47**, 187); auch gegenüber einer abhängigen GmbH im **Konzern** (NJW **04**, 2448 [*Fall Bremer Vulkan*; Anm. *Kutzner* NStZ **05**, 271; *Salditt* NStZ **05**, 270; *Tiedemann* JZ **05**, 45; Bespr. *Ransiek* wistra **05**, 121; *Krause* JR **06**, 51; *Rose* wistra **05**, 281]; BGH[Z] GmbHR **01**, 1036, 1038; vgl. LK-*Schünemann* 126, 128; *Höf* [oben 1 a]); *nicht* aber hinsichtlich des ihnen gegenüber bestehenden Gewinnabschöpfungsanspruchs nach § 88 II S. 2 AktG (NJW **88**, 2483);

Vorstandsmitglieder eines **gemeinnützigen Vereins** hinsichtlich der Erhaltung der wirtschaftlichen Voraussetzungen steuerrechtlicher Gemeinnützigkeit (vgl. wistra **01**, 340 [im Einzelfall Vorsatz verneint]);

Wohnungsverwalter im Hinblick auf die Pflichten nach § 27 IV S. 1 WEG (BGH **41**, 224 [Anm. *Sowada* JR **97**, 28]; AG Krefeld NZM **98**, 981 [Einforderung rückständigen Hausgelds; krit. *Zieschang* NZM **99**, 393 f.]; zur Mietkaution vgl. Vermieter;

b) Abgelehnt worden ist eine Treuepflicht **zB** in folgenden Fällen: **37**

Arbeitgeber gegenüber Arbeitnehmern hinsichtlich Lohnzahlungspflicht (Bay NJW **57**, 1683) und sonstigen Leistungen im Austauschverhältnis (BGH **6**, 317 [Urlaubsmarken]); hinsichtlich Abführens vermögenswirksamer Leistungen (Braunschweig NJW **76**, 1903); gegenüber Finanzbehörde hinsichtlich Abführung von Lohnsteuer (BGH **2**, 339, 343); hinsichtlich Abführung von Lohnteilen an Gläubiger des Arbeitnehmers (Köln NJW **67**, 836);

Arbeitnehmer gegenüber Arbeitgeber hinsichtlich allgemeiner arbeitsvertraglicher Pflichten (BGH **3**, 293; **4**, 170; **5**, 187); insb. hinsichtlich des (allgemeinen) Umgangs mit dessen Sachen oder sonstigen Vermögensgegenständen (BGH **4**, 170; 172);

Architekt bei Beschränkung auf Bauplanung ohne Ausschreibung, Bauleitung und Schlussabrechnung (BGHZ **45**, 223, 229; **60**, 1, 3);

Bankmitarbeiter gegenüber Inhabern von Sparkonten hinsichtlich der (allgemeinen) Verwaltung des Sparguthabens (Düsseldorf wistra **95**, 72); aus Kontokorrentverhältnis (NStZ **84**, 119 [Bespr. *Labsch* JuS **85**, 602]);

Buchhalter der Finanzkasse hinsichtlich Überwachung von Zahlungseingängen (wistra **87**, 27);

Bürgermeister gegenüber der Gemeinde hinsichtlich der Gewährung unberechtigter Vergütungen durch rechtswidrige Gemeinderatsbeschlüsse (Bay JR **89**, 299; zur Verantwortlichkeit von **Gemeinderatsmitgliedern** vgl. *Weber* BayVBl. **89**, 1661);

Chefarzt und ordentlicher Professor hinsichtlich der Abführung von (verdeckten) umsatzabhängigen Provisionen für Bezug von Medizinprodukten, die nicht (beweisbar) zu überhöhten Preisen geführt haben (BGH **47**, 195, 297 ff.);

Factoring-Unternehmer oder Factoring-Kunde hinsichtlich geschäftstypischer Risiken bei echtem oder unechten Factoring (NStZ **89**, 72 [Anm. *Otto* JR **89**, 208]);

Geschäftsführer ohne Auftrag (BGH **8**, 149), wenn nicht Pflichten aus erloschenem Auftrag fortwirken;

Geschäftsführer einer GmbH gegenüber den Gesellschaftern; auch nicht „stillen" Gesellschatern (NJW **06**, 1984 f.);

Insolvenzverwalter hinsichtlich der Pflicht, Schlussrechnung zu legen (Frankfurt MDR **94**, 1233);

Kassierer mit der Pflicht, Sorten zu sortieren und Ist- und Sollzustand zu vergleichen (NStZ **93**, 455);

Käufer unter Eigentumsvorbehalt gegenüber dem Verkäufer hinsichtlich Verkaufserlös (BGH **22**, 190 [zutr. Anm. *Schröder* JR **69**, 191]; wistra **87**, 137; 292; Düsseldorf wistra **98**, 116); auch nicht bei Abrede über Weiterverkauf nur zu einem bestimmten Preis (wistra **90**, 305; vgl. BGH **28**, 23); auch nicht bei Kauf „auf Kommissionsbasis" ohne Weisungsbefugnis bei Vereinbarung von Bemühung um Weiterverkauf und Abführung eines bestimmten Anteils am Erlös (Düsseldorf NJW **00**, 529 [Galerist]);

Kreditkarteninhaber gegenüber dem Kartenaussteller (BGH **33**, 244);

Kreditnehmer hinsichtlich der Pflicht, eine Bankgarantie zu beschaffen (MDR/H **76**, 987); gegenüber der Bank hinsichtlich der Pflicht zur Rückzahlung (wistra **84**, 143 [Anm. *Schomburg*]); hinsichtlich gewährter Sicherheiten (wistra **84**, 143); im Einzelfall kann aber eine Treuepflicht des Sicherungsübereigners bestehen (BGH **5**, 63; NStZ **90**, 436 [krit. LK-*Schünemann* 88, 118]; vgl. wistra **97**, 146);

Minderheitsaktionär gegenüber der AG (LG Köln wistra **88**, 279; NStZ/A **89**, 498);

Reiseveranstalter gegenüber Reisenden (BGH **28**, 23);

Scheckkarteninhaber gegenüber der Bank (BGH **24**, 386);

Schreibkräfte (BGH **3**, 289, 294);

Spediteur gegenüber Auftraggeber bei eng begrenztem Transportauftrag (wistra **82**, 107);

Subventionen in Form von **Investitionsbeihilfen** begründen grds. keine Vermögensbetreuungspflicht, wenn der Empfänger nicht zugleich über den Subventionszweck hinaus gehende Vermögensinteressen des Subventionsgebers zu beachten hat (NJW **04**, 2448 [*Bremer Vulkan*; Anm. *Kutzner* NStZ **05**, 271; *Salditt* NStZ **05**, 270; *Tiedemann* JZ **05**, 45; Bespr. *Ransiek* wistra **05**, 121; *Krause* JR **06**, 51]; BGHZ **149**, 10, 23 f.; LM § 266 Nr. 16); Leitende Mitarbeiter der **Treuhandanstalt** gegenüber dem Treuhandvermögen bei grob lückenhaften Arbeitsverträgen hinsichtlich Doppel- oder Mehrfachhonorierungen (wistra **99**, 340);

Unternehmensberater gegenüber dem Vermögen des beratenen Unternehmens, wenn der Berater nicht aufgrund der Vertragsgestaltung im Einzelfall tatsächliche Entscheidungsmacht in Bezug auf das Vermögen und eine vorstandsähnliche Stellung erlangt (München ZIP **04**, 2438 [m. krit. Anm. *Tiedemann*]);

Versicherungsvertreter gegenüber Kunden der Versicherungsgesellschaft aus deren Auftrag, Schecks über freiwerdende Beträge aus Lebensversicherungen an die Kunden auszuhändigen und diese über Wiederanlagemöglichkeiten zu beraten (NStZ-RR **02**, 107).

Auftreten als **Wirtschaftsprüfer** und Steuerberater einer AG begründet keine Treuepflicht gegenüber Anlegern, an die betrügerisch wertlose Aktien der Gesellschaft vertrieben werden (NStZ **06**, 38).

38 **D. Tathandlung des Treubruchstatbestands.** Die Tathandlung besteht in einer beliebigen vermögensrelevanten Handlung, durch die der Täter die ihm obliegende Vermögensbetreuungspflicht verletzt. Zwischen der Vermögensbetreuungspflicht und dem Handeln des Täters muss ein innerer Zusammenhang bestehen (NJW **92**, 251). In Betracht kommen zunächst Verfügungshandlungen iS von oben 20 ff., soweit sie nicht schon dem Missbrauchstatbestand unterfallen. Erfasst sind aber auch alle sonstigen Handlungen rechtsgeschäftlicher (vgl. **zB** wistra **91**, 219 [Täter lässt sich eine im Rahmen eines Geschäftsbesorgungsvertrags bestellte Grundschuld treuwidrig abtreten]) oder tatsächlicher Art (vgl. **zB** BGH **8**, 255; **13**, 316 [Zueignung verwalteten fremden Geldes]). Tathandlung kann auch ein **unmittelbar** schädigender Angriff auf das betreute Vermögen sein (**zB** Diebstahl [vgl.BGH **17**, 360, 361]; Unterschlagung; vertragswidrige **Nutzung** fremder Sachen); das Erteilen von Weisungen oder Aufträgen an Dritte (vgl. schon RG **61**, 6); das Vereiteln eines sicher bevorstehenden Geschäftsabschlusses (BGH **20**, 145);

der Missbrauch von **Insider-Informationen** zur Schädigung der eigenen Gesellschaft durch Vorstandsmitglieder (dazu *Ulmer* JZ **76**, 625; *Ulsenheimer* NJW **75**, 2004; *Schröder* NJW **94**, 2879; *Tiedemann,* Tröndle-FS 319; idR ist bei Missbrauch von Insider-Informationen freilich nicht § 266, sondern § 38 WpHG gegeben [vgl. dazu BGH **48**, 373 ff.; 9 a zu § 263]); Leistungen für einen mit den Interessen des betreuten Vermögens nicht vereinbaren Repräsentations- oder **Verwaltungsaufwand** (Hamm NStZ **86**, 119 [Anm. *Molketin* NStZ **87**, 369]); die Bildung „schwarzer Kassen" (vgl. NStZ **84**, 549; vgl. dazu unten 46, 70); die Auskehr von nicht im Unternehmensinteresse liegenden (rückwirkenden) „Anerkennungsprämien" (vgl. BGH **50**, 331 [Fall *Mannesmann/Vodafone*; unten 54 a]. Allein der Abschluss *verbotener* Geschäfte durch Angestellte eines Unternehmens ist kein Treubruch; ein solcher liegt aber idR vor bei Nichtabführen des Erlöses aus solchen Geschäften (BGH **20**, 143; NStZ-RR **98**, 69; vgl. auch MDR/D **69**, 534; MDR **88**, 513). Bei Verkäufen ehemals volkseigener Grundstücke unter Marktwert nach dem sog. „**Modrow-Gesetz**" (G vom 7. 3. 1990, GBl. DDR I 157) lag jedenfalls bei Kaufvertragsabschluss ab 1. 7. 1990 (Inkrafttreten des PreisG v. 22. 6. 1990 und der PreisVO v. 25. 6. 1990) eine Treupflichtverletzung beteiligter Amtsträger vor (vgl. i. E. BGH **44**, 376 [*Fall Diestel*]). Im Fall der **Parteienuntreue** hat BGH **51**, 100, 117 ff. (*Fall Kanther/Weyrauch*) in der Einreichung *materiell* **unrichtiger Rechenschaftsberichte** des Landesverbands einer Partei (und damit mittelbar des Bundesverbands) an den Präsidenten des deutschen Bundestags im Hinblick auf den hierdurch verursachten Verlust des Anspruchs auf staatliche Förderung eine Treupflichtverletzung (durch positives Tun) bejaht (vgl. dazu u. a. *Saliger* NStZ **07**, 545 ff.). Auch die **Auslösung von Schadensersatzansprüchen** kann treupflichtwidrig sein (str.; vgl. dazu ausf. *Heinrich*, Otto-FS [2007] 577 ff., 601 f.).

Die Tathandlung kann auch durch **Unterlassen** begangen werden (vgl. BGH **38 a** **36**, 227 [Anm. *Timpe* JR **90**, 428]; Bremen NStZ **89**, 228), **zB** wenn der Täter drohende Gefahren nicht abwendet (BGH **5**, 190); wenn er gebotenes Einschreiten unterlässt (BGH **9**, 120); wenn er auf einem Anderkonto eingegangene Mittel treuwidrig nicht abführt (NStZ **82**, 331; wistra **84**, 71); wenn er geschuldete Entgelte für private Nutzungen nicht abführt (NJW **82**, 2882). Ob insoweit § 13 I gilt (so Bay JR **89**, 299 [abl. Anm. *Seebode*]; zutr. abl. *S/S-Lenckner/Perron* 35), kann nach BGH **36**, 227 offen bleiben; jedenfalls findet **§ 13 II** Anwendung (str.; vgl. *Güntge* wistra **96**, 84; unten 82). Das Unterlassen der Vermögensmehrung oder des Abschlusses von für das zu betreuende Vermögen vorteilhaften Geschäften kann treupflichtwidrig sein, wenn die Vermögensbetreuungspflicht gerade diese Handlung erforderte. Aus dem Rechtssatz, das „bloße" Ausbleiben einer Vermögensmehrung sei kein Schaden (Nachteil) iS von § 266 I (vgl. unten 60) kann nicht geschlossen werden, der Tatbestand könne auch dann nicht gegeben sein, wenn die qualifizierte Täterstellung gerade eine bestimmte Vermögensmehrung verlangt.

Eine praktisch wichtige Fallgruppe bilden treuwidrige Vermögensverschiebun- **38 b** gen durch sog. „**Kick-Back-Geschäfte**" (kein Missbrauch; vgl. oben 21), insb. durch Verlagerung von **Schmiergeldzahlungen** (Provisionen) zugunsten eines Geschäftsführers oder Vorstandsmitglieds auf die vertretene Gesellschaft durch Vereinbarung entsprechend überhöhter Zahlungsverpflichtungen mit einem Dritten (vgl. dazu NJW **83**, 1807, 1809 f. [in BGH **31**, 232 teilw. abgedr.]; BGHR § 266 I Nachteil 49 [in BGH **46**, 310 nicht abgedr.]; NStZ **95**, 233, 234; BGH **50**, 299, 313 f. [= NStZ **06**, 210, 213 f.; *Kölner Müllskandal*; Bespr. *Saliger* NJW **06**, 3377; *Hohn* wistra **06**, 321; *Bernsmann* GA **07**, 219, 233 ff.]; wistra **83**, 118; **84**, 109; **86**, 218; **89**, 224; **90**, 301; **01**, 267, 269; **01**, 295, 296; **01**, 341, 343; LG Magdeburg wistra **02**, 156 [Insolvenzverwalter; vgl. dazu auch *Wessing* NZI **03**, 1, 7]; *Rönnau*, Kohlmann-FS [2003] 239 ff.; *A/R-Seier* V 2/331 ff.; *Saliger* in Non Profit Law Yearbook 2005, 212, 217 f.; zur Abgrenzung von nicht treupflichtwidrigen Fällen vgl. BGH **47**, 295, 297 ff.; **49**, 317 [=NJW **05**, 300, 305 f.]; *W/J-Raum* 4/133). Der Tatvorwurf ist hier idR an das *aktive* Vereinbaren eines für den Treugebers nachteiligen Geschäfts anzuknüpfen, nicht an ein bloßes Unterlassen eines günstigeren Vertragsinhalts (so jetzt auch BGH **50**, 299, 315 [zust. *Saliger* NJW **06**, 3377, 3378]; anders wohl noch BGH **31**, 232, 235). Die Feststellung eines **Vermögensnachteils** kann problematisch sein (vgl. dazu unten 60a f.).

39 **7) Pflichtwidrigkeit der Tathandlungen.** Der **Tatbestand** beider Untreuevarianten setzt die **Pflichtwidrigkeit** der Tathandlung voraus.

40 **A. Bestimmung der Pflichtwidrigkeit.** Umfang und Grenzen der Pflichten des Täters richten sich nach dem zugrunde liegenden Rechtsverhältnis (oben 13ff., 32ff.; einschr. für ein „asymmetrisches Akzessorietätsprinzip" *Lüderssen*, Lampe-FS [2003] 723, 729); es kommt auf die konkreten Verhältnisse des Einzelfalls an (NJW **91**, 1069; wistra **91**, 266). Von der Feststellung der Treuepflicht einerseits, der Tathandlung andererseits (oben 20, 39) lässt sich die Beurteilung der Pflichtwidrigkeit daher zwar systematisch abtrennen; in der Praxis gehen die Prüfungen dieser Merkmale jedoch vielfach ineinander über; auch die **Abgrenzung** zwischen Pflichtwidrigkeit und Vermögensnachteil (vgl. unten 55ff.), ist im Hinblick auf das mit erheblichen Unsicherheiten belastete Pflicht-Merkmal bisweilen unklar (vgl. dazu *Waßmer* [1a] 103ff.). So hat der *3. StS* in NStZ-RR **04**, 54 bei Verwendung fremder Mittel zu eigenen Zwecken schon die Treupflichtverletzung verneint, wenn der Täter bereit und jederzeit in der Lage ist, den entsprechenden Betrag aus eigenen flüssigen Mitteln vollständig auszukehren. In der Rspr des BGH wird in diesem Fall jedoch idR das Vorliegen eines Schadens verneint (vgl. unten 74). In der Rspr des **BGH** ist betont worden, die Anwendung des § 266 im Unternehmensrecht müsse grds. auf **gravierende Verstöße** beschränkt werden (vgl. BGH **47**, 148, 150 [1 StR 185/01; *Kreditgewährung* durch Bank]; **47**, 187, [1 StR 215/01; *Sport-Sponsoring* durch landeseigene Gesellschaft]; **49**, 147, 155ff. [*Bremer Vulkan*]; **anders** aber bei risikobehafteten unternehmerischen Entscheidungen BGH **50**, 331, 336 [= NJW **06**, 522, 526 = NStZ **06**, 214, 217; Fall *Mannesmann/Vodafone*; dazu Bespr. *Rönnau* NStZ **06**, 218; *Vogel/Hocke* JZ **06**, 568; *Hohn* wistra **06**, 161; *Krause* StV **06**, 307; *Pelzer* ZIP **06**, 205; *Spindler* ZIP **06**, 349; *Säcker/Boesche* BB **06**, 897; *Ransiek* NJW **06**, 814; *Schünemann* NStZ **06**, 196; *Fleischer* DB **06**, 542; *Bauer* DB **06**, 546; *Säcker* BB **06**, 897; *Bernsmann* GA **07**, 219, 220ff.; *Hanft* Jura **07**, 58]; vgl. unten 42; zur dogmatischen Einordnung des Merkmals vgl. *Schünemann* NStZ **05**, 473; zur Anknüpfung an **zivilrechtliche** Kategorien *Dierlamm* StraFo **05**, 397; zur Einbeziehung **ausländischen** Rechts *Schlösser* wistra **06**, 81, 86f.; vgl. auch unten 54a). Die Pflichtwidrigkeit der Handlung, etwa im Rahmen eines Anstellungsvertrags, reicht zur Tatbestandserfüllung nur dann aus, wenn sie sich gerade auf den Teil der Pflichtenstellung des Täters bezieht, welcher die Vermögensbetreuungspflicht zum Gegenstand hat. So besteht **zB** zwar regelmäßig eine vertragliche Verpflichtung von Bankangestellten, Provisionen aus von ihnen vermittelten (Versicherungs-) Verträgen nicht anzunehmen (vgl. NJW **92**, 1752); eine Treupflichtverletzung liegt aber nur dann vor, wenn die Provisionen nach dem Dienstvertrag abzuführen sind und der Mitarbeiter sie für sich vereinnahmt (wistra **95**, 61; NStZ-RR **98**, 69; BGHR § 266 I Nachteil 35). Auch die Verpflichtung, „Schmiergelder" an den Geschäftsherrn herauszugeben, begründet für sich keine spezifische Vermögensbetreuungspflicht (NStZ **95**, 234; dazu *Sonnen* JA **95**, 627; vgl. auch BGH **47**, 295, 297ff.). BGH **50**, 331 (*Mannesmann*) hat die tatbestandsmäßige Pflichtverletzung aus der Herbeiführung eines *Nachteils* für das zu betreuende Vermögen abgeleitet, ohne auf das „Gewicht" der Verletzung abzustellen (ebd. 337, 341 und LS 1).

41 In die Beurteilung der Pflichtwidrigkeit sind mögliche **Handlungsalternativen** einzubeziehen; insoweit kommt es auch auf die rechtliche Bewertung außerhalb des individuellen „Treue"-Verhältnisses an. So ist nach den oben 22, 34f. dargelegten Grundsätzen unstreitig, dass *derjenige nicht pflichtwidrig handelt*, der die ihm zu unlauteren Zwecken eingeräumte Herrschaft über fremdes Vermögen dazu nutzt, rechtlich anerkannte Pflichten des Geschäftsherrn – entgegen dessen subjektiven Interessen – zu erfüllen (**zB** die zur Aufbewahrung übergebene unterschlagene Sache an den Berechtigten zurückzugeben). Eine Pflichtwidrigkeit scheidet auch aus, wenn der Geschäftsführer einer Gesellschaft für diese ungünstige Verträge

schließt, der Abschluss günstigerer Verträge jedoch verboten oder sittenwidrig wäre (MDR/H **79**, 456). Nach BGHZ **13**, 66 (vgl. 5 StR 86/60) kann die Pflichtwidrigkeit entfallen, wenn das Unterlassen der verbotenen Handlung für den Treugeber eine Rufschädigung zur Folge haben würde (zw.).

B. Risikogeschäfte. Eine Frage der **Pflichtwidrigkeit,** nicht erst des Vermögensnachteils durch Gefährdung (vgl. dazu unten 62), ist die Beurteilung rechtsgeschäftlichen Handelns, das für den Treugeber das Risiko eines Vermögensverlustes beinhaltet (MDR **87**, 949; *Bringewat* JZ **77**, 669; *Hillenkamp* NStZ **81**, 164; *A/R-Seier* V 2/316ff.; *Park-Zieschang* 70ff.). Da das Treueverhältnis häufig gerade die selbstständige Beurteilung, Eingehung oder Vermeidung von Verlustrisiken für das betreute Vermögen zum Inhalt hat (insb. bei allen **Kreditierungsgeschäften**, regelmäßig aber zB auch bei Abschlüssen von **Vergleichen** über streitige Forderungen [vgl. wistra **06**, 354; Karlsruhe NStZ-RR **07**, 78f.]), kommt es *im Einzelfall* darauf an, ob und in welchem Umfang sich aus dem zugrunde liegenden Rechtsverhältnis eine Begrenzung der Dispositionsmacht des Täters ergibt (vgl. NStZ **01**, 259 [unzureichende Feststellungen bei Spekulationsgeschäften des Verwaltungsleiters einer kirchlichen Stiftung]). *Unerheblich* für die Frage der Pflichtwidrigkeit, dh für eine Verletzung der im Einzelfall konkretisierten Vermögensbetreuungspflicht, ist die Frage, ob sich ein Risiko tatsächlich verwirklicht, ein Nachteil also eingetreten ist (vgl. MDR/H **79**, 636). Umgekehrt ist aus der *Verwirklichung* eines Risikos nicht schon regelmäßig auf das Vorliegen einer Pflichtwidrigkeit zu schließen (zutr. *Otto* JR **00**, 517; *Feigen*, Rudolphi-FS [2004] 445, 447). Eine *gravierende* Pflichtverletzung (iS von BGH **47**, 148, 149f.; **47**, 184, 197f.; NStZ **06**, 221, 222) ist bei Risikogeschäften nicht Voraussetzung der Tatbestandsverwirklichung (BGH **50**, 331, 343 = NJW **06**, 522 [*Fall Mannesmann/Vodafone*; vgl. oben 40; zust. *Saliger* JA **07**, 326, 330; krit. im Hinblick auf die Vorlagepflicht *Schünemann* NStZ **06**, 196, 197]). 42

Überwiegend **unproblematisch** sind insoweit nur die beiden Extremfälle: Wenn **einerseits** die Eingehung von Risiken **gänzlich ausgeschlossen** ist (Fälle des Anvertrauens „zur Aufbewahrung"), so ist jede Handlung, die dem widerspricht, pflichtwidrig; freilich wird engen Weisungsverhältnissen ohne eigenen Handlungsspielraum des Täters oft schon das für eine Vermögensbetreuungspflicht erforderliche Merkmal der Selbständigkeit fehlen. Ein weitgehendes Verbot jedes Risikos ist **zB** für den Testamentsvollstrecker gegenüber dem Erben anzunehmen (GA **77**, 342); ebenso für den Vormund oder den Betreuer (anders, wenn zu dem betreuten Vermögen ein Unternehmen gehört; vgl. NJW **90**, 3219); für den Verwalter eines Stiftungsvermögens im Hinblick auf den Erhalt des Vermögens (vgl. NStZ **01**, 155). Ausgeschlossen sind etwa auch Spekulationsgeschäfte eines Sparkassenleiters mit Mitteln der Sparkasse (Bay **65**, 88) oder eines Vorstandsmitglieds einer Genossenschaft mit deren Geldmitteln (vgl. RG **53**, 193). Wenn **andererseits** der zugrunde liegende Auftrag gerade die **Eingehung** eines (fast) unbegrenzten Risikos zum Inhalt hat, kann seine Erfüllung nicht pflichtwidrig sein. 43

Die Mehrzahl der Fälle liegt im **Zwischenbereich**. Hier ist im **Einzelfall** festzustellen, welche Risiken in welchem Umfang von der Pflicht zur selbstständigen Vermögensbetreuung umfasst sind. In weiten Bereichen des **Wirtschaftslebens** stellt das Eingehen von riskanten Geschäften sich nicht als Pflichtwidrigkeit dar (vgl. 2 StR 355/03; *Bringewat* JZ **77**, 669; *Hillenkamp* NStZ **81**, 162; LK-*Schünemann* 148; *M/Schroeder/Maiwald* 45/39; *Waßmer* [1a] 5ff.). Allgemeingültige Regeln lassen sich insoweit nicht aufstellen (zutr. *Waßmer* aaO 78). Eine Anknüpfung an die (abstrakte) Wahrscheinlichkeit von Verlusten (vgl. NJW **75**, 1236; **84**, 801; wistra **82**, 150), wonach ein *Überwiegen* des Verlustrisikos über die Gewinnchance den Tatbestand erfüllen soll (so auch LK[10]-*Hübner* 85), überzeugt im Hinblick auf die zahlreichen den Einzelfall prägenden Besonderheiten kaum; das gilt auch für die Formel, zulässig sei nur das Eingehen „sorgfältig kalkulierter" wirtschaftlicher Wagnisse, nicht aber von Spekulations- oder Risikogeschäften (vgl. wistra **91**, 219), denn auf die Frage, was im Einzelfall als „sorgfältig kalkuliert" zu gelten hat, 44 kommt es gerade an (vgl. *Dahs* NJW **02**, 272, 273). So kann der Abschluss hochrisikoreicher Geschäfte vom Treugeber gerade gewollt sein (**zB** bei Anlagevermittlung); denkbar ist auch die Inkaufnahme von Verlusten bei einzelnen Vermögensdispositionen im Rahmen einer nur *insgesamt* auf Gewinn abzielenden Geschäftsstrategie. Bei risikoreichen **Kreditvergaben** können zB für Folgekredite in Sanierungsfällen besondere Maßstäbe gelten, die sich in allgemeinen Regeln nur vage umschreiben lassen (vgl. etwa wistra **06**, 266, 267).

44 a Aus wertenden Umschreibungen allein lassen sich nicht schon Kriterien ableiten. Dass etwa wirtschaftlich *unvertretbare* Risiken und Ausgaben unzulässig sind (vgl. auch *Krause*, Ordnungsgemäßes Wirtschaften und erlaubtes Risiko, 1995, 119; *Tiedemann*, Weber-FS [2004] 319, 325 f.), ist selbstverständlich, beantwortet aber nicht die Frage, was als *noch vertretbar* und was als *schon unvertretbar* gelten soll; das gilt entsprechend für die Formel, nicht pflichtwidrig handle, wer sich „im wirtschaftlich erlaubten Risiko" bewege (*Günther*, Weber-FS [2004] 311, 314). Nach einer vom BGH verwendeten Formel überschreitet die Grenze idR jedenfalls derjenige, der „**nach Art eines Spielers** bewusst und entgegen den Regeln kaufmännischer Sorgfalt eine … äußerst gesteigerte Verlustgefahr auf sich (nimmt), nur um eine höchst zweifelhafte Gewinnaussicht zu erhalten (vgl. GA **77**, 343; NJW **90**, 3220). Letztlich geht es somit um Fälle der *Evidenz* (vgl. BGH **47**, 187 [*Sponsoring*; dazu auch *Salditt* NStZ **05**, 270]; enger aber BGH **50**, 331, 343 f. [*Mannesmann/Vodafone*; oben 42]). Bei der Beurteilung ist aus **objektiver ex-ante-Sicht** auf den Zeitpunkt der Handlung abzustellen (Karlsruhe NJW **06**, 1682 [für wirtschaftlich risikobehaftetes Verwaltungshandeln durch Vergleichsabschluss; vgl. auch *Meyer* wistra **06**, 281]); § 266 I darf nicht in eine strafrechtliche „Misserfolgs-Haftung" für wirtschaftliche Wagnisse umgedeutet werden, deren *Gelingen* dem Handelnden als bewundernswerte Weitsicht zugerechnet worden wäre (insoweit zutr. auch die Kritik von *Matt* NJW **05**, 389, 390). Wo wirtschaftsrechtliche, insb. gesellschafts-, aktien- und steuerrechtliche Regelungen existieren, begründen grobe Verstöße erhebliche Indizien für die Pflichtwidrigkeit.

45 Regelmäßig als **treuwidrig** dürfte das Eingehen von Risiken anzusehen sein, die sich nach dem Inhalt des Treueverhältnisses *formell* (**zB** fehlende betriebswirtschaftliche Planung, Umgehung von Zustimmungserfordernissen, Entscheidungen unter Missachtung von Rechtsvorschriften, unzureichende Informationsauswertung, Unterlassen von Kontrollen) oder *materiell* (**zB** Verletzung des „Zielsystems" [*Waßmer* 78 f.], Abhängigkeit der Erfolgsprognose von bloßen Zufällen, bewusste Einbeziehung des Insolvenzrisikos) als **unvertretbar** erweisen. Pflichtwidrig ist es daher **zB,** wenn bei **Avalkrediten** die dem Handelnden gezogenen Grenzen nicht eingehalten werden (wistra **85**, 191; NStZ/A **88**, 99); wenn der Täter eine ihm eingeräumte **Kreditierungsbefugnis** weit überschreitet (wistra **88**, 305; zu den notwendigen Feststellungen vgl. wistra **92**, 26; zur pflichtwidrigen Darlehensgewährung durch **Tolerierung von Scheckreiterei** vgl. wistra **01**, 218 [Anm. *Bosch* wistra **01**, 257]); wenn entgegen einer konzern-internen Weisung eines *cash-pool*-Verfahrens Unternehmensgelder bei einer ausländischen Investment-Gesellschaft ohne Rating angelegt werden.

45 a Bei der Gewährung von **Großkrediten** sind von den Entscheidungsträgern einer Bank die Grundsätze des **§ 18 KWG** einzuhalten (vgl. dazu *Nack* NJW **80**, 1600; ausf. *ders.* in *Müller-Guggenberger/Bieneck*, Wirtschaftsstrafrecht, § 66; *Otto* ZStW Beil. 1982, 64; *Laskos* [oben 1 a]); darüber hinaus sind regelmäßig bankinterne Beleihungsrichtlinien und Beschränkungen zu beachten (vgl. dazu *W/J-Knierim* 8/204 ff.; *Feigen*, Rudolphi-FS [2004] 445, 448). Ein Verstoß gegen § 18 S. 1 KWG, wonach sich eine Bank bei **Kreditvergaben** über 500 TDM die wirtschaftlichen Verhältnisse des Schuldners offen legen lassen muss, trägt den Vorwurf der Pflichtwidrigkeit aber nicht in jedem Fall; es kommt im Einzelfall darauf an, ob vor Kreditvergabe der (allgemeinen) Prüfungs- und Informationspflicht genügt wurde (BGH **46**, 30 [vgl. dazu *Dierlamm* NStZ **00**, 656; *Links* NStZ **00**, 657; *Otto* JR **00**, 517; *Luttermann* ZIP **00**, 1212; *Gallandi* wistra **01**, 281; *Doster* WM **01**, 333;

Marxen EWiR **01**, 391]; NStZ **02**, 262, 263 [Anm. *Kühne* StV **02**, 198]; krit. zu beiden Entscheidungen *Knauer* NStZ **02**, 399 ff.). Da Kreditbewilligungen *regelmäßig* mit Risiken behaftet sind, kann eine Untreue nicht schon in der Vergabe eines „problematischen" (und später ausfallenden) Kredits gesehen werden (vgl. wistra **85**, 190 f.; **00**, 60; NStZ **02**, 262 f.). Als **Anhaltspunkte** für die Feststellung einer (bedingt vorsätzlichen) Treupflichtverletzung hat der BGH (BGH **46**, 30, 32) aufgeführt: Vernachlässigung der Informationspflichten; Handeln außerhalb der Entscheidungsbefugnis oder zum eigenen Nutzen; Überschreitung von Höchstkreditsgrenzen; Verschleierungshandlungen oder unrichtige Angaben gegenüber Mitverantwortlichen oder Aufsichtsorgane; bewusstes Handeln entgegen kaufmännischer Sorgfalt bei äußerst gesteigertem Verlustrisiko (StV **04**, 424; vgl. auch Karlsruhe NStZ-RR **04**, 367 f. [Kreditvergabe bei erkannter existenzieller Gefährdung des Kreditnehmers]; weitere Indizien und Beispielsfälle bei *Gallandi* wistra **01**, 281, 282 ff.). Gravierende Verstöße gegen die bankübliche Informations- und Prüfungspflicht begründen eine Pflichtwidrigkeit iS des Missbrauchstatbestands auch dann, wenn die nicht hinreichend überprüften Angaben vom Kreditnehmer in betrügerischer Absicht gemacht wurden (NStZ **02**, 262, 264). Bei **Gremienentscheidungen** können sich an der Vergabeentscheidung Beteiligte zwar grds. auf Angaben des federführenden Vorstandsmitglieds oder eines als zuverlässig bekannten Sachbearbeiters verlassen; eine eigene Prüfungspflicht besteht aber bei Zweifeln insb. auch bei ungewöhnlicher Risikoerhöhung hinsichtlich der Bonität des Kreditnehmers oder hinsichtlich der möglichen Folgen eines Ausfalls für die Bank (BGH **37**, 106, 123 [*Lederspray-Fall*]; **46**, 30, 35; NStZ **02**, 262, 264; vgl. dazu umf. *Knauer* [1 a]; *ders.* NStZ **02**, 399, 403; *Otto*, Schroeder-FS [2006] 339, 343 ff.; vgl. auch unten 79; 12 b, 19 zu § 25). Auch bei Vorliegen scheinbar hinreichender interner Bewertungen handelt der für die Zustimmung Verantwortliche pflichtwidrig, wenn er weiß oder in Kauf nimmt, dass die „Darstellung" auf *systematisch* unzureichender Risikoerfassung erfolgt (Übergehen, Ausschaltung oder wiederholte Fehler des Controlling oder der Innenrevision; mangelhafte Dokumentation; Überbewertung von Sicherheiten, usw.; vgl. auch *Gallandi* wistra **01**, 281, 284 f.; *Feigen*, Rudolphi-FS [2004] 445, 455 f.). Umfang und Anforderungen der Prüfungspflicht können nicht durch **externe Einflussnahme,** namentlich politischer Art, suspendiert oder gemindert werden; allenfalls kann hier der Schädigungsvorsatz entfallen (vgl. unten 77 f.).

C. Eigenmächtige Mittelverwendung. a) Die genannten Grundsätze gelten auch die die Fälle der **Bildung sog. „schwarzer Kassen"** durch (verfügungsberechtigte) Treunehmer. Die Problematik wird zumeist im Zusammenhang mit der Feststellung eines Vermögensnachteils diskutiert (vgl. BGH **40**, 294; unten 70) und insoweit zuweilen (unzutreffend) als Fall der sog. Haushaltsuntreue (unten 47) behandelt. Entsprechende Fälle dürften jedoch im Bereich privater Unternehmen und Gesellschaften weit häufiger sein; so **zB** bei Errichtung von Konten für **Schmiergeldzahlungen** oder von verdeckten Sonderfonds für „besondere Aufgaben" usw. durch Vorstandsmitglieder von Kapitalgesellschaften oder Vereinen; hierzu gehören auch Fälle verdeckter **Parteispenden** (zum „CDU-Spendenskandal" vgl. [zum Fall *Kohl*] LG Bonn NStZ **01**, 375; zum Fall *Kanther u. a.* LG Wiesbaden NJW **02**, 1510 [Nichteröffnung]; Frankfurt NJW **04**, 2030 [Eröffnung]; BGH **51**, 100 [=NJW **07**, 1760 [Bespr. *Ransiek* NJW **07**, 1727; *Saliger* NStZ **07**, 545]; zu Parteispenden durch Geschäftsführer von Kapitalgesellschaften vgl. BGH **47**, 187, 192 ff.; *Schünemann,* InstKonfl **11**, 63; *Otto,* Kohlmann-FS [2003] 187 ff.; unten 46 c; umfassend zur Untreue im Zusammenhang mit Verstößen gegen das ParteienG *Saliger*, Parteiengesetz und Strafrecht, 2005 [Rez. *Wolf* GA **06**, 659]; vgl. auch *ders.* HRRS **06**, 10 ff. Zum sog. „Bundesligaskandal" vgl. schon NJW **75**, 1234; NStE Nr. 30; *Weise,* Finanzielle Beeinflussung von sportlichen Wettkämpfen durch Vereinsfunktionäre, 1982). An dem Vorliegen einer Vermögensbetreuungspflicht (und idR auch einer Verfügungsbefugnis) zB von Vereinsvorsitzenden, Finanzvor- **46**

ständen („Schatzmeistern", Hauptkassierern) oder sonstigen vertretungsberechtigten Vorstandsmitgliedern besteht insoweit kein Zweifel. Bei der Prüfung einer **Treupflichtverletzung** ist zu **unterscheiden:** Wenn mit der Errichtung der „schwarzen Kasse" nur die *einverständliche,* aber gegenüber öffentlichen Behörden verdeckte Finanzierung illegaler Handlungen (**zB** Bestechung) ermöglicht werden soll, wird das zu betreuende Vermögen dem Inhaber (Gesellschaft; Verein) nicht entzogen. Dies setzt freilich das **Einverständnis** des Treugebers (Gesellschafter-/Mitgliederversammlung) voraus; hieran wird es bei AGen und größeren Vereinen regelmäßig fehlen. Wenn aber der Täter dem Gesellschafts- oder Vereinsvermögen Mittel gerade deshalb entzieht oder vorenthält, um hierüber – unter Verstoß gegen den Gesellschaftsvertrag oder die Vereinssatzung und unter **Ausschaltung der zuständigen Organe** – nach eigenem Gutdünken verfügen zu können, ist eine Treupflichtverletzung regelmäßig gegeben (BGH **40**, 294, 296; **51**, 100, 111 ff. [= NJW **07**, 1760; *Fall Kanther/Weyrauch*; Bespr. *Ransiek* NJW **07**, 1727; krit. *Saliger* NStZ **07**, 545, 546 ff.]). Insoweit liegt der Entscheidung des *2. StS* somit eine **verwendungszweck-unabhängige** Bestimmung der Pflichtverletzung zugrunde (vgl. dazu *Saliger* [1 a; 2005] 411 ff.; krit. *ders.* NStZ **07**, 545, 547): Auf „gute Absichten" oder eine „letztlich" auch wirtschaftlich vorteilhafte – oder so beabsichtigte – Verwendung der Mittel kommt es nicht an, wenn der Täter sie dem Berechtigten (Eigentümer; Vorstand; Mitgliederversammlung; Gesellschafter) gerade zu dem *Zweck* entzieht, eine ordnungsgemäße Verwendungsbestimmung zu verhindern (vgl. BGH **51**, 100, 114). Auf einen möglicherweise subjektiv verfolgten „guten Zweck" kommt es grds nicht an, wenn eine willkürliche eigene Zwecksetzung dem Täter nach dem die Treuepflicht begründenden Rechtverhältnis (Anstellungsvertrag; Satzung) gerade verboten ist. Die Handlung wird sich idR als *Missbrauch* der Verfügungsbefugnis darstellen, kann aber auch den Treubruchstatbestand erfüllen.

46 a Nicht überzeugend war daher die Erwägung des LG Bonn (NStZ **01**, 375, 377; *Fall Kohl*), bei Bildung einer „schwarzen Kasse" aus Geldspenden für einen Verein (Partei), die dem Täter als Vorstand (Vorsitzenden) zugeleitet wurden, komme es für die Beurteilung der Treuwidrig-
46 b keit auf „Weisungen" oder die „Sicht" der (anonymen) *Spender* an. Wenn die Mittel nicht dem Vorstand persönlich und zur privaten Verwendung zugewendet wurden, kommt es für die Treupflichtverletzung zum Nachteil des Vereins oder der Partei vielmehr allein auf *deren* „Weisungen" (bzw. die Regelungen des PartG und der Satzung) an (vgl. auch wistra **00**, 305; Frankfurt NJW **04**, 2030; BGH **51**, 100 [*Fall Kanther/Weyrauch*]; zum Fall *Kohl* vgl. *Maier* NJW **00**, 1006; *Velten* NJW **00**, 2852; *Otto* RuP **00**, 109; *Wolf* KJ **00**, 531 ff.; *Schwind* NStZ **01**, 349; *Beulke/Fahl* NStZ **01**, 426; *Krüger* NJW **02**, 1178; *Volhard,* Lüderssen-FS 673 ff.; jew. mwN auch zur öffentl.-rechtl. Rechtslage; Einstellungsbeschl. des LG Bonn v. 28. 2. 2001, NStZ **01**, 375; umfassend zur Strafbarkeit nach § 266 bei Verstößen gegen das ParteienG *Saliger* [oben 1 a]; vgl. auch *Saliger/Sinner* NJW **05**, 1073, 1077). Die Frage des *Schadens* ist davon unabhängig (vgl. unten 70).

46 c **Anders** ist es nach Frankfurt NStZ-RR **04**, 244 zu beurteilen, wenn verfügungsberechtigte Organe einer Gesellschaft Mittel entziehen, um **Schmiergeldzahlungen** zur Erlangung von Großaufträgen zu finanzieren. Hier soll es am *Vorsatz* der Schädigung fehlen, wenn keine allgemeine „schwarze Kasse" gebildet, sondern Geldmittel zwecks Schmiergeldzahlung für *konkrete Aufträge* entzogen werden und der Täter darauf vertraut, hierdurch *auf längere Sicht* dem Treugeber einen Gesamtgewinn (durch „Ausbau der Marktposition") verschaffen zu können (vgl. auch *Bernsmann* GA **07**, 219, 229 ff.). Das erscheint jedenfalls insoweit zweifelhaft, als schon der objektive Tatbestand des Treubruchs offen bleibt, denn wenn es den *Regeln eines sorgfältigen Kaufmanns* entspräche, ggf. (aufgrund hoher Schmiergeldzahlungen) verlustreiche Einzelgeschäfte im Vertrauen auf spätere Gewinne zu unternehmen (ebd. 245), käme es auf den Vorsatz nicht mehr an. Eine solche Saldierung (vgl. unten 73) unter Berücksichtigung langfristiger Chancen erscheint aber auch deshalb fraglich (vgl. für die sog. Haushaltsuntreue auch unten 47), weil sie wirtschaftlich günstige Folgen von (durch Bestechung motivierten) zukünftig *möglichen* (strafbaren) Handlungen Dritter (der Bestochenen) als kompensatorischen *gegenwärtigen* Vermögenswert behandelt. Die Behauptung entsprechender „guter Absichten" dürfte kaum je zu widerlegen sein (vgl. auch Frankfurt NStZ-RR **04**, 244 f.). Die vor den Gesellschaftern verdeckte Zahlung von Schmiergeldern aus Gesellschaftsvermögen ist daher idR treuwidrig.

b) Zuwendungen im Bereich des **Sponsoring** (Förderung von Kunst, Wissenschaft, Sozialwesen, Sport) durch Vorstände von Kapitalgesellschaften, namentlich Aktiengesellschaften, sind grds zulässig und in weitem Umfang üblich (vgl. zu einzelnen Formen und zur allgemeinen Zulässigkeit BGH **47**, 187, 192 ff. mwN [Anm. *Beckemper* NStZ **02**, 324]); eine mögliche Pflichtwidrigkeit iS des § 266 I kann sich hier aus dem Spendenvolumen, der Interessenlage im Einzelfall sowie aus den Anforderungen an die interne Publizität ergeben. Die Verfolgung *auch* persönlicher Präferenzen neben (selten) rein altruistischen oder (häufig) mittelbar wirtschaftlichen Interessen macht Zuwendungen noch nicht pflichtwidrig; eine Pflichtverletzung wird aber idR anzunehmen sein bei Leistungen in unangemessener und wirtschaftlich nicht vertretbarer Höhe; bei Ausschaltung der internen Kontrolle; bei Verbindung mit persönlichen Vorteilen. *Jedenfalls* gravierende (vgl. aber BGH **50**, 331, 343; *Schünemann* NStZ **06**, 196, 197 f.; oben 40) Pflichtverletzungen unterfallen § 266 I; hierfür hat der **BGH** folgende **Anhaltspunkte** genannt (BGH **47**, 187, 192 ff.): Fehlende Nähe des Zuwendungszwecks zum Unternehmensgegenstand; Unangemessenheit im Hinblick auf die Ertrags- und Vermögenslage; fehlende innerbetriebliche Transparenz; sachwidrige Motive, namentlich Verfolgung rein persönlicher Präferenzen; eine Treupflichtverletzung ist *jedenfalls* bei Vorliegen aller Kriterien gegeben (vgl. dazu *Otto*, Kohlmann-FS [2003], 187, 200 ff.). **46 d**

c) Auch für die sog. **Haushaltsuntreue** gelten im Hinblick auf die Treupflichtverletzung die **allgemeinen Regeln.** Soweit die Amtsstellung vermögensrechtliche Aufgaben, insb. bei der Planung, Auftragsvergabe, Kontrolle von Fremdleistungen und allg. bei der Verwendung öffentlicher Mittel umfasst, können sowohl Missbrauchs- als auch Treubruchshandlungen vorliegen (vgl. BGH **40**, 287; 294 ff.; **43**, 293; NStZ **84**, 549; **86**, 455; NStZ-RR **05**, 83 ff.; wistra **85**, 69; LK-*Schünemann* 132; *S/S-Lenckner/Perron* 44; *Munz* [1 a] 49 ff.). Nach hM spielen bei der zweckwidrigen, jedoch nicht eigennützigen Verwendung öffentlicher Mittel auch Gesichtspunkte der Verfälschung des Staatswillens eine Rolle (vgl. LK-*Schünemann* 121, 142 f.; krit. *Munz* [1 a] 59 f.). Dabei kommt es bei der Haushaltsuntreue nicht auf das Gesamtergebnis der Wirtschaftsperiode an („Misswirtschaft"); vielmehr kommt als tatbestandliche Handlung (und damit auch für eine evtl. Kompensation; vgl. unten 68) nur die **einzelne vermögensmindernde Verfügung** in Betracht (BGH **43**, 293, 296; *Bieneck* wistra **98**, 249; *Munz* [1 a] 44; **aA** *Brauns* JR **98**, 381). Daher kann grds. auch eine **Verschiebung** von Haushaltsmitteln in der Absicht, diese entgegen haushaltsrechtlichen Grundsätzen für bestimmte Verwendungen zu „sichern", treuwidrig sein (zur Verschiebung nicht verbrauchter Haushaltsmittel auf einen Treuhänder vgl. NStZ **01**, 248 ff. [mit großzügiger Ausnahmeregelung für die „Aufbauphase" der neuen Bundesländer bei – organisatorischer – *Unmöglichkeit* der Einhaltung haushaltsrechtlicher Vorschriften; Anm. *Berger* JR **02**, 118]); freilich ginge es zu weit, schon jeden (formellen) Verstoß gegen haushaltsrechtliche Vorschriften als Untreue anzusehen (so **G.** *Wolf*, 1998 [oben 1 a], 98 ff., 116; ähnlich *Schünemann* StV **03**, 470 f.). Zum Schaden vgl. unten 68 f. Der Abschluss eines Vertrags über die vorzeitige Beendigung des Beschäftigungsverhältnisses eines leitenden städtischen Bediensteten unter **Leistung einer Abfindung** ist nicht als Treupflichtverletzung des hauptamtlichen Bürgermeisters angesehen worden, weil bei sehr unklarer Rechtslage ein riskanter Rechtsstreit vermieden wurde und die Höhe der Abfindung den üblichen Rahmen nicht überschritt (NStZ-RR **05**, 83, 85 f.). **47**

Kein Fall der „Haushaltsuntreue" ist die (betrügerische oder treuwidrige) Inanspruchnahme von Haushaltsmitteln aus dem Einzelplan des Parlaments durch **Abgeordnete** selbst. Ein Abgeordneter hat zwar grds keine Vermögensbetreuungs- **48** pflicht im Hinblick auf die in den Haushalt eingestellten Finanzmittel. Anders ist dies aber, wenn in dem Einzelplan des Parlaments Mittel eingestellt sind, die der zweckgebundenen Verwendung durch die Abgeordneten *in dieser Funktion* dienen (Koblenz NJW **99**, 3277 [Mittel für Information von Besuchergruppen über die Arbeit des Landtags]): bei zweckwidriger privater Verwendung liegt § 266 vor. Der Abgeordnete steht insoweit einem öffentlich Bediensteten jedenfalls dann gleich, wenn die Voraussetzungen für die Inanspruchnahme der Mittel (zB Telekommunikation; Dienstwagen oder -Flüge; Reisekosten) in Richtlinien des Parlaments geregelt sind. Untreue ist auch im Hinblick auf eine zweckwidrige Verwendung von Mitteln aus **Fraktionszuschüssen** des Parlaments möglich, soweit von Mitgliedern des Fraktionsvorstands Mittel entgegen Bindungen durch FraktionsGeschO oder internen Beschlüssen eigenmächtig verwendet werden; insoweit gelten die allg. Regeln. Dagegen ist bei **Zustimmung** der Fraktion eine Treupflichtverletzung gegenüber dem *Parlament* auch bei zweckwidriger Verwendung (etwa für *Partei*zwecke) regelmäßig nicht gegeben, da die Zuschüsse keine Zuweisung von *Haushaltsmitteln* darstellen (zutr. *Lesch* ZRP **02**, 159, 161); die teilweise gesetzlich geregelte Rückzahlungspflicht für nicht oder nicht zweckgerecht verwendete Mittel begründet keine Vermögensbetreuungspflicht.

49 **D. Einwilligung des Vermögensinhabers.** Die Pflichtwidrigkeit der Handlung ist **Tatbestandsmerkmal** beider Untreuetatbestände. Das **Einverständnis** (nach Hamm NStZ **86**, 119 aber nicht die nachträgliche Genehmigung; vgl. aber *Weber*, Schlüchter-GedS [2002] 243, 250 f.: Strafaufhebungsgrund) des Inhabers des zu betreuenden Vermögens schließt daher grds. den **Tatbestand** aus (BGH **3**, 23, 25; **50**, 331, 342 [= NJW **06**, 522 [*Fall Mannesmann/Vodafone*; Besprechungen *Rönnau* NStZ **06**, 218; *Vogel/Hocke* JZ **06**, 568; *Hohn* wistra **06**, 161; *Krause* StV **06**, 307; *Bernsmann* GA **07**, 219, 220 ff.]; Hamm NStZ **86**, 119; *Hillenkamp* NStZ **81**, 161, 165; *Jordan* JR **00**, 137; *Lackner/Kühl* 20; *S/S-Lenckner/Perron* 21, 38; LK-*Schünemann* 100; SK-*Samson/Günther* 46; *M/G-Schmid* 31/109; *Arzt/Weber* 22/70; *W/Hillenkamp* 758; vgl. auch BGHZ **100**, 197; NJW-RR **86**, 372; **aA** [Rechtswidrigkeit] BGH **9**, 203, 216; unklar BGH **3**, 32, 39; offen gelassen in BGH **30**, 247, 249). Das gilt gleichermaßen für die **mutmaßliche Einwilligung** (*Arzt/Weber* 22/71); vgl. zum Ausschluss des Missbrauchstatbestands schon oben 24; zum Irrtum unten 77.

50 **a) Praktisch** wichtiger Fall der Einwilligung ist die **Zustimmung zu Risikogeschäften** (vgl. dazu umf. *Waßmer* [1 a] 32 ff.; *Hillenkamp* NStZ **81**, 161 ff.; vgl. schon oben 42; zum Schaden vgl. unten 62). Beruht die Einwilligung auf einer umfassenden und sachgerechten Information über das tatsächlich bestehende Verlustrisiko, so liegt ein *Missbrauch* nicht vor (wistra **85**, 190); eine Bindung im Innenverhältnis kann jedoch im Einzelfall einen Treubruch auch dann begründen, wenn sich auf Grund wirksamer Zustimmung Außenmacht und (ausdrückliche) Innenberechtigung decken (GA **77**, 342; wistra **82**, 148; vgl. NStZ **90**, 437; MDR/H **82**, 624; *Bringewat* JZ **77**, 667 f.; *Gallandi* wistra **88**, 295).

51 **b)** Die **Wirksamkeit der Einwilligung** ist nach den Grundsätzen der rechtfertigenden Einwilligung zu beurteilen (*W/Hillenkamp* 760). **Ausnahmen** von der tatbestandsausschließenden Wirkung gelten daher dann, wenn die Zustimmung des Geschäftsherrn gesetzwidrig (Stuttgart MDR **78**, 593; vgl. *Arzt/Weber* 22/70) oder erschlichen ist oder auf Willensmängeln beruht. Unwirksam kann die Einwilligung etwa bei Ausnutzung besonderer geschäftlicher Unerfahrenheit des Tatopfers sein (NStZ **97**, 124 f.; krit. LK-*Schünemann* 100); darüber hinaus insb. dann, wenn die Zustimmung ihrerseits pflichtwidrig ist (vgl. **zB** NJW **83**, 1807 f. [unwirksame Zustimmung eines kirchlichen Aufsichtsorgans]; wistra **91**, 103 [pflichtwidrige *Verfügungsbefugnis durch* Verbandsversammlung]; BGH **30**, 247, 249; Hamm NJW **82**, 190, 192 [Zustimmung zu zweckwidriger Mittelverwendung durch Studentenvertretung]; Hamm wistra **99**, 350, 353 [satzungswidrige Zustimmung durch Mitglieder eines Vereins]; BGH **50**, 331, 342 f. = NJW **06**, 522 [*Fall Mannes-*

mann/Vodafone: Zustimmung eines *zukünftigen* Alleinaktionärs zu vermögensschädigenden Verfügungen im Zusammenhang mit der Übernahme; krit. dazu *Krause* StV **06**, 307, 310 f.]).

c) Besondere Bedeutung erlangt dies bei Zustimmungen durch vertretungsberechtigte **Organe oder Gesellschafter** von Kapital- oder Personengesellschaften. Wenn der Geschäftsherr eine **Personengesellschaft** ist, schließt das Einverständnis aller Gesellschafter eine Treupflichtverletzung idR aus; für Einschränkungen der Wirksamkeit gelten die oben 51 genannten Regeln (zur KG vgl. wistra **89**, 266; **91**, 183; BGH[Z] NJW-RR **86**, 372; *Winkelbauer* wistra **86**, 18). Für **Kapitalgesellschaften,** namentlich für die (Einmann-)**GmbH** (zur Gründungs-GmbH vgl. BGH **3**, 23, 25; wistra **92**, 25; *Kohlmann,* Geerds-FS 667), ist die Frage einer Begrenzung der Zustimmungsfähigkeit i. E. str. (ausf. dazu auch *S/S-Lenckner/Perron* 21; LK-*Schünemann* 125; *Zieschang,* Kohlmann-FS [2003] 351 ff.; *Kasiske* wistra **05**, 81; *Kaufmann* [1 a] 127 ff. [als *Plagiat* erschienen in NStZ **01**, 113 ff.]; *Kutzner* NJW **06**, 3541; jew. mwN). 52

Die Auffassung des **RG**, wonach eine Zustimmung der Gesellschafter zu Schädigungen des Gesellschaftsvermögens regelmäßig unwirksam sei (vgl. RG **71**, 353 f.), wird nicht mehr vertreten; sie wies den Gesellschaftern eine überindividuelle Pflichtenstellung im Hinblick auf die „Funktionsfähigkeit" der Gesellschaft zu. Der **BGH** hat das zunächst dahin eingeschränkt, dass die Zustimmung aller Gesellschafter (oder des Alleingesellschafters) nicht gegen zwingendes Recht oder gegen die Grundsätze eines ordentlichen Kaufmanns verstoßen dürfe (vgl. etwa BGH **3**, 39; **9**, 216; **30**, 127; GA **58**, 46; wistra **83**, 71; BGHR § 266 I Nachteil 37; München NJW **94**, 3112, 3114); dagegen ist in BGH **34**, 379 *(3. StS)* die Zustimmung zu willkürlichen Vermögensverschiebungen ohne Verstoß gegen § 30 GmbHG unter Verschleierung entgegen § 41 GmbHG als unwirksam angesehen worden. Diese Entscheidung ist wegen der erheblichen Einschränkung der Einwilligungsmöglichkeit und wegen der Verlagerung des **Schutzzwecks** des § 266 vom Vermögensschutz auf den Gläubigerschutz (*Gribbohm* ZGR **90**, 1 ff.) zu Recht kritisiert worden (vgl. zB *Reiß* wistra **89**, 81; *Arloth* NStZ **90**, 570; *Schäfer* GmbHR **93**, 789 ff.; *Ulmer,* Pfeiffer-FS 853, 868; vgl. auch *Flum* [1 a] 147 ff.; *Wodicka* [1 a] 210 ff., 249 ff.). Die **neuere Rspr.** seit BGH **35**, 333 *(3. StS)* hat die Linie zu Recht nicht weiter verfolgt und stellt auf die **Existenzgefährdung** der Gesellschaft ab (ähnlich NStZ **95**, 185 f.; **96**, 540, 542; vgl. auch NStZ-RR **05**, 105; wistra **06**, 229, 230; BGHR § 266 I Nachteil 23, 25, 33, 37; zur Entwicklung der Rspr. vgl. *Achenbach,* BGH-FG 593, 597 ff.; *Kutzner* NStZ **05**, 271 f.; ders. NJW **06**, 3541; *Kubiciel* NStZ **05**, 353 ff.). 52 a

Vermögensnachteilige Dispositionen des Geschäftsführers sind nach heute hM grds nicht pflichtwidrig, wenn sie im Einverständnis der Gesellschafter (auch: des geschäftsführenden **Alleingesellschafters**) erfolgen (NJW **00**, 154 f. [m. Anm. *Gehrlein* NJW **00**, 1089]). Pflichtwidrigkeit wird aber angenommen, wenn das **Stammkapital** beeinträchtigt (vgl. BGH **9**, 216) oder die **wirtschaftliche Existenz** der Gesellschaft in anderer Weise gefährdet wird (BGH **35**, 335 f.; **49**, 147, 157 f. [*Bremer Vulkan*]; NJW **93**, 1278; **97**, 68 [Anm. *Geerds* JR **97**, 340]; **00**, 154 f. [Anm. *Gehrlein* NJW **00**, 1089; Bespr. *Zeidler* NZG **00**, 309]; BGHR § 266 I Nachteil 23, 37; wistra **06**, 265; vgl. auch NStZ **84**, 118 f.; **98**, 192; wistra **82**, 148 f.; **83**, 71; **86**, 262; **87**, 336; **90**, 99; **91**, 109; **96**, 70; JR **88**, 254 [Anm. *Gössel*]; BGH[Z] GmbHR **99**, 921, 922; LK-*Schünemann* 125; *M/G-Schmid* 31/60 ff.; *Wodicka* [1 a] 249 ff.; 322 ff.; *Mihm* [1 a] 107; *W/Hillenkamp* 761; *Ransiek,* Kohlmann-FS [2003], 207, 212 f.); insb. wenn unter **Verstoß gegen § 30 GmbHG** das Stammkapital gefährdet wird (NJW **00**, 154; StV **03**, 558, 560; vgl. auch *Hellmann* wistra **89**, 216 f.; *Brammsen* DB **89**, 1614; *Schäfer* GmbHRdSch **93**, 793 ff.; *Radtke* GmbHRdSch **98**, 365; *Ransiek* wistra **05**, 121, 122; LK-*Schünemann* 125; *Zieschang,* Kohlmann-FS [2003], 351, 358 ff.; Überblick zur Rspr bei *Hanft,* Strafrechtliche Probleme im Zusammenhang mit der Einmann-GmbH, 2006, 51 ff.). 52 b

Die Feststellung einer **Existenzgefährdung** setzt grds. eine Prüfung auf der Grundlage einer nach Zerschlagungswerten aufgestellten, die Abwicklungskosten sowie etwaige Sozialansprüche berücksichtigenden Bilanz voraus; ihre Aufstellung kann entbehrlich sein, wenn sich die Gefährdung der Existenz oder der Liquidität ohne Weiteres aus dem Geschehensablauf ergibt (NStZ-RR **05**, 86; wistra **06**, 229, 230 [Rückläufer]).

52c Dies wird auf die Erwägung gestützt, dass die juristische Person (auch die Einmann-GmbH) ein gegenüber den Anteilseignern selbstständiges Vermögen hat, über welches die Gesellschafter nur nach Maßgabe der gesetzlichen Vorschriften verfügen dürfen; Verstöße gegen zwingendes (Gesellschafts-)Recht machen daher das Einverständnis der Gesellschafter unwirksam (vgl. auch NJW **81**, 1793; NStZ **83**, 118). Unwirksamkeit der Zustimmung liegt danach **zB** vor bei Herbeiführung oder Vertiefung einer Überschuldung (NJW **93**, 1278; wistra **90**, 99; **91**, 183; **92**, 141); bei **Gefährdung der Existenz** oder der Liquidität der Gesellschaft (BGH **35**, 339; NJW **00**, 155; wistra **91**, 183; **92**, 141; **95**, 144); bei vorzeitiger Rückzahlung eines Eigenkapital ersetzenden **Gesellschafterdarlehens** nach §§ 32a, 32b GmbHG (BGH **9**, 203, 214; zur Abgrenzung zu kurzfristigen Überbrückungskrediten vgl. NStZ **03**, 545, 546; BGHZ **90**, 381f., 394; **133**, 298, 304); bei Liquiditätsgefährdung durch Aushöhlung bei verdeckten Entnahmen (vgl. NStZ **89**, 23; wistra **90**, 99; **91**, 107; BGHR § 266 I Nachteil 21); zum Schaden noch unten 57. Die Gesellschaft hat freilich gegenüber ihren Gesellschaftern keinen durch § 266 geschützten Anspruch auf Gewährleistung ihres Bestands (BGH **49**, 147, 157 [Anm. *Tiedemann* JZ **05**, 45; Bespr. *Ransiek* wistra **05**, 121; *Rotsch* NStZ **05**, 13]; krit. auch *Hanft* [oben 52b] 91ff.); die Gesellschafter können ihre Existenz vielmehr durch Liquidation oder im Rahmen eines Insolvenzverfahrens beenden. Für Eingriffe in das *Eigentum* hat der *1. StS* die genannten Grundsätze auch in Zweifel gezogen (vgl. 1 StR 169/05 [Brandstiftung durch geschäftsführenden Alleingesellschafter; vgl. dazu *Piel* NStZ **06**, 550ff.).

52d Die dargelegten Grundsätze gelten ebenso für die **abhängige GmbH** im **GmbH-Konzern** (*Ransiek*, Kohlmann-FS [2003] 207, 217ff.; *J. Kaufmann* [1a] 127ff.; *Tiedemann* JZ **05**, 45, 46; ausf. auch *Höf* [oben 1a]). Zum Treubruch durch Überschuldung der abhängigen GmbH im **konzernierten Liquiditätsverbund** durch Organe der Konzern-Muttergesellschaft vgl. BGHZ **149**, 10ff. (*II. ZS*) und BGH **49**, 147 (*5. StS*; jeweils zum *Fall Bremer Vulkan* [vgl. dazu Bespr. *Ransiek* wistra **05**, 121; *Rotsch* NStZ **05**, 13; *Salditt* NStZ **05**, 270; *Kutzner* NStZ **05**, 271; *Tiedemann* JZ **05**, 45; *Krause* JR **06**, 51]). Wann bei einem konzernweiten automatischen *cash-management* mit laufend sich verändernder Kreditgewährung an andere Gesellschaften eine Existenzgefährdung durch Beeinträchtigung des Stammkapitals vorliegt, ist freilich nur dann einfach zu bestimmen, wenn die Werthaltigkeit von Rückzahlungsansprüchen unberücksichtigt bleibt (vgl. BGH[Z] NJW **04**, 1111; *Fleischer* NJW **04**, 2687, 2689; *Ransiek* wistra **05**, 121, 122f.).

52e **Kritik.** Die Einschränkung der Zustimmungsfähigkeit durch Rspr und hM ist insb. unter dem Gesichtpunkt der **Schutzzweck-Verlagerung** der Kritik ausgesetzt (vgl. **zB** *Labsch* JuS **85**, 602; wistra **85**, 7; *Winkelbauer* wistra **86**, 17; *Meilicke* BB **88**, 1261; *Reiß* wistra **89**, 81; *Arloth* NStZ **90**, 570; *Muhler* wistra **94**, 287; *Nelles* [1a] 483ff.; *S/S-Lenckner/Perron* 21; SK-*Samson/Günther* 48; zur zivilrechtl. Kritik vgl. *Lutter/Hommelhoff*, GmbHG, 7 zu § 30 mwN; *Ulmer*, Pfeiffer-FS 868ff.). In der Tat überzeugt das Abstellen der hM auf die eigene Rechtspersönlichkeit der Gesellschaft insoweit nicht, als diese nichts daran ändert, dass das von § 266 geschützte Vermögen der juristischen Person allein das der Gesamtheit der Gesellschafter ist; **Gläubigerschutz**-Vorschriften des Gesellschaftsrechts können, auch wenn sie zwingend sind, hieran nichts ändern (zutr. *S/S-Lenckner/Perron* 21). Die „Missbrauchs"-Beschränkung der hM führt daher praktisch zu einer **Zweiteilung des Gesellschaftsvermögens** unter dem Gesichtspunkt des § 266 (so *Kohlmann*, Werner-FS 387ff.; vgl. auch *Ulmer*, Pfeiffer-FS 868ff.) *und zu einer straf*rechtlichen Einschränkung der Dispositionsbefugnis über *eigenes* Vermögen (der Gesellschafter-Gesamtheit) im Interesse *fremder* Vermögensinteressen (der Gläubiger); die Untreue-Strafbarkeit wird damit zur Verfolgung von Gläubiger-gefährdenden **„Missbräuchen der Rechtsform"** eingesetzt. Das lässt sich damit, dass weder den Geschäftsführer noch den einzelnen Gesellschafter eine allgemeine Treuepflicht für Vermögensinteressen von Gläubigern trifft, kaum vereinbaren; in die Dogmatik des § 266 lässt es sich nur schwer integrieren. Der strafrechtliche Gläubigerschutz ist in §§ 283 ff. geregelt (vgl. auch *Arloth* NStZ **90**, 570) und sollte nicht durch unklare „Treue"-Erwägungen in den Anwendungsbereich des § 266 gezogen werden (vgl. auch *Krause* JR **06**, 51, 54; and. *Achenbach,* BGH-FG 593, 598 ff.). Bemerkenswert (und wenig überzeugend) ist im Übrigen, dass auf diesem Weg die vom BGH für die **Organhaftung** nach § 14 I Nr. 1 angenommene Beschränkung auf ein Handeln „im Interesse" der Gesellschaft (vgl. BGH **30**, 127; **31**, 118; 5 zu § 14; 21 vor § 283; ausdr. gegen den BGH AG Halle NJW **02**, 77), die der Anwendung der §§ 283 ff. vielfach entgegensteht, umgangen wird.

Ob die für GmbH-Geschäftsführer entwickelten Grundsätze auf die Verhältnisse einer *private company limited by shares* (**Limited**) nach englischem Recht (zur Gesellschaftsform der Limited vgl. *Eidenmüller*, Ausländische Kapitalgesellschaften im deutschen Recht, 2004, § 10; *Micheler* ZGR **04**, 324, 325), die infolge der *Inspire Art*-Entscheidung des **EuGH** (Urt. v. 30. 9. 2003 – C 167/01, BB **03**, 2195; vgl. dazu auch BGH[Z] NJW **05**, 1648, 1649 [Anm. *Wand* BB **05**, 1017]; *Horn* NJW **04**, 893 ff.; *Ulmer* NJW **04**, 1201; *Eidenmüller* JZ **04**, 24; NJW **05**, 1618) ihren effektiven Verwaltungssitz in Deutschland haben kann, Anwendung finden können, ist zweifelhaft (vgl. dazu *Spindler/Berner* RIW **04**, 7, 14 f.; *Schlösser* wistra **06**, 81 ff.; vgl. auch *Rönnau* ZGR **05**, 832 ff.). Eine unmittelbare Ableitung der Pflichtwidrigkeit von Handlungen des *directors* (wohl: Geschäftsführer; vgl. *Schlösser* aaO 84) aus Verstößen gegen *deutsches* Gesellschaftsrecht ist nicht möglich. Eine Anknüpfung an *englisches* Recht (vgl. etwa zu den „*fiduciary duties*" des englischen Rechts *Maul/Schmidt* BB **03**, 2297; *Heinz* AnwBl **05**, 417) kann nur insoweit zulässig sein, wie es im deutschen Gesellschaftsrecht eine Entsprechung findet; ein „Rückgriff" auf ausländisches Recht, wo das deutsche Recht „Lücken" aufweist, ist nach Art. 103 II GG nicht zulässig (*Rönnau* ZGR **05**, 832, 840; *Schlösser* wistra **06**, 81, 88). Zur Einführung der Europäischen Genossenschaft (**SCE**) im *deutschen* Recht vgl. *Möhrenschlager* wistra **06**, H. 3, S. VII. **53**

Das zur Zustimmung durch (alle) GmbH-Gesellschafter Ausgeführte gilt entspr. für die Zustimmung der **Anteilseigner einer AG** (vgl. LK-*Schünemann* 126), soweit die Hauptversammlung ein eigenes Entscheidungsrecht hat (Verwendung des Bilanzgewinns, § 174 I AktG; Entscheidungen nach Vorlage durch den Vorstand, § 119 II AktG [vgl. zur Vorlagepflicht BGHZ **82**, 122]); i. Ü. ist die Entscheidungsbefugnis des **Vorstands** gem. § 76 I AktG grds. unbeschränkt (im **Konzern** gilt § 308 II AktG); bei der Ausübung der Leitungsbefugnis hat der Vorstand gem. § 93 AktG die Sorgfalt eines ordentlichen und gewissenhaften Geschäftsleiters anzuwenden. Dabei ist ihm grds. ein weiter unternehmerischer Ermessensspielraum eingeräumt; erst bei Überschreitung der Grenzen und Verstoß gegen eine **Hauptpflicht** gegenüber dem zu betreuenden Gesellschaftsvermögen liegt eine Pflichtwidrigkeit iS von § 266 I vor (vgl. BGH **47**, 148, 152; **47**, 187, 197; NStZ **06**, 221, 222 [= NJW **06**, 453; *Fall Kinowelt;* Bespr. *Schünemann* NStZ **06**, 196]; wistra **06**, 266, 267). Ein gerichtlich nur begrenzt überprüfbarer Handlungsspielraum besteht insbesondere bei Erschließung neuer Geschäftsfelder, Verwirklichung neuer Geschäftsideen oder Investitionen in neue Technologien (NStZ **06**, 221, 223). Kapitaltransfers zur Sanierung eines notleidenden anderen Unternehmens sind zulässig, wenn und solange ihnen ein unternehmerisch vertretbares Konzept zur Übernahme zugrunde liegt; pflichtwidrig sind ungesicherte Zahlungen, die nicht (mehr) im Interesse des leistenden Unternehmens stehen (NStZ **06**, 221 ff. [*Kinowelt*]). Verstöße gegen die Verbote nach §§ 57 ff. AktG sind auch bei Zustimmung aller Aktionäre pflichtwidrig. **54**

Auch die Mitglieder des **Aufsichtrats** trifft, anders als die Aktionäre (LG Köln wistra **88**, 279; str. für den Mehrheitsaktionär; vgl. *Lutter* JZ **76**, 225 ff.), eine eigene Vermögensbetreuungspflicht (BGH **47**, 187, 200; wistra **02**, 143, 147 f.; BGH **50**, 331 [= NJW **06**, 522 = NStZ **06**, 214 ff., 3 StR 470/04, Fall *Mannesmann/ Vodafone*; Nachw. zu Bespr. oben 11 a, 42]; Vorinstanz LG Düsseldorf NJW **04**, 3275 [Bespr. *Kort* NJW **05**, 333; zutr. krit. *Jakobs* NStZ **05**, 276 ff.]; vgl. auch *Rön-* **54 a** *nau/Hohn* NStZ **04**, 113, 114f. mwN; *Günther*, Weber-FS [2004], 311ff.; *Tiedemann*, Weber-FS [2004] 319ff. [*Gutachten für die Verteidigung*; vgl. Fn 4]; vgl. dazu auch *Schünemann*, Organuntreue. Das Mannesmann-Verfahren als Exempel?, 2004; *Poseck*, Die strafrechtliche Haftung der Mitglieder des Aufsichtsrats einer Aktiengesellschaft, 1997, 76ff.; *Dittrich*, Die Untreuestrafbarkeit von Aufsichtsratsmitgliedern bei der Festsetzung überhöhter Vorstandsvergütungen, 2007; oben 23; krit. zur Verfahrensbeendigung gem. § 153a StPO u.a. *Götz* NJW **07**, 419). Daher kann etwa im Hinblick auf rechtsgeschäftliche Vereinbarungen mit dem Vorstand eine eigene Täterstellung begründet sein (vgl. *Nelles* [1a] 555f.). Nicht allein die Befugnis zu unternehmerischen **Leitungsaufgaben** (zB § 87 AktG: Vorstandsvergütung; vgl, dazu ausf. *Rönnau/Hohn* NStZ **04**, 113ff.), sondern auch die **Überwachungspflicht** aus § 111 I AktG begründet eine Treuepflicht iS von § 266 I. Er darf daher den Vorstand nicht zu Handlungen veranlassen, welche er auf Grund seiner Überwachungspflicht gerade abwenden müsste (BGH **47**, 187, 201; NJW **80**, 1629; wistra **01**, 304f.). Hieraus ergibt sich auch eine **Handlungspflicht** des Aufsichtsrats zur Verhinderung gravierender vermögensschädigender Pflichtverletzungen des Vorstands; bei nachträglichem Bekanntwerden eine Pflicht, Maßnahmen zur Geltendmachung von Schadensersatzansprüchen zu veranlassen; ggf auch Strafanzeige zu erstatten (insoweit offen gelassen von BGH **47**, 187, 200f.). Der Vermögensbetreuungspflicht des Aufsichtsrats unterfällt auch die an den Vermögensinteressen der Gesellschaft orientierte Beachtung des § 87 AktG bei der Festsetzung von **Vorstandsvergütungen** (vgl. dazu LG Düsseldorf NJW **03**, 2536f.; NJW **04**, 3275; *Rönnau/Hohn* NStZ **04**, 113ff.; *Tiedemann*, Weber-FS [2004] 319ff.; krit. *Lüderssen*, Schroeder-FS [2006] 569ff.). Insoweit besteht grds. ein weiter Beurteilungs- und Ermessensspielraum (vgl. auch BGHZ **135**, 244, 253ff.). Eine Pflichtverletzung ist nicht schon bei jeder Vergütungsentscheidung gegeben, die im Ergebnis zu einer Schädigung des Unternehmens führt, „wenn die **Grenzen**, in denen sich ein von Verantwortungsbewusstsein getragenes, ausschließlich am Unternehmenswohl orientiertes, auf sorgfältiger Ermittlung der Entscheidungsgrundlagen beruhendes unternehmerisches Handeln bewegen muss, nicht überschritten sind" (BGH **50**, 331, 336 = NJW **06**, 522, 523 [Anm. *Rönnau* NStZ **06**, 218]). Der Annahme von LG Düsseldorf NJW **04**, 3275, 3280f. im *Fall Mannesmann/Vodafone*, eine Treupflichtverletzung durch Verstoß gegen § 87 I AktG bei der Festsetzung von Bezügen von Vorstandsmitgliedern setze eine nach Gesamtbewertung der wirtschaftlichen Lage und sonstigen Interessen *gravierende* Pflichtverletzung voraus, ist der BGH nicht gefolgt (vgl. auch *Schünemann* NStZ **05**, 473). Sonderzahlungen an Vorstandsmitglieder zur Belohnung *vergangener* Leistungen sind, wenn sie dem Unternehmen keinen zukunftsbezogenen Nutzen bringen, unabhängig davon als pflichtwidrige Verschwendung von Gesellschaftsvermögen anzusehen, ob sie sich mit Blick auf die wirtschaftliche Gesamtlage des Unternehmens als „gravierend" darstellen; auch auf die Angemessenheit iS von § 87 I AktG kommt es insoweit nicht an (BGH **50**, 331, 338 [= NJW **06**, 522, 524f.; zust. *Rönnau* NStZ **06**, 218f.]). **Kriterium** der Pflichtwidrigkeitsbestimmung ist danach das Unternehmensinteresse; dieses ist durch *unvertretbare* Schädigungen ohne feststellbare Gegenleistung regelmäßig verletzt (zutr. *Saliger* HRRS **06**, 10, 20; *Rönnau* NStZ **06**, 218, 219). Was „unvertretbar" ist, ist aus *strafrechtlicher* Sicht unter Beachtung der zivilrechtlichen Rechtlage zu bestimmen (*Rönnau* aaO). Zum möglichen Konflikt zwischen Unternehmens- und öffentlichem Interesse bei der Beurteilung des Handelns von Aufsichtsräten kommunaler Gesellschaften vgl. *Geerds*, Otto-FS [2007] 561ff.

55 **8) Vermögensnachteil.** Durch die Tathandlung muss in beiden Tatbestandsvarianten *dem Inhaber des betreuten* Vermögens ein **Nachteil** zugefügt werden. Der Nachteil muss sich gerade auf die vom Täter zu betreuenden Vermögensinteressen beziehen; betreuter und geschädigter Vermögensinhaber müssen identisch sein (NStZ **87**, 279 [Anm. *Gössel* JR **88**, 256]; NJW **06**, 1984; LK-*Schünemann* 140;

S/S-Lenckner/Perron 47). Nur mittelbar verursachte Vermögensnachteile sind von § 266 nicht erfasst.

A. Vermögen. Nicht vermögensrelevante Nachteile reichen nicht aus. Der 56
Begriff des Vermögens entspricht dem des § 263 (dort 54ff.; vgl. BGH **40**, 287, 294; **43**, 297; **44**, 377, 384; wistra **88**, 26; **99**, 350, 354; hM; vgl. LK-*Schünemann* 132 mwN; **aA** *Tröndle* 48. Aufl. 17; einschr. *Dierlamm* NStZ **97**, 534; *W/Hillenkamp* 775f.u. NStZ **81**, 166); eine Beeinträchtigung allein der Dispositionsfreiheit des Treugebers reicht nicht aus (stRspr.; BGH **47**, 295, 301). Erfasst sind daher **zB** die begründete Aussicht auf Erfüllung eines Auftrags (BGH **17**, 147 [zu § 263]; Köln NJW **67**, 1923); der Anspruch auf Einräumung eines **Lieferantenrabatts** (1 StR 401/83; zur Abgrenzung zum **Mengenrabatt** vgl. aber NJW **04**, 2603); die sichere Erwartung eines vorteilhaften Geschäftsabschlusses (BGH **20**, 145); die Erwartung eines Grundstückserwerbs vom Erstveräußerer statt zu höherem Preis vom Zwischenerwerber (NStZ **00**, 46); die Erwartung der gesetzlich vorgeschriebenen (§ 1806 BGB) bestmöglichen Verzinsung von Mündelgeld (Bremen NStZ **89**, 229). Vermögenswert erlangen **Erwartungen einer Vermögensmehrung**, wenn sie als sichere oder jedenfalls wirtschaftlich realistische Gewinnerwartungen erscheinen, wenn also die Aussicht auf einen wirtschaftlichen Vorteil in einem solchen Maß konkretisiert ist, dass die Verkehrsauffassung ihr einen objektivierbaren wirtschaftlichen Wert zumisst (BGH **17**, 147f.; vgl. auch *S/S-Lenckner/Perron* 46; LK-*Schünemann* 135; *Hefendehl* [1a] 25ff.). Das ist **nicht** gegeben bei ungesicherten Aussichten auf einen Geschäftsabschluss (NJW **83**, 1807, 1809f.; vgl. *Tiedemann,* Tröndle-FS 332; *Rönnau*, Kohlmann-FS [2003] 239, 252ff.); nur allgemeinen Chancen oder Hoffnungen auf Vermögensmehrung (BGH **20**, 145; NJW **83**, 1808; **04**, 2603, 2605; wistra **84**, 109; Bremen NStZ **89**, 229; Hamm NJW **68**, 1940; Köln NJW **67**, 1923; Stuttgart NJW **99**, 1566 [Anm. *Thomas* NStZ **99**, 620]; vgl. dazu 72ff. zu § 263); bei hochspekulativen Risikoprojekten (vgl. wistra **07**, 21, 22). Richtet sich die Treupflichtverletzung auf die Vereitelung der Realisierung von Ansprüchen, so kommt es auf die **Werthaltigkeit** dieser Forderungen an (wistra **86**, 218; BGHR § 266 I Nachteil 10). Auch für § 266 gelten die Einschränkungen des Vermögensbegriffs, welche die hM hinsichtlich **gesetzwidriger** oder **sittenwidriger** wirtschaftlicher Vorteile vornimmt (vgl. 64ff. zu § 263). Das Unterlassen einer Vermögensvermehrung unterfällt daher dem Tatbestand nicht, wenn sie sich nur durch ein verbotenes Geschäft realisieren ließe (5 StR 131/81; einschr. *Taschke*, Lüderssen-FS [2002] 663, 667f.; vgl. unten 60).

Geschädigter kann nur ein mit dem Täter nicht identischer Träger *fremden* 57
Vermögens sein (wistra **92**, 25; NStZ/A **93**, 429); die Schädigung eines **Gesamthandvermögens** (zB einer **Personengesellschaft**) ist daher nur insoweit ein Vermögensnachteil, als zugleich das Vermögen der Gesellschafter geschädigt wird (BGH **34**, 22f.; NJW **92**, 250; NStZ **91**, 432 [GmbH & Co. KG]; NStZ **87**, 279 [stille Gesellschaft]; wistra **84**, 71; 226; **91**, 183; **92**, 24 [Vor-GmbH]; and. *Reiß* wistra **89**, 85f.; vgl. aber *Bittmann/Richter* wistra **05**, 51ff.). Das **Einverständnis** von (Mit-)Gesellschaftern einer Personengesellschaft schließt daher in dieser Höhe (zur Schadenshöhe NStZ **87**, 279) regelmäßig den Tatbestand aus (vgl. BGH **3**, 23, 25; wistra **89**, 266; **92**, 24). Das gilt auch für den Geschäftsführer einer Einmann-GmbH & Co. KG, soweit er auf das Vermögen der **KG** zugreift (NStZ **87**, 279; zur Einwilligung als Alleingesellschafter der GmbH vgl. oben 52f.). Die GmbH kann hier als Komplementär *anteilsmäßig* geschädigt sein; ist sie nur Geschäftsführerin, so kommt als Nachteil die Haftung gegenüber Gläubigern der KG in Betracht (BGHR § 266 I Nachteil 25).

Ist das treuwidrig mit einer Verbindlichkeit belastete Vermögen durch **Haf-** 58
tungsbeschränkungen begrenzt, so ist dies bei der Bestimmung des Vermögensnachteils zu berücksichtigen. Nach NStZ **99**, 557 kann danach bei **Belastung einer GmbH** ein Nachteil nur in der Höhe angenommen werden, in welcher die Gesellschaft noch über unbelastetes Vermögen – einschließlich konkreter Er-

werbsaussichten – verfügt. Dies erscheint jedenfalls insoweit problematisch, als es bei Untreuehandlungen durch missbräuchliche Erhöhung der Passiva einer Gesellschaft, deren Saldo aus Aktiva und Passiva gerade Null beträgt, schon den Tatbestand des § 266 ausschließen würde.

59 **B. Nachteil.** Die Pflichtverletzung muss zu einem Nachteil für das zu betreuende Vermögen geführt haben. Nachteil iS von § 266 ist nach hM gleichbedeutend mit dem **Vermögensschaden** iS von § 263 (vgl. i. E. 70 ff. zu § 263); Voraussetzung ist also eine durch die treuwidrige Handlung (oben 20, 38 ff.) kausal herbeigeführte Vermögenseinbuße. Der Nachteil ist wie bei § 263 nach dem Prinzip der **Gesamtsaldierung** festzustellen, indem der Wert des Gesamtvermögens vor und nach der pflichtwidrigen Tathandlung verglichen wird (vgl. BGH **47**, 295, 301 f.; wistra **00**, 384, 386; NStZ-RR **06**, 378; zur Abgrenzung von *weiteren* Schäden aber auch 3 StR 207/07). An einem Nachteil fehlt es daher, wenn durch die Tathandlung *zugleich* ein den Verlust aufwiegender **Vermögenszuwachs** bewirkt wird, etwa durch Erlöschen einer Verbindlichkeit in gleicher Höhe (NStZ-RR **06**, 175 f. [zu diesem Falle bereits NStZ **04**, 205, 206]; BGHR § 266 I Nachteil 46), auch wenn diese schwer zu beweisen gewesen wäre. Werterhöhend kann auch eine vermögenswerte *Gewinnerwartung* (oben 56) wirken (NStZ **96**, 191; NStZ-RR **06**, 378 f.). Die fehlende *Fälligkeit* einer durch eine treuwidrige Handlung vorzeitig erfüllten Verbindlichkeit führt nicht schon für sich allein zu einem Vermögensnachteil.

60 **a) Ausbleiben einer Vermögensmehrung.** Wesentlich größere praktische Bedeutung als bei § 263 hat für § 266 der Eintritt eines Nachteils durch Ausbleiben eines Vermögenszuwachses, sei es durch aktive Vereitelungshandlungen des Täters, sei es durch Unterlassen pflichtgemäß gebotener Handlungen (*Arzt/Weber* 22/76). Hierbei reicht nach stRspr. der Ausfall einer bloßen Hoffnung oder einer ungewissen Chance für den Treugeber nicht aus (NJW **83**, 1807 [teilw. abgedr. in BGH **31**, 232]; Hamm NJW **68**, 1940; Köln NJW **67**, 1923; Bremen NStZ **89**, 229; Stuttgart NJW **99**, 1566 [Anm. *Thomas* NStZ **99**, 620]); ein Schaden liegt danach nur vor, wenn eine **gesicherte Aussicht** des Treugebers auf den Vorteil bestand (BGH **17**, 148 [zu § 263]; **20**, 145; **31**, 232; wistra **84**, 109; **89**, 224; **95**, 62; dazu auch LK-*Schünemann* 145; *S/S-Lenckner/Perron* 46; SK-*Samson/Günther* 44; oben 56). Der Treupflichtige darf die Möglichkeit eines dem zu betreuenden Vermögen **vorteilhafteren Vertragsschlusses** nicht vereiteln oder unberücksichtigt lassen, um unter Berufung darauf, dass Leistung und Gegenleistung des tatsächliche geschlossenen Vertrags äquivalent sind, für sich oder einen Dritten einen Betrag zu erlangen, den der Treugeber mit Sicherheit erspart hätte, wenn die Möglichkeit des vorteilhaften Vertragsschlusses genutzt worden wäre (BGH **31**, 232 ff.; NStZ **03**, 540, 541; vgl. auch NStZ **06**, 628, 630 [mögliche Untreue eines Oberbürgermeisters durch Nichtabführen einer korruptiven Spende an die Stadt]; 5 StR 347/06 [Veranlassen zu hoher Entschädigungszahlungen einer Bank an Zeichner eines rückabgewickelten Fonds]). Es bleibt hier eine Unsicherheit einzelfallsabhängiger Beurteilung, wann das Verfehlen eines (uU zusätzlichen) Gewinns als pflichtwidrig und wann eine Erwerbschance als hinreichend gesichert angesehen werden kann.

60 a **b) Vereinnahmen von Schmiergeldzahlungen.** Ein besonderes Problem stellen treupflichtwidrige *Kick-Back*-Vereinbarungen von Organen oder Angestellten eines Unternehmens dar (vgl. oben 38 b). Die Erlangung eines Vorteils durch den Täter oder einen Dritten begründet nicht stets schon einen Nachteil für das zu betreuende Vermögen. Die Nicht-Herausgabe personengebundener *Provisionen* an den Treugeber unterfällt § 266 I nicht, wenn diesem durch die (pflichtwidrige) Handlung selbst kein Nachteil entstanden ist; die bloße Nichterfüllung der Herausgabepflicht *des Geschäftsführers* aus § 667 BGB verletzt grds. keine Treuepflicht (NStZ **95**, 92; **01**, 545). Auch durch Schmiergeldzahlungen motivierte Vertragsabschlüsse eines treupflichtigen Arbeitnehmers oder Organs führen *nicht notwendig* zu einem Schaden bei dem Geschäftsherrn (vgl. NStZ **95**, 233, 234; wistra **01**,

341, 343 [in BGH **47**, 8 nicht abgedr.]; BGHR § 266 I Nachteil 49 [in BGH **46**, 310 nicht abgedr.]; vgl. dazu auch BGH **47**, 295, 298f.; **49**, 317, 332f.; **50**, 299, 315f.; *Schünemann* NStZ **06**, 196, 199ff.; *Saliger* NJW **06**, 3377, 3378 [zum Schaden bei kurruptiver *kick-back*-Vereinbarung]).

Unproblematisch ist das Vorliegen eines Nachteils zu Lasten des Treugebers festzustellen, wenn zum Zweck des *Kick-Back* mit dem Lieferanten einer Ware oder sonstigen Leistung ein den Wert der Gegenleistung *übersteigender* Preis vereinbart wird oder wenn vorherige Verhandlungen bereits zu einer vermögenswerten Erwartung des Geschäftsherrn auf Vereinbarung eines Preises *ohne* den Schmiergeld-Anteil geführt hatten (vgl. BGH **31**, 232 [=NJW **83**, 1807, 1809f.]; **47**, 83, 89; **47**, 295, 298f.; **49**, 317, 332f.; **50**, 299, 314f.; wistra **84**, 226; *Raum* in *W/J* 3. Aufl. 4/169f.; *Rönnau*, Kohlmann-FS [2003] 239; LK-*Schünemann* 125d). Der Zuwendung von Schmiergeld kommt insoweit eine erhebliche **Indizwirkung** zu (vgl. BGH **47**, 83, 88; NStZ-RR **01**, 650f.; NJW **06**, 2864, 2867 [*Wuppertaler Schmiergeldskandal*]; vgl. auch 100 zu § 263); das gilt jedenfalls bei Rückfluss des auf den Preis einer vom Treugeber zu bezahlenden Leistung *aufgeschlagenen* Schmiergelds als *Kick-Back* (**aA** *Bernsmann* StV **05**, 579ff.; *ders.* GA **07**, 219, 233ff.). Wird für die Erlangung von Aufträgen über einen längeren Zeitraum und in beträchtlichem Umfang Schmiergeld gezahlt, so kann hieraus in aller Regel geschlossen werden, dass dadurch unter normalen Wettbewerbsbedingungen nicht erzielbare Preise erlangt werden (StV **06**, 634). **60b**

Problematisch sind dagegen Fälle eines *äquivalenten* Leistungsaustauschs, in denen als *Kick-Back* geleistete Provisionen für Geschäftsführer auf Käufer- oder Verkäuferseite (Auftraggeber-/Auftragnehmerseite) den Abschluss eines für den jeweiligen Treugeber (Gesellschaft) *günstigeren* Geschäfts verhindern. Eine nur *theoretische* Möglichkeit günstigerer Verhandlungsergebnisse reicht nicht aus. Die Möglichkeit eines für das vertretene Unternehmen günstigeren Abschlusses liegt aber auf der Hand, wenn auf den Preis aufgeschlagene Schmiergeldsummen beim Auftragnehmer nur als *durchlaufende Posten* behandelt und sogleich an den Schmiergeldempfänger weitergeleitet werden (vgl. BGH **50**, 299, 314f. [*Kölner Müllskandal*; vgl dazu *Saliger* NJW **06**, 3377, 3378; *Hohn* wistra **06**, 321]). Wenn Schmiergelder ausschließlich vom Geschäftspartner des Treugebers zu tragen sind, kann ein untreuebegründender Nachteil vorliegen, wenn der Schmiergeld-Anteil als Kaufpreis ausgegeben und an den Treugeber geleistet, von diesem aufgrund zur Verschleierung abgeschlossener (nichtiger) Verträge aber an einen Dritten und von dort an den Treupflichtigen gelangt (BGH **49**, 317, 333 [=NJW **05**, 300, 305f. [Schmiergeld-Verteilung bei Spürpanzer-Lieferung im „*System Schreiber*"]; krit. dazu *Schünemann* NStZ **06**, 196, 200f.). Die Rspr. des BGH gelangt daher **im Ergebnis** aufgrund einer weiten, im *Detail* in sich nicht stets ganz stimmigen Auslegung zu einer weitgehenden Erfassung der gängigen Schmiergeld-Praxis. **60c**

Dem Treugeber des Schmiergeld Zahlenden soll nach Frankfurt NStZ-RR **04**, 244 kein Schaden entstehen, wenn durch die (verschleierten) Zuwendungen *längerfristig* ein *Gewinn* erzielt werden soll (vgl. oben 46c). Ein Nachteil kann auch dann gegeben sein, wenn der Vermögensbetreuungspflichtige **Provisionen** erhält, die zwar vom Vertragspartner seines Geschäftsherrn stammen, aber über den Geschäftspartner an einen Dritten ausbezahlt und von dort an den Täter weitergeleitet werden (BGH **49**, 317 [Kick-Back-Zahlungen im „*System Schreiber*"; Anm. *Vogel* JR **05**, 123]). Die Nichtabführung einer „Rückverschiebung" in Höhe von 80% des (gesetzlichen) Honorars eines Rechtsanwalts an den diesen beauftragenden Insolvenzverwalter mittels fingierter Mietverträge hat LG Magdeburg (wistra **02**, 156) nicht als Untreue gegenüber dem Gemeinschuldner angesehen, weil der Masse durch die Zahlung des *gesetzlichen* Honorars kein Schaden entstanden war und hinsichtlich des Schmiergelds keine strafrechtlich bewehrte Herausgabepflicht bestanden habe. **60d**

b) Gefährdungsschaden. Nach Rspr und hM reicht wie beim Betrug auch bei der Untreue der Eintritt eines Gefährdungsschadens zur Vollendung aus (dazu **61**

94ff. zu § 263; BGH **44**, 376, 384; **48**, 354 [Anm. *Rotsch* wistra **04**, 300]; wistra **88**, 26; NStZ/A **89**, 499; NStZ **03**, 540; NStZ-RR **05**, 343; **krit**. zB *Günther*, Weber-FS [2004] 311, 317; *Saliger* HRRS **06**, 10, 12; *Bernsmann* GA **07**, 219ff.; vgl. unten 63a).

61a **Einzelfälle.** Die **Rspr.** geht bei der Annahme „schadensgleicher" Gefährdung teilweise sehr weit (krit. schon *Weber*, Dreher-FS 559f.). Ein Gefährdungsschaden ist **zB** in folgenden Fällen bejaht worden: pflichtwidrige **Abtretung** einer Grundschuld an einen gutgläubigen Zessionar (NJW **91**, 3220); Verzicht auf ein Pfandrecht durch Herausgabe der Sache (wistra **86**, 69); Verursachung eines wesentlich erhöhten **Prozessrisikos** mit der Gefahr des Anspruchsverlustes (wistra **86**, 108); Verwendung anvertrauten Vermögens zur Sicherung eigener Kredite (wistra **88**, 192); Verschleierung begründeter Ansprüche durch Beiseiteschaffen von Belegen oder bewusst lückenhafte Buchführung (BGH **20**, 304 [Anm. *Schröder* JR **66**, 185]; NStZ **95**, 543; **96**, 543; wistra **86**, 24; 217; **88**, 353; **89**, 142; bei allein **unordentlicher Buchführung** aber nur dann, wenn dadurch die Durchsetzung berechtigter Ansprüche verhindert oder *wesentlich* erschwert wird [BGH **20**, 304; **47**, 8, 11 [krit. Bespr. *Mosenheuer* NStZ **04**, 179; *Saliger* JA **07**, 326, 332]; NStZ **96**, 543; wistra **04**, 348; Frankfurt NStZ-RR **04**, 244, 245f.; einschr. BGH **35**, 336]; pflichtwidrige Manipulation eines **Ausschreibungsverfahrens** durch Offenbarung von Informationen zum Zweck verbotener Absprachen (BGH **41**, 143; NStZ **00**, 260; Bay NJW **96**, 271 [abl. Anm. *Haft* NJW **96**, 238]); Begründung der Gefahr einer Aberkennung der Gemeinnützigkeit durch satzungswidrige Geschäfte eines Vereinsvorstands (Hamm wistra **99**, 354); Ausreichung nicht oder nicht hinreichend gesicherter **Kredite** (BGH **46**, 30; **47**, 148; NJW **79**, 1512; wistra **85**, 190; **88**, 99; **92**, 26; **00**, 60; **01**, 218; NStZ **02**, 262; vgl. oben 45); Tolerierung von Scheckreiterei zur (ungesicherten) Kreditschöpfung (wistra **01**, 218; krit. dazu *Bosch* wistra **01**, 257, 259); vorzeitige Verfügung eines Bauträgers über Anlegerzahlungen unabhängig vom Baufortschritt und Schaffung eines unkalkulierbaren Verlustrisikos (1 StR 552/90 [in NStZ **92**, 292 insoweit nicht abgedr.]); Entnahme von Stammeinlagen einer Vor-GmbH (BGHR § 266 I Nachteil 27); Gefährdung der gesetzlich gewährleisteten Eigeninteressen einer GmbH durch konkrete Gefährdung des Stammkapitals (BGH **35**, 333, 337; NStZ **95**, 185; **96**, 540; **00**, 37; vgl. oben 52f.); Abschluss eines wirtschaftlich unausgewogenen Grundstückskaufvertrags und tatsächlicher Einräumung von Nutzungsrechten vor Grundbucheintragung (BGH **44**, 376 [Fall *Diestel*]); Belastung einer GmbH mit Verbindlichkeiten durch Abgabe abstrakter Schuldanerkenntnisse (NStZ **99**, 557); Verschiebung von Treuhandgeldern auf ein Konto, auf welches der Täter kein (alleiniges) Zugriffsrecht hat (NStZ **97**, 124); pflichtwidriger Abschluss eines genehmigungspflichtigen Grundstücksverkaufsvertrags durch den Betreuer der Eigentümerin weit unter Wert an einen Strohkäufer (BGH **48**, 354 [krit. Anm. *Rotsch* wistra **04**, 300]); Schaffung eines höheren Kreditrahmens durch Ausnutzung von Buchungsverzögerungen nach Vornahme fingierter Ein- und Auszahlungen auf dem eigenen Girokonto durch einen Postbank-Bediensteten (Karlsruhe wistra **05**, 399). Ob das Eingehen von **Bürgschaften** als Nachteil und ggf. als Gefährdungsschaden anzusehen ist, hängt von der Wahrscheinlichkeit der Inanspruchnahme und der wirtschaftlichen Werthaltigkeit ggf. zugleich erlangter Vorteile einschließlich Gewinnerwartungen ab (NStZ-RR **06**, 378, 379).

62 Besondere Bedeutung erlangt die Bestimmung eines Vermögensnachteils durch Gefährdung im Bereich sog. **Risikogeschäfte** (vgl. oben 42ff., 50; ausf. *Hillenkamp* NStZ **81**, 164; *Waßmer* [1a]). Da ein individuelles Risiko iS einer mehr oder weniger hohen Wahrscheinlichkeit des Verlustes Kennzeichen jeder marktwirtschaftlichen Ordnung ist, lassen sich allgemeine Grenzen nicht bestimmen (NJW **75**, *1234, 1236). Nach vielfach* verwendeter Formel ist bei wirtschaftlicher Betätigung (einschl. **Anlage-** und **Kreditgeschäften;** vgl. etwa wistra **85**, 69 [*Herstatt-Bank*]; 190; **92**, 26; NJW **79**, 1512; Bay **65**, 88) die Grenze da überschritten, wo der Täter „nach Art eines Spielers" sich aufdrängende Verlustgefahren eingeht, um dafür, außerhalb jeder kaufmännischen Sorgfalt, vage Chancen eines (überdurchschnittlichen) Gewinns zu erlangen (NJW **75**, 1234; **79**, 1512; **84**, 800; 2539 [Anm. *Otto* JR **85**, 29]; **90**, 3220; wistra **82**, 148; **92**, 26; GA **77**, 342; vgl. dazu auch *Nack* NJW **80**, 1601; *Hillenkamp* NStZ **81**, 164; *Labsch* Jura **87**, 414). Das beurteilt sich im Einzelfall nach Maßgabe des Betreuungsverhältnisses.

Ein Gefährdungsschaden kann auch in der nahe liegenden **Gefahr rechtlicher Nachteile** mit vermögensmindernder Folge liegen. Das liegt im Fall der Nicht-Geltendmachung begründeter Ansprüche, etwa durch Verjähren-Lassen, auf der Hand. Ein Schaden ist **zB** auch bejaht worden bei der Gefahr der Aberkennung des steuerlichen Status der Gemeinnützigkeit eines Vereins (Hamm wistra **99**, 350); er kann bei Verschleierung von verdeckten Einkünften einer politischen Partei (vgl. BGH **51**, 100 [*Fall Kanther/Weyrauch*]) oder Nicht-Abführen verbotener Einflusspenden (vgl. NStZ-RR **07**, 176 [*Wuppertaler Spendenskandal*]) auch in der konkreten Gefahr von Sanktionen nach dem Parteiengesetz liegen (zum subjektiven Tatbestand unten 78 b). Ein Gefährdungsschaden kann durch pflichtwidrigen Abschluss eines **Mietvertrags** zu überhöhtem Mietzins ohne Vereinbarung einer gesicherten (Miet)Kaufoption eintreten; bei der Feststellung ist aber auch ein möglicherweise gegebener, aber nicht ausdrücklich geregelter Bindungswille der Parteien zu ermitteln (vgl. NStZ-RR **05**, 343 f.). Ein Nachteil ist nicht dadurch ausgeschlossen, dass eine pflichtwidrige Verfügung zu Lasten des Treugebers *unwirksam* ist (zB wegen Mangels der Vertretungsmacht oder wegen Sittenwidrigkeit); in diesem Fall nimmt die Rspr regelmäßig einen Gefährdungsschaden jedenfalls aufgrund des *Risikos* der Durchsetzung des Anspruchs auf Rückgewähr an (vgl. etwa wistra **06**, 306). 63

Kritik. Die Übertragung des Begriffs des „Gefährdungsschadens" aus § 263 auf die Bestimmung des Untreue-Nachteils ist vor allem deshalb problematisch, weil der Tatbestand des § 266 weiter gefasst ist und das subjektiv einschränkende Merkmal einer Bereicherungsabsicht fehlt. Dadurch verschwimmt hier die Grenze zwischen Vollendung und (*straflosem*) **Versuch** (vgl. etwa *Saliger* HRRS **06**, 10, 12). Darüber hinaus ist jedenfalls bei *bedingtem* Vorsatz der Herbeiführung einer („schadensgleichen") Vermögens-Gefährdung eine Abgrenzung zum (*straflosen*) bloßen **Gefährdungs-Delikt** praktisch kaum mehr möglich. Die hiergegen zu Recht erhobenen Einwände lassen sich nicht durch bloß *begriffliche* Argumente beiseite schieben. Eine Beschränkung der Anwendung durch Eingrenzung zumindest auf subjektiver Ebene ist erforderlich (so jetzt auch BGH **51**, 100, 120 [=NJW **07**, 1760; *Fall Kanther*]; unten 78 b). 63 a

c) Haushalts- und Amtsuntreue. Auch bei der sog. Haushaltsuntreue, dh insb. bei pflichtwidrigem Einsatz von Haushaltmitteln durch öffentlich Bedienstete, reicht ein Verstoß gegen haushaltsrechtliche Grundsätze (insb. die Grundsätze der Wirtschaftlichkeit und Sparsamkeit; vgl. § 6 I HaushaltsgrundsätzeG) nur dann zur Tatbestandserfüllung aus, wenn für das zu betreuende (öffentliche) Vermögen ein **Schaden** entsteht; einen allgemeinen *„Amtsmissbrauchs"*-Tatbestand gibt es nicht; auch insoweit ist die allgemeine Dispositions-Befugnis des Treugebers nicht geschützt (vgl. NStZ **01**, 248, 251; NJW **03**, 2179, 2180 [dazu *Wagner* NStZ **03**, 543; *Rübenstahl/Wasserburg* NStZ **04**, 521]; vgl. auch *Munz* [1 a] 58 ff.). Rein wirtschaftliche Gesichtspunkte lassen sich auf die Erfüllung öffentlicher Aufgaben teilweise nur schwer übertragen. 64

Grds. unproblematisch sind Fälle der durch **persönliche Bereicherung** motivierten Vermögensschädigung „bei Gelegenheit" der dienstlichen Tätigkeit; **zB** durch Nutzung öffentlichen Vermögens für private Zwecke; unberechtigte Zuwendungen an Dritte; Inanspruchnahme vermögenswerter, mit dem Amt verbundener Leistungen für außerdienstliche Zwecke; Nichtgeltendmachung von Forderungen, usw. Abgrenzungsprobleme können hier namentlich bei Vermischung dienstlicher und privater Tätigkeit auftreten, so **zB** bei der Trennung eines öffentlichen und eines Parteiamtes bei Politikern (Reisekosten; Repräsentationsaufwand) 65 oder der Beschäftigung von Universitätspersonal für private Gutachertätigkeit von Lehrstuhlinhabern (vgl. NJW **82**, 2881); bei der Inanspruchnahme von Sach- und Personalmitteln öffentlicher Krankenhäuser für privat abzurechnende ärztliche Leistungen.

66 Hiervon abzugrenzen sind **pflichtwidrige Fehlleitungen** öffentlicher Mittel innerhalb des Rahmens der dienstlichen Aufgabe. Bei **fiskalischen Geschäften** gelten insoweit die allgemeinen Regeln. Daher ist ein Untreueschaden idR gegeben, wenn der Dienstherr eine wirtschaftlich gleichwertige Gegenleistung nicht erlangt (BGH **40**, 287, 295; vgl. dazu ausf. *Munz* [1 a] 95 ff. mwN); **zB** bei Beteiligung eines Amtsträgers an wettbewerbsverzerrenden **Absprachen** (§ 298); bei Vergabe öffentlicher Aufträge zu überhöhten Preisen unter verdeckter Verrechnung von **Schmiergeldern** („Kick-Back"; vgl. dazu *Rönnau*, Kohlmann-FS [2003] 239 ff.); aber auch bei pflichtwidriger **Anstellung** gänzlich ungeeigneter Personen auf gehobene Dienstposten (wistra **06**, 307, 308; zur Kompensation vgl. unten 73). Die Fürsorgepflicht kann zwar im Einzelfall die Übernahme der **Verteidigungskosten** in einem Strafverfahren gegen einen Beamten oder Minister wegen eines Delikts im Zusammenhang mit seiner Amtsführung gebieten (NJW **91**, 990); ein pflichtwidrig verursachter Schaden liegt aber bei Verzicht auf eine Rückforderung im Fall der Verurteilung wegen eines Vorsatzdelikts sowie bei Leistung von Verteidigerhonoraren vor, welche die gesetzliche Auslagenerstattung im Fall des Freispruchs übersteigt (LK-*Schünemann* 143). Die Bezahlung einer gegen einen Amtsträger im Zusammenhang mit seiner Amtsführung verhängten Geldstrafe durch den Dienstherrn unterfällt § 266 (BGH **37**, 266 [Anm. *Wodicka* NStZ **91**, 487; *Hillenkamp* JR **92**, 75; *Müller-Christmann* JuS **92**, 379]).

67 Auch Gesichtspunkte eines **individuellen Schadenseinschlags** (vgl. 85 ff. zu § 263) können einen Nachteil iS von § 266 begründen; so etwa, wenn Amtsträger aus Haushaltsmitteln Aufwendungen für (wirtschaftlich adäquate, jedoch) **zweckwidrig überzogene Anschaffungen** oder **unvertretbaren Repräsentationsaufwand** tätigen (Hamm NStZ **86**, 119 [Anm. *Molketin*]), oder wenn das betreute öffentliche Vermögen mit einem nahe liegenden Risiko unkalkulierbarer künftiger Verluste belastet wird (**zB** bei krass fehlkalkulierten, unrentablen Investitionen mit unvertretbarem Erhaltungs- oder Subventionierungsaufwand in der Zukunft; vgl. dazu auch *Neye* [1 a] 52 ff. u. NStZ **81**, 370; *Kapp* NJW **92**, 2796; *Fabricius* NStZ **93**, 414; *Bieneck* wistra **98**, 249). Unter diesem Blickwinkel können auch für das zu betreuende Vermögen scheinbar kostenneutrale Verpflichtungen unter Inanspruchnahme von **Subventionsmitteln** aus anderen Haushalten Untreue sein, wenn sie unter Verstoß gegen Grundsätze der Wirtschaftlichkeit oder Vorgaben der Haushaltsplanung einen Gefährdungsschaden begründen.

68 Problematisch ist die Untreue durch pflichtwidrige Missachtung der öffentlich-rechtlichen (haushaltsrechtlichen) **Zwecksetzung** (vgl. oben 47), insb. durch eigenmächtige **Umleitung von Haushaltsmitteln** (vgl. etwa BGH **40**, 287 [Überlassung von Haushaltsmitteln, die zum Jahresende verfallen würden, an eine andere Behörde; vgl. dazu *Kerner/Rixen* GA **96**, 386 f.]; NStZ **84**, 549 [Bezahlung von notwendigen Reparaturen aus falschem Haushaltstitel]; NStZ **86**, 455 [Finanzierung einer vom Schulträger abgelehnten Ausstellung aus Portomitteln]; NStZ **01**, 248 [Verschiebung nicht verbrauchter Haushaltsmittel auf einen Treuhänder; dazu *Dierlamm/Wagner* NStZ **01**, 371]; wistra **85**, 69; NJW **03**, 2179, 2180 f. [haushaltsrechtlich unzulässige Subvention; Anm. *Wagner* NStZ **03**, 543; Bespr. *Rübenstahl/Wasserburg* NStZ **04**, 521]) oder durch pflichtwidrige **Haushaltsüberschreitung** (BGH **43**, 293 [*Intendantenfall*; Haushaltsüberschreitung eines Landestheaters]). Das Schadensproblem wird für beide Fallgruppen bislang zumeist unter dem Gesichtspunkt einer (wirtschaftlichen) **Kompensation** (unten 73) diskutiert; danach ist *zu prüfen, ob* durch die pflichtwidrige Mittelverwendung das betreute Vermögen eine **gleichwertige Gegenleistung** erlangt hat (vgl. etwa *Lackner/Kühl* 17; *S/S-Lenckner/Perron* 44; *W/Hillenkamp* 777; *Bittmann* NStZ **98**, 495; *Martin* JuS **98**, 565; *Däke* Die Steuerberatung **94**, 418; *Kohlmann/Brauns* [1 a] 65 ff.; *Neye* [1 a];

Haas [1 a] 96; *Wolf* [1 a] 58 ff., 109 ff.). Auch hier kommt es nicht auf eine *allgemeine* „Misswirtschaft" an, sondern auf die **einzelne** vermögensmindernde Verfügung (BGH **43**, 296); diese ist an den vom Haushaltsgesetzgeber vorgegebenen Zielen zu messen.

Für Fälle der Haushaltsüberschreitung liegt nach der Rspr. des **BGH** (BGH **43**, 293) trotz gleichwertiger Gegenleistung ein Vermögensschaden vor, wenn die pflichtwidrige Mittelverwendung eine wirtschaftlich gewichtige Kreditaufnahme (Nachtragshaushalt) erforderlich macht; wenn die **Dispositionsbefugnis** des Haushaltsgesetzgebers in gravierender Weise beeinträchtigt und dieser in seiner **politischen Gestaltungsbefugnis** beschnitten wird (BGH **43**, 293, 299 [abl. *Bittmann* NStZ **98**, 495: für *ausdehnende* Anwendung im Sinn der „Zweckverfehlung"; **aA** *Rübenstahl/Wasserburg* NStZ **04**, 521, 524 f.; LK-*Schünemann* 142; *Brauns* JR **98**, 381: für *einschränkende* Auslegung unter Ausschluss von Zweckbindung und Gestaltungsbefugnis]; NJW **03**, 2179, 2180 f. [krit. *Rübenstahl/Wasserburg* NStZ **04**, 521, 525 f.]; vgl. dazu auch *Nix* NJ **98**, 235; *Martin* JuS **98**, 565; *Bieneck* wistra **98**, 249; *Munz* [1 a] 105 ff.). **68 a**

Werden zweckgebundene Mittel **ohne vollständige Zweckerreichung** verringert, so kann schon hierin ein Vermögensschaden liegen (NJW **03**, 2179, 2181 [Subvention; krit. *Rübenstahl/Wasserburg* NStZ **04**, 521, 525 f.]; vgl. schon BGH **19**, 37, 45 [zu § 263]; weit gehend NStZ **84**, 550; abl. *Munz* [1 a] 131 ff., die aber über den Gesichtspunkt des „individuellen Schadenseinschlags" zu ganz ähnlichen Ergebnissen gelangt [162 ff., 170]; vgl. dazu auch *Saliger* ZStW **112** [2000], 594 ff.). Eine strafbare Haushaltsuntreue ist auch nicht schon dann ausgeschlossen, wenn öffentliche Mittel – unter Missachtung von Prüfungs- und Genehmigungsvorschriften – für Zwecke verwendet werden, die grds. dem entsprechenden Haushaltstitel unterfallen. Hierbei kommt haushaltsrechtlichen Vorschriften, etwa dem Grundsatz der Förderung ausschließlich noch nicht begonnener Projekte, nicht nur formelle, sondern auch **materielle Bedeutung** zu (zutr. NJW **03**, 2179, 2180 f.; zust. *Wagner* NStZ **03**, 543): Wenn schon die materiellen Voraussetzungen für eine haushaltswidrige Mittelverwendung nicht vorliegen, wird meist ein Schaden gegeben sein, denn das haushaltspolitische Ziel **zB** der *Wirtschaftsförderung* oder der *Kulturförderung* wird regelmäßig nicht schon dadurch erreicht, dass irgendeinem Wirtschafts- oder Kulturunternehmen nicht gerechtfertigte, meist wettbewerbsverzerrende Vorteile zufließen. **68 b**

Kritik. Dass anhand der von BGH **43**, 293 aufgestellten Kriterien das Problem eigenmächtig pflichtwidriger Fehlleitung öffentlicher Mittel für beide Fallgruppen befriedigend zu lösen ist, erscheint nicht unzweifelhaft (krit. auch *Wolf* KJ **00**, 531, 540; *Munz* [1 a] 141 ff., 172): Die **Feststellung** eines Vermögensschadens kann kaum davon abhängen, ob das *Opfer* den Nachteil ausgleichen kann oder zur Kreditaufnahme gezwungen ist; erst recht nicht davon, ob diese „gewichtig" ist. Auch das von BGH **43**, 293, 297 f. verwendete Kriterium einer „grundsätzlich zweckentsprechenden" Mittelverwendung erscheint im Hinblick auf das zu Grunde liegende Treueverhältnis (Innenverhältnis) nicht ganz klar, denn bei Haushaltsüberschreitungen sind die verwendeten Mittel – gleichgültig, ob sie aus anderen Titeln „übertragen" oder durch Kreditierung zu Lasten des Dienstherrn herbeigeschafft werden – ja gerade nicht „zweckentsprechend" eingesetzt, sondern allenfalls im (pflichtwidrig vom Täter definierten) „Interesse" des Treugebers; der *zulässige* Zweck ergibt sich aus den Begrenzungen des **Treueverhältnisses** und nicht aus „guten Absichten" des Treunehmers. Die Entscheidung des *5. StS* in NJW **03**, 2179 hat insoweit eine wichtige Klärung gebracht (insg. eher abl. aber *Rübenstahl/Wasserburg* NStZ **04**, 521, 524 ff.). **69**

d) Bildung „schwarzer Kassen". Die pflichtwidrige Entziehung von Teilen des betreuten Vermögens aus dem Zugriff des Treugebers und die Einrichtung „schwarzer", dh dem Treugeber unbekannter Kassen („Sonderkonten"; verschleierte Buchungskonten; Zuleitung an außenstehende „Treuhänder" oder Beauftragte) spielt sowohl im Bereich **öffentlicher Haushalte** (vgl. BGH **40**, 287, 294) als auch im **privaten Bereich** (zu **Parteispenden** vgl. LG Bonn NStZ **01**, 375 [*Fall Kohl*]; LG Wiesbaden NJW **02**, 1510; Frankfurt NJW **04**, 2030; BGH **51**, 100 [jeweils *Fall Kanther/Weyrauch*]; NStZ-RR **07**, 176 [Nicht-Abführen verbotener **70**

Einflusspenden]; vgl. dazu oben 46f.; umf. *Saliger* [1a; 2005], 122ff., 255ff., 427ff., 459ff.) eine Rolle. Kennzeichnend für Fälle dieser Art ist die Mittelverwendung für Zwecke oder „im Interesse" des Treugebers, jedoch unter Ausschluss von dessen dem Treueverhältnis ausdrücklich (Haushaltsrecht; Satzung; Vertrag) oder konkludent innewohnenden Bestimmungsrecht. **Auch hier** gelten für die Feststellung eines Vermögensschadens die **allgemeinen Grundsätze:** Danach liegt in der bloßen pflichtwidrigen Eigenmächtigkeit des Treunehmers noch kein Vermögensschaden, wenn Mittel für die Erfüllung von Aufgaben verwendet werden, die der Vermögensinhaber gleichermaßen hätte wahrnehmen *müssen*, und wenn diesem daher notwendige Aufwendungen in gleicher Höhe erspart werden (BGH **40**, 295). Es kann insb. auch an einem Schaden fehlen, wenn dem zu betreuenden Vermögen ein wirtschaftlich gleichwertiger Vorteil zufließt.

71 Ein Schaden entsteht hier zum einen dann, wenn Mittel zwar grds im *allgemeinen* Interesse des Vermögensinhabers eingesetzt werden, jedoch für konkrete Verwendungen, die der Treugeber nicht hätte vornehmen *dürfen* („Schmiergeldkassen"), mit denen der treuhänderisch gebundene *Zweck* gar nicht erreicht wird (vgl. BGH **19**, 37, 45; **43**, 293, 298; NStZ **91**, 143f.) oder durch welche eine kompensierende Ersparnis von Aufwendungen nicht eintritt (vgl. auch NStZ **86**, 455f.). Zum anderen kann ein **Gefährdungsschaden** schon dadurch eintreten, dass dem Treupflichtigen oder durch diesen einem Dritten die Möglichkeit verschafft wird, „nach seinem Gutdünken eigenmächtig und unkontrolliert über die (Mittel) zu verfügen (und sie) nach Art einer ‚schwarzen Kasse' zeitweise als geheimen, keiner Zweckbindung unterliegenden Dispositionsfonds zu nutzen, aus dem je nach selbst eingeschätztem ‚Bedarf' künftig Mittel für erst noch zu bestimmende Zwecke entnommen werden könnten" (BGH **40**, 296 [Einrichtung einer „schwarzen Kasse" für einen Geheimdienst]; vgl. auch BGH **51**, 100, [=NJW **07**, 1760 [*Fall Kanther/Weyrauch*; insoweit zust. *Ransiek* NJW **07**, 1727, 1728]). Ein Gefährdungsschaden ist in diesem Fall nicht dadurch ausgeschlossen, dass die der Zugriffsmöglichkeit des Treugebers entzogenen Mittel diesem „letztlich" zugute kommen oder nach dem Vorsatz des Täters zugute kommen sollen (BGH **51**, 100, 113f.; LG Bonn NStZ **01**, 377 [dazu auch *Wolf* KJ **00**, 531, 535f. sowie *ders.* [1a] 53ff.]; vgl. auch GA **56**, 154f.; NStZ **84**, 549; LM Nr. 16; RG **71**, 155; *Lackner/Kühl* 17; *Weinmann* [1a]).

72 Soweit dies in der Lit. dahin eingeschränkt wird, es komme „auf den Verwendungszweck" an (*S/S-Lenckner/Perron* 45) und bei Bereithaltung der entzogenen Mittel für eine dem Bestimmungszweck entsprechende Verwendung „entsprechend der Haushaltslage" (LK-*Schünemann* 148; *Hefendehl* [1a] 288ff.) liege auch ein Gefährdungsschaden nicht vor, so trifft dies den *sozialen Sinn* der Tathandlung nicht: Der Täter wird regelmäßig eine „schwarze Kasse" nicht deshalb errichten, um unerkannt *seine Pflicht* zu tun und **heimlich** Aufwendungen zu tätigen, deren **offene** Veranlassung ihm selbst oder dem Treugeber obläge. Liegt der Kern der Pflichtwidrigkeit darin, dem Treugeber längerfristig Mittel zu entziehen, um darüber „bei Gelegenheit" und nach eigenem, vom Vermögensinhaber unkontrollierbaren Gutdünken zu verfügen, so zeigt dies gerade, dass der Täter sich der Beurteilung des „Bedarfs" durch den Treugeber entziehen will. Eine spätere Verwendung für den Treugeber stellt sich daher nur als Wiedergutmachung dar (vgl. GA **56**, 154f.).

73 **e) Kompensation.** An einem Vermögensschaden fehlt es, wenn der Nachteil durch **gleichzeitig** eintretende wirtschaftliche Vorteile für das betreute Vermögen **ausgeglichen** wird (vgl. dazu 93 zu § 263; BGH **31**, 232, 234; **40**, 287, 295; **43**, 296, 298; NStZ **86**, 456; **95**, 185; **97**, 543; NStZ-RR **02**, 237; NJW **75**, 1235; wistra **99**, 422; BGHR § 266 I Nachteil 9, 14; Bremen NStZ **89**, 229; *S/S-Lenckner/Perron* 41; LK-*Schünemann* 149). Das ist bei **Austauschgeschäften** des Treupflichtigen grds der Fall, wenn die dem Vermögensinhaber zugute kommende Gegenleistung wirtschaftlich gleichwertig ist (vgl. etwa NStZ-RR **05**, 343f. [Mietvertrag zu *überhöhtem* Mietzins kompensiert durch vorteilhafte Kaufoption, so dass pflichtwidrige Mietkaufverträge *insgesamt* marktgerechte Konditionen aufweisen]); es kann aber auch bei Eröffnung einer äquivalenten Erwerbschance gegeben sein (NJW **75**, 1235 [dazu *Triffterer* NJW **75**, 613; *Bringewat* JZ **77**, 667; *Schrei-*

ber/Beulke JuS **77**, 656]; NStZ **97**, 543; MDR/H **79**, 636), nicht aber bei einer nur vagen Aussicht auf Vermögensmehrung (NStZ **97**, 301). Ein ausgleichender Vermögensvorteil kann auch in der Befreiung von einer (weisungswidrig erfüllten) Verbindlichkeit liegen (NStZ **95**, 185; BGHR § 266 I Nachteil 14; *S/S-Lenckner/Perron* 41; LK-*Schünemann* 149), selbst wenn diese für den Gläubiger schwer durchsetzbar gewesen wäre (wistra **99**, 422; 5 StR 254/03). Bei pflichtwidrigem Abschluss von **Anstellungsverträgen** kann eine Kompensation durch die Dienstleistung der angestellten Person erfolgen, sofern diese für die Stellung nicht gänzlich ungeeignet ist (insoweit gelten die Grundsätze des Anstellungsbetrugs; vgl. BGH **45**, 1, 5 ff.; BVerfG NJW **98**, 2589, 2590; 92 zu § 263; zu Angestellten vgl. BGH **17**, 254, 256; NJW **78**, 2042, 2043; wistra **06**, 307, 308) und sofern durch die Entlohnung dem Treugeber Aufwendungen erspart werden, welche ohne die treuwidrige Handlung notwendig geworden wären (vgl. wistra **06**, 308 f.: keine Kompensation bei Einstellung fachlich unqualifizierter Personen, deren Aufgaben von vorhandenem Personal erledigt worden wären).

Der ausgleichende Vorteil muss **unmittelbar** mit der (zugleich) schädigenden **73 a** Handlung zusammenhängen; ein Ausgleich durch andere, rechtlich selbstständige Handlungen (1 StR 213/70; 5 StR 130/93; Bay NJW **96**, 271 [dazu *Haft* NJW **96**, 238; *Cramer* WiB **96**, 108; LK-*Schünemann* 139) oder eine Ausgleichsbereitschaft Dritter (BGH **15**, 376) lassen den Schaden nicht entfallen. Es kommt also weder objektiv noch subjektiv darauf an, ob (tatsächlich oder in der Vorstellung des Täters) sich **„letzten Endes"** ein Ausgleich einstellen wird (vgl. NStZ RR **02**, 237). Bei der Beurteilung der Unmittelbarkeit eines Vorteils ist die Rspr freilich teilweise recht großzügig (vgl. auch *Lüderssen,* Müller-Dietz-FS 467, 469 ff.). So soll nach Frankfurt NStZ-RR **04**, 244 die Annahme, durch (konkret verlustreiche) verschleierte Schmiergeldzahlungen an Angestellte von potentiellen Auftraggebern zukünftig die Marktposition des Treugebers verbessern zu können, eine hinreichend konkrete Kompensation darstellen (vgl. oben 46 c; zw.). Die treuwidrige Bestechung von Spielern eines gegnerischen Vereins aus den Mitteln eines Bundesligavereins ist nicht als Schaden angesehen worden, wenn die dadurch erreichte Chance, in der oberen Spielklasse zu bleiben, wirtschaftlich wertvoller ist als das hingegebene Geld (NJW **75**, 1234; LG Bielefeld JZ **77**, 692; vgl. dazu *Bringewat* JZ **77**, 667; *Schreiber/Beulke* JuS **77**, 656; *Seelmann* JuS **82**, 917; LK-*Schünemann* 98; *Saliger*, Parteiengesetz und Strafrecht, 2005, S. 147 ff.). LG Mainz (NJW **01**, 906) hat Kompensation eines durch treuwidrigen Bezug überteuerter Herzschrittmacher-Implantate entstandenen Schadens durch *Einsparungen* angenommen, welche dem Treugeber (Krankenhaus) durch Verwendung eines medizinischen Gerätes zugute kamen, das von Zuwendungen des Lieferunternehmens an die Täter angeschafft wurde (zutr. abl. *Tholl* wistra **01**, 473 f.). Eine solche **„Gesamtsaldierung"** stellt aber keine unmittelbare Kompensation mehr dar, sondern kann allenfalls im Rahmen einer möglichen Schadenswiedergutmachung berücksichtigt werden.

Der (vertragliche oder deliktische) **Schadensersatzanspruch** des Treugebers **74** (den dieser im Zweifel gar nicht kennt) ist kein adäquater Vermögensausgleich (*S/S-Lenckner/Perron* 42; *Krey* BT 2, 458; *Otto* § 51 III 4 c, § 54 II 3; *Labsch* [1 a] 323; wistra **85**, 8; Jura 87 417; *Wolf* KJ **00**, 535); nach hM liegt aber ein Schaden nicht vor, wenn der Täter eigene flüssige (ggf. auch Wertpapiere; Bay NJW **66**, 116) Mittel ständig zum Ersatz bereit hält (BGH **15**, 342, 344 [Anm. *Schröder* JR **61**, 268]; NStZ **82**, 331; **95**, 233 [Anm. *Sonnen* JA **95**, 627]; NStZ-RR **04**, 54 [unklar: Pflichtverletzung *und* Schaden entfallen]; MDR/D **75**, 23; MDR/H **83**, 281; wistra **88**, 191 f.; **88**, 225; **91**, 218; Bay GA **69**, 308; JZ **73**, 325 [Anm. *Schröder* JR **73**, 339]; Stuttgart NJW **68**, 1340; Celle MDR **90**, 846; *Lackner/Kühl* 17; LK-*Schünemann* 139; wohl auch *W/Hillenkamp* 776; krit. *A/R-Seier* V 2/170 f.); das soll auch dann gelten, wenn der Täter den Ausgleich außer mit eigenen Mitteln auf sonstige Weise sicherstellen kann (NStZ **95**, 233 f. [Absicht, den Nachteil später durch eine vom Täter beherrschte Gesellschaft ausgleichen zu lassen]: vgl. aber BGH **15**, 372, 376). Voraussetzung ist, dass der Täter zum alsbaldigen Ausgleich nicht nur objektiv in der Lage, sondern auch subjektiv bereit ist und dass er „sein Augenmerk darauf richtet, diese Mittel ständig zum Ausgleich benutzen zu können" (BGH **15**, 342, 344).

75 Das ist zweifelhaft; tatsächlich dürfte es sich nicht um eine Frage des Nachteils*ausgleichs,* sondern um eine solche der „Konkretheit" einer Nachteils*gefahr* und darüber hinaus in der Praxis wesentlich um ein **Beweisproblem** (vgl. etwa Karlsruhe NStZ **90**, 83, 84) handeln. Die Ansicht der hM hat zur Konsequenz, dass der Täter, der über eigene Mittel verfügt (oder dies irrtümlich annimmt, § 16!), risikolos von ihm zu betreuendes Vermögen pflichtwidrig zu eigenen Zwecken abziehen und verwenden kann. Da ein *nachträglich* gefasster Vorsatz, das Veruntreute *nicht* zurückzuerstatten, sich nicht auf das ursprüngliche Tun, sondern nur auf das dem Vorsatz nachfolgende Unterlassen beziehen kann, müsste eine Strafbarkeit auch insoweit entfallen, wenn die Erfüllung der Ausgleichspflicht (inzwischen) *unmöglich* geworden ist.

76 Entnimmt der Treupflichtige dem zu betreuenden Vermögen mittels manipulierter Rechnungen über angebliche Leistungen erhebliche Beträge, so entfällt ein Nachteil nicht deshalb, weil er auf Grund tatsächlich erbrachter Leistungen **andere Ansprüche** hätte realisieren können (NStZ-RR **97**, 298 [Nachlassverwalter]), denn durch die Verschleierung des Verwendungszwecks verhindert er gerade die Verrechnung der Entnahmen mit möglicherweise bestehenden Ansprüchen. Es bleibt daher auch bei einem Schaden, wenn der Täter eine zulässige **Aufrechnung** nicht erklärt, sondern verhindert, dass der Vermögensinhaber rechtzeitig von der Ausgleichsforderung erfährt (Bay JZ **73**, 325 [zust. Anm. *Schröder* JR **73**, 339]). Nach NJW **83**, 1808 berechtigt ein Vergütungs- oder Erstattungsanspruch gegen den Treugeber nicht dazu, sich eigenmächtig und ohne Vorlage von überprüfbaren Belegen aus dem betreuten Vermögen zu befriedigen (zust. *S/S-Lenckner/Perron* 48; vgl. schon 1 StR 475/55). Hiermit nicht ohne weiteres vereinbar sind Entscheidungen, wonach es an einem Schaden fehlt, wenn der Täter pflichtwidrig in Höhe eigener Ansprüche gegen das von ihm zu betreuende Vermögen über dieses verfügt (vgl. wistra **87**, 65; **95**, 144); ein (Gefährdungs-) Schaden wird in diesen Fällen dann anzunehmen sein, wenn der Täter die pflichtwidrigen Verfügungen mit dem Ziel **verschleiert,** den Treugeber über das Erlöschen der Anspruchs zu täuschen. **Fehlt** es an einer unmittelbaren Kompensation, so ist eine nachträgliche **Schadenswiedergutmachung** nur für die Strafzumessung von Bedeutung (BGH **17**, 149; **20**, 144; LK-*Schünemann* 137).

77 **9) Subjektiver Tatbestand; Irrtum.** Der subjektive Tatbestand setzt **Vorsatz** voraus; bedingter Vorsatz genügt (NJW **75**, 1234; 1236; allgM). Der Vorsatz muss die **Pflichtenstellung** des Täters, beim Missbrauchstatbestand das Vorliegen sowie (Außen-)Umfang und (Innen-)Grenzen der Verfügungs- oder Verpflichtungsbefugnis, darüber hinaus das Bestehen einer **Vermögensbetreuungspflicht** umfassen; auf eine rechtlich zutreffende Beurteilung des zu Grunde liegenden Rechtsverhältnisses kommt es nicht an. Zum Vorsatz gehört daher auch das Bewusstsein der **Pflichtverletzung** (BGH **9**, 360; **34**, 379, 390; NJW **90**, 3219f.; **91**, 991; NStZ **86**, 455; wistra **87**, 216; **93**, 227; **06**, 463; *Lackner/Kühl* 19; *S/S-Lenckner/Perron* 49; vgl. 15 zu § 16).

77a Hierbei reicht es nach teilw. vertretener Ansicht aus (LK-*Schünemann* 153 mwN; ebenso *hier* 53. Aufl.), wenn der Täter die der Pflichtwidrigkeit zu Grunde liegenden Tatsachen kennt und zutreffend einordnet; ein Irrtum über diese Tatsachen schließt dann in der rechtlichen Bewertung begründet dann nur einen Verbotsirrtum. Die Gegenmeinung gelangt, da die Treupflichtwidrigkeit vom Vorsatz umfasst sein müsse, bei jedem Irrtum hierüber zum Vorsatzausschluss (vgl. *Jakobs* NStZ **05**, 276, 277; *ders.* Dahs-FS [2005] 49ff.; vgl. auch *Lüderssen*, Richter II-FS [2006] 373ff.). Der *3. StS* des **BGH** hat beide Ansätze verworfen (NStZ **06**, 214, 217 [*Fall Mannesmann/Vodafone*; in BGH **50**, 331 insoweit nicht abgedr.; vgl. dazu Anm. *Rönnau* NStZ **06**, 218, 221; *Vogel/Hocke* JZ **06**, 568, 571]) und darauf hingewiesen, es komme bei der Abgrenzung von Tatbestands- und Verbotsirrtum auf „wertende Kriterien und differenzierende Betrachtungen" an (vgl. auch wistra **06**, 309, 310). Die **Kriterien** für diese Bewertung sind aber unklar geblieben. Im konkreten Fall hat der BGH ausgeführt, bei Kenntnis des allgemeinen *Verbots*, vermögensschädigende Maßnahmen zu unterlassen, führe die Annahme eines diesen Grundsatz durchbrechenden *besonderen Erlaubnissatzes* nicht zum Tatbestands-, sondern zum Verbotsirrtum (NStZ **06**, 217). Der *2. StS* hat in BGH **51**, 100, 119 (*Fall Kanther/Weyrauch*) einen (im konkreten Fall nicht gegebenen) Irrtum über die rechtlichen Anforderungen für die Aufstellung von Rechenschaftsberichten politischer Parteien als Tatbestandsirrtum angesehen. Die irrige Annahme eines **Einverständnisses** des Treugebers schließt den Vorsatz aus (BGH **3**, 25; oben 49), nicht aber die Ansicht des Täters, zwar gegen den Willen des Treugebers, aber letztlich in dessen „wohlverstandenem Interesse" zu handeln (NStZ **86**, 456; *S/S-Lenckner/Perron* 49).

Der Vorsatz muss sich auch auf den **Vermögensnachteil** beziehen (NStZ **99**, 353; **02**, 262, 265); auch hierfür reicht bedingter Vorsatz (BGH **51**, 100, 119 ff.). Bei pflichtwidrigen **Risikogeschäften** entfällt der Vorsatz nicht schon deshalb, weil der Täter annimmt oder hofft, ein *endgültiger* Schadenseintritt werde abgewendet werden (BGH **31**, 287; **46**, 30, 34 f.; NJW **79**, 1512; **90**, 3219; wistra **85**, 190; vgl. schon RG **61**, 20; **69**, 205). Die allgemeine Absicht, mit den pflichtwidrigen Handlungen „letztlich" den Vermögensinteressen des Treugebers nicht zu schaden oder ihnen zu dienen, schließt den Vorsatz nicht aus; der Tatbestand entfällt nicht, weil der Täter es „gut meint". Für das **Wissenselement** des Vorsatzes eines **Gefährdungsschadens** reicht es aus, wenn der Täter die Umstände kennt, welche der konkreten Vermögensgefährdung zugrunde liegen, und weiß, dass eine solche Gefährdung nach allgemeinen Bewertungsmaßstäben gegeben ist (wistra **93**, 265; NStZ **02**, 265; unklar *Ransiek* NJW **07**, 1727, 1729). Bei Risikogeschäften muss der Täter die mangelnde Äquivalenz zwischen Gewinn- und Verlustchance kennen oder billigend in Kauf nehmen (LK-*Schünemann* 155). **77 b**

Nach der Rspr. des BGH sind an den **Nachweis** des subjektiven Tatbestands im Hinblick auf die Weite des objektiven Tatbestands „**strenge Anforderungen**" zu stellen (BGH **3**, 25; **47**, 295, 302; NJW **75**, 1236; **90**, 3219 f.; **91**, 991; NStZ **86**, 456; wistra **00**, 60 f.; **03**, 463); dies soll vor allem für Fälle bedingten Vorsatzes und des Handelns durch Unterlassen gelten, wenn der Täter nicht eigennützig gehandelt hat (NJW **83**, 461 [Anm. *Keller* JR **83**, 516]; wistra **87**, 138; **88**, 352; **97**, 301; BGHR § 266 I Vorsatz 1; ebenso *Lackner/Kühl* 19; *M/Schroeder/Maiwald* 45/51; *M/B-Schmid* 31/143). **78**

Diese Formel ist missverständlich und letztlich inhaltsleer, denn eine *rechtliche* Einschränkung objektiver Tatbestandsmerkmale kann über die Beweisanforderungen an den (bedingten) Vorsatz nicht erreicht werden, weil es sich um eine Frage der Auslegung der Tatbestandsmerkmale und damit um eine **Rechtsfrage,** nicht aber um eine Tatfrage handelt (zutr. LK-*Schünemann* 151; abl. auch *S/S-Lenckner/Perron* 50; SK-*Samson/Günther* 50; *W/Hillenkamp* 778 u. *Hillenkamp* NStZ **81**, 778; *Dierlamm* NStZ **97**, 535; *Waßmer* [1 a] 156 ff.; *Frisch,* Vorsatz u. Risiko, 1983, 324 f.; *Feigen*, Rudolphi-FS [2004] 445, 459; *Möhrenschlager* in Dölling [Hrsg.], Korruptionsprävention, 8/128). Es ist auch nicht ersichtlich, warum und nach Maßgabe welcher zusätzlichen Erfordernisse der Nachweis des (bedingten) Vorsatzes der Untreue *anderen* Maßstäben folgen sollte als zB der des Betrugs oder der veruntreuenden Unterschlagung (unklar insoweit BGH **47**, 295, 302: wenn nur *bedingter* Vorsatz in Frage stehe, müsse sich der Täter der Pflichtwidrigkeit und des dadurch bewirkten Nachteils *bewusst* sein; vgl. auch BGHR § 266 I Nachteil 38). Für die Feststellung des bedingten Vorsatzes gelten daher die **allgemeinen Regeln.** **78 a**

Bei Verursachung eines **Gefährdungsschadens** durch pflichtwidrige Risikogeschäfte reicht Kenntnis der *Möglichkeit* oder *Wahrscheinlichkeit* des Erfolgseintritts nicht zur Annahme einer Billigung aus (BGH **46**, 30, 35 [krit. Anm. *Otto* JR **00**, 517]; **47**, 148, 157; offenbar **aA**, aber unzutr. *Ransiek* NJW **07**, 1727, 1729). Die vorsätzliche Verursachung eines besonders hohen, insb. eines *unbeherrschbaren* Risikos des Vermögensverlustes soll nach der Rspr des *1. StS* regelmäßig ein gewichtiges *Indiz* dafür sein, dass (zumindest) ein *Gefährdungs*-Schaden billigend in Kauf genommen wird (BGH **46**, 30, 35; **47**, 148, 157 f.). Die bloße *Hoffnung* auf einen guten Ausgang steht dem (bedingten) Vorsatz eines Gefährdungsschadens dann **78 b** nicht entgegen (BGH **31**, 287; NJW **79**, 1512 [Anm. *Otto* NJW **79**, 2414]; **90**, 3219; vgl. auch BGH **48**, 331, 347 [zu § 263]). Hiergegen ist zutr. eingewandt worden, dass die vom BGH vorgenommene Verknüpfung zwischen *Kenntnis* eines „höchsten Risikos" und Feststellung eines *bedingten* Gefährdungs-Schadens widersprüchlich ist, wenn zugleich an der vollständigen Gleichsetzung von Gefährdungsschaden und (endgültigem) Vermögens-Verlust festgehalten wird (vgl. *Keller/Sauer* wistra **02**, 365, 368; *Kühne* StV **02**, 198, 199; *Feigen*, Rudolphi-FS [2004] 445, 461 f.). Wenn nämlich, wie der *Begriff* des Gefährdungsschadens voraussetzt (vgl. 94 ff. zu § 263), eine *konkrete* „höchste Gefährdung" bereits der tatbestandliche Schaden *ist*, kann ihre Kenntnis nicht nur ein *Indiz* für einen Vorsatz sein, der sich auf darüber hinaus gehende Umstände bezieht (vgl. auch 106 a zu § 263).

78 c Eine **Begrenzung** des Tatbestands ist aber, im Hinblick auf die problematische Vorverlagerung der Vollendung (vgl. oben 63 a), erforderlich: Nach **neuer Rspr** des *2. StS*, die an den genannten Entscheidungen des *1. StS* anknüpft, reicht es für den **bedingten Vorsatz** eines Gefährdungsschadens (zur Abgrenzung vgl. wistra **07**, 306, 307) daher nicht aus, wenn der Täter zwar die konkrete *Gefahr* eines endgültigen Vermögensnachteils für möglich hält und billigt, ihre *Realisierung* aber gerade vermeiden will und sich mit ihr auch nicht abfindet (BGH **51**, 100, 120 ff. [(=NJW **07**, 1760 [*Fall Kanther/Weyrauch*; krit. Bespr. *Ransiek* NJW **07**, 1727; *Bernsmann* GA **07**, 219, 229 ff.; *Saliger* NStZ **07**, 545 ff.]; bestätigt in 2 StR 469/06). Hiergegen ist eingewendet worden, ein Nachteil iS von § 266 setze voraus, dass die „Gefährdung" schon eine Vermögens-*Einbuße* zur Folge habe; und *wenn* dies der Fall sei, sei *direkter* Vorsatz gegeben; das Problem könne nicht durch Einschränkung der „Kongruenz" von objektivem und subjektivem Tatbestand gelöst werden (so insb. *Ransiek* NJW **07**, 1727, 1729; ähnlich *Bernsmann* GA **07**, 229 ff.; zu BGH **46**, 30, 35 krit. schon *Knauer* NStZ **02**, 399 ff.). Diese Kritik geht letztlich über ein begriffsjurisprudentisches Beharren auf der Gleichsetzung einer tatsächlichen *Einbuße* mit der (konkreten) *Gefahr* ihres Eintritts nicht hinaus. Gerade diese Identität ist aber schon im Begriff des „Gefährdungsschadens" aufgegeben. Der Vorwurf, der BGH hätte, statt Einschränkungen des subjektiven Tatbestands vorzunehmen, anlässlich des konkreten Falles lieber den Begriff des Gefährdungsschadens im *objektiven* Bereich ganz „abschaffen" sollen (so wohl *Bernsmann* aaO), erscheint nicht sehr praxisnah.

79 **10) Täterschaft und Teilnahme.** Die Untreue ist ein **Sonderdelikt** (BGH **13**, 330); Täter kann nur sein, wer in dem besonderen Pflichtenverhältnis steht. Trifft die Vermögensbetreuungspflicht **juristische Personen** oder Personenhandelsgesellschaften, so richtet sich die Verantwortlichkeit nach § 14 I; freilich kann hier bei Übertragung von Betreuungsaufgaben schon eine eigenen Täterstellung des Vertreters begründet sein (vgl. BGH **9**, 203, 217; *S/S-Lenckner/Perron* 5 zu § 14; zur Täterschaft bei Vorschieben eines **Strohmanns** vgl. BGH **12**, 207; **13**, 330). Zur Verantwortlichkeit bei **Kollegialentscheidungen** vgl. u. a. *Knauer,* Die Kollegialentscheidung im Strafrecht, 2001, 81 ff.; *Schaal*, Strafrechtliche Verantwortlichkeit bei Gremienentscheidungen in Unternehmen, 2001, 164 ff. (vgl. oben 45 a; 12 b, 19 zu § 25)

80 Außenstehende können nur **Teilnehmer** sein (StV **95**, 73; München JZ **77**, 411). Für sie gilt § 28 I (BGH **26**, 53 f.; StV **95**, 73; wistra **88**, 306; **97**, 100; 4 StR 576/78; *Lackner/Kühl* 2; LK-*Schünemann* 162; *Arzt/Weber* 22/83; **aA** *S/S-Lenckner/Perron* 52). Beim **Gehilfen** kommt eine **doppelte Strafrahmenmilderung** nach § 28 I und § 27 II nicht in Betracht, wenn *der Sache nach* Mittäterschaft vorliegt und die Gehilfenstellung *allein* auf dem Fehlen der Vermögensbetreuungspflicht beruht; andernfalls (Gehilfe schon nach allgemeinen Regeln; zusätzlich *Fehlen der Sonderstellung*) ist der Strafrahmen doppelt zu mildern (BGH **26**, 53, 55 [zust. Anm. *Bruns* JR **75**, 510]; **41**, 1 f. [Bespr. *Ranft* JZ **95**, 1186; *Cramer* WiB **95**, 525; *Hake* JR **96**, 162]; wistra **85**, 190; **88**, 308; **94**, 139; NStZ-RR **06**, 109; *Arzt/Weber* 22/84; einschr. LK-*Schünemann* 162; **aA** *S/S-Lenckner/Perron* 52;

Grünwald, Kaufmann-GedS 563). Die Teilnahme externer Nutznießer der Untreuehandlung beurteilt sich nach allgemeinen Regeln (NJW **84**, 2539 f.; vgl. LK-*Schünemann* 163 mwN).

11) Vollendung; Beendigung; Versuch. Vollendet wird die Untreue mit dem Eintritt eines durch die Tathandlung verursachten Schadens (BGH **47**, 27), auch eines Gefährdungsschadens (BGH **20**, 305; wistra **07**, 21, 22). Die *Realisierung* eines zunächst eingetretenen Gefährdungsschadens ist daher keine neue Tat (wistra **07**, 21, 22). **Erfolgsort** iS von § 9 I ist der Ort, an dem sich der Vermögensschaden des Treugebers verwirklicht. Bei Taten von Geschäftsführern juristischer Personen ist dies der Sitz der Gesellschaft, nicht (auch) der Wohnsitz von Gesellschaftern (NJW **06**, 1984; KG StraFo **06**, 337 f.). **Beendigung** (§ 78 a) tritt (auch im letzteren Fall) bei endgültigem Vermögensverlust ein (NStZ **01**, 650; **03**, 540 f.; *S/S-Lenckner/Perron* 51; iErg auch LK-*Schünemann* 166; vgl. auch BGH **51**, 100 [*Fall Kanther/Weyrauch*). Einen solchen hat wistra **04**, 429. 430 f. (*Fall Krause*) schon in der Überweisung von Mitteln einer GmbH an einen Dritten zum Zweck der Anlage in ein völlig unseriöses spekulatives Investmentprogramm gesehen. Bezieht sich die Untreue auf einen in mehreren Teilakten eintretenden Schaden, so ist Beendigung mit Verlust des letzten vom Vorsatz umfassten Vermögensteils gegeben (NStZ **01**, 650; **03**, 540 f.; wistra **89**, 97; vgl. dazu 114 zu § 263). Von einer Strafbarkeit des **Versuchs** (BT-Drs. 13/8587, 43), hat der Gesetzgeber im Hinblick auf die Beweisschwierigkeiten zu Recht abgesehen (RA-BTag, BT-Drs. 13/9064, 20; dazu *Matt/Saliger,* in: Frankf. Krim.wiss. Inst., Irrwege der Strafgesetzgebung, 1999, 217; krit. *Kühl*, Küper-FS [2007]289, 293). Die Ankündigung oder das Sich-Bereiterklären gegenüber Dritten, sich pflichtwidrig verhalten zu wollen (etwa bei Unrechtsvereinbarungen nach § 299, § 332), ist idR nur eine Vorbereitungshandlung, kann aber auch schon der Beginn der tatbestandlichen Handlung nach § 266 I sein (vgl. BGH **47**, 22, 27 f.; unten 87). 81

12) Rechtsfolgen. A. Die **Strafdrohung nach Abs. I** entspricht der des § 263. In den Fällen der Untreue durch **Unterlassen** (oben 27, 38), für die § 13 I nicht gilt (*Rudolphi* ZStW **86**, 68 f.; *Güntge* wistra **96**, 84; **aA** Bay JR **89**, 299 [abl. Anm. *Seebode*]; offen gelassen in BGH **36**, 227), ist **§ 13 II** nach hM entsprechend anzuwenden, so dass eine fakultative Strafrahmenmilderung in Betracht kommt (BGH **36**, 227 f.; StV **98**, 127; LG Krefeld NZM **00**, 200; LK-*Schünemann* 161; **aA** *Timpe* JR **90**, 428; *Güntge* wistra **96**, 84; *S/S-Lenckner/Perron* 53), sie liegt freilich mangels konkreter Schulddifferenz zwischen Tun und Unterlassen (zutr. *Lackner/Kühl* 2) meist nicht nahe. Für die Berücksichtigung des **Schuldumfangs** bedarf es gesicherter Feststellungen zur Schadenshöhe (vgl. NStZ **99**, 557); hierbei kommt einem bloßen Gefährdungsschaden nicht dasselbe Gewicht zu wie einem endgültig eingetretenen Nachteil. Eine eigennützige Motivation kann im Hinblick auf § 46 III nur dann zur Strafschärfung führen, wenn sie ein besonders anstößiges Maß erreicht (NStZ **81**, 343; **83**, 455). Aus der Tatsache, dass § 266 keine Bereicherung voraussetzt, folgt, dass eine durch die Tat erzielte persönliche Bereicherung strafschärfend, ihr Fehlen aber nur ausnahmsweise strafmildernd berücksichtigt werden darf (wistra **87**, 27). Fremdnützigkeit (wistra **87**, 28) oder Mitverschulden des Opfers (wistra **88**, 253) wirken idR strafmildernd. Zur Anwendung von **§ 46 a** vgl. wistra **95**, 238. Zur Verfahrensbeendigung gem. § 153 a StPO im Fall *Mannesmann/Vodafone* (vgl. dazu BGH **50**, 331) vgl. u. a. *Götz* NJW **07**, 419. 82

B. Besonders schwere Fälle (Abs. II). In Abs. II wird auf die **Regelbeispiele** des § 263 III verwiesen (scharf abl. [„nichtig"] *Schünemann* in LK 177; krit. auch *S/S-Lenckner/Perron* 53 [„völlig missglückt"]; *Lackner/Kühl* 22; vgl. 90 ff. zu § 46); verlangt wird eine **entsprechende Anwendung** von § 263 III Nr. 1 bis 5. Das erscheint hinsichtlich **Nr. 2, 3 und 4** jedenfalls möglich (dazu 119 ff. zu § 263; zu Nr. 2 vgl. BGH **48**, 354 [Anm. *Rotsch* wistra **04**, 300]; zu **II aF** schon NStZ **83**, 455; NJW **84**, 2540 [hoher Schaden]; wistra **84**, 28 [ungewöhnlich gesteigertes 83

Gewinnstreben]; restriktiv aber wistra **83**, 71; wistra **97**, 181 [besonders hoher Schaden]; 4 StR 509/80 [Missbrauch einer Amtsstellung]).

83 a § 263 III **Nr. 4** erscheint dann problematisch, wenn die Amtsträgereigenschaft die Täterqualifikation des § 266 erst begründet (zutr. LK-*Schünemann* 176); es läge daher nahe, die Alternative auf Fälle zu beschränken, in denen eine Überschneidung von Tatbestandsvoraussetzung und Strafschärfungsgrund ausscheidet (ebenso *S/S-Lenckner/Perron* 53). Der **BGH** ist dieser Auffassung nicht beigetreten (StV **01**, 111); danach ergibt sich aus § 28, dass es dem Gesetzgeber „unbenommen ist, besondere persönliche Merkmale sowohl zur Strafbegründung als auch zur Strafschärfung heranzuziehen"; die „Amtsuntreue" *hätte* auch als Qualifikation geregelt werden können (ebd.). Damit wird die (als Tatbestand *eben nicht* geregelte) „Amtsuntreue" zur Quasi-Qualifikation erhoben; der Bereich, in dem ein Amtsträger eine ihm obliegende Treuepflicht verletzen kann, *ohne* das Regelbeispiel zu verwirklichen, dürfte – anders als in § 263 – extrem schmal sein.

83 b Die **Bandenabrede** entspr. § 263 III **Nr. 1** wird man als solche zu verstehen haben, die sich auf fortgesetzte Begehung von **Taten nach § 266** beziehen muss; eine Ausdehnung auf die „Begehung von Urkundenfälschung oder Betrug" erscheint angesichts des Wortlauts des Regelbeispiels, der umgekehrt die Untreue nicht einbezieht, ausgeschlossen. Für den **Bandenbegriff** gelten die Maßgaben durch GrSenBGH **46**, 321 (17 ff. zu § 244). § 263 III **Nr. 5** dürfte für die Anwendung von § 266 II keine praktische Rolle spielen (hierzu 126 zu § 263).

84 Im Übrigen kommt es für die Annahme eines **unbenannten besonders schweren Falls** und die Anwendung des Strafrahmens des § 263 III auf eine **Gesamtabwägung** tat- und täterbezogener Umstände an (JZ **88**, 472; wistra **87**, 27; **91**, 214; **93**, 262; StV **88**, 253; NStZ-RR **03**, 297; wistra **03**, 462; 1 StR 32/94). Ein besonders schwerer Fall kann nicht damit begründet werden, dass der Täter „die Früchte seiner Tat genießt, anstatt sich mit Skrupeln zu plagen" (wistra **89**, 100; vgl. *S/S-Lenckner/Perron* 53).

85 **C. Strafantrag.** Zum Antragserfordernis bei geringem Schaden (**Abs. II** iVm **§ 243 II, § 248 a**) vgl. 130 zu § 263. Zur Anwendung der **§§ 247, 248 a** ebd. Auch die **Gesellschafter einer GmbH** sind **Verletzte** iS von § 247, wenn sie Angehörige des Täters sind (NJW **03**, 2924, 2926; NStZ-RR **05**, 86). Ein Strafantrag ist aber insoweit nicht erforderlich, als Tathandlungen zu einem Vermögensnachteil der **GmbH selbst**, namentlich zu deren konkreter Existenzgefährdung durch Gefährdung des Stammkapitals geführt haben (NStZ-RR **05**, 86; **07**, 79, 80).

86 **13) Konkurrenzen.** Nach Rspr. und hM (vgl. oben 6 ff.) ist der Missbrauchstatbestand ein Spezialfall des Treubruchs, so dass er diesen idR verdrängt (Hamm NJW **68**, 1940); beide Tatbestände können aber nebeneinander (in Tateinheit oder Tatmehrheit) stehen, wenn sie sich auf unterschiedliche Schäden beziehen (BGH **5**, 61, 65; missverständl. *Lackner/Kühl* 21). Eine **fortgesetzte Untreue** scheidet nach BGH **40**, 138 regelmäßig aus (wistra **95**, 144, 146; Bay NJW **96**, 271). Bei Schädigung mehrerer Personen durch eine Handlung ist nach wistra **86**, 67 gleichartige Idealkonkurrenz gegeben (**aA** *S/S-Lenckner/Perron* 54). Bei mittelbarer Täterschaft liegt, wenn der bestimmende Hintermann durch einmalige Anweisungen oder Organisationsmaßnahmen gutgläubige Dritte zu einer Vielzahl von Untreuehandlungen veranlasst, in seiner Person nur *eine Tat* vor (NStZ-RR **98**, 43; vgl. 115 zu § 263). Die endgültige Realisierung eines Gefährdungsschadens ist idR keine neue Tat, sondern vertieft nur den Schaden und führt zur Beendigung der Tat (BGH **51**, 100, 116 [Fall *Kanther/Weyrauch*]; wistra **07**, 21, 22).

87 **Tateinheit** ist möglich mit **Diebstahl** (MDR/D **54**, 399), und zwar auch dann, wenn auch eine nicht in einem Treueverhältnis stehende Person den Diebstahl hätte begehen können (BGH **17**, 360); mit **Unterschlagung** einer Sache oder ihres Erlöses (BGH **13**, 315; **18**, 312; GA **55**, 272; Koblenz GA **75**, 122), wenn der Zueignungsvorsatz erst später gefasst wird; sonst *tritt § 246 gegenüber § 266* zurück (vgl. BGH **6**, 310; **8**, 260; wistra **91**, 214); mit **Betrug,** falls Untreue und die Vorspiegelungshandlung zusammenfallen (BGH **8**, 260; GA **71**, 84; wistra **91**, 219 [hierzu *Otto* JK 11]; **92**, 343; stRspr.; Braunschweig NJW **51**, 932) oder die Schädigung durch die Täuschung eines Dritten erreicht worden ist (1 StR 490/78) und nicht eine der Taten als mitbestraft wegfällt (Hamm MDR **68**, 779; München JZ **77**, 410;

oben 28); mit **Urkundenfälschung** (2 StR 242/80) sowie §§ 268, 269, § 274 I Nr. 1, 2 (vgl. BGH **18**, 313); mit § 352 (NJW **57**, 59; vgl. ferner 43 zu § 283); mit **§ 298**; mit **Steuerhinterziehung** durch einen Finanzbeamten, etwa durch Steuererstattungen im Rahmen fingierter Steuerschuldverhältnisse (BGH **40**, 109; 5 StR 127/07 **aS**). Anders als bei § 263 ist vom Unrechtsgehalt des § 370 I AO der des § 266 idR nicht umfasst. Im Fall des § 370 III Nr. 2 AO liegt gleichfalls Tateinheit vor; der typische Unrechtsgehalt des § 266 ist aber mit der Bestrafung aus § 370 III abgegolten (NStZ **98**, 91).

Für das Zusammentreffen mit **Bestechlichkeit** (§ 299 I, § 332) gilt Folgendes (vgl. dazu BGH **47**, 22 ff.): Da die pflichtwidrige Handlung nicht zum Tatbestand der Bestechlichkeit gehört (vgl. NJW **87**, 1341; wistra **89**, 225; StV **01**, 684), kann die Untreue der *vollendeten* Bestechlichkeit nachfolgen und steht dann zu ihr in **Tatmehrheit.** Das gilt auch dann, wenn Tathandlungen der Bestechlichkeit zugleich *Vorbereitungs*handlungen der Tat nach § 266 sind (oben 81). **Tateinheit** liegt aber vor, wenn sich die *Tathandlungen* der Untreue und der Bestechlichkeit überschneiden. Das ist gegeben, wenn beide Delikte zugleich *vollendet* werden, wenn also mit der (erstmaligen) Vollendung der Bestechlichkeit zugleich ein Vermögensschaden des Treugebers eintritt. Tateinheit kann aber auch vorliegen, wenn Tathandlungen der Untreue vor deren Vollendung mit der Vollendung der Bestechlichkeit, insb. dem Abschluss der Unrechtsvereinbarung zusammentreffen, etwa wenn zugleich mit der Vereinbarung einer Schmiergeldzahlung konkrete Absprachen zur Durchführung der pflichtwidrigen Handlung getroffen (BGH **47**, 22, 28), Scheinverträge entworfen werden usw. **87 a**

Mitbestrafte Nachtat. Wenn die Untreue an einer Forderung begangen wird (Einziehung mit der Absicht, das Eingezogene für sich zu behalten), kann an dem Eingezogenen nicht noch nachträglich eine Unterschlagung begangen werden, selbst wenn der Täter als offener Stellvertreter einzieht, so dass sein Auftraggeber das Eigentum erwirbt (BGH **6**, 316; **8**, 260; GA **55**, 272; Köln NJW **67**, 1924; Stuttgart NJW **73**, 1386; dazu *Lenckner* JZ **73**, 796; nach den Grundsätzen von GrSenBGH **14**, 47 entfällt schon der Tatbestand). Mitbestrafte Nachtat liegt vor, falls der Täter sich durch Betrug ein Akzept beschafft und es dann durch Untreue zum Nachteil des Hingebenden verwertet (BGH **6**, 67); entsprechend im umgekehrten Fall: der Täter verschafft sich einen Gegenstand durch Untreue und täuscht zwecks Verwertung seinen Auftraggeber (vgl. NStZ **94**, 586; wistra **92**, 343; BGHR § 266 I Treubruch 1); dagegen ist Tatmehrheit möglich, wenn sich der Täter die Sache durch die Untreue noch nicht zueignen wollte (vgl. wistra **84**, 225 [Anm. *Labsch* StV **84**, 514]; wistra **91**, 219 [hierzu *Otto* JK 11 u. JZ **93**, 662]); ebenso wenn der Täter durch neue Handlungen den durch frühere entstandenen Schaden versteckt (NJW **53**, 1924; MDR/D **57**, 652) oder durch Täuschung den Schadensersatzanspruch vereitelt (NJW **55**, 508). **88**

14) Sonstige Vorschriften. Geldwäsche § 261 I Nr. 4 Buchst. a bei gewerbs- oder bandenmäßigem Handeln. **Einsatz von VE** in Fällen des II iVm § 263 III Nr. 1; § 110 a I Nr. 4 StPO. Zum **Tatort** iS von §) I vgl. oben 81. **Zuständigkeit** in Wirtschaftsstrafsachen nach § 74 c I Nr. 6, § 74 e Nr. 2 GVG; § 103 II JGG. **89**

Vorenthalten und Veruntreuen von Arbeitsentgelt

266a **I Wer als Arbeitgeber der Einzugsstelle Beiträge des Arbeitnehmers zur Sozialversicherung einschließlich der Arbeitsförderung, unabhängig davon, ob Arbeitsentgelt gezahlt wird, vorenthält, wird mit Freiheitsstrafe bis zu fünf Jahren oder mit Geldstrafe bestraft.**

II Ebenso wird bestraft, wer als Arbeitgeber

1. der für den Einzug der Beiträge zuständigen Stelle über sozialversicherungsrechtlich erhebliche Tatsachen unrichtige oder unvollständige Angaben macht oder

2. die für den Einzug der Beiträge zuständige Stelle pflichtwidrig über sozialversicherungsrechtlich erhebliche Tatsachen in Unkenntnis lässt

und dadurch dieser Stelle vom Arbeitgeber zu tragende Beiträge zur Sozialversicherung einschließlich der Arbeitsförderung, unabhängig davon, ob Arbeitsentgelt gezahlt wird, vorenthält.

III Wer als Arbeitgeber sonst Teile des Arbeitsentgelts, die er für den Arbeitnehmer an einen anderen zu zahlen hat, dem Arbeitnehmer einbehält, sie jedoch an den anderen nicht zahlt und es unterlässt, den Arbeitnehmer spätestens im Zeitpunkt der Fälligkeit oder unverzüglich danach über das Unterlassen der Zahlung an den anderen zu unterrich-

ten, wird mit Freiheitsstrafe bis zu fünf Jahren oder mit Geldstrafe bestraft. Satz 1 gilt nicht für Teile des Arbeitsentgelts, die als Lohnsteuer einbehalten werden.

IV In besonders schweren Fällen der Absätze 1 und 2 ist die Strafe Freiheitsstrafe von sechs Monaten bis zu zehn Jahren. Ein besonders schwerer Fall liegt in der Regel vor, wenn der Täter

1. **aus grobem Eigennutz in großem Ausmaß Beiträge vorenthält,**
2. **unter Verwendung nachgemachter oder verfälschter Belege fortgesetzt Beiträge vorenthält oder**
3. **die Mithilfe eines Amtsträgers ausnutzt, der seine Befugnisse oder seine Stellung missbraucht.**

V Dem Arbeitgeber stehen der Auftraggeber eines Heimarbeiters, Hausgewerbetreibenden oder einer Person, die im Sinne des Heimarbeitsgesetzes diesen gleichgestellt ist, sowie der Zwischenmeister gleich.

VI In den Fällen der Absätze 1 und 2 kann das Gericht von einer Bestrafung nach dieser Vorschrift absehen, wenn der Arbeitgeber spätestens im Zeitpunkt der Fälligkeit oder unverzüglich danach der Einzugsstelle schriftlich

1. **die Höhe der vorenthaltenen Beiträge mitteilt und**
2. **darlegt, warum die fristgemäße Zahlung nicht möglich ist, obwohl er sich darum ernsthaft bemüht hat.**

Liegen die Voraussetzungen des Satzes 1 vor und werden die Beiträge dann nachträglich innerhalb der von der Einzugsstelle bestimmten angemessenen Frist entrichtet, wird der Täter insoweit nicht bestraft. In den Fällen des Absatzes 3 gelten die Sätze 1 und 2 entsprechend.

Übersicht

1) Allgemeines ... 1, 1 a
2) Rechtsgut ... 2
3) Täterstellung ... 3–7
4) Vorenthalten von AN-Beiträgen (Abs. I) ... 8–18
5) Nichtabführen von AG-Beiträgen (Abs. II) ... 19–21 b
6) Nichtabführen von Entgeltsteilen (Abs. III) ... 22–22 b
7) Subjektiver Tatbestand ... 23
8) Rechtfertigung ... 24
9) Rechtsfolgen ... 25–35
10) Konkurrenzen ... 36, 37
11) Sonstige Vorschriften ... 38

1 **1) Allgemeines.** Die durch das 2. WiKG (2 vor § 263) eingeführte Vorschrift hat die früheren §§ 529, 1428 RVO, § 225 AFG, § 150 AngVersG, § 234 RKnappschaftsG zusammengefasst (RegE 12; krit. *Martens* wistra **85**, 51, 53). Durch Art. 8 des G zur Erleichterung der Bekämpfung von illegaler Beschäftigung und Schwarzarbeit v. 23. 7. 2002 (BGBl. I 2787) sind Abs. I neu gefasst, Abs. III geändert und Abs. IV eingefügt worden; die früheren Abs. IV und V wurden V und VI (**Mat.:** GesE BReg. BT-Drs. 14/8221; Ber. BT-Drs. 14/8625; Anrufung Vermittlungsausschuss BR-Drs. 253/02; Beschlussempfehlung VA BT-Drs. 14/9630; Annahme BR-Drs. 606/02). Art. 2 des **G zur Intensivierung der Bekämpfung der Schwarzarbeit** v. 23. 7. 2004 (BGBl. I 1842; **Mat.:** GesE SPD/B 90/GR, BT-Drs. 15/2573; BesE BReg BT-Drs. 15/2948; Ber. BT-Drs. 15/3077, 30 799; das Vermittlunsgverfahren betraf die Änderung des StGB nicht) hat Abs. II neu gefasst, Abs. III neu eingefügt und Abs. III aF gestrichen sowie Abs. IV und VI geändert. **In-Kraft-Treten: 1. 8. 2004.** Zu den Auswirkungen des Gesetzes zur Bekämpfung der illegalen Beschäftigung vgl. die Berichte der BReg, BT-Drs. 15/5934, 15/6008 (dazu *Möhrenschlager* wistra **06**, H. 5 S. VI).

EU-Recht: VO (EWG) Nr. 1408/71 (Wanderarbeitnehmer-VO, betr. vorübergehende Entsendung [zur Anwendung vgl. NJW **07**, 233]); DurchführungsVO (EWG) Nr. 574/72.

1 a ***Neuere Literatur (Auswahl):*** *Bente,* Die Strafbarkeit des Arbeitgebers wegen Beitragsvorenthaltung (usw.), 1992 (Diss. Göttingen); *ders.,* Strafbarkeit des Arbeitgebers gem. § 266 a StGB auch bei unterbliebener Lohnauszahlung?, wistra **92**, 177; *Bittmann,* Keine Strafbarkeit nach § 266 a Abs. 1 StGB ohne Lohnzahlung, wistra **99**, 441; *ders.,* Beitragsvorenthaltung bei

Insolvenzreife der GmbH, wistra **04**, 327; *Fritz,* Die Selbstanzeige im Beitragsstrafrecht gemäß § 266 a Absatz 5 StGB, 1997 (Diss. Mannheim); *Granderath* DB **86**, Beil. 18, 10; *Heger,* § 266 a StGB: Strafrecht im Gewande zivilrechtlicher Judikatur, JuS **98**, 1090; *Heitmann,* in: *Müller-Gugenberger/Bieneck* [zit. M/B], § 36; *Hey/Reck,* § 266 a StGB – Kein Ende der Diskussion?, GmbHR **99**, 760; *Heghmanns,* Strafbare Beitragsvorenthaltung ohne Lohnzahlung, wistra **01**, 51; *Ignor/Rixen,* Europarechtliche Grenzen des § 266 a Abs. 1 StGB, wistra **01**, 201; *Jakobi/Reufels,* Die strafrechtliche Haftung des Arbeitgebers für den Arbeitnehmeranteil an den Sozialversicherungsbeiträgen, BB **00**, 771; *Joecks,* Bekämpfung der Schwarzarbeit und damit zusammenhängender Steuerhinterziehung, wistra **04**, 441; *Kutzner,* Strafbarkeit wegen Vorenthaltens von Arbeitsentgelt – Höhen und Tiefen neuester BGH-Rechtsprechung, NJW **06**, 413; *Laitenberger,* Beitragsvorenthaltung, Minijobs und Schwarzarbeitsbekämpfung – Zu den Änderungen des § 266 a StGB (usw.), NJW **04**, 2703; *Marburger* DÖD **87**, 128; *Martens,* Das neue Beitragsstrafrecht der Sozialversicherung, wistra **86**, 154; *Martens/Wilde,* Strafrecht u. Ordnungsrecht in der Sozialversicherung, 4. Aufl. 1987, 73 ff.; *Medicus,* Neue Rspr. zur Außenhaftung von GmbH-Geschäftsführern wegen der Nichtabführung von Sozialversicherungsbeiträgen, GmbHR **00**, 7; *Möhrenschlager* wistra **82**, 201 u. HWiStR „Arbeitsentgelt"; *Radtke,* Der Arbeitgeber in der Krise?, Otto-FS (2007) 695; *Reck,* Die Strafbarkeit des GmbH-Geschäftsführers wegen Vorenthaltens von Sozialversicherungsbeiträgen (usw.), GmbHR **99**, 102; *Renzikowski,* Strafbarkeit nach § 266 a Abs. 1 StGB bei Zahlungsunfähigkeit wegen Vorverschuldens?, Weber-FS (2004), 333; *Rienhardt* HWiStR „Vermögenswirksame Leistungen"; *Rönnau,* Die Strafbarkeit des Unternehmers gemäß § 266 a StGB in der Krise des Unternehmens, wistra **97**, 13; *ders.,* Die Strafbarkeit des Vorenthaltens von Arbeitnehmersozialversicherungsbeiträgen in der Krise des Unternehmens, NJW **04**, 976; *ders.,* Beitragsvorenthaltung in der Unternehmenskrise, wistra **07**, 81; *Rönnau/Kirch-Heim,* Das Vorenthalten von Arbeitgeberbeiträgen zur Sozialversicherung, wistra **05**, 321; *Schäfer* wistra **82**, 96; *Schlüchter* 2. WiKG, 1987; *Schulz,* Die Strafbarkeit des Arbeitgebers nach § 266 a StGB bei der Beschäftigung von Scheinselbständigen, NJW **06**, 183; *Stahlschmidt* wistra **84**, 209; *Stapelfeld,* Zum Schutzgesetzcharakter der §§ 266, 266 a StGB (usw.), BB **91**, 1501; *Stein,* GmbH-Geschäftsführer: Goldesel für leere Sozialkassen?, DStR **98**, 1055; *Tag,* Das Vorenthalten von Arbeitnehmerbeiträgen (usw.), 1994 (Diss. Heidelberg; [Bespr. *Rönnau* wistra **97**, 179]); *Tiedemann* JZ **86**, 873; *U. Weber* NStZ **86**, 487; *Wegner,* Neue Fragen des § 266 a (usw.), wistra **98**, 283; *Winkelbauer,* Die strafbefreiende Selbstanzeige im Beitragsstrafrecht, wistra **88**, 16.

2) Geschütztes Rechtsgut ist in Abs. I und II vor allem das Interesse der Solidargemeinschaft (vgl. *Martens* wistra **86**, 155) an der Sicherstellung des Aufkommens der Mittel für die Sozialversicherung, in Abs. III das Vermögen der Arbeitnehmer (Celle NJW **92**, 190; vgl. auch *Lackner/Kühl* 1; SK-*Samson/Günther* 2 ff.; LK-*Gribbohm* 5; *S/S-Lenckner/Perron* 2). § 266 a ist **Schutzgesetz** iS von § 823 II BGB (wistra **92**, 144; NStZ **97**, 126; Celle wistra **96**, 114). Weit höhere praktische Bedeutung als die Strafverfolgung haben Schadensersatzklagen (namentlich gegen Geschäftsführer von Kapitalgesellschaften); der weit überwiegende Teil der Rspr. zu § 266 a stammt daher von Zivilgerichten (beispielhaft etwa BGH [Z] MDR **02**, 515 zur *Darlegungs- und Beweislast*). Nach hM schützt Abs. I nicht das Vermögen des Arbeitnehmers; dieser ist daher nicht Verletzter iS von § 172 StPO (vgl. Köln NStZ-RR **03**, 212, 213 mwN). 2

3) Täterstellung. § 266 a ist ein **Sonderdelikt** (*U. Weber* NStZ **86**, 487). **Täter** können nur Arbeitgeber die in Abs. V ausdrücklich aufgeführten Personen sein; für **Teilnehmer** gilt § 28 I (wistra **84**, 67 [zu § 529 RVO aF]; LK-*Gribbohm* 85; SK-*Samson/Günther* 57; *Tag* [1 a] 190; str.; **aA** *Lackner/Kühl* 2; *S/S-Lenckner/Perron* 20; *M/Schroeder/Maiwald* 45/66 [§ 28 mangels personenbezogenem Treueverhältnis nicht anwendbar]; diff. *Arzt/Weber* 23/29 [§ 28 I nur im Fall des II anwendbar]). 3

A. Arbeitgeber. In den Fällen der **I bis III** kann nur der **Arbeitgeber** Täter sein. Das ist bei öffentlichrechtlichen wie privatrechtlichen Arbeitsverhältnissen der nach §§ 611 ff. BGB Dienstberechtigte, also derjenige, dem der ANehmer Dienste leistet und zu dem er im Verhältnis persönlicher Abhängigkeit steht, die sich vornehmlich in seiner Eingliederung in den Betrieb des AGebers äußert (vgl. BSozG NJW **67**, 2031; BSGE **26**, 282; **34**, 113). Kennzeichen der ANehmer-Stellung sind namentlich auch Weisungsgebundenheit und Einbindung in den Betriebsablauf, Bezahlung nach festen Entgeltsätzen (zB Stundenlohn) und Fehlen eines eigenen unternehmerischen Risikos. Für die Bestimmung, ob ein sozialversicherungspflichtiges Arbeitsverhältnis vorliegt, kommt es auf die **tatsächlichen Verhältnisse,** nicht auf die vertragliche Bezeichnung an (NStZ **01**, 599 [„Subunter- 4 nehmer"]; zur Anwendung der Bestimmung bei **Scheinselbstständigkeit** vgl. auch *Jacobi/Reufels* BB **00**, 771; *M/B-Heitmann* 36/16; *Schulz* NJW **06**, 183; zu Problemen der Abgrenzung bei „neuen Geschäftsmodellen" LG Marburg NStZ-RR **07**, 172). Bei unerlaubter Arbeitnehmerüberlassung ist der lohnzahlende Verleiher neben dem Entleiher zur Abführung der Gesamtsozialversicherungsbeitrags verpflichtet (§ 10 III AÜG, § 28 II SGB IV; vgl. LK-*Gribbohm* 16). Bei mehreren versicherungspflichtigen Arbeitsverhältnissen haften die AGeber gesamtschuldnerisch für die vollen Beiträge (§ 28e SGB IV). AGeber ist auch, wer die Löhne unmittelbar durch einen Dritten zahlen lässt, mit fremden Betriebsmitteln arbeitet oder den Betrieb für fremde Rechnung führt (*Meyer* [1 a] II 2b mwN), ferner der gewerbsmäßige Verleiher von ANehmern (§ 3 I Nr. 2 AÜG). Die AGebereigenschaft verliert nicht, wer einen Strohmann vorschiebt (*Meyer* [1 a] mwN); auch ein Insolvenzverwalter oder gerichtlich bestellter Sequester kann AGeber sein (*Martens* wistra **86**, 156; *M/B-Heitmann* 36/19);

5 Taugliche Täter sind auch die für den Arbeitgeber iS des § 14 verantwortlich Handelnden. Das sind vor allem vertretungsberechtigte **Organe** einer juristischen Person, idR also der **Geschäftsführer** einer GmbH (VersR **96**, 1538 [Z]; **96**, 1541 [Z]; Düsseldorf GmbHR **97**, 900; Rostock GmbHR **97**, 845; LG Hagen GmbHR **97**, 260; Hamburg GmbHR **00**, 185); bei mehreren das zuständige Mitglied dieses Organs oder der vertretungsberechtigte Gesellschafter einer Personenhandelsgesellschaft (§ 14 I Nr. 1, 2); freilich erst ab dem Zeitpunkt der Bestellung (BGH [Z] DB **02**, 422); auch der **faktische Geschäftsführer; nicht** aber der Scheingeschäftsführer einer GmbH, der im Innenverhältnis über keine Kompetenzen verfügt, um auf die rechtliche und wirtschaftliche Entwicklung der Gesellschaft Einfluss zu nehmen (Hamm NStZ-RR **01**, 173 [Strohfrau]). Mitglieder einer mehrgliedrigen Geschäftsleitung können sich der Erfüllung der öffentl.-rechtl. Pflicht weder durch Zuständigkeitsregelungen noch durch **Delegation** vollständig entledigen. Eine entsprechende interne Geschäftsverteilung wandelt die Handlungs- in eine **Überwachungspflicht** um; jedoch wird dann häufig der Vorsatz entfallen (NStZ **97**, 125 [VI ZR] m. Anm. *Bente* wistra **97**, 105; vgl. auch wistra **00**, 305, 307 [zu § 266]). In der finanziellen Krise gehört es zu den Pflichten eines GmbH-Geschäftsführers, die Einhaltung von ihm erteilter Anweisungen zur pünktlichen Zahlung fälliger AN-Anteile zu überprüfen (BGH[Z] MDR **01**, 520). Nach Naumburg wistra **00**, 34 lässt die ausdrückliche Weisung des Alleingesellschafters an den Geschäftsführer, keine ANehmerbeiträge abzuführen, dessen strafrechtliche Haftung nicht entfallen. Eine formelle Niederlegung des Amtes als Geschäftsführer steht der Strafbarkeit nicht entgegen, wenn die Tätigkeit tatsächlich weiter ausgeübt wird (LG Stendal GmbHR **00**, 88).

6 Arbeitgeber iS von I bis III können darüber hinaus **Beauftragte** iS von § 14 II sein (vgl. 9ff. zu § 14); weiterhin **gesetzliche Vertreter** iS des § 14 I Nr. 3: auch Insolvenz- und Nachlassverwalter. Ob hierzu auch der vorläufige Insolvenzverwalter nach §§ 21 II Nr. 2, 22 InsO zählt, ist str. (dagegen *S/S-Lenckner/Perron* 11; *Wegner* wistra **98**, 285; **aA** LK-*Gribbohm* 15; *Plagmann* NZS **00**, 8, 10 mwN).

7 **B. Gleichgestellte Personen (Abs. V).** Den Arbeitgebern gleichgestellt sind nach Abs. V der **Auftraggeber** eines Heimarbeiters oder Hausgewerbetreibenden (vgl. § 12 SGB IV) oder einer Person, die iS des HeimArbG diesen gleichgestellt ist (vgl. §§ 1 II, 2 I, II HeimArbG). Der Begriff „Auftraggeber" entspricht dem des „Arbeitgebers des Hausgewerbetreibenden" in § 12 III SGB IV; weithin der **Zwischenmeister,** also derjenige, der, „ohne Arbeitnehmer zu sein, die ihm vom Gewerbetreibenden übertragene Arbeit an Heimarbeiter oder Hausgewerbetreibende weitergibt" (§ 12 IV SGB IV; § 2 III HeimArbG).

8 ***4) Vorenthalten* von ANehmer-Beiträgen (Abs. I).** Abs. I regelt den wichtigsten Anwendungsfall der Vorschrift.

9 **A. Tatgegenstand.** Handlungsobjekt des I sind **Beiträge des ANehmers** zur Sozialversicherung einschließlich der Arbeitsförderung. Gemeint sind nur *ANehme-*

ranteile (vgl. BSG DB **96**, 2503), für deren Zahlung gegenüber der Einzugsstelle *allein* der AGeber haftet (§ 28 e SGB IV) und die er bei der Auszahlung des Lohns dem Versicherungspflichtigen abzuziehen berechtigt ist (§ 28 g SGB IV). Zur Beitragsabführungspflicht vgl. §§ 28 d ff. SGB IV. Beiträge zur Sozialversicherung sind die Gesamtsozialversicherungsbeiträge iS des § 28 d SGB IV; sie umfassen auch die Beiträge zur **Arbeitsförderung.** Zu den Beiträgen der ANehmer gehören auch solche, die der AGeber nicht nach § 28 a SGB IV der Krankenkasse gemeldet hat (Hamm BB **69**, 1482; *Meyer* [1 a] II 3 a mwN); nicht aber freiwillige Beiträge zur Rentenversicherung und Beiträge zu einer freiwilligen Krankenversicherung (*M/B-Heitmann* 36/83); für sie gilt Abs. III.

§ 266 a ist **sozialrechts-akzessorisch** gestaltet; „vorenthaltene" Beiträge können nur solche sein, die nach materiellem Sozialversicherungsrecht geschuldet sind (vgl. BGH **47**, 318). Hierbei sind ggf **EU-rechtliche Besonderheiten** zu berücksichtigen, namentlich die mögliche Geltung des *Heimatrechts* für von einem Unternehmen in einen anderen Mitgliedsstaat **entsandte** ANehmer (Art. 14 I Buchst. a WanderarbeitnehmerVO [oben 1]); auf sie ist das deutsche Sozialversicherungsrecht nicht anwendbar (vgl. dazu ausf. *Ignor/Rixen* wistra **01**, 201 ff.). Eine **Entsende-**Bescheinigung (sog. E 101-Bescheinigung), die von einem anderen EU-Staat ausgestellt ist, bindet die deutschen Strafverfolgungsorgane, solange sie nicht zurückgenommen ist (BGH **51**, 124 [= NJW **07**, 233, 235 m. Anm. *Schulz* ebd.; *Hauck* NStZ **07**, 221] mit Nachw. zur Rspr des EuGH), auch wenn sie aufgrund unzutreffender Angaben erlangt wurde. Eine zur Versicherungsfreiheit führende Entsendung liegt aber nicht vor, wenn es sich bei dem ausländischen Unternehmen um eine bloße *Scheinfirma* handelt und das Beschäftigungsverhältnis tatsächlich einem *deutschen* Unternehmen zuzuordnen ist (BGH **51**, 224 [= NJW **07**, 1370]). **9 a**

Der Tatrichter muss die jeweils **geschuldeten Beträge feststellen**, um die revisionsgerichtliche Nachprüfung zu ermöglichen; und zwar nach Anzahl, Beschäftigungszeiten und Löhnen der ANehmer und nach der Höhe des Beitragssatzes (StV **93**, 364; **94**, 426; NStZ **96**, 543; BGHR § 266 a Soz.Abg. 3; Frankfurt wistra **03**, 234), getrennt für die jeweiligen Fälligkeitszeitpunkte (StV **93**, 364). Insoweit gelten die Grundsätze entsprechend, die die Rspr bei Taten nach § 370 AO für die Darlegung der Berechnungsgrundlagen der verkürzten Steuern entwickelt hat. Erforderlich sind grds Feststellungen über Anzahl, Beschäftigungszeiten und Bruttolohnhöhe der ANehmer sowie über die Höhe des Beitragssatzes der örtlich zuständigen AOK (wistra **92**, 145; Hamm NStZ-RR **01**, 173, 174). Sind solche Feststellungen im Einzelfall nicht möglich, so kann die Höhe des (jeweils) vorenthaltenen Beitrags auf der Grundlage der tatsächlichen Umstände **geschätzt** werden (BGH **38**, 186, 193; NStZ **01**, 599, 600; wistra **07**, 220 f.). **Bemessungsgrundlage** ist das **Arbeitsentgelt** (§ 14 I SGB IV); zur Berechnung bei Vereinbarung eines **Nettoarbeitsentgelts** vgl. § 14 II S. 1 SGB IV. Bei **unzulässiger** Verabredung einer Hinterziehung, wenn die Beiträge weder vom AGeber noch von ANehmer abgeführt werden sollen **(Schwarzlohnabrede),** ist Bruttobemessungsgrundlage der ausgezahlte Lohn (BGH **38**, 285, 289 [m. Anm. *Franzheim* JR **93**, 75]; wistra **93**, 148; *S/S-Lenckner/Perron* 4; *M/B-Heitmann* 36/22; LK-*Gribbohm* 41 ff.); hier liegt idR Teilnahme des ANehmers sowie Mittäterschaft hinsichtlich eines Beitragsbetrugs vor. **9 b**

B. Tathandlung des Abs. I. Die tatbestandliche Handlung besteht im **Vorenthalten** von nach § 23 I SGB IV fälligen ANehmer-Anteilen am Gesamtsozialversicherungsbeitrag (§ 28 d SGB IV) gegenüber der Einzugsstelle (§§ 28 h, 28 i SGB IV). Das Merkmal des „Vorenthaltens" enthält kein über die Nicht-Zahlung hinausgehendes Unrechtselement (*Mitsch* BT II/2, 4/18), setzt also keine Täuschungs- oder Verschleierungsaktivitäten voraus. **10**

a) Die **Fälligkeit** tritt nach bisheriger Rechtslage spätestens am 15. des der entgeltauslösenden Beschäftigung folgenden Monats ein (§ 23 I SGB IV; vgl. aber **GesE** SPD und B90/GR v. 31. 5. 2005, BT-Drs. 15/5574). Eine Stundung durch die Einzugsstelle schiebt die Fälligkeit hinaus. Verfügt der AGeber, der **Lohn gezahlt** und den ANehmer-Beitrag dabei einbehalten hat (§ 28 g SGB IV), über den einbehaltenen Beitrag zwischen Lohnabzug und Fälligkeitstermin anderweitig, entrichtet er aber den entsprechenden Betrag gleichwohl rechtzeitig an die Einzugstelle, so ist § 266 a nicht gegeben (vgl. *Meyer* [1 a] II 3 d aa mwN). Leistet er vor **11**

oder bei Fälligkeit **weniger** als die geschuldete **Gesamtsumme** der ANehmer- *und* AGeberanteile, so gilt die BeitragszahlungsVO (idF v. 20. 5. 1997; BGBl. I 1137); danach werden Teilzahlungen gleichmäßig auf fällige ANehmer- und AGeberanteile angerechnet (§ 2); eigenmächtige Abweichungen durch die Einzugsstelle sind nicht zulässig (BGH[Z] MDR **01**, 520 f.); der AGeber kann eine abweichende **Tilgungsbestimmung** treffen. Der frühere Streit, ob bei Fehlen einer ausdrücklichen Erklärung regelmäßig eine Tilgungsbestimmung zugunsten der AN-Beiträge als konkludent erklärt gelte, weil dies dem Interesse des AGebers entsprach, den Eintritt von Strafbarkeit zu vermeiden (vgl. NStZ/A **89**, 502; NStZ **90**, 588; NJW **91**, 2918 [m. Bespr. *Mitsch* JZ **94**, 887]; BGH [Z] NJW **98**, 1485; VersR **01**, 343, 344; ZIP **01**, 419, 420; VersR **01**, 1246, 1247; BGHR § BGB § 823 II, § 266 a Nr. 2; vgl. auch Bay JR **88**, 478 [m. Anm. *Stahlschmidt*]; Düsseldorf NJW-RR **96**, 289; **97**, 1125 [m. Anm. *Fischer* WiB **97**, 922]; NJW-RR **98**, 1729; Naumburg wistra **00**, 34 NStZ-RR **99**, 142; vgl. dazu i. E. 52. Aufl. 11 mwN), ist im Hinblick auf die Einfügung des Abs. II weitgehend bedeutungslos (daher wohl überholt NK-*Tag* 65).

12 **b)** Die strafbewehrte Zahlungspflicht besteht **unabhängig davon, ob Arbeitsentgelt gezahlt** wird; es kommt nach der Neufassung des Tatbestands (oben 1) allein darauf an, ob im Bemessungszeitraum eine Entgeltszahlungs-**Pflicht** bestand. Ob der Tatbestand bei *„Stundung"* des Lohnanspruchs durch den ANehmer entfällt (*S/S-Lenckner/Perron* 9), hängt davon ab, ob eine ernstliche Hinausschiebung des Fälligkeitszeitpunkts gewollt ist. Mangels ausdrücklicher Vereinbarung wird eher von einem ANehmer-*Darlehen* auszugehen sein, da im Zweifel nicht angenommen werden kann, dass der ANehmer auch die Nichtabführung seiner Beiträge will. In diesem Fall besteht die strafbewehrte Abführungspflicht, die solche Beiträge betrifft, die der ANehmer selbst aus seinen Mitteln entrichten müsste, wenn nicht die gesetzliche AGeberaufgabe zur Erhebung und Abführung bestünde (*Lackner/Kühl* 8). Zu den erforderlichen **Feststellungen** vgl. NStZ **96**, 543; StV **93**, 364; **94**, 426; Frankfurt StV **99**, 32 (oben 9).

13 Der **Streit** darüber, ob der Tatbestand auch dann erfüllt sein kann, wenn **keine Lohnzahlung** erfolgt, ist durch die Neufassung des Abs. I durch das SchwArbBekG (oben 1) obsolet geworden. Der Gesetzgeber hat sich damit der schon früher in der Rspr. überwiegend und in der Lit. teilweise vertretenen Ansicht angeschlossen (vgl. BGH **47**, 318 [Anm. *Wegner* wistra **02**, 382; *Möller* IBR **02**, 579; *Tag* JR **02**, 521; *Radtke* NStZ **03**, 154]; **48**, 307; BGHZ **144**, 304, 311 [Anm. *Wegner* NStZ **01**, 94; *Bittmann* NStZ **01**, 95; *Heghmanns* wistra **01**, 51]; und BGH [Z] VersR **01**, 1246, 1247 [„ausdrücklich und grundsätzlich"]; weitere Nachw. vgl. 53. Aufl.). Danach kommt es allein auf die **Nichtabführung bei Fälligkeit** an. Als **Hinterziehungs-**Tatbestand entspr. § 370 AO hat der Gesetzgeber die Regelung nicht gestaltet, um die Strafbarkeit nicht einzuschränken (RegE); unter „**Vorenthalten**" ist daher weiterhin die schlichte Nichtzahlung bei Fälligkeit zu verstehen. Der Beitrag „gilt als gezahlt", wenn *AGeber eine Krankenkasse* ist (§ 28 e I S. 2 SGB IV) – eine erstaunliche, willkürlich wirkende Privilegierung von Versicherungsträgern im Verhältnis zu ihren *eigenen* ANehmern. Ob die Gesetzesänderung „zur Klarstellung" erfolgte (BT-Drs. 14/8221, 18), kann dahinstehen; die stark zivilrechtlich und verwaltungsrechtlich geprägte, vom *Ergebnis* her konstruierte Auffassung hat sich durchgesetzt (zur Gegenansicht vgl. Nw. in 53. Aufl.).

14 **c)** Das Vorenthalten ist **echtes Unterlassungsdelikt** (BGH **47**, 318, 320; wistra **92**, 321). Der **Tatbestand** (**aA** *M/B-Heitmann* 36/40: der Vorsatz) setzt daher voraus, dass die Erfüllung der Handlungspflicht dem Täter **möglich** und **zumutbar** ist (BGH **47**, 318, 320; NJW **97**, 133; **98**, 1306; **05**, 3650 f.; Frankfurt *StV 99, 33*; Celle NJW **01**, 2985; Hamm wistra **02**, 392; **03**, 73; *S/S-Lenckner/Perron* 10; *Lackner/Kühl* 10; SK-*Samson/Günther* 26 ff.; *Wegner* wistra **98**, 288; *Weber* NStZ **86**, 488 u. *Arzt/Weber* 23/15; **aA** für die Zumutbarkeit [nur Schuld-Gesichtspunkt] *M/Schroeder/Maiwald* BT 2, 46; LK-*Spendel* 159 zu § 323 c; hierge-

gen *Stree,* Lenckner-FS 393ff.). **Unmöglichkeit** der Zahlung kann auf tatsächlichen oder rechtlichen (vgl. Oldenburg BB **86**, 1299 [Konkurseröffnung]; Zweibrücken OLGSt. Nr. 1 [Sequestration; vgl. auch WiB **97**, 1030m. Anm. *Fischer*]) Gründen beruhen. Soweit eine (unterlassene) Zahlung vom Insolvenzverwalter hätte angefochten werden können, entfällt der Tatbestand (BGH[Z] VersR **01**, 343, 344; ebenso iErg wohl *Rönnau* NJW **04**, 976, 980). Auch die **Zahlungsunfähigkeit** macht die pflichtgemäße Handlung daher grds. unmöglich (vgl. BGH **47**, 318, 320; BGHZ **134**, 304, 307; NJW **98**, 1306; **05**, 3650; Köln wistra **97**, 231; Frankfurt StV **99**, 32).

Auszugehen ist von einem **strafrechtlichen Begriff der Unmöglichkeit** pflichtgemäßen Handelns. Die Abführung ist danach nicht unmöglich, solange dem AGeber noch irgendwelche Mittel zur Verfügung stehen, mag er auch im Übrigen zahlungsunfähig sein (vgl. Köln wistra **97**, 231 mwN); in diesem Fall kann es freilich an der **Zumutbarkeit** des Einsatzes noch vorhandener Mittel im Einzelfall fehlen (unten 16ff.). Der Rechtsgedanke des § 279 BGB aF, wonach jeder für seine finanzielle Leistungsfähigkeit verschuldensunabhängig einzustehen hat, kann für die Anwendung des § 266a keine Rolle spielen (ebenso BGH **47**, 318, 322 [Anm. *Wegner* wistra **02**, 382; *Tag* JR **02**, 521; *Möller* IBR **02**, 579; *Radtke* NStZ **03**, 154]; vgl. NJW **02**, 1123, 1125; **aA** noch Celle NStZ-RR **97**, 324 [abl. Anmerkung *Gribbohm* JR **97**, 479]; aufgegeben in NJW **01**, 2985). **15**

Eine strafbarkeitsbegründende **Zurechnung** ist daher allein über die **Vorwerfbarkeit** eines die Unmöglichkeit oder die konkrete Unzumutbarkeit verursachenden **Vorverhaltens** [*omissio libera in causa*] möglich (vgl. NJW **02**, 1123, 1125; BB **97**, 1115 [m. Anm. *Tag*]; LG Fürth NJW **88**, 1856; SK-*Samson/Günther* 27; *S/S-Lenckner/Perron* 10; *Winkelbauer* wistra **88**, 17; *W/Hillenkamp* 787; *Mitsch* BT II/2, 4/19; *M/Schroeder/Maiwald* 45/67; *Frister* JR **98**, 63, 64; krit. *Baier* GA **99**, 272ff. ; *Radtke* NStZ **03**, 154, 155f.; iErg abl. *Renzikowski*, Weber-FS [2004] 333, 341ff.). Nach BGH **47**, 318, 322f. muss der Täter hierzu gegen eine Pflicht verstoßen haben, besondere Sicherungsmaßnahmen zu ergreifen; dies wiederum setzt sich abzeichnende Liquiditätsprobleme (ebd.) sowie die Möglichkeit des Täters voraus, diese durch rechtlich zulässige und zumutbare Vorsorgemaßnahmen vor dem Fälligkeitszeitpunkt zu beheben. Es muss danach auf der Grundlage einer auf den Fälligkeitszeitpunkt abstellenden Liquiditätsprognose die Zahlungsschwierigkeit objektiv voraussehbar und vom AGeber erkannt oder billigend in Kauf genommen worden sein; nur in diesem Fall kann überhaupt eine **Pflicht** bestehen, *besondere* Maßnahmen zu ergreifen, um die Abführung der Beiträge zu sichern (ähnlich *Renzikowski*, Weber-FS [2004] 333, 340). Hiergegen wird **zB** verstoßen bei inkongruenter Befriedigung anderer Gläubiger; Beiseiteschaffen von Mitteln; überzogenen Entnahmen. Die schlichte Nichtzahlung indiziert nicht schon zwingend ein zurückliegendes Vorverschulden. **15a**

Schwieriger sind Fälle zu beurteilen, in denen die gänzliche oder teilweise Zahlungsunfähigkeit auf fehlsamen betriebswirtschaftlichen Entscheidungen oder dem Bemühen beruht, durch Teilbefriedigung mehrerer Gläubiger das Fortbestehen des Unternehmens zu sichern. Der BGH nimmt einen **gesetzlichen Vorrang** der Verbindlichkeit nach §§ 28d ff. SGB IV an (BGH **47**, 318, 321; **48**, 307, 311; BGHZ **144**, 304ff.; NJW **97**, 133; NStZ **06**, 223, 224; wohl auch *S/S-Lenckner/Perron* 10; *Bittmann* wistra **99**, 441, 449; **aA** SK-*Samson/Günther* 31; *Mitsch* BT II/2, 4/19; *W/Hillenkamp* 787; *Tag* BB **97**, 116f.; *Radtke* NStZ **03**, 154, 156; *ders.*, Otto-F [2007] 695, 704ff.; *Rönnau* NJW **04**, 976; wistra **07**, 81ff.). Dieser Vorrang soll sich **aus der Strafbewehrung** der Nichtzahlung ergeben, welche „die besondere Bedeutung dieser Zahlungspflicht innerhalb des Sozialsystems kennzeichnet" (NJW **05**, 3650 [Bespr. *Kutzner* NJW **06**, 413; *Sinn* NStZ **07**, 155; *Rönnau* wistra **07**, 81]); überdies soll er aus der Regelung des Abs. VI folgen, die überflüssig wäre, wenn alle Zahlungspflichten gleichrangig wären (BGH **47**, 318, 321; **48**, 307, 311). Das ist *zweifelhaft.* Dass sich *aus der Strafbewehrung* der Nichterfüllung von Zahlungs-Pflichten eine **Rangfolge** ergeben soll, welche dann ihrerseits erst die **16**

Strafbarkeit begründet, ist **zirkelschlüssig** und leuchtet kaum ein (abl. auch NK-*Tag* 75 ff; MK-*Radtke* 78; *ders*., Otto-FS [2007] 695, 701 ff. mwN). Offen bleibt überdies die Rangfolge *strafbewehrter* Zahlungspflichten, also die Konkurrenz des § 266 a etwa zu § 170 StGB, § 26 a UStG (**abl.** zur „Rangfolge"-Rspr. des *5. StS* auch *Radtke* NStZ **03**, 154, 156; **04**, 562, 563 f.; *Rönnau* wistra **97**, 13, 14 f.; *ders*. NJW **04**, 976; NK-*Tag* 71; *Kutzner* NJW **06**, 413 ff.; **zust.** aber *S/SLenckner/Perron* 10; *Lackner/Kühl* 10; *Kindhäuser* LPK 13; *W/J-Köhler* 7/271).

17 Für den Fall der **Insolvenz** hat BGH **48**, 307 (Bespr. *Rönnau* NJW **04**, 976; *Bittmann* wistra **04**, 327; vgl. dazu auch *Radtke* NStZ **04**, 562 ff.) entschieden, dass während der 3-wöchigen Frist des § 64 I GmbHG der genannte „absolute Vorrang" nicht bestehe und daher ein **Rechtfertigungsgrund** für die Nichtabführung gegeben sei, dass der Vorrang jedoch nach Ablauf der Frist wieder auflebe (BGH **48**, 307, 310 f., 313; NStZ **06**, 223, 224; Karlsruhe NJW **06**, 1364, 1366); die mögliche spätere **Anfechtbarkeit** im Insolvenzverfahren (§ 129 InsO) steht danach der vorrangigen Zahlungspflicht nicht entgegen. Dass dieser postulierte Vorrang gegenüber der Regelung des § 64 II GmbHG mit der Rspr des *II. Zivilsenats* (BGHZ **149**, 100; NJW **05**, 2548) vereinbar sei (BGH **48**, 307, 312) und sich aus dem objektiven Willen des Gesetzgebers erschließen lasse, ist mit guten Gründen bezweifelt worden (*Rönnau* NJW **04**, 976, 981; *Kutzner* NJW **06**, 413, 414 f.; *Achenbach* NStZ **06**, 614, 619; *Radtke*, Otto-FS [2007] 695, 710). Der *5. StS* hat diese Ansicht aber in NJW **05**, 3650 (= NStZ **06**, 223; Bespr. *Kutzner* NJW **06**, 413; *Sinn* NStZ **07**, 155; *Rönnau* wistra **07**, 81) ausdrücklich bestätigt (Überblick zur Rspr des *5. StS* bei *Radtke*, Otto-FS [2007] 695, 699 ff.). Streitig ist, ob ein Vorrang der Zahlungspflicht *nach* Ablauf der Antragsfrist des § 64 I GmbHG sich aus der **Strafbewehrung** nach § 266 a ergibt (BGH **48**, 307, 311; NStZ **06**, 223, 225), obgleich die Strafdrohung nach § 84 I Nr. 2 GmbHG dem entgegen steht (krit. zur Begründung des „Vorrangs" auch *Rönnau* NJW **04**, 976, 978; *Kutzner* NJW **06**, 413 f.; dagegen zust. *Sinn* NStZ **07**, 155, 156; wohl auch *Bittmann* wistra **04**, 327, 328 f.).

17 a Auch aus dem von der **hM** angenommenen Vorrang der Verpflichtung aus §§ 28 d ff. SGB IV ergibt sich freilich nicht die Pflicht, sämtliche noch vorhandenen Vermögenswerte für die Sicherstellung der Beitragsabführung zu verwenden oder etwa ohne Rücksicht auf Existenzsicherung des Unternehmens oder auf andere Gläubiger alle anderen Zahlungen einzustellen. Die Grenze der Unzumutbarkeit ist nicht erst bei „gänzlich unerwarteten Ereignissen" (*S/S-Lenckner/Perron* 10; *Hoffmann* DB **86**, 467; *Martens/Wilde* [1 a] 86) erreicht, denn § 266 a begründet keine *straf*rechtliche Risikohaftung für vertretbare unternehmerische Entscheidungen (so auch BGH **47**, 318, 323; einschränkend auch *Lackner/Kühl* 10). Eine kongruente Erfüllung anderer fälliger Verbindlichkeiten vor dem Fälligkeitszeitpunkt kann nicht ohne weiteres schon als schuldhafte Herbeiführung der Unmöglichkeit angesehen werden (vgl. aber BGHZ **134**, 307 ff. [dazu *Heger* JuS **98**, 1090; *Hellmann* JZ **97**, 1005; *Jestaedt* GmbHR **98**, 672; *Frister* JR **98**, 63; *Plagmann* WiB **97**, 524; *Tag* BB **97**, 1115]; Düsseldorf NJW-RR **98**, 691; Hamm NJW-RR **99**, 915; zu weitgehend daher zB BGH [Z] VersR **01**, 343, 344). In der Lebenswirklichkeit finden sich Idealunternehmen, die in einer wirtschaftlichen Krise Lieferanten (und Löhne) nicht bezahlen, um „Rücklagen" für zukünftige Beitragszahlungen zu bilden, selten oder nie. Entgegen einer von Zivilgerichten oft erstaunlich strafrechtsfremd vorgenommenen Zurechnung aufgrund von Organisationsverschulden und einer verbreiteten oberflächlichen Ableitung des (bedingten) Vorsatzes aus *Fahrlässigkeits*-Elementen kommt es nach zutr. Ansicht im **Einzelfall** darauf an, ob und inwieweit eine Nichterfüllung oder Kürzung der anderen Verbindlichkeiten dem AGeber möglich und zumutbar war. So muss (darf) der AGeber nicht Gläubigern titulierter Forderungen pfändbare Vermögenswerte dadurch entziehen, dass er die Beiträge abführt (BGH **47**, 318, 323). Eine zur **Existenzsicherung** vorgenommene Bezahlung anderer Verbindlichkeiten kann auch dann nicht als Vorverschulden angesehen werden, wenn die Begründung dieser Verbindlichkeiten auf

fehlerhaften, aber aus damaliger Sicht vertretbaren Prognosen usw. beruhte. Die Ausschöpfung oder Erhöhung einer **Kreditlinie** ist zwar grds. als zumutbare Möglichkeit zur Erfüllung der Zahlungspflicht anzusehen; das gilt aber dann **nicht,** wenn die Rückzahlung solcher neuer Kreditmittel ihrerseits nicht gewährleistet wäre (5 StR 16/02; weitergehend BGH [Z] NJW **97**, 133 f.).

In **Abgrenzung** zu einer vorrangig an zivilrechtlichen Haftungsfragen orientierten Sicht verlangt der BGH in BGH **47**, 318 daher eine auf den Einzelfall abstellende, differenzierte Feststellung **strafrechtlicher** Schuld. Es reicht jedenfalls nicht die pauschale Feststellung, der AGeber habe seine Zahlungsunfähigkeit vorhersehen oder durch ausreichende Sparmaßnahmen verhindern können, denn hiermit ist idR nicht mehr belegt als ein *fahrlässiger* Verstoß gegen die unternehmerische Sorgfalt, der § 266 a nicht unterfällt (vgl. unten 23). Der **Nachweis eines Vorverschuldens**, der eine Zurechnung als Vorsatztat trotz Unmöglichkeit erlaubt, setzt einzelfallsbezogene Feststellungen zur Entstehung, Voraussehbarkeit und Vermeidbarkeit des Liquiditätsengpasses sowie zum subjektiven Tatbestand voraus. Eine zivilrechtliche *Beweislast* (oder gar ihre „Umkehr"; vgl. dazu *Katzenmeier* JZ **02**, 669) hat hierfür keine Bedeutung. 18

5) Vorenthalten von Arbeitgeber-Beiträgen (Abs. II). Die Regelung des Abs. II ist durch das G zur Intensivierung der Bekämpfung der Schwarzarbeit v. 23. 7. 2004 (oben 1) eingefügt worden. Sie unterstellt erstmals auch das Vorenthalten der AGeber-Anteile von Beiträgen zur Sozialversicherung der Strafdrohung (vgl. dazu *Rönnau/Kirch-Heim* wistra **05**, 321; zur Gesetzesgeschichte *Möhrenschlager* wistra **04**, H. 4, S. V; H. 9, S. V). Erfasst sind auch solche Beiträge, die allein vom AGeber zu tragen sind (zB Unfallversicherungen iS von § 150 I SGB VII). Vom Tatbestand **ausgenommen** wurde aber die Nichtabführung der vom AGeber zu tragenden Beiträge zur Sozialversicherung bei Geringfügig Beschäftigten in Privathaushalten iS von § 8 a SGB IV (vgl. § 111 I SGB V, § 209 I SGB VII), weil dies einen regelmäßig geringeren Unrechts- und Schuldgehalt habe (BT-Drs. 15/2573, 28; vgl. dazu i. E. *Joecks* wistra **04**, 441, 443 f.). Da ein Untreue-Element hier nicht enthalten ist, wird die Strafbarkeit nicht an die schlichte Nicht-Zahlung, sondern an das in Nr. 1 und Nr. 2 entsprechend § 370 I AO aufgeführte Verhalten geknüpft. 19

A. Die Tatvariante des **II Nr. 1** setzt in Anlehnung an § 370 I AO voraus, dass der Täter gegenüber der zuständigen Einzugsstelle unrichtige oder unvollständige Angaben über sozialversicherungsrechtlich **erhebliche Tatsachen** macht. Dies sind Tatsachen, die den Grund oder die Höhe der Zahlungspflicht betreffen, also insb. das Bestehen des Arbeitsverhältnisses sowie die Höhe des Entgelts (BT-Drs. 15/2573, 28). Die Begriffe der **Unrichtigkeit** und der **Unvollständigkeit** entsprechen § 264 I (vgl. dort 23), § 265 b I Nr. 1 Buchst. b, § 370 I Nr. 1AO. 20

B. Die Tatvariante des **II Nr. 2** enthält ein echtes **Unterlassungsdelikt**, dessen Begehung den Verstoß gegen eine den Täter treffende Mitteilungspflicht über erhebliche Tatsachen (oben 21) voraussetzt. Der Begriff des **In-Unkenntnis-Lassens** entspricht § 370 I Nr. 2 AO (BT-Drs. 15/2573, 28; *Lackner/Kühl* 12; *Joecks* wistra **04**, 441, 443; vgl. dazu *Erbs/Kohlhaas-Senge* 21 zu § 370 AO). Ein Fall von Nr. 2 liegt insb. dann vor, wenn der Einzugsstelle die Eigenschaft einer Person als AGeber gar nicht bekannt ist, also bei im Schwarzarbeitsbereich operierenden Unternehmen. Werden Erklärungen gegenüber der Einzugsstelle abgegeben, so liegt bei Weglassen einzelner Tatsachen idR Unvollständigkeit iS von Nr. 1 vor. 21

C. In beiden Fällen des II ist die Feststellung einer Täuschungshandlung oder eines Irrtums iS von § 263 I nicht erforderlich. Soweit täuschende Erklärungen des Täters vorliegen und zu schädigenden Vermögensverfügungen führen, soll § 266 a I und II nach dem Willen des Gesetzgebers § 263 im Wege der Spezialität verdrängen (anders NJW **03**, 1821). 21 a

D. Taterfolg beider Varianten muss sein, dass der Einzugsstelle die AGeber-Beiträge **vorenthalten** werden. Voraussetzung ist somit eine Zahlungspflicht; für 21 b diese gelten die Ausführungen oben 11 ff. Die Tatbestandserfüllung ist wie im Fall des Abs. I nicht von der tatsächlichen Zahlung von Arbeitsentgelt abhängig; ausreichend ist vielmehr das Bestehen der **Zahlungspflicht** (vgl. oben 12 ff.). Für die Frage der Zurechnung bei **Unmöglichkeit** der Zahlung zum Zeitpunkt der Fälligkeit gelten die Erl. oben 15. ff. **Vollendet** ist die Tat mit der Nichtzahlung zum Fälligkeitszeitpunkt; **beendet** (§ 78 a) erst mit dem Erlöschen der Beitragspflicht; erst dann beginnt die Verjährung (Jena NStZ-RR **06**, 170).

22 **6) Nichtabführen von Entgeltsanteilen (Abs. III).** Der Tatbestand des III stellt das heimlicher Nichtabführen eines Teils des Arbveiotsentgelts unter Strafe, den der AGeber für den ANehmer an einen Dritten zu zahlen hat.

22 a **A. Anwendungsbereich.** III erfasst Fälle der Verletzung **treuhänderischer Pflichten** des AGebers durch Nichtabführen einbehaltener Teile des Arbeitsentgelts. Er ist anzuwenden, wenn der AGeber Lohnbestandteile, die nicht von I erfasst werden, einbehalten hat und dann entgegen einer Verpflichtung nicht ordnungsgemäß abführt (**zB** ANehmer-Sparzulage; Pfändungen; Abtretungen; Vereinbarungen zwischen AGeber und ANehmer über freiwillige Versicherungen; Direktversicherungen; Pensionskassen). Die Leistungspflicht kann, anders als in den Fällen von I und II, auch allein auf vertraglicher Grundlage beruhen. Das strafrechtliche Unrecht richtet sich somit im Kern gegen den ANehmer selbst; daher setzt der Tatbestand voraus, dass die Nichtabführung gegenüber dem ANehmer verheimlicht wird. Eine Vereinbarung zwischen ANehmer und AGeber lässt, anders als in I und II, den Tatbestand entfallen. Einigkeit ist freilich nicht Voraussetzung der Straffreiheit; vielmehr reicht eine bloße (formlose) **Unterrichtung** des ANehmers. Auf Kenntnis oder Einverständnis des Zahlungsempfängers kommt es nicht an. Nach III S. 2 gilt Satz 1 nicht für die Nichtabführung der **Lohnsteuer**, da die Verletzung der Pflichten aus §§ 38 III S. 1, 41 a EStG bereits durch §§ 370, 378, 380 AO mit Strafe bzw. Geldbuße bedroht ist.

22 b **B. Tathandlung.** Abs. III setzt voraus, dass der AGeber bestimmte Teile des Arbeitsentgelts **einbehalten**, also an den ANehmer nicht den vollen, sondern einen um den abzuführenden Betrag gekürztes Entgelt ausgezahlt, den einbehaltenen Teil aber bei Fälligkeit nicht abführt, und es **unterlässt**, den ANehmer hierüber zu **unterrichten**. Diese Informationspflicht obliegt dem Täter „spätestens" im zeitpunkt der Fälligkeit oder unverzüglich danach. In dieser auch in Abs. V gebrauchten Wendung kommt dem Wort „spätestens" wenig Sinn zu, da auch eine Unterrichtung „unverzüglich *danach*" (§ 121 I BGB) ausreicht (vgl. hierzu aber RegE 31). Es kommt vom Zeitpunkt der Fälligkeit an auf ein „schuldhaftes Zögern" (vgl. § 121 I BGB) an. Für eine **Unmöglichkeit** der pflichtgemäßen Handlungen gilt das oben 15 ff. Ausgeführte. Zur (zweifelhaften) **Strafbefreiungsmöglichkeit** entspr. Abs. V durch Nachholung vgl. unten 30 a.

23 **7) Subjektiver Tatbestand.** In allen Fällen des I bis III ist **Vorsatz** erforderlich, bedingter Vorsatz genügt (wistra **92**, 145; *Martens* wistra **86**, 157; *S/S-Lenckner/Perron* 17; *Lackner/Kühl* 16; LK-*Gribbohm* 81). Er muss insbesondere auch die Stellung der Beteiligten als AGeber (oben 4 ff.) und ANehmer umfassen (vgl. LG Ravensburg StV **07**, 412 f.). Im Fall der Unmöglichkeit der Zahlung zum Fälligkeitszeitpunkt (oben 15) setzt die Zurechnung eines **Vorverschuldens** (oben 16 ff.) voraus, dass der Täter die Anzeichen von Liquiditätsproblemen, welche besondere Maßnahmen zur Sicherstellung der Zahlungsfähigkeit veranlassten, erkannt hat (BGH **47**, 318, 323); er muss die Zuspitzung der wirtschaftlichen Situation **und** die daraus resultierende Gefährdung der Zahlungsfähigkeit kennen oder billigend in Kauf nehmen (ebd.; vgl. NJW **02**, 1123, 1125; unklar BGH [Z] VersR **01**, 343, 344, wonach „das Bewusstsein und der Wille" erforderlich sind, die Abführung zu unterlassen; eine Erörterung des Vorsatzes wird hier für nicht erforderlich gehalten, weil der AGeber es 8 Monate zuvor versäumt hatte, die Zahlung sicherzustellen, obgleich ihm bewusst war, dass er „möglicherweise nicht werde zahlen können"). Hieran kann es **zB** auch fehlen, wenn der AGeber nach Offenbarwerden voraussichtlicher

Liquiditätsschwierigkeiten Maßnahmen trifft, die aus Sicht einer objektiven nachträglichen Prognose nicht von vornherein unbehelflich waren, und diese Maßnahmen für ausreichend hält. Ein allgemeiner, *zivilrechtlich* (§ 276 BGB) begründeter **Fahrlässigkeits-Vorwurf,** der Täter habe die Unmöglichkeit vorhersehen oder vermeiden können oder müssen, reicht nicht aus. Der **Irrtum,** die Einzugsstelle habe die Zahlung gestundet, schließt den Vorsatz aus; ebenso die Unkenntnis eines Beschäftigungsverhältnisses oder des Fälligkeitszeitpunktes. Ein **Tatbestandsirrtum** ist auch gegeben, wenn der Handlungspflichtige irrig Umstände annimmt, die die Erfüllung der Pflicht unmöglich oder unzumutbar machen würden (vgl. oben; *Stree,* Lenckner-FS 395f.). Ein Irrtum über das Vorliegen und den Umfang der *Rechts*pflicht, die Beitragsteile (I, II) oder Entgeltsteile (III) abzuführen, ist nach hM **Verbotsirrtum** (BGHZ **133**, 381; LK-*Gribbohm* 82; **aA** *S/S-Lenckner/Perron* 17; *Lackner/Kühl* 16), der idR vermeidbar ist; ebenso ein Irrtum über den Umfang der Pflicht zur Überwachung von Hilfskräften bei der Ausführung der Anweisung, die Beiträge abzuführen (BGH [Z] GmbHR **01**, 236, 237f.). Mit der Dogmatik der Unterlassungsdelikte ist dies nicht stets vereinbar.

8) Rechtfertigung. Eine rechtfertigende Einwilligung des ANehmers kommt im Fall des Abs. I nicht in Betracht (LG Fürth NJW **88**, 1857; *S/S-Lenckner/Perron* 18; LK-*Gribbohm* 78); dasselbe gilt für Abs. II. Fälle des Notstands (§ 34) und der Pflichtenkollision (11f. vor § 32) sind in Ausnahmesituationen denkbar; sie liegen aber nicht schon deshalb vor, weil Arbeitsplätze oder die Existenz des Betriebs erhalten werden sollen (*S/S-Lenckner/Perron* 18 mwN). Unklar ist die Bedeutung der Anrechnungsregel des § 2 BeitragszahlungsVO (oben 11); wonach einem AGeber, der in Unkenntnis dieser Regelung bei Mangellage Zahlungen in Höhe der ANehmer-Beiträge leistet, um sich nicht strafbar zu machen, die Tatbestandserfüllung mittels gesetzlicher *Vermutung* zugerechnet wird. 24

9) Rechtsfolgen. A. Die **Strafe** ist in den Fällen der Abs. I bis III (wie in §§ 263 I und 266 I) Freiheitsstrafe bis zu 5 Jahren oder Geldstrafe. Bei der Strafzumessung wird vor allem die Höhe des vorenthaltenen Betrags von Bedeutung sein; daneben die Vorsatzform; eine evtl. Bereicherungs- oder Schädigungsabsicht. Zahlt der Täter absprachegemäß Krankenversicherungsbeiträge für eine freiwillige Mitgliedschaft, so ist das Aufkommen der Mittel für die Sozialversicherung im Ergebnis nicht gefährdet; dies ist bei der Strafzumessung zu berücksichtigen (NStZ **06**, 227). Gewerbsmäßigkeit ist dem Tatbestand immanent und daher idR kein Strafschärfungsgrund (StV **07**, 412). 25

B. Besonders schwere Fälle (Abs. IV). Die Regelung ist durch das SchwArbBekG (oben 1) eingefügt worden, weil das Vorenthalten „Dimensionen eines Massendelikts oder einen Umfang annehmen (kann), wie dies auch bei der Steuerhinterziehung möglich ist" (BT-Drs. 14/8221, 18); die Strafschärfung für besonders schwere Fälle entspricht daher § 370 III Nr. 1, 3, 4 AO. 26

Nr. 1: Grober Eigennutz ist gegeben, wenn der Täter sich bei der Tat in besonders anstößigem Maß vom Streben nach seinem eigenen Vorteil leiten lässt (NStZ **85**, 459; 558; wistra **84**, 227; BGHR § 370 III Nr. 1 AO Eigennutz 4; vgl. 46 zu § 264); hierfür reicht eine (von § 266a nicht vorausgesetzte) Bereicherungsabsicht iS von § 263 nicht aus. Es muss dem Täter um seinen **persönlichen** Vorteil gehen; ein Nutzen für das Unternehmen genügt nur, wenn dadurch zumindest mittelbar ein *materieller* Vorteil für den Täter entsteht. „Grob" ist der Eigennutz nicht schon durch die Höhe eines nicht abgeführten Betrags; die Anstößigkeit kann sich aus besonderer Skrupellosigkeit gegenüber den ANehmern ergeben, etwa wenn diese gerade unter Hinweis auf die Beitragszahlungspflicht zu Entgeltsstundungen veranlasst werden. Ein **großes Ausmaß** (nachdrückliche Bedenken gegen die Bestimmtheit des Begriffs [in § 370a AO] hat der *5. StS* in NJW **04**, 2990 formuliert [abl. Anm. *Hunsmann* NStZ **05**, 72]) vorenthaltener Beiträge soll vorliegen, wenn der Gesamtschaden sich deutlich von der Schadenshöhe gewöhnlich vorkommender Fälle abhebt (vgl. *Erbs/Kohlhaas-Senge* 88 zu § 370 AO). 27

28 **Nr. 2:** Das Regelbeispiel entspricht § 370 III Nr. 4 AO; eine Verwendung **nachgemachter oder gefälschter Belege** setzt auch § 264 II Nr. 1 voraus (vgl. dort 46). Der Begriff des Nachmachens entspricht § 146 I, der des Verfälschens § 267 I; schriftliche Lügen reichen nicht aus (wistra **91**, 106). Der Täter muss durch die Verwendung **fortgesetzt** Beiträge vorenthalten. Hierzu reicht eine einmalige Verwendung nicht aus (BGH **31**, 225; MDR/H **80**, 107 [zu § 370 AO]; *Erbs/Kohlhaas-Senge* 91 zu § 370 AO); vielmehr muss, wenn auch nur durch Bezugnahme, eine wiederholte Verwendung gegeben sein (and. wohl *Senge* aaO); Nr. 2 setzt ein mindestens zweimaliges vollendetes Vorenthalten voraus.

29 **Nr. 3:** Das Regelbeispiel entspricht § 264 II Nr. 3 (vgl. dort 47, 48), § 370 III Nr. 3 AO. Der Amtsmissbrauch des Amtsträgers muss sich gerade auf die Tat nach § 266a beziehen; das „Ausnutzen" hat daher keine über das Erfordernis der Kausalität hinausgehende Bedeutung, „Mithilfe" ist als Beihilfe zu verstehen; das bloße Ausnutzen von allgemeinen Dienstpflichtverletzungen reicht nicht aus.

30 **C. Absehen von Strafe (Abs. VI).** Nach Abs. VI besteht in Fällen von Abs. I und II die Möglichkeit, durch rechtzeitige **Offenbarung der Zahlungsunfähigkeit** persönliche Straffreiheit zu erlangen (krit. SK-*Samson/Günther* 39 ff.). VI soll in einer *flexiblen Regelung,* ohne die strafrechtliche Sicherung des Beitragsaufkommens zu gefährden, aber auch um einer Gefahr von Arbeitsplatzverlusten und Betriebsschließungen entgegenzuwirken, dem in einem wirtschaftlichen Engpass befindlichen AGeber eine „goldene Brücke" bauen (RegE 2. WiKG, 26). Sie hat nach ihrem **Wortlaut** keinen Sinn (vgl. auch *Tag* [1 a] 200; SK-*Samson/Günther* 40; *Mitsch* BT II/2, 4/20), denn die **Unmöglichkeit** der Erfüllung einer Handlungspflicht schließt grds. schon den **Tatbestand** des Unterlassungsdelikts aus (NStZ **97**, 126; Düsseldorf NJW-RR **93**, 1148; Celle NJW-RR **96**, 482; oben 15; vgl. SK-*Samson/Günther* 39 ff.; *Fischer* WiB **97**, 131). Ein Absehen von Strafe kann nur dort in Betracht kommen, wo grds Strafe verwirkt ist; Abs. VI enthält daher keinen (mittelbaren) eigenen Tatbestand der Nicht-Mitteilung *straflosen* Verhaltens (so auch *S/S-Lenckner/Perron* 23; vgl. auch *Krack* NStZ **01**, 505, 509; *Mitsch* BT II/2, 4/20). Die Regelung zeigt ein von *strafrechtlichen* Grundsätzen entferntes verwaltungsrechtliches Denken, das dogmatisch nur mühsam als **Strafausschließungsgrund** einzuordnen ist, vor allem aber dem Tatbestand insgesamt eine *Anmutung* verleiht, welche wohl nicht zufällig an das „Aushandeln" verwaltungsrechtlicher Bescheide erinnert und der die Befreiung von einer Strafdrohung von 10 Jahren (!) Freiheitsstrafe von der Erfüllung vager Ermessensvorschriften abhängig macht. In der **Praxis** hat die **strafrechtsferne Regelung** des Abs. VI überwiegende Bedeutung nur als „Verhandlungsgrundlage" für Verfahrenseinstellungen nach §§ 153, 153 b und insb. § 153 a StPO (Auflage nach Abs. 1 Nr. 1); eine Vielzahl von Fällen wird in einer unklaren Mischung aus Verwaltungs- und Strafrecht im Zuge von Verhandlungen über die Angemessenheit von Stundungs- und Ratenzahlungsvereinbarungen, Arbeitsplatzsicherung und Insolvenzabwendung erledigt.

30 a Unklar ist die Regelung des **VI S. 3**, wonach „in den Fällen des Absatzes 3" die Sätze 1 und 2 entsprechend gelten. Der Wortlaut dieser Anwendungsverweisung ist im G vom 23. 7. 2004 (oben 1) unverändert gelassen worden, obgleich sie sich auf den *früheren* Abs. III (Beitragsvorenthalten durch Ersatzkassen-Mitglieder) bezog, dessen Regelungsgehalt insgesamt gestrichen wurde. Dass die Regelung entsprechend dem **Wortlaut** nun tatsächlich auf Erklärungen des AGebers gegenüber beliebigen dritten Zahlungsempfängern (Abs. III) angewandt werden soll, ist zweifelhaft.

31 **Abs. VI S. 1** erfasst von vornherein nur Fälle der auf **(Vor-)Verschulden** beruhenden Zahlungsunfähigkeit des AGebers (oben 16 ff.; iErg ebenso *S/S-Lenckner/Perron* 23; *Lackner/Kühl* 18; *Winkelbauer* wistra **88**, 17). Zu prüfen ist, ob der Täter akzeptable Gründe für die Zahlungsunfähigkeit anführen kann. Das kann zB der Fall sein, wenn der AGeber sich auch nicht durch Kreditaufnahme die notwendigen Mittel beschaffen kann, die vorhandenen Mittel für die Aufrechterhal-

tung des Betriebes unumgänglich sind und unter kaufmännisch vernünftigen Gesichtspunkten begründete Aussicht auf eine Nachentrichtung der Beiträge besteht; oder wenn er in der Zeit zwischen Fälligkeit des Lohns und der im Folgemonat eintretenden Beitragsfälligkeit andere Dispositionen treffen musste.

Voraussetzung des VI S. 1 ist, dass der Täter der Einzugsstelle gegenüber **rechtzeitig** („spätestens" bei Fälligkeit *oder* „unverzüglich danach"; vgl. oben 22b) und vollständig seine (verschuldete; vgl. oben 31) Zahlungsunfähigkeit offenbart und sie auf diese Weise in die Lage setzt, auf zutreffender Basis ihre weiteren Entscheidungen zu treffen (RegE 2. WiKG, 30; zutr. krit. SK-*Samson/Günther* 42, 48). Mitzuteilen ist **nach Nr. 1** die **Höhe** der vorenthaltenen (dh der am Tage der Fälligkeit bereits geschuldeten und die zu diesem Zeitpunkt abzuführenden) Beiträge. **Nr. 2** verlangt zudem eine **„Darlegung, warum"** eine fristgerechte Zahlung nicht möglich war, **„obwohl"** der AGeber sich **ernsthaft bemüht** hat. Die Vorschrift verknüpft in schwer nachvollziehbarer Weise **formelle** Anforderungen (Mitteilung) mit einer **inhaltlichen** Begründungsobliegenheit gegenüber der Einzugsstelle, deren Beurteilung für die Entscheidung über ein Absehen von Strafe freilich mitnichten entscheidend sein kann. Nach **hM** (vgl. *S/S-Lenckner/Perron* 24 mwN) muss die Mitteilung sowohl eine umfassende Begründung für die Zahlungsunfähigkeit als auch eine Darlegung des ernsthaften Bemühens enthalten, diese zu vermeiden (vgl. aber unten 35). Unklar bleibt dabei, welche *straf*rechtliche Bedeutung ein Verstoß gegen diese Pflicht haben soll: Wenn nahe liegende und erheblich schuldmindernde (nicht: schuld*ausschließende,* denn dann gibt es weder etwas darzulegen noch eine Strafe, von welcher abzusehen wäre) Gründe **tatsächlich vorliegen** und der Täter sich ernsthaft bemüht hat, die Pflicht zu erfüllen, so kann die Anwendung des VI S. 1 nicht deshalb versagt werden, weil seine *Darlegungen* gegenüber der Einzugsstelle nicht „umfassend" genug waren. Eine **sachfremde** und mit dem Schuldgrundsatz nicht vereinbare *Beweiserleichterung* enthält darüber hinaus das Erfordernis der **Schriftlichkeit,** denn ob sachliche Gründe für ein Absehen von Strafe vorliegen, kann hiervon gar nicht abhängen (vgl. auch SK-*Samson/Günther* 48; *S/S-Lenckner/Perron* 24; LK-*Gribbohm* 96; *Winkelbauer* wistra **88**, 18); die Annahme, die Verhängung von bis zu 10 Jahren Freiheitsstrafe könnte *materiell* davon abhängen, ob der Täter Gründe, welche dagegen sprechen, einer Verwaltungsbehörde *schriftlich* vorgetragen hat oder nicht, ist abwegig. 32

Nach **Abs. VI S. 2** erlangt der Täter **Straffreiheit,** wenn er die vorenthaltenen Beiträge, über die er eine **Mitteilung nach S. 1** gemacht hat, innerhalb einer ihm von der Einzugsstelle bestimmten **angemessenen** Frist entrichtet (Bay JR **88**, 479 m. Anm. *Stahlschmidt*). Die Regelung knüpft an § 371 III AO an (RegE 2. WiKG, 31; *Winkelbauer* wistra **88**, 19); der Strafanspruch des Staates ist gegenüber dem Täter, dem eine Frist nach Satz 2 bewilligt ist, auflösend bedingt (vgl. BGH **7**, 341 [zu § 410 RAO aF]; vgl. *Franzen-Gast-Samson* 131 zu § 371 AO). Die **Bedeutung** der Stundungsbewilligung ist zweifelhaft, da sie (wiederum) die Strafbarkeit des Täters von einer uU *nach* Tatvollendung erfolgenden Entscheidung der Einzugsstelle abhängig macht. Aus dem systematischen Zusammenhang von S. 1 und S. 2 ergibt sich, dass obligatorische Straffreiheit jedenfalls dann nicht eintritt, wenn der Täter *ohne* Mitteilung nach S. 1 die Beiträge nachträglich (und sei es auch „unverzüglich") abführt (so aber SK-*Samson/Günther* 50; wie hier *S/S-Lenckner/Perron* 26). Andererseits kann, wenn eine Mitteilung erfolgte, Stundung bewilligt und die Zahlung geleistet wurde, die Straffreiheit nicht davon abhängen, ob die Mitteilung nach S. 1 als hinreichende „Darlegung" angesehen wird (vgl. oben 32). Nach Ansicht von *Lenckner/Perron* (aaO) ist S. 2 „selbstverständlich" anzuwenden, wenn der Täter die Mitteilung nach S. 1 gemacht hat und die rückständigen Beiträge abführt, *bevor* die Einzugsstelle eine Stundung bewilligt hat. Auch das ist nicht unzweifelhaft, wenn eine solche Fristbestimmung (deshalb) gar nicht mehr erfolgt; S. 2 würde in diesem Fall in eine jedenfalls mit dem Wortlaut schwer vereinbare, allein materielle Regel zur Straffreiheit bei Schadenswiedergutmachung in „angemessener" Frist umgedeutet (vgl. auch NStZ **90**, 588 [keine 33

Straffreiheit bei nachträglicher Zahlung]). Zur Anrechnung von **Teilzahlungen** vgl. oben 11.

34 Abs. VI gilt nach S. 1 und S. 2 für **AGeber** (zur zweifelhaften Verweisung des **S. 3** vgl. oben 30 a). Die Regelung des S. 1 gilt aber auch für **Teilnehmer** (vgl. dazu i. E. *Winkelbauer* wistra **88**, 18; *S/S-Lenckner/Perron* 27). Da die Anwendung von S. 2 auf einen Teilnehmer nicht von der Erfüllung einer Pflicht abhängig sein kann, die ihn gar nicht trifft, dürften die Voraussetzungen für eine Straffreiheit insoweit durch Mitteilung nach S. 1 regelmäßig erfüllt sein (zutr. *S/S-Lenckner/Perron* 27).

35 Über die Anwendung von Abs. VI **entscheidet das Gericht** nach allgemeinen Grundsätzen (vgl. § 60). Hierzu gehört neben der Feststellung, dass die Unmöglichkeit der fristgemäßen Zahlung nicht unverschuldet war (oben 16, 30), insb. auch die Prüfung, ob die **Gründe** (nicht nur die *mitgeteilten,* sondern die tatsächlichen!) für die *schuldhafte* Unterlassung aus objektiver ex-ante-Sicht nahe liegend sind und die Tat in einem derart gemilderten Licht erscheinen lassen, dass die Anwendung des Abs. V gerechtfertigt erscheint. Wesentliche **Kriterien** hierfür werden idR die Motive für die Nichtabführung (**zB** Privatentnahmen einerseits; Zahlung wichtiger Lieferantenrechnungen andererseits) sowie das Maß der Bemühungen (S. 1 Nr. 2) sein. Zu prüfen ist ggf. weiterhin die **Angemessenheit** einer nach S. 2 bestimmten Frist. Hierfür ist wesentlich auf die iS von S. 1 „begründeten" Gegebenheiten des Einzelfalls, dh auf die wirtschaftliche Lage des Täters abzustellen; war die festgesetzte Frist unangemessen, so ist S. 2 anzuwenden, wenn eine Zahlung innerhalb der als angemessen anzusehenden Frist erfolgte. Wenn nach Einräumung einer angemessenen Frist (erstmals oder erneut) Zahlungsunfähigkeit und damit Unmöglichkeit der pflichtgemäßen Handlung eintritt, so gelten die oben genannten Grundsätze entsprechend (*S/S-Lenckner/Perron* 26; vgl. auch LK-*Gribbohm* 101).

36 **10) Konkurrenzen.** Die Annahme eines Fortsetzungszusammenhangs zwischen mehreren nacheinander folgenden Taten scheidet aus; Unterlassungen zu verschiedenen Fälligkeitszeitpunkten stehen regelmäßig im Verhältnis der **Tatmehrheit.** Bei *gleichzeitiger* Unterlassung des Abführens von Beiträgen **für mehrere ANehmer** oder mehrere Versicherungszweige an **dieselbe Einzugsstelle** ist nach 1 StR 639/06 nur eine **einheitliche Tat** gegeben (ebenso LK-*Gribbohm* 108; **aA** Frankfurt NStZ-RR **99**, 104: Tateinheit**;** ebenso *S/S-Lenckner/Perron* 28; *Lackner/Kühl* 20). Zwischen Taten nach I und II besteht, jedenfalls wenn sie sich auf dieselben ANehmer beziehen, Tateinheit (*Lackner/Kühl* 20). Sind Zahlungspflichten hinsichtlich mehrerer ANehmer gegenüber **verschiedenen Einzugsstellen** zu erfüllen, so besteht zwischen den jeweiligen Unterlassungen Tatmehrheit (BGH **48**, 307, 314; Frankfurt NStZ-RR **99**, 104, 105; **aA** Hamm wistra **01**, 238 [abl. Bespr. *Bittmann/Ganz* wistra **02**, 130]). Für die Beurteilung der Konkurrenz gleichzeitiger Unterlassungen kommt es nicht auf die Identität der Unterlassungen, sondern auf die hypothetische Identität der pflichtgemäßen Handlungen an (vgl. LK-*Rissing-van Saan* 12 zu § 52).

37 Gegenüber § 266 ist § 266 a lex spezialis. Gegenüber dem **Beitragsbetrug** nach **§ 263** (falsche Anmeldung) sollte **§** 266 a nach NJW **03**, 1821, 1823 (Bespr. *Rolletschke* wistra **05**, 211) zurücktreten. Nach der Einfügung des Abs. II soll § 263 aber nunmehr in allen Fällen des I und II im Wege der **Spezialität** verdrängt werden (BT-Drs. 15/2573, 28; ebenso NStZ-RR **07**, 236; Lackner/Kühl 20; zw.). **Tatmehrheit** besteht mit der in demselben Tatzeitraum begangenen (Lohn- und Umsatz-) Steuerhinterziehung nach § 370 AO (BGH **35**, 14; **38**, 285; NStZ **06**, 227 [Anm. *Rolletschke* wistra **06**, 105]; Bay **85**, 131 [m. Anm. *Brauns* StV **86**, 534]; wistra **89**, 276; Zweibrücken NJW **75**, 129; Düsseldorf wistra **87**, 192).

38 **11) Sonstige Vorschriften. Nebenfolge:** nach § 5 Abs. I Nr. 2 SchwArbBekG (idF d. Gesetzes v. 23. 7. 2002; BGBl. I 2787) Ausschluss von öffentlichen Aufträgen. **Zuständigkeit:** vgl. § 74 c I Nr. 6 Buchst. a) GVG.

Missbrauch von Scheck- und Kreditkarten

266b **I Wer die ihm durch die Überlassung einer Scheckkarte oder *einer Kredit*karte eingeräumte Möglichkeit, den Aussteller zu einer Zahlung zu veranlassen, missbraucht und diesen dadurch schädigt, wird mit Freiheitsstrafe bis zu drei Jahren oder mit Geldstrafe bestraft.**

II § 248 a gilt entsprechend.

Übersicht

1) Allgemeines .... 1, 1 a
2) Rechtsgut; Anwendungsbereich 2, 3
3) Objektiver Tatbestand 4–18
A. Tatgegenstand 5–11
a) Scheckkarte 6–9
b) Kreditkarte 10, 11
B. Überlassung 12
C. Möglichkeit zur Veranlassung einer Zahlung 13, 14
D. Missbrauch 15–17
E. Schaden 18
4) Subjektiver Tatbestand 19
5) Vollendung 20
6) Täterschaft und Teilnahme 21
7) Rechtsfolge 22
8) Konkurrenzen 23–25

1) Allgemeines. Die Vorschrift wurde in Anlehnung an die Missbrauchsalternative des § 266 durch Art. 1 Nr. 11 des 2. WiKG (2 vor § 263), eingefügt, da ein besonderer strafrechtlicher Schutz vor missbräuchlicher Benutzung von Scheck- und Kreditkarten durch den **berechtigten Inhaber** solcher Karten angesichts ihrer außerordentlich hohen praktischen Bedeutung für den Zahlungsverkehr (vgl. dazu *Knierim,* in: *Wabnitz/Janovsky,* Hdb., 3/100 ff. mwN) als dringlich angesehen wurde (vgl. BT-Drs. 10/5088, 1 f., 24 f., 31 ff. [Ber.]; dazu auch *Lenckner/ Winkelbauer* wistra **84**, 84; *Granderath* DB **86**, Beil. 18, 9; *Offermann* wistra **86**, 51, 57; *Otto* wistra **86**, 150). Die Vorschrift sollte damit eine im Hinblick auf die Rspr. des BGH (vgl. BGH **24**, 386; **33**, 244; dazu unten 3) angenommene Lücke zwischen § 263 und § 266 schließen (krit. dazu u. a. *Otto* JZ **85**, 1009; *Bringewat* NStZ **85**, 537; *Labsch* NJW **86**, 108; *Tiedemann* JZ **86**, 872; *H. J. Hirsch,* Kaufmann-GedS 152). 1

Literatur: *Altenhain,* Der strafbare Missbrauch kartengestützter elektronischer Zahlungssysteme, JZ **97**, 752; *Bernsau,* Der Scheck- oder Kreditkartenmissbrauch durch den berechtigten Karteninhaber, 1990 (Diss. Heidelberg); *Bühler,* Zum Konkurrenzverhältnis zwischen § 263 a StGB u. § 266 b StGB (usw.), MDR **89**, 22; *Deider,* Missbrauch von Scheck- u. Kreditkarte durch den berechtigten Karteninhaber, 1989 (Diss. Berlin); *Gogger,* Die Erfassung des Scheck-, Kredit- u. Codekartenmissbrauchs (usw.), 1991 (Diss. Tübingen); *Küpper,* Die Kreditkartenentscheidung des BGH unter Geltung des § 266 b StGB, NStZ **88**, 60; *Labsch,* Der Kreditkartenmissbrauch u. das Untreuestrafrecht, NJW **86**, 104; *Lieb,* Zum Missbrauch der Scheckkarte, FS f. Klemens Pleyer, 1986, 77; *Meder,* Kreditkartenmissbrauch im Fernabsatz, NJW **02**, 2215; *Mitsch,* Rechtsprechung zum Wirtschaftsstrafrecht nach dem 2. WiKG, JZ **94**, 877; *Nack,* Scheck- u. Kreditkarten, in: *Müller-Gugenberger/Bieneck,* Wirtschaftsstrafrecht, 3. Aufl. 2000 (zit. *M/B*), § 49 B; *Otto,* Zum Bankautomatenmissbrauch nach Inkrafttreten des 2. WiKG, JR **87**, 221; *Ranft,* Der Kreditkartenmissbrauch, JuS **88**, 673; *Rossa,* Missbrauch beim electronic cash, CR **97**, 219; *Rengier,* Betrug im elektronischen Lastschriftverfahren bei unbekannter Zahlungsgarantie, Gössel-FS (2002), 469; *Weber,* Probleme der strafrechtlichen Erfassung des Euroscheck- u. Euroscheckkartenmissbrauchs nach Inkrafttreten des 2. WiKG, JZ **87**, 215; *ders.,* Konkurrenzprobleme bei der strafrechtlichen Erfassung der Euroscheck- u. Euroscheckkartenkriminalität (usw.), Küchenhoff-GedS 485; *Yoo,* Codekartenmissbrauch am POS-Kassen-System, 1997. 1 a

2) Rechtsgut; Anwendungsbereich. Von § 266 b geschütztes **Rechtsgut** ist nach allg. Ansicht das **Vermögen** des Kartenausstellers. Nach NStZ **93**, 283 ist darüber hinaus auch die „Funktionsfähigkeit des bargeldlosen Zahlungsverkehrs" als überindividuelles Allgemeingut geschützt (ebenso BT-Drs. 10/5058, 32; *Bernsau* [1 a] 64; *Lackner/Kühl* 1; *Arzt/Weber* 23/42 u. *Weber,* Dreher-FS 555, 563; *M/B-Nack* 49/30; 50. Aufl.). Anders als etwa § 152 a richtet sich der Angriff des Täters jedoch nicht gegen ein *allgemeines* Vertrauen. Die Funktionsfähigkeit des Zahlungsverkehrs mittels Garantieerklärung oder sonstige allgemein-wirtschaftliche Gesichtspunkte sind daher durch § 266 nur mittelbar („Reflex") geschützt (so zutr. hM; vgl. SK-*Samson/Günther* 1; *Kindhäuser* LPK 1; *M/Schroeder/Maiwald* 45/72; *W/Hillenkamp* 792; *Mitsch* BT II/2, 4/57; *Otto* BT 54/41 u. wistra **86**, 152; *Ranft* JuS **88**, 675; *Mitsch* JZ **94**, 887; zweifelnd *S/S-Lenckner/Perron* 1; offen gelassen von LK-*Gribbohm* 1 f.). Von Bedeutung ist dies (außer für die Legitimation des Tatbestands; vgl. dazu *Lagodny,* Strafrecht vor den Schranken der Grundrechte, 298 f.) namentlich für Fragen des Konkurrenzverhältnisses (vgl. unten 23 f.; dazu auch *Weber* JZ **87**, 215; Küchenhoff-GedS 485 u. Krause-FS 427). 2

§ 266 b schützt nicht vor jeder Art des Missbrauchs von Scheck- und Kreditkarten, sondern nur gegen deren Verwendung durch den **berechtigten Karteninhaber** in dem Wissen, dass er zur Rückzahlung des vom Aussteller verauslagten Betrags nicht in der Lage sein wird (i. E. 3

unten 7; vgl. NStZ **92**, 279). § 266b bestraft daher ein **untreueartiges** Unrecht (hM; vgl. LK-*Gribbohm* 2), verzichtet aber auf die Voraussetzung einer Vermögensbetreuungspflicht, die im Verhältnis zwischen Karteninhaber und Aussteller (Bank) nach Rspr (BGH **24**, 386; **33**, 244; stRspr) und hM regelmäßig nicht vorliegt. Die in der Lit. ganz überwiegend abgelehnte (nachdrückl. zB LK-*Schünemann* 23 zu § 266: „dogmatisch abwegig") Entscheidung BGH **24**, 386 hatte auf den **Scheckkarten-**Missbrauch § 263 angewendet (dazu u. a. *Vormbaum* JuS **81**, 18; *Seelmann* JuS **82**, 916; *Otto* Jura **83**, 16; *Steinhilper* Jura **83**, 401); BGH **33**, 244 hat das bestätigt, die Anwendung auf den **Kreditkarten-**Missbrauch aber abgelehnt (dazu u. a. *Otto* JZ **85**, 1004; *Bringewat* NStZ **85**, 535; *Labsch* NJW **86**, 104 u. Jura **87**, 345; *Offermann* wistra **86**, 50; *Geppert* wistra **86**, 171 u. Jura **87**, 162; *Ranft* JuS **88**, 673; *Rengier*, Gössel-FS 469, 474 f.). Ob die vom Gesetzgeber des 2. WiKG angenommene Strafbarkeitslücke tatsächlich bestand, ist weiterhin str. (krit. zur gesetzlichen Lösung auch *M/Schroeder/Maiwald* 45/74 [„vollkommene Konfusion"]). Auf der Grundlage von BGH **24**, 386 wird **Spezialität** gegenüber § 263 angenommen (vgl. NStZ **87**, 120; wistra **87**, 136); es stellt sich dann die Frage nach der Anwendbarkeit von § 263 auf den (nach § 266 straflosen) **Versuch** (unten 20). § 266b gilt nur für den auf der **Aussteller-Garantie** beruhenden Schaden (unten 13, 16); eine über die dem Dritten bekannte (und daher irrtums-unabhängige) Garantiesumme hinausgehende missbräuchliche Verwendung wird idR Betrug sein (unten 16).

4 **3) Objektiver Tatbestand.** Der Tatbestand setzt voraus, dass der Täter dem **Aussteller** einer **Scheck-** und **Kreditkarte,** die ihm **überlassen** wurde, durch **Missbrauch** der Möglichkeit, den Aussteller zu einer **Zahlung zu veranlassen,** einen **Vermögensschaden** zufügt.

5 **A. Tatgegenstand.** Es muss eine Scheck- oder Kreditkarte vorliegen.

6 **a) Scheckkarte.** Beim in Europa **bis 31. 12. 2001** gebräuchlichen EC-System (vgl. dazu 2 zu § 152a; BGHZ **122**, 156) garantierte das ausstellende Kreditinstitut (Aussteller) mit der **Euroscheckkarte** die Einlösung von Schecks bis zu einem Höchstbetrag bei Einhaltung bestimmter formeller Voraussetzungen (Verwendung von speziellen EC-Formularen; Eintragung der Kartennummer auf der Scheckrückseite; Vorlegung binnen 8 Tagen; vgl. i. E. *Bülow,* WechselG/ScheckG, AGB, 751 ff.; *Hoeren,* Die neuen „Bedingungen für ec-Service", NJW **95**, 2473 f.; *Knierim,* in: *W/J,* 3/102 ff.; *Offermann* wistra **86**, 57). Für die Erfassung von § 266b kam es nicht darauf an, ob die materiellen Voraussetzungen für die Inanspruchnahme der Garantie (vgl. dazu *Bernsau* [1a] 23 f.; *Gogger* [1a] 115 f.; *Häde* ZBB **94**, 33, 38 f.) im Verhältnis zwischen Aussteller und Karteninhaber, aber auch zwischen Aussteller und Schecknehmer vorlagen (etwa bei unzulässiger Verwendung zur *Barkredit*-Erlangung; vgl. LK-*Gribbohm* 9a mwN). Dieses Euroscheck-Verfahren ist **seit 1. 1. 2002 abgeschafft**, da die Garantie-Funktion aufgehoben wurde; Euroscheck-Formulare werden nicht mehr ausgegeben (vgl. 2 zu § 152a). § 266b hat daher insoweit keine Bedeutung mehr; die „Euroscheck-Karte" ist nur noch **Zahlungskarte** iS von § 152a IV (vgl. 3 zu § 152a).

6a Inwieweit die Verwendung der Scheckkarte in **anderen Funktionen** § 266b unterfällt, ist str. Nach **hM** (vgl. Bay **97**, 77; Stuttgart NJW **88**, 981; unten 9) kommt es nicht auf die Verwendung der Karte in Verbindung mit einem Scheck an, sondern auf das Vorliegen einer **Garantie** des Kartenausstellers gegenüber einem Dritten. Ein missbräuchlicher Einsatz in bargeldlosen Zahlungsverfahren unterfällt danach § 266b auch (aber nur) dann, wenn eine solche Garantiewirkung allein durch die Überlassung der Karte eintritt. Deshalb scheidet die Verwendung im Lastschriftverfahren (**POZ-System** vgl. dazu 15 zu § 263a) von vornherein aus (*Lackner/Kühl* 3; *S/S-Lenckner/Perron* 5; *M/B-Nack* 49/59, 64; *Hoeren* NJW **95**, 2474; *Altenhain* JZ **97**, 759; *Rossa* CR **97**, 223). Beim **POS-System** (point of sale; vgl. 15 zu § 263a) ist die Anwendbarkeit von § 266b str. **Dagegen** spricht, dass hier regelmäßig eine „Autorisierung" im Online-Verfahren erfolgt, bei welcher PIN, Echtheit der Karte, eine evtl. Kartensperre sowie der Verfügungsrahmen überprüft werden, dass also die Garantiewirkung erst auf Grund einer **Freigabe im Einzelfall** eintritt (gegen die Anwendung von § 266b daher *M/B-Nack* 49/62; *Lackner/Kühl* 3; *Bernsau* [1a] 217 ff.; *Yoo* [1a] 108 ff.; *Altenhain* JZ **97**, 758 ff.; *Rossa* CR **97**, 220). Die **Gegenansicht** (LK-*Gribbohm* 15; *Gogger* [1a] 180; *Kindhäuser LPK 8; iErg* wohl auch *S/S-Lenckner/Perron* 4) stützt sich darauf, dass eine (garantierte) Zahlungspflicht des Ausstellers hier auch hinsichtlich solcher Beträge besteht, die zwar innerhalb des grundsätzlichen Verfügungsrahmens liegen, jedoch aktuell nicht gedeckt sind (vgl. auch unten 9). Dass der Schutz des Vermögens des

Ausstellers (oben 2) eine solch weite Auslegung des Garantie-Merkmals erfordert, erscheint im Hinblick auf die allgemeine Problematik der Strafbewehrung von Vertragsverletzungen (vgl. krit. dazu *Arzt/Weber* 23/43; *Schubarth* ZStW **92**, 80, 92ff.) aber zweifelhaft. Man wird bei Online-Verwendungen anders als im früheren EC-Verfahren kaum von einer „systembedingten" Wehrlosigkeit des Ausstellers gegen unberechtigte Zugriffe sprechen können, welche die strafrechtliche Verfolgung legitimiert. Beim Einsatz der Scheckkarte als **Geldkarte** (Speicherung eines vorausbezahlten Betrags im Chip der Karte; vgl. § 1 I S. 2 Nr. 11 KGW) gilt das entsprechend (*M/B-Nack* 49/65; vgl. 15 zu § 263a).

Umstritten ist auch die Anwendbarkeit des § 266b auf den **Bankautomaten-Missbrauch** durch den **Berechtigten** (oder eine von ihm bevollmächtigte Person), also bei Verwendung der Scheckkarte als **Codekarte.** Soweit hier von einer (zutr.) verbreiteten Ansicht § 263a mangels betrugsähnlichen Verhaltens für nicht anwendbar gehalten wird (vgl. Nw. 14f. zu § 263a), folgt nicht etwa hieraus schon die Anwendbarkeit von § 266b (in diese Richtung aber Stuttgart NJW **88**, 981; *Arzt/Weber* 21/43); vielmehr müsste ein iS von § 266b *untreueartiges* Verhalten bei Kontoüberziehung mittels Codekarte positiv festgestellt werden. Das kommt jedenfalls bei vertragswidrigen Barabhebungen am **Automaten der Ausstellerbank** nicht in Betracht, weil hier die Scheckkarte ausschließlich als **Codekarte** („Schlüssel") zur Zugangseröffnung benutzt wird und ihre Garantiefunktion keine Rolle spielt (so auch BGH **47**, 160, 165 [Bespr. *Mühlbauer* wistra **03**, 244; Bay **97**, 77 [m. Anm. *Löhnig* JR **99**, 362]; *S/S-Lenckner/Perron* 8; *M/B-Nack* 49/47; SK-*Samson/Günther* 4; LK-*Gribbohm* 10; *M/Schroeder/Maiwald* 45/78; jew. mwN). Da in diesem Fall auch § 263a nicht eingreift (vgl. 14 zu § 263a) und auch eine Strafbarkeit nach §§ 242, 246 wegen wirksamer Übereignung ausscheidet, bleibt der Missbrauch der Scheckkarte durch den Berechtigten an einem Automaten des Ausstellers **straflos** (ebenso BGH **47**, 160, 166f.; *S/S-Lenckner/Perron* 8; SK-*Günther* 19 zu § 263a; *Mühlbauer* wistra **03**, 244, 252f.; wohl auch *M/B-Nack* 49/47 und inzident Bay **97**, 77). Ein abredewidriger Missbrauch durch einen Dritten, der die Karte vom Inhaber ohne Täuschung erlangt hat, ist Untreue (§ 266) gegenüber dem Berechtigten (Düsseldorf NStZ-RR **98**, 138; Hamm wistra **03**, 356; vgl. 13 zu § 263a). 7

Zu einem anderen Ergebnis gelangt man, wenn der Begriff der „Zahlung" in Abs. I von der Garantiefunktion der Karte gänzlich getrennt und als beliebige, durch Verwendung der Karte *verursachte* Zahlung (auch des Ausstellers an den Karteninhaber) verstanden wird (in diese Richtung die Krit. an BGH **38**, 281; vgl. etwa *Otto* wistra **86**, 152; JZ **92**, 1139; *Ranft* JuS **88**, 680; NStZ **93**, 185; *Arzt/Weber* 23/48; vgl. unten 13). Damit verlöre freilich das von § 266b vorausgesetzte Merkmal einer „durch Überlassung eingeräumten Möglichkeit" weitgehend seine Bedeutung; auch wäre nicht erklärbar, warum der Tatbestand nur *Zahlungen* und nicht sonstige Leistungen des Ausstellers erfasst. 8

Bei Missbrauch der EC-Karte zur Bargelderlangung an **Automaten fremder Geldinstitute** greift nach BGH **47**, 160, 164f. (ebenso Bay **97**, 77; Stuttgart NJW **88**, 981; *S/S-Lenckner/Perron* 8; *Arzt/Weber* 21/43 und *Weber* JZ **87**, 217; *M/Schroeder/Maiwald* 45/78; *Huff* NJW **87**, 819; *Löhnig* JR **99**, 362) dagegen § 266b (und nicht § 263a) ein, weil hier – wie im POS-System – eine **Einlösungsgarantie** des ausstellenden Geldinstituts missbraucht wird. Trotz der Garantiezusage der Ausstellerbank bis zum Höchstbetrag ist das auch hier wegen der im Online-Verfahren durchgeführten Überprüfung der Karte im Einzelfall nicht unzweifelhaft (vgl. oben 6a; abl. daher auch *M/B-Nack* 49/47; SK-*Samson/Günther* 4; *Mühlbauer* wistra **03**. 244, 252). 9

b) Kreditkarte. Dem Kreditkarten-System ist eine Garantiezusage eigen (Mat. zu den Geschäftsbedingungen bei LK-*Gribbohm* vor 1); danach verpflichtet sich der Aussteller gegenüber dem Vertragsunternehmen, dessen Forderung gegen den Karteninhaber durch unmittelbare Zahlung (idR abzüglich eines Service-Entgelts) auszugleichen, wenn die in den Vertragsbedingungen vorgeschriebenen Förmlichkeiten (Verwendung von Vordrucken; Kontrollpflicht) beachtet und ggf Höchst- 10 grenzen für bestimmte Geschäftstypen eingehalten wurden (dazu *Offermann* JA **85**, 602; wistra **86**, 50; *Ranft* JuS **88**, 475; Jura **92**, 96). Das trifft jedoch nur bei sog. Universalkreditkarten im **Drei-Partner-System** zu (BGH **38**, 281; **47**, 160, 165f. [zur EC-Karte]; vgl. StV **89**, 199; *Lackner/Kühl* 4; *S/S-Lenckner/Perron* 5; LK-*Gribbohm* 18f.; SK-*Samson/Günther* 4; *M/B-Nack* 49/36f.; *Kindhäuser,* LPK 10; *W/Hillenkamp* 795; *M/Schroeder/Maiwald* 45/77); dagegen ist eine Verwendung im **Zwei-Partner-System** („Kundenkarte" usw.) von § 266b nicht erfasst, weil hier durch Verwendung der Karte keine Zahlung veranlasst, sondern allein Kredit (in Form einer Stundung) des Ausstellers in Anspruch genommen wird. Die **Gegenansicht** (*Otto* JZ **92**, 1139; *Ranft* NStZ **93**, 185; *Hilgendorf* JuS **97**, 130, 135; *Arzt/Weber* 23/48; vgl. schon *Granderath* DB **86**, Beil. 18, 9; *Otto* wistra **86**, 152; *Ranft* JuS **88**, 680f.; *Schlüchter,* Zweites WiKG, 112) führt zu einer bedenklichen Konturenlosigkeit des Missbrauchs-Begriffs und zu einer nicht sachgerechten Privilegierung eines Ausschnitts betrügerischer Waren- oder Leistungskrediterlangung. Da die durch Vorlage einer Kundenkarte erreichte Stundung eine (konkludente) Täuschung gegenüber dem ausstellenden Unternehmen selbst (bzw. dessen Angestellten) voraussetzt (**aA** *Ranft* NStZ **93**, 185f.), die (in Höhe der garantierten Summe) beim Vertragsunternehmen im Drei-Partner-System gerade fehlt, ist auch eine analoge Anwendung des § 266b (so *Arzt/Weber* 23/48) wegen eines „Konstruktionsfehlers" (*Lackner/Kühl* 4; ähnlich LK-*Gribbohm* 20; *M/Schroeder/Maiwald* 45/77) nicht geboten. Das gilt auch für eine Anwendung des Strafrahmens des § 266b auf *Betrugs*-Taten im Zwei-Partner-System (so *Kindhäuser* LPK 12).

11 Soweit Kreditkarten als Zahlungskarten im Online-Verfahren oder zur Bargeldabhebung benutzt werden, gelten die oben 6a, 9 genannten Grundsätze zur Scheckkarte. Soweit einzelne Kartenarten in **unterschiedlichen Formen** ausgegeben und verwendet werden, kommt es auf die Verwendung im Einzelfall an (*S/S-Lenckner/Perron* 5; LK-*Gribbohm* 21).

12 **B. Überlassung.** Die Karte muss dem Täter vom Aussteller **überlassen** sein; Täter des § 266b kann daher nur der gegenüber dem Aussteller **berechtigte Karteninhaber** sein (**Sonderdelikt;** vgl. NStZ **92**, 278f. [Bespr. *Mitsch* JZ **94**, 887]; Stuttgart NJW **88**, 981f.; Ber. 32); das ist auch derjenige, der die Überlassung unter Verwendung falscher Personalien erlangt hat (*Ranft* JuS **88**, 673, 677; *S/S-Lenckner/Perron* 7; LK-*Gribbohm* 5). Nicht berechtigt ist derjenige, an den der Karteninhaber die Karte – unter Verstoß gegen die Vertragsbestimmungen des Ausstellers – zur (eigenen) Verwendung weitergegeben hat (vgl. NStZ **92**, 278; Düsseldorf wistra **93**, 115; **aA** wohl *S/S-Lenckner/Perron* 7). Mittelbare Täterschaft des Berechtigten ist aber möglich, wenn er einen gut- oder bösgläubigen Dritten dazu einsetzt, Leistungen *für sich* zu erlangen (LK-*Gribbohm* 47). Die Verwendung durch Nichtberechtigte unterfällt § 263 oder § 263a (dort 12f.), ggf. liegt § 266 gegenüber dem Inhaber vor. **Überlassung** ist die tatsächliche Übergabe zur Nutzung in dem vom Konto- oder Kartenvertrag jeweils umfassten Zahlungs- oder Kreditverfahren.

13 **C. Möglichkeit zur Veranlassung einer Zahlung.** Es muss dem Inhaber „durch die Überlassung", dh durch den mit Willen der Kartenaussteller erlangten Besitz an der Karte, die Möglichkeit eingeräumt sein, eine **Geldzahlung** des Ausstellers **an einen Dritten** zu veranlassen. Zwar ist vom **Wortlaut** der Vorschrift auch eine Zahlung an den Karteninhaber selbst umfasst (vgl. oben 7f. insb. zum Bankautomaten-Missbrauch); jedoch würde eine solche Auslegung einerseits zu einer zu weiten Ausdehnung des Tatbestands, andererseits zu einer kaum nachvollziehbaren Einschränkung des Schutzbereichs auf das *Bar*vermögen führen, was sich mit einer „Vertrauens-Parallele" (vgl. *Arzt/Weber* 23/48) nicht rechtfertigen lässt. Einen Sinn ergibt das Erfordernis der **Zahlung** (einschließlich der Geldleistung im *Verrechnungsweg;* vgl. Ber. 32) nur vor dem Hintergrund des *auf Geld gerichteten Ausgleichsanspruchs* eines Dritten (anderes Geldinstitut; Vertragsunternehmen; Scheckempfänger) gegen den Aussteller für beliebige geldwerte Leistungen des Dritten an den Karteninhaber (and. *S/S-Lenckner/Perron* 8 mwN).

Die **Möglichkeit** muss dem Täter gerade durch die Überlassung **eingeräumt** sein. Nicht erforderlich ist daher eine wirksame Verpflichtungsbefugnis iS von § 266 I (*Weber* NStZ **86**, 481, 484); ausreichend ist vielmehr eine **tatsächliche Rechtsmacht** des Inhabers (*Bernsau* [1 a] 92 ff.; *Gogger* [1 a] 112 ff.; *S/S-Lenckner/Perron* 8; LK-*Gribbohm* 31). Diese Stellung muss sich aus der „Einräumung" durch den Aussteller ergeben; daher erfüllt ein Dritter, der die Karte (mit oder gegen den Willen des Inhabers) entgegen dem „Überlassungs"-Willen des Ausstellers erlangt, den Tatbestand des § 266 b nicht (vgl. oben 12). Ein zivilrechtlich **wirksamer Vertrag** zwischen Aussteller und Inhaber ist nicht zwingend erforderlich, soweit die Überlassung der Karte die Garantiehaftung des Ausstellers unberührt lässt. Dasselbe gilt für eine (vertragliche) „Ungültigkeit" der Karte. 14

D. Missbrauch. Die **Tathandlung** des § 266 b besteht in der missbräuchlichen Veranlassung einer Zahlung. Der Täter muss also äußerlich nichts anders tun als die ihm eingeräumte Möglichkeit zu nutzen, dh die Karte zu dem vom Aussteller vorgesehenen Zweck einsetzen, denn nur so kann eine Zahlungspflicht begründet werden. Der **Missbrauch** besteht, entspr. § 266 I, in einer Ausnutzung des rechtlichen **Könnens** im Außenverhältnis (gegenüber dem Zahlungsempfänger) unter Überschreiten des rechtlichen **Dürfens** im (Innen-) Verhältnis zum Kartenaussteller (NStZ **92**, 279; NStZ/A **93**, 430; *S/S-Lenckner/Perron* 9; LK-*Gribbohm* 23; *Kindhäuser* LPK 14; *W/Hillenkamp* 794). Beide Seiten diese Verhältnisses bestimmen sich nach Maßgabe des der Kartenüberlassung zugrunde liegenden (schuldrechtlichen) Verhältnisses; Einschränkungen des Missbrauchstatbestands können nicht unabhängig hiervon aus dem Maß der Beeinträchtigung eines *überindividuellen* Rechtsguts abgeleitet werden (zutr. *Ranft* JuS **88**, 673, 678; *Gogger* [1 a] 87 ff.; LK-*Gribbohm* 29). 15

Ein rechtliches **Können** kann nur missbraucht werden, wenn und soweit es besteht. Akzeptiert daher **zB** das Vertragsunternehmen eines Kreditkartenausstellers die Verwendung der Karte zur Bargeldschöpfung, obgleich dies nach den Vertragsbedingungen gerade ausgeschlossen ist, so wird eine Zahlungspflicht nicht begründet, sondern iS von § 263 (mittäterschaftlich) vorgetäuscht (BGH **33**, 244, 247). Dasselbe gilt für sonstige missbräuchliche Verwendungen einer Karte, durch die eine Einlösungspflicht des Ausstellers nicht begründet wird (vgl. BGHZ **64**, 79; **83**, 28), insb. auch im Hinblick auf die Einhaltung vertraglicher **Höchstgrenzen;** ein darüber hinausgehendes Vertrauen des Dritten kann daher nicht durch Überlassung der Karte (§ 266 b), sondern allenfalls durch Täuschung (§ 263) begründet sein (vgl. *S/S-Lenckner/Perron* 9; LK-*Gribbohm* 40 f.; jew. mwN). 16

Die Grenze des rechtlichen **Dürfens** im Verhältnis zum Aussteller bestimmt sich gleichfalls grds allein nach dem zugrundeliegenden Vertragsverhältnis (LK-*Gribbohm* 23). Ein Missbrauch der **Scheckkarte** im früheren Euroscheck-Verfahren lag vor, wenn der Karteninhaber einen garantierten Scheck hingab, obgleich das bezogene Konto zu diesem Zeitpunkt, spätestens aber bei Vorlage des Schecks, keine entsprechende Guthabens- oder Kreditdeckung aufwies (StV **92**, 54). Soweit der Einsatz der EC-Karte als Zahlungskarte (POS-System) dem Tatbestand des § 266 b unterstellt wird (oben 6 a), kommt es auf den Zeitpunkt der Verwendung an. Bei **Kreditkarten** liegt zwischen der Belastung des Kartenkontos und der Fälligkeit der Rückzahlung durch den Verwender eine je nach Verwendungszeitpunkt bis zu einem Monat dauernde Frist. Daher kommt es nicht auf eine Deckung zum Zeitpunkt der Kreditierung, sondern darauf an, ob die Vermögensverhältnisse des Verwenders zu diesem Zeitpunkt einen Ausgleich als sicher erscheinen lassen. Soweit die Zahlungspflicht des Ausstellers gegenüber den Vertragsunternehmen nicht ihrerseits begrenzt ist (**zB** durch Höchstbeträge für Einzelbelastungen; Pflicht zur Einholung von Einzelgenehmigungen bei Überschreitung bestimmter Summen), kommt es für den Missbrauch grds nicht darauf an, ob der Täter eine ihm vom Aussteller gesetzte Kreditgrenze überschreitet (vgl. Ber. 32; LK-*Gribbohm* 27); missbräuchlich ist die Kartenverwendung auch dann, wenn die Kreditgrenze nicht 17 erreicht wird, eine Rückzahlungsmöglichkeit jedoch nicht besteht (vgl. BGH **47**, 160, 170); eine Überschreitung der Kreditgrenze führt, wenn die Gesamtforderung ohne weiteres ausgeglichen werden kann, jedenfalls nicht zu einem Schaden. Entsprechendes gilt bei Kreditkartenkonten in Verbindung mit Rahmenkreditverträgen, bei denen die neuen Belastungen in bestimmten (Mindest-)Ratenzahlungen auszugleichen sind.

18 **E. Schaden.** Als **Taterfolg** muss durch den Missbrauch dem Aussteller ein **Vermögensschaden** (dazu 70 ff. zu § 263, 59 ff. zu § 266) entstehen; eine sonstige Schädigung reicht nicht aus (Ber. 33; *S/S-Lenckner/Perron* 10; LK-*Gribbohm* 35; Schlüchter, Zweites WiKG, 115). Einen von §§ 263, 266 unterschiedlichen Schadensbegriff enthält § 266 b nicht, so dass auch ein **Gefährdungsschaden** (94 ff. zu § 263) ausreicht (*S/S-Lenckner/Perron* 10; LK-*Gribbohm* 36; *Lackner/Kühl* 6; *Joecks* 13; *Arzt/Weber* 23/50; **aA** SK-*Samson/Günther* 6; *M/B-Nack* 49/43; *Kindhäuser* LPK 25; *Ranft* JuS **88**, 678; *Bernsau* [1 a] 115; *Meurer,* Kitagawa-FS 982; vgl. auch *Otto* wistra **86**, 152). Eine anderweitige problemlos zu realisierende Ausgleichsmöglichkeit lässt den Schaden entfallen; bloße Bagatellschäden sind, wenn nicht ein (auch stillschweigend durch Duldung mögliches) Einverständnis des Antragsstellers vorliegt, dagegen nicht von vornherein vom Tatbestand ausgenommen (so aber SK-*Samson/Günther* 6; *M/B-Nack* 49/43; *Tröndle* 48. Aufl. 6; wie hier *S/S-Lenckner/Perron* 10; LK-*Gribbohm* 35; missverständlich *Lackner/Kühl* 6); das ergibt sich auch aus Abs. II iVm § 248 a.

19 **4) Subjektiver Tatbestand.** Die Strafbarkeit setzt **Vorsatz** voraus; bedingter Vorsatz genügt hinsichtlich aller Tatbestandsmerkmale (**aA** *Tröndle* 48. Aufl. 8). Zum Missbrauchsvorsatz gehört die Kenntnis einer vertraglichen Beschränkung der Rechtsmacht im Innenverhältnis (oben 15); weiterhin muss der Täter zum Zeitpunkt der Verwendung der Karte zumindest billigend in Kauf nehmen, zum Fälligkeitszeitpunkt zu einem Ausgleich der Forderung nicht in der Lage zu sein. Eine nachträgliche Kenntniserlangung von der nicht ausreichenden Deckung, insb. im Fall der Kreditkartenverwendung, reicht nicht aus; sie begründet auch für sich allein keine Offenbarungspflicht, sondern nur die Pflicht, die Karte nicht weiter einzusetzen. Weiß der Täter, dass er eine ihm gesetzte Belastungsgrenze (Dispositionskredit; Höchstgrenze der Kreditbelastung) überschreitet, so fehlt es nicht am Missbrauchs-, wohl aber am Schädigungsvorsatz, wenn er annimmt, zu einem alsbaldigen Ausgleich der Überziehung in der Lage zu sein; eine nur vage Hoffnung reicht hierfür freilich ebenso wenig wie bei § 263 (*S/S-Lenckner/Perron* 11; LK-*Gribbohm* 45). Für die Anforderungen an den Vorsatz gelten die allgemeinen Regeln. Da das **Einverständnis** des Ausstellers – auch ein mutmaßliches Einverständnis bei ganz geringfügigen Überziehungen oder ein auf Grund mehrfacher Duldung von Überziehungen anzunehmendes konkludent erklärtes Einverständnis – schon den **Tatbestand** des Missbrauchs ausschließt (LK-*Gribbohm* 43), fehlt bei irrtümlicher Annahme der Vorsatz. Einer entsprechenden Einlassung des Täters kann nicht allgemein entgegengehalten werden, dass die Geschäftsbedingungen des Kartenvertrags ein Einverständnis mit Überziehungen regelmäßig ausschließen, denn der tatsächliche Wille des Ausstellers im Einzelfall kann hiervon abweichen, und für die Frage, ob der Täter sich im Tatbestandsirrtum befand, kommt es nicht darauf an, ob er dies „durfte"; vielmehr handelt es sich um eine **Beweisfrage.** Ein Irrtum wird sich – auch im Hinblick auf die verbreitete Praxis von Banken, Überziehungen weit über einen alsbald rückführbaren Rahmen hinaus zu dulden und den Kontoausgleich durch Ratenkreditverträge anzubieten – jedenfalls bei offensichtlich missbräuchlicher Kartenverwendung (**zB** Einsatz der Karte zu zahlreichen Geschäften mit hohen Entgeltssummen binnen kurzer Zeit) oder bei Verstoß gegen ein ausdrückliches Verbot weiterer Verwendung ohne weiteres ausschließen lassen.

20 **5) Vollendung.** Die Tat ist mit dem Eintritt des Schadens vollendet und idR auch beendet iS von § 78 a. Der **Versuch** ist nicht strafbar. Die vom Gesetzgeber

des 2. WiKG verworfene Annahme von BGH **24**, 386, der Missbrauch von Scheckkarten erfülle grds den Tatbestand des § 263, müsste zur (verfehlten) Anwendung von § 263 II auf den nicht strafbaren Versuch des § 266 b führen. Dem steht jedoch nach allg. Ansicht der Charakter des § 266 b als **spezielle,** abschließende Norm entgegen (NStZ **87**, 120; KG JR **87**, 257; Hamm MDR **87**, 514; Stuttgart NJW **88**, 981 f.; *Lackner/Kühl* 9; *S/S-Lenckner/Perron* 12; LK-*Gribbohm* 48). Nach hier vertretener Ansicht schließen sich § 263 und § 266 b schon **tatbestandlich** aus (vgl. oben 7, 10); auf eine „Sperrwirkung" kommt es daher weder bei straflosen Missbrauchshandlungen nach § 266 b noch bei tatbestandlichen Überschneidungen an (vgl. auch unten 23 f.). Versucht etwa der Täter durch ausdrückliche **Täuschung** (**zB** über seine alsbaldige Ausgleichsfähigkeit) ein (schadensbegründendes) Einverständnis des Ausstellers mit einer Überziehung zu erreichen, so besteht kein Anlass, aus § 266 b eine Sperrwirkung hinsichtlich des Betrugsversuchs abzuleiten, nur weil dieser sich auf den Einsatz einer Scheckkarte bezieht. Die verbreitete Formulierung, dass § 266 b als Sonderregelung stets dann vorgehe, wenn die (vollendete oder versuchte) Tat „zugleich" den Tatbestand des § 263 oder § 266 verwirklicht (vgl. *Joecks* 17; *Arzt/Weber* 23/53; *M/Schroeder/Maiwald* 45/81; ähnl. *Kindhäuser* LPK 30; vgl. auch NStZ **87**, 120), erscheint daher insoweit missverständlich.

6) Täterschaft und Teilnahme. Die Tat ist ein **Sonderdelikt** (BT-Drs. 10/5058, 32; NStZ **92**, 279; Stuttgart NJW **88**, 981 f.; *Lackner/Kühl* 2; *S/S-Lenckner/Perron* 7; LK-*Gribbohm* 4); **für Teilnehmer gilt § 28 I** (hM; LK-*Gribbohm* 46; *Lackner/Kühl* 2; *Arzt/Weber* 23/51; **aA** *S/S-Lenckner/Perron* 13). Die Verwendung von Scheck- und Kreditkarten durch **Nichtberechtigte** unterfällt idR § 263, ggf § 263 a (dort 12 f.). Bei kollusivem Zusammenwirken zwischen Karteninhaber und Zahlungsannehmer (Vertragsunternehmen) liegt idR eine (konkludente) Täuschung des Ausstellers über die Voraussetzungen der Zahlungspflicht und daher nicht § 266 b, sondern § 263 vor (*Ranft* JuS **88**, 678; *S/S-Lenckner/Perron* 13; LK-*Gribbohm* 9 b; vgl. oben 15). 21

7) Rechtsfolge. Der **Strafrahmen** des § 266 b ist gegenüber §§ 263, 266 gemildert (krit. *M/Schroeder/Maiwald* 45/74; *Kindhäuser* LPK 12; vgl. oben 10). Nach **Abs. II** ist bei geringem Schaden entspr. § 248 a ein **Strafantrag** erforderlich; in der Praxis ist die Verfolgung der Tat unabhängig von der Schadenshöhe regelmäßig von einer Strafanzeige des Ausstellers abhängig (*Arzt/Weber* 23/52). 22

8) Konkurrenzen. Nur auf der Grundlage der BGH **24**, 386 folgenden Ansicht, der *Scheck*kartenmissbrauch sei grds durch § 263 erfasst, und bei Ablehnung der von BGH **33**, 244 festgestellten Straflosigkeit des *Kredit*kartenmissbrauchs nach § 263 und § 266 (Nw. zum Streitstand vor dem 2. WiKG vgl. 42. Aufl. 6 a) kann es insoweit zu Konkurrenzfragen kommen. Für die **Abgrenzung** der Tatbestände spielt dagegen die Feststellung, § 266 b sei die gegenüber § 263 und § 266 **speziellere** Norm (NStZ **87**, 120; wistra **87**, 136; KG JR **87**, 257; Hamm MDR **87**, 514; Stuttgart NJW **88**, 982; hM; ähnlich *Weber* NStZ **86**, 484; JZ **87**, 216 [Sperrwirkung]; **aA** *Granderath* DB **86**, Beil. 18, 10 [Tateinheit]), keine Rolle (vgl. *S/S-Lenckner/Perron* 14; *M/Schroeder/Maiwald* 45/74, 81); wenn die missbräuchliche Verwendung von Karten im Garantie-Bereich – wie hier – weder als von § 263 noch von § 266 erfasst angesehen wird, treten Konkurrenzprobleme insoweit nicht auf (zum Versuch vgl. oben 20). 23

Wenn die **Überlassung der Karte durch Täuschung** über die Vermögensverhältnisse **erreicht** und hierdurch zumindest ein Gefährdungsschaden iS von § 263 verursacht wurde (BGH **33**, 244, 246; **47**, 160, 170; vgl. StV **92**, 54; wistra **93**, 183; krit. *Bringewat* NStZ **85**, 535 f.; *Labsch* NJW **86**, 104 f.; *Ranft* JuS **88**, 680; Jura **92**, 69), so ist das Verhältnis des Betrugs zu § 266 b umstritten: teilweise wird **Tatmehrheit** angenommen (*Lackner/Kühl* 9; SK-*Samson/Günther* 8; *Kindhäuser* LPK 31; *Arzt/Weber* 23/54; *Bernsau* [1 a] 133). Aus dem Charakter des § 266 b als „speziellerer Norm" (vgl. oben) wird nach **aA** in der Literatur abgeleitet, § 263 sei gegenüber dem späteren Missbrauch der betrügerisch erlangten (oder behaltenen; vgl. BGH **33**, 246 f.) Karte **mitbestrafte Vortat** (*Mitsch* JZ **94**, 886; LK-*Gribbohm* 55; dagegen zutr. *A/W-Hellmann* 24 VI/45); schließlich wird § 266 b als gegenüber dem Betrug **mitbestrafte Nachtat** angesehen (*Küpper* NStZ **88**, 61; *Schlüchter,* Zweites WiKG, 117; *S/S-Lenckner/Perron* 14). Die letztgenannte Ansicht liegt dann nahe, wenn schon bei der betrügerischen Erlangung der Karte ein hinreichend **konkretisierter Vorsatz** hinsichtlich einer be- 24 stimmten missbräuchlichen Verwendung besteht, denn durch diese wird der schon vorliegende Gefährdungsschaden nur realisiert, nicht aber ein selbstständiger Schaden verursacht oder ein neues („überindividuelles") Rechtsgut verletzt (oben 2). Der **BGH** hat in Fällen des von vornherein geplanten Einsatzes einer betrügerisch erlangten Karte **Tateinheit** zwischen § 263 und § 266b angenommen (BGH **47**, 160, 169f.). Freilich kann aus täuschenden Angaben über Vermögensverhältnisse bei der Beantragung einer Karte nicht schon regelmäßig auf die Absicht späterer missbräuchlicher Verwendung geschlossen werden. Für die **Praxis** der Strafverfolgung spielen durchweg nur offensichtliche Fälle eine Rolle; Strafanzeigen wegen „Vermögensgefährdung" bei Kartenüberlassung gegen Kunden, die fällige Forderungen trotz schlechter Vermögenslage begleichen, werden nicht erstattet.

25 Wenn die Karte (erfolgreich oder erfolglos) über die vom Aussteller garantierte Höchstsumme hinaus, dh täuschend eingesetzt wird, so liegt zugleich Kartenmissbrauch gegenüber dem Aussteller und (in Höhe des übersteigenden Betrags) Betrug gegenüber dem Schecknehmer vor. §§ 263 und 266b stehen in **Tateinheit** (ebenso LK-*Gribbohm* 41, 60; *S/S-Lenckner/Perron* 14; *Steinhilper* NJW **85**, 302). Entsprechendes gilt bei Überschreitung eines dem Vertragsunternehmen bekannten Kreditkartenlimits (LK-*Gribbohm* 41); dagegen liegt bei einer durch Täuschung erreichten Genehmigung der Überschreitung im Einzelfall nur Betrug zu Lasten des Ausstellers vor (*Bernsau* [1a] 127f.; **aA** *Gribbohm* aaO).

Dreiundzwanzigster Abschnitt

Urkundenfälschung

Vorbemerkung

Urkundenfälschung

267 **I Wer zur Täuschung im Rechtsverkehr eine unechte Urkunde herstellt, eine echte Urkunde verfälscht oder eine unechte oder verfälschte Urkunde gebraucht, wird mit Freiheitsstrafe bis zu fünf Jahren oder mit Geldstrafe bestraft.**

II Der Versuch ist strafbar.

III In besonders schweren Fällen ist die Strafe Freiheitsstrafe von sechs Monaten bis zu zehn Jahren. Ein besonders schwerer Fall liegt in der Regel vor, wenn der Täter

1. **gewerbsmäßig oder als Mitglied einer Bande handelt, die sich zur fortgesetzten Begehung von Betrug oder Urkundenfälschung verbunden hat,**
2. **einen Vermögensverlust großen Ausmaßes herbeiführt,**
3. **durch eine große Zahl von unechten oder verfälschten Urkunden die Sicherheit des Rechtsverkehrs erheblich gefährdet oder**
4. **seine Befugnisse oder seine Stellung als Amtsträger missbraucht.**

IV Mit Freiheitsstrafe von einem Jahr bis zu zehn Jahren, in minder schweren Fällen mit Freiheitsstrafe von sechs Monaten bis zu fünf Jahren wird bestraft, wer die Urkundenfälschung als Mitglied einer Bande, die sich zur fortgesetzten Begehung von Straftaten nach den §§ 263 bis 264 oder 267 bis 269 verbunden hat, gewerbsmäßig begeht.

1) Die Vorschrift (idF der VO v. 29. 5. 1943 iVm Art. 19 Nr. 139 EGStGB) ist durch Art. 1 Nr. 63 des 6. StrRG (2f. vor § 174) erweitert und auch in ihrer Schutzrichtung geändert worden. Abs. III enthält Regelbeispiele für besonders schwere Fälle, der neu angefügte Abs. IV einen Qualifikationstatbestand. **Rechtsgut** ist vor allem die Sicherheit und Zuverlässigkeit des Rechtsverkehrs (BGH **2**, 52; **9**, 45; Saarbrücken NJW **75**, 659; KG wistra **84**, 235; hierzu *Samson* JuS **70**, 370; *Sieber* 268; krit. NK-*Puppe* 1; *Rheineck* [1 a] 112; *Freund* JuS **93**, 731; *Jakobs*, Küper-FS [2007] 225, 233 ff.). Von *Kienapfel* (Urkunden II, 119, 163; vgl. auch Jura **83**, 186 sowie WienK vor und zu § 223) ist im Rahmen eines differenzierten Gewährschaftsträgerprinzips die „Institution der Urkunde" als Rechtsgut herausgearbeitet worden (ausf. auch NK-*Puppe* 2 ff.). Durch die Einfügung von Abs. III Nr. 1 und 2, die die beabsichtigte oder erfolgte Verursachung hoher Vermögensschäden als Regelbeispiele besonders schwerer Schuld beschreiben, ist § 267 aber durch das 6. StrRG auch zum **Vermögensdelikt** geworden (**aA** LK-*Gribbohm* 7 vor § 267). Man wird daher, anders als zu § 267 aF (BGHZ **100**, 13), § 267 auch als Schutzgesetz iS des § 823 II BGB anzusehen haben. § 267 ist insoweit abstraktes Gefährdungsdelikt, in III Nr. 2 Erfolgsdelikt. 1

Gesetzgebung: Vorschlag zur Änderung von III S. 2 Nr. 4 im GesE eines ZweitenKorrbekG (BR-Drs. 548/07; Abdruck im **Anhang unter Nr. 23 b**).

Neueres Schrifttum (Auswahl): *Bettendorf,* Der Irrtum bei den Urkundendelikten, 1997 (Diss. Mainz 1994); *Ennuschat,* Der Einfluß des Zivilrechts auf die strafrechtliche Begriffsbestimmung am Beispiel der Urkundenfälschung, 1998 [Diss. Bochum 1997]; *Erb,* Urkunde u. Fotokopie, GA **98**, 571; *Freund,* Urkundenstraftaten, 1996 u. JuS **93**, 731, 1016, **94**, 30, 125, 305; *Geppert,* Zum Verhältnis der Urkundendelikte untereinander (usw.), Jura **88**, 158; *Grimm,* Die Problematik der Urkundenqualität von Fotokopien, 1993 (Diss. Heidelberg); *Gustafsson,* Die scheinbare Urkunde, 1993 [Bespr. *Zielinski* wistra **94**, 338]; *Heinrich,* Missbrauch gescannter Unterschriften als Urkundenfälschung, CR **97**, 622; *H. J. Hirsch,* Tröndle-FS 31; *Jakobs,* Urkundenfälschung – Revision eines Täuschungsdelikts, 2000; *ders.*, Bemerkungen zur Urkundenfälschung, Küper-FS (2007) 225; *Kargl,* Urkundenfälschung durch den Aussteller, JA **03**, 604; *Kienapfel,* Urkunden im Strafrecht, 1967 (zit. Urkunden I); *ders.,* Urkunden u. andere 1 a

Gewährschaftsträger, 1979 (zit. Urkunden II); *ders.*, Das neue liechtensteinische Urkunden- u. Beweiszeichenstrafrecht, Tröndle-FS 817 [rechtsvergleichend] u. SchweizZSt. **81**, 25; *Löffler,* Künstlersignatur u. Kunstfälschung, NJW **93**, 1421; *Mätzke,* Die Sanktionslosigkeit von Manipulationen belastender Vermerke in amtlichen Ausweisen, MDR **96**, 19; *Meurer,* Urkundenfälschung durch Verwendung des eigenen Namens, NJW **95**, 1655; *Mosiek,* Das Bestandteilsprinzip im Urkundenstrafrecht, 1972; *Otto,* Die Probleme der Urkundenfälschung (§ 267 StGB) in der neueren Rechtsprechung u. Lehre, JuS **87**, 761; *Pommerenke,* Ist die Kreditkarte einer Bank eine Gesamturkunde?, wistra **96**, 212; *Puppe,* Die neue Rechtsprechung zu den Fälschungsdelikten; JZ **86**, 938; *dies.*, Die neue Rechtsprechung zu den Fälschungsdelikten, JZ **97**, 490; *dies.*, Urkundenschutz im Computerzeitalter, BGH-FG (2000), 569; *Rheineck,* Fälschungsbegriff u. Geistigkeitstheorie, 1979; *Samson,* Urkunden u. Beweiszeichen, 1968; *Schilling,* Reform der Urkundenverbrechen, 1971; *Schroeder,* Urkundenfälschung mit Auslandsberührung, NJW **90**, 1406; *ders.*, Urkundenstraftaten an entwerteten Fahrkarten, JuS **91**, 301; *Sieg,* Zur Strafbarkeit der Änderung von Betriebsratsprotokollen, Weber-FS (2004) 347; *Steinmetz,* Der Echtheitsbegriff im Tatbestand der Urkundenfälschung (§ 267), 1990 [Bespr. *Geerds* GA **92**, 583]; *Welp,* Stree/Wessels-FS 511; *Zielinski* wistra **94**, 1 [Urkundenfälschung durch den vollmachtlosen Vertreter]; *ders.*, Urkundenfälschung durch Telefax, CR **95**, 286; *ders.*, Urkundenfälschung durch Computer, Kaufmann-GedS 605. **Rechtsprechungsübersicht:** NStZ **05**, 370.

2 **2) Urkunde** ist die verkörperte (dh mit einer Sache fest verbundene), allgemein oder für Eingeweihte verständliche, menschliche Gedankenerklärung, die geeignet und bestimmt ist, im Rechtsverkehr Beweis zu erbringen, und ihren Aussteller (den Erklärenden) erkennen lässt (BGH **3**, 85; **4**, 285; **13**, 239; **16**, 96; **18**, 66; *S/S-Cramer/Heine* 2; *W/Hettinger* 790; abw. zB *M/Schroeder/Maiwald* 65/13; *Samson* JuS **70**, 372; JA **79**, 528; *Kienapfel,* Urkunden I 218, 349; GA **70**, 213; JZ **72**, 394; Urkunden II 3, 205; *ders.*, Maurach-FS 431; *Jakobs* [1 a] 51; zweifelnd zur Funktionsfähigkeit des Begriffs *Jakobs*, Küper-FS [2007] 225 ff.). Aussteller der Urkunde ist der geistige Urheber (BGH **13**, 385; Hamm NJW **73**, 634; LK-*Gribbohm* 28 ff.; *Puppe* Jura **79**, 637 u. NK 60; *Steinmetz* [1 a] 26 ff.; *Zielinski* wistra **94**, 3).

3 **A.** Die **Erklärung eines menschlichen Gedankens** muss die Urkunde enthalten. Vom Augenscheinsobjekt unterscheidet sich die Urkunde dadurch, dass in ihr menschliche Gedanken verkörpert sind; sie erklärt etwas, was über ihr körperliches Dasein hinausgeht. Das gilt auch für nach Diktat geschriebene Rechtschreibungs-Klassenarbeiten in der Schule (BGH **17**, 297). Auch Erklärungen auf Druckerzeugnissen (Ausdrucken) eines *Computers* sind, soweit sie sich eine Person oder Behörde zu eigen macht, Urkunden (*Sieber* JZ **77**, 412 und insbesondere *Sieber* 276 ff.; 290; 2/20 mwN; *Puppe* Jura **79**, 636; *Winkelbauer* CR **85**, 42; *M/Schroeder/Maiwald* 65/18; 1 zu § 269). Im Einzelfall kann die Abgrenzung von Gedankenerklärungen zu **Unterscheidungszeichen** (unten 5) schwierig sein; es kommt auf den Bedeutungsgehalt des Zeichens an. So haben die **Blattziffern einer Akte** idR nicht den Erklärungsgehalt, die einzelnen Blätter seien in bestimmter Reihenfolge eingegangen oder zu den Akten genommen worden (NStZ **97**, 376); auch ein Aussteller ist hier idR nicht erkennbar. Kommt es auf die Reihenfolge der Blattheftung an und ist diese von einem bestimmten Aussteller in besonderer Weise kenntlich gemacht (Seitenzahlen mit Namenszeichen, Fadenheftung mit Siegelung o. ä.), so unterfällt aber auch die Paginierung dem Urkundenbegriff. Auf Schriftstücke allein ist der Begriff nicht beschränkt; vgl. aber oben 1.

4 **a) Beweiszeichen** sind nach der hRspr in den Urkundenbegriff einbezogene Zeichen, die nach Gesetz, Herkommen oder Vereinbarung der Beteiligten erkennbar eine Gedankenäußerung des Urhebers darstellen, bestimmt und geeignet sind, für sich oder mit Hilfe anderer Auslegungsmittel Beweis im Rechtsverkehr zu erbringen (BGH **2**, 370, unten 8 ff.), und mit einem Gegenstand fest verbunden *sind (Köln OLGSt. 22)*. **Beispiele:** Eichzeichen; Prägezeichen; Ohrenmarken bei Tieren; Stempel des Fleischbeschauers; der Korkbrand „Erzeugerabfüllung" mit Namensangabe iVm der Flasche Wein (BGH **9**, 238), das Künstlerzeichen des Malers (RG **34**, 53; **56**, 355; Frankfurt NJW **70**, 673; *Lampe,* Ufita **78**, 19; *Wür-*

tenberger HWiStR „Kunstwerkfälschung" mwN); uU auch Verschlussplomben, wenn sie über die Sicherung hinaus eine Gedankenerklärung bekunden (RG **50**, 191; **64**, 48; krit. *Kienapfel* Urkunden II 151, 210; ÖJZ **84**, 85; **aA** SK-*Hoyer* 17; *Puppe* Jura **80**, 21); Preisauszeichnungen an Waren (Hamm NJW **68**, 1894); kundenbezogene Kontrollnummern über die Verpackung von Markenwaren (*Tiedemann* Markenartikel **87**, 413); „Gema"-Aufdruck bei Tonträgern (*Sternberg-Lieben* NJW **85**, 2123); das amtliche **Kennzeichenschild** des Kraftfahrzeuges, das die Erklärung enthält, dass das Fahrzeug für den im Fahrzeugregister eingetragenen Halter zum öffentlichen Verkehr zugelassen ist (NJW **00**, 229; Stuttgart NStZ-RR **01**, 379); es bildet zusammen mit dem Dienststempel der Zulassungsbehörde und dem Fahrzeug eine zusammengesetzte Urkunde (BGH **11**, 165; **16**, 94; **18**, 70; **45** 197). Bei ungestempelten oder entstempelten Kennzeichenschildern ist daher nur § 22 StVG gegeben (BGH **11**, 167; **18**, 66; NJW **89**, 3104; 1 StR 279/91, ebenso bei der unberechtigten Verwendung roter Kennzeichen nach § 28 StVZO, BGH **34**, 376, hierzu *Puppe* JZ **91**, 447; vgl. auch *Grohmann* DAR **01**, 57 f.). Urkunden sind auch die Prüfplakette nach § 29 StVZO (BGH **26**, 9; Bay NJW **66**, 748), allerdings nur iVm der korrespondierenden Eintragung im Kraftfahrzeugschein (Celle NZV **91**, 319); die Fahrgestellnummer (BGH **9**, 235; **16**, 98); die Motornummer (NJW **55**, 876); das Versicherungskennzeichen an einem Kleinkraftrad (Bay JR **77**, 467 [abl. Anm. *Kienapfel*]; Koblenz VRS **60**, 437 [hierzu *Puppe* JZ **86**, 940]); Typenschilder (BGH VRS **5**, 135); Entwertungsstempel auf einem Fahrausweis (*Puppe* JR **83**, 430, hierzu *Schroeder* JuS **91**, 301). Voraussetzung der Urkundenqualität eines Kfz-Kennzeichens mit (nachgemachter) Stempelplakette der Kfz-Zulassungsstelle ist, dass der Stempelaufdruck den wesentlichen Formerfordernissen des § 23 IV S. 2 StVZO entspricht (Stuttgart NStZ-RR **01**, 370 [nicht bei Fehlen des Namens der Zulassungsstelle]). Das **Kfz-Kennzeichen** enthält nicht die beweisbestimmte Erklärung, dass es zukünftig uneingeschränkt **ablesbar** sei (BGH **45**, 197 m. Anm. *Krack* NStZ **00**, 423 und *Kudlich* JZ **00**, 426; vgl. unten 19). Ein **Verkehrsschild** (Zeichen 274: Geschwindigkeitsbeschränkung) hat Köln NJW **99**, 1042 (m. abl. Anm. *Wrage* NStZ **00**, 32) als dem Erklärenden nicht hinreichend zurechenbar angesehen (zw.).

Keine Urkunden sind **aa)** bloße **Kenn- und Unterscheidungszeichen** (auch Erkennungs-, Identitäts-, Merk-, Aufzählungs- oder Kontrollzeichen genannt), die lediglich Ordnungs- oder Unterscheidungsaufgaben dienen oder ihre Herkunft angeben (RG **58**, 17; *Puppe* Jura **80**, 19 u. NK 34), **zB** Warenkennzeichen, Garderobennummern, Ziffern von Holzhaufen (MDR/D **58**, 140; vgl. aber auch zu 7); Firmenaufdrucke zu Werbezwecken (BGH **2**, 370; vgl. aber hierzu *Samson* JA **79**, 529); Plomben, wenn die Voraussetzungen von 4 fehlen; Diktatzeichen einer Schreibkraft (MDR/H **79**, 806). Die Abgrenzung zu den Beweiszeichen ist jedenfalls praktisch zw. (LK-*Gribbohm* 93; SK-*Hoyer* 17 ff.); 5

bb) Wertzeichen, obwohl sie zur Herstellung einer Urkunde dienen können (so bezüglich Gerichtsmarken, RG **59**, 326); **zB** nicht Post-, Beitrags- und Steuermarken, da sie keine urkundliche Beweiskraft haben, sondern ihrem Wesen nach nur Zahlungsmittel sind (KG OLGSt. 1 zu § 259; RG **62**, 204); ebenso wenig Rabattmarken (Bay NJW **80**, 196 m. Anm. *Kienapfel* JR **80**, 123; *Puppe* JZ **86**, 939 u. NK 35); **cc) technische Aufzeichnungen** (§ 268 II) und **Daten** (§ 202 a II), da sie keine Gedankenerklärung enthalten (sie werden ggf. durch §§ 268, 274 I Nr. 1 und durch §§ 202 a, 269, 274 I Nr. 2, §§ 303 a, 303 b geschützt; vgl. aber oben 3), und bloße **Augenscheinsobjekte** (oben 3). 6

b) Erklärung und Erklärender müssen aus der Urkunde **erkennbar** sein (vgl. LK-*Gribbohm* 44), mindestens für Beteiligte und Eingeweihte (BGH **5**, 79; **13**, 235; 384; GA **63**, 16; § 268 II). Ist das Verständnis lediglich unter Zuhilfenahme von Umständen, die völlig außerhalb der Urkunde liegen, möglich, so ist eine Urkunde nicht gegeben; zB bei *offener* (keine Urheberangabe) oder verdeckter (Allerweltsname mit ersichtlich fehlender Individualisierungsfunktion; Zeichnung 7 mit – fiktiven – Initialen; Verwendung des als solcher erkennbaren Namens prominenter Personen; Spitzname) **Anonymität** (vgl. *Kindhäuser* LPK 8). Hierbei kommt es auf den Empfängerhorizont an; so macht die Verwendung eines Spitznamens gegenüber Bekannten eine Erklärung nicht anonym; ebenso wenig die Unterzeichnung mit einer Paraphe, wenn die Bedeutung des Namenszeichens dem Adressaten bekannt oder leicht ermittelbar ist. Es können Gesetz, Herkommen oder Vereinbarung den gedanklichen Inhalt der Urkunde und ihren Aussteller erkennbar machen, mindestens für die zunächst Beteiligten (RG **40**, 218). **Beispiele:** der Eichstempel der Waage (RG **56**, 355); die Fahrkarte (RG **20**, 7), die *Scheckkarte* (*Steinhilper* Jura **83**, 413; vgl. dazu auch 3 zu § 152a), der Kontrollstreifen einer Registrierkasse (RG **55**, 107), Inventurlisten (BGH **13**, 382), das Inventarverzeichnis einer Handelsfirma (GA **63**, 16), Parkschein mit Standortangabe (Köln NJW **02**, 527 [Bespr. *Hecker* JuS **02**, 224]); *nicht* hingegen der einzelne Stimmzettel in der Wahlurne (BGH **12**, 112; Koblenz NStZ **92**, 134 [hierzu *Geppert* JK 15]; **aA** Stuttgart NJW **54**, 486). Dagegen ist die Gesamtheit aller Stimmzettel im Zusammenhang mit der Wählerliste eine *Gesamturkunde* (unten 13; BGH **12**, 112; Koblenz aaO; str.). Nach Lage des Falles: Waldhammerschlag (MDR/D **58**, 140); die Striche des Wirts auf dem Bierfilz (RG DStrZ **3**, 77); Anschrift auf einem Briefumschlag iVm dem Poststempel (RG **63**, 366); Anschriften auf Paketen (RG **56**, 329); Einschreibebriefe mit Kontrollnummer und Stempel (Bremen NJW **62**, 1455); Markenhefte einer Tauschvereinigung (RG **59**, 38).

8 **B.** Die Urkunde muss **bestimmt und geeignet sein, Beweis zu erbringen** (BGH **4**, 61; 285; **5**, 296; **16**, 96), und zwar über eine Tatsache, die nicht lediglich in der Gedankenäußerung selbst besteht, sondern außerhalb ihrer liegt (BGH **24**, 141; GA **71**, 180).

9 **a) Die Beweisbestimmung** kann die Urkunde von vornherein erhalten, in erster Linie durch den Aussteller (sog. **Absichtsurkunden;** besser: originäre Urkunden). Eine Absichtsurkunde liegt stets vor, wenn sich aus der Erklärung nach dem objektiven Empfängerhorizont der Wille des Erklärenden ergibt, sich rechtserheblich zu äußern (SK-*Hoyer* 40; *Kindhäuser* LPK 12). Doch auch nachträglich kann die Beweisbestimmung der Urkunde gegeben werden (sog. **Zufallsurkunden,** besser: nachträgliche Urkunden; vgl. BGH **3**, 82 [behördeninterner Vermerk]; **13**, 235, 238 [Bezugsberechtigungsschein]; **13**, 382, 385f. [Inventurliste]; **17**, 297, 299 [Klassenarbeit]; krit. NK-*Puppe* 9ff.), so durch einen nach außen erkennbaren Akt des Ausstellers oder eines dritten Besitzers der Urkunde; auch durch Berufung auf die im Besitz Dritter befindliche Urkunde, vor allem im Prozess, kann genügen (zw. bei privaten Notizen, vgl. BGH **3**, 85; gegen die Bedeutung der Unterscheidung für § 267 *S/S-Cramer/Heine* 15; SK-*Hoyer* 38ff.; NK-*Puppe* 13ff.; *Puppe* Jura **79**, 633; *W/Hettinger* 797). So können höchstpersönliche Briefe im Scheidungsprozess zu Urkunden werden (BGH **13**, 235; str.). Die Urkunde muss nicht gerade für den Beweis bestimmt sein, für den sie nachher erheblich ist; die Beweisbestimmung kann sich ändern oder nachträglich wieder wegfallen, so bei historischen Urkunden (vgl. BGH **3**, 85; **4**, 284).

10 **b)** Die **Eignung** zum Beweis einer Tatsache gehört nach hM ebenfalls zum Urkundenbegriff; also die objektive **Beweisfähigkeit** (RG **66**, 366; **67**, 119; *S/S-Cramer/Heine* 9; *W/Hettinger* 795; krit. *Kienapfel* GA **70**, 209; LK-*Gribbohm* 79; SK-*Hoyer* 30). Zur Beweisfähigkeit genügt die **Eignung,** auf die Bildung einer Überzeugung mitbestimmend einzuwirken (RG **53**, 109; **57**, 75; Saarbrücken NJW **75**, 659). So bietet der Namenszug eines Künstlers auf einem Bild den Beweis dafür, dass der Künstler das Bild als sein Werk anerkennt (vgl. *Löffler* NJW **93**, 1421). Das Gleiche gilt für ein Künstlerzeichen (RG **56**, 358), aber wohl nicht für *Autogramme, da sie nichts* außerhalb ihrer selbst Liegendes beweisen (zweifelnd *Kindhäuser* LPK 9); nach Bay NStZ-RR **98**, 331 [m. abl. Anm. *Schäfer* NStZ **99**, 191] auch nicht für Parkberechtigungs-Scheine, in welche die Genehmigungsnummer und der Name des Berechtigten nicht (wie vorgesehen) eingetragen sind.

Als beweisgeeignet sind **zB** angesehen worden: Absendervermerk auf einer Postpaketadresse (RG **55**, 269); Expressgutkarte und Paketanhänger (MDR/D **75**, 544); Prämienkarten einer Versicherung (2 StR 612/71); Angaben über das Kfz-Kennzeichen in einer Genehmigungsurkunde für den internationalen Güterkraftverkehr (Bay NZV **91**, 481); kaufmännische Briefausgangstagebücher (RG **67**, 245); Preisangaben für Waren nach der PAngV (vgl. BGH **31**, 92); Text einer Mathematik-Klassenarbeit (AG Pfaffenhofen NStZ-RR **04**, 170).

3) Sonderfälle. A. Bloße **Entwürfe** einer Urkunde unterfallen § 267 nicht, da der Aussteller eine Erklärung noch nicht abgegeben hat, sondern erst abgeben will (RG **11**, 259; vgl. auch BGH **3**, 85). Eine Urkunde liegt vor, wenn sie nach dem Willen des Ausstellers zur Abgabe in den Verkehr fertig gestellt ist (RG **64**, 136). **Protokolle** gewinnen Urkundenqualität, sobald sie von der für den Inhalt verantwortlichen Person abgeschlossen (idR unterschrieben) sind und Beweisbestimmung erlangen (vgl. *Sieg*, Weber-FS [2004] 347, 359). Nach Frankfurt NStZ **07**, 407 ist die von einem Notar aufgenommene Niederschrift über die Hautversammlung einer AG fertig gestellt, sobald die Urkundsperson sie unterschieben hat (str.). Ob ein Schriftstück **unterschrieben** ist, ist grds unerheblich; ist nach den Umständen mit einer Unterschriftsleistung zu rechnen, so kann das Vorliegen einer Unterschrift freilich indiziell für die Fertigstellung der Urkunde sein, ihr Fehlen indiziell dafür, dass bislang nur ein Entwurf vorliegt. Dem bloßen Entwurf ähnelt der Fall, dass der Aussteller bei der Ausstellung einen Erklärungswillen überhaupt nicht (auch nicht für die Zukunft) hat, etwa bei Schreibübungen. **Formblätter** sind vor Ausfüllung keine Urkunden, so nicht unterschriebene Vordrucke für Bezugskarten (BGH **13**, 235), Ablieferungsscheine (Rückscheine) der Post (Bremen NJW **62**, 1455) oder Führerscheinformulare (MDR/H **78**, 625), Vordrucke von Zahlungskarten (vgl. § 152 a). Zur Blankettfälschung unten 22. 11

B. Die Abschrift ist idR keine Urkunde, da sie die Erklärung selbst nicht enthält und daher nicht beweiskräftig ist (BGH **1**, 17), *anders* bei **Durchschriften** (SK-*Hoyer* 23) oder solchen Abschriften (RG **46**, 290; **60**, 187; BGH **2**, 38; *Geppert* Jura **90**, 271), die nach maßgeblichen Vorschriften das Original vertreten (*Kienapfel* Urkunden II 8). Wer sie falsch anfertigt, verfälscht also an ihnen das Original (BGH **2**, 35; **24**, 140). Stellt jedoch der Aussteller des Originals eine angebliche Durchschrift mit einem vom Original abweichenden Inhalt her, so ist das nur eine schriftliche Lüge (Hamm NJW **73**, 1809; BGH **2**, 38). 12

Die **beglaubigte Abschrift** ist idR keine Urkunde, kann es aber sein, wenn sie an die Stelle der Urschrift treten soll (RG **59**, 15). Wer eine Urkunde fälschlich als Abschrift einer anderen ausgibt, begeht keine Urkundenfälschung, auch wenn die unechte Abschrift einen echten Beglaubigungsvermerk trägt (BGH **1**, 118); anders, wenn er die Abschrift als Original ausgibt. Urkunde ist die Abschrift dann, wenn sie einen Originalvermerk enthält (vgl. *Geppert* Jura **90**, 272). 12 a

C. Eine **Fotokopie** ist nach der Rspr. und hM keine Urkunde, wenn sie nach außen *als Reproduktion* erscheint (BGH **5**, 291, 293; **24**, 140; MDR/H **76**, 813; wistra **93**, 225; StV **94**, 18; Stuttgart MDR **87**, 253; NStZ **07**, 158 f.; Köln StV **87**, 297; Bay NJW **92**, 3311 [m. Anm. *R. Keller* JR **93**, 300 u. *Mitsch* NStZ **94**, 88; *Otto* JK 16; krit. *Freund* JuS **93**, 1022]; NStZ **94**, 88; Düsseldorf NJW **01**, 167 f. [Anm. *Erb* NStZ **01**, 317; *Puppe* NStZ **01**, 482; *Wohlers* JR **01**, 83; *Freund* StV **01**, 234]; SK-*Hoyer* 22; *D. Meyer* MDR **73**, 9; *Puppe* Jura **79**, 635, JZ **91**, 448; BGH-FG 569, 573 ff. NK 20 ff., 47 f.; vgl. auch *Hefendehl* Jura **92**, 375; *Erb* GA **98**, 577, 591; *Welp*, Stree/Wessels-FS 511; *Grimm* [1 a]; **aA** *Schröder* JR **65**, 232; **71**, 469; *Freund* JuS **91**, 723 ff.; **93**, 1016, 1022; *Mitsch* NStZ **94**, 89). Das Vorlegen der Kopie einer falschen Urkunde kann dann aber **Gebrauchen** der gefälschten Urkunde sein (unten 24; *Kienapfel* NJW **71**, 1781); Voraussetzung ist in diesem Fall, dass überhaupt jemals eine (falsche) Urkunde vorgelegen hat. Wird eine Fotokopie von einer Vorlage gefertigt, die nur aus lose übereinander gelegten Teilen besteht, so fehlt es an einer Urkunde (NStZ **03**, 543 f.; vgl. *Wohlers* JR **01**, 83; krit. *Freund* 12 b

StV **01**, 234, 235 f.; jew. mwN). Auch die **Beglaubigung** der Kopie einer Fälschung macht die Fotokopie nicht zur Urkunde, denn sie bestätigt nur die Übereinstimmung mit dem Original, nicht die inhaltliche Richtigkeit (StV **01**, 624).

12 c Eine *Urkunde* liegt dagegen vor, wenn eine im Wege der Fotokopie hergestellte Reproduktion nach außen **als Original erscheinen** soll (Bay NJW **89**, 2553 [Anm. *Lampe* StV **89**, 207; *Zaczyk* NJW **89**, 2515; *Otto* JK 11]; **90**, 1677; **90**, 3221; Dresden wistra **01**, 360; Köln StV **87**, 297; Saarbrücken NJW **82**, 2268; Stuttgart NJW **07**, 2869 f.; Nürnberg StV **07**, 133, 134 [Farbkopie eines Rezepts]; LG Paderborn NJW **89**, 179; **aA** *Keller* JR **93**, 300; vgl. auch *Lampe* StV **89**, 207; *Geppert* Jura **90**, 273). Auf die technische *Qualität* der Fotokopie und den Grad der Erkennbarkeit der Fälschung kommt es in diesem Fall nicht an (zutr. Stuttgart NJW **07**, 2869, 2870).

12 d Diese Regeln gelten auch für **Telefaxschreiben** (Zweibrücken NJW **98**, 2918 [m. Bespr. *Beckemper* JuS **00**, 123]; and. *S/S-Cramer/Heine* 43; SK-*Hoyer* 21; *Freund* [1 a] 127; *Hardtung* JuS **98**, 722, die den Empfängerausdruck des Telefax wegen des automatischen Aufdrucks der Absenderangaben einer beglaubigten Kopie gleichsetzen oder als Urkunde ansehen; vgl. auch *Zoller* NJW **93**, 429; *Zielinski* CR **95**, 286, 291; *Freund* [1 a; 1996] 127 mwN). Entsprechendes gilt für **E-Mail-Ausdrucke** (differenzierend und für einen „neuen", dh IT-spezifischen Authentizitäts-Begriff aber *Puppe*, BGH-FG 569, 579 ff.). Probleme bereitet die Qualifizierung **gescannter** Unterschriften und Dokumente (vgl. auch LK-*Gribbohm* 127 ff.; *Heinrich* CR **97**, 622; *Roßnagel/Wilke* NJW **06**, 2145). Die für Fotokopien geltenden Regeln passen hier nur insoweit, als Schriftstücke, die mit zuvor eingescannten Unterschriften versehen werden, *stets* als Originale erscheinen und daher Urkundenqualität besitzen (vgl. hierzu *Welp* CR **92**, 291, 295; *Heinrich* CR **97**, 622 mwN). **Computerfaxe** mit eingescannter Unterschrift (vgl. dazu BGHZ **144**, 160) sind Urkunden, obgleich beim Absender kein verkörpertes Original verbleibt (LK-*Gribbohm* 128). Die Veränderung eingescannter Urkunden mittels eines *Bild*bearbeitungsprogramms und die Verwendung der so erlangten Teilabdrucke zur drucktechnischen Kombination mit anderen Textteilen ist Herstellen einer unechten Urkunde, wenn durch die Manipulation erstmals der Eindruck einer von einem bestimmten Aussteller herrührenden Gedankenäußerung entsteht (NStZ **99**, 620 [Verwendung gescannter Stempelabdrucke]).

13 **D. Die Gesamturkunde** ist eine auf Rechtssatz, Geschäftsgebrauch oder Vereinbarung beruhende feste und dauerhafte Zusammenfassung mehrerer Einzelurkunden zu einem übergeordneten Ganzen, das einen über die Einzelurkunden hinausgehenden Gedankeninhalt auch in negativer Hinsicht beweisen kann (BGH **4**, 61; NStZ **84**, 74). Die Praxis unterscheidet zwischen Gesamturkunde, **zusammengesetzter** (Verbindung zwischen Urkunde und Bezugsobjekt, LK-*Gribbohm* 96; NK-*Puppe* 55; *Lampe* JR **79**, 215; *Geppert* Jura **88**, 160; *Schroeder* JuS **91**, 302; zB amtliche Kennzeichen nach § 23 StVZO [BGH **18**, 70], Schaublatt von EG-Kontrollgeräten mit Eintragung des Fahrers und Datum der Fahrt [Bay VRS **82**, 348], *nicht* jedoch rote Kennzeichen nach § 28 StVZO [BGH **34**, 376]) und **abhängiger Urkunde** (auf einander zugeordnete, aber selbstständig begreifbare Urkunden, die zT auch als zusammengesetzte Urkunden bezeichnet werden, Nachw. bei LK-*Gribbohm* 98 f.; vgl. Bay NStZ **88**, 316).

14 **a) Fälle dieser Art** sind **zB** die Handelsbücher des Kaufmanns (RG **69**, 398), die Personalakte (Düsseldorf NStZ **81**, 26), die Sparkassenbücher (BGH **19**, 19), das Depotbuch einer Sparkasse (RG **63**, 259), die Wählerliste mit den abgegebenen Stimmzetteln eines Wahlbezirks (BGH **12**, 108; Bay OLGSt. 3 zu § 348; *Greiser* NJW **78**, 927, Briefwahlunterlagen).

15 ***b) Keine Gesamturkunde*** sind zB eine mit dem Lichtbild des Inhabers **durch diesen selbst** zu vereinigende Monatskarte (vgl. RG **65**, 51); der ärztliche Befundbericht mit beigefügter beschrifteter Blutprobe, der auch keine zusammengesetzte Urkunde darstellt (BGH **5**, 75); die Handakten eines Rechtsanwalts (BGH

3, 395); die Kreditakte einer Bank iS des § 18 KWG (*Pommerenke* wistra **96**, 212); ein Überführungskennzeichen zusammen mit dem Auto, an dem es angebracht ist (Stuttgart VRS **47**, 25); ein *Reisepass,* soweit er Einträge unterschiedlicher Herkunft enthält, die jeweils selbstständige Urkunden darstellen und gesonderten strafrechtlichen Schutz genießen (Bay NJW **90**, 264, hierzu *Geppert* JK 14).

E. Der Begriff der **öffentlichen Urkunde** kommt nur noch in den §§ 271, 348 vor, vgl. Anm. dort. 16

4) Tathandlungen sind das **Herstellen** einer unechten Urkunde (20ff.), das **Verfälschen** einer echten Urkunde (19) und das **Gebrauchen** einer unechten oder verfälschten Urkunde (23ff.) jeweils **zur Täuschung** im Rechtsverkehr (26). **Wahlfeststellung** ist zulässig (LK-*Gribbohm* 159). 17

A. Die beiden **Fälschungsalternativen,** von denen das Verfälschen (19) der Sache nach auch ein Herstellen einer unechten Urkunde (20) ist (MDR/D **75**, 23; LK-*Gribbohm* 191), richten sich gegen die **Echtheit** der Urkunde, die darin besteht, dass die Urkunde in der gegenwärtigen Gestalt vom angegebenen Aussteller herrührt oder von der Person, die er *befugterweise* zur Leistung seiner **Unterschrift ermächtigt** hat (krit. *Puppe* Jura **79**, 638 u. NK 76; *Rheineck* [1 a] 60), wofür ein *vermutetes* Einverständnis nicht genügt (Bay NStZ **88**, 313 m. Anm. *Puppe*; and. *Jakobs,* Urkundenfälschung 63ff.). Zulässig ist diese Ermächtigung nur für rechtsgeschäftliche Erklärungen, also nicht für öffentlich-rechtliche Befugnisse. Unzulässig ist sie in den aus dem Gesetz ersichtlichen Fällen, wie beim eigenhändigen Testament oder bei der schriftlichen eidesstattlichen Versicherung; wenn die Ausstellerfunktion wie bei der Fahrereintragung auf der Diagrammscheibe nach der VO (EWG) Nr. 8321/85 untrennbar mit dem Inhalt der Urkunde verbunden ist (Bay NZV **94**, 36); wenn die Unterschrift zur Täuschung über die Person des Ausstellers selbst benutzt werden sollte, zB bei einer Prüfungsarbeit (RG **68**, 240, nicht aber, wenn der Täter einen fremdgefertigten Lösungsvorschlag mit seiner Platznummer versieht und abgibt, Bay NJW **81**, 773; hierzu *Schroeder* JuS **81**, 417; *Puppe* JR **81**, 443 u. JZ **86**, 940; *Otto* JuS **87**, 364; SK-*Hoyer* 60; *Freund* JuS **94**, 31). Eine unechte Urkunde stellt nicht her, wer eine Erklärung unter dem Namen eines Dritten abgibt, der sich diese Erklärung rechtsgeschäftlich zurechnen lassen muss (Düsseldorf NJW **93**, 1872), ebenso wenig, wer mit seinem richtigen Namen ohne Inkassovollmacht für eine Handelsgesellschaft eine im Außenverhältnis wirksame Quittung (§ 56 HGB) ausstellt (MDR/H **92**, 933). Ein rechtsgeschäftlich vereinbarter Ausschluss der Vertretung führt nicht zur Unechtheit der Urkunde, die der Vertretende entgegen dieser Vereinbarung im Einverständnis mit dem Vertretenen mit dessen Namen unterzeichnet (Bay StV **99**, 320). Vgl. zum Einfluss zivilrechtlicher Unwirksamkeitsgründe auf die *Echtheit* der Urkunde i. E. *Ennuschat* [oben 1 a] 22ff., 178ff. 18

Der **unwahre Inhalt** einer Urkunde berührt deren Echtheit nicht (vgl. BGH **9**, 44); es liegt nur eine (grds straflose, vgl. aber §§ 271, 348) **schriftliche Lüge** (hierzu *Samson* JA **79**, 658; *Kargl* JA **03**, 604) vor, so **zB,** wenn jemand eine nicht bestehende Vertretungsmacht vortäuscht (NJW **93**, 2759; hierzu krit. *Zielinski* wistra **94**, 1; *Otto* JK 19); eine fremdgefertigte Prüfungsarbeit abgibt (Bay NJW **81**, 773); wenn Wissenschaftler in den insb. in den Naturwissenschaften üblichen Fällen sog. „Ehrenautorschaft" als (Mit-)Verfasser wissenschaftlicher Beiträge aufgeführt werden, an deren Inhalt sie keinen Anteil haben (**aA** *Jerouschek* GA **99**, 416, 430f.); wenn der zuständige Beamte eine falsche Eintragung auf dem Kraftfahrzeugschein vornimmt (BGH **26**, 9), der (hierzu nicht befugte) Fahrer oder Halter (Karlsruhe DAR **87**, 24) unrichtige Eintragungen nach § 57a II S. 2 StVZO auf dem Schaublatt eines Fahrtenschreibers vornimmt (Düsseldorf NZV **94**, 199), der Fahrer *als Aussteller* Falscheinträge auf dem Schaublatt des Kontrollgeräts [Art. 15 Vb VO-EWG Nr. 3821/85] (Bay NJW **88**, 2190, anders jedoch, wenn unzulässigerweise ein anderer als der nach dieser VO allein hierzu befugte Fahrer das Schaublatt einlegt: Bay NZV **94**, 36); wenn ein Brief mit einem falschen Diktat- 18a zeichen versehen wird (MDR/H **79**, 806). Dies gilt jedoch *nicht* in den Fällen, in denen der Aussteller Änderungen nicht mehr vornehmen darf (unten 19 aE) oder wenn der faktische Inhaber eines Betriebes, um eine Identitätstäuschung zu bewirken, den Namen des scheinbaren Betriebsinhabers gebraucht (BGH **33**, 161 m. Anm. *Paeffgen* JR **86**, 114; *Puppe* Jura **86**, 22). Eine unechte Urkunde stellt auch her, wer zum Schein zu Täuschungszwecken unter einem fremden Namen, wenn auch mit Gestattung des Namensträgers, auftritt (Bay NJW **89**, 2142 m. Anm. *Otto* JR **90**, 252; *Puppe* JZ **91**, 450) oder wer abredewidrig ein Blankett vervollständigt (*R. Weiß* Jura **93**, 288). Eine mit vis absoluta erzwungene Unterschrift ist unecht; anders ist es grds. bei vis compulsiva, Drohung oder (Motiv-) Täuschung. Wird der Unterschreibende schon über die Tatsache der Unterschriftsleistung getäuscht (zB durch Unterschieben von Durchschlägen), so ist die Urkunde unecht (so wohl auch Düsseldorf NJW **74**, 1833; SK-*Hoyer* 33; NK-*Puppe* 71; *S/S-Cramer/Heine* 98).

19 **a) Verfälschen** einer echten Urkunde erfordert die Veränderung der gedanklichen Erklärung in eine andere (GA **63**, 17; Köln NJW **67**, 742; Koblenz VRS **47**, 23). Es muss sich also vor- und nachher um eine Urkunde iS des § 267 handeln; nur ihre **Beweisrichtung** ist *geändert* (Saarbrücken NJW **75**, 659; Bay NStE Nr. 17). Da es auf die inhaltliche **Wahrheit** nicht ankommt, ist Verfälschen auch gegeben, wenn durch eine Veränderung der Urkundeninhalt *wahr* wird. Die **technische Art** der Verfälschung ist unerheblich; sie kann zB durch Überschreiben, Überkleben (DAR/S **89**, 242; Köln NJW **02**, 527 [Parkschein]), Radieren oder Abschneiden eines Teils (Köln VRS **59**, 342, hierzu *Puppe* JZ **86**, 944) geschehen. Das **Überkleben eines Kfz-Kennzeichens** mit *durchsichtiger,* die fotografische Wiedergabe verhindernder Folie ist kein Verfälschen (BGH **45**, 197 [m. Anm. *Krack* NStZ **00**, 423] auf Vorlage Bay NZV **99**, 213; **aA** Düsseldorf NJW **97**, 1793 [abl. Anm. *Krack* NStZ **97**, 602]), denn das Kennzeichen enthält nicht die Gedankenerklärung, es entspreche den Voraussetzungen des § 60 StVZO. Bleibt die Beweisrichtung unverändert, die gedankliche Erklärung also noch dieselbe (zB bei Entfernen bankinterner Bearbeitungszeichen auf einem erledigten Scheck; Ausradieren der Klassenbezeichnung aus dem Führerschein), so liegt Verfälschung nicht vor (RG **62**, 12; Braunschweig NJW **60**, 1120; Bay 15. 5. 1986, RReg. 2 St 36/86); ebenso nicht, wenn der Rest der Urkunde gar nicht mehr beweisfähig ist. Keine Verfälschung einer echten, sondern § 274 I Nr. 1 (und Herstellung einer *echten* Urkunde) ist gegeben bei Entfernen einer fremden Unterschrift und Ersetzen durch die eigene (StV **03**, 558; NJW **54**, 1375; *S/S-Cramer/Heine* 72); bei Einkopieren des eigenen Briefkopfs in eine fremde Rechnung (NStZ **03**, 543 f.); bei Entfernen eines nicht vom Urkundenaussteller stammenden Stempels (Bay NJW **80**, 1057 [dazu *Oehler* JR **80**, 486]).

19a Auch der **Aussteller** der Urkunde selbst **kann** diese **verfälschen,** wenn er unbefugt handelt (stRspr.; BGH **13**, 383; Saarbrücken NJW **75**, 658; Stuttgart NJW **78**, 715; LK-*Gribbohm* 203 ff. mwN; str.; zust. *Blei* JA **75**, 383; **76**, 103; *Paeffgen* Jura **80**, 487; krit. *Kienapfel* JR **75**, 515; Jura **83**, 191; *Samson* JA **79**, 662; *Geerds* Jura **86**, 440; **aA** SK-*Hoyer* 83; *Puppe* Jura **79**, 640 u. NK 86 ff.; *Otto* JuS **87**, 769; *Freund* JuS **93**, 734; vgl. dazu *Geppert* Jura **88**, 158; **90**, 272; *Kargl* JA **03**, 604 ff.). Das ist der Fall, wenn die Urkunde dem Rechtsverkehr schon zugänglich gemacht ist oder der Aussteller in anderer Weise die Verfügungsgewalt über sie verloren hat (BGH **13**, 385), so dass ein legitimes Beweisinteresse (*Kargl* JA **03**, 604, 610) eines Dritten an der Unversehrtheit und ordnungsgemäßen Verwendung (damit auch: an der *Wahrheit*) der echten Urkunde entstanden ist (vgl. **zB** RG **35**, 145 [Handelsbriefe]; GA **63**, 16 [Handelsbücher]; BGH **13**, 382 [Inventurlisten nach Vorlage vorläufiger Bilanz an den Aufsichtsrat]; MDR **54**, 309; Stuttgart MDR **60**, 242 [Geschäftsbücher nach Anbringung von behördlichen Kontrollvermerken]; Stuttgart NJW **78**, 715 [Vorlage von Fahrtenschreiberblättern nach Aufforderung durch die Polizei; krit. Anm. *Puppe* JR **78**, 206; zust. *Kühl* JA **78**, 527; *Otto* JuS **87**, 765];

VRS **74**, 440; KG wistra **84**, 234 [Rechnungsdurchschriften nach Kassenprüfung; krit. *Otto* JK 6 u. JuS **87**, 762; *Puppe* JZ **86**, 944]; Koblenz NJW **95**, 1625 [Krankenakte]; Anm. *Rigizahn* MedR **95**, 29; *Otto* JK 21]; Köln VRS **101**, 197, 199; AG Pfaffenhofen NStZ-RR **04**, 170 [Klassenarbeit]).

Eine **Gesamturkunde** (oben 13) kann dadurch verfälscht werden, dass der Sinn der Gesamterklärung durch Änderung eines Teiles (Saarbrücken NJW **75**, 658; krit. *Kienapfel* JR **75**, 515), durch Austausch (Koblenz NStZ **92**, 134 [Stimmzettel]), Entfernen (BGH **12**, 112; wobei § 274 Nr. 1 verdrängt wird) oder Zufügen von Blättern verändert wird (*S/S-Cramer/Heine* 71; **aA** SK-*Hoyer* 80; vgl. aber Düsseldorf NStZ **81**, 26 [kein Verfälschen bei Kenntlichmachung der Entnahme einer Einzelurkunde]). Das Unterlassen einer Eintragung oder der Zufügung oder Entfernung eines Blattes ist kein Verfälschen. **19 b**

Zusammengesetzte Urkunden (oben 13) können bei fester Verbindung mit dem Bezugsobjekt durch dessen Auswechselung gefälscht werden (BGH **16**, 95; Köln NJW **79**, 729 [m. abl. Anm. *Kienapfel*; zust. *Lampe* JR **79**, 216]; KG wistra **84**, 233; LK-*Gribbohm* 198; **aA** SK-*Hoyer* 71 ff.). In der Lehre wird auch der Standpunkt vertreten, dass das „Verfälschen" einer Urkunde durch den Aussteller rechtlich Urkundenunterdrückung sei (*S/S-Cramer/Heine* 68; SK-*Hoyer* 83; NK-*Puppe* 89 ff.; *Puppe* JR **78**, 207; Jura **79**, 640; *Kaufmann* ZStW **71**, 411; *Lampe* JR **64**, 14; *Kienapfel* Jura **83**, 190; dagegen LK-*Gribbohm* 211). Verfälschen ist auch das Verbinden eines **Beweiszeichens** (oben 4) mit einer nicht dazu gehörigen Sache (BGH **9**, 235; **18**, 66; Düsseldorf GA **82**, 556 L; dazu *Lampe* NJW **65**, 1747; *Samson* GA **69**, 353; *Sax,* Peters-FS 137). **19 c**

b) Herstellen einer unechten Urkunde ist das Ausstellen mit dem Ansehen, als sei sie von einer anderen Person ausgestellt, mithin echt (*Identitätstäuschung,* BGH **33**, 160; 4 StR 405/86: Unterzeichnung mit dem Namen des Vaters identischen Namens). Sie liegt nicht schon vor, wenn sich hinter der Urkunde eine Täuschung anderer Art verbirgt (wistra **86**, 109, hierzu krit. *Otto* JK 8); zB im Falle einer falschen Anschrift (StV **93**, 308 L). Eine Identitätstäuschung kann aber auch durch die Benutzung eines durch Fotomontage hergestellten fremden Kopfbogens geschehen (StV **03**, 558; Zweibrücken NJW **82**, 2268; Schleswig SchlHA **82**, 100). Der Täter verändert also keine vorhandene Urkunde, sondern stellt eine neue her; dabei täuscht er über die Person des Ausstellers (BGH **1**, 121; EzSt Nr. 1), so dass es Urkundenfälschung auch dann ist, wenn der Inhalt der Urkunde wahr ist (RG **17**, 200); dasselbe gilt, wenn durch Beidruck eines Behördenstempels zur *eigenen* Unterschrift der Anschein der Ausstellung durch eine Behörde erweckt wird (BGH **7**, 150; vgl. auch BGH **9**, 44), ebenso, wenn jemand mit seinem richtigen Namen unter Beidruck des Firmenstempels für eine Firma zeichnet, ohne vertretungsberechtigt zu sein (RG **55**, 173; BGH **17**, 11, hierzu SK-*Hoyer* 59, 61; *Samson* JA **79**, 660; *Rheineck* [1 a] 89; *Steinmetz* [1 a] 222). Eine unechte Urkunde stellt auch her, wer ohne Einwilligung des Halters einen falschen Namen auf ein Fahrtenschreiberschaublatt setzt (Bay NJW **81**, 774). Dagegen genügt für § 267 nicht die sog. *schriftliche Lüge* (oben 18). Die Herstellung eines privatschriftlichen Testaments, das der Erblasser § 2247 I BGB zuwider lediglich unterzeichnet, verletzt § 267 auch dann nicht, wenn das Ganze als eigenhändiges Testament ausgegeben werden soll (*S/S-Cramer/Heine* 59; *M/Schroeder/Maiwald* 65/50; *Steinmetz* [1 a] 194; **aA** Düsseldorf NJW **66**, 749; *Ohr* JuS **67**, 255; *Mohrbotter* NJW **66**, 1421). **20**

aa) Der angebliche **Aussteller** der Urkunde braucht für § 267 nicht zu existieren, auch seine Ermittlung nicht möglich zu sein („Meier, Müller"; BGH **5**, 150). Hingegen ist es keine Urkundenfälschung, wenn der Täter nicht über seine *Identität,* sondern nur über seinen *Namen* täuscht (BGH **33**, 160 [krit. Anm. *Paeffgen* JR **86**, 114; *Puppe* Jura **86**, 22 u. JZ **86**, 942; *Weidemann* NJW **86**, 1976]; StraFo **03**, 253 f.; LK-*Gribbohm* 172; anders *S/S-Cramer/Heine* 51; SK-*Hoyer* 57), also zB mit seinem Künstlernamen unterzeichnet (BGH **1**, 121; Frankfurt NJW **70**, 673; unten 26). Die dauerhafte Verwendung eines unzutreffenden Namens kann dazu **21**

führen, dass dieser zum **Identitätsmerkmal** des Täters wird. Die weitere Verwendung im Rechtsverkehr täuscht dann nicht mehr über die Identität, sondern allein über den Namen (NStZ-RR **97**, 358; vgl. auch *S/S-Cramer/Heine* 50).

22 **bb)** Die sog. **Blankettfälschung** fällt ebenfalls unter § 267 (BGH **5**, 295; *S/S-Cramer/Heine* 62). Sie liegt vor, falls der Täter ein mit der Unterschrift eines anderen versehenes Papier (zu nicht unterschriebenen **Vordrucken** vgl. oben 11) gegen dessen Willen ausfüllt (5 StR 754/93). Die täuschende Verwendung des *nicht* ausgefüllten Blanketts unterfällt § 267 nicht (Bay NZV **98**, 383 [Parkberechtigungskarte ohne Namenseintrag]).

23 **B. Gebrauchen** der (möglicherweise nicht *strafbar* geschaffenen) Falschurkunde (unechten oder verfälschten) zum Zwecke der Täuschung (unten 30) bedeutet, sie der sinnlichen Wahrnehmung zugänglich zu machen (BGH **36**, 65 m. Anm. *Puppe* JZ **89**, 576; *Otto* JK 13; KG wistra **84**, 235; Frankfurt wistra **90**, 271), sei es durch Vorlegen, Übergeben, Hinterlegen, Veröffentlichen, Verlesen, Verweisen, ggf. sogar Bereitstellen (vgl. LK-*Gribbohm* 220; *Freund* JuS **93**, 34); der bloße Hinweis auf die Existenz einer Urkunde ist noch kein Gebrauchen (BGH aaO). Zum Gebrauchen gehört, dass der zu Täuschende in die Lage versetzt wird, von der Urkunde Kenntnis zu nehmen (BGH **1**, 120; **2**, 52); die tatsächliche Kenntnisnahme desjenigen, dem gegenüber die Urkunde gebraucht wird, ist nicht erforderlich (1 StR 188/92). Ausreichend ist zB das Zurverfügungstellen an einen Prüfer zur Einsichtnahme (MDR/H **80**, 814); das Hinlegen an einen Platz, auf dem die Einsichtnahme stattfinden soll (RG **60**, 162); das bloße Vorzeigen (RG **58**, 212), ebenso die Vorlage des gefälschten Originals zur Beglaubigung von Abschriften (RG **64**, 41) oder gefälschter Rechnungsdurchschriften bei der Steuerprüfung (KG wistra **84**, 235); der Gebrauch eines Kfz mit verfälschter Nummer im öffentlichen Verkehr (BGH **18**, 70). Der Kraftfahrer, der einen gefälschten Führerschein bloß bei sich trägt, gebraucht ihn noch nicht (GA **73**, 179; MDR/H **76**, 987; DRiZ **78**, 85; **80**, 144; StV **89**, 304), auch Versuch (II) liegt idR nicht vor (*U. Weber* Jura **82**, 73; **aA** *D. Meyer* MDR **77**, 445).

24 **a)** Der Täter muss *die Urkunde selbst* gebrauchen (GA **63**, 16). Daher genügt zwar das Vorlegen einer Durchschrift, das einer Abschrift aber nur, wenn sie im Rechtsleben als Ersatz der Urschrift dient (RG **69**, 229). Gebrauchmachen ist nach stRspr. auch die Verwendung der **Fotokopie** einer unechten oder verfälschten Originalurkunde in Kenntnis der Unechtheit des Originals, wenn die Kopie *als solche* (und nicht als Original; vgl. schon oben 12 b) erscheinen soll (BGH **5**, 293; **24**, 140; NJW **65**, 642; **78**, 2043; StV **94**, 18; **01**, 624; 2 StR 79/79; Bay NJW **91**, 2163; KG JR **80**, 516; Köln StV **87**, 297; Zweibrücken wistra **98**, 195; Düsseldorf wistra **00**, 37; zw. *Miehe* JuS **80**, 262; **aA** *M/Schroeder/Maiwald* 65/69; SK-*Hoyer* 88; *D. Meyer* MDR **73**, 9; *Puppe* Jura **79**, 640 u. NK 92 und für § 281 BGH **20**, 17, vgl. 12); **anders** ist es, wenn es eine Originalurkunde gar nicht gibt (MDR/H **76**, 813; Bay NJW **90**, 3221; *Freund* JuS **91**, 723) oder wenn die Ablichtung einer unwahren **Kollage** vorgelegt wird (StV **94**, 18; NStZ **03**, 543 f.; Düsseldorf StV **01**, 237; vgl. dazu *Wohlers* JR **01**, 83; *Freund* StV **01**, 234; oben 12 b).

25 **b) Adressat** des Gebrauchens ist der im Rechtsverkehr zu Täuschende (1 StR 88/79). Wird eine Mittelsperson, die nicht nur Bote ist, zur Weitergabe der Urkunde an den endgültig zu Täuschenden benutzt und soll sie selbst getäuscht werden, so enthält schon die Hingabe an sie das Gebrauchen. Ist sie aber eingeweiht oder ist ihre eigene Täuschung gar nicht beabsichtigt, so liegt keine Urkundenfälschung in der Form des Gebrauchens vor (BGH **36**, 66 m. Anm. *Puppe* JZ **89**, 596; *Otto* JK 13). Wer eine verfälschte Urkunde in seiner Funktion als Überbringer oder Bote vorlegt, gebraucht sie nicht (Stuttgart NJW **89**, 2553).

26, 27 **c)** Die Urkunde muss **zur Täuschung** gebraucht werden, und zwar unter Ausnützung der ihr innewohnenden Beweiskraft. Beim Herstellen einer unechten Urkunde soll über die Identität des Ausstellers mit einer bestimmten anderen Person getäuscht werden; Täuschung über den Namen genügt nicht, sondern ist nur eine schriftliche Lüge (oben 20ff.; vgl. Celle NJW **86**, 2772, m. Anm. *Kienapfel* NStZ **87**, 28; *Puppe* JuS **87**, 275; *Otto* JK 9 u. JuS **87**, 767). Will der Täter nur über Tatsachen täuschen, die außerhalb des Urkundeninhalts liegen (so über die Befugnis zur Unterzeichnung mit dem fremden Namen), so liegt ein Gebrauchen nicht vor. Anderseits kann Unterzeichnung mit dem *richtigen* Namen Urkundenfälschung sein, falls sie zum Zwecke der Identitätstäuschung erfolgt; so, wenn ein Zahlungssäumiger Kunde in einem Versandhaus unter einem zutreffenden, aber sonst nicht verwendeten Vornamen, falschen Geburtsdatum und unter unrichtiger Anschrift Waren bestellt (BGH **40**, 204, hierzu *Meurer* NJW **95**, 1655; *Sander/Fey* JR **95**, 209; *Mewes* NStZ **94**, 14; *Otto* JK 20).

5) Vorsatz ist erforderlich; bedingter Vorsatz genügt hinsichtlich der Tathand- **28**
lung und der die Urkundeneigenschaft begründenden Merkmale (NStZ **99**, 619). Der Vorsatz muss sich neben der Handlung des Fälschens, Verfälschens oder Gebrauchens auf alle **Merkmale der Urkundeneigenschaft** richten. Ergeben die dem Täter bekannten Umstände keine Urkunde, nimmt es der Täter aber irrigerweise an, so liegt ein Wahndelikt vor (BGH **13**, 235; vgl. Düsseldorf NJW **01**, 167); Versuch soll gegeben sein, wenn der Täter eine durch Fotokopie hergestellte „Collage" (vgl. oben 12b) irrig für eine Urkunde hält (Düsseldorf ebd.; zw.; krit. Bespr. von *Erb* NStZ **01**, 317, und *Puppe* NStZ **01**, 482).

A. Für das Merkmal der **Täuschung,** wobei die Herbeiführung eines Irrtums des **29**
zu Täuschenden und dessen Veranlassung zu rechtserheblichem Verhalten gemeint ist, genügt es, wenn dies der Täter als **sichere Folge** seines Verhaltens iS des **direkten Vorsatzes** voraussieht (LK-*Gribbohm* 270; *S/S-Cramer/Heine* 91; *Lenckner* NJW **67**, 1890; *U. Weber* Jura **82**, 72; **aA** *Neuhaus* GA **94**, 224; *Erb* GA **99**, 344ff.; NK-*Puppe* 103 [bedingter Vorsatz reicht]). Bay NJW **67**, 1476 hat für alle 3 Handlungen Absicht ieS verlangt (offen gelassen bei BGH **5**, 152; 1 StR 88/79), diese Rspr. jedoch mit der Entscheidung NJW **98**, 2917 zu Recht aufgegeben. Hinsichtlich der **Unechtheit** der Urkunde reicht bedingter Vorsatz aus (BGH **38**, 345, 348; NStZ **99**, 619f.; *Lackner/Kühl* 24; SK-*Hoyer* 89; NK-*Puppe* 97).

B. Zur Täuschung im Rechtsverkehr muss der Täter handeln, und zwar so- **30**
wohl beim Fälschen als auch bei dem Gebrauchen. Es genügt nicht, über die Echtheit der Urkunde täuschen zu wollen; vielmehr muss der Täter mittels der Urkunde im Rechtsverkehr täuschen, dh einen Irrtum erregen (32ff. zu § 263) und dadurch ein rechtlich erhebliches (bei I nicht notwendig *vermögensrechtlich* erhebliches; vgl. aber III Nr. 1 und 2, unten 37ff.) Verhalten erreichen wollen (BGH **5**, 151; Bay MDR **58**, 264; NJW **67**, 1476; **94**, 208; zusf. *Freund* JuS **94**, 126). Das ist insb. auch der Fall, wenn der Täter sich der Beweiswirkung der Urkunde auf seine Person entziehen will (BGH **33**, 160 [m. krit. Anm. *Paeffgen* JR **86**, 114; *Puppe* Jura **86**, 22; *Weidemann* NJW **86**, 1976]; Bay NJW **89**, 2142 m. Anm. *Otto* JR **90**, 252). Keine Täuschungsabsicht ist gegeben, wenn jemand nur im gesellschaftlichen Verkehr oder innerhalb zwischenmenschlicher Beziehungen täuscht (1 StR 88/79; LK-*Gribbohm* 264f.), zB gegenüber dem Partner einer Liebesbeziehung jünger erscheinen will (Bay MDR **58**, 264); oder bei Fälschung einer geschäftsinternen Anordnung ohne Rechtswirkung nach außen (Bay **96**, 76); wenn der Täter den ursprünglichen Zustand der Urkunde alsbald wieder herstellen und nur die Wiederholung einer solchen Manipulation vorbereiten will (Köln NJW **83**, 770, zw.). Wer einen in Klasse C verfälschten **Führerschein** der Klasse B bei einer Polizeikontrolle vorzeigt, täuscht, weil er ein Falsifikat als echt ausgibt, auch dann im Rechtsverkehr, wenn für den Wagen, den er fährt, die Klasse B ausreicht (BGH **33**, 108; hierzu *Otto* JK 7 u. JuS **87**, 770; *Kühl* JR **86**, 297; *Puppe* JZ **86**, 947; Köln NJW **81**, 64; *D. Meyer* MDR **77**, 444; *Blei* JA **77**, 94; zum Ganzen *Weber* Jura **82**, 76). Auch sonst genügt der Wille, die Polizei bei der Strafverfolgung irre zu führen (NJW **53**, 955), sonst dienstliche Maßnahmen zu verhindern (BGH **5**, 151; MDR/D **75**, 544), die Auflösung eines Verlöbnisses zu verhindern (5 StR 391/

65), oder den Zugang zu einer Spielbank zu erlangen (Bay MDR **80**, 951). Auch Grenzkontrollen gehören zum Rechtsverkehr (KG JR **81**, 37). Nicht erforderlich ist, dass der vom Täter erstrebte Erfolg als solcher rechtswidrig ist (RG **60**, 188).

31 **C.** Beabsichtigt werden muss die Täuschung durch den **gedanklichen Inhalt** der Urkunde, nicht durch deren sonstige Eigenschaften, wie angeblich hohes Alter, Seltenheitswert (RG **46**, 224). Ist nur der Teil einer Urkunde verfälscht, so muss gerade dieser Teil das rechtlich erhebliche Verhalten auslösen sollen (Bay MDR **58**, 264). Wird der Führerschein der Klasse B in einen der Klasse C verfälscht, so liegt keine Teil-, sondern eine Totalfälschung vor (*Meyer* MDR **77**, 446; *Weber* Jura **82**, 74; and. Hamm NJW **76**, 2222).

32 **6) Vollendet** ist die Urkundenfälschung, sobald der Täter die Urkunde zum Zwecke der Täuschung herstellt oder von ihr Gebrauch macht (anders, auf der Grundlage eines Verständnisses der Urkundenfälschung als [täuschendes] Delikt gegen die Person (*Jakobs,* Urkundenfälschung [1 a], 89 ff.). Hat der Täter sowohl gefälscht als auch Gebrauch gemacht, so ist die Tat erst mit dem zweiten Akt oder im Falle mehrfachen Gebrauchens nach dem letzten Akt beendet (BGH **5**, 293; GA **55**, 246; MDR/H **80**, 105; **89**, 306). Zum Verhältnis zwischen den beiden Akten vgl. oben 17 ff. Gelingen der Täuschung ist nicht vorausgesetzt.

32 a **7) Versuch** ist nach **Abs. II** strafbar. Er verlagert die Strafbarkeit weit nach vorne, da er bei den Tatalternativen des Herstellens und Verfälschens in der Sache schon den Versuch einer Vorbereitungshandlung (zum Gebrauchen) unter Strafe stellt. Versuch liegt beim Herstellen schon vor mit dem Beginn der ersten Ausführungshandlung; bei einer Ausweisfälschung schon beim Beginn des Herstellens entsprechender Vordrucke (MDR/H **78**, 626; DRiZ **79**, 311; hierzu *Kühl* JuS **80**, 650; *Paeffgen* Jura **80**, 489).

33 **8)** Der eigenhändige Fälscher ist regelmäßig (unmittelbarer) **Täter** (vgl. GA **65**, 149). Hat ein die falsche Urkunde später Gebrauchender zuvor zur Herstellung angestiftet, so ist er nur wegen Gebrauchs als Täter zu bestrafen (Bamberg HESt. **2**, 325). **Mittelbare Täterschaft** kann vorliegen, wenn der Täter als Autoritätsperson ein Kind dazu veranlasst, eine von diesem selbst stammende Urkunde nachträglich (vgl. oben 19 a) zu verfälschen (vgl. AG Pfaffenhofen NStZ-RR **04**, 170 [Verfälschen einer Klassenarbeit auf Veranlassung des Lehrers; zweifelhaft aber abstellend auf die Urkundenqualität der *Korrektur*]).

34 **Mittäterschaft** liegt vor, wenn auf Grund einer Abrede der eine die Urkunde herstellen lässt und der andere sie gebraucht (MDR/H **89**, 306). Doch kann je nach Willensrichtung und Tatherrschaft der Hersteller bloßer Gehilfe des Gebrauchenden sein (2 StR 3/72; vgl. auch MDR/D **67**, 548).

35 **9) Die Strafe** ist nach I Freiheitsstrafe bis zu 5 Jahren oder Geldstrafe. Der **besonders schwere Fall** des **Abs. III** ist durch das 6. StrRG (2 f. vor § 174) neu gefasst und durch **Regelbeispiele** ausgeführt worden, die denen des § 263 III Nr. 1 bis 4 nachgebildet sind. Durch III Nr. 1 und Nr. 2 wird das von § 267 geschützte Rechtsgut verschoben (dazu oben 1); ob dies im Gesetzgebungsverfahren hinreichend deutlich gesehen worden ist, erscheint fraglich (vgl. BT-Drs. 13/8587, 42 f., 65, 84 f.; BT-Drs. 13/9064, 18).

36 **A. Nr. 1** setzt **gewerbsmäßiges** (62 vor § 52) oder **bandenmäßiges** (17 ff. zu § 244) Handeln voraus. Für die *Reichweite* der Begriffe „Betrug" und „Urkundenfälschung" gilt das 120 zu § 263 Ausgeführte. Nr. 1 ist auch gegeben, wenn im Rahmen einer ausschließlich auf Betrugstaten gerichteten Abrede ein Bandenmitglied eine einzelne Urkundenfälschung begeht; die Mitwirkung eines anderen Bandenmitglieds ist nicht vorausgesetzt. Diese muss jedoch, da der Täter „als Mit*glied*" *der Bande handeln muss*, in inhaltlichem Bezug zu den anderen geplanten Bandentaten stehen, etwa einen Betrug vorbereiten (SK-*Hoyer* 100).

37 **B. Nr. 2** verlangt als *Erfolg* der Urkundenfälschung einen **Vermögensverlust großen Ausmaßes.** Das Regelbeispiel entspricht § 263 III Nr. 2, 1. Alt., auf die

auch in §§ 263 a II, 266 II verwiesen ist; Verweisungen auf Nr. 2 finden sich in §§ 268 V, 269 III. Die Urkundenfälschung wird damit zum *Vermögens-*, jedoch nicht zu einem *Bereicherungs*delikt, da dem Vermögensverlust kein Vorteil des Täters oder eines Dritten entsprechen muss. Das Merkmal des **großen Ausmaßes** ist zur Unrechtsbeschreibung allgemeiner Vermögensdelikte wenig geeignet, da hier – anders als etwa in § 264 II Nr. 1 – ein „durchschnittlicher" Verlust kaum bestimmt werden kann (so aber SK-*Hoyer* 102), die Erfüllung des Regelbeispiels jedoch anhand objektiver Kriterien festzustellen ist; darauf, ob der Verlust für das einzelne Opfer groß ist, kommt es, wie der Vergleich mit § 263 III Nr. 3 zeigt, nicht an. Der **BGH** hat sich für § 263 III Nr. 2 auf **50 000 Euro** festgelegt (BGH **48**, 360; vgl. dazu 122 zu § 263); das dürfte auch für § 267 gelten.

Herbeiführen muss der Täter den Verlust. Bloße Teilnahme an einer fremden Tat reicht nicht aus. Da ein Vermögensverlust durch die Tathandlungen des Herstellens oder Verfälschens nicht verursacht werden kann, kommt es für Nr. 2 auf *weitere Handlungen* des Täters, des Opfers oder einer dritten Person an, durch die die in der Urkundenfälschung liegende Täuschungsabsicht vermögensschädigend realisiert wird. Dies sind vor allem Betrugshandlungen des Täters; denkbar ist aber auch, dass die durch die falsche Urkunde bewirkte Täuschung das Opfer oder einen Dritten zu vermögensschädigenden Handlungen veranlasst, ohne dass dies zu einer „stoffgleichen" Bereicherung einer anderen Person führt. **Tathandlung** kann hier nur das Gebrauchen einer falschen Urkunde sein; das sich bei Mittäterschaft freilich auch der, der eigenhändig nur herstellt, zurechnen lassen muss (MDR/H **89**, 306). Dies führt iVm II zu einer außerordentlich weiten Vorverlagerung des Vermögensschutzes (oben 32 a); zum Versuch des Regelbeispiels BGH **31**, 182; **33**, 374; NStZ **84**, 262; **85**, 218; vgl. i. E. 97 ff. zu § 46). Die Ansicht *Puppes* (NK 115), aus dem Wortlaut von Nr. 2 ergebe sich kein „Unmittelbarkeitserfordernis", und ein solches würde das Regelbeispiel neben § 263 II Nr. 2 zur Bedeutungslosigkeit verurteilen, übersieht, dass allein durch das Herstellen oder Verfälschen einer Urkunde ein Vermögensverlust nicht verursacht werden kann. 38

Der Vermögensvorteil ist, da es sich bei Nr. 2 nicht um einen qualifizierenden Tatbestand handelt, **keine besonders schwere Folge** iS des § 18; daher muss sich der **Vorsatz** des Täters auf die Voraussetzungen des Regelbeispiels erstrecken (3 StR 197/80 [zu § 243]; str.; vgl. 11 zu § 12; 4 zu § 18). Bedingter Vorsatz reicht hier, anders als beim Täuschungszweck des I, aus. 39

C. Nr. 3 verlangt eine **erhebliche Gefährdung** der Sicherheit des Rechtsverkehrs durch eine **große Zahl** unechter oder verfälschter Urkunden. Die Grenze der *großen Zahl* dürfte bei 20 anzusehen sein; eine unübersehbare Zahl ist nicht erforderlich (vgl. *Peglau* wistra **04**, 7, 9). Soweit abw. hiervon auf die „Unübersehbarkeit des Empfängerkreises" (SK-*Hoyer* 103; *S/S-Cramer/Heine* 108) oder auf die „fehlende Abgrenzbarkeit des Kreises zukünftiger Empfänger" (NK-*Puppe* 119) abgestellt wird, bleibt unklar, was hiermit gemeint ist, denn die Zahl *möglicher* Empfänger kann auch bei ganz geringen Stückzahlen falscher Urkunden unübersehbar sein (wie die Beispiele bei *Puppe* aaO zeigen: Geld, Wertpapiere, Wertzeichen); daher muss auch, wer das gesetzliche *Motiv* (Vertrauens- oder Vermögensverlust bei *vielen Menschen*) an die Stelle des Tatbestandsmerkmals (große Zahl von *Urkunden*) setzen will, die Wortlautgrenze bestimmen. Wie anders als durch numerische Festsetzung (abl. *Puppe* aaO) man im Einzelfall feststellen könnte, was jedenfalls *keine* „große Zahl" ist, ist nicht ersichtlich (vgl. auch BGH **44**, 175 zu § 306 b I; dazu 5 zu § 306 b). Die Gefährdung muss *konkret* sein; *erheblich* ist sie, wenn die Tat nach der Art und Anzahl der vom Täter hergestellten oder gebrauchten falschen Urkunden sowie nach den konkreten Umständen der Verwendung den Eintritt einer gravierenden Störung des allgemeinen Vertrauens in die Beweiskraft von Urkunden nahe legt. Dabei führt *allein* die große Zahl der Urkunden nicht zu einer erheblichen Gefährdung (vgl. BGHR § 267 III, Vern. 1), wenn die Fälschung leicht zu erkennen und eine erfolgreiche Täuschung daher von Anfang an fern liegend ist oder wenn die Bedeutung von Art 40 und Anzahl der Urkunden angesichts des Umfangs des von ihnen betroffenen Rechtsverkehrs zurücktritt (zB Nachmachen von 25 Straßenbahn-Fahrscheinen). Auf einen möglichen Vermögensschaden kommt es bei Nr. 3 allenfalls mittelbar an.

41 **D. Nr. 4** setzt einen **Missbrauch** der Befugnisse oder der Stellung des Täters als **Amtsträger** (§ 11 I Nr. 2) voraus; das Regelbeispiel entspricht § 263 III Nr. 4 (dort 125) und § 264 II S. 2 Nr. 2. Ein Missbrauch der *Befugnisse* kommt insb. in Betracht, wenn der Amtsträger im Rahmen seiner Zuständigkeit Zugang zu echten Urkunden hat, die dann verfälscht werden, ein Missbrauch der *Stellung,* wenn er dies außerhalb seiner Zuständigkeit, jedoch unter Ausnutzung der aus dem Amt entspringenden Möglichkeiten tut oder wenn er die aus seiner Amtsträgereigenschaft erwachsenden Möglichkeiten zur Herstellung falscher Urkunden nutzt (Stempel, Briefkopf). Ein Gebrauchen unechter Urkunden kann sowohl unter Missbrauch der Befugnisse als auch der Stellung erfolgen. Der Täter muss tatsächlich Amtsträger sein (insoweit echtes Amtsdelikt; vgl. 3 vor § 331). Der **Vorsatz** muss sich auf die tatsächlichen Umstände des Regelbeispiels erstrecken; bedingter Vorsatz reicht auch hier. Die rechtlichen Wertungen muss der Täter nicht vollziehen. **Versuch** des Regelbeispiels (97 ff. zu § 46) ist möglich, wenn der Täter sich irrig Umstände vorstellt, die ihn zum Amtsträger machen würden, und zugleich die Voraussetzungen des Missbrauchs erfüllt; ebenso, wenn der Amtsträger irrig die tatsächlichen Umstände eines Missbrauchs für gegeben hält. Rechtliche Fehlvorstellungen führen auch hier zum Wahndelikt. Die Amtsträger-Eigenschaft ist besonderes persönliches Merkmal iS des § 28 II.

42 **E.** Weitere Erschwerungsgründe, die zur Annahme eines unbenannten besonders schweren Falles führen können, sind **zB** ein besonders hoher Schaden, der nicht Vermögensverlust iS von Nr. 2 ist, oder die Erlangung außerordentlicher Vorteile, ohne dass sich ein Vermögensverlust des Opfers feststellen lässt. Trotz Vorliegen eines Regelbeispiels kann erhebliche Sorglosigkeit des Opfers sowie allgemein der Umstand, dass dem Täter die Tatbegehung in besonderer Weise erleichtert wurde, zur Abwendung des Normalstrafrahmens führen.

43 **10) Abs. IV** idF durch das 6. StrRG qualifiziert die Tat zum **Verbrechen,** wenn **kumulativ gewerbsmäßiges und bandenmäßiges Handeln** vorliegt. Der Qualifikationstatbestand entspricht § 263 V (vgl. dort 131); die Qualifikation ist in die Urteilsformel aufzunehmen (NStZ-RR **07**, 269 L). Es ist für jede einzelne Tat nach allgemeinen Kriterien festzustellen, ob sich die einzelnen Bandenmitglieder hieran als (Mit-)Täter, Anstifter oder Gehilfen beteiligt haben (vgl. BGH **46**, 321 ff.; **47**, 214, 218 f.; NStZ-RR **03**, 265, 267).

44 **11) Konkurrenzen. A. Verhältnis der Begehungsformen des § 267 untereinander** (zusf. *Freund* JuS **94**, 128). Fälscht der Täter zunächst selbst und macht dann auch von der Fälschung Gebrauch, so liegt nur **eine Tat** vor (GA **55**, 245; 1 StR 301/90; Braunschweig GA **54**, 316; SK-*Hoyer* 113 f.; **aA** Nürnberg MDR **51**, 53; Düsseldorf JMBlNW **51**, 208). Nur eine Tat ist auch anzunehmen, wenn der Täter *mehrere Urkunden* fälscht und sie plangemäß in einem Akt gebraucht (NStZ **06**, 100; 4 StR 340/65). Beruht das gleichzeitige Gebrauchen auf einem erst nachträglich gefassten Entschluss, wird man eher **Tateinheit** anzunehmen haben (wistra **06**, 65 f.). Fasst der Täter zwischen Herstellen und Gebrauchen einen ganz neuen Entschluss, so ist **Tatmehrheit** anzunehmen (BGH **5**, 291; wistra **98**, 106; vgl. *Geppert* Jura **88**, 162; LK-*Gribbohm* 287; SK-*Hoyer* 115; NK-*Puppe* 108).

45 **B. Verhältnis zu anderen Tatbeständen.** Hervorgehoben seien: mit §§ 146 ff. (Geld- und Wertzeichenfälschung) Gesetzeseinheit. **Tateinheit** ist möglich mit § 107 a (Köln NJW **56**, 1609; Hamm NJW **57**, 638), mit § 109 a (AG Bochum MDR **67**, 852), mit § 133 (vgl. BGH **5**, 296), § 142 (DRiZ **74**, 351), §§ 154, 156, 164; mit §§ 185 ff. (RG **50**, 55), mit § 239 und § 253, wenn solche Taten unter Benützung eines mit falschen Kennzeichen versehenen Fahrzeugs (oben 4) begangen werden (DRiZ **78**, 85); mit § 242 (vgl. aber auch dort 61; Tatmehrheit uU denkbar); mit § 255 Tateinheit (4 StR 549/82). Mit **§ 263** ist Tateinheit insb. dann gegeben, wenn die Verwendung der gefälschten Urkunde der Täuschung dient. Die *gleichzeitige* Verwendung von Fälschungen, die *mehrere* Betrugstaten betreffen, kann diese zur Tateinheit verbinden (vgl. wistra **06**, 65 f. [Vorlage gefälschter Überweisungsträger]). Tateinheit ist auch mit § 263 a möglich; mit § 266, wenn die Tat zur Ermöglichung oder Verde-

ckung des Untreueakts begangen wurde (2 StR 242/80). Mit § 269 und mit § 271 ist Tateinheit (EzSt. § 271 Nr. 1), mit § 277 ist Gesetzeseinheit gegeben. Zum Verhältnis zu § 136 grundsätzlich und gegenüber der Rspr. krit. *Kienapfel* Urkunden II 151, 158. Zum Verhältnis zu § 268 dort 18.

Bei Vorlage gefälschter Rechnungen im Rahmen von Umsatzsteuersonderprüfungen nach Geltendmachen ungerechtfertigter Vorsteuererstattungen stehen § 267 und § 370 AO in Tateinheit; § 393 II S. 1 AO und der nemo-tenetur-Grundsatz stehen dem nicht entgegen (wistra **03**, 429, 430; vgl. dazu *Harms/Jäger* NStZ **04**, 191, 194). Die Strafbarkeit der Fälschung von Belegen nach § 267 wird durch § 379 AO nicht berührt. Sonderregelungen enthalten auch die zum Schutze gegen Produktpiraterie verschärften Strafbestimmungen. § 402 AktG tritt hinter § 267 zurück. Wegen Fälschungen von **Pässen** vgl. 2 zu § 275. Wer einen unechten oder verfälschten Pass benutzt, ist strafbar nach § 267, nicht nach dem PassG (NJW **57**, 472). Tatmehrheit mit § 21 StVG, wenn der Täter, der keinen Führerschein besitzt, auf einer Fahrt einem Polizeibeamten einen gefälschten Führerschein vorzeigt (VRS **30**, 185; Köln VRS **61**, 349; BGHR § 267 I, Konk. 1); Tateinheit mit § 21 I Nr. 1 StVG jedoch, wenn der Täter ohne Fahrerlaubnis mit „umfrisiertem" Pkw fährt (1 StR 301/90), hingegen tritt § 22 StVG zurück, wenn ein Kennzeichenmissbrauch § 267 erfüllt, oben 13. 46

12) Sonstige Vorschriften: Geldwäsche § 261 I Nr. 3; Erweiterter Verfall, Einziehung § 282; Erbunwürdigkeit bei Fälschung letztwilliger Verfügungen § 2339 I Nr. 1 BGB. 47

Fälschung technischer Aufzeichnungen

268 **I Wer zur Täuschung im Rechtsverkehr**

1. eine unechte technische Aufzeichnung herstellt oder eine technische Aufzeichnung verfälscht oder

2. eine unechte oder verfälschte technische Aufzeichnung gebraucht,

wird mit Freiheitsstrafe bis zu fünf Jahren oder mit Geldstrafe bestraft.

II Technische Aufzeichnung ist eine Darstellung von Daten, Mess- oder Rechenwerten, Zuständen oder Geschehensabläufen, die durch ein technisches Gerät ganz oder zum Teil selbsttätig bewirkt wird, den Gegenstand der Aufzeichnung allgemein oder für Eingeweihte erkennen lässt und zum Beweis einer rechtlich erheblichen Tatsache bestimmt ist, gleichviel ob ihr die Bestimmung schon bei der Herstellung oder erst später gegeben wird.

III Der Herstellung einer unechten technischen Aufzeichnung steht es gleich, wenn der Täter durch störende Einwirkung auf den Aufzeichnungsvorgang das Ergebnis der Aufzeichnung beeinflusst.

IV Der Versuch ist strafbar.

V § 267 Abs. 3 und 4 gilt entsprechend.

1) Die Vorschrift ist durch das 1. StrRG in Anknüpfung an § 306 E 1962 eingefügt worden; Abs. V wurde durch Art. 1 Nr. 64 des 6. StrRG (2f. vor § 174) geändert. 1

Schrifttum: *Freund* JuS **94**, 207; *Kienapfel* JZ **71**, 163 und Maurach-FS 431; *Kunz* JuS **77**, 604; *Lampe* NJW **70**, 1097, GA **75**, 1; *Lenckner,* Computerkriminalität u. Vermögensdelikte, 1981; *Puppe,* Die Fälschung technischer Aufzeichnungen, 1972 (zit. *Puppe*), MDR **73**, 460, NJW **74**, 1174; *Schilling,* Fälschung technischer Aufzeichnungen, 1970; *Schneider* JurA **70**, 241; *Sieber,* Computerkriminalität und Strafrecht, 2. Aufl. 1980 [hierzu *Maiwald* ZStW **96**, 99]; *Steinke* NJW **75**, 1867; *Widmaier* NJW **70**, 1358; *Zielinski,* Arm. Kaufmann-GedS 605. 1a

2) § 268 soll der **Sicherheit und Zuverlässigkeit des Rechts- und Beweisverkehrs** mit Aufzeichnungen aus technischen Geräten dienen. **Rechtsgut** ist die Sicherheit der Informationsgewinnung durch solche Geräte (*Sieber* 303; str.; **aA** *Lackner/Kühl* 2), über Abs. V iVm § 263 III Nr. 2 aber auch das Vermögen derjenigen, die auf die Ordnungsmäßigkeit von Aufzeichnungsvorgängen vertrauen (35, 37 zu § 267). Die Vorschrift ist im Hinblick auf die Angleichung an den Urkundenbegriff und -tatbestand nach allgM missglückt (vgl. auch *Haft* NStZ **87**, 7; *Freund* JuS **94**, 207 und Urkundenstraftaten 252; NK-*Puppe* 5; *W/Hettinger* 861) und hat zu zahlreichen Streitfragen geführt. Ihre **praktische** Bedeutung beschränkt sich seit jeher auf Fälle der Manipulation von Fahrtenschreibern (vgl. auch LK-*Gribbohm* 4). 2

3 **3) Nach II** sind **technische Aufzeichnungen A. Darstellungen,** womit (anders als in § 11 III, dort 33) Aufzeichnungen gemeint sind, bei denen die Information in einer selbstständigen und dauerhaft verkörperten vom Gerät *abtrennbaren Sache* enthalten ist (BGH **29**, 205; *Kienapfel* JR **80**, 429; *Puppe* JZ **86**, 949; Düsseldorf VM **75**, 54; *Hirsch* ZStW **85**, 715; *Eser* IV 19 A 78; *W/Hettinger* 862; **aA** MDR/H **78**, 988; Frankfurt NJW **79**, 118; LG Marburg MDR **73**, 65; *S/S-Cramer/Heine* 9; SK-*Hoyer* 9; *Freund* JuS **94**, 208), also zB das Fahrtschreiberschaublatt (BGH **40**, 28 [hierzu *Geppert* JK 4]; Düsseldorf MDR **90**, 73 m. Anm. *Puppe* NZV **89**, 477); auch **Lichtbilder**, die mit einer automatischen Messvorrichtung gekoppelt sind (Verkehrsüberwachung; unten 7). *Nicht* hierher gehört der Kilometerstand eines Tachometers (BGH **29**, 204) oder selbstständige Wertangaben an Zählwerken oder der Zeigerausschlag einer Messuhr. Im Einzelnen geht es um Darstellungen von

4 **a) Daten** (vgl. Prot. V/3162). Nach *Haft* NStZ **87**, 8 sind das „codierte, auf einen Datenträger fixierte Informationen über eine außerhalb des verwendeten Zeichensystems befindliche Wirklichkeit" (vgl. zum Datenbegriff auch *Welp* iur **88**, 444). Die Information muss in einer für die DVA erkennbaren Weise codiert sein, egal ob und auf welche Weise die Daten tatsächlich verarbeitet werden (*Rösler* iur **87**, 413). Der Begriff der Daten umfasst Eingabe-, Ausgabe-, Stammdaten und Zwischenergebnisse und ist der Oberbegriff für

5 **b) Mess- oder Rechenwerten,** zB bei Längen-, Geschwindigkeits-, Schallpegel-, Mengen- oder Temperaturmessgeräten, Zeitaufzeichnungsgeräten (zum Ausdruck von Parkscheinautomaten vgl. *Hecker* JuS **02**, 224 f.) oder automatischen Waagen;

5 a **c) Zuständen,** zB bei Materialprüfungen, Wärmemessungen durch Thermografen, medizinischen Untersuchungen durch Strahlenschutz-Messsysteme für Röntgen-, Gamma-, Photonenstrahlen;

6 **d) Geschehensabläufen,** d. i. die Darstellung von Zuständen in ihrer zeitlichen Abfolge, insbesondere auf Fahrtschreiberaufzeichnungen bei Kraftfahrzeugen (§ 57 a StVZO) und Lokomotiven; aber auch in der Medizin (zB EKG, EEG).

7 **B.** Die Darstellung muss durch ein **technisches Gerät** ganz oder zT (hierzu krit. *Kienapfel* JZ **71**, 163; *Puppe* 192, 232 u. NK 8; vgl. LK-*Gribbohm* 13, 15) **selbsttätig bewirkt** werden, deren Entstehung und Gestalt also dem technischen Prinzip der Automation verdanken (and. NK-*Puppe* 18 ff.). Aus diesem Grunde gehören **nicht** hierher elektrische Schreibmaschinen, Schreibautomaten, Stechuhren (**aA** *Franke* JuS **82**, 679), auch Tonbandträger nicht für sich allein, sondern allenfalls iVm einer umfassenderen automatisch arbeitenden Anlage; ebenso wenig **Fotokopien** (BGH **24**, 142; Köln StV **87**, 297, hierzu *Geppert* JK 10 zu § 267; *Sieber* 311; **aA** *Schröder* JR **71**, 470; SK-*Hoyer* 19; *Heinrich* CR **97**, 627; krit. *Freund* JuS **94**, 208); grds. auch nicht **Fotografien** oder Filme, da sie keine neuen Informationen erzeugen, sondern vorhandene reproduzieren (LK-*Gribbohm* 17; NK-*Puppe* 13; *Tiedemann* Markenartikel **87**, 413). Dasselbe gilt für **gescannte Daten** (*Welp* CuR **92**, 293 f.; LK-*Gribbohm* 17). Bei automatischen **Kameras zur Verkehrsüberwachung** sowie bei anderen Bildaufzeichnungsgeräten liegt dies freilich anders, wenn zusammen mit dem Bild weitere Daten (zB Datum, Uhrzeit, gemessene Geschwindigkeit) aufgezeichnet werden (vgl. unten 11 b).

8 **C.** Die Darstellung muss den **Gegenstand der Aufzeichnung** (hierzu Puppe 101, 235; JR **78**, 124), d. i. nach hM dessen *Bezugsobjekt* (*S/S-Cramer/Heine* 19; *Lackner/Kühl* 3 c) **erkennen lassen,** und zwar allgemein, dh für jedermann (zB bei Wiegestreifen) oder auch nur für Eingeweihte (zB Fahrtschreiberdiagramme, EKG), uU auch nur über technische Hilfsmittel (vgl. LK-*Gribbohm* 20 ff.; krit. *Puppe* 238; *Sieber* 314). Das aufzeichnende Gerät braucht nicht individualisierbar zu sein (*S/S-Cramer/Heine* 23 a), wohl aber muss der Gerätetyp feststehen, damit die Garantiefunktion einer selbsttätigen Aufzeichnung überhaupt entstehen kann (**aA** *Schilling*

[1 a] 56). Die Herstellung angeblicher Aufzeichnungen eines bestimmten Gerätetyps (zB Diagrammschreiber) mit Hilfe eines zweckentfremdeten oder umgebauten, aber „selbstständig" arbeitenden völlig anderen Geräts ist, nicht anders als eine Herstellung von Hand, eine Täuschung über die Ordnungsgemäßheit des Aufzeichnungsvorgangs; sie ist mit einer Eingabe falscher Daten nicht gleichzusetzen. Daher unterfällt auch die Verwendung manipulierter Aufzeichnungsträger, die zu analog korrekten, jedoch inhaltlich falschen Aufzeichnungen führen, § 268 (Verwendung von für das Gerät nicht bestimmten Diagrammblättern: BGH **40**, 26 m. zust. Anm. *Puppe* JZ **97**, 494 u. *Geppert* JK 4; Stuttgart NStZ **93**, 344 m. zust. Anm. *Puppe* JZ **93**, 330; *Lackner/Kühl* 8; *M/Schroeder/Maiwald* 2/154; *Hirsch* ZStW **85**, 726; **aA** Bay **73**, 155; *S/S-Cramer/Heine* 32; *Schilling* [1 a] 65; *Rüth/Berr/Berz* 22 zu § 57 a StVZO).

D. Zum **Beweis** einer **rechtlich erheblichen Tatsache** muss die Aufzeichnung **bestimmt** sein (hierzu 9 zu § 267; krit. *Kienapfel* Urkunden II 192; *Puppe* 148), und zwar von vornherein *(Absichtsbeweismittel),* zB bei Strom- und Gaszählern für die Gebührenberechnung, oder erst später *(Zufallsbeweismittel).* Aufzeichnungen zu rein technischen, innerbetrieblichen oder wirtschaftlichen Zwecken fallen nicht darunter. **9**

E. Gesamtaufzeichnungen sind ebenso wie Gesamturkunden (13 ff. zu § 267) denkbar, wenn mehrere Aufzeichnungen zu einem übergeordneten Ganzen mit selbstständigem Beweisgehalt verbunden werden. **10**

4) Tathandlungen nach I Nr. 1, 1. Var. ist das **Herstellen** einer **unechten** Aufzeichnung, d. i. das Anfertigen einer Aufzeichnung, die ihre Herkunft aus dem *ordnungsgemäßen* Arbeitsgang eines für solche Aufzeichnungen bestimmten Geräts *vortäuscht,* sei es, dass der Täter eine Aufzeichnung manuell nachmacht (zB unter Verwendung von entsprechendem Papier und Farbstoff eine Kurvenzeichnung fertigt), sich hierfür technischer oder mechanischer Hilfsmittel bedient oder zu diesem Zweck das technische Gerät selbst missbräuchlich einsetzt oder, wie **III** ausdrücklich erwähnt, durch störende Einwirkung auf den Vorgang der Aufzeichnung deren Ergebnis beeinflusst. Gespeicherte *Daten* (§ 202 a II) sind gegen Ausspähung, Fälschung und Veränderung nach den §§ 202 a, 269, 274 I Nr. 2, §§ 303 a, 303 b (vgl. 1 zu § 269) strafrechtlich geschützt. **Unecht** iS des § 268 ist somit eine Aufzeichnung dann, wenn sie überhaupt nicht aus einem technischen Gerät oder nicht aus dem Aufzeichnungsvorgang eines solchen in seiner Selbsttätigkeit ungestörten (manipulationsfreien) Gerät stammt, obwohl sie nach Form und Inhalt einen solchen Eindruck erweckt. **11**

Der **Begriff der Echtheit im Sinne des § 268** stimmt, da es hier keinen Aussteller und keine Erklärung gibt, mit dem des § 267 (dort 18) nicht überein. Er ist vielmehr auf die Herkunft aus einem Herstellungsvorgang bezogen, „der in seinem Ablauf durch die selbsttätige Arbeitsweise des betreffenden technischen Geräts zwangsläufig vorgegeben ist und der bei richtig inganggesetztem und ordnungsgemäß arbeitendem Gerät die Zuverlässigkeit der Aufzeichnung verbürgt" (so E 1962, 482; Bay **73**, 156; VRS **55**, 425). § 268 schützt auf diese Weise die *Authentizität* des automatisierten Herstellungs*modus,* der freilich bei intaktem Gerät auch die sachliche Richtigkeit des Ergebnisses gewährleistet, so dass der Sache nach ein – allein auf das maschinell-gerätetypische und manipulationsfreie Herstellungsverfahren bezogener – **sachlicher Richtigkeitsschutz** vorliegt (LK-*Gribbohm* 26; vgl. NK-*Puppe* 34). Im Bereich der EDV ist eine unechte Aufzeichnung gegeben, wenn hinsichtlich der Ausgangsinformation, der gerätespezifischen Verarbeitungsregel und der Endinformation die tatsächlichen Werte den sich für den Betrachter ergebenden scheinbaren Werten nicht entsprechen (hierzu im Einzelnen *Sieber* 322 ff.). **11 a**

Kein Herstellen einer unechten Aufzeichnung (sondern ggf § 263) liegt in der täuschenden Verwendung einer Aufzeichnung, zB wenn sie ausgewechselt, unterschoben oder mit einer anderen Sache in einen irreführenden Beweisbezug gebracht wird, etwa durch falschen Namenseintrag auf einem Fahrtschreiberschaublatt (KG VRS **57**, 122; AG Langen MDR **86**, 603) oder durch Verfälschen eines Patientennamens auf einem EKG (*Lackner/Kühl* 9; *W/Hettinger* 873), es sei denn, **11 b**

es würde ein Beweisbezug zu einer anderen Sache dadurch herbeigeführt, dass in den perpetuierten selbsttätig hergestellten Beweisbezug einer zunächst echten Aufzeichnung eingegriffen wird (*S/S-Cramer/Heine* 37; *Schneider* JurA **70**, 253). Daher ist § 268 auch nicht gegeben, wenn ein Lkw-Fahrer Fahrtenschreibblätter für „Fahrer" und „Beifahrer" jeweils mit seinem Namen versieht, um sie im Laufe einer Alleinfahrt zur Täuschung über die Lenkzeiten auszutauschen (Stuttgart NStZ-RR **00**, 11; vgl. dazu auch Karlsruhe VRS **97**, [1999], 166; Bay NZV **99**, 344 [§ 267 bei Verwendung eines zweiten Schaublatts mit falschem, aber verwechslungsfähigem Namen]; NStZ-RR **01**, 371). Kein Herstellen einer unechten Aufzeichnung ist ferner das *Weiterarbeitenlassen* eines (infolge Verschleißes, geräteimmanenter Mängel oder Unfalls) *defekten Geräts* (vgl. BGH **28**, 306, 308, hierzu *Puppe* JZ **86**, 950). In diesen Fällen können Aufzeichnungen „unrichtig" sein, sie sind aber nicht „unecht" (Bay VRS **55**, 426), anders jedoch im Falle manipulatorischer Störungen (unten 13). Schon dem Wortsinn nach ausgeschlossen sind Handlungen, durch welche das Entstehen einer technischen Aufzeichnung (ganz) *verhindert* wird; dazu zählen auch manipulationsbedingte, als solche erkennbare Aufzeichnungen von „0-Werten". Auch durch das bloße **Verändern des Bezugsobjekts** wird keine unechte technische Aufzeichnung hergestellt, wenn damit nicht in den Aufzeichnungsvorgang selbst eingegriffen wird. So unterfällt das Verändern des Gewichts eines auf einer öffentlichen Waage gewogenen Gegenstands nicht § 268 I, wenn das tatsächliche – wenn auch uU durch Manipulationen veränderte – Gewicht ordnungsgemäß aufgezeichnet wird. Durch die Verwendung einer sog. „Gegenblitzanlage", mit der eine Abbildung der ein Kraftfahrzeug führenden Person auf dem von einer **Überwachungskamera** hergestellten Foto verhindert wird, wird keine „unechte" Aufzeichnung hergestellt (LG Flensburg NJW **00**, 1664; *Geppert* DAR **00**, 106; **aA** AG Tiergarten NStZ-RR **00**, 9); dasselbe gilt für das Anbringen von Reflektoren an Sonnenblende und Rückspiegel (München NJW **06**, 2132 f. [Anm. *Mann* NStZ **07**, 271) oder von reflektierender Folie am Kennzeichen (vgl. dazu auch BGH **45**, 197; Düsseldorf NJW **97**, 1793). Hier liegt ein „täuschendes Beschicken" des Aufzeichnungsgeräts vor (vgl. unten 13 a), das Abs. III nicht unterfällt (**aA** München NJW **06**, 2132, 2133 [das § 303 annimmt]; NK-*Puppe* 40: Verhinderung der Entstehung einer techn. Aufzeichnung).

12 **B.** Tathandlung nach **I Nr. 1, 2. Var.** ist das **Verfälschen einer** bereits vorhandenen (Bay **73**, 156, echten oder unechten) **Aufzeichnung** (Unterfall von 10), dh eine Veränderung in rechtserheblicher Weise, die vortäuscht, als trüge sie im veränderten Zustand die Gestalt, in der sie nach ordnungsgemäßem Herstellungsvorgang das Gerät verlassen hat; zB durch Zusätze oder Radieren, und zwar an der Aufzeichnung selbst oder auf deren *perpetuierten* Beweisbezug (*S/S-Cramer/Heine* 42) und nicht etwa nur auf einem nichtautomatisch hergestellten Bezugsvermerk. Veränderungen von sachlich unrichtigen Aufzeichnungen *zum Richtigen hin* sind auch tatbestandsmäßig, es wird aber idR am Unrechtsbewusstsein und an der Täuschungsabsicht fehlen.

13 **C. Abs. III** stellt die **störende Einwirkung auf den Aufzeichnungsvorgang** ausdrücklich der Tathandlung des I Nr. 1 gleich; es handelt sich um einen Unterfall des Herstellens (BGH **28**, 303; vgl. LK-*Gribbohm* 30). Abs. III setzt voraus, dass die Tat das Aufzeichnungsergebnis beeinflusst, also einen fehlerfreien Funktionsablauf des Geräts in Mitleidenschaft zieht (BGH **28**, 305) zB durch das Verstellen einer zum EG-Kontrollgerät gehörenden Zeituhr (Hamm NJW **84**, 2173; Bay MDR **86**, 688); Verbiegen des Geschwindigkeitsschreibers (Bay **95**, 46). Reparatureingriffe fallen daher **nicht** unter den Tatbestand (LK-*Gribbohm* 31; *S/S-Cramer/Heine* 51; SK-*Hoyer* 31; vgl. *Freund* JuS **94**, 209); auch nicht der Austausch von Fahrtenschreiberblättern (Stuttgart NStZ-RR **00**, 11 [Bespr. *Kudlich* JA **00**, 82]; Bay NStZ-RR **01**, 371); das Nichteinlegen eines Schaublatts (Bay DAR/R **69**, 25, 231).

13 a **a)** *Nicht* hierher gehört ferner das „täuschende Beschicken" des Geräts (1 StR 135/90), also eine input-Manipulation (*S/S-Cramer/Heine* 48; *M/Schroeder/Mai-*

wald 65/85; vgl. insoweit jedoch § 263a und § 269); Veränderungen am Bezugsgegenstand der Aufzeichnung (oben 11b); ebenso wenig die Fälle des Unterschiebens oder Austauschens von Aufzeichnungen (oben 11b). Nicht erfasst sind Manipulationen, welche die Ordnungsmäßigkeit der Aufzeichnung nicht beeinträchtigen, sondern nur deren *Inhalt* nach dem Zweck der Aufzeichnung unbrauchbar machen; zB der Einsatz einer „Gegenblitzanlage" (München NJW **06**, 2132 [Anm. *Mann* NStZ **07**, 271]; LG Flensburg NJW **00**, 1664 [Bespr. *Martin* JuS **00**, 822; **aA** AG Tiergarten NStZ-RR **00**, 9 [Anm. *Rahmlow* JR **00**, 388]).

b) Hingegen sind im EDV-Bereich **Programm- und Konsolmanipulationen,** weil hierdurch über den Verarbeitungsmechanismus auf den output eingewirkt wird, Fälle des III (hierzu *Sieber* 54, 60, 325; NK-*Puppe* 41). **13 b**

c) Ein Fall des III liegt unzweifelhaft vor, wenn der Täter den Schreibstift eines EG-Kontrollgeräts verbiegt, damit eine niedrigere Geschwindigkeit aufgezeichnet wird (Bay **95**, 46), oder wenn er in derselben Absicht im Rahmen des Aufzeichnungsvorgangs *gerätefremde Diagrammscheiben,* zB ein Schaublatt für eine Höchstgeschwindigkeit von 105 km/h anstelle eines solchen für 120 km/h verwendet (BGH **40**, 28, hierzu *Geppert* JK 4, auf Vorlage Stuttgart NStZ **93**, 344 [m. zust. Anm. *Puppe* JR **93**, 330; *Geppert* JK 2 zu § 17]; *Lackner/Kühl* 8; *M/Schroeder/ Maiwald* 65/85; *Schneider* JurA **70**, 250; *H.J. Hirsch* ZStW **85**, 726; *Puppe* 253; **aA** Bay **73**, 155; *Eser* IV 19 A 84), denn die *gerätespezifische* Diagrammscheibe gehört zu einem ordnungsgemäßen Aufzeichnungsvorgang (vgl. oben 8). **13 c**

d) Auch das **Abschalten des Geräts** ist eine störende Einwirkung, wenn sie vorgenommen wird, um den kontinuierlichen Aufzeichnungsfluss zu stören und sein Ergebnis zu beeinflussen; zB durch Öffnen des Deckels des Fahrtschreibers mehrfach öffnet (LK-*Gribbohm* 39; *Lackner/Kühl* 8; *M/Schroeder/Maiwald* 65/85; *Puppe* NJW **74**, 1174 u. NK 40; *Eser* IV 19 A 84; **aA** Bay NJW **74**, 325; *S/S-Cramer/Heine* 48; *Schilling* [1 a] 65; *Hentschel* aaO). Abs. III liegt aber nicht vor, wenn durch die Abschaltung das Gerät gar nicht in Gang gebracht oder der Aufzeichnungsvorgang abgebrochen, also eine brauchbare Aufzeichnung überhaupt verhindert wird (Bay NJW **74**, 325). **13 d**

e) Str. ist, ob das **Unterlassen der Entstörung** eines defekten Geräts durch den Verantwortlichen unter III fällt, ob sich zB ein Kraftfahrer schon dadurch nach III strafbar macht, dass er mit einem defekten Fahrtschreiber (§ 57a StVZO) fährt und es unterlässt, ihn zu „entstören" oder durch einen intakten zu ersetzen (grundlegend BGH **28**, 300). Keinesfalls ist das Fahren selbst eine Tatbestandsverwirklichung iS des III durch positives Tun (Hamm VRS **52**, 279; LK-*Gribbohm* 34f.; and. wohl *Kienapfel* JR **80**, 348), denn es müsste sich auf die Störung als solche beziehen (BGH **28**, 306; *Lackner/Kühl* 9; *M/Schroeder/Maiwald* 65/86; hierzu NK-*Puppe* 43). Für die Frage, ob eine Tatbegehung iS des III durch Unterlassen vorliegt, ist zu **unterscheiden:** **13 e**

aa) ist der Fahrtschreiber durch **Verschleiß, Unfallschaden** oder durch sonstige unvorsätzliche Einflüsse (Eigendefekt) schadhaft, so entspricht das Unterlassen der Entstörung einer störenden Einwirkung nicht (Bay VRS **55**, 427), denn § 268 setzt stets eine Simulierung oder die manipulatorische Störung des Funktionsablaufs des Geräts voraus (BGH **28**, 307). Fehlt es daran, so haftet der Kraftfahrer für die Entstörung *strafrechtlich nicht* (vgl. jedoch § 57a II S. 1 iVm § 69a III Nr. 25, V Nr. 6, 6a, 6c StVZO). Das bloße (wenn auch vorsätzliche) *Ausnutzen* eines defekten Geräts unterfällt auch nicht I Nr. 1 (Ber. 37; BGH **28**, 307). **13 f**

bb) Daher ist mangels Vorsatzes auch nicht strafbar, wer nicht weiß, dass der Defekt auf eine Manipulation zurückgeht (BGH aaO); ein Unterlassungsdelikt nach § 13 iVm § 268 I Nr. 1, III liegt aber vor (offen gelassen in BGH **28**, 307), wenn der Kraftfahrer weiß, dass der Defekt des Fahrtschreibers manipulationsbedingt ist (vgl. Hamm VRS **52**, 279; LG Stade NJW **74**, 2018; LK-*Gribbohm* 35). **13 g**

14 **D.** Tathandlung nach **I Nr. 2** ist das **Gebrauchen** einer unechten oder verfälschten Aufzeichnung (vgl. zunächst 24 bis 26 zu § 267). Darunter fallen alle nach 10 bis 13f auf strafbare Weise entstandene Aufzeichnungen, nicht aber solche, die ausgewechselt, unterschoben, im Beweisbezug verändert worden (oben 11b), aber *nicht* solche, die zufolge Eigendefekts des Geräts (oben 13f) unrichtig sind (Prot. V/2412ff.; Bay **73**, 155; VRS **55**, 427; Frankfurt NJW **79**, 119; LG Stade NJW **74**, 2017m. insoweit zust. Anm. *Kienapfel* JZ **74**, 653; LK-*Gribbohm* 46f.; *S/S-Cramer/Heine* 63; *Lackner/Kühl* 9; *Sturm* NJW **69**, 1610; *Puppe* 261; **aA** Ndschr. **8**, 31, 260, 263; Hamm VRS **52**, 278). Demnach ist auch nach I Nr. 2 strafbar, wer von einer störenden Einwirkung erst nachträglich erfahren hatte und die Aufzeichnung aus einem solchen Gerät gebraucht, aber auch wer ein Falsifikat iS des § 268 in Fotokopie vorlegt (vgl. BGH **5**, 292; **aA** NK-*Puppe* 45).

15 5) **Vollendet** ist die Tat nicht erst dann, wenn die mit ihr bezweckte Täuschung erreicht ist. Tätige Reue ist auch nicht durch analoge Anwendung der §§ 31, 311b, 316a II möglich (LK-*Gribbohm* 56; **aA** *S/S-Cramer/Heine* 66). Hat der Täter gefälscht *und* gebraucht, so gilt 17ff. zu § 267 entsprechend. Beendet ist die Tat mit dem Gebrauchen (vgl. BGH **5**, 293; GA **55**, 246) oder mit der Täuschung im Rechtsverkehr, wenn sie gelingt. Der **Versuch** ist nach **IV** strafbar.

16 6) **Vorsatz** ist erforderlich, bedingter genügt (BGH **28**, 304). Er muss sich auf alle Merkmale der technischen Aufzeichnung (oben 3ff.) sowie auf die der jeweiligen Tathandlungen (oben 11ff.) beziehen, im Falle des I Nr. 2 insbesondere auf das manipulatorische Zustandekommen der Aufzeichnung (oben 14). Stets ist Handeln zur Täuschung im Rechtsverkehr erforderlich (26, 29ff. zu § 267).

17 7) **Abs. V** ordnet die Anwendung von § 267 III für **besonders schwere Fälle** (dort 35ff.) sowie des Qualifikationstatbestands des § 267 IV bei banden- **und** gewerbsmäßiger Begehung (43 zu § 267; 120 zu § 263) an. Sonstige Vorschriften: 48 zu § 267.

18 8) **Konkurrenzen.** Es gilt im Wesentlichen dasselbe wie bei § 267 (dort 44ff.), Tateinheit ist also zB möglich mit §§ 107a, 109a, 153ff., 164, 263, 271; § 370 AO; aber auch mit §§ 267, 269 und zwar nicht nur dann, wenn Urkunden mit technischen Aufzeichnungen oder mit beweiserheblichen Daten gekoppelt sind (vgl. oben 8), sondern auch wenn die Aufzeichnung oder die Daten mit Vermerken oder Unterschrift versehen werden (KG VRS **57**, 177; vgl. auch Stuttgart JZ **77**, 725) oder ein Aussteller sie autorisiert (3 zu § 267; LK-*Gribbohm* 58; *S/S-Cramer/Heine* 68; *Lackner/Kühl* 12; *Puppe* 264; *Sieber* 318). Die Ordnungswidrigkeit des § 57a II S. 1 iVm § 68a III Nr. 25 StVZO, § 24 StVG tritt gegenüber § 268 zurück. § 7c I Nr. 1c FPersG ist gegenüber § 268 nicht das speziellere Gesetz (Bay NZV **95**, 287).

Fälschung beweiserheblicher Daten

269 **I Wer zur Täuschung im Rechtsverkehr beweiserhebliche Daten so speichert oder verändert, dass bei ihrer Wahrnehmung eine unechte oder verfälschte Urkunde vorliegen würde, oder derart gespeicherte oder veränderte Daten gebraucht, wird mit Freiheitsstrafe bis zu fünf Jahren oder mit Geldstrafe bestraft.**

II Der Versuch ist strafbar.

III § 267 Abs. 3 und 4 gilt entsprechend.

1 1) **Allgemeines.** Die Vorschrift ist durch das 2. WiKG (2 vor § 263), eingeführt, Abs. III ist durch Art. 1 Nr. 65 des 6. StrRG (2f. vor § 174) geändert worden.

1a **Literatur**: *Buggisch*, Fälschung beweiserheblicher Daten durch Verwendung einer falschen E-Mail-Adresse?, NJW **04**, 3519; *Heghmanns*, Strrafbarkeit des „Phishing" von Bankkontendaten und ihrer Verwertung, wistra **07**, 167.

2 2) **Rechtsgut; kriminalpolitische Bedeutung.** Geschütztes Rechtsgut ist, ebenso wie in §§ 267, 268, die **Sicherheit und Zuverlässigkeit des Rechts- und Beweisverkehrs,** soweit er sich im Zusammenhang mit DV-Vorgängen beweiserheblicher Daten bedient (*Bühler* MDR **87**, 453; *Rösler* iur **87**, 412; *Wegschei-*

der CR **89**, 998; *S/S-Cramer/Heine* 4; krit. NK-*Puppe* 7), in III iVm § 267 III Nr. 2 auch das Vermögen (37 zu § 267).

§ 269 wurde bei seiner Einführung neben § 263 a für erforderlich gehalten, um computerspezifische Strafbarkeitslücken im Bereich der Urkundendelikte zu schließen (vgl. BT-Drs. 10/318, 31; 10/5058, 33; dazu *Möhrenschlager* wistra **82**, 203; **86**, 134; *Tiedemann* WM **83**, 1330; *ders.* JZ **86**, 869). § 269 misst computerspezifische Fälschungsvorgänge am Tatbestand der Urkundenfälschung (vgl. NStZ-RR **03**, 265, 266), dessen Struktur durch Merkmale gekennzeichnet ist, die computerisierte Arbeitsvorgänge gerade nicht aufweisen. Erst mit Hilfe einer **„urkundengerechten" Umsetzung** der DV-Vorgänge, die das Gericht im Wege einer „hypothetischen Subsumtion" (LK-*Gribbohm* 13; *S/S-Cramer/Heine* 18) vorzunehmen hat, ist festzustellen, ob die Computermanipulation nach § 269 strafbar ist. Hierdurch bleibt die Abgrenzung der Vorschrift unsicher, und es ist zw., ob solche Datenfälschungen in ihrer computerspezifischen Eigenart sachgemäß getroffen und umgrenzt sind (vgl. *Freund* JuS **94**, 209; weniger krit. *Achenbach* NJW **86**, 1835, *Tiedemann* JZ **86**, 870; *Haft* NStZ **87**, 9). Hinzu kommt, dass auch das Verhältnis zu § 263 a problematisch bleibt, dessen Tathandlungen zT auch Fälschungsmodalitäten enthalten (vgl. 5 ff. zu § 263 a). Umstritten ist auch das Verhältnis zu § 268 (vgl. NK-*Puppe* 41; 32 zu § 263 a). 2 a

3) Schutzgegenstand sind **Daten** (4 zu § 268), wenn sie **beweiserheblich** sind. 3
Durch den Begriff sollen nach der Regelungsabsicht des Gesetzes (vgl. Ber. 8) nur solche Daten erfasst werden, die „dazu bestimmt sind, bei einer Verarbeitung im Rechtsverkehr als Beweisdaten für rechtlich erhebliche Tatsachen benutzt zu werden" und die elektronisch, magnetisch oder sonst **nicht unmittelbar wahrnehmbar** gespeichert werden bzw bei Tatbegehung schon entsprechend gespeichert waren (Ber. 34; vgl. *Mürbe* Jura **92**, 325; *Buggisch* NJW **04**, 3519, 3520 f.; Versuch einer allgemeinen DV-spezifischen Begriffsbestimmung bei *Dornseif/Schumann* JR **02**, 52 ff.). Der Zusatz „beweiserheblich" und die Anlehnung (dafür auch *Möhrenschlager* wistra **86**, 134) an den von der Rspr. seit langem entwickelten Begriff der Urkunde (2 zu § 267) legen die Annahme nahe, dass beweiserhebliche Daten nur solche nicht lesbaren Daten sein sollen, deren Einsatz die Verwendung von Urkunden ersetzt (*Haß* [1 a zu § 263 a] 43); auf die Art der Speicherung kommt es aber nicht an (so auch LK-*Gribbohm* 7). Auch optische Speicherung kommt wie bei § 263 a in Betracht (Ber. 34; *Haß* [1 a zu § 263 a] 43; *Möhrenschlager* wistra **86**, 134; *Granderath* DB **86**, Beil. 18, 5; *Wegscheider* CR **89**, 1001). Der fehlende Hinweis auf § 202 a II erklärt sich aus der Notwendigkeit, die Daten bereits in der Eingabephase zu schützen (Ber. 34; **aA** NK-*Puppe* 5). Bei auf Datenträgern gespeicherten Daten, die den **Zugang zu bestimmten Leistungen** eröffnen, sind jedenfalls solche Daten erfasst, die eine Zugangsberechtigung enthalten (zB EC- und Kreditkarten-Codierungen; *Richter* CR **89**, 306; *Hilgendorf* JuS **97**, 134; SK-*Hoyer* 16; *S/S-Cramer/Heine* 17; NK-*Puppe* 16; vgl. auch *Rossa* CR **97**, 227 [POS-, POZ-System; vgl. 15 zu § 266 b]); weiterhin die in **Telefonwertkarten** gespeicherten Wert- und Identifikationsdaten (NStZ-RR **03**, 265; LG Würzburg NStZ **00**, 374 [m. Bespr. *Hefendehl* NStZ **00**, 348]; AG Regensburg NJW **01**, 2897); ob dies auch für solche Daten gilt, die unmittelbar den Zugang eröffnen (Decodierung von Signalen, zB Pay-TV), erscheint fraglich (vgl. *Beucher/Engels* CR **98**, 105). Erfasst sind auch **per E-Mail** versendete Daten; wie bei Urkunden iS von § 267 kommt es auf die *Qualität* der Fälschung nicht an (**aA** *Graf* NStZ **07**, 129, 132).

4) Die **Tathandlungen** „Speichern" oder „Verändern" sind im Hinblick auf die 4
vom Gesetz vorausgesetzte hypothetische Subsumtion zu verstehen: Maßgebend ist, ob der Täter durch seine Tat eine unechte oder verfälschte Urkunde produziert hätte, wenn die Daten, auf die er eingewirkt hat, wahrnehmbar, also sichtbar wären (SK-*Hoyer* 4). Das setzt voraus, dass das Falsifikat mit Ausnahme der Erkennbarkeit des Ausstellers (für [gelockerte] Erkennbarkeit bei hypothetischer Wiedergabe *Möhrenschlager* wistra **86**, 135; *Granderath* [1 a zu § 263 a]) alle **Urkundenvoraussetzungen**

erfüllt und einen sachlichen **Aussagegehalt** enthält, der als eine von einem bestimmten **Aussteller** (zB dem für das Computerprogramm Verantwortlichen und dem hierüber Verfügungsberechtigten, vgl. 10 zu § 263 a) herrührende oder von ihm autorisierte ausdrückliche oder konkludente Erklärung erscheint.

5 **Speichern** der beweiserheblichen Daten ist gegeben, wenn der Täter sie auf einem Datenträger zum Zwecke ihrer weiteren Verwendung erfasst, kopiert, aufnimmt oder aufbewahrt (§ 3 V Nr. 1 BDSG; *Möhrenschlager* wistra **86**, 135; *Bühler* MDR **87**, 454). **Verändern** ist das inhaltlich Umgestalten der Daten (§ 3 V Nr. 2 BDSG). Die Tathandlung des Speicherns entspricht hierbei der des **Herstellens** einer unechten Urkunde, die des Veränderns der des **Verfälschens** einer echten Urkunde (§ 267 I; dort 18 ff.). Durch das Speichern oder Verändern muss ein Falsifikat entstehen, das – von der Wahrnehmbarkeit abgesehen – die **Merkmale einer falschen Urkunde** aufweist (vgl. NStZ-RR **03**, 265, 266 [Wiederaufladen von Telefonkarten]). der Wortlaut des § 269 erlaubt – anders als bei § 267 – auch die Verfälschung unzulässig gespeicherter Daten zu erfassen. Weitere Tathandlung ist (entsprechend der 3. Variante des § 267 I; vgl. dort 23 ff.) das **Gebrauchen** derart gespeicherter oder veränderter Daten.

5 a Die „falschen" Daten müssen, entsprechend § 267, einen **bestimmten Aussteller** (Urheber) erkennen lassen. Die Frage, wer bei DVVorgängen als Aussteller zu gelten hat, ist mitunter schwierig zu beantworten, wenn der Eigentümer oder Betreiber der DVAnlage und der für das Programm Verantwortliche und Verfügungsberechtigte (10 zu § 263 a) nicht personengleich sind (vgl. *Möhrenschlager* wistra **86**, 135; krit. SK-*Hoyer* 21). Ob das Versenden von **E-Mail-Nachrichten** (mit rechtlich erheblichem Inhalt) unter einer falschen Absender-Angabe dem Tatbestand unterfällt (so im Grds. *Buggisch* NJW **04**, 3519, 3521 f.; *Heghmanns* wistra **07**, 167 [zu „*Phishing*"-Mails]), ist nicht unzweifelhaft und wohl differenziert zu entscheiden. Eine § 267 I entsprechende Handlung liegt nur dann vor, wenn über die **Identität** des „Ausstellers", nicht allein über dessen **Namen** (oder über seine IP-Adresse) getäuscht wird. Bei **Phishing-Mails** unter dem Namen tatsächlich existierender Banken oder anderer Unternehmen (Finanzdienstleister; Aktionsplattformen; Internetprovider) ist § 269 gegeben; bei Verwendung tatsächlich nicht existierender Absender-Angaben (zB „*Volksbank AG*") wird die Urkunden-Vergleichbarkeit bestritten (so etwa *Graf* NStZ **07**, 129, 132). Wenn der *Aussteller selbst* eine Datenfälschung zu Täuschungszwecken vornimmt, so greift § 269 nicht ein, weil das Fälschungsergebnis keiner falschen Urkunde, sondern einer „schriftlichen Lüge" (18 zu § 267) entspricht (vgl. LK-*Gribbohm* 16; krit. *Zielinski*, Arm. Kaufmann-GedS 620). Die insoweit verbleibende „Lücke" des Gesetzes ist durch § 202 c idF des 41. StÄG vom 7. 8. 2007 geschlossen worden (vgl. Erl. dort).

6 **5) Subjektiver Tatbestand.** § 269 setzt **Vorsatz** voraus; bedingter Vorsatz genügt. Der Täter muss alle tatsächlichen Umstände kennen, aus denen sich ergibt (oben 4), dass im Wahrnehmungsfalle eine unechte oder verfälschte Urkunde vorläge (vgl. 28 zu § 267).

7 Er muss darüber hinaus **zur Täuschung im Rechtsverkehr** (30 zu § 267) handeln. Nach der ausdrücklichen Regelung des § 270 ist diese Voraussetzung bereits dann erfüllt, wenn es dem Täter lediglich darum geht, im Rechtsverkehr die fälschliche Beeinflussung einer DV zu bewirken.

8 **6)** Für die **Vollendung** der Tat gilt das in 32 zu § 267 Gesagte entsprechend. Nach **Abs. II** ist der **Versuch** strafbar.

9 **7) Die Strafe** entspricht der des § 267. Der **besonders schwere Fall** (**III** iVm § 267 III) ist durch Verweisung auf § 267 III nunmehr durch **Regelbeispiele** ausgeführt; vgl. i. e. 35 ff. zu § 267. Einen **Qualifikationstatbestand,** der die Tat zum Verbrechen macht, enthält III iVm § 267 IV bei gewerbs- und bandenmäßigem Handeln (vgl. dazu NStZ-RR **03**, 265, 267; dazu 43 zu § 267; 120 zu § 263).

10 **8) Konkurrenzen:** Im Verhältnis der verschiedenen Begehungsformen des § 269 untereinander gilt das 35 zu § 267 Gesagte. Im Übrigen wird oft **Tateinheit** mit § 263 a gegeben sein (vgl. StV **04**, 21, 23; *Rossa* CR **97**, 227); ferner ist Tateinheit mit §§ 263, 266, 267 (NK-

Puppe 39 ff.; **aA** *Lackner/Kühl* 12), 268, 274 I Nr. 1, 2, §§ 303, 303 a und uU auch mit § 303 b möglich.

Täuschung im Rechtsverkehr bei Datenverarbeitung

270 **Der Täuschung im Rechtsverkehr steht die fälschliche Beeinflussung einer Datenverarbeitung im Rechtsverkehr gleich.**

Die **Gleichstellungsvorschrift** ist durch Art. 1 Nr. 12 des 2. WiKG eingefügt worden. Für das Merkmal „Täuschung im Rechtsverkehr" wurde in der Lit. schon früher für ausreichend gehalten, dass Daten nicht einer Person zugeleitet, sondern maschinell in einen Computer eingelesen werden (vgl. BGH **40**, 203; *Maurer* NJW **95**, 1655). § 270 sichert dieses Auslegungsergebnis durch eine gesetzliche Klarstellung (vgl. *Haft* NStZ **87**, 9; anders SK-*Hoyer* 1 f.). Die Vorschrift hat nicht nur für § 269, sondern für alle Urkundentatbestände mit dem Merkmal „zur Täuschung im Rechtsverkehr" (§§ 152 a III, 267, 268, 271, 273, 281; vgl. *Möhrenschlager* wistra **82**, 204; **86**, 135; *Winkelbauer* CR **85**, 41; *Bühler* MDR **87**, 454) insoweit Bedeutung, als beim Einsatz von DV-Anlagen eine menschliche Kontrolle der eingegebenen Daten nicht stattfindet und ein täuschungsgleicher Effekt durch die fälschliche Beeinflussung der DV geschieht. Auf die Art und Weise der fälschlichen Beeinflussung kommt es hierbei nicht an. Die DV (3 zu § 263 a) selbst muss sich aber im konkreten Fall auf den Rechtsverkehr beziehen (RegE 34; vgl. NK-*Puppe* 6).

Mittelbare Falschbeurkundung

271 **I Wer bewirkt, dass Erklärungen, Verhandlungen oder Tatsachen, welche für Rechte oder Rechtsverhältnisse von Erheblichkeit sind, in öffentlichen Urkunden, Büchern, Dateien oder Registern als abgegeben oder geschehen beurkundet oder gespeichert werden, während sie überhaupt nicht oder in anderer Weise oder von einer Person in einer ihr nicht zustehenden Eigenschaft oder von einer anderen Person abgegeben oder geschehen sind, wird mit Freiheitsstrafe bis zu drei Jahren oder mit Geldstrafe bestraft.**

II Ebenso wird bestraft, wer eine falsche Beurkundung oder Datenspeicherung der in Absatz 1 bezeichneten Art zur Täuschung im Rechtsverkehr gebraucht.

III Handelt der Täter gegen Entgelt oder in der Absicht, sich oder einen Dritten zu bereichern oder eine andere Person zu schädigen, so ist die Strafe Freiheitsstrafe von drei Monaten bis zu fünf Jahren.

IV Der Versuch ist strafbar.

1) Die Vorschrift, die durch Art. 1 Nr. 80 des 1. StrRG, Art. 19 Nr. 140 EGStGB und Art. 1 Nr. 13 des 2. WiKG geändert wurde, ist durch Art. 1 Nr. 66 des 6. StrRG (2 f. vor § 174) um die Abs. II und III erweitert worden, die den Regelungsgehalt von §§ 272, 273 aF enthalten. Abs. II aF wurde Abs. IV. 1

2) Schrifttum: *Haefliger* SchweizZSt. **59**, 401; *Mankowski/Tarnowski,* Zum Umfang der Beweiskraft öffentlicher Urkunden, JuS **92**, 826; *Meyer,* Dreher-FS 425; *Schmid* SchweizZSt. **78**, 274; *Schnitzler* MDR **80**, 813; *Vogel* NJW **62**, 998; *Walder* SchweizZSt. **82**, 70; vgl. auch 7 zu § 267. 2

3) Schutzzweck. Die Vorschrift will mit § 348, der die Falschbeurkundung durch zuständige Amtsträger selbst betrifft (für Soldaten gilt § 48 WStG), verhindern, dass in öffentlichen Urkunden inhaltlich Falsches aufgenommen wird, und dient daher nicht wie § 267 dem Echtheits-, sondern dem **Wahrheitsschutz** durch Schutz der besonderen Beweiskraft öffentlicher Urkunden, RG **66**, 408. 3

4) Bewirken falscher Beurkundungen (Abs. I). Abs. I setzt eine Beurkundung oder Speicherung in **öffentlichen Urkunden, Büchern, Dateien oder Registern** voraus. Gegenstand der Beurkundung usw. müssen **Erklärungen, Verhandlungen oder Tatsachen** sein, die für **Rechte oder Rechtsverhältnisse** beliebiger Personen von **Erheblichkeit** sind. Diese Beschreibung schließt private 4

Urkunden, Bücher usw. aus; ebenso rechtsunerhebliche Erklärungen usw. in öffentlichen Urkunden. Sie umschreibt die Beschränkung des Schutzbereichs der §§ 271, 348 auf die Wahrheit und Verlässlichkeit öffentlicher Informationsträger mit besonderer, ihnen von Rechts wegen zukommender Richtigkeitsgewähr.

5 **A. Öffentliche Urkunden** iS des Strafrechts sind nur solche mit **Beweiskraft für und gegen jedermann;** nur sie genießen Wahrheitsschutz iS der §§ 271, 348 (LK-*Gribbohm* 22). Für den Begriff (hierzu *Meyer* [2] 425; *Kienapfel* JBl. **82**, 505) wird meist (BGH **19**, 21; NStZ **86**, 550 m. Anm. *Schumann* JZ **87**, 523; *Freund* JuS **94**, 307) auf §§ 415, 417, 418 ZPO verwiesen; der in §§ 271, 348 verwendete Begriff ist aber enger (LK-*Gribbohm* 9, 23). Ausländische Urkunden sind erfasst (KG JR **80**, 516), wenn deutsche Rechtsgüter durch sie geschützt oder (beim Missbrauch) beeinträchtigt sind (KG JR **80**, 516; Düsseldorf NStZ **83**, 221; *W/Hettinger* 906; vgl. § 438 ZPO; hM; aA *S/S-Cramer/Heine* 1; *Wiedenbrüg* NJW **73**, 301; vgl. auch *Schroeder* NJW **90**, 1406). Schlichte amtliche Urkunden, die zur Prüfung, Ordnung oder Erleichterung des inneren Dienstes und nicht für den Verkehr nach außen bestimmt sind, sind von § 271 in keinem Fall erfasst; zB nicht innerdienstliche Register (JR **54**, 308; 3 StR 84/81 [Einwohnermeldekartei]; Hamm NJW **77**, 594 [Bundeszentralregister]); innerdienstliche Aktenvermerke, Auskünfte und Bescheinigungen (BGH **17**, 66 zu § 7c EStG 1953).

6 Die **erhöhte Beweiswirkung** (öffentliche Beweiswirkung) ist stets konkret und in ihrer ggf. eingeschränkten Reichweite festzustellen (vgl. BGH **6**, 381; **20**, 187; **22**, 203; Köln NJW **07**, 1829 f.). Sie folgt, soweit sie sich nicht unmittelbar aus dem Gesetz ergibt (vgl. § 54 II, 55 PStG), aus einer am Schutzzweck des § 271 orientierten Auslegung, nicht unmittelbar aus §§ 415, 417, 418 ZPO (vgl. BGH **17**, 68; auch BGH **8**, 293; **19**, 21; **26**, 49; Bay **78**, 138), die zwar eine notwendige, aber nicht hinreichende Abgrenzung enthalten. Die Beweiswirkung iS des § 271 kann sich ausdrücklich aus einem Gesetz ergeben (zB §§ 54, 55 PStG; vgl. BGH **6**, 381), muss dies aber nicht (**aA** BGH **20**, 294, 295); es genügt, wenn sie unter Berücksichtigung der Verkehrsanschauung aus **Sinn und Zweck** des Gesetzes folgt (GrSen BGH **22**, 203; **26**, 11; Bay wistra **89**, 314; NStZ-RR **96**, 137; Rostock NStZ-RR **04**, 172173). Die Beweiswirkung setzt voraus. dass die Urkunde nicht nur für und gegen den Aussteller, sondern gegen jeden Dritten für die in ihr konstatierten Tatsachen Beweis erbringt (Bay wistra **89**, 315; *F. Meyer* [2] 434).

7 **Einzelfälle:** Als öffentliche Urkunden sind **zB** angesehen worden (teilweise überholt): Aufenthaltsbescheinigungen und -erlaubnisse (LM Nr. 8 zu § 348 II aF); **Anmeldebestätigung** des Einwohnermeldeamts (3 StR 84/83 [EzSt. Nr. 1]; der öffentliche Glauben bezieht sich aber nicht auf die Tatsache, dass die angegebene Person unter der Adresse tatsächlich wohnt, sondern nur darauf, dass sie sich unter der Angabe dieses Wohnorts angemeldet hat; vgl. 3 StR 337/72; München NStZ **06**, 575 f.; AG Bremen NStZ-RR **05**, 341 f.; LK-*Gribbohm* 52); Abschiebungsaussetzung (Duldung) nach § 17 I AuslG aF und Aufenthaltsgestattung nach §§ 55 ff. AsylVfG aF (MDR/H **77**, 283; Hamm NStE Nr. 3); Bescheid über die Ablehnung eines Asylantrages nach AsylVfG (Bay StV **95**, 29); **Personalausweis** (3 StR 84/81); ausländische **Reisepass** (KG JR **80**, 516); das **Grundbuch** (Stuttgart NStZ **85**, 365); abgestempelte **Kraftfahrzeugkennzeichen** (BGH **11**, 167; Hamburg NJW **66**, 1828); Erbschein- und Hoffolgezeugnis (BGH **19**, 87; MDR **63**, 941); **Lohnsteuerkarten** (1 StR 165/66); **Eichstempel** (RG **56**, 355); Pfandscheine städtischer Leihämter (RG **36**, 363); **Sparkassenbücher;** die Beurkundung eines Notars bei einer Lotterie (BGH **8**, 289); Protokoll des Wahlvorstandes über das Wahlergebnis (RG **56**, 390); Pfändungs- und Räumungsprotokolle des Gerichtsvollziehers (Bay NJW **92**, 1842); das **Gerichtsvollzieherprotokoll** über die Verhaftung eines Schuldners nach §§ 901 ff. ZPO (Hamm NJW **59**, 1333); von Zollbediensteten abgestempelte, wenngleich nicht unterschriebene SMGS-**Frachtbriefe** (Rostock NStZ-RR **04**, 172). Eine Bescheinigung der **Aufenthaltsgestattung** nach dem AsylverfG, die den ausdrücklichen Hinweis enthält, dass die wiedergegebenen Personalien allein auf den Angaben des Antragstellers beruhen, hat hinsichtlich dieser Angaben keine erhöhte Beweiskraft (Naumburg StV **07**, 134 [m. Anm. *Lam*]).

8 **B. Öffentliche Bücher** sind neben dem **Grundbuch** zB das **Ehe-, Lebenspartnerschafts-, Geburten-** und **Sterberegister** (§ 3 I PStG). Diese beweisen die

angemeldeten und eingetragenen Heiraten, Partnerschaftsbegründungen, Geburten und Todesfälle sowie einzelne dazu gemachte nähere Angaben (§ 54 I PStG). Im Eheregister werden bei der Eheschließung die Angaben nach § 15 I Nr. 1 bis 3 PStG (NJW **55**, 839) sowie die Folgebeurkundungen (§ 16 PStG) beurkundet, nicht aber etwaige sonstige Angaben (BGH **6**, 381); **zB** nicht das Alter der Trauzeugen (BGH **12**, 88). Durch das Geburtenregister werden die Angaben nach § 21 I Nr. 1 bis 4 PStG sowie die Folgebeurkundungen gem. § 27 PStG bewiesen ; nicht aber zB, wer der Vater eines nichtehelichen Kindes ist oder dass der nichteheliche Vater unbekannt ist (5 StR 379/59). Die nichteheliche Vaterschaft oder Mutterschaft (§ 21 III Nr. 3 PStG) wird auch bei Anerkennung vor dem Standesbeamten nicht bewiesen. Im Sterberegister werden die Angaben des § 31 I Nr. 1 bis 3 PStG bewiesen. Das Sicherungsregister (§ 4 PStG) hat gegenüber den Personenstandsregistern keine eigenständige Beweiskraft. Die Entscheidungs-*Gründe* von Entscheidungen, die den Registeränderungen zugrunde liegen, nehmen am öffentlichen Glauben nicht teil (NStZ **07**, 471, 472 [wirksamer Adoptionsbeschluss auf unzutreffender Tatsachengrundlage]).

C. Öffentliche Dateien oder Register sind das Vereins- und das Handelsregister (§ 55 BGB, § 12 HGB), *nicht* aber (vgl. oben 7) das Einwohnermelderegister (AG Bremen NStZ-RR **05**, 341; str.) und Zentralregister. Der Begriff der **Datei** erfasst auch elektronisch geführte und gespeicherte Register (insb. das elektronische **Grundbuch;** vgl. BT-Drs. 10/318, 32, 34; *Möhrenschlager* wistra **82**, 204; **86**, 135; NK-*Puppe* 6). Öffentliche Datei iSv § 271 ist jede **Datenurkunde** iS von § 269, die den inhaltlichen Anforderungen an eine öffentliche Urkunde genügt (SK-*Hoyer* 7; NK-*Puppe* 6; *Lackner/Kühl* 4). Erfasst sind auch das **Schlüsselverzeichnis** nach § 5 II SignG, das Schlüsselzertifikat nach § 4 V SignG sowie der sog. „Zeitstempel" nach § 9 SignG. 9

D. Die Beweiskraft muss sich nicht auf die gesamte Urkunde oder den gesamten Inhalt des Registers erstrecken (BGH **6**, 380; **19**, 22; **22**, 203). Welche **Teile** von der Beweiskraft erfasst werden, ist ggf. zu ermitteln. 10

So wird **zB** bei vielen Registeranmeldungen, so zum Handelsregister (§§ 8 ff. HGB), zwar bewiesen, wer die Erklärung abgegeben hat (RG **66**, 356), aber nicht deren inhaltliche Richtigkeit. Entsprechendes gilt für das Vereinsregister sowie die Handwerksrolle (Bay NJW **71**, 634). Der **Pass** beweist den Namen der abgebildeten Person (GA **67**, 19), aber auch ihr Recht, einen bestimmten Titel zu führen (NJW **55**, 839). Die Krankenversicherungskarte (§ 291 SGB V) beweist auch, dass der Inhaber zu den versicherungsberechtigten bzw. -verpflichteten Personen gehört. Privatschriftliche Bestätigungen über den (angeblichen) Bezug von Wohnungen unterfallen § 271 nicht (Köln NJW **07**, 1829). 10 a

Das **Grundbuch** bezeugt dingliche Rechte an einem Grundstück (Stuttgart NStZ **85**, 365), das Sparbuch einer öffentlichen Sparkasse nur die Ein- und Auszahlungen (BGH **19**, 201; Bay NJW **93**, 2947 [Postsparkassenbuch; vgl. dazu LK-*Gribbohm* 63]), die Begleiturkunde der Siegelhallen nach dem HopfenherkunftsbezG die Herkunft des Hopfens (BGH **8**, 46). Ausfuhrgenehmigungen nach Art. IV II des Washingtoner ArtenschutzÜbk und Einfuhrgenehmigungen nach der EWG-VO Nr. 3620/82 begründen den vollen Beweis der getroffenen Anordnungen, nicht aber die sachliche Richtigkeit und Rechtmäßigkeit dieses Inhalts (Frankfurt/M NStZ **94**, 235). Die Bescheinigung nach § 63 I AsylVfG *(nF)* ist auch hinsichtlich der Personalangaben eine öffentliche Urkunde und beweist auch die Identität der Person entsprechend dem Sinn und Zweck des Gesetzes zu öffentlichem Glauben (BGH **42**, 131, 135 [m. zust. Anm. *Puppe* JR **96**, 425]; **aA** zu § 20 IV AsylVfG aF NJW **96**, 470 [Anm. *Mätzke* JR **96**, 384]; vgl. auch Karlsruhe NStZ **94**, 135 [Anm. *Mätzke* NStZ **95**, 501]). Nach Hamburg NJW **64**, 935 beweist die Bestätigung der Handelskammer auf Zollpapieren für den Warenexport nicht die Richtigkeit der auf den Lieferantenrechnungen vermerkten Preise. Dasselbe gilt für einen von einer Zollstelle ausgestellten Kraftstoffausweis (Köln NJW **59**, 1981; Düsseldorf MDR **64**, 945). 10 b

10 c Die Beweiskraft einer amtlichen **Beglaubigung** beschränkt sich nach § 65 S. 2 BeurkG auf den im Beglaubigungsvermerk genannten Verwendungszweck. Nach § 65 BeurkG vorgenommene Beglaubigungen von Unterschriften oder Handzeichen erfüllen aber nicht die Form der öffentlichen Beglaubigung iS der §§ 129, 126 BGB. Die Beglaubigung einer Kopie oder Abschrift beweist deren Übereinstimmung mit dem Original (vgl. StV **01**, 634; *S/S-Cramer/Heine* 40a zu § 267). Im notariellen Protokoll der Hauptversammlung einer AG (§ 130 I AktG) nimmt auch das Datum der Errichtung an der Beweiskraft teil (Frankfurt NStZ **07**, 407, 408).

10 d Im **Justizbereich** haben erhöhte Beweiskraft die konstitutiven Zivilurteile (zB §§ 629, 636a, 640h ZPO; Bay NStZ-RR **96**, 137), hingegen fehlt sie zB Strafurteilen und Strafbefehlen dafür, dass der Verurteilte mit dem in der Urkunde genannten Namensträger personeneins ist (RG **41**, 201); entsprechendes gilt für gerichtliche Protokolle über die Vernehmung des Beschuldigten, für das **Hauptverhandlungsprotokoll** in Strafsachen samt eines darin befindlichen Rechtsmittelverzichts (Hamm NJW **77**, 592), zivilprozessuale **Protokolle** hinsichtlich der als anwesend bezeichneten Parteien (Bay NStZ-RR **96**, 137; Hamm NJW **77**, 593; NK-*Puppe* 11 zu § 348), sowie für das Gerichtsvollzieherprotokoll (Hamm NJW **59**, 1333), aber auch für die Erklärung des **Notars,** dass die Vertragsparteien geschäftsfähig seien (GA **64**, 309). Dagegen beweist die Beurkundung rechtsgeschäftlicher Vorgänge, so auch eines **Vergleichs,** dass die Parteien die betreffenden Erklärungen abgegeben haben, nicht aber dass sie inhaltlich richtig sind (NStZ **86**, 550 m. Anm. *Schumann* JZ **87**, 523; *Otto* JK 3 zu § 348). Bewiesen sind auch die **Personalien** der Beteiligten (Bay NJW **55**, 1567; krit. *F. Meyer* [2] 432). Die falsche Beurkundung der **Sprachkundigkeit** einer erschienenen Person durch einen Notar unterfällt nicht öffentlichem Glauben (BGH **47**, 39); auch nicht der Hinweis gem. § 10 II BeurkG darauf, auf welche Weise sich ein Notar Gewissheit über die Identität der Erschienenen verschafft hat (NJW **04**, 3195).

10 e **§ 276a** dehnt den Anwendungsbereich der §§ 275 und 276 auf **Fahrzeugpapiere** (Fahrzeugschein und -brief) aus. Der **Fahrzeugschein** ist eine öffentliche Urkunde (GA **93**, 230); er beweist nicht die Richtigkeit des vom Inhaber geführten Namens (BGH **20**, 188; GrSenBGH **22**, 201; DRiZ **79**, 150); auch nicht die Fabrikationskennzeichen des Fahrzeugs (BGH **20**, 186); vielmehr die Tatsache, dass das nach seinen Merkmalen beschriebene Fahrzeug zum öffentlichen Verkehr zugelassen ist (BGH **20**, 188; GA **93**, 230). Der **Führerschein** (BGH **33**, 192) beweist, dass dem Inhaber nach Ablegen der Fahrprüfung (**aA** Bay VRS **15**, 280) die Fahrerlaubnis erteilt (BGH **37**, 209) und er mit der im Führerschein bezeichneten Person identisch ist (NJW **55**, 840; VRS **15**, 424; Hamm VRS **21**, 363; Köln NJW **72**, 1337), dazu gehört auch sein Geburtsdatum (BGH **34**, 300 m. Anm. *Ranft* JR **88**, 382; *Geppert* JK 4 zu § 348; krit. *Freund* JuS **94**, 307), nicht aber sein Titel (NJW **55**, 839), auch nicht, ob und unter welchen Umständen er die gesetzlichen Voraussetzungen für die Erlangung des Führerscheins erfüllt, zB die theoretische Prüfung bestanden hat oder nicht (Hamm NStZ **88**, 26); Entsprechendes gilt für den **Ersatzführerschein** (dahingestellt in 3 StR 47/73; **aA** Köln NJW **72**, 1337); ebenso für den Führerschein zur **Fahrgastbeförderung** (Düsseldorf NZV **00**, 177). Der vorläufige Fahrausweis beweist nicht einmal die Erteilung der Fahrerlaubnis; Köln aaO; auch nicht der Vermerk im Führerschein, dass die Fahrerlaubnis nach § 15 StVZO aF erteilt ist, den Besitz einer ausländischen Fahrerlaubnis (BGH **25**, 96 [Anm. *Tröndle* JR **73**, 204]; **33**, 191 [Anm. *Marcelli* NStZ **85**, 100; *Puppe* JZ **86**, 950]), wohl aber der **Vermerk der Zulassungsstelle** im Kraftfahrzeugschein den Termin der nächsten Hauptuntersuchung (BGH **26**, 9), anders jedoch für die Abmeldebescheinigung der Zulassungsstelle über eine vorläufige Kraftfahrzeugstilllegung (§ 27 IV S. 2 StVZO, Bay VRS **57**, 284).

11 **E.** Die Beweiskraft einer Beurkundung oder Speicherung setzt schließlich voraus, dass sie durch eine **öffentliche Behörde** (29 zu § 11) oder eine mit öffentlichem Glauben versehene Person wie Notare (BGH **8**, 289) innerhalb des diesen

rechtlich zugewiesenen Geschäftskreises, bei Behörde innerhalb ihrer sachlichen und örtlichen **Zuständigkeit** erfolgt (hierzu näher LK-*Gribbohm* 10ff.). So muss zB die Beglaubigung von Abschriften zu den Amtsbefugnissen der ausstellenden Stelle gehören; es ist grundsätzlich die Stelle, die die Urschrift verwahrt; im selbstständigen Beurkundungsgeschäft ist es der Notar (§§ 20, 114, 115 BNotO). Zu landesrechtlichen Vorbehalten vgl. § 63 BeurkG. Urkunden von Bahn und Post unterfallen nach der Privatisierung idR nicht mehr § 271, soweit nicht in Einzelbereichen hoheitliche Befugnisse ausgeübt werden (**zB** bei förmlichen Zustellungen; vgl. §§ 33 I, 34 PostG; dazu LK-*Gribbohm* 60ff.). Die Beurkundung muss überdies in der vorgeschriebenen **Form** erfolgen, soweit diese nach Gesetz (vgl. zB §§ 8ff., 36ff., 39ff. BeurkG; § 762 II ZPO) oder Üblichkeit wesentlich ist. Fehlt ein wesentliches Formerfordernis (vgl. zB §§ 128, 129 BGB; Formvorschriften des VwVfG), so kommt keine öffentliche Urkunde zustande.

F. Tathandlung des Abs. I ist das Bewirken einer in tatsächlicher Hinsicht **unrichtigen** Beurkundung (vgl. 5ff. zu § 348), auch in der Form der **Speicherung** unrichtiger Daten (oben 13 aE); dh jede Verursachung (BGH **8**, 294; Köln NJW **67**, 742; *Lackner/Kühl* 5; *S/S-Cramer/Heine* 25; SK-*Hoyer* 22; **aA** NK-*Puppe* 31) der Eintragung durch einen (BGH **8**, 294) **gutgläubigen Amtsträger** (12ff. zu § 11; vgl. BGH **12**, 110; Bay OLGSt. 3 zu § 348). Für die falsche Beurkundung durch den Täter selbst gelten § 267 oder § 348. Ob der als Werkzeug handelnde Amtsträger fahrlässig handelt, ist ohne Bedeutung (Köln NJW **67**, 742). Handelt er vorsätzlich in kollusivem Einverständnis, so verwirklicht er § 348; der andere ist Anstifter oder Gehilfe dazu, während § 271 ausscheidet (*Lackner/Kühl* 7; *S/S-Cramer/Heine* 2; **aA** SK-*Hoyer* 6). § 271 ist aber verwirklicht, wenn der Täter weiß, dass der Amtsträger gutgläubig oder schuldunfähig ist. § 271 ist auch anzuwenden, wenn der Täter den Amtsträger **irrig** für gutgläubig (*Hruschka* JZ **67**, 212; LK-*Gribbohm* 87; *S/S-Cramer/Heine* 30; SK-*Hoyer* 34; **aA** RG **13**, 370; *Arzt/Weber* 33/21; *M/Schroeder/Maiwald* 66/21; NK-*Puppe* 41: Versuch) oder für bösgläubig hält (**aA** NK-*Puppe* 41: straflose versuchte Anstiftung zu § 348). Ist der Täter selbst zuständiger Amtsträger und damit tauglicher Täter, so kommt § 348 in mittelbarer Täterschaft in Betracht (3 StR 47/73). Außenstehende, die in öffentlichen Dateien falsche Daten speichern oder verändern, sind nicht nach § 271, sondern nach § 269 strafbar (*Lackner/Kühl* 8; *S/S-Cramer/Heine* 26; *W/Hettinger* 914; NK-*Puppe* 29; **aA** *Möhrenschlager* wistra **86**, 136). 12

5) Gebrauchen falscher Beurkundungen (Abs. II). Tatobjekt ist eine inhaltlich falsche Beurkundung oder Datenspeicherung iS des Abs. I. Diese muss nicht durch eine Tat nach I entstanden sein. 13

Tathandlung des Abs. II ist das **Gebrauchen** einer falschen Beurkundung oder Datenspeicherung **zur Täuschung im Rechtsverkehr.** Der Absatz, der inhaltlich § 273 1. HS aF entspricht, ist durch Art. 1 Nr. 66 des 6. StrRG (2f. vor § 174) eingefügt worden, um die §§ 271 bis 273 aF zusammenzuführen und zu straffen (BT-Drs. 13/8587, 45). Für das **Gebrauchmachen** gelten 23ff. zu § 267. 14

6) Subjektiver Tatbestand. § 271 setzt **Vorsatz** hinsichtlich der Unrichtigkeit der zu beurkundenden Tatsache usw. voraus; bedingter Vorsatz genügt. Der Vorsatz muss sich auf die Tatsachen erstrecken, aus denen sich die Beurkundung zu öffentlichem Glauben sowie deren Rechtserheblichkeit iS des § 271 ergibt (NJW **55**, 840; Naumburg StV **07**, 134, 135 [m. Anm. *Lam*]). Es genügt, wenn der Täter in der Laiensphäre über die Relevanz der Beurkundung iS der erhöhten Beweiswirkung eine Vorstellung hatte (*S/S-Cramer/Heine* 27). 15

Der Vorsatz des Abs. II muss die Unrichtigkeit der Beurkundung umfassen. Darüber hinaus muss der Täter **zur Täuschung im Rechtsverkehr** handeln (dazu 30f. zu § 267); der Wortlaut ist § 267 I angeglichen worden. Fälschliche Beeinflussung einer Datenverarbeitung im Rechtsverkehr steht der Täuschung im Rechtsverkehr gleich (§ 270). Auch die Irreführung mit einer im Ausland erschlichenen falschen öffentlichen ausländischen Beurkundung fällt, wenn sie im Inland 16 geschieht, unter Abs. II (KG JR **80**, 516; 5 StR 614/89; Frankfurt wistra **90**, 271), ebenso das Gebrauchmachen von einem nach Abs. I erlangten (nicht aber nach § 273 I Nr. 1 gefälschten) Pass oder Personalausweis.

17 **7)** Der **Versuch (Abs. IV)** beginnt im Fall des Abs. I mit dem Anfang des Bewirkens, im Fall des Abs. II mit der ersten auf Kenntnisnahme gerichteten Handlung. **Vollendet** ist die Tat im Fall des I mit der Beendigung der Beurkundung, im Fall des II mit dem Gebrauchen unabhängig davon, ob der Inhalt zur Kenntnis genommen wird und ob die beabsichtigte Täuschung gelingt.

18 **8) Abs. III** ist durch Art. 1 Nr. 66 des 6. StrRG eingefügt worden; er enthält eine **Qualifizierung** von Taten nach I und II und übernimmt den Regelungsgehalt von § 272 I, § 273 2. HS aF; der minder schwere Fall des § 272 II aF ist weggefallen (BT-Drs. 13/8587, 45). Der Tatbestand unterscheidet drei Fälle der Qualifikation:

18 a **A.** Handeln gegen **Entgelt** (§ 11 I Nr. 9), also im Hinblick auf eine in einem Vermögensvorteil (105 ff. zu § 263) bestehende Gegenleistung ohne Rücksicht darauf, ob eine Bereicherung angestrebt oder erreicht wird;

18 b **B.** Handeln in der **Absicht,** sich oder einen Dritten zu **bereichern,** also für sich oder einen anderen einen Vermögensvorteil zu erlangen. Das kann **zB** die Einsparung der Kosten einer neuen Fahrerlaubnisprüfung sein (BGH **34**, 302); die Ersparnis sonstiger Aufwendungen; Erhalten eines durch eine strafbare Vortat erlangten Vorteils. Nicht ausreichend ist das Bestreben, sich durch die Tat ein Beweismittel für einen Prozess zu verschaffen. *Rechtswidrig* muss der Vermögensvorteil im Gegensatz zu § 263 nicht sein (RG **52**, 93; **aA** *S/S-Cramer/Heine* 43; *Lackner/Kühl* 11; SK-*Hoyer* 34; NK-*Puppe* 61; offen gelassen Frankfurt wistra **90**, 271); dem Vorteil braucht auch kein Schaden zu entsprechen (NK-*Puppe* 62);

18 c **C.** Handeln in der **Absicht,** eine andere Person zu **schädigen.** Damit ist nicht nur ein Vermögensschaden, sondern jeder Nachteil gemeint; es genügt die Absicht, das Ansehen der anderen Person zu schädigen. Rechtswidrig muss der Schaden nicht sein; ihm muss bei einer Vermögensschädigung auch kein Vorteil des Täters entsprechen (NK-*Puppe* 62). Die Absicht ist als zielgerichtetes Handeln zu verstehen (Bay StV **95**, 29; Köln JR **70**, 470 m. Anm. *Schröder*; *Lackner/Kühl* 11; SK-*Hoyer* 32; LK-*Gribbohm* 93; **aA** NK-*Puppe* 65; *S/S-Cramer/Heine* 2 zu § 272 aF [direkter Vorsatz genügt]).

19 **9) Konkurrenzen. Tateinheit** ist möglich mit § 169 (RG **25**, 188); § 171 (Hamm HESt. **2**, 328); § 246 (Köln NJW **67**, 742); § 263 (BGH **8**, 50); 293; aber auch mit § 267, falls die Falschbeurkundung mittels gefälschter Papiere erzielt wird, oder falls der Täter die unter einem falschen Namen abgegebene Erklärung auch mit diesem Namen unterschreibt (RG **72**, 228), desgl. mit §§ 263, 263 a, 269; mit § 370 AO (Köln NJW **59**, 1981), § 95 II Nr. 2 AufenthG; wohl auch zwischen § 348 und § 271 III iVm II (LK-*Gribbohm* 114). Durch §§ 348, 26 wird § 271 verdrängt (vgl. oben 12). § 22 StVG tritt hinter § 271 zurück (Hamburg NJW **66**, 1827).

§ 272 [Aufgehoben durch Art. 1 Nr. 67 des 6. StrRG].

Verändern von amtlichen Ausweisen

273

I Wer zur Täuschung im Rechtsverkehr

1. **eine Eintragung in einem amtlichen Ausweis entfernt, unkenntlich macht, überdeckt oder unterdrückt oder eine einzelne Seite aus einem amtlichen Ausweis entfernt oder**
2. ***einen derart veränderten* amtlichen Ausweis gebraucht,**

wird mit Freiheitsstrafe bis zu drei Jahren oder mit Geldstrafe bestraft, wenn die Tat nicht in § 267 oder § 274 mit Strafe bedroht ist.

II Der Versuch ist strafbar.

1) Die Vorschrift wurde durch Art. 1 Nr. 68 des 6. StrRG (2f. vor § 174) neu eingeführt. Der Regelungsgehalt von § 273 aF ist in § 271 II, III übernommen worden. § 273 beruht auf einer Anregung des BRats (BT-Drs. 13/8587, 66) und soll einem kriminalpolitischen Bedürfnis Rechnung tragen, das durch die Beschränkung des § 274 auf täterfremde Urkunden (dort 2) vor allem in solchen Fällen besteht, in denen in die BRep. Einreisende belastende Vermerke in Ausweisen durch Manipulationen entfernen, um so die Einreise oder andere Vorteile zu erreichen (vgl. auch RA-BTag, Ber. BT-Drs. 13/9064, 20). Da Manipulationen an tätereigenen Ausweisen von § 274 I Nr. 1 nicht erfasst werden (dort 2; vgl. Köln JMBlNW **58**, 114; Braunschweig NJW **60**, 1120; Bay NJW **90**, 264; **97**, 1592) und überdies häufig die dort vorausgesetzte Schädigungsabsicht fehlen wird (vgl. Bay NJW **97**, 1592; *Kreß* NJW **98**, 643), andererseits § 267 I nicht eingreift, wenn eine Verfälschung nur solche Eintragungen betrifft, die nicht vom Urkundenaussteller stammen (19f. zu § 267), schließt § 273 insoweit eine Strafbarkeitslücke. Geschütztes **Rechtsgut** ist auch hier die Sicherheit und Zuverlässigkeit des Rechtsverkehrs im Hinblick auf das besondere Vertrauen in die inhaltliche Richtigkeit amtlicher Ausweise. Mittelbar werden die Allgemeinheit, aber auch Einzelne, vor den schädigenden Folgen des Vertrauens in die inhaltliche Wahrheit und Vollständigkeit der Eintragungen geschützt (zB Inanspruchnahme von Sozialleistungen). 1

Schrifttum: *Hecker,* Die missbräuchliche Verwendung von Ausweispapieren (usw.), GA **97**, 525; *Mätzke,* Die Sanktionslosigkeit von Manipulationen belastender Vermerke in amtlichen Ausweisen, MDR **96**, 19; *Reichert,* „Mein Paß gehört mir", StV **98**, 51. 1a

2) Tatobjekt ist ein **amtlicher Ausweis.** Das sind solche Urkunden, die von einer – deutschen oder ausländischen – Behörde oder sonstigen Stelle, die Aufgaben der öffentlichen Verwaltung wahrnimmt, ausgestellt sind, um die *Identität* einer Person oder ihre *persönlichen Verhältnisse* nachzuweisen (*Hecker* GA **97**, 526), also vor allem Pässe, Personalausweise, aufenthaltsrechtliche Papiere (3 zu § 276a), Geburtsurkunden, Dienstausweise, Führerscheine, Fahrzeugpapiere (2 zu § 276a), Jagdscheine, Waffenscheine, Flüchtlingsausweise, ferner Studenten-, Schüler- und Werksausweise, sofern sie nicht von privaten Stellen ausgestellt sind (*S/S-Cramer/Heine* 2). Obgleich § 276a durch das 6. StrRG nicht geändert wurde und daher auf § 273 nicht verweist, war eine Einschränkung des Begriffs des „amtlichen Ausweises" gegenüber §§ 275, 276 vom Gesetzgeber offensichtlich nicht gewollt. Unerheblich für § 273 ist, ob der Täter das alleinige Verfügungsrecht über die Urkunde hat (§ 274 I Nr. 1; vgl. 2 zu § 274); auch in seinem Alleineigentum stehende Ausweise sind von § 273 erfasst. 2

3) Tathandlung von **Abs. I Nr. 1** ist das Löschen von Eintragungen in den genannten Ausweisen durch Entfernen (zB durch Radieren, Abschneiden), Unkenntlich Machen (zB durch Schwärzen, Abändern des Inhalts), Überdecken (zB durch Überkleben, Weißen), Unterdrücken (zB durch Zusammenkleben mehrerer Seiten) oder Entfernen einzelner Seiten. Voraussetzung ist, dass sich diese Handlungen nicht schon als *Verfälschen einer Urkunde* nach § 267 I oder als Urkundenunterdrückung nach § 274 I Nr. 1 darstellen; § 273 kann daher nur eingreifen, wenn und soweit die betreffende Eintragung nicht entweder Teil einer (Gesamt)-Urkunde (13 zu § 267) ist (dann § 267 I), nicht ihrerseits den Urkundenbegriff erfüllt (zB bei mit Aussteller und Namenszeichen versehenen Änderungseintragungen; vgl. *S/S-Cramer/Heine* 3) oder dem Täter nicht ausschließlich gehört (dann § 274 I Nr. 1; unklar SK-*Hoyer* 1, 4, der § 273 nur auf – selbstständige – Urkunden beziehen will). Erfasst sind damit insb. vom Aussteller nicht herrührende nachträgliche Eintragungen (zB Ausweisungsvermerke, Einreiseverbote in Pässen), etwa durch Stempel, sowie Eintragungen des Ausstellers, die an der Garantiewirkung des § 267 I nicht teilhaben (vgl. Bay NJW **80**, 1057; *Oehler* JR **80**, 486; *Puppe* JZ **86**, 944). Bei maschinenlesbaren Ausweisen ist § 270 zu beachten. 3

4) Tathandlung des **Abs. I Nr. 2** ist das **Gebrauchen** (23ff.) eines iS von Nr. 1 inhaltlich verfälschten amtlichen Ausweises, gleichgültig durch wen und an welchem Ort die Veränderung vorgenommen wurde. Nr. 2 greift daher insb. dann ein, wenn der Urheber der Veränderung nicht festgestellt werden kann oder wenn auf eine außerhalb des Geltungsbereich des StGB vorgenommene Veränderung das deutsche materielle Strafrecht nach §§ 3ff. keine Anwendung findet (BT-Drs. 13/ 4

9064, 20). Dass I Nr. 2 nur ein Gebrauchen gegenüber Behörden und amtlichen Stellen erfasse (LK-*Gribbohm* 8 f.), lässt sich dem Wortlaut nicht entnehmen.

5 **5)** Der Täter muss **zur Täuschung im Rechtsverkehr** handeln; insoweit gilt das 30 zu § 267 Ausgeführte entsprechend. Die Täuschung muss sich wie in §§ 279, 281 auf den unrichtigen *Inhalt* des Ausweises beziehen. Im Übrigen reicht bedingter Vorsatz aus. Er muss die tatsächlichen Umstände umfassen, die das Dokument zum amtlichen Ausweis machen; eine falsche rechtliche Bewertung ist Subsumtionsirrtum. Hält dagegen der Inhaber eines privaten Ausweises (oben 2) den Aussteller irrtümlich für eine Stelle öffentlicher Verwaltung, so liegt Versuch (II) vor. Die Täuschung muss sich gerade auf das Fehlen der Eintragung richten; hieran fehlt es, wenn der Vorlegungsadressat sich hierfür nicht interessiert, etwa bei Vorlage eines Passes, aus dem ein Vermerk iS von oben 3 entfernt wurde, zur Anmeldung im Hotel (NK-*Puppe* 9).

6 **6) Vollendet** ist die Tat mit der Vornahme der Veränderung oder dem Gebrauchen; ein Erfolg der Täuschung ist nicht erforderlich. **Versuch** ist strafbar **(Abs. II);** er kommt zum einen bei technisch unzureichenden Handlungen nach I Nr. 1 in Betracht, wird dann aber häufig nach § 24 I straffrei sein; zum anderen bei irriger Annahme des Täters von Tatbestandsmerkmalen des I.

7 **7)** Eine **Rechtfertigung** durch Einwilligung des Ausweisinhabers kommt auch bei diesem allein gehörenden Ausweisen nicht in Betracht, da § 273 nicht die Sachsubstanz des Ausweises, sondern das Allgemeininteresse an dessen Richtigkeit schützt. Im Einzelfall kann § 34 eingreifen (*S/S-Cramer/Heine* 5 [Entfernen von Eintragungen, die in einem anderen Staat zu erheblichen, § 34 unterfallenden Gefahren führen]); politische oder sonstige Verfolgung im Heimatland führt auch iVm Art. 16 a I GG nicht zur Rechtfertigung des Gebrauchens verfälschter Pässe bei der Einreise (Frankfurt StV **97**, 78; LK-*Gribbohm* 249 zu § 267; **aA** AG Hannoversch-Münden StV **88**, 306; AG Frankfurt-Hoechst StV **88**, 306).

8 **8)** Die Strafbarkeit der **Teilnahme** richtet sich nach allgemeinen Regeln. Irrt der Teilnehmer einer Tat nach § 267 I oder § 274 I Nr. 1 über die Merkmale der Urkunde oder der Fremdheit (oben 5), so wird er nur wegen Teilnahme an § 273 bestraft.

9 **9) Konkurrenzen.** Bei Gebrauchen des Ausweises durch einen Täter des I Nr. 1 liegt, wie im Fall des § 267 I, nur *eine* Tat vor (35 zu § 267). Zum Verhältnis zu § 267 und zu § 274 I Nr. 1 vgl. oben 3. Verdrängt wird § 273 auch vom Versuch oder der Teilnahme an den genannten Taten. Werden zugleich mit Eintragungen nach § 273 auch andere Manipulationen an der Urkunde vorgenommen, die § 267 I unterfallen, so tritt § 273 gleichfalls zurück. Mit § 281 besteht Tateinheit.

Urkundenunterdrückung; Veränderung einer Grenzbezeichnung

274 **I Mit Freiheitsstrafe bis zu fünf Jahren oder mit Geldstrafe wird bestraft, wer**

1. **eine Urkunde oder eine technische Aufzeichnung, welche ihm entweder überhaupt nicht oder nicht ausschließlich gehört, in der Absicht, einem anderen Nachteil zuzufügen, vernichtet, beschädigt oder unterdrückt,**
2. **beweiserhebliche Daten (§ 202 a Abs. 2), über die er nicht oder nicht ausschließlich verfügen darf, in der Absicht, einem anderen Nachteil zuzufügen, löscht, unterdrückt, unbrauchbar macht oder verändert oder**
3. **einen Grenzstein oder ein anderes zur Bezeichnung einer Grenze oder *eines Wasserstandes bestimmtes* Merkmal in der Absicht, einem anderen Nachteil zuzufügen, wegnimmt, vernichtet, unkenntlich macht, verrückt oder fälschlich setzt.**

II Der Versuch ist strafbar.

1) Die Vorschrift idF des 1. StrRG wurde durch Art. 1 Nr. 15 des 2. WiKG (2 vor § 263) um den Fall der Datenunterdrückung (I Nr. 2) ergänzt. Sie regelt in I Nr. 1, 2 die mit §§ 267 bis 269 korrespondierenden Unterdrückungstatbestände und in I Nr. 3 (bisher Nr. 2) die Veränderung einer Grenzbezeichnung (Grenzverrückung). 1

Neueres Schrifttum: *Geppert,* Zum Verhältnis der Urkundendelikte untereinander, (usw.), Jura **88**, 155; *Kienapfel,* Zur Abgrenzung von Urkundenfälschung u. Urkundenunterdrückung, Jura **83**, 185; *Lindemann,* Zur systematischen Interpretation des § 274 Nr. 1 StGB im Verhältnis zum § 267 I Var. 2 StGB, NStZ **98**, 23; *Mewes,* Urkundenfälschung bei Personalienmanipulationen im Versandhandel, NStZ **96**, 14; *Reichert,* „Mein Paß gehört mir", StV **98**, 51; *Schneider,* Zur Strafbarkeit des Vernichtens von Schaublättern eines Fahrtenschreibers, NStZ **93**, 16.

2) Nach I Nr. 1 sind **Urkunden** iS des § 267 (Celle NJW **60**, 880; Köln VRS **50**, 421) und **technische Aufzeichnungen** (3 ff. zu § 268) geschützt, soweit sie als Beweismittel in Betracht kommen und echt sind (*Kienapfel* Jura **83**, 188; LK-*Gribbohm* 3; *S/S-Cramer/Heine* 4; SK-*Hoyer* 6; **aA** *Lampe* JR **64**, 14). 1 a

A. Voraussetzung ist, dass das Beweismittel (oben 1 a) dem Täter **überhaupt nicht** oder nicht ausschließlich **gehört,** dh wenn er nicht das alleinige Verfügungsrecht hat (BGH **6**, 251, 253 f.; Bay NJW **68**, 1896 f.; **80**, 1507 f.; NZV **89**, 81 [hierzu *Geppert* JK 8]; Celle NJW **66**, 557 f.; LK-*Gribbohm* 5); Täter kann daher auch der Eigentümer sein (BGH **29**, 192, 194). Es genügt, dass ein Dritter einen Anspruch auf die Beweisbenutzung oder auf Vorlegung der Urkunde hat (Celle NJW **66**, 557; Bay NJW **68**, 1896); zu den Fällen der kundenspezifischen Codierung von Markenwaren *Tiedemann* Markenartikel **87**, 414. Ein solcher Anspruch kann auch durch Vereinbarung mit demjenigen entstehen, von dem die Urkunde herrührt (AG Karlsruhe NJW **00**, 87 f.). Nach Braunschweig NJW **60**, 1120 gehört der **Führerschein** dem Inhaber ausschließlich, ebenso der **Reisepass** (Köln JMBlNW **58**, 114; Bay NJW **90**, 264; **97**, 1592; vgl. insoweit jetzt § 273 idF durch das 6. StrRG). Gesetzliche **Vorlegungspflichten** reichen für Nr. 1 grds aus (BGH **29**, 194 m. Bespr. *Puppe* JZ **86**, 948); anders soll das hinsichtlich der Vorlagepflichten zur Kontrolle verkehrsordnungsgemäßen Verhaltens sein (§ 31 a StVZO [Fahrtenbuch; *Schrader* DAR **74**, 40]; § 28 II GüKG [Zweibrücken GA **78**, 317; Wiegekarte]; vgl. auch Düsseldorf NJW **85**, 1232 [hierzu *Otto* JK 3]; MDR **90**, 73 [m. Anm. *Puppe* NZV **89**, 478]; Düsseldorf JR **91**, 250 m. Anm. *Bottke* [Fahrtschreiberschaublatt]; NStZ/J **89**, 566; *S/S-Cramer/Heine* 5; *Lackner/Kühl* 2; *W/Hettinger* 889; **aA** AG Elmshorn NJW **89**, 3295). Dass § 274 jedoch nur ein *vermögensrechtliches* Beweisinteresse von Hoheitsträgern schützt, ergibt sich weder aus der Systematik noch aus dem Wortlaut des Tatbestands (zutr. *Puppe* NZV **89**, 478 u. NK 4; *Bottke* JR **91**, 253 f.; *Schneider* NStZ **93**, 19 f.; zweifelnd LK-*Gribbohm* 9). 2

B. Tathandlungen: 3

a) Vernichten führt wie das Zerstören (14 zu § 303) zur Aufhebung der Gebrauchsfähigkeit, die bei einer Urkunde gegeben ist, wenn ihr gedanklicher Inhalt völlig beseitigt ist, so dass sie als Beweismittel nicht mehr vorhanden ist (RG **3**, 370), **zB** durch Entfernen eines Stempelaufdrucks (Bay NJW **80**, 1058, hierzu *Oehler* JR **80**, 485); Ersetzen der Unterschrift durch eine andere (NJW **54**, 1375); auch durch Wegnahme eines Zeichens, das nur in örtlicher Verbindung mit einer anderen Sache eine Urkunde darstellt. Die Veränderung der **Paginierung** von Aktenbestandteilen unterfällt § 274 nicht, da die Paginierung nicht den Erklärungsinhalt hat, die Blätter seien in bestimmter Reihenfolge eingegangen oder zur Akte genommen worden (NStZ **97**, 379; vgl. 3 zu § 267). Das Löschen von Tonbändern fällt nicht unter § 274, da Tonbänder weder Urkunden noch technische Aufzeichnungen sind (NK-*Puppe* 7; **aA** SK-*Hoyer* 11; *S/S-Cramer/Heine* 7).

b) Beschädigen (6 ff. zu § 303) ist gegeben, wenn an der Urkunde Veränderungen vorgenommen werden, die sie in ihrem Wert als Beweismittel beeinträchtigen, was zB beim Überkleben mit durchsichtigem Klebestreifen nicht der Fall ist 4

(Düsseldorf JR **83**, 428). Das Beschädigen ohne Beeinträchtigung der Beweiskraft fällt lediglich unter § 303. Wenn es den Beweisinhalt der Urkunde nur ändert, so kann bei entsprechendem Vorsatz ein Verfälschen der Urkunde iS des § 267 vorliegen, doch kann auch Tateinheit gegeben sein (*Kienapfel* Jura **83**, 196; weiter *Schilling* [1 a zu § 267] 27 ff.).

5 **c) Unterdrücken** liegt vor, wenn die Urkunde der Benutzung des Berechtigten zu Beweiszwecken entzogen wird (Düsseldorf NJW **89**, 115 f.). Ein dauerndes Vorenthalten oder eine besondere Heimlichkeit, wie durch Verstecken, wird nicht verlangt (Hamburg NJW **64**, 737), auch nicht eine örtliche Entfernung, wie beim Beiseiteschaffen nach § 288. Unterdrücken ist zB auch die Verweigerung der Herausgabe (vgl. *S/S-Cramer/Heine* 9; SK-*Hoyer* 13); das Entfernen eines Wahlzettels aus der Wahlurne; eines Zettels mit der Anschrift des Schädigers, den er an die Windschutzscheibe des beschädigten Autos gesteckt hatte (Celle NJW **66**, 557; Bay NJW **68**, 1896; AG Karlsruhe NZV **00**, 137); das Entfernen eines fest verbundenen Preisschilds von einer Ware (Köln NJW **73**, 1807; *S/S-Cramer/Heine* 8 b).

5 a **3) Nach I Nr. 2** sind **beweiserhebliche Daten** (3 zu § 269) geschützt, die aber zT schon I Nr. 1 („technische Aufzeichnungen", 4 zu § 268) unterfallen. Wenn I Nr. 2 sich (anders als § 269), wie sich aus dem Klammerhinweis ergibt, auf den Schutz von Daten iS des § 202 a II (vgl. dort; *Lenckner/Winkelbauer* CR **86** 827; *S/S-Cramer/Heine* 22 c; **aA** *Hilgendorf* JuS **97**, 325; NK-*Puppe* 8; *Lackner/Kühl* 5) beschränkt, so deshalb, weil hier nur existente gespeicherte oder übermittelte Daten geschützt werden.

5 b **A. Voraussetzung** für den Strafschutz ist ferner, dass der Täter über die Daten überhaupt **nicht** oder nicht ausschließlich **verfügen darf,** was dasselbe bedeutet wie die entsprechende Wendung in Nr. 1 (oben 2).

5 c **B. Tathandlungen** sind – ebenso (*Möhrenschlager* wistra **86**, 136) wie in § 303 a (dort 8 ff.) – **a)** das **Löschen,** dh das endgültige (*v. Gravenreuth* NStZ **89**, 206; LK-*Gribbohm* 39) Unkenntlichmachen gespeicherter Daten (§ 3 V Nr. 5 BDSG); es entspricht dem Vernichten einer Urkunde (oben 3) und dem Zerstören einer Sache (14 zu § 303); **b)** das **Unterdrücken** (oben 5); **c)** das Unbrauchbarmachen (9 zu § 133; 11 zu § 303 a) und **d)** das **Verändern,** dh das inhaltliche Umgestalten gespeicherter Daten (§ 3 V Nr. 2 BDSG; 12 zu § 303 a).

6 **4)** Der **Vorsatz** in den Fällen **I Nr. 1, 2** muss die betreffende Handlung an der Urkunde oder den Daten in ihrer Eigenschaft als Beweismittel umfassen. Hinzukommen muss die **Absicht,** einem anderen **einen Nachteil** zuzufügen, dh das Bewusstsein, dass der Nachteil die notwendige Folge der Tat ist (NJW **53**, 1924; MDR/D **58**, 140; Bay NJW **68**, 1896; Hamburg NJW **64**, 737; Celle NJW **66**, 557; Düsseldorf NJW **89**, 116; str. und zw.; *S/S-Cramer/Heine* 15; *Schröder* JR **64**, 230; **70**, 471; *Freund* JuS **94**, 212; aA NK-*Puppe* 12: bedingter Vorsatz), dh das Benutzen des gedanklichen Inhalts der Urkunde in einer aktuellen Beweissituation vereitelt wird (BGHR, Nacht. 1). Der Nachteil braucht nicht einzutreten; er braucht auch nicht vermögensrechtlicher Natur zu sein (BGH **29**, 196; Bay NZV **89**, 81), es genügt aber nicht die Beeinträchtigung irgendeines Rechtsguts außerhalb des Rechts- oder Beweisverkehrs (NK-*Puppe* 13) oder die Vereitelung des staatlichen Straf- oder Bußgeldanspruchs (Bay NZV **89**, 81 [hierzu *Geppert* JK 4]; **aA** AG Elmshorn NJW **89**, 3295). Der zu Benachteiligende braucht nicht der Eigentümer der Urkunde oder Verfügungsberechtigter über die Daten zu sein.

7 Bei **Einwilligung** des Berechtigten in die nicht sittenwidrige (BGH **6**, 252) Vernichtung ist die Rechtswidrigkeit ausgeschlossen (hM); bei irriger Annahme fehlt der Vorsatz.

8 **5) Konkurrenzen.** Tateinheit ist möglich mit § 267 (oben 4), mit §§ 268, 269 (*S/S-Cramer/Heine* 22 g; *B.-D. Meier* Jura **91**, 145; **aA** *Lackner/Kühl* 8), wenn das Verfälschen einer echten technischen Aufzeichnung oder beweiserheblicher Daten zugleich ein beweisbeeinträchtigendes Beschädigen oder Verändern ist; mit § 273, wenn in einem täterfremden Ausweis zugleich Eintragungen unterdrückt werden, die ihrerseits keine Urkunden sind (3 zu

§ 273); ferner mit §§ 242, 246 (oben 5), mit § 133 (München JZ **77**, 410), mit § 136 (krit. und grundsätzlich hierzu *Kienapfel* Urkunden II 159 und Jura **83**, 194; **aA** NK-*Puppe* 20; SK-*Hoyer* 27); nicht mit § 303; auch nicht mit § 303 a, da diese Vorschrift durch I Nr. 2 (Nachteilszufügungsabsicht!) qualifiziert wird (*Möhrenschlager* wistra **86**, 136).

6) I Nr. 3 behandelt die **Grenzzeichenverrückung.** 9

A. Gegenstand der Tat können sein, ohne dass es auf das Eigentum an der betr. Sache ankommt: 10

a) ein **Grenzstein oder ein anderes Merkmal,** das der Bezeichnung einer Grenze dient und zur Grenzbezeichnung von befugter Stelle **bestimmt** ist (RG **6**, 199). Es kann sich um künstliche oder naturgegebene Merkmale (Grenzbach, Hecke) handeln. Die Bestimmung kann erfolgen durch die zuständige Behörde (§ 919 II BGB) oder durch den übereinstimmenden Willen der Beteiligten (RG **56**, 193). Unerheblich ist, ob private oder öffentlich-rechtliche Grundflächen abgegrenzt werden sollen, ob die Grenzabmarkung richtig ist oder nicht (NK-*Puppe* 22). Das Grenzzeichen kann der Abgrenzung des Eigentums oder sonstiger dinglicher (zB Wege-)Rechte dienen, während nur persönliche Rechte, zB aus einem Pachtvertrag, ausscheiden (RG **20**, 196; str.); 11

b) ein **zur Bezeichnung eines Wasserstandes** bestimmtes Merkmal. Gemeint sind solche, die Nutzungsrechte abgrenzen sollen, nicht auch die allgemeinen Wasserpegel und Erinnerungsmarken an hohe Fluten (LK-*Gribbohm* 23). 12

B. Tathandlungen (Wahlfeststellung zulässig) sind:

a) Wegnehmen (dh von seiner Stelle entfernen; vgl. *Laubenthal* JA **90**, 43), **Vernichten** (dh ihre Substanz als Sache völlig beseitigen; oben 3), **Unkenntlichmachen** (14 zu § 90 a), **Verrücken** (dh an eine andere Stelle setzen). In den ersten drei Fällen ist es unerheblich, ob die Grenze noch anderweit ermittelt werden kann. Beim Verrücken kommt zu dem Entfernen des bestimmungsgemäßen Grenzzeichens der Wille hinzu, den Anschein zu erwecken, es handle sich um ein richtiges Grenzmerkmal. 13

b) Beim **fälschlichen Setzen** eines bisher nicht bestehenden Zeichens (RG **16**, 280) kommt lediglich dieser Wille in Betracht. Das Grenzmal muss äußerlich als solches erscheinen. 14

C. Zum **Vorsatz** des Täters gehört, dass er die Eigenschaft der Grenzmerkmale als solche gekannt hat. Dazu muss die Absicht kommen, einem anderen Nachteil zuzufügen, zB die Beweislage zu verschlechtern, vgl. oben 6. 15

Vorbereitung der Fälschung von amtlichen Ausweisen

275 **I Wer eine Fälschung von amtlichen Ausweisen vorbereitet, indem er**

1. Platten, Formen, Drucksätze, Druckstöcke, Negative, Matrizen oder ähnliche Vorrichtungen, die ihrer Art nach zur Begehung der Tat geeignet sind,

2. Papier, das einer solchen Papierart gleicht oder zum Verwechseln ähnlich ist, die zur Herstellung von amtlichen Ausweisen bestimmt und gegen Nachahmung besonders gesichert ist, oder

3. Vordrucke für amtliche Ausweise

herstellt, sich oder einem anderen verschafft, feilhält, verwahrt, einem anderen überlässt oder einzuführen oder auszuführen unternimmt, wird mit Freiheitsstrafe bis zu zwei Jahren oder mit Geldstrafe bestraft.

II Handelt der Täter gewerbsmäßig oder als Mitglied einer Bande, die sich zur fortgesetzten Begehung von Straftaten nach Absatz 1 verbunden hat, so ist die Strafe Freiheitsstrafe von drei Monaten bis zu fünf Jahren.

III § 149 Abs. 2 und 3 gilt entsprechend.

1 **1) Die Vorschrift** idF des EGStGB ersetzt und erweitert im Anschluss an § 318 E 1962 (Begr. 494), die §§ 275 Nr. 2, 360 I Nr. 4, 5 aF, soweit sie sich auf Pässe und sonstige Ausweispapiere bezogen (RegE 254). I wurde durch das VerbrBekG (1 zu § 130) dreifach erweitert, und zwar durch a) die Einfügung der Nr. 3, b) die Einbeziehung des Ausführens der Fälschungsmittel und – in Bezug auf das Ein- und Ausführen –, c) die Ausgestaltung als Unternehmensdelikt. Durch Art. 1 Nr. 69 des 6. StrRG (2f. vor § 174) wurde sie in Abs. II um einen Qualifikationstatbestand der gewerbs- oder bandenmäßigen Begehung ergänzt. Abs. II aF wurde Abs. III.

2 2) § 275 bedroht die **Vorbereitung der Fälschung von amtlichen Ausweisen,** also von Urkunden, die von einer Behörde oder einer Stelle, die Aufgaben der öffentlichen Verwaltung wahrnimmt, ausgestellt sind, um die **Identität** einer Person oder ihre persönlichen Verhältnisse zu beweisen (LK-*Gribbohm* 3; vgl. auch § 276a und 2 zu § 273) mit Strafe. Erfasst sind durch die Ausdehnung des Anwendungsbereichs in § 276a nicht nur Urkunden mit konstitutiver Wirkung, sondern auch solche, welche die Stellung der Person mit lediglich deklaratorischer Wirkung dokumentieren (2 zu § 276a). Dazu gehören neben den Pässen und Personalausweisen sowie den in § 276a genannten Urkunden **zB** auch Studenten- und Schülerausweise öffentlicher Stellen; Dienstausweise; Jagd- und Waffenscheine. Die amtlichen Ausweise sind nur gegen die **Vorbereitung** einer Fälschung geschützt; die Fälschung selbst ist von § 267 erfasst. Auch ausländische Ausweise werden erfasst (*S/S-Cramer/Heine* 2; NK-*Puppe* 5; LK-*Gribbohm* 3). Das VerbrBekG hat die Vorschrift auf **Vordrucke** für amtliche Ausweise erweitert **(I Nr. 3).** Das sind Schriftstücke, die zur Vervollständigung durch Einzelangaben bestimmt sind (*Göhler* OWiG 10 zu § 127); auch Formulare, die nur (oder schon) zT ausgefüllt sind, fallen darunter (BT-Drs. 12/6853, 29). Ist der Vordruck hingegen vollständig ausgefüllt, greift § 276 ein. Miterfasst sind auch Vordrucke für ausländische Ausweise. Dass Nr. 3 nur *echte* Ausweisvordrucke betrifft (so SK-*Hoyer* 2), lässt sich aus dem Vergleich mit Nr. 2 nicht ableiten; es wäre auch mit den Tathandlungen (insb. Herstellen und Feilhalten) kaum vereinbar (wie hier NK-*Puppe* 7).

3 **3) Die Tathandlungen** entsprechen in **I Nr. 1 und 2** fast ganz denen in § 149, auch im Übrigen stimmt die Vorschrift weitgehend mit § 149 überein, der auch hinsichtlich der **Tätigen Reue** entsprechend gilt **(III).** Insoweit kann auf die Anm. zu § 149 verwiesen werden. Weitere Tathandlungen sind abweichend von § 149 das **Einführen** und das **Ausführen.** Das VerbrBekG hat diese Tathandlungen, „um Strafbarkeitslücken und Beweisschwierigkeiten zu vermeiden", nach dem Vorbild des § 131 I Nr. 4 und des § 184 I Nr. 4, 8, III Nr. 3 als Unternehmensdelikt (28 zu § 11) ausgestaltet (BT-Drs. aaO).

3a **4) Vorsatz** ist erforderlich; bedingter Vorsatz genügt. Er muss sich wie bei § 149 auf die Begehung der vorbereiteten Fälschung erstrecken (München StraFo **07**, 299f.); eine konkrete Vorstellung ist insoweit nicht erforderlich (*Herzberg* JR **77**, 470; *M/Schroeder/Maiwald* 66/31; LK-*Gribbohm* 11).

4 **5) Abs. II** enthält einen Qualifikationstatbestand für gewerbsmäßiges (62 vor § 52) oder bandenmäßiges (17ff. zu § 244) Handeln. Die Mitwirkung eines anderen Bandenmitglieds ist nicht erforderlich.

5 **6) Konkurrenzen.** Tateinheit ist möglich mit §§ 83, 87, 149, Tatmehrheit mit § 281. Gegenüber § 267 tritt § 275 zurück (Köln NStZ **94**, 289). Für den ergänzenden § 127 OWiG, der jedoch bei tätiger Reue (8ff. zu § 149) unanwendbar ist (LK-*Gribbohm* 16), gilt § 21 OWiG. **Einziehung** § 282.

Verschaffen von falschen amtlichen Ausweisen

276 *I* **Wer einen unechten oder verfälschten amtlichen Ausweis oder einen amtlichen Ausweis, der eine falsche Beurkundung der in den §§ 271 und 348 bezeichneten Art enthält,**

1. einzuführen oder auszuführen unternimmt oder

2. in der Absicht, dessen Gebrauch zur Täuschung im Rechtsverkehr zu ermöglichen, sich oder einem anderen verschafft, verwahrt oder einem anderen überlässt,

wird mit Freiheitsstrafe bis zu zwei Jahren oder mit Geldstrafe bestraft.

II Handelt der Täter gewerbsmäßig oder als Mitglied einer Bande, die sich zur fortgesetzten Begehung von Straftaten nach Absatz 1 verbunden hat, so ist die Strafe Freiheitsstrafe von drei Monaten bis zu fünf Jahren.

1) **Die Vorschrift** wurde durch Art. 1 Nr. 19 des VerbrBekG (1 zu § 130) eingefügt; 1
durch Art. 1 Nr. 70 des 6. StrRG (2f. vor § 174) ist die Qualifikation des Abs. II angefügt worden.

2) **Tatgegenstand** sind **amtliche Ausweise** (2 zu § 275), die **unecht** (20 zu 2
§ 267) oder **verfälscht** (19 zu § 267) sind oder die eine **falsche Beurkundung** (4 ff. zu § 348) der in den §§ 271 und 348 bezeichneten Art enthalten, nicht also solche, die nach § 273 verändert wurden (dort 3). Diese – auch in den §§ 273 und 279 verwendete – Formulierung stellt klar, dass die falsche Beurkundung iS des § 276 ebenso wenig wie in den Fällen des § 271 II aus einer Straftat nach §§ 271, 272 oder 348 herrühren muss, so dass *jede objektiv unrichtige* Beurkundung vom Tatbestand erfasst ist. Unerheblich ist daher, ob der Vortäter mit dem nach § 271 oder der Aussteller des Ausweises mit dem nach § 348 erforderlichen Vorsatz gehandelt hat (1 zu § 273; vgl. § 279). Auf diese Weise sind auch **ausländische Ausweispapiere** in den Anwendungsbereich der Vorschrift einbezogen, unabhängig davon, ob der Fälschungsakt nach dem Recht des Tatorts strafbar ist (BT-Drs. 12/6853, 29).

3) **Tathandlungen** begeht, wer falsche amtliche Ausweise iS von 2 3

A. nach Nr. 1 **einzuführen** oder **auszuführen** (vgl. 21 zu § 184) **unternimmt.** Diese Tatformen sind wie in § 275 aus den dort genannten Gründen als Unternehmensdelikte (28 zu § 11) ausgestaltet.

B. nach Nr. 2 a) sich oder einem andern **verschafft** (7 zu § 146). Hierfür ge- 4
nügt, dass der Täter den Tatgegenstand in seinen oder eines anderen Besitz oder Verfügungsgewalt bringt; **b) verwahrt,** dh in seinem Gewahrsam hält. Es werden dadurch auch Fälle erfasst, in denen nicht festzustellen ist, auf welche Weise und zu welchem Zeitpunkt sich der Gewahrsamsinhaber den Ausweis verschafft hat; oder **c)** einem anderen **überlässt.**

4) **Vorsatz** ist – als mindestens bedingter – erforderlich, in den Fällen der Nr. 2 5
weiterhin die **Absicht,** den Gebrauch der gefälschten oder falsch beurkundeten Ausweise **zur Täuschung im Rechtsverkehr** zu ermöglichen (30 zu § 267). Dieses subjektive Erfordernis hat der Gesetzgeber für notwendig gehalten, um die in Nr. 2 umschriebenen Tatformen auf die strafwürdigen Fallgruppen zu beschränken, während in den Fällen der Ein- und Ausfuhr (Nr. 1) eine solche Absicht idR ohnehin vorliegen wird (BT-Drs. 12/6853, 29; **aA** NK-*Puppe* 4, die stets bedingten Vorsatz ausreichen lassen will).

5) Ein **Versuch** ist in den Fällen der Nr. 1 begrifflich ausgeschlossen, in den 6
Fällen der Nr. 2 nicht strafbar.

6) **Abs. II** enthält einen Qualifikationstatbestand, der § 275 II entspricht. 7

7) **Konkurrenzen.** Tateinheit ist, insbesondere in den Fällen der Nr. 2 mit solchen Delik- 8
ten möglich, bei denen die falschen Ausweise als Täuschungsmittel benutzt werden, namentlich bei § 263. Hingegen tritt § 276, soweit dessen Tatformen späteren Taten nach §§ 267, 269, 271, 277 vorausgegangen sind, zurück (LK-*Gribbohm* 19f.).

Aufenthaltsrechtliche Papiere; Fahrzeugpapiere

276a Die §§ 275 und 276 gelten auch für aufenthaltsrechtliche Papiere, namentlich Aufenthaltstitel und Duldungen, sowie für Fahrzeugpapiere, namentlich Fahrzeugscheine und Fahrzeugbriefe.

1 **1) Die Vorschrift** wurde durch Art. 1 Nr. 19 des VerbrBekG (1 zu § 130) eingefügt. Durch Art. 11 Nr. 14 des ZuwanderungsG v. 30. 7. 2004 (BGBl. I 1950) ist sie geändert worden.

2 **2) § 276 a** enthält eine gegenständliche Ausdehnung der §§ 275, 276 auf aufenthaltsrechtliche Papiere und Fahrzeugpapiere, die von der Praxis zur Verfolgung international organisierter Kraftfahrzeugdiebstähle und -verschiebungen sowie des sog. Schlepperunwesens für geboten gehalten wird (BT-Drs. 12/6853, 20). Die Ausdehnung des Anwendungsbereiches gilt gleichermaßen für § 273 (vgl. BT-Drs. 13/9064, 20).

3 **A. Aufenthaltsrechtliche Papiere** sind Urkunden, die die aufenthaltsrechtliche Stellung einer Person – mit konstitutiver oder deklaratorischer Wirkung – dokumentieren. Dies sind namentlich **Aufenthaltstitel**; der Begriff hat die frühere Formulierung „Aufenthaltsgenehmigungen und Duldungen" ersetzt. Aufenthaltstitel sind die in § 4 I AufenthG (Art. 1 des ZuwG) genannten Titel, also **Visum** (§ 6 AufenthG), **Aufenthaltserlaubnis** (§ 7 AufenthG) und **Niederlassungserlaubnis** (§ 9 AufenthG); auch Aufenthaltstitel bei Asylantrag (§ 10 AufenthG), Ausnahme-Visa nach § 14 II AufenthG; Bescheinigungen über die **Aussetzung der Abschiebung** nach § 60 a IV, § 48 II AufenthG sowie über den Fortbestand der Niederlassungserlaubnis nach § 51 II S. 3 AufenthG; weiterhin **Bescheinigungen** nach § 5 I FreizügigkeitsG/EU über das gemeinschaftsrechtliche Aufenthaltsrecht, die **Aufenthaltserlaubnis-EU** (§ 5 II FreizügG/EU) sowie **Visa** nach § 2 IV S. 2 FreizügG/EU; weiterhin Bescheinigungen über die **Aufenthaltsgestattung** nach § 64 AsylVerfG und über die Erlaubnis der Ausübung einer Beschäftigung (§ 61 II AsylVerfG).

4 **B. Fahrzeugpapiere** sind namentlich Fahrzeugscheine (§ 24 StVZO) und Fahrzeugbriefe (§ 23 I S. 3 StVZO), aber auch der internationale Zulassungsschein (§ 1 IntKfzV) sowie die entsprechenden ausländischen Urkunden (vgl. dazu *Sieber* JZ **95**, 767).

Fälschung von Gesundheitszeugnissen

277 **Wer unter der ihm nicht zustehenden Bezeichnung als Arzt oder als eine andere approbierte Medizinalperson oder unberechtigt unter dem Namen solcher Personen ein Zeugnis über seinen oder eines anderen Gesundheitszustand ausstellt oder ein derartiges echtes Zeugnis verfälscht und davon zur Täuschung von Behörden oder Versicherungsgesellschaften Gebrauch macht, wird mit Freiheitsstrafe bis zu einem Jahr oder mit Geldstrafe bestraft.**

1 **1)** § 277 enthält **drei Varianten** der Fälschung von Gesundheitszeugnissen:

1. Var.: Ausstellen eines Zeugnisses unter der nicht zutreffenden Bezeichnung des Ausstellers als Arzt oder als andere approbierte Medizinalperson;

2. Var.: Unberechtigtes Ausstellen eines Gesundheitszeugnisses unter dem Namen einer solchen Person;

3. Var.: Verfälschen eines ursprünglich echten Gesundheitszeugnisses.

Die Tat ist in der 2. und 3. Var. ein Spezialfall der **Urkundenfälschung**, in der 1. Var. eine **schriftliche Lüge,** weil hier nicht über die *Identität* des Ausstellers, sondern über seine *Qualifikation* getäuscht wird. Soweit sich die Vorschrift mit § 267 überschneidet, stellt sie eine schwer nachvollziehbare **Privilegierung** dar (ebenso NK-*Puppe* 9; SK-*Hoyer* 5; *S/S-Cramer/Heine* 1; LK-*Gribbohm* 1). Der wesentlich geringere Strafrahmen des § 277 und das Fehlen einer Versuchsstrafbarkeit sowie die hier erforderliche Zweiaktigkeit führen zur Straflosigkeit von vollendeten Taten nach § 267 I, 1. und 2. Alt., wenn sie sich auf Gesundheitszeugnisse beziehen. Ein kriminalpolitischer Sinn dieser Privilegierung ist nicht erkennbar.

2) Täter des § 277 kann jedermann sein. In der 3. Var., die meist ein Fall des § 267 I sein wird, kann auch ein Arzt usw. Täter sein, wenn er über seine Identität täuscht (LK-*Gribbohm* 12). 2

3) Gesundheitszeugnisse iS von § 277 sind körperlich oder elektronisch fixierte Aussagen (Bescheinigungen) über die körperliche oder psychische Gesundheit oder Krankheit eines (lebenden) Menschen; betroffene Person kann auch der Täter selbst sein. Die Zeugnisse können den gegenwärtigen Befund betreffen (BGH **6**, 90 [„Krankenscheine"]), aber auch frühere Krankheiten und deren Folgen; das Ergebnis einer Blutalkoholuntersuchung (BGH **5**, 75); gutachtliche Äußerungen (BGH **10**, 159) auch über die künftigen Aussichten (Arbeitsfähigkeit); nicht aber die Todesursache einer verstorbenen Person. Ob Röntgenbilder Gesundheitszeugnisse sind, hat BGH **43**, 346, 352 ff. im Hinblick darauf offen gelassen, dass die Sachverständigenstelle nach § 16 III RöntgenVO keine Behörde iS von § 277 ist. Auf die *inhaltliche* Richtigkeit kommt es in allen Fällen nicht an. 3

4) Tathandlung. § 277 setzt im Gegensatz zu § 267 und zu § 278 das Ausstellen *und* das Gebrauchmachen voraus (zweiaktiges Delikt). 4

A. Ausstellen ist das körperliche oder elektronische Herstellen des Zeugnisses, das als solches nicht eigenhändig vorgenommen werden muss, und die nach außen kenntlich gemachte Übernahme der Verantwortung für den Inhalt (Unterschrift; Signatur). 5

In der **1. Var.** muss der Täter, *ohne* über seine *Identität* zu täuschen, sich in seiner Eigenschaft als Aussteller des Gesundheitszeugnisses als **Arzt/Ärztin** (vgl. §§ 2, 10, 13, 14 BÄO; 13 zu § 132 a) oder andere approbierte **Medizinalperson** (Zahnarzt/Zahnärztin, Psychologische/r Psychotherapeut/in, Kinder- und Jugendlichenpsychotherapeut/in, Hebamme/Geburtshelfer, Heilpraktiker/in, Krankenpfleger/in, Masseur/in, med. Bademeister/in, Krankengymnast/in; wohl auch Tierarzt und Apotheker; vgl. § 203 I Nr. 1) bezeichnen, ohne dass ihm diese Berufsbezeichnung „zukommt", d. h. ohne Berechtigung zu ihrem Führen. Die Bezeichnung kann ausdrücklich (durch falsche Berufsangabe), aber auch konkludent (insb. durch unzutreffende Angabe eines auf einen Medizinalberuf hindeutenden akademischen Titels) erfolgen. Bei der Angabe eines tatsächlich bestehenden Doktorgrades kommt es auf die Umstände des Einzelfalls an, ob hierin eine unzutreffende Bezeichnung als Arzt usw. liegt (*Dr. med.*, dem die Approbation entzogen ist, „bescheinigt" ohne Hinweis hierauf eine Erkrankung; *Dr. jur.* stellt ohne Hinweis auf die nichtmedizinische Fachrichtung seines Titels Arbeitsunfähigkeits-Bescheinigung aus). 6

In der **2. Var.** muss der Täter unter dem Namen einer der genannten Medizinalpersonen ein – inhaltlich richtiges oder falsches – Gesundheitszeugnis ausstellen. Das ist gegeben, wenn der Täter unter **Identitätstäuschung** unter dem Namen einer tatsächlich existierenden Person handelt (Vortäuschen einer *fremden* Identität; Sonderfall des § 267 I); nach dem Sinn der Vorschrift aber auch, wenn die Person, als welche er auftritt, unter deren Namen der Täter auftritt, in Wahrheit nicht existiert (Vortäuschen einer *fiktiven* Identität; Sonderfall des § 267 I). Auch das **Vortäuschen einer Bevollmächtigung** durch einen Arzt usw. soll hier erfasst sein (*S/S-Cramer/Heine* 7; zw.). 7

In der **3. Var.** muss der Täter ein im Sinne von § 267 I *echtes* Gesundheitszeugnis, gleichgültig ob es *inhaltlich* richtig oder falsch ist, **verfälschen**. Insoweit liegt wie in der 2. Var. ein Sonderfall des § 267 I vor; für das Merkmal des Verfälschens gelten die Rn. 19 ff. zu § 267. Es muss also der Inhalt der Bescheinigung verändert und über den Aussteller dieses veränderten Zeugnisses getäuscht werden. 8

B. Das **Gebrauchmachen** gehört in allen drei Tatbestands-Varianten zum Tatbestand. Auch das Vorlegen einer Fotokopie des Falsifikats ist wie bei § 267 (vgl. 24 zu § 267) eine Form des Gebrauchmachens (MDR/D **75**, 197). Das Gebrauchen durch den **Aussteller selbst** – wenn auch nicht in eigener Sache – gehört 9 zum Tatbestand; es muss freilich nicht eigenhändig erfolgen (zutr. NK-*Puppe* 11; SK-*Hoyer* 6). Das bloße Aushändigen des Zeugnisses an eine dritte Person zu *deren* Gebrauch reicht nach dem Wortlaut des § 277 nicht aus (**aA** *S/S-Cramer/Heine* 10; *Lackner/Kühl* 3; LK-*Gribbohm* 14).

10 Es muss **zum Zweck der Täuschung** von Behörden (29 zu § 11) oder Versicherungsgesellschaften (insb. Kranken-, Lebens- und Haftpflichtversicherungsunternehmen) gebraucht werden. Behörden iS von §§ 277, 278 sind nur solche Stellen, die das Zeugnis zur Beurteilung des Gesundheitszustands verwenden (BGH **43**, 346, 352 [Anm. *Wolfslast* NStZ **99**, 133]); teilw. wird angenommen, dies sei auch gegeben, wenn ihnen das Zeugnis als Arbeitgeber vorgelegt wird (*Peglau* NJW **96**, 1193; zw.; **aA** NK-Puppe 12). Zu den Behörden gehören ggf auch Schulbehörden, Ortskrankenkassen (BGH **6**, 90), ebenso ausländische Behörden (BGH **18**, 333). Eine Sachverständigenstelle der ärztlichen Selbstverwaltung, die allein die technische Qualität der Zeugnisse auswertet, gehört nicht dazu (BGH **43**, 346; dazu auch *Detter* JA **98**, 535; *Rigizahn* JR **98**, 523).

11 Gebrauchmachen gegenüber **sonstigen Personen,** insb. auch gegenüber privaten Arbeitgebern, unterfällt § 277 nicht. Unterstellt man diese Handlungen aber § 267 I, so führt das zu einem offensichtlichen *Wertungswiderspruch* im Hinblcik auf die nicht gerechtfertigte höhere Strafdrohung und die Versuchsstrafbarkeit nach § 267. Daher wird teilweise *Straflosigkeit* entsprechender Taten gegenüber Privaten angenommen (vgl. SK-*Hoyer* 5), Das ist jedenfalls zweifelhaft (**aA** auch NK-*Puppe* 13, die aber die denkbaren Lösungen zutr. als Wahl zwischen „absurden Alternativen" beschreibt); unter verfassungsrechtlichen Gesichtpunkten geboten erscheint insoweit aber eine Berücksichtigung der Sperrwirkung des § 277 durch Limitierung der *Strafdrohung*. Der Fehler sollte vom **Gesetzgeber** baldmöglichst korrigiert werden.

12 **5) Subjektiver Tatbestand.** Der Tatbestand setzt **Vorsatz** voraus. Hinsichtlich der Merkmale des Gesundheitszeugnisses sowie der Identitätstäuschung genügt bedingter Vorsatz. Die darüber hinaus erforderlich **Absicht** der Täuschung (vgl. dazu 29 zu § 267) erstreckt sich lediglich auf die Originalität des Zeugnisses, nicht auf seine Richtigkeit; eine Täuschung über den Gesundheitszustand braucht nicht beabsichtigt zu sein (anders §§ 278, 279; vgl. dort). Schädigungsabsicht ist nicht vorausgesetzt.

13 **6) Tateinheit** ist möglich mit § 263; mit § 13 BÄO und bei Zahnärzten mit § 18 Nr. 2 ZahnHKG ist Tateinheit denkbar, wenn der Täter mit seinem richtigen Namen unterschreibt, aber unter unbefugter Hinzufügung des Arzttitels (LK-*Gribbohm* 23); auch mit § 132 a besteht Tateinheit. § 267 tritt hinter § 277 zurück.

Ausstellen unrichtiger Gesundheitszeugnisse

278 **Ärzte und andere approbierte Medizinalpersonen, welche ein unrichtiges Zeugnis über den Gesundheitszustand eines Menschen zum Gebrauch bei einer Behörde oder Versicherungsgesellschaft wider besseres Wissen ausstellen, werden mit Freiheitsstrafe bis zu zwei Jahren oder mit Geldstrafe bestraft.**

1 **1)** § 278 bestraft **schriftliche Lügen**. Als **Täter** kommen nur Ärzte oder eine andere approbierte Medizinalpersonen (vgl. 6 zu § 277) in Betracht; die Tat ist **Sonderdelikt**. Wenn der Aussteller nicht approbiert ist, kommt nur § 277 in Frage; ist er Amtsarzt, § 348.

2 **2) Tathandlung** ist das Ausstellen eines inhaltlich unrichtigen Zeugnisses über den Gesundheitszustand eines Menschen (vgl. 3 zu § 277). Nach dem Sinn des Gesetzes kommt nur ein *anderer* Mensch als der Aussteller selbst in Betracht (so auch LK-*Gribbohm* 4), denn unabhängig von der Qualifikation des Ausstellers kommt Zeugnissen in eigener Sache ein erhöhter Beweiswert nicht zu. Von § 278 nicht erfasst ist eine allein unrichtige *Dokumentation*, die nur dem Nachweis der Pflichterfüllung gegenüber dem Patienten dient. **Ausstellen** ist das körperliche

oder elektronische Herstellen des Zeugnisses, die als solche nicht eigenhändig vorgenommen werden muss, und die nach außen deutliche Übernahme der Verantwortung für den Inhalt (Unterschrift; Signatur). Von § 278 nicht erfasst ist eine allein unrichtige *Dokumentation*, die nur dem Nachweis der Pflichterfüllung gegenüber dem Patienten dient.

3) Das Zeugnis muss, anders als in § 277, **inhaltlich unrichtig** sein. Das ist idR auch der Fall, wenn ein Zeugnis über einen Befund ausgestellt wird, ohne dass eine Untersuchung stattgefunden hat (BGH **6**, 90; Frankfurt NJW **77**, 2128; StV **06**, 471, 472; wistra **07**, 143f.; **aA** SK-*Hoyer* 2; NK-*Puppe* 2). Das Unterlassen einer Untersuchung, die eine (*noch*) sicherere Beurteilungsgrundlage gegeben hätte, macht für sich allein ein Zeugnis noch nicht unrichtig (Zweibrücken NStZ **82**, 467 [krit. Anm. *Otto* JR **82**, 294]); es kommt darauf an, welches Maß an Genauigkeit nach der Sachlage geboten ist. Ausnahmen vom Untersuchungserfordernis kommen in Betracht, wenn es sich nach der Art der Erkrankung oder der seelischen Verfassung des Patienten verbietet, eine körperliche Untersuchung oder Befragung durchzuführen; in solchen Fällen reicht es, wenn sich der Arzt auf sonstigem Wege einen zuverlässigen Eindruck von dem Gesundheitszustand der betroffenen Person macht (vgl. Düsseldorf MDR **57**, 377; Frankfurt StV **06**, 471, 472; LK-*Gribbohm* 6). Ob (bei Ausstellung von Arbeitsunfähigkeits-Bescheinigungen) auch eine **Folgebescheinigung** stets nur nach *neuer* Untersuchung ausgestellt werden darf, hat der *2. StS* in wistra **07**, 143, 144 offen gelassen. 3

Das Zeugnis ist auch **unrichtig,** wenn **Blutproben** vertauscht (Oldenburg NJW **55**, 761) oder bei richtigem Gesamtbefund falsche **Einzelbefunde** angegeben werden (BGH **10**, 157); daher dürften auch verfälschte **Röntgenbilder** (offen gelassen von BGH **43**, 346, 352ff.), **Labor**- oder sonstige objektive Messwerte erfasst sein. 4

4) Die Ausstellung muss **zum Gebrauch** bei einer **Behörde** (29 zu § 11; 10 zu § 277) oder **Versicherungsgesellschaft** (4 zu § 277) erfolgen. Das Gebrauchmachen selbst gehört nicht zum Tatbestand; nach hM auch nicht das Herausgeben des Zeugnisses (LK-*Gribbohm* 10; *S/S-Cramer/Heine* 5; zw.; **aA** SK-*Hoyer* 4). 5

5) Hinsichtlich der Tathandlung und der Gebrauchsbestimmung genügt bedingter **Vorsatz**. Bezüglich der Unrichtigkeit des Zeugnisses genügt bedingter Vorsatz nicht; insoweit muss der Täter **wider besseres Wissen** handeln (vgl. Frankfurt StV **06**, 471, 472). Der vom Vorsatz umfasste Gebrauch muss sich auf die Täuschung einer Behörde oder Versicherungsgesellschaft über den Gesundheitszustand des betroffenen Menschen richten (BGH **43**, 346); nicht vorausgesetzt ist aber, dass der Täter ungerechtfertigte Maßnahmen der Behörde oder Versicherung erreichen will (BGH **10**, 157). 6

6) Mittäter des § 278 kann nur sein, wer selbst Medizinalperson ist (Sonderdelikt). Für die **Teilnahme** gilt § 28 I; die Eigenschaft als Medizinalperson ist strafbegründendes besonderes persönliches Merkmal. 7

7) Tateinheit ist möglich mit §§ 133, 136 I, 218b; § 258 (Oldenburg NJW **55**, 761); mit § 263 Tatmehrheit, da die Tat insoweit nur Vorbereitungshandlung ist (vgl. § 279). Durch § 348 wird § 278 verdrängt. 8

Gebrauch unrichtiger Gesundheitszeugnisse

279 **Wer, um eine Behörde oder eine Versicherungsgesellschaft über seinen oder eines anderen Gesundheitszustand zu täuschen, von einem Zeugnis der in den §§ 277 und 278 bezeichneten Art Gebrauch macht, wird mit Freiheitsstrafe bis zu einem Jahr oder mit Geldstrafe bestraft.**

Ein im Hinblick auf den Gesundheitszustand (*S/S-Cramer/Heine* 2; SK-*Hoyer* 5; LK-*Gribbohm* 4; NK-*Puppe* 6) **objektiv unrichtiges Zeugnis** genügt hier; nicht nötig ist, dass es wider besseres Wissen unrichtig ausgestellt ist (BGH **5**, 84; LK-*Gribbohm* 4). Hinsichtlich der Unrichtigkeit genügt bedingter Vorsatz. Dass das Zeugnis von vornherein zum Gebrauch bei einer Behörde (29 zu § 11) oder Versicherungsgesellschaft (4 zu § 277) ausgestellt wurde, ist nicht erforderlich, hM. Die Behörde kann auch eine ausländische im Inland sein (BGH **18**, 333). Tateinheit mit § 263 möglich. Für Täter der §§ 277, 278 ist § 279 mitbestrafte Nachtat.

§ 280 [Aufgehoben durch Art. 8 des 1. StrRG]

Missbrauch von Ausweispapieren

281 **I Wer ein Ausweispapier, das für einen anderen ausgestellt ist, zur Täuschung im Rechtsverkehr gebraucht, oder wer zur Täuschung im Rechtsverkehr einem anderen ein Ausweispapier überlässt, das nicht für diesen ausgestellt ist, wird mit Freiheitsstrafe bis zu einem Jahr oder mit Geldstrafe bestraft. Der Versuch ist strafbar.**

II Einem Ausweispapier stehen Zeugnisse und andere Urkunden gleich, die im Verkehr als Ausweis verwendet werden.

1 **1) Die Vorschrift** idF des StÄG v. 4. 9. 1941 (RGBl. I 549) wurde durch das 1. StrRG in der Strafdrohung geändert (Ber. 38).

Schrifttum: *Cramer* GA **63**, 363; *Hecker,* Die missbräuchliche Verwendung von Ausweispapieren, (usw.), GA **97**, 525; *R. Schmitt* NJW **77**, 1811.

2 **2) Ausweispapiere** iS 2 zu § 275 betrifft **I.** Diesen Papieren stellt **II** solche gleich, die im Verkehr praktisch auch als Ausweis verwendet werden, so Reisegewerbekarte, Waffenbesitzkarte, Arbeitsbücher, Lohnsteuer- und Versicherungskarte, nicht jedoch Kredit- und Scheckkarten (*Lackner/Kühl* 2; *Otto* HWiStR „Scheckkartenbetrug" 7; *Steinhilper* GA **85**, 130; *Bieber* WM Beil. 6/87, 16). Es muss sich um **echte Papiere** handeln (*Lackner/Kühl* 1; NK-*Puppe* 2; **aA** SK-*Hoyer* 4). Sind sie gefälscht, so greift § 267 ein (NJW **57**, 472), sind sie falsch iS von § 271, so ist allein § 271 II gegeben (*S/S-Cramer/Heine* 2; **aA** GA **56**, 182, das Tateinheit mit § 267 für möglich hält; SK-*Hoyer* 4). Die ausweisgleichen Papiere müssen nicht öffentlich sein; private Dienstausweise reichen aus (SK-*Hoyer* 3; vgl. auch NK-*Puppe* 12f.; **aA** *Hecker* GA **97**, 531).

3 **3) Tathandlungen** sind:

A. Das Gebrauchen (23 zu § 267) eines für einen anderen ausgestellten Papieres iS von 2. Die Benutzung eines für den Benutzer unter falschem Namen ausgestellten Zeugnisses fällt nicht unter § 281. Unrichtigkeit des sonstigen Inhalts ist ohne Bedeutung.

4 **B. Das Überlassen** eines Papiers iS von 2 an einen anderen, für den es nicht ausgestellt ist. Es handelt sich um eine zum selbstständigen Delikt erhobene Beihilfehandlung zu 3 (LK-*Gribbohm* 10; *R. Schmitt* NJW **77**, 1811). Das Papier braucht nicht auf den Überlassenden zu lauten.

5 **C. Zur Täuschung im Rechtsverkehr** (30 zu § 267) muss der Täter in beiden Fällen handeln, und zwar zur Identitätstäuschung oder mit deren Hilfe (vgl. BGH **16**, 33; MDR/D **69**, 360), nicht genügt, dass er das fremde Papier lediglich zum Nachweis vorlegt, für den Inhaber verfügungsbefugt zu sein (MDR/H **82**, 280). Die fälschliche Beeinflussung einer Datenverarbeitung im Rechtsverkehr steht der Täuschung im Rechtsverkehr gleich (§ 270).

6 **D. Mittäterschaft** liegt vor, falls sich A mit Willen des B auf fremden Ausweis ein Scheckkonto errichten lässt, um dadurch mit B zusammen gemeinsame Betrügereien zu begehen (MDR **55**, 18). Im Fall 4 muss der Täter handeln, damit der andere oder ein Dritter das Papier zur Täuschung im Rechtsverkehr benutzen kann.

E. Versuch (I S. 2) ist strafbar. Hierfür kann genügen, dass jemand eine Fotokopie vorlegt (was für § 281 an sich nicht ausreichen würde (BGH **20**, 17; vgl. aber 24 zu § 267), falls er zugleich die Vorlage der Urschrift verspricht (BGH **20**, 20; LK-*Gribbohm* 13). 7

4) Konkurrenzen. Zum Verhältnis von 3 und 4 *R. Schmitt* NJW **77**, 1811. Tateinheit ist mit solchen Delikten möglich, bei denen das Papier als Täuschungsmittel benutzt wird, so mit § 263. Hinter §§ 267, 269, 271 II, 277 tritt § 281 zurück (oben 2). Mit § 21 StVG ist Tatmehrheit möglich (VRS **30**, 185; LK-*Gribbohm* 16; aA *S/S-Cramer/Heine* 10). Für § 111 OWiG gilt § 21 OWiG. 8

Vermögensstrafe, Erweiterter Verfall und Einziehung

282 **I In den Fällen der §§ 267 bis 269, 275 und 276 sind die *§§ 43a* und 73d anzuwenden, wenn der Täter als Mitglied einer Bande handelt, die sich zur fortgesetzten Begehung solcher Taten verbunden hat. § 73d ist auch dann anzuwenden, wenn der Täter gewerbsmäßig handelt.**

II Gegenstände, auf die sich eine Straftat nach § 267, § 268, § 271 Abs. 2 und 3, § 273 oder § 276, dieser auch in Verbindung mit § 276a, oder nach § 279 bezieht, können eingezogen werden. In den Fällen des § 275, auch in Verbindung mit § 276a, werden die dort bezeichneten Fälschungsmittel eingezogen.

Zu Abs. I S. 1: § 43a ist nach der Entscheidung des BVerfG vom 20. 3. 2002 (BGBl. I 1340) verfassungswidrig und nichtig.

1) Die Vorschrift idF des EGOWiG/1. StrRG/EGStGB, ergänzt durch das VerbrBekG (1 zu § 130), ist durch Art. 1 Nr. 71 des 6. StrRG (2f. vor § 174) neu gefasst worden. Dabei wurde § 282 aF in redaktionell veränderter Form zu Abs. II; Abs. I wurde auf Anregung des BRats zum Zweck effektiverer Verfolgung von Formen organisierter Kriminalität neu eingefügt (BT-Drs. 13/8587, 45, 67, 85; BT-Drs. 13/9064, 19). 1

2) Abs. I S. 1 erlaubt die Anwendung des **Erweiterten Verfalls** (§ 73d) bei bandenmäßiger (17ff. zu § 244) Begehung von Taten nach §§ 267 III Nr. 1, 268 I, V, 269, 275 II, 276 II; ebenso **S. 2** bei Vorliegen von Gewerbsmäßigkeit (62 vor § 52). Die Verweisung auf § 43a ist im Hinblick auf dessen Nichtigkeit obsolet (vgl. oben vor 1). 2

3) Abs. II ist erforderlich, weil bei den hier in Betracht kommenden Tatbeständen zwar anzunehmen ist, dass die unechten und verfälschten Urkunden oder technischen Aufzeichnungen und die falschen Beurkundungen oder Gesundheitszeugnisse *producta sceleris* sind, soweit die Tathandlung das Herstellen ist, unsicher aber zum mindesten, soweit es sich um das Gebrauchmachen und Verwenden handelt; insoweit und in den Fällen des § 276, auch iVm § 276a, können die Sachen als Beziehungsgegenstände angesehen werden (10 zu § 74; Begr. EGOWiG 69). Ihre Einziehung richtet sich dann über § 74 IV nach dessen II und III. § 74a ist nicht anwendbar. Selbständige Einziehung nach § 76a. Das gilt auch für die Fälschungsmittel nach § 275, auch iVm § 276a, deren Einziehung S. 2 vorschreibt (vgl. § 74b II; 1 zu § 74b). Mit der Möglichkeit der Einziehung (Satz 1) wird auch die Sicherstellung (§ 111b StPO) der Fälschungsmittel ermöglicht. 3

Vierundzwanzigster Abschnitt
Insolvenzstraftaten

Vorbemerkung

1) Der 24. Abschnitt hat durch Art. 60 Nr. 1 EGInsO v. 5. 10. 1994 (BGBl. I 2911; Inkrafttreten: 1. 1. 1999) die Überschrift **Insolvenzstraftaten** erhalten. Die Insolvenzrechtsreform hat das frühere Konkursverfahren und das Vergleichsverfahren zur Abwendung des Konkurses nach der VerglO zum einheitlichen Insolvenzverfahren (InsVerfahren) vereinigt, was in den §§ 283 und 283 d Anpassungen erforderlich machte. Der Begriff der drohenden Zahlungsunfähigkeit ist in § 1 II InsO v. 5. 10. 1994 (BGBl. I 2866; III 311–13: Inkrafttreten 1. 1. 1999) neu definiert. Da das frühere Vergleichsverfahren in dem einheitlichen InsVerfahren aufgegangen ist, ist die Grenze der Strafbarkeit vorverlagert worden. 1

Literatur: *Achenbach*, Zivilrechtsakzessorietät der insolvenzstrafrechtlichen Krisenmerkmale?, Schlüchter-GedS (2002), 257; *App*, Gläubigerbenachteiligende Vermögensverschiebungen, wistra **89**, 13; *Arloth*, Zur Abgrenzung von Untreue u. Bankrott bei der GmbH, NStZ **90**, 570; *Beck/Köhler*, Insolvenz, in: *Wabnitz/Janovsky*, Hdb. des Wirtschafts- und Steuerstrafrechts, 2. Aufl. 2004, 337 ff. (*Beck*: Materiellrechtlicher Teil), 383 ff. (*Köhler* (Strafrechtlicher Teil); *Bieneck*, Die Zahlungseinstellung aus strafrechtl. Sicht, wistra **92**, 89; *ders.*, Strafrechtliche Relevanz der Insolvenzordnung u. aktueller Änderungen des Eigenkapitalersatzrechts, StV **99**, 43; *ders.*, Pflichtverstöße bei Beendigung u. Sanierung des Unternehmens, in: *Müller-Gugenberger/Bieneck* (Hrsg.), Wirtschaftsstrafrecht, 3. Aufl. 2000, §§ 75 ff.; *Biermann*, Die Überschuldung als Voraussetzung der Konkurseröffnung, 1963; *Biletzki*, Strafrechtlicher Gläubigerschutz bei fehlerhafter Buchführung durch den GmbH-Geschäftsführer, NStZ **99**, 537 [dazu krit. *Moosmayer* NStZ **00**, 295]; *Bittmann*, Zahlungsunfähigkeit u. Überschuldung nach der Insolvenzordnung, wistra **98**, 321; **99**, 10; *ders.* (Hrsg.), Insolvenzstrafrecht. Handbuch für die Praxis, 2004; *Bittmann/Dreier*, Bekämpfung der Wirtschaftskriminalität nach dem Ende der fortgesetzten Handlung, NStZ **95**, 105; *Bittmann/Pisarski*, Strafbarkeit der Verantwortlichen der Vor-GmbH, wistra **95**, 91; *Bittmann/Volkmer*, Zahlungsunfähigkeit bei (mindesens) 3-monatigem Rückstand auf Sozialversicherungsbeiträge, wistra **05**, 167; *Böhle-Stamschräder*, Zur Neuordnung des Konkursstrafrechts, KTS **57**, 177; *Bremer*, Der Insolvenzgrund der Zahlungsunfähigkeit einer GmbH, GmbHR **02**, 257; *Bretzke*, Begriff u. Umfang der kaufmännischen Sorgfaltspflichten nach § 283 StGB, KTS **85**, 413; *Burger/Schellberg*, Zur Vorverlagerung der Insolvenzauslösung durch das neue Insolvenzrecht, KTS **95**, 563; *Däubler*, Vom Sinn u. Unsinn der Insolvenzdelikte, 1972; *Degener*, Die „Überschuldung" als Krisenmerkmal von Insolvenzstraftatbeständen, Rudolphi-FS (2004) 405; *Deutscher/Körner*, Strafrechtlicher Gläubigerschutz in der Vor-GmbH, wistra **96**, 8; *Franzheim*, Der strafrechtliche Überschuldungsbegriff, wistra **84**, 212; *Gallandi*, Straftaten im Bankrottnormprogramm, wistra **92**, 10; *Gössweiler-Saiko*, Die Insolvenzkriminalität im Lichte marktwirtschaftlicher Kriterien, ArchKrim. **170**, 35; *Gold*, Die strafrechtliche Verantwortung des vorläufigen Insolvenzverwalters, 2004 (Diss. Kiel); *Grub*, Die insolvenzrechtl. Verantwortlichkeit der Gesellschafter von Personenhandelsgesellschaften, 1995; *Grub/Rinn*, Die neue Insolvenzordnung – ein Freifahrtschein für Bankrotteure?, ZIP **93**, 1583; *Hammerl*, Die Bankrottdelikte, 1970; *Hartung*, Kapitalersetzende Darlehen (usw.), NJW **96**, 229; *ders.*, Probleme bei der Feststellung der Zahlungsunfähigkeit, wistra **97**, 1; *Haß* ZRP **70**, 196; KTS **71**, 161; *Hartwig*, Der strafrechtliche Gläubigerbegriff in § 283 c StGB, Bemmann-FS 311; *Heinz* GA **77**, 216; *Höffner*, Überschuldung (usw.), BB **99**, 252; *Hoffmann* MDR **79**, 93, 713 u. in: *Gnam*, Handbuch der Bilanzierung 1960/1979; *Kallmeyer*, Good will und Überschuldung nach neuem Insolvenzrecht, GmbHR **99**, 16; *Köhler*, Insolvenzstrafrecht, in: *Wabnitz/Janovsky*, Handbuch des Wirtschafts- u. Steuerstrafrechts, 2000, Kap. 2; *Kohlmann*, Geerds-FS 675 [Vor-GmbH]; *ders.*, Die strafrechtliche Verantwortlichkeit des GmbH-Geschäftsführers, 1990; *Kraus*, Zur Berücksichtigung beiseite geschaffter Vermögenswerte bei der Feststellung der Zahlungsunfähigkeit im Rahmen des § 282 II StGB, NStZ **99**, 161; *Krause*, Ordnungsgemäßes Wirtschaften und Erlaubtes Risiko (usw.), 1995; *Krüger*, Zur Anwendbarkeit der §§ 283 StGB, 84 GmbHG in den neuen Bundesländern vor Inkrafttreten der InsO, wistra **00**, 289; *ders.*, Zur Anwendbarkeit des Bankrottdelikts beim Privatkonkurs, wistra **02**, 52; *Kübler*, Insolvenzordnung, 1999; *Labsch* wistra **85**, 1, 59; *Löffeler*, Strafrechtl. Konsequenzen faktischer Geschäftsführung, wistra **89**, 121; *Lüdke*, Ist die Liquidität 2. Grades ein geeignetes Kriterium zur Feststellung der Zahlungsunfähigkeit?, wistra **03**, 52; *Lüderssen*, Der Begriff der Überschuldung in § 84 GmbHG, Arm. Kaufmann-GedS 675; *Mathieu* GA **54**, 225; *Maurer*, Strafbewehrte Handlungspflichten des GmbH-Geschäftsführers 2 in der Krise, wistra **03**, 174; Der „innere Zusammenhang" im Bankrottstrafrecht, wistra **03**, 253; *Moosmayer,* Einfluß der Insolvenzordnung 1999 auf das Insolvenzstrafrecht, 1997 (Diss. Freiburg); *Ogiermann,* Die Strafbarkeit des systematischen Aufkaufs konkursreifer Unternehmen, wistra **00**, 250; *Otto,* Der Zusammenhang zwischen Krise, Bankrotthandlung u. Bankrott (usw.), Bruns-GedS 265; *Penzlin,* Strafrechtliche Auswirkungen der Insolvenzordnung, 2000 (Diss. Bayreuth 1999); *Pohl,* Strafbarkeit nach § 283 Abs. 1 Nr. 7 b auch bei Unvermögen der Bilanzaufstellung?, wistra **96**, 14; *Reck,* Auswirkungen der InsO auf die Insolvenzverschleppung, Bankrottstraftaten, Betrug u. Untreue, ZinsO **99**, 195; *ders.,* Auswirkungen der InsO auf die GmbH aus strafrechtlicher Sicht, GmbHR **99**, 267; *ders.,* Insolvenzstrafen u. deren Vermeidung, 1999; *ders.,* Die strafrechtlichen Folgen einer unterlassenen, unrichtigen oder verspäteten Bilanzaufstellung für einen GmbH-Geschäftsführer, GmbHR **01**, 424; *Renkl* JuS **73**, 611; *Richter,* Zur Strafbarkeit externer „Sanierer" konkursgefährdeter Unternehmen, wistra **84**, 97; *Röhm,* Zur Abhängigkeit des Insolvenzstrafrechts von der Insolvenzordnung, 2002 (Diss. Tübingen 2001); *ders.,* Strafrechtliche Folgen eines Insolvenzantrags bei drohender Zahlungsunfähigkeit gem. § 18 InsO, NZI **02**, 134; *Rotsch* Zur Unanwendbarkeit der §§ 283 StGB, 84 GmbHG in den neuen Bundesländern vor Inkrafttreten der Insolvenzordnung, wistra **00**, 5; *ders.,* Nochmals: Zur Unanwendbarkeit (usw.), wistra **00**, 294; *Schlüchter* StBerat. 32 u. wistra **84**, 41 [Zur Bewertung der Aktiva für die Frage der Überschuldung]; *Schmidt/Uhlenbruck,* Die GmbH in Krise, Sanierung u. Insolvenz, 2. Aufl. 1999; *Schramm,* Kann ein Verbraucher einen Bankrott (§ 283 StGB) begehen?, wistra **02**, 55; *Stein,* Das faktische Organ, 1984; *Stracke,* Zur Übertragbarkeit des zivilrechtlichen Überschuldungsbegriffs in das Strafrecht, 2007; *Teufel,* Betrügerischer Bankrott u. Kriminalistik, 1972; *Tidow,* Wirtschaftsdelikte aus der Sicht des Konkurs- und Vergleichsrichters (BKA), 1957; *Tiedemann* Kommentierung in LK; *ders.,* Objektive Strafbarkeitsbedingungen u. die Reform des dt. Konkursstrafrechts; ZRP **75**, 129; *ders.,* Grundfragen bei der Anwendung des neuen Konkursstrafrechts, NJW **77**, 777; ferner KTS **84**, 539; HWiStR „Konkursstraftaten" u. Stree/Wessels-FS 539; *Uhlenbruck,* Strafrechtliche Aspekte der Insolvenzrechtsreform 1994, wistra **96**, 1; *Weber,* Zur Bedeutung der Liquidität 2. Grades für die Feststellung der Zahlungsunfähigkeit, wistra **03**, 292; *Weyand,* Insolvenzdelikte, 4. Aufl. 1998; *ders.,* Insolvenzdelikte, 4. Aufl. 1998; *Wilhelm,* Strafbares Verhalten und objektive Strafbarkeitsbedingung bei § 283 b I Nr. 3 b StGB, NStZ **03**, 511; *Winkelbauer,* Strafrechtl. Gläubigerschutz im Konkurs der KG (usw.), wistra **86**, 17. **Rechtsprechungsübersicht:** *Rönnau* NStZ **03**, 525.

3 2) **Rechtsgut** der Insolvenzdelikte ist zunächst der Schutz der etwaigen Insolvenzmasse (InsMasse) vor unwirtschaftlicher Verringerung, Verheimlichung und ungerechter Verteilung (§ 283 c; **aA** NK-*Kindhäuser* 31) zum Nachteil der Gesamtgläubigerschaft (BGH **28**, 373 [möglicherweise auch nur eines **einzigen Gläubigers;** vgl. NStZ **01**, 485 m. krit. Bespr. *Krüger* wistra **02**, 52]; NStZ **87**, 23; hM; NK-*Kindhäuser* 25; vgl. *Klug* 1 vor § 239 KO; auch BGH **9**, 84). Dahinter stehen aber neben dem Schutz der Arbeitnehmer des Täters (§ 283 a Nr. 2; dort 5) auch überindividuelle Interessen, dh der Schutz des gesamtwirtschaftlichen Systems (*Lackner/Kühl* 1; *S/S-Heine* 2), nicht speziell die Funktionsfähigkeit der Kreditwirtschaft (so schon die Motive zur KO 1874; vgl. UK der Komm. 78 Nr. 4; *Tiedemann* LK 45 ff.; TagBer. Anl. 3, 10; ZRP **75**, 133; ZIP **83**, 520; *Eulencamp* Anl. 5, 12; *Otto* Jura **89**, 32; abl. *Richter* Anl. 4, 8; *M/Schroeder/Maiwald* 48/8; SK-*Hoyer* 5 f.; *Penzlin* [2] 32 ff.; *Park-Sorgenfrei* 2 zu § 283; *A/R-Wegner* VII 1/3). Das Rechtsgut wird verletzt durch einzelne sog. **Bankrotthandlungen** (= BHandlungen), die je nach ihrer Art Erfolgsdelikte (§ 283 I Nr. 1, teilweise auch Nr. 2 bis 4, 8; § 283 d), abstrakte (§ 283 I Nr. 5 bis 7, § 283 b) oder auch potentielle (nach *Tiedemann* ZRP **75**, 134 – abw. Prot. 7/2473 –; *Eitel* Prot. 7/2543 unter Bezug auf *Schröder* JZ **67**, 522 abstrakt-konkrete) **Gefährdungsdelikte** (19 vor § 13; so teilweise § 283 I Nr. 2, 4, 8) darstellen (vgl. *Tiedemann* NJW **77**, 781, LK 5 zu § 283).

4, 5 Voraussetzung ist für die BHandlungen nach § 283 I, IV Nr. 1, V Nr. 1 (krit. *Schlüchter* MDR **78**, 979 f.) sowie in abgewandelter Form für die §§ 283 c, 283 d das Handeln des Täters während einer **Krise.** Auf diese Weise erhalten die BHandlungen eine schon als solche strafwürdige Unrechtsmaterie. Wenn das Gesetz dennoch zusätzlich in sämtlichen Vorschriften an dem Erfordernis der Insolvenzeröffnung **(InsE),** der Zahlungseinstellung **(ZE)** oder der Abweisung des Eröffnungsantrages mangels Masse festhält, so handelt es sich dabei um eine **objektive Strafbarkeitsbedingung** (RegE 33; *Heinz* GA **77**, 218; and. *Maurer* wistra **03**,

253 f.), die einen Teilverzicht auf Bestrafung einer an sich strafwürdigen Handlung bedeutet, um schwach gewordene Unternehmen vor Eintritt der Bedingung nicht unnötig existenzbedrohenden Strafverfahren auszusetzen (Ndschr. **8**, 82; E 1962, 271; RegE 33; *Pfeiffer* TagBer. 19; NK-*Kindhäuser* 106). Problematisch bleibt die Strafbarkeitsbedingung, wo der Tatbestand ein Handeln in der Krise nicht voraussetzt, nämlich in den Fällen von § 283 II und § 283 b, vor allem bei der Fahrlässigkeitsform dieser Taten (§ 283 IV Nr. 2, V Nr. 2, § 283 b II; vgl. *Dreher* MDR **78**, 724; **aA** *Tiedemann,* Schröder-GedS 290, vgl. LK 89, 91).

Die Krise wird in § 283 I in der Weise beschrieben, dass der Täter entweder bei **Überschuldung** oder bei eingetretener oder drohender **Zahlungsunfähigkeit** handeln muss; Abs. II erfasst die Herbeiführung der Krise. Ob die Legaldefinitionen der §§ 17 II, 18 II, 19 II InsO für die Auslegung der §§ 283 ff. bindend sind oder ein eigenständiger strafrechtlicher Krisenbegriff fortbesteht und erforderlich ist, ist umstr. (vgl. zur drohenden Zahlungsunfähigkeit BT-Drs. 12/2443, 114; *Uhlenbruck* wistra **96**, 2; *Reck* GmbHR **99**, 267, 269 f.; *Weyand* [2] 29, 44 ff.; *Moosmayer* [2] 17 ff.; *Penzlin* [2] 70 ff.); eine strenge **Akzessorietät** des Strafrechts (*Bieneck* StV **99**, 43 u. in: *Müller-Gugenberger/Bieneck,* Wirtschaftsstrafrecht, 75/59, 76/32 ff., 56 ff.; *Reck* GmbHR **99**, 267 ff.; *ders.* ZInsO **99**, 195 ff.; *Arzt/Weber* 16/56; *Mitsch* BT 2, 5/146; inzident wohl auch BGH NJW **01**, 1874, 1875 [zu § 2 III]) wird überwiegend zugunsten einer **funktionalen Akzessorietät** (*Lackner/Kühl* 5 zu § 283; *S/S-Heine* 50 a zu § 283; *Moosmayer* aaO 143 ff.; *Penzlin* aaO 71 f.; jew. mwN) oder einer nicht zivilrechtsakzessorischen, strafrechts-spezifischen Auslegung jedenfalls des Überschuldungs-Begriffs (*Achenbach*, Schlüchter-GedS 257, 269) abgelehnt. 6

Voraussetzungen der Krise sind nach § 283 I: 7

A. bereits **eingetretene Überschuldung** (= ÜSch), obwohl ein Insolvenzgrund darin nur nach § 92 II AktG, § 64 II GmbHG, § 98 I Nr. 2 GenG und seit dem 1. WiKG nach § 130 a HGB, § 19 III InsO auch für OHG und KG liegt, bei denen keiner der persönlich haftenden Gesellschafter eine natürliche Person ist, also vor allem für die GmbH & Co KG (zutr. zur geringen praktischen Bedeutung *Penzlin* [2] 82). ÜSch (vgl. dazu *Degener*, Rudolphi-FS [2004] 405 ff.) setzt voraus, dass **das Aktivvermögen die Schulden nicht mehr deckt** (§ 19 II InsO; § 92 II S. 2 AktG; § 130 a I S. 1 HGB; vgl. NStZ **03**, 546, 547; 2 StR 729/94), die Passiven der Bilanz also die Aktiven übersteigen (1 StR 625/80; vgl. *Biermann* [oben 2] 31; *Park-Sorgenfrei* 6 zu § 283; *A/R-Wegner* VII 1/19). Der Tatrichter muss Art und wirtschaftlichen Wert des Aktivvermögens ggf. im Einzelnen feststellen (1 StR 156/80; vgl. auch wistra **07**, 308; Düsseldorf wistra **83**, 131); er bedarf insoweit eines sog. **Überschuldungsstatus** auf Grundlage des tatsächlichen Werts des Vermögens (wistra **87**, 28; BGHR § 283 I Überschuldung 1, 2; NStZ **03**, 546 f.; hierzu im Einzelnen *Schlüchter* MDR **78**, 265 u. wistra **84**, 41; *Tiedemann,* Schröder-GedS 289; LK-*Tiedemann* 150; *Bieneck* [oben 2] 76/19 ff.; *Franzheim* NJW **80**, 2500, wistra **84**, 212; *Haack* NJW **81**, 1353; *Otto* [oben 2] 268; *Uhlenbruck* wistra **96**, 5; *A/R-Wegner* VII 1/23 ff.; NK-*Kindhäuser* 93; Lit.-Nachw. zur Überschuldung bei *Bieneck* [2] 76/vor 1). Ohne Bedeutung sind steuerliche Abschreibungswerte (vgl. § 254 HGB). Aktivvermögen sind nur solche Vermögenswerte, die zum Ausgleich von Verbindlichkeiten herangezogen oder zumindest als Grundlage kurzfristiger Kreditgewährung dienen könnten (wistra **07**, 308). **Kapitalersetzende Darlehen** (vgl. dazu § 32 a I, III GmbHG idF des KapitalaufnahmeerleichterungsG v. 20. 4. 1998 [BGBl. I, 707] und des KonTraG v. 27. 4. 1998 [BGBl. I, 786]; BGHZ **90**, 381 f.; **133**, 298, 304; NStZ **03**, 545 f.) waren nach bisherigem Recht nur dann nicht zu passivieren, wenn ein Rangrücktritt vereinbart war (vgl. wistra **03**, 301, 302; München NJW **94**, 3114; Düsseldorf wistra **97**, 113); nach Erlass der InsO sind sie (als nachrangige Forderungen, § 39 I Nr. 5 InsO) nur dann nicht zu passivieren, wenn der „Rangrücktritt" einen Erlass für den Fall der InsEröffnung vorsieht (BT-Drs. 12/2443, 115; *Uhlenbruck* wistra **96**, 6;

Bieneck StV **99**, 43 und [oben 2] 76/14, 80/27 ff.; vgl. hierzu *Beintmann* BB **99**, 1543). Ansprüche aus Rückzahlung kapitalersetzender Darlehen sind – soweit realisierbar – im Überschuldungsstatus zu aktivieren (München NJW **94**, 3114; GmbHR **98**, 281; *Bieneck* [2] 80/30).

8 **B.** Drohende oder eingetretene **Zahlungsunfähigkeit** (= **ZU,** §§ 17, 18 InsO). Nach *früherem* Recht wurde darunter das nach außen in Erscheinung tretende, auf dem Mangel an Zahlungsmitteln beruhende, voraussichtlich *dauernde* Unvermögen des Täters verstanden, seine sofort zu erfüllenden Geldschulden noch *im Wesentlichen* zu befriedigen (NJW **00**, 154, 156; BGHR GmbHG § 64 I Übersch. 1; 2 StR 729/94; Stuttgart NStZ **87**, 460; Düsseldorf NJW **88**, 3167; Bay wistra **88**, 363; NStZ/A **89**, 503; so auch noch [unzutr.] der *5. StS* in wistra **07**, 308 [Anfrage-vermeidende Auslegung durch den *1. StS* in wistra **07**, 312]; vgl. dazu auch LK-*Tiedemann* 126; NK-*Kindhäuser* 101; SK-*Hoyer* 12; *Moosmayer* [2] 148 ff.; insg. krit. zu dem Merkmal *Röhm* [1 a] und NZI **02**, 134 ff.).

9 Nach **§ 17 II InsO** ist zahlungsunfähig, wer nicht mehr in der Lage ist, seine fälligen Zahlungspflichten (vgl. (NStZ **87**, 279 [Anm. *Gössel* JR **88**, 256]) zu erfüllen. Nach hM (*Burger/Schellberg* BB **95**, 263; *Moosmayer* [2] 159; *Bieneck* [2] 76/56; *Bittmann/Volkmer* wistra **05**, 167) sind damit die Merkmale der voraussichtlichen Dauerhaftigkeit und der Wesentlichkeit *entfallen* (so auch wistra **07**, 312 [*1. StS*]). Voraussetzung der ZU ist idR ein **stichtagbezogenes Liquiditätsdefizit** (NStZ **03**, 546, 547; BGHR GmbHG § 64 I Zahlungsunfähigkeit 1; Düsseldorf StV **07**, 38 f.; *Bieneck* aaO; **aA** *Achenbach*, Schlüchter-GedS 257, 271; *A/R-Wegner* VII 1/65; and. auch *Penzlin* [2] 118 ff.); auf die ernsthafte Einforderung durch Gläubiger kommt es nach § 17 II InsO nicht mehr an (wistra **07**, 312; *Uhlenbruck* wistra **96**, 5; *Bieneck* [oben 2] 76/56). Bloße **Zahlungsstockungen** reichen auch nach § 17 II InsO nicht aus; andererseits können die zum früheren Recht entwickelten Regeln (zB: mindestens dreimonatige Unterdeckung von 25%) nicht mehr angewandt werden (*Bremer* GmbHR **02**, 257, 258).

9 a Die wohl hM zu § 17 II InsO nimmt ZU jedenfalls bei mehr als **zweiwöchiger** Illiquidität (*Burger/ Schellberg* BB **95**, 262 f.; KTS **95**, 567; *Temme* [2] 29 ff.; *Möhlmann* [2] 39 f.; *Jäger* BB **97**, 1576 [1 Woche]; *Kübler/Prütting/Pape,* InsO, 11 zu § 17; *Kirchhof,* HK, 18 zu § 17 InsO; unrealistisch *Moosmayer* [2] 155 ff.: 1 Tag) und bei einer Unterdeckung von (nur) **5 bis 10%** an (noch schärfer etwa *Jäger* BB **97**, 1577; *Temme* [2] 34; *Jauernig,* Zwangsvollstreckungs- und InsolvenzR, 21. Aufl. 1999, 255: jegliche Unterdeckung); der **BGH** hat unter Hinweis auf § 17 II InsO eine einmonatige Illiquidität als „gerade noch erträglich" angesehen (ZIP **95**, 931; **97**, 1510; vgl. auch Köln NStZ-RR **05**, 378). Ob diese vom Gesetzgeber der InsO gewollte **wesentliche Verschärfung,** die jedenfalls auch durchaus lebensfähige Unternehmen erfasst, der Unternehmenswirklichkeit Rechnung tragen und in der (strafrechtlichen) Praxis umgesetzt wird, erscheint zweifelhaft (zutr. krit. *Lackner/ Kühl* 7; *S/S-Heine* 52 zu § 283; *Penzlin* Jura **99**, 56 und [oben 2] 124 ff.).

9 b ZU kann durch eine gutachtliche **stichtagsbezogene Gegenüberstellung** der fälligen (1 StR 123/90) Verbindlichkeiten und der zu ihrer Tilgung vorhandenen oder herbeizuschaffenden Mittel (wobei es auf deren Herkunft nicht ankommt; NK-*Kindhäuser* 102) festgestellt werden (NJW **00**, 156; NStZ **01**, 485; **03**, 546 f.; MDR/H **90**, 1067; *Hoffmann* MDR **79**, 716 und in: *Gnam* [oben 2] 43 ff. zu 148 a). Es können aber auch Feststellungen über **wirtschaftskriminalistische Beweisanzeichen** genügen, **zB** häufige Wechsel- und Scheckproteste, fruchtlose Pfändungen, Ableistung der eidesstattlichen Versicherung (MDR/H **90**, 1067; wistra **93**, 184; BGHR GmbHG § 64 I Zahlungsunf 1; LG Köln wistra **92**, 269; vgl. i. e. *Bieneck* [2] 76/46 ff.), Rückstand auf Sozialversicherungsbeiträge (vgl. ZIP **03**, 1666, 1669; dazu *Bittmann/Volkmer* wistra **05**, 167 ff.). Bei der Gegenüberstellung sind sämtliche Einkünfte zu berücksichtigen, auch wennn sie aus Straftaten herrühren (NJW **82**, 1952, 1954; wistra **07**, 308). Eingehender Darlegung und Begründung bedarf die **Feststellung** von ZU aufgrund solcher Beweisanzeichen,

wenn in dem betreffenden Zeitraum die Summe der Erträge die der Aufwendungen deutlich übertraf (NStZ **03**, 546). ZU und ZE sind nicht identisch (*Bieneck* [2] 76/37; unten 13). Zur Bedeutung betriebswirtschaftlicher **Liquiditätskennzahlen,** insb. der sog. Liquidität 2. Grades (stichtagsbezogene Bewertung von Forderungen und Verbindlichkeiten) vgl. *Lüdke* wistra **03**, 52; 295; *Weber* wistra **03**, 202.

C. Es droht die ZU, wenn sie sich als nahe bevorstehend darstellt, wenn der 10 Schuldner also nach gegenwärtiger Beurteilung voraussichtlich nicht in der Lage sein wird, seine Verpflichtungen im Zeitpunkt der Fälligkeit zu erfüllen (§ 18 II InsO; MDR/H **90**, 1067), dh wenn die Wahrscheinlichkeit des nahen Eintritts der ZU besteht (*Pfeiffer* aaO 17), und zwar bei (und nicht erst nach) Vornahme der BHandlung (*Tiedemann* NJW **77**, 782; vgl. Ndschr. **8**, 83 f.; LK-*Tiedemann* 138; NK-*Kindhäuser* 103; *A/R-Wegner* VII 1/84; *Schlüchter* MDR **78**, 268; *Reulecke* KR **84**, 80; *Uhlenbruck* wistra **96**, 3). Das kann gegeben sein bei Vorliegen von Beweisanzeichen für die ZU (rascher Ertragsverfall ohne ausreichende Reserven; Versagung von Bankkredit; erfolglose Zwangsvollstreckungsmaßnahmen), je nach Sachlage auch schon in einem früheren Stadium, zB wenn ein Unternehmer eine nicht mehr zu deckende hohe Steuernachforderung oder Schadensersatzforderung zu erwarten hat, wenn nicht einlösbare hohe Altschuldenwechsel zahlbar gestellt werden (JZ **79**, 77, hierzu *Otto* [oben 2] 280) oder ein wichtiger Kunde verloren wird (vgl. Ber. 17; Prot. 7/2544; LK-*Tiedemann* 142).

Bei der **Prognose** wird auf den letzten Fälligkeitszeitpunkt aller Verbindlichkei- 11 ten abgestellt (*Lackner/Kühl* 8; *S/S-Heine* 53 vor § 283; LK-*Tiedemann* 139 vor § 283; *Bieneck* StV **99**, 45); je länger der Prognosezeitraum ist, desto höher muss die Wahrscheinlichkeit des Eintritts von ZU sein (*Bittmann* wistra **98**, 325). Zu berücksichtigen ist die gesamte Entwicklung der Finanzlage, also neben fälligen Verbindlichkeiten auch im Prognosezeitraum entstehende, die zur Verfügung stehenden Mittel, Kreditmöglichkeiten sowie die Auftragsentwicklung. Die Schwierigkeiten der Feststellung (Ber. 17) gehen zugunsten des Täters. Überschneidungen mit dem Begriff der Überschuldung liegen nahe (dazu *Penzlin* [2] 135 mwN; krit. dazu *Röhm* NZI **00**, 467; dass der allein antragsberechtigte Schuldner (§ 18 I InsO) mit seinem Antrag die objektive Strafbarkeitsbedingung nach § 283 VI auslöst, führt zu einer Vorverlagerung der Strafbarkeit, die einer vom Gesetz bezweckten frühzeitigen Antragsstellung gerade in problematischen Fällen eher entgegenwirkt (*Moosmayer* [2] 168 ff.; *S/S-Heine* 53 zu § 283; *Lackner/Kühl* 8 zu § 283).

4) Die **objektive Bedingung der Strafbarkeit** ist nach § 283 VI (der auch 12 für § 283 a und nach §§ 283 b III, 283 c III, 283 d IV – dort allerdings in entsprechender Variante – auch für die übrigen Vorschriften gilt) dann gegeben, wenn entweder der Täter, gleichgültig, ob ihn daran ein Verschulden trifft (anders bei § 283 II),

A. seine Zahlungen eingestellt hat. Die ZE ist nicht dasselbe wie die ZU; 13 wenn diese auch idR die Ursache für sie ist. Während die ZU die wirtschaftliche Lage des Täters darstellt, ist die ZE zwar kein formeller Akt, wohl aber ein faktisches Verhalten, nämlich das generelle Aufhören mit der Begleichung der Schulden, deren Erfüllung seine Gläubiger ernsthaft fordern. Die ZE ist danach auch ohne ZU möglich, nämlich dann, wenn der Täter ZU irrig annimmt oder trotz Zahlungsfähigkeit sich zu zahlen weigert (GA **53**, 73; 2 StR 592/75; RegE 37; *Hoffmann* MDR **79**, 716; *A/R-Wegner* VII 1/90; *Bieneck* wistra **92**, 89 und [oben 2] 76/37; **aA** LK-*Tiedemann* 144; *W/Hillenkamp* 468; *Moosmayer* [2] 180: nur bei tatsächlicher ZU). Nichtbegleichen einzelner Schulden begründet die ZE noch nicht (1 StR 546/80), ebenso wenig eine nur vorübergehende Zahlungsstockung (LK-*Tiedemann* 134; NK-*Kindhäuser* 102; vgl. BT-Drs. 12/2443, 114; krit. zur Abgrenzung *Uhlenbruck* KTS **94**, 171), wohl aber die Unfähigkeit, trotz Zahlungswilligkeit auch nur einzelne Gläubiger zu befriedigen (2 StR 407/60). Das vereinzelte Leisten von Zahlungen braucht die ZE nicht auszuschließen. Für die Frage, wer die Zahlungen eingestellt hat, ist der wirkliche Sachverhalt maßgebend, nicht ein ihm widersprechender Schein (LK-*Tiedemann* 68). Ob ZE gegeben ist, hat der Strafrichter selbstständig zu prüfen (vgl. BGH **7**, 146);

14 **B.** oder wenn über das Vermögen des Täters das **InsVerfahren eröffnet** worden ist, dh durch entsprechenden Gerichtsbeschluss (§ 27 InsO); ohne Bedeutung ist, ob die nachträgliche Einstellung (§§ 207, 211 ff. InsO) in Betracht kommt (GA **55**, 364) oder eintritt. Dagegen wird die InsE durch erfolgreiche Beschwerde beseitigt (§ 34 II InsO). Der Strafrichter darf die Berechtigung der InsE nicht nachprüfen (LK-*Tiedemann* 162; NK-*Kindhäuser* 110). Hier bestimmt sich auch die Person des Gemeinschuldners nach dem InsE-Beschluss, nicht danach, wer wirklich Geschäftsinhaber ist (4 StR 50/70; anders oben 13). Doch wird fast stets zugleich ZE gegeben sein, so dass insoweit auch die Grundsätze oben 13 gelten und der Täter schon deshalb strafbar ist. Für die Zeit **vor Inkrafttreten der InsO** (1. 1. 1999) tritt an die Stelle der InsEröffnung die Konkurseröffnung. Nach wistra **98**, 177 (zu § 84 I Nr. 2, § 64 I aF GmbHG; ebenso wistra **00**, 475; vgl. auch Dresden NStZ-RR 99, 27) gilt dies wegen der Verweisung in § 1 IV S. 2 GesO fF auch für die Eröffnung (oder Ablehnung) des **Gesamtvollstreckungsverfahrens** in den neuen Bundesländern (ebenso LK-*Tiedemann* 9; dagegen aber *Rotsch* wistra **00**, 5 ff.; dazu *Krüger* wistra **00**, 289 mit Erwiderung *Rotsch* wistra **00**, 294, der zur Nichtanwendbarkeit von § 84 I Nr. 2 GmbHG n. F. auf Sachverhalte vor dem 1. 1. 1999 *insgesamt* gelangt; vgl. auch *Bieneck* StV **99**, 43; *Rönnau* NStZ **03**, 525, 526);

15 **C.** oder wenn der **Eröffnungsantrag mangels Masse abgewiesen** worden ist, nämlich durch den rechtskräftigen Beschluss nach § 26 I InsO, an den der Strafrichter gebunden ist. Spätere Einstellung des InsVerfahrens nach §§ 207 ff. InsO ist ohne Bedeutung.

16 **5)** Mit der Krise wird zugleich der **Zeitraum** beschrieben, innerhalb dessen eine BHandlung nach § 283 I, VI strafbar ist. Er beginnt mit dem frühesten Ereignis der Krise, also je nach Sachlage mit dem Eintritt der ÜSch oder mit der drohenden ZU. Der zeitliche Endpunkt wird (die Wendung „bei" in § 283 I meint „während dieses Zustandes") nicht durch ZE oder InsE bestimmt, sondern erst durch den Abschluss der Krise, so dass auch BHandlungen nach ZE oder InsE erfasst werden (BGH **1**, 191), auch noch nach Konkurs- oder Insolvenzantragsabweisung (*Bieneck* [oben 2]/76/75; vgl. BGH **7**, 146), nach Beendigung des Insolvenzverfahrens nur dann, wenn sich der frühere Insolvenzschuldner noch oder wieder in der Krise befindet (*Moosmayer* [2] 195 ff.; LK-*Tiedemann* 100; aA *Bieneck* [2] 76/75 f.; i. E. str.). Die bankrottstrafrechtliche Haftung endet jedenfalls mit der Beendigung des Unternehmens oder mit der nicht nur kurzfristigen Wiederherstellung der Liquidität (enger *Bieneck* aaO: „nachhaltige Krisenbehebung").

17 Zwischen den BHandlungen und der ZE bzw. InsE muss danach ein **zeitlicher und tatsächlicher Zusammenhang** bestehen, während ein Kausalzusammenhang fehlen kann (BGH **1**, 191; GA **53**, 73; **71**, 38; MDR/H **81**, 454; Düsseldorf NJW **80**, 1292; Bay NStZ **03**, 214 [krit. Anm. *Maurer* wistra **03**, 253]; *Tiedemann* NJW **77**, 782, LK 92; NK-*Kindhäuser* 112; SK-*Hoyer* 19; *Wilhelm* NStZ **03**, 511 ff.; anders bei § 283 II). Doch ist der erforderliche Zusammenhang unterbrochen, wenn der Schuldner während einer Krise eine BHandlung begeht, diese Krise aber überwindet und ZE oder InsE erst wegen eines späteren Zusammenbruchs eintreten (BGH **28**, 233 m. Anm. *Schlüchter* JR **79**, 513; vgl. JZ **79**, 77, hierzu *Tiedemann* NJW **79**, 254, LK 90; *Bieneck* wistra **92**, 91); oder wenn auszuschließen ist, dass die BHandlung zum Zeitpunkt des Eintritts der Strafbarkeitsbedingung noch **irgendwelche gefahrerhöhende Folgen** hatte (Bay NStZ **03**, 214; NJW **03**, 1960; vgl. 5 zu § 283 b). Der Zweifelssatz gilt insoweit nicht (Hamburg NJW **87**, 1344; *Tiedemann* NJW **77**, 783; Dünnebier-FS 538); freilich folgt daraus nicht, dass der Täter das fehlen eines Zusammenhangs „zu beweisen hat" (*Maurer* wistra **03**, 253 f.). Eine vorübergehende Erzielung von Gewinn begründet noch keine Überwindung der Krise (MDR/H **81**, 454). Die Tat nach §§ 283 ff. ist beendet (vollendet ist sie schon früher; 33 zu § 283), sobald zur BHandlung die

Strafbarkeitsbedingung tritt; von da ab läuft die Verjährung (RG **16**, 190; hM). Auch für eine Amnestie kommt es auf diesen Zeitpunkt an (GA **55**, 82; **aA** *S/S-Heine* 70 zu § 283).

18 **6)** Die Taten nach §§ 283 ff. sind mit Ausnahme von § 283 d **Sonderdelikte** (LK-*Tiedemann* 59; *Vormbaum* GA **81**, 129; *Penzlin* [2] 55 ff.). **Täter** des § 283 I kann allerdings grds jeder sein. Die Neufassung durch die InsO und die Einführung der **Verbraucherinsolvenz** haben keine rechtliche, sondern nur eine *faktische* Erweiterung des Täterkreises bewirkt (NStZ **01**, 485, 486 [abl. Bespr. *Krüger* wistra **02**, 52; *Schramm* wistra **02**, 55; *Röhm* ZinsO **03**, 535, 537 ff.; *Rönnau* NStZ **03**, 525, 529; zust. *Krause* NStZ **02**, 42]; *Bieneck* StV **99**, 43; *Moosmayer* [2] 63, 112, 172), so dass es auf § 2 III insoweit gar nicht ankommt (**aA** *Krüger* wistra **02**, 54).

19 **A.** Auf **Kaufleute** als Täter (vgl. 19 zu § 283) sind lediglich die Taten nach §§ 283 I Nr. 5, 7 (auch iVm II, IV, V), 283 b beschränkt (LK-*Tiedemann* 59), so dass es sich schon insoweit um Sonderdelikte handelt. Im Fall von **Gesellschaften** sind unter „wer" bei einer Gesellschaft des bürgerlichen Rechts, bei einer OHG und der Vorgesellschaft einer GmbH (BGH **3**, 25; *Bittmann/Pisarski* wistra **95**, 91, gegen sie *Deutscher/Körner* wistra **96**, 11; vgl. *Kohlmann,* Geerds-FS 683) die **einzelnen Gesellschafter,** und zwar jedenfalls die vertretungsberechtigten, zu verstehen, bei der KG und der KG auf Aktien nur die persönlich haftenden Gesellschafter, bei einer GmbH & Co KG also nur die GmbH (BGH **19**, 176), *nicht* die Kommanditisten und Prokuristen (vgl. LK-*Tiedemann* 62; *Winkelbauer* wistra **86**, 20; *Deutscher/Körner* wistra **96**, 11; vgl. *Weyand* 29 f.; 4 b aE zu § 283). Bei der AG, der GmbH, der Europäischen Gesellschaft mit Sitz im Inland (SE) und der eingetragenen Genossenschaft sind unter „wer", soweit es um die Befangenheit in der Krise geht, die Gesellschaften selbst zu verstehen. Da diese jedoch nicht deliktsfähig sind, greift insoweit § 14 I Nr. 1, 2 ein (unten 21; *Binz* NJW **78**, 802; abw. *Fleischer* NJW **78**, 96), so dass der in der Krise Befindliche und der persönlich handelnde strafbare Täter auseinander fallen. Zur Strafbarkeit des **Geschäftsführers** und leitender Personen einer GmbH vgl. unten 21 (dazu auch *Biletzki* NStZ **99**, 537 ff.; *Maurer* wistra **03**, 174 ff.).

20 **B.** Täter nach § 283 I, IV Nr. 1, V Nr. 1, § 283 c kann nur sein, wer sich **in der Krise** (oben 6 ff.) befindet. Mit Ausnahme von § 283 d kann überdies Täter nur derjenige sein, für den **die Strafbarkeitsbedingung** eingetreten ist. Mittäterschaft ist dann nur möglich, wenn es sich zB um Mitgesellschafter handelt, bei denen ZE oder InsE vorliegt (vgl. 1 StR 399/72) und sie gemeinschaftlich BHandlungen begehen.

21 **C.** Ein **besonderes persönliches Merkmal,** das die Strafbarkeit begründet (oben 19), stellt nicht nur die Krise dar, in der sich der „Täter" in den Fällen von § 283 I, IV Nr. 1, V Nr. 1, § 283 c befindet, sondern auch der Umstand, dass jemand von der Strafbarkeitsbedingung nach § 283 VI getroffen wird (Bay NJW **69**, 1495; LK-*Tiedemann* 61; LK-*Schünemann* 43 zu § 14). § 283 VI ist daher in den Fällen, in denen der in der Krise Befindliche und der strafrechtlich Haftbare auseinander fallen (oben 19) sinngemäß so zu lesen, dass es auf den Eintritt der Strafbarkeitsbedingung bei dem Krisenbefangenen, nicht bei dem strafrechtlich haftbaren Handelnden ankommt (vgl. *Tiedemann* NJW **77**, 780, GmbHG 19 vor § 82, Dünnebier-FS 535 und LK 64; NK-*Kindhäuser* 44; *S/S-Heine* 59 a, 65 zu § 283; *Deutscher/Körner* wistra **96**, 12; hierzu krit. *Labsch* wistra **85**, 4). Das bedeutet, dass nach § 14 I zB der **Geschäftsführer** (auch der *faktische Geschäftsführer,* vgl. BGH **31**, 118; wistra **84**, 178; **90**, 60 [abl. *Joerden* wistra **90**, 1]; BGH **46**, 62 [krit. Anm. *Joerden* JZ **01**, 310]) einer GmbH strafrechtlich haftet, der in dieser Eigenschaft eine BHandlung begeht (BGH **30**, 127; NJW **69**, 1494; 2 StR 768/78; *Biletzki* NStZ **99**, 537, 539 f.; vgl. aber BGH **31**, 122). Der förmlich bestellte Geschäftsführer kann *neben* einem faktischen Geschäftsführer strafbar sein, wenn er überhaupt tatsächlichen Einfluss auf die Geschäftsführung hat und sein Innenverhältnis zum faktischen GF mit tatsächlichen Befugnissen ausgestattet ist, welche eine Erfüllung

der Pflichten ermöglichen; das ist bei einer allein zum Zweck des *Rechtsscheins* erfolgten Bestellung nicht der Fall (Hamm NStZ-RR **01**, 173; KG wistra **02**, 313, 314f.).

21a Nach **hM** ist die Strafbarkeit des **faktischen Geschäftsführers** (zum Begriff vgl. BGH **3**, 37; **21**, 101, 103; **31**, 118, 122; **46**, 62, 64; NStZ **00**, 34f.; StV **84**, 461 [Anm. *Otto*]; wistra **90**, 60f.; JZ **01**, 309 [Anm. *Joerden*]; zum **„Merkmalskatalog"** Bay NJW **97**, 1936; *Dierlamm* NStZ **96**, 153, 156; vgl. auch BGHZ **41**, 282, 287; **47**, 341, 343; **75**, 96, 106; **104**, 44, 46) durch § 14 III auf solche Fälle begrenzt, in denen ein Mangel der Bestellung oder des Anstellungsakts, also jedenfalls ein – unwirksamer – **Bestellungsakt** vorliegt; dieser kann in dem ausdrücklich oder konkludent erklärten **Einverständnis** jedenfalls *aller* Gesellschafter mit dem Handeln als Geschäftsführer liegen (BGH **3**, 37f.; **21**, 103ff.; **31**, 122f. [m. Anm. *Bruns* JR **84**, 133]; StV **84**, 461 [m. Anm. *Otto*]; NStZ **00**, 34f.; Düsseldorf NStZ **88**, 368 [m. Anm. *Hoyer*]; *S/S-Heine* 17; LK-*Tiedemann* 70; *Lackner/Kühl* 6 zu § 14; *Tiedemann* NJW **86**, 1842, 1845; *Schäfer* wistra **90**, 81; *Dierlamm* NStZ **96**, 153; *Biletzki* NStZ **99**, 538; *Beck/Köhler,* in: *Wabnitz/Janovsky* 2/423ff.; **aA** *Bruns* GA **82**, 19); das Einverständnis einer *Mehrheit* reicht aus, wenn nach dem Gesellschaftsvertrag der Geschäftsführer durch eine Mehrheit bestimmt werden kann (Karlsruhe NJW **06**, 1364). Der faktische Geschäftsführer muss die Stellung tatsächlich aufgenommen und ausgeübt haben; die betrieblichen Dispositionen müssen sowohl nach außen als auch betriebsintern im Wesentlichen von ihm ausgehen (BGH **46**, 62, 64). Einbezogen sind auch **leitende Personen** mit Überwachungs- und Kontrollbefugnissen iS von § 75 S. 1 Nr. 5 (idF durch das AusführungsG zum Zweiten Protokoll usw. v. 22. 8. 2002 [BGBl. I 3387]; vgl. dazu 1 zu § 14 und Erl. zu § 75 sowie BT-Drs. 14/8998, 8f.). An einer solchen Stellung fehlt es bei einem nach außen als Rechtsanwalt auftretenden Beauftragten, der die Weisungen des Alleingesellschafters umsetzt (NStZ **00**, 35). Nach § 14 II Nr. 2 haftet der Buchhalter eines Betriebes nach § 283 I Nr. 5, 6, § 283b I Nr. 1, 2 oder der mit der Bilanzierung beauftragte Steuerberater nach § 283 I Nr. 7, § 283b Nr. 3 oder der gesetzliche Vertreter eines Unternehmens oder Mutterunternehmens nach §§ 5, 11 RechnLegG, wenn das Unternehmen von der Strafbarkeitsbedingung betroffen wird; die Haftung des Betriebsinhabers kann daneben bestehen, vor allem nach § 283 V oder § 283b II, möglicherweise auch nach § 130 OWiG. Bei einem Widerstreit der Interessen der Gesellschafter und des organschaftlichen Vertreters ist § 14 nicht erfüllt; handelt jedoch der Geschäftsführer im Einvernehmen mit dem Komplementär (Gemeinschuldner), so fehlt es an einem Interessenwiderstreit; das Handeln des Geschäftsführers wird dann wie dessen Handeln beurteilt, dh wie das des Inhabers einer Einzelfirma, der unter den Voraussetzungen des § 283 I Nr. 1 Bestandteile des Vermögens beiseite schafft (BGH **34**, 223 [m. Anm. *Winkelbauer* JR **88**, 33 u. *U. Weber* StV **88**, 16]; NStZ/A **89**, 502; BGHR § 283 I, Konk. 1; *H. Schäfer* wistra **90**, 81; vgl. 4f. zu § 283). Nach § 14 I haften auch der Insolvenzverwalter oder Liquidatoren von Personengesellschaften (3 zu § 14; *Mentzel* 10 zu § 239 KO).

22 **7) Systematisch** sind die §§ 283ff. so **aufgebaut,** dass die eigentlichen BHandlungen, die in der Krise begangen werden oder sie herbeiführen, in der Kernvorschrift des § 283 zusammengefasst sind, während die Strafschärfung für besonders schwere Fälle dem § 283a vorbehalten ist. § 283b bedroht Verletzungen der Buchführungspflicht außerhalb einer Krise (im Einzelnen 1 zu § 283b) mit Strafe. § 283c stellt im Grunde die Privilegierung einer BHandlung nach § 283 dar (vgl. § 283c); § 283d hat eine Tat nach § 283 I Nr. 1 durch einen Außenstehenden mit eigener Tatherrschaft zum Gegenstand (1 zu § 283d). Bei der Anwendung der §§ 283c und 283d ist zwischen dem Insolvenzstraftäter und dem Insolvenzgläubiger zu trennen (BGH **34**, 226; **35**, 359).

23 ***8) Sonstige Vorschriften.*** Bedeutsam sind § 283 I bis III und § 283a für die Versagung der Reisegewerbekarte (§ 57 I Nr. 3 GewO) und für § 6 II GmbHG (Ausschließung als Geschäftsführer bei Verurteilung wegen einer Straftat nach §§ 283 bis 283d). Zuständigkeit in Wirtschaftsstrafsachen in den Fällen der §§ 283, 283a, 283c, 283d nach § 74c I Nr. 5, § 74e GVG; § 103 II JGG.

Bankrott

283 I Mit Freiheitsstrafe bis zu fünf Jahren oder mit Geldstrafe wird bestraft, wer bei Überschuldung oder bei drohender oder eingetretener Zahlungsunfähigkeit

1. Bestandteile seines Vermögens, die im Falle der Eröffnung des Insolvenzverfahrens zur Insolvenzmasse gehören, beiseite schafft oder verheimlicht oder in einer den Anforderungen einer ordnungsgemäßen Wirtschaft widersprechenden Weise zerstört, beschädigt oder unbrauchbar macht,
2. in einer den Anforderungen einer ordnungsgemäßen Wirtschaft widersprechenden Weise Verlust- oder Spekulationsgeschäfte oder Differenzgeschäfte mit Waren oder Wertpapieren eingeht oder durch unwirtschaftliche Ausgaben, Spiel oder Wette übermäßige Beträge verbraucht oder schuldig wird,
3. Waren oder Wertpapiere auf Kredit beschafft und sie oder die aus diesen Waren hergestellten Sachen erheblich unter ihrem Wert in einer den Anforderungen einer ordnungsgemäßen Wirtschaft widersprechenden Weise veräußert oder sonst abgibt,
4. Rechte anderer vortäuscht oder erdichtete Rechte anerkennt,
5. Handelsbücher, zu deren Führung er gesetzlich verpflichtet ist, zu führen unterlässt oder so führt oder verändert, dass die Übersicht über seinen Vermögensstand erschwert wird,
6. Handelsbücher oder sonstige Unterlagen, zu deren Aufbewahrung ein Kaufmann nach Handelsrecht verpflichtet ist, vor Ablauf der für Buchführungspflichtige bestehenden Aufbewahrungsfristen beiseite schafft, verheimlicht, zerstört oder beschädigt und dadurch die Übersicht über seinen Vermögensstand erschwert,
7. entgegen dem Handelsrecht
   a) Bilanzen so aufstellt, dass die Übersicht über seinen Vermögensstand erschwert wird, oder
   b) es unterlässt, die Bilanz seines Vermögens oder das Inventar in der vorgeschriebenen Zeit aufzustellen, oder
8. in einer anderen, den Anforderungen einer ordnungsgemäßen Wirtschaft grob widersprechenden Weise seinen Vermögensstand verringert oder seine wirklichen geschäftlichen Verhältnisse verheimlicht oder verschleiert.

II Ebenso wird bestraft, wer durch eine der in Absatz 1 bezeichneten Handlungen seine Überschuldung oder Zahlungsunfähigkeit herbeiführt.

III Der Versuch ist strafbar.

IV Wer in den Fällen

1. des Absatzes 1 die Überschuldung oder die drohende oder eingetretene Zahlungsunfähigkeit fahrlässig nicht kennt oder
2. des Absatzes 2 die Überschuldung oder Zahlungsunfähigkeit leichtfertig verursacht,

wird mit Freiheitsstrafe bis zu zwei Jahren oder mit Geldstrafe bestraft.

V Wer in den Fällen

1. des Absatzes 1 Nr. 2, 5 oder 7 fahrlässig handelt und die Überschuldung oder die drohende oder eingetretene Zahlungsunfähigkeit wenigstens fahrlässig nicht kennt oder
2. des Absatzes 2 in Verbindung mit Absatz 1 Nr. 2, 5 oder 7 fahrlässig handelt und die Überschuldung oder Zahlungsunfähigkeit wenigstens leichtfertig verursacht,

wird mit Freiheitsstrafe bis zu zwei Jahren oder mit Geldstrafe bestraft.

VI Die Tat ist nur dann strafbar, wenn der Täter seine Zahlungen eingestellt hat oder über sein Vermögen das Insolvenzverfahren eröffnet oder der Eröffnungsantrag mangels Masse abgewiesen worden ist.

Übersicht

1) Allgemeines ... 1
2) Bankrotthandlungen (Abs. I Nr. 1 bis Nr. 8) ... 2–30
3) Herbeiführung einer Krise durch Bankrotthandlungen (Abs. II) ... 31
4) Subjektiver Tatbestand der Abs. I und II ... 32
5) Versuch (Abs. III) ... 33
6) Fahrlässigkeitstaten (Abs. IV, V) ... 34–37
7) Teilnahme ... 38
8) Objektive Strafbarkeitsbedingung (Abs. VI) ... 39
9) Strafrahmen ... 40
10) Konkurrenzen ... 41–43
11) Sonstige Vorschriften ... 44

1 **1) Allgemeines.** Die Vorschrift idF des Art. 60 Nr. 2 EGInsO (1 vor § 283) ist die zentrale Bestimmung des Insolvenzstrafrechts und enthält in I und II zwei Gruppen von Vorsatztatbeständen, denen in IV eine Kombination mit einem Fahrlässigkeitselement und in V reine Fahrlässigkeitstatbestände folgen. Zur Vereinbarkeit mit Art. 103 II GG vgl. BVerfG 28. 8. 2003, 2 BvR 704/01. **Literatur:** 2 vor § 283.

2 **2) Bankrotthandlungen (Abs. I Nr. 1 bis Nr. 8).** Abs. I führt in Nr. 1 bis 8 einzelne Tathandlungen auf und setzt jeweils eine **Krise** (6 ff. vor § 283) voraus (NStZ **98**, 192; zum zeitlichen Zusammenhang zwischen BHandlung und Krise 16 vor § 283), in der der Täter eine der in Nr. 1 bis 8 aufgeführten BHandlungen vornimmt.

3 **Nr. 1:** bezieht sich auf **Bestandteile des Vermögens,** die im Fall der **InsE zur InsMasse gehören** (§ 35 InsO; Prot. 7/2816; Ber. 18; NStZ **95**, 86; nicht ganz identisch mit dem der Zwangsvollstreckung unterliegenden Vermögen; vgl. *Mentzel* 11 ff. zu § 1 KO) oder während des InsVerfahrens hinzuerlangt werden (§ 35 InsO; *Lackner/Kühl* 9; LK-*Tiedemann* 23; *S/S-Stree/Heine* 3) und die der Täter der InsMasse in bestimmter Weise entzieht, so dass Gegenstände, die nicht gepfändet werden sollen, ausscheiden (§ 36 I InsO; § 812 ZPO; NStZ **95**, 86 zu einem nicht übertragbaren Ankaufsrecht), im Übrigen aber sämtliche geldwerten (nicht wertlosen, 1 StR 561/79; LK-*Tiedemann* 16) beweglichen und unbeweglichen Sachen sowie Forderungen und sonstige Rechte erfasst werden (BGH **3**, 35; **5**, 120; SK-*Hoyer* 26), auch unrechtmäßig, zB durch Betrug erworbene (GA **55**, 149) oder stark belastete sowie zur Sicherung übereignete Sachen, selbst wenn ihr Wert unter dem der gesicherten Forderung bleibt (BGH **3**, 35; **5**, 121; GA **60**, 376), da dem Gläubiger hier nur ein Absonderungsrecht zusteht (§ 51 Nr. 1 InsO; *Mentzel* dort 13, 11 zu § 239). Hingegen *scheiden* unter Eigentumsvorbehalt des Verkäufers stehende, **aussonderungsfähige** (§ 47 InsO) Sachen hier *aus* (GA **55**, 150; anders bei Nr. 3), während das Anwartschaftsrecht auf Eigentumsübertragung erfasst sein kann (BGH **3**, 33; BB **57**, 274), wobei es auf die Höhe der Kaufpreisrestforderung im Verhältnis zum Sachwert ankommt (GA **60**, 375; vgl. auch **62**, 146; 4 StR 396/78; LK-*Tiedemann* 21). Ferner *scheiden aus:* die Arbeitskraft und der den Familiennamen des Gemeinschuldners enthaltende Firmenname (Düsseldorf NJW **82** 1712), ebenso die vom InsVerwalter freigegebenen Vermögensbestandteile. Eine Bagatellklausel (vgl. Ndschr. **8**, 90) enthält Nr. 1 nicht.

4 **A. Beiseite Schaffen** ist gegeben, wenn der Täter Vermögensgegenstände dem Gläubigerzugriff entzieht oder den Zugriff wesentlich erschwert (Frankfurt NStZ **97**, 551), nicht nur durch räumliches Verschieben (GA **55**, 149), sondern auch durch Verbringen eines Bestandteils in eine rechtliche Lage, in der den Gläubigern ein alsbaldiger Zugriff unmöglich gemacht wird (LK-*Tiedemann* 25); **zB** durch Überweisung eines Betrages von einem Geschäfts- auf ein Privatkonto; durch Verschiebung auf Konten juristisch selbstständiger „Offshore-Gesellschaften" (Frankfurt NStZ **97**, 551); durch rechtswirksame Veräußerung ohne Empfang eines ent-

sprechenden Gegenwerts oder in der Absicht, den Gegenwert den Gläubigern alsbald wieder zu entziehen (NJW **53**, 1153; 2 StR 592/75); durch eine nichtgerechtfertigte Sicherungsübereignung (MDR/H **79**, 457), durch Scheinabtretung (NK-*Kindhäuser* 21). Vollendung einer dinglichen Verschiebung ist mit der Grundbucheintragung gegeben (Vormerkung genügt; *S/S-Stree/Heine* 4), so dass auch die Eintragung einer nicht valutierten Hypothek oder Grundschuld für einen Dritten vollendetes Beiseiteschaffen darstellt (*Bieneck* [2 vor § 283] 78/20). Einziehung einer Forderung nach InsE und Verbrauch des Geldes für geschäftliche Zwecke oder zum angemessenen Lebensunterhalt ist kein Beiseiteschaffen (GA **59**, 340; 1 StR 794/76; NK-*Kindhäuser* 21), ebenso wenig die Bezahlung von Prozesskosten eines Gesellschafters, die in unmittelbarem Zusammenhang mit der für die Gesellschaft ausgeübten Tätigkeit standen (wistra **87**, 216); wohl aber, wenn der Schuldner Gelder auf ein seiner Verfügung nicht unterliegendes Konto eines Dritten leitet, um damit Gläubiger bereits bestehender Forderungen von der Befriedigung auszuschließen (BGH **34**, 310; NStZ/A **89**, 503). Die Befriedigung des angemessenen Unterhalts aus der Masse ist dem Schuldner erlaubt (1 StR 539/80), er darf sich jedoch nicht im Voraus für längere Zeit mit Unterhaltsmitteln aus der Masse versorgen und auch nicht Mittel für das Absetzen ins Ausland entnehmen (NStZ **81**, 259); für den Geschäftsführer einer GmbH kommt es nicht auf den angemessenen Unterhalt, sondern auf fällige Gehaltsansprüche an (1 StR 539/80).

Dass das Beiseiteschaffen iS von Nr. 1 einen Verstoß gegen die Anforderungen **4 a** einer **ordnungsgemäßen Wirtschaft** voraussetzt (so BGH **34**, 310; NJW **52**, 898; *Lackner/Kühl* 10; *S/S-Heine* 4; NK-*Kindhäuser* 15; *A/R-Wegner* VII 1/105), ist jedenfalls nach dem Wortlaut zweifelhaft (so auch SK-*Hoyer* 31 f.); iErg deckt sich die restriktive Anforderung idR mit einer Auslegung des Begriffs „Beiseiteschaffen“, welche äquivalente Austauschgeschäfte, Erfüllung fälliger Forderungen und Entnahmen für angemessenen Lebensbedarf ausnimmt (LK-*Tiedemann* 27; SK-*Hoyer* 32). Andererseits ergibt sich aus der bloßen Unrichtigkeit von Buchungen eigenkapitalersetzender Gesellschafterdarlehen nicht schon ein Beiseiteschaffen (vgl. wistra **02**, 76 f.; NStZ **03**, 545, 546).

Bei einem nach § 14 **Vertretungsberechtigten** stellt die Rspr. darauf ab, ob er **4 b** in seiner Eigenschaft als Vertreter, dh zumindest auch im **Interesse der Gesellschaft** handelt; dagegen wird im Schrifttum eher auf den Bezug zum übernommenen Aufgabenkreis (*Deutscher/Körner* wistra **96**, 12), auf die Eingliederung in die wirtschaftliche Organisation des Schuldners und auf die Einwirkungsmöglichkeiten abgestellt (vgl. mit i. E. unterschiedlichen Ansätzen *Lampe* GA **87**, 251 ff.; *Labsch* wistra **85**, 59 ff.; *Weber* StV **88**, 17; *Arloth* NStZ **90**, 574; *Schäfer* wistra **90**, 84; *Jordan* Jura **99**, 305). Unter Nr. 1 fällt das Veruntreuen von Gesellschaftsgeld durch den **Geschäftsführer einer GmbH,** der sämtliche Geschäftsanteile besitzt, nach der Rspr des BGH nur, wenn er für die Gesellschaft und (wenigstens auch) in **deren Interesse** tätig wird (BGH **6**, 316; **28**, 374; **30**, 127; **34**, 385; NStZ **00**, 206 f. [zu I Nr. 8; vgl. unten]; MDR/H **79**, 457; **80**, 107; Hamm wistra **85**, 159; **aA** unter ausdrücklicher Ablehnung der „Interessentheorie“ AG Halle/S. NJW **02**, 77; vgl. dazu *Achenbach* NStZ **02**, 523, 527; *Rönnau* NStZ **03**, 525, 528); dies gilt jedoch nicht, wenn der persönlich haftende Gesellschafter einer KG einerseits, deren faktischer Geschäftsführer (wozu – entgegen § 164 HGB – uU auch ein Kommanditist schlüssig bestellt worden sein kann) andererseits einvernehmlich zusammenwirken (BGH **34**, 222 m. Anm. *Winkelbauer* JR **88**, 33 u. *U. Weber* StV **88**, 16; wistra **89**, 267; vgl. 21 vor § 283). Handelt der Geschäftsführer eigennützig, so sind die §§ 266, 246 maßgebend (MDR/H **79**, 806; **84**, 277; *S/S-Stree/Heine* 4 a; krit. hierzu *Labsch* JuS **85**, 602; wistra **85**, 6, 59; *Winkelbauer* wistra **86**, 17; *Lampe* GA **87**, 251; *Arloth* NStZ **90**, 571; wistra **86**, 69; NK-*Kindhäuser* 52 ff. vor § 283; EzSt Nr. 1; vgl. ferner *H. Schäfer* wistra **90**, 83). Vgl. im Übrigen auch 10 zu § 288.

B. Verheimlichen ist ein Verhalten, das darauf abzielt, das Vorhandensein des **5** Vermögensbestandteils der Kenntnis der Gläubiger oder nach InsE des InsVerwalters zu entziehen. Das Ableugnen von Vermögensstücken genügt (zw. LK-*Tiedemann* 42), ebenso das Vorschützen eines den Gläubigerzugriff hindernden Rechtsverhältnisses (SK-*Hoyer* 36; LK-*Tiedemann* 42). Auch Verschweigen entgegen einer Rechtspflicht reicht aus (BGH **11**, 146) sowie das heimliche Einziehen einer versehentlich nicht in das Vermögensverzeichnis aufgenommenen Forderung (GA **56**, 123). Ob das Verheimlichen zu einer erfolgreichen Entziehung führt (4 StR 94/56) oder ob Nachforschungen eines Gläubigers oder des InsVerwalters eingesetzt haben (vgl. RG **56**, 63 zu § 259), ist ohne Bedeutung (**aA** LK-*Tiedemann* 38; NK-*Kindhäuser* 25); jedoch reicht die bloße Verheimlichungs*handlung* zur Vollendung nicht aus, wenn hierdurch nicht die Kenntnis zumindest vorübergehend verhindert wird (*A/R-Wegner* VII 1/107). Zur Frage der Tatbegehung durch **Unterlassen** *Tiedemann* LK 43 und KTS **84**, 544.

6 **C.** Schließlich kommt in Betracht, dass der Täter Vermögensgegenstände **zerstört** (14 zu § 303, vgl. LK-*Tiedemann* 45), **beschädigt** (6 ff. zu § 303) oder **unbrauchbar macht** (7 zu § 316 b), wobei nur Sachen iS von § 303, darunter auch Wertpapiere in Betracht kommen, die Handlung aber einer **ordnungsgemäßen Wirtschaft widersprechen** muss, so dass zB der Verbrauch dazu bestimmter Sachen, das Zerstören von Investitionsgütern im Zusammenhang mit ihrer Ersetzung (BT-Drs. 5/75, 34) oder der Abbruch einer baufälligen Lagerhalle ausscheiden und im Grunde nur mutwillige Handlungen bleiben, die der Alternative kaum praktische Bedeutung geben (krit. *Eulencamp,* TagBer. Bd. III, Anl. 5, 45; *Tiedemann* ZIP **83**, 520, KTS **84**, 546 und LK 49). Ein Maßstab ergibt sich für *kaufmännisch* wirtschaftende Personen aus den handelsrechtlichen Anforderungen ordentlichen kaufmännischen Verhaltens (*S/S-Stree/Heine* 7 a; LK-*Tiedemann* 104 vor § 283; enger [auch für privates Wirtschaften] NK-*Kindhäuser* 70 vor § 283; SK-*Hoyer* 40).

7 **Nr. 2** umfasst:

A. Eingehen von **a) Verlustgeschäften,** dh Geschäften, die nach der Vorauskalkulation von Ausgaben und Einnahmen zu einer Vermögensminderung führen müssen (LK-*Tiedemann* 54; NK-*Kindhäuser* 29; *Park-Sorgenfrei* 17; vgl. RegE 35); womit bereits eine Generalklausel für Nr. 3 aufgestellt wird;

8 **b)** oder von **Spekulationsgeschäften,** dh Geschäften, bei denen ein hohes Verlustrisiko in der Hoffnung eingegangen wird, einen besonders großen Gewinn zu erzielen (vgl. RegE 35), der aber vielfach vom Zufall abhängt (RG **16**, 238);

9 **c)** oder von **Differenzgeschäften mit Waren oder Wertpapieren,** das sind nicht nur Geschäfte iS von § 764 BGB, sondern auch nach § 23 I, II BörsG (idF v. 21. 6. 2002; BGBl. I 2010) grds. zulässige **Termingeschäfte** (NK-*Kindhäuser* 32; SK-*Hoyer* 46; **aA** LK-*Tiedemann* 59), wobei als Waren auch ausländische Geldsorten anzusehen sind (Ber. 18; Prot. 7/2822; *Lackner/Kühl* 12; *S/S-Stree/Heine* 11; NK-*Kindhäuser* 33); und zwar in einer **unwirtschaftlichen,** nämlich den Anforderungen einer ordnungsgemäßen Wirtschaft widersprechenden Weise, so dass Geschäfte ausscheiden, die auch ein seriöser Kaufmann in einer Ausnahmesituation eingehen kann, etwa um während eines Konjunkturtiefs Arbeitsplätze zu erhalten (RegE 35; NK-*Kindhäuser* 34; *Park-Sorgenfrei* 20; **aA** LK-*Tiedemann* 62; *S/S-Stree/Heine* 12), während der bloße Versuch, das dem Zusammenbruch zutreibende Unternehmen durch riskante Geschäfte noch eine Zeit über Wasser zu halten, den Tatbestand erfüllt (3 StR 242/79).

10 Die Tat ist **vollendet,** wenn das Geschäft **eingegangen,** dh abgeschlossen ist (LK-*Tiedemann* 61; *Park-Sorgenfrei* 22), so dass es auf den Erfolg grds. nicht ankommt. Nach hM sollen aber Spekulations- und Differenzgeschäfte vom Tatbestand nicht erfasst werden, die günstig ausgehen und daher die Gläubigerposition verbessern (Schutzzweck der Norm; vgl. LK-*Tiedemann* 61; *S/S-Stree/Heine* 12; SK-*Hoyer* 43; vgl. BGH **22**, 361; *Stree* JuS **65**, 471);

11 **B.** ein Verhalten, durch welches der Täter durch **unwirtschaftliche Ausgaben, Spiel** oder **Wette übermäßige Beträge verbraucht oder schuldig wird.**

a) Unwirtschaftlich sind die das Notwendige und Übliche übersteigenden Ausgaben, die für den in Betracht kommenden Wirtschaftszeitraum (1 StR 399/72) zum Vermögen des Täters in keinem angemessenen Verhältnis stehen (BGH **3**, 26; NJW **53**, 1480; 2 StR 768/78), nicht jedoch die Entnahme angemessenen Unterhalts (NStZ **81**, 259 m. Anm. *Schlüchter* JR **82**, 29; vgl. oben 4; ferner *Tiedemann,* Dünnebier-FS 528; KTS **84**, 549). Maßgebend ist eine Gesamtbetrachtung anhand der gesamten Vermögens- und Liquiditätslage (1 StR 625/80). Sanierungsbemühungen, die nicht erfolgssicher sind, sind damit noch nicht in diesem Sinne „unwirtschaftlich" (3 StR 242/79; NK-*Kindhäuser* 36). Gleichgültig ist es, ob die Ausgaben für private oder für Geschäftszwecke gemacht werden (BGH aaO; GA **64**, 119; **74**, 61; LK-*Tiedemann* 65; *S/S-Stree/Heine* 17). Auch für Ausgaben seiner Familienangehörigen und Angestellten haftet der Täter, wenn er die mögliche Beaufsichtigung unterlässt (NK-*Kindhäuser* 39; einschr. *S/S-Stree/Heine* 17). In Betracht kommen aussichtslose Investitionen (GA **54**, 311), Luxusanschaffungen (Sportflugzeug, 1 StR 592/75; **aA** NK-*Kindhäuser* 43), überhöhter Spesenverbrauch (5 StR 236/55; LK-*Tiedemann* 67); überhöhter, Kreditwürdigkeit vortäuschender Repräsentationsaufwand (*M/G-Bieneck* 73/11; *S/S-Stree/Heine* 17; zum Maßstab vgl. auch *Park-Sorgenfrei* 25).

b) Spiel und **Wette** sind iS von § 762 BGB zu verstehen (NK-*Kindhäuser* 35); **12**
auch die Beteiligung an einer Lotterie wird erfasst (LK-*Tiedemann* 63), während Spekulations- und Differenzgeschäfte unter oben 8, 9 fallen.

c) Übermäßige Beträge sind verbraucht, wenn sie die Leistungsfähigkeit des **13**
Täters in unvertretbarer Weise übersteigen, BGH **3**, 26; 2 StR 165/78 (Anschaffung eines Luxuswagens). Ob dies vorliegt, entscheidet sich nach dem Vermögensstand des Täters zur kritischen Zeit (3 StR 474/53), erst in zweiter Linie nach seinem Einkommen. Der Beurteilung ist die gesamte Vermögenslage des Täters zugrunde zu legen, auch wenn er mehrere selbstständige Geschäftsbetriebe hat; dabei ist ein Vergleich mit Umsatz, Roheinkünften, Unkosten und Unternehmenschancen anzustellen (NJW **53**, 1480; **74**, 61). **Schuldigwerden** bedeutet die Belastung des Vermögens mit Verbindlichkeiten; klagbar brauchen sie nicht zu sein (**aA** LK-*Tiedemann* 69), wie die ausdrückliche Erwähnung von Spiel und Wette zeigt. Zu eng ist es daher, wenn BGH **22**, 360 (zust. *Schröder* JR **70**, 31) ein Schuldigwerden durch Spiel erst annehmen will, wenn die Spielschuld in ein verbindliches Rechtsverhältnis umgewandelt ist (**aA** NK-*Kindhäuser* 38; *Park-Sorgenfrei* 28).

Nr. 3: Beschaffen von **Waren oder Wertpapieren** (oben 9) **auf Kredit,** dh **14**
ohne sofortige Bezahlung (auch bei 30 Tagen Ziel; LK-*Tiedemann* 76; der Fall sofortiger Bezahlung mit Hilfe eines Kredits kann unter Nr. 8 fallen). Der Täter muss die Gegenstände so an sich bringen, dass er über sie verfügen kann (vgl. BGH **9**, 84), und dann die Gegenstände oder aus ihnen hergestellte Sachen vor ihrer Bezahlung erheblich unter ihrem Marktwert (der Einkaufspreis ist nicht entscheidend; LK-*Tiedemann* 78) veräußern (dh verkaufen, vertauschen oder anderweit entgeltlich übereignen; **aA** LK-*Tiedemann* 77; NK-*Kindhäuser* 47) oder sonst abgeben, zB verpfänden.

Die Veräußerung muss sich objektiv als **Verschleudern** darstellen, das den **Anforderungen einer ordnungsgemäßen Wirtschaft** widerspricht; daher scheiden einzelne Verlustverkäufe bei sog. Mischkalkulation aus (LK-*Tiedemann* 79; **15**
TagBer. 92; vgl. NK-*Kindhäuser* 49); zB um einen neuen Markt zu gewinnen oder einen Konkurrenzkampf durchzustehen (*A/R-Wegner* VII 1/126).

Bei der Beschaffung der Waren braucht der Verschleuderungsvorsatz noch nicht **16**
gegeben zu sein. Im Übrigen werden die einschränkenden Merkmale von Nr. 3 dadurch entwertet, dass Nr. 2 (Verlustgeschäfte, oben 7) und Nr. 8 (unten 30) Generalklauseln enthalten, bei denen es auf solche Einschränkungen nicht ankommt.

Nr. 4: Vortäuschen von Rechten anderer oder **Anerkennen erdichteter** **17**
Rechte. Erfasst sind Rechte jeder Art, auch dingliche (NJW **54**, 1655; LK-*Tiedemann* 82), wobei sich die Tat auch auf das Fingieren eines Insolvenzvorrechts

(LK-*Tiedemann* 82) beziehen kann. Es geht um eine fiktive Vermehrung der Passiva (NK-*Kindhäuser* 50; SK-*Hoyer* 59) und damit eine Verkürzung der Befriedigungsquote der Gläubiger (GA **58**, 48). Ohne Bedeutung ist, ob das Recht im InsVerfahren später geltend gemacht wird (LK-*Tiedemann* 87; *S/S-Stree/Heine* 24) oder nachteilige Rechtswirkungen entstehen (LM Nr. 2 zu § 239 KO). **Vortäuschen** ist gegeben, wenn der Täter nach außen, zB durch eine falsche eidesstattliche Versicherung nach § 98 I InsO (LK-*Tiedemann* 84; NK-*Kindhäuser* 52), insbesondere gegenüber dem InsVerwalter, ein nicht oder nicht in dieser Form bestehendes Recht, mit Erfolg oder nicht, als bestehend ausgibt (GA **53**, 74; LK-*Tiedemann* 84), zB durch Zurückdatierung eines Arbeitsvertrages (1 StR 338/69). Die Verdeckung von Einreden ist kein Vortäuschen iS von Nr. 4 (SK-*Hoyer* 61).

18 **Anerkennen** bedeutet im Zusammenspiel mit dem angeblichen Gläubiger (GA **53**, 74; LK-*Tiedemann* 85; *S/S-Stree/Heine* 26; NK-*Kindhäuser* 52) jedes auch formlose Bestätigen eines **erdichteten Rechts,** dh eines erfundenen Rechts, das nie bestanden hat (weiter *A/R-Wegner* VII 1/131), so dass (entgegen § 283b I Nr. 4 E EGStGB) nicht darunter fällt, wenn der Täter aus Kulanz verjährte Forderungen (RegE 35; LK-*Tiedemann* 83) oder solche aus Spiel oder Wette anerkennt. Auch die bloße Erfüllung einer Nichtschuld fällt nicht unter Nr. 4 (vgl. 5 StR 902/52), wohl aber unter Nr. 1 (LK-*Tiedemann* 86). Ein Anerkennen kann auch darin liegen, dass der Schuldner es im Prozess **unterlässt,** Einwendungen gegen eine angebliche Forderung geltend zu machen (vgl. LK-*Tiedemann* 88; SK-*Hoyer* 63; NK-*Kindhäuser* 53; *A/R-Wegner* VII 1/130; and. *S/S-Stree/Heine* 26). Meldet der Geschäftsführer einer GmbH eine eigene erdichtete Gehaltsforderung zur InsMasse an, so handelt er nicht als Vertreter der Gesellschaft, so dass nicht Nr. 4, sondern nur § 263 in Betracht kommt (vgl. GA **71**, 36; LK-*Tiedemann* 86; andererseits GA **56**, 347). Die Tat nach Nr. 4 ist der Sache nach vielfach nur eine Vorbereitungshandlung zu Nr. 1 (LK-*Tiedemann* 81; NK-*Kindhäuser* 36 vor § 283).

19 **Nr. 5** ist gegeben, wenn der Täter **Handelsbücher, zu deren Führung er gesetzlich verpflichtet ist,** nicht oder unübersichtlich führt.

A. Handelsbücher hat gesetzlich **jeder Kaufmann** (§ 238 I HGB) zu führen, also derjenige, der ein Handelsgewerbe betreibt (§ 1 I HGB) mit Ausnahme derjenigen Gewerbebetriebe, deren Unternehmen nach Art oder Umfang einen in kaufmännischer Weise eingerichteten Geschäftsbetrieb nicht erfordert (§ 1 II HGB idF des HandelsrechtsreformG v. 22. 6. 1998 [BGBl. I, 1474]; vgl. zu Problemen des [neuen] Kaufmann-Begriffs *Lieb* NJW **99**, 35); für Kleingewerbetreibende entsteht die Kaufmannseigenschaft und damit die Buchführungspflicht mit der freiwilligen Eintragung in das Register (HK-HGB-*Ruß* 3 zu § 2 HGB; *S/S-Stree/Heine* 29). Buchführungspflichtig sind auch Handelsgesellschaften (§ 6 HGB), auch inländische Zweigniederlassungen ausländischer Kaufleute. Neben §§ 238ff. HGB ergibt sich die Pflicht zur Buchführung aus gesellschaftsrechtlichen Vorschriften (§§ 41ff. GmbHG; §§ 150, 152 AktG). Eine als GmbH gegründete Gesellschaft ist schon vor ihrer Eintragung buchführungspflichtig, wenn sie ein Gewerbe betreibt, das Grundhandelsgeschäfte zum Gegenstand hat (BGH **3**, 24; LK-*Tiedemann* 99; *S/S-Stree/ Heine* 29). Keine Handelsbücher sind das Tagebuch des Handelsmaklers (§ 100 HGB), das Aktienbuch (§ 67 AktG) und das Baubuch des Unternehmers nach § 2 BaufordG, wohl aber das Depotnummernbuch nach § 14 DepotG (LK-*Tiedemann* 91; NK-*Kindhäuser* 55; *Maul* HWiStR „Buchführungspflicht"; vgl. unten 43).

20 **B.** Wer **buchführungspflichtig** ist, ergibt sich aus dem Handelsrecht (vgl. §§ 238ff. HGB; NK-*Kindhäuser* 56). Bei einer GmbH ist strafrechtlich verantwortlich (§ 14; 21 vor § 283) der Geschäftsführer; bei Kenntnis von Zahlungsschwierigkeiten der GmbH muss sich unabhängig von der geschäftsleitungsinternen Ressortverteilung jeder von **mehreren Geschäftsführern** über die Ordnungsmäßigkeit der Buchführung versichern (StV **99**, 26); eine grds. zulässige **Delegation** (vgl. BGHZ **133**, 70ff.; *Richter* NZI **02**, 121ff.) entlastet den primär Verpflichteten

nur bei hinreichender **Kontrolle** (Bay wistra **01**, 478). Verpflichtet ist regelmäßig der eingetragene Geschäftsführer (§ 14 I Nr. 1; § 35 GmbHG); aber auch ein **faktischer Geschäftsführer** (BGH **31**, 120; **46**, 62; wistra **84**, 178 [m. Anm. *Otto* StV **84**, 462]; **86**, 108; KG wistra **02**, 313, 314 [krit. Bespr. *Maurer* wistra **03**, 174]; Karlsruhe NJW **06**, 1364; vgl. dazu 21 f. von § 283). Besteht die Position des förmlich bestellten Geschäftsführers allein zum **Schein,** ohne dass im Innenverhältnis tatsächliche Befugnisse (oder Fähigkeiten) vorhanden sind, so *kann* die faktische **Möglichkeit** der Pflichterfüllung entfallen; KG wistra **02**, 313, 314 f. hat den *bloßen* Schein-Geschäftsführer als nicht strafbar (nach Nr. 7) angesehen (abl. *Maurer* wistra **03**, 174, 175 f.; *Rönnau* NStZ **03**, 525, 527). Bei den **Personenhandelsgesellschaften** sind alle persönlich haftenden Gesellschafter verpflichtet, selbst wenn vertragsmäßig die Buchführung nur einzelnen von ihnen übertragen ist (RG **45**, 387), dagegen nicht die von der Geschäftsführung ausgeschlossenen Gesellschafter, auch nicht Kommanditisten, da sie keine Kaufleute sind (RG **69**, 69; LK-*Tiedemann* 98). Nach **§ 14 II Nr. 2** kann auch ein Buchhalter oder beauftragter Steuerberater strafbar werden (21 vor § 283; Prot. 7/2824; LK-*Tiedemann* 101); der Geschäftsinhaber nach Nr. 5, auch iVm V Nr. 1, wenn er die beauftragten Kräfte nicht gehörig auswählt und beaufsichtigt (21 vor § 283; RegE 38; LK-*Tiedemann* 101; NK-*Kindhäuser* 58). Eigene fachliche Unfähigkeit zur Buchführung entschuldigt nicht, ebenso wenig Krankheit, sobald andere Kräfte gefunden werden könnten. Die Buchführungspflicht des Geschäftsführers endet mit seinem Ausscheiden (MDR/H **81**, 100, LK-*Tiedemann* 99), aber nicht schon im Falle des Niederlegens des Amtes des Geschäftsführers, so lange er noch tatsächlicher Geschäftsführer ist (3 StR 132/83). Ein **Irrtum** über das Bestehen der Buchführungspflicht ist Tatbestandsirrtum (*S/S-Stree/Heine* 56).

C. Welche Bücher zu führen sind und nach welchem System (vgl. BGH **14**, 264; NJW **55**, 394), sagt das HGB im Einzelnen nicht; doch fordert es, dass die Handelsgeschäfte und die Lage des Vermögens nach den Grundsätzen ordnungsmäßiger Buchführung ersichtlich gemacht wird (§ 238 I HGB) und dass die Führung dem § 239 HGB entspricht (vgl. *Biletzki* NStZ **99**, 538; *Müller-Gugenberger/Schmidt* 26/36 ff., 44 ff.; *Köhler* in: *Wabnitz/Janovsky,* Hdb. des Wirtschafts und Steuerstrafrechts, 2/308 ff.). Die geordnete Ablage von Belegen genügt (§ 239 IV HGB), auch Aufzeichnungen auf Datenträger und Lieferblocks können als Bücher genügen (NJW **55**, 394). Auch eine reine **Speicherbuchführung** unter Verzicht auf papiergebundene Unterlagen kann ordnungsgemäß sein (§ 239 IV 2 HGB; zu den Grundsätzen ordnungsgemäßer Speicherbuchführung BMF-Schreiben v. 5. 7. 1978, BStBl. I S. 250; vgl. auch Koblenz wistra **06**, 73 f.). 21

D. Tathandlungen sind, dass der Täter **das Führen von Handelsbüchern** schlechthin **unterlässt** (echtes Unterlassungsdelikt; LK-*Tiedemann* 103), also überhaupt kein Buch führt (GA **61**, 359; MDR/H **80**, 455; 1 StR 407/80; vgl. *H. Schäfer* wistra **86**, 201); oder 22

die Bücher so **führt** (dh durch Art und Form der Eintragungen, Weglassungen, Behandlung der Belege usw.) oder so **verändert** (vor allem an vorher vorgenommenen Eintragungen, so dass auch Verfälschen erfasst wird, vgl. 19 zu § 267), dass der von § 238 I HGB geforderte klare **Überblick über die Geschäftsvorfälle und** über die **Lage des Unternehmens** (bei Einzelkaufleuten braucht der private Stand nur in Bilanz und Inventar dargestellt sein [GA **63**, 107; **aA** *Park-Sorgenfrei* 18 zu § 283 b], Nr. 5 schließt daher Nr. 7 a, der nur klarstellende Bedeutung zukommt, ein) zZ der ZE oder InsE (3 StR 493/74; **aA** NK-*Kindhäuser* 65) **erschwert wird,** dh auch nicht von einem sachverständigen Dritten innerhalb angemessener Zeit festgestellt werden kann (BGH **4**, 274; StV **99**, 26; wistra **00**, 483; **02**, 225; MDR/H **80**, 455; 1 StR 625/81). Werden nur einzelne Bücher nicht geführt, so liegt nicht die Erste, sondern die 2. Alt. vor (BGH **4**, 274; NStZ **95**, 347). Unübersichtlichkeit kommt zB in Betracht, wenn Geschäftspartner oder Art von Geschäften verschleiert (GA **61**, 358), falsche Wertangaben gemacht werden 23 (vgl. BGH **30**, 289), die Geschäftsbelege (§§ 238 II, 257 HGB) nicht ordentlich aufbewahrt sind (vgl. GA **61**, 358), einzelne Bücher nicht oder für eine gewisse Zeit nicht geführt werden oder die ziffernmäßigen Eintragungen das zugrunde liegende Geschäft nicht erkennen lassen. Reichen die vorhandenen Unterlagen und Belege aus, um eine Bilanz erstellen zu können und einem sachverständigen Dritten in angemessener Zeit einen Überblick über den Vermögens- und Schuldenstand des Unternehmens zu ermöglichen, so liegt Nr. 5 nicht vor (StV **99**, 26; wistra **02**, 76). **Mehrere Verstöße** nach Nr. 5 innerhalb eines bestimmten Zeitraums sind eine einzige Tat (NStZ **95**, 347; **98**, 193 m. Bespr. *Doster* wistra **98**, 328). Eine als eine Tat zu behandelnde **Bewertungseinheit** liegt auch vor, wenn die Pflichtverletzungen vor und nach dem Kriseneintritt liegen; § 283 b tritt hier hinter § 283 I Nr. 5 zurück (*S/S-Stree/Heine* 37). Dagegen verbindet das Dauerdelikt nach Nr. 5 Taten nach Nr. 7 nicht zu einer Handlungseinheit (NStZ **98**, 193; dazu *Doster* **98**, 361; **aA** *S/S-Stree/Heine* 37).

23 a Tatbestandsmäßiges **Unterlassen** setzt die **Möglichkeit** des Täters voraus, die Pflicht zu erfüllen (vgl. NStZ **00**, 206 f.; NStZ **03**, 546 [Anm. *Beckemper* JZ **03**, 806]; 5 StR 415/03). Die Verletzung der Buchführungspflicht muss *vor Eintritt* der objektiven Strafbarkeitsbedingung des Abs. VI liegen; die Einstellung der Buchführung nach Zahlungseinstellung einer GmbH verwirklicht Nr. 5 (und Nr. 7 Buchst. b) nicht (Düsseldorf StV **99**, 29). Die **Unmöglichkeit,** die Buchführungspflicht zu erfüllen (vgl. BGH **28**, 232) lässt die Pflichtverletzung entfallen; ist es dem Pflichtigen jedoch *dauerhaft* unmöglich, die Buchführungspflicht persönlich oder durch Dritte zu erfüllen, so ist nach verbreiteter Ansicht die buchführungspflichtige Tätigkeit aufzugeben; der Täter ist dann nicht entlastet (i. E. str.; vgl. Düsseldorf wistra **98**, 361; *Schäfer* wistra **86**, 204; *Schlüchter* JR **79**, 515; LK-*Tiedemann* 120; *S/S-Stree/Heine* 33; SK-*Hoyer* 73; NK-*Kindhäuser* 59). Vgl. dazu, auch zur Frage des **Vorverschuldens,** unten 29 a.

24 **Nr. 6** liegt vor, wenn der Täter **Handelsbücher** (oben 20 ff.) oder **sonstige Unterlagen,** zu deren **Aufbewahrung** ein Kaufmann nach Handelsrecht verpflichtet ist, nämlich Inventare und Bilanzen, die Handelskorrespondenz (empfangene und abgesandte Handelsbriefe, §§ 238 II, 257 I Nr. 2, 3 HGB) sowie die Buchungsbelege (§ 257 I Nr. 4 HGB; die letzten beiden auch in Form von Mikrokopien, §§ 257 III, 261 HGB) **vor Ablauf der** für Buchführungspflichtige bestehenden **Aufbewahrungsfristen** (da danach die Führungspflicht erlischt, *Böhle* 9 b zu § 239 KO; Prot. 7/2823 f.), nämlich von 10 Jahren für Handelsbücher, Inventare, Bilanzen und Lageberichte sowie die zu ihrem Verständnis erforderlichen Arbeitsanweisungen und sonstigen Organisationsunterlagen und von 6 Jahren für die sonstigen Unterlagen, jeweils vom Schluss des Kalenderjahres an gerechnet, in dem die Unterlagen entstanden sind (§ 257 IV, V HGB), **beiseite schafft** (oben 4), **verheimlicht** (oben 5), **zerstört** (14 zu § 303; zB auch durch irreparable Auflösung einer Loseblattsammlung, RegE 35) oder **beschädigt** (6 ff. zu § 303) und **dadurch** (Kausalität) **die Übersicht über seinen Vermögensstand erschwert** (oben 23). Eine Beschädigung kommt also nicht in Betracht, wenn sie nur die Substanz der Unterlage betrifft, deren Inhalt aber unberührt lässt (LK-*Tiedemann* 126; NK-*Kindhäuser* 71), oder wenn der beiseite geschaffte oder verheimlichte Beleg keine Rolle für den Gesamtüberblick spielt. Die von § 283 b I Nr. 2 abw. Formulierung „zu deren Aufbewahrung ein Kaufmann nach Handelsrecht verpflichtet ist" soll klarstellen, dass Nr. 6 iS der Rspr. zu § 239 Nr. 4 KO aF (BGH **2**, 386; **4**, 275; ebenso die hM) auch den Fall erfasst, dass jemand Bücher, die er ohne handelsrechtliche Verpflichtung freiwillig führt, die ein Kaufmann aber führen müsste, zerstört usw. (RegE 35; LK-*Tiedemann* 121). Bei freiwillig geführten Handelsbüchern erscheint zwar ein solches Vernichtungsverbot für den Krisenfall *sinnvoll, problematisch* aber die Erweiterung der Aufbewahrungspflicht von sonstigen Unterlagen über § 257 HGB hinaus auf **Nichtkaufleute,** insbesondere von „empfangenen Handelsbriefen", die der Empfänger unfreiwillig erhält und deren Begriffsbestimmung bei einem Privatmann kaum möglich ist. Hier ist Nr. 6 einschränkend auszulegen, vor allem in den Fällen von IV Nr. 1 (LK-*Tiedemann* 121; *SK-Hoyer* 77 f.; *S/S-Stree/Heine* 39; noch weiter einschr. NK-*Kindhäuser* 67 f.).

Nr. 7 erfasst den Täter, der **entgegen dem Handelsrecht,** dh unter Verletzung der §§ 243 ff. HGB, eine **Bilanz** unübersichtlich **aufstellt** (eine bereits von Nr. 5 erfasste Handlung, oben 23) oder die Aufstellung von Bilanz oder Inventar in der vorgeschriebenen Zeit **unterlässt** (*Neuhäuser,* Bilanzkriminalität, 1974; *Sieben/Matschke/Neuhäuser,* Bilanzdelikte, 1974; *Knorr/Gernhardt,* Zur Bilanz als Instrument der Insolvenzprophylaxe, 1969; vgl. auch *Herber* BB **82**, 959; Überblick bei *Reck* GmbHR **01**, 425 ff.). Während des Verzugszeitraums, d. h. zu dem Zeitpunkt die Bilanz spätestens zu erstellen war, muss eine Überschuldung, ZU oder drohende ZU vorliegen; hiervon muss der Täter Kenntnis haben (NStZ **00**, 206 f.; **03**, 546, 547); ansonsten kommt nur eine Strafbarkeit nach § 283 b I Nr. 3 b in Betracht (NStZ **98**, 192 f.; **03**, 546 f.; vgl. 2 zu § 283 b). Zur Strafbarkeit von Inhaber, Steuerberater oder Buchhalter vgl. 21 vor § 283. Zwar lässt sich eine Überschuldung aus der Handelsbilanz für sich allein nicht entnehmen; hieraus ist freilich nicht zu schließen, dass es auf ihre Richtigkeit nicht ankomme (zutr. *Hartung,* Richter II-FS [2006] 197, 203). 25

Eine **Eröffnungsbilanz** wird von § 242 I HGB vorgeschrieben, nämlich „zu Beginn seines Handelsgewerbes"; es genügt die Aufstellung „innerhalb der einem ordnungsmäßigen Geschäftsgang entsprechenden Zeit" (vgl. LK-*Tiedemann* 148), § 242 I S. 2 iVm § 243 III HGB. Eine Verpflichtung dazu besteht auch beim Erwerb eines Geschäfts und beim Eintritt eines Gesellschafters in das Geschäft eines Einzelkaufmanns (NK-*Kindhäuser* 79) oder beim Austritt des einzigen Mitgesellschafters (LK-*Tiedemann* 131). Sind bei Beginn des Geschäfts weder Aktiven noch Passiven vorhanden, so ist trotzdem eine Eröffnungsbilanz aufzustellen (LK-*Tiedemann* 132; NK-*Kindhäuser* 78). 26

Der **Jahresabschluss** (§ 242 II, III HGB) ist für den Schluss eines jeden Geschäftsjahres innerhalb der einem ordnungsmäßigen Geschäftsgang entsprechenden Zeit aufzustellen (§ 243 III HGB; vgl. § 33 GenG). Für Gesellschaften, die den Jahresabschluss um einen **Anhang** zu erweitern haben, der mit der Bilanz und der **Gewinn- und Verlustrechnung** (Gegenüberstellung der Aufwendungen und Erträge; vgl. §§ 242 II, 275 ff. HGB) eine Einheit bildet (LK-*Tiedemann* 130), und die einen **Lagebericht** aufzustellen haben, gilt § 264 HGB (Frist 3 Monate, bei kleinen Kapitalgesellschaften nach § 267 I HGB bis zu 6 Monaten), für eGen die §§ 336 ff. HGB (5 Monate für Jahresabschluss und Lagebericht). Das **Inventar** erfordert idR alle 3 Jahre eine körperliche Bestandsaufnahme (§ 240 III S. 2 HGB). Für Einzelkaufleute und Personenhandelsgesellschaften (OHG, KG) fehlt es an bestimmten gesetzlichen Fristen, doch ist die Bilanz nach § 243 III HGB „innerhalb der einem ordnungsmäßigen Geschäftsgang entsprechenden Zeit aufzustellen" (zur Vereinbarkeit mit Art. 103 II GG BVerfGE **48**, 57). 27

Tathandlung nach Nr. 7 **Buchst. a** ist, dass der Täter **eine Bilanz** zwar rechtzeitig aufstellt, aber so, **dass die Übersicht über seinen Vermögensstand erschwert wird** (vgl. oben 23), so zB durch Einstellen fiktiver Beträge, Weglassen von Posten, falsche Wertansätze, Bilanzieren erfolgswirksamer Umgehungshandlungen wie Konzernschiebungen, fehlerhafte oder ungenaue Bezeichnung und Vermischung von Posten u. dgl. (*Uhlenbruck* Prot. 7/2840; vgl. LK-*Tiedemann* 142), Verletzungen der §§ 238 ff. HGB. 28

Tathandlung nach Nr. 7 **Buchst. b** ist, dass der Täter es **unterlässt** (echtes Unterlassungsdelikt; NStZ **03**, 546, 548; KG wistra **02**, 313, 304; vgl. oben 23 a), **die Bilanz oder das Inventar in der vorgeschriebenen Zeit aufzustellen,** dh innerhalb der gesetzlichen Fristen (oben 27) oder bei Einzelkaufleuten oder Personenhandelsgesellschaften nach den Grundsätzen des § 243 HGB (oben 27; 1 StR 249/81). Abgestellt wird für die Verpflichtung auf die Entstehung und Abwicklung der Geschäftsvorfälle und die Lage des Unternehmens und für den Zeitpunkt auf einen „ordnungsgemäßen Geschäftsgang", dh dass Zahlungsschwierigkeiten die unverzügliche Aufstellung erforderlich machen können (NK-*Kindhäuser* 85), umgekehrt aber auch längere Aufstellungsfristen bei solider Vermögenslage noch einem ordnungsgemäßen Geschäftsgang entsprechen können. Für den Jahresabschluss der Kapitalgesellschaften gilt zusätzlich zur Fristbestimmung (oben 27), dass „besondere Umstände" zusätzliche Angaben im Anhang erforderlich machen kön- 29 nen (§ 264 II S. 2 HGB, vgl. *Großfeld* NJW **86**, 958). Mögliche Bedenken gegen die Tatbestandsbestimmtheit der Nr. 7b hielt BVerfGE **48**, 48 für den ähnlich formulierten früheren § 240 I Nr. 4 KO nicht für begründet (auch GA **81**, 518; 1 StR 249/81). Eine Nachholung nach Fristablauf lässt den Tatbestand nicht entfallen. Eine bloße Scheinbilanz steht einer nicht aufgestellten Bilanz gleich (SK-*Hoyer* 89; NK-*Kindhäuser* 86). Die Frist für die Erstellung der letzten Jahresabschlussbilanz einer aufgelösten GmbH beginnt für den Liquidator nicht erst mit dessen Bestellung, vielmehr tritt er in die Pflichten des bisherigen Geschäftsführers ein (Bay wistra **90**, 201). Dasselbe gilt für erst nach Ablauf des Geschäftsjahres, für das die Bilanz zu erstellen ist, bestellte Mitgeschäftsführer (StV **99**, 26). Nach hM ist Nr. 7b auch dann erfüllt, wenn der Schuldner vor Ablauf der Bilanzierungsfrist seine Zahlungen einstellte und keine Vorbereitungen für die Bilanz getroffen hatte (GA **56**, 356; GA **59**, 49; **71**, 38; NStZ **92**, 182; Düsseldorf wistra **98**, 361; *Lackner/Kühl* 20; *S/S-Stree/Heine* 47; *Mentzel* 14 zu § 240 KO; and. LK-*Tiedemann* 151: Versuch), sofern die Untätigkeit vor ZE die rechtzeitige Erfüllung der Bilanzierungspflicht verhindert hätte (NK-*Kindhäuser* 87; *S/S-Stree/Heine* 47). Das rechtzeitige Aufstellen einer mangelhaften Bilanz fällt nicht unter Nr. 7b, möglicherweise aber unter Nr. 7a (vgl. 1 StR 625/53; LK-*Tiedemann* 150); zu Konkurrenzen vgl. unten 41.

29a Rechtliche oder tatsächliche **Unmöglichkeit** lässt den Tatbestand entfallen (NStZ **00**, 206f.; **03**, 546, 548 [Anm. *Beckemper* JZ **03**, 806]; 5 StR 415/03; vgl. oben 20): Muss sich der Täter zur Erstellung einer Bilanz oder ihrer Vorbereitung der Hilfe eines **Steuerberaters** bedienen, so entfällt eine Strafbarkeit nach I Nr. 7, falls der Täter die erforderlichen Kosten nicht aufbringen kann (BGH **28**, 231, 233; NStZ **92**, 182; NStZ **98**, 192 [Bespr. *Doster* wistra **98**, 327 u. Anm. *Schramm* DStR **98**, 500]; wistra **01**, 465; Düsseldorf wistra **98**, 361; Stuttgart NStZ **87**, 461; KG wistra **02**, 313 [Bespr. *Maurer* wistra **03**, 174]; ebenso NK-*Kindhäuser* 88; *S/S-Stree/Heine* 47; LK-*Tiedemann* 154; SK-*Hoyer* 88; *A/R-Wegner* VII 1/162; *Pohl* wistra **96**, 14; *Achenbach* NStZ **98**, 560, 562; **aA** *Schlüchter* JR **79**, 515; *Schäfer* wistra **86**, 204; *M/G-Bieneck* 69/23; *Beckemper* JZ **03**, 806, 807f.). Auch in anderen Fällen rechtlicher oder tatsächlicher **Unmöglichkeit** der fristgerechten Bilanzaufstellung entfällt die Tatbestandsmäßigkeit (vgl. BGH **28**, 232f.; NStZ **00**, 206 [krit. *Reck* GmbHR **01**, 425, 427]; BGHR § 283b Bilanz 1; Düsseldorf StV **07**, 38, 39; vgl. aber zu den [praktischen] Einschränkungen *Köhler* in: *Wabnitz/Janovsky*, 2/325f.). Nach den zu § 266a entwickelten Regeln (vgl. BGH **47**, 318ff.) müsste Strafbarkeit nach § 283 insoweit auch bei **Vorverschulden** eintreten, wenn dem Buchführungpflichtigen die Unmöglichkeit der Pflichterfüllung (zB wegen Geldmangels für externe Beauftragung) zuzurechnen ist. Im **Widerspruch** zu der von der hM für erforderlich gehaltenen Verfolgungsdichte bei § 266a (vgl. die Erl. dort) haben Rspr und Strafrechtsdogmatik § 283 I Nr. 5 und Nr. 7 als Anwendungsbereich der „omissio libera in causa" bisher weitgehend übersehen (zutr. *Renzikowski*, Weber-FS [2004] 333, 334f.).

30 **Nr. 8** ist gegeben, wenn der Täter seinen **Vermögensstand verringert** oder **seine geschäftlichen Verhältnisse verheimlicht oder verschleiert,** und zwar anders als in Nr. 1 bis 7 beschrieben, aber in einer den Anforderungen einer ordnungsgemäßen Wirtschaft **grob** widersprechenden Weise (hierzu *Tiedemann* KTS **85**, 553; ferner *Krause* [oben 2]). Diese als **Auffangtatbestand** gedachte Generalklausel für möglicherweise in Nr. 1 bis 7 nicht erfasste Fälle (RegE 33, 36) mag im Tatbestand noch genügend bestimmt erscheinen, auch wenn die Wendung „in einer anderen … Weise" und die Hinzusetzung von „grob" entgegen RegE 36 in dieser Hinsicht wenig fördern (hierzu *Heinz* GA **77**, 217, 226; *Richter* GmbHR **84**, 148; NK-*Kindhäuser* 92). Die Klausel führt zu einer gewissen *Aushöhlung der in Nr. 1ff.* genannten Tatbestände (vgl. *Tiedemann* aaO 552). So kann es zB ein **Verringern** iS von Nr. 8 sein, wenn der Täter anders als in Nr. 3 vorausgesetzt nicht auf Kredit beschaffte Waren oder Wertpapiere oder Produkte eigener, zB landwirtschaftlicher Gewinnung (oder sonstiger Urproduktion) oder Rechte wie zB Patentrechte in grob unwirtschaftlicher Weise verschleudert (möglicherweise schon Verlustgeschäfte nach Nr. 2; LK-*Tiedemann* 165; NK-*Kindhäuser* 91), Waren an unbekannte Besteller ohne jede Prüfung der Kreditwürdigkeit liefert (LK-*Tiedemann* 168) oder in sonstiger Weise ohne das branchenübliche Mindestmaß an Übersicht und Planung wirtschaftet (NJW **81**, 355). Die pflichtwidrige Verfügung durch den Geschäftsführer einer GmbH darf nach der vom BGH zunächst nur für Nr. 1 zur Abgrenzung von § 266 vertretenen **„Interessentheorie"** (str.; vgl. dazu LK-*Tiedemann* 78ff.) nicht ausschließlich eigennützig erfolgen, da ein organschaftliches Handeln iS von § 14 I Nr. 1 eine Tätigkeit zumindest *auch* für die Gesellschaft voraussetzt (NStZ **00**, 206f.; **aA** AG Halle NJW **02**, 77; *A/R-Wegner* VII 1/13; *Achenbach* NStZ **02**, 523, 527; *Rönnau* NStZ **03**, 525, 528; vgl. oben 4b zu Nr. 1). Als **Verheimlichen oder Verschleiern** kommen etwa das verheimlichte Unterhalten eines Tochterunternehmens im Ausland (LK-*Tiedemann* 176), die Umwandlung eines Not leidenden Unternehmens in eine „Auffang- oder Sanierungsgesellschaft" (*Uhlenbruck* Prot. 7/2838), Kapitalanwerbung durch Prospekte mit falschen oder irreführenden Angaben (LK-*Tiedemann* 176; NK-*Kindhäuser* 91, 95) oder die treuwidrige Verwendung eingehender Kundenzahlungen für andere Projekte (*Weyand* 93). Bei Scheingeschäften greift schon Nr. 4 ein. Zur sog. Pool-Bildung *Tiedemann* ZIP **83**, 518.

3) Abs. II hat nicht zur Voraussetzung, dass sich der Täter in einer Krise befindet; vielmehr ist es hier der Tathandlungserfolg, dass der Täter **durch eine BHandlung** oder mehrere davon nach I Nr. 1 bis 8 eine **Krise,** nämlich **Überschuldung** oder **Zahlungsunfähigkeit** (6ff. vor § 283), vorsätzlich **herbeiführt.** 31
Das Herbeiführen einer nur drohenden ZU reicht nicht aus. Doch greift von diesem Durchgangsstadium an auch I ein. Die Tat ist nur deshalb **Sonderdelikt,** weil die **Strafbarkeitsbedingung** nach VI als besonderes persönliches Merkmal hinzutreten muss (20, 21 vor § 283). Während in den Fällen von I Kausalität zwischen BHandlung und Krise nicht zu bestehen braucht (17 vor § 283), ist es für II gerade wesentlich, dass eine oder mehrere BHandlungen **für die Krise kausal** sind (Frankfurt NStZ **97**, 551 m. krit. Bespr. *Krause* NStZ **99**, 161). Allerdings können andere Umstände mitwirken, vor allem weitere BHandlungen, die der Täter begeht, nachdem bereits die ZU droht, und die als solche auch unter I fallen. Als BHandlungen, welche die Krise herbeiführen, kommen nach dem Gesetz sämtliche unter I Nr. 1 bis 8 genannten in Betracht (dazu oben 3ff.). Allerdings werden entgegen RegE 37 die Nrn. 5 bis 7, bei denen es im Wesentlichen um Beweiserschwerungsdelikte geht und eine Veränderung im Vermögensstand des Täters nicht eintritt, praktisch ausscheiden (**aA** LK-*Tiedemann* 181).

4) Vorsatz, wenn auch nur als bedingter (1 StR 625/80), ist für die Taten nach 32
Abs. I und II erforderlich. Bei I muss sich der Vorsatz darauf beziehen, dass schon eine Krise besteht, bei II darauf, dass sie als Taterfolg eintritt. Auch die BHandlungen selbst müssen bei I und II vorsätzlich begangen werden. Vom Vorsatz umfasst sein müssen auch die **tatsächlichen Voraussetzungen der Pflicht** zum Führen und Aufbewahren von Handelsbüchern mit ihren Einzelheiten (oben 20), die Pflicht zum Aufbewahren der Unterlagen iS von Nr. 6 und zur Aufstellung einer Übersicht gewährenden Bilanz nebst Inventar „in der vorgeschriebenen Zeit" (vgl. oben 20; zur Problematik im letzten Fall oben 29); ein Rechtsirrtum über diese Pflicht stellt dagegen einen Verbotsirrtum nach § 17 dar (NJW **81**, 354f. [vgl. auch NStZ **01**, 600 m. Anm. *Lemme* zum Vorsatz des Nichtführens eines Bankbuchs nach § 2 GSB]; *S/S-Stree/Heine* 56; and. LK-*Tiedemann* 188). Bei Nr. 6 gehört es zum Vorsatz des Täters, der selbst nicht Kaufmann ist, dass er, wenn er Kaufmann wäre, die Aufbewahrungspflichten hätte und dass sie ihn selbst treffen, wenn er sich in der Krise befindet (LK-*Tiedemann* 188). Bei den *normativen Merkmalen* „in einer ordnungsgemäßen Wirtschaft (grob) widersprechenden Weise" (Nrn. 1 bis 3, 8) und „unwirtschaftliche" in Nr. 2 genügt es, wenn der Täter die diese Beurteilung tragenden Tatsachen kennt; seine abweichende Beurteilung ist

nur ein Subsumtionsirrtum, der zu einem Verbotsirrtum führen kann (*Köhler* [2 vor § 283]; and. LK-*Tiedemann* 189). Es kann aber auch Fahrlässigkeit (unten 35) in Betracht kommen (MDR **81**, 511 m. Anm. *Schlüchter* JR **82**, 29; NK-*Kindhäuser* 99). Gläubigerbenachteiligungsabsicht braucht der Täter nicht zu haben. Die **Strafbarkeitsbedingung** nach VI (12 ff. vor § 283) braucht nicht vom Vorsatz umfasst zu sein (BGH **1**, 191). Für die **Abgrenzung zu § 266** bei BHandlungen von Geschäftsführern juristischer Personen kommt es darauf an, ob der Täter jedenfalls *auch* im **Interesse** der Gesellschaft (dann § 283, ggf. tateinheitlich anwendbar) oder ausschließlich eigen- oder drittnützig (dann nur § 266) handelt (vgl. BGH **30**, 128; wistra **82**, 148; **87**, 216 m. Anm. *Gössel*; wistra **87**, 100 m. Anm. *U. Weber* StV **88**, 16 und *Winkelbauer* JR **88**, 33; NStZ **91**, 432; *Köhler* [2 vor § 283]; 2/334 ff.).

33 **5)** Der **Versuch (III)** ist sowohl bei I wie II strafbar (krit. LK-*Tiedemann* 197; NK-*Kindhäuser* 100). Vollendung der Tat ist mit der Vollendung der BHandlung selbst gegeben, während der Bedingungseintritt nach Abs. VI erst die Beendigung der Tat und den Beginn der Verjährung (§ 78 a S. 1; 17 vor § 283) darstellt (NK-*Kindhäuser* 115). Versuch nach III ist also nur in den Fällen des Versuchs einer BHandlung gegeben. Auch untauglicher strafbarer Versuch ist möglich, so wenn der Täter einen Vermögensbestandteil beiseiteschafft, den er für insolvenzbefangen hält, der aber in Wirklichkeit unpfändbar ist. Zum Fall eines versuchten Beiseiteschaffens durch einen absonderungsberechtigten Schuldner wistra **88**, 193.

34 **6) Abs. IV** und **V** lassen **Fahrlässigkeit** (12 ff. zu § 15) hinsichtlich einzelner Merkmale oder des gesamten Tatbestandes zur Strafbarkeit ausreichen, und zwar unter folgenden Voraussetzungen:

A. In den Fällen von I ist nach **IV Nr. 1** strafbar, wer zwar eine BHandlung nach I Nr. 1 bis 8 oder mehrere solche **vorsätzlich** begeht, aber die eingetretene ÜSch oder die drohende oder eingetretene ZU (9 ff. vor § 283) **fahrlässig** nicht kennt. Es handelt sich dabei insgesamt um eine Fahrlässigkeitstat, da § 11 II nicht eingreift und ein entscheidendes Tatbestandsmerkmal nicht vom Vorsatz umfasst wird, so dass Versuch und Teilnahme nicht möglich sind. Da der Täter die Krise hier nicht kennt, wird man, auch wenn das Gesetz insoweit schweigt, hinsichtlich der BHandlungen mindestens folgende Einschränkungen machen müssen: Die nach §§ 50 ff. BörsG statthaften Termingeschäfte (oben 9) können den Tatbestand der Nr. 2 nicht begründen; eine vorsätzliche Tat eines Nichtkaufmanns iS von Nr. 6 ist nicht denkbar; denn wenn der Täter seine Krise nicht kennt, kann er auch nicht feststellen, dass ihn jetzt besondere Aufbewahrungspflichten treffen, die er außerhalb einer Krise nicht hat. Fahrlässige Nichtkenntnis der Krise wird vor allem bei Taten nach Nr. 5, 7 anzunehmen sein, wenn der Täter sich dadurch selbst die Erkenntnis seiner wahren Lage verbaut oder sonst elementare kaufmännische Grundsätze außer Acht lässt (5 StR 356/80, insoweit nicht in aS abgedruckt).

35 **B.** Nach Abs. V **Nr. 1** ist strafbar, wer die ÜSch oder die drohende oder eingetretene ZU **kennt** oder **fahrlässig nicht kennt** und eine **BHandlung nach I Nr. 2, 5 oder 7 fahrlässig** begeht (dazu krit. *Eitel* Prot. 7/2548; *Pfeiffer* TagBer. 26; *Schlüchter* MDR **78**, 980). Allerdings ist bei Nr. 2, wenn man wie oben 32 die normativen Merkmale hinsichtlich ihrer Bewertung nicht als Tatbestandsmerkmale ansieht, fahrlässiges Handeln beim Eingehen von Spekulations- und Differenzgeschäften nur bei fahrlässiger Verkennung der die Beurteilung tragenden Fakten denkbar und die Einbeziehung fahrlässiger Verlustgeschäfte fragwürdig, weil das Tatunrecht hier gerade im bewussten Eingehen von Geschäften liegt, die von vornherein auf Verlust angelegt sind. Bei Nr. 5 ist ein fahrlässiges Unterlassen der Führung von Handelsbüchern wohl nur denkbar, wenn der Täter fahrlässig gar *nicht erkennt, dass er führungspflichtig* ist. Im Übrigen kann Fahrlässigkeit iS Nr. 5 und Nr. 7 vorliegen, wenn der Täter vorwerfbar nicht erkennt, dass die Übersicht über seinen Vermögensstand erschwert wird, dass er die vorgeschriebene Zeit zur Bilanzierung überschreitet (vgl. aber oben 29) oder dass er Buchhalter oder Steu-

erberater nicht gehörig auswählt oder beaufsichtigt (vgl. 21 vor § 283, LK-*Tiedemann* 217; NK-*Kindhäuser* 109).

C. In den Fällen von **Abs. II** ist nach **Abs. IV Nr. 2** strafbar, wer durch Begehen **vorsätzlicher BHandlungen** nach I Nr. 1 bis 8 die ÜSch oder ZU (9f. vor § 283) **leichtfertig** (20 zu § 15) verursacht (oben 31). Die Einschränkungen unter 35 gelten auch hier. Die Tat ist nach § 11 II Vorsatztat, so dass auch strafbare Teilnahme möglich ist (32 zu § 11); der Versuch ist jedoch nicht strafbar, da sich III nur auf I, II bezieht. 36

D. Nach **Abs. V Nr. 2** ist strafbar, wer **fahrlässig** eine BHandlung nach I Nr. 2, 5 oder 7 (dazu oben 35) begeht und die eingetretene ÜSch oder ZU wenigstens **leichtfertig** verursacht (oben a). Danach käme auch vorsätzliches Verursachen in Betracht (so auch *Müller-Emmert* Prot. 7/2827), doch ist nicht vorstellbar, wie man durch fahrlässiges Verhalten vorsätzlich einen Erfolg soll herbeiführen können (LK-*Tiedemann* 214; NK-*Kindhäuser* 106). 37

7) Teilnahme ist bei I, II und IV Nr. 2 (oben 36) nach allgemeinen Regeln möglich; § 283 d steht dem nicht entgegen und greift nur ein, wenn ein Außenstehender im Fall von § 283 I Nr. 1 die Tatherrschaft hat (1 zu § 283 d). An den **Sonderdelikten nach I** kann Mittäter allerdings nur sein, wer selbst von derselben ÜSch oder ZU betroffen ist, also etwa ein Mitgesellschafter, und gemeinsam mit dem anderen eine BHandlung vornimmt (vgl. LK-*Tiedemann* 226). Sonst sind für den Außenstehenden nur Anstiftung oder Beihilfe oder eine Tat nach § 283 d möglich. An den Taten nach II und IV Nr. 2 kann sich hingegen jedermann, auch als Mittäter (zw.), beteiligen (LK-*Tiedemann* 226; **aA** NK-*Kindhäuser* 110). Soweit ein Teilnehmer an einer Tat nach I nicht in der Pflichtenstellung des Krisenbefangenen steht, ist § 28 I anzuwenden (1 StR 169/94; offen gelassen von BGH **41**, 2; *Renkl* JuS **73**, 614; LK-*Tiedemann* 228; NK-*Kindhäuser* 111; SK-*Hoyer* 107; **aA** *S/S-Stree/Heine* 65; *Vormbaum* GA **81**, 133); anders ist das bei Beteiligung an einer Tat nach II oder IV Nr. 2. 38

8) Zu Abs. VI (objektive Bedingung der Strafbarkeit) vgl. 12 ff. vor § 283. Mit Eintritt der Strafbarkeitsbedingung beginnt die **Verjährung** zu laufen (*Lackner/Kühl* 31; *S/S-Stree/Heine* 69; LK-*Tiedemann* 221). Zum erforderlichen **Zusammenhang** zwischen BHandlung und Krise vgl. 17 vor § 283. 39

9) Die Strafrahmen sind zwischen I, II einerseits und IV, V anderseits abgestuft, nicht aber zwischen I und II. Auch zwischen IV und V differenziert das Gesetz nicht, obwohl es sich bei IV um Delikte handelt, deren Kern aus vorsätzlichen BHandlungen besteht, während es bei V um reine Fahrlässigkeitsdelikte geht. Bei der Strafzumessung wird die Strafe dem konkreten Fall und dem konkreten Täter mit seiner Motivation (vgl. § 283 a Nr. 1) und dem von ihm angerichteten Schaden (der im Vergleich zur Gesamtschuldenhöhe nicht relativiert werden darf, 1 StR 156/80; vgl. auch § 283 a Nr. 2) anzupassen sein. Die bloße Nichtzulassung titulierter Forderungen darf nicht strafschärfend herangezogen werden (1 StR 546/80). Für **besonders schwere Fälle** sieht § 283 a einen erhöhten Strafrahmen vor, wobei die Regelbeispiele an den zuletzt genannten Gesichtspunkten orientiert sind. 40

10) Konkurrenzen. A. Innerhalb des § 283 schließen I, II einerseits und IV, V anderseits einander aus; ebenso wird V von IV ausgeschlossen (LK-*Tiedemann* 232), während zwischen I und II Tateinheit bestehen kann, wenn der Täter nach II in drohende ZU gerät und weitere BHandlungen begeht **aA** *Park-Sorgenfrei* 43). Mehrere BHandlungen sind grds als selbstständige Taten anzusehen (BGH **1**, 186; **3**, 26; NStZ **98**, 192 m. Bespr. *Doster* wistra **98**, 328; GA **71**, 38; **73**, 133; NK-*Kindhäuser* 119; SK-*Hoyer* 120); doch kann auch natürliche Handlungseinheit (Nr. 3); mitbestrafte Nachtat (Beiseiteschaffen nach vorherigem Verheimlichen BGH **11**, 146; vgl. LK-*Tiedemann* 234; abermaliges Verheimlichen eines schon einmal verheimlichten Gegenstandes, 3 StR 387/78), Dauerstraftat (Unterlassen der Buchführung, 1 StR 199/56) und Tateinheit (GA **73**, 133), zB zwischen I Nr. 1 und Nr. 6 (1 StR 98/56) in Betracht kommen. Eine Tat nach I Nr. 7 b (§ 283 b I Nr. 3 b) liegt vor, wenn der Täter hinsichtlich mehrerer, miteinander zusammenhängender Gesellschaften seiner Bilanzierungspflicht nicht nachkommt, GA **81**, 518, ebenso, wenn die Bilanzierungspflicht von An- 41 fang an während des gesamten Geschäftsbetriebs nicht erfüllt wird (NStZ **98**, 192 = NJW **98**, 2836 L).

42 **B. Gegenüber den §§ 283 b bis 283 d** gilt: § 283b I tritt hinter § 283 I Nr. 5 bis 7, II iVm I Nr. 5 bis 7 (NStZ **84**, 455), § 283b II hinter § 283 V zurück (LK-*Tiedemann* 235; SK-*Hoyer* 121). Zum Verhältnis zu § 283c (dort 1) und § 283d (dort 1), sowie 11 zu § 283c.

43 **C. Im Verhältnis zu anderen Delikten** ist **Tateinheit** möglich zB mit § 156 bei Abgabe der eidesstattlichen Versicherung nach § 807 ZPO (MDR/H **82**, 969; EzSt Nr. 1), mit § 246 (ev. auch § 266) im Fall des Verheimlichens oder Beiseiteschaffens von Eigentumsanwartschaften (BGH **3**, 36; BB **57**, 274), mit § 263, insbesondere zwischen Nr. 3 und § 263 (nicht aber zwischen I Nr. 5 und § 263, 1 StR 553/62); zwischen I Nr. 1, 2 und § 266 (BGH **3**, 27; **28**, 373; **30**, 127; wistra **82**, 148 [hierzu *Arloth* NStZ **90**, 571]; **86**, 262; **87**, 100; vgl. 1 StR 407/80), I Nr. 5 mit § 267; mit § 288 (RG **20**, 214), nicht jedoch mit § 37 DepotG (oben 19), der als lex specialis vorgeht (**aA** *S/S-Stree/Heine* 67; NK-*Kindhäuser* 122). **Tatmehrheit** ist mit § 263 gegeben, wenn der Täter betrügerisch erlangte Vermögensbestandteile später beiseiteschafft (GA **55**, 149; GA **55**, 365; LK-*Tiedemann* 239; *S/S-Stree/Heine* 68). § 283 ist im Verhältnis zu einer zuvor begangenen Tat nach § 370 AO auch dann keine mitbestrafte Nachtat, wenn die Finanzbehörden die einzigen InsGläubiger wären (NStZ **87**, 23).

44 **11) Sonstige Vorschriften:** Vgl. 23 vor § 283.

Besonders schwerer Fall des Bankrotts

283a **In besonders schweren Fällen des § 283 Abs. 1 bis 3 wird der Bankrott mit Freiheitsstrafe von sechs Monaten bis zu zehn Jahren bestraft. Ein besonders schwerer Fall liegt in der Regel vor, wenn der Täter**

1. aus Gewinnsucht handelt oder

2. wissentlich viele Personen in die Gefahr des Verlustes ihrer ihm anvertrauten Vermögenswerte oder in wirtschaftliche Not bringt.

1 **1) Allgemeines.** Die Vorschrift (vgl. zunächst vor § 283), die sich an § 272 E 1962 anlehnt, erweitert den in § 283 I, II vorgesehenen Regelstrafrahmen für **besonders schwere Fälle** (11 zu § 12; 88 ff. zu § 46) so, dass die Tat zwar Vergehen bleibt, Geldstrafe nach § 47 aber regelmäßig ausgeschlossen ist. Der einbezogene § 283 III bestätigt, dass es keinen Versuch eines besonders schweren Falles gibt, wohl aber der Versuch einer Tat ein besonders schwerer Fall sein kann (97 zu § 46). Für § 283a ist bedeutsam, dass nach hM die Regelwirkung auch in den Fällen des **Versuchs** nach § 283 III unmittelbar (und ohne Milderung nach § 23 II) eingreift (*S/S-Stree/Heine* 9; LK-*Tiedemann* 15; NK-*Kindhäuser* 3; *A/R-Wegner* VII 1/187; zweifelnd SK-*Hoyer* 2).

2 **2) Nr. 1** setzt voraus, dass der Täter **aus Gewinnsucht handelt,** also aus überzogenem, rücksichtslosem und sittlich anstößigem Erwerbsinteresse (vgl. BGH **1**, 388; LK-*Tiedemann* 3). Das wird vor allem in den Fällen von § 283 II, aber auch von I Nr. 1, 4 und 8 in Betracht kommen (vgl. aber LK-*Tiedemann* 4).

3 **3) Nr. 2** setzt in der **1. Var.** voraus, dass der Täter **wissentlich** (dh Ausschluss des bedingten Vorsatzes) **viele Personen** (nach wohl hM sind „viele" mindestens 10 Personen [LK-*Tiedemann* 9; NK-*Kindhäuser* 7; SK-*Hoyer* 5; *S/S-Stree/Heine* 7];
4 *A/R-Wegner* VII 1/190; vgl. 12 zu § 330) entweder **in die** konkrete **Gefahr** (Verlust braucht noch nicht eingetreten zu sein) **des Verlusts** (auch ein hoher Teilverlust kann genügen) **ihrer** dem Täter **anvertrauten** (16 zu § 246; LK-*Tiedemann* 6; NK-*Kindhäuser* 5) **Vermögenswerte bringt.** Hier kommen vor allem Geldeinlagen bei Kreditinstituten, Genossenschaftskassen, Bausparkassen und ähnlichen Instituten (RegE 37) in Betracht, deren Insolvenz die Einlagen gefährdet. Es geht aber nicht nur um Geldeinlagen, sondern auch zB um Kapitalbeteiligungen. Gläubiger, die Forderungen aus Warenlieferungen haben, werden idR nicht erfasst, doch kann je nach Fallgestaltung ein Anvertrauen von Vermögenswerten auch in anderen als den genannten Fällen gegeben sein.

5 In der **2. Var.** setzt Nr. 2 voraus, dass der Täter wissentlich viele Personen **in wirtschaftliche Not bringt** (36 zu § 291). Diese Variante kann sich mit der Ersten überschneiden, wobei diese dann zurücktritt. Doch kommen hier auch andere

Personengruppen als Betroffene in Betracht, vor allem Gläubiger in größerer Zahl, die durch die Insolvenz des Täters selbst zusammenbrechen (LK-*Tiedemann* 10; NK-*Kindhäuser* 8), sowie die Arbeitnehmer des zusammengebrochenen Unternehmens, die ihre Arbeitsplätze verlieren (RegE 38; *S/S-Stree/Heine* 6; NK-*Kindhäuser* 8). Der „Täter" bringt nur dann in Not, wenn er es durch die Tat, dh durch seine BHandlungen tut, so dass zwischen diesen und der Not (was unmittelbar kaum in Betracht kommt; eher bei der 1. Variante) bzw. zwischen BHandlung, ZE oder InsE und Not eine oft schwer nachweisbare Kausalkette laufen muss.

4) Außerhalb der Regelbeispiele wird § 283a in Frage kommen bei Großinsolvenzen mit erheblichen Schäden für andere, ohne dass Nr. 1 oder 2 vorliegt (3 StR 488/78); bei raffinierter Begehungsweise der BHandlungen (LK-*Tiedemann* 12); bei von vornherein auf Zusammenbruch und unlauteren Gewinn hinarbeitenden Tätern (32 zu § 283); uU auch schon bei existenzbedrohender Schädigung auch nur eines Gläubigers (Prot. 7/2545; 2828; Ber. 19; NK-*Kindhäuser* 7). 6

Verletzung der Buchführungspflicht

283b I **Mit Freiheitsstrafe bis zu zwei Jahren oder mit Geldstrafe wird bestraft, wer**

1. **Handelsbücher, zu deren Führung er gesetzlich verpflichtet ist, zu führen unterlässt oder so führt oder verändert, dass die Übersicht über seinen Vermögensstand erschwert wird,**
2. **Handelsbücher oder sonstige Unterlagen, zu deren Aufbewahrung er nach Handelsrecht verpflichtet ist, vor Ablauf der gesetzlichen Aufbewahrungsfristen beiseite schafft, verheimlicht, zerstört oder beschädigt und dadurch die Übersicht über seinen Vermögensstand erschwert,**
3. **entgegen dem Handelsrecht**
   a) **Bilanzen so aufstellt, dass die Übersicht über seinen Vermögensstand erschwert wird, oder**
   b) **es unterlässt, die Bilanz seines Vermögens oder das Inventar in der vorgeschriebenen Zeit aufzustellen.**

II **Wer in den Fällen des Absatzes 1 Nr. 1 oder 3 fahrlässig handelt, wird mit Freiheitsstrafe bis zu einem Jahr oder mit Geldstrafe bestraft.**

III **§ 283 Abs. 6 gilt entsprechend.**

1) Die Vorschrift (vgl. vor § 283), entspricht § 273 E 1962 und ist verfassungsrechtlich unbedenklich (BGH **28**, 234; zw. *Dreher* MDR **78**, 724). **Literatur:** 2 vor § 283. 1

2) Anwendungsbereich. § 283b ergänzt als **abstraktes Gefährdungsdelikt** (Hamburg NJW **87**, 1343; LK-*Tiedemann* 1; SK-*Hoyer* 1; *A/R-Wegner* VII 1/199; *Park-Sorgenfrei* 3) § 283 I Nr. 5 bis 7 (sowie II iVm I Nr. 5 bis 7) für die Fälle, in denen der Täter Buchführungspflichten verletzt, die noch nicht in der von § 283 I vorausgesetzten Krise (vgl. 6ff. vor § 283; NStZ **98**, 192f.; **00**, 206f.; **03**, 546, 547) oder von einem Täter begangen werden, der die eingetretene Krise ohne Fahrlässigkeit nicht kennt (sonst schon § 283 IV Nr. 1; vgl. BGH **28**, 233; 3 StR 375/87), und der weder ÜSch noch ZU vorsätzlich oder leichtfertig verursacht (sonst schon § 283 II bzw. IV Nr. 2 oder V Nr. 2, soweit es sich um Verletzungen von I Nr. 5 oder Nr. 7 handelt). 2

§ 283b kommt nur zur Anwendung, wenn die BHandlungen irgendeine **Beziehung** zu den in § 283 VI umschriebenen Umständen haben, die den Zusammenbruch kennzeichnen (BGH **28**, 234; BGHR Krise 1; wistra **96**, 264; Bay NStZ **03**, 214; *Schlüchter* JR **79**, 513; Hamburg NJW **87**, 1343; *S/S-Stree/Heine* 7; LK-*Tiedemann* 14; NK-*Kindhäuser* 8; *Biletzki* NStZ **99**, 540; and. *H. Schäfer* wistra **90**, 86; vgl. i. e. 17 vor § 283); das ist uU näher zu erörtern (1 StR 123/90). Die Tat ist in allen Fällen Sonderdelikt (vgl. 18 bis 21 vor § 283; LK-*Tiedemann* 5). 3

4 **3) Abs. I Nr. 1, 3** stimmen in der **Tathandlungsbeschreibung** mit § 283 I Nr. 5 und 7 überein (abgesehen vom Handeln in der Krise), so dass 19ff., 25ff. zu § 283 entsprechend gelten (zu Einschränkungen bei Nr. 3 vgl. unten 4). **I Nr. 2** stimmt mit folgender Ausnahme mit der in § 283 I Nr. 6 beschriebenen BHandlung überein. Statt dort „zu deren Aufbewahrung ein Kaufmann nach Handelsrecht verpflichtet ist", heißt es hier „zu deren Aufbewahrung er **nach Handelsrecht verpflichtet** ist". Das bedeutet, dass die Tat nach I Nr. 2 anders als die nach § 283 I Nr. 6 nicht auch von Tätern begangen werden kann, die an sich keine Aufbewahrungspflicht nach dem HGB trifft (24 zu § 283; NK-*Kindhäuser* 2; *A/R-Wegner* VII 1/200; *Park-Sorgenfrei* 7), sondern nur von Kaufleuten, für die § 257 HGB unmittelbar gilt (RegE 38); freiwillig geführte Bücher zB werden daher von § 283b I Nr. 2 nicht erfasst. Im Übrigen gilt für I Nr. 2 24 zu § 283 entsprechend. Ein Deutscher, der die Buchführungspflicht im Ausland verletzt (§ 7 II Nr. 1), ist nach I Nr. 1 strafbar (Karlsruhe NStZ **85**, 317; **aA** AG Lörrach, NStZ **85**, 221; hierzu krit. *Liebelt* NStZ **89**, 182). Der **Versuch** ist nicht strafbar.

5 **4)** Auch bei § 283b muss die **objektive Strafbarkeitsbedingung** nach § 283 VI (7 bis 16 vor § 283) eintreten **(III).** Eine **kausale Verknüpfung** zwischen dem Buchdelikt und der Strafbarkeitsbedingung ist nicht erforderlich; Rspr. und Lit. verlangen aber einen **tatsächlichen Zusammenhang** insoweit, als im Zeitpunkt des wirtschaftlichen Zusammenbruchs noch irgendwelche Auswirkungen des Buchdelikts gegeben sein müssen, die sich als gefahrerhöhende Folgen der Tat darstellen (BGH **28**, 231, 234; Hamburg NJW **87**, 1342; Bay NStZ **03**, 214 [krit. Bespr. *Maurer* wistra **03**, 253]; NJW **03**, 1960; LK-*Tiedemann* 14ff.; *S/S-Stree/Heine* 7; *A/R-Wegner* VII 1/203; vgl. 17 vor § 283; zur Begründung vgl. *Wilhelm* NStZ **03**, 511ff.). Ist auszuschließen, dass sich die Verletzung der Buchführungspflicht auf eine bereits feststehende aussichtslose Lage noch auswirken und zu einer Erhöhung der Gefährdung von Gläubigerinteressen führen konnte, so scheidet daher eine Strafbarkeit aus (Bay NStZ **03**, 214, 215).

6 **5)** Zu **Vorsatz, Teilnahme** und **Konkurrenzen** vgl. 32, 38, 41ff. zu § 283, zum Verhältnis zu § 283 oben 1. Zwischen I Nr. 3b und Nr. 1 ist Tateinheit dann möglich, wenn das schuldhafte Verhalten auf Grund einer einzigen Entschließung (Beauftragung eines unzuverlässigen Steuerberaters), beruht (GA **78**, 186; Frankfurt NStZ-RR **99**, 105; LK-*Tiedemann* 18; *S/S-Stree/Heine* 10). § 283b tritt als subsidiäre Vorschrift hinter § 283 zurück (NStZ **84**, 455).

7 **6) Fahrlässigkeit (II)** ist in den Fällen von I Nr. 1 und 3 strafbar; vgl. dazu 35 zu § 283; 8 vor § 283.

Gläubigerbegünstigung

283c **I Wer in Kenntnis seiner Zahlungsunfähigkeit einem Gläubiger eine Sicherheit oder Befriedigung gewährt, die dieser nicht oder nicht in der Art oder nicht zu der Zeit zu beanspruchen hat, und ihn dadurch absichtlich oder wissentlich vor den übrigen Gläubigern begünstigt, wird mit Freiheitsstrafe bis zu zwei Jahren oder mit Geldstrafe bestraft.**

II Der Versuch ist strafbar.

III § 283 Abs. 6 gilt entsprechend.

1 **1) Allgemeines.** Die Vorschrift ist ein Erfolgsdelikt: es muss zum Erfolg der Gläubigerbegünstigung kommen (RegE 38; Prot. 7/2832; *Vormbaum* GA **81**, 101; LK-*Tiedemann* 2; NK-*Kindhäuser* 2; SK-*Hoyer* 1). Dafür ist der Versuch strafbar (unten 9). **Gegenüber § 283 I Nr. 1** ist § 283c eine **Privilegierung** (BGH **8**, 56; **34**, 225; **35**, 359; MDR/H **79**, 457; *NStZ* **96**, 544; *Hendel* NJW **77**, 1945; *Vormbaum* GA **81**, 101, 106; *Hartwig*, Bemmann-FS 311), soweit der Täter lediglich die gleichmäßige Befriedigung der Gesamtgläubiger beeinträchtigt und die InsMasse nicht darüber hinaus schädigt. Im ersten Fall tritt § 283 I Nr. 1 hinter § 283c auch dann zurück, wenn dessen Tatbestand nicht erfüllt ist (BGH **8**, 56; RegE

39); vgl. im Übrigen unten 11). Die Tat ist **Sonderdelikt**; Täter kann nur sein, wer **zahlungsunfähig** ist und bei wem die Strafbarkeitsbedingung gem. Abs. III vorliegt. **Literatur:** 2 vor § 283.

2) Gläubiger ist jeder Inhaber eines vermögensrechtlichen Anspruchs gegen den Schuldner; dies kann nach BGH **35**, 361 uU auch jemand sein, der erst nach Eintritt der ZU einen begründeten Anspruch erlangt hat (ebenso LK-*Tiedemann* 8; *S/S-Stree/Heine* 12; SK-*Hoyer* 9; *H. Schäfer* wistra **90**, 89; **aA** *Vormbaum* GA **81**, 107; *Lackner/Kühl* 2; *Otto* JK 1 zu § 283b) und zwar nicht nur InsGläubiger, sondern auch Absonderungsberechtigte und Massegläubiger (§§ 49, 53 InsO; RG **40**, 105; 1 StR 539/80; LK-*Tiedemann* 6; NK-*Kindhäuser* 3; *A/R-Wegner* VII 1/209), sowie ein bedingt berechtigter Gläubiger (zB ein Bürge; LK-*Tiedemann* 7); nicht dagegen die Inhaber von Mitgliedsrechten in der Insolvenz der Handelsgesellschaften (hierzu *Hendel* NJW **77**, 1946; insbesondere zu kapitalersetzenden Gesellschafterdarlehen; *D. Geerds,* Geerds-FS 700; LK-*Tiedemann* 10). Der Begünstigte muss die Gläubigerstellung zum Zeitpunkt der Tathandlung innehaben; bei Eintritt der ZU muss sie nicht bestanden haben (BGH **35**, 361). Es fällt unter § 283 I Nr. 1 und nicht unter § 283c, wenn sich der **ZU-Betroffene selbst** Sondervorteile aus der Masse verschaffen will (NK-*Kindhäuser* 3); zB wenn der (geschäftsführende) Kommanditist (vgl. 4b zu § 283) sich nach der ZU ein in die KG eingebrachtes Darlehen zurückzahlen lässt (BGH **34**, 226m. insoweit krit. Anm. *Winkelbauer* JR **88**, 33 u. *U. Weber* StV **88**, 16; LK-*Tiedemann* 10; NK-*Kindhäuser* 3; *S/S-Stree/Heine* 12; **aA** *Renkl* JuS **73**, 613; *Hendel* NJW **77**, 1945; hierzu *Muhler,* wistra **94**, 283). Nach hM fällt unter § 283c nicht der Gläubiger, der **zugleich Gemeinschuldner** ist oder im Sinne des Insolvenzstrafrechts für diesen handelt, so zB der Geschäftsführer einer GmbH hinsichtlich seiner privaten Forderungen gegen die Gesellschaft (BGH **34**, 221, 226; NJW **69**, 1494 [krit. dazu *Renkl* JuS **68**, 368]; **aA** *Hendel* NJW **77**, 1943, 1945; *Hartwig,* Bemmann-FS 311, 321ff. [für Einbeziehung der Personenidentität und einer Konkurrenz des § 283c mit § 283 für den Fall, dass die Gläubigerstellung unter Verstoß gegen die Grundsätze ordnungsgemäßen Wirtschaftens begründet wurde]). 2

3) Die Tathandlung besteht in einem nach Eintritt der Zahlungsunfähigkeit vorgenommenen Gewähren von Sicherheit oder Befriedigung an einen Gläubiger, die dieser überhaupt nicht oder nicht in der Art oder nicht zu dieser Zeit zu beanspruchen hat; hierdurch muss der bevorzugte Gläubiger vor den übrigen Gläubigern begünstigt werden. Damit wird die sog. **inkongruente Deckung** verboten; doch nur, soweit es sich um Vermögen handelt, das sonst den InsGläubigern zur Verfügung gestanden hätte (MDR/H **79**, 457); daher ist es auch nicht strafbar, wenn der Schuldner einen Dritten veranlasst, zugunsten eines Gläubigers zu handeln, zB dessen Bürge zu werden (NK-*Kindhäuser* 7). 3

A. Auch ein Unterlassen kann den Tatbestand erfüllen, wenn den Täter eine Handlungspflicht trifft. Passives Verhalten gegenüber der eigenmächtigen Verrechnung durch einen Gläubiger reicht allerdings nicht aus (BGH bei *Herlan* GA **58**, 48; NK-*Kindhäuser* 11), anders, wenn der Täter in kollusivem Einverständnis mit dem Gläubiger es diesem ermöglicht, sich aus dem insolvenzbefangenen Vermögen zu befriedigen; so bei kollusivem Anerkenntnis eines Klageanspruchs, Hinnehmen eines Versäumnisurteils (*S/S-Stree/Heine* 7; **aA** NK-*Kindhäuser* 11; SK-*Hoyer* 13). Doch genügt es zur Tatvollendung noch nicht, wenn sich der Gläubiger einen Vollstreckungstitel verschaffen kann; es muss die Befriedigung aus dem Tätervermögen hinzukommen (vgl. LK-*Tiedemann* 19). Wohl nicht ausreichend ist die Verletzung der InsAntragspflicht nach § 64 GmbHG mit der Folge der Möglichkeit einer Einzelvollstreckung durch einen Gläubiger (SK-*Hoyer* 13; NK-*Kindhäuser* 11; LK-*Tiedemann* 19; *A/R-Wegener* VII 1/216; **aA** *S/S-Stree/Heine* 6). Der Gläubiger hat nach hM bei dem Gewähren durch Annahme des Vorteils mitzuwirken (LK-*Tiedemann* 17; *Lackner/Kühl* 4; NK-*Kindhäuser* 10; str. und zw.; **aA** *S/S-Stree/Heine* 6). 4

5 **B. Befriedigung** erhält der Gläubiger durch Erfüllung seiner Forderung oder Annahme einer Leistung als Erfüllung oder an Erfüllungs statt (§§ 363 f. BGB). **Sicherheit** kann gewährt werden durch Pfandhingabe, Begründung eines Zurückbehaltungsrechts, Sicherungsübereignung; Bestellung eines Grundpfandrechts an einem überlasteten Grundstück (1 StR 346/78; LK-*Tiedemann* 13; NK-*Kindhäuser* 6); durch einen im Ergebnis unwirksamen Vertrag, wenn er zur Begünstigung des Gläubigers führt (*Vormbaum* GA **81**, 109; vgl. RG JW **34**, 1289; NK-*Kindhäuser* 6); sonst liegt uU Versuch vor. Es genügt, dass der Gläubiger eine Rechtsstellung erhält, die ihm die *Möglichkeit* eröffnet, eher, besser oder gewisser befriedigt zu werden, als er zu beanspruchen hat; hinreichend ist auch eine Sicherung, die nur uU wirksam wird (BGH aaO; LK-*Tiedemann* 13).

6 **C. Inkongruente Deckung** ist gegeben, wenn der Gläubiger den Vorteil nicht (so bei Leistungsverweigerungsrecht, Anfechtbarkeit, verjährtem Anspruch), nicht in der Art (Hingabe von Waren für eine Geldschuld) oder nicht zu der Zeit (Befriedigung vor Fälligkeit) zu beanspruchen hat (*Vormbaum* GA **81**, 111 ff.; LK-*Tiedemann* 21; vgl. *Bieneck* [2 vor § 283] 79/18 ff.), zB auch bei Hingabe an Erfüllungs statt (LK-*Tiedemann* 22; *A/R-Wegner* VII 1/214), etwa von Kundenschecks (BGH **16**, 279). Dagegen genügt die Hingabe eines eigenen Schecks (BGH aaO) oder Wechselakzepts erfüllungshalber nicht, da dadurch das Tätervermögen noch nicht vermindert wird (NK-*Kindhäuser* 9); doch kommt Versuch in Betracht. Inkongruente Deckung kann auch schon darin liegen, dass der Täter den Insolvenzantrag hinauszögert, um einem Gläubiger noch Pfändungen zu ermöglichen.

7 **D. Kongruente** und daher zulässige **Deckung** ist gegeben, wenn dem Gläubiger zivilrechtlich gerade diese Deckung und zu dieser Zeit einredefrei geschuldet wird (vgl. BGH **8**, 55; LK-*Tiedemann* 20; NK-*Kindhäuser* 12; *S/S-Stree/Heine* 8). Dazu genügt es schon, wenn der Schuldner vertragsmäßig berechtigt ist, *bei Fälligkeit* statt des an sich geschuldeten Geldes Waren (auch ohne vorherige Festlegung von Art und Menge) zu liefern (GA **56**, 348), es sei denn, dass die Abrede gerade in Erwartung der Insolvenz getroffen wurde (1 StR 539/80; LK-*Tiedemann* 23). Bei solcher Kongruenz scheidet auch § 283 I Nr. 1 aus (vgl. BGH **8**, 56).

8 **4) Der Vorsatz** muss sich zunächst auf die eigene ZU des Täters beziehen, und zwar in Form bestimmter **Kenntnis,** so dass bedingter Vorsatz insoweit nicht genügt (LK-*Tiedemann* 30). **Bedingter Vorsatz** genügt hingegen hinsichtlich der Gewährung einer inkongruenten Befriedigung oder Sicherheit für den Gläubiger (LK-*Tiedemann* 30; *S/S-Stree/Heine* 16; SK-*Hoyer* 17; *Lackner/Kühl* 7), wenn der Täter den Gläubiger **absichtlich** begünstigt, dh wenn es ihm darauf ankommt, dass dieser vor den übrigen Gläubigern bevorzugt wird (*Vormbaum* GA **81**, 119; NK-*Kindhäuser* 18; **aA** *S/S-Stree/Heine* 16). Eine **wissentliche** Begünstigung liegt vor, wenn der Täter sichere Kenntnis hat, dass dieser Erfolg eintritt; dann muss er aber auch wissen, dass er dem Gläubiger eine inkongruente Deckung gewährt (vgl. GA **59**, 341; 1 StR 539/80); die Begünstigungsabsicht hingegen kann dann fehlen (RegE 38; *Vormbaum* GA **81**, 122; LK-*Tiedemann* 31; NK-*Kindhäuser* 18; *W/Hillenkamp* 187).

9 **5) Der Versuch** ist strafbar **(II).** Er setzt mit dem Beginn der Begünstigungshandlung, zB mit einem Überweisungsauftrag an die eigene Bank ein (LK-*Tiedemann* 34), während die Tat mit Gutschrift für den Gläubiger bei dessen Bank vollendet ist. Zu weiteren Versuchsfällen vgl. oben 5, 6. Auch untauglicher Versuch ist strafbar, so wenn der Täter irrig annimmt, zahlungsunfähig zu sein (*Lackner/Kühl* 2; *S/S-Stree/Heine* 20; **aA** LK-*Tiedemann* 35), oder wenn er eine Forderung befriedigt, deren Bestehen er nur irrig annimmt (LK-*Tiedemann* 35). **Vollendet** ist die Tat mit dem *Eintritt der Begünstigung.*

10 **6)** Zur **Teilnahme** gilt 38 zu § 283 entsprechend; ein Außenstehender kann nur Anstifter oder Gehilfe sein. Das gilt auch für den begünstigten Gläubiger (BGH **17**, 239; GA **67**, 265; 1 StR 528/76; NK-*Kindhäuser* 21), zwar nicht schon

durch die Annahme der inkongruenten Deckung (LK-*Tiedemann* 35; *S/S-Stree/Heine* 21), wohl aber, wenn er darüber hinaus eine Teilnahmehandlung begeht (1 StR 346/78; NJW **93**, 1279 [abl. *Sowada* GA **95**, 60]; vgl. *Tiedemann* ZIP **83**, 515 und LK 38).

7) Konkurrenzen. Mehrere Begünstigungshandlungen unter derselben ZE oder InsE stellen idR verschiedene Taten dar (41 zu § 283). Tateinheit ist mit § 288 sowie mit §§ 5, 6 BaufordG und § 283 b möglich (**aA** LK-*Tiedemann* 43). Hingegen liegt mit § 283 I Nr. 1 Gesetzeseinheit mit Vorrang von § 283 c (oben 1) vor, wenn der Täter den Gläubiger lediglich begünstigt (LK-*Tiedemann* 40; SK-*Hoyer* 21; vgl. BGH **8**, 56; NStZ **96**, 544); anders hingegen, wenn der Täter an Wert mehr hingibt, als er schuldet (BGH **8**, 55; NJW **69**, 1494; GA **53**, 76; EzSt § 283 Nr. 1; *Hendel* NJW **77**, 1945). Tateinheit ist dann auch gegeben, wenn Bankrott und Begünstigung durch zwei verschiedene Handlungen begangen werden (R **7**, 399). Wahlfeststellung zwischen § 283 I Nr. 1 und § 283 c ist zulässig (vgl. 5 StR 27/55). 11

8) Sonstige Vorschriften 23 vor § 283. 12

Schuldnerbegünstigung

283d **I Mit Freiheitsstrafe bis zu fünf Jahren oder mit Geldstrafe wird bestraft, wer**

1. in Kenntnis der einem anderen drohenden Zahlungsunfähigkeit oder
2. nach Zahlungseinstellung, in einem Insolvenzverfahren oder in einem Verfahren zur Herbeiführung der Entscheidung über die Eröffnung des Insolvenzverfahrens eines anderen

Bestandteile des Vermögens eines anderen, die im Falle der Eröffnung des Insolvenzverfahrens zur Insolvenzmasse gehören, mit dessen Einwilligung oder zu dessen Gunsten beiseite schafft oder verheimlicht oder in einer den Anforderungen einer ordnungsgemäßen Wirtschaft widersprechenden Weise zerstört, beschädigt oder unbrauchbar macht.

II Der Versuch ist strafbar.

III In besonders schweren Fällen ist die Strafe Freiheitsstrafe von sechs Monaten bis zu zehn Jahren. Ein besonders schwerer Fall liegt in der Regel vor, wenn der Täter

1. aus Gewinnsucht handelt oder
2. wissentlich viele Personen in die Gefahr des Verlustes ihrer dem anderen anvertrauten Vermögenswerte oder in wirtschaftliche Not bringt.

IV Die Tat ist nur dann strafbar, wenn der andere seine Zahlungen eingestellt hat oder über sein Vermögen das Insolvenzverfahren eröffnet oder der Eröffnungsantrag mangels Masse abgewiesen worden ist.

1) Allgemeines. Die Vorschrift gilt idF des Art. 60 Nr. 3 EGInsO (1 vor § 283). **Literatur:** 2 vor § 283. 1

2) Anwendungsbereich. § 283 d ergänzt § 283 I Nr. 1 für den Fall, dass nicht der in der Krise Befindliche, sondern ein **Außenstehender** für ihn handelt und selbst (zumindest gemeinsam mit dem Täter des § 283 I Nr. 1) die Tatherrschaft hat (kein Sonderdelikt; LK-*Tiedemann* 5; NK-*Kindhäuser* 10). § 283 d betrifft nur den Fall, dass der Täter im Interesse des Krisenbefangenen diesem auf Kosten der Gläubiger einen Sondervorteil zuwenden will (1 StR 463/61); nicht Handlungen nach § 283 c, die einvernehmlich zwischen Schuldner und Gläubiger vorgenommen werden (BGH **35**, 359; *Vormbaum* GA **81**, 130; LK-*Tiedemann* 4; *S/S-Stree/Heine* 2). Diese sind beim Schuldner nach § 283 c und beim Gläubiger nach Teilnahmegrundsätzen zu beurteilen (BGH **35**, 361; LK-*Tiedemann* 38 zu § 283 c). Haben der Täter nach § 283 I Nr. 1 und der nach § 283 d gemeinsam die Tatherrschaft, so werden dieser nach § 283 d, jener nach § 283 I Nr. 1 als Täter bestraft. Hat der in der Krise Befindliche allein die Tatherrschaft, so ist er Täter nach § 283 I Nr. 1, der Außenstehende insoweit Teilnehmer (RegE 39); das kann er, auch wenn er Täter nach § 283 d ist, auch hinsichtlich einer anderen BHandlung sein (1 StR 1/58; LK-*Tiedemann* 23; NK-*Kindhäuser* 13). Umgekehrt kann der Krisenbefangene Anstifter oder Gehilfe zu der Tat nach § 283 d sein. Der Täter des § 283 d kann nicht zugleich Beihilfe zu § 283 I Nr. 1 leisten (*S/S-Stree/Heine* 15). 2

3 **3)** Die **Tathandlung** ist als dieselbe wie in § 283 I Nr. 1 (vgl. dort).
Der Täter muss in der **1. Var.** mit **Einwilligung** des in der Krise Befindlichen handeln, dh mit seinem im Voraus ausdrücklich oder konkludent erklärten Einverständnis (NK-*Kindhäuser* 4). Nach dem Sinn der Vorschrift (oben 1) kann eine durch Täuschung erschlichene Einwilligung nicht ausreichen (vgl. LK-*Tiedemann* 14 [auch bei Zwang]; **aA**. wohl *A/R-Wegner* VII 1/230). Ein Handeln zu Gunsten des Krisenbefangenen ist in diesem Fall nicht vorausgesetzt.

4 In der 2. Var. muss der Täter (zwar ohne Einwilligung, aber) **zugunsten** des in der Krise Befindlichen handeln, dh in dessen Interesse; also vor allem, um ihm die beiseite geschafften oder verheimlichten Vermögensbestandteile zu erhalten (NK-*Kindhäuser* 6). Auch das Zerstören, Beschädigen oder Unbrauchbarmachen muss, jedenfalls in der Vorstellung der Täters, zugunsten des Krisenbefangenen geschehen.

5 Die Tathandlung kann nach **I Nr. 1** begangen werden, während dem Krisenbefangenen die **ZU droht** (10 vor § 283). Diesem Fall muss man, auch wenn das Gesetz ihn nicht ausdrücklich nennt, denjenigen gleichsetzen, dass die ZU des anderen bereits eingetreten ist (8 vor § 283; LK-*Tiedemann* 7; *S/S-Stree/Heine* 5; SK-*Hoyer* 3), aber noch nicht die ZE.

6 Nach **I Nr. 2** kann die Tat **nach der ZE** des Krisenbefangenen (13 vor § 283) begangen werden; oder während eines diesen betreffenden **Insolvenzverfahrens**, dh während des mit der InsE (14 vor § 283) beginnenden und mit der Aufhebung nach § 258 InsO endenden Verfahrens (LK-*Tiedemann* 7); oder während des gerichtlichen Verfahrens zur Herbeiführung der Entscheidung über die InsE; dies beginnt mit der Antragstellung (§ 13 I InsO) und endet mit Abweisung des Antrags, insb. mangels Masse (§ 26 InsO) oder mit dem Eröffnungsbeschluss (§ 27 InsO).

7 **4) Vorsatz** ist erforderlich. Im Fall des I Nr. 1 muss der Täter Kenntnis von der drohenden (oder eingetretenen) ZU des anderen haben. Im Übrigen genügt bedingter Vorsatz. Er hat sich bei I Nr. 2 auf die dort beschriebene Lage zu erstrecken. Der Vorsatz muss auch die Einwilligung des Krisenbefangenen umfassen oder auf dessen Vorteil gerichtet sein (vgl. 32 zu § 283).

8 **5) Der Versuch** ist strafbar **(II);** 33 zu § 283 gilt entsprechend.

9 **6) Teilnahme** ist nach allgemeinen Regeln strafbar, da die Tat kein Sonderdelikt ist. Zum Zusammenwirken von Täter und dem in der Krise Befindlichen vgl. oben 1.

10 **7)** Die **objektive Bedingung der Strafbarkeit** ist muss nach **Abs. IV** bei demjenigen gegeben sein, für den der Täter handelt. In den Fällen von I Nr. 2 hat IV praktische Bedeutung nur in den seltenen Fällen, in denen ohne vorausgegangene ZE ein Verfahren zur Entscheidung über die InsE läuft. Soweit ZE und InsE in I Nr. 2 Tatbestandsmerkmale sind, müssen sie vom Vorsatz umfasst sein. Vgl. im Übrigen 12ff. vor § 283.

11 **8)** Der **Strafrahmen** entspricht dem des § 283 I, II. **Besonders schwere Fälle** mit Regelbeispielen (vgl. 88ff. zu § 46) sind in **Abs. III** geregelt; sie entsprechen dem des § 283a.

12 **9) Konkurrenzen.** Innerhalb des § 283d schließen I Nr. 1 und Nr. 2 einander aus. Zum Verhältnis zu § 283 vgl. oben 1. Mehrere Handlungen nach § 283d unter derselben Voraussetzung nach I Nr. 1 oder Nr. 2 sind idR mehrere Taten; es gilt insoweit 41 zu § 283. Handelt der Täter sowohl mit Einwilligung wie zugunsten des Krisenbefangenen, so ist das nur eine Tat; Wahlfeststellung zwischen „mit Einwilligung" oder „zu dessen Gunsten" ist möglich (LK-*Tiedemann* 27; NK-*Kindhäuser* 14). Tateinheit ist mit § 288 möglich (LK-*Tiedemann* 28). Versuchter Prozessbetrug soll nach NJW **54**, 1655f. zurücktreten (zw.).

13 **10) Sonstige Vorschriften** 23 vor § 283.

Fünfundzwanzigster Abschnitt

Strafbarer Eigennutz

Vorbemerkung

Durch das Gesetz zur Bekämpfung der Korruption **(KorrBekG)** vom 13. 8. 1997 (BGBl. I 2038) sind die Straftaten gegen den Wettbewerb im neuen 26. Abschnitt zusammengefasst worden. Der bisherige § 302a wurde unverändert als § 291 in den 25. Abschnitt eingestellt. Durch das 6. StrRG (2f. vor § 174) ist der 25. Abschnitt neu geordnet und teilweise neu nummeriert worden; § 284a aF wurde § 285, § 285b aF § 286, § 286 aF § 287. Inhaltliche Änderungen haben §§ 284, 287 erfahren (siehe dort jeweils 1); diese zielen insb. auf die Einbeziehung vom Ausland aus handelnder Anbieter sowie auf die Verfolgung von Werbungen für nicht erlaubte Lotterien. Nicht erfasst von §§ 284ff. sind die meisten Formen **progressiver Werbe- und Vertriebssysteme** (vgl. dazu § 16 II UWG; 4 zu § 287).

Unerlaubte Veranstaltung eines Glücksspiels **RiStBV 240**

284 **I Wer ohne behördliche Erlaubnis öffentlich ein Glücksspiel veranstaltet oder hält oder die Einrichtungen hierzu bereitstellt, wird mit Freiheitsstrafe bis zu zwei Jahren oder mit Geldstrafe bestraft.**

II Als öffentlich veranstaltet gelten auch Glücksspiele in Vereinen oder geschlossenen Gesellschaften, in denen Glücksspiele gewohnheitsmäßig veranstaltet werden.

III Wer in den Fällen des Absatzes 1

1. gewerbsmäßig oder
2. als Mitglied einer Bande handelt, die sich zur fortgesetzten Begehung solcher Taten verbunden hat,

wird mit Freiheitsstrafe von drei Monaten bis zu fünf Jahren bestraft.

IV Wer für ein öffentliches Glücksspiel (Absätze 1 und 2) wirbt, wird mit Freiheitsstrafe bis zu einem Jahr oder mit Geldstrafe bestraft.

1) Allgemeines. Die geltende Fassung erhielten die §§ 284ff. durch das Ges. v. 23. 12. 1919; dazu Ausführungsvorschriften der ReichsReg. v. 27. 7. 1920, RGBl. 1482. Das EGStGB hat die früheren §§ 285 (Art. 19 Nr. 148) und 285a (Art. 19 Nr. 149) aufgehoben. Abs. III wurde durch Art. 1 Nr. 21 OrgKG v. 15. 7. 1992 (BGBl. I 1302), Abs. IV durch Art. 1 Nr. 72 des 6. StrRG v. 26. 1. 1998 (BGBl. I 164) eingefügt. Für **Jugendliche** unter 16 Jahren enthält § 6 II JSchG (idF v. 23. 7. 2002, BGBl. I 2730) ein Spielverbot. 1

Gesetzgebung: Der Lotterie-Staatsvertrag v. 18. 12. 2003/13. 2. 2004 soll durch den Staatsvertrag zum Glücksspielwesen in Deutschland (**Glücksspielstaatsvertrag – GlüStV**) ersetzt werden. Die Ministerpräsidenten der Länder haben den Vertrag bis 30. 7. 2007 unterzeichnet. Er befand sich zum Zeitpunkt des Redaktionsschlusses der 55. Aufl. in den Ratifizierungsverfahren in den Ländern. Er soll **zum 1. 1. 2008 in Kraft** treten.

Schrifttum: *Barton/Gercke/Janssen,* Die Veranstaltung von Glücksspielen durch ausländische Anbieter per Internet unter besonderer Berücksichtigung der Rechtsprechung des EuGH, wistra **04**, 321; *Belz,* Das Glücksspiel im Strafrecht, 1993; *Dahs/Dierlamm,* Unterhaltungsautomaten ohne Gewinnmöglichkeiten mit Ausgabe von Weiterspielmarken – Unerlaubtes Glücksspiel?, GewArch **96**, 272; *Dietlein,* Das staatliche Glücksspiel auf dem Prüfstand, BayVBl. **02**, 161; *Dietz,* Zur Problematik des Glücksspielstrafrechts, 1993 (Diss. Linz); *Eichmann/Sörup,* Das Telefongewinnspiel, MMR **02**, 142; *Fruhmann,* Strafbarkeit gewerblicher Spielgemeinschaften, MDR **93**, 822; *Füllkrug,* Verbotenes Glück, KR **90**, 101; *Heine,* Oddset-Wetten und § 284 StGB, wistra **03**, 441; *Hofmann/Mosbacher,* Finanzprodukte für den Fußballfan: Strafbares Glücksspiel?, NStZ **06**, 249; *Hund,* Beteiligung verdeckter Ermittler am unerlaubten Glücksspiel, NStZ **93**, 571; *Janz,* Rechtsfragen der Vermittlung von Oddset-Wetten in Deutschland, NJW **03**, 1694; *Klenk,* Der Lotteriebegriff in straf- u. steuerrechtlicher Sicht, GA **76**, 361; *Kühne,* Einige Bemerkungen zu Fragen des Glücksspiels bei Sportwetten, Schroeder-FS (2006) 545; *Lampe,* Falsches Glück, JuS **94**, 737; *R. Lange,* Dreher-FS 577; 1a

Lesch, Die Sportwette als Glücksspiel im Sinne des § 284 StGB?, GewArch **03**, 321; *ders.*, Sportwetten via Internet – Spiel ohne Grenzen, wistra **05**, 241; *Lesch/Wallau,* Glücksspiel trotz fehlender Gewinnmöglichkeit?, GewArch **02**, 447; *Lüderssen,* Keine Strafdrohung für gewerbliche Spielvermittler, 2006; *ders.*, Aufhebung der Straflosigkeit gewerblicher Spielvermittler durch den neuen Staatsvertrag zum Glücksspielwesen in Deutschland?, NStZ **07**, 15; *Lukes,* Stree/Wessels-FS 1013; *Meyer,* Sportwetten als illegales Glücksspiel?, JR **04**, 447; *Meurer/Bergmann* JuS **83**, 668; *Meurer/Bergmann,* Tatbestandsalternativen beim Glücksspiel, JuS **83**, 668; *Mosbacher,* Ist das ungenehmigte Veranstalten und Vermitteln von Sportwetten noch strafbar?, NJW **06**, 3529; *Odenthal,* Gewinnabschöpfung und illegales Glücksspiel, NStZ **06**, 14; *Otto,* Spielgewinn ohne Spiel. Strafrecht als Mittel der Bekämpfung sozial lästiger Verhaltensweisen, Meurer-GedS (2002), 263; *Petropoulos,* Die Strafbarkeit des Sportwettens mit festen Gewinnquoten, wistra **06**, 332; *Pfister,* Rechtsprobleme der Sportwette, 1989; *Raube,* Strafrechtliche Probleme der progressiven Kundenwerbung unter besonderer Berücksichtigung von Kettenbriefen, 1995; *Sack,* Das Hütchenspiel, NJW **92**, 2540; *Uwer,* Monopolisierung und Pathologisierung – ein Länder-Trauerspiel über das Glücksspiel, NJW **06**, 3257; *Wrage,* Allgemeine Oddset-Sportwetten: Zur Strafbarkeit des Buchmachers gem. § 284 StGB, JR **01**, 405); weitere umfangreiche Nachweise bei *v. Bubnoff* LK 1, 13, 26 vor § 284. **Kriminologie:** *Füllkrug* KR **84**, 533; **90**, 101; *G. Meyer* KR **86**, 212; *Schneider,* Kriminologie 506; *Wrage,* Anmerkungen zu den neu geschaffenen Werbungsverboten gem. § 284 IV und § 287 II StGB, ZRP **98**, 426.

2 Das durch § 284 geschützte **Rechtsgut** ist nicht einfach zu bestimmen und i. e. str. Die *verwaltungsakzessorische* Vorschrift, die das Vorliegen einer Straftat vom Fehlen einer behördlichen Erlaubnis abhängig macht, soll nach **hM** die **staatliche Kontrolle** einer „Kommerzialisierung der natürlichen Spielleidenschaft" sichern (BGH **11**, 209; Bay NStZ **93**, 491 f.; **aA** LG München I NStZ-RR **04**, 142: Fiskalische Interessen; *S/S-Eser/Heine* 2: Schutz gegenüber Vermögensgefährdung; vgl. *M/Schroeder/Maiwald* 44/2; LK-*v. Bubnoff* 4 vor § 284; weitergehend *Dietz* [unten 1 a] 12 ff., 28 ff., der als geschützte Rechtsgüter vor allem Gesundheit und wirtschaftliche Existenz des einzelnen sowie die Allgemeinrechtsgüter der Volksgesundheit und der öffentlichen Sicherheit ansieht; and. auch NK-*Wohlers* 9 [Schutz der Spielteilnehmer vor manipulativer Entwertung der Gewinnchance; also *konkretes* Vermögensgefährdungsdelikt]; wieder anders BVerwG DÖV **01**, 961, 962: Vermögen des einzelnen Spielers, Gesundheit des Spielers, öffentliche Haushalte [bei Vermögensverfall des Spielers]; *Barton/Gercke/Janssen* wistra **04**, 321, 325 [Sicherung vor Ausbeutung; Kontrolle des Spielbetriebs; Abschöpfung von Gewinnen für gemeinnützige Zwecke]; insg. krit. *Arzt/Weber* 24/38; *Kindhäuser* LPK 2 ff.).

2 a Das entspricht § 1 des Lotterie-Staatsvertrags der Länder bzw. **§ 1 Nr. 2 GlüStV** (oben 1), wonach die lotterierechtlichen Regelungen „den natürlichen (!) Spieltrieb (!) der Bevölkerung in geordnete und überwachte Bahnen lenken" sollen und dazu den Ländern die Aufgabe übertragen, „ein ausreichendes Glücksspielangebot sicherzustellen" (§ 10 I GlüStV); sie dienen überdies folgenden Zielen: Verhinderung übermäßiger Spielanreize; Ausschluss der Ausnutzung des Spieltriebs zu privaten oder gewerblichen Gewinnzwecken; Sicherstellung ordnungsgemäßer und nachvollziehbarer Durchführung; Sicherstellung der Verwendung eines erheblichen teils (§ 10 IV GlüStV) der Einnahmen aus Glücksspielen zur Förderung gemeinnütziger Zwecke (vgl. dazu auch Erläuterungen zum GlüStV, 4 ff.). Überzeugende Begründungen für die Kriminalisierung des *unkonzessionierten* Spielbetriebs sind aber trotz dieser Absichtsbeschreibungen schwer erkennbar, denn die sozialpädagogischen Einflussnahmen des Staats im *konzessionierten* Bereich halten sich – iErg wohl zu Recht – zumindest in der Vergangenheit in engen Grenzen und treten gegenüber **Einnahme-Interessen** weitgehend zurück (vgl. dazu insb. BVerfGE **115**, 276 [= NJW **06**, 1261 m. Anm. *Pestalozza*; vgl. unten 16 f.]; EuGH NJW **04**, 139; vgl. auch LG München I NStZ-RR **04**, 142, 143; *Heine* wistra **03**, 441, 442; *Lüderssen* NStZ **07**, 15, 16; *S/S-Heine* 2 a f. mwN). Dass *Private* die vom Gesetzgeber *für erforderlich gehaltene* suchtverhindernden (besser wohl: suchtbegleitenden) Maßnahmen nicht ebenso gut (oder schlecht) ausführen können sollen, ist nicht verständlich (zutr. *Lüderssen* NStZ **07**, 15, 16). Es leuchtet überdies nicht ein, dass die Notwendigkeit präventiven strafrechtlichen Schutzes vor Selbstschädigung,

Vermögensverlust und Spielsucht (vgl. dazu den Überblick bei *Diegmann* ZRP **07**, 126) mit der Erteilung einer *Konzession* (bei 80% staatlicher Gewinnbeteiligung) sogleich entfallen soll, denn die Konzessionierung wirkt diesen Gefahren *in der Praxis* kaum entgegen (so auch BVerfG 1 BvR 1054/01, Rn. 126; vgl. unten 16). Dass es das „Hauptanliegen" des staatlichen Monopols sei, die *Gefahren* des Glücksspiels *„möglichst gering* zu halten" (Bay NJW **04**, 1057, 1058), erscheint eher als eine *Schutzbehauptung*, welcher der Augenschein zumindest in der Vergangenheit widersprochen hat (vgl. auch *Lesch* JR **03**, 344, 346). Dass sich unter der Neuregelung des GlüStV hieran Grundlegendes ändern wird, darf trotz der weit reichenden Absichtserklärungen und programmatischen Aussagen des Staatsvertrags (vgl. auch unten 16b) vorerst bezweifelt werden.

2) Begriff des Glücksspiels. Das Glücksspiel ist vom bloßen Unterhaltungsspiel, vom Geschicklichkeitsspiel und von der Wette zu unterscheiden. 3

A. Glücksspielen iS von § 284 ist ein nach vorbestimmten Regeln verlaufendes „Spielen" um **Gewinn oder Verlust,** dh ein – zumeist einfach strukturiertes – Handeln, bei dem die Entscheidung über Gewinn oder Verlust ganz oder überwiegend vom **Zufall** abhängt, das seiner generellen Bestimmung nach auf die Erzielung eines geldwerten Gewinns ausgerichtet ist und in dessen Rahmen für den Erwerb einer Gewinnchance ein **Entgelt** verlangt wird (vgl. § 3 I GlüStV). Im Unterschied zu Sonderformen der **Lotterie** (Definition in § 3 III GlüStV) oder zur **Ausspielung** ist Kennzeichen des Glücksspiels ein (generell bestimmter oder individuell bestimmbarer) vermögenswerter **Einsatz,** der sich bei Ausbleiben eines Gewinns als Verlust niederschlägt (and. *Richter* wistra **87**, 276); die Höhe des möglichen Gewinns hängt vielfach von der Höhe des Einsatzes, also des Vermögensrisikos ab, welches der Spieler eingeht. Ein Glücks-Spiel liegt vor, wenn die zufallsbedingte, nur mathematisch berechenbare Wahrscheinlichkeit des Gewinns sich durch individuelle Anstrengung nicht wesentlich steigern lässt (vgl. zur Definition zB BGH **2**, 274, 276; **9**, 37; **29**, 152, 157; **36**, 74, 80; NStZ **03**, 372, 373 [Anm. *Beckemper* NStZ **04**, 39]; LG München I NJW **02**, 2656). Dabei kommt es auf Fähigkeiten und Erfahrungen eines Durchschnittsspielers an; der Annahme eines Glücksspiels steht daher nicht entgegen, dass einzelne Spieler Fähigkeit zur Ausschaltung des Zufalls haben (BGH **2**, 274; **29**, 156; NStZ **03**, 373 f.; BVerwGE **2**, 111; vgl. auch *Hofmann/Mosbacher* NStZ **06**, 249, 251 [Fußballwette]). Je nach Regelgestaltung können auch Geschicklichkeitsspiele zu Glücksspielen werden (NK-*Wohlers* 18). Der Charakter als Glücksspiel entfällt selbstverständlich nicht, wenn einzelne Spieler den Zufall zu ihren Gunsten regelwidrig ausschalten (Bay NJW **93**, 2820; LK-*v. Bubnoff* 7; NK-*Wohlers* 20). 4

Erforderlich ist ein nicht gänzlich unerheblicher **Einsatz,** durch den die Chance auf den Vorteil erlangt wird (BGH **34**, 171, 176; NStZ/A **89**, 504; Bay NJW **90**, 1862). **Einsatz** ist jede nicht ganz unbeträchtliche Vermögensleistung, die in der Hoffnung auf Gewinn und mit dem Risiko des Verlusts an den Gegenspieler oder Veranstalter erbracht wird (BGH **34**, 176 [m. krit. Anm. *Lampe* JR **87**, 383]; *Richter* wistra **87**, 276; *Granderath* wistra **88**, 173). Unerheblich und daher vom Tatbestand nicht erfasst sind Aufwendungen für das (übliche) Brief-/Postkarten-Porto; auch **Telefongebühren** in dieser Größenordnung. Dagegen können Gesprächsgebühren für **0190-**Verbindungen nicht als belanglos angesehen werden, wenn die Teilnahme eine längerfristige Verbindung voraussetzt (vgl. auch NJW **02**, 3415, 3417); das gilt gerade auch dann, wenn der Verbindungsablauf einseitig vom Veranstalter bestimmt wird und auf die Entstehung möglichst hoher Gesprächsentgelte abzielt, für welche das Spiel nur das Lockmittel ist (and. *Eichman/Sörup* MMR **02**, 142, 144 f.). Eingesetzt werden kann nur ein bereits *vorhandener* Vermögenswert; der Verzicht auf zukünftige Leistungen kann daher nur dann Einsatz sein, wenn bereits eine vermögenswerte Erwerbsaussicht besteht (weiter gehend, für den *Sonderfall* eines „Verzichts" auf einen höheren als den vertraglich vereinbarten Zinssatz bei Geldanlagen, *Hofmann/Mosbacher* NStZ **06**, 249, 251 f.). 5

6 **Spielberechtigungs-Beiträge** (zB Eintrittsgeld), die stets verloren sind, scheiden aus; nach BGH **34**, 171, 177 auch die Vorleistungen bei *Kettenbriefaktionen.* Der Einsatz kann auch verdeckt zu leisten sein; das kommt neben (erheblichen) TK-Gebühren insb. auch bei der Koppelung von Warenkauf oder Dienstleistungs-Bestellung mit einer Gewinnmöglichkeit in Betracht. Kein Glücksspiel iS von § 284 ist aber gegeben, wenn dem Teilnehmer eine *gleichwertige* Teilnahmealternative *ohne* (erheblichen) Einsatz angeboten wird, **zB** ein **Gewinnspiel,** bei dem die Gewinnchance gleichermaßen auch ohne Bestellung, Kauf usw. gewährt wird (*Eichmann/Sörup* MMR **02**, 142, 145). Nicht gleichwertig sind aber kostenfreie oder mit geringem Einsatz erreichbare Teilnahmealternativen mit niedrigerer Gewinn-Wahrscheinlichkeit oder der Notwendigkeit (zeit-)aufwändiger Bemühungen. Ein Glücksspiel liegt daher auch vor, wenn ein (einheitlich veranstaltetes) Spiel verschiedene Ablauf- und Einsatzmöglichkeiten bietet, von denen nur einzelne die Merkmale des Glücksspiels aufweisen, und wenn es den Teilnehmern freisteht, sich für eine Spielvariante zu entscheiden; die bloße Möglichkeit, an dem Spiel ohne oder mit nur unerheblichem Einsatz und dann fehlender oder wesentlich geringerer Gewinnchance teilzunehmen, nimmt dem Spiel (aus Sicht des Veranstalters) insgesamt nicht den Charakter des Glücksspiels.

7 **B.** Erforderlich ist nach zutr. Ansicht auch die Möglichkeit eines **Gewinns** (vgl. Bay JR **03**, 386 [m. Anm. *Wohlers*]). Allerdings ist gleichgültig, ob ein solcher im Einzelfall angestrebt wird; so ist zB Roulette auch dann ein Glücksspiel, wenn das Spielcasino individuell nur aus Gründen des *Zeitvertreibs* aufgesucht und der Einsatz als *Entgelt* hierfür verstanden wird. Entfällt aber nach den Spielregeln die Möglichkeit eines geldwerten Gewinns gänzlich oder liegt der mögliche Gewinn in einem nach durchschnittlichen Anschauungen unbedeutenden Bereich, so liegt ein **Unterhaltungsspiel** vor (vgl. Bay GA **56**, 385; JR **03**, 386 f.; str.; LK-*v. Bubnoff* 12 stellt auf die allgemeinen gesellschaftlichen Anschauungen, *S/S-Eser/Heine* 6 auf die Vermögensverhältnisse der Spieler ab). Die Vielfalt und Variabilität elektronischer Hard- und Software eröffnet hier Übergangs-Bereiche, in denen die Einordnung als Glücks- oder Unterhaltungsspiel fraglich ist.

7a Streitig ist derzeit etwa die Einordnung sog. ***„fun games":*** Hier ist vor Spielbeginn ein vom Spieler zu bestimmender, im Höchstbetrag begrenzter Geldbetrag in den Automaten einzuzahlen; er wird in einen „Hinterlegungsspeicher" geladen. Das im Sinn eines Geschicklichkeitsspiels konzipierte elektronische Spiel weist, je nach Erfolg, Verlust- oder Gewinnpunkte aus; diese können vom Gewinnspeicher in den Hinterlegungsspeicher umgebucht werden. Bei optimalem Erfolg kann der Spieler die gesamte Hinterlegungssumme zurück erhalten, allerdings **keinen zusätzlichen Gewinn;** im schlechtesten Fall ist die Hinterlegungssumme – als Entgelt für den „fun" – verloren (vgl. dazu einerseits *Pfeifer/Fischer* GewArch **02**, 232 ff. [Glücksspiel]; andererseits *Lesch/Wallau* GewArch **02**, 447 ff. [Unterhaltungsspiel]).

8 **C.** Beim **Geschicklichkeitsspiel** hat es nach den Spieleinrichtungen und Spielregeln, namentlich nach der Beschaffenheit des Apparats und der Übung der Mitspielenden der Durchschnitt der Teilnehmenden mit hoher Wahrscheinlichkeit in der Hand, durch Geschicklichkeit den Ausgang des Spiels zu bestimmen (LK-*v. Bubnoff* 9); so beim Billardspiel, ferner beim Geschäft mit Doppel-Optionen (BGH **29**, 157); dass vereinzelten Spielern die Geschicklichkeit fehlt, ist unerheblich (BGH **2**, 274, 276 f.). Es entscheidet der Durchschnitt der Mitspieler des jeweiligen Spiels, so dass der Charakter des Spiels nur einheitlich beurteilt werden kann (Karlsruhe NJW **72**, 1964; LG Bochum NStZ-RR **02**, 170; AG Karlsruhe-Durlach NStZ **01**, 254; *Wrage* NStZ **01**, 256). Ob das sog. *Hütchenspiel* Geschicklichkeits- oder Glücksspiel ist, hängt von den Verhältnissen ab, unter denen gespielt wird (BGH **36**, 80; vgl. Vorinstanzen Frankfurt NJW **87**, 854; NStZ **88**, 459; ferner LG Frankfurt NJW **93**, 946; *Sack* NJW **92**, 2540).

9 **D.** *Die* **Wette** *ist* verwandt mit dem Spiel; beide sind Schuldverträge, bei denen Gewinn und Verlust von streitigen oder ungewissen Ergebnissen abhängig gemacht werden (§§ 762 ff. BGB). Der begriffliche Unterschied beider liegt in der subjektiven Seite (LK-*v. Bubnoff* 3; and. SK-*Hoyer* 12; NK-*Wohlers* 31). Bei der Wette ist

der Zweck des Vertrages die Erledigung eines Meinungsstreits; das Spiel dagegen geschieht aus Unterhaltungs- oder Gewinninteresse. Die reine Wette ist im Gegensatz zum Spiel stets straflos.

E. Die **Sport-** und **Rennwetten,** namentlich Sportwetten zu festen Gewinnquoten, die in Deutschland seit 1999 von den staatlichen Lotto-Gesellschaften (Oddset) veranstaltet und von privaten Wettanbietern insb. im Ausland sowie im **Internet** (dazu jetzt das Verbot in § 4 IV GlüStV) angeboten werden (vgl. ausführlich dazu BVerfGE **115**, 276 ff. [= NJW **06**, 1261, Urt. v. 28. 3. 2006, 1 BvR 1054/01]; zur Anerkennung als wirtschaftliche Tätigkeit iS des Gemeinschaftsrechts vgl. EuGH, Urt. v. 6. 11. 2003 [*Gambelli*-Entscheidung], NJW **04**, 139 [Anm. *Hoeller/Bodemann* NJW **04**, 122]), sind trotz ihres Namens **Glücksspiel** (§ 3 I S. 2 GlüStV; BVerfGE **115**, 276, 301 ff., 306; NStZ **03**, 372 [Anm. *Lesch* JR **03**, 344; *Wohlers* JZ **03**, 860; *Beckemper* NStZ **04**, 39]; Nürnberg SpuRt **01**, 156; Bay NJW **04**, 1057; LG München I NJW **02**, 2656 [Fußballwette]; LK-*v. Bubnoff* 5; *Meyer* JR **04**, 447, 448; *Barton/Gercke/Janssen* wistra **04**, 321, 322; für das Zivilrecht vgl. NJW **02**, 2175 [*I. ZS*]; für das Verwaltungsrecht BVerwGE **114**, 92 [zu VGH München GewArch **01**, 65]; OVG Münster NVwZ-RR **03**, 351; **aA** LG Bochum NStZ-RR **02**, 170 [Fußball]; AG Karlsruhe-Durlach NStZ **01**, 254 [Fußball]; *Kühne*, Schroeder-FS [2006] 545 ff., 553; vgl. dazu auch *Wrage* JR **01**, 405). Die Veranstaltung setzt regelmäßig eine **behördliche Genehmigung** voraus (vgl. unten 14 ff.). Zu landesrechtlichen Vorschriften vgl. auch *Göhler/Buddendiek/Lenzen* Nr. 515 II; *Janz* NJW **03**, 1698. 10

F. Lotterie (§ 3 III GlüStV) **und Ausspielung** sind Sonderformen des Glücksspiels (BGH **34**, 179; vgl. dazu die Sonderregelung in § 287). 11

G. Die Veranstaltung **anderer Spiele** mit Gewinnmöglichkeit (soweit es sich nicht um die Zulassung und den Betrieb von Spielbanken und die in § 286 geregelten Veranstaltungen handelt), die gewerbsmäßige Aufstellung von **mechanischen Spielen** und **Spieleinrichtungen** zur Gewinnerzielung sowie das Betreiben von Spielhallen regeln die §§ 33 c bis 33 i, 60 a, 144, 145 GewO; dazu die **SpielV** idF v. 11. 12. 1985 (BGBl. I 2245; III 7103–1; vgl. auch § 56 I Nr. 3 f, § 145 II Nr. 2 c GewO). 12

3) Tathandlungen des Abs. I sind das Veranstalten oder Halten eines Glücksspiels oder das Bereitstellen der Einrichtungen hierzu, und zwar ohne **behördliche Erlaubnis.** Das Fehlen der Erlaubnis ist Tatbestandsmerkmal (vgl. unten 25). 13

A. Der Tatbestand ist **verwaltungsakzessorisch**; Art, Umfang und Wirksamkeit der Erlaubnis bestimmen sich nach Maßgabe des Verwaltungsrechts (krit. zur Vereinbarkeit mit Art. 12 GG und Art. 43, 49 EGV *S/S-Eser/Heine* 22 a; zur Verwaltungsakzessorietät allgemein vgl. i. e. 6 ff. vor § 324). Das SpielbankenG v. 14. 7. 1933 (RGBl. I 480) galt zunächst zT als Landesrecht fort und wurde dann durch **SpielbG der Länder** ersetzt (vgl. *Göhler/Buddendiek/Lenzen* S 775). **Sportwetten** sind in Deutschland im Grds. nur im Bereich des **Pferdesports** konzessioniert; insoweit gilt das **Rennwett- und LotterieG** idF v. 16. 12. 1986 (BGBl. I 2441; *Göhler/Buddendiek/Lenzen* L 515). Wetten auch auf andere Sportarten sollen in Deutschland ausschließlich von staatlichen Anbietern veranstaltet werden (vgl. dazu etwa *Diegmann/Hoffmann* NJW **04**, 2642; krit. *Horn* NJW **04**, 2054). Seit 1999 bieten die Lotterieunternehmen der Länder (Deutscher Lotto- und Totoblock) die Sportwette **Oddset** über die Lotto-Annahmestellen sowie über das Internet an. Im Ausland werden Sportwetten in großer Vielfalt auch von Privaten angeboten. Auf der Grundlage des DDR-GewerbeG in den **neuen Bundesländern** vor dem Beitritt erteilte Konzessionen gelten fort (GewArch **02**, 162, 163; OVG Weimar GewArch **00**, 118, 119; Nürnberg SpuRt **01**, 156, 157; *Fischer* GewArch **01**, 157, 159; *Beckemper* NStZ **04**, 39, 40; vgl. dazu *Heine* wistra **03**, 441; *Janz* NJW **03**, 1694, 1697; and. OVG Münster NVwZ-RR **03**, 162, 164); es sind bis zur Wiedervereinigung einige wenige Konzessionen für das gewerbliche Anbieten von Sportwetten erteilt worden. 14

15 Nach überwiegend vertretener Ansicht ist eine behördliche Erlaubnis nach **deutschem Recht** (vgl. § 4 I GlüStV) stets erforderlich, wenn Deutsche im Inland teilnehmen können (vgl. Hamburg NJW-RR **03**, 760, 761). Es reicht danach *nicht* aus, wenn ein ausländischer Anbieter in seinem Heimatstaat über eine nach dortigem Recht wirksame Erlaubnis verfügt (Hamburg aaO; ebenso VGH Bad.-Württ. GewArch **05**, 148; OVG Berlin GewArch **03**, 295; VGH Hess GewArch **05**, 17; OVG NW GewArch **05**, 338; OVG Nds. GewArch **03**, 247; VG Minden GewArch **05**, 21; VG München GewArch 05, 248; vgl. auch VGH München GewArch **01**, 65; **aA** LG München I wistra **04**, 171 f.; LG Hamburg NStZ-RR **05**, 44 [Verstoß gegen Gemeinschaftsrecht]; vgl. *Barton/Gercke/Janssen* wistra **04**, 321, 322 ff.). Das ist weithin unstreitig, soweit es sich um Konzessionen durch Staaten außerhalb der EU handelt; str. ist aber die Bedeutung von Genehmigungen aus **EU-Mitgliedsstaaten: Gegen** eine Legalisierungswirkung zB NJW **02**, 2176; BGH [Z] NJW **04**, 2160; Hamm MMR **02**, 551 [m. Anm. *Mankowski*]; JR **04**, 479; *Fritzemeyer/Rindemann* CR 03, 600; *Diegmann/Hoffmann* NJW **04**, 2644; *Meyer* JR **04**, 451; *Rüping* JZ **05**, 239; **aA** und **für** eine generelle Anerkennung zB *Lackner/Kühl* 12; *Wrage* JR **01**, 4056; *Lesch* GewArch **03**, 323; *ders.* wistra **05**, 243; *Janz* NJW **03**, 1701; *Hoeller/Bodemann* NJW **04**, 123. Nach *S/S-Eser/Heine* 22 d ist (auch im nicht-harmonisierten Bereich; vgl. unten 19) grds. von der Wirksamkeit ausländischer Genehmigungen auszugehen, *wenn* diese den wesentlichen deutschen *Kontrollprämissen* entsprechen (vgl. auch *Barton/Gercke/Janssen* wistra **04**, 321, 324); missbräuchliche, namentlich aus rein finanziellen Interessen erteilte Konzessionen aus EU-Ländern haben keine Legalisierungswirkung (vgl. auch VGH Kassel NVwZ **05**, 99 [*Isle of Man*]).

16 Mit **EU-Recht** ist eine Praxis nicht vereinbar, welche die Erteilung von Konzessionen im Ergebnis ausschließt, *wenn* zugleich der Staat zur Einnahmeerzielung für die Teilnahme an Glücksspielen wirbt (EuGH NJW **04**, 139). Nach der **Rspr des EuGH** ist die Unterbindung der Vermittlung in andere Mitgliedstaaten mit dem Gemeinschaftsrecht nur vereinbar, wenn ein mit dem Anliegen einer Kanalisierung von Wettleidenschaft und der Bekämpfung von Spielsucht begründetes Staatsmonopol „wirklich dem Ziel dient, die Gelegenheiten zum Spiel zu vermindern, und die Finanzierung sozialer Aktivitäten mit Hilfe einer Abgabe auf die Einnahmen aus genehmigten Spielen nur eine nützliche Nebenfolge, nicht aber der eigentliche Grund der betriebenen restriktiven Politik ist" (EuGH [*Gambelli-Entscheidung*] NJW **04**, 139, 140, Rn. 62; vgl. auch LG München I NJW **04**, 171; LG Wuppertal, Beschl. v. 17. 8. 2004 [30 Qs 3/04]; LG Baden-Baden SpuRt **05**, 80; LG Hamburg NStZ-RR **05**, 44; VGH Kassel SpuRt **04**, 118; OVG Schleswig NordÖR **05**, 178 [BeckRS **05**, 25 874]; OVG Bautzen Beschl. V. 18. 1. 05 [BS 28/04]; *S/S-Eser/Heine* 22 a; *Lackner/Kühl 12*; anders aber der **BGH** in NStZ **03**, 372; BGH[Z] NJW **04**, 2158). Es ist Sache der nationalen Gerichte zu prüfen, ob die konkreten Regelungen diesem Ziel entsprechen (EuGH NJW **07**, 1515 LS 2 [m. Anm. *Haltern*]).

16 a Das **BVerfG** hat im Anschluss hieran entschieden (BVerfGE **115**, 276 [Urt. v. 28. 3. 2006, 1 BvR 1054/01; Bespr. *Pestalozza* NJW **06**, 1711; *Petropoulos* wistra **06**, 332; dazu auch *Mosbacher* NJW **06**, 5329 ff.]), dass die Anforderungen des deutschen Verfassungsrechts parallel zu den vom Europäischen Gerichtshof zum Gemeinschaftsrecht formulierten Vorgaben laufen und die Vorgaben des Gemeinschaftsrechts denen des Grundgesetzes entsprechen (Rn. 144; vgl. auch BVerfG 1 BvR 271/05). Nach der Beurteilung des BVerfG „lässt die mit erheblichen Einnahmeeffekten für den Staat einhergehende Eröffnung eines Betätigungsfeldes für die in der Bevölkerung vorhandene Wettleidenschaft nicht ohne weiteres eine konsequente und wirkliche Ausrichtung an der Bekämpfung und Begrenzung von Wettsucht und problematischem Spielverhalten erkennen" (BVerfGE **115**, 276, 311, Rn. 126). Es war danach **verfassungswidrig**, dass in Anwendung des Bayerischen StaatslotterieG v. 29. 4. 1999 (GVBl 226) nur solche Sportwetten gewerblich vermittelt werden durften, die vom Freistaat Bayern veranstaltet werden (ebd.

309ff., Rn. 119ff., 142f.). Für eine **Übergangsfrist** bis zum **31. 12. 2007** bleibt das Gesetz aber anwendbar (Rn. 157); das gewerbliche Veranstalten von Wetten und die Vermittlung nicht staatlich veranstalteten Wetten dürfen weiter als verboten angesehen und *ordnungsrechtlich* unterbunden werden (ebd. 319, Rn. 158; vgl. auch BVerfG NJW **07**, 1521).

Der neue **Glücksspielstaatsvertrag (GlüStV**; vgl. oben 1) sieht als „wichtigstes Ziel des Staatsvertrags die Verhinderung von Glücksspiel- und Wettsucht" vor (Erläuterungen zu § 1 GlüStV, S. 10); er regelt u. a. ein Verbot des Glücksspiels im Internet (§ 4 IV GlüStV) sowie Einschränkungen der Werbung, insb. ein Verbot der Werbung im Fernsehen und Internet (§ 5 GlüStV), um das Monopol weiter – auch strafrechtlich – durchsetzen zu können (vgl. oben 2a, 14; zur Umsetzung von „Sofortmaßnahmen" schon BVerfG 1 BvR 138/05 v. 4. 7. 2006; VGH Mannheim NVwZ **06**, 1440). Zur Erfüllung der Anforderungen des BVerfG sind Veranstalter und Vermittler zur **Aufklärung** (§ 7) und zur Entwicklung von **„Sozialkonzepten"** (§ 6 GlüStV) verpflichtet. Die Regelungen sollen **am 1. 1. 2008 in Kraft** treten. **16b**

Ob in der **Übergangsfrist** bei entsprechenden Handlungen ohne Erlaubnis eine **Strafbarkeit** nach § 284 anzunehmen ist, hat das BVerfG der Beurteilung durch die Strafgerichte überlassen (BVerfGE **115**, 276, 319 [Rn. 159]; NJW **07**, 1521, 1523; vgl. schon BVerfG NVwZ **05**, 1303; für Vermitteln auch offen gelassen von BVerfG NJW **07**, 1521, 1523). Die Frage ist für das **Veranstalten** grds. zu bejahen, denn die Verpflichtung des Gesetzgebers, die Veranstaltung von Sportwetten unter Beachtung der verfassungsrechtlichen Vorgaben neu zu regeln, enthält keine inhaltliche Vorgabe darüber, *in welcher Weise* die verfassungsrechtlich gebotene „Konsistenz zwischen dem Ziel der Begrenzung der Wettleidenschaft und der Bekämpfung der Wettsucht einerseits und der tatsächlichen Ausübung des [staatlichen] Monopols andererseits" (ebd. 319 = Rn. 157) herzustellen ist. Grundrechte gewerblicher Veranstalter oder Vermittler gebieten gerade *nicht zwingend* eine Freigabe der Erlaubnis, *wenn* der Staat die sozial- und ordnungspolitische Zielsetzung, die dem Monopol zugrunde liegt, *tatsächlich* umsetzt, insb. die allein auf Umsatzsteigerung ausgerichtete Werbung für sein Sportwetten-Angebot unterlässt. *Anders* dürfte die Lage für die Tatvariante des **Vermittelns** für einen im Ausland zugelassenen Veranstalter sein (vgl. auch wistra **07**, 111 [*2. StS*: Einstellung gem. § 153 II StPO]). Nach Stuttgart NJW **06**, 2422 handelte ein Betreiber eines in Deutschland ansässigen Wettbüros, der Sportwetten bei einem in Österreich konzessionierten Anbieter platzierte, jedenfalls *vor* dem Urteil des BVerfG in einem unvermeidlichen Verbotsirrtum, wenn er vom zuständigen Sachbearbeiter der Ordnungsbehörde und einem Rechtsanwalt die Auskunft erhalten hatte, sein Handeln sei nicht verboten (ebenso LG Frankfurt NStZ-RR **07**, 201). Auch München NJW **06**, 3588 hat eine Strafbarkeit des *Vermittelns* für einen Veranstalter in Großbritannien jedenfalls in diesem Zeitraum verneint (ebenso *Horn* JZ **06**, 789, 793; *Petropoulos* wistra **06**, 332, 335; *Mosbacher* NJW **06**, 3529). **16c**

B. Die **Tatvarianten** des § 284 sind begrifflich nicht exakt zu unterscheiden; sie überschneiden sich. **17**

a) veranstalten ist das Unternehmen, ein Glücksspiel idR auf eigene Rechnung (Bay NJW **79**, 2258; LG Frankfurt NJW **93**, 946; krit. *Meurer/Bergmann* JuS **83**, 670) ins Werk zu setzen; der Begriff des Veranstaltens setzt aber nicht notwendig voraus, dass der Täter mit eigenem finanziellen Interesse am Ergebnis des Spielbetriebs tätig ist (NStZ **03**, 372, 373; Bay NJW **93**, 2820, 2821; *S/SEser/Heine* 12). Es genügt zur Vollendung schon das Aufstellen und Zugänglichmachen eines Spielplans, also das Vertragsangebot; das Zustandekommen von Spielverträgen ist nicht erforderlich (Bay **56**, 76; Bay NJW **93**, 2821; SK-*Hoyer* 18; str.). Ausreichend ist, dass der Täter verantwortlich und organisatorisch den äußeren Rahmen für die Abhaltung des Glückspiels schafft (Bay NJW **93**, 2821, [dazu *Lampe* JuS **94**, 737]; **aA** *Beckemper* NStZ **04**, 39, 40; and. auch AG Karlsruhe-Durlach NStZ **01**, 254; **18**

Janz NJW **03**, 1694, 1696) und dem Publikum Gelegenheit zur Beteiligung am Glücksspiel gibt (vgl. BGH **11**, 209). Problematisch kann die Veranstalten von Spielen im Wege EDV-gestützter Telekommunikation (insb. Internet) sowie über Telefonverbindungen (vgl. dazu *Eichmann/Sörup* MMR **02**, 142) sein.

18a Umstritten ist bislang die Frage, ob die **Vermittlung** von Glücksspielen dem Begriff des Veranstaltens unterfällt (so ohne nähere Begründung BVerwG NJW **01**, 2648); von Bedeutung war dies namentlich für die Vermittlung von Sportwetten. Nach NStZ **03**, 372 (Anm. *Wohlers* JZ **03**, 860; *Heine* wistra **03**, 441; *Beckemper* NStZ **04**, 39; *Lesch* JR **03**, 344) ist Veranstalter, wer verantwortlich und organisatorisch den äußeren Rahmen für die Abhaltung des Glücksspiels schafft und der Bevölkerung Gelegenheit zum Abschluss von Spielverträgen gibt. Unerheblich ist danach, ob ein derart tätiger Veranstalter die Wettdaten an einen ausländischen Veranstalter übermittelt und an diesen auch den Gewinnsaldo auszuzahlen hat, also nur (ggf. gegen ein gewinnunabhängiges festes Honorar) als Vermittler tätig wird (ebenso *Lackner/Kühl* 11; einschränkend *Heine* wistra **03**, 441, 445 und *S/S-Eser/Heine* 12a [nur bei Einbindung des Vermittlers in eine „wirtschaftlich-organisatorische Wirkeinheit", insb. Mittäterschaft, mittelbare Täterschaft, Bandenstrukturen]; ähnlich *Horn* NJW **04**, 2053; **aA** *Janz* NStZ **03**, 1694, 1696f.; für reine Vermittlung wohl auch *S/S-Eser/Heine* 12; vgl. auch *Beckemper* NStZ **04**, 40; *Meyer* JR **04**, 449). Die **Neu-Regelungen** des GlüStV stellen das Veranstalten und Vermitteln (weitgehend) gleich. § 3 V, VI GlüStV definiert in Vertriebsorganisationen eingegliederte und gewerbliche Vermittler-Tätigkeit.

19 Soweit ein Veranstalter im **Ausland** handelt, ist die Anwendung des deutschen Strafrechts fraglich. Die *E-Commerce-RL* (v. 8. 6. 2000, ABl Nr. L 178, 1), die in § 3 TMG mit der Geltung des Herkunftslands-Prinzips umgesetzt wurde, ist auf Glücksspiele nicht anwendbar (vgl. § 3 IV Nr. 4 TMG v. 26. 2. 2007 [BGBl I 179]). Es war daher bislang zweifelhaft, ob von einem dem deutschen Strafrecht unterfallenden **Taterfolg** iS von § 9 I und daher von einem inländischen **Tatort** gesprochen werden konnte (vgl. BT-Drs. 13/9064, 21; 8ff. zu § 9; *Laukemann/Junker* AfP **00**, 254; *Barton/Gercke/Janssen* wistra 321, 322ff.; *S/S-Eser/Heine* 25a). Nach NK-*Wohlers* ist **Taterfolg** die Eröffnung der **Beteiligungsmöglichkeit**; auch wenn dies auf einer im Ausland eingerichteten Webseite erfolgt, tritt der Erfolg im Inland ein (ebenso SK-*Hoyer* 27; zum Tatort vgl. auch *Meyer* JR **04**, 447, 450f.; **aA** *Barton/Gercke/Janssen* wistra **04**, 321, 322ff.). Das entspricht der zu „*Eignungsdelikten*" (abstrakt-konkreten Gefährdungsdelikten) ergangenen Rspr (BGH **46**, 212 [zu § 130]; vgl. dazu 8 zu § 9); ob es auf *abstrakte* Gefährdungsdelikte *ohne* konkretisierende Einschränkung und ohne völkerrechtlichen Anknüpfungspunkt übertragbar ist, erscheint fraglich (zutr. *Barton/Gercke/Janssen* aaO). **§ 3 IV GlüStV** bestimmt, dass ein Glücksspiel dort veranstaltet und vermittelt wird, wo dem Spieler die Möglichkeit zur Teilnahme eröffnet wird.

20 **b) Halten** eines Glücksspiels ist nicht schon das Zur-Verfügung-Stellen von Spieleinrichtungen (so Bay NJW **79**, 2258; Düsseldorf JMBlNW **91**, 19; *Gülzow* Jura **83**, 102); erforderlich ist vielmehr ein **Leiten** des Spiels oder das eigenverantwortliche Überwachen des Spielverlaufs (Bay NStZ **93**, 491f.; *Lackner/Kühl* 11; LK-*v. Bubnoff* 19; NK-*Wohlers* 43; *S/S-Eser/Heine* 13; *Lampe* JuS **94**, 737, 740). Nicht jeder Croupier ist daher Halter (Bay NJW **79**, 2258; *Meurer/Bergmann* aaO). Die Funktionen des Veranstalters und Halters fallen oft, aber nicht notwendig zusammen (Bay NJW **93**, 2821). Das Halten (oder Veranstalten) ist als solches, unabhängig von einer möglichen Vertreterstellung für eine juristische Person oder rechtsfähige Personengesellschaft vom Tatbestand erfasst; einer Zurechnung gem. § 14 I bedarf es daher nicht (hM; vgl. AK-*Marxen* 20 zu § 14; LK-*Schünemann* 20 zu § 14; NK-*Wohlers* 40; *LK-v. Bubnoff* 18; *S/S-Eser/Heine* 13; **aA** Bay NJW **79**, 2258f.; *Bruns* GA **82**, 4f.; hier bis 53. Aufl.).

21 **c)** Das **Bereitstellen von Einrichtungen** zum Glücksspiel. Es steht neben dem Veranstalten und Halten und ist als eigenständige Vorbereitungshandlung (Bay

NJW **93**, 2822 [hierzu *Lampe* JuS **94**, 737]) das Zugänglichmachen von Spieleinrichtungen (Würfel, Karten, Spieltische, Spielmarken, Chips, Jetons), also von Gegenständen, die ihrer Natur nach dazu bestimmt sind, zu Glücksspielen benutzt zu werden (Köln NStZ **06**, 225, 226), aber ggf. auch sowie die Hergabe von Räumen sowie von an sich neutralen Gegenständen wie Stühlen und Tischen zum Spielen (RG **56**, 117, 246; Düsseldorf JMBlNW **91**, 19); Telekommunikationseinrichtungen (Fernsehgeräte; Telefaxgeräte; Computer-Terminals) oder Informationsmaterial (zur **Einziehung** vgl. § 286 II und 6 zu § 74). Nur in diesem Fall ist auch der Wirt als Täter nach § 284 strafbar; dagegen ist er bei Vorliegen einer Garantenstellung Gehilfe bei der Veranstaltung eines anderen, wenn der das Glücksspiel in seinen Räumen duldet (vgl. *S/S-Eser/Heine* 17; **aA** *Meurer/ Bergmann* aaO; LK-*v. Bubnoff* 20). Das **Vermitteln** von Spielen (vgl. oben 18 a) unterfällt nicht ohne Weiteres schon der Tatvariante; ausreichend für täterschaftliches Bereitstellen ist zB nicht jede Erleichterung einer Kontaktaufnahme zwischen Spieler und Veranstalter (**aA** *Meyer* JR 04, 449); nach zutr. Ansicht auch nicht das Vermitteln eines (im Inland) genehmigten Spielangebots (*Petropoulos* wistra **06**, 332, 335; *S/S-Eser-Heine* 17 a; weitergehend *Janz* NJW **03**, 1694, 1697: stets tatbestandslos).

d) Als **öffentliches** Glücksspiel muss die Veranstaltung geplant sein. Das Merkmal ist nur erfüllt, wenn die Veranstaltung dem Publikum, also einem nicht geschlossenen Personenkreis zugänglich gemacht wird (vgl. § 3 II GlüStV). Öffentlichkeit besteht nach **Abs. II** auch stets, wenn Glücksspiele in **Vereinen und geschlossenen Gesellschaften** gewohnheitsmäßig (sei es auch in Privaträumen) veranstaltet werden (so auch § 3 II GlüStV) .Öffentlichkeit ist auch gegeben, wenn der Personenkreis zwar begrenzt, aber nicht durch Beziehungen verbunden ist (BGH **9**, 42; Bay **78**, 105; LK-*v. Bubnoff* 15); sie fehlt beim sog. **Kettenbrief** (Stuttgart NJW **64**, 365). 22

4) Abs. III, als **Qualifikationstatbestand** zu I mit einem Strafrahmen von 3 Monaten bis zu 5 Jahren durch Art. 1 Nr. 21 OrgKG eingefügt, soll iVm § 285 b weiteren Erscheinungsformen der OrgK, nämlich der gewerbs- oder bandenmäßigen illegalen Veranstaltung von Glücksspielen entgegenwirken. **Nr. 1** erfasst **gewerbsmäßiges Handeln.** Die Gewerbsmäßigkeit (62 vor § 52) ist persönliches Merkmal iS von § 28 II mit den in 6, 9 zu § 28 dargestellten Folgen (vgl. auch 2 zu § 260). **Nr. 2** verschärft die Strafe, wenn der Täter **als Mitglied einer Bande** (17 ff. zu § 244) handelt, die sich zur fortgesetzten Begehung einer Tat nach I verbunden hat (20 zu § 244). 23

5) Abs. IV, der durch das 6. StrRG (2 f. vor § 174) eingefügt wurde, stellt die **Werbung** für ein Glücksspiel iS von Abs. I und II unter Strafe. Zum Begriff des Werbens vgl. 25 zu § 129. Erfolgreich muss die Werbung nicht sein. Es ist auch nicht erforderlich, dass das Glücksspiel, für das geworben wird, tatsächlich stattfindet, wenn nur der Täter des IV dies bei seiner Werbung will; IV kann daher Vorbereitungshandlung des Täters nach I sein und tritt dann zurück; es kann aber auch der Sache nach *Beihilfe* zum Veranstalten sein. Auch in diesem Fall wird man von einer Subsidiarität des IV ausgehen müssen, da sonst eine nach I iVm § 27 strafbare Werbung zur selbstständigen Tat „aufgewertet", im Strafrahmen aber gemildert würde. Teilnahme an der Werbung ist möglich, nicht jedoch durch den Täter des I. Erfasst ist nicht nur eine öffentliche oder an einen unbestimmten Personenkreis gerichtete Aufforderung, sich an dem Glücksspiel zu beteiligen (abgel. für Anbringen eines Hyperlinks von LG Berlin MMR **02**, 119 [Anm. *Becker*]; vgl. aber 23 ff. zu § 184), sondern auch die gezielte, an eine bestimmte Person gerichtete Aufforderung zur Teilnahme, insb. im Fall des II. Die Vorschrift beruht auf einer Anregung des BRats (BT-Drs. 13/8587, 67 f.) und soll dem Umstand Rechnung tragen, dass infolge der Erweiterung der Telekommunikationsmöglichkeiten (insb. **Internet;** vgl. dazu Hamburg AfP **00**, 285 [Anm. *Laukemann/Junker* ebd. 255 f.]) der *Veranstalter* iS von I oft im Inland nicht tätig wird (vgl. RA-BTag, BT-Drs. 13/ 9064, 20 f.; vgl. LK-*v. Bubnoff* 25). 24

25 **6) Subjektiver Tatbestand.** § 284 setzt Vorsatz voraus; bedingter Vorsatz reicht aus. Der Vorsatz muss alle Tatbestandsmerkmale umfassen; so auch die für den Spielausgang wesentlichen Eigenschaften eines Spielautomaten. Die irrige Annahme, der Ausgang eines Spiel sei nicht vom Zufall, sondern von Geschicklichkeit abhängig, schließt den Vorsatz aus (§ 16 I); ebenso die irrige Annahme, eine Erlaubnis liege vor (*S/S-Eser/Heine* 23; SK-*Hoyer* 23; LK-*v. Bubnoff* 23; NK-*Wohlers* 53). Die Annahme, eine Genehmigung nicht zu benötigen, ist Verbotsirrtum (§ 17; vgl. Bay JR **03**, 387; Hamm JR **04**, 479; *S/S-Eser/Heine* 23; LK-*v. Bubnoff* 23; SK-*Hoyer* 23; **aA** NK-*Wohlers* 53).

26 **7) Konkurrenzen. Tateinheit** mit § 263 ist möglich. § 285 tritt, falls sich der Täter des § 284 zugleich am Spiel beteiligt, zurück (ebenso *Füllkrug* KR **90**, 101, 104; *Meurer/Bergmann* JuS **83**, 672; NK-*Wohlers* 60; **aA** *S/S-Eser/Heine* 27; LK-*v. Bubnoff* 18, 26 [Tateinheit]). Ist die Werbung nach IV nur Vorbereitungshandlung einer Veranstaltung nach I, so tritt IV zurück. Tateinheit mit Umsatzsteuerhinterziehung kommt nicht in Betracht, nachdem der EuGH (DStR **98**, 490) entschieden hat, dass die Erhebung von Mehrwertsteuer auf unerlaubte Glücksspiele, deren erlaubte Veranstaltung steuerfrei wäre, dem Grundsatz steuerlicher Neutralität widerspricht (vgl. NStZ **98**, 624 [Anm. *Satzger* JA **99**, 367]).

Beteiligung am unerlaubten Glücksspiel

285 **Wer sich an einem öffentlichen Glücksspiel (§ 284) beteiligt, wird mit Freiheitsstrafe bis zu sechs Monaten oder mit Geldstrafe bis zu einhundertachtzig Tagessätzen bestraft.**

1 **1) Die Vorschrift** ist inhaltsgleich mit § 284 a aF und wurde durch Art. 1 Nr. 73 des 6. StrRG (2 f. vor § 174) neu nummeriert. Die **Legitimation** des Tatbestands ist, selbst wenn man als geschütztes Rechtsgut *auch* öffentliche Interessen ansieht (vgl. 1 zu § 284), fraglich (zutr. NK-*Wohlers* 1; NK-*Kindhäuser* LPK 2 vor § 284).

2 **2) Die Beteiligung** an einem **öffentlichen Glücksspiel** (3, 22 zu § 284) wird bestraft. Der Täter muss also an dem Spiel als **Spieler** teilnehmen. Dem steht nicht entgegen, dass er für sich selbst durch Manipulation das Risiko einschränkt oder ausschließt (NK-*Wohlers* 12); es liegt dann ggf. § 285 in Tateinheit mit § 263 vor (vgl. aber dort 64 ff.). Täter kann auch der Veranstalter (§ 284) sein; doch tritt dann § 285 hinter § 284 zurück (26 zu § 284). Nur Öffentlichkeit wird verlangt, die nach § 284 II recht weit gezogen ist; Gewerbsmäßigkeit des Spielens ist nicht erforderlich. Es macht also auch die bloße Gelegenheitsteilnahme an einem öffentlichen Glücksspiel strafbar, falls die behördliche Erlaubnis fehlt. Die **behördliche Erlaubnis** (§ 4 I GlüStV) beseitigt bereits die Tatbestandsmäßigkeit, nicht erst die Rechtswidrigkeit (LK-*v. Bubnoff* 3; *S/S-Eser/Heine* 3; SK-*Hoyer* 2; vgl. 13, 25 zu § 284). Für die Beteiligung **Verdeckter Ermittler** gelten die allg. Regeln (vgl. RiStBV Anl. D, Nr. 2.2, 2.6); sie ist daher nicht schon tatbestandlich ausgenommen (LK-*v. Bubnoff* 7; NK-*Wohlers* 8; **aA** *Lackner/Kühl* 1; *S/S-Eser/Heine* 3; *Hund* NStZ **93**, 571; *Mitsch* BT II/2, 5/179; ähnl. SK-*Hoyer* 2), denn weder kann das staatliche Interesse an der *Kontrolle* eines Kriminalitätsbereichs die Tatbestandsmäßigkeit entfallen lassen (vgl. 1 zu § 284) noch kann das konkrete Glücksspiel zugleich behördlich unerlaubt und [für den VE] erlaubt sein [so SK-*Hoyer* 2]).

3 **3) Mehrere Personen** können am Vergehen gegen § 285 in Form der Mittäterschaft wie der Beihilfe beteiligt sein, wobei jedoch die Sondertatbestände des § 284 zu beachten sind. Da zum Tatbestand des § 285 die Teilnahme an Chance und Risiko gehört, kann auch derjenige Gehilfe sein, der mit fremdem Geld und für Rechnung eines Dritten die Einsätze unmittelbar tätigt. Mittelbare Täterschaft ist möglich, wenn die unmittelbar mitwirkende Person das Fehlen einer Erlaubnis nicht kennt.

4 **4)** Die Frage einer **verminderten Schuldfähigkeit** kann im Zusammenhang mit einer schweren anderen seelischen Abartigkeit (sog. **Spielsucht;** vgl. dazu NStZ **04**, 31; NJW **05**, 230 [Anm. *Schramm* JZ **05**, 418; *Bottke* NStZ **05**, 327]; 41

zu § 20) von Bedeutung sein (vgl. NStZ **89**, 113 [Anm. *Kröber* JR **89**, 380]; StV **91**, 155; BGHR § 21 seel. Abartigkeit 7; LG München NStZ **97**, 282 [Anm. *Stoll*]; AG München NStZ **96**, 334 [Anm. *Kellermann*]). Pathologisches Spielen stellt nach der Rspr des BGH für sich allein keine die Schuldfähigkeit ausschließende oder erheblich einschränkende schwere andere seelische Abartigkeit dar. Die Anwendung von § 21 kommt in Betracht, „wenn die ‚Spielsucht' zu schwersten Persönlichkeitsveränderungen führt oder der Täter bei Beschaffungstaten unter starken Entzugserscheinungen gelitten hat" (NJW **05**, 230, 231 f.; NStZ **94**, 501; **99**, 448; **04**, 31).

5) Der **Vorsatz** muss auch hier die Kenntnis von der Öffentlichkeit des Spiels, 5
von dessen Eigenschaft als Glücksspiel und vom Fehlen der behördlichen Erlaubnis umfassen.

§ 285 a [Aufgehoben durch Art. 19 Nr. 149 EGStGB]

***Vermögensstrafe*, Erweiterter Verfall und Einziehung**

286 **I In den Fällen des § 284 Abs. 3 Nr. 2 sind die §§ *43 a*, 73 d anzuwenden. § 73 d ist auch in den Fällen des § 284 Abs. 3 Nr. 1 anzuwenden.**

II In den Fällen der §§ 284 und 285 werden die Spieleinrichtungen und das auf dem Spieltisch oder in der Bank vorgefundene Geld eingezogen, wenn sie dem Täter oder Teilnehmer zur Zeit der Entscheidung gehören. Andernfalls können die Gegenstände eingezogen werden; § 74 a ist anzuwenden.

Zu Abs. I S. 1: § 43 a ist nach der Entscheidung des BVerfG vom 20. 3. 2002 (BGBl. I 1340) verfassungswidrig und nichtig.

1) Die Vorschrift. II idF des EGOWiG (1 zu § 74) iVm Art. 19 Nr. 150 EGStGB, der 1
Art. 1 Nr. 22 OrgKG den neuen I voranstellte, ist inhaltsgleich mit § 285 b aF und wurde durch Art. 1 Nr. 74 des 6. StrRG (2 f. vor § 174) neu nummeriert und redaktionell geändert

2) Abs. I sieht zur Abschöpfung der erzielten erheblichen Gewinne in den Fällen der 1 a
bandenmäßigen Begehung (§ 284 III Nr. 2) die Anordnung des erweiterten Verfalls nach § 73 d vor, der außerdem auch in den Fällen der **gewerbsmäßigen Begehung** anzuordnen ist. Die Verweisung auf § 43 a ist obsolet (vgl. oben vor 1). **Abs. II** regelt über § 74 hinaus die Einziehung bei Handlungen, die in den §§ 284 und 285 mit Strafe bedroht sind, hinsichtlich der **Spieleinrichtungen** (21 zu § 284) und des bei einem Einschreiten von Strafverfolgungsorganen auf dem Spieltisch oder in der Bank befindlichen **Bargelds.** Die Spielbank muss als solche erkennbar sein; auch das Geld in einem Geldspielautomat unterliegt der Einziehung. Ein Grundstück, auf dem Glücksspiel betrieben wird, ist keine „Einrichtung" iS von II (Köln NStZ **06**, 225 f. [m. Anm. *Burr*]; vgl. auch 6 zu § 74).

A. Durch **Abs. II S. 1** wird die Einziehung (§ 74 IV) vorgeschrieben, soweit die Sachen 2
einem Tatbeteiligten gehören; §§ 74 b II, 74 c sind anzuwenden, nicht hingegen der die Sicherungseinziehung betreffende § 74 e II S. 2, 3

B. Dritteinziehung ist nach II S. 2 nicht nur als Sicherungseinziehung nach § 74 II 3
Nr. 2 III zugelassen, sondern auch in den Fällen des § 74 a; § 74 b gilt in vollem Umfang, nicht hingegen § 74 c; § 74 e II S. 2, 3 ist nur bei Sicherungseinziehung anzuwenden. Selbständige Einziehung in den Fällen von 2 und 3 nach § 76 a I, in den Fällen der Sicherungseinziehung auch nach § 76 a II

3) §§ 74 ff. gelten selbstständig, soweit es sich nicht um die in II S. 1 bezeichneten Gegen- 4
stände handelt, also etwa um Sachen, die zur Herstellung der Spieleinrichtungen bestimmt gewesen oder gebraucht worden sind, aber auch um Geld, das sich noch nicht auf dem Spieltisch, aber in der Hand des Spielers befindet (LK-*v. Bubnoff* 3; NK-*Wohlers* 5; SK-*Hoyer* 4). Gewinne, die sich *nicht mehr auf dem Tisch* befinden und die auch nicht zum erneuten Einsatz vorgesehen sind, können nicht eingezogen werden; hier kommt **Verfall** in Betracht. Zur Bestimmung des Verfallsgegenstands vgl. *Odenthal* NStZ **06**, 14.

Unerlaubte Veranstaltung einer Lotterie oder einer Ausspielung

RiStBV 241

287 **I Wer ohne behördliche Erlaubnis öffentliche Lotterien oder Ausspielungen beweglicher oder unbeweglicher Sachen veranstaltet, namentlich den Abschluss von Spielverträgen für eine öffentliche Lotterie oder Ausspielung anbietet oder auf den Abschluss solcher Spielverträge gerichtete Angebote annimmt, wird mit Freiheitsstrafe bis zu zwei Jahren oder mit Geldstrafe bestraft.**

II Wer für öffentliche Lotterien oder Ausspielungen (Absatz 1) wirbt, wird mit Freiheitsstrafe bis zu einem Jahr oder mit Geldstrafe bestraft.

1 **1) Allgemeines.** Die Vorschrift wurde durch Art. 1 Nr. 75 des 6. StrRG (2f. vor § 174) neu gefasst (vgl. dazu BT-Drs. 13/8587, 67). Sie entspricht inhaltlich dem ursprünglichen § 286. Geschützt durch das abstrakte Gefährdungsdelikt des § 287 sind die Vermögensinteressen der Spieler; mittelbar aber auch fiskalische und ordnungsrechtliche Allgemeininteressen (vgl. zur Schutzrichtung 2 zu § 284; *Rüping* JZ **05**, 234ff.; *S/S-Eser/Heine* 2a f. zu § 284 mwN).

Gesetzgebung: Der **Lotterie-Staatsvertrag** v. 18. 12. 2003 / 13. 2. 2004 soll durch den Staatsvertrag zum Glücksspielwesen in Deutschland (**Glücksspielstaatsvertrag – GlüStV**) ersetzt werden. Die Ministerpräsidenten der Länder haben den Vertrag bis 30. 7. 2007 unterzeichnet. Er befand sich zum Zeitpunkt des Redaktionsschlusses der 55. Aufl. in den Ratifizierungsverfahren in den Ländern. Er soll **zum 1. 1. 2008 in Kraft** treten.

1a **Literatur:** *Fruhmann,* Gewerbliche Spielgemeinschaften, MDR **93**, 822; *Granderath,* Strafbarkeit von Kettenbriefaktionen!, wistra **88**, 173; *Klenk,* Der Lotteriebegriff in straf- u. steuerrechtlicher Sicht, GA **76**, 361; *Laukemann/Junker,* Neues Spiel, neues Glück? Zur strafrechtlichen Zulässigkeit von Lotterien u. Ausspielungen im Internet, AfP **00**, 255; *Lüderssen*, Keine Strafdrohung für gewerbliche Spielvermittler, 2006; *ders.*, Aufhebung der Straflosigkeit gewerblicher Spielvermittler durch den neuen Staatsvertrag zum Glücksspielwesen in Deutschland?, NStZ **07**, 15; *Otto,* Gewerbliche Lottospielgemeinschaften als Lotterie, Jura **97**, 385; *Rüping*, Strafrechtliche Fragen staatlich genehmigter Lotterien, JZ **05**, 234; *Schild,* Die Öffentlichkeit der Lotterie, NStZ **82**, 446; *Schoene,* Zum Begriff „Veranstaltung" iSd § 286 StGB, NStZ **91**, 469; *Thalmair,* Wettgeschäft ohne Grenzen?, GewArch **95**, 274.

2 **2) Begriffe.** Lotterie und Ausspielung sind Sonderformen des Glücksspiels (11 zu § 284). Die **Lotterie** ist eine besondere Art des Glücksspiels iS von § 284 (§ 3 III S. 1 GlüStV). Sie liegt vor, wenn einer Mehrzahl von Personen vertragsgemäß die Möglichkeit eröffnet wird, nach einem bestimmten Lotterieplan (SK-*Hoyer* 4; NK-*Wohlers* 3) gegen ein bestimmtes Entgelt (Einsatz) die Chance auf einen Geldgewinn zu erlangen; die Gewinnmöglichkeit muss, den Mitspielern erkennbar, vom Zufall abhängig sein (BGH **9**, 39, 40f.; GA **78**, 332).

3 Eine **Ausspielung** liegt vor, wenn anstelle von Geld Sachen oder andere geldwerte Vorteile gewonnen werden können (vgl. § 3 III S. 2 GlüStV). Im Übrigen ist die Ausspielung der Lotterie wesensverwandt; sie hat insbesondere auch einen Spielplan mit offenem oder verstecktem Einsatz (BGH **3**, 99). Auch eine *Tombola* ist eine Ausspielung (LK-*v. Bubnoff* 2).

4 Die früher umstr. Frage, ob Fälle der nach dem *Schneeballsystem* (vgl. *Arzt,* Miyazawa-FS 519) oder einem *Pyramidensystem* (vgl. Jena StraFo **06**, 293) angelegten **progressiven Kundenwerbung** (dazu auch *Otto/Brammsen* WiB **96**, 281; 5 StR 223/97) und der progressiven Anwerbung von *Franchisenehmern* nach § 287 oder § 263 zu bestrafen sind, ist durch § 16 II UWG (idF v. 3. 7. 2004, BGBl. I 1414; § 6c UWG aF) jedenfalls teilweise überholt (vgl. dazu BGH **43**, 270, 274ff. [Anm. *Otto* wistra **98**, 227]; Rostock wistra **98**, 234 [Anm. *Otto* JR **98**, 392]; Jena StraFo **06**, 293). § 16 II UWG ist allerdings auf die Veranstaltung von **Kettenbriefaktionen** außerhalb des geschäftlichen Verkehrs nicht anwendbar (BGH **34**, 179 zu *§ 6c a. F.* [m. Anm. *Lampe* JR **87**, 383; *Richter* wistra **87**, 276; *P. Granderath* wistra **88**, 173]; NStZ/A **89**, 504); nach Bay NJW **90**, 1862 (dazu *Richter* wistra **90**, 216) auch nicht auf geschäftlich betriebene Kettenbriefsysteme (vgl. dazu auch Stuttgart wistra **90**, 165 [m. Anm. *Richter*]; *Beckemper* wistra **99**, 169; *Finger* ZRP

06, 158; vgl. auch BT-Drs. 13/10950, 147 [Enquête-Kommission „Sekten und Psychogruppen"]).

3) Voraussetzungen. Das Vorliegen einer Lotterie setzt voraus: 5

a) Eine **Mehrzahl** beliebiger Personen muss die Möglichkeit haben, sich als Spieler zu beteiligen (Karlsruhe NJW **72**, 1963 [„amerikanisches Roulette"]). Dass die Möglichkeit ausgenutzt wird, ist nicht erforderlich.

b) Ein **Spielplan** muss vom Veranstalter der Lotterie aufgestellt werden, in dem 6 die möglichen Gewinne und Verluste nach Zahl und Höhe und deren Verteilung an die Mitspieler festgelegt sind. Nach 1 StR 339/56 genügt es, wenn sich Anzahl und Höhe der Gewinne nach bindenden Regeln bestimmen, sobald die auszuschüttende Geldsumme feststeht (Zahlenlotto).

c) Der **Einsatz** der Spielenden ist für die Lotterie wesentlich, und zwar ein sol- 7 cher mit einem nicht gänzlich unerheblichen (zB allein Aufwendung von Briefporto; vgl. NK-*Wohlers* 7) Vermögenswert (BGH **3**, 103; Hamburg MDR **51**, 492), doch kommen auch „versteckte" Einsätze vor, etwa wenn jemand den Käufern seiner Waren Freilose gibt und der Einsatz im Warenpreis steckt (vgl. Bay **33**, 111); bei der Auslosung unter Abonnenten einer Zeitung (Düsseldorf NJW **58**, 760; dazu krit. *Klenk* GA **76**, 365); bei *Preisrätseln,* falls die Löser auch Geld miteinsenden müssen. Die Höhe des Einsatzes muss der **Spielplan,** nicht die Willkür des Spielenden bestimmen, andernfalls liegt Glücksspiel vor.

d) Der **Zufall** muss die Gewinne unter die Spieler verteilen; dies muss den 8 Spielenden erkennbar sein. Eine Lotterie liegt auch vor, wenn *alle* Teilnehmer gewinnen, aber Art oder Höhe des Gewinns ungewiss sind; ebenso dann, wenn im Ergebnis der Veranstalter die Gewinne *entgegen* dem Spielplan vertragswidrig willkürlich zuteilt (Tateinheit mit § 263). Der Zufall entscheidet auch, wenn die Eingangsreihenfolge der Lösungen über die Reihenfolge der Gewinner entscheiden soll. **Preisrätsel,** bei denen der Gewinn für die Erbringung von bestimmten (Denk-) Leistungen ausgelobt wird, unterfallen § 287 nicht; eine Lotterie liegt aber bei „Preisausschreiben" vor, welche bei der Erfüllung läppischer *Schein*-Aufgaben eine *Auslosung* von Gewinnen „unter allen richtigen Einsendungen" versprechen.

Der Betreiber einer **gewerblichen Spielvermittlung** (vgl. § 3 VI GlüStV) ist 8a nicht ihrerseits selbst *Veranstalter* einer Lotterie, wenn er die Spielverträge zwischen Lotteriegesellschaft und Mitspielern nur vermittelt und diese im Fall des Gewinns einen individuellen, unmittelbaren Auszahlungsanspruch gegen den Lotterieveranstalter erlangen (vgl. aber unten 11); wohl aber dann, wenn die Spieler verpflichtet sind, Gewinne nicht individuell geltend zu machen, sondern in einen von der Spielgemeinschaft verwalteten „Pool" einzubringen, aus dem Ausschüttungen nach dem Verhältnis der Beteiligungsanteile vorgenommen werden (München NStZ-RR **97**, 327).

e) Die Lotterie oder die Ausspielung muss **öffentlich** veranstaltet werden; sie 9 muss also jedermann aus dem Publikum, oder zwar einem begrenzten, aber nicht durch persönliche Beziehungen verbundenen Personenkreis zugänglich gemacht werden. Den Gegensatz bildet ein Privatzirkel, dh ein abgeschlossener Personenkreis, dessen Mitglieder durch Beruf, gemeinsame Interessen oder in ähnlicher Weise innerlich miteinander verbunden sind.

f) Der Tatbestand setzt voraus, dass eine erforderliche **behördliche Erlaubnis** 10 **(§ 4 I S. 1 GlüStV)** fehlt; der Straftatbestand ist daher **verwaltungsakzessorisch** (dazu *Rüping* JZ **05**, 234, 236 ff; allgemein dazu 6 ff. vor § 324). Zur Genehmigung vgl. §§ 12 ff. GlüStV. Eine Genehmigung ist für alle Inlandsveranstaltungen erforderlich.

4) Tathandlung ist das **Veranstalten** einer öffentlichen Lotterie (vgl. *Schoene* 11 NStZ **91**, 469) oder Ausspielung ohne behördliche Genehmigung. Die Ergänzung um die Alternativen des **Anbietens** des Abschlusses oder der **Annahme** von Angeboten zum Abschluss von Spielverträgen hatte nach dem Willen des Gesetzgebers des 6. StrRG nur *klarstellende* Bedeutung („namentlich“; vgl. BT-Drs. 13/9064, 21), um zu verdeutlichen, dass auch „Lotterieeinnehmer“, die im Rahmen einer von einem anderen veranstalteten Lotterie selbstständig auf eigene Rechnung Spielverträge abschließen, als Veranstalter anzusehen sind. **Täter** des § 287 kann nur der **Veranstalter** der behördlich nicht genehmigten öffentlichen Lotterie oder Ausspielung sein; der Spieler, der sich an einer solchen Veranstaltung beteiligt, ist straflos (BGH **34**, 179). Ist der Veranstalter eine juristische Person oder rechtfähige Personengesellschaft, so gilt § 14 I. Das (auch gewerbliche) **Vermitteln** von Spielbeteiligungen ist kein Veranstalten und unterfällt § 287 daher bislang nicht (zutr. *Lüderssen* [oben 1 a] 9 ff.; *ders.* NStZ **07**, 15 ff.). **§ 4 I GlüStV** stellt aber für die Erlaubnisbedürftigkeit das Vermitteln dem Veranstalten gleich.

12 Für die **Vollendung** reicht es, den Spielplan möglichen Teilnehmern so zugänglich zu machen, so dass sie die *Möglichkeit* der Beteiligung am Spiel haben; nicht nötig ist, dass Spielverträge tatsächlich abgeschlossen werden (Bay **56**, 67). Beendet ist die Tat mit dem Ende der Ausspielung. Zur Beteiligung vgl. 2 zu § 285. **Ausländische** Lotterien sind im Inland schon dann veranstaltet, wenn dem Publikum durch besondere Einrichtungen im Inland die Beteiligung ermöglicht wird (vgl. § 3 IV GlüStV).

13 **5) Abs. II,** der durch das 6. StrRG angefügt wurde, bestraft die **Werbung** für Lotterien und Ausspielungen. Zum Anwendungsbereich vgl. auch 24 zu § 284. Weitergehenden Vorschlägen des BRats (BT-Drs. 13/8587, 67 f.), die auf eine Strafbarkeit des Aufforderns oder Sicherbietens der Vermittlung oder die Entgegennahme von Angeboten zur Vermittlung von Spielverträgen abzielten, ist der RA-BTag nicht gefolgt (BT-Drs. 13/9064, 21), da sie nur Vorbereitungshandlungen im Innenbereich des Veranstalters betreffen.

14 **6)** Der **subjektive Tatbestand** setzt Vorsatz voraus; bedingter Vorsatz reicht aus. Der Täter muss die Merkmale der öffentlich veranstalteten Lotterie oder Ausspielung kennen (RG **63**, 324). Weiß er nichts von dem Erfordernis der obrigkeitlichen Erlaubnis oder glaubt er, keine zu benötigen, so ist das ein Verbotsirrtum. Glaubt er hingegen irrig, eine wirksame Erlaubnis erhalten zu haben (weil zB die erteilende Behörde unzuständig war), so ist das ein Tatbestandsirrtum (vgl. RG **60**, 362).

15 **7) Beteiligung.** Das Vermitteln von Spielverträgen für vom *Veranstalter* (im In- oder Ausland) *erlaubt* durchgeführten Lotterien von einem Ort aus, auf den sich die Genehmigung der Veranstaltung nicht erstreckt, kann keine Teilnahme-Strafbarkeit begründen, da es an einer rechtswidrigen Haupttat fehlt (*Lüderssen* aaO; ebenso *Otto* NJW **07**, 1514).

16 **8) Konkurrenzen.** Mit § 263 ist Tateinheit möglich, wenn der Veranstalter arglistig vom Spielplan zum Nachteil der Spielteilnehmer abweicht, indem er die besten Gewinnlose herausnimmt. Dann schädigt er sie bei Erfüllung des Spielvertrages, da sie gutgläubig die Ausspielung als ordnungsmäßig hinnehmen (BGH **8**, 289). Tateinheit ist weiter möglich mit § 148 GewO (RG **14**, 386), § 16 UWG (BGH **2**, 139), § 23 RennwG (KG HRR **25**, 1397). Hingegen tritt § 284 hinter § 287 zurück (BGH **34**, 179; Braunschweig NJW **54**, 1778; Karlsruhe NJW **72**, 1963). § 287 tritt hinter § 56 I Nr. 3 f/§ 145 II Nr. 2 c GewO zurück (str.).

Vereiteln der Zwangsvollstreckung

288 **I Wer bei einer ihm drohenden Zwangsvollstreckung in der Absicht, die Befriedigung des Gläubigers zu vereiteln, Bestandteile seines Vermögens veräußert oder beiseite schafft, wird mit Freiheitsstrafe bis zu zwei Jahren oder mit Geldstrafe bestraft.**

II Die Tat wird nur auf Antrag verfolgt.

1 **1) Die Vorschrift** (II idF des Art. 19 Nr. 152 EGStGB) schützt – im Gegensatz zu den §§ 283 ff., die dem Schutz der *Gesamt*vollstreckung (Insolvenz) dienen, – die *Einzel*vollstreckung, dh das Recht des einzelnen Gläubigers auf Befriedigung aus dem Schuldnervermögen (BGH **16**, 334).

A. Ein begründeter Anspruch des Gläubigers ist Voraussetzung des Delikts (Bay **2**, 224; Hamburg NJW **56**, 194; LK-*Schünemann* 14); sein Bestehen ist Tatbestandsmerkmal, nicht bloße Bedingung der Strafbarkeit (1 StR 180/64). Bei nichtigen Rechten ist § 288 ausgeschlossen, auch bei nur vorläufig vollstreckbaren, später aufgehobenen Titeln. Der Anspruch muss noch nicht fällig sein. Jedes vollstreckungsfähige Recht vermögensrechtlicher Art ist geschützt, gleichgültig ob es öffentlicher oder privater Natur ist. Auf Zwangsgeld nach dem Verwaltungsvollstreckungsverfahren (LG Bielefeld NStZ **92**, 284), auf Geldstrafe und Einziehung ist § 288 allerdings nicht anzuwenden, wohl aber auf Kostenerstattungsansprüche (LK-*Schünemann* 12f.). 2

B. Eine Zwangsvollstreckung muss dem Täter drohen, also die zwangsweise Durchsetzung des Anspruchs durch das zuständige Vollstreckungsorgan. Auch die Zwangsverwaltung gehört hierher, während der Vollzug eines Arrestes zwar noch keine Zwangsvollstreckung iS des § 288 ist, aber dem Schuldner deutlich macht, dass eine solche droht. 3

a) Die Zwangsvollstreckung muss **drohen**; es muss objektiv anzunehmen sein, dass der Gläubiger demnächst zur zwangsweisen Durchsetzung seines Anspruchs schreiten wird; ein vorübergehender Vollstreckungsschutz beseitigt das „Drohen" der Zwangsvollstreckung nicht; es ist nicht einmal erforderlich, dass eine vollstreckbare Forderung vorliegt oder Klage erhoben wurde (MDR/H **77**, 238). Die bloße Fälligkeit eines Anspruchs reicht idR nicht aus. Auch eine schon begonnene Zwangsvollstreckung kann noch drohen, wenn weitere Vollstreckungshandlungen bevorstehen (*Geppert* Jura **87**, 428). 4

b) Täter kann regelmäßig nur der Vollstreckungsschuldner sein. Ist der Schuldner eine juristische Person oder rechtsfähige Personengesellschaft oder handelt der gesetzliche Vertreter des Schuldners, so greift § 14 ein. Der gewillkürte Vertreter kann nicht Täter sein. Handelt ein Außenstehender, der nicht Schuldner ist, jedoch die Vereitelungsabsicht des § 288 hat, auf Bitte des Schuldners, so ist er nur Gehilfe; der nicht anwesende Schuldner ist (unmittelbarer) Täter (str.; wie hier LK-*Schünemann* 39; iErg auch *Roxin* TuT 385; *Jakobs* AT 21/104; *Cramer,* Bockelmann-FS 389, 399; *Lackner/Kühl* 4 zu § 25). Die **Gegenansicht** (vgl. NK-*Wohlers* 8; *W/Hillenkamp* 452; *Herzberg* JuS **74**, 374, 377; *Krey* BT II, 292f.; *Otto* Jura **87**, 256; *Mitsch* BT II/2, 382; *Geppert* Jura **87**, 427, 431) führt über die Ablehnung einer tatbestandlichen Pflichtenstellung und einer Tatherrschaft des Schuldners zu einem Verständnis des § 288 als quasi *eigenhändiges* Delikt und zu dem – nicht akzeptablen – Ergebnis der Straflosigkeit sowohl des Schuldners als auch – mangels Haupttat – des qualifikationslos-dolosen Werkzeugs. Diese Lösung müsste die kriminelle Energie potentieller Täter auf die risikolose Gewinnung von außenstehenden Komplizen verlagern. 5

2) Bestandteile seines Vermögens muss der Täter veräußern oder beiseite schaffen; alternative Feststellung bezüglich dieser beiden Handlungen ist zulässig. Zum Vermögen des Täters in diesem Sinne gehört alles, was der Vollstreckung unterliegt (BGH **16**, 332), so auch der Besitz fremder Sachen, wenn sich die Vollstreckung auf den Besitz richtet; oder wenn es sich um **Besitz des Vorbehaltskäufers** handelt, gegen den der Verkäufer Vollstreckung seines Herausgabeanspruchs oder Geldvollstreckung in seine eigene Sache betreibt (BGH **16**, 330; differenzierend *Lüke,* Arth. Kaufmann-FS 577). Nicht erfasst sind dem Schuldner nur zur Einziehung abgetretene Forderungen oder unpfändbare Stücke (LK-*Schünemann* 23). 6

A. Veräußern ist jede Rechtshandlung, durch die ein dem Gläubiger haftender Vermögenswert aus dem Vermögen des Schuldners ausgeschieden wird (NJW **53**, 1152), ohne dass der **volle Gegenwert** in das Schuldnervermögen gelangt, so dass sie *rechtlich* der Vollstreckung entzogen sind (vgl. *Geppert* Jura **87**, 429). 7

a) Hierher gehören: Die Bestellung einer Hypothek (*Haas* GA **96**, 117), eines Pfandrechts an Mobilien (BGH **16**, 331), die Eintragung einer Vormerkung auf 8

Auflassung (RG **59**, 314), einer Dienstbarkeit (hiergegen *Haas* wistra **89**, 260). Ebenso genügen Abtretung, Verzicht auf *Nießbrauch*; Erlass von Forderungen; das Verschleudern eines Hypothekenanteils (NJW **53**, 1152) oder die Dereliktion von Sachen; die Verpachtung, weil sie das Eigentum an den Früchten ändert; Verkauf sämtlicher Geschäftsanteile einer GmbH ohne Sicherheit für den Kaufpreisanspruch (vgl. Dresden [Z] MDR **01**, 884).

9 **b) Dagegen nicht:** Verkauf ohne Übergabe, das bloße Vermieten oder Verleihen, da hier der Rückgabeanspruch pfändbar bleibt (vgl. aber zu 10), das bloße Ausschlagen einer noch nicht angetretenen Erbschaft (LK-*Schünemann* 29); endlich nicht die bloß **kongruente Erfüllung;** wenn nämlich der befriedigte Gläubiger nur gerade das erhält, worauf er einen unanfechtbaren Anspruch hat (*S/S-Eser/Heine* 16; SK-*Hoyer* 14). Wegen kongruenter Deckung vgl. 7f. zu § 283c. Seine fällige Schuld bei einem anderen Gläubiger darf also der Schuldner stets befriedigen.

10 **B. Beiseiteschaffen** ist jede Handlung, durch welche ein Gegenstand der Zwangsvollstreckung tatsächlich entzogen wird (GA **65**, 309), so das Verstecken, das Zerstören einer Sache (LK-*Schünemann* 30; **aA** *S/S-Eser/Heine* 17; SK-*Hoyer* 16; NK-*Wohlers* 32), die Scheinveräußerung, die Eintragung einer Scheinhypothek; eine in Täuschungsabsicht rückdatierte nachträgliche Sicherungsübereignung (wistra **00**, 311, 313f.); das heimliche Vermieten; das Einziehen einer Forderung vor Fälligkeit (LK-*Schäfer* 25; *Otto* BT 50/19; **aA** *Haas* wistra **89**, 259f.). Dagegen genügt *nicht:* das bloße Beschädigen einer Sache (*Arzt/Weber* 16/42; *S/S-Eser/Heine* 17; SK-*Hoyer* 15; LK-*Schünemann* 31), das Ableugnen ihres Besitzes, etwa gegenüber dem Gerichtsvollzieher (4 StR 289/59).

11 **3) Der Vorsatz** des Täters hat sich, wenn auch nur als bedingter, darauf zu erstrecken, dass er der ihm drohenden Zwangsvollstreckung einen Befriedigungsgegenstand entzieht; die irrige Annahme, auch ohne den Gegenstand verbleibe genügend Haftungsmasse, lässt den Vorsatz entfallen (NK-*Wohlers* 38; LK-*Schünemann* 32). Glaubt der Täter irrig, zu seiner Handlung rechtlich verpflichtet zu sein, so ist das ein Tatbestandsirrtum (hM; vgl. BGHZ **114**, 305, 313; *S/S-Eser/Heine* 18; NK-*Wohlers* 39; SK-*Hoyer* 16; LK-*Schünemann* 33; *Geppert* Jura **87**, 431; **aA** *M/Schroeder/ Maiwald* 47/10; hier bis 50. Aufl.).

12 **A.** Der Täter muss weiter die Absicht haben, die Befriedigung des Gläubigers zu vereiteln. **Absicht** bedeutet hier direkter Vorsatz (*S/S-Eser/Heine* 19ff.; **aA** SK-*Hoyer* 17). Diese Absicht fehlt, wenn der Täter weiß oder annimmt, die Sache werde aus rechtlichen (Unpfändbarkeit!) oder tatsächlichen Gründen (Überschuldung!) dem Gläubiger keine Befriedigung bringen. Eine auf zeitweilige Befriedigungsvereitelung gerichtete Absicht genügt (MDR/H **77**, 238). Nicht erforderlich ist, dass die beabsichtigte Vereitelung auch gelingt. Tätige Reue gibt es nicht (vgl. LK-*Schünemann* 43).

13 **B. Eine Vereitelung der Befriedigung** des Gläubigers muss der Schuldner wollen. Bleiben noch genügend Befriedigungsstücke übrig, so fällt die Entziehung eines bestimmten Gegenstandes nicht unter § 288, es sei denn, dass der Anspruch gerade auf diesen Gegenstand ging (LK-*Schünemann* 36).

14 **4) Beihilfe** erfordert die Kenntnis aller Tatbestandsmerkmale beim Täter, insbesondere auch von dessen Vereitelungsabsicht; der Gehilfe selbst braucht nicht vereiteln zu wollen; zum Problem des „qualifikationslos-dolosen" Werkzeugs vgl. oben 5. Der Empfänger eines vom Schuldner in Vereitelungsabsicht veräußerten Gegenstands wird auch bei Kenntnis der Absicht nicht schon durch den rechtsgeschäftlichen Erwerb zum Gehilfen (vgl. BGHZ **130**, 314, 330f.; NJW **93**, 2041; **96**, 2231f.; *LK-Schünemann* 40); eine weitergehende Beteiligung (**zB** Ankauf weit unter Wert; Beteiligung an Verschleierungshandlungen; verdeckte Rück- oder Weiterübertragung) kann die Gehilfenstellung begründen. Beihilfe ist zB der Erwerb der Sache durch einen Dritten. Für den Teilnehmer gilt **§ 28 I,** da die Eigen-

schaft des Täters als Vollstreckungsschuldner ein täterbezogenes Merkmal iS dieser Vorschrift ist (LK-*Schünemann* 41; SK-*Hoyer* 25; *Bockelmann* BT/1 § 18 V; str.; **aA** *Lackner/Kühl* 2; *S/S-Eser/Heine* 25/26; *M/Schroeder/Maiwald* 47/11; *Arzt/Weber* 16/47; *Otto* BT § 50 II 3; *Geppert* Jura **87**, 431; zw.).

5) Zum Strafantrag (II; §§ 77ff.) berechtigt ist in erster Linie der Gläubiger, gegen dessen Zwangsvollstreckung und begründeten Anspruch sich die Tat richtet. Abs. II schließt einstweilige Ermittlungen und vorläufige Sicherungsmaßnahmen vor Antragstellung nicht aus; die Ermittlungsbehörden sind dann jedoch zu strenger Prüfung verpflichtet, ob die anzuordnende Maßnahme unaufschiebbar ist (BVerfG NStZ-RR **04**, 112). 15

6) Tateinheit ist möglich mit § 136, wenn zu der schon begonnenen Zwangsvollstreckung noch weitere Vollstreckungsakte zu erwarten sind; mit § 246 (GA **65**, 309; *Haas* GA **96**, 119; vgl. 6ff.); mit § 283c; mit §§ 283, 283c, wenn zum Tatbestande des § 288 nachträglich Zahlungseinstellung oder Konkurseröffnung hinzukommt. 16

Pfandkehr

289 **I Wer seine eigene bewegliche Sache oder eine fremde bewegliche Sache zugunsten des Eigentümers derselben dem Nutznießer, Pfandgläubiger oder demjenigen, welchem an der Sache ein Gebrauchs- oder Zurückbehaltungsrecht zusteht, in rechtswidriger Absicht wegnimmt, wird mit Freiheitsstrafe bis zu drei Jahren oder mit Geldstrafe bestraft.**

II Der Versuch ist strafbar.

III Die Tat wird nur auf Antrag verfolgt.

1) Die Vorschrift, geändert durch Art. 8 des 1. StrRG und Art. 19 Nr. 153 EGStGB (vgl. BT-Drs. 7/1261, 19), **schützt** bewegliche Sachen in der Hand des Nichteigentümers, an denen jemand ein Nutznießungs-, Pfand-, Gebrauchs- oder Zurückbehaltungsrecht hat. **Nutznießungsrechte** sind in §§ 1030ff., 1417 III S. 2, 1649 II, das **Pfandrecht** in §§ 1204ff. BGB geregelt; es kann **vertraglicher** oder **gesetzlicher** Art sein (§ 1257 BGB); so das Pfandrecht des Vermieters (Bay NJW **81**, 1745 m. Anm. *Otto* JR **82**, 32; *Bohnert* JuS **82**, 256), des Verpächters, des Pächters, des Unternehmers (Düsseldorf NJW **89**, 116), des Gastwirts, auch das Pfändungspfandrecht gehört nach hM hierher (**aA** *Hirsch* ZStW **82**, 426; *Lackner/Kühl* 1; *Lüke,* Arth. Kaufmann-FS 578). Das **Gebrauchsrecht** kann dinglicher oder persönlicher Art sein, so auch das des Mieters und des Entleihers, auch des Vorbehaltskäufers und des Sicherungsgebers gegenüber dem Sicherungseigentümer (NK-*Wohlers* 13; LK-*Schünemann* 7; *S/S-Eser/Heine* 7). Das **Zurückbehaltungsrecht** kann kraft Gesetzes oder kraft Vertrages entstehen. Ein § 289 unterfallendes Zurückbehaltungsrecht des Vermieters an unpfändbaren Sachen des Mieters kann vertraglich nicht eingeräumt werden (hM; LK-*Schünemann* 9; *S/S-Eser/Heine* 6; *W/Hillenkamp* 441; *Bockelmann* BT/1 § 18 I; **aA** im Anschluss an RG **63**, 210 *M/Schroeder/Maiwald* 37/16; vgl. *Geppert* Jura **87**, 432). 1

A. Die Handlung besteht nach dem Wortlaut des § 289 in dem Wegnehmen, nach der *ratio legis* aber in der **Vereitelung** der Ausübung des entsprechenden Rechtes für die Zukunft durch Entfernung aus dem Machtbereich des Berechtigten. Dies wird idR durch den Bruch des Gewahrsams des Berechtigten geschehen (*Otto* Jura **92**, 666); jedenfalls nicht durch bloßes Zerstören der Sache (*Laubenthal* JA **90**, 40; **aA** NK-*Wohlers* 19). Begründung eigenen Gewahrsams ist nicht erforderlich. Jedenfalls in den Fällen, in denen das Gesetz die durch § 289 geschützten Rechte auch ohne Gewahrsam des Berechtigten anerkennt, genügt auch eine sonstige Vereitelung der Ausübung des Rechts; so insbesondere beim gesetzlichen Pfandrecht des Vermieters an den pfändbaren Sachen des Mieters, falls dieser seine Ausübung durch „Rücken" vereitelt (Bay NJW **81**, 1745, m. abl. Anm. *Otto* 2

JR **82**, 321; JZ **85**, 27; *Bohnert* JuS **82**, 256; vgl. auch *Geppert* JK 1 u. Jura **87**, 433; hM; str.; **aA** *S/S-Eser/Heine* 8; SK-*Hoyer* 10; weiter [Wegnahme iS von § 242 nie erforderlich; ausreichend „räumliche Veränderung, die dem Schuldner im Verhältnis zum Gläubiger untersagt ist"] LK-*Schünemann* 14). Ein Vergehen gegen § 289 an gepfändeten Sachen, die der Gerichtsvollzieher im Besitz des Schuldners belässt, ist nicht möglich, weil § 136 als *lex specialis* vorgeht (*S/S-Eser/Heine* 4; str.; vgl. *Tiedemann* JuS **67**, 27; *Würtenberger* JuS **69**, 129); hat jedoch der Gläubiger Gewahrsam (§ 809 ZPO), ist Tateinheit zwischen § 136 und § 289 gegeben. § 289 ist nicht anzuwenden, wenn der Hypothekenschuldner Zubehörstücke des Grundstücks veräußert; denn nach § 1121 I BGB werden sie von der Hypothekenhaftung frei, falls sie vor der Beschlagnahme veräußert und vom Grundstück entfernt werden.

3 **B. Zugunsten des Eigentümers der Sache** muss die Wegnahme geschehen. Dabei kann Täter der Eigentümer selbst oder in dessen Interesse auch ein Dritter sein (Sonderregelung gegenüber § 14; vgl. LK-*Schünemann* 20 f.). Dagegen darf der dritte Täter nicht in erster Linie in eigenem Interesse handeln; sonst kann evtl. § 242 Platz greifen.

4 **2) Der Vorsatz** erfordert das Bewusstsein, ein fremdes Recht der in § 289 genannten Art zu vereiteln (Düsseldorf NJW **89**, 116). Außerdem muss der Täter **in rechtswidriger Absicht** handeln; dies setzt das Wissen des Täters voraus, mit seiner Handlung ein fremdes Sicherungsrecht zu verletzen (Düsseldorf NJW **89**, 116; *S/S-Eser/Heine* 9/10; **aA** NK-*Wohlers* 28; SK-*Hoyer* 13: Absicht). Bedingter Vorsatz genügt insoweit *nicht;* nach verbreiteter Ansicht genügt hinsichtlich des *Bestehens* des fremden Rechts bedingter Vorsatz (Braunschweig NJW **61**, 1274; LK-*Schünemann* 25; NK-*Wohlers* 28; SK-*Hoyer* 14; *W/Hillenkamp* 443).

5 **3) Der Versuch** ist strafbar **(II).** Er liegt beim Beginn der Wegnahme vor.

6 **4)** Berechtigt zum **Strafantrag (III;** §§ 77 ff.) ist die Person, deren Rechtsausübung vereitelt wird; vgl. 15 zu § 288.

7 **5) Tateinheit** ist möglich mit § 136 (dort 15); § 223, §§ 240, 249, 288; ob auch mit § 253 und § 263, ist zw. (vgl. *S/S-Eser/Heine* 13; offen gelassen von BGH **32**, 92 [hierzu *Joerden* JuS **85**, 23]).

Unbefugter Gebrauch von Pfandsachen

290 Öffentliche Pfandleiher, welche die von ihnen in Pfand genommenen Gegenstände unbefugt in Gebrauch nehmen, werden mit Freiheitsstrafe bis zu einem Jahr oder mit Geldstrafe bestraft.

1 **1) Öffentliche Pfandleiher** sind Personen, die ein allgemein zugängliches Pfandleihgeschäft betreiben; unerheblich ist, ob dieses behördlich (§ 34 GewO) konzessioniert ist (hM; vgl. PfandlV; *Ambs,* in: *Erbs/Kohlhaas* 1 zu § 34 GewO); die Eigenschaft ist nach hM kein besonderes persönliches Merkmal (NK-*Wohlers* 3; *Lackner/Kühl* 1; *Jakobs* AT 23/24; **aA** SK-*Hoyer* 2; *Herzberg* JuS **75**, 575, 579; *Gössel* BT II, 18/129).

2 **2) Die verbotene Handlung** ist das unbefugte Ingebrauchnehmen (furtum usus), dh jede mit der Beschaffenheit des Gegenstandes verträgliche nutzbare Verwendung (BGH **11**, 48). Geht der Gebrauch in Zueignung über, so liegt lediglich Unterschlagung (§ 246) vor. Als Gebrauch iS des § 290 hat auch die mit der Absicht der Wiedereinlösung erfolgende Verpfändung zu gelten; nicht Verbrauch, Veräußerung oder andere § 246 unterfallende Handlungen (NK-*Wohlers* 6). **Unbefugt** (15 zu § 132) ist der rechtswidrige Gebrauch, namentlich der ohne Einwilligung des Verpfänders. Zum Irrtum darüber vgl. 26 zu § 132 a.

3 **3) Konkurrenzen.** Für die Ordnungswidrigkeiten nach § 144 GewO und § 12 a PfandlV gilt § 21 OWiG (Anh. 7). § 290 tritt hinter § 246 zurück, Tateinheit ist möglich mit §§ 148 Nr. 1, 144 I Nr. 1 GewO.

Wucher **RiStBV 239**

291 **[I] Wer die Zwangslage, die Unerfahrenheit, den Mangel an Urteilsvermögen oder die erhebliche Willensschwäche eines anderen dadurch ausbeutet, dass er sich oder einem Dritten**

1. für die Vermietung von Räumen zum Wohnen oder damit verbundene Nebenleistungen,
2. für die Gewährung eines Kredits,
3. für eine sonstige Leistung oder
4. für die Vermittlung einer der vorbezeichneten Leistungen

Vermögensvorteile versprechen oder gewähren lässt, die in einem auffälligen Missverhältnis zu der Leistung oder deren Vermittlung stehen, wird mit Freiheitsstrafe bis zu drei Jahren oder mit Geldstrafe bestraft. Wirken mehrere Personen als Leistende, Vermittler oder in anderer Weise mit und ergibt sich dadurch ein auffälliges Missverhältnis zwischen sämtlichen Vermögensvorteilen und sämtlichen Gegenleistungen, so gilt Satz 1 für jeden, der die Zwangslage oder sonstige Schwäche des anderen für sich oder einen Dritten zur Erzielung eines übermäßigen Vermögensvorteils ausnutzt.

[II] In besonders schweren Fällen ist die Strafe Freiheitsstrafe von sechs Monaten bis zu zehn Jahren. Ein besonders schwerer Fall liegt in der Regel vor, wenn der Täter

1. durch die Tat den anderen in wirtschaftliche Not bringt,
2. die Tat gewerbsmäßig begeht,
3. sich durch Wechsel wucherische Vermögensvorteile versprechen lässt.

Übersicht

1) Allgemeines ... 1, 1 a
2) Rechtsgut; kriminalpolitische Bedeutung ... 2, 3
3) Leistungsbeziehung ... 4–8
4) Opferlage ... 9–13
5) Tathandlung ... 14–20
6) Additionsklausel (I S. 2) ... 21–23
7) Subjektiver Tatbestand ... 24
8) Beteiligung ... 25
9) Rechtsfolgen; besonders schwere Fälle (II) ... 26–28
10) Konkurrenzen ... 29
11) Zuständigkeit ... 30

1) Die Vorschrift ist durch Art. 1 Nr. 6 des 1. WiKG (vgl. 1 zu § 264) als § 302 a eingefügt und durch Art. 1 Nr. 2 KorrBekG § 291 geworden (vgl. vor § 284, 1 vor § 298, 1 vor § 331). 1

Schrifttum: *Arzt,* Zwischen Nötigung u. Wucher, Lackner-FS 641; *Heinsius,* Das Rechtsgut des Wuchers, 1997 (Diss. Rostock 1996); *Hohendorf,* Das Individualwucherstrafrecht nach dem 1. WiKG (usw.), 1982 [hierzu *Geerds* GA **84**, 191]; *Kindhäuser,* Zur Struktur des Wuchertatbestandes, NStZ **94**, 105; *Kohlmann,* Wirksame strafrechtliche Bekämpfung des Kreditwuchers, 1974; *Laufen,* Der Wucher, 2004 [Rez. *Gössel* GA **06**, 183]; *Martinek,* Der Maklervertrag als wucherähnliches Geschäft?, JZ **94**, 1048; *Nack,* in: *Müller-Gugenberger/Bieneck,* Wirtschaftsstrafrecht, 2. Aufl. 2000, 1714 ff.; *Nägele,* Wucher – ein arbeitsrechtliches Problem, BB **97**, 2162; *Rühle,* Das Wucherverbot, 1978; *Schauer,* Grenzen der Preisgestaltungsfreiheit im Strafrecht, 1989; *Scheffler,* Zum Verständnis des Wuchers, GA **92**, 1; *Sickenberger,* Wucher als Wirtschaftsstraftat (usw.), 1985; *Scheffler* GA **92**, 1; *Spindler,* Lohnwucher – ein neues Rechtsproblem, AuR **99**, 296. Zur *historischen Entwicklung:* TagBer. VI Anl. 5 S. 7; zur *Rechtsvergleichung:* TagBer. VI Anl. 8. 1 a

2) Rechtsgut; kriminalpolitische Bedeutung. § 291 hat die früheren §§ 302 a bis 302 f aF in einer Vorschrift zusammengefasst, wobei allerdings die verschiedenen Formen des Wuchers, nämlich Miet-, Kredit-, Leistungs- und Vermittlungswucher noch besonders genannt sind, um die Vorschrift anschaulicher zu machen (RegE 40; Ber. 20). Doch ergeben sich für die verschiedenen Formen auch besondere Gesichtspunkte (unten 23 ff.). Die **praktische Bedeutung** des § 291 ist gering (*Otto* Jura **89**, 302; *Scheffler* GA **92**, 2); etwa 80% der Verur- 2 teilungen erfolgen wegen Mietwuchers. In Deutschland begangene Taten deutscher Täter, deren **Erfolg im Ausland** eintritt, werden fast gar nicht verfolgt (vgl. unten 10a).

3 Das Wesen des Wuchers liegt darin, dass der Täter eine individuelle Schwächesituation seines Opfers materiell ausbeutet, um für eine eigene Leistung eine deren Wert weit übersteigende Gegenleistung zu gewinnen (vgl. *Kindhäuser* NStZ **94**, 106). § 291 trifft daher den sog. **Individualwucher.** Schutz einer bedrängten Einzelperson oder einer Gruppe von ihnen (BGH **11**, 182; **13**, 235), vor krasser wirtschaftlicher Übervorteilung ist das **Rechtsgut** der Vorschrift (**aA** *Otto* Jura **89**, 32 [auch Vertrauen in das Wirtschaftssystem]; *Scheffler* GA **92**, 1, 13ff. [auch Willensfreiheit]). Doch spielt der **Sozialwucher** (vgl. §§ 3 bis 6 WiStG), dh die Ausbeutung einer allgemeinen Mangellage, mindestens beim Mietwucher, ebenfalls eine gewisse Rolle (LG Darmstadt NJW **75**, 549; vgl. im Übrigen einerseits *S/S-Stree/Heine* 2; *Sasserath* WoM **72**, 3; NJW **72**, 1870; *Tröndle* Prot. 7/2561; *Bernsmann* GA **81**, 142; *A/R-Bernsmann* V 3/5; anderseits *Schmidt-Futterer* NJW **72**, 135 u. Wohnraumschutzgesetze, 7. Aufl. 1996; eingehend *Scheffler* GA **92**, 6 u. *Kindhäuser* NStZ **94**, 106 u. NK 9ff.); wie überhaupt beide Formen ineinander übergehen können und eine scharfe Grenze nicht gezogen werden kann (*Bohnert,* K. Meyer-GedS 523). Eine die gesamte Bevölkerung treffende Mangellage, zB in Krisenzeiten auf dem Lebensmittelsektor, soll keine **Zwangslage** iS des § 291 sein (vgl. dazu unten 10a). Die Tat, die jedermann begehen kann, ist ein **Vermögensgefährdungsdelikt** (LK-*Schäfer/Wolff* 3; *A/R-Bernsmann* V 3/4; **aA** SK-*Hoyer* 3; NK-*Kindhäuser* 17), da es zu einer Schädigung des Opfers nicht zu kommen braucht.

4 **3) Leistungsbeziehung. Abs. I** nennt die **Leistungen,** die von der Seite des Täters in Aussicht gestellt oder erbracht werden, in Nr. 1 bis 4. Doch stehen sie alle, wie die Generalklausel in Nr. 3 zeigt, unter dem **Oberbegriff** der Leistung, und zwar auch hinsichtlich der Nr. 4, die ebenfalls eine Leistung beschreibt, so dass die exakte Abgrenzung der Formen in Nr. 1, 2 und 4 deshalb keine entscheidende Bedeutung hat, weil Nr. 3 die möglicherweise herausfallenden Formen auffängt. Die Leistung braucht nicht der Täter selbst zu erbringen; tut er es, so kann er das mit fremden Mitteln tun (vgl. RG **8**, 17); die Leistung kann aber auch ein Dritter erbringen, dem der Vermögensvorteil versprochen wird. Als Vermittler braucht der Täter dabei rechtlich nicht aufzutreten; tut er es, so kann er nach Nr. 4, aber auch unmittelbar wegen Beihilfe zu Nr. 1 bis 3 strafbar sein (unten 33). Die Leistung des Täters braucht noch nicht erbracht zu sein. Die Tat ist bereits mit dem Versprechen des wucherischen Vermögensvorteils durch das Opfer **vollendet** (*Heinz* GA **77**, 220). Vorher kommt nur strafloser **Versuch** in Frage. Dass die Rechtsgeschäfte, die auch die Leistungen einschließen, wegen des Wuchers (§ 138 II BGB) oder schon aus einem anderen Grunde nichtig sind, ist strafrechtlich ohne Bedeutung.

5 **Nr. 1: Vermietung von Räumen zum Wohnen oder damit verbundene Nebenleistungen** dh für die Herbeiführung eines Mietverhältnisses iS der §§ 535ff. BGB (auch eines Untermietverhältnisses) über Räume zum Zweck des Wohnens (6 zu § 123), also auch zB Hotelzimmer. Es genügt, wenn das Wohnen ein Ziel der Vermietung ist; es kommt nicht darauf an, ob der Raum zum Wohnen bestimmt, zugelassen oder geeignet ist. Erfasst sind auch mit der Vermietung verbundene **Nebenleistungen,** gleichgültig, ob sie üblich sind oder nicht.

6 **Nr. 2: Gewährung eines Kredits** (dazu *Kohlmann,* Wirksame strafrechtliche Bekämpfung des Kreditwuchers, 1974; *Rühle* aaO 43; *Haberstroh* NStZ **82**, 265; *A. Wahl* in *Poerting* [Hrsg.] Wirtschaftskriminalität II BKA 1985 S. 95ff.; *Otto* HWiStR „Kreditwucher"); was unter Kredit zu verstehen ist, sagt das Gesetz im Gegensatz zu § 265b III Nr. 2 nicht; doch wird man die dort gegebene Definition (vgl. 10 bis 16 zu § 265b; anderseits § 19 KWG) auch für Nr. 2 heranziehen können (enger wohl *Kohlmann* aaO, oben 1a, 25), zumal Formen, die Nr. 2 nicht erfasst, unter Nr. 3 fallen. In jedem Fall ist ein Kredit iS von Nr. 2 gegeben, wenn einem anderen Geld oder Geldeswert mit der Verpflichtung überlassen oder belassen werden, den Wert nach einem gewissen Zeitraum zuzüglich eines weiteren Betrages (*Zinsen, Provision und dgl.*) zurückzuerstatten. In erster Linie kommen Gelddarlehen aller Art in Betracht, auch gekoppelt mit anderen Geschäften; Akzeptkredite (vgl. II Nr. 3), Wechseldiskontierung; ferner Stundung von Forderungen, die durch ein vorausgegangenes Rechtsgeschäft (vielleicht mit einem anderen)

begründet waren, vor allem auch im Wege der Wechselprolongation. Auch das unechte Factoring ist als Kredit iS von Nr. 2 anzusehen (SK-*Hoyer* 37).

Nr. 3: eine sonstige Leistung. Es sind grds. **Leistungen aller Art** (zB auch Partnervermittlung) erfasst. In Betracht kommen das Vermieten von Geschäftsräumen (NJW **51**, 397; **57**, 1274) oder Sachen, Verpachtungen, Rechtsberatung, Heilbehandlung; **Sale+Lease-Back-**Verträge. **Lohnwucher** unterfällt, über den Bereich von illegalen Arbeitsverhältnissen hinaus, § 15a AÜG), gleichfalls dem Tatbestand, denn geleistete Arbeit ist jedenfalls dann ein Vermögensvorteil, wenn sich ihr Erfolg wirtschaftlich zugunsten des Arbeitgebers auswirkt (Köln NStZ-RR **03**, 212; vgl. *Lampe,* Maurach-FS 375, 387; *Spindler* AuR **99**, 296). Da es auf die Vorteile, die sich das Opfer aus dem Geschäft verspricht, nach hM nicht ankommt (Bay NJW 1985, 873; vgl. unten 22), ist bei **ausländischen Arbeitnehmern** nicht auf einen Vergleich des gezahlten Lohnes mit der Kaufkraft im Heimatland, sondern mit dem tarifvertraglich vorgesehenen Lohn abzustellen (BGH **43**, 53 m. krit. Anm. *Bernsmann* JZ **98**, 627; *Reinecke* AuR **97**, 456; anders zur Anknüpfung an Tarifverträge aber BAG AuR **01**, 509 f. mwN). Zur **Ausbeutung der Arbeitskraft** unter Ausnutzung einer **Zwangslage** vgl. auch § 233 und Erl. dort; zu Vorbereitungshandlungen § 233 a. Eine Rolle spielen können weiter der Kauf von Forderungen unter Wert bei sofortiger Bezahlung (echtes Factoring; SK-*Hoyer* 37; NK-*Kindhäuser* 24; vgl. oben 6); Tauschgeschäfte; Verkauf von Antiquitäten oder sonstigen Sammelgegenständen (vgl. aber unten 25); von praktischer Bedeutung sind auch Leistungen im gastronomischen Bereich („Nepp-Lokale"; vgl. Bay JR **85**, 116 m. Anm. *Otto*) sowie der Pornografie-Industrie. 7

Nr. 4: die Vermittlung einer der in Nr. 1 bis 3 genannten Leistungen, die an sich schon eine Leistung iS von Nr. 3 wäre (E 1962, 438), die Nr. 4 aber zur Klarstellung (RegE 40) besonders hervorhebt, zumal die Kreditvermittlung (gewerbsmäßige Darlehensvermittlung ist nach § 34 c GewO erlaubnispflichtig) praktisch eine erhebliche Rolle spielt (vgl. Prot. 7/2570). Im Übrigen kommt die Vermittlung von Rechtsgeschäften jeder Art, insbesondere von Anstellungen, in Betracht (RG **29**, 78; vgl. NStZ **83**, 172 zu § 16 I KWKG). 8

4) Opferlage. Abs. I setzt voraus, dass der Täter eine bestimmte **Schwäche** (Oberbegriff, vgl. I S. 2), die in der Person des Opfers oder in dessen besonderer Lage besteht, in bestimmter Weise ausbeutet. Lässt sich der die Leistung Anstrebende **vertreten,** so beurteilt sich die Zwangslage nur nach der Person des Vertretenen, Unerfahrenheit, Mangel an Urteilsvermögen und Willensschwäche aber auch nach der Person des Vertreters. 9

A. Zwangslage (der Begriff ersetzt den der Notlage des § 302 a aF; vgl. BGH **42**, 399 f.) ist zwar auch die Notlage, dh die dringende wirtschaftliche Not (BGH **12**, 390), die die angemessene wirtschaftliche Lebenshaltung fühlbar einengt (BGH **11**, 186); der Begriff ist aber, wie das Regelbeispiel in II Nr. 1 zeigt, weiter ist als der der Notlage. Er ist weit auszulegen (vgl. NJW **03**, 1816 f.; *A/R-Bernsmann* V 3/32) und umfasst auch wirtschaftliche Bedrängnis, die zwar die Existenz des Betroffenen nicht bedroht, aber schwere wirtschaftliche Nachteile mit sich bringt (BT-Drs. VI/1549, 10) oder befürchten lässt. Auch Zwangslagen, die keine wirtschaftliche Bedrängnis bedeuten, können genügen, zB wenn der Betroffene auf Wohnung in einer bestimmten Gegend angewiesen ist oder überhaupt Wohnraum braucht, sich aber infolge eines unzureichenden Angebots nicht in der Lage sieht, den gestellten ungünstigen Bedingungen auszuweichen. Eine existentielle Bedrohung ist nicht erforderlich (NK-*Kindhäuser* 30); ausreichend ist eine schwerwiegende Beeinträchtigung der (wirtschaftlichen) Entscheidungsfreiheit. Auf ein Verschulden des Opfers an der Herbeiführung der Zwangslage kommt es nicht an (BGH **11**, 186; *Schäfer/Wolff* 15; SK-*Hoyer* 13). Weiß das Opfer von der Zwangslage nichts, so scheidet eine Ausbeutung aus (*S/S-Stree/Heine* 24; SK-*Hoyer* 11); umgekehrt kann die irrtümliche Annahme einer Zwangslage durch das Opfer nicht zur Anwendbarkeit des § 291 führen (*Lackner/Kühl* 8; SK-*Hoyer* 11; **aA** *Ho-* 10 *hendorf,* Das Individualwucherstrafrecht [usw.], 1982, 93; *S/S-Stree/Heine* 24; LK-*Schäfer/Wolff* 15).

10 a Das Bestehen einer **allgemeinen** Not- und Mangellage, insb. in **Krisenzeiten,** begründet nach hM keine (individuelle) Zwangslage iS von § 291; ihre Ausnutzung (Sozialwucher) unterfällt nur den OWi-Tatbeständen der §§ 3 bis 5 WiStG 1954 (idF v. 3. 6. 1975; BGBl. I, 1313; III 453–11; *Göhler/Buddendiek/Lenzen* Nr. 950). Diese Ansicht (so auch hier bis 50. Aufl. im Anschluss an RG **76**, 193) ist dogmatisch kaum begründbar, denn die Zwangslage einer Person entfällt nicht dadurch, dass andere sie auch erleiden. Die Auslegung beeindruckt daher durch die pragmatische Selbstverständlichkeit, mit welcher sie für Lagen allgemeiner Not den Schutz des Einzelnen zurücktreten lässt (krit. *S/S-Stree/Heine* 2; *Bernsmann* GA **81**, 141). Während Lagen *absoluter* Not, in welchen sich fast jeder auf Gewinnerzielung ausgerichtete Austausch als „auffälliges Missverhältnis" darstellen kann, **in Deutschland** als *allgemeine* Mangelsituation seit der Nachkriegszeit nicht mehr vorkommen, legt § 9 I iV mit Abs. I S. 2 die Frage nach möglichem Sozialwucher jenseits rechtshistorischer Seminarfälle nahe, wenn der Blick darauf gelenkt wird, dass **zB** auch teppichknüpfende Kinder im Iran oder Tagelöhner auf afrikanischen Kakao-Plantagen gegen Taten deutscher Täter (§§ 3, 9 I) geschützt sind. Die „Bekämpfung" der **globalisierten Wucher-Kriminalität** verläuft bislang ersichtlich nicht so entschlossen, wie es Ankündigungen verheißen. Auch insoweit ist die Einfügung des § 233 durch das 37. StÄG v. 11. 2. 2005 bemerkenswert (vgl. die Erl. dort).

11 **B. Unerfahrenheit** ist ein Mangel an Geschäftskenntnis und Lebenserfahrung allgemein oder auf bestimmten Gebieten, welche die Fähigkeit beschränkt, gewisse Lebensverhältnisse richtig zu beurteilen (BGH **11**, 186; **13**, 233; BGH **43**, 53 m. Anm. *Bernsmann* JZ **98**, 629; GA **71**, 209; weiter SK-*Hoyer* 15), so auch fehlende Sprachkenntnisse (vgl. Köln ZMR **75**, 367; TagBer. VI 112; *Nack* MDR **81**, 624). Die Unkenntnis über die Bedeutung des abzuschließenden Geschäfts allein oder das Fehlen der Kenntnisse von Spezialisten reichen hingegen nicht aus (BGH **13**, 233; NJW **83**, 2781 m. Anm. *Nack* NStZ **84**, 23 und *Otto* JR **84**, 252 aE). Das gilt auch für die bloße Unkenntnis der Wohnungsmarktverhältnisse und der Miethöhen (ZMR **57**, 333; LG München ZMR **63**, 177; LG Frankfurt wistra **84**, 238). Hingegen kann ein weitreichender Mangel an Informationen über wirtschaftliche Fragen zu Unerfahrenheit führen (*Otto* NJW **82**, 2749; vgl. ferner Prot. 7/2796). Bei kaufmännisch schwierigen Geschäften ist weniger auf eine „durchschnittliche" Erfahrenheit als vielmehr auf einen der Geschäftsart typischen Informationsmangel auf Opferseite abzustellen (*Nack* [oben 1 a] 61/17 u. NStZ **84**, 24).

12 **C. Mangel an Urteilsvermögen ist ein** intellektueller, nicht durch bloße Erfahrung ausgleichbarer Leistungsmangel (Prot. 7/2799; NK-*Kindhäuser* 33), der es dem Betroffenen nicht möglich macht oder doch erheblich erschwert, bei einem Rechtsgeschäft Leistung und Gegenleistung richtig gegeneinander abzuwägen und das Unseriöse eines vielleicht komplizierten und die wirkliche Belastung verschleiernden Angebots zu durchschauen. Schwachsinn iS von § 20 braucht nicht gegeben zu sein.

13 **D. Willensschwäche** ist eine angeborene oder erworbene Schwächung der Widerstandsfähigkeit gegenüber Trieben oder Verlockungen, welche die Fähigkeit des Betroffenen, sich einem wucherischen Geschäft zu entziehen, das etwa gefährliche Augenblicksvorteile verspricht, beträchtlich herabsetzt. Sie muss **erheblich** sein (vgl. Bay NJW **85**, 873 [Anm. *Otto* JR **85**, 169]; RegE 41), dh in ihrem Gewicht den anderen genannten Schwächen gleichkommen. In Betracht kommt zB die Labilität von Süchtigen (*Sturm* JZ **77**, 86; SK-*Hoyer* 17; *Lackner/Kühl* 8; NK-*Kindhäuser* 35).

14 **5) Tathandlung.** Der Täter muss einen der genannten Schwächezustände des anderen **ausbeuten (I S. 1);** in **I S. 2** ist der Begriff durch den des **Ausnutzens**

ersetzt. Eine inhaltliche Differenzierung in dem Sinn, dass „Ausbeuten" eine besonders qualifizierte und anstößige Form rücksichtslosen Ausnutzens erfordere, folgt aus dem unterschiedlichen Sprachgebrauch nicht (LK-*Schäfer/Wolff* 23; NK-*Kindhäuser* 35; SK-*Hoyer* 19; *M/Schroeder/Maiwald* 43/20; *Otto* NJW **82**, 2749; *Nack* [1 a] 1718; vgl. auch Prot. 7/2802; **aA** *S/S-Stree/Heine* 29; *Lackner/Kühl* 8; hier bis 50. Aufl.). Bloßes Streben nach Vermögensvorteilen reicht nicht aus (1 StR 304/68); erforderlich ist das bewusste, missbräuchliche Nutzen der Schwächesituation des Opfers zur Erlangung übermäßiger Vorteile (BGH **11**, 187).

A. Der Täter muss sich oder einem Dritten **Vermögensvorteile versprechen oder gewähren** lassen. **Vermögensvorteil** ist iS von § 263 als jede günstigere Gestaltung der Vermögenslage zu verstehen. **Sich versprechen lassen** bedeutet die Entgegennahme einer Verpflichtungserklärung mit dem Willen, sich das Versprochene gewähren zu lassen; das Merkmal entspricht §§ 331 I, 332 I (vgl. 19 zu § 331). **Sich gewähren lassen** hat selbstständige Bedeutung nur, wenn ein Versprechen nicht vorausgegangen ist oder wenn ein ursprünglich nicht wucherischer Vertrag durch Änderung der Verhältnisse im Zeitpunkt der Erfüllung diesen Charakter annimmt. Im Übrigen verschmelzen Sichversprechen- und -gewährenlassen zu einer einzigen Tat (ebenso NK-*Kindhäuser* 63; **aA** SK-*Hoyer* 25), die mit dem Gewähren beendet ist (Beginn der Verjährung nach § 78 a S. 1; Karlsruhe NJW **88**, 1156); vgl. 17 ff., 39 zu § 331, 4 zu § 333. Ob das Opfer die rechtliche Tragweite, insbesondere die Nichtigkeit der Verpflichtung erkennt, ist ohne Bedeutung. Der Täter kann die Vorteile **sich selbst,** aber **auch einem** beliebigen **Dritten** versprechen oder gewähren lassen. 15

B. Missverhältnis. Zwischen der angebotenen oder erbrachten Leistung iS von Nr. 1 bis 4 und den versprochenen oder gewährten Vermögensvorteilen muss ein auffälliges Missverhältnis bestehen, wobei deren Wert den der Leistung so beträchtlich übersteigen muss, dass das Ausmaß, wenn vielleicht auch erst nach genauer Prüfung des oft verschleierten Sachverhalts, für den Kundigen ins Auge springt (BGH **43**, 53; dazu krit. *Bernsmann* JZ **98**, 632; *Renzikowski* JR **99**, 169; Stuttgart wistra **82**, 36; Bay NJW **85**, 873; *Haberstroh* NStZ **82**, 266; *Otto* NJW **82**, 2746; JR **85**, 169; zum Ganzen *Kindhäuser* NStZ **94**, 109 u. NK-*Kindhäuser* 43; *A/R-Bernsmann* V 3/24 ff.). Dabei ist die Differenz der objektiven (LM Nr. 1 zu § 138 BGB) Werte (wobei die Leistung nicht nur von dem Täter erbracht zu werden braucht; oben 4) vom *Standpunkt des Gläubigers* her zu beurteilen (BGH **43**, 59; Bay NJW **85**, 873; Stuttgart wistra **82**, 37; *Lackner/Kühl* 3; LK-*Schäfer/Wolff* 25; *S/S-Stree/Heine* 11; NK-*Kindhäuser* 43; *Schmidt* GA **79**, 131; *Lenckner* JR **80**, 164; *Gössel* BT 2, 32/21; krit. *Bernsmann* JZ **98**, 632; *Renzikowski* JR **99**, K; SK-*Hoyer* 42), so dass es auf einen Vermögensverlust des Opfers grds ebenso wenig ankommt wie darauf, welche Vorteile das Opfer aus dem Geschäft zieht (Bay NJW **85**, 873 m. Anm. *Otto* JR **85**, 169). Bei der untertariflichen Entlohnung von als Grenzgängern beschäftigten Arbeitnehmern kommt es daher nicht darauf an, ob die am Wohnort der Beschäftigten deutlich niedrigeren Lebenshaltungskosten den aus *Tätersicht* unverhältnismäßig niedrigen Lohn aus *Opfersicht* als angemessen oder sogar besonders günstig erscheinen lassen (BGH **43**, 53). Für die Bewertung **maßgebender Zeitpunkt** ist nicht nur der des Geschäftsabschlusses (vgl. Prot. 7/2567; 2625), sondern auch der der Realisierung (Karlsruhe NJW **88**, 1158). Bei kombinierten Geschäften sind die Gesamtleistungen des Gläubigers mit seinen Gesamtvorteilen zu saldieren (zur Koppelung von Darlehensgewährung und Versicherungsvermittlung vgl. Karlsruhe JR **85**, 167 [m. krit. Anm. *Otto*]; NK-*Kindhäuser* 44). 16

a) Beim **Mietwucher** (I Nr. 1; oben 5) ist bei preisbindungsfreien Räumen ein **auffälliges Missverhältnis** zwischen der Miete und der Leistung des Vermieters nach der früheren Rspr (BGH **30**, 281 m. krit. Anm. *Scheu* JR **82**, 474; NJW **97**, 3389; Braunschweig ZRM **68**, 157; Bay WoM **71**, 157; Düsseldorf GA **75**, 310; Köln NJW **76**, 119; LG Darmstadt NJW **72**, 1244; **75**, 549 m. krit. Anm. *Göthling*; LG Frankfurt wistra **84**, 238; *Schmidt-Futterer* NJW **72**, 136; NStZ/A **88**, 101; 17

Nack [1 a] 61/38; **aA** *Sasserath* NJW **72**, 1870) in Anlehnung an § 5 WiStG (hierzu *Bohnert,* K. Meyer-GedS 519 u. JZ **94**, 605; *Heinsius* [oben 1 a] 119 ff.) anzunehmen, wenn die in § 2 I S. 1 Nr. 2 MHG definierte sog. **Vergleichsmiete** (vgl. *Möhrenschlager* wistra **83**, Heft 1, IV; zur Heranziehung von „Mietspiegeln" vgl. Karlsruhe MDR **98**, 96; Köln NJW **76**, 119; krit. *A/R-Bernsmann* V 3/80) um **mehr als 50% (Wuchergrenze)** überschritten wird; dagegen liegt die Grenze der **ordnungswidrigen** Überschreitung nach § 5 I S. 2 WiStG bei 20% (vgl. *Bohnert* JZ **94**, 605 mwN). Diese von der Rspr. (Köln NJW **76**, 120; LG Darmstadt NJW **72**, 1244; LG Mannheim MDR **77**, 159) praktizierte und im Schrifttum anerkannte (*S/S-Stree/Heine* 15; SK-*Hoyer* 51; NK-*Kindhäuser* 48; *Lackner/Kühl* 4; *M/Schroeder/Maiwald* 43/15; *Schmidt-Futterer* JR **72**, 134) Wuchergrenze gilt also selbst dann, wenn die sog. **Kostenmiete** (§§ 8 ff. WoBindG, § 18 II. BV) infolge ungünstiger Bewirtschaftungskosten (§ 24 II. BV: Abschreibung, Verwaltungs-, Betriebs-, Instandhaltungskosten, Mietausfallwagnis) und Kapitalkosten (§§ 20 ff. II. BV) darüber liegt (**aA** *Schlüchter* 132). Das schließt auf der anderen Seite bei § 291 nicht aus, dass zugunsten des Täters Umstände in der Person des konkreten Mieters (Gefahr besonders starker Abnützung von Räumen oder Möbeln; Gefahr besonderer Misshelligkeiten zu berücksichtigen sind (zur Vermietung an Prostituierte 20 zu § 180 a). Für § 291 gilt eine **gesetzliche Grenze** nicht; die Anknüpfung an die *Vergleichsmiete* ist daher nicht iS einer starren Prozent-Grenze der Überschreitung, sondern als Anhaltspunkt für ein im Einzelfall festzustellendes Missverhältnis zwischen Wert und Preis der Leistung zu verstehen (vgl. KG WuM **91**, 425 f.; **92**, 140 f.; Frankfurt NJW-RR **94**, 1234; Karlsruhe, Beschl. v. 7. 8. 1997, 2 Ws 61/97). Beim Wohnraum mit gesetzlicher Preisbindung ist eine niedrigere Wuchergrenze nicht anzunehmen (NK-*Kindhäuser* 48; **aA** LK-*Schäfer/Wolff* 29).

18 **b)** Beim **Kreditwucher** (I Nr. 2; oben 6; krit. zur geringen Effizienz *Nack* [oben 1 a] 61/42, 44 mwN) hat § 291 die Bezugnahme auf den üblichen Zinsfuß mit Recht fallen lassen (RegE 41), da die Besonderheiten des Einzelfalls gerade im Bereich von I Nr. 2, wo es sich idR um Schuldner handelt, die von Banken keinen Kredit mehr erhalten, so groß sein können, dass der bei Normalkrediten übliche Zinsfuß außer Betracht bleiben muss und sich auch das Abstellen auf dessen Überschreitung um ein bestimmtes Maß (vgl. im AE Abs. III Nr. 4; *Tiedemann* Prot. 7/2478; *Schachtschabel* TagBer. VI Anl. 6 S. 26, der als Grenze das Eineinhalbfache des üblichen Satzes vorschlägt, für das Doppelte: *Nack* MDR **81**, 624; vgl. ferner BGHZ **80**, 153), verbietet (so auch *Lenckner* JR **80**, 162). Der **effektive Zinssatz** (vgl. § 8 PAngV iVm § 3 WiStG; zur Berechnung vgl. *Nack/Wiese* wistra **82**, 135 sowie *Nack* [1 a] 61/59 ff. mwN) ist an allen Umständen des Geschäfts zu messen; zu berücksichtigen sind dabei vor allem die Lage des Geldmarktes, die Gestehungskosten (NJW **83**, 2780 m. Anm. *Nack* NStZ **84**, 23 u. *Otto* JR **84**, 252; NStZ/A **88**, 101; Prot. 7/2572), die persönlichen Verhältnisse des Kreditnehmers, die Anlagedauer, das Risiko des Geldgebers (NJW **83**, 2780; Köln JMBlNW **69**, 93) und die ihm gegebenen Sicherheiten.

19 **c)** Beim **Leistungswucher** (I Nr. 3; oben 7) entscheidet sich die Frage des auffälligen Missverhältnisses allein nach dem Verkehrswert der gesamten Leistung im Vergleich zum Verkehrswert der gesamten Vermögensvorteile. Als Leistung des Gläubigers gilt dabei alles, was er vertragsgemäß zu geben hat. Nr. 3 wirft das Problem des „gerechten Preises" auf, der sich in einer freien Marktwirtschaft grds. nach Angebot und Nachfrage bildet (Bay NJW **85**, 873 m. Anm. *Otto* JR **85**, 169; NStZ/A **88**, 101; enger BGH **11**, 184; LK-*Schäfer/Wolff* 34); es kommt daher, soweit für die Leistung ein Markt besteht, auf den hier üblichen Preis unter Berücksichtigung der spezifischen Gegebenheiten des Einzelfalls an; freilich kann es hier *iErg idR nur um die* Bestimmung eines zum Vergleich heranzuziehenden Markt-*Segments* gehen. Im Bereich des **Lohnwuchers** ist § 291 zB *bejaht* worden bei Vereinbarung eines Lohns von weniger als $^2/_3$ des Tariflohns (Köln NStZ-RR **03**, 212 [Assistenzarzt]; vgl. auch BAG AuR **01**, 509, 510; LAG Berlin AuR

98, 468) und tatsächlicher Zahlung eines erheblich darunter liegenden Lohns (AG Halle/S. AuR **01**, 516 L); *verneint* bei Vereinbarung einer Bruttovergütung von 70% des ortsüblichen Entgelts (BAG AuR **01**, 509 [Anm. *Peter*]). Eine Bruttoentlohnung für einen angestellten Rechtsanwalt in den ersten vier Berufsjahren zwischen 610 und 1300 DM (Stundenlohn 3,30 bis 7,20 DM) ist sittenwidrig (LAG Hessen NJW **00**, 3372 [dazu *Kleine-Cosack* EWiR § 612 BGB 1/00, 611; *Stückemann* FA **00**, 118 f.; *Seul* NJW **02**, 197]) und erfüllt jedenfalls das Tatbestandsmerkmal des auffälligen Missverhältnisses.

Beim **Verkauf** von Objekten mit Liebhaberwert wie Kunstgegenständen, Anti- **19 a** quitäten und anderen Sammelgegenständen wird es häufig an exakten Maßstäben fehlen, soweit sie nicht durch die Ergebnisse regelmäßiger Auktionen geliefert werden. Wo Preisregeln (Gebührenordnungen) oder Preisbindungen bestehen, ist von diesen auszugehen (**aA** BGH **11**, 183 für preisgebundenen Wohnraum). Bei einer Überschreitung des üblichen Preises um mind. 50% liegt ein auffälliges Missverhältnis nahe (SK-*Hoyer* 53; NK-*Kindhäuser* 51). Besondere Probleme ergeben sich bei **gesetz- oder sittenwidrigen** Austauschgeschäften. Da § 291 jedenfalls auch das Vermögen des Tatopfers und nicht allein eine überindividuelle Vertragsfreiheit schützt, können beidseitig gesetzwidrige Leistungsverhältnisse nicht schon deshalb vom Anwendungsbereich ausgenommen werden, weil das Gesetz nur die Freiheit legaler Verträge, nicht aber zB die von BtM-Händlern, Schleppern oder Hehlern schütze. Umgekehrt kann für die Bestimmung des Missverhältnisses iS von § 291 nicht stets allein die rechts- oder sittenwidrige Leistung als Null angesetzt werden (so aber *Bernsmann* GA **81**, 148, 158 ff.; offen gelassen in *A/R-Bernsmann* V 3/27; zutr. dagegen *S/S-Stree/Heine* 18; NK-*Kindhäuser* 47; SK-*Hoyer* 44). Es sind daher die zu § 263 entwickelten Grundsätze heranzuziehen (vgl. dort 64 ff.). Leistungsbeziehungen, die von vornherein außerhalb der Rechtsordnung stehen, sind von § 291 sicher nicht geschützt (vgl. NK-*Kindhäuser* 47: Auftragsmord; ebenso aber die Geschäftsbeziehung zwischen Dieb und Hehler; Bestechendem und Bestochenem). Ob dies stets auch für den Umsatz nicht verkehrsfähiger Waren gilt (hM), mag im Einzelfall angesichts der übrigen Voraussetzungen des I S. 1 durchaus zweifelhaft sein (**zB** Ausbeuten der Zwangslage eines Süchtigen zum Verkauf von extrem gestrecktem Heroin zum dreifachen Marktpreis). **Prostitutionsverträge** nach § 1 S. 1 ProstG (vgl. 1, 3 ff. zu § 180 a) können vom Anwendungsbereich des § 291 nicht mehr ausgenommen werden (and. offenbar *Kindhäuser* LPK 21); hier kommt auf Seiten der Freier praktisch nur Unerfahrenheit als Schwächeursache in Betracht. Praktische Relevanz ist (mangels Anzeigebereitschaft) kaum zu erwarten. Eine gewisse Schutzwirkung *für* Prostituierte mag § 291 im Bereich des § 1 S. 2 ProstG enthalten.

d) Beim **Vermittlungswucher** (I Nr. 4; oben 8) kommt es nicht darauf an, ob **20** die vermittelte Leistung wucherisch ist (dann uU Beihilfe zu I Nr. 1 bis 3), sondern ob der Vermögensvorteil, dh idR die Provision (zuzüglich Nebenforderungen), die der Vermittler sich für seine Vermittlungsleistung versprechen oder zahlen lässt, so übersetzt ist, dass ein auffälliges Missverhältnis gegeben ist. Es geht in der Praxis im Wesentlichen um das Entgelt von Immobilienmaklern und Handelsmaklern (§§ 93 ff. HGB) sowie von Kreditvermittlern. Für Wohnungsvermittler gilt die Bußgeldvorschrift des § 8 I Nr. 2 WoVermittlG; das dort verbotene „unangemessene" Entgelt erfüllt nicht schon die Voraussetzungen des I S. 1. Für den Wert der Vermittlungsleistung kommt es auf die gesamten Umstände, vor allem darauf an, welche Bedeutung sie für das die eigentliche Leistung suchende Opfer hat. Tut ein Kreditvermittler nichts anderes, als den Kreditsuchenen zu einer Bank zu bringen, wo er auch ohne die Vermittlung Kredit erhalten hätte, so ist ein auffälliges Missverhältnis häufig anzunehmen; bei Überschreitung des Vergleichswerts um mehr als 50% liegt es nahe (NK-*Kindhäuser* 53).

6) Additionsklausel (I S. 2). Die Strafbarkeit ausdehnende Regelung des I **21** S. 2 (krit. zur Zurechnung *fremden* Unrechts ohne eigene Tatbeteiligung u. a. *Sturm*

JZ **77**, 87; LK-*Schäfer/Wolff* 36ff., 47; NK-*Kindhäuser* 55ff. *Lackner/Kühl* 9; *M/Schroeder/Maiwald* 43/19; *Lenckner* JR **80**, 164; *Rühle* aaO 59; *Kindhäuser* NStZ **94**, 108; *Gössel* BT 2, 32/29; vgl. auch *Bender* NJW **80**, 1133; *Rittner* DB **80**, Beil. Nr. 16/80 S. 8) erfasst die in der Praxis vor allem des Kreditgeschäfts nicht seltenen Fälle, in denen bei einem nach **wirtschaftlicher Betrachtung** einheitlichen Geschäftsvorgang auf der Gläubigerseite mehrere als Leistende, Vermittler oder in anderer Weise mitwirken und ein auffälliges Missverhältnis erst durch eine Addition sämtlicher Leistungen einerseits und sämtlicher Vermögensvorteile anderseits entsteht (RegE 21, 40; Ber. 20; Prot. 7/2804). Keine Rolle spielt I S. 2, wenn die mehreren Mitwirkenden als Tatbeteiligte zusammenarbeiten, da dann bereits die Teilnahmevorschriften eingreifen. I S. 2 schafft eine eigentümliche Form der **Nebentäterschaft** (NK-*Kindhäuser* 55, 61), bei der der Gesamterfolg den darüber unterrichteten Mitwirkenden zugerechnet wird, so dass jeder von ihnen zum Täter („so gilt Satz 1 für jeden") wird (and. SK-*Hoyer* 56: Aufstufung qualifizierter Beihilfe).

22 Es muss sich **durch die Mitwirkung** mehrerer (mindestens zwei) Personen bei dem Vergleich **sämtlicher Leistungen** und **sämtlicher Vermögensvorteile,** die jeweils zu addieren sind (**aA** LK-*Schäfer/Wolff* 45), ein auffälliges Missverhältnis iS von I S. 1 ergeben. Bei Geldforderungen und Leistungen mit bestimmtem Geldwert entstehen dabei keine Schwierigkeiten. In anderen Fällen muss ein Geldnenner gesucht werden. Der Wortlaut geht davon aus, dass das Missverhältnis sich *erst* durch das Zusammenwirken mehrerer „ergibt". I S. 2 gilt aber auch dann, wenn das Missverhältnis bereits auf einer früheren Stufe des einheitlichen Geschäfts eintritt und ein weiterer hieran Mitwirkender – quasi im Wege einer „Anschlusstat" mit herabgesetzten Anforderungen – dies in unlauterer Weise vertieft (vgl. LK-*Schäfer/Wolff* 45).

23 S. 1 gilt für jeden Mitwirkenden, der sich für Leistungen iS von I S. 1 Nr. 1 bis 4 Vermögensvorteile hat versprechen oder gewähren lassen, wenn er **eine Schwäche** des anderen iS von oben 9 bis 13 für sich oder einen Dritten **ausnutzt** (oben 15), um einen **übermäßigen Vorteil** für sich oder den Dritten zu erlangen. Der Vorteil muss den angemessenen nicht unwesentlich übersteigen, braucht aber für sich noch kein auffälliges Missverhältnis zu erreichen. Als Täter scheidet aus, wer (nur) für seine Einzelleistung einen angemessenen Vermögensvorteil anstrebt, selbst wenn er weiß, dass bei dem Gesamtgeschäft ein auffälliges Missverhältnis zustande kommt (Ber. 20; BRat RegE 52; *S/S-Stree/Heine* 34; NK-*Kindhäuser* 56).

24 **7) Subjektiver Tatbestand.** Hinsichtlich aller Merkmale ist **Vorsatz** erforderlich; idR genügt bedingter Vorsatz (hierzu *Haberstroh* NStZ **82**, 269); nur im Fall von **I S. 2** muss es dem Täter **darauf ankommen,** einen übermäßigen Vermögensvorteil zu erzielen. Der Vorsatz muss die Umstände umfassen, welche die Schwächelage des Opfers begründen, braucht aber die Wertungen des Gesetzes nur unter Parallelwertung in der Laiensphäre mitzuvollziehen (vgl. 14 zu § 16; **aA** *M/Schroeder/Maiwald* 43/22; SK-*Hoyer* 61). Eine unrichtige Selbstauskunft des Opfers, insb. in Fällen des Kreditwuchers, schließt bedingten Vorsatz nicht aus; im Einzelfall kann es hier freilich zu schwer lösbaren Überschneidungen von § 291 (zu Lasten des Kreditsuchenden) und § 263 (zu Lasten des Kreditgewährenden) kommen; eine gleichzeitige Strafbarkeit beider Teile ist nicht ausgeschlossen. Zum Vorsatz gehört weiter, dass der Täter die Schwäche des Opfers bewusst ausbeuten und dadurch sich oder einen anderen bereichern will. Er muss die Umstände kennen, aus denen sich das auffällige Missverhältnis zwischen Leistung und Vermögensvorteil ergibt, im Fall von **I S. 2** also auch die Umstände, die durch Addition zu einem auffälligen Missverhältnis führen (Ber. 20; Prot. 7/2564, 2566). Vollzieht er die *Beurteilung als „auffälliges* Missverhältnis" nicht mit, so ist das ein Subsumtionsirrtum, der zu einem Verbotsirrtum führen kann (NK-*Kindhäuser* 60; 14 zu § 16; vgl. auch *Haberstroh* NStZ **82**, 270; **aA** *A/R-Bernsmann* V 3/50). Die sozialethische Bewertung muss der Täter nicht – auch nicht iS einer „Parallelwertung" –

kennen (SK-*Hoyer* 62; NK-*Kindhäuser* 60; *S/S-Stree/Heine* 35; LK-*Schäfer/Wolff* 54; and. *Haberstroh* NStZ **82**, 270; *Tiedemann* ZStW **87**, 277 f.).

8) Beteiligung. Täter ist, wer sich selbst oder einem Dritten die Vermögensvorteile versprechen oder gewähren lässt. Er braucht bei der Gegenleistung nicht sein eigenes Geld verwenden oder das Geschäft im eigenen Namen schließen oder selbst die Vorteile aus dem Geschäft zu ziehen; so wenn der Vorstand einer juristischen Person das Geschäft für diese schließt. Es kann auch Mittäterschaft zwischen dem Vertretenen und dem Vertreter bestehen, etwa wenn sich mehrere als Gesellschafter zu einem wucherischen Geschäftsbetrieb zusammenschließen, nach außen aber nur einer in der Rolle des Vermittlers auftritt. Liegen diese Voraussetzungen nicht vor, so ist ein Vermittler, sofern er nicht seinerseits Täter des I Nr. 4 ist, nur Teilnehmer der Taten nach I Nr. 1 bis 3. Die Nebentäter nach I S. 2 können untereinander nicht Teilnehmer sein; wohl aber ist Teilnahme an der Nebentäterschaft möglich (oben 27; NK-*Kindhäuser* 62). Das Opfer selbst bleibt als notwendiger Teilnehmer straflos (vgl. aber oben 24). 25

9) Rechtsfolgen; besonders schwere Fälle (II). Neben Freiheitsstrafe ist Geldstrafe nach § 41 möglich. Verfall scheidet wegen der Ansprüche des Verletzten idR aus. 26

Abs. II nennt für **besonders schwere Fälle** (11 zu § 12, 88 ff. zu § 46) drei Regelbeispiele. **Nr. 1** setzt voraus, dass der Täter durch die Tat den anderen (vorsätzlich) in **wirtschaftliche Not** bringt. Das ist nicht der Fall, wenn die Tat „eine schon bei Geschäftsabschluss bestehende Not des Bewucherten lediglich verschärft hat. Zu verlangen ist vielmehr, dass der Bewucherte als Folge der Tat in eine Mangellage gerät, die im geschäftlichen Bereich seine Daseinsgrundlage gefährdet oder auf Grund deren im persönlichen Bereich der notwendige Lebensunterhalt ohne Hilfe Dritter nicht mehr gewährleistet ist" (BT-Drs. VI/1549, 10). Bloße wirtschaftliche Bedrängnis genügt dafür noch nicht (oben 10; **aA** *Schmidt-Futterer* JR **72**, 134). **Nr. 2** setzt voraus, dass der Täter **gewerbsmäßig** handelt (62 vor § 52; BGH **11**, 187). Für gewohnheitsmäßige Begehung vgl. 89 zu § 46. **Nr. 3** setzt voraus, dass der Täter sich durch **Wechsel** einen **wucherischen Vermögensvorteil** (dh in auffälligem Missverhältnis zur Leistung stehenden; oben 22 ff.; NK-*Kindhäuser* 72; **aA** LK-*Schäfer/Wolff* 69; *Lackner/Kühl* 11; SK-*Hoyer* 66) versprechen lässt. Es müssen die Vorteile selbst in Form eines Wechsels, wenn auch nur durch Hingabe eines Blankoakzepts, versprochen werden, so dass es nicht ausreicht, wenn sich der Gläubiger nur für die Darlehenssumme, für die er wucherische Zinsen erlangte, einen Wechsel akzeptieren lässt (BGH bei *Pfeiffer/Maul/Schulte* 1 zu § 302 b aF) oder wenn bei einer Wechselprolongation wucherische Zinsen außerhalb des Wechsels vereinbart werden; Nr. 3 ist aber gegeben, wenn für eine wucherische Forderung nachträglich ein Wechsel ausgestellt wird (LK-*Schäfer/Wolff* 10). Werden wucherische Vorteile durch Wechsel einem Dritten versprochen, so liegt idR ein unbenannter besonders schwerer Fall vor (NK-*Kindhäuser* 73). 27

Ein **unbenannter** besonders schwerer Fall kommt in Betracht bei außergewöhnlichem Ausmaß oder langer Dauer der Bewucherung, Gewohnheitsmäßigkeit oder besonderer Gewissenlosigkeit des Täters, besonderer Hilflosigkeit des Opfers; ferner bei erheblicher Verschärfung einer schon bestehenden Notlage (Prot. 7/2798; LK-*Schäfer/Wolff* 71; SK-*Hoyer* 63; NK-*Kindhäuser* 76). 28

10) Konkurrenzen. Geht das Sichversprechenlassen in das Gewähren über, so ist eine einzige Tat gegeben, die mit Annahme der Leistung beendet ist (oben 15). Innerhalb von § 291 schließen sich I S. 1 und S. 2 grundsätzlich aus. I Nr. 3 wird von Nr. 1, 2 und 4 verdrängt (anders LK-*Schäfer/Wolff* 77). Zwischen Nr. 1 und Nr. 2 ist Tateinheit möglich, ebenso zwischen Nr. 4 und Teilnahme an Nr. 1 bis 3. Doch ist zwischen einem wucherischen Kreditgeschäft nach Nr. 2 und späterer wucherischer Stundung des Kredits auch Tatmehrheit möglich. Tateinheit ist möglich zB mit § 253 (**aA** SK-*Hoyer* 69), § 263 (*Lackner/Werle* NStZ **85**, 504), § 89 BörsG; zur Abgrenzung von Nötigung und Wucher, vgl. *Arzt,* Lackner-FS 641. Beim Zusammentreffen mit §§ 3, 5 WiStG oder mit § 8 I Nr. 2 WoVermittlG gilt § 21 OWiG. 29

30 **11) Zuständigkeit** in Wirtschaftsstrafsachen nach § 74c I Nr. 6, § 74e Nr. 2 GVG, § 103 II JGG.

Jagdwilderei

292 **[I] Wer unter Verletzung fremden Jagdrechts oder Jagdausübungsrechts**

1. dem Wild nachstellt, es fängt, erlegt oder sich oder einem Dritten zueignet oder

2. eine Sache, die dem Jagdrecht unterliegt, sich oder einem Dritten zueignet, beschädigt oder zerstört,

wird mit Freiheitsstrafe bis zu drei Jahren oder mit Geldstrafe bestraft.

[II] In besonders schweren Fällen ist die Strafe Freiheitsstrafe von drei Monaten bis zu fünf Jahren. Ein besonders schwerer Fall liegt in der Regel vor, wenn die Tat

1. gewerbs- oder gewohnheitsmäßig,

2. zur Nachtzeit, in der Schonzeit, unter Anwendung von Schlingen oder in anderer nicht weidmännischer Weise oder

3. von mehreren mit Schusswaffen ausgerüsteten Beteiligten gemeinschaftlich

begangen wird.

Übersicht

1) Allgemeines ... 1, 1 a
2) Rechtsgut ... 2
3) Tatobjekte ... 3–5
4) Tathandlungen (Abs. I) ... 6–13
A. Jagdberechtigung ... 7–10
B. Tathandlungen nach Abs. I Nr. 1 ... 11, 12
C. Tathandlungen nach Abs. I Nr. 2 ... 13
5) Rechtswidrigkeit ... 14
6) Subjektiver Tatbestand ... 15–17
7) Vollendung; Beendigung ... 18
8) Teilnahme ... 19
9) Rechtsfolgen ... 20–26
10) Konkurrenzen ... 27
11) Sonstige Vorschriften ... 28

1 **1) Die Vorschrift** ist durch Art. 1 Nr. 76 des 6. StrRG (2f. vor § 174) umgestaltet worden. Der Strafrahmen des I (aF bis 1935: Höchststrafe 3 Monate, „mit dem Schießgewehr" 6 Monate) wurde gesenkt und die Drittzueignung (46ff. zu § 242) aufgenommen. Die Qualifikation des III aF ist als Regelbeispiel in II S. 2 Nr. 1 aufgenommen worden. **Materialien:** BT-Drs. 13/8587, 45f.; 68; 13/9064, 21.

1 a **Literatur:** *Furtner,* Wie lange kann ein jagdbares Tier Gegenstand der Jagdwilderei sein?, JR **62**, 414; *ders.,* Kann sich der nicht jagdberechtigte Eigentümer in seinem befriedeten Besitztum an Jagdwilderei schuldig machen?, MDR **63**, 98; *Sowada,* Das „unechte Unternehmensdelikt" – eine überflüssige Rechtsfigur, GA **88**, 195; *Stegmann,* Artenschutz-Strafrecht, 2000; *Waider,* Strafbare Versuchshandlungen der Jagdwilderei, GA **62**, 176; *Wessels,* Probleme der Jagdwilderei, JA **84**, 221.

2 **2) Rechtsgut.** § 292 schützt das **Aneignungsrecht** des Jagdberechtigten; es handelt sich im Wesentlichen um ein **Vermögensdelikt** (*S/S-Eser/Heine* 1a; SK-*Hoyer* 3; NK-*Wohlers* 7f.; *Arzt/Weber* 16/10); in Abs. II Nr. 2 sind auch Tierschutzbelange geschützt. Die **Gegenansicht** (*Lackner/Kühl* 1; LK-*Schünemann* 2f.; *W/Hillenkamp* 412; *Mitsch* ZStW **111**, 65, 120; *Rengier* BT I 29/1; *Stegmann* [1a] 161) sieht *daneben* oder sogar vorrangig die „Hege eines gesunden Wildbestandes", die weidmännische Jagdausübung (vgl. *M/Schroeder/Maiwald* 38/9) oder einen artenreichen Wildbestand als Schutzgut des § 292 an. Das ist nicht zutreffend (vgl. auch Frankfurt NJW **84**, 812); es lässt sich insb. nicht daraus herleiten, dass das Jagdrecht nach § 1 S. 2 BJagdG mit einer *Pflicht* zur Hege verbunden ist (so LK-*Schünemann* 2): Wer ein Kfz stiehlt, verletzt nicht die Sicherheit des Straßenverkehrs, weil den Eigentümer eine Verkehrssicherungspflicht trifft. Auch § 294 steht der Annahme eines Allgemeinschutz-Delikts entge-

gen. Die – wichtigen – Allgemeinrechtsgüter des Natur- und Tierschutzes sind daher in §§ 292, 293 nur mittelbar geschützt (und, wie LK-*Schünemann* zutr. anmerkt, hier wie anderswo höchst unzureichend. Hieran ändert freilich das verbreitete Mästen eines absurd hohen Rotwildbestands und das weidmännische Abschießen von Krähen wenig).

3) Tatobjekte. Objekte der Wilderei sind die Gegenstände des Jagdrechts, vor allem wildlebende Tiere, die dem Jagdrecht unterliegen und ausschließlich dem Aneignungsrecht bestimmter Personen unterstehen (§ 1 I BJagdG), sowie Sachen, die dem Jagdrecht unterliegen (§ 1 V BJagdG; Bay NJW **55**, 32; Hamm OLGSt. 1). **Fische** sind, wie sich auch aus § 293 ergibt, kein Wild iS von § 292. 3

A. Wild und **herrenlos** muss das Tier nach **I Nr. 1** sein; ein gezähmtes Tier wird wieder wild, wenn es die Gewohnheit aufgibt, zu den Menschen zurückzukehren, § 960 III BGB. Die Herrenlosigkeit endet, wenn der Jagdberechtigte das Tier in Aneignungsabsicht in Besitz nimmt; ein Nichtberechtigter kann an dem Wild durch Besitzergreifung kein Eigentum erwerben, § 958 II BGB. Ein gefangenes wildes Tier, das entkommt, wird wieder herrenlos, falls es nicht unverzüglich verfolgt wird (§ 960 II BGB) oder der Eigentümer die Verfolgung aufgibt (Bay JR **87**, 128 m. Anm. *R. Keller*). Durch die Inbesitznahme eines Tiers durch einen Nichtberechtigten erwirbt weder der Berechtigte Eigentum (vgl. LK-*Schünemann* 35; NK-*Wohlers* 32; *W/Hillenkamp* 426; hM), noch verliert das Tier seine Eigenschaft als taugliches Tatobjekt iS von I Nr. 1 (hM; vgl. NK-*Wohlers* 32f. mwN). „Wilde" Tiere in Tiergärten und sonstigen Gehegen sind nicht herrenlos (vgl. 6 zu § 242). Die **dem Jagdrecht unterliegenden Tierarten** werden in § 2 I BJagdG und in den nach § 2 II BJagdG erlassenen landesrechtlichen Vorschriften bestimmt. Auch das *Fallwild* und verendetes Wild gehören nach § 1 V BJagdG dazu, ohne Rücksicht darauf, aus welchem Grunde es eingegangen ist (Hamm NJW **56**, 881). Die nicht dem Jagdrecht unterliegenden Tierarten sind, soweit sie nicht in fremdem Eigentum stehen, für den Fang frei. Doch sind das BNatSchG (§§ 20ff.) und die NatSchG der Länder zu beachten. 4

B. An abgetrennten **Teilen des Tieres** ist nach **I Nr. 2** Wilderei möglich, soweit sich das Jagdrecht auf solche Teile (Abwurfstangen; vgl. § 1 V BJagdG) erstreckt (RG **13**, 89); das Aneignungsrecht des Berechtigten erlischt bis zu einem Eigentumserwerb eines Dritten nicht; auch an toten Tieren und anderen dem Jagdrecht unterliegenden Sachen, die ein Wilderer an sich gebracht hat, kann nochmals Wilderei begangen werden (Bay NJW **55**, 32; **aA** *Furtner* JR **62**, 415). Das Jagdrecht umfasst auch die Befugnis, sich der *Eier* des Federwildes zu bemächtigen (§ 1 V BJagdG). 5

4) Tathandlungen (Abs. I). Der Tatbestand des I unterscheidet in Nr. 1 und Nr. 2 Handlungen, die sich auf die unterschiedlichen Tatgegenstände beziehen. In beiden Fällen ist die Verletzung einer fremden Jagdberechtigung vorausgesetzt. 6

A. Jagdberechtigung. Das **Jagdrecht** ist die mit dem Eigentum an Grund und Boden verbundene (§ 3 I BJagdG) Befugnis, auf einem bestimmten Gebiet die Jagd auszuüben und sich die dort lebenden, dem Jagdrecht unterfallenden Tiere zuzueignen (§ 1 I BJagdG). An dem Meeresstrand, den Küstengewässern, den Haffs, Wasserläufen und auf Flächen, an denen kein Eigentum begründet ist, steht das Jagdrecht den Ländern zu (§ 3 II BJagdG). 7

Jagdausübungsrecht ist die Befugnis, das Jagdrecht **tatsächlich auszuüben** (§ 3 III BJagdG). Das Jagdrecht darf gemäß §§ 4ff. BJagdG nur in **Jagdbezirken** ausgeübt werden (§ 3 III BJagdG). In befriedeten Bezirken ruht es (Bay NStZ **92**, 187 mwN). Eine zusammenhängende Grundfläche von mindestens 75 ha eines Eigentümers bildet einen **Eigenjagdbezirk.** Dort ist er selbst jagdberechtigt oder an seiner Stelle der Nutznießer am ganzen Eigenjagdbezirk (§ 7 I, IV BJagdG). Zulässig ist die Verpachtung des Jagdrechts in seiner Gesamtheit an einen Dritten. Durch den Pachtvertrag wird im Zweifel (§ 11 I Satz 2 BJagdG) das Jagdrecht des Verpächters ausgeschlossen Einen **gemeinschaftlichen Jagdbezirk** bilden die übrigen Grundflächen einer Gemeinde, die nicht zu einem Eigenjagdgebiet gehö- 8 ren (§ 8 I BJagdG). An ihm steht die Ausübung des Jagdrechts der **Jagdgenossenschaft** zu, die von der Gesamtheit der Eigentümer gebildet wird (§ 9 BJagdG). Sie kann die Jagdausübung verpachten oder durch angestellte Jäger ausüben (§ 10 BJagdG). In befriedeten Bezirken (vgl. § 6 BJagdG; dazu LK-*Schünemann* 9 ff.) ruht die Jagd; eine Jagdausübung ist daher grds unzulässig.

9 **Täter** des § 292 kann zunächst jeder Dritte sein, der zur Jagdausübung nicht berechtigt ist. Da Jagdrecht und Jagdausübungsrecht sich nicht decken müssen, ist der Kreis tauglicher **Täter** des § 292 aber ausgeweitet. Der **Eigentümer** des Grundstücks scheidet als Täter aus, wenn es sich um einen Eigenjagdbezirk handelt, wenn er sein Jagdausübungsrecht nicht verpachtet hat und wenn sich der Tatgegenstand auf seinem Grundstück befindet (SK-*Hoyer* 4; NK-*Wohlers* 14). Entscheidend ist insoweit der Standort des Wildes, nicht der des Jägers; das Schießen aus fremdem Gebiet nach Wild auf eigenem Gebiet ist daher keine Wilderei, sondern eine Ordnungswidrigkeit nach § 39 II Nr. 6 BJagdG; anders im umgekehrten Fall, so auch beim Zutreibenlassen von Wild aus fremdem auf eigenes Gebiet (Bay GA **55**, 247). Das Recht der **Wildfolge,** nämlich zur Verfolgung von angeschossenem Wild auf fremdes Gebiet, hat der Jagdberechtigte nur an Schalenwild und nur, wenn es ihm ein schriftlicher Vertrag mit dem Nachbarn zuspricht (vgl. § 1 III, VI BJagdG). **Ruht** das an sich dem Grundstückseigentümer verbliebene Jagdrecht (vgl. § 6 BJagdG), so ist seine Jagdtätigkeit dort keine Wilderei, sondern eine Ordnungswidrigkeit (§ 39 I Nr. 1 BJagdG; **aA** *Furtner* MDR **63**, 98; vgl. 18). Ein anderer, vor allem der Jagdpächter, kann aber auch auf einem solchen Gebiet Wilderei begehen, da das Jagdrecht trotz des Ruhens weiter besteht (Hamm GA **61**, 89).

10 Der **Jagdausübungsberechtigte** kann Täter sein, wenn er die Grenzen seiner Befugnis überschreitet (zB Jagd auf von der Befugnis nicht umfasste Wildarten; Überschreiten der Abschussquote; Anwendung nicht erlaubter Methoden; vgl. dazu i. e. LK-*Schünemann* 13 ff.; NK-*Wohlers* 18 ff.). Täter kann weiterhin ein **Jagdgast** sein, wenn er die Grenzen der ihm vom Berechtigten erteilten Erlaubnis überschreitet (vgl. SK-*Hoyer* 9); auch zur Jagdausübung bestellte Personen (NK-*Wohlers* 22).

11 **B. Tathandlungen** nach **Abs. I Nr. 1.** I Nr. 1 setzt voraus, dass der Täter lebendem Wild nachstellt, es fängt, erlegt oder sich oder einem Dritten zueignet. Für das **Nachstellen** (unechtes Unternehmensdelikt) genügt das Auf-dem-Anstand-Stehen, das Heranpirschen, das Verfolgen, das Treibenlassen durch Treiber, das Auslegen vergifteter Köder, also jede Handlung, mit welcher der Täter nach seiner Vorstellung zum Fangen, Erlegen oder Sich-Zueignen unmittelbar ansetzt (*S/S-Eser/Heine* 5; SK-*Hoyer* 13). Nachstellen, um das Wild nur zu verletzen oder Hirsche zum Abwerfen des Geweihs zu veranlassen (sog. Hirschsprengen), reicht nicht aus. **Fangen** ist das Erlangen tatsächlicher Herrschaft über ein lebendes Tier, insb. durch Fallen; **Erlegen** das Töten des Wildes, gleichgültig mit welchen Mitteln. Nachstellen und Fangen sind danach Vorstufen des Erlegens und der Zueignung (*S/S-Eser/Heine* 5). Zweifelhaft ist die Abgrenzung der Tatvollendung von nur **vorbereitenden Handlungen.**

12 **Zueignung** ist – entspr. § 246 – die Begründung von Eigenbesitz unter Ausschluss des Aneignungsberechtigten. **Drittzueignung** (46 ff. zu § 242) reicht nach der Ergänzung durch das 6. StrRG aus. Eine Drittzueignung durch bloße „Manifestation" des Willens ohne Gewahrsamserlangung reicht wie in § 246 (dort 11) nicht aus (LK-*Schünemann* 52). Eine Zueignungs*absicht* reicht nicht aus.

13 **C. Tathandlungen** nach **I Nr. 2.** Voraussetzung des I Nr. 2 sind die **Zueignung, Beschädigung** (6 ff. zu § 303) oder **Zerstörung** (14 zu § 303) einer dem Jagdrecht unterfallenden Sache (oben 4) voraus. Gegenüber I Nr. 1 tritt Nr. 2 zurück, wenn der Täter des I die Sache von dem erlegten Wild abtrennt.

14 **5) Rechtswidrigkeit.** Als möglicher Rechtfertigungsgrund kommt neben der **Einwilligung** des Berechtigten und der **mutmaßlichen Einwilligung** (wohl auch bei Tötung eines verletzten Tiers zur Abkürzung von Leiden; vgl. *S/S-Eser/*

Heine 12; NK-*Wohlers* 67; nach **aA** in diesem Fall § 34 [SK-*Hoyer* 24; *Gössel* BT 2, 19/27]; nach wiederum aA schon Ausschluss des Tatbestands, da kein „Erlegen" [LK-*Schünemann* 51] **Notstand** nach § 34, § 228 BGB in Betracht (Abwehr von Angriffen jagdbarer Tiere auf den Täter, Haustiere in seinem Eigentum [vgl. Bay GA **64**, 120], im Einzelfall wohl auch auf geschützte nicht jagdbare wilde Tiere [vgl. LK-*Schünemann* 75; **aA** NK-*Wohlers* 65]). Rechtfertigungsgründe enthalten auch landesrechtliche Regelungen, die Nutzungsberechtigten befriedeter Grundstücke das Recht zur Tötung zB von Wildkaninchen oder Raubwild [Fuchs; Wiesel; Marder] einräumen. Die Tötung zur Verhinderung von Wildschäden oder die Tötung kranken oder verletzten Wildes ist ohne Zustimmung des Berechtigten grds unzulässig (vgl. §§ 22a, 26 BJagdG). Die Rechtfertigung der Tötung erstreckt sich grds nicht auf die Aneignung.

6) Subjektiver Tatbestand. Der für § 292 erforderliche **Vorsatz** muss, mindestens als bedingter (Bay **7**, 216; **10**, 54), das Bewusstsein des Täters umfassen, dass er in ein fremdes Jagdrecht eingreift. Er muss also wissen, dass ihm kein Jagdrecht zusteht und dass das von ihm verfolgte Tier ein herrenloses Wild ist. Auf Grund des Blankett-Charakters des Abs. I ergeben sich komplizierte **Irrtumsprobleme,** die in der Praxis nur selten eine Rolle spielen, den Verästelungen des Jagdrechts jedoch dauerhafte literarische Präsenz garantieren (vgl. dazu u. a. *Kindhäuser* GA **90**, 420; *Jakobs* AT 8/53; LK-*Schünemann* 64). Nachdem der den Forst aus *Not, Leidenschaft* oder *Gesinnung* durchstreifende Wilderer eher selten geworden ist, dürften sich die weitaus meisten der **Mauswieselfälle** (vgl. *B/Weber/Mitsch* 21/56; LK-*Schünemann* 64, 70, 73; *Plaschke* Jura **01**, 235) in jur. Staatsexamen ereignen; ob der in Deutschland eher seltene Irrtum über den *Marderhund* (vgl. LK-*Schünemann* 70, 72) von demjenigen über den *Kampfhund* ersetzt wird, bleibt abzuwarten. 15

Ein **Tatbestandsirrtum** ist gegeben, wenn der Täter ein konkret von ihm verfolgtes oder erlegtes Tier für ein nicht jagdbares Wild oder eine von ihm zugeeignete Sache für nicht dem Jagdrecht unterliegend hält (wohl allgM); ebenso bei irriger Annahme der (am Ort der Tat) zur Jagdausübung Berechtigte zu sein (NK-*Wohlers* 57; vgl. auch Bay NStZ **92**, 187). Hält der Täter einen im Eigentum des Berechtigten stehenden Gegenstand **irrig für herrenlos,** so gelangt die in der Lit. überwiegend vertretene Ansicht zur Straflosigkeit, weil es für § 292 am objektiven Tatbestand, für § 242 oder § 246 am Vorsatz fehle (SK-*Hoyer* 22; NK-*Wohlers* 60; *Lackner/Kühl* 5; LK-*Schünemann* 68; *W/Hillenkamp* 429; *Mitsch* BT II/2, 1/89; *Arzt/Weber* 16/19; *Krey* BT II 274; *Otto* BT 50/28; *Wessels* JA **84**, 221, 224; vgl. auch Bay **54**, 116). Nach **aA** liegt vollendete Wilderei vor, weil Zueignungs- und Aneignungsvorsatz einander *gleichartig* seien und die laienhafte Vorstellung ausreiche, dass der Gegenstand einem anderen iwS „gehört" (so *Welzel* LB 363; *Jakobs* AT 6/56) oder weil ein Stufenverhältnis dergestalt bestehe, dass der Zueignungsvorsatz der §§ 242, 246 den Aneignungsvorsatz des § 292 vollständig umfasse (*M/Schroeder/Maiwald* 38/20; missverständlich *Kindhäuser* BT II/1, 11/32f., der auf den „jeweils verwirklichten objektiven Tatbestand" abstellen will, gleichwohl aber vollendete Wilderei annimmt). Bei **umgekehrtem** Irrtum, wenn der Täter einen herrenlosen Gegenstand **irrig für fremd** hält, gelangen „Gleichartigkeits"- und „Plus-Minus"-Theorie zur Strafbarkeit wegen vollendeter Wilderei, die das versuchte Eigentumsdelikt verdrängt (*Lackner/Kühl* 5; *Arzt/Weber* 16/20; *M/Schroeder/Maiwald* 38/20; *Kindhäuser* BT II/1, 11/32f.); die **aA,** welche zwischen Zueignung und Aneignung ein *aliud*-Verhältnis annimmt, kommt hier zur Bestrafung (nur) wegen versuchten Eigentumsdelikts (NK-*Wohlers* 61; LK-*Schünemann* 68f.; SK-*Hoyer* 21f.; *W/Hillenkamp* 432; *Mitsch* BT II/2, 1/88). 16

Zutreffend ist die Annahme einer wesensmäßigen Gleichartigkeit des **Zueignungsvorsatzes** in §§ 242, 246 und § 292; hiergegen spricht nicht der nur mittelbare Schutz von Allgemeininteressen in § 292 (vgl. oben 2; **aA** – vom Ausgangspunkt einer überindividuellen Schutzrichtung – NK-*Wohlers* 62; SK-*Hoyer* 21; LK-*Schünemann* 69). Das führt zur Bestrafung wegen (vollendeter) Wilderei bei irriger 17

Annahme der Fremdheit (*und* der Jagdbarkeit). Der Strafbarkeit aus § 292 bei irriger Annahme der Herrenlosigkeit steht wohl die Straflosigkeit der versuchten Wilderei entgegen (hM; zw.). In der Tatvariante des **Nachstellens** (oben 11) kommt es hierauf freilich nicht an; hier ist schon der Versuch am untauglichen Objekt, sofern er sich auf *bestimmte* Gegenstände bezieht, als Vollendung strafbar. Im Verhältnis von I Nr. 2, 2. und 3. Var. zu **§ 303** gilt Entsprechendes; wegen der niedrigeren Strafdrohung des § 303 ist wegen (vollendeter) Sachbeschädigung zu bestrafen, wenn der Täter eine dem Jagdrecht unterliegende und vom ihm als solche erkannte herrenlose Sache irrig für fremd hält.

18 **7) Vollendung; Beendigung.** Im Fall des Unternehmensdelikts des **Nachstellens** ist die Tat mit dem Beginn der Handlung vollendet, die auf das Fangen, Erlegen oder Zueignen abzielt. Beendet ist das Nachstellen, wenn der Täter die (gesamte) Beute einer einheitlichen Tat des Nachstellens aus dem Jagdbezirk abtransportiert hat (LK-*Schünemann* 81). Typischerweise werden sich jedoch Einzelakte des Nachstellens vielfach überschneiden (gleichzeitiges Auslegen mehrerer Schlingen; Zueignung der Beute aus *einzelnen* unter neuer Köderlegung und Kontrolle der übrigen; usw.); hier kann sich durch Vorliegen natürlicher oder rechtlicher Handlungseinheit eine erhebliche Hinausschiebung des Verjährungsbeginns (§ 78 a) ergeben.

19 **8) Teilnahme.** Die Beteiligung beurteilt sich nach allg. Regeln (zur Täterstellung oben 7 ff.). Eine jagdausübungsberechtigte Person kann auch Teilnehmer sein (vgl. oben 10). **Treiber** des wildernden Schützen sind je nach Tatherrschaft und Willensrichtung Mittäter oder Gehilfen; zur Verschiebung der Grenze durch die Drittzueignungs-Alternaive vgl. aber 46 zu § 242. Die Mitwirkung beim Fortschaffen der Jagdbeute kann Mittäterschaft, Beihilfe oder Begünstigung sein.

20 **9) Rechtsfolgen.** § 292 unterscheidet das Grunddelikt des I und besonders schwere Fälle in II. Abs. II ist durch das 6. StrRG umgestaltet worden; die früheren Beispielsfälle sind der Regelbeispielstechnik entsprechend neu formuliert, die Qualifikation des Abs. III aF als II Nr. 1 als Strafzumessungsregel aufgenommen worden. Vgl. i. Ü. 11 zu § 12, 90 ff. zu § 46.

21 **A.** Der **Strafrahmen** des I ist durch das 6. StrRG gemildert worden. Zusätzliche Geldstrafe nach § 41; Einziehung nach § 295. Entziehung des Jagdscheins nach § 41 BJagdG; Verbot der Jagdausübung nach § 41 a BJagdG. Wegen des Strafantrags in den Fällen des § 294 vgl. dort. Eine analoge Anwendung des § 248 a kommt nach teilw. vertretener Ansicht wegen des Charakters des § 292 als Vermögensdelikt in Betracht (*S/S-Eser/Heine* 19; SK-*Hoyer* 2 zu § 294; *Arzt/Weber* 16/16), wird aber von der hM abgelehnt (vgl. *Lackner/Kühl* 8; LK-*Schünemann* 3; *W/Hillenkamp* 433; *Wessels* JA **84**, 226; zw.).

22 **B.** Die **Regelbeispiele** des Abs. II beschreiben besonders intensive Formen der Tatbegehung. In Nr. 2 und Nr. 3 treten neben den Vermögensschutz des Jagdberechtigten auch Belange des Tier- und Naturschutzes, freilich verbunden mit einer durch die Handlungsform erhöhten Wahrscheinlichkeit und Intensität der Vermögensverletzung. Erfasst sind

23 in **Nr. 1 Gewerbs- oder gewohnheitsmäßige Wilderei** (zur Gewerbsmäßigkeit 62 vor § 52; zur Gewohnheitsmäßigkeit 63 vor § 52), auch in den Formen von Nr. 2 oder Nr. 3 (zB gewerbsmäßiges Schlingenlegen). Im Fall der Gewerbsmäßigkeit kann der Gewinn durch Verkauf oder durch Verwendung im Haushalt des Täters erstrebt werden (LK-*Schünemann* 87). Wer mehrfach demselben Stück Wild nachstellt, handelt deshalb noch nicht gewohnheitsmäßig (Bay **56**, 56)

24 in **Nr. 2** das Wildern **zur Nachtzeit,** dh der Zeit vom Ende der Abend- bis zum Beginn der Morgendämmerung (vgl. Köln GA **56**, 300; BGH GA **71**, 336). Das Beispiel erfasst auch die Zueignung von Gegenständen nach I Nr. 2 (LK-*Schünemann* 90); nicht jedoch eine Zueignung, die einer aus anderen Gründen erfolgten Aufnahme des Gegenstands erst nachfolgt (vgl. Bay **63**, 89 [Zueignung

eines in der Nacht angefahrenen Stück Wildes *nach* Aufnahme zur Bergung]; SK-*Hoyer* 28; LK-*Schünemann* 90). In weiteren, vom Wortlaut erfassten Fällen wird die Regelwirkung entfallen (**zB** nächtliche Wegnahme einer gewilderten Rehkeule!). Die gesetzliche **Schonzeit** ergibt sich, soweit nicht abweichende landesrechtliche Vorschriften bestehen, aus § 22 BJagdG mit der JagdzeitV. **Nicht weidmännisch** sind nur solche Arten unüblicher Jagdausübung, die eine empfindliche Schädigung des Wildbestandes bedeuten oder geeignet sind, dem Wild besondere Qualen zu verursachen (Bay NJW **60**, 446; *S/S-Eser/Heine* 25 f.; SK-*Hoyer* 28), also regelmäßig die Anwendung von **Schlingen;** die Verwendung von Fallen oder Netzen kann im Einzelfall als nicht weidmännische Handlungsweise angesehen werden. Nicht ausreichend ist das bloße Entnehmen von in Schlingen eines Dritten gefangenem Wild ohne eigene „Verwendung" (Bay **63**, 88; LK-*Schünemann* 92; *Kindhäuser* LPK 24). Ferner ist nicht weidmännisch zB das Legen vergifteter Köder. Das bloße Erschlagen eines Wildschweins (Bay NJW **60**, 446) genügt dagegen nicht (LK-*Schünemann* 94 mit weiteren Beispielen). Ist gleichzeitig Tierquälerei gegeben, so tritt sie hinter II zurück (Bay NJW **57**, 720)

in **Nr. 3** das **gemeinschaftliche,** dh aktiv zusammenwirkende Wildern **von** 25
mehreren (dh mindestens **zwei**) mit Schusswaffen ausgerüsteten **Beteiligten.** Nicht erforderlich ist, dass mindestens zwei der Beteiligten **Täter** sind (LK-*Schünemann* 96; *S/S-Eser/Heine* 27; *Lackner/Kühl* 6; *W/Hillenkamp* 436; wohl auch NK-*Wohlers* 79; **aA** SK-*Hoyer* 20); es müssen aber mindestens zwei der Beteiligten (Täter oder Gehilfen) mit **Schusswaffen** „ausgerüstet" sein, die Waffen daher gerade zur Durchführung der Wilderei (sei es auch nur zum Aufscheuchen des Wilds oder zur Sicherung) mitführen; hieraus wird sich häufig eine Täterstellung ergeben. Gemeinschaftlich iS von Nr. 3 kann daher auch eine von einem Jagdberechtigten (als Täter oder Teilnehmer) mit einem Dritten begangene Tat sein, wenn der Berechtigte gerade durch seine Beteiligung die Grenzen seiner Befugnis überschreitet (oben 10).

Die Tatsachen, welche die erschwerenden Umstände von II begründen, müssen 26
vom Vorsatz umfasst sein; auch insoweit reicht bedingter Vorsatz (and. hier bis 50. Aufl.; vgl. Bay **56**, 51; Celle NJW **54**, 1618; MDR **56**, 54).

10) Konkurrenzen. Tateinheit kommt in Betracht mit §§ 52 a, 53 I Nr. 3 a, 4, 7, III 27
Nr. 1, 3, 5 bis 7 WaffG. Für eine gleichzeitige Ordnungswidrigkeit nach § 39 BJagdG, insbes. die Jagdausübung ohne Jagdschein, gilt § 21 OWiG. § 39 I Nr. 3 BJagdG steht im Verhältnis der Spezialität zu § 292 (Bay NStZ **90**, 441 m. Anm. *Rüping* NStZ **90**, 341), nicht jedoch Art. 54 I Nr. 8 b oder 56 I Nr. 8 b iVm Art. 37 III 4 BayJagdG, falls sich der Täter das Wild zueignet (Bay GA **93**, 121). Tateinheit mit § 38 BJagdG scheidet aus, da sich die §§ 21, 22 BJagdG nur an Jagdberechtigte wenden (vgl. Celle GA **56**, 325).

11) Sonstige Vorschriften. Entziehung des Jagdscheins § 41 BJagdG. Verbot der Jagdaus- 28
übung § 41 a BJagdG. Strafantrag § 294. Einziehung § 295.

Fischwilderei

293 **I Wer unter Verletzung fremden Fischereirechts oder Fischereiausübungsrechts**

1. fischt oder

2. eine Sache, die dem Fischereirecht unterliegt, sich oder einem Dritten zueignet, beschädigt oder zerstört,

wird mit Freiheitsstrafe bis zu zwei Jahren oder mit Geldstrafe bestraft.

1) Allgemeines. Die Vorschrift wurde durch Art. 1 Nr. 77 des 6. StrRG (2 f. vor § 174) 1
neu gefasst und entspricht inhaltlich § 293 I aF. Die Abs. II (besonders schwere Fälle) und III (Qualifikation bei Gewerbs- und Gewohnheitsmäßigkeit) wurden gestrichen, da sie in der Vergangenheit keine praktische Bedeutung erlangten (RegE 46). **Das Fischereirecht** ist landesrechtlich geregelt; vgl. Art. 69 EGBGB und die **Landesfischereigesetze und Fischereiordnungen der Länder** (*Göhler/Buddendiek/Lenzen* Nr. 245). Die Ausübung der Binnen- und Küstenfischerei ist an den Besitz eines **Fischereischeines** geknüpft. Zum geschützten **Rechtsgut** gilt das in 2 zu § 292 Ausgeführte entspr.

1a **Literatur:** *Drossé,* Zur rechtlichen Beurteilung von „Fischfrevel", AgrarR **99**, 82; *Lorz,* Fischerei u. Naturschutz (usw.), NuR **82**, 4; *ders.,* Ein Blick auf den Grenzbereich von Tierschutz-, Naturschutz-, Jagd- u. Fischereirecht, NuR **85**, 253; *ders.,* Naturschutz im Fischereirecht der Gegenwart, NuR **94**, 63.

2 **2) Tathandlung.** Durch zwei **Tätigkeiten** kann sich der Fischwilderer gegen fremdes Fischereiausübungsrecht vergehen, nämlich nach **Nr. 1** durch **das Fischen** der (nach Landesrecht) fischbaren lebenden Tiere, wie Fische und Krebse (stets) sowie evtl. Austern, Miesmuscheln, Perlmuscheln. Voraussetzung ist wie in § 292 die Herrenlosigkeit der Fische; Fische in **Teichen** und sonstigen geschlossenen **Privatgewässern** stehen im Eigentum (§ 960 I BGB), so dass an ihnen nur Diebstahl möglich ist. Hier genügt jede auf Fang oder Erlegen gerichtete Tätigkeit, auch wenn sie keinen Erfolg hat, noch nicht jedoch das Montieren und Beködern der Angel am Gewässer (Frankfurt NJW **84**, 812; LK-*Schünemann* 10);

3 nach **Nr. 2** durch das Sich oder einem Dritten **Zueignen,** Beschädigen oder Zerstören sonstiger Sachen, die nach Landesrecht dem Fischereirecht unterliegen; so evtl. Muschelschalen, tote Tiere, Seemoos, aber nicht Fischereigeräte. Die für § 292 geltenden Regeln finden entsprechende Anwendung (vgl. SK-*Hoyer* 6 f.).

4 **3) Unberechtigt** fischt, wem das Fischereirecht (vgl. dazu LK-*Schünemann* 2 ff.) zu eigenem Recht oder kraft Erlaubnis nicht zusteht (RG **13**, 195) oder wer den Umfang des ihm übertragenen Fischereirechts überschreitet (Zweibrücken NStE Nr. 1; vgl. *Drossé* AgrarR **99**, 83 f.). Das Fischen zur **Schonzeit** durch den Fischereiberechtigten fällt nicht unter § 293, unterliegt aber landesrechtlichen Strafvorschriften. Auch das Fischen ohne Fischereischein durch den Fischereiberechtigten ist lediglich nach Fischereirecht zu ahnden.

5 **4)** Der **subjektive Tatbestand** erfordert Vorsatz. Bedingter Vorsatz reicht aus (**aA** hier bis 50. Aufl.); es gelten die Ausführungen 15 ff. zu § 292.

6 **5) Rechtsfolgen.** Die **Strafe** ist Freiheitsstrafe bis zu 2 Jahren oder Geldstrafe. Einziehung nach § 295; Strafantrag § 294. Entziehung des Jagdscheins nach § 41 I Nr. 3 BJagdG; Versagung des Fischereischeins nach Landesrecht.

7 **6) Konkurrenzen.** Die OWi-Tatbestände des Landesfischereirechts, die sich an den Berechtigten wenden, sind schon tatbestandlich ausgeschlossen; i. ü. gilt § 21 OWiG (NK-*Wohlers* 18; LK-*Schünemann* 21).

Strafantrag

294 **In den Fällen des § 292 Abs. 1 und des § 293 wird die Tat nur auf Antrag des Verletzten verfolgt, wenn sie von einem Angehörigen oder an einem Ort begangen worden ist, wo der Täter die Jagd oder die Fischerei in beschränktem Umfang ausüben durfte.**

1 **1) Die Vorschrift** ist durch das 6. StrRG (2 f. vor § 174) redaktionell geändert worden. Zu den **Voraussetzungen** des Strafantrags §§ 77 bis 77 c.

2 **2) Als Taten** kommen nur die einfache Jagdwilderei nach § 292 I und die Fischwilderei nach § 293 in Frage; die besonders schweren Fälle des § 292 II werden stets ohne Antrag verfolgt (hM; **aA** SK-*Hoyer* 4 im Hinblick auf die Regelbeispiels-Qualität des § 292 II). Wird Antrag nicht gestellt, so kann die Tat uU wegen Tierquälerei oder Verstoß gegen das WaffG, nicht aber nach § 39 BJagdG geahndet werden.

3 **3) Der Täter** muss entweder ein **Angehöriger** (§ 11 I Nr. 1) des Verletzten (also des Jagd- oder Fischereiberechtigten) sein; sind mehrere Verletzte berechtigt und auch nur einer von ihnen nicht „Angehöriger" des Täters, so bedarf es keines Antrages (RG **4**, *158); oder* er muss am Tatort immerhin in beschränktem Maße (so hinsichtlich der Zahl oder der Art der Tiere) jagd- bzw. fischerei*berechtigt* gewesen sein und unter Überschreitung dieser Befugnis gehandelt haben (vgl. Oldenburg NdsRpfl. **61**, 37). Zur entspr. Anwendung von **§ 248 a** vgl. 20 zu § 292.

Einziehung

295 **Jagd- und Fischereigeräte, Hunde und andere Tiere, die der Täter oder Teilnehmer bei der Tat mit sich geführt oder verwendet hat, können eingezogen werden. § 74 a ist anzuwenden.**

1) Die Vorschrift wurde durch das EGOWiG neu gefasst und das EGStGB lediglich redaktionell geändert (1 zu § 74); sie erweitert den im Übrigen anwendbaren § 74 (vgl. § 74 IV) mit seinen Folgevorschriften, soweit es sich um Fälle der §§ 292, 293 handelt um 1

2) Jagd- und Fischereigeräte sind leblose Gegenstände, die nach ihrer Art der Ausübung von Jagd oder Fischerei dauerhaft dienen oder die vom Täter im Einzelfall hierzu eingesetzt werden (BGH **19**, 123 f.; Bay **58**, 203; Stuttgart NJW **53**, 354; NK-*Wohlers* 7; LK-*Schünemann* 7); eine Bestimmung zu wiederholtem oder dauerhaftem Einsatz ist nicht erforderlich (**aA** Celle NJW **60**, 1873; GA **65**, 30; *S/S-Eser/Heine* 6). Erfasst sind **zB** Gewehre, Schlingen, Jagdtaschen, Jagdmesser, Jagdmunition, Patronentaschen und auch Jagdferngläser, Fischkästen, Angeln; auch **Fahrzeuge,** wenn sie als Jagdwagen besonders eingerichtet sind, wenn sie zum Treiben benutzt oder so eingesetzt wurden, dass die Scheinwerfer das Wild blenden, oder an deren Batterie zu diesem Zweck ein Handscheinwerfer angeschlossen ist (BGH **19**, 123 f.; Karlsruhe NJW **53**, 354; Bay NJW **58**, 1984; hM; **aA** *S/S-Eser/Heine* 6; hier bis 50. Aufl.). Ein Kfz, das nur zur Wegschaffung der Beute oder zur An- und Abfahrt zum Tatort benutzt wird, ist kein Jagdgerät (Celle NJW **60**, 1873; GA **65**, 30; **aA** *Mitzschke* NJW **53**, 354). 2

Hunde und andere Tiere sind neben Jagdhunden auch für die Jagd objektiv geeignete und generell dazu bestimmte Tiere wie Frettchen und Jagdfalken; darüber hinaus aber alle Tiere, die im Einzelfall bei der Tat verwendet wurden, daher auch ein Pferd, das unmittelbar bei der Wilderei eingesetzt wird (LK-*Schünemann* 14; NK-*Wohlers* 8). 3

3) Die **Erweiterung** gegenüber § 74 liegt, nachdem die Einziehung im Gegensatz zu § 295 aF nicht mehr vorgeschrieben ist, grds. darin, dass die Sachen unter 2 und 3 auch dann eingezogen werden können, wenn sie nicht *instrumenta sceleris* waren, sondern von einem Tatbeteiligten nur **mit sich geführt** wurden. Gleichwohl darf § 295 nicht als bloße materiell-rechtliche Beweisregel verstanden werden. Aus der Hervorhebung von Hunden ist daher zB nicht zu schließen, dass das bloße Beisichführen eines jagduntauglichen Hundes (etwa gelegentlich des Zueignens von Sachen nach § 292 I Nr. 2) zur Einziehung führe (LK-*Schünemann* 15). 4

Dritteinziehung ist nicht nur als Sicherungseinziehung nach § 74 II Nr. 2, sondern auch unter den Voraussetzungen des § 74 a zulässig, wenn ein Tatbeteiligter die Sachen mit sich geführt oder als *instrumenta sceleris* verwendet hat. In allen Fällen ist § 74 b (Entfernung des Spezialscheinwerfers vom Kraftwagen), bei Dritteinziehung zu Sicherungszwecken auch § 74 f zu prüfen; außerdem greift § 74 e II, S. 2, 3 ein. Selbständige Einziehung nach § 76 a I, nach II nur bei Sicherungseinziehung. 5

Die **Jagdbeute** selbst oder ihre Teile, das Wild, die Fische, Eier, Abwurfstangen usw. können schon deshalb weder nach § 74 noch nach § 295 eingezogen werden, weil sie nicht *producta sceleris,* sondern Beziehungsgegenstände sind (10 zu § 74). Ihre Einziehung nach § 40 BJagdG oder nach landesrechtlichen Fischereigesetzen scheidet für den Fall der Wilderei aus. 6

§ 296 [Aufgehoben durch Art. 1 Nr. 86 des 1. StrRG]

§ 296 a [Aufgehoben durch § 12 des Seefischereigesetzes vom 12. 7. 1984, BGBl. I 876]

Gefährdung von Schiffen, Kraft- und Luftfahrzeugen durch Bannware

297 **I Wer ohne Wissen des Reeders oder des Schiffsführers oder als Schiffsführer ohne Wissen des Reeders eine Sache an Bord eines deutschen Schiffes bringt oder nimmt, deren Beförderung**

1. für das Schiff oder die Ladung die Gefahr einer Beschlagnahme oder Einziehung oder

2. für den Reeder oder den Schiffsführer die Gefahr einer Bestrafung

verursacht, wird mit Freiheitsstrafe bis zu zwei Jahren oder mit Geldstrafe bestraft.

II Ebenso wird bestraft, wer als Reeder ohne Wissen des Schiffsführers eine Sache an Bord eines deutschen Schiffes bringt oder nimmt, deren Beförderung für den Schiffsführer die Gefahr einer Bestrafung verursacht.

III Absatz 1 Nr. 1 gilt auch für ausländische Schiffe, die ihre Ladung ganz oder zum Teil im Inland genommen haben.

IV Die Absätze 1 bis 3 sind entsprechend anzuwenden, wenn Sachen in Kraft- oder Luftfahrzeuge gebracht oder genommen werden. An die Stelle des Reeders und des Schiffsführers treten der Halter und der Führer des Kraft- oder Luftfahrzeuges.

1 **1) Allgemeines.** Die Vorschrift wurde durch Art. 1 Nr. 79 des 6. StrRG (2f. vor § 174) neu gefasst, hinsichtlich des Täterkreises und der Schutzobjekte erheblich erweitert. Die unübersichtliche und komplizierte Neufassung kann als *grob missglückt* schon deshalb bezeichnet werden, da sie zu erheblichen Teilen überflüssig ist (unten 4a).

1a **Literatur:** *Janovsky,* Die Strafbarkeit des illegalen grenzüberschreitenden Warenverkehrs, NStZ **98**, 117; *Krack,* § 297 neue Fassung – Eine gelungene Norm des modernen Wirtschaftsstrafrechts?, wistra **02**, 81; *Schroeder,* Das einzige Eigentumsdelikt, ZRP **78**, 12.

2 **2) Rechtsgut.** Das durch die Vorschrift geschützte Rechtsgut war schon bei § 297 aF str. und ist durch die Neufassung keineswegs klarer geworden. Nach hM schützte § 297 aF den Schiffseigner vor Gefährdung seines **Eigentums,** nicht aber allgemein den Schiffsverkehr (vgl. *Schroeder* ZRP **78**, 12 mwN; differenzierend *Roth,* Eigentumsschutz nach Realisierung von Zueignungsrecht, 1986, 34f.). Demgegenüber ging der Gesetzgeber des 6. StrRG ersichtlich davon aus, § 297 schütze (auch) in seiner neuen Fassung allein den **Verkehr** (BT-Drs. 13/8587, 46; 13/9064, 21); er hat die Tatvarianten des I Nr. 2 und des II eingefügt, weil die „Unsicherheit, welche die Gefahr einer Bestrafung des Reeders oder des Schiffsführers für die **Abwicklung des Verkehrs** mit sich bringt, kaum minder groß als die einer Beschlagnahme oder Einziehung (ist)" (RegE); auch *Krack* (wistra **02**, 81, 83) sieht vor allem das *Transportwesen* und das Vertrauen in das Funktionieren der *Wirtschaftsordnung* als geschützt an, vermittelt durch den Schutz individuellen Vermögens. Einem vorrangigen oder *alleinigen* Schutz des **Transportwesens** widersprechen aber nicht nur die systematische Stellung der Vorschrift im 25. Abschnitt und der Verzicht auf die Einbeziehung des Schienenverkehrs, sondern auch der Umstand, dass in diesem Fall nur ein extrem schmaler Ausschnitt aus dem Gesamtbereich der für die moderne Gesellschaft unabdingbaren Kommunikations-, Produktions- und Verkehrswirtschaft betroffen und durch Strafdrohungen für *Betriebsstörungen* einer speziellen Art (die keineswegs die existenzbedrohendste ist) geschützt wären. Ein solcher Tatbestand wäre kaum zu legitimieren.

3 Nach zutr. hM schützt § 297 daher allein **Individualinteressen** (*S/S-Eser/Heine* 1; *Lackner/Kühl* 1; SK-*Hoyer* 2; NK-*Wohlers* 8; LK-*Schünemann* 1): Abs. I Nr. 1 schützt die Eigentümer von Schiffen, Luft- und Kraftfahrzeugen gegen Verlust ihres **Eigentums** *durch Beschlagnahme* oder Einziehung infolge des Transports von Bannware (krit. zur Beschränkung des persönlichen Schutzbereichs *Krack* wistra **02**, 81, 84f.), Abs. I Nr. 2 und Abs. II Eigentümer und Fahrzeugführer, die wegen eines solchen Transports in die Gefahr einer Bestrafung geraten, vor den

damit verbundenen Nachteilen, insb. ihre persönliche **Freiheit.** Während die 1. Var. insoweit auch einen Schutz vor untreueartigen Handlungen betrifft, zielen I Nr. 2 und II auf Handlungen, die zur Verstrickung des Betroffenen in Strafverfahren führen können; sie liegen daher im Umkreis der §§ 145 d II, 164. Die hier bis zur 50. Aufl. im Hinblick auf die gesetzgeberischen Intentionen des 6. StrRG (vgl. oben 2) vertretene abw. Ansicht wird im Anschluss an die hM aufgegeben (wobei das Argument von *Wohlers* [NK 8] überzeugt, schon das Erfordernis der *Unkenntnis* des Reeders oder Schiffsführers spreche gegen den Schutz des Verkehrs). Ein Schutz von **Allgemeinrechtsgütern** (insb. Warenverkehrswesen) sowie unkonkretisierten Individualrechtsgütern (Rechtsgüter, welche durch die zu Einziehung usw. führenden Normen geschützt sind) ergibt sich daher allenfalls mittelbar (NK-*Wohlers* 8: „Schutzreflex").

3) Anwendungsbereich. Die **Erweiterung** auf **Kraft- und Luftfahrzeuge** und die Ausdehnung auf die Gefahr der Bestrafung haben den Charakter des Tatbestands daher erheblich verändert und seinen Anwendungsbereich außerordentlich ausgedehnt. Entsprechende Erweiterungen sind schon früher vorgeschlagen worden (vgl. § 319 E 1962 für Luftfahrzeuge; *Schroeder* ZRP **78**, 12 für Kraftfahrzeuge). 4

Die **Formulierung des Tatbestands** durch das 6. StrRG ist missglückt. Die in Abs. I und II beschriebenen Tathandlungen überdecken sich; der Gesetzestext ist daher weitgehend überflüssig. Der Fall des II ist in I Nr. 2 schon enthalten, da auch hier der Reeder ohne Wissen des Schiffsführers handeln kann; auch I, 2. HS („als Schiffsführer ohne Wissen des Reeders") kann bereits nach HS 1 erfasst werden („Wer ohne Wissen des Reeders …"). Die verwirrende mehrfache Wiederholung derselben Tatbestandsmerkmale ist darauf zurückzuführen, dass der RegE in I, 2. HS und in II ein Handeln *gegen den Willen* des Reeders oder Schiffsführers vorsah. Der RA-BTag ersetzte das Merkmal durch das des Handelns *ohne Wissen,* ohne zu beachten, dass diese Variante in I, 1. HS bereits aufgeführt sind. Der – wenn man die Erweiterung erst nimmt – **Haupt**anwendungsfall der Vorschrift ist in der Anordnung einer „entsprechenden Anwendung" in Abs. IV verborgen. 4 a

Im Gegensatz zu § 297 aF sind grds nur **deutsche** Schiffe, Flugzeuge und Kraftfahrzeuge geschützt; die Einschränkung ist im Hinblick auf die Gefahr erfolgt, dass deutsche Strafverfolgungsbehörden sich mit Vorgängen zu befassen haben, die deutsche Interessen nicht berühren (RegE 46; vgl. § 4; krit. *Krack* wistra **02**, 81, 85 f.). Eine **Ausnahme** macht **Abs. III** für solche ausländischen Fahrzeuge, die ihre Ladung ganz oder zum Teil im Inland genommen haben. Nach dem unklaren Wortlaut des III müsste das auch dann gelten, wenn die Bannware selbst – sei es als Teil der Ladung, sei es in anderer Form – *nicht* im Inland an Bord gebracht wird, sondern entweder *vorher* oder *nachher.* Wenn man dieses – dem Gesetzeszweck wohl nicht entsprechende – Ergebnis, dessen Verhältnis zu §§ 5 ff. überdies unklar bleibt, ablehnt (*S/S-Eser/Heine* 3; SK-*Hoyer* 4), so bleibt der Regelungsgehalt des III neben § 3 fraglich (vgl. zu Schiffen LK-*Gribbohm* 256 f., 268 vor § 3). Unklar ist auch die Formulierung „genommen haben" in III; sie würde bei wörtlicher Anwendung zu dem widersinnigen Ergebnis führen, dass es straflos sei, Bannware im Inland an Bord eines *leeren* ausländischen Fahrzeugs zu bringen oder *zuerst* die Bannware und erst dann den inländischen Ladungsteil einzuladen. 5

4) Täter des I (iVm IV), **1. Var.** kann **jedermann** sein, also sowohl Besatzungsmitglieder als auch Passagiere (auch blinde Passagiere; hM) oder nicht mitreisende Dritte (krit. LK-*Schünemann* 19); Täter des **I, 2. Var.** der Wasser-, Luft- oder Kraftfahrzeugführer. Dabei kommt es auf die konkrete Funktion zur Tatzeit an; der Vertreter (1. Offizier; Copilot; Beifahrer) ist daher nur dann tauglicher Täter, wenn er zur Tatzeit die Funktion des Fahrzeugführers innehat. Täter des **Abs. II** ist der wirtschaftliche Eigentümer oder Halter (Reeder; Luftfahrtgesellschaft; Spediteur oder Kraftfahrzeughalter) des Fahrzeugs (*S/S-Eser/Heine* 2). Bei juristischen Personen gilt § 14 I. 6

7 **5) Tatobjekt** ist **Bannware;** dies sind bewegliche Gegenstände, deren Einfuhr, Ausfuhr oder Transport einem Verbot oder einem Zoll unterworfen ist und daher die genannten Gefahren begründet, gleichgültig, ob dies am Absende-, Ziel- oder Durchfuhrort der Fall ist. Dem Verbot können gesetzliche Bestimmungen gegen die Ausfuhr, die Einfuhr, den Erwerb oder Besitz (Betäubungsmittel), den Vertrieb oder gegen den Transport als solchen (Gefahrguttransporte), aber auch zur Besteuerung (Zoll) zugrunde liegen (zur Vielzahl möglicher Tatbestände vgl. *Janovsky* NStZ **98**, 117). Ob es sich um Teile der Ladung, des Gepäcks von Reisenden oder um *Teile* des Fahrzeugs handelt, ist gleichgültig. Ausgeschlossen ist § 297 aber, wenn allein der Transport des Fahrzeugs selbst dem Verbot unterfällt, zB bei Überführung gestohlener Kraftfahrzeuge (ebenso *S/S-Eser/Heine* 4).

8 **6) Tathandlung** ist das An-Bord-**Bringen** oder An-Bord-**Nehmen** der Sache. Ein **Bringen** liegt vor, wenn der Täter selbst nicht zu den Mitreisenden gehört; ein **Nehmen,** wenn er – gleichgültig ob als Besatzungsmitglied oder Passagier – mitreist (*S/S-Eser/Heine* 6; SK-*Hoyer* 3; NK-*Wohlers* 9). Die Tat ist jedoch kein eigenhändiges Delikt; das Schicken durch einen Boten reicht ebenso aus wie der Auftrag, die Bannware zu verladen (LK-*Schünemann* 4). Täter ist auch, wer die Sachen der sonstigen Ladung, etwa in Frachtcontainern, beigibt, auch wenn dies nicht am Frachtort geschieht (zB Verbergen in Konservendosen, Kartons, Maschinen). Erforderlich sind aber wohl eine hinreichend konkrete Vorstellung des Täters und eine wenigstens mittelbare Einflussnahme auf den Verladevorgang selbst; wer ein Rauschgiftpaket mit der Post von München nach Hamburg versendet, *„bringt"* es nicht an Bord jedes einzelnen von dem Transportunternehmen bis zur Zustellung verwendeten Fahrzeugs (ebenso NK-*Wohlers* 9; **aA** LK-*Schünemann* 4). Die Tat kann auch durch **Unterlassen** begangen werden, etwa wenn ein Garant (Fahrzeugführer, Spediteur, Zollbeamter) von dem Vorhandensein der Bannware im Ladegut erfährt, das Verbringen an Bord jedoch duldet. Eine Ausdehnung des An-Bord-Nehmens auf das An-Bord-**Belassen** ist jedoch auf Fälle zu beschränken, in denen ein Entladen ohne weiteres möglich ist, jedenfalls bei Schiffen oder Luftfahrzeugen idR also vor Abfahrt des Fahrzeugs. § 297 begründet weder eine allgemeine Anzeigepflicht noch ein selbstständiges Transportverbot; eine diesbezügliche Strafbarkeit (zB nach §§ 34 AWG, 19 ff. KriegswaffG, 29 ff. BtMG) bleibt hiervon unberührt. Dagegen will *Schünemann* (LK 5) bei nachträglicher Kenntniserlangung des Fahrzeugführers diesen schon dann nach § 297 bestrafen, wenn er die Fahrt trotz Möglichkeit zur Unterbrechung und Abladung fortsetzt (ebenso NK-*Wohlers* 10). Das mag einem praktischen Strafbedürfnis entsprechen.

8a **Vollendet** ist die Tat mit dem Verbringen an Bord; das Fahrzeug muss noch nicht abgefahren sein (wobei das Bestehen der tatbestandlichen Gefahr selbstverständlich hinzutreten muss; wie hier NK-*Wohlers* 9; iErg auch trotz aus dem ungenauen Wortlaut [„... deren *Beförderung* ... verursacht"] abgeleiteten Bedenken LK-*Schünemann* 14). **Beendet** ist die Tat erst mit dem Verschwinden des gefährlichen Gegenstandes von Bord.

9 Der Täter muss **ohne Wissen des jeweils Berechtigten** handeln, also der Reeder oder Fahrzeughalter ohne Wissen des Fahrzeugführers, der Fahrzeugführer ohne Wissen des Halters, ein Dritter ohne Wissen zumindest eines von ihnen. Sind alle eingeweiht, so findet § 297 keine Anwendung. Das gilt auch dann, wenn der Halter oder Fahrzeugführer das Verbringen an Bord *gegen seinen Willen* duldet. Kenntniserlangung erst nach Anbordnahme schadet grds nicht (SK-*Hoyer* 5; NK-*Wohlers* 11); erlangt der Fahrzeugführer nach Anbordbringen durch einen Dritten hiervon Kenntnis, so kann dies, wenn der Halter keine Kenntnis hat, eine selbstständige Unterlassungstäterschaft begründen (oben 8). Das mutmaßliche Einverständnis des Berechtigten schließt den Tatbestand nicht aus.

10 **7)** *Durch* die Verbringung an Bord müssen die in Abs. 1 Nr. 1 und Nr. 2 genannten **Gefahren verursacht** werden. Der **Gefahrbegriff** des I ist durch die Neufassung *unklar* geworden. Nach allg. Ansicht war § 297 aF kein konkretes Ge-

fährdungsdelikt, verlangte also nicht eine in einem konkreten Verfahren nach Maßgabe einer bestimmten Beweislage drohende Maßnahme, sondern nur die *Möglichkeit* ihrer Anordnung. Hieran ist auch nach der Neufassung festzuhalten (ebenso LK-*Schünemann* 2, 14; NK-*Wohlers* 12; *S/S-Eser/Heine* 4; and. SK-*Hoyer* 6). Es geht daher bei Nr. 1 *und* Nr. 2 nicht um hypothetische *Beweislagen,* sondern darum, ob Einfuhr, Ausfuhr oder Transport der verbotenen Sache nach dem jeweils anzuwendenden (deutschen oder ausländischen) Recht *mit Strafe bedroht* (Nr. 2) sind oder die Beschlagnahme oder Einziehung *nach sich ziehen* können.

A. Nr. 1 setzt die Gefahr einer **Beschlagnahme** oder **Einziehung** des Fahrzeugs oder zumindest von Teilen der (sonstigen) Ladung voraus; Beschlagnahme oder Einziehung der verbotenen Sache allein reichen nicht aus (*S/S-Eser/Heine* 4). Eine nicht ganz entfernte Möglichkeit genügt; dabei ist die Gesamtheit der einschlägigen Regelungen (zB § 74b; Verhältnismäßigkeitsgrundsatz bei der Beschlagnahme) zu beachten. **11**

B. Nr. 2 verlangt die Gefahr einer **Bestrafung,** gleichgültig, ob die Strafdrohung gegen vorsätzliches (zB §§ 372, 373 AO) oder fahrlässiges (vgl. zB § 29 IV BtMG) Handeln gerichtet ist. **Kriminalstrafe** muss dem Betroffenen drohen; im Hinblick darauf, dass Nr. 2 den Schutz der Freiheit der Person im Interesse des Transportverkehrs bezweckt (oben 3), kann die drohende Verfolgung wegen einer Ordnungswidrigkeit nicht ausreichen (*S/S-Eser/Heine* 10; LK-*Schünemann* 13). **12**

8) Vorsatz des Täters ist erforderlich; bedingter Vorsatz genügt. Er muss das Bestehen der in 10 bis 12 genannten Gefahren umfassen (*S/S-Eser/Heine* 11). Die *Kenntnis des Verbots* der die Einziehung oder Bestrafung nach sich ziehenden Handlung gehört daher zum Vorsatz; Unkenntnis des Verbots führt zum Tatbestandsirrtum (ebenso *S/S-Eser/Heine* 11; NK-*Wohlers* 18; LK-*Schünemann* 21). Ein die Tathandlung des § 297 betreffender Verbotsirrtum ist daneben kaum denkbar. Ob der Täter eine *Realisierung* der Gefahren will, ist unerheblich. Der Vorsatz muss sich auch auf das Nicht-Wissen des Halters oder Fahrzeugführers erstrecken; dagegen kommt es auf die Annahme einer *mutmaßlichen* Einwilligung oder auf die Erwartung, der andere werde etwa die Beschlagnahme abwenden, nicht an. **13**

9) Teilnahme ist nach allgemeinen Regeln möglich. Der jeweils andere Teil kann jedoch nicht Teilnehmer sein, da bei seiner Kenntnis schon der Tatbestand entfällt (oben 9). **14**

10) Tateinheit ist möglich mit § 263, da § 297 eine Bereicherungsabsicht nicht erfordert; mit § 266 (**aA** LK-*Schünemann* 23: Spezialität des § 297); mit §§ 34 AWG, 16 II KriegswaffG; insb. auch mit 29 ff. BtMG, §§ 372, 373 AO; auch mit § 164. **15**

Sechsundzwanzigster Abschnitt

Straftaten gegen den Wettbewerb

Vorbemerkung

1) Der 26. Abschnitt ist durch das Gesetz zur Bekämpfung der Korruption **(Korruptionsbekämpfungsgesetz – KorrbekG)** vom 13. 8. 1997 (BGBl. I 2038) eingefügt worden. Zugleich wurde der bisherige § 302a als § 291 in den 25. Abschnitt eingestellt (Art. 1 Nr. 2). Die bisherigen Abschnitte 26 bis 29 wurden Abschnitte 27 bis 30. Im 30. Abschnitt wurden die §§ 331 bis 334 geändert, § 335 neu gefasst und § 338 eingefügt (Art. 1 Nr. 5 bis 14). In § 11 I Nr. 2c wurde der Amtsträgerbegriff ergänzt. Im Hinblick auf die Regelungen des 26. Abschnitts wurden zudem § 74c I Nr. 5a GVG und § 374 I Nr. 5a StPO eingefügt (Art. 2, 3 KorrBekG), § 12 UWG aF aufgehoben (Art. 4 Nr. 1), §§ 30, 40 und 130 OWiG (Art. 7) sowie § 38 GWB geändert, § 81a eingefügt und § 107 neu gefasst (Art. 8; vgl. jetzt § 81 GWB). Weitere Änderungen betrafen §§ 39 und 43 BRRG (vgl. aber Art. 1 Nr. 8 des G zur Änderung des GG v. 28. 8. 2006 [BGBl I 2034]), § 70 BBG, § 11a BDO, § 19 SG und § 58a WDO; flankierende Maßnahmen sind im 2. NebentätigkeitsbegrG vom 9. 9. 1997 (BGBl. I 2294) geregelt. Vgl. auch Art. 2 des *Corpus Juris* (vgl. dazu *Otto* Jura **00**, 98, 101; Einl. 11). 1

2) Materialien: Übk. über den Schutz der finanziellen Interessen der EG (BR-Drs. 868/95); GesA Bayerns (BR-Drs. 571/95), Berlins (BR-Drs. 298/95); E-BRat (BR-Drs. 298/95 – Beschluss –; BT-Drs. 13/3353; BRat Prot. 690 S. 503ff.); RegE (BR-Drs. 553/96; Stellungn. des BRats und Gegenäußerung der BReg. in BT-Drs. 13/6424. Vgl. auch die Zusammenstellung bei *Dahs* (Hrsg.), Kriminelle Kartelle?, 1998, 107 bis 212. 2

3) Literatur zum KorrBekG: *Achenbach,* Pönalisierung von Ausschreibungsabsprachen (usw.), WuW **97**, 958; *ders.* wistra **98**, 168; *Bangard,* Aktuelle Probleme der Sanktionierung von Kartellabsprachen, wistra **97**, 161; *Bottke,* Korruption u. Kriminalrecht in der Bundesrepublik Deutschland, ZRP **98**, 215; *Dölling,* Die Neuregelung der Strafvorschriften gegen Korruption, ZStW **112**, (2000), 334; *Geerds* JR **96**, 309; *Girkens/Moosmayer,* Die Bestrafung wettbewerbsbeschränkender Absprachen nach dem KorrBekG, ZfBR **98**, 223; *Kerner/Rixen* GA **96** 355; *Korte,* NJW **97**, 2556; *ders.,* Bekämpfung der Korruption u. Schutz des freien Wettbewerbs mit den Mitteln des Strafrechts, NStZ **97**, 513; *Kleinmann/Berg* BB **98**, 277; *König* DRiZ **96**, 357; JR **97**, 397; JZ **97**, 135; *Korte,* Kampfansage an die Korruption, NJW **97**, 2556; *Lemke,* Ordnungsrecht oder Kriminalunrecht?, NJ **96**, 632; *Lüderssen,* Ein Prokustesbett für ungleiche Zwillinge – Angestelltenbestechung u. Submissionsabsprachen (usw.), BB **96**, 2525; *ders.,* Die Symbiose von Markt u. Staat (usw.), StV **97**, 318; *ders.,* JZ **97**, 112; *Möhrenschlager,* Strafrechtliche Vorhaben zur Bekämpfung der Korruption (usw.), JZ **96**, 822; *Möllering,* Prävention oder Strafe (usw.), WRP **97**, 993; *Pfeiffer,* NJW **97**, 782; *Oldigs,* Möglichkeiten u. Grenzen der strafrechtlichen Bekämpfung von Submissionsabsprachen, 1998 (Diss.; Rez. *Otto* GA **99**, 243); *ders.,* Die Strafbarkeit von Submissionsabsprachen nach dem neuen § 298 StGB, wistra **98**, 291; *Otto,* Submissionsbetrug u. Vermögensschaden, ZRP **96**, 300; *ders.,* Wettbewerbsbeschränkende Absprachen bei Ausschreibungen, wistra **99**, 41; *Ransiek,* Strafrecht u. Korruption, StV **96**, 446; *Reck,* Das Korruptionsbekämpfungsgesetz, BuW **98**, 222; *Satzger,* Die Bedeutung des Zivilrechts für die strafrechtliche Bekämpfung von Submissionskartellen, ZStW **109**, (1997), 357; *Schaupensteiner* NStZ **96**, 409; KR **96**, 237; 306; **97**, 699; *Volk,* Die Merkmale der Korruption u. die Fehler bei ihrer Bekämpfung, Zipf-GedS 419; *Wolters,* Die Änderungen des StGB durch das KorrBekG, JuS **98**, 1100. Vgl. auch die Nachw. 2 zu § 331. 3

4) In der **Praxis der Strafverfolgung** spielen Korruptionsdelikte bislang keine bedeutende Rolle. Die Fallzahlen sind niedrig; nur ein geringer Anteil der bekannt gewordenen Fälle gelangt zur Anklage (vgl. die Nachweise bei *Dölling* DJT 13ff.; *Kerner/Rixen* GA **96**, 364ff.). Da auf beiden Seiten korruptiver Verhältnisse Tatbeteiligte stehen, ist die **Dunkelziffer** sehr hoch; die statistische Aufklärungsquote liegt daher bei 95% (PKS 1995; Bulletin der BReg. 1996 Nr. 37 S. 408f.). Die durch Korruption entstehenden **Schäden** sind unzweifelhaft sehr hoch (nach *Schaupensteiner* Der Kriminalist **96**, 7 über 5 Mrd. Euro jährlich allein im öffentlichen Bauwesen; vgl. ders. KR **90**, 508f.; *Müller* KR **93**, 516; *Tiedemann* ZRP **92**, 151), können aber nur grob geschätzt werden (vgl. auch LK-*Tiedemann* 7 zu § 298 mwN). 4

5) Rechtspolitisches Anliegen des KorrBekG war zum einen die Effektivierung der Verfolgung korruptiven Verhaltens, zum anderem aber vor allem eine Stärkung generalpräventiver 5

Aspekte. Dabei herrschte weitgehend Einigkeit darüber, dass zwar die konsequente strafrechtliche Verfolgung der Korruption dringend erforderlich sei, ihre Wirksamkeit aber in hohem Maße von präventiven Maßnahmen und von der Stärkung eines korruptionshemmenden Rechtsbewusstseins der Bevölkerung abhänge (vgl. *Dölling* DJT 43 ff.; *Kerner/Rixen* GA **96**, 367 ff., 377 ff.; *Schaupensteiner* KR **96**, 237 ff., jeweils mwN; *König* JR **96**, 397, 404; *Volk* 61. DJT Verh. II, L 51; BR-Drs. 298/95, Anl. 9, 21). Der neue **26. Abschnitt** enthält in § 298 eine Regelung gegen unzulässige Submissionsabsprachen (zum Submissionsbetrug vgl. 100 zu § 263); in § 299 ist – unter Erweiterung auf Drittvorteile – der frühere § 12 UWG übernommen worden, für den § 300 als Regelbeispiele ausgebildete Strafschärfungsgründe vorsieht. Im Gegensatz zu § 12 UWG a. F. UWG) ist eine Strafverfolgung bei besonderem öffentlichen Interesse auch von Amts wegen möglich (§ 301). § 302 regelt die Anwendbarkeit von Erweitertem Verfall und Vermögensstrafe in besonders schweren Fällen des § 299.

6 **6) Rechtsgut** der Vorschriften ist zunächst der **freie Wettbewerb** (RegE 17), dh die Freiheit der Marktkonkurrenz (vgl. *Otto* wistra **99**, 41 f.; *S/S-Heine* 2; LK-*Tiedemann* 4 ff. und Müller-Dietz-FS 905 ff.) von unlauteren, nicht offenbarten Einflüssen, die das Austauschverhältnis von Waren und Leistungen einseitig zugunsten eines Beteiligten verzerren (*Lackner/Kühl* 1 zu § 298; SK-*Rudolphi* 3 zu § 298; *W/Hillenkamp* 700; zum Wettbewerbsrecht vgl. IM-*Immenga* 180 ff. zu § 1; *Emmerich* KartR 15 ff.; *Tiedemann* II 19 ff., jew. mwN; krit. *Oldigs* wistra **98**, 293; *Stächelin,* Strafgesetzgebung im Verfassungsstaat, 1998, 309). Dahinter steht letztlich die marktwirtschaftliche Gesellschaftsordnung als Ganzes, für die das Funktionieren des auf dem Leistungsprinzip beruhenden Wettbewerbs und das Bewusstsein der Bevölkerung von der Rationalität und Öffentlichkeit des Marktes schlechthin konstituierend sind. Dass es sich hierbei um ein „offenes Rechtsgut" handelt, das in hohem Maße von gesetzlichen Vorgaben bestimmt und vielfältigen Wandlungen unterworfen ist, spricht nicht entscheidend gegen seinen strafrechtlichen Schutz (vgl. IM-*Tiedemann* 5 vor § 38; krit. *König* JR **97**, 397, 402); freilich verlangt es eine rechtsstaatlich klare Begrenzung des Unrechtstatbestands. **Mittelbar** werden durch die Vorschriften auch die Vermögensinteressen der Wettbewerber geschützt (*Achenbach* WuW **97**, 959; *Kleinmann/Berg* BB **98**, 277; *S/S-Heine* 3; *Lackner/Kühl* 1 zu § 298).

Wettbewerbsbeschränkende Absprachen bei Ausschreibungen

298 **I Wer bei einer Ausschreibung über Waren oder gewerbliche Leistungen ein Angebot abgibt, das auf einer rechtswidrigen Absprache beruht, die darauf abzielt, den Veranstalter zur Annahme eines bestimmten Angebots zu veranlassen, wird mit Freiheitsstrafe bis zu fünf Jahren oder mit Geldstrafe bestraft.**

II Der Ausschreibung im Sinne des Absatzes 1 steht die freihändige Vergabe eines Auftrages nach vorausgegangenem Teilnahmewettbewerb gleich.

III Nach Absatz 1, auch in Verbindung mit Absatz 2, wird nicht bestraft, wer freiwillig verhindert, dass der Veranstalter das Angebot annimmt oder dieser seine Leistung erbringt. Wird ohne Zutun des Täters das Angebot nicht angenommen oder die Leistung des Veranstalters nicht erbracht, so wird er straflos, wenn er sich freiwillig und ernsthaft bemüht, die Annahme des Angebots oder das Erbringen der Leistung zu verhindern.

Übersicht

1) Allgemeines .... 1–1 b
2) Rechtspolitische Bedeutung .... 2–3 a
3) Anwendungsbereich 4–6
4) Objektiver Tatbestand .... 7–17 b
  A. Ausschreibung 8
  B. Rechtswidrige Absprache 9–12
  C. Tathandlung 13–16
  D. Täterstellung .... 17–17 b
5) *Subjektiver Tatbestand* 18
6) Rechtfertigung 19
7) Rechtsfolge 20
8) Tätige Reue 21
9) Konkurrenzen 22

1 **1) Allgemeines.** Die Vorschrift wurde durch Art. 1 Nr. 3 KorrBekG (1 vor § 298) eingefügt. Der E-BRat (BT-Drs. 13/3353) hatte die Einführung eines § 264b („Ausschreibungsbetrug") vorgeschlagen, der die Abgabe eines Angebots unter Verheimlichung oder Unterdrückung einer auf die Annahme eines bestimmten Angebots abzielenden Absprache unter Strafe stellte und eine Subsidiarität gegenüber § 263 vorsah (zust. *Dölling* DJT 93f.). Demgegenüber hat sich der RegE (BT-Drs. 13/5584) durchgesetzt, die Vorschrift in den neugebildeten 26. Abschnitt aufzunehmen und auf das Erfordernis eines Vermögensschadens und auf ein Täuschungsmoment zu verzichten (vgl. *Korte* NStZ **97**, 516; *Wolters* JuS **98**, 1101; krit. *König* JR **97**, 402). § 298 stuft einen Teil der Ordnungswidrigkeiten des früheren § 38 I S. 1 u. 8 GWB aF zum Vergehen auf. § 263 wird durch § 298 nicht verdrängt (vgl. 100 zu § 263).

Gesetzgebung: Der E eines Zweiten KorrBekG (BR-Drs. 548/07) sieht eine Erweiterung des § 298 I durch Ersetzung des Begriffs „gewerbliche Leistung" durch den Begriff „Dienstleistung" vor. Gesetzgebungsverfahren bei Redaktionsschluss 55. Aufl. nicht abgeschlossen (vgl. Abdruck im **Anhang unter Nr. 23 b**).

1a **Neuere Literatur: zum Ausschreibungswesen** (Auswahl): *Bartmann,* Der Submissionsbetrug, 1997 (Diss. Berlin); *Bock,* Das Europäische Vergaberecht für Bauaufträge, 1993; *Broß* ZfBR **90**, 225; *Byok,* Das neue Vergaberecht NJW **98**, 2774; *Carl* EuZW **94**, 173; *Diercks* EuZW **93**, 559; *Eiermann* (Hrsg.), Die Auswirkungen der EG-Richtlinien zum öffentlichen Auftragswesen auf die öffentlichen Unternehmen, 1992; *Hertwig,* Praxis der öffentlichen Auftragsvergabe (VOB, VOL, VOF), 2000; *Hochbaum* LKV **91**, 148 [Neue Bundesländer]; *Klein/Witzel,* Das Recht der öffentlichen Auftragsvergabe – VOL, 1987; *Kohlhepp* NVwZ **89**, 338; *Kuß,* Verdingungsordnung für Bauleistungen (VOB) Teile A und B. Kommentar, 3. Aufl. 2002; *Lampe-Helbig,* Soergel-FS, 151; *Lutz,* Amnestie für aufklärungsbereite Kartellanten?, BB **00**, 677; *Rittner,* Kontrolle des öffentlichen Auftragswesens als Aufgabe des Rechts, Europäisches Vergaberecht, 1991; *Roebling,* Das Vergaberecht im Wandel, Jura **00**, 453; *Schabel/Ley,* Öffentliche Auftragsvergabe im Binnenmarkt [Materialien], 1996 (Losebl.); *Schlünder* ZfBR **93**, 240; *Schmittmann* EuZW **90**, 536; *Seidel* EuR **90**, 158; *Stolz,* Das öffentliche Auftragswesen in der EG, 1991; *Unger* BauR **84**, 465; **zum Submissionsbetrug** und Submissionsab- 1b
sprachen (Auswahl): *Achenbach,* Die Sanktionen gegen die Unternehmensdelinquenz im Umbruch, JuS **90**; 601; *ders.,* Die Verselbständigung der Unternehmensgeldbuße bei strafbaren Submissionsabsprachen – ein Papiertiger?, wistra **98**, 168; *ders.,* Das neue Recht der Kartellordnungswidrigkeiten, wistra **99**, 241; *Bangert,* Aktuelle Probleme der Sanktionierung von Kartellabsprachen, wistra **97**, 161; *Bartmann,* Der Submissionsbetrug, 1999 (Diss. Berlin FU); *Baumann,* Oehler-FS 291; *Broß/Tode* NStZ **93**, 364; *Bruns* NStZ **83**, 385; *P. Cramer* Zur Strafbarkeit von Preisabsprachen in der Bauwirtschaft – Der Submissionsbetrug, 1995 [Bespr. *Geerds* GA **96**, 398]; *Dahs* (Hrsg.), Kriminelle Kartelle? Zur Entstehungsgeschichte des neuen § 298, 1998; *Girgens/Moosmayer,* Die Bestrafung wettbewerbsbeschränkender Absprachen (usw.), ZfBR **98**, 223; *Gruhl,* Ausschreibungsabsprachen, in: *Müller-Gugenberger/Bieneck,* Wirtschaftsstrafrecht, 3. Aufl. 2000, § 58, *Grützner,* Die Sanktionierung von Submissionsabsprachen, 2003 (Diss. Göttingen); *Hohmann,* Die strafrechtliche Beurteilung von Submissionsabsprachen, NStZ **01**, 566; *Jaath,* Schäfer-FS 89; *Joecks* wistra **92**, 247; *Lüderssen,* Sollen Submissionsabsprachen zu strafrechtlichem Unrecht werden?, in: *ders.,* Entkriminalisierung des Wirtschaftsstrafrechts, 1998, 181; *ders.,* Ein Prokustes-Bett für ungleiche Zwillinge (usw.), ebd. 228 (= BB **96**, 2525); *Lutz,* Amnestie für aufklärungswillige Kartellanten?, BB **00**, 677; *Möhrenschlager* NStZ **81**, 21, JZ **96**, 828; *Möschel,* Zur Problematik einer Kriminalisierung von Submissionsabsprachen, 1980; *ders.,* Kummer-FG 1980, 431; *Oldigs,* Möglichkeiten u. Grenzen der strafrechtlichen Bekämpfung von Submissionsabsprachen, 1998 (Diss.; Rez. *Otto* GA **9**, 243); *ders.,* Die Strafbarkeit von Submissionsabsprachen (usw.), wistra **98**, 291; *Otto* NJW **79**, 681; Jura **89**, 34; ZRP **96**, 300; *ders.,* Wettbewerbsbeschränkende Absprachen bei Ausschreibungen, wistra **99**, 41; *Satzger,* Der Submissionsbetrug, 1994; *ders.,* Die Bedeutung des Zivilrechts für die strafrechtliche Bekämpfung von Submissionskartellen, ZStW **109**, 357; *Schmid,* Der Ausschreibungsbetrug als ein Problem der Strafgesetzgebung, 1982 (Diss. Tübingen) u. wistra **84**, 4; *Schünemann,* Unternehmenskriminalität u. Strafrecht, 1979; *Tiedemann* JZ **86**, 807; *ders.,* Der Wettbewerb als Rechtsgut des Strafrechts, Müller-Dietz-FS 905; *ders.,* Wettbewerbsstrafrecht, in: *Tiedemann* (Hrsg.), Wirtschaftsstrafrecht in der EU, Freiburg-Symposium, 2002, 279; *Walter,* § 298 StGB u. die Lehre von den Deliktstypen, GA **01**, 131; *Weinmann,* Pfeiffer-FS 87.

2 **2) Rechtsgut; rechtspolitische Bedeutung.** Zum geschützten **Rechtsgut** des **freien Wettbewerbs** vgl. 6 vor § 298 (ausf. *Tiedemann,* Müller-Dietz-FS 905ff.). Daneben sind auch **Vermögensinteressen** des Veranstalters geschützt (hM; vgl. *Dölling* ZStW **112**, 348; *Otto* wistra **99**, 41; *S/S-Heine* 3 vor § 298; LK-*Tiedemann* 10; *A/R-Achenbach* III 4/11; *W/Hillenamp* 699; *Mitsch* BT II/2, 3/196); die Ansiedlung des Tatbestands im Vorfeld des Betrugs führt freilich zu wenig sinnvollen Ergebnissen bei der Tätigen Reue (III) und der Verjährung (vgl.

unten 15, 21). Ausschreibungen von Waren und gewerblichen Leistungen sind im Wirtschaftsleben von erheblicher Bedeutung. Das gilt namentlich für Auftragsvergaben der öffentlichen Hände, zunehmend aber auch für privatwirtschaftliche Aufträge, zB im Bereich der Wasser- und Energieversorgung, des Verkehrswesens und der Telekommunikation. Absprachen unter den Anbietern führen das Ausschreibungsverfahren ad absurdum (*Dölling* DJT C 95); sie stehen überdies häufig im Zusammenhang mit korruptiven Verhaltensweisen (*Schubert*, 61. DJT, Verh. Bd. II, L 132 f.) und beinhalten regelmäßig die Gefahr, das Vermögen des Ausschreibenden durch überhöhte Preise zu schädigen. Sie enthalten daher im Kern ein betrügerisches Element, das zu einer erheblichen Schädigung des Wettbewerbs und damit zur Gefährdung der Volkswirtschaft als ganzer führt (vgl. AE Straftaten gegen die Wirtschaft, 1977, S. 33). Zu ausländischen Regelungen, insb. in der **EU,** vgl. LK-*Tiedemann* 12 ff. vorn § 298.

3 Eine Erfassung von **Submissionsabsprachen** durch § 263 (vgl. 100 zu § 263) war lange nur unzureichend möglich, da die Bestimmung eines **Vermögensschadens** häufig schwierig war und Absprachen, die zur Vergabe zu angemessenen Preisen führten, überhaupt nicht erfasst wurden (vgl. dazu auch *Hohmann* NStZ **01**, 566 ff.). In Abweichung von der früheren Rechtsprechung (BGH **16**, 367, 372) hat zwar BGH **38**, 186 (*Wasserbaufall;* ebenso NJW **95**, 737; wistra **97**, 336, 340; vgl. 100 zu § 263) die Schätzung eines hypothetischen Marktpreises anhand objektivierender Indizien für zulässig erklärt (vgl. schon Frankfurt NJW **90**, 1057); damit ist grds die Möglichkeit einer erweiterten Anwendung von § 263 eröffnet (dazu *Baumann* NJW **92**, 1661; *Tiedemann* ZRP **92**, 149; *Mitsch* JZ **94**, 888; *Ranft* wistra **94**, 45; *Dölling* DJT C 93 f.; *Satzger* ZStW **109**, 359 ff.; *Achenbach* NStZ **98**, 560 f.; abl. *Joecks* wistra **92**, 247; *Lüderssen* wistra **95**, 243; *S/S-Cramer* 137 a zu § 263; *Cramer,* Submissionsbetrug, 8 f., 19 ff. und NStZ **93**, 42; vgl. wistra **94**, 346). Die hieran geknüpften Erwartungen haben sich jedoch in der Praxis nicht erfüllt (BT-Drs. 13/3353, 10; vgl. *Otto* ZRP **96**, 300), da die Tatgerichte oft Schwierigkeiten bei der Feststellung des Schädigungserfolgs haben (vgl. *Rutkowsky* ZfBR **94**, 257; NJW **95**, 705).

3 a Der „Submissionsbetrug" ist daher nach **hM** vom Gesetzgeber als **abstraktes Gefährdungsdelikt** (19 vor § 13; *König* JR **97**, 402; *Rengier* BT 1, 13/101 a; *Lackner/Kühl* 1; *S/S-Heine* 2; *Kindhäuser* LPK 1; einschr. *Bartmann* [1 a] 197; LK-*Tiedemann* 12 [im Hinblick auf die Beeinträchtigung des Wettbewerbs]; vgl. auch *Walter* GA **01**, 134 ff.) und als **Tätigkeitsdelikt** (**aA** *Walter* GA **01**, 134; iErg ähnl. *Arzt/Weber* 21/109) ausgestaltet worden. Einer Einschränkung in Fällen, in denen eine konkrete Gefährdung ausgeschlossen ist (*Diehl* BauR **93**, 2; *Otto* wistra **99**, 46; vgl. dazu auch 2 zu § 306 a), stehen nach hM jedenfalls praktische Gründe (*S/S-Heine* 3 vor § 298) entgegen (vgl. aber unten 15 a); i. ü. schließt die *konkrete* Ungefährlichkeit einer Absprache die Gefahr einer *allgemeinen Korrumpierung* des Wettbewerbs nicht aus (*Hohmann* NStZ **01**, 571 f.; LK-*Tiedemann* 14 f.).

4 **3) Anwendungsbereich.** § 298 erfasst in **Abs. I** manipulative Verhaltensweisen bei einer **Ausschreibung,** dh bei einem Verfahren, mit dem von einem **Veranstalter** Angebote einer unbestimmten Mehrzahl von **Anbietern** für die Lieferung bestimmter Waren oder das Erbringen bestimmter Leistungen eingeholt werden. Sie kann stattfinden als **öffentliche Ausschreibung** (vgl. VOB/A Abschn. 1 § 3 Nr. 1 Abs. 1, VOL/A Abschn. 1 § 3 Nr. 1 Abs. 1), der im Anwendungsbereich von EG-Koordinierungsrichtlinien das Offene Verfahren entspricht (vgl. VOB/A, VOL/A Abschn. 2 § 3 a Nr. 1 a), oder als **Beschränkte Ausschreibung** (VOB/A, VOL/A Abschn. 1 § 3 Nr. 1 Abs. 2) bzw. im Nichtoffenen Verfahren (VOB/A, VOL/A Abschn. 2 § 3 a Nr. 1 b). Nach **Abs. II** ist der Öffentlichen und Beschränkten Ausschreibung die **freihändige Vergabe** nach Teilnahmewettbewerb gleichgesetzt. Andere Vergabearten, insb. die freihändige Vergabe ohne vorausgegangenen Teilnahmewettbewerb, unterfallen dem Tatbestand nicht (Täuschungshandlungen unterfallen aber § 263; vgl. BGH **47**, 83, 87 f.); insoweit bleibt die Möglichkeit der Verhängung von Geldbuße nach den Vorschriften des GWB.

5 Erfasst sind zunächst alle **Vergabeverfahren der öffentlichen Hand,** also von Auftraggebern, die durch die BundeshaushaltsO, die LandeshaushaltsOen und die GemeindehaushaltsVOen zur Anwendung der Verfahren nach der VOB/A oder der VOL/A verpflichtet sind und § 57 a des HaushGrdsG sowie §§ 97 ff. GWB *unterfallen* (zum *Begriff* des **öffentlichen Auftraggebers** vgl. EuGH EuZW **99**, 16; Slg. 1998, I-73). Wichtige Regelungen zu den Anwendungsvoraussetzungen ergeben sich aus der **Vergabeverordnung** v. 9. 1. 2001 (BGBl. I 110; vgl. § 97 VI GWB) sowie aus EG-Richtlinien (vgl. RL 97/52/EG v. 17. 10. 1997 [ABl. EG

Nr. L 328, 1]; RL 98/4/EG v. 16. 2. 1998 [ABl. EG Nr. L 101, 1; dazu EuGH NVwZ **96**, 367] zur Änderung der RL 92/50/EWG, 93/36/EWG, 93/37/EWG, 93/38/EWG; Übersicht bei *Schabel/Ley* A 1.9, 1.10, 1.11). Unterhalb der Schwellenwerte, die durch RechtsVO festgesetzt werden (§ 127 Nr. 1 GWB), gilt das Vergabeverfahren nach Maßgabe des VgRÄG nicht (§ 100 I GWB), so dass es insoweit sowie im Bereich der nach § 100 II GWB privilegierten Aufträge bei den bisherigen Regelungen bleibt (vgl. dazu *Byok* NJW **98**, 2776). Für **öffentliche Auftraggeber** (§ 98 GWB) ist die Vergabe gem. § 101 V GWB grds. im **offenen Verfahren** durchzuführen.

Inländische Ausschreibungen sind von § 298 erfasst, soweit dem Veranstalter im Inland das Angebot zugeht; dasselbe gilt für im Inland abgesendete Angebote, die einem Veranstalter im Ausland zugehen (§ 9 I). Für im Ausland abgegebene Angebote, die einem ausländischen Veranstalter zugehen, gilt § 7 I, II Nr. 1. Deutscher iS von § 7 I kann auch eine juristische Person sein (vgl. 6 zu § 7; *S/S-Eser* 6; LK-*Tiedemann* 56; **aA** LK-*Gribbohm* 48 zu 7). Ausschreibungen der **EG** sind von § 298 erfasst; ob dies de lege lata für alle Ausschreibungen nach EG-Recht in den Mitgliedsstaaten gilt, ist zw. (vgl. LK-*Tiedemann* aaO). **5 a**

Der **Anwendungsbereich** von I und II ist aber nicht auf Vergabeverfahren der öffentlichen Hand beschränkt. Erfasst sind vielmehr auch Ausschreibungen und freihändige Vergaben durch **Private,** die nicht an die VOB/A, VOL/A und VOF gebunden sind, soweit die privaten Vergabeverfahren gleich oder ähnlich ausgestaltet sind (wistra **03**, 146 [krit. Anm. *Greeve* NStZ **03**, 549]; SK-*Rudolphi* 6; *S/S-Heine* 4; LK-*Tiedemann* 22; *A/R-Achenbach* III 4/12; **aA** *Joecks* 2); einbezogen sind sowohl private **Unternehmen** als auch **Privatpersonen,** die (zB bei Bauvorhaben) als Veranstalter auftreten (*S/S-Heine* 4; LK-*Tiedemann* 22; *Hohmann* NStZ **01**, 571). **6**

4) Objektiver Tatbestand. Abs. I stellt die **Abgabe** von auf **Absprachen** beruhenden **Angeboten** auf bestimmte Arten von **Ausschreibungen** (oben 4) unter Strafe. **7**

A. Ausschreibung über Waren oder gewerbliche Leistungen. Die Tat muss „bei einer Ausschreibung" (oder bei einem Teilnahmewettbewerb, II) über **Waren** oder **gewerbliche Leistungen** begangen werden. Gewerbliche Leistungen sind solche, die im geschäftlichen Verkehr erbracht werden, also solche von **Unternehmen** iS des § 1 GWB einschließlich **freiberuflicher Leistungen** (*funktionaler Unternehmensbegriff;* vgl. RegE 15; BGHZ **67**, 81; GRUR **77**, 739; KG BB **0**, 385; *IM-Immenga* 40 ff. zu § 1; *Kleinmann/Berg* BB **98**, 279). Erfasst ist auch die Betätigung privater **Anbieter** (vgl. NJW **73**, 93; **80**, 1046). Erfasst sind daher solche Angebote, die innerhalb dieser geregelten Verfahren ergehen und deren formellen Anforderungen grds entsprechen, nicht aber informelle (uU korruptive) Bemühungen um Auftragserlangung außerhalb oder neben dem Ausschreibungsverfahren (*König* JR **97**, 402; *Lackner/Kühl* 3; *S/S-Heine* 4; SK-*Rudolphi* 7); sie können §§ 263, 331 ff. unterfallen. **8**

B. Rechtswidrige Absprache. Abs. I setzt eine rechtswidrige Absprache voraus, auf welcher das Angebot des Täters beruht. Das Angebot muss auf einer **rechtswidrigen Absprache** beruhen. Der Begriff der Absprache ist im Gesetzgebungsverfahren des KorrBekG nicht näher erläutert worden; er ist aus dem Schutzzweck der Regelung abzuleiten (vgl. dazu *Korte* NStZ **97**, 516; *König* JR **97**, 402; *Kleinmann/Berg* BB **98**, 280; *S/S-Heine* 11; LK-*Tiedemann* 34). Beteiligte der Absprache können nur (potentielle) Anbieter sein, die **miteinander im Wettbewerb** stehen; § 298 erfasst somit nach der Rspr des BGH nur kartellrechtswidrige **horizontale Absprachen** (BGH **49**, 201, 205 [Anm. *Dannecker* JZ **05**, 49]: NStZ **06**, 687; and. hier bis 52. Aufl.; vgl. dazu und zum tauglichen Täterkreis unten 17 ff.). Eine Absprache iS des I liegt vor, wenn zwischen mindestens zwei Anbietern eine **Vereinbarung** darüber getroffen wird, dass ein oder mehrere bestimmte Angebote abgegeben werden sollen. Diese Vereinbarung muss sich auf mindestens ein hinreichend **konkretes Ausschreibungsverfahren** beziehen, das freilich noch nicht **9**

begonnen haben muss. Auch Vereinbarungen über das Verhalten bei einer bestimmten Art von Ausschreibungen eines oder mehrerer Veranstalter sind möglich (und bei längerfristigen Kartellen üblich). Wie detailliert das Angebot abgesprochen sein muss, hängt von den Umständen des Einzelfalls ab. Unverbindliche „Erkundigungen" oder Gespräche – zB darüber, welche Mitbewerber Angebote abgegeben haben oder abgeben wollen, ob diese ernst gemeint sind usw. – reichen nicht aus (*König* JR **97**, 402; *Otto* wistra **99**, 41). Erforderlich ist eine **als verbindlich angesehene Vereinbarung;** freilich nicht ein Vertrag i. e. S. (*Kleinmann/Berg* BB **98**, 279; *Korte* NStZ **97**, 516).

10 **Rechtswidrig** ist die Absprache, wenn sie gegen das Verbot nach § 1 GWB verstößt (BGH **49**, 201, 205; RegE 31; *König* JR **97**, 402; *Hohmann* NStZ **01**, 571; *Otto* wistra **99**, 41; SK-*Rudolphi* 8; LK-*Tiedemann* 35 f.); wettbewerbsrechtlich zulässige Verhaltensweisen sind von § 298 nicht erfasst. Die Rechtswidrigkeit ist nach hM **Tatbestandsmerkmal** (*König* JR **97**, 402; *Wolters* JuS **98**, 1102; *Schroth* BT 55; *W/Hillenkamp* 700; *Lackner/Kühl* 3; LK-*Tiedemann* 37; *Kindhäuser* LPK 7; zw.; vgl. unten 18).

11, 12 Die Absprache muss nach ihrem Inhalt und der Intention der an ihr Beteiligten **darauf gerichtet** sein, den Veranstalter zur **Annahme** eines bestimmten Angebots zu **veranlassen.** Zumindest konkludent muss zwischen den Beteiligten daher Übereinkunft darüber bestehen, dass die Absprache innerhalb des konkreten Vergabeverfahrens die Auswahlentscheidung des Veranstalters in eine bestimmte Richtung lenken soll. Nicht erforderlich ist dagegen, dass die Absprache gerade das (konkrete) Angebot betrifft, auf dessen Annahme die Tat abzielt. Dem Tatbestand unterfallen daher auch Angebote, die nach der Absprache nicht angenommen werden sollen (vgl. *A/R-Achenbach* III 4/16). § 298 ist auch verwirklicht, wenn die Absprache auf die Festlegung eines bestimmten *Angebots-Inhalts* beschränkt und es mehreren oder allen beteiligten Anbietern freigestellt ist, ein Angebot mit diesem abgesprochenen Inhalt zu machen. Nicht ausreichen dürfte aber eine Absprache, die sich auf die Festlegung einer Preisuntergrenze beschränkt (so wohl auch *S/S-Heine* 18; **aA** LK-*Tiedemann* 40).

13 **C. Tathandlung.** Tatbestandliche Handlung ist das **Abgeben eines Angebots,** also eine Erklärung gegenüber dem Veranstalter, wonach der Täter die Lieferung oder Leistung, welche die Ausschreibung zum Gegenstand hat, unter Bezugnahme auf die Ausschreibung und unter Anerkenntnis der Ausschreibungsbedingungen zu einem bestimmten Preis so anbietet, dass grds ohne weiteres ein **Zuschlag** erfolgen, dh das Angebot angenommen werden kann. Formal oder inhaltlich gänzlich unzureichende Zuschriften, deren Annahme von vornherein ausscheidet, ebenso etwa telefonische oder sonstige „Angebote" oder Ankündigungen von solchen, stellen schon keine Angebote iS von I dar.

14 **a)** Das Angebot muss auf der rechtswidrigen Absprache **beruhen.** Das kann auch dann der Fall sein, wenn das tatbestandliche Angebot *absprachewidrig* erfolgt, wenn also etwa der Täter aus dem Submissionskartell „aussteigt", seine Kenntnisse jedoch zum eigenen Vorteil bei der Angebotsabgabe nutzt (so auch *S/S-Heine* 14; LK-*Tiedemann* 33; *Achenbach* FK 13 zu § 38). Die Gegenansicht (SK-*Rudolphi* 9) will nur solche Angebote mit § 298 I erfassen, die *Gegenstand* der Absprache sind, die also der rechtswidrigen Einigung der Beteiligten entsprechen. Eine Privilegierung desjenigen, der zusätzlich zur Ausschaltung des Wettbewerbs auch noch die Mittäter hintergeht (etwa indem er absprachewidrig ein Angebot abgibt, das knapp unter dem des vom Kartell Bestimmten liegt, jedoch immer noch weit überhöht ist), ist aber vom Wortlaut des I nicht geboten und nach dem Sinn der Vorschrift nicht gerechtfertigt.

15 ***b) Vollendung*** ist gegeben, wenn das **Angebot abgegeben** ist. Das ist der Fall, wenn es dem Veranstalter **zugeht,** so dass es bei ordnungsgemäßem Ablauf in dem konkreten Vergabeverfahren berücksichtigt werden kann (entspr. § 264; vgl. BGH **4**, 267; LK-*Tiedemann* 31 u. 85 zu § 264; *S/S-Heine* 8; *A/R-Achenbach*

III 4/13; 38 zu § 264); Kenntnisnahme oder Annahme sind nicht erforderlich (*Otto* wistra **99**, 41 f.; *Hohmann* NStZ **01**, 566, 571; and. *Wolters* JuS **98**, 1102). Die **Absprache** selbst ist **Vorbereitungshandlung** und als solche nicht strafbar.

c) Nach wistra **03**, 146 f. (NStZ **03**, 548 m. Anm. *Greeve*) reicht auch die Abgabe eines der Ausschließung unterliegenden **verspäteten Angebots** aus (ebenso LK-*Tiedemann* 32; *Greeve* NStZ **02**, 502, 509 f.). Die Begründung, Abs. I würde leer laufen, wenn auszuschließende Angebote nicht erfasst seien, da auf Absprachen beruhende Angebote gleichfalls zwingend auszuschließen seien (vgl. § 25 Nr. 1 Abs. I VOB/A), ist aber nicht unzweifelhaft. Ein schon aus offenkundigen *formellen* Gründen auszuschließendes Angebot (**zB** verspätet; unheilbar mangelhaft; die konkrete Ausschreibung nicht betreffend) kann sich auf die Vergabe von vornerein gar nicht auswirken. Dagegen erfolgt die Ausschließung eines auf rechtswidriger Absprache beruhenden Angebots typischerweise erst nachträglich nach Aufdeckung. Die Abgabe eines auf rechtwidriger Absprache beruhenden, aber verspäteten Angebots stellt daher, wenn der Anbietende den Termin *irrtümlich* versäumt, konstruktiv den untauglichen Versuch einer abstrakten Gefährdung dar. Die Verspätung kann aber auch, etwa weil ein „Aussteigen" aus dem Kartell den anderen Beteiligten nicht offenbart werden soll, *bewusst* erfolgen und ein „freiwilliges Verhindern" der Annahme iS von III S. 1 sein. Auch unter Berücksichtigung des Charakters des § 298 als abstraktes Gefährdungsdelikt ist eine Vorverlegung der Strafbarkeit in einen von der aktiven *Verhinderung* einer Gefährdung kaum noch abgrenzbaren Bereich nicht sinnvoll. **15 a**

Für die **Beendigung** (§ 78 a) wird teilweise – entspr. §§ 263, 264 (vgl. BGH **8**, 379) – auf den Zeitpunkt der Erbringung der (letzten) **Leistung** des Veranstalters abgestellt (*S/S-Heine* 19; *Gruhl,* in: *Müller-Gugenberger/Bieneck,* 58/17; *König* JR **97**, 402). Das steht in Übereinstimmung mit der (unklaren) Regelung des Abs. III, führt aber jedenfalls dort zu nicht überzeugenden Ergebnissen (vgl. unten 21). Die **Gegenansicht** (*Lackner/Kühl* 7; *IM-Dannecker/Biermann* 107, 113 vor § 81) sieht die Tat als mit dem **Zugang** des Angebots als beendet an; dagegen will *Tiedemann* (LK 58) auf den Zeitpunkt des **Zuschlags** abstellen. Beide letztgenannten Ansichten führen dazu, dass eine Strafbefreiung nach III noch *nach Tatbeendigung* und für eine ggf unabsehbare Zeit möglich wäre (vgl. *Lackner/Kühl* 8); das überzeugt nicht. Will man also nicht den Begriff der „Leistung" in Abs. III in „teleologischer" Auslegung einschränken, dürfte als Beendigungs- und Verjährungszeitpunkt derjenige der vollständigen Leistungserbringung anzusehen sein. **15 b**

d) Die Tat kann auch durch **Unterlassen** begangen werden. Eine Garantenstellung kann sich insb. aus der vertraglichen Verpflichtung ergeben, die Ausschreibungsbedingungen einzuhalten (**aA** *S/S-Heine* 9); daneben auch aus Ingerenz, etwa wenn ein Geschäftsführer sich im Vorfeld der Abgabe durch einen Angestellten an Absprachen beteiligt hat (vgl. *Kleinmann/Berg* BB **98**, 280); weiterhin, wenn in Kenntnis früherer Absprachen eine Überwachungspflicht vorsätzlich verletzt wird (*S/S-Heine* 9). Aus der bloßen Kenntnis von Absprachen Dritter erwächst für nicht beteiligte Anbieter keine Offenbarungspflicht. **16**

D. Täterstellung. Täter kann nach dem Wortlaut des I jedermann sein; § 298 ist daher **kein Sonderdelikt** (RegE 31; *König* JR **97**, 402; *S/S-Heine* 17; LK-*Tiedemann* 17 [einschr. für *Außenseiter*]). Die Abgrenzung zwischen Täterschaft und Teilnahme folgt allgemeinen Regeln. Auf die Stellung des Täters im Unternehmen kommt es grds nicht an, soweit er handlungsbefugt ist oder als solcher auftritt (LK-*Tiedemann* 49); ebenso wenig auf Fremd- oder Eigennützigkeit der Tat; für die Tathandlung erforderlich ist aber ein (mit-)bestimmender Einfluss auf den Inhalt des Angebots (LK-*Tiedemann* 18). Als (Mit-)Täter werden häufig die an der Absprache unmittelbar Beteiligten angesehen werden können, wenn sie nicht schon selbst ein eigenes auf der Absprache beruhendes Angebot abgeben. Der BGH hat offen gelassen (BGH **49**, 201, 208), ob nur Kartellmitglieder Täter des § 298 sein können (so etwa *Dannecker* JZ **05**, 49, 52 und in NK 63; LK-Tiedemann 47 f.) oder ob auch **17**

sonstige Personen, insb. auch auf Seiten des Veranstalters, Mittäter sein können (so *S/S-Heine* 17; *Joecks* 5, 7; *Mitsch* BT II/2, 3/207; *Otto* wistra **99**, 41, 42). Folgt man der zutr. letztgenannten Ansicht, so können Indizien für die Täterstellung von absprachebeteiligten **Nicht-Anbietern** etwa die Vereinbarung von Ausgleichszahlungen oder eine bestimmende Einflussnahme auf das Zustandekommen der Absprache sein (RegE 31). **Mittelbare Täterschaft** ist bei Einschaltung unvorsätzlich oder tatbestandslos handelnden Personen möglich; i. Ü. sind die Grundsätze von BGH **40**, 218, 236 zur Einbindung in unternehmerische Organisationsstrukturen anzuwenden. Nach der **Gegenansicht** können Veranstalter und für diese handelnde Personen nur Teilnehmer sein; ebenso Personen, die für ein nicht an der Absprache beteiligtes Unternehmen handeln LK-*Tiedemann* 47; *Dannecker* JZ **05**, 49, 52).

17 a Nach der Zweckrichtung des Tatbestands liegt die Annahme nahe, dass bei kollusivem Zusammenwirken auch **Veranstalter** Mittäter des § 298 sein können (so auch *Kindhäuser* LPK 6; *Lackner/Kühl* 3; *S/S-Heine* 11; *A/R-Achenbach* III 4/16; *Dannecker* in *W/J*, 16/152 [and. *ders.* in NK 21 und JZ **05**, 49, 50 f.]; *W/Hillenamp* 700; *Otto* BT 61/146 und wistra 99, 41; *Wolters* JuS **98**, 1100; 1102; *Bartmann* [1 a] 195 f.), denn es kommt für die abstrakte Gefährdung weder auf eine Täuschung noch auf eine Vermögensschädigung des Veranstalters an; auch durch offen abgesprochene Kartelle wird der Wettbewerb eingeschränkt. Der Tatbestand greift nach dieser Ansicht auch dann ein, wenn die Absprache gegenüber dem kollusiv mitwirkenden Veranstalter offengelegt oder gar von diesem initiiert wird (*W/Hillenamp* 700; *Hohmann* NStZ **01**, 566, 571; vgl. auch BT-Drs. 13/5584, 14).

17 b Der **BGH** hat sich dieser Rechtsauffassung nicht angeschlossen. BGH **49**, 201, 205 ff. (m. zust. Anm. *Dannecker* JZ **05**, 49) hat vielmehr entschieden, dass § 298 **nur horizontale Absprachen** zwischen miteinander im Wettbewerb stehenden Unternehmen erfasst (vgl. § 1 GWB), nicht aber **vertikale** Absprachen zwischen nur einem Bieter und einer Person auf der Seite des Ausschreibenden (ebenso wistra **05**, 29; NStZ **06**, 687; LK-*Tiedemann* 16 f., 34 f.; ders., Müller-Dietz-FS 905, 916; *ders.* JZ **05**, 45, 46; *Dannecker* JZ **05**, 49 und NK-*Dannecker* 21; *König* JR **97**, 402; *Greeve* NStZ **02**, 505, 508; *dies.* in *Greeve/Leipold*, Handbuch des Baustrafrechts, 2004, 10/64; *Lackner/Kühl* 5); diese sind vielmehr nur in § 299 erfasst (BGH **49**, 201, 205; zust. *Dannecker* JZ **05**, 49, 51 f.). Zur Begründung hat der BGH ausgeführt, rein vertikalen Absprachen fehle die für horizontale Ansprachen typische, wirtschaftspolitisch gefährliche Tendenz zur Wiederholung (ebd. 207; zw.).

18 **5) Subjektiver Tatbestand.** Der **Vorsatz** muss die Tatbestandsmerkmale der Ausschreibung, der Absprache, der Angebotsabgabe sowie die Kausalbeziehung zwischen Absprache und Angebot umfassen, darüber hinaus das **Ziel der Absprache,** die Annahme eines bestimmten Angebots zu veranlassen. Bestimmendes oder gar alleiniges *Motiv* des Täters muss dieses Ziel nicht sein; jedoch reicht insoweit bedingter Vorsatz nicht aus. Das Erfordernis einer **Absicht** des Täters (*Lackner/Kühl* 5; zweifelnd insoweit *Achenbach* WuW **97**, 960) ist dem Wortlaut des I nicht zu entnehmen; es erscheint auch aus sachlichen Gründen nicht gerechtfertigt (ebenso *S/S-Heine* 16). Die **Rechtswidrigkeit der Absprache** gehört nach **hM** gleichfalls zum Tatbestand (vgl. oben 9 f.; *König* JR **97**, 402); der Täter muss danach den Verstoß gegen wettbewerbsrechtliche Vorschriften zumindest billigend in Kauf nehmen (*Wolters* JuS **98**, 1102; *Lackner/Kühl* 3; *A/R-Achenbach* III 4/17; enger wohl LK-*Tiedemann* 44 [Kenntnis]; **aA** *M/Schroeder/Maiwald* 68/5; SK-*Rudolphi* 8 [Verbotsirrtum]; vgl. auch *S/S-Heine* 13). Das führt freilich dazu, dass der Täter, der die tatsächlichen Voraussetzungen des Wettbewerbsverstoßes sämtlich kennt, sich schon dann im strafausschließenden Tatbestandsirrtum befindet, wenn er sie rechtlich falsch wertet.

19 ***6) Rechtfertigung.*** Die Rechtswidrigkeit der Tat kann im Einzelfall ausgeschlossen sein. Eine tatbestandliche Einschränkung etwa im Hinblick auf berechtigte Interessen entspr. § 193 kommt nicht in Betracht; insoweit sind freilich die §§ 2 ff. GWB zu beachten. Ein Rechtfertigungsgrund kann sich namentlich aus

§ 34 ergeben; jedoch wird die Tat selten das relativ mildeste Mittel sein, um Gefahren (Verlust von Arbeitsplätzen, wirtschaftliche Existenz etc.) abzuwenden.

7) Rechtsfolge. Die Strafdrohung entspricht der des § 263 I (krit. *König* JR **97**, 402). **20**

8) Tätige Reue. Abs. III enthält eine Regelung zur **Tätigen Reue,** die im Hinblick auf die Vorverlagerung des Vollendungszeitpunkts (oben 15) dem Täter die Möglichkeit gibt, von einem wettbewerbswidrigen Angebot vor der Beendigung der Tat Abstand zu nehmen. Die Regelung ist unter ausdrücklicher Bezugnahme auf §§ 264 V, 264 a III, 265 b II eingefügt worden (RegE 32). Die Regelung, wonach die Verhinderung **entweder** der Annahme **oder** der Leistung erforderlich ist, ist jedenfalls unklar. Die Variante der Verhinderung der Angebots-Annahme hat nur dann Bedeutung, wenn es zu einem **Zuschlag** und damit zu einer **Leistung** des Veranstalters nicht kommt. Nimmt man – entspr. §§ 263, 264 – an, die Leistung sei erst mit der letzten Teilzahlung erbracht (vgl. dazu oben 15), so wäre Tätige Reue (hinsichtlich der *Gefährdung* des Wettbewerbs) noch zu einem Zeitpunkt möglich, in welchem die *Schädigung* gar nicht mehr rückgängig gemacht werden kann und ein möglicher Vermögensschaden weitgehend realisiert ist. Die Regelung erscheint insg. wenig sinnvoll; sie ist Ausdruck einer unklaren Ansiedlung des Tatbestands im „Vorfeld" des Betrugs. **21**

9) Konkurrenzen. Mehrere Handlungen, die die Abgabe *eines* Angebots nach I zum Ziel haben, bilden eine rechtliche **Bewertungseinheit** (vgl. JZ **97**, 98 m. Anm. *Kindhäuser* [Kartellabsprachen nach § 38 I Nr. 1 GWB aF]). Zu § 263 steht § 298 wegen der Verschiedenheit des Rechtsguts in **Tateinheit** (*König* JR **97**, 402; *Hohmann* NStZ **01**, 566, 571; *Lackner/Kühl* 9; SK-*Rudolphi* 15; *W/Hillenkamp* 699; *König* JR **97**, 402; *Korte* NStZ **97**, 516; *Achenbach* WuW 97 958; *Regge/Rose/Steffens* JuS **99**, 162; **aA** *Wolters* JuS **98**, 1102; *Schroth* BT 155; *Krey* BT 2, 534 b; *M/Schroeder/Maiwald* 68/9); bei kollusivem Zusammenwirken mit Mitarbeitern des Veranstalters kommt auch Tateinheit mit § 299 oder §§ 331 ff. in Betracht (vgl. 25 zu § 299; **aA** LK-*Tiedemann* 52 zu § 299). Beinhaltet der Zuschlag – etwa aus Gründen der Wirtschaftsförderung – teilweise die Gewährung einer Leistung des Veranstalters ohne marktmäßige Gegenleistung, so liegt Tateinheit zwischen § 264 und § 298 vor. In **Tatmehrheit** stehen Nötigungshandlungen im Zusammenhang mit der Kartellabsprache (§§ 240, 253). Die Verhängung von **Unternehmensgeldbußen** ist neben der Bestrafung der natürlichen Person weiterhin möglich (§§ 30 II S. 3, 130 III S. 3 OWiG; §§ 81, 82 GWB; dazu *Achenbach* WuW **7**, 960 ff. und wistra **98**, 168). **22**

Bestechlichkeit und Bestechung im geschäftlichen Verkehr

299 **I Wer als Angestellter oder Beauftragter eines geschäftlichen Betriebes im geschäftlichen Verkehr einen Vorteil für sich oder einen Dritten als Gegenleistung dafür fordert, sich versprechen lässt oder annimmt, dass er einen anderen bei dem Bezug von Waren oder gewerblichen Leistungen im Wettbewerb in unlauterer Weise bevorzuge, wird mit Freiheitsstrafe bis zu drei Jahren oder mit Geldstrafe bestraft.**

II Ebenso wird bestraft, wer im geschäftlichen Verkehr zu Zwecken des Wettbewerbs einem Angestellten oder Beauftragten eines geschäftlichen Betriebes einen Vorteil für diesen oder einen Dritten als Gegenleistung dafür anbietet, verspricht oder gewährt, dass er ihn oder einen anderen bei dem Bezug von Waren oder gewerblichen Leistungen in unlauterer Weise bevorzuge.

III Die Absätze 1 und 2 gelten auch für Handlungen im ausländischen Wettbewerb.

Übersicht

1) Allgemeines ... 1–1 b
2) Rechtsgut ... 2, 2 a
3) Gemeinsame Tatbestandsmerkmale ... 3–16
A. Geschäftlicher Betrieb ... 4–6
B. Vorteil ... 7

C. Bestochene Personen ... 8–10 b
D. Vorteilsempfänger ... 11
E. Handeln im geschäftlichen Verkehr ... 12
F. Unrechtsvereinbarung ... 13–16
4) Tathandlung des Abs. I ... 17, 18
5) Tathandlung des Abs. II ... 19, 20
6) Vollendung; Beendigung; Versuch ... 21
7) Subjektiver Tatbestand ... 22
8) Rechtfertigung ... 23, 23 a
9) Rechtsfolgen ... 24
10) Konkurrenzen ... 25
11) Verfahrensrecht ... 26

1 **1) Allgemeines.** Die Vorschrift ist durch Art. 1 Nr. 3 des KorrBekG (1 vor § 298) eingefügt worden. Sie entspricht im Wesentlichen dem durch Art. 139 Nr. 6 EGStGB neu gefassten, durch Art. 4 Nr. 1 KorrBekG aufgehobenen § 12 UWG („Schmieren"); die Fassung des Tatbestands ist jedoch an die §§ 331 ff. angepasst und um die Forderung bzw. Gewährung von Drittvorteilen erweitert worden (vgl. dazu BT-Drs. 13/3353, 13; GesAntr. Bayern v. 12. 9. 1995, BR-Drs. 571/95, 20; 298/95 S. 21; 61. DJT, Beschlüsse, II Nr. 9: *Dölling* DJT C 84 f.; *Lüderssen* BB **96**, 2525; *König* JR **97**, 399, 401). Eine **Erweiterung** auf **ausländischen** Wettbewerb ist durch das Gesetz zur Ausführung (…) der Gemeinsamen Maßnahme betreffend die Bestechung im privaten Sektor v. 22. 12. 1998 (ABl. EG Nr. L 358, 2) v. 22. 8. 2002 (BGBl. I 3387) durch Einfügung des **Abs. III** erfolgt (vgl. dazu BT-Drs. 14/8998; LK-*Tiedemann* 4; zur Anwendbarkeit des Abs. II auf **Auslandssachverhalte** vor Einfügung des III vgl. *Randt* BB **0**, 1006, 1008 f.; *Weidemann* DStZ **02**, 329; *Walter* wistra **01**, 321). Zum Vorschlag eines Sondertatbestands gegen **unlauteren Wettbewerb im Sport** vgl. *Fritzweiler* SpuRt **98**, 234; *Cherkeh/Momsen* NJW **01**, 1745, 1751; *Paringer* [1 a] 245; krit. *Heger* SpuRt **01**, 92, 95. Zur Bestechung **ausländischer Abgeordneter** vgl. § 2 IntBestG (Anh. Nr. 22). Zur Bestechung **ausländischer Amtsträger** weitgehende Neuregelung im GesE eines Zweiten KorrBekG; vgl. unten).

1 a Am 9. 12. 2003 hat die Bundesrepublik das Übk. der UN gegen Korruption (**VN-BestÜbk.**; VN-Dok. A 58/422) unterzeichnet (vgl. dazu *Huber* [Hrsg.], Korruptionsbekämofung in der Europäischen Union, 2002; *Vogel*, Weber-FS [2004] 395, 397).

EU-Recht: Die Gemeinsame Maßnahme vom 22. 12. 1998 ist durch Art. 8, 11 des **Rahmenbeschlusses des Rates vom 22. 7. 2003** zur Bekämpfung der Bestechung im privaten Sektor (ABl. EU Nr. L 192, 54) mit Wirkung vom 31. 7. 2003 aufgehoben worden. Der Rahmenbeschluss verpflichtet die Mitgliedstaaten, **bis 22. 7. 2005** folgende vorsätzlichen Handlungen im Rahmen von Geschäftsvorgängen unter Strafe zu stellen:

„Art. 2 (1): …Handlungen, bei denen jemand unmittelbar oder über einen Mittelsmann einer Person, die für ein Unternehmen im privaten Sektor in leitender oder sonstiger Stellung tätig ist, einen unbilligen Vorteil für diese Person selbst oder für einen Dritten verspricht, anbietet oder gewährt, damit diese Person unter Verletzung ihrer Pflichten eine Handlung vornimmt oder unterlässt;

Handlungen, bei denen jemand, der in einem Unternehmen im privaten Sektor in leitender oder sonstiger Stellung tätig ist, unmittelbar oder über einen Mittelsmann für sich oder für einen Dritten einen unbilligen Vorteil als Gegenleistung dafür fordert, annimmt oder sich versprechen lässt, dass er unter Verletzung seiner Pflichten eine Handlung vornimmt oder unterlässt.

(2) Absatz 1 gilt für Geschäftsvorgänge in Unternehmen mit oder ohne Erwerbszweck.

(3) Ein Mitgliedsstaat kann erklären, dass er den Geltungsbereich von Absatz 1 auf Handlungen beschränkt, die im Zusammenhang mit der Beschaffung von Waren oder gewerblichen Leistungen eine Wettbewerbsverzerrung zur Folge haben oder haben können."

Deutschland hat eine (vorerst bis 2010 geltende) **Erklärung iS von Abs. III** abgegeben und darüber hinaus erklärt, dass die Worte „im Rahmen von Geschäftsvorgängen" dahin auszulegen seien, dass auf Vorgänge im Zusammenhang mit der Beschaffung von Waren oder gewerblichen Leistungen Bezug genommen wird.

Gesetzgebung: Der GesE der BReg eines **Zweiten Korruptionsbekämpfungsgesetzes** (BR-Drs. 548/07) sieht eine Umsetzung des Strafrechts-Übk. über Korruption des Europarats 1999 (ETS Nr. 173), des ZusatzProt. zum Strafrechts-Übk. (2003; ETS Nr. 191), des RB 2003/568/JI v. 22. 7. 2003 *zur Bekämpfung der Bestechung im privaten Sektor (ABl. EU Nr. L 192 S. 54)* und der UN-Konvention gegen Korruption (2003) vor (vgl. dazu i. E. *Wolf* NJW **06**, 2735 ff.; *ders.*, ZRP **07**, 44 ff.; NJW spezial Heft 11/2006; *Möhrenschlager* wistra **07**, H. 4, S. V ff.; Stellungnahme BRAK unter www.brak.de). Die vorgeschlagene Neufassung des § 299 soll u. a. die Strafbarkeit auf **Handlungen außerhalb des Wettbewerbs** ausdehnen. Das Gesetzgebungsverfahren war bei Redaktionsschluss der 55. Aufl. nicht abgeschlossen. Abdruck im **Anhang unter Nr. 23 b**.

Literatur (Auswahl): *Bachmann/Prüfer*, Korruptionsprävention und Corporate Governance, ZRP **05**, 109; *Bannenberg*, Korruption in Deutschland und ihre strafrechtliche Kontrolle, 2002; *Blessing*, Schmiergeldzahlungen, in: *Müller-Gugenberger/Bieneck* (Hrsg.), Wirtschaftsstrafrecht, 3. Aufl. 2000, § 53 C; *Bürger*, § 299 StGB – eine Straftat gegen den Wettbewerb?, wistra **03**, 130; *Dölling* (Hrsg.), Handbuch der Korruptionsprävention, 2007; *Ebert-Weidenfelder*, in: *Achenbach/Wannemacher* (Hrsg.), Beraterbuch zum Steuer- u. Wirtschaftsstrafrecht, § 29 Rn. 50 ff.; *Eidam*, Unternehmen u. Strafe, 2. Aufl. 2001; *Geis*, Tatbestandsüberdehnungen im Arztstrafrecht am Beispiel der „Beauftragtenbestechung" des Kassenarztes nach § 299 StGB, wistra **05**, 369; *Gruner* WRP **68**, 172 [zum niederländ. Recht]; *Haft/Schwoerer*, Bestechung im internationalen Geschäftsverkehr, Weber-FS (2004) 367; *Harder* GRUR **67**, 182; *Heiseke* WRP **69**, 362; *Hiersemann* WRP **64**, 222; *Hirschenkrämer* WRP **65**, 130; Kempf, Strafrecht goes global, Richgter II-FS (2006) 283*Kiesel*, Die Zuwendung an Angestellte u. Beauftragte im Ausland (usw.), DStR **00**, 949; *Koepsel*, Bestechung und Bestechlichkeit im geschäftlichen Verkehr (§ 299 StGB): Eine Fallanalyse zur Ermittlung von Anwendungsbereich und Grenzen der Norm, 2006 (Diss. Osnabrück 2006); *Lesch*, Anwaltliche Akquisition zwischen Sozialadäquanz, Vorteilsgewährung und Bestechung im geschäftlichen Verkehr, AnwBl **03**, 261; *Leo* WRP **6**, 153; *Meyer/Möhrenschlager* WiVerw **82**, 21; *Odenthal*, Der „geschäftliche Betrieb" als Leistungsempfänger nach § 299 StGB, wistra **05**, 170; *Paringer*, Korruption im Profifußball, 2001; *Piel*, Bestechungsgelder im internat. Wirtschaftsverkehr, 1991; *Pieth/Eigen* (Hrsg.), Korruption im internationalen Geschäftsverkehr, 1999; *Pfeiffer*, Das strafrechtliche Schmiergeldverbot, v. Gamm-FS 129; *Pragal*, Die Korruption innerhalb des privaten Sektors und ihre strafrechtliche Kontrolle durch § 299 StGB, 2006 (Diss. Hamburg [BLS] 2005); *ders.*, Das Pharma-„Marketing" um die niedergelassenen Kassenärzte: „Beauftragtenbestechung" gemäß § 299 StGB!, NStZ **05**, 133; *ders.*, Die Korruption innerhalb des privaten Sektors und ihre strafrechtliche Kontrolle durch § 299 StGB, 2006 (Diss. Hamburg [BLS] 2005); *ders.*, § 299 StGB – keine Straftat gegen den Wettbewerb!, ZIS **06**, 63; *Pragal/Apfel*, Bestechlichkeit und Bestechung von Leistungsträgern im Gesundheitswesen, Arzneimittel & Recht 2007, 10; *D. G. Rasch*, Die Bekämpfung des Bestechungsunwesens im Wirtschaftswettbewerb in der Bundesrepublik Deutschland u. in den übrigen Mitgliedsstaaten der Europäischen Gemeinschaft, 1985; *Randt*, Schmiergeldzahlungen bei Auslandssachverhalten, BB **00**, 1006; *Rügener*, Die Deutsche Justiz u. die Korruption, KJ **97**, 458; *Sahan*, Ist der Vertragsarzt tauglicher Täter der Bestechlichkeit im geschäftlichen Verkehr gem. § 299 Abs. 1 StGB, ZIS **07**, 69; *Schmidl*, Der Fluch der bösen Tat – Finder's Fees und Bestechlichkeit von Beratern, wistra **06**, 286; *Schubert*, Angestelltenbestechung, in: *Wabnitz/Janovsky* (Hrsg.), Hdb. des Wirtschafts- u. Steuerstrafrechts, 2. Aufl. 2004, 10/73 ff.; *Sievers*, Bestechung und Bestechlichkeit von Angestellten, 1963 (Diss. Kiel); *Vogel*, Wirtschaftskorruption und Strafrecht, Weber-FS (2004), 395; *Volk*, Korruptionsaufwand deutscher Unternehmen in den Ländern der Dritten Welt, in: *Holtz/Kulessa* (Hrsg.), Korruption als Entwicklungshindernis?, Teil I, 1995, 17; *Vormbaum*, Probleme der Korruption im geschäftlichen Verkehr. Zur Auslegung des § 299 StGB, Schroeder-FS (2006) 649; *Walter*, Angestelltenbestechung, internationales Strafrecht u. Steuerstrafrecht (usw.), wistra **01**, 321; *Weidemann*, Zum Abzugsverbot des § 4 V S. 1 Nr. 10 EStG: Erfasst § 299 II StGB auch „Auslandssachverhalte"?, DStZ **02**, 329; *ders.*, Zur Angestelltenbestechung: Die Bedeutung des § 299 III StGB für § 4 V S. 1 Nr. 10 S. 1 EStG, RIW **06**, 370; *Weigend*, Internationale Korruptionsbekämpfung – Lösung ohne Problem?, Jakobs-FS (2007) 747; *Winkelbauer*, Ketzerische Gedanken zum Tatbestand der Angestelltenbestechlichkeit, Weber-FS (2004) 384; *Wittig*, § 299 StGB durch Einschaltung von Vermittlerfirmen bei Schmiergeldzahlungen, wistra **98**, 7; *Wolf*, Die Modernisierung des deutschen Antikorruptionsstrafrechts durch internationale Vorgaben, NJW **06**, 2735. 1 b

2) Rechtsgut; kriminalpolitische Bedeutung. Rechtsgut der Vorschrift ist nach hM der freie **Wettbewerb** (6 vor § 298; vgl. i. E. *Haft/Schwoerer*, Weber-FS [2004] 367, 372 ff.; *Vogel*, Weber-FS [2004] 395, 404 f.; NK-*Dannecker* 4; **aA** *Pragal* ZIS **6**, 63 ff.; *ders.* [1 a, 2006] 107 ff., 229 f.; vgl. aber auch oben 1 a aE); nur mittelbar geschützt sind **Vermögensinteressen** der Mitbewerber sowie des Geschäftsherrn; diese sind aber Verletzte iS von § 301 (BGH **31**, 211 [zu § 12 UWG aF]; *W/Hillenkamp* 702; *Lackner/Kühl* 1; *Wolters* JuS **98**, 1103; *Blessing* [1 a] 41; iErg auch LK-*Tiedemann* 6; and. *Arzt/Weber* 49/52; *Pfeiffer*, v. Gamm-FS [1990] 131; [primär Vermögensschutz]; *Walter* wistra **01**, 321 [ausschließlich Vermögensschutz]; krit. zum „Kaleidoskop von Kriminalisierungswünschen" *Vormbaum*, Schroeder-FS [2006] 649 ff.; zur Systematik unterschiedlicher Regelungsmodelle vgl. *Vogel*, We- 2 ber-FS [2004] 395, 400ff.). Zu **Umfang** und **Erscheinungsformen** der Angestelltenbestechung vgl. u.a. *Pragal* [1a] 17ff.; *Bannenberg* in *W/J* 3. Aufl., 10/1ff., 96ff., jew. mwN.

2a Die Einfügung von **Abs. III** im Jahr 2002 (oben1) sollte „klarstellen" (BT-Drs. 14/8998, 9f.) dass auch der Wettbewerb auf einem **ausländischen Markt** geschützt ist. Ab es sich dabei wirklich um eine Klarstellung handelte und die Frage der Rückwirkung (§ 2 III) sich daher nicht stellt (so schon zur früheren Fassung *S/S-Heine* 26. Aufl. 2; *Walter* wistra **01**, 321, 323f.; mit demselben Ergebnis *Haft/Schwoerer*, Weber-FS [2004] 367, 378ff. [die – überzogen – zu einer Geltung des *Weltrechtsprinzips* gelangen]) ist zweifelhaft (für Einbeziehung [nur] der EU-Mitliedsstaaten LK-*Tiedemann* 55; **aA** zB *Lackner/Kühl* 23. Aufl. 1; *Vormbaum*, Schroeder-FS [2006] 649, 655ff. mwN). Von der Möglichkeit, die Reichweite des Tatbestands auf Handlungen im oder mit Bezug auf den Gemeinsamen Markt zu beschränken, hat der Gesetzgeber des AusfG zur Gemeinsamen Maßnahme (oben 1) nicht Gebrauch gemacht (vgl. BT-Drs. 14/8998, 10). Zu **Auslandstaten** vgl. § 7 I, II, ggf. auch § 5 Nr. 12, 13. Die Geltung der §§ 3ff. wird durch Abs. III nicht verdrängt (*Weidlich/Fietz* RIW **05**, 362ff.; *Weidemann* RIW **06**, 370). **Tatort** iS von § 9 I ist sowohl der Ort einer auf den Abschluss einer Unrechtsvereinbarung gerichteten Erklärung (unten 17, 19) als auch ein ggf. davon abweichender Ort ihres Zugangs; ebenso der Ort, an welchem der Vorteil geleistet oder empfangen wird. Bei Taten mit Bezug auf einen ausländischen Markt liegt der Tatort im Inland, wenn hier gehandelt wird oder der **Erfolg**, also idR die Gewährung des Vorteils, hier eintritt (vgl. dazu i.E. *Weidemann* RIW **06**, 370, 371f.). Für die **Teilnahme** an Auslandstaten ist § 9 II S. 2 zu beachten. Die Tat ist **abstraktes Gefährdungsdelikt** (*Krack* NStZ **01**, 505, 507; einschr. für die Wettbewerbsverfälschung LK-*Tiedemann* 9); auf ein Täuschungselement zu Lasten Dritter sowie auf den Eintritt eines Vermögensvorteils in Folge der Bevorzugung kommt es nicht an.

3 **3) Gemeinsame Tatbestandsmerkmale.** § 299 enthält in Abs. I und II spiegelbildliche Tatbestände der Bestechlichkeit (I) und der Bestechung (II) im geschäftlichen Verkehr. Abs. I ist ein **Sonderdelikt** für Angestellte oder Beauftragte eines **geschäftlichen Betriebs;** es gilt insoweit § 28 I (SK-*Rudolphi* 3). Die Tat nach Abs. II kann von jedermann begangen werden.

4 **A. Geschäftlicher Betrieb.** Der Begriff ist enger als der des geschäftlichen Verkehrs (unten 12). Er umfasst jede auf gewisse Dauer betriebene Tätigkeit im Wirtschaftsleben, die sich durch Austausch von Leistungen und Gegenleistungen vollzieht (BGH **2**, 396; **10**, 366). Gewinnerzielungsabsicht ist nicht erforderlich (RG **50**, 118; **68**, 70; 263; LK-*Tiedemann* 18); daher kommt es auf Geldeinnahmen nicht an. Auch rein wohltätigen oder sozialen Zwecken dienende Betriebe sind erfasst, soweit sie wirtschaftliche Tätigkeiten entfalten (vgl. BGH **2**, 402; NJW **91**, 367, 370; *Schubert,* in: *Wabnitz/Janovsky* 12/75; *A/R-Ebert-Weidenfeller* III 2/5), insb. also etwa (private) **Krankenhäuser** und andere medizinische Einrichtungen (vgl. dazu auch „Gemeinsamer Standpunkt zur strafrechtlichen Bewertung der Zusammenarbeit zwischen Industrie, medizinischen Einrichtungen und deren Mitarbeitern [Okt. 2000]; dazu 27f. zu § 331). Abweichend vom Anwendungsbereich des HGB sind auch die **freiberuflichen Betätigungen** von Ärzten, Rechtsanwälten, Steuerberatern, Architekten oder Unternehmensberatern Geschäftsbetriebe iS des § 299. Erforderlich ist, dass die geschäftliche Tätigkeit **auf Dauer** angelegt ist.

5 Eine **gesetzwidrige** oder **sittenwidrige** geschäftliche Betätigung unterfällt dem Anwendungsbereich des § 299 grds. nicht; § 299 schützt nicht den Wettbewerb **illegaler oder sittenwidriger geschäftlicher Betätigung** als solcher (*S/S-Heine* 6; SK-*Rudolphi* 5; LK-*Tiedemann* 18; vgl. auch 19a zu § 291). Das Rechtsgut des freien *legalen* Wettbewerbs kann jedoch durch Taten *im Zusammenhang* mit illegaler Geschäftstätigkeit gefährdet sein, etwa durch einzelne gesetzwidrige Betätigungen im Rahmen eines im Übrigen rechtmäßigen Geschäftsbetriebs, etwa bei der Anlage von „Schwarzgeld" oder bei Geldwäsche-Geschäften im Zusammenhang mit

einem legalen Geschäftsbetrieb. **Ausgeschlossen** sind daher nur Geschäftsbereiche mit ausschließlich illegaler Tätigkeit (zB kein „freier Wettbewerb" des Menschen- oder Drogenhandels; so auch *S/S-Heine* 6; wohl enger LK-*Tiedemann* 18), nicht aber einzelne gesetzwidrige Betätigungen innerhalb eines i. ü. legalen geschäftlichen Betriebs.

Kein geschäftlicher Betrieb ist die Tätigkeit **öffentlicher Behörden,** soweit sie als **Hoheitsträger** handeln; geschäftlich iS des § 299 ist aber die Beteiligung von Behörden am Wirtschaftsverkehr, insb. also fiskalisches Handeln (*S/S-Heine* 6). Rein **privates** wirtschaftliches Handeln, auch die nicht auf Dauer angelegte Verwertung privaten Vermögens, unterfällt dem Tatbestand nicht. Auch eine Tätigkeit als **Schiedsrichter** für einen Sport-Verband erfolgt nicht im Rahmen eines geschäftlichen Betriebs (vgl. dazu *Schlösser* NStZ **05**, 423, 424). 6

B. Vorteil. Ein **Vorteil** muss im Fall des I gefordert oder angenommen, im Fall des II angeboten oder gewährt werden. Vorteil ist hier alles, was die Lage des Empfängers irgendwie verbessert und auf das er keinen Anspruch hat (wistra **01**, 260f.; LK-*Tiedemann* 24; vgl. 11 zu § 331). Wird umgekehrt mit dem Entzug rechtmäßig bestehender Positionen oder Ansprüche, gedroht, so liegt nicht § 299, sondern § 240 vor. Erfasst sind **materielle** (GRUR **68**, 587 [Provision]; GRUR **73**, 382 [Rückvergütungsrabatt]; GRUR **83**, 330 [Honorar]; GRUR **62**, 466 [Sondervergütung]; wistra **01**, 260 [Rabatt]) Vorteile, weiterhin neben Geldzuwendungen; **zB** Vermittlung oder Gewährung von Nebeneinnahmen, Darlehensgewährung, Stundung, Rabatt, Zuwendung von Gebrauchsgütern, Überlassung von Wohnraum, Einladung zu Urlaubsreisen; aber auch **immaterielle** Vorteile, **zB** Verschaffung einer Auszeichnung; Förderung beruflichen Fortkommens (vgl. BGH **14**, 123, 128); Verleihung von Ehrenämtern, Unterstützung in privaten Angelegenheiten; grds. auch sexuelle Zuwendungen, freilich nicht schon flüchtige Annäherungen (MDR **60**, 63f. [zu § 332]; LK-*Tiedemann* 26) oder die bloße *Gelegenheit* zu sexuellem Kontakt (NJW **89**, 914f.). 7

C. Bestochene Personen. Die spiegelbildlichen Taten nach Abs. I und II setzen jeweils die Bestechung eines **Angestellten** oder **Beauftragten** eines geschäftlichen Betriebs voraus. Die Begriffe sind weit auszulegen (BGH GRUR **68**, 587); auf arbeitsrechtliche Abgrenzungen kommt es nicht an. 8

a) Angestellter iS des § 299 ist, wer in einem mindestens faktischen Dienstverhältnis zum Geschäftsherrn steht und dessen Weisungen unterworfen ist. Eine dauerhafte oder entgeltliche Beschäftigung ist nicht erforderlich, wohl aber, dass im Rahmen der Tätigkeit Einfluss auf die geschäftliche Betätigung des Betriebs genommen werden kann (*Lackner/Kühl* 2; *S/S-Heine* 7); eine Stellung als untergeordnete Hilfskraft reicht nicht aus (Bay wistra **96**, 28, 30). Die faktische Stellung kann auch bei Zwischenschaltung von „Vermittlungsunternehmen" zum Zweck der verdeckten Schmiergeld-Forderung (und -Leistung) bestehen bleiben (vgl. *Wittig* wistra **98**, 7; LK-*Tiedemann* 14). Angestellter in diesem Sinne ist auch der Beamte einer öffentl.-rechtl. Körperschaft im Rahmen fiskalischen Handelns (*Arzt/Weber* 49/57). 9

b) Beauftragter ist, wer, ohne Angestellter zu sein, befugtermaßen (vgl. *Wittig* wistra **98**, 9) für einen Geschäftsbetrieb tätig wird (BGH **2**, 401; GRUR **68**, 587). Er muss auf Grund seiner Stellung berechtigt und verpflichtet sein, auf *Entscheidungen*, die den Waren- und Leistungsaustausch des Betriebs betreffen, Einfluss zu nehmen (BGH **2**, 401; Bay NJW **96**, 170; *Schramm* JuS **99**, 339); untergeordnete Hilfskräfte scheiden daher aus (Bay wistra **96**, 30). Der Begriff hat **Auffang-Funktion** und ist nicht nach bürgerlich-rechtlichen Kriterien, sondern anhand der tatsächlichen Verhältnisse zu bestimmen (NK-*Dannecker* 27). Auch **außenstehende** Personen, zB Werkvertragspartner, können somit Beauftragte sein, wenn und soweit sie aufgrund der ihnen eingeräumten Position in der Lage sind, Entscheidungen für den Betrieb zu treffen oder zu veranlassen; ebenso faktische Geschäftsführer (NK-*Dannecker* 27); Unternehmensberater; Architekten. Ein Handelsvertre- 10 ter ist Beauftragter, wenn er an die Interessen eines Vertragsteils gebunden und dadurch gehindert ist, ein Vermittlungsentgelt auch von der anderen Vertragspartei zu verlangen (BGH **2**, 401). Beauftragte sind idR auch Vorstandsmitglieder einer AG (*S/S-Heine* 8), eines Vereins oder einer Genossenschaft, Geschäftsführer einer GmbH, Insolvenzverwalter (vgl. LG Magdeburg wistra **02**, 156, 157) sowie Testamentsvollstrecker; ebenso Unternehmensberater, die im Rahmen ihres Auftrags Lieferanten vermitteln (Karlsruhe BB **00**, 636; zur Erfassung von versteckten Provisionen [*Finder's Fees*] an externe Berater von Unternehmen durch Lieferanten von Modernisierungs-Produkten vgl. ausf. *Schmidl* wistra **06**, 286, 288).

10 a Hinsichtlich **niedergelassener Kassenärzte** wird mit guten Gründen vorgeschlagen, sie als **Beauftragte** iS von Abs. I des geschäftlichen Betriebs der Krankenkassen anzusehen (*Pragal* NStZ **05**, 133, 134 f.; *Pragal/Apfel* Arzneimittel & Recht 2007, 10, 11 ff.; *Schmitz-Elvenich*, Die Krankenversicherung 2007, 240; **aA** *Lackner/Kühl* 2; *Taschke* StV **04**, 422 ff.; *Geis* wistra **05**, 369 ff.; *Schmidl* wistra **06**, 286, 288; *Reese* PharmR **06**, 92, 98; offen bei *S/S-Heine* 8). Dass sie zugleich Betriebsinhaber ihres *eigenen* Betriebs und freiberuflich tätig sind, steht danach der Anwendung des § 299 I nicht entgegen. Vom Tatbestand ausgenommen ist nur die Vorteilsannahme eines Betriebsinhabers hinsichtlich seines *eigenen* Betriebs (unten 10 b); selbstverständlich kann aber ein Freiberufler, der für einen *anderen* geschäftlichen Betrieb tätig ist, sich der Bestechlichkeit schuldig machen, wenn er für Entscheidungen zu Lasten seines Auftraggebers von den Begünstigten Schmiergeld erhält. Die Zwischenschaltung der **Kassenärztlichen Vereinigungen** als Verrechnungsstelle steht der Beauftragten-Stellung nicht von vornherein entgegen; das formelle Bestehen einer (*unmittelbaren*) rechtsgeschäftliche Beziehung zu dem geschäftlichen Betrieb (der Krankenkasse) ist nicht erforderlich (so schon BGH **2**, 396, 401 [zu § 12 UWG aF]; **aA** *Sahan* ZIS **07**, 69, 71 f.), wenn die *materiellen* Voraussetzungen einer Beauftragten-Stellung gegeben sind. Dies ist die Möglichkeit, auf die betrieblichen Entscheidungen über den Erwerb von Waren oder Leistungen Einfluss zu nehmen, und eine Bindung an die Interessen des Betriebs, die es verbietet, Leistungen der anderen Seite anzunehmen (vgl. NK-*Dannecker* 27; *S/S-Heine* 8; jew. mwN). Eine solche Stellung hat der Kassenarzt inne (vgl. §§ 31 ff., 129 SGB-V). Dass die Verordnung auch eine Verpflichtung (der Krankenkasse; § 27 SGB-V) aus dem Behandlungsvertrag erfüllt, steht dem nicht entgegen (**aA** *Sahan* ZIS **07**, 69, 73), denn die ärztliche Verordnung vermittelt einen Kaufvertrag nicht zwischen Pharma-Hersteller (bzw. Apotheker) und *Patient* (so aber *Geis* wistra **05**, 369, 371), sondern zwischen Anbieter und *Krankenkasse* (BGH **49**, 17, 19; BSGE **77**, 194, 200), als deren **Vertreter** der Arzt handelt (ebd.).

10 b Damit kann die durch Zuwendung von Vorteilen aller Art an Kassenärzte betriebene **Werbung** der Hersteller von Pharmazeutika und Medizinprodukten in den Bereich des § 299 geraten, wenn sie, wie es bisher nicht selten als berufs*übliches* Privileg angesehen wird, mit ersichtlich sachfremden Zuwendungen ohne medizinischen Informationswert (Rückvergütungen; verdeckte Preisnachlässe bei Bezug von Praxisbedarf, Privatreisen; Schein-Tagungen; Freizeit-Angebote; Hobby-Ausrüstungen; Büromaschinen und elektronische Geräte; Vergünstigungen beim Erwerb von Luxusgütern; usw.) auf das Verschreibungsverhalten Einfluss zu nehmen versucht. Dass an einer Unrechtsvereinbarung (unten 13 ff.) und an der Unlauterkeit (16) „in aller Regel kein Zweifel" bestehe (so *Pragal* NStZ **05**, 133, 136), mag freilich in dieser Allgemeinheit zweifelhaft sein. Die Versorgung mit Schreibgeräten und Terminkalendern (usw.) wird man als sozialadäquat anzusehen haben, Logierkosten für die Gattin oder Honorare für von vornherein als wertlos erkennbare „Studien" nicht.

10 c ***c) Betriebsinhaber*** sind vom Tatbestand nicht erfasst, da eine „Bestechung" insoweit nicht möglich ist; das gilt auch bei der Einschaltung eines Strohmanns. Im Hinblick auf das Rechtsgut des freien Wettbewerbs (6 vor § 298) erscheint das *rechtspolitisch* zweifelhaft (vgl. auch *Volk*, Zipf-GedS [1999] 419, 427; **aA** *Lampe,*

Stree/Wessels-FS [1993] 465; *Dölling* DJT C 86f.); die Einschränkung stellt – im Interesse einer Begrenzung des Tatbestands – eher auf das Untreue-Element als auf die auch bei der „Schmierung“ von Betriebsinhabern gegebene Gefährdung des Wettbewerbs ab. Es erscheint vertretbar, beim geschäftsführenden **Alleingesellschafter einer GmbH** wie bei § 266 (BGH **9**, 216; **30**, 127; **34**, 379; **35**, 333; NJW **93**, 1278; wistra **97**, 146) auf die rechtliche Selbständigkeit der juristischen Person abzustellen und auch den Alleingesellschafter nach § 299 zu erfassen (für die Täterstellung *faktischer* Geschäftsführer auch LK-*Tiedemann* 15; **aA** *Lesch* AnwBl. **03**, 261, 264). In der **KG** ist die bei *faktisch* gleichen Verhältnissen unterschiedliche Behandlung derselben Person als Komplementär (straffrei) und als Geschäftsführer der Komplementär-GmbH (strafbar) nicht überzeugend (zutr. *Bürger* wistra **03**, 130, 132). Ob Mitglieder des **Aufsichtsrats** einer AG als „Beauftragte“ anzusehen sind, ist fraglich (dafür *Moosmayer* wistra **04**, 401, 407; *A/R-Ebert-Weidenfeller* III 2/4; für Aufsichtsrat einer Genossenschaft auch *S/S-Heine* 8; vgl. insoweit auch RG **68**, 264). Bei **Personengesellschaften** soll ein *einzelner* geschäftsführender Gesellschafter als Beauftragter tauglicher Täter sein; wenn alle Gesellschafter gemeinsam handeln, sind sie Betriebsinhaber (*Winkelbauer*, Weber-FS [2004] 384, 389).

D. Vorteilsempfänger. Die Vorteile können dem Angestellten oder Beauftragten selbst (in Abs. I „für sich“; in Abs. II „für diesen“) zugedacht sein oder zugewandt werden. Insoweit reicht es aus, wenn Zuwendungen wenigstens mittelbar dem Angestellten oder Beauftragten selbst zugute kommen (vgl. GRUR **63**, 320). Anders als in § 12 UWG aF sind in § 299 darüber hinaus auch **Drittvorteile** einbezogen (dazu RegE 32f.; *Dölling* DJT C 88; vgl. 12f. zu § 331). Dritter kann grds. jede natürliche oder juristische Person sein, hM auch **der geschäftliche Betrieb,** für den der Angestellte oder Beauftragte tätig ist (*S/S-Heine* 12; LK-*Tiedemann* 25). Das führt zu Abgrenzungsproblemen insoweit, als wettbewerbsrelevante (bevorzugende) Handlungen zugunsten des eigenen Geschäftsherrn vielfach im Rahmen des von Angestellten Erwarteten liegen. Namentlich auch die Abgrenzung zwischen Handlungen eines Betriebsinhabers und Handlungen eines geschäftsführenden GmbH-Alleingesellschafters zugunsten der GmbH ist fraglich. Daher sollen Fälle, in denen zB ein Angestellter für die Bevorzugung eines Lieferanten Gegenleistungen für seinen Geschäftsherrn (zB Rabatte) fordert, vom Tatbestand ausgeschlossen sein, wenn nur arbeitsvertragliche Pflichten erfüllt werden (vgl. *Winkelbauer*, Weber-FS [2004] 384, 390ff.). Teilweise wird eine Lösung über eine Anwendung des Transparenz-Gebots in Verbindung mit „Zuständigkeits“-Regeln (wohl: Vertretung) vorgeschlagen (*Odenthal* wistra **05**, 170, 172). 11

E. Handeln im geschäftlichen Verkehr. Die Tathandlung muss im geschäftlichen Verkehr erfolgen. Das sind alle Kontakte, die sich auf den geschäftlichen Betrieb (oben 4) beziehen. Rein private Handlungen sowie hoheitliche Tätigkeiten fallen nicht hierunter. Es genügt aber ein **Zusammenhang** mit dem Betrieb (vgl. *S/S-Heine* 9f. mwN). 12

F. Unrechtsvereinbarung. Der Vorteil muss als **Gegenleistung** für eine **künftige unlautere Bevorzugung** gefordert, angeboten, versprochen oder angenommen werden. Erforderlich ist daher ein auf eine Unrechtsvereinbarung (21 zu § 331) gerichteter Wille des Täters (BGH **15**, 249). Ein konkretes Leistungs- und Gegenleistungsverhältnis ist nicht Voraussetzung, da der Vorteil nicht bestimmt sein muss. Nicht ausreichend ist aber eine Zuwendung zur Herbeiführung allgemeinen „Wohlwollens“ ohne Bezug zu einer bestimmten Bevorzugung. Die Lockerung der Unrechtsvereinbarung in §§ 331ff. durch das KorrBekG (22f. zu § 331) findet in § 299 keine Entsprechung (*S/S-Heine* 16). Nicht erfasst sind Zuwendungen zur Belohnung von in der *Vergangenheit* liegenden Bevorzugungen (GRUR **68**, 587; *Wittig* wistra **98**, 7f.; SK-*Rudolphi* 8), wenn diese nicht ihrerseits Gegenstand einer Unrechtsvereinbarung waren. 13

a) Bevorzugung iS des § 299 ist die Gewährung von Vorteilen im Wettbewerb gegenüber den Mitbewerbern; sie setzt also eine Entscheidung zwischen mindes- 14 tens zwei (nicht notwendig sämtlich bekannten) Mitbewerbern voraus (wistra **03**, 385, 386; *Blessing* [1 a] 53/61). Sie muss sich auf den **Bezug von Waren** oder **gewerblichen Leistungen** beziehen (vgl. auch oben 1 a). Der Begriff der gewerblichen Leistung ist weit zu verstehen; er umfasst auch Leistungen der **freien Berufe** (vgl. RegE 15; *S/S/Heine* 9; SK-*Rudolphi* 5; *Lesch* AnwBl. **03**, 261, 263; **aA** LG Magdeburg wistra **02**, 156, 157; LK-*Tiedemann* 29), aber auch der geschäftlichen Aufklärungs- und **Beratungstätigkeit** (vgl. *Dölling* DJT C 96). Eine Einschränkung des Tatbestands dahin, dass die Waren für den Bezieher solche **bleiben** sollen, dass also nur solche Leistungen gemeint sind, die der Bezieher im Wettbewerb mit anderen Betrieben umsetzt (so RG **58**, 429), findet im Wortlaut hingegen keine Stütze. Eine strafwürdige Störung des Wettbewerbs ergibt sich bereits bei der unlauteren Bevorzugung selbst (so auch LK-*Tiedemann* 31). Es reicht daher aus, wenn die Waren oder Leistungen **vom Bezieher verwendet oder verbraucht** werden. **Bezug** ist alles, was mit dem Erhalt und der Abwicklung der Lieferung zusammenhängt (BGH **10**, 269 f.), insb. also auch Bestellung, Abnahme, Prüfung und Bezahlung (LK-*Tiedemann* 30).

15 **b)** Die intendierte Bevorzugung muss **im Wettbewerb** des **Vorteilsgewährenden** mit seinen Konkurrenten erfolgen. Der Vorsatz des Vorteilsgewährenden muss sich daher auf das Bestehen einer Wettbewerbslage zum Zeitpunkt der Bevorzugung richten, dh darauf, dass zu diesem Zeitpunkt ein Kreis von Mitbewerbern besteht, auf deren Ausschaltung die Zuwendung abzielt; der Bezug der Waren oder Leistungen von einem Konkurrenten muss noch möglich sein (GRUR **68**, 587; *Lackner/Kühl* 5). IdR wird dies das Vorliegen einer Wettbewerbslage schon im Zeitpunkt der Tathandlung voraussetzen. Mitbewerber müssen zu diesem Zeitpunkt aber nicht (schon) konkret bekannt sein (vgl. NJW **91**, 367, 370; wistra **03**, 385, 386). Die Formulierung *Tiedemanns* (LK 33), dass es „entscheidend ... auf den *zukünftigen* Zeitpunkt des Bezuges ... ankommt", ist insoweit missverständlich (ähnl. *Lackner/Kühl* 5; *S/S-Heine* 21, 23), denn § 299 setzt einen Taterfolg iS einer tatsächlichen Bevorzugung nicht voraus; es muss auch zum Zeitpunkt eines Bezugs keine Wettbewerbslage gegeben sein (so auch zutr. LK-*Tiedemann* 43). Die „Bevorzugung im Wettbewerb" ist in § 299 **subjektiviert;** es reicht aus, wenn nach der **Vorstellung** des Täters ein (zukünftiger) Wettbewerb unlauter beeinflusst werden soll (vgl. unten 21). „Im Wettbewerb" oder „zum Zweck des Wettbewerbs" (Abs. II) erfolgt eine Bevorzugung daher auch dann, wenn sie sich auf ein internes **Zulassungsverfahren** als Voraussetzung für künftige Teilnahme an Vergabeverfahren bezieht (BGH **49**, 214, 228 f. = NStZ **04**, 677 [krit. Anm. *Krehl* StV **05**, 625, 627 f.]; Verfassungsbeschw. verworfen: 2 BvR 1840/04 v. 27. 4. 2006). Eine Bevorzugung scheidet aus, wenn sie gar nicht möglich ist, wenn also entweder der intendierte Bezug von Waren oder Leistungen eine **Besserstellung** gegenüber Mitbewerbern nicht bewirken kann, weil der sich allein als „Verteilung" zu gleichen Konditionen darstellt (daher **zB** nicht § 299 I, sondern § 266, wenn ein Bankmitarbeiter gegen Schmiergeldzuwendung Kredite ohne Bonitätsprüfung ausreicht oder ein Versicherungsvertreter hohe Lebensversicherungen ohne Risikoprüfung abschließt; vgl. dazu auch *Tiedemann,* Müller-Dietz-FS 905, 917 f. und LK 35); oder wenn auf Seiten des Zuwendenden ein **Monopol** besteht (*S/S-Heine* 23); freilich kann trotz Bestehens eines Monopols zum Zeitpunkt der Tathandlung diese auf eine Bevorzugung *durch* Ausschaltung zukünftigen („potentiellen") Wettbewerbs gerichtet sein (enger *Pfeiffer,* v. Gamm-FS 145; LK-*Tiedemann* 35).

16 **c)** Die Bevorzugung ist **unlauter**, wenn sie geeignet ist, Mitbewerber durch Umgehung der Regeln des Wettbewerbs und durch Ausschaltung der Konkurrenz zu schädigen. Dabei sind je nach der Lieferungsrichtung entweder die Mitbewerber des Betriebs *des Vorteils*empfängers (etwa bei Bevorzugung durch Lieferung zu besonders günstigem Preis) oder die des Vorteilsgewährenden (etwa bei Bevorzugung durch Abnahme zu überhöhtem Preis) betroffen. In beiden Fällen kann die Beeinträchtigung des Wettbewerbs von Untreue-Elementen des Vorteilsempfängers

gegenüber dem eigenen Betrieb überlagert sein. **Pflichtwidrigkeit** gegenüber dem Geschäftsherrn (so wohl *Arzt/Weber* 49/58) ist nicht erforderlich, da **Heimlichkeit** oder objektive Schädigung des eigenen oder eines dritten Betriebs nicht Voraussetzung des Tatbestands sind (hM; vgl. *Lackner/Kühl* 5; LK-*Tiedemann* 37; *A/R-Ebert-Weidenfeller* III 2/9; **aA** *Bürger* wistra **03**, 130, 133 f.). Das Merkmal der **Unlauterkeit** grenzt daher sachwidrige von sachgerechten Motiven der Bevorzugung ab; es beschreibt das Verhältnis von *Leistung* (Vorteil) und *Gegenleistung* (Bevorzugung) im Gefüge der Unrechtsvereinbarung und hat gegenüber diesen Merkmalen keine eigenständige Bedeutung (vgl. *Tiedemann* ZStW **86**, 990, 1030; LK-*Tiedemann* 5; *Blessing* in: *Müller-Gugenberger/Bieneck*, 53/61; *Winkelbauer*, Weber-FS [2004] 385, 388); es ist bereits durch die kausale Verknüpfung von Vorteil und Bevorzugung erfüllt. Das Merkmal ist weder mit § 138 BGB noch mit § 3 UWG deckungsgleich (*S/S-Heine* 19; *Lackner/Kühl* 5). Zur Abgrenzung **sozialadäquater Zuwendungen** von wettbewerbsgefährdenden Bestechungen ist es nur insoweit geeignet, als es das Erfordernis der Konkretisierung der Unrechtsvereinbarung oder der auf sie abzielenden Tathandlung verdeutlicht. Die **Üblichkeit** von Schmiergeldzahlungen in bestimmten Branchen steht der Unlauterkeit nicht entgegen (*Lackner/Kühl* 5; and. *S/S-Heine* 19). Die Grenzen sozialadäquater Vorteile sind im geschäftlichen Verkehr grds weiter zu ziehen als im Bereich der öffentlichen Verwaltung (vgl. dazu 25 ff. zu § 331; *Blessing* [oben 1 a] 43; LK-*Tiedemann* 27; krit. *Arzt/Weber* 49/61). Die Beurteilung muss den betroffenen Geschäftsbereich, Stellung und Lebensumstände der Beteiligten sowie den Wert des Vorteils berücksichtigen.

4) Tathandlung des Abs. I. Der Tatbestand des **Sonderdelikts** nach Abs. I 17
verlangt vom Täter (oben 10) das **Fordern, Sich-Versprechen-Lassen** oder **Annehmen** eines Vorteils. Während die 2. und 3. Var. eine Übereinkunft von Geber und Nehmer voraussetzen, dehnt die 1. Var. die Strafbarkeit bedenklich weit in den Vorfeldbereich aus, indem sie schon von vornherein untaugliche Anbahnungsbemühungen unter (Vollendungs-)Strafe stellt. Ein **Erfolg** der Forderung gehört nicht zum Tatbestand (vgl. unten 21), wohl aber, dass sie dem anderen zugeht. Ob dieser sie auch als solche versteht, ist dagegen unerheblich. **Annehmen** setzt über ein bloß tatsächliches Verhalten hinaus wie die 2. Var. eine **Einigung** beider Teile über Gegenstand und Zweckrichtung der Zuwendung (dazu oben 13) voraus. In allen Fällen sind ausdrückliche Erklärungen nicht erforderlich; schlüssiges Handeln genügt. Bleibt es zwischen den Beteiligten bewusst offen, ob eine Zuwendung sich auf eine vergangene oder eine zukünftige Bevorzugung bezieht (etwa beim kommentarlosen „Zustecken" von Geschenken im Rahmen dauerhafter Geschäftsbeziehungen), so wird hierin idR eine **Unrechtsvereinbarung** liegen, wenn die zukünftige Bevorzugung für beide Teile hinreichend konkretisiert ist.

Eine **Pflichtwidrigkeit** gegenüber dem eigenen Dienstherrn muss der Täter 18
nicht begehen; sie liegt zB dann nicht vor, wenn ein Angestellter eines abnehmenden Betriebs vom Zulieferer Prämien oder sonstige Vorteile dafür erhält, dass er in besonderem Maße den Bezug von dessen Waren – zu marktgerechten Preisen – fördert (RG **48**, 291 [*Korkengeld-Fall*]; vgl. *Leo* WRP **66**, 153; *Fezer* BB **71**, 807). Auch **Heimlichkeit** gegenüber dem Geschäftsherrn ist nach hM nicht erforderlich (vgl. aber unten 23); seine Kenntnis wird jedoch nicht selten dazu führen, dass eine Unlauterkeit gegenüber den Mitbewerbern des Vorteilsgebers entfällt (vgl. GRUR **71**, 223; Stuttgart WRP **74**, 222; and. *Lackner/Kühl* 5; *S/S-Heine* 20).

5) Tathandlung des Abs. II. Der Tatbestand des Abs. II entspricht spiegel- 19
bildlich dem des I. Der Täterkreis der **aktiven Bestechung** in II ist nicht auf Angestellte oder Beauftragte beschränkt. An sie muss sich jedoch das Angebot des Täters richten; der Wettbewerb um private Kunden ist vom Tatbestand nicht erfasst. Tauglicher **Täter** ist jedermann, der im **geschäftlichen Verkehr** (oben 12) und zum Zweck des **Wettbewerbs** (oben 15) handelt. Dabei kann es sich um den Wettbewerb des Vorteilsgewährenden oder eines Dritten handeln, nicht jedoch um

den des Bestochenen. Einbezogen sind interne Zulassungsverfahren zur Teilnahme an künftigen Vergabeverfahren (BGH **49**, 214, 227 f.).

20 **Anbieten** ist das Inaussichtstellen, **Versprechen** die Zusage und **Gewähren** die tatsächliche Verschaffung des Vorteils. Anbieten und Versprechen sind empfangsbedürftige Willenserklärungen (*S/S-Heine* 27); konkludente Erklärungen, bei allseitiger Information auch an eingeschaltete Mittelsmänner (*Wittig* wistra **98**, 10) reichen auch hier aus. Unerheblich ist, ob der Vorteil wirklich eintritt. Dagegen können für II Angebote nicht ausreichen, die nicht ernstlich gemeint sind, bei denen also der Vorteil nach dem Willen des Täters von vornherein nicht eintreten soll, denn der Vorsatz des § 299 muss auf den Abschluss einer jedenfalls faktisch bindenden Unrechtsvereinbarung gerichtet sein (oben 13). Die Vorspiegelung von Vorteilsangeboten unterfällt daher § 263, nicht § 299; nimmt der andere Teil das „Angebot" an und kommt es nachträglich zu einer als bindend angesehenen Vereinbarung, so liegt die 2. Var. vor (vgl. 4 zu § 333).

21 **6) Vollendung; Beendigung; Versuch. Vollendet** ist die Tat im Fall des I mit dem Fordern, Versprechen-Lassen oder Annehmen, im Fall des II mit dem Anbieten, Versprechen oder Gewähren. Auf einen **weitergehenden Erfolg** der Tat kommt es nicht an, insb. nicht darauf, ob tatsächlich eine **Bevorzugung** eintritt und ob eine vorgenommene Bevorzugung Folge der Bestechung ist (vgl. BGH **10**, 368). Es spielt daher auch keine Rolle, ob zum Zeitpunkt des Bezugs ein **Wettbewerb** tatsächlich vorliegt (ähnl. LK-*Tiedemann* 43, wonach zurzeit „der angestrebten Bevorzugung" ein Wettbewerb nicht vorliegen muss. Ohne Wettbewerb gibt es freilich auch keine „Bevorzugung"). **Beendet** ist die Tat erst mit der letzten Annahme des von der Unrechtsvereinbarung umfassten Vorteils (vgl. BGH **10**, 243; **11**, 345; NJW **98**, 2373 [zu § 331]); wenn es nicht zur Vorteilserlangung kommt, mit dem endgültigen Fehlschlagen darauf gerichteter Bemühungen (NStZ-RR **04**, 41; vgl. 30 zu § 331). Der **Versuch** ist nicht strafbar, da der Tatbestand schon die Vollendung in den Vorfeldbereich ausdehnt; als Vollendung strafbar ist schon der (untaugliche) Versuch, einen ggf. gar nicht existierenden Wettbewerb (oben 15) abstrakt zu gefährden (**zB** von Angestellten sogleich zurückgewiesenes Angebot von Schmiergeld durch einen Unternehmer in der irrigen Annahme, es gebe Mitbewerber oder werde sie zum Zeitpunkt des Leistungsbezugs geben). **Tätige Reue** ist gesetzlich nicht vorgesehen (für entspr. Anwendung von § 298 III *Krack* NStZ **01**, 505, 507).

22 **7) Subjektiver Tatbestand.** In den Fällen des I und II ist **Vorsatz** erforderlich. Er muss die Stellung als Angestellter oder Beauftragter, das Vorliegen eines geschäftlichen Betriebs sowie einer Wettbewerbslage und die Bevorzugung umfassen, weiterhin neben der Tathandlung die tatsächlichen Umstände, die die Zuwendung als Vorteil und die Bevorzugung als unlauter erscheinen lassen. **Bedingter Vorsatz** reicht insoweit aus (zur irrigen Annahme oben 21). Im Fall des I muss es dem Täter **darauf ankommen,** dass der andere den geforderten usw. Vorteil als Gegenleistung für eine Bevorzugung versteht; im Fall des II muss der Täter in **Wettbewerbsabsicht** handeln (NJW **70**, 380; *Lackner/Kühl* 8; *Ebert-Weidenfeller* [1 a] 56); sein Handeln muss daher darauf abzielen, den eigenen oder den Absatz eines Dritten zu fördern. Kennt der Täter die tatsächlichen Voraussetzungen der **Unlauterkeit** (vgl. oben 16) nicht, so bleibt er, da fahrlässige Begehung nicht strafbar ist, nach § 16 I straflos. Ein Irrtum über die normative Abgrenzung zwischen unlauterer und erlaubter Bevorzugung ist nach § 17 zu beurteilen (SK-*Rudolphi* 10; *S/S-Heine* 29; **aA** LK-*Tiedemann* 44; *Blessing* [1 a] 53/67).

23 **8) Rechtfertigung.** Zur Rechtswidrigkeit der Tat gilt 19 zu § 298. Eine **Einwilligung** des Geschäftsherrn (vgl. § 331 III) hat für § 299 nach **hM** keine rechtfertigende Wirkung (zu § 12 UWG a. F. vgl. schon RG **48**, 291 [*Korkengeld-Fall*]; *vgl. oben 18*; **aA** *Blessing* [1 a] 53/66; *Winkelbauer*, Weber-FS [2004] 385, 392 f.). Ein Rechtfertigungsgrund aus § 34 auf Grund wirtschaftlicher Bedrängnis des Betriebs dürfte kaum in Betracht kommen, da die Tat regelmäßig nicht das mildeste Mittel der Abwendung sein wird (*Wittig* wistra **98**, 10; *S/S-Heine* 30).

Erhebliche Probleme ergeben sich insoweit durch die Ausdehnung des Anwendungsbereichs auf den **ausländischen Wettbewerb** (ohne Eingrenzung auf dem Gemeinsamen Markt; vgl. oben 2) durch Abs. III. Insofern ist der Umstand zu bedenken, dass in nicht unerheblichen Teilen des Weltmarktes Vorteilsgewährungen iS von § 299 nicht nur weithin **üblich**, sondern für den Abschluss größerer Geschäfte vielfach geradezu **vorausgesetzt** sind (vgl. dazu ausf. *Haft/Schwoerer*, Weber-FS [2004] 367 ff). Gleichwohl wird man Schmiergeldzahlungen (für welche in manchen Bereichen des Exportgeschäfts regelmäßig mindestens 5% des Auftragsvolumens von vornherein eingeplant werden; vgl. auch den Sachverhalt des Falls „*System Schreiber*", NJW **05**, 300 = BGH **49**, 317: Schmiergelder in Höhe von $ 200 Mio. [!] bei einem Auftragsvolumen von $ 450 Mio.) auch hier nicht als **sozialadäquat** ansehen können. Auch eine **Rechtfertigung** ergibt sich nicht daraus, dass wirtschaftliche Erfolge auf korruptiven Auslandsmärkten nur mit Hilfe von Schmiergeld-Leistungen möglich sind; selbstverständlich auch nicht aus der steuerlichen Anerkennung von Schmiergeldzahlungen als Betriebsausgaben. Ob nach Umsetzung der Gemeinsamen Maßnahme eine Verfolgung von Auslandssachverhalten durch deutsche Strafverfolgungsbehörden, ggf aber auch von deutschen Tätern durch Strafverfolgungsbehörden anderer Mitgliedsstaaten, überhaupt in nennenswertem Umfang stattfinden wird, bleibt abzuwarten (vgl. auch *Weidemann* DStZ **02**, 329, 333). **23 a**

9) Rechtsfolgen. Die **Strafe** ist in beiden Fällen Freiheitsstrafe bis zu 3 Jahren oder Geldstrafe. Die Erhöhung des Regelstrafrahmens gegenüber §§ 12 ff. UWG aF erscheint angesichts der Weite des Tatbestands und im Hinblick auf den erhöhten Strafrahmen des § 300 nicht unproblematisch; aus Sicht des Gesetzgebers soll sie nicht zuletzt die erhöhte kriminalpolitische Bedeutung der Korruptionsbekämpfung auch im privatwirtschaftlichen Sektor deutlich machen. Eine Strafzumessungsregel für **besonders schwere Fälle** enthält § 300. Zu **generalpräventiven** Erwägungen (§ 56 III) bei der Strafaussetzung zur Bewährung vgl. BGH **50**, 299, 308 (= NStZ **06**, 210, 212; *Kölner Müllskandal*). Bei korruptiv erlangter Auftragsvergabe ist nach BGH **50**, 299, 308 *unmittelbar* erlangt iS von § 73 I nicht der gesamte vereinbarte Werklohn oder Kaufpreis, sondern nur der *Vertragsschluss* selbst, dessen Wert sich nach dem zu diesem Zeitpunkt zu erwartenden Gewinn bemisst (krit. Bespr. *Saliger* NJW **06**, 3377; *Hohn* wistra **06**, 321; vgl. 6 zu § 73). Zum **Erweiterten Verfall** § 302. **24**

10) Konkurrenzen. Bei Zustandekommen einer korruptiven Unrechtsvereinbarung ist der jeweils andere Teil notwendiger Teilnehmer. Seine Beihilfe zur Haupttat des I oder II tritt hinter die spiegelbildliche eigene Täterschaft zurück. Zwischen § 299 und der in Aussicht gestellten bevorzugenden Handlung (zB § 266; vgl. BGH **31**, 207 f.) besteht auch bei einheitlicher Unrechtsvereinbarung idR **Tatmehrheit** (BGH **41**, 292, 302; NStZ **87**, 326 f.; wistra **93**, 190; **98**, 107; 1 StR 198/98; **aA** LK-*Tiedemann* 53). Tatbestandliche Handlungseinheit zwischen Fordern und Annahme bzw. zwischen Anbieten, Versprechen und Gewähren liegt vor, wenn der Vorteil in der Unrechtsvereinbarung genau festgelegt ist (wistra **95**, 61, 62 f.); bei einheitlichem Tatgeschehen kann Tateinheit vorliegen. Insoweit kommt § 266 in Betracht, wenn es auf Grund der Bestechung zu einer auch den Geschäftsherrn des Täters schädigenden Bevorzugung kommt (vgl. BGH **31**, 207 f.). § 263 kann gegenüber Mitbewerbern vorliegen, wenn die Bevorzugung in einer auf Täuschung beruhenden Benachteiligung von Konkurrenten besteht. Tateinheit mit § 263 kommt auch in Betracht, wenn der Bestochene seine Bereitschaft zur Bevorzugung (BGH **15**, 88, 99) oder der Bestechende seine Bereitschaft zur Schmiergeldzahlung vortäuscht (vgl. aber 64 ff. zu § 263). Mit § 298 steht § 299 in **Tateinheit,** wenn der Täter des I Angestellter des Veranstalters und in die rechtswidrige Submissionsabsprache kollusiv einbezogen ist (vgl. 17 zu § 298); die Annahme *Tiedemanns* (LK 52), dies sei „rechtlich nicht möglich", ist unzutreffend (vgl. auch LK-*Tiedemann* 39 zu § 298); mit § 334 ist Tateinheit möglich. Tatmehrheit liegt vor, wenn der zunächst nur auf eine wettbewerbsbeschränkende Bevorzugung gerichteten aktiven Bestechung (II) ein seinerseits wettbewerbsbeschränkendes Angebot iS des § 298 I nachfolgt und der Angestellte des Veranstalters erst jetzt in die Absprache eingeweiht wird. Tateinheit ist auch möglich mit § 253 (*Lackner/Kühl* 9). Das Zur-Verfügung-Stellen einer zur Verschiebung von Schmiergeldern mittels fingierter Rechnungen zwischengeschalteten Firma verbindet einzelne Beihilfehand- **25**

lungen (Einzug der fingierten Rechnungsbeträge; „Parken" auf firmeneigenen Konten; Weiterleitung an den Schmiergeldempfänger oder weitere zur Verschleierung eingesetzte Firmen auf Grund wiederum fingierter Rechnungen) zu **einer Beihilfe-**Tat, wenn sie sich als insgesamt „durchgängiger Geldfluss" aus einem „Grundgeschäft" nach § 299 darstellen (NStZ **00**, 430 [zu § 12 UWG aF]).

26 **11) Verfahrensrecht.** Zum **Strafantrag** vgl. § 301. Nach § 74 c I Nr. 5 a GVG idF durch Art. 2 KorrBekG ist die Wirtschaftsstrafkammer als Gericht des ersten Rechtszugs sowie bei Berufungen gegen Urteile des SchöffG zuständig; die Zuständigkeit für Taten nach § 12 UWG aF ist übernommen worden. Gleichfalls übernommen wurde die Ausgestaltung als Privatklagedelikt (§ 374 I Nr. 5 a StPO) durch Art. 3 KorrBekG. In den Fällen des § 300 Nr. 2 ist zur Aufklärung der Einsatz Verdeckter Ermittler zulässig (§ 110 a I Nr. 3 u. 4 StPO). Zur **steuerrechtlichen** Mitteilungspflicht nach § 4 V Nr. 10 EStG vgl. *Heerspink* wistra **01**, 441, 445.

Besonders schwere Fälle der Bestechlichkeit und Bestechung im geschäftlichen Verkehr

300 **I In besonders schweren Fällen wird eine Tat nach § 299 mit Freiheitsstrafe von drei Monaten bis zu fünf Jahren bestraft. Ein besonders schwerer Fall liegt in der Regel vor, wenn**

1. die Tat sich auf einen Vorteil großen Ausmaßes bezieht oder

2. der Täter gewerbsmäßig oder als Mitglied einer Bande handelt, die sich zur fortgesetzten Begehung solcher Taten verbunden hat.

1 **1) Allgemeines.** Die Vorschrift ist durch Art. 1 Nr. 3 KorrBekG (1 vor § 298) eingefügt worden; die Regelbeispiele des S. 2 entsprechen § 335 II Nr. 1 u. 3. Der E-BRat hatte für besonders schwere Fälle einen Strafrahmen von 3 Monaten bis zu 10 Jahren Freiheitsstrafe vorgesehen (BT-Drs. 13/3353).

2 Demgegenüber ist der Gesetzgeber zu Recht dem Vorschlag des 61. DJT gefolgt (vgl. auch *Dölling* DJT C 89 und RA-BTag, Prot. 82. Sitzung S. 7) und hat den erhöhten Strafrahmen nicht dem des § 335 angeglichen. In Anbetracht der bislang zu beobachtenden Zurückhaltung der Strafverfolgungsbehörden bei der Verfolgung der Angestelltenbestechung (vgl. *Dölling* DJT C 39 ff.) würde eine Strafdrohung von bis zu 10 Jahren über das Ziel hinausschießen, potentielle Täter abzuschrecken und die kriminalpolitische Bedeutung der Korruptionsbekämpfung deutlich zu machen (vgl. RegE 32 f.; *König* DRiZ **96**, 357, 362). Überdies sollte die Herauslösung der Angestelltenbestechung aus dem UWG nicht dazu führen, den kriminalpolitischen Zusammenhang mit anderen, weiterhin im UWG geregelten Formen wettbewerbsschädigenden kriminellen Handelns (§§ 17 ff. UWG) aufzulösen (*Dölling* DJT C 48 ff., 90). Die auch bei schweren Fällen gegenüber § 335 geringere Strafdrohung ist auf Grund der bei Taten nach §§ 331 ff. vorliegenden Verletzung des öffentlichen Interesses an sachlicher Amtsführung und spezifischer, amtsbezogener Allgemeininteressen berechtigt (ebenso iErg schon Maßnahmenkatalog BMI/BMJ; wistra **96**, H. 5, S. V ff.; vgl. schon Maßnahmenkatalog Hessens v. 3. 7. 1992, StAnz. 29/1992, S. 1654; Bekanntm. der Bayer. StReg. vom 14. 5. 1996, StAnz. Nr. 21/1996; zust. *König* DRiZ **96**, 363).

3 **2)** Ein **Regelbeispiel** nach **S. 2 Nr. 1** ist verwirklicht, wenn die Tat sich auf einen **Vorteil großen Ausmaßes** bezieht. Damit beschränkt sich das Regelbeispiel nach dem Wortlaut der Vorschrift auf den **Vorteil,** der dem Angestellten oder Beauftragten zugewendet wird oder werden soll; auf den Umfang der **Bevorzugung** kommt es danach für Nr. 1 nicht an. Das ist aus dem Blickwinkel des Rechtsguts nicht konsequent (ebenso *S/S-Heine* 3), denn die Störung des freien Wettbewerbs hängt nicht von der Höhe des Schmiergeldes, sondern von dem Ausmaß der sachwidrigen unlauteren Bevorzugung ab. Ob daher der Begriff des „Vorteils" in S. 2 Nr. 1 dahin auszulegen ist, dass er die **jeweilige Bevorteilung** des Täters, also sowohl den Vorteil als auch die Bevorzugung umschreibt, erscheint *im Hinblick auf § 335 II* Nr. 1 u. 2 jedoch fraglich (abl. auch LK-*Tiedemann* 3). Umgekehrt erscheint die Anwendung des Regelbeispiels auf einen Täter des II nicht veranlasst, der, um einen geringen (uU existenz-bestimmenden) Wettbewerbsvorteil zu erreichen, Bestechungsforderungen großen Ausmaßes (uU unter

Nötigungsdruck) nachkommt. Das Regelbeispiel, das § 335 II Nr. 1 nachgebildet ist, ohne die dort zugrundeliegende Anbindung an das erhöhte Unrecht des Amtsdelikts zu berücksichtigen, ist daher nicht gelungen. In der Praxis wird man die vom Wortlaut nicht umfassten Fälle über S. 1 erfassen und die zu Unrecht einbezogenen Fälle über allgemeine Erwägungen (vgl. § 267 III S. 3, 1. Var., StPO) ausschließen können.

Ein **Vorteil großen Ausmaßes** liegt vor, wenn der Wert des erlangten oder er- 4
strebten Vorteils den Durchschnittswert der erlangbaren Vorteile erheblich überschreitet; der Begriff ist *tatbestandsspezifisch* auszulegen (vgl. *Wittig* wistra **98**, 7f.; *Wolters* JuS **98**, 1100, 1103; *W/Hillenkamp* 702). Anders als bei § 264 II Nr. 1 (dazu 46 zu § 264; *S/S-Heine* 4 und 74 zu § 264) und bei § 370 III Nr. 1 AO kann hier kaum auf allgemeine Maßstäbe abgestellt werden; ob ein Vorteil ein großes Ausmaß hat, bestimmt sich vielmehr nach den Umständen des *konkreten* Falles im Rahmen der jeweiligen geschäftlichen Beziehung und der Wettbewerbssituation. Eine Orientierung an der für § 264 vielfach angenommenen Grenze von 50 000 Euro erscheint kaum sachgerecht (so auch RegE 34; *Lackner/Kühl* 1; vgl. aber BGH **48**, 360 [zu § 263 III]); auch ein Schmiergeld von 10 000 Euro kann im Einzelfall das Regelbeispiel erfüllen (*Lackner/Kühl* 2 zu § 335; *Kindhäuser* LPK 2; and. SK-*Rudolphi* 3: 5000 Euro; LK-*Tiedemann* 4: 20 000 Euro). Das gilt erst recht nach Einbeziehung des Wettbewerbs **ausländischer Märkte** (Abs. III), auf denen uU das *Jahresgehalt* eines leitenden Angestellten 10 000 Euro nicht erreicht.

3) S. 2 Nr. 2 bedroht **gewerbs- und bandenmäßiges** Handeln mit dem er- 5
höhten Strafrahmen; die Formulierung entspricht § 335 II Nr. 3. **Gewerbsmäßigkeit** liegt vor, wenn der Täter in der Absicht handelt, sich durch wiederholte Taten eine nicht nur vorübergehende Einnahmequelle zu sichern (BGH **1**, 383; **29**, 189; NStZ **95**, 85; vgl. 62 vor § 52). Das ist im Fall des § 299 I regelmäßig dann gegeben, wenn der Täter beabsichtigt, über den Einzelfall hinaus ein Korruptions-*System* aufzubauen, um hieraus immer wieder nicht ganz unerhebliche materielle Vorteile zu ziehen. Im Fall des § 299 II ist auf die *mittelbar* durch die Bevorzugung erreichten zusätzlichen Einnahmen abzustellen.

Für die Annahme einer **Bande** gelten auch hier die von GrSenBGH **46**, 321 6
genannten Voraussetzungen (vgl. dazu 17ff. zu § 244); erforderlich ist daher das bandenmäßige Zusammenwirken von mindestens **drei Personen.** Der Ausschluss von auf fortgesetzte Tatbegehung gerichteten Zwei-Personen-Verhältnissen ist gerade auch bei korruptiven Beziehungen angezeigt, die schon nach der Deliktsstruktur auf Dauerhaftigkeit und Tatwiederholung angelegt sind; freilich wird hier idR Gewerbsmäßigkeit gegeben sein. Liegen die Voraussetzungen einer Bandenabrede vor, so unterfällt schon die erste Tat dem Regelbeispiel. Eine **Mitwirkung** eines anders Bandenmitglieds bei der Tatausführung bedarf es nicht; es reicht aus, dass der Täter **als Mitglied** der Bande handelt. Bande iS von Nr. 2 ist dabei auch ein „gemischter" Zusammenschluss von Personen auf **beiden Seiten** der korruptiven Beziehung. Ein bemerkenswertes, aber vom Gesetzgeber offenbar gewolltes Ergebnis der Vorverlagerung der Vollendung in § 299 ist, dass schon der **Versuch** einer Vereinbarung das Regelbeispiel verwirklicht, wenn eine Bandenabrede schon vorliegt (**zB** erstes Angebot durch Mitglied einer Dreierbande aus zwei Geschäftsführern und einem Prokuristen); **Bandentat** kann bei § 299 daher iErg schon **die Bandenabrede selbst** sein, wenn sie im Abschluss einer auf Wiederholung gerichteten Unrechtsvereinbarung besteht.

4) Unbenannte besonders schwere Fälle (S. 1; vgl. 88 zu § 46) können **zB** 7
vorliegen bei eingetretener objektiver Schädigung von Mitbewerbern, bei Untreuehandlungen gegenüber dem Geschäftsherrn, bei Bevorzugungen mit sehr hohem Wert (oben 3) oder bei Vorteilen, die über ihren Charakter als Bestechungsleistungen hinaus anstößigen oder sittenwidrigen Inhalt haben; bei langfristiger, wiederholter korruptiver Zusammenarbeit.

Strafantrag **RiStBV 260**

301 ^I **Die Bestechlichkeit und Bestechung im geschäftlichen Verkehr nach § 299 wird nur auf Antrag verfolgt, es sei denn, dass die Strafverfolgungsbehörde wegen des besonderen öffentlichen Interesses an der Strafverfolgung ein Einschreiten von Amts wegen für geboten hält.**

^II **Das Recht, den Strafantrag nach Absatz 1 zu stellen, hat neben dem Verletzten jeder der in § 8 Abs. 3 Nr. 1, 2 und 4 des Gesetzes gegen den unlauteren Wettbewerb bezeichneten Gewerbetreibenden, Verbände und Kammern.**

1 **1) Allgemeines.** Die Vorschrift ist durch Art. 1 Nr. 3 KorrBekG (1 vor § 298) eingefügt worden. Abs. II wurde durch § 20 VI des UWG idF v. 3. 7. 2004 (BGBl. I 1414) geändert.

2 Die Bestechung und Bestechlichkeit von Angestellten nach § 12 UWG aF war als reines Antragsdelikt ausgestaltet. Das führte, da die betroffenen Unternehmen die nachteiligen Folgen öffentlicher Diskussion geschäftsinterner Vorgänge fürchteten (*Pfeiffer,* v. Gamm-FS 145) in der Vergangenheit dazu, dass nicht selten eine Strafverfolgung mangels Strafantrags auch dann nicht möglich war, wenn über private Interessen hinaus auch besondere öffentliche Interessen betroffen waren. Dem trägt § 301 dadurch Rechung, dass bei **besonderem öffentlichen Interesse** eine Strafverfolgung auch von Amts wegen möglich ist. Im Gesetzgebungsverfahren bestand hierüber weitgehend Einigkeit (vgl. E-BRat BT-Drs. 13/3353, 13; RegE 34; zust. *Dölling* DJT C 91; *König* JR **97**, 401; ebenso schon GesAntr. Bayern BR-Drs. 271/95; Maßnahmenkatalog BMI/BMJ [2 zu § 300] S. 7); eine Prüfbitte des BRats, die die Schaffung eines Offizialdelikts anstrebte und der die BReg. widersprochen hat (BT-Drs. 13/6424, 8, 13), ist zu Recht nicht weiterverfolgt worden. Zur **Rückwirkung** vgl. BGH **46**, 310, 316 ff.; AG Bochum wistra **01**, 155.

Gesetzgebung: Vorschlag zur Neufassung von Abs. II im GesE eines ZweitenKorrbekG (BR-Drs. 548/07; Abdruck im **Anhang unter Nr. 23 b**).

3 **2)** Ein **besonderes öffentliches Interesse** an der Strafverfolgung kann zunächst in den Fällen des § 300 vorliegen, wenn die schulderhöhenden Umstände in besonderer Weise auch Allgemeininteressen betreffen (Beispiele im Hinblick auf Nr. 260 RiStBV bei *Schubert* in *Wabnitz/Janovsky* [1 a zu § 299], 12/79). Auch in den Fällen des § 299 wird aber eine Strafverfolgung von Amts wegen nicht selten geboten sein, etwa wenn die Tat im Zusammenwirken mit Amtsträgern begangen wurde oder wenn ein Antragsberechtigter aus Furcht vor wirtschaftlichen oder beruflichen Nachteilen einen Strafantrag nicht stellt.

4 **3) Antragsberechtigt** ist zunächst der **Verletzte** (§ 77; vgl. dazu *Wolters* JuS **98**, 1103); das sind alle **Mitbewerber** (vgl. dazu LK-*Tiedemann* 2), nach hM aber auch der **Geschäftsherr** des Angestellten oder Beauftragten bei intern pflichtwidrigem Verhalten (vgl. BGH **31**, 207, 209). Neben und unabhängig von dem Verletzten sind nach II Gewerbetreibende, die Waren oder gewerbliche Leistungen gleicher Art vertreiben, rechtsfähige Verbände zur Förderung wirtschaftlicher Interessen sowie Industrie- und Handelskammern und die Handwerkskammern antragsberechtigt (vgl. § 8 III UWG).

***Vermögensstrafe* und Erweiterter Verfall**

302 ^I **In den Fällen des § 299 Abs. 1 ist § 73 d anzuwenden, wenn der Täter gewerbsmäßig oder als Mitglied einer Bande handelt, die sich zur fortgesetzten Begehung solcher Taten verbunden hat.**

^II **In den Fällen des § 299 Abs. 2 sind die §§ *43 a,* 73 d anzuwenden, wenn der Täter als Mitglied einer Bande handelt, die sich zur fortgesetzten Begehung solcher Taten verbunden hat. § 73 d ist auch dann anzuwenden, wenn der Täter gewerbsmäßig handelt.**

Zu Abs. II S. 1: § 43 a ist nach der Entscheidung des BVerfG vom 20. 3. 2002 (BGBl. I 1340) verfassungswidrig und nichtig.

1) Allgemeines. Die Vorschrift wurde durch Art. 1 Nr. 3 KorrBekG (1 vor § 298) eingefügt. Im RegE (BR-Drs. 553/96) und im E-BRat (BT-Drs. 13/3353) war sie nicht vorgesehen. Nachdem die Gegenäußerung der BReg. zur Stellungnahme des BRats zu § 337 b RegE eine weitere Prüfung befürwortete (BT-Drs. 13/6424, 14), erfuhr der Vorschlag in der vom RA-BTag durchgeführten Sachverständigenanhörung (RA-BTag, 82. Sitzung) Zustimmung (vgl. *Böttcher,* Prot.Nr. 82, S. 45; *Schaupensteiner* ebd. S. 22). Die Vorschrift wurde in der Fassung der Beschl.-Empf. des RA-BTag (BT-Drs. 13/8079) in das KorrBekG aufgenommen. 1

Gesetzgebung: Vorschlag zur Neufassung des § 302 unter Wegfall von Abs. II im GesE eines ZweitenKorrbekG (BR-Drs. 548/07; Abdruck im **Anhang unter Nr. 23 b**).

2) Abs. I sieht in den Fällen der passiven Bestechung nach § 299 I die Anwendung des **Erweiterten Verfalls** bei **gewerbsmäßiger** (5 zu § 300) oder **bandenmäßiger** (6 zu § 300) **Tatbegehung** vor. Gerade bei Gewerbsmäßigkeit dürften in der Praxis erhebliche Beweisschwierigkeiten dazu führen, dass die Vorschrift nur eine geringe praktische Bedeutung entfalten kann; im Hinblick auf die auf die Unschuldsvermutung des Art. 6 II MRK gestützte Zurückhaltung der Rspr bei der Anwendung des § 73 d (BGH **40**, 372) dürfte eine hinreichend hohe Wahrscheinlichkeit für die rechtswidrige Herkunft von Vermögensgegenständen gerade beim aktiv Bestechenden häufig nur schwer begründbar sein. 2

3) Abs. II erlaubt in den Fällen des § 299 II bei **bandenmäßiger Tatbegehung** gleichfalls die Anordnung des Erweiterten Verfalls. Die Verweisung auf § 43 a ist obsolet (vgl. oben vor 1), so dass Abs. II insgesamt seinen eigenständigen Sinn verloren hat. 3

§ 302 a [Weggefallen. Durch Art. 1 Nr. 2 des KorrBekG (1 vor § 298) ist § 302 a aF § 291 geworden]

Siebenundzwanzigster Abschnitt

Sachbeschädigung

Sachbeschädigung

303 **[I] Wer rechtswidrig eine fremde Sache beschädigt oder zerstört, wird mit Freiheitsstrafe bis zu zwei Jahren oder mit Geldstrafe bestraft.**

[II] Ebenso wird bestraft, wer unbefugt das Erscheinungsbild einer fremden Sache nicht nur unerheblich und nicht nur vorübergehend verändert.

[III] Der Versuch ist strafbar.

Übersicht

1) Allgemeines ... 1, 1 a
2) Tatobjekt ... 2–4
3) Sachbeschädigung, Abs. I ... 5–16
A. Beschädigen ... 6–13
B. Zerstören ... 14
C. Täterschaft und Teilnahme ... 15
D. Rechtswidrigkeit ... 16
4) Veränderung des Erscheinungsbilds, Abs. II ... 17–20 a
5) Subjektiver Tatbestand ... 21
6) Versuch, Abs. III ... 22
7) Konkurrenzen ... 23
8) Sonstige Vorschriften ... 24

1) Allgemeines. Die Vorschrift wurde durch Art. 19 Nr. 161 EGStGB neu gefasst; der frühere III wurde durch das 2. WiKG (2 vor § 263) in § 303 c übernommen. **Materialien:** GesE des BRats BT-Drs. 10/308; BTag 10/4213; BT-Drs. 10/3538 (Beschl.-Empf. und Bericht; BTag 10/11 260; BR-Drs. 325/85 (Ges. Beschl.); BRat Prot. 553. Sitz. S. 379; BR-Drs. 325/1/85; 325/85 (Beschluss). Abs. II ist durch das **39. StÄG** v. 1. 9. 2005 (BGBl. I 2674) eingefügt worden (**Mat.:** BT-Drs. 15/5313 [GesE]; 15/5702 [Ber.]; BR-Drs. 452/05. **In-Kraft-Treten: 8. 9. 2005**). Entwürfe eines **„Graffiti-Bekämpfungsgesetzes"** (E CDU/CSU, BT-Drs. 14/546; FDP, BT-Drs. 14/569; E-BRat, BT-Drs. 14/872; hierzu *Behm* StV **99**, 567 ff.) waren zuvor in der 14. WP im BTag gescheitert (vgl. dazu auch *Behm* StV **99**, 567; *Braum* KJ **00**, 35; Antw. der BReg. v. 30. 4. 1999, BT-Drs. 14/1013, 10), in der 15. WP aber erneut eingebracht worden (Entwurf des BRats BT-Drs. 15/404 [vgl. GesA Berl, BR-Drs. 441/01; GesA BadWürtt, BR-Drs. 765/01; dazu *Weber,* Meurer-GedS 283 ff.]; E CDU/CSU, BT-Drs. 15/302; E FDP, 15/63; E SPD/B90/GR, **BT-Drs. 15/5313**). Zum Beratungsgang vgl. Ber., BT-Drs. 15/3473 (dazu auch *Kühl,* Weber-FS [2004] 413 ff.; *Eisenschmid* NJW **05**, 3033 f.; *Schnurr* [1 a] 221 ff.; umfassend zur Gesetzesgeschichte *Hillenkamp,* Schwind-FS [2006] 927 ff.). 1

Neuere Literatur: *Behm,* Sachbeschädigung und Verunstaltung, 1984 [hierzu *Geerds* GA **86**, 39; *Maiwald* ZStW **102**, 318]; *ders.,* Zur Sachbeschädigung durch Plakatieren u. Beschmieren, JR **88**, 360; *ders.,* Sollte der Tatbestand der §§ 303, 304 StGB um das Merkmal „Verunstalten" erweitert werden?, StV **99**, 567; *Bohnert,* Strafmaßdiskrepanzen bei den Sachbeschädigungsdelikten, JR **88**, 446; *Braum,* Das Graffiti-Bekämpfungsgesetz u. der Schutz des Eigentums, KJ **00**, 35; *Disse,* Die Privilegierung der Sachbeschädigung gegenüber Diebstahl und Unterschlagung, 1982 [hierzu *Maiwald* ZStW **96**, 931; *Dölling,* Zur Sachbeschädigung durch Veränderung des Erscheinungsbildes einer Sache, Küper-FS (2007) 21; *Eisele,* Sachbeschädigung durch Graffiti, JA **00**, 101; *Eisenschmid,* Neue Strafnormen zur Sachbeschädigung: Das Graffiti-Bekämpfungsgesetz, NJW **05**, 3033; *Geerds* GA **84**, 134]; *Graul,* Zum Tier als Sache iS des StGB, JuS **00**, 215; *Haft/Eisele,* Auswirkungen des § 241 a BGB auf das Strafrecht, Meurer-GedS (2002), 245; *Heinrich,* Die Sachbeschädigung als unmittelbare Nutzungsbeeinträchtigung, Otto-FS (2007) 577; *Hillenkamp,* Was bewirkt das „Nofitti-Gesetz"?, Schwind-FS (2006) 927; *Ingelfinger,* Graffiti und Sachbeschädigung, 2003; *Kargl,* Sachbeschädigung u. Strafgesetzlichkeit, JZ **97**, 283; *Kühl,* Die strafrechtliche Erfassung von „Graffiti", Weber-FS (2004), 413; *Krüger,* Graffiti, 2006 (Hrsg. FH Polizei Sachsen-Anhalt); *Küper,* Die „Sache mit den Tieren", oder: Sind Tiere strafrechtlich noch Sachen?, JZ **93**, 435; *Mersson,* 1 a

Straffreiheit von Graffiti-Schmierern, NZM **99**, 447; *Momsen,* JR **00**, 172; *Neubacher,* An den Grenzen des Strafrechts – Stalking, Graffiti, Weisungsverstöße, ZStW **118** (2006), 855; *Saliger,* Der Tatbestand der Sachbeschädigung (§ 303 StGB) nach der Reform durch das Graffiti-Bekämpfungsgesetz, Jura **06**, 428; *Scheffler,* Das Verteilerkasten-Urteil (BGHSt 29, 129) – eine falsch interpretierte Entscheidung?, NStZ **01**, 290; *R. Schmitt,* Die Abgrenzung der Sachbeschädigung von der bloßen Sachentziehung, Stree/Wessels-FS 505; *Schnurr,* Graffiti als Sachbeschädigung, 2006 (Diss. Frankfurt 2005); *ders.,* Graffiti nach der Reform des Sachbeschädigungstatbestands – eine erste Bestandsaufnahme aus praxisorientierter Sicht, StraFo **07**, 318; *Schroeder,* Zur Sachbeschädigung durch Plakatieren u. Beschmieren, JR **87**, 359; *Stöber,* Sachbeschädigung durch unverlangte Zusendung von Werbetelefaxen, NStZ **03**, 515; *Stree* JuS **88**, 187; *Thoss,* Graffiti als Sachbeschädigung, StV **06**, 160; *Wallau,* Sachbeschädigung als Zueignung?, JA **00**, 248; *Weber,* Zum Verhältnis von Bundes- u. Landesrecht auf dem Gebiet des straf- u. bußgeldrechtlichen Denkmalschutzes, Tröndle-FS 337; *ders.,* Bemerkungen zum Bundesrats-Entwurf eines Graffiti-Bekämpfungsgesetzes, Meurer-GedS (2002), 283; *Wilhelm,* Das überklebte Wahlplakat (usw.), JuS **96**, 424; *Wolf,* Graffiti als kriminologisches und strafrechtsdogmatisches Problem, 2004 (Diss. Augsburg); *Wüstenhagen/Pfab,* Zur Strafbarkeit von Graffiti: Von einer missglückten Gesetzesnovelle, StraFo **06**, 190.

2 **2) Tatobjekt.** Das Tatobjekt des § 303 (idF des EGStGB) ist eine **Sache,** also ein körperlicher Gegenstand. Für die Abgrenzung gelten 3 ff. zu § 242. Auf den Aggregatzustand der Sache kommt es nicht an, auch nicht darauf, ob sie beweglich oder unbeweglich ist. Sachgesamtheiten sind als solche grds. nicht geschützt, wohl aber aus einzelnen Teilen zusammengesetzte **Funktionseinheiten.** Auch **Tiere** können Objekt der Sachbeschädigung sein (ausf. dazu *Küper* JZ **93**, 435; *Graul* JuS **00**, 215); ebenso künstliche Teile menschlicher Körper (dazu 3 zu § 242). Elektronisch gespeicherte **Daten** sind – anders als die Datenträger – keine Sachen iS von § 303 (vgl. dazu **§§ 303 a, 303 b**); ebenfalls nicht Energien oder Strahlen. Nach hM verlangt schon die Körperlichkeit einer Sache deren *Begrenzbarkeit* iS eines individualisierten Daseins; danach fehlt **zB** dem Wasser im **Meer** oder gefallenem **Schnee** schon die Sachqualität (zur Langlaufloipe Bay NJW **80**, 132 [Anm. *Schmid* JR **80**, 430]; vgl. auch LK-*Wolff* 3; NK-*Zaczyk* 2; *Kindhäuser* LPK 3; *W/Hillenkamp* 15). Der Begriff der Sache ist jedoch ein *Rechts*begriff, welcher der Abgrenzung von Herrschaftssphären dient; es kommt daher darauf an, ob der körperliche Gegenstand potentiell Objekt von Eigentumsrechten sein kann. Meerwasser, Schnee oder Luft unterfallen § 303, wenn sie fremd sind (so auch *S/S-Eser* 9 zu § 242).

3 **A.** Einen **Vermögenswert** braucht die Sache **nicht** zu haben; der Schutz knüpft vielmehr an die funktionale und soziale **Sinnbedeutung der Sache** für den Berechtigten an, ein irgendwie geartetes und zu respektierendes Gebrauchs- oder Affektionsinteresse genügt; ein solches Interesse besteht zB an einem an Tollwut erkrankten Hund nicht mehr (Bay NJW **93**, 2760); andererseits war **zB** das *Herausschneiden* der Kennziffer aus den *Volkszählungsfragebogen* eine Straftat nach § 303 (Bay **88**, 59; 158; Celle NJW **88**, 1101 [m. Anm. *Geerds* JR **88**, 435]; Köln NJW **88**, 1102; Düsseldorf MDR **89**, 665; NStE Nr. 11; Stuttgart NJW **89**, 1940; weitere Nachw. vgl. 48. Aufl.). Oft wird in solchen Fällen jedoch der Vorsatz des Täters fehlen.

4 **B. Fremd** (5 ff. zu § 242) muss die Sache sein; die Beschädigung eigener (oder herrenloser) Sachen unterfällt § 303 auch dann nicht, wenn dadurch das Nutzungsrecht eines Dritten beeinträchtigt wird. Fremd ist für einen Miteigentümer auch der Anteil des anderen (RG **12**, 377). Irrtümliche Annahme des Täters, die Sache sei eine fremde, führt zu untauglichem Versuch. Zur Beschädigung eigener Sachen vgl. auch § 265 und dort 13. Zur Beschädigung von durch einen Unternehmer unverlangt zugesandter Sachen (§ 241 a BGB) vgl. 3 zu § 246; *Haft/Eisele,* Meurer-GedS 245 ff.

5 **3)** Die **Tathandlung des Abs. I** besteht im Beschädigen oder Zerstören; die *Möglichkeit* der Wiederherstellung steht dem nicht entgegen. Nicht ausreichend ist die Entziehung der konkreten Nutzungsmöglichkeit; vielmehr setzt § 303 eine Beeinträchtigung der der Sache selbst eigenen Benutzbarkeit voraus (StV **98**, 373).

Ein wirtschaftlicher **Schaden** ist nicht erforderlich (jedenfalls insoweit zutr. daher *Stöber* NStZ **03**, 515, 516 [Beschädigung von Papier im Wert von 3 EurCt. durch unverlangte Zusendung von Telefaxen]).

A. Beschädigung ist jedenfalls eine nicht ganz unerhebliche (BGH **13**, 207; NJW **80**, 603; NStZ **82**, 508; vgl. aber unten 9) Verletzung der **Substanz;** auch der Form einer Sache, durch welche die **Brauchbarkeit** der Sache zu ihrem bestimmten Zweck beeinträchtigt wird (RG **66**, 205). Ein Eingriff in die Substanz ist aber nach **hM** nicht notwendige Voraussetzung; vielmehr reichen körperliche Einwirkungen aus, die die (technische) Brauchbarkeit der Sache nachhaltig beeinträchtigen (BGH **44**, 34 m. Anm. *Otto* NStZ **98**, 513; *Dietmeier* JR **98**, 471 [Anbringen eines nicht entfernbaren Hindernisses auf Bahngleisen ohne Substanzverletzung mit der Folge, dass ein größeres Stück des Schienenkörpers herausgetrennt werden muss]; **aA** *Kargl* JZ **97**, 283, 289) und deren Beseitigung nicht nur geringfügigen Aufwand erfordert (hierzu BGH **29**, 133; Düsseldorf NJW **93**, 869). Äußerlich wahrnehmbar muss die Beschädigung nicht sein. Rspr und hM tendieren insg. zu einer **funktionalen Betrachtung** (vgl. schon RG **33**, 177 f.; **37**, 411 f.; **43**, 204 f.; **66**, 203, 205), die den Anwendungsbereich des § 303 in den Gefährdungsbereich ausdehnt (zutr. krit. *Arzt/Weber* 12/24 ff.; vgl. auch *Kargl* JZ **97**, 283, 289 ff.) und andererseits zu schwer objektivierbaren Einschränkungen unter dem Gesichtspunkt der **Sozialadäquanz** zwingt (unten 13, 16). 6

a) Einzelfälle: Als Beschädigung sind **zB** angesehen worden: Wegnahme einer Bohle von einer Brücke (RG **20**, 353); Werfen eines Metallbügels, der einen Kurzschluss herbeiführt, über die Oberleitung eines Bahnkörpers (NStZ **88**, 178); Einklemmen eines Gegenstandes in eine Maschine, der sie außer Betrieb setzt (RG **20**, 182); Abmontieren eines fest eingebauten Spülbeckens (Hamm GA **66**, 187); Abweidenlassen eines Grundstücks (LG Karlsruhe NStZ **93**, 543); Beschmutzen von Kleidung durch Würfe mit Eiern oder Farbbeuteln (Köln NStZ-RR **97**, 235) oder mit Blut (Hamburg NJW **83**, 2273); Ausströmenlassen von Gas oder Flüssigkeit oder mutwilliges Versprühen des Inhalts eines Feuerlöschers (Bay VRS **73**, 47); Ablassen der Luft aus der Bereifung eines Kraftfahrzeugs (BGH **13**, 207 [Anm. *Klug* JZ **60**, 226]) oder eines Fahrrades (Bay NJW **87**, 3271 m. abl. Anm. *Geerds* JR **88**, 218; *Behm* NStZ **88**, 275); Verunreinigen des Diensthemdes eines Polizisten (Frankfurt NJW **87**, 389 hierzu *Stree* JuS **88**, 187); Überkleben eines Verkehrsschildes (Köln NZV **99**, 136); Verunstalten eines Denkmals mit Farbe (vgl. Stuttgart NStZ **97**, 347); Aufsprühen oder Aufmalen von Parolen auf Hauswände (Hamburg NJW **75**, 1982; **79**, 1615; Hamm NJW **76**, 2173; unten 8 f.); Bemalen von Bäumen eines Stadtparks (LG München NStE Nr. 1 zu § 304) mit schwer entfernbarer Farbe (NJW **80**, 603; NStZ **82**, 509; Celle NStZ **81**, 223 [m. Anm. *Rollhäuser* StV **81**, 129]; Düsseldorf NJW **82**, 1167 [m. Anm. *Behm* StV **82**, 596]; Oldenburg NJW **83**, 57 [m. Anm. *Dölling* JR **84**, 37]); Bemalen des Asphaltfußbodens einer Fußgängerunterführung (Karlsruhe Die Justiz **78**, 323); **Ankleben von Plakaten** auf Brückenpfeilern (Hamburg NJW **75**, 1981 [m. Anm. *Schroeder* JR **76**, 338]), Schaltkästen (Schleswig OLGSt. 8; SchlHA **77**, 179; Oldenburg JZ **78**, 72; Köln OLGSt. 19), Sichtbeton (Karlsruhe JR **76**, 336), Werbefläche eines Wartehäuschens (Düsseldorf MDR **79**, 74) oder auf eine Einfriedungsmauer (Hamburg **79**, 1614), wenn die **Substanz** der Sache verletzt oder ihre **funktionsmäßige Brauchbarkeit** beeinträchtigt wird (BGH **29**, 129; NJW **80**, 603; 3 StR 283/84; ähnlich Karlsruhe MDR **77**, 774; JZ **78**, 72; Frankfurt NJW **90**, 2007; Düsseldorf StV **93**, 366; **aA** Oldenburg JZ **78**, 450; Hamburg NJW **79**, 1614), was bei Gegenständen künstlerischer Gestaltung stets der Fall sein soll (krit. und iErg wohl für Ausweitung des „Funktions"-Kriteriums *Scheffler* NStZ **01**, 290 ff.). Als Beschädigung ist auch das Beschmieren des Objektivs einer **Verkehrsüberwachungskamera** mit Senf angesehen worden (Stuttgart NStZ **97**, 342; zust. *S/S-Stree* 8 b). Nach München NJW **06**, 2132, 2133 soll eine durch Anbringen von Reflektionsfolien an Sonnenblende und Rückspiegel eines PKW bewirkte 7

Überbelichtung des Fotos einer Verkehrsüberwachungskamera eine Sachbeschädigung der *Kamera* sein, weil diese kein *brauchbares* Lichtbild des Fahrers herstellen könne und daher (vorübergehend) funktionsunfähig sei (zw.; insoweit krit. Anm. *Mann* NStZ **07**, 271).

8 **b) Äußeres Verunstalten** ohne Verletzung der Sachsubstanz unterfällt Abs. I nach der Rspr des **BGH** grds. nicht. Um sie zu erfassen, wurde vor dem 39. StÄG (oben 1) teilweise angenommen, eine Sachbeschädigung liege schon dann vor, wenn der *Gestaltungswille* des Eigentümers (Hamburg NJW **79**, 1614; **82**, 395 [m. Anm. *Maiwald* JR **82**, 298]) oder das vernünftige Interesse des Eigentümers am **Zustand** und **Erscheinungsbild** der Sache (*Schroeder* JR **76**, 339; **87**, 359; **88**, 363; *Rudolphi* Jura **80**, 261) beeinträchtigt wird und ihm ein nicht unerheblicher Instandsetzungsaufwand entsteht (sog. Zustandsveränderungs-„Theorie"; vgl. Celle MDR **78**, 507; NStZ **81**, 223; Oldenburg JZ **78**, 72 [m. zust. Anm. *Schroeder*]; Karlsruhe NJW **78**, 1636 [m. Anm. *Joecks* JA **78**, 592]; Düsseldorf MDR **79**, 74; Köln StV **95**, 592; *S/S-Stree* 8 c; *Kindhäuser* BT II/1, 20/28 und LPK 12; NK-*Zaczyk* 12; *Maiwald* JZ **80**, 256; *Gössel* JR **80**, 184 ff.; *Otto* JZ **85**, 21, 27). Das ist nicht zutreffend, denn § 303 schützt in Abs. I nur das Interesse des Eigentümers an der *körperlichen* Unversehrtheit seiner Sachen (Frankfurt NStZ **88**, 410; Bay StV **97**, 90; **99**, 543; Düsseldorf NJW **99**, 1199; KG NJW **99**, 1200; Hamburg NStZ-RR **99**, 209; *Behm* StV **82**, 596 u. JR **88**, 360; *Katzer* NJW **81**, 2036). Das Abstellen auf den „Gestaltungswillen" hat der **BGH** in BGH **29**, 129, 131 daher als „undeutlich" bezeichnet; eine bloße Veränderung des Erscheinungsbilds ist danach keine Beschädigung (ebenso NJW **80**, 602, 603; *Behm* [1 a] 184, 204; *Ingelfinger* [1 a] 28 ff.; *Katzer* NJW **81**, 2036; *Wolf* [1 a] 163 ff.; *Satzger* Jura **06**, 428, 433; vgl. auch Kargl JZ **97**, 283, 289; *Schnurr* [1 a] 111). Voraussetzung des „Beschädigens" iS von § 303 ist eine physikalische Einwirkung auf die Sache selbst, durch welche entweder eine nicht ganz unerhebliche Substanzverletzung oder eine nachhaltige Minderung der Gebrauchstauglichkeit bewirkt wird (Dresden NJW **04**, 2843 f.); auf ästhetische Gesichtspunkte kommt es grds. nicht an (BGH **29**, 132 f.). Das bloße **Verdecken, Abdecken oder Verbergen** einer Sache ist keine „Beschädigung", auch wenn hierdurch ihr sozialer *Sinngehalt* verändert oder aufgehoben wird (zB beim Überdecken von Plakaten). Von dieser zutr. Abgrenzung ist der BGH auch in BGH **41**, 47, 55 nicht abgerückt (zutr. KG NJW **99**, 1200; Karlsruhe StV **99**, 544; Dresden NJW **04**, 2843, 2844; *W/Hillenkamp* 20 f.; **aA** Düsseldorf NJW **99**, 1199). Eine Abtrennung des Merkmals der „Funktionstauglichkeit" von dem der Sachsubstanz war (entgegen *Scheffler* NStZ **01**, 290, 292) der Entscheidung BGH **29**, 129 nicht zu entnehmen.

9 Die Anforderung einer „nicht unerheblichen **Verletzung der Substanz**" passt freilich für solche Fälle nicht, in denen erst die Wiederherstellung des ursprünglichen Zustands einen solchen Substanzeingriff herbeiführen würde. Ob das Auftragen einer Farbschicht eine „Substanzverletzung" des darunter liegenden Materials ist, mag dahinstehen (zutr. *Mersson* NZM **99**, 447 f.: „elektronenmikroskopische Zufälligkeiten"); eine Substanz-*Beeinträchtigung* liegt jedenfalls vor, wenn die überdeckende Substanz (Farbe; Klebstoff) sich so mit der Sache selbst verbindet, dass eine Entfernung mit einem verhältnismäßigen Aufwand nicht oder nur unter Eingriff in die Substanz der Sache möglich ist (BGH **29**, 132 f.; Düsseldorf NJW **82**, 1167; **99**, 1199 [Bespr. *Behm* NStZ **99**, 511; *Momsen* JR **00**, 172]; Oldenburg NJW **83**, 57 [Anm. *Dölling* JR **84**, 37]; Frankfurt NStZ **88**, 410; KG NJW **99**, 1200; NStZ **07**, 223; Bay StV **99**, 543; Karlsruhe StV **99**, 544; Hamburg StV **99**, 546 [Bespr. *Eisele* JA **00**, 101]). Erscheinungsveränderungen ohne Substanzverletzungen sollen durch Abs. II erfasst werden (unten 17 ff.).

10 **c)** Bei **zusammengesetzten Sachen** ist eine Beschädigung schon durch Beseitigung des Zusammenhanges der einzelnen Teile möglich, falls die Wiederzusammensetzung eine gewisse Mühe erfordert. Sachbeschädigung ist zB gegeben beim Zerlegen einer (komplizierteren) Maschine (RG **13**, 27; **20**, 353; *S/S-Stree* 8 b;

Arzt/Weber 12/23; *Saliger* Jura **06**, 428), beim Wegwerfen einzelner Teile (Bay **1**, 195); sie ist verneint worden beim Abmontieren von Radkappen (Hamm VRS **28**, 437).

Problematisch und von erheblichem praktischen Gewicht ist die Bestimmung der **Beschädigung durch Hinzufügen** fehlerhafter Teile zu Funktionseinheiten. Hier ist **zum einen** zwischen Eingriffen in die Substanz oder Gebrauchstüchtigkeit bestehender Sachgesamtheiten (**zB** Einfügung fehlerhafter Ersatzteile) und einer von vornherein fehlerhaften Entstehung solcher zusammengesetzter Sachen (**zB** bei Lieferung schadhafter Bauteile) zu entscheiden: § 303 erfasst nur die nachteilige Veränderung bestehender Sachen, nicht aber die fehlerhafte Entstehung neuer Sachen. So führt etwa die Zulieferung gesundheitsschädlicher Grundstoffe nicht zur Sachbeschädigung an durch ihre Verarbeitung entstehenden (fremden) Lebensmitteln (§ 303 aber zB durch Beimischung verseuchter Bestandteile in Viehfutter). **Zum anderen** muss zwischen einer Beschädigung von Sachgesamtheiten als solchen (vgl. *Arzt/Weber* 12/25 mwN: Einsetzen eines Hechts in einen Karpfenteich) und derjenigen von einzelnen Teilen unterschieden werden. Die in Rspr und Lit. herrschende funktionale Betrachtung führt zur Ausdehnung des Tatbestands in den Gefährdungsbereich und zu ausufernder Kasuistik in Randfragen (vgl. **zB** die breite Lit. zur Frage des „Luftablassens an Autoreifen" [BGH **13**, 208]), ohne den Kern des Anwendungsbereichs zufrieden stellend bestimmen zu können. Es fällt ins Auge, dass auch die strafrechtliche Literatur praktisch seltenen oder technisch überholten Problemen vielfach breiten Raum einräumt (Stichwort: „*Lehrbuchkriminalität*"), nahe liegende Anwendungsfälle (**zB** im Bereich des Umweltschutzes, der Lebensmittelproduktion, der strafrechtlichen **Produkthaftung**) jedoch weithin ungeklärt bleiben. Das mag im Hinblick insb. auf das Vorsatzerfordernis des § 303 und die Schaffung von Sonder-(Gefährdungs)tatbeständen aus praktischer Sicht verständlich sein; gleichwohl bleibt unbefriedigend, dass zwar die Verunstaltung fremder Verteilerkästen oder das (forensisch kaum belangvolle) Zerlegen fremder Uhren in allen Verästelungen erforscht sind, nicht aber zB das (bedingt) vorsätzliche Inverkehrbringen mittelbar sach- oder funktionsbeschädigender Produkte (vgl. auch unten 16), etwa von verunreinigtem oder infizierten **Tierfutter** im Bereich der Massentierhaltung. **11**

d) Keine Sachbeschädigung liegt vor beim bloßen **Entziehen** der Sache durch Verbringung an einen anderen Ort oder Verhinderung des Zugangs (BGH **44**, 34), es sei denn, die Entziehung führt in unmittelbarem Fortgang zu einer Beschädigung der Sache (*S/S-Stree* 10; *W/Hillenkamp* 32; *Mitsch* BT II/1, 5/25; and. *Wallau* JA **00**, 248 ff.). So sind die bloße Ableitung eines Wasserlaufs (RG **39**, 328), das Wegwerfen einer Sache oder das Fliegen lassen eines Vogels idR keine Sachbeschädigungen (RG **13**, 27; str.; **aA** *M/Schroeder/Maiwald* 36/19; vgl. *Bloy,* Oehler-FS 559; *R. Schmitt,* Stree/Wessels-FS 505). **12**

Auch der **bestimmungsgemäße Verbrauch** einer Sache (insb. Verzehr; gewöhnliche Gebrauchsabnutzung) ist keine Sachbeschädigung. Daher ist zB auch das Zusenden von unverlangten Fax-Schreiben keine Beschädigung von Papier und Druckerfarbe des Empfängers (vgl. Frankfurt NStZ **04**, 687). Vom Tatbestand nicht erfasst sein soll auch das **Ausbessern** eines Fehlers, wenn nicht der Berechtigte ein Interesse gerade an der Erhaltung des fehlerhaften Zustands hat (LK-*Wolff* 14; *Bockelmann* BT 1 § 21 I; *Tröndle* 48. Aufl. 7). Das ist zweifelhaft, weil es (unklare) Einwilligungs- und Rechtfertigungsfragen auf die Tatbestandsebene hebt (**aA** *S/S-Stree* 10; NK-*Zaczyk* 12; *W/Hillenkamp* 27). **12 a**

e) Eine normative Einschränkung soll § 303 I schließlich durch den Ausschluss **minimaler Beeinträchtigungen** erfahren (NStZ **82**, 509; Frankfurt MDR **79**, 693; *Gössel* JR **80**, 188; *Maiwald* JZ **80**, 259). Bei dem hier herangezogenen Gesichtspunkt der **Sozialadäquanz** geht es freilich weniger um die Quantität von Substanzeingriffen als um ihre (soziale) Unvermeidbarkeit auf Grund einer Abwägung widerstreitender Interessen. **13**

14 **B. Zerstören** ist eine so weitgehende Beschädigung einer Sache, dass ihre Gebrauchsfähigkeit völlig aufgehoben wird (RG **8**, 33; **39**, 224). Das Zerstören umfasst hier auch das Vernichten, dh die Beseitigung der Sachsubstanz, **zB** durch Verbrennen (vgl. RG **57**, 294). Auch der zweckwidrige Verbrauch von an sich zum Verbrauch bestimmten Sachen kann Zerstörung sein (*Blei* JA **73**, 811). Teilweises Zerstören (5 zu § 305) ist Beschädigung iS von § 303.

15 **C. Täterschaft und Teilnahme** sind nach allgemeinen Regeln möglich. Mittelbare Täterschaft (unter Einschaltung des Eigentümers als Werkzeug) kommt **zB** bei der Lieferung von giftigem oder sonst gesundheitsschädlichem Tierfutter, etwa an Mastbetriebe, in Betracht, durch dessen Verwendung entweder die Tiere selbst schwer erkranken oder wegen der Anreicherungswirkung ihre Brauchbarkeit verlieren. Die Tat kann auch durch **Unterlassen** begangen werden.

16 **D. Rechtswidrigkeit.** Ob die ausdrückliche oder konkludente **Einwilligung** des Eigentümers bereits den Tatbestand ausschließt (so NK-*Zaczyk* 21; *Jakobs* AT 7/111 ff.; *Jescheck/Weigend* § 34 I 3; *Schmidhäuser* BT 8/7; *Gropengießer* JR **98**, 91 ff.) oder nur die Rechtswidrigkeit entfallen lässt (*Lackner/Kühl* 9; *S/S-Stree* 12; *M/Schroeder/Maiwald* 36/22; *Mitsch* BT II/1, 5/12; *W/Hillenkamp* 1/12; vgl. Oldenburg NJW **82**, 1166), ist streitig; die erstgenannte Ansicht sieht als Kern des Sachbeschädigungsunrechts nicht die Substanz-, sondern eine *Willensverletzung* an (vgl. *Maiwald,* Die Zueignung im System der Eigentumsdelikte, 1970, 89, 102 ff.). Unstreitig rechtfertigenden Charakter hat die **mutmaßliche Einwilligung.** Die Rechtswidrigkeit kann auch durch § 32 ausgeschlossen sein, wenn **Sachen des Angreifers** beschädigt werden; bezüglich vom Angreifer benutzter **fremder Sachen** gelten dagegen §§ 228, 904 BGB (vgl. NK-*Zaczyk* 21; *B/Weber/Mitsch* 17/22; *Gropengießer* JR **98**, 90 f. mwN; **aA** RG **58**, 27, 29; *Tröndle* 49. Aufl. 15 zu § 32). Auch aus **§ 241 a BGB**, durch den das formal weiter bestehende Eigentum des Unternehmers gänzlich „inhaltsleer" wird, ergibt sich eine Rechtfertigung (SK-*Hoyer* 18; *W/Hillenkamp* 17; *Saliger* Jura **06**, 428, 434; vgl. 3 zu § 246). Rechtfertigung kommt auch durch verwaltungsrechtliche **Genehmigungen**, namentlich im Bereich des Umweltrechts, in Betracht; die Grenzen zum Tatbestandsausschluss kraft **„Sozialadäquanz"** sind fließend und i. E. kaum geklärt (**zB** bei nachteiliger Veränderung von Grundstücken oder Pflanzen durch genehmigte Industrie-Emissionen; vgl. §§ 324 a, 325). Dass das Bestehen eines fälligen und einredefreien Anspruchs auf Übereignung schon den Tatbestand entfallen lässt (*Gropengießer* JR **98**, 90, 93; *Wallau* JA **00**, 248, 256; and. *Kindhäuser* LPK 16 [Rechtswidrigkeit], ist zw.). Ein Recht (des Jagdschutzberechtigten) zur Tötung fremder wildernder Hunde und Katzen folgt aus §§ 23, 25 BJagdG (vgl. dazu Bay NJW **92**, 2306 [dazu *Schlüchter* JuS **93**, 14; *Herzberg* GA **93**, 439; JZ **93**, 1017, 1019]; Karlsruhe NStZ **88**, 32); dieses Recht umfasst auch das zur bloßen Verletzung (**aA** Bay **75**, 46). Die Tötung fremder Tauben kann durch Landesrecht gerechtfertigt sein. Rechtfertigend wirken schließlich auch **öffentlich-rechtliche Befugnisse,** etwa zum Eindringen in fremde Wohnungen unter Beschädigung von Verschlusseinrichtungen (vgl. § 105 StPO; § 758 II ZPO). Aus Grundrechten, zB dem der Meinungs- und Kunstfreiheit (vgl. BVerfG NJW **84**, 1294; oben 8) ergeben sich ebenso wenig Rechtfertigungsgründe wie aus § 193 (Stuttgart NStZ **87**, 121).

17 **4) Verändern des Erscheinungsbilds, Abs. II.** Der Tatbestand ist durch das 39. StÄG vom 1. 9. 2005 eingefügt worden (vgl. oben 1), nachdem das Erfordernis einer Ergänzung des § 303 rechtspolitisch lange kontrovers diskutiert wurde (vgl. dazu *Hillenkamp*, Schwind-FS [2006] 927 ff.; auch BT-Drs. 15/3473; der Ergänzung i. Erg. zust. *Kühl,* Weber-FS [2004] 413, 418 ff. und *Lackner/Kühl* 6; *Hillenkamp* aaO 927, 928 ff.; *Dölling*, Küper-FS [2007] 21, 25; abl. *Weber,* Meurer-GedS [2002] 283 ff.; krit. *Thoss* StV **06**, 160 f.; *Wüstenhagen/Pfab* StraFo **06**, 190, 194; *Schnurr* [1 a] 221 ff.; unter *praktischen* Gesichtspunkten zweifelnd *Krüger* [1 a] 34 f.). Erfasst werden sollen Fälle, in denen eine Verunstaltung, Verdeckung oder Veränderung der Erscheinung die Grenze einer Substanzverletzung nicht überschreitet

(vgl. oben 9) und daher Abs. I auch dann nicht unterfällt, wenn sie in andere Rechtsgüter des Eigentümers (Besitz; Vermögen; Ehre) eingreift (vgl. Düsseldorf StV **95**, 592; Bay StV **97**, 81; Karlsruhe StV **99**, 544; Hamburg NStZ-RR **99**, 209). Inzident ist damit die früher vielfach angegriffene (vgl. *Lackner/Kühl* 6 mwN) Ansicht des BGH (BGH **29**, 132f.; **41**, 47, 55) bestätigt worden, wonach die Wortlautgrenze einer Erfassung von bloßen Erscheinungs-Veränderungen als „Beschädigen" iS von I entgegensteht (and. *Dölling*, Küper-FS [2007] 21, 24 [„Klarstellung"]). Gegenüber Abs. I ist II subsidiär (KG NStZ **07**, 223, 224; vgl. unten 23).

A. Tathandlung des II ist das **Verändern des Erscheinungsbilds** einer fremden Sache iS von oben 2ff. Damit ist auf den optischen Eindruck abgestellt, den die **Oberfläche** des Tatobjekts bei einem Betrachter erzeugt. *Qualitative* Veränderungen unterfallen idR schon Abs. I; auch eine Veränderung der äußeren Form wird meist eine Einwirkung auf die Substanz der Sache voraussetzen; Abs. II wird jedenfalls in diesem Fall durch Abs. I verdrängt. Dem Tatbestand unterfällt jede beliebige Handlung, die den **Erfolg** einer „Veränderung" bewirkt; Vollendung setzt den Erfolg iS einer Abweichung des Erscheinungsbilds vom ursprünglichen voraus. 18

Den Begriff der **Veränderung** des Erscheinungsbilds hat der Gesetzgeber denkbar weit verstehen wollen; es sollen nicht nur Einwirkungen auf die Substanz der Sache, sondern auch Behinderungen der Erscheinung (Verstellen; Verhängen) und wohl sogar das Verhindern der optischen Wahrnehmung (Aufbau von Sichthindernissen) erfasst sein; so soll zB durch Aufhängen von Wäsche auf dem Balkon das Erscheinungsbild eines Hauses verändert sein (BT-Drs. 15/5313, 3). Damit wäre ein außerordentlich weiter Anwendungsbereich eröffnet, da die Veränderung des Erscheinungsbilds (als Taterfolg) nicht (nur) als **Eigenschaft der Sache** selbst, sondern (auch) als deren **Beziehung zur Umwelt** verstanden wird. Eine solche Ausdehnung erscheint nicht eben sinnvoll und erfordert zur Einhaltung des Bestimmtheitsgebots jedenfalls Einschränkungen des Tatbestands. 18a

Eine **Begrenzung** (an der Begrenzungsfunktion zweifelnd aber *Thoss* StV **06**, 160, 161; *Wüstenhagen/Pfab* StraFo **06**, 190, 193f.; vgl. schon *Kargl* JZ **97**, 289f.) ergibt sich daraus, dass **unerhebliche und vorübergehende** Veränderungen ausgeschlossen sind. „Nicht nur unerheblich" sind nach Ansicht des Gesetzgebers solche Veränderungen, „bei denen unmittelbar auf die Substanz der Sache eingewirkt wird, wie dies namentlich bei Graffiti der Fall ist" (BT-Drs. 15/5313, 3). **Unerheblich** sind danach Veränderungen idR, wenn „keine Einwirkung auf die Sache oder (?) den Gegenstand vorliegt" (ebd.), wenn sie „nicht dauerhaft" sind (ebd.); **vorübergehend** sind solche Veränderungen, die ohne Aufwand binnen kurzer Zeit selbst wieder vergehen oder entfernt werden können; **zB** Überklebungen mit ablösbaren Klebestreifen, Beschriftungen oder Bemalungen mit abwischbaren Materialien, Verhüllungen (ebd.), leicht entfernbare Verschmutzungen. Damit werden, dem rechtspolitischen Anliegen entsprechend über Abs. I hinaus gehend, im Ergebnis wohl Erscheinungsveränderungen erfasst, bei denen einerseits eine Substanzverletzung der Sache nicht gegeben ist, andererseits die Tathandlung eine physikalisch dauerhafte (ähnlich *Thoss* StV **06**, 160, 162: „Nachhaltigkeit") Veränderung ihrer Oberfläche bewirkt (**zB** Beschriften und Bemalen mit nicht oder nur schwer abwischbarer Farbe; Bekleben mittels dauerhaften und haltbaren Klebstoffs). Erfasst sind damit nicht nur die verbreiteten vandalistischen Wand- und Bodenschmierereien sowie sog. Graffiti, sondern zB auch eine Vielzahl eigenmächtiger Veränderungen an gemieteten Sachen (Tapezieren; Streichen; Fliesen in Mietwohnungen!); Anbringen von schwer ablösbaren Aufklebern und Plakaten. **Nicht erfasst** sind auch weiterhin bloße Behinderungen freier Sicht, Gebrauchsbehinderungen; Aushängen von Fahnen oder Spruchbändern; Aufstellen von Sichtschutzwänden; (Über-)Plakatieren mittels wasserlöslichem Kleber. Die **Erweiterung** gegenüber Abs. I ist damit (zu Recht) nicht groß. 19

20 **B.** Eine weitere Beschränkung soll sich aus dem Merkmal der **Unbefugtheit** ergeben, das nach dem Willen des Gesetzgebers, abweichend vom Merkmal „rechtswidrig" in Abs. I, nicht auf die allgemeine Rechtswidrigkeitsvoraussetzung verweist (vgl. oben 16), sondern **Tatbestandsmerkmal** ist (BT-Drs. 15/5313, 3; dazu *Hillenkamp*, Schwind-FS [2006] 927, 939; krit. *W/Hillenkamp* 13c, 31). Einwilligung des Eigentümers oder Vorliegen der Voraussetzungen einer Befugnisnorm (insb. Vertrag; gesetzliche Befugnisse im Zivil- und Verwaltungsrecht; öffentlich-rechtliche Genehmigungen) schließen danach schon den objektiven Tatbestand des II aus; irrtümliche Annahme lässt den Vorsatz entfallen. Eine **Rechtfertigung** kommt daneben nach allgemeinen Regeln in Betracht (oben 16). Aus **Art. 5 I GG** oder dem Grundrecht der *Kunstfreiheit* ergeben sich nicht schon allgemein Befugnisse (vgl. dazu auch EKMR NJW **84**, 2753; BVerfG NJW **84**, 1293), denn aus Art. 5 III S. 1 GG ergibt sich kein Recht, fremde Sachen zu Werken eigener Kunst umzuwidmen; im Übrigen sind die meisten der sog. Graffiti meist jugendlicher Täter (insb. das Anbringen sog. *tags*) sozialpsychologisch und kriminologisch nicht dem Bereich der Kunst oder der öffentlichen Kommunikation zuzuordnen, sondern eher dem des Vandalismus (vgl. auch *Arzt/Weber* 12/6 mwN).

20a **C. Im Ergebnis** ist die geforderte Ausdehnung des Tatbestands auf jede Verletzung des Gestaltungsinteresses des Eigentümers mit Abs. II *nicht* Gesetz geworden; sie wäre auch tatbestandlich nicht sinnvoll begrenzbar. Dass die unrealistisch hohen, jedenfalls teilweise populistisch überzogenen kriminalpolitischen Erwartungen, die mit der Einführung einer Strafbarkeit bloßer Erscheinungsveränderung in der Vergangenheit verbunden worden sind, auch nur ansatzweise verwirklicht werden können, ist zu bezweifeln (vgl. auch *Brandt/Mittag* KJ **05**, 177, 180f.; *Krüger* [1a] 34f.; *Schnurr* StraFo **07**, 318, 321). Die große Mehrzahl der Taten wird vielmehr auch weiterhin unaufgeklärt bleiben (zutr. *Schnurr* StraFo **07**, 318, 320f.). Zwar kann auch dann ein generalpräventiver Effekt grds. nicht ausgeschlossen werden; ob freilich hier die im Regelfall zu erwartenden geringfügigen, meist jugendstrafrechtlichen Sanktionen bei der anvisierten Tätergruppe einen gegenüber zivilrechtlichen Schadensersatz-Forderungen erhöhten Abschreckungseffekt haben, ist sehr fraglich.

21 **5) Subjektiver Tatbestand.** Abs. I und II verlangen **Vorsatz;** bedingter Vorsatz genügt. **Fahrlässige** Sachbeschädigung ist nur durch Sondertatbestände erfasst (vgl. **zB** §§ 317 III, 318 VI, 319 IV; auch 308 VI, 306d I). Der Vorsatz erfordert die Kenntnis der tatsächlichen Voraussetzungen der Sachqualität (unschädlich daher **zB** die irrige Annahme, Tiere seien keine Sachen iS von § 303) und der Fremdheit; weiterhin das Bewusstsein der Tathandlung sowie den Handlungserfolg.

22 **6) Versuch.** Nach **Abs. III** ist der Versuch strafbar (zur eher skurrilen Entstehungsgeschichte vgl. *M/Schroeder/Maiwald* 36/24). Die seit langem zu Recht kritisierte Diskrepanz zur (früheren) Straflosigkeit versuchter Körperverletzung hat das 6. StrRG, statt § 303 II zu streichen, durch Einfügung des § 223 II beseitigt; an der Berechtigung der Versuchstrafbarkeit sind gleichwohl im Hinblick auf die Vorverlagerung der Kriminalitätsgrenze in einen folgenlosen Bagatellbereich (bei regelmäßiger Nichtbeweisbarkeit) Zweifel angebracht. Die Versuchsstrafbarkeit folgt allgemeinen Regeln; erfasst ist daher auch der untaugliche Versuch durch Beschädigung irrig für fremd gehaltener eigener Sachen.

23 **7) Konkurrenzen.** Abs. II wird, soweit eine Substanzbeschädigung auch eine Veränderung der Erscheinung bewirkt, von I **verdrängt** (KG NStZ **07**, 223, 224). Bei Taten nach I und II an derselben Sache liegt nur eine **einheitliche Tat** vor. **Tateinheit** ist möglich mit § 133; § 185, § 223a, § 242, § 265, § 289; §§ 306ff.; mit Tierquälerei. **Gesetzeseinheit** liegt vor mit § 145 II, der wegen spezieller Subsidiarität hinter die §§ 303, 304 zurücktritt. Zur Sachbeschädigung als mitbestrafter Nachtat bei Diebstahl und Unterschlagung vgl. 59 zu § 242. Gegenüber *§ 243 I Nr. 1* und Nr. 2 tritt § 303 *jedenfalls* dann nicht zurück, wenn die Sachbeschädigung einen eigenständigen Unrechtsgehalt aufweist und vom Regelbild des Diebstahl im besonders schweren Fall abweicht; die Annahme von **Tateinheit** auch in Fällen des *Regelbildes* des § 243 I Nr. 1, 2 hat der 1. StS im Wege des *obiter dictum* bejaht, aber iErg ebenso

offen gelassen wie für das Zusammentreffen von § 303 mit § 123 (NStZ **01**, 642 [Anm. *Kargl/Rüdiger* NStZ **02**, 202; *Sternberg-Lieben* JZ **02**, 514; *Fahl* JA **02**, 541; *Rengier* JuS **02**, 850]). § 202 und § 274 I Nr. 1, 2 gehen vor. § 23 BStatG verdrängt nicht § 303 (Bay **88**, 60). **Die Feld- und Forstpolizeivorschriften** der Länder gehen gemäß Art. 4 V EGStGB dem § 303 vor; Stuttgart OLGSt. 1 zu Art. 4 V 1 EGStGB.

8) Sonstige Vorschriften. Strafantrag § 303 c. Privatklage, Sühneversuch, Nebenklage 24
§§ 374, 380, 395 StPO.

Datenveränderung

303a **I Wer rechtswidrig Daten (§ 202 a Abs. 2) löscht, unterdrückt, unbrauchbar macht oder verändert, wird mit Freiheitsstrafe bis zu zwei Jahren oder mit Geldstrafe bestraft.**

II Der Versuch ist strafbar.

III Für die Vorbereitung einer Straftat nach Absatz 1 gilt § 202 c entsprechend.

1) Allgemeines. Die Vorschrift wurde durch Art. 1 Nr. 17 des 2. WiKG (2 vor § 263) 1
eingefügt. Abs. III ist durch das 41. StÄG (Computerkriminalität) v. 7. 8. 2007 (BGBl I 1786; vgl. 1 zu § 202 a) eingefügt worden **(In-Kraft-Treten: 11. 8. 2007). EU-Recht:** 1 zu § 202 a. Die **praktische Bedeutung** der Strafvorschrift ist, entgegen den Prognosen des Gesetzgebers, gering.

Literatur (Auswahl): *Brunnstein,* Computerviren u. andere bösartige Software, CR **93**, 1 a
456; *Dierstein,* Von Viren, trojanischen Pferden u. logischen Bomben, CoR **90**, 8, 26; **91**, 26; *Eichelberger*, Sasser, Blaster, Phatbot & Co. – alles halb so schlimm?, MMR **04**, 594; *Ernst* (Hrsg), Hacker, Cracker & Computerviren, 2003; *ders.,* Hacker und Computerviren im Strafrecht, NJW **03**, 3233; *Frank,* 20 Jahre Computerviren und 132 Jahre StGB. Strafrechtliche Instrumentarien gegen Schadprogramme im Computer, in: *Hilgendorf* (Hrsg.), Informationsstrafrecht und Rechtsinformatik, 2004, 23; *Frey,* Computerkriminalität in eigentums- u. vermögensrechtlicher Sicht, 1987; *Gerhards,* Computerkriminalität u. Sachbeschädigung, 1993; *v. Gravenreuth,* Computerviren, Hacker, Datenspione, Crasher u. Cracker, NStZ **89**, 201; *Haß,* Der strafrechtliche Schutz von Computerprogrammen, in: *Lehmann* (Hrsg.), Rechtsschutz u. Verwertung von Computerprogrammen, 2. Aufl. 1993, 467; *Hilgendorf,* Tatbestandsprobleme bei der Datenveränderung nach § 303 a StGB, JR **94**, 478; *ders.*, (Hrsg.), Informationsstrafrecht und Rechtsinformatik, 2004; *ders.*, Anhörung zum 41. StÄG, 21. 3. 2007, BT-Rechtsausschuss, Prot. 54. Sitzung, Anlage; *Hilgendorf/Frank/Valerius,* Computer- und Internetstrafrecht, 2005; *Hofer,* Computer-Viren – Herkunft, Begriff, Eigenschaften, Deliktsformen, jurpc **91**, 1367; 2036; *Kitz,* Der Gewaltbegriff im Informationszeitalter und die strafrechtliche Beurteilung von Onlineblockaden, ZUM **06**, 730; *Kraft/Meister,* Rechtsprobleme virtueller Sit-Ins, MMR **03**, 366; *Lenckner/Winkelbauer,* Computerkriminalität – Möglichkeiten u. Grenzen des 2. WiKG, CR **86**, 483; 654; 824; *Meinhardt,* Überlegungen zur Interpretation von § 303 a StGB, 1991; *Möhrenschlager,* Das neue Computerstrafrecht, wistra **86**, 128; *ders.*, Computerstraftaten u. ihre Bekämpfung in der Bundesrepublik Deutschland, wistra **91**, 321; *ders./Schneider,* Datenvernichtung durch unverlangt zugesandte Diskette, CR **90**, 82; *Schulze-Heimig,* Der strafrechtliche Schutz der Computerdaten gegen die Angriffsform der Spionage, Sabotage und des Zeitdiebstahls, 1995; *Sieber,* Computerkriminalität u. Informationsstrafrecht, CR **95**, 100; *Sondermann,* Computerkriminalität – Die neuen Tatbestände der Datenveränderung gemäß § 303 a StGB u. der Computersabotage gemäß § 303 b StGB, 1998 (Diss. Münster); *Voleksy/Scholten,* Computersabotage – Sabotageprogramme – Computerviren, iur **87**, 280; *Welp,* Datenveränderung (§ 303 a StGB), iur **88**, 443; *Wuermeling,* Einsatz von Programmsperren, CR **94**, 585. Lit. zum 2. WiKG allgemein: 3 vor § 263.

2) Rechtsgut, Schutzgegenstand, Tatbestandsbestimmheit. A. Geschützt 2
ist durch § 303 a die Verfügungsgewalt des Berechtigten über die in Datenspeichern enthaltenen Informationen (hM; vgl. LK-*Tolksdorf* 2; NK-*Zaczyk* 2; *Lackner/Kühl* 1; vgl. auch BT-Drs. 10/5058, 34); nach **aA** (*Haft* NStZ **87**, 10; *Welp* iur **88**, 448) das „Vermögen in seiner spezialisierten Ausprägung in Daten". Auf einen wirtschaftlichen, wissenschaftlichen oder ideellen Wert der Daten kommt es jedenfalls nicht an (Bay wistra **93**, 305 [m. Anm. *Hilgendorf* JR **94**, 478]).

B. Tatobjekt des § 303 a sind **Daten** iS von § 202 a II (vgl. 3 ff. zu § 202 a). 3
Dabei kommt es für § 303 a nicht auf den wirtschaftlichen, den inhaltlichen oder

den Beweiswert der in den Daten gespeicherten Informationen an, sondern auf deren physisch-elektronische Integrität iS einer Verfügbarkeit, Decodierbarkeit (vgl. dazu 3 zu § 269) und Verarbeitungsfähigkeit nach Programmen auf der Grundlage stofflich-gegenständlicher Speichermedien. Nicht erfasst ist daher ein Datenübermittlungsvorgang als solcher; auch nicht eine technisch bedingte Zwischenablage auf Arbeitsspeichern oder in Netzwerken (LK-*Tolksdorf* 4; **aA** *Welp* iur **88**, 445; SK-*Hoyer* 3). Schon aus der notwendigen Abgrenzung zu § 269 einerseits, zu §§ 202a, 202b andererseits ergibt sich, dass § 303a weder ein Fälschungs- noch ein Geheimschutzdelikt zum Inhalt hat; daher ist eine Sicherung der Daten gegen unbefugten Zugriff ebenso wenig erforderlich wie das Vorliegen einer Gedankenerklärung oder einer Beweiseignung im Rechtsverkehr.

4 Der *Wortlaut* des § 303a setzt **Fremdheit** der Daten nicht voraus; er erfasst daher auch solche Daten, über welche ausschließlich dem Täter selbst eine Verfügungsbefugnis zusteht. Eine solche Auslegung wäre aber offenkundig zu weit und würde zu unsinnigen Ergebnissen führen; der Zusammenhang mit § 303 wäre gänzlich aufgegeben, und § 303a würde zu einem Tatbestand zur Verfolgung inhaltlicher *Unrichtigkeit* von Daten sowie von Verletzungen des informationellen Selbstbestimmungsrechts. Nach hM bedarf der Tatbestand daher, um in einer Art. 103 II GG genügenden Weise ein hinreichend bestimmtes Verhalten zu beschreiben, einer **Einschränkung:** Erfasst sind nur **fremde Daten,** dh solche, an denen ein unmittelbares Recht einer anderen Person auf Verarbeitung, Löschung oder Nutzung besteht (*S/S-Stree* 3; SK-*Hoyer* 5f.; NK-*Zaczyk* 4; LK-*Tolksdorf* 5; *Lenckner/Winkelbauer* CR **86**, 829; *Haft* NStZ **87**, 10; *Welp* iur **88**, 448; *Hilgendorf* JR **94**, 478; JuS **96**, 892f.; *Arzt/Weber* 12/46; *W/Hillenkamp* 52; *M/Schroeder/Maiwald* 36/35; *Meinhardt* [1a] 60; *Schulze-Heimig* [1a] 170; iErg auch *Lackner/Kühl* 4; *Frommel* JuS **87**, 667). Die Verletzung (mittelbarer) **rechtlicher Interessen** der vom Dateninhalt Betroffenen reicht nicht aus (**aA** Ber. 34; *Tröndle* 48. Aufl. 9; *Granderath* DB **86**, Beil. 18, 3; *Bühler* MDR **87**, 455); die Annahme, für die Tatbestandserfüllung genüge jedenfalls der Eingriff in eine fremde Rechtsposition (Bay **93**, 86 [Anm. *Hilgendorf* JR **94**, 487]), bedarf daher der Präzisierung. Die Beschränkung auf fremder Verfügungsbefugnis unterliegende Daten wird teilweise aus dem insoweit als Tatbestandsmerkmal verstandenen Erfordernis der Rechtswidrigkeit abgeleitet (vgl. *Lackner/Kühl* 4; SK-*Hoyer* 2, 12; *W/Hillenkamp* 52); überwiegend wird es als ungeschriebenes Tatbestandsmerkmal verstanden (vgl. *Lenckner/Winkelbauer* CR **86**, 828; *S/S-Stree* 3; *Welp* iur **88**, 447; *Arzt/Weber* 12/46; dazu LK-*Tolksdorf* 5).

5 **C.** Umstritten ist darüber hinaus, ob die Einschränkung auf „fremde" Daten den Tatbestand **hinreichend bestimmt** macht; das wird vor allem deshalb bezweifelt, weil es, anders als beim *sachenrechtlichen* Begriff der Fremdheit etwa in § 303, an einer eindeutigen Regelung der Verfügungsbefugnis über Daten fehlt, auf welche sich die Zivilrechtsakzessorietät stützen könnte (für Verfassungswidrigkeit des Tatbestands daher LK-*Tolksdorf* 7ff., 11; NK-*Zaczyk* 4f.; vgl. auch *Meinhardt* [1a] 90ff.; *Welp* iur **88**, 447; dagegen *Kutzer* JR **94**, 304). Eine Bestimmung gelingt nur durch die Abgrenzung von **Fallgruppen,** aus denen sich mögliche *Anknüpfungspunkte der Datenzuordnung* ergeben (i.E. dazu LK-*Tolksdorf* 12ff. mwN). Hierbei sind, auf der Grundlage des oben 4 Ausgeführten, die Fälle **unproblematisch,** in denen sich Daten, ohne dass dem Täter ein Nutzungs- oder Zugriffsrecht zusteht, auf täterfremden Speichermedien befinden. Die Fremdheit solcher Daten (und erst recht nicht ihre Eigenschaft als Daten; so aber *Welp* iur **88**, 435 Fn. 55) entfällt nicht schon bei **Löschung des Inhaltsverzeichnisses** durch den Berechtigten, solange die Daten physikalisch erhalten bleiben und die Datei wiederherstellbar ist (**aA** LK-*Tolksdorf* 14, der hier idR eine konkludente Aufgabe der Verfügungsbefugnis entspr. § 959 BGB annimmt).

6 Fallen Eigentum am Speichermedium *(hardware)* und Nutzungsrecht auseinander (Leasing; Eigentumsvorbehalt; Verarbeitung in Netzwerken oder auf nutzerfrem-

den Rechnern; Einstellung in Datenbanken; Webseiten), so bestimmt sich die Möglichkeit der Täterschaft nach dem – idR vertraglichen – Rechtsverhältnis zwischen den Beteiligten. Im Einzelnen noch ungeklärt ist insoweit die Behandlung von **in fremdem Auftrag** erstellten Daten (insb. durch Unternehmen der DV-Dienstleistung, aber **zB** auch Steuerberater, Wirtschaftsprüfer). Teilweise wird angenommen, (allein) verfügungsberechtigt sei derjenige, von dem die Speicherung geistig herrühre (so *Gössel* BT 2, 18/66); freilich fehlt es hier an einer äußeren Manifestation (zutr. NK-*Zaczyk* 5). Vielfach wird für den Auftraggeber solcher vertraglichen Verhältnisse, unabhängig davon, ob er bereits zuvor gespeicherte Dateien oder nur die zu kodierenden Informationen übermittelt (**zB** Manuskripte; Belegsammlungen), eine Verfügungsbefugnis über die beim Auftragnehmer befindlichen Daten angenommen (vgl. etwa *S/S-Stree* 3; *Lackner/Kühl* 4; *Lenckner/Winkelbauer* CR **86**, 829; *W/Hillenkamp* 52; wohl auch SK-*Hoyer* 6; ebenso, aber krit. NK-*Zaczyk* 5). Diese Auffassung läuft, wie *Tolksdorf* zutr. hervorhebt (LK 17; ebenso *Welp* iur **88**, 448), auf eine von § 303 a wohl kaum beabsichtigte Kriminalisierung von Vertragsverletzungen hinaus. In diesen Fällen dürfte daher den Gesichtpunkten des Eigentums am Datenträger und des Skripturaktes (*Welp* aaO 446 ff.) entscheidendes Gewicht zukommen (vgl. auch *Meinhardt* [1 a] 124, 129). An **unerlaubt kopierten** Daten setzt sich, wenn die Speicherung bei dem Kopierenden erfolgt und die Originaldaten nicht verändert werden, die Verfügungsbefugnis des Berechtigten nach zutr. Ansicht nicht fort (LK-*Tolksdorf* 18; *Meinhardt* [1 a] 166 f.; **aA** AG Böblingen CR **89**, 308 [Kopieren von Daten einer EC-Karte]); hier kann § 269 gegeben sein.

Besondere Probleme können sich auch hier im Hinblick auf die **Vernetzung** von DV-Anlagen in abgeschlossenen Benutzergruppen (Intranet), insb. aber auf das **Internet** ergeben; dass der Gesetzgeber des Jahres 1986 sie hinreichend bedacht hat, mag bezweifelt werden. Stellt man auf objektive, sachrechtsähnliche Anknüpfungspunkte ab, so wird man etwa bei in **mailboxen** von Internet-Providern abgelegten Dateien eine alleinige Verfügungsbefugnis des mailbox-Inhabers anzunehmen haben, so dass zB „filternde" Eingriffe des Providers, wenn sie *nach* der Einstellung erfolgen, der besonderen Rechtfertigung bedürfen. Die bloße **Adressierung** von Dateien, sei es auf Grund individueller Entscheidung, sei es auf Grund ihrerseits programmgesteuerter automatisierter Zuleitung (unverlangte Werbung; *junk-mails*), begründet aber noch keine Verfügungsbefugnis des Adressaten, so dass **Filterprogramme** von Providern zum Ausschluss von Dateien mit sittenwidrigem oder verbotenem Inhalt schon den Tatbestand des § 303 a nicht erfüllen, ohne dass es auf die (vertragliche) Einwilligung des Adressaten ankäme. Mit der Ablage in dem „Postfach" des Empfängers wird dieser verfügungsberechtigt auch gegenüber dem Provider. Werden Dateien **ohne oder gegen den Willen** des Eigentümers einer DV-Anlage an diese übertragen und dort gespeichert (**zB** *cookies; spy-* oder Virenprogramme; *Trojanische Pferde*), so erlangt der Eigentümer des Speichermediums das alleinige Verfügungsrecht (and. wohl iErg LK-*Tolksdorf* 15 f., zutr. allerdings für den Fall des Besitzes des fremden Datenträgers durch den Speichernden; vgl. auch *Welp* iur **88**, 448). 7

3) Tathandlungen. Die Tathandlungsbeschreibungen überschneiden sich (*Lackner/Kühl* 3; *S/S-Stree* 4; LK-*Tolksdorf* 20), um jede denkbare Beeinträchtigung des Bestandes der geschützten Daten erfassen zu können (Ber. 34). Über die Anlehnung an den Sachbeschädigungs-Tatbestand hinaus sind auch Beeinträchtigungen der Verfügbarkeit (Unterdrücken) sowie der inhaltlichen Zweckbestimmung (Verändern) erfasst. Nicht tatbestandsmäßig (**aA** *Meinhardt* [1 a] 29 ff.: gerechtfertigt) sind Eingriffe mit **Einwilligung** des Berechtigten, da andernfalls ein Großteil der gesamten Datenverarbeitung dem Tatbestand unterfallen würde (NK-*Zaczyk* 11; LK-*Tolksdorf* 21); dabei bleibt iErg gleich, ob das Handeln gegen den Willen als ungeschriebenes Tatbestandsmerkmal angesehen (LK-*Tolksdorf* aaO) oder dem als Tatbestandsmerkmal verstandenen (oben 4) Begriff der Rechtswidrigkeit entnommen wird (vgl. *Welp* iur **88**, 447). Ob die Eingriffe durch individuelle Manipulation oder ihrerseits nach Programmen automatisiert erfolgen (**zB** Viren), ist unerheblich. Die Tat kann auch durch **Unterlassen** begangen werden. 8

A. Löschen (Aufhebung der Verkörperung) von Daten ist das unwiederbringliche Unkenntlichmachen der *konkreten* Speicherung (*Haß* [1 a], 51); es entspricht 9 dem Zerstören einer Sache in § 303 (dort 14; Ber. 34) und setzt daher voraus, dass eine Rekonstruktion auf Grund der Aufhebung der physischen Verkörperung unmöglich ist (**zB** Überschreiben; Einsatz von Viren, die zur irreversiblen Aufhebung des Datenzusammenhangs führen; Zerstören des Datenträgers).

10 **B. Unterdrücken** von Daten bedeutet, dass sie dem Zugriff des Berechtigten **auf Dauer** oder – für einen nicht unerheblichen Zeitraum – **vorübergehend** (*Haß* aaO 52) entzogen werden und er sie deshalb nicht mehr verwenden kann (Ber. 35; vgl. 5 zu § 274), ohne dass ihre physische Integrität beeinträchtigt wird. Eine auf unabsehbare Dauer gerichtete („zueignende“) Entziehungsabsicht ist nach hM nicht erforderlich (LK-*Tolksdorf* 27; NK-*Zaczyk* 8; SK-*Hoyer* 9; **aA** mit beachtenswerten Argumenten Frankfurt StV **07**, 244, 248 f. [zu sog. „Online-Blockaden“; vgl. 13 zu § 240]). Eine Unterdrückung kann, neben der Entziehung des Datenträgers, auch durch programmgesteuerte Errichtung von **Zugangshindernissen** geschehen (**zB** Eingabe von Passworten; Löschen des Inhaltsverzeichnisses; „Verstecken“ von Dateien; Änderung des Dateinamens usw.); nach *Hoeren* NJW **04**, 3513, 3515 auch durch (individuelles oder automatisches) Unterdrücken von **E-Mail-Nachrichten,** die für einen Nutzer bestimmt sind. Der Tatbestand kann auch bei vorheriger Anfertigung einer (Sicherungs-)Kopie erfüllt sein (einschr. LK-*Tolksdorf* 20; *Welp* iur **88**, 436 bei sofort verfügbarer Kopie).

11 **C. Unbrauchbarmachen** von Daten entspricht dem Beschädigen iS von § 303 und ist die Aufhebung der bestimmungsgemäßen Verwendbarkeit (Ber. 35; vgl. *v. Gravenreuth* NStZ **89**, 206). Dies kann zB durch zusätzliche Einfügungen oder Verfälschung von verknüpften Datensätzen geschehen (Ber. 35), aber auch durch den Einsatz einer Programmsperre, soweit es sich nicht nur um eine geringfügige Beeinträchtigung der Programmnutzung handelt (*Wuermeling* CR **94**, 592). Mit den übrigen Tatvarianten bestehen vielfältige Überschneidungen.

12 **D. Verändern** von Daten ist jede Form inhaltlichen Umgestaltens gespeicherter Daten (§ 3 V Nr. 2 BDSG), aber auch der Austausch von Klartext und Code oder die Übersetzung in den Code einer anderen Programmiersprache ohne inhaltliche Änderung (näher *Welp* IuR **88**, 435). Eine Minderung der Gebrauchstauglichkeit ist nicht erforderlich (Ber. 36); auch „Verbesserungen“ (vgl. *Hilgendorf* JuS **96**, 891 f.) oder die Behebung von Fehlern sind Veränderungen (*Arzt/Weber* 12/49; LK-*Tolksdorf* 30). Das unerlaubte **Kopieren** von Daten ist keine Veränderung; auch Veränderungen kopierten Daten unterfallen § 303 a idR nicht (oben 6). Einschleusen von **Viren** ist idR eine Datenveränderung; anders ist es bei **Trojanern** (Hilgendorf/Frank/Valerius [1 a] 202). Das bloße **Hinzufügen** von Daten auf leeren Speicherplatz ist kein Verändern (LK-Tolksdorf 31; *Ernst* NJW **03**, 3233, 3238); anders ist es, wenn durch Hinzufügen von Daten der Bedeutungsgehalt bereits gespeicherter Daten verändert wird.

13 **4) Rechtswidrigkeit.** Das Merkmal der Rechtswidrigkeit ist in seiner Bedeutung umstritten; teilweise wird es – schon im Hinblick auf die unzureichende Bestimmtheit des Tatbestands im Übrigen – als **Tatbestandsmerkmal** angesehen, aus welchem die Erfordernisse des Eingriffs in fremde Rechtspositionen (oben 4) und der fehlenden Einwilligung des Berechtigten abgeleitet werden (*Lackner/Kühl* 4; SK-*Hoyer* 12 *W/Hillenkamp* 52; *Hilgendorf* JuS **96**, 892; wohl auch BT-Drs. 10/5058, 34; NK-*Zaczyk* 12). Nach wohl zutr. **aA** handelt es sich wie bei § 303 um ein allgemeines Deliktsmerkmal (*S/S-Stree* 6; LK-*Tolksdorf* 5, 37; *M/Schroeder/Maiwald* 36/35; *Arzt/Weber* 12/47; *Lenckner/Winkelbauer* CR **86**, 829 f.; *Hilgendorf/Frank/Valerius* [1 a] 203; and. [Doppelfunktion] *Sondermann* [1 a] 40 ff.). Rechtfertigend wirkt **zB** die **mutmaßliche Einwilligung;** im Einzelfall kommt auch § 32 in Betracht (vgl. *Wuermeling* CR **94**, 592). Die ausdrückliche oder konkludente **Einwilligung** des Berechtigten schließt dagegen schon den Tatbestand aus (oben 4); auf die Einwilligung eines nicht Verfügungsberechtigten, sondern nur vom Dateninhalt Betroffenen kommt es für § 303 a nicht an (oben 4).

5) Subjektiver Tatbestand. § 303 a verlangt **Vorsatz;** bedingter Vorsatz genügt. Er muss sich auf alle Merkmale des Tatbestands beziehen; hierzu gehört namentlich auch das Vorliegen fremder und das Fehlen eigener Verfügungsbefugnis (auch wenn dies aus dem Erfordernis der Rechtswidrigkeit abgeleitet wird [oben 13]). 14

6) Vollendung; Beendigung; Versuch; Vorbereitung. Der Tatbestand ist **vollendet**, wenn durch die in den Tatbestandsvarianten genannten Handlungen eine Beeinträchtigung der physischen Existenz, Verfügbarkeit oder Brauchbarkeit der Daten eingetreten ist. **Beendigung** (§ 78 a) setzt den endgültigen Eintritt des beeinträchtigenden Erfolgs voraus; dieser Zeitpunkt kann bei fortwirkenden Eingriffen nach dem Vollendungszeitpunkt liegen (zB bei Virenprogrammen). 15

Der **Versuch** ist nach **Abs. II** strafbar. Der Versuchsbeginn kann schon im Öffnen einer Datei liegen; ebenso in dem Versuch, die Zugangssperren einer fremden DV-Anlage zu überwinden. Bei der bloßen Installation von Virenprogrammen oder „Trojanischen Pferden" ist Vollendung nur gegeben, wenn schon hierdurch Daten überschrieben oder geändert werden; ist die Auslösung der störenden Funktion zeitlich hinausgeschoben oder von einer Bedingung (zB bestimmten Verarbeitungsvorgängen des Berechtigten) abhängig, so ist nur Versuch gegeben (LK-Tolksdorf 35; aA Haurand/Vahle RDV 90, 130). Irrtümliche Annahme fremder Verfügungsbefugnis führt zum untauglichen Versuch. 16

7) Abs. III, der durch das 41. StÄG (Computerkriminalität) eingefügt wurde, stellt **Vorbereitungshandlungen** selbständig unter Strafe und verweist insoweit auf § 202 c und weiter auf die Regelungen über **Tätige Reue** in § 149 II und III; damit ist Art. 6 I Buchst. a des Europarats-Übk. v. 23. 11. 2001 (1 zu § 202) umgesetzt worden. Vgl. die Erl. Zu § 202 c. 17

8) Konkurrenzen. Tateinheit ist möglich mit § 303, wenn die Datenbeeinträchtigung durch eine (darüber hinausgehende) Sachbeschädigung am Datenträger bewirkt wird; auch mit §§ 263 a, 269 (Bay wistra **93**, 306, hierzu *Otto* JK 1); mit § 202 a. § 303 b I Nr. 1 enthält einen Qualifikationstatbestand zu § 303 a. Gegenüber § 274 I Nr. 2 (dort 6) tritt § 303 a zurück (*Möhrenschlager* wistra **86**, 136; *Schlüchter* 75; *Meurer,* Kitagawa-FS 980; NK-*Puppe* 20 zu § 274). 18

9) Sonstige Vorschriften: Die Strafverfolgung setzt einen **Strafantrag** voraus (§ 303 c); Verletzter ist der Verfügungsberechtigte. Anders als § 303 ist § 303 a nicht Privatklagedelikt. 19

Computersabotage

303b **I Wer eine Datenverarbeitung, die für einen anderen von wesentlicher Bedeutung ist, dadurch erheblich stört, dass er**

1. eine Tat nach § 303 a Abs. 1 begeht,
2. Daten (§ 202 a Abs. 2) in der Absicht, einem anderen Nachteil zuzufügen, eingibt oder übermittelt oder
3. eine Datenverarbeitungsanlage oder einen Datenträger zerstört, beschädigt, unbrauchbar macht, beseitigt oder verändert,

wird mit Freiheitsstrafe bis zu drei Jahren oder mit Geldstrafe bestraft.

II Handelt es sich um eine Datenverarbeitung, die für einen fremden Betrieb, ein fremdes Unternehmen oder eine Behörde von wesentlicher Bedeutung ist, ist die Strafe Freiheitsstrafe bis zu fünf Jahren oder Geldstrafe.

III Der Versuch ist strafbar.

IV In besonders schweren Fällen des Absatzes 2 ist die Strafe Freiheitsstrafe von sechs Monaten bis zu zehn Jahren. Ein besonders schwerer Fall liegt in der Regel vor, wenn der Täter

1. einen Vermögensverlust großen Ausmaßes herbeiführt,
2. gewerbsmäßig oder als Mitglied einer Bande handelt, die sich zur fortgesetzten Begehung von Computersabotage verbunden hat,

3. durch die Tat die Versorgung der Bevölkerung mit lebenswichtigen Gütern oder Dienstleistungen oder die Sicherheit der Bundesrepublik Deutschland beeinträchtigt.

V Für die Vorbereitung einer Straftat nach Absatz 1 gilt § 202 c entsprechend.

Übersicht

1) Allgemeines	1, 1 a
2) Rechtsgut; Bestimmtheit	2, 2 a
3) Schutzgegenstände	3–8
A. Datenverarbeitung	4, 5
B. Wesentliche Bedeutung	6–8
4) Tathandlung des Abs. I	9–13
5) Datenverarbeitung fremder Betriebe und Behörden (Abs. II)	14–17
6) Subjektiver Tatbestand	18
7) Rechtswidrigkeit	19
8) Versuch (Abs. III)	20
9) Täterschaft und Teilnahme	21
10) Besonders schwere Fälle der Qualifikation (Abs. IV)	22–25 a
11) Vorbereiten einer Computersabotage (Abs. V)	26
12) Konkurrenzen	27
13) Sonstige Vorschriften	28

1 **1) Allgemeines.** Die Vorschrift ist durch das 2. WiKG (2 vor § 263) zusammen mit § 303 a mit dem Ziel eingefügt worden, der Bedeutung der Datenverarbeitung (DV) für Wirtschaft und Verwaltung Rechnung zu tragen und Strafbarkeitslücken für die Gefährdung oder Verletzung von Vermögensinteressen zu schließen, welche die Beschränkung von § 303 auf körperliche Sachen sowie der niedrige Strafrahmen des § 303 lassen (BT-Drs. 10/5058, 35; *Möhrenschlager* wistra **86**, 141; **91**, 326; *Winkelbauer* CR **85**, 44; *Haft* NStZ **87**, 6, 10). Durch das **41. StÄG** (Computerkriminalität) vom 7. 8. 2007 (BGBl I 1786) ist § 303 b zur Umsetzung von Art. 3 und 5 des Europarats-Übk. v. 23. 11. 2001 (1 zu § 202) ganz neu gefasst worden (**Mat.:** GesE BReg BT-Drs. 16/3656; Ber. BT-Drs. 16/5449): I Nr. 2 wurde eingefügt; die früher von I erfassten Fälle des Abs. II als Qualifikation formuliert; IV und V neu eingefügt. **In-Kraft-Treten: 11. 8. 2007.**

1 a **Literatur:** vgl. 1 a zu § 303 a.

2 **2) Rechtsgut; Bestimmtheit.** Die Schutzrichtung der Vorschrift ist nicht leicht zu bestimmen. Dass sie das „Interesse am störungsfreien Funktionieren der DV als Voraussetzung für eine erfolgreiche Erfüllung (von) Aufgaben" schützt (LK-*Tolksdorf* 2; ähnl. *S/S-Stree* 1; *Kindhäuser* LPK 1; BT-Drs. 10/5058, 35), ist zwar zutreffend, beschreibt aber kaum mehr als ein Strafbedürfnis. Soweit Betriebe und Unternehmen geschützt sind, zielt die Vorschrift in II, IV Nr. 1 jedenfalls auf den Schutz des **Vermögens** ab; darüber hinaus ist über den Begriff der „Behörde" aber auch der Großteil **staatlicher** Aufgabenerfüllung einbezogen. Abs. I Nr. 3 schützt auch das Sacheigentum; Abs. I Nr. 1 die Verfügungsgewalt über elektronisch gespeicherte Daten (3 ff. zu § 303 a). Über IV Nr. 3 sind auch die öffentliche Sicherheit sowie die äußere Sicherheit der Bundesrepublik geschützt.

2 a Dass der Tatbestand **hinreichend bestimmt** ist, wird teilweise bestritten (vgl. NK-*Zaczyk* 2) und kann wohl nur bei einer – entgegen der Zielsetzung des Gesetzgebers (BT-Drs. 10/5058, 35) – **engen Auslegung** der Begriffe „Datenverarbeitung" und „wesentliche Bedeutung" angenommen werden. Die neuerliche Ausweitung des Tatbestands auf **private Datenverarbeitungs-Vorgänge** (Abs. I) durch das 41. StÄG hat eine hinreichend sichere Abgrenzung noch schwieriger gemacht.

3 **3) Schutzgegenstände.** In Abs. I ist zwischen unmittelbar und mittelbar von der Tathandlung betroffenen Gegenständen zu unterscheiden. Während unmittelbare Tatobjekte in I Nr. 1 fremde Daten und in I Nr. 3 fremde Sachen sind, ist Tatobjekt des I Nr. 2 sowie mittelbares Angriffsobjekt in allen Fällen eine (fremde) Datenverarbeitung. Abs. I Nr. 1 enthält eine **Qualifikation des § 303 a,** Abs. I Nr. 3 eine **Qualifikation des § 303,** soweit Beschädigungen oder Zerstörungen fremder Sachen erfasst sind; im Übrigen ein selbstständiges Delikt (*Arzt/Weber* 12/55; and. NK-*Zaczyk* 2). **Statistisch** hat die Vorschrift – wie § 303 a – seit Einfügung durch das 2. WiKG keine Bedeutung erlangt (vgl. 1 zu § 303 a). Durch Ausweitung auf **private Datenverarbeitungen** und Rechner und die Einfügung

von **I Nr. 2** durch das 41. StÄG müsste aber die praktische Bedeutung, wenn *tatsächlich* eine Verfolgung von entsprechenden Taten stattfindet, stark zunehmen.

A. Datenverarbeitung. Der Begriff der Datenverarbeitung lässt – etwa in der Legaldefinition des § 3 V BDSG – eine Abgrenzung zwischen dem Handeln von Personen und der – ggf. automatischen – Funktion von Maschinen kaum zu. Anders als § 263a I spricht § 303b I nicht von einem „DV-Vorgang", so dass vom Wortlaut der *gesamte Umgang* mit elektronisch gespeicherten Daten von der Erhebung bis zur Verwendung erfasst sein soll (so auch BT-Drs. 10/5058, 35; zust. *S/S-Stree* 3; *Lackner/Kühl* 2; NK-*Zaczyk* 3; SK-*Hoyer* 8; *Möhrenschlager* wistra **86**, 142; *Lenckner/Winkelbauer* CR **86**, 830; *Volesky/Scholten* iur **87**, 280; *Schulze-Heimig* [1a zu § 303a] 198; *Sondermann* [1a zu § 303a]) 86; *M/Schroeder/Maiwald* 36/42; einschr. *Hilgendorf* JuS **96**, 1083; LK-*Tolksdorf* 15). Der technisch unklare Begriff **„eine Datenverarbeitung"** wird teilweise als (einzelner) DV-*Vorgang* verstanden, dh als einzelne, in sich abgeschlossene Rechenoperation einer DV-Anlage (**zB** Berechnen; Speichern; Übertragen). Nach **aA** beschreibt er eher eine Gesamtheit von Anlagenhardware und Programmfunktionalität (in diese Richtung LK-*Tolksdorf* 5; ähnlich *Hilgendorf* JuS **96**, 1083); einzelne DV-Vorgänge sollen danach nicht erfasst sein (*Lackner/Kühl* 2). Die **hM** verwendet die von Gesetzgeber (BT-Drs. 10/5058, 35) benutzte Formel, DV sei „nicht nur" der *einzelne* Vorgang, sondern (auch) die Gesamtheit *aller* Vorgänge sowie „auch der *weitere* Umgang mit Daten und deren Verwertung" (so auch *S/S-Stree* 3; NK-*Zaczyk* 3; *Lackner/Kühl* 2; *Möhrenschlager* wistra **86**, 142; *Lenckner/Winkelbauer* CR **86**, 830; *Arzt/Weber* 12/56; *M/Schroeder/Maiwald* 36/42; *Mitsch* BT 2/2, 5/214). Ein „weiterer Umgang" mit Daten, der gerade *kein* DV-Vorgang ist, kann aber schwerlich als DV bezeichnet werden (**zB** Versenden eines Datenträgers per Post); erst recht gilt das für die „Verwertung" (**zB** Lesen und Benutzen von Ausdrucken). 4

Der Begriff umfasst daher die Gesamtheit aller elektronischen Rechenvorgänge einschließlich Eingabe, „Verarbeitung" ieS und Übertragung in internen Netzwerken oder nach außen; nicht aber „weitere" Vorgänge, die nicht in der Form elektronischer DV erfolgen. Die von der hM vorgenommene Unterscheidung zwischen einzelnen und einer Vielzahl von DV-Vorgängen (vgl. etwa *Lackner/Kühl* 3; SK-*Hoyer* 11; LK-*Tolksdorf* 15) ist nicht sinnvoll, da sie inhaltliche Abgrenzungen, die zum Begriff der „Wesentlichkeit" gehören (unten 6ff.), auf technische Vorgänge zu übertragen versucht, die nach ganz anderen Kriterien strukturiert sind. Da der Begriff der DV somit nicht körperliche Gegenstände (in diese Richtung aber LK-*Tolksdorf* 5), sondern **Vorgänge** beschreibt, setzt § 303b, wie sich aus der Tatbestandsbeschreibung ergibt, das tatsächliche Vorhandensein „einer DV" nicht voraus; ausreichend ist vielmehr, dass DV-Vorgänge *geplant* oder *beabsichtigt* sind. 5

B. Wesentliche Bedeutung. Die DV muss für eine andere Person von wesentlicher Bedeutung sein. Das ist der Fall, wenn die jeweilige Aufgabenstellung oder Organisation von der **Funktionsfähigkeit** der DV ganz oder jedenfalls überwiegend abhängig ist. Da die Neufassung durch das 41. StÄG auch **private DVen** in I einbezieht, kann man für Abs. I nicht mehr auf die (objektive) Zweckbestimmungen von Produktions- oder Verwaltungsabläufen abstellen; vielmehr öffnet sich der Tatbestand weitgehend auch subjektiven Bewertungen: Ob zB der Internet-Zugang oder das Funktionieren einer Bildverarbeitungs-Software für den einzelnen PC-Eigentümer von „wesentlicher" Bedeutung ist, entscheidet er weitgehend selbst. Die vorgeschlagenen Definitionen des „*gerade noch* konkretisierbaren" (NK-*Zaczyk* 6) Begriffs der Wesentlichkeit gingen schon unter der aF, die auf die Wesentlichkeit für Betriebe oder Behörden abstellte (jetzt Abs. II), weit auseinander. Die unklaren Äußerungen des Gesetzgebers (BT-Drs. 10/5058, 35) vermischten *hardware-* und Verarbeitungsebene; danach sollten „zentrale Rechenanlagen", aber auch „der einzige PC eines Handwerksbetriebs", nicht aber Kleincomputer, Schreibmaschinen oder Taschenrechner erfasst sein (vgl. *S/S-Stree* 2; LK-*Tolksdorf* 7; NK-*Zaczyk* 6; *M/Schroeder/Maiwald* 36/43). Auf eine solche *anlagen*bezogene 6

Betrachtung kann es jedoch nicht ankommen (so auch *v. Gravenreuth* NStZ **89**, 206); die „Wesentlichkeit" ist im Hinblick auf den *konkreten* DV-Vorgang zu beurteilen. Wenn etwa ein „Kleincomputer" mit spezieller Funktion Produktionsabläufe oder Teile von Kommunikationseinrichtungen steuert, wird man nicht von „Unwesentlichkeit" sprechen können. Auch der Streit um die Einbeziehung von **Taschenrechnern** in den begriff der DV (vgl. etwa *Lenckner/Winkelbauer* CR **86**, 830; dagegen *v. Gravenreuth* NStZ **89**, 206) ist durch die technische Entwicklung längst überholt (Schnittstellen; Taschen-*Notebooks*).

7 Der Gesetzgeber des 41. StÄG hat das Merkmal der Wesentlichkeit auch in Abs. I als „Filter für Bagatellfälle" beibehalten (BT-Drs. 16/3656, 13); danach soll es darauf ankommen, „ob die Datenverarbeitungs-*Anlage* (!) für die **Lebensgestaltung** der Privatperson eine *zentrale Funktion* einnimmt" (ebd.). Das ist wenig verständlich; ein Abstellen zB auf willkürlich definierte (Freizeit)-Interessen erscheint wenig sachgerecht. Durch das Wesentlichkeits-Erfordernis ausgeschlossen werden sollen zB Datenverarbeitungen in Haushaltsgeräten, HiFi- und TV-Anlagen, Navigationsgeräten usw. (so auch auch *Hilgendorf*, Anhörung [1 a zu § 303 a]). Auch das ist fraglich; es ist nicht recht ersichtlich, warum zB die elektronische Steuerung einer Gebäudesicherung (Jalousien; Alarmanlage) für die *Lebensgestaltung* von geringerer Bedeutung sein sollte als die Funktionsfähigkeit des privaten Internet-Zugangs.

8 **Wesentlichkeit** der DV wird jedenfalls nicht dadurch beseitigt, dass die Funktion der Einrichtung auf andere Weise sichergestellt werden kann (*S/S-Stree* 7); im Hinblick auf den Charakter der Tat als Gefährdungsdelikt lässt sich die Wesentlichkeit auch nicht am Maß des ggf erforderlichen *Mehraufwands* bestimmen (so aber *Lenckner/Winkelbauer* CR **86**, 830; *S/S-Stree* 7; LK-*Tolksdorf* 6), denn eine Störung kann auch dann eintreten, wenn sie zunächst (planmäßig) gar nicht bemerkt wird, bei Erkennbarkeit aber alsbald und ohne weiteres behoben werden könnte.

9 **4) Tathandlung des Abs. I.** Der Tatbestand beschreibt mit dem Begriff des **erheblichen Störens** einer DV nicht eine bloße Tätigkeit, sondern den **Erfolg** der Tathandlung (allgM). Es muss daher die DV „gestört", dh ihr reibungsloser Ablauf nicht unerheblich beeinträchtigt werden (Ber. 35; *Lackner/Kühl* 6; *S/S-Stree* 10; NK-*Zaczyk* 11; LK-*Tolksdorf* 11 mwN). Das kann geschehen durch Beeinträchtigung der **technischen Funktion** des Rechners; Unterbrechung oder Störung des Datenflusses von oder nach außen; **Programmveränderungen** mit der Folge des Systemabsturzes, aber auch der Verursachung inhaltlich unrichtiger **Ergebnisse** (Beispiele bei *Volesky/Scholten* iur **87**, 283; *Sondermann* [1 a zu § 303 a] 98 ff.). Eine „Störung" liegt auch vor, wenn eine DV **verhindert** wird (**zB** weil die hierfür erforderliche, nicht alsbald einsetzbare Software gelöscht wird). Teilweise wird vertreten (SK-*Hoyer* 10), eine Störung liege schon dann vor, wenn die konkrete DV noch nicht stattfindet, aber die Störungsursache bereits „eingebaut" (Viren) und eine Nutzung jederzeit möglich ist. Eine solche Vorverlagerung der Vollendung widerspricht dem Wortlaut, wonach das Objekt der Störung nicht die DV-*Anlage,* sondern die DV ist (so auch LK-*Tolksdorf* 20; *Volesky/Scholten* iur **87**, 283); die bloße Gefährdung eines *zukünftigen* DV-Vorgangs reicht daher nicht aus. Die Störung kann sowohl im **Eingabereich** als auch im eigentlichen **Rechenbereich** sowie im **Ausgabebereich** eintreten. Dass sich insoweit „steuernde" und „gesteuerte" Vorgänge zuverlässig abgrenzen lassen (vgl. LK-*Tolksdorf* 13), ist zweifelhaft; auch hier erweisen sich Vorstellungen des Gesetzgebers des 2. WiKG als durch den technischen Fortschritt überholt (unklar, inwieweit **zB** sensorgesteuerte Maschinen, Einspritzanlagen von Motoren, Telekommunikationseinrichtungen und zahllose andere durch DV *gesteuerte* Gegenstände erfasst sind).

10 Die Störung *muss* ***erheblich*** sein. Schon nach zur aF vertretener Ansicht (vgl. etwa *Arzt/Weber* 12/56; ähnlich SK-*Hoyer* 11) sollte bei unerheblichen oder Störungen nur einzelner DV-Vorgänge die konkret „wesentliche Bedeutung" der DV entfallen. Auch im Hinblick auf die unsichere Abgrenzung der Begriffe der DV

und der wesentlichen Bedeutung ist die Einfügung des Merkmals der Erheblichkeit des *Störung* durch das 41. StÄG aber jedenfalls besser geeignet, bagatellhafte, leicht behebbare und vorübergehende Störungen aus dem Tatbestand auszuscheiden. Man wird auch annehmen müssen, dass die Erheblichkeit (der Störung) gerade denjenigen Teil der DV betreffen muss, dessen Bedeutung „wesentlich" ist. Danach würde es zB nicht ausreichen, wenn ein eingeschleustes Virus die Ausführung *einzelner Programme* stört oder verhindert, die für den Berechtigten nicht „wesentlich" sind.

Abs. I enthält **drei Tatvarianten:** **11**

A. Abs. I Nr. 1: Die Störung muss durch eine vom Täter begangene Tat nach **§ 303a I** verursacht werden; Nr. 1 enthält daher insoweit eine *Qualifikation*. Voraussetzung ist damit vor allem eine „Fremdheit" der Daten iS fremder Verfügungsbefugnis (vgl. dazu 4 ff. zu § 303 a). Herstellung und Vertrieb (aber auch unverlangte Zusendung) fehlerhafter Software sind nur dann erfasst, wenn diese beim Erwerber/Empfänger verarbeitet wird.

B. Abs. I Nr. 2: Die Tatvariante ist durch das 41. StÄG (oben 1) eingefügt **12** worden, um Störungen zu erfassen, die durch „an sich neutrale" Handlungen des Eingebens und Übermittelns von Daten bei missbräuchlicher oder unbefugter Handlungsweise entstehen (BT-Drs. 16/3656, 13). Allerdings beschreibt auch § 303 a (1. Var.) mit dem Löschen, Verändern usw. von Daten (9 ff. zu § 303 a) „an sich neutrale" Handlungen; erst die *Rechtswidrigkeit* des Handelns macht diese sozial inadäquat. Als Beispiel für Tathandlungen nach Nr. 2 sind sog. *Denial-of-Service*-Attacken (DoS) genannt worden (BT-Drs. 16/3656, 13), also Angriffe auf Rechner durch (idR automatische) Überlastungen (verbreitet auch als DDoS [*distributet DoS*; koordinierte Angriffe von einer größeren Anzahl von Rechnern] oder DRDoS [*distributet reflected DoS*; Angriffe durch mittels *IP-spoofing* ausgelöste Massen-*Antworten* nach Anfragen unter der Adresse des Opfers]). Angriffe dieser Art müssen nicht in den fremden Rechner oder Server eindringen; sie werden allerdings vielfach mittels sog. *Würmer* ausgelöst. Von praktischer Bedeutung sind DoS-Angriffe (idR als DRDoS) namentlich auch als Formen des (politischen) Protests (sog. **Online-Demonstrationen;** vgl. Frankfurt MMR **06**, 547; dazu auch Änderungs-Antrag DIE LINKE, BT-Drs. 16/5449, 9 f.).

Eine Eingrenzung des Tatbestands ist vielfach nur über das subjektive Merkmal **12 a** der **Absicht der Nachteils-Zufügung** möglich. Nachteil ist jede nachteilige Folge oder Beeinträchtigung rechtmäßiger Interessen; ein Vermögensschaden ist nicht vorausgesetzt (BT-Drs. 16/3656, 13; vgl. BGH 29, 196 [zu § 274]). Wie bei § 274 I Nr. 1 reicht für die Absicht das Bewusstsein aus, dass der Nachteil notwendige Folge der Tat ist (vgl. dazu 6 zu § 274 mwN). Der Nachteil braucht nicht einzutreten.

C. Abs. I Nr. 3: Die Variante erfasst Einwirkungen auf die **Hardware,** die den **13** tatbestandlichen Störungserfolg bewirken. Auf die **Fremdheit** der **Sachen** sowie auf die Fremdheit betroffener **Daten** kommt es nicht an, so dass Nr. 3 keine Qualifikation zu § 303 oder § 303 a darstellt. **DV-Anlage** ist die (jeweilige) Funktionseinheit der für die DV eingesetzten Geräte (LK-*Tolksdorf* 22) einschließlich Peripheriegeräten; **Datenträger** (Magnetschicht-, optische und Halbleiter-Speicher) sind insb. Festplatten, Disketten, CD-ROMs oder DVD-ROMs; Magnetbänder; Massenspeicher. Die Tathandlungen des **Zerstörens** und **Beschädigens** entsprechen § 303 I (vgl. dort 6 ff.). **Unbrauchbar-Machen** ist eine Einwirkung auf die Sache, welche ihre ordnungsgemäße Verwendungsfähigkeit aufhebt. **Beseitigen** bedeutet, die Sache aus dem Gebrauchs- und Verfügungsbereich des Berechtigten so zu entfernen oder ihn so vom Zugang auszuschließen, dass er auf sie nicht zugreifen kann; das kann auch durch Verstecken oder Unkenntlichmachen geschehen. Der Begriff des **Veränderns** ist – soweit nicht schon Nr. 1 oder eine der übrigen Varianten von Nr. 3 vorliegen – unklar (zutr. LK-*Tolksdorf* 25); die Definition im Ber., BT-Drs. 10/5058, 36 („Herbeiführen eines Zustands, der vom bisherigen abweicht") ist nichts sagend. Das Einsetzen von **Viren-** oder Sabotageprogrammen erfüllt den Tatbestand nur, wenn es direkte Auswirkungen auf die Hardware hat (**zB** Zerstörung der Festplatte; i. E. str.; vgl. LK-*Tolksdorf* 26).

14 **5) Datenverarbeitung fremder Betriebe oder Behörden (Abs. II).** Abs. 2 enthält eine Qualifikation des I; er entspricht , auch in der Strafdrohung, Abs. I aF.

15 **A.** Die Begriffe des **Betriebs** und des **Unternehmens** sind iS von § 14 II verwendet (vgl. dazu 8 zu § 14); die Einschränkung des § 265 III Nr. 1 gilt nach hM nicht (*Volesky/Scholten* iur **87**, 280; LK-*Tolksdorf* 9; vgl. auch *Lenckner/Winkelbauer* CR **86**, 830). Rechtsform, Art der Betriebs- oder Unternehmenstätigkeit und Gewinnerzielungsabsicht sind für § 303b unerheblich (allgM); erfasst sind private wie öffentliche Betriebe, Freiberufler, karitative oder kulturelle Einrichtungen (vgl. *S/S-Stree* 5). Betrieb oder Unternehmen (nicht aber stets die DV; vgl. unten 17) müssen für den Täter **fremd** sein. Das ist nach hM in rechtlich-wirtschaftlicher Betrachtung zu beurteilen (*Lackner/Kühl* 2; *S/S-Stree* 6; LK-*Tolksdorf* 10; NK-*Zaczyk* 4; *Lenckner/Winkelbauer* CR **86**, 830); hiernach kann Täter auch ein Betriebs-/Unternehmensangehöriger, auch ein Geschäftsführer oder Gesellschafter sein, solange nicht *wirtschaftliche* Identität vorliegt (Alleingesellschafter; weiter *Lackner/Kühl* 2; NK-*Zaczyk* 4; *Schulze-Heimig* [1a zu § 303a] 203 ff.: ausgeschlossen auch **Repräsentanten,** deren Handlungen dem Betrieb zugerechnet werden); nach **aA** (SK-*Hoyer* 9; *Hilgendorf* JuS **89**, 1083) kommt es allein auf die rechtliche Zuordnung an, so dass Einwilligungen (auch des Alleingesellschafters) nur rechtfertigende Wirkung haben (vgl. auch 11 zu § 266).

16 Der Begriff der **Behörde** entspricht § 11 I Nr. 7 (vgl. dort 38).

17 **B.** Probleme ergeben sich bei einer DV *außerhalb* der Einrichtung, für welche die Ergebnisse von Bedeutung sind, insb. bei DV für einen *anderen* Betrieb usw. Umfasste der Begriff der DV in § 303b auch die inhaltliche Verwertung (vgl. oben 4), so könnte der Tatbestand überhaupt nicht mehr abgegrenzt werden, denn zahllose Betriebe und Unternehmen treffen zB existenzielle, dh „wesentliche" Entscheidungen auf der Grundlage der (inhaltlichen) Ergebnisse *fremder* DV. Es ist daher eine Eingrenzung jedenfalls dahin zu machen, dass zwar die Wesentlichkeit auch für einen anderen als den Betrieb vorliegen kann, in welchem die DV durchgeführt wird (**aA** *S/S-Stree* 8), dass aber die DV *als solche* und *unmittelbar* den Wesentlichkeitserfordernissen für den anderen Betrieb genügen muss (ähnl. LK-*Tolksdorf* 8; NK-*Zaczyk* 12). Das ist **zB** gegeben, wenn Daten im Auftrag eines anderen Unternehmens verarbeitet werden (**zB** selbstständiges Rechenzentrum; Steuerberater); auch bei der Kontoführung durch Banken usw.; nicht aber **zB** hinsichtlich der Textverarbeitung einer Wirtschaftsredaktion oder bei der Errechnung oder Anzeige von Börsenkursen, die für fremde unternehmerische Entscheidungen ohne Zweifel von „wesentlicher Bedeutung" sein können.

18 **6) Subjektiver Tatbestand.** Der Täter muss **vorsätzlich** handeln; bedingter Vorsatz genügt. Das gilt nach allgM auch für I Nr. 1 unabhängig davon, ob die Tat insoweit als *Erfolgs*qualifikation verstanden wird (NK-*Zaczyk* 13; *M/Schroeder/Maiwald* 36/44). Hinsichtlich des normativen Tatbestandsmerkmals der Fremdheit der Daten im Fall von I Nr. 1 iV mit § 303a (vgl. dort 4 ff.) sowie des Betriebs im Fall des II genügt Kenntnis der tatsächlichen Umstände bei zutreffender Parallelwertung in der Laiensphäre. Der Vorsatz muss die Störung sowie die Wesentlichkeit der Bedeutung der gestörten DV in ihren tatsächlichen Voraussetzungen umfassen (LK-*Tolksdorf* 29; NK-*Zaczyk* 13; **aA** *S/S-Stree* 16; **and.** auch SK-*Hoyer* 12: Vorsatz konkreter Gefährdung der Funktionsfähigkeit des Betriebs usw., was sich mit der „Bedeutungs"-Kenntnis weithin deckt). Im Fall des I Nr. 2 muss die **Absicht** der Nachteils-Zufügung hinzukommen (oben 12a).

19 **7) Rechtswidrigkeit.** Vgl. dazu 13 zu § 303a.

20 **8) Versuch (Abs. III).** Nach Abs. III ist der Versuch von Taten nach I oder II strafbar (vgl. dazu *Sondermann* [1a zu § 303a] 126 ff.; *Hilgendorf* JuS **96**, 1084).

Unmittelbares Ansetzen iS von § 22 ist **zB** anzunehmen bei Bemühungen eines *Crackers,* mit dem Vorsatz des § 303 b Sicherungssysteme einer fremden DV zu überwinden; ebenso wohl bei erfolgreicher Installation eines zu einer Störung iS von I geeigneten, aber vorerst noch inaktiven Virus oder Trojanischen Pferds.

9) Täterschaft und Teilnahme. Auf Grund der Vielzahl denkbarer Konstellationen der Eigentumsverhältnisse (an den – uU mehreren – DV-Anlagen [einzelnen Computern oder Servern], Betrieben usw. [Abs. II], der Hardware oder der Software) und der Nutzungsberechtigungen an den betroffenen Daten kann die Bestimmung der Täter- und Teilnehmerstellung schwierig sein. Die Abgrenzung folgt **allgemeinen Regeln.** Im Fall des Abs. II kann jedenfalls der Inhaber der betroffenen Betriebs usw. nicht Beteiligter der Tat sein. Nach weitergehender Ansicht (LK-*Tolksdorf* 27 f.; *S/S-Stree* 14; *Lenckner/Winkelbauer* CR **86**, 831) scheidet auch der **Eigentümer** der DV-Anlage oder eines Datenträgers als Täter von I Nr 3 (auch iV mit II) aus, wenn nicht – im Fall des II – der Inhaber des betroffenen Betriebs ein (dingliches oder obligatorisches) **Nutzungsrecht** innehat (so auch SK-*Hoyer* 6). Für I Nr. 1 ergibt sich das schon aus § 303 a, denn die „Tat nach § 303 a Abs. 1" wird nicht dadurch (nachträglich) rechtswidrig, dass der (allein) nutzungsberechtigte Verarbeiter fehlerhafte Daten in eine fremde DV einspeisen lässt. Der Hersteller **eigener Software** ist aber Täter des § 303 b I Nr. 1, wenn durch die Installation der von ihm hergestellten Daten gerade der Tatbestand des § 303 a I verwirklicht wird. Dass im Fall der DV in fremdem Auftrag der Inhaber eines auftragnehmenden Betriebs nicht Täter sein kann (LK-*Tolksdorf* 28; *S/S-Stree* 14), trifft meist, aber nicht stets zu (vgl. oben 17); es entspricht auch nicht der Auffassung des Gesetzgebers (BT-Drs. 10/5058, 36). **21**

10) Besonders schwere Fälle (Abs. IV). Die Strafzumessungsvorschrift des Abs. IV ist durch das 41. StÄG mit Wirkung vom 11. 8. 2007 eingefügt worden, um besonders gravierende Fälle des Abs. II zu erfassen. Die Anknüpfung besonders schwerer Fälle an eine Qualifikation (deren Grundtatbestand seinerseits eine Qualifikation ist; vgl. oben 3) ist ungewöhnlich, aber wohl möglich. Die Voraussetzungen der Regelbeispiele müssen vom **Vorsatz** umfasst sein; in allen Fällen reicht auch insoweit bedingter Vorsatz aus. Ein **unbenannter** besonders schwerer Fall kommt zB in Betracht, wenn durch die Tat ein gravierender, nicht vermögensrechtlicher Nachteil verursacht wurde, oder wenn eine Vielzahl von Betroffenen geschädigt wurden. **22**

Als **Regelbeispiele** sind in IV S. 2 aufgeführt: **23**

Nr. 1: Herbeiführen eines **Vermögensverlusts großen Ausmaßes**. Insoweit gelten die Grundsätze von § 263 a II iV mit § 263 III S. 2 Nr. 2 (vgl. die Erl. 122 zu § 263).

Nr. 2: Gewerbsmäßiges (vgl. 62 vor § 52; 120 zu § 263) oder **bandenmäßiges** (vgl. 17 ff. zu § 244, 120 a zu § 263) Handeln. Die Bandenabrede muss sich nicht nur auf Taten nach § 303 b II beziehen; auch Taten nach I reichen aus. **24**

Nr. 3: In der **1. Var.** setzt das Regelspiel eine (eingetretene) Beeinträchtigung der **Versorgung der Bevölkerung** voraus; erfasst ist nur die Versorgung mit **lebenswichtigen** Gütern (**zB** Nahrungsmittel; Wasser; Energie; vgl. 9 zu § 316 b) oder Dienstleistungen (**zB** Telekommunikation; Post; Krankenversorgung; Geldverkehr). Geringfügige Verzögerungen oder erkennbar geringfügige Einschränkungen reichen nicht aus. **25**

Die **2. Var.** setzt eine Beeinträchtigung der **Sicherheit der Bundesrepublik** voraus (vgl. dazu BGH **28**, 316; NStZ **88**, 215; 7 zu § 92); dies kann die innere oder äußere Sicherheit sein (BT-Drs. 16/3656, 14). Die Sicherheit muss *konkret* beeinträchtigt sein. Daher ist zB grds. nicht ausreichend, dass die Störung überhaupt eine DV in einem sicherheits-relevanten Bereich (Polizei; Bundeswehr; Geheimdienste) betrifft; vielmehr ist im Einzelfall festzustellen, dass durch die Störung eine konkret relevante *Sicherheits-Lücke* entstanden ist. Eine solche reicht andererseits aus; Nr. 3 setzt nicht voraus, dass eine konkrete Bedrohungslage entstanden ist. **25 a**

26 **11) Vorbereiten einer Computersabotage (Abs. V).** Abs. V, der durch das 41. StÄG mit Wirkung vom 11. 8. 2007 eingefügt wurde, enthält einen selbständigen **Vorbereitungstatbestand** und verweist insoweit auf § 202c; damit auch auf die Regeln zur Tätigen Reue in § 149 II und III (vgl. i. e. die Erl. zu § 202c). Die Anknüpfung des V an Taten nach Abs. I schließt selbstverständlich die Vorbereitung von qualifizierten Taten (II) oder besonders schweren Fällen (IV) nicht aus.

27 **12) Konkurrenzen.** Gleichzeitige Verwirklichung von I Nr. 1 und Nr. 3 ist eine einheitliche Tat (vgl. LK-*Tolksdorf* 30). I Nr. 1 verdrängt § 303a; I Nr. 3 verdrängt bei täterfremden Sachen § 303 (**aA** *S/S-Stree* 20; *Tröndle* 48. Aufl. 11: Tateinheit). Mit § 263a ist Tateinheit gegeben; ebenso mit §§ 88, 109e (**aA** NK-*Zaczyk* 18; *M/Schroeder/Maiwald* 36/45: § 303b subsidiär); wohl auch mit § 316b und § 317 (**aA** NK-*Zaczyk* 18). V wird nicht nur durch die Verwirklichung, sondern schon durch den Versuch einer Tat nach § 303b verdrängt, wenn gerade die Tat vom Täter des V versucht wird, deren Vorbereitung die Handlung gem. § 202c diente.

28 **13) Sonstige Vorschriften:** Terroristische Vereinigung § 129a II Nr. 2. **Originäre Ermittlungskompetenz des BKA,** soweit sich die Tat gegen sicherheitsempfindliche Stellen usw. richtet (§ 4 I S. 1 Nr. 5 BKA-G).

Strafantrag

303c **In den Fällen der §§ 303, 303a Abs. 1 und 2 sowie § 303b Abs. 1 bis 3 wird die Tat nur auf Antrag verfolgt, es sei denn, dass die Strafverfolgungsbehörde wegen des besonderen öffentlichen Interesses an der Strafverfolgung ein Einschreiten von Amts wegen für geboten hält.**

1 **1) Allgemeines.** Die Vorschrift ist durch Art. 1 Nr. 17 des 2. WiKG (2 vor § 263) eingefügt worden. Durch Art. 1 Nr. 7 des 41. StÄG vom 7. 8. 2007 (Computerkriminalität) ist sie an die Neufassung der §§ 303a, 303b angepasst worden.

1a **Literatur:** *Stree,* Probleme der Sachbeschädigung, JuS **88**, 187. Vgl. i. ü. Nachw. 1a zu § 303; allg. 1a zu § 77.

2 **2) Antragsrecht.** § 303c regelt das grds. Erfordernis eines **Strafantrags** (§§ 77 bis 77d).

3 **A.** Im Fall des **§ 303** ist nach der Rspr **Verletzter,** wer ein **unmittelbares dingliches oder obligatorisches** Recht an der beschädigten oder zerstörten Sache hat, welches durch die Tat beeinträchtigt ist (Bay **11**, 1; Bay NJW **63**, 1464; **81**, 1053 [abl. Anm. *Rudolphi* JR **82**, 27]; Karlsruhe NJW **79**, 2056; Düsseldorf VRS **71**, 31; Frankfurt NJW **87**, 389 [abl. Bespr. *Stree* JuS **88**, 187]). Als antragsberechtigt sind danach **zB** neben dem **Eigentümer** angesehen worden: **Mieter** im Rahmen des Nutzungsinteresses (Hamm 21. 9. 1978, 4 Ss 2211/78; RG **1**, 306); **Untermieter** (RG JW **35**, 204); **Entleiher** (Düsseldorf VRS **71**, 28); **Käufer** nach Übergang der Sachgefahr (Bay NJW **63**, 1464); **Nutzungsberechtigter** (Frankfurt NJW **87**, 389 f.); **Werkvertragsunternehmer** vor Abnahme (RG **63**, 76). Diese Auffassung wird in der **Lit.** teilweise geteilt (*Lackner/Kühl* 2; LK-*Wolff* 3; *M/Schroeder/Maiwald* 36/25); nach **zutr. aA** (*S/S-Stree* 2; SK-*Hoyer* 2; NK-*Zaczyk* 2; *Rudolphi* JR **82**, 28; *Stree* JuS **88**, 191; *Otto* Jura **89**, 407; *Mitsch* BT II/1, 5/40) hat, da § 303 allein das Sacheigentum schützt, das Antragsrecht nur, wer zZ der Tat (Mit-)**Eigentümer** ist. Diese Ansicht ist nicht nur aus systematischen Gründen, weil § 303 I eben nicht „fremde Nutzungsrechte", sondern allein das Sacheigentum schützt, sondern auch im Hinblick darauf vorzugswürdig, dass die Beeinträchtigung eines Besitz- oder Nutzungsrechts des Nichteigentümers dieselbe ist, wenn der Eigentümer selbst die Sache beschädigt und daher den Tatbestand nicht verwirklicht. Eine **Bevollmächtigung** durch den Eigentümer ist ohne weiteres möglich und kann auch allgemein und konkludent erteilt werden (vgl. *Stree JuS* **89**, 192).

4 Bei Beschädigung von **Wahlplakaten** ist ein Antragsrecht einer **politischen Partei** ohne weiteres gegeben, wenn das Plakat auf eine parteieigene Stellfläche geklebt ist (NStZ **82**, 508;

Hamburg NJW **82**, 395). Verneint worden ist es bei Verkleben auf eine fremde Litfass-Säule (Bay NJW **81**, 1053) oder bei unerlaubtem Anbringen auf einem Bauzaun (Karlsruhe NJW **79**, 2056); bei auf kommunalen Plakattafeln aufgeklebten Plakaten ist es jedenfalls fraglich (offen gelassen Oldenburg NJW **82**, 1166; für Antragsrecht LK-*Wolff* 3).

Bei Beschädigung von **fiskalischem Eigentum** ist die Stelle antragsberechtigt, die für die Verwaltung der beschädigten Sache zuständig ist (vgl. Düsseldorf MDR **88**, 695 [Bürgermeister]; Köln NStZ **82**, 833 [Oberstadtdirektor]; Celle NdsRPfleger **81**, 90 [Leiter einer Straßenmeisterei]). Zur Ausübung des Antragsrechts von **juristischen Personen** vgl. 2 zu § 77. 5

B. Im Fall des **§ 303 a** ist Verletzter der an den Daten **Nutzungsberechtigte** (vgl. 4 zu § 303 a); nicht der nur inhaltlich Betroffene (vgl. 13 zu § 303 a). Im Fall des **§ 303 b** sind Inhaber und Berechtigter der DV (Abs. I, II) sowie im Fall des II auch der Inhaber des fremden Betriebs sowie die Behörde antragsberechtigt, soweit ihr Nutzungsrecht an den Daten oder ihr Eigentum an einer DV-Anlage oder Datenträgern verletzt ist. 6

3) Verfolgung von Amts wegen. Das Antragserfordernis entfällt, wenn nach Auffassung der Strafverfolgungsbehörde ein **besonderes öffentliches Interesse** die Verfolgung gebietet (vgl. 4 ff. zu § 230). Diese Möglichkeit des Einschreitens von Amts wegen kommt im Fall des **§ 303** insb. in Betracht, wenn die Tat den Rechtsfrieden empfindlich gestört hat (**zB** Schäden durch Vandalismus; Demonstrationsschäden) oder wenn Anhaltspunkte dafür sprechen, dass die Entscheidungsfreiheit des Verletzten beeinträchtigt ist (*Lackner/Kühl* 4), insb. aus Furcht vor Rachemaßnahmen des Täters (LK-*Wolff* 11). In Fällen der **§§ 303 a, 303 b** liegt eine Verfolgung von Amts wegen nahe, wenn ein hoher Schaden entstanden oder eine Vielzahl von Opfern betroffen ist; bei § 303 b II soll ein besonderes öffentliches Interesse wegen des Unrechtsgehalts idR gegeben sein (*Lackner/Kühl* 4; LK-*Wolff* 12; vgl. *Hilgendorf* JuS **96**, 1082 f.). 7

Das besondere öffentliche Interesse kann auch **konkludent** im Rahmen eines staatsanwaltschaftlichen Schlussvortrags dadurch erklärt werden, dass zB vom angeklagten Offizialdelikt abgerückt und eine Verurteilung wegen Sachbeschädigung beantragt wird (Bay NJW **90**, 462); es kann auch noch im Revisionsverfahren erklärt werden (BGHR § 303 c öff. Int. 1). Eine Verfolgung auf Grund irrtümlicher Annahme, ein Antrag liege vor, ersetzt die Erklärung nicht (BGHR § 303 c Einschreiten 1; Bay NJW **90**, 461). 8

Gemeinschädliche Sachbeschädigung

304 **I Wer rechtswidrig Gegenstände der Verehrung einer im Staat bestehenden Religionsgesellschaft oder Sachen, die dem Gottesdienst gewidmet sind, oder Grabmäler, öffentliche Denkmäler, Naturdenkmäler, Gegenstände der Kunst, der Wissenschaft oder des Gewerbes, welche in öffentlichen Sammlungen aufbewahrt werden oder öffentlich aufgestellt sind, oder Gegenstände, welche zum öffentlichen Nutzen oder zur Verschönerung öffentlicher Wege, Plätze oder Anlagen dienen, beschädigt oder zerstört, wird mit Freiheitsstrafe bis zu drei Jahren oder mit Geldstrafe bestraft.**

II Ebenso wird bestraft, wer unbefugt das Erscheinungsbild einer in Absatz 1 bezeichneten Sache oder eines dort bezeichneten Gegenstandes nicht nur unerheblich und nicht nur vorübergehend verändert.

III Der Versuch ist strafbar.

1) Allgemeines. Die Vorschrift ist durch das 1. StrRG und das EGStGB geändert worden; das 18. StÄG v. 28. 3. 1980 (BGBl. I 373) hat den Tatbestand im Hinblick auf Naturdenkmäler erweitert. Durch das 39. StÄG vom 1. 9. 2005 (BGBl. I 2674) ist Abs. II eingefügt worden (Mat. vgl. 1 zu § 303). **Literatur:** Vgl. Nachw. 1 a zu § 303. 1

Literatur: *Eisenschmid,* Neue Strafnormen zur Sachbeschädigung: Das Graffiti-Bekämpfungsgesetz, NJW **05**, 3033; *Keller,* Der strafrechtliche Schutz von Baudenkmälern (usw.), 1987 (Diss. Würzburg); *Kudlich,* Folgenlose Änderung oder inkonsequente Strafbarkeitsausweitung – zum zweifelhaften Regelungsgehalt des neuen § 304 II StGB, GA **06**, 38; *Loos,* 1 a

Gemeinschädliche Sachbeschädigung durch Überkleben von Wahlplakaten?, JuS **79**, 699; *Molketin/Weißenborn,* Bäume – taugliche Objekte einer gemeinschädlichen Sachbeschädigung iS von § 304 Abs. 1 StGB?, UPR **88**, 426; *Weber,* Zum Verhältnis von Bundes- u. Landesrecht auf dem Gebiet des straf- und bußgeldrechtlichen Denkmalschutzes, Tröndle-FS 337.

2 **2) Rechtsgut.** § 304 schützt nicht das Eigentum und ist daher auch keine Qualifikation des § 303; geschützt sind vielmehr **öffentliche Interessen,** und zwar vor allem das öffentliche **Nutzungsinteresse** an den in Abs. I genannten Gegenständen (allgM; vgl. Bay **20**, 150; LK-*Wolff* 1 mwN), mittelbar aber auch Aspekte des sog. öffentlichen Friedens (2 zu § 126).

3 **3) Schutzgegenstände.** Abs. I zählt die möglichen Tatobjekte **abschließend** auf; eine entspr. Anwendung auf zwar nicht einem „öffentlichen", aber als gleichwertig angesehenen Nutzen dienende Gegenstände wäre mit § 1 nicht vereinbar. Auf das **Eigentum** oder ein persönliches oder dingliches Nutzungsrecht kommt es nicht an; die Tat kann daher auch an eigenen oder herrenlosen Sachen begangen werden (Bay **20**, 150). Erforderlich ist, dass der Sache durch **Widmung** durch den Berechtigten die in Abs. I vorausgesetzte **Zweckbestimmung** gegeben ist, (jedenfalls auch) dem öffentlichen Nutzen zu dienen (*S/S-Stree* 2; SK-*Hoyer* 2; NK-*Zaczyk* 3; LK-*Wolff* 2). Eine allein tatsächliche Nutzung reicht nicht aus (Oldenburg NdsRPfleger **87**, 14); die Widmung kann aber grds. auch konkludent geschehen (vgl. Celle NJW **74**, 1291; RG **58**, 347; Ausnahmen vgl. unten 7, 8). Außer dem **Widmungsakt** ist die *Möglichkeit* zur tatsächlichen Nutzung erforderlich, aber auch ausreichend (vgl. NStE Nr. 6; Düsseldorf NuR **96**, 431; NK-*Zaczyk* 3).

4 **A. Religiöse Gegenstände.** Abs. I erfasst zunächst Gegenstände der Verehrung von im Staat, dh im Inland, bestehenden **Religionsgemeinschaften** (dazu 3 zu § 166). Die Sache muss „Gegenstand der Verehrung" sein, dh in ihrer konkreten Eigenart einen wesentlichen Inhalt des religiösen Bekenntnisses symbolisieren und in dieser Funktion von Mitgliedern der Religionsgemeinschaft in ihrer gegenständlichen Form als heilig, gottgeweiht oder sonst transzendent angesehen werden. Es kommt auf die jeweils konkrete Sache an; zu ihr müssen nach dem Widmungszweck neben dem Eigentümer jedenfalls auch andere (nicht notwendig alle) Mitglieder der Gemeinschaft Zugang haben (Bay **7**, 284: nicht bei privatem Kruzifix).

5 Sachen, die **dem Gottesdienst gewidmet** sind, sind neben den auch von § 243 I Nr. 4 erfassten Sachen (vgl. BGH **21**, 64; 19 zu § 243) auch unbewegliche Gegenstände, insb. Gebäude (vgl. BGH **9**, 140).

6 **B. Grabmäler und Denkmäler.** Grabmäler sind die einen Teil des Grabes (vgl. 19 zu § 168) bildenden Zeichen zur Erinnerung an den Begrabenen (vgl. BGH **20**, 186). Auf die rechtliche Zulässigkeit der Grabstättennutzung soll es nicht ankommen (SK-*Hoyer* 5 im Anschluss an RG **42**, 116; zw.). Soweit die **hM** hinsichtlich des Schutzumfangs und der Schutzdauer auf das Pietätsinteresse der Hinterbliebenen abstellt (vgl. *S/S-Stree* 3; LK-*Wolff* 6; SK-*Hoyer* 5; NK-*Zaczyk* 6), ist das nicht zweifelsfrei und jedenfalls missverständlich: § 304 dient auch insoweit einem öffentlichen Friedensschutz (vgl. 2 zu § 168; 2 zu § 126) und nicht Individualinteressen; freilich wird mit dem Ende eines nach außen erkennbaren persönlichen Pietätsinteresses idR auch das öffentliche Interesse an einer über § 303 hinausgehenden Strafverfolgung enden. Zwingend ist das nicht, namentlich wenn Hinterbliebene nicht vorhanden sind.

7 **Öffentliche Denkmäler** (Kultur-, Bau- und Bodendenkmäler) sind Erinnerungszeichen und Bauwerke, die wegen ihrer wissenschaftlichen, künstlerischen, geschichtlichen oder landeskundlichen Bedeutung, Eigenart oder Schönheit schützenswert sind, so **zB** Standbilder; zweckgerichtete Bauwerke, die zur Erinnerung an Personen oder Begebenheiten erstellt oder erhalten werden; nach den (Landes-) Denkmalgesetzen geschützte Baudenkmale; auch vorhistorische Grabstätten (Celle NJW **74**, 1291 [Hünengrab]). Der Denkmalbegriff entspricht dem der DenkmalschG (vgl. *Göhler/Buddendiek/Lenzen* Nr. 188). Der Schutz hängt hier jedoch zT von der Eintragung in das **Denkmalbuch** ab (insoweit ist § 304 zT Blankett-

gesetz, also eine gespaltene Norm, *U. Weber,* Tröndle-FS 342f.; str.; hierzu *Hettinger* JZ **92**, 244). Das Denkmal muss **öffentlich,** dh für die Öffentlichkeit – wenn auch nur eingeschränkt – zugänglich sein (RG **43**, 244; *U. Weber,* Tröndle-FS 339; hM).

Durch das 18. StÄG ist der Strafschutz auf **Naturdenkmäler** ausgedehnt worden (hierzu BT-Drs. 8/2382, 12f.). Vorausgesetzt ist allerdings hier in jedem Falle eine **Festsetzung** durch die zuständige Behörde (Blankettgesetz). Begrifflich ist das Naturdenkmal nach § 17 BNatSchG eine Einzelschöpfung der Natur, die aus wissenschaftlichen, naturgeschichtlichen, landeskundlichen oder ästhetischen Gründen (§ 17 NatG) schutzbedürftig ist; der Begriff ist verwaltungsrechtsakzessorisch. Der Schutz erstreckt sich bei einer entsprechenden Festsetzung auch auf die **unmittelbare Umgebung** des Denkmals, sofern dies für die Erhaltung der Eigenart oder Schönheit erforderlich ist (vgl. § 2 I Nr. 13 BNatSchG). 8

C. Gegenstände in öffentlichen Sammlungen. Geschützt sind weiterhin Gegenstände der **Kunst,** der **Wissenschaft** oder des **Gewerbes,** welche in öffentlichen, dh allgemein zugänglichen Sammlungen aufbewahrt werden oder öffentlich, dh an einem öffentlichen Ort aufgestellt sind (vgl. auch 20 zu § 243). Staats- und Universitäts-Bibliotheken sind öffentliche Sammlungen iS des § 304, nicht aber Gerichtsbibliotheken, da ihr Benutzerkreis begrenzt wird (BGH **10**, 285). 9

D. Gegenstände des öffentlichen Nutzens. Wichtigster Anwendungsfall des § 304 sind Gegenstände, welche dem **öffentlichen Nutzen** dienen. Dies sind Sachen, die dem Publikum **unmittelbaren** Nutzen bringen, sei es durch ihren Gebrauch, sei es in anderer Weise (RG **58**, 348; **66**, 204; BGH **10**, 286; **31**, 186; NJW **90**, 3029; zusf. *Loos* JuS **79**, 699); daneben können noch andere Zwecke bestehen (RG **34**, 3; **66**, 204). Es genügt eine unmittelbar bevorstehende öffentliche Nutzung (NStE Nr. 6); wird die Sache nur vorübergehend nicht bestimmungsgemäß verwendet, ohne der Öffentlichkeit entzogen zu werden, so verliert sie den Schutz des § 304 nicht (Hamm JMBlNW **58**, 8). **Nicht ausreichend** ist die „Gemeinwohlfunktion" einer Sache (BGH **31**, 186; **aA** Hamm NStZ **82**, 31), sofern sie nur **Hilfsmittel der Verwaltung** ist und der Allgemeinheit nicht *unmittelbar* nutzt (vgl. Stuttgart VM **98**, 38; vgl. 4 zu § 316b). 10

Einzelfälle. Als Gegenstände iS von § 304 sind angesehen worden: öffentliche Feuermelder (RG **65**, 134); in einem U-Bahnhof angebrachter und allgemein zugänglicher Feuerlöscher (Bay NJW **88**, 837); Parkuhren (AG Nienburg NdsRpfl. **61**, 232); Wassermarkierungszeichen (RG **31**, 143); die Wahlurnen der öffentlichen Wahlen (RG **55**, 60); Windenergieanlage zur städtischen Stromversorgung (NStE Nr. 6); Straßenbahnwagen (RG **34**, 1); Krankenwagen (in BGH **31**, 187 offen gelassen); Rettungswagen (Düsseldorf NJW **86**, 2123); Wasserleitungen (RG **34**, 250); öffentliche Ruhebänke (Bay **5**, 352); die öffentlichen Straßen (RG **28**, 117) oder Wege (Hamm JMBlNW **72**, 71; bei Privatwegen kommt Landesrecht in Betracht); Wegweiser; Leitpfosten (Bay JZ **85**, 856); Litfass-Säulen (RG **66**, 204); **Telefonzellen;** fließende Gewässer, die im Gemeingebrauch stehen (*Seier* JA **85**, 25; zw.); **Sicherheitseinrichtungen** in Justizvollzugsanstalten (Fenstergitter; Schließvorrichtungen; vgl. Koblenz NStZ **83**, 29 [Glasdach]; LG Koblenz MDR **81**, 956 [Außenmauer]; zur sog. *„Celler Aktion"* [Sprengung einer JVA-Mauer durch Angehörige des Verfassungsschutzes (!)] vgl. *Kühne* JuS **87**, 190; *Dodegge* JuS **87**, 597; *Velten* StV **87**, 548; *Evers* NJW **87**, 153); Fenstergitter einer JVA (NStZ **06**, 345). 11

Als **nicht** von § 304 (wegen Fehlens des *unmittelbaren* Nutzens für das Publikum) erfasst sind angesehen worden: Polizeistreifenwagen (BGH **31**, 186; *Stree* JuS **83**, 836; *Loos* JR **84**, 169; **aA** Hamm NStZ **81**, 31; vgl. aber § 305a I Nr. 2); **Geschwindigkeitsmessanlagen** der Polizei (Stuttgart VM **98**, 38); sog. Wegmacherhütten der Straßenmeistereien (NJW **90**, 3029); **Wahlplakate** (LG Wiesbaden NJW **78**, 2107; hierzu *Loos* JuS **79**, 699); Langlaufloipe (Bay NJW **80**, 132 [abl. Anm. *Schmid* JR **80**, 430]; **aA** LG Kempten NJW **79**, 558; vgl. 2 zu § 303); Einrichtungen und Gebrauchsgegenstände von **Behörden,** die nur diesen zur Aufgabenerfüllung dienen (vgl. *S/S-Stree* 5; SK-*Hoyer* mwN); Einrichtungsgegenstände von Justizvollzugsanstalten (vgl. aber oben 11); Sachen mit allein ökologisch wertvoller Funktion (Oldenburg NJW **88**, 924 [Bäume]; **aA** SK-*Hoyer* 10); Messeinrichtungen, die ein Verwaltungshandeln nur unterstützen und nicht zur unmittelbaren Verwertung ihrer Anzeige bestimmt sind (vgl. *S/S-Stree* 5). 11a

12 Ein Unterfall der dem öffentlichen Nutzen dienenden Gegenstände sind Sachen, die der **Verschönerung öffentlicher Wege** usw. dienen. Auch hier kommt es auf die besondere Zweckbestimmung an; zufällige Wirkungen (zB privater Gärten, Fassaden etc.) reichen nicht (*S/S-Stree* 7). In Betracht kommen Bäume und sonstige Anpflanzungen, wenn sie über die ökologische Funktion hinaus konkreten Zwecken als Alleebäume (Bay **77**, 23) oder als Bestandteile öffentlicher Anlagen, zB eines Stadtparks (LG München NStE Nr. 1) dienen (Oldenburg NJW **88**, 924 m. Anm. *Molketin/Weißenborn* UPR **88**, 426), *nicht* aber schon die Zaunanlage eines öffentlichen Friedhofs (Düsseldorf 30. 11. 1995, 2 Ss 252/95); auch nicht Werbeanlagen. Dass das Abreißen „einer die ganze Anlage schmückenden Blüte" genüge (RG **9**, 219), aber nicht das bloße Abrupfen von Sträuchern (RG **7**, 190), wird zwar seit 120 Jahren von allen Kommentaren zitiert, ist aber zweifelhaft. Die der Verschönerung „dienende" Funktion muss der Sache **vom Berechtigten** zugewiesen sein (daher unterfallen sog. „Graffiti" auf fremden Wänden nicht etwa, weil ihr Urheber sie für verschönernd hält, dem Schutz des § 304; vgl. aber unten 13).

13 **4) Tathandlung des Abs. I** ist das **Beschädigen** oder **Zerstören** der Sache; insoweit gilt das zu § 303 Ausgeführte (dort 6 ff.). Die Substanzverletzung muss als **Taterfolg** eingetreten sein. Darüber hinaus (SK-*Hoyer* 12) muss die Einwirkung gerade die besondere (öffentliche) Funktion der Sache beeinträchtigen, deren Schutz § 304 bezweckt (Bay StV **99**, 543 f.; KG NStZ **07**, 223; allgM). Daran fehlt es, wenn die Beschädigung der Sachsubstanz keinen nachteiligen Einfluss auf die konkret geschützte Funktion hat (Bay **5**, 352 [Einritzen von Inschriften in Parkbank]; RG **9**, 219 [Pflücken einzelner Blumen]; Bay StV **99**, 543 f. [Anbringen von „Graffiti" auf Brückenteilen, Straßenunterführungen, Eisenbahn- oder Straßenbahnwagen]; ebenso KG NStZ **07**, 223; LK-*Wolff* 2; SK-*Hoyer* 12; NK-*Zaczyk* 14; *Kudlich* GA **06**, 38, 39; vgl. dazu aber Abs. II, unten 13 a); in diesem Fall ist die Tat nur (ggf.) nach § 303 strafbar. Eine **sachbeschädigende Verunstaltung** (vgl. dazu 9 zu § 303) unterfällt Abs. I aber **zB** bei Übersprühen von Verkehrsleiteinrichtungen oder Warnschildern; erheblicher Beeinträchtigung des ideellen oder kulturellen Werts in den Fällen oben 7, 9.

13 a **5) Tathandlung des Abs. II** ist das **Verändern des Erscheinungsbilds** eines der in I aufgeführten Gegenstände. Die Veränderung muss wie in § 303 II **erheblich** und darf nicht nur vorübergehend sein. Tatbestandliche Voraussetzung ist überdies, dass der Täter **unbefugt** handelt (vgl. BT-Drs. 15/5313, 3; dazu 20 zu § 303). Es gilt insoweit grds. das zu § 303 II Ausgeführte (vgl. dort 17 ff.). Besonderheiten können sich aus der Natur der in Abs. I aufgeführten Tatobjekte ergeben, die im Unterschied zu § 303 nicht fremd sein müssen (oben 3). Problematisch erscheint, dass über Abs. II Verstöße gegen verwaltungsrechtliche Bindungen, etwa der Denkmalschutzgesetze oder des Naturschutzes, zu kriminellem Unrecht aufgewertet werden (Anstreichen einer denkmalgeschützten Wand durch den Eigentümer ohne behördliche Genehmigung!). Die Frage, ob die Erscheinungsveränderung nach II, entsprechend Abs. I (oben 13), eine Beeinträchtigung gerade der **öffentlichen Funktion** des Tatobjekts voraussetzt, ist im Gesetzgebungsverfahren des 39. StÄG offenbar nicht gesehen und erörtert worden (vgl. dazu *Kudlich* GA **06**, 38 ff.). Eine von Abs. I abweichende Auslegung erschiene freilich widersprüchlich (so auch *W/Hillenkamp* 40; *Kudlich* GA **06**, 38 f.; unklar *S/S-Stree* 9 a f.). Daher ist zweifelhaft, welchen über Abs. I hinausgehenden Anwendungsbereich die Regelung des II hat (*Kudlich* GA **06**, 38, 41 f.), denn wenn der besondere öffentliche Nutzen einer Sache gerade in ihrem äußeren Erscheinungsbild liegt, hat auch die frühere Rspr schon nachhaltige Veränderungen als Beschädigungen angesehen (vgl. BGH **29**, 129, 134).

14 **6) *Subjektiver* Tatbestand.** § 304 verlangt **Vorsatz;** dieser erfordert das Bewusstsein, dass der Gegenstand die besondere Sacheigenschaft des § 304 hat; bedingter Vorsatz genügt (Bay **24**, 15). Der Irrtum des Eigentümers, verfügen zu dürfen, ist Verbotsirrtum.

7) Rechtswidrigkeit. Für die rechtfertigende Wirkung der **Einwilligung** (vgl. 16 zu § 303) kommt es auf den Willen desjenigen an, auf dessen Entscheidung die **Widmung** beruht (oben 3); die Einwilligung des Eigentümers rechtfertigt daher nur bei Personenidentität. Im Einzelfall kann die Einwilligung (in die Zerstörung) zugleich die **Aufhebung der Widmung** bedeuten; dann entfällt schon der Tatbestand. **15**

8) Versuch. Nach **Abs. II** ist der Versuch strafbar. Vgl. insoweit 22 zu § 303. **16**

9) Konkurrenzen. Tateinheit ist möglich mit § 132 (Köln NZV **99**, 136), § 136 (RG **65**, 135), mit § 168, soweit die Handlung nicht nur das Grabmal betrifft (RG GA Bd. **56**, 76), oder es sich auch um die Verübung beschimpfenden Unfugs handelt (RG **39**, 155), sonst wird § 168 verdrängt (Celle NdsRpfl. **66**, 225; str.); Tateinheit auch mit § 242 (BGH **20**, 286), mit § 274 I Nr. 2 (LK-*Wolff* 17; anders hM). **Gesetzeskonkurrenz** ist gegeben mit § 303, der von § 304 verdrängt wird (str.; **aA** LK-*Wolff* 22; *S/S-Stree* 14; *Gössel* BT 2, 18/17; *Ranft* Jura **86**, 214). § 145 II tritt hinter § 304 zurück (Subsidiarität). Im Verhältnis zu den Bußgeldvorschriften der NatSchG und der Denkmalschutzgesetze gilt § 21 OWiG.. Der GesE eines AusführungsG zum Kulturgutübereinkommen – KGÜAG – v. 24. 4. 1972 (BT-Drs. 16/1372) sieht in § 20 II eine Konkurrenzregelung mit § 304 vor (bei Redaktionsschluss 54. Auflage Gesetzgebungsverfahren nicht abgeschlossen). **17**

10) Sonstige Vorschriften. Beschädigen oder Zerstören von **Kulturgütern**: § 20 I Nr. 2, Ia KulturgüterrückgabeG (Art. 1 AusfG zum Übk. v. 14. 11. 1970; BGBl 2007 I 626). **18**

Zerstörung von Bauwerken

305 **I Wer rechtswidrig ein Gebäude, ein Schiff, eine Brücke, einen Damm, eine gebaute Straße, eine Eisenbahn oder ein anderes Bauwerk, welche fremdes Eigentum sind, ganz oder teilweise zerstört, wird mit Freiheitsstrafe bis zu fünf Jahren oder mit Geldstrafe bestraft.**

II Der Versuch ist strafbar.

1) Allgemeines. § 305 gilt – bis auf die Strafdrohung – seit 1871 unverändert. Die Vorschrift enthält einen **Qualifikationstatbestand** zu § 303 und schützt fremdes **Eigentum** (2ff. zu § 303). Es sind nur bestimmte Gegenstände gegen besonders qualifizierte Taten geschützt; Strafantrag ist nicht erforderlich. **1**

2) Geschützte Gegenstände. Tatobjekte des § 305 können nur die in Abs. I aufgeführten Gegenstände sein. Nach einer in der **Lit.** verbreiteten Ansicht ist der Begriff des („anderen") **Bauwerks** als Oberbegriff aufzufassen; hieraus sowie aus der Aufnahme von **Schiffen** wird abgeleitet, der Begriff umfasse in § 305 auch **bewegliche Sachen** (so LK-*Wolff* 3; SK-*Hoyer* 2; *S/S-Stree* 4; *W/Hillenkamp* 1/36; wohl auch *M/Schroeder/Maiwald* 36/28). Diese nach dem Wortlaut nicht zwingende Auslegung führt dazu, dass **Kriterien** gesucht werden müssen, nach welchen bewegliche Sachen von „beweglichen Bauwerken" abzugrenzen sind; diese werden teils in der Dauerhaftigkeit (SK-*Hoyer* 2; dagegen aber zutr. LK-*Wolff* 3 mit Hinweis auf RG **70**, 360 f. [Zirkuszelt]), i. Ü. in einer „gewissen Größe und Bedeutung" der durch Menschen errichteten Anlage gesehen (so zB LK-*Wolff* 3). Das ist zweifelhaft, denn weder gehört es zum Wesen eines „Schiffs", groß zu sein, noch könnten auf diese Weise zB *große* Flugzeuge oder LKWs ausgenommen werden. **Zutreffend** ist daher die Auffassung der **Rspr.,** wonach der Begriff des „anderen Bauwerks" nicht an den des „Schiffs" anknüpft; Bauwerke iS von § 305 sind danach nur **unbewegliche** (wenn auch nicht notwendig fest mit dem Boden verbundene), von Menschen errichtete bauliche Anlagen gewisser Dauer, Bedeutung und Größe (NJW **96**, 329; so schon RG **15**, 264; **33**, 301; **64**, 77; ebenso NK-*Zaczyk* 8; ähnl. *Kindhäuser* LPK 2). **2**

Der Begriff des **Gebäudes** ist im gleichen Sinn zu verstehen wie in § 306 I Nr. 1 vgl. 3 zu § 306). Auf die Eignung zur Abhaltung Unbefugter (wie in § 243 I Nr. 1) kommt es nicht an (BGH **6**, 107). Der Begriff **Schiff** ist enger als der des „Wasserfahrzeugs" iS von § 306 I Nr. 4; nach allgM sind zB Ruder- und Segelboote ausgeschlossen (*Lackner/Kühl* 2; *S/S-Stree* 3; SK-*Hoyer* 3; NK-*Zaczyk* 3; LK- **3**

Wolff 5). Auch eine **Brücke** iS von I kann nur ein Bauwerk von einiger Größe und Tragfähigkeit sein; nicht erfasst sind provisorische Hänge- oder Pontonbrücken, Fußgängerstege u. a. Die Begriffe **Damm, gebaute Straße** (auch Kanäle; LK-*Wolff* 8) und **Eisenbahn** bezeichnen jeweils von Menschen künstlich errichtete Bauwerke (Deich, Steinmauer, Erdaufschüttung zur Abwehr von Naturkräften; künstlich angelegter Weg [RG **8**, 399]; Bahnkörper [RG **55**, 169] mit Unterbau und Schienen [vgl. LG Dortmund NStZ-RR **98**, 140); Verkehrsmittel sind nicht erfasst (allgM). **Andere Bauwerke** sind künstliche Anlagen, die den oben 2 genannten Anforderungen genügen, insb. also von ähnlicher Größe und Bedeutung sind wie die einzeln aufgeführten Gegenstände. Als andere Bauwerke sind **zB** angesehen worden: Fischteich (RG **15**, 263); massiv ummantelter Tankbehälter (BGH **41**, 221 [*Otto* JK 15 zu § 1]). Auch Stollen, Kai- oder sonstige Ladeanlagen, Rollfelder usw. gehören dazu.

4 Die bezeichneten Gegenstände müssen in **fremdem Eigentum** stehen; vgl. insoweit 3 ff. zu § 303, 5 ff. zu § 242.

5 **3) Tathandlung.** Gegenüber § 303 ist der Tatbestand des § 305 enger. Erforderlich ist die ganze oder teilweise **Zerstörung** der Sache; eine Beschädigung reicht nicht. Zum Begriff des Zerstörens vgl. 15 zu § 303. Teilweises Zerstören ist gegeben, wenn durch die Substanzverletzung einzelne, funktionell selbstständige Teile der Sache, die für die zweckentsprechende Nutzung des Gesamtgegenstands von Bedeutung sind, weggenommen, vernichtet oder unbrauchbar gemacht werden (**Beispiele:** Schienenteile einer Eisenbahn [RG **55**, 169 f.]; Zerstören von Türen und Fenstern [OHG **1**, 53; 199]; Entfernen einer Isolierungsschicht [NJW **96**, 329]); **nicht:** Aufbrechen eines Türschlosses [RG **54**, 205 f.]; Zerstören von Inventar [OHG **1**, 201]; vgl. auch BGH **48**, 14 [zu § 306 a]). Eine teilweise Zerstörung lässt die Möglichkeit weiteren Zerstörens bestehen.

6 **4)** Für den **Vorsatz** wie für eine mögliche **Rechtfertigung** gelten die Ausführungen zu § 303 (vgl. dort 16). Der Vorsatz muss die besonderen Voraussetzungen des Tatobjekts (oben 2 f.) umfassen, weiterhin die tatsächlichen Voraussetzungen zumindest einer (Teil-) Zerstörung und nicht nur einer Beschädigung (**aA** wohl NK-*Zaczyk* 12: Wahndelikt bei Verkennung).

7 **5) Vollendet** ist § 305 mit dem Eintritt einer teilweisen Zerstörung; dem steht nicht entgegen, dass der Täter eine vollständige Zerstörung angestrebt hat. Der **Versuch** ist nach **Abs. II** strafbar. Ein **Strafantrag** ist nicht erforderlich.

8 **6) Konkurrenzen.** § 303 tritt hinter § 305 zurück; zwischen § 305 II und § 303 ist aber Tateinheit möglich (*S/S-Stree* 8; SK-*Hoyer* 7); ebenso hinter § 306 (BGH **6**, 107; NJW **54**, 1335; 1 StR 329/93). Tateinheit ist möglich mit § 304 (LK-*Wolff* 13), nach RG **57**, 296 auch mit § 306 a (**aA** 1 StR 329/93), § 306 f.; in diesem Fall gilt der persönliche Strafausschließungsgrund des § 306 e nicht für die Sachbeschädigung.

Zerstörung wichtiger Arbeitsmittel

305a **I Wer rechtswidrig**

1. ein fremdes technisches Arbeitsmittel von bedeutendem Wert, das für die Errichtung einer Anlage oder eines Unternehmens im Sinne des § 316 b Abs. 1 Nr. 1 oder 2 oder einer Anlage, die dem Betrieb oder der Entsorgung einer solchen Anlage oder eines solchen Unternehmens dient, von wesentlicher Bedeutung ist, oder

2. ein Kraftfahrzeug der Polizei oder der Bundeswehr

ganz oder *teilweise* zerstört, wird mit Freiheitsstrafe bis zu fünf Jahren oder mit Geldstrafe bestraft.

II Der Versuch ist strafbar.

1) Allgemeines. Die Vorschrift ist durch das TerrorBG v. 19. 12. 1986 (BGBl. I 2566) – teilweise als **Qualifikationstatbestand** zu § 303 (unten 2a) – eingefügt worden. **Mat.:** vgl. BT-Drs. 10/6635. 1

Literatur: *Bohnert,* Strafmaßdiskrepanzen bei den Sachbeschädigungsdelikten, JR **88**, 446; *Dencker,* Das Gesetz zur Bekämpfung des Terrorismus, StV **87**, 177; *ders.*, Kronzeuge, terroristische Vereinigung u. rechtsstaatliche Strafgesetzgebung, KritJ **87**, 36; *Kühl,* Neue Gesetze gegen terroristische Straftaten, NJW **87**, 737. 1a

2) Rechtsgut; rechtspolitische Bedeutung. Rechtsgut der Vorschrift ist zum einen das **Eigentum** an den in I aufgeführten Arbeitsmitteln und Kraftfahrzeugen; zum anderen das öffentliche Interesse an der Versorgung mit Leistungen der in § 316b I Nr. 1 und Nr. 2 aufgeführten Betriebe und Anlagen (ähnlich SK-*Hoyer* 1; NK-*Zaczyk* 1). Nicht geschützt ist die *allgemeine* Funktionsfähigkeit von Polizei und Bundeswehr; § 305a ist auch kein Staatsschutzdelikt. 2

Der Tatbestand ist erst im Gesetzgebungsverfahren eingefügt worden (BT-Drs. 10/6635); er trat an die Stelle des Vorschlags, den Katalog des § 308 aF um Pkw, Lkw und Baumaschinen zu erweitern (BT-Drs. 10/6286). Er soll insb. Sabotagehandlungen gegen die Errichtung von Energieversorgungsanlagen und Anlagen des öffentlichen Verkehrs sowie gegen Einsatzfahrzeuge der Sicherheitskräfte entgegenwirken; insoweit wurde der Schutz durch §§ 303ff. als nicht ausreichend angesehen (BT-Drs. 10/6635, 13). Die schon im Gesetzgebungsverfahren umstrittene Regelung (vgl. auch *Kühl* NJW **87**, 737, 746; *Dencker* StV **87**, 177ff.), die in einem unklaren Vorfeld- und Zwischenbereich der §§ 303, 304, 316b angesiedelt ist, hat praktische Bedeutung allenfalls mittelbar durch die Aufnahme in den Katalog des **§ 129a II Nr. 2** und die daran anknüpfenden prozessualen Ermächtigungen gewonnen; sie ist insb. auf Grund der **willkürlich erscheinenden** Auswahl möglicher Tatobjekte eher als zeitbedingter Akt (kostenlosen) *politischen Wollens* zu verstehen und wird zu Recht als „rechtlich konzeptionslos" (NK-*Zaczyk* 1) und „sinnvoll nicht erklärbar" (*Lackner/Kühl* 1) bezeichnet (krit. LK-*Wolff* 1; SK-*Hoyer* 4; *W/Hillenkamp* 38); sie könnte ohne Verlust an Rechtssicherheit gestrichen werden (vgl. auch BT-Drs. 13/9460). 2a

3) Geschützte Gegenstände. Abs. I führt **abschließend** mögliche Tatobjekte auf. Ihr gemeinsames Kennzeichen ist, dass sie dem **öffentlichen Nutzen** dienen; hieraus ergeben sich Abgrenzungsprobleme zu § 304 I (vgl. SK-*Hoyer* 1f.; LK *Wolff* 1). 3

A. Technische Arbeitsmittel (Abs. I Nr. 1). Der Begriff ist in Anlehnung an § 2 I GerätesicherheitsG (*Erbs/Kohlhaas* G 40) übernommen worden (BT-Drs. 10/6635, 14) und umfasst „verwendungsfertige Arbeitseinrichtungen, vor allem Werkzeuge, Arbeitsgeräte, Arbeits- und Kraftmaschinen, Hebe- und Fördereinrichtungen sowie Beförderungsmittel"; unter den letzteren versteht man wie in § 315 I Nr. 1 (dort 8) der Beförderung selbst dienende bewegliche Einrichtungen, vor allem Fahrzeuge einschließlich der Zugmaschinen. 4

Diese Arbeitsmittel müssen **fremd** sein; insoweit gelten 5 zu § 242; 4 zu § 303. Sabotagehandlungen durch den Eigentümer, etwa zur betrügerischen Erlangung von Versicherungsleistungen, sind daher – abweichend von § 304 – nicht erfasst. 5

Die Arbeitsmittel müssen zudem **von bedeutendem Wert** sein. Für die Art und Weise der Bestimmung des Werts sind wohl die zu § 315 (dort 16) entwickelten Grundsätze heranzuziehen, so dass die Mindestgrenze wie bei § 315 (dort derzeit 1300 Euro) anzusetzen ist. Eine Wertkongruenz zwischen den in Nr. 1 und 2 bezeichneten Tatgegenständen setzt das Gesetz nicht voraus, wohl aber sollen nach dem Willen des Gesetzgebers (RA-BTag Prot. 103/40) einfachere Maschinen und Gerätschaften (**zB** „schlichte Betonmischer") nicht unter die geschützten Gegenstände fallen. 6

Die Arbeitsmittel müssen **von wesentlicher Bedeutung** (insoweit 10 zu § 303b) **für die Errichtung** von **Verkehrseinrichtungen** oder **Versorgungsanlagen** iS des § 316b I Nr. 1, 2 (dort 2 bis 4) oder von Anlagen sein, die dem Betrieb oder der Entsorgung einer Anlage oder eines solchen Unternehmens dienen. Auch besonders wertvolle Arbeitsmittel sind daher nicht geschützt, wenn sie von untergeordneter Bedeutung sind (Ber. 14); außerdem werden nur Arbeitsmittel erfasst, deren Ausfall den störungsfreien Ablauf der für die Anlage oder das Unternehmen vorgesehenen Errichtungsmaßnahmen im ganzen beeinträchtigen würden 7

(*Lackner/Kühl* 2a; *Haß* aaO [1a zu § 263a], 56; enger SK-*Hoyer* 3: nur bei zusätzlicher konkreter Gefährdung einer unmittelbar gemeinnützigen Sache iS von § 316b). Arbeitsmittel, die nicht der **Errichtung,** sondern dem **Betrieb** solcher Anlagen und Unternehmen dienen, sind nicht durch § 305a, sondern durch §§ 303, 304 und ggf. durch § 316b geschützt (SK-*Hoyer* 8; *S/S-Stree* 7); diese Differenzierung hat systematisch und rechtsgutsbezogen wenig Sinn und bezieht nach ihrem Wortlaut fern liegende Rechtsgüter Dritter ein (**zB** Bagger eines Bauunternehmers, der den Abwasseranschluss eines Paketdienstes repariert). Arbeitsmittel zur Errichtung von Anlagen zur **Versorgung** der geschützten Anlagen oder Unternehmen (**zB** mit Energie; Wasser; Rohstoffen) sind gleichfalls erfasst, soweit diese dem Betrieb der Anlagen usw. dienen sollen. Um den Abs. I Nr. 1 unterfallenden Schutzbereich zu begrenzen, wird man jedenfalls Baumaßnahmen der **allgemeinen Infrastruktur,** welche dem Betrieb oder dem Unternehmen nicht unmittelbar zugeordnet ist, ausnehmen müssen.

8 **B. Kraftfahrzeuge.** Nach **Abs. I Nr. 2** sind Kraftfahrzeuge, dh Fahrzeuge iS von § 248b IV unter Einschluss von Luft- und Wasserfahrzeugen (hM; **aA** *Dencker* StV **87**, 122), von Bundes- und Landes-**Polizei** (auch Bundesgrenzschutz, soweit er polizeiliche Aufgaben wahrnimmt; LK-*Wolff* 14; NK-*Zaczyk* 8) sowie der **Bundeswehr** (auch NATO-Truppen; § 1 II Nr. 9a des 4. StÄG) geschützt. **Nicht geschützt** sind Fahrzeuge der Feuerwehr, des Katastrophenschutzes oder von Rettungsdiensten; für sie gelten §§ 303, 304.

9 Auf das Eigentum an dem Fahrzeug kommt es nicht an, vielmehr allein darauf, dass das Fahrzeug nach dem Willen der zur Verwaltung befugten Stelle allgemein **für dienstliche Zwecke verwendet** wird. Daher scheidet auch der verfügungsberechtigte Amtsträger oder Soldat als Täter nicht aus, solange die Widmung fortbesteht (**aA** *Lackner/Kühl* 5; *Tröndle* 48. Aufl. 8; *S/S-Stree* 9; wie hier NK-*Zaczyk* 9). Das Fahrzeug muss weder einen bedeutenden **Wert** haben noch für die Aufgabenerfüllung von wesentlicher **Bedeutung** sein; die einschränkenden Merkmale des I Nr. 1 gelten nicht (krit. SK-*Hoyer* 4).

10 **4) Tathandlung** ist das ganz oder teilweise **Zerstören** der Sache; insoweit gelten die Erläuterungen 14 zu § 303, 5 zu § 305. Eine Beschädigung, welche die Funktionsfähigkeit der Sache insgesamt nicht nachhaltig beeinträchtigt, reicht nicht aus; daher ist etwa die Zerstörung eines Reifens keine Teilzerstörung des Kfz.

11 **5) Rechtswidrigkeit** ist allgemeines Verbrechensmerkmal, nicht Tatbestandsmerkmal (allgM). Für die Rechtfertigung gilt 15 zu § 304 entspr.

12 **6) Vorsatz** ist erforderlich; bedingter Vorsatz genügt. Er muss im Fall des I Nr. 1 insb. auch die Funktion und wesentliche Bedeutung des Arbeitsmittels sowie die Anlagen- oder Unternehmensqualifikation iS von § 316b I Nr. 1 oder Nr. 2 umfassen.

13 **7) Versuch** ist nach **Abs. II** strafbar (vgl. 18 zu § 303). Strafbarer untauglicher Versuch ist bei irriger Annahme der besonderen Funktion der Sache gegeben; in diesem Fall liegt Tateinheit mit § 303 vor.

14 **8) Konkurrenzen.** Bei Zerstörung mehrerer Sachen nach I Nr. 1 oder Nr. 2 liegt nur **eine Tat** vor (*S/S-Stree* 15; SK-*Hoyer* 14; LK-*Wolff* 19). § 303 I wird von § 305a I verdrängt (and. SK-*Hoyer* für I Nr. 2); mit Abs. II ist Tateinheit möglich (oben 13). Abs. I Nr. 2 ist gegenüber § 316b I Nr. 3 subsidiär (SK-*Hoyer* 14; weiter *S/S-Stree* 15; NK-*Zaczyk* 15: § 305a insg. durch § 316b verdrängt). Zwischen § 316b I Nr. 1, Nr. 2 und § 305a I Nr. 1 kann im Einzelfall Tateinheit vorliegen, wenn die Sache zugleich der Errichtung und dem Betrieb dient (**aA** *S/S-Stree* 15; NK-*Zaczyk* 15: § 305a stets subsidiär; SK-*Hoyer* 14: tatbestandlich ausgeschlossen). § 304 kommt am selben Tatobjekt kaum in Betracht (SK-*Hoyer* 14; **aA** LK-*Wolff* 19). Tateinheit ist zB möglich mit §§ 88, 113, 124, 125, 306f., 315, 315b, 317, 318.

15 **9) Sonstige *Vorschriften:*** Terroristische Vereinigung § 129a II Nr. 2.

Achtundzwanzigster Abschnitt
Gemeingefährliche Straftaten
Vorbemerkung

Der Abschnitt ist durch das 7. StÄG (1 zu § 308), das EGStGB (jeweils 1 zu §§ 308, 309, 310, 314a), das 18. StÄG (1 vor § 324; jeweils 1 zu §§ 311, 312) und das 2. UKG (1 vor § 324) erweitert und durch das 6. StrRG (2f. vor § 174) weitgehend neugestaltet worden. Der Begriff der **gemeinen Gefahr** wird (außer in § 243 Nr. 6) nur noch in § 323c verwendet. Trotz der anders lautenden Überschrift setzen nicht alle Tatbestände dieses Abschnitts eine Gemeingefahr voraus (*Horn/Hoyer* JZ **87**, 965), vielmehr handelt es sich zT um **konkrete** (zB §§ 306a II, 306f, 308, 315 bis 315c), **abstrakte** (zB §§ 306a I, 310, 316) oder **potentielle** (zB §§ 309, 311; zum Begriff auch NJW **99**, 2129); **Gefährdungsdelikte** (19 vor § 13), wobei Kombinationen mit erfolgsqualifizierten Delikten vorkommen (zB §§ 306c, 308 II, III); doch sind auch schlichte Tätigkeitsdelikte vertreten (zB §§ 316, 323b). Die Materie der gemeingefährlichen Straftaten ist im StGB nicht abschließend geregelt, insbesondere sind auch Delikte außerhalb dieses Abschnitts als gemeingefährlich anzusehen (vgl. §§ 327 I, 328). 1

Neuere Literatur (Auswahl): *Bohnert,* Die Abstraktheit der abstrakten Gefährdungsdelikte, JuS **84**, 182; *Brehm,* Zur Dogmatik des abstrakten Gefährdungsdelikts, 1973; *Gallas,* Abstrakte u. konkrete Gefährdung, Heinitz-FS 171; *Geppert,* Die Brandstiftungsdelikte nach dem 6. StrRG, Jura **98**, 597; *Graul,* Abstrakte Gefährdungsdelikte u. Präsumptionen im Strafrecht, 1991 (Diss. Marburg 1989; Strafrechtl. Abh. NF 69); *Herzog,* Gesellschaftliche Unsicherheit u. strafrechtliche Daseinsvorsorge, 1991; *H.-J. Hirsch,* Gefahr u. Gefährlichkeit, Arth. Kaufmann-FS 545; *Hoyer,* Die Eignungsdelikte, 1987; *ders.,* Zum Begriff der abstrakten Gefahr, JA **90**, 183; *Jähnke,* Fließende Grenzen zwischen abstrakter u. konkreter Gefahr im Verkehrsstrafrecht, DRiZ **90**, 425; *Koriath,* Zum Streit um die Gefährdungsdelikte, GA **01**, 51; *Kindhäuser,* Gefährdung als Straftat, 1989; *Knauth,* Neuralgische Punkte des neuen Brandstrafrechts, Jura **05**, 230; *Kratzsch,* Prinzipien der Konkretisierung von abstrakten Gefährdungsdelikten, JuS **94**, 372; *Kreß,* Das 6. Strafrechtsreformgesetz, NJW **98**, 633; *Küpper,* Zur Entwicklung der erfolgsqualifizierten Delikte, ZStW **111** (1999), 785; *Marxen,* Strafbarkeitseinschränkung bei abstrakten Gefährdungsdelikten, 1991; *Meyer,* Die Gefährlichkeitsdelikte: Ein Beitrag zur Dogmatik der abstrakten Gefährdungsdelikte, 1992; *Müssig,* Schutz abstrakter Rechtsgüter u. abstrakter Rechtsgüterschutz, 1993; *Prittwitz,* Strafrecht u. Risiko, 1993; *Rengier,* Zum Gefährdungsmerkmal „(fremde) Sachen von bedeutendem Wert" (usw.), Spendel-FS 559; *Satzger,* Die Anwendung des deutschen Strafrechts auf grenzüberschreitende Gefährdungsdelikte, NStZ **98**, 112; *Schmidt,* Untersuchung zur Dogmatik u. zum Abstraktionsgrad abstrakter Gefährdungsdelikte 1999; *Schröder,* Abstrakt-konkrete Gefährdungsdelikte?, JZ **67**, 522; *ders.,* Die Gefährdungsdelikte im Strafrecht, ZStW **81**, 7; *Stein,* Gemeingefährliche Straftaten, in: *Dencker* u. a. (Hrsg.), Einführung in das 6. StrRG, 1998, 75ff. [zit. Einf./6. StrRG]; *Velten,* Grenzüberschreitende Gefährdungsdelikte, Rudolphi-FS (2004) 329; *Weber,* Die Vorverlegung des Strafrechtsschutzes durch Gefährdungs- u. Unternehmensdelikte, 1987 (Hrsg. *Jescheck*); *Wohlers,* Deliktstypen des Präventionsstrafrechts – Zur Dogmatik „moderner" Gefährdungsdelikte, 2000; *Wolter,* Objektive u. personale Zurechnung, Gefahr u. Verletzung in einem funktionalen Straftatsystem, 1981; *Wolters,* Das sechste Gesetz zur Reform des Strafrechts, JZ **98**, 397; *Zieschang,* Die Gefährdungsdelikte, 1998; *ders,* Der Gefahrbegriff im Recht: Einheitlichkeit oder Vielgestaltigkeit?, GA **06**, 1. 2

Brandstiftung

306 I **Wer fremde**

1. Gebäude oder Hütten,
2. Betriebsstätten oder technische Einrichtungen, namentlich Maschinen,
3. Warenlager oder -vorräte,
4. Kraftfahrzeuge, Schienen-, Luft- oder Wasserfahrzeuge,
5. Wälder, Heiden oder Moore oder
6. land-, ernährungs- oder forstwirtschaftliche Anlagen oder Erzeugnisse

in Brand setzt oder durch eine Brandlegung ganz oder teilweise zerstört, wird mit Freiheitsstrafe von einem Jahr bis zu zehn Jahren bestraft.

II In minder schweren Fällen ist die Strafe Freiheitsstrafe von sechs Monaten bis zu fünf Jahren.

1 **1) Allgemeines.** Die Vorschrift idF des Art. 1 Nr. 80 des 6. StrRG (3 vor § 174; 1 vor § 306) regelt die „einfache" Brandstiftung. Sie übernimmt die in § 308 I, 1. Alt. aF geregelten Fälle der Brandstiftung an enumerativ aufgezählten (krit. *Radtke* 8 f.) **fremden** Sachen und ist daher im *Kern* (vgl. unten 2) eine Qualifikation der Sachbeschädigung, dh eine **Sachbeschädigung durch Feuer** (vgl. aber NStZ **01**, 196: § 306 I hafte „auch ein Element der Gemeingefährlichkeit an"; zust. *Kreß* JR **01**, 315 ff.; ebenso *Radtke* ZStW **110**, 848, 861; *Börner* [1 a] 7; abl. *Wolff* JR **02**, 94, 96; vgl. dazu unten 12) und gerade *nicht,* wie der Standort vermuten lassen würde, Grundtatbestand der Brandstiftungsdelikte (SK-*Wolters/Horn* 1; *S/S-Heine* 1; LK-*Wolff* Nachtr. 2; *Arzt/Weber* 37/10; *W/Hettinger* 953; krit. zum Standort der Vorschrift *Wolters* JR **98**, 271; vgl. aber unten 11). Der Katalog der möglichen Tatobjekte wurde modernisiert. Die Tatbestandsalternative des Inbrandsetzens *eigener* Sachen (§ 308 I, 2. Alt. aF, vgl. auch RegE § 306 c II) wurde von §§ 306, 306 f II getrennt und ist nur noch als konkretes Gefährdungsdelikt in § 306 a II enthalten (vgl. Bay NJW **99**, 3570; dazu 10 ff. zu § 306 a). Der frühere § 306 wurde in den Tatbestand des § 306 a übernommen. Die beiden Alternativen des § 308 aF sind daher getrennt worden; während die 1. Alt. in § 306 enthalten ist, ist die 2. Alt. als *abstraktes* Gefährdungsdelikt verschwunden. Entgegen dem RegE sind – der Kritik des BRats (BT-Drs. 13/8587, 69) und Anregungen der Wissenschaft (vgl. *Freund* ZStW **109**, 485) folgend – die rechtspolitisch für sinnvoll gehaltenen (BRat aaO 69) *konkreten* Gefährdungsfälle in § 306 a II und § 306 b II Nr. 1 aufgenommen worden. Die unübersichtliche Regelung führt zu Schwierigkeiten der Anwendung (vgl. unten 20; 10 ff. zu § 306 a; vgl. auch SK-Wolters/Horn 1).

1 a **Literatur (Auswahl):** *Börner,* Ein Vorschlag zum Brandstrafrecht, 2006; *Cantzler,* Die Neufassung der Brandstiftungsdelikte, JA **99**, 474; *Cramer,* Gesetzesgeschichtliche Dokumentation zu § 307 Nr. 2 StGB (usw.), Jura **95**, 347; *Geppert,* Zur „einfachen" Brandstiftung (§ 308 StGB), R. Schmitt-FS (1989), 187; *ders.,* Die schwere Brandstiftung, Jura **89**, 417; *Fischer,* Strafrahmenrätsel im 6. StrRG, NStZ **99**, 13; *Kreß,* Die Brandstiftung nach § 306 StGB als gemeingefährliche Sachbeschädigung, JR **01**, 315; *Lieschang,* Die Brandstiftungsdelikte der §§ 306–306 c StGB nach dem 6. StrRG, 2002; *Knauth,* Neuralgische Punkte des neuen Brandstrafrechts, Jura **05**, 230; *Koriath,* Zum Streit um die Gefährdungsdelikte, GA **01**, 51; *Müller/Hönig,* Examensrelevante Probleme der Brandstiftungsdelikte, JA **01**, 517; *Pfister,* Die BGH-Rechtsprechung zu Brandstiftungsdelikten u. zum Versicherungsmissbrauch nach dem 6. StrRG, NJ **01**, 126; *Radtke,* Das Ende der Gemeingefährlichkeit?, 1997; *ders.,* Das Brandstrafrecht des 6. StrRG (usw.), ZStW **110**, 848; *ders.,* Die Dogmatik der Brandstiftungsdelikte, 1998 [zit.: Dogmatik]; *Range,* Die Neufassung der Brandstiftungsdelikte durch das Sechste Strafrechtsreformgesetz: Eine kritische Betrachtung unter besonderer Berücksichtigung der alten Gesetzesfassung, 2003; *Rengier,* Die Brandstiftungsdelikte nach dem 6. StrRG, JuS **98**, 397; *Schroeder,* Technische Fehler beim neuen Brandstiftungsrecht, GA **98**, 571; *Sinn,* Der neue Brandstiftungstatbestand (§ 306 StGB) – eine missglückte Regelung des Gesetzgebers?, Jura **01**, 803; *Wolff,* Zur Gemeingefährlichkeit der Brandstiftung nach § 306 StGB, JR **02**, 94; *Wolters,* Die Neuregelung der Brandstiftungsdelikte, JR **98**, 271.

2 **2)** Der **Katalog der Tatobjekte** in I umfasst überwiegend Gegenstände, deren Inbrandsetzung typischerweise besonders hohe Schäden verursacht (insb. Nrn. 1 bis 4). Daneben sind aber auch solche Gegenstände umfasst, die von allgemein volkswirtschaftlicher (insb. Nr. 6) oder gesellschaftlicher (insb. Nr. 5) Bedeutung sind. Eine in sich geschlossene Systematisierung der Schutzgegenstände ist kaum möglich; die Reform verbindet in nach wie vor eher willkürlich anmutender Weise historisch bedingte Gesichtspunkte der Gemeingefahr mit solchen des volkswirtschaftlichen und des Eigentumsschutzes (vgl. unten 12). Die von § 306 a abweichende pluralische Formulierung ist ohne inhaltliche Bedeutung; gemeint ist die jeweils einzelne Sache (vgl. BGH **46**, 147, 150 f. [Anm. *Puppe* JZ **01**, 471]).

3 **A.** Nach **Nr. 1: Gebäude und Hütten. a)** Zum Begriff des Gebäudes vgl. 4 zu § 243 sowie GrSen BGH **1**, 158, 163. Der Begriff ist enger als der des *Bauwerks;* erforderlich ist jedenfalls, dass es sich um einen (zumindest teilweise) umschlossenen Raum handelt, der *dem Aufenthalt* – nicht zwingend der Wohnung – von *Menschen dienen* kann. Unerheblich ist, aus welchem Material das Gebäude hergestellt ist; auch Bauwerke aus Holz, Kunststoff oder Metall können darunter fallen. Erforderlich ist eine statische Festigkeit, die dem Bauwerk Dauerhaftigkeit

verleiht; das ist etwa bei Traglufthallen und Zeltbauten nicht der Fall. Auf die Eignung zur Abhaltung Unbefugter kommt es nicht an; ein bis auf Türen und Fenster fertiggestellter Neubau genügt daher (BGH **6**, 108), ebenso ein teilweise zerstörtes Gebäude (OHG JR **50**, 404), falls es noch einen Zweck verkörpert oder wiederhergestellt werden soll (MDR/H **77**, 810). Bewohnbarkeit und Eignung zur Brandübertragung (vgl. 1 StR 698/74 zu § 306 aF) sind wie bei § 308 I, 1. Alt. aF nicht vorausgesetzt.

b) Hütten haben kleinere Maßverhältnisse als Gebäude. Sie müssen ein selbst- **3a**
ständiges Ganzes bilden, eine nicht ganz geringfügige Bodenfläche bedecken und gegen äußere Einwirkungen genügend dauerhaft und fest (Wand, Dach) abgeschlossen sein; erfasst sind zB Garten- und Wochenendhäuschen (OHG **1**, 244), Baubuden und auf Blöcken stehende Bauwagen (Karlsruhe NStZ **81**, 482), auch als Büros oder Lager genutzte Container (nicht aber bloße Transportcontainer). Sind mehrere Container miteinander durch Treppen, Durchgänge, gemeinsame Strom- und Wasserleitung etc. verbunden, so liegt ein Gebäude vor. Auf die grundsätzliche Mobilität der baulichen Anlage kommt es nicht an, so dass auch Wohnwagen, die dauerhaft auf Stein- oder Holzblöcke gestellt sind, Hütten iS der Nr. 1 sind, ebenso Jahrmarktsbuden, wenn sie einen festen abschließbaren Raum darstellen (SK-*Wolters/Horn* 3). *Keine* Hütten sind Wohnwagen auf Rädern, Wohnmobile, Zelte sowie nach außen nicht abgeschlossene Anlagen wie Buswartehäuschen (Bay NJW **89**, 2704), Car-ports, Pergolen oder Unterstände.

B. Nach **Nr. 2: a) Betriebsstätten** sind Sachgesamtheiten von baulichen An- **4**
lagen und Inventar, die einem gewerblichen Betrieb dienen (vgl. Stuttgart MDR **94**, 713 zu § 310a aF; *S/S-Heine* 5; LK-*Wolff* Nachtr. 7). Eine besondere Feuergefährdetheit ist nicht erforderlich; liegt sie vor, ist zugleich § 306f I Nr. 1 gegeben. Die Betriebsstätte muss räumlich abgeschlossen und zur dauerhaften gewerblichen Tätigkeit bestimmt sein; Bau- oder Montagestellen sind daher keine Betriebsstätten. Teilweise wird ein „erhebliches Ausmaß" der Anlage vorausgesetzt (*Lackner/Kühl* 2); dies könnte der Vorstellung des Gesetzgebers des 6. StrRG entsprechen, findet aber im Wortlaut keinen Anhaltspunkt: Wenn schon einzelne Maschinen, Hütten oder Fahrzeuge erfasst sind, besteht kein Anlass, den Begriff der Betriebsstätte auf Großanlagen zu beschränken. Liegt die Betriebsstätte in einem Gebäude, so wird während der üblichen Arbeitszeit regelmäßig § 306a I Nr. 3 gegeben sein. Nr. 2 gilt außerhalb dieser Zeit sowie für Betriebsstätten außerhalb von Gebäuden. Eine Einschränkung auf *Produktions*stätten besteht nicht; auch Geschäfte oder Warenhäuser dürften dem Begriff unterfallen (ebenso *S/S-Heine* 5). Nach dem Sinn der Vorschrift kommt es auf die zivil- oder steuerrechtliche (vgl. § 12 AO) Beurteilung nicht an. Räumlich getrennte Teile eines Betriebs, die nur der *Verwaltung* dienen, sind keine Betriebsstätten, ebenso nicht Lagerhallen (vgl. aber Nr. 1 und 3). Auch Räumlichkeiten, die der freiberuflichen Erwerbstätigkeit dienen, sind nicht erfasst. Erforderlich ist, dass die Stätte einem gewerblichen Betrieb konkret *dient,* dh dass grds, wenn auch nicht zur Tatzeit, eine **betriebliche Tätigkeit** stattfindet.

b) Technische Einrichtungen sind bewegliche oder unbewegliche Sachen **5**
oder Sachgesamtheiten, die in ihrer Herstellung und Funktionsweise auf technischen, dh nicht natürlichen Abläufen beruhen. Beispielhaft nennt Nr. 2 **Maschinen.** Der viel zu weite Wortlaut der Vorschrift erfordert eine einschränkende Auslegung dahin, dass die Einrichtungen zum einen nicht nur technisch konstruiert, sondern auch technisch *verwendet* sein oder für eine solche Verwendung vorgesehen sein müssen. Zum anderen kann nach der **Schutzrichtung** von I Nr. 2 bis 6 eine rein *private* Zweckbestimmung nicht ausreichen. Erforderlich ist vielmehr, dass die Einrichtung in einem Funktionszusammenhang mit einem *Betrieb* (nicht notwendig Gewerbebetrieb) steht und der betrieblichen Tätigkeit zu dienen bestimmt ist (*S/S-Heine* 5; einschr. auch LK-*Wolff* Nachtr. 7). Ob sie in eine Betriebsstätte (oben 4) bereits eingefügt ist, ist dagegen unerheblich; erfasst sind zB auch Maschinen, die

sich auf dem Transport befinden. Auch eine Abgrenzung zwischen Produktions- und Verwaltungstätigkeit dürfte nicht sinnvoll möglich sein. Nr. 2 schützt daher nicht nur Produktionsmaschinen, sondern auch Transport- und Förderanlagen, Computer und sonstige Büromaschinen, weiterhin Kommunikations- (Telefon), Versorgungs- (Leitungen, Verteiler) und Überwachungsanlagen. Voraussetzung ist stets, dass die Anlage oder Maschine die Eigenschaft einer **Einrichtung** hat, dh Funktionsbestandteil eines Betriebs ist.

6 **C. Nr. 3** schützt **Warenlager und Warenvorräte.** Waren sind bewegliche Sachen, die zum gewerblichen Umsatz, idR zum Verkauf, bestimmt sind. **a)** Der Begriff des **Warenlagers** entspricht dem des „Magazins" in § 308 I aF; er bezeichnet daher die Lagerstätte von Waren, dh eine Räumlichkeit mit der Bestimmung, Vorräte von Waren (nicht also von zum eigenen Verbrauch bestimmten Gegenständen) von größerem Umfang und Wert für längere Zeit zu bergen (RG **13**, 407). Geschützt ist die Lagerstätte selbst; ob sich zurzeit der Tat Waren darin befinden, ist nach dem Aufbau von Nr. 3 unerheblich (SK-*Wolters/Horn* 5), ebenso, ob es sich um ein Gebäude (Lagerhalle, Scheune) oder um eine nach außen nicht abgeschlossene Lagerstätte (Überdachung) handelt. Entgegen § 308 I aF sind auch Tanklager umfasst (anders noch BGH **41**, 219 zum Begriff des „Magazins" mit Hinweis auf die nach aF unbefriedigende Reichweite des Begriffs aaO 221; **aA** *Lackner/Kühl* 2). Eine Räumlichkeit iS des Gebäudebegriffs (vgl. *S/S-Heine* 56; *Lackner/Kühl* 2; SK-*Wolters/Horn* 8) ist nicht erforderlich. **b) Warenvorrat** ist die Gesamtheit der in einem Warenlager eingelagerten, zum Umsatz bestimmten Sachen. Vorräte zum (privaten oder betrieblichen) Eigenverbrauch sind nicht umfasst, wohl aber Lagerbestände von Produktionsgrundstoffen und Zwischenprodukten zur Weiterverarbeitung. In der Lit. wird teilweise eine Einschränkung auf Vorräte von bedeutendem Sachwert angenommen (SK-*Wolters/Horn* 5).

7 **D. Nr. 4** dehnt den Schutz umfassend auf Fahrzeuge aus. **a)** Zum Begriff des **Kraftfahrzeugs** vgl. § 248b IV, § 1 II StVG. Umfasst sind Landfahrzeuge, die mit Maschinenkraft bewegt werden und nicht ausschließlich an Bahngleise gebunden sind. Die Antriebsart ist unerheblich; auf die Verwendbarkeit zurzeit der Tat kommt es nicht an (vgl. Bay GA **56**, 389; LK-*Wolff* Nachtr. 8). **b) Schienenfahrzeuge:** vgl. 4 zu § 315. Schwebebahn-Fahrzeuge (5 zu § 315) sind gleichfalls erfasst, denn es kommt allein auf die zwingende Anbindung an ein Schienensystem an (**aA** LK-*Wolff* Nachtr. 8). **c)** Der Begriff des **Luftfahrzeugs** ist enger als der des § 109g II; er umfasst weder Flugmodelle noch Fallschirme, wohl aber nicht maschinengetriebene Fahrzeuge wie Segelflugzeuge und Drachen. **d) Wasserfahrzeuge** sind maschinen-, wind- oder muskelkraftbetriebene Schiffe, gleich aus welchem Material, Schleppkähne ohne eigenen Antrieb, Sportboote, Wasserscooter und Flöße, nicht aber Surf- oder Bodyboards (**aA** *S/S-Heine* 7), Schiffsmodelle, Schwimmhilfen und Spielzeug. Auch Schlauchboote und aufblasbare Rettungsinseln gehören dazu, jedoch nur dann, wenn sie einsatzbereit sind (also nicht etwa ein eingelagertes, nicht aufgeblasenes Schlauchboot!). Auf den Wert der in Nr. 4 erfassten Fahrzeuge kommt es nicht an (**aA** SK-*Wolters/Horn* 6).

8 **E. Nr. 5** schützt **Wälder, Heiden und Moore. a) Wald** iS der Vorschrift ist ein strafrechtlicher Begriff (BGH **31**, 83; Bay **93**, 106). Erfasst ist nicht schon wie in § 2 I S. 1 BWaldG „jede mit Forstpflanzen bestockte Grundfläche" unter Einschluss von Blößen und Lichtungen, sondern nur das auf einer Bodenfläche wachsende Holz und der Waldboden mit dem diesen bedeckenden Gras, Moos, Laub und Strauchwerk (BGH aaO). Der Brand muss die Fläche als solche erfasst haben; in Brand gesetzt ist der Wald, wenn Unterholz oder ein Waldbaum so in Brand gesetzt sind, dass sie ohne weiteres Zutun weiterbrennen und den Brand auf andere Baumstämme übertragen *können* (Bay **93**, 106). **b) Heide** ist eine meist sandige, *unbebaute* Grundfläche mit überwiegend niedriger Vegetation (von Heidekraut oder ähnlichen Pflanzen), die eine großflächig verfilzte, überwiegend trockene und daher stark brandgefährdete Bodendeckung bildet (ähnl. *S/S-Heine* 8; vgl. auch

RG HRR **39**, 474). **c)** Der Begriff des **Moores** umfasst insb. Torfmoore, jedoch auch mit Heide bestandenes Moorland (RG aaO).

F. Nr. 6 schützt **Anlagen** und **Erzeugnisse** der Land-, Ernährungs- und Forstwirtschaft. Der Begriff der **Anlage** entspricht dem weiten umweltschutzrechtlichen Begriff (dazu *Möhrenschlager* NuR **83**, 215); er bezeichnet sachliche Funktionseinheiten, die der Erzeugung und Verarbeitung von Produkten der genannten Wirtschaftszweige dienen (ebenso *S/S-Heine* 9; and. NK-*Herzog* 17). Gegenüber § 308 I aF und § 306c RegE weist die Vorschrift eine fast uferlose Weite auf, die zudem mit dem Charakter des § 306 als Eigentums- und Sachbeschädigungsdelikt schwer vereinbar ist. Eine Abgrenzung ist namentlich gegenüber Nr. 2 und Nr. 3 erforderlich, jedoch im Einzelnen kaum möglich. **a) Landwirtschaftliche** Anlagen iS von Nr. 6 sind solche, die nicht schon Nr. 2 und 3 unterfallen, namentlich also bestellte Felder und andere Produktionsstätten (Gewächshäuser) sowie Lagerstätten von zum Eigenverbrauch bestimmten Zwischenerzeugnissen (Stroh, Heu). **b) Ernährungswirtschaftliche** Anlagen sind insb. solche der Tierproduktion, also Koppeln, Weiden, Stallungen (vgl. aber Nr. 1), Futtermittellager und solche, die der unmittelbaren Weiterverarbeitung dienen (Verladestationen). Transportmittel gehören nicht dazu (vgl. Nr. 4); verarbeitende Betriebe (Schlachthöfe, Molkereien) dürften nach der ratio legis nur in Ausnahmefällen umfasst sein (für gänzlichen Ausschluss *S/S-Heine* 9); Anlagen zur Endverarbeitung unterfallen idR Nr. 2 oder 3. **c) Forstwirtschaftliche** Anlagen sind Schonungen und Aufforstungsflächen, soweit sie nicht Nr. 5 unterfallen, sowie Holzlagerstätten. Mit dem Abtransport von der Produktionsstätte und dem Beginn der Weiterverarbeitung verliert das Holz seine Eigenschaft als forstwirtschaftliches Erzeugnis, so dass grds. weder Sägewerke noch Anlagen der holzverarbeitenden Industrie solche nach Nr. 6 sind. 9

Das gilt entsprechend für die **Erzeugnisse** der genannten Wirtschaftszweige. 10 Erzeugnisse sind Sachen, deren unmittelbarer Produktionsprozess beendet ist (Korn, Stroh, Feldfrüchte nach der Ernte [sonst Anlage], gefällte Bäume [nicht aber Bretter in einem Sägewerk], Rindenlager). Erfasst sind nur die Rohprodukte (RG **39**, 22) und die Gewächse des Bodens (RG **27**, 14), nicht aber dessen Bestandteile. Bei der **Weiterverarbeitung** kommt es darauf an, bis zu welcher Verarbeitungsstufe noch von einem originären Erzeugnis der Land-, Ernährungs- oder Forstwirtschaft gesprochen werden kann. So dürften Zwischenprodukte einer Mühle Nr. 6 noch unterfallen, ebenso in Silos eingelagerte Erzeugnisse, nicht aber der Mehlvorrat eines Großhändlers oder das Brot einer Bäckerei (vgl. auch *Schroeder* GA **98**, 571; *S/S-Heine* 10). In Anbetracht der **Verbrechens-**Qualität des Tatbestands können nur solche Anlagen und Erzeugnisse Nr. 6 unterfallen, die von einer nicht unerheblichen Bedeutung und nicht unerheblichem **Wert** sind (nicht also: ein Ballen Stroh; LG Freiburg NStE § 308 aF Nr. 3; ebenso *Schroeder* GA **98**, 572; *Geppert* Jura **98**, 597, 599; ähnl. *S/S-Heine* 3; SK-*Wolters/Horn* 8; *Lackner/Kühl* 2; LK-*Wolff* Nachtr. 10; *Kindhäuser* LPK 3; vgl. *Schroth* BT 174).

3) Die Auswahl der Schutzobjekte, die systematische Stellung der Vorschrift im 28. Abschnitt sowie die gegenüber §§ 303, 305, 305a erheblich erhöhte Strafdrohung (selbst die geringfügige Beschädigung von in I geschützten Sachen durch Brandstiftung wird höher bestraft als die vollständige Zerstörung wertvoller anderer Sachen) deuten darauf hin, dass das **Sachbeschädigungs-Element** des Tatbestands gegenüber dem Gesichtspunkt der **Gemeingefährlichkeit** zurücktritt (vgl. *Radtke* ZStW **110**, 857, 861; BT-Drs. 13/8587, 87; anders SK-*Wolters/Horn* 24 zu § 306a; krit. *W/Hettinger* 956, 959; *Schroeder* GA **98**, 571; *S/S-Heine* 1; vgl. aber unter 12 und 10b zu § 306a). Das führt zu Wertungswidersprüchen, die nach früherem Recht im Hinblick auf den eingeschränkten Katalog des § 308 aF nicht in gleichem Maße auftraten. Der Tatbestand ist daher *restriktiv* auszulegen. 11

4) Die Gegenstände müssen für den Täter **fremd** sein. Das ist auch bei Miteigentum eines Dritten der Fall (vgl. 5ff. zu § 242). Die Tat ist ein Eigentumsdelikt iS einer speziellen Sachbeschädigung (1 StR 228/89; *Geppert* Jura **89**, 477 und R. Schmitt-FS 187). **Herrenlose** und **tätereigene** Gegenstände unterfallen § 306 12 nicht (*S/S-Heine* 11); § 308 I, 2. Alt. aF ist insoweit nicht übernommen worden, jedoch von §§ 306a II erfasst (vgl. dort).

13 **5)** Die **Tathandlung** des I unterscheidet zwischen **Inbrandsetzen** eines der genannten Gegenstände und dem vollständigen oder teilweisen **Zerstören** durch eine Brandlegung.

14 **A. Inbrandsetzen** ist das Entzünden eines Gegenstands, so dass er brennt; es kann unmittelbar, aber auch mittelbar durch Anzünden anderer Gegenstände geschehen. Die bloße Brandstiftungshandlung ist nicht ausreichend; für die **Vollendung** ist erforderlich, dass der Brand Teile des Gegenstands erfasst hat, die für dessen bestimmungsgemäßen Gebrauch wesentlich sind (vgl. BGH **18**, 365; NStZ **94**, 130 [zu § 306 aF]), und dass diese selbständig, dh ohne Fortwirken des Zündstoffs, weiterbrennen (vgl. BGH **7**, 38; **18**, 363, 364ff.; **34**, 115, 117; **36**, 222; NJW **87**, 141; **99**, 299; NStZ **81**, 220; **82**, 201; **03**, 204, 205; NStZ-RR **07**, 78; BGHR § 306 Nr. 2, Inbr. 1, 3, 6; vgl. auch *Geppert* Jura **89**, 422). Auch an einem schon brennenden Gegenstand ist noch eine Tat nach § 306 möglich (OHG **50**, 404; enger Bay NJW **59**, 1885; Hamm NJW **60**, 1874; dazu *Stratenwerth* JZ **61**, 95; *Rengier* BT II § 40/5; *Klussmann* MDR **74**, 187), wenn ein neuer Brandherd geschaffen wird (*Geppert* Jura **89**, 422f.; *S/S-Heine* 14). Für die Beurteilung der **Wesentlichkeit** eines Teils kommt es nicht auf rechtliche Einordnungen, sondern auf die Verkehrsanschauung an (BGH **16**, 109; StV **94**, 651; krit. *Kratzsch* JR **87**, 363; JuS **94**, 380; *Ingelfinger* JR **99**, 212).

14a **Einzelfälle:** Bei **Gebäuden** sind **zB** als wesentlich angesehen worden: Fußböden, Fensterrahmen, Zimmerwände und Treppen (BGH **6**, 107; 2 StR 515/86; Hamburg NJW **53**, 117), eine Deckenverkleidung (NStZ **91**, 433) oder ein Nadelfilzteppich, soweit diese mit dem Untergrund fest verbunden sind (wistra **88**, 304; BGHR § 306 Nr. 2, Inbr. 7; Vors. 2) und sie selbstständig weiterbrennen; nicht genügen bloße „Verbrennungen" solcher Gegenstände (NStZ-RR **97**, 193); **keine wesentlichen Gebäudeteile** in diesem Sinne sind **zB** ein an die Wand einer Baracke genageltes Regal (BGH **16**, 109); ein Schrank (2 StR 94/81); eine Tapete (NStZ **81**, 221, **82**, 201, **84**, 74; 5 StR 760/83); die Lattentür eines Kellerraums (BGH **18**, 363 [zust. *Schmitt* JZ **64**, 189]; **44**, 175 (Anm. *Ingelfinger* JR **99**, 211; *Kühn* NStZ **99**, 559]; NStE Nr. 10); Holzwände, die einzelne Kellerabteile abtrennen (NStZ **03**, 266; **07**, 270); eine Fußbodensockelleiste (NStZ **94**, 130, hierzu *Geppert* JK 4); eine fest installierte Theke, es sei denn, sie wäre fest in den Boden vermauert (NStE Nr. 6); im Kellergeschoss verlaufende Versorgungsleitungen (NStZ **07**, 270, 271); vgl. zu Bauten mit unbrennbaren Bauteilen SK-*Wolters/Horn* 11.

15 **B.** Durch das 6. StrRG eingefügt ist die Tatbestandsalternative der gänzlichen oder teilweisen **Zerstörung** eines Schutzgegenstandes **durch eine Brandlegung** (vgl. dazu BT-Drs. 13/8587, 86; 69; 13/151, 43; 13/9064, 22). Erfasst werden sollen auch Fälle, in denen **vollendete oder versuchte** Inbrandsetzungen, etwa wegen der heute vielfach üblichen Verwendung feuerresistenter Materialien in Gebäuden, zu einem selbstständigen Weiterbrennen wesentlicher Bestandteile nicht führen, jedoch durch Entwicklung von Rauch, Ruß oder Gasen sowie die Freisetzung von Chemikalien zu entsprechenden Schäden an den geschützten Gegenständen führen (vgl. NStZ **01**, 252; BGH **48**, 14 [Anm. *Radtke* NStZ **03**, 432; *Wolff* JR **03**, 391]; *Geppert* Jura **98**, 599; *Hörnle* Jura **98**, 169, 181; *Rengier* JuS **98**, 398; *Sander/Hohmann* NStZ **98**, 278; *Wolters* JR **98**, 271). Umfasst sind auch Einwirkungen durch **Löschmittel** (ebenso *S/S-Heine* 17; LK-*Wolff* Nachtr. 4; *Müller/Hönig* JA **01**, 517, 519; **aA** *Radtke* [1a, 1998]; NStZ **03**, 433): Weiß der Täter etwa, dass ein Betriebsgebäude, in dem sich wertvolle Maschinen befinden, durch eine automatische Löschanlage gesichert ist, so erfüllt er den Tatbestand, wenn er **durch einen Brand** (auch anderer Gegenstände) die Anlage auslöst, um eine Zerstörung der Maschinen gerade durch den Löschmitteleinsatz herbeizuführen (**aA** *Radtke* aaO). Erfasst sind weiterhin die Fälle, in denen nach altem Recht nur *versuchte* Brandstiftung vorlag, weil etwa schon der Einsatz des Zündmittels (Explosion!) zur Zerstörung des Schutzgegenstandes führte (BGH **20**, 230; krit. zur Abgrenzung *Stein*, Einf./6. StrRG, 17ff.).

Die Brandlegung muss nicht auf ein In-Brand-Setzen eines Gegenstandes nach I abzielen (and. *Lackner/Kühl* 4; *Radtke* ZStW **110**, 848, 871); der Vorsatz muss allein seine wenigstens teilweise Zerstörung umfassen. Ein selbstständiges Brennen des Schutzgegenstands ist nicht erforderlich; eine Brandlegung setzt jedoch stets voraus, dass *irgendein* Gegenstand **gebrannt hat** oder infolge thermischer Einwirkung **explodiert** ist (vgl. auch *Küper* BT 214). Der Begriff der Brandlegung umfasst daher nicht den Versuch der Brandstiftung, der zwar zur Zerstörung von Schutzgegenständen (etwa beim Einbruch), nicht aber zu einem Feuer geführt hat; ebenso nicht die Verursachung von Zerstörungen durch einen nicht auf einen Brand abzielenden Einsatz von Feuer (Auslösung der Sprinkleranlage mit Hilfe eines Feuerzeugs!). Weitergehend will *Stein* (Einf./6. StrRG 20f.) §§ 306f. nur auf solche Fälle anwenden, in denen sich aus dem Tatmittel Feuer eine von §§ 306ff. vorausgesetzte typische Gefahr für Personen ergibt. Es erscheint jedoch zweifelhaft, ob als Kriterium hierfür die Größe der Flamme, Glut oder Explosion dienen kann; vielmehr dürfte darauf abzustellen sein, ob die zur (teilweisen) Zerstörung führende Kausalkette gerade durch die spezifische Wirkung eines Feuers (Hitzeentwicklung) in Gang gesetzt wird und sich in der Zerstörung die spezifische Feuer-Gefahr verwirklicht. **16**

Der Begriff der **Zerstörung** entspricht § 303 I (dort 10), der der **teilweisen Zerstörung** §§ 305, 305a; erforderlich ist eine teilweise Zerstörung *von Gewicht* (BGH **48**, 14, 19ff. [zust. Anm. *Radtke* NStZ **03**, 432f.]), etwa durch Unbrauchbarkeit wesentlicher Teile des Tatobjekts für dessen bestimmungsgemäßen Gebrauch (NStZ **01**, 252 [Verrußung einer Wohnung]; NStZ-RR **07**, 78; NStZ **07**, 269f. [Unbewohnbarkeit]; vgl. *Wrage* JR **00**, 360, 363; *Cantzler* JA **99**, 474f.; *Rengier* BT II, 40/8), durch Zerstörung von zum selbständigen Gebrauch bestimmten Teilen eines Gegenstands oder durch Unbrauchbarkeit des ganzen Gegenstands für einzelne seiner Zweckbestimmungen (BGH **48**, 14, 20; *Wolff* JR **03**, 391, 392); eine Zerstörung der Substanz ist nicht erforderlich (BGH **44**, 38). Bei Gebäuden reicht daher **zB** das Bersten einer Fensterscheibe oder das Durchschmoren einer Elektroleitung nicht aus (Bay NJW **99**, 3570 [Anm. *Wolff* JR **00**, 211]; *Lackner/Kühl* 4; SK-*Wolters/Horn* 14); auch nicht der Ausfall von Strom- oder Wasserversorgung für mehrere Stunden (NStZ **07**, 270f.). **17**

C. Auch durch **Unterlassen** ist Brandstiftung möglich, wenn der Unterlassende Garantenstellung (*Radtke* Dogmatik 406ff.) und die Möglichkeit zur Erfolgsabwendung hat (vgl. OHG **3**, 1; BGHR § 306 Nr. 2 aF Inbr. 2). **18**

6) Subjektiver Tatbestand. Der Täter muss den **Vorsatz** (bedingter Vorsatz reicht aus; zur Feststellung vgl. auch NStZ **03**, 264f.; NStZ-RR **06**, 100) haben, einen der in Nr. 1 bis 6 genannten Gegenstände in Brand zu setzen oder (teilweise oder ganz) durch Brandlegung zu zerstören. Der Vorsatz muss in der 1. Var. das selbstständige (Weiter-)Brennen des Schutzobjekts selbst, in der 2. Var. die (Teil-)Zerstörung des einen unwesentlichen Gegenstands gerade *durch* die Brandlegung umfassen. Hieran fehlt es, wenn der Täter nur Teil des Gegenstands anzünden oder zerstören will (etwa Inventar eines Gebäudes, um Bewohnern einen Schrecken einzujagen [BGH **16**, 110; NStE Nr. 10; 5 StR 500/93] oder um ihnen einen „Denkzettel zu verpassen" [vgl. 3 StR 452/99]); oder wenn er nur einen Brandalarm auslösen will und dabei, wie nicht vorhergesehen, der Brandmelder Feuer fängt (vgl. NStZ-RR **06**, 100). Ob der Täter das Tatobjekt rechtlich zutreffend einordnet, ist unerheblich; er muss aber die tatsächlichen Umstände kennen, die eine Subsumtion unter I Nr. 1 bis 6 zulassen. Irrt sich der Täter über die Auswirkung seiner Handlung, so ist dieser Irrtum unbeachtlich, wenn er nur die Tatbestandsvarianten betrifft und der Erfolg an dem Schutzobjekt eintritt, gegen das die Tat gerichtet war (zB das Gebäude brennt nicht; es wird jedoch teilweise durch Rußentwicklung zerstört; vgl. SK-*Wolters/Horn* 16). Tritt der Erfolg an einem *anderen* Objekt ein, so kommt es darauf an, ob der Täter dies für möglich gehalten und gebilligt hat (dann § 306) oder ob es sich als wesentliche Abweichung vom vorgestellten Kausalverlauf darstellt. **19**

20 **7) Rechtfertigung.** Die **Einwilligung des Eigentümers** ist nach wohl hM Rechtfertigungsgrund (zur alten Fassung vgl. wistra **86**, 173; MDR/H **89**, 493; 2 StR 264/89 [insoweit nicht in BGH **36**, 305 abgedr.]; zur neuen Fassung NJW 03, 1824; vgl. auch *Geppert* Jura **98**, 597 f.; *Rengier* JuS **98**, 397 f.; iErg auch *Sinn* Jura **01**, 803, 808 f.; *Kudlich* NStZ **03**, 458, 459; *Gössel/Dölling* BT 1, 41/12; zweifelnd *W/Hettinger* 956; *Arzt/Weber* 37/16; **aA** *Börner* [1 a] 9 f.: Einwilligung ausgeschlossen). Die Einwilligung kann auch durch einen Stellvertreter erteilt werden; bei Eigentum juristischer Personen ist für die Erteilung das Organ zuständig, zu dessen Geschäftsführungsbefugnis die Disposition über das Rechtsgut gehört (NJW **03**, 1824 [1 StR 549/02: Unwirksamkeit bei evidentem Missbrauch der Vertretungsmacht]; anders aber offenbar in 1 StR 169/05: § 266 gegeben, aber § 306 *zweifelhaft* bei Brandstiftung durch geschäftsführenden Alleingesellschafter einer GmbH & Co. KG; vgl. dazu *Piel* NStZ **06**, 550 ff.).

21 Die Möglichkeit einer rechtfertigenden Einwilligung soll auch auf der Grundlage der zur Legitimation der Strafdrohung herangezogenen These von einer *zweifachen* Schutzrichtung (Eigentumsschutz *und* Schutz vor Gemeingefahr) gelten (*Kreß* JR **01**, 315, 317; *Radtke* ZStW **110** [1998], 848, 861; *Müller/Hönig* JA **01**, 517, 518; **aA** *Börner* [1 a] 9), weil die Anwendung des Verbrechenstatbestands die *kumulative* Verletzung **beider Rechtsgüter** voraussetze. Diese Begründung trägt, auch wenn sie die „einzig tragfähige Legitimation" sein mag (*Kreß* JR **01**, 316) nur mühsam: Da das „Element der Gemeingefahr" (vgl. NStZ **01**, 196) vom Eigentum des Täters gerade unabhängig ist, bleibt als unrechtsbegründende Unterscheidung zwischen vorsätzlich in Brand gesetzten *fremden* und *eigenen* (oder *herrenlosen*) Hütten allein das fremde Eigentum. Das Element der Gemeingefahr schätzt der Gesetzgeber überdies so gering, dass er es bei vorsätzlicher Inbrandsetzung eigener Sachen gänzlich straffrei lässt und selbst bei *zusätzlicher* fahrlässiger Gesundheitsgefährdung eine Mindeststrafe von 5 Tagessätzen als ausreichend erachtet (§ 306 d I, 3. Var.). Man mag daher entgegen *Kreß* (JR **01**, 315 ff.) bezweifeln, dass dem Gesetzgeber des 6. StrRG die Umsetzung der von *Radtke* vorgeschlagenen Systematik gelungen ist (dies bezweifelt auch *Radtke* selbst [vgl. Dogmatik, 280, 370 f.; vgl. auf dieser Grundlage den Reformvorschlag von *Börner* [1 a] 14, 59; zur Kritik an der „Kumulations"-These vgl. *Fischer* GA **01**, 499, 504]; abl. zum Gemeingefahr-Schutz auch *Wolff* JR **02**, 94 ff.).

22 **8) Versuch** liegt vor, wenn der Täter alles nach seiner Vorstellung Erforderliche getan hat (zB Legen einer Leitung zur Zündstelle), so dass der Brand auch durch bloßes Hinzutreten eines als sicher vorausgesehenen (vgl. NStZ **98**, 241 m. Anm. *Otto* zum Versuchsbeginn bei mittelbarer Täterschaft und Mitwirkung des Opfers) weiteren Umstands (zB Kurzschluss) bewirkt wird (RG **66**, 141; SK-*Wolters/Horn* 19). Versuch ist auch gegeben, wenn nur einzelne Bestandteile des Gegenstandes durch Einwirkung des brennenden Zündstoffs angekohlt oder versengt sind (vgl. RG **64**, 273).

23 **9)** Die **Strafe** ist im Fall des I Freiheitsstrafe von 1 bis zu 10 Jahren. Bei der Zumessung kommt es u. a. auf den Wert des betroffenen Gegenstandes, das Ausmaß seiner Gefährdetheit oder Zerstörung sowie die Art des Angriffs an. Konkrete Gefährdungen anderer Gegenstände (bei Gefährdung von Menschen: § 306 a II, § 306 b II Nr. 1) müssen strafschärfend, Maßnahmen zum Ausschluss jeder Gefährdung strafmildernd wirken (NStZ **82**, 420; **85**, 408; MDR/H **88**, 101 zu § 306 aF).

24 **10) Konkurrenzen:** Zwischen den Tatvarianten des I ist Tateinheit möglich. Im Verhältnis zu §§ 303, 305 ist § 306 speziell (LM Nr. 1; 4 StR 583/92; 1 StR 329/93); Tateinheit kann bei gleichzeitiger Zerstörung von Sachen vorliegen, die § 306 I nicht unterfallen. Mit § 305 a dürfte wegen dessen speziellen Schutzzwecks idR Tateinheit von I Nr. 2 anzunehmen sein, ebenso von § 304 mit I Nr. 1 (*S/S-Heine* 24). Tateinheit kann weiterhin vorliegen mit § 265, sofern der (Mit-)Eigentümer der Sache nicht eingewilligt hat (SK-*Wolters/Horn* 21; *Lackner/Kühl* 6). Zu § 263 liegt idR Tatmehrheit vor (*S/S-Heine* 24; *Lackner/Kühl* 6; vgl. BGH **11**, 398; *Ranft* Jura **85**, 402; LK-*Tiedemann* 47, jeweils zu § 265 aF); nach stRspr. sind

aber eine Brandstiftung und die unmittelbar darauf erfolgende Inanspruchnahme der Gebäudeversicherung eine prozessuale Tat iS von § 264 StPO; vgl. NStZ **06**, 350; 128 zu § 263).

25 Das **Verhältnis zu §§ 306 a, 306 b** ist nach der Neuregelung durch das 6. StrRG unübersichtlich. Im Bereich des § 306 a I gilt für die dort geregelte *abstrakte* Gefährdung das schon für §§ 306, 308 I, 1. Alt. aF angenommene Verhältnis; nach stRspr wird bei Inbrandsetzung eines *fremden* Gebäudes, welches *Wohnzwecken* dient, § 306 I Nr. 1 durch § 306 a I Nr. 1 verdrängt (NStZ **01**, 196; StV **01**, 232; NJ **03**, 549; zur aF vgl. StV **84**, 246; BGHR § 308 I aF Konk. 1, 2; **aA** hier bis 50. Aufl.). Zwischen § 306 I und § 306 a II besteht jedenfalls **Tateinheit,** wenn die Tat zugleich fremde (§ 306 I) und eigene oder herrenlose (§ 306 a II) Gegenstände betrifft (NStZ **99**, 32 f.). Im Übrigen ist das Verhältnis unklar: Wäre § 306 a II als *Qualifikation* des § 306 I zu verstehen, so ergäben sich widersinnige Folgen für § 306 d. Nach hM (NStZ **99**, 32 f.; NStZ-RR **00**, 209; 3 StR 364/98; SK-*Wolters/Horn* 24 zu § 306 a) ist daher **Tateinheit** auch bei Brandstiftung an fremden Sachen und Zusammentreffen mit § 306 a II oder § 306 d I, 2. Alt. anzunehmen (vgl. dazu 10 ff. zu § 306 a, 5 zu § 306 f). Wird durch die Tat nach § 306 eine schwere Gesundheitsschädigung eines Menschen verursacht oder wird eine große Zahl von Menschen geschädigt, so gilt die Erfolgsqualifikation des § 306 b I; für eine tateinheitliche Verurteilung bleibt hier wie in § 306 c kein Raum, da die Voraussetzungen des § 306 I in den Qualifikationstatbeständen jeweils vollständig enthalten sind. Auch durch § 306 b II Nr. 1 wird § 306 I Nr. 1 verdrängt (StV **01**, 232).

Schwere Brandstiftung

306a **I Mit Freiheitsstrafe nicht unter einem Jahr wird bestraft, wer**

1. ein Gebäude, ein Schiff, eine Hütte oder eine andere Räumlichkeit, die der Wohnung von Menschen dient,

2. eine Kirche oder ein anderes der Religionsausübung dienendes Gebäude oder

3. eine Räumlichkeit, die zeitweise dem Aufenthalt von Menschen dient, zu einer Zeit, in der Menschen sich dort aufzuhalten pflegen,

in Brand setzt oder durch eine Brandlegung ganz oder teilweise zerstört.

II Ebenso wird bestraft, wer eine in § 306 Abs. 1 Nr. 1 bis 6 bezeichnete Sache in Brand setzt oder durch eine Brandlegung ganz oder teilweise zerstört und dadurch einen anderen Menschen in die Gefahr einer Gesundheitsschädigung bringt.

III In minder schweren Fällen der Absätze 1 und 2 ist die Strafe Freiheitsstrafe von sechs Monaten bis zu fünf Jahren.

1 **1) Allgemeines.** Die Vorschrift wurde durch Art. 1 Nr. 80 des 6. StrRG (3 vor § 174, 1 vor § 306) eingefügt. Der neu aufgenommene Abs. II enthält entgegen seinem Wortlaut **keine Qualifikation** des § 306 I (NStZ-RR **00**, 209; SK-*Wolters/Horn* 26; vgl. unten 10 ff.), sondern den Grundtatbestand des § 306 b (*S/S-Heine* 1). Die tauglichen Tatobjekte des I wurden um „andere Räumlichkeiten" ergänzt, die Tathandlung auf das „Zerstören durch Brandlegung" erweitert. Geschütztes **Rechtsgut** sind Leib und Leben von Menschen (vgl. aber NJW **06**, 1745 f. **aS**). Das **abstrakte Gefährdungsdelikt** des **Abs. I** (zweifelnd *Koriath* GA **01**, 51, 66) ist daher, wie schon in § 306 aF im Verhältnis zu § 308, 1. Alt. aF, keine Qualifikation des § 306. Das gilt auch für das **konkrete Gefährdungsdelikt** des II (so aber *Schlüchter* [Hrsg.], Bochumer Erl. zum 6. StrRG, 1998, S. 105; vgl. unten 10 ff.). Zur konkreten Bestimmung des im Vergleich zu § 306 aF **milderen Rechts** vgl. BGH **44**, 175 (Anm. *Ingelfinger* JR **99**, 211; *Kühn* NStZ **99**, 559).

1 a **Literatur:** *Geppert,* Die schwere Brandstiftung, Jura **89**, 417; *ders.*, Teleologische Reduzierung des Tatbestandes auch im Rahmen der neu gefassten schweren Brandstiftung (§ 306 a StGB n. F.)?, Weber-FS (2004), 427; *Kratzsch,* Zum Erfolgsunrecht der schweren Brandstiftung, JR **87**, 360; *Kudlich,* Identität der Gefährdungsobjekte innerhalb der §§ 306 a ff. StGB?, NStZ **03**, 458; *Schneider,* Die Inbrandsetzung gemischt genutzter Gebäude, Jura **88**, 460. Vgl. i. Ü. 1 a zu § 306.

2 **2) Gegenstand der schweren Brandstiftung sind** in den Fällen des **Abs. I** nur Räumlichkeiten, in denen sich Menschen aufzuhalten pflegen. Nicht nötig ist, dass sich zZ des Brandes wirklich Menschen in den Räumen befinden (3

StR 242/84), die **abstrakte Gefährdung genügt** (hM; BGH **26**, 121; **34**, 118 [hierzu *H. Schneider* Jura **88**, 460, 469]; **35**, 285 [m. Anm. *Kindhäuser* StV **90**, 162]; **36**, 223 [hierzu *Geppert* JK 1]; NJW **82**, 2329 [m. Anm. *Hilger* NStZ **82**, 421]; **87**, 141; StV **84**, 246; NStZ **85**, 409; **99**, 32 [Anm. *Wolters* JR **99**, 208; *Eisele* JA **99**, 542; *Martin* JuS **99**, 405]; ferner hierzu *Bohnert* JuS **84**, 182; *Kratzsch,* Oehler-FS 67 u. JR **87**, 360; *Geppert* Jura **89**, 418; *ders.*, Weber-FS [2004] 427ff.; SK-*Wolters/Horn* 3; *Radtke* ZStW **110**, 862ff.).

2a Eine **teleologische Reduktion** kommt nach vielfach vertretener Ansicht in Betracht, wenn der Täter sich vergewissert, dass eine **konkrete Gefährdung ausgeschlossen** ist (zu **§ 306 a. F.** vgl. BGH **26**, 121 [Ausschluss möglich bei absoluter Gewissheit, die aber bei größeren Gebäuden regelmäßig ausscheidet]; **34**, 118; **43**, 8, 12f.; NStZ **85**, 408; **99**, 34; auch NJW **82**, 2329 [Strafzumessung]; vgl. auch SK-*Wolters/Horn* 17; *Jakobs* AT 6/89; *M/Schroeder/Maiwald* 50/37; *Roxin* AT I, 11/121; *Küper* BT 215f.; *Schünemann* JA **75**, 797; *Brehm* JuS **76**, 22; *Blei* JA **76**, 99; *Geppert* Jura **89**, 424; zur **Neufassung** vgl. BT-Drs. 13/8587, 47; für eine Einschränkung zB *S/S-Heine* 2; SK-*Wolters/Horn* 17; NK-*Herzog* 3; *Arzt/Weber* 37/30ff.; *W/Hettinger* 968; *Wolters* JR **98**, 272; *ders.* JR **99**, 209; *Stein,* Einf./6. StrRG 27ff.; **aA** *Kindhäuser* LPK 10; *Radtke* ZStW **110**, 863ff.; *ders.*, Dogmatik 215ff., 428ff.; *Rengier* JuS **98**, 399; *ders.* BT II § 40/20f.; *M/Schroeder/Maiwald* 50/37; *Koriath* GA **01**, 65ff.; wohl auch *Geppert*, Weber-FS [2004] 427, 437f.). *Kindhäuser* (LPK 10) weist zutr. darauf hin, dass mit der Hochstufung der einfachen Brandstiftung zum Verbrechen das *Strafmaß*-Argument für eine Tatbestands-Einschränkung seine Grundlage weitgehend eingebüßt hat. Mögliche Tatobjekte sind:

3 **A.** Nach **Nr. 1: Zur Wohnung von Menschen dienende** Gebäude, Schiffe, Hütten oder andere Räumlichkeiten. Geschützt ist jede Räumlichkeit, die der Wohnung von Menschen dient („Wohnstätte"; vgl. BGH **48**, 14, 18; *S/S-Heine* 3); die einzeln genannten Räumlichkeiten sind nur exemplarisch aufgeführt (BT-Drs. 13/8587, 88). Wohnungen in Gebäuden sind Teile des Gebäudes (NStZ **01**, 252; **03**, 204f.; 3 StR 32/02); bei einem Mehrfamilienhaus reicht es, wenn zumindest ein zum selbständigen Wohngebrauch bestimmter Teil betroffen ist (vgl. NStZ-RR **07**, 78). Zum Begriff des **Gebäudes** vgl. 4 zu § 243, 3 zu § 306; er ist nach dem Sinn der Vorschrift, der den abstrakten Gefährdungsbereich weit ausdehnt (BGH **34**, 119; hierzu krit. *Kratzsch* JR **87**, 360), dahin auszulegen, dass es auf die Eignung zur Abhaltung Unbefugter nicht ankommt; ein bis auf Türen und Fenster fertiger Neubau genügt daher (BGH **6**, 108), ebenso ein teilweise schon zerstörtes Gebäude (OGH JR **50**, 404), falls es noch einen Zweck verkörpert oder auch nur wiederhergestellt werden soll (MDR/H **77**, 810), doch nicht dann, wenn Bewohnbarkeit und Gefahr der Feuerübertragung ausscheiden (vgl. 1 StR 698/74). Zum Begriff der **Hütte** vgl. 3 zu § 306. Bei den **Schiffen** kommt es nicht auf die Größe (and. *S/S-Heine* 4), sondern nur darauf an, dass sie Menschen als Wohnung dienen. Der Begriff der **anderen Räumlichkeit** ist durch das 6. StrRG eingefügt worden (krit. *Radtke* ZStW **110**, 848), um mögliche Lücken in solchen Fällen zu schließen, in denen Räumlichkeiten, die keine Gebäude sind (zB ausrangierte Eisenbahnwaggons, Omnibusse [*Rengier* BT II § 40/12], auch Zelte) nicht nur dem Aufenthalt, sondern der dauerhaften Wohnung dienen (BT-Drs. 13/8587 – Gegenäußerung –, 88; *Hörnle* Jura **98**, 181). Eine Einschränkung des Begriffs der Räumlichkeit unter dem Gesichtspunkt der möglichen Gefährdung von Personen durch Unübersichtlichkeit des Raums, Nichterreichbarkeit von Ausgängen etc. liegt nahe (so *Stein,* Einf./6. StrRG 7f.); daher scheiden etwa Personenkraftwagen, kleine Zelte, Schlaf-Verschläge von Obdachlosen aus (vgl. SK- *Wolters/Horn* 11 *Lackner/Kühl* 4; *S/S-Heine* 4; NK-*Herzog* 14 zu § 306 aF).

4 Erforderlich und ausreichend ist, dass die Räumlichkeit zum Zeitpunkt der Tat tatsächlich **zur Wohnung dient** (BGH **16**, 294, 396; StV **90**, 548 L; NStZ **92**, 541; **94**, 130), also als Ort des „Wohnens", insbesondere auch zum Übernachten.

Hierbei kommt es nicht auf eine generelle *Eignung* oder auf eine Bestimmung durch den *Eigentümer* an, sondern allein darauf, ob es von **Bewohnern** zumindest vorübergehend als Mittelpunkt ihrer privaten Lebensführung benutzt wird (BGH **16**, 394, 395; **23**, 114; **26**, 121, 122; NStZ **84**, 455; 3 StR 54/07). Leerstehende Häuser kommen nicht in Betracht; auch nicht ein geschlossenes Hotel (NStZ **84**, 455; **99**, 32 [Anm. *Wolters* JR **99**, 208; *Eisele* JA **99**, 542]); das nur **zeitweise** Bewohntsein eines Gebäudes oder eines damit zusammenhängenden Nebenhauses (4 StR 136/81), zB während der **Wochenenden** oder während der Ferien (wistra **94**, 57), ist ausreichend (GA **69**, 118; so jetzt auch NK-*Herzog* 11). Auch ist eine bloß vorübergehende (NJW **82**, 2329 m. Anm. *Hilger* NStZ **82**, 421; auch *Kratzsch* JA **83**, 428; *Bohnert* JuS **84**, 182; zusf. *Geppert* Jura **89**, 420), wenn auch monatelange Abwesenheit des Bewohners bedeutungslos (BGH **26**, 121; NStZ **85**, 409; *H. Schneider* Jura **88**, 464; *S/S-Heine* 5). Ob zur Tatzeit Menschen in der Wohnung anwesend sind oder sich dort aufzuhalten pflegen, ist für Nr. 1 unerheblich.

Eine **Aufhebung der Zweckbestimmung** des Dienens zur Wohnung durch die tatsächlichen Bewohner ist möglich. Sie muss nicht vor der Tat nach außen erkennbar geworden sein; vielmehr ist sie zB durch Inbrandsetzen einer Räumlichkeit durch den einzigen bisherigen Bewohner möglich (BGH **10**, 215; **16**, 396; **26**, 122; NStZ **94**, 130; StV **01**, 576; **01**, 577; BGHR § 306 Nr. 2 aF Wohnung 8, 9); ebenso durch Beauftragung eines Ditten mit der Brandlegung durch den bisher einzigen Bewohner allein (wistra **94**, 21; NStZ **88**, 71; enger *Radtke* ZStW **110**, 866) oder im Einverständnis mit *allen* anderen Bewohnern (vgl. NStZ-RR **04**, 235, 236; **05**, 76). Das gilt auch dann, wenn der Täter das Gebäude im Fall eines Fehlschlags weiter bewohnen will (StV **01**, 577; NStZ-RR **05**, 76). Wenn der Täter die Nutzung zu Wohnzwecken für einen bestimmten **Teil eines Gebäudes** aufgeben und nur diesen Teil durch die Tat in Brand setzen will, ist Nr. 1 nicht gegeben (3 StR 54/07). Unerheblich ist, ob der den Wohnzweck aufgebende Täter nur berechtigter **Fremdbesitzer** ist (MDR/H **93**, 721; NStZ-RR **05**, 76; 2 StR 475/92; LG Düsseldorf NStZ **81**, 223); er ist in diesem Fall nach § 306 I Nr. 1 zu bestrafen. Andererseits kann ein Täter den Wohnzweck nicht von sich aus auch für Familienmitglieder oder andere Bewohner ohne deren Kenntnis aufgeben (NStZ **88**, 71; and. bei Aufgabe durch die Eltern für minderjährige Kinder NStZ **92**, 541; **99**, 32, 34; 3 StR 54/07). Nr. 1 scheidet aus, wenn der einzige Bewohner gestorben, selbst wenn er vom Täter kurz vor der Brandstiftung getötet worden ist (BGH **23**, 114); dem *Erben* „dient" die Räumlichkeit nicht ohne weiteres als Wohnung. **4 a**

Zündet der Täter einen mit einem Wohngebäude zusammenhängenden Anbau an, so kommt es auf die Art der Verbindung an, mit der Anbau und Hauptbau verbunden sind (NStZ **91**, 433), und ob nach natürlicher Auffassung ein **einheitliches Gebäude** gegeben ist; gemeinsames Dach oder gemeinsamer Durchgang allein reichen, etwa wenn eine Brandmauer vorhanden ist, dafür nicht aus (GA **69**, 118; 4 StR 160/84), wohl aber ein gemeinsames Treppenhaus (BGH **34**, 170; NStZ **91**, 433); andererseits schließen mehrere Dachstühle, Treppenaufgänge, unterschiedliche Baugeschichte oder feuerbeständig abgetrennte Gebäudetrakte eine Gebäudeeinheit iS des § 306 nicht aus (3 StR 242/84). Das gilt gleichermaßen bei Inbrandsetzen angrenzender Wohngebäude; so sind durch Brandmauern getrennte Doppelhaushälften kein einheitliches (Wohn-) Gebäude (StV **01**, 576 f.). Es genügt nach der Rspr des BGH, dass irgendein zum bestimmungsgemäßen Gebrauch wesentlicher Bestandteil des Gebäudes in Brand gesetzt wird (NStZ **85**, 455), beim Inbrandsetzen des Wirtschaftsteils also, wenn das Feuer sich auch auf den Wohnteil ausbreiten kann (3 StR 132/85). Bei einem **gemischt genutzten Gebäude** (zB Erdgeschoss gewerblich genutzt, Obergeschoss Wohnungen) ist Nr. 1 bereits dann erfüllt, wenn der Brand sich auch nur auf Teile des Gebäudes im Erdgeschoss erstreckt, die lediglich zum Gebrauch als Gewerberaum von wesentlicher Bedeutung sind (BGH **34**, 117 [hierzu *H. Schneider* Jura **88**, 460; *Geppert* Jura **89**, 425]; **35**, 285 [Anm. *Kindhäuser* StV **90**, 161]; NJW **87**, 141 [hierzu krit. *Kratzsch* JR **87**, **5**

360]); NStZ **88**, 407; **91**, 433; **00**, 197; wistra **94**, 21 setzt weiter voraus, dass nicht auszuschließen ist, dass das Feuer auf den Wohnbereich übergreifen kann (vgl. NStZ **85**, 455; NJW **87**, 141). In der **Lit.** wird teilweise eine engere Auslegung vertreten, wonach die Vollendung voraussetzt, dass der zur *Wohnung* dienende Gebäudeteil vom Feuer ergriffen oder zerstört ist (vgl. *S/S-Heine* 11; SK-*Wolters/Horn* 15; NK-*Herzog* 12; *Kratzsch* JR **87**, 360; *Kindhäuser* StV **90**, 161).

6 **B.** Nach **Nr. 2:** Eine **Kirche** oder ein anderes **der Religionsausübung dienendes Gebäude.** Nr. 2 entspricht im Wesentlichen § 306 Nr. 1 aF; jedoch ist der Zweck der „gottesdienstlichen Versammlung" durch den der Religionsausübung ersetzt worden, der § 243 I S. 2 Nr. 4 entspricht. Die Berechtigung eines gegenüber § 306 I Nr. 1 herausgehobenen Schutzes von der Religionsausübung gewidmeten Gebäuden ist umstritten (krit. etwa *Radtke,* Das Ende der Gemeingefährlichkeit?, 1997, S. 13 f.; *Freund* ZStW **109**, 484 f.; *Stein,* Einf./6. StrRG 13; *Schroeder* GA **98**, 571, bei Fn. 4, 5). Unter dem Gesichtspunkt der abstrakten Gefährlichkeit und damit des vorverlagerten Lebensschutzes ist die Heraushebung gegenüber anderen Gebäuden, in denen sich eine Vielzahl von Menschen zu versammeln pflegen, nicht plausibel. Der Gedanke des **Friedensschutzes** (*M/Schroeder/Maiwald* 51/7) erscheint zur Erhöhung des Strafrechtsschutzes wegen Gemeingefahr nicht unzweifelhaft; dass geschütztes Rechtsgut allein das *religiöse Tabu* sein sollte (so SK-*Wolters/Horn* 3), ist im Hinblick auf § 304 I nicht überzeugend; und dass die Strafdrohung „sich mit dem Stichwort ‚Kristallnacht' wohl hinreichend gerechtfertigt haben dürfte" (*Geppert,* Weber-FS [2004], 427, 437), bleibt eher vage.

7 **C.** Nach **Nr. 3: Eine Räumlichkeit, die zeitweise dem Aufenthalt von Menschen dient,** zu einer Zeit, während der in ihr Menschen sich aufzuhalten pflegen. Hierunter fällt jeder abgeschlossene Raum beweglicher oder unbeweglicher Art; **zB** Theater, Museen, Werkstätten, Lagerhallen, in denen Arbeiter tätig sind (2 StR 373/73), Büroräume (RG **69**, 150), eine Scheune, in der Landstreicher zu übernachten pflegen (BGH **23**, 62; 1 StR 492/83; *Geppert* Jura **89**, 421), aber auch Fähren, Eisenbahnwagen, Autobusse, aber auch ein Verkaufswagen (BGH **40**, 107), doch weder ein Pkw (BGH **10**, 208; anders, wenn er ständig als Schlaf- und Wohnstätte verwendet wird [*Spöhr* MDR **75**, 193; Stuttgart OLGSt. 3: ausgeschlachtete Karosserie; ähnl. *S/S-Heine* 8]) noch eine Telefonzelle (MDR/H **77**, 638; **aA** Düsseldorf MDR **79**, 1042 L), falls sie *innerhalb* eines Gebäudes ist (vgl. auch Braunschweig NdsRpfl. **63**, 138). Nr. 3 ist auch dann erfüllt, wenn ein einheitliches Gebäude *nur zu einem Teil* Räumlichkeiten enthält, die zum zeitweisen Aufenthalt von Menschen dienen und ein nicht hierzu dienender Teil in Brand gesetzt wird (BGH **35**, 286 m. Anm. *Kindhäuser* StV **90**, 162; vgl. oben 5). Das **Dienen** ist auch hier (vgl. zu 4 f.) in rein tatsächlichem Sinn zu verstehen (MDR **69**, 943). Ob das gelegentliche Betreten zur Vornahme von Verrichtungen ausreicht (Scheune und Ställe zum Futterholen und Viehbesorgen; vgl. Bay NJW **67**, 2417; LK-*Wolff* 11 zu § 306), ist str. In die Zeit des gewöhnlichen Aufenthalts muss der **Taterfolg** (Brennen) fallen; die Vornahme einer hierauf gerichteten Handlung oder das Ablaufen des zum Erfolg führenden Kausalverlaufs reichen nicht (BGH **36**, 221, 222; vgl. wistra **94**, 21; *Geppert* Jura **98**, 597, 600; zweifelnd *Lackner/Kühl* 4).

8 **3) Die Tathandlungen des I** entsprechen denen des § 306 (vgl. dort 13 f. [Inbrandsetzen], 15 [Zerstörung durch Brandlegung]). Holzlatten und Holzabtrennungen zwischen Kellerverschlägen sind keine wesentlichen Bestandteile eines (Wohn)Gebäudes (StraFo **07**, 169 f.), so dass ihr Brennen nicht zur Vollendung führt (vgl. auch BGH **48**, 14, 22; NStZ **03**, 266). Dasselbe gilt für im Kellergeschoss verlaufende Versorgungsleitungen (BGH **48**, 14, 22; StraFo **07**, 169, 170); *uU auch für Holz*paneele als Deckenverkleidungen (vgl. 2 StR 266/07). Ein „teilweises Zerstören" setzt bei Brandlegung in einem Mehrfamilienhaus voraus, dass zumindest ein zum Wohnen bestimmter selbständiger Teil („Untereinheit" des Gebäudes) durch die Brandlegung für Wohnzwecke unbrauchbar geworden ist

(vgl. NStZ **01**, 252; BGH **48**, 14, 20f. [Anm. *Radtke* NStZ **03**, 432]; 3 StR 422/01 [Unbenutzbarkeit einer Wohnung durch starke Verrußung]; 2 StR 266/07 [Unbrauchbarkeit eines Ladengeschäfts]).

4) Der Täter muss den **Vorsatz** haben, einen der in I Nr. 1 bis 3 genannten Gegenstände in Brand zu setzen oder zu zerstören. Im Fall der Nr. 1 muss er die Bestimmung der Räumlichkeit zu Wohnzwecken kennen, im Fall von Nr. 3 muss er auch wissen, dass es sich um die gewöhnliche Aufenthaltszeit handelt (BGH **36**, 222). Hält er die Voraussetzungen irrtümlich für gegeben, so liegt Versuch am untauglichen Objekt vor; erkennt er sie nicht, so kommt bei vorsätzlicher Brandlegung § 306 I Nr. 1, bei fahrlässigem Handeln § 306d I in Betracht. Zur Annahme bedingten Vorsatzes vgl. NStZ **95**, 86. **9**

5) Gesundheitsgefährdende Brandstiftung, Abs. II. Abs. II, der durch das 6. StrRG eingefügt worden ist (zur Entstehungsgeschichte vgl. 52. Aufl. 10a), ist **konkretes Gefährdungsdelikt** (Bay NJW **99**, 3570; *Lackner/Kühl* 7; *S/S-Heine* 16; *W/Hettinger* 969; *Arzt/Weber* 37/36; *Wolters* JR **98**, 272; *Geppert* Jura **98**, 597; *Rengier* BT II, 40/23 [wohl auch JuS **98**, 399]). Der Tatbestand setzt voraus, dass der Täter eine Sache iS von § 306 I Nr. 1 bis 6 in Brand setzt oder durch Brandlegung ganz oder teilweise zerstört und hierdurch vorsätzlich (vgl. unten 11) eine konkrete Gesundheitsgefährdung eines anderen Menschen (vgl. Bay NJW **99**, 3570) verursacht. **10**

A. Da der **Wortlaut** des II nach hM nur auf die in § 306 I Nr. 1 bis 6 aufgeführten Sachen, nicht jedoch auf das Merkmal der *Fremdheit* verweist (NStZ **99**, 33; NStZ-RR **00**, 209; 3 StR 364/98; so auch *Stein,* Einf./6. StrRG 50; *Hörnle* Jura **98**, 181; *Geppert* Jura **98**, 602; *Lackner/Kühl* 7; *S/S-Heine* 17; SK-*Wolters/Horn* 25f.; *W/Hettinger* 969; *Börner* [1a zu § 306] 12; *Radtke* Dogmatik [1a zu § 306] 281; zweifelnd *Wolters* JR **98**, 273 [„am Rande der möglichen Auslegung"]; LK-*Wolff* Nachtr. 2), würde II die Brandstiftung sowohl an *fremden* als auch an *eigenen* und *herrenlosen* Sachen umfassen (so auch *Rengier* BT II 40/23 und JuS **98**, 399; *Hörnle* Jura **98**, 181; *Wolters* JR **98**, 273). Wenn Abs. II aber in dieser Weise (auch) als qualifizierter Fall des § 306 I, also der Brandstiftung an *fremden* Gegenständen aufgefasst würde, so müsste dies zu unlösbaren Widersprüchen in den Fällen des § 306d führen (entsprechend auch in § 306f.), da die „Qualifikation" (durch *zusätzliche* Gesundheitsgefährdung) dann zu einer widersinnigen Strafrahmen*senkung* führen würde (vgl. *Schroeder* GA **98**, 571, 575; *Fischer* NStZ **99**, 13; *Cantzler* JA **99**, 477f.; SK-*Wolters/Horn* 24; *S/S-Heine* 1 zu § 306d). Die zunächst vorgeschlagene Lösung, § 306a II (und § 306f II) einschränkend dahin auszulegen, dass die Vorschrift sich nur auf die konkrete Gesundheitsgefährdung durch Brandstiftung an *eigenen* und *herrenlosen* Sachen beziehe (*hier* 49. Aufl. und NStZ **99**, 13ff.; aufgegeben in 50. Aufl.), würde zwar dieses absurde Ergebnis vermeiden, jedoch ihrerseits zu einem Widerspruch führen, weil dann bei vorsätzlicher Brandstiftung an *fremden* Sachen und vorsätzlicher Gesundheitsgefährdung nur der Strafrahmen des § 306 I (1–10 Jahre) anzuwenden wäre, bei vorsätzlicher Brandstiftung an *eigenen* oder herrenlosen Sachen mit vorsätzlicher Gefährdung aber der höhere Strafrahmen des § 306a II. Dieses nicht sachgerechte Ergebnis vermeidet die vom BGH angenommene **Konkurrenzlösung** (NStZ-RR **00**, 209; ebenso SK-*Wolters/Horn* 24ff.; *S/S-Heine* 17 und 1 zu § 306d; *Kindhäuser* LPK 11; LK-*Wolff* Nachtr. 3; NK-*Herzog* 4 und 3a vor § 306; *Kreß* JR **01**, 315, 319; vgl. auch *Schnabel* JuS **99**, 103; and. *Immel* StV **01**, 477, 481), die sich auf den Hinweis im Gesetzgebungsverfahren (BT-Drs. 13/8587, 88) stützen kann, es liege in Abs. II eine „eigenständige Schutzrichtung" vor: Danach schützen § 306 I sowie § 306f I allein das **Eigentum** (vgl. aber 21 zu § 306), §§ 306a II, 306f II dagegen allein die **Gesundheit** anderer Menschen, so dass kein Qualifikationsverhältnis bestehen kann, sondern die vorsätzliche oder fahrlässige Sachbeschädigung durch Brandstiftung an fremden Sachen in **Tateinheit** zur konkreten Gesundheitsgefährdung steht (so iErg auch *Börner* [1a zu § 306] 13). § 306a II ist danach als eigenständiger *Grund*tatbestand einer „Ge- **10a**

sundheitsgefährdung durch Brandstiftung“ zu verstehen. Diese Lösung führt wegen § 52 II in allen übrigen Fällen der §§ 306a, 306d, 306f zum selben Strafrahmen-Ergebnis wie die oben genannte Tatbestandseinschränkung, vermeidet aber die Diskrepanz zwischen vorsätzlich gefährdender Brandstiftung an fremden und eigenen Sachen.

10b **Kritik.** Die Probleme der Anwendung werden hierdurch freilich nur gemildert, nicht beseitigt (vgl. auch 6 zu § 306d; zutr. insoweit *Immel* StV **01**, 477, 481); bei **§ 306f II** bleiben sie bestehen (vgl. dort 5a). So überzeugt die Begründung der Konkurrenzlösung nicht, soweit sie iErg den Unrechtsgehalt der abstrakt gefährlichen Brandstiftung bei § 306a II außer Betracht lässt und §§ 306a II, 306f II als „allgemeine Gesundheitsgefährdungsdelikte“ behandelt. Da sich der Unrechtsgehalt der Gesundheitsgefährdung (in § 306f II auch der Sachgefährdung) gerade aus der der *Brandstiftung* innewohnenden abstrakten Gefahr ergibt, bleibt die Strafrahmenmilderung des § 306d Abs. I, 3. Var., wenn die Gefährdung durch Brandstiftung an fremden Sachen „ein Fall des § 306a Abs. II“ ist, unerklärlich; umgekehrt wäre die Verbrechensstrafe für die Sachbeschädigung nach § 306 I nicht erklärlich, wenn zu ihrem Unrechtsgehalt nicht die abstrakte Gefährdung auch von Leib und Leben anderer Personen gehörte. Dass das gesundheitsgefährdende Inbrandsetzen *eigener* Sachen bei *vorsätzlichem* Handeln schwerer bestraft wird als bei *fahrlässigem* Handeln (§ 306d I, 3. Alt. einerseits, II andererseits), ist systematisch nicht erklärbar, da der Brandstiftungs-Vorsatz *weder* im Hinblick auf das Eigentum (des Täters) *noch* im Hinblick auf die Gefährdung eine Unrechtserhöhung bewirkt. Kaum erklären lässt sich auch auf der Grundlage der Konkurrenzlösung die Behandlung der leichtfertigen Todesverursachung durch vorsätzliche Brandstiftung an Sachen iSd § 306 I: Die Mindeststrafdrohung von 10 Jahren lässt sich aus dem tateinheitlichen Zusammentreffen (SK-*Wolters/Horn* 19 zu § 306, 9 zu § 306c) von vorsätzlichem Sachbeschädigungs- und fahrlässigem Tötungsunrecht nicht ableiten, obgleich oder gerade weil sie den Regelungen der §§ 307 III Nr. 1, 308 III, 309 IV, 313 II, 314 II angeglichen ist. Dass die gesundheitsgefährdende Brandstiftung (§ 306a II) durch Inbrandsetzen eigener Sachen (§ 306 I), also die Verwirklichung eines (idR: Bedingten) *Gefährdungs*-Vorsatzes, bei leichtfertiger (dh: fahrlässiger) Todesverursachung einen Strafrahmen von 10 Jahren bis lebenslang eröffnet (§ 306c), erscheint unverhältnismäßig. Weiterhin kann, wenn § 306a II ausschließlich die Gesundheit schützt, die Strafrahmendifferenzierung zwischen § 306d I, 1. und 3. Var., und § 306d II kaum erklärt werden. Entsprechendes gilt für den weithin analog §§ 306 I, 306a II, 306d I formulierten § 306f (vgl. dort 5ff.). **Im Ergebnis** bleibt die unübersichtliche und für Laien unverständliche (*Schroeder* GA **98**, 571, 573) Regelungssystematik zweifelhaft (vgl. auch *Wolters* JR **99**, 208; *W/Hettinger* 969; *Geppert* Jura **98**, 602; *Radtke* aaO 280f.; *M/Schroeder/Maiwald* 52/21; iErg zust. aber *Kudlich* NStZ **03**, 458, 460f.).

11 **B.** Die **konkrete Gefahr** (vgl. NStZ **99**, 33) muss „dadurch“, dh durch die Inbrandsetzung oder Brandlegung (and. *Lackner/Kühl* 7: Zerstörung) herbeigeführt werden; ausreichend ist eine versuchte Tat. Erforderlich ist ein spezifischer **Gefahrverwirklichungszusammenhang**; in der Gesundheitsgefährdung muss sich gerade das der Brandstiftungshandlung innewohnende Risiko verwirklichen (*Geppert* Jura **98**, 602; *S/S-Heine* 20). Eine Gefährdung gerade durch das Brennen oder den Zerstörungserfolg ist nicht erforderlich; ausreichend sind etwa Gefährdungen durch riskante Rettungshandlungen (*Geppert* aaO) oder durch die Explosion des Zündstoffs (*S/S-Heine* 20; vgl. *W/Hettinger* 973). Dass sich die gefährdete Person zurzeit der Brandstiftungshandlung in unmittelbarer räumlicher Nähe zum Tatobjekt befindet, ist nicht erforderlich (*S/S-Heine* 19); geschützt sind auch unbeteiligte Dritte (zB *Anwohner bei Entwicklung* gesundheitsschädlicher Gase). Zum Begriff der konkreten Gefahr 3 zu § 34, 18 vor § 13. Die **Einwilligung** in die Gefährdung hat rechtfertigende Wirkung (*Rengier* BT II 40/24); dagegen rechtfertigt eine Einwilligung des Eigentümers der Sache nur die Tat nach § 306 I, nicht aber die

nach § 306a II (*Hörnle* Jura **98**, 181; *Kindhäuser* LPK 14; *Lackner/Kühl* 7; S/S-Heine 16). Die Gefährdung muss, wie sich aus § 306d I ergibt, vom **Vorsatz** umfasst sein (*Wolters* JR **98**, 273; *Küpper* ZStW **111**, 788f.; SK-*Wolters/Horn* 28; *S/S-Heine* 23; LK-*Wolff* Nachtr. 4); § 18 gilt nicht (**aA** *Hörnle* Jura **98**, 181). An die Feststellung der konkreten Gefahr und des Vorsatzes sind strenge Anforderungen zu stellen. Zur **fahrlässigen Gefährdung** vgl. § 306d I.

6) Die **Strafe** ist Freiheitsstrafe von 1 bis zu 15 Jahren. Tätige Reue: § 306e I, III. Führungsaufsicht: § 321. **Abs. III** sieht einen Strafrahmen von 6 Monaten bis zu 5 Jahren für unbenannte **minder schwere Fälle** vor, die nach früherem Recht nur für den Sachbeschädigungs-Tatbestand des § 308 aF in Betracht kamen. Im Hinblick auf die Ausdehnung des Tatbestands durch die Alternative der Brandlegung sind jedoch, namentlich im Fall des Abs. II, zahlreiche Fälle denkbar, in denen die Anwendung des Regelstrafrahmens unangemessen wäre. Hierzu gehören auch Fälle des I, in denen eine konkrete Gefährdung von Menschen objektiv ausgeschlossen ist (oben 2; ebenso *S/S-Heine* 25; **aA** *Koriath* JA **99**, 298, 301f.). Gegenüber § 306 aF kann trotz gleicher Strafdrohung des I daher bei konkreter Betrachtungsweise III das mildere Gesetz sein (StV **98**, 546). Die Identität der Strafrahmen von § 306 II und § 306a III ist nicht verständlich (*W/Hettinger* 969) und mit den Rechtsguts-Erwägungen des Gesetzgebers nicht zu vereinbaren. 12

7) Tateinheit zwischen Abs. II und § 306 I ist (aus den oben 10a und 20 zu § 306 dargelegten Gründen) möglich; daher auch zwischen § 306a I und II. Zum Verhältnis von § 306a I zu § 306 I vgl. NStZ **01**, 196; NJ **03**, 549; 20 zu § 306; *Börner* [1a zu § 306] 12ff. Tritt eine einfache Gesundheitsschädigung eines Menschen ein, so steht II in Tateinheit mit § 223, bei qualifizierter Gesundheitsschädigung wird II von § 306b I verdrängt. Hinter einer vollendeten Erfolgsqualifikation nach § 306c tritt § 306a zurück: dagegen besteht zwischen Vollendung des § 306a und Versuch des § 306c Tateinheit (NStZ-RR **04**, 367). Tateinheit ist auch möglich mit §§ 211, 212, mit §§ 303, 305 (*Lackner/Kühl* 9), § 37 I S. 1 Nr. 7 iVm § 53 I S. 1 Nr. 4 WaffG aF (1 StR 155/94 [Molotow-Cocktail]). Vgl. zur Konkurrenz i.Ü. 19f. zu § 306. 13

Besonders schwere Brandstiftung

306b **I Wer durch eine Brandstiftung nach § 306 oder § 306a eine schwere Gesundheitsschädigung eines anderen Menschen oder eine Gesundheitsschädigung einer großen Zahl von Menschen verursacht, wird mit Freiheitsstrafe nicht unter zwei Jahren bestraft.**

II Auf Freiheitsstrafe nicht unter fünf Jahren ist zu erkennen, wenn der Täter in den Fällen des § 306a

1. einen anderen Menschen durch die Tat in die Gefahr des Todes bringt,
2. in der Absicht handelt, eine andere Straftat zu ermöglichen oder zu verdecken oder
3. das Löschen des Brandes verhindert oder erschwert.

1) Allgemeines. Die Vorschrift wurde durch Art. 1 Nr. 80 des 6. StrRG (3 vor § 174, 1 vor § 306) eingefügt. Mit I wurde die besonders schwere Brandstiftung des § 307 aF um eine **Erfolgsqualifikation** erweitert. Abs. II enthält in Nr. 1 eine **Qualifizierung** durch Lebensgefährdung; Nr. 3 erweitert die Qualifikation des § 307 Nr. 3 aF; in Nr. 2 ist die frühere Beschränkung auf bestimmte Folgetaten (§ 307 Nr. 2 aF) aufgehoben und der Tatbestand um die Verdeckungsabsicht erweitert. Für die Ermittlung des bei Tatbegehung vor dem 1. 4. 1998 anzuwendenden milderen Rechts ist § 306b in die Prüfung einzubeziehen (BGH **44**, 175). 1

Literatur: *St. Cramer* Jura **95**, 347 [zur rechtshistorischen Entwicklung von § 307 aF]; *Hecker,* Brandstiftung in betrügerischer Absicht – ein Fall des § 306b Abs. 2 Nr. 2 StGB?, GA **99**, 332; *Kudlich,* Identität der Gefährdungsobjekte innerhalb der §§ 306a ff. StGB?, NStZ **03**, 458; *Woelk,* Täterschaft bei zweiaktigen Delikten – am Beispiel des § 307 Nr. 3 StGB, 1994 [Bespr. *Lesch,* GA **96**, 345]. Vgl. i.Ü. 1a zu § 306. 1a

2) Abs. I qualifiziert vorsätzliche Taten nach §§ 306, 306a durch den **wenigstens fahrlässig** (§ 18) herbeigeführten **Erfolg** (BGH **44**, 177 [zust. Anm. *Ingelfinger* JR **99**, 211; *Kühn* NStZ **99**, 559]; *Lackner/Kühl* 1; *S/S-Heine* 1; NK-*Herzog* 1; *W/Hettinger* 953; *Radtke* ZStW **110**, 876; *Stein,* Einf./6. StrRG 104f.; *Immel* StV **01**, 477; *Müller/Hönig* JA **01**, 517, 522; **aA** *Geppert Jura* **98**, 603; *Wolters* 2

JZ **98**, 400) einer **Gesundheitsschädigung** anderer Menschen. In seinem Anwendungsbereich verdrängt er § 306a II (ebenso LK-*Wolff* Nachtr. 1).

3 Der **Tatbestand** erfordert zunächst das Vorliegen einer **Brandstiftung** nach § 306 oder § 306a, dh ein Inbrandsetzen (13f. zu § 306) oder ein zumindest teilweises Zerstören des Schutzgegenstands durch Brandlegung (15 zu § 306). Die Tat muss **vollendet** sein; ist sie nur versucht, so ist bei Eintritt der schweren Folge Versuch des § 306b gegeben (vgl. BGH **44**, 175; *Regnier* JuS **98**, 397, 400; *S/S-Heine* 2). Als **qualifizierender Erfolg** muss hinzutreten:

4 **A.** entweder eine **schwere Gesundheitsschädigung** *wenigstens eines* anderen Menschen. Zum Kreis möglicher Tatopfer vgl. 11 zu § 306a; zur Gesundheitsschädigung 6 zu § 223. Der Begriff der *schweren* Gesundheitsschädigung entspricht dem der §§ 330 II Nr. 2, 330a I idF des 31. StÄG und des § 218 II S. 2 Nr. 2 (vgl. BT-Drs. 13/8587, 27). Der Begriff reicht weiter als der der schweren Körperverletzung (§ 226); er umfasst daneben insb. auch langwierige ernsthafte Erkrankungen sowie den Verlust oder die erhebliche Einschränkung im Gebrauch der Sinne, des Körpers und der Arbeitsfähigkeit (vgl. BT-Drs. VI/3434, 13; 12/192, 28; 13/8587, 28; vgl. *Stein,* Einf./6. StrRG 60ff.). Im Hinblick auf die Höhe der Mindeststrafe darf der Begriff nicht weit ausgelegt werden;

5 **B.** oder die (einfache) Gesundheitsschädigung einer **großen Zahl von Menschen.** Der Begriff der großen Zahl bedeutet nicht „Unübersehbarkeit" einer Menschenmenge; er dürfte *jedenfalls* bei 20 Personen anzunehmen sein (ebenso *Radtke* ZStW **110**, 876; *Rengier* BT II § 40/25; **aA** SK-*Wolters/Horn* 4; *Geppert Jura* **98**, 603; LK-*Wolff* Nachtr. 2; *Müller/Hönig* JA **01**, 522: 10 Personen; *W/Hettinger* 971: jedenfalls mehr als 3; *S/S-Heine*: mind. 10, jedoch diff. nach der „Summe der Verletzungen"). Eine Differenzierung des Tatbestandsmerkmals „große Zahl" danach, wie schwer die Gesundheitsschädigung ist (so *Stein* aaO 63; *S/S-Heine* aaO), lässt sich mit dem Wortlaut nicht vereinbaren. Nach BGH **44**, 175 (m. Anm. *Ingelfinger* JR **99**, 210; *Kühn* NStZ **99**, 559) ist das Merkmal **tatbestandsspezifisch** auszulegen; aus einem Vergleich mit anderen Tatbeständen, die das Merkmal verwenden, und den Strafdrohungen der §§ 306, 306a ergibt sich danach, dass die Zahl der Geschädigten jedenfalls dann „groß" ist, wenn 14 Bewohner eines mittelgroßen Hauses betroffen sind. Der Anknüpfung an die Gesetzessystematik sind freilich Wortlautgrenzen gesetzt: So kann nicht daraus, dass § 306b I ohne Differenzierung auf § 306 verweist, geschlossen werden, bei der Inbrandsetzung von Kraftfahrzeugen (§ 306 I Nr. 4) sei die „große Zahl" anhand der zur Verfügung stehenden *Sitzplätze* zu bestimmen. Auch eine Anknüpfung an § 306a ist zur exakten Bestimmung kaum geeignet: Wie hoch die Zahl *einfacher* Gesundheitsschädigungen sein muss, um in ihrem Unrechtsgehalt einer *schweren* Schädigung zu entsprechen, lässt sich weder systematisch noch quantitativ festlegen.

5a Die **Gesundheitsschädigung** muss nicht schwer sein; allerdings reichen nur unerhebliche Beeinträchtigungen des Wohlbefindens, etwa durch Rauchentwicklung, nicht aus. Psychische Beeinträchtigungen reichen nur aus, wenn sie über Furcht, Erschrecken oder Panik deutlich hinausgehen und zu einer auch zeitlich nicht unerheblichen Minderung der Gesundheit führen (vgl. NStZ **97**, 123). Beispiele für die 2. Var. sind neben Brand- und Explosionsverletzungen insb. Rauchvergiftungen sowie Vergiftungen durch beim Brand freiwerdende Gase oder Chemikalien. In der Gesundheitsschädigung muss sich die der Brandstiftungshandlung innewohnende **spezifische Gefahr** verwirklichen (vgl. NK-*Herzog* 3 zu § 306c; *S/S-Heine* 3; *Kindhäuser* LPK 3; *Rengier* JuS **98**, 397, 400); erfasst ist auch die Gefährdung Dritter bei (nachträglichen) Rettungsbemühungen, sofern die Selbstgefährdung durch ein nahe liegendes, für den Täter vorhersehbares Motiv begründet und nicht von vornherein sinnlos oder unverhältnismäßig ist (vgl. BGH **39**, 322, 325f. [zu § 306 Nr. 2 aF; Anm. *Alwart* NStZ **94**, 84]).

6 **3) Abs. II** enthält **Qualifikationen** für Brandstiftungen an Räumlichkeiten nach § 306a. Rspr. und hM verstehen II als *selbständig* neben Abs. I stehenden

Qualifikationstatbestand des § 306 a, nicht als an Abs. I anknüpfende weitere Qualifikationsstufe. Danach ist „Täter" iS des Abs. II nicht „der **Täter des Abs. I** (in den Fällen des § 306 a)", sondern schlicht „der **Täter des § 306 a**" (so auch SK-*Wolters/Horn* 8). *Zwingend* ist diese Auslegung nicht (zur Entstehungsgeschichte vgl. 54. Aufl.). Auf Fälle des § 306 d, in denen Gefährdungen iS von § 306 a II nur fahrlässig verursacht werden, ist § 306 b II nicht anwendbar (StV **00**, 16).

Über die Verweisung auf § 306 a II und § 306 sind auch Brandstiftungen an *eigenen* Sachen (vgl. 10 b zu § 306 a) nach § 306 I Nr. 1 bis 6 erfasst (ebenso *S/S-Heine* 9; *Radtke* ZStW **110**, 854 u. Dogmatik [1 a zu § 306] 329); das führt zu einer Überdehnung der Strafbarkeit in den Fällen von II Nr. 2 und insb. Nr. 3. So ist **zB** das Inbrandsetzen eines tätereigenen Mopeds in der Absicht, einen Versicherungsbetrug zu begehen, mit einer Mindeststrafe von 5 Jahren bedroht, wenn der Täter eine leichte Gefährdung der Gesundheit einer anderen Person billigend in Kauf nimmt (II Nr. 2 iVm §§ 306 a II, 306 I Nr. 4; vgl. unten 9 a f.). Auch von II Nr. 3 werden bei Brandstiftungen an tätereigenen Sachen Sachverhalte erfasst, für welche die drakonische Mindeststrafe von 5 Jahren unverhältnismäßig ist (krit. auch *W/Hettinger* 972). Das Problem ist im Gesetzgebungsverfahren gesehen worden; einem entspr. Einwand des BRats sind BReg. und RA-BTag aber nicht gefolgt (BT-Drs. 13/8587, 70, 88; 13/9064, 22). 6 a

Voraussetzungen des II sind im Einzelnen: 7

A. Nach **Nr. 1:** die Verursachung einer *konkreten* Todesgefahr für mindestens eine andere Person (11 zu § 306 a). Der Qualifikationstatbestand entspricht § 176 a V und § 250 II Nr. 3 Buchst. b. Nr. 1 ist kein erfolgsqualifiziertes Delikt; für die konkrete Todesgefahr gilt daher § 15 (NJW **99**, 3132 [Anm. *Radtke* NStZ **00**, 88; *Stein* JR **00**, 115; *Kudlich* JA **00**, 46]; *S/S-Heine* 9; *Lackner/Kühl* 3; SK-*Wolters/Horn* 10; *Hecker* GA **99**, 332; *Rengier* JuS **98**, 400; *Murmann* Jura **01**, 258; 264; *Immel* StV **01**, 477 f.; *Stein* aaO 65 f.; *Wolters* JR **98**, 273 f. und JZ **98**, 400; *W/Hettinger* 972). Da § 306 c nur die wenigstens leichtfertige Todesverursachung erfasst, unterfällt II Nr. 1 auch der Fall einer nur einfach fahrlässigen Verursachung des Todes eines anderen Menschen. Zum spezifischen Gefahrzusammenhang vgl. 11 zu § 306 a.

B. Nach **Nr. 2:** die **Absicht** des Täters, durch die Tat eine **andere Straftat** zu **ermöglichen** oder zu **verdecken.** Die andere Straftat muss nicht eine solche des Täters selbst sein; die Absicht kann sich auch auf die Tat einer **anderen Person** beziehen (NJW **00**, 3581 [Anm. *Liesching* JR **01**, 126]). 8

a) Dass der bloße **Erfolg** einer Brandstiftung vom Täter als Voraussetzung für die Begehung irgendeiner späteren Straftat angesehen wird, vermag insb. in den Fällen des § 306 a II die Steigerung der Mindeststrafdrohung auf das Fünffache kaum zu rechtfertigen (ebenso SK-*Wolters/Horn* 12). Im Hinblick auf die Höhe der Strafdrohung wäre daher eine **restriktive** Auslegung des Tatbestands geboten, wonach eine nur allgemein funktionale Beziehung zwischen Brandstiftung und ermöglichter Straftat nicht ausreicht, so etwa, dass die Brandstiftung zur Einschüchterung des Opfers einer räuberischen Erpressung dienen soll (BGH **38**, 309 [m. Anm. *Graul* JR **93**, 295; *Kratzsch* JuS **94**, 372]; **40**, 251). Vorauszusetzen wäre, dass in den Fällen des § 306 a I gerade die spezifischen Auswirkungen der Gemeingefahr (Verwirrung, Panik, Flucht aus Gebäuden unter Zurücklassung von Wertgegenständen, Unübersichtlichkeit der Situation etc.) nach der Vorstellung des Täters die Begehung der anderen Tat begünstigen (vgl. BGH **40**, 253 m. Anm. *Laubenthal* JR **96**, 32; *Zopfs* JuS **95**, 688; *Cramer* Jura **95**, 347; *Jung* JuS **95**, 270); das käme nur bei nahem zeitlichen und räumlichen Zusammenhang zwischen der Brandsituation und der geplanten weiteren Straftat in Betracht (vgl. BGH **38**, 311; **40**, 253; so auch *Lackner/Kühl* 4; SK-*Wolters/Horn* 11 c, 12; *S/S-Heine* 13; *Joecks* 7; *Geppert* Jura **98**, 597, 604; *Mitsch* ZStW **111**, 114; ähnlich *Hecker* GA **99**, 332, 338 ff.). 9

Dem Vorschlag einer solchen Auslegung ist der **BGH** aber nicht beigetreten. Nach BGH **45**, 211 (*4. StS*; zust. *Radtke* JR **00**, 428; *Rönnau* JuS **01**, 328; abl. *Schlothauer* StV **00**, 138; *Hecker* GA **99**, 332; SK-*Wolters/Horn* 11 c; vgl. dazu auch *Kudlich* JA **00**, 361) genügt es vielmehr zB, wenn der Täter bei der Brandstiftung die Absicht hat, zu einem späteren Zeitpunkt einen **Betrug** zum Nachteil der Brandversicherung zu begehen (ebenso 4 StR 647/99; NStZ **00**, 197; NJW **00**, 9 a

3581 [Anm. *Liesching* JR **01**, 126]; NStZ-RR **00**, 209; **04**, 366f.; NJW **07**, 2130, 2131 **aS**; ebenso *Stein* in: *Dencker* u. a., Einf./6. StrRG, 67; *M/Schroeder/Maiwald* 51/30; *Krey* BT I 765a; *Ellbogen* Jura **98**, 483, 488; NK-*Herzog* 6 [krit.]; *Radtke,* Dogmatik der Brandstiftungsdelikte, 1998, 332ff.). Die Rspr knüpft damit an die Auslegung der gleich lautenden Formulierungen in §§ 211 II, 315c III Nr. 1b an (iErg abl. *S/S-Heine* 13). Eine Exklusivität der §§ 265, 263 III S. 2 Nr. 5 besteht hiernach nicht (zur Konkurrenz vgl. unten 14).

9b **Kritik.** Die Auslegung durch den BGH hat eine *mögliche* Interpretation des Wortlauts auf ihrer Seite. *Zwingend* ist diese nicht; der **Wortlaut** würde es näher legen, als „Täter" iS von Abs. II Nr. 2 nicht ohne weiteres den des § 306a anzusehen, sondern den *Täter des Abs. I* (vgl. oben 6); die ungewöhnliche Formulierung „der Täter in den Fällen" (statt: „der Täter des § 306a") spricht eher hierfür (vgl. dagegen etwa § 309 III, IV, § 330 II). Die Auslegung durch Rspr und hM stützt sich auch auf das **systematische** Argument, dass beim Erfordernis eines engen räumlich-zeitlichen Verhältnisses für die Alternative der *Verdeckungs*absicht nur ein schmaler Anwendungsbereich verbliebe (BGH **45**, 218). Das überzeugt deshalb nicht, weil für die Verdeckung ein solcher Zusammenhang gar nicht gefordert worden ist; und eine *Ausweitung* des Ermöglichungstatbestands kann den Anwendungsbereich der Verdeckung nicht erweitern. **Im Ergebnis** wird hier ein **Sonderfall des § 265,** nämlich das Anzünden einer eigenen Sache zum Zweck des Versicherungsbetrugs, mit einer *Mindeststrafe von 5 Jahren* geahndet, wenn dabei die Gesundheit eines anderen gefährdet wird; eine Zerstörung auf andere Weise, selbst mit vorsätzlicher Lebensgefährdung eines anderen, ist dagegen mit *5 Tagessätzen* bedroht. Das ist nicht überzeugend (krit. auch *Arzt/Weber* 37/44; *Ostendorf* StV **03**, 676f.). Dagegen spricht auch, dass den Fällen des § 306b durchweg eine Erhöhung des *Gefährdungs*unrechts zugrunde liegt; die Anknüpfung des drakonischen Strafrahmens an bloße Erhöhungen des *Gesinnungs*unwerts (*Hecker* GA **99**, 337) passt dazu nicht (ebenso *Lackner/Kühl* 4; SK-*Wolters/Horn* 11c; krit. auch NK-*Herzog* 6). Der **BGH** hat gleichwohl an der genannten Rspr ausdrücklich festgehalten (NStZ-RR **04**, 366f. [Aufhebung von LG Kiel StV **03**, 675m. zust. Anm. *Ostendorf*]; BGH **51**, 236 [= NJW **07**, 2130]). Die **Praxis** hat sich darauf einzurichten.

10 **b)** Der Brand muss nach dem Willen des Täters mindestens Vorbereitungshandlung zu der anderen – eigenen oder fremden – Tat sein; er kann nach Ansicht der Rspr. aber auch, etwa im Fall einer Mordabsicht, *Tatmittel* sein (vgl. 4 StR 60/99; zweifelnd NJW **07**, 2130, 2132 **aS** [*3. StS*]; zur aF BGH **20**, 247; **40**, 106), ohne dass zu der Brandlegung nach der Vorstellung des Täters überhaupt noch irgendein weiterer Handlungsakt hinzutreten soll (ebenso LK-*Wolff* 5; *S/S-Heine* 11; zutr. **aA** SK-*Wolters/Horn* 11b; *Lackner/Kühl* 4; *Arzt/Weber* 37/45; *Zopfs* JuS **95**, 688). *Notwendiges* Mittel der Tatbegehung muss die Brandstiftung nicht sein (vgl. jew. zu § 211 BGH **39**, 161 [Anm. *Graul* JR **93**, 510; *Schroeder* JuS **94**, 294; *Geppert* JK 25]; BGH **41**, 358 [m. Anm. *Schroeder* JZ **96**, 686]; *Otto* JK 96; BGH NStZ **96**, 81 [Bespr. *Fischer* NStZ **96**, 416; *Mitsch* JuS **97**, 788]). Der *durch* die Brandstiftung begangene Versicherungsmissbrauch gem. § 265 oder eine zugleich mit einer Tat nach § 306a I begangene Sachbeschädigung am Inventar sind keine iS von II Nr. 2 zu ermöglichende *anderen* Straftaten (NJW **07**, 2130 **aS**). Die Absicht, einer (gutgläubigen) dritten Person Vorteile aus einer Gebäude- oder Hausratversicherung zu verschaffen, reicht nur dann aus, wenn der Täter als *Repräsentant* des Berechtigten handelt und eine Tat nach § 263 in mittelbarer Täterschaft begehen will; ansonsten liegt eine andere Tat nicht vor, da ein Leistungsanspruch besteht (ebd.).

10a **Bedingter Vorsatz** reicht sowohl für die Brandstiftung als auch für die weitere Straftat aus (zweifelnd *S/S-Heine* 12); die **Absicht** iS der Nr. 2 muss sich nicht auf den Deliktserfolg, sondern allein auf die Verknüpfung der Brandstiftungshandlung mit dem (mindestens gebilligten) Erfolg einer bestimmten weiteren Tat beziehen (BGH **40**, 106m. krit. Anm. *Schmidt* JuS **95**, 81; *Zopfs* JuS **95**, 686; 4 StR 60/99). Das kommt etwa in Betracht, wenn der Täter den Erfolg der Brandstiftung für möglich, jedoch nicht für notwendig hält, weil er davon ausgeht, dass schon die Brandstiftungs*handlung* (Stichflammen, Rauchentwicklung, Verpuffung von Gas) hinreichende Voraussetzung für die Begehung der weiteren Tat sein werde. Dass die weitere Straftat vollendet oder versucht wird, ist nicht erforderlich; Nr. 2 ist mit der Brandstiftung vollendet, wenn diese von der Absicht getragen war. Die Absicht ist ein besonderes persönliches Merkmal iS von § 28 II (NJW **00**, 3581 f.).

c) Entsprechendes gilt für die **Verdeckungsabsicht.** Nr. 2 ist zB gegeben, wenn der Täter, um belastende Beweismittel über frühere Straftaten zu vernichten, das Inventar eines Büros anzündet und dabei billigend in Kauf nimmt, dass das Gebäude selbst in Brand gesetzt oder durch die Brandwirkung (teilweise) zerstört wird (*Hecker* GA **99**, 341; zur vergleichbaren Konstellation bei § 211 vgl. BGH **39**, 161; **41**, 360 m. Anm. *Schroeder* JZ **96**, 688). Die Verweisung auf die sachbeschädigende Brandstiftung des § 306 passt auch hier nicht (oben 9b); die Erstreckung der Verdeckungsabsicht auf beliebige Straftaten führt zu einer drakonischen Bestrafung auch geringfügiger Selbstbegünstigungshandlungen. **11**

C. Nach **Nr. 3:** Der Täter muss das **Löschen des Brandes verhindern oder erschweren.** Im Unterschied zu Nr. 3 aF, der nur bestimmte Verhinderungshandlungen unter Strafe stellte, jedoch einen Verhinderungserfolg nicht voraussetzte, verlangt Nr. 3 idF durch das 6. StrRG, dass dieser **Erfolg** durch beliebige Handlungen des Täters, die der Brandstiftung vorausgehen (zB Entfernung von Löschmitteln), zugleich mit ihr vorgenommen werden (zB Ausschalten automatischer Löscheinrichtungen) oder ihr nachfolgen können (zB Hinderung löschwilliger Personen), **tatsächlich eintritt** (SK-*Wolters/Horn* 17; *S/S-Heine* 15; *Radtke* Dogmatik 357). Verhindert oder erschwert werden muss das Löschen *des Brandes* iS des § 306 a (oben 6). Das setzt nicht voraus, dass die Brandstiftung bereits vollendet ist; vielmehr reicht es aus, dass die Verhinderungshandlung die Vollendung gerade herbeiführt (Hinderung Dritter, das Zündmittel zu löschen, bevor wesentliche Teile der Räumlichkeit Feuer fangen). Problematisch ist die Abgrenzung zu Bemühungen des Täters, die die Begehung der Tat erst *ermöglichen* sollen, etwa Heimlichkeit der Brandlegung oder Ausnutzen der Abwesenheit löschbereiter Personen. Im Hinblick auf die sehr hohe Mindeststrafdrohung (krit. insoweit Stellungn. des BRats, BT-Drs. 13/8587, 70) ist eine restriktive Auslegung geboten. Die Verhinderung der Rettung von Personen oder des Inventars einer Räumlichkeit unterfällt Nr. 3 nicht. **Vollendung** liegt vor, wenn auf Grund der Handlung des Täters (vgl. *S/S-Heine* 16) der Brand nicht oder nur schwerer gelöscht werden kann. Im Fall der Verhinderung muss die Handlung sowohl für das Unterbleiben von Löscharbeiten als auch für das Weiterbrennen ursächlich sein. Nicht erfasst sind (anders die aF) Fälle, in denen der Brand aus anderen Gründen erlischt. Die **Erschwerung** muss sich für die Rechtsgutsverletzung tatsächlich ausgewirkt haben (*Radtke* aaO 356; *S/S-Heine* 17). Dass der Täter etwa eine Notrufeinrichtung zerstört, reicht daher, wenn die Feuerwehr auf anderem Wege von dem Brand erfährt, nur dann aus, wenn die Löscharbeiten deshalb später oder weniger effektiv durchgeführt werden können. **Versuch** liegt vor, wenn sich die auf Verhinderung oder Erschwerung abzielenden Handlungen tatsächlich auf die Durchführung der Löscharbeiten *oder* auf den Brand nicht auswirken. Auch für Nr. 3 reicht **bedingter Vorsatz.** Die Strafdrohung erscheint in Fällen des § 306 a II überzogen. **12**

4) Die Strafe ist im Fall des I Freiheitsstrafe von 2 bis 15 Jahren, im Fall des II Freiheitsstrafe von 5 bis 15 Jahren. Weitere Rechtsfolgen: Führungsaufsicht (§ 321), Einziehung (§ 322). Tätige Reue: § 306 e. Die Absicht des II Nr. 2 ist ein täterbezogenes (persönliches Merkmal iS von § 28 II (NStZ **00**, 197 f.). **13**

5) Konkurrenzen: Vgl. zunächst 20 zu § 306. Zwischen I und II kann Tateinheit bestehen, ebenso zwischen I und §§ 223 ff., zwischen II Nr. 1 und § 222 im Fall einfach fahrlässiger Todesverursachung (oben 7), zwischen II Nr. 3 und § 303 bei Zerstörung von Löscheinrichtungen. Die Qualifikation einer Körperverletzung gem. § 224 I Nr. 5 (abstrakte Lebensgefährdung) wird durch die konkrete Gefährdung nach II Nr. 2 verdrängt (2 StR 211/07); mit § 223 besteht Tateinheit (vgl. 16 zu § 224). Zwischen II Nr. 2 und der anderen Straftat **14**

wird idR Tatmehrheit anzunehmen sein; denkbar ist aber auch Tateinheit, wenn die Brandstiftung zugleich das Mittel zur Begehung der ermöglichten Tat ist (oben 10); zum **Verhältnis zu § 265** vgl. BGH **45**, 211; NJW **07**, 2130 **aS** sowie oben 9a und Erl. zu § 265. Zwischen II Nr. 2 und einem späteren Betrug besteht **Tatmehrheit** (NStZ-RR **04**, 235, 236); die bloße Absicht, die spätere Tat nach § 263 zu ermöglichen, reicht nicht aus, um beide Taten zur Tateinheit zu verbinden (vgl. auch BGH **11**, 398, 399; **45**, 211, 213). Tatmehrheit besteht auch zwischen Anstiftung zu II Nr. 2 und versuchtem Betrug (NStZ-RR **04**, 235; **04**, 366 f.). Zur **prozessualen** Tatidentität iS von § 264 StPO vgl. BGH **45**, 211 ff.; 4 StR 2/00. Durch I werden §§ 306 und 306a verdrängt. II Nr. 1 verdrängt § 306a II, nach StV **01**, 232 auch § 306 I Nr. 1. II Nr. 2 u. 3 und § 306a II stehen in Tateinheit. Zum Verhältnis zu § 306c vgl. dort 7.

Brandstiftung mit Todesfolge

306c **Verursacht der Täter durch eine Brandstiftung nach den §§ 306 bis 306b wenigstens leichtfertig den Tod eines anderen Menschen, so ist die Strafe lebenslange Freiheitsstrafe oder Freiheitsstrafe nicht unter zehn Jahren.**

1 **1) Allgemeines.** Die Vorschrift wurde durch Art. 1 Nr. 80 des 6. StrRG (3 vor § 174, 1 vor § 306) eingefügt. Die Norm erfasst den bisher in § 307 Nr. 1 aF geregelten Fall einer besonders schweren Brandstiftung.

2 **2)** § 306c enthält eine **Erfolgsqualifikation** für die Brandstiftung nach §§ 306 bis 306b; als Grunddelikt ausreichend ist daher auch eine nur sachbeschädigende einfache Brandstiftung (vgl. *Radtke* ZStW **110**, 848, 854). Voraussetzung ist die **Verursachung** des Todes eines Menschen. Auf die in § 307 Nr. 1 aF enthaltene Einschränkung, dass das Opfer sich zur Tatzeit in den in Brand gesetzten Räumlichkeiten befand, ist bei der Neufassung verzichtet worden (RegE § 306b; krit. *Stein,* Einf./6. StrRG 72 ff.; *Radtke* ZStW **110**, 878); die Fahrlässigkeitsschwelle des § 18 ist auf **wenigstens leichtfertiges Handeln** angehoben.

3 **3)** Der Tod des Opfers muss **durch die Brandstiftung verursacht** worden sein. Nicht erforderlich ist ein Tod durch Verbrennen; es reicht, wenn die schwere Folge durch die **spezifischen Gefahren** der Brandstiftung im unmittelbaren zeitlichen und räumlichen Zusammenhang hiermit verursacht ist; so zB durch herabfallende Trümmer, durch Verletzung mit dem Zündstoff bei einem Brandstiftungsversuch (BGH **7**, 39; LK-*Wolff* 4 u. Nachtr. 2; *S/S-Heine* 4; *Geppert* Jura **89**, 475; **aA** RG **40**, 321; *Laubenthal* JZ **87**, 1067; zu § 307 aF), durch Ersticken oder Vergiftung durch freiwerdende Gase (*Rengier* JuS **98**, 400); anders als zu § 307 Nr. 1 aF (BGH **20**, 230), wegen der Neufassung des § 306 II auch durch Explosion infolge der Brandlegung (vgl. dazu *Sowada* Jura **94**, 652). Erfasst ist auch der Tod durch in Panik begangene Selbstrettungsversuche, etwa durch kopfloses Hinabspringen aus großer Höhe oder auf Grund anderer Schockwirkungen (str., **aA** *M/Schroeder/Maiwald* 51/15; *Küpper* JuS **90**, 186; zweifelnd NK-*Herzog* 3). Vollendungsstrafe setzt einen Brandstiftungs*erfolg* nach § 306 bis 306b voraus (wie hier SK-*Wolters/Horn* 3); für die Todesfolge reicht die Verursachung durch die *Handlung.*

4 Für die aF war wegen des Erfordernisses der Anwesenheit des Opfers in den in Brand gesetzten Räumlichkeiten weitgehend anerkannt (vgl. BGH **39**, 322 m. Anm. *Alwart* NStZ **94**, 84; dazu *Amelung* NStZ **94**, 338; *Günther* StV **93**, 78; *Sowada* JZ **94**, 663; *Meindl* JA **94**, 100; krit. *Derksen* NJW **95**, 240; *Bernsmann/Zieschang* JuS **95**, 775; *Günther* StV **95**, 775), dass erst **nachträglich hinzukommende Personen,** insb. Feuerwehrleute und **Helfer,** dem Schutzbereich der Vorschrift nicht unterfielen, ihre Tötung vielmehr nur nach § 222 zu erfassen war. Inwieweit hieran trotz der Erweiterung des Tatbestands auf Personen außerhalb in Brand gesetzter Räumlichkeiten festzuhalten ist, um eine zu weitgehende Zurechnung *kausal herbeigeführter* Retterschäden auszuschließen, ist i. e. str. (vgl. dazu *Geppert* Jura **98**, 602, 604; *Bayer* in: *Schlüchter,* BochErl. 109; *Rengier* JuS **98**, 400; *Stein* Einf./6. StrRG 117; *Wolters* JR **98**, 274; *Radtke,* Brandstiftungsdelikte 289 u. ZStW **110**, 879 f.; *Radtke/Hoffmann* GA **07**, 201 ff.; *S/S-Heine* 5 ff.; SK-*Wolters/*

Horn 3; LK-*Wolff* Nachtr. 2). Eine *generelle* Zurechnung aller Rettungsschäden (*Geppert* aaO) dürfte zu weitgehend sein, da sie der unterschiedlichen Pflichtenstellung möglicher Retter sowie der durch eigenverantwortliche **Selbstgefährdung** (BGH **39**, 324f. mwN) gezogenen Grenze der Erfolgszurechnung nicht hinreichend Rechnung trägt. Umgekehrt erscheint eine generelle Vermutung der Eigenverantwortlichkeit von Selbstgefährdungen des Retters, die (nur) durch besondere Pflichtenstellungen oder durch eine am Rechtsgedanken des § 35 gemessene Motivationslage des Retters widerlegt werden soll (vgl. *Radtke* ZStW **110**, 880 und Dogmatik 288ff.), zu eng. Der Täter haftet für den Erfolg, wenn rettendes Eingreifen der geschädigten Person **typische Folge** der Brandstiftung ist; nicht bei von vornherein sinnlosen Rettungsbemühungen oder anders motivierten Selbstgefährdungen (SK-*Wolters/Horn* 4). Bei *berufsmäßigen* Helfern ist die Pflichtenstellung im Hinblick auf typische Risiken im Einzelfall zu bestimmen (vgl. *S/S-Heine* 7). Bei *privaten* Rettern kommt es namentlich auch auf die Näheposition des Opfers zum bedrohten Rechtsgut und dem Täter zuzurechnende Einschränkungen der Freiverantwortlichkeit an; darüber hinaus sind die dem konkreten Grunddelikt innewohnenden typischen Gefahren auch im Hinblick auf Retterschäden im Einzelfall zu bestimmen (and. *Radtke/Hofmann* GA **07**, 201ff.: Differenzierung nach Maßgabe konkret bestehender Rettungs-*Pflicht*).

4) § 306c ist ein **erfolgsqualifiziertes Delikt.** Bestrafung wegen Vollendung setzt eine vollendete Tat nach §§ 306 bis 306b sowie eine **wenigstens leichtfertige** Todesverursachung voraus. Die Schwelle des § 18 ist daher heraufgesetzt (zum Begriff der Leichtfertigkeit 20 zu § 15); durch die klarstellende (vgl. GrSenBGH **39**, 100) Einfügung des Begriffs „wenigstens" (BT-Drs. 13/8587, 79) ist deutlich gemacht, dass auch die vorsätzliche Begehung umfasst ist. Zur einfachen Fahrlässigkeit vgl. 7 zu § 306b. Der **Versuch** setzt nicht voraus, dass es tatsächlich bereits zu einem Brand gekommen ist; insoweit bestätigt die Neufassung die frühere weite Auslegung des § 307 Nr. 1 aF (*Rengier* BT II, 40/27, 30 und JuS **98**, 400; *Kreß* NJW **98**, 640 Fn. 91; *S/S-Heine* 9; and. *Bussmann* **GA 99**, 33; *Stein* Einf./6. StrRG 83; *Küpper* ZStW **111**, 794). Versuch liegt daher vor, wenn schon die versuchte Brandstiftung die schwere Folge herbeigeführt hat (etwa bei Explosion des Zündmittels ohne – teilweise – Zerstörung des Tatobjekts; *Rengier* JuS **98**, 400; *Radtke* ZStW **110**, 881; *S/S-Heine* 9); weiterhin, wenn die vom Täter gewollte oder in Kauf genommene schwere Folge ausbleibt. 5

5) Die **Strafe** ist lebenslange oder Freiheitsstrafe von 10 bis 15 Jahren. Bei mindestens bedingt vorsätzlicher Begehung sowie Verursachung des Todes mehrerer Menschen wird idR lebenslange Freiheitsstrafe zu verhängen sein. Zur Strafrahmenwahl bei Versuch vgl. StV **98**, 564. **Führungsaufsicht:** § 321. **Tätige Reue** (§ 306e) kommt bei § 306c nicht in Betracht. 6

6) Ist der Tod gewollt, so liegt **Tateinheit** mit §§ 211 oder 212 vor; § 222 wird bei Leichtfertigkeit verdrängt. Die Grundtatbestände der §§ 306 I, 306a I treten hinter einer Vollendung des § 306c zurück (NStZ-RR **00**, 209; **04**, 367). Das gilt auch für § 306b I in beiden Varianten; mit § 306b II Nr. 2 und Nr. 3 ist dagegen Tateinheit anzunehmen. Der **Versuch** des § 306c steht mit § 306a in Tateinheit (NStZ-RR **04**, 367). 7

Fahrlässige Brandstiftung

306d **I Wer in den Fällen des § 306 Abs. 1 oder des § 306a Abs. 1 fahrlässig handelt oder in den Fällen des § 306a Abs. 2 die Gefahr fahrlässig verursacht, wird mit Freiheitsstrafe bis zu fünf Jahren oder mit Geldstrafe bestraft.**

II Wer in den Fällen des § 306a Abs. 2 fahrlässig handelt und die Gefahr fahrlässig verursacht, wird mit Freiheitsstrafe bis zu drei Jahren oder mit Geldstrafe bestraft.

1) Allgemeines. Die Vorschrift wurde durch Art. 1 Nr. 80 des 6. StrRG (3 vor § 174, 1 vor § 306) eingefügt und hat § 309 idF des EGStGB ersetzt. 1

1a **Literatur:** *Immel,* Probleme der Fahrlässigkeitstatbestände des neuen Brandstiftungsstrafrechts, StV **01**, 477; *Jäger,* Fahrlässigkeitsbrände (usw.), 1989; *Klussmann,* Über das Verhältnis von fahrlässiger Brandstiftung (§ 309 StGB) u. nachfolgender vorsätzlicher Brandstiftung (§ 308 StGB) durch Unterlassen, MDR **74**, 187. Vgl. i. Ü. 1a zu § 306.

2 **2) Abs. I** unterscheidet zwei Fälle, die mit Freiheitsstrafe bis zu 5 Jahren oder Geldstrafe bedroht sind: **a)** die **fahrlässige** Inbrandsetzung oder Zerstörung (13 ff. zu § 306) von fremden Gegenständen iS des § 306 I oder des § 306a I und **b)** die **vorsätzliche** Inbrandsetzung oder Zerstörung durch Brandlegung eines fremden, eigenen oder herrenlosen Gegenstands nach § 306 I unter **fahrlässiger** Herbeiführung einer konkreten Gesundheitsgefahr für eine andere Person (§ 306a II). In **Abs. II** wird mit Freiheitsstrafe bis zu 3 Jahren oder Geldstrafe bedroht, wer eine Brandstiftung an einer „in § 306 Abs. 1 Nr. 1 bis 6 bezeichneten" (§ 306a II) Sache **fahrlässig** begeht und dadurch **fahrlässig** eine konkrete Gesundheitsgefahr für einen anderen herbeiführt.

3 **3) Abs. I, 1. HS** setzt fahrlässige Inbrandsetzung oder (teilweise) Zerstörung durch Brandlegung in den Fällen der §§ 306 I, 306a I voraus. Der Erfolg muss daher durch den Täter verursacht sein (RG **40**, 321). Das ist nicht der Fall, wenn dieser nur zur Vergrößerung des Brandes beiträgt, wohl aber, wenn dadurch weitere der in §§ 306 I, 306a I genannten Gegenstände in Brand geraten (Bay NJW **59**, 1885). Die Tat kann auch durch **Unterlassen** begangen werden (vgl. NStZ-RR **96**, 1; Bay NJW **90**, 3032).

4 **4)** Der Erfolg muss **durch Fahrlässigkeit** verursacht sein. Das kommt insb. bei Außerachtlassung der nach Brandverhütungsvorschriften gebotenen Sorgfalt in Betracht (Bay NJW **90**, 3032); **zB** eines Gaststättenbetreibers, der es unterlässt, Gefahren aus achtlosem Umgang mit Zigarettenresten entgegenzuwirken (NStZ-RR **96**, 1); bei mangelnder Beaufsichtigung brennender Kerzen oder anderer Leuchtmittel mit offener Flamme (vgl. RG **4**, 429; Bay NJW **90**, 3032); bei sachwidrigem Einsatz von Heizquellen (Herdplatten; elektrische Heizlüfter bei zu geringem Abstand), fehlerhafter Herstellung, unsachgemäßer Reparatur oder vorschriftswidriger Benutzung elektrischer Geräte, sorgfaltswidrigem Umgang mit Zigaretten (Rauchen im Bett, Wald, in der Nähe explosiver oder feuergefährlicher Stoffe), Überlassung von Brandmitteln an Kleinkinder, Nichtbeachtung der Gefahr von Selbstentzündung, etwa in Silos (Bay **78**, 45; *Geppert* Jura **89**, 480); bei Nichteinhaltung von Sicherheitsabständen, etwa bei Schweiß- oder Lötarbeiten (krit. zu diesen Anrechnungen *Geppert* Jura **98**, 604; *S/S-Heine* 1; vgl. dazu auch *Cantzler* JA **99**, 474, 477; *Immel* StV **01**, 477 ff.) oder beim erlaubten Verbrennen von Pflanzenresten, usw. Die Einbeziehung von **Kraftfahrzeugen** in den Katalog des § 306 I Nr. 4 führt dazu, dass auch bei **Verkehrsunfällen** auftretende Brände erfasst werden (krit. *Stein,* Einf./6. StrRG 96).

5 **5) A. Abs. I, 2. HS** enthält eine Vorsatz-/Fahrlässigkeitskombination (§ 11 II) bei *vorsätzlicher* Inbrandsetzung oder Zerstörung durch Brandlegung an Gegenständen nach § 306 I (vgl. dazu 10b ff. zu § 306a) und *fahrlässiger* konkreter Gesundheitsgefährdung eines anderen Menschen; **Abs. II** enthält eine Regelung für *fahrlässige* Brandstiftung an diesen Gegenständen mit *fahrlässiger* Gesundheitsgefährdung.

6 **B. Verhältnis zu § 306.** Nach dem Wortlaut der Vorschrift würde daher die *zusätzliche* fahrlässige konkrete Gefährdung eines anderen zur *Milderung* der Verbrechensstrafe aus § 306 I führen (vgl. dazu *Schroeder* GA **98**, 547; *Wolters* JR **98**, 273; *Fischer* NStZ **99**, 13). Dieses absurde Ergebnis wird von der von NStZ-RR **00**, 209 (vgl. dazu 10 ff. zu § 306a) vertretenen **Konkurrenzlösung** vermieden. Danach tritt im Fall des § 306d I, 2. Alt. die fahrlässige Gesundheitsgefährdung **tateinheitlich** *neben die* vorsätzliche Brandstiftung (an *fremden* Sachen iS von § 306 *I*); wegen § 52 II scheidet sie für die Strafrahmenbestimmung freilich aus. Der *Sinn* dieses als „geringeres Übel" (*S/S-Heine* 1) erscheinenden Ergebnisses bleibt unklar; die Strafrahmenerhöhung bei vorsätzlicher gegenüber der fahrlässi-

gen Brandstiftung an *eigenen* Sachen (I, 3. Alt. gegenüber II) bei **identischer Gefährdungsfahrlässigkeit** ist **nicht erklärbar** (bis 5 Jahre, wenn die eigene Sache vorsätzlich, bis 3 Jahre, wenn sie fahrlässig angezündet wurde – obgleich das Anzünden *ohne* Gesundheitsgefährdung in beiden Fällen straflos ist; vgl. auch 10 b zu § 306 a). Dasselbe gilt für die unverständliche Bewertung des Eigentums bei vorsätzlichem Inbrandsetzen mit fahrlässiger Gefährdung: Bei tätereigenen Sachen beträgt hier die Mindeststrafe fünf Tagessätze (Abs. I, 3. Var.), bei fremden Sachen im Hinblick auf § 306 I, § 52 II ein Jahr.

Die **gesetzliche Überschrift** führt iVm § 11 II zu dem kuriosen, aber für 6 a
Abs. I, 2. Var. unvermeidlichen Ergebnis, dass Verurteilungen wegen „Beihilfe (Anstiftung) zur fahrlässigen Brandstiftung" möglich sind. Im Fall des § 306 a I bleibt die zusätzliche fahrlässige Gefährdung unberücksichtigt. Soweit Tatobjekte nach § 306 a I zugleich solche des § 306 I sind, müsste aber wegen der von der hM angenommenen unterschiedlichen Schutzrichtung von § 306 I und § 306 a II die Konkurrenz auch im Fall des § 306 d I, 2. Alt. wieder aufleben.

6) Tateinheit des I ist möglich mit vorsätzlicher Brandstiftung, wenn verschiedene Objekte 7
betroffen sind (NStZ **99**, 32; *S/S-Heine* 8), ebenso mit Sachbeschädigung (LK-*Wolff* 6). Bei Verursachung des Todes eines Menschen durch fahrlässige Brandstiftung steht § 222 in Tateinheit (**aA** SK-*Wolters/Horn* 12; *S/S-Heine* 8 [Vorrang von § 222]). Zum Verhältnis von I, 2. Alt. zu § 306 I oben 6.

Tätige Reue

306e **[I] Das Gericht kann in den Fällen der §§ 306, 306 a und 306 b die Strafe nach seinem Ermessen mildern (§ 49 Abs. 2) oder von Strafe nach diesen Vorschriften absehen, wenn der Täter freiwillig den Brand löscht, bevor ein erheblicher Schaden entsteht.**

[II] Nach § 306 d wird nicht bestraft, wer freiwillig den Brand löscht, bevor ein erheblicher Schaden entsteht.

[III] Wird der Brand ohne Zutun des Täters gelöscht, bevor ein erheblicher Schaden entstanden ist, so genügt sein freiwilliges und ernsthaftes Bemühen, dieses Ziel zu erreichen.

1) Allgemeines. Die Vorschrift wurde durch Art. 1 Nr. 80 des 6. StrRG (3 vor § 174, 1 1
vor § 306) eingefügt. Sie regelt die Voraussetzungen der Tätigen Reue für die Brandstiftungsdelikte und ersetzt damit § 310 aF.

Literatur: *Otto,* Rücktritt u. tätige Reue bei der Brandstiftung, Jura **86**, 52. Vgl. i. Ü. 1 a 1 a
zu § 306.

2) Abs. I enthält eine Regelung zur Tätigen Reue in den Fällen vorsätzlicher 2
Brandstiftung nach §§ 306 bis 306 b (krit. zur Einbeziehung von § 306 b *Schroeder* GA **98**, 575). Die Tat muss **vollendet** sein, da sonst schon § 24 eingreift (vgl. NStZ-RR **97**, 233). In der Tatvariante des Zerstörens ist ein Rücktritt ggf. noch nach der Brandlegung möglich (*Radtke* ZStW **110**, 848, 872). § 306 e enthält einen persönlichen Strafmilderungs-/bzw. Aufhebungsgrund, in dessen Bereich § 24 ebenso wenig eine Rolle spielt wie § 31 (hierzu *Geppert* Jura **89**, 480; vgl. 5 StR 18/72).

A. Ein **erheblicher Schaden** darf noch nicht entstanden sein. Die von § 310 3
aF („kein weiterer als der durch die bloße Inbrandsetzung bewirkte Schaden") abweichende Formulierung trägt der Ergänzung der Brandstiftungstatbestände um die Alternative der Zerstörung durch Brandlegung Rechnung. Für die Fälle der Inbrandsetzung ist die zu § 310 aF ergangene Rspr. weiter heranzuziehen. Danach ist Voraussetzung, dass das Feuer sich nicht schon über den Anzündungsort hinaus verbreitet hatte (RG **57**, 294; vgl. Hamm NJW **63**, 1561). Der Schaden muss an den durch §§ 306 bis 306 b **geschützten Rechtsgütern** eingetreten sein; hierzu zählt auch Gesundheit und Leben von Menschen (*S/S-Heine* 7; *Lackner/Kühl* 2; *Geppert* Jura **98**, 605; *Radtke* ZStW **110**, 882). Auf eine *Entdeckung* des Brandes kommt es, anders als nach § 310 aF, nicht mehr an. Für die **Erheblichkeit** des

Schadens kommt es auf das Ausmaß der Beschädigung des **Schutzobjekts** an. Wertgrenzen, die zu anderen Tatbeständen entwickelt wurden, sind auf § 306e nicht übertragbar (**aA** *Lackner/Kühl* 2). Nach BGH **48**, 14, 22f. ist ein bedeutender Schaden an einem **Wohngebäude** erst anzunehmen, wenn zur Schadensbeseitigung an dem Tatobjekt mindestens 2500 EUR erforderlich sind (dazu auch Anm. *Wolff* JR **03**, 391, 392f.; teilw. krit. *Radtke* NStZ **03**, 432, 433f.).

4 **B.** Für die **Gefährdungstatbestände** der § § 306a II, 306b II Nr. 1 hat I keine eigenständige Bedeutung, da anders als in § 308 I, 2. Alt. die Brandobjekte hier nicht nur Gefährdungsmittel sind (vgl. Oldenburg NJW **69**, 1778 zu § 310a aF). Die konkrete Gefährdung kann nach der Neufassung nicht als „erheblicher Schaden" angesehen werden, da vor ihrem Eintritt die Tat noch gar nicht vollendet ist. Schwer verständlich ist dann aber, dass der Täter Straffreiheit allein durch das Löschen des konkret gefährlichen Brandes, nicht aber durch Abwendung der Gefährdung erlangen kann (*Stein,* Einf./6. StrRG, 104; SK-*Wolters/Horn* 15 will hier § 306e entspr. anwenden; zw.; and. *S/S-Heine* 12: analoge Anwendung von §§ 314a II, III, 320 II, III).

5 **C.** Der Täter muss nach Abs. I den **Brand löschen;** erfolglose Löschversuche reichen nicht aus. Erlischt der Brand ohne Zutun des Täters oder wird er ohne seine Mitwirkung gelöscht, so gilt die § 24 I S. 2 entsprechende Regelung des **III** (vgl. NStZ-RR **00**, 42; LG Zweibrücken NStZ **93**, 85; *Lackner/Kühl* 2; LK-*Wolff* 5 zu § 310 aF; *S/S-Heine* 11). Ein **eigenhändiges** Löschen ist nicht erforderlich; es reicht aus, wenn der Täter sich der Hilfe Dritter bedient (NStZ **03**, 264, 265; **03**, 266; Hamm NJW **63**, 1561; NK-*Herzog* 4); er muss hierbei seine Möglichkeiten ausschöpfen und darf es nicht dem Zufall überlassen, ob der Brand sachgemäß bekämpft wird (NStZ **86**, 27). Für die **Freiwilligkeit** gelten die Grundsätze des § 24 (dort 18ff.; vgl. dazu *Geppert* Jura **98**, 605; *Wolters* JR **98**, 401); dazu reicht es nach NStZ-RR **00**, 42 nicht aus, wenn der Täter, ohne seine Absicht aufzugeben, durch die Brandlegung ein „Fanal" zu setzen, von dem zugleich (bedingt vorsätzlich) begangenen Mordversuch zurücktritt. Auf das **Motiv** des Täters kommt es für § 306e ebenso wenig an wie für § 24; Tätige Reue setzt also nicht *Reue* als Handlungsmotiv voraus. Daher kommt § 306e auch dann in Betracht, wenn etwa eine sofortige Alarmierung der Feuerwehr gerade dem Tatplan entspricht (NStZ **03**, 264 [Brandstiftung zum Zweck des Versicherungsbetrugs]).

6 **D.** Ob das Gericht (zur StA vgl. § 153b StPO) die Strafe nach § 49 II mildert oder von Strafe absieht, steht in seinem Ermessen; zu berücksichtigen sind namentlich das Ausmaß des schon entstandenen Schadens sowie die Höhe der Gefahr insb. für weitere Rechtsgüter.

7 **3) Abs. II** enthält einen persönlichen Strafaufhebungsgrund in Fällen fahrlässiger Brandstiftung. Die Voraussetzungen entsprechen oben 3 bis 5; **Abs. III** gilt auch hier (NStZ-RR **00**, 42; *S/S-Heine* 3; *Geppert* Jura **98**, 605; *Radtke* Dogmatik 422).

8 **4)** § 306e gilt auch für **Teilnehmer** der Brandstiftung, jedoch nur, soweit sie selbst bei dem Löschen des Feuers mitgewirkt haben (*S/S-Heine* 16; zweifelnd SK-*Wolters/Horn* 5). Seine Wirkung erstreckt sich aber nicht auf zugleich begangene andere Taten, zB nach § 303, 306f (BGH **39**, 130 m. Anm. *Geppert* JR **94**, 72 und *Gropengießer* StV **94**, 19; **aA** LG Zweibrücken NStZ **93**, 85; *S/S-Heine* 16; SK-*Rudolphi* 44 zu § 24; vgl. 7 zu § 306f).

Herbeiführen einer Brandgefahr

306f I **Wer fremde**

1. **feuergefährdete Betriebe oder Anlagen,**
2. **Anlagen oder Betriebe der Land- oder Ernährungswirtschaft, in denen sich deren Erzeugnisse befinden,**

3. Wälder, Heiden oder Moore oder
4. bestellte Felder oder leicht entzündliche Erzeugnisse der Landwirtschaft, die auf Feldern lagern,

durch Rauchen, durch offenes Feuer oder Licht, durch Wegwerfen brennender oder glimmender Gegenstände oder in sonstiger Weise in Brandgefahr bringt, wird mit Freiheitsstrafe bis zu drei Jahren oder mit Geldstrafe bestraft.

II Ebenso wird bestraft, wer eine in Absatz 1 Nr. 1 bis 4 bezeichnete Sache in Brandgefahr bringt und dadurch Leib oder Leben eines anderen Menschen oder fremde Sachen von bedeutendem Wert gefährdet.

III Wer in den Fällen des Absatzes 1 fahrlässig handelt oder in den Fällen des Absatzes 2 die Gefahr fahrlässig verursacht, wird mit Freiheitsstrafe bis zu einem Jahr oder mit Geldstrafe bestraft.

1) Allgemeines. Die Vorschrift wurde durch Art. 1 Nr. 80 des 6. StrRG (3 vor § 174, 1 vor § 306) eingefügt. Sie übernimmt im Wesentlichen den Regelungsgehalt des § 310 a aF. I schützt im Gegensatz zu § 310 a aF jedoch nur noch fremde Sachen, während II eigentumsunabhängig formuliert ist. 1

Literatur: *Immel,* Probleme der Fahrlässigkeitstatbestände des neuen Brandstiftungsstrafrechts, StV **01**, 477. Vgl. i. ü. 1 a zu § 306. 1a

2) § 306 f ist ein **konkretes Gefährdungsdelikt** (krit. NK-*Herzog* 1), dessen Schutzobjekte sich weitgehend, wenn auch nicht vollständig, mit denen der §§ 306 bis 306 b decken (BGH **39**, 128 m. Anm. *Geppert* JR **94**, 72 und *Gropengießer* StV **94**, 19; and. Stuttgart MDR **94**, 713). Kommt es zu diesen Verletzungsdelikten, so tritt § 306 f als subsidiär zurück (LM Nr. 1 zu § 310 a aF; vgl. unten 7). 2

3) Geschützt sind in I, anders als in § 310 a aF, nur *fremde* Gegenstände, und zwar **a)** feuergefährdete Betriebe und Anlagen gewerblicher Art (Stuttgart MDR **94**, 713; *S/S-Heine* 3; NK-*Herzog* 2), zB ein Lecithin-Tankbehälter mit mehreren Tonnen Fassungsvermögen (BGH **41**, 222; hierzu *Otto* JK § 1, 15). **Feuergefährdet** sind solche Einrichtungen, die auf Grund der Art in ihnen gelagerter oder verarbeiteter Materialien (vgl. BGH **5**, 195 f.; BT-Drs. 13/8587, 49; zB explosive Stoffe, Gas, brennbare Flüssigkeiten, Kunststoffe, Gummi) oder auf Grund ihrer eigenen Beschaffenheit in einem besonderen Maße gefährdet sind, insb. weil sie leicht entzündlich sind; **b)** land- und ernährungswirtschaftliche Anlagen und Betriebe (vgl. 9 zu § 306), *in* denen sich Erzeugnisse des jeweiligen Wirtschaftszweigs (nicht aber zwingend des betroffenen Betriebs) befinden, wobei es auf den Zweck (Lagerung, Weiterverarbeitung), Verbrauch zu wirtschaftlichen Zwecken, *nicht* aber privater Verbrauch) nicht ankommt; **c)** Wälder, Heiden und Moore (8 zu § 306); **d)** bestellte Felder oder auf Feldern lagernde, dh abgeerntete landwirtschaftliche Erzeugnisse, sofern sie leicht entzündlich sind (Getreide, Heu, Stroh; vgl. BGH **5**, 194). Die **Auswahl der Schutzobjekte** richtet sich nicht nach der volks- oder ernährungswirtschaftlichen Bedeutung, sondern ist an der mit einer Inbrandsetzung der genannten Gegenstände verbundenen Gemeingefahr orientiert. Dennoch erscheint die mit dem 6. StrRG angestrebte Modernisierung nicht gelungen. So können etwa Krankenhäuser und Sportstadien nur durch eine extensive Auslegung des „Betriebs"-Begriffs in Nr. 1, Wohnheime, kulturelle oder Einrichtungen der Daseinsvorsorge wohl gar nicht erfasst werden (weiter *S/S-Heine* 3; NK-*Herzog* 3: auch Kinos und Theater). 3

4) Tathandlung des I ist jedes **vorsätzliche** Verursachen einer **konkreten Brandgefahr** für einen geschützten Gegenstand. Die konkret genannten Handlungen sind nur Beispiele, deren Ausführung als solche nicht ausreicht, auch wenn sie abstrakt gefährlich sind (vgl. BGH **5**, 190). Erforderlich ist eine über die abstrakte Gefahr hinausreichende **nahe liegende Wahrscheinlichkeit** der Brandverursachung. Das ist sicher dann anzunehmen, wenn ein Brand nur durch Zufall oder durch rechtzeitiges Eingreifen Dritter ganz ausgeblieben ist, aber auch dann, 4 wenn andere Gegenstände schon Feuer gefangen haben, dieses sich jedoch trotz nahe liegender Möglichkeit auf die geschützten Gegenstände nicht ausbreitet (zB Erlöschen des auf trockenem Waldboden entzündeten Grillfeuers). Abstrakt gefährliche Handlungen (zB Ablagern brandgefährdeter Stoffe) reichen für sich regelmäßig nicht aus; idR kann demjenigen, der eine abstrakte Brandgefahr schafft, auch das vorsätzliche brandstiftende Handeln eines Dritten nicht zugerechnet werden (vgl. Stuttgart JR **97**, 517 m. Anm. *Gössel*). Die direkt vorsätzliche Begehung dürfte in der Praxis kaum eine Rolle spielen, da hier regelmäßig die Annahme jedenfalls bedingt vorsätzlichen Versuchs der Verletzungstat nahe liegt.

5 **5) Abs. II** enthält eine durch das 6. StrRG eingefügte Regelung, die § 306a II entspricht. Für das Verhältnis von II zu I gilt daher das in 10 ff. zu § 306a Ausgeführte: Abs. II ist keine Qualifikation des I, da die Regelung sonst überflüssig (gleiche Strafdrohung) und Abs. III offenkundig ohne Sinn wäre (Strafmilderung bei höherem Unrecht). Abs. II setzt daher die vorsätzliche, konkrete Gefährdung eines Gegenstands nach Abs. I Nr. 1 bis 4 voraus, wobei es auf die Fremdheit der Sache nicht ankommt; auch eigene und herrenlose Gegenstände kommen in Betracht (NStZ-RR **00**, 209). Weiter muss der Täter vorsätzlich eine **konkrete Gefährdung** von Leib oder Leben eines anderen Menschen oder einer **fremden** Sache von bedeutendem Wert (vgl. 16 zu § 315) verursachen.

5a Die von der hM angenommene **Konkurrenzlösung** (10a zu § 306a) zur Bewältigung des Qualifikations-Problems stößt bei der **Gefährdung fremder Sachen** an ihre Grenzen. Von einer unterschiedlichen Schutzrichtung (SK-*Wolters/Horn* 14: „völlig unterschiedliche Struktur und Schutzrichtung") der Absätze I und II könnte nur dann gesprochen werden, wenn man als *gefährdete* Sachen iS von II nur solche ansehen würde, die **nicht** in *Brandgefahr* gebrachte Sachen iS von I Nr. 1 bis 4 sind (*Schroeder* GA **98**, 571, 576; LK-*Wolff* Nachtr. 2). Dass eine solche, auch sprachlich kaum nachvollziehbare Auslegung mit der Wortlaut-Grenze vereinbar ist, erscheint überaus zweifelhaft; ebenso die Annahme, der Gesetzgeber des 6. StrRG könne dies *gemeint* haben (so auch NK-*Herzog* 2 [„kaum nachvollziehbar"]). Wenn man diese fern liegende Auslegung ablehnt, liegt freilich, vom Sonderfall *nicht* wertvoller Sachen nach I abgesehen, bei einer konkreten Brandgefährdung nach I *stets* zugleich eine konkrete Sachgefährdung nach II vor. Versuche, diesen offenkundigen Widerspruch durch einen Rückgriff auf den Brandlegungs-Begriff des § 306 zu heilen (vgl. *S/S-Heine* 12, der II auch dann anwenden will, wenn eine konkrete *Brand*gefahr gerade nicht bestanden hat), sind mit dem Wortlaut der Vorschrift nicht vereinbar. Deutlich wird das namentlich im Fall des Abs. III, 2. Alt., also bei vorsätzlicher Brandgefährdung mit fahrlässiger Gefährdung fremder Sachen.

6 **6) Abs. III** enthält im 1. HS eine Regelung für die (praktisch im Vordergrund stehende) **fahrlässige** Verursachung einer Brandgefahr iS des I; der 2. HS enthält eine gemilderte Strafdrohung für vorsätzliche Brandgefährdung unter fahrlässiger Gefährdung von Menschen oder fremden Sachwerten. Unproblematisch ist die Regelung bei Brandgefährdung tätereigener (oder herrenloser) Gegenstände nach Abs. I; werden **fremde** Gegenstände nach I vorsätzlich gefährdet, so kann sich die fahrlässige Gefährdung von III, 2. Alt. nur auf *andere* Sachen beziehen (oben 5). Bei nur fahrlässiger Gefährdung nach I (III, 1. Alt.) bleibt eine hierdurch vorsätzlich oder fahrlässig verursachte Gefährdung von Menschen oder fremden Sachen für den Strafrahmen außer Betracht (krit. *Immel* StV **01**, 477, 478). **Straflos** ist die fahrlässige Gefährdung **eigener** oder herrenloser Sachen iS von Abs. I (eine Regelung entspr. § 306d II, 1. Alt., fehlt); auf eine Gefährdung nach II kommt es daher insoweit nicht an. Auch grob fahrlässige konkrete Gefährdung zahlreicher Menschenleben ist straflos, wenn sie durch fahrlässige Gefährdung eigener oder herrenloser Sachen verursacht wird. Dass dies einem gesetzgeberischen *Plan* entspricht, mag *bezweifelt* werden.

7 **7) Tateinheit** ist möglich mit § 303 (BGH **39**, 132) und mit § 305 (BGH **41**, 222). Gegenüber dem jeweiligen Verletzungsdelikt ist § 306f subsidiär; Strafbarkeit kommt aber na-

mentlich bei Eingreifen von § 306 d in Betracht, der sich auf das zugleich verwirklichte Gefährdungsdelikt nicht erstreckt (BGH **39**, 128; **aA** LG Zweibrücken NStZ **93**, 85 [Vorinstanz]; SK-*Rudolphi* 44 zu § 24; NK-*Herzog* 6; *Arzt/Weber* 37/51, 60; *Gropengießer* StV **94**, 19; *Geppert* JR **94**, 72). Zwischen I und II ist nach der Konkurrenzlösung der hM (oben 5; 10 ff. zu § 306 a) Tateinheit möglich; ebenso zwischen I und III, 2. Alt. (vgl. 6 zu § 306 d).

Herbeiführen einer Explosion durch Kernenergie

307 **I Wer es unternimmt, durch Freisetzen von Kernenergie eine Explosion herbeizuführen und dadurch Leib oder Leben eines anderen Menschen oder fremde Sachen von bedeutendem Wert zu gefährden, wird mit Freiheitsstrafe nicht unter fünf Jahren bestraft.**

II Wer durch Freisetzen von Kernenergie eine Explosion herbeiführt und dadurch Leib oder Leben eines anderen Menschen oder fremde Sachen von bedeutendem Wert fahrlässig gefährdet, wird mit Freiheitsstrafe von einem Jahr bis zu zehn Jahren bestraft.

III Verursacht der Täter durch die Tat wenigstens leichtfertig den Tod eines anderen Menschen, so ist die Strafe

1. in den Fällen des Absatzes 1 lebenslange Freiheitsstrafe oder Freiheitsstrafe nicht unter zehn Jahren,

2. in den Fällen des Absatzes 2 Freiheitsstrafe nicht unter fünf Jahren.

IV Wer in den Fällen des Absatzes 2 fahrlässig handelt und die Gefahr fahrlässig verursacht, wird mit Freiheitsstrafe bis zu drei Jahren oder mit Geldstrafe bestraft.

1) Allgemeines. Die Vorschrift idF des Art. 1 Nr. 80 des 6. StrRG (3 vor § 174, 1 vor § 306) entspricht im Wesentlichen § 310 b idF des EGStGB. Die Strafzumessungsregel des § 310 b III aF wurde durch einen Qualifikationstatbestand ersetzt. Der ursprüngliche § 307 wurde § 306 b. Die Tat nach I ist ein **Unternehmensdelikt;** II und IV sind **konkrete Gefährdungsdelikte.** Die Vorschrift **schützt** Leben, Gesundheit und Sachwerte vor den Gefahren der Kernenergie (vgl. § 1 Nr. 2 AtG). Ergänzt wird § 307 durch die abstrakten Gefährdungsdelikte nach § 328 II Nr. 3 und 4 (vgl. dort). **Auslandstaten:** § 6 Nr. 2. 1

Literatur: *Braun/Ferchland* KR **93**, 481 [Nuklearkriminalität]; *Breuer* NJW **77**, 1121; *Fischerhof,* Deutsches Atomgesetz u. Strahlenschutzrecht, 1962; *Mattausch/Baumann* NStZ **94**, 462 [Nuklearkriminalität]; *Mattern-Raisch,* Atomgesetz, 1961; *Reinhardt,* Der strafrechtliche Schutz vor den Gefahren der Kernenergie (usw.), 1989; *Schäfer,* in: *Dalcke* B II 16; *Schmatz-Nöthlichs,* Strahlenschutz, 2. Aufl. 1977; *Winters,* Atom- und Strahlenschutzrecht, 1978. 1a

2) Tathandlung ist das **Herbeiführen einer Explosion** (3 zu § 308) durch **Freisetzen von Kernenergie,** dh der „in den Atomkernen gebundenen Energie, die durch Kernspaltungs- oder Kernvereinigungsvorgänge freigesetzt wird" (E 1962, 501). Die Explosion entsteht hier anders als bei der von Sprengstoffen (3 zu § 308) durch das detonationsartige Freiwerden von Energie bei der Kernspaltung oder -verschmelzung, die Druckwellen, Wärmestrahlung und radioaktive Strahlung auslöst. Das ist auch in kleinerem Maßstab möglich. Die kontrollierten Vorgänge in einem Atomreaktor scheiden aus (LK-*Wolff* 2; *Lackner/Kühl* 2; *S/S-Cramer/Heine* 3; NK-*Herzog* 4). 2

A. Nach I genügt es, dass der Täter es **unternimmt** (37 zu § 11), dadurch **Leib oder Leben** (3, 4 zu § 35) einer beliebigen anderen Person (also wohl nicht eines Tatbeteiligten; **aA** SK-*Wolters/Horn* 3) oder **fremde Sachen von bedeutendem Wert** (16 zu § 315) in konkrete **Gefahr** (3 zu § 34) zu bringen; für die Vollendung genügt also schon das Ansetzen zum Versuch (§ 11 I Nr. 6). 3

Vorsatz ist als mindestens bedingter in vollem Umfang erforderlich. **Tätige Reue:** § 314 a I. 4

B. Abs. II bestraft den Täter milder, wenn er zwar die Explosion vorsätzlich herbeiführt, die Gefahr nach oben 3 aber nur **fahrlässig** verursacht. Der Versuch, der auch hier möglich (vgl. 7 zu § 18) und strafbar ist (Verbrechen), fällt unter 5

§§ 22, 23, so dass anders als bei I Rücktritt nach § 24 möglich ist (SK-*Wolters/Horn* 8; MK-*Krack* 11); außerdem aber Tätige Reue nach § 314a II Nr. 2. Die Tat ist eine vorsätzliche iS von § 11 II. § 30 ist wie bei I anwendbar.

5a **C. Abs. IV** ist abw. von I, II als Vergehen der rein fahrlässigen Begehung ausgestaltet; hier gilt § 314a III.

6 **3) Die Strafe** ist nach der **Schuldform** in I, II und IV abgestuft.

7 **4) Abs. III** enthält eine **Erfolgsqualifikation** von I und II. Die Vorschrift ergibt jedenfalls hinsichtlich Nr. 2 keinen Sinn, denn eine „wenigstens" leichtfertig herbeigeführte schwere Folge kann es im Fall des II nicht geben. Nach dem Wortlaut der Vorschrift wäre die vorsätzliche Tötung eines Menschen beim *Versuch* (Abs. I; *Unternehmen!*) der Herbeiführung einer Kernexplosion wesentlich strenger bestraft als bei ihrer (vorsätzlichen, Abs. II) Vollendung. Die Einbeziehung des Vorsatzes kann daher entgegen dem (klaren) Wortlaut nur für III Nr. 1 iV mit I gelten. Voraussetzung ist die Verursachung des Todes eines anderen Menschen durch die Tat (auch schon durch deren Versuch; 7ff. zu § 18).

8 **5) Rechtfertigung** der Tat durch Einwilligung ist praktisch ausgeschlossen, da der Kreis der Gefährdeten bei Kernexplosionen regelmäßig unübersehbar sein wird (and. *S/S-Cramer/Heine* 12). Etwas anderes kann aber gelten, wenn es sich etwa um ein von vornherein auch räumlich (Labor) eng begrenztes Experiment handelt, bei dem eine Drittgefährdung absolut sicher ausgeschlossen ist (ebenso *S/S-Cramer/Heine* 11). Völkerrechtliche oder innerstaatliche Normen können rechtfertigend wirken (vgl. *Fischerhof* 15 zu § 40 AtG). Wird im Rahmen zulässiger Forschungstätigkeit pflichtwidrig gegen Schutzvorschriften zB der RöV oder der StrlSchV oder gegen Auflagen und Anordnungen verstoßen und dadurch eine Gefahr iS von II verursacht, so kommt nicht II, sondern § 311d oder § 46 I Nr. 4 AtG in Betracht (*Mattern-Raisch* 8 zu § 40 AtG).

9 **6) Konkurrenzen.** § 307 ist lex specialis gegenüber § 308 und § 328 II Nr. 3 und 4. Tateinheit möglich mit Körperverletzungs- und Tötungsdelikten, vgl. 8 zu § 308; aber auch §§ 306b, 312. Ferner treten § 310 I Nr. 1 hinter § 307 I und §§ 326 II–IV, 327 I, III hinter § 307 zurück.

10 **7) Sonstige Vorschriften.** Anzeigepflicht nach § 138 I Nr. 8; Agententätigkeit (§ 87 II Nr. 1), Androhung (§ 126 I Nr. 6), Begehung durch terroristische Vereinigungen (§ 129a II Nr. 2; vgl. auch EGGVGÄndG); Belohnung und Billigung (§ 140), Vortäuschen (§ 145d), Vorbereitung (§ 310), Tätige Reue (§ 314a), FAufsicht (§ 321), Einziehung (§ 322); Zuständigkeit nach § 74 II GVG; vgl. auch § 100a Nr. 2 StPO. Zum Atomwaffenverbot vgl. §§ 17, 19, 21 KriegswaffG.

Herbeiführen einer Sprengstoffexplosion

308 **I Wer anders als durch Freisetzen von Kernenergie, namentlich durch Sprengstoff, eine Explosion herbeiführt und dadurch Leib oder Leben eines anderen Menschen oder fremde Sachen von bedeutendem Wert gefährdet, wird mit Freiheitsstrafe nicht unter einem Jahr bestraft.**

II Verursacht der Täter durch die Tat eine schwere Gesundheitsschädigung eines anderen Menschen oder eine Gesundheitsschädigung einer großen Zahl von Menschen, so ist auf Freiheitsstrafe nicht unter zwei Jahren zu erkennen.

III Verursacht der Täter durch die Tat wenigstens leichtfertig den Tod eines anderen Menschen, so ist die Strafe lebenslange Freiheitsstrafe oder Freiheitsstrafe nicht unter zehn Jahren.

IV *In* minder schweren Fällen des Absatzes 1 ist auf Freiheitsstrafe von sechs Monaten bis zu fünf Jahren, in minder schweren Fällen des Absatzes 2 auf Freiheitsstrafe von einem Jahr bis zu zehn Jahren zu erkennen.

V Wer in den Fällen des Absatzes 1 die Gefahr fahrlässig verursacht, wird mit Freiheitsstrafe bis zu fünf Jahren oder mit Geldstrafe bestraft.

VI Wer in den Fällen des Absatzes 1 fahrlässig handelt und die Gefahr fahrlässig verursacht, wird mit Freiheitsstrafe bis zu drei Jahren oder mit Geldstrafe bestraft.

1) Allgemeines. Die Vorschrift idF des Art. 1 Nr. 80 des 6. StrRG (3 vor § 174, 1 vor § 306) entspricht im Wesentlichen § 311 aF (Art. 1 Nr. 1 des 7. StÄG [BT-Drs. IV/1817; IV/2186]; Art. 19 Nr. 170 EGStGB). Die in § 311 II, III aF enthaltenen Strafzumessungsregeln wurden jedoch durch Qualifikationstatbestände ersetzt; der minder schwere Fall gesondert in IV geregelt. Die Vorschrift ist ein **konkretes Gefährdungsdelikt** (NStZ-RR **96**, 132). Die Herbeiführung einer Gemeingefahr ist nicht erforderlich. Geschützte **Rechtsgüter** sind Leben und Gesundheit anderer Menschen sowie *fremde* Sachwerte. Das **SprengG** ist durch G v. 1. 9. 2002 (BGBl. I 3434) ebenso wie die 1. und 2. SprengVO erheblich umgestaltet worden. Vgl. auch Internationales Übk. v. 15. 12. 1997 zur Bekämpfung terroristischer Bombenanschläge (dazu G v. 5. 10. 2002, BGBl. II 2506). **Auslandstaten:** § 6 Nr. 2. 1

Literatur: *Cramer* NJW **64**, 1835; *Lackner* JZ **64**, 674; *Potrykus* Die Polizei **65**, 249. 1a

2) Das Delikt setzt sich aus der Handlung und dem Eintritt einer **konkreten Gefahr** (14 zu § 315) zusammen. In den Fällen von I bis III ist die Tat Verbrechen und der Versuch sowie die Vorbereitung nach § 30 und 310 strafbar. Soweit I bis III Vorsatz (vgl. 18 zu § 315) voraussetzen, reicht bedingter aus. In den Fällen von I bis III ist die Tat ohne Rücksicht auf den Tatort strafbar (§ 6 Nr. 2). 2

3) Tathandlung ist das **Herbeiführen einer Explosion,** dh im Sinne der Vorschrift die plötzliche Auslösung von Druckwellen außergewöhnlicher Beschleunigung, *namentlich* durch Sprengstoff, dh einen Stoff, der bei Entzündung zu einer plötzlichen Ausdehnung von Flüssigkeiten oder Gasen und dadurch zu einer Sprengwirkung führt (vgl. § 1 I, II 2, 3 SprengG und seine Anlagen I, II). Darunter fallen neben Explosionen durch Sprengstoff auch solche durch beliebige andere Mittel, die geeignet sind, die Wirkung einer Explosion herbeizuführen, etwa unkonventionelle Spreng- und Brandvorrichtungen (LG Braunschweig NStZ **87**, 231), Mischungen von Natriumchlorat und Zucker (KG NStZ **89**, 369), Calciumcarbit und Wasser (RG **67**, 35), Gasgemische sowie Wasserdampf (*Lackner/Kühl* 2; *S/S-Cramer/Heine* 5). Auch Vorgänge mit explosionsgleicher Wirkung, namentlich durch plötzliche Erzeugung von Unterdruck **(Implosionen)** unterfallen dem Tatbestand (*Lackner/Kühl* 2; **aA** *S/S-Cramer/Heine* 3; SK-*Wolters/Horn* 4; NK-*Herzog* 4). „Kleinexplosionen" in Labors, durch Haushaltsgeräte (Gasöfen, Druckkochtopf) oder Feuerwerkskörper auf Grund von Sozialadäquanz schon vom Tatbestand auszuschließen (so *Lackner/Kühl* 2; LK-*Wolff* 4), besteht hingegen, nicht zuletzt im Hinblick auf §§ 306, 306 d, kein Anlass (wie hier SK-*Wolters/Horn* 5). Im Einzelfall kommt hier rechtfertigende Einwilligung (unten 10) in Betracht (and. *S/S-Cramer/Heine* 5). Tatbestandlich ausgeschlossen sind Explosionen durch Kernenergie (§ 307); nicht erfasst sind auch Explosionen, die allein als Zündmittel eines Brandsatzes dienen und darüber ihrer Art nach nicht hinauswirken (vgl. KG NStZ **89**, 369), sowie Explosionen, die nur als Treibsatz für Geschosse dienen. 3

4) Zu einer konkreten **Gefahr für Leib und Leben** (3 zu § 34; 3, 4 zu § 35) eines anderen (3 zu § 307) oder für ihm nicht gehörende **Sachen von bedeutendem Wert** (16 zu § 315) muss die Handlung führen. Die Gefahr muss *durch* die Explosion entstehen; es reicht also nicht das Entzünden fremder Explosions*mittel* (SK-*Wolters/Horn* 6). Die Gefahr muss gerade auf der spezifischen Gefährlichkeit einer Explosion beruhen (NK-Herzog 6). 4

5) Abs. I stellt das vorsätzliche **Herbeiführen** einer Explosion unter Verbrechensstrafe, wenn dadurch vorsätzlich eine konkrete Gefährdung verursacht wird. Bedingter Vorsatz reicht (vgl. MDR/H **84**, 982). Zum **Versuch** mit bedingtem Vorsatz vgl. NStZ-RR **96**, 132. „Herbeiführen" ist nicht gleichbedeutend mit „Verursachen" iwS, also mit dem Setzen jeder kausalen Ursache. Die Täterschaft 5 bestimmt sich nach allgemeinen Regeln; wer zur Tat nur anstiftet, ohne Tatherrschaft zu haben, führt die Explosion nicht herbei.

6 **A. Abs. II** enthält eine durch das 6. StrRG (2f. vor § 174) eingefügte **Erfolgsqualifikation,** die § 306b I entspricht (vgl. dort 4, 5). Die schwere Folge, für die § 18 gilt, muss *durch die Tat* eingetreten sein; erfasst sind daher nur solche Folgen, die in einem spezifischen Gefahrenzusammenhang mit der nach I herbeigeführten Explosion stehen, etwa unmittelbare Sprengwirkungen durch Luft- oder Gasdruck sowie Splitterwirkung, aber auch Folgen eines durch die Explosion ausgelösten Brandes, durch herabfallende Trümmer, außer Kontrolle geratende Fahrzeuge, durch unmittelbar oder mittelbar verursachte Verätzungen, Vergiftungen usw. Psychische Folgen (Schock) sind nur erfasst, wenn sie zu länger dauernden, ernsthaften Beeinträchtigungen des Wohlbefinden führen.

7 **B. Abs. III** enthält eine **Erfolgsqualifikation** (§ 18) für den Fall wenigstens leichtfertiger Verursachung des Todes eines anderen Menschen (krit. NK-*Herzog* 12). Der Maßstab des § 18 ist auf Leichtfertigkeit heraufgesetzt; die vorsätzliche Herbeiführung des Erfolgs ist gleichfalls erfasst. Lebenslange Freiheitsstrafe wird idR bei vorsätzlicher Tötung in Betracht kommen. Zu Problemen des Versuchs vgl. 5ff. zu § 18.

8 **6) Abs. IV** enthält Strafrahmenregelungen für unbenannte minder schwere Fälle der Abs. I und II; diese können etwa bei weniger gefährlichen Explosivstoffen nahe liegen (1 StR 684/81). Ein minder schwerer Fall des Abs. III ist nicht vorgesehen, was angesichts der Milderungsmöglichkeit selbst bei vorsätzlicher Tötung (§ 213) erstaunt.

9 **7) Abs. V und VI** enthalten Vergehenstatbestände für eine Vorsatz-/Fahrlässigkeitskombination (vgl. § 11 II) sowie für reine Fahrlässigkeitstaten nach I.

10 **8) Gerechtfertigt** ist die Tat, soweit sie sich bei Verwendung von explosiven Stoffen in Industrie, Gewerbe und Forschungsunternehmen in den Grenzen polizeilicher Vorschriften oder der sozialen Adäquanz hält. Der Vorwurf der Fahrlässigkeit entfällt idR bei der Einhaltung von Sicherheitsvorschriften; bei deren Verletzung ist er aber meist gegeben (vgl. GA **66**, 374). Wird Sprengstoff, für dessen Besitz der Täter keine Erlaubnis nach §§ 7ff. SprengG hat, verwendet, so kommt § 308 in Betracht; hat er die Erlaubnis, verletzt er aber Auflagen für die Anwendung des Sprengstoffes, so kann § 308, aber auch nur ein Verstoß gegen diese Vorschriften gegeben sein (vgl. E 1962, 501f.). Im Übrigen rechtfertigt eine Erlaubnis nach § 7 SprengG als solche eine Tat nach § 308 nicht (SK-*Wolters/Horn* 7; *S/S-Cramer/Heine* 13; NK-*Herzog* 10). Auch eine rechtfertigende **Einwilligung** kommt in Betracht (vgl. 8 zu § 307).

11 **9) Teilnahme** ist möglich; im Fall von V gelten die Regeln unter 5f. zu § 18 entsprechend. Täterschaft kann auch bei In-Verkehr-Bringen **fehlerhafter Erzeugnisse** vorliegen (*S/S-Cramer/Heine* 15).

12 **10) Tateinheit ist** möglich u.a. mit §§ 303ff., mit §§ 255, 250 (BGH **41**, 370), mit §§ 306 bis 306b; wenn die Explosion zum Brand führt (MDR **65**, 841; beachte dann § 306c und 306d); mit §§ 223ff.; war der Tod, wenn auch nur bedingt, gewollt, so ist Tateinheit mit § 211 oder § 212 gegeben (hierzu *Gogger* NStZ **94**, 587; vgl. ferner BGH **19**, 101; GrSenBGH **39**, 100). Zum Verhältnis zu § 310 vgl. dort 11; zu § 316c dort 14. § 40 I Nr. 1, 4 2. Alt., II, III SprengG wird von § 308 verdrängt; mit den übrigen Nummern kommt Tatmehrheit in Betracht.

13 **11) Sonstige Vorschriften:** Vgl. 10 zu § 307; UHaft § 112 III StPO.

Missbrauch ionisierender Strahlen

309 **I Wer in *der Absicht,* die Gesundheit eines anderen Menschen zu schädigen, es unternimmt, ihn einer ionisierenden Strahlung auszusetzen, die dessen Gesundheit zu schädigen geeignet ist, wird mit Freiheitsstrafe von einem Jahr bis zu zehn Jahren bestraft.**

II Unternimmt es der Täter, eine unübersehbare Zahl von Menschen einer solchen Strahlung auszusetzen, so ist die Strafe Freiheitsstrafe nicht unter fünf Jahren.

III Verursacht der Täter in den Fällen des Absatzes 1 durch die Tat eine schwere Gesundheitsschädigung eines anderen Menschen oder eine Gesundheitsschädigung einer großen Zahl von Menschen, so ist auf Freiheitsstrafe nicht unter zwei Jahren zu erkennen.

IV Verursacht der Täter durch die Tat wenigstens leichtfertig den Tod eines anderen Menschen, so ist die Strafe lebenslange Freiheitsstrafe oder Freiheitsstrafe nicht unter zehn Jahren.

V In minder schweren Fällen des Absatzes 1 ist auf Freiheitsstrafe von sechs Monaten bis zu fünf Jahren, in minder schweren Fällen des Absatzes 3 auf Freiheitsstrafe von einem Jahr bis zu zehn Jahren zu erkennen.

VI Wer in der Absicht,

1. **die Brauchbarkeit einer fremden Sache von bedeutendem Wert zu beeinträchtigen,**
2. **nachhaltig ein Gewässer, die Luft oder den Boden nachteilig zu verändern,**
3. **ihm nicht gehörende Tiere oder Pflanzen von bedeutendem Wert zu schädigen,**

die Sache, das Gewässer, die Luft, den Boden, die Tiere oder Pflanzen einer ionisierenden Strahlung aussetzt, die geeignet ist, solche Beeinträchtigungen, Veränderungen oder Schädigungen hervorzurufen, wird mit Freiheitsstrafe bis zu fünf Jahren oder mit Geldstrafe bestraft. Der Versuch ist strafbar.

1) Allgemeines. Die Vorschrift idF des Art. 1 Nr. 80 des 6. StrRG (3 vor § 174, 1 vor § 306) entspricht im Wesentlichen § 311 a idF des EGStGB. In III wurde ein neuer Qualifikationstatbestand eingefügt; die leichtfertige Todesverursachung wurde als Erfolgsqualifikation ausgestaltet. Der bisherige § 309 wurde § 306 d. **Abs. VI** ist durch das G zur Umsetzung des VN-Übereinkommens vom 13. 4. 2005 zur Bekämpfung nuklearterroristischer Handlungen neu gefasst worden (Mat.: GesE BReg, BT-Drs. 16/5334; Ber. BT Drs. 16/5936; bei Redaktionsschluss 55. Aufl. **noch nicht verkündet,** Gesetzesbeschluss 5. 7, 2007). **Auslandstaten:** § 6 Nr. 2. 1

2) Die **Unternehmensdelikte** nach Abs. **I und II** stellen Delikte im Vorfeld von Tötungs- und Körperverletzungsdelikten unter Strafe, die wegen der Art des (möglicherweise heimlich angewendeten oder als Heilbehandlung getarnten) Tatmittels mit eventuell schwerwiegenden Spätfolgen besonders gefährlich sind. Es handelt sich um **potentielle Gefährdungsdelikte** (19 vor § 13; **aA** SK-*Wolters/Horn* 2: konkretes Gefährdungsdelikt; *Lackner/Kühl* 2: besonderer Typus des konkr. Gefährdungsdelikts). Zu einer *konkreten* Gefahr muss es nicht kommen; die Gefahr, von der § 314 a iVm § 309 spricht, ist keine tatbestandsmäßige und braucht noch nicht eingetreten zu sein (**aA** SK-*Wolters/Horn* 3). Abs. **III und IV** enthalten Erfolgsqualifikationen. Das Vergehen nach **Abs. VI** ist ein potentielles Gefährdungsdelikt im Vorfeld von Sachbeschädigung und von Taten nach § 324, 324 a, 426 sowie zum Schutz wilder Tiere und Pflanzen. Wird die Handlung durch Herbeiführung von Kern*explosionen* begangen, so sind §§ 307, 328 II Nr. 3 und 4 zu beachten. 2

3) Tatmittel ist in allen Fällen eine **ionisierende Strahlung** (vgl. Art. 74 Nr. 11 a GG; § 1 Nr. 2 AtG), dh eine Strahlung, die von natürlichen oder künstlichen radioaktiven Stoffen ausgeht, zB einer bei Spaltung von Kernbrennstoffen entstehenden Neutronenstrahlung, auch Röntgenstrahlen (vgl. BGH **43**, 346). 3

Die Strahlung muss in den Fällen von I und II **geeignet** sein, die **Gesundheit** zu schädigen. Das bestimmt sich nach den Umständen des Einzelfalls, insb. nach der Art, Intensität und Menge der Strahlung sowie nach der körperlichen Konstitution möglicher Betroffener (*Lackner/Kühl* 3; *S/S-Cramer/Heine* 4; SK-*Wolters/* 4

Horn 3); das Wort „dessen" in Abs. I ist als „seine" zu lesen. Gesundheitsschädigung sind auch genetische Schäden, die, auch wenn sie erst bei den Nachkommen erkennbar werden, schon die körperliche Verfassung der betroffenen Person beeinträchtigen (LK-*Wolff* 6 zu § 311 aF; *S/S-Cramer/Heine* 5). Im Übrigen kommen insb. Strahlenverbrennungen, Missbildungen, Krebserkrankungen sowie der Verlust der Zeugungsfähigkeit in Betracht.

5 Im Fall des VI muss die Strahlung geeignet sein, die dort genannten Beeinträchtigungen, Veränderungen oder Schädigungen hervorzurufen. Auch hier kommt es nicht auf die – selbstverständliche – generelle Eignung von ionisierenden Strahlen an, organisches Gewebe zu schädigen, sondern auf die konkrete Beschaffenheit und Menge der Strahlung sowie auf die Empfindlichkeit der betroffenen Gegenstände. Die Eignung bezieht sich im Fall von **Nr. 1** auf die **Brauchbarkeit** einer Sache von bedeutendem Wert, dh auf ihre bestimmungsgemäße Verwendbarkeit. Der Begriff des bedeutenden Werts entspricht dem zB in §§ 316, 324a, 328 III verwendeten Begriff (vgl. 8 zu § 324a; 16 zu § 315). Es kommt auch die Gefährdung einer *Vielzahl* von Sachen in Betracht, die nur zusammen einen bedeutenden Wert haben; so zB von Lebensmitteln. Die Brauchbarkeit kann insb. beeinträchtigt sein, wenn die Sache selbst ionisiert wird und ohne Gesundheitsgefahr nicht mehr benutzt werden kann. Der Begriff des nachteiligen Veränderns in **Nr. 2** entspricht § 324, § 325 IV Nr. 2 (vgl. 6 zu § 324). In **Nr. 3** umfasst der Begriff des Schädigens auch eine genetische Veränderung, die sich nicht als *Beschädigung* oder *Erkrankung* einzelner Exemplare darstellen muss.

6 **4) Tathandlung** ist in den Fällen der **Abs. I und II**, dass der Täter es **unternimmt** (§ 11 I Nr. 6; vgl. 37 zu § 11), Menschen der genannten ionisierenden Strahlung **auszusetzen**. Versuch und Vollendung sind gleichgestellt, so dass nur Tätige Reue nach § 314a in Betracht kommt. Aussetzen ist jedes Bewirken (auch durch Dritte; auch durch Unterlassen möglich), dass die Strahlung Menschen erreicht; das kann auch mittelbar, insb. durch Verstrahlung von Gegenständen oder In-Verkehr-Bringen verstrahlter Sachen geschehen. Im Fall **von Abs. I** kann das potentielle Tatopfer ein beliebiger anderer Mensch sein; dies kann eine von vornherein bestimmte, auch eine beliebige Person sein, nicht aber ein Tatbeteiligter.

7 **5) Vorsatz** ist, zumindest als bedingter, hinsichtlich der Art und Eignung der Strahlung, der Umstände der Tathandlung sowie im Fall des II auch der unübersehbaren Zahl von Menschen erforderlich. Dazu muss im Fall des I die **Absicht** kommen, die Gesundheit eines anderen Menschen zu schädigen. Es muss dem Täter also darauf ankommen; Endziel seiner Handlung muss die Gesundheitsschädigung aber nicht sein.

8 **6) Abs. II** enthält nach hM einen **Qualifikationstatbestand** zu I. Vorausgesetzt ist, dass das Unternehmen sich auf eine **unübersehbare Zahl von Menschen**, dh eine so große Zahl bezieht, dass sie für einen objektiven Beobachter nicht ohne weiteres übersehbar ist (vgl. 12 zu § 330). Neben dem Vorsatz erfordert Abs. II nach hM gleichfalls die **Absicht,** die Gesundheit wenigstens *eines* Menschen zu schädigen (*S/S-Cramer/Heine* 8; SK-*Wolters/Horn* 7; NK-*Herzog* 10; LK-*Wolff* 10); aus dem *Wortlaut* ergibt sich das allerdings nicht.

9 **7) Abs. III und IV** enthalten **Erfolgsqualifikationen,** die den in § 311a III aF geregelten besonders schweren Fall ersetzt haben.

10 **Abs. III** bedroht Taten nach I mit Freiheitsstrafe von 2 bis 15 Jahren, wenn durch die Tathandlung wenigstens fahrlässig (§ 18) eine **schwere Gesundheitsschädigung** (8f. zu § 176a) mindestens eines anderen Menschen oder eine einfache Gesundheitsschädigung einer **großen Zahl** von Menschen (4f. zu § 306b; vgl. BGH **44**, 178 [zu § 306b]) verursacht worden ist. Die schwere Folge muss gerade auf *Grund der Einwirkung* der ionisierenden Strahlung eingetreten sein; es muss also zum vollendeten Aussetzen, dh zum Beginn der Strahlungseinwirkung kommen. Da die Qualifikation nach III nur für Fälle des Abs. I gilt, wirkt sich im Fall des Abs. II die Verwirklichung des Tätervorsatzes selbst dann nicht strafrahmen-

erhöhend aus, wenn eine große Zahl von Menschen schwere Gesundheitsschäden erlitten hat.

Abs. IV enthält eine Erfolgsqualifikation für Fälle des I und II für den Fall der Verursachung des **Todes** eines anderen Menschen. Der Tod muss *durch die Tat* eingetreten sein, also auf den spezifischen Strahlengefahren beruhen. Subjektiv ist hinsichtlich der schweren Folge wenigstens Leichtfertigkeit erforderlich, der Maßstab des § 18 ist heraufgesetzt. Vorsätzliche Todesverursachung ist gleichfalls umfasst; sie wird idR Voraussetzung der Verhängung lebenslanger Freiheitsstrafe sein. 11

8) Abs. V enthält abgestufte Strafdrohungen für unbenannte **minder schwere Fälle** (11 zu § 12; 85 ff. zu § 46) des I (6 Monate bis 5 Jahre) und des III (1 bis 10 Jahre). 12

9) Abs. VI ist durch das Gesetz zur Umsetzung des VN-Übereinkommens vom 13. 4. 2005 zur Bekämpfung nuklearterroristischer Handlungen (oben 1) neu gefasst worden, weil die Absicht der Herbeiführung bedeutender Sach- oder Umweltschäden durch die aF nicht vollständig abgedeckt war (vgl. BT-Drs. 16/5334, 6). Die Tat muss sich auf die in VI Nr. 1 bis 3 genannten Gegenstände beziehen; diese entsprechen den Schutzgegenständen der §§ 324 ff. In Nr. 3 sind neben fremden auch herrenlose Tiere und Pflanzen erfasst. Bei Redaktionsschluss der 55. Aufl. war mit der kurzfristigen Verkündung des G zu rechnen. 13

Die **Tathandlung** entspricht derjenigen zu I und II. Allerdings reicht das Unternehmen des Aussetzens nicht aus; die Strafbarkeit des **Versuchs** ist daher in **III S. 2** ausdrücklich angeordnet. Der Täter muss mit mindestens bedingtem **Vorsatz** und in der **Absicht** der Beschädigung, nachteiligen Veränderung oder Beeinträchtigung handeln (vgl. dazu BT-Drs. 16/5334, 6). 14

10) Tätige Reue (I; II): § 314 a; FAufsicht: § 321; Einziehung: § 322. Sonstige Vorschriften: 10 zu § 307. 15

11) Konkurrenzen. Tateinheit möglich mit Körperverletzungs- und Tötungsdelikten (12 zu § 308; auch mit § 303 (SK-*Wolters/Horn* 16; *S/S-Cramer/Heine* 16; NK-*Herzog* 14; **aA** LK-*Wolff* 13 zu § 311 aF) und § 304. §§ 326 II, 327 I treten zurück. 16

Vorbereitung eines Explosions- oder Strahlungsverbrechens

310 **I Wer zur Vorbereitung**

1. eines bestimmten Unternehmens im Sinne des § 307 Abs. 1 oder des § 309 Abs. 2,
2. einer Straftat nach § 308 Abs. 1, die durch Sprengstoff begangen werden soll,
3. einer Straftat nach § 309 Abs. 1 oder
4. einer Straftat nach § 309 Abs. 6

Kernbrennstoffe, sonstige radioaktive Stoffe, Sprengstoffe oder die zur Ausführung der Tat erforderlichen besonderen Vorrichtungen herstellt, sich oder einem anderen verschafft, verwahrt oder einem anderen überlässt, wird in den Fällen der Nummer 1 mit Freiheitsstrafe von einem Jahr bis zu zehn Jahren, in den Fällen der Nummer 2 und der Nummer 3 mit Freiheitsstrafe von sechs Monaten bis zu fünf Jahren, in den Fällen der Nummer 4 mit Freiheitsstrafe bis zu drei Jahren oder mit Geldstrafe bestraft.

II In minder schweren Fällen des Absatzes 1 Nr. 1 ist die Strafe Freiheitsstrafe von sechs Monaten bis zu fünf Jahren.

III In den Fällen des Absatzes 1 Nr. 3 und 4 ist der Versuch strafbar.

1) Allgemeines. Die Vorschrift, die, ursprünglich als § 311 a aF durch das 7. StÄG eingefügt, nur den Fall von I Nr. 2 behandelte, ist durch Art. 19 Nr. 172 EGStGB ab § 311 b unter Überführung von § 42 AtG aF um den Fall von I Nr. 1 erweitert und entsprechend umgestal- 1 tet worden. Vgl. auch § 326 E 1962 (Begr. 503; Ndschr. **9**, 264). Schrifttum zu I Nr. 1 vgl. 1a zu § 307. Durch Art. 1 Nr. 80 des **6. StrRG** (2f. vor § 174; 1 vor § 306) wurden die Benennung der Vorschrift geändert und Abs. II auf Fälle des Abs. I Nr. 1 beschränkt. § 310 aF wurde § 306e. Durch das G zur Umsetzung des VN-Übereinkommens vom 13. 4. 2005 zur Bekämpfung nuklearterroristischer Handlungen ist Abs. I geändert und um I Nr. 3 und 4 erweitert und Abs. III angefügt worden (Mat.: GesE BReg, BT-Drs. 16/5334; Ber. BT Drs. 16/5936). Das Gesetz war bei Redaktionsschluss der 55. Aufl. **noch nicht verkündet;** Gesetzesbeschluss 5. 7. 2007. **Auslandstaten:** § 6 Nr. 2.

2 **2) Vorbereitungshandlungen** zu den in I Nr. 1 bis 4 genannten Taten bedroht § 310 als **selbstständiges Delikt** mit Strafe. Erfasst sind daher auch Beihilfehandlungen; im Fall der Vorbereitung einer *eigenen* Tat ist die Alternative des Sich-Verschaffens regelmäßiges Durchgangsstadium. Da die Tat nach Abs. I Nr. 1 Verbrechen und der **Versuch** daher strafbar ist, führt schon das Ansetzen zur Beschaffung von Tatmitteln zur Verbrechensstrafe. In den Fällen von I Nr. 3 und 4, die neu eingefügt worden sind (oben 1), ist die Strafbarkeit des **Versuchs** in Abs. III ausdrücklich angeordnet.

3 **3) Tathandlungen** sind das **a) Herstellen,** dh die tatsächliche Fertigstellung (ob darunter schon das Schärfen von Sprengpatronen bei Nr. 2 fällt, so OGH NJW **50**, 879, ist zw.), **b)** das **Sich Verschaffen,** dh die Herstellung der tatsächlichen Verfügungsgewalt für den Täter, gleichgültig auf welchem Wege (Kauf, Diebstahl usw.; BGH **2**, 116; **3**, 154), **c) das Einem-anderen-Verschaffen,** dh die Herstellung der tatsächlichen Herrschaftsgewalt eines anderen durch Vermittlung Dritter (sonst ist Überlassen gegeben), **d)** das **Verwahren,** dh in Gewahrsam haben (vgl. 11 ff. zu § 242), **e) das Einem-anderen-Überlassen,** dh die Übertragung der tatsächlichen Herrschaftsgewalt des Täters auf eine andere Person, gleichgültig auf welchem Wege. Vorbereitungsformen wie Einführen, Ausführen, Inverkehrbringen und Vermitteln fallen unter b, c und e.

4 **4)** Die Tathandlung muss sich im Fall von Nr. 1, 3 und 4 auf **Kernbrennstoffe** (§ 2 I Nr. 1 AtG) oder sonstige **radioaktive Stoffe** (§ 2 I Nr. 2 AtG) sowohl natürlichen wie künstlichen Ursprungs beziehen, bei deren Zerfall ionisierende Strahlen ausgesendet werden (vgl. Erl. zu § 309); im Fall von Nr. 2 auf **Sprengstoffe** (3 zu § 308); in allen Fällen kann sie sich darüber hinaus auf **besondere Vorrichtungen** beziehen, die zur Ausführung der Tat erforderlich sind. Damit sind Gegenstände gemeint, die nach ihrer Art, Zubereitung oder Zusammenfügung zu einer Gesamtapparatur spezifische Vorrichtungen für die Tat darstellen; aber nicht Gegenstände, die erst nach einem Zusammenbau für ein Sprengstoffdelikt geeignet werden (vgl. Ber. 3; *Cramer* NJW **64**, 1837; hierzu SK-*Wolters/Horn* 3; krit. NK-*Herzog* 7; *S/S-Cramer/Heine* 5). Ob die Handlung objektiv geeignet ist, die geplante Tat zu fördern, ist ohne Bedeutung.

5 **5)** Abs. I setzt **Vorsatz** voraus; bedingter Vorsatz genügt hinsichtlich der Tathandlung und des Tatobjekts. Darüber hinaus muss der Täter im Fall von **Nr. 1 zur Vorbereitung** eines bestimmten (eigenen oder fremden) Unternehmens (2 zu § 83) iS des § 307 I oder des § 309 II handeln; im Fall von **Nr. 2** zur Vorbereitung einer Straftat nach § 308 I, die nach seiner Vorstellung durch Sprengstoff begangen werden soll; in den Fällen von **Nr. 3** und **Nr. 4** zur Vorbereitung von Straftaten nach § 309 I und § 309 VI. Er muss die **Absicht** haben, durch seine Handlung die in Aussicht genommene Tat zu fördern (ebenso *Lackner/Kühl* 3; and. Bay NJW **73**, 2038; *S/S-Cramer/Heine* 7). Die in Aussicht genommene Tat muss hinsichtlich des Angriffsziels, der Angriffsmittel und des Zeitpunkts schon bis zu einem gewissen Grad in der Vorstellung des Täters **konkretisiert** sein (NJW **77**, 540 m. krit. Anm. *Herzberg* JR **77**, 469; 3 StR 333/77; SK-*Wolters/Horn* 7; *S/S-Cramer/Heine* 7; NK-*Herzog* 12; *Lackner/Kühl 3;* vgl. 7 zu § 30; hM; anders Bay NJW **73**, 2038 [mit zust. Anm. *Fuhrmann* JR **74**, 476]). Dafür genügt es, wenn ein Bombenhersteller, der mit der geplanten Explosion Leib und Leben vieler unbeteiligter Personen zumindest gefährden will, vorhat, den Sprengkörper an irgendeinem „bewohnten

Ort", wo er gezündet werden soll, abzulegen (MDR/H **78**, 805). Ob es sich bei der jeweiligen Tat um einen qualifizierten oder einen minder schweren Fall handeln würde, ist nur für die Strafzumessung von Bedeutung; würde ein minder schwerer Fall in Betracht kommen, wird idR § 310 II anzuwenden sein. Der Täter braucht nicht selbst die Tat begehen zu wollen; die Tat kann auch als solche einer dritten Person, auch eines Schuldunfähigen geplant sein kann. Ein Dritter, dem radioaktiver Stoff, Sprengstoff oder die Vorrichtung verschafft oder überlassen wird, braucht nichts vom Tatplan zu wissen.

6) Teilnahme an der Tat ist auch in der Form der Beihilfe strafbar, da es sich bei § 310 um ein selbstständiges Delikt handelt. Bei dem Verbrechen nach Nr. 1 greift auch § 30 ein. Der **Versuch** der Nr. 1 soll nach hM strafbar sein (LK-*Wolff* 1; SK-*Wolters/Horn* 8; *Lackner/Kühl* 4; *S/S-Cramer/Heine* 9; NK-*Herzog* 13; zw.; vgl. 3 zu § 83). 6

7) Die Strafe ist in Abs. I in differenzierter Weise abgestuft; für minder schwere Fälle des I Nr. 1 enthält Abs. **II** eine Sonderregelung. FAufsicht § 321; Einziehung § 322. 7

8) Konkurrenzen. Gegenüber §§ 307, 308, 309 tritt § 310 regelmäßig als subsidiär zurück; doch sind die Mindeststrafen des § 310 einzuhalten (45 vor § 52). Dass die Strafrahmen aus § 308 I, II bei Versuch und Beihilfe niedriger sein können als die des § 310, muss in Kauf genommen werden. Ob Tatmehrheit gegeben ist, wenn der Täter nur eine fremde Tat vorbereiten wollte, dann aber selbst teilnimmt (so *Stenglein* zu § 7 SprengstG), ist zw. Mit §§ 30/308 ist Tateinheit gegeben, da es sich um einen verschiedenen Unrechtsgehalt handelt; ebenso mit § 83. Von § 316c III wird § 310 verdrängt. § 40 I, II SprengG wird von § 310 verdrängt (vgl. Bay NJW **73**, 2038). Mit § 40 III, IV SprengG ist Tateinheit möglich. 8

9) Sonstige Vorschriften. Anzeigepflicht § 138 I Nr. 8. Überwachungsmaßnahmen § 100a Nr. 2 StPO. 9

Freisetzen ionisierender Strahlen

311 **I Wer unter Verletzung verwaltungsrechtlicher Pflichten (§ 330d Nr. 4, 5)**

1. ionisierende Strahlen freisetzt oder

2. Kernspaltungsvorgänge bewirkt,

die geeignet sind, Leib oder Leben eines anderen Menschen oder fremde Sachen von bedeutendem Wert zu schädigen, wird mit Freiheitsstrafe bis zu fünf Jahren oder mit Geldstrafe bestraft.

II Der Versuch ist strafbar.

III Wer fahrlässig

1. beim Betrieb einer Anlage, insbesondere einer Betriebsstätte, eine Handlung im Sinne des Absatzes 1 in einer Weise begeht, die geeignet ist, eine Schädigung außerhalb des zur Anlage gehörenden Bereichs herbeizuführen oder

2. in sonstigen Fällen des Absatzes 1 unter grober Verletzung verwaltungsrechtlicher Pflichten handelt,

wird mit Freiheitsstrafe bis zu zwei Jahren oder mit Geldstrafe bestraft.

1) Allgemeines. Die Vorschrift idF des 18. StÄG (1 vor § 324) und des 2. UKG (1 vor § 324) ist durch das 6. StrRG (2f. vor § 174, 1 vor § 306) redaktionell geändert und umbenannt worden. 311d aF wurde § 308. Die Vorschrift ist **potentielles Gefährdungsdelikt** (19 vor § 13; BGH **39**, 372; **43**, 349; NJW **94**, 2161; LK-*Steindorf* vor 1 und 11; *Lackner/Kühl* 1; *S/S-Cramer/Heine* 1), das lediglich auf die Eignung zur Herbeiführung von Schäden abstellt. Eine konkrete Gefährdung ist nicht erforderlich, ausreichend ist, dass es nach den Umständen des Falles, insbesondere nach Herkunft, Intensität und Dauer der Strahlung bei genereller Betrachtung nicht fern liegt, bei irgendeiner Person könne ein nicht ganz unerheblicher pathologischer Zustand verursacht werden (BGH **39**, 372 [m. Anm. *Geerds* JR **95**, 33]; NJW **94**, 2161). **Geschützte Rechtsgüter** sind Leben und Gesundheit sowie fremde Sachen von bedeutendem Wert. 1

2 **2) Nach I** ist **Tathandlung A.** in **Nr. 1** das **vorsätzliche** (vgl. III) **Freisetzen von ionisierenden Strahlen,** dh einer Strahlung, die von natürlichen oder künstlichen radioaktiven Stoffen ausgeht. Dazu gehören auch Röntgenstrahlen (BGH **43**, 346, 347; LK-*Steindorf* 2 f.; vgl. Art. 74 Nr. 11 a GG; § 1 Nr. 2 AtG; 2 zu § 307; *Fischerhof* 4, jeweils zu § 311 a aF; *Bartholme* JA **96**, 730 zu Plutonium als Tatmittel). Erfasst sind die vom Täter verursachten Fälle, in denen solche Strahlen künstlich erzeugt werden und sich frei ausbreiten, dh unkontrollierbar im Raum ausdehnen (BGH **43**, 348, 352; Bamberg MDR **92**, 687), sowie die Fälle, in denen die Schutzvorrichtung gegenüber einer (künstlichen) Strahlenquelle, zB einem in Verwahrung befindlichen radioaktiven Stoff oder einem in Betrieb befindlichen Strahlengerät beseitigt wird (Ber. 24; vgl. LG München NStZ **82**, 470). **Freigesetzt** sind Strahlen nur, wenn sie sich unkontrollierbar ausbreiten und daher eine Vielzahl von Menschen oder Sachen gefährden. Nicht indizierte Röntgenbestrahlungen von Patienten unterfallen § 311 daher nicht, wenn sie mit einer genehmigten, technisch einwandfreien Röntgeneinrichtung ausgeführt werden (BGH **43**, 346 [Bespr. *Jung/Wigge* MedR **97**, 327; *Detter* JA **98**, 535; *Rigizahn* JR **98**, 523; *Götz/Hinrichs/Seibert/Sommer* MedR **98**, 505; *Jerouschek* JuS **99**, 746, 749]; *S/S-Cramer/Heine* 3).

3 **B.** In **Nr. 2** das **Bewirken von Kernspaltungsvorgängen,** das Fälle erfasst, in denen die Gefahren nicht von dem Freisetzen ionisierender Strahlen ausgehen.

4 **Voraussetzung der Strafbarkeit** ist weiter, dass die Tat (2, 3) **a) unter Verletzung einer** der in **§ 330 d Nr. 4** (vgl. dort 5 ff.) umschriebenen **verwaltungsrechtlichen Pflichten** begangen ist, die dem Schutz vor Gefahren oder schädlichen Einwirkungen auf die Umwelt, insbesondere auf Menschen, Tiere, Pflanzen, Gewässer, Luft oder Boden dienen (§ 330 d Nr. 4). Erfasst sind insb. Verstöße gegen die in § 46 AtG genannten Vorschriften und die auf dem AtG beruhenden VOen (StrahlenschutzVO; RöntgenVO; vgl. BGH **43**, 348). Die Pflicht muss sich nach Bamberg MDR **92**, 687 gerade auf den Vorgang der Strahlen-Freisetzung beziehen (aA *S/S-Cramer/Heine* 8; *Lackner/Kühl* 2: Auch Verletzung innerbetrieblicher Schutzvorschriften). Diesen Pflichtverletzungen sind durch die Verweisung auf **§ 330 d Nr. 5** rechtsmissbräuchliche Verhaltensweisen genehmigungslosen Handelns gleichgestellt; I und II gelten nach dem Ges. v. 24. 4. 1990 (BGBl. II 326) idF des Art. 6 des 2. UKG (10 vor § 324) mit der Maßgabe, dass einer vwrechtlichen Pflicht iS des I eine entsprechende **ausländische** vwrechtliche Pflicht gleichsteht; sowie

5 **b)** dass die Tat **geeignet** ist (potentielles Gefährdungsdelikt, 19 vor § 13; 11 zu § 325), **Leib oder Leben** (3, 4 zu § 35; 6 zu § 325) eines anderen oder **fremde Sachen von bedeutendem Wert** (16 zu § 315) **zu schädigen.** Maßgebend sind im Einzelfall Herkunft, Dauer und Intensität der Strahlung bei genereller Betrachtung (BGH **39**, 371 m. zust. Anm. *Geerds* JR **75**, 33; *S/S-Cramer/Heine* 9; NK-*Herzog* 6; vgl. Anlage X zur StrlSchV; dazu NJW **94**, 2161; *Bartholme* JA **96**, 731).

5 a **3) Abs. III** erweitert III aF und bedroht **Fahrlässigkeitstaten** mit Strafe, und zwar **nach Nr. 1** solche, die der Täter **beim Betrieb einer** kerntechnischen oder einer anderen **Anlage,** insbesondere einer **Betriebsstätte** begeht, und zwar **in einer Weise, die geeignet ist, eine Schädigung** der in I genannten Rechtsgüter **außerhalb des zur Anlage gehörenden Bereichs herbeizuführen.** Eine umweltschädliche radioaktive Strahlung kann zB von Anlagen zur Lagerung von Kernbrennstoffen oder von radioaktiven Abfällen ausgehen (§§ 81, 86 StrlSchV). Im Unterschied zu Nr. 2 soll *jeder* Verstoß gegen vwrechtliche Pflichten iS des § 330 Nr. 4, 5 ausreichen; der Täter muss die vwrechtlichen Pflichten also nicht in *besonders schwerem* Maße verletzen. **Nr. 2** knüpft an III aF an, der bereits ein Handeln **unter grober Verletzung vwrechtlicher Pflichten** voraussetzte, hier aber *nur auf* **sonstige Fälle des I** und dessen Schädigungseignung bezogen ist.

6 **4) Vollendet** ist die Tat, sobald der Täter ionisierende Strahlen freisetzt oder Kernspaltungsvorgänge bewirkt hat. Der **Versuch** ist strafbar **(II).**

5) Die **Strafe** ist nach der Schuldform abgestuft. Schädigungseignung und Pflichtverstoß (§ 330 d Nr. 4, 5) müssen vom **Vorsatz** (I) umfasst sein (Kenntnis der Pflichten und Bewusstsein ihrer Verletzung); es genügt bedingter Vorsatz. Die **Fahrlässigkeit** (III) kann sich auf die Tathandlung selbst beziehen, aber auch darauf, dass der Täter aus Unachtsamkeit seine verwaltungsrechtlichen Pflichten verkannt hat (vgl. LG München NStZ **82**, 470). 7

6) Konkurrenzen. Tateinheit ist möglich mit § 308 und, wenn ein Verletzungserfolg eintritt, mit Körperverletzung und Tötungsdelikten (SK-*Wolters/Horn* 9). Gegenüber §§ 307, 309 ist § 311 subsidiär (*S/S-Cramer/Heine* 14; *Lackner/Kühl* 7; *Sack* 48; **aA** SK-*Wolters/Horn* 9). 8

7) Sonstige Vorschriften. Einziehung § 322. Vgl. Nr. 268 RiStBV. 9

Fehlerhafte Herstellung einer kerntechnischen Anlage

312 **I Wer eine kerntechnische Anlage (§ 330 d Nr. 2) oder Gegenstände, die zur Errichtung oder zum Betrieb einer solchen Anlage bestimmt sind, fehlerhaft herstellt oder liefert und dadurch eine Gefahr für Leib oder Leben eines anderen Menschen oder für fremde Sachen von bedeutendem Wert herbeiführt, die mit der Wirkung eines Kernspaltungsvorgangs oder der Strahlung eines radioaktiven Stoffes zusammenhängt, wird mit Freiheitsstrafe von drei Monaten bis zu fünf Jahren bestraft.**

II Der Versuch ist strafbar.

III Verursacht der Täter durch die Tat eine schwere Gesundheitsschädigung eines anderen Menschen oder eine Gesundheitsschädigung einer großen Zahl von Menschen, so ist auf Freiheitsstrafe von einem Jahr bis zu zehn Jahren zu erkennen.

IV Verursacht der Täter durch die Tat den Tod eines anderen Menschen, so ist die Strafe Freiheitsstrafe nicht unter drei Jahren.

V In minder schweren Fällen des Absatzes 3 ist auf Freiheitsstrafe von sechs Monaten bis zu fünf Jahren, in minder schweren Fällen des Absatzes 4 auf Freiheitsstrafe von einem Jahr bis zu zehn Jahren zu erkennen.

VI Wer in den Fällen des Absatzes 1

1. die Gefahr fahrlässig verursacht oder

2. leichtfertig handelt und die Gefahr fahrlässig verursacht,

wird mit Freiheitsstrafe bis zu drei Jahren oder mit Geldstrafe bestraft.

1) Allgemeines. Die Vorschrift idF des 18. StÄG (1 vor § 324), des 2. UKG (1 vor § 324) und des 6. StrRG (2f. vor § 174, 1 vor § 306), durch das sie den Gesetzesstandort (§ 311 c aF) erneut wechselte und das in Abs. III und IV anstelle der Strafzumessungsregel für besonders schwere Fälle Qualifikationen einfügte, ist im Übrigen ein **konkretes Gefährdungsdelikt** (19 vor § 13). **Geschützte Rechtsgüter** sind wie in § 311 Leben, Gesundheit und fremde Sachen von bedeutendem Wert. 1

2) Tatgegenstände sind kerntechnische **Anlagen** (§ 330 d Nr. 2, hierzu 2 zu § 327) und **Gegenstände,** die zur Errichtung oder zum Betrieb einer solchen Anlage bestimmt sind (vgl. *Fischerhof* zu § 48 AtG). Die Bestimmung des Gegenstands ergibt sich idR in allg. Form aus Bau- oder Betriebsplänen; sie setzt aber stets eine *konkrete* Zweckbestimmung voraus (vgl. *S/S-Cramer/Heine* 3; SK-*Wolters/Horn* 3; NK-*Herzog* 4; and. LK-*Steindorf* 5 zu § 311 c aF), so dass etwa die bloße Produktion von Gegenständen für einen unbestimmten *Markt* idR noch keine „Bestimmung“ enthalten dürfte. Gegenstände zur Errichtung sind insb. Baumaterialien und Anlagen-Teile; betriebsunspezifische Arbeitsmittel und Werkzeuge sind auszunehmen (LK-*Steindorf* 5 zu § 311 c aF; *Lackner/Kühl* 2). 2

3) Tathandlung nach **Abs. I, 1. Var.** ist das fehlerhafte **Herstellen;** hierzu gehört die Auswahl und Verwendung des Rohstoffs oder Halbfertigfabrikats sowie dessen Verarbeitung und Gestaltung. 3

Tathandlung der **2. Var.** ist das fehlerhafte **Liefern** von Anlagen oder Gegenständen zu 2; hier ist das rechtsgeschäftliche Überlassen eines Gegenstandes zum 4 bestimmungsgemäßen Gebrauch gemeint (LK-*Schroeder* 13 zu § 109e). **Fehlerhaft** bedeutet, dass die bereitgestellten Gegenstände hinter der erforderlichen und vorausgesetzten Güte oder Menge zurückbleiben (**aA** LK-*Steindorf* 6 zu § 311c aF), aber auch eine aliud-Lieferung erfüllt den Tatbestand (SK-*Wolters/Horn* 4; *S/S-Cramer/Heine* 5; *Sack* 13). Nicht erfasst sind Verzug oder Nichtlieferung; auch später durchgeführte fehlerhafte Reparaturen sollen dem Tatbestand nicht unterfallen (*S/S-Cramer/Heine* 4; *Lackner/Kühl* 3; krit. *Möhrenschlager* NStZ **94**, 569).

5 **Voraussetzung** der Strafbarkeit ist außerdem ein Ausmaß an Fehlerhaftigkeit, das eine **Gefahr für Leib oder Leben** (3, 4 zu § 35) eines andern oder **für fremde Sachen von bedeutendem Wert** (16 zu § 315) herbeiführt. Diese Gefahr muss mit der Wirkung eines **Kernspaltungsvorgangs** oder der **Strahlung** eines radioaktiven Stoffes **zusammenhängen;** es genügt also nicht, dass durch den Mangel des gelieferten Gegenstands sonstige Gefahren oder Schäden eintreten.

6 Nach Abs. I ist **Vorsatz** erforderlich; bedingter Vorsatz genügt.

7 **4) Vollendet** ist die Tat, sobald der Herstellungsvorgang abgeschlossen (oben 3) oder die Anlage abgenommen oder der Gegenstand abgeliefert ist und die konkrete Gefahr eingetreten ist (*S/S-Cramer/Heine* 12; SK-*Wolters/Horn* 6; *Sack* 31). Der **Versuch** ist strafbar (Abs. II); er kann insb. mit Beginn der Herstellungsprozesses gegeben sein.

8 **5)** Eine **Rechtfertigung** kommt bei Einwilligung des allein Gefährdeten in Betracht (LK-*Steindorf* 15; *Sack* 22). Dagegen ist die Einwilligung des Bestellers der Anlage, wenn dieser nicht zugleich die gefährdete Person ist, ohne Belang. Auch die Erfüllung verwaltungsrechtlicher Pflichten und technischer Auflagen rechtfertigt die Tat nicht, wenn die Fehlerhaftigkeit der Herstellung oder Lieferung auf Mängeln oder Lücken dieser Vorschriften beruht und der Täter dies erkennt.

9, 10 **6)** Die **Strafe** ist vielfach abgestuft. Für die Vorsatztat nach I ist Freiheitsstrafe von 3 Monaten bis 5 Jahre angedroht. **Abs. VI** regelt in **Nr. 1** die vorsätzliche fehlerhafte Herstellung oder Lieferung bei fahrlässiger konkreter Gefährdung (vgl. § 11 II) und in **Nr. 2** die leichtfertig, dh grob fahrlässig fehlerhafte Herstellung bei fahrlässiger Gefährdung. Erfasst werden durch Nr. 2 Hersteller und Lieferanten, die in grob sorgfaltswidriger Weise gegen die anerkannten und in diesem Technologiebereich wegen der extrem hohen Gefahrenpotentiale erforderlichen Produktions- und Kontrollregeln verstoßen. Hier ist einheitlich Freiheitsstrafe bis 3 Jahre oder Geldstrafe angedroht. Die einfache Fahrlässigkeit ist von § 312 nicht erfasst.

11 **Abs. III und IV** enthalten **Erfolgsqualifikationen. III** entspricht § 309 III. Zur schweren Gesundheitsschädigung vgl. 8f. zu § 176a, zur Schädigung einer großen Zahl von Menschen 5 zu § 306b. Für die schwere Folge gilt § 18; die Strafe ist Verbrechensstrafe von 1 bis 10 Jahren. **IV** erhöht den Strafrahmen auf 3 bis 15 Jahre, wenn durch die vorsätzliche Tat nach I der Tod eines Menschen wenigstens fahrlässig (§ 18) verursacht wurde. In **minder schweren Fällen** wird dieser Rahmen nach **Abs. V, 2. HS,** wieder auf 1 bis 10 Jahre gemildert; für minder schwere Fälle des III sieht **V, 1. HS** einen Strafrahmen von 6 Monaten bis 5 Jahren vor. Abs. V kommt vor allem in Fällen leichtester Fahrlässigkeit der Erfolgsverursachung sowie bei Mitverschulden des Geschädigten in Betracht. Die schwere Folge muss in III und IV gerade auf der Fehlerhaftigkeit der Herstellung oder Lieferung beruhen.

12 **7) Konkurrenzen.** Tateinheit ist möglich mit §§ 109e, 263, den Körperverletzungs- und den Tötungstatbeständen (8 zu § 308).

Herbeiführen einer Überschwemmung

313 **I Wer eine Überschwemmung herbeiführt und dadurch Leib oder Leben eines anderen Menschen oder fremde Sachen von bedeutendem Wert gefährdet, wird mit Freiheitsstrafe von einem Jahr bis zu zehn Jahren bestraft.**

II § 308 Abs. 2 bis 6 gilt entsprechend.

1) Allgemeines. Die Vorschrift idF des Art. 1 Nr. 80 des 6. StrRG (2f. vor § 174, 1 vor § 306) hat §§ 312 bis 314 aF zusammengefasst. 1

2) Abs. I bedroht die vorsätzliche Herbeiführung einer konkret gefährlichen Überschwemmung mit Verbrechensstrafe von 1 bis 10 Jahren. Eine **Überschwemmung** liegt vor, wenn Wasser in solcher Menge und Stärke über seine natürlichen oder künstlichen Grenzen hinaustritt, das es bestimmungswidrig eine größere Fläche oder einen Raum überflutet und zu einer Gefahr für darin befindliche Personen oder Sachen wird (RG **7**, 577). **Herbeiführen** (vgl. 3, 5 zu § 308) ist das Verursachen der Überschwemmung durch den Täter, nicht auch durch Anstifter oder Gehilfen, gleichgültig mit welchen Mitteln. Die Tat kann auch durch **Unterlassen** begangen werden, etwa durch Nicht-Schließen von Flutungsventilen, aber auch durch mangelnde Vorhaltung von technischen oder baulichen Einrichtungen zur Abwendung der Überschwemmung. Wer Bodenflächen, namentlich an Steilhängen, so versiegelt, dass große Niederschlagsmengen ungehindert auf tieferliegende Geländeflächen abfließen, kann von I erfasst werden. Die Vergrößerung einer schon bestehenden Überschwemmung genügt (RG **5**, 310). 2

3) Die Überschwemmung muss eine **konkrete Gefahr** für **Leib oder Leben** eines anderen Menschen oder für fremde **Sachen** von bedeutendem Wert (16 zu § 315) zur Folge haben. Bei einer Vielzahl von Sachen kommt es auf deren Gesamtwert an. 3

4) Vorsatz ist als mindestens bedingter erforderlich; er muss auch die Herbeiführung der konkreten Gefahr umfassen. 4

5) Abs. II verweist auf § 308 II bis VI, dh auf die **Erfolgsqualifikationen** bei Gesundheitsschädigung (§ 308 II) und wenigstens leichtfertiger Todesverursachung (§ 308 III), die Regelung unbenannter minder schwerer Fälle des I und des § 308 II sowie auf die abgestuften Strafrahmen für Vorsatz-Fahrlässigkeits-Kombinationen (Abs. V) und reine Fahrlässigkeit (Abs. VI). Vgl. dazu 6ff. zu § 308. 5

6) Zur **Konkurrenz** vgl. 12 zu § 308. Tätige Reue § 314a II Nr. 2f, III Nr. 1e. Einziehung § 322 Nr. 1. Sonstige Vorschriften § 87 II Nr. 1, § 126 I Nr. 6, § 129a II Nr. 2, § 138 I Nr. 8, § 140 StPO. 6

Gemeingefährliche Vergiftung

314 **I Mit Freiheitsstrafe von einem Jahr bis zu zehn Jahren wird bestraft, wer**

1. Wasser in gefassten Quellen, in Brunnen, Leitungen oder Trinkwasserspeichern oder

2. Gegenstände, die zum öffentlichen Verkauf oder Verbrauch bestimmt sind,

vergiftet oder ihnen gesundheitsschädliche Stoffe beimischt oder vergiftete oder mit gesundheitsschädlichen Stoffen vermischte Gegenstände im Sinne der Nummer 2 verkauft, feilhält oder sonst in den Verkehr bringt.

II § 308 Abs. 2 bis 4 gilt entsprechend.

1) Allgemeines. Die Vorschrift idF durch Art. 1 Nr. 80 des 6. StrRG (3 vor § 174, 1 vor § 306) ersetzt § 319 idF des 18. StÄG (1 vor § 324). § 314 aF ist von § 313 II iVm § 308 V u. VI erfasst. Entgegen dem Vorschlag des RegE wurde § 314 nicht als konkretes Gefährdungsdelikt ausgestaltet (BT-Drs. 13/8587, 50), sondern der Charakter eines gemeingefährlichen Delikts als **abstraktes Gefährdungsdelikt** (BT-Drs. 13/8587, 72; vgl. *S/S-Cramer/Heine* 2; **aA** *Zieschang,* Die Gefährdungsdelikte, 1998, 261) beibehalten, die Beschreibung der Schutzobjekte modernisiert. Der Vereinheitlichung dient der Verweis auf Strafrahmen und Qualifikationen des § 308 II bis IV. **Rechtsgut** der Vorschrift sind Leib und Leben von Menschen. Wirtschaftliche Werte sind nur insoweit geschützt, als ihre Beeinträchtigung Durchgangsstadium einer abstrakten Gefährdung von Personen ist. Mittelbar geschützt ist die öffentliche Versorgung insb. mit Lebensmitteln. 1

1a **Literatur:** *Brammsen,* Strafrechtliche Rückrufungspflichten bei fehlerhaften Produkten?, GA **93**, 97; *Geerds,* Herstellen u. Absatz gesundheitsgefährlicher Ver- und Gebrauchsgüter, Tröndle-FS 241; *Gretenkordt,* Herstellen u. Inverkehrbringen gesundheitsgefährlicher Verbrauchs- und Gebrauchsgüter (usw.), 1993 (Diss. Bochum); *Hassemer,* Produktverantwortung im modernen Strafrecht, 1994; *Hilgendorf,* Strafrechtliche Produzentenhaftung in der „Risikogesellschaft", 1993; *Horn,* Strafrechtliche Haftung für die Produktion von u. den Handel mit vergifteten Gegenständen, NJW **86**, 153; *Hoyer,* Probleme der strafrechtlichen Produkthaftung, GA **96**, 160; *Kuhlen,* Fragen einer strafrechtlichen Produkthaftung, 1989; *ders.*, Grundfragen der strafrechtlichen Produkthaftung, JZ **94**, 1142; *Möllers,* Verkehrspflichten des Händlers beim Vertrieb von gefährlichen Produkten, JZ **99**, 24; *Moseschus*, Produkterpressung, 2004 (Diss. Berlin); *Ohm,* Der Giftbegriff im Umweltstrafrecht, 1985; *Samson,* Probleme strafrechtlicher Produkthaftung, StV **91**, 182; *Schmidt-Salzer,* Strafrechtliche Produktverantwortung, NJW **88**, 1937; *Schulz,* Strafrechtliche Produkthaftung bei Holzschutzmitteln, ZUR **94**, 26.

2 **2) Tatobjekt** des Abs. I **Nr. 1** ist **Wasser,** und zwar solches, das grds, sei es auch nach weiterer Aufbereitung, zum privaten oder öffentlichen Gebrauch von Menschen, also zum Trinken, zur Lebensmittelzubereitung, zum Waschen oder Baden bestimmt ist. Brauchwasser, namentlich für gewerbliche (zB Kühlwasser), feuerpolizeiliche und landwirtschaftliche (Bewässerung, Viehtränken) Zwecke, unterfällt § 319 nicht (*Lackner/Kühl* 2; *S/S-Cramer/Heine* 5; SK-*Wolters/Horn* 5). Das Wasser muss sich in gefassten Quellen, Brunnen, Leitungen jeder Art oder privaten oder öffentlichen Trinkwasserspeichern befinden. **Sonstiges** fließendes, stehendes oder aus Quellen wild abfließendes Wasser sowie das Grundwasser (§ 1 WHG) ist durch § 324 geschützt (vgl. LK-*Steindorf* 2 zu § 324). Wasser, das als Lebensmittel verpackt oder abgefüllt wurde, unterfällt Nr. 1 nicht, sondern ist durch Nr. 2 geschützt.

3 **A. Tathandlung** nach Nr. 1 ist das **Vergiften** oder das **Beimischen** gesundheitsschädlicher Stoffe. **Gift** ist jeder organische oder anorganische Stoff, der unter bestimmten Bedingungen geeignet ist, die Gesundheit von Menschen durch chemische oder chemisch-physikalische Wirkung zu zerstören, dh zu schweren Gesundheitsschädigungen (vgl. 8f. zu § 176a) zu führen (vgl. RG **10**, 179; OGH **3**, 92; HESt **2**, 292). Dazu zählen neben klassischen Giften wie Zyankali, Arsen oder Strychnin zB auch Säuren (BGH **15**, 113), Gas (LG Berlin MDR **64**, 1023), Betäubungs- und Rauschmittel (NJW **79**, 556), radioaktive Substanzen (**aA** wohl *S/S-Cramer/Heine* 14) sowie Erreger infektiöser Krankheiten. **Gesundheitsschädliche Stoffe** sind sonstige feste (zB Glassplitter), flüssige oder gasförmige Substanzen, die bei bestimmungsgemäßer Verwendung des Wassers geeignet sind, nicht ganz unerhebliche Schädigungen der Gesundheit herbeizuführen. Gegenüber § 319 aF ist der Begriff ausgeweitet worden, da eine Eignung zur *Zerstörung* der Gesundheit nicht mehr vorausgesetzt ist; andererseits muss der Begriff der Gesundheitsschädlichkeit angesichts der hohen Strafdrohung restriktiv ausgelegt werden. Kurzfristige Übelkeit oder sonstige rasch vorübergehende Einschränkungen des Wohlbefinden ohne fortdauernde Wirkungen scheiden danach aus, ebenso bloße Verunreinigungen oder Ekel erregende Beimischungen.

4 **B. Vollendet** ist die Tat nach **I Nr. 1**, wenn das Gift oder der gesundheitsschädliche Stoff dem Wasser so beigefügt ist, dass es sich mit ihm vermischt hat. Die Tat kann auch durch **Unterlassen** begangen werden, etwa wenn derjenige, der auf Grund vertraglicher Verpflichtung für die Reinheit des Wassers zu sorgen hat, die durch Eingreifen Dritter oder durch technische Fehler verursachte Beimischung nicht verhindert (vgl. *Geerds,* Tröndle-FS 246).

5 **3) Tatobjekt** nach **I Nr. 2** sind Gegenstände, die zum **öffentlichen Verkauf oder Verbrauch** bestimmt sind. Es kommen hier solche Gegenstände in Betracht, bei deren bestimmungsgemäßem Gebrauch oder Verbrauch sich die Gefahren der Beimischung gesundheitsschädlicher Stoffe realisieren können; vor allem also **Lebensmittel**, aber auch zB Kosmetika, Spielsachen, Tapeten und Stoffe (*Horn* NJW *86, 153; Geerds* aaO 253; vgl. § 2 IV LFGB), weiterhin Kleidungsstücke, Möbel, Baumaterialien sowie Pflege- und Reinigungsmittel. Die Gegenstände sind zum **öffentlichen Verkauf** bestimmt, wenn sie dem Erwerb einer nicht bestimmten

Käuferzahl zugänglich gemacht sind oder gemacht werden sollen (vgl. *S/S-Cramer/Heine* 7). Zum **öffentlichen Verbrauch** sind Gegenstände bestimmt, die dem Gebrauch oder Verbrauch einer unbestimmten Vielzahl von Personen (zB Gegenstände in öffentlichen Einrichtungen) oder unbestimmter einzelner Personen (zB Werbegeschenke) dienen.

4) Hinsichtlich der in Nr. 2 genannten Gegenstände kommen zwei **Tathandlungen** in Betracht: 6

A. das **Vergiften** oder **Beimischen gesundheitsschädlicher Stoffe;** insoweit gilt oben 3 entsprechend. Unerheblich ist, ob die Vergiftung usw. schon bei der Herstellung oder erst nachträglich, etwa im Bereich des Groß- und Zwischenhandels oder während des Feilhaltens geschieht. Soweit es sich um Gebrauchsgegenstände handelt, liegt eine Vergiftung oder Beimischung schon vor, wenn Teile des Gegenstands die Eignung zur Gesundheitsschädigung aufweisen (zB Lackierung). Unerheblich ist, ob vergiftete und unvergiftete Bestandteile *ver*mischt sind, ob der unvergiftete Stoff der Grundstoff ist und in welchem Mischungsverhältnis die Bestandteile stehen (RG **67**, 263). Das **Nicht-Beseitigen** einer schon bestehenden Vergiftung ist nicht (als Unterlassen) nach der 1. Alt. strafbar, begründet jedoch bei Garanten Unterlassungstäterschaft nach der **2. Alt.** (zur Garantenstellung von Leitungsorganen eines Unternehmens vgl. BGH **37**, 106, 117 [*Holzschutzmittel*]; dazu *Puppe* JR **92**, 30; *Hirte* JZ **92**, 257; *Brammsen* GA **93**, 99; *Kuhlen* NStZ **90**, 569; *Schmidt-Salzer* NJW **90**, 2966). 7

B. das **Verkaufen, Feilhalten oder In-Verkehr-Bringen** von vergifteten oder gesundheitschädlichen Gegenständen iS von Nr. 2. Verkauf ist die entgeltliche Übereignung an bestimmte dritte Personen, Feilhalten das äußerlich als solches erkennbare Bereitstellen zum Zweck des Verkaufs (BGHR § 152a I Nr. 1, Feilh. 1). Bloßes Ankündigen genügt noch nicht (Bay JW **30**, 1603). In-Verkehr-Bringen ist jede andere, insb. die unentgeltliche Abgabe an Dritte zum Gebrauch oder Verbrauch (vgl. BGH **37**, 117 f.). Auch leihweises Überlassen genügt. Begehung durch **Unterlassen** ist möglich (oben 7); das ist bei bloßem Im-Verkehr-*Belassen* eines bestimmten vergifteten Gegenstands nicht gegeben. 8

5) Der zu weite Wortlaut der Vorschrift verlangt eine **einschränkende Auslegung:** Das Herstellen oder In-Verkehr-Bringen von Stoffen und Gegenständen, die entweder **ausschließlich** aus Gift oder gesundheitsschädlichen Stoffen bestehen oder die **ihrer Natur nach** giftige oder gesundheitsschädliche Stoffe enthalten, ist von § 314 nicht erfasst. So ist der Verkauf zB von Batterien, elektronischen Bauteilen, Pflanzenschutzmitteln oder Kühlflüssigkeit schon nicht tatbestandsmäßig, sofern die (Teil-) Giftigkeit oder Gesundheitsschädlichkeit dieser Gegenstände nicht durch Beimischungen oder Hinzufügen weiterer, **zusätzlicher** Stoffe gesteigert wird. Dasselbe gilt für Arzneimittel, die schon ihrer Natur nach giftig sind (**aA** *Geerds,* Tröndle-FS 247: jedenfalls nicht rechtswidrig). Würde man hier nur Ausschluss der Rechtswidrigkeit annehmen, so würde iErg der Verstoß gegen öffentlich-rechtliche **Kennzeichnungspflichten** des LFGB zum Verbrechen aufgewertet (vgl. *S/S-Cramer/Heine* 13). 9

6) Heimlichkeit des Handelns durch Verschweigen der giftigen oder gesundheitsgefährdenden Eigenschaft ist nach der Fassung durch das 6. StrRG nicht mehr Tatbestandsvoraussetzung (and. NK-*Herzog* 8). Erfasst sind damit auch offene Vergiftungshandlungen, bspw. durch Erpresser, die als Druckmittel die Vergiftung von Lebensmitteln einsetzen (vgl. dazu *Moseschus* [1 a] 146 f.). 10

7) Der subjektive Tatbestand verlangt **Vorsatz;** bedingter Vorsatz genügt. Dieser muss sich auf die Giftigkeit oder Gesundheitsschädlichkeit des Stoffes, die Bestimmung des Tatobjekts und im Fall von Nr. 2, 2. Alt. auf das In-Verkehr-Bringen (vgl. BGH **23**, 286 zum Feilhalten) beziehen. Eine Absicht des Täters, konkrete Gefahren oder Schäden herbeizuführen, ist für Abs. I nicht erforderlich. 11

8) Die Strafe ist, wie in § 319 aF, Verbrechensstrafe von 1 bis 10 Jahren. 12

13 9) **Abs. II** verweist auf § 308 II bis IV. Danach sind **Erfolgsqualifikationen** vorgesehen **a)** für die wenigstens fahrlässige (§ 18) Verursachung einer schweren **Gesundheitsschädigung** (vgl. § 176 a, § 225) eines anderen Menschen (Strafrahmen 2 bis 15 Jahre) und die (einfache) Gesundheitsbeschädigung einer großen Zahl (5 zu § 306 b) von Menschen sowie **b)** für die leichtfertige oder vorsätzliche Verursachung des **Todes** eines anderen Menschen (lebenslange oder Freiheitsstrafe von 10 bis 15 Jahren).

14 **Minder schwere Fälle** des Abs. I (II iVm § 308 IV, 1. HS) können insb. bei geringfügigerer Gesundheitsschädlichkeit sowie bei von vornherein eng begrenzter Verbreitungsgefahr vorliegen, solche der Erfolgsqualifikation nach § 308 II (§ 308 IV, 2. HS) bei geringfügigeren Gesundheitsbeschädigungen oder bei erheblichem mitwirkenden Verschulden des Geschädigten.

15 **10) Tateinheit** ist möglich mit §§ 58 LFGB, § 29 I Nr. 1 BtMG, § 64 I BSeuchenG, §§ 95, 96 AMG; im Fall von II iVm § 308 II mit §§ 223 ff.; im Fall von II iVm § 308 III mit §§ 211, 212 (*S/S-Cramer/Heine* 29; vgl. aber *Horn* NJW **86**, 157).

16 **11) Sonstige Vorschriften:** § 126 I Nr. 6 (Androhung); § 129 a I Nr. 2 (Begehung durch terroristische Vereinigung); § 138 I Nr. 8 (Anzeigepflicht); § 140 (Belohung); § 145 d (Vortäuschen); § 100 a I Nr. 2, §§ 98 a, 111 StPO. **Tätige Reue:** § 314 a I Nr. 1. **Einziehung:** § 322.

Tätige Reue

314a **I Das Gericht kann die Strafe in den Fällen des § 307 Abs. 1 und des § 309 Abs. 2 nach seinem Ermessen mildern (§ 49 Abs. 2), wenn der Täter freiwillig die weitere Ausführung der Tat aufgibt oder sonst die Gefahr abwendet.**

II Das Gericht kann die in den folgenden Vorschriften angedrohte Strafe nach seinem Ermessen mildern (§ 49 Abs. 2) oder von Strafe nach diesen Vorschriften absehen, wenn der Täter

1. in den Fällen des § 309 Abs. 1 oder § 314 Abs. 1 freiwillig die weitere Ausführung der Tat aufgibt oder sonst die Gefahr abwendet oder

2. in den Fällen des

a) § 307 Abs. 2,
b) § 308 Abs. 1 und 5,
c) § 309 Abs. 6,
d) § 311 Abs. 1,
e) § 312 Abs. 1 und 6 Nr. 1,
f) § 313, auch in Verbindung mit § 308 Abs. 5,

freiwillig die Gefahr abwendet, bevor ein erheblicher Schaden entsteht.

III Nach den folgenden Vorschriften wird nicht bestraft, wer

1. in den Fällen des

a) § 307 Abs. 4,
b) § 308 Abs. 6,
c) § 311 Abs. 3,
d) § 312 Abs. 6 Nr. 2,
e) § 313 Abs. 2 in Verbindung mit § 308 Abs. 6

freiwillig die Gefahr abwendet, bevor ein erheblicher Schaden entsteht, oder

2. in den Fällen des § 310 freiwillig die weitere Ausführung der Tat aufgibt oder sonst die Gefahr abwendet.

IV Wird ohne Zutun des Täters die Gefahr abgewendet, so genügt sein freiwilliges und ernsthaftes Bemühen, dieses Ziel zu erreichen.

1 ***1) Allgemeines.*** Die Vorschrift idF durch Art. 1 Nr. 80 des 6. StrRG (2f. vor § 174, 1 vor § 306) fasst die Voraussetzungen der Tätigen Reue für die §§ 307 bis 314 zusammen und ersetzt § 311 e idF des 2. UKG (1 vor § 324; vgl. auch §§ 306 e, 320).

2) Gemeinsame **Voraussetzung** der Milderungs- oder Absehensmöglichkeiten ist die **Freiwilligkeit** eines Handelns des Täters, das bei bereits **vollendeter Tat** (sonst: § 24) die weitere Verwirklichung des Tatzieles aufgibt und bereits verwirklichte Gefahren abwendet. Für die Freiwilligkeit ebenso wie für die **Ernsthaftigkeit** iS des Abs. IV gelten die Grundsätze zu § 24 entsprechend (dort 18ff.). Für **Teilnehmer** gelten 36ff. zu § 24 entsprechend. 2

3) Im Übrigen sehen **Abs. I** eine fakultative Strafrahmenmilderung, **Abs. II** eine Milderung oder ein Absehen von Strafe und Abs. III einen persönlichen Strafaufhebungsgrund (mit der Folge des *Freispruchs*) vor und differenzieren hinsichtlich der Voraussetzungen nach Unternehmensdelikten mit besonders hoher abstrakter Gefährdung (I), abstrakten Gefährdungsdelikten (II Nr. 1), potentiellen und konkreten vorsätzlichen Gefährdungsdelikten (II Nr. 2), fahrlässig begangenen konkreten Gefährdungsdelikten (III Nr. 1) sowie dem Vorbereitungsdelikt des § 310 (III Nr. 2). Soweit die Abwendung der vom Täter geschaffenen Gefahr gefordert ist, bevor ein **erheblicher Schaden** entstanden ist, kommt es auf die Verwirklichung der jeweils tatbestandsspezifischen Gefahr an. *Belanglos* iS des § 142 muss der ggf. schon eingetretene Schaden nicht sein; andererseits überschreitet ein bedeutender Schaden iS von §§ 308 I, 315 I die Grenze der Erheblichkeit sicher (vgl. LK-*Wolff* 8 zu § 311e aF; SK-*Wolters/Horn* 7; *S/S-Heine* 9). Bei nicht materiellen, insb. Gesundheitsschäden, kommt es auf das absolute Ausmaß der Beeinträchtigung oder Verletzung, aber auch auf deren Verhältnis zum Gefahrenpotential der Tat an. Ist kein oder nur ein nicht erheblicher Schaden eingetreten, so gilt **Abs. IV.** 3

4) Die **Rechtswirkungen** der Tätigen Reue beschränken sich auf die jeweils genannten Tatbestände; Bestrafung wegen tateinheitlich begangener Delikte bleibt möglich, soweit nicht ihrerseits Voraussetzungen der Tätigen Reue (etwa nach § 306e) vorliegen. Bei Freispruch auf Grund Abs. III leben grds. zurücktretende Tatbestände (zB § 40 SprengG; §§ 326 II, III, 327) wieder auf. Eine **Einziehung** nach § 322 bleibt in allen Fällen des § 314a möglich. 4

Gefährliche Eingriffe in den Bahn-, Schiffs- u. Luftverkehr

RiStBV 245–247

315 **I Wer die Sicherheit des Schienenbahn-, Schwebebahn-, Schiffs- oder Luftverkehrs dadurch beeinträchtigt, dass er**

1. Anlagen oder Beförderungsmittel zerstört, beschädigt oder beseitigt,
2. Hindernisse bereitet,
3. falsche Zeichen oder Signale gibt oder
4. einen ähnlichen, ebenso gefährlichen Eingriff vornimmt,

und dadurch Leib oder Leben eines anderen Menschen oder fremde Sachen von bedeutendem Wert gefährdet, wird mit Freiheitsstrafe von sechs Monaten bis zu zehn Jahren bestraft.

II Der Versuch ist strafbar.

III Auf Freiheitsstrafe nicht unter einem Jahr ist zu erkennen, wenn der Täter

1. in der Absicht handelt,
  a) einen Unglücksfall herbeizuführen oder
  b) eine andere Straftat zu ermöglichen oder zu verdecken, oder
2. durch die Tat eine schwere Gesundheitsschädigung eines anderen Menschen oder eine Gesundheitsschädigung einer großen Zahl von Menschen verursacht.

IV In minder schweren Fällen des Absatzes 1 ist auf Freiheitsstrafe von drei Monaten bis zu fünf Jahren, in minder schweren Fällen des Absatzes 3 auf Freiheitsstrafe von sechs Monaten bis zu fünf Jahren zu erkennen.

V Wer in den Fällen des Absatzes 1 die Gefahr fahrlässig verursacht, wird mit Freiheitsstrafe bis zu fünf Jahren oder mit Geldstrafe bestraft.

VI Wer in den Fällen des Absatzes 1 fahrlässig handelt und die Gefahr fahrlässig verursacht, wird mit Freiheitsstrafe bis zu zwei Jahren oder mit Geldstrafe bestraft.

1 **1) Allgemeines.** Die Vorschrift idF des 2. StraßenverkehrssichG wurde durch Art. 1 Nr. 89 des 1. StrRG, Art. 19 Nr. 175 EGStGB und zuletzt durch Art. 1 Nr. 81 des 6. StrRG (3 vor § 174, 1 vor § 306) geändert (ausf. zur Gesetzesgeschichte LK-*König* vor 1). Durch das 6. StrRG wurden die Strafdrohung des I drastisch angehoben, III neu gefasst und IV eingefügt. Die Regelung des VI aF über Tätige Reue ist in § 320 übernommen worden. § 315 hat im Wesentlichen (aber nicht ausschließlich: Karlsruhe NZV **93**, 159) verkehrsfeindliche Eingriffe zum Gegenstand und bezieht sich mit Ausnahme des Straßenverkehrs (§§ 315 b, 315 c) auf alle Verkehrsarten.

1 a **Literatur:** *Berz,* Zur konkreten Gefahr im Verkehrsstrafrecht, NZV **89**, 409; *Fabricius,* Zur Präzisierung des Terminus „ähnlicher, ebenso gefährlicher Eingriff", GA **94**, 164; *Jähnke,* Fließende Grenzen zwischen abstrakter u. konkreter Gefährdung im Verkehrsstrafrecht, DRiZ **90**, 425; *Kindhäuser,* Gefährdung als Straftat, 1989; *Kürschner,* Strafrechtliche Aspekte von Unfällen im Bereich von Bergbahnen (usw.), NJW **82**, 1966; *Lackner*, Das konkrete Gefährdungsdelikt im Verkehrsstrafrecht, 1967; *Rengier,* Zum Gefährdungsmerkmal „fremde Sachen von bedeutendem Wert", Spendel-FS 559; *Schaberg,* Die Abgrenzung des Eingriffs in den Schiffsverkehr gem. § 315 StGB von der Schiffahrtsgefährdung gem. § 315 a StGB (usw.), 18. VGT, 1980, 315; *Schmid,* Die Verkehrsbeeinträchtigungen der §§ 315, 315 a aus der Sicht des Luftverkehrs, NZV **88**, 125; *Schmidt,* Schiffe als Schutzobjekte des § 315 StGB, NJW **63**, 1861 [dazu *Jaeckel* NJW **64**, 285]; *Zieschang,* Die Gefährdungsdelikte, 1998.

2 **2)** Die tat ist **konkretes Gefährdungsdelikt** (nur im Fall des III Nr. 2 Verletzungsdelikt). Durch § 315 sind **Leib** und **Leben** von Personen sowie **fremde Sachen** geschützt, soweit diese den spezifischen Gefahren des öffentlichen Schienenbahn-, Schwebebahn-, Schiffs- und Luftverkehrs ausgesetzt sind; *insoweit* also die **Sicherheit des öffentlichen Verkehrs** (vgl. 2 zu § 315 b; **aA** SK-*Wolters/Horn* 2; *M/Schroeder/Maiwald* 53/21 [nur Individualschutz]; ähnlich *S/S-Cramer/Sternberg-Lieben* 1; wieder **aA** LK-*König* 5 8 [Allgemeininteresse; Individualschutz nur „Rechtsreflex"]). Täter kann jedermann sein.

3 Der Deliktaufbau ist **dreistufig:** die Tathandlung muss zu einer (generellen) Beeinträchtigung der Verkehrssicherheit führen, welche sich ihrerseits gerade in der Verursachung einer konkreten Gefährdung verwirklicht (vgl. auch BGH **5**, 297, 299; unten 13) zu einer konkreten Gefahr, im Fall des III Nr. 2 zu einer Verwirklichung dieser Gefahr. Aus der Möglichkeit, dass Vorsatz oder Fahrlässigkeit hinsichtlich aller Stufen gegeben sind oder der Täter zwar vorsätzlich handelt, aber nur fahrlässig gefährdet, ergeben sich die verschiedenen Strafdrohungen in I, V und VI. Einen Qualifikationstatbestand sowie einen erfolgsqualifizierten Fall enthält III; die Tat ist nur in diesen Fällen Verbrechen.

4 **3) Die Verkehrsarten,** auf die sich § 315 bezieht, sind der

A. Schienenbahnverkehr, dh der Verkehr von Beförderungsmitteln, die sich durch ein Antriebssystem auf Schienen bewegen (vgl. Köln VRS **15**, 50), also vor allem der Eisenbahn (2 zu § 316 b; RG **16**, 431), auch der Klein- und Werksbahnen, schienengebundener Drahtseil- und Zahnradbahnen (RG **35**, 12), der Hoch- und Untergrundbahnen, nicht hingegen von Schienenbahnen, soweit sie am Straßenverkehr teilnehmen (§ 315 d); für diese gelten §§ 315 b, 315 c.

5 **B. Schwebebahnverkehr.** Dazu zählt der Verkehr mit öffentlichen Magnetschwebebahnen und mit den auf der Fahrt die Erde nicht berührenden Beförderungsmitteln, die sich insbesondere an Drahtseilen bewegen (vgl. BGH **47**, 224), zB der Bergkabinenbahnen und Sessellifte, während Schlepplifte ausscheiden (vgl. VRS **19**, 12; LK-*König* 13; *Kürschner* NJW **82**, 1967).

6 **C. Schiffsverkehr,** und zwar sowohl der See- als auch der Binnenschiffsverkehr (7 zu § 315 a), wobei der gesamte Verkehr (Oldenburg MDR **51**, 630; Schleswig SchlHA **59**, 23) von Schiffen jeder Art, dh von Wasserfahrzeugen ohne Rücksicht auf ihre Größe erfasst wird (Schleswig SchlHA **62**, 275; LK-*König* 15; enger *Schmidt* NJW **63**, 1861; gegen ihn *Jaeckel* NJW **64**, 285; vgl. auch *Specht* Ztschr. f. Binnenschifffahrt **66**, 20; ZVerkehrssicherheit **66**, 147; 163; 183; *Hoppe* DAR **68**, 76; *Krause* Ztschr. f. Binnenschifffahrt **76**, 337; BGH NJW **72**, 539; zum Ganzen

Geppert BA **87**, 263; vgl. hierzu auch die Empfehlungen des 35. VGT, NZV **97**, 115).

D. Luftverkehr, dh des Verkehrs mit Luftfahrzeugen (5ff. zu § 109g; 7 zu § 315a; vgl. *R. Schmid* NZV **88**, 125). Zur Anwendung des § 315 bei Flugzeugentführungen JA **69**, 725; NJW **70**, 399. 7

4) Tathandlung nach I ist das Vornehmen eines *gefährlichen Eingriffs,* wofür Nr. 1 bis 3 Leitbeispiele nennen. § 315 ist nicht auf Eingriffe von außen beschränkt, erfasst also auch verkehrsinternes Verhalten (BGH **21**, 173f.; **24**, 231, 232ff.; Karlsruhe NZV **93**, 159; *S/S-Cramer/Sternberg-Lieben* 11; SK-*Wolters/Horn* 6; NK-*Herzog* 15; LK-*König* 19; **aA** *M/Schroeder/Maiwald* 53/10; *Fabricius* GA **94**, 164, 178ff.). 8

Nr. 1: Zerstören (14 zu § 303), **Beschädigen** (6ff. zu § 303) oder **Beseitigen,** dh die Verhinderung des bestimmungsgemäßen Gebrauchs durch örtliche Veränderung, von **Anlagen,** dh von dem Verkehr dienenden festen und auf Dauer berechneten Einrichtungen mit ihrem Zubehör (vgl. NStZ-RR **97**, 200 [Lösen von Schwellenschrauben]); oder von **Beförderungsmitteln,** dh der Beförderung selbst dienenden beweglichen Einrichtungen, vor allem von Fahrzeugen. Die Beschädigung oder Zerstörung des Beförderungsmittels muss der Beeinträchtigung der Sicherheit des Verkehrs vorausgehen und darf ihrerseits nicht erst Unfallfolge sein (Karlsruhe NZV **93**, 160). 8a

Nr. 2: Bereiten von Hindernissen für die Beförderungsmittel, dh das Herbeiführen eines Vorgangs, der geeignet ist, durch körperliche Einwirkung den regelmäßigen Verkehr zu hemmen oder zu verzögern (BGH **6**, 224; **13**, 69; VRS **8**, 274), zB das Legen einer Gleissperre auf die Schienen (BGH **44**, 34, 38), das Verursachen eines Kurzschlusses durch Werfen eines Metallbügels auf die Oberleitung eines Bahnkörpers (NStZ **88**, 178; 4 StR 230/95), Anbringen einer Metallkralle am Trägersystem einer Schwebebahn (vgl. BGH **47**, 224), das Legen eines Drahtseils zwischen Boje und Anker im Zusammenhang mit einem Stapellauf (Oldenburg VRS **30**, 110). Es reicht aus, dass sich der Vorgang auf der Fahrbahn auswirkt (BGH **13**, 68), anders als bei § 315b (BGH **11**, 152; **21**, 173; DAR **54**, 211; Bay MDR **61**, 1034; vgl. 6ff. zu § 315b) kann das Hindernis hier auch durch einen Verkehrsvorgang jeder Art bereitet werden, so durch Ingangsetzen eines sich selbst überlassenen Güterwagens (RG **31**, 198), das Überqueren der Gleise durch einen Kraftwagen (BGH **6**, 224; VRS **8**, 272), die Unterbrechung der Luftdruckbremsleitung eines fahrenden Zuges (OGH **1**, 391), das Kreuzen der Fahrbahn eines anderen Schiffes (Oldenburg MDR **51**, 630; Schleswig SchlHA **59**, 23); das Verlassen des einem Piloten zugewiesenen Luftraums, Versperren der Landebahn, flugbehinderndes Aufsteigenlassen von Ballons (*R. Schmid* NZV **88**, 126). Das bloße Heranfahren an einen Bahnübergang, auch wenn es zu einer Notbremsung des Zuges führt, ist noch kein Hindernisbereiten (BGH **13**, 66; **aA** Hamm VRS **15**, 357; Düsseldorf NJW **71**, 1850; LK-*König* 35; *S/S-Cramer/Sternberg-Lieben* 11), kann aber unter Nr. 4 fallen (SK-*Wolters/Horn* 6; vgl. BGH **13**, 69). 9

Nr. 3: Geben falscher Zeichen oder Signale (typisierter optischer oder akustischer Zeichen; Not-, Warn- und Ansteuerungssignale im Luftverkehr, *R. Schmid* aaO; nicht erfasst sind unzutreffende Meldungen oder Auskünfte [LK-*König* 38]), dh von solchen, welche Verkehrsvorgänge beeinflussen sollen, der Verkehrslage aber widersprechen. 10

Nr. 4: Ähnliche, ebenso gefährliche Eingriffe, dh Verhaltensweisen, die unmittelbar auf Verkehrsvorgänge einwirken (BGH **10**, 405), den Eingriffen nach Nr. 1 bis 3 ihrer Art nach verwandt und außerdem ebenso abstrakt gefährlich, dh gefahrenträchtig sind (vgl. BGH **24**, 231; VRS **40**, 105; **43**, 34; krit. zur Bestimmtheit *Bruns* GA **86**, 1, 14; NK-*Herzog* 18; *M/Schroeder/Maiwald* 53/16; *Fabricius* GA **94**, 164, 175; vgl. aber BGH **22**, 366). Verstöße geringen Gewichts scheiden aus (4 StR 349/70). Grob pflichtwidriges Verhalten gegen Rechtsvorschriften zur Verkehrssicherung als solches reicht noch nicht aus, sondern fällt grundsätzlich 11 unter § 315a I Nr. 2; **zB** bei pflichtwidriger Geschwindigkeitsüberschreitung beim Fahren auf Sicht ist daher Nr. 4 nicht gegeben (Karlsruhe NZV **93**, 160; anders BGH **8**, 8; GA **58**, 240 für § 315 I aF); auch nicht bei Auslösen des Rauchmelders durch verbotenes Rauchen in einer Flugzeugtoilette (Düsseldorf NJW **00**, 3223); Eingriffe sind **zB** das unberechtigte Ziehen der Notbremse (DAR **85**, 188); Behinderung des Personals bei der Führung von Fahrzeugen oder bei der Bedienung von Sicherheitsanlagen; Unterbrechen der Stromversorgung für solche Anlagen, Verdecken von Signalen, Störung des die Flug- und Wasserwege sichernden Funkverkehrs und Radarempfangs (*R. Schmid* NZV **88**, 127; SK-*Wolters/Horn* 8); vorschriftswidrige Vornahme von Gleisarbeiten mit der Gefahr der Gleisverwerfung (BGH **24**, 231); im Schiffsverkehr ein grob pflichtwidriger Einsatz eines unerfahrenen Rudergängers (Schleswig SchlHA **59**, 23) oder die Anordnung einer erheblichen Überladung eines Schiffes (Hamburg NZV **97**, 237). Der Eingriff braucht nicht von außen zu kommen, sondern kann ein betriebsinnerer Vorgang sein (GA **58**, 240; Bremen MDR **62**, 840); er muss sich im Hinblick auf die besondere Schutzbedürftigkeit von Massenbeförderungsmitteln auch nicht, wie in § 315b I Nr. 3, als „verkehrsfremd" darstellen (vgl. oben 8).

12 **Ein Unterlassen** kann unter den Voraussetzungen des unechten Unterlassungsdelikts einem Eingriff iS der Nr. 1 bis 4 gleichstehen; es muss aber nach Art und Bedeutung den aktiven Eingriffen ähnlich und ebenso gefährlich sein (vgl. BGH **8**, 11; *Nüse* JR **65**, 42; hierzu *Fabricius* GA **94**, 177). Hierher gehören zB die pflichtwidrige Nichtbeseitigung von Schäden an Anlagen und Beförderungsmitteln (Nr. 1); die pflichtwidrige Nichtbeseitigung eines entstandenen Hindernisses (Nr. 2; Schleswig SchlHA **83**, 85; vgl. BGH **7**, 311; **47**, 224); das Unterlassen von Sicherungen (Oldenburg VRS **30**, 110) oder notwendigen Signalen (Nr. 3; BGH **11**, 163); Nichtschließen der Schranken bei schienengleichen Bahnübergängen (Frankfurt NJW **75**, 840; hierzu *Wolter* JuS **78**, 748); nicht hingegen das Unterlassen einer Betriebsprüfung durch den Sachbearbeiter der Aufsichtsbehörde (BGH **10**, 404).

13 **5)** Zu einer **Beeinträchtigung der Sicherheit des Verkehrs** muss die Tathandlung führen. Der störende Eingriff muss daher Menschen oder Einrichtungen betreffen, die in Beziehung zu dem konkreten Verkehrsvorgang stehen (BGH **6**, 1), er darf sich nicht nur auf Außenstehende beziehen. Beeinträchtigt ist die Verkehrssicherheit, wenn die normale abstrakte Verkehrsgefahr gesteigert worden ist (BGH **11**, 164; **13**, 69; *Fabricius* GA **94**, 170), und zwar so, dass konkrete Gefahren deutlich wahrscheinlicher geworden sind (Schleswig SchlHA **62**, 275); das Entstehen einer konkreten Gefahr ist dafür ein Indiz (vgl. BGH **6**, 1; **13**, 69).

14 **6)** Eine **konkrete Gefahr** (vgl. 15 zu § 315c; zum Begriff ausf. LK-*König* 52ff. mwN), muss die Folge von Tathandlung und Beeinträchtigung sein (Celle MDR **70**, 1027), also keine Gemeingefahr (NJW **89**, 1227; vgl. *Lackner*, Das konkrete Gefährdungsdelikt im Verkehrsstrafrecht, 1967; *Dedes* MDR **84**, 100; *Horn/Hoyer* JZ **87**, 965; *Berz* NZV **89**, 409; *Jähnke* DRiZ **90**, 425). Die Gefahr ist anhand einer **objektiven nachträglichen Prognose** (NJW **85**, 1036; **95**, 3131; *S/S-Heine* 5 vor § 306; LK-*König* 56; NK-*Herzog* 24) zu beurteilen und kann folgende Schutzobjekte betreffen:

15 **A. Leib oder Leben** (3, 4 zu § 35) eines beliebigen anderen Menschen, also nicht des Täters selbst und nicht eines Tatbeteiligten (BGH **6**, 100; 232), wohl aber eines Insassen des Fahrzeugs (Celle DAR **61**, 313; Schleswig VM **58**, 11). Der Gefährdete braucht nicht am Verkehrsvorgang beteiligt zu sein (BGH **6**, 1). Eine **Einwilligung** des allein Gefährdeten in die *Gefährdung* schließt den Tatbestand aus (vgl. aber auch 17 zu § 315c).

16 **B. *Fremde Sachen* von bedeutendem Wert,** dh Sachen, die in fremdem Eigentum stehen; also nicht Sachen im Eigentum eines Tatbeteiligten; auch nicht herrenlose Gegenstände (vgl. AG Schwäbisch Hall NStZ **02**, 152 [Grundwasser]). Grds ist auf den zivilrechtlichen Eigentumsbegriff abzustellen; Ausnahmen gelten

jedenfalls bei eindeutigem **wirtschaftlichen Eigentum** des Täters (Gegenstände einer Ein-Personen-GmbH; vgl. KG VRS **13**, 43, 47f.; LK-*König* 74). Nach weitergehender Ansicht scheiden Beförderungsmittel als Mittel der Tat auch dann aus, wenn sie zivilrechtlich nicht im Alleineigentum des Täters stehen und dieser sie jedenfalls rechtmäßig besitzt (vgl. *Hartung* NJW **66**, 15; **67**, 909; *S/S-Cramer/Sternberg-Lieben* 14; *Otto* BT 80/1). Nach **hM** ist auch das einzelne Fahrzeug in den Schutzbereich einbezogen (BGH **11**, 148, 151; **27**, 40, 44); der Tatbestand ist daher (jedenfalls bei § 315; zu § 315 c vgl. dort) auch bei konkreter Gefährdung zB **geleaster** oder **sicherungsübereigneter** vom Täter geführter Beförderungsmittel erfüllt (*Lackner/Kühl* 7; LK-*König* 75). Der bedeutende Wert ist bei einem **Grundstück** nicht nach dessen Wert, sondern nach dem Umfang des ihm drohenden Schadens (NJW **90**, 195 [m. Anm. *Laubenthal* JR **90**, 513; *Rengier,* Spendel-FS 568]; Hamm VRS **40**, 192), und zwar nach dem **Verkehrswert** der gefährdeten Sache (Köln VRS **64**, 114) und nicht nach dem Wiederherstellungsaufwand (Hamm DAR **64**, 25; **73**, 104; KG VRS **14**, 23) zu bestimmen (vgl. Bremen NJW **62**, 1409; KG JR **56**, 71; VRS **14**, 123; Bay NJW **69**, 2026; Celle MDR **75**, 949). Dass der Wert des *Erdreichs* als solches (etwa bei Verunreinigung) nicht nach dem (anteiligen) Grundstückspreis zu bestimmen sei (AG Schwäbisch Hall NStZ **02**, 152f.), erscheint zweifelhaft und lässt sich nicht daraus ableiten, dass Entsorgungskosten (bei Verunreinigung mit Dieselöl) kein wertbildendes Faktor sind (ebd.). Es reicht nicht aus, wenn eine Sache von bedeutendem Wert nur in (wirtschaftlich) unbedeutendem Maß gefährdet wird; entscheidend ist vielmehr der bedeutende Umfang des konkret drohenden **Schadens** (NJW **90**, 194f. [zust. Anm. *Laubenthal* JR **90**, 513f.]; Bay NJW **98**, 1966; Frankfurt StV **85**, 111; *Hamm* VRS **34**, 445f.). Das Ausmaß der Gefährdung braucht sich mit dem eingetretenen Schaden nicht zu decken, dieser kann hinter der Gefährdung erheblich zurückbleiben (Bremen VRS **62**, 276).

Die **Mindestgrenze** für einen bedeutenden Sachwert dürfte derzeit nicht unter **16 a**
1300 Euro anzusetzen sein (vgl. dazu 29 zu § 69 mwN). Die Betragsgrenze ist dieselbe wie in § 69 II Nr. 3 („bedeutender Schaden"); dort sind aber anders als in § 315 auch Reparatur-, Abschlepp- und Bergungskosten einzubeziehen (Bay DAR **98**, 149; 13 zu § 69; *Rengier,* Spendel-FS 562). Ein schrottreifes Fahrzeug ist kein bedeutender Wert (allgM); auch nicht ein noch fahrfähiges Fahrzeug, dessen Wert unterhalb der Grenze liegt (**aA** Hamm NJW **60**, 880). Im Übrigen genügt, wenn der Wert aller gefährdeten Sachen bedeutend ist (Karlsruhe NJW **61**, 133). Ist Schaden eingetreten, so kann die Gefahr zwar nicht geringer, wohl aber größer gewesen sein (Hamm VRS **39**, 201; **43**, 174; Saarbrücken DAR **60**, 53; **61**, 92; Karlsruhe DAR **62**, 302; Koblenz OLGSt. 81 zu § 315 c; 4 StR 117/73).

7) Vollendet ist die Tat mit dem Eintritt der konkreten Gefahr. Ob sie zu ei- **17**
nem Schaden führt, ist, abgesehen von § 320, nur für die Strafzumessung von Bedeutung; vgl. VRS **45**, 38. Der **Versuch,** der bei I und III strafbar ist (II), beginnt mit dem Anfang der Tathandlung; tritt die Gefahr ein, ist die Tat vollendet. Versuch setzt voraus, dass der Täter hinsichtlich der konkreten Gefahr vorsätzlich handelt (Düsseldorf NZV **94**, 486).

8) Vorsatz hinsichtlich sämtlicher Tatbestandsmerkmale ist im Fall von I (BGH **18**
22, 67) erforderlich. Er umfasst das Bewusstsein, die Verkehrssicherheit *durch* Herbeiführung der konkreten Gefahr zu beeinträchtigen (**Gefährdungsvorsatz;** VRS **69**, 127; NStZ/J **85**, 541; 11h zu § 15); bedingter Vorsatz reicht aus. Auf den Eintritt eines Schadens braucht sich der Vorsatz nicht zu erstrecken (BGH **22**, 67; NZV **92**, 325); ein Verletzungsvorsatz umfasst allerdings stets auch den Vorsatz der Gefährdung (LK-*König* 100). Für die Annahme des Vorsatzes einer konkreten Gefahr reicht das Bewusstsein, allgemein fremde Rechtsgüter zu gefährden, nicht aus (vgl. NStZ-RR **98**, 150; VRS **92**, 205f.); der Täter muss vielmehr die Umstände kennen und mindestens billigend in Kauf nehmen, welche einen konkreten Schadenseintritt als nahe liegende Möglichkeit erscheinen lassen. Die Annahme vorsätz-

lichen Handelns muss sich nachprüfbar auf tragfähige Erwägungen stützen (Köln NZV **92**, 81; **94**, 365).

19 Umfasst der **Vorsatz** des I nur die Tathandlung und die Beeinträchtigung der Verkehrssicherheit, während der Täter die konkrete Gefahr nur **fahrlässig** verursacht (vgl. VRS **16**, 432; **17**, 40), so ist der Strafrahmen niedriger **(V).** Dass Tathandlung und Herbeiführung der konkreten Gefahr zwar vom Vorsatz umfasst sind, hinsichtlich der Beeinträchtigung der Verkehrssicherheit aber nur Fahrlässigkeit vorliegt (vgl. hierzu Köln NZV **91**, 320), ist kaum vorstellbar, da die Gefährdung regelmäßig eine Konkretisierung der Beeinträchtigung ist (NK-*Herzog* 29; LK-*König* 104). Die Tat ist, da nur Handlungsfolgen im Bereich der Fahrlässigkeit liegen, als **Vorsatztat** anzusehen (NJW **85**, 1036 [m. Anm. *Geppert* NStZ **85**, 264]; § 11 II). Teilnahme ist strafbar, soweit auch der Teilnehmer hinsichtlich des Gefahreneintritts fahrlässig handelt.

20 Der **Fahrlässigkeitsstrafrahmen** des **VI** greift für Taten nach I nur ein, wenn hinsichtlich sämtlicher Tatbestandsmerkmale lediglich Fahrlässigkeit vorliegt.

21 **9) Abs. III** enthält **Qualifikationen**, die die Tat zum *Verbrechen* machen. Durch die Verweisung in § 315 b III hat die Vorschrift auch im **Straßenverkehr** erhebliche praktische Bedeutung.

22 **III Nr. 1** regelt in **Buchst. a** den Fall, dass der Täter die **Absicht** hat, dh dass es ihm darauf ankommt (6 zu § 15), **einen Unglücksfall** dadurch herbeizuführen, dass sich die konkrete Gefahr verwirklicht. Für den Begriff des Unglücksfalls kann hier anders als bei § 323 c (dort 2 ff.) eine bloße, wenn auch erhebliche Gefahr nicht ausreichen; vielmehr muss es sich um den plötzlichen Eintritt des durch die Gefahr drohenden Schadens handeln (NZV **92**, 325; Bremen VRS **62**, 266); es muss dem Täter nach hM auf die Herbeiführung des Schadens, nicht allein der Gefährdung ankommen (NJW **96**, 329 f.). Auf einen *Personen*schaden muss sich die Absicht nicht richten; Sachschaden reicht aus (BGH **45**, 211, 218). Ausreichend ist **zB** (für § 315 b III iVm III Nr. 1) das Rammen eines vorausfahrenden Kfz mit einer (Mehr)-Geschwindigkeit von 40 km/h, um den Fahrer zum Anhalten zu zwingen (NStZ-RR **01**, 298); auch abruptes Abbremsen, um einen Auffahrunfall zu provozieren (zum Vorsatz vgl. München NStZ **06**, 452). Nicht erforderlich ist, dass der Schaden tatsächlich eintritt (Bremen VRS **62**, 266). Welche weiteren Ziele der Täter verfolgt (Sabotage, Diebstahl, Bestrafungsaktion [NStZ **93**, 440]), ist ohne Bedeutung. Ein von den Beteiligten *absichtlich* herbeigeführter Schadensfall ist kein Unglücksfall iS von Nr. 1, wenn *ausschließlich eigene Sachen* gefährdet werden (zB bei einverständlich zwecks Versicherungsbetrugs fingierten Unfällen; vgl. NJW **91**, 1120). Das Einverständnis der Beteiligten steht der Annahme eines Unglücksfalls aber nicht entgegen, wenn sich die Absicht *zugleich* auf die Schädigung Dritter richtet.

22 a **Buchst. b** setzt die **Absicht** voraus, **eine andere Straftat zu ermöglichen** (NZV **92**, 325) **oder zu verdecken** (vgl. dazu 62 ff. zu § 211; 8 ff. zu § 306 b). Die Handlung muss das *Mittel* zur Verdeckung der Tat sein, sie darf nicht die Tat selbst sein (NZV **95**, 285). Auch die Tat, die verdeckt werden soll, braucht im Zeitpunkt der Tathandlung nach § 315 noch nicht begangen zu sein. Um eine **Straftat** oder zumindest um eine vermeintliche Straftat (BGH **28**, 94 f.; VRS **62**, 191) muss es sich handeln; eine Ordnungswidrigkeit reicht nicht (DRiZ **74**, 352).

23 **III Nr. 2,** der durch das 6. StrRG eingefügt worden ist, enthält eine **Erfolgsqualifikation** (§ 18) für besonders gravierende Fälle der wenigstens fahrlässigen (§ 18) Gefahrverwirklichung. Die Voraussetzungen der **schweren Gesundheitsschädigung** eines Menschen (4 zu § 306 b) und der **Gesundheitsschädigung *einer großen Zahl* von Menschen** (5 zu § 306 b) entsprechen §§ 306 b I, 308 II, 309 III, 312 III. Voraussetzung ist eine vorsätzliche Tat nach Abs. I oder Abs. III Nr. 1. Dagegen muss die schwere Folge nur wenigstens fahrlässig verursacht sein (§ 18). Zum **Versuch** des erfolgsqualifizierten Delikts vgl. 4 zu § 18.

Nicht verständlich ist, dass eine Regelung für die fahrlässige (oder leichtfertige) Verursachung des *Todes* eines anderen Menschen fehlt. Der RegE sah – bei Erhöhung des Strafrahmens des Grundtatbestands – aus systematischen Erwägungen (BT-Drs. 13/8587, 21 f., 79) von Erfolgsqualifikationen ab; die Stellungn. des BRats (ebd., 72) schlug abgestufte Regelungen für die leichtfertige schwere Gesundheitsschädigung (Regelbeispiel) und die leichtfertige Todesverursachung (Erfolgsqualifikation) vor. Nach Überprüfung dieser Vorschläge durch die BReg. (ebd. 89) wurde allein Abs. III Nr. 2 aufgenommen, für den einfache Fahrlässigkeit der Erfolgsverursachung reicht (BT-Drs. 13/9064, 22 f.). Dies führt dazu, dass bei fahrlässiger *Todes*verursachung allein der Grundtatbestand (in Tateinheit mit § 222) gilt, während bei fahrlässiger schwerer Gesundheitsschädigung der erhöhte Verbrechensstrafrahmen des III Nr. 2 anzuwenden ist (vgl. auch LK-*König* 122). Eine Lösung dahin, dass die Todesverursachung im Wege des „Erst-recht-Schlusses" als „Unterfall" der Gesundheitsschädigung in III Nr. 2 einbezogen ist, erscheint angesichts der ausdrücklichen Regelung in §§ 306 c, 308 III, 309 III, 312 III und im Hinblick auf die Erörterung im Gesetzgebungsverfahren zumindest zweifelhaft. 24

10) Abs. IV enthält Regelungen für minder schwere Fälle (11 zu § 12; 85 ff. zu § 46) des I und des III. Anlass zur Milderung können Taten mit nur geringer konkreter Gefährdung oder notstandsähnliche Konfliktlagen sein (vgl. Koblenz VRS **65**, 25). 25

11) Tätige Reue vgl. § 320 II Nr. 1, III Nr. 1 Buchst. a, IV. Die „Abwendung der Gefahr" iS von § 320 ist nicht als Verhinderung des Gefahreintritts iS von § 315 zu verstehen, denn dann greift schon § 24 ein (*S/S-Cramer/Heine* 8 zu § 311 e; LK-*König* 126). Es kann daher nur um die Abwendung des *Schadens* und einer *fortdauernden* Gefahrenlage gehen. Der Begriff des „erheblichen" (Sach-) Schadens in § 320 ist mit dem des „bedeutenden Werts" nicht identisch; die Wertgrenze liegt aber wohl jedenfalls nicht niedriger (LK-*König* 128; *S/S-Cramer/Heine* 9 zu § 311 e). 26

12) Konkurrenzen. Hinter § 315 treten zurück: § 315 a I Nr. 2 (BGH **21**, 173; **24**, 231; GA **71**, 246; § 87; § 59 LuftVG; für § 61 SeeSchStrO gilt § 21 OWiG. **Tateinheit** ist möglich mit § 315 a I Nr. 1, § 315 b (vgl. 2 zu § 315 d), § 316 sowie mit Sachbeschädigungs-, Körperverletzungs- und Tötungsdelikten. Androhen (§ 126), Vortäuschen (§ 145 d); Anzeigepflicht § 138 I Nr. 9; vgl. auch § 100 a Nr. 2 StPO und § 12 BGSG. 27

Gefährdung des Bahn-, Schiffs- und Luftverkehrs — RiStBV 245–247

315a **I Mit Freiheitsstrafe bis zu fünf Jahren oder mit Geldstrafe wird bestraft, wer**

1. ein Schienenbahn- oder Schwebebahnfahrzeug, ein Schiff oder ein Luftfahrzeug führt, obwohl er infolge des Genusses alkoholischer Getränke oder anderer berauschender Mittel oder infolge geistiger oder körperlicher Mängel nicht in der Lage ist, das Fahrzeug sicher zu führen, oder

2. als Führer eines solchen Fahrzeugs oder als sonst für die Sicherheit Verantwortlicher durch grob pflichtwidriges Verhalten gegen Rechtsvorschriften zur Sicherung des Schienenbahn-, Schwebebahn-, Schiffs- oder Luftverkehrs verstößt

und dadurch Leib oder Leben eines anderen Menschen oder fremde Sachen von bedeutendem Wert gefährdet.

II In den Fällen des Absatzes 1 Nr. 1 ist der Versuch strafbar.

III Wer in den Fällen des Absatzes 1

1. die Gefahr fahrlässig verursacht oder

2. fahrlässig handelt und die Gefahr fahrlässig verursacht,

wird mit Freiheitsstrafe bis zu zwei Jahren oder mit Geldstrafe bestraft.

1) Allgemeines. Die Vorschrift idF des 2. StraßenverkehrssichG, redaktionell geändert durch Art. 1 Nr. 82 des 6. StrRG (3 vor § 174), schützt die in 2 zu § 315 genannten Rechtsgüter. Zu den geschützten Verkehrsarten 4 bis 7 zu § 315. 1

Literatur: *Geppert,* Trunkenheit im Schiffsverkehr, BA **87**, 262; *Helmer/Peters,* Zum Begriff der „sicheren Führung" von Wasserfahrzeugen (usw.), BA **76**, 39; *Janssen,* Trunkenheit auf 1a dem Wasser, VGT 1978, 295; *Janssen/Naeve,* Zur Einführung eines Promille-Grenzwertes in der See- und Binnenschiffahrt, BA **75**, 354; *Kortendiek,* Trunkenheit am Ruder in der Binnenschifffahrt, ZS f. Binnenschiffahrt **66**, 162; *Naeve/Klages,* Trunkenheit bei der Führung eines Schiffes, BA **74**, 357; *Seifert,* Zur strafrechtlichen Behandlung der Trunkenheit am Ruder, NZV **97**, 147; *Sudmeyer,* Nochmals: Zur strafrechtlichen Behandlung der Trunkenheit am Ruder, NZV **97**, 340. Vgl. i. Ü. 1 a zu § 315 u. 1 a zu § 316.

2 2) **Konkretes Gefährdungsdelikt** ist die Tat, deren Tatbestand zweistufig aufgebaut ist; die Tathandlung muss zu einer konkreten Gefahr führen; sind beide Stufen vom Vorsatz umfasst, so ist I gegeben, in allen übrigen Fällen II.

3 3) **Eigenhändiges Delikt** ist die Tat nach I Nr. 1, **Sonderdelikt** die Tat nach I Nr. 2. Täter können sein.

4 **A.** Der **Führer** eines Schienenbahn-, Schwebebahn- oder Luftfahrzeuges oder eines Schiffes in den Fällen von I Nr. 1 und 2. Im Falle von § 315 d scheidet § 315 a aus, Fahrzeuge sind alle technischen Vorrichtungen zum ortsverändernden Fahren (*Hentschel* 2 zu § 23 StVO); der Begriff des Luftfahrzeuges ist in § 1 II LuftVG definiert (5 zu § 109 g); zum Begriff des Schiffes vgl. 6 zu § 315. Führer ist, wer das Fahrzeug unter Verwendung von Antriebskräften unter eigener Verantwortlichkeit in Bewegung setzt und lenkt (BGH **14**, 187; **18**, 8; Celle MDR **73**, 335; LK-*König* 6; vgl. 3 zu § 315 c). Der Führer braucht sich nicht immer im Fahrzeug selbst zu befinden (Sessellifte; ferngesteuerte Flugkörper); ein Schiffsführer kann das Ruder durch einen Rudergänger führen lassen (Oldenburg OLGSt. 8). Nach Ansicht *Königs* (LK 9) soll beim „Führen durch Worte" nur I Nr. 2, 2. Var. oder Teilnahme am Führen vorliegen. Das überzeugt jedenfalls dann nicht, wenn die unmittelbar ausführende Person (Rudergänger) in einem klaren Unterordnungs- und Weisungsverhältnis zum Schiffsführer steht. Die Konstruktion einer Teilnahme versagt überdies, wenn Mängel iS von I Nr. 1 allein beim Schiffsführer, nicht aber bei dem (dessen Befehle ausführenden) Rudergänger vorliegen (vgl. auch Schleswig SchlHA **70**, 196). Aus BGH **35**, 390, 393 (*Beginn* des Führens eines Kfz), **36**, 341, 343 f. (Führen eines *abgeschleppten* Pkw) ergibt sich nichts anderes. Ein Fahrzeug kann gleichzeitig mehrere Führer haben (BGH **13**, 227; **36**, 341, 344; Bay NJW **84**, 878 f.; Hamm VRS **37**, 281 f.); wer nicht Führer ist, kann auch nicht (fahrlässiger) Nebentäter, sondern nur Anstifter oder Gehilfe sein (BGH **18**, 6);

5 **B.** Der sonst **für die Sicherheit Verantwortliche** neben dem Fahrzeugführer in den Fällen von I Nr. 2. Damit ist nicht nur der für die Sicherheit eines einzelnen Fahrzeuges Verantwortliche gemeint, sondern jeder, der nach seiner Stellung oder nach der tatsächlichen Lage dafür einzustehen hat, dass bestimmte Verkehrsvorgänge sicher, dh unter Beschränkung auf die im normalen Verkehrsablauf liegende sozialadäquate Gefahr ablaufen. Hierzu gehören **zB** beim Betrieb einer Eisenbahn auch Personen, die für die Auswahl persönlich und charakterlich geeigneter Schrankenwärter die Verantwortung tragen (4 StR 518/77); auch technisches Personal und für Fahrpläne, Streckensicherheit und Signalgebung Verantwortliche; im Flugverkehr neben der gesamten Besatzung auch Fluglotsen, Halter von Flugzeugen, Wartungspersonal, Flugplatzunternehmer; im Schiffsverkehr auch Lotsen und Schleusenwärter (vgl. LK-*König* 23).

6 4) **Tathandlung nach I** ist **Nr. 1: Das Führen eines Fahrzeugs im Zustand der Fahruntüchtigkeit.** Zum **Führen** (§ 21 StVG) vgl. 3 zu § 315 c; zum Führen eines *Wasserfahrzeugs Geppert* BA **87**, 264. Der Unrechtsgehalt liegt darin, dass der Täter das Fahrzeug führt, während er nicht in der Lage, dh **nicht fähig** ist, es **richtig zu führen** (3 zu § 315 c), und zwar entweder infolge geistiger oder körperlicher Mängel (3 zu § 315 c) oder infolge des Genusses alkoholischer Getränke *oder anderer* berauschender Mittel. Die zu §§ 315 c, 316 entwickelten „absoluten" **Höchstgrenzen** (24 ff. zu § 316) gelten für § 315 a nicht ohne weiteres. Absolute Fahruntüchtigkeit im **Schiffsverkehr** ist angenommen worden bei 2,3‰ (Hamm BA **83**, 77); 2,4‰ (Oldenburg OLGSt. 7); 1,7‰ (Köln NJW **90**, 847);

1,1‰ (AG Rostock NZV **96**, 124; vgl. auch Schleswig SchlHA **87**, 107; *Geppert* BA **87**, 289; *Reichart* NZV **96**, 125; *Seifert* NZV **97**, 147); es liegt nahe, hier mit Ausnahme von muskelgetriebenen und elektrogetriebenen Schiffen geringer Leistungskraft einheitlich den Grenzwert von 1,1‰ zu übertragen (so auch LK-*König* 18 mwN). Im **Schienenverkehr** gilt nichts anderes (vgl. Bay **93**, 44 [1,56‰]; ebenso LK-*König* 15; **aA** *Hentschel* Trunkenheit 166). Für den **Luftverkehr** ist eine „absolute" Grenze von 0,5‰ vorgeschlagen worden (*Schmid* NZV **88**, 125, 128; zweifelnd LK-*König* 19); eine *absolute* Grenze von 0,0‰ (vgl. *S/S-Cramer/Sternberg-Lieben* 3) ist mit §§ 1 III, 43 Nr. 3 LuftVO kaum zu vereinbaren. Es leuchtet nicht ein, Mopedfahrer bei 1,1‰ und Radfahrer bei 1,6‰ für unwiderleglich fahruntüchtig zu halten, bei Piloten, Zugführern oder Tankerkapitänen mit 2‰ aber abzuwarten, ob sie einen Fahrfehler begehen (zutr. LK-*König* 14; vgl. auch Schleswig SchlHA **87**, 107 f.; Köln NJW **90**, 847 f. [Schiffsführer; and. *Seifert* NZV **97**, 147 f.]; Bay **93**, 44 [Schienenbahn]).

Nr. 2: Ein Verstoß gegen Rechtsvorschriften zur Verkehrssicherung in den vier Verkehrsbereichen (hierzu *Lenzen* JR **80**, 136). Es muss sich um Rechtsvorschriften, dh um formelle inländische Gesetze oder Rechtsverordnungen handeln; bloße VwVorschriften, Allgemeinverfügungen oder Einzelweisungen genügen nicht (anders bei dem § 315 a insoweit ergänzenden § 59 LuftVG). Die Vorschrift, gegen die verstoßen wird, muss mindestens auch zur Sicherung des Verkehrs in dem betreffenden Bereich erlassen sein (GA **71**, 246; vgl. BGH **32**, 351). Der Verstoß braucht als solcher nicht mit Strafe oder Geldbuße bedroht zu sein. In Betracht kommen vor allem für den öffentlichen **Eisenbahnverkehr** (vgl. *Göhler/Buddendiek/Lenzen* Nr. 210 B, 318 C) die EVO, EBO (Karlsruhe VRS **57**, 412), ESBO, ESO und die BOStrab; zu den Pflichten der Schrankenwärter (vgl. NJW **60**, 2013; LG Mainz MDR **82**, 597), für den **Binnenschiffsverkehr** insbesondere die BinSchStrO, RheinSchPV, DonauSchPV, MoselSchPV nebst EinfVOen, FäV, Wassermotorräder-VO, BinnSchUO, WasserskiVO (vgl. *Göhler/Buddendiek/Lenzen* Nr. 103 C, 195 A, 318 C, 546 C, 661 B); für den **Seeschiffsverkehr** insbesondere die SeeSchStrO, VSeeStrO, SchS V (Hamburg VRS **53**, 113; vgl. *Göhler/Buddendiek/Lenzen* Nr. 318 C, 723 C); für den **Luftverkehr** das LuftVG, die LuftVO (GA **71**, 246), die LuftVZO und die LuftPersV (vgl. *Göhler/Buddendiek/Lenzen* Nr. 516) und die LuftBO (vgl. Karlsruhe VRS **100**, 344). *Nicht* hierher gehören die Unfallverhütungsvorschriften der Berufsgenossenschaften, die nach hM keine Rechtsvorschriften sind (Begr. 27). Der **Verstoß** gegen die Rechtsvorschrift muss durch ein Verhalten (Tun oder Unterlassen) begangen werden, durch das der Täter eine ihm durch die verletzte Rechtsvorschrift oder sonst auferlegte Pflicht **grob verletzt,** dh in besonders schwerem Maße (GA **71**, 246; Hamm VRS **6**, 152; Karlsruhe NZV **93**, 160; VRS **100**, 344), wobei es sich um die besonders schwere Verletzung einer Pflicht, aber auch um Verletzung einer besonders ernst zu nehmenden Pflicht handeln kann (LG Mainz MDR **82**, 597; *R. Schmid* NZV **88**, 128; LK-*König* 28). 7

5) Eine konkrete Gefahr für **Leib oder Leben** eines anderen Menschen oder für **fremde Sachen von bedeutendem Wert** muss die Tathandlung auslösen, dazu 14 ff. zu § 315 u. 15 ff. zu § 315 c. Die Gefährdung der Insassen des vom Täter geführten Fahrzeugs reicht aus. Der Gefährdete braucht nicht selbst am Verkehrsvorgang beteiligt zu sein (BGH **6**, 4; GA **71**, 194). 8

6) Die innere Tatseite unterscheidet die Fälle von I und III mit ihren unterschiedlichen Strafdrohungen. 9

A. Vorsatz hinsichtlich sämtlicher Tatbestandsmerkmale muss bei I gegeben sein. Zum Vorsatz in den Fällen von I Nr. 1 vgl. 18 zu § 315 c und 9 zu § 316. In den Fällen von I Nr. 2 muss der mindestens bedingte Vorsatz (GA **71**, 246) das die Rechtsvorschrift verletzende Verhalten, die Vorschriftswidrigkeit dieses Verhaltens, die Herbeiführung der konkreten Gefahr und die Umstände umfassen, die das Verhalten zu einem grob pflichtwidrigen machen; der Täter braucht sein Verhalten nicht selbst so zu beurteilen (15 zu § 16). Der **Versuch** ist nur in den Fällen von I Nr. 1 strafbar **(II).**

10 **B. Fahrlässigkeit** auch nur hinsichtlich eines Tatbestandsmerkmals lässt die Tat unter III fallen. Doch wird bei der Strafzumessung zu berücksichtigen sein, wenn die Tathandlung vorsätzlich begangen worden **(III Nr. 1)** und die Tat daher Vorsatzdelikt ist (§ 11 II). Ob der Verstoß gegen die Rechtsvorschrift als solcher nur bei Vorsatz mit Strafe oder Geldbuße bedroht ist, ist ohne Bedeutung.

11 **7) Tätige Reue** nach vollendeter Tat bleibt anders als bei §§ 315, 315 b ohne gesetzliche Vergünstigung, weil bei Vorgängen im fließenden Verkehr, um die es sich in aller Regel bei § 315 a handelt, die herbeigeführte Gefahr meist abgewendet wird und der Täter, weil regelmäßig selbst mit gefährdet, sich schon um seiner selbst willen um Abwendung bemüht; in Fällen des I Nr. 2, die nach ihrer Struktur Taten nach § 315 gleichartig sind, wurde daher für das frühere Recht eine analoge Anwendung von § 315 IV aF befürwortet. Nach der abschließenden Neufassung des § 320 durch das 6. StrRG ist das fraglich (SK-*Wolters/Horn* 14; *S/S-Cramer/Sternberg-Lieben* 16; einschr. LK-*König* 37)

12 **8) Konkurrenzen.** I Nr. 2 tritt hinter § 315 zurück, dort 11, 27; hingegen werden § 315 c I Nr. 1 und § 316 von I Nr. 1 verdrängt. Hinter I Nr. 2 treten Strafvorschriften in den unter 7 genannten Rechtsvorschriften zurück. Zwischen I Nr. 2 und § 59 LuftVG ist keine Überschneidung möglich. Tateinheit möglich zwischen I Nr. 1 und § 315, zwischen I Nr. 1, 2 und § 142 sowie mit Verletzungsdelikten.

Gefährliche Eingriffe in den Straßenverkehr

315b **I Wer die Sicherheit des Straßenverkehrs dadurch beeinträchtigt, dass er**

1. Anlagen oder Fahrzeuge zerstört, beschädigt oder beseitigt,
2. Hindernisse bereitet oder
3. einen ähnlichen, ebenso gefährlichen Eingriff vornimmt,

und dadurch Leib oder Leben eines anderen Menschen oder fremde Sachen von bedeutendem Wert gefährdet, wird mit Freiheitsstrafe bis zu fünf Jahren oder mit Geldstrafe bestraft.

II Der Versuch ist strafbar.

III Handelt der Täter unter den Voraussetzungen des § 315 Abs. 3, so ist die Strafe Freiheitsstrafe von einem Jahr bis zu zehn Jahren, in minder schweren Fällen Freiheitsstrafe von sechs Monaten bis zu fünf Jahren.

IV Wer in den Fällen des Absatzes 1 die Gefahr fahrlässig verursacht, wird mit Freiheitsstrafe bis zu drei Jahren oder mit Geldstrafe bestraft.

V Wer in den Fällen des Absatzes 1 fahrlässig handelt und die Gefahr fahrlässig verursacht, wird mit Freiheitsstrafe bis zu zwei Jahren oder mit Geldstrafe bestraft.

Übersicht

1) Allgemeines ... 1, 1 a
2) Rechtsgut; Anwendungsbereich ... 2
3) Öffentlicher Straßenverkehr ... 3, 4
4) Tathandlung ... 5–15
   A. Tathandlung nach I Nr. 1 ... 6
   B. Tathandlung nach I Nr. 2 ... 7
   C. Tathandlung nach I Nr. 3 ... 8, 8 a
   D. Verkehrsfremder Eingriff (I Nr. 1 bis 3) ... 9–14
   E. Unterlassen ... 15
5) Konkrete *Gefährdung* ... 16–19
6) Subjektiver Tatbestand (I, IV, V) ... 20, 21
7) Qualifikationen (III) ... 22
8) Konkurrenzen ... 23
9) Sonstige Vorschriften ... 24

1) Allgemeines. Die Vorschrift ist durch das 2. StraßenverkehrssichG eingefügt und durch Art. 1 Nr. 83 des 6. StrRG (2f. vor § 174) geändert worden; vgl. zum Aufbau 1 zu § 315. 1

Literatur: *Fleischer,* Die strafrechtliche Beurteilung provozierter Autounfälle, NJW **76**, 878; *Franzheim,* Strafrechtliche Verantwortlichkeit für durch Straßenbau verursachte Unfälle, NJW **93**, 1836; *Freund,* Äußerlich verkehrsgerechtes Verhalten als Straftat?, JuS **00**, 754; *Grupp/Kinzig,* Der Griff ins Lenkrad, NStZ **07**, 132; *König,* Der gefährliche Eingriff in den Straßenverkehr durch „verkehrsgerechtes Verhalten", JA **00**, 777; *ders.*, Verkehrsfeindlicher Inneneingriff und Gefährdungsvorsatz, NStZ **04**, 175; Obermann, Gefährliche Eingriffe in den Straßenverkehr. Tatmodalitäten des § 315 b Abs. 1 StGB, 2005 (Diss. Münster 2004); *Ranft,* Delikte im Straßenverkehr, Jura **87**, 608. 1 a

2) Rechtsgut; Anwendungsbereich. Durch § 315 b sind **Leib** und **Leben** von Personen sowie **fremde Sachen** geschützt, soweit diese den spezifischen Gefahren des öffentlichen Straßenverkehrs ausgesetzt sind; *insoweit* also die **Sicherheit des öffentlichen Straßenverkehrs** (VRS **61**, 123; StV **99**, 317). Die Tat ist **konkretes Gefährdungsdelikt** (vgl. 2, 3 zu § 315; *Geppert* Jura **96**, 641). Anders als § 315 erfasst § 315 b, der im Zusammenhang mit der für verkehrsinterne Vorgänge abschließenden Regelung des § 315 c zu lesen ist, regelmäßig nur **verkehrsfremde Eingriffe,** also Handlungsweisen, die selbst nicht Teil von Verkehrsvorgängen sind, sondern „von außen" auf diese einwirken (vgl. unten 9). Nach stRpsr kann das im Einzelfall aber auch Eingriffe einbeziehen, die *innerhalb* des Verkehrs vorgenommen werden und sich in ihrer äußeren Form von Verkehrsvorgängen nicht unterscheiden (vgl. unten 9 a ff.). 2

3) Öffentlicher Straßenverkehr ist der jeder Art der Fortbewegung dienende Verkehr von Fahrzeugen, Radfahrern (BGH **34**, 325) und Fußgängern auf allen Wegen, Plätzen, Durchgängen und Brücken, die jedermann oder wenigstens allgemein bestimmten Gruppen von Benutzern (Autobahn, Radwege, Anlieger, Fußgänger, BGH **22**, 365; Schleswig VM **71**, 66), wenn auch nur vorübergehend oder gegen Gebühr (Bremen NJW **67**, 990; Düsseldorf VRS **39**, 204), zur Verfügung stehen (BGH **4**, 189; **13**, 13; **14**, 384; **22**, 365; **49**, 128; NJW **63**, 152; **67**, 1238; NStZ **04**, 625 [dazu *Hentschel* NJW **05**, 641, 646]; VRS **61**, 123; NZV **98**, 418; vgl. dazu *Horn/Hoyer* JZ **87**, 967). Es kommt nicht auf die Eignung für bestimmte Verkehrsarten (1 StR 462/52) oder auf die Eigentumsverhältnisse an (LM Nr. 10 zu § 250 aF), so dass es grds genügt, wenn ein **Privatweg** (NJW **53**, 754) oder sonstiges im privaten Eigentum stehendes Gelände für den Verkehr freigegeben ist. Hierzu bedarf es grds keines formellen Akts; eine nicht nur kurzfristige Duldung öffentlichen Verkehrs reicht aus (BGH **17**, 159). 3

Öffentlicher Straßenverkehr ist **zB** gegeben auf dem Parkplatz eines Restaurants (BGH **16**, 7) ohne Rücksicht auf die Öffnungszeit (Düsseldorf NZV **92**, 120 m. Anm. *Pasker*; *Hentschel* JR **92**, 300); auf dem **Kundenparkplatz** eines Einkaufsmarkts (Saarbrücken NJW **74**, 1099; Stuttgart OLGSt. 75 zu § 142); auf einem **Tankstellengelände** (Bay JR **63**, 192; Hamm VRS **26**, 457; **30**, 452; Hamburg VRS **37**, 278); in einem der Allgemeinheit offen stehenden **Parkhaus** (Düsseldorf VRS **39**, 204; ZfS **82**, 316). Auf privatem **Betriebsgelände** findet insoweit öffentlicher Straßenverkehr statt, als der Zugang allgemein freigegeben ist (vgl. auch Bremen MDR **80**, 421 m. Anm. *Brede*; *Hünnekens/Schulte* BB **97**, 533). **Kein** öffentlicher Verkehrsraum sind **zB** ein Parkhaus außerhalb der normalen Betriebszeit (Stuttgart NJW **80**, 68); eine vom öffentlichen Verkehrsraum durch Metallpoller abgegrenzte nichtöffentliche Parkfläche (Düsseldorf NJW 82, 2390); **Kasernengelände** (Celle NJW **58**, 1739; Bay VRS **24**, 304), wenn nicht der Zugang vorübergehend für jedermann freigegeben ist (Karlsruhe VRS **60**, 440); Straßengräben (Hamm VRS **39**, 270; Stuttgart Die Justiz **83**, 310; anders zB Randstreifen; Bankette); an eine Straße angrenzende Felder (VRS **61**, 123); eine Rasenfläche, die von einzelnen Besuchern einer Behörde zur Abkürzung des Zugangs benutzt wird (NStZ **04**, 625). Bei einem von der öffentlichen Straße nicht einsehbaren, durch eine schmale Durchfahrt erreichbaren **Hinterhof** ist das Vorliegen öffentlichen Verkehrs jedenfalls zweifelhaft (NZV **98**, 418). 4

5 **4) Tathandlung.** Der Tatbestand ist ähnlich § 315 (vgl. dort 3) „dreistufig" aufgebaut (LK-*König* 2), ohne dass hiermit aber eine zeitliche Reihenfolge vorgegeben ist (vgl. BGH **48**, 119, 122). Als Tathandlung beschreibt I das **Beeinträchtigen der Sicherheit des Straßenverkehrs** (vgl. dazu 13 zu § 315) durch eine der in I Nr. 1 bis 3 genannten **Handlungen.** Die Ausführung einer dieser Handlungen fällt mit der Beeinträchtigung der Verkehrssicherheit im Grds. begrifflich nicht zusammen; diese muss sich vielmehr als verkehrsspezifische abstrakte Gefahr der Verletzung eines der geschützten Rechtsgüter gerade als Folge der Handlung ergeben (NStZ **07**, 34f. [Bespr. *Grupp/Kinzig* NStZ **07**, 132]). Das ist bei Taten nach I Nr. 3 regelmäßig zwingend, da ein „Eingriff" selbstverständlich nur ein solcher *in den Straßenverkehr* sein kann und die Beschreibung als „gefährlich" die Gefahr-Bewertung schon voraussetzt. Bei Handlungen nach I Nr. 2 und insb. nach I Nr. 1 muss dagegen ihre (abstrakte) **Gefährlichkeit** jeweils festgestellt werden (vgl. Düsseldorf NJW **82**, 2391; *Lackner/Kühl* 2; NK-*Herzog* 5; *Cramer* JZ **83**, 812, 814); aus dem Eintritt eines **konkreten** Gefährdungserfolgs ergibt sich hierfür ein **Indiz.** Dieses ist insb. widerlegt, wenn die Schädigung oder Gefährdung eines der genannten Individualrechtsgüter sich nicht als Verwirklichung der spezifischen Gefahren des öffentlichen Straßenverkehrs darstellt (vgl. Düsseldorf NJW **82**, 2391; **and.** LG Bonn NStZ **83**, 223 [m. Anm. *Landsberg*]). Das ist zB auch dann der Fall, wenn ein Schadensereignis – selbst wenn es äußerlich als „Verkehrsvorgang" erscheint – auf diesen Gefahren nicht beruht, sondern dies nur *vortäuscht*: Die Sicherheit des Straßenverkehrs ist nicht gefährdet, wenn sämtliche Beteiligte eines Schadensfalls diesen **einvernehmlich** herbeiführen (NJW **91**, 1120 [hierzu *Geppert* JK 4]; NStZ **92**, 233; NStZ-RR **99**, 120; **aA** LK-*König* 71 ff. mwN).

6 **A. I Nr. 1** erfasst das **Zerstören** (14 zu § 303), **Beschädigen** (6ff. zu § 303) oder **Beseitigen** (8f. zu § 315) von **Anlagen** (des öffentlichen Straßenverkehrs), also zB von Verkehrsschildern und -zeichen, Leitplanken und dgl., Brücken und der Straßen selbst; und von **Fahrzeugen,** das sind sämtliche im öffentlichen Verkehr vorkommenden Fortbewegungsmittel zur Beförderung von Personen oder Gütern ohne Rücksicht auf die Antriebsart (nicht nur Kraftfahrzeuge, sondern auch Straßenbahnen, Fahrräder, Fuhrwerke, Anhänger jeder Art, Krankenfahrstühle (auch nicht motorisierte; vgl. Bay NStZ-RR **01**, 26; zum Fahrerlaubnisrecht vgl. *Huppertz* NZV **03**, 460), wohl nicht Inline-Skates [vgl. *Vieweg* NZV **98**, 1]). Tathandlungen sind **zB** Beschädigen durch Steinwürfe (Schleswig VM **67**, 21) oder durch Rammen (VRS **50**, 96); Abreißen der Bremsleitung am Pkw (NJW **85**, 1036 m. Anm. *Geppert* NStZ **85**, 265; *Hentschel* JR **85**, 434; vgl. NStZ/J **85**, 257); grds. auch sonstige Beschädigungen der Bremsanlage (vgl. München NJW **06**, 3364, 3365). Eine Sabotage-Absicht ist nicht vorausgesetzt (and. Bay JR **75**, 28 [zust. Anm. *Rüth*]); der Tatbestand kann daher auch durch fehlerhaft vorgenommene (oder pflichtwidrig unterlassene) **Reparaturarbeiten** (fahrlässig) erfüllt werden (vgl. BGH **10**, 404f.; **24**, 231, 233 [Bahnverkehr]; ebenso LK-*König* 19; **aA** *M/Schroeder/Maiwald* 53/15; *Geppert* Jura **96**, 639, 642f.). Nr. 1 kommt nur in Betracht, wenn erst die Beschädigung die Beeinträchtigung der Sicherheit des Straßenverkehrs begründet; stellt hingegen die Fahrzeugbeschädigung schon die Realisierung einer durch eine Tathandlung nach Nr. 2 oder 3 verursachten Gefahr dar, so sind allein diese Tatbestände anzuwenden (NJW **91**, 1120; NStZ **95**, 41; NStZ-RR **98**, 187).

7 **B. Nr. 2** setzt das Bereiten von **Hindernissen** voraus (9 zu § 315), wobei es auf den Erfolg, nicht auf die Handlung des „Bereitens" ankommt. Als solches ist **zB** angesehen worden: Errichten einer Straßensperre (Frankfurt VRS **28**, 423; Hamm NJW **65**, 2167; vgl. aber StV **02**, 361 [*nicht, wenn sich der Täter in der Mitte der Fahrbahn aufstellt* und durch Drohung mit einer Pistole herannahende Fahrzeuge anzuhalten versucht]); Legen eines Holzmastens über die Straße (VRS **13**, 125) oder Spannen eines Drahts (Hamm NJW **65**, 2167); Werfen von Holzscheite auf die Fahrbahn (VRS **45**, 38); Treiben von Schafen auf eine Autobahn (LG Lübeck SchlHA **62**,

202); eine Bahnschranke schließt (NJW **60**, 2013); unvorhersehbares Bremsen ohne Anlass nach Straßeneinmündungen oder Ampelanlagen (NZV **92**, 325; NJW **99**, 3132); Schieben eines fremden Fahrzeugs auf die Fahrbahn (Bay **79**, 40); Zu-Boden-Stoßen einer Person auf der rechten Spur einer stark befahrenen Autobahn (NStZ **07**, 34, 35). Nr. 2 liegt **nicht** vor, wenn als „Geschwindigkeitsbremse" zur Verkehrsberuhigung sog. „Kölner Teller" in sachgemäßer Weise in die Fahrbahn eingelassen werden (Frankfurt NZV **92**, 38 m. Anm. *Molketin*; **aA** *Franzheim* NJW **93**, 1837); dagegen können unsachgemäße und riskante bauliche Maßnahmen (Pflanzenkübel, Schwellen, Poller u. ä., insb. außerhalb verkehrsberuhigter Zonen) grds. durchaus den Tatbestand erfüllen (*Franzheim* NJW **93**, 1836 f.; LK-*König* 29; **aA** *Lackner/Kühl* 4; *S/S-Cramer/Sternberg-Lieben* 6); weitere Beispiele unten 9.

C. Nr. 3 erfasst **ähnliche, ebenso gefährliche Eingriffe** (11 zu § 315; hierzu *Fabricius* GA **94**, 164; zum Begriff der Ähnlichkeit vgl. *Obermann* [1 a] 136 ff.); gemeint sind wie in Nr. 1 und Nr. 2 nur **verkehrsfremde Außeneingriffe** (oben 2; unten 9) . zB durch Anbringen eines Einbahnschild in entgegen gesetzter Richtung; Abziehen des Zündschlüssels durch den *Beifahrer* während der Fahrt, wenn dies die Lenkradsperre auslöst und so die Steuerungslosigkeit des Fahrzeugs bewirkt (Karlsruhe NJW **78**, 1391); plötzliches Ins-Lenkrad-Greifen als *Beifahrer*, um einen Unfall herbeizuführen (VRS **36**, 267; vgl. NStZ **07**, 34 [Bespr. *Grupp/Kinzig* NStZ **07**, 132]; Karlsruhe NJW **78**, 1391; **aA** *Geppert* Jura **96**, 644; vgl. unten 9 a); Anfahren mit Vollgas, um sich einer in der offenen Beifahrertüre stehenden Person zu entledigen (DAR **83**, 194); Versetzen oder Belassen eines Fahrzeugs in schadhaften Zustand in Sabotageabsicht (Bay JR **75**, 28 m. Anm. *Rüth*); absichtliches Verschütten von Altöl auf die Straße (vgl. DAR **78**, 148); absichtliches Zu-Fall-Bringen eines alkoholisierten und eine Einbahnstraße in Gegenrichtung durchfahrenden Motorradfahrers als Führer eines Polizeifahrzeugs (Bay NStZ **88**, 518 m. Anm. *Molketin* NStZ **89**, 488); Deponieren von benzingefüllten Plastikbeuteln im Motorraum zur Herbeiführung einer Explosion (NZV **89**, 119 [Anm. *Berz*]); Werfen einer gefüllten Getränkedose gegen die Windschutzscheibe eines anderen Fahrzeugs (Hamm VRS **95**, 28); Rammen eines vorausfahrenden Pkw, um ihn zum Anhalten zu zwingen (NStZ-RR **01**, 298); Herabwerfen von Gegenständen von einigem Gewicht von einer Brücke auf fahrende Kfz (BGH **48**, 119); **nicht** aber **zB** das Los- und Weiterfahren in der Absicht, einen Mitfahrer am bereits begonnenen Verlassen des Fahrzeugs zu hindern (NJW **89**, 918 m. Anm. *Otto* JR **89**, 341); beim Weiterfahren, *um* sich mit dem (genötigten) Mitfahrer zu einer anderen Stelle zu begeben, denn hier wird das Fahrzeug gerade als Fortbewegungsmittel und nicht zweckfremd eingesetzt (NZV **01**, 352 [Anm. *Fahl* **02**, 18]; BGHR § 315 b I Nr. 3, Eingriff 2, 4). **8**

Ebenso wie bei Nr. 1 reicht es grds. nicht aus, dass sich der Eingriff in der Gefährdung oder Schädigung des Opfers erschöpft und es nicht zu einer „dadurch" verursachten Gefährdung des Straßenverkehrs kommt (NStZ-RR **98**, 187: Hinausstoßen des Beifahrers aus fahrendem Kfz). Die Rspr hat es lange Zeit als *nicht* ausreichend angesehen, dass der Eingriff des Täters *unmittelbar* zu einer konkreten Gefahr führt, ohne dass diese auf einem durch den Eingriff beeinträchtigten Verkehrsablauf beruht (NStZ-RR **98**, 7 [Brandgefahr durch Bespritzen von Businsassen mit Benzin]; NStZ-RR **98**, 187). Hieran hat der 4. *StS* in BGH **48**, 119 (krit. *König* JA **03**, 818; *ders.* JR **03**, 255; vgl. auch *dens.* NZV **06**, 432 [zu NZV **06**, 270]) aber für den Fall nicht festgehalten, dass im fließenden Verkehr Hindernisse bereitet oder Gegenstände auf Fahrzeuge geworfen werden, die Tathandlung **unmittelbar** zu einem bedeutenden Fremdsachschaden führt und dieser Erfolg sich als Steigerung der durch die Tathandlung bewirkten abstrakten Gefahr für die Sicherheit des Straßenverkehrs darstellt **(„Verkehrsfremder Inneneingriff")**. Anders ist es, wenn die Tathandlung losgelöst von einem Verkehrsvorgang eine zunächst nur abstrakte Gefahr schafft, die sich noch nicht in einer konkreten Verkehrsgefahr niederschlägt (BGH **48**, 119, 122). **8 a**

9 **D.** Gemeinsam ist den Tatbestandsvarianten nach I Nr. 1 bis 3, dass sie einen **verkehrsfremden Eingriff** voraussetzen. § 315b ist daher bei bloß vorschriftswidrigem Verkehrsverhalten grundsätzlich unanwendbar, da solche (verkehrsüblichen) Verstöße im ruhenden und fließenden Verkehr durch § 315c abschließend geregelt sind; er setzt idR einen **von außen** in den Straßenverkehr hineinwirkenden Eingriff voraus (BGH **48**, 233, 236f; vgl. NStZ-RR **98**, 7f.). Nach **stRspr.** und ganz hM kann § 315b aber auch bei Handlungen **im Verkehr** zur Anwendung kommen, wenn diese sich als verkehrs*fremde* (und nicht nur verkehrs*widrige)* Eingriffe darstellen, wenn also der Täter als Verkehrsteilnehmer einen Verkehrsvorgang „zu einem Eingriff in den Straßenverkehr pervertiert" (BGH **41**, 239; **48**, 233, 236ff. [Anm. *Dreher* JuS **03**, 1159]; NStZ **95**, 31; BGHR § 315b I Nr. 2, Hindernisbereiten 4; NZV **90**, 35 [m. Anm. *Molketin*]; NZV **90**, 77; **01**, 134; Hamm NJW **69**, 1976; StV **02**, 371; Köln DAR **99**, 88; *Cramer* 4).

9a Bei Vorgängen im **fließenden Verkehr** muss zu dem **bewusst zweckwidrigen Einsatz** eines Fahrzeugs in verkehrswidriger Absicht nach neuer, insoweit einschränkender Rspr des **BGH** hinzukommen, dass es mit mindestens bedingtem **Schädigungsvorsatz** (zB als Waffe oder Schadenswerkzeug) missbraucht wird (BGH **48**, 233, 237f. [krit. Bespr. *König* NStZ **04**, 175]; StraFo **06**, 122; vgl. unten 14; zu Konsequenzen für den subjektiven Tatbestand unten 20; gegen die Übertragung auf Handlungen von Beifahrern *Grupp/Kinzig* NStZ **07**, 132, 134ff.). In diesem Fall liegt, wenn der Eingriff (durch einen Fahrzeugführer) selbst innerhalb des öffentlichen Verkehrsraums erfolgt, § 315b auch dann vor, wenn die Gefährdung oder der Schaden (erst) außerhalb des öffentlichen Verkehrs eintreten (**zB** Verfolgen anderer Verkehrsteilnehmer unter Einsatz eines Kfz als gefährliches Werkzeug und Verletzung erst außerhalb der öffentlichen Verkehrsfläche; vgl. NStZ **04**, 625). In NStZ **07**, 34, 35 (Unvermitteltes Greifen in das Lenkrad eines PKW durch den *Beifahrer*, Bespr. *Grupp/Kinzig* NStZ **07**, 132) hat der *4. StS* andererseits wieder ausdrücklich *offen gelassen*, ob an der Anforderung von NZV **90**, 35 festzuhalten sei, § 315b liege in solche Fällen nicht vor, wenn der Täter nicht den Verkehrsvorgang zu einem *Außen*eingriff „pervertieren", sondern „nur auf einen Verkehrsvorgang Einfluss nehmen will".

10 **a) Ein Eingriff** kann **im Einzelfall** auch bei einem **äußerlich verkehrsgerechten Verhalten** vorliegen, etwa wenn die (Über-) Erfüllung verkehrsrechtlicher Vorschriften (**zB** Abbremsen bei Umspringen einer LZA auf „gelb"; Anhalten an Fußgängerüberwegen) oder ein sonstiges, an sich korrektes Fahrverhalten (allein) in der **Absicht** vorgenommen werden, die Unaufmerksamkeit oder Fehleinschätzung anderer Verkehrsteilnehmer zur Herbeiführung eines Unfalls auszunutzen (NJW **99**, 3132 [Abbiegen in Einfahrten *vor* Kreuzungen zur Provokation von Auffahrunfällen; vermeidbares Rammen eines vorfahrtverletzenden Pkw; krit. Anm. *Kudlich* StV **00**, 23; *Kopp* JA **00**, 365]; zust. *S/S-Cramer/Sternberg-Lieben* 8; LK-*König* 33; *Lackner/Kühl* 4; *Hentschel* 10; iErg auch *Freund* JuS **00**, 754; *König* JA **00**, 777). Dagegen macht sich nicht nach § 315b strafbar, wer sich in jeder Hinsicht verkehrsgerecht verhält und damit allein die *Hoffnung* verbindet, dies werde zu einem Unfall und zur Möglichkeit der Schadensliquidation führen (BGH aaO). In Betracht kommen auch Einwirkungen des Fahrzeugführers auf Mitfahrer (NJW **89**, 917; NStZ-RR **98**, 187); jedoch darf es sich hierbei nicht nur um Gefährdungen *im* Straßenverkehr handeln (NStZ-RR **98**, 187 [Hinausstoßen eines Mitfahrers aus fahrendem Kfz]).

11 **b) Einzelfälle:** Als **ausreichend** für **Nr. 2** ist **zB** angesehen worden: Absichtliches scharfes Abbremsen, um einen Auffahrunfall zu verursachen (VRS **53**, 355; NZV **92**, 325; Koblenz VRS **50**, 203; Celle VRS **68**, 44); scharfes Abbremsen bei *Gelblicht zum Zweck* einer Unfallprovokation (NStZ **92**, 182m. krit. Anm. *Seier* NZV **92**, 158; NJW **99**, 3132; **aA** *Scheffler* NZV **93**, 463); Zu-Boden-Stoßen einer Person auf der rechten Spur einer stark befahrenen Autobahn (NStZ **07**, 34, 35); als **nicht ausreichend zB:** Unterlassen des Kenntlichmachens eines auf der

Fahrbahn haltenden oder liegen gebliebenen Fahrzeugs (vgl. § 315c I Nr. 2g, dort 11); wiederholtes Antippen des Bremspedals im fließenden Verkehr, um nachfolgende Fahrzeuge zur Einhaltung eines ausreichenden Sicherheitsabstands anzuhalten (Köln VRS **93**, 338 [auch keine versuchte Nötigung]); wenn es an einer *groben* Einwirkung von einigem Gewicht (BGH **22**, 367; **26**, 178; **28**, 89) und an dem für die Nr. 2 spezifischen Gefährdungsrisiko fehlt (vgl. BGH **41**, 239 [krit. Anm. *Meurer* BA **96**, 161; auch *Ranft* JR **97**, 210]; abl. LK-*König* 35).

Für **Nr. 3** ist als **ausreichend** angesehen worden: Abgabe eines ungezielten Schusses aus einem fahrenden Fahrzeug (BGH **25**, 306); Gezieltes Schießen auf ein anderes Fahrzeug (DRiZ **80**, 144; DAR **82**, 199); Mitnehmen einer Person bei hoher Geschwindigkeit auf der Kühlerhaube eines Kfz, auf welche sie geraten ist (BGH **26**, 51 [abl. *Solbach* DRiZ **75**, 216; *Cramer* 17]; VRS **71**, 194, ebenso Düsseldorf VM **79**, 63; Köln VRS **53**, 184; ähnlich VRS **56**, 144); absichtliches Auffahren auf ein vorausfahrendes (Bay DAR **78**, 209) oder ein im öffentlichen Verkehrsraum abgestelltes Fahrzeug (NStZ **95**, 30); gezieltes Zufahren auf ein anderes Fahrzeug in Schädigungsabsicht (VRS **65**, 361; NZV **90**, 77); Aufspringen auf die Motorhaube eines mit 30 km/h vorbeifahrenden Pkw (Zweibrücken VRS **93**, 101); Zufahren auf einen zu Fall gekommenen Zweiradfahrer mit einem Traktor in Verletzungsabsicht (NStE Nr. 3); Versuche des Abschüttelns von außen am Kfz hängenden Verfolgern durch Weiterfahrt mit einer Geschwindigkeit von 30 km/h über etwa 430 m (DAR **95**, 335), oder über mehrere 100 m in scharfem Tempo und in Zickzack-Linien (VRS **56**, 190), oder durch abwechselndes Vollgas-Geben und abruptes Abbremsen (DRiZ **78**, 277); gezieltes Überfahren einer auf der Fahrbahn liegenden Person (NStZ-RR **04**, 108). Als **nicht ausreichend** ist **zB** angesehen worden: Mitziehen eines sich am Fahrzeug festklammernden Polizisten über wenige Meter (BGH **28**, 91; *Rüth* JR **79**, 519); ruckweises Hin- und Herfahren, um sich einer auf einen Kotflügel des Kfz gestützten Person zu entledigen (VRS **45**, 183); Abbremsen aus hoher Geschwindigkeit bis zum Stillstand ohne Rücksicht auf ein verfolgendes Polizeifahrzeug (Düsseldorf JZ **88**, 427); Zufahren mit geringer Geschwindigkeit auf Fußgänger (NStZ **87**, 225; vgl. VRS **40**, 104; **44**, 437; DRiZ **87**, 228; StV **92**, 420); Stoß eines Fußgängers gegen einen anderen, so dass ein herannahender Kfz-Fahrer zur Notbremsung gezwungen wird (Köln VRS **69**, 30; vgl. *Ranft* Jura **87**, 609); Betätigen der Handbremse eines Pkw als Beifahrer bei hoher Geschwindigkeit, so dass das Fahrzeug außer Kontrolle gerät, um hierdurch den Fahrer zu vorschriftsmäßigem Fahrverhalten zu veranlassen (Hamm VRS **99**, 197). Das sog. „Auto-Surfen" soll idR keinen Nr. 3 unterfallenden Außeneingriff darstellen (Düsseldorf NStZ-RR **97**, 325 m. abl. Bespr. *Saal* NZV **98**, 49 und zust. Bespr. *Hammer* JuS **98**, 785), weil der (auf dem Dach des Pkw liegende = „surfende") Geschädigte *Teilnehmer* der „Eingriffs"-Handlung und daher nicht „ein anderer" sei (iErg zust. LK-*König* 55; zw.). 12

c) Nr. 3 ist in Fällen einer sog. **Polizeiflucht** (6 vor § 52) in der **früheren Rspr.** als gegeben angesehen worden, wenn der Täter gezielt auf einen ihn anhaltenden Polizisten zufährt, um ihn zu zwingen, den Weg freizugeben (BGH **22**, 6, 72; **26**, 176 [hierzu *Meyer-Gerhards* JuS **76**, 228]; **28**, 88; GA **71**, 312; VRS **28**, 361; **48**, 191; **50**, 424; **53**, 109; **66**, 20; DRiZ **75**, 184; **79**, 150; **80**, 143; MDR/H **79**, 984; DAR **85**, 190; stRspr.; Bay DAR **78**, 209 dort 9b; Koblenz DAR **73**, 219; *Meyer-Goßner* NStZ **86**, 52; *Bringewat* 24), und dabei dem Bedrohten im letzten Augenblick ausweichen will (BGH **26**, 176). **Verneint** wurde § 315b dagegen auch bisher schon, wenn der Täter von Anfang an an dem Polizeibeamten *vorbei*fahren will (VRS **53**, 31; **55**, 185; NStZ **85**, 267; NStZ-RR **97**, 261; Koblenz VRS **69**, 379; Hamm NStZ-RR **01**, 104; StV **02**, 371); in diesem Fall ist ein Eingriff iS von Nr. 3 grds. auch dann nicht gegeben, wenn es zu einer konkreten Gefährdung kommt (ggf. § 315c I Nr. 2). Nach dieser der bisherigen Rspr. zugrunde liegenden Unterscheidung kam es somit darauf an, ob der Täter sein Fahrzeug lediglich als **Fluchtmittel** (dann kein Eingriff) oder zugleich als **Werkzeug** (zur 13

Nötigung) benutzen will, um sich einen Fluchtweg zu eröffnen (dann Eingriff; vgl. BGH **28**, 87, 91; Hamm NStZ-RR **01**, 104).

14 Für Fälle des „Abdrängens" verfolgender (Polizei-)Fahrzeuge hat der *4. StS* in BGH **48**, 233 (Anm. *Dreher* JuS **03**, 1159; krit. Bespr. *König* NStZ **04**, 175) diese Rspr, wonach § 315b (und nicht § 315c I Nr. 2) ausnahmsweise gegeben sei, wenn eine Behinderung und Gefährdung nicht bloße Folge, sondern Zweck der verbotenen Fahrweise sei (vgl. BGH **21**, 301, 302f.; **22**, 67, 72; **23**, 4, 6f.; **41**, 231, 234), für solche Fälle **aufgegeben,** in denen der Täter nur mit Gefährdungsvorsatz handelt, weil auch in diesem Fall primäres Ziel des Handelns das eigene Fortkommen ist. Ein „Eingriff" ist danach nicht schon dadurch gegeben, dass das Verhalten nötigenden (§ 113, § 240) Charakter hat. Nach dieser **einschränkenden Auslegung** können Fälle nur mit Gefährdungsvorsatz ausgeführten verkehrswidrigen Verhaltens *innerhalb* des Verkehrs noch nicht als „Perversion" des Verkehrsvorgangs angesehen werden (BGH **48**, 233, 237). Die frühere Rspr. namentlich zum „Zufahren" auf Personen in Nötigungsabsicht, aber ohne Verletzungsvorsatz (vgl. etwa BGH **22**, 366; **34**, 54; NJW **83**, 1624; VRS **69**, 126; VRS **64**, 268; ZfS **83**, 317) ist insoweit überholt. Das gilt auch für andere **nötigende Einwirkungen,** die bisher teilw. recht großzügig als Fälle *verkehrsfremden* Eingriffs angesehen wurden (**zB** scharfes Abbremsen, um den nachfolgenden Kraftfahrer zu einer Vollbremsung zu zwingen [vgl. Düsseldorf VRS **73**, 41; NZV **88**, 149; **89**, 441; Köln NZV **97**, 318; Karlsruhe VRS **93**, 102]; absichtliches Abschneiden des Wegs mit einem Kfz, um die Durchfahrt eines anderen Verkehrsteilnehmers zu verhindern [BGH **21**, 301; **22**, 72; VRS **64**, 268]; einschränkend zur Reichweite von BGH **48**, 233 aber *König* NStZ **04**, 175, 177f.).

15 **E.** Die Tathandlungen nach I Nr. 1 bis 3 können unter den Voraussetzungen des § 13 (12 zu § 315) auch durch **Unterlassen** begangen werden, und zwar auch durch den Kraftfahrer selbst, insbesondere dann, wenn er ein Hindernis nicht beseitigt (Nr. 2), das durch einen eigenen Unfall oder eigenes Fahrverhalten auf die Fahrbahn geraten ist (BGH **5**, 394; **6**, 224; **7**, 311; Bay NJW **69**, 2026; Karlsruhe NJW **60**, 2018; Celle NdsRpfl. **70**, 46; Hamm VRS **51**, 103; *Ranft* Jura **87**, 612); **zB** wenn er die Leiche eines Unfalltoten liegen lässt (Oldenburg VRS **11**, 53), eine breite Öl- oder Benzinspur auf der Fahrbahn hinterlässt (Stuttgart NJW **59**, 254; Hamm DAR **60**, 76; Bay NZV **89**, 443; **aA** SK-*Wolters/Horn* 14; *Geppert* Jura **96**, 643), als Verantwortlicher eine Straßenbaustelle nicht absichert (VRS **16**, 28; KG VRS **12**, 376). Dass ein abgestelltes und ungenügend gesichertes Fahrzeug in die Fahrbahn rollt, genügt noch nicht (Bay OLGSt. 5 zu § 315).

16 **5)** Eine **konkrete Gefahr** für **Leib** oder **Leben** einer anderen Person (vgl. dazu 17 zu § 315c) oder für eine **fremde Sache von bedeutendem Wert** (zur Wertgrenze vgl. 16 zu § 315: **1300 EUR**) muss eintreten. Ein Fahrzeug, das der Täter *im Verkehr* absichtlich als Hindernis einsetzt (oben 6, 9), ist (als Tatwerkzeug) auch dann nicht als fremde Sache von bedeutendem Wert anzusehen, wenn es dem Täter nicht gehört (NStZ **92**, 233; vgl. BGH **11**, 148; hM; **aA** *Geppert* Jura **96**, 646; *S/S-Cramer/Sternberg-Lieben* 12). Anders dürfte es hinsichtlich solcher täterfremder Gegenstände sein, unter deren Verwendung als Hindernisse er von außen in den Verkehr einwirkt (**zB** Blockierung der Straße durch Querstellen fremder Fahrzeuge). Zur Einbeziehung von **Tatbeteiligten** in den Schutzbereich der Vorschrift vgl. 17 zu § 315c (ausf. dazu LK-*König* 71ff.); zur Gefährdung des vom Täter selbst geführten (fremden) **Fahrzeugs** vgl. 17 zu § 315.

17 Nach dem Wortlaut des I muss die konkrete Gefahr oder der Schaden „dadurch", also **durch die Beeinträchtigung der Verkehrssicherheit** als deren Folge herbeigeführt werden (vgl. BGH **5**, 297; **18**, 272; **48**, 119; NJW **85**, 1036 [m. Anm. *Geppert* NStZ **85**, 265; *Hentschel* JR **85**, 434; *Horn/Hoyer* JZ **87**, 966]; NStZ/J **85**, 541; NZV **90**, 77; NJW **91**, 1120; VRS **69**, 126). Nach dieser komplizierten Formulierung müssen **abstrakte** Gefährdung (der Sicherheit des Straßenverkehrs) und **konkrete** Gefährdung (eines der genannten Rechtsgüter) in der

Tathandlung nach I Nr. 1 bis 3 miteinander **verknüpft** sein. Der **BGH** hat hieraus abgeleitet, der Eingriff dürfe sich nicht in der konkreten Gefährdung oder Beschädigung des Tatobjekts „erschöpfen“; vielmehr müsse gerade *dadurch* eine „weitere“ Gefährdung (der Verkehrssicherheit) eintreten (vgl. etwa NStZ-RR **98**, 7; BGHR § 315b I Nr. 3 Eingriff 5 mwN). Diese Rspr. hat der *4. StS* in BGH **48**, 119 **aufgegeben.** Danach ist in allen Tatbestandsvarianten erforderlich, aber auch ausreichend, dass die Tathandlung eine abstrakte Gefahr für die Verkehrssicherheit bewirkt, welche sich zu einer konkreten Gefahr für eines der Schutzobjekte verdichtet. Eine **zeitliche „Abfolge“** der Gefährdungserfolge ist **nicht vorausgesetzt;** es reicht aus, „wenn die Tathandlung **unmittelbar** zu einer konkreten Gefahr oder Schädigung führt, sofern dieser Erfolg sich als Steigerung der abstrakten Gefahr darstellt“ (BGH **48**, 119, 122f.). Damit sind einerseits Handlungen ausgeschieden, welche zwar die (allgemeine) Verkehrssicherheit *abstrakt* beeinträchtigen, jedoch eine konkrete Gefahr (noch) nicht verursacht haben (unten 13a); aber auch unmittelbare Beschädigungen etwa eines Fahrzeugs oder einer Anlage, welche sich nicht als *„Folge“* einer abstrakten Gefährdung der Verkehrssicherheit darstellen, sondern ihrerseits nur *Ursache* einer solchen sein können (BGH **48**, 119, 122). **Erfasst** sind dagegen Tathandlungen, welche die Verkehrssicherheit abstrakt gefährden und „in zeitlich dichter Reihenfolge oder sogar sich zeitlich überschneidend“ eine aus der abstrakten Gefährdung resultierende konkrete Gefahr verursachen; diese muss – in „restriktiver Auslegung“ – als *verkehrsspezifische Gefahr* verstanden werden (ebd.).

Eine **konkrete Gefahr** liegt vor, wenn die Sicherheit des Rechtsguts derart beeinträchtigt ist, dass sich das Ausbleiben eines Schadens nach **objektiv nachträglicher Prognose** als **Zufall** darstellt; es muss aus Sicht eines objektiven Beobachters „gerade noch einmal gut gegangen“ sein (vgl. NJW **95**, 3131f.; **96**, 329; NStZ-RR **97**, 200; VRS **44**, 422f.; Bay **96**, 5; vgl. hierzu 15 zu § 315c). Für die Feststellung einer konkreten Gefahr, die sich als **verkehrsspezifische Gefahr** darstellen muss (BGH **48**, 119, 124), reicht die Verwendung allgemeiner, wertender Begriffe ohne konkretisierende Feststellungen im Urteil nicht aus (Koblenz DAR **00**, 371 [„scharfes Abbremsen“; „Vollbremsung“]; vgl. auch Düsseldorf NJW **93**, 3213 [dazu *Janiszewski* NStZ **94**, 272]; Hamm NZV **98**, 212 [Wurf einer gefüllten Bierdose gegen Windschutzscheibe eines Busses]; SK-*Wolters/Horn* 16). 18

So liegt **zB,** wenn an dem Pkw der Bremsschlauch vorsätzlich durchtrennt wurde, eine *konkrete* Gefahr für den Fahrer bei Fahrtantritt noch nicht vor (NJW **96**, 329; anders noch NStZ **85**, 263 [m. Anm. *Geppert*]; auch NZV **89**, 119 m. Anm. *Berz*), sondern erst dann, wenn die latente Gefährlichkeit des Zustandes des Fahrzeuges in eine kritische Situation iS eines „Beinahe-Unfalls“ umschlägt. Nahm der Täter aber das Entstehen einer konkreten Gefahr billigend in Kauf, so liegt Versuch nach II vor (NZV **89**, 119; NJW **96**, 329; NStZ-RR **97**, 262; zur konkreten Gefahr zusf. und einengend *Berz* NZV **89**, 412; ferner *Jähnke* DRiZ **90**, 427; vgl. im Übrigen 14ff. zu § 315). 19

6) Subjektiver Tatbestand. Die innere Tatseite unterscheidet die Fälle von I, III, IV und V mit jeweils unterschiedlichen Strafrahmen; das unter 18ff. zu § 315 Gesagte gilt entsprechend: **Abs. I** setzt (zumindest bedingten) Vorsatz hinsichtlich der Tathandlung und der damit bewirkten abstrakten Verkehrsgefährdung voraus; zudem (mindestens bedingten) **Gefährdungsvorsatz** hinsichtlich der **konkreten** Rechtsgutsgefährdung. Daran fehlt es auch bei vorsätzlichem „Außen-Eingriff“ nach BGH **41**, 239 *(„Münchener Fahrbahngeher“),* wenn dem Täter angesichts eigener *Schutzlosigkeit* ein Vorwurf der vorsätzlichen Herbeiführung einer konkreten Fremdgefährdung nicht gemacht werden kann (krit. *Meurer* BA **96**, 161; *Ranft* JR **97**, 210; abl. LK-*König* 35). Die Beschränkung jedenfalls des I Nr. 3 auf den *„bewusst* zweckwidrigen Einsatz„ eines Kfz lässt dem bedingten Vorsatz wenig Raum. Bei Eingriffen **innerhalb des fließenden Verkehrs** ist nach neuer Rspr des BGH ein Gefährdungsvorsatz nicht ausreichend, sondern ein **Schädigungsvorsatz** er- 20 forderlich (BGH **48**, 233; vgl. München NZV **06**, 219; oben 14). Das führt zu einer Überschneidung mit § 315 I, III Nr. 1 Buchst. a (vgl. *W/Hettinger* 980).

21 In der **Vorsatz-/Fahrlässigkeits-Kombination** des **Abs. IV** ist der Vorsatz einer *bewussten* Zweckentfremdung eines Fahrzeugs *ohne* (bedingten) Gefährdungsvorsatz konstruktiv möglich, wenn der Täter das konkret gefährdete Rechtsgut aus Unachtsamkeit nicht wahrgenommen hat; freilich bleibt dann kaum noch Raum für die Ausfüllung des „Eingriffs"-Begriffs iS der Rspr. des BGH (oben 14). Reine **Fahrlässigkeits-**Taten **(Abs. V)** durch Handlungen im *fließenden* Verkehr dürften nach der einschränkenden Auslegung des BGH (BGH **48**, 233) praktisch ausgeschlossen sein. Im Übrigen eröffnet ein zumindest bedingt vorsätzlicher Eingriff iS des I auch bei nur fahrlässig verursachter Gefahr nach **§ 11 III** auch die Strafbarkeit wegen Anstiftung und Beihilfe (NStZ **92**, 234).

22 **7)** Zu den **Qualifikationen** nach **Abs. III** vgl. 21 ff. zu § 315; insb. zur erforderlichen Absicht des Herbeiführens eines Unglücksfalls vgl. München NStZ **06**, 452 und 22 zu § 315. **Tätige Reue** ist nach § 320 II Nr. 2, III Nr. 1 möglich; Abs. VI aF ist durch das 6. StrRG aufgehoben worden. Vgl. auch § 49 II.

23 **8) Konkurrenzen.** Hinter § 315 tritt § 315 b idR zurück (vgl. aber 2 zu § 315 d); es kommt auch natürliche Handlungseinheit in Betracht (4 StR 378/71), jedoch nur dann, wenn der Täter während einer ununterbrochenen Fahrt dasselbe Opfer mehrfach konkret gefährdet (DAR **95**, 335); nicht aber dann, wenn er mehrere in sich voneinander unabhängige Gefahrenlagen auf Grund einheitlichen Tatentschlusses schafft (NJW **95**, 1767, hierzu *Sowada* NZV **95**, 465; *Geppert* JK 5). Bei Gefährdung mehrerer Personen verwirklicht der Täter § 315 b nur *einmal* (NJW **89**, 2550; Bay NJW **84**, 68; *Engelhardt* DRiZ **82**, 106). **§ 315 c I** tritt gegenüber § 315 b I grds. zurück (NStZ-RR **07**, 59 f.). **Tateinheit** mit **§ 315 c I Nr. 1 a** ist möglich, wenn die alkoholbedingte Fahruntüchtigkeit des Tatopfers im Einzelfall **ursächlich** war; hieran fehlt es idR, wenn ein Fahrzeug von dem alkoholisierten Täter bezielt eingesetzt wird, um einen gefährlichen Eingriff vorzunehmen (vgl. NStZ-RR **04**, 108, 109; **05**, 340, 341; 4 StR 598/06 [Einsatz zu Suizid und Tötung einer Beifahrerin durch absichtlichen Unfall]; vgl. auch BGH **7**, 149, 151; **22**, 67; VRS **65**, 361; LK-*König* 95). Tateinheit ist auch möglich, wenn innerhalb einer natürlichen Handlungseinheit einzelne Teilakte nur § 315 c, nicht aber § 315 b verwirklichen (NStZ-RR **07**, 59); nicht aber mit § 315 c III Nr. 2 (NStE § 315 c Nr. 1). **Tateinheit** ist auch möglich mit § 316 (BGH **25**, 313; NJW **95**, 1766; VRS **56**, 40); mit § 316 a; ebenso mit §§ 240, 253, 255 (NJW **84**, 501); mit § 248 b (NJW **95**, 1766); mit § 113 (VRS **38**, 104); mit § 303 (der allerdings von I Nr. 1 verdrängt wird, VRS **65**, 361; Braunschweig MDR **67**, 419); mit §§ 305, 318, 323 c (Oldenburg VRS **11**, 53) sowie mit Tötungs- und Körperverletzungsdelikten (1 StR 585/71), insbesondere mit §§ 211, 22 (VRS **63**, 119); mit Fahren ohne Fahrerlaubnis (BGH **22**, 76); mit § 29 I BtMG (MDR/H **80**, 455). Mit § 142 wird idR **Tatmehrheit** gegeben sein (vgl. VRS **36**, 354); vgl. aber BGH **48**, 233, 239 (Tateinheit bei Polizeiflucht). § 87 tritt zurück. Zum Verhältnis zu § 263 NZV **92**, 325; VRS **83**, 186; *Fleischer* NJW **76**, 881.

24 **9) Sonstige Vorschriften.** Einziehung der Tatwerkzeuge ist nach § 74 möglich; dazu gehört auch das Fahrzeug des Täters, wenn er es absichtlich als Hindernis einsetzt; BGH **10**, 28 steht nicht entgegen. Nichtanzeige § 138 I Nr. 8; § 126 I Nr. 6 (Androhen); § 140 (Belohnung) und § 145 d (Vortäuschen); Überwachungsmaßnahmen § 100 a Nr. 2 StPO.

Gefährdung des Straßenverkehrs — RiStBV 243

315c **I Wer im Straßenverkehr**

1. ein Fahrzeug führt, obwohl er

a) infolge des Genusses alkoholischer Getränke oder anderer berauschender Mittel oder

b) infolge geistiger oder körperlicher Mängel

nicht in der Lage ist, das Fahrzeug sicher zu führen, oder

2. *grob* verkehrswidrig und rücksichtslos

a) die Vorfahrt nicht beachtet,

b) falsch überholt oder sonst bei Überholvorgängen falsch fährt,

c) an Fußgängerüberwegen falsch fährt,

d) an unübersichtlichen Stellen, an Straßenkreuzungen, Straßeneinmündungen oder Bahnübergängen zu schnell fährt,
e) an unübersichtlichen Stellen nicht die rechte Seite der Fahrbahn einhält,
f) auf Autobahnen oder Kraftfahrstraßen wendet, rückwärts oder entgegen der Fahrtrichtung fährt oder dies versucht oder
g) haltende oder liegen gebliebene Fahrzeuge nicht auf ausreichende Entfernung kenntlich macht, obwohl das zur Sicherung des Verkehrs erforderlich ist,

und dadurch Leib oder Leben eines anderen Menschen oder fremde Sachen von bedeutendem Wert gefährdet, wird mit Freiheitsstrafe bis zu fünf Jahren oder mit Geldstrafe bestraft.

II In den Fällen des Absatzes 1 Nr. 1 ist der Versuch strafbar.

III Wer in den Fällen des Absatzes 1
1. die Gefahr fahrlässig verursacht oder
2. fahrlässig handelt und die Gefahr fahrlässig verursacht,
wird mit Freiheitsstrafe bis zu zwei Jahren oder mit Geldstrafe bestraft.

1) Allgemeines. Die Vorschrift ist durch das 2. StraßenverkehrssichG eingefügt und durch das EGStGB in I Nr. 2f und das OWiGÄndG erweitert (E EGStGB 266) und durch Art. 1 Nr. 82 des 6. StrRG (2 vor § 174) redaktionell geändert worden. 1

Literatur: *Geppert,* Zu examensrelevanten Fragen im Rahmen alkoholbedingter Straßenverkehrsgefährdung durch Gefährdung von Mitfahrern, Jura **96**, 47; *Haubrich,* Verkehrsrowdytum auf Bundesautobahnen u. seine strafrechtliche Würdigung, NJW **89**, 1197; *Koch,* Das Tatbestandsmerkmal „rücksichtslos" des § 315 c Abs. 1 Nr. 2 StGB in der Praxis, DAR **70**, 322; *Mayr,* Die Tatbestände der Straßenverkehrsgefährdung in der Rechtsentwicklung, BGH-FS (1975), 273; *Peters,* Zum Merkmal „rücksichtslos" im Tatbestand der Straßenverkehrsgefährdung, DAR **80**, 45; *Puhm,* Strafbarkeit gemäß § 315 c StGB bei Gefährdung des Mitfahrers, 1990 (Diss. Passau); *Rehberg,* „Fremdhändige" Täterschaft bei Verkehrsdelikten?, Schultz-FS (1977), 72; *Rudolphi,* Strafbarkeit der Beteiligung an den Trunkenheitsdelikten im Straßenverkehr, GA **70**, 353; *Schweling,* Der Begriff „rücksichtslos" im Verkehrsrecht, ZStW **72** (1960), 464; *Wohlers,* Trunkenheitsfahrten als eigenhändige Delikte, SchwZStr **98**, 95; *Zimmermann,* Straßenverkehrsgefährdung durch Rücksichtslosigkeit (usw.), MDR **87**, 364. Vgl. i. Ü. 1 a zu § 315; 1 a zu § 316. 1 a

2) Die Tat nach § 315 c ist **konkretes Gefährdungsdelikt,** jedoch steht als gesetzgeberischer Grund hinter der Ausgestaltung des Tatbestands der Gedanke der abstrakten Gefahr für Menschen und Sachen (Bay NJW **84**, 68). § 315 c ist jedoch anders als §§ 315 (dort 3) und 315 b nicht dreistufig, sondern nur **zweistufig** aufgebaut, da auf das Merkmal der Beeinträchtigung der Sicherheit des Straßenverkehrs bewusst verzichtet ist (VRS **61**, 123; Begr. 28). Nach ganz hM ist neben den konkret gefährdeten Rechtsgütern gleichwohl auch die Sicherheit des Straßenverkehrs geschützt (NJW **89**, 1228 u. 2550 m. Anm. *Geppert* u. *Becker* NStZ **89**, 321 u. **90**, 125; vgl. *Seier* NZV **90**, 130; anders hier bis 50. Aufl; **aA** SK-*Wolters/Horn* 2). Im Gegensatz zu § 315 b bezieht sich § 315 c ausschließlich auf verkehrswidriges Verhalten von **Verkehrsteilnehmern** (vgl. dazu 2, 8 zu § 315 b), und zwar mit Ausnahme von I Nr. 2 g nur von Fahrzeugführern. Die Tat ist insoweit **eigenhändiges Delikt** wie § 315 a I Nr. 1. Zum Begriff des **Fahrzeugführers** vgl. 3 ff. zu § 315 a; zum Begriff des **Straßenverkehrs** vgl. 2 zu § 315 b, wobei jedoch der Schutzbereich des § 315 c abweichend von § 315 b nicht auf den öffentlichen Verkehrsraum beschränkt bleibt (VRS **61**, 123). Der Begriff des **Fahrzeugs** (4 zu § 315) ist hier der des § 24 StVO. 2

3) Tathandlung ist bei **Nr. 1 das Führen eines Fahrzeuges** im öffentlichen Straßenverkehr (vgl. 3 f. zu § 315 b) im Zustand der **Fahruntüchtigkeit.** 3

A. Der Begriff des **Führens** eines **Fahrzeugs** (vgl. 4 zu § 316) ist enger als derjenige der Teilnahme am Verkehr (Hamm NJW **84**, 137); vom Begriff des Führens eines *Kraft*fahrzeugs in § 21 StVG unterscheidet er sich insoweit, als es für § 315 c (ebenso für § 316) nicht auf eine Fortbewegung mit Motorkraft ankommt (vgl. LK-*König* 15). Zum **Führen** ist erforderlich, dass jemand das Fahrzeug **in Bewegung setzt** oder es unter Handhabung seiner technischen Vorrichtungen während der Fahrbewegung **lenkt** (BGH **35**, 390; **13**, 226; **14**, 185; **36**, 343; NJW/H **90**,

1461; NZV **95**, 364). Es genügt also, wenn ein Kraftfahrzeug von Menschenhand in Bewegung gesetzt wird, um den Motor in Gang zu bringen (Oldenburg DAR **55**, 165; Celle NJW **65**, 63); wenn ein Mofa unter Zuhilfenahme der Motorkraft geschoben wird (Bay VRS **66**, 203; NJW/H **85**, 1329; **aA** AG *Winsen* NJW/H **85**, 692); wenn der Täter, auf einem Motorrad sitzend, sich mit den Füßen vom Erdboden abstößt (Düsseldorf VRS **62**, 193); wenn ein Beifahrer das Fahrzeug zielbestimmt lenkt (Köln JMBlNW **82**, 274). Betätigt jemand das Steuer eines Kraftfahrzeugs, während ein anderer Kupplung und Gashebel bedient, führen beide (BGH **13**, 226; **36**, 343 [m. Anm. *Hentschel* JR **91**, 113]; **aA** Celle NJW **65**, 1773). Ein Fahrzeug führt auch, wer ein Fahrzeug ohne Anlassen des Motors über eine Gefällstrecke abrollen lässt (BGH **14**, 185; **35**, 393; Bay NJW **59**, 111); wer Lenkung und Bremsen beim **Abschleppen** betätigt (BGH **36**, 343; Frankfurt NJW **85**, 1516; Bay VRS **62**, 42; NJW **84**, 878; Hamm BA **00**, 193); anders jedoch beim bloßen Schieben des Fahrzeugs (Oldenburg MDR **75**, 421; Koblenz VRS **49**, 366; Düsseldorf VRS **50**, 426). Entgegen der älteren Rspr. (vgl. BGH **7**, 315) **genügt für das Führen nicht** das bloße Anlassen des Motors, das Lösen der Bremsen oder das Einschalten des Abblendlichts in der *Absicht,* alsbald wegzufahren (BGH **35**, 392 [m. krit. Anm. *Hentschel* JR **90**, 32]; stRspr.); auch nicht die bloße Inbetriebnahme des Motors, ohne den Bewegungsvorgang willentlich auszulösen (Düsseldorf NZV **92**, 197) oder um lediglich das Rücklicht in Betrieb zu nehmen (Bay DAR **85**, 242; Frankfurt NZV **90**, 277); das Herausrangieren eines Kraftrads mit Hilfe der Beine aus einer Parklücke, damit ein anderer wegfahren kann (Bay NZV **88**, 74); der vergebliche Versuch, ein in weichem Waldboden feststeckendes Fahrzeug freizubekommen (Karlsruhe MDR **92**, 1170); das Bedienen des Fahr- oder Triebwerks, wenn die beabsichtigte alsbaldige Fortbewegung objektiv nicht möglich ist (Bay NJW **86**, 1822); alkoholtrinkend oder schlafend bei laufendem Motor hinter dem Lenkrad zu sitzen (Bay DAR **79**, 239; Schleswig VM **74**, 56; Hamm NJW **84**, 137; NStZ/J **84**, 113 u. **85**, 404). Das **Unterlassen von Sicherungsmaßnahmen** nach Fahrtende, insb. das ungesicherte Abstellen eines Fahrzeugs, ist kein „Führen", denn die mangelnde Sicherung gegen Wegrollen ist keine auf Fortbewegung abzielende Handlung; dass das Fahrzeug nach Abstellen des Motors und Verlassen des Fahrzeugs ohne Willen des früheren Fahrzeugführers in Gang gerät, begründet daher keine Führer-Eigenschaft des *Verursachers* (ebenso Stuttgart NJW **60**, 1484; Frankfurt NZV **90**, 277; Düsseldorf NZV **92**, 197; Karlsruhe NStZ-RR **06**, 280 f.; LK-*König* 13; LK-*Geppert* 31 zu § 69; *Lackner/Kühl* 3; *S/S-Cramer/Sternberg-Lieben* 20 zu § 316; *S/S-Stree* 12 zu § 69; SK-*Wolters/Horn* 5). Die anders lautende Entscheidung BGH **19**, 371, 373 ist jedenfalls durch BGH **35**, 390 überholt (ebenso Karlsruhe NZV **06**, 441, 442). Ein Fahrzeug führt nicht, wer als **Beifahrer** nur die Gangschaltung bedient (KG VM **57**, 26); wer dem Fahrer gegen dessen Willen plötzlich ins Steuer greift (Hamm NJW **69**, 1975; Köln NJW **71**, 670; vgl. aber Köln JMBlNW **82**, 274); auch nicht ein **Fahrlehrer**, der auf dem Beifahrersitz sitzend mündliche Anweisungen zum Führen des Fahrzeugs gibt (*Dresden* NJW **06**, 1013 [krit. Anm. *Blum/Weber* NZV **07**, 228]). Eine Ausnahme kann gegeben sein, wenn die das Fahrzeug bedienende Person „bedingungslos" den Anweisungen eines Beifahrers folgt (vgl. BGH[Z] NJW **77**, 1076).

3 a **B. Fahruntüchtigkeit** ist gegeben, wenn der Führer nicht fähig ist, eine längere Strecke so zu steuern, dass er den Anforderungen des Straßenverkehrs, und zwar auch bei plötzlichem Auftreten schwieriger Verkehrslagen, so gewachsen ist, wie es von einem durchschnittlichen Fahrzeugführer zu erwarten ist (vgl. i. E. 6 f. zu § 316). Es handelt sich um einen **Rechtsbegriff** (Hamburg VRS **47**, 318), der vom Gericht auszulegen und dem die festgestellten Tatsachen zu subsumieren sind; *die Erfüllung* des Merkmals ergibt sich unmittelbar weder aus verwaltungsrechtlichen noch aus medizinischen Kriterien, die freilich (im Fall „absoluter" Fahruntüchtigkeit durch Trunkenheit sogar unwiderlegliche; unten 3 c; Erl. zu § 316) gewichtige **Indizien** darstellen können.

Die Fahruntüchtigkeit muss die Folge **geistiger oder körperlicher Mängel** (Nr. 1 b) und darf nicht nur Folge mangelnder technischer Beherrschung oder Ungeschicklichkeit sein. In Betracht kommen zB *Anfallsleiden,* dh Erkrankungen, die die erhebliche Gefahr einer plötzlich eintretenden Verkehrsunfähigkeit begründen, im Übrigen – außerhalb akuter Phasen – aber keine beeinträchtigende Wirkung entfalten (BGH **40**, 344 m. Anm. *Foerster/Winckler* NStZ **95**, 344; *Kaatsch* BA **95**, 293), ferner *altersbedingte psychofunktionale Leistungsdefizite* (Bay NJW **96**, 2045), aber auch *Übermüdung* wegen Überschreitung der Lenk- und Ruhezeiten (hierzu *M. Meyer* ArchKrim **185** [1990] 65). Der in Nr. 1 a genannte Fall, dass Ursache der Fahruntüchtigkeit der Genuss **alkoholischer Getränke oder anderer berauschender Mittel** ist (dazu im Einzelnen Erl. zu § 316), ist der Sache nach nur ein Unterfall von Nr. 1 b (Düsseldorf NJW **57**, 1567), der aber wegen seiner außergewöhnlichen praktischen Bedeutung und seiner sozialethisch abweichenden Beurteilung (Ausschussbericht S. 4) besonders hervorgehoben ist. Bei Nr. 1 b kommen sowohl dauernde (Amputation, Schwerhörigkeit, Farbblindheit) als auch vorübergehende Mängel in Betracht. 3 b

Sowohl bei **Nr. 1 a** (dazu i. E. 6 ff. zu § 316) wie bei **Nr. 1 b** kann **absolute Fahruntüchtigkeit** vorliegen, die ein sicheres Führen ausschließt, ohne dass Feststellungen über weitere Umstände, insbesondere die Fahrweise des Führers im konkreten Fall getroffen zu werden brauchen. Im Fall von **I Nr. 1 a** kommt es bei alkoholischer Beeinflussung insoweit auf die in der Rspr entwickelten **Grenzwerte** der **Blutalkoholkonzentration (BAK)** an, welche dieselben wie im Fall des § 316 sind (dort 24 ff.); aus der (für § 24 a StVG bedeutsamen) Atemalkoholkonzentration (zur Feststellung vgl. BGH **46**, 358; 8 g zur § 316) lässt sich ein sicherer Schluss auf eine bestimmte BAK nicht ziehen (Naumburg NStZ-RR **01**, 105 mwN). Für die Anwendung der Grenzwerte kann es darauf ankommen, ob ein Fahrzeug als *Kraft*fahrzeug geführt wird oder nicht (vgl. oben 3); so ist etwa beim Führen eines Mofas allein mit Pedalkraft (Düsseldorf VRS **62**, 193, 194), beim Rangieren eines Motorrads allein mit Beinkraft oder beim Lenken eines *allein* durch Muskelkraft geschobenen Pkw nicht der für *Kraft*fahrzeugführer geltende Grenzwert von 1,1‰ anzunehmen (vgl. 25 zu § 316). Dieser gilt andererseits, auch wenn ein Fahrzeug ohne (eigene) Motorkraft bewegt wird, in solchen Fällen des Führens, in welchen die Anforderungen an Aufmerksamkeit, Reaktionsschnelligkeit und körperliche Leistungsfähigkeit dieselben sind wie beim Führen eines Kraftfahrzeugs, also insb. beim Führen eines abgeschleppten Fahrzeugs (BGH **36**, 341); beim Abrollen-Lassen über ein Gefälle und beim Ausrollen-Lassen nach Abstellen des Motors (vgl. BGH **14**, 185; LK-*König* 19). „Absolute" Grenzwerte für **Drogen-** oder Medikamentenbeeinflussung gibt es nicht (vgl. dazu 39 ff. zu § 316). Auch eine „absolute" Fahruntüchtigkeit aufgrund sonstiger körperlicher Mängel ist begrifflich zweifelhaft; idR kommt es auf Art, Maß und ggf. Kompensation der Beeinträchtigung im Einzelfall an. Zu epileptischen Erkrankungen vgl. auch *Payk* MedR **85**, 143; *Krämer/Besser* MedR **86**, 186. 3 c

4) Tathandlung von **Nr. 2** ist ein abstrakt besonders **gefährlicher Verkehrsverstoß,** den der Täter im Verkehr grob **verkehrswidrig und rücksichtslos begeht.** 4

A. Diese Verstöße sind **a) Nichtbeachten der Vorfahrt** (vgl. insbesondere §§ 8, 9, 18 III, 41, 42 StVO, auch § 9 I S. 2 StVO, BGH **12**, 21; **34**, 129). Der Begriff der Vorfahrt ist nicht nur im gesetzestechnischen Sinn des § 8 StVO zu verstehen; erfasst sind vielmehr alle Verkehrsvorgänge, bei denen die Fahrlinien verschiedener Fahrzeuge bei unveränderter Fahrtrichtung zusammentreffen oder einander so nahe kommen, dass der VO-Geber sich veranlasst gesehen hat, durch ausdrückliche Regelung einem Verkehrsteilnehmer den Vorrang einzuräumen (sog. **erweiterter Vorfahrtbegriff;** KG VRS **46**, 192; NStZ-RR **04**, 285; LK-*König* 71 ff.). Erfasst ist **zB** das vorzeitige Linkseinbiegen vor dem Gegenverkehr (BGH **11**, 219; Hamm NJW **57**, 1528; KG VRS **46**, 192); das Verletzen des Vortritts an 5 einer Engstelle (Oldenburg VRS **42**, 35) sowie das vorzeitige Einfahren vom Parkplatz in den fließenden Verkehr oder von der Standspur der Autobahn in die Fahrbahn (BGH **13**, 129, vgl. aber Stuttgart VM **72**, 36). **Nicht erfasst** sind zB das unvorsichtige Abbiegen aus der linken über die rechte Fahrspur (Stuttgart VRS **43**, 274); das Missachten des Vorrechts eines Fußgängers nach § 9 III S. 3 StVO (Düsseldorf NJW **84**, 1246; KG VRS **84**, 445; Hamm VRS **91**, 117; LK-*König* 74; *S/S-Cramer/Sternberg Lieben* 16; SK-*Wolters/Horn* 10); ein schlichter Rotlicht-Verstoß (Jena NZV **95**, 237); das Befahren einer als Einbahnstraße ausgeschilderten Nebenstraße entgegen der Fahrtrichtung (KG NStZ-RR **04**, 285).

6 **b) Falsches Fahren beim Überholvorgang,** womit vor allem eine Verletzung des § 5 StVO (nicht aber schon jedes leicht behindernde Ausscheren auf der Autobahn, Bay **81**, 140) gemeint ist, aber auch jeder sonstige mit dem Überholvorgang in innerem Zusammenhang stehende (NJW **68**, 1244; DAR/S **89**, 247; Hamm DAR **55**, 307; Stuttgart DAR **65**, 103; Bay VM **68**, 33; NJW **88**, 273; DAR **93**, 269) Verkehrsverstoß (Neustadt VRS **9**, 263; Köln VM **58**, 32; Düsseldorf VM **62**, 57; **77**, 88; VRS **62**, 46; Schleswig VM **67**, 5) beim **Überholen,** dh beim Vorbeifahren an einem anderen fahrenden oder nur im Verkehrsvorgang kurz haltenden Fahrzeug (BGH **22**, 139; **25**, 293; VRS **17**, 45; Hamm DAR **56**, 108; VRS **27**, 69; **28**, 127; **32**, 449; Köln MDR **56**, 353; Bay **73**, 23). Der Überholvorgang beginnt mit dem dichten Heranfahren unter entsprechenden Signalen (Celle VRS **38**, 431; Karlsruhe NJW **72**, 962; Frankfurt VRS **56**, 288; Düsseldorf NZV **89**, 441) oder dem Ausscheren (Hamburg VM **66**, 68); bei einem auf der BAB bereits zuvor links fahrenden Kfz beginnt er mit einer in Überholabsicht vorgenommenen deutlichen Abstandsverkürzung mit Überholgeschwindigkeit (LG Karlsruhe NJW **05**, 915). Der mögliche Tatzeitraum dauert bis zum Abschluss des Überholens. Hierzu gehört auch das Wieder-Einordnen auf die rechte Fahrspur (Düsseldorf VM **78**, 61; Potsdam VRS **93**, 104); nicht aber ein anschließendes (verkehrsbehinderndes) Rechtsabbiegen (Düsseldorf NZV **89**, 317). Ein Wiedereinordnen auf die ursprüngliche Fahrbahnseite ist für ein Überholen aber nicht begriffsnotwendig (BGH **25**, 293). Zum Auffahren „in einem Zug" von der Beschleunigungsspur auf die Überholspur einer befahrenen Autobahn vgl. BGH(Z) NJW **86**, 1044; LG Bonn VRS **79**, 18.

6a Die Tat kann durch den **Überholenden** begangen werden; **zB** durch Schneiden (VRS **18**, 36; Hamm DAR **63**, 277); durch Rechts-Überholen auf der Autobahn (Düsseldorf VM **57**, 72; VRS **66**, 357; Braunschweig VRS **32**, 372), auch durch Vorbeifahren auf der Kriechspur oder Standspur an den die Normalspur benützenden Fahrzeugen (BGH **23**, 129; **30**, 85; BVerfG NJW **95**, 315), ebenso bei Benutzung von Grünstreifen, Banketten, Park- oder Haltestellenbuchten (zum abweichenden Fahrbahn-Begriff des § 2 I StVO vgl. LK-*König* 78); bei Rechtsüberholen mit anschließendem „schneidenden" Linksabbiegen (Düsseldorf VM **00**, 39). Sie kann auch durch den **Überholten** begangen werden; **zB** durch Geschwindigkeitserhöhung (vgl. § 5 VI S. 1 StVO; Düsseldorf VRS **58**, 29); durch Blockieren der Überholspur; durch Behindern des Wieder-Einordnens.

7 **c) Falsches Fahren an Fußgängerüberwegen,** insbesondere durch Verletzung von §§ 26, 41 III Nr. 1 (Zeichen 293) StVO (vgl. auch Hamburg NJW **66**, 681). In den Schutzbereich der Nr. 2c fällt auch, wer den Fußgängerüberweg mit dem Fahrrad rollend überquert (Stuttgart VRS **74**, 186). Nr. 2c gilt nicht, wenn der Zebrastreifen durch eine Lichtsignalanlage gesichert und diese in Betrieb ist (Hamm NJW **69**, 440; Düsseldorf VRS **66**, 135; Bay NJW **67**, 406; Stuttgart NJW **69**, 889f.; LK-*König* 102; *Hentschel/König* 35; **aA** Koblenz VM **76**, 12; *S/S-Cramer/Sternberg-Lieben* 21; SK-*WoltersHorn* 12).

8 **d) Zu schnelles Fahren** (§ 3 StVO), *dh eines, das die Geschwindigkeitsgrenzen verletzt oder* der konkreten Verkehrssituation zuwiderläuft (vgl. VRS **15**, 346; **46**, 344), und zwar an Straßenkreuzungen, Straßeneinmündungen, beschrankten oder vor allem unbeschrankten Bahnübergängen sowie ganz allgemein an Stellen, die infolge der Örtlichkeit, wegen Dunkelheit (VRS **3**, 249; Bay **55**, 241), Nebel

(Bay **52**, 46; NZV **88**, 110), Bewuchs (Celle VRS **31**, 34), parkender Fahrzeuge (Bay **52**, 253), nicht aber nur wegen unklarer Verkehrslage (vgl. Hamm VM **71**, 8), Gegenverkehrs (BGH **13**, 169) oder Blendung (**aA** VRS **19**, 124) **unübersichtlich** sind (Bay VRS **5**, 147; Frankfurt VM **56**, 6; Hamm DAR **69**, 275; Düsseldorf VRS **79**, 370). Hierzu gehört auch das zu schnelle Heranfahren an solche Stellen (Bay VRS **61**, 212).

e) Das **Nichteinhalten der rechten Fahrbahnseite** (§ 2 StVO) an derartigen Stellen, dh die Inanspruchnahme mindestens eines Teils der linken Fahrbahn (VRS **44**, 422), zB an Bergkuppen, vor allem aber durch Kurvenschneiden (Begr. 29). Ist die Sicht lediglich beeinträchtigt, so greift I Nr. 2e nicht ein (Düsseldorf VM **79**, 13). Ist die Kurve übersichtlich, so ist nicht § 315c, sondern nur § 2 StVO verletzt (vgl. BGH **23**, 313). 9

f) Auf einer **Autobahn** (einschließlich des Bereichs der Zu- und Abfahrten, auch von Parkplätzen, Bay **80**, 28) oder **Kraftfahrstraße** (§ 18 StVO) das **Wenden** (zum Beginn des Wendens vgl. Bay **96**, 48) und **Rückwärtsfahren** oder der Versuch dazu (§ 18 VII StVO; Frankfurt VM **73**, 46; *Dvorak* DAR **79**, 35). Mit Rückwärtsfahren ist nur das Fahren nach hinten im Rückwärtsgang, nicht auch das Fahren in falscher Richtung nach vorwärts gemeint (Stuttgart NJW **76**, 2224 m. zust. Anm. *Rüth* aaO; VRS **58**, 204 m. Anm. *Kürschner* JR **80**, 472; Celle VM **83**, 88; AG Cochem DAR **80**, 185; Karlsruhe VRS **65**, 470). Wer infolge Schleuderns auf einer Autobahn in die entgegengesetzte Fahrtrichtung gerät, „wendet" nicht (*Rüth* JR **77**, 256; **aA** Stuttgart 3. StS NJW **76**, 2224); einem solchen Fahrzeugführer ist es, wenn er in falscher Fahrtrichtung zum Stehen gekommen war, nicht anzulasten, wenn er entgegengesetzt zur Fahrtrichtung fahrend auf dem kürzesten Weg den Seitenstreifen aufsucht (Köln NZV **95**, 160; *Hentschel* NJW **96**, 636). 10

Das **Fahren entgegen der Fahrtrichtung** (sog. *Geisterfahrer;* vgl. zur „Pflichtenkollision" *Gropp,* H.J. Hirsch-FS 207, 219 ff.), das seit dem OWiGÄndG (oben 1) nicht allein gegen § 2 I StVO verstößt, sondern unter Buchst. f fällt, ist nicht als „Rückwärtsfahren" anzusehen; es setzt auch nicht stets ein „Wenden" voraus (vgl. BGH **31**, 71; Oldenburg DAR **02**, 89; LK-*König* 119). Der Tatbestand ist auch erfüllt, wenn der Täter auf dem **Standstreifen** der Richtungsfahrbahn einer BAB oder Kraftfahrstraße entgegen deren Fahrtrichtung fährt (vgl. BGH **48**, 233, 234). 10a

g) Das **Unterlassen der Kenntlichmachung** von Fahrzeugen, die im öffentlichen Verkehrsbereich nicht nur ganz kurz halten oder die (infolge von Motorschaden, Unfall, Glatteis) liegen geblieben sind, obwohl eine solche Kenntlichmachung nach den örtlichen Umständen und dem zu erwartenden Verkehr erforderlich ist. Die Tat ist unechtes **Unterlassungsdelikt** (*Lackner/Kühl* 17a; SK-*Wolters/Horn* 16; S/S-Cramer/Sternberg-Lieben 27), da sie eine Sicherungspflicht des Täters voraussetzt (and. hier bis 54. Aufl.). Täter kann nicht nur der Führer, sondern jeder nach Sachlage Verantwortliche, vor allem der mitfahrende Halter sein (VersR **59**, 994). Erforderlich ist die Kenntlichmachung auf eine Entfernung, die es anderen Fahrzeugen ermöglicht, sich rechtzeitig auf die Gefahr einzurichten (vgl. §§ 15, 17 StVO). Die Pflicht entfällt, wenn das Aufstellen eines Warndreiecks länger dauern würde als ein zulässiges Entfernen des liegen gebliebenen Fahrzeugs (Köln NZV **95**, 159). 11

B. Grob verkehrswidrig und rücksichtslos muss der Täter handeln; nur eines dieser Merkmale reicht nicht aus (Oldenburg DAR **02**, 89; Düsseldorf VRS **98**, 350), auch wenn der Täter bei mehreren Verstößen einmal grob verkehrswidrig und das andere Mal rücksichtslos handelt (VRS **16**, 132; vgl. auch Karlsruhe NJW **57**, 1567; *Ranft* Jura **87**, 612). Das Merkmal der groben Verkehrswidrigkeit stellt mehr auf die objektive, das Merkmal der Rücksichtslosigkeit mehr auf die subjektive Seite ab (*Hentschel* 20); praktisch kann beides sich überschneiden (vgl. auch *Spöhr/Karst* NZV **93**, 254; NJW **93**, 3308). 12

Grob verkehrswidrig ist ein besonders schwerer Verstoß gegen eine Verkehrsvorschrift; **zB** durch doppelte Überschreitung der Höchstgeschwindigkeit (Karls- 13 ruhe NJW **60**, 546; aber nicht bei offensichtlich unsinnigem 20 km-Schild; *Hentschel* 25; *S/S-Cramer/Sternberg Lieben* 29); Kolonnenspringen (LG Bochum DAR **57**, 302); Überholen bei außerordentlich schlechter Sicht (Bay VM **68**, 33; vgl. auch Stuttgart DAR **70**, 133; Koblenz VRS **46**, 344; **47**, 31; **52**, 39); bei zu schnellem Heranfahren an Zebrastreifen (Düsseldorf VM **74**, 37); bei Rechtsüberholen mit anschließendem „schneidenden" Linksabbiegen (Düsseldorf VM **00**, 53 f.); bei Einbiegen auf eine BAB in falscher Richtung unter Nichtbeachtung auffälliger Warnschilder, Befahren von schwierigen Spitzkehren und Benutzen der *Abbiege*-Spur einer Ausfahrt als *„Auffahr"*-Spur (vgl. Oldenburg DAR **02**, 89). Das Gewicht eines Verstoßes als besonders schwerwiegend ergibt sich nicht ohne weiteres aus dem eingetretenen Gefahr- oder Verletzungserfolg (*S/S-Cramer/Sternberg-Lieben* 29; LK-*König* 134; *Ranft* Jura **87**, 608, 612).

14 **Rücksichtslos** handelt, wer sich aus eigensüchtigen Gründen über seine Pflichten gegenüber anderen Verkehrsteilnehmern hinwegsetzt oder aus Gleichgültigkeit von vornherein Bedenken gegen sein Verhalten nicht aufkommen lässt und unbekümmert drauflos fährt (BGH **5**, 392; VRS **13**, 28; **15**, 346; vgl. Bay NJW **88**, 274; Braunschweig NJW **54**, 486; VRS **32**, 372; Köln NJW **54**, 732; VRS **33**, 283; **84**, 294; ZfS **93**, 68; OLGSt. 90; Celle NJW **57**, 1568; Karlsruhe NJW **60**, 546; Zweibrücken VRS **33**, 201; Stuttgart NJW **67**, 1766; **68**, 1792; OLGSt. 47; Schleswig VM **71**, 79; Koblenz VRS **64**, 126; NZV **89**, 241; Düsseldorf NZV **88**, 150; NJW **89**, 2764 [m. Anm. *Werny* NZV **89**, 441]; stRspr.; vgl. auch *Haubrich* NJW **89**, 1199; zur Kritik an dem unbestimmten Rechtsbegriff vgl. LK-*König* 139 mwN). Rücksichtslosigkeit ist bei *bewusster* grober Verkehrswidrigkeit idR gegeben (*Spöhr/Karst* NJW **93**, 3308 u. NZV **93**, 257) und **zB** angenommen worden beim blinden Hineinfahren in eine unübersichtliche Linkskurve mit hoher Geschwindigkeit (Köln VRS **48**, 205); beim Überholen einer aufgeschlossenen, langsam fahrenden Kolonne bei Gegenverkehr, und zwar auch bei breiterer Fahrbahn (Bay DAR **78**, 209 dort 10 c); bei Ausscheren zum Überholen unter Missachtung nachfolgenden Überholverkehrs (Koblenz NStE Nr. 6; LG Dessau ZfS **95**, 151). Gleichgültigkeitsbedingte Rücksichtslosigkeit ist aber auch bei unbewusst fahrlässigem Verhalten nicht ausgeschlossen (LG Karlsruhe NJW **05**, 915 f.).

14 a Das **äußere Tatgeschehen** allein reicht für die Beurteilung nicht aus (VRS **20**, 51; Braunschweig VRS **30**, 286; Düsseldorf VRS **98**, 350, 352; Koblenz NStZ **03**, 617, 618); vielmehr kommt es auf die konkrete Verkehrssituation unter Einschluss der Vorstellungs- und Motivlage des Täters an (vgl. auch SK-*Wolters/Horn* 17; NK-*Herzog* 15), nicht jedoch idR auf „Fernziele": Wer mit Vollgas dicht vor einem Fußgänger einen Fußgängerüberweg passiert, handelt auch dann rücksichtslos, wenn ihn ehrenwerte Motive zur Eile treiben. **Keine Rücksichtslosigkeit** liegt aber vor bei einem Augenblicksversagen, dh bei Fehlverhalten infolge von Unaufmerksamkeit oder sonstigem menschlichen Versagen (BGH **5**, 396; Düsseldorf VM **00**, 53 f.; AG Homburg ZfS **83**, 285), aus Bestürzung, Schrecken, sonstiger Erregung (VRS **14**, 305; **23**, 291; NJW **62**, 2165; Zweibrücken VRS **61**, 434) oder falscher Lagebeurteilung (VRS **13**, 28; Hamm DAR **69**, 275; Düsseldorf VM **72**, 29; Stuttgart DAR **76**, 23); bei hochgradiger Erregung (Zweibrücken NStZ **92**, 108); möglicherweise auch bei Rücksichtnahme auf einen Dritten (Stuttgart OLGSt. 65), uU auch beim Wenden auf der Autobahn, um wieder in die richtige Fahrtrichtung zu gelangen (Düsseldorf NZV **95**, 115) oder beim Überfahren einer Ampelkreuzung bei Rotlicht (Düsseldorf NZV **96**, 245), wenn eine Ausnahmesituation vorliegt (Düsseldorf NZV **95**, 116). Formelhafte Bezeichnungen der Motivation können eine **konkrete** Feststellung subjektiver Rücksichtslosigkeit nicht ersetzen (vgl. etwa Koblenz NStZ **03**, 617, 618 [Überholen „um des schnelleren Fortkommens willen"]; Düsseldorf VM **79**, 14 [Freude am zügigen Fahren]).

15 **5)** Eine **konkrete Gefahr** für Leib oder Leben eines anderen oder Sachen von bedeutendem Wert (14 ff. zu § 315) muss eintreten; die gefährdeten Menschen oder Sachen brauchen sich nicht im Bereich des Straßenverkehrs zu befinden.

Erforderlich ist die Feststellung einer auf Tatsachen gegründeten **nahe liegenden Wahrscheinlichkeit** eines schädigenden Ereignisses (Schleswig MDR **89**, 1122). Die Formel, dass der Schadenseintritt wahrscheinlicher sein müsse als sein Ausbleiben (vgl. BGH **8**, 28, 31; **11**, 162, 164; **13**, 66, 70; Köln DAR **92**, 469; Frankfurt NZV/M **94**, 365), reicht zur Bestimmung der konkreten Gefährdung nicht aus, da sich die konkrete Beziehung zwischen der Gefahrenquelle und dem gefährdeten Rechtsgut anhand einer allgemeinen Wahrscheinlichkeits-Betrachtung kaum hinreichend bestimmen lässt (vgl. *Jähnke* DRiZ **90**, 425). Die neuere Rspr verlangt, dass bei Würdigung aller konkret erheblichen – dh auch nur potentiell wirksamen – Umstände auf Grund einer **objektiven nachträglichen Prognose** iS einer ex-ante-Beurteilung (NJW **95**, 3131) ein Schadenseintritt in so bedrohliche Nähe gerückt ist, dass seine Vermeidung sich nur noch als Zufall darstellt (BGH **22**, 341, 344; NJW **85**, 1036; VRS **44**, 422; **45**, 38; NStZ-RR **97**, 18; **97**, 261; Hamm NZV **91**, 158; NStZ-RR **05**, 245; Düsseldorf NJW **93**, 3212; NZV **94**, 406; Koblenz DAR **00**, 371; Köln bei *Himmelreich/Lessing* NStZ **02**, 303; vgl. dazu auch *Geppert* Jura **96**, 51; **01**, 559; *Koriath* GA **01**, 51 ff.; *Otto,* BGH-FG 111, 117 ff.). Dieses „Zufalls"-Moment ist nicht in dem Sinn zu verstehen, dass die Vermeidung des Schadenseintritts der Einflussnahme des Täters oder des Gefährdeten entzogen ist; vielmehr kommt es darauf an, ob unter den konkreten Umständen der Täter vernünftigerweise erwarten und darauf vertrauen durfte, dass die Gefahr sich nicht verwirklicht. Der BGH hat dies in NJW **95**, 3131 (Anm. *Berz* NStZ **96**, 85; *Renzikowski* JR **97**, 115; *v. Heintschel-Heinegg* JA **96**, 447) dahin beschrieben, es müsse **ein „Beinahe-Unfall"** vorliegen, eine Situation also, in der es rückblickend „*gerade noch einmal gut gegangen*" ist. Bei Eintritt eines Schadens ist das (vorausgehende) Vorliegen einer konkreten Gefahr regelmäßig anzunehmen. Im Übrigen kommt es auf die konkreten Umstände, also zB auch auf die Beschaffenheit von Sachen an, welche sich im „Gefährdungsbereich" des Täters befinden. Der Anstoß eines Pkw an ein massiv gebautes Gebäude begründet daher idR keine *konkrete* Gefahr für das Gebäude oder die sich darin befindenden Personen oder Sachen (vgl. DAR **00**, 222).

Eine konkrete Gefährdung von **Mitfahrern** des vom Täter geführten Fahrzeugs **15 a** reicht aus, soweit diese nicht Teilnehmer der Tat sind (BGH **27**, 43; NJW **89**, 1227; NStZ **92**, 233; NStZ-RR **98**, 150; StV **94**, 543; Karlsruhe NJW **67**, 2321; **aA** Stuttgart NJW **76**, 1904; *S/S-Cramer/Sternberg-Lieben* 33 und JuS **98**, 430; *Geppert* Jura **96**, 48; *Graul* JuS **92**, 321, 323; *Schroeder* JuS **94**, 847; *Hillenkamp* JuS **77**, 166). Sie ergibt sich nicht schon aus der *abstrakten* Gefährdung bei absoluter Fahruntüchtigkeit des Fahrzeugführers (NJW **95**, 3131; **96**, 329 f.); eine konkrete Gefahr für Beifahrer liegt in diesem Fall vielmehr nur dann vor, wenn die alkoholische Beeinflussung des Fahrers einen solchen Grad erreicht hat, dass er gar nicht mehr in der Lage ist, kontrollierte Fahrmanöver auszuführen (and. LK-*König* 152). Dies bedarf der Feststellung im Einzelfall und kann nicht an einem bestimmten BAK-Wert festgemacht werden. Das Vorliegen eines folgelosen Fahrfehlers des betrunkenen Fahrers genügt für die Annahme einer konkreten Gefahr nicht (NJW **95**, 3131 in Abgrenzung zu NJW **89**, 1228 [vgl. auch NZV **92**, 370]; vgl. dazu auch *Hauf* DAR **94**, 59; NZV **95**, 469; *Geppert* Jura **96**, 47; *W/Hettinger* 992; Bay MDR **88**, 985; NJW **90**, 133; NZV **94**, 285).

Die Gefährdung des vom Täter geführten, ihm aber nicht gehörenden **Fahrzeugs** scheidet nach **hM** aus dem Schutzbereich aus (BGH **27**, 40; VRS **42**, 97; **15 b** DRiZ **76**, 143; VRS **69**, 436; NStZ **92**, 233; NZV **98**, 211; Bay DAR **78**, 209 dort 10 a; NJW **83**, 2828 [m. Anm. *Seier* JA **83**, 553]; Schleswig NJW **65**, 1727; Hamm NJW **67**, 943; OLGSt. 23; Stuttgart NJW **66**, 2280; Celle MDR **67**, 853; NJW **70**, 1091; Braunschweig VRS **32**, 443; Hamburg VM **68**, 61; NZV **94**, 325 m. Anm. *Schneble* BA **94**, 264; *Lackner/Kühl* 25; *Lackner* JZ **65**, 124; *Hentschel* 4; *J/J/B-Burmann* 6, alle zu § 315 c; *M/Schroeder/Maiwald* 50/25; *Ranft* Jura **87**, 615; **aA** LK-*König* 163 ff.; 168; *Warda* MDR **65**, 6; *Hartung* NJW **66**, 15; **67**, 909; SK-*Wolters/Horn* 10 vor § 306); das gilt auch dann, wenn das Fahrzeug gegen den Willen des Berechtigten geführt wird (vgl. NStZ **99**, 350 f. [Raub des Fahrzeugs]).

16 Die konkrete Gefahr muss **Folge der Tathandlung** sein, im Fall von I Nr. 1 also Folge der Fahruntüchtigkeit (VRS **65**, 360; Karlsruhe GA **71**, 214; VRS **58**, 142; NStZ/J **88**, 120), nicht erst eines verursachten Unfalls (BGH **5**, 297; **6**, 226; **7**, 310; **8**, 32; VRS **31**, 36; Bay NJW **69**, 2026; DAR **74**, 275; Stuttgart NJW **60**, 1484; DAR **74**, 106; KG DAR **61**, 145; Celle NJW **69**, 1184; **70**, 1091; Hamm DAR **73**, 247) oder eines aus anderen Motiven erfolgenden bewussten gefährlichen Eingriffs in den Straßenverkehr (vgl. NStZ-RR **04**, 108f.; NStZ **07**, 330 [Verwendung eines PKW als Tatmittel einer vorsätzlichen Tötung]). In den Fällen von I Nr. 2 muss die konkrete Gefahr in einem inneren Zusammenhang mit den in Buchst. a) bis g) beschriebenen Tathandlungen (oben 5–11) stehen; sie muss ihren Grund gerade in der im Gesetz typisierten Verhaltensweise haben und darf nicht nur „*gelegentlich*" eines solchen Verhaltens eintreten (NZV **89**, 359 [m. krit. Anm. *Deutscher* u. *R. Peters* NZV **90**, 260]); **94**, 284; NStZ **95**, 89; NStZ/J **89**, 566; NJW/H **90**, 1462; StV **94**, 543 [m. Anm. *Hauf* NZV **95**, 81]; NStZ **07**, 222 [zu schnelles Fahren als Ursache eines Unfalls im Bereich einer Straßeneinmündung]; Bay **50**, 425; **64**, 372;NK-*Herzog* 17; LK-*König* 113). Dieser Ursachenzusammenhang ergibt sich nicht schon dadurch, dass sich Menschen oder Sachen von bedeutendem Wert in der „Gefahrenzone" befinden (NZV **96**, 458; Düsseldorf NZV **90**, 80; **94**, 406; Hamm NZV **91**, 158).

17 **6)** Eine **Einwilligung eines Mitfahrers** in die Gefährdung seiner körperlichen Unversehrtheit schließt nach Ansicht des BGH die Rechtswidrigkeit der Tat nach I nicht aus, weil die betroffene Person nicht über das Rechtsgut der Verkehrssicherheit disponieren kann (BGH **6**, 232; **23**, 261; NZV **92**, 370; ebenso Stuttgart NJW **76**, 1904 [abl. Bespr. *Hillenkamp* JuS **77**, 166]; Koblenz BA **02**, 483 [m. krit. Anm. *Heghmanns*]; *W/Hettinger* 993; NK-*Herzog* 23; LK-*König* 161; *Lackner/Kühl* 32; **aA** Hamburg NJW **69**, 336; Otto Jura 91, 443, 444; *Graul* JuS **92**, 321, 325; *Schroeder* JuS **94**, 846; *Joecks* 18; SK-*Wolters/Horn* 22; *S/S-Cramer/Sternberg-Lieben* 43). Im Bereich von I Nr. 2, wo schon die Feststellung des Verstoßes eine Einzelfallwürdigung erfordert, kann eine Einwilligung des allein Gefährdeten schon den Tatbestand ausschließen.

18 **7) Die innere Tatseite** unterscheidet die Fälle von I und III.

A. Vorsatz hinsichtlich sämtlicher Tatbestandsmerkmale muss bei **I** gegeben sein. Er hat sich bei *Nr. 1* auf die **Fahruntüchtigkeit** und ihre **Ursächlichkeit** (Bay VRS **64**, 368; Düsseldorf NJW **56**, 1043; Saarbrücken NJW **63**, 1685; KG VRS **80**, 449; zum Vorsatz altersabbaubedingter Fahruntüchtigkeit vgl. Oldenburg VRS **102**, 276), bei *Nr. 2* auf den Verkehrsverstoß sowie auf die *Umstände* zu erstrecken, die den Verstoß zu einem grob verkehrswidrigen und rücksichtslosen machen (vgl. Koblenz NZV **93**, 319). Dieses Urteil selbst braucht der Täter aber nicht zu vollziehen (15 zu § 16; Bay NJW **69**, 565; VRS **36**, 363; DAR **83**, 248; **85**, 241; Jena NZV **95**, 238; *Hentschel* NJW **96**, 635); er muss sich aber der mit seiner Fahrweise verbundenen Gefährlichkeit als solcher bewusst sein (Bay JZ **83**, 401). Der Vorsatz muss weiter, mindestens als bedingter, die konkrete **Gefährdung** umfassen (BGH **22**, 67; MDR/H **86**, 98; NZV **95**, 495); vorsätzliche Herbeiführung einer abstrakten Gefahrensituation reicht nicht aus (NZV **98**, 211). Das Bewusstsein auch der Selbstgefährdung schließt Vorsatz nicht aus; denn wer darauf vertraut, den Schaden vermeiden zu können, kann durchaus mit einer Gefahr auch für sich selbst einverstanden sein (NStZ-RR **98**, 150; VRS **92**, 205f.; DAR **55**, 282; *Haubrich* NJW **89**, 1197, 1200). Die Praxis weicht zu häufig in den Fahrlässigkeitstatbestand aus (vgl. Spiegel bei *Rittmann* JZ **75**, 453). Zum Vorsatz der **alkoholbedingten Fahruntüchtigkeit** vgl. 44ff. zu § 316.

19 **B. Fahrlässigkeit** *auch nur hinsichtlich* eines Merkmals lässt die Tat unter **III** fallen (BGH **5**, 396; VRS **30**, 340; **50**, 342; Köln NJW **54**, 732).

19a **a)** Im Fall **III Nr. 1** ist eine Vorsatztat mit fahrlässig herbeigeführtem Erfolg gegeben (§ 11 II; vgl. 23 zu § 315). Bedingter Vorsatz hinsichtlich der Tathandlung reicht auch hier; er liegt insb. bei Taten nach I Nr. 2 oft nahe (oben 18). Hinsichtlich der konkreten Gefährdung ist Fahrlässigkeit erforderlich (NStZ **92**, 234). Der Versuch ist auch bei III Nr. 1 nicht strafbar (Düsseldorf OLGSt. 29).

b) III Nr. 2 setzt fahrlässige Begehung sämtlicher Tatbestandsmerkmale, also sowohl der Tathandlung wie der Herbeiführung der konkreten Gefährdung voraus. Auch eine grobe Verkehrswidrigkeit kann man fahrlässig begehen, ebenso ist **Rücksichtslosigkeit** auch fahrlässig möglich, und zwar sowohl bei bewusster Fahrlässigkeit (VRS **16**, 356; **23**, 289) als auch dann, wenn man sich aus Gleichgültigkeit keinerlei Gedanken macht (oben 12ff.; BGH **5**, 396; VRS **7**, 98f.; **16**, 354, 356f.; **17**, 43, 46; **23**, 289, 291; Stuttgart MDR **67**, 852; Köln VRS **33**, 283; VM **72**, 35; Koblenz VRS **53**, 188; VRS **71**, 279; *Haubrich* NJW **89**, 1200; hM; vgl. LK-*König* 140 mwN). Zur Frage der Fahrlässigkeit im Falle einer Fahruntauglichkeit durch Verschlechterung des Gesundheitszustandes während der Fahrt Bay NZV **90**, 399. **19b**

8) In den Fällen von I Nr. 1 und 2f ist der **Versuch** strafbar; er setzt mindestens bedingten Vorsatz auch hinsichtlich der konkreten Gefährdung voraus. **20**

9) Teilnahme ist möglich in den Fällen von I, II und III Nr. 1 (Stuttgart NJW **76**, 1904); mittelbare Täterschaft ist weitgehend ausgeschlossen (oben 2). **21**

10) Bei der Strafzumessung (vgl. hierzu näher 11 zu § 316) sind § 44 I S. 2 und § 69 II Nr. 1 zu beachten. **22**

11) Konkurrenzen. A. Zwischen den **Begehungsformen des § 315 c** ist grundsätzlich Tateinheit möglich; LK-*König* 208, Bay VRS **63**, 275; **73**, 379 und *S/S-Cramer/Sternberg Lieben* 50 nehmen einheitliche vorsätzliche Tat an, auch wenn ein Tatteil nur fahrlässig begangen ist; *Geerds* BA **65**, 128 nimmt durchweg unselbstständige Begehungsweise eines einzigen Tatbestandes an), nicht jedoch zwischen Nr. 1a und b, wobei a vorgeht (VM **71**, 81), sowie zwischen Nr. 2g und den übrigen Fällen. Die Tat ist keine Dauerstraftat (6 zu § 315a); sie ist mit Eintritt der Gefahr **vollendet** und mit deren Beseitigung **beendet** (vgl. Bay **57**, 109). Beginnt der Täter eine neue Fahrt, so scheidet natürliche Handlungseinheit aus (vgl. VRS **9**, 353; Koblenz VRS **37**, 190; vgl. aber auch VRS **47**, 178). Werden bei **einer Trunkenheitsfahrt** nach I Nr. 1a mehrere Personen gleichzeitig oder nacheinander gefährdet, so liegt nur *ein* Vergehen nach § 315c vor (NJW **89**, 1228 [insow. zust. *Geppert* NStZ **89**, 320; krit. *Werle* JR **90**, 74; LK-*König* 209 mwN]; Bay NJW **84**, 68; NStZ/J **84**, 112; **87**, 546; Düsseldorf NZV **99**, 388; *Engelhardt* DRiZ **82**, 106; ebenso für § 315b NJW **89**, 2550). Mehrere vorsätzliche Straßenverkehrsgefährdungen nach I Nr. 2 im Rahmen einer einheitlichen **Fluchtfahrt** sind nur *eine* Tat; dabei jeweils begangene Vergehen nach § 142 stehen mit § 315c in Tateinheit (VRS **01**, 265). **23**

B. Von **§ 315 b I** wird § 315c I grds. verdrängt (4 StR 146/78; NStZ-RR **05**, 340, 341 [Einsetzen eines Kfz als Mittel eines gefährlichen Eingriffs durch betrunkenen Täter]; BGHR § 315c Konkurrenzen 1; 4 StR 598/06 [Einsatz zu Suizid und Tötung einer Beifahrerin]; *S/S-Cramer/Sternberg-Lieben* 16); dagegen ist **Tateinheit** anzunehmen, wenn in einem einheitlichen Geschehen iS einer natürlichen Handlungseinheit einzelne Teilakte nur den Tatbestand des § 315c, nicht aber den des § 315b verwirklichen (NStZ-RR **07**, 59f.; vgl. aber auch BGH **7**, 149, 151; **22**, 67, 75f.; VRS **53**, 356; **65**, 361). § 316 wird von § 315c I Nr. 1 verdrängt (VRS **62**, 192; NJW **83**, 1744), kann aber, wenn die Gefahr nicht Folge der Trunkenheit ist, mit I Nr. 2 in Tateinheit stehen. Erkennt der Täter während einer Trunkenheitsfahrt (zB durch Verursachung eines Verkehrsunfalls), dass er fahruntauglich ist, so liegt, unbeschadet des Wechsels der Schuldform (LK-*Rissing-van Saan* 17 vor § 52), nur *eine* Tat vor, wenn der Täter hernach einem *Gesamtplan* entsprechend weiterfährt (Bay MDR **80**, 867); es kommt daher kein Teilfreispruch in Betracht, wenn der mitangeklagte § 142 nicht erweislich ist (Bay VRS **60**, 107). Mit **§ 142** ist danach sowohl **Tateinheit** (VRS **13**, 135; Braunschweig NJW **54**, 933; Bay **55**, 73; Neustadt NJW **60**, 546; KG DAR **61**, 145; Hamm VRS **25**, 193; **35**, 349; Oldenburg NJW **65**, 117) als auch **Tatmehrheit** möglich (BGH **21**, 203; **23**, 141; DAR **55**, 282; VRS **26**, 347; Frankfurt NJW **62**, 456; Stuttgart NJW **64**, 1913; Hamm VRS **32**, 32; JMBlNW **73**, 271). Eine *vorsätzliche* Tat nach I Nr. 1 verbindet § 142 und § 222 zur Tateinheit (Düsseldorf NZV **99**, 388). In der **Urteilsformel** ist anzugeben, ob der Tatbestand vorsätzlich (*beachte* § 11 II) oder fahrlässig verwirklicht worden ist (4 StR 187/95). **24**

Schienenbahnen im Straßenverkehr

315d **Soweit Schienenbahnen am Straßenverkehr teilnehmen, sind nur die Vorschriften zum Schutz des Straßenverkehrs (§§ 315b und 315c) anzuwenden.**

1 **1) Allgemeines.** Die Vorschrift ist durch das 2. StraßenverkehrssichG eingefügt worden; zur Entstehungsgeschichte vgl. 1 zu § 69.

2 **2) Schienenbahnen** (4 zu § 315) fallen grundsätzlich unter die Vorschriften der §§ 315, 315a, jedoch unter die §§ 315b, 315c, soweit sie am Straßenverkehr teilnehmen. Das Gesetz stellt darauf ab, ob die Bahn am **öffentlichen** (vgl. 3f. zu § 315b) **Straßenverkehr** teilnimmt, dh ob sie ihr Fahrverhalten allgemein und nicht etwa nur bei besonderen Gefahrenlagen nach dem sie umgebenden Straßenverkehr zu richten hat (Begr. 29). Das gilt vor allem für Straßenbahnen, für Eisenbahnen grundsätzlich nicht; doch kommt es nicht darauf an, ob die Bahn gewerberechtlich als Eisenbahn oder Straßenbahn zugelassen ist (Begr. 30). Problematisch ist die Anwendung auf Bahnen, die streckenweise oder auch nur auf Kreuzungen anderen Verkehrsteilnehmern gleichgestellt sind (BGH **15**, 15; Bay VRS **17**, 127; Braunschweig VRS **28**, 122), auf anderen Strecken aber nicht, insbesondere an Kreuzungen durch Schranken oder Warnkreuze (BGH **15**, 9; VRS **19**, 442; Köln VRS **13**, 288; **15**, 50; Stuttgart VM **72**, 93) dem Straßenverkehr gegenüber bevorrechtigt sind; der besondere Bahnkörper (§ 11 BOStrab) wird idR eine solche Herausnahme aus dem Straßenverkehr bedeuten (Begr. 29; BGH **15**, 9, 15; VRS **19**, 442f.). Bei derart gemischten Bahnen kommt es, wie der Ausdruck „soweit" ergibt, darauf an, auf welchem Streckenteil die Tat begangen ist. Fallen dabei Tathandlung, Gefährdung und Schadenseintritt auseinander, so kommt es darauf an, wo die Gefahr eingetreten ist (BGH **11**, 162; **13**, 66; Köln VRS **15**, 53; Bay VRS **17**, 125; **aA** BGH **15**, 15f., das auf den Ort der Tathandlung [ebenso *S/S-Cramer/Sternberg-Lieben* 6; LK-*König* 8], wieder anders *Cramer* JZ **69**, 412, der auf den Grund der eingetretenen Gefahr abstellt; ebenso SK-*Wolters/Horn* 6). Tateinheit zwischen § 315 und § 315b (iV mit § 315d) ist möglich (SK-*Wolters/Horn* 6).

Trunkenheit im Verkehr

316 **I Wer im Verkehr (§§ 315 bis 315d) ein Fahrzeug führt, obwohl er infolge des Genusses alkoholischer Getränke oder anderer berauschender Mittel nicht in der Lage ist, das Fahrzeug sicher zu führen, wird mit Freiheitsstrafe bis zu einem Jahr oder mit Geldstrafe bestraft, wenn die Tat nicht in § 315a oder § 315c mit Strafe bedroht ist.**

II Nach Absatz 1 wird auch bestraft, wer die Tat fahrlässig begeht.

Übersicht

1) Allgemeines ... 1, 1a
2) Rechtsgut, kriminalpolitische Bedeutung ... 2, 3
3) Tathandlung ... 4, 5
4) Fahruntüchtigkeit ... 6–41a
A. Ursache ... 8–11
B. Begriffe der „absoluten" und „relativen" FU ... 12–15
a) „absolute" Fahruntüchtigkeit ... 13
b) „relative" Fahruntüchtigkeit ... 14, 15
C. Feststellung der Blutalkoholkonzentration (BAK) ... 16–23a
a) bei Vorliegen einer Blutprobe ... 17–20a
b) durch Rückrechnung ... 21
c) ohne Berechnung ... 22
d) Bedeutung der Atemalkoholkonzentration (AAK) ... 23, 23a
D. Grenzwerte „absoluter" Fahruntüchtigkeit ... 24–29
E. Feststellung der Fahruntüchtigkeit in anderen Fällen ... 30–41a
a) Beeinflussung durch Alkohol ... 31–38
b) Beeinflussung durch Drogen ... 39–41a
5) Subjektiver Tatbestand ... 42–48
A. Vorsatz ... 44–47a
B. Fahrlässigkeit ... 48
6) *Beteiligung* ... 49, 50
7) Rechtfertigung ... 51
8) Verschulden ... 52
9) Rechtsfolgen ... 53–55
10) Konkurrenzen ... 56, 57

1) Allgemeines. Die Vorschrift ist durch das 2. StraßenverkehrssichG neu gefasst; zur Entstehungsgeschichte vgl. 1 zu § 69; zur Systematik auch 2 zu § 315 c. 1

Neuere Literatur (Auswahl): *Artkämper,* Das Phänomen vorsätzlicher Trunkenheitsfahrten, BA **00**, 308; *Becker,* Alkohol im Straßenverkehr – Bußgeld- und Strafverfahren, 4. Aufl. 2004; *Bialas,* Promille-Grenzen, Vorsatz u. Fahrlässigkeit, 1996 (Diss. Frankfurt); *Blank,* Vorsatz und Fahrlässigkeit bei Trunkenheitsfahrten, BA **97**, 116; *Eisenmenger,* Anmerkungen aus rechtsmedizinischer Sicht zu Vorsatz und Fahrlässigkeit bei Trunkenheitsfahrten, Salger-FS 619; *Egg/Geisler* (Hrsg.), Alkohol, Strafrecht und Kriminalität, 2000; *Fischer,* Generalprävention u. Trunkenheit im Straßenverkehr, BA **98**, 204; *Forster/Joachim,* Alkohol und Schuldfähigkeit, 1997; *v. Götz,* Sind die Straftatbestände der §§ 316 und 315 c Nr. 1 StGB verfassungsgemäß?, ZRP **95**, 246 [dagegen *Hermanns* ZRP **95**, 472]; *Grüner/Bilzer,* Vergleichende Betrachtung der Gutachten des BGA (usw.), BA **90**, 222; *Haffner/Erath/Kardatzki,* Alkoholtypische Verkehrsunfälle als zusätzliche Beweisanzeichen für relative Fahruntüchtigkeit, NZV **95**, 301; *Harbort,* Rauschmitteleinnahme u. Fahrsicherheit (usw.), 1996; *Hentschel,* Die Feststellung von Vorsatz in Bezug auf Fahrunsicherheit (usw.), DAR **93**, 449; *ders.,* Neuerungen bei Alkohol u. Rauschmitteln im Straßenverkehr, NJW **98**, 2385; *ders.,* Trunkenheit, Fahrerlaubnisentziehung, Fahrverbot im Straf- u. Ordnungswidrigkeitenrecht, 9. Aufl. 2003 (zit. TFF); *Hüting/Konzak,* Das „gestörte Verhältnis" zwischen §§ 315 c, 316 StGB u. § 24 a StVG nach der Senkung des Grenzwerts (usw.), NZV **92**, 136; *Iten,* Fahren unter Drogen- u. Medikamenteneinfluß (usw.), 1995; *Janker,* Relative Fahrunsicherheit bei einer Blutalkoholkonzentration von weniger als 0,3‰?, NZV **01**, 197; *Krüger,* Absolute Fahruntüchtigkeit bei 1,0 Promille – die falsch gesetzte Grenze, BA **90**, 182; *Krüger/Schöch,* Absenkung der Promillegrenze. Ein zweifelhafter Beitrag zur Verkehrssicherheit, DAR **93**, 334; *Nehm,* Kein Vorsatz bei Trunkenheitsfahrten?, Salger-FS 115; *Penning,* Alkohol, Drogen u. Verkehrssicherheit, 1995; *Riemenschneider,* Fahrunsicherheit oder Blutalkoholgehalt als Merkmal der Trunkenheitsdelikte (usw.), 2000 (Diss. Gießen 1999); *Schöch,* Spezial- und Generalpräventive Aspekte bei der Bekämpfung der Alkoholdelinquenz im Straßenverkehr, in: *Egg/Geisler* (Hrsg.), Alkohol, Strafrecht und Kriminalität, 2000, 111; *Schoknecht,* Die Atemalkoholanalyse als beweissicheres Verfahren, BA **99**, Supplement 1, 3; *Sunder,* Zum Begriff des „Führens eines Kraftfahrzeugs", BA **89**, 297; *Tolksdorf,* Vorsatz und Fahrlässigkeit bei Trunkenheits- und Drogenfahrt, VGT **95**, 79; *Wilske,* Die „beweissichere Atemalkoholprobe" – Wie beweissicher ist sie?, DAR **00**, 16. 1 a

2) Rechtsgut. Geschütztes Rechtsgut ist die **Sicherheit des öffentlichen Verkehrs**, dh des Straßen-, Schienen-, Luft- und Schiffsverkehrs; § 316 ist ein **abstraktes Gefährdungsdelikt** (Bay NJW **68**, 1732; Hamm NJW **84**, 137) und ein **eigenhändiges Delikt** wie § 315 a I Nr. 1 und § 315 c I Nr. 1 a (Dresden NJW **06**, 1013, 1014; LK-*König* 2; krit. *Roxin* AT 2, 25/295; dazu *Schünemann,* Jung-FS [2007] 881, 889); gegenüber diesen Vorschriften tritt § 316 als subsidiär zurück. Eine praktisch wichtige Ergänzung ist § 24 a StVG, aufgrund des G v. 19. 7. 2007 (BGBl I 1460; Alkoholverbot für Fahranfänger) auch § 24 c StVG. Die **praktische Bedeutung** der Vorschrift ist außerordentlich groß. 2, 3

3) Tathandlung. Tathandlung des § 316 ist das **Führen** (vgl. dazu 3 zu § 315 c) eines **Fahrzeugs,** also eines Beförderungsmittels beliebiger Art, zum Zweck der Fortbewegung im **öffentlichen Verkehr.** Erfasst sind Kraftfahrzeuge (Automobile und Krafträder; Schienenfahrzeuge; Motorschiffe; Motorflugzeuge) aber auch nicht mit Motorkraft angetriebene Fahrzeuge (zB Fahrräder; Segel- und Ruderboote; Segelflugzeuge). Für das **Führen im Verkehr** (zur Abgrenzung von vorbereitenden Maßnahmen vg. NZV **89**, 32) gilt das in 3 zu § 315 c Ausgeführte. Erfasst ist nur der **öffentliche Verkehr** (vgl. zum öffentlichen Straßenverkehr 3 f. zu § 315 b). 4

Der **Nachweis** des Führens ist bei folgenlosen Trunkenheitsfahrten, wenn die Tat nicht anlässlich einer Verkehrskontrolle festgestellt wird, *praktisch* häufig erschwert; das gilt entsprechend bei (zunächst erfolgreichen) Verschleierungsversuchen (§ 142) nach Unfällen (§ 315 c). Es gelten insoweit die **allgemeinen Beweisgrundsätze;** eine der Unschuldsvermutung genügende Überzeugungsbildung ist vielfach von hinreichend sorgfältiger **polizeilicher Beweismittelsicherung** abhängig (dazu auch *Mettke* NZV **00**, 199, 202). Bloße *Wahrscheinlichkeiten* reichen nicht aus; andererseits setzt die Tatfeststellung nicht den Ausschluss sämtlicher nur theoretisch möglicher anderer Geschehensabläufe voraus. Wer betrunken schlafend auf dem Fahrersitz eines betriebswarmen Kfz oder neben seinem unfallbeschädigten Fahrzeug 5 angetroffen wird, wird sich idR nicht erfolgreich dahin einlassen können, ein unbekannter Dritter habe das Fahrzeug geführt. Auch der Abstellort eines Fahrzeugs, in dem eine Person betrunken und schlafend aufgefunden wird, kann ein Indiz für die Tatbegehung sein (Karlsruhe VRS **107** [2004], 350).

6 **4) Fahruntüchtigkeit.** Der Täter muss sich zum Tatzeitpunkt in einem Zustand befinden, in welchem er **nicht in der Lage** ist, das Fahrzeug **sicher zu führen.** Dieser – meist als **„Fahruntüchtigkeit"** bezeichnete (krit. *Hentschel* TFF 1) – Zustand setzt nicht die Unfähigkeit voraus, ein Fahrzeug *überhaupt* zu führen; ausreichend ist vielmehr (wie in § 315 I Nr. 1; vgl. dort 3 a) **Fahrunsicherheit,** d. h. die Unfähigkeit, das Fahrzeug im öffentlichen Verkehr **sicher** zu führen. Das ist gegeben, wenn der Täter nicht dazu in der Lage ist, das Fahrzeug über eine längere Strecke im Verkehr so zu führen, dass er den durchschnittlichen Anforderungen an die verkehrsspezifische Gesamtleistungsfähigkeit genügt (ähnlich SK-*Horn/Wolters* 4). Dies schließt seiner Natur nach die besonderen Anforderungen an das Verhalten in plötzlich auftretenden, schwierigen oder unübersichtlichen Verkehrssituationen ein (vgl. BGH **13**, 83; 19, 244; **21**, 157; NJW **59**, 1047; NZV **99**, 48).

7 Die **verkehrsspezifische Leistungsfähigkeit** setzt sich aus einer komplexen Vielzahl unterschiedlicher Faktoren zusammen (vgl. auch § 2 II Nr. 3, IV, § 3 I StVG; *Hentschel* 5 ff. zu § 3 StVG); diese sind teilweise **biologisch-physischer** Art (Seh- und Hörkraft; Gleichgewichtssinn; Fähigkeit zu räumlichem Sehen, zur Abstands- und Geschwindigkeitseinschätzung; Reaktionsgeschwindigkeit und -verlauf; usw.), teils **intellektuell-kognitiver** Art (Konzentrationsfähigkeit; Regelkenntnis; Fähigkeit zu regelhaften Schlussfolgerungen; zur Verarbeitung von Erfahrungen; zur gedanklichen Antizipation komplexer Verläufe; usw.), teils **emotionaler** Art (Frustrationstoleranz; Hemmungsvermögen; Risikobereitschaft; Aggressionsverarbeitung; usw.). Die „durchschnittlichen Anforderungen", auf welche das Recht abstellt, sind auf empirische Erfahrungen gegründete, *normative* Forderungen; sie sind, abweichend von dem irreführenden, zivilrechtlich geprägten Sprachgebrauch, für das Strafrecht schon im Hinblick auf den Schuldgrundsatz nicht „durchschnittlich", sondern **Mindestanforderungen** an die Fähigkeit, unter den *jeweiligen* Bedingungen des Massenverkehrs Schädigungen fremder Rechtsgüter zu vermeiden. Für die **Geltung** dieser Anforderungen spielt daher weder der individuelle Stand der Leistungsfähigkeit noch der Umstand eine Rolle, dass der Mindeststandard in den letzten 50 Jahren ständig angestiegen ist.

8 **A. Ursache.** Die Fahruntüchtigkeit muss **infolge** des Genusses von **Alkohol** oder von **anderen berauschenden Mitteln** (vgl. 6 zu § 64; 3 a zu § 323 a; LK-*Spendel* 83 zu § 323 a) bestehen. § 316 stellt also weder das (abstrakt gefährliche) Fahren in *berauschtem* Zustand noch das (abstrakt gefährliche) Fahren in *fahrunsicherem* Zustand unter Strafe; erforderlich ist vielmehr eine **kausale Verknüpfung.** Es reicht dabei aus, dass das Rauschmittel eine von mehreren Ursachen der Fahruntüchtigkeit ist (VRS **63**, 121; Bay NJW **68**, 1200; **69**, 1583; Hamburg NJW **67**, 1522; Köln NZV **89**, 357), gleichgültig ob eine anderweit bestehende Disposition die Wirkung des Rauschmittels steigert (vgl. zB Bremen VRS **20**, 439 [Alkoholüberempfindlichkeit[; VRS **5**, 541; **14**, 282; **31**, 107 [Übermüdung]; Düsseldorf DAR **81**, 29 [Diabetes]), oder ob sich die Fahruntüchtigkeit aus dem Zusammenwirken verschiedener Rauschmittel (Alkohol und Betäubungsmittel) oder von Rauschmitteln mit sonstigen Substanzen (zB Schmerz- oder Beruhigungs-Medikamente; Neuroleptika; Kaffee und Appetitzügler [LG Freiburg NStZ-RR **07**, 186]) ergibt. Das Ergebnis, dass eine schon aus anderen Gründen fahruntüchtige Person bei *zusätzlicher* Berauschung nicht bestraft werden kann (vgl. Hamm VRS **29**, 58; **30**, 452; *S/S-Cramer/Sternberg-Lieben* 36 zu § 315 c; *Hentschel* TFF 232), lässt sich gleichwohl nur dann vermeiden, wenn man Fahruntüchtigkeit nicht als *absoluten Zustand,* sondern als relativen Begriff steigerungsfähiger Fahr*unsicherheit* versteht; dann wird auch derjenige erfasst, dessen konkretes Maß an Fahrunsicherheit durch Berauschung jedenfalls mitverursacht wurde.

Unter den **berauschenden Mitteln** ist der **Alkohol** als weitaus häufigstes beispielhaft hervorgehoben. Die Fahruntüchtigkeit nach Alkoholgenuss hängt vom Ausmaß der alkoholbedingten Änderung der Leistungsfähigkeit und der Beeinträchtigung der Gesamtpersönlichkeit des Fahrzeugführers ab, aber auch vom Ausmaß der von ihm ausgehenden Gefährdung anderer Verkehrsteilnehmer (BGH **25**, 361; **34**, 135). Für die Wirkungen des Alkohols ist es **typisch,** dass einerseits das subjektive Leistungsgefühl und die Wagnisbereitschaft gesteigert werden, die psychotechnische Leistungsfähigkeit anderseits aber abnimmt, nämlich Aufmerksamkeit, Auffassungsfähigkeit, Konzentration, Umstellungsfähigkeit, Geschicklichkeit und Reaktion (Zusammenfassung der abundanten Literatur bei LK-*König* 16). 9

Es kommen daneben aber auch alle **anderen Substanzen** in Betracht, welche geeignet sind, einen **Rausch,** d.h. eine physiologisch wirksame vorübergehende Beeinflussung der Gehirntätigkeit im Sinne einer subjektiv wahrnehmbaren Veränderung der Entstehung, Wahrnehmung, des Empfindens oder Verarbeitens von Reizen hervorzurufen (vgl. 3 zu § 323a; 5 zu § 64). Hierzu zählen Rauschmittel im engeren Sinn, aber auch zum Zweck der Rauscherzeugung zugeführte sonstige Substanzen (Koffein; Medikamente [vgl. *Maatz* BA **99**, 145ff.]; Gase [zB Lösungsmitteldämpfe]). Eine *allein* physiologische Wirkung reicht nicht aus. Der Rausch muss nicht mit dem Ziel der Steigerung des Wohlbefindens herbeigeführt werden oder – jedenfalls vorübergehend – diese Wirkung haben; „Genuss" iS von Abs. I ist jeder Konsum (vgl. LK-*König* 13). 10

Vom **Zusammenwirken** von Alkohol und anderen Mitteln, auch Medikamenten, kann stets nur die Fahruntüchtigkeit, regelmäßig aber nicht die BAK beeinflusst sein. Im Bereich der absoluten Fahruntüchtigkeit (13) sind daher **Beweisanträge** zur Feststellung der Auswirkungen behaupteter zusätzlicher Medikamenteneinnahme von vornherein ohne Bedeutung für die Feststellung des Tatbestands; kumulierende oder Wechselwirkungen können hier allenfalls für die Frage der Schuldfähigkeit (bei Fahrtbeginn) eine Rolle spielen. Im Bereich *relativer* Fahruntüchtigkeit kann es dagegen, etwa bei der Feststellung und Bewertung von Ausfallerscheinungen, auf solche Wirkungen ankommen. 11

B. Begriffe der „absoluten" und „relativen" Fahruntüchtigkeit. In der praktischen Anwendung der §§ 316, 315 I Nr. 1a sind die Begriffe der sog. „absoluten" und „relativen" Fahruntüchtigkeit von Bedeutung. Beide Begriffe sind **missverständlich,** denn es handelt sich nicht um Bezeichnungen für Eigenschaften, Ursachen oder Grade der *Fahrunsicherheit,* sondern um Schlagworte für den Weg zu deren *Feststellung,* also um eine Frage des **Beweisrechts** (BGH **31**, 42, 44; Bay NZV **97**, 127f.; *Hentschel* NJW **84**, 350; *ders.* TFF 145; *Mettke* NZV **00**, 199). „Relative" ist keine mindere Form der Fahruntüchtigkeit, sondern der **gesetzliche Grundfall** des § 316. 12

a) Die sog. **„absolute"** Fahruntüchtigkeit spielt ausschließlich im Zusammenhang mit der Wirkung von **Alkohol** eine Rolle (daher zB keine „absolute" Fahruntauglichkeit nach Konsum von Heroin [Frankfurt NJW **92**, 1570] oder von Haschisch [Jena StraFo **07**, 300]; vgl. unten 39); dort wiederum beschreibt der Begriff nicht ein Maß von Fahrtüchtigkeit, sondern die Unwiderleglichkeit des **Indizwerts der Blutalkoholkonzentration (BAK)** Dies beruht auf der Festlegung von **Grenzwerten,** deren Überschreiten von der Rspr. als (unwiderleglicher) Erfahrungssatz für das Vorliegen von Fahruntüchtigkeit angesehen werden; sie haben die Bedeutung einer **prozessualen Beweisregel** (BVerfG NJW **90**, 3140; **95**, 125f.; *Nehm,* Salger-FS 115, 120; *Tolksdorf* VGT 1995, 79, 81), für die im Falle einer Änderung der Grenzwerte durch die Rspr das Rückwirkungsverbot nicht gilt (BVerfG NJW **90**, 3140; VRS **32**, 229; KG VRS **32**, 264; Bay NJW **90**, 2833 [hierzu *Ranft* JuS **92**, 468]; Düsseldorf MDR **91**, 171; NStZ/J **91**, 269; *Hentschel* NZV **91**, 334; 11c zu § 1 mwN; krit. *Fahl* DAR **96**, 393). Ist das Erreichen oder Überschreiten des Grenzwerts festgestellt, so ist ein Gegenbeweis, dass der Täter auch bei diesem Wert noch fahrtüchtig sei, unzulässig (BGH **10**, 266; **31**, 42, 44). 13

Das gilt auch im Falle erhöhter Alkoholgewöhnung; auch eine krankheitsbedingte erhöhte Alkoholtoleranz ist in Voraussetzungen und Feststellung so vage, dass ihr kein (Gegen-)Beweiswert zukommt (zutr. LK-*König* 77 mwN). Umgekehrt ist bei Unterschreitung des Grenzwerts eine „absolute" Fahruntüchtigkeit ausgeschlossen; es gibt keinen *individuellen* oder *konkreten* Grenzwert (BGH **31**, 44; **31**, 108; VRS **33**, 118; Bay NJW **68**, 1200).

14 **b)** Sog. **„relative"** Fahruntüchtigkeit (vgl. auch 3d zu § 315c) ist gegeben, wenn eine BAK unter den absoluten Grenzwerten oder ein sonstiger Rauschmittelkonsum festgestellt ist und die konkreten Umstände der Tat erweisen, dass die Rauschmittelwirkung zur Fahruntüchtigkeit geführt hat (BGH **31**, 44; NStZ/J **82**, 370; *Hentschel* TFF 182ff.). Sie kann stets nur **konkret** festgestellt werden. Es handelt sich also nicht um eine „Grenzwert"-Absenkung für den individuellen Täter, sondern um eine Beurteilung der **konkreten Rauschmittelwirkung zum Zeitpunkt der Tat.**

15 Es ist daher missverständlich zu sagen, relative Fahruntüchtigkeit könne durch „objektive" (Straßen- oder Wetterverhältnisse, Dunkelheit; vgl. BGH **13**, 89; VRS **22**, 121) oder „subjektive" Umstände (Übermüdung, Erkrankung; vgl. Hamm NJW **63**, 405; **67**, 1332; **73**, 569) *begründet* sein: Fahruntüchtigkeit iS von § 316 ist stets ausschließlich eine Eigenschaft der Person, welche sich aus der Rauschmittelwirkung ergibt. Sie setzt in allen Fällen die Feststellungen voraus, **(1)** dass der Täter zum Zeitpunkt der Tat unter dem Einfluss von Alkohol oder anderen Rauschmitteln stand; **(2)** dass der Täter fahruntüchtig war; **(3)** dass die Fahruntüchtigkeit – ggf. im Zusammenwirken mit anderen Faktoren – die Folge der Rauschmittelwirkung war. Im Sonderfall einer Überschreitung der „absoluten" Grenzwerte beschränkt sich die Feststellung (2), die im Regelfall nach allgemeinen Grundsätzen auf eine Würdigung aller Beweisanzeichen zu stützen ist, auf die Höhe der BAK. Die dogmatische Einordnung der Grenzwertbestimmung als *Erfahrungssatz* durch Rspr und hM ist daher im Grunde eine begriffliche Hilfskonstruktion zur Aufstufung eines Beweisanzeichens zum Tatbestandsmerkmal (entspr. dem tatbestandlichen Grenzwert-Merkmal in § 24a StVG): Kennzeichen der *Regelwirkung* eines Erfahrungssatzes wäre auch seine *Widerleglichkeit* im Einzelfall; gerade diese Möglichkeit ist bei Erreichen der „absoluten" Grenze nicht gegeben. Verfassungsrechtliche Einwände hiergegen sind aber nach BVerfG NJW **95**, 126 nicht begründet.

16 **C. Feststellung der Blutalkoholkonzentration (BAK).** Für die Feststellung der Tatzeit-BAK gelten grds dieselben Regeln wie bei der Feststellung alkoholbedingter Einschränkungen der **Schuldfähigkeit;** auf die Erl. 12ff. zu § 20 wird daher verwiesen. Abweichungen ergeben sich im Hinblick auf die Anwendung des **Zweifelssatzes** wegen der insofern entgegen gesetzten Wirkung der Alkoholbeeinflussung als Voraussetzung einer *Schuldminderung* in §§ 20, 21, als *strafbegründendes Merkmal* in §§ 316, 315c I Nr. 1a. Dies kann uU zur Feststellung unterschiedlicher BAK-Werte für denselben Tatzeitpunkt führen (vgl. 12 zu § 20). Die **Rückrechnungs- und Abbauwerte** sind, wenn es um die **Fahruntüchtigkeit** (§§ 315c, 316) geht, nach dem Zweifelssatz zugunsten des Täters zugrunde zu legen; daher errechnen sich die dem Täter günstigsten BAK-Werte jeweils entgegen- gesetzt zu den bei der Schuldfähigkeitsprüfung anzuwendenden Regeln (missverständlich *Himmelreich/Lessing* NStZ **02**, 301, 303 mit Hinweis auf Bay BA **01**, 186f.). Das kann in ein und demselben Fall (vgl. NStZ **86**, 114 Nr. 1; VRS **71**, 363; Hamm NJW **77**, 344) zu erheblich auseinander liegenden BAK-Werten führen, so dass infolge der gegenläufigen Anwendung des Zweifelssatzes uU einem alkoholisierten Kraftfahrer § 21 zuzubilligen ist, ohne dass ihm Fahruntüchtigkeit (§ 316) nachgewiesen werden kann. Das gilt insbesondere, wenn eine Blutprobe fehlt und die jeweils günstigere Tatzeit-BAK aus der Trinkmenge über viele Stunden aus dem minimalen bzw. maximalen Abbauwert und dem minimalen bzw. maximalen Resorptionsdefizit errechnet werden muss (vgl. hierzu *Schewe* BA-FS 176; Venzlaff-FS 46; *Schwerd,* Spendel-FS 586). Geht es um die Frage der Schuldfähigkeit, kann die Berücksichtigung eines – nicht erwiesenen – Nachtrunks (8e zu *§ 316)* gegen den Zweifelssatz verstoßen (StV **94**, 115). Für die Feststellung der Tatzeit-BAK ist bei *einfachen* Rückrechungen die Zuziehung eines **Sachverständigen** nicht erforderlich (VRS **65**, 128; Stuttgart NJW **81**, 2525; vgl. auch *Jessnit-*

zer BA **78**, 315 [mit Beispielen]); stets jedoch, wenn Besonderheiten gegeben sind (vgl. dazu 60ff. zu 20; NStZ-RR **01**, 332; Karlsruhe NStZ-RR **03**, 150f.). Die **Anknüpfungstatsachen** für eine BAK-Berechnung (Körpergewicht; Trinkende; ggf. Mengenangaben; Messergebnisse) sowie die der Berechnung zugrunde gelegten (Rück-)Rechnungswerte (Resorptionsdefizit; Reduktionsfaktor; Abbaugeschwindigkeit; Sicherheitszuschlag) sind **in den Urteilsgründen mitzuteilen** (stRspr.; 3 StR 60/03; vgl. 16 zu § 20). Die Ergebnisse einer chemischen Analyse können nur durch Verlesung des Gutachtens oder Vernehmung des Sachverständigen in die Hauptverhandlung eingeführt werden (Celle StV **84**, 107; Düsseldorf NZV **90**, 42; Bay StV **03**, 152f.).

Neuere Literatur zur BAK-Feststellung (Auswahl): *Beier,* Über die „Standardabweichung" im Gutachten 1989 des BGA zur Blutalkoholbestimmung, NZV **96**, 343; *Brzezinka/Heifer,* Möglichkeiten einer Qualitätssicherung (Richtigkeit, Präzision) in der forensischen Blutalkoholuntersuchung (usw.), BA **91**, 108; *Grüner,* Zur Qualitätssicherung der Blutalkoholbestimmung, BA **91**, 360; *Iffland,* „Preiswerte" Blutalkoholbestimmungen und deren Gerichtsverwertbarkeit, NZV **03**, 401; *Iffland/Daldrup,* Anforderungen an die Richtigkeit und Zuverlässigkeit von Blutalkoholanalysen, NZV **01**, 105; *Jessnitzer,* Eigene Sachkunde des Richters bei der Rückrechnung, BA **78**, 315; *Salger,* Zur korrekten Berechnung der Tatzeit-BAK, DRiZ **89**, 174; *Schoknecht,* Beurteilungen von Blutalkoholbestimmungen nach dem ADH- und GC-Verfahren, NZV **96**, 217; *Zink,* Zur Genauigkeit der forensischen Blutalkoholbestimmung, BA **85**, 21; *Zink/Wendler,* Der Widmark-Faktor und seine Streubreite, BA **78**, 409. **16a**

a) Bei **Vorliegen einer Blutprobe** ist die BAK durch chemische Untersuchungen festzustellen, insb. durch gaschromatographische (GC)Verfahren, nach dem Widmark-Verfahren und nach der *ADH* (Alkoholdehydrogenase)-Methode (zu den Methoden i. e. (hierzu *Hentschel/Born* 52ff.; *Hentschel* TFF 56ff.; *Brettel* PraxRMed 434; NK-*Paeffgen* 7ff. nach § 323a; jew. mwN). Die Messgeräte unterliegen nicht der Eichpflicht; eine fehlende Eichung steht der Verwertbarkeit der mit ihnen gewonnenen Ergebnisse nicht entgegen (Düsseldorf NZV **95**, 365; *Hentschel* NJW **96**, 634). **17**

Zur BAK-Feststellung sind auf Grund Nr. 15 der von den Bundesländern vereinbarten **Gemeinsamen Verwaltungsvorschrift** über die Feststellung von Alkohol im Blut bei Straftaten und Ordnungswidrigkeiten (abgedr. bei *M/J/B-Burmann* 40; Neufassung 2000) jeweils **mehrere Analysen** durchzuführen, und zwar 3 nach *Widmark* und 2 nach ADH (BGH **21**, 167), für das GC-Verfahren genügen, auch wenn es an die Stelle des Verfahrens nach *Widmark* tritt, stets 2 Analysen (Bay NJW **76**, 1802; Hamburg NJW **76**, 1162; Köln NJW **76**, 2308; vgl. Düsseldorf BA **98**, 76 m. Anm. *Heifer* BA **98**, 159; VM **98**, 27). Aus den 5 (bzw. 4) Einzelanalysen ist nicht der niedrigste, sondern der **arithmetische Mittelwert** zugrunde zu legen (BGH **28**, 2), und zwar nicht getrennt nach Verfahren, sondern der gemeinsame Mittelwert aller Einzelwerte (Düsseldorf VRS **67**, 35; BA **80**, 174). Hierin liegt kein Verstoß gegen den Zweifelsgrundsatz (Hamburg VRS **36**, 282; Hamm VRS **36**, 423; Stuttgart NJW **81**, 2525; Düsseldorf NZV **97**, 445; *Haffke* NJW **71**, 1874; *Hentschel/Born* 76). Bei der Berechnung ist die **dritte Dezimalstelle** hinter dem Komma sowohl für die Einzelwerte als auch für die Errechnung des Mittelwerts außer Betracht zu lassen (Hamm NZV **00**, 340 mwN); eine Aufrundung ist nicht zulässig (Bay DAR **74**, 179; vgl. auch NJW **78**, 1930 [zu § 24a StVG]). Der Mittelwert ist nur verwertbar, wenn die sog. **Standardabweichung,** dh der Unterschied zwischen dem einzelnen Messwert und dem Mittelwert, insgesamt in einer Variationsbreite von nicht mehr als 10% des Probemittelwertes liegt (BGH **21**, 157, 166 [für 1,3 Promille-Grenze]; **45**, 140, 144 [für 1,1 Promille-Grenze]; vgl. auch BGH **37**, 89, 97f.). Beteiligt sich das feststellende Institut an Ringversuchen zur Sicherung der generellen Messpräzision und wird die Variationsbreite von 10% im Einzelfall nicht überschritten, so ist der Mittelwert auch dann verwertbar, wenn die Standardabweichung, bezogen auf die Einzelwerte, oberhalb der Grenze von 0,03‰ liegt, die im BGA-Gutachten von 1989 als Obergrenze für die Herabsetzung des Sicherheitszuschlags auf 0,1‰ zugrunde gelegt ist (BGH **45**, 144 [auf Vorlage des Brandenbg OLG]; zur Frage der Verwertbarkeit des Mittelwerts bei stark differierenden Einzelwerten Bay NZV **96**, 75 [m. Anm. *Hentschel* JR **96**, 388; *Heifer/Brzezinka* BA **96**, 106; vgl. ferner *Schoknecht* NZV **96**, 217; *Beier* NZV **96**, 343]; LG München NZV **96**, 378; Göttingen NdsRPfl **91**, 276). Der Analysenmittelwert darf, auch wenn er den absoluten Grenzwert nur ganz geringfügig unterschreitet, nicht aufgerundet werden (Hamm NJW **75**, 2252; **76**, 2309; VRS **56**, 147; BGH **28**, 1 m. Anm. *Schwerd/Lundt* BA **78**, **18**

298; *Lundt* BA **76**, 158; *Meurer* JR **76**, 454; NJW/H **79**, 964; krit. *Staak/Berghaus* NJW **81**, 2500). Ein weiterer **Sicherheitszuschlag** im Hinblick auf die Standardabweichung kommt, da ein solcher beim absoluten Grenzwert bereits berücksichtigt ist, nicht in Betracht (Bay MDR **74**, 1042; Koblenz NJW **74**, 1433; Celle MDR **74**, 777; *Bürgel* NJW **73**, 1356; **74**, 594; irrig *Held* NJW **73**, 2243; vgl. BT-Drs. 7/133, 5). Die exaktere GC-Methode hat der Rspr noch keine Veranlassung gegeben, den Sicherheitszuschlag des absoluten Grenzwerts herabzusetzen (Düsseldorf NJW **73**, 572; vgl. auch BGH **34**, 137). Sie erlaubt es auch nicht, auf die Kontrolluntersuchung nach ADH zu verzichten (Hamburg VRS **51**, 65) oder sich bei der BAK-Bestimmung auf die GC-Werte zu beschränken (Düsseldorf VRS **57**, 445; LG Hanau VRS **76**, 25), da 2 Einzelanalysen nicht genügen, gleichgültig, ob sie nach dem GC-Verfahren (Stuttgart VRS **66**, 450) oder nach der ADH-Methode (BGH **21**, 167; Bay NJW **82**, 2131 [m. Anm. *Krauland* BA **83**, 76]; Stuttgart MDR **84**, 688; AG Gmünden DAR **77**, 49) gewonnen sind, ebenso wenig reichen 3 Widmark-Analysen aus (Hamm BA **81**, 262), sie haben lediglich indiziellen Charakter (Hamm VRS **41**, 42; vgl. *Hentschel* 53). Zur Frage der BA-Bestimmung bei nur geringer Blutmenge (0,2 ml) Düsseldorf BA **87**, 350; zur forensischen Verwertbarkeit der Analysenergebnisse von weniger als 5 BA-Bestimmungen *Grüner/Ludwig* BA **90**, 316. Zur Frage der Berücksichtigung eines nicht messbaren Acetonwertes bei Diabetikern Hamm BA **80**, 288; zur **Kontrolle der Qualitätsanforderungen** vgl. *Iffland* NZV **03**, 401 ff. Im **Urteil** genügt idR die Angabe des Mittelwerts der BAK (BGH **28**, 239; Köln VRS **57**, 23); Analyseneinzelwerte brauchen auch in Grenzwertnähe (**aA** Karlsruhe NJW **77**, 1111; Bremen BA **75**, 329; Köln BA **76**, 238; *Strate* BA **78**, 405) nicht mitgeteilt zu werden (Düsseldorf NJW **78**, 1208; BA **79**, 61; Schleswig NJW **78**, 1209 m. Anm. *Händel* BA **78**, 214 u. JR **78**, 427; NJW/H **79**, 963 u. *Hentschel* 58); es empfiehlt sich, bei Feststellung nur des Mittelwerts jedenfalls die Messverfahren und die Anzahl der Einzelwerte mitzuteilen und festzustellen, dass die Standardabweichung der Verwertbarkeit nicht entgegensteht.

19 Die **Tatzeit-BAK** ist, wenn ein Blutprobenwert vorliegt, im Wege der **Rückrechnung** (dazu etwa *Brettel* PraxRMed 444; *Salger* DRiZ **89**, 174; *Forster/Joachim* [oben 1 a] 39 ff.) festzustellen. Sie geschieht, wenn das **Ende der Resorptionsphase** feststeht (BGH **25**, 249), durch Hochrechnung. Hierbei ist, da es um die *Ermittlung der Fahruntüchtigkeit* geht (**anders** bei der Prüfung der Schuldfähigkeit, vgl. oben 16), als günstigster gleich bleibender **stündlicher Abbauwert 0,1‰** zugrunde zu legen, jedoch sind, um bei längerer Resorptionsdauer jede Benachteiligung des Täters auszuschließen, die **ersten 2 Stunden nach Trinkende** „bei normalem Trinkverlauf" grundsätzlich von der Rückrechnung auszunehmen (BGH **25**, 250 [m. Anm. *Händel, D. Meyer* NJW **74**, 247, 613]; 4 StR 20/96; Bay NZV **95**, 117; BA **02**, 220; bei *Himmelreich/Lessing* NStZ **02**, 303; Köln StV **84**, 516; Hamm VRS **47**, 269; BA **80**, 77). Will der Tatrichter mit sachverständiger Hilfe von diesen Richtwerten abweichen, so ist dies näher zu begründen (Hamm NJW **74**, 1433).

20 Zur Überprüfung der Behauptung eines **Nachtrunks** (vgl. dazu *Brettel* PraxRMed 448; *Schwerd,* Spendel-FS 590; *Grohmann* BA **96**, 193; zur Feststellung auch Frankfurt NZV **97**, 239; Karlsruhe Die Justiz **97**, 188) kommt insb. eine sog. **Begleitstoffanalyse** (dazu *Bonte* u. a. NJW **82**, 2109; *Römhild/Krause/Bartels/Wittig* BA **98**, 10; *Aderjahn/Schmitt/Schulz* NZV **07**, 167; *Hentschel* TFF 109) in Betracht; eine Überprüfung ist auch anhand der Feststellung der Harnalkoholkonzentration **(HAK)** möglich (vgl. dazu *Iffland* BA 99, 99; *Hentschel* TFF 108). Die früher als zuverlässiges Mittel der Überprüfung angesehene Entnahme einer **zweiten Blutprobe** im Abstand von etwa 30 Minuten (*Grüner* u. a. BA **80**, 26; *Zink/Reinhardt* BA **81**, 377; NJW **82**, 2108; *Bär* BA **86**, 304; s. auch **Richtlinien** [oben 1] Ziff. 3.5.4; krit. *Iffland* DAR **01**, 141; **02**, 475 f.) *kann* angezeigt sein, da der Verlauf der BAK-Kurve unter günstigen Umständen Rückschlüsse auf die Resorptionsphase zulässt (wohl nur bei sturztrunkartigem Nachtrunk erheblicher Mengen; vg. *Hoppe/Haffner* NZV **98**, 265, 267; *Iffland* DAR **01**, 141 f.). Voraussetzung für zuverlässige Rückschlüsse ist jedoch mindestens eine genaue Kenntnis des Trinkverlaufs. In der neueren rechtsmedizinischen Literatur wird der **Beweiswert** einer zweiten Blutproben-Analyse daher als **sehr gering** eingeschätzt (vgl. i. e. Hentschel TFF 75 ff.; *Hentschel/Born* 69 ff., 109 a; jew. mwN). Ist ein glaubhaft (!) behaupteter **Nachtrunk festgestellt,** so ist die sich hieraus ergebende BAK zu berechnen und von der ermittelten Gesamt-BAK abzuziehen (Köln VRS **66**, 353; BA **85**, 75).

20 a **Literatur** *(Auswahl)*: *Bär,* Zur Auswertung von Doppelblutentnahmen mit kurzen Entnahmeintervallen, BA **86**, 304; *Bonte,* Die Begleitstoffanalyse, NJW **82**, 2109; *ders. u. a.*, Begleitstoffspiegel im Blut nach dem Konsum alkoholischer Getränke, BA **83**, 313; *Hoppe/Haffner*, Doppelblutentnahme und Alkoholanflutungsgeschwindigkeit in der Bewertung von

Nachtrunkbehauptungen, NZV **98**, 265; *Iffland*, Bedeutung polizeilicher Ermittlungen für die Bewertung von Nachtrunkbehauptungen, KR **84**, 446; *ders.*, Nachtrunk und Harnprobe, BA **99**, 99; *ders.*, Die Doppelblutentnahme bei Nachtrunkbehauptungen (usw.), DAR **01**, 141; *Iffland/Stark/Rieger*, Experimentelle Untersuchungen zur Überprüfung von Nachtrunkbehauptungen, BA **82**, 235; *Reinhardt/Zink*, Die forensische Beurteilung von Nachtrunkbehauptungen, NJW **82**, 2108.

b) Wenn eine **Blutprobe fehlt,** ist die Tatzeit-BAK aus der **Trinkmenge** zu errechnen und hierbei – da es um die *Fahruntüchtigkeit* geht (anders bei der Prüfung der Schuldfähigkeit, vgl. 13 zu § 20; zur **Widmark-Formel** vgl. 14 zu § 20; *Hentschel* TFF 116 ff.; *Forster/Joachim* [1 a] 40 ff., 53 f.) – ein *maximaler* stündlicher **Abbauwert von 0,2‰** zuzüglich eines einmaligen **Sicherheitszuschlages** von 0,2‰ zugrunde zu legen (VRS **71**, 363). Gesicherte Erfahrungssätze, wonach diese Werte oder das Resorptionsdefizit bei alkoholgewöhnten Personen abweichend zu bestimmen sind, existieren nicht (DAR **99**, 194). Zu den Voraussetzungen einer Verurteilung nach § 316 bei Fehlen einer Blutprobe *und* bei Bestreiten des Alkoholkonsums Düsseldorf NZV **90**, 198. 21

c) Wenn eine Blutprobe fehlt und die BAK auch nicht durch Rückrechnung ermittelt werden kann, kann der Tatrichter **ausnahmsweise** anhand festgestellter zuverlässiger Beweisanzeichen zur Feststellung gelangen, dass der Täter zur Tatzeit alkoholbedingt fahruntüchtig gewesen ist (Düsseldorf NZV **92**, 82; VRS **78**, 281 f.; **82**, 125 f.; Hamm VRS **59**, 40 f.; Koblenz VRS **54**, 282 f.; **67**, 256; Köln VRS **61**, 365; DAR **89**, 352 f.; Saarbrücken NStZ-RR **00**, 12 f.). Ein Schluss aus dem Leistungsverhalten des Täters auf eine **bestimmte Höhe** der BAK ist aber generell nicht möglich (NStZ **95**, 593; StV **97**, 463; **98**, 259); daher ist eine Feststellung dahin, aus solchen Beweisanzeichen habe das Gericht auf *„absolute"* Fahruntüchtigkeit geschlossen, zumindest missverständlich (vgl. oben 12 f.). 22

d) Bedeutung der Atemalkoholkonzentration (AAK). Mit der Neufassung des § 24 a StVG durch G v. 27. 4. 1998 (BGBl. I 795) ist die AAK Tatbestandsvoraussetzung der OWi-Tatbestände geworden, ihre Messung daher unmittelbares Beweismittel im OWi-Verfahren (zu den Voraussetzungen der **Verwertbarkeit** der Messwerte vgl. BGH **46**, 358 [Anm. *Schoknecht* BA **01**, 349; *Hillmann* DAR **01**, 278]; Karlsruhe NZV **04**, 426; NStZ **06**, 536 [Wartezeit]; zu den erforderlichen Feststellungen vgl. auch KG VRS **100**, 337; Köln BA **01**, 192 f.; Hamm NZV **01**, 440; Bay NZV **01**, 524; Dresden NStZ-RR **05**, 117; Bamberg NJW **06**, 2197 [Beeinflussung durch Atemtechnik]; *Iffland* NZV **04**, 433; *Slemeyer* NZV **04**, 615). Für den Nachweis einer bestimmten BAK im **Strafverfahren** ist die AAK-Messung bislang nicht geeignet (NStZ **95**, 540; Bay NZV **88**, 150 [m. Anm. *Grüner* JR **89**, 80]; Zweibrücken NJW **89**, 2765; Karlsruhe NStZ **93**, 554; Hamm NJW **95**, 2425; Naumburg NStZ-RR **01**, 105; zfs **01**, 135; LG Münster NStZ **92**, 545; LG Halle BA **96**, 55; AG Klötze DAR **00**, 178; vgl. *Bilzer* u. a. BA **94**, 1; *ders.* BA **97**, 89; *Gilg/Eisenmenger* DAR **97**, 1; sehr krit. [auch für die Voraussetzung des § 24 a StVG] *Iffland/Eisenmenger/Bilzer* NJW **99**, 1379; DAR **00**, 9; zusf. *Hentschel* NJW **98**, 2387; *Iffland/Hentschel* NZV **99**, 489; jew. mwN; vgl. auch Deutsche Gesellschaft für Rechtsmedizin, BA **99**, 177; Ergebnisse des AK IV des 38. VGT, BA **00**, 101; *Maatz* BA **01**, 40 ff., 48). Den vielfach geäußerten **grundsätzlichen Bedenken** gegen die Verlässlichkeit der AAK-Messung (krit. zum „Sperrfeuer" LK-*König* 53 mwN) ist Bay NZV **00**, 295 [m. Anm. *König*] zwar zutr. entgegen getreten (vgl. auch BGH **46**, 358 ff.; *Schmidt* u. a., BA **00**, 92, 99). Nach § 24 a I StVG idF durch das StVGÄndG v. 27. 4. 1998 (BGBl. I 795) knüpft die Verfolgung einer Ordnungswidrigkeit aber nicht an eine **Umrechnung** von AAK in BAK an, sondern an die **Überschreitung der AAK selbst** von 0,25 m/l, bei welcher nach gesicherter wissenschaftlicher Erfahrung *regelmäßig* mit entsprechenden Blutalkoholkonzentrationen zu rechnen ist, falls nicht ganz außergewöhnliche Besonderheiten vorliegen. **Für § 24 a StVG** ist die AAK daher nicht nur Beweisanzeichen, sondern **Tatbestandsmerkmal.** Das ist auf den Nachweis der Alkoholbeeinflussung bei **Straftaten** nicht ohne weiteres übertragbar (vgl. *Maatz* BA 23

02, 21, 26ff. mwN; zweifelnd aber *König* NZV **00**, 299 und LK 56); dasselbe gilt für Ordnungswidrigkeiten nach § 3 III, § 61 I Nr. 1 SeeSchStrO iVm § 15 I Nr. 2 SeeaufgabenG, § 7 I BinnenschifffahrtsaufgabenG; § 8 III Nr. 1, IV, V, § 45 II Nr. 1a, 2, 3a BOKraft iVm § 61 I Nr. 4 PBefG; § 1 III, § 43 III Nr. 3 LuftVO iVm § 58 I Nr. 10 LuftVG. Für die Feststellung einer sog. „absoluten" Fahruntüchtigkeit iS des § 316 können Atemalkoholwerte daher nicht unmittelbar herangezogen werden (Zweibrücken NStZ **02**, 269); jedoch können Messergebnisse jedenfalls zugunsten des Beschuldigten, aber auch als **Indizien** bei der Prüfung der Fahruntüchtigkeit (vgl. *Maatz* BA **02**, 21, 28) berücksichtigt werden und insb. Anlass zur Anordnung einer Blutentnahme geben (*König* NZV **00**, 298f.).

23a **Literatur zur Atemalkoholanalyse** (Auswahl): *Bilzer/Hatz,* Vergleichende Untersuchungen (...) zur Frage der Einführung einer „beweissichereren Atemalkoholanalyse", BA **98**, 321; *Bilzer/Sprung/Schewe,* Zur Frage der forensischen Beweissicherheit der Atemalkoholanalyse, BA **94**, 1; *Bode,* Rechtliche Probleme der Atemalkohol- Nachweisverfahren, BA **00**, 249; *Bönke/Heifer/Maatz/Hentschel/Eisenmenger/Hillmann/Scheffler,* Atemalkoholanalyse bei Verkehrsstraftaten?, BA **02**, Beil. 2, 7 (Symposium Dresden 2002); Dt. Ges. f. Rechtsmedizin BA **92**, 108 [Denkschrift]; *Heifer,* Atemalkoholanalyse – Erfahrungen, Probleme, Erwartungen, BA **00**, 103; *Hillmann,* Atemalkoholmessung – Erwartungen und Erfahrungen, DAR **00**, 289; *ders.,* Atemalkoholanalyse bei Verkehrsverstößen, ZfS **01**, 98; *Iffland,* Beweissichere Atemalkoholanalyse, NZV **95**, 244; *ders.,* Wartezeit bei Atemalkoholmessung und notwendige Angaben im Messprotokoll aus sachverständiger Sicht, NZV **04**, 433; *Iffland/Hentschel,* Sind nach dem Stand der Forschung Atemalkoholmessungen gerichtsverwertbar?, NZV **99**, 489; *Iffland u.a.,* Bedenken gegen die Verwertbarkeit des Atemalkoholspiegels in der forensischen Praxis, NJW **99**, 1379; *dies.,* DAR **00**, 9; *Janker,* Der langsame Abschied von der Blutprobe (usw.), DAR **02**, 49; *Köhler u. a.,* Fehlerhafte Atemalkoholmessung?, BA **00**, 286; *Krause u. a.,* Thesen zu den naturwissenschaftlichen Grundlagen eines strafrechtsrelevanten Atemalkoholgrenzwertes, BA **02**, 2; *Maatz,* Atemalkoholmessung – Forensische Verwertbarkeit und Konsequenzen aus der AAK-Entscheidung des BGH, BA **02**, 21; *Römhild u. a.,* Zu den naturwissenschaftlichen Voraussetzungen für eine beweissichere AAK-Messung, BA **01**, 233; *Schäpe,* Rechtsfragen zur Atemalkoholmessung, DAR **00**, 490; *Schoknecht,* Atemalkohol und Fahren unter Alkoholeinfluss, BA **00**, 161; *ders.,* Qualitätsvergleich von Atem- und Blutalkoholbestimmungen (usw.), BA **02**, 8; *Schuff u. a.,* Untersuchungen zum Quotienten AAK/BAK (usw.), BA **02**, 145; *Slemeyer,* Zur Frage der Fehlergrenzen bei der beweisfähigen Atemalkoholanalyse, BA **00**, 203; *Slemeyer u. a.,* Blut- und Atemalkohol-Konzentration im Vergleich, NZV **01**, 281.

24 **D. Grenzwerte sog. „absoluter" Fahruntüchtigkeit.** Die Geltung einer unwiderleglichen Indizwirkung einer bestimmten physiologisch wirksamen Rauschmittelmenge beschränkt sich – jedenfalls bislang – ausschließlich auf das Fahren unter Alkoholeinfluss. Sie ist hier an das Überschreiten bestimmter Grenzwerte der BAK geknüpft und gilt im Rahmen der §§ 315c I Nr. 1, 316 weder für andere rechtsmedizinische Verfahren zur Feststellung von alkoholischer Beeinflussung (insb. Atemalkohol-Messung; vgl. § 24a StVG) noch für andere Substanzen.

25 Für Führer von **Kraftfahrzeugen** liegt der Mindestwert für die unwiderlegliche Annahme von Fahruntüchtigkeit bei einer BAK von **1,1‰** (BGH **37**, 89 [hierzu *Berz* NZV **90**, 359; *Heifer, Schneble, v. Mutius* BA **90**, 374; *Otto* JK 5; DAR/G **91**, 251; *Hüting/Konzak* NZV **92**, 136 u. Jura **91**, 241; *Schöch* NStZ **91**, 11; *R. Peters* MDR **91**, 487]; Bay NJW **90**, 2833 [hierzu *Ranft* JuS **92**, 468]; Düsseldorf MDR **91**, 171; vgl. BVerfG NJW **95**, 125). Diese Grenze gilt auch für Fahrer von **Krafträdern,** Motorrollern und **Mofas** (§ 4 I Nr. 1 FahrerlaubnisVO); ebenso für motorisierte Krankenfahrstühle (Bay NStZ-RR **01**, 26; zum Begriff LG München NZV **01**, 385; *Huppertz* NZV **03**, 460; § 4 I Nr. 2 FahrerlaubnisVO). Werden Zweiradfahrzeuge jedoch unter Zuhilfenahme der Motorkraft **geschoben,** gelten die Grundsätze über die „absolute" Fahruntüchtigkeit nicht (Bay VRS **66**, 203; hierzu NStZ/J **84**, 255); wohl aber für den Führer eines **geschleppten** Pkw (BGH **36**, 341 [m. Anm. *Hentschel* JR **91**, 113]; NZV **91**, 334; Bay NJW **84**, 878; Celle NZV **89**, *318*; **aA** Frankfurt NJW **85**, 2962; Bremen VRS **33**, 205); ebenso für einen **Baggerführer** (Düsseldorf VRS **64**, 115; aber kein „Führen", wenn nur die Maschinenfunktion gesteuert wird; vgl. Bay VRS 32, 127).

Der **Festlegung** des Grenzwerts für Kraftfahrer durch BGH **37**, 89 (zum früheren Grenzwert vgl. BGH **21**, 157) lag ein Gutachten des BGA zugrunde (vgl. NZV **90**, 104). Hiernach ist der Grundwert der alkoholbedingten absoluten Fahruntüchtigkeit bei 1,0‰ anzusetzen und ein Sicherheitszuschlag von 0,1‰ als ausreichend zu erachten, woraus sich der in BGH **37**, 89 festgesetzte Grenzwert von 1,1‰ ergibt. Die „absolute" Beweiswirkung entsprechender Analysewerte setzt voraus, dass das betreffende Institut an dem Ringversuch, auf dem das Gutachten 1989 des BGA basiert, erfolgreich teilgenommen hat und die bei einem Sicherheitszuschlag von 0,1‰ eingeräumten Messtoleranzen nicht überschreitet (vgl. *Schewe,* Salger-FS 720); das ist in der schriftlichen Mitteilung der Analyseergebnisse zu versichern (vgl. BGH **37**, 89). 26

Für **Radfahrer** setzt die **neuere Rspr.** (anders noch BGH **34**, 133: 1,7‰) die Grenze – im Hinblick auf die für Radfahrer nicht in gleichem Maße wie für Kraftfahrer angestiegenen Leistungsanforderungen (Bay NJW **92**, 1907) – bei **1,6‰** (Bay NJW **92**, 1906 m. Anm. *Molketin* BA **92**, 284; Hamm NZV **92**, 198, **98**, 161; Celle NJW **92**, 2169; Zweibrücken NZV **92**, 373; Karlsruhe NStZ-RR **97**, 356; LG Hildesheim NZV **92**, 44; ebenso *Grohmann* BA **91**, 89; *Janiszewski* NStZ **92**, 269; *Lackner/Kühl* 6a zu § 315c; *S/S-Cramer/Sternberg Lieben* 12; LK-*König* 71; *Hentschel/Born* 60; *Hentschel* TFF 164; *J/J/B-Burmann* 25; **aA** (1,5‰) LG Verden NZV **92**, 293; *Tröndle* 48. Aufl.; offen gelassen von Düsseldorf, NJW **92**, 992; für eine generelle Herausnahme alkoholisierter Radfahrer aus der Strafdrohung des § 316 *Fahl* NZV **96**, 307); eine entspr. Anwendung auf **Skateboards,** uU auch auf **Inline-Skates,** läge nahe (so auch LK-*König* 72), wenn man sie als *Fahrzeuge* ansieht (str.; vgl. zur Abgrenzung zu § 24 I StVO *Wendrich* NZV **02**, 212). 27

Für das Führen von **Schienenfahrzeugen** (Bay NZV **93**, 240) und *Pferdefuhrwerken* (*Möhl* DAR **71**, 4) sind keine absoluten Grenzwerte festgesetzt (AG Köln NJW **89**, 921). Der Führer eines **Sportmotorboots** soll „in aller Regel" bei einer BAK von 2‰, „jedenfalls" aber bei 2,5‰ absolut fahruntüchtig sein (Schifffahrtsobergericht Berlin VRS **72**, 111), nach Schleswig (SchlHA **87**, 108) „unter Umständen" schon bei 1,3‰, „jedenfalls" aber bei 1,92‰ (hierzu *Geppert* BA **87**, 269; vgl. dazu aber 6 zu § 315a). Der Führer eines **Binnenschiffs** soll jedenfalls bei einer BAK von „deutlich mehr als 1,7‰" fahruntüchtig sein (so Köln als SchifffahrtsOG BA **90**, 380). Diese Rspr. ist missverständlich, denn es widerspricht dem Begriff eines „absoluten" Grenzwerts, seine Bestimmung von Umständen des Einzelfalls abhängig zu machen. Konsequent wäre es daher, die für den Straßenverkehr geltenden Grenzwerte anzuwenden (Karlsruhe VRS **100**, 348 [1,3‰ bei Motorsportboot auf dem Bodensee]; AG Rostock NZV **96**, 124; *Reichart* NZV **96**, 125; *Geppert* BA **87**, 270; *Seifert* NZV **97**, 147; LK-*König* 74; krit. *Sudmeyer* NZV **97**, 340) oder auf einen „absoluten" Grenzwert ganz zu verzichten. 28

Bei einem sog. **Schluss-Sturztrunk** (vgl. Hamm VRS **46**, 134; Koblenz VRS **46**, 443; Düsseldorf MDR **82**, 871; *Forster/Joachim* [1 a] 47 f.) nimmt der BGH in **stRspr.** absolute Fahruntüchtigkeit schon dann an, wenn der Fahrer eine Alkoholmenge **im Körper** hat, die zur Überschreitung der „absoluten" Grenze führt (BGH **25**, 246; MDR **82**, 683; ebenso Bay NJW **72**, 2234; Hamburg NJW **72**, 1146; Hamm NJW **72**, 1526, 1529; VRS **44**, 35). Diese Rspr findet ihre Bestätigung in § 24a I StVG. 29

E. Feststellung der Fahruntüchtigkeit in anderen Fällen. Sind bei Beeinflussung durch Alkohol die Grenzwerte zur Anwendung der Beweisregel (oben 17 ff.) nicht erreicht oder hat der Fahrzeugführer andere Rauschmittel konsumiert, so ist die Fahruntüchtigkeit zum Tatzeitpunkt anhand einer **Gesamtbewertung sämtlicher Indiztatsachen** und der Umstände der konkreten Tat – insofern also „relativ" – festzustellen. Dabei geht es nicht darum, die Rauschmittel-Auswirkung durch andere Fahrunsicherheits-Gründe zu ersetzen, sondern darum, ihre **Ursächlichkeit** für das Vorliegen von Fahruntüchtigkeit anhand spezifischer Beweisanzeichen festzustellen. 30

a) Beeinflussung durch Alkohol. Wichtigster Fall ist auch hier die alkoholbedingte Fahruntüchtigkeit; insoweit stellt die **BAK** auch unterhalb der oben genannten Grenzwerte den Ausgangspunkt und wichtigsten Anknüpfungspunkt für die Beurteilung dar. Es gibt grds keine für die Fahrleistung unerhebliche BAK; 31

eine „absolute" Untergrenze gibt es nicht (vgl. *Gerchow*, kraftfahrt und verkehrsrecht **69**, 56, 60; *Janker* NZV **01**, 197; vgl. auch Bay NStZ/J **91**, 269; LK-*König* 93). Gleichwohl gehen Rspr. und hM – in Anwendung des Zweifelssatzes – davon aus, dass bei BAK-Werten **unter 0,3‰** eine alkohol*bedingte* Fahruntüchtigkeit nicht in Betracht kommt (vgl. BGH **19**, 243; Köln NZV **89**, 358; Saarbrücken NStZ-RR **00**, 12; *Hentschel* 15; *ders.* TFF 183; *Schwerd,* Spendel-FS 586; **aA** *Janker* NZV **01**, 197, 200; zweifelnd LK-*König* 93). Ab Erreichen dieses Werts **kann** Fahruntüchtigkeit in Betracht kommen (Köln NZV **95**, 454); **0,5‰** sind nach gesicherten Erkenntnissen eine regelmäßig kritische Grenze (BGH **13**, 281; VRS **24**, 369; vgl. § 24a I StVG idF v. 27. 4. 1998; dazu BT-Drs. 13/1439, 14/4304), bei **0,8‰** ist bei der Mehrheit der Kraftfahrer eine Gefährdung anderer zu befürchten.

32 **aa) Umstände,** welche im Zusammenhang mit der BAK eine alkoholbedingte Fahruntüchtigkeit erweisen (vgl. die Zusammenstellung bei *Mettke* NZV **00**, 199, 200f.; mwN), können sich aus Auffälligkeiten im Erscheinungs- oder Verhaltensbild des Täters ergeben. Äußerlich erkennbare alkoholtypische **Ausfallerscheinungen** lassen grundsätzlich auf Fahruntüchtigkeit schließen (BGA; zur relativen Wertigkeit solcher Erscheinungen Hamm OLGSt. 31; GA **69**, 186; zur Bedeutung eines Dreh-Nystagmus der Augäpfel, der nur verwertet werden kann, wenn der Nüchternbefund einen solchen nicht erkennen lässt, Köln VM **65**, 14; NJW **67**, 310; VRS **65**, 440; Zweibrücken VRS **66**, 205 [m. Anm. *Heifer* BA **84**, 535] u. NZV **96**, 159; Hamm OLGSt. 27; eingehend VRS **53**, 117; krit. *Boetzinger* MDR **89**, 511; jew. mwN).

33 Dabei ist zu beachten, dass das klinische Erscheinungsbild in der **Phase der Resorption** des Alkohols aus dem Magen-Darm-Kanal, deren Dauer vom Füllungszustand des Magens, Art des Getränkes, Trinkzeit und Trinkgeschwindigkeit abhängig ist, die aber idR 1 Stunde, *jedenfalls* aber 2 Stunden nach Trinkende abgeschlossen ist, weit schwerer erscheint als in der nachresorptiven Phase (Hamm NJW **63**, 405; Hamburg VM **66**, 61), so dass bei noch fast gleicher BAK 90 Min. nach Trinkende die groben Trunkenheitssymptome sprunghaft abklingen (BGA; BGH **13**, 85; **21**, 157; vgl. i. e. *Forster/Joachim* [oben 1a] 31f., 44f.); tatsächlich ist die Gefährdung der Fahrtüchtigkeit durch den Restalkohol auch nach Schlaf und längeren Zeiträumen (VRS **34**, 360) noch erheblich.

34 **Voraussetzung** für den Schluss aus solchen Fehlverhaltensweisen auf eine alkoholbedingte Fahrunsicherheit ist die **sichere Feststellung** (NStE Nr. 3 zu § 315c; Zweibrücken VRS **48**, 104; Hamm NZV **94**, 117), dass sie **Folgen des Alkoholgenusses** sind (BGH **8**, 32; VRS **21**, 56; **29**, 185; **34**, 211; 360; Karlsruhe DAR **58**, 252; Neustadt VRS **16**, 41; Saarbrücken VRS **24**, 31; NStZ/J **87**, 271); KG NJW **62**, 1783; Hamburg OLGSt. 54; Hamm NJW **73**, 1422; BA **82**, 565; Karlsruhe VM **75**, 36). Das wird nicht dadurch ausgeschlossen, dass gleichartige Fehler auch nüchternen Fahrern unterlaufen; es kommt nicht darauf an, wie sich ein „durchschnittlicher" nüchterner Fahrer, sondern wie gerade der Täter sich in nüchternem Zustand verhalten hätte (Bay NZV **88**, 110; Köln VRS **100**, 123f.); die nur *theoretische* Möglichkeit, dass ein erhebliches Fahrversagen auch bei Nüchternheit möglich ist, führt nicht zur Unbeweisbarkeit (VRS **49**, 429; Koblenz VRS **46**, 351; NZV **88**, 70).

35 Bei der Beurteilung kommt es wesentlich darauf an, ob es sich um einen **alkoholtypischen Fahrfehler** handelt, also um einen solchen, der in symptomatischer Weise auf die nach Alkoholgenuss typischerweise auftretenden **physiologischen** (zB Verlängerung der Reaktionszeit; Beeinträchtigung des Gleichgewichtssinns; Einengung des Gesichtsfelds; Müdigkeit) und **psychischen** (zB Kritiklosigkeit; erhöhte Risikobereitschaft und Selbstüberschätzung) Folgen hinweist. Daher deuten – jeweils in Abhängigkeit von der festgestellten BAK – etwa das Auffahren auf stehende Fahrzeuge, das Abkommen von der Fahrbahn in spitzem Winkel, das Fahren von Schlangenlinien, deutlich überhöhte Geschwindigkeit auf regennasser Fahrbahn in Kurven (vgl. Köln VRS **100**, 123) oder Rotlichtverstöße auf verkehrsarmer Straße in erheblich höherem Maße auf alkoholbedingte Fahrun-

tüchtigkeit hin als etwa falsches Einordnen oder Abbiegen auf unbekannter Strecke, Rotlichtverstöße bei starkem Verkehr oder geringfügige Geschwindigkeitsüberschreitungen. **Je höher die BAK,** desto geringere Anforderungen sind an den Nachweis durch weitere Umstände zu stellen (VRS **36**, 174; Saarbrücken DAR **62**, 133; Oldenburg VRS **28**, 466; Hamm VRS **30**, 120; **33**, 24; **40**, 362; Hamburg VM **68**, 61; Koblenz VRS **46**, 349; Schleswig SchlHA **76**, 169; Düsseldorf VM **77**, 28; VRS **81**, 450; Köln NZV **95**, 454). Bei niedrigen BAK-Werten nahe der Grenze von 0,3‰ sind an die Feststellung alkoholbedingter Fahruntüchtigkeit auf Grund der Gesamtwürdigung objektiver und subjektiver Umstände strenge Anforderungen zu stellen (Saarbrücken NStZ-RR **00**, 12).

bb) Einzelfälle. Auf eine „relative" Fahruntüchtigkeit kann insb. aus der **Fahrweise** geschlossen werden (BGH **13**, 89; **31**, 45; Bay NJW **73**, 572; vgl. hierzu *Groth* NJW **86**, 759; *R. Peters* MDR **91**, 490); namentlich aus **ungewöhnlichen Fahrfehlern** (VRS **5**, 550; **14**, 284; **19**, 29; **32**, 40; VersR **67**, 1142; DRiZ **74**, 352; Koblenz VRS **50**, 355; Köln VRS **56**, 447; Düsseldorf VRS **59**, 243; Köln VRS **100**, 123, 124); leichtsinnigem Fahren (VRS **33**, 118; Köln VRS **37**, 200); überhöhter **Geschwindigkeit** (Bay DAR **90**, 187); aber nicht schon bei „verständlichem Motiv", etwa bei „fluchtbedingter" Geschwindigkeitsüberschreitung (DAR **95**, 166; *Hentschel* NJW **96**, 634; and. LG Gießen NZV **00**, 385; vgl. dazu *Himmelreich/Lessing* NStZ **01**, 385 f.) und gleichzeitigem **Übersehen** von Fußgängern (Koblenz VRS **63**, 361); bei bewusst grob verkehrswidriger Fahrweise bei einer Flucht vor der Polizei (Düsseldorf NJW **97**, 1382: Flucht mit 100 km/h durch innerörtliche 30 km/h-Zonen, Rotlicht-Verstoß); gefährdendem, fluchtmotiviertem Anfahren bei einer Verkehrskontrolle (NStZ-RR **01**, 173 [Flucht nach Haschischkonsum]; Fahren in **Schlangenlinien** (Hamburg MDR **74**, 772); Nichteinhalten des Sicherheitsabstandes und Überholens trotz unklarer Verkehrslage; anderen Verhaltensweisen mit **auffällig erhöhtem Risiko,** namentlich bei sich aufdrängender objektiver „Nutzlosigkeit" (zB hochriskantes „Kolonnenspringen" bei insgesamt zähfließendem Verkehr; Beharren auf **aggressivem Durchsetzungswillen** etwa durch lang anhaltendes extrem dichtes Auffahren, Rechts-Überholen unter Benutzung der Standspur, usw.). 36

Verneint worden ist Fahruntüchtigkeit **zB** bei einer BAK von 1,03‰, Fahren ohne Licht und Rotlichtverstoß beim Ansteuern einer Parklücke (AG Frankfurt b. *Himmelreich/Lessing* NStZ **00**, 300); Fahren mit unzureichender Beleuchtung (Standlicht) auf gut ausgeleuchteter Straße bei 0,7‰ (LG Potsdam NZV **05**, 697). Nach LG Landshut (ebd.) kann bei einer BAK von 0,7‰ und Abkommen von der Fahrbahn auf grader Strecke nicht auf relative Fahruntüchtigkeit geschlossen werden (zw.). Besonders vorsichtiges und langsames Fahren mit Rücksicht auf den Alkoholgenuss kann dem Fahrer nicht zur Last gelegt werden (Düsseldorf VM **68**, 81; vgl. auch Hamm DAR **75**, 249; *R. Peters* MDR **91**, 490). Auch die Tatsache, dass der Fahrer sich entschließt, trotz widriger Straßenverhältnisse die Fahrt fortzusetzen, enthält allein noch kein Beweisanzeichen für eine relative Fahruntüchtigkeit, es sei denn, jeder nüchterne Fahrer hätte von einer Weiterfahrt Abstand genommen (Bay NZV **90**, 37 m. Anm. *Loos* JR **90**, 438). Ausfallerscheinungen, die bei ärztlicher Untersuchung nach dem Unfall festgestellt werden, können nicht zuungunsten des Täters verwertet werden, wenn die BAK zur Tatzeit niedriger war (BGH **31**, 45; Hamm VRS **36**, 49; anders bei Sturztrunk; vgl. oben). 37

cc) Unter Umständen kann alkoholbedingte Fahruntüchtigkeit auch **ohne Feststellung der BAK** nachgewiesen werden (Koblenz VRS **50**, 288; OLGSt. 117; Schleswig SchlHA **76**, 169; Hamm VRS **59**, 40; Düsseldorf ZfS **82**, 188); jedoch bedarf es dann zweifelsfreier Feststellung sonstiger Umstände, die auf durch Alkoholkonsum verursachte Fahruntüchtigkeit schließen lassen. Die Beobachtung eines torkelnden Gangs sowie alkoholtypischer Artikulationsschwierigkeiten nach dem Aussteigen reicht hierzu idR aus, wenn andere Ursachen solcher Ausfallerscheinungen (zB mögliche Unfallfolgen; Zweibrücken StV **99**, 321) auszuschließen 38 sind. *Besondere* Beweisanforderungen für die Feststellung von Fahruntüchtigkeit bei Fehlen von Feststellungen zur exakten Tatzeit-BAK gibt es nicht; es gelten die allgemeinen Grundsätze richterlicher Überzeugungsbildung (Hamm VRS **59**, 41; Zweibrücken StV **99**, 321; anders Düsseldorf NZV **90**, 168f.; VM **90**, 15; Koblenz VRS **50**, 288, 290; **54**, 282f.).

39 **b) Fahruntüchtigkeit infolge von Drogenkonsum.** Eine Festlegung **„absolut"** zu würdigender Wirkstoffgrenzen für die Beeinträchtigung der Fahrtüchtigkeit nach Konsum *anderer* Rauschmittel als Alkohol ist bislang mangels entsprechendes Erfahrungswissens nicht möglich (BGH **44**, 219; NStZ-RR **01**, 173; Düsseldorf NZV **99**, 174; Frankfurt NStZ-RR **02**, 17; Zweibrücken StV **03**, 624; NStZ-RR **04**, 150, 151; München NZV **06**, 274 [Cannabis]; Jena StraFo **07**, 300 [Cannabis]; *S/S-Cramer/Sternberg-Lieben* 6). Insb. ist auch eine Übertragung der zur **„Null-Wert-Grenze"** des § 24a II StVG geltenden Grundsätze ausgeschlossen (vgl. dazu Zweibrücken NStZ **02**, 95; zur Feststellung von Wirkstoffmengen Koblenz NStZ-RR **05**, 385; zur Mindest-Menge Köln NStZ-RR **05**, 385; vgl. dazu und zur indiziellen Bedeutung blutchemischer Nachweise einschränkend auch **BVerfG** NJW **05**, 349f.; [Anm. *Bönke* NZV 05, 270]). Wer unter dem Einfluss von Drogen Auto fährt, kann daher nicht „absolut" fahruntüchtig sein (**aA** AG München BA **93**, 251 bei „entsprechendem" [?] THC-Gehalt im Blut). Vielmehr ist im Einzelfall die Feststellung der Fahruntüchtigkeit anhand einer umfassenden Würdigung der Beweisanzeichen erforderlich (BGH **44**, 219 [Bespr. *Schreiber* NJW **99**, 1770]; NStZ **01**, 173; Bay NJW **94**, 2422; Frankfurt NJW **92**, 1570; NZV **95**, 116; NStZ-RR **02**, 17f.; Koblenz NStZ-RR **05**, 245; Zweibrücken NStZ **02**, 95; StV **03**, 624f.; NJW **05**, 85). IdR wird die jeweils konsumierte Substanz sowie deren Eignung zur Verursachung fahrsicherheitsmindernder Wirkungen festzustellen sein (vgl. Köln NZV **91**, 158); bei unklaren oder Misch-Intoxikationen können aber insoweit auch Rückschlüsse aus dem Erscheinungsbild ausreichen. Voraussetzung ist aber stets die **sichere Feststellung,** dass zur Zeit der Tat eine **aktuelle** Rauschmittelwirkung vorlag (vgl. dazu *Harbort* NZV **96**, 219, 221; zur Erheblichkeitsschwelle vgl. zB Bremen NZV **06**, 276 [Cannabis]; München NJW **06**, 1606 [Amphetamin]); die Feststellung von allgemeinen Langzeitwirkungen, etwa des „typischen" Erscheinungs- und Verhaltensbilds eines Drogen-Konsumenten, reicht hier ebenso wenig wie beim Alkohol aus. Die Anforderungen an Art und Ausmaß drogenbedingter konkreter Ausfallerscheinungen sind umso geringer, je höher eine im Blut festgestellte Wirkstoffkonzentration ist (Zweibrücken NStZ-RR **04**, 247).

40 Die Feststellung von Fahruntüchtigkeit setzt nicht stets das Vorliegen eines **Fahrfehlers** voraus (BGH **44**, 225f.; Bay NJW **97**, 1381), sondern kann sich auch aus dem Zustand und dem Verhalten des Fahrzeugführers bei einer Kontrolle ergeben (Frankfurt NStZ-RR **02**, 17f.; **aA** Köln StV **92**, 167; Frankfurt NJW **92**, 1570f.; LG Stuttgart NZV **96**, 379). Das setzt aber solche Auffälligkeiten voraus, die sich unmittelbar auf eine Beeinträchtigung der Fahrtüchtigkeit beziehen; **zB** schwerwiegende Einschränkungen der Wahrnehmungs- und Reaktionsfähigkeit; mangelnde Ansprechbarkeit; Unfähigkeit zu koordinierter Bewegung; extrem verlangsamte Reaktion (vgl. BGH **44**, 219, 244); dagegen reichen allgemeine Merkmale des Drogenkonsums nicht aus (zutr. Zweibrücken StV **03**, 624f.), also **zB** nicht schon gerötete Augen; erweiterte Pupillen; „verwaschene" Sprache; verlangsamte oder unsichere Motorik; verzögertes Aufnahmevermögen (vgl. Düsseldorf NJW **94**, 2428; Frankfurt NStZ-RR **02**, 17f.; Koblenz NStZ-RR **05**, 245); schläfriges Erscheinungsbild oder unvermittelte Stimmungsschwankungen (Zweibrücken StV **03**, 624); läppisches oder hypernervöses Verhalten. Eine auf solche Anhaltspunkte gestützte *vorläufige* Entziehung der Fahrerlaubnis wird aber häufig *iS § 5 II S. 1* StrEG grob fahrlässig verursacht sein (Bay NZV **94**, 285).

41 **Einzelfälle.** Die bloße Feststellung, der Fahrzeugführer habe am Vorabend der Fahrt **Benzodiazepine** eingenommen, reicht zur Annahme von Fahruntüchtig-

keit nicht aus (NStZ **01**, 245). Eine solche ist im Einzelfall auf der Grundlage der oben genannten Kriterien angenommen worden bei Kfz-Fahrten unter dem Einfluss von **Amphetaminen** (NZV **99**, 174; vgl. auch LG Krefeld StV **92**, 521; LG Stuttgart NZV **96**, 379; *Nehm* DAR **93**, 375, 378; *Salger/Maatz* NZV **93**, 329, 330; *Bieneck* StV **95**, 437; *Harbort* NZV **96**, 221; **98**, 17; *Bönke* NZV **98**, 394 und BA **00**, 40; *Händel* BA **00**, 66; *Maurer* BA **00**, 70; *Hentschel* 3 zu § 316); **Haschisch** (Köln NJW **90**, 2945, [m. Anm. *Trunk* NZV **91**, 258]; Düsseldorf NJW **93**, 2390 [m. Anm. *Trunk* NZV **93**, 276]; **94**, 2428 f.; Bay NJW **94**, 2427; 2428; Frankfurt NStZ-RR **02**, 17; Zweibrücken NStZ-RR **04**, 247)); **Heroin** (BGH **44**, 219 [m. Anm. *Berz* NStZ **99**, 407]; Frankfurt NJW **92**, 1570 [m. Anm. *Molketin* BA **93**, 207]); zu **Methadon** vgl. *Gebert* MedR **94**, 483).

Literatur (Auswahl): *Bode,* Die Rechtsprechung zu drogenbeeinflußter Verkehrsteilnahme, BA **02**, 7; *Bialas,* Die Rechtsprechung zur Feststellung der Fahruntüchtigkeit infolge des Konsums von Drogen, BA **97**, 129; *Bode* BA **94**, 141; *Bönke,* Die neue Bußgeldvorschrift gegen Drogen im Straßenverkehr, NZV **98**, 393; *Epping* NZV **94**, 129; *Gebert* MedR **94**, 483; *Granzer* GA **96**, 246; *Harbort,* Rauschmitteleinnahme u. Fahrsicherheit, 1996; *ders.*, Indikatoren für rauschmittelbedingte Fahrunsicherheit, NZV **96**, 219; 432; *ders.*, Fahrunsicherheit nach Einnahme von Benzodiazepinen NZV **97**, 209; *ders.*, Zum Verkehrsgefährdungs-Profil der Amphetaminderivate [„Ecstasy"], NZV **98**, 15; *Haase/Sachs,* Beurteilung einer Drogenfahrt unter der Wirkung von Haschisch (THC) als Straftat nach § 316 StGB oder als Ordnungswidrigkeit nach § 24 a StVG? – Lotteriespiel oder Rechtssicherheit?, DAR **06**, 61; *Heinke,* Fahruntüchtigkeit aufgrund drogeninduzierter Einschränkung der Sehfähigkeit, BA **04**, 241; *Kannheiser,* Mögliche verkehrsrelevante Auswirkungen von gewohnheitsmäßigem Cannabiskonsum, NZV **00**, 57; *Kannheiser/Maukisch* NZV **95**, 417; *Kauert,* Drogenkonsum und Fahruntüchtigkeit, BA **02**, 102; *Maatz* BA **95**, 97; **01**, 40; *ders.*, Arzneimittel u. Verkehrssicherheit, BA **99**, 145; *Maatz* BA **95**, 97; **01**, 40; *ders.*, Arzneimittel u. Verkehrssicherheit, BA **99**, 145; *Maatz/Mille* DRiZ **93**, 15; *Mettke,* Die strafrechtliche Ahndung von Drogenfahrten nach den §§ 315 c I Nr. 1 a, 316 StGB, NZV **00**, 199; *Möller* DAR **93**, 7; *Nehm* DAR **93**, 375; *Nolte,* Cannabis im Straßenverkehr. Zur Inszenierung u. Dramatisierung eines gesellschaftlichen „Problems", BA **02**, 17; *Pluisch,* Medikamente im Straßenverkehr, NZV **99**, 1; *Quensel,* Drogen im Straßenverkehr, MSchKrim **97**, 333; *Riemenschneider* MedR **98**, 17 [Medikamente]; *Salger* DRiZ **93**, 314 u. DAR **94**, 433; *Salger/Maatz* NZV **93**, 329; *P. Schmidt/Scheer/Berghaus* KR **95**, 241; *Schöch* DAR **96**, 452; *ders.*, Probleme der Fahrsicherheit und Fahreignung bei Substitutionspatienten, BA **05**, 353; *Schreiber* NJW **99**, 1770 [Bespr. von BGH **44**, 219]. 41 a

5) Subjektiver Tatbestand. § 316 setzt in allen Fällen **Vorsatz** hinsichtlich des **Führens eines Fahrzeuges** voraus; eine derartige finale Tätigkeit ist nur vorsätzlich denkbar (Bay DAR **70**, 331; **80**, 266; Düsseldorf NZV **92**, 197; *S/S-Cramer/Sternberg-Lieben* 20; *Hentschel* TFF 346). Hinsichtlich der **Fahruntüchtigkeit** unterscheidet das Gesetz zwischen **Vorsatz (I)** und **Fahrlässigkeit (II),** freilich bei **identischem Strafrahmen.** Nach hM widerspricht diese im Wesentlichen auf Beweisgründen beruhende Gleichbehandlung von Vorsatz und Fahrlässigkeit im Hinblick auf die hohe abstrakte Gefährlichkeit dem Schuldgrundsatz nicht (LK-*König* 181; zw.). Im **Tenor** und in den **Urteilsgründen** ist die Schuldform festzustellen (VRS **35**, 106; DAR **96**, 175; Celle VRS **38**, 261; Saarbrücken NJW **74**, 1391; Hamm BA **77**, 434; zur Wahlfeststellung vgl. 14, 19 zu § 1). 42

Kritik. In der **Praxis** spielt die Frage trotz der Gleichstellung in § 316 eine erhebliche Rolle, da an die Feststellung von Tatvorsatz zum einen Nachteile bei der Wiedererteilung der nach § 69 entzogenen **Fahrerlaubnis** geknüpft sind, zum anderen idR die Leistungspflicht von **Rechtsschutzversicherungen** entfällt. Im amtsgerichtlichen Massengeschäft der Verfahren wegen § 316 und § 315 a I Nr. 1 Buchst. a hat sich daher eine der Gerechtigkeit abträgliche (zutr. AG Coesfeld BA **98**, 320) Praxis herausgebildet, die sich zum **Nutzen aller Beteiligten** vom Gesetz entfernt (ähnl. *Tolksdorf* VGT **95**, 79, 83; vgl. auch *Hentschel* DAR **93**, 449, 452; *Salger* DRiZ **93**, 311; LK-*König* 181, 192) und das Ansehen der Justiz beschädigt: Der **Beschuldigte** „gesteht", dass er (nach 15 halben Litern Bier) geglaubt habe, fahrtüchtig zu sein, und erlangt Kostenerstattung; der **Verteidiger** hat im Zweifel einen liquiden Gebührenschuldner; das **Gericht** „erledigt" 10 Sachen am Vormittag. **Begründungen** dafür, warum die sonst so hohe Bedeutung von Vermögen und Funktionsfähigkeit der Versicherungswirtschaft (§ 265!) hier zurücktreten muss, fehlen. 43

44 **A.** Der **Vorsatz setzt voraus,** dass der Täter sich der Tatsache oder zumindest der Möglichkeit seiner **Fahruntüchtigkeit** bewusst ist und sich dennoch zum Fahren entschließt (Hamm VRS **37**, 198) Dagegen sind die Kenntnis der „absoluten" **BAK-Grenze** (oben 24ff.) oder das Bewusstsein ihrer Überschreitung für den Vorsatz grds unbeachtlich, da es hierbei nicht um ein Tatbestandsmerkmal handelt. Das führt dazu, dass ein Täter, der *bewusst* von einer BAK über 1,1‰ ausgeht und die rechtliche Bedeutung dieser Grenze auch kennt, im Hinblick auf seine Fahruntüchtigkeit dennoch grds fahrlässig handeln kann (**aA** wohl *Hentschel* TFF 177ff., der den BAK-Grenzwert einem Tatbestandsmerkmal – mit der grds. Möglichkeit eines Tatbestandsirrtums – gleichstellt); Die Annahme des Vorsatzes muss im Urteil begründet werden (Bay DAR **78**, 209; **81**, 246; vgl. dazu auch *Janker* DAR **01**, 151, 153ff.); bei einer **BAK über 1,1‰** ist das Vorliegen zumindest bedingten Vorsatzes jedenfalls dann **nahe liegend** (vgl. auch NJW **68**, 1787; Düsseldorf VM **74**, 60; Hamm NJW **75**, 660; Koblenz NZV **01**, 357; einschr. Köln DAR **97**, 499; **99**, 88; Jena DAR **97**, 324; Karlsruhe DAR **97**, 326 L; Hamm zfs **99**, 217; NZV **99**, 99; Naumburg DAR **99**, 420; Zweibrücken DAR **99**, 132; einschr. LK-*König* 192, 194; NK-*Herzog* 30), wenn der Täter einschlägig vorbestraft ist und in Fahrbereitschaft Alkohol konsumiert hat (Celle NZV **96**, 205; **98**, 123).

45 Gleichwohl werden „auffallend selten" (so BGH **22**, 200) Vorsatztaten als erwiesen angesehen und selbst bei hohen Alkoholwerten hohe, manchmal übertriebene Anforderungen an den Nachweis des Vorsatzes gestellt (**zB** Hamm BA **79**, 230 bei 2,57‰; ferner BA **78**, 59, 376; VRS **54**, 45; ZfS **96**, 233; NZV **98**, 291; 334; Köln ZfS **82**, 187; VRS **64**, 196; **67**, 226; **72**, 368; **94**, 214; StV **84**, 516; Bay VRS **64**, 190; DAR **82**, 251; **83**, 249; **84**, 242; **85**, 242; Koblenz VRS **70**, 11; BA **94**, 48; Celle StV **88**, 144; NZV **92**, 247 [bei 2,41‰]; **93**, 444; Zweibrücken ZfS **90**, 33; **91**, 428; VRS **82**, 34; **85**, 202; **87**, 436; StV **92**, 423; NZV **93**, 241; 277; DAR **99**, 132; Karlsruhe NZV **91**, 239; **93**, 116; VRS **81**, 25; Dresden NZV **95**, 236; Saarbrücken ZfS **95**, 432; Frankfurt ZfS **92**, 356 u. NJW **96**, 1359; Düsseldorf StV **93**, 423; 424; VRS **86**, 110; NZV **94**, 325 [m. Anm. *Schneble* BA **94**, 264]; eher **zust.** *Schneble* BA **84**, 281, *Nehm*, Salger-FS 115, *Tolksdorf* VGT **95**, 79); **gegen** diese Rspr. *Seib* BA **78**, 61; *Haubrich* DAR **82**, 285; *Salger* DAR **86**, 389; *ders.* DRiZ **93**, 311; vgl. auch NStZ/J **81**, 336; **84**, 112; **92**, 271; Düsseldorf VM **79**, 69; NZV **94**, 367; Celle VRS **61**, 35; AG Rheine DRiZ **94**, 101; NJW **95**, 894 [dazu *Sendler* NJW **95**, 849]; BA **97**, 234; and. auch AG Coesfeld BA **98**, 319; **zusf.** *Hentschel* DAR **93**, 449; *ders.* NJW **96**, 635; *Bode* BA **94**, 137; *M/J/B-Burmann* 29; *Schmid* BA **99**, 262; *Kruse* BA **99**, 382).

46 Aus der BAK *allein* kann nicht ohne Hinzutreten weiterer Umstände auf vorsätzliches Handeln geschlossen werden (VRS **65**, 359; Frankfurt NJW **96**, 1358; Karlsruhe NZV **99**, 301; Köln DAR **99**, 88; VRS **98** [2000] 140, 145; Naumburg BA **01**, 457; Saarbrücken StraFO **01**, 203; Hamm BA **01**, 461; NZV **03**, 47; **05**, 161, 162; NStZ-RR **05**, 15; Zweibrücken ZfS **01**, 334; Hamm VRS **107** [2004] 431). Einen **Erfahrungssatz,** dass ein Kraftfahrer ab einer bestimmten BAK seine Fahruntüchtigkeit kennt, gibt es nicht (Köln DAR **97**, 499; **99**, 88; Naumburg DAR **99**, 420; Hamm NZV **05**, 161, 162); freilich auch keine umgekehrte Regel, wonach vermindert Schuldfähige sich stets für fahrtüchtig hielten. Bei der **Beurteilung** kommt es auf die tatsächlichen Umstände des Einzelfalls an (Bay NZV **94**, 285; KG VRS **80**, 449; Jena DAR **97**, 324), insbesondere auch auf die Intelligenz und Selbstkritik des Fahrers (Bay VRS **59**, 338; **91**, 280; Hamm DAR **69**, 302; VRS **37**, 367; 447; **39**, 345; **40**, 360; **48**, 275; NStZ-RR **96**, 297; Saarbrücken NJW **71**, 1904; Köln DAR **87**, 157; BA **87**, 225; VRS **94**, 214; Frankfurt ZfS **89**, 141; NJW **96**, 1359; abl. zur Bestimmung allgemeiner Kriterien *Blank* BA **97**, 116; zur Rspr vgl. auch *Hentschel* NJW **02**, 722, 730; *Himmelreich/Lessing* NStZ **01**, 356, 359; **02**, 301, 303f.). Daneben sind **Indizien** wie ein „planvoller" Geschehensablauf vor der Trunkenheitsfahrt, Trinken in Fahrbereitschaft, Verhalten oder Äußerungen bei der *Kontrolle*, Warnhinweise Dritter vor Fahrtbeginn, auffällig *vorsichtige* Fahrweise oder Fahren auf „Schleichwegen", auffällige Fahrfehler heranzuziehen (einschränkend LK-*König* 196ff. mwN). Zwar lässt sich die *vorsätzliche* Verwirklichung des Trunkenheitstatbestandes mit mehrfach einschlägigen Vorstra-

fen und dem Verhalten des Täters bei der polizeilichen Kontrolle begründen (Frankfurt NStZ-RR **96**, 85; Celle NZV **96**, 204; Koblenz NZV **93**, 444); die Vortaten müssen in diesem Fall jedoch einen annähernd ähnlichen Sachverhalt aufweisen; das ist im Urteil darzulegen (Celle NZV **98**, 123).

Der Vorsatz kann durch die Steigerung des subjektiven Leistungsgefühls nach Abschluss der Resorptionsphase (Karlsruhe NJW **65**, 361) oder durch Mitwirken anderer Ursachen, insbesondere auch von Medikamenten, ausgeschlossen sein (vgl. auch VRS **37**, 365; Hamm VRS **33**, 436; **37**, 198). Der **Zweifelssatz** zwingt aber nicht dazu, vom Vorliegen seltener Ausnahmen auszugehen, für welche sich weder aus den Tatumständen noch aus der Einlassung des Beschuldigten Anhaltspunkte ergeben (zutr. AG Coesfeld BA **98**, 319). Die formelhaft vorgetragene Behauptung, sich „fahrtüchtig gefühlt" zu haben, ist bei hohen Blutalkoholkonzentrationen nach **Trinken in Fahrbereitschaft** idR nicht geeignet, ernsthafte Zweifel am Vorliegen zumindest bedingten Tatvorsatzes zu begründen. Wer etwa in der Absicht, „kräftig zu feiern", 5 Stunden lang in Gaststätten Bier und Schnaps bis zu einer BAK von 2,5‰ trinkt, bietet (entgegen Hamm NZV **98**, 334) ohne Vorliegen weiterer, konkreter Tatsachen keinen Anlass, mittels aufwändiger Sachverständigengutachten zu klären, ob *möglicherweise* seine Erkenntnisfähigkeit vermindert gewesen sein könnte. **47**

Bei Fahruntüchtigkeit aufgrund von **Drogen-Konsum** gilt Entsprechendes. Namentlich bei erheblichen Zeitspannen zwischen Konsum und Tathandlung, ggf. nach zwischenzeitlichem Schlaf, bedarf die Bejahung des subjektiven Tatbestands besonderer Begründung (vgl. Saarbrücken NZV **07**, 320 [zur Fahrlässigkeit bei § 24 a II StVG). **47 a**

B. Fahrlässigkeit liegt vor, wenn der Täter sich **bewusst** (LK-*König* 210: „charakteristisches Tatbild des § 316") oder **unbewusst fahrlässig** irrig für fahrtüchtig hält. Dies ist, wenn der Täter das Rauschmittel, insb. Alkohol bewusst zu sich genommen hat (vgl. Hamm OLGSt. 35; VRS **40**, 447; DAR **73**, 23; Koblenz VRS **44**, 199), regelmäßig anzunehmen, da die Wirkungen und Gefahren des Alkohols allgemein bekannt sind (vgl. *Bialas,* Promille-Grenzen, Vorsatz und Fahrlässigkeit, Diss. Frankfurt 1995 [Bespr. *Kaatsch* BA **97**, 232]). Wer ihm unbekannte Tabletten einnimmt, hat mit schädlichen Wirkungen in Verbindung mit Alkohol zu rechnen (Hamm VRS **42**, 281). Gebrauchsanweisungen für Medikamente hat der Kraftfahrer daher zu lesen (Braunschweig DAR **64**, 170; Köln JZ **67**, 183; Oldenburg OLGSt. 17; Hamm BA **74**, 214; Düsseldorf VM **78**, 84; vgl. auch *Händel* NJW **65**, 1999). Dass dem Täter heimlich hochprozentiger Alkohol zB ins Bier gegossen worden ist, schließt seine Schuld nicht immer aus (vgl. Hamm DAR **60**, 84; JMBlNW **64**, 42; NJW **74**, 2058). Wer sich von einem Mitzecher unkontrolliert Alkohol in ein anderes Getränk hineingießen lässt, handelt von vornherein fahrlässig (**aA** Köln BA **79**, 230 [m. abl. Anm. *Dittmer*]; Oldenburg BA **83**, 364 [m. abl. Anm. *Middendorff*]). Dasselbe gilt für die in der Praxis nicht ganz seltenen Behauptungen, aus gesundheitlichen Gründen irgendwelche **alkoholhaltigen Medikamente** (in abwegiger Menge) eingenommen zu haben. Auch die Behauptung, angenommen zu haben, durch den Genuss von Kaffee oder „Ernüchterungs-Mitteln" wieder fahrtüchtig zu sein, kann den Fahrlässigkeits-Vorwurf regelmäßig nicht ausschließen (zutr. LK-*König* 224). Angesichts der hohen **Dunkelziffer** von Trunkenheitsfahrten (nach Schätzungen mindestens 1 : 300) liegt insb. bei Wiederholungstätern die Annahme von Alkoholismus nahe, was namentlich für § 69 a von Bedeutung sein kann; Einlassungen zu den (angeblich außergewöhnlichen) Umständen der Tat sowie zur subjektiven Tatseite sind daher auch unter dem Gesichtspunkt alkoholismus-typischer Verschleierungsstrategien zu werten. **48**

6) Beteiligung. § 316 ist ein **eigenhändiges Delikt** (BGH **18**, 6; SK-*Horn/Wolters* 13); mittelbare Täterschaft ist daher nicht möglich, Mittäterschaft nur als *eigenhändige* (gemeinsames Führen des Fahrzeugs; vgl. NJW **59**, 1883; NZV **90**, 157; Bay DAR **79**, 238 Nr. 12 a; Hamm NJW **69**, 1975). Ob das auch für fahrun- **49**

tüchtige **Fahrlehrer** gilt (die nach § 2 XV S. 2 StVG Kfz-Führer iS des StVG sind), ist str.; teilw. wird Täterschaft bei Dirigieren eines unerfahrenen Fahrschülers angenommen (Karlsruhe VRS **64**, 153, 157; AG Cottbus NStZ **02**, 546; *S/S-Cramer/Sternberg-Lieben* 23; *J/J/B* 2; LK-*Geppert* 29 zu § 69; zw.; **aA** LK-*König* 42 zu § 315 c; *Joerden* BA **03**, 104). Täterschaft durch **Unterlassen** ist allenfalls in Sonderfällen denkbar (nach SK-*Horn/Wolters* 9 a; NK-*Herzog* 7 ganz ausgeschlossen).

50 **Teilnahme** an der Vorsatztat nach I ist möglich; zB durch Verabreichung von Alkohol an den späteren Täter, von dem man weiß, dass er noch fahren will (BGH **4**, 20; enger **19**, 152; dazu krit. *Geilen* JZ **65**, 469; MDR/D **54**, 334; Düsseldorf VM **60**, 17; Oldenburg DAR **57**, 300); der bloß Mitzechende ist idR nicht Gehilfe.

51 **7) Rechtfertigung.** Als Rechtfertigungsgrund kommt idR nur rechtfertigender **Notstand** in Betracht. IdR ist jedoch sowohl bei der Trunkenheitsfahrt eines Arztes zum Patienten (vgl. Koblenz MDR **72**, 885; *S/S-Cramer Sternberg-Lieben* 29; *Hentschel* 33) als auch beim Transport verletzter oder erkrankter Personen zum Arzt oder ins Krankenhaus (vgl. Koblenz VRS **73**, 287) anderweitige Hilfe erreichbar; in Ausnahmefällen ist Rechtfertigung möglich (vgl. Hamm VRS **20**, 232; Düsseldorf VM **67**, 38 [einzige Rettungsmöglichkeit nach Unfall]; Celle VRS **63**, 449 [Feuerwehreinsatz]). Notwehr oder Nothilfe, etwa zur Verfolgung von Unfall-Flüchtigen, scheiden regelmäßig aus, da die Tat des § 316 sich nicht gegen den Angreifer richtet (Celle NJW **69**, 1775). Im Hinblick auf das Allgemeinrechtsgut der Verkehrssicherheit kommt auch eine rechtfertigende Einwilligung durch Mitfahrer nicht in Betracht.

52 **8) Verschulden.** Ob außer der Fahruntüchtigkeit gleichzeitig die **Voraussetzungen des § 21** vorliegen (vgl. Düsseldorf VM **97**, 62: Erörterung bei BAK über 2,0‰ auch bei § 316 erforderlich), ist für den Tatbestand ohne Bedeutung. Ist hingegen **Schuldunfähigkeit** gem. § 20 gegeben, so kommt nach BGH **42**, 235 für das schlichte Tätigkeitsdelikt des § 316 (und des § 315 c I) eine **actio libera in causa** (49 ff. zu § 20) nicht in Betracht, sondern allein § 323 a (vgl auch Celle NZV **98**, 123; Jena DAR **97**, 324; LG Münster NStZ-RR **96**, 266; vgl. dazu 54 zu § 20).

53 **9) Rechtsfolgen.** Es gilt der Vorrang der **Geldstrafe** (vgl. § 47; Düsseldorf NJW **70**, 767; Zweibrücken MDR **70**, 434; LK-*König* 234). Ausgehend von Empfehlungen des 8. VGT (k+v **70**, 39), und auf Grund der Antragspraxis der StAen hat sich in der BRep. für § 316 eine ziemlich gleichmäßige Strafzumessungspraxis entwickelt, die sich bei Ersttätern zwischen 25 und 50 Tagessätzen bewegt. Eine **Freiheitsstrafe** von 6 Monaten bis zu 1 Jahr wird bei § 316 nur bei mehrfachen Wiederholungstätern in Betracht kommen; im Übrigen gilt § 47. **Besondere Tatumstände** iS des § 47 können **zB** darin liegen, dass der Täter vorsätzlich mit hohem Blutalkoholgehalt gefahren ist und in Fahrbereitschaft getrunken hat; besondere Umstände in der Person sind vor allem dann gegeben, wenn der Täter rückfälliger Trunkenheitsfahrer ist (vgl. dazu Koblenz NZV **88**, 230; KG JR **68**, 194; NStZ/J **89**, 259) und wenn Geldstrafe bisher ohne Wirkung blieb.

54 Im Übrigen gelten die **allgemeinen Strafzumessungsgrundsätze** (9 zu § 46; 4 zu § 40). Vorsätzliches Handeln wird idR strafschärfend wirken; jedoch sollte sich schon im Hinblick auf die unbefriedigende Feststellungspraxis ein **Geständnis** des Vorsatzes erheblich strafmildernd auswirken. Für das **Ausmaß der abstrakten Gefahr** und den Schuldumfang kommt es weniger auf die Höhe der BAK als auf die Fahrweise, die Verkehrsverhältnisse und die zurückgelegte Fahrstrecke an (Karlsruhe VRS **79**, 200); hierzu sind idR Feststellungen im Urteil erforderlich (Köln StV **01**, 355). Auch das Verhalten nach der Tat kann uU von Bedeutung sein und straferschwerend wirken, wenn es einen Schluss auf die zu missbilligende Einstellung des Täters zulässt (*Hentschel-Born* 455 ff. mwN), dies gilt im Einzelfall auch vom sog. Nachtrunk (vgl. BGH **17**, 143 [zu § 142]; NJW **62**, 2070; Oldenburg NJW **68**, 1293). Eine Strafmilderung wegen alkoholbedingt **eingeschränkter**

Schuldfähigkeit nach §§ 21, 49 I kommt bei *Trinken in Fahrbereitschaft* regelmäßig nicht in Betracht (Hamm BA **80**, 294; vgl. aber Karlsruhe NZV **90**, 277; NStZ/J **85**, 112). Im Übrigen ist aber bei hohen BAKen § 21 regelmäßig zu prüfen; sind die Voraussetzungen gegeben, so ist nach Maßgabe des § 49 I über eine Strafrahmensenkung zu entscheiden und dies im Urteil zu begründen. Eine **schematische** Anwendung des § 21 etwa ab einer BAK von 2,0‰ (so Naumburg DAR **01**, 379) ist auch im Verkehrsstrafrecht verfehlt (vgl. 19, 21 zu § 20) und auch nicht aus Gründen der „Verfahrensökonomie" geboten. Ist **Volltrunkenheit** (§ 20) nicht auszuschließen, so kommt **§ 323 a** in Betracht.

Eine Tat nach § 316 zieht idR die **Entziehung der Fahrerlaubnis** nach sich (§ 69 II Nr. 2; vgl. Erl. dort); bei Fehlen einer Fahrerlaubnis die Anordnung einer isolierten Sperre nach § 69 a. Unterbleibt sie ausnahmsweise, so ist idR ein **Fahrverbot** auszusprechen (§ 44 I S. 2). 55

10) Konkurrenzen. Die Tat ist **Dauerstraftat,** die regelmäßig erst mit dem Abschluss der Fahrt beendet ist (NJW **73**, 336), und zwar auch bei Motivänderung (VRS **48**, 354; NJW **83**, 1744); bei **Fahrtunterbrechung** und **neuem Entschluss** zur Weiterfahrt, vor allem zur **Unfallflucht,** ist eine neue Tat gegeben (BGH **21**, 203; VRS **13**, 121), und zwar auch im Falle einer Weiterfahrt nach späterer Kenntnisnahme vom Unfall (Bay MDR **81**, 1035 m. Anm. *Hentschel* JR **82**, 250; zum Ganzen *Seier* NZV **90**, 131). **Mehraktige Trunkenheitsfahrten** können je nach dem Vorstellungsbild des Täters als natürliche Handlungseinheit oder als Mehrheit von Taten erscheinen: **Tatmehrheit** ist regelmäßig bei neuem Fahrtentschluss gegeben; dagegen unterbrechen kurzfristige Fahrtpausen bei einheitlichem Fahrtziel die Handlungseinheit nicht (vgl. NStZ **97**, 508 zu § 21 StVG). 56

Hinter § 315 a I Nr. 1, § 315 c I Nr. 1 tritt § 316 zurück (23 zu § 315 c), mit §§ 315, 315 a I Nr. 2, 315 c I Nr. 2 ist **Tateinheit** möglich; ebenso mit § 113 (VRS **49**, 117), § 142, (hierzu 23 zu § 315 c), § 323 a (1 StR 428/73) sowie mit Tötungs- und Körperverletzungsdelikten. 57

Räuberischer Angriff auf Kraftfahrer

316a **I Wer zur Begehung eines Raubes (§§ 249 oder 250), eines räuberischen Diebstahls (§ 252) oder einer räuberischen Erpressung (§ 255) einen Angriff auf Leib oder Leben oder die Entschlussfreiheit des Führers eines Kraftfahrzeugs oder eines Mitfahrers verübt und dabei die besonderen Verhältnisse des Straßenverkehrs ausnutzt, wird mit Freiheitsstrafe nicht unter fünf Jahren bestraft.**

II In minder schweren Fällen ist die Strafe Freiheitsstrafe von einem Jahr bis zu zehn Jahren.

III Verursacht der Täter durch die Tat wenigstens leichtfertig den Tod eines anderen Menschen, so ist die Strafe lebenslange Freiheitsstrafe oder Freiheitsstrafe nicht unter zehn Jahren.

1) Allgemeines. Die Vorschrift idF des Art. 1 Nr. 84 des 6. StrRG (2 f. vor § 174, 1 vor § 306; Ursprung des § 316 a: G gegen Straßenraub mittels Autofallen v. 22. 6. 1938; aufgehoben durch KRG Nr. 55; in veränderter Fassung wieder eingeführt durch 1. StrVerkSichG v. 19. 12. 1952; vgl. dazu *Große* NStZ **93**, 525; *Geppert* Jura **95**, 311; LK-*Sowada* vor 1; NK-*Herzog* 1 f.) stellt, anders als § 316 a aF (dazu BGH **18**, 172; **24**, 173), erst die **Ausführung** des Angriffs unter Strafe. Der Charakter als Unternehmensdelikt ist damit aufgegeben worden (vgl. *Mitsch* ZStW **111** (1999), 65, 109 f.); freilich nur zugunsten eines „unechten Unternehmens" (vgl. unten 7). Der unbenannte besonders schwere Fall des I S. 2 ist weggefallen und stattdessen in III eine Erfolgsqualifikation aufgenommen worden. Die vom BRat angestrebte Absenkung des Strafrahmens in I (BT-Drs. 13/8587, 75) wurde nicht verwirklicht (BT-Drs. 13/8587, 89; krit. *Freund* ZStW **109**, 482 f.; *Hörnle* Jura **98**, 175). 1

Neuere Literatur: *Mitsch* Der neue § 316 a StGB, JA **99**, 662; *C. Fischer,* Der räuberische Angriff auf Kraftfahrer nach dem 6. StrRG, Jura **00**, 434; *Ingelfinger,* Zur tatbestandlichen Reichweite der Neuregelung des räuberischen Angriffs auf Kraftfahrer u. zur Möglichkeit strafbefreienden Rücktritts vom Versuch, JR **00**, 225; *Sowada,* Im Labyrinth des § 316 a StGB, Otto-FS (2007) 799; *Wolters,* „Neues" vom räuberischen Angriff auf Kraftfahrer?, GA **02**, 303. 1 a
(Auch) **zur aF:** *Geilen* 744; *Geppert* Jura **95**, 310; *Große,* Einfluß der nationalsozialistischen Gesetzgebung auf das heutige StGB am Beispiel des § 316 a, NStZ **93**, 525; *Günther,* Der

„Versuch" des räuberischen Angriffs auf Kraftfahrer, JZ **87**, 369; *ders.*, Der räuberische Angriff auf „Fußgänger" – ein Fall des § 316 a StGB?, JZ **87**, 369; *Meurer-Meichsner*, Untersuchungen zum Gelegenheitsgesetz im Strafrecht (usw), 1974; *Peyer* NJW **71**, 872; *Roßmüller/Rohrer* NZV **95**, 253; *Roth-Stielow* NJW **69**, 303.

2 **2) Rechtsgut; kriminalpolitische Bedeutung.** Die Einordnung des Tatbestands in den Abschnitt über gemeingefährliche Straftaten beruht auf der Annahme, § 316 a schütze (jedenfalls gleichrangig) neben **individuellen Rechtsgütern** (Vermögen) die **Sicherheit des Straßenverkehrs** (vgl. BGH **5**, 280 f.; **13**, 27, 29; **22**, 114, 117; **39**, 249, 250; **49**, 8 [= NJW **04**, 786]; vgl. auch *Lackner/Kühl* 1; LK-*Sowada* 7; *Hentschel* JR **86**, 428 f.; *Günther* JZ **87**, 375 ff.; *Geppert* Jura **95**, 311). Dafür spricht, neben der systematischen Stellung, namentlich der Umstand, dass eine Mindeststrafe von 5 Jahren für die Vorbereitung oder den Versuch eines (einfachen) Raubs schwerlich legitimierbar ist, wenn nicht zugleich ein gewichtiges anderes Rechtsgut verletzt wird (LK-*Sowada* 7; einschr. zur Kritik aber *Wolters* GA **02**, 303, 306 f.). In die Systematik der §§ 315 ff. passt der Tatbestand freilich auch unter diesem Gesichtspunkt nicht recht (vgl. etwa § 315 III); eine Beschränkung des Schutzes auf Führer und Mitfahrer von Kraft-Fahrzeugen (also zB auch Omnibus-Passagiere) ist auch unter tatsächlich-kriminologischen Gesichtspunkten wenig plausibel, welche sich seit Erlass des **AutofallenG** v. 22. 6. 1938 (RGBl. I, 651; vgl. dazu *Große* NStZ **93**, 526; *Geppert* Jura **95**, 311) jedenfalls im Geltungsbereich des StGB grundlegend verändert haben (zur unklaren Schutzguts-Bestimmung auch zutr. *Sowada*, Otto-FS [2007] 799, 808 ff). Ähnliche Einwände lassen sich auch gegen die **Gegenansicht** formulieren, welche § 316 a jedenfalls vorrangig als individualschützenden qualifizierten Raub-Tatbestand ansieht (vgl. *S/S-Cramer/Sternberg-Lieben* 1; SK-*Wolters/Horn* 2; NK-*Herzog* 3; *M/Schroeder/Maiwald* 35/45 f.; *Otto* BT 46/69; jew. mwN), denn die im Strafrahmen eklatante Heraushebung der straßenverkehrs-spezifischen **Schutzlosigkeit** gegenüber räuberischen Angriffen erscheint im Vergleich zu anderen Fallgruppen von zweifelhaftem Signalwert. Die halbherzige „Entschärfung" des Tatbestands durch das 6. StrRG vermag daher nicht zu überzeugen. § 316 a ist ein **entbehrlicher Tatbestand** (*Freund* ZStW **109**, 455, 482; *W/Hillenkamp* 382; *Krey* BT II, 237 f.; LK-*Sowada* 50; *ders.*, Otto-FS [2007] 799, 800), dessen Anwendung der Praxis mehr Schwierigkeiten als Nutzen bereitet.

3 **3) Objektiver Tatbestand.** Die Tat besteht in dem **Angriff** auf Leib, Leben (5 zu § 102) oder Entschlussfreiheit des **Führers** (4 zu § 315 a; 3 zu § 315 c) eines Kraftfahrzeuges (auch eines Mofas: BGH **39**, 249) oder eines **Mitfahrers** (BGH **13**, 29). Voraussetzung ist daher, dass *zum Tatzeitpunkt* (nicht: des Tat*entschlusses*) das Opfer entweder ein Kfz „führt" (iS von 3 zu 315 c) oder Insasse eines „geführten" Kfz ist (BGH **49**, 8, 14 f. [Anm. *Sander* NStZ **04**, 501]; **50**, 169, 171; NStZ **04**, 626; NStZ-RR **04**, 171; **06**, 185 f.; vgl. dazu auch *Roßmüller/Rohrer* NZV **95**, 253, 255; *Wolters* GA **02**, 303, 309 f.; SK-*Wolters/Horn* 3; and. *W/Hillenkamp* 383). Die Eigenschaft als „Führer" oder „Mitfahrer" kommt Personen nicht als Dauer-Eigenschaft zu, sondern ist (wie in § 315 a I Nr. 2 [„als Führer"]) als subjektivierte *Handlungs*-Beschreibung zu verstehen (and. *W/Hillenkamp* 383 b; *Sowada*, Otto-FS [2007] 799, 804 f.).

4 Als **Führen** eines Kfz (zum Begriff vgl. auch 3 zu § 315 c) sind alle Handlungen anzusehen, welche unmittelbar dem Ingangsetzen, Inganghalten, Lenken usw. dienen; auch das Bremsen, Anhalten, Einparken (vgl. NK-*Herzog* 13), dh Handlungen zur bestimmenden Nutzung des Kfz als Verkehrsmittel. Befindet sich das Fahrzeug, in dem sich das (potenzielle) Opfer aufhält, nicht (mehr) in Bewegung, so ist darauf abzustellen, ob das Opfer als Fahrer (noch) mit der Bewältigung von Betriebs- oder Verkehrsvorgängen befasst ist (BGH **49**, 8, 14 f.; **50**, 169, 171 ff. = NJW **05**, 2564 [Taxifahrer nach Anhalten am Fahrtziel]; NStZ-RR **06**, 175; 4 StR 537/04; vgl. aber unten 13). Das ist bei einem **verkehrsbedingten Halt** idR der Fall; zB beim Anhalten vor einer roten Ampel (BGHR § 316 a I Straßenverkehr 16) oder in einem Stau (BGH **50**, 169, 171); bei **nicht verkehrsbedingtem Halt**, wenn und

solange der Fahrer (noch) mit der Bewältigung von Verkehrsvorgängen beschäftigt ist, zB bei laufendem Motor dauernd die Fußbremse betätigt. Führer eines Kfz und damit taugliches Opfer des § 316a ist nicht, wer sich *außerhalb* des Fahrzeugs befindet, gleichgültig, ob er dieses noch nicht bestiegen oder ob er es – sei es auch vorübergehend – verlassen hat (NStZ-RR **04**, 191). Auch das bloße Laufenlassen des Motors ohne Bezug zu Verkehrsvorgängen, zB zum Betrieb von Heizung oder Klimaanlage oder von elektrischen Geräten, ist kein „Führen" des Kfz. Die Eigenschaft als „Führer" des Kfz endet jedenfalls, wenn der Motor abgestellt wird (vgl. BGH **50**, 169, 171; SK-*Wolters/Horn* 3 (krit. zu dieser Abgrenzung *Duttge/Nolden* JuS **05**, 193f.; *Sowada*, Otto-FS [2007] 799, 804).

Mitfahrer kann eine Person nur sein, wenn (und solange) eine andere Person das Kfz führt; daher ist ein allein im Fahrzeug wartender Beifahrer idR nicht Mitfahrer iS von § 316a (NStZ-RR **04**, 171, 172). Auch eine zur Mitfahrt genötigte Person ist Mitfahrer iS von I (NStZ **04**, 626); nicht Personen, die erst mitfahren *sollen* oder wollen (zB bei Überfall *vor* dem Einsteigen; SK-Wolters/Horn 3). Das Führen oder Mitfahren endet, wenn das Kfz, sei es auch nur vorübergehend, Teil des ruhenden Verkehrs wird (vgl. unten 9ff.). 5

A. Angriff ist jede auf die Verletzung eines der genannten Rechtsgüter gerichtete, feindselige Handlung; auf einen Erfolg kommt es insoweit nicht an (*S/S-Cramer/Sternberg-Lieben* 3; LK-*Sowada* 9; NK-*Herzog* 7; *Ingelfinger* JR **00**, 227). Täter kann auch der Kfz-Führer sein, wenn er einen Mitfahrer angreift (NJW **71**, 765; vgl. *Günther* JZ **87**, 370, 378) oder sich am Angriff eines Mitfahrers auf einen anderen beteiligt (BGH **13**, 27). Für den Angriff auf die Entschlussfreiheit genügt grds jede Form der Nötigung, die nicht mittels Gewalt gegen Leib oder Leben begangen wird (NStE Nr. 3; DAR/S **89**, 241); bei Drohungen mit einem (sonstigen) empfindlichen Übel (vgl. 30ff. zu § 240) wird aber oft der tatbestandsspezifische Zusammenhang mit den Verhältnissen des Straßenverkehrs fehlen (vgl. unten 9ff., 13). Eine nötigende Einwirkung auf einen Kraftfahrer, um ihn zum Fahren an eine abgelegene Stelle zu zwingen, an welcher die räuberische Tat begangen werden soll, ist auch nach der Einschränkung des Anwendungsbereichs durch BGH **49**, 8 *regelmäßig* ein Fall des § 316a (unzutr. insoweit *Sander* NStZ **04**, 501, 502). 6

List durch Ausführen von Täuschungshandlungen kann grds. nicht als Angriff auf die Entschlussfreiheit angesehen werden (vgl. SK-*Wolters/Horn* 3c, 4a; *Wolters* GA **02**, 303, 315f. mwN; so auch BGH **49**, 8, 12f.; einschr. LK-*Sowada* 32, 39f.; Überblick bei *Krüger* NZV **04**, 161, 165f.). Daher ist zB die täuschende Angabe eines vermeintlichen Fahrtziels oder -zwecks kein (vollendeter) „Angriff"; sie kann aber das Ansetzen zu dessen **Versuch** sein, *wenn* nach dem Vorsatz des Täters das potentielle Opfer bei Vollendung des Angriffs noch „Führer" oder „Mitfahrer" sein soll und am Fahrtziel die *besonderen* Verhältnisse des Straßenverkehrs ausgenutzt werden sollen (BGH **49**, 8, 16; NStZ-RR **04**, 171; 4 StR 311/03). Vortäuschen äußerer Anlässe zum Anhalten oder Verlangsamen der Fahrt kann ein Angriff sein (zutr. *Sander* NStZ **04**, 501, 502: zB Vertäuschen von Baustellen; Pannen; Unfällen); das Vortäuschen von Fahrtzielen oder -motivationen ist es für sich allein idR nicht (vgl. auch *Sternberg-Lieben* JZ **04**, 633, 636; zu offenen Abgrenzungsfragen vgl. *Sowada*, Otto-FS [2007] 799, 807f.). Die Angriffs-Handlung kann sich unmittelbar gegen die Genannten selbst richten, aber auch gegen das Kraftfahrzeug (Hindernisse auf der Fahrbahn, Autofallen). 7

B. Abs. I setzt voraus, dass der Täter einen Angriff **verübt**. Im Gegensatz zur aF, die nur das *Unternehmen* des Angriffs voraussetzte und die Vollendungsstrafbarkeit damit in einem vielfach als überzogen angesehenen Maße vorverlagerte (zB bei Einsteigen des Täters in ein Taxi [BGH **6**, 82; vgl. *Roßmüller/Rohrer* NZV **95**, 258; **18**, 170]; Nennen eines fiktiven Fahrtzieles), ist somit das bloße **Ansetzen zur Ausführung** des Angriffs **nicht ausreichend** (5 StR 337/98; vgl. auch NStZ **00**, 144; **01**, 197); vielmehr ist die Ausführung des Angriffs erforderlich (*S/S-Cramer/Sternberg-Lieben* 9; *Lackner/Kühl* 4; LK-*Sowada* 12; SK-*Wolters/Horn* 3b; zur aF vgl. 8

BGH **33**, 381 [m. Anm. *Geppert* NStZ **86**, 552; *Hentschel* JR **86**, 428; *Günther* JZ **87**, 16, 369]; NStZ **89**, 119; **94**, 341 [m. Anm. *Hauf* NStZ **96**, 40; *Roßmüller/Rohrer* NZV **95**, 253]; *Küper* JZ **79**, 776; krit. zum immer noch sehr frühen Vollendungszeitpunkt *Wolters* JZ **98**, 400; *Mitsch* JA **99**, 664). Dies kann eine unmittelbar gegen Leib oder Leben gerichtete Handlung sein, jedoch auch eine nur verbale Einwirkung. Ausreichend, aber auch erforderlich ist eine gegen die Entschlussfreiheit des Opfers gerichtete Handlung, wenn das Opfer zumindest deren objektiven Nötigungscharakter wahrnimmt (BGH **49**, 8, 12). Nicht erforderlich ist, dass die Ausführung der geplanten Tat bereits begonnen hat (*Geppert* NStZ **86**, 553; zum Vollendungszeitpunkt vgl. unten 13).

9 **C.** Der Täter muss unter **Ausnutzung der besonderen Verhältnisse** des Straßenverkehrs handeln, dh unter Ausnutzung einer sich aus dem *fließenden Straßenverkehr* ergebenden, ihm eigentümlichen Gefahrenlage für den Kraftfahrzeugverkehrsteilnehmer (BGH **13**, 27; **18**, 170; **37**, 258; **38**, 196 f.; NStZ **94**, 340 f.; **00**, 144; **01**, 197; **03**, 35; 4 StR 33/01; 2 StR 101/01; BGH **49**, 8, 15; **50**, 169, 172 = NJW **05**, 2564, 2565). Das Kraftfahrzeug muss für die geplante Tat *als Verkehrsmittel* eine Rolle spielen; das Tatopfer muss – zum Tatzeitpunkt – „Führer" oder „Mitfahrer" eines Kfz sein. Schon nach der früheren, weiten Rspr. (unten 10) sind die Voraussetzungen als nicht gegeben angesehen worden bei weiter Entfernung zwischen Angriffsort und Kfz (BGH **22**, 114; **33**, 381 [m. Anm. *Geppert* NStZ **86**, 552, Jura **95**, 313; *Hentschel* JR **86**, 428; krit. *Günther* JZ **87**, 19, 370]; NStZ **89**, 477; **96**, 435); bei Angriffen ohne Bezug zu einem Verkehrsvorgang; **zB** bei einem Überfall auf einen (zufällig) neben seinem Fahrzeug stehenden Mann (MDR/H **76**, 988); bei Herantreten an ein – nicht fahrtechnisch bedingt – haltendes Kraftfahrzeug in Raubabsicht (BGH **24**, 321; GA **79**, 466; NStZ-RR **97**, 356; **02**, 108; StV **02**, 362; 2 StR 94/80; 2 StR 260/83); wenn der Entschluss zum Überfall erst während des Haltens (BGH **19**, 191) oder erst nach Beendigung der Fahrt (NStZ **00**, 144) oder erst dann gefasst wird, wenn der Täter das Opfer aus anderen Gründen zum Anhalten und Aussteigen gezwungen hat (StV **02**, 361); bei Verbringung des (zuvor überwältigten und gefesselten) Tatopfers in dessen Pkw und Transport an einen entlegenen Ort, um dort das Opfer leichter erpressen zu können (NStZ **98**, 263; StV **02**, 362).

10 Nach der **früheren Rspr.** sollte ein Ausnutzen der besonderen Verhältnisse des Straßenverkehrs auch während eines nicht verkehrsbedingten vorübergehenden Haltens im Verlauf einer noch andauernden Fahrt möglich sein (BGH **5**, 280, 281; **6**, 83; **18**, 170; **33**, 381; **38**, 197; NStZ **94**, 340; **03**, 35). Diese Rspr. ist auf **Kritik** gestoßen (vgl. zB *Meurer-Meichner* [1 a] 66 f.; *Günther* JZ **87**, 369 ff.; *Roßmüller/Rohrer* NZV **95**, 253; *Ch. Fischer* Jura **00**, 433 f.; *Ingelfinger* JR **00**, 225 f.; *Wolters* GA **02**, 303 ff.; hier 51. Aufl.; vgl. i. e. auch SK-*Wolters/Horn* 4 f.), weil sie sich vom Merkmal des „Führens" oder „Mitfahrens" (des Opfers) weitgehend entfernte und stattdessen rechts*politische* „Schutzzweck"-Erwägungen in den Rang von Tatbestandsmerkmalen (vgl. 2 StR 101/01) erhob. Das Ausnutzen der besonderen Verhältnisse des Straßenverkehrs ist aber kein das „Führen" *ersetzendes* und daher tatbestands-**erweiterndes**, sondern ein **einengendes** Merkmal; Vereinzelung und Schutzlosigkeit sind keine Spezifika des Kraftfahrzeugverkehrs.

11 Der 4. StS des **BGH** hat im Urt. v. 20. 11. 2003 (BGH **49**, 8; seither stRspr.; vgl. auch BGH **50**, 169 [= NJW **05**, 2564]; NStZ-RR **04**, 171; **04**, 626; **06**, 185; 4 StR 471/03; 4 StR 498/03; 4 StR 537/04; zusf. zur Rspr. *Sowada*, Otto-FS [2007] 799, 801 f.; zust. *Krüger* NZV **04**, 164 ff.; *Sander* NStZ **04**, 501; *Herzog* JR **04**, 256; *Sternberg-Lieben/Sternberg-Lieben* JZ **04**, 630) die **frühere Rspr. aufgegeben.** Danach ist eine enger am Schutzzweck und den Tatbestandsmerkmalen orientierte engere Auslegung geboten: Der Angriff muss während des Führens (oder Mitfahrens; vgl. NStZ-RR **04**, 191) erfolgen; ein bloßes Einwirken durch List, etwa um einen Kfz-Führer *an* eine einsame Stelle zu locken, um ihn dort *nach* dem *Anhalten* zu überfallen, reicht nicht aus. Befindet sich das potentielle Tatopfer **innerhalb des Fahrzeugs,** so ist darauf abzustellen, ob es als Fahrer mit der Bewältigung von Betriebs- oder Verkehrsvorgängen beschäftigt ist, insb. bei **ver-**

kehrsbedingtem Halt (vgl. 4 StR 338/03; 4 StR 471/03; BGH **50**, 169, 174 [haltendes Taxi; Führen durch Betätigen der Bremse]; NStZ **04**, 269 [Anhalten wegen Annahme eines Fahrzeugdefekts]; BGHR § 316a Straßenverkehr 17). Ein Fahrer, der sein Fahrzeug nach Erreichen des Fahrtziels angehalten und den Motor ausgestellt hat, ist dagegen regelmäßig nicht mehr „Führer" des Kfz (BGH **49**, 8, 14f. [Taxifahrer]; vgl. auch 4 StR 311/03; 4 StR 471/03). An einem Ausnutzen der besonderen Verhältnisse des Straßenverkehrs fehlt es andererseits auch bei angehaltenem Fahrzeug und laufenden Motor, wenn der Täter nicht *gerade* die Schutzlosigkeit durch Vereinzelung ausnutzen will, sondern die Situation nur als „günstige Gelegenheit" nutzt oder nutzen will (ebd.). Ob das Opfer gerade durch die Bewältigung von Verkehrsvorgängen leichter zum Angriffsobjekt eines Überfalls werden kann, ist im Einzelfall anhand verkehrsspezifischer Umstände festzustellen (BGH **50**, 169, 173f. [= NJW **05**, 2564, 2565; Geldwechseln durch **Taxifahrer** nach Anhalten bei laufendem Motor reicht für sich allein nicht; ebenso NStZ-RR **06**, 185, 186]).

Diese Regeln gelten entspr. für Angriffe auf **Mitfahrer** (NStZ-RR **04**, 171; 4 StR 102/03). Nach diesen Grundsätzen ist der „klassische" Fall *nötigender* Einwirkung auf einen Kraftfahrer, um ihn zum Fahren an eine abgelegene Stelle zu zwingen, an welcher die räuberische Handlung erfolgen soll, auch weiterhin durch § 316a erfasst (**aA** *Sander* NStZ **04**, 501, 502). Das *täuschende* Einwirken auf einen Kraftfahrer von außen (zB telefonisches Hinlocken an den Ort der beabsichtigten Raubtat) kann nach den Umständen des Einzelfalls als unmittelbares Ansetzen zum Versuch des Angriffs anzusehen sein (vgl. oben 6; **aA** *Sander* aaO). Der bloße *Transport* eines Raub- oder Erpressungsopfers ist kein Ausnutzen der „besonderen" Verhältnisse des Straßenverkehrs (BGHR § 316a Straßenverkehr 11; MK-*Sander* 33f.; *Sowada*, Otto-FS 82007] 799, 819). 11a

4) Subjektiver Tatbestand. Hinsichtlich der Merkmale des Führens eines Kfz, des Angriffs und des Ausnutzens der besonderen Verhältnisse des Straßenverkehrs reicht **bedingter Vorsatz** aus. Darüber hinaus muss der Täter zur Begehung von Raub, räuberischem Diebstahl oder räuberischer Erpressung handeln. Diese **Absicht** kann noch während eines zu anderen Zwecken begonnenen Angriffs gefasst werden, muss aber spätestens bei seiner Vollendung vorliegen. Raub oder räuberische Erpressung brauchen in der Planung noch nicht fest umrissen zu sein (vgl. BGH **15**, 324; **18**, 173); der Täter muss aber einen festen Entschluss zur Begehung einer der in § 316a bezeichneten Taten gefasst haben, was konkrete Vorstellungen voraussetzt, unter welchen Umständen er sein Ziel in unmittelbar räumlichem und zeitlichem Zusammenhang mit der Fahrt erreichen will. Bloßes Einschüchtern während einer Kfz-Fahrt, um *allgemeinen* finanziellen Forderungen Nachdruck zu verleihen, genügt nicht (4 StR 416/96). Bei geplantem Raub kann Täter nach § 316a nur sein, wer beim Raub nicht nur Gehilfe, sondern Täter sein würde (BGH **24**, 284; *S/S-Cramer/Sternberg-Lieben* 14a). Der Täter muss sich (in den Fällen des § 255) **bereichern** wollen, wobei der bloße Kraftstoffverbrauch bei einer erzwungenen Fahrt nicht genügt (DAR **81**, 186); nach der Wertung des Gesetzgebers aber wohl der mit Mitteln des § 255 erzwungene Verzicht auf ein Beförderungsentgelt (vgl. NStZ **03**, 35). 12

5) Vollendung des Tatbestands setzt voraus, dass der **Angriff** in der genannten Absicht unter Ausnutzung der besonderen Verhältnisse es Straßenverkehrs **verübt** ist. Das Maß, in welchem durch die Neufassung die als zu weit angesehene Vorverlagerung der Vollendung eingeschränkt wurde, ist i. e. str. (vgl. dazu auch *Wolters* JZ **98**, 397, 400; *ders.*, GA **02**, 303, 311ff.; *Mitsch* JA **99**, 662, 665; *Freund* ZStW **109**, 455, 482; *W/Hillenkamp* 389; *Ch. Fischer* Jura **00**, 433, 441; *Ingelfinger* JR **00**, 225, 231; *Küper* BT 20f.). Der Gesetzgeber des 6. StrRG hat die selbstständige Rücktrittsvorschrift des Abs. II aF im Hinblick auf das Erfordernis eines „verübten" Angriffs für überflüssig gehalten. Es sind daher jedenfalls die Stadien der (straflosen) Vorbereitung, des **Versuchs** (mit der Möglichkeit des Rücktritts nach § 24) und 13 der Vollendung des Angriffs (die meist jedenfalls mit dem Versuch des Raubdelikts zusammentreffen wird) zu unterscheiden. Teilweise wird in der Lit. angenommen, ein vollendeter Angriff setze voraus, dass die Handlung des Täters **objektiv geeignet** ist, die Rechtsgüter des Opfers zu verletzen (*Stein,* in: Einf./6. StrRG, 114; *Ingelfinger* JR **00**, 232; *Ch. Fischer* Jura **00**, 439 f.; zutr. **aA** SK-*Wolters/Horn* 7; LK-*Sowada* 11); nach **aA** ist zur Vollendung „ein fortgeschrittenes Stadium des Handlungsvollzugs in Gestalt eines *beendeten* materiellen Versuchs" erforderlich (LK-*Sowada* 12; ähnl. *Joecks* 6; *Ingelfinger* JR **00**, 232; nach *Küper* BT 21 f. muss der Angriff „ausgeführt" sein; *Kindhäuser* LPK 20 verlangt eine „vollzogene Beeinträchtigung"); NStZ **01**, 197 hat es als ausreichend angesehen, wenn „das Versuchsstadium eindeutig überschritten" ist. Ein *vollendeter* Angriff liegt jedenfalls so lange nicht vor, wie die Angriffshandlung das Opfer noch nicht „erreicht hat" (vgl. auch SK-*Wolters/Horn* 7), wobei es wohl gleichgültig ist, ob das Tatopfer den Angriffscharakter erkennt (unmittelbare Gewaltanwendung; Drohung) oder nicht (Einwirkung auf das Fahrzeug; iErg unklar LK-*Sowada* 39 f.: fingierter Fahrtauftrag an Taxifahrer straflose Vorbereitung; „Umleitung" durch falsche Schilder aber Vollendung).

14 Die Anwendung von **List,** um das Opfer in eine besonders schutzlose Lage zu bringen (grds. krit. LK-*Sowada* 32), ist kein „verübter" Angriff, sondern bereitet diesen nur vor (**zB** Angabe eines einsam gelegenen Fahrtziels gegenüber Taxifahrer; vgl. BGH **49**, 8, 12); ob sie noch als Vorbereitungshandlung oder schon als Versuch des § 316 a anzusehen ist, bestimmt sich nach den **allgemeinen Regeln** zu § 22 (so auch *Wolters* GA **02**, 303, 313; abl. auch zum Versuch NK-*Herzog* 27). Danach wird **zB** das *Einsteigen* in ein Taxi in der Absicht, den Fahrer unterwegs zu berauben, idR straflose **Vorbereitung** sein (so auch LK-*Sowada* 13). Die Grenze zum **Versuch** überschreitet das (nicht eben häufig vorkommende) Errichten einer Straßensperre in der Erwartung, der unweigerlich (alsbald) herannahende nächste Kfz-Führer werden zum Anhalten gezwungen; gewiss auch das Herausziehen einer Waffe; die Aufforderung an einen Taxifahrer, auf einem einsamen Parkplatz anzuhalten; das Ansetzen zum Aussprechen einer Drohung. Ein Ansetzen zum Angriff erst *nach* Beendigung eines Fahrvorgangs reicht nicht aus (unklar NStZ **01**, 197); ob der Vorsatz während der Fahrt gefasst wurde, ist *für sich* unerheblich.

15 **Beendigung** der Tat tritt ein, wenn der *Angriff* abgeschlossen ist. Das ist auch dann der Fall, wenn zwar eine durch den Angriff geschaffene Bemächtigungs-Situation andauert, aber ein weiter zeitlicher und räumlicher Abstand zu dem Angriff besteht (vgl. NStZ **07**, 35, 36).

16 **6) Versuch.** Für den Rücktritt vom **versuchten Angriff** gelten die allgemeinen Regeln des § 24. Die *praktischen* Rücktrittsmöglichkeiten sind freilich eingeschränkt, da das Tatbestandsmerkmal des (vollendeten) „Angriffs" selbst eine versuchsähnliche Struktur aufweist (*Küper* BT 20). Eine Regelung entspr. § 239 a IV fehlt. Die Rücknahme der frühen Vollendungsgrenze durch das 6. StrRG führt insoweit auch zu einer Einschränkung der nach der aF teilweise weit gezogenen Rücktrittsmöglichkeiten; die Neufassung kann daher im Einzelfall auch verschärfend wirken (vgl. *Mitsch* JA **99**, 665), da eine Abwendung des „Erfolgs" iS des II aF bereits bei Aufgeben der Raubabsicht *nach* erfolgtem Angriff vorliegen sollte (anders aber BGH **10**, 320). Ist der Angriff bereits vollendet, tritt der Täter dann jedoch vom Versuch des Raubs oder der räuberischen Erpressung strafbefreiend zurück, so bleibt die Strafbarkeit nach § 316 a unberührt; jedoch liegt dann die Anwendung von II nahe.

17 **7) Teilnahme.** Anstiftung und Beihilfe sind nach allgemeinen regen möglich. Der Gehilfe muss die Absicht (oben 12) des Täters nicht teilen; er muss sie aber kennen oder billigend in Kauf nehmen. Beihilfe ist auch noch im Zeitraum zwischen Vollendung des Angriffs und Beendigung möglich; nicht aber nach dem Abschluss des Angriffs. Hilfe beim Abtransport der geraubten Beute bei fortdauernder Freiheitsberaubung des angegriffenen Kfz-Führers ist daher nur Begünstigung (§ 257) und Beihilfe zur Freiheitsberaubung (NStZ **07**, 35, 36).

8) Minder schwere Fälle (Abs. II). Abs. II mindert den Strafrahmen in minder schweren Fällen auf 1 bis 10 Jahre. Anlass zur Milderung kann zum einen ein geringeres Gewicht der geplanten oder auch schon verwirklichten Tat sein (vgl. § 249 II), zum anderen kann er bei geringer Intensität des Angriffs nach I vorliegen (zur aF vgl. 3 StR 181/94). 18

9) Abs. III enthält eine **Erfolgsqualifikation** für wenigstens leichtfertige Verursachung des Todes eines anderen Menschen. Tat iS des III kann sowohl der Angriff nach I als auch die Raub- oder Erpressungstat sein; die getötete Person kann das Opfer dieser Tat, aber auch ein Dritter (nicht aber ein Mittäter) sein, zB ein Fahrzeuginsasse oder ein Unbeteiligter bei einem in Angriffsabsicht provozierten Verkehrsunfall. Der Tod muss **spezifische Folge der Tathandlung** sein (enger LK-*Sowada* 54). Das ist insb. der Fall, wenn es infolge des Angriffs zu Panikreaktionen des Opfers und in deren Folge zu einem tödlichen Verkehrsunfall kommt. Lebenslange Freiheitsstrafe wird namentlich bei vorsätzlicher Herbeiführung des Todes in Betracht kommen. Zur Anwendung des III auf Taten vor dem 1. 4. 1998 vgl. *Mitsch* JA **99**, 666. 19

10) Konkurrenzen: Mit §§ 249 ff., 255, deren Versuch oder Vollendung nicht zum Tatbestand des § 316 a gehört, liegt idR **Tateinheit** vor, insb. wenn die Angriffshandlung des § 316 a zugleich Ausführungshandlung der beabsichtigten Tat ist (NStZ **99**, 350 f.); die Verwendung einer nicht funktionsfähigen Waffe kann nach der Änderung des § 250 nicht zur strafmildernden Begründung von § 316 a II herangezogen werden (3 StR 176/00). **Tateinheit** besteht auch mit Straftaten (zB §§ 315 c, 316), die bei dem unmittelbar an die Tat anschließenden Führen des (geraubten) Kfz begangen werden (BGH aaO); auch mit §§ 239 a, 239 b. *Tatmehrheit* kommt in Betracht, wenn der Angriff zunächst nur die Voraussetzungen für die weitere Tat schaffen soll. Tateinheit ist auch gegeben mit §§ 223 ff. (BGH **14**, 391; **15**, 323; NJW **69**, 1679), des III mit §§ 212, 211; möglich auch mit §§ 315, 315 b sowie mit gelegentlich der Tat begangenen Sexualdelikten (VRS **60**, 103). Ob Versuch der §§ 249, 252, 255 hinter den vollendeten § 316 a zurücktritt (BGH **25**, 373; *Cramer* 21), erscheint nach der Neufassung des Tatbestands zweifelhaft. 20

11) Sonstige Vorschriften: § 138 I Nr. 8 (Nichtanzeige), § 126 (Androhung), § 140 (Belohnung und Billigung), § 145 d (Vortäuschen); vgl. auch § 100 a Nr. 2, § 112 a I Nr. 2 StPO. 21

Störung öffentlicher Betriebe

316b **I Wer den Betrieb**

1. von Unternehmen oder Anlagen, die der öffentlichen Versorgung mit Postdienstleistungen oder dem öffentlichen Verkehr dienen,
2. einer der öffentlichen Versorgung mit Wasser, Licht, Wärme oder Kraft dienenden Anlage oder eines für die Versorgung der Bevölkerung lebenswichtigen Unternehmens oder
3. einer der öffentlichen Ordnung oder Sicherheit dienenden Einrichtung oder Anlage

dadurch verhindert oder stört, dass er eine dem Betrieb dienende Sache zerstört, beschädigt, beseitigt, verändert oder unbrauchbar macht oder die für den Betrieb bestimmte elektrische Kraft entzieht, wird mit Freiheitsstrafe bis zu fünf Jahren oder mit Geldstrafe bestraft.

II Der Versuch ist strafbar.

III In besonders schweren Fällen ist die Strafe Freiheitsstrafe von sechs Monaten bis zu zehn Jahren. Ein besonders schwerer Fall liegt in der Regel vor, wenn der Täter durch die Tat die Versorgung der Bevölkerung mit lebenswichtigen Gütern, insbesondere mit Wasser, Licht, Wärme oder Kraft, beeinträchtigt.

1) Allgemeines. Die Vorschrift, deren Abs. I Nr. 1 durch Art. 2 Abs. 13 des Begleitgesetzes zum Telekommunikationsgesetz (1 zu § 206) geändert und deren Abs. III durch Art. 1 Nr. 4 des StÄG 1989 (1 zu § 239 a) angefügt wurde, ist als **abstraktes Gefährdungsdelikt** 1 ausgestaltet (vgl. aber unten 9). **§ 316 b schützt** gemeinschaftswichtige Einrichtungen und Anlagen **in ihrem Betrieb** gegen Sabotageakte (**aA** SK-*Wolters/Horn* 2: Versorgung der Bevölkerung; vgl. auch §§ 88, 109 e, 305 a.

1 a **Literatur:** *Achenbach,* Die Startbahn-West-Novelle, KR **89**, 633; *Bernstein,* § 316 b – Störung öffentlicher Betriebe, 1989; *Pollähne,* Wie Castor und Pollux...Störung von Atommüll-Transporten als gemeingefährliche § 129 a StGB-Straftat, KJ **05**, 292.

2 **2) Abs. I Nr. 1** nennt als geschützte Gegenstände **Unternehmen** oder **Anlagen** (2 zu § 325), die der öffentlichen Versorgung mit **Postdienstleistungen,** also namentlich der Versendung, dem Transport und der Zustellung von Brief- und Paketsendungen, sowie dem **öffentlichen Verkehr** dienen. Umfasst ist der grds. für das Publikum offene Straßen-, Luft-, Bahn- und Schiffsverkehr; nicht aber Fahrstühle oder Kaufhausrolltreppen (and. SK-*Wolters/Horn* 5). Ob die Post- oder sonstigen Leistungen in öffentlich-rechtlicher oder privatrechtlicher Form erbracht werden, ist unerheblich (SK-*Wolters/Horn* 4). Stets muss es sich aber um öffentliche Versorgung und öffentlichen Verkehr handeln; unternehmensinterne Einrichtungen (Werksbusverkehr, Botendienste) unterfallen der Vorschrift nur, wenn und soweit sie für ihren Bereich öffentliche Einrichtungen ersetzen. Dass eine Anlage zum Tatzeitpunkt nur einem konkreten privaten Zweck dient und die öffentliche Zweckbestimmung hiervon vorübergehend „überlagert" wird, steht der Anwendung des Tatbestands nicht entgegen (vgl. BVerfGE NVwZ **06**, 583, 584; SK-*Wolters/Horn* 5; krit *Pollähne* KJ **05**, 292, 295 [Atommüll-Transporte]).

3 In **Nr. 2** sind geschützt Energieversorgungsanlagen und lebenswichtige **Versorgungsunternehmen,** nämlich **a)** der öffentlichen Versorgung mit Wasser, Licht, Wärme (auch Fernheizung) oder Kraft dienende Anlagen. Nicht die Größe oder Bedeutung des Betriebes ist entscheidend, sondern ob er der öffentlichen Versorgung dient (**aA** SK-*Wolters/Horn* 6); **b)** ein für die Versorgung der Bevölkerung lebenswichtiges Unternehmen wie zB ein Krankenhaus, Milchhof, Schlachthof; wohl auch das Müllabfuhrunternehmen einer Gemeinde. Es genügt also nicht jedes private Versorgungsunternehmen.

4 **Nr. 3** schützt der **öffentlichen Ordnung oder Sicherheit dienende Einrichtungen,** dh Gesamtheiten von Personen und/oder Sachen, die einem bestimmten Zweck zu dienen bestimmt sind (BGH **31**, 2), **oder Anlagen,** zB der Polizei oder des Grenzschutzes; etwa Computer, Radaranlagen (abl. *Bernstein* NZV **99**, 321), Feuermelder oder Feuerwehrautos (Koblenz OLGSt. 7 zu § 248 b; **aA** [nur ortsfeste Funktionseinheiten] LK-*König* 8), nicht jedoch eine einzelne Maschinenpistole (BGH **31**, 1) oder ein Streifenfahrzeug (BGH **31**, 185), wohl aber eine für den Einsatz bestimmte Polizeieinheit (*Stree* JuS 83, 839; *Loos* JR 84, 169). Bloße **Hilfsmittel** der Tätigkeit öffentlicher Behörden sind keine Einrichtungen oder Anlagen iS von Nr. 3 (Stuttgart NStZ **97**, 342 [Geschwindigkeitsmessanlage der Polizei; Bespr. *Bernstein* NZV **99**, 316]); jedoch kann ihre Beschädigung den Betrieb der übergeordneten Organisationseinheit stören (vgl. BGH **31**, 188; Stuttgart NStZ **97**, 343; *S/S-Cramer/Sternberg-Lieben* 5; and. wohl LK-*König* 9). Eine Bußgeldbehörde unterfällt nach Stuttgart aaO Nr. 3 nicht, da ihr Handeln überwiegend repressiven Charakter hat; zw.

5 **3)** Die **Tathandlung** besteht im **Verhindern,** dh mindestens im Unterbrechen des gesamten Betriebes, oder im **Stören,** dh in der Beeinträchtigung des reibungslosen ordnungsgemäßen Ablaufs in seiner Gesamtheit.

6 **A.** Die Verhinderung oder Störung muss bewirkt werden durch **Zerstören** (5 zu § 305), **Beschädigen** (6 ff. zu § 303), **Beseitigen** (= von ihrem Ort entfernen), Verändern (= Herbeiführen eines von dem bisherigen abweichenden Zustandes, Celle VRS **28**, 129) oder **Unbrauchbarmachen** (= Aufheben der Funktionsfähigkeit) einer *dem Betrieb* dienenden Sache oder Entziehung der elektrischen Kraft, die für den Betrieb bestimmt ist. Die Tat kann auch durch Unterlassen begangen werden. Die Tatvariante des Unbrauchbar-Machens setzt eine Einwirkung auf die Substanz der Sache voraus, durch welche deren Funktionsfähigkeit gemin-

dert wird. Der Tatbestand ist daher nicht schon durch das Blockieren eines Schienenwegs durch den Aufenthalt von Personen erfüllt (Celle NStZ **05**, 217).

B. Vorsatz ist mindestens als bedingter erforderlich; auf eine darüber hinausgehende politische Absicht („Fernziele"; vgl. 44 zu § 240) kommt es nicht an; wer, um etwa Atommülltransporte zu verhindern, Eisenbahnanlagen beschädigt, ist nach I ebenso strafbar wie derjenige, der Geschwindigkeitsmessanlagen der Polizei zerstört oder Eingriffe in erpresserischer Absicht vornimmt. **7**

4) Abs. II bestimmt die Strafbarkeit des Versuchs. **8**

5) Abs. III idF des StÄG 1989 (1a zu § 239a) wurde aus den in 22 zu § 243 genannten Gründen eingeführt; III S. 2 enthält ein Regelbeispiel, das eine **konkrete Gefährdung** der Versorgung der in einem größeren Gebiet befindlichen Personen voraussetzt. Eine Gefährdung der Versorgung der *Gesamt*-Bevölkerung ist nicht erforderlich; gemeint sind zB Fälle, in denen durch Unterbrechung der Stromzufuhr die medizinische Versorgung in Krankenhäusern oder die Wärmeversorgung ganzer *Stadtteile* oder sonst die Versorgung mit lebenswichtigen Gütern für eine Vielzahl von Menschen verhindert wird, dh Fallgestaltungen, in denen die Sabotageakte zu ganz erheblichen Beeinträchtigungen (krit. *Achenbach* KR **89**, 635; *Kunert/Bernsmann* NStZ **89**, 452). Der Vorsatz des Täters muss sich auf die Beeinträchtigung erstrecken. **9**

6) Tateinheit mit § 88 ist möglich (vgl. dort 1, 11), auch mit § 105 und mit § 240; weiterhin mit § 315 und § 315b, vor allem mit deren III bei Gefährdung und Sabotierung des Transports. § 304 wird von § 316b ebenso verdrängt wie § 87. Hingegen verdrängt § 109e den § 316b (LK-*König* 38; **aA** *S/S-Cramer/Sternberg-Lieben* 11). Das Androhen einer Tat nach I wird nach § 126 I Nr. 7 bestraft. **10**

Angriffe auf den Luft- und Seeverkehr

316c **I Mit Freiheitsstrafe nicht unter fünf Jahren wird bestraft, wer**

1. Gewalt anwendet oder die Entschlussfreiheit einer Person angreift oder sonstige Machenschaften vornimmt, um dadurch die Herrschaft über
   a) ein im zivilen Luftverkehr eingesetztes und im Flug befindliches Luftfahrzeug oder
   b) ein im zivilen Seeverkehr eingesetztes Schiff
   zu erlangen oder auf dessen Führung einzuwirken, oder

2. um ein solches Luftfahrzeug oder Schiff oder dessen an Bord befindliche Ladung zu zerstören oder zu beschädigen, Schusswaffen gebraucht oder es unternimmt, eine Explosion oder einen Brand herbeizuführen.

Einem im Flug befindlichen Luftfahrzeug steht ein Luftfahrzeug gleich, das von Mitgliedern der Besatzung oder von Fluggästen bereits betreten ist oder dessen Beladung bereits begonnen hat oder das von Mitgliedern der Besatzung oder von Fluggästen noch nicht planmäßig verlassen ist oder dessen planmäßige Entladung noch nicht abgeschlossen ist.

II In minder schweren Fällen ist die Strafe Freiheitsstrafe von einem Jahr bis zu zehn Jahren.

III Verursacht der Täter durch die Tat wenigstens leichtfertig den Tod eines anderen Menschen, so ist die Strafe lebenslange Freiheitsstrafe oder Freiheitsstrafe nicht unter zehn Jahren.

IV Wer zur Vorbereitung einer Straftat nach Absatz 1 Schusswaffen, Sprengstoffe oder sonst zur Herbeiführung einer Explosion oder eines Brandes bestimmte Stoffe oder Vorrichtungen herstellt, sich oder einem anderen verschafft, verwahrt oder einem anderen überlässt, wird mit Freiheitsstrafe von sechs Monaten bis zu fünf Jahren bestraft.

1 **1) Allgemeines.** Die Vorschrift idF des **11. StÄG** iVm Art. 19 Nr. 179 EGStGB und Art. 2 Nr. 2 Ges. v. 13. 6. 1990 (BGBl. II 493) zu dem Übk. v. 10. 3. 1988 zur Bekämpfung widerrechtlicher Handlungen gegen die Sicherheit der Seeschifffahrt und zum Prot. v. 10. 3. 1988 zur Bekämpfung widerrechtlicher Handlungen gegen die Sicherheit fester Plattformen, die sich auf dem Festlandsockel befinden, ist durch Art. 1 Nr. 85 des 6. StrRG (3 vor § 174, 1 vor § 306) geändert worden.

1a **Literatur:** *Hsue,* Luftfahrtpiraterie, § 316 c StGB, 1993 (Diss. Göttingen); *Gusy* NJW **78**, 1717; *Jescheck* GA **81**, 65; *Krause,* Flugunfälle u. kriminelle Eingriffe in den Luftverkehr, BKA 1990; *Kunath,* Zur Einführung eines einheitlichen Straftatbestandes gegen „Luftpiraterie" JZ **72**, 199; *Alex Meyer,* Luftpiraterie, 1972; *Pötz* ZStW **86**, 489; *Schmidt-Räntsch* JR **72**, 146; *Wille,* Die Verfolgung strafbarer Handlungen an Bord von Schiffen u. Luftfahrzeugen, 1974.

2 **2) A. Rechtsgut** ist die Sicherheit des Luft- und Seeverkehrs; geschützt sind also Leib, Leben und Freiheit der an ihm teilnehmenden Menschen (*Lackner/Kühl* 1; *S/S-Cramer/Sternberg-Lieben* 2; NK-*Herzog* 4f.; SK-*Wolters/Horn* 2); fremdes Eigentum ist nur mittelbar geschützt LK-*König* 3). Die Tat ist unabhängig vom Tatort und von der Staatsangehörigkeit von Täter und Opfer strafbar (**§ 6 Nr. 3;** *beachte* aber § 153 c StPO).

3 **B. Angriffsgegenstände** sind **a)** ein **im zivilen Luftverkehr** eingesetztes, dh im konkreten Fall verwendetes, also nicht im Staats-, Militär-, Zoll- oder Polizeidienst eingesetztes **Luftfahrzeug** (LF) jeder Art (5 zu § 109 g), also auch Ballons, Hubschrauber, Sport- und Privatflugzeuge, aber, wie I S. 2 erkennen lässt, nur solche, die Menschen betreten können (Prot. VI/1587). Da allein der Verwendungszweck, nicht das Eigentum entscheidet, kann auch ein dem Staat gehörendes LF zivilen Zwecken dienen. Es muss sich entweder **im Flug oder Start** befinden oder vor dem Start von mindestens einzelnen Besatzungsmitgliedern oder Fluggästen (also nicht zB von Wartungs- oder externem Kontrollpersonal; vgl. LK-*König* 13) bereits zum Flug **betreten** sein, oder es muss die Beladung mit Fracht oder Gepäck der Gäste (nicht mit Ausrüstungsgegenständen, Treibstoff oder Verpflegung, Ber. 3) begonnen haben, oder es müssen nach der Landung **planmäßiges Verlassen oder Entladung** noch nicht beendet sein, so dass zufälliges oder außergewöhnliches Zurückbleiben oder ein Wiederbetreten außer Betracht bleiben; erfasst ist aber auch *planmäßiges* Verlassen nach *unplanmäßiger* Landung (SK-*Wolters/Horn* 5; and. hier bis 52. Aufl.). Erfasst werden auch LF ohne Fluggäste und Ladung, so bei Überführungs-, Schau-, Werbe- und Arbeitsflügen. Die Tathandlung kann, wenn sie nur in die geschilderten Stadien weiterwirkt (Prot. VI/1174, 1587), schon vorher und außerhalb des LF begangen sein; ebenso Wille aaO 227; **b) ein im zivilen Seeverkehr eingesetztes Schiff** (Sch), dh „ein nicht dauerhaft am Meeresboden befestigtes Wasserfahrzeug jeder Art und Größe" (BT-Drs. 11/4946, 6), wobei der Schutzbereich wie beim LF (oben 3) auf den zivilen Bereich beschränkt und allein der konkrete Verwendungszweck, nicht das Eigentumsverhältnis entscheidend ist, so dass auch ein Fischereiforschungsschiff, das dem Staat gehört, da es zivilen Zwecken dient, geschützt ist, nicht aber Kriegs-, Zoll- und Polizeischiffe, wohl aber Sport- und Versorgungsfahrzeuge (BT-Drs. 11/4946, 6). Obgleich das Prot. v. 10. 3. 1988 (oben 1) Plattformen in internationalen Gewässern den Sch gleichstellt, sind Plattformen nicht in den Schutz des § 316 c einbezogen (Ber. BT-Drs. 11/6294, 3; LK-*König* 16). Im (zivilen) Seeverkehr **eingesetzt** ist das Sch auch bei Fahrten auf Binnenschifffahrtsstraßen, wenn diese im Zusammenhang mit dem Einsatz im Seeverkehr (zB zum Laden, Löschen) durchgeführt werden (vgl. Art. 4 Übk. oben 1); **c)** irgendwelche **Menschen,** nicht nur Flug- oder Schiffsgäste oder Besatzung; **d) LF,** Schiff und **Ladung** (I Nr. 2).

4 **3) Tathandlungen** sind **A. nach I Nr. 1 (Flugzeug- oder Schiffsentführung): a)** Anwendung von **Gewalt** (8 ff. zu § 240) gegen Personen oder Sachen (zB Blockieren des Abflugs durch quergestellten LKW, Ber. 3; Ausschalten der für die Landung bestimmten Hilfsmittel; abw. Prot. VI/1176), die sich auch außerhalb des LF oder Sch befinden können wie zB Flugsicherungslotsen, Einwinker; aber auch Politiker, Diplomaten (Prot. VI/1169, 1175, 1177);

b) Angreifen der Entschlussfreiheit (vgl. § 316a I) eines auch hier möglicherweise nicht im LF oder Sch befindlichen Menschen, wobei vor allem Drohungen mit irgendeinem Übel, insbesondere mit Gewalt, wenn auch nur mit einer Waffenattrappe (*Bohnert* JuS **83**, 944), in Betracht kommen; auch die Anwendung von List soll nach hM dieser Variante unterfallen (*S/S-Cramer/Sternberg-Lieben* 15; NK-*Herzog* 17; LK-*König* 28). Erfasst sind insb. auch Geiselnahmen, wenn sie der Erlangung der Herrschaft unmittelbar dienen sollen (nicht also, wenn ein Bankräuber Geiseln nimmt, um freien Abzug mit einem Hubschrauber zu erpressen); 5

c) Machenschaften (3 zu § 109a; Ber. 3; das Wort „sonstige" ist irreführend; krit. zur Unbestimmtheit des Begriffs *Lackner/Kühl* 7; NK-*Herzog* 18; *Maurach*, Heinitz-FS 410), wobei vor allem Beeinflussung der Kommunikations- (Funk-) und Navigationsgeräte durch technische Mittel in Frage kommt (Ber. 3; SK-*Wolters/Horn* 9), während einfache Lügen und Bestechungen ausscheiden (*S/S-Cramer/Sternberg Lieben* 16; *Lackner/Kühl* 7; NK-*Herzog* 18; *Wille* aaO 226; **aA** *Kunath* JZ **72**, 201; *Maurach*, Heinitz-FS 411; anders, wenn zB ein Bordmechaniker bestochen wird, den Piloten durch eine erfundene Schadensmeldung zu einer außerplanmäßigen Landung zu bringen). In allen drei Fällen ist es gleichgültig, ob die Tathandlung irgendeinen Erfolg hat. 6

d) Der Täter muss neben dem **Vorsatz,** der sich als mindestens bedingter auf alle Tatmerkmale zu erstrecken hat, die **Absicht** haben, dh es muss ihm darauf ankommen, entweder (allein oder mit Beteiligten) die **Herrschaft** über das LF oder Sch zu erlangen (eigene Führung oder Befehlsgewalt über Besatzung und Passagiere) oder mindestens auf dessen Führung (Höhe und Kurs, Zeitpunkte und örtliche Ziele; zB Verhinderung der Landung an einem bestimmten Ort, Ber. 3) **einzuwirken** (der Pilot oder der SchFührer selbst können also nicht Täter sein). Kein Fall des § 316c liegt vor, wenn sich der Vorsatz des Täters auf ein nicht **bereits eingesetztes** LF oder Schiff bezieht, also zB bei (schlichter, auch gewaltsamer) Entwendung eines unbeladenen Fahrzeugs (LK-*König* 34). Bei durch Nötigung (zB Geiselnahme) erzwungener Zur-Verfügung-Stellung eines Fahrzeugs ist § 316c wohl auch dann nicht anwendbar, wenn die Tathandlung nach dem Start fortwirkt, denn es fehlt dann idR ein *Einsatz* im zivilen Verkehr (so iErg auch LK-*König* 35). Ob im Fall von I Nr. 1 die Absicht einer mit der Tathandlung verknüpften *unmittelbaren* Übernahme der Gewalt erforderlich ist (SK-*Wolters/Horn* 14), ist fraglich. 7

B. Nach I Nr. 2 (Flugzeug- oder Schiffsabotage): a) das **Gebrauchen** einer **Schusswaffe** (3 zu § 244; wobei sich gewisse Einschränkungen aus der Absicht des Täters ergeben) als solcher (nicht als Schlagwaffe), dh das Schießen oder das Drohen hiermit (str.; für Anwendbarkeit nur bei Abgabe von Schüssen zur Zerstörung oder Beschädigung LK-*König* 41; weiter [iS von „Verwenden"] NK-*Herzog* 24; SK-*Wolters/Horn* 21) innerhalb oder außerhalb des LF; 8

b) das **Unternehmen** (37 zu § 11), eine **Explosion** (3 zu § 308) oder einen **Brand** herbeizuführen, dh das In-Brand-Setzen des LF bzw. Sch oder einer Sache an Bord oder in den Fällen von I S. 2 auch einer beweglichen oder unbeweglichen Sache außerhalb des LF oder Sch, wenn die Wirkung übergreifen soll. 9

c) Auch hier braucht die Tathandlung keinen Erfolg zu haben, doch muss der Täter außer dem **Vorsatz** (oben 7) noch die **Absicht** (oben 7) haben, das LF, Sch oder die Ladung an Bord, die ihm nicht gehören (oben 3), zu zerstören oder zu beschädigen (14, 6ff. zu § 303). 10

4) Der Versuch ist, soweit er in den Fällen des Unternehmens (oben 9) nicht schon der Vollendung gleichsteht, stets strafbar. Ob das Einschmuggeln einer Waffe durch die Flugplatz- oder Hafenkontrolle bereits Versuch von I Nr. 1 ist (so *Kunath* JZ **72**, 200; LK-*König* 44), ist nach den Grundsätzen des § 22 zu beurteilen (NK-*Herzog* 29). 11

5) Bei **Mittäterschaft** reicht es aus, wenn einer der Täter die Absicht nach Nr. 1, ein anderer diejenige nach Nr. 2 hat. 12

13 6) **Die Strafe** ist Freiheitsstrafe von 5 bis 15 Jahren, im nach II möglichen minder schweren Fall, der bei achtenswertem Motiv oder notstandsähnlicher Lage in Betracht kommt (Prot. VI/1167, 1175; Wille aaO 236), 1 bis 10 Jahre. In den Fällen von I Nr. 2 (auch iVm II) ist nach § 321 FAufsicht im Rahmen des § 68 I Nr. 2 möglich. Der **qualifizierte Fall (III),** dass durch die vielleicht nur versuchte Tat (7b ff. zu § 18) der Tod eines beliebigen, vielleicht außerhalb des LF oder Sch befindlichen Menschen, nicht aber eines Mittäters (so auch NK-*Herzog* 31; *S/S-Cramer/Sternberg-Lieben* 30; *Lackner/Kühl* 12; **aA** SK-*Wolters/Horn* 26; LK-*König* 47), wenigstens leichtfertig (20 zu § 15) oder auch vorsätzlich (4 zu § 18) verursacht wird, ist mit lebenslanger (zB vorsätzliche Tötung, besonders hoher Grad von Leichtfertigkeit; grausames Vorgehen; mehrere Opfer) oder zeitiger Freiheitsstrafe bedroht. Für den Teilnehmer gilt 4 zu § 18.

14 7) **Konkurrenzen.** Tateinheit besteht mit Körperverletzungs- und – auch in den Fällen III (vgl. schon GrSenBGH **39**, 100; 4f. zu § 18) – Tötungsdelikten sowie mit Freiheitsberaubung, vor allem den §§ 239a, 239b, ferner mit §§ 52a, 53 I Nr. 3a, 4, 7, III Nr. 1, 3, 5 bis 7 WaffG; § 60 I Nr. 5 LuftVG, soweit I Nr. 1 in Betracht kommt; von Nr. 2 werden sie verdrängt (**aA** SK-*Wolters/Horn* 19). Tateinheit ist möglich mit §§ 240, 307, 308 (SK-*Wolter/Horn* 25, *Bohnert* JuS **83**, 945), 310, 315; ebenso mit §§ 306ff. Hinter II tritt § 222 zurück (str.); bei einfacher Fahrlässigkeit ist hingegen Tateinheit mit § 316c möglich.

15 8) **IV** bedroht **Vorbereitungshandlungen** als selbstständiges Delikt mit Strafe. Tathandlungen sind das Herstellen, Beschaffen usw. (3ff. zu § 310) von Schusswaffen, Sprengstoffen (3 zu § 308) oder von Stoffen oder Vorrichtungen, die vom Täter oder einem Beteiligten zur Herbeiführung einer Explosion oder eines Brandes bestimmt, aber auch objektiv geeignet sind. Da, anders als in § 310, nicht auf besondere Vorrichtungen abgestellt ist, genügt auch der Einkauf von Benzin und Streichhölzern. Zur **Vorbereitung** einer Tat nach I Nr. 1 oder 2 oder 1 und 2 muss der Täter handeln (7ff. zu § 310). Für Teilnahme und Versuch gilt 9 zu § 310. **Einziehung** der Schusswaffen, Sprengstoffe usw. ist, auch soweit sie Beziehungsgegenstände sind (10 zu § 74), nach § 322 möglich. Für die **Konkurrenzen** gilt 6 zu § 310, sowohl was das Verhältnis zwischen IV und I betrifft, als auch im Übrigen, entsprechend.

16 9) **Gerechtfertigt** sein kann die Tat insbesondere **A.** durch Notwehr oder Amtsrechte, wenn Luft- oder Seepiraten sich des Fahrzeugs bemächtigt haben und ihnen die Herrschaft wieder abgenommen werden soll; **B.** völkerrechtlich zB, wenn ein widerrechtlich über fremdes Hoheitsgebiet geratenes LF durch Warnschüsse zum Landen gezwungen werden soll; **C.** möglicherweise durch rechtfertigenden Notstand, wenn dem Täter, dem in einem totalitären Herrschaftsbereich unmittelbare, schwerwiegende Willkürmaßnahmen drohen, keine andere Fluchtmöglichkeit bleibt (LK-*König* 45; Zweifel bei *Wille* aaO 235).

17 10) **Tätige Reue** kann der Täter **nach § 320 I** mit der Folge üben, dass in sämtlichen Fällen die Strafe nach dem Ermessen des Gerichts gemildert werden kann (5 zu § 49). Die Tätige Reue besteht darin, dass der Täter freiwillig die weitere Ausführung der Tat, dh der Vorbereitung und der beabsichtigten weiteren Handlungen, endgültig aufgibt und den Erfolg abwendet. Das bedeutet **A.** bei den **Unternehmensdelikten** nach I Nr. 2, 2. Alt., dass Explosion oder Brand als tatbestandsmäßige Erfolge noch nicht eingetreten sein dürfen; **B.** bei den **übrigen Delikten nach I,** wo beim Rücktritt vom Versuch § 24 unmittelbar eingreift, dass § 320 unanwendbar ist, da es sich durchweg um schlichte Tätigkeitsdelikte ohne tatbestandsmäßigen Erfolg handelt (**aA** SK-*Wolters/Horn* 18); vgl. *Maurach,* Heinitz-FS 409. Das vom Täter angestrebte Ziel kann man ebenso wenig wie bei den Unternehmensdelikten als solchen Erfolg ansehen (anders *S/S-Cramer/Sternberg Lieben* 32; vgl. BGH **10**, 320); **C.** bei den **Vorbereitungsdelikten** nach IV, bei denen es zu einer Tat nach I gar nicht kommt, genügt es, wenn der Täter die etwa bestehende Gefahr, dass ein anderer die Tat weiter vorbereitet oder begeht, abwendet (vgl. § 314a; § 31 I Nr. 1).

18 11) **Sonstige Vorschriften:** 10 zu § 307.

Störung von Telekommunikationsanlagen

317 **[I] Wer den Betrieb einer öffentlichen Zwecken dienenden Telekommunikationsanlage dadurch verhindert oder gefährdet, dass er eine dem Betrieb dienende Sache zerstört, beschädigt, beseitigt, verändert oder unbrauchbar macht oder die für den Betrieb bestimmte elektrische Kraft entzieht, wird mit Freiheitsstrafe bis zu fünf Jahren oder mit Geldstrafe bestraft.**

[II] Der Versuch ist strafbar.

[III] Wer die Tat fahrlässig begeht, wird mit Freiheitsstrafe bis zu einem Jahr oder mit Geldstrafe bestraft.

1) Allgemeines. Die Vorschrift wurde durch Art. 2 Abs. 13 Nr. 5 Begleitgesetz zum Telekommunikationsgesetz (1 zu § 206) der veränderten Sach- und Rechtslage nach der Privatisierung der Deutschen Bundespost angepasst. 1

2) Telekommunikationsanlagen sind technische Einrichtungen oder Systeme zur Telekommunikation, die als Nachrichten identifizierbare (digitale oder analoge) elektromagnetische oder optische Signale senden, übertragen, vermitteln, empfangen, steuern oder kontrollieren können (vgl. § 3 Nr. 23 TKG). Auch optische Signalanlagen können TK-Anlagen iS von § 317 sein; ebenso Anlagen zur einseitigen Auslösung akustischer Signale. Mit umfasst sind auch Anlagenteile, die der kurzfristigen Zwischenspeicherung zum Zweck der Datenübertragung dienen. Dass die Anlage Teil eines TK-**Netzes** ist, setzt der Tatbestand nicht voraus. 1 a

3) Öffentlichen Zwecken muss die Anlage dienen; sei es im Gebrauch des Publikums oder von Behörden (selbst für bloßen Innenverkehr). Hierher gehören die Einrichtungen des Fernmeldewesens, insbesondere das öffentliche Telekommunikationsnetz und die im Rahmen dieses Netzes ermöglichten öffentlichen Telekommunikationsdienste (Telefon-, Telex-, Teletext-, Telefax-, Bildschirmtext-, Datenübermittlungs-, Funkruf-, Telegraf- und Bildübermittlungsdienst, die Übermittlungsdienste für Presseinformationen und für den Warendienst, der Dienst „Funknachrichten an einen oder mehrere Empfänger" sowie der besondere Funkdienst für die Seeschifffahrt); auch der Mobilfunk (NK-*Herzog* 2). Es genügt, dass die Anlage dem *öffentlichen Interesse* dienen soll, selbst wenn sie dem Publikum verschlossen ist. Nach der weiten Fassung des Tatbestands lassen sich „öffentliche Zwecke" von dem bloßen *Gebrauch* bei der öffentlichen Zwecken dienenden Verwaltungstätigkeit kaum trennen, obgleich die Strafwürdigkeit hier im Einzelfall zweifelhaft sein mag (zB Störung eines Lautsprecheranschlusses oder eines optischen Signalgebers zur arbeitserleichternden Regulierung des Publikumsverkehrs in Behörden). 2

Umstr. ist, ob **Telekommunikationsanschlüsse von Privatpersonen** öffentlichen Zwecken dienen (so für das frühere Recht RG **29**, 244; BGH **25**, 370 [m. zust. Anm. *Krause* JR **75**, 380]). Entgegen BayObLG (NJW **71**, 528; **93**, 1215; ebenso *S/S-Cramer/Sternberg-Lieben* 4), das den Schutz von Privatanschlüssen durch § 317 ablehnt, hat BGH **39**, 288 dies bejaht, jedenfalls wenn die Störung oder Stilllegung eines privaten Telefonanschlusses gegen den Willen der Betreibergesellschaft *und* des Anschlussinhabers erfolgt. Das überzeugt nicht (krit. *Helgerth* JR **94**, 122; *Hahn* NStZ **94**, 190; *Schmittmann* NStZ **94**, 587; *Statz* ArchPT **94**, 67; zweifelnd *Lackner/Kühl* 2; SK-*Wolters/Horn* 5; abl. *S/S-Cramer/Sternberg-Lieben* 4; grds krit. auch NK-*Herzog* 4), denn die Frage, ob der einzelne private Anschluss (objektiv) Teil einer öffentlichen Zwecken dienenden Anlage ist, kann nicht davon abhängen, ob der Anschlussinhaber mit der Beschädigung seines Endgerätes einverstanden ist. Die Einbeziehung privater Netzzugänge führt überdies zu Abgrenzungsschwierigkeiten (ISDN-Karten in PC's; Modems; integrierte Fax-Geräte); dass der Diebstahl eines Mobiltelefon-Akkus die Störung einer TK-Anlage sein sollte, ist kaum nachvollziehbar. Nicht ausreichend ist jedenfalls eine nur mittelbare Möglichkeit der Verfolgung öffentlicher Zwecke; so macht die Möglichkeit einer 2 a

Standort-Feststellung oder der TK-Überwachung GPS-gestützte private Navigationsanlagen in Kraftfahrzeugen nicht zu Teilen einer öffentlichen Zwecken dienenden TK-Anlage. § 317 ist kein Schutzgesetz (§ 823 II BGB) zugunsten der einzelnen Netzteilnehmer (NJW **77**, 1147). Verbotswidrig eingerichtete Anlagen dienen nicht dem öffentlichen Interesse und sind daher nicht geschützt.

3 4) Die **Tathandlung** besteht in der Sabotage, nämlich im Verhindern oder Gefährden des Betriebes der Anlage; anders als im Fall des § 316 b braucht es nicht einmal zu einer Störung zu kommen. Die **Tatmittel** entsprechen dem § 316 b, vgl. dort 7. Eines Eingriffes in die Substanz der Anlage bedarf es nicht stets (LK-*Wolff* 5; NK-*Herzog* 5; **aA** Hamm VRS **36**, 53; vgl. auch Bay NJW **71**, 528); doch muss unmittelbar auf die Anlage eingewirkt werden, so dass die Hinderung eines Mitarbeiters an einer Nachrichtenweitergabe nicht genügt, desgl. *nicht* der eigenmächtige Anschluss an ein Breitbandkabelnetz (*Krause/Wuermeling* NStZ **90**, 526) oder das ordnungsgemäße und nur unbefugte Benutzen der Anlage zB durch Auslösen eines Fehlalarms eines Feuermelders oder durch unbefugtes Telefonieren (*Mahnkopf* JuS **82**, 886). Die Tat kann auch an einer vorübergehend nicht betriebsfähigen Anlage begangen werden (Hamm JMBlNW **67**, 68; and. Düsseldorf MDR **84**, 1041). Das bloße Blockieren eines Anschlusses mit anderen als den in I genannten Mitteln reicht nicht aus, Herzog GA **75**, 259 (**aA** LG Bielefeld ArchPT **83**, 99 für das Nichtauflegen des Telefonhörers), auch nicht jede Manipulation (Düsseldorf aaO). Der **Versuch (II)** ist strafbar.

4 **5) Der innere Tatbestand** erfordert: **A. Vorsatz,** in den Fällen I, II; bedingter Vorsatz genügt. Er hat nicht nur die Beschädigung oder Änderung der Anlage zu umfassen, sondern auch die Verhinderung oder Gefährdung des Betriebes.

5 **B. Fahrlässigkeit (III).** Die Pflichtwidrigkeit (16 zu § 15) kann sich auch aus der Missachtung von Verkehrsvorschriften ergeben (BGH **15**, 112).

6 **6) Tateinheit** möglich zwischen III und §§ 303, 304 (LK-*Wolff* 11; str.); § 304 tritt hinter § 317 I, II zurück (RG **34**, 251), ebenfalls § 87.

7 **7) Sonstige Vorschriften: Androhen** in den Fällen des § 317 I: § 126 I Nr. 7. Terroristische Vereinigung: § 129 a II Nr. 2.

Beschädigung wichtiger Anlagen

318 **I Wer Wasserleitungen, Schleusen, Wehre, Deiche, Dämme oder andere Wasserbauten oder Brücken, Fähren, Wege oder Schutzwehre oder dem Bergwerksbetrieb dienende Vorrichtungen zur Wasserhaltung, zur Wetterführung oder zum Ein- und Ausfahren der Beschäftigten beschädigt oder zerstört und dadurch Leib oder Leben eines anderen Menschen gefährdet, wird mit Freiheitsstrafe von drei Monaten bis zu fünf Jahren bestraft.**

II Der Versuch ist strafbar.

III Verursacht der Täter durch die Tat eine schwere Gesundheitsschädigung eines anderen Menschen oder eine Gesundheitsschädigung einer großen Zahl von Menschen, so ist auf Freiheitsstrafe von einem Jahr bis zu zehn Jahren zu erkennen.

IV Verursacht der Täter durch die Tat den Tod eines anderen Menschen, so ist die Strafe Freiheitsstrafe nicht unter drei Jahren.

V In minder schweren Fällen des Absatzes 3 ist auf Freiheitsstrafe von sechs Monaten bis zu fünf Jahren, in minder schweren Fällen des Absatzes 4 auf Freiheitsstrafe von einem Jahr bis zu zehn Jahren zu erkennen.

VI Wer in den Fällen des Absatzes 1

1. die Gefahr fahrlässig verursacht oder

2. fahrlässig handelt und die Gefahr fahrlässig verursacht,

wird mit Freiheitsstrafe bis zu drei Jahren oder mit Geldstrafe bestraft.

1) Allgemeines. Die Vorschrift ist durch Art. 1 Nr. 86 des 6. StrRG (2f. vor § 174) neu gefasst worden (zur Vorgängernorm s. 48. Aufl. 1). Dabei wurden I redaktionell geändert, II, III und VI neu eingefügt sowie die Strafrahmen neu bestimmt. **Rechtsgut** sind Leib und Leben anderer Menschen (and. MK-*Wieck-Noodt* 1; LK-*Wolff* 1; *Lackner/Kühl* 1; wie hier SK-*Wolters/Horn* 2). Abs. I ist **konkretes Gefährdungsdelikt;** II und III enthalten Erfolgsqualifikationen, IV abgestufte Fahrlässigkeitsregelungen. 1

2) Gegenstände der Tat können 3 Gruppen von Sachen sein, wobei es gleichgültig ist, ob sie dem Täter gehören: 2

A. Wasserbauten. Besonders hervorgehoben werden Wasserleitungen, Schleusen, Wehre, Deiche und Dämme. Dazu gehören auch die Wasserzuleitungen zu den einzelnen Häusern, nicht nur offene oder geschlossene Kanäle. Leitungen *in* den Häusern sind nach dem Sinn der Vorschrift hingegen nicht umfasst (*S/S-Cramer/Sternberg-Lieben* 2; LK-*Wolff* 2; SK-*Wolters/Horn* 3a; NK-*Herzog* 2). Zu welchem Zwecke sie Wasser führen, ist unerheblich; 3

B. Brücken, Fähren, Wege und Schutzwehre. § 318 schützt nicht den öffentlichen Straßenverkehr im Allgemeinen; eine Überschneidung mit § 315b (vgl. LK-*Wolff* 5) besteht daher nur insoweit, als bauliche Anlagen (insb. Wege und Brücken) der Überquerung oder der Nutzung *oder* dem Schutz vor Gefahren des Wasser dienen. Wege ohne jeden Bezug hierzu unterfallen der Vorschrift nicht (NK-*Herzog* 1, 3; **aA** SK-*Wolters/Horn* 3a); Wege und Brücken müssen aber nicht speziell dem Schutz vor den Gefahren des Wassers dienen (**aA** MK-*Wieck-Noodt* 8; LK-*Wolff* 3). Andererseits kommt es auf eine Widmung der in I geschützten Wege zum öffentlichen Verkehr nicht an. Auch ein ohne Berechtigung nur tatsächlich bestehender Weg ist geschützt. 4

c) Bergwerksbetriebsvorrichtungen zur Wasserhaltung, Wetterführung oder zum Ein- und Ausfahren der Beschäftigten. 5

3) Tathandlung des I ist das **Beschädigen** oder **Zerstören** einer der genannten Anlagen. Insoweit gelten die Grundsätze des § 303 (vgl. aber BGH **29**, 133). Erforderlich ist ein Eingriff in die Substanz des Bauwerks; fehlerhafte oder zweckwidrige Bedienung (zB Öffnen von Wehren) kann § 313, nicht aber § 318 unterfallen. Behinderung der Benutzbarkeit von Wegen durch Aufstellen von Hindernissen unterfällt § 315b I Nr. 2 (str., vgl. LK-*Wolff* 5). 6

Die Folge der Handlung zu 2ff. muss sein, dass durch sie eine **konkrete Gefahr** (14 zu § 315) für das Leben oder die Gesundheit anderer Personen herbeigeführt wird; die Gefahr für *eine* Person genügt; eine Gemeingefahr ist nicht vorausgesetzt (NK-*Herzog* 6; LK-*Wolff* 6; hM). 6a

4) Der Vorsatz des Täters hat sich als mindestens bedingter auch auf die Gefährdung zu erstrecken (RG **35**, 53; hM). Bei Fahrlässigkeit gilt § 320. 7

5) Abs. II, der durch das 6. StrRG (2f. vor § 174) eingefügt wurde, begründet die Strafbarkeit des **Versuchs.** Die „Vorstellung von der Tat" iS des § 22 muss sich dabei sowohl auf die Tathandlung als auch auf die konkrete Gefährdung beziehen. 8

6) Abs. III und IV enthalten **Erfolgsqualifikationen,** die Abs. II aF entsprechen. Bei Eintritt der schweren Folgen, für die nach § 18 Fahrlässigkeit ausreicht, wird die Tat zum Verbrechen; der Strafrahmen des III ist gegenüber II aF erhöht, der des IV gemindert worden. Zum Begriff der schweren Gesundheitsschädigung vgl. 4 zu § 306b; zur Gesundheitsschädigung einer großen Zahl von Menschen 5 zu § 306b. Der Erfolg muss *durch die Tat* verursacht worden sein; es muss sich gerade die tatbestandsspezifische Gefahr verwirklicht haben. 9

7) Abs. V enthält Strafzumessungsregeln für minder schwere Fälle der Abs. III und IV. Die Anwendung kommt namentlich bei geringfügigeren Gesundheitsbeschädigungen einer Vielzahl von Menschen, bei erheblichem Mitverschulden des Opfers sowie bei notstandsähnlichen Situationen in Betracht. 10

8) Abs. VI enthält abgestufte Fahrlässigkeitsregeln, die Teile des § 320 aF übernehmen. Für VI Nr. 1 gilt § 11 II. Bei fahrlässiger Verursachung einer schweren 11

Folge nach III oder IV liegt Tateinheit des VI Nr. 1 oder 2 mit § 229 oder § 222 vor.

12 **9) Tateinheit** besteht i. ü. mit §§ 304, 305, 312, mit §§ 315, 315 b, 316 a, 316 b I Nr. 2; mit §§ 223 ff., 211, 212. III und IV verdrängen §§ 222, 229. Vgl. 16 zu § 87.

13 **10) Sonstige Vorschriften:** § 126 I Nr. 6, 7 (Androhen), § 140 (Belohnung und Billigung), § 145 d I Nr. 2, II Nr. 2 (Vortäuschen). Zuständigkeit § 74 II Nr. 22 GVG.

Baugefährdung

319 **I Wer bei der Planung, Leitung oder Ausführung eines Baues oder des Abbruchs eines Bauwerks gegen die allgemein anerkannten Regeln der Technik verstößt und dadurch Leib oder Leben eines anderen Menschen gefährdet, wird mit Freiheitsstrafe bis zu fünf Jahren oder mit Geldstrafe bestraft.**

II Ebenso wird bestraft, wer in Ausübung eines Berufs oder Gewerbes bei der Planung, Leitung oder Ausführung eines Vorhabens, technische Einrichtungen in ein Bauwerk einzubauen oder eingebaute Einrichtungen dieser Art zu ändern, gegen die allgemein anerkannten Regeln der Technik verstößt und dadurch Leib oder Leben eines anderen Menschen gefährdet.

III Wer die Gefahr fahrlässig verursacht, wird mit Freiheitsstrafe bis zu drei Jahren oder mit Geldstrafe bestraft.

IV Wer in den Fällen der Absätze 1 und 2 fahrlässig handelt und die Gefahr fahrlässig verursacht, wird mit Freiheitsstrafe bis zu zwei Jahren oder mit Geldstrafe bestraft.

1 **1) Allgemeines.** Die Vorschrift idF des Art. 1 Nr. 87 des 6. StrRG (2 f. vor § 174) entspricht § 323 aF. Sie ist in I und II redaktionell geändert worden; die Regelung zur Tätigen Reue (V aF) ist nun in § 320 enthalten. § 319 aF wurde § 314. Die Vorschrift schützt Leib und Leben von Menschen. Sie enthält zwei Tatbestände **konkreter Gefährdungsdelikte** (I, II) und ist hinsichtlich der Schuldformen nach dem Muster von zB § 315 dreifach differenziert (I, II sowie III, IV).

1 a **Literatur:** *Englert/Fuchs,* Die Fundamentalnorm für die Errichtung von Bauwerken, DIN 4020, BauR **06**, 1047; *Gallas,* Die strafrechtliche Verantwortlichkeit der am Bau Beteiligten, 1963, *Hammer* MDR **66**, 977; *Landau,* Das strafrechtliche Risiko der am Bau Beteiligten, wistra **99**, 47; *Marburger,* Die Regeln der Technik im Recht, 1979; *Nickusch* NJW **67**, 811; *Rabe,* Die Verantwortlichkeit des Bauleiters, BauR **81**, 332; *Scherer,* Die Bauverwaltung **66**, 89; *Schünemann,* Grundfragen der strafrechtlichen Zurechnung im Tatbestand der Baugefährdung ZfBR **80**, 4, 113, 159 u. LdR 8/170; *ders.,* Die Regeln der Technik im Strafrecht, Lackner-FS 367; *Veit,* Die Rezeption technischer Regeln im Strafrecht (usw.), 1989 [verfassungsrechtlich]; *Velten,* Die Baugefährdung (usw.), 1965 (Diss. Kiel).

2 **2) Täter** ist bei **I,** wer einen **Bau** oder den **Abbruch eines Bauwerks** plant, leitet oder ausführt (*Landau* wistra **99**, 47). Die Tat ist **Sonderdelikt.** § 14 ist zu beachten (*Schünemann* aaO 118; LK-*Wolff* 1).

3 **A.** Ein **Bau** ist jedes in das Gebiet des Baugewerbes fallende Unternehmen, also sowohl Hochbau wie Tiefbau, Wasserbau, Straßen- und Bergbau (E EGStGB 267). Dazu gehören auch schon vorbereitende Gewerke (Ausschachtung).

4 **B.** Unter **Planen** eines Baues ist nicht das Vorhaben als solches zu verstehen, sondern die konkreten Planungsarbeiten, die Grundlage des Baues werden sollen und Ursache späterer Gefährdung sein können, vor allem die Anfertigung des Bauplanes und der Bauzeichnungen (Köln MDR **63**, 186) sowie die statischen Berechnungen (E EGStGB 267; NK-*Herzog* 5).

5 **C.** *Einen Bau* **leitet** *iS* des § 319, wer technisch die Einrichtung des Baues als eines Ganzen nach seinen Anordnungen dergestalt tatsächlich bestimmt, dass seine Anweisungen für die Ausführenden maßgebend sind (RG **57**, 205; Bay **58**, 227; NJW **59**, 900; Frankfurt MDR **58**, 425; Hamm NJW **69**, 2211; LK-*Wolff* 6; SK-

Wolters/Horn 5), insbesondere also der Bauunternehmer oder dessen Beauftragter; möglicherweise aber auch ein Laie, der im Wege der Selbsthilfe baut (Hamm GA **66**, 250; hierzu *Schünemann* ZfBR **80**, 7). Überwachung allein reicht nicht aus, so dass auch der überwachende Architekt damit noch nicht Bauleiter wird (NJW **65**, 1340); die Vergabe von Einzelgewerken an **Subunternehmer** beseitigt noch nicht die Bauleitung und damit die Aufsichtspflicht des Bauleiters; die Anordnung nebensächlicher Arbeiten begründet sie andererseits nicht. Bei Fertighäusern ist Leiter, wer die Zusammensetzung des Hauses aus den Teilen tatsächlich leitet (vgl. Bay NJW **55**, 681).

D. Einen Bau **führt aus,** wer die Durchführung im Einzelnen betreut oder sonst bei der Herstellung in irgendeinem Teile mitwirkt (Hamm GA **66**, 251); **zB** ein Polier (Koblenz GA **74**, 87); Bauhandwerker; Hersteller des Baugerüstes. Zur Ausführung gehören auch Hilfsleistungen wie die Erstellung von Gerüsten oder Zugangswegen sowie Maßnahmen zur Sicherung der Beteiligten und Dritter Das bloße Anfertigen von Bauzeichnungen ist keine Mitwirkung bei der Bauausführung (Bay MDR **54**, 312; vgl. aber oben 4); auch nicht das Liefern schlechten Materials (SK-*Wolters/Horn* 5). 6

3) Täter ist bei **II,** wer **in Ausübung eines Berufs oder Gewerbes** (§ 70) das Vorhaben plant, leitet oder ausführt (4 bis 6 oben gelten entsprechend), 7

A. technische Einrichtungen in ein schon bestehendes oder im Bau befindliches (dann möglicherweise schon I) **Bauwerk einzubauen** (dh unter fester Verbindung mit dem Bau; § 337 a E 1962 ist nicht Gesetz), also zB Maschinen, Aufzüge, Heiz- und Klimaanlagen, Gasrohre, elektrische Anlagen wie Boiler, eingebaute Kühlschränke u. dgl. (vgl. E EGStGB 268); oder 8

B. eingebaute, also bereits fest mit dem Bau verbundene, **Einrichtungen** dieser Art (8) zu **ändern,** wozu möglicherweise auch Reparaturen gehören, nicht aber das Ausbauen (anders LK-*Wolff* 10). 9

4) Tathandlung ist bei I und II, dass der Täter 10

A. bei der Planungs-, Leitungs- oder Ausführungstätigkeit gegen die für sie geltenden **allgemein anerkannten Regeln der Technik** verstößt. Diese Regeln (zur Zulässigkeit der Verweisung BVerfGE **49**, 89; *Tiedemann* Jura **82**, 377; *Schünemann,* Lackner-FS 367; krit. *Michalke* ZRP **88**, 274), die nicht identisch sind mit den Regelungswerken privater Verbände (SK-Wolters7Horn 7; LK-Wolff 12), müssen als Konkretisierung der Sorgfaltsnormen bei den vorgebildeten Praktikern allgemein bekannt und anerkannt sein (RG **44**, 79; BayOLGSt. 7; LK-*Wolff* 12). Eine Aufnahme in baupolizeiliche Vorschriften ist für sich nicht ausschlaggebend (Bay Bd. **30**, 40); die Aufnahme in technische **Normen** (DIN, VDE-Normen, VOB/C) ist ein erhebliches **Indiz** (*S/S-Cramer/Sternberg-Lieben* 4; NK-*Herzog* 11). Die Regeln müssen allgemein anerkannt sein: dass einzelne Außenseiter-Ansichten bestehen, steht dem nicht entgegen. Die Zuwiderhandlung kann bestehen (vgl. dazu *Landau* wistra **99**, 48) in **a) einem Tun;** so durch Benutzung mangelhafter Geräte (RG **39**, 417), nicht jedoch schon durch Lieferung schlechten Materials (SK-*Horn* 5; *Schünemann* ZfBR **80**, 9, 114), oder **b) einem Unterlassen;** so Nichtanbringen von Absperrvorrichtungen (RG **56**, 347), von Warnungstafeln, von Schutzdächern, Nichteinschreiten gegen Abweichungen vom Bauplan (Bay **64**, 1; im Einzelnen *Schünemann* aaO); 11

B. durch seine Handlung eine konkrete **Gefahr für Leib oder Leben** (3 zu § 34; 3, 4 zu § 35; 14f. zu § 315) eines anderen Menschen herbeiführt. Eine *konkrete* Gefahr kann auch dann schon vorliegen, wenn ein (zunächst verborgener) Mangel bei alsbald zu erwartender Benutzung zu einem Schaden führen würde (lebensgefährlicher Kurzschluss beim nächsten Einschalten des Lichts; Einsturz einer Treppe beim nächsten Betreten; usw.). Die Gefahr muss für **andere Personen** bestehen. Dies können auch andere am Bau beteiligte Personen sein, nicht aber Mittäter oder sonst an der Tat Beteiligte (LK-*Wolff* 15).

12 **5) Vorsatz** ist, als mindestens bedingter, bei I und II in vollem Umfang erforderlich; in den Fällen von I, II und III muss der Regelverstoß ein vorsätzlicher sein, während die Gefahr nur fahrlässig verursacht wird (die Tat nach III ist eine vorsätzliche iS von § 11 II); in den Fällen von I, II und IV handelt der Täter in vollem Umfang fahrlässig. Die Strafrahmen sind entsprechend abgestuft. IV kommt zB in Betracht bei Abnahme eines Baues trotz fehlender Kenntnis der Regeln der Baukunst. Die irrige Annahme des Täters (trotz Kenntnis aller Tatumstände), er sei nicht Bauleiter, ist Subsumtionsirrtum; vgl. 13 zu § 16.

13 **6) Zur Tätigen Reue** vgl. § 320 II Nr. 4, III Nr. 1 Buchst. d.

14 **7) Tateinheit** mit §§ 222, 229 ist möglich (LK-*Wolff* 20), aber auch mit §§ 223 ff.; 308 V. II wird von § 318 verdrängt. Ergänzende Vorschriften enthalten die Bauordnungen der Länder.

15 **8) Die Verjährung** beginnt mit dem Eintritt der Gefahr, § 78 a S. 2 (Bay JR **58**, 468).

Tätige Reue

320 **I Das Gericht kann die Strafe in den Fällen des § 316 c Abs. 1 nach seinem Ermessen mildern (§ 49 Abs. 2), wenn der Täter freiwillig die weitere Ausführung der Tat aufgibt oder sonst den Erfolg abwendet.**

II Das Gericht kann die in den folgenden Vorschriften angedrohte Strafe nach seinem Ermessen mildern (§ 49 Abs. 2) oder von Strafe nach diesen Vorschriften absehen, wenn der Täter in den Fällen

1. des § 315 Abs. 1, 3 Nr. 1 oder Abs. 5,
2. des § 315 b Abs. 1, 3 oder 4, Abs. 3 in Verbindung mit § 315 Abs. 3 Nr. 1,
3. des § 318 Abs. 1 oder 6 Nr. 1,
4. des § 319 Abs. 1 bis 3

freiwillig die Gefahr abwendet, bevor ein erheblicher Schaden entsteht.

III Nach den folgenden Vorschriften wird nicht bestraft, wer

1. in den Fällen des
a) § 315 Abs. 6,
b) § 315 b Abs. 5,
c) § 318 Abs. 6 Nr. 2,
d) § 319 Abs. 4
freiwillig die Gefahr abwendet, bevor ein erheblicher Schaden entsteht, oder
2. in den Fällen des § 316 c Abs. 4 freiwillig die weitere Ausführung der Tat aufgibt oder sonst die Gefahr abwendet.

IV Wird ohne Zutun des Täters die Gefahr oder der Erfolg abgewendet, so genügt sein freiwilliges und ernsthaftes Bemühen, dieses Ziel zu erreichen.

1 **1) Allgemeines.** Die Vorschrift idF des Art. 1 Nr. 88 des 6. StrRG (2 f. vor § 174) fasst die bisher verstreuten Vorschriften zur Tätigen Reue für die §§ 315, 315 b, 316 c, 318, 319 zusammen. Eine im RegE vorgesehene weitergehende Zusammenfassung unterblieb auf Anregung des BRats zugunsten einer einfacheren Rechtsanwendung (BT-Drs. 13/8587, 52, 75; BT-Drs. 13/9064, 22). Die Tätige Reue ist für den 28. Abschnitt nun in §§ 306 e, 314 a und 320 geregelt.

2 **2)** Die Regelungstechnik entspricht § 314 a. Auf die dortigen Ausführungen wird verwiesen.

Führungsaufsicht

321 **In den Fällen der §§ 306 bis 306c und 307 Abs. 1 bis 3, des § 308 Abs. 1 bis 3, des § 309 Abs. 1 bis 4, des § 310 Abs. 1 und des § 316c Abs. 1 Nr. 2 kann das Gericht Führungsaufsicht anordnen (§ 68 Abs. 1).**

Die Vorschrift (§ 325 idF des Art. 19 Nr. 182 EGStGB, durch Art. 1 Nr. 12 des 18. StÄG § 321 geworden und redaktionell geändert durch Art. 1 Nr. 88 des 6. StrRG) ermöglicht die FAufsicht (vgl. vor § 68 u. 2ff. zu § 68).

Einziehung

322 **Ist eine Straftat nach den §§ 306 bis 306c, 307 bis 314 oder 316c begangen worden, so können**

1. Gegenstände, die durch die Tat hervorgebracht oder zu ihrer Begehung oder Vorbereitung gebraucht worden oder bestimmt gewesen sind, und

2. Gegenstände, auf die sich eine Straftat nach den §§ 310 bis 312, 314 oder 316c bezieht,

eingezogen werden.

1) **Allgemeines.** Die Vorschrift ist durch das EGOWiG (1 zu § 74) unter Einbeziehung des aufgehobenen § 311c fF als § 325a eingefügt, durch Art. 19 Nr. 182 EGStGB ergänzt, durch Art. 1 Nr. 13 des 18. StÄG (1 vor § 324) als § 322 neu gefasst und durch das 2. UKG (1 vor § 324) sowie durch Art. 1 Nr. 88 des 6. StrRG (2f. vor § 174) redaktionell geändert worden. 1

2) Die Regelung **erweitert** den im Übrigen auch hier geltenden § 74 in zwei Richtungen: **A.** Auch bei einer **Fahrlässigkeitstat** nach §§ 307 IV, 308 VI, 311 III, 312 VI ist Einziehung der *instrumenta sceleris* zulässig (Nr. 1). **B.** In den Fällen der §§ 310, 311, 314 und 316c ist auch dann, wenn die Sachen nicht, wie beim Herstellen (§ 310), Vergiften oder Vermischen (§ 314), *producta sceleris* oder wie bei den Schusswaffen in § 316c I Nr. 2 *Instrumenta sceleris,* sondern **Beziehungsgegenstände** (10 zu § 74) sind, Einziehung zulässig. 2

Die **weiteren Voraussetzungen** der Einziehung sind, wie § 74 IV ergibt, die des § 74 II, III, so dass bei der Sicherungseinziehung (13ff. zu § 74) eine „Straftat" nicht Voraussetzung ist, sondern eine mit Strafe bedrohte Handlung genügt. Gegenüber tatunbeteiligten Dritten ist, da § 74a nicht für anwendbar erklärt ist, nur die hier idR gegebene Sicherungseinziehung nach § 74 II Nr. 2, III möglich; in diesen Fällen selbstständige Einziehung auch nach § 76a II, sonst nur nach I zulässig; ev. Entschädigung nach § 74f. Zu beachten weiter §§ 74b, 74c, 74e II S. 2, 3. 3

§ 323 [Weggefallen. § 323 ist durch Art. 1 Nr. 87 des 6. StrRG § 319 geworden.]

Vollrausch

323a **I Wer sich vorsätzlich oder fahrlässig durch alkoholische Getränke oder andere berauschende Mittel in einen Rausch versetzt, wird mit Freiheitsstrafe bis zu fünf Jahren oder mit Geldstrafe bestraft, wenn er in diesem Zustand eine rechtswidrige Tat begeht und ihretwegen nicht bestraft werden kann, weil er infolge des Rausches schuldunfähig war oder weil dies nicht auszuschließen ist.**

II Die Strafe darf nicht schwerer sein als die Strafe, die für die im Rausch begangene Tat angedroht ist.

III Die Tat wird nur auf Antrag, mit Ermächtigung oder auf Strafverlangen verfolgt, wenn die Rauschtat nur auf Antrag, mit Ermächtigung oder auf Strafverlangen verfolgt werden könnte.

Übersicht

1) Allgemeines ... 1, 1 a
2) Rechtsgut; kriminalpolitische Bedeutung ... 2, 3
3) Tathandlung; Rausch ... 4
4) Rauschtat ... 5–14
A. Objektiver Tatbestand der Rauschtat ... 6
B. Subjektiver Tatbestand der Rauschtat ... 7
C. Rechtfertigung; Entschuldigungsgründe; Strafausschließungsgründe ... 8 a
D. Schuldunfähigkeit ... 9–14
5) Subjektiver Tatbestand ... 15–19
A. Berauschung ... 16
B. Beziehung zur Rauschtat ... 17–19
6) Beteiligung ... 20
7) Rechtsfolgen ... 21–22 a
8) Konkurrenzen ... 23
9) Verfahrensrechtliche Hinweise ... 24

1 **1) Allgemeines.** Die Vorschrift wurde ursprünglich als § 330 a durch das GewohnheitsverbrecherG v. 24. 11. 1933 (RGBl I 995) eingefügt. § 323 c entspricht § 330 a idF des Art. 19 Nr. 185 EGStGB (vgl. 351 E 1962; § 122 OWiG; Art. 1 Nr. 15 des 18. StÄG).

Gesetzgebung: Der GesE des BRats (BR-Drs. 127/97; wieder eingebracht in der 14. WP als BR-Drs. 97/99; BT-Drs. 14/759) schlug eine Ergänzung um einen Qualifikationstatbestand (schwerwiegende Rauschtat) und eine Erweiterung der Strafrahmenobergrenze auf 10 Jahre vor (dagegen *Sick/Renzikowski* ZRP **97**, 484). Dagegen schlug ein E der CDU/CSU eines Rauschtaten-StrafschärfungsG (BT-Drs. 14/545) vor, den Strafrahmen des § 323 a nach dem des jeweiligen Rauschdelikts zu bestimmen (vgl. auch die Dokumentation in BA **00**, 142; krit. zu den Entwürfen *Sick/Renzikowski* ZRP **97**, 484; *Freund/Renzikowski* ZRP **99**, 497; *Renzikowski* ZStW **112**, 475 ff.; *Paeffgen* [unten 1 a] 49 ff.). Im BTag sind beide Entwürfe nicht weiter verfolgt worden (vgl. BT-Drs. 14/9148). Auch die von der BReg. eingesetzte **Kommission** zur Reform des strafrechtlichen Sanktionensystems hat die Entwürfe abgelehnt und eine Regelung im AT vorgeschlagen (vgl. *Schnarr,* in: *Hettinger* [Hrsg.], Reform des Sanktionenrechts, Bd. I, 2001, 7 ff.).

1 a **Neuere Literatur:** *Alwart* GA **92**, 545; *Barthel,* Bestrafung wegen Vollrauschs trotz Rücktritts von der versuchten Rauschtat?, 2001 (Diss. Würzburg 2000); *Dölling,* Rausch, Kriminalität u. Strafrecht, in: *Kiesel* (Hrsg.), Rausch, 1999, 149; *Forster/Rengier,* Alkoholbedingte Schuldunfähigkeit u. Rauschbegriff des § 323 a StGB, NJW **86**, 2869; *Foth,* Zur Frage der verminderten Schuldfähigkeit bei alkoholisierten Straftätern, in: *Egg/Geisler,* Alkohol, Strafrecht und Kriminalität, 2000, 97; *ders.,* DRiZ **90**, 419; NJ **91**, 389; *Geisler,* Zur Vereinbarkeit objektiver Bedingungen der Strafbarkeit mit dem Schuldprinzip, 1998; *ders.,* Objektive Strafbarkeitsbedingungen u. „Abzugsthese" (usw.), GA **00**, 166; *Hruschka,* Die actio libera in causa, JZ **96**, 64; *Kusch,* Der Vollrausch, 1984; [Bespr. *U. Weber* ZStW **104**, 415]; *Neumann,* Zurechnung u. „Vorverschulden", 1985; *ders.,* Erfolgshaftung bei „selbstverschuldeter Trunkenheit"?, StV **03**, 527;; *Otto,* Der Vollrauschtatbestand, Jura **86**, 478; *Paeffgen,* Strafzumessungsaspekte bei § 323 a, NStZ **93**, 66; *ders.,* Zur rechtlichen und rechtspolitischen Problematik des Vollrausch-Tatbestandes, in: *Egg/Geisler* (Hrsg.), Alkohol, Strafrecht und Kriminalität, 2000, 49; *Renzikowksi,* Die Verschärfung des § 323 a StGB – Preisgabe des Schuldprinzips?, ZStW **112** (2000), 475; *Schnarr/Hennig/Hettinger,* Alkohol als Strafmilderungsgrund, Vollrausch, actio libera in causa, 2001; *Streng,* „actio libera in causa" und Vollrauschstrafbarkeit – rechtspolitische Perspektiven, JZ **00**, 20; *ders.,* Ausschluss der Strafmilderung gem. § 21 StGB bei eigenverantwortlicher Berauschung?, NJW **03**, 2963; *ders.,* „Komorbidität", Schuld(un)fähigkeit und Maßregelanordnung, StV **04**, 614; *Wolter,* Wahlfeststellung und in dubio pro reo, 1987, 75 ff.; *ders.,* NStZ **89**, 54. Vgl. auch die Literaturangaben 1 d zu § 20.

2 **2) Rechtsgut; kriminalpolitische Bedeutung.** Rechtsgut ist nach hM nur sekundär das durch die im Rausch begangene rechtswidrige Tat (die sog. **Rauschtat**) verletzte Gut, in erster Linie der Schutz der Allgemeinheit vor den von Berauschten erfahrungsgemäß ausgehenden Gefahren (so ausschließlich BGH **16**, 128; Bay **86**, 8; vgl. hierzu NK-*Paeffgen* 4); der Vollrausch ist danach ein **abstraktes Gefährdungsdelikt.** Diese Ansicht gerät in Konflikt mit den Anforderungen des Schuldgrundsatzes (vgl. BGH **9**, 390 [GrSen]; **10**, 247; unten 19), welche eine – jedenfalls *„lose" subjektive* Beziehung des Täters zur Rauschtat verlangen; *unter diesem Blickwinkel* ist § 323 a **konkretes Gefährdungsdelikt** (*Arzt/Weber* 40/12; *Heinitz* JR **57**, 347, 349; *H.J. Hirsch* ZStW **93**, Beih., 16; str.; and. zB LK-*Spendel* 55 ff., 66: „Gefährdungsdelikt eigener Art"; *Otto* Jura **86**, 480: „eigenständiges, als Schuldzurechnungsregel zu interpretierendes abstraktes Gefährdungsdelikt"; vgl. dazu auch *Streng* JZ **84**, 116 u.

ZStW **101**, 317; NK-*Paeffgen* 15 ff. u. ZStW **97**, 538; krit. zu § 323 a auch *Hruschka* 291 ff. u. JZ **96**, 71). Der **BGH** „ist bislang nicht zu einem durchgehend einheitlichen Verständnis dieser Vorschrift gelangt" (NJW **04**, 3350, 3354 unter Hinweis auf BGH **10**, 247 einerseits, BGH **16**, 124 andererseits).

Die Vorschrift wird als **kriminalpolitisch** unabdingbare Regelung zur Erfassung rauschbedingt gefährlichen Verhaltens (für Streichung aber *Hruschka* JZ **96**, 64, 71) in solchen Fällen angesehen, in welchen dem Täter die Verwirklichung eines Straftatbestands auf Grund von (möglicher) Schuldunfähigkeit zum Tatzeitpunkt und auch nach den Regeln der *actio libera in causa* (vgl. 49 ff. zu § 20) nicht zugerechnet werden kann (für das **OWi**-Recht vgl. § 122 OWiG). Sie löst sich damit nicht nur vom **Koinzidenzprinzip** des § 20 (vgl. dort 48), sondern stellt die Kongruenz von Unrecht und Schuld insgesamt in Frage (vgl. auch die Zusammenstellung von „Bedenklichkeiten" bei *Paeffgen,* in: *Egg/Geisler* [1 a], 49, 59 ff.). Die damit zusammenhängenden Probleme betreffen zugleich Anwendungsbereich und -voraussetzungen der *alic* und sind vielfach umstritten (vgl. LK-*Spendel* 1). Aus dem Rechtsgedanken des § 323 a lässt sich aber nicht ableiten, dass jeder Rausch, unabhängig von seiner Stärke, von der Rechtsordnung missbilligt werde; eine Übertragung auf die Frage einer Strafrahmenmilderung in „verschuldeten" Fällen des § 21 ist nicht möglich (NJW **04**, 3350, 3353 ff.). **3**

3) Tathandlung. Abs. I setzt als tatbestandliche Handlung nur voraus, dass eine Person sich (eigenhändiges Delikt) in einen **Rausch** versetzt, dh in den Zustand einer **akuten Intoxikation** (LK-*Spendel* 112 ff.; *Horn* JR **82**, 5; *Puppe* Jura **82**, 281; *Lackner,* Jescheck-FS 653; *Paeffgen* NStZ **85**, 8: *ders.* ZStW **97**, 527; NK-*Paeffgen* 21; *Forster/Rengier* NJW **86**, 2871; *Otto* Jura **86**, 481; krit. gegenüber einer Definition *Schewe* BA **76**, 92; **83**, 382; 527; *Ranft* JA **83**, 193; *S/S-Cramer/Sternberg-Lieben* 7) durch **alkoholische Getränke** oder **andere berauschende Mittel** (vgl. 6 zu § 64; *Maatz/Mille* DRiZ **93**, 15, 18; LK-Spendel 88 ff.; NK-*Paeffgen* 28; SK-*Wolters/Horn* 4); auch durch Zusammenwirken solcher Mittel (vgl. Bay **58**, 109; Hamburg MDR **82**, 598 [m. Anm. *Horn* JR **82**, 347]). Der **Begriff des Rausches** (vgl. dazu auch *Dölling* [1 a] 150 ff.) ist mit dem der *Schuldunfähigkeit* nicht gleichzusetzen; er deckt sich auch nicht mit demjenigen der Verminderung oder Aufhebung von Einsichts- und Steuerungsfähigkeit, denn dies sind keine *allgemeinen* Eigenschaften einer Person, sondern *tatspezifische* (§ 20) Bewertungen; ein friedlich schlafender Betrunkener ist berauscht, aber nicht „schuldunfähig" (vgl. unten 11). Die Umschreibung des BGH, ein Rausch liege nur vor, „wenn der Zustand des Täters nach seinem ganzen Erscheinungsbild als durch den Genuss von Rauschmitteln hervorgerufen anzusehen" sei (BGH **26**, 363, 364 [m. Anm. *Horn* JR **77**, 210]; **32**, 53; DAR **74**, 117; LK-*Spendel* 114; hierzu *Puppe* Jura **82**, 287; *Forster/Rengier* NJW **86**, 2869; *Bresser* For. **5** [1984], 55), ist wenig erhellend, da er voraussetzt, was erklärt werden soll. Nach zutr. Ansicht ist nicht vorausgesetzt, dass der Täter die Mittel zur Herbeiführung lustbetonter Empfindungen zu sich genommen hat (Bay NJW **90**, 2334; Frankfurt BA **79**, 407; SK-*Wolters/Horn* 4; *Schewe* BA **79**, 60; *Gerchow* BA **79**, 99, Sarstedt-FS 4 u. For. **7** [1986], 157; *Salger* DAR **86**, 386; *Otto* Jura **86**, 481; *Burmann* DAR **87**, 137; *Janiszewski* BA **87**, 246; **aA** Karlsruhe NJW **79**, 611; vgl. auch Celle NJW **86**, 2386). Rausch lässt sich daher als ein Zustand beschreiben, in dem sich die jeweils spezifischen psychophysischen Wirkungen des Rauschmittels in einem solchen Maß entfalten, dass nach allgemeiner Erfahrung mit erheblichen Beeinträchtigungen der Fähigkeit zu rechnen ist, das eigene Verhalten an rechtlichen Verhaltensnormen zu orientieren. **4**

4) Rauschtat. Der Täter muss im Zustand des Rausches eine **rechtswidrige Tat** (36 zu § 11) begehen, dh eine Tat, die den Tatbestand eines Strafgesetzes verwirklicht (bei OWi gilt § 122 OWiG); dazu genügt ein entsprechender **Versuch** (NJW **53**, 1442; MDR **71**, 362); zum Rücktritt vgl. unten 14); nach Bay NJW **89**, 1685 (m. krit. Anm. *R. Keller* JR **89**, 343; *Miseré* Jura **91**, 2998; iErg zust. *Küper* NJW **90**, 209; *Paeffgen* NStZ **90**, 365) auch eine Tat nach § 142 I. Die Rauschtat braucht nicht durch den Rausch verursacht zu sein (1 StR 298/70). **5**

A. Der **äußere Tatbestand der Rauschtat** muss vorliegen. Fehlt es, zB wegen Volltrunkenheit (BGH **1**, 275), schon an einer zurechenbaren *Handlung*, so entfällt § 323 a (vgl. BGH **1**, 126; **3**, 287; NJW **52**, 194; Celle GA **56**, 360; Bay NJW **74**, **6**

1520; DAR **79**, 239; LG Frankfurt ZfS **92**, 391; hierzu *Schewe* ZStW Beih. 1981, 68; LK-*Spendel* 168). Die Handlung kann auch ein **Unterlassen** sein, wenn Handlungsfähigkeit im genannten Sinn besteht (vgl. Bay NJW 74, 1520; SK-*Wolters/Horn* 14; krit. *Kurbjuhn* NJW **74**, 2059; *Lenckner* JR **75**, 31; *Backmann* JuS **75**, 698]; *Ranft* JA **83**, 240; *Otto* Jura **86**, 483; vgl. dazu *Streng* JZ **84**, 114; LK-*Spendel* 170ff.; NK-*Paeffgen* 70). Die konkretisierte Feststellung der Rauschtat in ihren tatbestandlichen Merkmalen ist für die Prüfung eines Vergehens des Vollrausches als geschichtlicher Vorgang zwingend erforderlich, da das Sichberauschen und die Rauschtat eine Tat nach § 264 StPO bilden; die tatbestandlichen Merkmale der Rauschtat geben der Tatausführung des § 323a das Gepräge. Eine Verurteilung nach § 323a setzt daher lückenlose Feststellungen auch zur Rauschtat voraus. Das gilt – schon im Hinblick auf Abs. II – namentlich auch im Hinblick auf im Rausch begangene Verkehrsstraftaten (zB nach § 316 einerseits, §§ 315c, 142 andererseits; vgl. Hamm NZV **98**, 212; BA **02**, 49f.; Bay NZV **98**, 164). Der **Erfolg** (§ 9 I) des § 323a tritt nicht nur am Ort der Berauschung, sondern auch da ein, wo der Täter die Rauschtat begeht (BGH **42**, 235; *S/S-Eser* 7 zu § 9; *Lackner/Kühl* 2 zu § 9; LK-*Spendel* 254; **aA** *Stree* JuS **65**, 473f.).

7 **B.** Der **subjektive Tatbestand der Rauschtat** ist ebenfalls festzustellen, wobei nur die Schuldunfähigkeit außer Betracht bleibt, denn sonst lässt sich nicht feststellen, ob und welche Rauschtat vorliegt (vgl. BGH **1**, 126; **14**, 114; **18**, 235). Bei vorsätzlichen Straftaten liegt dann nach der finalen Handlungslehre echter Vorsatz, nach der Rspr sog. **natürlicher Vorsatz** vor. Auch eine etwa tatbestandlich vorausgesetzte *Absicht* muss festgestellt werden (NJW **67**, 579 [Diebstahl]; BGH **18**, 235 [Betrug]). Es ist das *tatsächliche* Vorstellungsbild des Rauschtäters zu prüfen, nicht hypothetische Vorstellungen für den Fall der Nüchternheit. Nach hM schließt ein **Tatbestandsirrtum** den (natürlichen) Vorsatz daher auch dann aus, wenn er rauschbedingt ist (BGH **18**, 237; *S/S-Cramer/Sternberg-Lieben* 18; SK-*Horn* 12; NK-*Paeffgen* 75; *Arzt/Weber* 40/21; *W/Hettinger* 1038; *Otto* BT 81/13; *Ranft* JA **83**, 241; **aA** NJW **53**, 1442; LK-*Spendel* 198ff.). Das gilt entspr. für den **Erlaubnistatbestandsirrtum** (**aA** *M/Schroeder/Maiwald* 96/13; 50. Aufl. 14). Bei fahrlässigen Taten reicht ein objektiver Sorgfaltsverstoß allein nicht aus (**aA** SK-*Horn* 13); andererseits kommt es nicht auf die Sorgfalts-Fähigkeit des Täters im Rauschzustand an. Bestrafung wegen fahrlässiger Tat setzt daher voraus, dass der Täter *infolge* des Rausches die ihm im *nüchternen* Zustand mögliche Sorgfalt nicht beachtet hat (*S/S-Cramer/Sternberg-Lieben* 19; *Arzt/Weber* 40/24; str.).

8 **C. Rechtfertigungsgründe, Schuldausschließungsgründe und Strafausschließungsgründe** gelten auch für die Rauschtat. Insb. können, soweit auch die subjektiven Rechtfertigungselemente gegeben sind, Rechtfertigungsgründe eingreifen; im Fall von § 32 kommt auch § 33 in Betracht (4 StR 797/52; *Otto* Jura **86**, 485). Ebenso sind einem Schuldunfähigen für § 323a der Schutz des § 35 und sonstige Schuldausschließungsgründe zuzubilligen (vgl. auch *Rengier,* Roxin-FS 811, 819). Ein *rauschbedingter* Verbotsirrtum ist unbeachtlich; das setzt § 323a für die rauschbedingte Aufhebung der Unrechtseinsicht schon tatbestandlich voraus (vgl. *Lenckner* JR **75**, 32). Ein *rauschunabhängiger* Verbotsirrtum ist zugunsten des Täters zu berücksichtigen (Stuttgart NJW **64**, 413).

8a Ein **Rücktritt** vom Versuch der Rauschtat ist nach hM möglich. Danach sind die Bestimmungen über den strafbefreienden Rücktritt analog anzuwenden, wenn der mit natürlichem Vorsatz handelnde Täter vom Versuch der Rauschtat freiwillig zurücktritt (NStZ **94**, 131 [Anm. *Kusch*]; NStZ-RR **01**, 15; MDR/D **72**, 362; BGHR § 323a I Rücktritt 1; 5 StR 531/93; krit. dazu *Barthel* [1a] 120ff., 285ff., 312ff. m. umf. Nachw.); *ggf. kann dann eine* milder zu beurteilende (NStZ-*RR 01, 15*; vgl. unten 16) vollendete Rauschtat vorliegen (vgl. StV **94**, 305; *Ranft* JA **83**, 243; *Otto* Jura **86**, 485). Bei **Verjährung** der Rauschtat kann auch nicht mehr nach § 323a bestraft werden (vgl. Köln NJW **58**, 1984; KG VRS **20**, 50; Hamm MDR **67**, 320; Naumburg BA **02**, 46, 47; NK-*Paeffgen* 82).

D. Schuldunfähigkeit. Bei der Begehung (§ 20) der rechtswidrigen Tat muss der Täter **infolge des Rausches** (oben 4) sicher oder möglicherweise **schuldunfähig** sein. 9

a) § 323 a erfasst nicht nur Fälle, in denen die Schuldunfähigkeit (§ 20) erwiesen ist, sondern auch solche, in denen sie nach dem Grundsatz *in dubio pro reo* nicht auszuschließen ist. Die Vorschrift ist aber auch bei Vorliegen von Schuldunfähigkeit **nicht** anwendbar, wenn der Täter bereits nach den Grundsätzen einer vorsätzlich oder fahrlässig begangenen **actio libera in causa** (49ff. zu § 20; LK-*Spendel* 21, 24; *S/S-Cramer/Sternberg-Lieben* 31ff.) für seine Rauschtat einzustehen hat. Missverständlich ist daher uU die Formulierung des BGH in NStZ-RR **01**, 15, der bedingte Vorsatz des § 323a setze voraus, dass der Täter beim Genuss von Rauschmitteln billigend in Kauf nehme, „dass er sich dadurch in einen Rauschzustand versetzt, der seine Einsichtsfähigkeit oder sein Hemmungsvermögen jedenfalls erheblich vermindert, wenn nicht ganz ausschließt". Schuldunfähigkeit ist keine allgemeine Eigenschaft einer Person, sondern bezieht sich auf eine jeweils konkrete Tat (vgl. 49 zu § 20). Erstreckt sich der **Vorsatz** des Täters auf die Herbeiführung von *Schuldunfähigkeit,* so liegt daher idR nicht § 323a, sondern eine actio libera in causa vor. Selbst wenn der „Rausch"-Vorsatz auf einen (möglichen) Verlust des Einsichts- (?) und Hemmungsvermögens hinsichtlich *jeder beliebigen* Tat gerichtet wäre, würde grds nichts anderes gelten, denn wer *alles* billigt, kann nicht einwenden, er habe das konkret Eingetretene nicht gewollt. Bedeutung kann der Vorsatz der *Schuld*unfähigkeit daher für § 323a nur haben, wenn sich die tatsächlich verwirklichte Rauschtat als **wesentliche Abweichung** vom *actio-libera-*Vorsatz darstellt. Dieser Sonderfall ist aber keine allgemeine subjektive Voraussetzung des § 323a (vgl. auch unten 7, 13). Schließlich scheidet § 323a auch aus, wenn allenfalls eine erheblich verminderte Schuldfähigkeit, nicht aber Schuld*un*fähigkeit in Betracht kommt, da in diesen Fällen der Täter aus dem Tatbestand der im alkoholisierten Zustand begangenen Tat – ggf. iVm § 21 – zu bestrafen ist (BGH **32**, 55). § 323a trifft also nur den nicht vorverantwortlichen, (möglicherweise) schuldunfähigen Rauschtäter. 10

b) Die Einbeziehung von Fällen nicht eindeutig nachweisbarer Schuldunfähigkeit ergibt sich aus der Formulierung „oder weil dies nicht auszuschließen ist". Die sachliche Bedeutung dieser Formulierung ist umstritten (vgl. LK-*Spendel* 109). Nach der Rspr des BGH (BGH **32**, 48 [m. Anm. *Schewe* BA **83**, 526; vgl. dazu auch LK-*Spendel* 154ff.; *Lackner,* Jescheck-FS 645; krit. *Dencker* JZ **84**, 453; *Paeffgen* NStZ **85**, 9; *Streng* ZStW **101**, 318]; NStZ **89**, 365) ist auch der in seiner **Schuldfähigkeit erheblich verminderte** Täter nach § 323a zu bestrafen, wenn er während der Tatzeit nicht ausschliessbar schuldunfähig war (and. Karlsruhe NJW **79**, 1945; *Hansen* JA **80**, 192; *Hirsch* ZStW Beih. 1981, 19). Offen gelassen hat BGH **32**, 48, 54, ob ein tatbestandsmäßiger Rausch iS des § 323a auch bei **möglicher voller Schuldfähigkeit,** aber nicht ausgeschlossener Schuldunfähigkeit vorliegen kann: 11

Nach zutr. Ansicht (LK-*Spendel* 111, 154 und JR **85**, 293; LK-*Gribbohm* 119 zu § 1 und Jescheck-FS 665; SK-*Wolters/Horn* 16; *Hentschel* NJW **05**, 641, 645f.; *Hentschel-Born* 278ff.; *Schmidhäuser* BT 15/31; *M/Schroeder/Maiwald* 96/18; *Jakobs* 17/62; *H. Schultz* SchweizZSt **87**, 336; *Otto* BT § 81 II 1 u. Jura **86**, 483; *Schewe* BA **83**, 370, 526; *Saal* Jura **94**, 157; ebenso iErg *Montenbruck,* Wahlfeststellung und Werttypus, 1976, 376 und GA **78**, 265) greift der Tatbestand des § 323a auch dann ein, wenn zwar ein Rauschzustand vorliegt, aber weder § 20 ausschliessbar noch die Voraussetzungen des § 21 sicher festzustellen sind (vgl. auch NStZ **89**, 365; NStZ-RR **99**, 172). 11 a

Nach der **Gegenansicht**, die von der hM in der Lit. und der überwiegenden **Rspr**. vertreten wird (vgl. etwa VRS **50**, 358; NJW **79**, 1370; JR **80**, 32; 3 StR 404/83; Bay NJW **78**, 957 [m. Anm. *Montenbruck* JR **78**, 209]; MDR **79**, 777; Schleswig MDR **77**, 247; SchlHA **78**, 186 Nr. 53; **79**, 203 Nr. 24; DAR **85**, 242 11 b zu 10; Stuttgart JR **85**, 292 [m. krit. Anm. *Spendel*]; Hamm NJW **77**, 344; Köln VRS **60**, 41; **68**, 39 [m. Anm. *Seib* BA **85**, 245]; BA **02**, 50; Zweibrücken ZfS **88**, 370; NZV **93**, 488; Karlsruhe NJW **04**, 3356; *Lackner/Kühl* 4 und Jescheck-FS 648; *W/Hettinger* 1032; *Arzt/Weber* 40/30; NK-*Frister* 58 nach § 2; NK-*Paeffgen* 44ff.; *Meyer* in: *Erbs/Kohlhaas* 6a zu § 122 OWiG; *Dencker* NJW **80**, 2159; JZ **84**, 453; *Wolter* JuS **83**, 775 u. [oben 1a], 84; *Ranft* JA **83**, 197; *Paeffgen* NStZ **85**, 8; *Forster/Rengier* NJW **86**, 2869; zur Entwicklung der Rspr. vgl. *Otto,* BGH-FG 111ff.), muss der Täter sich schuldhaft bis zu dem Grade in einen Rausch versetzt haben, der „jedenfalls" zur eingeschränkten Schuldfähigkeit geführt hat. Dem ist **nicht zuzustimmen.** Die Formel, der Täter müsse „den sicheren Bereich des § 21 erreicht" haben, geht auf BGH **16**, 189 zurück und diente dort der Eingrenzung der richterrechtlichen Ausweitung des § 330a aF als Auffangtatbestand. Dem Gesetzeswortlaut lässt sich das Erfordernis einer „mindestens" erheblich verminderten Schuldfähigkeit nicht entnehmen (BGH **32**, 48, 53; SK-*Wolters/Horn* 16). Eine Gleichsetzung des Begriffs des Rauschs mit der (*rechtlich* „erheblichen"; vgl. 6ff. zu § 21) Einschränkung der *Schuld*fähigkeit ist mit den Voraussetzungen des subjektiven Tatbestands kaum vereinbar (vgl. unten 17). Der Grundsatz *in dubio pro reo* gilt auch, wenn der *(berauschte)* Täter möglicherweise voll schuldfähig, möglicherweise schuldunfähig gewesen ist, denn § 21 beschreibt keine Abstufung der Schuld*un*fähigkeit, sondern eine solche der Schuldfähigkeit.

12 **c)** Wo freilich schon zweifelhaft bleibt, ob überhaupt ein **Rausch** vorgelegen hat, ist nach zutr. hM eine Anwendung des § 323a, der einen Rausch voraussetzt, nicht möglich (BGH **32**, 54/55; BGHR § 323a I, Rausch 1, 3; § 261 StPO Überzeugungsbildung 21; vgl. Düsseldorf BA **99**, 64; LK-*Spendel* 111; *Lackner/Kühl* 4; *Paeffgen* NK 44f., 60 und NStZ **85**, 10ff.; SK-*Wolters/Horn* 16; *Forster/Rengier* NJW **86**, 2871; *Arzt/Weber* 40/30; *W/Hettinger* 1032f.). Eine auf den *Zweifelssatz* gestützte entsprechende Anwendung des § 323a (so hier bis 50. Aufl.; *Dreher* MDR **70**, 371; *Schewe* BA **83**, 369, 382; 526, 529) scheidet hier aus, denn das Vorliegen eines Rausches ist ein unrechtsbegründendes Tatbestandsmerkmal des § 323a, das dem Beschuldigten nicht im Wege einer *Vermutung* (zu seinen „Gunsten") zugerechnet werden kann. Zwischen Rausch und Nicht-Rausch besteht weder ein „Stufenverhältnis" noch die Möglichkeit der Wahlfeststellung; daher kann nicht gesagt werden, es beschwere den Täter nicht, wenn (bei *möglicher* Schuldunfähigkeit bei einer *möglichen* Rauschtat) *zu seinen Gunsten* angenommen wird, es habe ein Rausch vorgelegen (so *Tröndle,* Jescheck-FS 682). Das *kriminalpolitisch* unerwünschte Ergebnis eines Freispruchs lässt sich nicht durch Analogie vermeiden.

13 **d)** Der Zustand der – zumindest nicht ausschließbaren – Schuldunfähigkeit muss **infolge** des Rausches eingetreten sein. Hierfür ist nicht erforderlich, dass er die *einzige* (so noch KG NJW **72**, 1529) oder auch nur die vorwiegende Ursache gewesen ist; es ist unter den Mitursachen auch nicht zwischen in der Person des Täters liegenden (BGH **4**, 75) und den von außen auf ihn einwirkenden Ursachen zu unterscheiden. Einer Strafbarkeit nach § 323a stehen andere, für den Täter erkennbare (NStZ **82**, 116) **Mitursachen** der Schuldunfähigkeit nicht entgegen, sofern sich dessen Zustand als Rausch darstellt (BGH **26**, 366; **32**, 53; NJW **97**, 3103; MDR/H **84**, 90; NStE Nr. 11).

14 **e)** § 323a ist **nicht anwendbar,** wenn Einsichts- oder Steuerungsunfähigkeit schon zum Zeitpunkt des Sich-Berauschens selbst vorliegen (vgl. BGHR § 323a II StrZ 4; § 20 BAK 15). Das kommt namentlich bei hirnorganischen Defekten (vgl. Naumburg BA **02**, 46), auch im Zusammenwirken mit oder infolge von chronischer Rauschmittelabhängigkeit, in Betracht (vgl. NStZ **94**, 30 [Anm. *Müller-Dietz* NStZ **94**, 336]; StV **84**, 419; 5 StR 234/84; Hamm NJW **73**, 1424; Bay JR **79**, 289; vgl. auch 11, 49 zu § 20; 10 zu § 63). Eine infolge der Abhängigkeit erhebliche Verminderung der Steuerungsfähigkeit hinsichtlich des Sich-Berauschens (vgl. etwa NStZ **96**, 334; NStZ-RR **97**, 102; StV **84**, 154; **92**, 230; **94**, 157 MDR/H **86**, 441; NStE Nr. 3, 7; 5 StR 166/96) führt, wenn für die Rauschtat § 20 nicht

ausschliessbar ist, zur Anwendung des § 323 a und bei Vorliegen der Voraussetzungen zu *dessen* Milderung nach §§ 21, 49 I. Allein das Wissen eines Alkoholabhängigen um den bei ihm regelmäßig eintretenden Kontrollverlust rechtfertigt nicht die Annahme, die Volltrunkenheit werde jeweils vorsätzlich und uneingeschränkt schuldhaft herbeigeführt (NStZ-RR **97**, 299).

5) Subjektiver Tatbestand. Vom („natürlichen") subjektiven Tatbestand der Rauschtat (oben 7) ist der des § 323 a zu unterscheiden; umstr. und problematisch sind die Anforderungen an die subjektive Beziehung des Sich-Berauschenden zur Rauschtat. **15**

A. Der Täter muss sich **vorsätzlich oder fahrlässig** in den Rausch versetzen (Abs. I). Bedingter Vorsatz genügt (BGHR § 323 a I, Sichber. 1); der Täter muss insoweit mindestens billigend in Kauf nehmen, dass er (jedenfalls auch) infolge des Rauschmittelkonsums in einen Zustand des Rausches gerät, dass also das Rauschmittel die ihm eigentümlichen psycho-physischen Wirkungen entfaltet (oben 4; SK-*Wolters/Horn* 6). Der Schuldvorwurf muss während der gesamten Dauer des Sichberauschens fortbestehen (GA **66**, 375). Soweit erst rauschmittelfremde Faktoren die (nicht ausschließbare) Schuldunfähigkeit mitverursacht haben, müssen gerade diese von der Schuld umfasst sein. Das setzt voraus, dass der Täter beim Rauschmittelgenuss vor Eintritt der Schuldunfähigkeit mit solchen Umständen gerechnet und sie billigend in Kauf genommen (*vorsätzlicher* Vollrausch; BGHR § 323 a I, Vors. 2; Düsseldorf NZV **92**, 328) oder das Hinzutreten solcher weiteren Umstände in vorwerfbarer Weise nicht bedacht hat (*fahrlässiger* Vollrausch; NStE Nr. 2; BGHR § 323 a I, Rausch 1; 1 StR 110/90). Dies wird bei Krankheiten und konstitutionellen Schwächen (NJW **67**, 298) oder bei zurechenbarem Vorverhalten (zB Medikamenteneinnahme: Hamburg NJW **67**, 1523; Hamm BA **78**, 461; Bay NJW **90**, 2334; *Salger* DAR **86**, 390) eher der Fall sein als bei von außen kommenden Ursachen (BGH **26**, 366; NJW **75**, 2250; **80**, 1806; Celle MDR **71**, 860). Ist ein durch ein von außen hinzutretendes Ereignis verursachter affektiver Erregungszustand durch Alkoholisierung *mit*bedingt, so ist für einen Täter vorhersehbar, dass weiterer Alkoholgenuss den Affekt erheblich steigern und zur (nicht ausschließbaren) Schuldunfähigkeit führen kann (StV **87**, 246 m. Anm. *Neumann*); ist ein solcher Affektzustand nur eine typische Folge vorausgegangenen erheblichen Alkoholkonsums, so handelt es sich um eine vom vorgestellten Geschehensablauf nur unwesentliche Abweichung des nach allgemeiner Lebenserfahrung Vorhersehbaren (NJW **79**, 1370). Nimmt der Täter als sicher an, dass die Einnahme der Rauschmittel *unmittelbar* zu seinem Tode führen werde (Selbstmordversuch durch Überdosis), so ist Vorsatz des § 323 a nicht gegeben (vgl. Hamm NJW **75**, 2252; Bay MDR **90**, 742). **16**

B. Die Begehung der Rauschtat ist nach hM **objektive Bedingung der Strafbarkeit**. Die Vorschrift ist danach mit dem Schuldgrundsatz vereinbar (vgl. schon BGH **1**, 124), weil schon der Vollrausch selbst materielles Unrecht darstelle (BGH **16**, 124, 125; Celle JZ **71**, 790; Bay NJW **74**, 1520; Hamburg MDR **82**, 598 m. Anm. *Horn* JR **82**, 347; *Lackner* JuS **68**, 215; *Puppe* GA **74**, 110; *Lackner/Kühl* 14; krit. *Jakobs* AT 10/5; *Arzt/Weber* 40/11; *Vest* ZStW **103**, 584, 599 f.; *Geisler* GA **00**, 166, 169 ff.). Die Bedingung der Strafbarkeit soll „den Bereich des Strafwürdigen einengen" (BGH aaO; *Dreher* JZ **53**, 426); nach **aA** beschreibt sie eine Wertungsstufe der *Strafbedürftigkeit* (*Lenckner,* Pfeiffer-FS 27, 40; krit. *Geisler* aaO 170 f.). Damit kann aber nicht erklärt werden, warum *dieselbe Handlung* ohne weitere *Unrechts*faktoren einmal Ordnungswidrigkeit (§ 122 OWiG), einmal kriminelles Unrecht sein soll. Die Annahme, schon allein der („schuldhafte") Vollrausch begründe das Tat-*Unrecht* (BGH **16**, 124, 125 f.), ist überdies mit dem Charakter des § 323 a als Auffang-Tatbestand nicht vereinbar, denn es kann nicht ein Umstand *unrechtsbegründend* sein, welcher nur „nicht auszuschließen" ist. **17**

a) Die Rspr des **BGH** ist nicht einheitlich (vgl. dazu auch MK-*Geisler* 55); sie hat das Problem allerdings unter unterschiedlichen (praktischen) Fragestellungen behandelt, was die Entscheidungen teilweise schwer vergleichbar macht. Meist hat **18**

der BGH angenommen, dass keinerlei subjektive Beziehung des Täters zur Rauschtat zu bestehen brauche: insbesondere brauche er nicht zu wissen, dass er im Rausch zu Straftaten irgendwelcher Art neige (BGH **1**, 124; **2**, 18; vgl. auch **16**, 124, 125 f. [*1. StS*; unter dem Gesichtspunkt einer „fortgesetzten Handlung"]; **16**, 187; **20**, 284; ebenso Schleswig SchlHA **69**, 165; OLGSt. 53 [abw. aber SchlHA **76**, 169]; Zweibrücken VRS **32**, 454; Frankfurt OLGSt. 31); § 18 finde keine Anwendung (BGH **6**, 89). Der **GrSen** hat diese Ansicht in BGH **9**, 936 aber als schuldstrafrechtlich *problematisch* bezeichnet. BGH **10**, 247 (*5. StS*) hat dann entschieden, der Täter müsse wissen, in Kauf nehmen oder vorwerfbar nicht bedenken, dass er im Rausch „*irgendwelche Ausschreitungen strafbarer Art*" begehen könnte; es müsse „ein Verschulden vorliegen, das sich in irgendeiner wenn auch noch so losen Form auf die im Rausch begangene Tat bezieht" (BGH **10**, 247, 250; ebenso JR **58**, 28; VRS **7**, 309; **17**, 340; Köln NJW **66**, 412; vgl. auch Braunschweig NJW **66**, 679; Hamm NJW **75**, 2253; Bay NJW **74**, 1520; Celle NJW **69**, 1916). Diese Ansicht hat der *1. StS* in BGH **16**, 124 ff. dann wieder (ohne Bezugnahme auf BGH **10**, 247) verworfen. In der neueren Rspr fehlen ausdrückliche Stellungnahmen; eine Lösung des zugrunde liegenden Problems wird wohl eher umgangen als vorausgesetzt.

19 Wenn sich Vorsatz oder Fahrlässigkeit auf die Rauschtat beziehen, so ist nicht § 323 a anzuwenden, sondern nach den Grundsätzen der *actio libera in causa* aus dem Tatbestand der Rauschtat zu bestrafen (vgl. dazu 49 ff. zu § 20). Darauf, ob die „Form" des Verschuldens mehr oder weniger „lose" ist (BGH **10**, 247, 250), kann es daher kaum ankommen; zweifelhaft ist auch die Anforderung, Vorsatz oder Fahrlässigkeit müssten sich auf das Fehlen der Einsicht- oder Steuerungsfähigkeit zur Tat(!)-Zeit der Rauschtat beziehen (vgl. zuletzt NStZ-RR **01**, 15; dazu oben 5): Ein Vorsatz, „steuerungsunfähig" sein zu wollen, ist ohne die Vorstellung von einer Tat, auf welche sie sich beziehen soll, praktisch kaum denkbar. Es kommt daher nicht auf das Anstreben oder Inkaufnehmen von Schuldunfähigkeit an, sondern auf das Maß der **Konkretisierung der Rauschtat** im Vorstellungsbild des Täters zum Zeitpunkt des Sich-Berauschens. Nach BGH **10**, 247, 251 liegt eine *actio libera in causa* vor, wenn Vorsatz oder Fahrlässigkeit sich „auf einen bestimmten Straftatbestand" beziehen, § 323 a, wenn sie sich auf (unbestimmte) „Ausschreitungen strafbarer Art" beziehen; dies sei „etwas ganz anderes" (ebd.; ähnl. LK-*Spendel* 67 f.). Der Schuldgrundsatz verlangt also, dass der Täter weiß oder wissen kann, dass er im (*konkreten*) berauschten Zustand zu kriminellen Handlungen neigt (vgl. *Arzt/Weber* 40/12) oder dass aufgrund konkreter Konstellationen die Gefahr solcher Taten besteht (Rauschmittelkonsum in emotional aufgeladener Athmosphäre; in gewalt- oder straftatgeneigter Gruppe; in gefahrbegründender Nähe zu möglicherweise gefährdeten Rechtsgütern, usw; ähnlich MK-*Geisler* 59). Dass damit die Probleme gelöst sind, ist gleichwohl zweifelhaft, denn so lässt sich die von BGH **9**, 390, 396 f. erörterte und von BGH **10**, 247, 250 als zwingend angesehene Kongruenz von Unrecht und Schuld nur schwer herstellen. § 323 a wird danach nur dann von der *actio libera in causa* nicht verdrängt, wenn den Täter ein *unspezifischer,* auf die konkrete Rauschtat gar nicht bezogener Schuldvorwurf trifft (zutr. *Barthel* [1 a] 100 f.; vgl. dazu *Arth. Kaufmann* JZ **63**, 425 ff.; *Roxin* AT I, 11/8 ff.).

20 **6) Beteiligung.** Mittäterschaft ist für die Tat nach § 323 a begrifflich ausgeschlossen; auch mittelbare Täterschaft scheidet aus, da die Tat ein **eigenhändiges Delikt** ist (hM; vgl. *S/S-Cramer/Sternberg-Lieben* 24; *Lackner/Kühl* 17; **aA** LK-*Spendel* 264 ff.). Str. ist, ob Anstiftung und Beihilfe hinsichtlich des bloßen Sichberauschens strafbar sind (so SK-*Wolters/Horn* 9; wohl auch BGH **10**, 248; **aA** *S/S-Cramer/Sternberg-Lieben* 25; zum Streitstand *Ranft* JA **83**, 244; *Otto* Jura **86**, 486; NK-*Paeffgen 66*). An der **Rauschtat** ist strafbare Beteiligung möglich; insbesondere kann ein mittelbarer Täter den Trunkenen als Werkzeug benutzen. Ein Schuldfähiger kann nach hM auch Mittäter der Rauschtat sein; § 29 (**aA** BGH **23**, 122; LM Nr. 2 zu § 223 a).

7) Rechtsfolgen. Die **Strafe** steht unter der Schranke nach II und III, die auf die Rauschtat verweist (BGH **10**, 247; **17**, 333; NJW **55**, 1037; NJW **92**, 1519, hierzu *Foth* DRiZ **90**, 419 u. NJ **91**, 389; *H. Schäfer* DRiZ **96**, 196; NStZ/D **92**, 172; LK-*Spendel* 286 ff.). Diese Regelung ist verfassungsrechtlich unbedenklich (BVerfG DAR **79**, 181), gleichwohl dogmatisch widersprüchlich. Nach **Abs. II** darf die Strafe, dh der anzuwendende **Strafrahmen,** nicht schwerer sein als der für die Rauschtat; so gilt zB, wenn im vorsätzlichen Rausch eine fahrlässige Körperverletzung begangen wird, nur der Strafrahmen des § 229. Das spricht gegen die hM, wonach die objektive Strafbarkeitsbedingung keine unrechtsbegründende Wirkung hat, denn von einem unrechts-unerheblichen Umstand kann schwerlich der Strafrahmen abhängen (*Paeffgen* ZStW **97**, 539; *Geisler* GA **00**, 175). Eine zwingende (uU selbst eine lediglich fakultative) **Strafrahmenverschiebung** ist auch im Rahmen des II zu beachten (NJW **92**, 1519 m. Anm. *Streng* JR **93**, 35; *Paeffgen* NStZ **93**, 66). Das gilt vor allem dann, wenn § 323 a nur auf Grund des Zweifelssatzes anwendbar ist (BGH **32**, 57) und, falls der Angeklagte wegen der Rauschtat verurteilt worden wäre, etwa wegen Vorliegens eines minder schweren Falles und wegen **verminderter Schuldfähigkeit** eine mehrfache Milderung des Strafrahmens in Betracht gekommen wäre (NStZ-RR **96**, 290; 4 StR 732/95; 5 StR 291/96); andernfalls würde sich die Anwendung des Zweifelssatzes auf die Feststellung nur verminderter oder vollständiger Schuldunfähigkeit bei der Strafrahmenwahl zu Lasten des Täters auswirken. Verlangt die Rauschtat **Strafantrag,** Ermächtigung oder Strafverlangen, so gilt das nach **Abs. III** auch für § 323 a. Dabei kommt es auf die Rechtslage zurzeit der Rauschtat an (Braunschweig NJW **66**, 1878). Die **Verjährungsfrist** bemisst sich nach dem für die Rauschtat geltenden Strafrahmen, wenn diese Frist kürzer als die für § 323 a geltende ist (Naumburg NJW **01**, 312). 21

Von den Schranken nach II und III abgesehen, bemisst sich die Strafe im Hinblick auf die Umstände des Sichbetrinkens, vor allem aber auf die Gefahr, die der Täter verschuldet herbeiführte (NStE Nr. 4; vgl. BGH **16**, 187; VRS **34**, 349; **41**, 96; MDR/D **71**, 722; andererseits Braunschweig NJW **54**, 1052). Bei der **Strafzumessung ieS** darf die Rauschtat dem Täter als solche nicht vorgeworfen werden; nach stRspr. dürfen aber die **tatbezogenen Merkmale** der Rauschtat, insb. „Art, Umfang, Schwere und Gefährlichkeit oder Folgen", bei der Strafzumessung berücksichtigt werden (BGH **23**, 375; **38**, 361; NStZ **93**, 32 f.; NStZ-RR **97**, 300; **01**, 15); diese Gesichtspunkte dürfen freilich den Schuldvorwurf des Sich-Berauschens nicht „in den Hintergrund" drängen (NZV **01**, 133). Wie dies – da es *entscheidend* auf die in der Rauschtat zum Ausdruck kommende *Gefährlichkeit* des (konkreten) Rausches ankommt – vermieden werden soll, wird in der Rspr der Revisionsgerichte nicht recht deutlich; entsprechende Entscheidungen knüpfen meist an fehlerhaften *Formulierungen* des tatrichterlichen Urteils an (etwa, entscheidender Strafzumessungsgrund sei die „kriminelle Energie" bei der Rauschtat gewesen; vgl. NZV **01**, 133). Da das (strafbestimmende) Maß der Gefährlichkeit des Rausches, für welches die tatbezogenen Merkmale der Rauschtat „Anzeichen" (ebd.) sind, sich *ohne* die konkrete Rauschtat überhaupt nicht bestimmen lässt, bewegt sich die tatrichterliche Strafzumessung fast zwangsläufig auf dogmatisch unsicherem Gelände, welches durch die revisionsgerichtlichen Formeln kaum erhellt wird. Dass der Täter keine Vorsorge gegen die Rauschtat getroffen hat, darf nach BGHR § 323 a II StrZ 3 nur dann strafschärfend gewertet werden, wenn er *irgendwelche* Taten voraussehen konnte. Das ist zweifelhaft, denn die Voraussehbarkeit *irgendwelcher* Taten ist nach stRspr. schon Voraussetzung der Tatbestandserfüllung (vgl. oben 13). Die Grenzen zwischen (jedenfalls: fahrlässiger) *alic* und strafschärfender Berücksichtigung der Rauschtat bei § 323 a verschwimmen bisweilen bedenklich. **Nicht** berücksichtigt werden dürfen Motive und Gesinnungen des Täters, die zur Rauschtat geführt haben (dazu krit. *Theune* StV **85**, 163; NStZ/T **89**, 215; *Streng* ZStW **101**, 320; SK-*Horn* 23; vgl. auch MDR/D **74**, 15); keinesfalls dürfen Verhaltensweisen berücksichtigt werden, die lediglich mit der Rausch- 22 tat selbst, nicht jedoch mit dem Sichberauschen zusammenhängen (DAR **79**, 181; MDR/H **82**, 811; NStZ-RR **97**, 300; StV **96**, 89; BGHR § 323a II, Strafz. 1 und 7; 3 StR 452/94; *Bruns*, Lackner-FS 450; **aA** *H. Schäfer* DRiZ **96**, 199). Ist für die Rauschtat Absehen von Strafe möglich, so gilt das auch für § 323a (vgl. Stuttgart NJW **64**, 413). § 41 scheidet aus; hingegen sind §§ 73ff. anwendbar; auch § 74 III bei einem Tatmittel der Rauschtat (BGH **31**, 81 [13 zu § 74]; **aA** für § 74 I: MDR/H **76**, 812; 2 StR 68/78).

22a **Entziehung der Fahrerlaubnis** ist, wenn sich die Rauschtat auf §§ 315c, 316, 142 bezieht, idR (10 zu § 69) angebracht. Ob für eine **Maßregelanordnung** allein auf das Sich-Berauschen oder auf die Rauschtat abzustellen ist, ist in der Rspr des BGH nicht endgültig geklärt (vgl. einerseits NStZ **96**, 41; 1 StR 735/97; NStZ-RR **97**, 102; 299; andererseits **Anfrage** des *4. StS* NStZ **04**, 96 [Anm. *Neumann* NStZ **04**, 198; vgl. dazu 1 ARs 29/03; 2 ARs 343/03; 5 ARs 63/03]; Entscheidung NStZ **04**, 384). Für den Fall *möglicherweise* uneingeschränkt schuldhaften Sich-Berauschens hat NStZ **04**, 384 entschieden, dass in doppelter Anwendung des **Zweifelssatzes** eine Unterbringung nach § 63 in Betracht kommt, wenn andernfalls Sicherungsverwahrung angeordnet werden müsste (vgl. 12a zu § 63).

23 **8) Konkurrenzen.** Zwischen der Rauschtat und § 323a ist keine Konkurrenz (selbst nicht Gesetzeskonkurrenz) möglich, weil § 323a die Schuldunfähigkeit voraussetzt (BGH **2**, 18). Mit nach Grundsätzen der actio libera in causa zu verantwortenden Taten (vgl. oben 13; 49ff. zu § 20) ist ausnahmsweise Tateinheit denkbar (BGH **2**, 15; **17**, 333; Hamm VRS **40**, 192; DAR **74**, 23; *Arzt/Weber* 40/39ff.; **aA** BGH VRS **23**, 435; MDR/D **69**, 903; Köln NJW **60**, 1264; *Hardwig*, Eb. Schmidt-FS 485; *Cramer* JZ **68**, 273; *Hentschel-Born* 245; *Otto* Jura **86**, 487; *Rath* JuS **95**, 413; LK-*Spendel* 43f.). Auch ist Tateinheit mit einem Dauerdelikt (zB bei unerlaubtem Sprengstoffbesitz, § 40 I Nr. 4 SprengG) möglich, wenn ein und dieselbe Handlung ohne Zäsur von der Straftat zur Rauschtat übergeht (NJW **92**, 584); zum unerlaubten Waffenbesitz vgl. aber 5 StR 135/83 (Tatmehrheit). Bei **mehreren Rauschtaten** im selben Rausch ist nur eine einzige Tat nach § 323a gegeben (BGH **13**, 225; MDR/H **90**, 489; StV **90**, 404 L; BGHR § 323a I Konk. 4; *Ranft* JA **83**, 243; NK-*Paeffgen* 83).

24 **9) Prozessuale Hinweise.** Im Urteilsspruch, der die Verurteilung nicht wegen der Rauschtat, sondern wegen Vollrausch auszusprechen hat (4 StR 170/86), ist anzugeben, ob das Vergehen vorsätzlich oder fahrlässig begangen ist (NJW **69**, 1589); die Rauschtat selbst ist nur in den Gründen darzulegen. § 323a bildet mit der im Rausch begangenen rechtswidrigen Tat dieselbe Tat iS des § 264 StPO. Billigt das RevGericht die Beurteilung der Rauschtat durch den Tatrichter nicht, so ist in aller Regel nicht nur der Strafausspruch, sondern das gesamte Urteil aufzuheben (MDR **60**, 517; Hamm BA **02**, 49), da die Schuldunfähigkeit für verschiedene Rauschtaten abweichend beurteilt werden kann (vgl. BGH **14**, 114). Zur Wirksamkeit einer Beschränkung des Rechtsmittels auf den Strafausspruch vgl. Naumburg BA **02**, 46f. (bei möglicher Schuldunfähigkeit schon bei der Berauschung). **Wahlfeststellung** zwischen verschiedenen Rauschtaten ist zulässig. Eine Tat nach § 323a kann auch dann nicht im Wege der **Privatklage** verfolgt werden, wenn sich die Rauschtat auf ein Privatklagedelikt (374 I StPO) bezieht; der in diesen Fällen durch die Rauschtat Verletzte ist auch nicht nach § 395 I StPO zur **Nebenklage** berechtigt (Bay **86**, 8).

Gefährdung einer Entziehungskur

323b **Wer wissentlich einem anderen, der auf Grund behördlicher Anordnung oder ohne seine Einwilligung zu einer Entziehungskur in einer Anstalt untergebracht ist, ohne Erlaubnis des Anstaltsleiters oder seines Beauftragten alkoholische Getränke oder andere berauschende Mittel verschafft oder überlässt oder ihn zum Genuss solcher Mittel verleitet, wird mit Freiheitsstrafe bis zu einem Jahr oder mit Geldstrafe bestraft.**

1 ***1) Allgemeines.*** Die Vorschrift, die wörtlich § 330b idF des Art. 19 Nr. 185 EGStGB entspricht (vgl. § 352 E 1962; Art. 1 Nr. 16 des 18. StÄG), **schützt** die Durchführung einer behördlich angeordneten Entziehungskur vor Störungen, dient also der Sicherung des Unterbringungszwecks. Trotz der Überschrift ist die Tat **abstraktes Gefährdungsdelikt** (*S/S*-

Cramer/Sternberg-Lieben 1; SK-*Wolters/Horn* 1; diff. LK-*Spendel* 5; NK-*Paeffgen* 3; MK-*van Gemmeren* 2); ob eine konkrete Gefährdung eintritt, ist ohne Bedeutung.

2) Die Tat bezieht sich auf eine **in einer Anstalt** (vor allem, aber nicht ausschließlich in einer Entziehungsanstalt) **untergebrachte Person,** die entweder auf **behördliche Anweisung** (zB nach §§ 64, 63, nach § 126a StPO, auf gerichtlich für zulässig erklärte Anordnungen von Verwaltungsbehörden auf Grund der landesrechtlichen Unterbringungsgesetze) oder **ohne** seine rechtserhebliche **Einwilligung zu einer Entziehungskur** untergebracht ist. Die Kur muss also mindestens einer der Unterbringungszwecke sein (vgl. LK-*Spendel* 15). Wer sich in der Anstalt freiwillig oder noch nach Aussetzung der Unterbringung (§ 67d II) aufhält, fällt nicht unter § 323b (SK-*Wolters/Horn* 5). 2

3) Tathandlung ist, dass der Täter, der auch ein Angestellter oder Insasse der Anstalt sein kann, dem Untergebrachten entgeltlich oder nicht (LK-*Spendel* 22) **alkoholische Getränke** (4ff. zu § 316) oder andere **berauschende Mittel** (4 zu § 64) **verschafft, überlässt** (RG **69**, 86) oder ihn zum Genuss solcher Mittel *verleitet* (1 zu § 160), und zwar **ohne Erlaubnis** (negatives Tatbestandsmerkmal; nachträgliche Zustimmung reicht nicht aus) des *Anstaltsleiters* oder seines zur Erteilung einer solchen Erlaubnis ermächtigten *Beauftragten.* Hieraus folgt nach wohl hM, dass der Anstaltsleiter selbst die Tat nicht begehen kann (vgl. *Lackner/Kühl* 3; SK-*Wolters/Horn* 11; NK-*Paeffgen* 8); das *formelle* Merkmal der Erlaubnis kann nicht durch das der *materiellen* „Richtigkeit" der Entscheidung ersetzt werden (and. LK-*Spendel* 8). Das Überlassen bezieht sich auf solche Mittel, die sich bereits im Gewahrsam des Täters befinden; die Duldung der Wegnahme durch die untergebrachte Person ist dann *echtes* Unterlassungsdelikt. Dagegen setzt die Bestrafung wegen Zulassens der Verschaffung oder Überlassung durch Dritte oder des Sich-Verschaffens eine Garantenstellung voraus. Unerheblich ist, ob das verschaffte oder überlassene Rauschmittel dasjenige ist, von dem die Abhängigkeit der untergebrachten Person besteht. 3

4) Wissentlich muss der Täter handeln; bedingter Vorsatz reicht nicht aus (hM; LK-*Spendel* 31). 4

5) Tateinheit ist mit § 223ff. möglich. Mit § 258 II kommt sie wohl nur in Ausnahmefällen in Betracht (and. hier bis 54. Aufl.; gegen Tateinheit SK-*Wolters/Horn* 13; differenzierend LK-*Spendel* 40ff.), denn Vereitelung des *Zwecks* (§ 323b) und Vereitelung der *Vollstreckung* der Unterbringung (§ 258 II) sind unterschiedliche Sachverhalte; § 323b kommt nur zur Anwendung, wenn der Betroffene tatsächlich untergebracht *ist.* Für das Verhältnis zu § 115 OWiG gilt § 21 OWiG. 5

Unterlassene Hilfeleistung

323c **I Wer bei Unglücksfällen oder gemeiner Gefahr oder Not nicht Hilfe leistet, obwohl dies erforderlich und ihm den Umständen nach zuzumuten, insbesondere ohne erhebliche eigene Gefahr und ohne Verletzung anderer wichtiger Pflichten möglich ist, wird mit Freiheitsstrafe bis zu einem Jahr oder mit Geldstrafe bestraft.**

1) Allgemeines. Die Vorschrift entspricht wörtlich § 330c idF des 3. StÄG (1 zu § 240; Art. 1 Nr. 17 des 18. StÄG); sie stellt die Verletzung der Hilfspflicht bei Unglücksfällen oder allgemeiner Gefahr unter Strafe (Düsseldorf NJW **91**, 2979; vgl. BGH **1**, 269; **2**, 296; **14**, 216; JZ **52**, 116). Ihr Zweck ist die strafrechtliche Sicherung eines Mindestgehalts von **Solidarpflichten** als Pflicht zur Leistung von Nothilfe (LK-*Spendel* 26; NK-*Wohlers* 1); geschütztes **Rechtsgut** sind die gefährdeten Individualrechtsgüter (SK-*Rudolphi* 1; *Lackner/Kühl* 1; *S/S-Cramer/Sternberg-Lieben* 1; *Heil* [1a] 64ff., 76; anders *Pawlik* GA **95**, 360: soziale Stabilisierung). Die Tat ist **echtes Unterlassungsdelikt,** (NK-*Wohlers* 3) konkretes Gefährdungsdelikt und Dauerdelikt (*Tenckhoff,* Spendel-FS 353; LK-*Spendel* 19, 20, 25). § 323c ist ein Schutzgesetz iS des § 823 II BGB (Düsseldorf NJW **04**, 3640). 1

Neuere Literatur (Auswahl): *Beulke,* „Pflichtenkollision" bei § 323c StGB?, Küper-FS (2007), 1; *Frellesen,* Die Zumutbarkeit der Hilfeleistung, 1980; *Frisch* II, 313ff.; *Geilen* Jura **83**, 78, 138; *Gieseler,* Unterlassene Hilfeleistung: Reformdiskussion u. Gesetzgebung seit 1870, 1 a

1999 (Diss. Hagen); *Harzer,* Die tatbestandsmäßige Situation der unterlassenen Hilfeleistung gem. § 323 c StGB, 1999; [Bespr. *Otto* JZ **99**, 668]; *Haubrich,* Die unterlassene Hilfeleistung. Zur Verfassungsmäßigkeit des § 323 c StGB u. zur Notwendigkeit seiner verfassungskonformen Restriktion, 2001 (Diss. Trier); *Heil,* Die Folgen der unterlassenen Hilfeleistung gem. § 323 c StGB, 2001 (Diss. Marburg); *Kargl,* Unterlassene Hilfeleistung. Zum Verhältnis von Recht u. Moral, GA **94**, 247; *Klückmann* NZWehrr **77**, 164; *Morgenstern,* Unterlassene Hilfeleistung, Solidarität u. Recht, 1997 (Diss. Hamburg 1996); *Naucke,* Welzel-FS 761 [zur Systematik]; *Pawlik,* Unterlassene Hilfeleistung – Zuständigkeitsbegründung u. systematische Struktur, GA **95**, 360; *Schmitz,* Die Funktion des Begriffs Unglücksfall bei der unterlassenen Hilfeleistung, 2006; *Schwind/Gietl/Zwenger* KR **91**, 233; *Seebode,* Zur Berechenbarkeit der strafrechtlichen Hilfspflicht (§ 323 c StGB), Kohlmann-FS (2003) 279; *Seelmann,* „Unterlassene Hilfeleistung" – oder Was darf Strafrecht?, JuS **95**, 281; *Stein,* Verhaltensnorm und Strafsanktionsnorm bei § 323 c StGB, Küper-FS (2007) 607; *Ulsenheimer,* Grenzen der ärztlichen Behandlungspflicht vor dem Hintergrund begrenzter finanzieller Ressourcen, Kohlmann-FS (2003), 319; *Vermander,* Unfallsituation u. Hilfspflicht im Rahmen des § 330 c, 1969.

2 2) **Unglücksfälle, gemeine Gefahr oder Not** müssen vorliegen. Die Notsituation muss für ein **beliebiges Rechtsgut** gegeben sein; eine hilflose Lage des Rechtsgutsinhabers ist nicht vorausgesetzt. Auf die Ursache kommt es grds nicht an; § 323 c begründet damit eine außerhalb des sonstigen strafrechtlichen Zurechnungssystems liegende Zuständigkeit des Unterlassungstäters (krit. und iErg abl. hierzu *Morgenstern* [oben 1 a] 136 ff.; einschr. auch *S/S-Cramer/Sternberg-Lieben* 5). Bei der Beurteilung, ob eine die Handlungspflicht auslösende Lage iS von § 323 c vorliegt, wird teilweise auf eine **ex-ante-**Sicht des Unterlassenden abgestellt (so *S/S-Cramer/Sternberg-Lieben* 2; *Geppert* Jura **05**, 39, 42) und § 323 c als unechtes Unternehmensdelikt verstanden (krit. NK-*Wohlers* 7); nach **aA** kommt es auf eine **ex-post-**Sicht an (AG Tiergarten NStZ **91**, 236 f.; *Lackner/Kühl* 2; NK-*Wohlers* 7; LK-*Spendel* 35; *Kindhäuser* LPK 9; *Küper* BT 301 f.). Die **Rspr.** tendiert zutr. zu einer „objektivierten" ex-ante-Sicht: Die allein subjektive irrige Ansicht des Unterlassenden kann keine Gefahrenlage begründen; andererseits entfällt eine aus objektiver Sicht iS einer nachträglichen Prognose vorliegende Gefahr nicht, weil sich Hilfe später als nicht erforderlich erweist (vgl. BGH **14**, 213, 216; **16**, 200, 203; **17**, 166, 170 f.; **32**, 367, 381; NStZ **85**, 409 f.; StV **86**, 201; vgl. dazu auch *Rudolphi* NStZ **91**, 237 ff.; *Arzt/Weber* 39/18 ff.; zwischen Verhaltens- und Strafsanktions-Norm differenzierend *Stein,* Küper-FS [2007] 607, 616 ff.).

2 a A. **Unglücksfall** ist ein plötzlich eintretendes (uU auch vom Gefährdeten selbst verursachtes, aber nicht ein von ihm absichtlich herbeigeführtes; NJW **91**, 1120) Ereignis, das erhebliche **Gefahr** für ein Individualrechtsgut mit sich bringt (BGH **3**, 66; **6**, 147, 152; **11**, 135; NJW **83**, 350, 351; NStZ **85**, 409, 410 [m. Anm. *Frellesen* StV **87**, 22; *Ranft* JZ **87**, 914]; Bay NJW NJW **63**, 62; Düsseldorf NJW **91**, 2979). Nach **aA** muss ein **Schaden** eingetreten sein und weitere Gefahr drohen; vgl. zB *Seebode,* Kohlmann-FS [2003] 279, 286 ff.; dagegen *Stein,* Küper-FS [2007] 607, 610 ff.). Eine **Sach**-Gefahr reicht aus (str.; vgl. LK-*Spendel* 43; *Lackner/Kühl* 2; **aA** SK-*Rudolphi* 5: nur bei Sachen von bedeutendem Wert; *S/S-Cramer/Sternberg-Lieben* 5: nur wenn die Voraussetzungen einer gemeinen Gefahr vorliegen). Zur Entwicklung der Rspr. vgl. u. a. *Stein,* Küper-FS [2007] 607, 609 ff.

3 Als Unglücksfälle sind **beispielsweise** angesehen worden: das Zusammenbrechen eines Betrunkenen auf verkehrsbelebter Straße (Bay NJW **63**, 62; Köln VRS **24**, 54); das Niederschlagen und Verlassen eines Betrunkenen (NStZ **83**, 454, hierzu *Geilen* JK 1 zu § 221) oder des Opfers einer gefährlichen Körperverletzung (EzSt § 265 StPO Nr. 3), nicht schon jede Körperverletzung (BGHR Ungl. F. 1; Düsseldorf NJW **91**, 2979); idR die Verletzung eines Verkehrsteilnehmers (BGH **11**, 135; GA **56**, 120; vgl. auch § 34 I Nr. 4 StVO); die Vergewaltigung einer Frau (*BGH* ***3****, 66;* ***30****, 397;* GA **71**, 336; Düsseldorf NJW **83**, 768; LK-*Spendel* 45); uU eine unmittelbar bevorstehende Straftat (MDR/H **93**, 721). Der Unglücksfall mit seinen Schadensfolgen darf noch nicht zu Ende sein (vgl. unten 6 a). Schwere Krankheit als solche genügt noch nicht; vgl. Bay NJW **53**, 556; Köln OLGSt. 22;

erst recht nicht eine normal verlaufende Schwangerschaft (Düsseldorf NJW **91**, 2979 m. Anm. *Meurer* JR **92**, 38); anders jedoch bei einer plötzlichen Verschlimmerung einer Krankheit (BGH **6**, 152; **21**, 50; NJW **83**, 351 [hierzu *Geiger* JZ **83**, 153; *Lilie* NStZ **83**, 314; *Kreuzer* JR **84**, 294]; NStZ **85**, 122; 409; Bay NJW **53**, 556; Hamm NJW **61**, 1648; **75**, 604; Düsseldorf NJW **95**, 799; vgl. *Geilen* Jura **83**, 89).

Nach GrSenBGH **6**, 147; BGH **13**, 162; **32**, 375 ist auch jede durch einen **Selbsttötungsversuch** verursachte Gefahrenlage ein Unglücksfall (**aA** BGH **2**, 150: nur unter besonderen Umständen, vor allem bei Geisteskrankheit oder Sinneswandel des Selbstmörders). Die Hilfeleistungspflicht gilt danach auch für *Garanten;* jedoch bedarf auch hier die Frage der *Zumutbarkeit* einer Abwendungshandlung besonderer Prüfung (vgl. BGH **13**, 169; **32**, 381). In Fällen freiverantwortlichen Suizidversuchs zwingt § 323c in keinem Fall zu Hilfeleistungen gegen den erklärten Willen des Betroffenen (NStZ **83**, 117; vgl. dazu 12f. vor § 211). Da die *aktive* Teilnahme am freiverantwortlichen Selbstmord straflos ist, kann § 323c für die passive Nicht-Verhinderung nicht zum gegenteiligen Ergebnis führen (vgl. *W/Hettinger* 60ff. mwN). Allerdings dürften frei bestimmte „Bilanz"-Selbsttötungen in der Praxis eine Ausnahme sein. **Hungerstreik** eines Häftlings, um andere Haftbedingungen zu erzwingen, ist, auch wenn er zum Tode führen kann, kein Unglücksfall, solange das Verhalten selbstverantwortlich gesteuert wird (LK-*Spendel* 56; SK-*Rudolphi* 9; NK-*Wohlers* 5); zur Zwangsernährung ist die Vollzugsbehörde nur verpflichtet, wenn nicht mehr von einer freien Willensbestimmung des Häftlings ausgegangen werden kann oder wenn akute Lebensgefahr besteht (§ 101 I S. 2 StVollzG; Koblenz JR **77**, 471 m. krit. Anm. *J. Wagner*; vgl. auch *Herzberg* ZStW **91**, 586; *Nöldeke/Weichbrodt* NStZ **81**, 281; *Geppert* Jura **82**, 177; *Michale,* Recht und Pflicht zur Zwangsernährung usw. 1983, 189; *Ostendorf* GA **84**, 326; vgl. 14 vor § 211). § 323c gilt nach § 5 Nr. 12 iVm § 1a II WStG auch für deutsche **Soldaten,** die sich im Rahmen von **UNO-Missionen** im Ausland aufhalten. Die individuelle Hilfspflicht ist hier durch den Zweck des Einsatzes sowie durch militärischen Befehl regelmäßig eingeschränkt (*Wentzek* NZWehrr **97**, 25); § 323c kann daher idR nur nach dem Ende militärischer Auseinandersetzungen sowie bei (Kriegs-) Verbrechen von Zivilisten gegen Zivilisten eingreifen. 3a

B. Gemeine Gefahr ist hier wie in § 243 I S. 2 Nr. 6 zu verstehen (vgl. dort; LK-*Spendel* 58ff.). 3b

C. Gemeine Not ist eine die Allgemeinheit betreffende Notlage, zB plötzlicher Ausfall der Wasser- oder Stromversorgung in einer Gemeinde (vgl. *Geilen* Jura **83**, 139; ausführlich LK-*Spendel* 70ff.). 3c

3) Die Hilfe muss nach objektiv *nachträglicher* Prognose (vgl. oben 2) **erforderlich** sein (NJW **54**, 728; Bay NJW **73**, 770; *Geilen* Jura **83**, 142; *Schewe,* Geerds-FS 571; *Pawlik* GA **95**, 370; *Seelmann* JuS **95**, 385; *Stein,* Küper-FS [2007] 607, 627f.; LK-*Spendel* 81ff.). Die Pflicht entfällt, wenn sichere Gewähr für sofortige anderweitige Hilfe besteht (BGH **2**, 298; NJW **52**, 394; GA **56**, 120; VRS **32**, 440; Hamm NJW **68**, 212; zum Problem der Anwesenheit mehrerer Hilfswilliger am Unfallort vgl. Bay NJW **57**, 354; zur Frage der Hilfspflicht von „Gaffern" *Scheffler* NJW **95**, 234) oder wenn Hilfe **von vornherein aussichtslos** und offensichtlich nutzlos ist (BGH **14**, 216; **16**, 203; **32**, 381; AG Tiergarten NStZ **91**, 237 [m. Anm. *Rudolphi*]; LK-*Spendel* 87). Auf die Erfolgsaussichten der Hilfeleistung kommt es abgesehen von diesen Fällen nicht an (NStZ **85**, 409, m. Anm. *Frellesen* StV **87**, 22; *Ranft* JZ **87**, 914), ebenso wenig auf die Folgen des Unterlassens, etwa, ob es die Lage des Verunglückten verschlimmert (1 StR 122/64) oder dessen Tod letztlich nicht abzuwenden ist (JR **56**, 347; NJW **61**, 1982). 4

Sind **mehrere Rechtsgüter** bedroht, so beseitigt die Nutzlosigkeit des Handelns hinsichtlich nur eines Rechtsguts die Pflicht nicht (vgl. BGH **1**, 267). Bei **Konkurrenz** einer Pflicht aus § 323c mit einer Rettungspflicht aus Garantenstellung hinsichtlich zweier *gleichwertiger* Rechtsgüter (zB: Leben) ist, wenn nur eine 4a

Pflicht erfüllt werden kann, nach wohl hM die Sonderpflicht aus § 13 zu erfüllen (*B/Weber/Mitsch* 17/136; *S/S-Lenckner* 75; *Jakobs* AT 15/7; *Roxin* AT I 16/108; vgl. 11b vor § 32). Nach Ansicht von *Neumann* (Roxin-FS [2001] 421, 436f.) besteht ein grundsätzlicher Vorrang des durch die Garantenpflicht geschützten Interesses; bei Ungleichwertigkeit beider Rechtsgüter ist nach den Maßstäben des § 34 zu entscheiden. Nach **aA** besteht kein Vorrang einer von beiden Pflichten (so zB SK-*Rudolphi* 29 vor § 13; *Freund*, Erfolgsdelikt und Unterlassen, 1992, 282), so dass der Täter ein „Wahlrecht" habe. Nach wiederum **aA** von *Beulke* (Küper-FS [2007] 1ff.) *entsteht* die Pflicht nach § 323c schon gar nicht, wenn die Erfüllung einer Garantenpflicht als *anderer wichtiger Pflicht* entgegensteht.

5 Es ist die **zur Rettung erforderliche** und **mögliche** Hilfe zu leisten. Art und Maß der Hilfe richten sich auch nach den Fähigkeiten und Möglichkeiten des Hilfspflichtigen (NJW **83**, 351). § 323c schafft keine Sonderpflicht für den **Arzt,** so dass der Nichtbesuch eines schwer Erkrankten nicht ohne weiteres unter § 323c fällt (*Arzt/Weber* 39/21); doch wird ein Arzt bei Unfällen meist am ehesten zur Hilfeleistung geeignet und daher dazu auch verpflichtet sein (BGH **2**, 297). Er muss bei plötzlicher Verschlimmerung einer Krankheit uU eine unaufschiebbare Operation vornehmen oder veranlassen; er muss – soweit möglich – wirksame therapeutische Maßnahmen ergreifen oder dem Kranken wesentliche Erleichterung verschaffen und kann sich nicht damit begnügen, die Einweisung in ein Krankenhaus zu empfehlen (Karlsruhe NJW **79**, 2360 [m. Anm. *Bruns* JR **80**, 297]; AG Groß Gerau NJW **82**, 709; *Ulsenheimer* MedR **84**, 164 u. **92**, 131). Ein diensthabender Krankenhausarzt hat einer eingewiesenen verunglückten Person die ihm zumutbare bestmögliche Hilfe sofort zu leisten (BGH **21**, 50; dazu krit. *Kreuzer* NJW **67**, 278; Ärztliche Hilfeleistungspflicht bei Unglücksfällen 1963; *Wille* PraxRMed 578). Ein **Bereitschaftsarzt** ist im Rahmen des ihm Zumutbaren *stets* zur Hilfe verpflichtet (BGH **7**, 212; Hamm NJW **75**, 604).

6 Ein wirksamer **Verzicht** des Bedrohten auf Hilfe beseitigt die Rechtswidrigkeit des Unterlassens (JR **56**, 347; *M/Schroeder/Maiwald* 55/3), ebenso die frei verantwortliche, wirksame Erklärung eines schwer Erkrankten, es solle kein Arzt gerufen oder eine Einweisung in die Klinik unterlassen werden (NStZ **83**, 118 [dazu *Eser* NStZ **84**, 56; *Ulrich* MedR **83**, 138; vgl. auch *Lilie* NStZ **83**, 314]). § 323c kann einem Arzt gebieten, sich über eine (missbräuchliche) Verweigerung der Zustimmung zu einer **Bluttransfusion** bei einer *dritten* Person (insb. Verweigerung durch Eltern eines Kindes aus Glaubensgründen) hinwegzusetzen, wenn vormundschaftsgerichtliche Maßnahmen nicht mehr möglich sind. Im Hinblick auf das persönliche Selbstbestimmungsrecht gilt dies idR nicht bei (bekannter) Verweigerung der Zustimmung durch den Patienten selbst (vgl. dazu *Ulsenheimer*, Eser-FS [2005] 1225ff.; *Hillenkamp*, Küper-FS [2007] 123ff. mwN). Maßnahmen *gegen den Willen* eines Patienten können §§ 223, 239 oder 240 unterfallen (vgl. 13 zu § 223); jedoch schließt der **Irrtum,** dass die Voraussetzungen des § 323c gegeben seien, Vorsatzstrafe aus.

7 **4)** Die Hilfe muss nach den konkreten Umständen für den Täter individuell **zumutbar** sein; die Zumutbarkeit ist Tatbestandsmerkmal (vgl. BGH **17**, 166, 170). Trunkenheit kann entgegenstehen; in einer psychischen Ausnahmesituation aber auch die Unfähigkeit zu überlegtem Handeln (4 StR 577/77; vgl. *Eisenberg* Jura **83**, 272); von Bedeutung sind auch Lebenserfahrung und Vorbildung des Täters (vgl. BGH **17**, 166). Er muss die für ihn bestmögliche Hilfe leisten (BGH **21**, 50; MDR/H **93**, 721). Die Gefahr einer Strafverfolgung wegen möglicher schuldhafter (Mit-) Verursachung des Unglücksfalls befreit nach hM grds nicht von der Pflicht zu Hilfe (BGH **11**, 353; **39**, 166 [hierzu *Geppert* JK 3, Tag JR **95**, 133]; NStZ **97**, *127; GA* **56**, *120;* **71**, 433; VRS **10**, 222; **32**, 440; LK-*Spendel* 127; SK-*Rudolphi* 27; zur Konk. unten 11; str.; zur Kritik vgl. Celle NJW **70**, 341; *Arzt/Weber* 39/25; *Lackner/Kühl* 8; *Frellesen* [1a] 201), vor allem nicht, wenn der Täter den Unglücksfall fahrlässig verschuldet hat (BGH **1**, 269; **14**, 286; **19**, 167; JZ **58**,

508; *Seelmann* JuS **95**, 286; str.). Auch demjenigen, der einen Unglücksfall durch Notwehr verursacht hat, ist Hilfe grundsätzlich zuzumuten (NStZ **85**, 501 m. Anm. *Ulsenheimer* StV **86**, 201). Die Gefahr, einen Angehörigen durch die Hilfeleistung für einen von diesem verletzten Dritten in die Gefahr der Strafverfolgung zu bringen, kann die Hilfe im Einzelfall unzumutbar machen. Jedoch sind hier strenge Maßstäbe anzulegen (vgl. BGH **11**, 135). **Ohne erhebliche eigene Gefahr** muss die Hilfeleistung möglich sein; unvorsichtiges Draufgängertum oder eine aussichtslose Hilfeleistung werden nicht verlangt (5 StR 59/79); ein Nichtschwimmer braucht nicht in tiefes Wasser zu springen; der Gefahr schwerer Erkrankung braucht man sich nicht auszusetzen (NK-*Wohlers* 12). Eine **Verletzung anderer wichtiger Pflichten** kann ebenfalls nicht verlangt werden (vgl. 11 f., 15 vor § 32). Zur Frage der Rechtmäßigkeit und Verbindlichkeit eines „Nothilfeverbots" bei friedensunterstützenden Einsätzen der BWehr NZWehrr **96**, 101 und oben 5. Einem Ehemann, dessen Ehefrau aus **religiöser Überzeugung** Krankenhausbehandlung ablehnt, ist, wenn er diese Überzeugung teilt, nicht zuzumuten, dass er sie von ihrem Verzicht abzubringen sucht (vgl. BVerfGE **32**, 98; **aA** Stuttgart MDR **64**, 1025; zum Widerstreit von Rettungspflichten und religiösen Überzeugungen vgl. auch Hamm NJW **68**, 212; LG Mannheim NJW **90**, 2212; *Ebert* JuS **76**, 319; *Lisken,* M. Hirsch-FS 541; 9 zu § 223).

Vorangegangenes Tun begründet uU die Pflicht, eine Gefahr in Kauf zu nehmen (MDR/D **56**, 144). Hilfspflichtig ist danach der Verursacher bei Verletzung eines Verkehrsteilnehmers oder (bei vorsätzlicher Körperverletzung); ebenso wer einen anderen unbeabsichtigt in Lebensgefahr bringt (BGH **14**, 282). Erwächst dem Unterlassenden eine Pflicht zum Eingreifen nicht erst aus § 323 c, sondern aus einer **Garantenstellung** gegenüber dem bedrohten Rechtsgut, so ist er wegen des echten Unterlassungsdelikts des § 323 c nur zu bestrafen, wenn Bestrafung wegen eines unechten Unterlassungsdelikts ausscheidet (vgl. BGH **14**, 285; LK-*Spendel* 127 ff.; *S/S-Cramer/Sternberg-Lieben* 34; *Seelmann* JuS **95**, 286; str.); indessen kann es nach BGH **32**, 381 in Grenzfällen aus Gewissensgründen an der Zumutbarkeit fehlen. Auch ist § 323 c nicht anwendbar, wenn die aus einer vorangegangenen Tat entspringende Gefahr im Rahmen des bei dieser Tat gewollten Verletzungserfolgs bleibt (5 StR 583/93). 8

5) § 323 c setzt **Vorsatz** voraus; bedingter Vorsatz genügt (BGH **5**, 126; VRS **24**, 191; MDR/D **68**, 552). Der **Vorsatz** hat sich vor allem auf die **Gefahrenlage** zu beziehen; nach BGH NJW **58**, 957; Bay NJW **57**, 354 auch auf das Bewusstsein, zur Hilfe verpflichtet zu sein. Doch dürfte die Kenntnis der Umstände genügen, welche die **Pflicht** begründen, während im Übrigen nur ein Verbotsirrtum vorliegt (Hamm NJW **68**, 214; LK-*Spendel* 153 f.). Die **Erforderlichkeit** der Hilfe ist Tatbestandsmerkmal (MDR/D **68**, 552; Stuttgart MDR **64**, 1026; Bay OLGSt. 17; NJW **73**, 770; Hamm NJW **75**, 605; LK-*Spendel* 146 f.; NK-*Wohlers* 13); daher fehlt der Vorsatz auch, wenn der Täter irrig annimmt, die von ihm geleistete (unzureichende) Hilfe sei ausreichend (BGHR § 323 c Unglücksfall 5; AG Saalfeld NStZ-RR **05**, 142). Nach wohl hM (BGH **17**, 171; Hamburg StV **96**, 437; wohl auch BGH NStZ **94**, 29; *S/S-Lenckner* 125 vor § 32; *Stree,* Lenckner-FS 393 mwN) handelt es sich auch bei der **Zumutbarkeit** um ein Tatbestandsmerkmal, so dass bei irriger Annahme des Täters, die Hilfeleistung sei ihm nicht zumutbar, der Vorsatz entfällt. Nach **aA** (BGH **6**, 57; LK-*Spendel* 149, 159) handelt es sich bei der Zumutbarkeit um ein *Schuldmerkmal;* ein Irrtum des Täters unterfällt danach § 17 (differenzierend SK-*Rudolphi* 24; vgl. auch *Warda,* Lange-FS 122; NK-*Wohlers* 14); das führt zur Strafbarkeit des vorsätzlich handelnden Teilnehmers. Für eine unterschiedliche Behandlung der Zumutbarkeit bei echten und unechten Unterlassungsdelikten (vgl. 44 zu § 13) fehlt es jedoch an einer sachlichen Berechtigung (zutr. *Stree,* Lenckner-FS 396 ff.); andererseits ergibt sich aus § 13 nicht, dass die Unzumutbarkeit nicht schon die Gebotenheit der Handlung ausschließt und daher entsprechend dem Begehungsdelikt zu behandeln sei (**aA** *Jakobs* AT 29/98; 9

Jescheck/Weigend § 59 VIII; vgl. *S/S-Stree* 155 vor § 13 mwN). Entscheidend für die „Tatbestandslösung" spricht überdies der *Wortlaut* des § 323 c, der Erforderlichkeit und Zumutbarkeit gleichstellt. Die Unkenntnis der die Zumutbarkeit des Handelns begründenden tatsächlichen Umstände schließt daher den Vorsatz des § 323 c aus; ein Irrtum über die rechtliche Bewertung dieser Umstände ist Verbotsirrtum.

10 6) Die Tat ist **vollendet,** wenn der Verpflichtete seinen Entschluss, nicht zu helfen, betätigt. Dabei kommt es, wie stets beim Unterlassen, nicht auf eine *Kundgabe* des Unterlassungswillens gegenüber Dritten an (**aA** *Tröndle* 48. Aufl.; missverständlich BGH **14**, 213; **21**, 55), sondern darauf, dass bei Einsetzen der Handlungspflicht die gebotene Handlung nicht vorgenommen wird. Nach Vollendung des Unterlassungsdelikts, die bei Untätigbleiben sofort eintritt, falls sofortige Hilfe geboten ist, scheidet ein strafbefreiender **Rücktritt** aus (BGH **14**, 217); jedoch wird es in Fällen *verspäteter* Hilfeleistung nach anfänglichem Zögern oft am Tatvorsatz fehlen. In anderen Fällen halten *Geilen* (Jura **83**, 147) sowie LK-*Spendel* 97 ff. und SK-*Rudolphi* 17 für die Vollendung des Delikts erst den Zeitpunkt für maßgebend, an dem der Unterlassungstäter die Chance einer möglichst erfolgreichen Schadensabwehr durch sein zögerliches Verhalten endgültig versäumt hat. Der **Versuch** ist nicht strafbar. Zur Berücksichtigung der Tatfolgen bei der **Strafzumessung** vgl. *Heil* (oben 1 a) 137 ff.

11 7) **Konkurrenzen. Gesetzeskonkurrenz** liegt mit einer den Unglücksfall herbeiführenden Begehungsstraftat vor, wobei diese den Vorrang hat (BGH **3**, 65; **39**, 166 [hierzu *Tag* JR **95**, 133]; MDR/H **82**, 448). Bleibt unaufklärbar, ob der Täter Beteiligter der den Unglücksfall bildenden Straftat war, so ist aus § 323 c zu bestrafen (NStZ **97**, 127). Beim Zusammentreffen mit § 138 oder § 221 gehen diese Tatbestände als leges speciales vor (LK-*Spendel* 197, 207; *S/S-Cramer/Sternberg-Lieben* 33; NK-*Wohlers* 16). § 323 c bedroht das bloße Unterlassen der Hilfeleistung mit Strafe, also ohne Rücksicht auf die Folgen. Wer die Begehungsstraftat unterstützt, kann daher nicht wegen der Unterlassung der Hilfeleistung aus § 323 c bestraft werden (MDR **80**, 769; vgl. 12), es sei denn, dass für den Verletzten ein über den gewollten Verletzungserfolg hinausgehender Schaden droht, zB der Tod in einem Falle, in dem der Täter nur eine Körperverletzung gewollt hat (BGH **14**, 282; **16**, 200; EzSt § 265 StPO Nr. 3; str.; vgl. *Pfannmüller* MDR **73**, 725). Da die Hilfspflicht in derartigen Fällen erst nach Abschluss der vorausgegangenen Tathandlung entstehen kann, ist dann **Tatmehrheit** gegeben (Celle NJW **70**, 341). Zu § 323 c als Rauschtat (§ 323 a) vgl. *Streng* JR **84**, 114. Hinsichtlich der landesrechtlichen Bußgeldvorschriften über die Hilfeleistungspflichten bei Bränden gilt § 21 OWiG (vgl. *Göhler* 122 II). **Tateinheit** ist auch mit § 142 möglich (GA **56**, 120; LK-*Spendel* 198); desgl. mit § 315 b I (vgl. Oldenburg VRS **11**, 53; LK-*Spendel* 206).

Neunundzwanzigster Abschnitt
Straftaten gegen die Umwelt

Vorbemerkung

Übersicht

1) Materialien; Literatur ... 1, 2
2) Rechtsgut; kriminalpolitische Bedeutung ... 3–5 a
3) Verwaltungsakzessorietät ... 6–12
4) Strafrechtliche Verantwortlichkeit von Amtsträgern ... 13–21
5) Strafrechtliche Haftung im Unternehmen ... 22, 22 a
6) Fahrzeugverkehr ... 23
7) Internationales Umweltstrafrecht ... 24

1) Die im 29. Abschnitt des BT zusammengefassten Kernvorschriften des Umweltschutz- 1
strafrechts sind zunächst durch das **18. StÄG** unter teilweiser Übernahme aus verwaltungsrechtlichen Spezialgesetzen eingefügt worden. In diesen Zusammenhang gehören auch die §§ 311 c, 311 d, die wegen des Sachzusammenhangs in den 28. Abschnitt eingestellt worden sind (Ber. I 19). Daneben gelten weiterhin zahlreiche Vorschriften in Nebengesetzen.

Materialien zum 18. StÄG: BT-Drs. 8/2382 (= RegE), 1. Berat. BTag 8/10 047; Rechtsausschuss 59., 60., 62., 67., 71., 73. (Hearing, zit. Prot.), 75., 77., 78., 80., 81., 83.–85. Sitz.; BT-Drs. 8/3633 (zit. **Ber. I**); BR-Drs: 723/73 (Beschluss); 399/78; 85/80 (vgl. dazu i. E. *Krüger,* Die Entstehungsgeschichte des 18. StÄG zur Bekämpfung der Umweltkriminalität, 1995).

Mit dem **31. StÄG** (2. UKG v. 27. 6. 1994, BGBl. I 1440; Ber. v. 20. 2. 1995, BGBl. I 249; in Kraft seit 1. 11. 1994) wurde insbesondere ein gleichwertiger Schutz von Wasser, Luft und Boden durch Schaffung eines Tatbestandes gegen Bodenverunreinigung (§ 324 a) und durch die Verselbstständigung und Erweiterung der Tatbestände über Luftverunreinigung (§ 325; vgl. *Rengier,* Spendel-FS 573) und Lärmschutz (§ 325 a) angestrebt. Neu gestaltet wurden § 330 (besonders schwerer Fall einer Tat nach den §§ 324 bis 329) und § 330 a (unter Ausdehnung auf Leichtfertigkeit). § 330 b (Tätige Reue) und § 330 c (Einziehung) sowie die Begriffsbestimmungen in § 330 d wurden erweitert.

Materialien **zum 31. StÄG** (2. UKG): **11. WP:** E-CDU/CSU und FDP (BT-Drs. 11/6453), gleich lautend mit RegE (BT-Drs. 11/7101); E-SPD (BT-Drs. 11/6449); vgl. BRat: Ausschussempfehlungen (BR-Drs. 126/1/90) und Stellungnahme (BR-Drs. 126/90-Beschluss); BTag: Prot. Nr. 51 des RA-BTag (Hearing). **12. WP:** RegE (BT-Drs. 12/192; E-SPD (BT-Drs. 12/376); Stellungnahme BR-Drs. 77/91 (Beschluss); Ber. (BT-Drs. 12/7300 (zit. **Ber. II**); BR-Drs. 330/94 (zur Gesetzgebungsgeschichte im Einzelnen vgl. *Möhrenschlager* NStZ **94**, 513, 566; *Schmidt/Schöne* NJW **94**, 2514; *Otto* Jura **95**, 134; LK-*Steindorf* 8 a ff.).

Das **6. StrRG** (Mat.: 3 vor § 174) brachte Änderungen der §§ 330, 330 a durch Einfügung von Qualifikationen (vgl. 1 zu § 330; 1 zu § 330 a) und eine Anpassung der Überschrift des § 326 (vgl. dort 1). Das UVNVAG v. 23. 7. 1998 setzte in § 328 II Nr. 3, 4, VI Verpflichtungen aus dem Vertrag v. 24. 9. 1996 über das umfassende Verbot von Nuklearversuchen um (ZustG v. 9. 7. 1998, BGBl. II, 1210; vgl. unten 24 und 1 zu § 328). Weitere Anpassungen namentlich der §§ 326 II, 328 sind durch das Übk. des Europarats v. 24. 11. 1998 zum Schutz der Umwelt mittels Strafrecht (ETS Nr. 172) erforderlich geworden.

Durch das G v. 27. 7. 2001 (BGBl. I 1950) sind die IVU-RL, die Umweltverträglichkeitsprüfungs-(UVP-)Änderungs-RL (RL 97/11/EG v. 3. 3. 1997; ABl. EG Nr. L 73, 5), die Deponie-RL (RL 1999/31/EG v. 26. 4. 1999; ABl. EG Nr. L 182, 1), die Änderungen der Abfall-RL (75/442/EWG v. 15. 7. 1975; 91/156/EWG v. 18. 3. 1991; 91/689/EWG v. 12. 12. 1991; 34/31/EG v. 27. 6. 1994; ABl. EG Nr. L 168, 28) sowie weitere **EG-Richtlinien** zum Umweltschutz umgesetzt worden.

EU-Recht: Der **Rahmenbeschluss** über den Schutz der Umwelt durch das Strafrecht vom 27. 1. 2003 (ABl EU Nr. L 29 v. 5. 2. 2003, S. 55) ist vom **EuGH** durch Urt. v. 13. 9. 2005 wegen Verstoßes gegen Art 47 EUV für **nichtig** erklärt worden (NJW **06**, 281 L = NuR **06**, 97 = NVwZ **05**, 1289 [Anm. *Heger* JZ **06**, 310]; zum E eines UmsetzungG vgl. BR-Drs. 399/05; *Kohls/Peters/Reese* ZUR **05**, 442, 443). Die Kommission hat einen neuen RL-Vorschlag vorgelegt (KOM/2007/51endg.; abgedr. In BR-Drs. 128/07). Zur Gesetzgebungsgeschichte vgl. *Möhrenschlager* wistra **07**, H. 3, S. VII ff.

2 **Neuere Literatur (Auswahl):** *Albrecht* MSchKrim. **83**, 278; *Albrecht/Heine/Meinberg,* Umweltschutz durch Strafrecht?, ZStW **96**, 943; *Backes,* Umweltstrafrecht, JZ **73**, 337; *ders.,* Fehlstart im Umweltstrafrecht, ZRP **75**, 229; *Bauer* HdwbKrim. V 105; *Baumann,* Ein Nachtrag zu den Personengefährdungsdelikten des AE, ZRP **72**, 51; *ders.,* Der strafrechtliche Schutz der menschlichen Lebensgrundlagen, ZfW **73**, 63; *Bergmann,* Zur Strafbewehrung verwaltungsrechtlicher Pflichten im Umweltstrafrecht, 1993; *Bloy,* Die Straftaten gegen die Umwelt im System des Rechtsgüterschutzes, ZStW **100**, 485; *ders.,* Umweltstrafrecht: Geschichte – Dogmatik – Zukunftsperspektiven, JuS **97**, 577; *Böse,* Die Garantenstellung des Betriebsbeauftragten, NStZ **03**, 636; *Brandt/Ruchay/Weidemann* (Hrsg.), Kreislaufwirtschaft u. Abfallgesetz (Loseblattkommentar), 1997; *Brauer,* Die strafrechtliche Behandlung genehmigungsfähigen, aber nicht genehmigten Verhaltens, 1998; *Breuer,* Öffentliches u. privates Wasserrecht, 2. Aufl. 1987, 555 ff.; *ders.,* Empfehlen sich Änderungen des strafrechtlichen Umweltschutzes (usw.), NJW **88**, 2072; *ders.,* AöR **90**, 449; **115**, 448 [Probleme der Zusammenarbeit zwischen Verwaltung und Strafverfolgung (usw.)]; *ders.,* Verwaltungsrechtlicher u. strafrechtlicher Umweltschutz – vom Ersten zum Zweiten UKG, JZ **94**, 1077; *Buckenberger,* Strafrecht u. Umwelt, 1975; *Busch,* Unternehmen u. Umweltstrafrecht, 1997; *Czychowski* Dok. [unten] 64 ff.; *Dahs,* Redeker-FS 475 [Haftung des „Zustandstörers" für Altlasten]; *Dahs/Redeker,* Empfehlen sich Änderungen im strafrechtlichen Umweltschutz (usw.), DVBl. **88**, 803; *Dahs/Pape,* Die behördliche Duldung als Rechtfertigungsgrund im Strafrecht, NStZ **88**, 393; *Dannecker/Streinz,* Umweltpolitik u. Umweltrecht: Strafrecht, in: *Rengeling* (Hrsg.), HdB zum europäischen u. dt. Umweltrecht Bd. 1, 1998, 114; *Daxenberger,* Kumulationseffekte – Grenze der Erfolgszurechnung im Umweltstrafrecht, 1997; *Deutscher/Körner,* Die strafrechtliche Produktverantwortung von Mitgliedern kollegialer Geschäftsleitungsorgane, wistra **96**, 292, 327; *Diehm,* Die „safe-harbour"-Verordnung und das Urteil des EuGH zum Rahmenbeschluss über den Schutz der Umwelt durch das Strafrecht, wistra **06**, 366; *Diez/Gneiting* MSchrKrim **89**, 190; 57. DJT 1988: *Dölling,* Umweltstrafrecht u. Verwaltungsrecht, JZ **85**, 461; *ders.,* Empfehlen sich Änderungen des Umweltstrafrechts?, ZRP **88**, 334; *ders.,* Zur Entwicklung des Umweltstrafrechts, Kohlmann-FS (2003), 111; *Ensenbach,* Probleme der Verwaltungsakzessorietät im Umweltstrafrecht, 1989; *Epiney,* Umweltrecht in der Europäischen Union, 1997; *Fenner,* Der Rechtsmissbrauch im Umweltstrafrecht im System des Strafrechts und des Öffentlichen Rechts, 2000 (Diss. Kiel); *Fischer,* Der Betriebsbeauftragte im Umweltschutzrecht, 1996; *Fluck,* Die Duldung des unerlaubten Betreibens genehmigungsbedürftiger Anlagen, NuR **90**, 197; *Franzheim,* Die Bewältigung der Verwaltungsrechtsakzessorietät in der Praxis, JR **88**, 319; *ders.,* Der Verfall des Vermögensvorteils in Umweltstrafsachen, wistra **89**, 87; *Franzheim/Pfohl,* Umweltstrafrecht, 2. Aufl. 2001; *Frisch,* Verwaltungsakzessorietät u. Tatbestandsverständnis im Umweltstrafrecht, 1993; *Gelbhaar,* Umweltnormen mit monetärer Sanktionsdrohung, ZfU **95**, 341; *Gentzcke,* Informales Verwaltungshandeln u. Umweltstrafrecht, 1990; *Heider,* Die Bedeutung der behördlichen Duldung im Umweltstrafrecht, 1994; *Heine,* Zur Rolle des strafrechtlichen Umweltschutzes, ZStW **101**, 722; *ders.,* Verwaltungsakzessorietät des Umweltstrafrechts, NJW **90**, 2425; *ders.,* Umweltstrafrecht im Rechtsstaat, ZUR **95**, 63; *ders.,* Die strafrechtliche Verantwortlichkeit von Unternehmen, 1995; *ders.,* Schutz von Gewässer und Meer durch Strafrecht: Neue europäische und nationale Entwicklungen, Otto-FS (2007) 1015; *Heine/Meinberg,* Empfehlen sich Änderungen im strafrechtlichen Umweltschutz, insbesondere in Verbindung mit dem Verwaltungsrecht? Gutachten für den 57. DJT; *Hermes/Wieland,* Die staatliche Duldung rechtswidrigen Verhaltens, 1988; *Herrmann,* Die Rolle des Strafrechts beim Umweltschutz (usw.), ZStW **91**, 281; **92**, 1054; *Herzog,* Gesellschaftliche Unsicherheit u. strafrechtliche Daseinsvorsorge, 1991; *Hoch,* Die Rechtswirklichkeit des Umweltstrafrechts aus der Sicht von Umweltverwaltung u. Strafverfolgung, 1994 [Bespr. *H. Schneider* GA **96**, 147]; *Hohmann,* Grenzen des strafrechtlichen Umweltschutzes, 1991 [Rez. *Franzheim* GA **92**, 479]; *ders.,* Das Rechtsgut der Umweltdelikte, 1991; *ders.,* Von den Konsequenzen einer personalen Rechtsgutsbestimmung im Umweltstrafrecht, GA **92**, 76; *Horn/Hoyer,* Rechtsprechungsübersicht zum Umweltstrafrecht, JZ **91**, 703; *Hütting,* Die Wirkung der behördlichen Duldung im Umweltstrafrecht, 1996 (Diss. Bonn 1995); *Hug,* Umweltstrafrechtliche Verantwortlichkeiten in den Kommunen, 1996; *Hundt,* Die Wirkungsweise der öffentlichrechtlichen Genehmigung im Strafrecht, 1994; *Jünemann,* Rechtsmissbrauch im Umweltstrafrecht, 1998 (Diss. Giessen; Bespr. *Heghmanns* GA **00**, 199); *Just-Dahlmann,* Stiefkind des Strafrechts: Umweltschutz, Sarstedt-FS 81; *Kareklas,* Die Lehre vom Rechtsgut u. das Umweltstrafrecht, 1990; *Keller,* Umweltschutz u. Strafrecht (usw.), 1987; *Kindhäuser,* Rechtstheoretische Fragen des Umweltstrafrechts, Helmrich-FS 967; *Kley-Struller* EuGRZ **95**, 507 [Umweltschutz durch EMRK]; *Kloepfer/Vierhaus,* Umweltstrafrecht, 2. Aufl. 2002; *Köhne,* Die richtlinienkonforme Auslegung im Umweltstrafrecht, 1997 (Diss. Trier); *Kube/Seitz,* Zur „Rentabilität" von Umweltdelikten (usw.), DRiZ **87**, 41; *Kühl,* Probleme der Verwaltungsakzessorietät des Strafrechts, insb. des Umweltstrafrechts, Lackner-FS 815;

ders., Anthropozentrische oder nicht anthropozentrische Rechtsgüter im Umweltstrafrecht?, in: *Nida-Rümelin/v. d. Pfordten* (Hrsg.), Ökologische Ethik u. Rechtstheorie, 1995; *Kuhlen,* Umweltstrafrecht – Auf der Suche nach einer neuen Dogmatik, ZStW **105**, 679; *Laufhütte/ Möhrenschlager,* Umweltstrafrecht in neuer Gestalt, ZStW **92**, 912; *Lenckner,* Behördliche Genehmigung u. der Gedanke des Rechtsmissbrauchs im Strafrecht, Pfeiffer-FS 27; *Malitz,* Zur behördlichen Duldung im Strafrecht, 1995; Mansdörfer, Einführung in das europäische Umweltstrafrecht, Jura **04**, 297; *Meinberg/Link,* Umweltstrafrecht in der Praxis (usw.), 1988; *Meurer,* Umweltschutz durch Umweltstrafrecht?, NJW **88**, 2065; *Michalke,* Umweltstrafsachen, 2. Aufl. 2000; *Möhrenschlager,* Neuere Entwicklungen im Umweltstrafrecht, NuR **83**, 209; *ders.*, Kausalitätsprobleme im Umweltstrafrecht, Wirtschaft und Verwaltung **84**, 47; *Müller,* Zur Haftung von Amtsträgern und politischen Mandatsträgern im Umweltstrafrecht, UPR **90**, 367; *Nappert,* Die strafrechtliche Haftung von Bürgermeistern u. Gemeinderäten im Umweltstrafrecht, 1997 (Diss. Berlin 1996); *Nestler,* Die strafrechtliche Verantwortlichkeit eines Bürgermeisters für Gewässerverunreinigungen, GA **04**, 514; *Oehler,* Die internationalstrafrechtlichen Bestimmungen des künftigen Umweltstrafrechts, GA **80**, 241; *Otto,* Grundsätzliche Problemstellungen des Umweltrechts, Jura **91**, 308; *ders.*, Das neue Umweltstrafrecht, Jura **95**, 134; *Paeffgen,* Verwaltungsakt-Akzessorietät im Umweltstrafrecht, Stree/Wessels-FS 586; *Paetzold,* Die Neuregelung rechtsmissbräuchlich erlangter Verwaltungsakte durch §§ 330 d Nr. 5, NStZ **96**, 170; *Papier,* Gewässerverunreinigung, Grenzwertfestsetzung u. Strafbarkeit, 1984; *Perschke,* Die Verwaltungsakzessorietät des Umweltstrafrechts nach dem 2. UKG, wistra **96**, 161; *J. Pfeiffer,* Verunreinigung der Luft nach § 325 StGB (usw.), 1992 (Diss. Bonn); *Rengier,* Das moderne Umweltstrafrecht im Spiegel der Rechtsprechung (usw.), 1992; *Rogall.*, Die Duldung im Umweltstrafrecht, NJW **95**, 922; *ders.*, Die Verwaltungsakzessorietät des Umweltstrafrechts (usw.), GA **95**, 299; *ders.*, Probleme des Umweltstrafrechts in Deutschland, in: *Hirsch* u. a. (Hrsg.), Neue Erscheinungsformen der Kriminalität (usw.), 1996, 171; *Ronzani,* Erfolg und individuelle Zurechnung im Umweltstrafrecht, 1992; *Rotsch,* Individuelle Haftung in Großunternehmen – Plädoyer für den Rückzug des Umweltstrafrechts, 1998; *ders.*, Unternehmen, Umwelt u. Strafrecht – Ätiologie einer Misere, wistra **99**, 321; *Rüther,* „Immanente" oder „radikale" Reform des Umweltstrafrechts?, KritV **93**, 227; *Sack,* Umweltschutz-Strafrecht, 4. Aufl. (Loseblattkommentar); *ders.*, Novellierung des Umweltstrafrechts (usw.), MDR **90**, 286; *Samson,* Kausalitäts- u. Zurechnungsprobleme im Umweltstrafrecht, ZStW **99** (1987), 617; *Sander,* Öko-Audit und Umweltstrafrecht, wistra **95**, 283; *Schall,* Umweltschutz durch Strafrecht: Anspruch u. Wirklichkeit, NJW **90**, 1263; *ders.*, Möglichkeiten u. Grenzen eines verbesserten Umweltschutzes durch Strafrecht, wistra **92**, 1; *ders.*, Probleme der Zurechnung von Umweltdelikten in Betrieben, in: *Schünemann* (Hrsg.), Deutsche Wiedervereinigung, Arbeitskreis Strafrecht Bd. III, 1996, 99; *ders.*, Grund und Grenzen der strafrechtlichen Geschäftsherrenhaftung, Rudolphi-FS (2004) 267; *ders.*, Neue Erkenntnisse zu Realität und Verfolgung der Umweltkriminalität, Schwind-FS (2006) 395; *ders.*, Die Verwaltungsakzessorietät im Lichte des § 330 d Nr. 5 StGB, Otto-FS (2007) 743; *Scheele,* Zur Bindung des Strafrichters an fehlerhafte Genehmigungen im Umweltstrafrecht, 1993 [Bespr. *Schwickert* GA **95**, 395]; *Schild,* Probleme des Umweltstrafrechts, Jura **79**, 421; *Schirrmacher,* Neue Reaktionen auf umweltdeliktisches Verhalten, 1998; *Schmeken/Müller,* Umweltstrafrecht in den Kommunen, 1993; *Schmidt/Schöne,* Das neue Umweltstrafrecht, NJW **94**, 2514; *Schmitz,* Verwaltungshandeln u. Strafrecht, 1992; *Schroeder* ZStW Beih. 1982, 1, 16; *Schünemann,* Die Regeln der Technik im Strafrecht, Lackner-FS 367; *ders.*, Zur Dogmatik u. Kriminalpolitik des Umweltstrafrechts, Triffterer-FS 437; *ders.*, in: *Breuer* u. a. (Hrsg.), Umweltschutz u. technische Sicherheit im Unternehmen, 1993, 137; *Schwarz,* Zum richtigen Verständnis der Verwaltungsakzessorietät im Umweltstrafrecht, GA **93**, 318; *Schwind/ Steinhilper* (Hrsg.), Umweltschutz u. Umweltkriminalität, 1986 [Rez. *Meinberg* GA **87**, 570]; *Seelmann,* Atypische Zurechnungsstrukturen im Umweltstrafrecht, NJW **90**, 1257; *Stratenwerth* ZStW **105**, 679; *Tiedemann,* Die Neuordnung des Umweltstrafrechts, 1980; *Triffterer* Umweltstrafrecht, 1980; *Vierhaus,* Die Reform des Umweltstrafrechts durch das 2. UKG, ZRP **92**, 161; *Waldzus,* Zur Sanktionsproblematik im Umweltstrafrecht unter besonderer Berücksichtigung des Wiedergutmachungsgedankens, 1997 (Diss. Hamburg 1996); *Weimar,* Umweltrechtliche Verantwortung des GmbH-Geschäftsführers, GmbHR **94**, 82; *Wimmer,* Strafbarkeit des Handelns auf Grund einer erschlichenen behördlichen Genehmigung, JZ **93**, 67; *Winkelbauer,* Zur Verwaltungsakzessorietät des Umweltstrafrechts, 1985 [Bespr. *Bloy* GA **86**, 528]; **weit. Nachw.** unten 13 sowie bei den einzelnen Vorschriften.

Rspr.-Übersichten: *Schall* NStZ **92**, 209; 265; **97**, 420; 462; 577; NStZ-RR **98**, 353; **01**, 1; **02**, 33; **03**, 65; **05**, 33; 97; **06**, 161; 263; 292; **07**, 33.

2) A. Geschütztes Rechtsgut ist nach der Abschnittsüberschrift **„die Umwelt".** Dabei scheidet ein extensives Verständnis des Begriffs als Gesamtheit physi- 3 kalischer, biologischer, sozialer und kultureller Lebensbedingungen mangels hinreichender Bestimmtheit als strafrechtliches Rechtsgut aus (LK-*Steindorf* 9 c). Im Übrigen ist „Umwelt" etwas anderes als „Natur"; der Begriff ist relational und setzt eine Bestimmung dessen voraus, was als *umgebener* Innen-Bereich gedacht wird. Der Umwelt-Begriff der § 324 ff. ist nicht deckungsgleich mit dem der **„natürlichen Lebensgrundlagen"** iS der Staatszielbestimmung des Art. 20 a GG (vgl. dazu *Bernsdorff* NuR **97**, 328; *Kloepfer* DVBl. **96**, 76; *Kotulla* KJ **00**, 22 ff.; *Murswiek* NVwZ **96**, 225; *Schröder* DVBl. **94**, 836), der teils *weiter* ist, indem er einen „integrierten", medienübergreifenden Umweltbegriff zugrunde legt, teils *enger*, weil die verwaltungsrechtliche Regelung der – auf der Grundlage der *jeweils gegebenen*, als „Umwelt" akzeptierten Produktions- und Lebensbedingungen – gerade noch zulässigen, *weil unvermeidbaren* Lebens- und Gesundheitsbeeinträchtigungen mit den „natürlichen Lebensbedingungen" allenfalls mittelbar zu tun hat. Selbst eine radikale Vereinfachung dahin, bei den zu schützenden Umweltbedingungen handele es sich um die Voraussetzungen oder Gegebenheiten biologischer und psychischer *Existenz* von Menschen, wird in dem Maße fraglich, in welchem diese Existenz sich als *gestaltbar* erweist: Wer pilzresistenten Weizen, achtrippige Schweine und 80 jährige Marathonläufer zu erschaffen vermag, kann als „natürlich" letztlich nur noch ansehen, was er nicht *beherrschen* kann. Auch der Begriff der „natürlichen Ressourcen" ist zwiespältig; die Rede von der *globalen* Verantwortung verschweigt, dass es im Wesentlichen um Fragen der Verteilung geht; darüber, was unter den jeweils gegebenen Verhältnissen als **gerechte Verteilung** von (individuellen) Lebens-Verwirklichungs-Chancen anzusehen sei, besteht seit jeher Streit. Die Verursachung von umweltrelevanten Folgen der Verteilung als *kriminell* anzusehen, wenn sie den individuellen Nutzen zu mindern geeignet sind, ist rational, hat aber keine aus sich selbst legitimierte moralische Qualität. Ob es *moralisch* ist, die Gene des Getreides so zu verändern, dass sie nicht gegen Pilze, sondern gegen Pilzvernichtungsmittel immun sind, ist somit keine Frage des Umweltschutzes.

3 a Nach allg. Ansicht ist Umwelt nicht um ihrer selbst willen geschützt (*Lackner/Kühl* 7; LK-*Steindorf* 12 ff.; *Kloepfer* DVBl. **96**, 77; *Vogel* StV **96**, 110; *Kindhäuser,* Helmrich-FS 967), sondern nur in Bezug auf das menschliche Interesse an der Erhaltung von – natürlichen oder unnatürlichen – Umweltbedingungen (sog. ökologisch-anthropozentrische Rechtsgutauffassung); insoweit ist sie **Allgemein-Rechtsgut.** Sie ist auch nicht umfassend, sondern nur in **einzelnen Medien** (Boden, Luft, Wasser) und Erscheinungsformen (Tier- und Pflanzenwelt) geschützt (vgl. RegE 10; Ber. 19); die Vorschriften des 29. Abschnitts dienen dem Umweltschutz in Teilbereichen (§ 324: Gewässer; § 324 a: Boden; § 325: Luft, oder im gesamten (§§ 326 bis 328), zT beschränkt auf immissionsempfindliche Regionen (§ 329) oder umweltempfindliche Schutzobjekte und – bei §§ 330, 330 a – erweitert auf das Rechtsgut von Leben und Gesundheit von Menschen (vgl. dazu *Breuer* NJW **88**, 2075). Das repressive Umweltstrafrecht verfolgt somit einen sektoriellen Umweltschutz; es steht daher in einem Spannungsverhältnis zu einem präventiv konzipierten „integrierten" Umweltschutzrecht (vgl. dazu EG-Richtlinie über die integrierte Vermeidung und Verminderung der Umweltverschmutzung vom 24. 9. 1996 – **IVU-Richtlinie** – [Richtlinie 96/61/EG, ABl. 1996 Nr. L 257, 26], die am 30. 10. 1996 in Kraft getreten ist; vgl. *Zöttl* NuR **97**, 157). Die §§ 324 ff. sollen daher nicht unmittelbar dem **Schutz des Einzelnen** dienen (vgl. Karlsruhe 1 Ws 157/03 v. 3. 8. 2004, bei *Schall* NStZ-RR **06**, 263).

4 **B.** Umweltbelastungen sind, weil sie vielfach auf Summations-, Kumulations- oder Wechselwirkungen beruhen (*Samson* ZStW **99**, 619; *Lackner/Kühl* 5; *S/S-Cramer/Heine* 6; *Meurer* NJW **88**, 2068), in hohem Maße von Planung und Vorsorge abhängig; die staatliche Steuerung vollzieht sich in den Formen des **Umweltverwaltungsrechts.** Die Übernahme der verwaltungsrechtlich begründeten Strafnormen in das StGB hat hier in einem zuvor unbekannten Umfang (*Bloy* ZStW **100**, 499) zu einer Häufung von unbestimmten Rechtsbegriffen geführt; der enge

Sachzusammenhang zwischen Umweltverwaltungsrecht und Umweltstrafrecht, wie er im Nebenstrafrecht bestand, wurde mit der Folge aufgelöst (krit. *Nadler* JZ **77**, 297; *Sack* NJW **80**, 1427; *Sander* DB **80**, 1249; *Arzt* KR **81**, 120; LK-*Steindorf* 4; *Lackner/Kühl* 3; *S/S-Cramer/Heine* 4), dass sich im Kernstrafrecht **Blankettstrafnormen** mit komplizierten und in sich nicht voll verständlichen Tatbestandsfassungen finden (vgl. unten 5). Das Merkmal der **Unbefugtheit** umweltgefährdenden Verhaltens (vgl. §§ 324 I, 326 I) oder des Verstoßes gegen **verwaltungsrechtliche Pflichten** (vgl. §§ 324a I, 325 I, 325a I), welches unmittelbar auf das Verwaltungsrecht verweist, lässt den strafrechtlichen Rechtsgüterschutz als bloßes Anhängsel außerstrafrechtlicher, namentlich wirtschaftlicher Erwägungen iwS, erscheinen und entwertet ihn daher: Wenn 99% aller Umweltbeeinträchtigungen **„befugt"** geschehen, weil wirtschafts- oder verkehrspolitische, gewerbe- oder steuerrechtliche Gesichtspunkte den Rechtsgüterschutz zurücktreten lassen, so bleibt für die §§ 324ff. wenig mehr an materieller Substanz als der bloße **Ordnungsverstoß** (meist verbunden mit illegalen Kosten-Vorteilen).

Dem Einwand, dass sich der Strafgesetzgeber durch diese Regelungen unter Missachtung der **Gewaltenteilung** (Art. 20 II GG) selbst entmachtet habe (vgl. *Lackner/Kühl* 3; *Rudolphi* NStZ **84**, 249; *Albrecht* MSchrKrim **83**, 279; *Winkelbauer* [2] 32; *R. Keller* JR **88**, 173; diff. *Perschke* wistra **96**, 163), wird im Schrifttum widersprochen (*Breuer* NJW **88**, 2077; *Meurer* NJW **88**, 2067; *Dölling* ZRP **88**, 335; *Schall* NJW **90**, 1266; *Kuhlen* WiVerw **91**, 226; *S/S-Cramer/Heine* 4; BerAK 43). Das BVerfG (E **75**, 329) hat die Blankettnorm des § 327 II Nr. 1 aF iV mit §§ 4 I, 15 I S. 1 BImSchG für hinreichend bestimmt und sie als Fall der **Verwaltungs*rechts*akzessorietät** auch im Übrigen für verfassungsrechtlich unbedenklich gehalten (vgl. auch BGH **42**, 221; BVerfG NJW **93**, 1910). Dass bei der Abhängigkeit der Strafbarkeit von einem **einzelnen Verwaltungsakt** die in das Kernstrafrecht eingestellte Blankettnorm, ohne dass ein dem Art. 80 I GG entsprechender Ermächtigungsrahmen gesetzt ist, allein von einer außerstrafrechtlichen Fachkompetenz, nämlich der Verwaltung (zT sogar landesrechtlich unterschiedlich), ausgefüllt wird, wird von der hM als noch zulässig angesehen (*Breuer* NJW **88**, 2078; *Winkelbauer* [2] 35; *Kühl* [2] 834ff.; *Dölling* ZRP **88**, 335; *Schall* NJW **90**, 1266; *Perschke* wistra **96**, 162; BerAK 44; vgl. auch Bamberg MDR **92**, 687); freilich wird darauf hingewiesen, die Grenze des verfassungsrechtlich Zulässigen sei erreicht (*S/S-Cramer/Heine* 4; *Heine/Meinberg* DJT 1988, D 53; *Kühl,* Lackner-FS 817). **4a**

C. Mit der Übernahme von Umweltstrafnormen in das StGB wollte der Gesetzgeber **generalpräventiv** wirken und das **Umweltbewusstsein** der Bevölkerung stärken (BT-Drs. 8/2382, 1; *Herrmann, Triffterer* ZStW **91**, 283, 310). Freilich ist eine solche *„symbolische"* Strafgesetzgebung dem Verdacht ausgesetzt, die angekündigte „konsequente Bekämpfung" von Missständen als mit dem Abschluss des Gesetzgebungsverfahrens erledigt anzusehen und die Durchsetzung des strafgesetzlichen Bekämpfungs-Programms einem empirisch kaum erforschbaren Dunkel exekutivischer Definitions- und justizieller Opportunitätsregeln anheim zu geben. Ein solcher Ansatz muss sich fast zwangsläufig in der Gestaltung und dem Ergebnis der durchgeführten **Strafverfahren** niederschlagen (krit. aus Verteidigersicht auch *Michalke* [oben 2] Einl. 3ff.; vgl. auch *Hassemer* ZRP **92**, 378ff.; *Lackner/Kühl* 6). Das 18. und 31. StÄG haben zwar weitgehend Zustimmung gefunden (*Laufhütte/Möhrenschlager* [2] Anm. 9, 10; *Triffterer* ZStW **91**, 313, 334; *Herrmann* ZStW **91**, 297; *Schild* Jura **79**, 423; *Möhrenschlager* ZRP **79**, 99 u. Umwelt **79**, 476; *Kühl* [2] 817; *Rogall* [2] 506; *Dölling* ZRP **88**, 336; *Tiedemann/Kindhäuser* NJW **88**, 339; *Schall* NJW **90**, 1265); die hochgesteckten Erwartungen sind in der **praktischen Umsetzung** aber kaum erfüllt worden (*Salzwedel* ZfW **80**, 211; *Albrecht* MSchKrim **83**, 289; ders., KritV **88**, 182; *Albrecht/Heine/Meinberg* ZStW **96**, 943 u. GA **90**, 2; *Kohlmann/Ostermann* wistra **90**, 121; *Rotsch* wistra **99**, 321ff.; positiver aber *Dölling*, Kohlmann-FS [2003] 111, 112ff.; *Schall*, Schwind-FS [2006] 395ff.; jew. mit umfangr. statistischen Angaben). Die Anzahl verfolgter Verdachts- **5**

fälle hat sich von 1998 bis 2004 auf ca. 21 000 fast *halbiert*; insgesamt ist ein deutlich gesunkenes **Verfolgungs-Interesse** in Politik, Medien und Öffentlichkeit festzustellen (Nachweise bei *Schall* aaO 400 ff.).

5a In weiten Bereichen entfernen sich die Tatbestände weit vom allgemeinen Verständnis kriminellen Handelns; Umweltstrafrecht wird zu Recht vorwiegend als Polizei- bzw. Verwaltungs-Strafrecht wahrgenommen. Abgesehen von einem vagen Bewusstsein, es sei wahrscheinlich strafbar, *Altöl* in den Wald oder *Gift* in Flüsse zu schütten, beschränkt sich schon die **Kenntnis** des „kernstrafrechtlichen" Umweltschutzes auf einen kleinen Kreis von Interessierten. Straftatbestände, deren **materieller Unrechtskern** sich nach – dem Normalbürger unverständlichen – naturwissenschaftlichen, wirtschaftspolitischen und verwaltungstechnischen Erwägungen bestimmt und im Einzelfall durch verwaltungs-interne „Abwägung" widersprüchlicher Interessen ergründet wird, können als **„ethisches Minimum"** oder als *ultima ratio* nicht wahrgenommen werden: Dass etwa das Einleiten von 100 000 Tonnen tensidhaltiger Abwässer in einen Fluss „befugt" ist, wenn es der Konkurrenzfähigkeit eines Waschmittelproduzenten dient, das Ausleeren eines Eimers Seifenlauge aber *kriminelles Unrecht*, wenn es dem Autowaschen am Flussufer dient, kann nur der akzeptieren, dem es auf die Unterscheidung zwischen *Verbrechen* und *Ungehorsam* letztlich nicht ankommt.

6 **3)** Die **Verwaltungsakzessorietät** des Umweltstrafrechts ist nach hM notwendig und grds. unbedenklich (vgl. auch Ber. II 21; *Franzheim/Pfohl* 18 f.; *Laufhütte/Möhrenschlager* NStZ **92**, 919; *Horn* UPR **83**, 363; *Kühl,* Lackner-FS 815; *Rogall,* UniKöln-FS 522; *Odersky,* Tröndle-FS 292; *Heine/Meinberg* GA **90**, 16; *Heine* NJW **90**, 2425, ÖJZ **91**, 370 u. Triffterer-FS 418; *R. Keller* BWVP **90**, 30; *Breuer* AöR **90**, 454 u. JZ **94**, 1083, 1089; *Horn/Hoyer* JZ **91**, 703; *Otto* Jura **91**, 309 u. **95**, 138; *Schall* wistra **92**, 4; *A. Schwarz* GA **93**, 320, 323; *Kuhlen* ZStW **105**, 706; *H.J. Hirsch* [3 a] 21; *Winkelbauer,* Zur Verwaltungsakzessorietät des Umweltstrafrechts, 1985, 29 ff.; **krit.** *Schünemann,* Triffterer-FS [1996] 444; *ders.* GA **95**, 209; *ders.*, Meurer-GedS [2002], 37, 61 f.; *Schall* NJW **90**, 1267; *ders.*, Küper-FS [2007] 505 ff.; wistra **92**, 1; NStZ **92**, 213; *Schwarz* GA **93**, 318; *Perschke* wistra **96**, 165). Sie ist in den einzelnen Tatbeständen des Abschnittes – § 330 a ausgenommen – unterschiedlich ausgestaltet (vgl. *Tiedemann/Kindhäuser* NStZ **88**, 342; *Schall* NJW **90**, 1265; *Rogall* GA **95**, 304 ff.). So wirkt sie sich in bestimmten Fällen, zB in § 324 („unbefugt") nur dahin aus, dass den verschiedenen Formen einer behördlichen Gestattung die Bedeutung eines Rechtfertigungsgrundes zukommt (vw-rechtlich: *„repressives Verbot mit Befreiungsvorbehalt"*); in anderen Fällen, zB in den §§ 311, 324 a, 325, 325 a, 328 gehört die „Verletzung verwaltungsrechtlicher Pflichten" (§ 330 d Nr. 4, 5; vgl. dort 5 ff.) hingegen selbst zur Verbotsmaterie iS eines zusätzlichen Tatbestandsmerkmals (vw-rechtlich: *„präventives Verbot mit Erlaubnisvorbehalt"*; vgl. *S/S-Cramer/Heine* 14; SK-*Horn* 6); schließlich gibt es auch Fälle, in denen die Verletzung vw-rechtlicher Pflichten („ohne die erforderliche Genehmigung oder entgegen einer vollziehbaren Untersagung") den Deliktstatbestand *allein* ausmacht. Eine solche Pönalisierung bloßen *Verwaltungsungehorsams,* wie sie zB § 327 I vorsieht (vgl. *Horn* NJW **88**, 2337 u. NuR **88**, 64), ist auf Fälle hoher abstrakter Gefährdung beschränkt.

7 **A.** Aus der Vw-Akzessorietät folgt nach **hM,** dass es idR lediglich auf die **formelle** vw-rechtliche **Wirksamkeit** eines VwAkts (§ 43 I VwVfG) und nicht auf dessen materiellrechtliche **Richtigkeit** ankommt (*Horn* NJW **81**, 2, UPR **83**, 365 u. NuR **88**, 66; *Rudolphi* ZfW **82**, 202, NStZ **84**, 197 u. Lackner-FS 880; *Odersky,* Tröndle-FS 300; LK-*Steindorf* 31 ff.; vgl. auch BGH **50**, 105, 112 ff. [= NJW **05**, 2095; zum *Ausländerrecht*]; München NJW **07**, 1152, 1153 [Fahrerlaubnis]). Der Gesetzgeber hat aber *in § 330* d Nr. 5 klargestellt, dass **rechtsmissbräuchliche Verhalten** wie genehmigungsloses Handeln zu bewerten ist (vgl. 12 zu § 330 d; Ber. II 25; zum Missbrauchs-Gedanken außerhalb des Anwendungsbereichs von § 330 d Nr. 5 vgl. *Paeffgen,* Stree/Wessels-FS 587 ff.; *Rogall* GA **95**, 299; *Weber,*

Hirsch-FS 795; *Paetzold* NStZ **96**, 170; *Jünemann* URP **97**, 399 u. Rechtsmissbrauch im Umweltstrafrecht, 1998; *Wegener* NStZ **98**, 608; *Lenckner,* Pfeiffer-FS 27; *Mumberg,* Der Gedanke des Rechtsmissbrauchs im Umweltstrafrecht, 1989; *S/S-Cramer/Heine* 17 ff.). Ob damit die Frage nach der rechtfertigenden Wirkung materiell rechtswidriger VwAkte im Sinne der hM geklärt ist, ist str. und zw. (*Lackner/Kühl* 10 zu § 324; vgl. 12 zu § 330 d). Die Strafbarkeit kann sich auf einen **fehlerhaft belastenden VwAkt** (Versagen einer Erlaubnis) stützen (BGH **31**, 315 [zu § 47 I Nr. 5 AuslG aF]; **23**, 86 [Verkehrszeichen]), solange er nicht aufgehoben (§ 43 II VwVfG) ist (BerAK 48). Str. und ungeklärt ist, wie im Falle eines Verstoßes gegen einen strafbewehrten sofortig vollziehbaren VwAkt, der später als rechtswidrig aufgehoben wurde, zu verfahren ist (hierzu *Dahs/Redeker* DVBl. **88**, 810); zT wird hier ein außergesetzlicher Strafaufhebungsgrund angenommen (Frankfurt GA **87**, 549 [zu § 47 I Nr. 2 AuslG aF]; *S/S-Cramer/Heine* 19), zT die Wiederaufnahme des Verfahrens empfohlen (BVerfGE **22**, 27; abl. aber BGH **23**, 94).

B. Auf der anderen Seite kann sich der Adressat eines **fehlerhaften begünstigenden VwAkts** unter dem Gesichtspunkt des Vertrauensschutzes im Strafrecht auf dessen Wirksamkeit verlassen (Frankfurt NJW **87**, 2756 [m. Anm. *R. Keller* JR **88**, 172]; *Rogall,* UniKöln-FS 526; *Paeffgen,* Stree/Wessels-FS 591; *Kuhlen* WiVerw **92**, 222, 252; *S/S-Cramer/Heine* 16 a; hM; **aA** *Winkelbauer* NStZ **88**, 205; *Geulen* ZRP **88**, 325; *Schall* NJW **90**, 1268; *Arnhold* JZ **77**, 789; *Gerhards* NJW **78**, 86; *Ostendorf* JZ **81**, 167; *Wüterich* NStZ **87**, 107; *Perschke* wistra **96**, 164 f.; vgl. auch *Bloy* ZStW **100**, 504). Dies gilt nicht, wenn der begünstigende VwAkt, zB nach § 44 II Nr. 5, 6 VwVfG, **nichtig** ist, mag er, falls zB die Erlaubnis durch arglistige Täuschung, Drohung oder Bestechung erlangt ist, nach § 48 II S. 3 Nr. 1 VwVfG auch nur rücknehmbar sein (*Rudolphi* NStZ **84**, 197; *Seier* JA **85**, 27; *Weber* [unten 13] 40; *Schünemann* wistra **86**, 240). 8

Neben erschlichener Erlaubnis wird im Schrifttum (einschränkend *Lenckner,* Pfeiffer-FS 27 ff.; krit. *Rogall,* UniKöln-FS 526 u. GA **95**, 311; *Schall* NJW **90**, 1267) auch in anderen Fällen die Ausnützung rechtsfehlerhaft begünstigender VwAkte als **rechtsmissbräuchlich** beurteilt. Die Aufzählung solcher Verhaltensweisen, zu denen auch die Kollusion zählt (vgl. dazu BGH **39**, 386; *Paeffgen,* Stree/Wessels-FS 603; *Otto* JK 1) ist – bis auf die offen gelassene Frage, welche Fälle vom Begriff „Kollusion" erfasst sind, 12 zu § 330 d – *abschließend* (Ber. II 25), so dass der Fall der offenkundig veralteten oder überholten Genehmigung (vgl. Ber. II 25; *Dölling* JZ **85**, 469; *Bloy* ZStW **100**, 504; *R. Keller,* Rebmann-FS 249 u. BWVP **90**, 33; LK-*Steindorf* 57; *Heine* NJW **90**, 2430; *Otto* Jura **91**, 313; *Kuhlen* WiVerw **92**, 225, 245) nicht erfasst ist. LG Hanau (NJW **88**, 574) hat einen gegen die guten Sitten verstoßenden (§ 44 II Nr. 6 VwVfG) Rechtsmissbrauch bei Ausnutzung einer fehlerhaft erteilten *„Vorabzustimmung"* (5 zu § 327) dann angenommen, wenn dem Begünstigten der Verstoß der VwBehörde gegen § 7 AtG bekannt war (krit. *Winkelbauer* JuS **88**, 691; *Horn* NJW **88**, 2336; *Tröndle,* K. Meyer-GedS 624; *Breuer* AöR **90**, 456 u. JZ **94**, 1079). 9

C. Die bloße materielle **Genehmigungs- oder Erlaubnisfähigkeit** einer konkreten Umweltbeeinträchtigung wirkt nicht tatbestandsausschließend oder rechtfertigend (*Dölling* JZ **85**, 468; *Breuer* NJW **88**, 2079; *Tiedemann/Kindhäuser* NJW **88**, 2079; *Rogall,* UniKöln-FS 525; *Winkelbauer* [2] 60; *Rengier* ZStW **101**, 902; *S/S-Cramer/Heine* 19, SK-Horn 7; *Lackner/Kühl* 10 zu § 324; LK-*Steindorf* 43; hM; vgl. *Bloy* ZStW **100**, 505). 10

D. Eine **behördliche Duldung** hat grds keine genehmigungsgleiche oder rechtfertigende Wirkung (BGH **37**, 28; Braunschweig ZfW **91**, 62; LG Bonn NStZ **88**, 224; *Laufhütte/Möhrenschlager* ZStW **92**, 932; *Pfohl* NJW **94**, 421; *Kuhlen* WiVerw **92**, 266; *Rogall* NJW **95**, 922; *Perschke* wistra **96**, 167; LK-*Steindorf* 44; *S/S-Cramer/Heine* 20). Das ist in den Fällen *schlichter Duldung* iS bloßen **Untätigbleibens** der Behörde allgM. Hingegen werden Fälle sog. **aktiver Duldung** (*Ru-* 11 *dolphi,* Dünnebier-FS 570; krit. *Breuer* NJW **88**, 2082), in denen die Behörde, zB in schwebenden Genehmigungsverfahren, ein Verhalten oder einen bestimmten Zustand bewusst hinnimmt, teilweise als konkludente Erlaubniserteilung angesehen (Stuttgart JR **78**, 294; Celle ZfW **87**, 127; StA Mainz NStE § 324 Nr. 13; LG Bonn NStZ **88**, 225 [zust. *Dahs/Pape* NStZ **88**, 393; *Rengier* ZStW **101**, 907]; vgl. BGH **37**, 28; *Rudolphi* NStZ **84**, 198; *Heine* NJW **90**, 2433 u. Triffterer-FS 420; *Schall* NStZ **92**, 214; *Pfohl* NJW **94**, 422; *Lackner/Kühl* 12 zu § 324; krit. LK-*Steindorf* 48; abl. *Hüting* [oben 2], 111 ff.); zT mit der Einschränkung, dass die Behörde zu dieser Form informellen Verwaltungshandelns ermächtigt sein muss (*Rogall,* UniKöln-FS 525 u. NJW **95**, 922; vgl. *Schünemann* wistra **86**, 242; speziell zum geduldeten Betrieb iS des § 327 *Winkelbauer* JuS **88**, 696; zum „genehmigungsgleichen Duldungsakt" im Einzelnen *Rengier* ZStW **101**, 906), oder dass sich das Behördenverhalten als nach VwRecht wirksamer Genehmigungsakt darstellen lässt (so SK-*Horn* 12 a; ähnlich *Sack* 112 h zu § 324; *Breuer* NJW **88**, 2082; LK-*Steindorf* 48; *Hüting* 179 f.; *Odersky,* Tröndle-FS 301 f.). Wenn der Täter irrig von einer solchen rechtfertigenden Duldung ausgeht, kommt ein Verbotsirrtum in Betracht (7 ff. zu § 17; LK-*Steindorf* 48; *Lackner/Kühl* 12 zu § 324; *Otto* Jura **91**, 313).

12 **Literatur (Auswahl):** *Alleweldt,* Zur Strafbarkeit der geduldeten Gewässerverunreinigung, NuR **92**, 313; *Fluck,* Die Duldung des unerlaubten Betreibens genehmigungsbedürftiger Anlagen, NuR **90**, 197; *Frisch,* Verwaltungsakzessorietät u. Tatbestandsverständnis im Umweltstrafrecht, 1993; *Gentzke,* Informales Verwaltungshandeln u. Umweltstrafrecht, 1990; *Hallwaß,* Die behördliche Duldung als Unrechtsausschließungsgrund im Umweltstrafrecht, 1987 u. NuR **87**, 296; *Heghmanns,* Grundzüge einer Dogmatik der Straftatbestände zum Schutz von Verwaltungsrecht oder Verwaltungshandeln, 2000; *Hoffmann-Riem,* Administrativ induzierte Pönalisierung. Strafrecht als Auffangordnung füpr Verwaltungsrecht, Jung-FS (2007) 299; *Malitz,* Zur behördlichen Duldung im Strafrecht, 1995; *Michalke,* Verwaltungsrecht im Umweltstrafrecht, 2001; *Randelzhofer/Wilke,* Die Duldung als Form flexiblen Verwaltungshandelns, 1981; *Ries,* Die Durchbrechung der Verwaltungsakzessorietät durch § 330 d Nr. 5 StGB, 2003; *Rogall* [13] 162; *Rühl,* Grundfragen der Verwaltungsakzessorietät, JuS **99**, 521; *Schall,* Die Verwaltungsakzessorietät im Lichte des § 330 d Nr. 5 StGB, Otto-FS (2007) 743; *ders.,* Die „Verletzung verwaltungsrechtlicher Pflichten" als strafbegründendes Tatbestandsmerkmal im Umweltstrafrecht, Küper-FS (2007) 505; *A. Schwarz* GA **93**, 319; *Steindorf,* Salger-FS 179 [zu WaffG]; *Wegener,* Verwaltungsakzessorietät im Umweltstrafrecht, NStZ **98**, 608; *Wimmer* JZ **93**, 67 [zu § 48 AWG].

13 **4) Strafrechtliche Verantwortlichkeit von Amtsträgern im Umweltbereich.**

Literatur: *Dahs* NStZ **86**, 97; *Dominok,* Strafrechtliche Unterlassungshaftung von Amtsträgern in Umweltbehörden: Die Nichtrücknahme fehlerhafter Genehmigungen, dargestellt am Beispiel des § 324 StGB, 2007 (Diss. Osnabrück 2006); *Faure/Oudijk,* Strafgerichtliche Überprüfung von Verwaltungsakten im Umweltstrafrecht, wistra **92**, 121; *dies./Koopmans,* Ökonomische Analyse der Amtsträgerstrafbarkeit, wistra **92**, 121; *R. Fischer/Leirer,* Die Rechtswidrigkeit gewässerverunreinigenden Handelns von Amtsträgern, ZfW **96**, 349; *Frank,* Strafrechtliche Relevanz rechtswidrigen begünstigenden Verwaltungshandelns – erläutert am Beispiel der Gewässerverunreinigung (§ 324 StGB), 1985; *Franzheim/Pfohl,* Umweltstrafrecht, 2. Aufl. 2001; *Galonska,* Amtsdelikte im Umweltstrafrecht, 1986; *Geisler* NJW **82**, 11; *Glauben,* Strafbarkeit von Amtsträgern (usw.) bei der Sonderabfallentsorgung, DRiZ **98**, 23; *Gröger,* Die Haftung des Amtsträgers nach § 324 StGB, 1985; *Groß/Pfohl,* Zur Strafbarkeit von Bürgermeistern im Bereich kommunaler Abwasserreinigungsanlagen, NStZ **92**, 119; *Gürbitz,* Zur Strafbarkeit von Amtsträgern im Umweltstrafrecht, 1997; *Hopf,* Umweltstrafrecht u. die Duldungspraxis in der Umweltverwaltung, IUR **90**, 64; *Horn,* Strafbares Fehlverhalten von Genehmigungs- u. Aufsichtsbehörde?, NJW **81**, 1; NuR **88**, 66; *Horn/Hoyer,* Rechtsprechungsübersicht zum Umweltstrafrecht, JZ **91**, 703; *Hug,* Umweltstrafrechtliche Verantwortlichkeiten in den Kommunen, 1996; *Iburg,* Zur strafrechtlichen Verantwortlichkeit von Amtsträgern der Gewerbeaufsicht, URP **89**, 128; *Immel,* Strafrechtliche Verantwortlichkeit von Amtsträgern im Umweltstrafrecht: Umweltuntreue, 1987; *ders.,* Die Notwendigkeit eines Sondertatbestandes im Umweltstrafrecht – Umwelttreue, ZRP **89**, 105; *R. Keller,* Zur strafrechtlichen Verantwortlichkeit des Amtsträgers für fehlerhafte Genehmigungen im Umweltrecht, Rebmann-FS 241; *Knopp,* Zur Strafbarkeit von Amtsträgern in Umweltverwaltungsbehörden, DÖV **94**, 676; *Kuhlen* WiVerw **92**, 217; *Meinberg,* Amtsträgerstrafbarkeit bei Umweltbehörden, NJW **86**, 2220; *Michalke,* Strafbarkeit von Amtsträgern wegen Gewässerverunreinigung (§ 324) und umweltgefährdender Abfallbeseitigung (§ 326) in neuem Licht, NJW **94**, 1693; *Möhrenschlager,* in: *Schwind/Steinhilper* [2]; *W. Müller,* Zur Haftung von Amtsträgern und politischen Mandatsträgern im Umweltstrafrecht, UPR **90**, 367; *ders.*, Gewässerstrafrecht u. Amtsträgerstrafbarkeit, ZfW **99**, 288; *Nappert,* Die strafrechtliche Haftung von Bürgermeistern u. Gemeinderäten im Umweltstrafrecht, 1997 (Diss. Berlin 1996); *Nestler,* Die strafrechtliche Verantwortlichkeit eines Bürgermeisters für Gewässerverunreinigung, GA **94**, 514; *Odersky,* Zur strafrechtlichen Verantwortlichkeit für Gewässerverunreinigungen, Tröndle-FS 291; *Papier,* Strafbarkeit von Amtsträgern im Umweltrecht, NJW **88**, 1113; *Pfahl,* Strafbarkeit von Amtsträgern wegen Duldung unzureichender Abwasserreinigungsanlagen, NJW **94**, 418; *Rengier* [2] 37 ff.; *Rogall,* Die Strafbarkeit von Amtsträgern im Umweltbereich, 1991 [Bespr. *Rengier* JZ **92**, 459]; *Rudolphi,* Probleme der Verantwortlichkeit von Amtsträgern für Gewässerverunreinigungen, Dünnebier-FS 561; *Rühl,* Grundfragen der Verwaltungsakzessorietät, JuS **99**, 521; *Sangenstedt,* Garantenstellung u. Garantenpflicht von Amtsträgern, 1988; *Schall* [oben 2] u. JuS **93**, 719 [Zur Strafbarkeit von Amtsträgern in Umweltverwaltungsbehörden]; *Scheele* [oben 2]; *Schmitz,* Verwaltungsakzessorietät des Umweltstrafrechts, 1992 [Bespr. *Franzheim* GA **93**, 339]; *Scholl,* Strafrechtliche Verantwortlichkeit von Gemeinde-, Kreisräten u. Mitgliedern der Zweckverbandsversammlungen im Umweltstrafrecht (usw.), 1996 (Diss. Tübingen); *Schünemann* wistra **86**, 235; *Tröndle,* Verwaltungshandeln u. Strafverfolgung – konkurrierende Instrumente des Umweltrechts?, NVwZ **89**, 913; *Tschepke,* Behördlich geduldete Rechtsverstöße, KR **85**, 558; *U. Weber,* Strafrechtliche Verantwortlichkeit von Bürgermeistern u. Leitenden Verwaltungsbeamten im Umweltrecht, 1988; *Wernicke,* Zur Strafbarkeit der Amtsträger von Wasseraufsichtsbehörden bei Unterlassungen, ZfW **80**, 261; *Winkelbauer,* Die strafrechtliche Verantwortung von Amtsträgern im Umweltstrafrecht, NStZ **86**, 149; *Wohlers,* Der Erlaß fehlerhafter Genehmigungsbescheide als Grundlage mittelbarer Täterschaft, ZStW **108**, 61; *Wolff-Reske* [1 a zu § 27]. Weitere Nachweise oben 2.

A. In der Frage der strafrechtlichen Haftung der Amtsträger von Erlaubnisbehörden der Umweltverwaltung ist zu unterscheiden zwischen Delikten, die von jedermann, also auch von Amtsträgern, begangen werden können **(Allgemeindelikte),** es sind dies die §§ 324, 326 I, 330 a (BGH **38**, 330 [m. Anm. *Schwarz* NStZ **93**, 285; hierzu *Schall* JuS **93**, 719]; **39**, 386 [hierzu *Michalke* NJW **94**, 1696]); und **Sonderdelikten**, die bestimmte Tätermerkmale voraussetzen, etwa das Betreiben bestimmter Anlagen (§§ 325, 325 a, 327, 329 I, II) oder die Verletzung vw-rechtlicher Pflichten (§§ 311 d, 324 a, 325, 325 a, 328 III). In letzteren Fällen scheidet eine Strafbarkeit des Amtsträgers von Erlaubnisbehörden – von den seltenen Fällen einer Nichtigkeit des begünstigenden VwAkts (§ 44 I, II VwVfG) abgesehen (*U. Weber* [13] 38; *R. Keller,* Rebmann-FS 247; *Rogall,* UniKöln-FS 524; *Rengier* ZStW **101**, 896; *Schall* NJW **90**, 1267 u. NStZ **92**, 267) – deswegen aus, weil ihnen die erforderliche Täterqualität mangelt und eine Teilnahme des Amtsträgers – da auch fehlerhafte Erlaubnisakte vw-rechtlich wirksam sind und es daher an einer Haupttat fehlt – wegen des Akzessorietätserfordernisses nicht in Betracht kommt (*Meurer* NJW **88**, 2070; *Papier* NJW **88**, 1114; *Breuer* NJW **88**, 2083; *Tiedemann/Kindhäuser* NStZ **88**, 345; *Dölling* ZRP **88**, 338; *R. Keller,* Rebmann-FS 253, 255; *Schall* NJW **90**, 1269; *S/S-Cramer/Heine* 32). Dasselbe gilt bei durch unrichtige Angaben erschlichener Erlaubnis; hier liegt zwar wegen § 330 d Nr. 5 eine rechtswidrige Haupttat vor, doch mangelt es idR am Teilnehmervorsatz (and. bei **kollusivem Zusammenwirken;** vgl. BGH **39**, 381). 14

Eine Strafbarkeit der Amtsträger von Umweltbehörden im Rahmen ihres Verwaltungshandelns ist daher grundsätzlich nur bei den Tatbeständen möglich, die als **Allgemeindelikt** (oben 15) ausgestaltet sind. Für die strafrechtliche Beurteilung der **Täterschaft** kommt es vor allem auf den tatsächlichen Einfluss an, der auf den Geschehensablauf genommen wurde. Es gelten insoweit die allgemeinen Regeln über Täterschaft und Teilnahme (vgl. auch BGH **38**, 325, **39**, 381 [hierzu BVerfG NJW **95**, 185]; zur Abgrenzung bei *Unterlassen* des Amtsträgers vgl. *Nestler* GA **94**, 527 mwN). So hat der BGH (**39**, 385 m. zust. Anm. *Horn* JZ **94**, 636 u. *Rudolphi* NStZ **94**, 434; hiergegen *Michalke* NJW **94**, 1697 u. *Schirrmacher* JR **95**, 388) in einem Fall des § 326 I Nr. 3 aF (jetzt § 326 I Nr. 4) eine eigenhändige Vornahme oder Beteiligung an der eigentlichen Tathandlung für die Annahme von Mittäterschaft nicht vorausgesetzt (einschr. *Wohlers* ZStW **108**, 65). 15

16 **Mittelbare Täterschaft** ist nach BGH **39**, 386 (vgl. auch BVerfG NJW **95**, 186) möglich, wenn der unmittelbar Ausführende, der rechtmäßig handelt (vgl. § 330 d Nr. 5), bei Erteilung einer zwar materiell fehlerhaften, aber vwrechtlich gültigen Genehmigung als Werkzeug des genehmigenden Amtsträgers anzusehen ist, weil dieser die entscheidende „Rechtsschranke" für die Herbeiführung des tatbestandsmäßigen Erfolges öffne. Ob diese Voraussetzungen gegeben sind, ist in wertender Gesamtbetrachtung zu entscheiden (vgl. BGH **35**, 353; *Frisch* [2] 65 f.); mittelbare Täterschaft ist anzunehmen, wenn der Tatbeitrag des Amtsträgers im Rahmen des Gesamtgeschehens so gewichtig ist, dass er bei isolierter Betrachtung täterschaftlichen Rang hat; **zB** wenn die Genehmigung nur von der vorsätzlich unter Verletzung vwrechtlicher Pflichten abgegebenen Stellungnahme des Amtsträgers abhing (BGH aaO [krit. *Michalke* NJW **94**, 1697; *Schirrmacher* JR **95**, 389; *Otto* Jura **95**, 140; *Wohlers* ZStW **108**, 68]; Frankfurt NJW **87**, 2787 [zu § 324]; *Horn* NJW **81**, 4; *ders.* JZ **94**, 1098; LK-*Steindorf* 59 zu § 324; *Lackner/Kühl* 10; *Rudolphi,* Dünnebier-FS 566; *R. Keller* JR **88**, 174; *ders.* Rebmann-FS 252; *Winkelbauer* NStZ **86**, 151; *Kuhlen* WiVerw **92**, 295; vgl. auch *Pfohl* NJW **94**, 422). Freilich ist zu beachten, dass das in der Erlaubniserteilung liegende „Öffnen der Verbotsschranke" durch den Amtsträger noch nicht endgültig besagen muss, wer das nachfolgende Geschehen beherrscht (*Tröndle,* K. Meyer-GedS 614); *Otto* Jura **91**, 314; *Rogall* [2] 196 u. NJW **95**, 925; *Paeffgen,* Stree/Wessels-FS 606; ähnlich *S/S-Cramer/Heine* 35; *U. Weber* [13] 43; *Papier* NJW **88**, 1114; *Breuer* NJW **88**, 2084). Mittelbare Täterschaft liegt daher vor, wenn der Taterfolg objektiv und aus Sicht des Amtsträgers „sein Werk" ist (BGH **39**, 388 [Anm. *Horn* JZ **94**, 636; *Rudolphi* NStZ **94**, 433]); wenn er **zB** über gegenüber dem Erlaubnisempfänger überlegenes Wissen verfügt (*Schünemann* wistra **86**, 240; *Schall* NJW **90**, 1269) oder eigenes täterschaftliches Interesse hat.

17 **B.** Ob ein Amtsträger wegen Nichtrücknahme einer fehlerhaften (oder fehlerhaft gewordenen) Erlaubnis oder wegen Nichteinschreitens gegen das Verhalten Dritter als **Unterlassungstäter** einzustehen hat, hängt davon ab, ob ihn insoweit eine strafrechtliche **Garantenpflicht** trifft. Solche Garantenpflichten sind jedoch durch die VwAkzessorietät des Umweltstrafrechts beschränkt (Düsseldorf MDR **89**, 932; vgl. dazu umf. *Dominok* [oben 13 mwN]). Soweit der Amtsträger vwrechtlich gehindert ist, eine fehlerhafte Erlaubnis zu beseitigen, oder soweit die Entscheidung in seinem Ermessen steht, tritt keine strafrechtliche Garantenpflicht ein (*Rogall,* UniKöln-FS 521, vgl. auch Karlsruhe 1 Ws 157/03 v. 3. 8. 2004 [b. *Schall* NStZ-RR **06**, 263]); strafbar ist niemals, was vw-rechtlich erlaubt oder geboten ist. Das tatsächliche Risiko der Strafbarkeit ist für Amtsträger daher gering (zutr. *Schall* NStZ **92**, 265, 268; *ders.* NStZ-RR **06**, 263, 264).

18 **a)** Nach hM kann sich bei Amtsträgern der Umweltverwaltung schon auf Grund ihrer beruflichen oder ihrer staatlichen Stellung eine Stellung als **Beschützergarant** (NK-*Ransiek* 69 zu § 324; 9 zu § 13) ergeben (vgl. BGH **38**, 332, 337 [Bespr. *Schall* JuS **93**, 719; *Schwarz* NStZ **93**, 285; *Nestler* GA **94**, 514]; Frankfurt NJW **87**, 2757 [m. Anm. *R. Keller* JR **88**, 174]; Düsseldorf MDR **89**, 923; LG Hanau NStE § 324 Nr. 10; *Winkelbauer* NStZ **86**, 152; LK-*Steindorf* 64 zu § 324; *Otto* Jura **91**, 315; *Rengier* [oben 2] 43; *Pfohl* NJW **94**, 421; *Kuhlen* WiVerw **92**, 298). Eine Begrenzung der Garantenpflicht folgt hier aus den Grundsätzen der **Zumutbarkeit:** Danach verletzen bloße Ermessensfehler die Garantenpflicht nicht, wenn nicht in Fällen der *„Ermessensreduzierung auf Null"* die nach vwrechtlichen Grundsätzen einzig mögliche Entscheidung verfehlt wird (GenStA Celle NJW **88**, 2396; LK-*Steindorf* 56 vor § 324 u. 67 zu § 324).

19 **b)** Als **Überwachergaranten** (9 zu § 13) können Amtsträger von Umweltbehörden – im Gegensatz zu den nach § 14 II S. 3 für kommunale Anlagen verantwortlichen Amtsträgern (Köln NJW **88**, 2119; *Odersky* [13] 294; *Iburg* NJW **88**, 2341) – nur haften, wenn sie die Verantwortlichkeit für das Verhalten Dritter trifft. Ob sich aus den verwaltungsrechtlichen Aufsichtspflichten und Eingriffsmöglich-

keiten ohne weiteres eine solche Stellung ergibt, ist str. (abl. *Horn* NJW **81**, 9; *Immel* ZRP **89**, 108; iErg ebenso *Heine/Meinberg* [2] D 58; *Otto* Jura **91**, 315). Die Rspr. nimmt bei **Nichteinschreiten** gegen rechtswidrige Umweltbeeinträchtigungen durch Dritte recht großzügig Garantenstellungen auf Grund der öffentlich-rechtlichen Überwachungspflicht an (vgl. etwa Frankfurt NJW **87**, 2757 [zust. *R. Keller* JR **88**, 174; *Rogall* [2] 223]; ebenso Düsseldorf MDR **89**, 932). Der BGH hat für den Leiter eines Ordnungsamtes die öffentlich-rechtliche Pflicht zum Schutz strafrechtlich geschützter Rechtsgüter mit der strafrechtlichen Garantenpflicht gleichgesetzt (zust. *Winkelbauer* JZ **86**, 1120; abl. *Rudolphi* JR **87**, 336; *Wagner* JZ **87**, 713; *Ranft* JZ **87**, 914). Für **Bürgermeister** als Gemeindeorgan besteht nach der Rspr des BGH eine strafrechtliche Garantenstellung insoweit, als ihnen im Rahmen der kommunalen Selbstverwaltung die Pflichtaufgabe obliegt, in ihrem Gebiet anfallende Abwässer durch kommunale Einrichtungen zu beseitigen (*Rengier* [oben 2] 38; *Rogall* [13] 117; vgl. auch *Pfohl* NJW **94**, 418). Daher gehört es zB zur Garantenpflicht des Bürgermeisters, Eigentümer, die nicht vorgereinigte Abwässer in Gewässer gelangen lassen, zu ermitteln und gegen sie vorzugehen, um weitere Taten zu verhindern (BGH **38**, 332 m. Anm. *Schwarz* NStZ **93**, 285; *Schall* JuS **93**, 519; krit. *Michalke* NJW **94**, 1693; *Nestler* GA **94**, 514; *Horn* JZ **94**, 1097).

c) Eine Garantenstellung ergibt sich jedenfalls in Fällen der **Ingerenz** (vgl. 27 ff. zu § 13; BGH **39**, 388). So kann **zB** die Fehlerhaftigkeit einer Erlaubnis, Abwässer in einen Vorfluter einzuleiten, eine strafrechtliche Handlungs- und Erfolgsabwendungspflicht begründen, diese Erlaubnis wieder zu beseitigen, sofern der Amtsträger hieran vw-rechtlich nicht gehindert ist und eine weitere Gewässerverunreinigung verhindert werden kann (Frankfurt NJW **87**, 2757; **aA** *Immel* [13] 104). Nach teilw. vertretener Ansicht kann Garant in diesem Fall immer nur derjenige Amtsträger sein, der die fehlerhafte Erlaubnis erteilt hat, nicht ein jetzt zuständiger **Amtsnachfolger** (*Otto* Jura **91**, 315; *Immel* [13] 103; hier 50. Aufl.; **aA** SK-*Rudolphi* 40 b zu § 13, Dünnebier-FS 578 u. NStZ **94**, 435; *Horn* NJW **81**, 6; *U. Weber* [13] 52; *Winkelbauer* NStZ **86**, 151), weil dieser zwar vw-rechtlich in dieselbe Rechtsposition und Pflichtenstellung seines Vorgängers eintrete, für dessen pflichtwidriges Vorverhalten aber nicht strafrechtlich einstehen müsse (*Tröndle* [13] 622). Das ist zweifelhaft; auch in Fällen der Produkthaftung geht der BGH davon aus, dass ein Nachfolger des für das Inverkehrbringen gefährlicher Produkte Verantwortlichen in dessen Garantenstellung einrückt (vgl. BGH **37**, 120). 20

Ob, wenn ein eigenes gefährdendes Vorverhalten nicht feststellbar ist, eine **Fahrlässigkeitshaftung** eintritt, richtet sich nach allgemeinen Grundsätzen (vgl. *Schünemann* wistra **86**, 244; LG Hanau NStE § 324 Nr. 10; LG Bremen NStZ **82**, 164; StA Mannheim NJW **76**, 587; *Rogall* [2] 199). 21

5) Haftung im Unternehmen. Zur strafrechtlichen Haftung von Organen und Vertretern sowie besonders Beauftragten für juristische Personen, Personenhandelsgesellschaften und Betrieben vgl. die Erläuterungen zu § 14; zur Garantenstellung von Geschäftsherrn und Leitenden Angestellten vgl. 37 zu § 13. Grds ist von einer umfassenden Verantwortlichkeit der **Geschäftsleitung** (des Vorstands) auszugehen (vgl. BGH **37**, 124), die durch **Delegation** nur teilweise (vgl. *Kuhlen* WuV **91**, 242 ff.; *Schmidt-Salzer* NJW **90**, 2967; **96**, 1; *Schall*, Zurechnung [oben 2]; *S/S-Cramer/Heine* 28 a ff.; LK-*Steindorf* 59, jew. mwN) und nur insoweit ausgeschlossen werden kann, als hierdurch das gerade aus der unternehmenstypischen Aufsplitterung von Zuständigkeiten, (Teil-)Wissen und damit Beherrschungsmacht erwachsende **Risiko** nicht erhöht wird; es darf somit „das verlangte Sicherheitsniveau nicht maßgeblich gemindert werden" (*S/S-Cramer/Heine* 28 a). Beim Delegierenden bleibt in jedem Fall eine **Kontrollpflicht;** eine inadäquate Delegation grundlegender Überwachungspflichten auf Personen, die auf Grund ihrer Kenntnisse, Ausbildung oder betrieblichen Stellung zur Erfüllung ersichtlich nicht in der Lage sind, befreit den Delegierenden nicht; das gilt auch bei **Delegations-Ketten.** Für Pflichten aus **Sonderdelikten,** bei denen Täter nur derjenige sein kann, dem 22 eine spezifische verwaltungsrechtliche Pflicht obliegt (zB §§ 326, 327; vgl. § 330 d Nr. 4 a bis d), ist ein ausdrücklicher **Auftrag** iS von § 14 II Nr. 2 erforderlich. Der unmittelbar handelnde Arbeitnehmer kann, je nach eigenem Kenntnisstand, betrieblicher Organisationsstruktur, Deliktscharakter und ggf nach dem Maß eigenmächtigen weisungswidrigen Handelns, Allein- oder Mittäter (str.; **aA** *Rudolphi,* Lackner-FS 869; *Jakobs* GA **96**, 259), bei Sonderdelikten jedoch nur Gehilfe sein (**aA** *Winkelbauer,* Lenckner-FS 645, 650 ff.; vgl. auch 9 zu § 324).

22 a Für die sog. **Betriebsbeauftragten** (zB Beauftragte für Immissionsschutz [§§ 53 ff. BImSchG]; für Gewässerschutz [§§ 21 ff. WHG]; Abfallbeauftragte [§§ 54, 55 KrW-/AbfG]) ist die Frage str., ob eine **Garantenstellung** besteht (dafür etwa AG Frankfurt NStZ **86**, 72, 75; *Dahs* NStZ **86**, 97, 100; *Rudolphi,* Lackner-FS [1989] 863, 879; *Busch/Iburg,* Umweltstrafrecht 2002, 107; *Böse* NStZ **03**, 636, 639; **aA** LK-*Steindorf* 49 zu § 324; *Michalke,* Umweltstrafsachen 79; *Wernicke* NStZ **86**, 223; *Nisipeanu* NuR **90**, 439, 455; *Köhler* ZfW **93**, 1, 5). Es handelt sich insoweit nicht um einen Fall allgemeiner, betriebsbedingter Delegation; vielmehr sind die genannten Beauftragten gesetzlich zwingend zu bestellen (vgl. *Schünemann,* Arm. Kaufmann-GedS [1989] 629, 639); sie verfügen aufgrund der ihnen gesetzlich obliegenden Erhebungs- und Kontrollaufgaben über einen Wissens-Vorsprung, der in diesem Umfang eine „Herrschaft über eine Gefahrenquelle" begründet (zutr. *Böse* NStZ **03**, 636, 640 f.; vgl. auch 38 zu § 13).

23 **6) Ausgenommen** von den Strafdrohungen des 29. Abschnitts sind **Immissionen,** die von **Verkehrsfahrzeugen** ausgehen (§ 325 V, § 329 I S. 3). Die VerkehrslärmschutzVO (16. BImSchV) gilt nur für den Bau oder die wesentliche Änderung von öffentlichen Straßen und Schienenwegen. Lärmbelästigungen durch tieffliegende Flugzeuge werden gar nicht, solche durch Kraftfahrzeuge nur als Ordnungswidrigkeiten verfolgt (vgl. §§ 30, 45, 49 I Nr. 25 StVO; §§ 49, 69 a III Nr. 17 StVZO).

24 **7) Internationales Strafrecht.** Zur Ausdehnung des Strafanwendungsrechts in den Fällen der §§ 324, 326, 330 u. 330 a durch das AusführungsG-SRÜ (1 zu § 5) vgl. 11 und 11 a zu § 5; zu den Beschränkungen der Strafverfolgungsbefugnisse vgl. Art. 220, 228, 230 SRÜ. **Art. 230 I SRÜ** schränkt die Möglichkeit der Verhängung von Freiheitsstrafen bei Verstößen von Ausländern auf fremden Schiffen außerhalb des Küstenmeeres (10 vor § 3) gegen Normen (insbes. der §§ 324 ff.) zur Verhütung, Verringerung und Überwachung der **Verschmutzung der Meeresumwelt** (Art. 1 I Nr. 3 SRÜ) unmittelbar und in vollem Umfang ein, da in diesen Fällen nur Geldstrafe verhängt werden darf (Ersatzfreiheitsstrafe aber wohl zulässig). Gleiches gilt nach **Art. 230 II SRÜ** bei Verstößen im Küstenmeer, außer im Falle einer vorsätzlichen schweren Verschmutzungshandlung (**zB** iS der §§ 330, 330 a [idF des 2. UKG]; vgl. BR-Drs. 482/94, 272). Zum Vertrag über das umfassende Verbot von Nuklearversuchen v. 24. 9. 1996 vgl. 1 zu § 328. Das **Übk. zum Schutz der Umwelt mittels Strafrecht** des Europarats v. 24. 11. 1998 (ETS Nr. 172) bedarf der Umsetzung in §§ 326 II, 328 (Art. 2 I Buchst. c Übk.); das ÜBk. ist noch nicht in Kraft getreten.

Gewässerverunreinigung

324 **I Wer unbefugt ein Gewässer verunreinigt oder sonst dessen Eigenschaften nachteilig verändert, wird mit Freiheitsstrafe bis zu fünf Jahren oder mit Geldstrafe bestraft.**

II Der Versuch ist strafbar.

III Handelt der Täter fahrlässig, *so ist die* Strafe Freiheitsstrafe bis zu drei Jahren *oder Geld*strafe.

1 **1) Allgemeines.** Die Vorschrift gilt idF des Art. 1 Nr. 18 des 18. StÄG (1 vor § 324; dazu *Laufhütte/Möhrenschlager* ZStW **92**, 922) und Art. 1 Nr. 6 des 2. UKG (1 vor § 324).

Literatur: *Alleweldt,* Zur Strafbarkeit der geduldeten Gewässerverunreinigung, NuR **92**, 312; *Braun,* Die kriminelle Gewässerverunreinigung (§ 324 StGB), 1990; *ders.,* Zu den Ursachen u. Tätertypen bei kriminellen Gewässerverunreinigungen (§ 324 StGB), ArchKrim **90**, 4; *Breuer,* Die Fortentwicklung des Wasserrechts auf europäischer u. deutscher Ebene, DVBl. **97**, 1211; *Christiansen,* Grenzen der behördlichen Einleiterlaubnis und Strafbarkeit nach § 324 StGB, 1996; *Czychowski,* Das neue Wasserstrafrecht (usw.), ZfW **80**, 205; *Dahs,* Zur strafrechtlichen Haftung des Gewässerschutzbeauftragten nach § 324 StGB, NStZ **86**, 393; *Erdt,* Das verwaltungsakzessorische Merkmal der Unbefugtheit in § 324 u. seine Stellung im Deliktsaufbau, 1997 (Diss. Heidelberg 1996); *Fischer/Leirer,* Die Rechtswidrigkeit gewässerverunreinigenden Handelns von Amtsträgern, ZfW **96**, 349; *Groß/Pfohl* NStZ **92**, 119; *Heine,* Schutz von Gewässer und Meer durch Strafrecht: Neue europäische und nationale Entwicklungen, Otto-FS (2007) 1015; *Kasper,* Die Erheblichkeitsschwelle im Bereich des Umweltstrafrechts, insb. bei § 324 StGB, 1997 (Diss. Freiburg); *Kuhlen,* Der Handlungserfolg der strafbaren Gewässerverunreinigung, GA **86**, 389; *W. Müller,* Gewässerstrafrecht u. Amtsträgerstrafbarkeit, ZfW **99**, 288; *Nestler,* Die strafrechtliche Verantwortlichkeit eines Bürgermeisters für Gewässerverunreinigungen der Bürger, GA **94**, 514; *Niering,* Der strafrechtliche Schutz der Gewässer, 1993; *Odersky,* Zur strafrechtlichen Verantwortlichkeit für Gewässerverunreinigungen, Tröndle-FS 291; *Papier,* Gewässerverunreinigung, Grenzwertfestsetzung u. Strafbarkeit, 1984; *Pfohl,* Strafbarkeit von unerlaubten Einleitungen in öffentliche Abwasseranlagen, wistra **94**, 6; *Sander,* Die Bedeutung der wasserrechtlichen „Überwachungswerte", ZfW **93**, 204; *Schlüchter,* Salger-FS 139; *Scholz,* Gewässerverunreinigung durch Indirekteinleitungen, 1996 (Diss. Kiel). **Vgl. i. Ü. 2 vor § 324.** 1 a

EU-Recht: Richtlinie 80/778/EG v. 5. 7. 1980 über die Qualität von Wasser für den menschlichen Gebrauch [hierzu EuGH NVwZ **90**, 252; **93**, 257]; 80/68/EG v. 17. 12. 1979 über den Schutz des Grundwassers [hierzu EuGH NVwZ **91**, 973]; zur Umsetzung vgl. BT-Drs. 12/5881 [Antw. der BReg.]; E einer GrundwasserVO v. 4. 2. 1997 (BT-Drs. 13/6902); Gewässerschutzrichtlinie v. 4. 5. 1976 (76/464/EG; ABl. Nr. L 129/23; geänd. durch Richtlinie v. 23. 12. 1991, 91/692/EG; ABl. Nr. L 377/48), die durch die IVU-Richtlinie (3 vor § 324) abgelöst wurde; Übk. über die Verhütung der Meeresverschmutzung 1972; dazu Prot. v. 7. 11. 1996 (ZustimmungsG v. 9. 7. 1998, BGBl. II 1345); RL 2000/60 EG v. 23. 10. 2000 (ABl. EG Nr. L 327 v. 22. 12. 2000, S. 1) zur Schaffung eines Ordnungsrahmens für Maßnahmen der Gemeinschaft im Bereich der Wasserpolitik **(Wasserrahmenrichtlinie);** Umsetzung durch Siebtes G zur Änderung des WHG v. 18. 6. 2002 (BGBl. I 1914), Neufassung des WHG BGBl. I 3246; und G zur Änderung des UmweltauditG v. 16. 8. 2002 (BGBl. I 3167).

2) Rechtsgut; kriminalpolitische Bedeutung. § 324 hat § 38 WHG aF ersetzt; die hierzu ergangene Rspr hat ihre Bedeutung behalten. Die Vorschrift Sie ist die praktisch bedeutsamste des Abschnitts (*Herrmann* ZStW **91**, 302); freilich wird hier auch in besonderem Maße die Abhängigkeit der Definition *kriminellen* Unrechts von Maßgaben finanzieller Möglichkeiten und politischer Zweckmäßigkeit deutlich. Der **weitaus größte** Teil gesundheits- und umweltgefährdender Wasserverunreinigung ist nämlich **„befugt",** ohne dass hierfür andere als (wirtschaftliche) Zweckmäßigkeitsgründe angeführt werden könnten (vgl. 4 vor § 324). § 324 wird überwiegend als Verletzungs- und **Erfolgsdelikt** angesehen (NJW **92**, 123; Saarbrücken NJW **91**, 3045; Frankfurt NStZ-RR **96**, 103; *Möhrenschlager* NuR **83**, 211 u. HWiStR „Gewässerverunreinigung"; *Sack* 6 d; *Rudolphi* NStZ **84**, 194 u. Lackner-FS 864; SK-*Horn* 2 a; **aA** *Kuhlen* GA **86**, 398: „Kumulationsdelikt", d. i. eigenständige Tatbestandsart, bei der eine Verletzung oder Gefährdung erst eintritt, wenn Einzelhandlungen in großer Zahl vorgenommen werden; ebenso *Rotsch* wistra **99**, 321, 323 f.; anders *Rogall* UniKöln-FS 519, der § 324 als potentielles Gefährdungsdelikt ansieht, und unter Zurechnungsaspekten *Samson* ZStW **99**, 629); die Tat ist kein Dauerdelikt. **Rechtsgut** (3 vor § 324) ist die Reinheit der Gewässer als Lebensgrundlage für Menschen, Tiere und Pflanzen, also die Erhaltung ihres naturgegebenen Zustandes im **Interesse der Allgemeinheit** (ökologische Rechtsgutsbestimmung; BGH **34**, 211 [m. Anm. *Rudolphi* NStZ **87**, 324 u. *Schmoller* JR **87**, 471]; vgl. auch BVerwG ZfW **05**, 227 [m. zust. Anm. *Kerkmann/Schulz*]; *Rudolphi* NStZ **84**, 194; vgl. *Kuhlen* GA **86**, 393, WiVerw **91**, 188 u. ZStW **105**, 701; *Rengier* NJW **90**, 2507; **aA** LK-*Steindorf* 5; *Hohmann* GA **92**, 80; *Papier* NuR **86**, 1 ff [wasserwirtschaftliche Rechtsgutsbestimmung]) nach Maßgabe eines ökologischen (und nicht wasserwirtschaftlichen) Rechtsgutsbegriffs (AG Frankfurt/M MDR **88**, 338; unten 6). Zum Geltungsbereich vgl. 11, 11 a zu § 5. 2

3) Tatobjekt des § 324 sind **Gewässer** iS eines einheitlichen Organismus von Wasser, Gewässerbett und Ufer (ZfW **91**, 233), und zwar in ihrem konkreten ökologisch-biologischen Zustand vor der tatbestandlichen Handlung (SK-*Horn* 2). Es kommt also grds weder auf einen (verwaltungsrechtlichen) „erwünschten" Zustand an noch darauf, ob das Gewässer *vorgeschädigt* ist. **§ 330 d Nr. 1** (vgl. 2 zu § 330 d) 2 a dehnt nicht nur den im WHG verwendeten Begriff des Gewässers auf fremde Küstengewässer und die Hohe See aus, sondern erfasst, um in verstärktem Maße Auslandstaten ahnden zu können, auch ausländische Flüsse sowie Grundwasser fremder Staaten.

2 b **A. Oberirdische Gewässer** (vgl. § 330 d Nr. 1) sind das ständig oder zeitweilig in Betten fließende oder stehende (Stuttgart NStZ **94**, 590) oder aus Quellen wild abfließende Wasser (§ 1 I Nr. 1 WHG); also **nicht** das in Leitungen (Wasserversorgungs- und Abwasserleitungen), in Behältnissen, Becken oder sonst gefasste Wasser (Schwimmbecken, Kläranlagen, Kanalisation; vgl. NStZ **97**, 189; Koblenz OLGSt. Nr. 2 [m. Anm. *Möhrenschlager*]; Bay JR **88**, 354 [m. Anm. *Sack*]; abw. LG Ellwangen NStZ **82**, 468 m. krit. Anm. *Möhrenschlager*) oder anderes Wasser, dem ein Gewässerbett fehlt (**zB** Wasseransammlungen in Baugruben [*Möhrenschlager* NuR **83**, 211]). Eindolungen und Durchleitungen von Bächen und Flüssen durch Rohre und Tunnel lassen die Eigenschaft als oberirdische Gewässer unberührt (RegE 26; *Gieseke* 2, *Sieder/Zeitler* 8, beide zu § 1 WHG; *Laufhütte/Möhrenschlager* ZStW **92**, 929; LK-*Steindorf* 13). Eine **Fischzuchtanlage** hat die Rspr. trotz Zuleitung durch Rohre und verschiedener technischer Anlagen als Gewässer angesehen (BVerwG NuR **05**, 721 [zu OVG Weimar NuR **05**, 195; krit. *Driewer* NuR **05**, 722; *Schall* NstZ-RR **06**, 163]). Auf die **Größe** des Gewässers kommt es nicht an; geschützt ist auch ein zum Lebensraum von Tieren gewordener kleiner Teich (Stuttgart NStZ **94**, 590). Unerheblich ist auch, ob das Gewässer legal entstanden ist (BVerwG ZfW **04**, 100). Auch das Gewässerbett wird mitgeschützt (*Wernicke* aaO; *Czychowski* ZfW **72**, 159; *S/S-Cramer/Heine* 4; LK-*Steindorf* 10), soweit dessen Verunreinigung die Wassergüte mittelbar beeinträchtigt (*Sack* 13 a; vgl. LK-*Steindorf* 10).

3 **B. Grundwasser** (§ 1 I Nr. 2 WHG; dazu *Steindorf* in *Erbs,* 1 c zu § 1 WHG u. LK 17) ist das gesamte unterirdische Wasser (BVerwG ZfW **69**, 116), also auch stehende und fließende Gewässer in Erdhöhlen.

4 **C.** Erfasst ist auch das **Meer** (hierzu *Caspar* TagBer. NVwZ **96**, 880; LK-*Steindorf* 2 f.), und zwar nicht nur nationale Küstengewässer (wie § 1 I Nr. 1 a WHG), sondern wegen des nichtbeschränkten Meeresbegriffs auch fremde und die Hohe See. Diese Ausdehnung des Schutzbereichs, die zwar über internationale Vereinbarungen hinausgeht, ist völkerrechtlich unbedenklich (*Tiedemann* Prot. I/129; *Möhrenschlager* ZfW **80**, 215; VGT **84**, 313; LK-*Steindorf* 18 ff.; krit. *Oehler* GA **80**, 242; *Triffterer* Prot. I/54, 126; II 96), zumal sie sich umfassend nur im Bereich der deutschen ausschließlichen Wirtschaftszone (14 vor § 3) auswirkt (11 zu § 5) und im Übrigen eine Verfolgung von Auslandstaten in fremden Küstengewässern und auf Hoher See nur bei Vorliegen von Anknüpfungspunkten iS der §§ 3 ff. (dort 1) möglich ist (Ber. 22 f., 25; *Rogall* JZ-GD **80**, 106, 108; SK-*Horn* 1; zu internationalen Regelungen LK-*Steindorf* 2 a; *Süß/Adler* ZfW **95**, 197).

5 **4) Tathandlung** ist das unbefugte (7) nachteilige Verändern der Eigenschaften eines Gewässers (2 bis 4), wobei sich das Bewirken des (beispielhaft genannten) Unterfalls des Verunreinigens nicht scharf von den sonstigen Tathandlungen abgrenzen lässt (Köln NJW **88**, 2120; Frankfurt NStZ-RR **96**, 103; LK-*Steindorf* 24, 39).

5 a **A. Verunreinigen** ist die Verschlechterung der physikalischen, chemischen, biologischen Eigenschaften des Gewässers durch **Einbringen von Stoffen** (Karlsruhe JR **83**, 339 [Anm. *Triffterer/Schmoller*]); Veränderungen ohne Zuführung von Substanzen reichen nicht aus. Erfasst sind alle Handlungen und Unterlassungen, die für die Verunreinigung **ursächlich** sind (Düsseldorf NJW **91**, 1124; *Horn/Hoyer* JZ **91**, 706; *Rengier* [2 vor § 324] 12; StA Stuttgart wistra **87**, 305), nicht nur die in § 3 WHG aufgeführten Benutzungsarten (Bay MDR **82**, 1041 m. Anm. *Sack* JR **83**, 123; JR **88**, 344 m. Anm. *Sack;* BT-Drs. 7/888, 21; *Gieseke* 3, *Sieder/Zeitler* 9, beide zu § 38 WHG; *Wernicke* NJW **77**, 1663; *Laufhütte/Möhrenschlager* ZStW **92**,

930; einschränkend *Bickel* ZfW **79**, 140; zur Frage der aus *Altlasten* herrührenden Verunreinigungen Saarbrücken NJW **91**, 3045; hierzu krit. *Kühne* NJW **91**, 3020; *Groß/Pfohl* NStZ **92**, 119; *Hoyer* NStZ **92**, 387; *Otto* JK § 13, 17; ferner *Franzheim* ZfW **87**, 10). Strafbar macht sich nicht nur, wer **Schadstoffe** unmittelbar in ein Gewässer einleitet oder einbringt, sondern **zB** auch, wer mit derselben Wirkung Altöl in einen Sickerschacht ablässt (Düsseldorf OLGSt. 17 zu §§ 38 ff. WHG) oder in die Kanalisation einleitet (LG Ellwangen NStZ **82**, 468 m. krit. Anm. *Möhrenschlager*); seinen Öltank überlaufen oder Benzin aus dem Tankfahrzeug auslaufen lässt; mittelbar über die Gemeindekanalisation Gewässern Schadstoffe zuführt (RegE 13; Hamm NJW **75**, 747; Saarbrücken OLGSt. 3 zu § 38 fF WHG; *Czychowski* ZfW **80**, 206; Rspr. Nachw. bei *Steindorf* in *Erbs* W 17 Anh.), mag hierbei auch nur ein **Teil des Gewässers** verunreinigt werden (NStZ **91**, 282; LG Kleve NStZ **81**, 266 m. Anm. *Möhrenschlager*). Die eingebrachten Schadstoffe dürfen allerdings nicht ganz geringfügig sein (NStZ **91**, 282; LK-*Steindorf* 37; *S/S-Cramer/Heine* 8; *Lackner/Kühl* 4; SK-*Horn* 3; iErg auch *Sack* 51 a; vgl. *Samson* ZStW **99**, 624); vorausgesetzt ist eine **nachteilige Veränderung.** Vielmehr ist in einengender Auslegung eine *nachteilige* Beeinträchtigung, wie auch unten 6 ergibt, vorausgesetzt. Ob sie gegeben ist, hängt von der Größe und Tiefe des Gewässers, der Wasserführung, der Fließgeschwindigkeit, aber auch von der Menge und der Konzentration des Schadstoffes ab. Eine sich an der Wasseroberfläche bewegende schadstoffbelastete Flüssigkeitsschicht kann genügen (NStZ **91**, 282). Feste **Grenzwerte** für eine Verunreinigung sind nicht bestimmt (Ber. 25); der Tatbestand ist nach hM gleichwohl hinreichend bestimmt (BGH **30**, 288; BVerwG ZfW **65**, 115 zu § 38 fF WHG; *Tiedemann,* UmweltstrafR 15; LK-*Steindorf* 25; *S/S-Cramer/Heine* 2; krit. *Sturm* MDR **77**, 618; *Lackner/Kühl* 6). Absolute Grenzwerte (für eine unüberschaubare Anzahl unterschiedlicher Stoffe) lassen sich zum einen nicht einheitlich bestimmen (vgl. Ber. 26); zum andern muss es auch strafbar sein, wenn ein bereits stark verschmutztes Gewässer weiter verunreinigt wird (AG Frankfurt MDR **88**, 338; LG Hanau NStE Nr. 10; Frankfurt/M NStZ-RR **96**, 103; *Horn* UPR **83**, 364) oder erst das Verhalten mehrerer zur Verunreinigung führt (vgl. Stuttgart NJW **77**, 1406; vgl. *Kuhlen* WiVerw **91**, 196; LK-*Steindorf* 31).

B. Sonst nachteiliges Verändern eines Gewässers in seinen Eigenschaften 6 meint in *ökologisch* (nicht wasserwirtschaftlich) *orientierter* Auslegung (NStZ **87**, 324 [m. Anm. *Rudolphi* u. *Hallwaß* NJW **88**, 880]; Köln NJW **88**, 2120; Stuttgart NStZ **89**, 123; **94**, 590; GenStA Celle NJW **88**, 2394; Tiedemann/Kindhäuser NStZ **88**, 341; vgl. ferner *Kuhlen* GA **86**, 394; *Samson* ZStW **99**, 621; *Geulen* ZRP **88**, 326; *U. Weber* [13 vor § 324] 36; *Rogall,* UniKöln-FS 510; *Schall* NStZ **92**, 209) Beeinträchtigungen, die keine Verunreinigungen ieS sind, sondern Verschlechterungen der physikalischen, chemischen, biologischen oder thermischen Beschaffenheit des Wassers in einer für die Benutzungsmöglichkeiten (vgl. § 3 II Nr. 2 WHG; LG Kleve NStZ **81**, 266 m. Anm. *Möhrenschlager* zu § 38 WHG aF; *Salzwedel* ZfW **72**, 151; *Wernicke* NJW **77**, 1665) oder in einer für die natürliche Biozönose (dynamisches Gleichgewicht der natürlichen Lebensgemeinschaft von Pflanzen und Tieren in einem Gewässer) erheblichen Weise (NStZ **87**, 324 m. Anm. *Rudolphi; Sack* NJW **87**, 1248; *Schmoller* JR **87**, 473; ferner *Kuhlen* GA **86**, 390; vgl. *Koppe* ZfW **72**, 155), **zB** die Erwärmung durch Einleiten von Kühlwasser eines Kraftwerks oder radioaktive Kontaminierungen (RegE 14); ein erheblicher Entzug von Sauerstoff (BGH [Z] NuR **04**, 66; weitere Beispiele bei *Wernicke* NJW **77**, 1665 und *Czychowski* ZfW **80**, 207; *Gieseke* 7, *Sieder/Zeitler* 14 ff., beide zu § 38 WHG; *Sack* 29, 35); die schrittweise einhergehende Beeinträchtigung der Gewässereigenschaften durch Absenken des Wasserspiegels (Oldenburg NStE Nr. 14; Stuttgart NStZ **94**, 590). Konkrete Nachteile (zB ein Fischsterben) brauchen noch nicht eingetreten zu sein, es genügt nach hM, wenn bei einer Gegenüberstellung vor und nach der Tathandlung ein **Minus an Wassergüte** festzustellen ist (Frankfurt NJW **87**, 2754 [m. Anm. *R. Keller* JR **88**, 173]; Köln NJW **88**,

2120; *S/S-Cramer/Heine* 9) **oder** wenn objektive **Benutzungsmöglichkeiten** des Gewässers beeinträchtigt sind (Stuttgart NJW **77**, 1406 krit. hierzu *Gässler* ZfW **80**, 218; Bay BayVBl. **74**, 590; RegE 14; *Möhrenschlager* ZfW **80**, 215; *Schall* NStZ **92**, 210; *S/S-Cramer/Heine* 9; *Sack* 42); **zB** wenn das Eindringen von Nitratmengen in das Grundwasser wahrscheinlich ist (Celle NJW **86**, 2327); durch die Immissionen Fische abwandern; in einem Naturschutzgebiet seltene Wassertiere oder Pflanzen nach und nach aussterben. Auf die zurzeit der Tat bestehende konkrete Nutzung kommt es für § 324 nicht an (vgl. § 330); daher ist der Tatbestand nicht deshalb ausgeschlossen, weil eine Trinkwassergewinnung aus dem verunreinigten Gewässer auch ohne die Tat nicht in Betracht gekommen wäre (*Sack* 28 a; **aA** hier bis 50. Aufl.). Nach einer in der zivilrechtlichen Rspr. vertretenen engeren Auffassung reicht eine Verschlechterung allein der Beschaffenheit des *Gewässers* ohne nachteilige Veränderung der **Wasser-Qualität** nicht aus (BGH [Z] NuR **04**, 334 [zu § 22 I WHG]; ebenso für § 324 *Lackner/ Kühl* 4; *S/S-Cramer/Heine* 8; **aA** *Sack* 27, 32 ff.; NK-*Ransiek* 17; *Schall* NStZ-RR **05**, 34).

7 **5) Unbefugt** muss der Täter handeln, dh rechtswidrig (LK-*Steindorf* 77; SK-*Horn* 6; vgl. *Oehler* GA **80**, 247; *M/Schroeder/Maiwald* 58/7; *Triffterer* 82; *Winkelbauer* [2 vor § 324] 16; *Schall* NStZ **92**, 213; **aA** *Erdt* [oben 1 a] 91 ff., der das Fehlen einer behördlichen Genehmigung als objektive Strafbarkeitsbedingung ansieht [127 ff.]). Hieran fehlt es namentlich, wenn die Tat auf Grund einer nach dem WHG oder den Landeswassergesetzen (*Göhler* 904 D) erteilten Bewilligung oder Erlaubnis (§§ 7 bis 9 a, 31 WHG; vgl. dazu VwVwS, GenStA Zweibrücken NStZ **84**, 555; hierzu *Rudolphi* ZfW **82**, 207) oder auf Grund von Ausnahmeregelungen nach den Gesetzen zum Schutze des Meeres [oben 4] oder gewohnheitsrechtlich (Bay MDR **82**, 1041: Einleitung nichtölhaltiger Schiffsabwässer in eine Wasserstraße; zw.) oder – ausnahmsweise – nach § 34 (dort 20) gerechtfertigt ist (RegE 14). Ein **Schifffahrtsprivileg**“ (vgl. noch NuR **91**, 498; Köln NuR **86**, 219) hat LG Hamburg NuR **03**, 776 als nicht (mehr) gewohnheitsrechtlich anerkannt angesehen; die Rechtmäßigkeit einer Einleitung richtet sich daher allein nach wasserrechtlichen Maßstäben. Inwieweit neben wasserrechtlichen auch abfallrechtliche Bestimmungen zu beachten sind, ist str. (vgl. *Breuer,* Die Abgrenzung zwischen Abwasserbeseitigung und Reststoffverwertung, 1985). Stoffe, die in Gewässer oder Abwasseranlagen eingeleitet oder eingebracht werden, sind keine Abfälle iS des AbfG (§ 2 II Nr. 6 KrW-/AbfG).

7 a Im Fall einer wasserrechtlichen **Einleitungsbefugnis** (§§ 2, 3, 7, 7 a WHG) für Abwässer ist unbefugt die Überschreitung von im Bescheid festgesetzten Höchstwerten: Wo **Höchstwerte** für Einleitungen behördlich festgesetzt sind, ist durch ihre Überschreitung der tatbestandliche Erfolg bewiesen (Frankfurt JR **88**, 169 [Anm. *Keller*]; SK-*Horn* 4 a); bei Unterschreitung kann die Einleitung – je nach dem Inhalt der Festsetzung – gerechtfertigt sein. Eine Überschreitung von **Überwachungswerten** (Durchschnitt der Belastung aus den letzten fünf amtlichen Messungen; vgl. dazu *Franzheim/Pfohl, 79 ff.; Kloepfer/Brandner* ZfW **89**, 1; *Dahs* NStZ **87**, 440; *Sander* ZfW **93**, 204) ist jedenfalls dann unbefugt, wenn der Mittelwert die Grenze überschreitet. Liegt ein Einzelwert über dem Überwachungswert, so ist diese Einleitung *unbefugt;* eine Strafbarkeit dieses Verhaltens setzt jedoch voraus, dass der Mittelwert die Grenze überschreitet (vgl. LG Bonn NStZ **87**, 461; *Dahs* NStZ **87**, 440; *Schünemann* wistra **86**, 241; SK-*Horn* 4 d [objektive Bedingung der Strafbarkeit]; *Rudolphi,* Lackner-FS 886 f.; **aA** NK-*Ransiek* 42; *Franzheim* NStZ **87**, 437; **88**, 208; *Breuer* NJW **88**, 2081; vgl. auch *Sack* 96 b). Auch Gewässerverunreinigungen, die mit dem *zulässigen* Betrieb der Schifffahrt auf Bundeswasserstraßen verbunden sind, sind nicht unbefugt (**aA** *Kuhlen* StV **86**, 544 u. WiVerw **92**, 227), wohl aber dann*, wenn das Schiff* nicht zum Transport von Personen und *Waren eing*esetzt, sondern nur *stationär* als Restaurations- oder Hotelschiff verwendet wird (Köln NStZ **86**, 225 m. Anm. *Kuhlen* StV **86**, 544; *Möhrenschlager* JR **87**, 299). Auch Altrechte (§§ 15, 16 WHG) können ausnahmsweise in Betracht kom-

men (vgl. VGH München ZfW **05**, 43), ferner allgemeine Rechtfertigungsgründe, zB § 34 (vgl. dort 20; MDR/D **75**, 723; Bay MDR **82**, 1041 m. krit. Anm. *Sack* JR **83**, 123; *S/S-Cramer/Heine* 13; *Möhrenschlager* VGT 1984, 327; *Kuhlen* StV **86**, 544; Stuttgart NJW **77**, 1406; LG Bremen NStZ **82**, 164 [m. krit. Anm. *Möhrenschlager*]; *Herrmann* ZStW **89**, 300; *Czychowski* ZfW **80**, 208; vgl. *Franzheim* ZfW **85**, 148), nicht aber schon ohne weiteres, sondern nur bei nichtvorhersehbaren Not- und Katastrophenfällen (*Rudolphi* NStZ **84**, 196 mwN; *Möhrenschlager* NuR **83**, 215; hierzu im einzelnen LK-*Steindorf* 100; *Schall* [2 vor § 324], 6). Wirtschaftliche Gründe (Existenzsicherung eines Unternehmens; „Erhaltung von Arbeitsplätzen", usw.) können regelmäßig nicht zur Rechtfertigung nach § 34 führen (zutr. SK-*Horn* 9); dasselbe gilt für die bloße Genehmigungs*fähigkeit* (vgl. 10 vor § 324).

Zur Frage der rechtfertigenden Wirkung einer behördlichen **Duldung** vgl. **7b** *Malitz* [12 vor § 324] 148; *Sack* 112ff.; zum Fall, dass eine bisher schon unbefugte Verschmutzung quantitativ und qualitativ herabgesetzt wird, AG/LG Bremen NStZ **81**, 268; **82**, 164 m. Anm. *Möhrenschlager*. Eine dem § 326 VI entsprechende Vorschrift hat der Gesetzgeber nicht für notwendig gehalten. Eine an sich berechtigte Wassernutzung wird allerdings unbefugt, wenn **Auflagen** nicht eingehalten werden *und* die konkrete (zusätzliche) Verunreinigung gerade auf den Auflagenverstoß (mit-)zurückzuführen ist (RegE 14; LK-*Steindorf* 80ff. und 133ff. mit ausführlicher Kasuistik; *S/S-Cramer/Heine* 12; Sack 111; *Salzwedel* ZfW **72**, 149; *Sack* NJW **77**, 1407; *Wernicke* NJW **77**, 1664; *Gieseke* 11, *Sieder/Zeitler* 19, beide zu § 38 WHG; *Schuck* MDR **86**, 811; **aA** Stuttgart NJW **77**, 1406; *Franzheim* ZfW **85**, 147; *Rudolphi* ZfW **82**, 204, NStZ **84**, 197 u. Lackner-FS 882. Eine Einwilligung des Eigentümers oder Gewässerberechtigten hat keine rechtfertigende Wirkung.

6) Vollendet ist die Tat, sobald das Gewässer, wenn auch nur zT (oben 5f.) **8** verunreinigt oder nachteilig verändert ist (LK-*Steindorf* 120; krit. *Daxenberger* [2 vor § 324]; *Kuhlen* GA **96**, 389ff. und ZStW **105**, 697ff.; *Rotsch* wistra **99**, 323f.). **Nach II** ist der **Versuch** strafbar.

7) Täter innerhalb eines **Unternehmens** ist die für den Gewässerschutz letzt- **9** lich verantwortliche oder die von ihr bevollmächtigte Person („entscheidende Stelle" iS des § 21e WHG; Frankfurt NJW **87**, 2754; vgl. *Rudolphi,* Lackner-FS 870; *Schlüchter,* Salger-FS 151, 155); *nicht* jedoch der *„Gewässerschutzbeauftragte"* (§§ 21aff. WHG) allein kraft seiner Bestellung (Frankfurt NJW **87**, 2756; [hierzu *Truxa* ZfW **80**, 220; vgl. auch *Vierhaus* NStZ **91**, 466]; LK-*Steindorf* 49; *S/S-Cramer/Heine* 17; ; *Sack* 196ff.; vgl. auch *Leibinger* ZStW Beih. 1978, 84), es sei denn, es wären ihm zugleich innerbetriebliche Entscheidungsbefugnisse übertragen worden (Frankfurt aaO; *Dahs* NStZ **86**, 98; *Rudolphi,* Lackner-FS 879); stets kann er aber auch Gehilfe (ggf durch Unterlassen, Frankfurt aaO) sein oder, im Falle pflichtwidriger Fehlinformation, mittelbarer Täter; *Bickel* ZfW **79**, 148; *Czychowski* ZfW **80**, 205; LK-*Steindorf* 49; vgl. auch *Salzwedel* ZfW **80**, 213). Die Bestellung als Geschäftsführer einer GmbH begründet grds eine Garantenstellung, auch wenn die Geschäftsbereiche unter mehreren Geschäftsführern aufgeteilt sind; in diesem Fall ist aber zu prüfen, ob die unterlassene Handlung dem Garanten im konkreten Fall möglich und zumutbar war (NStZ **97**, 545). Der Betreiber einer uU gewässerschädigenden Anlage ist für die Einhaltung der Sicherheitsvorschriften selbst verantwortlich, an seine Pflichten sind strenge Anforderungen zu stellen, er genügt aber den gesetzlichen Bestimmungen, wenn er einen Sachverständigen mit der turnusmäßigen Überprüfung beauftragt (Karlsruhe wistra **92**, 270). Der innerhalb eines Unternehmens für den Gewässerschutz Verantwortliche (§ 24e WHG), aber auch der zur technischen Überprüfung einer Anlage, zB eines Tanklagers, eingesetzte Sachverständige haftet – etwa im Falle einer unvollständigen Gesamtprüfung – auch für ein **Unterlassen** (Karlsruhe wistra **92**, 270), soweit ihn eine Erfolgsabwendungspflicht trifft (§ 13); ebenso der für die Sicherheit auf der Baustelle Verantwortliche hinsichtlich der ungeschützten Lagerung eines Fasses mit Dieselöl (Bay VRS **84**, 32); hierbei kommt es auf seine konkrete Stellung im Betrieb an (NJW **92**, 122). Dabei versteht es sich nicht von selbst, dass er auch für *„Altlasten"* verantwortlich ist. Für sie ist in erster Linie der Verursacher, dann auch der Inhaber der tatsächlichen Gewalt als „Zustandsstörer" haftbar. Wie weit solche Pflichten zur Beseitigung der von Altlasten ausgehenden Gefahren übertragen werden können (§ 14 II), lässt sich nur anhand der konkreten Gegenstände entscheiden (NJW **92**, 122; vgl. ferner Schall NStZ **92**, 212). Zur Frage der strafrechtlichen Haftung des „Zustandstörers" für Altlasten *Dahs,* Redeker-FS 427; *Vogelsang-Rempe,* Umweltstrafrechtliche Relevanz der Altlasten, 1992; zur Verantwortlichkeit von **Amtsträgern** 13 ff. vor § 324; *Müller* ZfW **99**, 288 ff.; *Sack* 202 a ff.; LK-*Steindorf* 52 ff. Aus der Garantenstellung ergibt sich, da § 324 kein Dauerdelikt ist, keine Pflicht zur Rückgängigmachung eines bereits eingetretenen Erfolgs (dh zur „Wiederherstellung" des Gewässers; SK-*Horn* 10; and. NK-*Ransiek* 21); wohl aber die Pflicht, eine *weitere,* noch bevorstehende Verunreinigung zu verhindern, also zB gefährliche Vorgänge zu beenden.

10 **8)** Die **Strafe** ist nach der **Schuldform** in I und III abgestuft. In den Fällen von **I** genügt bedingter Vorsatz (*Salzwedel* ZfW **72**, 153; SK-*Horn* 7), in den **besonders schweren Fällen** erhöht sich der Strafrahmen nach § 330. **Fahrlässig** iS von **III** (hierzu 14 zu § 15) handelt der Täter, wenn er zB einen Verkehrs- oder sonstigen Unfall oder eine Schiffskollision (Hamburg NStZ **83**, 170) schuldhaft verursacht, der zu einer Gewässerverunreinigung führt (*Czychowski* ZfW **80**, 206, 209; *Rengier,* Boujong-FS 793; **aA** *Wernicke* NJW **77**, 1663; *Bickel* ZfW **79**, 140) oder auf eine andere ihm zurechenbare Weise einen solchen Erfolg bewirkt (*Rudolphi,* Lackner-FS 872) oder wenn ein überwachungspflichtiger Amtsträger vorwerfbar Gewässerverunreinigungen nicht erkennt (AG Hanau wistra **88**, 200; LG Hanau NStE Nr. 10), wobei ein strenger Sorgfaltsmaßstab (der eines „umweltbewussten Rechtsgenossen") anzulegen ist (Stuttgart NStZ **89**, 123; Celle NStE Nr. 15; Düsseldorf NJW **91**, 1123 m. Anm. *Möhrenschlager* JR **91**, 342; *Schall* NStZ **92**, 266; *Kuhlen* WiVerw **91**, 202; LK-*Steindorf* 123); Feststellungen zur objektiven Vorhersehbarkeit sind hierfür erforderlich (Düsseldorf JR **94**, 123 m. Anm. *Rengier*). Zum Umfang der Sorgfaltspflicht eines Hauseigentümers beim Lagern von Heizöl im Stahltank im Keller Celle NJW **95**, 3197. Zum Ausschluss der Freiheitsstrafe (nur Geldstrafe!) bei Straftaten von Ausländern, die von fremden Schiffen aus begangen werden, vgl. 24 vor § 324.

11 **9) Konkurrenzen.** Tateinheit ist möglich mit §§ 303 ff., 313, 316 b I Nr. 2, §§ 318, 326, 329 II, III, 330 a; LK-*Steindorf* 129. § 37 I bis IV UmweltSchProt-AG tritt nach dessen § 37 V hinter § 324 zurück, ebenfalls § 12 I, II MBergG nach dessen § 12 III.

Bodenverunreinigung

324a **I Wer unter Verletzung verwaltungsrechtlicher Pflichten Stoffe in den Boden einbringt, eindringen lässt oder freisetzt und diesen dadurch**

1. in einer Weise, die geeignet ist, die Gesundheit eines anderen, Tiere, Pflanzen oder andere Sachen von bedeutendem Wert oder ein Gewässer zu schädigen, oder

2. in bedeutendem Umfang

verunreinigt oder sonst nachteilig verändert, wird mit Freiheitsstrafe bis zu fünf Jahren oder mit Geldstrafe bestraft.

II Der Versuch ist strafbar.

III Handelt der Täter fahrlässig, so ist die Strafe Freiheitsstrafe bis zu drei Jahren oder Geldstrafe.

1 **1) Allgemeines.** Die Vorschrift gilt idF des Art. 1 Nr. 7 des 2. UKG (vor § 324). Das **BBodSchG** v. 17. 3. 1998 (BGBl. I 502) ermächtigt die BReg. zum Erlass von Rechtsverordnungen (vgl. BodSchV v. 12. 7. 1999, BGBl. I 1554); der Hauptteil des G ist zum 1. 3. 1999 in Kraft getreten (Überblick bei *Vierhaus* NJW **98**, 1262).

1 a **Literatur:** *Bachmann,* Entgiftung des Bodens?, ZfU **88**, 119; *Bartholme,* Der Schutz des Bodens im Umweltstrafrecht, 1995; *Blume* (Hrsg.), Handbuch des Bodenschutzes, 2. Aufl.

1992; *Brandner* TagBer. URP **97**, 21; *Erbguth/Stollmann* URP **96**, 281; *Heiermann,* Der Schutz des Bodens vor Schadstoffeintrag, 1992; *Hofmann,* Bodenschutz durch Strafrecht?, 1996 (Diss. Kiel); *ders.,* Verunreinigung des Bodens (§ 324a StGB) usw., wistra **97**, 89; *Kunig,* Bodenschutz durch Abfallrecht, ZfW **92**, 469; *Laski,* Die strafrechtlichen Bezüge des Bundes-Bodenschutzgesetzes, 2003 (Diss. Göttingen 2003); *Michalke,* Das neue Umweltstrafrecht, StraFo **96**, 73; *Ott,* Der Entwurf der Bundesregierung für ein Bodenschutzgesetz, ZUR **94**, 53; *Sanden,* Die Bodenverunreinigung (§ 324a StGB), wistra **96**, 283; *Schall,* Die „Verletzung verwaltungsrechtlicher Pflichten" als strafbegründendes Tatbestandsmerkmal im Umweltstrafrecht, Küper-FS (2007) 505; *Versteyl/Sondermann,* Bundes-Bodenschutzgesetz. Kommentar, 2002; *Vierhaus,* Das Bundes-Bodenschutzgesetz, NJW **98**, 1262. Vgl. iÜ 2 vor § 324.

2) Geschütztes Rechtsgut (vgl. 3 vor § 324) ist neben den unten 7f., 8 genannten Rechtsgütern **der Boden** als wesentliche Lebensgrundlage und Lebensraum für Menschen, Tiere und Pflanzen (hierzu *Möhrenschlager* NStZ **94**, 517; LK-*Steindorf* 4f., 10; *Sack* 6; *Laski* [1a] 46ff.), und zwar auch außerhalb des Geltungsbereichs des StGB (*Rengier* JR **96**, 34), der außer in § 324a aber auch weiterhin durch andere Vorschriften (vgl. zB §§ 326, 329 III, auch iVm § 330 Nr. 3, § 330a, § 61 KrW-/AbfG, das ChemG, PflSchG) und mittelbar durch die §§ 324 und 325 geschützt wird. § 324a betrifft **qualitative Veränderungen** der Bodensubstanz. Nicht erfasst ist der sog. **quantitative Bodenschutz;** übermäßiger Flächenverbrauch oder Oberflächenversiegelung sind nicht strafbar, da dies zur Kriminalisierung von Schwarzbauten geführt hätte (vgl. BT-Drs. 12/192, 16). Die Tat ist ein Erfolgsdelikt und kann als potentielles Gefährdungsdelikt (19 vor § 13) verstanden werden (*Lackner/Kühl* 1; *S/S-Cramer* 1; **aA** *Otto* Jura **95**, 142; SK-*Horn* 2: abstraktes Gefährdungsdelikt). 2

3) Der Tatbestand des Abs. I setzt die **Verletzung vwrechtlicher Pflichten** voraus (zur **Verwaltungsakzessorietät** vgl. 6 vor § 324; speziell zu § 324a vgl. Laski [1a] 69ff.). Diese Pflichten sind in § 330d Nr. 4, 5 näher umschrieben (vgl. dort 5ff.). Sie können sich sowohl aus VwAkten als auch aus Rechtsvorschriften ergeben (krit. *S/S-Heine* 13; vgl. auch *Erbguth/Stollmann* URP **96**, 281; *Sanden* wistra **96**, 285; *Hofmann* 1996 [1a] 141ff.). In Betracht kommen Vorschriften, die den **Schutz der Bodenqualität** zumindest mittelbar oder als Nebenzweck zum Ziel haben (vgl. **zB** §§ 7, 23 BImSchG; § 17 ChemG iVm der GefStoffV; §§ 1a I, II, 5 DüngemittelG; § 6 I PflSchG; insb. auch die **KlärschlammVO** [AbfKlärV v. 15. 4. 1992; vgl. dazu VG Osnabrück NuR **03**, 63; Schall NStZ-RR **05**, 33, 35). **Nicht** dazu zählen allgemeine Vorschriften über das Verhalten im Straßenverkehr (zutr. AG Schwäb. Hall NStZ **02**, 152 [zu § 315c]). **Stillgelegte Deponien** unterfallen nicht (mehr) den abfallrechtlichen, sondern den bodenschutzrechtlichen Regelungen (vgl. § 36 II S. 2 KrW/AbfG iVm § 3 I Nr. 2 BBodSchG); es kommt daher auf die Feststellung der Stillegung an (vgl. dazu VGH München NuR **03**, 696; VG Oldenburg NuR **05**, 608; VG Braunschweig NuR **06**, 733). Auch Vorschriften zum Schutz des Grundwassers können zur Pflichtenkonkretisierung herangezogen werden, wenn sie zumindest mittelbar dem Bodenschutz dienen (RegE 17; *Möhrenschlager* NStZ **94**, 517). Die Pflichtenbeschreibung muss hinreichend konkretisiert sein (zweifelnd hinsichtlich § 1a II WHG Celle NStZ-RR **98**, 208). 3

A. Die Tathandlungen sind dahin umschrieben, dass der Täter **Stoffe in den Boden einbringt, eindringen lässt oder freisetzt.** Diese Einwirkungen auf den Boden können direkt (zB durch Ablassen oder Ablagerung von flüssigen oder festen Abfällen, übermäßige Verwendung von Pflanzenschutz- oder Düngemitteln) oder indirekt (zB durch Immissionen industrieller Anlagen oder durch Abgase) geschehen (Begr. 16), **zB** durch Auslaufen lassen von Chemikalien (NJW **92**, 122; *Zweibrücken* NJW **92**, 2841; LG Bad Kreuznach NJW **93**, 1725; VGH Mannheim NVwZ **90**, 781). Auf diese Formen des Einwirkens gefährlicher Stoffe ist der Tatbestand beschränkt. Andere Formen der Bodenverunreinigung oder nachteiligen Veränderung (zB Abgrabungen, Aufschüttungen, Grundwasserabsenkungen, Entwässerungen oder Rodungen) können zwar auch zu Bodenerosionen führen, werden aber nicht von § 324a, sondern (nur in den besonders geschützten Gebieten) 4 durch § 329 II, III erfasst (*Sanden* wistra **96**, 284). Der Begriff **Stoffe** ist wie in § 224 I Nr. 1 weit auszulegen. Mit dem Wort **„einbringen"** wird der finale Stoffeintrag in den Boden beschrieben (*Lackner/Kühl* 6; *S/S-Cramer* 7; LK-*Steindorf* 32; and. SK-*Horn* 10). Der Begriff **Freisetzen** ist wie in § 330a (vgl. dort 3) zur Erfassung derjenigen Fälle gewählt, in denen der Täter eine Lage schafft, durch die sich der Stoff ganz oder zT unkontrollierbar in der Umwelt ausbreiten kann.

4a Mit dem Begriff **Eindringen-Lassen** sollen Fälle erfasst werden sollen, in denen pflichtwidrig nicht verhindert wird, dass der Boden durch Stoffe verunreinigt wird (LK-*Steindorf* 33 ff.); Täterschaft setzt daher eine **Garantenstellung** voraus (*Sanden* wistra **96**, 289; *S/S-Cramer* 7; *Lackner/Kühl* 6; SK-*Horn* 10; Schall NStZ-RR **06**, 161, 164; **aA** *Winkelbauer,* Lenckner-FS 656; LK-*Steindorf* 33; vgl. dazu auch Schall NStZ-RR **05**, 33, 36 f.). Ob ein Eindringen-Lassen auch durch pflichtwidriges Unterlassen der Verhinderung eines Ausbreitens bereits vorhandener Stoffe (**Altlasten**) verwirklicht werden kann, ist str., aber wohl zu bejahen (ebenso *Lackner/Kühl* 6; *Franzheim/Pfohl* 178; vgl. auch BVerwG NuR **05**, 34 [Insolvenzverwalter]; **aA** NK-*Ransiek* 13); anders ist es, wenn bei Immobilität der Schadstoffe die Untätigkeit eines grds. Garantenpfllichtigen zu einem bloßen „Belassen" im Boden führt (vgl. *Laski* [1 a] 106 f.; zur Zustandshaftung auch BGH [Z] NJW **05**, 1366).

5 Der tatbestandsmäßige **Erfolg** dieser Handlungsweisen besteht darin, dass der Boden **dadurch verunreinigt** (5 zu § 324, 5 zu § 326) **oder sonst nachteilig verändert** (6 zu § 324, 5 zu § 326) wird. Durch den Oberbegriff „nachteilig verändert" und den an § 324 angelehnten Begriff „verunreinigt" wird eine zusätzliche Beschränkung auf strafwürdige Fälle vorgenommen. Es muss zu einer **Verschlechterung** der natürlichen Bodenbeschaffenheit gegenüber der Bodenqualität vor der Tat gekommen sein, wobei die Eigenschaftsveränderung an den ökologischen Bedürfnissen zu messen ist.

6 **B. Weitere tatbestandliche Eingrenzungen:**

a) Nach Nr. 1 muss der tatbestandsmäßige Erfolg der nachteiligen Veränderung in einer Weise herbeigeführt werden, die **geeignet** ist, folgende Rechtsgüter zu **schädigen:**

7 **aa)** die **Gesundheit** eines anderen. Maßgebend ist der strafrechtliche Gesundheitsbegriff (6 zu § 223; LK-*Steindorf* 9 zu § 325; *Sack* 2 vor § 324; *Rengier* NJW **90**, 2511), so dass auch Stoffe schädigungsgeeignet sein können, die Hustenreiz, Übelkeit oder Kopfschmerzen oder psychosomatisch wirkende Beeinträchtigungen auslösen, sofern es sich nicht um bloße Belästigungen handelt (RegE/18. StÄG zu § 325, 16; vgl. 8 zu § 325);

8 **bb) Tiere, Pflanzen oder andere Sachen von bedeutendem Wert,** wobei der Begriff des bedeutenden Wertes in wirtschaftlichem Sinn, daneben aber auch ökologisch zu verstehen ist (Ber. II 22; Stellungnahme der BReg. RegE Anl. 3, 45); an das Vorliegen eines bedeutenden ökologischen Wertes sollen keine ungerechtfertigt hohen Anforderungen gestellt werden (RegE 45). Eine bloße Verdrängung aus dem Lebensraum reicht nicht, da nicht der ökologische Status als solcher geschützt ist (LK-*Steindorf* 49);

9 **cc) ein Gewässer** (2a ff. zu § 324, § 330d Nr. 1); hier trägt die Schädigungseignung zur Wasserverunreinigung der Gegebenheit Rechnung, dass Bodenflächen nicht nur als Wassereinzugsgebiete zu schützen sind, sondern dass Stoffe ganz allgemein über den Boden in Gewässer eindringen können. Da Bodenverunreinigungen, auch wenn sie die Beschaffenheit des Bodens nicht nachhaltig beeinträchtigen, ein Gewässer erheblich schädigen können (LG Bad Kreuznach NJW **93**, 1725), wurden Gewässer ausdrücklich als Gefährdungsobjekt in Nr. 1 aufgenommen (RegE 17).

10 **b) Nr. 2** setzt eine nachteilige Veränderung des Bodens **in bedeutendem Umfang** voraus. Die Formulierung weicht vom GesE („sonst erheblich") ab und soll sicherzustellen, dass durch Nr. 2 nur Sachverhalte gleicher Bedeutung wie

in Nr. 1 erfasst werden (Ber. II 22). Ob das mit der erforderlichen Bestimmtheit und praktikabel geschehen ist, ist zw. (ebenso *S/S-Cramer* 12; **aA** *Sanden* wistra **96**, 286, der den Begriff der „schädlichen Bodenveränderungen" iS von § 2 III BBodSchG zur Bestimmung heranziehen will; dagegen zutr. *Heine* aaO). Der Begriff „in bedeutendem Umfang" soll nach Auffassung des Gesetzgebers wie derjenige des „bedeutenden Werts" in Nr. 1 nicht nur ökonomisch, sondern auch ökologisch zu verstehen sein (vgl. *Laski* [1 a] 49); daher ist nicht recht klar, welche strafwürdigen Fälle nicht von Nr. 1, sondern erst von Nr. 2 erfasst werden (SK-*Horn* 8); vgl. zur Begriffsdeutung auch 16 zu § 325.

4) Abs. II stellt wie § 324 II (vgl. dort 8) den **Versuch** einer Handlung (oben 4 bis 10) unter Strafe. **Vollendung** ist gegeben, sobald die nachteilige Bodenveränderung eingetreten ist; § 324a ist kein Dauerdelikt (SK-*Horn* 10). Tätige Reue (§ 330b) ist bei § 324a nicht möglich. Mit dem Eintritt der Bodenverunreinigung ist idR auch **Beendigung** gegeben (*Sanden* wistra **96**, 288; *S/S-Cramer* 17); der **Verjährungsbeginn** wird deshalb nach zutr. Ansicht nicht aufgeschoben, wenn und solange sich die Verunreinigung im Boden weiter ausbreitet. Die Gegenansicht (LK-*Steindorf* 70; *Sack* 59) würde im Hinblick auf die Anwendung des Zweifelssatzes (vgl. LK-*Steindorf* 70) einerseits, der kaum überschaubaren Wirkungszusammenhänge in dem *dynamischen* System „Boden" andererseits zu erheblichen Unsicherheiten und Zufälligkeiten beim Verjährungseintritt führen, die auch im Vergleich zu § 324 (vgl. insoweit LK-*Steindorf* 128 zu § 324: and. auch für § 324 *Sack* ebd. 265) nicht sachgerecht erscheinen. 11

5) Die Strafe ist ebenfalls wie in § 324 nach Schuldformen abgestuft (vgl. 10 zu § 324). Sie beträgt bei vorsätzlicher Begehung (bedingter Vorsatz genügt) wie bei § 324 Freiheitsstrafe bis zu 5 Jahren oder Geldstrafe, in besonders schweren Fällen (§ 330) Freiheitsstrafen von 6 Monaten bis zu 10 Jahren, nach **Abs. III,** wenn der Täter **fahrlässig handelt** Freiheitsstrafe bis zu 3 Jahren oder Geldstrafe. 12

6) Konkurrenzen. Tateinheit ist möglich mit den §§ 303ff., 316b I Nr. 2, mit §§ 314, 318, 329 II, III und § 330a (vgl. 11 zu § 324). Vgl. ergänzend bußgeldbewehrte landesrechtliche BodenschutzG; hierzu *Sanden* wistra **96**, 285. § 326 I Nr. 4 tritt gegenüber § 324a zurück, wenn wassergefährdende Abfälle in den Boden eingebracht wurden (wistra **01**, 259). 13

Luftverunreinigung

325 **I Wer beim Betrieb einer Anlage, insbesondere einer Betriebsstätte oder Maschine, unter Verletzung verwaltungsrechtlicher Pflichten Veränderungen der Luft verursacht, die geeignet sind, außerhalb des zur Anlage gehörenden Bereichs die Gesundheit eines anderen, Tiere, Pflanzen oder andere Sachen von bedeutendem Wert zu schädigen, wird mit Freiheitsstrafe bis zu fünf Jahren oder mit Geldstrafe bestraft. Der Versuch ist strafbar.**

II Wer beim Betrieb einer Anlage, insbesondere einer Betriebsstätte oder Maschine, unter grober Verletzung verwaltungsrechtlicher Pflichten Schadstoffe in bedeutendem Umfang in die Luft außerhalb des Betriebsgeländes freisetzt, wird mit Freiheitsstrafe bis zu fünf Jahren oder mit Geldstrafe bestraft.

III Handelt der Täter fahrlässig, so ist die Strafe Freiheitsstrafe bis zu drei Jahren oder Geldstrafe.

IV Schadstoffe im Sinne des Absatzes 2 sind Stoffe, die geeignet sind,

1. die Gesundheit eines anderen, Tiere, Pflanzen oder andere Sachen von bedeutendem Wert zu schädigen oder

2. nachhaltig ein Gewässer, die Luft oder den Boden zu verunreinigen oder sonst nachteilig zu verändern.

V Die Absätze 1 bis 3 gelten nicht für Kraftfahrzeuge, Schienen-, Luft- oder Wasserfahrzeuge.

1 **1) Allgemeines.** Die Vorschrift idF des Art. 1 Nr. 8 des 2. UKG (vor § 324) verbindet die Luftverunreinigungsvorschrift (§ 325 I S. 1 Nr. 1 aF) mit einem Emissionstatbestand (II iVm der Konkretisierung des Schadstoffbegriffs in IV). Ergänzt wird § 325 insbesondere durch die §§ 326, 327 II und § 328. § 325 stellt nicht auf eine konkrete Schädigung ab, setzt aber die Eignung der Tathandlung zur Schädigung, in IV Nr. 2 zusätzlich die Eignung zur Verunreinigung oder nachhaltigen Veränderung voraus (sog. **potentielles Gefährdungsdelikt;** 13 a vor § 13; *Lackner/Kühl* 1). Der Gesetzgeber hat sich auch im 2. UKG gegen die Streichung der Eignungsklausel ausgesprochen (RegE 18), da dies zu einer zu weiten Ausdehnung der Strafbarkeit führen würde (*Möhrenschlager* NStZ **94**, 517). Das Ziel des 2. UKG, einen ausgewogenen und mit dem strafrechtlichen Schutz der Gewässer (§ 324) prinzipiell gleichwertigen Schutz auch für die Luft zu schaffen, verfehlt § 325 vermutlich wegen der zahlreichen einschränkenden Merkmale, insb. da eine Hauptquelle schädlicher Emissionen, der Kraftfahrzeug- und Luftverkehr, der Vorschrift gar nicht unterfällt (Abs. V; vgl. Koblenz MDR **86**, 162), soweit die besonderen Regelungen des Verkehrsrechts gelten, nicht also für außerhalb des öffentlichen Verkehrs als Arbeitsmittel eingesetzte Fahrzeuge (*S/S-Stree/Heine* 20). Zum Kfz-Verkehr vgl. BT-Drs. 13/2155 (Antw. der BReg. v. 15. 8. 1995).

1 a **Literatur:** *Engelhardt,* Natur, Wasser, Luft [Rspr-Übersicht], UTR **31** (1995), 3; *Hansmann,* Auslegungs- u. Anwendungsprobleme der TA Luft, UPR **89**, 321; *Heidt,* Polizeiliche Erfahrungen bei der Aufklärung von strafbarer Luftverunreinigung, Die Polizei **82**, 346; *Kuchenbauer,* Asbest u. Strafrecht, NJW **97**, 2012; *J. Pfeiffer,* Verunreinigung der Luft nach § 325 StGB, 1992 (Diss. Bonn); *ders.,* Der neue Straftatbestand zum Schutz der Luft – Vertane Chance?, DRiZ **95**, 299; *Schall,* Die „Verletzung verwaltungsrechtlicher Pflichten" als strafbegründendes Tatbestandsmerkmal im Umweltstrafrecht, Küper-FS (2007) 505. Vgl. i. Ü. 2 vor § 324. Umfangreiche Nachw. zum Immissionsschutzrecht bei *Steindorf* in LK vor 1.

2 **2) Geschütztes Rechtsgut** (3 vor § 324) ist in I wie in § 324 a (vgl. dort 7, 8) **die Gesundheit von Menschen,** daneben aber auch die Umwelt, nämlich **Tiere, Pflanzen oder andere Sachen** von bedeutendem (ökologischen, wirtschaftlichen, historischen oder sonst allgemein oder individuell interessierenden) Wert iS des Interesses an der Erhaltung (LK-*Steindorf* 2). Nicht nur der Wert der Sache, sondern auch die ihr drohende Schädigung muss bedeutsam sein (*Lackner/Kühl* 13). In Betracht kommen zB die durch beeinträchtigende Immissionen an Kunstdenkmälern angerichteten Korrosionsschäden (BT-Drs. 8/2382, 15), nicht die Bewahrung der Luft vor jeglicher Veränderung, sondern nur schädigungsgeeigneter. Geschützt sind in II neben den bereits genannten Rechtsgütern, jedoch unter bedeutsamen Einschränkungen des II (unten 13) iVm IV Nr. 2 (unten 17) zusätzlich die Umweltmedien **Gewässer, Luft und Boden.**

3 **3) Abs. I** bedroht vorsätzliche (vgl. III) Luftveränderungen unter folgenden **Voraussetzungen** mit Strafe:

A. I knüpft wie die §§ 311, 324 a, 325 a und 328 als einschränkende Grundvoraussetzung der Strafbarkeit an die **Verletzung vwrechtlicher Pflichten** iS des § 330 d Nr. 4, 5 (5 ff. zu § 330 d) an; es handelt sich um ein **Tatbestandsmerkmal** (LK-*Steindorf* 26, *S/S-Stree/Heine* 7, *Lackner/Kühl* 5, alle mwN) und besonderes persönliches Merkmal iS des § 14 (*S/S-Stree/Heine* 29; *Lackner/Kühl* 12). **Unmittelbar** verbindliche Vorschriften zur Luftreinhaltung (wie sie zB die 12. und 13. BImSchV enthalten) begründen vwrechtliche Pflichten, **soweit sie dem Schutz vor gefährlichen Luftverunreinigungen** außerhalb der Anlage **dienen** (vgl. § 3 BImSchG und die nach den §§ 23, 32 bis 35, 38 BImSchG erlassenen RechtsVOen; Nachw. bei *Göhler/Buddendiek/Lenzen* Nr. 154 C, D; aber auch AtG, KrW-/AbfG, GewO, ChemG, soweit sie u. a. *auch* dem Schutz vor Luftverunreinigungen dienen, BT-Drs. 8/2382, 16; sowie Satzungen kommunaler Gebietskörperschaften [VGH Mannheim NuR **05**, 317]). Die Rechtsvorschriften wie die VwAkte müssen dem Bestimmtheitserfordernis des Art. 103 II GG genügen. Das trifft für die abschließend bestimmten Pflichten zu, die sich zB aus einer RechtsVO nach §§ 17 III, 20 I BImSchG ergeben; *nicht* ausreichend aber sind zB *allgemeine Regeln* über Grundpflichten für Anlagenbetreiber (RegE 18). Die **TA Luft** hat keine unmittelbare materiell-rechtliche Wirkung (zur str. Bindungswirkung im gerichtlichen Verfahren vgl. BVerwGE **55**, 250, 256; BVerwG NVwZ **04**, 610; OVG Münster NJW **76**, 2360), kann aber als Beweisgrundlage dienen (SK-

Horn 7; vgl. dazu auch *Doerfert* JA **99**, 949). Strafwürdig ist nicht nur grob pflichtwidriges Verhalten, sondern wie in § 324 jedwede Verletzung vwrechtlicher Pflichten iS des § 330 Nr. 4, 5 (vgl. dort).

B. Beim **Betrieb einer Anlage** muss die Handlung begangen sein. Anlage ist eine dauerhaft als Funktionseinheit organisierte Einrichtung von nicht ganz unerheblichen Ausmaßen, die der Verwirklichung beliebiger Zwecke dient (*Lackner/Kühl* 2; *Franzheim/Pfohl* 204). Der Begriff soll in Anlehnung an § 3 V BImSchG definiert werden (vgl. BT-Drs. 11/7101, 18), aber noch darüber hinaus gehen (BT-Drs. 8/3633, 27). Er umfasst nicht nur den gewerblichen (genehmigungsbedürftigen) Betrieb, sondern auch das Betreiben nicht genehmigungspflichtiger Anlagen (§§ 4, 22 BImSchG, *Lackner/Kühl* 2). Auch sind private Anlagen, die nicht gewerblichen Zwecken (zB nur der Abfallbeseitigung) dienen und nicht im Rahmen wirtschaftlicher Unternehmungen Verwendung finden, ebenfalls der Genehmigung bedürftig, wenn sie in besonderem Maße geeignet sind, schädliche Umwelteinwirkungen durch Luftverunreinigungen oder Geräusche herbeizurufen (§ 4 I S. 2 BImSchG). Anlagen iS des I sind vor allem Großfeuerungsanlagen (vgl. 13. BImSchV) und Feuerungsanlagen iS der 1. BImSchV, in strafrechtlicher Auslegung aber auch Flugplätze, öffentliche Verkehrswege (*Laufhütte/Möhrenschlager* ZStW **92**, 941) und Grundstücke, soweit auf ihnen Stoffe gelagert oder abgelagert oder immissionsträchtige Arbeiten durchgeführt werden (*S/S-Stree/Heine* 4; *Sack* 14; *Rudolphi* NStZ **84**, 251), zB auch Müllverbrennungsanlagen, Autofriedhöfe, auch Areale, auf denen Autowracks ständig gewerblich gelagert und ausgeschlachtet werden (Bay **81**, 198; **84**, 48), Oberflächenbehandlungs-, Chemischreinigungs-, Textilausrüstungs- und Extraktionsanlagen iS der 2. BImSchV; Hochöfen, Trockenöfen oder sonstige Betriebsstätten oder Einrichtungen, ferner **Maschinen** und technische Geräte aller Art, soweit sie nach Funktion und Größe begrifflich noch als Anlage iwS zu verstehen sind (zB größere Rasenmäher; vgl. 8. BImSchV; Baumaschinen, zB Betonmischer, Transportmischer, Motorkompressoren, Turmdrehkräne, Schweiß- oder Kraftstromerzeuger, handbediente Betonbrecher, Planierraupen, Bagger, Drucklufthämmer, vgl. 15. BImSchV und 3. BImSchVwV v. 10. 6. 1976, BAnz. Nr. 112, 165), Geräte (nach *Laufhütte/Möhrenschlager* ZStW **92**, 941 auch Tonübertragungsgeräte und Musikinstrumente, ebenso LK-*Steindorf* 23; *Lackner/Kühl* 2; zw.) und sonstige ortsveränderliche technische Einrichtungen sowie Fahrzeuge, *ausgenommen* jedoch Verkehrsfahrzeuge (V; vgl. hierzu 23 vor § 324). 4

Beim Betrieb einer Anlage (§ 4 BImSchG) muss die Luftveränderung verursacht sein, dh sobald die Anlage für ihre Zwecke in Gang gesetzt und auch nicht völlig stillgelegt (*Sack* 15), also in Funktion gehalten (NK-*Ransiek* 10) ist, oder solange sie (zB bei Mülldeponien) noch nicht gegen eine unbefugte Weiterbenützung abgesichert ist (AG Cochem NStZ **85**, 505). Erfasst ist schon die Erprobung der Anlage. Beendet ist der Betrieb uU erst nach völliger Beseitigung der schädigungsgeeigneten Stoffe. 5

4) Tathandlung des I ist die vorsätzlich, unter den Voraussetzungen 3 bis 5 verursachte Veränderung der Luft, die geeignet ist (7), außerhalb des zur Anlage (4) gehörenden Bereichs (11) bestimmte Rechtsgüter (8) zu schädigen. Tatbestandsvoraussetzungen sind: 6

A. Veränderungen der Luft müssen **verursacht** sein, sei es durch Tun oder Unterlassen. Mitursächlichkeit ist ausreichend (32 vor § 13), so dass der Erheblichkeitsgrad der Veränderung auch durch Kumulationseffekte erreicht werden kann (*Laufhütte/Möhrenschlager* ZStW **92**, 942 mwN). Auf die in § 325 I Nr. 1 aF für diese Tatbestandsvoraussetzung gegebenen Beispiele („insbesondere durch Freisetzen von Staub, Gasen, Dämpfen oder Geruchsstoffen") verzichtet I nicht nur zur vereinfachenden Annäherung an § 324, sondern um auch Fälle erfassen zu können, bei denen es zw. sein könnte, ob iS des § 325 aF „die natürliche Zusammensetzung der Luft" verändert wird (zB bei der radioaktiven Kontaminierung von Luftbestandteilen).

7 **B.** Das Erfordernis der **Eignung** zur Herbeiführung bestimmter Schädigungen schränkt die Anwendung des I auf erhebliche Veränderungen ein (RegE 18), macht zugleich deutlich, dass weder ein Schaden eingetreten sein muss, noch eine konkrete Gefährdung für die geschützten Rechtsgüter bestanden hat (oben 1). Es reicht aus, wenn Immissionen von einer Dauer und Stärke verursacht werden, die nach gesicherter naturwissenschaftlicher Erfahrung (*Rudolphi* NStZ **84**, 250) in ihrer konkreten Beschaffenheit und unter konkreten Umständen (*Lackner/Kühl* 13 mwN) **generell geeignet** sind, Schädigungen an einem der geschützten Rechtsgüter herbeizuführen (potentielles Gefährdungsdelikt, oben 1). Im Gegensatz zum Nachweis der konkreten Verursachung eines Schadens ist eine solche Schädigungs*eignung* mit sachverständiger Hilfe bei Tieren und Pflanzen ohne weiteres und bei Menschen idR feststellbar. Hierbei können **norminterpretierende VwV** (Übersicht bei *Göhler* 154 E) wie die TA Luft und die TA Lärm (hierzu auch BT-Drs. 9/691; ferner 2. ImSchBericht BT-Drs. 9/1458; 13. BImSchV) als „antizipierte Sachverständigengutachten" (*Breuer* DVBl. **78**, 34) berücksichtigt werden (OVG Münster NJW **76**, 2363; *Rudolphi* NStZ **84**, 251; *S/S-Stree/Heine* 19; LK-*Steindorf* 6; **aA** BVerwG NJW **76**, 1763; **78**, 1451; vgl. *Herrmann* ZStW **91**, 304). Auf die gesetzliche Festlegung von festen Immissionsgrenzwerten hat der Gesetzgeber mit Recht (abw. *Tiedemann,* UmweltstrafR 23; *Sack* NJW **80**, 1425) im Wesentlichen aus denselben Gründen wie bei § 324 (dort 5) verzichtet (*Dölling* ZRP **88**, 336). Die Schädigungseignung muss sich auf **folgende Rechtsgüter** beziehen:

8 **a)** die **Gesundheit** eines anderen; hierbei ist nicht der – zu weite – Gesundheitsbegriff der Weltgesundheitsorganisation (BT-Drs. 8/3633, 27), sondern der strafrechtliche Gesundheitsbegriff (§ 223; LK-*Steindorf* 9; *Sack* aaO; *Rengier* NJW **90**, 2511) maßgebend, so dass gerade bei Überschreiten der Erheblichkeitsschwelle (4 zu § 223) auch Hustenreiz, Übelkeit und Kopfschmerzen gesundheitsschädigend sein können (LK-*Steindorf* 9), uU auch psychische Beeinträchtigungen, falls sie sich körperlich auswirken (RG **64**, 119; Ber. 27 f.; *Möhrenschlager* NuR **83**, 216 mwN; *S/S-Stree/Heine* 14; *Lackner/Kühl* 13; *Sack* 32); etwa bei länger dauernden erheblichen Schalleinwirkungen, StA Hannover NStZ **87**, 176. Bloße Belästigungen reichen allerdings nicht aus (RegE 16);

9 **b) Tiere und Pflanzen;** hier sind (wie in § 324 a; vgl. dort 8) nicht nur ökonomische, sondern auch ökologische Schäden gemeint, die nicht erst dann vorliegen, wenn gewisse Arten eingehen, sondern im natürlichen Wachstum verkümmern oder abwandern (Ber. II 22);

10 **c)** andere (nicht notwendig fremde) **Sachen von bedeutendem Wert** (vgl. hierzu 8 zu § 324 a, auch 16 zu § 315); es kommen Gebäude, zB Kunstdenkmäler in Betracht, die Korrosionen erfahren, wenn sie Immissionen ausgesetzt sind (*Rengier,* Spendel-FS 570).

11 **C. Außerhalb des zur Anlage gehörenden Bereichs** müssen die schädlichen Wirkungen auftreten, dh für die Nachbarschaft oder die Allgemeinheit, soweit sie unter normalen Umständen von den schädigenden Einwirkungen erfasst werden können, während Einwirkungen auf die Anlage selbst, dh auf den Bereich der Anlage, auf den sich die vwrechtlichen Pflichten iS des § 330 d Nr. 4, 5 erstrecken, lediglich arbeitsschutzrechtlich erfasst sind (BT-Drs. 8/2382, 16).

12 **5) Abs. II** erweitert den Schutz vor Schädigungen der oben (2) genannten Rechtsgüter (einschließlich der Gewässer, der Luft und des Bodens, IV Nr. 2) durch pflichtwidriges Freisetzen von Schadstoffen (IV) in die Luft.

13 **A.** Die Handlung muss **beim Betrieb einer Anlage,** insbesondere einer Be*triebsstätte oder Maschine* (vgl. hierzu oben 4, 5), und **unter grober Verletzung vwrechtlicher Pflichten** iS des § 330 d Nr. 4, 5 begangen sein. Im Gegensatz zu I werden in II **grobe Verletzungen,** dh grob pflichtwidriges Verhalten (zB nach § 17 oder 24 BImSchG) vorausgesetzt, das sich sowohl aus dem Grad der Pflicht-

widrigkeit als auch aus der Bedeutung der verletzten Pflicht ergeben kann, was bedeutet, dass die Pflicht in besonders schwerem Maße verletzt wird oder der Verstoß sich gegen eine besonders gravierende Pflicht richtet (BT-Drs. 8/2382, 16; *S/S-Stree/Heine* 24; LK-*Steindorf* 64), wobei ihre Zumutbarkeit Bedeutung erlangen kann. Pflichtverletzungen als solche lässt der Emissionstatbestand des II somit straflos. Zu den vwrechtlichen Pflichten vgl. im Übrigen oben 3.

B. Tathandlung des II ist das vorsätzliche, unter den Strafbarkeitsvoraussetzungen nach 13 vorgenommene **Freisetzen von Schadstoffen** iS des IV (unten 15) **in die Luft** unter bestimmten einschränkenden Voraussetzungen (unten 16, 17). Freisetzen bedeutet, dass die Schadstoffe unkontrollierbar frei in die Luft gelangen können, wozu auch die Beseitigung von Sicherungs- oder Verhütungseinrichtungen ausreichen kann. Vgl. zum Begriff auch §§ 307, 311, 324 a und 330 a. 14

a) Schadstoffe iS des II sind nach der **Eignungsklausel des IV** Stoffe mit der Eignung, potentiell auf die Gesundheit eines Menschen, Tiere, Pflanzen oder andere Sachen von bedeutendem Wert (oben 2) zu wirken, sowie **nachhaltig** (5 zu § 326) ein Gewässer, die Luft oder den Boden zu verunreinigen oder **sonst nachteilig** (6 zu § 324) **zu verändern.** Zum Erfordernis der Schädigungseignung vgl. oben 7, zu den geschützten Rechtsgütern oben 8 und 8 zu § 324 a, zum Gewässerbegriff § 330 d Nr. 1. 15

b) In bedeutendem Umfang müssen die Schadstoffe in die Luft freigesetzt werden. Mit dieser Umschreibung sollen Sachverhalte gleicher Bedeutung erfasst werden wie von I mit der Umschreibung „von bedeutendem Wert" (vgl. 10 zu § 324 a); es kommt nicht auf die absolute Menge der Emission an, sondern auf ihren Umfang im Verhältnis zu Art und Beschaffenheit (RegE 19). 16

c) Die Schadstoffe müssen in die Luft **außerhalb des Betriebsgeländes** freigesetzt worden sein, dh dorthin gelangen können (*Möhrenschlager* NStZ **94**, 518). Das ist noch nicht unbedingt der Fall, wenn die Schadstoffe außerhalb des Bereichs der Anlage (oben 11) gelangen können, insbesondere, wenn sich mehrere Anlagen auf dem Betriebsgelände befinden (Ber. II 22; LK-*Steindorf* 17 ff.). Zum Schutz der Arbeitnehmer können je nach Sachlage § 328 und § 27 ChemG eingreifen. Die Einschränkung, dass Schadstoffe nicht außerhalb einer Anlage, sondern außerhalb des Betriebsgeländes freigesetzt werden müssen, ist im Zusammenwirken mit der **Konkretisierung des Schadstoffbegriffs in IV** (oben 15) zu sehen, die sich in **Nr. 1** an I und an § 324 a I Nr. 1 (vgl. 7 ff. zu § 324 a) und in **Nr. 2** an die schon in § 326 I Nr. 3 für die sog. Sonderabfälle und in § 326 I Nr. 4 Buchst. a verwendete Umschreibung (vgl. dort 5) anlehnt. 17

6) Vollendet ist die Tat in den Fällen des I mit der Verursachung der Luftveränderung, jedoch ist hier **nach I Satz 2** auch der **Versuch** strafbar, zB bei irriger Annahme eines Tatbestandsmerkmals (*S/S-Stree/Heine* 28) oder bei Inbetriebnahme einer Anlage unter Verletzung der vwrechtlichen Pflicht, einen Schmutzfilter fristgerecht einzusetzen, ohne dass bereits eine Umweltbelastung eingetreten ist. In den Fällen des II ist die Tat vollendet mit der Freisetzung und beendet erst mit der vollständigen Stilllegung der Anlage. Der Versuch des II ist nicht strafbar. 18

7) Vorsatz setzen I und II hinsichtlich aller Tatbestandsmerkmale voraus; bedingter genügt. Er muss die Schädigungseignung und die VwWidrigkeit einschließlich der ihr zugrundeliegenden Umstände und den Inhalt der vwrechtlichen Pflichten umfassen. Irrt der Täter über das Genehmigungserfordernis, so ist durch diesen Tatbestandsirrtum der Vorsatz ausgeschlossen (*Lackner/Kühl* 16, *S/S-Stree/Heine* 26; LK-*Steindorf* 73 b; *Rengier* ZStW **101**, 884; **aA** SK-*Horn* 11; *Sack* 178 19

Auf die Schädigungseignung muss sich der Vorsatz auch dann erstrecken, wenn diese sich erst aus Summations- oder Kumulationseffekten ergibt (*Lackner* 16). **Nach III** handelt der Täter zB **fahrlässig** (vgl. 14 zu § 15), wenn er aus Unachtsamkeit seine vwrechtlichen Pflichten (§ 330 d Nr. 4, 5) vernachlässigt oder verkennt, dass Luftveränderungen entstehen können.

20 **8) Nach V** gelten die Abs. I bis III **nicht für Kraftfahrzeuge, Schienen-, Luft- oder Wasserfahrzeuge.** Vgl. zu diesem Tatbestandsausschluss 23 vor § 324. Er gilt nur für Verkehrsfahrzeuge, nicht für Baumaschinen, mobile Pumpen, Hebewerke (RegE/18. StÄG, 16).

21 **9) Die strafrechtliche Verantwortlichkeit** in Betrieben und Unternehmen (8 zu § 14) für den Schutz gegen Luftveränderungen bestimmt sich nach den Darlegungen 9 zu § 324.

22 **10) Die Strafe** ist zwischen I und II einerseits und III andererseits nach Schuldformen abgestuft. In besonders schweren Fällen erhöht sich der Strafrahmen nach § 330. Bei schwerer Gefährdung durch Freisetzen von Giften greift § 330 a ein.

23 **11) Tateinheit** ist möglich mit §§ 223, 229, 303, 304, 326, 327 II Nr. 1 und § 329.

Verursachen von Lärm, Erschütterungen und nichtionisierenden Strahlen

325a **I Wer beim Betrieb einer Anlage, insbesondere einer Betriebsstätte oder Maschine, unter Verletzung verwaltungsrechtlicher Pflichten Lärm verursacht, der geeignet ist, außerhalb des zur Anlage gehörenden Bereichs die Gesundheit eines anderen zu schädigen, wird mit Freiheitsstrafe bis zu drei Jahren oder mit Geldstrafe bestraft.**

II Wer beim Betrieb einer Anlage, insbesondere einer Betriebsstätte oder Maschine, unter Verletzung verwaltungsrechtlicher Pflichten, die dem Schutz vor Lärm, Erschütterungen oder nichtionisierenden Strahlen dienen, die Gesundheit eines anderen, ihm nicht gehörende Tiere oder fremde Sachen von bedeutendem Wert gefährdet, wird mit Freiheitsstrafe bis zu fünf Jahren oder mit Geldstrafe bestraft.

III Handelt der Täter fahrlässig, so ist die Strafe

1. **in den Fällen des Absatzes 1 Freiheitsstrafe bis zu zwei Jahren oder Geldstrafe,**
2. **in den Fällen des Absatzes 2 Freiheitsstrafe bis zu drei Jahren oder Geldstrafe.**

IV Die Absätze 1 bis 3 gelten nicht für Kraftfahrzeuge, Schienen-, Luft- oder Wasserfahrzeuge.

1 **1) Allgemeines.** Die Vorschrift idF des Art. 1 Nr. 9 des 2. UKG (vor § 324) hat die zuvor in § 325 I Nr. 2 aF geregelte Vorschrift über das Verursachen schädlichen Lärms verselbständigt. **Geschütztes Rechtsgut** (3 vor § 324) ist in I die Gesundheit von Menschen (weiter *S/S-Stree/Heine* 1; *Rengier* NJW **90**, 2511: Ruhe als lebenswichtiger Umweltfaktor); in II zusätzlich das Eigentum und die Vermögensinteressen an täterfremden Tieren und Sachen. Eine Neufassung der **TA-Lärm** ist am 1. 11. 1998 in Kraft getreten (GMBl. 1998, 503). **Die EG-Umgebungslärm-Richtlinie** v. 25. 6. 2002 (ABl. EG Nr. L 189 v. 18. 7. 2002, S. 12) ist durch G v. 24. 6. 2005 (BGBl. I 1794) umgesetzt worden (vgl. §§ 47 a ff. BImSchG).

1 a **Literatur:** *Koch* (Hrsg.), Schutz vor Lärm, 1990; *Moench,* Lärm als kriminelle Umweltgefährdung, 1980; *Schall,* Die „Verletzung verwaltungsrechtlicher Pflichten" als strafbegründendes Tatbestandsmerkmal im Umweltstrafrecht, Küper-FS (2007) 505; *Schmidt,* Entwicklung der Lärmminderungsplanung, UPR **95**, 379; *Spindler/Spindler,* Die Sportanlagen-LärmschutzVO in ihrer praktischen Anwendung, NVwZ **93**, 225; *Vierling,* Der Begriff „Gemengelage" bei der Beurteilung von Gewerbelärm, NuR **94**, 115.

2 **2) Abs. I** bedroht vorsätzliche (vgl. III Nr. 1) Verursachungen von Lärm unter folgenden **Voraussetzungen,** die sich weitgehend an § 325 I anlehnen, mit Strafe:

A. Beim Betrieb einer Anlage, insbesondere einer Betriebsstätte oder Maschine muss der Lärm verursacht worden sein. Vgl. insoweit 4, 5 zu § 325 und zur strafrechtlichen Verantwortlichkeit in Betrieben und Unternehmen 9 zu § 324;

3 **B.** Der Täter muss unter **Verletzung vwrechtlicher Pflichten** gehandelt haben (vgl. dazu 6 vor § 324, 3 zu § 325). Verwaltungsrechtliche Richtlinien zum Schutz vor Lärm (zB TA-Lärm) erfüllen nicht die Voraussetzungen des § 330 d Nr. 4 a (vgl.

Schall NStZ-RR **05**, 33, 37; **06**, 161, 166); eine tatbestandliche Pflichtverletzung setzt daher idR ihre Umsetzung in einen VA voraus (Schall NStZ-RR **05**, 33, 37 mwN). Richtlinien haben nur die Funktion einer Beweiserleichterung (S/S-Stree/Heine 19 zu § 325); eine Überschreitung der in ihnen festgesetzten Grenzwerte ist im Einzelfall hinzunehmen (vgl. BGH [Z] NuR **04**, 137).

C. Die Tathandlung der Lärmverursachung muss **geeignet sein,** die Gesundheit eines Menschen zu schädigen. Zur Schädigungseignung vgl. 7 zu § 325, zum Gesundheitsbegriff 8 zu § 325. Die Schädigungseignung muss sich auf den außerhalb des zur Anlage gehörenden Bereich beziehen (vgl. insoweit 11 zu § 325). 4

3) Lärm (dessen Verursachung bei konkreten umweltbezogenen Gefährdungen auch II erfasst) ist ein beträchtliches Geräusch, dem entweder (in I) eine Eignung zur Schädigung der Gesundheit eines Menschen zukommt oder das (in II) einen Menschen, Tiere oder Sachen gefährdet. Schädigungsgeeignet ist nicht nur der Lärm, der zur Lärmschwerhörigkeit führen kann (Dauerschallpegel von 80 dB[A] und mehr); in Betracht kommen vielmehr auch psychophysiologische Störungen des menschlichen Organismus (Ber. I 28) sowie andere Erscheinungsformen der Lärmbeeinträchtigung (vgl. hierzu *Moench* [1 a]; LK-*Steindorf* 5 a f.); jedoch reichen bloße Belästigungen nicht aus. In Betracht kommen etwa lärmverursachende Maschinen in Betriebsstätten, auch in Wohnungen (AG Dieburg NStZ-RR **98**, 73: Industrienähmaschinen); Baumaschinen; Motorsportanlagen; Turmuhren (vgl. BVerwG **92**, 2779); Musikinstrumente und Lautsprecheranlagen. **Nicht** erfasst sind allein menschliche Lärmverursachungen (*S/S-Stree/Heine* 4; LK-*Steindorf* 10), etwa Rufen und Schreien von Veranstaltungsbesuchern, Lärmverursachung durch Benutzer von Freizeit- (Gartenlokal) oder Sporteinrichtungen (Tennisplatz; Schwimmbad). Ausgenommen ist auch hier (Abs. IV; vgl. 1 zu § 325) der **Verkehrslärm** als bedeutendste und am meisten belästigende Lärmquelle (hierzu 24. BImSchV v. 4. 2. 1997). Rechtsprechungsübersicht bei *Schall* NStZ **97**, 422. Vgl. zu bundes- und landesrechtlichen Vorschriften zum Schutz vor Lärm Göhler 511 I, II; ergänzend auch § 117 OWiG. Der Lärm muss durch das pflichtwidrige Tun oder Unterlassen verursacht sein; der Kausalitätsnachweis ist insbesondere bei kumulierenden Effekten bisweilen schwer zu führen (Ber. I 28). 5

4) Abs. II dient dem Schutz vor **Lärm** (3), **Erschütterungen und nichtionisierenden Strahlen** und soll eine Gleichbehandlung von Erschütterungen und Lärmverursachungen erreichen, da sie gleichermaßen zu Sachgefährdungen oder Sachschäden führen können. II beschränkt jedoch den strafrechtlichen Schutz auf nichtionisierende Strahlen, zB elektromagnetische, Radar- oder Laserstrahlen; Gefährdungen durch ionisierende Strahlen sind durch §§ 311 a, 311 d erfasst. Nicht in den Anwendungsbereich des II fallen Gefährdungen, die vom Betrieb von Kraftfahrzeugen, Schienen, Luft- oder Wasserfahrzeugen ausgehen **(IV).** Anders als in Abs. I und in § 325 ist der Schutz nicht auf den Bereich außerhalb der Anlage beschränkt; geschützt ist daher auch die Gesundheit von Arbeitnehmern **im Anlagenbereich** (LK-*Steindorf* 27; *S/S-Stree/Heine* 11). 6

A. Die Tatbestandsvoraussetzungen des Abs. II sind wie die des I weitgehend wie in § 325 umschrieben. II bedroht vorsätzliche (vgl. III) Gefährdungen **beim Betrieb einer Anlage,** insbesondere einer Betriebsstätte oder Maschine (vgl. insoweit 4, 5 zu § 325), die durch die **Verletzung vwrechtlicher Pflichten** (vgl. 6 vor § 324, 3 zu § 325) entstehen, mit Strafe, wenn die in § 330 d Nr. 4, 5 umschriebenen Pflichten **dem Schutz vor Lärm, Erschütterungen oder nichtionisierenden Strahlen** (oben 6) **dienen.** Erfasst sind damit alle Verstöße gegen Pflichten iS des § 330 d Nr. 4, 5, die sich insbesondere aus allen Rechtsvorschriften auf Grund des BImSchG (*Göhler* 154 C, D) oder anderen Gesetzen (zB AtG, ChemG, GewO) ergeben, soweit sie umweltschützende Funktionen für die genannten Schutzbereiche erfüllen und dem Bestimmtheitserfordernis des Art. 103 II GG genügen (3 zu § 325). 7

8 **B. Eine konkrete Gefährdung** (18 vor § 13) muss als Handlungserfolg hinzutreten (BGH **36**, 255), und zwar für die **Gesundheit eines Menschen** (2, 8 zu § 325), für dem Täter nicht gehörende **Tiere** (9 zu § 325) oder für **fremde Sachen** von bedeutendem Wert (10 zu § 325; vgl. auch 8 zu § 324a). Fremd ist eine Sache nach bürgerlichem Recht, wenn sie einem anderen gehört (5 zu § 242), so dass – anders als bei § 325 – eigene und herrenlose Sachen sowie wildlebende Tiere (5ff. zu § 242) nicht von § 325a geschützt sind. **Bedeutend** kann ein Wert nicht nur iS der ökonomischen, sondern auch in ökologischer Betrachtung (vgl. 8 zu § 324a) sein, jedoch unter der Voraussetzung, dass es sich um eine fremde Sache handelt.

9 **5) Der Vorsatz** muss sich in den Fällen des I und II auf alle Merkmale des objektiven Tatbestandes (vgl. 19 zu § 325), bei II zusätzlich auf die Gefährdung, dh den Handlungserfolg beziehen. Bedingter Vorsatz genügt.

10 **6) Abs. III** stellt **fahrlässiges Handeln** unter Strafe, jedoch mit für I und II unterschiedlichen Strafrahmen, wobei in den Fällen des II auch der Erfolg (6) fahrlässig herbeigeführt sein muss. Vgl. zu den allgemeinen Voraussetzungen der Fahrlässigkeit 12 zu § 15.

11 **7) Vollendet** ist die Tat in den Fällen des I mit Eintritt des gefährlichen Lärms, in den Fällen des II mit Eintritt der Gefährdung. Beendet ist die Tat, wenn die Lärmverursachungen oder gefährdenden Einwirkungen beseitigt werden, sei es durch Stilllegung der Anlage oder des Betriebs. Der Versuch ist nicht strafbar.

12 **8) Die Strafe** ist nach den Schuldformen zwischen I und III Nr. 1 bzw. zwischen II und III Nr. 2 abgestuft. Für besonders schwere Fälle gilt der Strafrahmen des § 330. **Tätige Reue** § 330b.

13 **9) Tateinheit** ist möglich mit §§ 222, 223, 229, 303, 304, 326, 327 II Nr. 1 und § 329 I. I tritt hinter II zurück.

Unerlaubter Umgang mit gefährlichen Abfällen

326 **I Wer unbefugt Abfälle, die**

1. Gifte oder Erreger von auf Menschen oder Tiere übertragbaren gemeingefährlichen Krankheiten enthalten oder hervorbringen können,
2. für den Menschen krebserzeugend, fruchtschädigend oder erbgutverändernd sind,
3. explosionsgefährlich, selbstentzündlich oder nicht nur geringfügig radioaktiv sind oder
4. nach Art, Beschaffenheit oder Menge geeignet sind,
a) nachhaltig ein Gewässer, die Luft oder den Boden zu verunreinigen oder sonst nachteilig zu verändern oder
b) einen Bestand von Tieren oder Pflanzen zu gefährden,

außerhalb einer dafür zugelassenen Anlage oder unter wesentlicher Abweichung von einem vorgeschriebenen oder zugelassenen Verfahren behandelt, lagert, ablagert, ablässt oder sonst beseitigt, wird mit Freiheitsstrafe bis zu fünf Jahren oder mit Geldstrafe bestraft.

II Ebenso wird bestraft, wer Abfälle im Sinne des Absatzes 1 entgegen einem Verbot oder ohne die erforderliche Genehmigung in den, aus dem oder durch den Geltungsbereich dieses Gesetzes verbringt.

III Wer radioaktive Abfälle unter Verletzung verwaltungsrechtlicher Pflichten nicht abliefert, wird mit Freiheitsstrafe bis zu drei Jahren oder mit Geldstrafe bestraft.

IV In den Fällen der *Absätze 1* und 2 ist der Versuch strafbar.

V Handelt der Täter fahrlässig, so ist die Strafe

1. in den Fällen der Absätze 1 und 2 Freiheitsstrafe bis zu drei Jahren oder Geldstrafe,

2. in den Fällen des Absatzes 3 Freiheitsstrafe bis zu einem Jahr oder Geldstrafe.

VI Die Tat ist dann nicht strafbar, wenn schädliche Einwirkungen auf die Umwelt, insbesondere auf Menschen, Gewässer, die Luft, den Boden, Nutztiere oder Nutzpflanzen, wegen der geringen Menge der Abfälle offensichtlich ausgeschlossen sind.

1) Allgemeines. Die Vorschrift idF des Art. 1 Nr. 10 des 2. UKG (vor § 324; dazu *Laufhütte/Möhrenschläger* ZStW **92**, 952 ff.; II idF des AG/Basler Übk. v. 30. 9. 1994, BGBl. I 2771) dient dem Schutz vor Gefahren, die von einer umweltgefährdenden Abfallbeseitigung ausgehen. Zum EU-Recht siehe unten 2a. Im Hinblick auf die Differenzierung zwischen „Abfällen zur Beseitigung" und „Abfällen zur Verwertung" in § 3 KrW-/AbfallG (vgl. dazu BVerwG NVwZ **93**, 992; Bay DÖV **98**, 693) ist die gesetzliche Überschrift durch Art. 1 Nr. 89 des 6. StrRG (2f. vor § 174) allgemeiner gefasst worden, um dem Eindruck entgegenzuwirken, § 326 erfasse nur den erstgenannten Bereich (BT-Drs. 13/8587, 52).§ 326 wird in Bezug auf Stoffe, die nicht unter den Abfallbegriff fallen, durch § 328 III ergänzt, der auch den unerlaubten Umgang mit Gefahrstoffen iS des ChemG unter Strafe stellt. § 326 beschreibt **abstrakte Gefährdungsdelikte,** da es auf eine Gefährdung, Verunreinigung oder Veränderung nicht ankommt (BGH **36**, 257; **39**, 385; **40**, 85; NJW **92**, 123; NStZ **97**, 189 m. Anm. *Sack* JR **97**, 254; Celle NStZ **96**, 192; Braunschweig NStZ-RR **98**, 175; **01**, 42; Bay **89**, 3; NStZ-RR **02**, 76 [zu I Nr. 4 Buchst. a; Anm. Sack JR **01**, 476; krit. *Schall* NStZ-RR **02**, 35]; AG Lübeck NJW **91**, 1123; LK-*Steindorf* 1; *S/S-Lenckner/Heine* 1 a; 19 vor § 13; *Schittenhelm* GA **83**, 317; *Rogall* NStZ **92**, 362). **Rechtsgut** (3 vor § 324) ist neben der menschlichen **Gesundheit** auch die Qualität der ökologischen **Umwelt,** namentlich des Bodens, der Gewässer und der Luft sowie von ökologisch oder wirtschaftlich bedeutsamen Tieren und Pflanzen (*S/S-Lenckner/Heine* 1 a; *Rengier* NJW **90**, 2512). Zum **Geltungsbereich** vgl. unten 11. § 326 ist mit einem Anteil von fast 70% der verfolgten Delikte der mit Abstand **praktisch wichtigste Tatbestand** des 29. Abschnitts (**Statistik:** *Sack* 10; *Diekmann,* Das Abfallrecht der Europäischen Union, 1997; *Schreier,* Die Auswirkungen des EG-Rechts auf die deutsche Abfallwirtschaft, 1994; *Schall,* Schwind-FS (2006) 395 ff.). Ein starker **Rückgang** der Verfolgungszahlen seit Mitte der 90er Jahre ist am ehesten mit einer *Legalisierung* zuvor illegaler Abfallentsorgung, namentlich auch durch Verlagerung ins Ausland, zu erklären (vgl. i. e. *Schall,* Schwind-FS [2006] 395, 406 ff.). 1

Literatur (Auswahl): *Ahlmann-Otto,* Die Verknüpfung von deutschem u. EG-Abfallwirtschaftsrecht mit dem Abfallstrafrecht, 2000; *Alt,* Unbewegliche Sachen als Abfall?, StraFo **06**, 441; *Beckemper/Wegner,* Der Abfallbegriff – Geltung des § 3 Abs. 3 S. 1 Nr. 2 KrW/AbfG im Abfallstrafrecht, wistra **03**, 281; *Bickel,* 20 Jahre Abfallbegriff in der Bundesrepublik Deutschland – Ortsbestimmung u. Neuansatz, NuR **92**, 361; *Breuer,* Der Im- und Export von Abfällen innerhalb der Europäischen Union aus umweltstrafrechtlicher Sicht, 1998 (Diss. Konstanz 1997); *Christ,* Rechtsfragen der Altautoverwertung, 1998; *Clausen,* Die umweltgefährdende Abfallbeseitigung durch Unterlassen (usw.), 2000; *Dahs,* Strafrechtliche Haftung des „Zustandstörens" für Altlasten?, Redeker-FS, 475; *Dieckmann,* Das Abfallrecht der Europäischen Gemeinschaft, 1994 [systematische Darstellung; Bespr. *Kadelbach* AöR **98**, 164]; *ders.,* Die Abfalleigenschaft von Verpackungen, DÖV **94**, 421; *ders.,* Der Abfallbegriff des EG-Rechts u. seine Konsequenzen für das nationale Recht, NuR **92**, 407; *ders.,* Was ist „Abfall"?, ZfU **95**, 169; *Dolde/Vetter,* Abgrenzung von Abfallverwertung u. Abfallbeseitigung nach dem Kreislaufwirtschafts-/Abfallgesetz, NVwZ **97**, 937 [Bespr. *Otting* DVBl. **98**, 360]; *dies.,* Beseitigung u. Verwertung nach dem KrW/AbfG, NVwZ **00**, 21; *Eckert,* Die Entwicklung des Abfallrechts, NVwZ **85**, 388; **87**, 951; **89**, 421; **92**, 725; **95**, 749; *Fluck,* Zum Abfallbegriff im europäischen, im geltenden u. im werdenden deutschen Abfallrecht, DVBl. **93**, 590; *ders.,* Der neue Abfallbegriff – eine Einkreisung, DVBl. **95**, 537; *Franzheim,* Der europäische Abfallbegriff im Umweltstrafrecht als Auslöser einer abfallwirtschaftlichen Problemlawine, in: *Gutke* (Hrsg.), Abfallwirtschaft im EG-Binnenmarkt, 1993, 207; *Franzheim/Kreß,* Die Bedeutung der EWG-Richtlinien über Abfälle für den strafrechtlichen Abfallbegriff, JR **91**, 402; *Frenz,* Die Verwirklichung des Verursacherprinzips im Abfallrecht, 1996; *ders.,* Kreislaufwirtschafts- u. Abfallgesetz, 1996; *Fritsch,* Kreislaufwirtschafts- u. Abfallgesetz, 1996; *Gassner,* Von der Abfallwirtschaft zur Kreislaufwirtschaft, AöR **98**, 201; *Hallwaß,* Das Merkmal „nachhaltig" iS von § 326 Abs. 1 Nr. 3 StGB, NJW **88**, 880; *Hecker,* Die abfallstraf- u. bußgeldrechtliche Verantwortlichkeit für illegale Müllablagerungen Dritter, 1991; *ders.,* „Wilde" Müllablagerungen Dritter als Problem abfallstrafrechtlicher Unterlassungshaftung, NJW **92**, 873; *ders.,* Umweltstrafrecht: das Risiko des Entsorgungspflichtigen bei der Beauftragung ungeeigneter Dritter, MDR **95**, 757; *Heine,* Strafrecht u. „Abfalltourismus", Triffterer-FS 265; *ders.,* Auswirkungen des Kreislaufwirtschafts- u. 1 a

Abfallgesetzes auf das Abfallstrafrecht, NJW **98**, 3665; *ders.*, Die Europäisierung des Strafrechts, dargestellt am Beispiel der Verbringung von Abfällen innerhalb der EU, Jung-FS (2007) 261; *Henzler/Pfohl,* Der unerlaubte Betrieb von Anlagen zur Lagerung und Behandlung von ausgedienten Kraftfahrzeugen, wistra **04**, 331; *Hösel/v. Lersner,* Recht der Abfallbeseitigung des Bundes u. der Länder (Losebl.); *Hoffmann,* Grundfragen der grenzüberschreitenden Verbringung von Abfällen, 1994 u. DVBl. **96**, 347; 898 [abfallrechtliche Produktverantwortung]; *Hoschützky/Kreft,* Recht der Abfallwirtschaft, 1974–79; *Hugger,* Zur strafbarkeitserweiternden richtlinienkonformen Auslegung deutscher Strafvorschriften, NStZ **93**, 421; *Iburg* NJW **88**, 2338 [Unterlassungstäterschaft]; *ders.,* Zur Stellung des Autowracks im repressiven Abfallrecht, NJW **94**, 894; *Klett* u. a., Erste Erfahrungen bei der Anwendung der EG-Abfallverbringungsverordnung, WuV **95**, 40; *Köhne,* Die richtlinienkonforme Auslegung im Umweltstrafrecht – dargestellt am Abfallbegriff des § 326 Abs. 1 StGB, 1997 (Diss. Trier); *Kuchenbauer,* Asbest u. Strafrecht, NJW **97**, 2009; *Kunig,* Der Abfallbegriff, NVwZ **97**, 209; *Kunig/Paetow/Versteyl,* Kreislaufwirtschafts- u. Abfallgesetz, 1998; *Lamberg,* Die Tathandlung nach § 326 I StGB in den Fällen des § 1 III Nr. 5 AbfG, NJW **91**, 1996; *Meeder/Eßling,* Die Strafbarkeit des bstellens von Autowracks iSd § 326 I Nr. 4 a StGB, NZV **04**, 446; *Möhrenschlager* HWiStR „Abfallbeseitigung"; *Müggenborg,* Abfallerzeuger u. Abfallbesitzer, NVwZ **98**, 1121; *Müller,* Strafrechtliche Relevanz des privaten Umgangs mit Asbest, NuR **01**, 202; *Pauly,* Das Altauto als Wirtschaftsgut nach geltendem deutschen Abfallrecht, NJW **94**, 2200; *Petersen,* Kreislaufwirtschafts- u. Abfallgesetz – quo vadis?, NVwZ **98**, 1113; *Petersen/ Ried,* Das neue Kreislaufwirtschafts- u. Abfallgesetz, NJW **95**, 7; *Riettiens,* Der Abfallbegriff im Strafrecht, 1994; *Robra/Meyer,* Umweltstrafrechtliche Unterlassungshaftung des Konkursverwalters im Zusammenhang mit Altlasten, wistra **96**, 243; *Rogall,* Grundprobleme des Abfallstrafrechts, NStZ **92**, 360, 561; *ders.,* Die Auswirkungen des neuen Kreislaufwirtschafts- u. Abfallgesetzes auf das Umweltstrafrecht, Boujong-FS 807; *Sack,* Nochmals: Die Strafbarkeit des Abstellens von Autowracks, NZV **05**, 179; *Scherer-Leydecker,* Europäisches Abfallrecht, NVwZ **99**, 590; *Schall,* Neue Erkenntnisse zur Realität und Verfolgung der Umweltkriminalität, Schwind-FS (2006) 395; *ders.,* Die „Verletzung verwaltungsrechtlicher Pflichten" als strafbegründendes Tatbestandsmerkmal im Umweltstrafrecht, Küper-FS (2007) 505; *Schmitz,* „Wilde" Müllablagerungen u. strafrechtliche Garantenstellung des Grundstückseigentümers, NJW **93**, 1167; *Schroth,* Schlacke als Abfall, NStZ **96**, 547; *Seibert,* Zum europäischen u. deutschen Abfallbegriff, DVBl. **94**, 229; *ders.,* Der Abfallbegriff im neuen Kreislaufwirtschafts- u. Abfallgesetz sowie im neugefaßten § 5 III Nr. 1 BImSchG, UPR **94**, 415; *Stuttmann,* Der Rechtsbegriff „Abfall", NVwZ **06**, 401; *Szelinkski/Schneider,* Grenzüberschreitende Abfallverbringungen, 1995; *Vogelsang-Rempe,* Umweltstrafrechtliche Relevanz der Altlasten, 1992; *Versteyl,* Auf dem Weg zu einem neuen Abfallbegriff, NVwZ **93**, 961; *Weiland,* Der Abfallbegriff, ZfU **93**, 113; *Wendenburg,* Die Umsetzung des europäischen Abfallrechts, NVwZ **95**, 833; *Wessel,* Die umweltgefährdende Abfallbeseitigung durch Unterlassen, 1993; *Winter,* Die neue Abfallverbringungs-Verordnung der EG, UPR **95**, 161; *Wolfers,* Produkt oder Abfall?, NVwZ **98**, 225; *Zacker,* Abfall im gemeinschaftsrechtlichen Umweltrecht, 1997. **Rechtsprechungsübersichten:** *Schall* NStZ **97**, 422; 462; 577; NStZ-RR **98**, 353; **01**, 1; **02**, 33; **03**, 65.

2 2) **Tatgegenstand** sind flüssige und feste **Abfälle.**

A. Der strafrechtliche Abfallbegriff ist zwar grds. selbstständig (*S/S-Lenckner/Heine* 2 a), § 326 I verweist aber nach hM auf den Abfallbegriff des jeweils gültigen Abfallverwaltungsrechts. Unter Berücksichtigung des – zT weitergehenden – europäischen Abfallbegriffs ist der Begriff daher nach Maßgabe des **§ 3 I KrW-/AbfG** (und abw. vom Gefahrenbegriff des § 328 III) zu bestimmen (vgl. schon BGH **36**, 225; **37**, 24; **37**, 335; NuR **98**, 389; BVerwG NVWZ **93**, 989; UPR **93**, 387; *Schall* NStZ **97**, 462; *Heine* NJW **98**, 3665; *Rogall,* Boujong-FS 807; *Henzler* wistra **02**, 413; *Kloepfer/Vierhaus* 127 f.; *Sack* 25; **aA** *Beckemper/Wegner* wistra **03**, 281, 285). Bei seiner Auslegung sind namentlich zu berücksichtigen **a)** die EG-AbfallverbringungsVO = VO (EG) Nr. 1013/2006 des EP und des Rates v. 14. 6. 2006, ABl. NR L 190 v. 12. 7. 2006, 1 (in Kraft ab 12. 7. 2007); **b)** das Basler Übk. v. 22. 3. 1989 mit AG (dessen Art. 1 das AbfVerbrG enthält) und ZustimmungsG v. 30. 9. 1994 (BGBl. I 2771; II 2703; Bek. v. 27. 7. 1995, BGBl. II 696); **c)** die ausfüllenden und ergänzenden VOen zum KrW-/AbfG (*Göhler* 475 C, D); Textausgaben *zu a)* und *b)*: BAnz. 1995 Nr. 128 a, zu c): BGBl. 1996 Teil I Nr. 47; hierzu *Franzheim/Pfohl* 311 ff.; *Heine,* Triffterer-FS 414. Zur **Definition** vgl. auch *Stuttmann* NVwZ **06**, 401 ff.; *Riettiens,* Der Abfallbegriff im Strafrecht, 1994 (Diss. Kiel; Bespr. *Schall* wistra **97**, 60). Das europäische Abfallrecht enthält anders als § 3 I

KrW/AbfG keine Beschränkung auf *bewegliche* Sachen; nach EuGH EuZW **04**, 625 (m. Anm. *Oexle* ebd.; *Fenz* DVBl **04**, 1542; *Bickel* DÖV **05**, 943; Bespr. *Alt* StraFo **06**, 441) sind daher kontaminierte **Teile des Bodens** auch vor dem Aushub Abfall (anders zB BVerwG NVwZ **88**, 1126 [zu § 1 I Nr. 1 AbfG a. F.]]; zu § 3 I KrW/AbfG **aA** *Kunig/Paetow/Versteyl* 13 zu § 3; offen gel. bei *Sack* 56 für Kontamination *durch* Abfall).

Der Abfallbegriff des § 326 wird durch Europäisches **Gemeinschaftsrecht** (vgl. **2 a**
insb. Richtlinien des Rates über Abfälle v. 15. 7. 1975 [75/442/EG, ABl. Nr. L 194, S. 47], über gefährliche Abfälle v. 12. 12. 1991 [91/689/EG, ABl. Nr. L 337, S. 20] sowie die Entscheidung des Rates über ein Verzeichnis gefährlicher Abfälle v. 22. 12. 1994 [94/904/EG ABl. Nr. L 356, S. 14]; Umsetzung der Änderungen durch G v. 27. 9. 1994, BGBl. I 2705) nicht eingeschränkt (EuGH NuR **01**, 380; vgl. BGH **37**, 333; **43**, 219; zum Anwendungsbereich der Abfall-Richtlinie 75/442/EG vgl. EuGH NVwZ **98**, 385). Bis zu einer Entscheidung im Anpassungsverfahren nach Art. 18 der Abfall-Rahmenrichtlinie 75/442/EG sind die Mitgliedsstaaten befugt, eigene, zusätzliche Schutzmaßnahmen durchzuführen und Stoffe als gefährlichen Abfall zu behandeln, die zwar in dem Verzeichnis nicht aufgeführt, jedoch nach den Wertungskriterien der Richtlinie gleichfalls als gefährlich anzusehen sind (NuR **98**, 391; *Epiney,* Umweltrecht in der Europäischen Union, 1997, 278; krit. *Gassner* AöR **98**, 229 f.).

B. § 3 KrW-/AbfG unterscheidet nur noch zwischen **Abfällen zur Verwertung** (zum Verwertungsbegriff VG Düsseldorf NuR **98**, 216) und **Abfällen zur Beseitigung** (vgl. unten 8; zur Abgrenzung Köln NuR **05**, 64 [dazu *Schall* NStZ-RR **06**, 263, 264]; VG Berlin DVBl. **98**, 356; vgl. auch *Weidemann* NVwZ **97**, 258; *Dolde/Vetter* NVwZ **98**, 378). Es geht somit nicht mehr um die Differenzierung zwischen „Abfall“ und „Wirtschaftsgut“, sondern um die Unterscheidung „Abfall oder Produkt“ (Oldenburg NuR **00**, 409; *Krieger* NuR **95**, 171 f.; *Petersen/Ried* NJW **95**, 8; *Wolfers* NVwZ **98**, 225; diff. *Breuer* [oben 1 a] 126 ff.; einschr. *S/S-Lenckner/Heine* 2 b). Das **Verbrennen** von Abfällen ist Verwerten, wenn Hauptzweck des Verfahrens die Energieerzeugung ist, wenn mehr Energie erzeugt und erfasst als beim Verbrennungsvorgang verbraucht wird, und wenn diese Energie tatsächlich genutzt wird (EuGH NJW **03**, 1923 [Ls] = ZUR **03**, 226). Das bloße **Sortieren** von Abfällen und die Weiterlieferung an Dritte zur (*zeitnahen*) Verwertung ist (noch) keine Beseitigung (Köln NuR **05**, 64).

Zugleich wurde das **Verursacherprinzip** (Produktverantwortung) und Grund- **2 b**
pflichten für Erzeuger und Besitzer von Abfällen eingeführt (§§ 4 ff.). Erfasst sind Stoffe, deren sich der Besitzer, weil er sie nicht weiter zu verwenden beabsichtigt, entledigen will (sog. **subjektiver Abfallbegriff: „gewillkürter Abfall“;** vgl. dazu EuGH NuR **03**, 741 [Bruchgestein]; NuR **04**, 164 [Sandrückstände]; BGH **37**, 333, 336 f.), sowie Stoffe, deren geordnete Entsorgung zur Wahrung des Gemeinwohls, insbesondere zum Schutze der Umwelt geboten ist (sog. **objektiver Abfallbegriff: „Zwangsabfall“;** vgl. dazu BGH **37**, 24; 334; **40**, 85; NStZ **97**, 545; Koblenz NStZ-RR **96**, 9; Oldenburg MDR **96**, 302; OVG Lüneburg NuR **03**, 565 [Bahnschwellen]; OVG Hamburg NuR **04**, 463 [Altöl; Öl-Wasser-Gemische]; *Heine,* Triffterer-FS 408; vgl. insoweit zum Einfluss von EG-Richtlinien [Nachw. Anh. II A, B KrW-/AbfG] *Hugger* NStZ **93**, 421). Für die Zuordnung einer Sache als Abfall ist eine Gesamtbetrachtung aller Umstände unter Berücksichtigung des konkreten *und gegenwärtigen* Zustandes der Sache sowie die Absicht des 2. UKG (RegE 22) maßgebend, eine Grenze zwischen Abfällen und Produkten (vgl. § 328 III) zu ziehen (Einzelfälle vor In-Kraft-Treten des KrW-/AbfG bei *Sack* 107 ff.; zur neuen Rechtslage ebd. 146 a ff.). Zahlt der Besitzer für die Entledigung an einen Dritten ein Entgeld, so wird idR gewillkürter Abfall vorliegen (SK-*Horn* 5; *Seibert* DVBl. **94**, 229, 235). Ist die Sache ohne Entsorgung (§ 3 VII KrW-/AbfG) objektiv ohne Gebrauchswert und umweltgefährdend, so liegt Zwangsabfall und kein Wirtschaftsgut vor (BGH **37**, 27; NJW **94**, 2161), so

zB „Pansenmist" (Bay **92**, 116). Die Tatsache, dass der Stoff oder dessen Bestandteile nach Entsorgung wieder verwendet oder weiterverwertet werden kann, steht dem Abfallbegriff nicht entgegen, wenn der Besitzer sich seiner entledigen will, weil er für ihn wertlos geworden ist (BGH **37**, 334f. [m. Anm. *Horn* JZ **91**, 886 u. JZ **94**, 1099; *Sack* JR **91**, 338]; NStZ **97**, 545; *Rengier* [2 vor § 324] 21; *S/S-Lenckner/Heine* 2c; **aA** noch Düsseldorf MDR **89**, 931; LK-*Steindorf* 13; vgl. *Kuhlen* WiVerw **91**, 208). Hierbei kommt es auf die tatsächliche Interessenlage und die Absichten des Besitzers an; eine nur vorgeschobene Abgabe zur Verwertung an Dritte macht eine dem Abfallbegriff unterfallende Sache nicht zum Wirtschaftsgut (BGH **43**, 219). Unerheblich ist hierfür, ob die Sache im Rahmen der Produktionskette ein Hauptprodukt oder nur ein Nebenerzeugnis darstellt; von vornherein zur Aufbringung als Düngemittel vorgesehene (Rinder-)*Gülle* ist daher kein Abfall iS von § 326 (Oldenburg NuR **00**, 409f.). **Abfälle zur Beseitigung** sind nur solche, die nicht ordnungsgemäß und schadlos verwertet werden können (§ 3 I S. 2 KrW-/AbfG). Die Anwendungsbeschränkungen des § 2 II KrW-/AbfG gelten nicht für das StGB, so dass auch **Abwässer** dem § 326 unterfallen (BGH aaO [krit. *Lamberg* NJW **91**, 1996]; Koblenz OLGSt. § 324 Nr. 2 [m. Anm. *Möhrenschlager*]; nach EuGH EuZW **04**, 625 (m. Anm. *Oexle* ebd.; *Fenz* DVBl **04**, 1542; *Bickel* DÖV **05**, 943; Bespr. *Alt* StraFo **06**, 441) auch **unbeabsichtigt auslaufende Flüssigkeiten** (Kraftstoff), die den Boden verunreinigen (vgl. oben 2; and. Düsseldorf NJW **93**, 1406).

2c Str. ist, ob **Autowracks** dem Begriff des Abfalls unterfallen (vgl. dazu einerseits Karlsruhe NStZ **90**, 129; Braunschweig NVwZ **94**, 934; Bay NZV **95**, 83; Koblenz NStZ-RR **96**, 9; Celle NZV **97**, 405 [m. Anm. *Sack* NStZ **98**, 198]; Braunschweig NStZ-RR **98**, 175 [m. Anm. *Brede* NStZ **99**, 137]; LG Stuttgart NStZ **06**, 291 [m. Anm. *Henzler*]; andererseits Bay NuR **95**, 431; **97**, 414; **98**, 446; Celle NStZ **96**, 191; Braunschweig NStZ-RR **01**, 42; *Iburg* NJW **94**, 894; LG Kiel MDR **97**, 834 [Verschenken zum „Ausschlachten"]; *Pauly* NJW **94**, 2200; *Henzler/Pfohl* wistra **04**, 331ff.; *Meeder/Eßling* NZV **04**, 446; *Sack* NZV **05**, 179 und Umweltschutz-StrafR 187; ausführliche Kasuistik bei LK-*Steindorf* 69ff.; vgl. auch unten 5a); § 2 I Nr. 2 AltfahrzeugV geht hiervon aus. Sog. *Oldtimer* sind auch in unrestauriertem Zustand kein Abfall iS des § 326, solange noch ein Funktionszusammenhang besteht und die Zweckbestimmung als Fahrzeug aufrechterhalten werden soll (Celle NZV **97**, 405); auf die (aktuelle) Funktionsfähigkeit und die Wirtschaftlichkeit der Wiederherstellung kommt es dabei grds nicht an. Umgekehrt steht der Umstand, dass ein Autowrack noch ausgeschlachtet werden kann, der Einordnung als Abfall nicht entgegen (Braunschweig NStZ-RR **01**, 42; vgl. auch LG Stuttgart NStZ **06**, 291). Für die Entsorgung von **Altautos** gilt seit 1. 7. 2002 die Altfahrzeug-VO (Neufassung 21. 6. 2002; BGBl. I 2214) idF durch das **AltfahrzeugG** v. 21. 6. 2002 (BGBl. I 2199); hiernach besteht eine Rücknahmepflicht von Herstellern (§ 3) sowie umfangreiche Entsorgungspflichten (§ 5; zu Anforderungen an die Betriebe zur Annahme, Rücknahme und Entsorgung vgl. Anhang zur AltautoV, BGBl. 2002 I 2221; vgl. dazu i. e. *Henzler/Pfohl* wistra **04**, 331ff.; *Meeder/Eßling* NZV **04**, 446ff. (dagegen *Sack* NZV **05**, 179); zur früheren Rechtslage *Kopp* NJW **97**, 3292; *Schrader* NVwZ **97**, 943). Zum umweltgefährdenden Umgang mit **Chemikalien** vgl. § 328 III und § 27 ChemG idF durch das **BiozidG** v. 20. 6. 2002 (BGBl. I 2090). Verseuchte Erde ist als unbewegliche Sache nicht Gegenstand des Abfallrechts, es sei denn, sie würde durch Aushebung oder „Auskofferung" zu einer beweglichen Sache (NJW **92**, 123), zu verunreinigtem Bauschutt und nicht entgifteter Müllverbrennungsschlacke AG Dachau NStZ **96**, 546m. krit. Anm. *Schroth*.

2d **C.** *Die Vorschrift* bezieht sich in **Abs. I** nur auf bestimmte gefährliche Abfälle, die besonders geeignet sind, schädliche Umwelteinwirkungen iS des § 3 IV KrW-/AbfG hervorzurufen (RegE/18. StÄG 17; krit. *Bottke* JuS **80**, 541), aber auch auf solche Abfälle, die erst durch ihre Menge umweltgefährdend sind (unten 5).

a) Nr. 1 erfasst Abfälle, die Gifte oder Erreger von auf Menschen oder Tiere übertragbaren gemeingefährlichen Krankheiten enthalten oder hervorbringen können. Nr. 1 dient der Klarstellung, dass sich die Tathandlung *alternativ* auf Gifte oder Krankheitserreger bezieht, so dass das Erfordernis der Übertragbarkeit sich nur auf die 2. Alternative bezieht; jedoch muss der Abfall Gifte oder Erreger entweder zZ der Tathandlung bereits enthalten oder in umweltgefährdendem Maße hervorbringen können. **Gift** ist jeder (auch der Einzelne) Stoff, der die in § 314 umschriebenen Wirkungen entfalten kann (vgl. auch 2 zu § 330 a; §§ 3 a II, 3 b ChemG). Da der Giftbegriff iS des 18. StÄG (RegE 17) dort als zu eng empfunden wurde, wo eine chemische oder chemisch-physikalische Einwirkung nicht oder nur schwer nachgewiesen werden kann, fügte das 2. UKG die Nr. 2 an. Erreger übertragbarer Krankheiten sind iS der §§ 2 Nr. 1, 6, 7 IfSG, Tierseuchen iS des § 1 TierSG erfasst. Gemeingefährlich ist eine Krankheit, wenn zu der erheblichen Gesundheitsgefahr eine Gefährdung weiterer Bevölkerungskreise hinzukommt. Im Übrigen sind Abfälle mit Erregern von Krankheiten iS des Art. 74 Nr. 19 GG, des IfSG (zB Krankenhausabfälle) und des TierSG gemeint (LK-*Steindorf* 74; *Rogall* JZ-GD **80**, 109), hierzu gehört bei gegebener Gefährlichkeit auch Hundekot (Düsseldorf NStZ **91**, 335; LG Düsseldorf NStE Nr. 19; AG Düsseldorf NStZ **89**, 532; *Sack* 115; zw.; krit. *Hecker* NStZ **90**, 326, auch **93**, 348; **aA** Celle NJW **79**, 227 m. abl. Anm. *Sack* NJW **79**, 937). Der Wortlaut verdeutlicht, dass nicht nur Abfälle erfasst sind, die solche Schadstoffe bereits enthalten, sondern erst später durch chemische oder andere Veränderungen erzeugen (Ber. 29). 3

b) Nr. 2 erfasst Abfälle, die für den Menschen krebserregend, fruchtschädigend oder erbgutverändernd sind. Das 2. UKG hat die drei Begriffe § 7 a I WHG und § 3 a I Nr. 12 bis 14 ChemG entlehnt (vgl. zur näheren Präzisierung § 4 GefStoffV und ChemGiftInfoV und zur Orientierung über die Karzinogenität eines Stoffes auf Anhang II GefStoffV), eine Ausdehnung dieser Merkmale auf Tiere und Pflanzen aber für entbehrlich gehalten (RegE 22). 4

c) Nr. 3 erfasst Abfälle, die explosionsgefährlich (§ 3 I SprengG), selbstentzündlich (deshalb besonders brennbar und daher feuergefährlich, weil sie ihrer Natur entsprechend ohne besondere Zündung sich erhitzen und schließlich entzünden können; § 4 I Nr. 3 bis 5 GefStoffV) oder nicht nur geringfügig radioaktiv sind. Radioaktive (§ 2 I AtG) Abfälle sind solche, die kernbrennstoffhaltig (vgl. § 3 I StrlSchV) sind oder sonst spontan ionisierende Strahlen aussenden (vgl. Anl. I z. StrlSchV; zit. bei *Winters* AtR, 260 ff.); uU auch radioaktiver Klärschlamm (vgl. *Heine/Martin* NuR **88**, 333). Nach Celle NJW **87**, 1281 sind radioaktive Abfälle (§ 9 a I AtG) solche radioaktive Stoffe, deren schadlose Verwertung nach dem jeweiligen Stand von Wissenschaft und Technik nicht möglich, wirtschaftlich nicht vertretbar oder mit den Schutzzwecken des § 1 Nr. 2 bis 4 AtG nicht zu vereinbaren ist. Ein „Füllstandmesser" fällt daher nicht darunter, Celle aaO. Die geringfügigen radioaktiven Abfälle (vgl. § 9 a II S. 2 AtG; § 4 IV Nr. 2, §§ 45, 46 StrlSchV) scheiden mangels Gefährlichkeit aus dem Tatbestand aus. 4 a

d) Nr. 4 erfasst vor allem sog. **Sonderabfälle** (nicht deckungsgleich mit überwachungsbedürftigen Abfällen iS von § 41 I KrW-/AbfG) unter der einschränkenden Voraussetzung, dass sie **nach Art** (generell), **Beschaffenheit** (wegen des Gehalts an Schadstoffen) **oder** allein wegen ihrer **Menge geeignet** sind (nach BGH **39**, 385; NJW **97**, 198; NStZ **94**, 436; Bay **89**, 3; NStZ-RR **02**, 76; Celle NStZ **96**, 192 abstraktes Gefährdungsdelikt), eines der in den Buchst. a und b genannten Schutzgüter, nämlich entweder 5

aa) ein **Gewässer** (§ 330 d Nr. 1; vgl. 2 a zu § 324), die **Luft** (1 zu § 325) oder den **Boden** (2 zu § 324 a) **nachhaltig** (dh in erheblichem Umfang und für längere Dauer, *Zweibrücken* NJW **92**, 2841; *Lackner/Kühl* 6; LK-*Steindorf* 88 mwN) **zu verunreinigen oder sonst nachteilig zu verändern** (5, 6 zu § 324). Erfasst sind auch Verunreinigungen, die zwar erheblich, aber schnell zu beseitigen sind (RegE 45; vgl. § 3 IV KrW-/AbfG; § 19 g V WHG; Köln NJW **86**, 1118; JR **91**, 523; 5 a

Bay JR **91**, 216 m. Anm. *Schmoller, Horn* JZ **94**, 1599), idR also *nicht* der normale *Hausmüll,* auch soweit er umweltschädliche Stoffe enthält (Ber. I 29; *Laufhütte/Möhrenschlager* ZStW **92**, 958; vgl. *Hoyer* 188), oder normale *Hausabwässer* in durchschnittlicher Menge (Celle NStE Nr. 21). Im **Autowrack** verbliebenes Getriebe- und Hydrauliköl ist, wenn ihre Behältnisse nicht dicht sind oder das Wrack nicht auf Asphalt- oder Betonboden gelagert wird, geeignet, den Boden nachhaltig zu verunreinigen (Koblenz NStZ-RR **96**, 9; Braunschweig NStZ-RR **98**, 175; **01**, 42; weitergehend Celle NStZ **96**, 192; LG Stuttgart NStZ **06**, 291 [m. Anm. *Henzler*]; zur Abgrenzung von „**Oldtimerfahrzeug**" und Autowrack vgl. Celle NZV **97**, 405; vgl. oben 2c). Ablagerungen **tierischer Fäkalien** mit Einstreustoffen *(Misthaufen)* sind von Nr. 4 idR nicht erfasst, wenn sie nur der Zwischenlagerung des zum Einsatz als Düngemittel bestimmten Mists dienen (*Zweibrücken* NStZ **91**, 336 m. Anm. *Sack* 337 und *Meinberg* JR **91**, 437 [Pferdemist]; Celle NuR **98**, 321 [Putenmist]; anders bei konkret eingetretener Bodenverunreinigung durch Pferdemist Koblenz NuR **97**, 467); die Möglichkeit der Wiederverwendung von Mist schließt seine Einstufung als Abfall nicht aus (Bay NuR **01**, 118); möglich ist auch Strafbarkeit nach § 324a I Nr. 1. **Klärschlämme** sind, wenn sie weiterverwertet werden sollen, keine Düngemittel, sondern Abfälle zur Verwertung (OVG Meckl.-Vorp. 19. 6. 1997, 3 M 115/96 [DVBl. **98**, XV L]).

5b Der **Schutzbereich** der Nr. 4 umfasste nach Nr. 3 aF (dazu BGH **40**, 79 m. zust. *Michalke* StV **94**, 428, *Otto* NStZ **94**, 437, 407; *St. Cramer* NStZ **95**, 186; *Rengier* JR **96**, 34; *Heine,* Triffterer-FS 407) nicht Gewässer, Luft und Boden im **Ausland,** wobei sich die Annahme darauf stützte, dass Nr. 4 aF nur inländische Rechtsgüter (vgl. 4ff. vor § 3) schütze. Dieser Hauptansatzpunkt der Begr. ist durch die Ausdehnung des Schutzbereichs in § 330d Nr. 1 zumindest für Gewässer weggefallen, aber auch für Luft und Boden unzutreffend, weil der Taterfolg des I in der Gefährdung der drei Schutzgüter schlechthin liegt, die Schutzausdehnung also aus dem Tatbestand folgt (ebenso *S/S-Lenckner/Heine* 7; *Lackner/Kühl* 6; *Rengier* JR **96**, 34; **aA** LK-*Steindorf* 94).

5c Der geforderte besondere Gefährlichkeitsgrad kann sich *auch* aus der *Menge* an sich unschädlicher Abfälle ergeben, zB bei dem auf einer Deponie unbefugt abgelagerten Hausmüllgemisch angesichts des hohen Anteils organischer Stoffe im Abbauprozess (BGH **34**, 212 [m. zust. Anm. *Sack* NJW **87**, 1248; *Rudolphi* NStZ **87**, 325; *Schmoller* JR **87**, 473; *Hallwaß* NJW **88**, 880; *Breuer* NJW **88**, 2083; *Rogall* NStZ **92**, 562]) bei hausmüllähnlichen Stoffen (*Zweibrücken* NJW **88**, 3029), bei Fäkalschlamm (Bay NStZ **88**, 27), bei Klärschlamm (Stuttgart NStZ **91**, 590 m. Anm. *Franzheim* JR **92**, 481) oder beim Ablassen von über 10000 l Rindergülle an einem Tag *und* an derselben Stelle (Bay NJW **89**, 1290 Nr. 17). Der BGH (**39**, 385) lässt es offen, ob Nr. 4 auch die Ablagerung derartiger Abfälle außerhalb einer zugelassenen Deponie erfasst, wenn im Einzelfall eine Gefährdung zunächst ausgeschlossen ist (vgl. *Lackner/Kühl* 8). Die in der Anlage zur früheren AbfBestV (vgl. BGH **37**, 23) und, soweit das Meer (vgl. § 330d Nr. 1) betroffen ist, in den Anlagen I und II zum Übk. vom 29. 12. 1992 (*Göhler* 752 V) bezeichneten Abfälle sind stets solche iS der Nr. 4, die aber umfassender zu verstehen ist und sich nicht auf die in den genannten Anlagen aufgeführten Abfälle beschränkt (*Möhrenschlager* ZRP **79**, 100).

5d Unter einer nachhaltigen Verunreinigung oder sonstigen nachhaltigen nachteiligen Veränderung ist – von der Einschränkung „nachhaltig" abgesehen – bei **Gewässern** (§ 330d Nr. 1) dasselbe zu verstehen wie bei § 324 (dort 5, 6), bei der **Luft** dasselbe wie bei § 325 I (dort 5, 11; **aA** NK-*Ransiek* 24) und beim **Boden** dasselbe wie in 5 zu § 324a (vgl. *Zweibrücken* NJW **92**, 2842 m. Anm. *Weber* NStZ **94**, 36 u. *Winkelbauer* JuS **94**, 112; hierzu *Breuer* JZ **94**, 1079; *Horn* JZ **94**, 1099), so genügen nach AG Lübeck NJW **91**, 1126 hierfür 8 l Altöl-Wassergemisch (abl. *Kuhlen* WiVerw **91**, 212). Solche nachteiligen Veränderungen brauchen durch die Abfälle noch nicht eingetreten oder konkret ermittelt zu sein; auch die noch zu erwartenden negativen Auswirkungen sind zu berücksichtigen 2 StR 33/86 (in

BGH **34**, 211 nicht abgedruckt); vgl. 11 zu § 325. Nach Zweibrücken NStZ **86**, 411 (m. Anm. *Sack*) genügt es, dass der Abfall wenigstens noch vor Beendigung der Tathandlung die tatbestandsmäßig geforderte Gefährlichkeit erlangt hat, jedoch ist nach AG Hamburg NStZ **88**, 365 (m. krit. Anm. *Meinberg*) das Abbrennen eines Kfz nicht geeignet, nachhaltig die Luft zu verunreinigen. Was **wassergefährdend** ist, bestimmt sich im Übrigen nach **§ 19 g V WHG** (hierzu *Steindorf, Giesecke* 16, *Sieder/Zeitler* 32 ff., alle zu § 19 g WHG). Die Nr. 4 erfasst daher auch wassergefährdende Gifte, die die übrigen Voraussetzungen der Nr. 1 (oben 3) nicht erfüllen. Das Gesetz spricht in Nr. 4 von Gewässer (2 a zu § 324) und nicht wie § 19 g V WHG von Wasser. Es genügt also bereits, wenn Abfälle das Ufer oder das Gewässerbett zu gefährden geeignet sind (LK-*Steindorf* 92), was freilich schon durch die Erwähnung des Bodens gewährleistet ist, der gleichermaßen umfassend geschützt ist. Umgekehrt werden Abfälle oft nicht allein den Boden, sondern auch anliegende Gewässer und die Luft gefährden. Stets muss der Abfall aber dort, wo er hingelangt ist, eines der drei Schutzgüter oder den Menschen gefährden können. Wird ein nur wassergefährdender Abfall in der Landschaft in einer Weise gelagert, dass er Grund- oder Binnengewässer oder etwa Menschen nicht gefährden kann, greift der Tatbestand nicht ein (RegE/18. StÄG, 18; *Lackner/Kühl* 6; Sack 111; **aA** Bay NJW **89**, 1290 Nr. 18; *S/S-Lenckner/Heine* 8; SK-*Horn* 9; *Schittenhelm* GA **83**, 320; *Hoyer* 189; *Rengier* [2 vor § 324] 27); freilich wird sich eine Gefährdung infolge des Zusammenhangs der Umweltmedien schwer ausschließen lassen (LK-*Steindorf* 93). Vgl. auch VI (unten 17); oder

bb) einen Bestand von **Tieren oder Pflanzen zu gefährden.** Unter Bestand versteht das 2. UKG in Anlehnung an § 39 PflSchG eine Tier- und Pflanzenpopulation in einem bestimmten Gebiet (RegE 20). Nr. 4 Buchst. b erfasst auch mit Krankheitserregern verseuchten Abfall, der einen Pflanzenbestand schädigen kann (RegE aaO). **5 e**

e) Nicht gefasste **gasförmige Stoffe** sind keine Abfälle iS der Nr. 4. Einen entsprechenden Hinweis im RegE/18. StÄG (§ 326 I S. 2) hat der Gesetzgeber als selbstverständlich (krit. *Tiedemann* Prot. I/51, 37) mit dem Bemerken gestrichen, dass dies auch gelte, wenn der gasförmige Stoff feste Partikel enthalte, die zB Gifte iS der Nr. 1 sind (Ber. I 29; *Laufhütte/Möhrenschlager* ZStW **92**, 946). **6**

3) Tathandlung nach I ist das **Beseitigen** (Oberbegriff mit Auffangcharakter) der Abfälle iS der Nr. 1 bis 4. **A.** Beispielhaft sind vier Handlungsvarianten aufgeführt: **7**

a) Behandeln bezeichnet jede quantitative und qualitative Veränderung durch Verhaltensweisen, die nicht in erster Linie der wirtschaftlichen Verwertung, sondern der Abfallentsorgung dienen, wie zB das Aufbereiten, Zerkleinern, Kompostieren, Entgiften oder Verbrennen (RegE/18. StÄG, 18), ebenso das Vermischen von verschmutztem Erdreich mit nicht verunreinigtem Material (BGH **37**, 28). Das Ausschlachten von als Abfall zu qualifizierenden Altfahrzeugen (Autowracks) ist daher Behandeln (LG Stuttgart NStZ **06**, 291).

b) Lagern ist jede vorübergehende Aufbewahrung (BGH **40**, 79, 82 [m. Anm. *Michalke* StV **94**, 428; *Rengier* JR **96**, 34]), insbesondere eine Zwischenlagerung mit dem Ziel der späteren endgültigen Beseitigung (BGH **36**, 258), der (eigenen) Wiederverwertung (Stuttgart NuR **04**, 556) oder der Rückführung in den Wirtschaftskreislauf (vgl. BGH **37**, 337 m. Anm. *Sack* JR **91**, 340). Erfasst ist auch das Umlagern (entgegen Köln JR **91**, 523 m. krit. Anm. *Sack*), auch dann, wenn die Zwischenlagerung keine Steigerung der Gefahr bewirkt (BGH **40**, 79, 80). **7 a**

c) Ablagern ist ein Beseitigen oder „Liegenlassen“ mit dem Ziel, sich der Abfälle endgültig zu entledigen (vgl. § 27 KrW-/AbfG), hierunter soll auch fallen, wer einen Hund auf einer Spielwiese abkoten lässt und den Kot nicht beseitigt (AG Düsseldorf NStZ **89**, 532; LG Düsseldorf NStE Nr. 19; *Sack* 115; zw.; krit. *Hecker* NStZ **90**, 326; vgl. einschr. auch Düsseldorf NStZ **91**, 335). **7 b**

7 c **d)** Der dem Übk. v. 29. 12. 1992 (*Göhler* 752 V) entnommene Begriff des **Ablassens** bezieht sich auf Flüssigkeiten und umfasst jegliches Ausfließen ohne Rücksicht auf seine Ursache, zB das Ablassen von Altöl in das Meer oder in ein sonstiges Gewässer (*Pfohl* wistra **94**, 8).

7 d **e)** Durch den Begriff des **Beseitigens** sind **alle übrigen Handlungen** erfasst, mit denen der Täter Abfall auf unzulässige oder unkontrollierbare Weise beiseite schafft (vgl. *Sack* 214), etwa wenn er Abfall mit bestimmten Einwirkungseigenschaften in die Luft oder in ein Gewässer einbringt, die dort, ggf unter bestimmten Bedingungen chemische oder chemisch-physikalische Veränderungen bewirken (RegE/18. StÄG 18) oder wenn ein Unternehmer cyanidhaltige Abfälle im Meer versenkt. „Sonst-Beseitigen" ist bei § 326 tatbestandsbezogen und nicht etwa nur iS bloßer Ortsveränderung wie in §§ 134, 145 II Nr. 2, § 315 I Nr. 1, § 315b I Nr. 1b, §§ 316b, 317, aber auch nicht wie in § 10 II KrW-/AbfG, wo das Einsammeln und Befördern mitumfasst ist (*Steindorf* B 1, 2 zu § 1 AbfG aF; *Laufhütte/Möhrenschlager* ZStW **92**, 959), auszulegen, sondern als eine Handlung, die unmittelbar zur endgültigen Beseitigung des Abfalls oder zu seiner Wiedereinführung in dem Wirtschaftskreislauf führt (Köln NJW **86**, 1119; vgl. auch *Sack* NJW **80**, 1426), so etwa, wenn der Täter Abfälle dadurch der gesetzlich vorgesehenen Entsorgung entzieht, dass er sie in einer dafür zugelassenen Anlage vorübergehend lagert, um sie dann an ein Unternehmen weiterzugeben, das seinerseits keine Erlaubnis zur Abfallbeseitigung hat (BGH **43**, 231 f.; Düsseldorf wistra **94**, 73; *Schall* NStZ-RR **98**, 357; *Winkelbauer,* Lenckner-FS 657; *S/S-Lenckner/Heine* 10a, 21); erforderlich ist also die Schaffung eines Zustands, in welchem der Abfall der gesetzlich vorgesehenen Entsorgung entzogen ist (*Heine* NJW **98**, 3666 u. *S/S-Lenckner/ Heine* 10). Zur strafrechtlichen Verantwortlichkeit wegen Umweltgefahren aus Abfall-Ablagerungen von Voreigentümern *Franzheim* ZfW **87**, 14.

7 e **B. Täter** nach Abs. I kann jedermann sein; die Tat kann also auch von einem Amtsträger begangen werden (BGH **39**, 385; hierzu *Michalke* NJW **94**, 1696); für die strafrechtliche Beurteilung gelten die allgemeinen Grundsätze (15 vor § 324). Ob und in welchem Umfang **Grundstückseigentümer** die Tat **durch Unterlassen** dadurch begehen können, dass sie, etwa als „Zustandsstörer" von Dritten abgelagerten „wilden Müll" nicht beseitigen oder weitere unbefugte Müllablagerungen nicht verhindern, beurteilt sich danach, ob sie insoweit eine **Garantenstellung** haben (18 ff. vor § 324; vgl. dazu LG Koblenz NStZ **87**, 281 [Ortsbürgermeister]; vgl. dazu auch *Iburg* NJW **88**, 2338, *Hohmann* NJW **89**, 1254; *Hecker* NJW **92**, 873; *Schmitz* NJW **93**, 1167; *Rogall* NStZ **92**, 562; *Dahs/Redeker* DVBl. **88**, 811; *Dahs,* Redeker-FS 475; *Sack* JR **92**, 518; *Wessel* [1 a]); diese kann sich nach Braunschweig NStZ-RR **98**, 175 (m. Anm. *Brede* NStZ **99**, 137) daraus ergeben, dass der Eigentümer auf seinem nicht eingefriedeten Grundstück nutzlose Sachen lagert. Grds. ergibt sich eine Garantenstellung aus **tatsächlicher Sachherrschaft** (vgl. § 3 VI KrW-/AbfG: „Abfallbesitzer"; dazu zB BVerwG NuR **03**, 691). Zur Garantenstellung des (nur formellen) Geschäftsführers einer Entsorgungs-GmbH vgl. NStZ **97**, 545; zur Täterstellung von Betriebsangehörigen *Ransiek* ZGR **99**, 613, 637.

8 **4) Voraussetzung** ist, dass das Beseitigen (oben 7 ff.) entweder

A. außerhalb einer dafür zugelassenen Anlage (4 zu § 325) geschieht, da es sonst „befugt" (unten 10) wäre und Abfälle gerade in den hierfür bestimmten und zugelassenen Anlagen beseitigt werden sollen. Es braucht sich hierbei nicht um spezielle Abfallentsorgungsanlagen iS der §§ 9 ff. KrW-/AbfG zu handeln, sondern es können auch Anlagen nach § 3 TierKBG oder nach § 9a AtG sein. Es kommt nicht darauf an, ob die Anlage allgemein genehmigt ist, sondern darauf, ob sie „dafür" zugelassen ist; die Zulassung muss sich also gerade auf die Art und Menge des zu betroffenen Abfalls beziehen (BGH **43**, 219; *S/S-Lenckner/Heine* 12; *Sack* 219); **insoweit** kann es auf eine Abgrenzung von Abfall zur **Beseitigung** und zur **Verwertung** ankommen (zu **Abfallgemischen** vgl. BVerwG NuR **00**, 693). Entscheidend ist, ob die in 7 ff. bezeichneten Handlungen typisches Merkmal der

Anlage sind (Bay **81**, 198); daher kann auch eine „wilde" Müllkippe darunter fallen (LG Koblenz NStZ **87**, 282; vgl. *Iburg* NJW **88**, 2338). Die *Zulassung* von Abfallbeseitigungsanlagen richtet sich nach den §§ 30 bis 39 KrW-/AbfG; **oder**

B. unter wesentlicher Abweichung von einem vorgeschriebenen oder zugelassenen Verfahren geschieht, zB wenn bei der Abfallbeseitigung besondere Untersuchungsmethoden üblich und erforderlich sind (zB stichprobenartige Vorprüfung am Feststoff zur Erkennung von Anteilen an Schwermetall oder organischen Kohlenwasserstoffverbindungen, BGH **39**, 383) oder wenn die Abfallbeseitigung zwar außerhalb einer Anlage nach 8 geschehen darf, der Täter aber hierbei nach einem durch allgemeine oder spezielle Rechtsnormen vorgeschriebenen oder zugelassenen Verfahren vorgehen müsste und in umweltgefährdender Weise hiervon abgewichen ist (vgl. LK-*Steindorf* 115f.; krit. *Sack* 236 u. NJW **80**, 1427). Umstr. ist, ob I auch die Abweichung von einem zugelassenen oder vorgeschriebenen Verfahren *innerhalb* einer zugelassenen Anlage erfasst (zutr. bejahend Karlsruhe NStZ **90**, 128; *S/S-Lenckner/Heine* 12; SK-*Horn* 21; *Kuhlen* WiVerw **91**, 218; verneinend LK-*Steindorf* 115; *M/Schroeder/Maiwald* 58/52). 9

C. Auch wenn für die Beseitigung einer bestimmten Abfallart, zB für das Ablassen von Silagesaft, weder zugelassene Anlagen bestehen noch besondere Verfahren vorgeschrieben oder zugelassen sind, bleibt jede Form ungenehmigter Beseitigung der Abfälle tatbestandsmäßig (Bay NJW **89**, 1290 Nr. 17; Oldenburg NJW **88**, 2391; Celle MDR **89**, 842 unter Aufgabe von NJW **86**, 2336; *S/S-Lenckner/Heine* 12; *Lackner/Kühl* 8; *Sack* 126; *Breuer* NJW **88**, 2083; *Lamberg* NJW **87**, 421 u. **89**, 575; *Rogall* NStZ **94**, 563; vgl. auch BGH wistra **88**, 354). 9 a

5) Unbefugt bedeutet dasselbe wie in § 324 (dort 7f.; 11 vor § 324; zum Verhältnis von Verwaltungsakts- und Verwaltungsrechtsakzessorietät vgl. OVG Münster NuR **04**, 472; *Pfohl* wistra **94**, 8), jedoch wird befugtes Handeln, wenn die Voraussetzungen oben 8, 9 vorliegen, nur ausnahmsweise, etwa unter den Voraussetzungen des § 34, in Betracht kommen können. 10

6) Abs. II dient nicht nur der Umsetzung der Verpflichtung des Art. 4 des Basler Übk. (oben 2), jegliches illegale Geschäft mit Abfällen iS des Übk. zu ahnden, sondern auch der Umsetzung der EG-AbfallverbringungsVO (oben 2) und damit der Bekämpfung des sog. *Abfalltourismus* (vgl. auch AbfVerbrG; hierzu *Heine,* Triffterer-FS 401; *Breuer* [oben 1 a] 89ff.). **Tathandlung des II** ist das grenzüberschreitende **Verbringen** von Abfall iS des I (oben 2 bis 5 e) in den, aus dem oder durch den Geltungsbereich dieses Gesetzes (vgl. zu den grenzüberschreitenden Umweltbeeinträchtigungen *Martin* ZRP **92**, 19; *Breuer* [1 a] 27ff.), und zwar wegen der Gefahren, die mit dem unkontrollierten oder illegalen Transport verbunden sind, zB beim Verbringen in ein Land, in dem eine nichtgefährdende und umweltschonende Beseitigung hochtoxischer Abfälle schon in Ermangelung spezieller Entsorgungsbetriebe nicht möglich ist. Entsprechend dem Basler-Übk sollen die Kontrolle des grenzüberschreitenden Verkehrs mit Abfällen erleichtert und Sonderabfälle möglichst in dem Staat beseitigt werden, in dem sie anfallen. **Entgegen einem** (absoluten) **Verbringungsverbot** muss die Handlung begangen werden oder **ohne die erforderliche Genehmigung,** dazu sind insbesondere die nach § 49 KrW-/AbfG und § 11 StrSchV erforderlichen speziellen Genehmigungen zur Ein- oder Ausfuhr zu rechnen (zur Prüfungskompetenz nach Art. 7 IV EG-AbfVerbrVO vgl. EuGH NuR **05**, 516; OVG Koblenz ZUR **05**, 321 [in derselben Sache]), aber auch das **Notifizierungsverfahren** nach Art. 6ff. EG-Abf-VerbrVO (VO [EWG] Nr. 259/93; Bay NuR **00**, 407; dazu OVG Münster ZUR **05**, 254). Zu differenzieren ist zwischen dem **Verbringen** (zur Beseitigung oder zur Verwertung) innerhalb der EG (vgl. Art. 5ff. EG-AbfVerbrVO) und der **Ausfuhr**, **Einfuhr** und **Durchfuhr** (vgl. dazu 16ff. zu § 22) in und aus Nicht-EG-Mitgliedstaaten (Art. 14ff. VO). Das Genehmigungsverfahren ist kompliziert und fehleranfällig (vgl. i. e. *Breuer* [1 a] 145ff.; *Köller* u. a., EG-AbfallverbringungsVO, 1994; *Szelinsky/ Schneider* [1 a] 15ff.; vgl. auch *Heine,* Triffterer-FS 413f. und *S/S-Lenckner/Heine* 12c f.). 11

Der Ein- und Ausfuhr ist die Durchfuhr gleichgestellt. Die Regelungen der EG-AbfVerbrVO werden nicht durch diejenigen der EG-HygieneVO ersetzt oder verdrängt (OVG Lüneburg NuR **05**, 409).

12 **7) Abs. III** enthält für **radioaktive Abfälle** (dh solche radioaktiven Reststoffe sowie ausgebaute oder abgebaute Anlageteile, die aus Strahlenschutzgründen geordnet beseitigt werden müssen; Anl. I StrlSchV; *Sack* 258; auch radioaktive Krankenhausabfälle gehören dazu) eine Sondervorschrift (**echtes Unterlassungsdelikt,** 16 vor § 13), die wegen der größeren Gefährlichkeit solcher Abfälle bereits die (§§ 5 III, 9a II AtG) Nichtablieferung **unter Verletzung vwrechtlicher Pflichten** iS des § 330d Nr. 4, 5 (vgl. 3 zu § 325) mit Strafe bedroht. Der Anwendungsbereich erfasst auch die Fälle, in denen auf Grund eines VwAkts (zB nach § 19 III AtG) eine Ablieferung angeordnet wird, wenn also zwar die Pflicht zur Ablieferung auf einer RechtsVO (vgl. zB § 86 StrlSchV) gründet, der Abruf aber als VwAkt ergeht (RegE 21). Schwere Nichtablieferungsfälle dürften idR I unterfallen. III erfasst auch die nicht rechtzeitige Ablieferung insoweit, als schon hierdurch Umweltgefahren entstehen können (RegE/18. StÄG, 19). Eine nähere Bestimmung des Ablieferungszeitpunkts fehlt jedoch (Ber. I 29; *Laufhütte/Möhrenschlager* ZStW **92**, 960). Soweit eine **Ablieferungspflicht** (§ 9a II AtG iVm § 47 StrlSchV) nicht besteht (§ 47 StrlSchV iVm §§ 6, 7, 9 AtG, § 3 I StrlSchV), kann I Nr. 2 eingreifen, sofern es sich nicht um geringfügige radioaktive Abfälle handelt. Die Ablieferungspflicht regeln die §§ 81 bis 86 StrlSchV. III ist (anders als I, vgl. oben 6) auch auf solche gasförmige radioaktive Abfälle anwendbar, die bei einem Produktionsprogramm anfallen und unter Verstoß gegen § 46 StrlSchV abgeleitet werden (RegE/18. StÄG, 19). Da die Ablieferungspflicht nach § 9a II S. 1 AtG an den Besitz geknüpft ist, ist mit der Eröffnung des Insolvenzverfahrens der (Vertreter des) Gemeinschuldner(s) nicht mehr Ablieferungsverpflichteter iS des III (Celle NJW **87**, 1281). Im Übrigen ist die Ablieferungspflicht zu erfüllen, sobald der Täter **Besitz** erlangt hat (§ 9a II S. 1 AtG) und ihm die Ablieferung möglich und zumutbar ist (*Lackner/Kühl* 9; *S/S-Lenckner/Heine* 13; krit. LK-*Steindorf* 129).

13 **8) Vollendet** ist die Tat nach I, wenn die Beseitigungshandlung (oben 7 ff.) zumindest hinsichtlich eines Teils der Abfälle abgeschlossen ist, nach II mit der Grenzüberschreitung. Der Taterfolg liegt in der eingetretenen Gefährdung, nicht in der daraus erwachsenen Verletzung (BGH **36**, 257). Die Tat kann in der Begehungsform des Ablagerns (oben 7b), die sich auf die Vornahme der Tathandlung beschränkt, nicht als Dauerdelikt angesehen werden, denn es erwächst dem Täter keine strafbewehrte Verpflichtung, den geschaffenen gefährlichen Zustand wieder zu beseitigen (BGH **36**, 257). **Beendet** ist die Tat nach **Abs. I** mit Abschluss der Beseitigungshandlung (BGH **36**, 255 m. Anm. *Laubenthal* JR **90**, 513; NJW **92**, 123; Bay wistra **93**, 313; and. für das Lagern *Iburg* NJW **88**, 2340; *Sack* 323 u. JR **91**, 525; Bay ZfW **94**, 434; *S/S-Lenckner/Heine* 20). Für die Vollendung im Fall des **Abs. II** kommt es auf die Tatbestandsalternative an; Einfuhr und Ausfuhr sind mit der Grenzüberschreitung vollendet und mit dem Gelangen an den Bestimmungsort beendet; die Durchfuhr ist mit Überschreiten der Grenz zum Ausland vollendet und beendet. **Nach Abs. IV** ist der **Versuch** in den Fällen des I und II strafbar. Zum Versuch der Ein-, Aus- oder Durchfuhr vgl. 15 ff. zu § 22.

14 **9) Der Vorsatz** (bedingter genügt) muss sich in den Fällen des I Nr. 1 bis 3 auf die Gefährlichkeit des Abfalls, in den Fällen des I Nr. 4 auf die Schädigungseignung sowie in I insgesamt auf das Handeln außerhalb einer zugelassenen Anlage oder unter wesentlicher Abweichung von einem vorgeschriebenen oder zugelassenen Verfahren erstrecken, in II auf die Verbotswidrigkeit oder Genehmigungsbedürftigkeit und in III auf den Widerspruch zu den vwrechtlichen Ablieferungspflichten (vgl. 19 zu § 325). Zur Frage des Irrtums über Tatbestandsalternativen im Rahmen von I vgl. *Schittenhelm* GA **83**, 313; 13 zu § 16; *S/S-Lenckner/Heine* 14; LK-*Steindorf* 137.

15 **10)** Die **Täterschaft** bestimmt sich nach allgemeinen Grundsätzen (BVerfG NJW **95**, 186). Für die **Verantwortlichkeit** für die Abfallbeseitigung gelten in

etwa dieselben Grundsätze, wie sie für den Gewässerschutz gelten (vgl. 9 zu § 324). Wer zunächst mit der Entsorgung gewillkürten Abfalls (2) beauftragt war, gleichgültig ob er damit „Abfallbesitzer" geworden ist, unterliegt schon dadurch, dass er die Beseitigung von Abfall iS I Nr. 4 für einen anderen übernommen hat, denselben Anforderungen an die – objektiv – zu erbringende Sorgfalt, wie derjenige, auf den er die Entsorgung übertragen hat. Der Delegierende muss sich vergewissern, dass der Beauftragte zur ordnungsgemäßen Abfallbeseitigung tatsächlich imstande oder rechtlich befugt ist; andernfalls verletzt der Auftraggeber seine Sorgfaltspflicht und handelt fahrlässig (BGH **40**, 86 m. Anm. *Michalke* StV **95**, 137; *Versteyl* NJW **95**, 1071; *Hecker* MDR **95**, 757 zum Risiko des Entsorgungspflichtigen bei der Beauftragung ungeeigneter Dritter BGH **43**, 231; ferner *Heine,* Triffterer-FS 411; *Schall* NStZ **97**, 579).

11) Der Strafrahmen für vorsätzliches Handeln ist in I (in Anpassung an § 324 I, § 324 a I, § 325 I, II und § 325 a II) angehoben worden; ihm ist der des II gleichgestellt worden, während der Strafrahmen des III dem des II aF entspricht. Für besonders schwere Fälle sieht § 330 eine Strafrahmenerhöhung vor. Zur Anwendung des § 2 III vgl. NJW **97**, 951. Der **Fahrlässigkeitstatbestand** des **Abs. V** trägt der unterschiedlichen Ausgestaltung der Strafrahmen in I und II einerseits und III andererseits durch eine unterschiedliche Höchststrafe Rechnung, die in V Nr. 1 angehoben wurde. 16

12) Abs. VI enthält einen **sachlichen Strafausschließungsgrund** (Ber. 29; *S/S-Lenckner/Heine* 17 und *S/S-Cramer/Heine* 10 vor § 324), der, obgleich heftig kritisiert (vgl. *Tiedemann* UmweltstrafR 37; *Sack* NStZ **86**, 412; *Kuhlen* WiVerw **91**, 219; *S/S-Lenckner/Heine* 17 mwN) und im RegE nicht enthalten war, in das 2. UKG übernommen wurde. Er kann in den Fällen I Nr. 1, 4 Bedeutung gewinnen für Fälle der Beseitigung kleiner Abfallmengen (sog. „Minima-Klausel"), damit das abstrakte Gefährdungsdelikt dann zu keiner Strafbarkeit führt, wenn die Tat zu keinen schädlichen Einwirkungen auf die Umwelt (was nicht in jeder Hinsicht dasselbe bedeutet, wie die „schädlichen Umwelteinwirkungen" nach § 3 I BImSchG; vgl. hierzu RegE/18. StÄG, 30/31, 34; Ber. I 8, 30; ferner *Landmann-Rohmer* GewO III 3 ff. zu § 3 I BImSchG; *Laufhütte/Möhrenschlager* ZStW **92**, 916; *Schittenhelm* GA **83**, 319; *Wolters* 1 zu § 73, 33) führen kann. Der Wortlaut verdeutlicht, dass die Voraussetzungen des VI positiv feststehen müssen, bei Zweifeln es also bei I bis V verbleibt (RegE 19; *Rogall* NStZ **92**, 563; LK-*Steindorf* 145; *S/S-Lenckner/Heine* 19; SK-*Horn* 36; *Heinz* NStZ **81**, 256; ebenso *Sack* NJW **80**, 1427; *Lackner/Kühl* 12). 17

13) Konkurrenzen. Tateinheit ist möglich mit §§ 324, 325 I Nr. 1, § 327 II Nr. 3, § 330 a, sowie zwischen III und §§ 327 I, 328 II, 329 III (2. Alt.), LK-*Steindorf* 157, jedoch tritt § 326 I Nr. 4 gegenüber § 324 dann zurück, wenn (allein) eine nachhaltige Gewässerverunreinigung durch die Beseitigung von Abwässern herbeigeführt wird (BGH **38**, 338; wistra **01**, 259). In vielen Fällen des § 87 II Nr. 4 iVm §§ 81 bis 84 StrlSchV wird § 326, der dann vorgeht, eingreifen. Vgl. ergänzend § 7 III Nr. 2, §§ 13 bis 15 StrVG und § 12 VerpackV. Die Bußgeldvorschriften des § 61 KrW-/AbfG und des § 87 I Nr. 1 Buchst. c StrlSchV behalten ihre Bedeutung für nichtgefährliche Abfälle bzw. für sonstige radioaktive Stoffe, werden aber im Übrigen von § 326 überlagert. § 37 I bis IV UmweltSchProt-AG tritt nach dessen § 37 V hinter § 326 zurück, soweit die Tat darin mit gleicher oder schwererer Strafe bedroht ist; unter dieser Voraussetzung tritt auch § 12 I, II MBergG nach dessen § 12 III hinter § 326 zurück. 18

14) Sonstige Vorschriften. Tätige Reue § 330 b; Einziehung § 330 c; Berufsverbot § 70, dort 4. Das umweltgefährdende Beseitigen ölhaltiger Abfälle an Bord eines Binnenschiffes ist eine Binnenschifffahrtsstrafsache iS des § 2 III a BinSchVerfG (NStZ **98**, 414). 19

Unerlaubtes Betreiben von Anlagen

327 **I Wer ohne die erforderliche Genehmigung oder entgegen einer vollziehbaren Untersagung**

1. eine kerntechnische Anlage betreibt, eine betriebsbereite oder stillgelegte kerntechnische Anlage innehat oder ganz oder teilweise abbaut oder eine solche Anlage oder ihren Betrieb wesentlich ändert oder

2. eine Betriebsstätte, in der Kernbrennstoffe verwendet werden, oder deren Lage wesentlich ändert,

wird mit Freiheitsstrafe bis zu fünf Jahren oder mit Geldstrafe bestraft.

II Mit Freiheitsstrafe bis zu drei Jahren oder mit Geldstrafe wird bestraft, wer

1. eine genehmigungsbedürftige Anlage oder eine sonstige Anlage im Sinne des Bundes-Immissionsschutzgesetzes, deren Betrieb zum Schutz vor Gefahren untersagt worden ist,

2. eine genehmigungsbedürftige oder anzeigepflichtige Rohrleitungsanlage zum Befördern wassergefährdender Stoffe im Sinne des Wasserhaushaltsgesetzes oder

3. eine Abfallentsorgungsanlage im Sinne des Kreislaufwirtschafts- und Abfallgesetzes

ohne die nach dem jeweiligen Gesetz erforderliche Genehmigung oder Planfeststellung oder entgegen einer auf dem jeweiligen Gesetz beruhenden vollziehbaren Untersagung betreibt.

III Handelt der Täter fahrlässig, so ist die Strafe

1. in den Fällen des Absatzes 1 Freiheitsstrafe bis zu drei Jahren oder Geldstrafe,

2. in den Fällen des Absatzes 2 Freiheitsstrafe bis zu zwei Jahren oder Geldstrafe.

1 **1) Allgemeines.** Die Vorschrift idF des Art. 1 Nr. 11 des 2. UKG (vor § 324, zu II Nr. 3 geänd. durch Art. 5 Ges. v. 27. 9. 1994, BGBl. I 2771) enthält für die Fälle verbotswidrigen Betreibens besonders umweltgefährdender Anlagen einen einheitlichen **abstrakten Gefährdungstatbestand** (19 vor § 13; allgM), der sachlich eng mit den entsprechenden vw-rechtlichen Vorschriften korrespondiert. Zum geschützten **Rechtsgut** vgl. zunächst 3 vor § 324. Der eigentliche Zweck der Vorschrift liegt darin, im Bereich gefährlicher Anlagen die Dispositions- und Entscheidungsbefugnis der zuständigen Genehmigungsbehörden zu schützen, und zwar bereits gegen bloßen Verwaltungsungehorsam (vgl. Braunschweig NStZ-RR **98**, 177; *Horn* NuR **88**, 64; *Dolde* NJW **88**, 2334; vgl. auch NK-*Ransiek* 2: Schutzgut sei die Aufgabenerfüllung der Verwaltungsbehörden), was im Hinblick auf die Gefahren, die der Allgemeinheit durch vorschriftswidrigen Umgang mit Kernbrennstoffen drohen können, gerechtfertigt erscheint (*Tiedemann/Kindhäuser* NStZ **88**, 343; *Rengier* NJW **90**, 2513). § 327 II Nr. 1 ist mit dem GG vereinbar (BVerfGE **75**, 329, 340 [zust. *Breuer* NJW **88**, 2083; *Kuhlen* WiVerw **91**, 226] auf Vorlage AG Nördlingen NStZ **86**, 315 m. Anm. *Meinberg*; Bay NStE Nr. 5; ebenso § 327 II Nr. 3, Bay MDR **86**, 604; **88**, 252; NStZ **88**, 27).

1a **Literatur:** *Börner,* Unerlaubtes betreiben einer Anlage bei wesentlicher Abweichung von einer Genehmigung, wistra **06**, 7; *Dolde,* Zur Verwaltungsakzessorietät von § 327 StGB, NJW **88**, 2329; *Fröhlich,* Illegale Abfallentsorgungsanlagen, DÖV **89**, 1029; *Geidies,* Betrieb „wilder" Müllkippen durch Unterlassen, NJW **89**, 821; *Hansmann,* Zum Anlagenbegriff des § 7 Abs. 1 AtomG, NVwZ **83**, 16; *Hecker,* „Wilde" Müllablagerungen Dritter als Problem der abfallstrafrechtlichen Unterlassungshaftung, NJW **92**, 873; *Henzler/Pfohl,* Der unerlaubte Betrieb von Anlagen zur Lagerung und Behandlung von ausgedienten Kraftfahrzeugen, wistra **04**, 331; *Hohmann,* Nochmals: Zur Unterlassungstäterschaft im Abfallstrafrecht bei „wilden" Müllablagerungen, NJW **89**, 1294; *Kutscheidt,* Zulassung von Abfallentsorgungsanlagen, NVwZ **94**, 209; *ders.,* Die wesentliche Änderung industrieller Anlagen, NVwZ **97**, 111; *Ocker,* Das unerlaubte Betreiben von genehmigungsbedürftigen Anlagen (usw.), 1995; *Wüterich,* Bestandsschutz u. unerlaubtes Betreiben von Anlagen nach dem BImSchG (§ 327 StGB), NStZ **90**, 112. Vgl. i. ü. 2 vor § 324, 1 a zu § 326.

2 **2) Nach I Nr. 1** ist **A. Tatgegenstand** eine **kerntechnische Anlage,** d. i. eine Anlage zur Erzeugung oder zur Bearbeitung oder Verarbeitung oder zur Spaltung von Kernbrennstoffen oder zur Aufbereitung bestrahlter Kernbrennstoffe (**§ 330 d Nr. 2;** *vgl. hierzu ferner* § 7 I, V AtG; *Rupp* DVBl. **89**, 345). Auf die Ortsgebundenheit der Anlage kommt es nicht an (LK-*Steindorf* 4).

3 **B. Tathandlungen** sind **a)** das **Betreiben** (vgl. 5 zu § 325) **einer solchen Anlage.** Vom Tatbestand *nicht* umfasst ist das ungenehmigte Errichten oder Inne-

haben einer nicht betriebsbereiten oder nie betriebenen kerntechnischen Anlage, da hiervon Strahlungsrisiken nicht ausgehen (vgl. aber § 46 I Nr. 2 AtG; LK-*Steindorf* 6);

b) hinsichtlich einer betriebsbereiten oder stillgelegten (nicht jedoch hinsichtlich einer nichtbetriebsbereiten oder nie betriebenen) **kerntechnischen Anlage** (*S/S-Cramer/Heine* 7) ist **aa)** das **Innehaben, bb)** das **ganz oder teilweise Abbauen** oder **cc)** das **wesentliche** (*Winkelbauer* JuS **88**, 695) **Verändern.** Nach dem Schutzzweck der Vorschrift sind nur solche Handlungen erfasst, die sich auf Anlagenteile beziehen, welche mit den spezifischen Gefahren kerntechnischer Anlagen zusammenhängen (NK-*Ransiek* 3); Abs. I erfasst daher zB nicht bauordnungswidrige Veränderungen an funktionsneutralen Teilen der Gesamtanlage (*S/S-Cramer/Heine* 3). 4

c) Voraussetzung ist jeweils, dass die Handlungen **ohne die** (wegen der abstrakten Gefährlichkeit) **erforderliche Genehmigung** (§ 7 AtG; vgl. *Dolde* NJW **88**, 2330) oder **entgegen einer vollziehbaren** (8 zu § 330 d) **Untersagung** (§ 19 III AtG; 3 zu § 325) begangen wurden (NK-*Ransiek* 7). Genehmigungslosigkeit liegt auch vor bei Fristablauf einer befristeten Genehmigung, Nichterfüllen einer Bedingung, Verstoß gegen wesentliche Genehmigungsvoraussetzungen (dazu *Börner* wistra **06**, 7). Die Feststellung einer durch die Änderung verursachten Erhöhung der abstrakten Gefahr ist nicht erforderlich (NK-*Ransiek* 6); es reicht deren bloße Möglichkeit (vgl. BVerwG JZ **97**, 203, 205), deren Prüfung das atomrechtliche Genehmigungsverfahren ja gerade dienen soll. Abs. I kann aber bei *bloßem* Verwaltungsungehorsam keine Anwendung finden, wenn sicher *feststeht,* dass eine nicht genehmigte Änderung allein zu einer *Erhöhung* der Sicherheit geführt hat und ein Anspruch auf nachträgliche Genehmigung besteht. Die bloße Genehmigungs*fähigkeit* schließt den Tatbestand nicht aus (vgl. 10 vor § 324). Bei einem *gestuften* Genehmigungsverfahren greift Nr. 1 nur ein, wenn die kerntechnische Anlage betrieben wird, ohne dass eine rechtswirksame Teilgenehmigung erteilt worden ist oder wenn beim Betrieb über die Stufen der jeweils vorhandenen Einzelgenehmigungen hinausgegangen wird (StA Stuttgart NStE Nr. 9). *Keine* „erforderliche Genehmigung" iS des § 7 AtG sind hingegen sog. *„Vorabzustimmungen",* wie sie zB einer Betreiberfirma (*Alkem*-Verfahren: LG Hanau NJW **88**, 571 u. NStZ **88**, 179 m. Anm. *Bickel*; hierzu *R. Keller,* Rebmann-FS 243; *Wüterich* NStZ **90**, 316; *Michalke* 150) hinsichtlich Anlagen erteilt wurden, die nach altem Recht (AtG fF) genehmigt waren und nach Maßgabe wesentlicher (durch die „Vorabzustimmungen" gedeckter) Änderungen für eine Übergangszeit erlaubtermaßen weiter betrieben wurden, ohne dass es zur endgültigen Genehmigung nach § 7 AtG gekommen war (**aA** *Lackner/Kühl* 2; *Kuhlen* WuV **91**, 229 f.; *Winkelbauer* JuS **88**, 697). Solche „Vorabzustimmungen" rechtfertigen aber (9 vor § 324). Keine „erforderlichen Genehmigungen" iS von I sind nicht auf dem AtG beruhende Genehmigungserfordernisse (*S/S-Cramer/Heine* 12; vgl. *Laufhütte/Möhrenschlager* ZStW **92**, 967). 5

3) Nach I Nr. 2 ist **Tatgegenstand** eine **Betriebsstätte,** wie sie in der Genehmigung oder vollziehbaren Untersagung bezeichnet ist, **in der Kernbrennstoffe** (§ 2 I Nr. 1 AtG) **verwendet** (zB bearbeitet oder verarbeitet) **werden. Tathandlung** ist die **wesentliche** und daher umweltgefährdende **Änderung der** für die Genehmigung oder Untersagung maßgeblichen **Lage** der Betriebsstätte. 6

4) Abs. II umschreibt in Nr. 1 bis 3 einen Kreis weiterer Anlagen, von denen, wenn sie unsachgemäß betrieben werden oder fehlerhaft sind, besondere Gefahren für die in 3 vor § 324 genannten Rechtsgüter ausgehen. 7

A. Tatgegenstand ist 8

nach Nr. 1: a) eine **genehmigungsbedürftige Anlage** iS von § 4 BImSchG (vgl. 4. BImSchV; Stuttgart NStE Nr. 10; LG Frankfurt NZM **05**, 679; zu „Altanlagen" Köln NStZ-RR **99**, 279); **zB** Feuerstätte zum Abbrennen von Kupferka- 9 beln (Celle ZfW **94**, 504); Autolagerplätze (Braunschweig NStZ-RR **98**, 175 [Bespr. *Kirchner/Jakielki* JA **00**, 813]; Bay NStZ **98**, 465); Windfarmen (BVerwG NVwZ **04**, 1235; NuR **05**, 391; OVG Münster NuR 05, 546; **b)** eine **sonstige** (also nichtgenehmigungsbedürftige) **Anlage** iS von § 22 BImSchG, jedoch unter der einschränkenden Voraussetzung, dass der **Betrieb** der Anlage **zum Schutz vor Gefahren** nach § 22 BImSchG **untersagt** worden ist;

10 **nach Nr. 2:** eine **genehmigungsbedürftige** (vgl. §§ 19a I WHG, nach dem der gesamte technische Betriebsapparat einer behördlichen Vorprüfung unterzogen werden muss) **oder anzeigepflichtige** (zB für nach § 19e II S. 1, 4, 5 WHG nichtgenehmigungsbedürftige bestehende) **Rohrleitungsanlagen** (vgl. hierzu VO v. 19. 12. 1973, BGBl. I 1946; III 753–1–2, ÄndVO v. 5. 4. 1976, BGBl. I 915) **zum Befördern wassergefährdender Stoffe iS des WHG** (vgl. § 19a I, III WHG);

11 **nach Nr. 3: Abfallentsorgungsanlagen** iS der §§ 30ff. KrW-/AbfG (2 zu § 325, 8 zu § 326; Beispiele bei *Sack* 131ff. mwN); hierzu gehören auch Anlagen (vgl. Köln NStZ **87**, 462; Stuttgart wistra **87**, 307; *Rogall* NStZ **92**, 564) zur – nicht nur vorübergehenden (Bay MDR **91**, 77) – Lagerung oder Behandlung von ausgedienten Kraftfahrzeugen (**Autowracks**; vgl. Bay NStZ **86**, 319; **98**, 465; NJW **87**, 2757 L; Stuttgart wistra **87**, 306; Köln VRS **97**, [1999] 29; vgl. 2 zu § 326), Autoverschrottungsbetriebe (Köln NStE Nr. 11; Zweibrücken NJW **92**, 2842 m. Anm. *Weber* NStZ **94**, 36 u. *Winkelbauer* JuS **94**, 112; zur Rechtslage nach Änderung der 4. BImSchV und unter Geltung der **AltautoVO** seit 1. 7. 2002 vgl. i. E. *Henzler/Pfohl* wistra **04**, 331, 333ff.); die Erstellung eines Beckens zur Aufnahme von Fäkalschlamm (Bay NStZ **88**, 27); auch schon jede bloße Grundstücksfläche reicht aus, selbst wenn sie auch noch anderen Zwecken als der Abfallentsorgung dient, soweit sie hierfür für einen nicht unerheblichen Zeitraum bestimmt wird (Stuttgart NStZ **91**, 590; Braunschweig ZfW **91**, 52; Celle ZfW **94**, 380; and. SK-*Horn* 12 [nicht bei „wilder" Lagerstätte]); nicht aber im Falle einer vorübergehenden Ausnahmesituation (Bay NJW **92**, 925 m. krit. Anm. *Sack* JR **92**, 518; ebenso AG Kreuznach NStZ **98**, 571; *Horn/Hoyer* JZ **91**, 708; *Horn* JZ **94**, 1100), *nicht* aber Anlagen, die ausschließlich zum Einsammeln und Befördern von Abfällen dienen (Köln NStZ **87**, 462), es sei denn, es handelt sich um Umschlagstationen zur Zwischenlagerung (Köln aaO; 7a zu § 326).

12 **B. Tathandlung** ist das **Betreiben** (d. i. die bestimmungsgemäße Nutzung: Bay VRS **67**, 229; *Lackner/Kühl* 4; NK-*Ransiek* 12; *Sack* 71, 138) solcher Anlagen **ohne die nach dem jeweiligen Gesetz erforderliche Genehmigung oder Planfeststellung** oder **entgegen einer auf dem jeweiligen Gesetz beruhenden vollziehbaren** (8 zu § 330d) **Untersagung.** Durch diese Fassung wird auf die (inländischen) vw-rechtlichen Zulassungsbesonderheiten in den Bezugsgesetzen (§§ 4, 15, 17, 20 BImSchG; §§ 30ff. KrW-/AbfG) Bedacht genommen. Ein Verstoß gegen eine Auflage eines Genehmigungsbescheides fällt nur dann unter II Nr. 3, wenn es sich hierbei um einen Verstoß gegen eine wesentliche Genehmigungsvoraussetzung handelt (Bay MDR **88**, 252). Die Vorschrift bezieht sich – entsprechend der herrschenden Auslegung – auf alle Fälle unerlaubten Betreibens einer Anlage ohne Vorliegen der zur Errichtung, zum Betrieb oder der zu einer wesentlichen Änderung der Lage, Beschaffenheit oder des Betriebs erforderlichen Genehmigung (Ber. 30/31). Unter II Nr. 3 soll auch der Inhaber einer stillgelegten Abfallbeseitigungsanlage fallen, der wilde Müllablagerungen durch Dritte nicht unterbindet (Stuttgart NJW **87**, 1281f.; vgl. auch Bay JR **92**, 516 [zust. Anm. *Sack*]); nach zutr. engerer Ansicht fordert ein „Betreiben" durch Unterlassen eine – wenn auch konkludente – *Zweck*bestimmung (Bay NStZ **98**, 465; *S/S-Cramer/Heine 17; NK-Ransiek* 12; vgl. auch Braunschweig NStZ-RR **98**, 175, 177; *Iburg* NJW **88**, 2342, gegen ihn *Geidies* NJW **89**, 821; vgl. auch Düsseldorf wistra **94**, 73). Täter kann auch ein ehrenamtlicher Ortsbürgermeister sein, der gegen die Weiterbenützung einer stillgelegten gemeindeeigenen Müllkippe nicht einschreitet

(LG Koblenz NStZ **87**, 281; AG Cochem NStZ **85**, 505; *Sack* 152; and. wohl NK-*Ransiek* 15; vgl. hierzu *U. Weber* [13 vor § 324] 24; *Malitz* [2 vor § 324] 147). Kein (Weiter-)Betreiben liegt aber vor, wenn sich die Tätigkeit eines wegen II Nr. 3 Vorverurteilten auf das bloße Liegenlassen der Abfälle oder auf das Entfernen von Abfällen aus dem Altbestand der Anlage ohne neue Behandlung oder Ablagerung beschränkt (Bay NStZ **98**, 465). Auch der Verstoß gegen Auflagen hinsichtlich des Betriebs von **Altanlagen,** die bei ihrer Errichtung der Genehmigung nicht bedurften, unterfällt § 327 II nicht (Köln VRS **97**, [1999] 29, 32 f.).

C. Neben II bleiben die Bußgeldvorschriften des § 61 KrW-/AbfG und § 41 I Nr. 3 WHG bestehen, ebenfalls der für Anlagen innerhalb von Wasser- und Heilquellenschutzgebieten geltende § 329 II Nr. 1, der einen weiteren Kreis und weitere Rechtsverstöße erfasst. 13

5) Der **Vorsatz** muss sich neben Tatobjekt und Tathandlung auch auf deren **Verbotswidrigkeit** beziehen (Braunschweig NStZ-RR **98**, 177 m. Anm. *Brede* NStZ **99**, 137; *Kuhlen* WuV **91**, 225; *S/S-Cramer/Heine* 20; LK-*Steindorf* 28; str.; vgl. 19 zu § 325). Fahrlässigkeit ist nach Abs. III strafbar und kommt idR nur bei vorwerfbarer Verbots-Unkenntnis in Betracht (*S/S-Cramer/Heine* 21; *Lackner/Kühl* 15 zu § 325). 14

6) Die **Strafdrohung** ist, da die Umweltgefahren aus ungenehmigten Anlagen und der Unrechtsgehalt nach I und nach II unterschiedlich hoch sind, insoweit, aber auch nach der Schuldform abgestuft. In den Fällen von I und II gilt in besonders schweren Fällen § 330; wollte sich der Täter bereichern, ist § 41 (dort 4) zu beachten. Die **Fahrlässigkeitsstrafdrohungen (III)** haben als Folge des unterschiedlichen Unrechtsgehalts der Tathandlungen nach I und II unterschiedliche Strafrahmen, der zudem gegenüber III aF erhöht worden ist. 15

7) Täter (vgl. 22 vor § 324 und *S/S-Cramer/Heine* 23; SK-*Horn* 9) ist der Betreiber der Anlage sowie der für den Betrieb besonders Verantwortliche (§ 14); die Tat ist Sonderdelikt (weiter *Winkelbauer,* Lenckner-FS 651 ff.). 16

8) Die Tat ist **Dauerdelikt** (Bay NJW **96**, 1422; ZfW **98**, 393); Beendigung und Beginn der Verjährungsfrist treten daher erst mit Beseitigung der rechtswidrigen Gefährdungslage ein. 17

9) Konkurrenzen: Tateinheit ist möglich zwischen I und § 328; zwischen II Nr. 1 und §§ 324, 325, 329 sowie zwischen II Nr. 3 und §§ 324 bis 326; vgl. LK-*Steindorf* 33. 18

10) Sonstige Vorschriften. Einziehung § 330 c. 19

Unerlaubter Umgang mit radioaktiven Stoffen und anderen gefährlichen Stoffen und Gütern

328 **I Mit Freiheitsstrafe bis zu fünf Jahren oder mit Geldstrafe wird bestraft,**

1. wer ohne die erforderliche Genehmigung oder entgegen einer vollziehbaren Untersagung Kernbrennstoffe oder

2. wer grob pflichtwidrig ohne die erforderliche Genehmigung oder wer entgegen einer vollziehbaren Untersagung sonstige radioaktive Stoffe, die nach Art, Beschaffenheit oder Menge geeignet sind, durch ionisierende Strahlen den Tod oder eine schwere Gesundheitsschädigung eines anderen herbeizuführen,

aufbewahrt, befördert, bearbeitet, verarbeitet oder sonst verwendet, einführt oder ausführt.

II Ebenso wird bestraft, wer

1. Kernbrennstoffe, zu deren Ablieferung er auf Grund des Atomgesetzes verpflichtet ist, nicht unverzüglich abliefert,

2. Kernbrennstoffe oder die in Absatz 1 Nr. 2 bezeichneten Stoffe an Unberechtigte abgibt oder die Abgabe an Unberechtigte vermittelt,

3. eine nukleare Explosion verursacht oder
4. einen anderen zu einer in Nummer 3 bezeichneten Handlung verleitet oder eine solche Handlung fördert.

III Mit Freiheitsstrafe bis zu fünf Jahren oder mit Geldstrafe wird bestraft, wer unter grober Verletzung verwaltungsrechtlicher Pflichten

1. beim Betrieb einer Anlage, insbesondere einer Betriebsstätte oder technischen Einrichtung, radioaktive Stoffe oder Gefahrstoffe im Sinne des Chemikaliengesetzes lagert, bearbeitet, verarbeitet oder sonst verwendet oder
2. gefährliche Güter befördert, versendet, verpackt oder auspackt, verlädt oder entlädt, entgegennimmt oder anderen überlässt

und dadurch die Gesundheit eines anderen, ihm nicht gehörende Tiere oder fremde Sachen von bedeutendem Wert gefährdet.

IV Der Versuch ist strafbar.

V Handelt der Täter fahrlässig, so ist die Strafe Freiheitsstrafe bis zu drei Jahren oder Geldstrafe.

VI Die Absätze 4 und 5 gelten nicht für Taten nach Absatz 2 Nr. 4.

1 **1) Allgemeines.** Die Vorschrift idF des Art. 1 Nr. 12 des 2. UKG (vor § 324) ist durch das AusführungsG v. 23. 7. 1998 (BGBl. I, 1882) zu dem Vertrag vom 24. 9. 1996 über das umfassende Verbot von Nuklearversuchen (UVNV) (ZustimmungsG v. 9. 7. 1998 [BGBl. II, 1210] um Abs. II Nr. 3 und 4, Abs. VI erweitert worden (Materialien: BT-Drs. 13/10076 [RegE]; 13/10695 [Beschl.-Empf. und Ber.]). Zugleich wurde § 5 Nr. 11a neu eingefügt, der die Strafbarkeit für Taten nach II Nr. 3 und 4, IV und V auf Auslandstaten Deutscher erstreckt. Hintergrund des raschen Gesetzgebungsverfahrens waren die im Mai 1998 durchgeführten Atomwaffentests Pakistans und Indiens, durch welche die Gefahr der Proliferation von Kernwaffen erneut deutlich wurde. Die Vorschrift, die in Abs. I und II **abstraktes Gefährdungsdelikt,** in Abs. III **konkretes Gefährdungsdelikt** ist (*Lackner/Kühl* 1; *S/S-Cramer/Heine* 1; SK-*Horn* 2; LK-*Steindorf* 21), will den Umgang mit gefährlichen Stoffen und Gütern (dh anderen Stoffen als Abfall iS des § 326) durch einen am Rechtsgüterschutz orientierten Grundtatbestand erfassen und damit auch der Bedeutung des strafrechtlichen Rechtsgüterschutzes (vgl. 3 vor § 324) gegen die von der Verletzung von Sicherheits- und Kontrollvorschriften drohenden Gefahren unterstreichen und der Nuklearkriminalität begegnen. Daher erfasst I Nr. 2 auch radioaktive Stoffe, die nicht Kernbrennstoffe sind. Eine **Anwendungserweiterung** ergibt sich aus Art. 2 Ges. v. 24. 4. 1990 (6 zu § 126) idF des Art. 6 des 2. UKG. Danach gilt I Nr. 1 mit der Maßgabe, dass einer Genehmigung oder Untersagung iS des I Nr. 1 eine entsprechende ausländische Genehmigung oder Untersagung gleichsteht. **Praktische** forensische Bedeutung hat die Vorschrift bislang kaum entfaltet (**Statistik:** *Sack* 5).

1a **Literatur:** *Bartholme* JA **96**, 731 [Plutoniumtourismus]; *Heine,* in: *Meinberg/Möhrenschlager/Link* (Hrsg.), Umweltstrafrecht, 109; *Junker* DVBl. **92**, 1214 [Stillegung u. Beseitigung nuklearer Anlagen]; *Kuchenbauer,* Asbest u. Strafrecht, NJW **97**, 2009; *Lohse,* Der Rechtsbegriff „Stand der Wissenschaft" aus erkenntnistheoretischer Sicht am Beispiel der Gefahrenabwehr im Immissionsschutz- u. Atomrecht, 1994; *Mattausch/Baumann,* Nuklearkriminalität – Illegaler Handel mit radioaktiven Stoffen, NStZ **94**, 462; *Meine,* Die Strafbarkeit von Embargoverstößen nach § 34 Abs. 4 AWG, wistra **96**, 43; *Peters,* „Schutz vor Gefahren" im Strafblankett §§ 328 Abs. 3 Nr. 1, 330d Nr. 4 lit. a (1. Alt.) StGB und das Bestimmtheitserfordernis, FS für Dieter Leuze, 2003, 419; *Schall,* Die „Verletzung verwaltungsrechtlicher Pflichten" als strafbegründendes Tatbestandsmerkmal im Umweltstrafrecht, Küper-FS (2007) 505; *Vierhaus,* Die neue Gefahrgutbeauftragtenverordnung aus der Sicht des Straf-, Ordnungswidrigkeiten- und Umweltverwaltungsrechts, NStZ **91**, 466; *Wiedemann,* Gefahrguttransport-Tatbestand im neuen Umweltstrafrecht (§ 328 III Nr. 2 StGB), 1995. Vgl. iü 2 vor § 324, 1a zu § 326.

2 **2) Nach Abs. I sind Tatgegenstände: in Nr. 1,** der Verstöße umfasst, die im Gegensatz zu Nr. 2 nicht einmal zu einer potentiellen Gefährdung führen müssen (*abstraktes Gefährdungsdelikt,* 19 vor § 13), **Kernbrennstoffe,** d.i. nach dem maßgeblichen (RegE/18. StÄG 20) § 2 I Nr. AtG spaltbares Material. Für eine Atomwaffe ist Kernbrennstoff ohne Rücksicht auf die gelieferte Menge und auf den im Einzelnen verfolgten militärischen Verwendungszweck eine „wesentliche"

Substanz iS des § 1 I KriegswaffG iVm Teil A I Nr. 2 der Kriegswaffenliste (BGH **38**, 207; vgl. auch Karlsruhe NJW **92**, 1057);

in Nr. 2 sonstige **radioaktive Stoffe** (§ 2 I Nr. 2 AtG; vgl. BT-Drs. 13/2287 [Strahlenschutzber. der BReg.]; 4 zu § 310). Nr. 2 erfasst die hochgefährlichen Stoffe nicht nur wie III Nr. 1 in ihrer Bezogenheit auf den Betrieb einer Anlage oder wie III Nr. 2 in Bezug auf die Beförderung; Nr. 2 erfasst radioaktive Stoffe (namentlich, um dem illegalen Handel damit entgegenzuwirken), jedoch unter der einschränkenden **Voraussetzung,** dass sie nach **Art, Beschaffenheit oder Menge geeignet** sind, durch ionisierende Strahlen den **Tod oder eine schwere Gesundheitsschädigung** herbeizuführen. Damit ist nicht nur eine schwere Körperverletzung, sondern auch die erhebliche Beeinträchtigung im Gebrauch der Sinne, des Körpers oder der Arbeitsfähigkeit für lange Zeit gemeint (LK-*Steindorf* 2). 3

Die Tathandlungen des unerlaubten Umgangs umschreibt I in Nr. 2 mit der Einschränkung, dass nur **grob pflichtwidrige** Verhaltensweisen erfasst sind. *Grob* ist eine Pflicht verletzt, wenn die jeweilige Pflicht in besonders schwerem Maße verletzt wird oder der Verstoß sich gegen eine besonders gewichtige Pflicht richtet (RegE 23; LK-*Steindorf* 14); bei Zweifeln über das geforderte Verhalten dürfte das Merkmal „grob" nicht erfüllt sein (vgl. 13 zu § 325). Die Beschränkung der Strafbarkeit auf „grobe" Verstöße im Umgang mit radioaktiven Stoffen, die nicht Kernbrennstoffe sind, insbesondere des Handelns mit ihnen, berücksichtigt die schärfere Sanktion gegenüber dem bisherigen Recht (oben 3) im Vorfeld der §§ 324ff., da die Nr. 2 auch Fälle erfasst, in denen die Stoffe zunächst sicher verwahrt sind oder wegen ihrer sicheren Verpackung nur bei Unwissenheit über die Gefährlichkeit die Eignung oben 3 haben, die allerdings dann besteht, wenn sie ungesichert weitergegeben werden. 4

Gemeinsame Voraussetzung der Nr. 1 und 2 ist, dass die verschiedenen Formen des Umgangs mit gefährlichen Stoffen (in Nr. 1 Kernbrennstoffe, in Nr. 2 sonstige radioaktive Stoffe mit Schädigungseignung iS oben 3) **ohne die** nach dem AtG **erforderliche Genehmigung** oder **entgegen einer vollziehbaren** (vgl. 8 zu § 330d) **Untersagung** erfolgen. Grundlage hierzu können neben dem AtG auch die auf ihm beruhenden Rechtsvorschriften sein (vgl. *Göhler* 58 C, D und *Laufhütte/Möhrenschlager* ZStW **92**, 967). 5

Umgangsformen nennt I in Anlehnung an die §§ 3 bis 6 und 9 AtG; danach muss der Täter die radioaktiven Stoffe entweder **aufbewahren** (§ 6 AtG), **befördern** (§§ 4 bis 4b AtG), **bearbeiten, verarbeiten, oder sonst verwenden** (§ 9 AtG), **einführen oder ausführen** (§ 3 AtG; vgl. auch die nach den §§ 11, 12 AtG erlassenen RechtsVOen). 6

3) Abs. II umschreibt weitere Fälle des unerlaubten Umgangs mit **Kernbrennstoffen** (oben 2) und in Nr. 2 außerdem mit sonstigen radioaktiven Stoffen unter den oben 3 umschriebenen Voraussetzungen. 7

Nach Nr. 1 ist strafbar (abstraktes Gefährdungsdelikt, 19 vor § 13), wer die (grundsätzlich) staatlich zu verwahrenden Kernbrennstoffe (deren ungenehmigte Aufbewahrung durch I Nr. 1 erfasst ist), für die bei unberechtigtem Besitz eine Ablieferungspflicht besteht (§ 5 AtG), **nicht unverzüglich abliefert.** Die Nichtablieferung radioaktiver Abfälle wird nach § 326 III bestraft (vgl. dort).

Nach Nr. 2 ist strafbar (abstraktes/potentielles Gefährdungsdelikt), wer die oben 2, 3 genannten gefährlichen Stoffe **an Unberechtigte abgibt,** dh an eine Person, die nicht zur Entgegennahme oder zum Besitz der Stoffe berechtigt ist (§ 5 V AtG) oder **die Abgabe an Unberechtigte vermittelt.** Dadurch soll schon im Vorfeld der Anbahnung illegaler Geschäfte strafrechtlich entgegengetreten werden (Ber. II 24). 8

Nach **Nr. 3** (zur Einfügung durch Gesetz v. 23. 7. 1998 oben 1) ist die **Verursachung** einer **nuklearen Explosion** strafbar. Der Begriff der nuklearen Explosion entspricht dem der Explosion (3 zu § 308) durch Freisetzung von Kernenergie (§ 307 I; dazu 2 zu § 307); umfasst sind danach explosive Kernspaltungs- und 9

Kernfusionsvorgänge, nicht aber kontrollierte Vorgänge in Reaktoren. Auch Laborexperimente im Teilchenbereich dürften aus dem Anwendungsbereich der Vorschrift ausscheiden (ebenso *S/S-Cramer/Heine* 13 c). Sie setzt die Verpflichtung aus Art. I und III Abs. 1 des UVNN (oben 1) um und ergänzt §§ 307, 309, §§ 19, 22 a KriegswaffG, Art. 2 des G v. 26. 4. 1990 (BGBl. II 326) zum Übk. v. 26. 10. 1979 über den physischen Schutz von Kernmaterial; sie zielt damit insb. auf **Kernwaffenversuche** ab. Im Unterschied zu § 307 verlangt Nr. 3 keine konkrete Gefährdung; es handelt sich um ein **abstraktes Gefährdungsdelikt.**

10 **Tathandlung** von Nr. 3 ist das **Verursachen** der Explosion; die Tat ist Erfolgsdelikt. Der Begriff des Verursachens entspricht dem des „Bewirkens" in § 311 I Nr. 2 und dem des „Herbeiführens" in §§ 308, 313 und umfasst, wie sich aus Nr. 4 ergibt, nicht jedes Setzen einer für den Erfolg kausalen Ursache, sondern nur das (unmittelbar) **täterschaftliche** Herbeiführen (vgl. BT-Drs. 10/10 076, 11). Als Täter kommen daher neben den die Explosion unmittelbar auslösenden Personen auch die in Betracht, die sie anordnen und in ihren wesentlichen Teilen vorbereiten. Fälle der **mittelbaren** Täterschaft sowie der Teilnahme werden durch die Sonderregelung nach Nr. 4 erfasst.

11 **Nr. 4** regelt Fälle der mittelbaren Täterschaft (*Lackner/Kühl* 4 a; NK-*Ransiek* 9) und erhebt **Anstiftungs-** und **Beihilfe**handlungen zu Taten nach Nr. 3 zu selbstständigen, der Täterschaft gleichgestellten Vergehen (krit. *S/S-Cramer/Heine* 13 d). Von Bedeutung ist dies insb. dann, wenn die Haupttat von einem Ausländer (zur Auslandstat eines Deutschen vgl. § 5 Nr. 11 a) im Ausland begangen wird und nach dem dafür anzuwendenden Recht nicht rechtswidrig ist (RegE 11). Voraussetzung ist daher nur die Beteiligung an einer Tathandlung nach Nr. 3. Auf die Rechtswidrigkeit oder Strafbarkeit der Haupttat kommt es nicht an; §§ 26, 27 werden insoweit durch Nr. 4 verdrängt (vgl. Stuttgart NStZ **97**, 288; LG Stuttgart NStZ **97**, 290 m. Anm. *Holthausen, Kreuzer*; zur Vereinbarkeit mit Völkerrecht vgl. *Holthausen* NJW **91**, 204 [KriegsWaffG]). Findet auf die Haupttat deutsches Strafrecht Anwendung (§§ 3, 4, 5 Nr. 11 a), so müssen für den Haupttäter geltende Rechtfertigungsgründe auch für den (Teilnahme-)Täter nach Nr. 4 gelten. Die Vorschrift erfasst insb. dem deutschen Strafrecht unterfallende Lieferanten von Material, technischem und wissenschaftlichem Know-How für im Ausland durchgeführte Kernexplosionen. Nach dem neu angefügten **Abs. VI** sind **Versuch** und **Fahrlässigkeit** bei einer Tat nach Nr. 4 von der Strafbarkeit ausgenommen (dazu RegE 11).

12 **4) Abs. III** umschreibt in Nr. 1 und 2 **konkrete Gefährdungsdelikte** (19 vor § 13; Ber. II 24; hierzu *Möhrenschlager* NStZ **94**, 567). Nr. 1 ist zT ein Nachfolgetatbestand des § 330 I Nr. 2 aF (Bay NJW **95**, 541 m. Anm. *Heine* JR **96**, 300). Als **geschütztes Rechtsgut** genannt (vgl. 3 vor § 324) sind **die Gesundheit** eines Menschen sowie ihm nicht gehörende, also fremde und herrenlose **Tiere** oder **fremde Sachen** (6 zu § 324 a) von bedeutendem Wert (vgl. 8 zu § 324 a; 2 zu § 325; 16 zu § 315; *Sack* 80 mwN).

13 Gemeinsame **Tatbestandsvoraussetzung** ist die **grobe** (oben 4) **Verletzung** von **vwrechtlichen Pflichten** iS des § 330 Nr. 4, 5 (vgl. 3 zu § 325; 5 ff. zu § 330 d), die sich **in Nr. 1** aus dem ChemG (dessen Strafvorschrift [§ 27 ChemG] neben Nr. 1 fortbesteht) sowie den darauf beruhenden Rechtsvorschriften (*Göhler* 181 a C), insbesondere der GefStoffV ergeben. Nach hM genügt die Blankettvorschrift dem Bestimmtheitserfordernis, so dass der Normadressat die ihn treffenden Pflichten abschätzen kann (einschr. *Heine* JR **96**, 300, 303; abl. *Peters* [1 a] 419, 427 ff., 434 ff. mwN). Außerhalb des ChemG können sich einschlägige (dh zum Schutz der geschützten Rechtsgüter erlassenen) vwrechtliche Pflichten aus dem BImSchG (§§ 7, 23) und den darauf beruhenden VOen (*Göhler* 154 C bis F), dem DüngemittelG (§ 2 iVm der DüngemittelVO), dem PflSchG (§ 7), dem AtG (§§ 10 bis 12 iVm der StrlSchV), aus § 19 WHG (Bay NJW **95**, 540 [zust. *Bartholme* JA **95**, 924; *Heine* JR **96**, 300; *Lackner/Kühl* 2; krit. *Michalke*, Verwaltungs-

recht im Umweltstrafrecht, 2001, 82 ff., 85), aber auch aus dem Arbeitsrecht ergeben, soweit es der Abwehr von Gefahren dient, die sich zB aus dem Umgang mit Arbeitsstoffen für die genannten Rechtsgüter (einschließlich technischer Arbeitsmittel) ergeben. Die Anordnung *allgemeiner* Pflichten (vgl. zB § 14 ArbStättV) reicht nicht aus (vgl. auch 11 zu § 330 d).

In Nr. 2 können sich die vwrechtlichen Pflichten im Umgang mit **gefährlichen Gütern** (§ 330 d Nr. 3), insbesondere aus dem GBG und den darauf beruhenden VOen (GGBinSch, GGVSE und GGVSee; *Göhler* 318 C; hierzu im einzelnen *Bottke* TranspR **92**, 393, 399) und iS der Vorschriften über die internationale Beförderung gefährlicher Güter im jeweiligen Anwendungsbereich (vgl. 4 zu § 330 d), aus § 49 KrW/AbfG, aber auch aus allgemeinen Normen der Gefahrenabwehr (zB sektorspezifischen Regelungen der StVO; hierzu *Rengier,* Boujong-FS 801; *Lackner/Kühl* 2) sowie aus Vorschriften ergeben, die der Arbeitssicherheit dienen (RegE 24). 14

Eine Begrenzung ergibt sich aus dem in III vorausgesetzten **Taterfolg,** der darin besteht, dass eine konkrete Gefährdung der o. g. Rechtsgüter besteht, wobei hinsichtlich der Tiere und anderen Sachen eine Eingrenzung gegenüber dem RegE durch den Hinweis auf die Eigentumsverhältnisse vorgenommen worden ist (vgl. 6 zu § 324 a). 15

Nach Nr. 1 ist strafbar, wer pflichtwidrig (oben 13) **beim Betrieb** (5 zu § 325) **einer Anlage** iS des § 3 V BImSchG, insbesondere einer Betriebsstätte (4 zu § 325) **oder technischen Einrichtung** (der Begriff ist weiter als der in § 325 verwendete Begriff, umfasst neben Maschinen zB auch Geräte, Fahrzeuge, Kühleinrichtungen, Heizungen und Laboratorien innerhalb einer Anlage), Kernbrennstoffe und sonstige **radioaktive Stoffe** (oben 3) oder Gefahrstoffe iS der Definition des § 19 II ChemG **lagert** (7 a zu § 326), **bearbeitet, verarbeitet** oder **sonst verwendet** (vgl. §§ 17, 23, 27 I Nr. 1, II ChemG) und dadurch den Taterfolg (10) herbeiführt. Ein Verwenden in diesem Sinne ist auch das Abfüllen von Heizöl aus einem Tankwagen in einen Öltank (Bay NJW **95**, 541 m. Anm. *Heine* JR **96**, 300; hierzu *Bartholme* JA **95**, 924). 16

Nach Nr. 2 ist der pflichtwidrige (oben 14) **Transport gefährlicher Güter,** der den Tatbestandserfolg (10) herbeiführt, mit Strafe bedroht. Nach § 2 II GBG (*Göhler* 318) umfasst der Begriff „gefährliche Güter" Stoffe und Gegenstände, von denen auf Grund ihrer Natur, Eigenschaften oder Zustände im Zusammenhang mit der Beförderung Gefahren für die Allgemeinheit, für wichtige Gemeingüter oder für Leben und Gesundheit von Menschen sowie für Tiere und andere Sachen ausgehen können (vgl. § 330 d Nr. 3). **Tathandlungen** sind das Befördern (wozu § 2 II GBG auch die damit im Zusammenhang stehenden Vorgänge wie zB Übernahme, Ablieferung zählt), das Versenden, Verpacken, Auspacken, Verladen oder Ausladen, die Entgegennahme oder das Überlassen an andere (hierzu *Bottke* TranspR **92**, 394). Zu der Abgrenzung zwischen Transport und *Zwischenlagerung,* die für die Bestimmung der „verwaltungsrechtlichen Pflichten" von Bedeutung ist (Anwendbarkeit des Störfall- oder des Gefahrgut-Rechts), vgl. *Schall* NStZ-RR **07**, 33, 36. 17

5) Nach Abs. IV iVm VI ist in Angleichung an § 27 ChemG der **Versuch** von Handlungsweisen nach I, II Nr. 1 und 2 und III strafbar (Ber. II 24). 18

6) Die Strafdrohungen sind in I bis III gleich hoch. In besonders schweren Fällen gilt die des § 330. Ggf ist § 41 (dort 4) zu beachten, bei **tätiger Reue** § 330 b. **Einziehung** nach § 330 c. 19

7) Der **Vorsatz** (mindestens bedingter) muss sich in den Fällen des I Nr. 2 auch auf die Eignung beziehen. Vgl. im Übrigen die Ausführungen in 14 zu § 326, die sinngemäß gelten. **Nach Abs. V iVm VI** ist für die Tathandlungen nach I, II Nr. 1 und 2, III bei **fahrlässigem Handeln** eine nach der Schuldform niedrigere Strafe angedroht. Zu den Sorgfaltspflichten vgl. BGH **40**, 79, 84. 20

8) Konkurrenzen. Tateinheit ist möglich mit den §§ 310, 311, 312, 326 III, 327 I, ebenso mit den §§ 307, 309 (LK-*Steindorf* 25; insoweit **aA** *S/S-Cramer/Heine* 28; *Sack* 82 zu § 310 b), 21 jedoch treten II Nr. 3 und 4 hinter § 307 zurück. § 27 ChemG tritt nach der Subsidiaritätsklausel in § 27 VI ChemG hinter die §§ 328, 330 und 330a zurück.

Gefährdung schutzbedürftiger Gebiete

329 **I Wer entgegen einer auf Grund des Bundes-Immissionsschutzgesetzes erlassenen Rechtsverordnung über ein Gebiet, das eines besonderen Schutzes vor schädlichen Umwelteinwirkungen durch Luftverunreinigungen oder Geräusche bedarf oder in dem während austauscharmer Wetterlagen ein starkes Anwachsen schädlicher Umwelteinwirkungen durch Luftverunreinigungen zu befürchten ist, Anlagen innerhalb des Gebiets betreibt, wird mit Freiheitsstrafe bis zu drei Jahren oder mit Geldstrafe bestraft. Ebenso wird bestraft, wer innerhalb eines solchen Gebiets Anlagen entgegen einer vollziehbaren Anordnung betreibt, die auf Grund einer in Satz 1 bezeichneten Rechtsverordnung ergangen ist. Die Sätze 1 und 2 gelten nicht für Kraftfahrzeuge, Schienen-, Luft- oder Wasserfahrzeuge.**

II Wer entgegen einer zum Schutz eines Wasser- oder Heilquellenschutzgebietes erlassenen Rechtsvorschrift oder vollziehbaren Untersagung

1. betriebliche Anlagen zum Umgang mit wassergefährdenden Stoffen betreibt,
2. Rohrleitungsanlagen zum Befördern wassergefährdender Stoffe betreibt oder solche Stoffe befördert oder
3. im Rahmen eines Gewerbebetriebes Kies, Sand, Ton oder andere feste Stoffe abbaut,

wird mit Freiheitsstrafe bis zu drei Jahren oder mit Geldstrafe bestraft. Betriebliche Anlage im Sinne des Satzes 1 ist auch die Anlage in einem öffentlichen Unternehmen.

III Wer entgegen einer zum Schutz eines Naturschutzgebietes, einer als Naturschutzgebiet einstweilig sichergestellten Fläche oder eines Nationalparks erlassenen Rechtsvorschrift oder vollziehbaren Untersagung

1. Bodenschätze oder andere Bodenbestandteile abbaut oder gewinnt,
2. Abgrabungen oder Aufschüttungen vornimmt,
3. Gewässer schafft, verändert oder beseitigt,
4. Moore, Sümpfe, Brüche oder sonstige Feuchtgebiete entwässert,
5. Wald rodet,
6. Tiere einer im Sinne des Bundesnaturschutzgesetzes besonders geschützten Art tötet, fängt, diesen nachstellt oder deren Gelege ganz oder teilweise zerstört oder entfernt,
7. Pflanzen einer im Sinne des Bundesnaturschutzgesetzes besonders geschützten Art beschädigt oder entfernt oder
8. ein Gebäude errichtet

und dadurch den jeweiligen Schutzzweck nicht unerheblich beeinträchtigt, wird mit Freiheitsstrafe bis zu fünf Jahren oder mit Geldstrafe bestraft.

IV Handelt der Täter fahrlässig, so ist die Strafe

1. in den Fällen der Absätze 1 und 2 Freiheitsstrafe bis zu zwei Jahren oder Geldstrafe,
2. in den Fällen des Absatzes 3 Freiheitsstrafe bis zu drei Jahren oder Geldstrafe.

1 **1) Allgemeines.** Die Vorschrift idF des Art. 1 Nr. 13 2. UKG (vor § 324), das den Strafrahmen in I bis III anhob und II bis IV neu fasste, bedroht bestimmte Umwelteinwirkungen, gegen die einzelne Gebiete besonders empfindlich sind, mit Strafe. In I sind dies Smog-

Gebiete, in II Heilquellen- und Wasserschutzgebiete, in III Naturschutzgebiete und Nationalparke. Die Anregung des BRats, eine adäquate Regelung für Schutzwald iS § 12 BWaldG (bzw. entsprechender LWaldG) zu schaffen, wurde vom Gesetzgeber nicht aufgegriffen (RegE 41, 45). **Geschützt** (vgl. 3 vor § 324) werden durch § 329 die Unversehrtheit von Menschen, Tieren und Pflanzen sowie das Eigentum an Sachen (vgl. § 1 BImSchG). Außer der Strafbewehrung der landesrechtlichen SmogVOen und Naturschutzvorschriften (Ber. I 32) ergänzt § 329 die §§ 324, 325, indem er den strafrechtlichen Schutz der bezeichneten Gebiete durch Schaffung von **abstrakten Gefährdungstatbeständen** (I, II) oder dadurch vorverlegt, dass er an Stelle konkreter Gefährdungen bestimmte ökologische Beeinträchtigungen genügen lässt (III; i. E. and. SK-*Horn* 2; *Lackner/Kühl* 1 [insg. abstraktes Gefährdungsdelikt]; *S/S-Eser/Heine* 35 [potentielles Gefährdungsdelikt]; LK-*Steindorf* 1 [Verletzungsdelikt]). **Praktische Bedeutung** hat § 329 nicht erlangt.

Nachweise zur **Literatur:** *Gütschow,* Der Artenschutz im Umweltstrafrecht, 1998. Vgl. i. Ü. 2 vor § 324; 1 a zu § 324. 1 a

2) Gemeinsame Voraussetzung aller Tatbestände ist, dass **gegen diejenigen** speziellen inländischen **Rechtsvorschriften verstoßen** oder (in II bis IV) vollziehbaren Untersagungen (8 zu § 330 d) zuwidergehandelt wird, die jeweils **zum Schutze des** betreffenden **Gebiets erlassen** sind. An einer solchen Verbotswidrigkeit fehlt es, wenn der Eingriff auf Grund einer behördlichen Bewilligung, Erlaubnis oder Planfeststellung rechtlich erlaubt und das Handeln nicht nach § 330 d Nr. 5 wie genehmigungsloses Handeln anzusehen ist. 2

3) Nach I sind **A. Schutzgegenstand a) Gebiete nach § 49 I BImSchG,** die nach landesrechtlichen Vorschriften eines besonderen Schutzes vor schädlichen Umwelteinwirkungen durch Luftverunreinigungen oder Geräusche (vgl. § 325) bedürfen, zB Kur-, Erholungs- oder Klinikgebiete (vgl. *Landmann-Rohmer* GewO III, 11 zu § 49 BImSchG), oder **b) sog. Smog-Gebiete** iS § 49 II BImSchG, dh Gebiete, in denen während austauscharmer Wetterlagen ein starkes Anwachsen schädlicher Umwelteinwirkungen durch Luftverunreinigungen zu befürchten ist (§ 49 II S. 1 BImSchG), die also ohnehin stark umweltbelastet sind und innerhalb derer – etwa bei Inversionswetterlagen – auch bei geringfügiger Erhöhung der Immissionen nicht hinnehmbare Umweltbeeinträchtigungen eintreten, denen durch Erlass von sog. Smog-VOen der Länder entgegengewirkt werden soll (*Göhler/Buddendiek/Lenzen* Nr. 154 G; *Landmann-Rohmer* aaO 40 ff. zu § 49 BImSchG; GK-BImSchG-*Weber* 11 ff.). 3

B. Tathandlung ist das **verbotswidrige** (also – nach Satz 1 – entgegen einer auf Grund der Ermächtigung in § 49 I Nr. 1, 3, 4, II Nr. 1, 2 BImSchG erlassenen Rechtsverordnung oder – nach Satz 2 – entgegen einer vollziehbaren Anordnung, oben 2) **Betreiben einer Anlage** iS von § 3 V Nr. 12 (4 zu § 325) und Nr. 3 BImSchG, also nicht nur „genehmigungsbedürftiger Anlagen" iS der 4. BImSchV (9 zu § 327; LK-*Steindorf* 9). Für das Betreiben ist das Ingangsetzen oder Inganghalten der Anlage entgegen einer vollziehbaren Verbotsanordnung oder Betriebsbeschränkung erforderlich; eine Schädigungswirkung ist nicht vorausgesetzt. Das bloße verbotswidrige Errichten einer Anlage wird vom Tatbestand ebenso wie in § 325 (dort 5) nicht erfasst (vgl. aber § 62 I Nr. 8 BImSchG). **Nicht** unter das Betreiben von Anlagen iS der Sätze 1 und 2 fallen nach **Satz 3** (wie in § 325 I S. 2 und § 330 I S. 2) **Verkehrsfahrzeuge** (hierzu 23 vor § 324 und §§ 40 bis 40 e BImSchG; zum OWi-Tatbestand § 6 I Nr. 5 a, § 24 StVG iVm §§ 41, 49 III Nr. 4 StVO). 4

4) Nach II sind **A. Schutzgegenstand Wasser- und Heilquellenschutzgebiete.** Sie bestimmen sich nach § 19 WHG, sowie nach landesrechtlichen Regelungen (Nachw. bei *Gieseke* 8 zu § 19 WHG) und sind wegen ihrer Immissionsempfindlichkeit besonders schutzbedürftig. Maßgebend sind aber nicht nur Verbote für Handlungen, die *innerhalb* eines geschützten Gebiets vorgenommen werden. Die WasserG einiger Länder lassen Schutzanordnungen zu, die Handlungen außerhalb des Schutzgebiets erfassen, zB in der Nähe eines Wasserschutz- oder Heilquellenschutzgebiets (Fundstellen bei *Göhler* 904 D). Nicht nur Rechtsvor- 5 schriften können Verbotswidrigkeit ergeben, sondern, wie II und III klarstellen, auch **vollziehbare** (8 zu § 330 d) **Untersagungen,** sofern sie *zumindest auch* mit der Zielrichtung erlassen wurden (zB nach § 19 e II S. 5 oder § 35 II WHG), den Schutzgegenstand gegen störende Einwirkungen abzusichern.

6 **B. Tathandlungen** sind wegen der größeren Gefährlichkeit jeweils nur solche, die mit dem (gesetz- oder verbotswidrigen) **Betreiben** einer Anlage (5 zu § 325) zusammenhängen; von Nr. 2 ist jedoch schon das (nicht betriebsbezogene) Befördern wassergefährdender Stoffe erfasst. Das bloße (verbotene) Errichten einer solchen erfüllt den Tatbestand nicht, jedoch bleibt eine Ahndbarkeit als Ordnungswidrigkeit (vgl. § 41 I Nr. 2 iVm § 19 II Nr. 1 WHG) unberührt. Andererseits erfasst II auch Taten nach landesrechtlichen Vorschriften, die nur das Errichten und nicht zugleich auch das Betreiben der genannten Anlagen oder das Befördern wassergefährdender Stoffe verbieten; denn das Verbot des Errichtens schließt das des Betreibens und Beförderns mit ein (RegE/18. StÄG, 21). Strafbar sind nach II folgende verbotswidrigen (2, 5) Handlungen innerhalb oder außerhalb des Schutzgebiets (5):

7 **a) nach Nr. 1** das Betreiben (6) **betrieblicher Anlagen** (§ 3 V BImSchG; *Landmann-Rohmer* GewO III, 23 ff. zu § 3 BImSchG; vgl. 2 zu § 325) **zum Umgang mit wassergefährdenden Stoffen** iS des § 19 g I, II WHG, der *nicht nur* Anlagen zum Lagern, Abfüllen und Umschlagen, sondern *auch* solche zum Herstellen und Behandeln dieser Stoffe sowie, wie **Satz 2** klarstellt, Anlagen zum Verwenden dieser Stoffe in den Bereichen der gewerblichen Wirtschaft und öffentlicher Einrichtungen (11 zu § 264) umfasst (RegE 25). Es muss sich um eine auf gewisse Dauer vorgesehene, als Funktionseinheit organisierte Einrichtung von nicht ganz unerheblichem Ausmaß handeln, die der Erfüllung bestimmter Zwecke dient (Bay wistra **94**, 237 m. Anm. *Sack* JR **95**, 37). „Betrieblich" geht weiter als „gewerblich" (*Czychowski* ZfW **80**, 209; *Sack* 58). Unter **Lagern** ist in diesem Zusammenhang (weitergehend als bei § 326 I) insbesondere das Aufbewahren zur späteren Verwendung oder Wiederverwendung zu verstehen (RegE/18. StÄG, 21; *Gieseke* 4 c zu § 26 WHG; *Sieder/Zeitler* 53 ff. zu § 19 g WHG). Isolier-, Kühl- oder Schmiermittel und andere Stoffe, die in Maschinen und Geräten der Funktionsfähigkeit dienen, werden nicht gelagert (*Czychowski* ZfW **77**, 84; *Sieder/Zeitler* 57 zu § 19 g WHG). **Abfüllen** ist vor allem das Überleiten des Stoffes, zB das Befüllen von Anlagen, die nicht mit einem Transport in Verbindung stehen, oder in Einrichtungen, Geräte und Fahrzeuge, um den Stoff dort als Betriebsmittel zu verwenden (*Sieder/Zeitler* 59 f. zu § 19 g WHG; abw. offenbar RegE 21). Der Begriff **Umschlagen** erfasst allgemein Vorgänge des Beladens oder Beschickens von Stoffen in Transportanlagen oder in feste Anlagen, die dem Bereitstellen oder Aufbewahren zum Zwecke des späteren Transports dienen, und umgekehrt das Entladen der Transporteinrichtung; jedoch fallen Stoffe zum Betreiben des aufnehmenden Fahrzeugs nicht darunter (RegE 21; *Gieseke* 8 zu § 19 g; LK-*Steindorf* 22). **Wassergefährdende Stoffe** sind nach § 19 g V WHG (iVm den LagerVOen der Länder, *Göhler* 904 D; solche, die geeignet sind, **nachhaltig** (was Umfang und zeitliche Dauer [dies jedoch nur in Bezug auf die Eignung] betrifft; vgl. 5 zu § 325) die physikalische, chemische oder biologische Beschaffenheit des Wassers zu ändern (vgl. auch 6 zu § 324; *Gieseke* 16, *Sieder/Zeitler* 32 ff., beide zu § 19 g WHG); ausgenommen sind nach § 19 g VI WHG Abwasser, Jauche und Gülle;

8 **b) nach Nr. 2 aa)** das Betreiben (6) von **Rohrleitungsanlagen** (§ 19 a I WHG) zum Befördern wassergefährdender Stoffe, insbesondere auch die Pump-, Abzweig-, Übergabe- sowie Absperr- und Entlastungsstationen. **Wassergefährdende Stoffe** sind die in § 19 a II Nr. 1 WHG (iVm der WasGefStBefV v. 19. 12. 1973, BGBl. I 1946; *III 753–1–2*) enumerativ genannten flüssigen und gasförmigen Stoffe. Das Betreiben von genehmigungsbedürftigen oder anzeigepflichtigen Rohrleitungsanlagen *außerhalb* von Wasserschutz- und Heilquellenschutzgebieten wird wegen der erheblichen Gefahren bereits von § 327 II Nr. 2 erfasst; **bb)** das

Befördern wassergefährdender Stoffe (Nr. 2, 2. Alt.) in einem geschützten Gebiet. Namentlich spektakuläre Unfälle mit Tanklastzügen zur Beförderung dieser Stoffe haben der Forderung, bereits den von einer rechtswidrigen Verursachung ausgehenden abstrakten Gefahren auch strafrechtlich zu begegnen, Nachdruck verliehen. Schutzanwendungen der Länder, die den Transport der Stoffe in den Schutzgebieten untersagen, tragen dem bereits Rechnung, so dass das Befördern entgegen einer Schutzanordnung oder vollziehbaren Untersagung (8 zu § 330 d) von Nr. 2 erfasst wird;

c) nach Nr. 3 den Abbau von **Kies, Sand, Ton oder anderen festen Stoffen,** zB Humus, Schlamm (LK-*Steindorf* 29, 32; *S/S-Eser/Heine* 31), und zwar **im Rahmen eines Gewerbebetriebs** und nicht privat, da nur bei einem erheblichen Abbau für das Grundwasser oder für geschützte Quellen Beeinträchtigungen drohen (RegE/18. StÄG, 21/22; *Czychowski* ZfW **80**, 210; *Michalke* 181). **Satz 2** definiert, was unter einer **betrieblichen Anlage** zum Umgang mit wassergefährdenden Stoffen iS des Satzes 1 zu verstehen ist. Erfasst sind danach auch solche **in einem öffentlichen Unternehmen.** 9

5) Nach III sind A. Schutzgegenstand Naturschutzgebiete (§ 13 BNatSchG) und **Nationalparke** (§ 14 BNatSchG), ferner die **als Naturschutzgebiet einstweilig sichergestellten Flächen** (§ 12 III Nr. 2 BNatSchG; hierzu *Lorz,* in: *Erbs/Kohlhaas* 4 b zu § 12 BNatSchG), da gerade in dem Zeitraum zwischen dem Bekannt werden einer beabsichtigten Unterschutzstellung und deren Verwirklichung auf solchen Gebieten nicht wiedergutzumachende Schäden verursacht werden können (Ber. I 32). Landschaftsschutzgebiete, Naturparke und geschützte Landschaftsbestandteile iS der §§ 15, 16, 18 BNatSchG sind nach III nicht geschützt; 10

B. Tathandlungen sind solche, die typischerweise die Schutzgebiete (10) gefährden und in ihrer schutzwürdigen Eigenart besonders beeinträchtigen können. Eine Beschränkung auf Handlungen *innerhalb* des Schutzgebiets setzt III nicht voraus; erforderlich ist nur, dass die Handlung **den Schutzzweck** iS von § 12 II BNatSchG oder einer vollziehbaren Untersagung (oben 5) **nicht unerheblich beeinträchtigt** (tatbestandsmäßiger Erfolg). Der Schutzzweck wird in den Schutzanordnungen der Länder (*Göhler/Buddendiek/Lenzen* Nr. 552 II) hinreichend präzisiert. Erforderlich ist eine nicht nur vorübergehende Störung von einer gewissen Intensität, die das Eintreten konkreter Gefahren für die in der Schutzanordnung beschriebenen Güter wahrscheinlich macht, was voraussetzt, dass die Handlung im Hinblick auf das *jeweilige Gebiet* zu bewerten ist (RegE 27; vgl. dazu *Zieschang,* Die Gefährdungsdelikte, 1998, 247). Die einschränkende Klausel soll verdeutlichen, dass nicht jeder unbefugte Eingriff, sondern nur **schwerwiegende** Fälle mit kriminellem Unrechtsgehalt erfasst werden, insbesondere solche Handlungen, die in den LPflegeG als „Eingriffe in die Landschaft" qualifiziert sind und die gerade die Teile treffen, deretwegen das betroffene Gebiet unter Naturschutz gestellt wurde und die (überwiegend) die materielle Voraussetzung für die Erklärung zum Naturschutzgebiet (10) erfüllen (*Möhrenschlager* NStZ **94**, 568). 11

Im Einzelnen ist nach III strafbar, wer verbotswidrig, dh entgegen einer zum Schutze eines Gebiets (10) erlassenen Rechtsvorschrift oder vollziehbaren Untersagung **a) (Nr. 1) Bodenschätze** oder andere **Bodenbestandteile abbaut oder gewinnt;** hierzu gehört auch der unerlaubte Kies- oder Sandabbau; **b) (Nr. 2) Abgrabungen oder Aufschüttungen vornimmt** (vgl. § 13 I Nr. 2 BWNatSchG, § 5 Nr. 1 HE NatG, § 4 I Nr. 3 RhPf LPflG), hierzu gehören auch Auf- oder Abspülungen (RegE/18. StÄG, 35); **c) (Nr. 3) Gewässer** (2 a zu § 324) **schafft, verändert oder beseitigt,** so zB, wenn oberirdische Binnengewässer von natürlichen Wasserläufen abgeleitet, künstliche Teiche oder Seen angelegt oder natürliche ganz oder teilweise eingeschüttet werden, aber auch wenn in Küstengewässern, etwa im Wattbereich, unzulässige Eindeichungen vorgenommen werden oder wenn der Grundwasserspiegel verändert wird. Zum Gewässerbegriff vgl. § 330 d Nr. 1; 12

d) (Nr. 4) Moore, Sümpfe, Brüche oder sonstige Feuchtgebiete entwässert, wer in solchen Gebieten großflächige Auffüllungen, Abtorfungen oder Trockenlegungen vornimmt (RegE/18. StÄG 22); **e) (Nr. 5) Wald rodet**; hierbei sind im Hinblick auf die Voraussetzungen zu 10 nur Rodungen erheblichen Umfangs (vgl. § 2 BWaldG) zu verstehen (*S/S-Eser/Heine* 44). **f) (Nr. 6) Tiere** einer iS des BNatSchG (vgl. § 20e BNatSchG iVm BArtSchV) besonders geschützten Art **tötet, fängt, diesen nachstellt** (11 zu § 292), deren **Gelege,** nämlich die Gesamtheit der Eier, die eierlegende Tiere (zB Vögel, Kriechtiere, Insekten) an einer Stelle ablegen, ganz oder zT **zerstört** oder (zB durch das Verbringen einzelner Eier aus dem Gelege) **entfernt; g) (Nr. 7) Pflanzen** einer iS des BNatSchG besonders geschützten Art **beschädigt** (d. i. jede nicht unerhebliche Einwirkung auf die Pflanze, durch die diese entweder in ihrer Substanz verletzt oder in ihrer Lebensfunktion beeinträchtigt wird, RegE 26) oder **entfernt** (dh aus dem geschützten Gebiet verbringt); eine Umsetzung innerhalb des Schutzgebiets scheidet aus, RegE aaO; **h) (Nr. 8) ein Gebäude errichtet.** Damit sollen störende Einflüsse auf das Schutzgebiet und die Präsenz von Menschen und die dadurch für das Schutzgebiet hervorgerufenen Störungen des Schutzzwecks eingeschränkt werden.

13 **6)** Der **Vorsatz,** den I bis III voraussetzen (bedingter genügt), bezieht sich auf die Merkmale der eigentlichen Tathandlungen (oben 6 ff.). Die die Verbote kennzeichnenden Bezugsnormen muss der Täter nicht im Einzelnen kennen (*Winkelbauer* aaO [2 vor § 324] 16; LK-*Steindorf* 55); es reicht aus, wenn er allgemein weiß, dass er gegen eine formal wirksame Rechtsvorschrift verstößt (SK-*Horn* 5). Zur **Fahrlässigkeit (IV)** ist unter jeweiliger Anhebung der Strafrahmen zwischen Tathandlung des I, II einerseits (Nr. 1) und III andererseits (Nr. 2) unterschieden.

14 **7)** Die **Strafdrohung** ist wegen des vergleichbaren Unrechtsgehalt der des § 325a und des § 327 II angepasst und nach der Schuldform abgestuft. In besonders schweren Fällen ist die des § 330 und, falls der Täter sich bereichern wollte, § 41 (dort 4) maßgebend. Eine sog. „Minima-Klausel" entsprechend § 326 VI hat der Gesetzgeber hier auch für die Fälle des abstrakten Gefährdungsdelikts (I, II) ausdrücklich abgelehnt (Ber. I 31), daher scheidet eine analoge Anwendung des § 326 VI auch dann aus, wenn es offensichtlich ist, dass die Tat nach I, II zu einer konkreten Gefährdung nicht geführt haben konnte, etwa wenn ein Unternehmer seine Anlage nach Besserung der Wetterlage aber vor formeller, aber zu erwartender Aufhebung des Smog-Alarms wieder in Betrieb nahm. Eine Anwendung der §§ 153 ff. StPO ist freilich in geeigneten Fällen möglich. Einziehung § 330c.

15 **8) Konkurrenzen.** Tateinheit ist möglich zwischen I und §§ 325, 327 II Nr. 1, zwischen II und §§ 324, 326 I, 327 II, zwischen III und §§ 324, 327 II; LK-*Steindorf* 58.

Besonders schwerer Fall einer Umweltstraftat

330 **I In besonders schweren Fällen wird eine vorsätzliche Tat nach den §§ 324 bis 329 mit Freiheitsstrafe von sechs Monaten bis zu zehn Jahren bestraft. Ein besonders schwerer Fall liegt in der Regel vor, wenn der Täter**

1. ein Gewässer, den Boden oder ein Schutzgebiet im Sinne des § 329 Abs. 3 derart beeinträchtigt, dass die Beeinträchtigung nicht, nur mit außerordentlichem Aufwand oder erst nach längerer Zeit beseitigt werden kann,
2. die öffentliche Wasserversorgung gefährdet,
3. einen Bestand von Tieren oder Pflanzen der vom Aussterben bedrohten Arten nachhaltig schädigt oder
4. aus Gewinnsucht handelt.

II Wer durch eine vorsätzliche Tat nach den §§ 324 bis 329

1. einen anderen Menschen in die Gefahr des Todes oder einer schweren Gesundheitsschädigung oder eine große Zahl von Menschen in die Gefahr einer Gesundheitsschädigung bringt oder
2. den Tod eines anderen Menschen verursacht,

wird in den Fällen der Nummer 1 mit Freiheitsstrafe von einem Jahr bis zu zehn Jahren, in den Fällen der Nummer 2 mit Freiheitsstrafe nicht unter drei Jahren bestraft, wenn die Tat nicht in § 330 a Abs. 1 bis 3 mit Strafe bedroht ist.

III **In minder schweren Fällen des Absatzes 2 Nr. 1 ist auf Freiheitsstrafe von sechs Monaten bis zu fünf Jahren, in minder schweren Fällen des Absatzes 2 Nr. 2 auf Freiheitsstrafe von einem Jahr bis zu zehn Jahren zu erkennen.**

1) Allgemeines. Die Vorschrift gilt idF des Art. 1 Nr. 14 des 2. UKG (1 a vor § 324). **Abs. I** ist in eine Vorschrift für besonders schwere Fälle mit **Regelbeispielen** umgewandelt worden. Durch Art. 1 Nr. 90 des **6. StrRG** (2 f. vor § 174) ist der bisherige Wortlaut Abs. I geworden, die Regelbeispiele Nr. 1 und 2 wurden als **Qualifikationen** in den neuen Abs. II übernommen, der durch III ergänzt wird. Die Regelbeispiele Nr. 3 bis 6 wurden Nr. 1 bis 4. Die gesetzliche Fassung entspricht dem Vorschlag des BRats (BT-Drs. 13/8587, 52, 75; 13/9064, 23). **Statistik:** *Sack* 10. 1

2) Die **Regelbeispiele** des **Abs. I** (vgl. 90 ff. zu § 46, aber auch 11 zu § 12, 11 zu § 16) erhöhen den Strafrahmen für vorsätzliche Taten nach den §§ 324 bis 329; die Voraussetzungen der Regelbeispiele müssen vom **Vorsatz** umfasst sein. 2

A. Nr. 1 setzt voraus, dass ein **Gewässer** (2 a zu § 324; § 330 d Nr. 1), den **Boden** (2 zu § 324 a) oder **ein Schutzgebiet** iS des § 329 (5 zu § 329) schwerwiegend **beeinträchtigt ist,** nämlich derart, dass die Beeinträchtigung der Schutzobjekte entweder gar nicht, nur mit außerordentlichem (willensmäßigem oder materiellem) Aufwand oder erst nach längerer Zeit so beseitigt werden kann, dass das Schutzobjekt ohne eine unverhältnismäßig schwierige Maßnahme zur Schadensbeseitigung so wie vor der Beeinträchtigung oder wie geplant genutzt werden kann. Mit dieser Umschreibung des besonders schweren Falles sollte das gesetzgeberische Anliegen der Eingrenzung auf „besonders schwerwiegende Beeinträchtigungen" der Schutzgüter (RegE 28) zu erreichen sein (vgl. *Sack* 60; GK-BImSchG-*Weber* 14). 3

B. Nr. 2 setzt voraus, dass der Täter **die öffentliche** (nicht die private oder betriebliche; vgl. aber § 319) **Wasserversorgung gefährdet.** Gemeint ist die auf Dauer angelegte Versorgung der Allgemeinheit mit Trink- und Brauchwasser in einem bestimmten Versorgungsgebiet (*S/S-Cramer/Heine* 6; LK-*Steindorf* 16). Gefährdet wird sie jedenfalls, wenn Teile der Wasserspeicher tatsächlich verseucht sind und das Trinkwasser rationiert werden muss. Es ist jedoch nicht erforderlich, dass eine Verunreinigung bereits eingetreten ist (SK-*Horn* 5). Die Strafschärfung bezieht sich auf alle vorsätzlichen Taten nach den §§ 324 bis 329. 4

C. Nr. 3 verlangt, dass der Täter **einen Bestand von Tieren oder Pflanzen der vom Aussterben bedrohten Arten** iS von § 20 e I S. 2, III S. 2 BNatSchG iVm § 1 BArtSchV und der zur Durchführung des Washingtoner ArtenschutzÜbk. in der EG erlassenen VO (EG) Nr. 3626/82 des Rates vom 3. 12. 1982 (ABl. EG Nr. L 384/1) **nachhaltig schädigt,** dh in erheblichem Umfang und für längere Dauer (5 zu § 326; jedoch reicht die *Eignung dazu* – anders als in § 325 IV Nr. 2 oder § 326 I Nr. 4 nicht aus). Zum Begriff „Bestand" vgl. 5 e zu § 326. Nr. 3 ergänzt § 30 a BNatSchG. 5

D. Nr. 4 liegt vor, wenn der Täter **aus Gewinnsucht handelt.** Dieses Regelbeispiel (vgl. § 236 IV Nr. 1, § 283 a S. 2 Nr. 1, § 283 d III S. 2 Nr. 1) deckt sich nicht mit dem Merkmal der Gewerbsmäßigkeit. Diese dürfte als unbenanntes Beispiel eines besonders schweren Falles im Rahmen der §§ 324 ff. dann nicht in Betracht kommen, wenn die Gewerbsmäßigkeit Tatbestandsvoraussetzung ist; unter dieser Voraussetzung tritt auch § 12 I, II MBergG nach dessen § 12 III hinter § 330 zurück. 6

3) Abs. II idF durch das 6. StrRG (3 vor § 174; oben 1) stuft die früheren Regelbeispiele des I Nr. 1 und 2 aF als **Qualifikationen** ein, die mit *Verbrechens*strafe 7 bedroht sind, um dem vom 6. StrRG verfolgten Ziel der Strafrahmenharmonisierung im BT des StGB Rechnung zu tragen (BT-Drs. 13/8587, 52).

8 **A. Nr. 1** ist konkretes Gefährdungsdelikt und bedroht die Verursachung der konkreten **Gefahr des Todes** oder einer **schweren Gesundheitsschädigung** (8 f. zu § 176 a) eines Menschen; dazu zählt nicht nur eine schwere Körperverletzung iS des § 226, sondern auch die Beeinträchtigung der Gesundheit durch langwierige ernste Krankheit, insb. durch erhebliche Beeinträchtigung im Gebrauch der Sinne, der körperlichen Leistungsfähigkeit und der Arbeitsfähigkeit (LK-*Steindorf* 3; *S/S-Cramer/Heine* 9); oder der Gesundheitsschädigung einer **großen Zahl** von Menschen. Der Begriff ist weder mit dem der „Menschenmenge" in § 124 noch mit dem „vieler Menschen" in §§ 283 a Nr. 2, 283 d III Nr. 2 identisch und jedenfalls enger als der der „unübersehbaren Zahl" in § 309 II (**aA** *Sack* 78); er wird auch in §§ 263 III Nr. 2, 267 III Nr. 3, 306 b I, 308 II, 309 III, 312 III, 315 III Nr. 2, 318 III, 330 a I verwendet. Die Grenze darf nicht zu hoch angesetzt werden und dürfte bei **20 Personen** liegen (str.; **aA** *Lackner/Kühl* 6 [mehr als 20, also nicht „unübersehbar"]; NK-*Ransiek* 7 [„Zahl der potenziellen Opfer muss nicht unübersehbar sein"]; wie hier LK-*Steindorf* 6; GK-BImSchG-*Weber* 29; auf den Einzelfall abstellend *S/S-Cramer/Heine* 9 a). Nr. 1 ist kein erfolgsqualifiziertes Delikt iS von § 18; die Tat setzt mindestens bedingten **Vorsatz** voraus (*S/S-Cramer/Heine* 12). Die Strafe von 1 bis 10 Jahren wird nach III in minder schweren Fällen gemildert.

9 **B. Nr. 2** ist eine **Erfolgsqualifikation** und bedroht die wenigstens fahrlässige (§ 18) Todesverursachung mit Freiheitsstrafe von 3 bis 15 Jahren (minder schwere Fälle in III, 2. HS). Der Erfolg muss *durch* die (vorsätzliche) Tat nach §§ 324 bis 329 verursacht sein; erforderlich ist ein unmittelbarer Pflichtwidrigkeitszusammenhang des Todeserfolgs mit der Tathandlung.

10 **C.** Gegenüber § 330 a I bis III ordnet II, letzter HS, ausdrücklich **Subsidiarität** an. Das erscheint deshalb nicht nachvollziehbar, weil die Strafdrohungen des II und des § 330 a I und II identisch sind, und mag darauf zurückzuführen sein, dass die im RegE vorgesehenen geringeren Strafdrohungen (BT-Drs. 13/8587, 11, 52) auf Einwendungen des BRats (ebd. 75 f.) denen des § 330 a angeglichen wurden.

11 **4) Sonstige Vorschriften:** § 37 I bis IV UmweltSchProt-AG tritt nach dessen § 37 V hinter die §§ 324, 326, 330 zurück, wenn die Tat darin mit gleicher oder schwererer Strafe bedroht ist.

Schwere Gefährdung durch Freisetzen von Giften

330a **I Wer Stoffe, die Gifte enthalten oder hervorbringen können, verbreitet oder freisetzt und dadurch die Gefahr des Todes oder einer schweren Gesundheitsschädigung eines anderen Menschen oder die Gefahr einer Gesundheitsschädigung einer großen Zahl von Menschen verursacht, wird mit Freiheitsstrafe von einem Jahr bis zu zehn Jahren bestraft.**

II Verursacht der Täter durch die Tat den Tod eines anderen Menschen, so ist die Strafe Freiheitsstrafe nicht unter drei Jahren.

III In minder schweren Fällen des Absatzes 1 ist auf Freiheitsstrafe von sechs Monaten bis zu fünf Jahren, in minder schweren Fällen des Absatzes 2 auf Freiheitsstrafe von einem Jahr bis zu zehn Jahren zu erkennen.

IV Wer in den Fällen des Absatzes 1 die Gefahr fahrlässig verursacht, wird mit Freiheitsstrafe bis zu fünf Jahren oder mit Geldstrafe bestraft.

V Wer in den Fällen des Absatzes 1 leichtfertig handelt und die Gefahr fahrlässig verursacht, wird mit Freiheitsstrafe bis zu drei Jahren oder mit Geldstrafe bestraft.

1 **1) Allgemeines.** Die Vorschrift idF des Art. 1 Nr. 14 des 2. UKG (vor § 324) ergänzt die §§ 324 ff. (insbesondere § 330), die bereits Vergiftungen der Umweltmedien Gewässer (§ 324),

Boden (§ 324 a) und Luft (§ 325) zum Gegenstand haben (so zB § 325 II, IV Schadstoffe, § 326 Krankheitserreger, radioaktive Abfälle, § 328 radioaktive Stoffe). Sie ist durch Art. 1 Nr. 91 des 6. StrRG (2 f. vor § 174) in Abs. I zum Verbrechen hochgestuft worden. Abs. II und III sind neu eingefügt worden. Die Änderungen dienten vor allem dem Zweck, § 330 a dem nach Struktur und Schutzzweck ähnlichen § 314 anzugleichen (BT-Drs. 13/8587, 52 f.); § 330 a I enthält **konkrete Gefährdungstatbestände** (19 vor § 13) in Angleichung an § 330 II Nr. 1 und bietet strafrechtlichen Schutz vor den Gefahren, die von den (unten 2) genannten Stoffen ausgehen, setzt aber nicht (wie zB die §§ 324 a, 325) die Verletzung vwrechtlicher Pflichten oder (wie zB 324, 326) unbefugtes Handeln voraus; denn auch eine behördliche Erlaubnis zur Verursachung von Immissionen rechtfertigt die Herbeiführung schwerster Gefahren für die menschliche Gesundheit nicht (MDR/D **75**, 723; *Rogall* JZ-GD **80**, 114; *Bloy* ZStW **100**, 501; LK-*Steindorf* 2; *S/S-Cramer/Heine* 1). Abs. III enthält eine Erfolgsqualifikation, die § 330 II Nr. 2 entspricht. Zum Geltungsbereich vgl. 11, 11 a zu § 5; **Statistik**: *Sack* 2.

Literatur: *Ohm,* Der Giftbegriff im Umweltstrafrecht, 1985. 1 a

2) Abs. I dehnt den **Tatgegenstand** gegenüber § 330 a aF dadurch aus, dass nicht nur solche **Stoffe** erfasst werden, die bereits **Gift** (3 zu § 314; vgl. auch § 3 a ChemG idF d. das BiozidG v. 20. 6. 2002 [BGBl. I 2076]) **enthalten,** sondern auch solche Stoffe, die Gift erst (zB durch eine chemische Reaktion bei Kontakt mit dem Wasser oder dem Sauerstoff der Luft) **hervorbringen können.** Ein einzelner solcher Stoffe kann genügen. Nichtionisierende Strahlen sind durch § 325 a iVm § 330, der unerlaubte Umgang mit radioaktiven Stoffen, Gefahrstoffen iS des ChemG sowie gefährlichen Gütern von § 328 iVm § 330, der Missbrauch ionisierender Strahlen von § 309 erfasst. I findet vor allem dort Anwendung, wo die geschützten Umweltgüter (3 vor § 324) durch das Verbreiten oder Freisetzen der Stoffe direkt zu einer schweren Gefahr für Menschen werden. 2

3) Die vorsätzliche **Tathandlung** des I wird durch das untereinander nicht abgrenzbare (ebenso *S/S-Cramer/Heine* 4; **aA** *Sack* 12, 46) Begriffspaar des **Verbreitens** (hier in einem anderen Sinne als zB bei § 74 d oder § 184 II verwendet, LK-*Steindorf* 5) und **Freisetzens** (2 zu § 311) umschrieben, wodurch deutlich wird, dass nicht nur zielgerichtetes und kalkuliertes Gelangenlassen der Stoffe (2) in die Umwelt erfasst wird, sondern gerade auch unkontrolliertes oder nicht mehr kontrollierbares (weiter NK-*Ransiek* 4) **Geschehenlassen** in dem Sinne, dass sich solche Stoffe (2) innerhalb des Schutzbereichs umweltgefährdend ausdehnen können (LG Frankfurt NStZ **90**, 892), zB durch sachwidriges Lagern, durch bloßes Liegenlassen (*Lackner/Kühl* 3) oder durch unerlaubte Giftmüllbeseitigung (vgl. § 326). Die Reichweite des Tatbestandes tritt aber insbesondere dadurch hervor, dass das Schutzobjekt sämtliche umweltrelevanten Medien umfasst. Erfasst ist nicht nur das Freisetzen **in der Luft** und **in einem Gewässer** (§ 330 d Nr. 1), sondern auch das **im Boden** (§ 324 a, der die Ebenbürtigkeit dieses Schutzguts zum Ausdruck bringt), so dass auch zB Fälle erfasst sind, in denen die Stoffe (2) auf die Pflanzen- oder Tierwelt (Ber. I 35) übertragen und damit verbreitet werden. Erfasst ist jegliches Verhalten, durch das sich der Stoff *unkontrollierbar* und umweltgefährdend ausdehnen und verbreiten kann. Das Auslegen von festen Stoffen (zB von Rattengift) ist, soweit es eine unkontrollierbare Wirkung nicht auslöst, vom Tatbestand nicht erfasst (RegE/18. StÄG, 26). Ein **Unterlassen** erfüllt den Tatbestand, wenn ein Garant die *weitere* Verbreitung des Stoffs nicht verhindert und hierdurch den Gefahreintritt verursacht; daher erfasst Abs. I uU auch das Unterlassen eines **Produkt-Rückrufs.** 3

4) Durch die Taten muss die **konkrete Gefahr des Todes** oder (in Anpassung an § 330) **einer schweren Gesundheitsschädigung** (8 zu § 330) eines Menschen oder die konkrete Gefahr einer Gesundheitsschädigung **einer großen Zahl** (8 zu § 330) von Menschen verursacht sein. Der Täter muss **vorsätzlich** handeln; bedingter Vorsatz genügt. 4

5) Abs. II ist durch das 6. StrRG eingefügt worden (oben 1) und enthält eine *Erfolgsqualifikation* der **Verursachung des Todes** eines anderen Menschen; sie entspricht § 330 II Nr. 2 (vgl. dort). Hinsichtlich der schweren Folge reicht **Fahrlässigkeit** aus (§ 18). 5

5a 6) **Abs. III** enthält gemilderte Strafdrohungen für minder schwere Fälle der Vorsatzdelikte nach I und II.

6 7) **Abs. IV** erfasst Fälle, in denen der Täter die Tathandlung des I zwar vorsätzlich begeht, die **Gefahr** (oben 4) aber **fahrlässig** verursacht, und droht hierfür eine mildere Strafe an. Die Tat bleibt Vorsatztat im Rechtssinne (§ 11 II), so dass Teilnahme möglich ist (41 zu § 11; LK-*Steindorf* 19).

7 8) **Abs. V** dehnt den Anwendungsbereich weiter dadurch aus, dass auch Fälle erfasst werden, in denen der Täter in den Fällen des I **leichtfertig handelt** (20 zu § 15) und **die Gefahr fahrlässig verursacht wird.** Fälle der fahrlässigen gefährlichen Giftverbreitungen oder -freisetzungen werden bereits von den §§ 324 ff. erfasst, zB wenn das Freisetzen zusätzlich zu einer Verunreinigung des Gewässers, des Bodens oder der Luft geführt hat oder Folge einer pönalisierten Abfallbeseitigungshandlung iS § 328 I Nr. 1, V oder des gefährlichen Umgangs mit gefährlichen Stoffen iS des § 328 III bis V ist. V erfasst, begrenzt jedoch auf leichtfertiges Handeln, noch verbleibende Fälle, zB solche, in denen das Verbreiten oder Freisetzen nicht Gefahren durch den Umgang mit Stoffen in einem Betrieb, sondern in einem privaten (etwa dem häuslichen) Bereich verursacht (RegE 28).

7a 9) Eine **behördliche Erlaubnis,** den gefährlichen Stoff freizusetzen, hat keine rechtfertigende Wirkung; § 330 a ist nicht verwaltungsakzessorisch (NK-*Ransiek* 7). Eine **Rechtfertigung** kommt nach den Grundsätzen über eine eigenverantwortliche Selbstgefährdung in Betracht.

8 10) **Konkurrenzen.** Tateinheit ist möglich mit §§ 211 ff., 223 ff., 224 Nr. 1, 324 ff. iVm § 330, hinsichtlich IV auch mit den fahrlässigen Tötungs- und Körperverletzungstatbeständen, LK-*Steindorf* 22. § 37 I bis IV UmweltSchProt-AG tritt nach dessen § 37 V hinter § 330 a zurück, soweit die Tat darin mit gleicher oder schwererer Strafe bedroht ist; unter dieser Voraussetzung tritt auch § 12 I, II MBergG nach dessen § 12 III hinter § 330 a zurück; § 314 geht vor (SK-*Horn* 11; *S/S-Cramer/Heine* 12; *Lackner/Kühl* 8). Zum Verhältnis zu § 330 II vgl. die **Subsidiaritätsklausel** in § 330 II, letzter HS (dazu 10 zu § 330).

9 11) **Sonstige Vorschriften.** Tätige Reue § 330 b; Terroristische Vereinigung § 129 a II Nr. 3.

Tätige Reue

330b **I Das Gericht kann in den Fällen des § 325 a Abs. 2, des § 326 Abs. 1 bis 3, des § 328 Abs. 1 bis 3 und des § 330 a Abs. 1, 3 und 4 die Strafe nach seinem Ermessen mildern (§ 49 Abs. 2) oder von Strafe nach diesen Vorschriften absehen, wenn der Täter freiwillig die Gefahr abwendet oder den von ihm verursachten Zustand beseitigt, bevor ein erheblicher Schaden entsteht. Unter denselben Voraussetzungen wird der Täter nicht nach § 325 a Abs. 3 Nr. 2, § 326 Abs. 5, § 328 Abs. 5 und § 330 a Abs. 5 bestraft.**

II Wird ohne Zutun des Täters die Gefahr abgewendet oder der rechtswidrig verursachte Zustand beseitigt, so genügt sein freiwilliges und ernsthaftes Bemühen, dieses Ziel zu erreichen.

1 1) **Allgemeines.** Die Vorschrift idF des Art. 1 Nr. 14 des 2. UKG (vor § 324), redaktionell geändert durch Art. 1 Nr. 92 des 6. StrRG (3 vor § 174) und durch Art. 2 Nr. 3 des UVNVAG (1 zu § 328), gibt die auf Kritik gestoßene Beschränkung auf konkrete Gefährdungsdelikte auf und dehnt sie aus auf Fälle des Vorliegens eines bloß **abstrakten Gefahrenzustandes,** um im Interesse eines präventiven Rechtsgüterschutzes einen weiteren Anreiz zu Abwehrmaßnahmen zu geben. Für § 330 erübrigt sich eine vergleichbare Regelung, da hier die Tätige Reue bereits zur Nichtannahme eines Regelbeispiels führt. In den in § 330 b nicht genannten Vorschriften dieses Abschnitts ist § 24 anwendbar, der jedoch in den Fällen des § 330 b ausgeschlossen ist. Bei den übrigen Tatbeständen kann Tätige Reue nur im Rahmen der Strafzumessung berücksichtigt werden (*S/S-Cramer/Heine* 1).

2 2) **Abs. I** erfasst die konkreten Gefährdungstatbestände des § 325 a II und des § 330 a I, III und IV in:

A. Satz 1 zusammen mit den abstrakten Gefährdungsumschreibungen des § 326 I bis III sowie des § 328 I bis III. Dass die Verweisung auf § 328 II Nr. 3 einen praktischen Sinn hat, erscheint zweifelhaft. Die **Tätige Reue** hat darin zu bestehen, dass der **Täter freiwillig** (18 ff. zu § 24) in den Fällen konkreter Gefährdungsdelikte **die Gefahr abwendet, bevor** ein **erheblicher Schaden** (3 zu § 312) entsteht, oder – in den Fällen der abstrakten Gefahrenlage – **den von ihm verursachten Zustand beseitigt,** bevor eine erheblicher Schaden entsteht. Eine Ausdehnung auf Tatbestände, bei denen die geschützten Rechtsgüter bereits verletzt sind, oder auf Tätigkeitsdelikte scheidet zur Vermeidung von Missbräuchen aus. Die Ausdehnung des I gilt auch beim vorschriftswidrigen Umgang mit gefährlichen Stoffen, soweit durch sie ein gefahrenträchtiger Zustand eintritt, zB wenn der Täter gefährliche Stoffe, denen er sich bereits entledigt hatte, *ordnungsgemäß* beseitigt oder sonstige Gefahrensituationen bereinigt. Das Merkmal **„Zustand"** schließt Taten aus, die sich in der Handlung selbst erschöpfen, also nur während dieses Moments zur abstrakten Gefahr führen. Gemeint ist ein Zeitfaktor, in dem sich eine abstrakte zu einer konkreten Gefahr verdichten kann (RegE 29).

Folge der tätigen Reue ist in den Fällen des I Satz 1, dass der Richter **a)** innerhalb eines verhältnismäßig weiten Ermessensspielraums (hierzu Ber. I 35 f.) die Möglichkeit hat, entweder die Vergünstigung nicht eingreifen zu lassen oder die Strafe nach seinem Ermessen zu mildern (§ 49 II, dort 5 ff.) oder von Strafe abzusehen (6 ff. zu § 23), aber nur die nach diesen Vorschriften, so dass eine Verurteilung nach anderen Tatbeständen, die etwa in Tateinheit zusammentreffen, aber bei § 330 I auch nach den Grundtatbeständen der §§ 324 ff. ebenso möglich bleibt wie eine Ahndung als Ordnungswidrigkeit (Ber. I 36). 3

B. Nach Satz 2 wird der Täter bei fahrlässigem Handeln **unter denselben Voraussetzungen,** wie sie oben 2 umschrieben sind, nicht nach § 325 a III Nr. 2, § 326 V, § 328 V und § 330 a V bestraft (persönlicher Strafaufhebungsgrund). Bei mehreren Tatbeteiligten gilt 36 ff. zu § 24 entsprechend. 4

3) Nach **Abs. II** reicht es aus, wenn der Täter sich freiwillig oder ernsthaft bemüht, die Gefahr abzuwenden oder den rechtswidrig verursachten Schaden (oben 2; 2, 3 zu § 311 e) zu beseitigen, aber nur dann, wenn die Gefahr oder der rechtswidrige Zustand ohne sein Tun auf andere Weise abgewendet wird. 5

4) Einziehung ist in den in § 330 c genannten Fällen als Sicherungseinziehung trotz tätiger Reue möglich (vgl. 8 zu § 312). 6

Einziehung

330c Ist eine Straftat nach §§ 326, 327 Abs. 1 oder 2, §§ 328, 329 Abs. 1, 2 oder 3, dieser auch in Verbindung mit Abs. 4, begangen worden, so können

1. Gegenstände, die durch die Tat hervorgebracht oder zu ihrer Begehung oder Vorbereitung gebraucht worden oder bestimmt gewesen sind, und

2. Gegenstände, auf die sich die Tat bezieht,

eingezogen werden. § 74 a ist anzuwenden.

1) Allgemeines. Die Vorschrift idF des Art. 1 Nr. 14 des 2. UKG (vor § 324) passt die Vorschrift an bereits weitergehende umweltrechtliche Regelungen im Nebenrecht an (zB § 30 b BNatSchG, § 62 KrW-/AbfG, § 40 III PflSchG). 1

2) Satz 1 Nr. 1 regelt die Einziehung von sog. **Tatprodukten** (5 zu § 74) und **Tatmitteln** iS von 6, 7 zu § 74 unter Erweiterung des Kreises der betr. Vorschriften, insbesondere dadurch, dass neben den **Vorsatztaten** der §§ 326, 327 I, II, §§ 328, 329 I bis III, bei denen die Einziehung schon nach § 74 möglich ist, **auch Fahrlässigkeitstaten nach** § 326 V (um zB auch Fälle zu erfassen, in denen der Täter den Abfall zwar vorsätzlich beseitigte, sich aber schuldhaft, nämlich fahrlässig 2 über die Gefährlichkeit der Abfälle irrte), nach § 328 V (wo zB ähnliches beim unerlaubten Umgang mit gefährlichen Stoffen und Gütern gegeben sein kann) und nach § 329 IV, jedoch nur, soweit der Täter in den Fällen des § 329 III fahrlässig handelt (zB beim fahrlässigen Irrtum über den Charakter als Schutzgebiet oder die Wirkung einer Handlung nach § 329 III Nr. 6, 7) erfasst werden. Soweit es sich um den unerlaubten Betrieb von Anlagen nach § 327 oder 329 I, II handelt, belässt es § 330c im Hinblick auf § 74b bei der Beschränkung auf Vorsatztaten.

3 **3) Satz 1 Nr. 2** regelt die Einziehung von sog. **Beziehungsgegenständen** (10, 19 zu § 74) und erweitert den Kreis der betr. Vorschriften (wie oben 2), um über gefährliche Abfälle, Kernbrennstoffe, kerntechnische Anlagen hinaus auch fahrlässige Umweltstraftaten, nämlich die fahrlässige Abfallbeseitigung (§ 326 V), das unerlaubte Betreiben von Anlagen iS des § 327 II und fahrlässige Straftaten nach § 329 III, IV erfassen zu können.

4 **4) Satz 2** ermöglicht die Einziehung täterfremden Eigentums über § 74 II, Nr. 2 hinaus, um auch insoweit dem Nebenstrafrecht (vgl. § 62 KrW-/AbfG, § 30b BNatSchG) anzugleichen und Zugriffsmöglichkeiten zB auch dann zu eröffnen, wenn das unerlaubte Betreiben einer Anlage mit angemieteten oder geliehenen Tatwerkzeugen erfolgt. Eine Begrenzung ergibt sich auch hier aus § 74b.

Begriffsbestimmungen

330d Im Sinne dieses Abschnitts ist

1. ein Gewässer:
ein oberirdisches Gewässer, das Grundwasser und das Meer;

2. eine kerntechnische Anlage:
eine Anlage zur Erzeugung oder zur Bearbeitung oder Verarbeitung oder zur Spaltung von Kernbrennstoffen oder zur Aufarbeitung bestrahlter Kernbrennstoffe;

3. ein gefährliches Gut:
ein Gut im Sinne des Gesetzes über die Beförderung gefährlicher Güter und einer darauf beruhenden Rechtsverordnung und im Sinne der Rechtsvorschriften über die internationale Beförderung gefährlicher Güter im jeweiligen Anwendungsbereich;

4. eine verwaltungsrechtliche Pflicht:
eine Pflicht, die sich aus
a) einer Rechtsvorschrift,
b) einer gerichtlichen Entscheidung,
c) einem vollziehbaren Verwaltungsakt,
d) einer vollziehbaren Auflage oder
e) einem öffentlich-rechtlichen Vertrag, soweit die Pflicht auch durch Verwaltungsakt hätte auferlegt werden können,
ergibt und dem Schutz vor Gefahren oder schädlichen Einwirkungen auf die Umwelt, insbesondere auf Menschen, Tiere oder Pflanzen, Gewässer, die Luft oder den Boden, dient;

5. ein Handeln ohne Genehmigung, Planfeststellung oder sonstige Zulassung:
auch ein Handeln auf Grund einer durch Drohung, Bestechung oder Kollusion erwirkten oder durch unrichtige oder unvollständige Angaben erschlichenen Genehmigung, Planfeststellung oder sonstigen Zulassung.

1 **1) Allgemeines.** *Die Vorschrift* gilt idF des Art. 1 Nr. 15 des 2. UKG (vor § 324; zu Nr. 5 vgl. Ber. v. 20. 2. 1995, BGBl. I 249).

1a **Literatur:** *Fenner,* Der Rechtsmissbrauch im Umweltstrafrecht, 2000 (Diss. Kiel); *Jünemann,* Rechtsmissbrauch im Umweltstrafrecht, 1998 (Diss. Gießen; Bespr. *Heghmanns* GA **00**,

197); *Michalke,* Verwaltungsrecht im Umweltstrafrecht. Die Legaldefinition der „verwaltungsrechtlichen Pflicht“ in § 330d Ziff. 4 StGB, 2001; *Peters,* „Schutz vor Gefahren“ im Strafblankett §§ 328 Abs. III Nr. 1, 330d Nr. 4 lit. a (1. Alt.) StGB und das Bestimmtheitserfordernis gem. Art. 103 Abs. 2 GG, FS für Dieter Leuze, 2003, 419; *Ries,* Die Durchbrechung der Verwaltungsakzessorietät durch § 330d Nr. 5 StGB, 2003; *Schall,* Die Verwaltungsakzessorietät im Lichte des § 330d Nr. 5 StGB, Otto-FS (2007) 743; *ders.,* Die „Verletzung verwaltungsrechtlicher Pflichten“ als strafbegründendes Tatbestandsmerkmal im Umweltstrafrecht, Küper-FS (2007) 505; *ders.,* Die Verwaltungsakzessorietät im Lichte des § 330d Nr. 5 StGB, Otto-FS (2007) 743; *Weber,* Zur Reichweite sektoraler gesetzlicher „Missbrauchsklauseln“, insbesondere des § 330d Nr. 5 StGB, H. J. Hirsch-FS 795; *Wegener,* Verwaltungsakzessorietät im Umweltstrafrecht – zur Auslegung von § 330d Nr. 5 StGB, NStZ **98**, 608; *Wohlers,* Verwaltungsrechtsakzessorietät und Rechtsmissbrauchsklauseln – am Beispiel des § 330d Nr. 5 StGB, JZ **01**, 850. Vgl. im Übrigen **Angaben vor § 324.**

2) Der Gewässerbegriff der **Nr. 1** umfasst auch ausländische Flüsse, um auch Auslandstaten Deutscher erfassen zu können, bei denen der Taterfolg im Ausland eintritt, der Deutsche aber wieder in die BRep. zurückkehrt. Die Ausweitung des Gewässerbegriffs wirkt sich nicht nur auf § 324 (dort 2a), sondern (beim Betrieb in Grenznähe) auf § 325a II, III Nr. 2 und auf § 330 S. 2 Nr. 3 aus, nicht aber auf Vorschriften mit Eignungsklauseln (vgl. § 326 I Nr. 4) oder auf Vorschriften, bei denen sich die innerstaatliche Schutzgutbeschränkung (4 vor § 3) aus der inländischen VwAkzessorietät (6ff. vor § 324) ergibt (vgl. zB § 329 II, III; vgl. zur Beschränkung *S/S-Cramer/Heine* 3f.). Oberirdisches Gewässer ist das ständig oder zeitweilig in natürlichen oder künstlich angelegten Betten fließende oder stehende oder aus Quellen wild abfließende Wasser (vgl. § 1 I Nr. 1 WHG). Der Begriff setzt keine legale Entstehung des Gewässers voraus (BVerwG ZfW **04**, 100). 2

3) Zur **kerntechnischen Anlage, Nr. 2,** vgl. 2 zu § 327. 3

4) Nr. 3 grenzt für § 328 III Nr. 2 die Weite des Begriffs des **gefährlichen Gutes** ein. Es ist **ein Gut iS des GBG.** Das sind nach dessen § 2 I „Stoffe und Gegenstände, von denen auf Grund ihrer Natur, ihrer Eigenschaften oder ihres Zustandes im Zusammenhang mit der Beförderung (8 zu § 329) Gefahren für die öffentliche Sicherheit oder Ordnung, insbesondere für die Allgemeinheit, für wichtige Gemeingüter, für Leben und Gesundheit von Menschen sowie für Tiere und Sachen ausgehen können“. Für den **jeweiligen Anwendungsbereich** wird der Begriff weiter eingegrenzt und verdeutlicht durch die ausfüllenden Vorschriften zum GBG (*Göhler/Buddendiek/Lenzen* Nr. 318 C), insbesondere die **GefahrengutVOen** nebst Anlagen und AusnahmeVOen (*Göhler/Buddendiek/Lenzen* Nr. 318 C; *Bottke* TranspR **92**, 399). Dort sind besonders genannt bestimmte explosive Stoffe, Zündwaren, Feuerwerkskörper, bestimmte Gase, Stoffe, die in Berührung mit Wasser entzündliche Gase entwickeln, selbstentzündliche, entzündbare, entzündend wirkende, giftige, radioaktive, ätzende sowie Ekel erregende oder ansteckungsgefährliche Stoffe, organische Peroxide. Ähnliche Umschreibungen finden sich in **internationalen Rechtsvorschriften.** 4

5) Eine **verwaltungsrechtliche Pflicht** (allgemein zur VwAkzessorietät vgl. 6ff. vor § 324), deren Verletzung in zahlreichen Vorschriften (zB §§ 311d, 324a, 325, 325a, 326 III, 328 III) Tatbestandsmerkmal (*Tiedemann* [2 vor § 324] 25; LK-*Steindorf* 26 zu § 325; *Sack* 120; *Schall,* Küper-FS [2007] 505ff.) und damit Strafbarkeitsvoraussetzung sowie Merkmal iS der §§ 14 und 28 ist, wird in **Nr. 4** iS einer für die Umweltstraftaten allgemein geltenden Definition umschrieben krit. zur **Bestimmtheit** insb. *Heghmanns* [12 vor § 324], 100ff.; *Michalke* StraFo **96**, 73f.; dagegen zutr. *Schall,* Küper-FS [2007] 505, 510ff.). Nr. 4 ist nicht allgemein auf *grobe* Pflichtverletzungen beschränkt (vgl. aber § 311d III Nr. 2, § 325 II, § 328 I Nr. 2, III). In einzelnen Tatbeständen (zB §§ 327, 328 I, II) wird nicht generell auf die Verletzung vwrechtlicher Pflichten, sondern auf die Verletzung einzelner und bestimmter Pflichten (zB „ohne die erforderliche Genehmigung“ oder „entgegen einer vollziehbaren Untersagung“ abgestellt (*Möhrenschlager* NStZ **94**, 515). Die Pflicht iS von Nr. 4 kann sich ergeben: 5

6 **A.** aus einer **Rechtsvorschrift** (formelles Gesetz und die nicht im förmlichen Gesetzgebungsverfahren ergehende RechtsVO sowie die im Rahmen der Rechtssetzungsbefugnis [Art. 28 II GG] erlassene Satzung), die dem Umweltschutz dient (unten 11), dem Bestimmtheitserfordernis (Art. 103 II GG) genügt und auf einer ausreichenden verfassungsrechtlichen Ermächtigung beruht, konkrete Verhaltensanweisungen beinhaltet (allgemeingehaltene Programmsätze können nicht zur Pflichtenbegründung dienen, RegE 31) und den Schutzzweck (unten 11) erkennen lässt;

7 **B.** aus einer **gerichtlichen Entscheidung** im Rahmen ihrer Bindungswirkung und Rechtskraft;

8 **C.** aus einem **vollziehbaren Verwaltungsakt** iS des § 35 VwVfG und der entsprechenden Vorschriften der VwVfG der Länder (*Göhler* 873 B). Hierunter fallen alle hoheitlichen Verfügungen, Entscheidungen und andere hoheitliche Maßnahmen, insbesondere auch die (als Unterfälle des VwAkts zu verstehenden) Untersagungen und Anordnungen, die eine Behörde zur Regelung eines Einzelfalles auf dem Gebiet des öffentlichen Rechts getroffen hat und die auf unmittelbare Rechtswirkung nach außen gerichtet sind (§ 35 S. 1 VwVfG). Satzungen regeln keinen Einzelfall, sie sind aber Rechtsvorschriften iS oben 6. Der Schutz vor Gefahren und vor schädlichen Einwirkungen auf die Umwelt sind hervorgehobene Bezugspunkte der erfassten Rechtspflichten. Zur Eingrenzung des Schutzbereichs vgl. unten 11. **Vollziehbar,** dh verbindlich gegenüber dem Betroffenen sind VwAkte, wenn ein Suspensiveffekt der Anfechtung (§ 80 I VwGO) nicht besteht. Das ist nicht nur bei anfechtbaren VwAkten der Fall, sondern gilt auch, wenn die aufschiebende Wirkung der Anfechtung ausgeschlossen ist, weil ein Fall des Ausnahmekatalogs des § 80 II Nr. 1 bis 4 VwGO vorliegt (zB bei unaufschiebbaren Maßnahmen von PolVollzBeamten); in den Fällen des § 80 II Nr. 4 VwGO muss die sofortige Vollziehung jedoch besonders angeordnet sein. Im Falle der Zuwiderhandlung gegen eine vollziehbare Maßnahme ist dem Strafrichter die Prüfung der Rechtmäßigkeit der Maßnahme untersagt, vgl. BGH **23**, 92; Karlsruhe NJW **78**, 116; Schleswig SchlHA **81**, 52; vgl. hierzu *Heinz* NStZ **81**, 255; eine spätere Aufhebung eines (rechtswidrigen) VwAkts lässt daher eine etwaige Strafbarkeit der Zuwiderhandlung bestehen (BGH **23**, 93; *Laufhütte/Möhrenschlager* ZStW **92**, 921; *Rudolphi* NStZ **84**, 253; *Seier* JA **85**, 25; **aA** *Kühl,* Lackner-FS 846; *Wüterich* NStZ **87**, 106);

9 **D.** aus einer **vollziehbaren Auflage,** soweit sie umweltbezogen ist (unten 11). Buchst. d hat nur klarstellende Bedeutung (RegE 25), da die Auflage vwrechtlich ein VwAkt ist;

10 **E.** aus einem **öffentlich-rechtlichen Vertrag,** wenn die darin begründete **Pflicht auch durch VwAkt** (8) **hätte auferlegt werden können.** Damit trägt Buchst. e den Erfahrungen der Praxis von Umweltbehörden Rechnung, die in zunehmendem Maße umweltrechtliche Einzelfallregelungen nicht mehr durch VwAkt, sondern durch öffentlich-rechtlichen Vertrag mit dem Pflichtigen treffen. Damit nicht auf diese Weise der strafrechtliche Schutz lückenhaft wird, werden Vertragspflichten in den Begriff der Nr. 4 ausdrücklich aufgenommen. Um jedoch eine Ausdehnung der Strafbarkeit auf Fälle der Übernahme sog. überobligatorischer Pflichten auszuschließen, die zwar nach § 54 S. 1, § 59 II Nr. 2 VwVfG nicht begründet werden sollen, beschränkt Buchst. e die Verpflichtungen auf solche, die durch VwAkt hätten angeordnet werden dürfen (RegE 45; Ber. II 25).

11 **Gemeinsame Voraussetzung** für 6 bis 10 ist, dass die Pflicht dem Schutz vor abstrakten, potentiellen oder konkreten Gefahren oder schädlichen Einwirkungen auf die Umwelt dient. Diese Voraussetzung, die positiv feststehen muss, wird in Anlehnung an die *Umschreibung* des Strafausschließungsgrundes in § 326 VI *beispielhaft* dahin erläutert, dass es **insbesondere** Einwirkungen **auf Menschen, Tiere oder Pflanzen, Gewässer** (Nr. 1), **die Luft** oder **den Boden** sein müssen. Dabei sind sowohl die Einschränkungen des Anwendungsbereichs als auch

seine Ausdehnung zu berücksichtigen, die sich aus den einzelnen Tatbestandsvoraussetzungen und der Schutzzwecke der einzelnen Vorschriften ergeben (krit. zur Bestimmtheit *Kühl*, Lackner-FS [1987] 815, 822; *Michalke* [1 a] 85 f.; *Peters* [1 a] 419, 424, 427 ff.). Nr. 4 hebt nur *bestimmte* Rechtsgüter besonders hervor, ohne die Weite des Schutzbereichs, wie er sich aus der einzelnen Strafvorschrift ergibt, zu verändern. Ausdrücklich festgelegt ist der Schutzbereich zB in § 325 a II; er kann sich aber auch aus der Struktur der Vorschrift, zB aus der Umschreibung des Taterfolges bei Erfolgsdelikten, konkreten oder potentiellen Gefährdungsdelikten oder aus dem Gefahrenbezug ergeben (zB auf die potentielle Gefahr in § 311 oder in §§ 324 a, 325 für die dort genannten Schutzgüter).

6) Nr. 5 *stellt* **rechtsmissbräuchliche Verhaltensweisen** genehmigungslosem Handeln *gleich* (vgl. dazu u. a. *Breuer* JZ **94**, 1077 ff.; *Perschke* wistra **96**, 161 ff.; *Rogall* NJW **956**, 922, 924; *Paetzold* NStZ **96**, 170 ff.; *Schall*, Otto-FS [2007] 743 ff.; *Weber*, H.J. Hirsch-FS 795; *Wegener* NStZ **98**, 608; *Wohlers* JZ **01**, 850) und normiert damit die von der hM und der Rspr anerkannten Fälle des Rechtsmissbrauchs in Anlehnung an § 48 II S. 3 Nr. 1, 2 VwVfG (*Paetzold* NStZ **96**, 172; krit. insb. *Breuer* JZ **94**, 1077; *Jünemann* [1 a] 95 ff. und UPR **97**, 399) sowie den Fall der **Kollusion** (vgl. BGH **39**, 386; dazu *Horn* JZ **94**, 636; *Michalke* NJW **94**, 1693; *Rudolphi* NStZ **94**, 432; *Knopp* DÖV **94**, 676; *Schirrmacher* JR **95**, 386; einschr. *Bloy* ZStW **100**, 485, 504), ohne jedoch die einzelnen Fallgestaltungen, die von dem Begriff „Kollusion" erfasst werden, in Nr. 5 zu definieren, „da die Reichweite der Fallgestaltungen, die von diesem Begriff erfasst werden, noch nicht abschließend als geklärt angesehen werden kann" (Ber. II 25; vgl. *Rogall* GA **95**, 317; *Otto* Jura **95**, 139; *Malitz* [2 vor § 324] 115; *Scheele*, Zur Bindung des Strafrichters an fehlerhafte behördliche Genehmigungen im Umweltstrafrecht, 1993, 124 ff.); dennoch soll die Einbeziehung des Begriffs „klarstellend" wirken (BT-Drs. 12/7300, 25; krit. zur Unbestimmtheit des Begriffs *Breuer* JZ **94**, 1090). Umstritten ist weiterhin die **sachliche Reichweite** der Vorschrift, insb. die Frage, ob eine rechtfertigende Wirkung materiell *rechtswidriger*, aber Nr. 5 nicht unmittelbar unterfallender Genehmigungen von der Regelung positivrechtlich anerkannt sei (so namentlich *Rogall* GA **95**, 317; *Wegener* NStZ **98**, 608, 610; *B/Weber/Mitsch* 17/131; **aA** *Perschke* wistra **96**, 161, 166; *Wohlers* JZ **01**, 850, 856; *Lackner/Kühl* 10 zu § 324 mwN). Umgekehrt werden Zweifel an der Verfassungsmäßigkeit der Regelung formuliert, die verwaltungsrechtlich *genehmigtes* Handeln bei Strafe verbietet (vgl. *Jünemann* [oben 1 a] 95 ff., 149 f.; dazu *Heghmanns* GA **00**, 197 f.; vgl. auch SK-*Horn* 12; **aA** *Wohlers* JZ **01**, 850, 852 f., 855); daher soll nach teilweise vertretener Ansicht die Regelung nur für rechtfertigende, nicht aber für tatbestandsausschließende Genehmigungen anwendbar sein (zB *Dölling* JZ **85**, 461, 464; vgl. dazu ausf. *Schall*, Otto-FS [2007] 7443, 750 ff.). 12

Dreißigster Abschnitt
Straftaten im Amt

Vorbemerkungen

1) Der Abschnitt, dessen Nummerierung durch das 18. StÄG und das KorrBekG geändert wurde, ist durch das **EGStGB** (vgl. Einl.) erheblich umgestaltet worden. § 353 b wurde durch das 17. StÄG neu gefasst; §§ 353 d, 355 sind durch Art. 1 bis 19 des 18. StÄG eingefügt worden. Wesentliche Veränderungen der **Bestechungsdelikte** sind durch das **KorrBekG** vom 13. 8. 1997 (BGBl. I 2038; vgl. 1 ff. vor § 298) vorgenommen worden; sie sind im Zusammenhang mit dem 26. Abschnitt zu sehen. 1

2) Als **Arten der Amtsdelikte** unterscheidet man die **echten** und die **unechten** Amtsdelikte. Jene können nur von einem Amtsträger oder von dem Verwalter eines Amtes begangen werden (vgl. zB §§ 331, 332). Die unechten Amtsdelikte sind solche schon an sich strafbaren Delikte, welche mit höherer Strafe bedroht werden, wenn sie von einem Amtsträger begangen werden (zB § 340). Es handelt sich also um Strafschärfungstatbestände. Die Unterscheidung ist für die **Teilnahme** von Bedeutung. Bei den unechten Amtsdelikten ist § 28 II anzuwenden, so dass die Strafe des Teilnehmers, der nicht Amtsträger ist oder sich nicht in der vom Gesetz geforderten Stellung befindet, einem anderen, milderen Strafrahmen zu entnehmen ist als die Strafe des Täters (9 zu § 28). Bei den echten Amtsdelikten, bei denen der Außenstehende nur Anstifter oder Gehilfe, aber weder Mittäter noch mittelbarer Täter sein kann (BGH **14**, 126), ist zwar die Strafe des außenstehenden Teilnehmers demselben Rahmen zu entnehmen wie die des Amtsträgers; sie ist aber nach § 28 I zu mildern (7 zu § 28). 2

Vorteilsannahme

331 **I Ein Amtsträger oder ein für den öffentlichen Dienst besonders Verpflichteter, der für die Dienstausübung einen Vorteil für sich oder einen Dritten fordert, sich versprechen lässt oder annimmt, wird mit Freiheitsstrafe bis zu drei Jahren oder mit Geldstrafe bestraft.**

II Ein Richter oder Schiedsrichter, der einen Vorteil für sich oder einen Dritten als Gegenleistung dafür fordert, sich versprechen lässt oder annimmt, dass er eine richterliche Handlung vorgenommen hat oder künftig vornehme, wird mit Freiheitsstrafe bis zu fünf Jahren oder mit Geldstrafe bestraft. Der Versuch ist strafbar.

III Die Tat ist nicht nach Absatz 1 strafbar, wenn der Täter einen nicht von ihm geforderten Vorteil sich versprechen lässt oder annimmt und die zuständige Behörde im Rahmen ihrer Befugnisse entweder die Annahme vorher genehmigt hat oder der Täter unverzüglich bei ihr Anzeige erstattet und sie die Annahme genehmigt.

Übersicht

1) Allgemeines 1–2
2) Rechtsgut der Vorschrift 3
3) Erfasster Täterkreis .... 4–4 c
4) Vorteilsannahme für die Dienstausübung, Abs. I .... 5–28 b
   A. Dienstausübung 6–10
   B. Vorteil 11–16
   C. Tathandlungen 17–20
   D. Unrechtsvereinbarung 21–24
   E. Zeitpunkt der Tathandlung .... 24 a
   F. Einschränkungen des Unrechtszusammenhangs .... 25–28 b
5) Vorteilsannahme für richterliche Handlungen, Abs. II .... 29, 29 a
6) Vollendung und Versuch .... 30, 30 a
7) Subjektiver Tatbestand 31
8) Genehmigung und Zustimmung, Abs. III 32–36
9) Rechtsfolge 37
10) Beteiligung 38
11) Konkurrenzen 39, 40

1 **1) Allgemeines.** Die Vorschrift idF durch das **KorrBekG** vom 13. 8. 1997 (1 vor § 298; 1 vor § 331) leitet die **Bestechungstatbestände** (§§ 331 bis 338) ein, die zunächst Art. 19 Nr. 187 EGStGB in Anpassung an die §§ 460 ff. E 1962 (Begr. 648; Ndschr. **5**, 287; **9**, 568; **10**, 344, 480; **12**, 17, 451, 640) neu gestaltet hat. (vgl. E–EGStGB, BT-Drs. 7/550, 269; BT-Drs. 7/1261 (Ber.), 21 und Prot. 7/600). Die **Soldaten** sind nur in §§ 333, 334 genannt, weil die Spezialvorschrift des § 48 WStG (Anh. 16) die §§ 332, 336 für alle Soldaten, § 331 aber nur für Offiziere und Unteroffiziere anwendbar macht. Zur Anwendung von § 2 II vgl. Karlsruhe NStZ **01**, 654.

1 a Das **Übereinkommen** über den Schutz der finanziellen Interessen der Europäischen Gemeinschaften (dazu *Dannecker* ZStW **108**, 577; *Zieschang* EuZW **97**, 78) vom 26. 7. 1995 (ANl. EG Nr. C 316, 49) betrifft u. a. die Anwendung der Bestechungstatbestände auf Auslandstaten; s. a. den Vorschlag der Kommission für eine Richtlinie des EP und des Rates über den strafrechtlichen Schutz der finanziellen Interessen der Gemeinschaft (ABl. EG 2001 Nr. C 240 E, 125; ABl. EU 2003 Nr. C 71 E, 1). Das Prot. v. 27. 9. 1996 ist durch das **EUBestG** v. 10. 9. 1998 (BGBl. II 2340; **Anh. 21**) umgesetzt worden; hierdurch ist der Anwendungsbereich der §§ 332, 334–336, 338 ausgedehnt worden. Eine weitere Ausdehnung des Anwendungsbereichs auf **Amtsträger ausländischer Staaten** oder internationaler Organisationen enthält das **IntBestG** vom 10. 9. 1998 (BGBl. II 2327; **Anh. 22**; in Kraft getreten am 15. 2. 1999 [BGBl. II 87]; vgl. dazu BT-Drs. 13/6424; 13/10 424; 13/10 970; 13/10 428; 13/ 10 973), durch welches das **OECD-Übk** vom 17. 12. 1997 über die Bekämpfung der Bestechung ausländischer Amtsträger im internationalen Geschäftsverkehr umgesetzt worden ist (Abdr. in BR-Drs. 269/98; vgl. dazu *Sacerdoti* [2]; *Taschke* StV **01**, 78; zu den Auswirkungen *Zieschang* NJW **99**, 105; *Schünemann* GA **03**, 299, 308 f.; *Trinkl* wistra **06**, 126 ff.). Zur Einrichtung der europäischen Verfolgungsbehörde OLAF vgl. 5 vor § 263 (zur Rechtsnatur des EP-Beschlusses über generelle Untersuchungsbefugnisse vgl. EuGH EuGRZ **02**, 159). Das am 31. 10. 2003 von der Generalversammlung der UN verabschiedete **ÜBk gegen Korruption** hat Deutschland am 9. 12. 2003 gezeichnet. Einbezogen sind solche ausländischen Amtsträger, die nach internationalen Verträgen auch im Inland Hoheitsakte vornehmen dürfen (vgl. dazu *Möhrenschlager*, in: *Wabnitz/Janowsky*, 2. Aufl., 2004, 3/19; *ders.*, in wistra **05**, H. 10 S. VII, H. 12 S. VIII, **06**, H 5 S. V; jew. mwN).

Gesetzgebung: Die BReg hat im Juli 2007 einen GesE eines **Zweiten Korruptionsbekämpfungsgesetzes (BR-Drs. 548/07)** eingebracht, das der Umsetzung des Strafrechts-Übk. über Korruption des Europarats 1999 (ETS Nr. 173), des ZusatzProt. zum Strafrechts-Übk. (2003; ETS Nr. 191), des RB 2003/568/JI v. 22. 7. 2003 zur Bekämpfung der Bestechung im privaten Sektor (ABl. EU Nr. L 192 S. 54) und der UN-Konvention gegen Korruption (2003) dienen soll (vgl. dazu i. E. *Wolf* NJW **06**, 2735 ff.; *ders.*, ZRP **07**, 44 ff.; NJW spezial Heft 11/2006; *Möhrenschlager* wistra **07**, H. 4, S. V ff.; Stellungnahme BRAK unter www.brak.de). Der Entwurf sieht u. a. eine neue Vorschrift § 335 a zur **Gleichstellung ausländischer Amtsträger**, Richter, Soldaten und Bediensteter vor. Abdruck des GesE im **Anhang unter Nr. 23 b**.

Nach der Aufhebung der Rahmengesetzgebungs-Kompetenz des Bundes für das BeamtenR hat die BReg den E eines **BeamtenstatusG** vorgelegt (BT-Drs. 16/4027, 16/4038); er sieht Anpassungen an §§ 331 insb. durch Einbeziehung von Drittzuwendungen vor. Entsprechendes gilt für den E eines G zur Änderung des BBG und anderer Gesetze (BT-Drs. 16/2253).

2 **Neuere Literatur (Auswahl):** *Ahlf*, Zum Korruptionsbegriff, KR **96**, 154; *Albus*, Die Zusammenarbeit zwischen Industrie und Ärzten an medizinischen Hochschuleinrichtungen – unter dem Verdacht der Vorteilsannahme und Bestechlichkeit gem. §§ 331, 332 StGB?, 2007 (Diss. Bonn 2006); *Bauchrowitz*, Der immaterielle Vorteilsbegriff der Bestechungsdelikte des StGB, 1988 (Diss. Kiel); *Bank* NJW **62**, 85; *Baumann*, Zur Problematik der Bestechungstatbestände, BB **60**, 1251; **61**, 1057; *Bell*, Die Teilnahme Außenstehender an Bestechungsdelikten, MDR **79**, 719; *Bellers* (Hrsg.), Politische Korruption, 1989; *Benz/Seibel* (Hrsg.), Zwischen Kooperation u. Korruption, 1992; *Bernsmann*, Die Korruptionsdelikte (§§ 331 ff. StGB) – Eine Zwischenbilanz, StV **03**, 521; *Bottke*, Korruption u. Kriminalrecht in der Bundesrepublik Deutschland, ZRP **98**, 215; *Braun*, Korruption im demokratischen Rechtsstaat, NJ **96**, 450; *Broglie*, Korruptionsfälle bei Ärzten – Ein Bericht aus der Praxis, Arzt und Recht, 1999, 99; *Brünner* (Hrsg.), Korruption u. Kontrolle, 1981; *Bruns*, Der sogenannte Herzklappenskandal, ArztR **98**, 237; *Claussen*, Korruption im öffentlichen Dienst usw., 1995 [Bespr. *Otto* GA **96**, 397]; *Cramer* Zur Strafbarkeit von Preisabsprachen in der Bauwirtschaft, 1995 [Bespr. *Geerds* GA **96**, 398]; *ders.*, Zum Vorteilsbegriff bei den Bestechungsdelikten, Roxin-FS 945; *ders.*, Erfüllt die Einstellung des Verfahrens aus Gründen der Opportunität gemäß § 153 a StPO den Tatbestand der Vorteilsannahme gemäß § 331 StGB?, wistra **99**, 414; *Dahm*, Zur Problematik der Gewährung von Preisnachlässen u. Zuwendungen im Gesundheitswesen, MedR **92**, 250; *Dahs*, Differenzierungen im subjektiven Tatbestand der aktiven Bestechung, NJW **62**, 177;

Dahs/Müssig, Strafbarkeit kommunaler Mandatsträger als Amtsträger? – Eine Zwischenbilanz, NStZ **06**, 191; *Dauster,* Private Spenden zur Förderung von Forschung u. Lehre (usw.), NStZ **99**, 63; *Deiters,* Zur Frage der Strafbarkeit von Gemeinderäten wegen Vorteilsannahme und Bestechlichkeit, NStZ **03**, 453; *Dieners,* Selbstkontrolle der Wirtschaft zur Verhinderung von Korruption, JZ **98**, 181; *ders.* (Hrsg.), Zusammenarbeit der Pharmaindustrie mit Ärzten. Rechtliches Umfeld, Steuern und Compliance Governance, 2004; *Dieners/Lembeck/Taschke,* Der „Herzklappenskandal" – Zwischenbilanz u. erste Schlußfolgerungen für die weitere Zusammenarbeit der Industrie mit Ärzten u. Krankenhäusern, PharmaR **99**, 156; *Dieners/ Taschke,* Die Kooperation der medizinischen Industrie mit Ärzten u. Krankenhäusern – Die aktuelle Rechtsprechung u. ihre Konsequenzen, PharmaR **00**, 309; *Diettrich/Schatz,* Sicherung der privaten Drittmittelförderung, ZRP **01**, 521; *Diettrich/Jungeblodt,* Drittmittelforschung – staatlich geförderte Korruption?, Schreiber-FS (2003) 1015; *Dölling,* Empfehlen sich Änderungen des Straf- u. Strafprozeßrechts, um der Gefahr von Korruption in Staat, Wirtschaft u. Gesellschaft zu begegnen?, Gutachten C zum 61. DJT 1996 (zit. *Dölling* DJT); *ders.,* Die Neuregelung der Strafvorschriften gegen Korruption, ZStW **112** (2000), 334; *ders.* (Hrsg.), Handbuch der Korruptionsprävention, 2007; *Dornseifer,* Die Vorteilsgewährung (einfache aktive Bestechung) nach dem EGStGB, JZ **73**, 267; *Duttge,* „Diu rehte mãz" – auch bei der Bekämpfung der Korruption!, ZRP **97**, 72; *Ebert,* Verletzung der amtlichen Schweigepflicht als Bezugshandlung der Bestechungstatbestände?, GA **79**, 361; *Ehrhardt* Unternehmensdelinquenz u. Unternehmensstrafe, 1995 [Bespr. *Hohmann* GA **96**, 145]; *Erlinger,* Drittmittelforschung unter Korruptionsverdacht?, Der aktuelle Stand der Rechtsprechung, MedR **02**, 60; *Eser,* Korruptionsbekämpfung durch Strafrecht: ein rechtsvergleichendes Gutachten zu den Bestechungsdelikten, 1997; *ders.,* „Sozialadäquanz": eine überflüssige oder unverzichtbare Rechtsfigur?, Roxin-FS (2001), 199; *Flormann* Heimliche Unterwanderung, 1995; *Fürsen,* Drittmitteleinwerbung und -forschung im Spiegel des Strafrechts, 2005 (Diss. Heidelberg); *Gänßle,* Das Antikorruptionsstrafrecht – Balsam aus der Tube der symbolischen Gesetzgebung?, NStZ **99**, 543; *Geerds,* Über den Unrechtsgehalt der Bestechungsdelikte (usw.), 1961; Auswirkungen des Gesetzes zur Bekämpfung der Korruption auf die Forschungstätigkeit von Hochschulangehörigen, MedR **99**, 345; *Graupe,* Die Systematik u. das Rechtsgut der Bestechungsdelikte, 1993 (Diss. Augsburg); *Greeve,* Korruptionsdelikte in der Praxis, 2005; *Gribl,* Der Vorteilsbegriff bei den Bestechungsdelikten, 1993 (Diss. Augsburg 1991); *Gülzow,* Die vorgetäuschte Diensthandlung (usw.), MDR **82**, 802; *Günther,* Unbegründete Ängste der Klinikärzte u. der pharmazeutischen Industrie vor den Änderungen des Antikorruptionsgesetzes, MedR **01**, 457; *Gurts,* Über Änderungen der Bekämpfung krimineller Korruption, JR **96**, 309; *Haeser,* Erfahrungen mit der neuen Rechtslage im Korruptionsstrafrecht u. Drittmittelrecht aus Sicht des Staatsanwalts, MedR **02**, 55; *Haft,* Freiberufler sind keine Amtsträger, NJW **95**, 1113; *Hardtung,* Erlaubte Vorteilsannahme (usw.), 1994 (Diss. Bochum 1993); *Heberer,* Korruption in China, 1991; *Hein* ZStW **107**, 429; *Henkel,* Die Bestechlichkeit von Ermessensbeamten, JZ **60**, 507; *Hettinger,* Das Strafrecht als Büttel?, NJW **96**, 2263; *ders.,* Entwicklungen im Strafrecht u. Strafverfahrensrecht der Gegenwart, 1997; *Hetzer,* Finanzbehörden gegen Geldwäsche u. organisierte Kriminalität, JR **99**, 141; *Höltkemeier,* Sponsoring als Straftat, 2005 (Diss. Augsburg 2004); *Hoffmann/Mildeberger,* Korruption – ohne Ende? Zweifelsfragen bei der Beamtenbestechung, StV **06**, 665; *Hofmann/Zimmermann,* Steuerliche Behandlung von Schmiergeldern als Hindernis für die effiziente Korruptionsbekämpfung, ZRP **99**, 49; *Jaques,* Die Bestechungstatbestände unter bes. Berücksichtigung des Verhältnisses der §§ 331 ff. StGB zu § 12 UWG, 1996; *Jutzi,* Genehmigung der Vorteilsannahme bei nicht in einem öffentlich-rechtlichen Amtsverhältnis stehenden Amtsträgern, NStZ **91**, 105; *Kaiser,* Spenden an politische Parteien u. strafbare Vorteilsannahme, NJW **81**, 321; *Kargl,* Über die Bekämpfung des Anscheins der Kriminalität bei der Vorteilsannahme (§ 331 StGB), ZStW **114** [2002], 763; *ders.,* Parteispendenakquisition und Vorteilsannahme, JZ **05**, 503; *Kerbel,* Korruption in der öffentlichen Verwaltung am Beispiel einer Großstadt, 1995 (Diss. Speyer); *Kerner/Rixen,* Ist Korruption ein Strafrechtsproblem?, GA **96**, 355; *Kindhäuser/Goy,* Zur Strafbarkeit ungenehmigter Drittmitteleinwerbung, NStZ **03**, 291; *Knauer/Kaspar,* Restriktives Normverständnis nach dem Korruptionsbekämpfungsgesetz, GA **05**, 385; *König,* Empfehlen sich Änderungen des Straf- u. Strafprozeßrechts? usw., DRiZ **96**, 357; *ders.,* Neues Strafrecht gegen die Korruption, JR **97**, 397; *Koller,* Die Bekämpfung der Korruption in der Schweiz, ZStrR **98**, 125; *Korte,* Bekämpfung der Korruption u. Schutz des freien Wettbewerbs mit den Mitteln des Strafrechts, NStZ **97**, 513; *ders.,* Kampfansage an die Korruption, NJW **97**, 2256; *ders.,* Der Schutz der finanziellen Interessen der Europäischen Gemeinschaften mit den Mitteln des Strafrechts (usw.), NJW **98**, 1464; *ders.,* Der Einsatz des Strafrechts zur Bekämpfung der internationalen Korruption, wistra **99**, 81; *ders.,* Strafbarkeit wegen Vorteilsannahme bei Drittmitteleinwerbung für Lehre und Forschung, NStZ **03**, 157; *ders.,* Wahlkampfspenden-Einwerbung durch Amtsträger, NStZ **05**, 512 [Bespr. von BGH **49**, 275]; *Kuhlen,* Zu den

Tathandlungen bei der Vorteilsannahme u. Bestechlichkeit, NStZ **88**, 433; *ders.*, Sollten §§ 331 Abs. 1, 333 Abs. 1 StGB neuerlich geändert werden?, Schroeder-FS (2006) 535; *Lenckner,* Privatisierung der Verwaltung u. „Abwahl des Strafrechts"?, ZStW **106**, 502; *Lesch*, Anwaltliche Akquisition zwischen Sozialadäquanz, Vorteilsgewährung und Bestechung im geschäftlichen Verkehr, AnwBl. **03**, 261; *Lippert,* Klinische Prüfungen von Arzneimitteln durch Professoren: Dienstaufgabe oder Nebentätigkeit?, NJW **92,** 2338; *ders.*, Die problematische Einwerbung von Drittmitteln, VersR **00**, 158; *Loos,* Zum Rechtsgut der Bestechungsdelikte, Welzel-FS 879; *Lüderssen,* Antikorruptionsgesetz u. Drittmittelforschung, JZ **97**, 112; *ders.*, Die Zusammenarbeit von Medizinprodukte-Industrie, Krankenhäusern und Ärzten – strafbare Kollusion oder sinnvolle Kooperation?, 1998; *Maiwald,* Belohnung für eine vorgetäuschte pflichtwidrige Diensthandlung, NJW **81**, 2777; *Meininger*, Möglichkeiten, Grenzen und Praxis des Sponsoring der öffentlichen Verwaltung, 2000; *Merges,* Die Strafausschließungsgründe der Bestechungsdelikte, 1996; *Möhrenschlager,* Strafrechtliche Vorhaben zur Bekämpfung der Korruption auf nationaler u. internationaler Ebene, JZ **96**, 822; *Möllering,* Prävention oder Strafe – Eine kritische Würdigung aktueller Gesetzentwürfe zur Bekämpfung der Korruption, WRP **97**, 933; *Nolte,* Das freie Mandat der Gemeindevertretungsmitglieder, DVBl **05**, 870; *Ostendorf,* Bekämpfung der Korruption als rechtliches Problem oder zunächst moralisches Problem?, NJW **99**, 615; *Otto,* Amtsträgerschaft innerhalb zivilrechtlich organisierter Daseinsfürsorge, Jura **97**, 47; *Pelz,* Die Bekämpfung der Korruption im Auslandsgeschäft, StraFO **00**, 300; *Pieth.,* Die Bestechung schweizerischer u. ausländischer Beamter, Rehberg-FS 1995, 233; *Pieth/Eigen* (Hrsg.), Korruption im internationalen Geschäftsverkehr, 1999; *Platzgummer/Brandstetter,* Triffterer-FS 365 [Bestechung von Ausländern nach österr. Recht]; *Pfeifer,* Drittmittelforschung unter Korruptionsverdacht?, Die Hochschulmedizin zwischen Leistungsdruck u. Strafrecht, MedR **02**, 68; *Pfeiffer,* Von der Freiheit der klinischen Forschung zum strafrechtlichen Unrecht?, NJW **97**, 782; *Ransiek,* Strafrecht u. Korruption, StV **96**, 446; *Ratzel,* Arzt u. (Pharma-)Industrie, MedR **98**, 98; *Richter,* Lobbyismus u. Abgeordnetenbestechung (usw.), 1997; *Rönnau,* Untreue und Vorteilsannahme durch Einwerbung von Drittmitteln, JuS **03**, 232; *ders.*, „kick-backs" – Provisionsvereinbarungen als strafbare Untreue, Kohlmann-FS (2003), 239; *Rübenstahl,* Die Angehörigen kommunaler Parlamente als Amtsträger (§ 11 Abs. 1 Nr. 2b StGB) und ihre Strafbarkeit nach den Bestechungsdelikten (§§ 108e, 331 ff. StGB), HRRS **06**, 23; *Sacerdoti,* Das OECD-Übereinkommen 1997 über die Bekämpfung der Bestechung ausländischer Amtsträger (usw.), in: *Pieth/Eigen* (oben), 212; *Rudolphi,* Spenden an politische Parteien als Bestechungsstraftaten, NJW **82**, 1417; *Saliger,* Parteiengesetz und Strafrecht, 2005 (Rez. *Wolf* GA **06**, 659); *Saliger/Sinner,* Korruption und Betrug durch Parteispenden, NJW **05**, 1073; *Satzger,* Die Europäisierung des Strafrechts, 2001; *ders.*, Bestechungsdelikte und Sponsoring, ZStW **115** [2003], 469; *Schaupensteiner,* Gesamtkonzept zur Eindämmung der Korruption, NStZ **96**, 409; *ders.*, Bekämpfung von Korruptionsdelinquenz, KR **94**, 514; *ders.*, Das Korruptionsbekämpfungsgesetz (usw.), KR **96**, 237; *ders.*, KR **96,** 306; **97**, 699; *Scheu,* Parteispenden u. Vorteilsannahme, NJW **81**, 1195; *Schlösser/Nagel,* Werbung oder Korruption? Über die Voraussetzungen der Unrechtsvereinbarung (usw.), wistra **07**, 211; *Schlüchter,* Zur (Un-)Lauterkeit in den Volksvertretungen, Geerds-FS 713; *Scholz,* Korruption in Deutschland, 1995; *Schönherr,* Vorteilsgewährung u. Bestechung als Wirtschaftsstraftaten, 1985; *Schreiber/Rosenau/Combé/Wrackmeyer,* Zur Strafbarkeit der Annahme von geldwerten Zuwendungen durch Städte und Gemeinden nach § 331 StGB, GA **05**, 265; *Schreier,* Drittvorteil und Unrechtsvereinbarung, 2002 (Diss. Gießen); *Schröder,* Das Rechtsgut der Bestechungsdelikte u. die Bestechlichkeit eines Ermessensbeamten, GA **61**, 289; *Schubert,* in: *Wabnitz/Janovsky* (Hrsg.), Hdb. des Wirtschafts- u. Steuerstrafrechts, 2000, 12/29 ff.; *Schünemann,* Das Strafrecht im Zeichen der Globalisierung, GA **03**, 299, 308 ff.; *ders.*, Die Unrechtsvereinbarung als Kern der Bestechungsdelikte nach dem KorrBekG, Otto-FS (2007) 777; *Schwieger,* Der Vorteilsbegriff in den Bestechungsdelikten des StGB, 1996 (Diss. Trier 1995); *Stein,* Der Streit um die Grenzen der Bestechungsdelikte (usw.), NJW **61**, 433; *Taschke,* Die Bekämpfung der Korruption in Europa auf Grundlage der OECD-Konvention, StV **01**, 78; *Tiedemann,* Betrug und Korruption in der europäischen Rechtsangleichung, Otto-FS (2007) 1055; *Thomas,* Soziale Adäquanz und Bestechungsdelikte, Jung-FS (2007) 973; *Tondorf/Waider,* Strafrechtliche Aspekte des sog. Herzklappenskandals, MedR **97**, 102; *Traumann,* Die Anwendung der Bestechungsdelikte auf die Inhaber privater Ingenieur- u. Planungsbüros, 1997 (Diss. Tübingen 1996); *Trinkl,* Strafbarkeit von Bestechung nach dem EUBestG und dem IntBestG, wistra **06**, 126; *Überhofen,* Korruption u. Bestechungsdelikte im staatlichen Bereich, 1999 (Diss. Freiburg 1997); *Volk,* Die Merkmale der Korruption u. die Fehler bei ihrer Bekämpfung, Zipf-GedS 419; *Walter,* Medizinische Forschung mit Drittmitteln – lebenswichtig oder kriminell?, ZRP **99**, 292; *Weigend*, Internationale Korruptionsbekämpfung – Lösung ohne Problem?, Jakobs-FS (2007) 747; *Weiser,* Die Amtsträgerschaft der Mitarbeiter von staatlich beauftragten Planungsbüros, NJW **94,** 968; *Welp,* Der Amtsträgerbegriff, Lackner-FS (1987), 761; *Wentzell,* Zur Tatbestandsproblematik der §§ 331, 332 StGB unter besonderer Berücksichtigung des Drittvorteils, 2004 (Diss. Tübingen 2003); *Wolf,* Die Modernisierung des deutschen Antikorruptionsstrafrechts durch internationale Vorgaben, NJW **06**, 2735; *Wolters,* Die Änderung des StGB durch das Gesetz zur Bekämpfung der Korruption, JuS **98**, 1100; *Zieschang,* Das EU-Bestechungsgesetz u. das Gesetz zur Bekämpfung internationaler Bestechung, NJW **99**, 105; *ders.,* Die Auswirkungen des Gesetzes zur Bekämpfung der Korruption auf den Forschungsbereich, WissR **32** (1999), 111.

Rechtsprechungsübersicht: *Heinrich,* Rechtsprechungsüberblick zu den Bestechungsdelikten (§§ 331 bis 335), (1998–2003), Teil I NStZ **05**, 197; Teil II NStZ **05**, 256.

2) Als von §§ 331 ff. geschützte **Rechtsgüter** werden die **Lauterkeit des öffentlichen Dienstes** (BGH **10**, 241; **14**, 130; **15**, 96; **30**, 48) und das **Vertrauen der Allgemeinheit** in diese Lauterkeit angesehen (BGH **15**, 96 f.; **31**, 264, 280; **39**, 45, 46; **47**, 22, 25; NStZ **85**, 497; NJW **87**, 1342 [m. Anm. *Letzgus* NStZ **87**, 309]; StV **97**, 129; Koblenz wistra **85**, 83; *S/S-Heine* 3; SK-*Rudolphi* 4; *Schlüchter,* Geerds-FS 713; *Dölling* DJT C 48; *Möhrenschlager* JZ **96**, 822, 823; *Kargl* ZStW **114** [2002], 763, 782 ff.). Die Ansicht, geschützt sein könne dabei grds nur die *innerstaatliche* Verwaltung, und die Lauterkeit ausländischer Staatsverwaltungen gehe das deutsche Strafrecht nichts an, soweit nicht zwischenstaatliche Abkommen dies regeln, ist zunehmend fraglich geworden; schon das OECD-Abkommen vom 17. 12. 1997 (vgl. oben 1 a) hat diese Grenzen gesprengt (vgl. auch *Schünemann,* Otto-FS [2007] 777.779). Der GesE eines **Zweiten KorrBekG** (oben 1 a und **Anhang Nr. 23 b**) bezieht in weitem Umfang ausländische und europäische Amtsträger in die Regelungen des Korruptionsstrafrechts ein. Nicht geschützt ist das Vermögensinteresse der Anstellungskörperschaft (BGH **30**, 48); nach BGH **47**, 22, 25 f. auch nicht die Zuverlässigkeit der Umsetzung des Staatswillens. Während die Strafbarkeit der Korruption im privatwirtschaftlichen Bereich (§ 299) an der Unlauterkeit marktbezogener Bevorzugungen anknüpft, schützten §§ 331 ff. schon das **Vertrauen** in die Sachbezogenheit und Unparteilichkeit der öffentlichen Verwaltung (*Dölling* DJT C 49), also die **Funktionsfähigkeit der staatlichen Verwaltung** (im Sinne einer nach gleichmäßigen, rationalen Prinzipien funktionierenden bürokratischen Organisation; ähnl. iErg NK-*Kuhlen* 12 f.; SK-*Rudolphi/Stein* 4); diese umfasst *innere* und *äußere* Bedingungen gleichermaßen. Die Bestechungsdelikte sind **abstrakte Gefährdungsdelikte** (**aA** *Kargl* ZStW **114** [2002], 763, 785 f.). 3

3) Täter des Sonderdelikts nach § 331 kann nach **Abs. I** nur ein **Amtsträger** sein; die Amtsträger-Eigenschaft muss zum **Zeitpunkt der Tathandlung** bestehen (BGH **11**, 345, 347; NStZ **04**, 564; vgl. unten 24 a). Amtsträger sind die in **§ 11 I Nr. 2** bezeichneten Personen. Im Einzelfall kann insb. die **Bestellung** zur Wahrnehmung öffentlicher Aufgaben (§ 11 I Nr. 2 Buchst. c) problematisch sein. Hierfür ist nach BGH **43**, 96 (m. zust. Anm. *Ransiek* NStZ **97**, 519 und *Otto* JR **98**, 73; *Schubert* [oben 2] 12/38 ff.; krit. *Haft* NStZ **98**, 29) regelmäßig ein öffentlich-rechtlicher Bestellungsakt erforderlich, der jedoch *formfrei* möglich ist (NJW **98**, 2373; Bay NJW **99**, 268). Es kommt daher für die praktische Abgrenzung darauf an, ob eine über einen einzelnen Auftrag hinausgehende, längerfristige Tätigkeit und insb. eine „Eingliederung in die Behördenstruktur" (BGH **43**, 105) vorliegt; das ist der Fall bei *Ersetzung* öffentlicher Behörden durch freiberufliche Private (zB „Ortsarchitekt" in kleinen Gemeinden ohne Bauamt) oder bei längerfristiger Einbeziehung in die Aufgabenerfüllung (zB langfristige Beauftragung eines Planungsingenieurs mit Ausschreibungen, Vergaben oder Kostenkontrollen bei einer Vielzahl öffentlicher Bauprojekte; Beauftragung mit der Gesamtbetreuung eines öffentlichen Großprojekts; vgl. NJW **98**, 2373; krit. *Traumann* [oben 2] 116 ff., 134; enger *Lenckner* ZStW **94**, 502; hierzu *Haft* Lenckner-FS 81), nicht aber bei nur unterstützender – wenn auch regelmäßiger – Heranziehung zur Erfüllung öffentlicher Aufgaben (BGH **42**, 232 [Dolmetscher]) ohne Eingliederung in die Behördenstruktur. 4

Für die Amtsträgereigenschaft kommt es vor allem auf die **Art der Aufgabe,** nicht darauf an, in welcher juristischen Form sie wahrgenommen wird (vgl. **zB** 4 a

BGH **31**, 264 [Amtsträgereigenschaft des Vorstands einer Landesbank]; **38**, 199 [keine Amtsträgereigenschaft der Geschäftsführer einer gemeinnützigen Wohnungsbaugesellschaft]; **46**, 310 [keine Amtsträgerschaft eines Landesgeschäftsführers des Roten Kreuzes]; **47**, 22 [Amtsträgerschaft eines Projektleiters bei der GEZ]; BGH **49**, 214 [keine Amtsträger-Eigenschaft eines beurlaubten Bundesbahn-Beamten, der mit der DB-AG einen privatrechtlichen Anstellungsvertrag geschlossen hat; dazu Anm. *Krehl* StV **05**, 325]; KG NStZ **94**, 242 [Treuhandanstalt und privatrechtliche Tochtergesellschaft sind „sonstige Stellen" iSv § 11 I Nr. 2 Buchst. c]; NJW **04**, 693 [Geschäftsführer einer kommunalen Fernwärmeversorgungs-GmbH; zust. Anm. *Dölling* JR **05**, 30]; wistra **04**, 302 [ehrenamtlicher Vorsteher eines Zweckverbands „Gewerbe- und Industriegebiete"]; NStZ **06**, 628, 629 f. [Oberbürgermeister als Aufsichtsratsvorsitzender einer Stadtwerke-AG]). Zu den Aufgaben der öffentlichen Verwaltung zählen dabei auch **Annexaufgaben** (zB idR das Einwerben von Mitteln im Wege des Sponsorings; vgl. *Satzger* ZStW **115**, 469, 475; unten 27). Amtsträger iS des § 11 I Nr. 2 Buchst. c sind auch Bedienstete einer **privatrechtlichen juristischen Person,** der die Wahrnehmung öffentlicher Aufgaben vertraglich oder satzungsmäßig übertragen sind (BGH **43**, 370 [Angestellte der GTZ; Anm. *Ransiek NStZ* **98**, 564]) und die dabei derart staatlicher Steuerung unterliegt, dass sie bei einer Gesamtbetrachtung als **verlängerter Arm des Staats** erscheint (BGH **43**, 370, 377; **45**, 15; NJW **04**, 693; NStZ **06**, 628, 630; vgl. dazu auch 19, 22 a zu § 11). Die Frankfurter Flughafen-AG hat BGH **45**, 16 nach diesen Maßstäben trotz der Anteilseignerschaft der öffentlichen Hand *nicht* in ihrer Gesamtheit als „sonstige Stelle" angesehen.

4 b Amtsträger sind auch **für den öffentlichen Dienst besonders Verpflichtete** (§ 11 I Nr. 4) und damit auch die nicht im, aber für den öffentlichen Dienst zugezogenen privaten Sachverständigen, soweit sie nach § 1 I Nr. 3 **VerpflG** verpflichtet sind (vgl. § 36 GewO); und ihnen ein entsprechender *Auftrag* erteilt ist (wistra **96**, 341); schließlich nach **Abs. II Richter** (§ 11 I Nr. 3) und **Schiedsrichter** (§§ 1025 ff. ZPO; §§ 101–110 ArbGG); einbezogen sind Richter des IStGH (Art. 2 § 2 des G zum Römischen Statut). Eine Ausdehnung auf **ausländische Amtsträger** (vgl. dazu *Korte* wistra **99**, 81; *Schubert* [oben 2] 12/48 ff.; *Zieschang* NJW **99**, 105) ist durch das **EUBestG** (Anh. 21) und das **IntBestG** (Anh. 22) für **pflichtgemäße** Diensthandlungen iS von § 331 nicht erfolgt (krit. dazu *Gänßle* NStZ **99**, 543, 544 ff., vgl. 2 zu § 332).

4 c Amtsträger können auch **Gemeinderäte** und andere Mitglieder kommunaler Volksvertretungen sein, *wenn* und *soweit* sie Tätigkeiten ausüben, welche die Voraussetzungen von § 11 I Nr. 2 Buchst. b oder c erfüllen. Dagegen unterfällt die Ausübung ihres freien Mandats in der Volksvertretung (nur) § 108 e (BGH **51**, 44 [=NJW **06**, 2050]; NStZ **07**, 36; vgl. dazu die Nachw. in 23 zu § 11, 3 a, 5 zu § 108 e).

5 **4) Vorteilsannahme für die Dienstausübung, Abs. I.** Der Tatbestand des I setzt voraus, dass der Täter einen Vorteil für die Dienstausübung fordert, sich versprechen lässt oder annimmt.

6 **A. Dienstausübung.** Die Tat muss sich auf die Dienstausübung beziehen, dh auf Handlungen, durch die ein **Amtsträger** oder **Verpflichteter** im öffentlichen Dienst die ihm übertragenen Aufgaben wahrnimmt (BGH **31**, 264, 280; Hamburg StV **01**, 277, 278; vgl. dazu auch BGH **48**, 213, 219 ff. [zum waffenrechtlichen Begriff „dienstlicher Tätigkeit" von Soldaten; Anm. *Heinrich* NStZ **04**, 459]). Die Neufassung des Tatbestands stellt in I nicht mehr auf eine konkrete Dienst*handlung* ab (vgl. wistra **99**, 224; unten 10, 29); eine allein auf die Dienst*ausübung* gerichtete Unrechtsvereinbarung vor Inkrafttreten der Neufassung unterfällt § 331 auch dann nicht, *wenn der Vorteil nach* diesem Zeitpunkt angenommen wird (Karlsruhe NStZ **01**, 454). Es genügt, wenn der Täter nach seinem dienstlichen Aufgabengebiet abstrakt zuständig ist; eine konkrete **Zuständigkeit** ist nicht erforderlich (*Hamm* NJW **73**, 716; LK-*Jescheck* 11; *S/S-Heine* 9; *M/Schroeder/Maiwald* 78/20).

Diensthandlung ist daher **zB** der Erlass eines Baubescheids durch einen für den konkreten Vorgang unzuständigen Sachbearbeiter des Bauamts (nicht aber zB durch den Amtsarzt). Ein Handeln außerhalb der örtlichen Zuständigkeit steht dem dienstlichen Charakter grds nicht entgegen. Auch der **Missbrauch** der Amtsstellung, um eine durch die Dienstvorschriften verbotene Handlung vorzunehmen, die gerade die amtliche Stellung ermöglicht, ist eine Diensthandlung (BGH **3**, 145; **4**, 293; **11**, 127; **14**, 123; **16**, 37; NJW **85**, 391 [vgl. auch NStZ **01**, 372]; NStZ **00**, 596; dagegen krit. *Eb. Schmidt* [oben 2] 22ff.; LK-*Jescheck* 11; SK-*Rudolphi/Stein* 10e; *Ebert* GA **79**, 361). Die Rechtmäßigkeit einer Handlung ist kein Merkmal der Diensthandlung als solcher; auch strafbares oder sonst verbotenes Verhalten kann Diensthandlung sein (vgl. 7 zu § 332).

a) Dienstausübung umfasst jedenfalls solche Handlungen, die zu den dienstlichen Obliegenheiten gehören und in amtlicher Eigenschaft vorgenommen werden (BGH **31**, 264, 279 [m. Anm. *Geerds* JR **83**, 465]; **35**, 132 [m. Anm. *Tenckhoff* JR **89**, 33; *Kuhlen* NStZ **88**, 433; *Geppert* JK 3 zu § 332]). Eine **Privathandlung** wird nicht dadurch zur Dienstausübung, dass der Täter auch dienstlich hätte mit ihr betraut werden können (BGH **18**, 59; **29**, 300, 302 [Erkundigung eines StA in privatem Auftrag nach BAK-Ergebnis]; Köln VRS **00**, 368 [Zeugenaussage]) oder dass er sie während der Dienstzeit vornimmt (GA **66**, 377). Ermittlungen, die ein Polizeibeamter in seiner *Freizeit* durchführt, bleiben aber Diensthandlungen im Rechtssinne (*Zweibrücken* NStZ **82**, 204; zust. NK-*Kuhlen* 62; insoweit abw. *Geerds* JR **82**, 384; *Wagner* JZ **87**, 602); ebenso Handlungen außerhalb des konkreten Tätigkeitsbereichs des Amtsträgers (KG NJW **98**, 1877 [Wohnungsvermittlung]). StV **94**, 527 hat die Begleichung von Schulden einer Vollstreckungsschuldnerin durch einen Gerichtsvollzieher als Diensthandlung angesehen (krit. NK-*Kuhlen* 63). Konkrete therapeutische Entscheidungen eines in einem öffentlichen Krankenhaus tätigen Arztes, zB die Auswahl eines bestimmten Medikaments oder Medizinprodukts, sind nach LG Hamburg MedR **01**, 525 (Herzkatheder) keine Diensthandlungen in der Eigenschaft als Amtsträger (zust. *Wasserburg* NStZ **03**, 353, 359). Handlungen im Rahmen einer **Nebentätigkeit**, auch wenn dabei dienstliche Kenntnisse genutzt werden, sind grds. keine Dienstausübung, selbst wenn die Nebentätigkeit verboten ist (BGH **11**, 125, 128; **18**, 263, 267; wistra **01**, 388, 389; GA **62**, 214; 4 StR 69/07; 4 StR 99/07; vgl. dazu unten 25b). Für einen **Verpflichteten,** der nicht im, sondern nur für den öffentlichen Dienst tätig ist (oben 4), umfasst der Begriff der Dienstausübung den Bereich seiner Verpflichtung, beim Sachverständigen also alles, was Bestandteil seiner gutachtlichen Tätigkeit ist. Der Täter muss die seine Strafbarkeit begründende Stellung **zurzeit der Tat** innehaben. Es wird daher von § 331 nicht erfasst, wenn ein aus dem Amt ausgeschiedener Amtsträger für frühere Diensthandlungen Vorteile fordert oder annimmt, wenn nicht schon tatbestandliche Handlungen zurzeit der Amtsstellung vorlagen; ebenso scheiden Handlungen aus, die **vor** der Begründung der Amtsstellung im Hinblick auf die spätere Dienstausübung vorgenommen werden (SK-*Rudolphi/Stein* 7; **aA** LK-*Jescheck* 27). 7

b) Der Handlung steht, wie § 336 klarstellt, auch das **Unterlassen** einer Diensthandlung gleich (vgl. NStZ **98**, 194 [Unterlassen von Anzeige durch Polizeibeamten]). Dass das Unterlassen insofern konkretisiert sein muss und sich auf eine zu erwartende oder wenigstens mögliche Vornahme jedenfalls ihrer Art nach bestimmter Handlungen bezieht, ergibt sich aus der Tathandlungsbeschreibung (unten 17ff.); dies ist durch die Ersetzung des Begriffs Diens*thandlung* durch den der Diens*tausübung* (unten 23) nicht berührt. Erfasst ist auch die Annahme eines Vorteils für das (pflichtgemäße) Unterlassen einer pflicht*widrigen* Handlung (*S/S-Heine* 14f.). 8

c) § 331 I gilt grds sowohl für die **pflichtwidrige** wie die **pflichtgemäße** Dienstausübung; bei hinreichend konkretisierten Diensthandlungen greift jedoch die Qualifikation des § 332 ein, es sei denn, dass sich der Täter nicht bewusst ist, 9 dass seine Handlung pflichtwidrig und deshalb (§ 16) § 332 auf ihn nicht anwendbar ist (BGH **3**, 143; str.; vgl. wistra **85**, 22; SK-*Rudolphi/Stein* 18). Ob die Vorteilsannahme als solche pflichtwidrig ist, ist für die Pflichtwidrigkeit der Diensthandlung ohne Bedeutung (BGH **3**, 147; **15**, 88).

10 **d)** Bezieht sich die Tat auf eine konkrete **zukünftige** Diensthandlung (vgl. Abs. II, § 332 I, II), so ist bei allen Begehungsformen unerheblich, ob diese vorgenommen wird (*Otto* BT § 99 II 2c) oder ob der Amtsträger sich insgeheim vorbehält, die Diensthandlung nicht zu begehen; es kommt allein auf die Unrechtsvereinbarung (unten 21) an (BGH **15**, 97). Aus diesem Grunde ist § 331 (oder § 332) auch gegeben, wenn der Amtsträger lediglich **vorspiegelt, zukünftig** eine Diensthandlung erbringen zu wollen, für die er einen Vorteil fordert, sich versprechen lässt oder annimmt (hM; and. *Arzt/Weber* 49/28). Dagegen ist nach der zutr. Rspr des **BGH** (BGH **29**, 300, 302) bei **Vorspiegelung** einer **vergangenen** Diensthandlung eine Tat nach §§ 331, 332 nicht gegeben, der Unrechtsgehalt einer solchen Tat durch § 263 ausgeschöpft (auch § 263 ablehnend *Maiwald* NJW **81**, 2780; wie hier SK-*Rudolphi/Stein* 17b; *M/Schroeder/Maiwald* 78/18; *Arzt/Weber* 49/30; *Dölling* JuS **81**, 570). Nach in der Literatur **hM** (LK-*Jescheck* 14; *S/S-Heine* 30; NK-*Kuhlen* 31 und NStZ **88**, 433, 435; *Lackner/Kühl* 11; *Otto* BT § 99 II 1c; *Geppert* Jura **81**, 48 und JK 1; *Wagner* JZ **87**, 599) wird das Rechtsgut dagegen auch durch die täuschende Behauptung verletzt, eine (käufliche) Diensthandlung bereits vorgenommen zu haben. Der Umstand, dass der Gesetzgeber trotz Kenntnis des Meinungsstreits mehrfache Gesetzesänderungen nicht zum Anlass genommen hat, etwa in Abs. II oder in § 332 I, II die Formulierung „vorgenommen *hat*" durch „vorgenommen *habe*" zu ersetzen, spricht für die engere Auslegung des BGH (**aA** NK-*Kuhlen* 32). Das gilt entsprechend für den Inhalt der Dienstausübung insgesamt. Spiegelt ein Amtsträger eine einflussreichere Position vor als er tatsächlich innehat, so ist § 331 gegeben, solange irgendein Sachzusammenhang zwischen der tatsächlichen und der behaupteten Dienstausübung besteht. Fehlt dieser Zusammenhang gänzlich (Finanzbeamter gibt sich als Leiter des Bauamts aus), so liegt nur Betrug vor.

11 **B. Vorteil** iS von § 331 ist jede Leistung des Zuwendenden, welche den Amtsträger oder einen Dritten (vgl. unten 14) **materiell** oder **immateriell** (NStZ **85**, 499 [m. Anm. *Marcelli*]; *Wagner* JZ **87**, 603; ferner *Sturm* JZ **75**, 13) in seiner wirtschaftlichen, rechtlichen oder auch nur persönlichen Lage objektiv **besser stellt** (BGH **31**, 279 [m. Anm. *Geerds* JR **83**, 465 u. **96**, 310; *Dingeldey* NStZ **84**, 505]; **33**, 339 [Anm. *Geerds* JR **86**, 253; *Dölling* NStZ **87**, 69 u. DJT C 66; *Wagner* JZ **87**, 604]; **35**, 133 [m. Anm. *Tenckhoff* JR **89**, 33; *Kuhlen* NStZ **88**, 434]; wistra **91**, 221; NJW **03**, 763, 764; Frankfurt NJW **90**, 2074) und auf die er **keinen rechtlich begründeten Anspruch** hat (BGH **47**, 295, 304; Karlsruhe NStZ **01**, 654f.; Köln NStZ **02**, 35).

11a **a) Vorteilsbegriff.** Der Begriff geht über den des „Vermögensvorteils" etwa iS von § 263 hinaus. Da im Wortlaut des Gesetzes jeder *Bezugspunkt* für die Bestimmung fehlt, kann der objektive Gehalt der „Besserstellung" letztlich nur aus einer Gesamtbewertung von Täterstellung, Dienstpflicht und -ausübung sowie Unrechtsvereinbarung (unten 21) erschlossen werden. Das **Vermögen** des Vorteilgebers braucht nicht vermindert zu werden (NJW **87**, 1341 [m. Anm. *Letzgus* NStZ **87**, 311]; NJW **01**, 2258f.; NStZ **05**, 334, 335); der Begriff des Vorteils setzt auch keine *Bereicherung* des Empfängers voraus (*Schubert* [oben 2] 12/62).

11b Vorteile können vor allem **materielle Zuwendungen** jeder Art sein (Geld, Sachwerte, Rabatte [vgl. NJW **01**, 2558], Einladungen zu Veranstaltungen, Urlaubsreisen, Kongressen [BGH **48**, 44]; etc.; uU auch Preisgelder iVm wissenschaftlichen *Ehrungen* [vgl. BVerwG DVBl. **00**, 1130]). Eine (an § 248a orientierte) *Wertgrenze* ist dem Vorteilsbegriff schon deshalb nicht eigen, weil er für § 331 und § 332 gleichermaßen gilt; vorbehaltlich der Anerkennung sozialadäquater Leistungen (unten 25) sind daher auch geringwertige Vorteile erfasst (zutr. NK-

*Kuhlen*35; *Kargl* ZStW 114, 763, 772; **aA** *Gribl* [2] 134ff.; vgl. zB NStZ **00**, 596 [5 DM pro pflichtwidrige Auskunft]). Vorteile sind **zB** eine Erweiterung der persönlichen Liquidität durch (vorübergehende) „Umleitung" dienstlicher Mittel auf ein privates Konto (NStZ-RR **98**, 269); die Stundung einer Schuld (BGH **16**, 40); die Gewährung eines Darlehens (BGH **13**, 328; **16**, 41; GA **59**, 176) oder eines zinslosen Darlehens (NStZ **05**, 334); die Überlassung eines Leihwagens (RG **64**, 335); die Vermittlung einer Nebentätigkeit; eine Honorarzahlung (vgl. NStZ **99**, 561 [Honorar für wertlose „Gutachten"]); das Zur-Verfügung-Stellen technischer Geräte für eine von dem Amtsträger geleitete Forschungseinrichtung (Karlsruhe NJW **01**, 907); die Einräumung eines Rabatts, auch wenn hierdurch nur ein zuvor überhöhter Preis auf eine der Gegenleistung angemessene Höhe reduziert wird (NJW **01**, 2258); die Übernahme der Kosten einer betrieblichen Weihnachtsfeier, die der Beamte sonst selbst zu tragen hätte (BGH **48**, 44).

Es kommen daneben auch **immaterielle Vorteile** in Betracht (stRspr.); **zB** Ehrungen (vgl. zur Zustimmung auch BVerwG DVBl. **00**, 1130); Ehrenämter, Unterstützung bei Wahlen; uU auch sexuelle Zuwendungen (BGHR Vorteil 1; NJW **59**, 1834; **89**, 915 [m. Anm. *Bottke* JR **89**, 432]; StV **94**, 527; zw.); nicht aber die „bloße Gelegenheit" zu sexuellen Annäherungen (NJW **89**, 915; zw.); weiterhin **Erwerbsaussichten** (auch Beförderungs- oder Karrierechancen, soweit sie eine objektivierbare Besserstellung enthalten; *S/S-Heine* 19; SK-*Rudolphi/Stein* 21; NK-*Kuhlen* 39). Die Einschränkung, dass „immaterielle Verbesserungen der Lage" nur dann Vorteile iSv § 331 sind, wenn sie „einen objektiv messbaren Inhalt haben und den Amtsträger in irgendeiner Weise tatsächlich besser stellen" (BGH **47**, 295, 304; ähnlich BGH **48**, 44 [eingeschränkt auf „immaterielle Vorteile im Blick auf eine berufliche Stellung"]), bleibt recht unbestimmt, denn der Vorteilscharakter *irgend*einer „Verbesserung der Lage" kann gar nicht geprüft werden, wenn diese *nicht* „objektiv messbar" ist; und zwischen vorteilhaften und vorteilslosen *Verbesserungen* der Lage kann schwerlich nach dem Kriterium unterschieden werden, ob sie den Amtsträger „in irgendeiner Weise *besser* stellen". Für Fälle eines „mittelbaren" Vorteils hat der BGH früher auch die Befriedigung des Ehrgeizes, der Eitelkeit und des Geltungsbedürfnisses als ausreichend angesehen (BGH **14**, 123, 128 [Ehrgeiz und Eitelkeit]; **35**, 128, 136 [karriereförderndes Ansehen]; NStZ **85**, 497, 499 [Aufrechterhaltung einer günstigen beruflichen Situation und Erhaltung der Chance zu weiterer Verbesserung]); BGH **47**, 295, 304 hat dies in einem *obiter dictum* als „eher fern liegend" bezeichnet (zust. *Bernsmann* StV **03**, 521, 525f). Die Rspr. lässt nicht genau erkennen, ob „immaterielle Vorteile" nur dann § 331 unterfallen sollen, wenn sie *mittelbar* zu materiellen Vorteilen führen können und wenn diese Chance bereits einen objektivierbaren (*Vermögens-*)Vorteil bewirkt; in diesem Fall könnten zB „sexuelle Zuwendungen" (vgl. NJW **59**, 1834; **89**, 915; StV **94**, 527; BGHR Vorteil 1) als solche nicht als Vorteil angesehen werden. Wenn andererseits „immaterielle Vorteile" als ausreichend angesehen werden, so kann dies nicht nach dem Kriterium von „Erwerbschancen" eingeschränkt werden; es kommt vielmehr allein darauf an, ob der „Vorteil" sich quasi als emotionales *Internum* darstellt (Freude; Dankbarkeit; zwischenmenschliche „Bedeutung") oder er in einer **sozialen Besserstellung** besteht (Macht; berufliches Ansehen; Zugang zu Kommunikationschancen); hiernach kann auch eine Medien-Berichterstattung ein Vorteil sein (vgl. *Arzt/Weber* 49/24; vgl. auch Karlsruhe NStZ **01**, 654 [abgelehnt für Ansehenssteigerung eines Lokalpolitikers]). **11c**

Vorteilhaft kann auch ein **Unterlassen** von Handlungen sein, das zur Vermeidung negativer Veränderungen der tatsächlichen oder rechtlichen Lage des Amtsträgers (also zur Fortdauer eines gegenwärtigen Zustands führt (**zB** Unterlassen einer möglichen Kündigung, einer Mieterhöhung; Nicht-Geltendmachen von Forderungen; nach BGH NJW **85**, 2654, 2656 auch das Unterlassen einer beruflich schädigenden Veröffentlichung (zust. *Kargl* ZStW **114**, 763, 768; abl. *Marcelli* NStZ **85**, 500f.; *Wagner* JZ **87**, 594, 603f.; NK-*Kuhlen* 36; zweifelnd *S/S-Heine* 19; *Lackner/Kühl* 5; **aA** SK-*Rudolphi/Stein* 19). **11d**

12 Ein Vorteil iS von §§ 331 ff. liegt auch dann vor, wenn Leistungen an den Amtsträger aufgrund eines zwischen ihm und dem Dritten geschlossenen **Vertrags** erfolgen und ein **angemessenes Entgelt** für die von dem Amtsträger vertraglich zu erbringenden Leistungen darstellen (vgl. BGH **31**, 264, 279 f.; wistra **03**, 303, 304; 4 StR 69/07; 4 StR 99/07; Hamburg StV **01**, 277, 279; zust. NK-*Kuhlen* 52 f.; SK-*Rudolphi/Stein* 22 a; MK-Korten 72 ff.; krit. *Zieschang* StV **01**, 290; *Günter* MedR **01**, 458; *Verrel* MedR **03**, 322). Es kann auch gerade im **Abschluss eines Vertrags** ein Vorteil liegen (BGH **31**, 279 f.; *Knauer/Kaspar* GA **05**, 385, 392 f.; zu **Nebentätigkeits**-Verträgen vgl. unten 25 b). Soweit freilich die *dienstliche Aufgabe* des Amtsträgers gerade den Abschluss und die Erfüllung von entgeltlichen (Werk-)Verträgen mit Dritten umfasst, liegt weder im Abschluss des Vertrags noch in der Leistung des *angemessenen* Entgelts ein Vorteil iS von Abs. I (and. SK-*Rudolphi/Stein* 22 a: Unrechtsvereinbarung fehlt); aus BGH **31**, 264, 280 ergibt sich nichts anderes (krit. aber *Zieschang* aaO; unklar *Günther* MedR **01**, 457 f.; vgl. unten 15). Ein Vorteil ergibt sich auch nicht schon dadurch, dass der an der Diensthandlung Interessierte dem Amtsträger **die für die Amtstätigkeit erforderlichen Mittel** zur Verfügung stellt (*Zweibrücken* NStZ **82**, 204 m. Anm. *Geerds* JR **82**, 384 [kostenloses Benzin an Polizeibeamten für Ermittlungen in der Freizeit]; *Wagner* JZ **87**, 603; *Kuhlen* NStZ **88**, 439 und NK 82; *Zieschang* StV **01**, 290, 292). Solche Mittel können grds auch finanzielle Zuwendungen sein, wenn und soweit sie unmittelbar der Ausführung der dienstlichen Handlung dienen, etwa die *(Drittmittel-)* **Finanzierung eines Forschungsvorhabens** (*Zieschang* WissR **32** [1999], 117 f.; vgl. unten 27).

13 **b) Drittvorteile.** Nach ständ. Rspr. zur **früheren Rechtslage** war für die Vorteilsannahme ein eigennütziges Handeln des Amtsträgers erforderlich (vgl. BGH **15**, 97; **35**, 128, 134 m. Anm. *Kuhlen* NStZ **88**, 433, *Sonnen* JA **88**, 232, *Tenckhoff* JR **89**, 33; Nachw. bei *Rudolphi* NJW **82**, 1417). Grds. war eine Zuwendung daher nur dann von § 331 erfasst, wenn sie dem Amtsträger selbst zufloss; Zuwendungen an Dritte wurden (als sog. *mittelbare Bestechung*) nur dann als ausreichend angesehen, wenn aus ihnen mittelbar dem Amtsträger selbst ein Vorteil erwuchs (vgl. etwa Karlsruhe NJW **01**, 907 [Zuwendung von hochwertigen medizinischen Geräten an die vom Amtsträger geleitete Abteilung einer Universitätsklinik; Anm. *Zieschang* StV **01**, 290, 291]; Hamburg StV **01**, 277; **01**, 284).

14 Diese Einschränkung des Vorteilsbegriffs ist durch das KorrBekG **aufgegeben worden** (vgl. dazu BT-Drs. 13/3353, 11). **Drittvorteile** sind daher von den §§ 331 ff. grds. unbeschränkt erfasst (vgl. Karlsruhe StV **01**, 288, 290; zur Rückwirkung vgl. Karlsruhe NStZ **01**, 654; Stuttgart wistra **03**, 31); auf die Eigennützigkeit des Amtsträgers kommt es nicht mehr an (vgl. auch *S/S-Heine* 20 und *Cramer,* Roxin-FS 945, 947 ff.; abl. *Korte* NStZ **97**, 513, 515; *Krey* BT I, 669 b). **Dritter** kann auch eine juristische Person (zB ein Verein; im Fall NStZ **06**, 628 zB ein Verein *„pecunia non olet e. V."*) oder eine Personengesellschaft sein; auf eine Mitgliedschaft oder Beteiligung des Amtsträgers kommt es nicht an. Eine Beschränkung auf **private** Dritte enthalten die §§ 331 ff. nicht (Karlsruhe StV **01**, 288, 290; Köln NStZ **02**, 35, 36; SK-*Rudolphi/Stein* 23 a; NK-*Kuhlen* 45; **aA** *Dauster* NStZ **99**, 63, 66; *Ostendorf* NJW **99**, 615, 617; *Walter* ZRP **99**, 292); erfasst sind daher auch Zuwendungen an die Anstellungskörperschaft des Amtsträgers (Karlsruhe NJW **01**, 907, 908; Köln NStZ **02**, 35 f. [gegen LG Bonn MedR **01**, 260]). Auch Gebietskörperschaften (Gemeinden) können Dritte sein (vgl. dazu *Schreiber/Rosenau/Combé/Wrackmeyer* GA **05**, 265 ff.; anders in einem Sonderfall aber NStZ **06**, 628, 630 [*3. StS*; Stadt als Eigentümerin einer Stadtwerke AG dieser gegenüber nicht „Dritter"; zw.).

15 Da Vorteile iS des § 331 nach hM nur solche Zuwendungen sind, auf die der Amtsträger ***keinen rechtlich* begründeten Anspruch** hat (oben 11; krit. *Dornseifer* JZ **73**, 267), ist fraglich, ob dies in gleicher Weise auch für den Dritten gilt, „für" den der Amtsträger einen Vorteil fordert oder annimmt (vgl. dazu *Lüderssen* JZ **97**, 112, 114; *Zieschang* WissR **99**, 111, 117 ff.; JZ **00**, 95; *Günter* MedR

01, 457 f.; *Dieners/Lembeck/Taschke* PharmaR **99**, 156, 163; SK-*Rudolphi/Stein* 22; NK-*Kuhlen* 48 ff.). Da eine Einbeziehung des Dritten in die Unrechtsvereinbarung (unten 21) nicht erforderlich ist und überdies **Drittansprüche** leicht manipulativ zur Verschleierung begründet werden können, kommt es unter dem Gesichtspunkt des Rechtsgüterschutzes auf die Berechtigung des Dritten, den Vorteil zu erlangen, nicht an (ebenso *Schubert* [oben 2] 12/61), daher auch nicht auf einen möglichen Anspruch des Dritten gegen den Zuwendenden; entscheidend ist vielmehr allein, ob der **Amtsträger persönlich** gegen den Leistenden einen Anspruch auf Zuwendung an sich oder einen Dritten hat. Eine allgemeine Ausweitung des Vorteilsbegriffs auf vertraglich oder gesetzlich begründete Entgelts- oder Gebührenforderungen der Anstellungskörperschaft (so wohl iErg NK-*Kuhlen* 54; vgl. aber ebd. 88) kann auf BGH **31**, 264 nicht gestützt werden. Kein Drittvorteil liegt daher vor, wenn Teile eines vertraglichen *Entgelts* – etwa zum Zweck der Steuerhinziehung – als „Spende" an die Anstellungskörperschaft eines Amtsträgers geleistet werden (vgl. wistra **06**, 344, 346 f.).

Im Fall der Drittzuwendung sind **Kenntnis** und **Einverständnis** des Amtsträ- **16**
gers mit der Vorteilsgewährung erforderlich. Das liegt jedenfalls dann vor, wenn der Täter die Gewährung des Vorteils an einen Dritten unter Bezugnahme auf eine zwischen ihm und dem Leistenden bestehende Unrechtsvereinbarung (unten 21) geschehen lässt (vgl. aber BGH **49**, 275, 282 [*Fall Kremendahl*] in Abgrenzung zu LG Wuppertal NJW **03**, 1405). Erfährt er erst nachträglich von der Zuwendung, so hat er sie angenommen, wenn er die Annahme und Verwendung durch den Dritten billigt (*S/S-Heine* 20 a). Die Beurteilung, ob es sich bei Drittzuwendungen ohne eigennütziges Interesse des Amtsträgers überhaupt um einen **Vorteil** iS des § 331 handelt, wird häufig nur unter Berücksichtigung subjektiver Faktoren und einer normativen Auslegung der (Unrechts-)Vereinbarung möglich sein. Dies sorgt für Rechtsunsicherheit (vgl. *Kerner/Rixen* GA **96**, 363; *König* JR **97**, 399), deren Begrenzung durch Bildung von Fallgruppen der Gesetzgeber der Rechtsprechung überlassen hat.

C. Tathandlungen. Die Tathandlung entspricht § 299 (vgl. dort 17) und ist – **17**
spiegelbildlich zu § 333 – stufenförmig aufgebaut (vgl. 4 zu § 333). Der Täter muss den Vorteil entweder

a) fordern, dh ausdrücklich oder konkludent (NStZ **06**, 628; SK-*Rudolphi/* **18**
Stein 25; *S/S-Heine* 22) erkennen lassen, dass er einen Vorteil für seine Dienstausübung begehrt (vgl. BGH **10**, 241; **15**, 98; wistra **85**, 21; **86**, 219). Das bloße Verlangen unberechtigter Leistungen unter Vorspiegelung eines angeblichen Rechtsgrundes unterfällt nicht § 331 (sondern § 263; vgl. BGH **8**, 214); auch nicht das Verlangen einer grds. als Vorteil *möglichen* Handlung ohne *Gegenleistungs*verhältnis zur Dienstausübung (vgl. Hamm NStZ **02**, 38 [Angebot eines Vorgesetzten an eine Mitarbeiterin, ihr *zum Zweck* von ihm erwünschter erotischer Begegnungen Zweck *dienstfrei* zu geben]). Der Täter muss den Vorteil tatsächlich erlangen wollen; es kommt also nicht auf die Äußerung *an sich* an, sondern auf die Äußerung als Ausdruck eines ernsthaften, auf den Abschluss einer Unrechtsvereinbarung gerichteten Willens. Dabei genügt es, wenn der Fordernde den mindestens bedingten Willen hat, der Dritte solle sich des Zusammenhangs zwischen Vorteil und Dienstausübung (unten 23 ff.) bewusst werden. Es reicht dann der Zugang der Forderung (vgl. BGH **10**, 241; **15**, 88; wistra **86**, 219; Düsseldorf JR **03**, 521, 522 [krit. Anm. *Böse*]; 4 zu § 333); nach BGH **47,** 22, 29 ist Vollendung (jedenfalls) mit „Kenntnisnahme" gegeben (ebenso NStZ **06**, 628, 629). Ob der Dritte auf die Forderung eingeht (NK-*Kuhlen* 16, 18), ist unerheblich. Die Identität des Vorteilsgebers muss der Täter bei der Tat noch nicht kennen (BGH **15**, 88); oder

b) sich versprechen lassen, dh das entsprechende Angebot einer künftigen **19**
Leistung ausdrücklich oder schlüssig annehmen. Ob es zur Leistung kommt, ist ohne Bedeutung; der Täter muss dies nur wollen (NJW **89**, 916 [m. Anm. *Bottke* JR **89**, 432; *Geppert* JK 4 zu § 332]; Hamm MDR **73**, 68; *Maiwald* JuS **77**, 355;

zweifelnd NK-*Kuhlen* 20; **aA** SK-*Rudolphi/Stein* 25). Hält der Amtsträger irrig ein Angebot für gegeben und gibt eine Annahmeerklärung ab, so liegt idR die Variante des Forderns vor. Trotz der passivischen Fassung des Wortlauts begründen I und II keine *Pflicht zur Ablehnung* von Angeboten; Sich-Versprechen-Lassen ist also kein (echtes) Unterlassungsdelikt. Schweigen auf ein entsprechendes Angebot erfüllt den Tatbestand daher nur dann, wenn es nach den zwischen den Beteiligten bekannten Umständen des Einzelfalls als konkludente Zustimmung, dh als auf den Abschluss einer Vereinbarung gerichtete Willenserklärung auszulegen ist; oder

20 **c) annehmen,** dh einen geforderten oder angebotenen Vorteil tatsächlich (unmittelbar oder mittelbar; vgl. NJW **87**, 1341) entweder **selbst** empfangen oder ihn an einen **Dritten** weiterzugeben, für den er bestimmt ist (Karlsruhe NStZ **01**, 654 f.); ausreichend ist, dass der Vorteil im Einverständnis mit dem Täter unmittelbar an den Dritten gelangt (insoweit zutr. LG Wuppertal NJW **03**, 1405). Auch die Annahme setzt eine **Willensübereinstimmung** darüber voraus, dass die Leistung für die Dienstausübung empfangen wird (BGH **10**, 237, 240 f.; **39**, 45, 46; NJW **85**, 391). Dass sich der Täter des Vorteils bei Eintritt gewisser Bedingungen wieder entledigen will, ist ohne Bedeutung (GA **63**, 147); ebenso, ob er sich eine Verwertung insgeheim vorbehält (BGH **14**, 127; SK-*Rudolphi/Stein* 26); oder dass Vorteile für mehrere Beteiligte in eine gemeinsame Kasse eingebracht werden (vgl. MDR/H **83**, 986). In Fällen unverlangter, verdeckter oder erst nachträglich zu persönlichen Zuwendungen erklärten Leistungen ist der Tatbestand vollendet, sobald eine Übereinkunft (unten 21 ff.) zwischen Amtsträger und Zuwendendem hierüber erzielt wird; das gilt auch bei dem Täter zunächst unbekannten Zuwendungen an Dritte (oben 16). Annehmen ist somit nicht das bloße Unterlassen des Zurückgebens, sondern aktives Tun (*M/Schroeder/Maiwald* 79/16; NK-*Kuhlen* 24).

21 **D. Unrechtsvereinbarung.** Kern des Tatbestands ist die **inhaltliche Verknüpfung** von Dienstausübung und Vorteilszuwendung. die gemeinhin als „Unrechtsvereinbarung“ iS einer (zumindest angestrebten) Übereinkunft zwischen dem Amtsträger und dem Zuwendenden (der nicht notwenig ein Privater sein muss; vgl. BGH **14**, 123 f.; Frankfurt NJW **89**, 847 f.) beschrieben wird. Ein „Gegenleistungsverhältnis“ im *engeren* Sinn oder eine vertragsähnliche Vereinbarung sind nicht vorausgesetzt (vgl. BGH **49**, 275, 282 f.; NStZ **05**, 334, 335).

22 **a)** Nach der bis 19. 8. 1997 geltenden Fassung des Tatbestands musste der Vorteil „als Gegenleistung für eine Dienst*handlung*“ gefordert oder angenommen werden. Dies setzte eine zurzeit der Tathandlung vorliegende (NJW **85**, 391) oder zugleich mit ihr geschlossene Vereinbarung darüber voraus, dass der Vorteil um einer bestimmten zukünftigen oder vergangenen Diensthandlung willen gewährt werde (vgl. BGH **4**, 297; **10**, 241; **30**, 45, 46; **32**, 291; **33**, 336, 339; **39**, 47; NStZ **94**, 488; **96**, 279; NStZ **99**, 561; Düsseldorf NJW **87**, 1214). Unter kriminologischen und Gesichtspunkten des Rechtsgüterschutzes eröffnete diese Fassung Lücken, die als kriminalpolitisch unerträglich angesehen wurden (krit. aber *Hettinger* NJW **96**, 2269; *Ostendorf* NJW **99**, 615 ff.). Das galt vor allem auch für den weiten Bereich von **unspezifischen Zuwendungen,** die nicht eine konkrete Diensthandlung honorieren, sondern allgemeines „Wohlwollen“ und „Entgegenkommen“ schaffen sollen (vgl. 3 zu § 332; dazu auch wistra **00**, 97; LK-*Bauer/Gmel* Nachtr. 12; NK-*Kuhlen* 74 f.). Auch solche Zuwendungen sind im Hinblick auf den Rechtsgüterschutz gefährlich, da sie geeignet und idR bestimmt sind, Nähe- und **Abhängigkeitsverhältnisse** zu schaffen, aus denen sich der Amtsträger nur schwer wieder lösen kann (vgl. *Dölling* DJT C 63 mwN). Im Gesetzgebungsverfahren des **KorrBekG** (1 vor § 298) bestand daher weitgehend Einigkeit darüber, dass die Anforderungen an die Unrechtsvereinbarung gelockert werden sollten. Der auf einem Vorschlag Berlins (BR-Drs. 298/95) beruhende **E-BRat** sah – noch über die Gesetz gewordene Regelung hinaus – die Strafbarkeit der Vorteilsannahme schon *„im Zusammenhang mit dem Amt“* vor und löste damit den Bezug zur konkreten Dienstausübung weitgehend auf, ohne allerdings auf die subjektive Zielrichtung ganz zu verzichten (**krit.** zum E-BRat *König* DRiZ **96**, 360 ff.; JR **97**, 397, 399; *Hettinger* NJW **96**, 2263, 2269 ff.; *Kerner/ Rixen* GA **96**, 355, 381 ff.; *Möhrenschlager* JZ **96**, 825 f.; *Zieschang* WissR **32** [1999], 123 ff.; *Dölling* DJT C 64).

23 **b)** Die geltende Regelung entspricht einem Vorschlag *Döllings* (DJT C 64 f.) und verzichtet auf den Bezug zu einer *konkreten Diensthandlung* (vgl. NStZ **99**,

561). Der Vorteil muss aber **für die Dienstausübung** gefordert, versprochen oder angenommen werden. Das Erfordernis der Unrechtsvereinbarung wird hierbei durch das Wort „für" ausgedrückt (vgl. *Zieschang* WissR **99**, 111, 121; *Walter* ZRP **99**, 292, 294). Die Zuwendung muss mit dem Ziel erfolgen, dass der Amtsträger hierfür irgendeine dienstliche Tätigkeit vorgenommen hat oder vornehmen werde; diese **Verknüpfung** zwischen Vorteil und Dienstausübung muss der Amtsträger erkennen oder mindestens billigend in Kauf nehmen; die Unrechtsvereinbarung besteht in einer **wenigstens stillschweigenden Übereinkunft** der Beteiligten hierüber (vgl. BGH **31**, 254, 280; **39**, 46; BGHR § 331 Unrechtsvereinb. 1; Hamburg StV **01**, 277, 279; Hamm NStZ **02**, 38). In der Rspr des BGH ist das dahin umschrieben worden, erforderlich sei ein **„Gegenseitigkeitsverhältnis"** (vgl. BGH **49**, 275, 281; NStZ **05**, 334; 4 StR 69/07). Das ist ungenau, denn § 331 setzt nur voraus, dass der Vorteil *für die Dienstausübung*, nicht aber umgekehrt, dass die Dienstausübung *für den Vorteil* versprochen usw. wird (vgl. NJW **60**, 2154; LG Wuppertal NJW **03**, 1405).

c) Die Lockerung der Anforderungen an die Unrechtsvereinbarung sollte Zuwendungen einbeziehen, die einer bestimmten Diensthandlung nicht hinreichend konkret zugeordnet werden können (Sicherung der allgemeinen „Geneigtheit"; Zuwendungen „auf gute Zusammenarbeit"; vgl. BGH **15**, 91; 185; 222; 250; 286; 355; GA **59**, 374; NStZ **84**, 24; **94**, 488; **99**, 561; wistra **94**, 228; *Froschauer* RA-BTag Prot. 82, S. 11; *Schaupensteiner* ebd. S. 21; *Dölling* ebd. S. 29; *Schubert,* 61. DJT, Verh. II, L 134). Ausreichend ist es, dass der Vorteil von den Beteiligten allgemein im Sinne eines Gegenseitigkeitsverhältnisses mit der Dienstausübung verknüpft wird; es soll schon dem durch bewusstes Handeln erweckten „bösen Anschein" der Käuflichkeit entgegen gewirkt werden (BGH **49**, 275, 281; NStZ **05**, 334, 335). Erfasst werden sollen **zB** auch sog. **Beraterverträge,** auf Grund derer dem Amtsträger regelmäßig Vorteile zugewendet werden, die ein Nähe- und Abhängigkeitsverhältnis aufbauen (SK-*Rudolphi/Stein* 28 a); weiterhin **Anbahnungszuwendungen** („Anfüttern"), die sich auf die Dienstausübung beziehen (vgl. *Wolters* JuS **98**, 1105); ebenso **„Klimapflege"** zur Schaffung allgemeinen „Wohlwollens" im Rahmen der Dienstausübung (BGH **49**, 275, 281, 295; *Schünemann*, Otto-FS [2007] 777, 783, hält diese Formulierung für ein „Versehen"). Grds sind auch Maßnahmen allgemeiner „Stimmungspflege" einbezogen (**zB** regelmäßige Einladung zum Essen oder zu [geldwerten] Freizeitaktivitäten; großzügige Aufwandsentschädigung für die Bereitschaft zum fachlichen Gedankenaustausch; usw.; vgl. 3 zu § 332). Damit sind erstmals auch Amträger höherer Ebenen mit breiten Ermessens-Spielräoumen in größerem Umfang einbezogen worden (vgl. dazu Kleine Anfrage: „Strafverfolgung von Bürgermeistern [usw.]", BT-Drs. 16/4333). Die Ausweitung führt notwendig zu **erheblicher Unschärfe im Randbereich** (ähnl. *König* JR **97**, 397, 399; LK-*Bauer/Gmel* Nachtr. 13; and. NK-*Kuhlen* 75; krit. u.a. *Lüderssen* RA-BTag Prot. 82 S. 30 und JZ **97**, 112, 119; *Schünemann*, Otto-FS [2007] 777, 781 ff.): Die **Abgrenzung** strafbarer von straflosen Verhaltensweisen ist schwieriger geworden; 10 Jahre nach dem (Ersten) KorrBekG werden, obgleich zeitgleich die „konsequente Bekämpfung" der Korruption auf das Ausland ausgedehnt wird (oben 1), vielfach „teleologische Reduktionen" des Tatbestands verlangt, um eine als „uferlos" angesehene Strafverfolgung (die allerdings *praktisch* gar nicht stattfindet) zu verhindern (vgl. zuletzt ausf. *Schünemann*, Otto-FS [2007] 777, 781 ff., mit einschränkender Auslegung ebd. 786 ff.; zu Vorschlägen einer gesetzlichen Einschränkung vgl. *Kuhlen*, Schroeder-FS [2006] 535 ff.). 24

E. Zeitpunkt der Tathandlung. Vollendung setzt voraus, dass eine der oben 17 ff. genannten Tathandlungen, die auf der Unrechtsvereinbarung beruht oder mit ihr zusammenfallen kann, zu einem Zeitpunkt vollzogen wird, in welchem die **Amtsträger-Eigenschaft** des Täters (schon oder noch) besteht (vgl. oben 4). Im Einzelfall kann daher eine Strafbarkeit entfallen, wenn zB die Tathandlung des 24 a

Forderns verjährt ist und diejenige der Vorteils-Annahme in einen Zeitraum nach Beendigung der Amtsträgerstellung fällt (vgl. BGH **11**, 345; SK-*Stein* 7; vgl. zu entsprechenden Konstellationen *Hoffmann/Mildeberger* StV **06**, 665). Bei gestreckten, mehraktigen Abläufen, in denen einzelne Handlungsakte in einen Zeitraum vor Beginn oder nach Beendigung der Amtsträger-Stellung fallen, wird aber idR ein entsprechender ergänzender Handlungsteil in den vom Tatbestand erfassten Abschnitt fallen. So drängt sich **zB** auf, dass das Annehmen eines im Gegenleistungsverhältnis zu einer Diensthandlung stehenden wertvollen Geschenks zwei Tage *nach* Beendigung der Amtsträger-Stellung auf einem *früheren* Fordern oder Sich-versprechen-Lassen beruht (NStZ **04**, 564). Entsprechendes gilt für das Annehmen von Vorteilen aufgrund einer *vor* Beginn der Amtsträger-Eigenschaft zustande gekommenen Vereinbarung. **Nicht erfasst** werden daher solche Abläufe, bei welchen Handlungen des Forderns oder Sich-versprechen-Lassens *vor Beginn* der Amtsträger-Eigenschaft und Handlungen des Annehmens *nach ihrem Ende* stattfinden. Die sich hieraus ergebende **Lücke** für – strafwürdige – korruptive Beziehungen, die bewusst die Zeitspanne einer (befristeten) Amtsträger-Stellung „überbrücken", kann durch Überdehnung des Wortlauts nicht geschlossen werden; das bloße (im Übrigen untätige) Innehaben einer Vorteilserwartung im Zeitraum der Amträger-Eigenschaft erfüllt keine Tatbestands-Variante des Abs. I.

25 **F. Einschränkungen des Unrechtszusammenhangs.** Der von I vorausgesetzte Zusammenhang zwischen Dienstausübung und Zuwendung fehlt in den Fällen der **Sozialadäquanz** (dazu allgemein BGH **23**, 228; vgl. 12 vor § 32; einschr. im Hinblick auf § 331 III aber Hamburg StV **01**, 277, 282; dazu auch *Cramer,* Roxin-FS [2001] 945 f.; *Eser,* Roxin-FS [2001] 199 ff.; *Kargl* ZStW **114** [2002] 763, 778 ff.; *Thomas*, Jung-FS [2007] 973 ff.). Als sozialadäquat können solche Leistungen angesehen werden, die der Höflichkeit oder Gefälligkeit entsprechen und sowohl sozial **üblich** als auch unter Gesichtspunkten des Rechtsgutsschutzes allgemein **gebilligt** sind (zB Neujahrsgeschenke an Postboten oder Müllwerker [die allerdings idR nicht mehr dem Begriff des *Amtsträgers* unterfallen]; geringwertige Aufmerksamkeiten aus Anlass von Jubiläen oder persönlichen Feiertagen; gelegentliche Bewirtung; vgl. *Lackner/Kühl* 10; *M/Schroeder/Maiwald* 78/23; *S/S-Heine* 18, 29 a, 53 a; NK-*Kuhlen* 56; *Schubert* [oben 2] 12/57 ff., 62; *Geerds* JR **96**, 311; *Schaupensteiner* KR **96**, 242; *Hirsch* ZStW **74** (1978), 126; *Eser,* Roxin-FS [2001] 199, 200; zu sog. „Erleichterungszahlungen" im internationalen Geschäftsverkehr vgl. aber auch Erl. Nr. 9 zum OECD-Abk., BT-Drs. 13/14 028, 23; dazu *Trinkl* wistra **06**, 126, 129); auch **Trinkgelder** in angemessener Höhe fallen in solchen Bereichen dienstlicher Tätigkeit hierunter, in welchen ihre Zuwendung sozial üblich ist (zB Krankentransport; Postzusteller, soweit Amtsträgereigenschaft vorliegt; „Kaffeekasse" von Stationen in Krankenhäusern; *nicht* aber zB an Polizeibeamte; Bedienstete mit Kontroll- oder sonstigen hoheitlichen Aufgaben). Hier kommt es darauf an, ob nach den Umständen des Einzelfalls Art und Umfang des geforderten oder empfangenen Vorteils dessen Charakter als „Gegenleistung" und daher die Vermutung **unlauterer** Vermischung von dienstlichen und privaten Belangen nahe legen (zur Tauglichkeit des Sozialadäquanz-Gedankens vgl. *Otto,* Lenckner-FS 193, 200 ff.; wohl eher für eine Ausweitung *Thomas*, Jung-FS [2007] 973, 982 ff.).

25 a **a) Belohnungen** für überobligatorische Diensterfüllung (zB Zuwendungen aus Dankbarkeit für die eigene oder die Rettung Angehöriger aus Lebensgefahr) sind, wenn sie nicht nur geringfügigen Umfang haben, nicht von vornherein als sozialadäquat vom Tatbestand auszunehmen (insoweit zutr. *Schreier* [1 a] 65 f., der aber nachträgliche Drittvorteile in unbeschränkter Höhe vom *Schutzbereich* des § 331 ausnehmen will [ebd. 66 ff.]; das ist zu ungenau). Vielmehr bedürfen auch nachträgliche Belohnungen (vgl. zur früheren Rechtslage auch BGH **39**, 47, 49 [Zuwendungen „für die freundliche und höfliche Art" der Dienstausübung; Anm. *Geerds* JR **93**, 211; *Wagner* JZ **93**, 473]) idR einer Zustimmung oder Genehmi-

gung nach Abs. III, denn die Grenze sozial erwünschter *Dankbarkeit* ist hier durchaus fließend und kann sich unter der Hand in Richtung auf eine (korruptive) Erwartung von Sonder-Zuwendungen für pflichtgemäßes (genauer: *nicht* pflichtwidriges) Handeln verschieben, die von *Schutzgeld-Systemen* nicht weit entfernt ist (zweifelnd auch SK-*Rudolphi/Stein* 27). Vorteilsgewährungen aus *reiner Freude* über die Pflichterfüllung eines Amtsträgers mögen im Einzelfall vorkommen; die Lebenserfahrung spricht freilich gegen ihre Wahrscheinlichkeit. Daher ist vom Inhaber eines öffentlichen Amtes zu fordern, dass er die Annahme, soweit eine Einwilligung oder Genehmigung nach Abs. III nicht vorliegt, strikt auf einen Umfang begrenzt, in dem eine unlautere Einflussnahme ausgeschlossen werden kann (unten 26). Da §§ 331ff. schon den Anschein der Käuflichkeit und der unlauteren Beeinflussung öffentlicher Dienstausübung verhindern wollen, sind grds auch Zuwendungen erfasst, bei denen eine *konkrete* Gefährdung ausgeschlossen erscheint, so etwa wertvolle Abschiedsgeschenke beim Ausscheiden aus dem Dienst (vgl. § 70 BBG, § 19 SG).

b) Nebentätigkeiten eines Amtsträgers sind grds. keine Dienstausübung, auch **25 b** wenn dabei dienstliche Kenntnisse genutzt werden (oben 7; vgl. NStZ-RR **03**, 171; zur Begrenzung aber § 65 II S. 3, 4, 7, § 66 II BBG, § 20 II, VI SG jeweils idF durch das Zweite NebentätigkeitsbegrG v. 9. 9. 1997 [BGBl. I 2294]) und auch wenn die Nebentätigkeit verboten ist (BGH **11**, 125, 128; **18**, 263, 267; wistra **01**, 388, 389; GA **62**, 214; 4 StR 69/07). Dienstausübung sind sie nur, wenn der Amtsträger dabei auch im Rahmen seiner dienstlichen Obliegenheiten für den Vorteilsgeber tätig werden soll (BGH **31**, 264, 280f.). Ein *Vorteil* iS von § 331 kann gerade auch in der vertraglichen Vereinbarung einer Nebentätigkeits-Vergütung liegen (NStZ-RR **03**, 171; vgl. oben 12).Vergütungen für genehmigte oder genehmigungsfreie Nebentätigkeiten unterfallen dem Tatbestand des § 331 idR nicht; freilich enthält nicht jede Nebentätigkeitsgenehmigung eine Zustimmung nach Abs. III (vgl. Hamburg StV **01**, 277, 283). **Indizien** für Unrechtsvereinbarungen iS von §§ 331ff. können sich vor allem aus der Vereinbarung von Vergütungen ergeben, deren Höhe außer Verhältnis zum objektiven Wert der Nebentätigkeit stehen und sich daher eher als Gegenleistung für die dienstliches „Wohlwollen" darstellen können (**zB** hohe Honorare für inhaltlich belanglose Vortragstätigkeit über Themen im Zusammenhang mit der Dienstaufgabe; für wissenschaftlich wertlosen „Studien" über Gegenstände eigener dienstlicher Tätigkeit; vgl. unten 27). Auch eine pflichtwidrige **Geheimhaltung** oder **Verschleierung** der Nebentätigkeit oder der Höhe der Vergütung gegenüber dem Dienstherrn des Amtsträgers ist idR ein gravierendes Indiz (4 StR 69/07; 4 StR 99/07; vgl. BGH **48**, 44, 51).

c) Für die **praktische Anwendung** eröffnen sich hier zahlreiche Zweifels- **26** felder; die Grenzbestimmung bedarf in erheblichem Umfang **wertender Abgrenzung,** welche insb. die Stellung und den Inhalt der Dienstaufgaben des Amtsträgers, die Nähe zwischen den dienstlichen Aufgaben und dem Anlass der Vorteilszuwendung sowie die (abstrakte) Möglichkeit der unlauteren Beeinflussung der Amtsführung zu berücksichtigen hat (vgl. *Dölling* ZStW **112** [2000], 334, 345; *Volk,* Zipf-GedS 421ff.). So mögen **zB** auch umfangreiche **Bewirtungen** von Vorstandsmitgliedern öffentlicher Sparkassen durch kreditsuchende Kunden im Einzelfall als unbedenklich angesehen werden (BGH **31**, 279; krit. *Geerds* JR **83**, 465; *Otto,* K. Meyer-GedS 594; *Jutzi* NStZ **91**, 108; anders bei Vermischung dienstlicher und persönlicher Belange), das „Freibier" für einen Polizeibeamten idR nicht (vgl. NStZ **98**, 194). Bewirtungen, deren Umfang sich im Rahmen des nach Anlass und Status der Beteiligten Üblichen hält und denen gleichwertige Gegeneinladungen durch den Amtsträger gegenüberstehen, sind idR nicht als Vorteile iS von § 331 anzusehen (vgl. NStZ-RR **03**, 171f). Dagegen bestehen am Vorteilscharakter solcher Bewirtungen keine Zweifel, deren Aufwand den gewöhnlichen Lebenszuschnitt des Amtsträgers erkennbar überschreitet; das gilt gleichermaßen für **Beherbergungen** (zB Zur-Verfügung-Stellen von Ferienhäusern; Übernahme von Hotelkosten); Zuwendung von **Reisen** (vgl. NStZ **05**, 334); Einladungen zu kostenintensiven Freizeit-Vergnügen (Jagdausflüge mit Abschussgebühr; Hochseefischen; Motorflug); Vermittlung von „Rabatten" beim Kauf hochwertiger Waren; usw. Auf ein mögliches **persönliches Verhältnis** zwischen Amtsträger und Zuwendendem kommt es insoweit grds. nicht an (so auch NStZ **05**, 334 f.). Abgrenzungsprobleme treten auch bei der Beurteilung von **Werbegeschenken** auf, die in der Privatwirtschaft teilweise einen nur noch schwer als nicht-korruptiv zu bezeichnenden Umfang erreicht haben. Hier sind an Amtsträger **strengere Maßstäbe** anzulegen (*Fuhrmann* GA **59**, 101); Geschenke im Wert von mehr als etwa **30 Euro** ohne besonderen Anlass sind auch bei herausgehobenen Dienstposten kaum als sozialadäquat anzusehen (weiter *Lesch* AnwBl. **03**, 261, 262 [50 EUR]; vgl. auch Hamburg StV **01**, 277, 282; **01**, 284, 287 [inadäquat jedenfalls über 100 DM]; *S/S-Heine* 29 a). Bei Einladungen von Amtsträgern zu Veranstaltungen durch **Sponsoren** (auch) mit dem Zweck der Werbung wird man auch auf das Verhältnis von Veranstaltungszweck und Dienstlicher Funktion, jeweils im Verhältnis zum Werbe-Effekt, abstellen müssen: Die kostenlose Platzierung in der *VIP*-Loge eines Tennis-Sponsors wird anders zu beurteilen sein als der Auftritt auf einer durch einen werbenden Sponsor finanzierten Wohltätigkeits-Veranstaltung (vgl. dazu auch *Schlösser/Nagel* wistra **07**, 211).

26 a **d)** Die Lockerung der Anforderungen an die Unrechtsvereinbarung hat – erwartungsgemäß – dort **praktische Bedeutung** gewonnen, wo privatwirtschaftliche Interessen und Dienstausübung von Amtsträgern sich inhaltlich berühren, also vor allem im Bereich des **Beschaffungswesens** iwS. Als anfällig erweisen sich Strukturen, in welchen amtliche Dienstausübung in ein System privatwirtschaftlicher Marktinteressen und -mechanismen direkt eingebunden ist, sei es als **Steuerungs- oder Kontrollelement** (öffentliches Baurecht; Gewerbeaufsicht) oder als **Entscheidungszuständigkeit** im Bereich fiskalischer Tätigkeit (Beschaffung ieS; Bautätigkeit der öffentlichen Hand) oder der Mittelverwendung von Solidargemeinschaften (Gesundheitswesen). Wo große Geldströme zwischen privaten Marktteilnehmern, öffentlichen Kassen und anonymen Solidargemeinschaften unter direkter Einbeziehung der Entscheidungskompetenz von Amtsträgern verteilt werden, muss die Grenze zwischen Unrechtsvereinbarung und guter Zusammenarbeit fast notwendig unscharf werden. Namentlich im Bereich des **Gesundheitswesens,** aber auch von Teilen der (naturwissenschaftlichen) **Forschung,** sind die Probleme daher im Grunde *struktureller* Natur: Wer als Amtsträger zugleich privatwirtschaftlicher Nutznießer eigener dienstlicher Entscheidungen ist, wird im Zweifel Anfechtungen ausgesetzt sein. Wenn zB an *einen* Oberarzt in *einem* Krankenhaus innerhalb von 3 Jahren ca. 200 000 EUR an Schmiergeld fließen (vgl. Hamburg StV **01**, 284), so wirft dies ein erhellendes Licht auf die Struktur des dahinter stehenden Marktes, in dem sich ersichtlich weit gespannte korruptive Systeme entwickelt haben. Die teilweise dramatischen **Warnungen,** namentlich aus dem Bereich des Gesundheitswesens, vor den Gefahren einer „Kriminalisierung von Forschungs- und Heiltätigkeit" sind daher auch skeptisch zu betrachten: Aus Art. 5 III GG ergibt sich ebenso wenig wie aus der Dienststellung als Chefarzt oder Lehrstuhlinhaber eine Befugnis, „Schattenhaushalte" oder „schwarze Kassen" für verschleierte Rückvergütungen einzurichten und zur Förderung des eigenen Einkommens oder Ansehens zu verwenden. Schon die oft aufwändigen Maßnahmen zur **Verschleierung** haben erhebliches indizielles Gewicht für das Vorliegen eines entsprechenden Unrechtsbewusstseins.

27 **aa)** Nicht mehr streitig ist die grundsätzliche Anwendbarkeit der §§ 331, 332 im Bereich *der **Drittmitteleinwerbung*** (zur grundsätzlichen Einordnung BGH *47, 295* ff.; vgl. § 25 HRG; dazu Entschließung des **BRats** v. 29. 7. 2001 [BR-Drs. 541/01]; Überblick über die Rspr. bei *Heinrich* NStZ **05**, 256 ff.; dazu auch *Fürsen* [1 a] 57 ff.; *Kindhäuser/Goy* NStZ **03**, 291; *Lüderssen* JZ **97**, 112; StV **97**,

318, 322 und [1 a; 1998]; *Ostendorf* NJW **99**, 615, 617; *Dauster* NStZ **99**, 63; *Walter* ZRP **99**, 292; *Ratzel* MedR **98**, 98; *Göben* MedR **99**, 345; *Zieschang* WissR **32** [1999], 111 ff.; *Lippert* VersR **00**, 158; *Cramer,* Roxin-FS 945, 948 f.; *Ambos* JZ **03**, 345; *Bernsmann* StV **03**, 521; *Diettrich/Jungeblodt,* Schreiber-FS [2003] 1015 ff; *Schubert,* in: *Wabnitz/Janovsky,* 10/101 ff.; vgl. auch oben 11) und des **Sponsoring** (zum Begriff vgl. BMF-Schreiben v. 18. 2. 1998, BStBl. 1998 I, 212; *Boochs,* Sponsoring in der Praxis, 2000, 127 ff.; *Hermanns,* Sponsoring, 2. Aufl. 1997, 36 f.) etwa bei Zuwendungen von Unternehmen der Medizin- und Pharmaindustrie an Ärzte öffentlicher Krankenhäuser (dazu *Pfeiffer* NJW **97**, 782; *Bruns* ArztR **98**, 237; ausführl. mit Darstellung üblicher Verschleierungstechniken *Janovsky,* in: *Wabnitz/Janovsky,* 11/83 ff.; zum sog. Herzklappenskandal vgl. *Tondorf/Waider* MedR **97**, 102; *Bruns* ArztR **98**, 237; *Dieners/Lembeck/Taschke* PharmaR **99**, 156); freilich stehen beide Lebensbereiche nicht schon von vornherein unter einem Generalverdacht der Korruption (unten 27 b). Regelmäßig **nicht sozialadäquat** sind – jedenfalls dann, wenn sie nicht **offen gelegt** werden – Praktiken wie **zB** kostenloses Zur-Verfügung-Stellen aufwändiger Apparate zu Erprobungszwecken oder als „Zugabe" bei Ankauf anderer Produkte (mit der Möglichkeit der Privatliquidation); Spenden für von Chefärzten gegründete Vereine zur Förderung der Ausstattung „ihrer" Abteilung als verschleierte „Kick-Back"-Honorierungen (vgl. BGH **47**, 295, 303 ff.); Honorarzahlungen für wertlose „Forschungsprojekte"; Zuwendungen für zweifelhafte Fachtagungen (vgl. Hamburg StV **01**, 277 [Anm. *Zieschang* ebd. 290]; *Janovsky,* in: *Wabnitz/Janovsky,* 11/95); Barzuschüsse zu geselligen Veranstaltungen unter Vortrag eines kurzen Fachreferats (vgl. Köln NStZ **02**, 35 f.). Auch kostenlose Schulungen von Ärzten und/oder Pflegepersonal durch Hersteller oder Vertreiber von **Medizinprodukten** ragen in die „Grauzone" (*Lippert* VersR **00**, 159 f.) hinein, wenn damit die Entscheidung für die Anschaffung bestimmter Produkte praktisch zwingend vorgegeben ist (vgl. auch *Göben* MedR **00**, 193 [zu NStZ **00**, 90]). Daraus, dass solche Praktiken in der Vergangenheit verbreitet oder „üblich" waren, lässt sich keine Sozialadäquanz ableiten (vgl. auch 16 zu § 299).

Gehört es zum dienstlichen Aufgabenbereich der direkt oder mittelbar Begünstigten, Entscheidungen über die **Verwendung öffentlicher Mittel** zu treffen oder – etwa durch fachliche Stellungnahmen – vorzubereiten, so wird bei entsprechenden Leistungen eines *möglicherweise* Begünstigten und fehlender **Offenlegung,** insb. aber bei Maßnahmen zur **Verschleierung** (Dritt- oder Auslandskonten; Einschaltung von „Stroh"-Personen; Gründung von Vereinen, deren Mitgliedschaft überwiegend aus *Nutznießern* von Drittzuwendungen besteht und deren Tätigkeit sich wesentlich in der *Verteilung* dieser Zuwendungen erschöpft), idR eine §§ 331, 333 unterfallende Unrechtsvereinbarung anzunehmen sein (*Lippert* VersR **00**, 158 f.; vgl. hierzu den von den Spitzenverbänden der Krankenkassen und dem Bundesfachverband Medizinprodukteindustrie veröffentlichten Kodex „Medizinprodukte", abgedr. in NJW **97**, H. 24, S. XX; dazu *Dieners* JZ **98**, 181; *ders.*, in *Dieners* (Hrsg.), Zusammenarbeit der Pharmaindustrie mit Ärzten, 2004, 59 ff.; *Deutsch* NJW **99**, 817, 820; *Göben* MedR **99**, 345, 349). **27 a**

Andererseits ist zu beachten, dass klinische Prüfungen von Medizinprodukten und Arzneimitteln (vgl. §§ 19 ff. MPG [idF v. 7. 8. 2002; BGBl. I 3146; aufgr. des ÄndG v. 13. 12. 2001; BGBl. I 3586], §§ 40 ff. AMG) für Forschung und Entwicklung unerlässlich sind und angemessene Honorierungen für die Mitwirkung hieran rechtmäßig; sie können nicht unter einen pauschalen Korruptionsverdacht gestellt werden (vgl. Nr. 5. 4. 9 der Europäischen Norm 540; dazu *Pfeiffer* NJW **97**, 783 f.; *Lüderssen* JZ **97**, 112; *Dauster* NStZ **99**, 63; *Walter* ZRP **99**, 292; *Dieners/Lembeck/Taschke* PharmR **99**, 156 ff.; *Göben* MedR **99**, 345; *Zieschang* WissR **32** [1999] 117 ff.;). Auch die **Einwerbung von Drittmitteln** steht nicht von vornherein unter einem Verdacht korruptiver Zusammenhänge (BGH **47**, 295, 303); in manchen Bereichen ist vielmehr die Drittmittel-Finanzierung (inzwischen) geradezu zwingende Voraussetzung Erfolg versprechender **Grundlagenforschung** geworden (vgl. *Diettrich/Schatz* MedR **01**, 614, 619); eine klare Trennung zwischen Beschaffungs-Kunden und Drittmittel-Gebern ist damit tatsächlich vielfach kaum möglich (zutr. *Korte* NStZ **03**, 157); Erfolge bei der Drittmitteleinwer- **27 b**

bung gelten als wichtiges Berufungskriterium bei der Besetzung von Lehrstühlen (vgl. *Laufs* NJW **02**, 1770; sehr weit *Cramer,* Roxin-FS 948).

27 c Nach der Rspr des **BGH** (BGH **47**, 295, 303 ff. [Anm. *Michalke* NJW **02**, 3381; *Taschke* PharmR **02**, 417; *Korte* NStZ **03**, 157; *Tholl* wistra **03**, 181; Bespr. *Kindhäuser/Goy* NStZ **03**, 291; *Mansdörfer* wistra **03**, 211; *Kuhlen* JR **03**, 231; *Rönnau* JuS **03**, 232;]; StV **03**, 500; vgl. dazu auch *Bernsmann* StV **03**, 521 ff.;*S/S-Heine* 29 b) ist bei Erfüllung einer hochschulrechtlichen **Dienstaufgabe** der Einwerbung von Drittmitteln (mangels Unrechtsvereinbarung) schon der Tatbestand des § 331 nicht erfüllt, wenn das im Drittmittelrecht vorgeschriebene **Verfahren** eingehalten wird (ebd. 306; **aA** *Mansdörfer* wistra **03**, 211, 213: Rechtfertigung; vgl. dazu auch *Schreiber/Rosenau/Combé/Wrackmeyer* GA **05**, 265, 270 ff.). Soweit Drittmittel nur das Entgelt für eine dem dienstlichen Aufgabenbereich unterfallende **Erfüllung von Verträgen** darstellen, fehlt es idR schon an einem „Vorteil" iS von I (vgl. oben 11). Die Abgrenzung kann im Einzelfall schwierig sein, wenn sich über längere Zeiträume ein Geflecht von Drittmittel- oder Spendenfinanzierung, „Stimmungspflege" und organisatorischer Abhängigkeiten entwickelt. In diesen Bereichen sind daher klare Regelungen insb. zur **Anzeigepflicht** oder zur **Drittmittelverwaltung** erforderlich (zutr. *Göben* MedR **99**, 345, 348 f.: „vollständige Transparenz und Offenheit"; vgl. dazu auch den von Fach- und Industrieverbänden, dem Deutschen Hochschulverband und der Deutschen Krankenhaus-Gesellschaft vorgelegten Gemeinsamen Standpunkt zur strafrechtlichen Bewertung der Zusammenarbeit zwischen Industrie, medizinischen Einrichtungen und deren Mitarbeitern, Stand Okt. 2000 [vgl. *Meister/Dieners* Das Krankenhaus **00**, 876], unter AII; **Trennungsprinzip; Transparenz- und Genehmigungsprinzip; Dokumentationsprinzip; Äquivalenzprinzip;** dazu *Dieners* pharmind 2000, 938; *Taschke,* in: *Dieners* [oben 1 a] 2004, 25 ff.; *Dieners* ebd. 71 ff.; *Bernsmann* WissR **02**, 1, 17 ff.]; umfassend *Fenger/Göben* [Hrsg.], Sponsoring im Gesundheitswesen. Zulässige Formen der Kooperation zwischen medizinischen Einrichtungen und der Industrie, 2004); vom Amtsträger ist „strikte Absicherung von Transparenz im Wege von Anzeigen und Einholen von Genehmigungen auf hochschulrechtlicher Grundlage" zu verlangen (NStZ-RR **03**, 171, 172). Aus Art. 5 III S. 1 GG lässt sich ein Recht auf unbeschränkte Annahme *persönlicher* Vorteile nicht ableiten; eine **Rechtfertigung** aus § 25 HRG kommt nicht in Betracht (zutr. *Zieschang* WissR **32** [1999], 116 f.). Zu einer Initiative des BRats eines **Gesetzes** zur rechtlichen Absicherung der Drittmittelforschung vgl. BR-Drs. 541/01 (dazu *Diettrich/Schatz* MedR **01**, 614; ZRP **01**, 521; BT-Drs. 141/8944, 6).

27 d Eine über BGH **47**, 295, 303 ff. hinausgehende Freistellung der Drittmittel-Einwerbung ist weder durch Gesichtspunkte der „Sozialadäquanz" noch durch Anliegen der Forschungs- und Wissenschaftsfreiheit veranlasst. Es erscheint zumindest *kriminologisch* auffällig, dass der weitaus größte Teil der Diskussion sich auf Fragen **medizinischer** Forschung konzentriert; verständlich mag dies sein, weil hier die **Gewinnspannen** besonders hoch, die **Interessen** besonders mächtig und die **Heuchelei** besonders wohlfeil sind. Würden zB an Rechts-, Betriebswirtschafts- oder Informatikprofessoren durch Verlage oder Chip-Hersteller nach Maßgabe von Absatzzahlen unter Studenten, Zitathäufigkeit oder Beschaffungsentscheidungen von Universitäten verdeckte „Rückerstattungen" gezahlt, oder erhielten die Richter oberster Gerichte kostenlose Privatbibliotheken in der „Erwartung", dass nur Werke bestimmter Verlage zitiert werden, so käme niemand auf die Idee, es handele sich hierbei um aufopferungsvolle Förderung der Wissenschaft. Ein sachlicher Grund, warum Mediziner oder Pharmakologen anderen Maßstäben unterfallen sollten, ist nicht ersichtlich. **Ungeklärt** sind Drittmitteleinwerbung und Sponsoring weiterhin im verfahrensrechtlich ungeregelten Bereich (*Korte* NStZ **03**, 157, 158).

28 **bb)** Die Einwerbung oder Annahme von **Parteispenden** (d. h. Spenden, die einer Partei im Ergebnis zur freien Verwendung, wenn auch möglicherweise mit *einem Verwendungswunsch* des Spenders zufließen; zur Abgrenzung von Direktzuwendungen an Parteimitglieder vgl. BGH **49**, 275, 294) durch parteiangehörige Amtsträger unterfiel nach früherem Recht § 331 nicht (vgl. BGH **32**, 290, 291), kann aber nach Lockerung der Anforderungen an die Unrechtsvereinbarung und

Einbeziehung von Drittvorteilen vom Tatbestand erfasst sein (vgl. dazu umf. BGH **49**, 275 = NJW **04**, 3569 [Fall *Kremendahl*; Bespr. *Saliger/Sinner* NJW **05**, 1073; *Kargl* JZ **05**, 503; *Korte* NStZ **05**, 512; *Dölling* JR **05**, 519; Vorinstanz LG Wuppertal NJW **03**, 1405]). Erfasst sind im Grds. auch Spenden zur Erlangung „allgemeiner Geneigtheit" eines parteiangehörigen Amtsträgers; ebenso Spenden als Gegenleistung für eine vergangene dienstliche Tätigkeit. Wenn der Amtsträger erkennt, dass mit der Vorteilszuwendung auf seine Dienstausübung Einfluss genommen werden soll, kann er den Tatvorsatz des § 331 nicht durch einen geheimen Mentalvorbehalt ausschließen (BGH **49**, 275, 283; vgl. schon BGH **15**, 88. 97); auch nicht durch das Vertrauen darauf, das zuständige Organ der begünstigten Partei werde die Zulässigkeit der Spende später prüfen (ebd. 284; and. LG Wuppertal NJW **03**, 1406).

Nach Rspr und hM sind tatbestandliche **Einschränkungen** erforderlich, deren Abgrenzung nach Ansicht des **BGH** „nicht für alle Fälle eindeutig vorauszusagen" ist (BGH **49**, 275, 295). Der Rechtssatz, Strafbarkeit nach § 331 setzte voraus, dass die Grenze des Tatbestands „eindeutig überschritten" sei (ebd.), wiederholt nur eine aus Art. 103 II GG folgende Selbstverständlichkeit. Für Parteispenden zur **Wahlkampf**-Unterstützung hat der BGH entschieden, die Notwendigkeit einschränkender Auslegung ergebe sich hinsichtlich von Zuwendungen nur zur *allgemeinen* „Klimapflege" insb. auch aus dem Grundsatz der **Gleichheit** zwischen Wahlbewerbern *mit* und solchen *ohne* Amt (ebd. 291 ff.; zust. *Knauer/Kaspar* GA **05**, 385, 399; anders für Zuwendungen für *konkrete* zukünftige Diensthandlungen auch 2 StR 557/06 [*Fall Rüther*]). Hiergegen lässt sich freilich einwenden, dass diese Differenzierung gerade das *Wesen* der Amtsdelikte ist (zutr. krit. auch *Kargl* JZ **05**, 503, 512). Da Spenden an politische Parteien nicht nur zulässig, sondern sozial erwünscht sind und *ihrer Natur nach* jedenfalls im Regelfall der Förderung bestimmter auch persönlicher Interessen dienen, kann ihre Annahme durch die Inhaber von Wahlämtern, insb. Spitzenkandidaten, nicht einem pauschalen Verdacht der Korruption unterliegen (vgl. auch *Saliger/Sinner* NJW **05**, 1073, 1074). Die Einhaltung der **Offenlegungs**- und Rechenschaftspflichten des **PartG** (vgl. §§ 24 ff. PartG) kann ein wichtiges *Indiz* für das Fehlen einer Unrechtsvereinbarung sein (insoweit zutr. LG Wuppertal NJW **03**, 1405, 1406 f.); umgekehrt legt das Fordern und Annehmen einer verbotenen Einflussspende (vgl. § 25 II Nr. 7 PartG) das Vorliegen einer Unrechtsvereinbarung nahe. Hieraus kann aber nicht geschlossen werden, dass § 331 nur nach Maßgabe der Regelungen des PartG anzuwenden sei oder von diesen verdrängt werde (BGH **49**, 275, 287); ein Spendenvorgang ist nicht schon deswegen vom Tatbestand des § 331 ausgenommen, weil das PartG ihn zulässt. Nach Ansicht des **BGH** reicht eine nur **allgemeine Förderung** der Vorstellungen und Interessen des Vorteilsgebers durch den Amtsträger nicht aus. Die Grenze zur Strafbarkeit ist danach aber überschritten, wenn eine Spende im Hinblick auf eine konkrete – wenn auch uU nicht im einzelnen bestimmte – Diensthandlung geleistet wird oder wenn die zu fördernde Dienstausübung in konkreter Weise dem Zuwendenden oder von ihm unterstützten Individualinteressen nützt (BGH **49**, 275, 294 f.). Indizien sollen Art und Höhe der Zuwendung sowie enge persönliche oder wirtschaftliche Beziehungen zwischen Vorteilsgeber und -nehmer sein (*Saliger/Sinner* NJW **05**, 1073, 1076). Spiegelbildlich gilt dies für die Strafbarkeit nach § 333 (ebd. 298 ff.). **28 a**

Damit nähert sich die Auslegung recht weit der Rechtslage vor Erlass des KorrBekG an (so auch *Saliger/Sinner* NJW **05**, 1073, 1076; *Schünemann*, OItto-FS [2007] 777, 784; krit. auch *Kargl* JZ **05**, 503, 508), wonach die Unrechtsvereinbarung sich auf eine bestimmte Diensthandlung beziehen musste. Die bei der Neugestaltung der §§ 331 ff. angekündigte „konsequente Bekämpfung" korruptiver Strukturen schon weit im Vorfeld konkreter Bestechungen hätte sich damit auch hier im Ergebnis eher in Ankündigungen erschöpft. Zusätzlich unbefriedigend ist die ungewöhnliche Unschärfe der Tatbestandsanwendung. Nach Ansicht des *3. StS* „ist daran nichts zu ändern" (BGH **49**, 275, 296). **28 b**

29 **5) Vorteilsannahme für richterliche Handlungen, Abs. II.** Im Fall des **Abs. II** bezieht sich die Tat auf eine **richterliche Handlung.** Beim **Richter** (29 ff. zu § 11) ist das jede durch die richterliche Unabhängigkeit gedeckte (*Lackner/Kühl* 12; *S/S-Heine* 11 b; SK-*Rudolphi/Stein* 14; *Sturm* JZ **75**, 13) und Rechtsgrundsätzen unterliegende Handlung, gleichgültig ob sie in Sachen unter Beteiligung mehrerer mit widerstreitenden Interessen oder in einseitigen Rechtsangelegenheiten ergeht. Eine **Entscheidung** iS des § 339 muss sie nicht sein. Erforderlich ist aber ein nach außen oder innerdienstlich wirksames Handeln (Verfügung) durch Tun oder Unterlassen, das in einem inneren Zusammenhang mit der spezifisch richterlichen Tätigkeit steht und sich auf sie zumindest auswirken kann (vgl. BGH **12**, 191). Übt der Richter reine Justizverwaltungstätigkeit aus, so greift I ein. Beim **Schiedsrichter** (vgl. §§ 1025 ff. ZPO) ist jede die Förderung des Verfahrens oder die Sachentscheidung betreffende Handlung gemeint.

29 a Für die Dienstausübung von Richtern und Schiedsrichtern hat der Gesetzgeber des KorrBekG am Erfordernis der **Gegenleistung** für eine **konkrete** richterliche Handlung festgehalten und hieran die erhöhte Strafdrohung des II geknüpft. Dies rechtfertigt sich aus der besonderen Erwartung an die Nicht-Käuflichkeit richterlichen Handelns, der die Garantie der Unabhängigkeit des Art. 97 I GG entspricht (vgl. *Lackner/Kühl* 12; SK-*Rudolphi/Stein* 14; vgl. BT-Drs. 7/550, 271). Abs. II wird, da eine unkonkretisierte richterliche Dienstausübung nicht erfasst ist, bei pflichtwidrigem richterlichen Handeln von der Qualifikation des § 332 II verdrängt. Wird ein Vorteil ohne konkreten Bezug zu einer **bestimmten Handlung** „für die richterliche Tätigkeit" verlangt oder gewährt, so liegt Abs. I vor, denn es ist nicht anzunehmen, dass der Gesetzgeber insoweit eine Lücke offen lassen wollte. Insoweit gilt für Fragen der **Sozialadäquanz** das oben 25 ff. Ausgeführte. Unklarheiten können sich **zB** ergeben im Zusammenhang mit Bewirtungen; mit überdotierten Nebentätigkeits-Angeboten; mit Sachzuwendungen. Die verfassungsmäßige Stellung und Bedeutung des Richteramts verlangen in besonderem Maße, **jeden objektiven Anschein** unlauterer Beeinflussung der Amtsausübung zu vermeiden.

30 **6) Vollendung und Versuch.** Vollendet wird die Tat mit einer der Handlungen zu 18 bis 20 (vgl. BGH **47**, 22, 25; JR **01**, 514 [m. Anm. *Kudlich*]). Die Tathandlungen stehen grds. selbständig nebeneinander; Fordern und Versprechen eines von vornherein abschließend *bestimmten* Vorteils gehen aber in seiner nachfolgenden Annahme auf (*tatbestandliche Handlungseinheit*; vgl. BGH **41**, 292, 302; **47**, 22, 30), wenn es bei fortbestehender Amtsträgerstellung zur Zuwendung kommt (vgl. aber NStZ **95**, 92 u. unten 39). **Beendet** wird die Tat grds mit dem letzten Teilakt der dienstlichen Handlung und dem Annehmen des letzten Vorteils (BGH **11**, 347; NJW **98**, 2373; BGHR Konk. 5; *S/S-Heine* 32), soweit diese auf derselben Unrechtsvereinbarung beruhen; bei Zusicherung eines Darlehens mit dessen Annahme (BGH **16**, 207), *spätestens* aber beim Ausscheiden des Täters aus dem Amt (BGH **11**, 345). Kommt es nicht zum Gewähren des Vorteils, so ist die Tat beendet, wenn die Forderung oder das Versprechen sich endgültig als „fehlgeschlagen" erwiesen haben und der Täter mit einer Erfüllung nicht mehr rechnet (so auch NStZ **04**, 41, 42). Eine Aufdeckung der Tat vor der Annahme des geforderten Vorteils, eine endgültige Absage des Forderungsempfängers oder das Scheitern einer Forderung auf Grund ausbleibender Reaktion oder Veränderung der zugrunde liegenden Umstände beenden die Tat und setzen die Verjährung in Lauf (§ 78 a S. 1); ebenso stets das Ausscheiden des Amtsträgers aus seiner Stellung (vgl. *Hoffmann/Mildeberger* StV **06**, 665, 667 f.). Die *Verwertung* von auf Grund einer Unrechtsvereinbarung erlangten Informationen zählt nicht mehr zu den *tatbestandsmäßigen Handlungen* (vgl. NJW **98**, 2373 [zu §§ 332, 334]; *Schubert* [oben 2] 12/67).

30 a **Versuch** ist nur im Fall des **Abs. II** strafbar (II S. 2). Er beginnt beim **Fordern** mit der Abgabe einer entsprechenden Äußerung (zB Absenden eines Briefes; Zu-

gang ist nicht erforderlich; ebenso *S/S-Heine* 33; NK-*Kuhlen* 102; **aA** LK-*Jescheck* 26). Angesichts der weiten Vorverlagerung der Strafbarkeit ist sowohl beim Fordern als auch beim Sich-Versprechen-Lassen jedenfalls eine äußere, die Sphäre des Täters überschreitende Kundgabehandlung zu fordern. Da das **Versprechen-Lassen** nicht die passive Entgegennahme von Angeboten, sondern die aktive Vereinbarung meint (oben 19), reicht das bloße Schweigen auf ein Angebot auch zur Versuchsstrafbarkeit idR nicht aus. Der Versuch des **Annehmens** beginnt mit Handlungen (Tun oder Unterlassen), die unmittelbar zur Entgegennahme des Vorteils hinführen (zB unmittelbar vorbereitende Verschleierungshandlungen; Betreten von Örtlichkeiten, an denen der Vorteil angenommen werden soll; Einreichung fingierter Abrechnungen). Langfristig vorbereitende Handlungen, die nur die Gelegenheit oder Bedingungen für die Tat schaffen sollen (**zB** Einrichten von Konten; „Sondierungs"-Gespräche), stellen noch kein unmittelbares Ansetzen dar.

7) Subjektiver Tatbestand. Der **Vorsatz** hat sich als mindestens bedingter auf die tatsächlichen Umstände zu erstrecken, die den Täter zum Amtsträger usw. machen. Der Vorsatz muss sich ferner auf die Voraussetzungen der **Unrechtsvereinbarung** beziehen; der Täter muss also wissen oder billigend in Kauf nehmen, dass es um einen Vorteil, auf welchen kein Rechtsanspruch besteht, als Äquivalent für die Dienstausübung geht (BGH **49**, 275, 296). Nimmt er irrig an, es liege eine Genehmigung nach III vor, so ist das ein Irrtum über einen Rechtfertigungsgrund (vgl. BGH **31**, 286 m. Anm. *Geerds* JR **83**, 465; *Dingeldey* NStZ **84**, 5; 20 ff. zu § 16). Nimmt der Täter irrig *tatsächliche* Umstände an, die unter dem Gesichtspunkt der **Sozialadäquanz** (oben 25 ff.) zum Ausschluss des Tatbestands führen würden, so handelt er ohne Vorsatz). Die rechtlich unzutreffende Bestimmung des Bereichs der Sozialadäquanz ist dagegen Verbotsirrtum (ebenso NStZ **05**, 334, 335; SK-*Rudolphi/Stein* 30). **31**

8) Genehmigung, Abs. III. A. Nach Abs. III ist eine Tat nach Abs. I **gerechtfertigt** (BGH **31**, 264, 285; Hamburg StV **01**, 277, 282; LK-*Jescheck* 16; *S/S-Heine* 46; *W/Hettinger* 1113; *Hardtung* 127; krit. *Gribl* 115; *Dölling* DJT C 71; *Kargl* ZStW **114** [2002], 763, 790 ff.; **aA** *Bernsmann* StV **03**, 521, 522; *ders.* WissR **02**, 19 f.; SK-*Rudolphi/Stein* 32 [Tatbestandsausschluss]), wenn sie generell oder für den konkreten Fall wirksam **genehmigt** ist. **32**

Eine Genehmigung ist **ausgeschlossen,** wenn die Tat richterliche Handlungen nach II, vom Täter **geforderte** Vorteile (oben 12) oder pflichtwidrige Handlungen nach § 332 betrifft (LK-*Jescheck* 17). Sie ist unwirksam, wenn sie erschlichen ist (Hamburg StV **01**, 277, 282; *S/S-Heine* 51; SK-*Rudolphi/Stein* 46; *Lackner/Kühl* 17; **aA** NK-*Kuhlen* 110). Im Übrigen richtet sich die **Genehmigungsfähigkeit,** da III insoweit keine selbstständige Rechtsgrundlage liefert (BT-Drs. 7/550, 272), nach dem öffentlichen Dienstrecht (zB § 70 BBG). Zu den **beamtenrechtlichen Vorschriften** besteht ein teilweise widersprüchliches Verhältnis (vgl. SK-*Rudolphi/Stein* 31 ff.; *S/S-Heine* 43): § 43 BRRG idF durch Art. 2 Nr. 2 KorrBekG erlaubt die Annahme von Vorteilen nur mit *vorheriger Zustimmung* des Dienstvorgesetzten und schließt eine Genehmigung nach III aus; eine solche kann daher nicht „im Rahmen der Befugnisse" der zuständigen Behörde liegen (vgl. aber Aufhebung der Rahmengesetzgebung durch Art. 1 Nr. 8 des G v. 28. 8. 2006 [BGBl I 2034]). § 70 BBG und die entspr. landesrechtlichen Regelungen schließen überdies die Zustimmung zur Annahme von Vorteilen nicht aus, die der Beamte **gefordert** hat. Nach § 46 DRiG gelten für *Richter* die für Beamte geltenden Vorschriften entsprechend, was mit der Einschränkung des III nicht vereinbar ist. Den beamtenrechtlichen Vorschriften hier jeweils den Vorrang vor III einzuräumen (so SK-*Rudolphi/Stein* 35), dürfte angesichts des Wortlauts des III ausscheiden; der Gesetzgeber des KorrBekG hat überdies keinen Anlass gesehen, den Widerspruch zu beseitigen. Im *Ergebnis* muss jedenfalls eine Bestrafung eines Verhaltens ausscheiden, das nach den dienstrechtlichen Vorschriften ausdrücklich erlaubt ist (vgl. SK-*Rudolphi/Stein* 35; *S/S-Heine* 43 ff.; *Hardtung* 104); die widersprüchliche gesetzliche Regelung darf nicht zu Lasten des Betroffenen ge- **33** hen. Eine nachträgliche Genehmigung entfaltet daher im Strafrecht die Wirkung des III (unten 36), obgleich sie gerade nicht „im Rahmen der Befugnisse" erteilt wird. Umgekehrt wird man Abs. III auch auf Genehmigungen auszudehnen haben, die vom Amtsträger geforderte Vorteile betreffen.

34 Die Genehmigung hat die (örtlich wie sachlich) **zuständige Behörde** (*Jutzi* NStZ **91**, 106) zu erteilen. Bei Beamten ist dies die vorgesetzte Dienstbehörde, bei Angestellten und Arbeitern des öffentlichen Diensts der öffentliche Arbeitgeber und bei privatrechtlich organisierten Unternehmen der staatlichen Daseinsvorsorge der Arbeitgeber (*Jutzi* NStZ **91**, 107; NK-*Kuhlen* 105). Der Strafrichter hat nur die Einhaltung der Grenzen der Genehmigungsbefugnis nachzuprüfen; grds. nicht, ob das verwaltungsmäßige Ermessen innerhalb dieser Grenzen pflichtgemäß ausgeübt worden ist (*Sturm* JZ **75**, 13; krit. *Kargl* ZStW **114**, 763, 792f.). Sie muss gerade aufgrund solcher Normen erfolgen, die die Verknüpfung von Vorteil und Dienstausübung regeln; die Erteilung einer Nebentätigkeitsgenehmigung beinhaltet daher nicht schon für sich die Zustimmung zur Annahme von Vorteilen für Diensthandlungen; erst recht nicht die Genehmigung eines Urlaubs- oder Dienstreiseantrags (Hamburg StV **01**, 277, 283).

35 **B.** Eine **vor Annahme** erteilte **Zustimmung (1. Var.)** ist kein bloßer Strafausschließungsgrund (Ber. 21), schließt aber nicht schon den Tatbestand (**aA** *Wagner* 305; SK-*Rudolphi/Stein* 32; *Bernsmann* WissR **02**, 19f.; StV **03**, 521f.) und auch nicht erst die Schuld aus (denn der Täter „darf" ja annehmen); sie ist vielmehr ein **Rechtfertigungsgrund** (so auch LK-*Jescheck* 16; *S/S-Heine* 46; NK-*Kuhlen* 109; *W/Hettinger* 1113; vgl. auch BGH **31**, 264, 285 [m. Anm. *Geerds* JR **83**, 465]). Das gilt auch dann, wenn die Zustimmung zur Annahme eines Vorteils einem vorausgegangenen Sichversprechenlassen nachfolgt oder der Täter nichts von der Genehmigung weiß (23 zu § 16).

36 **C. Abs. III 2. Var.** sieht Straflosigkeit aber auch dann vor, wenn der Täter unverzüglich (dh ohne schuldhaftes Zögern) **nach der Annahme** des Vorteils der zuständigen Behörde davon schriftlich oder mündlich Anzeige erstattet und sie die Annahme genehmigt. Der **nachträglichen** Genehmigung kann rechtfertigende (Rück-)Wirkung nicht zukommen; es handelt sich vielmehr seiner Struktur nach um einen Fall der Tätigen Reue, der grds. zu einem persönlichen Strafaufhebungsgrund führt (allgemein zur strafaufhebenden Wirkung von Genehmigungen vgl. *Weber*, Baur-FS [1981] 131, 140ff.; Schlüchter-GedS [2002] 243, 250ff.). Dies würde freilich Fällen nicht gerecht, in denen die Einholung der vorherigen Zustimmung nicht möglich, jedoch mit ihrer Erteilung sicher zu rechnen ist (zB unvorhergesehene Einladungen). In diesen Fällen ist mit der hM (*S/S-Heine* 49; SK-*Rudolphi/Stein* 40; LK-*Jescheck* 16; NK-*Kuhlen* 110; *Lackner/Kühl* 16) **Rechtfertigung** anzunehmen, wenn die Annahme **genehmigungsfähig** ist, nach objektiven Erwartungen (insb. auf Grund früherer Übung) mit der Genehmigung zu rechnen ist und der Täter von der Erteilung der Genehmigung ausgeht (subj. Rechtfertigungselement). Bei der Rechtfertigung bleibt es dann auch, wenn die Genehmigung später nicht erteilt wird, denn für die Rechtfertigung kommt es allein auf den Zeitpunkt der Tat an; die Versagung einer zu diesem Zeitpunkt sicher zu erwartenden Genehmigung kann die Rechtswidrigkeit der Tathandlung nicht nachträglich herbeiführen. Ein **Irrtum** über die tatsächlichen Umstände der Genehmigungsfähigkeit schließt daher den Vorsatz aus. Ist die Tat nach Vorstellung des Täters **nicht genehmigungsfähig,** so wirkt eine wider Erwarten erteilte Genehmigung als **Strafaufhebungsgrund** (*S/S-Heine* 50; SK-*Rudolphi/Stein* 40; *Lackner/Kühl* 16; and. NK-*Kuhlen* 113: Rechtfertigung). Rechnete er nicht damit, weil er seine Diensthandlung irrig für pflichtwidrig hielt, so ist untauglicher Versuch nach § 332 gegeben; eine Genehmigung wäre unwirksam (vgl. hierzu auch *Lackner/Kühl* 14ff.; *M/Schroeder/Maiwald* 78/23ff.).

37 **9) Rechtsfolge.** Die **Strafe** ist im Fall des I Freiheitsstrafe bis zu drei, im Fall des II bis zu fünf Jahren oder Geldstrafe (zu abweichenden Vorschlägen im Gesetz-

gebungsverfahren vgl. BT-Drs. 13/3353; *Dölling* DJT C 77). Eine strafschärfende Verwertung des Umstands, dass der Täter die Festigung eines korruptiven Systems nicht verhindert habe, verstößt gegen § 46 III (StV **03**, 500). **Verfall** des Empfangenen kann nach §§ 73 ff. angeordnet werden; § 338 gilt nicht. Der Dienstherr ist grds. nicht Verletzter iS von § 73 I S. 2 (vgl. dazu 22f. zu § 73; NStZ-RR **04**, 242, 244 [krit. Anm. *Zetzsche* wistra **04**, 428]); bei Hinterziehung der Einkommensteuer aus den Bestechungszahlungen ist nach NStZ-RR **04**, 242, 244 der dem Steuerfiskus zustehende Betrag gem. § 73 I S. 2 vom Verfall auszunehmen (krit. Anm. *Odenthal* wistra **04**, 427). Zum **Verjährungsbeginn** vgl. oben 30.

10) Beteiligung. Für die **Teilnahme** ist zu berücksichtigten, dass die Strafbarkeit der Vorteilsempfänger nach §§ 331, 332 und die der Vorteilsgeber nach §§ 333, 334 selbstständig *und abschließend* geregelt ist, diese also nicht im Rechtssinne Teilnehmer an den Taten nach §§ 331, 332 und jene nicht an solchen nach §§ 333, 334 sein können. Es kommt daher auch für die Beurteilung der Strafbarkeit **außenstehender Beteiligter** darauf an, ob ihre Teilnahme dem Empfänger oder dem Vorteilsgeber gilt (BGH **37**, 212). Die hM im Schrifttum (*Bell* MDR **79**, 719; LK-*Jescheck* 12 zu § 333; *S/S-Heine* 12 ff. zu § 334; SK-*Rudolphi/Stein* 17, 18 zu § 333; *M/Schroeder/Maiwald* 78/19; *Otto* BT § 99 I 3 c u. JK 3; *Krey* Bd. 1, 673; *Schmidhäuser* StuB 24/10) schließt hieraus zurecht, dass der **außenstehende Teilnehmer** an §§ 331, 332 nicht strenger behandelt werden darf als der Vorteilsgeber, für den die §§ 333, 334 maßgebend sind. Nach BGH **37**, 207, 212 f. ist der Außenstehende, der *in erster Linie* Beihilfe zu §§ 333, 334 leisten will, nicht deswegen wegen Beihilfe nach §§ 27, 331, 332 zu bestrafen, weil er weiß (und will), dass seine Handlung mittelbar auch die Tat des Vorteilsempfängers fördert (zust. *S/S-Heine* 12 ff. zu § 334; SK-*Rudolphi/Stein* 17 zu § 333; NK-*Kuhlen* 120). Umgekehrt gelten für denjenigen, der allein Teilnehmer des § 331 ist, nur die §§ 331, 26, 27, 28 I (SK-*Rudolphi/Stein* 18); für eine Anwendung der §§ 333, 26, 27 (so *S/S-Heine* 15 zu § 334) besteht, da der Strafrahmen nicht milder ist, kein Anlass. Die Frage, was zu gelten hat, wenn der Gehilfe von vornherein in *gleicher* Weise Geber *und* Empfänger unterstützen will, hat BGH **37**, 212 f. offen gelassen. Eine solche doppelseitige Teilnahme ist möglich; es ist in diesem Fall aus dem härteren Strafrahmen zu bestrafen; der mildere tritt zurück (ebenso *Bell* MDR **79**, 719; SK-*Rudolphi/Stein* 17; NK-*Kuhlen* 122). 38

11) Konkurrenzen. Die Tathandlungen sind jeweils selbstständig (vgl. oben 30). Für das Verhältnis der Tatbestandsvarianten zueinander kommt es auf den Inhalt der Unrechtsvereinbarung an (BGH **41**, 292, 302 f.; NStZ **95**, 92): Waren die Forderung oder das Versprechen auf bestimmte Vorteile und auf Leistung zu bestimmten Zeitpunkten oder innerhalb eines bestimmten Zeitrahmens gerichtet, so begründet das spätere Annehmen keine neue, selbstständige Tat; es liegt **tatbestandliche Handlungseinheit** auch dann vor, wenn der Vorteil in Teilleistungen erbracht wird (BGH **41**, 292, 302; **47**, 22, 30; NStZ **95**, 92; NStZ-RR **96**, 12; wistra **99**, 271; BGHR § 332 I Konkurrenzen 5; 2 StR 160/03; Stuttgart wistra **03**, 31 [regelmäßig jährlich wiederkehrende Leistung]). Eine Verurteilung wegen (vollendeten) Forderns **unterbricht** freilich den Zusammenhang; sie führt nicht zum Strafklageverbrauch hinsichtlich einer ihr nachfolgenden Vorteilsnahme. Auch wenn die Forderung aus Sicht des Täters endgültig gescheitert und die Tat daher beendet ist (oben 30), vermag eine wider Erwarten erfolgende Leistung den Handlungszusammenhang nicht neu zu eröffnen; die Annahme steht dann in Tatmehrheit zur früheren Forderung. Eine neue Tat und damit **Tatmehrheit** liegt auch vor, wenn die Annahme auf eine Unrechtsvereinbarung zurückgeht, die den versprochenen Vorteil von der künftigen Entwicklung abhängig macht oder „open-end"-Charakter hat (BGH aaO; NStZ **98**, 194; NStZ-RR **98**, 269; BGHR vor § 1 Serienstraftaten Bestechlichkeit 1; Bestechung 1; § 332 I Konkurrenzen 5; *S/S-Heine* 56; NK-*Kuhlen* 124; *Lackner/Kühl* 6 zu § 334); ebenso idR bei **Rahmenvereinbarungen** des Inhalts, zukünftig sollten ihrer Art nach bestimmte Diensthandlungen jeweils mit einem Vorteil bestimmter Art oder Höhe belohnt werden (**zB** bei verdeckten „Rückvergütungen"). Eine Forderung etwa des Inhalts, die Bearbeitung zukünftiger Anträge lasse sich durch „Aufmerksamkeiten" beträchtlich beschleunigen, begründet keine Handlungseinheit mit oder zwischen späteren einzelnen Vorteilsannahmen (vgl. NStZ **95**, 92). Sind aber Leistungshöhe und -zeitpunkt hinreichend bestimmt, so ist tatbestandliche **Handlungseinheit** auch bei Ratenzahlung, 39 nachträglicher Veränderung oder einvernehmlichen Austauschs des versprochenen Vorteils gegeben.

40 **Tateinheit** des § 331 ist möglich mit Betrug; ebenso mit Erpressung (§ 253, BGH **9**, 245; *S/S-Heine* 56; str.); mit Untreue (Bay StV **97**, 191). Bezieht sich der Vorteil sowohl auf pflichtwidrige wie auf nichtpflichtwidrige Diensthandlungen, so greift nur § 332 ein (*S/S-Heine* 55; NK-*Kuhlen* 126; **aA** LK-*Jescheck* 30; offen gelassen in wistra **85**, 22). Zwischen Abs. I und II kann Tateinheit vorliegen, wenn sich die Tat sowohl auf richterliche wie nichtrichterliche Handlungen bezieht (and. NK-*Kuhlen* 126: Vorrang des Abs. II). § 299 tritt, wenn der Amtsträger Angestellter eines Unternehmens der öffentlichen Hand ist, nach BGH **2**, 396, 403 (zu § 12 UWG aF) hinter §§ 332, 334 zurück (ebenso NStZ **94**, 277; NStE Nr. 2 zu § 334; **aA** *Pfeiffer,* v. Gamm-FS 143). Bestechungsgelder sind erklärungspflichtige sonstige Einkünfte iS von § 22 Nr. 3 EStG. Eine insoweit begangene **Steuerhinterziehung** steht zu § 331 in Tatmehrheit (vgl. dazu NStZ-RR **04**, 242).

Bestechlichkeit

332 **I Ein Amtsträger oder ein für den öffentlichen Dienst besonders Verpflichteter, der einen Vorteil für sich oder einen Dritten als Gegenleistung dafür fordert, sich versprechen lässt oder annimmt, dass er eine Diensthandlung vorgenommen hat oder künftig vornehme und dadurch seine Dienstpflichten verletzt hat oder verletzen würde, wird mit Freiheitsstrafe von sechs Monaten bis zu fünf Jahren bestraft. In minder schweren Fällen ist die Strafe Freiheitsstrafe bis zu drei Jahren oder Geldstrafe. Der Versuch ist strafbar.**

II Ein Richter oder Schiedsrichter, der einen Vorteil für sich oder einen Dritten als Gegenleistung dafür fordert, sich versprechen lässt oder annimmt, dass er eine richterliche Handlung vorgenommen hat oder künftig vornehme und dadurch seine richterlichen Pflichten verletzt hat oder verletzen würde, wird mit Freiheitsstrafe von einem Jahr bis zu zehn Jahren bestraft. In minder schweren Fällen ist die Strafe Freiheitsstrafe von sechs Monaten bis zu fünf Jahren.

III Falls der Täter den Vorteil als Gegenleistung für eine künftige Handlung fordert, sich versprechen lässt oder annimmt, so sind die Absätze 1 und 2 schon dann anzuwenden, wenn er sich dem anderen gegenüber bereit gezeigt hat,

1. **bei der Handlung seine Pflichten zu verletzen oder,**
2. **soweit die Handlung in seinem Ermessen steht, sich bei Ausübung des Ermessens durch den Vorteil beeinflussen zu lassen.**

1 **1) Allgemeines.** Die Vorschrift (zur Fassung vgl. vor § 331 und 1 zu § 331) erfasst für **konkretisierte Diensthandlungen** den durch das Merkmal der Pflichtwidrigkeit **qualifizierten Fall** des § 331, dessen Tatbestand im Übrigen voll erfüllt sein muss (NStZ **84**, 24). Vereinbarungen über eine pflichtwidrige Dienst-**Ausübung** unterfallen § 331 (vgl. 9, 29 zu § 331). Abs. II liegt im Vorfeld von § 339. **Literatur:** 2 zu § 331.

Gesetzgebung: Der E eines Zweiten KorrBekG (BR-Drs. 548/07) sieht eine Erweiterung auf europäische Amtsträger und Mitglieder Europäischer Gerichte vor. Gesetzgebungsverfahren bei Redaktionsschluss 55. Aufl. nicht abgeschlossen. Abdruck des GesE im **Anhang unter Nr. 23 b**).

2 **2)** Zum **Täterkreis,** zu den Begriffen von **Diensthandlung, Vorteil** und **Gegenleistung** sowie zur **Unrechtsvereinbarung** gelten die Ausführungen zu § 331 entsprechend; zu beachten ist auch § 48 II WStG. Für die Anwendung von § 332 ist der Amtsträgerbegriff (vgl. 4 zu § 331) nach Maßgabe von Art. 2 § 1 des EU-BestG (Anh. 21) auf **Amtsträger der EU** erweitert; nach Art. 2 § 2 gilt § 332 insoweit auch für **Auslandstaten** (vgl. dazu *Gänßle* NStZ **99**, 543 ff.; *Zieschang* NJW **99**, 105 ff.; *Korte* wistra **99**, 81 ff.; *Trinkl* wistra **06**, 126, ff.). Die Anwendung auf ausländische Amtsträger ist auf **pflichtwidrige** Diensthandlungen beschränkt (krit. *Gänßle* aaO); überdies muss die Vorteilsgewährung zeitlich *vor* der Dienst-

handlung liegen. § 332 ist ein mehraktiges Delikt. **Tatort** ist (jedenfalls auch) der Ort der Unrechtsvereinbarung (Stuttgart NJ **97**, 503).

3) Die Tathandlung der **Abs. I und II** ist dieselbe wie in § 331 (17ff. zu § 331). Sie muss sich aber – anders als bei § 331 – auf eine **bestimmte Diensthandlung** (bzw. richterliche Handlung) beziehen, durch die der Täter seine **Dienstpflichten** (bzw. richterlichen Pflichten) **verletzt hat** oder **künftig verletzen soll;** beide Alternativen gehen häufig auch praktisch ineinander über (vgl. 5 StR 323/06). Die Pflichtwidrigkeit der Diensthandlung liegt, anders als im Fall des § 331, nicht allein in der Verknüpfung mit dem Vorteil; vielmehr muss die Diensthandlung **an sich pflichtwidrig** sein (BGH **15**, 239, 241; NJW **02**, 2801, 2806 [in BGH **47**, 295 insoweit nicht abgedr.]; wistra **07**, 222). 3

Die **Diensthandlung** braucht nicht im Einzelnen festgelegt zu sein (NStZ **05**, 214); es reicht aus, dass unter den Beteiligten Einverständnis darüber bestand, dass der Amtsträger innerhalb eines bestimmten Aufgabenkreises oder Kreises von Lebensbeziehungen in eine gewisse Richtung tätig werden soll, und dass die Diensthandlung nach ihrem sachlichen Gehalt zumindest in groben Umrissen erkennbar und festgelegt war (BGH **39**, 46f.; NStZ **05**, 214, 215; vgl. auch BGH **32**, 290, 291; NStZ **00**, 319; **01**, 425f.; wistra **99**, 224; NJW **01**, 2258f.). Eine hinreichende Konkretisierung liegt **zB** vor, wenn ein Amtsträger zusagt, in einer bestimmten Angelegenheit (vgl. wistra **99**, 271) oder bei künftigen Auftragsvergaben (NStZ **89**, 74; wistra **99**, 224) für den Zuwendenden tätig zu werden, um einen zwischen den Beteiligten jedenfalls allgemein bestimmten Erfolg zu erreichen (Hamburg StV **01**, 277, 279). Eine Ausdehnung auf die allgemeine **Dienstausübung,** wie sie durch das KorrBekG in § 331 vorgenommen wurde (23 zu § 331), scheidet bei § 332 aus, denn pflichtwidrig können nur *konkrete* Diensthandlungen sein. Nicht ausreichend für Abs. I ist daher nach NStZ **00**, 319 die Erklärung eines Amtsträgers, bei Zuwendung von Vorteilen in Folge seiner Stellung „bei verschiedenen Behörden und Entscheidungsträgern“ eingreifen zu können, und die Zusage, seinen Einfluss für den Zuwendenden geltend zu machen. Zuwendungen für (pflichtwidrige) allgemeine „Geneigtheit“ reichen für § 332 nicht aus (vgl. BGH **15**, 217, 223; **32**, 290, 292; NStZ **84**, 24, f.; **03**, 158f.; wistra **94**, 227; **99**, 224; **00**, 97; vgl. 22 zu § 331); dass hierdurch Amtsträger mit „weitem“ Aufgabenbereich, namentlich in Führungspositionen mit wenig konkreten Dienstaufgaben und viel Richtlinien-Kompetenz, bevorzugt werden (vgl. *Arzt/Weber* 49/26; NK-*Kuhlen* 71 zu § 331), ist im Einzelfall bedauerlich, im Grundsatz aber nicht sachwidrig. Zum **Zeitpunkt der Tathandlung** im Hinblick auf die Amtsträger-Stellung des Täters vgl. wistra **04**, 302, 303 und 24a zu 331. 3a

Darüber hinaus bestimmt **Abs. III,** dass es schon genügt, wenn der Täter sich seinem Partner gegenüber ausdrücklich oder schlüssig zu einer Pflichtwidrigkeit **bereit gezeigt hat.** Daraus ergibt sich, dass es nur auf die Unrechtsvereinbarung ankommt und **unerheblich** ist, ob der Täter sich insgeheim vorbehält, nicht pflichtwidrig zu handeln (BGH **15**, 88; zu dem Merkmal i.E. BGH **48**, 44, 46ff.; vgl. auch *Schröder* GA **61**, 297; NK-*Kuhlen* 6; *S/S-Heine* 15). Anderseits ist nur § 331 gegeben, wenn die Unrechtsvereinbarung sich nur auf eine nicht pflichtwidrige Handlung bezieht (vgl. *Wegscheider* Jura **85**, 329), der Täter dann aber unter dem Einfluss des schon erhaltenen Vorteils eine Pflichtwidrigkeit begeht. 4

Für den Fall der **Ermessensentscheidung** (grundlegend BGH **15**, 239; vgl. auch BGH **47**, 260, 263 [Anm. *Wohlers* JR **03**, 157]; **48**, 44; NStZ-RR **98**, 269; **03**, 171; NStZ **00**, 90; **01**, 425; Frankfurt NJW **90**, 2075; Naumburg NJW **97**, 1593; Karlsruhe NStZ **01**, 654) bestimmt **III Nr. 2,** dass der Tatbestand schon dann erfüllt ist, wenn der Täter sich seinem Partner gegenüber **bereit gezeigt hat,** sich bei Ausübung seines Ermessens durch den Vorteil beeinflussen zu lassen, dh ihn mit auf die Waagschale seiner Entscheidung zu legen (hierzu *Geppert* Jura **81**, 50); ob er sich insgeheim vorbehält, anders zu handeln, oder ob er später anders oder gar nicht handelt (BGH **11**, 130; RegE 274), ist für den Tatbestand ohne 5

Bedeutung (BGH **48**, 44, 46; vgl. auch BGH **47**, 260, 263; *Sturm* JZ **75**, 14; so schon zu § 332 aF NJW **53**, 1401; BGH **15**, 88; 356); ebenso, ob die Entscheidung selbst sachlich gerechtfertigt werden kann (BGH **48**, 44, 49 ff.).

5a Nach BGH **48**, 44 ff. (Bezahlung von Kongressreisen und privaten Feiern eines an Beschaffungs-Entscheidungen maßgeblich beteiligten Chefarztes eines Uni-Klinikums durch Hersteller von Medizinprodukten) reicht die Feststellung nicht aus, dass der Zuwendende mit dem Ziel der Beeinflussung gehandelt und der Empfänger dies erkannt und den Vorteil angenommen hat; vielmehr sind zum **Nachweis** des Sich-Bereit-Zeigens weitere Anhaltspunkte erforderlich. Da entsprechende Unrechtsvereinbarungen in der Praxis regelmäßig nicht ausdrücklich, sondern unter dem Deckmantel scheinbarer Seriosität getroffen zu werden pflegen, kommt es i. E. meist auf eine konkludente Erklärung des Empfängers an, dass *er verstanden* habe, dass der Zuwendende richtig verstanden habe, dass er den Zweck der Beeinflussung erkannt habe. Mit solchen subtilen Bedeutungs-Grenzen macht die Rspr. bei ungebildeten Tätern zB des § 263 oft wenig Federlesen. Nach BGH **48**, 44, 46 f. ergeben sich erhebliche **Indizien** für ein Sich-Bereit-Zeigen daraus, dass dem Vorteil jeglicher dienstlicher Verwendungsbezug fehlt oder dass hohe Beträge zur ausschließlich **privaten Verwendung** des Amtsträgers zugewendet werden (vgl. auch wistra **07**, 222 f.). Wenn dagegen der Vorteil einen wie immer gearteten **dienstlichen Bezug** aufweist, ist eine Würdigung aller Umstände und die Feststellung erforderlich, welche Vorstellungen die Beteiligten über den Zweck der Zuwendung hatten (ebd.). Diese Differenzierung betrifft freilich nicht die materiellen Voraussetzungen des III Nr. 2, sondern allein Beweis- und Darstellungsfragen.

6 **A. Pflichtwidrig** ist eine Diensthandlung immer, wenn dem Täter durch Rechtssatz, Dienstvorschrift oder Anordnung die Entschließung über Vornahme oder Unterlassung einer Diensthandlung und über die Art der Vornahme vorgeschrieben ist (sog. **„gebundener Amtsträger"**) und er hiervon abweicht (BGH **48**, 44, 46; wistra **07**, 222); das gilt auch für den Richter, wenn er zwingendes Recht verletzt. Dagegen setzt die Position als sog. **„Ermessens-Amtsträger"** (vgl. BGH **15**, 115; GA **59**, 374; **60**, 147; Frankfurt NJW **90**, 2074) das Vorhandensein mindestens zweier rechtmäßiger sachlicher Handlungsalternativen voraus (Frankfurt NJW **90**, 2075), zwischen denen der Amtsträger innerhalb eines Spielraums pflichtgemäßen Ermessens zu entscheiden hat; eine allein *zeitliche* Handlungsalternative begründet kein Ermessen (wistra **98**, 108 f.; Frankfurt NJW **90**, 2074 f.; Naumburg NJW **97**, 1593 f.). Der Begriff der Ermessensausübung in § 332 setzt nicht ein Ermessen im engen verwaltungsrechtlichen Sinn voraus (wistra **07**, 17, 18); er umfasst auch die Anwendung unbestimmter Rechtsbegriffe. Die Stellung als Ermessens-Amtsträger bezieht sich nur auf die konkrete Entscheidungslage; eine *allgemeine* Ermessens-Tätigkeit ist nicht erforderlich. Ein Amtsträger **ohne eigene Entscheidungszuständigkeit** ist einem Ermessens-Amtsträger gleichzustellen, wenn er nach seiner Aufgabenstellung über die Möglichkeit *praktischer* Einflussnahme auf die Entscheidung verfügt, namentlich durch Zusammenstellung von Material für die Entscheidung Dritter (BGH **47**, 260 ff.; GA **59**, 374; vgl. auch Hamburg StV **01**, 277, 278). Bei zurückliegenden wie bei zukünftigen **Ermessensentscheidungen** gleichermaßen (NK-*Kuhlen* 20) handelt der Täter nicht nur dann pflichtwidrig, wenn er sachwidrig, also unter Ermessensmissbrauch oder Ermessensüberschreitung entscheidet, sondern schon dann, wenn er sich bei seiner Entscheidung von dem Vorteil **beeinflussen lässt,** selbst wenn sie innerhalb seines Ermessensspielraums liegt (vgl. BGH **15**, 238, 249; **47**, 260, 263; **48**, 44 ff. [Kopplung zwischen „Dauer-Leihe" eines medizinischen Geräts an Chefarzt und Verpflichtung zur Veranlassung der – möglicherweise sachgerechten – Bestellung von 300 *anderen* Geräten pro Jahr durch die Universität]; 2 StR 644/80 [freihändige Auftragsvergabe]; wistra **07**, 222 f. [hohe Bar-Zuwendungen im Zusammenhang mit grds. sachlich *gerechtfertigten* Auftragsvergaben]); der Maßstab der Pflichtwidrig-

keit ist bei zurückliegenden und zukünftigen Diensthandlungen derselbe (zutr. NK-*Kuhlen* 20). Rechtfertigung durch **Genehmigung** (32 ff. zu § 331) scheidet bei § 332 aus.

B. Eine pflichtwidrige Handlung ist auch gegeben, wenn der Täter seine amtliche **Stellung missbraucht,** um eine vorschriftswidrige (oder gar eine strafbare) Handlung vorzunehmen (NJW **83**, 462; **87**, 1341 [m. Anm. *Letzgus* NStZ **87**, 309; *Otto* JK 2]; NStZ **00**, 596; vgl. dazu auch *Amelung/Weidemann* JuS **84**, 595; *Herzberg* JuS **84**, 937; *Wagner* JZ **87**, 598); oder wenn er in privater Sache die amtliche Pflicht zur Dienstverschwiegenheit verletzt (BGH **4**, 293; **14**, 123; **aA** *Ebert* GA **79**, 369). Ein Amtsträger handelt auch dann pflichtwidrig, wenn er ein Dienstgeheimnis verrät, das er selbst nur durch den Geheimnisverrat eines anderen Amtsträgers erfahren hat (BGH **14**, 123). Ist eine Handlung pflichtgemäß geboten, so ist ihr **Unterlassen** eine rechtswidrige Diensthandlung (vgl. § 336); dies gilt insb. auch für die Unterlassung dienstaufsichtlich gebotener Maßnahmen oder der Dienstaufsicht insgesamt (NStZ **99**, 560; vgl. BGH **43**, 84). Die **Handlung,** auf die sich der Vorteil bezieht, muss pflichtwidrig sein; dass Annehmen, Fordern oder Versprechen pflichtwidrig sind, reicht nicht aus (BGH **3**, 143; **15**, 239; **16**, 39; **48**, 44, 47 ff.). Eine bevorzugte schnellere oder sorgfältigere Bearbeitung einer Sache kann pflichtwidrig sein, wenn dadurch die Bearbeitung anderer Sachen beeinträchtigt wird (BGH **15**, 350; **16**, 37), insb. wenn gerade gegen eine Pflicht zur Bearbeitung in bestimmter Reihenfolge verstoßen wird („Vorziehen" eines Antrags). Die Erledigung eines Dienstgeschäftes, für das ein anderer Beamter zuständig ist, ist nicht ohne weiteres eine Pflichtverletzung (BGH **16**, 37). 7

4) Für die Beurteilung der **Unrechtsvereinbarung** (vgl. 21 ff. zu § 331) kommt es entscheidend auf den Charakter der dabei in *Aussicht genommenen Diensthandlung* an, an deren Bestimmtheit keine überspannten Anforderungen gestellt werden dürfen (wistra **85**, 22; NStZ **89**, 74 [hierzu *Otto* JK 5]; 1 StR 718/89; 5 StR 500/90; vgl. aber oben 3), zumal in den Fällen, in denen es zu der Handlung später nicht kommt oder die spätere Handlung, für sich gesehen, Pflichtwidrigkeit nicht erkennen lässt. Hier gilt folgendes: Bietet der Täter eine Diensthandlung an, von der er weiß, dass sie pflichtwidrig ist, oder vereinbart er sie, so ist der Tatbestand verwirklicht, auch wenn der Zuwendende die Pflichtwidrigkeit nicht erkennt (vgl. BGH **15**, 355; für ihn gilt dann § 333, nicht § 334) oder falsch beurteilt (BGH **2**, 169; vgl. LK-*Jescheck* 13). Dabei genügt es, wenn der Täter **vorspiegelt,** Diensthandlungen der erwarteten Art vornehmen zu können (5 StR 432/61; wistra **85**, 22), oder sich in dem Sinne käuflich zeigt, dass er beim Vorteilgeber den unzutreffenden Eindruck erweckt, er werde seine Dienstpflichten verletzen. Das gilt nach dem Wortlaut der Vorschrift („vorgenommen *hat*") nicht bei der täuschenden Vorspiegelung bereits *zurückliegender* Diensthandlungen; hier liegt nach BGH **29**, 300 nur Betrug vor (str.; vgl. 10 zu § 331). Innerhalb einer langdauernden korruptiven Geschäftsbeziehung mit vielfachen vereinbarungsgemäßen Zuwendungen für pflichtwidrige Diensthandlungen liegt es nahe, dass auch zwischenzeitliche andersartige Vorteile im Rahmen der einheitlichen Unrechtsvereinbarung der §§ 332, 334 erfolgen (vgl. NStZ **00**, 90 f. [Einladungen zu Reisen und Essen zwischen den vereinbarten Zahlungen für eine Vielzahl pflichtwidriger Bestellungen von Herzklappen] m. Anm. *Göben* MedR **00**, 194). Für die Pflichtwidrigkeit von dienstlichen **Auftragsvergaben** kann, auch wenn die Auswahl des betreffenden Unternehmens an sich nicht sachwidrig erfolgt, die Höhe der an den Amtsträger geleisteten Zuwendungen sprechen (Indizwirkung für *kick-back*; vgl. 5 StR 323/06). 8

5) Zum **Vorteil** gelten zunächst 11 ff. zu § 331. Durch Art. 1 Nr. 6 KorrBekG (1 vor § 298) sind auch **Drittvorteile** einbezogen worden; auf die Eigennützigkeit des Amtsträgers kommt es daher nicht mehr an (13 zu § 331). Im Übrigen ist eine Gegenleistung iS von I an den Amtsträger jedenfalls dann gegeben, wenn dieser durch eine Zuwendung an einen Dritten selbst einen unmittelbaren wirtschaftli- 9 chen Vorteil erlangt (NStZ-RR **05**, 266). Vorteile, die sich unmittelbar und notwendig erst aus der pflichtwidrigen Handlung ergeben oder die sich der Täter erst aus dieser Handlung verschaffen soll, sind keine **Gegenleistung** für sie (BGH **1**, 182); anders, wenn der Vorteil aus der Straftat eines anderen stammt, an der der Täter durch die pflichtwidrige Handlung mitwirkt (BGH **20**, 1; MDR/H **79**, 107; NJW **87**, 1342 [m. Anm. *Letzgus* NStZ **87**, 309; *Otto* JK 2]; wistra **90**, 306). Eine Gegenleistung iS von § 332 hat der BGH in NStZ **94**, 488 (m. krit. Anm. *Maiwald*) nicht darin gesehen, dass ein Amtsträger durch manipulierte Abrechnungen überhöhte Zahlungen an einen privaten Auftragnehmer bewirkte, dieser mit den unberechtigt erlangten Mitteln private Rechnungen des Amtsträgers beglich, um durch seine Mitwirkung bei der Vergabe öffentlicher Aufträge weiter berücksichtigt zu werden (zw.), Dagegen ist eine Gegenleistungsvereinbarung darin gesehen worden, dass ein Bauunternehmer, an den ein Amtsträger auf Grund einer fingierten Rechung über angebliche Leistungen öffentliche Mittel auszahlen ließ, dies als Erfüllung einer privaten Forderung gegen den Amtsträger gelten ließ (NStZ **94**, 191; abl. dazu NK-*Kuhlen* 87).

10 **6)** Zum **Vorsatz** gilt 31 zu § 331. Hinzu kommen muss, dass der Täter (nicht auch der Zuwendende; oben 8) die objektive Pflichtwidrigkeit der Diensthandlung kennt (NStZ **84**, 24, hierbei genügt bedingter Vorsatz, vgl. BGH **3**, 143; Hamm NJW **73**, 719) oder er sich auch nur in diesem Sinne käuflich zeigt (insoweit **aA** NStZ **84**, 24) und dass der Vorteilsgeber weiß, dass er es mit einem Amtsträger zu tun hat (2 StR 391/80). Glaubt dieser, dass er nicht pflichtwidrig handle, so ist er nur nach § 331 strafbar (vgl. *Haffke* JuS **73**, 406). Nimmt er irrig Pflichtwidrigkeit an, so ist strafbarer Versuch nach I S. 2 oder II gegeben, der mit § 331 in Tateinheit steht (LK-*Jescheck* 12; SK-*Rudolphi/Stein* 17; NK-*Kuhlen* 3; *Letzgus* NStZ **87**, 311; **aA** *Puppe* GA **90**, 165; vgl. BGH **2**, 173). Kenntnis der Pflichtwidrigkeit heißt (in der Laiensphäre verstanden) *Bedeutungs*kenntnis, nicht bloße Kenntnis der Tatumstände, die die Diensthandlung als pflichtwidrige kennzeichnen (LK-*Jescheck* 13; vgl. 4). Verbotsirrtum ist es, wenn der Täter glaubt, eine Genehmigung könne ihn auch hier rechtfertigen. Im Fall der künftigen Handlung genügt es, wenn der Täter sich bewusst iS von III Nr. 1 oder 2 bereit zeigt und dabei weiß, dass der andere von ihm erwartet, er möge sachfremden Erwägungen Raum geben (BGH **15**, 352).

11 **7)** Für die **Vollendung** und die **Beendigung** der Tat sowie für den Beginn der **Verjährung** gilt das zu § 331 Ausgeführte (30 zu § 331). Zum **Versuch** gilt 30 zu § 331; zur **Teilnahme** 38 zu § 331. **Mittäterschaft** ist auch mit einem Täter des § 331 möglich, wenn dieser die Pflichtwidrigkeit der Diensthandlung nicht kennt. Der Eintritt in eine bereits geschlossene Unrechtsvereinbarung führt idR nicht zur Zurechnung bereits vollendeter Akte, sondern ggf. zur Mittäterschaft vom Zeitpunkt des Eintritts an. Die Unterstützung der pflichtwidrigen Handlung ist nur dann Beihilfe, wenn sie auch die Tat nach § 332 fördert (BGH **18**, 263). Der Vorteilsgeber und seine Teilnehmer fallen nur unter § 334 oder § 333 (str.; vgl. aber 38 zu § 331).

12 **8) Die Strafdrohung** ist durch das KorrBekG angehoben (dazu *König* JR **97**, 397, 400) und abgestuft worden. **I S. 1** droht als Regelstrafrahmen nun Freiheitsstrafe von 6 Monaten bis zu 5 Jahren an; § 47 II ist unanwendbar. In I S. 2 ist ein der aF entsprechender Strafrahmen für **minder schwere Fälle** bestimmt; **besonders schwere Fälle** sind in § 335 geregelt. Von Bedeutung für die Strafzumessung ist, ob es zu einer künftigen pflichtwidrigen Diensthandlung wirklich gekommen ist (GA **59**, 176) oder ob die Tat eine schon zurückliegende Handlung betraf (vgl. § 334 II). Unzulänglichkeiten der Dienstaufsicht entlasten den Beamten, da sich seine Pflichten von selbst verstehen, idR nicht (NJW **89**, 1938 m. Anm. *Molketin* wistra **90**, 356).

13 **9) Konkurrenzen:** Vgl. 39 f. zu § 331. **Tateinheit** ist möglich mit § 263 (BGH **20**, 1; vgl. auch **29**, 300), ebenso mit Erpressung (BGH **9**, 245; EzSt. § 73 Nr. 4; str.) sowie mit Untreue (BGH **47**, 22, 26 ff.), die die Delikte der §§ 332 und 263 zu einer Tat verklammern kann (MDR/H **85**, 627; 4 StR 657/96; Bay NJW **96**, 271); uU auch mit §§ 174 ff., 180 III,

180a I (NJW **87**, 199). Zwischen § 332 und der (strafbaren) pflichtwidrigen Handlung liegt **Tateinheit** vor, wenn beide in einer Ausführungshandlung zusammentreffen (BGH **47**, 22, 26ff. [zu § 266]; wistra **04**, 29; *Letzgus* NStZ **87**, 311; vgl. auch vgl. 87 zu § 266; and. noch BGH **4**, 169; **7**, 152; GA **59**, 177; NJW **73**, 475; NJW **87**, 1341; wistra **93**, 190); im Übrigen ist hier idR **Tatmehrheit** gegeben. Schließt der Täter mehrere selbständige Unrechtsvereinbarungen, die auf mehrere pflichtwidrige Diensthandlungen gerichtet sind, so liegt gleichwohl Tateinheit vorliegen, wenn die zugesagten Vorteile eine Handlung geleistet bzw. entgegen genommen werden (NJW **04**, 693, 695). Zum Verhältnis zu § 331 und zu § 299 vgl. 40 zu § 331.

10) Sonstige Vorschriften: Verfall des Erhaltenen oder des Wertersatzes nach §§ 73ff. (vgl. dazu NStZ-RR **04**, 242, 244; 22f. zu § 73). § 338 I lässt den Erweiterten Verfall (§ 73d) zu. Amtsverlust bei II nach § 45 I; **Aberkennung** der Fähigkeiten nach §§ 358, 45 II, III; Geldwäsche § 261 I Nr. 2, Art. 2 § 4 IntBestG (Anh. 22). **14**

Vorteilsgewährung

333 **I Wer einem Amtsträger, einem für den öffentlichen Dienst besonders Verpflichteten oder einem Soldaten der Bundeswehr für die Dienstausübung einen Vorteil für diesen oder einen Dritten anbietet, verspricht oder gewährt, wird mit Freiheitsstrafe bis zu drei Jahren oder mit Geldstrafe bestraft.**

II Wer einem Richter oder Schiedsrichter einen Vorteil für diesen oder einen Dritten als Gegenleistung dafür anbietet, verspricht oder gewährt, dass er eine richterliche Handlung vorgenommen hat oder künftig vornehme, wird mit Freiheitsstrafe bis zu fünf Jahren oder mit Geldstrafe bestraft.

III Die Tat ist nicht nach Absatz 1 strafbar, wenn die zuständige Behörde im Rahmen ihrer Befugnisse entweder die Annahme des Vorteils durch den Empfänger vorher genehmigt hat oder sie auf unverzügliche Anzeige des Empfängers genehmigt.

1) Allgemeines. Die Vorschrift, die durch Art. 19 Nr. 187 EGStGB eingefügt worden ist, wurde durch Art. 1 Nr. 3 KorrBekG v. 13. 8. 1997 neu gefasst (vgl. 1 vor § 298, 1 vor § 331). Sie ist nunmehr spiegelbildlich zu § 331 ausgestaltet (unten 3). **Literatur:** 2 zu § 331. **1**

2) Täter kann **jedermann** sein; der Begünstigte muss Amtsträger, für den öffentlichen Dienst besonders Verpflichteter, Richter oder Schiedsrichter sein (4 zu § 331). Anders als bei § 331 kann hier jeder **Soldat der Bundeswehr** Vorteilsnehmer sein, während sich § 331 iVm § 48 I WStG nur auf Offiziere und Unteroffiziere bezieht (1 zu § 331); bei anderen Soldaten ist also zwar der Vorteilsgeber (Soldat oder nicht) nach § 333 strafbar, der Nehmer aber nur disziplinarisch zu erfassen (E-EGStGB 275). Vgl. für die NATO-Truppen § 1 II Nr. 10 des 4. StÄG (Anh. 14). **2**

3) Die **Tathandlungen** entsprechen denen des § 331 spiegelbildlich. Nach § 333 **aF** war die Vorteilsgewährung nur strafbar, wenn sie sich auf eine *künftige* Diensthandlung des Amtsträgers oder Richters bezog (krit. zur früheren Fassung *Dornseifer* JZ **73**, 267, 269; *Schönherr* 287; *Haffke* in: *Tondorf* (Hrsg.), Staatsdienst und Ethik, 1995, S. 11, 32). Dem lag die Ansicht zugrunde, nach allgemeiner Anschauung sei die Zuwendung von Vorteilen für bereits vorgenommene pflichtgemäße Diensthandlungen nicht verwerflich, sondern Zeichen allgemeiner Dankbarkeit (BT-Drs. 7/550, 274); im Übrigen war § 333 als Auffangtatbestand für Fälle gedacht, in denen sich dem Geber ein Vorsatz nach § 334 III Nr. 2 nicht nachweisen lässt (ebd.; vgl. *Dölling* DJT C 68; *König* JR **97**, 397, 400). Der Gesetzgeber des KorrBekG hat hier einen allgemeinen Bewusstseinswandel konstatiert (vgl. BT-Drs. 13/3353, 12; BR-Drs. 553/96, 36); im Hinblick auf die von den Bestechungsdelikten geschützten Rechtsgüter (3 zu § 331) können danach Zuwendungen, die das Maß sozialadäquater geringwertiger Höflichkeitsgeschenke übersteigen, in keinem Fall als unbedenklich angesehen werden (25ff. zu § 331). **3**

4 **A. Abs. I** stellt das **Anbieten, Versprechen** und **Gewähren** von Vorteilen an einen Amtsträger unter Strafe. Während das **Angebot** (entspr. dem „Fordern" in § 331 I) auf den Abschluss einer Unrechtsvereinbarung (21 ff. zu § 331) abzielt, bezeichnet das **Versprechen** die Vereinbarung selbst. Die **Tatstufen** entsprechen denen des § 331. Während auf der **Verhandlungsstufe** (Anbieten – Fordern) eine Mitwirkung oder tatsächliche Kenntnisnahme des anderen Teils jedenfalls ausreichend (BGH **47**, 22, 29), aber Vollendung schon mit dem Zugang an ihn vollendet ist, setzt die **Vereinbarungsstufe** (Versprechen – Versprechen-Lassen) eine Übereinkunft der Beteiligten voraus, durch die eine (faktische) Bindung erzielt wird. Auf der **Leistungsstufe** ist das Gewähren die tatsächliche Zuwendung an den Amtsträger oder einen Dritten (vgl. BGH **49**, 275, 298); Vollendung setzt die Annahme durch diesen und daher eine zumindest gleichzeitig geschlossene Unrechtsvereinbarung voraus (*S/S-Heine* 5). Ob der Amtsträger, wenn ihm das Angebot zugeht, dieses zur Kenntnis nimmt und erkennt, dass der Täter eine Unrechtsvereinbarung will, ist ohne Bedeutung (BGH **15**, 88, 102; Düsseldorf JR **03**, 521, 522 [mit Anm. *Böse*]; NK-*Kuhlen* 4; *Rengier* BT II, 60/24; **aA** *S/S-Heine* 4; vgl. 18 zu § 331). Im Fall des Gewährens (vgl. BGH **15**, 184) ohne vorausgegangene Unrechtsvereinbarung liegt, wenn der Empfänger den Willen des Täters nicht erkennt, jedenfalls Anbieten vor (LK-*Jescheck* 4). Das gilt grds auch bei Leistung an einen **Dritten** in der (mit diesem vereinbarten) Erwartung, das Angebot (zur Unrechtsvereinbarung) werde an den Amtsträger weiter geleitet werden (vgl. Düsseldorf JR **03**, 522; diff. *Böse* ebd. 525).

5 **B.** Zum Begriff des **Vorteils** vgl. 11 ff. zu § 331; zur **Sozialadäquanz** 25 zu § 331.

6 **C.** Die Zuwendung muss im Fall des I **für die Dienstausübung** erfolgen. Nicht erforderlich ist der Bezug zu einer konkreten Diensthandlung; unerheblich ist auch, ob die Vorteilszuwendung sich auf vergangene oder zukünftige Handlungen des Amtsträgers bezieht und ob sie sich auf zukünftige Ermessensausübung richtet (Naumburg NJW **97**, 1593). Der Vorteil muss dem Amtsträger nicht persönlich zugutekommen; **Zuwendung an Dritte** reicht, wenn sie Inhalt der Unrechtsvereinbarung zwischen dem Zuwendenden und dem Amtsträger ist (dazu 13 ff. zu § 331). Die Vortäuschung einer bereits erbrachten Zuwendung unterfällt § 333 nicht (*Arzt/Weber* 49/30; NK-*Kuhlen* 9; vgl. 10 zu § 331); dagegen ist bei Versprechen oder Anbieten zukünftiger Leistungen ein innerer Vorbehalt unerheblich.

7 **4)** Für die **Unrechtsvereinbarung** gelten 21 ff. zu § 331.

8 **5) Abs. II** ist als „Spiegelbild" zu § 331 II formuliert. Die Vorteilszuwendung muss sich hier auf eine konkrete – vergangene oder zukünftige – richterliche Handlung (28 zu § 331) beziehen.

9 **6) Vollendet** ist die Tat mit der Tathandlung selbst; ob der Amtsträger die erwartete Handlung ausführen will oder kann und ob er sie (später) tatsächlich ausführt, ist bedeutungslos (vgl. dazu 10 zu § 331). Es ist daher auch gleichgültig, ob sich der Amtsträger selbst nach § 331 oder § 332 strafbar macht; es genügt, wenn er beim etwaigen Eingehen auf das Ansinnen des Täters den Tatbestand mindestens des § 331 erfüllen würde (vgl. BGH **15**, 184). Zur Vorspiegelung *vergangener* pflichtgemäßer Handlungen vgl. 10 zu § 331. Zur **Beendigung** gilt 30 zu § 331 entspr. **Der Versuch** ist bei § 333 straflos.

10 **7) Teilnahme** des Vorteilnehmers ist nicht möglich; für ihn gelten §§ 331, 332, die selbstständig zu prüfen sind (LK-*Jescheck* 11). § 332 kann gegeben sein, wenn der Täter des § 333 meint, die erwartete Handlung sei nicht pflichtwidrig, während der Amtsträger die Pflichtwidrigkeit kennt. Strafbare Teilnahme eines Außenstehenden ist möglich (vgl. 38 zu § 331).

11 **8) Abs. III** ist das Gegenstück zu § 331 III. Danach ist die Tat in den Fällen von I dann gerechtfertigt, wenn eine wirksame **Genehmigung** (32 ff. zu § 331) vor Annahme des Vorteils erteilt wird (E 1962, 655). Hat der Täter den Vorteil vor

der Genehmigung angeboten, versprochen oder gewährt und wird die Annahme, wie er erwartet hat und erwarten durfte, erteilt, so ist er gerechtfertigt (36 zu § 331); das gilt auch, wenn die zu erwartende Genehmigung später nicht erteilt wird (**aA** *Tröndle* 48. Aufl.: Verbotsirrtum; wie hier *S/S-Heine* 15). Rechnete er nicht mit Anzeige oder Genehmigung (etwa deshalb, weil er die erwartete Diensthandlung für pflichtwidrig hielt; unten 12), kommt es aber zu beiden, so ist ein persönlicher Strafausschließungsgrund gegeben (hM; vgl. 36 zu § 331).

9) Der Vorsatz muss als mindestens bedingter die Umstände umfassen, die den Partner zum Amtsträger usw. machen. Dass der Täter den anderen zu einer konkreten Diensthandlung bestimmen will, ist nicht erforderlich, doch muss er wollen, dass der andere den Sinn des Vorteils als Äquivalent für die Dienstausübung (I) oder die Diensthandlung (II) verstehe; ob dies so verstanden wird, ist gleichgültig (oben 4). Nimmt der Täter irrig an, eine von ihm erwartete Handlung sei pflichtwidrig, so ist dieser untaugliche straflose Versuch nach § 334 I als vollendete Tat nach § 333 strafbar, dessen Tatbestand keine pflichtgemäße Handlung voraussetzt. Im Übrigen gilt 31 zu § 331 entsprechend. 12

10) Die **Strafe** ist bei II strenger als bei I; die Strafrahmen sind durch das KorrBekG angehoben worden und entsprechen denen des § 331; vgl. auch 37 zu § 331. Der **Verfall** des Gewährten ist nur gegenüber dem Amtsträger nach §§ 331, 332 iVm §§ 73 ff. möglich; § 338 gilt nicht. Einziehung des gegen den Willen des Amtsträgers Gewährten (20 zu § 331) ist jedoch möglich; vgl. auch 8 zu § 74. Bei korruptiv erlangter Auftragsvergabe ist der wirtschaftliche Wert des Vertragsschlusses, also der zu erwartenden Gewinn, unmittelbar *erlangt* iS von § 73 I (vgl. BGH **50**, 299, 310 [= NStZ **06**, 210, 212]; 24 zu § 299). 13

11) Konkurrenzen. Für das Verhältnis der Tatbestandsalternativen zueinander gilt § 39 zu § 331 entsprechend. Tateinheit ist zwischen I und II (39 zu § 331), ferner mit § 185 möglich. Hinter § 334 tritt § 333 zurück; doch sind auch Fälle von Tateinheit möglich, wenn sich die Handlung auf pflichtgemäße und pflichtwidrige Diensthandlungen zugleich bezieht (*Lackner/Kühl* 9; **aA** SK-*Rudolphi/Stein* 18). Ein einheitliches Angebot an mehrere Amtsträger ist nur eine einzige Tat. 14

12) Zuständigkeit in Wirtschaftsstrafsachen § 74 c I Nr. 6, § 74 e Nr. 2 GVG; § 103 II JGG. 15

Bestechung

334 **I Wer einem Amtsträger, einem für den öffentlichen Dienst besonders Verpflichteten oder einem Soldaten der Bundeswehr einen Vorteil für diesen oder einen Dritten als Gegenleistung dafür anbietet, verspricht oder gewährt, dass er eine Diensthandlung vorgenommen hat oder künftig vornehme und dadurch seine Dienstpflichten verletzt hat oder verletzen würde, wird mit Freiheitsstrafe von drei Monaten bis zu fünf Jahren bestraft. In minder schweren Fällen ist die Strafe Freiheitsstrafe bis zu zwei Jahren oder Geldstrafe.**

II Wer einem Richter oder Schiedsrichter einen Vorteil für diesen oder einen Dritten als Gegenleistung dafür anbietet, verspricht oder gewährt, dass er eine richterliche Handlung

1. vorgenommen und dadurch seine richterlichen Pflichten verletzt hat oder

2. künftig vornehme und dadurch seine richterlichen Pflichten verletzen würde,

wird in den Fällen der Nummer 1 mit Freiheitsstrafe von drei Monaten bis zu fünf Jahren, in den Fällen der Nummer 2 mit Freiheitsstrafe von sechs Monaten bis zu fünf Jahren bestraft. Der Versuch ist strafbar.

III Falls der Täter den Vorteil als Gegenleistung für eine künftige Handlung anbietet, verspricht oder gewährt, so sind die Absätze 1 und 2

schon dann anzuwenden, wenn er den anderen zu bestimmen versucht, dass dieser

1. bei der Handlung seine Pflichten verletzt oder,

2. soweit die Handlung in seinem Ermessen steht, sich bei der Ausübung des Ermessens durch den Vorteil beeinflussen lässt.

1 **1) Allgemeines.** Die Vorschrift, eingefügt durch Art. 19 Nr. 187 EGStGB, ist durch das KorrBekG vom 13. 8. 1997 (1 vor § 298, 1 vor § 331) geändert worden. Sie stellt das Spiegelbild zu § 332 dar, der den Vorteilsnehmer betrifft, und ist eine Qualifikation des § 333 (vgl. 1 zu § 332). **Literatur:** 2 zu § 331.

Gesetzgebung: Der E eines Zweiten KorrBekG (BR-Drs. 548/07) sieht eine Erweiterung auf europäische Amtsträger und Mitglieder Europäischer Gerichte vor. Gesetzgebungsverfahren bei Redaktionsschluss 55. Aufl. nicht abgeschlossen; Abdruck des GesE im **Anhang unter Nr. 23 b**.

2 **2) Täter** kann jedermann sein (kein Sonderdelikt). Als Begünstigte kommen die auch in § 333 Genannten in Betracht (2 zu § 333). **Amtsträger der EU** sind für die Anwendung der Vorschrift deutschen Amtsträgern gleichgestellt (Art. 2 § 1 **EUBestG** [Anh. 21]); das deutsche Strafrecht gilt auch für Auslandstaten (Art. 2 § 2 EUBestG). Dasselbe gilt für Amtsträger internationaler Organisationen und Richter internationaler Gerichtshöfe (Art. 2 § 2 **IntBestG** [Anh. 22]; vgl. dazu *Zieschang* NJW **99**, 105; *Schubert* [Hdb., 2 zu § 331] 12/48 ff.; zur Anwendbarkeit *Trinkl* wistra **06**, 126 ff.). Zur Bestechung **ausländischer Amtsträger** im Zusammenhang mit **Hermesbürgschaften** vgl. auch die Kleine Anfrage BT-Drs. 16/764 und Antwort der BReg. BT-Drs. 16/935. Die Bestechung ausländischer Amtsträger oder Privatpersonen im geschäftlichen Verkehr schließt übernommene Exportkreditgarantien aus und begründet Freistellungsansprüche für den Bund.

3 **3) Die Tathandlungen** sind dieselben wie bei § 333; es gilt dort 3 ff. Abs. II erfasst gleichfalls nicht nur Fälle künftiger, sondern auch in der Vergangenheit liegender richterlicher Handlungen. Wie § 333 bezieht sich § 334 auf gebundene und Ermessenshandlungen des Amtsträgers.

4 **4)** Die Tathandlung muss sich auf eine **pflichtwidrige dienstliche oder richterliche Handlung** des Begünstigten beziehen; dazu gelten 3 ff. zu § 332 sinngemäß. Will der Vorteilsgeber, dass der Amtsträger nur seine Dienstpflicht erfüllt, so kommt nur § 333 in Betracht. Kommt es dem Vorteilsgeber daher etwa auf beschleunigte Erledigung einer Sache an, so kommt § 334 nur dann in Frage, wenn der Amtsträger andere Gesuchsteller benachteiligen oder sich über Dienstvorschriften hinwegsetzen soll (vgl. BGH **15**, 351; **16**, 37).

5 **5)** Der **Versuch** ist nur bei II strafbar (II S. 2). Er setzt ein, wenn der Täter an den Richter herantritt; zB einen Brief absendet oder einem Mittelsmann die Bestechungssumme aushändigt (vgl. 4 zu § 333); weiterhin, wenn der Täter eine Diensthandlung nach II irrig für pflichtwidrig hält.

6 **6) Teilnahme.** Vgl. 10 zu § 333. Erkennt der Teilnehmer anders als der Täter nicht, dass es um eine pflichtwidrige Diensthandlung geht, so kommt für ihn nur § 333 in Betracht (§ 28 II).

7 **7) Vorsatz** ist erforderlich. Wie bei § 333 muss er sich auf die Umstände beziehen, die den Begünstigten zum Amtsträger machen, sowie darauf, dass dieser den Sinn des Vorteils als Gegenleistung verstehe; dass der Täter ihn zu einer Handlung selbst bestimmen will, ist auch hier nicht erforderlich (12 zu § 333). Der Täter muss das Bewusstsein haben, dass die Handlung des Amtsträgers pflichtwidrig war oder sein würde; bedingter Vorsatz reicht aus. Bei irriger Annahme der Pflichtwidrigkeit ist im Fall des Abs. II Versuch gegeben (NK-*Kuhlen* 5; and. *S/S-Heine* 10); nimmt der Täter irrig an, die Handlung sei pflichtgemäß, so gilt § 333.

8 **8) Abs. III** bringt (entsprechend § 332 III) eine Klarstellung für die Fälle, in denen sich *der Vorteil auf* **künftige** Dienst- (oder richterliche) Handlungen bezieht, und grenzt die Bestechung von der bloßen Vorteilsgewährung ab. Mit der Tathandlung (4 zu § 333) muss der Täter anstreben, dass in den Fällen des sog. „gebundenen Beamten“ dieser durch die Dienst-(richterliche) Handlung seine

Pflichten verletzt **(Nr. 1),** in denen des sog. „Ermessensbeamten", dass dieser sich durch den Vorteil beeinflussen lässt **(Nr. 2).** In beiden Fällen genügt der bedingte Vorsatz (LK-*Jescheck* 7; *Lackner/Kühl* 3; SK-*Rudolphi/Stein* 7). Nicht erforderlich ist, dass der Vorteil in die Hand des Amtsträgers oder Dritten gelangt, dass die Dienst- (oder richterliche) Handlung wirklich vorgenommen wird und dass der Amtsträger den Bestechungszweck erkennt. Nimmt der Täter bei Eingehung der Unrechtsvereinbarung irrig Umstände an, die die zukünftige Diensthandlung pflichtwidrig machen würden, so käme im Fall des I eine Bestrafung nur aus § 333, im Fall des II eine solche wegen untauglichen Versuchs in Betracht; in diesem Fall greift Abs. III ein (wistra **98**, 108 f.). Ein Irrtum über die rechtliche Bewertung der Diensthandlung ist Verbotsirrtum; § 333 gilt in diesem Fall nur, wenn dieser unvermeidlich ist (**aA** SK-*Rudolphi/Stein* 6 f.).

9) Die **Strafdrohung** des I S. 1 entspricht im Höchstmaß § 332 I S. 1; das Mindestmaß ist ermäßigt, da auch im Normalstrafrahmen Fälle von geringerem Gewicht denkbar sind (vgl. KG NZV **01**, 443 [kein minder schwerer Fall bei Angebot von 300 DM durch alkoholisierten Kraftfahrer nach Verkehrsunfall an Polizeibeamten]). Auch die Strafdrohung für minder schwere Fälle (I S. 2) weicht von § 332 I S. 2 ab. II differenziert mit Rücksicht auf den verschiedenen Unrechtsgehalt danach, ob sich die Tat auf eine vergangene oder künftige richterliche Handlung bezieht. Besonders schwere Fälle sind in § 335 geregelt. Dem **Verfall** unterliegt, was der Täter *unmittelbar* aus der Tat erlangt hat (§ 73 I; vgl. dort 6, 19). Bei korruptiv manipulierter Auftragserteilung ist das der Wert des Vertragsschlusses (BGH **50**, 299, 310 [= NStZ **06**, 210, 212]); bei wirtschaftlich verwertbaren Listen mit persönlichen Daten nicht die Summe der durch Verwertung erlangten Provisionen oder Gewinne, sondern der Wert der Liste im Anschriftenhandel (NStZ **06**, 334). **Sonstige Vorschriften:** Erweiterter Verfall § 338 II; Geldwäsche § 261 I Nr. 2, Art. 2 § 4 IntBestG (Anh. 22). 9

10) Konkurrenzen. Ist die vom Amtsträger erwartete und ausgeführte Handlung zugleich eine Straftat, so liegt Tateinheit zwischen § 334 und der Teilnahme hieran vor, wenn sich die Anstiftung oder Unterstützung auf die Tathandlung des § 334 beschränkt; selbstständige Unterstützungen einzelner strafbarer Dienstpflichtverletzungen stehen idR wie diese in Tatmehrheit und werden durch eine allgemeine Unrechtsvereinbarung nicht zur einheitlichen Tat verbunden. Zu §§ 332, 26 steht § 334 nicht in Tateinheit, sondern in Gesetzeseinheit; dagegen ist Tateinheit gegeben, wenn der Täter den Amtsträger mit der Bestechung gleichzeitig zu einem Verbrechen anzustiften sucht, das nicht eine Tat nach § 332 ist (aaO; BGH **6**, 311). Vgl. im Übrigen 39 zu § 331; 14 zu § 333; zur Zuständigkeit 15 zu § 333. 10

Besonders schwere Fälle der Bestechlichkeit und Bestechung

335 **I In besonders schweren Fällen wird**

1. eine Tat nach
   a) § 332 Abs. 1 Satz 1, auch in Verbindung mit Abs. 3, und
   b) § 334 Abs. 1 Satz 1 und Abs. 2, jeweils auch in Verbindung mit Abs. 3,

   mit Freiheitsstrafe von einem Jahr bis zu zehn Jahren und

2. eine Tat nach § 332 Abs. 2, auch in Verbindung mit Abs. 3, mit Freiheitsstrafe nicht unter zwei Jahren

bestraft.

II Ein besonders schwerer Fall im Sinne des Absatzes 1 liegt in der Regel vor, wenn

1. die Tat sich auf einen Vorteil großen Ausmaßes bezieht,
2. der Täter fortgesetzt Vorteile annimmt, die er als Gegenleistung dafür gefordert hat, dass er eine Diensthandlung künftig vornehme, oder
3. der Täter gewerbsmäßig oder als Mitglied einer Bande handelt, die sich zur fortgesetzten Begehung solcher Taten verbunden hat.

1) Allgemeines. Die Vorschrift wurde durch das **KorrBekG** vom 13. 8. 1997 (1 vor § 298; 1 vor § 331) neu eingefügt. Der frühere § 335 ist nun § 336. Zur Anwendbarkeit auf Amtsträger der EU vgl. 2 zu § 334. **Literatur:** 2 zu § 331 1

2 **2)** Die Strafzumessungsvorschrift enthält erhöhte Strafdrohungen für besonders schwere Fälle der §§ 332, 334 und führt in Abs. II Regelbeispiele hierfür auf. Die gesetzliche Regelung durch das KorrBekG entspricht dem RegE (BR-Drs. 553/96), der den Vorschlägen des DJT gefolgt ist (ebenso schon Maßnahmenkatalog BMI/BMJ, vor § 298; vgl. auch *König* DRiZ **96**, 357, 362 und JR **97**, 400).

3 **3)** Die Strafdrohung des **Abs. I** betrifft in **Nr. 1 Buchst. a** die Bestechlichkeit von Amtsträgern (§ 332 II 1, III) und in **Nr. 1 Buchst. b** die Bestechung von Amtsträgern und Richtern (§ 334). Für sie gilt in besonders schweren Fällen der Strafrahmen von 1 bis zu 10 Jahren. Für die auch im Normalstrafrahmen deutlich schwerer eingestufte Bestechlichkeit von Richtern und Schiedsrichtern (§ 332 II, III) gilt nach **I Nr. 2** in besonders schweren Fällen ein Strafrahmen von 2 bis 15 Jahren.

4 **4) Abs. II** führt **Regelbeispiele** für das Vorliegen eines **besonders schweren Falles** an; Nr. 1 und 3 entsprechen § 300 S. 2.

5 **A.** Auf einen **Vorteil großen Ausmaßes** muss sich die Tat nach **Nr. 1** beziehen. Ein solcher liegt vor, wenn die Zuwendung ihrem Umfang nach deutlich aus dem Rahmen durchschnittlicher Fälle herausragt (vgl. wistra **91**, 106; 46 zu § 264; *S/S-Lenckner/Perron* 74 zu § 264; LK-*Tiedemann* 122 zu § 264). Die für den Subventionsbetrug (§ 264 II S. 2 Nr. 1) angenommenen Größenordnungen gelten wohl nicht (vgl. 121 zu § 263; 46 zu § 264); die Grenze ist auch unabhängig von § 300 S. 2 Nr. 1 zu bestimmen (BR-Drs. 553/96, 38). Bei der Bestimmung des Maßstabs kommt es auf die Bedeutung der Diensthandlung nicht an; die Lebensverhältnisse des Amtsträgers sind nur eingeschränkt zu berücksichtigen (ebenso NK-*Kuhlen* 3; SK-*Rudolphi/Stein* 2; einschr. *S/S-Heine* 3: der Vorteil muss so groß sein, dass sein Ausschlagen „erhebliche Selbstdisziplinierung" erfordert). Da es für den Tatbestand auf die *innere* Disziplinbereitschaft des Amtsträgers nicht ankommen kann, müsste das zu einer schwer voraussehbaren Individualisierung anhand objektiver Kriterien (zB Einkommen, Vermögen, Schuldenstand) führen.

6 Im Hinblick auf die Höhe der Strafdrohung wird man aber jedenfalls bei Vermögenswerten unter **10 000 Euro** von einem großen Ausmaß nicht sprechen können (ähnl. LK-*Bauer/Gmel* Nachtr. 21; *Lackner/Kühl* 2; and. *S/S-Heine* 3; NK-*Kuhlen* 4; SK-*Rudolphi/Stein* 2: 25 000 €). Die Tat muss sich auf den genannten Vorteil **beziehen,** nicht erforderlich ist, dass er tatsächlich gewährt wird. Betrifft die Unrechtsvereinbarung eine Mehrzahl von Einzeltaten im Rahmen einer korruptiven Dauerbeziehung, so bestimmt sich das Ausmaß nach dem Gesamtwert der in der Vereinbarung hinreichend bestimmten Zuwendungen. Immaterielle Vorteile, etwa der mit einer Beförderung verbundene Zuwachs an Einfluss und Ansehen, sind nicht zu berücksichtigen (ebenso *S/S-Heine* 2; SK-*Rudolphi/Stein* 2; NK-*Kuhlen* 3). Für einen Irrtum des Täters gelten die zu § 243 II entwickelten Grundsätze. Fordert oder verspricht der Täter einen Vorteil großen Ausmaßes, wird später jedoch ein geringwertiger Vorteil zugewendet, so ist das Regelbeispiel erfüllt.

7 **B. Nr. 2** stellt die Annahme von früher für künftige Diensthandlungen geforderten Vorteilen unter erhöhte Strafe, wenn dies **fortgesetzt,** dh in einer Mehrzahl selbstständiger Fälle geschieht. Nach der Gesetzesbegründung soll der Fall erfasst werden, „dass ein Amtsträger sich aus eigenem Antrieb ständig für die Verletzung von Dienstpflichten bezahlen lässt und damit das Vertrauen der Öffentlichkeit in die Lauterkeit des öffentlichen Dienstes besonders nachhaltig schädigt" (BR-Drs. 553/96, 38). Unrechts- und schulderhöhend wirkt also die Verwirklichung des mit der vollendeten Tat des Forderns angestrebten Täterziels. Angenommen werden müssen diejenigen Vorteile, die zu einem früheren Zeitpunkt gefordert wurden. Es reicht, wenn der Täter pflichtwidrig Diensthandlungen für den Fall in *Aussicht gestellt hat,* dass der Zuwendende „sich erkenntlich zeigt".

8 **a)** Ein **fortgesetztes** Annehmen liegt vor, wenn der Täter mehrere selbstständige Handlungen der Vorteilsannahme begeht, nicht aber bei natürlicher oder rechtlicher Handlungseinheit („Fortsetzungszusammenhang"). Das Merkmal, das vom

Gesetz im Übrigen im Zusammenhang mit Bandendelikten verwendet wird (vgl. II Nr. 3; §§ 184 IV, 244 I Nr. 3, 244a I, 250 I Nr. 4, 260 I Nr. 2, 260a I), passt zur Beschreibung abgeschlossener Tathandlungen eines Einzeltäters nicht und ist systematisch unklar. Während eine Bandenabrede auf zukünftige Taten gerichtet ist, bezieht sich die „fortgesetzte" Begehung in Nr. 2 auf **zurückliegende** Taten. Es handelt sich daher nicht um eine auf die Gefährlichkeit einer in die Zukunft gerichteten Abrede zielende, sondern um eine Strafschärfung für **Wiederholungstäter,** die allein objektiv zu bestimmen ist. Die Erläuterung des RegE (BR-Drs. 553/96, 38), der Täter müsse „ständig" Vorteile annehmen, bleibt unklar. Aus der Verwendung des Begriffs „fortgesetzt" könnte zwar das Erfordernis eines in die Zukunft gerichteten Vorsatzes abgeleitet werden; dies ist mit der Beschreibung der Tathandlung („annimmt") freilich nicht vereinbar (ebenso NK-*Kuhlen* 5). Da die objektiven Voraussetzungen des Regelbeispiels vom Vorsatz des Täters umfasst sein müssen (vgl. BGH **33**, 374), scheidet Nr. 2 aus, wenn der zumindest bedingte Vorsatz zukünftiger weiterer Taten damals gefehlt hat. Der bei weiteren Taten vorliegende Vorsatz ist kein auf fortgesetzte Begehung gerichteter, wenn er die jeweilige Vorteilsannahme als abschließend betrachtet (unklar *S/S-Heine* 4).

b) Im Ergebnis wird man für die Annahme eines der Strafdrohung angemessenen Unrechtsgehalts eine mindestens **dreimalige** Tatbegehung fordern müssen (ebenso NK-*Kuhlen* 5; SK-*Rudolphi/Stein* 4). Die Tat wird nur dann (rückwirkend) erfasst, wenn bereits bei der ersten Annahme der „Fortsetzungs"-**Vorsatz** vorlag. Hat etwa der Täter mehrere Gegenleistungen (zB von verschiedenen Personen) für eine *einzelne* Diensthandlung gefordert und nimmt er die Einzelleistungen nun nacheinander an, so ist das Regelbeispiel seinem Wortlaut nach erfüllt, nicht aber, wenn er umgekehrt *eine* Zuwendung annimmt, die er für eine *Vielzahl* von zukünftigen Diensthandlungen gefordert hat. Im Hinblick auf das geschützte Rechtsgut erscheint dieses Ergebnis sinnlos. Ebenso unklar bleibt der Sinn der Strafschärfung, wenn der Täter *einen* geforderten Gesamtvorteil in *Teilleistungen* annimmt: eine strafschärfende Schulderhöhung gegenüber demjenigen, der auf sofortiger Gesamtleistung besteht, ist nicht erkennbar. 9

C. Nr. 3, 1. Var. knüpft die Annahme eines Regelbeispiels an die **Gewerbsmäßigkeit,** dh an die Absicht, sich durch wiederholte Tatbegehung eine Einnahmequelle nicht nur vorübergehender Art zu verschaffen (vgl. 62 vor § 52); ausreichend ist, dass die Tat *mittelbar* als Einnahmequelle dient (wistra **99**, 465). Täter kann auch der Bestechende nach § 334 sein, wenn seine Tat auf Einnahmen infolge der pflichtwidrigen Diensthandlung abzielt. Vgl. iÜ 5 zu § 300. 10

D. Nr. 3, 2. Var. setzt **bandenmäßige Begehung** voraus. Der Begriff der Bande ist durch die Entscheidung des GrSen BGH **46**, 321 geändert worden (vgl. 17 ff. zu § 244); erforderlich ist ein Zusammenschluss von mindestens **drei Personen.** Dadurch scheiden insb. korruptive „Zweierbeziehungen" aus dem Anwendungsbereich von Nr. 3 aus (vgl. 50. Aufl.). 11

E. Auch bei Vorliegen eines Regelbeispiels ist im Rahmen einer **Gesamtabwägung** zu prüfen, ob Milderungsgründe der Annahme eines besonders schweren Falles entgegenstehen. Das kann etwa der Fall sein, wenn der Täter sich in einer unverschuldeten Notlage befand, im Einzelfall auch, wenn die Pflichtwidrigkeit der Diensthandlung sich nicht ausgewirkt hat. Umgekehrt kann ein **unbenannter** besonders schwerer Fall nach I etwa vorliegen bei besonders grobem Maß von Pflichtwidrigkeit oder Ausnutzen einer Zwangslage des anderen. 12

Unterlassen der Diensthandlung

336 **Der Vornahme einer Diensthandlung oder einer richterlichen Handlung im Sinne der §§ 331 bis 335 steht das Unterlassen der Handlung gleich.**

Die Vorschrift entspricht dem früheren § 335; die Umstellung beruht auf dem KorrBekG (1 vor § 298, 1 vor § 331). Die Gleichstellung der Unterlassung dienstlicher oder richterlicher, ihm nach dem Inhalt seines Amtes obliegender Handlungen (NStZ **98**, 194 m. Bespr. *Böse* JA **98**, 630) mit ihrer Vornahme entspricht der schon früher hM (vgl. BGH **9**, 245; LK-*Spendel* 5; *Maiwald* JuS **77**, 357). Eine Angleichung der Terminologie an §§ 331 I, 333 I („Dienst*ausübung*") ist nicht erfolgt, denn unterlassen werden können wohl nur bestimmte Diensthandlungen (SK-*Rudolphi/Stein* 2; NK-*Kuhlen* 1). Das Unterlassen pflichtgemäßer Diensthandlungen unterfällt idR § 332 (SK-*Rudolphi/Stein* 6; LK-*Jescheck* 5; vgl. 7 zu § 332).

Schiedsrichtervergütung

337 Die Vergütung eines Schiedsrichters ist nur dann ein Vorteil im Sinne der §§ 331 bis 335, wenn der Schiedsrichter sie von einer Partei hinter dem Rücken der anderen fordert, sich versprechen lässt oder annimmt oder wenn sie ihm eine Partei hinter dem Rücken der anderen anbietet, verspricht oder gewährt.

Die Vorschrift entspricht dem früheren § 335 a; die Umstellung beruht auf dem KorrBekG (1 vor § 298, 1 vor § 331). Sie stellt klar (**aA** *S/S-Heine* 2), dass einerseits der nicht in der ZPO geregelte Vergütungsanspruch (auch Vorschuss und Auslagenersatz; NK-*Kuhlen* 1) des Schiedsrichters, der sich **gegen beide Parteien** als Gesamtschuldner richtet, nicht als Vorteil iS der §§ 331 bis 335 anzusehen ist. Ob der Schiedsvertrag zivilrechtlich gültig ist, ist dabei ohne Bedeutung (vgl. NJW **53**, 303). Anderseits bestimmt § 337, dass eine unrechtmäßige Vergütung, die nur von der einen Partei **hinter dem Rücken** der anderen kommt oder kommen soll, dh ohne deren Wissen und mit dem Willen, sie zu hintergehen, ein Vorteil iS der §§ 331 bis 335 ist; das betrifft auch über die offen vereinbarte Vergütung hinausgehende heimliche „Zusatz"-Leistungen einer Partei.

Vermögensstrafe und Erweiterter Verfall

338 I In den Fällen des § 332, auch in Verbindung mit den §§ 336 und 337, ist § 73 d anzuwenden, wenn der Täter gewerbsmäßig oder als Mitglied einer Bande handelt, die sich zur fortgesetzten Begehung solcher Taten verbunden hat.

II In den Fällen des § 334, auch in Verbindung mit den §§ 336 und 337, sind die *§§ 43 a,* 73 d anzuwenden, wenn der Täter als Mitglied einer Bande handelt, die sich zur fortgesetzten Begehung solcher Taten verbunden hat. § 73 d ist auch dann anzuwenden, wenn der Täter gewerbsmäßig handelt.

Zu Abs. II S. 1: § 43 a ist nach der Entscheidung des BVerfG vom 20. 3. 2002 (BGBl. I 1340) verfassungswidrig und nichtig.

Gesetzgebung: Vorschlag zur Neufassung unter Wegfall von Abs., II im GesE eines Zweiten KorrbekG (BR-Drs. 548/07; Abdruck im Anhang unter Nr. 23 b).

1 **Allgemeines.** Die Vorschrift ist durch das **KorrBekG** vom 13. 8. 1997 eingefügt worden (1 vor § 298, 1 vor § 331); sie entspricht § 302 und beruht auf dem GesA Bayerns (BR-Drs. 571/95) und dem E-BRat (BT-Drs. 13/3353; zust. *Dölling* DJT C 78). Soweit § 338 nicht eingreift, kommt Verfall des Erlangten oder des Wertersatzes nach §§ 73 ff. in Betracht.

2 **Abs. I** lässt die Anordnung **Erweiterten Verfalls** (§ 73 d) in allen Fällen der passiven Bestechlichkeit (§ 332) bei gewerbsmäßiger oder bandenmäßiger Tatbegehung zu (hierzu 9 f. zu § 335 und 2 zu § 302). Dasselbe gilt nach **Abs. II S. 2** für die gewerbsmäßige aktive Bestechung. Nach **Abs. II** ist bei bandenmäßiger und gewerbsmäßiger Begehung aktiver Bestechung gleichfalls § 73 d anzuwenden. Im Übrigen ist Abs. II obsolet (vgl. Anm. oben).

Rechtsbeugung

339 Ein Richter, ein anderer Amtsträger oder ein Schiedsrichter, welcher sich bei der Leitung oder Entscheidung einer Rechtssache zugunsten oder zum Nachteil einer Partei einer Beugung des Rechts schuldig macht, wird mit Freiheitsstrafe von einem Jahr bis zu fünf Jahren bestraft.

Übersicht

1) Allgemeines	1, 1 a
2) Rechtsgut	2–4
3) Täter	5–8 a
4) Tathandlung	9–16 a
A. Beugung des Rechts	9–13
B. Einschränkung des Tatbestands	14–15 b
C. Behandlung des DDR-Justizunrechts	16–16 a
5) Subjektiver Tatbestand	17–19
6) Vollendung und Versuch	20
7) Sperrwirkung des § 339	21
8) Konkurrenzen	22
9) Ergänzende Vorschriften	23

1) Allgemeines. Die Vorschrift idF des EGStGB ist durch Art. 1 Nr. 13 des KorrBekG v. 13. 8. 1997 (1 vor § 298, 1 vor § 331) ohne sachliche Änderung § 339 geworden. Mit der Neufassung durch Art. 19 Nr. 188 EGStGB ist klargestellt worden, dass absichtliches oder wissentliches Handeln nicht erforderlich, sondern bedingter Vorsatz ausreichend ist (vgl. BT-Drs. 7/1261 [Ber.], 22; Prot. 7/1062, 1153). **1**

Literatur: A. zu § 336 aF (vor 1974) und zur Verfolgung des NS-Justizunrechts: *Arndt* NJW **60**, 1140; *Bauer, Bemmann,* Radbruch-GedS 306; 308; *Beckmann,* Rechtsgrundlagen zur Aufhebung nationalsozialistischen Unrechts in der Strafrechtspflege, JZ **97**, 922; *Beckenkamp* ZRP **69**, 168; *Begemann* NJW **68**, 1361; *Bemmann* GA **69**, 66; JZ **73**, 547; *ders.* R&P **69**, Heft 3; *ders.,* Spendel-FS 469 u. JZ **95**, 123; *Burian,* „Richterliches" Unrecht im totalitären Staat, ZStW **112** (2000), 106; *Dallmeyer,* Rechtsbeugung durch Beweisführung in der Bundesrepublik Deutschland, GA **04**, 540; *Dellian* ZRP **69**, 51; *Dobring* (Hrsg.), Die Strafrechtsjustiz der DDR im Systemwechsel, 1998; *Ewers* DRiZ **55**, 187; *Gribbohm* NJW **88**, 2845; *Friedrich,* Freispruch für die Nazi-Justiz: Die Urteile gegen NS-Richter seit 1948. Dokumentation, 1998; *Gritschneder* NJW **96**, 1239; *Heinitz,* Probleme der Rechtsbeugung, 1963; *Hirsch* ZStW **32**, 427 u. 1 a); *Jähnke* ZRP **94**, 43; *Kaiser* NJW **60**, 1328; *Lamprecht* NJW **94**, 362; *Letzgus* [1 a], Helmrich-FS 73; *Lewald* NJW **69**, 459; *Maiwald* NJW **93**, 1881; *Marx* JZ **70**, 248; *Mohrbotter* JZ **69**, 491; *Maurach* ROW **58**, 177; *Radbruch, Coing, v. Hodenberg, Wimmer* SJZ **46**, 105; **47**, 61; 113; *Rasehorn* NJW **69**, 457; *Roggemann* JZ **94**, 769; *Rottleuthner,* Das Nürnberger Juristenurteil u. seine Rezeption in Deutschland – Ost und West, NJ **97**, 617; *Rudolphi* ZStW **82**, 610; *Rüping* GA **84**, 297; *Sarstedt,* Heinitz-FS 427; *Schlösser* NJW **60**, 943; *Schroeder* GA **93**, 389; *ders.,* Der Bundesgerichtshof u. der Grundsatz „nulla poena sine lege", NJW **99**, 89; *Schultz* MDR **52**, 695; *L. Schulz* StV **95**, 206; *Seebode,* Das Verbrechen der Rechtsbeugung, 1969; *ders.* JuS **69**, 204; ZRP **73**, 239; JR **94**, 1; *Spendel,* Jescheck-FS 179, Rechtsbeugung durch Rechtsprechung, 1984 [hierzu *Kempner* StV **84**, 489] u. JuS **88**, 856; *ders.* JZ **95**, 375, NJW **96**, 809 u. JR **96**, 177; *ders.,* Radbruch-GedS 312; Heinitz-FS 445; NJW **71**, 537; Peters-FS 163; Klug-FS II 375; *ders.,* Freispruch für die NS-Justiz?, R & P **97**, 229; *Stanglow* JuS **95**, 971; *Wassermann* DRiZ **92**, 161, Spendel-FS 648 u. NJW **95**, 2965; *K. Weber* GA **93**, 211 [zu den Waldheimer Prozessen]. Umfassende weitere Nachweise bei *Seebode,* Lenckner-FS 587 ff.; *Kraut* [1 a unten] 235 ff. **1 a**

B. Neuere Literatur sowie zur Verfolgung des **SED-Justizunrechts:** *Arnold,* Die Berücksichtigung der systemimmanenten Auslegung des DDR-Rechts, wistra **94**, 323; *ders.,* Die Normalität des Strafrechts der DDR, 1995/1996 [Bespr. *Feltes* GA **98**, 399]; *U. Baumann,* SED-Unrecht: Viktimisierung u. Aufarbeitung, in: *Albrecht* (Hrsg.), Krim. Forschungsberichte aus dem MP, Freiburg, 1999, 219; *Behrendt,* Die Rechtsbeugung, JuS **89**, 945; *Bemmann,* Zu aktuellen Problemen der Rechtsbeugung JZ **95**, 123 u. Spendel-FS 469; *Bemman/Seebode/Spendel,* Rechtsbeugung – Vorschlag einer notwendigen Gesetzesreform, ZRP **97**, 307; *Erb,* Überlegungen zur Strafbarkeit richterlichen Fehlverhaltens, Küper-FS (2007) 29; *Geppert* Jura **81**, 78; *Gribbohm* NJW **88**, 2845; *Gritschneder,* Rechtsbeugung. Die späte Beichte des Bundesgerichtshofs, NJW **96**, 1239; Haase/Pampel (Hrsg.), Die Waldheimer „Prozesse" – fünfzig Jahre danach, 2001; *v. d. Heide,* Stellt die Nichtverfolgung von Anzeigen wegen Wahlfälschung eine Rechtsbeugung dar?, NJW **94**, 562; *H. J. Hirsch,* Rechtsstaatliches Strafrecht und staatlich gesteuertes Unrecht, 1996, Nordrh.westf. Ak. d. Wissensch. Vorträge G 342; *Hohmann,* Zur Rechtsbeugung durch DDR-Staatsanwälte, NJ **95**, 128; *ders.,* Die strafrechtliche Bewältigung der Rechtsanwendung durch Richter u. Staatsanwälte, DtZ **96**, 230; *ders.,* Die Rechtsbeugungsprozesse gegen ehemalige DDR-Richter u. Staatsanwälte vor dem Bundesgerichtshof, KJ **96**, 494; *Hohoff,* Vorsatz u. „Unrechtsbewußtsein" im Strafrecht der DDR als Problem aktueller Rechtsanwendung, DtZ **97**, 308; *dies.,* An den Grenzen des Rechtsbeugungstatbestands. Eine Studie zu den Strafverfahren gegen DDR-Juristen, 2001 (Diss. Berlin HU 2000); *Hupe,* Der Rechtsbeugungsvorsatz (usw.), 1995; *Knauer,* Die Kollegialentscheidung im Strafrecht, 2001; *König,* Denunziantentum u. Rechtsbeugung, JR **98**, 317 [Bespr. von BGH **42**, 275]; *Kraut,* Rechtsbeugung? Die Justiz der DDR auf dem Prüfstand des Rechtsstaates (Diss. München), 1997; *Laufhütte,* Strafrechtliche Probleme nach der Wiedervereinigung der beiden deutschen Staaten u. ihre Bewältigung durch die Strafsenate des Bundesgerichtshofs, BGH-FS 50, 409; *Lehmann,* Der Rechtsbeugungsvorsatz nach den neuen Entscheidungen des BGH, NStZ **06**, 127; *Letzgus,* Die strafrechtliche Verantwortung von Richtern, Staatsanwälten u. Untersuchungsorganen der ehem. DDR (usw.), Helmrich-FS 73; *Limbach,* Vergangenheitsbewältigung durch die Justiz, DtZ **93**, 66; *dies.,* in: *Lampe* (Hrsg.), Deutsche Wiedervereinigung Bd. II, 1993, 99; *Maiwald,* Rechtsbeugung im SED-Staat, NJW **93**, 1881; *Marxen/Werle,* Die strafrechtliche Aufarbeitung von DDR-Unrecht, 1999; *dies.* (Hrsg.), Strafjustiz und DDR-Unrecht. Dokumentation. Bände 1 bis 6, 2000 bis 2006; *Marxen/Werle/Schäfter,* Die Strafverfolgung von DDR-Unrecht. Fakten und Zahlen, 2007; *I. Müller,* Der Vorsatz der Rechtsbeugung NJW **80**, 2390; *Naucke,* Die strafjuristische Privilegierung staatsverstärkter Kriminalität, 1996 [Bespr. *Hoyer* ZStW **109**, 633 u. *Joerden* GA **97**, 201] u. Bemmann-FS 74; *Rautenberg/Burges,* Anfangsverdacht wegen Rechtsbeugung gegen Staatsanwälte u. Richter der früheren DDR, DtZ **93**, 71; *Röckrath,* Kollegialentscheidung und Kausalitätsdogmatik, NStZ **03**, 641; *Roggemann,* Richterstrafbarkeit u. Wechsel der Rechtsordnung, JZ **94**, 769; *ders.,* Die strafrechtliche Aufarbeitung der DDR-Vergangenheit am Beispiel der „Mauerschützen-" u. der Rechtsbeugungsverfahren, NJ **97**, 226; *Schaefgen,* Zehn Jahre Aufarbeitung des Staatsunrechts in der DDR, NJ **00**, 1; *Scheffler,* Gedanken zur Rechtsbeugung, NStZ **96**, 67; *Schmidt-Speicher,* Hauptprobleme der Rechtsbeugung, 1982; *Scholderer,* Rechtsbeugung im demokratischen Rechtsstaat, 1993 [Bespr. *Seebode* NJW **95**, 674]; *Schroeder,* Der Rechtfertigungsgrund der Entscheidung von Rechtssachen, GA **93**, 389; *ders.,* Die Rechtsprechung der DDR aus der Sicht des Bundesgerichtshofs, in: *Timmermann* (Hrsg.), Diktaturen in Europa im 20. Jhd. – der Fall DDR, 1996, 63; *Schulz,* Rechtsbeugung u. Missbrauch staatlicher Macht, StV **95**, 206; *Seebode,* Rechtsbeugung u. Rechtsbruch, JR **94**, 1; *ders.,* DDR-Justiz vor Gericht, Lenckner-FS 585; *ders.,* Jura **97**, 429; JR **97**, 487; *Seemann,* Die Haftungsprivilegierung des Richters im Rahmen des § 336 StGB (Diss. Gießen), 1991; *Sowada,* Zur Strafbarkeit wegen Rechtsbeugung bei angemaßter richterlicher Zuständigkeit, GA **98**, 177; *Spendel,* Der Bundesgerichtshof zur Rechtsbeugung unter dem SED-Regime, JR **94**, 221; *ders.,* Rechtsbeugung u. Justiz, JZ **95**, 375; *ders.,* Rechtsbeugung u. BGH, NJW **96**, 809; *ders.,* DDR-Unrechtsurteile in der neueren BGH-Judikatur, JR **96**, 177; *ders.,* Zur Aufhebung von NS-Unrechtsurteilen, ZRP **97**, 41; *Stanglow,* Rechtsbeugung in der DDR? (Bespr. von BGH **40**, 30; 157), JuS **95**, 971; *Volk,* Rechtsbeugung durch Verfahrensverstoß, NStZ **97**, 412; *Uebele/Wesel,* Juristische Aufarbeitung des DDR-Unrechts, in: 22. Strafverteidigertag, 1999, 189; 199; *Vormbaum,* Zur strafrechtlichen Verantwortlichkeit von DDR-Richtern wegen Rechtsbeugung, NJ **93**, 212; *ders.,* Der strafrechtliche Schutz von Institutionen der DDR durch das bundesdeutsche Strafrecht, Posser-FS 153; *Wagner* JZ **87**, 658 (Rspr. Übers.); *Wassermann* DRiZ **92**, 161, Spendel-FS 648 u. NJW **95**, 2965; *ders.,* Wie Unrecht geschont wird, R & P **96**, 132; *K. Weber,* Die Verfolgung des SED-Unrechts in den neuen Ländern, GA **93**, 195; *Werkentin,* Todesurteile in der DDR, Deutschl. Arch **98**, 179; *Willnow,* Die Rechtsprechung des 5. Strafsenats des Bundesgerichtshofs zur strafrechtlichen Bewältigung der mit der deutschen Vereinigung verbundenen Probleme, JR **97**, 221; 265; *Wohlers/Gaede,* Rechtsbeugung durch Handeln aus sachfremden Erwägungen?, GA **02**, 483; *Wolf,* Rechtsbeugung durch DDR-Richter, NJW **94**, 1390. **Rechtsvergleichend**: *Zapater,* Über die richterliche Rechtsbeugung, Rudolphi-FS (2004) 381.

2 **2) Rechtsgut.** Das Rechtsgut des § 339 ist **die innerstaatliche Rechtspflege,** insbesondere die Geltung der Rechtsordnung und das Vertrauen der Allgemeinheit in die Unparteilichkeit und Willkürfreiheit bei der Leitung und Entscheidung von Rechtssachen (vgl. LK-*Spendel* 8; *Lackner/Kühl* 1; SK-*Rudolphi/Stein* 2 a; *Schmidt-Speicher* [1 a] 67). Geschützt sind damit nicht in erster Linie die *Individual*rechtsgüter des rechtsunterworfenen Bürgers; ihr *Schutz* ergibt sich nur mittelbar durch das strafbewehrte Verbot, das Recht zum *Nachteil* einer Partei zu beugen. § 339 schützt vielmehr die Rechtsordnung als ganze, und zwar zum einen als von Verfassungs wegen den Richtern anvertraute (Art. 92 GG) Kontrolle staatlicher Macht, zum anderen als Legitimationsgrund der Rechtsgeltung schlechthin. Entsprechend den Wahl-

fälschungsdelikten (eingeschränkt) für die Legislative und den Bestechungsdelikten (auch) für die Exekutive soll die Norm den Rechtsstaat gegen individuelle Angriffe durch Angehörige der Judikative schützen. Die **richterliche Unabhängigkeit** ist daher als solche nicht Schutzgut des § 339 (*Sarstedt,* Heinitz-FS 427 ff.; *Seebode,* Lenckner-FS 600 und Jura **97**, 420; *Bemmann/Seebode/Spendel* ZRP **97**, 308; LK-*Spendel* 10 zu § 336); soweit der Tatbestand des § 339 reicht, besteht eine solche Unabhängigkeit nicht (unten 15).

Statistisch hat die Rechtsbeugung, da die NS-Täter nicht verfolgt wurden (vgl. BGH **41**, 3
340) und Strafverfahren gegen Richter der BRep. selten waren, bis zur Wiedervereinigung ein Schattendasein geführt; seither sind gegen Richter und StAe der ehemaligen DDR tausende von (Vor-)Ermittlungsverfahren geführt worden, die freilich nur zu einem minimalen Teil Verurteilungen zur Folge hatten (vgl. BT-Drs. 13/10 823, 2.2). Die intensive öffentliche Beschäftigung hiermit hat zu einer gewissen Belebung des Tatbestands auch im Bereich nicht politisch motivierter Taten geführt.

Die **Rechtswirklichkeit** des § 339 bietet ein etwas verengtes Bild: Einer symbolisch über- 4
höhten (zutr. *Sowada* GA **98**, 195; *Lehmann* NStZ **06**, 127, 131) Bestimmung des Unrechtsgehalts (vgl. unten 14 ff.), die sich in der hohen Strafdrohung (*Bemmann/Seebode/Spendel* ZRP **97**, 307; *Sowada* GA **98**, 195 f.) widerspiegelt, steht eine Rechtswirklichkeit gegenüber, die dem Bild der Rechtsbeugung als schwerwiegendem *Verbrechen* mit zwingendem Amtsverlust (§ 45) kaum gerecht wird. Das praktische Bild bewusster Verstöße gegen Rechtsnormen prägen nicht Fälle rechtsfeindlicher Entscheidungen gegen „elementare Rechtsgrundsätze", sondern Fälle **bewusst unvertretbarer Verfahrensbehandlung**, teils zur Arbeitserleichterung, teils zur Erreichung „gerechter" Ergebnisse, deren Erfassung durch § 339 umstritten ist (vgl. unten 9 ff.; dazu auch *Dallmeyer* GA **04**, 540, 541). Dem Ansehen und der Autorität des Rechtsstaats sind auch sie abträglich.

3) Täter. § 339 ist ein **Sonderdelikt,** aber *nicht* eigenhändiges Delikt (LK- 5
Spendel 114 mwN; **aA** *Roxin* TuT 426, 574). Täter können nur **Richter** (29 zu § 11), also auch ehrenamtliche Richter sein; daneben **andere Amtsträger** (12 zu § 11) oder **Schiedsrichter** (nicht aber die Schiedsmänner nach den Schiedsmannsordnungen des Landesrechts und die Schiedsmänner bei der Arbitrage; krit. zur Einbeziehung der Schiedsrichter *Bemmann* ZStW **74**, 296), die eine **Rechtssache** (5 zu § 356; LK-*Spendel* 27 ff.; *S/S-Heine* 3; SK-*Rudolphi/Stein* 6; zB auch Entscheidungen nach §§ 56, 57 oder § 453 StPO, an denen auch die StA beteiligt ist) wie ein Richter (BGH **34**, 148; **35**, 230; **38**, 382) zu **leiten** (Herr des Verfahrens) oder zu **entscheiden** haben (LK-*Spendel* 32 ff.). Ob das der Fall ist, ist nach der Natur und dem Ziel des Verfahrens zu beurteilen (BGH **12**, 191); entscheidend ist dabei, ob eine wesensmäßig richterliche Tätigkeit vorliegt. Das ist nicht der Fall, soweit ein Richter nur Justizverwaltungsaufgaben wahrnimmt. *Tatsächliche* Unabhängigkeit des Richters oder Weisungsfreiheit des Amtsträgers sind nicht erforderlich (BGH **24**, 328; *Lackner/Kühl* 2; SK-*Rudolphi/Stein* 8 f.; **aA** *Seebode,* Das Verbrechen der Rechtsbeugung, 58; *Wassermann* DRiZ **92**, 161).

A. Ein **Staatsanwalt** leitet eine Strafsache, solange und soweit ihre Entschei- 6
dung in seinen Händen liegt (BGH **12**, 193; LK-*Spendel* 19; *S/S-Heine* 9; *Schmidt-Speicher* [1 a] 87). Ein StA kann daher bei der Strafantragstellung Anstiftung, Beihilfe zur Rechtsbeugung (5 StR 737/95 [DDR-Staatsanwalt]) oder bei seinen Entscheidungen nach §§ 153 I, 153 a I, 170 II StPO, § 45 JGG täterschaftliche Rechtsbeugung begehen (BGH **38**, 381, 382 [m. Anm. *Brammsen* NStZ **93**, 542]; **40**, 169, 176; 272 [Bespr. *Hohmann* NJ **95**, 128; *Schoreit* StV **95**, 195; *Spendel* JR **95**, 214]; **41**, 247; NStZ-RR **99**, 43; Bremen NStZ **86**, 120 [hierzu *Otto* JK 2; *Wagner* JZ **87**, 659]; *Spendel* JR **85**, 486 u. LK-*Spendel* 118; *Seebode,* Lenckner-FS 596; **aA** SK-*Rudolphi/Stein* 8 d); allerdings ist hierbei § 28 I zu beachten: Ist der StA nur *Sitzungsvertreter* und beschränkt sich seine Teilnahmehandlung hierauf, so hat er nicht die Täterstellung des § 339 (LK-*Spendel* 118). § 339 war grds auch auf StAe der ehem. DDR anwendbar (BGH **40**, 176; **41**, 249; NStZ-RR **96**, 69; BGHR RBeug. 3; NJ **96**, 153; **aA** *Hohmann* DtZ **96**, 234; *Hillenkamp* JZ **96**, 182; SK-*Rudolphi/Stein* 3 c f.; einschr. *Seebode,* Lenckner FS 596), uU sogar auf Mitarbeiter des MfS der ehem. DDR, falls sie nach § 88 II Nr. 2 StPO-DDR im Ermittlungsverfahren als eigenständige Untersuchungsorgane tätig wurden (*Letzgus,* Helmrich-FS 81). Da § 244 StGB-DDR jedes gesetzwidrige Handeln von StAen

in den Tatbestand einbezog, § 339 aber nur solches, das richterlichem Handeln gleichsteht, ist dieser insoweit milderes Recht (vgl. 49a vor § 3).

7 Der BGH (BGH **40**, 272; **41**, 248, 249; NJ **96**, 152f.; NStZ-RR **97**, 301; **99**, 43) hat auch solche staatsanwaltschaftlichen Verfahrenshandlungen in den *täterschaftlichen* Bereich des § 339 einbezogen, die Entscheidungen des Gerichts veranlassen (Haftbefehlsanträge, Anträge auf Fortdauer der U-Haft; ebenso *Willnow* JR **97**, 265; dagegen *Hohmann* NJ **95**, 128 u. DtZ **96**, 230; *Seebode,* Lenckner-FS 596; SK-*Rudolphi/Stein* 8d). Für die Erhebung der Anklage oder den Strafbefehlsantrag wird dies idR nicht gelten, wenn die Sache damit umfänglich zur gerichtlichen Prüfung gestellt wird. Anderes gilt im Fall von **Absprachen** zwischen StA und Gericht zur Herbeiführung rechtsbeugender Entscheidungen, ggf. auch unter Einbeziehung von Beschuldigten oder Dritten; hier ist Mittäterschaft anzunehmen. Täterschaft wird idR auch vorliegen, wenn der StA dem Gericht gezielt einen falschen oder unvollständigen Sachverhalt zur Entscheidung vorlegt. Ein in Strafvollstreckungssachen bei der StA eingesetzter Rechtspfleger unterfällt § 339 nicht (vgl. Koblenz NStZ **07**, 334 [m. Anm. *Cramer*]).

8 **B.** In **Kollegialspruchkörpern** soll derjenige, der einer rechtsbeugenden Entscheidung widerspricht und überstimmt wird, nach hM grds. weder Täter noch Teilnehmer des § 339 sein (GA **58**, 242; NK-*Kuhlen* 82; SK-*Rudolphi/Stein* 17e; MK-*Uebele* 57; LK-*Spendel* 109; **aA** mit gewichtigen Argumenten *Dencker*, Kausalität und Gesamttat, 1996, 183ff.; *Knauer* [1a] 52ff., 203ff.; *Erb*, Küper-FS [2007], 29, 31ff.). Eine Unterscheidung zwischen den (überstimmten) Beisitzern und dem (überstimmten) Vorsitzenden, der eine rechtsbeugende Entscheidung *verkündet*, ist insoweit nicht angezeigt, denn die Mitwirkung an der Verkündung ist eine wesentliche Bewirkungshandlung *aller* Mitglieder des Spruchkörpers, von deren Vollzug die Inkraftsetzung der Entscheidung abhängt (zutr. *Erb* aaO 32). Da es eine *Pflicht* zur Unterzeichnung und Verkündung einer *evident unvertretbaren* Entscheidung nicht geben kann, ist ein Rechtfertigungsgrund allein aus der vorherigen ablehnenden Stimmabgabe schwer abzuleiten (*Knauer* aaO 58; *Erb* aaO 33f.). Dass das **Beratungsgeheimnis** (§ 43 DRiG) einer Beweiserhebung über das Abstimmungsverhalten zwingend entgegenstehe, ist zweifelhaft (vgl. RGZ **89**, 16; LK-*Spendel* 111).

8a **C.** Als Täter kommen grds auch **Verwaltungsangehörige** in Betracht, wenn sie in einem **förmlichen Verfahren** eine ihrem Wesen nach richterliche Tätigkeit ausüben (BGH **34**, 146), also nicht nur nach den Regeln des Verwaltungsrechts Recht *anwenden* (Hamm NJW **99**, 2291; Hamburg StraFO **05**, 125; SK-*Rudolphi/Stein* 5). Als taugliche Täter sind **zB** angesehen worden: Vorsitzende eines Ausgleichsausschusses nach dem LAG (NJW **60**, 253); Verwaltungsangehörige, die nach §§ 35ff. OWiG über eine Geldbuße (BGH **14**, 148; **44**, 258; Hamm NJW **79**, 2114f.; Schleswig SchlHA **83**, 86; LK-*Spendel* 20; and. für Einstellung nach § 47 II OWiG Stuttgart NZV **98**, 510 [Anm. *Schulz* StraFO **99**, 114) oder nach §§ 31ff. HochschulrahmenG über die Vergabe eines Studienplatzes zu entscheiden haben (*Deumeland,* HochschulrahmenG Erl. zu § 31); der nach § 9 RPflG selbstständig entscheidende Rechtspfleger (BGH **35**, 231 [Nachlassrechtspfleger; m. Anm. *Otto* JZ **88**, 884]); der in Kostenfestsetzungssachen zuständige Urkundsbeamte der Geschäftsstelle (LK-*Spendel* 17, 18), soweit sie nicht auf richterliche Anweisung (Düsseldorf MDR **87**, 604) oder, wie etwa nach dem Beratungshilfegesetz, im Verwaltungsbereich tätig sind (Koblenz MDR **87**, 604; MDR **94**, 1104; offen gelassen für disziplinarrechtliche Vorermittlungen 5 StR 517/85). **Nicht** als taugliche Täter sind angesehen worden: ein Anstaltsleiter bei der Gewährung von Vollzugslockerungen nach § 11 StVollzG (*Laubenthal* JuS **89**, 831); ein Polizeibeamter, der *pflichtwidrig* ein Verwarnungsgeld nach § 56 OWiG nicht erhebt (Hamm NJW **79**, 2114); ein Sachbearbeiter bei der Stadtverwaltung (BGH **34**, 147); ein Steuerbeamter, der Steuern bewusst falsch festsetzt (BGH **24**, 326; Celle NStZ **86**, 513; zust. *Bemmann* JZ **72**, 599; Köln OLGSt. 14 zu § 348; ebenso SK-

Rudolphi/Stein 8b; *Geppert* Jura **81**, 79; *Wagner* JZ **87**, 658; vgl. LK-*Spendel* 23); ein für das atomrechtliche (**aA** LG Hanau NStZ **88**, 179 m. Anm. *Bickel*) oder wasserrechtliche Bewilligungsverfahren zuständiger Beamter (Frankfurt NJW **87**, 2753 m. Anm. *Keller* JR **88**, 173; *Seier* JA **85**, 25; vgl. auch *Schünemann* wistra **86**, 246); der Vorsitzende eines Meisterprüfungsausschusses (§ 47 HwO; Koblenz MDR **93**, 1104); der Leiter eines Bauverwaltungsamts bei der Zustimmung nach § 36 BauGB (Hamm NJW **99**, 2291); der Leiter eines Planfeststellungsverfahrens (Hamburg StraFo **05**, 125).

4) Tathandlung. A. Der objektive Tatbestand setzt das **Beugen des Rechts,** dh die Verletzung des Rechts zum Vorteil oder zum Nachteil einer Seite voraus. 9
Nach der überwiegend vertretenen **objektiven Theorie** ist dieser Erfolg grds gegeben, wenn materielles oder prozessuales Recht verletzt, also objektive Rechtsregeln falsch angewendet werden (vgl. dazu LK-*Spendel* 36ff.; *S/S-Heine* 5a; *Lackner/Kühl* 5; *M/Schroeder/Maiwald* 77/10; *Arzt/Weber* 49/78; *Bemmann* GA **69**, 65; *Hirsch* ZStW **82**, 427f.; *Spendel,* Peters-FS 163; *Seebode* JR **94**, 1; JZ **00**, 319); auf die subjektive Überzeugung des Täters, im Widerspruch zum geltenden Recht zu entscheiden (so die sog. **subjektive Theorie;** vgl. *v. Weber* NJW **50**, 272; *Sarstedt,* Heinitz-FS 427; *Mohrbotter* JZ **69**, 491), kommt es für den *objektiven* Tatbestand nicht an, denn eine objektiv unvertretbare Entscheidung wird nicht durch schlichten Rechtsirrtum des Entscheidenden richtig, eine der Rechtslage entsprechende Entscheidung nicht durch den Vorsatz zur Rechtsbeugung falsch. Schon aus dem Begriff des Rechts selbst und dem Spannungsfeld zwischen objektivem Rechts-*Programm* und Einzelfalls-*Gerechtigkeit* ergibt sich, dass die Entscheidung von Rechtsfällen ihrerseits Anwendung von *Rechtsregeln über die Entscheidung* ist. Auf die Verletzung dieses rechtlichen Entscheidungs-Programms stellt die sog. **Pflichtverletzungstheorie** ab (vgl. *Rudolphi* ZStW **82**, 610; *Wagner,* Amtsverbrechen, 1975, 195ff.; *Otto* BT 98/3; *Rengier* BT II 61/17; *W/Hettinger* 1134; *Schmidhäuser* BT 23/44; *Geppert* Jura **81**, 78ff.; *Behrend* JuS **89**, 945; *Kühl/Heger* JZ **02**, 201, 202; dazu auch SK-*Rudolphi/Stein* 17d), die iErg *vertretbare* Entscheidungen in den Tatbestand einbezieht, wenn sie aus sachfremden Erwägungen getroffen werden. Dass sie als zwischen objektiver und subjektiver Theorie *„vermittelnd"* bezeichnet werden kann (so *W/Hettinger* 1134; *Rengier* BT II 61/14), erscheint fraglich, denn das objektive Programm von Rechtsregeln lässt sich von den Regeln seiner *Erkenntnis* als Rechts-Anwendung nicht trennen. Auch die „Pflichtwidrigkeit" ist *objektive* Rechtsverletzung; eine „objektive" Theorie, nach der auch gänzliche willkürliche Entscheidungen (zB *Auswürfeln* von Strafen) den Tatbestand der Rechtsbeugung nicht erfüllen würden, solange die Ergebnisse irgendwie *vertretbar* sind, dh auch *ohne* „Pflichtverletzung" hätten gefunden werden können, würde den Rechtsbegriff aus dem sozialen und kommunikativen Zusammenhang in eine objektive Sphäre verschieben, welcher der Begriff des „Vertretbaren" gerade entgegen steht. Die **Rspr. des BGH** folgt im Grundsatz einer objektiven Theorie, verwendet aber auch Elemente der sog. subjektiven Theorie, indem sie einen „bewussten Rechtsbruch" voraussetzt, sowie der Pflichtverletzungstheorie (vgl. etwa BGH **44**, 258), und **kombiniert** beides mit einer dogmatisch schwer fassbaren **„Schweretheorie"** in stark einzelfallsorientierter Anwendung (sehr krit. etwa *Herdegen* NStZ **99**, 457 [„revisionsgerichtliche Judikatur rhetorisch verhüllten Gutdünkens"]; vgl. dazu unten 15).

a) Die Tat kann begangen werden durch Verletzung **materiellen Rechts,** etwa 10
durch Anwendung ungültiger Gesetze; durch falsche Rechtsanwendung, etwa durch Abweichen von eindeutigen Rechtsnormen (vgl. *Scheffler* NStZ **96**, 67ff.) oder durch **Vereinbarungen über den Schuldspruch**, die mit den tatsächlichen Feststellungen oder sich aufdrängenden Erkenntnissen unvereinbar sind (vgl. auch 110ff. zu § 46); Vornahme oder Verfügen einer gesetzlich nicht vorgesehenen Maßnahme (BGH **32**, 359 [m. Anm. *Fezer* NStZ **86**, 29; *Spendel* JR **85**, 486; *Wagner* JZ **87**, 661: Körperliche Züchtigung durch einen JugStA]; **38**, 383 [m. Anm.

Brammsen NStZ **93**, 542]); durch **Verfälschung des Sachverhalts**, auf den das Recht angewendet werden soll (NJW **60**, 253; BGH **40**, 178; OGHSt. **2**, 29), auch im Wege von **Absprachen**; durch Verletzung des Grundsatzes *in dubio pro reo* (NJW **71**, 571); Verstoß gegen die **Aufklärungspflicht** (LK-*Spendel* 56); Überschreitung des richterlichen Ermessensbereichs (BGH **10**, 300; GA **58**, 241), etwa bei der Strafzumessung (OGHSt. **2**, 29; LK-*Spendel* 63; vgl. hierzu *Schmidt-Speicher* [1 a] 59; zur Anwendung auf DDR-Richter und -StAe wegen Verhängung von offenkundig unverhältnismäßigen Strafen vgl. BGH **40**, 125; **41**, 247; BGHR § 336 DDR-Recht 6 bis 10, 12, 17, 26; NJ **97**, 375; NStZ-RR **97**, 301; 3 StR 401/97; vgl. i. E. unten 16 ff.; *Seebode,* Lenckner-FS 611; *Willnow* JR **97**, 269 f.); Erlass eines Haftbefehls oder eines sachwidrig vorzeitig zu vollstreckenden Vorführungsbefehls (LG Berlin MDR **95**, 191). Nach wistra **87**, 339 soll § 339 aber nicht ohne weiteres gegeben sein, wenn eine Bußgeldsache unter Ermessensüberschreitung nach § 47 II OWiG eingestellt wird.

11 **b)** Auch die Verletzung **prozessualer Normen** durch in die Irre führende Leitung einer Rechtssache kann genügen (BGH **32**, 357; **38**, 381, 382; **42**, 343; **47**, 105, 109 [Fall *Schill,* dazu *Schiemann* NJW **02**, 112; *Böttcher* NStZ **02**, 146; *Müller* StV **02**, 303; *Kühl/Heger* JZ **02**, 201; *Wohlers/Gaede* GA **02**, 483; *Foth* JR **02**, 254]; LK-*Spendel* 58), denn schon durch die Leitung des Verfahrens kann die Rechtsstellung einer Partei verbessert oder verschlechtert werden (zur Rechtbeugung durch gesetzwidrige Beweiserhebung vgl. *Dallmeyer* GA **04**, 540 ff.) Das gilt auch dann, wenn sich die *materiellrechtliche* Unrichtigkeit der verfahrensfehlerhaften Entscheidung nicht erweisen lässt oder ihre Richtigkeit feststeht (etwa bei vorsätzlichen Verstößen gegen §§ 26 a, 140 I, 244 III, 258 StPO bei geständigen Angeklagten). Die auf einer vorsätzlich verfahrensfehlerhaften Entscheidung beruhende Haft stellt sich auch dann als *rechtswidrige* Freiheitsberaubung dar, wenn der Richter von der Schuld des Verurteilten *überzeugt* ist, denn für eine Verurteilung ist nicht ein auf irrationalen oder verfahrensfremden Erwägungen beruhender persönlicher Glaube ausreichend, der Beschuldigte habe eine Strafe „verdient", sondern die *richterliche,* dh die in einem rechtsförmlichen und den rechtsstaatlichen Grundsätzen genügenden Verfahren gewonnene Überzeugung von der Schuld des Täters; „richterliche Überzeugung" ist (entspr. der „ärztlichen Erkenntnis" in § 218 a II) nicht die willkürliche Überzeugung einer Person, die *von Beruf Richter* ist, sondern eine unter Anwendung der für diese Berufsausübung geltenden inhaltlichen und formellen Regeln gewonnene Erkenntnis. Auch die willkürliche – uU interessegeleitete – Annahme eigener **Zuständigkeit** kann Rechtsbeugung sein (vgl. NStZ-RR **01**, 243 [Entscheidung eines *unzuständigen* Richters des AG über einen Eilantrag seiner *Tochter* in einer *Verwaltungs*rechtssache]; vgl. auch wistra **99**, 428); ebenso die Verletzung von Vorschriften über **Verfahrensfristen** (etwa § 128 I StPO; vgl. Frankfurt NJW **00**, 2037). So entfernt sich **zB** die Annahme, die Notwendigkeit eines gründlichen Aktenstudiums rechtfertige es, mit der haftrichterlichen Vernehmung eines vorläufig Festgenommenen erst später als am folgenden Tag zu beginnen (vgl. Frankfurt NJW **00**, 2037), so weit von der *klaren* gesetzlichen Entscheidung, dass an der Verwirklichung jedenfalls des objektiven Rechtsbeugungstatbestands kaum gezweifelt werden kann (aber ausdrücklich offen gelassen von Frankfurt aaO; dazu zutr. krit. *Schaefer* NJW **00**, 1996; *Gubitz* NStZ **01**, 253, 254).

11 a Nach der **Rspr.** des BGH ist erforderlich, dass durch die Verfahrensverletzung die **konkrete Gefahr** einer falschen Entscheidung begründet wird, ohne dass ein Vor- oder Nachteil tatsächlich eingetreten sein muss (BGH **42**, 343, 346, 351; NStZRR **01**, 243; krit. zur Interpretation des § 339 als Unternehmensdelikt *Wohlers/Gaede* GA **02**, 483, 490; *Volk* NStZ **97**, 412, 414); das ist jedenfalls gegeben, wenn ein Richter eine Sache aus sachfremden Gründen an sich zieht, um einer Prozesspartei einen Gefallen zu tun (ebd.). Auch im Übrigen können Gesichtspunkte einer individuell angenommenen „Sachgerechtigkeit" (zB die Annahme, der zuständige Richter werde nicht „*richtig*" entscheiden; die zwingende Beiord-

nung eines Pflichtverteidigers „bringe nichts"; rechtliches Gehör sei überflüssig da das Ergebnis schon feststehe; usw.) die Verletzung zwingender, zum Schutz von Beteiligten bestehender Verfahrensvorschriften nicht rechtfertigen (vgl. aber unten 14). Die rechtsirrige Annahme, die Vorlagefrist einer (sofortigen) Beschwerde gegen die Anordnung von Ordnungshaft betrage drei Tage, überschreitet diese Grenze aber noch nicht (vgl. BGH **47**, 106, 111; krit. *Schiemann* NJW **02**, 112, 113).

Ein **Verstoß gegen den Beschleunigungsgrundsatz** durch pflichtwidrige Verfahrensverzögerung kann den Tatbestand der Rechtsbeugung erfüllen; das gilt namentlich in solchen Verfahren, in welchen die Bedeutung des Beschleunigungsgebots besonders hervorgehoben ist, also in Haftsachen (Art. 2 II S. 2, 104 GG; Art. 5 III, IV MRK) und entspr. im Bereich der Ordnungshaft (BGH **47**, 106, 109); es gilt aber auch darüber hinaus etwa bei „Weglegen" von Akten; bewusstem „Übersehen" von Anträgen; unvertretbarem und sachwidrigem Hinausschieben gebotener Entscheidungen (vgl. aber unten 14). Auch durch sonstiges **Unterlassen** kann die Tat begangen werden; auch durch das Vorenthalten notwendiger Verteidigung (BGH **10**, 298), das Unterlassen der gesetzlich vorgeschriebenen Ladung des Verteidigers (1 StR 250/78) oder Nichtgewährung rechtlichen Gehörs; *nicht* aber durch Unterlassen der Mitteilung in einem Rechtshilfeersuchen ins Ausland, dass gegen den Täter auch wegen anderer Delikte ermittelt wird (Köln GA **75**, 341), oder durch pflichtwidrige Unterlassung der Weitergabe eines Schecks über eine Geldauflage (BGH **38**, 384). 12

Umstritten ist die Frage, ob auch der Bruch **überpositiven Rechts** dem Tatbestand des § 339 unterfällt. Das wird man mit der hM zu bejahen, allerdings auf solche Fälle zu begrenzen haben, in denen positives Recht sich *offenkundig* als gesetzliches Unrecht erweist, indem es unter Missachtung der Menschenwürde Gerechtigkeit nicht einmal mehr anstrebt (vgl. BVerfG NJW **97**, 929, 931; **98**, 2585; NStZ **98**, 455; BGH **40**, 276f.; **41**, 254; BGHR § 336 aF DDR-Recht 26; NJ **97**, 375; 5 StR 580/96; *Radbruch* SJZ **46**, 107; *Heinitz,* Probleme der Rechtsbeugung, 1963, 8ff.; *Seebode* 1969 [1a], 27ff.; *Schreiber* GA **75**, 200ff.; LK-*Spendel* 49ff., 53a; *S/S-Heine* 5; SK-*Rudolphi/Stein* 10; *Lackner/Kühl* 5; **aA** *Evers* DRiZ **55**, 188; *Schlösser* NJW **60**, 945; krit. auch *Vormbaum,* Der Strafrechtliche Schutz des Strafurteils, 1987, 347ff.; krit. zum Rückgriff auf überpositives Recht *Gropp* NJ **96**, 393, 396; dagegen *Sprenger* NJ **97**, 3; vgl. auch *Kenntner* R & P **97**, 170, der die Geltung des Rückwirkungsverbots für Staatsverbrechen bestreitet; vgl. auch unten 16b). 13

B. Der **BGH** schränkt den Tatbestand des § 339 in stRspr dahingehend ein, dass er *nicht jede* unrichtige Rechtsverletzung erfasse; vielmehr setze er einen „elementaren Verstoß gegen die Rechtspflege" voraus. Ein **Beugen** des Rechts liegt danach nur dann vor, wenn der Täter sich „bewusst und in schwerwiegender Weise von Recht und Gesetz entfernt" (BGH **32**, 357, 363f.; **34**, 146; **38**, 381; **40**, 30, 40; 169, 178; 272, 283; **41**, 250f.; **44**, 258 [m. Anm. *Herdegen* NStZ **99**, 456; *Seebode* JZ **00**, 319]; NJW **97**, 1455; **98**, 248; Frankfurt NJW **00**, 2037); „nur der Rechtsbruch als elementarer Verstoß gegen die Rechtspflege soll unter Strafe gestellt sein" (BGH **47**, 108f.). Damit wird ein **normatives Element** in den objektiven Tatbestand eingefügt (BGH **32**, 364; NStZ-RR **01**, 243), dieser aber zudem mit Fragen des **Vorsatzes** vermischt; **unklar** bleibt das Verhältnis zwischen *bewusstem* Rechtsbruch und *bedingtem Vorsatz* (vgl. unten 18). Die Rspr. geht davon aus, dass die von § 339 vorausgesetzte **Beugung des Rechts** mehr sei als die Verletzung bindender Rechtsnormen; der Angriff des Täters muss sich – zugleich mit dem Bruch des Gesetzes – gegen grundlegende Prinzipien des Rechts, gegen die Rechtsordnung als ganze oder gegen elementare Normen als Ausdruck rechtsstaatlicher Rechtspflege richten. Daher soll die *„bloße Unvertretbarkeit"* einer Entscheidung den Tatbestand nicht ohne weiteres erfüllen (BGH **47**, 109; NJW **97**, 1455 mwN). Diese **Einschränkung des Tatbestands** stützt sich auf die Erwägung, die Garantie richterlicher Unabhängigkeit (Art. 97 GG) gebiete es ebenso wie die 14 hohe Mindeststrafdrohung, den Tatbestand nicht unangemessen auszudehnen; überdies soll verhindert werden, dass auf dem Weg über Strafverfahren wegen Rechtsbeugung rechtskräftige Entscheidungen einer nochmaligen „Richtigkeits"-Prüfung unterzogen werden können. Im Ergebnis wird deshalb schon der Tatbestand der Rechtsbeugung verneint, wenn der Richter zwar vorsätzlich gegen als zwingend erkannte Rechtsnormen verstößt, sich hierbei aber von einem Bestreben nach materieller oder formeller *Sachgerechtigkeit* leiten lässt, welches seinerseits nicht als willkürlicher und das Recht missachtender Beweggrund erscheint.

14 a Für den Fall des Unterlassens einer möglichen und zumutbaren Entscheidung über die sofortige Beschwerde gegen die Anordnung von **Ordnungshaft** (vgl. oben 12) hat BGH **47**, 106 (Fall *Schill*; Anm. *Schiemann* NJW **02**, 112; *Böttcher* NStZ **02**, 146; *Kühl/Heger* JZ **02**, 201; *Foth* JR **02**, 257) entschieden, ein iS von § 339 schwerwiegender Rechtsverstoß liege vor, wenn der Richter sich alsbald nach Eingang der Beschwerde entschließe, diese unter mutwilliger Verzögerung so lange zurückzuhalten, bis der (vollständige) Vollzug der Maßnahme durch eine Beschwerdeentscheidung nicht mehr gefährdet werden kann (ebd. 113 f.), denn in diesem Fall „wären zwar die äußeren Schranken des dem Richter für die Bearbeitung von Rechtssachen in zeitlicher Hinsicht eingeräumten Ermessens eingehalten … Es läge jedoch ein Ermessensmissbrauch durch Überschreitung der inneren Schranken des Ermessens vor" (ebd. 114; krit. hierzu insb. *Wohlers/Gaede* GA **02**, 483 ff.). Wenn sich ein solcher **Vorsatz** nicht feststellen lässt, ist nach BGH **47**, 106, 110 ff. der dem Richter in Art. 97 GG, § 25 I DRiG, § 1 GVG eingeräumte Schutzbereich bei der Prüfung, ob ein schwerwiegender Rechtsverstoß vorliegt, zu berücksichtigen; es darf nicht „eine Überprüfung richterlicher Tätigkeit am wenig konkreten Maßstab des Beschleunigungsgebots zu einer grundlegenden Beeinträchtigung der sachlichen Unabhängigkeit des Richters führen" (ebd. 110 f.). Danach begründet auch die drohende vollständige Vollstreckung einer angeordneten Freiheitsentziehung für sich allein keine Pflicht zum sofortigen Tätigwerden; dem Richter bleibt ein Spielraum für die Einteilung seiner dienstlichen und privaten Angelegenheiten, denn er ist an feste Dienstzeiten nicht gebunden (ebd. 112). Auch ein grober Verfahrensverstoß durch willkürliche Annahme eigener Zuständigkeit kann „für das Ergebnis indifferent sein", wenn ihm nicht eine sachfremde Motivation des Richters *in der Sache* zugrunde liegt (vgl. NStZ-RR **01**, 243; oben 11).

15 Diese Rspr. ist in der Literatur teilweise auf **Zustimmung** (*S/S-Heine* 5 b; *Lackner/Kühl* 5; *Roggemann* JZ **94**, 776 f.), überwiegend jedoch auf **Ablehnung** gestoßen (*Bemmann* JZ **95**, 123; *Bemmann/Seebode/Spendel* ZRP **97**, 307; *Hillenkamp* JZ **96**, 181; *Hohmann* DtZ **96**, 230; *Schulz* StV **95**, 206; *Seebode* JR **94**, 1; Jura **97**, 418; JR **97**, 474; Lenckner-FS 585; JZ **00**, 319 f.; *Sowada* GA **98**, 177; *Herdegen* NStZ **99**, 456; *Spendel* JR **94**, 221; JR **95**, 215; JZ **95**, 375; NJW **96**, 809; JZ **98**, 85; *Stanglow* JuS **95**, 975; *Dallmeyer* GA **04**, 540, 548 ff.; LK-*Spendel* 36 ff. zu § 336 aF; SK-*Rudolphi/Stein* 11 b). In der Tat erscheint die Mischung von Elementen der objektiven, der subjektiven und der Pflichttheorie (vgl. oben 9) schon im **objektiven** Tatbestand des § 339 problematisch (vgl. *Kühl/Heger* JZ **02**, 201, 202). Die Formel, der Tatbestand setze einen „Rechtsbruch als elementaren Verstoß gegen die Rechtspflege" voraus (vgl. zB BGH **47**, 106, 108 f.), bleibt überdies recht vage und macht es schwer, die tatbestandlichen Voraussetzungen klar zu erkennen. Erläuterungen der Rspr. zu ihrem Inhalt führen insoweit nicht viel weiter, denn die Erklärungen, „ein elementarer Rechtsverstoß" (BGH **47**, 109) liege vor, wenn sich der Richter „bewusst in schwerwiegender Weise von Recht und [?] Gesetz entfernt" (BGH **38**, 381, 383; **40**, 272, 283; **41**, 247, 251; **42**, 343, 345; **43**, 183, 190; **44**, 258; **47**, 106, 109; NJW **97**, 1455) oder sich „in elementarer *und [?] völlig* unvertretbarer Weise" über (Verfahrens-) Rechtsregeln hinweggesetzt (BGH **42**, 343, 348) oder eine „elementare, das Vertrauen der Bevölkerung in die Unverbrüchlichkeit des Rechts erschütternde Rechtsverletzung" begeht (BGH **42**, 349), drehen sich ein wenig im Kreise (krit. *Herdegen* NStZ **99**, 457). Woher

das Merkmal der „Bewusstheit" des Rechtsverstoßes genommen wird und was einen „bloß (!) unvertretbaren" Rechtsverstoß zum elementaren macht, lässt sich hieran nicht erkennen. Da der Richter dem Gesetz unterworfen ist (Art. 97 GG), kann im übrigen ein Bruch des Gesetzes nicht der Garantie richterlicher Unabhängigkeit unterfallen (*Seebode* JR **94**, 4; *Sowada* GA **98**, 179); umgekehrt gewährleistet Art. 97 GG, dass ein Gesetzesbruch nur dann vorliegen kann, wenn eine Entscheidung mit Rechtsregeln nicht vereinbar ist (vgl. auch Bremen NStZ **86**, 120; KG NStZ **88**, 557).

Die Annahme, die „(bloße) **Unvertretbarkeit**" oder die **objektive Willkürlichkeit** einer Entscheidung seien „für sich allein" nicht ausreichend, um den objektiven (!) Tatbestand des § 339 zu erfüllen (BGH **41**, 247, 251; **47**, 106, 108; NJW **97**, 1455), hat der BGH „weniger" auf den Schutz der richterlichen Unabhängigkeit und auf das Bedürfnis gestützt, „Sachverhalte auszugrenzen, die mit dem Verbrechensverdikt … überbewertet wären" (BGH **41**, 247, 251); vielmehr sind *gesteigerte Anforderungen* an den Tatbestand – weil die Feststellung von „Unvertretbarkeit" (**zB** bei Strafmaß-Aufhebungen durch das Revisionsgericht) und von „objektiver Willkür" (**zB** bei Aufhebung von Entscheidungen auf die Verfassungs-Beschwerde) keine extremen Ausnahmen seien – „ein notwendiges Korrektiv gegen die andernfalls drohende Konsequenz, Gerichtsentscheidungen allzu häufig wegen des Vorwurfs der Rechtsbeugung erneuter Sachprüfung durch die Justiz zu unterstellen" (ebd.). Diese Einschränkung ist **nicht überzeugend** (zutr. abl. auch *Lehmann* NStZ **06**, 127, 131). Ein Schutz der *Justiz* vor zu häufiger Inanspruchnahme ist mit § 339 gewiss nicht bezweckt; ein Schutz von *Entscheidungen* vor „nochmaliger Überprüfung" kann mit einer Erhöhung der tatbestandlichen Anforderungen gar nicht erreicht werden: Wer seinen Richter wegen Rechtsbeugung anzeigen will, hat sich hiervon auch in der Vergangenheit nicht durch subtile Abgrenzungen zwischen „unvertretbar falscher Entscheidung" und „schwerwiegendem Rechtsbruch" abhalten lassen. Wenn **Rechtsgüter** des § 339 die Geltung und Legitimität des Rechts sind (oben 2), so kann die Auslegung nicht daran orientiert werden, einen **Schutz der Justiz** vor Strafverfahren wegen Rechtsbeugung sicherzustellen, sondern nur daran, einen **Schutz der Rechtsgeltung** vor Angriffen „von innen" zu bewirken. Ein solcher Angriff ist aber (objektiv) gegeben, wenn Entscheidungen getroffen werden, welche unter keinem verfahrens- oder materiell-rechtlichen Gesichtspunkt als „vertretbar" anzusehen sind, die also von sachlichen oder rechtlichen Gründen nicht getragen werden, sich mithin als **unvertretbar** und *objektiv willkürlich* erweisen (vgl. auch KG NStZ **88**, 557; ebenso *Scheffler* NZV **96**, 479; *Sowada* GA **98**, 177, 181; *Lehmann* NStZ **06**, 127, 130f.). Weitere Einschränkungen durch Hochstufung des objektiven Tatbestands in einen *bewussten* Angriff auf das Recht als Ganzes oder durch eine Verharmlosung objektiver Willkür durch Unterscheidung zwischen „bloß" Unvertretbarem und „völlig" Unvertretbarem (zutr. krit. *Herdegen* NStZ **99**, 457; *Foth* JR **02**, 257, 258) sind verfehlt. Da die Erfüllung des objektiven Tatbestands über die Strafbarkeit nichts sagt, kann ein **unzumutbares Strafbarkeitsrisiko** für Richter unmöglich in der Forderung gesehen werden, nicht wissentlich oder billigend eine gesetzeswidrige, unvertretbare und objektiv willkürliche Entscheidung zum Vorteil oder Nachteil einer Partei zu treffen (zum Vorsatz vgl. unten 17ff.). Dass durch diese Grenze die richterliche „Entscheidungsfreude" unzulässig eingeengt werden könne (BGH **32**, 363; **41**, 251; NStZ **88**, 218f.), trifft offensichtlich nicht zu, denn die Bindung des Richters an Gesetz und Recht ist mit einem „Mut zum Risiko" des Rechts*bruchs* unvereinbar. **15 a**

Gewicht hat freilich das Argument, dass die Schwere der *Rechtsfolgen* des § 339 (vgl. § 45) für (bedingt vorsätzliche) Verstöße minderen Gewichts (vgl. oben 4), die sich als „im Ergebnis" nicht ungerecht erweisen, unangemessen sein kann (vgl. auch *Schaefer* NJW **00**, 1996). Hieraus wird rechtspolitisch die Forderung nach einer Senkung der Strafdrohung und einer Abkehr vom Verbrechenscharakter der „einfachen" Rechtsbeugung abgeleitet (*Bemmann/Seebode/Spendel* ZRP **97**, 307f.; **15 b**

Sowada GA **98**, 180f., 195; zust. *Dallmeyer* GA **04**, 540, 552; vgl. schon § 455 II E 1962). Es muss aber bezweifelt werden, dass eine Herabstufung der Rechtsbeugung zum (Quasi-)„Alltagsdelikt" der **Rechtsfriedensfunktion** der Rechtsprechung gerecht würde, dass also dem Bürger (und der *Legitimität* des Rechts!) etwa zugemutet werden könnte, dass seine Sache von einem Richter entschieden wird, der wegen eines *Vergehens* der Rechtsbeugung unter *Bewährung* steht. Die Konsequenzen einer Herabstufung zum Vergehen (dass etwa auf Antrag von Verfahrensbeteiligten zunächst der BZR-Auszug des Richters zu erörtern wäre) hätten für die Geltungskraft des Rechts zweifelhafte Folgen.

16 **C. Behandlung des DDR-Justizunrechts.** Die Behandlung der Rechtsbeugung durch die Justiz der DDR ist wegen Eintritts der (absoluten) Verjährung für die **Praxis** inzwischen weitestgehend abgeschlossen (vgl. dazu zusammenfassend *Laufhütte,* BGH-FS 50, 409, 427ff.; *Marxen/Werle,* Die strafrechtliche Aufarbeitung von DDR-Unrecht, 1999, 37ff.; *Hohoff,* An den Grenzen des Rechtsbeugungstatbestandes, 2001, 5ff., 165ff.; *Marxen/Werle/Schäfter,* Die Strafverfolgung von DDR-Unrecht. Zahlen und Fakten, 2007; jew. mwN). Nach BGH **40**, 276 schränkte § 244 StGB-DDR den objektiven Tatbestand des § 339 nicht ein. Bei der Anwendung von § 2 III waren einerseits die höheren subjektiven Anforderungen des § 244 StGB-DDR zu beachten, andererseits, dass auf das nur *relative Verbrechen* des § 244 StGB-DDR die Vorschriften über die Verurteilung auf Bewährung (§ 72 StGB-DDR), wenn nicht ein Fall des § 62 StGB-DDR vorlag, nicht anzuwenden und eine Strafaussetzung auf Bewährung daher idR ausgeschlossen war (in der *Praxis* gelangte die erstinstanzlichen Gerichte freilich vielfach unter großzügigster Zubilligung einer „außergewöhnliche Strafmilderung" zur Anwendung von §§ 244, 72 StGB-DDR und damit zu *praktisch* sanktionslosen Verurteilungen [unter Vermeidung von § 14 II Nr. 2 BRAO iVm § 45 I]; vgl. hierzu auch BGH [AnwZ] NJ **01**, 503; zur Anwendung von § 46a vgl. NJ **01**, 434).

16a Der Anwendungsbereich des § 244 StGB-DDR war nach Rspr und hM nicht auf den Bruch *geschriebenen* DDR-Rechts beschränkt. „Gesetzwidrig" in diesem Sinne war vielmehr die *Anwendung* von Vorschriften, die den *„Kernbereich des Rechts"* verletzten, der in der Allg. Erklärung der Menschenrechte (1948) und in IPbürgR (1966) seinen Niederschlag gefunden hat (BGH **40**, 277; **41**, 164, 320; NStZ **96**, 386; vgl. BVerfG NStZ **98**, 456; *Letzgus* [1a] 81; *Rautenberg/Burges* DtZ **93**, 73; *Hohmann* DtZ **96**, 235; einschr. *Burian* ZStW **112**, 106, 125ff.), der Sache nach aber auch in den Art. 19 II, 86, 90 DDR-Verf. und §§ 4, 7, 95 StGB-DDR herausgestellt wurde. Der Widerspruch zu solchen **Völkerrechtsnormen** und zu dem auch von der DDR durch das selbst gesetzte Recht begründeten Anspruch, Gerechtigkeit und Menschenwürde zu achten (NStZ **96**, 386), musste nach BGH **41**, 164 „so schwerwiegend sein, dass er eine Verletzung der Mindestanforderungen bedeutet, die nach der Rechtsüberzeugung der Völkerrechtsgemeinschaft an die staatliche Beachtung von Wert und Würde des Menschen zu stellen sind"; nach BGH **40**, 41 musste die Rechtswidrigkeit der Entscheidung des DDR-Richters „so offensichtlich" sein, dass sie sich „als Willkürakt darstellt" (NStZ-RR **98**, 362; hiergegen *Hohmann* DtZ **96**, 237; krit. *Schroeder* NJW **99**, 89ff.). „In einem solchen Falle – so BGH **41**, 101 – muss das positive Recht der Gerechtigkeit weichen". Die Anwendung dieser sog. **Radbruchschen Formel** (dazu i.E. BGH **41**, 101, 106ff. mwN) ist, um nicht gegen Art. 103 II GG zu verstoßen, auf **Ausnahmen** („Einzelexzesse") zu beschränken, die sich als **Willkürakte** kennzeichnen lassen (BGH **40**, 41/42; 181; **41**, 253; NStZ **96**, 386; NStZ-RR **96**, 66; **97**, 101; 4 StR 599/97). In solchen Fällen sind auch die im Zusammenhang mit den Tötungshandlungen von DDR-Grenzsoldaten zum Rückwirkungsverbot entwickelten Grundsätze (BVerfGE **95**, 96) maßgebend (BVerfG NJW **98**, 2585). Nicht jede rechtsstaatswidrige oder mit Grundsätzen des Menschenrechtschutzes unvereinbare Entscheidung von DDR-Richtern war danach Beugung des Rechts (vgl. BVerfG NStZ **98**, 456). An der „Gesetzwidrigkeit" iS des § 244 StGB-DDR fehlte es grds, wenn die Handlung des Richters vom – selbst unscharfen und mehrdeutigen – Wortlaut gedeckt war. Insoweit kam es auf das im Zeitpunkt der richterlichen Entscheidung maßgebende DDR-Recht (BGH **41**, 161 für eine arbeitsrechtliche Streitigkeit) und – gerade auch bei verfahrensrechtlichen Entscheidungen (BGH **40**, 181) – auf die Auslegungsmethoden der DDR und nicht auf die der BRep. an (BGH **40**, 41; **41**, 260; 4 StR 599/97); auch auf die iS der Maßstäbe des GG rechtsstaatswidrigen (BGHR § 336 RBeug. 3) sog. „gemeinsamen Standpunkte" und „Orientierungen" des Obersten Gerichts der DDR (§ 20 II GVG-DDR; BGH **41**, 167; 260; NStZ-RR **96**, 66;

70; 4 StR 604/98) oder dessen Richtlinien und Beschlüsse (BGH **40**, 41; 280; **41**, 261; scharfe Kritik bei LK-*Spendel* 54 c; krit. auch *Schroeder* NJW **99**, 89 ff.; zust. dagegen *Burian* ZStW **112**, 106, 125 ff.). Auch die aus der eingeschränkten strafrechtlichen Verantwortung von Richtern hergeleitete, dem DDR-Recht nicht bekannte **Sperrwirkung des Rechtsbeugungstatbestandes** ist den DDR-Richtern und -Staatsanwälten, auch wenn sie nach DDR-Recht beurteilt werden, zugebilligt worden (BGH **40**, 136; **41**, 255; 321 [m. Anm. *Begemann* NStZ **96**, 389 u. *Maiwald* JZ **96**, 867]; BGHR § 336 RBeug. 3; NStZ **97**, 127; NStZ-RR **97**, 101; *Schroeder* GA **93**, 401; *Letzgus* [1 a] 86; *Reimer* NStZ **95**, 84; *Amelung* GA **96**, 68; *König* JR **97**, 319; *Seebode,* Lenckner-FS 601; *Lackner/Kühl* 19 zu § 2). Für die Bestimmung des Bereichs von Justizentscheidungen als Willkürakte in diesem Sinn hat der BGH namentlich in den Entscheidungen BGH **40**, 43; 181; **41**, 254; 321; **43**, 190; NStZ-RR **98**, 172 Fallgruppen entwickelt, deren Berechtigung und Abgrenzung in der **Lit.** weitgehend akzeptiert worden sind. Diese nicht abschließenden (BGH **43**, 190) und sich überschneidenden (BGH **41**, 247, 261; **44**, 275, 298 [Fall *Haremann*; Anm. *Schroeder* NStZ **99**, 620; *Arnold* NJ **99**, 286] **Fallgruppen** waren:

a) Überschreitung der Wortlautgrenze oder **Überdehnung** unter Ausnutzung ihrer Unbestimmtheit, so dass die Entscheidung als offensichtliches Unrecht anzusehen war (so zB in Fällen der §§ 99, 100 StGB-DDR [landesverräterische Nachrichtenübermittlung und Agententätigkeit] sowie der §§ 106, 219 II Nr. 1 StGB-DDR [staatsfeindliche Hetze, ungesetzliche Verbindungsaufnahme], vgl. hierzu NStZ **96**, 386; BGHR § 336 DDR-Recht 15, StA 1, 2; NStZ-RR **98**, 171; BGHR § 336 aF Rechtsb. 12; 5 StR 85/98; vgl. aber auch NStZ-RR **97**, 36). Als rechtsbeugerischer Willkürakt ist die *Weisung* eines leitenden StA angesehen worden, *Anzeigen wegen Wahlfälschung* (§ 211 StGB-DDR) ohne sachliche Prüfung *zurückzuweisen* und Beschwerden gegen solche Entscheidungen (§ 91 StPO-DDR) abschlägig zu verbescheiden (BGH **43**, 193); ebenso die Anordnung der UHaft wegen § 214 StGB-DDR im Falle „schlichter Passvorlage“ (NJW **98**, 2616; vgl. *Willnow* JZ **97**, 266); nicht aber der Verzicht auf Strafverfolgung durch das MfS gegenüber RAF-Aussteigern, die in der DDR Aufnahme gefunden hatten (BGH **44**, 52 m. Anm. *Schroeder* JR **98**, 428). **16 b**

b) Unerträgliches Missverhältnis der Strafe zur abgeurteilten Handlung, so dass die Strafe selbst einem politisch „überzeugten“ Richter als grob ungerecht und als *schwerer Verstoß gegen die Menschenrechte* erscheinen musste (so **zB** bei Todesstrafen [hierzu BGH **41**, 326 f., 345] oder anderen grausamen und überharten Strafen, auch vor dem Inkrafttreten [1968] des § 244 StGB-DDR, BGH **41**, 323, 336; BGHR § 336 DDR-Recht 11, 27, StA 1: 8 J. FrStr. wegen „staatsfeindlicher Hetze nach § 106 I StGB-DDR; BGHR § 336 DDR-Ri 2: 3 J. 2 Mo. FrStr. wegen versuchten ungesetzlichen Grenzübertritts; BGHR § 336 DDR-Recht 26: staatsanwaltschaftliche Strafanträge von 10 Mo bis zu 1 J. FrStr. gegen unvorbestrafte Ausreisewillige; BGHR § 336 DDR-Recht 28, 5 StR 309/97: 1 J. FrStr. bzw. 1 J. 4 Mo. u. Pkw-Einz. wegen Zurschaustellung des Symbols „A“; NStZ-RR **99**, 42: 10 J. Fr. Str. nach Art. 6 DDR-Verf. wegen massiver Kritik am DDR-System; KG NStZ-RR **98**, 302; 5 StR 737/95: lebenslange Freiheitsstrafe wegen Spionage nach § 97 StGB-DDR); NStZ **99**, 43: 1 J. u. 6 Mo. FrStr. wegen Teilnahme an „Schweige-Demonstrationen“ Ausreisewilliger [vgl. aber NStZ **98**, 301; NStZ-RR **98**, 297; NStZ **99**, 245]). **16 c**

c) Schwere Menschenrechtsverletzungen, die durch die Art und Weise der Durchführung von Strafverfahren begangen wurden und in denen die Strafverfolgung und Bestrafung nicht der Verwirklichung der Gerechtigkeit, sondern der Ausschaltung des politischen Gegners dienten (so **zB** die **Waldheim-Prozesse** [hierzu und zur *Aktion Gera* LG Leipzig NJ **94**, 111 sowie *Eisert,* Die Waldheimer Prozesse, 1993; *Fricke* NJ **91**, 209; *Otto* DuR **92**, 379; *dies.* NJ **91**, 355; *Weber* GA **93**, 211 ff.; *Werkentin,* in: Mat. der Enquête-Kommission des Deutschen BTags, Bd. IV, 1995, 489; vgl. auch den *Abschlussbericht* des SED-Beauftragten *Hentschel,* abgedr. in NJ **91**, 392]; weitere Beispiele etwa in BezG Dresden NStZ **92**, 137; *Wassermann,* Spendel-FS 642; *K. Weber* GA **93**, 211; *Maiwald* NJW **93**, 1885; *Schroeder* GA **93**, 402; *Amelung* GA **96**, 59; *Helbig* NJ **94**, 409); oder wenn es bei der Durchführung von Strafverfahren ausschließlich darum ging, das von der politischen Führung vorgegebene Verfahrensziel zu erreichen (4 StR 599/97 [Grundstücksenteignungen im Rahmen der *„Aktion Rose“*]; NStZ **00**, 91 f. [Ausschaltung des politischen Gegners]; vgl. auch BGH **40**, 30, 43; **41**, 247, 254). **16 d**

5) Subjektiver Tatbestand. Der **Vorsatz** muss sich darauf richten, das Recht zugunsten oder zuungunsten einer Partei zu verletzen; einer besonderen Absicht bedarf es nicht. Die Vorstellung, „das Richtige zu tun“, steht bei bewusster Entfernung vom Gesetz dem direkten Vorsatz nicht entgegen (BGH **32**, 360; *Fezer* NStZ **86**, 29; *Spendel* JR **85**, 485 u. LK 99 b f.; vgl. oben 11). Hält der Täter eine in krassem Missverhältnis zur Schuld stehende Strafe „aus Rücksicht auf die Staatsrai- **17**

son für hinnehmbar", so berührt das den (auch direkten) Vorsatz der Rechtsbeugung nicht (BGH **41**, 338 m. Anm. *Begemann* NStZ **96**, 389). Wer aus „Verblendung" Terrorurteile für „Recht" hält und meint, sich im Einklang mit Recht und Gesetz zu befinden, ist daher nicht aus subjektiven Gründen straflos (BGH **41**, 340). Er unterliegt insoweit auch keinem den Vorsatz berührenden Irrtum; soweit ein Verbotsirrtum anzunehmen ist, wäre er „jedenfalls weder unvermeidbar noch jemals zur Strafrahmenverschiebung geeignet" (aaO).

18 **Bedingter Vorsatz** reicht aus (BGH **40**, 276; **41**, 336; KG NStZ **88**, 557; *Maiwald* JuS **77**, 357; *Spendel* NJW **96**, 810 u. LK-*Spendel* 77; *S/S-Heine* 7; unzutr. offen gelassen von MDR/H **78**, 626; Düsseldorf NJW **90**, 1375 [hierzu *Otto* JK 3]; *Gribbohm* NJW **88**, 2848; hierzu im Einzelnen *Behrendt* JuS **89**, 950; anders bei DDR-Alttaten [oben 16 ff.], wenn § 244 StGB-DDR als milderes Recht Anwendung fand; vgl. NStZ-RR **98**, 360; *Maiwald* NJW **93**, 1889). Bedingter Vorsatz soll, um der besonderen Entscheidungssituation des Richters Rechnung zu tragen, nicht schon dann vorliegen, wenn der Täter sich trotz Zweifels an der Richtigkeit seiner Auffassung entscheidet, die *Möglichkeit* der Tatbestandsverwirklichung dabei also erkennt (so *Bemmann* JZ **73**, 548), sondern erst dann, wenn er die Möglichkeit der Fehlerhaftigkeit der Rechtsansicht *billigend* verinnerlicht (*Geppert* Jura **81**, 81; *Lackner/Kühl* 8; *Tröndle* 48. Aufl.; **aA** LK-*Spendel* 77 ff.; SK-*Rudolphi/ Stein* 20). Wenn der Richter nach Ausschöpfung seiner Erkenntnisquellen im Zweifel eine Entscheidung trifft, deren Unrichtigkeit er für *möglich,* die er aber für sachgerecht und rechtlich vertretbar hält, so verwirklicht er den Tatbestand des § 339 auch dann nicht, wenn sich später die Unrichtigkeit seiner Entscheidung erweist (SK-*Rudolphi/Stein* 20; *Frisch,* Vorsatz und Risiko, 1983, 365 ff., 398 ff.; vgl. oben 9). Aus dem bloßen Widerspruch zu Entscheidungen anderer Gerichte, zur Gerichtspraxis, zu höchstrichterlichen Entscheidungen, soweit sie nicht bindend sind (vgl. zB § 358 I StPO), oder gar zur „herrschenden Meinung" lässt sich für den Vorsatz regelmäßig nichts ableiten. Auch eine objektiv grob unrichtige Entscheidung (vgl. etwa AG Stuttgart NJW **79**, 2047 [hierzu *Lüke, Waldner* NJW **80**, 217 und BVerfG NJW **80**, 1093]; AG Saarbrücken NStZ **84**, 76 m. Anm. *Horn, Geppert* JK 1 zu § 56 II u. *Krey* ZStW **101**, 868; hierzu *Scheffler* NStZ **96**, 68) legt daher die Annahme bedingten Vorsatzes nicht stets nahe (zutr. BGH **47**, 106, 115; vgl. aber LK-*Spendel* 61; *Schmidt-Speicher* [1 a unten] 91 ff.). Bedingter Vorsatz liegt aber vor, wenn der Täter die rechtliche Unvertretbarkeit einer Entscheidung für möglich hält, sie zur Erreichung eines ihm sachgerecht erscheinenden Ergebnisses aber in Kauf nimmt; dies setzt eine gänzlich sachfremde Motivation nicht voraus.

19 Für § 339 gilt kein besonderer Maßstab für das Vorliegen bedingten Vorsatzes. Die Rspr, die die klare gesetzliche Entscheidung nur zögernd nachvollzogen hat (MDR/H **78**, 626; Düsseldorf NJW **90**, 1374 f.), legt an den Nachweis des billigenden Inkaufnehmens allerdings „strenge Maßstäbe" an (vgl. dazu auch den Überblick bei *Lehmann* NStZ **06**, 127, 128 f.). Geradezu als **Verhinderung** einer Anwendung des Gesetzes erweist sich die Auslegung, der *objektive* Tatbestand setze einen „*bewussten* elementaren Rechtsbruch" voraus (oben 14 ff.). Es ist zum einen praktisch nicht vorstellbar, wie sich ein *bewusster* Rechtsbruch mit einem nur *bedingten* Vorsatz vereinbaren lassen soll. Zum anderen wird sich der Vorsatz, mit einer (als sicher erkannten oder billigend in Kauf genommenen) Verletzung geltenden Rechts auch den *Gerechtigkeitsanspruch* des Rechts im Ganzen zu verletzen, nur in den seltensten Fällen nachweisen lassen. Indem das Bewusstsein eines „elementaren Rechtsbruchs", also auch der Beziehung zwischen positiver Gesetzesnorm und Rechtsordnung als Ganzer, zum *Tatbestandsmerkmal* erhoben wird, wird schließlich der (meist vermeidbare) Verbotsirrtum zum vorsatzausschließenden Tatbestandsirrtum stilisiert (vgl. *Maiwald* NJW **93**, 1889; *Seebode* Jura **97**, 422 u. JR **97**, 478; *Schmidt-Speicher* [1 a] 105 ff.; LK-*Spendel* 87 f.; *Lehmann* NStZ **06**, 127, 128). Ingesamt wird auf diese Weise die klare gesetzliche Entscheidung für die Strafbarkeit auch des bedingten Vorsatzes *formal* anerkannt, *inhaltlich* aber unterlaufen.

6) Vollendet ist die Tat schon mit dem Erlass der rechtlich unvertretbaren Entscheidung, wenn diese die Wirkung einer Besser- oder Schlechterstellung einer Partei unmittelbar herbeiführt oder durch ihre Verwirklichung entfalten kann (BGH **42**, 343, 351; NStZ-RR **01**, 243; LK-*Spendel* 106). Auf ihre rechtliche *Wirksamkeit* kommt es nicht an; auch Entscheidungen, die *nichtig* sind, unterfallen dem Tatbestand (vgl. etwa LG Lübeck NJW **98**, 2685). Ausgenommen sind **Schein-Entscheidungen,** die nicht einmal mehr den Anschein eines rechtsförmigen Verfahrens erwecken (zB „Todesurteile" terroristischer „Volksgerichte"; die Urteile in den sog. „Waldheim-Verfahren" der DDR [vgl. NJ **99**, 327; oben 16 a] fielen nicht hierunter; **aA** *Burian* ZStW **112**, 106, 117 ff.). Für die Vollendung kommt es nicht darauf an, ob sich ein Nachteil oder Vorteil für eine Partei letztendlich verwirklicht; § 339 geht davon aus, dass schon durch die Entscheidung selbst das Rechtsgut verletzt wird (SK-*Rudolphi/Stein* 14). Zu einem Unternehmensdelikt wird § 339 dadurch nicht; **Erfolg** der Tat ist der rechtswidrige Vor- oder Nachteil; dieser tritt freilich regelmäßig schon mit der richterlichen Entscheidung ein. Kommt der Richter zu einem rechtlich vertretbaren Ergebnis, meint er aber irrig, durch eine falsche Rechtsanwendung dazu zu gelangen, so ist strafbarer untauglicher **Versuch** gegeben (vgl. oben 9). 20

7) § 339 kommt zum Schutz der Unabhängigkeit der Rechtspflege eine **Sperrwirkung** (zu ihrer dogmatischen Natur *Schroeder* GA **93**, 395; *Küpper*, Meurer-GedS [2002] 123, 130 f.) in dem Sinne zu, dass eine Verurteilung wegen einer Tätigkeit bei der Leitung einer Rechtssache nach anderen Vorschriften (zB §§ 343 ff.; § 258 a [vgl. Karlsruhe NStZ-RR **05**, 12 f.]) nur möglich ist, wenn die Voraussetzungen des § 339 gegeben sind (BGH **10**, 294 [in Anlehnung an *Radbruch* SJZ **46**, 108]; NJW **71**, 574). Das gilt auch seit der Neufassung durch das EGStGB (BGH **32**, 364; Düsseldorf NJW **90**, 1375 [hierzu *Otto* JK 3]; SK-*Rudolphi/Stein* 22 a; *Lackner/Kühl* 11; LK-*Spendel* 129; *K. Weber* GA **93**, 215, *Vormbaum* NJ **93**, 215 Fn. 28 u. *Letzgus,* Helmrich-FS 86 [zur Frage der Sperrwirkung bei DDR-Richtern]; **aA** *Stumpf,* NStZ **97**, 9; *Schmidt-Speicher* [1 a] 90). 21

8) Konkurrenzen. Tatmehrheit mit § 332 II (dort 13); Tateinheit ist mit §§ 239 (BGH **41**, 250; **42**, 343, 344 f.; BGHR § 336 aF Konk. 1 [Fall *Bahro*]), § 258 a, aber auch mit anderen Taten (oben 14) möglich; hierzu LK-*Spendel* 122 ff.; mehrfache Rechtsbeugungshandlungen im selben Verfahren mit identischer Zielrichtung bilden regelmäßig eine einheitliche Tat (BGH **41**, 250). 22

9) Amtsverlust nach § 45 I, aber auch nach §§ 358, 45 II, III möglich. 23

Körperverletzung im Amt

340 **I Ein Amtsträger, der während der Ausübung seines Dienstes oder in Beziehung auf seinen Dienst eine Körperverletzung begeht oder begehen lässt, wird mit Freiheitsstrafe von drei Monaten bis zu fünf Jahren bestraft. In minder schweren Fällen ist die Strafe Freiheitsstrafe bis zu fünf Jahren oder Geldstrafe.**

II Der Versuch ist strafbar.

III Die §§ 224 bis 229 gelten für Straftaten nach Absatz 1 Satz 1 entsprechend.

1) Allgemeines. Die Vorschrift idF des EGStGB (RegE 277) und des VerbrBekG (1 zu § 130) ist durch Art. 1 Nr. 93 des 6. StrRG (2 a vor § 174) geändert worden; Abs. II wurde neu eingefügt, Abs. III ersetzt II aF. § 340 erhebt zwei Fälle der Körperverletzung zum **Sonderdelikt** (Täter kann nur ein Amtsträger [12 zu § 11] oder ein Offizier oder Unteroffizier der BWehr, § 48 I WStG, sein; vgl. aber unten 6) und **unechten Amtsdelikt** (SK-*Horn/Wolters* 2 b). Geschütztes Rechtsgut ist allein die körperliche Integrität des Opfers (vgl. unten 3 a, 7). 1

Literatur: *Amelung,* Die Zulässigkeit der Einwilligung bei den Amtsdelikten, Dünnebier-FS (1982), 487; *Jäger,* Die Delikte gegen Leben und körperliche Unversehrtheit (usw.), JuS **00**, 31; *Jungclaus,* Ein Gesetzgebungsfehler bei der Neufassung des § 340 StGB durch das 1 a

VerbrBekG 1994, NStZ **95**, 582; *Wolters,* Die Neufassung der Körperverletzungsdelikte, JuS **98**, 582.

2 **2) Tathandlung** ist eine **Körperverletzung** iS von § 223. Die **1. Var.** setzt voraus, dass der Amtsträger die Tat **während der Ausübung seines Dienstes,** also in einer Zeit begeht, in der er befugt als Amtsträger tätig ist (Schleswig SchlHA **76**, 169). Darüber hinaus ist nach zutr. Ansicht ein **sachlicher Zusammenhang** mit der Dienstausübung erforderlich (LK-*H.J. Hirsch* 4; SK-*Horn/Wolters* 5; *S/S-Cramer/Sternberg-Lieben* 3; *Lackner/Kühl* 2; NK-*Kuhlen* 8; *Otto* BT 19/4; *Amelung/Weidemann* JuS **84**, 595, 597; **aA** *Wagner* ZRP **75**, 273f.); die Körperverletzung muss sich als Missbrauch der Amtsgewalt darstellen (SK-*Horn/Wolters* 4ff.; vgl. etwa NStZ **93**, 591 [Lehrer]; 3 StR 17/95 [Misshandlung von Ausländern durch Polizeibeamte]), auch wenn der Täter nach außen nicht als Amtsträger auftritt (Verdeckter Ermittler; vgl. LK-*H.J. Hirsch* 4). Allein privat motivierte Körperverletzungen während der Dienstzeit unterfallen § 340 nicht; daher hat die 1. Var. iErg neben der 2. Var. nur die Funktion einer indiziellen Regel (zutr. SK-*Horn/Wolters* 5). Eine Heilbehandlung ohne wirksame Einwilligung ist auch dann keine dienstliche Tätigkeit iS des § 340, wenn der Täter als Arzt eines öffentlichen Krankenhauses Amtsträger ist, denn es fehlt hier ein Missbrauch von *Amtsgewalt* (Karlsruhe NJW **83**, 352; krit. *Wagner* JZ **87**, 596).

2a Die **2. Var.** setzt voraus, dass der Amtsträger die Tat in **Beziehung auf seinen Dienst** (dh in einem vielleicht nicht örtlichen oder zeitlichen, aber sachlichen Zusammenhang mit seinem Dienst; vgl. NJW **83**, 462) begeht. Auch hier ist ein „Missbrauch" von Amtsgewalt erforderlich, der außerhalb der Dienstausübung schon in der Anmaßung dienstlichen Auftretens liegt (vgl. dazu SK-*Horn/Wolters* 5a; LK-*H.J. Hirsch* 5; NK-*Kuhlen* 9; *S/S-Cramer/Sternberg-Lieben* 3). Das ist zB gegeben bei Ermittlungen eines Polizeibeamten außerhalb der Dienstzeit, wenn der Täter als Amtsträger auftritt (NK-*Kuhlen* 9); nicht bei rein privaten Taten von Amtsträgern, auch wenn die Tatmotivation dem dienstlichen Zusammenhang entspringt. Es reicht somit nicht eine allein *subjektive* Beziehung zur Dienstausübung. Verprügelt ein Polizeibeamter außerhalb des Dienstes einen Beschuldigten, der seiner Ansicht nach „zu gut weggekommen" ist, so ist § 340 gegeben, wenn der Täter „dienstlich" auftritt, etwa eine „nochmalige Bestrafung" durchführt; dagegen nur § 223, wenn er die Tat gerade unter Hinweis darauf begeht, der sei jetzt „nicht im Dienst" (so auch NK-*Kuhlen* 9; **aA** LK-*H.J. Hirsch* 6; SK-*Horn/Wolters* 5a). Die wichtigtuerische Annahme eines Amtsträgers, er sei „immer im Dienst", begründet für sich allein die erforderliche Beziehung nicht.

2b Der Täter muss die Körperverletzung **begehen** oder **begehen lassen.** Die erste Variante erfasst jedenfalls die unmittelbare Allein- oder Mittäterschaft (LK-*H.J. Hirsch* 7; NK-*Kuhlen* 10; SK-*Horn/Wolters 3a*). Das pflichtwidrige **Unterlassen** des Eingreifens wird teilweise als Begehen durch Unterlassen – mit Anwendung des § 13 II – angesehen (*M/Schroeder/Maiwald* 9/37; *Otto* BT 19/6); nach hM unterfällt es der Variante des Begehen lassens (*S/S-Cramer/Sternberg-Lieben* 4; SK-*Horn/Wolters* 3a; NK-*Kuhlen* 10; *Lackner/Kühl* 2; *Kindhäuser* LPK 3; so schon RG **66**, 59, 61); die Milderungsmöglichkeit ist danach nicht gegeben. Das kann jedenfalls für Fälle der Alleintäterschaft durch Unterlassen nicht gelten (Polizeibeamter lässt unterkühlten Volltrunkenen liegen); hier liegt Begehen durch (unechtes) Unterlassen iS von § 13 vor. Für Fälle der pflichtwidrigen Nicht-Hinderung eines Dritten wird, wenn der volldeliktisch handelnde Dritte gleichfalls Amtsträger ist, in der Lit. eine entsprechende Anwendung des § 13 angenommen; danach soll, wenn der Dritte gleich- oder übergeordnet ist, nur *Teilnahme* an der fremden Begehungstat vorliegen (SK-*Horn/ Wolters* 3c; LK-*Hirsch* 11). **Begehen lassen** umfasst mittelbare Täterschaft (zweifelnd NK-*Kuhlen* 10; **aA** SK-*Horn/Wolters* 3a: *Begehen jedenfalls bei mittelbarer* Täterschaft kraft überlegenen Willens oder Wissens); nach hM auch Anstiftung und Beihilfe (vgl. RG **66**, 59ff.; **aA** LK-*H.J. Hirsch* 9; *Otto* BT 19/5 [Anwendung von § 27 II bei bloßer Beihilfe; dagegen NK-*Kuhlen* 10; SK-*Horn/Wolters* 3b]).

3) Der **Vorsatz** (bedingter Vorsatz reicht aus) muss neben den Merkmalen der Körperverletzung auch die Voraussetzungen der Amtsträger-Eigenschaft sowie die Umstände umfassen, welche den Zusammenhang mit der Dienstausübung (oben 2f.) begründen (SK-*Horn/Wolters* 6; LK-*H.J. Hirsch* 12). **3**

4) Rechtfertigung ist insb. auf Grund staatlicher **Eingriffsbefugnisse** möglich (vgl. Bremen NJW **64**, 735; Bay NStZ **88**, 518; *S/S-Eser* 14f. zu § 223), namentlich auf Grund gesetzlicher Befugnisse zur Anwendung unmittelbaren Zwangs. Ein **Züchtigungsrecht** besteht weder für Lehrer noch für sonstige Amtsträger im Verhältnis etwa zu Vorschulkindern, Heim-Untergebrachten, Patienten psychiatrischer Krankenhäuser oder Gefangenen. Soweit nicht besondere Regelungen bestehen, kommt *im Einzelfall* eine Rechtfertigung nach § 32, uU auch § 34 in Betracht. Die **Einwilligung** des Verletzten hat nach der Neufassung des Tatbestands rechtfertigende Wirkung (vgl. unten 7). Für die Wirksamkeit einer Einwilligung gilt daher § 228. **3 a**

5) Der Strafrahmen des I ist abgestuft. Der **minder schwere Fall (Abs. I S. 2)** ist im Strafrahmen der einfachen Körperverletzung nach § 223 I gleichgestellt (zum Erfordernis der Prüfung vgl. NStZ **93**, 591). Die Fallgruppe „maßvoller Züchtigung durch Lehrer" (vgl. SK-*Horn/Wolters* 13; hier bis 50. Aufl.) stellt kein nahe liegendes Beispiel minder schwerer Fälle dar; wer einen 12-jährigen Sonderschüler *maßvoll* schlägt, ist nicht eher entschuldigt als ein 20-jähriger Polizeibeamter, der den erforderlichen unmittelbaren Zwang *maßvoll* überschreitet. **Abs. II** stellt, entspr. § 223 II, den **Versuch** unter Strafe (dazu 18 zu § 223). **4**

6) Abs. III verweist für **qualifizierte Fälle** (vgl. *Wolters* JuS **98**, 582, 586) auf die Vorschriften der §§ 224 bis 227. Im Hinblick auf die Anhebung der dortigen Strafrahmen erscheint eine Differenzierung in den Fällen der Körperverletzung im Amt nicht mehr erforderlich; die Beziehung der Tat zum Amt kann im Rahmen der Strafzumessung erschwerend gewertet werden. Verwiesen ist auf die §§ 224 bis 227 einschließlich der dort geregelten Milderungen; der minder schwere Fall der gefährlichen Körperverletzung im Amt steht damit der einfachen Körperverletzung im Amt gleich, ebenso der minder schwere Fall der Misshandlung von Schutzbefohlenen im Amt (§ 225 IV); das ist systematisch nicht überzeugend. Für § 30 WStG gilt Abs. III nicht (Hamm NStZ-RR **07**, 154, 155; *Dau* in *Erbs/Kohlhaas* 10 zu § 30 WStG). **5**

7) Durch die Verweisung des III ist für die **Teilnahme** zu unterscheiden: Abs. I und II sind (weiterhin) *uneigentliche Amtsdelikte;* für außenstehende Teilnehmer gilt hier § 28 II (allgM); sie sind daher wegen Teilnahme an der einfachen Körperverletzung zu bestrafen (hM; **aA** SK-*Horn/Wolters* 9; Strafrahmen-Verschiebung). In den Fällen des III hat § 340 aber *in der Sache* den Charakter eines Sonderdelikts verloren (**aA** LK-*H.J. Hirsch* 19f.); es handelt sich insoweit nur um eine – allerdings auch im **Urteilstenor** hervorzuhebende (SK-*Horn/Wolters* 14a; *Wolters* JuS **98**, 586; *Rengier* ZStW **111**, 27) – Fallgruppe qualifizierter Körperverletzungen. Für Teilnehmer, die nicht Amtsträger sind, gelten die (identischen) Strafrahmen der §§ 224 bis 227; § 28 II ist auf Teilnehmer qualifizierter Taten mangels Sonderstrafrahmen für Amtsträger nicht anwendbar (ebenso NK-*Kuhlen* 13; **aA** LK-*H.J. Hirsch* 20; *Lackner/Kühl* 6). **6**

8) Ausdrücklich gleichgestellt sind durch III auch die **fahrlässige Körperverletzung im Amt** (entspr. § 229; krit. LK-*H.J. Hirsch* 21) und die **Einwilligung** (entspr. § 228). Während § 230 aF schon nach früherem Recht auf Fahrlässigkeitstaten von Amtsträgern anzuwenden war und insoweit durch das 6. StrRG in der Sache keine Änderung eingetreten ist (KG NJW **00**, 1352), war die Anwendbarkeit der **Einwilligung** als Rechtfertigungsgrund zur aF str., da ein Einverständnis des Verletzten öffentlich-rechtliche Pflichten des Täters nicht aufheben kann (BGH **12**, 70; NJW **83**, 463 zu § 340 aF [zust. *Wagner* JZ **87**, 662]; vgl. auch Hamm NStZ-RR **07**, 154, 155 [zu § 30 WStG]; *Amelung,* Dünnebier-FS 487, 510). Dies **7**

setzt freilich voraus, dass § 340 dem Schutz von durch solche Pflichten erfassten Rechtsgütern dient; die Auffassung, § 340 schütze neben der körperlichen Integrität auch ein Allgemeinrechtsgut des „Vertrauens in den Staat", ist aber gerade durch die Verweisung auf § 228 überholt (*Lackner/Kühl* 4; NK-*Kuhlen* 5; SK-*Horn/Wolters* 8f.; *Rengier* BT 2, 62/5). Die Vorschrift gewinnt dadurch allein **individualschützenden** Charakter; der erhöhte Strafrahmen des I S. 1 lässt sich daher nur dadurch legitimieren, dass die Amtsstellung des Täters als qualifizierendes Merkmal allein im Hinblick auf den Schutz des Verletzten gewertet wird, etwa weil die Abwehrmöglichkeiten des Opfers idR herabgesetzt sind. Im Fall des § 229 erfolgt die Verurteilung wegen „fahrlässiger Körperverletzung *im Amt*"; der anzuwendende **Strafrahmen** ist der des § 229 (KG NJW **00**, 1352). In die Liste der angewendeten Strafvorschriften ist Abs. III aufzunehmen. **§ 230** gilt für den Amtsträger nicht, wohl aber für außenstehende Teilnehmer (LK-*H.J. Hirsch* 30; NK-*Kuhlen* 13).

8 **9) Konkurrenzen.** § 223 wird von I verdrängt; auch § 357 I tritt hinter § 340 zurück. Tateinheit ist möglich mit § 343 (MDR/H **80**, 630), § 344.

9 **10) Amtsverlust** nach §§ 358, 45 II, III; bei III auch nach § 45 I möglich.

§§ 341, 342 [aufgehoben durch Art. 19 Nr. 190 EGStGB]

Aussageerpressung

343 **I Wer als Amtsträger, der zur Mitwirkung an**

1. einem Strafverfahren, einem Verfahren zur Anordnung einer behördlichen Verwahrung,
2. einem Bußgeldverfahren oder
3. einem Disziplinarverfahren oder einem ehrengerichtlichen oder berufsgerichtlichen Verfahren

berufen ist, einen anderen körperlich misshandelt, gegen ihn sonst Gewalt anwendet, ihm Gewalt androht oder ihn seelisch quält, um ihn zu nötigen, in dem Verfahren etwas auszusagen oder zu erklären oder dies zu unterlassen, wird mit Freiheitsstrafe von einem Jahr bis zu zehn Jahren bestraft.

II In minder schweren Fällen ist die Strafe Freiheitsstrafe von sechs Monaten bis zu fünf Jahren.

1 **1) Allgemeines.** Die Vorschrift idF des EGStGB (vgl. E 1962, 641, Ndschr. **10**, 495; **13**, 305, 322; E EGStGB 278) schützt in erster Linie überindividuelle Rechtsgüter der Rechtspflege; daneben aber auch die Individualrechtsgüter des betroffenen Nötigungsopfers (vgl. NJW **53**, 1034; LK-*Jescheck* 1; zur rechtsgeschichtlichen Entwicklung vgl. *Rogall*, Rudolphi-FS [2004] 511, 513ff.). Die Tat ist nach hM ein **echtes Amtsdelikt** und Sonderdelikt (**aA** *S/S-Cramer/Sternberg-Lieben* 1; *M/Schroeder/Maiwald* 77/23; *Heinrich*, Der Amtsträgerbegriff im Strafrecht, 2001, 181; *Rogall*, Rudolphi-FS (2004) 511, 530ff.; vgl. unten 12).

1a **Literatur:** *Rogall*, Bemerkungen zur Aussageerpressung, Rudolphi-FS (2004) 511. Zur Diskussion um Rechtfertigung durch Nothilfe vgl. auch die Nachw. 13a zu § 32.

2 **2)** Täter des § 343 kann nur ein **Amtsträger** (12 zu § 11) oder ein Offizier oder Unteroffizier der BWehr (§ 48 I WStG) sein, der zur **Mitwirkung** an einem Verfahren bestimmter Art **berufen** ist (vgl. 2ff. zu § 258a). Damit ist nicht nur die Zuständigkeit zur Einleitung und Beteiligung im konkreten Fall gemeint; vielmehr genügt es, wenn der Täter nach seinem dienstlichen Aufgabenbereich (nicht allein nach seiner beruf*lichen Stellung)* allgemein an Verfahren der betreffenden Art auf der Seite der Verfahrensführung (nicht etwa zB als Verteidiger, Sachverständiger oder Zeuge) mitwirken kann. Als Täter in Betracht kommen neben Richtern und Staatsanwälten insb. auch Polizeibeamte.

Die Verfahrensarten sind **nach I Nr. 1: Strafverfahren** (2 zu § 258a) eingeschlossen Steuerstrafverfahren, Jugendstrafverfahren, Verfahren zur Anordnung einer Maßnahme (§ 11 I Nr. 8; §§ 413ff.; 430ff. StPO), Verfahren über Aussetzung eines Strafrestes oder einer Maßregel; Wiederaufnahmeverfahren; Verfahren zur **Anordnung** einer **behördlichen Verwahrung** außerhalb eines Strafverfahrens, insbesondere Verfahren nach den UnterbringungsG der Länder (9 vor § 61), so dass auch Ärzte (namentlich als Sachverständige) in Frage kommen (3 zu § 174b; vgl. BGH **2**, 148); nach 3

Nr. 2: Bußgeldverfahren nach dem OWiG (Polizeibeamte, Angehörige der Bußgeldbehörde, Richter und Staatsanwälte); nach 4

Nr. 3: Disziplinarverfahren (zB nach der BDO; WDO; § 63 DRiG); **ehrengerichtlichen Verfahren** (zB §§ 116ff. BRAO; §§ 95ff. BNotO); **berufsgerichtliche Verfahren** (zB §§ 89ff. StBerG). Nicht unter § 343 fallen zB Nachforschungen eines Polizisten zur Beseitigung eines polizeiwidrigen Zustandes (BGH **6**, 144). 5

3) Tathandlung. Abs. I setzt voraus, dass der Täter im Rahmen des Verfahrens, vor allem bei einer Vernehmung, oder im Zusammenhang mit dem Verfahren auf eine andere Person, vor allem einen Beschuldigten oder sonst Betroffenen, aber auch Zeugen, Auskunftspersonen, Gutachter und andere, deren Erklärungen im Verfahren eine Rolle spielen können, durch die genannten **Zwangshandlungen** einwirkt, um sie zu einer Aussage zu **nötigen**. Die Tat kann auch durch **Unterlassen** begangen werden (zB Vorenthalten von Essen und Trinken). Im Hinblick auf den Charakter der Tat als Verbrechen darf der Tatbestand nicht zu weit ausgelegt werden. Ermüdende oder nächtliche Vernehmungen reichen als solche nicht aus (vgl. BGH **1**, 376). Zulässige Maßnahmen (zB Rauchverbot; Hinweis auf eine zulässige vorläufige Festnahme) scheiden aus; auch ein Verstoß gegen § 136a StPO reicht für sich allein nicht aus (vgl. *Maiwald* JuS **77**, 358). Ob der Täter sein Ziel erreicht, ist nur für die Strafzumessung wesentlich. 6

Für eine **körperlich Misshandlung** (vgl. 3ff. zu § 223) ist körperliche Berührung nicht erforderlich; sie kann zB auch bei längeren Vernehmungen bei grellem Licht; Unterbringung in Dunkel- oder Stehzellen; Entziehung von Schlaf usw. gegeben sein. 7

Zur sonstigen Anwendung von **Gewalt** (vgl. 8ff. zu § 240) gegen die Person (*S/S-Cramer/Sternberg-Lieben* 10; NK-*Kuhlen* 8) gehört zB auch die Anwendung betäubender oder berauschender Mittel. **Androhung** von Gewalt muss sich auf Gewalteinwirkungen gegen den Körper der bedrohten Person („ihm androht") beziehen. 8

Seelisches Quälen erfasst nicht die mit dem Verfahren normalerweise verbundenen psychischen Belastungen, sondern nur seelische Peinigungen, welche die geistigen und seelischen Widerstandskräfte der betroffenen Person zu zermürben geeignet sind (vgl. E EGStGB 279). Ausreichend ist zB die Mitteilung an einen Beschuldigten, dass nahe Angehörige Misshandlungen und Verfolgungen ausgesetzt sind, wenn er nicht gesteht; die Übermittlung von (unwahren) Schreckensnachrichten; das Abschneiden von der Außenwelt für lange Zeiträume (vgl. auch BGH **15**, 187 [zu § 136a StPO]; LK-*Jescheck* 11). 9

4) Vorsatz ist erforderlich, der auch als bedingter genügt (LK-*Jescheck* 12). Dazu muss die **Absicht** treten, den Betroffenen zu **nötigen,** ihn also durch den Einsatz der Nötigungsmittel dazu zu veranlassen (4ff. zu § 240), **gegen seinen Willen** in dem Verfahren etwas auszusagen oder zu erklären oder aber eine solche Bekundung zu unterlassen. Dazu ist nicht erforderlich, dass der Betroffene im Augenblick der Tat versteht, worauf es dem Täter ankommt. 10

5) Eine Einwilligung des Betroffenen schließt, soweit sie wirksam erteilt werden kann (vgl. SK-*Horn/Wolters* 7; *S/S-Cramer/Sternberg-Lieben* 10), schon den Tatbestand aus, da nötigendes Verhalten ein Handeln gegen den Willen des Betroffenen voraussetzt. Ist der Tatbestand gegeben, so führt eine Einwilligung nicht zur **Rechtfertigung** (*Amelung,* Dünnebier-FS 514). Auf eine Anwendung von 10a

§ 240 II (dagegen *S/S-Cramer/Sternberg-Lieben* 16; dafür NK-*Kuhlen* 14) kommt es idR nicht an, da sich die Unzulässigkeit des Mitteleinsatzes aus § 136a StPO ergibt. Hält der Täter das von ihm eingesetzte Mittel für erlaubt, so ist das ein Verbotsirrtum (*Maiwald* JuS **77**, 358; LK-*Jescheck* 14; *S/S-Cramer/Sternberg-Lieben* 15; **aA** NK-*Kuhlen* 16). Die allgemeinen Rechtfertigungsgründe haben für § 343 keine Bedeutung, da der Tatbestand an die *Verfahrens*-Regeln gebunden ist (*Rogall*, Rudolphi-FS [2004] 511, 539ff.) Eine Rechtfertigung durch **Nothilfe** im Fall einer bestehenden Notwehrlage nach § 32 ist regelmäßig ausgeschlossen (vgl. zur Diskussion der Zulässigkeit von **Folter** anhand des *Falls Daschner* 13ff. zu § 32 sowie die Nachweise dort 13a).

11 **6)** Der Versuch des Verbrechens ist strafbar.

12 **7)** Teilnahme. Für außenstehende Teilnehmer gilt § 28 I (SK-*Horn/Wolters* 2, 15; NK-*Kuhlen* 18; LK-*Jescheck* 1 mwN; **aA** *S/S-Cramer/Sternberg-Lieben* 19; *Lackner/Kühl* 1; *M/Schroeder/Maiwald* 77/23; *Otto* BT 98/7; *Rogall*, Rudolphi-FS [2004] 511, 530ff.).

13 **8) Konkurrenzen.** Versuchte Nötigung tritt gegenüber § 343 zurück; dagegen ist, da § 343 einen Erfolg der Nötigungsabsicht nicht voraussetzt, mit vollendeter Nötigung Tateinheit gegeben (SK-*Horn/Wolters* 16; **aA** LK-*Jescheck* 16; hier bis 50. Aufl.) **Tateinheit** ist mit §§ 339, 340 (dort 4), 344, 345 möglich.

14 **9) Amtsverlust** ist nach § 45 I, aber auch nach § 358 möglich.

Verfolgung Unschuldiger

344 **I Wer als Amtsträger, der zur Mitwirkung an einem Strafverfahren, abgesehen von dem Verfahren zur Anordnung einer nicht freiheitsentziehenden Maßnahme (§ 11 Abs. 1 Nr. 8), berufen ist, absichtlich oder wissentlich einen Unschuldigen oder jemanden, der sonst nach dem Gesetz nicht strafrechtlich verfolgt werden darf, strafrechtlich verfolgt oder auf eine solche Verfolgung hinwirkt, wird mit Freiheitsstrafe von einem Jahr bis zu zehn Jahren, in minder schweren Fällen mit Freiheitsstrafe von drei Monaten bis zu fünf Jahren bestraft. Satz 1 gilt sinngemäß für einen Amtsträger, der zur Mitwirkung an einem Verfahren zur Anordnung einer behördlichen Verwahrung berufen ist.**

II Wer als Amtsträger, der zur Mitwirkung an einem Verfahren zur Anordnung einer nicht freiheitsentziehenden Maßnahme (§ 11 Abs. 1 Nr. 8) berufen ist, absichtlich oder wissentlich jemanden, der nach dem Gesetz nicht strafrechtlich verfolgt werden darf, strafrechtlich verfolgt oder auf eine solche Verfolgung hinwirkt, wird mit Freiheitsstrafe von drei Monaten bis zu fünf Jahren bestraft. Satz 1 gilt sinngemäß für einen Amtsträger, der zur Mitwirkung an

1. einem Bußgeldverfahren oder
2. einem Disziplinarverfahren oder einem ehrengerichtlichen oder berufsgerichtlichen Verfahren

berufen ist. Der Versuch ist strafbar.

1 **1) Allgemeines.** Die Vorschrift idF des EGStGB (vgl. E 1962, 644; Ndschr. **10**, 495; **13**, 321, 695; E EGStGB 279) schützt dieselben Rechtsgüter wie § 343; wie dort handelt es sich nach hM um ein eigentliches Amtsdelikt und ein Sonderdelikt (1 zu § 343).

1a **Literatur:** *Geerds,* Verfolgung Unschuldiger (§ 344 StGB), Spendel-FS 503; *Geilen,* Rechtsbeugung durch Verfolgung – § 344 StGB im Spiegel eines Fehlurteils, H.J. Hirsch-FS (1999), 507; *Herzberg,* Vorsatz u. erlaubtes Risiko – insbesondere bei der Verfolgung Unschuldiger, JR **86**, 6; *Hoh,* Die Verfolgung Unschuldiger (§ 344 StGB), 1984; *Krause,* Die Verfolgung Unschuldiger, *SchlHA* ***69***, 77; *Langer,* Zur Klageerzwingung wegen Verfolgung Unschuldiger, JR **89**, 95.

2 **2)** Der **Kreis der Täter** entspricht dem des § 343 (dort 2ff.), jedoch differenzieren I und II nach der Verfahrensart im Strafrahmen so, dass die Tat nach I ein

Verbrechen ist. Gegenüber Disziplinarvorgesetzten in der BWehr gilt ausschließlich § 39 WStG. Täter kann, wie die Formulierungen „zur Mitwirkung“ und „auf eine ... Verfolgung hinwirkt“ zeigen, nicht nur derjenige sein, der das Verfahren leitet, sondern auch Hilfsorgane wie Polizeibeamte (vgl. BGH **1**, 255 zu § 344 aF; Oldenburg MDR **90**, 1135; E EGStGB 279); aber nicht Sachverständige (*Maiwald* JuS **77**, 358; LK-*Jescheck* 2; NK-*Kuhlen* 5; *Geerds* [1 a] 507; zw.; **aA** E EGStGB 280; *S/S-Cramer/Sternberg-Lieben* 8; SK-*Horn/Wolters* 11; *Geppert* Jura **81**, 82, die § 344 auf Amtsärzte anwenden wollen, falls sie zur Mitwirkung, vgl. §§ 83 III, 91 StPO, berufen sind), Zeugen oder Verteidiger. Der Täter muss in Ausübung seines Dienstes handeln (5 StR 359/69).

3) Tathandlung ist, dass der Täter jemanden verfolgt oder auf eine Verfolgung hinwirkt, dh einen dienstlichen Akt (von der Einleitung bis zum rechtskräftigen Abschluss des Verfahrens; danach uU § 345) vornimmt (oder einen gebotenen wie Freilassung des Betroffenen **unterlässt**), der auf einen positiven Ausgang des Verfahrens (Bestrafung, Anordnung der Maßnahme, Verhängung von Bußgeld oder einer Disziplinarmaßnahme) abzielt oder nur getroffen werden dürfte, wenn ein solcher Ausgang in Betracht käme (Festnahme usw.; krit. *Geerds* aaO 509). Wer handelt, um eine pflichtgemäße polizeiliche Ermittlung durchzuführen, handelt nicht tatbestandsmäßig, auch wenn seine Wahrnehmungen auf einem Irrtum beruhen (München NStZ **85**, 549 f. [hierzu *Herzberg* JR **86**, 6; *Geppert* JK 1; *Wagner* JZ **87**, 662); auch nicht derjenige, der ein Verfahren durchführt oder zuende führt, um einen Unschuldigen vom Verdacht der Schuld zu befreien (LK-*Jescheck* 5; NK-*Kuhlen* 15; SK-*Horn/Wolters* 5). Den Tatbestand soll aber verwirklichen, wer als zuständiger Amtsträger im Ordnungswidrigkeitsverfahren den Anhörungsbogen bewusst einem Nichtbetroffenen übersendet, um diesen durch die Beschuldigung zur Nennung des Tatverantwortlichen zu veranlassen (LG Hechingen NJW **86**, 1823; zw.; hierzu *Wagner* JZ **87**, 663; krit. *Geilen,* H. J. Hirsch-FS 507 ff.). Ein Polizeibeamter, der in einem dienstlichen Bericht wahrheitswidrig die Begehung einer Straftat durch einen andern behauptet, handelt auch dann tatbestandsmäßig, wenn er mit der Bearbeitung der Sache als angeblich Geschädigter nicht befasst ist (Oldenburg MDR **90**, 1135). 3

4) Der Verfolgungsakt kann sich **gegen einen Unschuldigen** richten, dh jemanden, der der rechtswidrigen Tat, der Ordnungswidrigkeit oder der disziplinären Verfehlung, deretwegen er verfolgt wird, *materiell* nicht schuldig ist; dh der sie entweder nicht begangen hat oder dem ein Rechtfertigungs- oder Schuldausschließungsgrund zur Seite steht. Erfasst wird dabei auch der Fall, dass jemand mit dem Ziel einer nicht verdienten schwereren Reaktion verfolgt wird, zB wegen Raubes statt wegen des begangenen Diebstahl (vgl. MDR/D **71**, 896) oder wegen einer Straftat statt der begangenen Ordnungswidrigkeit. Erfasst sind darüber hinaus Verfolgungsmaßnahmen gegen eine Person, die nach dem Gesetz **nicht verfolgt werden darf** (zB wegen Verjährung; Immunität; beschränkter Auslieferung). Dagegen wird man dem Wortlaut des § 344 eine allein auf das Verfolgungs-**Verfahren** bezogene Strafbarkeit (Verfolgung eines – möglicherweise – *Schuldigen* auf gesetzeswidrige Weise, zB durch Herstellung einer wissentlich falschen, belastenden **Beweislage**) nicht entnehmen können (*Lackner/Kühl* 3; **aA** *Wagner* JZ **87**, 663; *Langer* JR **89**, 98; *Geerds,* Spendel-FS 510 ff.; NK-*Kuhlen* 11); eine Verbrechensstrafe schon bei vorsätzlich unzulässiger Anwendung einer einzelnen prozessualen Maßnahme würde auch das Verhältnis zu § 339 verzerren. 4

5) Vorsatz ist als mindestens bedingter insoweit erforderlich, als sich der Täter seiner Stellung als Verfolgungsorgan bewusst sein muss (LK-*Jescheck* 10; *Geerds* [1 a] 514). Darüber hinaus muss er entweder **wissen,** dass er mit seinem dienstlichen Akt jemanden verfolgt, der nicht verfolgt werden darf (Ausschluss des bedingten Vorsatzes; vgl. zu § 344 aF *Mohrbotter* JZ **69**, 491; so auch, wenn ein Polizeibeamter die Unschuld des Festgenommenen kennt, um dessen Festnahme der StA gutgläubig ersucht hatte, Düsseldorf NJW **87**, 2453, hierzu *Langer* JR **89**, 95; E 5

EGStGB 279; vgl. *Blei* JA **74**, 745); oder es muss ihm darauf ankommen **(absichtlich),** einen in diesem Sinne Unschuldigen zu verfolgen, auch wenn er keine sichere Kenntnis von dessen Unschuld hat (BT-Drs. 7/550, 279; LK-*Jescheck* 10; SK-*Horn/Wolters* 9; *S/S-Cramer/Sternberg-Lieben* 19; *Lackner/Kühl* 6; **aA** *Herzberg* JR **86**, 8; NK-*Kuhlen* 18; krit. auch *Schroeder*, Rudolphi-FS [2004] 285, 292 f.). Nimmt der Täter die Unschuld des Verfolgten irrig als sicher an, so ist untauglicher **Versuch** gegeben, der nach I (Verbrechen) und II S. 3 strafbar ist (*Geerds* [1 a] 515). Wenn der Täter der Überzeugung ist, dass der Beschuldigte aus Rechtsgründen nicht verfolgt werden darf, so macht er sich daher des Versuchs schuldig, wenn er die Verfolgung auf eine abweichende Rechtsansicht stützt, die er für *unvertretbar* hält.

6 **6) Die Strafe** ist zwischen I und II abgestuft, der sich auf die dort genannten weniger gravierenden Verfahrensarten bezieht. Für minder schwere Fälle nach I gilt ein niedrigerer Strafrahmen, zB wenn die Tat eines Amtsträgers in untergeordneter Stellung keinen ins Gewicht fallenden Schaden verursacht hat (E EGStGB 279). Amtsverlust nach § 358, bei I auch nach § 45 I.

7 **7) Tateinheit** mit §§ 339, 343 möglich (*S/S-Cramer/Sternberg-Lieben* 22; *Geppert* Jura **81**, 83; *Geilen,* H.J. Hirsch-FS 507, 515 f.; **aA** LK-*Jescheck* 13; SK-*Horn/Wolters* 15: § 344 *lex spec.*; vgl. *Schroeder* GA **85**, 487 u. **93**, 400; **aA** *Geerds* [1 a] 516), während mit § 332 Tatmehrheit gegeben ist. Hinter § 39 WStG tritt § 344 zurück, während § 164, falls die Tat durch einen wahrheitswidrigen Bericht begangen wird, hinter § 344 zurücktritt (5 StR 620/97; Oldenburg MDR **90**, 1135).

Vollstreckung gegen Unschuldige

345 **I Wer als Amtsträger, der zur Mitwirkung bei der Vollstreckung einer Freiheitsstrafe, einer freiheitsentziehenden Maßregel der Besserung und Sicherung oder einer behördlichen Verwahrung berufen ist, eine solche Strafe, Maßregel oder Verwahrung vollstreckt, obwohl sie nach dem Gesetz nicht vollstreckt werden darf, wird mit Freiheitsstrafe von einem Jahr bis zu zehn Jahren, in minder schweren Fällen mit Freiheitsstrafe von drei Monaten bis zu fünf Jahren bestraft.**

II Handelt der Täter leichtfertig, so ist die Strafe Freiheitsstrafe bis zu einem Jahr oder Geldstrafe.

III Wer, abgesehen von den Fällen des Absatzes 1, als Amtsträger, der zur Mitwirkung bei der Vollstreckung einer Strafe oder einer Maßnahme (§ 11 Abs. 1 Nr. 8) berufen ist, eine Strafe oder Maßnahme vollstreckt, obwohl sie nach dem Gesetz nicht vollstreckt werden darf, wird mit Freiheitsstrafe von drei Monaten bis zu fünf Jahren bestraft. Ebenso wird bestraft, wer als Amtsträger, der zur Mitwirkung bei der Vollstreckung

1. eines Jugendarrestes,
2. einer Geldbuße oder Nebenfolge nach dem Ordnungswidrigkeitenrecht,
3. eines Ordnungsgeldes oder einer Ordnungshaft oder
4. einer Disziplinarmaßnahme oder einer ehrengerichtlichen oder berufsgerichtlichen Maßnahme

berufen ist, eine solche Rechtsfolge vollstreckt, obwohl sie nach dem Gesetz nicht vollstreckt werden darf. Der Versuch ist strafbar.

1 **1) Allgemeines.** Die Vorschrift idF des EGStGB (E 1962, 645; Ndschr. **10**, 495; **13**, 324, 695; E EGStGB 280; BT-Drs. 7/1261, 23; Prot. 7/1063) schützt die persönliche Freiheit gegen Willkür und Leichtfertigkeit von Amtsträgern (vgl. BGH **20**, 67; **aA** LK-*Jescheck* 1; *Bockelmann* BT/3 § 11 II). Zu § 345 aF *Stratenwerth* JZ **65**, 325; zur nF *Reiß* Rpfleger **76**, 201. Die *Tat ist ein* **echtes Amtsdelikt** und auch bei I nicht nur ein qualifizierter Fall des *§ 239;* außerdem ein Sonderdelikt (für außenstehende Teilnehmer gilt § 28 I).

1 a **Literatur:** *Franzheim,* Der rechtswidrige Vollzug von Untersuchungshaft (usw.), GA **77**, 68; *Hermes,* Strafrechtliche Folgen einer Verletzung der Spezialitätsbindung im Auslieferungsver-

kehr?, NStZ **88**, 396; *Reiß,* Gedanken zur Neufassung des § 345 StGB, RPfl **76**, 201; *Seebode,* Zwischenhaft, ein vom Gesetz nicht vorgesehener Freiheitsentzug, StV **88**, 119.

2) Täter kann nur ein **Amtsträger** (12 zu § 11) sein, der zur **Mitwirkung bei der Vollstreckung** von Strafen usw. nach Gesetz und Verwaltungsanordnung **berufen** ist (2ff. zu § 343); bei der BWehr Offiziere und Unteroffiziere (§ 48 I WStG); andere Amtsträger scheiden aus, so zB ein Richter ohne Vollstreckungsfunktion, der das Urteil absetzt (BGH **20**, 64). 2

§ 345 **unterscheidet** in Strafmaß und Schuldform zwischen Vollstreckung 3

A. (I, II) von Freiheitsstrafen (einschließlich Jugendstrafe, Strafarrest, Ersatzfreiheitsstrafe), freiheitsentziehenden Maßregeln der Besserung und Sicherung (§ 61 Nr. 1 bis 3) und einer behördlichen Verwahrung anderer Art (3 zu § 174b);

B. (III) von anderen Strafen und Maßnahmen (§ 11 I Nr. 8), dh hier von nicht freiheitsentziehenden Maßregeln (§ 61 Nr. 4 bis 6), Verfall, Einziehung (auch des Wertersatzes) und Unbrauchbarmachung, Jugendarrest (§ 16 JGG), Geldbußen oder Nebenfolgen nach dem OWiG (*Göhler* OWiG 8 zu § 66), von Ordnungsgeld oder -haft (zB §§ 51, 70, 77 StPO), Disziplinarmaßnahmen (zB Disziplinararrest nach der WDO; *Schölz* NZWehrr **75**, 46) oder ehrengerichtlichen oder berufsgerichtlichen Maßnahmen (zB Geldbuße nach § 204 III BRAO). 4

3) Tathandlung ist das Vollstrecken (unten 6) einer der (oben 3, 4) genannten Rechtsfolgen **zum Nachteil** des Betroffenen (für den begünstigenden Fall vgl. § 258a), **A. obwohl sie** nach dem Gesetz **nicht vollstreckt werden darf,** zB weil sie **a)** überhaupt nicht verhängt ist (Schein-Strafen oder Strafen aus einem Nichturteil (vgl. RG **40**, 273), **b)** verhängt ist, aber noch nicht vollstreckt werden darf (vgl. § 449 StPO; andererseits § 178 GVG), **c)** nicht mehr vollstreckt werden darf (Amnestie; Gnade; bereits vollstreckte Strafen), **d)** nicht in dieser Art (Freiheitsstrafe statt Strafarrest; nicht hingegen umgekehrt, da dann kein Nachteil für den Betroffenen) vollstreckt werden darf oder **e)** nicht in diesem Maß (über die Dauer der Strafe hinaus, zB unter Verstoß gegen § 460 StPO, § 66 JGG) vollstreckt werden darf. Ein Abweichen von der Regel des § 43 StVollstrO ist keine ungesetzliche, sondern nur eine dem Vollzugsziel des § 12 StVollstrO abträgliche Vollstreckung, das auch iS des § 57 nicht nachteilig ist. Ebenfalls nicht hierher gehört eine zu Unrecht festgesetzte Strafe, deren Rechtmäßigkeit die Strafvollstreckungsbehörde nicht nachprüfen darf (LK-*Jescheck* 3; SK-*Horn/Wolters* 5; NK-*Kuhlen* 8; RG **16**, 221; **63**, 168; vgl. hierzu *Maiwald* JuS **77**, 359). Hingegen ist nach hM in der Lit. Strafe iS des § 345 auch eine nicht schon formell in den Strafvollzug übergeleitete **UHaft,** die für den Verurteilten nach § 450 StPO auf die Strafzeit anzurechnen ist (*Pohlmann* Rpfleger **64**, 371; LK-*Jescheck* 5; *S/S-Sternberg-Lieben* 3; NK-*Kuhlen* 9; SK-*Horn/Wolters* 3a; zw.; **aA** BGH **20**, 64; abl. zur sog. „Zwischenhaft" *Seebode* StV **88**, 119; vgl. dazu Düsseldorf, StV **88**, 110); im Übrigen kommt beim rechtswidrigen Vollzug von UHaft (neben §§ 239, 339) lediglich § 344 in Betracht (SK-*Horn* 3; NK-*Kuhlen* 9; **aA** *Franzheim* GA **77**, 69; *M/Schroeder/Maiwald* 76/33; *Geppert* Jura **81**, 83). Zu Fällen fehlender Nachteiligkeit bei Vollstreckung im wohlverstandenen Interesse des Betroffenen vgl. *Amelung,* Dünnebier-FS 515f. 5

B. Vollstrecken ist die Vollziehung der rechtlich nicht vollzugsfähigen Strafe oder Maßnahme in den Formen der zulässigen Vollstreckung (BGH **20**, 64). Bloßes Verursachen unzulässiger Vollstreckung ist noch kein täterschaftliches Vollstrecken (BGH aaO; München aaO [oben 2]). Zur Vollstreckung gehört die Gesamtheit der zur Erledigung von Vollstreckung und Vollzug erforderlichen Maßnahmen; also nicht nur ihre zum Vollzug führende Anordnung, sondern auch ihre Durchführung und Überwachung (RG **5**, 332), zB die Führung des Vollstreckungskalenders durch einen Anstaltsbeamten (RG **30**, 135; Kassel HESt. **2**, 180), nicht schon die Erteilung der mit der Bescheinigung der Vollstreckbarkeit versehenen beglaubigten Abschrift der Urteilsformel durch den Urkundsbeamten der Geschäftsstelle. Auch die bloße Mitwirkung bei der Vollstreckung kann Täterschaft sein (RG **19**, 342, str.); so das Entwerfen eines falschen Vollstreckungsersuchens 6 durch einen Geschäftsstellenbeamten (RG **63**, 175). Die Tat kann auch durch **Unterlassen** begangen werden, wenn der Täter Garantenstellung hat.

7 Der **Versuch** ist bei I strafbar, zB bei einer Anordnung der Vollstreckung, die unausgeführt bleibt (vgl. RG **5**, 332).

8 **4) Vorsatz** ist als mindestens bedingter vor allem hinsichtlich der Unzulässigkeit der Vollstreckung erforderlich (hierzu *Maiwald* JuS **77**, 359). In den Fällen von I genügt nach II Leichtfertigkeit (20 zu § 15), nicht hingegen schon jeder vermeidbare, fahrlässige Irrtum über das Vorliegen von Vollstreckungsvoraussetzungen (Köln MDR **77**, 66; Hamm NStZ **83**, 459 m. Anm. *Müller/Dietz*; *Wagner* JZ **87**, 664; LK-*Jescheck* 7).

9 **5) Der Strafrahmen** ist mehrfach abgestuft. Minder schwere Fälle kommen bei I in Betracht, wenn nur ein geringer Nachteil eintritt (eine die Freilassung anordnende Verfügung wird einen Tag zu spät ausgeführt). Amtsverlust bei I nach § 45 I, bei I und III auch nach § 358.

10 **6) Tateinheit ist** mit § 339 möglich(**aA** SK-*Horn/Wolters* 15: Vorrang des § 345). § 239 tritt zurück (hM; vgl. LK-*Jescheck* 8; *S/S-Sternberg-Lieben* 9; *Lackner/Kühl* 6; **aA** SK-*Horn/Wolters* 15; NK-*Kuhlen* 17).

§§ 346, 347 [aufgehoben durch Art. 19 Nr. 192 EGStGB]

Falschbeurkundung im Amt

348 **I Ein Amtsträger, der, zur Aufnahme öffentlicher Urkunden befugt, innerhalb seiner Zuständigkeit eine rechtlich erhebliche Tatsache falsch beurkundet oder in öffentliche Register, Bücher oder Dateien falsch einträgt oder eingibt, wird mit Freiheitsstrafe bis zu fünf Jahren oder mit Geldstrafe bestraft.**

II Der Versuch ist strafbar.

1 **1) Allgemeines.** Die Vorschrift ist durch das EGStGB neu gefasst (RegE 281) und durch das 2. WiKG (2 vor § 263) zur Vermeidung von Strafbarkeitslücken durch die Aufnahme der „Dateien" (9 zu § 271) ergänzt worden. Die Tat entspricht § 271 und betrifft **echte** Urkunden mit **falschem Inhalt,** allerdings nur **öffentliche** Urkunden und Register. Sinn des § 348 ist ein umfassender Schutz des allgemeinen Vertrauens in die Wahrheitspflicht der mit der Aufnahme öffentlicher Urkunden betrauten Amtspersonen (BGH **37**, 209). Die Tat ist ein **echtes Amtsdelikt** (LK-*Gribbohm* 3, 35; *S/S-Sternberg-Lieben* 1; NK-*Puppe* 1; SK-*Hoyer* 2), so dass auf außenstehende Teilnehmer § 28 I anzuwenden ist.

2 **2) Täter** kann nur ein **Amtsträger** sein, der zur Aufnahme öffentlicher Urkunden befugt (BGH **12**, 86) und sachlich und örtlich zuständig ist (BGH **12**, 86; *S/S-Sternberg-Lieben* 5; SK-*Hoyer* 4; *Lackner/Kühl* 3). Amtsträger iS von § 348 ist jeder Amtsträger, der für den gegebenen Fall zur Aufnahme von öffentlichen Urkunden berufen ist (vgl. Bay NJW **93**, 2947). Andere Personen, die nicht befugte Urkundsbeamte sind, können nur Anstifter oder Gehilfen sein (NK-*Puppe* 40).

3 **3) Tathandlung** ist die **Falschbeurkundung im Amt,** nämlich die Herstellung einer echten öffentlichen Urkunde oder Datei mit unwahrem Inhalt durch einen zuständigen Amtsträger (NK-*Puppe* 26 ff.; SK-*Hoyer* 5 ff.; LK-*Gribbohm* 9).

4 **A.** Eine **öffentliche Urkunde** muss das Falsifikat sein. Auch die öffentlichen Register, Bücher oder Dateien, die I besonders erwähnt, sind öffentliche Urkunden (zum Begriff vgl. die Erl. zu § 271; dazu auch BGH **20**, 309 ff.; **22**, 201 ff.; **37**, 209; **44**, 186 f.; **47**, 39 ff.; Celle NStZ **87**, 282; Bay NJW **90**, 655; Rostock NStZ-RR **04**, 172 f.).

5 **B.** Eine **falsche Tatsache** muss beurkundet werden, die rechtlich erheblich ist *(vgl. 9 ff. zu § 271; LK-Gribbohm* 12), und zwar im Rahmen der amtlichen Befugnisse und Verpflichtungen des Täters; BGH **26**, 11.

6 **a)** Nur **Tatsachen,** die in öffentlicher Urkunde mit **Beweiswirkung für und gegen jedermann** beurkundet werden (BGH **37**, 209; **44**, 186, 187; **47**, 39, 41 f.;

wistra **00**, 266; krit. *Freund* JuS **94**, 306), kommen in Frage (vgl. dazu Erl. zu § 271). Dazu gehören vor allem solche, die nach dem Gesetz zwingend anzugeben sind (BGH **44**, 186, 188; **47**, 42; wistra **00**, 266). § 348 erfasst die Niederschrift über eine Gemeinderatssitzung also nur insoweit, als sie den notwendigen Inhalt zum Gegenstand hat (Stuttgart NStE Nr. 4). Die Urkunde muss für den Rechtsverkehr nach außen bestimmt sein (Rostock NStZ-RR **04**, 172, 173).

Nicht erfasst sind daher **zB** bloße interne Verfügungen; Werturteile wie Leumundszeugnisse, auch wenn sie bewusst falsch sind; das der Untersuchung widersprechende Erteilen einer Prüfplakette durch den Prüfer des TÜV (Hamm MDR **74**, 857); Angaben in einem Prüfbericht des TÜV (Bay NStZ-RR **99**, 79); innerdienstliche Vermerke über das Vorliegen der Voraussetzungen für die Umschreibung eines Führerscheins (BGH **33**, 193 [m. Anm. *Marcelli* NStZ **85**, 500]; vgl. 3 StR 196/90 [in BGH **37**, 207 nicht abgedr.]); das Erteilen einer Aufenthaltserlaubnis an Ausländer ohne jede Sachprüfung (Köln JR **79**, 255 m. Anm. *Puppe*) oder sonstige (rechtlich unerhebliche) Tatsachen, die in der Urkunde nicht angegeben zu werden brauchen (BGH **22**, 35); etwa der Vermerk, der Grundbuchinhalt sei erörtert worden (5 StR 158/90); in einem Räumungsprotokoll des Gerichtsvollziehers dessen etwaige Erklärung, bei der Entfernung der dem Schuldner gehörenden Gegenstände ununterbrochen zugegen gewesen zu sein (Bay NJW **92**, 1842). Die Angabe des Ortes der notariellen Beurkundung eines Grundstückskaufvertrags nimmt am öffentlichen Glauben der Urkunde nicht teil (BGH **44**, 186; zweifelnd LK-*Gribbohm* 21); auch nicht die Angabe, eine vor dem Notar erschienene Person sei der deutschen Sprache mächtig (BGH **47**, 39 [Anm. *Puppe* JR **01**, 519]); die Angabe über den Zeitpunkt des Vollzugs oder der Anerkennung der Unterschrift unter einen notariellen Gesellschaftsvertrag sowie die Angabe der Beglaubigungsalternative des § 40 I BeurkG (Karlsruhe NJW **99**, 1044); der Vermerk in einer notariellen Urkunde, diese sei vollständig verlesen worden (Zweibrücken NStZ **04**, 334); die Feststellung, auf welche Weise sich ein Notar Gewissheit über die Identität der an einem Beurkundungsvorgang beteiligten Personen verschafft hat (NJW **04**, 3195; vgl. § 10 II BeurkG). 6 a

b) Die beurkundete (oder eingetragene oder in die Datei eingegebene) Tatsache muss **falsch** sein, so dass ihr Inhalt der Wirklichkeit nicht entspricht (Bay NJW **90**, 655; *Freund* JuS **94**, 307). Das ist **zB** der Fall, wenn der Amtsträger wahrheitswidrig bezeugt, einem Termin beigewohnt zu haben (RG GA Bd. **40**, 34); wenn ein Notar (entgegen § 13 I S. 2 BeurkG) beurkundet, bei der Protokollverlesung zugegen gewesen zu sein (BGH **26**, 47); wenn ein Notar eine echte Unterschrift, die entgegen § 40 I BeurkG nicht *vor* dem Notar vollzogen oder anerkannt wurde, dennoch mit der in § 40 III S. 2 BeurkG vorgeschriebenen Angabe beglaubigt (Köln JR **79**, 255 [m. Anm. *Puppe*]; Frankfurt NStZ **86**, 121 [m. Anm. *Pikart*]; Celle NdsRpfl. **86**, 199; LK-*Gribbohm* 22; **aA** noch BGH **22**, 32 zu § 183 I fF FGG); wenn der Notar einen von ihm verlesenen und von den Parteien vor ihm unterzeichneten *Entwurf* einer Urkunde später von dem Unterschriftsblatt trennt, inhaltlich unverändert in Reinschrift übertragen und das Unterschriftsblatt mit dieser verbinden lässt (Zweibrücken NStZ **00**, 201); wenn der Notar den Wohnort einer am zu beurkundenden Geschäft beteiligten Person (§§ 6 II, 9 I Nr. 2 BeurkG), die Vorlage einer Vollmachtsurkunde für einen Beteiligten durch einen Erschienenen, die Übersetzung einer Urkunde für einen sprachunkundigen Ausländer oder die Abgabe von Erklärungen durch erschienene Personen beurkundet (wistra **00**, 266); wenn der Gerichtsvollzieher eine gar nicht vorgenommene Pfändung beurkundet (1 StR 116/60); wenn ein Bediensteter der (früheren) Deutschen Bundespost Postbank die in Sparbüchern bezeugten Ein- und Auszahlungen unzutreffend wiedergibt (Bay NJW **93**, 2947). 7

Sind **Erklärungen** zu beurkunden, so kommt es für § 348 nur auf die Abgabe der beurkundeten Erklärung selbst an; die inhaltliche **Richtigkeit** der Erklärung unterfällt der erhöhten Beweiskraft der öffentlichen Urkunde nicht (wistra **00**, 266; 7 a

BGHR § 348 I Notar 1 m. Anm. *Schumann* JZ **87**, 522; *Puppe* JZ **91**, 611; *Freund* JuS **94**, 367). Falsch ist die Umschreibung eines ausländischen Führerscheins in einen deutschen nicht schon deswegen, weil die Voraussetzungen des § 15 StVZO nicht vorliegen (BGH **37**, 209, hierzu *Otto* JK 5). Auch die **Unterlassung** der Beurkundung einer Teiltatsache kann zu einer Falschbeurkundung führen (LK-*Gribbohm* 22). Änderungen der Personenstandsbücher und des Melderegisters stellen keine Falschbeurkundung dar, wenn ihnen ein *wirksamer*, aber durch unwahre Angaben erlangter Adoptionsbeschluss zugrunde liegt (NStZ **07**, 471 f.).

8 **C. Vollendet ist die Tat,** sobald die falsche Tatsache eingetragen oder in die Datei eingegeben ist. Doch muss sich der Täter der Urkunde entäußern, sie zB an die Geschäftsstelle abgeben (NJW **52**, 1064; SK-*Hoyer* 5; NK-*Puppe* 28; *M/Schroeder/Maiwald* 65 I/1 ff.; and. *S/S-Sternberg-Lieben* 14; **aA** *Arzt/Weber* 33/15). Ein Schaden braucht allerdings nicht zu entstehen. Ist die Urkunde schon in den Verkehr gelangt, so ist ihre Änderung nicht mehr Falschbeurkundung, sondern Urkundenfälschung (LK-*Gribbohm* 19).

9 **4)** Der **Vorsatz,** der auch als bedingter ausreicht, erfordert Kenntnis der Tatsachen, aus denen sich ergibt, dass der Täter Amtsträger ist (vgl. 31 zu § 331), dass er sachlich und örtlich zuständig ist (BGH **12**, 86) sowie dass die von ihm anzufertigende Urkunde eine öffentliche ist und einen unrichtigen Inhalt (Bay NJW **90**, 654) über eine rechtserhebliche Tatsache hat (Celle NdsRpfl. **86**, 200). Nimmt der Täter irrig an, es handle sich um eine Urkunde zum Innenverkehr, so ist das ein Tatbestandsirrtum (Bay **78**, 141). Beurteilt er nur die Rechtserheblichkeit einer Tatsache oder sonstigen Eintragung falsch, so ist das ein Subsumtionsirrtum (BGH **26**, 47). Ein Irrtum über die Amtspflicht oder die Zuständigkeit kann Verbotsirrtum sein, wenn ihm eine rechtlich falsche Bewertung zugrunde liegt (vgl. LK-*Gribbohm* 32); dagegen ist ein Wahndelikt gegeben, wenn der Täter irrig annimmt, die unwahren Angaben hätten erhöhte Beweiswirkung.

10 **5) Konkurrenzen.** Mit § 271 ist Gesetzeseinheit gegeben, §§ 26, 348 gehen vor. Mit § 267 besteht hingegen wegen der unterschiedlichen Tatbestandsmerkmale keine Gesetzeskonkurrenz (LK-*Gribbohm* 36; *S/S-Sternberg-Lieben* 16; NK-*Puppe* 42).

11 **6) Amtsverlust** ist nach §§ 358, 45 II, III möglich.

§§ 349 bis 351 [weggefallen]

Gebührenüberhebung

352 **I Ein Amtsträger, Anwalt oder sonstiger Rechtsbeistand, welcher Gebühren oder andere Vergütungen für amtliche Verrichtungen zu seinem Vorteil zu erheben hat, wird, wenn er Gebühren oder Vergütungen erhebt, von denen er weiß, dass der Zahlende sie überhaupt nicht oder nur in geringerem Betrag schuldet, mit Freiheitsstrafe bis zu einem Jahr oder mit Geldstrafe bestraft.**

II Der Versuch ist strafbar.

1 **1) Täter** ist ein Amtsträger, ein Rechtsanwalt oder sonstiger Rechtsbeistand, welcher Gebühren oder andere Vergütungen für amtliche Verrichtungen zu seinem Vorteile zu erheben hat; dazu gehören auch Notare und Gerichtsvollzieher (Köln NJW **88**, 503). Die Patentanwälte gehören zu den Anwälten; europäische Rechtsanwälte stehen den Anwälten gleich (vgl. § 42 I EuRAG). Auch die Prozessagenten (§ 157 III ZPO) und Rechtsbeistände iS des RBerG sind (anders als in § 356) einzubeziehen (*S/S-Cramer/Sternberg-Lieben* 3, Bay NJW **64**, 2433; **aA** Frankfurt NJW **64**, 2318), ferner Bezirksschornsteinfeger, öffentlich bestellte Vermessungsingenieure (LK-*Träger* 3).

2 **2) Rechtsgut** des § 352 ist nach hM das **Vermögen** der von Verpflichtungen zur Zahlung hoheitlich festgesetzter Gebühren oder Vergütungen betroffenen Personen (vgl. BGH **4**, 233, 235; Köln NJW **88**, 503; Bay NStZ **89**, 434; SK-*Hoyer* 1; LK-*Träger* 1; *Lackner/Kühl* 1; vgl. aber krit. NK-*Kuhlen* 3). Dadurch wird § 352, da § 263 nach hM idR verdrängt wird (vgl.

unten 8), zu einem dogmatisch (neben § 263) **überflüssigen,** rechtspolitisch ärgerlichen **Privilegierungs-**Tatbestand (ebenso NJW **06**, 3219; 3221 [Anm. *Kuhlen* JR **07**, 207]) für solche Täter, die Gebühren- und Abrechnungsbetrügereien unter Missbrauch besonderer Legitimität begehen (so auch NJW **06**, 3219, 3221: „bedenklich und überholt"; krit. auch NK-*Kuhlen* 4 f.; *Keller* JR **89**, 77 f.).

Die Vergütung ist ein Entgelt für amtliche Mühewaltung. **Auslagen** als Ersatz für wirklich gehabte Auslagen gehören nicht hierher, sondern können unter § 263 fallen (MDR **55**, 651), desgl. die vom Vormundschaftsgericht im Einzelfall nach der geleisteten Arbeit des Vormunds gemäß § 1836 BGB festzusetzende Vergütung des Vormunds (BGH **4**, 233). Die **Gebühr** ist eine in Geld bestehende Unterart der Vergütung. **Entlohnungen** für bestimmte Tätigkeiten, zB als Pfleger (BGH **4**, 233), fallen nicht unter § 352. 3

Für amtliche Verrichtungen zu seinem Vorteil muss der Täter die Vergütung erheben, gleichgültig, ob sie ihm mittelbar oder unmittelbar zufließt (LK-*Träger* 5). Doch muss der Täter ein **eigenes Recht** geltend machen; hieran fehlt es, falls der obsiegende RA vom Gegner für seine Partei zu hohe Gebühren einfordert; hier kann § 263 zutreffen. Unter § 352 fällt aber die Beanspruchung der Gebühr vom eigenen Mandanten unter Verschweigung der Beiordnung. Trotz vorläufiger Amtsenthebung von einem Notar vorgenommene Amtshandlungen sind gültig und daher gebührenpflichtig, auch wenn der Notar gegen § 132 verstößt. 4

§ 352 ist echtes Amtsdelikt, § 28 I ist anzuwenden. 5

3) Die Handlung besteht in der **Erhebung** von Vergütungen, von denen der Täter weiß, dass der Zahlende sie überhaupt nicht oder nur in geringerem Betrage schuldet (LK-*Träger* 13; NK-*Kuhlen* 23, 25); das ist rein kostenrechtlich zu verstehen. Erheben ist auch im Wege der Aufrechnung möglich (LM Nr. 3). Erfasst sind nur solche Ansprüche, die dem Grunde und dem betrag nach **gesetzlich festgelegt** sind; **nicht** aber Ansprüche aus **Honorarvereinbarungen** (NJW **06**, 3219 [m. zust. Anm. *Kuhlen* JR **07**, 207]; NK-*Kuhlen* 17; *S/S-Cramer/Sternberg-Lieben* 9 a; vgl. auch Braunschweig NJW **04**, 2606 f.) unabhängig davon, ob die Vereinbarung wirksam oder unwirksam abgeschlossen wurde (NJW **06**, 3219, 3220; vgl. auch BGHZ **152**, 153 [vorbehaltlose Erfüllung; Anm. *Schulte* MMR **03**, 261; *Grunewald* BB **03**, 595; *Mazza/Werhahn* JZ **03**, 567; *Adolphsen* JR **03**, 327]). Nach Köln NJW **88**, 503 (m. Anm. *R. Keller* JR **89**, 77) werden Gerichtsvollzieherkosten, die bei richtiger Sachbehandlung nicht entstanden wären, nicht „geschuldet". 6

Nach hM gehört zu § 352 das ungeschriebene Tatbestandsmerkmal der **Täuschung** über die dem Täter zustehende Gebührenhöhe (Bay NJW **90**, 1001; Hamm NStZ-RR **01**, 141; vgl. BGH **4**, 233, 235); das bloße Geltendmachen einer Forderung bei (offenem) Streit darüber, ob überhaupt ein Mandatsverhältnis begründet wurde, erfüllt diese Voraussetzung nicht (*Lackner/Kühl* 5; str.; and. LK-*Träger* 19). Die Anforderung einer Täuschung wird aus „Sinn und Zweck" des § 352 als Privilegierungstatbestand gegenüber § 263 hergeleitet (Hamm aaO; vgl. oben 2). 6 a

4) Der **Vorsatz** muss sich auf die Unrechtmäßigkeit der Gebührenforderung erstrecken (Bay **62**, 79). Nach hM ist die Anforderung, dass der Täter von der Unrechtmäßigkeit „weiß"), als „Wissentlichkeit" zu verstehen, so dass bedingter Vorsatz nicht ausreicht (*S/S-Cramer/Sternberg-Lieben* 10; SK-*Hoyer* 9; **aA** LK-*Träger* 21; *Lackner/Kühl* 6; hier bis 52. Aufl.). 7

5) Vollendet wird die Tat mit der Leistung (2 StR 136/92); das Anfordern ist **Versuch**, der nach Abs. II strafbar ist. 7 a

6) Tateinheit ist mit Untreue (NJW **57**, 596; 3 StR 362/85) möglich, mit Betrug nach hM nur, wenn zur Gebührenüberhebung noch eine *sonstige* Täuschung tritt (BGH **2**, 36; **4**, 236; LK-*Träger* 24; *S/S-Cramer/Sternberg-Lieben* 14); im Übrigen soll § 352 als lex specialis dem § 263 vorgehen (NJW **06**, 3219, 3221; Düsseldorf NJW **89**, 2901; Karlsruhe NStZ **91**, 239; SK-*Hoyer* 10; vgl. dazu oben 2). 8

7) Amtsverlust nach § 358. 9

Abgabenüberhebung; Leistungskürzung

353 **I Ein Amtsträger, der Steuern, Gebühren oder andere Abgaben für eine öffentliche Kasse zu erheben hat, wird, wenn er Abgaben, von denen er weiß, dass der Zahlende sie überhaupt nicht oder nur in geringerem Betrag schuldet, erhebt und das rechtswidrig Erhobene ganz oder zum Teil nicht zur Kasse bringt, mit Freiheitsstrafe von drei Monaten bis zu fünf Jahren bestraft.**

II Ebenso wird bestraft, wer als Amtsträger bei amtlichen Ausgaben an Geld oder Naturalien dem Empfänger rechtswidrig Abzüge macht und die Ausgaben als vollständig geleistet in Rechnung stellt.

1 **1) Abs. I** erfasst Abgabenüberhebungen, dh Abgaben öffentlich-rechtlicher Art; dies gilt auch für die Gebühren. Sie müssen für eine öffentliche Kasse erhoben werden, nicht, wie nach § 352, persönlich für den Amtsträger. **Rechtsgut** ist wie bei § 352 das **Vermögen** derjenigen Personen, von denen rechtswidrige Abgaben usw. erhoben werden; nicht aber die Staatskasse, die auf zu Unrecht erhobene Beträge ja gerade keinen Anspruch hat (zutr. NK-*Kuhlen* 2; LK-*Träger* 1; **aA** *S/S-Cramer/Sternberg-Lieben* 2).

2 **A. Täter** sein können nur Amtsträger, denen die Erhebung von Abgaben obliegt. Es genügt, wenn sie für die Kasse, um die es geht, Abgaben in irgendeiner Richtung erheben dürfen (5 StR 51/59; SK-*Hoyer* 5; NK-*Kuhlen* 4 f.). Bloße Übung reicht nicht aus (LM Nr. 2). Der Empfang von Gebühren muss ihnen kraft Dienstvorschrift obliegen, nicht kraft bloßer Übung (NJW **57**, 638). Es handelt sich bei § 353 um ein echtes Amtsdelikt.

3 **B. Die Handlung** erfordert ein **Erheben von Abgaben** (vgl. 6 zu § 352; LK-*Träger* 14; NK-*Kuhlen* 7 f.), von denen der Täter weiß, dass sie der Zahlende überhaupt nicht oder nur in geringerem Betrage schuldet. Die Abgabe muss als solche überhaupt existieren, so dass wenigstens für andere eine Abgabenpflicht besteht; andernfalls gilt § 263. § 353 scheidet wie § 352 aus, wenn der Betroffene weiß, dass er den Betrag nicht schuldet, und gleichwohl aus anderen Gründen zahlt (vgl. BGH **2**, 37; **aA** LK-*Träger* 17; vgl. 6 a zu § 352).

4 Vorausgesetzt ist darüber hinaus, dass der Täter den rechtswidrig erhobenen Betrag **nicht zur Kasse bringt;** insoweit ist § 353 echtes Unterlassungsdelikt. Zur Kasse gebracht ist ein Betrag, wenn er der jeweils zuständigen Amtskasse tatsächlich **zugeführt** und Ordnungsgemäß **verbucht** ist; nicht also etwa, wenn er mittels Fehlbuchungen eingebracht wird, um andere Kassendefekte zu verdecken (RG **26**, 259; Köln NJW **66**, 1373; vgl. LK-*Träger* 18). Für § 353 genügt auch das vorübergehende Einlegen des Geldes ohne Buchung, um es unauffällig wieder zu entfernen (NJW **61**, 1171). Ist der abzuliefernde Betrag verlorengegangen, so wird die Ablieferung durch eine rechtzeitige Anzeige ersetzt.

5 **2) Nach II** ist ein Amtsträger strafbar, der bei amtlicher Ausgabe von Geld oder Naturalien dem Empfänger vorsätzlich und rechtswidrig Abzüge macht und außerdem die Ausgabe als vollständig geleistet in Rechnung stellt (RG **66**, 246; **52**, 165). Es muss sich also um eine amtliche Ausgabe handeln. Der Amtsträger muss amtlich Geld oder Naturalien auszugeben haben. Der nicht vollständigen steht die völlig unterlassene Ausgabe gleich. Auch hier wird eine rechtswidrige Aneignung nicht vorausgesetzt.

6 **3) Vorsatz** ist erforderlich; bedingter Vorsatz reicht nach hM auch im Fall des II nicht aus (*S/S-Cramer/Sternberg-Lieben* 12; SK-*Hoyer* 9; NK-*Kuhlen* 17; **aA** LK-*Träger* 19).

7 **4) Tateinheit** ist möglich mit Unterschlagung; uU ist Tatmehrheit möglich (vgl. BGH **2**, 37; aM SK-*Hoyer* 13). Nach NJW **61**, 1171 soll jedoch nach den Grundsätzen von GrSenBGH **14**, 38 Unterschlagung ausscheiden, wenn sich der Täter gerade das von dem Zahlenden gegebene Geldstück zueignet (vgl. auch Köln NJW **66**, 1373; LK-*Träger* 25). § 263 gegenüber *dem Abgabeschuldner* tritt nach hM hinter § 353 zurück (vgl. NK-*Kuhlen* 19 f.; LK-*Träger* 23 f.); mit Betrug oder Untreue zu Lasten des Trägers der öffentlichen Kasse ist Tateinheit, uU auch Tatmehrheit möglich.

8 **5) Amtsverlust** nach § 358.

Vertrauensbruch im auswärtigen Dienst RiStBV 212

353a **I Wer bei der Vertretung der Bundesrepublik Deutschland gegenüber einer fremden Regierung, einer Staatengemeinschaft oder einer zwischenstaatlichen Einrichtung einer amtlichen Anweisung zuwiderhandelt oder in der Absicht, die Bundesregierung irrezuleiten, unwahre Berichte tatsächlicher Art erstattet, wird mit Freiheitsstrafe bis zu fünf Jahren oder mit Geldstrafe bestraft.**

II Die Tat wird nur mit Ermächtigung der Bundesregierung verfolgt.

1) Allgemeines. Die Vorschrift („Arnim-Paragraph") hat seit ihrer Aufnahme in das StGB durch G v. 26. 2. 1876 (RGBl. 25, 37) keine praktische Bedeutung erlangt (Entscheidungen nur durch RG **41**, 4 und Vorinstanz LG Berlin DJZ **07**, 976; vgl. i. Ü. *Heinrich* ZStW **110**, 327 Fn. 3). Sie war von Anfang an umstritten (ausführliche Darstellung der Entstehungsgeschichte bei *Heinrich* ZStW **110**, 327, der für eine Aufhebung eintritt [346 ff.]; krit. Auch NK-*Kuhlen* 2), wurde durch KRG Nr. 11 aufgehoben, durch das 1. StÄG wieder eingefügt und neu gefasst durch Art. 19 Nr. 197 des EGStGB. **Rechtsgut** ist die Stellung der BRep. in auswärtigen Angelegenheiten und damit ihre Sicherheit, daneben aber auch die Entscheidungs- und Direktionskompetenz im auswärtigen Dienst (*M/Schroeder/Maiwald* 81/15). **Täter** ist ein **diplomatischer Vertreter** der BRep. gegenüber einer fremden Regierung, einer Staatengemeinschaft oder einer zwischenstaatlichen Einrichtung. Er braucht nicht Beamter zu sein, sondern kann auch Vertreter für den Einzelfall sein (LK-*Träger* 2; *Heinrich* aaO 339). 1

2) Tathandlung kann entweder amtlicher **Ungehorsam** oder die Erstattung sog. diplomatischer **Falschberichte** sein. In diesem Fall muss es sich um einen Bericht über **Tatsachen** handeln, nicht um eigene Urteile des Täters. Die Verwendung des Plurals im Gesetzestext ist missverständlich; ausreichend ist schon die Erstattung *eines* falschen Berichts. Absicht bedeutet, dass es dem Täter auf die Irreführung ankommen muss. Der Eintritt eines **Schadens** oder eine konkrete Gefährdung sind nicht erforderlich; die Tat ist *abstraktes Gefährdungsdelikt* (*S/S-Lenckner/Perron* 1). 2

3) Nur mit Ermächtigung der BReg. darf die Tat verfolgt werden (II; vgl. Anm. zu § 77 e und 5 zu § 97). 3

4) Amtsverlust nach § 358. 4

Verletzung des Dienstgeheimnisses und einer besonderen Geheimhaltungspflicht RiStBV 212, 213

353b **I Wer ein Geheimnis, das ihm als**

1. Amtsträger,
2. für den öffentlichen Dienst besonders Verpflichteten oder
3. Person, die Aufgaben oder Befugnisse nach dem Personalvertretungsrecht wahrnimmt,

anvertraut worden oder sonst bekannt geworden ist, unbefugt offenbart und dadurch wichtige öffentliche Interessen gefährdet, wird mit Freiheitsstrafe bis zu fünf Jahren oder mit Geldstrafe bestraft. Hat der Täter durch die Tat fahrlässig wichtige öffentliche Interessen gefährdet, so wird er mit Freiheitsstrafe bis zu einem Jahr oder mit Geldstrafe bestraft.

II Wer, abgesehen von den Fällen des Absatzes 1, unbefugt einen Gegenstand oder eine Nachricht, zu deren Geheimhaltung er

1. auf Grund des Beschlusses eines Gesetzgebungsorgans des Bundes oder eines Landes oder eines seiner Ausschüsse verpflichtet ist oder
2. von einer anderen amtlichen Stelle unter Hinweis auf die Strafbarkeit der Verletzung der Geheimhaltungspflicht förmlich verpflichtet worden ist,

an einen anderen gelangen lässt oder öffentlich bekannt macht und dadurch wichtige öffentliche Interessen gefährdet, wird mit Freiheitsstrafe bis zu drei Jahren oder mit Geldstrafe bestraft.

[III] **Der Versuch ist strafbar.**

[IV] **Die Tat wird nur mit Ermächtigung verfolgt. Die Ermächtigung wird erteilt**

1. von dem Präsidenten des Gesetzgebungsorgans
  a) in den Fällen des Absatzes 1, wenn dem Täter das Geheimnis während seiner Tätigkeit bei einem oder für ein Gesetzgebungsorgan des Bundes oder eines Landes bekannt geworden ist,
  b) in den Fällen des Absatzes 2 Nr. 1;

2. von der obersten Bundesbehörde
  a) in den Fällen des Absatzes 1, wenn dem Täter das Geheimnis während seiner Tätigkeit sonst bei einer oder für eine Behörde oder bei einer anderen amtlichen Stelle des Bundes oder für eine solche Stelle bekannt geworden ist,
  b) in den Fällen des Absatzes 2 Nr. 2, wenn der Täter von einer amtlichen Stelle des Bundes verpflichtet worden ist;

3. von der obersten Landesbehörde in allen übrigen Fällen der Absätze 1 und 2 Nr. 2.

1 **1) Allgemeines.** Die Vorschrift idF des **17. StÄG** (Materialien: RegE: BT-Drs. 8/3067; Ber.: BT-Drs. 8/3313; BTag 8/13 698, 14 611; BRat 472., 481. Sitz) hat § 353 b aF (jetzt I) und § 353 c aF (jetzt II) zusammengefasst. Zur Verfassungsmäßigkeit des I vgl. BVerfGE **28**, 191. **Rechtsgut** sind nicht nur die geschützten Geheimnisse, geheimen Gegenstände und Nachrichten, sondern ist auch das Vertrauen der Allgemeinheit in die Verschwiegenheit amtlicher und anderer Stellen (str.; vgl. LK-*Träger* 2; SK-*Hoyer* 2; **aA** *S/S-Lenckner/Perron* 1; NK-*Kuhlen* 6; *M/Schroeder/Maiwald* 80/3; *Lackner/Kühl* 1, die als geschütztes Rechtsgut die in I und II genannten öffentlichen Interessen ansehen). Wegen der Gleichstellung ausländischer Rechtsgüter vgl. die in 5 vor § 3 genannten Abkommen. Die Tat ist, soweit der Täter Amtsträger ist, ein eigentliches Amtsdelikt, aber in allen Fällen echtes **Sonderdelikt;** für außenstehende Teilnehmer gilt § 28 I (NStZ **06**, 334, 335; *Lackner/Kühl* 2; SK-*Hoyer* 17; **aA** *S/S-Lenckner/Perron* 23).

1 a **Literatur:** *Arndt,* Das Staatsgeheimnis als Rechtsbegriff (usw.), NJW **63**, 465; *Behm,* Verletzung von Dienstgeheimnissen u. Beihilfe durch Journalisten?, AfP **00**, 421; *ders.*, Privatgeheimnis und Amtsgeheimnis, AfP **04**, 85; *Bohnert,* Der beschuldigte Amtsträger zwischen Aussagefreiheit und Verschwiegenheitspflicht, NStZ **04**, 301; *Brosius-Gersdorf,* Dienstgeheimnis versus Presse- u. Rundfunkfreiheit [zur Anwendung der §§ 94 ff. gegen Presseunternehmen], AfP **98**, 25; *Brüning,* Beihilfe zum „Geheimnisverrat" durch Journalisten und die strafprozessualen Folgen. Der Fall „Cicero", NStZ **06**, 253; *Cramer,* Zur Strafbarkeit von Journalisten wegen Beihilfe zum Geheimnisverrat, wistra **06**, 165; *Düwel,* Das Amtsgeheimnis, 1965; *Laufhütte,* Staatsgeheimnis u. Regierungsgeheimnis, GA **74**, 52; *Löffler,* Die Informationsfreiheit von Presse u. Rundfunk und die strafrechtlichen Geheimhaltungspflichten, NJW **75**, 1767; *Lüttger,* Zur Reform des § 353 c StGB, JZ **69**, 578.

2 **2) Täter** können nur Personen sein, die **zZ der Kenntniserlangung** (nicht notwendig auch noch der Tat) folgendem Personenkreis angehören:

3 **A. Nach** Abs. I **a) Amtsträger** (12 zu § 11), und zwar auch solche bei einem Gesetzgebungsorgan des Bundes oder eines Landes; auch Minister (E EGStGB 209), aber nicht Abgeordnete; wohl aber infolge der Gleichstellungsklausel in § 48 I, II WStG **Soldaten** (Offiziere, Unteroffiziere und Mannschaften), und zwar auch aus dem Wehrdienst inzwischen entlassene Soldaten (*Möhrenschlager* NZWehrr **80**, 81). Amtsträger iS von I Nr. 1 sind auch **Richter** einschließlich der Schöffen (vgl. § 11 I Nr. 2 a, Nr. 3). Für Bedienstete der EG vgl. 21 zu § 203;

4 **b)** für den öffentlichen Dienst **besonders Verpflichtete** (32 zu § 11), wozu auch Angehörige des BND und V-Leute gehören (vgl. MDR **64**, 68; NJW **80**, 846; hierzu *Steinke* KR **80**, 490), soweit sie nicht schon unter 2 fallen, aber auch *Gutachter oder für einen Abwehrdienst* tätige Personen, die besonders verpflichtet sind (andernfalls möglicherweise II 1. Alt.);

5 **c) Personen,** die Aufgaben oder Befugnisse nach dem **Personalvertretungsrecht** wahrnehmen (vgl. § 203 II Nr. 3 mit Anm.), wozu auch behördenfremde

Personen wie Beauftragte von Gewerkschaften oder Arbeitgebervereinigungen gehören können, da bei der Tätigkeit bei oder für eine Behörde (IV Nr. 2 Buchst. a) ein Beschäftigungsverhältnis nicht zu bestehen braucht (E EGStGB 282; *Maiwald* JuS **77**, 360);

B. Nach **Abs. II** Personen (zB Sachverständige, Unternehmer), die zur Geheimhaltung in concreto verpflichtet sind entweder nach Nr. 1 oder nach Nr. 2 auf Grund förmlicher **Verpflichtung** (vgl. § 203 II Nr. 6) durch eine andere amtliche Stelle (2 zu § 95), nicht auch durch einen militärischen Befehl (vgl. aber § 19 WStG). Aufnahme in das mitzuzeichnende Protokoll nach dem Muster der VS-Anweisungen oder Mitunterzeichnung der Niederschrift in den Fällen des § 174 III GVG wird genügen (vgl. LK-*Träger* 50; weitergehend *Möhrenschlager* JZ **80**, 165). Nr. 2, die nur in Betracht kommt, soweit I nicht greift, verlangt eine spezielle Verpflichtung; die nach § 1 VerpflG reicht nur für I Nr. 2. Die Verpflichtung ist ein belastender Hoheitsakt, der nur auf Grund eines Ges. oder mit Einwilligung des Betroffenen ergehen kann (*Lüttger* JZ **69**, 582; *Rogall* NJW **80**, 752; LK-*Träger* 48). Die Aufnahme in ein *Zeugenschutzprogramm* begründet für sich allein nicht die Stellung einer „anderen Person des öffentlichen Dienstes" iS von § 54 I StPO (vgl. NJW 06, 785; zur Geheimhaltungspflicht vgl. § 3 ZSHG). 6

3) Tathandlung ist **A. in den Fällen des I** das unbefugte Offenbaren eines Geheimnisses. **a) Geheimnis** (vgl. auch § 203 I S. 1, II S. 1; dazu 4ff. zu § 203) ist hier eine Tatsache, deren Kenntnis nicht über einen begrenzten Personenkreis hinausgeht (BGH **10**, 108; Köln NJW **88**, 2490; vgl. 2 bis 4 zu § 93; LK-*Träger* 10ff.; NK-*Kuhlen* 10ff.); als unbekannt ist auch anzusehen, was noch der Bestätigung bedarf (vgl. 9 zu § 93). Das Geheimnis kann aus dienstlichem, aber auch aus privatem Bereich stammen (Bay NStZ **99**, 568). Ein Personenbezug ist, anders als in § 203, nicht erforderlich. Auch rechtswidriges Handeln Dritter kann im Einzelfall eine geheimhaltungsbedürftige Tatsache darstellen (BGH **48**, 126, 129). Eine Gleichstellungsregel für Tatsachen, die *keine* Geheimnisse sind (vgl. § 203 II S. 2), enthält § 353b nicht. **Keine** Geheimnisse sind Tatsachen, die **offenkundig** sind oder sich aus allgemeinen Quellen ohne weiteres ermitteln lassen (vgl. BGH **48**, 28, 31; **48**, 126, 129f.; NStZ **00**, 596 [Melderegister-Auskünfte; dazu Anm. *Behm* StV **02**, 29]; Bay NJW **99**, 1727 [Bespr. *Pötzel* NJW **99**, 3246]; Hamburg NStZ **98**, 358 [Anm. *Weichert* NStZ **99**, 490]; LG Ulm NJW **00**, 822 [Anm. *Behm* NStZ **01**, 153]). Zum Begriff der **Offenkundigkeit** vgl. auch 10a zu § 203. 7

Aus dem Erfordernis der Gefährdung wichtiger öffentlicher Interessen ergibt sich nicht schon eine Einschränkung des Geheimnisbegriffs selbst (Bay NStZ **99**, 568f. mwN; **aA** *S/S-Lenckner/Perron* 6; [unzutr.] offen gelassen von LG Ulm NJW **00**, 822f.; vgl. dazu unten 13a). Ein Geheimnis liegt vor, wenn der Täter durch generelle Rechtsnormen, so für Beamte durch § 61 I BBG (vgl. Köln GA **73**, 57) oder durch besondere Anordnung (zB ausdrückliche Anordnung des Gerichtsvorsitzenden), bei besonders Verpflichteten im Umfang der Verschwiegenheitsverpflichtung zum Schweigen **verpflichtet** ist; weiterhin bei einem der Dienststelle oder dem Täter anvertrauten oder bekannt gewordenen primär privaten Geheimnis, wenn der primäre Geheimnisträger seinen **Geheimhaltungswillen** zu erkennen gegeben hat; wenn die Geheimhaltungsbedürftigkeit sich (zB beim Haftbefehl) aus der **Natur der Sache** ergibt. Der Begriff ist nicht auf Verwaltungs-Geheimnisse beschränkt; auch das richterliche **Beratungsgeheimnis** ist durch § 353b geschützt (Köln StraFO **05**, 216; *Lackner/Kühl* 6; LK-*Träger* 11; SK-*Hoyer* 4; NK-*Kuhlen* 14; **aA** Düsseldorf NStZ **81**, 25; *S/S-Lenckner/Perron* 5). 7a

Beispiele aus der Rspr.: Dienstliche Beurteilungen von Beamten (BGH **10**, 108); Ermittlungsverfahren (BGH **10**, 276; Hamm NJW **00**, 1278; vgl. auch *Roxin* NStZ **91**, 153, 159); Haftbefehlerlass (Oldenburg NdsRpfl. **80**, 226, hierzu *Wagner* JZ **87**, 664); Strafliste, erkennungsdienstliche Behandlung (Düsseldorf NJW **82**, 2883); Themen von Prüfungsarbeiten (vgl. BGH **11**, 401); Haftbefehle, Inhaftierungen, Steuerschulden (NStZ **00**, 596); Codewörter für Kfz-Halterabfragen (Zweibrücken NStZ **90**, 495); die Tatsache, dass in einer polizeilichen Datensammlung über eine bestimmte Person *keine* Einträge vorhanden sind (BGH **46**, 7b

339 [Anm. *Perron* JZ **02**, 50; *Bär* MMR **01**, 607]; NStZ **02**, 33, 34); datenschutzrechtliche Verstöße eines Ministers (BGH **48**, 126, 130f.); Einzelheiten richterlicher (Zwischen)-Beratungen (Köln StraFO **05**, 216; LK-*Träger* 11, 15; NK-*Kuhlen* 14; *Wagner* JZ **87**, 665; *Lackner/Kühl* 6; **aA** Düsseldorf NStZ **81**, 25; *S/S-Lenckner/Perron* 5). Zum **illegalen Geheimnis** vgl. BGH **20**, 342; BVerfG NJW **70**, 1498.

8 **b)** Dem Täter muss das Geheimnis **in seiner Eigenschaft als Amtsträger**, besonders Verpflichteten usw., dh im Bereich seiner Tätigkeit **anvertraut** oder **bekannt geworden** sein (6ff. zu § 203; LK-*Träger* 13), wobei er es von einem anderen Amtsträger oder einem Privatmann, rechtmäßig oder unrechtmäßig (RG **32**, 265; **33**, 354; Düsseldorf NJW **82**, 2884) erfahren haben kann. Das Ausscheiden aus der Stellung ändert an der Verschwiegenheitspflicht nichts (LK-*Träger* 5).

9 **c) Offenbaren** ist das öffentliche Bekannt machen (4 zu § 94) oder die Mitteilung an einen Unbefugten (LK-*Träger* 17; SK-*Hoyer* 7). Die sachgemäße Mitteilung innerhalb von Behörden oder im Verkehr mit Behörden ist schon tatbestandsmäßig kein Bruch der Verschwiegenheitspflicht (offen gelassen in E 1962, 662); vgl. Köln GA **73**, 57. Das missbräuchliche Verwerten des Geheimnisses ohne Offenbaren ist nicht nach I, sondern nur nach § 204 strafbar (LK-*Träger* 22).

10 **B.** In den Fällen des **Abs. II** ist die Tathandlung das Gelangenlassen (4 zu § 94) von Gegenständen oder Nachrichten an einen Unbefugten (10 zu § 93) oder das öffentliche Bekannt machen (4 zu § 94). Geschützt sind **Gegenstände,** dh körperliche Sachen, namentlich Schriften, Zeichnungen und Modelle (2 zu § 93). Mit dem Verzicht auf diese in § 353c I aF angeführten Beispiele hat der Gesetzgeber keine inhaltliche Änderung der Vorschrift beabsichtigt (RegE 5); weiterhin

11 **Nachrichten** (vgl. BGH **30**, 16), also mündliche (**aA** LK-*Träger* 53; wie hier *S/S-Lenckner/Perron* 12) Mitteilungen. Allerdings muss der Täter zur Geheimhaltung der Gegenstände und Nachrichten verpflichtet (oben 6) sein. Ob materiell ein Geheimnis vorliegt, ist dabei ohne Bedeutung. Macht der Verpflichtete einem Nichtverpflichteten Mitteilung, so kann dieser sie, auch wenn er bösgläubig ist, straflos weitergeben, soweit nicht Teilnahme an der ersten Tat vorliegt (*S/S-Lenckner/Perron* 19; *Lackner/Kühl* 4).

12 **4) Unbefugt,** dh ohne Rechtfertigung (31ff. zu § 203; **aA** NK-*Kuhlen* 20 [Tatbestandsmerkmal]; die Offenbarung zur Wahrung entgegenstehender berechtigter Interessen ist hier keine befugte; ebenso *S/S-Lenckner/Perron* 21) muss der Täter in den Fällen des I und II handeln. Die Befugnis kann sich zB aus dem Gesetz (vgl. § 61 IV BBG), bei Schweigepflicht auf Grund besonderer Anordnung aus der Erlaubnis des Vorgesetzten (zB § 61 II BBG; **aA** *S/S-Lenckner/Perron* 21; *Lackner/Kühl* 13) oder der des primären Geheimnisträgers ergeben (vgl. *Amelung,* Dünnebier-FS 513). Zur **Aussagegenehmigung** von Personen des öffentlichen Dienstes vgl. § 61 II BBG, § 14 II SG, § 54 StPO, § 376 ZPO, § 28 II BVerfGG (vgl. dazu LK-*Träger* 31). Die Aufnahme in ein *Zeugenschutzprogramm* begründet für sich allein nicht die Notwendigkeit einer Aussagegenehmigung (NJW 06, 785 [Anm. *Eisenberg/Reuther* JR **06**, 346]). Will der Täter verfassungswidrige Zustände rügen, so darf er sie erst offenbaren, wenn schonendere Mittel (Dienstweg; Petition) scheitern (BGH **20**, 342; BVerfGE **28**, 191 [mit krit. Anm. *Schmid* JZ **70**, 686]). Im Übrigen kann **rechtfertigender Notstand** (in BGH **48**, 126, 131 offen gelassen), aber auch ein übergesetzlicher Rechtfertigungsgrund iS von 17ff. zu § 93 in Betracht kommen. Unbefugt handelt ein Amtsträger, der einen vertraulich zu behandelnden Haftbefehl eigenmächtig an die Polizei weitergibt (Oldenburg NdsRpfl. **80**, 226).

13 **5)** Der Täter muss (anders § 203 II) in den Fällen von Abs. I und Abs. II durch seine Handlung die **konkrete Gefahr** (BGH **20**, 348; Köln GA **73**, 57) eines **Nachteils für öffentliche Interessen** von Rang (BGH **11**, 402; Düsseldorf NJW *82, 2884; NJW* **89**, 1872; dazu krit. *S/S-Lenckner/Perron* 6; NK-*Kuhlen* 24ff.) verursachen. Die Gefahr kann vor allem **unmittelbar** durch das Bekannt werden des Geheimnisses entstehen (vgl. **zB** BGH **10**, 276 [Gang eines strafrechtlichen Ermittlungsverfahrens, unabhängig von dessen Erfolgsaussichten; vgl. auch Hamm

NJW **00**, 1278, 1280]; **20**, 381 [Zusammenarbeit zwischen Nachrichtendiensten]; 2 StR 513/73 [staatliches Interesse am Wettbewerb zwischen Anbietern gegenüber dem Fiskus; vgl. § 298]; Oldenburg NdsRpfl **80**, 226 [Sicherung der Hauptverhandlung in einer Strafsache durch Erlass und Vollstreckung eines Haftbefehls]; Zweibrücken NStZ **90**, 495 [Sicherheit des Codeworts für Halterabfragen beim Kraftfahrtbundesamt; Anm. *R. Keller* JR **91**, 293]).

Nach **hM** reicht grds auch eine **mittelbare Gefährdung** aus, die darin bestehen kann, dass das **Vertrauen der Allgemeinheit** in die Unparteilichkeit, Unbestechlichkeit und Funktionsfähigkeit der öffentlichen Verwaltung erschüttert wird (BGH **11**, 401, 404 [Weitergabe von Prüfungsaufgaben]; **46**, 339 [Offenbarung von Erkenntnissen aus polizeilichen Datensammlungen; krit. *Perron* JZ **02**, 50]; NStZ **00**, 596 [Anm. *Behm* StV **02**, 29]; Bay NStZ **99**, 568, 569 [Offenbarung von Ergebnissen einer Inpol-Abfrage; Bespr. *Behm* AfP **00**, 421]; Köln NJW **88**, 2489; Düsseldorf NStZ **85**, 169 [abl. Anm. *Schumann*]; LG Kreuznach CR **91**, 37; LK-*Träger* 26; *Lackner/Kühl* 11; **aA** Düsseldorf NJW **82**, 2883; *Schumann* NStZ **85**, 170 f.; *S/S-Lenckner/Perron* 9; SK-*Hoyer* 6; NK-*Kuhlen* 28). Eine solche mittelbare Gefährdung bedarf nach NStZ **00**, 596, 598 (Anm. *Behm* StV **02**, 29) aber stets einer besonderen Feststellung auf Grund einer **Gesamtwürdigung** im Einzelfall (vgl. auch Köln StraFo **05**, 216); es kann nicht jede (nach § 203 II Nr. 1 strafbare) Geheimnisverletzung von Behördenbediensteten regelmäßig als mittelbare Gefährdung *wichtiger* öffentlicher Interessen angesehen werden, da sonst die einschränkende Funktion des Tatbestandsmerkmals unterlaufen würde (vgl. auch BVerfG NJW **06**, 976, 983). Dass wichtige öffentliche Interessen gefährdet sind, ist durch die Erteilung der Ermächtigung (unten 16) noch nicht bewiesen (BGH **10**, 276; Köln StraFo **05**, 216). **13 a**

Ist eine unmittelbare Gefährdung durch die Offenbarung des Geheimnisses nicht gegeben, so kann es auf dessen „Wichtigkeit" grds nicht ankommen, denn ob das Vertrauen der Allgemeinheit in die Integrität des öffentlichen Dienstes durch Offenbarung eines Geheimnisses konkret gefährdet sein kann, hängt von Umständen ab, die im Grunde außerhalb des Schutzbereichs von § 353 b liegen. Es ist daher schon im Hinblick auf Art. 103 Abs. II GG ein nur **enger Anwendungsbereich** „mittelbarer" Gefährdungen anzuerkennen; man wird eine solche nur da bejahen können, wo im Einzelfall die Motivation (zB Korruption), die Form (zB öffentliche Mitteilung) oder der Gegenstand der Tat (zB höchstpersönliche Daten; Umfang der Offenbarung) das Vertrauen breiterer Bevölkerungskreise in die Integrität der Staatsverwaltung *ernsthaft* zu erschüttern geeignet sind. Allein eine Berichterstattung in Presse oder Fernsehen über tatsächliche oder angebliche „Skandale" oder Missstände, innerdienstliche Interessen oder Erwägungen politischer Opportunität reichen schon deshalb nicht aus, weil in einer demokratischen Gesellschaft das **Offenbarwerden von Missständen,** Versäumnissen oder individueller Fehlsamkeit innerhalb der Verwaltung oder Justiz nicht von vornherein als *Gefährdung* öffentlicher Interessen angesehen werden kann (vgl. auch *Perron* JZ **02**, 50, 52). So liegt nach BGH **48**, 126, 132 f. (Anm. *Hoyer* JR **03**, 513) eine Gefährdung wichtiger öffentlicher Interessen nicht vor, wenn ein **Datenschutzbeauftragter** mit (seinerseits unbefugter) Veröffentlichung datenschutzrechtlicher Verstöße im Bereich einer obersten Landesbehörde jedenfalls auch auf zukünftig gesetzmäßiges Verhalten hinwirkt. Für die Weitergabe von Erkenntnissen aus den Polizeiakten-Systemen (zB PAD, Pass) ist eine Gefährdung wohl zu bejahen (vgl. Köln NJW **88**, 2489), und zwar unabhängig davon, ob die Weitergabe zu gewerblichen Zwecken erfolgt oder ob Einzeldaten oder nur pauschale Bewertungen offenbart werden (**aA** LG Ulm NJW **00**, 822 f. [Offenbarung von Kfz-Halter-Daten und Ergebnissen einer PAD-Anfrage mit dem Ergebnis, der Dritte solle sich vor einer Person „in Acht nehmen"; krit. Anm. *Behm* NStZ **01**, 153]). **13 b**

6) Der **Versuch** ist nach **III** in den Fällen des I und II strafbar. Dies gilt auch für den Fall nur fahrlässiger Gefährdung (I S. 2), da die Tathandlung als solche finaler Natur ist (*Maiwald* JuS **77**, 360; Oldenburg NdsRpfl. **80**, 226; *Wagner* JZ **87**, 665; vgl. 5 zu § 18, 41 zu § 11; **aA** *Krey-Schneider* NJW **70**, 644). **14**

14a **7) Teilnehmer** können in den Fällen des I auch Außenstehende sein (oben 1 aE). Beihilfe kann daher auch ein **Journalist** begehen, wenn er ein ihm offenbartes Geheimnis veröffentlicht und dadurch eine konkrete Gefährdung iS von oben 13ff. eintritt (zur Abgrenzung von einer nur internen Verwendung vgl. *Cramer* wistra **06**, 165, 167). Dies gilt sowohl für das Stadium zwischen Versuch und Vollendung der Haupttat als auch danach, nämlich zwischen Vollendung (Eintritt der konkreten Gefahr) und Beendigung (Abwendung der Gefahr oder Eintritt des Schadens; vgl. Bay NStZ **99**, 568, 569; *Grünwald* KJ **79**, 301; **aA** *Möhrenschlager* JZ **80**, 166; *S/S-Lenckner/Perron* 23; *Brüning* NStZ **06**, 253, 255; vgl. auch NK-*Kuhlen* 58). Für außenstehende Teilnehmer gilt § 28 I (wistra **06**, 226, 227).

15 **8) Vorsatz** ist für die **Tathandlung** erforderlich; bedingter Vorsatz genügt (BGH **11**, 404). Für den Irrtum über die Befugnis gilt 48 zu § 203. Irrtum über die Erlaubnis des Vorgesetzten oder primären Geheimnisträgers (oben 12) wirkt wie ein Tatbestandsirrtum. Hinsichtlich der Gefährdung ist in den Fällen des I S. 1 und des II Vorsatz erforderlich; in den Fällen des I S. 2 kommt Fahrlässigkeit in Betracht, wobei der Strafrahmen entsprechend abgestuft ist.

16 **9)** Die Verfolgung der Tat setzt nach Abs. IV eine **Ermächtigung** voraus (vgl. dazu § 77e). Nicht strafwürdige Fälle können dadurch ausgeschieden und (entsprechend § 153c II, III, § 153d StPO) die durch die Einleitung eines Verfahrens mögliche Gefahr weiterer Nachteile beseitigt werden. Die StA hat zu klären, ob die Ermächtigung erteilt wird (KG JR **60**, 192). Zu erteilen hat sie

17 **A.** der **Präsident des Gesetzgebungsorgans** (Nr. 1), bei dem der Täter (oben 2 bis 5) von dem Geheimnis Kenntnis erlangt hat oder von dem der Täter (oben 6) nach II Nr. 1 verpflichtet worden ist. Die Zuständigkeit bleibt erhalten, und zwar nicht nur, wenn der Täter nach Kenntniserlangung oder Verpflichtung aus seiner Position ausgeschieden, sondern auch, wenn er zZ der Tat oder bei Erteilung der Ermächtigung bei einer anderen Stelle tätig, zB vom BTag zum Landtag oder zu einer anderen Behörde versetzt worden ist. Damit hat sich der Gesetzgeber nicht für eine dem § 77a oder § 355 III entsprechende Konstruktion (Dienstvorgesetzter zZ der Tat) entschieden;

18 **B.** diejenige **oberste Bundesbehörde** (Nr. 2), die dem Täter (oben 2 bis 5), der Behörde (38 zu § 11) oder anderen amtlichen Stelle, für die er bei Kenntniserlangung von dem Geheimnis tätig war, übergeordnet ist oder von der der Täter (oben 6) nach II Nr. 2 verpflichtet worden ist. Auch in den Fällen der Nr. 2, 3 bleibt diese Zuständigkeit beim Ausscheiden oder Behördenwechsel entsprechend dem oben 17 Gesagten erhalten. IV Nr. 2 weicht insofern von § 97 III, §§ 104a, 353a II ab, als dort jeweils die Ermächtigung der BReg. gefordert wird. Die Zuständigkeit der obersten Bundesbehörde ist in den Fällen des II Nr. 2 nur gegeben, wenn die Verpflichtung von einer amtlichen Stelle des Bundes vorgenommen worden ist;

19 **C.** die **oberste Landesbehörde** in allen übrigen Fällen des I und II Nr. 2. Das oben 18 Gesagte gilt entsprechend.

20 **10) Tateinheit** ist möglich zwischen Abs. I und §§ 94 bis 99 und 203; zwischen Abs. II und §§ 99 und 203 (vgl. dazu *Behm* AfP **04**, 85, 87ff.), 353d (insbes. I Nr. 2; *Möhrenschlager* JZ **80**, 166); während die §§ 94 bis 98 (hinsichtlich § 98 **aA** *Lackner/Kühl* 14: Tateinheit) den II verdrängen (**aA** LK-*Träger* 58; SK-*Hoyer* 19). Wie die Fassung des II ergibt, geht I dem II vor (LK-*Träger* 58).

21 **11) Auf Amtsverlust** nach § 45 II kann in den Fällen des I erkannt werden (§ 358).

§ 353c [aufgehoben durch Art. 1 Nr. 3 des 17. StÄG]

Verbotene Mitteilungen über Gerichtsverhandlungen

353d **Mit Freiheitsstrafe bis zu einem Jahr oder mit Geldstrafe wird bestraft, wer**

1. ***entgegen** **einem gesetzlichen Verbot über eine Gerichtsverhandlung, bei der die Öffentlichkeit ausgeschlossen war, oder über den Inhalt eines die Sache betreffenden amtlichen Schriftstücks öffentlich eine Mitteilung macht,***

2. entgegen einer vom Gericht auf Grund eines Gesetzes auferlegten Schweigepflicht Tatsachen unbefugt offenbart, die durch eine nichtöffentliche Gerichtsverhandlung oder durch ein die Sache betreffendes amtliches Schriftstück zu seiner Kenntnis gelangt sind, oder

3. die Anklageschrift oder andere amtliche Schriftstücke eines Strafverfahrens, eines Bußgeldverfahrens oder eines Disziplinarverfahrens, ganz oder in wesentlichen Teilen, im Wortlaut öffentlich mitteilt, bevor sie in öffentlicher Verhandlung erörtert worden sind oder das Verfahren abgeschlossen ist.

1) Allgemeines. Die Vorschrift gilt idF des Art. 19 Nr. 199 EGStGB (E EGStGB = RegE 282; Ber. BT-Drs. 7/1261, 23). Sie enthält ein **Presseinhaltsdelikt** (7 zu § 78; *Többens* GA **83**, 102). **Rechtsgut** sind bei Nr. 1 die Staatssicherheit (LK-*Träger* 2; NK-*Kuhlen* 3; *Stapper* ZUM **95**, 590, 591), bei Nr. 2 die durch die Nichtöffentlichkeit der Verhandlung jeweils geschützten Güter, bei Nr. 3 die Unbefangenheit von Verfahrensbeteiligten, namentlich von Laienrichtern und Zeugen (RegE 282), aber auch die Persönlichkeitsrechte der Beteiligten (Ber. 23; BVerfGE **71**, 216; Köln JR **80**, 473 [m. Anm. *Bottke*]; Hamburg NStZ **90**, 283; LG Mannheim NStZ **96**, 361; AG Weinheim NJW **94**, 1544 [m. Bespr. *Wilhelm* NJW **94**, 1521]; LK-Träger 39; vgl. *Waldner* MDR **83**, 425; **aA** *S/S-Lenckner/Perron* 40; SK-*Hoyer* 6), deren Schutz die Regelung freilich nur unvollkommen erreicht (unten 6). **Gesetzgebung**: Der GesE der FDP-Fraktion eines Gesetzes zur Sicherung der Pressefreiheit (BT-Drs. 16/956) schlägt eine Streichung der Vorschrift vor. Ein GesE von B90/GR (BT-Drs. 16/576) schlägt Streichung von Nr. 3 und Änderung des § 353 b vor (Überweisung an die Ausschüsse 16. 3. 2006). 1

Neuere Literatur: *Bottke,* Bemerkungen zum Beschluß des BVerfG zu § 353 d Nr. 3 StGB, NStZ **87**, 314; *Derksen,* Beschränkungen des Beweisverfahrens parlamentarischer Untersuchungsausschüsse durch § 353 d Nr. 3 StGB?, NStZ **93**, 311; *Eser/Meyer,* Öffentliche Vorverurteilung u. faires Strafverfahren. Eine rechtsvergleichende Untersuchung im Auftrage des BMJ 1986; *Hassemer,* Vorverurteilung durch die Medien? NJW **85**, 1921; *Kohl* [Bericht] NJW **85**, 1945; *Kübler,* Öffentlichkeit als Tribunal?, JZ **84**, 541; *Miebach,* Der Ausschluß der Öffentlichkeit im Strafprozeß, DRiZ **77**, 271; *Rennig,* Zum Tatobjekt des § 353 d Nr. 3 StGB, Meurer-GedS (2002), 291; *Rinsche,* Strafjustiz u. öffentlicher Pranger, ZRP **87**, 384; *Roxin,* Strafrechtliche u. strafprozessuale Probleme der Vorverurteilung, NStZ **91**, 153; *Riepl,* Informationelle Selbstbestimmung im Strafverfahren, 1998; *Scherer,* Gerichtsöffentlichkeit als Medienöffentlichkeit (usw.), 1978; *Schomburg,* Das strafrechtliche Verbot vorzeitiger Veröffentlichung von Anklageschriften u. anderen amtlichen Schriftstücken, ZRP **82**, 142; *Schuppert,* Zur Frage der Verfassungsmäßigkeit u. verfassungskonformen Auslegung u. Anwendung von § 353 d Nr. 3 StGB, AfP **84**, 67; *Stapper,* Von Journalisten, der Gerichtsberichterstattung und dem Strafrecht, ZUM **95**, 590; *Stürner,* Empfiehlt es sich, die Rechte u. Pflichten der Medien präziser zu regeln u. dabei den Rechtsschutz des einzelnen zu verbessern?, Gutachten 58. DJT (1990); *Többens,* Die Mitteilung u. Veröffentlichung einer Anklageschrift (usw.), GA **83**, 97; *Wilhelm,* Vorzeitige Weitergabe einer Anklageschrift, NJW **94**, 1520. 1 a

2) Nr. 1 ist trotz ihrer abstrakten Fassung (Blankettgesetz) auf solche Gerichtsverhandlungen beschränkt, bei denen die Öffentlichkeit wegen Gefährdung der Staatssicherheit ausgeschlossen war (§ 172 Nr. 1 GVG); denn nur insoweit besteht in § 174 II GVG ein gesetzliches Veröffentlichungsverbot (RegE 283). **Tathandlung** ist hier, da dem Verbot nach § 174 II GVG zuwidergehandelt werden muss, nur die Veröffentlichung eines Berichts durch Presse (Tageszeitungen, Zeitschriften und sonstige Periodika, aber wohl nur, wenn der Abstand des Erscheinens nicht mehr als 6 Monate beträgt; **aA** *M/Schroeder/Maiwald* 75/2), Rundfunk und Fernsehen. Da Nr. 1 nicht die Rechtspflege schützt (**aA** *Lackner/Kühl* 1), entfällt die Strafbarkeit bei Rechtswidrigkeit des Ausschließungsbeschlusses (*S/S/Lenckner/Perron* 4; *Stapper* ZUM **95**, 591; einschr. LK-*Träger* 6 [nur bei Evidenz]; NK-*Kuhlen* 12). 2

Die Mitteilung muss in der **1. Var.** eine **Gerichtsverhandlung** (in Zivil-, Straf- und anderen Sachen) betreffen, bei der die Öffentlichkeit nach §§ 172 Nr. 1, 174 II GVG ausgeschlossen war (also nicht über eine zB nach § 48 JGG, § 170 GVG ohnehin nicht öffentliche Verhandlung, selbst wenn dort Staatsgeheimnisse erörtert wurden; LK-*Träger* 7), wobei nach dem Sinn der Vorschrift nur Berichte über Vorgänge während des Teils der Verhandlung gemeint sind, die sich nach 3

Ausschluss und vor Wiederherstellung der Öffentlichkeit abgespielt haben (vgl. §§ 173, 174 I GVG), gleichgültig aber, ob es sich um geheimhaltungsbedürftige Tatsachen handelt (LK-*Träger* 13, 37; **aA** *M/Schroeder/Maiwald* 75/2).

4 In der **2. Var.** muss der Bericht den **Inhalt** (mindestens einen Teil des sachlichen Inhalts, auch ohne wörtliche Wiedergabe, RegE 283) eines **die Sache betreffenden amtlichen Schriftstücks,** dh eines den sachlichen Gehalt eines Prozesses (nicht **zB** Ladungen, Zustellungsurkunden) betreffenden amtlich aufgenommenen Schriftstücks zum Gegenstand haben; **zB** den der Anklageschrift, des Urteils, Strafbefehls, Vernehmungsprotokolls. **Amtlich** muss nicht die Herkunft sein, sondern die konkrete Zuordnung des Schriftstücks; daher sind auch Urkunden **Privater** erfasst, die für Zwecke des Strafverfahrens beschlagnahmt worden sind (Hamburg NStZ **90**, 283 [m. abl. Anm. *Senft* StV **90**, 411]; LK-Träger 48; *S/S-Lenckner/Perron* 13; so iE auch *Rennig*, Meurer-GedS 291, 301); nach **aA** sind Tatobjekte nur Schriftstücke von Behörden, die dem Verfahren zugeordnet wurden (AG Hamburg NStZ **88**, 412 m. Anm. *Strate*; *Lackner/Kühl* 4; NK-*Kuhlen* 9f.); nach wiederum **aA** nur solche, die von Behörden für das konkrete Verfahren hergestellt wurden (*Strate* NStZ **88**, 412; *Senfft* StV **90**, 411). Nicht erfasst sind Schriftsätze der Verteidigung oder nichtamtliche Sachverständigengutachten. Die öffentliche Mitteilung muss der Verhandlung nachfolgen. Öffentliche oder nichtöffentliche Mitteilung auf anderen Wegen (zB in Versammlungen, Broschüren, Anschlägen usw.) ist tatbestandslos (LK-*Träger* 17). In Ausnahmefällen kann die Tat nach § 34 oder iS von 7 zu § 98 gerechtfertigt sein (*S/S-Lenckner/Perron* 19).

5 **3)** Bei **Nr. 2** ist Tathandlung die unbefugte **Offenbarung** (vgl. zu § 203) einer **Tatsache** (1ff. zu § 186; 6ff. zu § 263), deren **Geheimhaltung** auf Grund eines Gesetzes (auch Nr. 2 ist eine Blankettvorschrift), nämlich des § 174 III GVG, durch Gerichtsbeschluss den Personen **zur Pflicht** gemacht ist, die in einer Gerichtsverhandlung anwesend waren, bei der die Öffentlichkeit wegen Gefährdung der Staatssicherheit, nach § 172 Nr. 2 GVG (Zursprachekommen von Umständen aus dem persönlichen Lebensbereich eines Prozessbeteiligten oder Zeugen oder eines wichtigen Geschäfts-, Betriebs-, Erfindungs- oder Steuergeheimnisses unter bestimmten Voraussetzungen) oder § 172 Nr. 3 GVG (Erörterung eines Privatgeheimnisses, dessen unbefugte Offenbarung durch den Zeugen oder Sachverständigen mit Strafe bedroht ist, vor allem in § 203) ausgeschlossen war. Auf Verhandlungen, die ohnehin nichtöffentlich sind (oben 3), bezieht sich § 174 III GVG und damit auch Nr. 2 nicht, so dass dort erörterte Geheimnisse usw. (unverständlicherweise) nicht geschützt sind (ebenso *S/S-Lenckner/Perron* 24; NK-*Kuhlen* 22). Die Tatsachen müssen in dem Gerichtsbeschluss so bestimmt bezeichnet sein, dass die Tatbestandsbestimmtheit der Nr. 2 gewahrt wird (*Meyer-Goßner* 14; KK-*Mayr* 6, beide zu § 174 GVG). Die Tatsachen müssen dem Täter durch die nichtöffentliche Verhandlung oder durch ein die Sache betreffendes amtliches Schriftstück (oben 4) unmittelbar zur Kenntnis gekommen sein (LK-*Träger* 29). Er muss also entweder der Verhandlung beigewohnt oder das Schriftstück gelesen haben; die bloße Weitergabe von Berichten anderer reicht nicht aus. Nur die unbefugte Offenbarung ist nach Nr. 2 strafbar; Rechtfertigungsgründe wie zB eine Aussagepflicht (RegE 283) können die Rechtswidrigkeit entfallen lassen.

6 **4)** Bei **Nr. 3** (zur Verfassungsmäßigkeit vgl. BVerfGE **71**, 206; Hamburg StV **90**, 409) ist Tathandlung das **öffentliche Mitteilen** (vgl. 5 zu § 111) von **amtlichen Schriftstücken** (vgl. oben 4) eines **Strafverfahrens** (3 zu § 343), eines **Bußgeldverfahrens** oder eines **Disziplinarverfahrens** (5 zu § 343). Erfasst ist auch das Mitteilen **wesentlicher**, dh für die Sache oder einen Beteiligten wichtige *Umstände* wiedergebender **Teile.** Das Schriftstück muss ganz oder in wesentlichen Teilen **im Wortlaut** öffentlich mitgeteilt werden; die **nur inhaltliche Wiedergabe** mit anderen Worten unterfällt der Vorschrift nicht. Ob geringfügige Änderungen des Wortlauts einer Strafbarkeit nach § 353d entgegenstehen, ist str. (dagegen

Hamburg StV **90**, 410; LK-*Träger* 58; NK-*Kuhlen* 32; **aA** *S/S-Lenckner/Perron* 49; SK-*Hoyer* 24); es ergibt sich nicht schon aus der Beschränkung auf wesentliche Teile, denn auf ihren Wortlaut kommt es gerade an, und die Änderung oder Weglassung unwesentlicher Teile ist für den Tatbestand unerheblich. Eine Wortlaut-Wiedergabe iS von Nr. 3 liegt bei Veränderungen nur so lange vor, wie der (jeweils) wesentliche Teil noch als Originaltext erkennbar ist (zB bei Weglassen einzelner Worte oder Satzteile). Die Einfügung von Zusammenfassungen oder Bewertungen nimmt der Wiedergabe den Charakter einer Mitteilung „im Wortlaut"; allerdings kann ein *wesentlicher* Teil auch ein – uU aus dem Zusammenhang gerissener – kurzer Textteil sein. Die Vorschrift ist trotz der wenig sinnvollen Beschränkung auf Wortlaut-Mitteilungen zum Rechtsgüterschutz „nicht schlechthin ungeeignet" (BVerfGE **71**, 206, 213 [m. zust. Anm. *Hoffmann-Riem* JZ **86**, 494 u. *Bottke* NStZ **87**, 314] auf die Vorlage AG Hamburg NStZ **84**, 265 m. Anm. *Rogall*; *Schomburg* StV **84**, 337; krit. *Kübler* JZ **84**, 547). Eine Einwilligung des Betroffenen ist bedeutungslos (AG Nürnberg MDR **83**, 424 m. Anm. *Waldner*; **aA** *Wilhelm* NJW **94**, 1521).

Dem Schutz unterliegen auch der Anklagesatz (§ 200 I S. 1 StPO; **aA** Hamm NJW **77**, 967) und der entsprechende Teil des Strafbefehlsantrags (**aA** Köln JR **80**, 473), denn auch ihre öffentliche Mitteilung vor der Hauptverhandlung kann die Unbefangenheit von Verfahrensbeteiligten beeinträchtigen (BVerfG JZ **86**, 492 m. zust. Anm. *Hoffmann-Riem*; LK-*Träger* 59; *Többens* GA **83**, 108; *Lackner/Kühl* 4). Daher ist eine Mitteilung nur dann nicht tatbestandsmäßig, wenn sie zum Gegenstand einer **öffentlichen** Verhandlung (nicht unbedingt im selben Verfahren) gemacht wird oder wenn sie dem rechtskräftigen Abschluss des betreffenden Verfahrens nachfolgt (Köln JR **80**, 473 m. Anm. *Bottke*; vgl. LK-*Träger* 53; *S/S-Lenckner/Perron* 57). Eine andere, frühere öffentliche Mitteilung steht der Strafbarkeit nach Nr. 3 nicht entgegen (Hamburg StV **90**, 411 m. Anm. *Senff*). Es richtet sich wegen der erforderlichen Chancengleichheit im Verhältnis Justiz – Beschuldigter sowohl an diesen wie auch an die Justizorgane (LK-*Träger* 61; *Többens* GA **83**, 100); doch ist ihr dienstliches Vorgehen nicht nur in den Fällen ausdrücklicher Vorschrift (zB beim Steckbrief, § 131 StPO; oder bei öffentlicher Zustellung, § 40 StPO; RegE 284) als gerechtfertigt anzusehen, sondern auch dann, wenn ein überwiegendes Interesse der Rechtspflege besteht; zB wenn ein wichtiger Zeuge gesucht wird. **6a**

Nicht **öffentlich** sind zB die Weitergabe an einen zahlenmäßig kleinen, mit dem Angeklagten verbundenen Personenkreis (AG Weinheim NJW **94**, 1545; dazu *Wilhelm* NJW **94**, 1521) oder die vertrauliche Mitteilung durch eine Justizpressestelle in einer geschlossenen Pressekonferenz (Ber. 23; vgl. auch Hamm NJW **77**, 967). Eine öffentliche Mitteilung liegt aber auch dann vor, wenn der Täter im Rahmen einer in seinen Privaträumen abgehaltenen Pressekonferenz Teile einer Ermittlungsakte eines gegen einen Dritten gerichteten Strafverfahrens im Wortlaut mitteilt und diese sodann in der Presse wortgetreu veröffentlicht werden (Stuttgart NStZ **04**, 446). Zur Frage, ob das Beweisverfahren parlamentarischer Untersuchungsausschüsse (Art. 44 GG) durch § 353d Nr. 3 beschränkt ist, vgl. *Derksen* NStZ **93**, 311. **6b**

5) Vorsatz ist als mindestens bedingter hinsichtlich aller Tatbestandsmerkmale erforderlich, insbesondere hinsichtlich des gesetzlichen Verbots in Nr. 1 und der Schweigepflicht in Nr. 2. Falsche Beurteilung der Begriffe „wesentlich" und „erörtert" in Nr. 3 ist Subsumtionsirrtum. Irrige Annahme, zur Tat befugt zu sein, ist Verbotsirrtum; doch ist der Irrtum über Voraussetzungen eines Rechtfertigungsgrundes (oben 2 bis 6) ein Erlaubnistatbestandsirrtum (22 zu § 16). **7**

6) Konkurrenzen. Tateinheit zB mit §§ 94 ff.; 185 ff.; § 203; zu Nr. 2 mit § 353b II möglich (*Möhrenschlager* JZ **80**, 165 Anm. 36; LK-*Träger* 50 zu § 353b). **8**

§ 354 [weggefallen; § 354 ist durch das BegleitG zum TKG (1 zu § 206) neu gefaßt worden und nunmehr § 206]

Verletzung des Steuergeheimnisses

355 **I Wer unbefugt**

1. Verhältnisse eines anderen, die ihm als Amtsträger
a) in einem Verwaltungsverfahren oder einem gerichtlichen Verfahren in Steuersachen,
b) in einem Strafverfahren wegen einer Steuerstraftat oder in einem Bußgeldverfahren wegen einer Steuerordnungswidrigkeit,
c) aus anderem Anlass durch Mitteilung einer Finanzbehörde oder durch die gesetzlich vorgeschriebene Vorlage eines Steuerbescheids oder einer Bescheinigung über die bei der Besteuerung getroffenen Feststellungen

bekannt geworden sind, oder

2. ein fremdes Betriebs- oder Geschäftsgeheimnis, das ihm als Amtsträger in einem der in Nummer 1 genannten Verfahren bekannt geworden ist,

offenbart oder verwertet, wird mit Freiheitsstrafe bis zu zwei Jahren oder mit Geldstrafe bestraft.

II Den Amtsträgern im Sinne des Absatzes 1 stehen gleich

1. die für den öffentlichen Dienst besonders Verpflichteten,
2. amtlich zugezogene Sachverständige und
3. die Träger vom Ämtern der Kirchen und anderen Religionsgesellschaften des öffentlichen Rechts.

III Die Tat wird nur auf Antrag des Dienstvorgesetzten oder des Verletzten verfolgt. Bei Taten amtlich zugezogener Sachverständiger ist der Leiter der Behörde, deren Verfahren betroffen ist, neben dem Verletzten antragsberechtigt.

1 **1) Die Vorschrift** wurde durch Art. 19 Nr. 201 EGStGB eingefügt (RegE 287; BTDrs. 7/1261, 23). **Rechtsgut** ist, wie auch III zeigt, sowohl das Geheimhaltungsinteresse des Steuerpflichtigen als auch das Interesse an der Erzielung wahrheitsgemäßer Steuererklärungen (BVerfGE **67**, 100, 139f.; BFH JZ **70**, 184; Hamm NJW **81**, 357; KG NJW **85**, 1971; LK-*Träger* 2; NK-*Kuhlen* 4; *S/S-Lenckner/Perron* 2). **Das Steuergeheimnis** ist das im Interesse der richtigen Besteuerung notwendige Gegenstück zu den umfassenden Offenbarungs- und Mitwirkungspflichten des Steuerpflichtigen und der übrigen Beteiligten im Besteuerungsverfahren nach § 90 AO, die dazu führen, dass gegenüber den Finanzbehörden auch strafbare und gegen die guten Sitten verstoßende Sachverhalte bekannt gegeben werden müssen, weil nach § 40 AO auch strafbares und sittenwidriges Handeln der Besteuerung unterfällt. Die Tat ist **Sonderdelikt** und (in erweitertem Sinn) eigentliches Amtsdelikt (**aA** *S/S-Lenckner/Perron* 2), so dass für außenstehende Beteiligte § 28 I gilt (**aA** *S/S-Lenckner/Perron* 35). Die Tat ist keine Steuerstraftat iS von § 369 AO.

1a **Literatur:** *Besson,* Das Steuergeheimnis u. das Nemo-tenetur-Prinzip (usw.), 1997; *Blesinger,* Das Steuergeheimnis im Strafverfahren wistra **91**, 239, 294; *Bullmer,* Zulässigkeit der Verwertung von Steuergeheimnissen in einem Zivilprozeß wegen Amtspflichthaftung, BB **91**, 365; *Felix,* Durchbrechung des Steuergeheimnisses zur Richtigstellung in der Öffentlichkeit verbreiteter unwahrer Tatsachen, BB **95**, 2030; *Franzen/Gast/Joecks,* Steuerstrafrecht, 4. Aufl. 1996; *Jarke,* Das Verwertungsverbot des § 393 Abs. 2 S. 1 AO, wistra **97**, 325; *Kummer,* in: *Wabnitz/Janovsky* (Hrsg.), Hdb. des Wirtschafts- u. Steuerstrafrechts, 2000, 10/199ff.; *Lindwurm,* Der Schutz der Selbstdarstellung im Alltag, Rolinski-FS (2002), 95; *Maier,* Reichweite des Verwertungsverbots nach § 393 Abs. 2 S. 1 AO, wistra **97**, 53; *Niemeyer,* in: *Müller-Gugenberger/Bieneck* (Hrsg.), Wirtschaftsstrafrecht, 3. Aufl. 2000, 33/77ff.; *Reiß,* Besteuerungsverfahren u. Strafverfahren, 1987; *Weyand,* Steuergeheimnis u. Offenbarungsbefugnis der Finanzbehörden im Steuerstraf- u. Bußgeldverfahren, wistra **88**, 9; *ders.,* Arzt- u. Steuergeheimnis als Hindernis der Strafverfolgung?, wistra **90**, 4; *ders.,* Offenbarungsbefugnis nach § 30 Abs. 4 *Nr. 4a AO als Offenbarungsverpflichtung?,* DStR **90**, 411.

2 **2) Täter** sein können **A. (I) Amtsträger** (§ 11 I Nr. 2, § 7 AO, § 9 BArchG), in erster Linie solche der Bundes- und Landesfinanzbehörden (§§ 1, 2 FVG, § 6 AO), aber auch der Gemeinden (§ 7 AO) sowie die an einem Steuergerichtsverfahren, Steuerbußgeld- oder

-strafverfahren beteiligten Amtsträger einschließlich der Staatsanwälte, Berufsrichter und ehrenamtlichen Richter (§ 11 I Nr. 2a iVm Nr. 3), auch der ehrenamtlichen Finanzrichter (§§ 16ff. FGO) und die Mitglieder des Bewertungsbeirats (§ 64 IV BewG);

B. (II Nr. 1) für den öffentlichen Dienst besonders Verpflichtete (§ 11 I Nr. 4), soweit sie an Verfahren der in I 1 genannten Art dienstlich beteiligt sind. 3

C. (II Nr. 2) amtlich, dh von den Finanzämtern (nach § 96 AO) oder den Strafverfolgungsbehörden, vor allem den Gerichten (nach §§ 72ff. StPO) **zugezogene Sachverständige,** ohne Rücksicht auf eine förmliche Verpflichtung (E EGStGB 287; LK-*Träger* 20), aber nicht die von dem Steuerpflichtigen oder seinem Verteidiger beauftragten; 4

D. (II Nr. 3) die **Träger** von **Ämtern** der **Kirchen** und anderen **Religionsgesellschaften des öffentlichen Rechts** (19 zu § 132a), soweit sie als solche an Verfahren der in I Nr. 1 genannten Art mitwirken (vgl. § 30 III Nr. 3 AO); hierzu LK-*Träger* 22. 5

E. Der Täter kann die Tat auch noch begehen, wenn er aus der unter 2 bis 5 genannten Stellung ausgeschieden ist; es kommt nur darauf an, dass er das, was er offenbart oder verwertet, als Inhaber seiner Stellung erfahren hat. Nicht von § 355 erfasst sind vom Steuerpflichtigen zugezogene Sachverständige, Steuerberater oder Steuerbevollmächtigte sowie die Abzugsverpflichteten in Quellensteuerverfahren (Arbeitgeber) und die Beteiligten iS von § 78 AO; sie können § 203 unterfallen. 5a

3) Tathandlung ist **das Offenbaren** (vgl. Anm. zu § 203) oder **Verwerten** (§ 204 mit Anm.; *Maiwald* JuS **77**, 362; vgl. Bay NStZ **84**, 169 [Anm. *Maiwald*]; *Wagner* JZ **87**, 668) bestimmter tatsächlicher Umstände. 6

A. Gegenstand der Offenbarung oder Verwertung müssen **Verhältnisse** eines beliebigen **anderen** (also nicht nur des Steuerpflichtigen wie nach § 22 II Nr. 1 AO und auch einer juristischen Person) sein, gegen den sich auch das Verfahren nach I Nr. 1 a, b nicht zu richten braucht. Bei Gesamthandsgemeinschaften, insb. auch **Personengesellschaften,** sind die Beteiligten im Verhältnis zueinander nicht „andere", *soweit* die Verbundenheit reicht (*S/S-Lenckner/Perron* 7; and. NK-*Kuhlen* 7); das betrifft insb. die einheitliche und gesonderte Gewinnfeststellung. Darüber hinaus gehende, insb. die den persönlichen Bereich betreffenden Verhältnisse einzelner Gesellschafter, unterliegen dem Steuergeheimnis. Bei **Kapitalgesellschaften** sind die Verhältnisse der Gesellschaft und der einzelnen Gesellschafter stets die „eines anderen" (*S/S-Lenckner/Perron* 8). Verhältnisse sind nicht nur Einkommens- und Vermögensverhältnisse, sondern auch persönliche Verhältnisse wie zB Gesundheit, Leistungsfähigkeit, Vorstrafen, Ergebnisse früherer Bußgeldverfahren (vgl. NK-*Kuhlen* 8ff.; *S/S-Lenckner/Perron* 4f.); wobei es nicht darauf ankommt, ob das, was dem Amtsträger bekannt geworden ist, sich nachträglich als falsch erweist (RG **65**, 46; Hamm NJW **81**, 358; *Wagner* JZ **87**, 667; LK-*Träger* 6). Um **Geheimnisse** iS von § 203 kann es sich, braucht es sich aber nicht zu handeln (*S/S-Lenckner/Perron* 5; SK-*Hoyer* 7). Doch scheiden Tatsachen aus, an denen offensichtlich kein Diskretionsinteresse bestehen kann (*Maiwald* JuS **77**, 362), zB nicht der Name des Anzeigeerstatters in einem Steuerstrafverfahren (KG NJW **85**, 1971; hierzu *Wagner* JZ **87**, 667). 7

Wenn I Nr. 2 ein **fremdes Betriebs-** oder **Geschäftsgeheimnis** (dazu 4 zu § 203; LK-*Träger* 16; NK-*Kuhlen* 11) ausdrücklich nennt, so ist das nur eine klarstellende Heraushebung (hierzu LK-*Träger* 17); sie gehören ohnehin zu den Verhältnissen (*S/S-Lenckner/Perron* 9; **aA** NK-*Kuhlen* 11; LK-*Träger* 17). 8

B. Die Verhältnisse müssen dem Täter **als Amtsträger** oder in seiner Funktion nach Abs. II **bekannt geworden** sein (LK-*Träger* 18; SK-*Hoyer* 5), allerdings aus bestimmten Quellen, nämlich 9

a) in einem (nicht notwendig gegen denjenigen gerichteten, um dessen Verhältnisse es geht) **Verwaltungsverfahren** in **Steuersachen,** nämlich im Besteuerungsverfahren nach §§ 78ff. AO, im Festsetzungs- und Feststellungsverfahren nach §§ 155, 179ff. AO, im Außenprüfungsverfahren nach §§ 193ff. AO, Erhebungsverfahren nach §§ 218ff. AO; im Verfahren zur Einheitsbewertung nach §§ 19ff. BewG; Rechtsbehelfsverfahren nach §§ 347ff. AO und Vollstreckungsverfahren nach §§ 249ff. AO (LK-*Träger* 12); oder einem **Verfahren** vor den **Finanzgerichten** (§§ 33ff. FGO); 10

11 **b)** in einem **Strafverfahren wegen einer Steuerstraftat** (§§ 208 ff., 385 ff. AO) oder in einem **Steuerbußgeldverfahren** (§§ 409 ff. AO); oder

12 **c)** aus anderem Anlass durch **Mitteilung** einer **Finanzbehörde,** zB an eine andere Behörde oder eine Gemeinde nach § 31 AO, an das Registergericht nach § 125 a II FGG sowie durch die **gesetzlich vorgeschriebene Vorlage** eines **Steuerbescheides** oder einer **Bescheinigung** über die bei der Besteuerung getroffenen Feststellungen (zB über die Nichtveranlagung; Feststellungen in einer Lohnsteuerkarte).

13 Nicht in diesem Sinn bekannt geworden sind solche Tatsachen, die dem Amtsträger schon anderweit bekannt waren oder die offenkundig sind. Nicht von I erfasst werden nach dem Sinn der Vorschrift Tatsachen, die in einer öffentlichen Verhandlung erörtert worden sind (anders bei nicht öffentlicher Verhandlung, insbesondere bei Ausschluss der Öffentlichkeit nach § 172 Nr. 2, 3 GVG, gleichgültig, ob Verschwiegenheitspflicht nach § 174 III GVG auferlegt ist).

14 **C.** Der Täter muss **unbefugt** handeln (vgl. Erl. zu § 203). **§ 30 IV AO** enthält dazu einen Katalog, wonach die **Offenbarung** befugt ist (hierzu LK-*Träger* 32 bis 74; *S/S-Lenckner/Perron* 19 ff.; NK-*Kuhlen* 28 ff.; *Goll* NJW **79**, 90), soweit **a)** sie der Durchführung eines Verfahrens nach I Nr. 1 a, b dient (*Schomberg* NJW **79**, 526; krit. *Winter* MDR **76**, 977); **b)** durch Gesetz ausdrücklich zugelassen ist; **c)** der Betroffene, dh der Geheimnisgeschützte zustimmt; **d)** sie der Durchführung eines Strafverfahrens wegen einer anderen Straftat als eines Steuerdelikts dient und die Kenntnisse in bestimmter Weise erlangt sind (§ 30 IV Nr. 4 AO); **e)** ein zwingendes öffentliches Interesse daran besteht, was bei bestimmten Verbrechen, schweren Vergehen und Wirtschaftsdelikten sowie zur Richtigstellung von in der Öffentlichkeit verbreiteten unwahren Tatsachenbehauptungen in Betracht kommt (nicht bei unerlaubten Glücksspielen; vgl. 5 StR 557/93); die Voraussetzungen im Einzelnen ergeben sich aus § 30 IV Nr. 5 AO. Vorsätzlich falsche Angaben des Betroffenen dürfen den Strafverfolgungsbehörden stets offenbart werden (§ 30 V AO). Von erheblicher praktischer Bedeutung kann die durch Art. 18 Nr. 2 des Vierten FinanzmarktförderungsG v. 21. 6. 2002 (BGBl. I 2010) eingefügte Offenbarungsbefugnis des **§ 31 b AO** sein; hiernach sind von den Finanzbehörden **Tatsachen,** die auf eine nach § 261 strafbare **Geldwäsche** schließen lassen, den Strafverfolgungsbehörden mitzuteilen. Obgleich die genannten Vorschriften der AO den Charakter eines Abschlusskatalogs haben (str.; vgl. *S/S-Lenckner/Perron* 19 mwN), sind in Ausnahmefällen auch **allgemeine Rechtfertigungsgründe** wie zB § 34 nicht auszuschließen; auch Pflichtenkollision kommt in Betracht (*Maiwald* JuS **77**, 363; *Goll* NJW **79**, 93; vgl. *Weißenborn* NJW **57**, 249); ebenso mutmaßliche Einwilligung (*S/S-Lenckner/Perron* 23; SK-*Hoyer* 17; LK-*Träger* 41; **aA** *Weyand* wistra **88**, 11). Für Mitteilungen an andere Behörden und Stellen gilt § 31 AO; für Mitteilungen innerhalb derselben Behörde 41 zu § 203 entsprechend (vgl. auch *Klein/Orlopp* [1 a] zu § 30 AO). Im Fall des **Verwertens** kann nur die Einwilligung des Betroffenen rechtfertigen.

15 **4)** Zum **Vorsatz** gilt 18 zu § 206; zur **Teilnahme** 19 zu § 206 entsprechend (*Maiwald* JuS **77**, 362; vgl. auch oben 1). Der **Versuch** ist straflos. **Amtsverlust** ist nach § 358 möglich.

16 **5) Strafantrag** ist nach **III** Prozessvoraussetzung. Antragsberechtigt ist der Verletzte, dh der, dessen Verhältnisse oder Geheimnisse offenbart oder verwertet worden sind, sowie der Dienstvorgesetzte des Täters in den Fällen von I, II Nr. 1, 3 (§ 77 a); in den Fällen von II Nr. 2 der Leiter der Behörde, dessen Verfahren betroffen ist (LK-*Träger* 79; *S/S-Lenckner/Perron* 38).

17 **6) Konkurrenzen.** § 355 ist *lex specialis* gegenüber §§ 203, 204, Tateinheit ist möglich mit *§§ 353 b und 353 d* (LK-*Träger* 77). Mit § 332 wird regelmäßig Tatmehrheit bestehen, während zwischen § 334 und Anstiftung zu § 355 Tateinheit möglich ist.

Parteiverrat

356 **I Ein Anwalt oder ein anderer Rechtsbeistand, welcher bei den ihm in dieser Eigenschaft anvertrauten Angelegenheiten in derselben Rechtssache beiden Parteien durch Rat oder Beistand pflichtwidrig dient, wird mit Freiheitsstrafe von drei Monaten bis zu fünf Jahren bestraft.**

II Handelt derselbe im Einverständnis mit der Gegenpartei zum Nachteil seiner Partei, so tritt Freiheitsstrafe von einem Jahr bis zu fünf Jahren ein.

1) Allgemeines. Die Vorschrift gilt idF durch das EGStGB; zur **Entstehungsgeschichte** NK-*Kuhlen* 1 ff.; LK-*Gillmeister* 1 f. Die Tat ist abstraktes Gefährdungsdelikt (Bay aaO; LK-*Gillmeister* 10) und ein Berufsvergehen (BGH **12**, 96, 98; **20**, 41 f.; **24**, 191; **45**, 148, 153; krit. LK-*Gillmeister* 5, da es nicht auf den *Beruf*, sondern auf die Verfahrens-Funktion des Täters ankomme) und als solches ein **Sonderdelikt** (SK-*Rudolphi/ Rogall* 1; NK-*Kuhlen* 9). 1

Neuere Literatur (Auswahl): *Aigner,* Der Tatbestandskomplex „Dieselbe Rechtssache" im straf- (§ 356 StGB) u. standesrechtlichen (§ 45 Nr. 2 BRAO) Parteiverrat – eine Leerformel?, 1994; *Baier,* Parteiverrat (§ 356 StGB) bei Verknüpfung strafrechtlicher und gesellschaftsrechtlicher Mandate, wistra **01,** 401; *Dahs,* Handbuch des Strafverteidigers, 67 ff.; *ders.,* Parteiverrat im Strafprozeß, NStZ **91**, 561; *ders.,* Angeklagter und „verdächtiger" Zeuge – Parteien im Strafprozeß, NStZ **95**, 16; *Dingfelder/Friedrich,* Parteiverrat, 1987; *H. Erb,* Parteiverrat. Rechtsgut und Einwilligung im Tatbestand des § 356 StGB, 2005 (Diss. München 2004); *ders.*, Tendenz zur Entkriminalisierung: Parteiverrat und anwaltliche Beratung bei „einverständlichen" Ehescheidungen, NJW **03**, 730; *Eylmann,* Die Interessenkollision im Strafverfahren, StraFO **98**, 145; *Geppert* Jura **81**, 85; *O. Geppert,* Der strafrechtliche Parteiverrat, 1961; *Haffke,* in: *Duss-v. Werdt/Mähler* (Hrsg.), Mediation: Die andere Scheidung, 1993, 92 ff.; *Hartung,* Ist die Vertretung widersreitender Interessen künftig erlaubt?, NJW **06**, 2721, *Hennsler,* Anwaltliches Berufsrecht und Mediation, AnwBl **97**, 129; *Hennsler/Deckenbrock,* Einverständliche Ehescheidung und anwaltlicher Parteiverrat – ein unauflösbares Spannungsverhältnis?, MDR **03**, 1085; *Holz,* Parteiverrat in Strafsachen 1996 (Diss. Tübingen); *Kempf,* Bruchstellen des anwaltlichen Tätigkeitsverbots im widerstreitenden Interesse, Strauda-FS (2006), 107; *Kretschmer,* Der strafrechtliche Parteiverrat (§ 356 StGB), 2005; *Mennicke,* Überlegungen zum Rechtsgut des § 356 StGB u. einer rechtsgutsbezogenen Auslegung des „ungeschriebenen" Tatbestandsmerkmals des Interessengegensatzes zwischen den Parteien, ZStW **112** (2000), 834; *Meyer,* Die strafrechtliche Verantwortung von Juristen im Mediationsverfahren, AnwBl. **00**, 80; *Kleine-Cosack,* Verteidigung mehrerer Beschuldigter durch Mitglieder einer Sozietät, StraFO **98**, 149; *ders.*, Verfassungswidrige Interessenwiderstreitregelung, AnwBl **03**, 539; *ders.*, Parteiverrat bei Mehrfachvertretung, AnwBl **05**, 338; *Kretschmer,* Der strafrechtliche Parteiverrat (§ 356 StGB), 2005; *Lüderssen,* Der Notar im Konflikt mit § 356 StGB?, in: Entkriminalisierung des Wirtschaftsrechts, 1998, 141 (Triffterer-FS 343); *Meyer,* Die strafrechtliche Verantwortung von Juristen im Mediationsverfahren, AnwBl **00**, 80; *Mühlbauer,* Die anwaltliche Vertretung mehrerer Studienplatzbewerber in Hochschulzulassungsverfahren als Wahrnehmung widerstreitender Interessen, JR **05**. 54; *Müller/Gussmann,* Berufsrisiken des Strafverteidigers, 2007; *Otto,* Der Begriff der „Rechtssache" in §§ 336, 356 StGB, Jura **86**, 221; *Pfeiffer,* Parteiverrat als straf- und standesrechtliches Problem, Koch-FS (1989), 127; *Prinz,* Der Parteiverrat des Strafverteidigers, 1999 (Diss. Bonn 1998); *Zürbig,* Der Parteiverrat (§ 356 StGB) im Ehescheidungsverfahren, 1990 (Diss. Trier). . 1 a

2) Durch § 356 geschützte **Rechtsgüter** sind nach hM zum einen die jeweils dem Rechtsanwalt anvertrauten rechtlich geschützten Interessen der Mandanten (insoweit „**Untreuedelikt**"; vgl. *H. Erb* [1 a] 262 f.; BGH **4**, 80, 87; krit. LK-*Gillmeister* 5 ff.); freilich ist § 356 kein *Vermögensdelikt*. Zum anderen ist auch das Ansehen der Anwaltschaft als wichtigem Teil der **Rechtspflege** geschützt (BGH **4**, 82; **12**, 98; **15**, 332, 336; **45**, 148, 153; GA **61**, 205; Bay NJW **59**, 2224; **81**, 832 [m. krit. Anm. *Hübner* JR **81**, 430, sowie *Baumann/Pfohl* JuS **83**, 24]; Bay NJW **89**, 2903 m. Anm. *Ranft* JR **91**, 164]; krit. NK-*Kuhlen* 6; *Mennicke* ZStW **112**, 834, 841 ff., 864; *Prinz* [1 a] 14; umfassend zur Rechtsgutsbestimmung *H. Erb* [1 a] 95 ff. 186 ff.). 2

3) Täterstellung. Täter des § 356 kann ein **Rechtsanwalt** (auch ein gem. § 206 f BRAO in Deutschland niedergelassener ausländischer RA; zu europäischen

Rechtsanwälten vgl. § 42 I EuRAG), Patentanwalt oder ein anderer Rechtsbeistand sein. Anwälte iS von § 356 sind auch **Syndikusanwälte** und **Justitiare**, *soweit* sie in anwaltlicher Unabhängigkeit außerhalb weisungsgebundener Tätigkeit handeln (LK-*Gillmeister* 15; *Lackner/Kühl* 2; vgl. Stuttgart NJW **68**, 1975).

A. Andere Rechtsbeistände sind Personen, die in staatlich anerkannter Weise Rechtsbeistand leisten oder nach allgemeiner oder Zulassung im Einzelfall rechtliche Beratung erteilen (*S/S-Cramer/Heine* 7; SK-*Rudolphi/Rogall* 10; LK-*Gillmeister* 18); eine „anwaltsähnliche" Stellung ist nicht erforderlich. Erfassind sind zB die Rechtskundigen, die dem Beschuldigten gemäß § 142 II StPO als Verteidiger bestellt oder einer Partei als Rechtsanwalt nach § 121 ZPO beigeordnet sind; auch Hochschullehrer (vgl. zur Reichweite BGH **48**, 350 [Fachhochschullehrer]; BerlVerfGH NJW **95**, 1212) als Verteidiger nach § 138 I StPO (NK-*Kuhlen* 11); ebenso Beistände nach dem RBerG (hM; and. Bremen NJW **67**, 2418). Der Insolvenzverwalter scheidet aus, selbst wenn er Rechtsanwalt ist (BGH **13**, 231; vgl. *H. Schäfer* wistra **85**, 212). Dasselbe gilt für Generalbevollmächtigte (EGH **30**, 181); Makler (EGH **14**, 103); Testamentsvollstrecker (vgl. EGH **14**, 93); auch für einen Vormund, auch wenn er Rechtsanwalt ist (BGH **24**, 191). Auch ein RA als Geschäftsführer einer GmbH ist wohl nicht erfasst (offen gelassen in BGH **45**, 148, 153 [Anm. *Dahs* NStZ **00**, 371]).

3 **B.** Dem Täter muss in seiner **Eigenschaft als Anwalt** usw. (vgl. dazu BGH **20**, 41; BGHR § 356 RA 1), dh gerade im Zusammenhang mit und als Teil seiner berufliche Tätigkeit, eine Rechtsangelegenheiten anvertraut sein. Tritt der Anwalt in eigener Sache oder nicht beruflich auf, so scheidet § 356 aus (BGH **12**, 98; LK-*Gillmeister* 12), denn in diesem Fall ist er nicht, wie § 356 voraussetzt, „Dritter". Dass ein Rechtsanwalt (auch) eine persönliche Beziehung zu einer oder beiden Parteien hat, steht einer Tätigkeit „als Anwalt" aber nicht entgegen (vgl. Karlsruhe StV **03**, 340 f.). Ein RA wird nicht schon dadurch selbst *Partei,* dass er Gesellschafter einer von ihm vertretenen Gesellschaft ist (BGH **45**, 148, 151 f., 154).

3 a **C.** Dem Täter muss eine **Angelegenheit anvertraut** worden sein (vgl. dazu BGH **18**, 12). Es reicht die Übertragung der Interessenwahrnehmung aus; ein Anvertrauen von Geheimnissen iS von § 203 I Nr. 3 ist nicht erforderlich. Ausreichend ist zB, wenn ein RA in seiner Kanzlei aufgesucht und von ihm nach Schilderung der Sache sein Rat eingeholt wird; ein weitergehender Auftrag braucht nicht erteilt zu sein (vgl. NJW **87**, 335; Köln StraFo **02**, 205 f.). Auch eine Tätigkeit aus Gefälligkeit reicht aus; rein private Beratung scheidet aber aus (vgl. BGH **20**, 43; str.; **aA** *Prinz* [1 a] 43; zweifelnd *Baier* wistra **01**, 401, 402). Für die Abgrenzung werden idR die ausdrückliche Erteilung einer Vollmacht oder eines Auftrags sowie die Vereinbarung oder Geltendmachung eines Honorars gravierende Indizien sein; zwingend erforderlich sind sie nicht (SK-*Rudolphi/Rogall* 13).

3 b Obwohl im Zweifel davon auszugehen ist, dass die Mandatsübernahme durch eine **Anwaltssozietät** auch die der Sozietät zum Zeitpunkt der Mandatserteilung angehörenden Anwälte verpflichtet (BGHZ **56**, 355; MDR **94**, 308; *S/S-Cramer/Heine* 9; **aA** im Hinblick auf die tatsächlichen Entwicklungen der Sozietätsstrukturen NK-*Kuhlen* 17), ist eine ausdrückliche (oder schlüssige) **Mandatsbeschränkung** auf ein Mitglied der Sozietät möglich und schließt die Anwendbarkeit des § 356 für die übrigen Sozien aus (BGH **40**, 188; Stuttgart NJW **86**, 948 [Anm. *Dahs* JR **86**, 349; *Gatzweiler* NStZ **86**, 413]; zust. LK-*Gillmeister* 32; vgl. auch *Hartmann* JR **00**, 51; **aA** *Geppert* [1 a] 110). Nach § 3 II BORA aF war die Vertretung widerstreitender Interessen in einer Sozietät oder sonstigen anwaltlichen Berufsgemeinschaft verboten; ein Mandat war daher ggf niederzulegen, wenn durch Wechsel eines RA in eine Sozietät ein solches Spannungsverhältnis entstand. Diese Regelung hat das BVerfG durch Beschl. v. 7. 3. 2003 (BVerfGE **108**, 150 = NJW **03**, 2520) für verfassungswidrig erklärt (vgl. dazu auch *Kempf*, Strauda-FS [2006] 107 ff.). **§ 3 Abs. II S. 2, III BORA** idF v. 1. 7. 2006 enthält nun eine differenzierte Regelung (krit. *Hartung* NJW **06**, 2721, 2724 ff.).

Für den Bereich der **Strafverteidigung** ist seit langem anerkannt, dass mehrere Anwälte einer Sozietät verschiedene in derselben Sache Beschuldigte verteidigen dürfen (vgl. dazu § 146 S. 2 StPO; BVerfGE **43**, 79; **45**, 354; *Kempf*, Strauda-FS [2006] 107, 111 ff.). Einer tatsächlichen Mandatsbeschränkung steht nicht entgegen, dass die Strafprozessvollmacht auf den Namen aller Sozietätsmitglieder lautet (BGH aaO; zum umgekehrten Fall vgl. *Baier* wistra **01**, 401, 402 f.). 3 c

4) Die **Tathandlung** besteht darin, dass der Täter in **derselben Rechtssache** in Ausübung seines Berufes als Rechtsbeistand (BGH **20**, 41; str.) beiden Parteien durch Rat oder Beistand **pflichtwidrig dient.** Parteien können die an einer Rechtssache rechtlich beteiligten natürlichen oder juristischen Personen sein (BGH **45**, 148, 152); zumindest eine von ihnen muss dem Täter die Angelegenheit anvertraut haben. § 356 setzt voraus, dass unmittelbar widerstreitende *materiellrechtliche* Interessen bestehen (vgl. BGH **5**, 301, 304; **18**, 192; Koblenz NJW **85**, 1177; Zweibrücken NStZ **95**, 35 f.); nicht ausreichend sind allein verschiedene tatsächlichen Interessen am Verfahrensausgang (*S/S-Cramer/Heine* 13; SK-*Rudolphi/Rogall* 19 f.; **aA** LK-*Gillmeister* 39; *M/Schroeder/Maiwald* 77/9). Auf eine **formelle** Streitgegnerschaft kommt es nicht an (BGH **5**, 301, 304; NK-Kuhlen 24, 26; LK-*Gillmeister* 43, 88). 4

A. Dieselbe Rechtssache. Nicht erforderlich ist ein unmittelbarer zeitlichen oder durch dieselbe Beauftragung hergestellter Zusammenhang zwischen dem Anvertrauen der Angelegenheit iS von oben 3 f. und der (uU auf neuem Auftrag beruhenden) Tätigkeit in der Rechtssache; diese muss aber „dieselbe" sein. **Rechtssache** kann jede rechtliche Angelegenheit sein (LK-*Gillmeister* 79), die zwischen mehreren Beteiligten mit jedenfalls möglicherweise entgegenstehenden rechtlichen Interessen nach Rechtsgrundsätzen behandelt und erledigt werden soll (vgl. BGH **5**, 304; **12**, 192; **18**, 193; **23**, 64; Düsseldorf NStZ-RR **96**, 298; SK-*Rudolphi/Rogall* 18; vgl. LK-*Gillmeister* 79; NK-*Kuhlen* 28 f.; *Geppert,* Parteiverrat 50). Die Beteiligten brauchen sich nicht als Parteien im Prozess gegenüber zu stehen (AnwBl. **62**, 321). Maßgebend dafür, ob die Rechtssache **dieselbe** ist, ist der sachlich-rechtliche Inhalt der anvertrauten Angelegenheit (BGH **18**, 192, 193), auch wenn dasselbe materielle Interesse Gegenstand verschiedener *Verfahren* ist. Was ihm im Rahmen einer früheren Rechtsberatung anvertraut wurde, darf ein RA daher nicht in einem späteren Prozess eines von ihm vertretenen Dritten gegen den früheren Mandanten verwenden (BGH **34**, 191 [m. Anm. *Dahs* JR **87**, 476]; NJW **53**, 431; NStZ **81**, 480; Hamm OLGSt. 6; Düsseldorf NStZ-RR **96**, 298). 5

Einzelfälle. Dieselbe Rechtssache ist **zB** angenommen worden: bei Vertretung des unfallverursachenden Kraftfahrers im Strafverfahren und des Unfallgeschädigten im Schadensersatzprozess (Bay NJW **95**, 607 m. Anm. *Ranft* JR **96**, 256); zwischen Gläubiger und Gemeinschuldner im Insolvenzverfahren (BGH **7**, 18); beim zweiten Scheidungsprozess zwischen beiden Ehegatten im Verhältnis zum Ersten (BGH **9**, 341; **17**, 305); bei der Auseinandersetzung zwischen Miterben, die der RA zuvor gemeinsam gegenüber einem weiteren Miterben vertreten hatte (Bay NJW **89**, 2903); bei Vertretung eines Gläubigers bei der Beitreibung einer Forderung und gleichzeitigem Mandat des Schuldners, ein Moratorium mit allen Gläubigern herbeizuführen (Karlsruhe AnwBl **98**, 102); bei Vertretung einer Gesellschaft, deren Gesellschafter der RA ist, im Prozess gegen eine andere Gesellschaft um Ansprüche aus Verträgen, welche er als früherer Berater der Gegnerin selbst maßgeblich ausgehandelt hat (BGH **45**, 148 m. Anm. *Dahs* NStZ **00**, 371); bei Strafverteidigung des Geschäftsführers oder Vorstands einer Gesellschaft im Verfahren wegen Untreue zu Lasten der Gesellschaft und nachfolgender Geltendmachung zivilrechtlicher Ansprüche für diese (vgl. *Baier* wistra **01**, 401, 403 ff.). Zur Problematik, wenn in einem Haftpflichtprozess ein Anwalt im Auftrag der Versicherung den Schädiger vertritt und zwischen diesen beiden ein Interessengegensatz entsteht, vgl. *Gerhardt* NJW **70**, 313; *Bauer* aaO 1030; *Otto* Jura **86**, 222; LK-*Gillmeister* 64. 5 a

6 In **Strafsachen** sind idR der Angeklagte und der Verletzte (vgl. § 403 StPO) Parteien iS von § 356. Dieselbe Rechtssache liegt **zB** auch vor bei Vertretung von Nebentätern einer fahrlässigen Körperverletzung, wenn gegen sie einheitlich ermittelt wird und sie unabhängig voneinander gehandelt haben (Oldenburg NStZ **89**, 533; hierzu auch *Geppert* NStZ **90**, 543); bei Verteidigung eines einen Freispruch erstrebenden Angeklagten und eines als „Alternativtäter" in Betracht kommenden Zeugen (Zweibrücken NStV **95**, 36 [dazu *Dahs* NStZ **95**, 16; *Nibbeling* JR **95**, 479]); bei Vertretung eines Verurteilten im Wiederaufnahmeverfahren und Verteidigung eines früheren Zeugen im Verfahren wegen Meineids (BGH **5**, 301); bei Verteidigung des wegen einer Sexualstraftat Angeklagten und Vertretung seiner Ehefrau im Scheidungsverfahren (Hamm NJW **55**, 803; Düsseldorf NJW **59**, 1050). **Mehrfachverteidigung** ist durch § 146 StPO ausgeschlossen; eine **sukzessive** Mehrfachverteidigung ist jedoch grds zulässig (vgl. § 146 S. 2 StPO; Meyer-Goßner 18 ff. zu § 146 StPO), bei **Interessenkollision** aber ausgeschlossen (vgl. BGH **48**, 170). Die Verteidigung eines Beschuldigten in einer BtM-Sache nach früherer Verteidigung des jetzigen Hauptbelastungszeugen, auf dessen nach **§ 31 BtMG** gewürdigter Aussage das Verfahren beruht, ist wegen der offenkundigen Interessenkollision ausgeschlossen (vgl. NStZ **06**, 404). § 146 StPO schließt es nicht aus, dass sich Verteidiger von Mitbeschuldigten über eine gemeinsame Verteidigungsstrategie besprechen; ein Verteidiger kann unter diesen Voraussetzungen auch an Mandantengesprächen des anderen teilnehmen (Düsseldorf NJW **02**, 3267 [Anm. *Beulke* JR **03**, 347]). Ein **Sozietätsverhältnis** begründet noch nicht die Annahme einer gemeinschaftlichen Verteidigung iS des § 146 StPO (BVerfGE **43**, 80). Zwischen Teilnehmern an derselben strafbaren Handlung bestehen keine vom Recht geschützten Beziehungen, die Gegenstand eines rechtlichen Verfahrens *unter ihnen* als Parteien sein könnten (BGH NStZ **82**, 465, str.; vgl. Stuttgart NStZ **90**, 542 [m. Anm. *Geppert*]; hierzu auch *Dahs* NStZ **91**, 562). Nach Koblenz NJW **85**, 1177 fehlt es an „derselben Rechtssache", wenn ein Strafverteidiger für seinen Mandanten Strafanzeige gegen einen Dritten erstattet und dann auch diesen verteidigt.

7 **B.** § 356 setzt einen **Interessengegensatz** der Parteien voraus (KG NStZ **06**, 688; ebenso SK-*Rudolphi/Rogall* 23; NK-*Kuhlen* 24; *Baier* wistra **01**, 404). Dabei entscheidet die durch den Auftrag der Parteien abgegrenzte (BGH **5**, 301; **15**, 334) *wirkliche Interessenlage,* die ihrerseits vom Willen der Parteien gestaltet wird; eine abweichende Beurteilung dieser Lage durch die Parteien ist aber ebenso bedeutungslos wie ihre Einwilligung in ein pflichtwidriges Handeln des Vertreters (BGH **4**, 80; **5**, 284; 309; **7**, 21; **17**, 305; **18**, 192; str.), es sei denn, dass die **Einwilligung** Interessengegensatz und Pflichtwidrigkeit aufhebt (BGH **15**, 332; Karlsruhe AnwBl. **98**, 102; vgl. dazu *H. Erb* [1a] 197 ff.); in diesem Fall entfällt schon der Tatbestand des § 356 (zutr. *H. Erb* aaO 211; vgl. aber unten 13). Bedenklich erscheint es daher **zB**, wenn der Verteidiger eines Beschuldigten, dem der Verfall sichergestellter Geldbeträge nach §§ 73, 73 d droht, zugleich den Anspruch einer dritten Person auf Herausgabe vertritt, der auf die Behauptung eigenen Eigentums gestützt wird. Ein Interessengegensatz schließt ein *gemeinsames* Anvertrauen nicht stets aus, wenn sich *Teilinteressen* miteinander vereinbaren lassen und der Auftrag hierauf beschränkt ist (vgl. NStZ **82**, 332; Karlsruhe StV **03**, 340, 341).

7a Richtet sich das rechtliche Interesse der Mandanten auf Erlangung **desselben Gegenstands** oder derselben Rechtsposition unter Ausschließung Dritter, so besteht grds. ein von § 356 vorausgesetzter Interessengegensatz. Das ist zB im Fall von Konkurrentenklagen der Fall. Auf die Vertretung von mehreren Studienplatz-Bewerbern in Verfahren auf Zulassung bei eingeschränkter Studienplatz-Kapazität ist *das wohl nur dann* übertragbar, wenn die widerstreitenden Interessen hinreichend konkretisiert sind, sich also zB auf einen konkret bestimmbaren Studien- oder Ausbildungsplatz richten, und wenn die Zulassung der einen Partei notwendig zur Abweisung der anderen führen muss (weiter *Mühlbauer* JR **05**, 54, 58).

BGH **17**, 305 hat ein entgegen gesetztes Interesse auch bei **einverständlicher Scheidung** angenommen (ebenso wistra **91**, 221; zw.; vgl. auch BGH **18**, 192). Das braucht seit dem 1. EheRG nicht stets der Fall zu sein (Bay NJW **81**, 833 m. krit. Anm. *Hübner* JR **81**, 430, sowie *Baumann/Pfohl* JuS **83**, 24; offen gelassen von BGH NStZ **85**, 74); wohl aber, wenn es um einen Versorgungsausgleich geht, wobei das Maß der Pflichtwidrigkeit davon abhängt, ob und in welchem Umfange noch weitere Interessengegensätze bestehen (Bay aaO; vgl. *Molketin* AnwBl. **82**, 13; LK-*Gillmeister* 63). **8**

Der Interessenwiderstreit muss **zurzeit der Tat** bestehen (1 StR 47/58; Karlsruhe StV **03**, 340, 342); darauf, ob er vorauszusehen war, solange das frühere Auftragsverhältnis bestand, kommt es nicht an (BGH **34**, 193 m. Anm. *Dahs* JR **87**, 476; NK-*Kuhlen* 42); die Möglichkeit erst späteren Streits scheidet aus (vgl. *Lüderssen,* Triffterer-FS 343, 346 f.). **9**

C. Der Täter muss **beiden Parteien dienen.** Diese müssen in den beiden Sachen Partei und Gegenpartei iS von oben 4 sein (München NJW **50**, 239). Umstr. ist, ob dies auch bei Vertretung zweier Deliktsteilnehmer bei widerstreitenden Interessen der Fall ist (*verneinend* NStZ **82**, 465; Frankfurt NJW **55**, 880; SK-*Rudolphi* 20; *bejahend* Stuttgart NStZ **90**, 542 [m. Anm. *Geppert*]; für Nebentäter einer Fahrlässigkeitstat Oldenburg NStZ **89**, 533; zum Ganzen *Dahs* NStZ **91**, 561). Der Begriff des Dienens umfasst jede Unterstützung in der Sache durch Rat oder Tat (LK-*Gillmeister* 29); es umfasst alle materielle Tätigkeit gegenüber dem Mandanten oder nach außen zur Förderung der Rechtssache (BGH **5**, 305; **7**, 19; **9**, 341; **12**, 96; NStZ **81**, 480; **85**, 74), ohne Rücksicht auf den Erfolg (NJW **64**, 2430). Ein Prozess braucht nicht zu schweben; es genügt, wenn ein Anwalt beruflich tätig wird; seine Tätigkeit muss auch nicht „typisch anwaltlich" sein (Zweibrücken NStZ **95**, 36, hierzu *Dahs* NStZ **95**, 16; *Nibbeling* JR **95**, 479; NK-*Kuhlen* 21). Nicht ausreichend sind aber Handlungen eines bestellten Abwicklers einer RA-Kanzlei gegenüber Angestellten (Nürnberg NJW **99**, 2381), denn der Abwickler dient nicht dem Kanzleiinhaber, sondern dessen Mandanten. Die Tat kann grds. auch durch **Unterlassen** begangen werden (Bay NJW **59**, 2223; NK-*Kuhlen* 22; LK-*Gillmeister* 33; **aA** *Gatzweiler* NStZ **86**, 413 f.). **10**

D. Das Tätigwerden für beide Parteien muss **pflichtwidrig** sein. Der Begriff bezieht sich nicht unmittelbar auf beide (einzelnen) Mandatsbeziehungen, sondern auf die *gleichzeitige* Unterstützung *gegensätzlicher* Interessen; hierdurch ist die Pflicht gegenüber mindestens einer der beiden Parteien verletzt. Es kommt nicht darauf an, ob die Interessen der Partei tatsächlich beeinträchtigt sind (Bay NJW **89**, 2903 m. krit. Anm. *Ranft* JR **91**, 164). Wenn die gleichzeitige Tätigkeit des Rechtsanwalts keiner der Parteien nachteilig werden kann, scheidet § 356 aus (vgl. KG NStZ **06**, 688 [Verteidigung eines wegen Körperverletzung angeklagten Beschuldigten *und* des wegen [entlastender] Falschaussage angeklagten Verletzten selbst). **11**

Die Pflichtwidrigkeit ergibt sich aus der Treuepflicht, die dem Rechtsanwalt auferlegt ist und die ihm Berufstätigkeiten untersagen, die seine Unabhängigkeit gefährden. Die Betätigungsverbote des § 45 I, II BRAO gelten auch für den mit dem Rechtsanwalt assoziierten Anwalt (§ 45 III BRAO). Die Treuepflicht dauert bis zur Vollerledigung der Sache; ihr Erlöschen hängt vom jeweiligen Einzelfall ab (AnwBl. **54**, 191; vgl. BGH **5**, 306 f.; **18**, 193). Der Rechtsanwalt hat den ihm anvertrauten Verfahrensstoff so auszuwerten, dass es dem Mandanten bei der Geltendmachung seiner Interessen oder der Abwehr fremder Ansprüche dienlich ist (BGH **34**, 192). Regelmäßig hat der Vertreter nur einseitig die Interessen seines Auftraggebers zu vertreten, es sei denn, dass ihm von beiden Seiten der billige Ausgleich beider Interessen aufgetragen wird (RG **62**, 292). Der Anwalt darf auch für einen Mandanten die gegen einen anderen Mandanten gerichtete Forderung pfänden, nicht jedoch nach der Pfändung den einen gegen den anderen in der Pfändungsangelegenheit vertreten (Bay **59**, 219; vgl. weiter AnwBl. **66**, 397). Ziel des Auftrags und Interesse der Partei bestimmen sich nach den konkreten Umstän- **12** den und namentlich bei disponiblen Rechtsgütern nach dem Willen der Partei (Karlsruhe AnwBl. **98**, 102 mwN; vgl. auch *Nibbeling* JR **95**, 479, 481; *Mennicke* ZStW **112**, 834, 855 ff.). Zur Frage eines Parteiverrats in Nothilfe BGH **34**, 193 m. Anm. *Dahs* JR **87**, 476; hierzu *Geppert* JK 2. **Eigene Interessen** an derselben Rechtssache darf der Rechtsanwalt gegen seinen früheren Auftraggeber vertreten; doch nicht zugleich auch Interessen eines Dritten, selbst wenn sie auf demselben Rechtsgrund beruhen (BGH **12**, 96; vgl. BGH **45**, 148 [krit. *Dahs* NStZ **00**, 371; *Brauns* JR **00**, 521]).

13 Das **Einverständnis** einer betroffenen Partei mit der Vertretung auch des anderen Teils ist, da § 356 kein Untreuedelikt ist (*Mennicke* ZStW **112**, 834, 842 ff.), sondern *auch* Funktionsfähigkeit und Ansehen der Anwaltschaft schützt (oben 1 a), idR unbeachtlich (BGH **4**, 80, 82; **5**, 287; **17**, 306; **18**, 192, 198; NK-*Kuhlen* 43; LK-*Gillmeister* 56). Anders ist es, wenn beide Parteien gemeinsam den Anwalt um einen Rat bitten oder wenn er bei Vergleichsverhandlungen mit Einverständnis seines Auftraggebers um einen Interessenausgleich bemüht ist (zur Mediation vgl. auch *Henssler* AnwBl. **97**, 129; *Mähler/Mähler* NJW **97**, 1262, 1265; *Meyer* AnwBl. **00**, 80; *Baier* wistra **01**, 401, 405 f.).

14 **5) Subjektiver Tatbestand.** § 356 setzt **Vorsatz** voraus; bedingter Vorsatz reicht aus (BGH **3**, 400, 403). Der Täter muss die Tatumstände (BGH **7**, 22) kennen, aus denen sich ergibt, dass er beiden Parteien pflichtwidrig in derselben Rechtssache dient; dazu gehört insbesondere auch das Bestehen eines Interessengegensatzes (BGH **3**, 402; **5**, 287; **7**, 261; GA **61**, 203; BGHR § 356 I, Pflichtw. 2; str.). Zum Irrtum über das „Anvertrautsein" vgl. oben 3. Der Irrtum über das Vorliegen einer „**Rechtssache**" ist bloßer Subsumtionsirrtum; die Annahme, es liege nicht *dieselbe* Rechtssache vor, ist ein Tatbestandsirrtum, wenn der Täter nicht erkennt, dass es sich um denselben Rechtsstoff handelt, hingegen Verbotsirrtum, wenn er den Begriff derselben Rechtssache falsch auslegt (BGH **7**, 262; **18**, 192; NJW **64**, 2430; Bay NJW **95**, 607 [m. Anm. *Ranft* JR **96**, 256]). Glaubt der Vertreter irrig, ein Interessengegensatz fehle, so ist das ein Irrtum über die **Pflichtwidrigkeit**. Er ist Tatbestandsirrtum, wenn der Vertreter infolge unrichtiger Kenntnis des Sachverhalts den Interessengegensatz zwischen den Parteien nicht erkennt (BGH **3**, 400; **4**, 80; **5**, 284; 301; GA **61**, 203; NStZ **82**, 466); dagegen Verbotsirrtum, wenn er den Sachverhalt kennt, der den Interessengegensatz begründet, sein Handeln aber nicht für pflichtwidrig hält (BGH **7**, 22; 264; **9**, 347; **45**, 148, 155 f.); zB weil er annimmt, die subjektive Auffassung seiner Partei über die Interessenlage und ihr Einverständnis seien maßgebend (BGH **5**, 284); oder er habe in einem der beiden Verfahren nur einen beschränkten Auftrag gehabt (Hamm OLGSt. 3). Der BGH nimmt Tatbestandsirrtum auch dann an, wenn der Täter trotz richtiger Kenntnis des Sachverhalts den Interessengegensatz infolge rechtsirriger Bewertung nicht erfasst (BGH **7**, 263 f., **15**, 338; vgl. dazu auch LK-*Gillmeister* 98; NK-*Kuhlen* 56 ff.; *Dahs* NStZ **91**, 565).

14 a An die Unvermeidbarkeit eines Verbotsirrtums sind hohe Anforderungen zu stellen (vgl. Bay NJW **95**, 607 m. Anm. *Ranft* JR **96**, 256; einschr. *Baier* wistra **01**, 401, 407). Ein Verbotsirrtum ist vorwerfbar, wenn der Anwalt bei Zweifeln den Rat eines erfahrenen Kollegen oder des Vorstandes der Anwaltskammer einzuholen versäumt hat (BGH **18**, 192; NJW **53**, 431; **62**, 1832); jedoch nur dann, wenn sein Irrtum dadurch auch ausgeräumt worden wäre.

15 **6) Qualifiziert** ist die Tat nach **Abs. II** (Verbrechen), wenn der Täter **im Einverständnis** mit der Gegenpartei zum Nachteile seiner Partei handelt. Dies setzt ein gemeinsames Schädigungsbewusstsein voraus (BGH **45**, 148, 156 f.; NStZ **81**, 480; 1 StR 276/81). Im Übrigen müssen die Voraussetzungen von I erfüllt sein, so dass II einen Qualifikationstatbestand und keinen selbstständigen Tatbestand enthält (StV **88**, 388 L; LK-*Gillmeister* 100; *S/S-Cramer/Heine* 3; SK-*Rudolphi/Rogall* 35; offen gelassen von BGH **20**, 41). Nachteil ist jede Verschlechterung der Rechtsposition der Partei (BGH **45**, 148, 156; Köln NStZ **82**, 382). Es reicht eine entspre-

chende Willensrichtung aus; ein Schaden muss nicht eintreten (LK-*Gillmeister* 102; SK-*Rudolphi/ Rogall* 35; and. NK-*Kuhlen* 62; offen gelassen in BGH **20**, 41).

7) Teilnahme. Die Gegenpartei kann nicht wegen Teilnahme verfolgt werden, falls sie (bei I und II) lediglich die Dienste des Rechtsanwalts annimmt. Anders, wenn sie über diese notwendige Teilnahme hinausgeht, zB ein Sonderhonorar für die Treulosigkeit zusagt. Dann kommt Anstiftung oder Beihilfe in Frage; es gilt § 28 I (SK-*Rudolphi/Rogall* 37; LK-*Gillmeister* 105). 16

8) Tateinheit ist möglich mit § 263; § 266; § 203; § 352. 17

Verleitung eines Untergebenen zu einer Straftat

357 **[I] Ein Vorgesetzter, welcher seine Untergebenen zu einer rechtswidrigen Tat im Amt verleitet oder zu verleiten unternimmt oder eine solche rechtswidrige Tat seiner Untergebenen geschehen lässt, hat die für diese rechtswidrige Tat angedrohte Strafe verwirkt.**

[II] Dieselbe Bestimmung findet auf einen Amtsträger Anwendung, welchem eine Aufsicht oder Kontrolle über die Dienstgeschäfte eines anderen Amtsträgers übertragen ist, sofern die von diesem letzteren Amtsträger begangene rechtswidrige Tat die zur Aufsicht oder Kontrolle gehörenden Geschäfte betrifft.

1) Allgemeines. Die Vorschrift des RStGB wurde durch Art. 19 Nr. 203 EGStGB geändert. 1

Literatur: *Andrews,* Verleiten u. Geschehenlassen im Sinne des § 357 StGB, 1996 (Diss. Kiel); *ders.,* Die Notwendigkeit der Aufnahme des § 357 StGB in den Katalog des § 48 WStG, NZWehrr **96**, 200; *Hoyer,* Die strafrechtliche Verantwortlichkeit innerhalb von Weisungsverhältnissen, 1998; *ders.,* Die strafrechtliche Verantwortlichkeit innerhalb von Weisungsverhältnissen; Sonderregeln für Amts- und Wehrdelikte (usw.), in: *Amelung* (Hrsg.), Individuelle Verantwortung u. Beteiligungsverhältnisse bei Straftaten in bürokratischen Organisationen (usw.), 2000, 183; *Rogall,* Die verschiedenen Formen des Veranlassens fremder Straftaten, GA **79**, 11. 1 a

2) § 357 bedroht **Teilnahmehandlungen des Vorgesetzten** an Delikten seines Untergebenen im Amt (gelungene und misslungene Anstiftung sowie Beihilfe) als selbstständige Eigentat des Vorgesetzten (sog. **Konnivenz**), so dass insoweit die Teilnahmevorschriften der §§ 25 ff. ausscheiden (RG **68**, 90; OGH **2**, 30; hierzu *Sommer* JR **81**, 493). § 357 stellt, soweit es sich um Qualifikation gegenüber §§ 26, 30 handelt, ein uneigentliches (**aA** LK-*Jescheck* 1), sonst ein eigentliches **Amtsdelikt** dar (SK-*Rudolphi/Rogall* 1; **aA** *S/S-Cramer/Heine* 10). Die Handlung des Untergebenen braucht keine schuldhafte, sondern nur eine rechtswidrige Tat (36 zu § 11; vgl. LK-*Jescheck* 5; SK-*Rudolphi/Rogall* 12; *Weber* ZStW Beih. 1987, 11) und auch kein Amtsdelikt zu sein (BGH **3**, 349; NJW **59**, 585; *Geppert* Jura **81**, 84; *Andrews* [1 a] 40 f.). Auch unvorsätzliche Taten kommen in Betracht (*Geppert* Jura **81**, 84; *Rogall* GA **79**, 24; *Lackner/Kühl* 2; *S/S-Cramer/Heine* 9; SK-*Rudolphi/Rogall* 12; *Andrews* aaO 53 f.; **aA** *Arzt/Weber* 49/106; *Otto* BT 100/5); jedoch wird dann oft mittelbare Täterschaft vorliegen. 2

A. Zur fremden Tat des anderen Amtsträgers wird ein Beitrag geleistet. Der Vorgesetzte muss daher zur Verhinderung der Tat des Untergebenen verpflichtet und in der Lage sein (Bay JZ **51**, 25). Begeht aber der Vorgesetzte selbst die Tat, so ist er nur deren Täter, während § 357 ausscheidet (RG **67**, 177; OGH JR **50**, 561; Düsseldorf NStZ **81**, 25; *Rogall* GA **79**, 11, 24; *S/S-Cramer/Heine* 1). 2 a

B. Täter ist nach I ein Dienstvorgesetzter, nach II ein Aufsichtsbeamter (vgl. RG **68**, 92; OGH **2**, 26; LK-*Jescheck* 4). Soldaten kommen als Täter nicht in Betracht (Begr. E/WStG, BT-Drs. II/3040, 90; NK-*Kuhlen* 4; krit. *Andrews* NZWehrr **96**, 200); für Beihilfehandlungen ziviler und militärischer Vorgesetzter gelten die §§ 33, 34, 30 II, 31 II, 41 WStG, die allerdings nicht wie § 357 alle Fälle einer Beihilfe iwS mit der Täterstrafe belegen (vgl. *Andrews* NZWehrr **96**, 200). 3

4 **3) Tathandlungen** sind nach der 1. und 2. Var. das **vorsätzliche Verleiten** und **das Unternehmen des Verleitens**, also auch dessen Versuch (§ 11 I Nr. 6); im ersteren Fall begeht der andere die Tat (RG **5**, 127), so dass erfolgreiche Anstiftung vorliegt, bei der aber § 26 durch § 357 ersetzt wird. Auf den Versuch des Verleitens (vgl. *Geppert* Jura **81**, 84) sind die für § 30 geltenden Grundsätze anzuwenden. Die erfolglose Anstiftung ist auch im Fall des Abs. II strafbar, obwohl dort von „begangener" Tat die Rede ist (LK-*Jescheck* 8).

5 Die **3. Var.** erfasst das **Geschehenlassen** durch den Vorgesetzten. Dieser muss in der Lage sein, die Tat zu verhindern. Hier wird die negative Beihilfe als Täterschaft bestraft; das Gleiche muss auch von der positiven gelten (BGH **3**, 352).

6 **4) Vorsatz** ist erforderlich; bedingter Vorsatz genügt. Es reicht aus, wenn sich der Täter die Tat des Untergebenen in ihren Hauptmerkmalen vorstellt (OGH **2**, 37; BGH **3**, 353; **34**, 66; vgl. dazu 4, 7 zu § 30).

7 **5) Konkurrenzen.** Bei Verstoß eines Vorgesetzten gegen § 357 durch die Beteiligung an einer Unterschlagung mit der Absicht, an den unterschlagenen Sachen teilzuhaben, ist er bei Empfang des Beuteanteils aus der Hand des Untergebenen auch wegen Hehlerei strafbar. Wahlfeststellung zwischen § 357 und dem als Täter selbst begangenen Delikt im Amt ist zulässig (5 StR 631/70). Mit § 332 wird idR Tatmehrheit gegeben sein; mit § 332 kann Tateinheit bestehen.

Nebenfolgen

358 **Neben einer Freiheitsstrafe von mindestens sechs Monaten wegen einer Straftat nach den §§ 332, 335, 339, 340, 343, 344, 345 Abs. 1 und 3, §§ 348, 352 bis 353 b Abs. 1, §§ 355 und 357 kann das Gericht die Fähigkeit, öffentliche Ämter zu bekleiden (§ 45 Abs. 2), aberkennen.**

Auf Verlust der Amtsfähigkeit kann als Nebenstrafe erkannt werden (§ 45 II), wenn wegen einer Straftat nach den genannten Vorschriften, und zwar auch wegen Versuchs, Teilnahme oder § 30, eine Freiheitsstrafe von mindestens 6 Monaten (Anrechnung von Freiheitsentziehung nach § 51 ist ohne Bedeutung; bei Gesamtstrafe gilt 6 zu § 45; differenzierend LK-*Jescheck* 5; aM SK-*Rudolphi/Rogall* 2) verhängt wird, gleichgültig, ob der Verurteilte Amtsträger ist oder nicht. Das gilt jedoch nicht, wenn gegen den Nichtamtsträger als Teilnehmer die Strafe nach § 28 II einer anderen Vorschrift entnommen wird, die Verlust der Amtsfähigkeit nicht oder nur nach § 45 I vorsieht. Vgl. weiter §§ 45 ff. mit Anm.; *Corves* JZ **70**, 159; zur Nichtaufnahme von § 334 in den Katalog krit. LK-*Jescheck* 8 ff. Die redaktionellen Änderungen der Fassung gehen auf Art. 1 Nr. 4 des 17. StÄG (1 zu § 353 b), das KorrBekG (1 vor § 298) und das BegleitG zum TKG (1 zu § 206) zurück.

Anhang
Einführungsgesetz und Nebengesetze

1. Einführungsgesetz zum Strafgesetzbuch (EGStGB)

Vom 2. März 1974 (BGBl. I 469; 1975 I 1916; 1976 I 507; III 450–16), letztes ÄndG v. 13. 4. 2007 (BGBl. I 513)
(Auszug)

Art. 1 Geltung des Allgemeinen Teils

I Die Vorschriften des Allgemeinen Teils des Strafgesetzbuches gelten für das bei seinem Inkrafttreten bestehende und das zukünftige Bundesrecht, soweit das Gesetz nichts anderes bestimmt.

II Die Vorschriften des Allgemeinen Teils des Strafgesetzbuches gelten auch für das bei seinem Inkrafttreten bestehende und das zukünftige Landesrecht. Sie gelten nicht, soweit das Bundesrecht besondere Vorschriften des Landesrechts zulässt und das Landesrecht derartige Vorschriften enthält.

Art. 1 a Anwendbarkeit der Vorschriften über die Sicherungsverwahrung[1]

§ 66 b des Strafgesetzbuches findet auch Anwendung auf diejenigen Personen, gegen die auf Grund des Gesetzes des Landes Baden-Württemberg über die Unterbringung besonders rückfallgefährdeter Straftäter vom 14. März 2001 (Gesetzblatt für Baden-Württemberg Seite 188), auf Grund des Bayerischen Gesetzes zur Unterbringung von besonders rückfallgefährdeten Straftätern vom 24. Dezember 2001 (Bayerisches Gesetz- und Verordnungsblatt Seite 978), auf Grund des Gesetzes des Landes Niedersachsen über die Unterbringung besonders gefährlicher Personen zur Abwehr erheblicher Gefahren für die öffentliche Sicherheit vom 20. Oktober 2003 (Niedersächsisches Gesetz- und Verordnungsblatt S. 368), auf Grund des Gesetzes des Landes Sachsen-Anhalt über die Unterbringung besonders rückfallgefährdeter Personen zur Abwehr erheblicher Gefahren für die öffentliche Sicherheit und Ordnung vom 6. März 2002 (Gesetz- und Verordnungsblatt für das Land Sachsen-Anhalt Seite 80) oder auf Grund des Thüringer Gesetzes über die Unterbringung besonders rückfallgefährdeter Straftäter vom 17. März 2003 (Gesetz- und Verordnungsblatt für den Freistaat Thüringen Seite 195) die Unterbringung angeordnet ist. Tatsachen im Sinnes des § 66 b des Strafgesetzbuches sind in den in Satz 1 bezeichneten Fällen Tatsachen, die bis zum Ende des Vollzugs der Freiheitsstrafe erkennbar geworden sind. Die Frist des § 275 Abs. 1 Satz 3 der Strafprozessordnung findet in den in Satz 1 bezeichneten Fällen keine Anwendung.

Art. 1 b Anwendbarkeit der Vorschriften des internationalen Strafrechts[1]

Soweit das deutsche Strafrecht auf im Ausland begangene Taten Anwendung findet und unterschiedliches Strafrecht im Geltungsbereich dieses Gesetzes gilt, finden diejenigen Vorschriften Anwendung, die an dem Ort gelten, an welchem der Täter seine Lebensgrundlage hat.

Art. 2 Vorbehalte für das Landesrecht

Die Vorschriften des Allgemeinen Teils des Strafgesetzbuches lassen Vorschriften des Landesrechts unberührt, die bei einzelnen landesrechtlichen Straftatbeständen

1. den Geltungsbereich abweichend von den §§ 3 bis 7 des Strafgesetzbuches bestimmen oder
2. unter besonderen Voraussetzungen Straflosigkeit vorsehen.

---

[1] Art. 1 a neu gefasst durch Art. 8 G v. 23. 7. 2004 (BGBl. I 1838). Art. 1 b eingef. durch Anlage I des EinigVtr. v. 31. 8. 1990 iVm Art. 1 EinigVtrG v. 23. 9. 1990 (BGBl. II 885, 889, 954).

Art. 3 Zulässige Rechtsfolgen bei Straftaten nach Landesrecht

I Vorschriften des Landesrechts dürfen bei Straftaten keine anderen Rechtsfolgen vorsehen als

1. Freiheitsstrafe bis zu zwei Jahren und wahlweise Geldstrafe bis zum gesetzlichen Höchstmaß (§ 40 Abs. 1 Satz 2, Abs. 2 Satz 3 des Strafgesetzbuches),
2. Einziehung von Gegenständen.

II Vorschriften des Landesrechts dürfen

1. weder Freiheitsstrafe noch Geldstrafe allein und
2. bei Freiheitsstrafe kein anderes Mindestmaß als das gesetzliche (§ 38 Abs. 2 des Strafgesetzbuches) und kein niedrigeres Höchstmaß als sechs Monate

androhen.

Art. 4 Verhältnis des Besonderen Teils zum Bundes- und Landesrecht

I Die Vorschriften des Besonderen Teils des Strafgesetzbuches lassen die Strafvorschriften des Bundesrechts unberührt, soweit sie nicht durch dieses Gesetz aufgehoben oder geändert werden.

II Die Vorschriften des Besonderen Teils des Strafgesetzbuches lassen auch die Straf- und Bußgeldvorschriften des Landesrechts unberührt, soweit diese nicht eine Materie zum Gegenstand haben, die im Strafgesetzbuch abschließend geregelt ist.

III Die Vorschriften des Strafgesetzbuches über Betrug, Hehlerei und Begünstigung lassen die Vorschriften des Landesrechts unberührt, die bei Steuern oder anderen Abgaben

1. die Straf- und Bußgeldvorschriften der Abgabenordnung für anwendbar erklären oder
2. entsprechende Straf- und Bußgeldtatbestände wie die Abgabenordnung enthalten;

Artikel 3 bleibt unberührt.

IV Die Vorschriften des Strafgesetzbuches über Diebstahl, Hehlerei und Begünstigung lassen die Vorschriften des Landesrechts zum Schutze von Feld und Forst unberührt, die bestimmen, dass eine Tat in bestimmten Fällen, die unbedeutend erscheinen, nicht strafbar ist oder nicht verfolgt wird.

V Die Vorschriften des Strafgesetzbuches über Hausfriedensbruch, Sachbeschädigung und Urkundenfälschung lassen die Vorschriften des Landesrechts zum Schutze von Feld und Forst unberührt, die

1. bestimmte Taten nur mit Geldbuße bedrohen oder
2. bestimmen, dass eine Tat in bestimmten Fällen,
   a) die unbedeutend erscheinen, nicht strafbar ist oder nicht verfolgt wird, oder
   b) die geringfügig erscheinen, nur auf Antrag oder nur dann verfolgt wird, wenn die Strafverfolgungsbehörde wegen des besonderen öffentlichen Interesses an der Strafverfolgung ein Einschreiten von Amts wegen für geboten hält.

Art. 293 Abwendung der Vollstreckung der Ersatzfreiheitsstrafe und Erbringung von Arbeitsleistungen[1]

I Die Landesregierungen werden ermächtigt, durch Rechtsverordnung Regelungen zu treffen, wonach die Vollstreckungsbehörde dem Verurteilten gestatten kann, die Vollstreckung einer Ersatzfreiheitsstrafe nach § 43 des Strafgesetzbuches durch freie Arbeit abzuwenden. Soweit der Verurteilte die freie Arbeit geleistet hat, ist die Ersatzfreiheitsstrafe erledigt. Die Arbeit muß unentgeltlich sein; sie darf nicht erwerbswirtschaftlichen Zwecken dienen. Die Landesregierungen können die Ermächtigung durch Rechtsverordnung auf die Landesjustizverwaltungen übertragen.

II Durch die freie Arbeit wird kein Arbeitsverhältnis im Sinne des Arbeitsrechts und kein Beschäftigungsverhältnis im Sinne der Sozialversicherung, einschließlich der Arbeitslosenversicherung, oder des Steuerrechts begründet. Die Vorschriften über den Arbeitsschutz finden sinngemäße Anwendung.

---

[1] Art. 293 neugef. durch Ges. v. 13. 4. 1986 (BGBl. I 393); I S. 1 geänd. durch Art. 6 Ges. v. 15. 7. 1992 (BGBl. I 1302); Überschrift und III neugef. durch Art. 42 Nr. 1 Ges. v. 24. 3. 1997 (BGBl. I 594).

III Absatz 2 gilt entsprechend für freie Arbeit, die aufgrund einer Anordnung im Gnadenwege ausgeübt wird sowie für gemeinnützige Leistungen und Arbeitsleistungen nach § 56 b Abs. 2 Satz 1 Nr. 3 des Strafgesetzbuches, § 153 a Abs. 1 Satz 1 Nr. 3 der Strafprozeßordnung, § 10 Abs. 1 Satz 3 Nr. 4 und § 15 Abs. 1 Satz 1 Nr. 3 des Jugendgerichtsgesetzes und § 98 Abs. 1 Satz 1 Nr. 1 des Gesetzes über Ordnungswidrigkeiten oder aufgrund einer vom Gesetz vorgesehenen entsprechenden Anwendung der genannten Vorschriften.

Art. 295 Aufsichtsstellen bei Führungsaufsicht

I Die Aufsichtsstellen (§ 68 a des Strafgesetzbuches) gehören zum Geschäftsbereich der Landesjustizverwaltungen.

II Die Aufgaben der Aufsichtsstelle werden von Beamten des höheren Dienstes, von staatlich anerkannten Sozialarbeitern oder Sozialpädagogen oder von Beamten des gehobenen Dienstes wahrgenommen. Der Leiter der Aufsichtsstelle muß die Befähigung zum Richteramt besitzen oder ein Beamter des höheren Dienstes sein. Die Leitung der Aufsichtsstelle kann auch einem Richter übertragen werden.

Art. 296 Einfuhr von Zeitungen und Zeitschriften

§ 86 Abs. 1 des Strafgesetzbuches ist nicht anzuwenden auf Zeitungen und Zeitschriften, die außerhalb des räumlichen Geltungsbereiches dieses Gesetzes in ständiger, regelmäßiger Folge erscheinen und dort allgemein und öffentlich vertrieben werden.

Art. 297 Verbot der Prostitution[1]

I Die Landesregierung kann zum Schutze der Jugend oder des öffentlichen Anstandes

1. für das ganze Gebiet einer Gemeinde bis zu fünfzigtausend Einwohnern,
2. für Teile des Gebiets einer Gemeinde über zwanzigtausend Einwohner oder eines gemeindefreien Gebiets,
3. unabhängig von der Zahl der Einwohner für öffentliche Straßen, Wege, Plätze, Anlagen und für sonstige Orte, die von dort aus eingesehen werden können, im ganzen Gebiet oder in Teilen des Gebiets einer Gemeinde oder eines gemeindefreien Gebiets

durch Rechtsverordnung verbieten, der Prostitution nachzugehen. Sie kann das Verbot nach Satz 1 Nr. 3 auch auf bestimmte Tageszeiten beschränken.

II Die Landesregierung kann diese Ermächtigung durch Rechtsverordnung auf eine oberste Landesbehörde oder andere Behörden übertragen.

III Wohnungsbeschränkungen auf bestimmte Straßen oder Häuserblocks zum Zwecke der Ausübung der Prostitution (Kasernierungen) sind verboten.

Art. 315 Geltung des Strafrechts für in der Deutschen Demokratischen Republik begangene Taten[2]

I Auf vor dem Wirksamwerden des Beitritts in der Deutschen Demokratischen Republik begangene Taten findet § 2 des Strafgesetzbuches mit der Maßgabe Anwendung, dass das Gericht von Strafe absieht, wenn nach dem zur Zeit der Tat geltenden Recht der Deutschen Demokratischen Republik weder eine Freiheitsstrafe noch eine Verurteilung auf Bewährung noch eine Geldstrafe verwirkt gewesen wäre.

II Die Vorschriften des Strafgesetzbuches über die Geldstrafe (§§ 40 bis 43) gelten auch für die vor dem Wirksamwerden des Beitritts in der Deutschen Demokratischen Republik begangenen Taten, soweit nachfolgend nichts anderes bestimmt ist. Die Geldstrafe darf nach Zahl und Höhe der Tagessätze insgesamt das Höchstmaß der bisher angedrohten Geldstrafe nicht übersteigen. Es dürfen höchstens dreihundertsechzig Tagessätze verhängt werden.

III Die Vorschriften des Strafgesetzbuches über die Aussetzung eines Strafrestes sowie den Widerruf ausgesetzter Strafen finden auf Verurteilungen auf Bewährung (§ 33 des Strafgesetzbuches der Deutschen Demokratischen Republik) sowie auf Freiheitsstrafen Anwendung, die wegen vor dem Wirksamwerden des Beitritts in der Deutschen Demo-

---

[1] Art. 297 Abs. 2 neu gef. durch Art. 16 Ges. v. 3. 5. 2000 (BGBl. I 632).

[2] Art. 315 eingef. durch Anlage I des EinigVtr. v. 31. 8. 1990 iVm Art. 1 EinigVtrG v. 23. 9. 1990 (BGBl. II 885, 889, 955). Abs. 1 S. 2 und 3 a. F. gestrichen durch Ges. vom 13. 4. 2007 (BGBl I 513).

kratischen Republik begangener Taten verhängt worden sind, soweit sich nicht aus den Grundsätzen des § 2 Abs. 3 des Strafgesetzbuches etwas anderes ergibt.

IV Die Absätze 1 bis 3 finden keine Anwendung, soweit für die Tat das Strafrecht der Bundesrepublik Deutschland schon vor dem Wirksamwerden des Beitritts gegolten hat.

Art. 315 a Vollstreckungs- und Verfolgungsverjährung für in der Deutschen Demokratischen Republik verfolgte und abgeurteilte Taten [*; Verjährung für während der Herrschaft des SED-Unrechtsregimes nicht geahndete Taten*[1]]

I Soweit die Verjährung der Verfolgung oder der Vollstreckung nach dem Recht der Deutschen Demokratischen Republik bis zum Wirksamwerden des Beitritts nicht eingetreten war, bleibt es dabei. Dies gilt auch, soweit für die Tat vor dem Wirksamwerden des Beitritts auch das Strafrecht der Bundesrepublik Deutschland gegolten hat. Die Verfolgungsverjährung gilt als am Tag des Wirksamwerdens des Beitritts unterbrochen; § 78 c Abs. 3 des Strafgesetzbuches bleibt unberührt.

II Die Verfolgung von Taten, die in dem in Artikel 3 des Einigungsvertrages genannten Gebiet begangen worden sind und die im Höchstmaß mit Freiheitsstrafe von mehr als einem Jahr bis zu fünf Jahren bedroht sind, verjährt frühestens mit Ablauf des 2. Oktober 2000, die Verfolgung der in diesem Gebiet vor Ablauf des 2. Oktober 1990 begangenen und im Höchstmaß mit Freiheitsstrafe bis zu einem Jahr oder mit Geldstrafe bedrohten Taten frühestens mit Ablauf des 31. Dezember 1995.

III Verbrechen, die den Tatbestand des Mordes (§ 211 des Strafgesetzbuches) erfüllen, für welche sich die Strafe jedoch nach dem Recht der Deutschen Demokratischen Republik bestimmt, verjähren nicht.

[Der GesE eines Zweiten Gesetzes zur Bereinigung von Bundesrecht / Justiz [BT-Drs. 16/5051; Ausschussberatung seit 24. 5. 2007] sieht eine Änderung der Überschrift sowie die Einfügung folgender Absätze vor:)

IV Die Absätze 2 und 3 gelten nicht für Taten, deren Verfolgung am 30. September 1993 bereits verjährt war.

V Bei der Berechnung der Verjährungsfrist für die Verfolgung von Taten, die während der Herrschaft des SED-Unrechtsregimes begangen wurden, aber entsprechend dem ausdrücklichen oder mutmaßlichen Willen der Staats- und Parteiführung der ehemaligen Deutschen Demokratischen Republik aus politischen oder sonst mit wesentlich Grundsätzen einer freiheitlichen rechtsstaatlichen Ordnung unvereinbaren Gründen nicht geahndet worden sind, bleibt die Zeit vom 11. Oktober 1949 bis 2. Oktober 1990 außer Ansatz. In dieser Zeit hat die Verjährung geruht.]

Art. 315 b Strafantrag bei in der Deutschen Demokratischen Republik begangenen Taten[2]

Die Vorschriften des Strafgesetzbuches über den Strafantrag gelten auch für die vor dem Wirksamwerden des Beitritts in der Deutschen Demokratischen Republik begangenen Taten. War nach dem Recht der Deutschen Demokratischen Republik zur Verfolgung ein Antrag erforderlich, so bleibt es dabei. Ein vor dem Wirksamwerden des Beitritts gestellter Antrag bleibt wirksam. War am Tag des Wirksamwerdens des Beitritts das Recht, einen Strafantrag zu stellen, nach dem bisherigen Recht der Deutschen Demokratischen Republik bereits erloschen, so bleibt es dabei. Ist die Tat nach den Vorschriften der Bundesrepublik Deutschland nur auf Antrag verfolgbar, so endet die Antragsfrist frühestens am 31. Dezember 1990.

Art. 315 c Anpassung der Strafdrohungen[2]

Soweit Straftatbestände der Deutschen Demokratischen Republik fortgelten, treten an die Stelle der bisherigen Strafdrohungen die im Strafgesetzbuch vorgesehenen Straf-

---

[1] Art. 315 a eingef. durch Anlage I des EinigVtr. v. 31. 8. 1990 iVm Art. 1 EinigVtrG v. 23. 9. 1990 (BGBl. II 885, 889, *955); Art. 315 a Satz 2* eingef. durch Art. 2 VerjährungsG v. 26. 3. 1993 *(BGBl. I 392); II* u. *III* angef. durch Art. 1 des 2. VerjährungsG v. 27. 9. 1993 (BGBl. I 1657); II geänd. nach Maßgabe des Art. 2 3. VerjährungsG v. 22. 12. 1997 (BGBl. I 3223).

[2] §§ 315 b, 315 c eingef. durch Anlage I des EV v. 31. 8. 1990 iVm Art. 1 EV-Vertrag v. 23. 9. 1990 (BGBl. II 885, 889, 955). § 315 c geänd. durch Art. 177 Nr. 1 des G v. 19. 6. 2006 (BGBl I 866).

drohungen der Freiheitsstrafe und der Geldstrafe. Die übrigen Strafdrohungen entfallen. Die Geldstrafe darf nach Art und Höhe der Tagessätze insgesamt das Höchstmaß der bisher angedrohten Geldstrafe nicht übersteigen. Es dürfen höchstens dreihundertsechzig Tagessätze verhängt werden.

Art. 316 Übergangsvorschrift zum Neunten Strafrechtsänderungsgesetz

I § 66 Abs. 2 und § 67 Abs. 1 des Strafgesetzbuches in der Fassung des Artikels 1 des Neunten Strafrechtsänderungsgesetzes vom 4. August 1969 (BGBl. I S. 1065) gelten auch für früher begangene Taten und früher verhängte Strafen, wenn die Verfolgung und Vollstreckung beim Inkrafttreten des Neunten Strafrechtsänderungsgesetzes am 6. August 1969 noch nicht verjährt waren.

II § 1 des Gesetzes über die Berechnung strafrechtlicher Verjährungsfristen vom 13. April 1965 (BGBl. I S. 315) bleibt unberührt.

Art. 316 a Übergangsvorschrift zum Sechzehnten Strafrechtsänderungsgesetz

I § 78 Abs. 2 des Strafgesetzbuches in der Fassung des Artikels 1 des Sechzehnten Strafrechtsänderungsgesetzes vom 16. Juli 1979 (BGBl. I S. 1046) gilt auch für früher begangene Taten, wenn die Verfolgung beim Inkrafttreten des Sechzehnten Strafrechtsänderungsgesetzes am 22. Juli 1979 noch nicht verjährt war.

II § 1 des Gesetzes über die Berechnung strafrechtlicher Verjährungsfristen vom 13. April 1965 (BGBl. I S. 315) bleibt unberührt.

Art. 316b Übergangsvorschrift zum Dreiundzwanzigsten Strafrechtsänderungsgesetz

I § 67 Abs. 4 und § 67 d Abs. 5 des Strafgesetzbuches finden keine Anwendung auf Unterbringungen, die vor dem 1. Mai 1986 angeordnet worden sind; für die Anrechnung der Zeit des Vollzugs der Maßregel auf die Strafe gilt das bisherige Recht.

II Ist jemand vor dem 1. Mai 1986 zu mehreren lebenslangen Freiheitsstrafen oder zu lebenslanger und zeitiger Freiheitsstrafe verurteilt worden, so ist § 460 der Strafprozessordnung sinngemäß anzuwenden, wenn nach neuem Recht auf eine lebenslange Freiheitsstrafe als Gesamtstrafe erkannt worden wäre.

[*Der GesE eines Zweiten Gesetzes zur Bereinigung von Bundesrecht / Justiz [BT-Drs. 16/5051; Ausschussberatung seit 24. 5. 2007] sieht die Einfügung folgender Vorschrift vor:*

Art. 316 c Übergangsvorschrift zum Dreißigsten Strafrechtsänderungsgesetz

§ 78 b Abs. 1 des Strafgesetzbuchs in der Fassung des Art. 1 des Dreißigsten Strafrechtsänderungsgesetzes vom 23. Juni 1994 (BGBl. I S. 1310) gilt auch für vor dem Inkrafttreten des Dreißigsten Strafrechtsänderungsgesetzes am 30. Juni 1994 begangene Taten, es sei denn, dass deren Verfolgung zu diesem Zeitpunkt bereits verjährt ist.]

2. (*nicht belegt*)

3. Jugendgerichtsgesetz (JGG)

IdF v. 11. Dezember 1974 (BGBl. I 3427; III 451–1), letztes ÄndG v. 13. 4. 2007 (BGBl. I 513)

(Auszug)

Erster Teil. Anwendungsbereich

§ 1 Persönlicher und sachlicher Anwendungsbereich

I Dieses Gesetz gilt, wenn ein Jugendlicher oder ein Heranwachsender eine Verfehlung begeht, die nach den allgemeinen Vorschriften mit Strafe bedroht ist.

II Jugendlicher ist, wer zur Zeit der Tat vierzehn, aber noch nicht achtzehn, Heranwachsender, wer zur Zeit der Tat achtzehn, aber noch nicht einundzwanzig Jahre alt ist.

§ 2 Anwendung des allgemeinen Rechts

Die allgemeinen Vorschriften gelten nur, soweit in diesem Gesetz nichts anderes bestimmt ist.

Zweiter Teil. Jugendliche

Erstes Hauptstück. Verfehlungen Jugendlicher und ihre Folgen

Erster Abschnitt. Allgemeine Vorschriften

§ 3 Verantwortlichkeit[1]

Ein Jugendlicher ist strafrechtlich verantwortlich, wenn er zur Zeit der Tat nach seiner sittlichen und geistigen Entwicklung reif genug ist, das Unrecht der Tat einzusehen und nach dieser Einsicht zu handeln. Zur Erziehung eines Jugendlichen, der mangels Reife strafrechtlich nicht verantwortlich ist, kann der Richter dieselben Maßnahmen anordnen wie der Familien- oder Vormundschaftsrichter.

§ 4 Rechtliche Einordnung der Taten Jugendlicher

Ob die rechtswidrige Tat eines Jugendlichen als Verbrechen oder Vergehen anzusehen ist und wann sie verjährt, richtet sich nach den Vorschriften des allgemeinen Strafrechts.

§ 5 Die Folgen der Jugendstraftat

I Aus Anlass der Straftat eines Jugendlichen können Erziehungsmaßregeln angeordnet werden.

II Die Straftat eines Jugendlichen wird mit Zuchtmitteln oder mit Jugendstrafe geahndet, wenn Erziehungsmaßregeln nicht ausreichen.

III Von Zuchtmitteln und Jugendstrafe wird abgesehen, wenn die Unterbringung in einem psychiatrischen Krankenhaus oder einer Entziehungsanstalt die Ahndung durch den Richter entbehrlich macht.

§ 6 Nebenfolgen

I Auf Unfähigkeit, öffentliche Ämter zu bekleiden, Rechte aus öffentlichen Wahlen zu erlangen oder in öffentlichen Angelegenheiten zu wählen oder zu stimmen, darf nicht erkannt werden. Die Bekanntgabe der Verurteilung darf nicht angeordnet werden.

II Der Verlust der Fähigkeit, öffentliche Ämter zu bekleiden und Rechte aus öffentlichen Wahlen zu erlangen (§ 45 Abs. 1 des Strafgesetzbuches), tritt nicht ein.

§ 7 Maßregeln der Besserung und Sicherung[2]

Als Maßregeln der Besserung und Sicherung im Sinne des allgemeinen Strafrechts können die Unterbringung in einem psychiatrischen Krankenhaus oder einer Entziehungsanstalt, die Führungsaufsicht oder die Entziehung der Fahrerlaubnis angeordnet werden (§ 61 Nr. 1, 2, 4 und 5 des Strafgesetzbuches).

§ 8 Verbindung von Maßnahmen und Jugendstrafe[3]

I Erziehungsmaßregeln und Zuchtmittel, ebenso mehrere Erziehungsmaßregeln oder mehrere Zuchtmittel können nebeneinander angeordnet werden. Mit der Anordnung von Hilfe zur Erziehung nach § 12 Nr. 2 darf Jugendarrest nicht verbunden werden.

---

[1] § 3 S. 2 geänd. durch Art. 14 § 17 KindRG v. 16. 12. 1997 (BGBl. I 2942).
[2] § 7 geänd. durch Ges. v. 20. 12. 1984 (BGBl. I 1654).
[3] § 8 I S. 2 geänd. durch Art. 6 KJHG v. 26. 6. 1990 (BGBl. I 1163).

II Der Richter kann neben Jugendstrafe nur Weisungen und Auflagen erteilen und die Erziehungsbeistandschaft anordnen. Steht der Jugendliche unter Bewährungsaufsicht, so ruht eine gleichzeitig bestehende Erziehungsbeistandschaft bis zum Ablauf der Bewährungszeit.

III Der Richter kann neben Erziehungsmaßregeln, Zuchtmitteln und Jugendstrafe auf die nach diesem Gesetz zulässigen Nebenstrafen und Nebenfolgen erkennen.

Zweiter Abschnitt. Erziehungsmaßregeln

§ 9 Arten[1]

Erziehungsmaßregeln sind
1. die Erteilung von Weisungen,
2. die Anordnung, Hilfe zur Erziehung im Sinne des § 12 in Anspruch zu nehmen.

§ 10 Weisungen[2]

I Weisungen sind Gebote und Verbote, welche die Lebensführung des Jugendlichen regeln und dadurch seine Erziehung fördern und sichern sollen. Dabei dürfen an die Lebensführung des Jugendlichen keine unzumutbaren Anforderungen gestellt werden. Der Richter kann dem Jugendlichen insbesondere auferlegen,
1. Weisungen zu befolgen, die sich auf den Aufenthaltsort beziehen,
2. bei einer Familie oder in einem Heim zu wohnen,
3. eine Ausbildungs- oder Arbeitsstelle anzunehmen,
4. Arbeitsleistungen zu erbringen,
5. sich der Betreuung und Aufsicht einer bestimmten Person (Betreuungshelfer) zu unterstellen,
6. an einem sozialen Trainingskurs teilzunehmen,
7. sich zu bemühen, einen Ausgleich mit dem Verletzten zu erreichen (Täter-Opfer-Ausgleich),
8. den Verkehr mit bestimmten Personen oder den Besuch von Gast- oder Vergnügungsstätten zu unterlassen oder
9. an einem Verkehrsunterricht teilzunehmen.

II Der Richter kann dem Jugendlichen auch mit Zustimmung des Erziehungsberechtigten und des gesetzlichen Vertreters auferlegen, sich einer heilerzieherischen Behandlung durch einen Sachverständigen oder einer Entziehungskur zu unterziehen. Hat der Jugendliche das sechzehnte Lebensjahr vollendet, so soll dies nur mit seinem Einverständnis geschehen.

§ 11 Laufzeit und nachträgliche Änderung von Weisungen; Folgen der Zuwiderhandlung[3]

I Der Richter bestimmt die Laufzeit der Weisungen. Die Laufzeit darf zwei Jahre nicht überschreiten; sie soll bei einer Weisung nach § 10 Abs. 1 Satz 3 Nr. 5 nicht mehr als ein Jahr, bei einer Weisung nach § 10 Abs. 1 Satz 3 Nr. 6 nicht mehr als sechs Monate betragen.

II Der Richter kann Weisungen ändern, von ihnen befreien oder ihre Laufzeit vor Ablauf bis auf drei Jahre verlängern, wenn dies aus Gründen der Erziehung geboten ist.

III Kommt der Jugendliche Weisungen schuldhaft nicht nach, so kann Jugendarrest verhängt werden, wenn eine Belehrung über die Folgen schuldhafter Zuwiderhandlung erfolgt war. Hiernach verhängter Jugendarrest darf bei einer Verurteilung insgesamt die Dauer von vier Wochen nicht überschreiten. Der Richter sieht von der Vollstreckung

---

[1] § 9 neugef. durch Art. 6 Ges. v. 26. 6. 1990 (BGBl. I 1163), Nr. 2 neugef. durch Art. 3 Ges. v. 16. 2. 1993 (BGBl. I 239).
[2] § 10 I S. 3 geänd. durch Ges. v. 30. 8. 1990 (BGBl. I 1853).
[3] § 11 I S. 2 und III S. 3 neugef. durch Ges v. 30. 8. 1990 (BGBl. I 1853).

des Jugendarrestes ab, wenn der Jugendliche nach Verhängung des Arrestes der Weisung nachkommt.

§ 12 Hilfe zur Erziehung[1]

Der Richter kann dem Jugendlichen nach Anhörung des Jugendamts auch auferlegen, unter den im Achten Buch Sozialgesetzbuch genannten Voraussetzungen Hilfe zur Erziehung

1. in Form der Erziehungsbeistandschaft im Sinne des § 30 des Achten Buches Sozialgesetzbuch oder
2. in einer Einrichtung über Tag und Nacht oder in einer sonstigen betreuten Wohnform im Sinne des § 34 des Achten Buches Sozialgesetzbuch

in Anspruch zu nehmen.

Dritter Abschnitt. Zuchtmittel

§ 13 Arten und Anwendung[2]

I Der Richter ahndet die Straftat mit Zuchtmitteln, wenn Jugendstrafe nicht geboten ist, dem Jugendlichen aber eindringlich zum Bewußtsein gebracht werden muss, dass er für das von ihm begangene Unrecht einzustehen hat.

II Zuchtmittel sind

1. die Verwarnung,
2. die Erteilung von Auflagen,
3. der Jugendarrest.

III Zuchtmittel haben nicht die Rechtswirkungen einer Strafe.

§ 14 Verwarnung

Durch die Verwarnung soll dem Jugendlichen das Unrecht der Tat eindringlich vorgehalten werden.

§ 15 Auflagen[3]

I Der Richter kann dem Jugendlichen auferlegen,

1. nach Kräften den durch die Tat verursachten Schaden wiedergutzumachen,
2. sich persönlich bei dem Verletzten zu entschuldigen,
3. Arbeitsleistungen zu erbringen oder
4. einen Geldbetrag zugunsten einer gemeinnützigen Einrichtung zu zahlen.

Dabei dürfen an den Jugendlichen keine unzumutbaren Anforderungen gestellt werden.

II Der Richter soll die Zahlung eines Geldbetrages nur anordnen, wenn

1. der Jugendliche eine leichte Verfehlung begangen hat und anzunehmen ist, dass er den Geldbetrag aus Mitteln zahlt, über die er selbständig verfügen darf, oder
2. dem Jugendlichen der Gewinn, den er aus der Tat erlangt, oder das Entgelt, das er für sie erhalten hat, entzogen werden soll.

III Der Richter kann nachträglich Auflagen ändern oder von ihrer Erfüllung ganz oder zum Teil befreien, wenn dies aus Gründen der Erziehung geboten ist. Bei schuldhafter Nichterfüllung von Auflagen gilt § 11 Abs. 3 entsprechend. Ist Jugendarrest vollstreckt worden, so kann der Richter die Auflagen ganz oder zum Teil für erledigt erklären.

---

[1] § 12 neugef. durch Art. 6 Ges. v. 26. 6. 1990 (BGBl. I 1163), geänd. durch Art. 3 Ges. v. 16. 2. 1993 (BGBl. I 239).

[2] *Für das Gebiet der ehem. DDR findet § 13 II aufgrund des EVertr. v. 31. 8. 1990 (BGBl. II 889, 957) keine Anwendung.*

[3] § 15 I S. 1 Nr. 3 eingef., bish. Nr. 3 wird Nr. 4, III S. 1 neugef. durch Ges. v. 30. 8. 1990 (BGBl. I 1853).

§ 16 Jugendarrest[1]

I Der Jugendarrest ist Freizeitarrest, Kurzarrest oder Dauerarrest.

II Der Freizeitarrest wird für die wöchentliche Freizeit des Jugendlichen verhängt und auf eine oder zwei Freizeiten bemessen.

III Der Kurzarrest wird statt des Freizeitarrestes verhängt, wenn der zusammenhängende Vollzug aus Gründen der Erziehung zweckmäßig erscheint und weder die Ausbildung noch die Arbeit des Jugendlichen beeinträchtigt werden. Dabei stehen zwei Tage Kurzarrest einer Freizeit gleich.

IV Der Dauerarrest beträgt mindestens eine Woche und höchstens vier Wochen. Er wird nach vollen Tagen oder Wochen bemessen.

Vierter Abschnitt. Die Jugendstrafe

§ 17 Form und Voraussetzungen

I Die Jugendstrafe ist Freiheitsentzug in einer Jugendstrafanstalt.

II Der Richter verhängt Jugendstrafe, wenn wegen der schädlichen Neigungen des Jugendlichen, die in der Tat hervorgetreten sind, Erziehungsmaßregeln oder Zuchtmittel zur Erziehung nicht ausreichen oder wenn wegen der Schwere der Schuld Strafe erforderlich ist.

§ 18 Dauer der Jugendstrafe

I Das Mindestmaß der Jugendstrafe beträgt sechs Monate, das Höchstmaß fünf Jahre. Handelt es sich bei der Tat um ein Verbrechen, für das nach dem allgemeinen Strafrecht eine Höchststrafe von mehr als zehn Jahren Freiheitsstrafe angedroht ist, so ist das Höchstmaß zehn Jahre. Die Strafrahmen des allgemeinen Strafrechts gelten nicht.

II Die Jugendstrafe ist so zu bemessen, dass die erforderliche erzieherische Einwirkung möglich ist.

Fünfter Abschnitt. Aussetzung der Jugendstrafe zur Bewährung

§ 21 Strafaussetzung[2]

I Bei der Verurteilung zu einer Jugendstrafe von nicht mehr als einem Jahr setzt der Richter die Vollstreckung der Strafe zur Bewährung aus, wenn zu erwarten ist, dass der Jugendliche sich schon die Verurteilung zur Warnung dienen lassen und auch ohne die Einwirkung des Strafvollzugs unter der erzieherischen Einwirkung in der Bewährungszeit künftig einen rechtschaffenen Lebenswandel führen wird. Dabei sind namentlich die Persönlichkeit des Jugendlichen, sein Vorleben, die Umstände seiner Tat, sein Verhalten nach der Tat, seine Lebensverhältnisse und die Wirkungen zu berücksichtigen, die von der Aussetzung für ihn zu erwarten sind.

II Der Richter setzt unter den Voraussetzungen des Absatzes 1 auch die Vollstreckung einer höheren Jugendstrafe, die zwei Jahre nicht übersteigt, zur Bewährung aus, wenn nicht die Vollstreckung im Hinblick auf die Entwicklung des Jugendlichen geboten ist.

III Die Strafaussetzung kann nicht auf einen Teil der Jugendstrafe beschränkt werden. Sie wird durch eine Anrechnung von Untersuchungshaft oder einer anderen Freiheitsentziehung nicht ausgeschlossen.

§ 22 Bewährungszeit

I Der Richter bestimmt die Dauer der Bewährungszeit. Sie darf drei Jahre nicht überschreiten und zwei Jahre nicht unterschreiten.

---

[1] § 16 II neugef., III S. 3 aufgeh. durch Ges. v. 30. 8. 1990 (BGBl. I 1853).
[2] § 21 I S. 1 geänd., II neugef. durch Ges. v. 30. 8. 1990 (BGBl. I 1853).

II Die Bewährungszeit beginnt mit der Rechtskraft der Entscheidung über die Aussetzung der Jugendstrafe. Sie kann nachträglich bis auf ein Jahr verkürzt oder vor ihrem Ablauf bis auf vier Jahre verlängert werden. In den Fällen des § 21 Abs. 2 darf die Bewährungszeit jedoch nur bis auf zwei Jahre verkürzt werden.

§ 23 Weisungen und Auflagen

I Der Richter soll für die Dauer der Bewährungszeit die Lebensführung des Jugendlichen durch Weisungen erzieherisch beeinflussen. Er kann dem Jugendlichen auch Auflagen erteilen. Diese Anordnungen kann er auch nachträglich treffen, ändern oder aufheben. Die §§ 10, 11 Abs. 3 und § 15 Abs. 1, 2, 3 Satz 2 gelten entsprechend.

II Macht der Jugendliche Zusagen für seine künftige Lebensführung oder erbietet er sich zu angemessenen Leistungen, die der Genugtuung für das begangene Unrecht dienen, so sieht der Richter in der Regel von entsprechenden Weisungen oder Auflagen vorläufig ab, wenn die Erfüllung der Zusagen oder des Anerbietens zu erwarten ist.

§ 24 Bewährungshilfe[1]

I Der Richter unterstellt den Jugendlichen in der Bewährungszeit für höchstens zwei Jahre der Aufsicht und Leitung eines hauptamtlichen Bewährungshelfers. Er kann ihn auch einem ehrenamtlichen Bewährungshelfer unterstellen, wenn dies aus Gründen der Erziehung zweckmäßig erscheint. § 22 Abs. 2 Satz 1 gilt entsprechend.

II Der Richter kann eine nach Absatz 1 getroffene Entscheidung vor Ablauf der Unterstellungszeit ändern oder aufheben; er kann auch die Unterstellung des Jugendlichen in der Bewährungszeit erneut anordnen. Dabei kann das in Absatz 1 Satz 1 bestimmte Höchstmaß überschritten werden.

III Der Bewährungshelfer steht dem Jugendlichen helfend und betreuend zur Seite. Er überwacht im Einvernehmen mit dem Richter die Erfüllung der Weisungen, Auflagen, Zusagen und Anerbieten. Der Bewährungshelfer soll die Erziehung des Jugendliche fördern und möglichst mit dem Erziehungsberechtigten und dem gesetzlichen Vertreter vertrauensvoll zusammenwirken. Er hat bei der Ausübung seines Amtes das Recht auf Zutritt zu dem Jugendlichen. Er kann von dem Erziehungsberechtigten, dem gesetzlichen Vertreter, der Schule, dem Ausbildenden Auskunft über die Lebensführung des Jugendlichen verlangen.

§ 25 Bestellung und Pflichten des Bewährungshelfers[2]

Der Bewährungshelfer wird vom Richter bestellt. Der Richter kann ihm für seine Tätigkeit nach § 24 Abs. 3 Anweisungen erteilen. Der Bewährungshelfer berichtet über die Lebensführung des Jugendlichen in Zeitabständen, die der Richter bestimmt. Gröbliche oder beharrliche Verstöße gegen Weisungen, Auflagen, Zusagen oder Anerbieten teilt er dem Richter mit.

§ 26 Widerruf der Strafaussetzung[3]

I Der Richter widerruft die Aussetzung der Jugendstrafe, wenn der Jugendliche

1. in der Bewährungszeit eine Straftat begeht und dadurch zeigt, dass die Erwartung, die der Strafaussetzung zugrunde lag, sich nicht erfüllt hat,
2. gegen Weisungen gröblich oder beharrlich verstößt oder sich der Aufsicht und Leitung des Bewährungshelfers beharrlich entzieht und dadurch Anlaß zu der Besorgnis gibt, dass er erneut Straftaten begehen wird, oder
3. gegen Auflagen gröblich oder beharrlich verstößt.

Satz 1 Nr. 1 gilt entsprechend, wenn die Tat in der Zeit zwischen der Entscheidung über die Strafaussetzung und deren Rechtskraft begangen worden ist.

II Der Richter sieht jedoch von dem Widerruf ab, wenn es ausreicht,

1. weitere Weisungen oder Auflagen zu erteilen,

---

[1] *§ 24 I S. 1* geänd., S. 3 angef., II eingef., bish. II wird III und Satz 5 geänd. durch Ges. v. 30. 8. 1990 (BGBl. I 1853).

[2] § 25 S. 2 geänd. durch Ges. v. 30. 8. 1990 (BGBl. I 1853).

[3] § 26 I S. 2 angef., II neugef. durch Ges. v. 30. 8. 1990 (BGBl. I 1853).

2. die Bewährungs- oder Unterstellungszeit bis zu einem Höchstmaß von vier Jahren zu verlängern oder
3. den Jugendlichen vor Ablauf der Bewährungszeit erneut einem Bewährungshelfer zu unterstellen.

III Leistungen, die der Jugendliche zur Erfüllung von Weisungen, Auflagen, Zusagen oder Anerbieten (§ 23) erbracht hat, werden nicht erstattet. Der Richter kann jedoch, wenn er die Strafaussetzung widerruft, Leistungen, die der Jugendliche zur Erfüllung von Auflagen oder entsprechenden Anerbieten erbracht hat, auf die Jugendstrafe anrechnen.

§ 26 a Erlass der Jugendstrafe

Widerruft der Richter die Strafaussetzung nicht, so erlässt er die Jugendstrafe nach Ablauf der Bewährungszeit. § 26 Abs. 3 Satz 1 ist anzuwenden.

Sechster Abschnitt. Aussetzung der Verhängung der Jugendstrafe

§ 27 Voraussetzungen

Kann nach Erschöpfung der Ermittlungsmöglichkeiten nicht mit Sicherheit beurteilt werden, ob in der Straftat eines Jugendlichen schädliche Neigungen von einem Umfang hervorgetreten sind, dass eine Jugendstrafe erforderlich ist, so kann der Richter die Schuld des Jugendlichen feststellen, die Entscheidung über die Verhängung der Jugendstrafe aber für eine von ihm zu bestimmende Bewährungszeit aussetzen.

§ 28 Bewährungszeit

I Die Bewährungszeit darf zwei Jahre nicht überschreiten und ein Jahr nicht unterschreiten.

II Die Bewährungszeit beginnt mit der Rechtskraft des Urteils, in dem die Schuld des Jugendlichen festgestellt wird. Sie kann nachträglich bis auf ein Jahr verkürzt oder vor ihrem Ablauf bis auf zwei Jahre verlängert werden.

§ 29 Bewährungshilfe[1]

Der Jugendliche wird für die Dauer oder einen Teil der Bewährungszeit der Aufsicht und Leitung eines Bewährungshelfers unterstellt. Die §§ 23, 24 Abs. 1 Satz 1 und 2, Abs. 2 und 3 und die §§ 25, 28 Abs. 2 Satz 1 sind entsprechend anzuwenden.

§ 30 Verhängung der Jugendstrafe; Tilgung des Schuldspruchs[2]

I Stellt sich vor allem durch schlechte Führung des Jugendlichen während der Bewährungszeit heraus, dass die in dem Schuldspruch missbilligte Tat auf schädliche Neigungen von einem Umfang zurückzuführen ist, dass eine Jugendstrafe erforderlich ist, so erkennt der Richter auf die Strafe, die er im Zeitpunkt des Schuldspruchs bei sicherer Beurteilung der schädlichen Neigungen des Jugendlichen ausgesprochen hätte.

II Liegen die Voraussetzungen des Absatzes 1 nach Ablauf der Bewährungszeit nicht vor, so wird der Schuldspruch getilgt.

Siebenter Abschnitt. Mehrere Straftaten

§ 31 Mehrere Straftaten eines Jugendlichen

I Auch wenn ein Jugendlicher mehrere Straftaten begangen hat, setzt der Richter nur einheitlich Erziehungsmaßregeln, Zuchtmittel oder eine Jugendstrafe fest. Soweit es dieses Gesetz zulässt (§ 8), können ungleichartige Erziehungsmaßregeln und Zuchtmittel nebeneinander angeordnet oder Maßnahmen mit der Strafe verbunden werden. Die gesetzlichen Höchstgrenzen des Jugendarrestes und der Jugendstrafe dürfen nicht überschritten werden.

---

[1] § 29 neugef. durch Ges. v. 30. 8. 1990 (BGBl. I 1853).
[2] § 30 I S. 2 aufgeh. durch Ges. v. 30. 8. 1990 (BGBl. I 1853).

II Ist gegen den Jugendlichen wegen eines Teils der Straftaten bereits rechtskräftig die Schuld festgestellt oder eine Erziehungsmaßregel, ein Zuchtmittel oder eine Jugendstrafe festgesetzt worden, aber noch nicht vollständig ausgeführt, verbüßt oder sonst erledigt, so wird unter Einbeziehung des Urteils in gleicher Weise nur einheitlich auf Maßnahmen oder Jugendstrafe erkannt. Die Anrechnung bereits verbüßten Jugendarrestes steht im Ermessen des Richters, wenn er auf Jugendstrafe erkennt.

III Ist es aus erzieherischen Gründen zweckmäßig, so kann der Richter davon absehen, schon abgeurteilte Straftaten in die neue Entscheidung einzubeziehen. Dabei kann er Erziehungsmaßregeln und Zuchtmittel für erledigt erklären, wenn er auf Jugendstrafe erkennt.

§ 32 Mehrere Straftaten in verschiedenen Alters- und Reifestufen

Für mehrere Straftaten, die gleichzeitig abgeurteilt werden und auf die teils Jugendstrafrecht und teils allgemeines Strafrecht anzuwenden wäre, gilt einheitlich das Jugendstrafrecht, wenn das Schwergewicht bei den Straftaten liegt, die nach Jugendstrafrecht zu beurteilen wären. Ist dies nicht der Fall, so ist einheitlich das allgemeine Strafrecht anzuwenden.

Drittes Hauptstück. Vollstreckung und Vollzug

Erster Abschnitt. Vollstreckung

Dritter Unterabschnitt. Jugendstrafe

§ 88 Aussetzung des Restes der Jugendstrafe[1]

I Der Vollstreckungsleiter kann die Vollstreckung des Restes der Jugendstrafe zur Bewährung aussetzen, wenn der Verurteilte einen Teil der Strafe verbüßt hat und dies im Hinblick auf die Entwicklung des Jugendlichen, auch unter Berücksichtigung des Sicherheitsinteresses der Allgemeinheit, verantwortet werden kann.

II Vor Verbüßung von sechs Monaten darf die Aussetzung der Vollstreckung des Restes nur aus besonders wichtigen Gründen angeordnet werden. Sie ist bei einer Jugendstrafe von mehr als einem Jahr nur zulässig, wenn der Verurteilte mindestens ein Drittel der Strafe verbüßt hat.

III Der Vollstreckungsleiter soll in den Fällen der Absätze 1 und 2 seine Entscheidung so frühzeitig treffen, dass die erforderlichen Maßnahmen zur Vorbereitung des Verurteilten auf sein Leben nach der Entlassung durchgeführt werden können. Er kann seine Entscheidung bis zur Entlassung des Verurteilten wieder aufheben, wenn die Aussetzung aufgrund neu eingetretener oder bekannt gewordener Tatsachen im Hinblick auf die Entwicklung des Jugendlichen, auch unter Berücksichtigung des Sicherheitsinteresses der Allgemeinheit, nicht mehr verantwortet werden kann.

IV Der Vollstreckungsleiter entscheidet nach Anhören des Staatsanwalts und des Vollzugsleiters. Dem Verurteilten ist Gelegenheit zur mündlichen Äußerung zu geben.

V Der Vollstreckungsleiter kann Fristen von höchstens sechs Monaten festsetzen, vor deren Ablauf ein Antrag des Verurteilten, den Strafrest zur Bewährung auszusetzen, unzulässig ist.

VI Ordnet der Vollstreckungsleiter die Aussetzung der Vollstreckung des Restes der Jugendstrafe an, so gelten § 22 Abs. 1, 2 Satz 1 und 2 sowie die §§ 23 bis 26a sinngemäß. An die Stelle des erkennenden Richters tritt der Vollstreckungsleiter. Auf das Verfahren und die Anfechtung von Entscheidungen sind die §§ 58, 59 Abs. 2 bis 4 und § 60 entsprechend anzuwenden. Die Beschwerde der Staatsanwaltschaft gegen den Beschluß, der die Aussetzung des Strafrestes *anordnet*, hat aufschiebende Wirkung.

---

[1] § 88 Überschrift, I, II S. 1 geänd, III eingef., bish. III bis V wurden IV bis VI, VI neugef. durch Ges. v. 30. 8. 1990 (BGBl. I 1853), I geänd., III S. 2 neugef. durch Art. 3 Ges. v. 26. 1. 1998 (BGBl. I 160).

§ 89a Unterbrechung und Vollstreckung der Jugendstrafe neben Freiheitsstrafe[1]

I Ist gegen den zu Jugendstrafe Verurteilten auch Freiheitsstrafe zu vollstrecken, so wird die Jugendstrafe in der Regel zuerst vollstreckt. Der Vollstreckungsleiter unterbricht die Vollstreckung der Jugendstrafe, wenn die Hälfte, mindestens jedoch sechs Monate, der Jugendstrafe verbüßt sind. Er kann die Vollstreckung zu einem früheren Zeitpunkt unterbrechen, wenn die Aussetzung des Strafrestes in Betracht kommt. Ein Strafrest, der auf Grund des Widerrufs seiner Aussetzung vollstreckt wird, kann unterbrochen werden, wenn die Hälfte, mindestens jedoch sechs Monate, des Strafrestes verbüßt sind und eine erneute Aussetzung in Betracht kommt. § 454b Abs. 3 der Strafprozessordnung gilt entsprechend.

II Ist gegen einen Verurteilten außer lebenslanger Freiheitsstrafe auch Jugendstrafe zu vollstrecken, so wird, wenn die letzte Verurteilung eine Straftat betrifft, die der Verurteilte vor der früheren Verurteilung begangen hat, nur die lebenslange Freiheitsstrafe vollstreckt; als Verurteilung gilt das Urteil in dem Verfahren, in dem die zugrunde liegenden tatsächlichen Feststellungen letztmals geprüft werden konnten. Wird die Vollstreckung des Restes der lebenslangen Freiheitsstrafe durch das Gericht zur Bewährung ausgesetzt, so erklärt das Gericht die Vollstreckung der Jugendstrafe für erledigt.

III In den Fällen des Absatzes 1 gilt § 85 Abs. 6 entsprechend mit der Maßgabe, dass der Vollstreckungsleiter die Vollstreckung der Jugendstrafe abgeben kann, wenn der Verurteilte das einundzwanzigste Lebensjahr vollendet hat.

Dritter Teil. Heranwachsende

Erster Abschnitt. Anwendung des sachlichen Strafrechts

§ 105 Anwendung des Jugendstrafrechts auf Heranwachsende

I Begeht ein Heranwachsender eine Verfehlung, die nach den allgemeinen Vorschriften mit Strafe bedroht ist, so wendet der Richter die für einen Jugendlichen geltenden Vorschriften der §§ 4 bis 8, 9 Nr. 1, §§ 10, 11 und 13 bis 32 entsprechend an, wenn
1. die Gesamtwürdigung der Persönlichkeit des Täters bei Berücksichtigung auch der Umweltbedingungen ergibt, dass er zur Zeit der Tat nach seiner sittlichen und geistigen Entwicklung noch einem Jugendlichen gleichstand, oder
2. es sich nach der Art, den Umständen oder den Beweggründen der Tat um eine Jugendverfehlung handelt.

II § 31 Abs. 2 Satz 1, Abs. 3 ist auch dann anzuwenden, wenn der Heranwachsende wegen eines Teils der Straftaten bereits rechtskräftig nach allgemeinem Strafrecht verurteilt worden ist.

III Das Höchstmaß der Jugendstrafe für Heranwachsende beträgt zehn Jahre.

§ 106 Milderung des allgemeinen Strafrechts für Heranwachsende; Sicherungsverwahrung[2]

I Ist wegen der Straftat eines Heranwachsenden das allgemeine Strafrecht anzuwenden, so kann das Gericht an Stelle von lebenslanger Freiheitsstrafe auf eine Freiheitsstrafe von zehn bis zu fünfzehn Jahren erkennen.

II Das Gericht kann anordnen, dass der Verlust der Fähigkeit, öffentliche Ämter zu bekleiden und Rechte aus öffentlichen Wahlen zu erlangen (§ 45 Abs. 1 des Strafgesetzbuches), nicht eintritt.

III Sicherungsverwahrung darf neben der Strafe nicht angeordnet werden. Unter den übrigen Voraussetzungen des § 66 des Strafgesetzbuches kann das Gericht die Anordnung der Sicherungsverwahrung vorbehalten, wenn

---

[1] § 89a eingef. durch Ges. v. 30. 8. 1990 (BGBl. I 1853).

[2] § 106 II S. 2 geänd. durch Ges. v. 20. 12. 1984 (BGBl. I 1654); I geänd., II S. 1 aufgeh., bish. S. 2 geänd., III und IV angef. durch Ges. v. 27. 12. 2003 (BGBl. I 3007); Überschrift neu gef. sowie V und VI angef. durch Ges. v. 23. 7. 2004 (BGBl. I 1838). Abs. V S. 2 eingefügt durch Ges. vom 13. 4. 2007 (BGBl I 513).

1. der Heranwachsende wegen einer Straftat der in § 66 Abs. 3 Satz 1 des Strafgesetzbuches bezeichneten Art, durch welche das Opfer seelisch oder körperlich schwer geschädigt oder einer solchen Gefahr ausgesetzt worden ist, zu einer Freiheitsstrafe von mindestens fünf Jahren verurteilt wird,
2. es sich auch bei den nach den allgemeinen Vorschriften maßgeblichen früheren Taten um solche der in Nummer 1 bezeichneten Art handelt und
3. die Gesamtwürdigung des Täters und seiner Taten ergibt, dass er infolge eines Hanges zu solchen Straftaten für die Allgemeinheit gefährlich ist.

§ 66 a Abs. 2 und 3 des Strafgesetzbuches gilt entsprechend.

IV Wird neben der Strafe die Anordnung der Sicherungsverwahrung vorbehalten und hat der Verurteilte das siebenundzwanzigste Lebensjahr noch nicht vollendet, so ordnet das Gericht an, dass bereits die Strafe in einer sozialtherapeutischen Anstalt zu vollziehen ist, es sei denn, dass die Resozialisierung des Täters dadurch nicht besser gefördert werden kann. Diese Anordnung kann auch nachträglich erfolgen. Solange der Vollzug in einer sozialtherapeutischen Anstalt noch nicht angeordnet oder der Gefangene noch nicht in eine sozialtherapeutische Anstalt verlegt worden ist, ist darüber nach jeweils sechs Monaten neu zu entscheiden. Für die nachträgliche Anordnung nach Satz 2 ist die Strafvollstreckungskammer zuständig.

V Werden nach einer Verurteilung wegen einer Straftat der in Absatz 3 Satz 2 Nr. 1 bezeichneten Art zu einer Freiheitsstrafe von mindestens fünf Jahren vor Ende des Vollzugs dieser Freiheitsstrafe Tatsachen erkennbar, die auf eine erhebliche Gefährlichkeit des Verurteilten für die Allgemeinheit hinweisen, so kann das Gericht die Unterbringung in der Sicherungsverwahrung nachträglich anordnen, wenn die Gesamtwürdigung des Verurteilten, seiner Taten und ergänzend seiner Entwicklung während des Strafvollzugs ergibt, dass er mit hoher Wahrscheinlichkeit erneut Straftaten der in Absatz 3 Satz 2 Nr. 1 bezeichneten Art begehen wird. War keine der Straftaten dieser Art, die der Verurteilung zugrunde lagen, nach dem 1. April 2004 begangen worden und konnte die Sicherungsverwahrung deshalb nicht nach Absatz 3 Satz 2 vorbehalten werden, so berücksichtigt das Gericht als Tatsachen im Sinne des Satzes 1 auch solche, die im Zeitpunkt der Verurteilung bereits erkennbar waren.

VI Ist die wegen einer Tat der in Absatz 3 Satz 2 Nr. 1 bezeichneten Art angeordnete Unterbringung in einem psychiatrischen Krankenhaus nach § 67 d Abs. 6 des Strafgesetzbuches für erledigt erklärt worden, weil der die Schuldfähigkeit ausschließende oder vermindernde Zustand, auf dem die Unterbringung beruhte, im Zeitpunkt der Erledigungsentscheidung nicht bestanden hat, so kann das Gericht die Unterbringung in der Sicherungsverwahrung nachträglich anordnen, wenn

1. die Unterbringung des Betroffenen nach § 63 des Strafgesetzbuches wegen mehrerer solcher Taten angeordnet wurde oder wenn der Betroffene wegen einer oder mehrerer solcher Taten, die er vor der zur Unterbringung nach § 63 des Strafgesetzbuches führenden Tat begangen hat, schon einmal zu einer Freiheitsstrafe von mindestens drei Jahren verurteilt oder in einem psychiatrischen Krankenhaus untergebracht worden war und
2. die Gesamtwürdigung des Betroffenen, seiner Taten und ergänzend seiner Entwicklung während des Vollzugs der Maßregel ergibt, dass er mit hoher Wahrscheinlichkeit erneut Straftaten der in Absatz 3 Satz 2 Nr. 1 bezeichneten Art begehen wird.

Vierter Teil. Sondervorschriften für Soldaten der Bundeswehr

§ 112 a Anwendung des Jugendstrafrechts[1]

Das Jugendstrafrecht (§§ 3 bis 32, 105) gilt für die Dauer des Wehrdienstverhältnisses eines Jugendlichen oder Heranwachsenden mit folgenden Abweichungen:

1. Hilfe zur Erziehung im Sinne des § 12 darf nicht angeordnet werden.
2. Bedarf der Jugendliche oder Heranwachsende nach seiner sittlichen oder geistigen Entwicklung besonderer erzieherischer Einwirkung, so kann der Richter Erziehungshilfe durch den Disziplinarvorgesetzten als Erziehungsmaßregel anordnen.

---

[1] § 112 a Nr. 1 neugef. durch Art. 6 KJHG v. 26. 6. 1990 (BGBl. I 1163).

3. Bei der Erteilung von Weisungen und Auflagen soll der Richter die Besonderheiten des Wehrdienstes berücksichtigen. Weisungen und Auflagen, die bereits erteilt sind, soll er diesen Besonderheiten anpassen.
4. Als ehrenamtlicher Bewährungshelfer kann ein Soldat bestellt werden. Er untersteht bei seiner Tätigkeit (§ 25 Satz 2) nicht den Anweisungen des Richters.
5. Von der Überwachung durch einen Bewährungshelfer, der nicht Soldat ist, sind Angelegenheiten ausgeschlossen, für welche die militärischen Vorgesetzten des Jugendlichen oder Heranwachsenden zu sorgen haben. Maßnahmen des Disziplinarvorgesetzten haben den Vorrang.

§ 112e Verfahren vor Gerichten, die für allgemeine Strafsachen zuständig sind

In Verfahren gegen Jugendliche oder Heranwachsende vor den für allgemeine Strafsachen zuständigen Gerichten (§ 104) sind die §§ 112a, 112b und 112d anzuwenden.

4. Gesetz über den Verkehr mit Betäubungsmitteln (Betäubungsmittelgesetz – BtMG) RiStBV 257

IdF v. 1. 3. 1994 (BGBl. I 358; III 2121–6–24), letztes ÄndG v. 14. 2. 2007 (BGBl. I 154)

(Auszug)

§ 29 Straftaten

I Mit Freiheitsstrafe bis zu fünf Jahren oder mit Geldstrafe wird bestraft, wer

1. Betäubungsmittel unerlaubt anbaut, herstellt, mit ihnen Handel treibt, sie, ohne Handel zu treiben, einführt, ausführt, veräußert, abgibt, sonst in den Verkehr bringt, erwirbt oder sich in sonstiger Weise verschafft,
2. eine ausgenommene Zubereitung (§ 2 Abs. 1 Nr. 3) ohne Erlaubnis nach § 3 Abs. 1 Nr. 2 herstellt,
3. Betäubungsmittel besitzt, ohne zugleich im Besitz einer schriftlichen Erlaubnis für den Erwerb zu sein,
4. (weggefallen)
5. entgegen § 11 Abs. 1 Satz 2 Betäubungsmittel durchführt,
6. entgegen § 13 Abs. 1 Betäubungsmittel
   a) verschreibt,
   b) verabreicht oder zum unmittelbaren Verbrauch überlässt,
7. entgegen § 13 Abs. 2 Betäubungsmittel in einer Apotheke oder tierärztlichen Hausapotheke abgibt,
8. entgegen § 14 Abs. 5 für Betäubungsmittel wirbt,
9. unrichtige oder unvollständige Angaben macht, um für sich oder einen anderen oder für ein Tier die Verschreibung eines Betäubungsmittels zu erlangen,
10. einem anderen eine Gelegenheit zum unbefugten Erwerb oder zur unbefugten Abgabe von Betäubungsmitteln verschafft oder gewährt, eine solche Gelegenheit öffentlich oder eigennützig mitteilt oder einen anderen zum unbefugten Verbrauch von Betäubungsmitteln verleitet,
11. ohne Erlaubnis nach § 10a einem anderen eine Gelegenheit zum unbefugten Verbrauch von Betäubungsmitteln verschafft oder gewährt, oder wer eine außerhalb einer Einrichtung nach § 10a bestehende Gelegenheit zu einem solchen Verbrauch eigennützig oder öffentlich mitteilt,
12. öffentlich, in einer Versammlung oder durch Verbreiten von Schriften (§ 11 Abs. 3 des Strafgesetzbuches) dazu auffordert, Betäubungsmittel zu verbrauchen, die nicht zulässigerweise verschrieben worden sind,
13. Geldmittel oder andere Vermögensgegenstände einem anderen für eine rechtswidrige Tat nach Nummern 1, 5, 6, 7, 10, 11 oder 12 bereitstellt,

14. einer Rechtsverordnung nach § 11 Abs. 2 Satz 2 Nr. 1 oder § 13 Abs. 3 Satz 2 Nr. 1 oder 5 zuwiderhandelt, soweit sie für einen bestimmten Tatbestand auf diese Strafvorschrift verweist.

Die Abgabe von sterilen Einmalspritzen an Betäubungsmittelabhängige und die öffentliche Information darüber sind kein Verschaffen und kein öffentliches Mitteilen einer Gelegenheit zum Verbrauch nach Satz 1 Nr. 11.

II In den Fällen des Absatzes 1 Satz 1 Nr. 1, 2, 5 oder 6 Buchstabe b ist der Versuch strafbar.

III In besonders schweren Fällen ist die Strafe Freiheitsstrafe nicht unter einem Jahr. Ein besonders schwerer Fall liegt in der Regel vor, wenn der Täter

1. in den Fällen des Absatzes 1 Satz 1 Nr. 1, 5, 6, 10, 11 oder 13 gewerbsmäßig handelt,
2. durch eine der in Absatz 1 Satz 1 Nr. 1, 6 oder 7 bezeichneten Handlungen die Gesundheit mehrerer Menschen gefährdet.

IV Handelt der Täter in den Fällen des Absatzes 1 Satz 1 Nr. 1, 2, 5, 6 Buchstabe b, Nr. 10 oder 11 fahrlässig, so ist die Strafe Freiheitsstrafe bis zu einem Jahr oder Geldstrafe.

V Das Gericht kann von einer Bestrafung nach den Absätzen 1, 2 und 4 absehen, wenn der Täter die Betäubungsmittel lediglich zum Eigenverbrauch in geringer Menge anbaut, herstellt, einführt, ausführt, durchführt, erwirbt, sich in sonstiger Weise verschafft oder besitzt.

VI Die Vorschriften des Absatzes 1 Satz 1 Nr. 1 sind, soweit sie das Handeltreiben, Abgeben oder Veräußern betreffen, auch anzuwenden, wenn sich die Handlung auf Stoffe oder Zubereitungen bezieht, die nicht Betäubungsmittel sind, aber als solche ausgegeben werden.

§ 29 a Straftaten

I Mit Freiheitsstrafe nicht unter einem Jahr wird bestraft, wer

1. als Person über 21 Jahre Betäubungsmittel unerlaubt an eine Person unter 18 Jahren abgibt oder sie ihr entgegen § 13 Abs. 1 verabreicht oder zum unmittelbaren Verbrauch überläßt oder
2. mit Betäubungsmitteln in nicht geringer Menge unerlaubt Handel treibt, sie in nicht geringer Menge herstellt oder abgibt oder sie besitzt, ohne sie auf Grund einer Erlaubnis nach § 3 Abs. 1 erlangt zu haben.

II In minder schweren Fällen ist die Strafe Freiheitsstrafe von drei Monaten bis zu fünf Jahren.

§ 30 Straftaten

I Mit Freiheitsstrafe nicht unter zwei Jahren wird bestraft, wer

1. Betäubungsmittel unerlaubt anbaut, herstellt oder mit ihnen Handel treibt (§ 29 Abs. 1 Satz 1 Nr. 1) und dabei als Mitglied einer Bande handelt, die sich zur fortgesetzten Begehung solcher Taten verbunden hat,
2. im Falle des § 29 a Abs. 1 Nr. 1 gewerbsmäßig handelt,
3. Betäubungsmittel abgibt, einem anderen verabreicht oder zum unmittelbaren Verbrauch überläßt und dadurch leichtfertig dessen Tod verursacht oder
4. Betäubungsmittel in nicht geringer Menge unerlaubt einführt.

II In minder schweren Fällen ist die Strafe Freiheitsstrafe von drei Monaten bis zu fünf Jahren.

§ 30 a Straftaten

I Mit Freiheitsstrafe nicht unter fünf Jahren wird bestraft, wer Betäubungsmittel in nicht geringer Menge unerlaubt anbaut, herstellt, mit ihnen Handel treibt, sie ein- oder ausführt (§ 29 Abs. 1 Satz 1 Nr. 1) und dabei als Mitglied einer Bande handelt, die sich zur fortgesetzten Begehung solcher Taten verbunden hat.

II Ebenso wird bestraft, wer

1. als Person über 21 Jahre eine Person unter 18 Jahren bestimmt, mit Betäubungsmitteln unerlaubt Handel zu treiben, sie, ohne Handel zu treiben, einzuführen, auszu-

führen, zu veräußern, abzugeben oder sonst in den Verkehr zu bringen oder eine dieser Handlungen zu fördern, oder
2. mit Betäubungsmitteln in nicht geringer Menge unerlaubt Handel treibt oder sie, ohne Handel zu treiben, einführt, ausführt oder sich verschafft und dabei eine Schusswaffe oder sonstige Gegenstände mit sich führt, die ihrer Art nach zur Verletzung von Personen geeignet und bestimmt sind.

III In minder schweren Fällen ist die Strafe Freiheitsstrafe von sechs Monaten bis zu fünf Jahren.

§ 30b Straftaten

§ 129 des Strafgesetzbuches gilt auch dann, wenn eine Vereinigung, deren Zwecke oder deren Tätigkeit auf den unbefugten Vertrieb von Betäubungsmitteln im Sinne des § 6 Nr. 5 des Strafgesetzbuches gerichtet sind, nicht oder nicht nur im Inland besteht.

§ 31 Strafmilderung oder Absehen von Strafe

Das Gericht kann die Strafe nach seinem Ermessen mildern (§ 49 Abs. 2 des Strafgesetzbuches) oder von einer Bestrafung nach § 29 Abs. 1, 2, 4 oder 6 absehen, wenn der Täter

1. durch freiwillige Offenbarung seines Wissens wesentlich dazu beigetragen hat, dass die Tat über seinen eigenen Tatbeitrag hinaus aufgedeckt werden konnte, oder
2. freiwillig sein Wissen so rechtzeitig einer Dienststelle offenbart, dass Straftaten nach § 29 Abs. 3, § 29 a Abs. 1, § 30 Abs. 1, § 30 a Abs. 1, von deren Planung er weiß, noch verhindert werden können.

§ 33 Erweiterter Verfall und Einziehung

I § 73 d des Strafgesetzbuches ist anzuwenden

1. in den Fällen des § 29 Abs. 1 Satz 1 Nr. 1, 5, 6, 10, 11 und 13, sofern der Täter gewerbsmäßig handelt, und
2. in den Fällen der §§ 29 a, 30 und 30 a.

II Gegenstände, auf die sich eine Straftat nach den §§ 29 bis 30 a oder eine Ordnungswidrigkeit nach § 32 bezieht, können eingezogen werden. § 74 a des Strafgesetzbuches und § 23 des Gesetzes über Ordnungswidrigkeiten sind anzuwenden.

§ 35 Zurückstellung der Strafvollstreckung

I Ist jemand wegen einer Straftat zu einer Freiheitsstrafe von nicht mehr als zwei Jahren verurteilt worden und ergibt sich aus den Urteilsgründen oder steht sonst fest, dass er die Tat auf Grund einer Betäubungsmittelabhängigkeit begangen hat, so kann die Vollstreckungsbehörde mit Zustimmung des Gerichts des ersten Rechtszuges die Vollstreckung der Strafe, eines Strafrestes oder der Maßregel der Unterbringung in einer Entziehungsanstalt für längstens zwei Jahre zurückstellen, wenn der Verurteilte sich wegen seiner Abhängigkeit in einer seiner Rehabilitation dienenden Behandlung befindet oder zusagt, sich einer solchen zu unterziehen, und deren Beginn gewährleistet ist. Als Behandlung gilt auch der Aufenthalt in einer staatlich anerkannten Einrichtung, die dazu dient, die Abhängigkeit zu beheben oder einer erneuten Abhängigkeit entgegenzuwirken.

II Gegen die Verweigerung der Zustimmung durch das Gericht des ersten Rechtszuges steht der Vollstreckungsbehörde die Beschwerde nach dem Zweiten Abschnitt des Dritten Buches der Strafprozessordnung zu. Der Verurteilte kann die Verweigerung dieser Zustimmung nur zusammen mit der Ablehnung der Zurückstellung durch die Vollstreckungsbehörde nach den §§ 23 bis 30 des Einführungsgesetzes zum Gerichtsverfassungsgesetz anfechten. Das Oberlandesgericht entscheidet in diesem Falle auch über die Verweigerung der Zustimmung; es kann die Zustimmung selbst erteilen.

III Absatz 1 gilt entsprechend, wenn

1. auf eine Gesamtfreiheitsstrafe von nicht mehr als zwei Jahren erkannt worden ist oder
2. auf eine Freiheitsstrafe oder Gesamtfreiheitsstrafe von mehr als zwei Jahren erkannt worden ist und ein zu vollstreckender Rest der Freiheitsstrafe oder der Gesamtfreiheitsstrafe zwei Jahre nicht übersteigt

und im übrigen die Voraussetzungen des Absatzes 1 für den ihrer Bedeutung nach überwiegenden Teil der abgeurteilten Straftaten erfüllt sind.

IV Der Verurteilte ist verpflichtet, zu Zeitpunkten, die die Vollstreckungsbehörde festsetzt, den Nachweis über die Aufnahme und über die Fortführung der Behandlung zu erbringen; die behandelnden Personen oder Einrichtungen teilen der Vollstreckungsbehörde einen Abbruch der Behandlung mit.

V Die Vollstreckungsbehörde widerruft die Zurückstellung der Vollstreckung, wenn die Behandlung nicht begonnen oder nicht fortgeführt wird und nicht zu erwarten ist, dass der Verurteilte eine Behandlung derselben Art alsbald beginnt oder wieder aufnimmt, oder wenn der Verurteilte den nach Absatz 4 geforderten Nachweis nicht erbringt. Von dem Widerruf kann abgesehen werden, wenn der Verurteilte nachträglich nachweist, dass er sich in Behandlung befindet. Ein Widerruf nach Satz 1 steht einer erneuten Zurückstellung der Vollstreckung nicht entgegen.

VI Die Zurückstellung der Vollstreckung wird auch widerrufen, wenn

1. bei nachträglicher Bildung einer Gesamtstrafe nicht auch deren Vollstreckung nach Absatz 1 in Verbindung mit Absatz 3 zurückgestellt wird oder
2. eine weitere gegen den Verurteilten erkannte Freiheitsstrafe oder freiheitsentziehende Maßregel der Besserung und Sicherung zu vollstrecken ist.

VII Hat die Vollstreckungsbehörde die Zurückstellung widerrufen, so ist sie befugt, zur Vollstreckung der Freiheitsstrafe oder der Unterbringung in einer Entziehungsanstalt einen Haftbefehl zu erlassen. Gegen den Widerruf kann die Entscheidung des Gerichts des ersten Rechtszuges herbeigeführt werden. Der Fortgang der Vollstreckung wird durch die Anrufung des Gerichts nicht gehemmt. § 462 der Strafprozeßordnung gilt entsprechend.

§ 36 Anrechnung und Strafaussetzung zur Bewährung

I Ist die Vollstreckung zurückgestellt worden und hat sich der Verurteilte in einer staatlich anerkannten Einrichtung behandeln lassen, so wird die vom Verurteilten nachgewiesene Zeit seines Aufenthaltes in dieser Einrichtung auf die Strafe angerechnet, bis infolge der Anrechnung zwei Drittel der Strafe erledigt sind. Die Entscheidung über die Anrechnungsfähigkeit trifft das Gericht zugleich mit der Zustimmung nach § 35 Abs. 1. Sind durch die Anrechnung zwei Drittel der Strafe erledigt oder ist eine Behandlung in der Einrichtung zu einem früheren Zeitpunkt nicht mehr erforderlich, so setzt das Gericht die Vollstreckung des Restes der Strafe zur Bewährung aus, sobald dies unter Berücksichtigung des Sicherheitsinteresses der Allgemeinheit verantwortet werden kann.

II Ist die Vollstreckung zurückgestellt worden und hat sich der Verurteilte einer anderen als der in Absatz 1 bezeichneten Behandlung seiner Abhängigkeit unterzogen, so setzt das Gericht die Vollstreckung der Freiheitsstrafe oder des Strafrestes zur Bewährung aus, sobald dies unter Berücksichtigung des Sicherheitsinteresses der Allgemeinheit verantwortet werden kann.

III Hat sich der Verurteilte nach der Tat einer Behandlung seiner Abhängigkeit unterzogen, so kann das Gericht, wenn die Voraussetzungen des Absatzes 1 Satz 1 nicht vorliegen, anordnen, dass die Zeit der Behandlung ganz oder zum Teil auf die Strafe angerechnet wird, wenn dies unter Berücksichtigung der Anforderungen, welche die Behandlung an den Verurteilten gestellt hat, angezeigt ist.

IV Die §§ 56 a bis 56 g und 57 Abs. 5 Satz 2 des Strafgesetzbuches gelten entsprechend.

V Die Entscheidungen nach den Absätzen 1 bis 3 trifft das Gericht des ersten Rechtszuges ohne mündliche Verhandlung durch Beschluss. Die Vollstreckungsbehörde, der Verurteilte und die behandelnden Personen oder Einrichtungen sind zu hören. Gegen die Entscheidungen ist sofortige Beschwerde möglich. Für die Entscheidungen nach *Absatz 1 Satz 3* und nach Absatz 2 gilt § 454 Abs. 4 der Strafprozessordnung entsprechend; die Belehrung über die Aussetzung des Strafrestes erteilt das Gericht.

(...)

§ 38 Jugendliche und Heranwachsende

I Bei Verurteilung zu Jugendstrafe gelten die §§ 35 und 36 sinngemäß. Neben der Zusage des Jugendlichen nach § 35 Abs. 1 Satz 1 bedarf es auch der Einwilligung des Erziehungsberechtigten und des gesetzlichen Vertreters. Im Falle des § 35 Abs. 7 Satz 2 findet § 83 Abs. 2 Nr. 1, Abs. 3 Satz 2 des Jugendgerichtsgesetzes sinngemäß Anwendung. Abweichend von § 36 Abs. 4 gelten die §§ 22 bis 26 a des Jugendgerichtsgesetzes entsprechend. Für die Entscheidungen nach § 36 Abs. 1 Satz 3 und Abs. 2 sind neben § 454 Abs. 4 der Strafprozessordnung die §§ 58, 59 Abs. 2 bis 4 und § 60 des Jugendgerichtsgesetzes ergänzend anzuwenden.

II § 37 gilt sinngemäß auch für Jugendliche und Heranwachsende.

5. Gesetz zum zivilrechtlichen Schutz vor Gewalttaten und Nachstellungen (Gewaltschutzgesetz – GewSchG)

Vom 11. Dezember 2001 (BGBl. I 3513; III 402–38)

(Auszug)

§ 1 Gerichtliche Maßnahmen zum Schutz vor Gewalt und Nachstellungen

I Hat eine Person vorsätzlich den Körper, die Gesundheit oder die Freiheit einer anderen Person widerrechtlich verletzt, hat das Gericht auf Antrag der verletzten Person die zur Abwendung weiterer Verletzungen erforderlichen Maßnahmen zu treffen. Die Anordnungen sollen befristet werden; die Frist kann verlängert werden. Das Gericht kann insbesondere anordnen, dass der Täter es unterlässt,

1. die Wohnung der verletzten Person zu betreten,
2. sich in einem bestimmten Umkreis der Wohnung der verletzten Person aufzuhalten,
3. zu bestimmende andere Orte aufzusuchen, an denen sich die verletzte Person regelmäßig aufhält,
4. Verbindung zur verletzten Person, auch unter Verwendung von Fernkommunikationsmitteln, aufzunehmen,
5. Zusammentreffen mit der verletzten Person herbeizuführen,

soweit dies nicht zur Wahrnehmung berechtigter Interessen erforderlich ist.

II Absatz 1 gilt entsprechend, wenn

1. eine Person einer anderen mit einer Verletzung des Lebens, des Körpers, der Gesundheit oder der Freiheit widerrechtlich gedroht hat oder
2. eine Person widerrechtlich und vorsätzlich
   a) in die Wohnung einer anderen Person oder deren befriedetes Besitztum eindringt oder
   b) eine andere Person dadurch unzumutbar belästigt, dass sie ihr gegen den ausdrücklich erklärten Willen wiederholt nachstellt oder sie unter Verwendung von Fernkommunikationsmitteln verfolgt.

Im Falle des Satzes 1 Nr. 2 Buchstabe b liegt eine unzumutbare Belästigung nicht vor, wenn die Handlung der Wahrnehmung berechtigter Interessen dient.

III In den Fällen des Absatzes 1 Satz 1 oder des Absatzes 2 kann das Gericht die Maßnahmen nach Absatz 1 auch dann anordnen, wenn eine Person die Tat in einem die freie Willensbestimmung ausschließenden Zustand krankhafter Störung der Geistestätigkeit begangen hat, in den sie sich durch geistige Getränke oder ähnliche Mittel vorübergehend versetzt hat.

§ 4 Strafvorschriften

Wer einer bestimmten vollstreckbaren Anordnung nach § 1 Abs. 1 Satz 1 oder 3, jeweils auch in Verbindung mit Abs. 2 Satz 1, zuwiderhandelt, wird mit Freiheitsstrafe bis zu einem Jahr oder mit Geldstrafe bestraft. Die Strafbarkeit nach anderen Vorschriften bleibt unberührt.

6. Gesetz gegen missbräuchliche Inanspruchnahme von Subventionen (Subventionsgesetz – SubvG)

Vom 29. Juli 1976 (BGBl. I 2034; III 453–18–1-2)
(Auszug)

§ 1 Geltungsbereich

I Dieses Gesetz gilt, soweit Absatz 2 nichts anderes bestimmt, für Leistungen, die Subventionen im Sinne des § 264 des Strafgesetzbuches sind.

II Für Leistungen nach Landesrecht, die Subventionen im Sinne des § 264 des Strafgesetzbuches sind, gelten die §§ 2 bis 6 nur, soweit das Landesrecht dies bestimmt.

§ 2 Bezeichnung der subventionserheblichen Tatsachen

I Die für die Bewilligung einer Subvention zuständige Behörde oder andere in das Subventionsverfahren eingeschaltete Stelle oder Person (Subventionsgeber) hat vor der Bewilligung oder Gewährung einer Subvention demjenigen, der für sich oder einen anderen eine Subvention beantragt oder eine Subvention oder einen Subventionsvorteil in Anspruch nimmt (Subventionsnehmer), die Tatsachen als subventionserheblich im Sinne des § 264 des Strafgesetzbuches zu bezeichnen, die nach

1. dem Subventionszweck,
2. den Rechtsvorschriften, Verwaltungsvorschriften und Richtlinien über die Subventionsvergabe sowie
3. den sonstigen Vergabevoraussetzungen

für die Bewilligung, Gewährung, Rückforderung, Weitergewährung oder das Belassen einer Subvention oder eines Subventionsvorteils erheblich sind.

II Ergeben sich aus den im Subventionsverfahren gemachten Angaben oder aus sonstigen Umständen Zweifel, ob die beantragte oder in Anspruch genommene Subvention oder der in Anspruch genommene Subventionsvorteil mit dem Subventionszweck oder den Vergabevoraussetzungen nach Absatz 1 Nr. 2, 3 im Einklang steht, so hat der Subventionsgeber dem Subventionsnehmer die Tatsachen, deren Aufklärung zur Beseitigung der Zweifel notwendig erscheint, nachträglich als subventionserheblich im Sinne des § 264 des Strafgesetzbuches zu bezeichnen.

§ 3 Offenbarungspflicht bei der Inanspruchnahme von Subventionen

I Der Subventionsnehmer ist verpflichtet, dem Subventionsgeber unverzüglich alle Tatsachen mitzuteilen, die der Bewilligung, Gewährung, Weitergewährung, Inanspruchnahme oder dem Belassen der Subvention oder des Subventionsvorteils entgegenstehen oder für die Rückforderung der Subvention oder des Subventionsvorteils erheblich sind. Besonders bestehende Pflichten zur Offenbarung bleiben unberührt.

II Wer einen Gegenstand oder eine Geldleistung, deren Verwendung durch Gesetz oder durch den Subventionsgeber im Hinblick auf eine Subvention beschränkt ist, entgegen der Verwendungsbeschränkung verwenden will, hat dies rechtzeitig vorher dem Subventionsgeber anzuzeigen.

§ 4 Scheingeschäfte, Missbrauch von Gestaltungsmöglichkeiten

(…)

§ 5 Herausgabe von Subventionsvorteilen

(…)

§ 6 Anzeige bei Verdacht eines Subventionsbetrugs

Gerichte und Behörden von Bund, Ländern und kommunalen Trägern der öffentlichen Verwaltung haben Tatsachen, die sie dienstlich erfahren und die den Verdacht eines Subventionsbetrugs begründen, den Strafverfolgungsbehörden mitzuteilen.

7. Gesetz über Ordnungswidrigkeiten (OWiG)

IdF v. 19. Februar 1987 (BGBl. I 602; III 454–1),
zul. geändert durch Gesetz v. 7. 8. 2007 (BGBl. I 1786)[1]
(Auszug)

§ 21 Zusammentreffen von Straftat und Ordnungswidrigkeit

I Ist eine Handlung gleichzeitig Straftat und Ordnungswidrigkeit, so wird nur das Strafgesetz angewendet. Auf die in dem anderen Gesetz angedrohten Nebenfolgen kann erkannt werden.

II Im Falle des Absatzes 1 kann die Handlung jedoch als Ordnungswidrigkeit geahndet werden, wenn eine Strafe nicht verhängt wird.

§ 29 Sondervorschrift für Organe und Vertreter[2]

I Hat jemand

1. als vertretungsberechtigtes Organ einer juristischen Person oder als Mitglied eines solchen Organs,
2. als Vorstand eines nicht rechtsfähigen Vereins oder als Mitglied eines solchen Vorstandes,
3. als vertretungsberechtigter Gesellschafter einer rechtsfähigen Personengesellschaft,
4. als Generalbevollmächtigter oder in leitender Stellung als Prokurist oder Handlungsbevollmächtigter einer juristischen Person oder einer in Nummer 2 oder 3 genannten Personenvereinigung oder
5. als sonstige Person, die für die Leitung des Betriebs oder Unternehmens einer juristischen Person oder einer in Nummer 2 oder 3 genannten Personenvereinigung verantwortlich handelt, wozu auch die Überwachung der Geschäftsführung oder die sonstige Ausübung von Kontrollbefugnissen in leitender Stellung gehört,

eine Handlung vorgenommen, die ihm gegenüber unter den übrigen Voraussetzungen der §§ 22 bis 25 und 28 die Einziehung eines Gegenstandes oder des Wertersatzes zulassen oder den Ausschluß der Entschädigung begründen würde, so wird seine Handlung bei Anwendung dieser Vorschriften dem Vertretenen zugerechnet.

II § 9 Abs. 3 gilt entsprechend.

§ 30 Geldbuße gegen juristische Personen und Personenvereinigungen[3]

I Hat jemand

1. als vertretungsberechtigtes Organ einer juristischen Person oder als Mitglied eines solchen Organs,
2. als Vorstand eines nicht rechtsfähigen Vereins oder als Mitglied eines solchen Vorstandes,
3. als vertretungsberechtigter Gesellschafter einer rechtsfähigen Personengesellschaft,
4. als Generalbevollmächtigter oder in leitender Stellung als Prokurist oder Handlungsbevollmächtigter einer juristischen Person oder einer in Nummer 2 oder 3 genannten Personenvereinigung oder
5. als sonstige Person, die für die Leitung des Betriebs oder Unternehmens einer juristischen Person oder einer in Nummer 2 oder 3 genannten Personenvereinigung verantwortlich handelt, wozu auch die Überwachung der Geschäftsführung oder die sonstige Ausübung von Kontrollbefugnissen in leitender Stellung gehört,

---

[1] Anh. 7: Das OWiG gilt im Gebiet der früheren DDR nach Maßgabe des Art. 8 Anl. I Kap. III Sg C III Nr. 4 EinigVtr. v. 31. 8. 1990 (BGBl. II 885, 958).

[2] § 29 I Nrn. 2 und 3 geänd., Nr. 4 angef. durch Ges. v. 27. 6. 1994 (BGBl. I 1440); I Nrn. 3 und 4 geänd., Nr. 5 angef. durch Ges. v. 22. 8. 2002 (BGBl. I 3387).

[3] § 30 I neu gef. durch Ges. v. 27. 6. 1994 (BGBl. I 1440), II S. 3 angef., IV S. 2 eingef., bish. Satz 2 wird Satz 3 und geänd. durch Art. 7 Ges. v. 13. 8. 1997 (BGBl. I 2038), II S. 1 Nrn. 1 und 2 geänd. durch Art. 24 Ges. v. 13. 12. 2001 (BGBl. I 3574), I Nrn. 3 und 4 geänd., Nr. 5 angef., II Satz 1 Nrn. 1 u. 2 geänd. durch Ges. v. 22. 8. 2002 (BGBl. I 3387).

eine Straftat oder Ordnungswidrigkeit begangen, durch die Pflichten, welche die juristische Person oder die Personenvereinigung treffen, verletzt worden sind oder die juristische Person oder die Personenvereinigung bereichert worden ist oder werden sollte, so kann gegen diese eine Geldbuße festgesetzt werden.

II Die Geldbuße beträgt

1. im Falle einer vorsätzlichen Straftat bis zu einer Million Euro,
2. im Falle einer fahrlässigen Straftat bis zu fünfhunderttausend Euro.

Im Falle einer Ordnungswidrigkeit bestimmt sich das Höchstmaß der Geldbuße nach dem für die Ordnungswidrigkeit angedrohten Höchstmaß der Geldbuße. Satz 2 gilt auch im Falle einer Tat, die gleichzeitig Straftat und Ordnungswidrigkeit ist, wenn das für die Ordnungswidrigkeit angedrohte Höchstmaß der Geldbuße das Höchstmaß nach Satz 1 übersteigt.

III § 17 Abs. 4 und § 18 gelten entsprechend.

IV Wird wegen der Straftat oder Ordnungswidrigkeit ein Straf- oder Bußgeldverfahren nicht eingeleitet oder wird es eingestellt oder wird von Strafe abgesehen, so kann die Geldbuße selbständig festgesetzt werden. Durch Gesetz kann bestimmt werden, dass die Geldbuße auch in weiteren Fällen selbständig festgesetzt werden kann. Die selbständige Festsetzung einer Geldbuße gegen die juristische Person oder Personenvereinigung ist jedoch ausgeschlossen, wenn die Straftat oder Ordnungswidrigkeit aus rechtlichen Gründen nicht verfolgt werden kann; § 33 Abs. 1 Satz 2 bleibt unberührt.

V Die Festsetzung einer Geldbuße gegen die juristische Person oder Personenvereinigung schließt es aus, gegen sie wegen derselben Tat den Verfall nach den §§ 73 oder 73 a des Strafgesetzbuches oder nach § 29 a anzuordnen.

§ 40 Verfolgung durch die Staatsanwaltschaft[1]

Im Strafverfahren ist die Staatsanwaltschaft für die Verfolgung der Tat auch unter dem rechtlichen Gesichtspunkt einer Ordnungswidrigkeit zuständig, soweit ein Gesetz nichts anderes bestimmt.

8. Bundesdatenschutzgesetz (BDSG)

IdF der Bekanntmachung vom 14. Januar 2003 (BGBl I 66; III 204–3; zul. geändert durch Gesetz vom 22. 8. 2006 BGBl I 1970)

§ 43 Bußgeldvorschriften

I Ordnungswidrig handelt, wer vorsätzlich oder fahrlässig

1. entgegen § 4 d Abs. 1, auch in Verbindung mit § 4 e Satz 2, eine Meldung nicht, nicht richtig, nicht vollständig oder nicht rechtzeitig macht,
2. entgegen § 4 f Abs. 1 Satz 1 oder 2, jeweils auch in Verbindung mit Satz 3 und 6, einen Beauftragten für den Datenschutz nicht, nicht in der vorgeschriebenen Weise oder nicht rechtzeitig bestellt,
3. entgegen § 28 Abs. 4 Satz 2 den Betroffenen nicht, nicht richtig oder nicht rechtzeitig unterrichtet oder nicht sicherstellt, dass der Betroffene Kenntnis erhalten kann,
4. entgegen § 28 Abs. 5 Satz 2 personenbezogene Daten übermittelt oder nutzt,
5. entgegen § 29 Abs. 2 Satz 3 oder 4 die dort bezeichneten Gründe oder die Art und Weise ihrer glaubhaften Darlegung nicht aufzeichnet,
6. entgegen § 29 Abs. 3 Satz 1 personenbezogene Daten in elektronische oder gedruckte Adress-, Rufnummern-, Branchen- oder vergleichbare Verzeichnisse aufnimmt,
7. entgegen § 29 Abs. 3 Satz 2 die Übernahme von Kennzeichnungen nicht sicher stellt,

---

[1] § 40 geänd. durch Art. 7 Ges. v. 13. 8. 1997 (BGBl. I 2038).

8. entgegen § 33 Abs. 1 den Betroffenen nicht, nicht richtig oder nicht vollständig benachrichtigt,
9. entgegen § 35 Abs. 6 Satz 3 Daten ohne Gegendarstellung übermittelt,
10. entgegen § 38 Abs. 3 Satz 1 oder Abs. 4 Satz 1 eine Auskunft nicht, nicht richtig, nicht vollständig oder nicht rechtzeitig erteilt oder eine Maßnahme nicht duldet oder
11. einer vollziehbaren Anordnung nach § 38 Abs. 5 Satz 1 zuwiderhandelt.

II Ordnungswidrig handelt, wer vorsätzlich oder fahrlässig

1. unbefugt personenbezogene Daten, die nicht allgemein zugänglich sind, erhebt oder verarbeitet,
2. unbefugt personenbezogene Daten, die nicht allgemein zugänglich sind, zum Abruf mittels automatisierten Verfahrens bereithält,
3. unbefugt personenbezogene Daten, die nicht allgemein zugänglich sind, abruft oder sich oder einem anderen aus automatisierten Verarbeitungen oder nicht automatisierten Dateien verschafft,
4. die Übermittlung von personenbezogenen Daten, die nicht allgemein zugänglich sind, durch unrichtige Angaben erschleicht,
5. entgegen § 16 Abs. 4 Satz 1, § 28 Abs. 5 Satz 1, auch in Verbindung mit § 29 Abs. 4, § 39 Abs. 1 Satz 1 oder § 40 Abs. 1, die übermittelten Daten für andere Zwecke nutzt, indem er sie an Dritte weitergibt, oder
6. entgegen § 30 Abs. 1 Satz 2 die in § 30 Abs. 1 Satz 1 bezeichneten Merkmale oder entgegen § 40 Abs. 2 Satz 3 die in § 40 Abs. 2 Satz 2 bezeichneten Merkmale mit den Einzelangaben zusammenführt.

III Die Ordnungswidrigkeit kann im Fall des Absatzes 1 mit einer Geldbuße bis zu fünfundzwanzigtausend Euro, in den Fällen des Absatzes 2 mit einer Geldbuße bis zu zweihundertfünfzigtausend Euro geahndet werden.

§ 44 Strafvorschriften

I Wer eine in § 43 Abs. 2 bezeichnete vorsätzliche Handlung gegen Entgelt oder in der Absicht, sich oder einen anderen zu bereichern oder einen anderen zu schädigen, begeht, wird mit Freiheitsstrafe bis zu zwei Jahren oder mit Geldstrafe bestraft.

II Die Tat wird nur auf Antrag verfolgt. Antragsberechtigt sind der Betroffene, die verantwortliche Stelle, der Bundesbeauftragte für den Datenschutz und die Informationsfreiheit und die Aufsichtsbehörde.

9. Straßenverkehrsgesetz (StVG)

idF vom 5. März 2003 (BGBl I 310, 919,
zul. geändert durch Gesetz vom 7. 9. 2007, BGBl I 2246)
(Auszug)

§ 21 Fahren ohne Fahrerlaubnis

I Mit Freiheitsstrafe bis zu einem Jahr oder mit Geldstrafe wird bestraft, wer

1. ein Kraftfahrzeug führt, obwohl er die dazu erforderliche Fahrerlaubnis nicht hat oder ihm das Führen des Fahrzeugs nach § 44 des Strafgesetzbuchs oder nach § 25 dieses Gesetzes verboten ist, oder
2. als Halter eines Kraftfahrzeugs anordnet oder zulässt, dass jemand das Fahrzeug führt, der die dazu erforderliche Fahrerlaubnis nicht hat oder dem das Führen des Fahrzeugs nach § 44 des Strafgesetzbuchs oder nach § 25 dieses Gesetzes verboten ist.

II Mit Freiheitsstrafe bis zu sechs Monaten oder mit Geldstrafe bis zu 180 Tagessätzen wird bestraft, wer

1. eine Tat nach Absatz 1 fahrlässig begeht,

2. vorsätzlich oder fahrlässig ein Kraftfahrzeug führt, obwohl der vorgeschriebene Führerschein nach § 94 der Strafprozessordnung in Verwahrung genommen, sichergestellt oder beschlagnahmt ist, oder
3. vorsätzlich oder fahrlässig als Halter eines Kraftfahrzeugs anordnet oder zulässt, dass jemand das Fahrzeug führt, obwohl der vorgeschriebene Führerschein nach § 94 der Strafprozessordnung in Verwahrung genommen, sichergestellt oder beschlagnahmt ist.

III In den Fällen des Absatzes 1 kann das Kraftfahrzeug, auf das sich die Tat bezieht, eingezogen werden, wenn der Täter

1. das Fahrzeug geführt hat, obwohl ihm die Fahrerlaubnis entzogen oder das Führen des Fahrzeugs nach § 44 des Strafgesetzbuchs oder nach § 25 dieses Gesetzes verboten war oder obwohl eine Sperre nach § 69a Abs. 1 Satz 3 des Strafgesetzbuchs gegen ihn angeordnet war,
2. als Halter des Fahrzeugs angeordnet oder zugelassen hat, dass jemand das Fahrzeug führte, dem die Fahrerlaubnis entzogen oder das Führen des Fahrzeugs nach § 44 des Strafgesetzbuchs oder nach § 25 dieses Gesetzes verboten war oder gegen den eine Sperre nach § 69a Abs. 1 Satz 3 des Strafgesetzbuchs angeordnet war, oder
3. in den letzten drei Jahren vor der Tat schon einmal wegen einer Tat nach Absatz 1 verurteilt worden ist.

§ 22 Kennzeichenmissbrauch

I Wer in rechtswidriger Absicht

1. ein Kraftfahrzeug oder einen Kraftfahrzeuganhänger, für die ein amtliches Kennzeichen nicht ausgegeben oder zugelassen worden ist, mit einem Zeichen versieht, das geeignet ist, den Anschein amtlicher Kennzeichnung hervorzurufen,
2. ein Kraftfahrzeug oder einen Kraftfahrzeuganhänger mit einer anderen als der amtlich für das Fahrzeug ausgegebenen oder zugelassenen Kennzeichnung versieht,
3. das an einem Kraftfahrzeug oder einem Kraftfahrzeuganhänger angebrachte amtliche Kennzeichen verändert, beseitigt, verdeckt oder sonst in seiner Erkennbarkeit beeinträchtigt,

wird, wenn die Tat nicht in anderen Vorschriften mit schwererer Strafe bedroht ist, mit Freiheitsstrafe bis zu einem Jahr oder mit Geldstrafe bestraft.

II Die gleiche Strafe trifft Personen, welche auf öffentlichen Wegen oder Plätzen von einem Kraftfahrzeug oder einem Kraftfahrzeuganhänger Gebrauch machen, von denen sie wissen, dass die Kennzeichnung in der in Absatz 1 Nr. 1 bis 3 bezeichneten Art gefälscht, verfälscht oder unterdrückt worden ist.

§ 22a Missbräuchliches Herstellen, Vertreiben oder Ausgeben von Kennzeichen

I Mit Freiheitsstrafe bis zu einem Jahr oder mit Geldstrafe wird bestraft, wer

1. Kennzeichen ohne vorherige Anzeige bei der zuständigen Behörde herstellt, vertreibt oder ausgibt, oder
2. (weggefallen)
3. Kennzeichen in der Absicht nachmacht, dass sie als amtlich zugelassene Kennzeichen verwendet oder in Verkehr gebracht werden oder dass ein solches Verwenden oder Inverkehrbringen ermöglicht werde, oder Kennzeichen in dieser Absicht so verfälscht, dass der Anschein der Echtheit hervorgerufen wird, oder
4. nachgemachte oder verfälschte Kennzeichen feilhält oder in den Verkehr bringt.

II Nachgemachte oder verfälschte Kennzeichen, auf die sich eine Straftat nach Absatz 1 bezieht, können eingezogen werden. § 74a des Strafgesetzbuchs ist anzuwenden.

§ 22b Missbrauch von Wegstreckenzählern und Geschwindigkeitsbegrenzern

I Mit Freiheitsstrafe bis zu einem Jahr oder mit Geldstrafe wird bestraft, wer

1. die Messung eines Wegstreckenzählers, mit dem ein Kraftfahrzeug ausgerüstet ist, dadurch verfälscht, dass er durch Einwirkung auf das Gerät oder den Messvorgang das Ergebnis der Messung beeinflusst,

2. die bestimmungsgemäße Funktion eines Geschwindigkeitsbegrenzers, mit dem ein Kraftfahrzeug ausgerüstet ist, durch Einwirkung auf diese Einrichtung aufhebt oder beeinträchtigt oder
3. eine Straftat nach Nummer 1 oder 2 vorbereitet, indem er Computerprogramme, deren Zweck die Begehung einer solchen Tat ist, herstellt, sich oder einem anderen verschafft, feilhält oder einem anderen überlässt.

II In den Fällen des Absatzes 1 Nr. 3 gilt § 149 Abs. 2 und 3 des Strafgesetzbuches entsprechend.

III Gegenstände, auf die sich die Straftat nach Absatz 1 bezieht, können eingezogen werden. § 74a des Strafgesetzbuches ist anzuwenden.

10. Abgabenordnung (AO 1977)

IdF v. 1. Oktober 2002 (BGBl. I 3866; ber. 2003 I 61; III 610-1-3); letztes ÄndG v. 10. 10. 2007 (BGBl. I 2332)

(Auszug)

§ 31 b Mitteilungen zur Bekämpfung der Geldwäsche

Die Offenbarung der nach § 30 geschützten Verhältnisse des Betroffenen ist zulässig, soweit sie der Durchführung eines Strafverfahrens wegen einer Straftat nach § 261 des Strafgesetzbuchs dient. Die Finanzbehörden haben Tatsachen, die auf eine derartige Straftat schließen lassen, den Strafverfolgungsbehörden mitzuteilen.

§ 369 Steuerstraftaten

I Steuerstraftaten (Zollstraftaten) sind:

1. Taten, die nach den Steuergesetzen strafbar sind,
2. der Bannbruch,
3. die Wertzeichenfälschung und deren Vorbereitung, soweit die Tat Steuerzeichen betrifft,
4. die Begünstigung einer Person, die eine Tat nach den Nummern 1 bis 3 begangen hat.

II Für Steuerstraftaten gelten die allgemeinen Gesetze über das Strafrecht, soweit die Strafvorschriften der Steuergesetze nichts anderes bestimmen.

§ 370 Steuerhinterziehung

I Mit Freiheitsstrafe bis zu fünf Jahren oder mit Geldstrafe wird bestraft, wer

1. den Finanzbehörden oder anderen Behörden über steuerlich erhebliche Tatsachen unrichtige oder unvollständige Angaben macht,
2. die Finanzbehörden pflichtwidrig über steuerlich erhebliche Tatsachen in Unkenntnis lässt oder
3. pflichtwidrig die Verwendung von Steuerzeichen oder Steuerstemplern unterlässt

und dadurch Steuern verkürzt oder für sich oder einen anderen nicht gerechtfertigte Steuervorteile erlangt.

II Der Versuch ist strafbar.

III In besonders schweren Fällen ist die Strafe Freiheitsstrafe von sechs Monaten bis zu zehn Jahren. Ein besonders schwerer Fall liegt in der Regel vor, wenn der Täter

1. aus grobem Eigennutz in großem Ausmaß Steuern verkürzt oder nicht gerechtfertigte Steuervorteile erlangt,
2. seine Befugnisse oder seine Stellung als Amtsträger *oder europäischer Amtsträger* missbraucht,
3. die Mithilfe eines Amtsträgers *oder europäischen Amtsträgers* ausnutzt, der seine Befugnisse oder seine Stellung missbraucht, oder

4. unter Verwendung nachgemachter oder verfälschter Belege fortgesetzt Steuern verkürzt oder nicht gerechtfertigte Steuervorteile erlangt.

IV Steuern sind namentlich dann verkürzt, wenn sie nicht, nicht in voller Höhe oder nicht rechtzeitig festgesetzt werden; dies gilt auch dann, wenn die Steuer vorläufig oder unter Vorbehalt der Nachprüfung festgesetzt wird oder eine Steueranmeldung einer Steuerfestsetzung unter Vorbehalt der Nachprüfung gleichsteht. Steuervorteile sind auch Steuervergütungen; nicht gerechtfertigte Steuervorteile sind erlangt, soweit sie zu Unrecht gewährt oder belassen werden. Die Voraussetzungen der Sätze 1 und 2 sind auch dann erfüllt, wenn die Steuer, auf die sich die Tat bezieht, aus anderen Gründen hätte ermäßigt oder der Steuervorteil aus anderen Gründen hätte beansprucht werden können.

V Die Tat kann auch hinsichtlich solcher Waren begangen werden, deren Einfuhr, Ausfuhr oder Durchfuhr verboten ist.

VI Die Absätze 1 bis 5 gelten auch dann, wenn sich die Tat auf Einfuhr- oder Ausfuhrabgaben bezieht, die von einem anderen Mitgliedstaat der Europäischen Gemeinschaften verwaltet werden oder die einem Mitgliedstaat der Europäischen Freihandelsassoziation oder einem mit dieser assoziierten Staat zustehen. Das Gleiche gilt, wenn sich die Tat auf Umsatzsteuern oder auf harmonisierte Verbrauchsteuern, für die in Artikel 3 Abs. 1 der Richtlinie 92/12/EWG des Rates vom 25. Februar 1992 (ABl. EG Nr. L 76 S. 1) genannten Waren bezieht, die von einem anderen Mitgliedstaat der Europäischen Gemeinschaften verwaltet werden. Die in Satz 2 bezeichneten Taten werden nur verfolgt, wenn die Gegenseitigkeit zur Zeit der Tat verbürgt und dies in einer Rechtsverordnung nach Satz 4 festgestellt ist. Das Bundesministerium der Finanzen wird ermächtigt, mit Zustimmung des Bundesrates in einer Rechtsverordnung festzustellen, im Hinblick auf welche Mitgliedstaaten der Europäischen Gemeinschaften Taten im Sinne des Satzes 2 wegen Verbürgung der Gegenseitigkeit zu verfolgen sind.

VII Die Absätze 1 bis 6 gelten unabhängig von dem Recht des Tatortes auch für Taten, die außerhalb des Geltungsbereiches dieses Gesetzes begangen werden.

§ 370 a Gewerbsmäßige oder bandenmäßige Steuerhinterziehung

Mit Freiheitsstrafe von einem Jahr bis zu zehn Jahren wird bestraft, wer in den Fällen des § 370

1. gewerbsmäßig oder
2. als Mitglied einer Bande, die sich zur fortgesetzten Begehung solcher Taten verbunden hat,

in großem Ausmaß Steuern verkürzt oder für sich oder einen anderen nicht gerechtfertigte Steuervorteile erlangt. In minder schweren Fällen ist die Strafe Freiheitsstrafe von drei Monaten bis zu fünf Jahren. Ein minder schwerer Fall liegt insbesondere vor, wenn die Voraussetzungen des § 371 erfüllt sind.

§ 371 Selbstanzeige bei Steuerhinterziehung

I Wer in den Fällen des § 370 unrichtige oder unvollständige Angaben bei der Finanzbehörde berichtigt oder ergänzt oder unterlassene Angaben nachholt, wird insoweit straffrei.

II Straffreiheit tritt nicht ein, wenn

1. vor der Berichtigung, Ergänzung oder Nachholung
   a) ein Amtsträger der Finanzbehörde zur steuerlichen Prüfung oder zur Ermittlung einer Steuerstraftat oder einer Steuerordnungswidrigkeit erschienen ist oder
   b) dem Täter oder seinem Vertreter die Einleitung des Straf- oder Bußgeldverfahrens wegen der Tat bekannt gegeben worden ist oder
2. die Tat im Zeitpunkt der Berichtigung, Ergänzung oder Nachholung ganz oder zum Teil bereits entdeckt war und der Täter dies wusste oder bei verständiger Würdigung der Sachlage damit rechnen musste.

III Sind Steuerverkürzungen bereits eingetreten oder Steuervorteile erlangt, so tritt für einen an der Tat Beteiligten Straffreiheit nur ein, soweit er die zu seinen Gunsten hinterzogenen Steuern innerhalb der ihm bestimmten angemessenen Frist entrichtet.

IV Wird die in § 153 vorgesehene Anzeige rechtzeitig und ordnungsmäßig erstattet, so wird ein Dritter, der die in § 153 bezeichneten Erklärungen abzugeben unterlassen oder unrichtig oder unvollständig abgegeben hat, strafrechtlich nicht verfolgt, es sei denn, dass ihm oder seinem Vertreter vorher die Einleitung eines Straf- oder Bußgeldverfahrens wegen der Tat bekannt gegeben worden ist. Hat der Dritte zum eigenen Vorteil gehandelt, so gilt Absatz 3 entsprechend.

§ 372 Bannbruch

I Bannbruch begeht, wer Gegenstände entgegen einem Verbot einführt, ausführt oder durchführt.

II Der Täter wird nach § 370 Abs. 1, 2 bestraft, wenn die Tat nicht in anderen Vorschriften als Zuwiderhandlung gegen ein Einfuhr-, Ausfuhr- oder Durchfuhrverbot mit Strafe oder mit Geldbuße bedroht ist.

§ 373 Gewerbsmäßiger, gewaltsamer und bandenmäßiger Schmuggel

I Wer gewerbsmäßig Einfuhr- oder Ausfuhrabgaben hinterzieht oder gewerbsmäßig durch Zuwiderhandlungen gegen Monopolvorschriften Bannbruch begeht, wird mit Freiheitsstrafe von drei Monaten bis zu fünf Jahren bestraft.

II Ebenso wird bestraft, wer

1. eine Hinterziehung von Einfuhr- oder Ausfuhrabgaben oder einen Bannbruch begeht, bei denen er oder ein anderer Beteiligter eine Schusswaffe bei sich führt,
2. eine Hinterziehung von Einfuhr- oder Ausfuhrabgaben oder einen Bannbruch begeht, bei denen er oder ein anderer Beteiligter eine Waffe oder sonst ein Werkzeug oder Mittel bei sich führt, um den Widerstand eines anderen durch Gewalt oder Drohung mit Gewalt zu verhindern oder zu überwinden, oder
3. als Mitglied einer Bande, die sich zur fortgesetzten Begehung der Hinterziehung von Einfuhr- oder Ausfuhrabgaben oder des Bannbruchs verbunden hat, unter Mitwirkung eines anderen Bandenmitglieds die Tat ausführt.

§ 374 Steuerhehlerei

I Wer Erzeugnisse oder Waren, hinsichtlich deren Verbrauchsteuern oder Einfuhr- und Ausfuhrabgaben im Sinne des Artikels 4 Nr. 10 und 11 des Zollkodexes hinterzogen oder Bannbruch nach § 372 Abs. 2, § 373 begangen worden ist, ankauft oder sonst sich oder einem Dritten verschafft, sie absetzt oder abzusetzen hilft, um sich oder einen Dritten zu bereichern, wird nach § 370 Abs. 1 und 2, wenn er gewerbsmäßig handelt, nach § 373 bestraft.

II Absatz 1 gilt auch dann, wenn Einfuhr- oder Ausfuhrabgaben hinterzogen worden sind, die von einem anderen Mitgliedstaat der Europäischen Gemeinschaften verwaltet werden oder die einem Mitgliedstaat der Europäischen Freihandelsassoziation oder einem mit dieser assoziierten Staat zustehen; § 370 Abs. 7 gilt entsprechend.

§ 375 Nebenfolgen

I Neben einer Freiheitsstrafe von mindestens einem Jahr wegen

1. Steuerhinterziehung,
2. Bannbruchs nach § 372 Abs. 2, § 373,
3. Steuerhehlerei oder
4. Begünstigung einer Person, die eine Tat nach den Nummern 1 bis 3 begangen hat,

kann das Gericht die Fähigkeit, öffentliche Ämter zu bekleiden, und die Fähigkeit, Rechte aus öffentlichen Wahlen zu erlangen, aberkennen (§ 45 Abs. 2 des Strafgesetzbuchs).

II Ist eine Steuerhinterziehung, ein Bannbruch nach § 372 Abs. 2, § 373 oder eine Steuerhehlerei begangen worden, so können

1. die Erzeugnisse, Waren und andere Sachen, auf die sich die Hinterziehung von Verbrauchsteuer oder Einfuhr- und Ausfuhrabgaben im Sinne des Artikels 4 Nr. 10 und 11 des Zollkodexes, der Bannbruch oder die Steuerhehlerei bezieht, und

2. die Beförderungsmittel, die zur Tat benutzt worden sind,

eingezogen werden. § 74 a des Strafgesetzbuchs ist anzuwenden.

§ 376 Unterbrechung der Verfolgungsverjährung

Die Verjährung der Verfolgung einer Steuerstraftat wird auch dadurch unterbrochen, dass dem Beschuldigten die Einleitung des Bußgeldverfahrens bekannt gegeben oder diese Bekanntgabe angeordnet wird.

11. und 12. *(nicht belegt)*

13. Gesetz gegen den unlauteren Wettbewerb (UWG)

Vom 3. Juli 2004 (BGBl. I 1414; III 43–7)
(BGBl. I 2850); letztes ÄndG v. 21. 12. 2006 (BGBl I 3367)
(Auszug)

§ 16 Strafbare Werbung

I Wer in der Absicht, den Anschein eines besonders günstigen Angebots hervorzurufen, in öffentlichen Bekanntmachungen oder in Mitteilungen, die für einen größeren Kreis von Personen bestimmt sind, durch unwahre Angaben irreführend wirbt, wird mit Freiheitsstrafe bis zu zwei Jahren oder mit Geldstrafe bestraft.

II Wer es im geschäftlichen Verkehr unternimmt, Verbraucher zur Abnahme von Waren, Dienstleistungen oder Rechten durch das Versprechen zu veranlassen, sie würden entweder vom Veranstalter selbst oder von einem Dritten besondere Vorteile erlangen, wenn sie andere zum Abschluss gleichartiger Geschäfte veranlassen, die ihrerseits nach der Art dieser Werbung derartige Vorteile für eine entsprechende Werbung weiterer Abnehmer erlangen sollen, wird mit Freiheitsstrafe bis zu zwei Jahren oder mit Geldstrafe bestraft.

§ 17 Verrat von Geschäfts- und Betriebsgeheimnissen

I Wer als eine bei einem Unternehmen beschäftigte Person ein Geschäfts- oder Betriebsgeheimnis, das ihr im Rahmen des Dienstverhältnisses anvertraut worden oder zugänglich geworden ist, während der Geltungsdauer des Dienstverhältnisses unbefugt an jemand zu Zwecken des Wettbewerbs, aus Eigennutz, zugunsten eines Dritten oder in der Absicht, dem Inhaber des Geschäftsbetriebs Schaden zuzufügen, mitteilt, wird mit Freiheitsstrafe bis zu drei Jahren oder mit Geldstrafe bestraft.

II Ebenso wird bestraft, wer zu Zwecken des Wettbewerbs, aus Eigennutz, zugunsten eines Dritten oder in der Absicht, dem Inhaber des Geschäftsbetriebs Schaden zuzufügen,

1. sich ein Geschäfts- oder Betriebsgeheimnis durch
   a) Anwendung technischer Mittel,
   b) Herstellung einer verkörperten Wiedergabe des Geheimnisses oder
   c) Wegnahme einer Sache, in der das Geheimnis verkörpert ist,

   unbefugt verschafft oder sichert oder
2. ein Geschäfts- oder Betriebsgeheimnis, das er durch eine der in Absatz 1 bezeichneten Mitteilungen oder durch eine eigene oder fremde Handlung nach Nummer 1 erlangt oder sich sonst unbefugt verschafft oder gesichert hat, unbefugt verwertet oder jemandem mitteilt.

III Der Versuch ist strafbar.

IV In besonders schweren Fällen ist die Strafe Freiheitsstrafe bis zu fünf Jahren oder Geldstrafe. Ein besonders schwerer Fall liegt in der Regel vor, wenn der Täter

1. gewerbsmäßig handelt,

2. bei der Mitteilung weiß, dass das Geheimnis im Ausland verwertet werden soll, oder
3. eine Verwertung nach Absatz 2 Nr. 2 im Ausland selbst vornimmt.

V Die Tat wird nur auf Antrag verfolgt, es sei denn, dass die Strafverfolgungsbehörde wegen des besonderen öffentlichen Interesses an der Strafverfolgung ein Einschreiten von Amts wegen für geboten hält.

VI § 5 Nr. 7 des Strafgesetzbuches gilt entsprechend.

§ 18 Verwertung von Vorlagen

I Wer die ihm im geschäftlichen Verkehr anvertrauten Vorlagen oder Vorschriften technischer Art, insbesondere Zeichnungen, Modelle, Schablonen, Schnitte, Rezepte, zu Zwecken des Wettbewerbs oder aus Eigennutz unbefugt verwertet oder jemandem mitteilt, wird mit Freiheitsstrafe bis zu zwei Jahren oder mit Geldstrafe bestraft.

II Der Versuch ist strafbar.

III Die Tat wird nur auf Antrag verfolgt, es sei denn, dass die Strafverfolgungsbehörde wegen des besonderen öffentlichen Interesses an der Strafverfolgung ein Einschreiten von Amts wegen für geboten hält.

IV § 5 Nr. 7 des Strafgesetzbuches gilt entsprechend.

§ 19 Verleiten und Erbieten zum Verrat

I Wer zu Zwecken des Wettbewerbs oder aus Eigennutz jemanden zu bestimmen versucht, eine Straftat nach § 17 oder nach § 18 zu begehen oder zu einer solchen Straftat anzustiften, wird mit Freiheitsstrafe bis zu zwei Jahren oder mit Geldstrafe bestraft.

II Ebenso wird bestraft, wer zu Zwecken des Wettbewerbs oder aus Eigennutz sich bereit erklärt oder das Erbieten eines anderen annimmt oder mit einem anderen verabredet, eine Straftat nach § 17 oder § 18 zu begehen oder zu ihr anzustiften.

III § 31 des Strafgesetzbuches gilt entsprechend.

IV Die Tat wird nur auf Antrag verfolgt, es sei denn, dass die Strafverfolgungsbehörde wegen des besonderen öffentlichen Interesses an der Strafverfolgung ein Einschreiten von Amts wegen für geboten hält.

V § 5 Nr. 7 des Strafgesetzbuches gilt entsprechend.

14. Viertes Strafrechtsänderungsgesetz[1]

Vom 11. Juni 1957 (BGBl. I 597; III 450–5), letztes ÄndG v. 19. 4. 2006 (BGBl. I 866)
(Auszug)

§ 1 Anwendung von Strafvorschriften zum Schutz der Vertragsstaaten des Nordatlantikpaktes

I Zum Schutz der nichtdeutschen Vertragsstaaten des Nordatlantikpaktes und ihrer in der Bundesrepublik Deutschland stationierten Truppen gelten die §§ 93 bis 97 und 98 bis 100 in Verbindung mit den §§ 101 und 101 a des Strafgesetzbuches mit folgender Maßgabe:

1. Den Staatsgeheimnissen im Sinne des § 93 des Strafgesetzbuches entsprechen militärische Geheimnisse der Vertragsstaaten. Militärische Geheimnisse im Sinne dieser Vorschrift sind Tatsachen, Gegenstände oder Erkenntnisse, welche die Verteidigung betreffen und von einer im räumlichen Geltungsbereich dieses Gesetzes befindlichen Dienststelle eines Vertragsstaates mit Rücksicht auf dessen Sicherheit oder die Sicherheit seiner in der Bundesrepublik Deutschland stationierten Truppen geheim gehalten werden. Ausgenommen sind Gegenstände, über deren Geheimhaltung zu bestimmen Angelegenheit der Bundesrepublik Deutschland ist, sowie Nachrichten darüber.

---

[1] Anh. 14: Wegen der Anwendung der Vorschriften des GVG und der StPO vgl. Art. 8, 9 des 4. StÄG. Vgl. weiter 4 vor § 80 StGB, 21 zu § 93 StGB, 3 vor § 109 StGB, 3 vor § 110 und 8 zu § 194 StGB.

2. In den Fällen des § 94 Abs. 1 Nr. 2 des Strafgesetzbuches tritt an die Stelle der Absicht, die Bundesrepublik Deutschland zu benachteiligen, die Absicht, den betroffenen Vertragsstaat oder seine in der Bundesrepublik Deutschland stationierten Truppen zu benachteiligen.
3. In den Fällen der §§ 94 bis 97 des Strafgesetzbuches tritt an die Stelle der Gefahr eines schweren Nachteils für die äußere Sicherheit der Bundesrepublik Deutschland die Gefahr eines schweren Nachteils für die Sicherheit des betroffenen Vertragsstaates oder seiner in der Bundesrepublik Deutschland stationierten Truppen.
4. In den Fällen des § 99 des Strafgesetzbuches tritt an die Stelle der gegen die Bundesrepublik Deutschland ausgeübten geheimdienstlichen Tätigkeit eine gegen den betroffenen Vertragsstaat oder seine in der Bundesrepublik Deutschland stationierten Truppen ausgeübte geheimdienstliche Tätigkeit.
5. In den Fällen des § 100 des Strafgesetzbuches tritt an die Stelle der Bundesrepublik Deutschland der betroffene Vertragsstaat.
6. In den Fällen der §§ 94 bis 97 des Strafgesetzbuches ist die Strafverfolgung nur zulässig, wenn die oberste militärische Dienststelle der in der Bundesrepublik Deutschland stationierten Truppen des betroffenen Vertragsstaates oder der Leiter ihrer diplomatischen Vertretung erklärt, dass die Wahrung des Geheimnisses für die Sicherheit des Vertragsstaates oder seiner in der Bundesrepublik Deutschland stationierten Truppen zur Zeit der Tat erforderlich war.
7. An die Stelle der Ermächtigung der Bundesregierung nach § 97 Abs. 3 des Strafgesetzbuches tritt das Strafverlangen der obersten militärischen Dienststelle der in der Bundesrepublik Deutschland stationierten Truppen des betroffenen Vertragsstaates oder des Leiters ihrer diplomatischen Vertretung.

II Zum Schutz der in der Bundesrepublik Deutschland stationierter Truppen der nichtdeutschen Vertragsstaaten des Nordatlantikpaktes, die sich zur Zeit der Tat im räumlichen Geltungsbereich dieses Gesetzes aufhalten, sind folgende Vorschriften des Strafgesetzbuches mit den in den Nummern 1 bis 10 bestimmten Besonderheiten anzuwenden:

1. § 87 in Verbindung mit den §§ 92a, 92b auf Taten, durch die sich der Täter wissentlich für Bestrebungen einsetzt, die gegen die Sicherheit des betroffenen Vertragsstaates oder die Sicherheit dieser Truppen gerichtet sind;
2. § 89 in Verbindung mit den §§ 92a, 92b auf Taten, die der Täter in der Absicht begeht, die pflichtmäßige Bereitschaft von Soldaten, Beamten oder Bediensteten dieser Truppen zum Dienst für die Verteidigung zu untergraben, und durch die er sich absichtlich für Bestrebungen einsetzt, die gegen die Sicherheit des betroffenen Vertragsstaates oder die Sicherheit dieser Truppen gerichtet sind;
3. § 90a Abs. 1 Nr. 2 und Abs. 2 in Verbindung mit den §§ 92a, 92b auf Taten gegen die nationalen Symbole dieser Truppen;
4. die §§ 109d bis 109g in Verbindung mit den §§ 109i, 109k auf Taten gegen diese Truppen, deren Soldaten, Wehrmittel, Einrichtungen, Anlagen oder militärische Vorgänge mit der Maßgabe, dass an die Stelle der Bundesrepublik Deutschland der betroffene Vertragsstaat, an die Stelle der Bundeswehr diese Truppen und an die Stelle der Landesverteidigung die Verteidigung der Vertragsstaaten treten;
5. die §§ 113, 114 Abs. 2, §§ 125 und 125a auf Straftaten gegen Soldaten oder Beamte dieser Truppen;
6. § 120 auf Taten gegen den Gewahrsam an Gefangenen dieser Truppen oder an Personen, die auf ihre Anordnung in einer Anstalt untergebracht sind;
7. die §§ 123 und 124 auf Taten gegen den Hausfrieden von Räumen, die zum öffentlichen Dienst oder Verkehr dieser Truppen bestimmt sind;
8. § 132 auf die Anmaßung dienstlicher Befugnisse von Soldaten oder Beamten dieser Truppen;
9. § 194 Abs. 3 auf Beleidigungen gegen eine Dienststelle, einen Soldaten oder einen Beamten dieser Truppen;

9.a. § 305a auf Straftaten der Zerstörung von Kraftfahrzeugen dieser Truppen;

[***Entwurf nach Maßgabe des GesE unten Nr. 23b:***
10. § 333 Abs. 1, 3, § 334 Abs. 1, 3, § 335 Abs. 1 Nr. 1 Buchstabe b, Abs. 2 Nr. 1 und 3, § 336 auf die Vorteilsgewährung an und die Bestechung von Soldaten, Beamten dieser Truppen oder solchen Bediensteten der Truppen, die auf Grund einer allgemeinen oder besonderen Anweisung einer höheren Dienststelle der Truppen zur gewissenhaften Erfüllung ihrer Obliegenheiten förmlich verpflichtet worden sind.]

III Zum Schutz der in der Bundesrepublik Deutschland stationierten Truppen der nichtdeutschen Vertragsstaaten des Nordatlantikpaktes, die sich zur Zeit der Tat im räumlichen Geltungsbereich dieses Gesetzes aufhalten, sind ferner die §§ 16, 19 des Wehrstrafgesetzes und, in Verbindung mit diesen Vorschriften, § 111 des Strafgesetzbuches auf Taten gegen diese Truppen mit folgenden Besonderheiten anzuwenden:

1. In den §§ 16, 19 des Wehrstrafgesetzes treten an die Stelle der Bundesrepublik Deutschland der betroffene Vertragsstaat und an die Stelle der Bundeswehr und ihrer Soldaten diese Truppen und deren Soldaten;
2. strafbar ist nur, wer einen Soldaten dieser Truppen zu einer vorsätzlichen rechtswidrigen Tat nach § 16 oder § 19 des Wehrstrafgesetzes bestimmt oder zu bestimmen versucht oder ihm dazu Hilfe leistet oder wer nach § 111 des Strafgesetzbuchs zu einer solchen Tat auffordert.

IV Die Absätze 1 bis 3 gelten nur für Straftaten, die im räumlichen Geltungsbereich dieses Gesetzes begangen werden.

15. Waffengesetz (WaffG)[1]

IdF v. 11. Oktober 2002 (BGBl. I 3970; ber. 4592, BGBl. 2003 I 1957; III 7133–4);
letztes ÄndG v. 21. 6. 2005 (BGBl. I 1818)

(Auszug)

Abschnitt 1. Allgemeine Bestimmungen

§ 1 Gegenstand und Zweck des Gesetzes, Begriffsbestimmungen

I Dieses Gesetz regelt den Umgang mit Waffen oder Munition unter Berücksichtigung der Belange der öffentlichen Sicherheit und Ordnung.

II Waffen sind

1. Schusswaffen oder ihnen gleichgestellte Gegenstände und
2. tragbare Gegenstände,
   a) die ihrem Wesen nach dazu bestimmt sind, die Angriffs- oder Abwehrfähigkeit von Menschen zu beseitigen oder herabzusetzen, insbesondere Hieb- und Stoßwaffen;
   b) die, ohne dazu bestimmt zu sein, insbesondere wegen ihrer Beschaffenheit, Handhabung oder Wirkungsweise geeignet sind, die Angriffs- oder Abwehrfähigkeit von Menschen zu beseitigen oder herabzusetzen, und die in diesem Gesetz genannt sind.

III Umgang mit einer Waffe oder Munition hat, wer diese erwirbt, besitzt, überlässt, führt, verbringt, mitnimmt, damit schießt, herstellt, bearbeitet, instand setzt oder damit Handel treibt.

IV Die Begriffe der Waffen und Munition sowie die Einstufung von Gegenständen nach Absatz 2 Nr. 2 Buchstabe b als Waffen, die Begriffe der Arten des Umgangs und sonstige waffenrechtliche Begriffe sind in der Anlage 1 (Begriffsbestimmungen) zu diesem Gesetz näher geregelt.

---

[1] Verkündet als Art. 1 des Ges. zur Neuregelung des Waffenrechts v. 11. 10. 2002 (BGBl. I 3970, ber. 4592, BGBl. 2003 I 1957).

§ 2 Grundsätze des Umgangs mit Waffen oder Munition, Waffenliste

I Der Umgang mit Waffen oder Munition ist nur Personen gestattet, die das 18. Lebensjahr vollendet haben.

II Der Umgang mit Waffen oder Munition, die in der Anlage 2 (Waffenliste) Abschnitt 2 zu diesem Gesetz genannt sind, bedarf der Erlaubnis.

III Der Umgang mit Waffen oder Munition, die in der Anlage 2 Abschnitt 1 zu diesem Gesetz genannt sind, ist verboten.

IV Waffen oder Munition, mit denen der Umgang ganz oder teilweise von der Erlaubnispflicht oder von einem Verbot ausgenommen ist, sind in der Anlage 2 Abschnitt 1 und 2 genannt. Ferner sind in der Anlage 2 Abschnitt 3 die Waffen und Munition genannt, auf die dieses Gesetz ganz oder teilweise nicht anzuwenden ist.

V (…)

§ 3 Umgang mit Waffen oder Munition durch Kinder und Jugendliche

I Jugendliche dürfen im Rahmen eines Ausbildungs- oder Arbeitsverhältnisses abweichend von § 2 Abs. 1 unter Aufsicht eines weisungsbefugten Waffenberechtigten mit Waffen oder Munition umgehen.

II Jugendliche dürfen abweichend von § 2 Abs. 1 Umgang mit geprüften Reizstoffsprühgeräten haben.

III Die zuständige Behörde kann für Kinder und Jugendliche im Einzelfall Ausnahmen von Alterserfordernissen zulassen, wenn besondere Gründe vorliegen und öffentliche Interessen nicht entgegenstehen.

Abschnitt 2. Umgang mit Waffen oder Munition

Unterabschnitt 2. Erlaubnisse für einzelne Arten des Umgangs mit Waffen oder Munition, Ausnahmen

§ 10 Erteilung von Erlaubnissen zum Erwerb, Besitz, Führen und Schießen

I Die Erlaubnis zum Erwerb und Besitz von Waffen wird durch eine Waffenbesitzkarte oder durch Eintragung in eine bereits vorhandene Waffenbesitzkarte erteilt. Für die Erteilung einer Erlaubnis für Schusswaffen sind Art, Anzahl und Kaliber der Schusswaffen anzugeben. Die Erlaubnis zum Erwerb einer Waffe gilt für die Dauer eines Jahres, die Erlaubnis zum Besitz wird in der Regel unbefristet erteilt. Wer eine Waffe auf Grund einer Erlaubnis nach Satz 1 erwirbt, hat binnen zwei Wochen der zuständigen Behörde unter Benennung von Name und Anschrift des Überlassenden den Erwerb schriftlich anzuzeigen und seine Waffenbesitzkarte zur Eintragung des Erwerbs vorzulegen.

II (…)

III Die Erlaubnis zum Erwerb und Besitz von Munition wird durch Eintragung in eine Waffenbesitzkarte für die darin eingetragenen Schusswaffen erteilt. In den übrigen Fällen wird die Erlaubnis durch einen Munitionserwerbsschein für eine bestimmte Munitionsart erteilt; sie ist für den Erwerb der Munition auf die Dauer von sechs Jahren zu befristen und gilt für den Besitz der Munition unbefristet.

IV Die Erlaubnis zum Führen einer Waffe wird durch einen Waffenschein erteilt. Eine Erlaubnis nach Satz 1 zum Führen von Schusswaffen wird für bestimmte Schusswaffen auf höchstens drei Jahre erteilt; die Geltungsdauer kann zweimal um höchstens je drei Jahre verlängert werden, sie ist kürzer zu bemessen, wenn nur ein vorübergehendes Bedürfnis nachgewiesen wird. Der Geltungsbereich des Waffenscheins ist auf bestimmte Anlässe oder Gebiete zu beschränken, wenn ein darüber hinausgehendes Bedürfnis nicht nachgewiesen wird. Die Voraussetzungen für die Erteilung einer Erlaubnis zum Führen von Schreckschuss-, Reizstoff- und Signalwaffen sind *in* der Anlage 2 Abschnitt 2 Un*terabschnitt 3 Nr. 2 und 2.1* genannt (Kleiner Waffenschein).

V Die Erlaubnis zum Schießen mit einer Schusswaffe wird durch einen Erlaubnisschein erteilt.

(…)

§ 12 Ausnahmen von den Erlaubnispflichten

I Einer Erlaubnis zum Erwerb und Besitz einer Waffe bedarf nicht, wer diese

1. als Inhaber einer Waffenbesitzkarte von einem Berechtigten
   a) lediglich vorübergehend, höchstens aber für einen Monat für einen von seinem Bedürfnis umfassten Zweck oder im Zusammenhang damit, oder
   b) vorübergehend zum Zweck der sicheren Verwahrung oder der Beförderung erwirbt;
2. vorübergehend von einem Berechtigten zur gewerbsmäßigen Beförderung, zur gewerbsmäßigen Lagerung oder zur gewerbsmäßigen Ausführung von Verschönerungen oder ähnlicher Arbeiten an der Waffe erwirbt;
3. von einem oder für einen Berechtigten erwirbt, wenn und solange er
   a) auf Grund eines Arbeits- oder Ausbildungsverhältnisses,
   b) als Beauftragter oder Mitglied einer jagdlichen oder schießsportlichen Vereinigung, einer anderen sportlichen Vereinigung zur Abgabe von Startschüssen oder einer zur Brauchtumspflege Waffen tragenden Vereinigung,
   c) als Charterer von seegehenden Schiffen zur Abgabe von Seenotsignalen den Besitz über die Waffe nur nach den Weisungen des Berechtigten ausüben darf;
4. von einem anderen,
   a) dem er die Waffe vorübergehend überlassen hat, ohne dass es hierfür der Eintragung in die Erlaubnisurkunde bedurfte, oder
   b) nach dem Abhandenkommen wieder erwirbt;
5. auf einer Schießstätte (§ 27) lediglich vorübergehend zum Schießen auf dieser Schießstätte erwirbt;
6. auf einer Reise in den oder durch den Geltungsbereich des Gesetzes nach § 32 berechtigt mitnimmt.

II Einer Erlaubnis zum Erwerb und Besitz von Munition bedarf nicht, wer diese

1. unter den Voraussetzungen des Absatzes 1 Nr. 1 bis 4 erwirbt;
2. unter den Voraussetzungen des Absatzes 1 Nr. 5 zum sofortigen Verbrauch lediglich auf dieser Schießstätte (§ 27) erwirbt;
3. auf einer Reise in den oder durch den Geltungsbereich des Gesetzes nach § 32 berechtigt mitnimmt.

III Einer Erlaubnis zum Führen von Waffen bedarf nicht, wer

1. diese mit Zustimmung eines anderen in dessen Wohnung, Geschäftsräumen oder befriedetem Besitztum oder dessen Schießstätte zu einem von seinem Bedürfnis umfassten Zweck oder im Zusammenhang damit führt;
2. diese nicht schussbereit und nicht zugriffsbereit von einem Ort zu einem anderen Ort befördert, sofern der Transport der Waffe zu einem von seinem Bedürfnis umfassten Zweck oder im Zusammenhang damit erfolgt;
3. eine Langwaffe nicht schussbereit den Regeln entsprechend als Teilnehmer an genehmigten Sportwettkämpfen auf festgelegten Wegstrecken führt;
4. eine Signalwaffe beim Bergsteigen, als verantwortlicher Führer eines Wasserfahrzeugs auf diesem Fahrzeug oder bei Not- und Rettungsübungen führt;
5. eine Schreckschuss- oder eine Signalwaffe zur Abgabe von Start- oder Beendigungszeichen bei Sportveranstaltungen führt, wenn optische oder akustische Signalgebung erforderlich ist.

IV Einer Erlaubnis zum Schießen mit einer Schusswaffe bedarf nicht, wer auf einer Schießstätte (§ 27) schießt. Das Schießen außerhalb von Schießstätten ist darüber hinaus ohne Schießerlaubnis nur zulässig

1. durch den Inhaber des Hausrechts oder mit dessen Zustimmung im befriedeten Besitztum
   a) mit Schusswaffen, deren Geschossen eine Bewegungsenergie von nicht mehr als 7,5 Joule (J) erteilt wird oder deren Bauart nach § 7 des Beschussgesetzes zugelassen ist, sofern die Geschosse das Besitztum nicht verlassen können,
   b) mit Schusswaffen, aus denen nur Kartuschenmunition verschossen werden kann,

2. durch Personen, die den Regeln entsprechend als Teilnehmer an genehmigten Sportwettkämpfen nach Absatz 3 Nr. 3 mit einer Langwaffe an Schießständen schießen,
3. mit Schusswaffen, aus denen nur Kartuschenmunition verschossen werden kann,
   a) durch Mitwirkende an Theateraufführungen und diesen gleich zu achtenden Vorführungen,
   b) zum Vertreiben von Vögeln in landwirtschaftlichen Betrieben,
4. mit Signalwaffen bei Not- und Rettungsübungen,
5. mit Schreckschuss- oder mit Signalwaffen zur Abgabe von Start- oder Beendigungszeichen im Auftrag der Veranstalter bei Sportveranstaltungen, wenn optische oder akustische Signalgebung erforderlich ist.

V Die zuständige Behörde kann im Einzelfall weitere Ausnahmen von den Erlaubnispflichten zulassen, wenn besondere Gründe vorliegen und Belange der öffentlichen Sicherheit und Ordnung nicht entgegenstehen.

Unterabschnitt 3. Besondere Erlaubnistatbestände für bestimmte Personengruppen

(...)

§ 34 Überlassen von Waffen oder Munition, Prüfung der Erwerbsberechtigung, Anzeigepflicht

I Waffen oder Munition dürfen nur berechtigten Personen überlassen werden. Die Berechtigung muss offensichtlich sein oder nachgewiesen werden. Werden sie zur gewerbsmäßigen Beförderung überlassen, müssen die ordnungsgemäße Beförderung sichergestellt und Vorkehrungen gegen ein Abhandenkommen getroffen sein. Munition darf gewerbsmäßig nur in verschlossenen Packungen überlassen werden; dies gilt nicht im Fall des Überlassens auf Schießstätten gemäß § 12 Abs. 2 Nr. 2 oder soweit einzelne Stücke von Munitionssammlern erworben werden. Wer Waffen oder Munition einem anderen lediglich zur gewerbsmäßigen Beförderung (§ 12 Abs. 1 Nr. 2, Abs. 2 Nr. 1) an einen Dritten übergibt, überlässt sie dem Dritten.

II–VI ...

§ 35 Werbung, Hinweispflichten, Handelsverbote

I Wer Waffen oder Munition zum Kauf oder Tausch in Anzeigen oder Werbeschriften anbietet, hat bei den nachstehenden Waffenarten auf das Erfordernis der Erwerbsberechtigung jeweils wie folgt hinzuweisen:

1. bei erlaubnispflichtigen Schusswaffen und erlaubnispflichtiger Munition: Abgabe nur an Inhaber einer Erwerbserlaubnis,
2. bei nicht erlaubnispflichtigen Schusswaffen und nicht erlaubnispflichtiger Munition sowie sonstigen Waffen: Abgabe nur an Personen mit vollendetem 18. Lebensjahr,
3. bei verbotenen Waffen: Abgabe nur an Inhaber einer Ausnahmegenehmigung,

sowie seinen Namen, seine Anschrift und gegebenenfalls seine eingetragene Marke bekannt zu geben. Anzeigen und Werbeschriften nach Satz 1 dürfen nur veröffentlicht werden, wenn sie den Namen und die Anschrift des Anbieters sowie die von ihm je nach Waffenart mitzuteilenden Hinweise enthalten. Satz 2 gilt nicht für die Bekanntgabe der Personalien des nicht gewerblichen Anbieters, wenn dieser der Bekanntgabe widerspricht. Derjenige, der die Anzeige oder Werbeschrift veröffentlicht, ist im Fall des Satzes 3 gegenüber der zuständigen Behörde verpflichtet, die Urkunden über den Geschäftsvorgang ein Jahr lang aufzubewahren und dieser auf Verlangen Einsicht zu gewähren.

II Dürfen Schusswaffen nur mit Erlaubnis geführt oder darf mit ihnen nur mit Erlaubnis geschossen werden, so hat der *Inhaber einer Erlaubnis* nach § 21 Abs. 1 bei ihrem *Überlassen im Einzelhandel* den Erwerber auf das Erfordernis des Waffenscheins oder der Schießerlaubnis hinzuweisen. Beim Überlassen von Schreckschuss-, Reizstoff- oder Signalwaffen im Sinne des § 10 Abs. 4 Satz 4 hat der Inhaber einer Erlaubnis nach § 21 Abs. 1 überdies auf die Strafbarkeit des Führens ohne Erlaubnis (Kleiner Waffenschein) hinzuweisen und die Erfüllung dieser sowie der Hinweispflicht nach Satz 1 zu protokollieren.

III Der Vertrieb und das Überlassen von Schusswaffen, Munition, Hieb- oder Stoßwaffen ist verboten:

1. im Reisegewerbe, ausgenommen in den Fällen des § 55 b Abs. 1 der Gewerbeordnung,
2. auf festgesetzten Veranstaltungen im Sinne des Titels IV der Gewerbeordnung (Messen, Ausstellungen, Märkte), ausgenommen die Entgegennahme von Bestellungen auf Messen und Ausstellungen,
3. auf Volksfesten, Schützenfesten, Märkten, Sammlertreffen oder ähnlichen öffentlichen Veranstaltungen, ausgenommen das Überlassen der benötigten Schusswaffen oder Munition in einer Schießstätte sowie von Munition, die Teil einer Sammlung (§ 17 Abs. 1) oder für eine solche bestimmt ist.

Die zuständige Behörde kann Ausnahmen von den Verboten für ihren Bezirk zulassen, wenn öffentliche Interessen nicht entgegenstehen.

(…)

Unterabschnitt 7. Verbote

§ 40 Verbotene Waffen

I Das Verbot des Umgangs umfasst auch das Verbot, zur Herstellung der in Anlage 2 Abschnitt 1 Nr. 1.3.4 bezeichneten Gegenstände anzuleiten oder aufzufordern.

II Das Verbot des Umgangs mit Waffen oder Munition ist nicht anzuwenden, soweit jemand auf Grund eines gerichtlichen oder behördlichen Auftrags tätig wird.

III Inhaber einer jagdrechtlichen Erlaubnis und Angehörige von Leder oder Pelz verarbeitenden Berufen dürfen abweichend von § 2 Abs. 3 Umgang mit Faustmessern nach Anlage 2 Abschnitt 1 Nr. 1.4.2 haben, sofern sie diese Messer zur Ausübung ihrer Tätigkeit benötigen.

IV (…)

V Wer eine in Anlage 2 Abschnitt 1 bezeichnete Waffe als Erbe, Finder oder in ähnlicher Weise in Besitz nimmt, hat dies der zuständigen Behörde unverzüglich anzuzeigen. Die zuständige Behörde kann die Waffen oder Munition sicherstellen oder anordnen, dass innerhalb einer angemessenen Frist die Waffen oder Munition unbrauchbar gemacht, von Verbotsmerkmalen befreit oder einem nach diesem Gesetz Berechtigten überlassen werden, oder dass der Erwerber einen Antrag nach Absatz 4 stellt. Das Verbot des Umgangs mit Waffen oder Munition wird nicht wirksam, solange die Frist läuft oder eine ablehnende Entscheidung nach Absatz 4 dem Antragsteller noch nicht bekannt gegeben worden ist.

§ 41 Waffenverbote für den Einzelfall

I Die zuständige Behörde kann jemandem den Besitz von Waffen oder Munition, deren Erwerb nicht der Erlaubnis bedarf, und den Erwerb solcher Waffen oder Munition untersagen,

1. soweit es zur Verhütung von Gefahren für die Sicherheit oder zur Kontrolle des Umgangs mit diesen Gegenständen geboten ist oder
2. wenn Tatsachen bekannt werden, die die Annahme rechtfertigen, dass der rechtmäßige Besitzer oder Erwerbswillige abhängig von Alkohol oder anderen berauschenden Mitteln, psychisch krank oder debil ist oder sonst die erforderliche persönliche Eignung nicht besitzt oder ihm die für den Erwerb oder Besitz solcher Waffen oder Munition erforderliche Zuverlässigkeit fehlt.

Im Fall des Satzes 1 Nr. 2 ist der Betroffene darauf hinzuweisen, dass er die Annahme mangelnder persönlicher Eignung im Wege der Beibringung eines amts- oder fachärztlichen oder fachpsychologischen Zeugnisses über die geistige oder körperliche Eignung ausräumen kann; § 6 Abs. 2 findet entsprechende Anwendung.

II Die zuständige Behörde kann jemandem den Besitz von Waffen oder Munition, deren Erwerb der Erlaubnis bedarf, untersagen, soweit es zur Verhütung von Gefahren für die Sicherheit oder Kontrolle des Umgangs mit diesen Gegenständen geboten ist.

III (...)

§ 42 Verbot des Führens von Waffen bei öffentlichen Veranstaltungen

I Wer an öffentlichen Vergnügungen, Volksfesten, Sportveranstaltungen, Messen, Ausstellungen, Märkten oder ähnlichen öffentlichen Veranstaltungen teilnimmt, darf keine Waffen im Sinne des § 1 Abs. 2 führen.

II Die zuständige Behörde kann allgemein oder für den Einzelfall Ausnahmen von Absatz 1 zulassen, wenn

1. der Antragsteller die erforderliche Zuverlässigkeit (§ 5) und persönliche Eignung (§ 6) besitzt,
2. der Antragsteller nachgewiesen hat, dass er auf Waffen bei der öffentlichen Veranstaltung nicht verzichten kann, und
3. eine Gefahr für die öffentliche Sicherheit oder Ordnung nicht zu besorgen ist.

III Unbeschadet des § 38 muss der nach Absatz 2 Berechtigte auch den Ausnahmebescheid mit sich führen und auf Verlangen zur Prüfung aushändigen.

IV Die Absätze 1 bis 3 sind nicht anzuwenden

1. auf die Mitwirkenden an Theateraufführungen und diesen gleich zu achtenden Vorführungen, wenn zu diesem Zweck ungeladene oder mit Kartuschenmunition geladene Schusswaffen oder Waffen im Sinne des § 1 Abs. 2 Nr. 2 geführt werden,
2. auf das Schießen in Schießstätten (§ 27),
3. soweit eine Schießerlaubnis nach § 10 Abs. 5 vorliegt,
4. auf das gewerbliche Ausstellen der in Absatz 1 genannten Waffen auf Messen und Ausstellungen.

(...)

Abschnitt 4. Straf- und Bußgeldvorschriften

§ 51 Strafvorschriften

I Mit Freiheitsstrafe von einem Jahr bis zu fünf Jahren wird bestraft, wer entgegen § 2 Abs. 1 oder 3, jeweils in Verbindung mit Anlage 2 Abschnitt 1 Nr. 1.2.1, eine dort genannte Schusswaffe erwirbt, besitzt, überlässt, führt, verbringt, mitnimmt, herstellt, bearbeitet, instand setzt oder damit Handel treibt.

II In besonders schweren Fällen ist die Strafe Freiheitsstrafe von einem Jahr bis zu zehn Jahren. Ein besonders schwerer Fall liegt in der Regel vor, wenn der Täter gewerbsmäßig oder als Mitglied einer Bande, die sich zur fortgesetzten Begehung solcher Straftaten verbunden hat, unter Mitwirkung eines anderen Bandenmitgliedes handelt.

III In minder schweren Fällen ist die Strafe Freiheitsstrafe bis zu drei Jahren oder Geldstrafe.

IV Handelt der Täter fahrlässig, so ist die Strafe Freiheitsstrafe bis zu zwei Jahren oder Geldstrafe.

§ 52 Strafvorschriften

I Mit Freiheitsstrafe von sechs Monaten bis zu fünf Jahren wird bestraft, wer

1. entgegen § 2 Abs. 1 oder 3, jeweils in Verbindung mit Anlage 2 Abschnitt 1 Nr. 1.1 oder 1.3.4, eine dort genannte Schusswaffe oder einen dort genannten Gegenstand erwirbt, besitzt, überlässt, führt, verbringt, mitnimmt, herstellt, bearbeitet, instand setzt oder damit Handel treibt,
2. *ohne Erlaubnis nach*
   a) § 2 Abs. 2 in Verbindung mit Anlage 2 Abschnitt 2 Unterabschnitt 1 Satz 1, eine Schusswaffe oder Munition erwirbt, um sie entgegen § 34 Abs. 1 Satz 1 einem Nichtberechtigten zu überlassen,

b) § 2 Abs. 2 in Verbindung mit Anlage 2 Abschnitt 2 Unterabschnitt 1 Satz 1, eine halbautomatische Kurzwaffe erwirbt, besitzt oder führt,

c) § 2 Abs. 2 in Verbindung mit Anlage 2 Abschnitt 2 Unterabschnitt 1 Satz 1 in Verbindung mit § 21 Abs. 1 Satz 1 eine Schusswaffe oder Munition herstellt, bearbeitet, instand setzt oder damit Handel treibt,

d) § 2 Abs. 2 in Verbindung mit Anlage 2 Abschnitt 2 Unterabschnitt 1 Satz 1 in Verbindung mit § 29 Abs. 1, § 30 Abs. 1 Satz 1 oder § 32 Abs. 1 Satz 1 eine Schusswaffe oder Munition in den oder durch den Geltungsbereich dieses Gesetzes verbringt oder mitnimmt,

3. entgegen § 35 Abs. 3 Satz 1 eine Schusswaffe, Munition oder eine Hieb- oder Stoßwaffe im Reisegewerbe oder auf einer dort genannten Veranstaltung vertreibt oder anderen überlässt oder

4. entgegen § 40 Abs. 1 zur Herstellung eines dort genannten Gegenstandes anleitet oder auffordert.

II Der Versuch ist strafbar.

III Mit Freiheitsstrafe bis zu drei Jahren oder mit Geldstrafe wird bestraft, wer

1. entgegen § 2 Abs. 1 oder 3, jeweils in Verbindung mit Anlage 2 Abschnitt 1 Nr. 1.2.2 bis 1.2.4, 1.3.1 bis 1.3.3, 1.3.5, 1.3.7, 1.3.8, 1.4.1 Satz 1, 1.4.2 bis 1.4.4 oder 1.5.3 bis 1.5.5, einen dort genannten Gegenstand erwirbt, besitzt, überlässt, führt, verbringt, mitnimmt, herstellt, bearbeitet, instand setzt oder damit Handel treibt,

2. ohne Erlaubnis nach § 2 Abs. 2 in Verbindung mit Anlage 2 Abschnitt 2 Unterabschnitt 1 Satz 1

   a) eine Schusswaffe erwirbt, besitzt, führt oder

   b) Munition erwirbt oder besitzt,

   wenn die Tat nicht in Absatz 1 Nr. 2 Buchstabe a oder b mit Strafe bedroht ist,

3. ohne Erlaubnis nach § 2 Abs. 2 in Verbindung mit Anlage 2 Abschnitt 2 Unterabschnitt 1 Satz 1 in Verbindung mit § 26 Abs. 1 Satz 1 eine Schusswaffe herstellt, bearbeitet oder instand setzt,

4. ohne Erlaubnis nach § 2 Abs. 2 in Verbindung mit Anlage 2 Abschnitt 2 Unterabschnitt 1 Satz 1 in Verbindung mit § 31 Abs. 1 eine dort genannte Schusswaffe oder Munition in einen anderen Mitgliedstaat verbringt,

5. entgegen § 28 Abs. 2 Satz 1 eine Schusswaffe führt,

6. entgegen § 28 Abs. 3 Satz 2 eine Schusswaffe oder Munition überlässt,

7. entgegen § 34 Abs. 1 Satz 1 eine erlaubnispflichtige Schusswaffe oder erlaubnispflichtige Munition einem Nichtberechtigten überlässt,

8. einer vollziehbaren Anordnung nach § 41 Abs. 1 Satz 1 oder Abs. 2 zuwiderhandelt,

9. entgegen § 42 Abs. 1 eine Waffe führt oder

10. entgegen § 57 Abs. 5 Satz 1 den Besitz über eine Schusswaffe oder Munition ausübt.

IV Handelt der Täter in den Fällen des Absatzes 1 Nr. 1, 2 Buchstabe b, c oder d oder Nr. 3 oder des Absatzes 3 fahrlässig, so ist die Strafe bei den bezeichneten Taten nach Absatz 1 Freiheitsstrafe bis zu zwei Jahren oder Geldstrafe, bei Taten nach Absatz 3 Freiheitsstrafe bis zu einem Jahr oder Geldstrafe.

V In besonders schweren Fällen des Absatzes 1 Nr. 1 ist die Strafe Freiheitsstrafe von einem Jahr bis zu zehn Jahren. Ein besonders schwerer Fall liegt in der Regel vor, wenn der Täter gewerbsmäßig oder als Mitglied einer Bande, die sich zur fortgesetzten Begehung solcher Straftaten verbunden hat, unter Mitwirkung eines anderen Bandenmitgliedes handelt.

VI In minder schweren Fällen des Absatzes 1 ist die Strafe Freiheitsstrafe bis zu drei Jahren oder Geldstrafe.

(…)

Abschnitt 5. Ausnahmen von der Anwendung des Gesetzes

§ 55 Ausnahmen für oberste Bundes- und Landesbehörden, Bundeswehr, Polizei und Zollverwaltung, erheblich gefährdete Hoheitsträger sowie Bedienstete anderer Staaten

I Dieses Gesetz ist, wenn es nicht ausdrücklich etwas anderes bestimmt, nicht anzuwenden auf

1. die obersten Bundes- und Landesbehörden und die Deutsche Bundesbank,
2. die Bundeswehr und die in der Bundesrepublik Deutschland stationierten ausländischen Streitkräfte,
3. die Polizeien des Bundes und der Länder,
4. die Zollverwaltung

und deren Bedienstete, soweit sie dienstlich tätig werden. Bei Polizeibediensteten und bei Bediensteten der Zollverwaltung mit Vollzugsaufgaben gilt dies, soweit sie durch Dienstvorschriften hierzu ermächtigt sind, auch für den Besitz über dienstlich zugelassene Waffen oder Munition und für das Führen dieser Waffen außerhalb des Dienstes.

II–VI …

(…)

§ 57 Kriegswaffen

I Dieses Gesetz gilt nicht für Kriegswaffen im Sinne des Gesetzes über die Kontrolle von Kriegswaffen. Auf tragbare Schusswaffen, für die eine Waffenbesitzkarte nach § 59 Abs. 4 Satz 2 des Waffengesetzes in der vor dem 1. Juli 1976 geltenden Fassung erteilt worden ist, sind unbeschadet der Vorschriften des Gesetzes über die Kontrolle von Kriegswaffen § 4 Abs. 3, § 45 Abs. 1 und 2 sowie die §§ 36 und 53 Abs. 1 Nr. 19 anzuwenden. Auf Verstöße gegen § 59 Abs. 2 des Waffengesetzes in der vor dem 1. Juli 1976 geltenden Fassung und gegen § 58 Abs. 1 des Waffengesetzes in der vor dem 1. April 2003 geltenden Fassung ist § 52 Abs. 3 Nr. 1 anzuwenden. Zuständige Behörde für Maßnahmen nach Satz 2 ist das Bundesamt für Wirtschaft und Ausfuhrkontrolle.

II–V (…)

Anlage 1 (zu § 1 Abs. 4) Begriffsbestimmungen

Abschnitt 1. Waffen- und munitionstechnische Begriffe, Einstufung von Gegenständen

Unterabschnitt 1. Schusswaffen

1. Schusswaffen im Sinne des § 1 Abs. 2 Nr. 1

   1.1 Schusswaffen

   Schusswaffen sind Gegenstände, die zum Angriff oder zur Verteidigung, zur Signalgebung, zur Jagd, zur Distanzinjektion, zur Markierung, zum Sport oder zum Spiel bestimmt sind und bei denen Geschosse durch einen Lauf getrieben werden.

   1.2 Gleichgestellte Gegenstände

   Den Schusswaffen stehen gleich tragbare Gegenstände,

   1.2.1 die zum Abschießen von Munition für die in Nummer 1.1 genannten Zwecke bestimmt sind,

   1.2.2 bei denen bestimmungsgemäß feste Körper gezielt verschossen werden, deren Antriebsenergie durch Muskelkraft eingebracht und durch eine Sperrvorrichtung gespeichert werden kann (z. B. Armbrüste).

   1.3 Wesentliche Teile von Schusswaffen, Schalldämpfer

   Wesentliche Teile von Schusswaffen und Schalldämpfer stehen, soweit in diesem Gesetz nichts anderes bestimmt ist, den Schusswaffen gleich, für die sie bestimmt sind. Dies gilt auch dann, wenn sie mit anderen Gegenständen verbunden sind und die Gebrauchsfähigkeit als Waffenteil nicht beeinträchtigt ist oder mit allgemein gebräuchlichen Werkzeugen wiederhergestellt werden kann.

Wesentliche Teile sind

1.3.1 der Lauf oder Gaslauf, der Verschluss sowie das Patronen- oder Kartuschenlager, wenn diese nicht bereits Bestandteil des Laufes sind; der Lauf ist ein aus einem ausreichend festen Werkstoff bestehender rohrförmiger Gegenstand, der Geschossen, die hindurch getrieben werden, ein gewisses Maß an Führung gibt; der Gaslauf ist ein Lauf, der ausschließlich der Ableitung der Verbrennungsgase dient; der Verschluss ist das unmittelbar das Patronen oder Kartuschenlager oder den Lauf abschließende Teil;

1.3.2 bei Schusswaffen, bei denen zum Antrieb ein entzündbares flüssiges oder gasförmiges Gemisch verwendet wird, auch die Verbrennungskammer und die Einrichtung zur Erzeugung des Gemisches;

1.3.3 bei Schusswaffen mit anderem Antrieb auch die Antriebsvorrichtung, sofern sie fest mit der Schusswaffe verbunden ist;

1.3.4 bei Kurzwaffen auch das Griffstück oder sonstige Waffenteile, soweit sie für die Aufnahme des Auslösemechanismus bestimmt sind;

1.3.5 als wesentliche Teile gelten auch vorgearbeitete wesentliche Teile von Schusswaffen sowie Teile/Reststücke von Läufen und Laufrohlingen, wenn sie mit allgemein gebräuchlichen Werkzeugen fertiggestellt werden können;

1.3.6 Schalldämpfer sind Vorrichtungen, die der wesentlichen Dämpfung des Mündungsknalls dienen und für Schusswaffen bestimmt sind.

1.4 Unbrauchbar gemachte Schusswaffen

Die für Schusswaffen geltenden Vorschriften sind auf unbrauchbar gemachte Schusswaffen und auf aus Schusswaffen hergestellte Gegenstände anzuwenden, wenn

1.4.1 das Patronenlager nicht dauerhaft so verändert ist, dass weder Munition noch Treibladungen geladen werden können,

1.4.2 der Verschluss nicht dauerhaft funktionsunfähig gemacht worden ist,

1.4.3 in Griffstücken oder anderen wesentlichen Waffenteilen für Handfeuer-Kurzwaffen der Auslösemechanismus nicht dauerhaft funktionsunfähig gemacht worden ist,

1.4.4 bei Kurzwaffen der Lauf nicht auf seiner ganzen Länge, im Patronenlager beginnend,

- bis zur Laufmündung einen durchgehenden Längsschlitz von mindestens 4 mm Breite oder
- im Abstand von jeweils 3 cm, mindestens jedoch 3 kalibergroße Bohrungen oder
- andere gleichwertige Laufveränderungen

aufweist,

1.4.5 bei Langwaffen der Lauf in dem dem Patronenlager zugekehrten Drittel nicht

- mindestens 6 kalibergroße Bohrungen oder
- andere gleichwertige Laufveränderungen

aufweist und vor diesen in Richtung der Laufmündung mit einem kalibergroßen gehärteten Stahlstift dauerhaft verschlossen ist,

1.4.6 dauerhaft unbrauchbar gemacht ist eine Schusswaffe dann, wenn mit allgemein gebräuchlichen Werkzeugen die Schussfähigkeit der Waffe oder der wesentlichen Teile nicht wiederhergestellt werden kann.

1.5 Nachbildungen von Schusswaffen

Die für Schusswaffen geltenden Vorschriften sind auf Nachbildungen von Schusswaffen anzuwenden, wenn diese Gegenstände mit allgemein gebräuchlichen

Werkzeugen so umgebaut oder verändert werden können, dass aus ihnen Munition, Ladungen oder Geschosse verschossen werden können. Nachbildungen sind nicht als Schusswaffen hergestellte Gegenstände, die die äußere Form einer Schusswaffe haben und aus denen nicht geschossen werden kann.

2. Feuerwaffen sind die nachfolgend genannten Waffen, bei denen zum Antrieb der Geschosse heiße Gase verwendet werden:

2.1 Schusswaffen nach Nummer 1.1,

2.2 Gegenstände nach Nummer 1.2.1.

2.3 Automatische Schusswaffen; dies sind Schusswaffen, die nach Abgabe eines Schusses selbsttätig erneut schussbereit werden und bei denen aus demselben Lauf durch einmalige Betätigung des Abzuges oder einer anderen Schussauslösevorrichtung mehrere Schüsse abgegeben werden können (Vollautomaten) oder durch einmalige Betätigung des Abzuges oder einer anderen Schussauslösevorrichtung jeweils nur ein Schuss abgegeben werden kann (Halbautomaten). Als automatische Schusswaffen gelten auch Schusswaffen, die mit allgemein gebräuchlichen Werkzeugen in automatische Schusswaffen geändert werden können. Als Vollautomaten gelten auch in Halbautomaten geänderte Vollautomaten, die mit den in Satz 2 genannten Hilfsmitteln wieder in Vollautomaten zurückgeändert werden können. Double-Action-Revolver sind keine halbautomatischen Schusswaffen. Beim Double-Action-Revolver wird bei Betätigung des Abzuges durch den Schützen die Trommel weitergedreht, so dass das nächste Lager mit einer neuen Patrone vor den Lauf und den Schlagbolzen zu liegen kommt, und gleichzeitig die Feder gespannt. Beim weiteren Durchziehen des Abzuges schnellt der Hahn nach vorn und löst den Schuss aus.

2.4 Repetierwaffen; dies sind Schusswaffen, bei denen nach Abgabe eines Schusses über einen von Hand zu betätigenden Mechanismus Munition aus einem Magazin in das Patronenlager nachgeladen wird.

2.5 Einzelladerwaffen; dies sind Schusswaffen ohne Magazin mit einem oder mehreren Läufen, die vor jedem Schuss aus demselben Lauf von Hand geladen werden.

2.6 Langwaffen; dies sind Schusswaffen, deren Lauf und Verschluss in geschlossener Stellung insgesamt länger als 30 cm sind und deren kürzeste bestimmungsgemäß verwendbare Gesamtlänge 60 cm überschreitet; Kurzwaffen sind alle anderen Schusswaffen.

2.7 Schreckschusswaffen; dies sind Schusswaffen mit einem Kartuschenlager, die zum Abschießen von Kartuschenmunition bestimmt sind.

2.8 Reizstoffwaffen; dies sind Schusswaffen mit einem Patronen- oder Kartuschenlager, die zum Verschießen von Reiz- oder anderen Wirkstoffen bestimmt sind.

2.9 Signalwaffen; dies sind Schusswaffen mit einem Patronen- oder Kartuschenlager, die zum Verschießen von pyrotechnischer Munition bestimmt sind.

3. Weitere Begriffe zu den wesentlichen Teilen

3.1 Austauschläufe sind Läufe für ein bestimmtes Waffenmodell oder -system, die ohne Nacharbeit ausgetauscht werden können.

3.2 Wechselläufe sind Läufe, die für eine bestimmte Waffe zum Austausch des vorhandenen Laufes vorgefertigt sind und die noch eingepasst werden müssen.

3.3 Einsteckläufe sind Läufe ohne eigenen Verschluss, die in die Läufe von Waffen größeren Kalibers eingesteckt werden können.

3.4 Wechseltrommeln sind Trommeln für ein bestimmtes Revolvermodell, die ohne Nacharbeit gewechselt werden können.

3.5 Wechselsysteme sind Wechselläufe einschließlich des für sie bestimmten Verschlusses.

3.6 Einstecksysteme sind Einsteckläufe einschließlich des für sie bestimmten Verschlusses.

3.7 Einsätze sind Teile, die den Innenmaßen des Patronenlagers der Schusswaffe angepasst und zum Verschießen von Munition kleinerer Abmessungen bestimmt sind.

4. Sonstige Teile von Schusswaffen
   4.1 Vorrichtungen, die das Ziel beleuchten (z. B. Zielscheinwerfer) oder markieren (z. B. Laser oder Zielpunktprojektoren),
   4.2 Nachtsichtgeräte und Nachtzielgeräte mit Montagevorrichtungen für Schusswaffen sowie Nachtsichtvorsätze und Nachtsichtaufsätze für Zielhilfsmittel (z. B. Zielfernrohre), sofern die Gegenstände einen Bildwandler oder eine elektronische Verstärkung besitzen.
5. Reizstoffe sind Stoffe, die bei ihrer bestimmungsgemäßen Anwendung auf den Menschen eine belästigende Wirkung durch Haut- und Schleimhautreizung, insbesondere durch einen Augenreiz ausüben und resorptiv nicht giftig wirken.

Unterabschnitt 2. Tragbare Gegenstände

1. Tragbare Gegenstände nach § 1 Abs. 2 Nr. 2 Buchstabe a sind insbesondere
   1.1 Hieb- und Stoßwaffen (Gegenstände, die ihrem Wesen nach dazu bestimmt sind, unter unmittelbarer Ausnutzung der Muskelkraft durch Hieb, Stoß, Stich, Schlag oder Wurf Verletzungen beizubringen),
   1.2 Gegenstände,
      1.2.1 die unter Ausnutzung einer anderen als mechanischen Energie Verletzungen beibringen (z. B. Elektroimpulsgeräte),
      1.2.2 aus denen Reizstoffe versprüht oder ausgestoßen werden, die eine Reichweite bis zu 2 m haben (Reizstoffsprühgeräte),
      1.2.3 bei denen in einer Entfernung von mehr als 2 m bei Menschen
         a) eine angriffsunfähig machende Wirkung durch ein gezieltes Versprühen oder Ausstoßen von Reiz- oder anderen Wirkstoffen oder
         b) eine gesundheitsschädliche Wirkung durch eine andere als kinetische Energie, insbesondere durch ein gezieltes Ausstrahlen einer elektromagnetischen Strahlung

         hervorgerufen werden kann,
      1.2.4 bei denen gasförmige, flüssige oder feste Stoffe den Gegenstand gezielt und brennend mit einer Flamme von mehr als 20 cm Länge verlassen,
      1.2.5 bei denen leicht entflammbare Stoffe so verteilt und entzündet werden, dass schlagartig ein Brand entstehen kann,
      1.2.6 die nach ihrer Beschaffenheit und Handhabung dazu bestimmt sind, durch Drosseln die Gesundheit zu schädigen,
   1.3 Schleudern, die zur Erreichung einer höchstmöglichen Bewegungsenergie eine Armstütze oder eine vergleichbare Vorrichtung besitzen oder für eine solche Vorrichtung eingerichtet sind (Präzisionsschleudern) sowie Armstützen und vergleichbare Vorrichtungen für die vorbezeichneten Gegenstände.
2. Tragbare Gegenstände im Sinne des § 1 Abs. 2 Nr. 2 Buchstabe b sind
   2.1 Messer,
      2.1.1 deren Klingen auf Knopf- oder Hebeldruck hervorschnellen und hierdurch festgestellt werden können (Springmesser),
      2.1.2 deren Klingen beim Lösen einer Sperrvorrichtung durch ihre Schwerkraft oder durch eine Schleuderbewegung aus dem Griff hervorschnellen und selbsttätig oder beim Loslassen der Sperrvorrichtung festgestellt werden (Fallmesser),
      2.1.3 mit einem quer zur feststehenden Klinge verlaufenden Griff, die bestimmungsgemäß in der geschlossenen Faust geführt oder eingesetzt werden (Faustmesser),
      2.1.4 Faltmesser mit zweigeteilten, schwenkbaren Griffen (Butterflymesser),
   2.2 Gegenstände,
      2.2.1 die bestimmungsgemäß unter Ausnutzung einer anderen als mechanischen Energie Tieren Verletzungen beibringen (z. B. Elektroimpulsgeräte), mit

Ausnahme der ihrer Bestimmung entsprechend im Bereich der Tierhaltung Verwendung findenden Gegenstände.

Unterabschnitt 3. Munition und Geschosse

1. Munition ist zum Verschießen aus Schusswaffen bestimmte
   1.1 Patronenmunition (Hülsen mit Treibladungen, die ein Geschoss enthalten, und Geschosse mit Eigenantrieb),
   1.2 Kartuschenmunition (Hülsen mit Treibladungen, die ein Geschoss nicht enthalten),
   1.3 hülsenlose Munition (Treibladung mit oder ohne Geschoss, wobei die Treibladung eine den Innenabmessungen einer Schusswaffe oder eines Gegenstandes nach Unterabschnitt 1 Nr. 1.2 angepasste Form hat),
   1.4 pyrotechnische Munition (Munition, in der explosionsgefährliche Stoffe oder Stoffgemische – pyrotechnische Sätze, Schwarzpulver – enthalten sind, die einen Licht-, Schall-, Rauch- oder ähnlichen Effekt erzeugen und keine zweckbestimmte Durchschlagskraft im Ziel entfalten); hierzu gehört
      1.4.1 pyrotechnische Patronenmunition,
      1.4.2 unpatronierte pyrotechnische Munition,
      1.4.3 mit der Antriebsvorrichtung fest verbundene pyrotechnische Munition.
2. Treibladungen sind die Hauptenergieträger, die als vorgefertigte Ladung oder in loser Form in Waffen nach Unterabschnitt 1 Nr. 1.1 oder Gegenstände nach Unterabschnitt 1 Nr. 1.2.1 eingegeben werden und
   – zum Antrieb von Geschossen oder Wirkstoffen oder
   – zur Erzeugung von Schall- oder Lichtimpulsen

   bestimmt sind.
3. Geschosse im Sinne dieses Gesetzes sind als Waffen oder für Schusswaffen bestimmte
   3.1 feste Körper,
   3.2 gasförmige, flüssige oder feste Stoffe in Umhüllungen.

Abschnitt 2. Waffenrechtliche Begriffe

Im Sinne dieses Gesetzes

1. erwirbt eine Waffe oder Munition, wer die tatsächliche Gewalt darüber erlangt,
2. besitzt eine Waffe oder Munition, wer die tatsächliche Gewalt darüber ausübt,
3. überlässt eine Waffe oder Munition, wer die tatsächliche Gewalt darüber einem anderen einräumt,
4. führt eine Waffe, wer die tatsächliche Gewalt darüber außerhalb der eigenen Wohnung, Geschäftsräume oder des eigenen befriedeten Besitztums ausübt,
5. verbringt eine Waffe oder Munition, wer diese Waffe oder Munition über die Grenze zum dortigen Verbleib oder mit dem Ziel des Besitzwechsels in den, durch den oder aus dem Geltungsbereich des Gesetzes zu einer anderen Person oder zu sich selbst transportieren lässt oder selbst transportiert,
6. nimmt eine Waffe oder Munition mit, wer diese Waffe oder Munition vorübergehend auf einer Reise ohne Aufgabe des Besitzes zur Verwendung über die Grenze in den, durch den oder aus dem Geltungsbereich des Gesetzes bringt,
7. schießt, wer mit einer Schusswaffe Geschosse durch einen Lauf verschießt, Kartuschenmunition abschießt, mit Patronen- oder Kartuschenmunition Reiz- oder andere *Wirkstoffe verschießt* oder pyrotechnische Munition verschießt,
8.
   8.1 gilt als Herstellen von Munition auch das gewerbsmäßige Wiederladen von Hülsen,

8.2 wird eine Schusswaffe insbesondere bearbeitet oder instand gesetzt, wenn sie verkürzt, in der Schussfolge verändert oder so geändert wird, dass andere Munition oder Geschosse anderer Kaliber aus ihr verschossen werden können, oder wenn wesentliche Teile, zu deren Einpassung eine Nacharbeit erforderlich ist, ausgetauscht werden; eine Schusswaffe wird weder bearbeitet noch instand gesetzt, wenn lediglich geringfügige Änderungen, insbesondere am Schaft oder an der Zieleinrichtung, vorgenommen werden,

9. treibt Waffenhandel, wer gewerbsmäßig oder selbstständig im Rahmen einer wirtschaftlichen Unternehmung Schusswaffen oder Munition ankauft, feilhält, Bestellungen entgegennimmt oder aufsucht, anderen überlässt oder den Erwerb, den Vertrieb oder das Überlassen vermittelt;

10. sind Kinder Personen, die noch nicht 14 Jahre alt sind;

11. sind Jugendliche Personen, die 14, aber noch nicht 18 Jahre alt sind.

Anlage 2 (zu § 2 Abs. 2 bis 4) Waffenliste

Abschnitt 1. Verbotene Waffen

Der Umgang mit folgenden Waffen und Munition ist verboten:

1.1 Waffen (§ 1 Abs. 2), mit Ausnahme halbautomatischer tragbarer Schusswaffen, die in der Anlage zum Gesetz über die Kontrolle von Kriegswaffen (Kriegswaffenliste) in der Fassung der Bekanntmachung vom 22. November 1990 (BGBl. I S. 2506) oder deren Änderungen aufgeführt sind, nach Verlust der Kriegswaffeneigenschaft;

1.2 Schusswaffen im Sinne des § 1 Abs. 2 Nr. 1 nach den Nummern 1.2.1 bis 1.2.3 und deren Zubehör nach Nr. 1.2.4, die

1.2.1 Vollautomaten im Sinne der Anlage 1 Abschnitt 1 Unterabschnitt 1 Nr. 2.3 oder Vorderschaftrepetierflinten, bei denen der Hinterschaft durch einen Pistolengriff ersetzt ist, sind;

1.2.2 ihrer Form nach geeignet sind, einen anderen Gegenstand vorzutäuschen oder die mit Gegenständen des täglichen Gebrauchs verkleidet sind (z. B. Koppelschlosspistolen, Schießkugelschreiber, Stockgewehre, Taschenlampenpistolen);

1.2.3 über den für Jagd- und Sportzwecke allgemein üblichen Umfang hinaus zusammengeklappt, zusammengeschoben, verkürzt oder schnell zerlegt werden können;

1.2.4 für Schusswaffen bestimmte

1.2.4.1 Vorrichtungen sind, die das Ziel beleuchten (z. B. Zielscheinwerfer) oder markieren (z. B. Laser oder Zielpunktprojektoren);

1.2.4.2 Nachtsichtgeräte und Nachtzielgeräte mit Montagevorrichtung für Schusswaffen sowie Nachtsichtvorsätze und Nachtsichtaufsätze für Zielhilfsmittel (z. B. Zielfernrohre) sind, sofern die Gegenstände einen Bildwandler oder eine elektronische Verstärkung besitzen;

1.3 Tragbare Gegenstände im Sinne des § 1 Abs. 2 Nr. 2 Buchstabe a nach den Nummern 1.3.1 bis 1.3.8

1.3.1 Hieb- oder Stoßwaffen, die ihrer Form nach geeignet sind, einen anderen Gegenstand vorzutäuschen, oder die mit Gegenständen des täglichen Gebrauchs verkleidet sind;

1.3.2 Stahlruten, Totschläger oder Schlagringe;

1.3.3 sternförmige Scheiben, die nach ihrer Beschaffenheit und Handhabung zum Wurf auf ein Ziel bestimmt und geeignet sind, die Gesundheit zu beschädigen (Wurfsterne);

1.3.4 Gegenstände, bei denen leicht entflammbare Stoffe so verteilt und entzündet werden, dass schlagartig ein Brand entstehen kann;

1.3.5 Gegenstände mit Reiz- oder anderen Wirkstoffen, es sei denn, dass die Stoffe als gesundheitlich unbedenklich amtlich zugelassen sind und die Gegenstände

- in der Reichweite und Sprühdauer begrenzt sind und
- zum Nachweis der gesundheitlichen Unbedenklichkeit, der Reichweiten- und der Sprühdauerbegrenzung ein amtliches Prüfzeichen tragen;

1.3.6 Gegenstände, die unter Ausnutzung einer anderen als mechanischen Energie Verletzungen beibringen (z. B. Elektroimpulsgeräte), sofern sie nicht als gesundheitlich unbedenklich amtlich zugelassen sind und ein amtliches Prüfzeichen tragen zum Nachweis der gesundheitlichen Unbedenklichkeit;

1.3.7 Präzisionsschleudern nach Anlage 1 Abschnitt 1 Unterabschnitt 2 Nr. 1.3 sowie Armstützen und vergleichbare Vorrichtungen für die vorbezeichneten Gegenstände;

1.3.8 Gegenstände, die nach ihrer Beschaffenheit und Handhabung dazu bestimmt sind, durch Drosseln die Gesundheit zu schädigen (z. B. Nun-Chakus);

1.4 Tragbare Gegenstände im Sinne des § 1 Abs. 2 Nr. 2 Buchstabe b nach den Nummern 1.4.1 bis 1.4.4

1.4.1 Spring- und Fallmesser nach Anlage 1 Abschnitt 1 Unterabschnitt 2 Nr. 2.1.1 und 2.1.2. Hiervon ausgenommen sind Springmesser, wenn die Klinge seitlich aus dem Griff herausspringt und der aus dem Griff herausragende Teil der Klinge

- höchstens 8,5 cm lang ist,
- in der Mitte mindestens eine Breite von 20 vom Hundert ihrer Länge aufweist,
- nicht zweiseitig geschliffen ist und
- einen durchgehenden Rücken hat, der sich zur Schneide hin verjüngt;

1.4.2 feststehende Messer mit einem quer zur Klinge verlaufenden Griff, die bestimmungsgemäß in der geschlossenen Faust geführt oder eingesetzt werden (Faustmesser);

1.4.3 Faltmesser mit zweigeteilten, schwenkbaren Griffen (Butterflymesser);

1.4.4 Gegenstände, die unter Ausnutzung einer anderen als mechanischen Energie Tieren Verletzungen beibringen (z. B. Elektroimpulsgeräte), sofern sie nicht als gesundheitlich unbedenklich amtlich zugelassen sind und ein amtliches Prüfzeichen tragen zum Nachweis der gesundheitlichen Unbedenklichkeit oder bestimmungsgemäß in der Tierhaltung Verwendung finden;

1.5 Munition und Geschosse nach den Nummern 1.5.1 bis 1.5.6

1.5.1 Geschosse mit Betäubungsstoffen, die zu Angriffs- oder Verteidigungszwecken bestimmt sind;

1.5.2 Geschosse oder Kartuschenmunition mit Reizstoffen, die zu Angriffs- oder Verteidigungszwecken bestimmt sind ohne amtliches Prüfzeichen zum Nachweis der gesundheitlichen Unbedenklichkeit;

1.5.3 Patronenmunition für Schusswaffen mit gezogenen Läufen, deren Geschosse im Durchmesser kleiner sind als die Felddurchmesser der dazugehörigen Schusswaffen und die mit einer Treib- und Führungshülse umgeben sind, die sich nach Verlassen des Laufes vom Geschoss trennt;

1.5.4 Patronenmunition mit Geschossen, die einen Leuchtspur-, Brand- oder Sprengsatz oder einen Hartkern (mindestens 400 HB 30 – Brinellhärte – bzw. 421 HV – Vickershärte –) enthalten, ausgenommen pyrotechnische Munition, die bestimmungsgemäß zur Signalgebung bei der Gefahrenabwehr dient;

1.5.5 Knallkartuschen, Reiz- und sonstige Wirkstoffmunition nach Tabelle 5 der Maßtafeln nach § 1 Abs. 3 Satz 3 der Dritten Verordnung zum Waffengesetz in der Fassung der Bekanntmachung vom 2. September 1991 (BGBl. I S. 1872), die zuletzt durch die Zweite Verordnung zur Änderung von waffenrechtlichen Verordnungen vom 24. Januar 2000 (BGBl. I S. 38) geändert wurde, in der jeweils geltenden Fassung (Maßtafeln), bei deren Verschießen in

Entfernungen von mehr als 1,5 m vor der Mündung Verletzungen durch feste Bestandteile hervorgerufen werden können, ausgenommen Kartuschenmunition der Kaliber 16 und 12 mit einer Hülsenlänge von nicht mehr als 47 oder 49 mm;

1.5.6 Kleinschrotmunition, die in Lagern nach Tabelle 5 der Maßtafeln mit einem Durchmesser (P_1) bis 12,5 mm geladen werden kann.

Abschnitt 2. Erlaubnispflichtige Waffen

Unterabschnitt 1. Erlaubnispflicht

Der Umgang, ausgenommen das Überlassen, mit Waffen im Sinne des § 1 Abs. 2 Nr. 1 (Anlage 1 Abschnitt 1 Unterabschnitt 1 Nr. 1 bis 4) und der dafür bestimmten Munition bedarf der Erlaubnis, soweit solche Waffen oder Munition nicht nach Unterabschnitt 2 für die dort bezeichneten Arten des Umgangs von der Erlaubnispflicht freigestellt sind. In Unterabschnitt 3 sind die Schusswaffen oder Munition aufgeführt, bei denen die Erlaubnis unter erleichterten Voraussetzungen erteilt wird.

Unterabschnitt 2. Erlaubnisfreie Arten des Umgangs

1. Erlaubnisfreier Erwerb und Besitz

1.1 Druckluft-, Federdruckwaffen und Waffen, bei denen zum Antrieb der Geschosse kalte Treibgase Verwendung finden, wenn den Geschossen eine Bewegungsenergie von nicht mehr als 7,5 Joule erteilt wird und die das Kennzeichen nach Anlage 1 Abbildung 1 zur Ersten Verordnung zum Waffengesetz vom 24. Mai 1976 (BGBl. I S. 1285) in der zum Zeitpunkt des Inkrafttretens dieses Gesetzes geltenden Fassung oder ein durch Rechtsverordnung nach § 25 Abs. 1 Nr. 1 Buchstabe c bestimmtes Zeichen tragen;

1.2 Druckluft-, Federdruckwaffen und Waffen, bei denen zum Antrieb der Geschosse kalte Treibgase Verwendung finden, die vor dem 1. Januar 1970 oder in dem in Artikel 3 des Einigungsvertrages genannten Gebiet vor dem 2. April 1991 hergestellt und entsprechend den zu diesem Zeitpunkt geltenden Bestimmungen in den Handel gebracht worden sind;

1.3 Schreckschuss-, Reizstoff- und Signalwaffen, die der zugelassenen Bauart nach § 8 des Beschussgesetzes entsprechen und das Zulassungszeichen nach Anlage 1 Abbildung 2 zur Ersten Verordnung zum Waffengesetz vom 24. Mai 1976 (BGBl. I S. 1285) in der zum Zeitpunkt des Inkrafttretens dieses Gesetzes geltenden Fassung oder ein durch Rechtsverordnung nach § 25 Abs. 1 Nr. 1 Buchstabe c bestimmtes Zeichen tragen;

1.4 Munition für die in Nummer 1.3 bezeichneten Schusswaffen;

1.5 veränderte Langwaffen, die für Zier- oder Sammlerzwecke, zu Theateraufführungen, Film- oder Fernsehaufnahmen bestimmt sind, wenn sie die nachstehenden Anforderungen erfüllen:

- das Patronenlager muss dauerhaft so verändert sein, dass keine Patronen- oder pyrotechnische Munition geladen werden kann,
- der Lauf muss in dem dem Patronenlager zugekehrten Drittel mindestens sechs kalibergroße, nach vorn gerichtete unverdeckte Bohrungen oder andere gleichwertige Laufveränderungen aufweisen und vor diesen in Richtung der Laufmündung mit einem kalibergroßen gehärteten Stahlstift dauerhaft verschlossen sein,
- der Lauf muss mit dem Gehäuse fest verbunden sein, sofern es sich um Waffen handelt, bei denen der Lauf ohne Anwendung von Werkzeugen ausgetauscht werden kann, und

die Änderungen müssen so vorgenommen sein, dass sie nicht mit allgemein gebräuchlichen Werkzeugen rückgängig gemacht und die Gegenstände nicht so geändert werden können, dass aus ihnen Geschosse, Patronen- oder pyrotechnische Munition verschossen werden können;

1.6 Schusswaffen, die vor dem 1. April 1976 entsprechend den Anforderungen des § 3 der Ersten Verordnung zum Waffengesetz vom 19. Dezember 1972 (BGBl. I S. 2522) verändert worden sind;

1.7 einläufige Einzelladerwaffen mit Zündhütchenzündung (Perkussionswaffen), deren Modell vor dem 1. Januar 1871 entwickelt worden ist;

1.8 Schusswaffen mit Lunten- oder Funkenzündung, deren Modell vor dem 1. Januar 1871 entwickelt worden ist;

1.9 Schusswaffen mit Zündnadelzündung, deren Modell vor dem 1. Januar 1871 entwickelt worden ist;

1.10 Armbrüste;

1.11 Kartuschenmunition für die nach Nummer 1.5 abgeänderten Schusswaffen sowie für Schussapparate nach § 7 des Beschussgesetzes;

1.12 pyrotechnische Munition, die das Zulassungszeichen nach Anlage II Abbildung 5 zur Dritten Verordnung zum Waffengesetz in der Fassung der Bekanntmachung vom 2. September 1991 (BGBl. I S. 1872) mit der Klassenbezeichnung PM I trägt.

2. Erlaubnisfreier Erwerb und Besitz durch Inhaber einer Waffenbesitzkarte

2.1 Wechsel- und Austauschläufe gleichen oder geringeren Kalibers einschließlich der für diese Läufe erforderlichen auswechselbaren Verschlüsse (Wechselsysteme);

2.2 Wechseltrommeln, aus denen nur Munition verschossen werden kann, bei der gegenüber der für die Waffe bestimmten Munition Geschossdurchmesser und höchstzulässiger Gebrauchsgasdruck gleich oder geringer sind (Maßtafeln);

2.3 Einsteckläufe und dazugehörige Verschlüsse (Einstecksysteme) sowie Einsätze, die dazu bestimmt sind, Munition mit kleinerer Abmessung zu verschießen, und die keine Einsteckläufe sind;

für Schusswaffen, die bereits in der Waffenbesitzkarte des Inhabers einer Erlaubnis eingetragen sind.

3. Erlaubnisfreies Führen

3.1 Schusswaffen mit Lunten- oder Funkenzündung, deren Modell vor dem 1. Januar 1871 entwickelt worden ist;

3.2 Armbrüste;

3.3 Schusswaffen nach Abschnitt 3 Unterabschnitt 2, die als getreue Nachahmungen im Sinne der vorgenannten Nummern nicht vom Waffengesetz ausgenommen sind.

4. Erlaubnisfreier Handel und erlaubnisfreie Herstellung

4.1 Schusswaffen mit Lunten- oder Funkenzündung, deren Modell vor dem 1. Januar 1871 entwickelt worden ist;

4.2 Armbrüste.

5. Erlaubnisfreier Handel

5.1 Einläufige Einzelladerwaffen mit Zündhütchenzündung (Perkussionswaffen), deren Modell vor dem 1. Januar 1871 entwickelt worden ist;

5.2 Schusswaffen mit Zündnadelzündung, deren Modell vor dem 1. Januar 1871 entwickelt worden ist.

6. Erlaubnisfreie nichtgewerbsmäßige Herstellung

6.1 Munition.

7. Erlaubnisfreies Verbringen und erlaubnisfreie Mitnahme in den, durch den oder aus dem *Geltungsbereich des Gesetzes*

7.1 Druckluft-, Federdruckwaffen und Waffen, bei denen zum Antrieb der Geschosse kalte Treibgase Verwendung finden, sofern sie den Voraussetzungen der Nummer 1.1 oder 1.2 entsprechen;

7.2 Schreckschuss-, Reizstoff- und Signalwaffen, die der zugelassenen Bauart nach § 8 des Beschussgesetzes entsprechen und das Zulassungszeichen nach Anlage 1 Abbildung 2 zur Ersten Verordnung zum Waffengesetz vom 24. Mai 1976 (BGBl. I S. 1285) in der zum Zeitpunkt des Inkrafttretens dieses Gesetzes geltenden Fassung oder ein durch Rechtsverordnung nach § 25 Abs. 1 Nr. 1 Buchstabe c bestimmtes Zeichen tragen;

7.3 veränderte Langwaffen, die für Zier- oder Sammlerzwecke, zu Theateraufführungen, Film- oder Fernsehaufnahmen bestimmt sind, wenn sie die Anforderungen der Nummer 1.5 erfüllen;

7.4 Schusswaffen, die vor dem 1. April 1976 entsprechend den Anforderungen des § 3 der Ersten Verordnung zum Waffengesetz vom 19. Dezember 1972 (BGBl. I S. 2522) verändert worden sind;

7.5 Munition für die in Nummer 7.2 bezeichneten Waffen;

7.6 einläufige Einzelladerwaffen mit Zündhütchenzündung (Perkussionswaffen), deren Modell vor dem 1. Januar 1871 entwickelt worden ist;

7.7 Schusswaffen mit Lunten- oder Funkenzündung, deren Modell vor dem 1. Januar 1871 entwickelt worden ist;

7.8 Armbrüste;

7.9 pyrotechnische Munition, die das Zulassungszeichen nach Anlage II Abbildung 5 zur Dritten Verordnung zum Waffengesetz in der Fassung der Bekanntmachung vom 2. September 1991 (BGBl. I S. 1872) mit der Klassenbezeichnung PM I trägt.

8. Erlaubnisfreies Verbringen und erlaubnisfreie Mitnahme aus dem Geltungsbereich des Gesetzes in einen Staat, der nicht Mitgliedstaat der Europäischen Union ist
Sämtliche Waffen im Sinne des § 1 Abs. 2.

Unterabschnitt 3. Entbehrlichkeit einzelner Erlaubnisvoraussetzungen

1. Erwerb und Besitz ohne Bedürfnisnachweis (§ 4 Abs. 1 Nr. 4)

1.1 Feuerwaffen, deren Geschossen eine Bewegungsenergie von nicht mehr als 7,5 Joule erteilt wird und die das Kennzeichen nach Anlage 1 Abbildung 1 der Ersten Verordnung zum Waffengesetz vom 24. Mai 1976 (BGBl. I S. 1285) in der zum Zeitpunkt des Inkrafttretens dieses Gesetzes geltenden Fassung oder ein durch Rechtsverordnung nach § 25 Abs. 1 Nr. 1 Buchstabe c bestimmtes Zeichen tragen;

1.2 für Waffen nach Nummer 1.1 bestimmte Munition.

2. Führen ohne Sachkunde-, Bedürfnis- und Haftpflichtversicherungsnachweis (§ 4 Abs. 1 Nr. 3 bis 5) – Kleiner Waffenschein

2.1 Schreckschuss-, Reizstoff- und Signalwaffen nach Unterabschnitt 2 Nr. 1.3.

Abschnitt 3. Vom Gesetz ganz oder teilweise ausgenommene Waffen

Unterabschnitt 1. Vom Gesetz mit Ausnahme von § 2 Abs. 1 und § 41 ausgenommene Waffen

Unterwassersportgeräte, bei denen zum Antrieb der Geschosse keine Munition verwendet wird (Harpunengeräte).

Unterabschnitt 2. Vom Gesetz ausgenommene Waffen

1. Schusswaffen (Anlage 1 Abschnitt 1 Unterabschnitt 1 Nr. 1.1), die zum Spiel bestimmt sind, wenn aus ihnen nur Geschosse verschossen werden können, denen eine Bewegungsenergie von nicht mehr als 0,08 Joule (J) erteilt wird, es sei denn,

– sie können mit allgemein gebräuchlichen Werkzeugen so geändert werden, dass die Bewegungsenergie der Geschosse über 0,08 Joule (J) steigt oder

– sie sind getreue Nachahmungen von Schusswaffen im Sinne der Anlage 1 Abschnitt 1 Unterabschnitt 1 Nr. 1.1, deren Erwerb der Erlaubnis bedarf.

2. Schusswaffen und tragbare Gegenstände im Sinne von Anlage 1 Abschnitt 1 Unterabschnitt 1 Nr. 1.2.2, bei denen feste Körper durch Muskelkraft angetrieben werden, es sei denn,
   – deren durch Muskelkraft eingebrachte Antriebsenergie kann durch eine Sperrvorrichtung gespeichert werden (z. B. Druckluft- und Federdruckwaffen, Armbrüste) oder
   – sie sind getreue Nachahmungen von Schusswaffen im Sinne der Anlage 1 Abschnitt 1 Unterabschnitt 1 Nr. 1.1, deren Erwerb der Erlaubnis bedarf.
3. In Anlage 1 Abschnitt 1 Unterabschnitt 1 Nr. 1.1 oder 1.2.1 bezeichnete Gegenstände, die zum Spiel bestimmt sind, wenn mit ihnen nur Zündblättchen, -bänder, -ringe (Amorces) oder Knallkorken abgeschossen werden können, es sei denn,
   – sie können mit allgemein gebräuchlichen Werkzeugen in eine Schusswaffe oder einen anderen, einer Schusswaffe gleichstehenden Gegenstand umgearbeitet werden oder
   – sie sind getreue Nachahmungen von Schusswaffen im Sinne der Anlage 1 Abschnitt 1 Unterabschnitt 1 Nr. 1.1, deren Erwerb der Erlaubnis bedarf.
4. Schusswaffen, die vor dem 1. April 2003 entsprechend den Anforderungen der Anlage 1 Abschnitt 1 Unterabschnitt 1 Nr. 1.4 in der bis zu diesem Zeitpunkt geltenden Fassung unbrauchbar gemacht worden sind.

16. Wehrstrafgesetz (WStG)

IdF v. 24. Mai 1974 (BGBl. I 1213; III 452–2), letztes ÄndG v. 22. 4. 2005 (BGBl. I 1106)

Erster Teil. Allgemeine Bestimmungen

§ 1 Geltungsbereich[1]

I Dieses Gesetz gilt für Straftaten, die Soldaten der Bundeswehr begehen.

II Es gilt auch für Straftaten, durch die militärische Vorgesetzte, die nicht Soldaten sind, ihre Pflichten verletzen (§§ 30–41).

III Wegen Verletzung von Privatgeheimnissen (§ 203 Abs. 2, 4, 5, §§ 204, 205 des Strafgesetzbuches), wegen Verletzung des Post- oder Fernmeldegeheimnisses (§ 206 Abs. 4 des Strafgesetzbuches) und wegen Verletzung des Dienstgeheimnisses (§ 353 b Abs. 1 des Strafgesetzbuches) sind nach Maßgabe des § 48 auch frühere Soldaten strafbar, soweit ihnen diese Geheimnisse während des Wehrdienstes anvertraut worden oder sonst bekanntgeworden sind.

IV Wegen Anstiftung und Beihilfe zu militärischen Straftaten sowie wegen Versuchs der Beteiligung an solchen Straftaten ist nach diesem Gesetz auch strafbar, wer nicht Soldat ist.

§ 1 a Auslandstaten

I Das deutsche Strafrecht gilt, unabhängig vom Recht des Tatorts, für Taten, die nach diesem Gesetz mit Strafe bedroht sind und im Ausland begangen werden, wenn der Täter

1. Soldat ist oder zu den in § 1 Abs. 2 bezeichneten Personen gehört oder
2. Deutscher ist und seine Lebensgrundlage im räumlichen Geltungsbereich dieses Gesetzes hat.

---

[1] § 1 III eingef., bish. III wird IV durch G v. 21. 12. 1979 (BGBl. I 2326), III neu gef. durch G v. 17. 12. 1997 (BGBl. I 3108).

II Das deutsche Strafrecht gilt, unabhängig vom Recht des Tatorts, auch für Taten, die ein Soldat während eines dienstlichen Aufenthalts oder in Beziehung auf den Dienst im Ausland begeht.

§ 2 Begriffsbestimmungen[1]

Im Sinne dieses Gesetzes ist

1. eine militärische Straftat eine Handlung, die der Zweite Teil dieses Gesetzes mit Strafe bedroht;
2. ein Befehl eine Anweisung zu einem bestimmten Verhalten, die ein militärischer Vorgesetzter (§ 1 Abs. 3 des Soldatengesetzes) einem Untergebenen schriftlich, mündlich oder in anderer Weise, allgemein oder für den Einzelfall und mit dem Anspruch auf Gehorsam erteilt;
3. eine schwerwiegende Folge eine Gefahr für die Sicherheit der Bundesrepublik Deutschland, die Schlagkraft der Truppe, Leib oder Leben eines Menschen oder Sachen von bedeutendem Wert, die dem Täter nicht gehören.

§ 3 Anwendung des allgemeinen Strafrechts

I Das allgemeine Strafrecht ist anzuwenden, soweit dieses Gesetz nichts anderes bestimmt.

II Für Straftaten von Soldaten, die Jugendliche oder Heranwachsende sind, gelten besondere Vorschriften des Jugendgerichtsgesetzes.

§ 4 Militärische Straftaten gegen verbündete Streitkräfte

I Die Vorschriften dieses Gesetzes sind auch dann anzuwenden, wenn ein Soldat der Bundeswehr eine militärische Straftat gegen Streitkräfte eines verbündeten Staates oder eines ihrer Mitglieder begeht.

II Das Gericht kann von Strafe absehen, wenn die Wahrung der Disziplin in der Bundeswehr eine Bestrafung nicht erfordert.

§ 5 Handeln auf Befehl

I Begeht ein Untergebener eine rechtswidrige Tat, die den Tatbestand eines Strafgesetzes verwirklicht, auf Befehl, so trifft ihn eine Schuld nur, wenn er erkennt, dass es sich um eine rechtswidrige Tat handelt oder dies nach den ihm bekannten Umständen offensichtlich ist.

II Ist die Schuld des Untergebenen mit Rücksicht auf die besondere Lage, in der er sich bei der Ausführung des Befehls befand, gering, so kann das Gericht die Strafe nach § 49 Abs. 1 des Strafgesetzbuches mildern, bei Vergehen auch von Strafe absehen.

§ 6 Furcht vor persönlicher Gefahr

Furcht vor persönlicher Gefahr entschuldigt eine Tat nicht, wenn die soldatische Pflicht verlangt, die Gefahr zu bestehen.

§ 7 Selbstverschuldete Trunkenheit

I Selbstverschuldete Trunkenheit führt nicht zu einer Milderung der angedrohten Strafe, wenn die Tat eine militärische Straftat ist, gegen das Kriegsvölkerrecht verstößt oder in Ausübung des Dienstes begangen wird.

II Der Trunkenheit steht ein Rausch anderer Art gleich.

§ 8 (weggefallen)

§ 9 Strafarrest

I Das Höchstmaß des Strafarrestes ist sechs Monate, das Mindestmaß zwei Wochen.

---

[1] § 2 Nr. 2 geänd. durch G v. 16. 8. 2001 (BGBl. I 2093), Nr. 2 geänd. durch G v. 22. 4. 2005 (BGBl. I 1106).

II Der Strafarrest besteht in Freiheitsentziehung. Im Vollzug[1] soll der Soldat, soweit tunlich, in seiner Ausbildung gefördert werden.

III Die Vollstreckung des Strafarrestes verjährt in zwei Jahren.

§ 10 Geldstrafe bei Straftaten von Soldaten

Bei Straftaten von Soldaten darf Geldstrafe nicht verhängt werden, wenn besondere Umstände, die in der Tat oder der Persönlichkeit des Täters liegen, die Verhängung von Freiheitsstrafe zur Wahrung der Disziplin gebieten.

§ 11 Ersatzfreiheitsstrafe

Ist wegen einer Tat, die ein Soldat während der Ausübung des Dienstes oder in Beziehung auf den Dienst begangen hat, eine Geldstrafe bis zu einhundertachtzig Tagessätzen verhängt, so ist die Ersatzfreiheitsstrafe Strafarrest. Einem Tagessatz entspricht ein Tag Strafarrest.

§ 12 Strafarrest statt Freiheitsstrafe

Darf auf Geldstrafe nach § 10 nicht erkannt werden oder ist bei Straftaten von Soldaten die Verhängung einer Freiheitsstrafe, die nach § 47 des Strafgesetzbuches unerlässlich ist, auch zur Wahrung der Disziplin geboten, so ist, wenn eine Freiheitsstrafe von mehr als sechs Monaten nicht in Betracht kommt, auf Strafarrest zu erkennen.

§ 13 Zusammentreffen mehrerer Straftaten

I Wäre nach den Vorschriften des Strafgesetzbuches eine Gesamtstrafe von mehr als sechs Monaten Strafarrest zu bilden, so wird statt auf Strafarrest auf Freiheitsstrafe erkannt. Die Gesamtstrafe darf zwei Jahre nicht übersteigen.

II Trifft zeitige Freiheitsstrafe mit Strafarrest zusammen, so ist die Gesamtstrafe durch Erhöhung der Freiheitsstrafe zu bilden. Jedoch ist auf Freiheitsstrafe und Strafarrest gesondert zu erkennen, wenn die Voraussetzungen für die Aussetzung der Vollstreckung des Strafarrestes nicht vorliegen, die Vollstreckung der Gesamtstrafe aber zur Bewährung ausgesetzt werden müsste. In diesem Fall sind beide Strafen so zu kürzen, dass ihre Summe die Dauer der sonst zu bildenden Gesamtstrafe nicht überschreitet.

III Die Absätze 1 und 2 sind auch anzuwenden, wenn nach den allgemeinen Vorschriften eine Gesamtstrafe nachträglich zu bilden ist.

§ 14 Strafaussetzung zur Bewährung bei Freiheitsstrafe

I Bei der Verurteilung zu Freiheitsstrafe von mindestens sechs Monaten wird die Vollstreckung nicht ausgesetzt, wenn die Wahrung der Disziplin sie gebietet.

II Bewährungsauflagen und Weisungen (§§ 56b bis 56d des Strafgesetzbuches) sollen die Besonderheiten des Wehrdienstes berücksichtigen.

III Für die Dauer des Wehrdienstverhältnisses kann ein Soldat als ehrenamtlicher Bewährungshelfer (§ 56d des Strafgesetzbuches) bestellt werden. Er untersteht bei der Überwachung des Verurteilten nicht den Anweisungen des Gerichts.

IV Von der Überwachung durch einen Bewährungshelfer, der nicht Soldat ist, sind für die Dauer des Wehrdienstverhältnisses Angelegenheitern ausgeschlossen, für welche die militärischen Vorgesetzten des Verurteilten zu sorgen haben. Maßnahmen des Disziplinarvorgesetzten haben den Vorrang.

§ 14a Strafaussetzung zur Bewährung bei Strafarrest

I Das Gericht setzt die Vollstreckung des Strafarrestes unter den Voraussetzungen des § 56 Abs. 1 Satz 1 des Strafgesetzbuches zur Bewährung aus, wenn nicht die Wahrung der Disziplin die Vollstreckung gebietet. § 56 Abs. 1 Satz 2, Abs. 4, die §§ 56a bis 56c, 56e bis *56g und 58 des Straf*gesetzbuches gelten entsprechend.

---

[1] § 9 II S. 2: Vgl. dazu Bundeswehrvollzugsordnung v. 29. 11. 1972 (BGBl. I 2205; III 452–3), ÄndG v. 16. 3. 1976 (BGBl. I 581, 605).

II Das Gericht kann die Vollstreckung des Restes eines Strafarrestes unter den Voraussetzungen des § 57 Abs. 1 Satz 1 des Strafgesetzbuches zur Bewährung aussetzen. § 57 Abs. 1 Satz 2, Abs. 4 und die §§ 56a bis 56c, 56e bis 56g des Strafgesetzbuches gelten entsprechend.

III Bewährungsauflagen und Weisungen (§§ 56b und 56c des Strafgesetzbuches) sollen die Besonderheiten des Wehrdienstes berücksichtigen.

Zweiter Teil. Militärische Straftaten

Erster Abschnitt. Straftaten gegen die Pflicht zur militärischen Dienstleistung

§ 15 Eigenmächtige Abwesenheit

I Wer eigenmächtig seine Truppe oder Dienststelle verlässt oder ihr fernbleibt und vorsätzlich oder fahrlässig länger als drei volle Kalendertage abwesend ist, wird mit Freiheitsstrafe bis zu drei Jahren bestraft.

II Ebenso wird bestraft, wer außerhalb des räumlichen Geltungsbereichs dieses Gesetzes von seiner Truppe oder Dienststelle abgekommen ist und es vorsätzlich oder fahrlässig unterlässt, sich bei ihr, einer anderen Truppe oder Dienststelle der Bundeswehr oder einer Behörde der Bundesrepublik Deutschland innerhalb von drei vollen Kalendertagen zu melden.

§ 16 Fahnenflucht

I Wer eigenmächtig seine Truppe oder Dienststelle verlässt oder ihr fernbleibt, um sich der Verpflichtung zum Wehrdienst dauernd oder für die Zeit eines bewaffneten Einsatzes zu entziehen oder die Beendigung des Wehrdienstverhältnisses zu erreichen, wird mit Freiheitsstrafe bis zu fünf Jahren bestraft.

II Der Versuch ist strafbar.

III Stellt sich der Täter innerhalb eines Monats und ist er bereit, der Verpflichtung zum Wehrdienst nachzukommen, so ist die Strafe Freiheitsstrafe bis zu drei Jahren.

IV Die Vorschriften über den Versuch der Beteiligung nach § 30 Abs. 1 des Strafgesetzbuches gelten für Straftaten nach Absatz 1 entsprechend.

§ 17 Selbstverstümmelung

I Wer sich oder einen anderen Soldaten mit dessen Einwilligung durch Verstümmelung oder auf andere Weise zum Wehrdienst untauglich macht oder machen lässt, wird mit Freiheitsstrafe bis zu fünf Jahren bestraft. Dies gilt auch dann, wenn der Täter die Untauglichkeit nur für eine gewisse Zeit oder teilweise herbeiführt.

II Der Versuch ist strafbar.

§ 18 Dienstentziehung durch Täuschung

I Wer sich oder einen anderen Soldaten durch arglistige, auf Täuschung berechnete Machenschaften dem Wehrdienst dauernd oder für eine gewisse Zeit, ganz oder teilweise entzieht, wird mit Freiheitsstrafe bis zu fünf Jahren bestraft.

II Der Versuch ist strafbar.

Zweiter Abschnitt. Straftaten gegen die Pflichten der Untergebenen

§ 19 Ungehorsam[1]

I Wer einen Befehl nicht befolgt und dadurch wenigstens fahrlässig eine schwerwiegende Folge (§ 2 Nr. 3) verursacht, wird mit Freiheitsstrafe bis zu drei Jahren bestraft.

II Der Versuch ist strafbar.

---

[1] § 19 III S. 2 Nr. 2 geänd. durch Ges. v. 26. 1. 1998 (BGBl. I S. 164).

III In besonders schweren Fällen ist die Strafe Freiheitsstrafe von sechs Monaten bis zu fünf Jahren. Ein besonders schwerer Fall liegt in der Regel vor, wenn der Täter durch die Tat

1. wenigstens fahrlässig die Gefahr eines schweren Nachteils für die Sicherheit der Bundesrepublik Deutschland oder die Schlagkraft der Truppe

oder

2. fahrlässig den Tod oder eine schwere Körperverletzung eines anderen (§ 226 des Strafgesetzbuches)

verursacht.

IV Die Vorschriften über den Versuch der Beteiligung nach § 30 Abs. 1 des Strafgesetzbuches gelten für Straftaten nach Absatz 1 entsprechend.

§ 20 Gehorsamsverweigerung

I Mit Freiheitsstrafe bis zu drei Jahren wird bestraft,

1. wer die Befolgung eines Befehls dadurch verweigert, dass er sich mit Wort oder Tat gegen ihn auflehnt, oder
2. wer darauf beharrt, einen Befehl nicht zu befolgen, nachdem dieser wiederholt worden ist.

II Verweigert der Täter in den Fällen des Absatzes 1 Nr. 1 den Gehorsam gegenüber einem Befehl, der nicht sofort auszuführen ist, befolgt er ihn aber rechtzeitig und freiwillig, so kann das Gericht von Strafe absehen.

§ 21 Leichtfertiges Nichtbefolgen eines Befehls

Wer leichtfertig einen Befehl nicht befolgt und dadurch wenigstens fahrlässig eine schwerwiegende Folge (§ 2 Nr. 3) verursacht, wird mit Freiheitsstrafe bis zu zwei Jahren bestraft.

§ 22 Verbindlichkeit des Befehls; Irrtum

I In den Fällen der §§ 19 bis 21 handelt der Untergebene nicht rechtswidrig, wenn der Befehl nicht verbindlich ist, insbesondere wenn er nicht zu dienstlichen Zwecken erteilt ist oder die Menschenwürde verletzt oder wenn durch das Befolgen eine Straftat begangen würde. Dies gilt auch, wenn der Untergebene irrig annimmt, der Befehl sei verbindlich.

II Befolgt ein Untergebener einen Befehl nicht, weil er irrig annimmt, dass durch die Ausführung eine Straftat begangen würde, so ist er nach den §§ 19 bis 21 nicht strafbar, wenn er den Irrtum nicht vermeiden konnte.

III Nimmt ein Untergebener irrig an, dass ein Befehl aus anderen Gründen nicht verbindlich ist, und befolgt er ihn deshalb nicht, so ist er nach den §§ 19 bis 21 nicht strafbar, wenn er den Irrtum nicht vermeiden konnte und ihm nach den ihm bekannten Umständen auch nicht zuzumuten war, sich mit Rechtsbehelfen gegen den vermeintlich nicht verbindlichen Befehl zu wehren; war ihm dies zuzumuten, so kann das Gericht von einer Bestrafung nach den §§ 19 bis 21 absehen.

§ 23 Bedrohung eines Vorgesetzten

Wer im Dienst oder in Beziehung auf eine Diensthandlung einen Vorgesetzten mit der Begehung einer Straftat bedroht, wird mit Freiheitsstrafe bis zu drei Jahren bestraft.

§ 24 Nötigung eines Vorgesetzten

I Wer es unternimmt, durch Gewalt oder Drohung einen Vorgesetzten zu nötigen, eine Diensthandlung vorzunehmen oder zu unterlassen, wird mit Freiheitsstrafe von drei Monaten bis zu drei Jahren bestraft.

II Ebenso wird bestraft, wer die Tat gegen einen Soldaten begeht, der zur Unterstützung des Vorgesetzten zugezogen worden ist.

III In minder schweren Fällen ist die Strafe Freiheitsstrafe bis zu zwei Jahren.

IV In besonders schweren Fällen ist die Strafe Freiheitsstrafe von sechs Monaten bis zu fünf Jahren. Ein besonders schwerer Fall liegt in der Regel vor, wenn der Täter durch die Tat eine schwerwiegende Folge (§ 2 Nr. 3) herbeiführt.

§ 25 Tätlicher Angriff gegen einen Vorgesetzten

I Wer es unternimmt, gegen einen Vorgesetzten tätlich zu werden, wird mit Freiheitsstrafe von drei Monaten bis zu drei Jahren bestraft.

II In minder schweren Fällen ist die Strafe Freiheitsstrafe bis zu zwei Jahren.

III In besonders schweren Fällen ist die Strafe Freiheitsstrafe von sechs Monaten bis zu fünf Jahren. Ein besonders schwerer Fall liegt in der Regel vor, wenn der Täter durch die Tat eine schwerwiegende Folge (§ 2 Nr. 3) herbeiführt.

§ 26 (weggefallen)

§ 27 Meuterei

I Wenn Soldaten sich zusammenrotten und mit vereinten Kräften eine Gehorsamsverweigerung (§ 20), eine Bedrohung (§ 23), eine Nötigung (§ 24) oder einen tätlichen Angriff (§ 25) begehen, so wird jeder, der sich an der Zusammenrottung beteiligt, mit Freiheitsstrafe von sechs Monaten bis zu fünf Jahren bestraft.

II Der Versuch ist strafbar.

III In besonders schweren Fällen ist die Strafe Freiheitsstrafe von einem Jahr bis zu zehn Jahren. Ein besonders schwerer Fall liegt in der Regel vor, wenn der Täter Rädelsführer ist oder durch die Tat eine schwerwiegende Folge (§ 2 Nr. 3) herbeiführt.

IV Wer sich nur an der Zusammenrottung beteiligt, jedoch freiwillig zur Ordnung zurückkehrt, bevor eine der in Absatz 1 bezeichneten Taten begangen wird, wird mit Freiheitsstrafe bis zu drei Jahren bestraft.

§ 28 Verabredung zur Unbotmäßigkeit

I Verabreden Soldaten, gemeinschaftlich eine Gehorsamsverweigerung (§ 20), eine Bedrohung (§ 23), eine Nötigung (§ 24), einen tätlichen Angriff (§ 25) oder eine Meuterei (§ 27) zu begehen, so werden sie nach den Vorschriften bestraft, die für die Begehung der Tat gelten. In den Fällen des § 27 kann die Strafe nach § 49 Abs. 1 des Strafgesetzbuches gemildert werden.

II Nach Absatz 1 wird nicht bestraft, wer nach der Verabredung freiwillig die Tat verhindert. Unterbleibt sie ohne sein Zutun oder wird sie unabhängig von seinem früheren Verhalten begangen, so genügt zu seiner Straflosigkeit sein freiwilliges und ernsthaftes Bemühen, die Tat zu verhindern.

§ 29 Taten gegen Soldaten mit höherem Dienstgrad

I Die §§ 23 bis 28 gelten entsprechend, wenn die Tat gegen einen Soldaten begangen wird, der zur Zeit der Tat nicht Vorgesetzter des Täters, aber

1. Offizier oder Unteroffizier ist und einen höheren Dienstgrad als der Täter hat oder
2. im Dienst dessen Vorgesetzter ist,

und der Täter oder der andere zur Zeit der Tat im Dienst ist oder die Tat sich auf eine Diensthandlung bezieht.

II In den Fällen des Absatzes 1 Nr. 1 ist § 4 nicht anzuwenden.

Dritter Abschnitt. Straftaten gegen die Pflichten der Vorgesetzten

§ 30 Misshandlung

I Wer einen Untergebenen körperlich misshandelt oder an der Gesundheit beschädigt, wird mit Freiheitsstrafe von drei Monaten bis zu fünf Jahren bestraft.

II Ebenso wird bestraft, wer es fördert oder pflichtwidrig duldet, dass ein Untergebener die Tat gegen einen anderen Soldaten begeht.

III In minder schweren Fällen ist die Strafe Freiheitsstrafe bis zu drei Jahren.

IV In besonders schweren Fällen ist die Strafe Freiheitsstrafe von sechs Monaten bis zu fünf Jahren. Ein besonders schwerer Fall liegt in der Regel vor, wenn der Täter sein Verhalten beharrlich wiederholt.

§ 31 Entwürdigende Behandlung

I Wer einen Untergebenen entwürdigend behandelt oder ihm böswillig den Dienst erschwert, wird mit Freiheitsstrafe bis zu fünf Jahren bestraft.

II Ebenso wird bestraft, wer es fördert oder pflichtwidrig duldet, dass ein Untergebener die Tat gegen einen anderen Soldaten begeht.

III In besonders schweren Fällen ist die Strafe Freiheitsstrafe von sechs Monaten bis zu fünf Jahren. Ein besonders schwerer Fall liegt in der Regel vor, wenn der Täter sein Verhalten beharrlich wiederholt.

§ 32 Missbrauch der Befehlsbefugnis zu unzulässigen Zwecken

Wer seine Befehlsbefugnis oder Dienststellung gegenüber einem Untergebenen zu Befehlen, Forderungen oder Zumutungen missbraucht, die nicht in Beziehung zum Dienst stehen oder dienstlichen Zwecken zuwiderlaufen, wird mit Freiheitsstrafe bis zu zwei Jahren bestraft, wenn die Tat nicht in anderen Vorschriften mit schwererer Strafe bedroht ist.

§ 33 Verleiten zu einer rechtswidrigen Tat

Wer durch Missbrauch seiner Befehlsbefugnis oder Dienststellung einen Untergebenen zu einer von diesem begangenen rechtswidrigen Tat bestimmt hat, die den Tatbestand eines Strafgesetzes verwirklicht, wird nach den Vorschriften bestraft, die für die Begehung der Tat gelten. Die Strafe kann bis auf das Doppelte der sonst zulässigen Höchststrafe, jedoch nicht über das gesetzliche Höchstmaß der angedrohten Strafe hinaus erhöht werden.

§ 34 Erfolgloses Verleiten zu einer rechtswidrigen Tat

I Wer durch Missbrauch seiner Befehlsbefugnis oder Dienststellung einen Untergebenen zu bestimmen versucht, eine rechtswidrige Tat, die den Tatbestand eines Strafgesetzes verwirklicht, zu begehen oder zu ihr anzustiften, wird nach den für die Begehung der Tat geltenden Vorschriften bestraft. Jedoch kann die Strafe nach § 49 Abs. 1 des Strafgesetzbuches gemildert werden.

II Nach Absatz 1 wird nicht bestraft, wer freiwillig den Versuch aufgibt, den Untergebenen zu bestimmen, und eine etwa bestehende Gefahr, dass der Untergebene die Tat begeht, abwendet. Unterbleibt die Tat ohne Zutun des Zurücktretenden oder wird sie unabhängig von seinem früheren Verhalten begangen, so genügt zu seiner Straflosigkeit sein freiwilliges und ernsthaftes Bemühen, die Tat zu verhindern.

§ 35 Unterdrücken von Beschwerden

I Wer einen Untergebenen durch Befehle, Drohungen, Versprechungen, Geschenke oder sonst auf pflichtwidrige Weise davon abhält, Eingaben, Meldungen oder Beschwerden bei der Volksvertretung der Bundesrepublik Deutschland oder eines ihrer Länder, bei dem Wehrbeauftragten des Bundestages, bei einer Dienststelle oder bei einem Vorgesetzten anzubringen, Anzeige zu erstatten oder von einem Rechtsbehelf Gebrauch zu machen, wird mit Freiheitsstrafe bis zu drei Jahren bestraft.

II Ebenso wird bestraft, wer eine solche Erklärung, zu deren Prüfung oder Weitergabe er dienstlich verpflichtet ist, unterdrückt.

III Der Versuch ist strafbar.

§ 36 Taten von Soldaten mit höherem Dienstgrad

I Die §§ 30 bis 35 gelten entsprechend für Taten eines Soldaten, der zur Zeit der Tat nicht Vorgesetzter des anderen, aber

1. Offizier oder Unteroffizier ist und einen höheren Dienstgrad als der andere hat oder

2. im Dienst dessen Vorgesetzter ist

und der bei der Tat seine Dienststellung missbraucht.

II In den Fällen des Absatzes 1 Nr. 1 ist § 4 nicht anzuwenden.

§ 37 Beeinflussung der Rechtspflege

Wer es unternimmt, durch Missbrauch seiner Befehlsbefugnis oder Dienststellung unzulässigen Einfluss auf Soldaten zu nehmen, die als Organe der Rechtspflege tätig sind, wird mit Freiheitsstrafe bis zu fünf Jahren bestraft, wenn die Tat nicht in anderen Vorschriften mit schwererer Strafe bedroht ist.

§ 38 Anmaßen von Befehlsbefugnissen[1]

Wer sich Befehlsbefugnis oder Disziplinarbefugnis anmaßt oder seine Befehlsbefugnis oder Disziplinarbefugnis überschreitet, wird mit Freiheitsstrafe bis zu zwei Jahren bestraft, wenn die Tat nicht in § 39 mit Strafe bedroht ist.

§ 39 Missbrauch der Disziplinarbefugnis[1]

Ein Disziplinarvorgesetzter, der absichtlich oder wissentlich

1. einen Untergebenen, der nach dem Gesetz nicht disziplinarrechtlich verfolgt werden darf, disziplinarrechtlich verfolgt oder auf eine solche Verfolgung hinwirkt,
2. zum Nachteil des Untergebenen eine Disziplinarmaßnahme verhängt, die nach Art oder Höhe im Gesetz nicht vorgesehen ist oder die er nicht verhängen darf, oder
3. ein Dienstvergehen mit unerlaubten Maßnahmen ahndet,

wird mit Freiheitsstrafe bis zu fünf Jahren bestraft.

§ 40 Unterlassene Mitwirkung bei Strafverfahren

Wer es seiner Pflicht als Vorgesetzter zuwider unterlässt,

1. den Verdacht zu melden oder zu untersuchen, dass ein Untergebener eine rechtswidrige Tat begangen hat, die den Tatbestand eines Strafgesetzes verwirklicht, oder
2. eine solche Sache an die Strafverfolgungsbehörde abzugeben,

um den Untergebenen der im Gesetz vorgesehenen Strafe oder Maßnahme (§ 11 Abs. 1 Nr. 8 des Strafgesetzbuches) zu entziehen, wird mit Freiheitsstrafe bis zu drei Jahren bestraft.

§ 41 Mangelhafte Dienstaufsicht

I Wer es unterlässt, Untergebene pflichtgemäß zu beaufsichtigen oder beaufsichtigen zu lassen, und dadurch wenigstens fahrlässig eine schwerwiegende Folge (§ 2 Nr. 3) verursacht, wird mit Freiheitsstrafe bis zu drei Jahren bestraft.

II Der Versuch ist strafbar.

III Wer die Aufsichtspflicht leichtfertig verletzt und dadurch wenigstens fahrlässig eine schwerwiegende Folge verursacht, wird mit Freiheitsstrafe bis zu sechs Monaten bestraft.

IV Die Absätze 1 bis 3 sind nicht anzuwenden, wenn die Tat in anderen Vorschriften mit schwererer Strafe bedroht ist.

Vierter Abschnitt. Straftaten gegen andere militärische Pflichten

§ 42 Unwahre dienstliche Meldung

I Wer

1. in einer dienstlichen Meldung oder Erklärung unwahre Angaben über Tatsachen von dienstlicher Bedeutung macht,
2. eine solche Meldung weitergibt, ohne sie pflichtgemäß zu berichtigen, oder
3. eine dienstliche Meldung unrichtig übermittelt

---

[1] § 38 und Überschrift § 39 geänd. durch Ges. v. 20. 12. 2001 (BGBl. I 4013).

und dadurch wenigstens fahrlässig eine schwerwiegende Folge (§ 2 Nr. 3) verursacht, wird mit Freiheitsstrafe bis zu drei Jahren bestraft.

II Der Versuch ist strafbar.

III Wer im Falle des Absatzes 1 leichtfertig handelt und die schwerwiegende Folge wenigstens fahrlässig verursacht, wird mit Freiheitsstrafe bis zu einem Jahr bestraft.

§ 43 Unterlassene Meldung

I Wer von dem Vorhaben oder der Ausführung einer Meuterei (§ 27) oder einer Sabotage (§ 109 e Abs. 1 des Strafgesetzbuches) zu einer Zeit, zu der die Ausführung oder der Erfolg noch abgewendet werden kann, glaubhaft erfährt und es unterläßt, unverzüglich Meldung zu machen, wird mit Freiheitsstrafe bis zu drei Jahren bestraft.

II § 139 des Strafgesetzbuches gilt entsprechend.

§ 44 Wachverfehlung

I Wer im Wachdienst

1. als Wachvorgesetzter es unterläßt, die Wache pflichtgemäß zu beaufsichtigen,
2. pflichtwidrig seinen Postenbereich oder Streifenweg verläßt oder
3. sich außerstande setzt, seinen Dienst zu versehen,

wird mit Freiheitsstrafe bis zu drei Jahren bestraft.

II Ebenso wird bestraft, wer im Wachdienst in anderen als den in Absatz 1 bezeichneten Fällen Befehle nicht befolgt, die für den Wachdienst gelten, und dadurch wenigstens fahrlässig eine schwerwiegende Folge (§ 2 Nr. 3) verursacht.

III Der Versuch ist strafbar.

IV In besonders schweren Fällen ist die Strafe Freiheitsstrafe von sechs Monaten bis zu fünf Jahren. § 19 Abs. 3 Satz 2 gilt entsprechend.

V Wer in den Fällen der Absätze 1 oder 2 fahrlässig handelt und dadurch wenigstens fahrlässig eine schwerwiegende Folge verursacht (§ 2 Nr. 3) wird mit Freiheitsstrafe bis zu zwei Jahren bestraft.

VI Wird ein Befehl nicht befolgt (Absatz 2), so gelten § 22 sowie die Vorschriften über den Versuch der Beteiligung nach § 30 Abs. 1 des Strafgesetzbuches entsprechend.

§ 45 Pflichtverletzung bei Sonderaufträgen

Nach § 44 Abs. 1, 3 bis 6 wird auch bestraft, wer als Führer eines Kommandos oder einer Abteilung, der einen Sonderauftrag selbständig auszuführen hat und auf seine erhöhte Verantwortung hingewiesen worden ist,

1. sich außerstande setzt, den Auftrag pflichtgemäß zu erfüllen,
2. seinen Posten verläßt oder
3. Befehle nicht befolgt, die für die Ausführung des Auftrags gelten,

und dadurch wenigstens fahrlässig eine schwerwiegende Folge (§ 2 Nr. 3) verursacht.

§ 46 Rechtswidriger Waffengebrauch

Wer von der Waffe einen rechtswidrigen Gebrauch macht, wird mit Freiheitsstrafe bis zu einem Jahr bestraft, wenn die Tat nicht in anderen Vorschriften mit schwererer Strafe bedroht ist.

§ 47 (weggefallen)

§ 48 Verletzung anderer Dienstpflichten[1]

I Für die Anwendung der Vorschriften des Strafgesetzbuches über
Gefangenenbefreiung (§ 120 Abs. 2),
Verletzung der Vertraulichkeit des Wortes (§ 201 Abs. 3),
Verletzung von Privatgeheimnissen (§ 203 Abs. 2, 4, 5, §§ 204, 205),

[1] § 48 I geänd. und II neugef. durch G v. 21. 12. 1979 (BGBl. I 2326), I, II geänd. durch G v. 13. 8. 1997 (BGBl. I 2038), I geänd. durch G v. 17. 12. 1997 (BGBl. I 3108).

Verletzung des Post- oder Fernmeldegeheimnisses (§ 206 Abs. 4),
Vorteilsannahme und Bestechlichkeit (§§ 331, 332, 335 Abs. 1 Nr. 1 Buchstabe a, Abs. 2, § 336),
Körperverletzung im Amt (§ 340),
Aussageerpressung (§ 343),
Vollstreckung gegen Unschuldige (§ 345),
Falschbeurkundung im Amt (§ 348) und
Verletzung des Dienstgeheimnisses (§ 353 b Abs. 1)

stehen Offiziere und Unteroffiziere den Amtsträgern und ihr Wehrdienst dem Amte gleich.

II Für die Anwendung der Vorschriften des Strafgesetzbuches über Gefangenenbefreiung (§ 120 Abs. 2), *Bestechlichkeit (§§ 332, 335 Abs. 1 Nr. 1 Buchstabe a, Abs. 2, § 336)*, Falschbeurkundung im Amt (§ 348) und Verletzung des Dienstgeheimnisses (§ 353 b Abs. 1) stehen auch Mannschaften den Amtsträgern und ihr Wehrdienst dem Amte gleich.

17. Aufenthaltsgesetz (AufenthG)

Gesetz über den Aufenthalt, die Erwerbstätigkeit und die Integration von Ausländern im Bundesgebiet (Aufenthaltsgesetz – AufenthG) vom 30. 7. 2004 (BGBl. I 1950; III 26–12); verkündet als Art. 1 Zuwanderungsgesetz vom 30. 7. 2004 (BGBl. I 1950); letztes ÄndG v. 19. 8. 2007 (BGBl. I 1970).

(Auszug)

§ 4 Erfordernis eines Aufenthaltstitels

I Ausländer bedürfen für die Einreise und den Aufenthalt im Bundesgebiet eines Aufenthaltstitels, sofern nicht durch Recht der Europäischen Union oder durch Rechtsverordnung etwas anderes bestimmt ist oder auf Grund des Abkommens vom 12. September 1963 zur Gründung einer Assoziation zwischen der Europäischen Wirtschaftsgemeinschaft und der Türkei (BGBl. 1964 II S. 509) (Assoziationsabkommen EWG/Türkei) ein Aufenthaltsrecht besteht. Die Aufenthaltstitel werden erteilt als

1. Visum (§ 6),
2. Aufenthaltserlaubnis (§ 7) oder
3. Niederlassungserlaubnis (§ 9).

II (…)

§ 13 Grenzübertritt

I Die Einreise in das Bundesgebiet und die Ausreise aus dem Bundesgebiet sind nur an den zugelassenen Grenzübergangsstellen und innerhalb der festgesetzten Verkehrsstunden zulässig, soweit nicht auf Grund anderer Rechtsvorschriften oder zwischenstaatlicher Vereinbarungen Ausnahmen zugelassen sind. Ausländer sind verpflichtet, bei der Einreise und der Ausreise einen anerkannten und gültigen Pass oder Passersatz gemäß § 3 Abs. 1 mitzuführen und sich der polizeilichen Kontrolle des grenzüberschreitenden Verkehrs zu unterziehen.

II An einer zugelassenen Grenzübergangsstelle ist ein Ausländer erst eingereist, wenn er die Grenze überschritten und die Grenzübergangsstelle passiert hat. Lassen die mit der polizeilichen Kontrolle des grenzüberschreitenden Verkehrs beauftragten Behörden einen Ausländer vor der Entscheidung über die Zurückweisung (§ 15 dieses Gesetzes, §§ 18, 18 a des Asylverfahrensgesetzes) oder während der Vorbereitung, Sicherung oder Durchführung dieser Maßnahme die Grenzübergangsstelle zu einem bestimmten vorübergehenden Zweck passieren, so liegt keine Einreise im Sinne des Satzes 1 vor, solange ihnen eine Kontrolle des Aufenthalts des Ausländers möglich bleibt. Im Übrigen ist ein Ausländer eingereist, wenn er die Grenze überschritten hat.

§ 50 Ausreisepflicht

I Ein Ausländer ist zur Ausreise verpflichtet, wenn er einen erforderlichen Aufenthaltstitel nicht oder nicht mehr besitzt und ein Aufenthaltsrecht nach dem Assoziationsabkommen EWG/Türkei nicht oder nicht mehr besteht.

II (…)

§ 53 Zwingende Ausweisung

I Ein Ausländer wird ausgewiesen, wenn er

1. wegen einer oder mehrerer vorsätzlicher Straftaten rechtskräftig zu einer Freiheits- oder Jugendstrafe von mindestens drei Jahren verurteilt worden ist oder wegen vorsätzlicher Straftaten innerhalb von fünf Jahren zu mehreren Freiheits- oder Jugendstrafen von zusammen mindestens drei Jahren rechtskräftig verurteilt oder bei der letzten rechtskräftigen Verurteilung Sicherungsverwahrung angeordnet worden ist,
2. wegen einer vorsätzlichen Straftat nach dem Betäubungsmittelgesetz, wegen Landfriedensbruches unter den in § 125 a Satz 2 des Strafgesetzbuches genannten Voraussetzungen oder wegen eines im Rahmen einer verbotenen öffentlichen Versammlung oder eines verbotenen Aufzugs begangenen Landfriedensbruches gemäß § 125 des Strafgesetzbuches rechtskräftig zu einer Jugendstrafe von mindestens zwei Jahren oder zu einer Freiheitsstrafe verurteilt und die Vollstreckung der Strafe nicht zur Bewährung ausgesetzt worden ist oder
3. wegen Einschleusens von Ausländern gemäß § 96 oder § 97 rechtskräftig zu einer Freiheitsstrafe verurteilt und die Vollstreckung der Strafe nicht zur Bewährung ausgesetzt worden ist.

II Ein Ausländer wird in der Regel ausgewiesen, wenn

1. er wegen einer oder mehrerer vorsätzlicher Straftaten rechtskräftig zu einer Jugendstrafe von mindestens zwei Jahren oder zu einer Freiheitsstrafe verurteilt und die Vollstreckung der Strafe nicht zur Bewährung ausgesetzt worden ist,
2. er wegen Einschleusens von Ausländern gemäß § 96 oder § 97 rechtskräftig verurteilt ist,
3. er den Vorschriften des Betäubungsmittelgesetzes zuwider ohne Erlaubnis Betäubungsmittel anbaut, herstellt, einführt, durchführt oder ausführt, veräußert, an einen anderen abgibt oder in sonstiger Weise in Verkehr bringt oder mit ihnen handelt oder wenn er zu einer solchen Handlung anstiftet oder Beihilfe leistet,
4. er sich im Rahmen einer verbotenen oder aufgelösten öffentlichen Versammlung oder eines verbotenen oder aufgelösten Aufzugs an Gewalttätigkeiten gegen Menschen oder Sachen, die aus einer Menschenmenge in einer die öffentliche Sicherheit gefährdenden Weise mit vereinten Kräften begangen werden, als Täter oder Teilnehmer beteiligt,
5. Tatsachen die Schlussfolgerung rechtfertigen, dass er einer Vereinigung angehört oder angehört hat, die den Terrorismus unterstützt, oder er eine derartige Vereinigung unterstützt oder unterstützt hat; auf zurückliegende Mitgliedschaften oder Unterstützungshandlungen kann die Ausweisung nur gestützt werden, soweit diese eine gegenwärtige Gefährlichkeit begründen,

5 a. er die freiheitliche demokratische Grundordnung oder die Sicherheit der Bundesrepublik Deutschland gefährdet oder sich bei der Verfolgung politischer Ziele an Gewalttätigkeiten beteiligt oder öffentlich zur Gewaltanwendung aufruft oder mit Gewaltanwendung droht,

6. er in einer Befragung, die der Klärung von Bedenken gegen die Einreise oder den weiteren Aufenthalt dient, der deutschen Auslandsvertretung oder der Ausländerbehörde gegenüber frühere Aufenthalte in Deutschland oder anderen Staaten verheimlicht oder in wesentlichen Punkten falsche oder unvollständige Angaben über Verbindungen zu Personen oder Organisationen macht, die der Unterstützung des *internationalen* Terrorismus verdächtig sind; die Ausweisung auf dieser Grundlage ist nur zulässig, wenn der Ausländer vor der Befragung ausdrücklich auf den sicherheitsrechtlichen Zweck der Befragung und die Rechtsfolgen falscher oder unvollständiger Angaben hingewiesen wurde; oder

7. er zu den Leitern eines Vereins gehörte, der unanfechtbar verboten wurde, weil seine Zwecke oder seine Tätigkeit den Strafgesetzen zuwiderlaufen oder er sich gegen die verfassungsmäßige Ordnung oder den Gedanken der Völkerverständigung richtet.

§ 56 Besonderer Ausweisungsschutz

I Ein Ausländer, der

1. eine Niederlassungserlaubnis besitzt und sich seit mindestens fünf Jahren rechtmäßig im Bundesgebiet aufgehalten hat,

1 a. eine Erlaubnis zum Daueraufenthalt-EG besitzt,

2. eine Aufenthaltserlaubnis besitzt und im Bundesgebiet geboren oder als Minderjähriger in das Bundesgebiet eingereist ist und sich mindestens fünf Jahre rechtmäßig im Bundesgebiet aufgehalten hat,
3. eine Aufenthaltserlaubnis besitzt, sich mindestens fünf Jahre rechtmäßig im Bundesgebiet aufgehalten hat und mit einem der in den Nummern 1 bis 2 bezeichneten Ausländer in ehelicher oder lebenspartnerschaftlicher Lebensgemeinschaft lebt,
4. mit einem deutschen Familienangehörigen oder Lebenspartner in familiärer oder lebenspartnerschaftlicher Lebensgemeinschaft lebt,
5. als Asylberechtigter anerkannt ist, im Bundesgebiet die Rechtsstellung eines ausländischen Flüchtlings genießt oder einen von einer Behörde der Bundesrepublik Deutschland ausgestellten Reiseausweis nach dem Abkommen vom 28. Juli 1951 über die Rechtsstellung der Flüchtlinge (BGBl. 1953 II S. 559) besitzt,

genießt besonderen Ausweisungsschutz. Er wird nur aus schwerwiegenden Gründen der öffentlichen Sicherheit und Ordnung ausgewiesen. Schwerwiegende Gründe der öffentlichen Sicherheit und Ordnung liegen in der Regel in den Fällen der §§ 53 und 54 Nr. 5, 5 a und 7 vor. Liegen die Voraussetzungen des § 53 vor, so wird der Ausländer in der Regel ausgewiesen. Liegen die Voraussetzungen des § 54 vor, so wird über seine Ausweisung nach Ermessen entschieden.

II Über die Ausweisung eines Heranwachsenden, der im Bundesgebiet aufgewachsen ist und eine Niederlassungserlaubnis besitzt, sowie über die Ausweisung eines Minderjährigen, der eine Aufenthaltserlaubnis oder Niederlassungserlaubnis besitzt, wird in den Fällen der §§ 53 und 54 nach Ermessen entschieden. Soweit die Eltern oder der allein personensorgeberechtigte Elternteil des Minderjährigen sich rechtmäßig im Bundesgebiet aufhalten, wird der Minderjährige nur in den Fällen des § 53 ausgewiesen; über die Ausweisung wird nach Ermessen entschieden. Der Satz 1 ist nicht anzuwenden, wenn der Heranwachsende wegen serienmäßiger Begehung nicht unerheblicher vorsätzlicher Straftaten, wegen schwerer Straftaten oder einer besonders schweren Straftat rechtskräftig verurteilt worden ist.

III Ein Ausländer, der eine Aufenthaltserlaubnis nach § 24 oder § 29 Abs. 4 besitzt, kann nur unter den Voraussetzungen des § 24 Abs. 2 ausgewiesen werden.

IV Ein Ausländer, der einen Asylantrag gestellt hat, kann nur unter der Bedingung ausgewiesen werden, dass das Asylverfahren unanfechtbar ohne Anerkennung als Asylberechtigter oder ohne die Feststellung eines Abschiebungsverbots nach § 60 Abs. 1 abgeschlossen wird. Von der Bedingung wird abgesehen, wenn

1. ein Sachverhalt vorliegt, der nach Absatz 1 eine Ausweisung rechtfertigt, oder
2. eine nach den Vorschriften des Asylverfahrensgesetzes erlassene Abschiebungsandrohung vollziehbar geworden ist.

§ 95 Strafvorschriften

I Mit Freiheitsstrafe bis zu einem Jahr oder mit Geldstrafe wird bestraft, wer

1. entgegen § 3 Abs. 1 in Verbindung mit § 48 Abs. 2 sich im Bundesgebiet aufhält,
2. ohne erforderlichen Aufenthaltstitel nach § 4 Abs. 1 Satz 1 sich im Bundesgebiet aufhält, vollziehbar ausreisepflichtig ist und dessen Abschiebung nicht ausgesetzt ist,
3. entgegen § 14 Abs. 1 Nr. 1 oder 2 in das Bundesgebiet einreist,
4. einer vollziehbaren Anordnung nach § 46 Abs. 2 Satz 1 oder 2 oder § 47 Abs. 1 Satz 2 oder Abs. 2 zuwiderhandelt,

5. entgegen § 49 Abs. 1 eine Angabe nicht, nicht richtig oder nicht vollständig macht, sofern die Tat nicht in Absatz 2 Nr. 2 mit Strafe bedroht ist,
6. entgegen § 49 Abs. 8 eine dort genannte Maßnahme nicht duldet,
6a. entgegen § 54a wiederholt einer Meldepflicht nicht nachkommt, wiederholt gegen räumliche Beschränkungen des Aufenthalts oder sonstige Auflagen verstößt oder trotz wiederholten Hinweises auf die rechtlichen Folgen einer Weigerung der Verpflichtung zur Wohnsitznahme nicht nachkommt oder entgegen § 54a Abs. 4 bestimmte Kommunikationsmittel nutzt,
7. wiederholt einer räumlichen Beschränkung nach § 61 Abs. 1 zuwiderhandelt oder
8. im Bundesgebiet einer überwiegend aus Ausländern bestehenden Vereinigung oder Gruppe angehört, deren Bestehen, Zielsetzung oder Tätigkeit vor den Behörden geheim gehalten wird, um ihr Verbot abzuwenden.

II Mit Freiheitsstrafe bis zu drei Jahren oder mit Geldstrafe wird bestraft, wer
1. entgegen § 11 Abs. 1 Satz 1
   a) in das Bundesgebiet einreist oder
   b) sich darin aufhält oder
2. unrichtige oder unvollständige Angaben macht oder benutzt, um für sich oder einen anderen einen Aufenthaltstitel zu beschaffen oder einen so beschafften Aufenthaltstitel wissentlich zur Täuschung im Rechtsverkehr gebraucht.

III In den Fällen des Absatzes 1 Nr. 3 und des Absatzes 2 Nr. 1 Buchstabe a ist der Versuch strafbar.

IV Gegenstände, auf die sich eine Straftat nach Absatz 2 Nr. 2 bezieht, können eingezogen werden.

V Artikel 31 Abs. 1 des Abkommens über die Rechtsstellung der Flüchtlinge bleibt unberührt.

§ 96 Einschleusen von Ausländern

I Mit Freiheitsstrafe bis zu fünf Jahren oder mit Geldstrafe wird bestraft, wer einen anderen anstiftet oder ihm dazu Hilfe leistet, eine Handlung
1. nach § 95 Abs. 1 Nr. 3 oder Abs. 2 Nr. 1 Buchstabe a zu begehen und
   a) dafür einen Vermögensvorteil erhält oder sich versprechen lässt oder
   b) wiederholt oder zugunsten von mehreren Ausländern handelt oder
2. nach § 95 Abs. 1 Nr. 1 oder Nr. 2 Abs. 1a oder Abs. 2 Nr. 1 Buchstabe b oder Nr. 2 zu begehen und dafür einen Vermögensvorteil erhält oder sich versprechen lässt.

II Mit Freiheitsstrafe von sechs Monaten bis zu zehn Jahren wird bestraft, wer in den Fällen des Absatzes 1
1. gewerbsmäßig handelt,
2. als Mitglied einer Bande, die sich zur fortgesetzten Begehung solcher Taten verbunden hat, handelt,
3. eine Schusswaffe bei sich führt, wenn sich die Tat auf eine Handlung nach § 95 Abs. 1 Nr. 3 oder Abs. 2 Nr. 1 Buchstabe a bezieht,
4. eine andere Waffe bei sich führt, um diese bei der Tat zu verwenden, wenn sich die Tat auf eine Handlung nach § 95 Abs. 1 Nr. 3 oder Abs. 2 Nr. 1 Buchstabe a bezieht, oder
5. den Geschleusten einer das Leben gefährdenden, unmenschlichen oder erniedrigenden Behandlung oder der Gefahr einer schweren Gesundheitsschädigung aussetzt.

III Der Versuch ist strafbar.

IV Absatz 1 Nr. 1 Buchstabe a, Nr. 2, *Absatz* 2 Nr. 1, 2 und 5 und Absatz 3 sind auf *Zuwiderhandlungen* gegen Rechtsvorschriften über die Einreise und den Aufenthalt von Ausländern in das Hoheitsgebiet der Mitgliedsstaaten der Europäischen Union sowie in das Hoheitsgebiet der Republik Island und des Königreichs Norwegen anzuwenden, wenn

1. sie den in § 95 Abs. 1 Nr. 2 oder 3 oder Abs. 2 Nr. 1 bezeichneten Handlungen entsprechen und
2. der Täter einen Ausländer unterstützt, der nicht die Staatsangehörigkeit eines Mitgliedstaates der Europäischen Union oder eines anderen Vertragsstaates des Abkommens über den Europäischen Wirtschaftsraum besitzt.

V In den Fällen des Absatzes 2 Nr. 1, auch in Verbindung mit Absatz 4 und des Absatzes 2 Nr. 2 bis 5 ist § 73 d des Strafgesetzbuches anzuwenden.

§ 97 Einschleusen mit Todesfolge; gewerbs- und bandenmäßiges Einschleusen

I Mit Freiheitsstrafe nicht unter drei Jahren wird bestraft, wer in den Fällen des § 96 Abs. 1, auch in Verbindung mit § 96 Abs. 4, den Tod des Geschleusten verursacht.

II Mit Freiheitsstrafe von einem Jahr bis zu zehn Jahren wird bestraft, wer in den Fällen des § 96 Abs. 1, auch in Verbindung mit § 96 Abs. 4, als Mitglied einer Bande, die sich zur fortgesetzten Begehung solcher Taten verbunden hat, gewerbsmäßig handelt.

III In minder schweren Fällen des Absatzes 1 ist die Strafe Freiheitsstrafe von einem Jahr bis zu zehn Jahren, in minder schweren Fällen des Absatzes 2 Freiheitsstrafe von sechs Monaten bis zu zehn Jahren.

IV § 73 d des Strafgesetzbuches ist anzuwenden.

§ 98 Bußgeldvorschriften

(…)

18. Gesetz über die allgemeine Freizügigkeit von Unionsbürgern (Freizügigkeitsgesetz/EU – FreizügG/EU)

Das Gesetz über die allgemeine Freizügigkeit von Unionsbürgern wurde als Art. 2 des ZuwanderungsG v. 30. 7. 2004 verkündet (BGBl. I S. 1950; III 26–13). Letztes ÄndG v. 19. 8. 2007 (BGBl I 1970).

§ 1 Anwendungsbereich

Dieses Gesetz regelt die Einreise und den Aufenthalt von Staatsangehörigen anderer Mitgliedstaaten der Europäischen Union (Unionsbürger) und ihrer Familienangehörigen.

§ 2 Recht auf Einreise und Aufenthalt

I Freizügigkeitsberechtigte Unionsbürger und ihre Familienangehörigen haben das Recht auf Einreise und Aufenthalt nach Maßgabe dieses Gesetzes.

II Gemeinschaftsrechtlich freizügigkeitsberechtigt sind:

1. Unionsbürger, die sich als Arbeitnehmer, zur Arbeitsuche oder zur Berufsausbildung aufhalten wollen,
2. Unionsbürger, wenn sie zur Ausübung einer selbständigen Erwerbstätigkeit berechtigt sind (niedergelassene selbständige Erwerbstätige),
3. Unionsbürger, die, ohne sich niederzulassen, als selbständige Erwerbstätige Dienstleistungen im Sinne des Artikels 50 des Vertrages zur Gründung der Europäischen Gemeinschaft erbringen wollen (Erbringen von Dienstleistungen), wenn sie zur Erbringung der Dienstleistung berechtigt sind,
4. Unionsbürger als Empfanger von Dienstleistungen,
5. nicht erwerbstätige Unionsbürger unter den Voraussetzungen des § 4,
6. Familienangehörige unter den Voraussetzungen der §§ 3 und 4,
7. Unionsbürger und ihre Familienangehörigen, die ein Daueraufenthaltsrecht erworben haben.

III …

IV Unionsbürger bedürfen für die Einreise keines Visums und für den Aufenthalt keines Aufenthaltstitels. Familienangehörige, die nicht Unionsbürger sind, bedürfen für die Einreise eines Visums nach den Bestimmungen für Ausländer, für die das Aufenthaltsgesetz gilt.

V Unionsbürger, ihre Ehegatten oder Lebenspartner und ihre unterhaltsberechtigten Kinder, die sich seit fünf Jahren ständig rechtmäßig im Bundesgebiet aufgehalten haben, haben unabhängig vom weiteren Vorliegen der Freizügigkeitsvoraussetzungen das Recht auf Einreise und Aufenthalt. Für Kinder unter 16 Jahren gilt dies nur, wenn ein Erziehungsberechtigter sich rechtmäßig im Bundesgebiet aufhält.

VI ...

§ 3 Familienangehörige

(...)

§ 4 Nicht erwerbstätige Freizügigkeitsberechtigte

(...)

§ 4 a Daueraufenthaltsrecht

(...)

§ 5 Bescheinigungen über gemeinschaftsrechtliche Aufenthaltsrechte, Aufenthaltskarten

(...)

§ 6 Verlust des Rechts auf Einreise und Aufenthalt

(...)

§ 7 Ausreisepflicht

I Unionsbürger sind ausreisepflichtig, wenn die Ausländerbehörde festgestellt hat, dass das Recht auf Einreise und Aufenthalt nicht besteht. Familienangehörige, die nicht Unionsbürger sind, sind ausreisepflichtig, wenn die Ausländerbehörde die Aufenthaltskarte oder Daueraufenthaltskarte widerrufen oder zurückgenommen hat. In dem Bescheid soll die Abschiebung angedroht und eine Ausreisefrist gesetzt werden. Außer in dringenden Fällen muss die Frist mindestens einen Monat betragen. Wird ein Antrag nach § 80 Abs. 5 der Verwaltungsgerichtsordnung gestellt, darf die Abschiebung nicht erfolgen, bevor über den Antrag entschieden wurde.

II Unionsbürger und ihre Familienangehörigen, die ihr Freizügigkeitsrecht nach § 6 Abs. 1 verloren haben, dürfen nicht erneut in das Bundesgebiet einreisen und sich darin aufhalten. Das Verbot nach Satz 1 wird auf Antrag befristet. Die Frist beginnt mit der Ausreise. Ein nach angemessener Frist oder nach drei Jahren gestellter Antrag auf Aufhebung ist innerhalb von sechs Monaten zu bescheiden.

§ 9 Strafvorschriften

Mit Freiheitsstrafe bis zu einem Jahr oder mit Geldstrafe wird bestraft, wer entgegen § 7 Abs. 2 Satz 1 in das Bundesgebiet einreist oder sich darin aufhält.

§ 11 Anwendung des Aufenthaltsgesetzes

I Auf Unionsbürger und ihre Familienangehörigen, die nach § 2 Abs. 1 oder Abs. 5 das Recht auf Einreise und Aufenthalt haben, finden (...) die §§ (...) 96, 97 (...) des Aufenthaltsgesetzes entsprechende Anwendung. (...)

II – III ...

§ 12 *Staatsangehörige der EWR-Staaten*

Dieses Gesetz gilt auch für Staatsangehörige der EWR-Staaten und ihre Familienangehörigen im Sinne dieses Gesetzes.

(...)

19. und 20. *(nicht belegt)*

21. Gesetz zu dem Protokoll vom 27. September 1996 zum Übereinkommen über den Schutz der finanziellen Interessen der Europäischen Gemeinschaften (EU-Bestechungsgesetz – EUBestG)

Vom 10. September 1998 (BGBl. II 2340; III 188–88), letztes ÄndG v. 21. 7. 2004 (BGBl. I 1763)

(Auszug)

Der GesE der BReg eines … StÄG (Zweites KorruptionsbekämpfungsG, BR-Drs. 548/07; vgl. unten Anhang Nr. 23b) v. 10. 8. 2007 sieht in Art. 2 eine Aufhebung von Art. 2 und 3 des EU-BestG vor.

Art. 2 Durchführungsbestimmungen

§ 1 Gleichstellung von ausländischen mit inländischen Amtsträgern bei Bestechungshandlungen[1]

I Für die Anwendung der §§ 332, 334 bis 336, 338 des Strafgesetzbuches auf eine Bestechungshandlung für eine künftige richterliche Handlung oder Diensthandlung stehen gleich:

1. einem Richter:

a) ein Richter eines anderen Mitgliedstaats der Europäischen Union;

b) ein Mitglied eines Gerichts der Europäischen Gemeinschaften;

2. einem sonstigen Amtsträger:

a) ein Amtsträger eines anderen Mitgliedstaats der Europäischen Union, soweit seine Stellung einem Amtsträger im Sinne des § 11 Abs. 1 Nr. 2 des Strafgesetzbuches entspricht;

b) ein Gemeinschaftsbeamter im Sinne des Artikels 1 des Protokolls vom 27. September 1996 zum Übereinkommen über den Schutz der finanziellen Interessen der Europäischen Gemeinschaften;

c) ein Mitglied der Kommission und des Rechnungshofes der Europäischen Gemeinschaften.

II Für die Anwendung von

1. § 263 Abs 3 Satz 2 Nr. 4 und § 264 Abs. 2 Satz 2 Nr. 2 und 3 des Strafgesetzbuches und

2. § 370 Abs. 3 Satz 2 Nr. 2 und 3 der Abgabenordnung, auch in Verbindung mit § 12 Abs. 1 Satz 1 des Gesetzes zur Durchführung der Gemeinsamen Marktorganisationen und der Direktzahlungen,

steht einem Amtsträger ein in Absatz 1 Nr. 2 Buchstabe b bezeichneter Gemeinschaftsbeamter und ein Mitglied der Kommission der Europäischen Gemeinschaften gleich.

§ 2 Auslandstaten

Die §§ 332, 334 bis 336 des Strafgesetzbuches, auch in Verbindung mit § 1 Abs. 1, gelten unabhängig vom Recht des Tatorts auch für eine Tat, die im Ausland begangen wird, wenn

1. der Täter

a) zur Zeit der Tat Deutscher ist oder

b) Ausländer ist, der

aa) als Amtsträger im Sinne des § 11 Abs. 1 Nr. 2 des Strafgesetzbuches oder

bb) als Gemeinschaftsbeamter im Sinne des § 1 Abs. 1 Nr. 2 Buchstabe b, der einer gemäß den Verträgen zur Gründung der Europäischen Gemeinschaften geschaffenen Einrichtung mit Sitz im Inland angehört,

die Tat begeht, oder

---

[1] Art. 2 § 1 Abs. 2 Nr. 2 geänd. durch Art. 6 Abs. 1 G v. 21. 7. 2004 (BGBl. I 1763)

2. *die Tat gegenüber einem Richter, einem sonstigen Amtsträger oder einer nach § 1 Abs. 1 gleichgestellten Person, soweit sie Deutsche sind, begangen wird.*

Art. 3 Anwendung des § 261 des Strafgesetzbuches[1]

§ 261 Abs. 1 Satz 2 Nr. 1 und 2 Buchstabe a des Strafgesetzbuches ist auch in Verbindung mit Artikel 2 § 1 Abs. 1 anzuwenden.

22. Gesetz zu dem Übereinkommen vom 17. Dezember 1997 über die Bekämpfung der Bestechung ausländischer Amtsträger im internationalen Geschäftsverkehr (Gesetz zur Bekämpfung internationaler Bestechung – IntBestG)

Vom 10. September 1998 (BGBl. II 2327; III 450–28)

(Auszug)

Der GesE der BReg eines ...StÄG (Zweites KorruptionsbekämpfungsG, BR-Drs. 548/07; vgl. unten Anhang Nr. 23b) v. 10. 8. 2007 sieht in Art. 5 eine Aufhebung von Art. 2 §§ 1 und 4 des IntBestG sowie eine Änderung von § 3 vor.

Art. 2 Durchführungsbestimmungen

§ 1 Gleichstellung von ausländischen mit inländischen Amtsträgern bei Bestechungshandlungen

Für die Anwendung des § 334 des Strafgesetzbuches, auch in Verbindung mit dessen §§ 335, 336, 338 Abs. 2, auf eine Bestechung, die sich auf eine künftige richterliche Handlung oder Diensthandlung bezieht und die begangen wird, um sich oder einem Dritten einen Auftrag oder einen unbilligen Vorteil im internationalen geschäftlichen Verkehr zu verschaffen oder zu sichern, stehen gleich:

1. *einem Richter:*
   a) *ein Richter eines ausländischen Staates,*
   b) *ein Richter eines internationalen Gerichts;*
2. *einem sonstigen Amtsträger:*
   a) *ein Amtsträger eines ausländischen Staates,*
   b) *eine Person, die beauftragt ist, bei einer oder für eine Behörde eines ausländischen Staates, für ein öffentliches Unternehmen mit Sitz im Ausland oder sonst öffentliche Aufgaben für einen ausländischen Staat wahrzunehmen,*
   c) *ein Amtsträger und ein sonstiger Bediensteter einer internationalen Organisation und eine mit der Wahrnehmung ihrer Aufgaben beauftragte Person;*
3. *einem Soldaten der Bundeswehr:*
   a) *ein Soldat eines ausländischen Staates,*
   b) *ein Soldat, der beauftragt ist, Aufgaben einer internationalen Organisation wahrzunehmen.*

§ 2 Bestechung ausländischer Abgeordneter im Zusammenhang mit internationalem geschäftlichen Verkehr

I Wer in der Absicht, sich oder einem Dritten einen Auftrag oder einen unbilligen Vorteil im internationalen geschäftlichen Verkehr zu verschaffen oder zu sichern, einem Mitglied eines Gesetzgebungsorgans eines ausländischen Staates oder einem Mitglied einer parlamentarischen Versammlung einer internationalen Organisation einen Vorteil für dieses oder einen Dritten als Gegenleistung dafür anbietet, verspricht oder gewährt, dass es eine mit seinem Mandat oder seinen Aufgaben zusammenhängende Handlung

[1] Art. 3 neugef. durch Ges. v. 22. 8. 2002 (BGBl. I 3387).

oder Unterlassung künftig vornimmt, wird mit Freiheitsstrafe bis zu fünf Jahren oder mit Geldstrafe bestraft.

II Der Versuch ist strafbar.

§ 3 Auslandstaten

Das deutsche Strafrecht gilt, unabhängig vom Recht des Tatorts, für folgende Taten, die von einem Deutschen im Ausland begangen werden:

1. Bestechung ausländischer Amtsträger im Zusammenhang mit internationalem geschäftlichen Verkehr (§§ 334 bis 336 des Strafgesetzbuches in Verbindung mit § 1);
2. Bestechung ausländischer Abgeordneter im Zusammenhang mit internationalem geschäftlichen Verkehr (§ 2).

Fassung GesE Zweites KorrBekG (unten Nr. 23 b):

§ 3 Auslandstaten

Das deutsche Strafrecht gilt, unabhängig vom Recht des Tatorts, für die Bestechung ausländischer Abgeordneter im Zusammenhang mit internationalem Verkehr (§ 2), wenn die Tat von einem Deutschen im Ausland begangen wird.

§ 4 Anwendung des § 261 des Strafgesetzbuches

In den Fällen des § 261 Abs. 1 Satz 2 Nr. 2 Buchstabe a des Strafgesetzbuches ist § 334 des Strafgesetzbuches auch in Verbindung mit § 1 anzuwenden.

23. Aktuelle Entwürfe

Das Gesetzgebungsverfahren zu den folgenden Gesetzentwürfen war zum Zeitpunkt des Redaktionsschlusses der 55. Auflage noch nicht abgeschlossen. Im Hinblick auf die Bedeutung der vorgeschlagenen Gesetzes-Änderungen und auf die Realisierungschancen der Gesetzesvorhaben sind unter den Nummern 23 a bis 23 c jeweils die in den GesE der BReg vorgeschlagenen Änderungen in Vorschriften des StGB eingefügt. Die Änderungen sind durch Kursivdruck hervorgehoben.

23 a) Entwurf der Bundesregierung eines Gesetzes zur Umsetzung des Rahmenbeschlusses des Rates der Europäischen Union zur Bekämpfung der sexuellen Ausbeutung von Kindern und der Kinderpornographie (16. 11. 2006, BT-Drs. 16/3439)

Zweck: Umsetzung EU-Rahmenbeschluss 2004/68/JI zur Bekämpfung der sexuellen Ausbeutung von Kindern und der Kinderpornographie ABl EU Nr. L 13 v. 20. 1. 2004 S. 44); Schaffung der Voraussetzungen für die Ratifizierung des Fakultativprotokolls v. 25. 5. 2000 betreffend den Verkauf von Kindern (usw.) zum Übereinkommen über die Rechte des Kindes v. 20. 11. 1989; Umsetzung von Art. 70 Abs. 4 Buchstabe a i. V. m. Abs. 1 Buchstabe a des Römischen Statuts des Internationalen Gerichtshofs (BGBl 2000 II 1393)

§ 153 Falsche uneidliche Aussage

Wer vor Gericht oder vor einer anderen zur eidlichen Vernehmung von Zeugen oder Sachverständigen zuständigen Stelle als Zeuge oder Sachverständiger uneidlich falsch aussagt, wird mit Freiheitsstrafe von drei Monaten bis zu fünf Jahren bestraft.

§ 161 Fahrlässiger Falscheid; fahrlässige falsche Versicherung an Eides Statt

I Wenn eine der in den §§ 154 bis 156 bezeichneten Handlungen aus Fahrlässigkeit begangen worden ist, so tritt Freiheitsstrafe bis zu einem Jahr oder Geldstrafe ein.

II Straflosigkeit tritt ein, wenn der Täter die falsche Angabe rechtzeitig berichtigt. Die Vorschriften des § 158 Abs. 2 und 3 gelten entsprechend.

§ 162 *Internationale Gerichte; nationale Untersuchungsausschüsse*

I *Die §§ 153 bis 161 sind auch auf falsche Angaben in einem Verfahren vor einem internationalen Gericht, das durch einen für die Bundesrepublik Deutschland verbindlichen Rechtsakt errichtet worden ist, anzuwenden.*

II *Die §§ 153 und 157 bis 160, soweit sie sich auf falsche uneidliche Aussagen beziehen, sind auch auf falsche Angaben vor einem Untersuchungsausschuss eines Gesetzgebungsorgans des Bundes oder eines Landes anzuwenden.*

§ 182 Sexueller Missbrauch von Jugendlichen

I *Wer* eine Person unter sechzehn Jahren dadurch missbraucht, dass sie

1. unter Ausnutzung einer Zwangslage oder gegen Entgelt sexuelle Handlungen an ihr vornimmt oder an sich von ihr vornehmen lässt oder
2. diese unter Ausnutzung einer Zwangslage dazu bestimmt, sexuelle Handlungen an einem Dritten vorzunehmen oder von einem Dritten an sich vornehmen zu lassen,

wird mit Freiheitsstrafe bis zu fünf Jahren oder mit Geldstrafe bestraft.

II (...)

III Der Versuch ist strafbar.

IV–V (...)

§ 183 Exhibitionistische Handlungen

I–III (...)

IV Absatz 3 gilt auch, wenn ein Mann oder eine Frau wegen einer exhibitionistischen Handlung

1. nach einer anderen Vorschrift, die im Höchstmaß Freiheitsstrafe bis zu einem Jahr oder Geldstrafe androht, oder
2. nach § 174 Abs. 2 Nr. 1 oder § 176 Abs. *4* Nr. 1

bestraft wird.

§ 184 b Verbreitung, Erwerb und Besitz kinder- *und jugendpornographischer* Schriften

I Wer pornographische Schriften (§ 11 Abs. 3), die den sexuellen Missbrauch von, *an oder vor Personen unter achtzehn Jahren* zum Gegenstand haben (kinder- *und jugendpornographische* Schriften),

1. verbreitet,
2. öffentlich ausstellt, anschlägt, vorführt oder sonst zugänglich macht oder
3. herstellt, bezieht, liefert, vorrätig hält, anbietet, ankündigt, anpreist, einzuführen oder auszuführen unternimmt, um sie oder aus ihnen gewonnene Stücke im Sinne der Nummer 1 oder Nummer 2 zu verwenden oder einem anderen eine solche Verwendung zu ermöglichen,

wird mit Freiheitsstrafe von drei Monaten bis zu fünf Jahren bestraft.

II Ebenso wird bestraft, wer es unternimmt, einem anderen den Besitz von kinder- *oder jugendpornographischen* Schriften zu verschaffen, die ein tatsächliches oder wirklichkeitsnahes Geschehen wiedergeben.

III In den Fällen des Absatzes 1 oder des Absatzes 2 ist auf Freiheitsstrafe von sechs Monaten bis zu zehn Jahren zu erkennen, wenn der Täter gewerbsmäßig oder als Mitglied einer Bande handelt, die sich zur fortgesetzten Begehung solcher Taten verbunden hat, und die kinder- *oder jugendpornographischen* Schriften ein tatsächliches oder wirklichkeitsnahes Geschehen wiedergeben.

IV Wer es unternimmt, sich den Besitz von kinder- *oder jugendpornographischen* Schriften *zu verschaffen, die ein tatsächliches* oder wirklichkeitsnahes Geschehen wiedergeben, wird mit Freiheitsstrafe bis zu zwei Jahren oder mit Geldstrafe bestraft. Ebenso wird bestraft, wer die in Satz 1 bezeichneten Schriften besitzt.

V–VI (...)

§ 236 Kinderhandel

I (…)

II Wer unbefugt

1. die Adoption einer Person unter achtzehn Jahren vermittelt oder
2. eine Vermittlungstätigkeit ausübt, die zum Ziel hat, dass ein Dritter eine Person unter achtzehn Jahren auf Dauer bei sich aufnimmt,

und dabei gegen Entgelt oder in der Absicht handelt, sich oder einen Dritten zu bereichern, wird mit Freiheitsstrafe bis zu drei Jahren oder mit Geldstrafe bestraft. *Ebenso wird bestraft, wer als Vermittler der Adoption einer Person unter achtzehn Jahren einer Person für die Erteilung der erforderlichen Zustimmung zur Adoption ein Entgelt gewährt.* Bewirkt der Täter in den Fällen des Satzes 1, dass die vermittelte Person in das Inland oder in das Ausland verbracht wird, so ist die Strafe Freiheitsstrafe bis zu fünf Jahren oder Geldstrafe.

III–IV (…)

23 b) Entwurf der Bundesregierung eines … Strafrechtsänderungsgesetzes (Zweites Korruptionsbekämpfungsgesetz (BR-Drs. 548/07)

Zweck: Umsetzung folgender Regelungen: Strafrechtsübereinkommen des Europarats über Korruption v. 27. 1. 1999 (ETS Nr. 173); Zusatzprotokoll zum Strafrechtsübereinkommen des Europarats über Korruption (ETS Nr. 191); Rahmenbeschluss 2003/568/JI des Rates v. 22. 7. 2002 zur Bekämpfung im privaten Sektor (ABl EU Nr. L 192 S. 54); Übereinkommen der Vereinten Nationen gegen Korruption v. 31. 10. 2003.

§ 5 Auslandstaten mit besonderem Inlandsbezug

Das deutsche Strafrecht gilt, unabhängig vom Recht des Tatorts, für folgende Taten, die im Ausland begangen werden:

1.–14 (…)

15. Straftaten im Amt nach §§ 331 bis 337, wenn
   - *a) der Täter zur Zeit der Tat Deutscher ist,*
   - *b) der Täter zur Zeit der Tat Europäischer Amtsträger ist, dessen Dienststelle ihren Sitz in Deutschland hat,*
   - *c) die Tat gegenüber einem Amtsträger, einem für den öffentlichen Dienst besonders Verpflichteten oder einem Soldaten der Bundeswehr begangen wird oder*
   - *d) die Tat gegenüber einem Europäischen Amtsträger oder Schiedsrichter, der zur Zeit der Tat Deutscher ist, oder einer nach § 335 a gleichgestellten Person begangen wird, die zur Zeit der Tat Deutscher ist;*

16. Abgeordnetenbestechung (§ 108 e), wenn der Täter zur Zeit der Tat Deutscher ist oder die Tat gegenüber einem Deutschen begangen wird;

17. Organ- und Gewebehandel (§ 18 des Transplantationsgesetzes), wenn der Täter zur Zeit der Tat Deutscher ist.

§ 11 Personen- und Sachbegriffe

I Im Sinne dieses Gesetzes ist

1.–2. (…)

2 a. Europäischer Amtsträger:
wer
   - *a) Mitglied eines Gerichts, der Kommission oder des Rechnungshofes der Europäischen Gemeinschaften ist,*
   - *b) Beamter oder sonstiger bediensteter der Europäischen Gemeinschaften oder einer auf der Grundlage des Rechts der Europäischen Union geschaffenen Einrichtung ist oder*
   - *c) mit der Wahrnehmung von Aufgaben der Europäischen Union oder einer auf der Grundlage des Rechts der Europäischen Union geschaffenen Einrichtung ist;*

3.–9. (…)

II–III (…)

§ 78b Ruhen

I–V (...)

VI *In den Fällen des § 78 Abs. 3 Nr. 1 bis 3 ruht die Verjährung ab der Übergabe der Person an den Internationalen Strafgerichtshof oder den Vollstreckungsstaat bis zu ihrer Rückgabe an die deutschen Behörden oder ihre Freilassung durch den Internationalen Gerichtshof oder den Vollstreckungsstaat.*

§ 261 Geldwäsche; Verschleierung unrechtmäßig erlangter Vermögenswerte

I Wer einen Gegenstand, der aus einer in Satz 2 genannten rechtswidrigen Tat herrührt, verbirgt, dessen Herkunft verschleiert oder die Ermittlung der Herkunft, das Auffinden, den Verfall, die Einziehung oder die Sicherstellung eines solchen Gegenstandes vereitelt oder gefährdet, wird mit Freiheitsstrafe von drei Monaten bis zu fünf Jahren bestraft. Rechtswidrige Taten im Sinne des Satzes 1 sind

1. Verbrechen,
2. Vergehen nach
   a) § 332 Abs. 1 *und 3 sowie § 334, jeweils auch in Verbindung mit § 335a,*
   b) § 29 Abs. 1 Satz 1 Nr. 1 des Betäubungsmittelgesetzes und § 29 Abs. 1 Nr. 1 des Grundstoffüberwachungsgesetzes,
3. Vergehen nach § 373 und, wenn der Täter gewerbsmäßig handelt, nach § 374 der Abgabenordnung, jeweils auch in Verbindung mit § 12 Abs. 1 des Gesetzes zur Durchführung der Gemeinsamen Marktorganisationen und der Direktzahlungen,
4. Vergehen
   a) nach den §§ 152a, 181a, 232 Abs. 1 und 2, § 233 Abs. 1 und 2, §§ 233a, 242, 246, 253, 259, 263 bis 264, 266, 267, 269, 284, *299,* 326 Abs. 1, 2 und 4 sowie § 328 Abs. 1, 2 und 4,

(...)

II–X (...)

§ 263 Betrug

I–II (...)

III In besonders schweren Fällen ist die Strafe Freiheitsstrafe von sechs Monaten bis zu zehn Jahren. Ein besonders schwerer Fall liegt in der Regel vor, wenn der Täter

1. gewerbsmäßig oder als Mitglied einer Bande handelt, die sich zur fortgesetzten Begehung von Urkundenfälschung oder Betrug verbunden hat,
2. einen Vermögensverlust großen Ausmaßes herbeiführt oder in der Absicht handelt, durch die fortgesetzte Begehung von Betrug eine große Zahl von Menschen in die Gefahr des Verlustes von Vermögenswerten zu bringen,
3. eine andere Person in wirtschaftliche Not bringt,
4. seine Befugnisse oder seine Stellung als Amtsträger *oder Europäischer Amtsträger* missbraucht oder
5. einen Versicherungsfall vortäuscht, nachdem er oder ein anderer zu diesem Zweck eine Sache von bedeutendem Wert in Brand gesetzt oder durch eine Brandlegung ganz oder teilweise zerstört oder ein Schiff zum Sinken oder Stranden gebracht hat.

IV–VII (...)

§ 264 Subventionsbetrug

I (...)

II In besonders schweren Fällen ist die Strafe Freiheitsstrafe von sechs Monaten bis zu zehn Jahren. Ein besonders schwerer Fall liegt in der Regel vor, wenn der Täter

1. aus grobem Eigennutz oder unter Verwendung nachgemachter oder verfälschter Belege für sich oder einen anderen eine nicht gerechtfertigte Subvention großen Ausmaßes erlangt,

2. seine Befugnisse oder seine Stellung als Amtsträger *oder Europäischer Amtsträger* missbraucht oder
3. die Mithilfe eines Amtsträgers *oder Europäischen Amtsträgers* ausnutzt, der seine Befugnisse oder seine Stellung missbraucht.

III–VIII (…)

§ 267 Urkundenfälschung

I–II (…)

III In besonders schweren Fällen ist die Strafe Freiheitsstrafe von sechs Monaten bis zu zehn Jahren. Ein besonders schwerer Fall liegt in der Regel vor, wenn der Täter

1. gewerbsmäßig oder als Mitglied einer Bande handelt, die sich zur fortgesetzten Begehung von Betrug oder Urkundenfälschung verbunden hat,
2. einen Vermögensverlust großen Ausmaßes herbeiführt,
3. durch eine große Zahl von unechten oder verfälschten Urkunden die Sicherheit des Rechtsverkehrs erheblich gefährdet oder
4. seine Befugnisse oder seine Stellung als Amtsträger oder *Europäischer Amtsträger* missbraucht.

IV (…)

§ 298 Wettbewerbsbeschränkende Absprachen bei Ausschreibungen

I Wer bei einer Ausschreibung über Waren oder *Dienstleistungen* ein Angebot abgibt, das auf einer rechtswidrigen Absprache beruht, die darauf abzielt, den Veranstalter zur Annahme eines bestimmten Angebots zu veranlassen, wird mit Freiheitsstrafe bis zu fünf Jahren oder mit Geldstrafe bestraft.

II–III (…)

§ 299 Bestechlichkeit und Bestechung im geschäftlichen Verkehr

I Wer als Angestellter oder Beauftragter eines Unternehmens im geschäftlichen Verkehr einen Vorteil für sich oder einen Dritten als Gegenleistung dafür fordert, sich versprechen lässt oder annimmt, dass er bei dem Bezug von Waren oder Dienstleistungen

1. einen anderen im inländischen oder ausländischen Wettbewerb in unlauterer Weise bevorzuge oder

2. seine Pflichten gegenüber dem Unternehmen verletze,

wird mit Freiheitsstrafe bis zu drei Jahren oder mit Geldstrafe bestraft.

II Ebenso wird bestraft, wer im geschäftlichen Verkehr einem Angestellten oder Beauftragten eines Unternehmens einen Vorteil für diesen oder einen Dritten als Gegenleistung dafür anbietet, verspricht oder gewährt, dass er bei dem Bezug von Waren oder Dienstleistungen

1. ihn oder einen anderen im inländischen oder ausländischen Wettbewerb in unlauterer Weise bevorzuge oder

2. seine Pflichten gegenüber dem Unternehmen verletze.

§ 301 Strafantrag

I (…)

II *Das Recht, den Strafantrag nach Absatz 1 zu stellen, hat in den Fällen des § 299 Abs. 1 Nr. 1 und Abs. 2 Nr. 1 neben dem Verletzten jeder der in § 8 Abs.* 3 *Nr.* 2 *und* 4 *des Gesetzes gegen den unlauteren Wettbewerb bezeichneten Verbände und Kammern.*

§ 302 Erweiterter Verfall

In den Fällen des § 299 ist § 73 d anzuwenden, wenn der Täter gewerbsmäßig oder als Mitglied einer Bande handelt, die sich zur fortgesetzten Begehung solcher Taten verbunden hat.

§ 332 Bestechlichkeit

I Ein Amtsträger, *ein Europäischer Amtsträger* oder ein für den öffentlichen Dienst besonders Verpflichteter, der einen Vorteil für sich oder einen Dritten als Gegenleistung dafür fordert, sich versprechen lässt oder annimmt, dass er eine Diensthandlung vorgenommen hat oder künftig vornehme und dadurch seine Dienstpflichten verletzt hat oder verletzen würde, wird mit Freiheitsstrafe von sechs Monaten bis zu fünf Jahren bestraft. In minder schweren Fällen ist die Strafe Freiheitsstrafe bis zu drei Jahren oder Geldstrafe. Der Versuch ist strafbar.

II Ein Richter, *Mitglied eines Gerichts der Europäischen Gemeinschaften* oder Schiedsrichter, der einen Vorteil für sich oder einen Dritten als Gegenleistung dafür fordert, sich versprechen lässt oder annimmt, dass er eine richterliche Handlung vorgenommen hat oder künftig vornehme und dadurch seine richterlichen Pflichten verletzt hat oder verletzen würde, wird mit Freiheitsstrafe von einem Jahr bis zu zehn Jahren bestraft. In minder schweren Fällen ist die Strafe Freiheitsstrafe von sechs Monaten bis zu fünf Jahren.

III (...)

§ 334 Bestechung

I Wer einem Amtsträger, *einem Europäischen Amtsträger,* einem für den öffentlichen Dienst besonders Verpflichteten oder einem Soldaten der Bundeswehr einen Vorteil für diesen oder einen Dritten als Gegenleistung dafür anbietet, verspricht oder gewährt, dass er eine Diensthandlung vorgenommen hat oder künftig vornehme und dadurch seine Dienstpflichten verletzt hat oder verletzen würde, wird mit Freiheitsstrafe von drei Monaten bis zu fünf Jahren bestraft. In minder schweren Fällen ist die Strafe Freiheitsstrafe bis zu zwei Jahren oder Geldstrafe.

II Wer einem Richter, *Mitglied eines Gerichts der Europäischen Gemeinschaften* oder Schiedsrichter einen Vorteil für diesen oder einen Dritten als Gegenleistung dafür anbietet, verspricht oder gewährt, dass er eine richterliche Handlung

1. vorgenommen und dadurch seine richterlichen Pflichten verletzt hat oder
2. künftig vornehme und dadurch seine richterlichen Pflichten verletzen würde,

wird in den Fällen der Nummer 1 mit Freiheitsstrafe von drei Monaten bis zu fünf Jahren, in den Fällen der Nummer 2 mit Freiheitsstrafe von sechs Monaten bis zu fünf Jahren bestraft. Der Versuch ist strafbar.

III (...)

§ 335 a *Ausländische und internationale Bedienstete*

I Für die Anwendung der §§ 332 und 334, jeweils auch in Verbindung mit § 335, auf eine Tat, die sich auf eine künftige richterliche Handlung oder Diensthandlung bezieht, stehen gleich:

1. einem Richter:
ein Mitglied eines ausländischen und einer internationalen Gerichts;

2. einem sonstigen Amtsträger:
   a) ein Bediensteter eines ausländischen Staates und eine Person, die beauftragt ist, öffentliche Aufgaben für einen ausländischen Staat wahrzunehmen;
   b) ein Bediensteter einer internationalen Organisation und eine Person, die beauftragt ist, Aufgaben einer internationalen Organisation wahrzunehmen;
   c) ein Soldat eines ausländischen Staates und ein Soldat, der beauftragt ist, Aufgaben einer internationalen Organisation wahrzunehmen.

II Für die Anwendung der §§ 331 und 333 auf eine Tat, die sich auf eine künftige richterliche Handlung oder Diensthandlung bezieht, stehen gleich:

1. einem Richter:
ein Mitglied eines ausländischen und einer internationalen Gerichts;

2. einem sonstigen Amtsträger:
ein Bediensteter des Internationalen Strafgerichtshofes.

III Für die Anwendung des § 333 Abs. 1 und 3 auf eine Tat, die sich auf eine künftige Diensthandlung bezieht, stehen gleich:

1. einem Soldaten der Bundeswehr:
ein Soldat der in der Bundesrepublik Deutschland stationierten Truppen der nichtdeutschen Vertragsstaaten des Nordatlantikpaktes, die sich zur Zeit der Tat im Inland aufhalten;

2. *einem sonstigen Amtsträger:*
   ein Bediensteter dieser Truppen;
3. *einem für den öffentlichen Dienst besonders Verpflichteten:*
   eine Person, die bei den Truppen beschäftigt oder für die tätig und auf Grund einer allgemeinen oder besonderen Anweisung einer höheren Dienststelle der Truppen zur gewissenhaften Erfüllung ihrer Obliegenheiten förmlich verpflichtet worden ist.

§ 336 Unterlassen der Diensthandlung

Der Vornahme einer Diensthandlung oder einer richterlichen Handlung im Sinne der §§ 331 bis *335a* steht das Unterlassen der Handlung gleich.

§ 338 *Erweiterter Verfall*

In den Fällen der §§ 332 und 334, *jeweils* auch in Verbindung mit den §§ *335a* bis 337, ist § 73 d anzuwenden, wenn der Täter gewerbsmäßig oder als Mitglied einer Bande handelt, die sich zur fortgesetzten Begehung solcher Taten verbunden hat.

23 c. Entwurf der Bundesregierung eines … Strafrechtsänderungsgesetzes – Strafzumessung bei Aufklärungs- und Präventionshilfe (BR-Drs. 353/07)

§ 46 b *Hilfe zur Aufklärung oder Verhinderung von schweren Straftaten*

I Wenn der Täter einer Straftat, die mit einer im Mindestmaß erhöhten Freiheitsstrafe oder mit lebenslanger Freiheitsstrafe bedroht ist,

1. *durch freiwilliges Offenbaren seines Wissens wesentlich dazu beigetragen hat, dass eine Tat nach § 100 a Abs. 2 der Strafprozessordnung aufgedeckt werden konnte oder*
2. *freiwillig sein Wissen so rechtzeitig einer Dienststelle offenbart, dass eine Tat nach § 100 a Abs. 2 der Strafprozessordnung , von deren Planung er weiß, noch verhindert werden kann,*

kann das Gericht die Strafe nach § 49 Abs. 1 mildern, wobei an die Stelle ausschließlich angedrohter lebenslanger Freiheitsstrafe eine Freiheitsstrafe nicht unter zehn Jahren tritt. Für die Einordnung als Straftat, die mit einer im Mindestmaß erhöhten Freiheitsstrafe bedroht ist, werden nur Schärfungen für besonders schwere Fälle und keine Milderungen berücksichtigt. War der Täter an der Tat beteiligt, muss sich sein Beitrag zur Aufklärung nach Satz 1 Nr. 1 über den eigenen Tatbeitrag hinaus erstrecken. Anstelle einer Milderung kann das Gericht von Strafe absehen, wenn die Straftat ausschließlich mit zeitiger Freiheitsstrafe bedroht ist und der Täter keine Freiheitsstrafe von mehr als drei Jahren verwirkt hat.

II Bei der Entscheidung nach Absatz 1 hat das Gericht insbesondere zu berücksichtigen,

1. *die Art und den Umfang der offenbarten Tatsachen und deren Bedeutung für de Aufklärung oder Verhinderung der Tat, den Zeitpunkt der Offenbarung, das Ausmaß der Unterstützung der Strafverfolgungsbehörden durch den Täter und die Schwere der Tat, auf die sich seine Angaben beziehen, sowie*
2. *das Verhältnis der in Nummer 1 genannten Umstände zur Schwere der Straftat und Schuld des Täters.*

III Eine Milderung sowie das Absehen von Strafe nach Absatz 1 sind ausgeschlossen, wenn der Täter sein Wissen erst offenbart, nachdem die Eröffnung des Hauptverfahrens (§ 207 der Strafprozessordnung) gegen ihn beschlossen worden ist.

§ 145 d Vortäuschen einer Straftat

I–II (…)

III Mit Freiheitsstrafe von drei Monaten bis zu fünf Jahren wird bestraft, wer

1. *eine Tat nach Absatz 1 Nr. 1 oder Absatz 2 Nr. 1 begeht oder*
2. *wider besseres Wissen einer der in Absatz 1 bezeichneten Stellen vortäuscht, dass die Verwirklichung einer der in § 46 b Abs. 1 Satz 1 Nr. 2 dieses Gesetzes oder in § 31 Satz 1 Nr. 2 des Betäubungsmittelgesetzes genannten rechtswidrigen Taten bevorstehe, oder*

3. wider besseres Wissen einer dieser Stellen über den Beteiligten an einer bevorstehenden Tat nach Nummer 2 zu täuschen sucht,

um eine Strafmilderung oder ein Absehen von Strafe nach § 46b dieses Gesetzes oder § 31 des Betäubungsmittelgesetzes zu erlangen.

IV In minder schweren Fällen des Absatzes 3 ist die Strafe Freiheitsstrafe bis zu drei Jahren oder Geldstrafe.

§ 164 Falsche Verdächtigung

I–II (...)

III Mit Freiheitsstrafe von sechs Monaten bis zu zehn Jahren wird bestraft, wer die falsche Verdächtigung begeht, um eine Strafmilderung oder ein Absehen von Strafe nach § 46b dieses Gesetzes oder § 31 des Betäubungsmittelgesetzes zu erlangen. In minder schweren Fällen ist die Strafe Freiheitsstrafe von drei Monaten bis zu fünf Jahren.

§ 261

X *(aufgehoben)*

BtMG § 31 Strafmilderung oder Absehen von Strafe

Das Gericht kann die Strafe *nach § 49 Abs. 1 des Strafgesetzbuches mildern oder, wenn der Täter keine Freiheitsstrafe von mehr als drei Jahren verwirkt hat, von Strafe absehen,* wenn der Täter

1. durch freiwillige Offenbarung seines Wissens wesentlich dazu beigetragen hat, dass die Tat über seinen eigenen Tatbeitrag hinaus aufgedeckt werden konnte, oder
2. freiwillig sein Wissen so rechtzeitig einer Dienststelle offenbart, dass Straftaten nach § 29 Abs. 3, § 29a Abs. 1, § 30 Abs. 1, § 30a Abs. 1, von deren Planung er weiß, noch verhindert werden können.

§ 46b Abs. 2 und 3 des Strafgesetzbuches gilt entsprechend.

Sachverzeichnis

Fettgedruckte Zahlen verweisen auf die Paragraphen des StGB, magere Zahlen auf die Randziffern der Erläuterungen. Fette Zahlen nach der Abkürzung **Anh.** (= Anhang) verweisen auf die Nummern der Gesetze, die ihr nachfolgende magere Ziffer auf den Paragraphen. Römische Zahlen verweisen auf Absätze. Es bedeuten **„vor"**: Vorbemerkung, **„Einl"**: Einleitung.
Gerade gesetzte Unterstichworte verweisen auf das Hauptstichwort, kursiv gesetzte auf das vorausgehende Unterstichwort (**Beispiel:** Hauptstichwort: **Absicht;** Unterstichwort: [Absicht] der Herbeiführung; abgeleitetes Unterstichwort: [Absicht] [der Herbeiführung] *eines Unglücksfalls*).

A

AAK, Bedeutung für Fahruntüchtigkeit **316** 23 ff.
Abartigkeit, schwere seelische **20** 36 ff.
Abbau v. Bodenbestandteilen *in einem Schutzgebiet* **329 II Nr. 3, III Nr. 1**
Abbauwert v. Blutalkohol **20** 14
Abbildungen, Begriff **11 III;** Einziehung **74 d; 109 k;** Gewaltdarstellungen **131** 5, **I;** pornografische **176 IV Nr. 4;** als Schriftstück **202 III;** v. Wehrmitteln **109 k;** v. Wehrmitteln usw. **109 g**
Abbruch einer ärztlichen Behandlung **vor 211** 20; eines Bauwerks **319 I**
Abergläubischer Versuch 22 48; **23** 9
Aberkennen v. Amtsfähigkeit, Wählbarkeit u. Stimmrecht **45**
aberratio ictus 16 6
Abfall, Abgr. Wirtschaftsgut **326** 2 b; Begriff **326** 2 ff.; gefährlicher – **326** 2 d ff., **I;** gewillkürter – **326** 2 b; radioaktiver – **326** 12, **III;** –tourismus **326** 11, **II;** unerlaubter Umgang **326;** Zwangs– **326** 2 b
Abfallbeseitigung 326 7 ff., **I;** Anlagen **326** 8, *unerlaubter Betrieb* **327** 11 f., **II Nr. 3**
Abfangen von Daten **202 b**
Abgabenhinterziehung, Geldwäsche **261 I S. 3**
Abgabenüberhebung 353 I
Abgeordnete, Bestechung v. –n **5 Nr. 14 a;** Immunität, Indemnität **36,** 1; Nötigung v. –n **106**
Abgrabungen in einem Schutzgebiet **329 III Nr. 2**
Abhalten von Aufgabe der Prostitution **181 a I Nr. 1;** v. weiteren Taten *durch Bewährungshilfe* **56 d I**
Abhängige, Misshandlung v. –n **225**
Abhängigkeit, Ausnutzen für sexuelle Handlungen **174 b;** berufliche o. wirtschaftliche – eines Wählers **108 I;** Halten von Prostituierten in – **180 a** 10 ff., **I;** minderjähriger Personen **174** 9; Missbrauch von – **174** 15 ff.; Missbrauch von – Minderjähriger **180 III;** nicht stoffgebundene **20** 41; von Rauschmitteln **64** 7 ff., **I;** stoffgebundene **20** 41; Suchtmittel– **21** 13, 26; Unterbringung bei – **63** 9; Unterbringung in psychiatrischem Krankenhaus bei – **64** 12
Abhilfe durch Bundestagsmitglied **97 b** 5, **I S. 2;** durch Vorgesetzten **97 b** 6, **II**
Abhören mit Abhörgeräten **201** 7, **II Nr. 1;** s. Ausspähung
Abkömmling, Beischlaf mit einem leiblichen – **173 I**
Ablagern 326 7 b
Ablassen 326 7 c
Ablauf der Bewährungszeit **56 a**
Ablaufhemmung bei Verjährung **78 b** 11, **III**
Abliefern v. Fälschungsmitteln **149 II Nr. 2**
Ablieferungspflicht bei Kernbrennstoffen **328** 7, **II Nr. 1;** bei radioaktiven Abfällen **326 III**
Abrechnungsbetrug 263 20, 21, 111
Absatzdelikte, Bewertungseinheit bei –n **vor 52** 19
Absatzerfolg 259 18 f.
Abschluss des Verfahrens, *Ablaufhemmung bei Verjährung* **78 b** 11, **III**
Abschöpfung des Gewinns **73** 2
Abschreckung s. Generalprävention, s. Spezialprävention
Abschreibungsgesellschaft 264 a 8
Abschrift als Urkunde **267** 12 f.
Absehen von Bestrafung **86 IV;** v. Strafe **23** 8; **60,** *u. Einziehung o. Verfall* **76 a** 11, **III;** v. der Strafrestaussetzung **57 V;** vom Widerruf **56 f II**
Absehen von Strafe 174 19, **IV; 182 IV;** bei Aussagenotstand **157 I;** bei Falschaussagen eidesunmündiger Personen **157 II**
Absicht, Begriff **15** 6; der Bereicherung **263 I;** doppelte – *bei Geiselnahme* **239 b** 4; der Einwirkung **125** 11; der Gewalttätigkeit **124** 8; der Gläubigerbegünsti-

gung **283 c** 8; der Herbeiführung *eines Unglücksfalls* **315** 22; des Menschenraubes **234** 5; der Nachteilszufügung **274** 6; rechtswidrige – **289** 4; Schädigungs– **248 c** 7; **309** 4; die Sorge eines anderen auszunutzen **239 a** 4; eine Straftat zu ermöglichen o. zu verdecken **306 b** 8 ff.; **315** 22 a; eines Vermögensvorteils **271** 18; Verrats– **96** 3; der Verwendung von Waffen **113** 38, **II Nr. 1;** der Zueignung **242** 32; **246** 1, 20
Absichtsprovokation 32 43
Absichtsurkunde 267 9
Absolute Fahruntüchtigkeit 315 a 6; **315 c** 3 c
Absorptionsprinzip 52 2
Absprache, rechtsbeugerische – **339** 7, 10; rechtswidrige – **298** 9; über das Strafmaß **46** 50, 107 ff.
Abstiftung 26 2
Abstimmungen 36 4; Begriff **108 d** 2; innerhalb v. Volksvertretungen **108 e** 6, **I**
Abstinenzweisung 68 b I Nr. 10
Abstrahlung von Daten **202 b**
Abstrakte Gefährdungsdelikte, Begehungsort **9** 4, *bei Internetkriminalität* **9** 5, 7; Begriff **vor 13** 19
Abtreibung, Rechtsgut **vor 218** 2; s. Schwangerschaftsabbruch
Abtrennung eines Gebietes **82 I Nr. 1,** *als Bestandsbeeinträchtigung* **92 I**
Abwehrprovokation bei Notwehr **32** 42 ff.
Abwendbarkeit der Gefahr **34** 5; **35 I**
Abwendung eines Angriffs **32,** s. Notwehr; des Erfolges, *Möglichkeit* **13** 42, *Unterlassen* **13 I,** *Zumutbarkeit* **13** 44 f.; der Gefahr *der Tatverwirklichung* **31 I Nr. 1,** *Handeln zur –* **35** 8, s. Tätige Reue; einer Straftat **139 IV**
Abwesenheit, kein Ruhen der Verjährung **78 b** 3 b; Unterbrechung der Verjährung **78 c** 20, **I Nr. 10**
Abzeichen, Amts–, *unbefugtes Tragen* **132 a I Nr. 4**
Abzüge, rechtswidrige – *bei amtlichen Ausgaben* **353 II**
Actio illicita in causa 32 47; **223** 16
Actio libera in causa 20 49 ff.; Verhältnis zu Vollrausch **323 a** 10; bei Verkehrsdelikten **316** 52; bei verminderter Schuldfähigkeit **21** 16; Versuch **22** 31
Adäquanztheorie vor 13 123
Additionsklausel bei Wucher **291** 21
Adoption, *Zumutbarkeit* ***218 a*** *28*
Adoptionsvermittlung, unbefugte – **236 II S. 1;** unbefugte grenzüberschreitende – **236 II S. 2**
Adoptivkind s. angenommenes Kind
Affekt 20 30 ff.; **21** 10, 15; u. niedrige Beweggründe **211** 20; Vorverschulden bei – **20** 34, 56 ff.
Affektzustand, asthenischer **33** 3
agent provocateur s. Lockspitzel
Agententätigkeit, geheimdienstliche **99 I;** landesverräterische **98** 2, **I;** MfS-Mitarbeiter **99** 3; zu Sabotagezwecken **87**
AIDS-Infektion 34 20; **224** 4, 12 a; erlaubtes Risiko **vor 32** 13; als Körperverletzung **223** 7; als Tötungshandlung **222** 30
Akademische Grade, unbefugtes Führen **132 a I Nr. 1**
Akten s. Schriftstücke
Aktien, Fälschung von – **151 Nr. 2**
Aktive Sterbehilfe vor 211 17
Akzessorietät der Anstiftung **26** 10; limitierte – **29** 2; der Teilnahme **vor 25** 9; Verwaltungs – **vor 324** 6 ff.
Alkohol, Führen von Fahrzeugen unter – **316;** Grenzwerte für Fahruntüchtigkeit **316** 24 ff.; Nachtrunk **316** 20; Resorption **316** 33; Resorptionsdefizit **316** 19, 21; Richtwerte f. Schuldfähigkeitsbeurteilung **20** 19 ff.; Weisung der Abstinenz **68 b I Nr. 10**
Alkoholabhängigkeit 21 26; **64 S. 1**
Alkoholgewöhnung 20 23
Alkoholische Getränke, Verkehrsgefährdung nach Genuss – **315 a** 6, **I Nr. 1; 315 c** 3 ff., **I Nr. 1 a;** Vollrausch **323 a** 4
Alkoholisierung, Feststellung bei Verkehrsunfall **142** 26
Alkoholismus 21 13; **64 S. 1**
Alkoholkontrolle, Weisung **68 b I Nr. 10**
Alkoholrausch 20 11 ff.; actio libera in causa bei – *s. alic;* Vorverschulden durch selbstverantworteten – **21** 25 ff.
Alkoholtest, Widerstand gegen – **113** 14
Alleingesellschafter, Zustimmung **266** 52
Allgemeinheit, für die – gefährliche Gegenstände **74** 15 f., **II Nr. 2;** für die – gefährlicher Täter **63; 66 I Nr. 3; 68 c II S. 1**
Altautos 326 2 c
Alternative Kausalität vor 13 23
Alternativität, Grundsatz der – **2** 9
Alternativverhalten, rechtmäßiges **vor 13** 29
Alternativvorsatz 15 12
Ambulante Entziehungskur o. Heilbehandlung *bei Verwarnung* **59 a II Nr. 4**

Ambulanz, forensische 68 a VII, VIII; 68 a 8 ff.; Vorstellungsweisung **68 b I Nr. 11**

Amnesie 20 24 a

Amnestie vor 3 28; DDR –n **vor 3** 43; als persönlicher Strafaufhebungsgrund **vor 32** 17

Amt, Begriff **vor 331** 5; Falschbeurkundung im – **348** 3; Körperverletzung im – **340;** öffentliches **132;** Straftaten im – **331 ff.**

Amtliche Ausweise 273 2; Fälschungsvorbereitung **275;** Gebrauch veränderter – **273** 4, **I Nr. 2;** Löschen v. Eintragungen **273** 3, **I Nr. 1;** Verschaffen *v. unechten o. verfälschten* – **276**

Amtliche Schriftstücke, Verbotene Mitteilung **353 d**

Amtliche Stelle 95 2

Amtliche Verwahrung v. Führerscheinen **44 II**

Amtliche Wertzeichen, Wiederverwendung **148 II**

Amtsabzeichen s. Abzeichen

Amtsbezeichnung, unbefugtes Führen **132 a I Nr. 1;** verwechslungsgeeignete **132 a II**

Amtsdelikte vor 331 1; **331 ff.;** Arten u. Teilnahme **vor 331** 6; Nebenfolgen **358**

Amtsfähigkeit, Verlust **45**

Amtsgeheimnis, Begriff **353 b** 7; Verletzung **353 b**

Amtshilfe u. Geheimnisschutz **203** 42

Amtskleidung (-uniform), unbefugtes Tragen **132 a I Nr. 4**

Amtsstellung, Ausnutzen **174 b; 240 IV Nr. 3**

Amtsträger, Angriff durch Gefangene **121** 5 ff.; ausländische **11** 12; Auslandstaten **5** 12 ff., **Nr. 12 bis 14;** Begriff **11** 12 ff., **I Nr. 2;** Bestechlichkeit **332 I;** Bestechung **334 I;** der EU **332** 2; **334** 2; kirchliche **11** 12; Missbrauch der Befugnisse o. Stellung **240 IV Nr. 3; 263 III Nr. 4; 267 III Nr. 4;** Missbrauch der Stellung als – **264** 47, **II Nr. 2;** sexuellen Missbrauch durch – **174 b;** Strafantrag **77 a,** *bei Beleidigung* **194 III;** Strafantragsrecht bei Beleidigung von –n **194** 5 ff.; strafrechtliche Verantwortlichkeit *bei Umweltdelikten* **vor 324** 14 ff.; untauglicher Versuch **22** 46, 55; Verwahrungsbruch **133 III;** Vorteilsannahme **331 I;** Vorteilsgewährung an – **333 I;** Widerstand gegen – **113;** Widerstand gegenüber –n, *gleichgestellte Personen* **114**

Amtsverhältnis, öffentlich-rechtliches **11 I Nr. 2 b**

Amtsverlust 45

Amtsverschwiegenheit, Verletzung **203 II Nr. 1; 332** 5; **353 b I**

Analogieverbot 1 10; Verstoß gegen – **238** 6 ff.

Analogiewirkung v. Regelbeispielen **46** 93

Anbieten des Abschlusses *v. Spielverträgen* **287** 12, **I;** von Kindern zu sexuellem Missbrauch **176 V;** v. Vorteilen **299; 333 I, II; 334 I, II**

Andenken Verstorbener, Verunglimpfung **189,** *Antragsrecht* **194 II**

Änderung v. eingebauten Einrichtungen **319 II;** eines Gesetzes, Wirkung **78 c V;** nachträgliche – *v. Anweisungen* **56 e,** *der Maßregelart* **67 a,** *der Vollstreckungsreihenfolge* **67 III;** wesentliche – *einer kerntechnischen Anlage* **327 I**

Androhen terroristischer Straftaten **129 a III;** von Straftaten **126** 5, **I;** des Waffengebrauches bei Notwehr **32** 33 f.; s. Drohung

Aneignungsrecht 242 50; **292** 2

Anerbieten, Annahme eines –s **30 II** 11

Anforderungen einer ordnungsgemäßen Wirtschaft **283 I Nr. 1, 2, 3, 8;** keine unzumutbaren – **56 b I S. 2; 56 c I S. 2; 59 a** 9

Angebot s. Submissionsabsprache

Angehörige, Begriff **11 I Nr. 1;** Betrug **263 IV;** Diebstahl **247;** Falschaussage zugunsten –r **157 I;** Garantenstellung **13** 13 ff.; Gefahr für – **35** 7, **I S. 1;** Straffreiheit *bei Nichtanzeige* **139 III S. 1;** Strafvereitelung zugunsten –r **258 VI**

Angelegenheit der Landesverteidigung **109 f** 3; öffentliche –en **45 V**

Angemessenheit einer Entschädigung **74 f I;** v. Leistungen *u. Absehen v. Auflagen* **56 b III;** der Mitteilung eines Staatsgeheimnisses **97 b I Nr. 3, I S. 2, II;** des Mittels **34** 12, **S. 2;** von Notstandshandlungen **34** 14; von Notwehrhandlungen **32** 16 b

Angestellte, Begriff **299** 10; Bestechlichkeit **299** 7 ff., **I;** Bestechung **299** 19, **II**

Angestrebter Zweck 240 40

Angriff Gefangener *auf Anstaltsbeamte o. Amtsträger* **121 I Nr. 1;** auf Kraftfahrer **316 a I;** auf Leib o. Leben **102** 5; auf den Luft- u. Seeverkehr **6 Nr. 3; 316 c;** auf die Menschenwürde **130** 12, **I Nr. 2;** bei Notwehr **32** 5, **II;** tätlicher **113 I;** Verüben eines –s **316 a**

6 ff.; gegen Vollstreckungsbeamte **113 I; 114**
Angriffskrieg, Aufstacheln zum – **80 a,** 2; Begriff **80** 3; Vorbereitung eines –es **5 Nr. 1; 80,** *Nichtanzeige* **138 I Nr. 1**
Anhalten zur Prostitution **180 a II Nr. 2**
Anhörung des Bewährungshelfers **68 a VI**
Anklageschrift, verbotene Mitteilung **353 d Nr. 3**
Anknüpfung, völkerrechtliche *bei Internettaten* **9** 8 a
Anknüpfungstat bei Erweitertem Verfall **73 d** 10
Anlageberatung 263 17
Anlagen zur Abfallentsorgung **326** 8; Begriff **325** 4; Beschädigung wichtiger – **318;** betriebliche – *in einem Schutzgebiet* **329** 7, **II Nr. 1, II S. 2;** elektrische – **248 c** 2; feuergefährdete – **306 f** 3, **I Nr. 1;** v. Land-, Ernährungs-, Forstwirtschaft **306** 9, **I Nr. 6; 306 f I Nr. 2;** der öffentlichen Ordnung o. Sicherheit dienende – **316 b** 4, **I Nr. 3;** der öffentlichen Versorgung dienende – **88 I Nr. 3; 316 b I;** pflichtwidriger Betrieb **328** 13, 16, **III Nr. 1;** unerlaubter Betrieb **327;** dem Verkehr dienende **315 I Nr. 1; 315 b I Nr. 1; 316 b I Nr. 1**
Anlasstat für Entziehung der Fahrerlaubnis **69** 5; für Fahrverbot **44** 6 ff.; für Sicherungsverwahrung **66 III;** Symptomcharakter **69** 19 f.; für Unterbringung **63** 14; **64** 13 f.
Anleitung zu Straftaten **130 a**
Anmeldebestätigung als öffentliche Urkunde **271** 7
Annahme des Anerbietens zu einem Verbrechen **30** 11, **II; 31 I Nr. 3;** fortgesetzte – v. Vorteilen **335** 7 ff.; rechtswidriger Herkunft **73 d I;** eines Vorteils *für Bevorzugung* **299** 17, **I,** *für Wahl* **108 b II**
Anordnung eines Gesetzgebungsorgans, *Verstoß* **106 b;** selbständige – v. Maßregeln **71; 76 a;** vollziehbare – **330 d**
Anrechnung v. bereits vollstreckter Strafe **51 II, III S. 1;** v. Freiheitsentziehung **51 I, III S. 2; 57** 24; v. (auf) Geldstrafe **51 IV;** v. Leistungen **56 f III S. 2;** von Leistungen bei Aussetzungswiderruf **56 f** 18; des Maßregelvollzuges **67 IV; 67 d I S. 3;** Strafaussetzung bei – **56** 2; Strafaussetzung u. – **56 IV S. 2; 57 IV;** *der vorläufig.* Entzieh. d. Fahrerlaubnis **51 V;** vorläufiger Entziehung der Fahrerlaubnis **69 a** 13 ff., **IV, V S. 2**
Anschlagen, öffentliches – v. Schriften usw. **74 d IV; 184 I Nr. 2**
Anschlusszone vor 3 13
Anschuldigung s. Verdächtigung
Ansetzen, unmittelbares **22** 9, 11
Anspruch des Verletzten **73 I S. 2,** *Schätzung* **73 b**
Anstalt, Verwahrung in – **66 IV S. 4; 176 a VI**
Anstaltsbeamte, Angriff durch Gefangene **121 I Nr. 1**
Anstaltsleiter, Garantenpflicht **13** 19
Anstaltsunterbringung 61 ff.; s. Unterbringung
Anstellungsbetrug 263 91
Anstiftung 26; zur Anstiftung **26** 12; zur Beihilfe **26** 12; zur Begünstigung **257 III S. 2;** zu eigenhändigen Taten 26 **2;** zu Sonderdelikten **26** 19; unvorsätzlicher Tat **vor 25** 10; **26** 2; **29** 3; Versuch **30 I; 31;** durch Vorgesetzten **357** 4
Anteilscheine, Fälschung von –n **151 Nr. 3**
Antrag, Kredit– **265 b I;** auf Strafaussetzung **57 VI; 57 a IV;** s. Strafantrag
Antragsschrift bei nachträglicher Sicherungsverwahrung **66 b** 25
Anvertraut-Sein von Geheimnissen **203** 8; von Kranken oder Behinderten **174 c I;** von Kranken oder Hilfsbedürftigen in Einrichtungen **174 a II;** von minderjährigen Personen **174;** zur psychotherapeutischen Behandlung **174 c II;** von unterschlagenen Sachen **246 II; 246** 17
Anwalt, Gebührenüberhebung **352;** geschützte Berufsbezeichnung **132 a I Nr. 2;** Parteiverrat **356;** Schweigepflicht **203** 14, **I Nr. 3**
Anwartschaft als Vermögen **263** 56 ff.; als Vermögenswert **283** 3
Anweisung an Aufsichtsstelle o. Bewährungshelfer **68 a V;** an Bewährungshelfer **56 d IV S. 2;** statt Einziehung **74 b II;** bei Führungsaufsicht, *strafbewehrt* **68 b I,** *nicht strafbewehrt* **68 b II S. 1;** s. Weisungen
Anwendungsbereich, beschränkter – v. Staatsschutzdelikten **91;** des Strafrechts **1 ff.**
Anwerben für fremden Wehrdienst **109 h;** für nachrichtendienstliche Tätigkeiten **109 f I Nr. 3**
Anzeige, dienstliche **193,** 40; v. Fälschungsmitteln **149 II Nr. 2;** als politische Verdächtigung **241 a I;** unverzügliche **138** 26 ff.; wissentlich falsche – **164 I**

Apotheker, geschützte Berufsbezeichnung **132 a I Nr. 2;** Schweigepflicht **203 I Nr. 1**
Apprehensionstheorie s. Wegnahme
Approbation 277 2
Äquivalenztheorie vor 13 21 f.
Arbeit, gemeinnützige **56 b** 8; Weisungen **56 c II Nr. 1; 68 b I Nr. 4, 8, 9**
Arbeitgeber, Begriff **266 a** 4; Gleichgestellte **266 a V**
Arbeitsauflage 56 b 8; Zumutbarkeit **56 b** 8
Arbeitsentgelt, Vorenthalten u. Veruntreuen **266 a**
Arbeitskampf 240 49 a
Arbeitskraft, Ausbeutung **233**
Arbeitsleistung als Vermögenswert **263** 63
Arbeitsmittel, fremdes technisches –, *Zerstörung* **305 a I Nr. 1**
Arbeitsspeicher 11 36; **184** 34; als Datenspeicher **184 b** 20
Arbeitsverhältnis, Missbrauch gegenüber Minderjährigen **180 III;** sexueller Missbrauch in – **174 I Nr. 1, 2**
Ärgernis, Erregen öffentlichen –ses **183 a**
Arglosigkeit 211 35; bei Kleinkindern **211** 43; bei Schlafenden u. Bewusstlosen **211** 42
Art, vom Aussterben bedrohte – **330 I Nr. 3**
Arzt, keine Anzeigepflicht **139 III S. 2;** Aufklärungspflicht **223** 13; geschützte Berufsbezeichnung **132 a I Nr. 2;** ärztliche Erkenntnis *zur Indikation* **218 a** 18 f.; ärztliche Indikationsfeststellung **218 b** 3 ff.; Ausschluss *v. der Indikationsfeststellung* **218 b** 12 ff., **II;** als Berater **219 II S. 3;** Garantenstellung **13** 20; Heilbehandlung **vor 211** 20 f.; Kunstfehler **223** 13 a; Pflichten bei Schwangerschaftsabbruch **218 a** 9; Schweigepflicht **203 I Nr. 1;** Sorgfaltspflichten **222** 9 f.; Sterbehilfe **vor 211** 16 ff.; unrichtige Indikationsfeststellungen **218 b** 7, **I S. 2;** unrichtiges Gesundheitszeugnis **278;** Vertrauensgrundsatz **222** 10; Zuwendungen an öffentlich bediensteten – **331** 27
Asperationsprinzip 54 6
Asthenische Affekte 33 3
Atemalkoholkonzentration s. AAK
Atomwaffen, Verbot **6** 2; **vor 306** 1
Attentat, politisches **211** 21
Aufarbeitungsanlagen als kerntechnische Anlage **330 d Nr. 2**
Aufbewahren v. Kernbrennstoffen **328 I Nr. 1**
Aufbewahrung, amtliche s. Verwahrung; v. Handelsbüchern usw. **283** 24, **I Nr. 6; 283 b I Nr. 2**
Aufenthalt, Anrechnung der –zeit *als Verbüßung* **57 IV;** dienstlicher – eines Amtsträgers **5 Nr. 12;** Gewährung von – zur Prostitution **180 a II Nr. 1;** gewöhnlicher **5 Nr. 6;** zum – v. Menschen dienend **306 a I Nr. 3**
Aufenthaltsbeschränkungen 56 c II Nr. 1; 68 b I Nr. 1 3, **I Nr. 2** 4
Aufenthaltsrechtliche Papiere 276 a
Aufenthaltstitel 276 a
Aufforderung, Begriff **111** 2; zu Gewalt- u. Willkürmaßnahmen **130 I Nr. 1;** öffentliche – zu Straftaten **111 I;** zum Verlassen durch Hausrechtsinhaber **123 I**
Aufgeben der Tatausführung **24 I**
Aufhebung der Führungsaufsicht **68 e** 8 f., **I**
Aufklärungspflicht des Arztes **223** 13; aus Geschäftsbeziehung **263** 30; nach Kreditantrag **265 b I Nr. 2;** bei Schwangerschaftsabbruch **218 c I Nr. 2;** über Vermögensverschlechterung **263** 26
Auflagen bei Strafaussetzung **56 b,** *Überwachung* **56 d III,** *Verstoß* **56 f I Nr. 3,** *weitere* **56 f II Nr. 1;** bei Strafrestaussetzung **57** 38; **57 a III S. 2;** bei Verwarnung **59 a II;** vollziehbare – **330 d** 9, **Nr. 4 d**
Aufnehmen auf Tonträger **201 I Nr. 1** 3
Aufrechnung bei Beleidigungen **199**
Aufrechterhalten des org. Zusammenhalts **84** 3, **I S. 1; 85 I S. 1;** richterlicher Entscheidungen **55** 29, **II;** der Verbindung zu Sabotageagenten **87** 10, **I Nr. 6**
Aufschub der Vollstreckung **79 a Nr. 2 a**
Aufschüttungen in einem Schutzgebiet **329 III Nr. 2**
Aufsicht des Bewährungshelfers **56 d,** *bei Strafrestaussetzung* **57 III;** s. Beaufsichtigung
Aufsichtsbeamter, Teilnahme an Straftaten Untergebener **357 II**
Aufsichtsbehörde, staatliche *als Antragsberechtigter* **77 a III S. 2**
Aufsichtsrat, Untreue durch – **266** 54; Vermögensbetreuung **266** 11
Aufsichtsstellen bei Führungsaufsicht **vor 68** 2; **68 a** 5, **I**
Aufstacheln zum Angriffskrieg **80 a,** 2; zum Hass gegen Teile der Bevölkerung **130 I Nr. 1**
Aufstiftung 26 3

Auftrag, behördlicher – **266 I;** Handeln auf Grund –s **14 II, III;** zu Sabotagehandlungen **87** 2; im – der Verwaltung **11 I Nr. 2 c**
Aufzeichnung, technische – **268** 3 ff., **II,** *Bestandsschutz* **274 I Nr. 1**
Augenscheinsobjekt 267 3, 6
Ausbeuten von Prostituierten **180 a I, II Nr. 2;** eines Schwächezustandes **291** 14
Ausbeuterische Zuhälterei 181 a I Nr. 1
Ausbeutung der Arbeitskraft **233;** sexuelle **232**
Ausbildung, auf – bezügl. Weisungen **56 c II Nr. 1; 68 b I Nr. 3, II S. 1;** Schweigepflicht **203 III S. 1**
Ausbildungsverhältnis, Missbrauch gegenüber Minderjährigen **180 III;** sexueller Missbrauch in – **174 I Nr. 1, 2; 174 a I**
Ausbruch v. Gefangenen **121 I Nr. 2, 3**
Auschwitzlüge 130 III
Ausdehnungsmodell bei actio libera in causa **20** 53
Ausfuhr v. falschen Ausweisen **276 I Nr. 1;** v. Fälschungsmitteln **275 I;** von Propagandamittel **86 I;** Unternehmen der – **184 I Nr. 9; 184 a Nr. 3; 184 b I Nr. 3**
Ausführung, Art der – der Tat **46** 33, **II**
Ausfuhrverbot für Kernbrennstoffe usw. **328 I;** Versuch **22** 15
Ausgaben, rechtsw. Abzüge bei amtlichen – **353 II;** unwirtschaftliche – **283 I Nr. 2**
Ausgleich mit dem Opfer *als Anweisung* **59 a** 4, **II Nr. 1,** *als Auflage* **56 b II Nr. 1,** *Strafmilderung o. Absehen v. Strafe* **46 a Nr. 2,** *Strafzumessung* **46** 47, **II;** Täter-Opfer– **46 a Nr. 1**
Auskundschaften v. Sabotageobjekten **87 I Nr. 2;** v. Staatsgeheimnissen **96** 2, **II**
Ausland, Begriff **vor 3** 20; Unternehmen mit Sitz im – **5 Nr. 7;** Untersuchungshandlungen im –, *Verjährungsunterbrechung* **78 c** 22, **I Nr. 12;** Vorstrafen im – **46** 38 a
Ausländer als Amtsträger **5 Nr. 13;** bandenmäßiges Einschleusen **261 I S. 2 Nr. 4 b,** 15; Begriff **7** 5; Doppelehen **172** 2; Entziehung der Fahrerlaubnis **69 b** 2; Fahrverbot **44 II;** Berücksichtigung kulturbedingter Anschauungen *bei Bewertung – als niedrige Beweggründe* **211** 29 f.; – *der Tatmotivation* **213** 13; Maßregeln gegen – **vor 61** 4; Strafzumessung **46** 43 ff.
Ausländereigenschaft als Strafzumessungsgrund **46** 43 ff.
Ausländervereine 85 6
Ausländische Amtsbezeichnung o. – Dienstbezeichnung, *unbefugtes Führen* **132 a I Nr. 1**
Ausländische Diplomaten vor 3 21
Ausländische Gesellschaft 266 53
Ausländische Macht 109 h 2
Ausländisches Recht, Anwendung **266** 53
Ausländische Schiffe, Bannware **297 III**
Ausländische Strafe, Anrechnung **51** 15, **III, IV S. 2**
Ausländische Strafvorschrift, Verstoß gegen – **184 I Nr. 9**
Ausländische Uniformen o. Amtskleidungen, *unbefugtes Tragen* **132 a I Nr. 4**
Ausländischer Führerschein 44 II
Ausländischer Staat, Angriff *gegen Organe o. Vertreter* **102;** Beleidigung *v. Organen o. Vertretern* **103;** Gegenseitigkeitsgrds. **104 a;** Hoheitszeichen *o. Flaggen* **104**
Ausländisches Rechtsgut vor 3 5
Auslandstaten Deutscher im Straßenverkehr **vor 3** 11; gegen inländische Rechtsgüter **5;** gegen international geschützte Rechtsgüter **6;** Teilnehmer an – **9 II;** als Vortaten *bei Geldwäsche* **261 VIII;** bei Wiederholungstat **176 a VI**
Auslegung, verfassungskonforme – **1** 11
Auslieferung, nicht erfolgende o. nicht ausführbare – **7 II Nr. 2; 79 b;** Spezialitätsbindung **vor 3** 22; zum Zweck v. Maßregeln **vor 61** 6
Auslieferungshaft, Anrechnung **51** 5
Auslieferungsverfahren, Ruhen der Verjährung bei – **78 b V**
Ausmaß, Subvention großen –es **264 II Nr. 1;** Vermögensverlust großen –es **263 III Nr. 2; 267 III Nr. 2;** Vorteil großen –es **335 II Nr. 1**
Ausnahmemodell bei actio libera in causa **20** 53
Ausnutzen von Amtsstellung zu sexuellen Handlungen **174 b;** v. Hilflosigkeit o. Bedrängnis **243** 21; von Krankheit oder Hilfsbedürftigkeit für sexuelle Handlungen **174 a II;** einer Lage *zur Erpressung* **239 a** 10 f., **I 2. HS;** der Mithilfe eines Amtsträgers **264 II Nr. 3;** schutzloser Lage zu sexueller Nötigung **177 I Nr. 3;** eines Schwächezustandes **291** 14; von Widerstandsunfähigkeit **179 I;** von Zwangslagen Jugendlicher **182**

Aussage, Auslandstat **5 Nr. 10;** falsche eidliche – **154;** Falschheit **153** 4 ff.; Falschheit bei Meideid **154** 6 ff.
Aussagedelikte 153–163; Rechtsgut **vor 153** 2
Aussageerpressung 343
Aussagegenehmigung 353 b 12
Aussagenotstand 157 I
Aussageverweigerung u. Strafzumessung **46** 50 ff.
Ausschließliche Wirtschaftszone vor 3 14; **5** 11 f.
Ausschluss schädlicher Umwelteinwirkungen **326 VI;** kein – der Strafaussetzung durch Anrechnung **56 IV S. 2**
Ausschreibung 298
Ausschreibungsbetrug 263 20; Gefährdungsschaden **263** 100; s. Submissionsbetrug
Ausschüsse, Berichte **37;** Nötigung *v. Mitgliedern* **106 I Nr. 2 a,** *v. Parlaments–n* **105 I Nr. 1;** parlamentarische Äußerungen **36;** Schweigepflicht v. Mitgliedern **203 II Nr. 4; 353 b II Nr. 1**
Außeneingriff, verkehrsfremder **315 b** 8 ff.
Außenwirkung bei erpresserischem Menschenraub **239 a** 5 f.
Äußere Sicherheit 5 Nr. 4; der BRep. **92 III Nr. 2;** Gefahr eines schweren Nachteils **93** 7
Außertatbestandliche Zielerreichung **24** 9
Äußerung, Begriff **185** 5; Formalbeleidigung **193** 44; parlamentarische **36;** zur Wahrnehmung berechtigter Interessen **193** 9 ff.
Äußerungsdelikte im Internet **184** 24 ff.
Aussetzung 221 I; eines Berufsverbots **70 a,** *Widerruf* **70 b I, II;** freiheitsentziehender Maßregeln **67 b; 67 c I S. 2, II S. 4; 67 d II,** *Prüfung* **67 e;** Führungsaufsicht u. – **68 g;** eines Kindes *o. einer anvertrauten Person* **221 II Nr. 1;** lebenslanger Freiheitsstrafe **57 a; 57 b;** Ruhen der Vollstreckungsverjährung **79 a Nr. 2 b;** des Strafrestes **57,** *bei Maßregelvollzug* **67 V S. 1,** *Nebenfolgen* **45 a III;** mit Todesfolge **221 III;** der Vollstreckung der Strafe s. Strafaussetzung
Ausspähen v. Daten **202 a;** landesverräterisches **96 I**
Aussperrung 240 49 a; als Sabotage **88** 4, 10
Ausspielung, Begriff **287** 3; unerlaubte Veranstaltung **287 I**
Ausstellen von Gesundheitszeugnissen, *unberechtigtes* – **277;** von unzutreffenden Gesundheitszeugnissen **278;** von Schriften usw. **74 d** 6
Aussteller der Urkunde **267** 2, *Erkennbarkeit* **267** 7
Ausstellung, Diebstahl aus einer – **243** 20, **Nr. 5**
Ausüben eines Berufs, Berufszweigs **145 c** 3 a, *Verbot* **70;** geheimdienstlicher Tätigkeit **99** 5; einer Tätigkeit **91** 3; **98** 2; verbotener Prostitution **184 d**
Ausübungsverbot für bestimmte Tätigkeiten **68 b I Nr. 4**
Auswärtiger Dienst, Vertrauensbruch **353 a**
Ausweis s. Amtliche Ausweise
Ausweispapier, Missbrauch 281
Auswirkungen der Tat **46 II**
Autobahn, Fahren entgegen der Fahrtrichtung **315 c I Nr. 2 f;** Wenden, Rückwärtsfahren **315 c I Nr. 2 f**
Autodiebstahl 243 2; Gebrauchsanmaßung **248 b**
Automat, Geldspiel– **265 a** 15; Leistungs– **265 a** 10 ff.; Waren– **265 a** 11 ff.
Automaten, Leistungserschleichung **265 a I**
Automatisiertes Verhalten vor 13 4
Autonome Motive beim Rücktritt **24** 19
Autonomieprinzip bei Selbstgefährdung **vor 13** 36
Auto-Surfen 315 b 12

B

BAföG-Betrug 263 23 a
BAföG-Leistungen, Betrug bei – **263** 23 a
Bagatelldelikte 248 a 1
Bagatellklausel 201 12, **II S. 2**
Bagatelltat, Unterbringung bei – **63** 17
Bahnübergänge, zu schnelles Fahren an –n **315 c I Nr. 2 d**
Bahnverkehr, Gefährdung im – **315 a;** gefährliche Eingriffe **315**
BAK, Abbauwert **316** 19, 21; Fahruntüchtigkeit ohne Feststellung der – **316** 38; Feststellung aus Trinkmenge **316** 21 ff.; Feststellung der – **316** 16 ff.; Feststellung durch Rückrechnung **316** 19 ff.; Grenzwerte für Fahruntüchtigkeit **316** 24 ff.; Irrtum über – **316** 44; und Schuldfähigkeit **20** 11 ff.; Widmark-Formel **316** 21
Bande 152 a III; 152 b II; 184 b III; Abgr. v. krimineller Vereinigung **129** 6 f.; Begriff **244** 17 ff.; gemischte **260** 3

Bandenbetrug 263 III Nr. 1; gewerbsmäßiger – **263 V;** Rechtsfolgen **263 VII S. 1**
Bandendiebstahl 244 I Nr. 2; 244 a; 245
Bandenhehlerei 260 I Nr. 2; gewerbsmäßige – **260 a**
Bandenmäßige Computersabotage 303 b IV Nr. 2
Bandenmäßige Erpressung 253 IV S. 2
Bandenmäßige Geldfälschung 146 II
Bandenmäßige Geldwäsche 261 VII S. 3
Bandenmäßige Untreue 266 II
Bandenmäßige Urkundenfälschung 267 III Nr. 1, IV
Bandenmäßige Zuhälterei 181 c S. 1
Bandenmäßiger Kinderhandel 236 IV Nr. 1
Bandenmäßiges Glücksspiel 284 III Nr. 2
Bandenraub 250 I Nr. 2; mit Waffen **250 II Nr. 2**
Bankautomat, unbefugte Geldbeschaffung am – **263 a** 12 ff.; **266 b** 7 ff.
Banken, Geldwäsche bei Überweisung **261** 29
Banknoten s. Geld
Bankrott 283; besonders schwerer Fall **283 a;** fahrlässiger – **283 IV, V;** Versuch **283 III**
Bannware, Gefährdung durch – **297;** Versuch des Verbringens **22** 15
Bargeld, Einziehung **286 II**
Baugefährdung 319
Beamter, Begriff **11 I Nr. 2 a;** Berufsverbot **70** 5; Nebenfolgen **45;** Pflichtwidrigkeit **332** 4 f.; üble Nachrede **187 a** 3; s. Amtsträger
Beauftragter einer Beratungsstelle, *Schweigepflicht* **203 I Nr. 4 a;** der Bundes- o. Landesregierung, *Ausnahmeklausel* **106 b II;** eines geschäftlichen Betriebes **299** 10, *Bestechlichkeit* **299 I,** *Bestechung* **299 II,** für Datenschutz **203 IIa;** *s. a. Datenschutzbeauftragter*
Beauftragung eines Sachverständigen, *Verjährungsunterbrechung* **78 c I Nr. 3**
Bedeutend, –er Schaden **125 a Nr. 4;** in –em Umfang **324 a** 10; –er Wert *in Brand gesetzter Sache* **263 III Nr. 5,** *bei Sachen* **315** 16
Bedeutung der Tat, *Verhältnismäßigkeit d. Einziehung* **74 b I;** Datenverarbeitung *von wesentlicher –* ***303 b II***
Bedeutungskenntnis, Parallelwertung des Laien **16** 14
Bedingter Vorsatz, Begriff **15** 9 ff.
Bedingung der Strafbarkeit, objektive –, *Begriff* **16** 27
Bedingungstheorie vor 13 21 f.
Bedrohung mit Gewalttätigkeit **125** 6, **I Nr. 2;** mit Verbrechen **241 I;** Nachstellen durch – **238 I Nr. 4**
Beeinflussung des Ergebnisses der Aufzeichnung **268 III**
Beeinträchtigung der äußeren o. inneren Sicherheit **92** 8; der beruflichen o. wirtschaftlichen Stellung **234 a** 10, **I;** besonders schwerwiegende – *v. Schutzobjekten* **330** 3, **I Nr. 1;** des Bestandes der BRep. **92** 2, **I;** der Brauchbarkeit **309 VI;** eines Interesses o. Rechtsgutes **34;** des Schutzzwecks **329 III;** v. Unfallverhütungs- u. Nothilfemitteln **145** 7 f., **II;** der Versorgung **316 b** 9
Beendigung, Rücktritt nach – **24** 14, 29; der Tat **22** 6, *als Verjährungsbeginn* **78 a** 2, **S. 1**
Befehl, bindender rechtswidriger – **vor 32** 16; Handeln auf – **vor 3** 42; **vor 32** 8
Befehligen einer bewaffneten Gruppe **127** 7
Befolgen eines Sabotageauftrags **87 I**
Befördern gefährlicher Stoffe **328 I, III Nr. 2;** von Personen zur Ausbeutung **233 a I;** wassergefährdender Stoffe **329 II Nr. 2**
Beförderungserschleichung 265 a I
Beförderungsmittel, Zerstörung usw. **315 I Nr. 1**
Befreiung v. Gefangenen **120 I**
Befriedeter Bannkreis, Verletzung **106 a**
Befriedetes Besitztum 123 I; 124
Befugnis zum Verweilen in fremden Räumen **123 I;**
Begehungsdelikte vor 13 16
Begehungsort 9; Erfolgsort **9** 4; bei Internet-Straftaten **9** 5 ff.; bei mittelbarer Täterschaft **9** 3; bei Teilnahme mehrerer **9** 10
Beglaubigte Abschrift 267 12 a
Begünstigung einer fremden Macht **94 I Nr. 2;** sachliche – **257;** als straflose Nachtat **257 III S. 1**
Behältnis, Diebstahl aus – **243** 14; verschlossenes **202** 6
Behandlung, lebensgefährdende **224 I Nr. 5;** als Weisung **56 c III Nr. 1**
Behandlungsabbruch 56 c 11
Behandlungsfehler 223 14
Behandlungsverhältnis, Ausnutzen zu sexuellen Handlungen **174 c I;** Missbrauch von – **174 c** 10 f.

Behandlungszeit, Anrechnung *als Verbüßung* **57 IV**
Beharrlichkeit des Nachstellens **238 I; 238** 18 ff.; des Zuwiderhandelns gegen ein Prostitutionsverbot **184 d**
Behauptung v. Bedeutung *für die Beziehungen der BRep.* **100 a** 2 f.; Begriff **186** 8; Beleidigung *trotz Wahrheit* **192;** unwahre – *zur Einleitung eines Verfahrens* **164 II;** unwahre o. entstellte – *über die BWehr* **109 d** 4 f.; verleumderische – **187**
Beherbergungsverbot 68 b I Nr. 3
Behinderung, Widerstandsunfähigkeit wegen **179 I**
Behörde, zur Abnahme eidesstattlicher Versicherung zuständige – **156** 4 ff.; Begriff **11 I Nr. 7;** Datenverarbeitung einer **– 303 b II;** als geschäftlicher Betrieb **299** 6; Nötigung einer – **129 a II**
Behördenbeleidigung vor 185 12, 14; Antragsrecht **194 III S. 2**
Behördlicher Auftrag 266 II
Beihilfe 27; zur Anstiftung **26** 12; **27** 2; zur Beihilfe **27** 3;durch berufstypisches Verhalten **27** 2 a f.; bei besonders schweren Fällen **46** 105; erfolglose, *Straflosigkeit* **30** 8; psychische, physische **27** 6 f.; sukzessive **27** 4
Beimischen gesundheitsschädlicher Stoffe **314** 3
Beinahe-Unfall 315 c 15, 16
Beischlaf, –ähnliche Handlungen **176 a II Nr. 1; 179 V Nr. 1;** Begriff **177** 62 ff.; Erniedrigung durch erzwungenen – **177** 69 f.; mit Kindern **176 a II Nr. 1;** Nötigung zum – **177 II Nr. 1;** zwischen Verwandten **173;** mit Widerstandsunfähigen **179 V Nr. 1**
Beiseiteschaffen v. Handelsbüchern usw. **283 I Nr. 6; 283 b I Nr. 2;** v. Vermögensbestandteilen **283 I Nr. 1; 283 d I; 288** 10, **I**
Beisetzungsstätte, Zerstörung usw. **168 II**
Beisichführen v. Waffen usw. **125 a** 3 f.; **244** 12
Beiträge, Vorenthalten, Veruntreuen v. –n **266 a I**
Bekanntgabe *im* Behördenverkehr **203** 42, **II S. 2;** der Einleitung des Ermittlungsverfahrens, *Verjährungsunterbrechung* **78 c** 9, **I Nr. 1;** der Verurteilung **103 II; 165; 200**
Bekanntwerden v. Geheimnissen **203** 9
Bekenntnis, religiöses o. weltanschauliches **166** 4
Bekräftigung, Berufung auf frühere – **155 Nr. 2;** eidesgleiche **155 Nr. 1**
Belästigung, sexuelle **vor 174** 6 a
Belege, Verwendung *v. nachgemachten o. verfälschten* – **264 II Nr. 1;** Verwendung nachgemachter **264** 46, **II Nr. 1**
Belehrung über Eidesverweigerungsrecht **154** 19; Falschaussage bei fehlerhafter – **153** 13
Beleidigung 185 ff.; Begriff **185** 4; von Behörden **vor 185** 12, 14, *Antragsrecht* **194 III S. 2;** Bekanntmachungsbefugnis **200;** formale **192; 193** 39; unter einer Kollektivbezeichnung **vor 185** 9 ff.; **185** 9; Kompensation **199** 5; durch Kunst **193** 35; in der öffentl. Meinungsbildung **188; 193** 17 ff.; v. Organen o. Vertretern *eines ausländischen Staates* **103;** v. Personenmehrheiten **vor 185** 12; schwere **213;** Strafantrag **194 I–III;** Verfolgungsermächtigung **194 IV;** verleumderische – **187;** trotz Wahrheitsbeweis **192;** Wahrheitsbeweis *durch Strafurteil* **190**
Belohnen v. Straftaten **140 Nr. 1**
Bemächtigen, Sich – **232 V;** Sich– eines Menschen **234** 2; **239 a I; 239 b I**
Bemühen, ernsthaftes **24** 36, 42; zur Schadenswiedergutmachung **46 II; 46 a Nr. 1; 56 II S. 2**
Benutzergruppe, geschlossene **184 b** 12
Benzindiebstahl 242 24
Beratungsstelle, anerkannte – **219** 5 ff.; Schweigepflicht **203 I Nr. 4, I Nr. 4 a**
Beratungsverhältnis, Ausnutzen zu sexuellen Handlungen **174 c I**
Berauschende Mittel 64 S. 1; 316; Vollrausch **323 a** 4
Berechtigte Interessen 193
Bereicherung 41; 253 3; bei Geheimnisverletzung **203 V**
Bereicherungsabsicht 41; 263 107 ff., **I**
Bereiterklären zur geheimdienstlichen Agententätigkeit **99 I Nr. 2;** zur landesverräterischen Agententätigkeit **98 I Nr. 2** 5; zur Verbrechensbegehung **30 II**
Bereitstellen v. Glücksspieleinrichtungen **284 I**
Bergwerk, Beschädigung *v. Betriebseinrichtungen* **318**
Berichte des Bewährungshelfers **56 d III;** über Parlamentsverhandlungen **37,** 3; unwahre – *im auswärtigen Dienst* **353 a**
Berichterstattung 86 III
Berichterstattungsprivileg 131 III
Berichtigung fahrlässigen Falscheids **163 II;** von Falschaussagen **158;** einer falschen Aussage s. Aussageberichtigung

Berufliche Sorgfaltspflichten 222 8 ff.
Berufliche Stellung, Gefahr *der Beeinträchtigung* **234 a I;** u. Strafzumessung **46** 44
Berufsausübung trotz Verbot **145 c**
Berufsbezeichnung, geschützte – **132 a I Nr. 2**
Berufspflicht, Gefahrenhinnahme aus – **35** 12; Verletzung von –en als Strafschärfungsgrund **46** 44
Berufsrichter, Strafantrag **77 a II S. 2**
Berufstypisches Verhalten 263 116; Strafvereitelung durch – **258** 7, 16 ff.
Berufsverbot 61 Nr. 6; 70 I S. 1; Aussetzung **70 a,** *u. Führungsaufsicht* **68 g;** Aussetzungswiderruf **70 b I, II;** gegen Beamte **45; 70** 5; Berufsgruppen **70** 5; Dauer **70** 12 ff., **I;** Erledigung **70 b V;** gegen Journalisten **70** 5; selbständige Anordnung **71;** Verbindung mehrerer Maßregeln **72;** Verstoß **145 c**
Berufsverschwiegenheit 203
Beschädigen v. Anlagen o. Beförderungsmitteln **315 I Nr. I;** v. Anlagen o. Fahrzeugen **315 b I Nr. 1;** einer Beisetzungsstätte **168 II;** einer beschlagnahmten Sache **136 I;** v. besonders geschützten Pflanzen **329 III Nr. 7;** v. Datenverarbeitungsanlagen *o. Datenträgern* **303 b I Nr. 3;** dem Fischereirecht unterliegender Sachen **293 I Nr. 2;** einer fremden Sache **303 I;** v. gemeinschaftswichtigen Einrichtungen u. Anlagen **316 b;** v. Handelsbüchern **283 I Nr. 6; 283 b I Nr. 2;** v. Hoheitszeichen **90 a II S. 1; 104;** dem Jagdrecht unterliegender Sachen **292 I Nr. 2;** eines Luftfahrz. O. seiner Ladung **316 c I Nr. 2;** als Sabotage **87 II;** v. Telekommunikationsanlagen **317;** v. Urkunden **274** 4; v. Vermögensbestandteilen **283 I Nr. 1; 283 d I;** v. Wehrmitteln **109 e I;** wichtiger Anlagen **318**
Beschäftigungsverbot 68 b I Nr. 3
Bescheinigung über Steuerfeststellungen **355 I Nr. 1 c;** über eine Subventionsberechtigung **264 I Nr. 4;** s. Beratungsnachweis
Beschimpfender Unfug 167 I Nr. 2; 168 II; an Staatssymbolen **90 a II S. 1**
Beschimpfung v. BRep., Ländern, verfassungsgemäßer Ordnung **90 a I Nr. 1;** des Inhalts v. religiösen Bekenntn. *166 I; v. Teilen der Bevölkerung* **130 I Nr. 2**
Beschlagnahme, Anordnung *als Verjährungsunterbrechung* **78 c I Nr. 4;** eines Fahrzeuges, *Gefahr der* – **297 I Nr. 1;** des Führerscheins, *Anrechnung* **51 V;** Wirkung für Verfall **73 e** 3
Beschleunigungsgebot, Verstoß **46** 61 ff.; s. Verfahrensverzögerung
Beschneidung als Körperverletzung **223** 6b
Beschreibung v. Wehrmitteln **109 k;** v. Wehrmitteln usw. **109 g**
Beschuldigtenvernehmung als Verjährungsunterbrechung **78 c I Nr. 1, 2**
Beschützergarant 13 9; Amtsträger als – **vor 324** 18
Beseitigen v. Abfällen **326** 7 ff., **I;** v. Anlagen o. Beförderungsmitteln **315 I Nr. 1;** v. Anlagen o. Fahrzeugen **315 b I Nr. 1;** bestimmter Kennzeichen **74 b II Nr. 2;** v. Datenverarbeitungsanlagen *o. Datenträgern* **303 b I Nr. 2;** v. Entwertungszeichen **148 II;** v. gemeinschaftswichtigen Einrichtungen u. Anlagen **316 b;** v. Gewässern *in einem Schutzgebiet* **329 III Nr. 3;** als Sabotagehandlung **87 II Nr. 2;** v. Telekommunikationsanlagen **317;** v. Unfallverhütungs- u. Nothilfemitteln **145 II;** v. Verfassungsgrundsätzen **92** 8, **III Nr. 3;** v. Warn- o. Verbotszeichen **145 II Nr. 1;** v. Wehrmitteln usw. **109 e I**
Besitz kinderpornografischer Schriften **184 b IV;** –lage bei Hehlerei **259** 3 ff.; als Vermögenswert **263** 76; Verschaffen des –es **184 b III, V;** s. Gewahrsam
Besitzaufgabe 242 7
Besitzdiener 242 11, 14
Besitztum, befriedetes **124,** *Begriff* **123** 8, *Bruch des Hausfriedens* **123 I**
Besitzverbot 56 c II Nr. 4; 68 b I Nr. 5
Besondere gesetzliche Milderungsgründe 49
Besondere persönliche Merkmale 14 II; 28 I; bei versuchter Beteiligung **30** 5
Besondere Schwere der Schuld 57 a 6 ff.; **211** 100; Aussetzung lebenslanger Freiheitsstrafe **57 a I Nr. 2; 57 b;** Feststellung in Altfällen **57 a** 15; bei lebenslanger Gesamtfreiheitsstrafe **57 b** 2; Schwurgerichtslösung **57 a** 14
Besondere Tatfolge 11 II
Besondere Umstände, Halbstrafenaussetzung bei –n **57** 28 ff.; in der Tat o. der Persönlichkeit **47** 5 f., **I; 56 II; 57 II Nr. 2; 59 I Nr. 2**
Besondere Vorrichtungen für Explosions– *o. Strahlungsverbrechen* **310** 6
Besonderes öffentliches Interesse 205 I S. 2; 230 I S. 1; 230 3 ff. ; **248 a** 7

Besonders schwere Brandstiftung 306 b
Besonders schwere Fälle 12 11; **46** 88ff.; benannte **46** 90ff.; Beteiligung **46** 105; Doppelverwertungsverbot **46** 82; Tatbestandsirrtum **16** 11; unbenannte **46** 89; Versuch **22** 38; **46** 97ff.
Besonders Verpflichtete, Auslandstaten **5 Nr. 12 bis 14;** Bestechung **334 I;** zur Geheimhaltung **94** 9; für den öffentlichen Dienst **11 I Nr. 4,** *Bestechlichkeit* **332 I,** *Strafantrag* **77 a,** *Verschwiegenheitspflicht* **203 II Nr. 2; 353 b I Nr. 2; 355 II Nr. 1,** *Vorteilsannahme* **331 I,** *Vorteilsgewährung* **333 I**
Bestand der BRep. **92** 2ff., **I;** v. Tieren o. Pflanzen, *Gefährdung* **326 I Nr. 4 b,** *nachhaltige Schädigung* **330** 5, **I Nr. 3**
Bestandshochverrat gegen die BRep. **81 I Nr. 1;** gegen Länder **82 I Nr. 1;** Tathandlung **81** 3; Vorbereitung **83**
Bestattungsfeier, Störung **167 a**
Bestechlichkeit v. Amtsträgern **332 I;** besonders schwere Fälle **335;** Geldwäsche **261 I S. 2 Nr. 2 a;** im geschäftlichen Verkehr **299 I,** *besonders schwere Fälle* **300,** *Strafantrag* **301;** v. Richtern **332 II;** Unrechtsvereinbarung **332** 7; v. Wählern **108 b II**
Bestechung, Abgeordneten– **5 Nr. 14 a; 108 e I;** v. Amtsträgern usw. **334 I;** von Angestellten **299 II;** besonders schwere Fälle **300; 335;** durch – erwirkte Zulassung **330 d Nr. 5;** Geldwäsche **261 I S. 2 Nr. 2 a;** mittelbare – **331** 12; v. Richtern **334 II;** Versuch **334 II S. 2;** v. Wählern **108 b I;** *s. a. Schmiergeld*
Bestellung, Aufgeben von **238 I Nr 3**
Bestimmen, einen anderen – **26; 30;** eines Jugendlichen zu sex. Handlungen **182 I Nr. 2;** von Kindern zu sexuellen Handlungen **176 II, IV Nr. 2;** von Minderjährigen zu sexuellen Handlungen **180 II;** zu sexuellen Handlungen **179 II**
Bestimmtheitsgrundsatz 1; vor 13 13
Bestrebungen, verfassungswidrige – **92** 8, **III**
Betätigung als Mitglied *einer verbotenen Partei oder Vereinigung* **85 II,** *einer verfassungswidrigen Partei* **84 II**
Betäubungsmittel als Gewalt **240** 12; Handeltreiben mit –n **vor 52** 15; straflose Teilnahme **vor 25** 7; Strafzumessung **46** 35; Überlassung **222** 29; unbefugter Vertrieb **6 Nr. 5;** Vergehen *als Geldwäschevortaten* **261 I S. 2 Nr. 2 b**
Beteiligung 25 ff.; Begehungsort bei – mehrerer **9** 10; am Glücksspiel **285;** an krimineller Vereinigung **129 I;** mehrerer u. besonderer Erfolg **18** 3; Rücktritt bei – mehrerer **24** 37; Rücktritt vom Versuch der – **31;** an einer Schlägerei **231;** Täuschung über die – **145 d II;** an terroristischer Vereinigung **129 a I, II;** Unfall– **142 V;** Versuch **30**
Betreiben, unerlaubtes – *v. Anlagen* **327** 12, **II** 4; **329 I, II,** *v. kerntechnischen Anlagen* **327 I**
Betreuer als Verletzter **247**
Betreuung durch Bewährungshilfe **56 d III S. 1;** bei Führungsaufsicht **68 a II**
Betreuungsverhältnis, Ausnutzen zu sexuellen Handlungen **174 c I;** Missbrauch gegenüber Minderjährigen **180 III;** sexueller Missbrauch in – **174 I Nr. 1, 2; 174 a I**
Betrieb 14 8; **265 b III Nr. 1;** Datenverarbeitung eines fremden –s **303 b II;** feuergefährdeter – **306 f** 3, **I Nr. 1;** gemeinschaftswichtiger – **316 b** 2ff.; geschäftlicher – **299** 3f.; einer kerntechnischen Anlage **311** 5a, **III Nr. 1;** Prostitutions– **180 a I**
Betriebliche Anlage **329** 7
Betriebsbeauftragter vor 324 22a
Betriebsbesetzung 123 39; **240** 49a
Betriebsbezogenheit 14 11
Betriebsgeheimnis, Verletzung **203 ff.; 355 I Nr. 2,** *als Auslandstat* **5** 7, **Nr. 7**
Betriebsstätte 306 4; Brandstiftung **306 I Nr. 2;** kerntechnische – **327 I Nr. 2**
Betrug 263; Anstellungs– **263** 91f.; Banden– **263 III Nr. 1, VII;** besonders schwere Fälle **263 III;** gewerbsmäßiger – **263 III Nr. 1, VII S. 2;** gewerbsmäßiger Banden– **263 V;** Haus- u. Familien– **263 IV;** Subventions– **264;** Versicherungs– **263 III Nr. 5;** Versuch **263 II**
Bettelbetrug 263 36, 79
Beute, Sicherung **252;** Verheimlichen der – **57 V**
Bevölkerung, Einschüchterung der – **129 a II;** Teile der – **130 I;** Versorgung der – **303 b IV Nr. 3; 316 b III;** Versorgungseinrichtungen **88 I Nr. 3**
Bevorstehen v. Straftaten, *Täuschung über das* – **126** 8, **II; 145 d** 6, **I Nr. 2**
Bevorzugung 299 14
Bewaffnete Gruppe, Bildung **127**
Bewährung, Aussetzung des Strafrestes zur – **57;** Aussetzung der Unterbringung **67 d II;** s. Strafaussetzung

Bewährungsauflagen 56 b; bei Strafrestaussetzung **57 III; 57 a III S. 2;** bei Verwarnung **59 a II;** s. Auflagen
Bewährungsbruch 46 38
Bewährungsfrist, Beginn **56 a** 2; Verkürzung **56 a** 3
Bewährungshelfer, Stellung **56 d** 5; bei Strafrestaussetzung **57** 39
Bewährungshilfe 56 d
Bewährungszeit, Ablauf *bei Verwarnung* **59 b II;** bei Aussetzung lebenslanger Freiheitsstrafe **57 a** 24; Beginn **56 a II S. 1;** Dauer **56 a,** *bei ausgesetztem Berufsverbot* **70 a III,** *bei nachträglicher Gesamtstrafe* **58 II S. 1,** *bei Strafrestaussetzung* **57 III S. 1,** *bei Verwarnung* **59 a I;** Verlängerung **56 f** 16 f.
Beweggrund, niedriger bei Mord **211** 14 ff.
Beweggründe 24 19; des Täters **46 II**
Bewegliche Sache 242 4
Bewegungsfreiheit von Prostituierten **181 a II**
Beweis der Wahrheit *durch Strafurteil* **190**
Beweisbestimmung 267 9
Beweiseignung 267 10
Beweiserhebliche Daten 269 3; Bestandsschutz **274 I Nr. 2;** Fälschung **269** 4 f., **I**
Beweiserheblichkeit 271 9
Beweisfälschung, landesverräterische **100 b**
Beweislast bei übler Nachrede **186** 11
Beweismittel, Verfälschen von – **258** 21 f.
Beweiswirkung bei öffentlichen Urkunden **271** 8 ff.
Beweiszeichen 267 4
Bewertungseinheit vor 52 12 ff., 52; bei Absatzdelikten **vor 52** 19
Bewirken v. Kernspaltungsvorgängen **311 I Nr. 2;** einer unrichtigen Beurkundung **271 I**
Bewusste Fahrlässigkeit 15 13; u. bedingter Vorsatz **15** 9
Bewusstlosigkeit, Heimtücke bei – **211** 42
Bewusstsein der Rechtswidrigkeit **vor 13** 50; s. Kenntnis
Bewusstseinsstörung 20 27 ff.; Widerstandsunfähigkeit wegen – **179 I Nr. 1**
Bezeichnung als subventionserheblich **264 VIII Nr. 1**
Beziehungen, friedensgefährdende – **100 I**
***Beziehungsgegenstände* 74** 10
Bezugnahmen in Urteilsgründen **46** 106
Bigamie 172
Bilanz, Begriff **283** 25 ff.; unrichtige o. unvollständige – **265 b I Nr. 1 a; 283 I Nr. 7 a; 283 b I Nr. 3 a;** Unterlassung **283 I Nr. 7 b; 283 b I Nr. 3 b**
Bildaufnahmegeräte, Einziehung **201 a IV**
Bildaufnahmen, befugte **201 a III;** Übertragen von – **201 a I;** unbefugte **201 a I, II;** Verletzung durch unbefugte – **201 a**
Bildträger, Einziehung **74 d;** Einziehung von –n **201 a IV**
Billigen v. Straftaten **140 Nr. 2**
Bindungswirkung v. Zivilurteilen **170** 5
Binnenschiffsverkehr, Vorschriften **315 a** 7; s. Schiffsverkehr
Biologische Waffen, Verbot **vor 306** 1
Blankettfälschung 267 22; **275 I Nr. 3**
Blankettgesetz 1 5a; **2** 13a; Tatbestands- u. Verbotsirrtum **17** 11
Blut als Leichenteil **168** 5, 13
Blutalkoholkonzentration, Bedeutung f. Schuldfähigkeit **20** 17 ff.; Beweiswert f. Schuldfähigkeit **20** 24 ff.; Feststellung **20** 12 ff.; s. BAK
Blutentnahme, Widerstand gegen – **113** 14
Blutprobe, Feststellung der BAK aus – **316** 17 ff.
Blutrache 211 29 f.
Bluttransfusion vor 211 21, 24; **223** 13; **228** 6, 12; **323 c** 6
Boden, besonders schwerwiegende Beeinträchtigung **330** 3, **I Nr. 1;** Giftfreisetzung im – **330 a** 3; Schutz des –s **324 a;** Verunreinigung **324 a** 4 f.
Bodenbestandteile, Abbau *in einem Schutzgebiet* **329 II Nr. 3, III Nr. 1**
Borderline-Störung 20 41
Böswillig verächtlich machen **90 a I Nr. 1; 130 I Nr. 2, II Nr. 1**
Brandgefahr, Verursachung einer – **306 f**
Brandlegung, Zerstörung durch – **306** 15; s. Brandstiftung
Brandstiftung 306; betrügerische – **263 III Nr. 5; 306 b** 9 a; fahrlässige – **306 d;** gesundheitsgefährdende – **306 a** 10 ff., **II;** gesundheitsschädigende – **306 b I;** in Luftfahrzeugen **316 c I Nr. 2;** schwere – **306 a;** Tätige Reue **306 e;** mit Todesfolge **306 c;** mit Todesgefährdung **306 b II Nr. 1;** Versicherungsbetrug **263 III Nr. 5**
Briefgeheimnis 202; 206
Briefmarken s. Wertzeichen
Brücke, Beschädigung **318**
Brunnen, Vergiftung **314 I Nr. 1**
Bruttoprinzip beim Verfall **73** 3, 7

BtM-Delikte als Anlasstat *für Entziehung der Fahrerlaubnis* **69** 42 ff.
Bücher, öffentliche – **271** 12 f.; **348** 4 ff.
Buchführung, Gefährdungsschaden bei fehlerhafter – **266** 61
Buchführungspflicht, fahrlässige Verletzung **283 b II;** Verletzung **283** 19 ff., **I Nr. 5; 283 b I**
Buchprüfer, geschützte Berufsbezeichnung **132 a I Nr. 2;** Schweigepflicht **203 I Nr. 3**
Bund, Hochverrat gegen den – **81,** *Vorbereitung* **83 I**
Bundesadler, Verunglimpfung **90 a** 9 f.
Bundesautobahn s. Autobahn
Bundesflagge 4; Verunglimpfung **90 a** 9 ff., 13 ff., **I Nr. 2, II S. 1**
Bundesgebiet, Abtrennung *als Bestandsbeeinträchtigung* **92** 4, **I**
Bundespräsident, Nötigung **106 I Nr. 1;** Verunglimpfung **90** 2, **I**
Bundesrat, Nötigung **105 I Nr. 1,** *v. Mitgliedern* **106 I Nr. 2 a;** Störung der Tätigkeit **106 b;** Verfolgungsermächtigung **194 IV;** Verunglimpfung **90 b I**
Bundesregierung, Irreleitung **353 a;** Nötigung **105 I Nr. 3,** *v. Mitgliedern* **106 I Nr. 2 c;** Sicherheit der – **303 b IV Nr. 3;** Störung der Tätigkeit **106 b;** Strafantrag **77 a IV;** Verunglimpfung **90 b I**
Bundesrepublik, Agententätigkeit gegen die – **98; 99;** Beeinträchtigung des Bestandes **92 I;** Beschimpfung o. Verächtlichmachung **90 a I Nr. 1;** Bestandshochverrat **81** 3, **I Nr. 1,** *gegen ein Land* **82 I Nr. 1,** *Vorbereitung* **83 I;** Beteiligung an einem Angriffskrieg **80;** Farben, Flagge, Hymne **90 a** 9, *Einwirkung auf* **90 a II S. 1,** *Verunglimpfung v.* **90 a** 10, **I Nr. 2;** friedensgefährdende Beziehungen **100 I;** Landesverrat **94;** landesverräterische Fälschung **100 a;** Offenbarung v. Staatsgeheimnissen **95;** Preisgabe v. Staatsgeheimnissen **97;** Sicherheit der – **92** 8, *Beeinträchtigung* **92 III Nr. 2;** Verfassungshochverrat **81** 4, **I Nr. 2,** *gegen ein Land* **82 I Nr. 2;** Verrat illegaler Geheimnisse **97 a;** s. Bund
Bundestag, Immunität, *Ruhen d. Verjährung* **78 b** 6, **I Nr. 2, II;** Indemnität **36** 1; **37;** Nötigung **105 I Nr. 1,** *v. Mitgliedern* **106 I Nr. 2 a;** Störung der Tätigkeit **106 b;** Wahldelikte **107 ff.**
Bundesverfassungsgericht, Nötigung **105 I Nr. 3,** *v. Mitgliedern* **106 I Nr. 2 c;** Verstoß gegen Parteiverbot **84;** Verunglimpfung **90 b I**
Bundesversammlung, Nötigung **105 I Nr. 2,** *v. Mitgliedern* **106 I Nr. 2 b;** parlamentarische Äußerungen auf –en **36**
Bundeswehr, Beleidigung **vor 109** 3; Einwirkungen auf – **89** 2, **I;** Störpropaganda gegen – **109 d I;** Strafantrag **77 a I; 194 III S. 1;** Straftaten gegen – **109 ff.;** Zerstörung *v. Kraftfahrzeugen* **305 a I Nr. 2**
Bundeswehrsoldat, Auslandstaten gegen – **5 Nr. 14;** Bestechung **334 I;** Vorteilsgewährung **333 I**
Bürgschaften als Kredit **265 b III Nr. 2**
Bußgeldverfahren, verbotene Mitteilung *amtlicher Schriftstücke* **353 d Nr. 3**

C

Cache-Speicher als Datenspeicher **184 b** 20
Caching 184 30
Cannabis, Notstand bei Umgang mit – zur Schmerztherapie **34** 5
Chantage 253 7; Notwehr **32** 38
Chemische Waffen, Verbot **vor 306** 1
Codekarte, Diebstahl **242** 26, 36; **248 a** 4; Missbrauch am Bankautomaten **266 b** 7 ff.; missbräuchliche Verwendung **263 a** 12 ff.
Codierung von Zahlungskarten **152 a IV Nr. 2; 152 b IV Nr. 2**
Computerbetrug 263 a I; Dreiecks– **263 a** 21; Versuch **263 a II**
Computer-Hardware, Zerstörung usw. **303 b I Nr. 3**
Computerprogramm zur Fälschung **149 I Nr. 1;** zur Vorbereitung des Ausspähens und Abfangens von Daten **202 c I Nr. 2**
Computersabotage 303 b; Vorbereiten der – **303 b V**
Computerviren 303 a 7 f., 12; **303 b** 14
conditio-sine-qua-non-Formel vor 13 21
Corpus Juris Einl. 11

D

Damm, Beschädigung **318**
Darbietung, pornografische **184 c;** im Rundfunk, *gewaltverherrlichende* **131 II,** *volksverhetzende* **130 II Nr. 2**
Darlehen, Aufklärungspflicht **263** 26; kapitalersetzende – **vor 283** 9

Darstellungen, beleidigende – **186 bis 188;** v. Daten, Mess- o. Rechenwerten **268** 3ff., **II;** Einziehung **74d;** v. Gewalttätigkeiten **131** 5f.; pornografische **184ff.;** der wirtschaftlichen Verhältnisse **265b I Nr. 1a**
Dateien, öffentliche – **271** 13; **348** 4ff.
Daten, Abfangen von – **202b;** Ausspähen von – **202a;** Begriff **202a II, 202a** 3; **303a** 3; beweiserhebliche – **269** 3; Darstellung v. – **268** 4; -eingabe **303b I Nr. 2;** elektronische **263a** 3; fremde **303a** 4ff.; **303b II;** Kopieren von – **303a** 6; löschen usw. **303a I; 303b I Nr. 1,** *beweiserheblicher* – **274 I Nr. 2;** missbräuchliche Verwendung personenbezogener – **238 I Nr. 3;** Speichern von – **202a** 5; Übermitteln von – **202a** 6; unbefugte Verwendung **263a** 9ff.; Verfügungsrecht über – im Internet **303a** 7; Verwendung unrichtiger **263a** 7f.; Verschaffen von – **202b;** Verschaffen von Zugang **202a;** Vorbereiten des Ausspähens und Abfangens von – **202c;** Zugangssicherung **202a** 8
Datendiebstahl 242 3
Datennetz s. Internet
Datennetze, Verbreiten in –n **184** 23ff.
Datenschutz 203 IIa; 203 29a ff., 38; **353b** 13b
Datenschutzbeauftrager 203 IIa, Befugnis zur Offenbarung **203** 38; **353b** 13b
Datenspeicher 11 III; Arbeitsspeicher als – **184b** 20; Begriff **11** 36f.; Besitz an – **184b** 22f.; Cache-Speicher als – **184b** 20; Einziehung **74d** 2; Verbreiten durch E-Mail **184b** 15; Verbreiten von –n **184** 33ff.; **184b** 9; Zugänglichmachen in –rn **86 I**
Datenspeicherung in Zwischenspeichern **184** 30
Datenträger 140 7; Zerstören usw. **303b I Nr. 3**
Datenübermittlung 202a II; 202b; 303b I Nr. 2
Datenunterdrückung 303a I; 303b I Nr. 1; beweiserhebliche – **274 I Nr. 2**
Datenveränderung 303a I; 303b I Nr. 1; beweiserhebliche – **269** 4f., **I**
Datenverarbeitung, Beeinflussung des Ergebnisses **263a** 20f.; Begriff **303b** 4f.; Einwirken auf den Ablauf **263a** 18f.; fremde **303b II;** –sanlage **303b** 14; Stören *einer* – ***303b I;*** **303b** 9f.; Täuschung im Rechtsverkehr bei – **270;** wesentliche Bedeutung **303b** 10ff.
Datenverarbeitungsanlage, Abstrahlung einer – **202b;** Zerstören, Beschädigen, Verändern von – **303b I Nr. 3**
Datenverarbeitungsvorgang 263a 3
Datenverschlüsselung 202a 9a
Dauerdelikt vor 52 58ff.; Begehungsort **9** 3; Begehungszeit **8** 3; Gesetzesänderung **2** 3; u. nachträgliche Gesamtstrafe **55** 7; Notwehr **32** 18; Strafantragsfrist **77b** 4a
Dauergefahr als gegenwärtige Gefahr **34** 5
Dauernde Entstellung 226 I Nr. 3
Dauerstraftat, Klammerwirkung **vor 52** 32f.
DDR, Alttaten **2** 9a, 12a ff.; **vor 3** 36ff.; Beitritt als Gesetzesänderung **2** 5; Justiz-Unrecht **339** 16ff.; Landesverrat durch –Bürger **94** 1; Bestimmung des milderen Rechts **2** 9a; Rückwirkungsverbot **1** 14f.; – StGB **2** 9a; **vor 3** 34ff.; Verjährung **vor 78** 6ff.
Deal *s. Absprache; s. Urteilsabsprache*
Defensivnotstand vor 32 9; **34** 22
Deich, Beschädigung **318**
Demokratische Grundordnung, Verstoß gegen die freiheitliche – **93 II**
Demokratischer Rechtsstaat, Gefährdung **5 Nr. 3; vor 80** 3; **84ff.**
Demonstrationen, Abgr. zur Zusammenrottung **124** 5; Gewalttätigkeiten **125** 7, **I**
Denial-of-Service-Attacken 303b 12
Denunziation, politische **241a**
Deskriptive Tatbestandsmerkmale 16 4
Deutscher 7 2f., 9a
Dialer 202a 11a
Diebesfalle 242 23
Diebeswerkzeug, Besitzverbot **56c II Nr. 4**
Diebstahl 242ff.; Banden– **244** 16ff., **I Nr. 2;** besonders schwere Fälle **243;** Feld- u. Forst – **242** 60; Führungsaufsicht **245;** – geringwertiger Sachen **248a;** Haus- u. Familien– **247;** herrenloser Sachen **242** 6; bei Miteigentum **242** 5; räuberischer – **252;** versuchter – **242** 55; mit Waffen **244** 2, **I Nr. 1;** wilder Tiere, Fische **242** 6; Wohnungseinbruchs– **244 I Nr. 3**
Dienstaufsicht 258a 2
Dienstausübung 331 6f.; Vorteilsannahme für – **331** 21ff., **I;** Vorteilsgewährung für – **333 I**
Dienstbezeichnung, unbefugtes Führen **132a I Nr. 1**
Dienstgeheimnis, Begriff **353b** 7f.; Verletzung **353b I**

Diensthandlung, Pflichtwidrigkeit **332** 4 f.; Rechtmäßigkeit der – **113 III, IV;** Unterlassen als – **336**
Dienstliche Anzeigen 193, 40
Dienstlicher Aufenthalt, Straftaten **5 Nr. 12**
Dienstpflichtverletzung, falsche Verdächtigung **164 I**
Diensträume, Eindringen in – **123; 124**
Dienststelle 88 I Nr. 4
Dienstverhältnis, Missbrauch gegenüber Minderjährigen **180 III**
Dienstvorgesetzter, Strafantragsrecht **77 a; 194 III S. 1; 230 II S. 1; 355 III S. 1;** Teilnahme an Straftaten Untergebener **357 I**
Differenzgeschäfte, unwirtschaftliche – **283** 9, **I Nr. 2**
Diplomaten, Angriff gegen – **102;** Beleidigung v. – **103**
Diplomatische Beziehungen u. Auslandsstaaten **104 a**
Diplomatischer Ungehorsam 353 a
Direkter Vorsatz 15 6 f.
Diskontierung als Kredit **265 b III Nr. 2**
Distanzdelikte vor 3 26; **vor 80** 5; Tatort **9** 5
Disziplinarmaßnahmen, Anrechnung **51** 5
Disziplinarverfahren, verbotene Mitteilung *amtlicher Schriftstücke* **353 d Nr. 3**
Disziplinarvorgesetzter, Strafantragsrecht **77 a II S. 2**
Dolmetscher, Falschaussage **153** 10; Meineid **154** 9; **155** 5
dolus alternativus 15 12
dolus directus 15 6 f.
dolus eventualis 15 9 ff.
dolus generalis 15 11, 11 d; **16** 7, 9
dolus subsequens 15 4
Doping 222 29; **223** 14; **228** 23 f.; **263** 20
Dopingmittel, Minderung der Steuerungsfähigkeit durch – **21** 25 c
Doppelbestrafung, Verbot der – *u. Anrechnung ausl. Strafe* **51** 16 f.
Doppelehe 172
Doppelselbstmord 216 5
Doppelverwertung v. Milderungsgründen **50**
Doppelverwertungsverbot 46 76, **III;** Einzelfälle **46** 77 ff.
Dreiecksbetrug 263 47
Dreieckserpressung 253 9; **255** 3
Dreiecksnötigung 240 14, 37
Drittbereicherung 263 I
Dritteigentum, Einziehung **74 II Nr. 2, III; 74 a; 74 b; 74 f;** Erweiterter Verfall bei – **73 d** 15
Dritteinziehung 74 14; **74 a; 92 b** 3; **109 k S. 2; 184 b VI S. 2;** Entschädigung **74 f**
Drittmittelforschung als Vorteilsannahme **331** 27
Drittzueignung 242 45; **246** 11 f.; von Sicherungsgut **246** 12
Drittzuwendung bei Vorteilsannahme **331** 12 f., 16
Drogen, Fahruntüchtigkeit durch – **316** 39 ff.; Körperverletzung durch Verabreichen von – **223** 6 a
Drogenabhängigkeit 21 13, 26; Therapieweisung **56 c III Nr. 1;** Unterbringung bei – **63** 9 f.; **64**
Drohen einer Gefahr **34**
Drohung, Begriff **240** 31; gegen Dritte **240** 37; mit einem empfindlichen Übel **240** 30 ff., **I;** gegen ein Entführungsopfer **239 b** 4; bei Erpressung **253** 6 ff.; Form **249** 14; Fortwirken als Nötigungsmittel **177** 20; durch Fortwirken von Gewalt **249** 13; mit Gewalt **81** 6; **113** 26, **I;** durch Gewalthandlung **249** 13 ff.; durch konkludente Äußerung **177** 21 f.; sexuelle Nötigung durch – **177 I Nr. 2;** mit Straftaten **126** 5, **I;** mit Unterlassen **240** 34; **253** 6 a f.; Verwerflichkeit **240** 50 f.
Druckschriften s. Schriften
Duldung v. Ausländern **276 a;** behördliche – **vor 324** 11; als Nötigungserfolg **240** 55
Durchfuhr 22 18
Durchschriften 267 12
Durchsuchungsanordnung als Verjährungsunterbrechung **78 c I Nr. 4**

E

Echtheit von Geld **146** 2; der technischen Aufzeichnung **268** 11 a; einer Urkunde **267** 18
EC-Karte, Fälschung **152 a; 152 b;** Missbrauch am Bankautomaten **266 b** 7 ff.; Schaden bei täuschungsbedingtem Erlangen **263** 101a
EG-Recht, Subventionen **264** 12, **VII S. 1 Nr. 2**
Ehe, Doppel– **172;** Nötigung zur Eingehung einer – **240 I Nr. 1**
Eheberater, Schweigepflicht **203 I Nr. 4**
Ehegatte, Angehöriger **11 I Nr. 1 a;** Garantenstellung **13** 13; Strafantrags-

recht **77 II S. 1;** Zuhälterei am –n **181 a III**
Ehre, Begriff **vor 185** 2 ff.; **185** 3; Kollektiv– **vor 185** 9 ff.; mögliche Inhaber **vor 185** 8 ff.; Notstand **34 S. 1;** Notwehr **32** 8
Ehrenmord 211 29
Eid 154 4; Berufung auf früheren – **155 Nr. 2;** Falsch– *als Auslandstat* **5** 10, **Nr. 10;** tätige Reue s. Aussageberichtigung
Eidesnotstand s. Aussagenotstand
Eidesstattliche Versicherung 156; Berichtigung **158,** s. Aussageberichtigung; fahrlässige falsche – **163;** Verleitung zur falschen – **160;** Versuch der Anstiftung zur falschen – **159**
Eifersuchtswahn 20 41
Eigengewässer, nationale **vor 3** 13
Eigenhändige Delikte vor 13 42a; Anstiftung **26** 12; Täterschaft **25** 6, 15
Eigenheimzulage als Vermögensvorteil **263** 42
Eigennutz, strafbarer – **284 ff.;** bei Vorteilsannahme **331** 12 f.
Eigenschaften des Bodens **324 a** 5; eines Gewässers **324** 6; persönliche **14 I, II; 28** 4; persönliche – des Täters als Tatbestandsmerkmal **16** 5
Eigentum, Notstand **34 S. 1**
Eigentumsübergang bei Einziehung **74 e I;** bei Verfall **73 e I S. 1**
Eigenverantwortliches Handeln vor 13 36; **vor 211** 10; **222** 3, 28 ff.; **228;** Einwilligung **vor 32** 3 a f.; u. Garantenstellung **13** 27; **vor 211** 12
Eignung zum Führen von Kfz **69; 69 a**
Eignungsmangel, charakterlicher **69** 18, 37 ff.
Einbehalten v. Teilen des Arbeitsentgelts **266 a III**
Einbringen v. Stoffen **324 a** 4
Einbruchsdiebstahl 243 I Nr. 1; 244 I Nr. 3
Eindringen in fremden Raum **123** 14 ff., **I;** in den Körper **176 a II Nr. 1; 177 II Nr. 1; 179 V Nr. 1;** Teilnahme **124** 11; widerrechtl. **124** 7; **243 I Nr. 1**
Einführen v. Bannware **297;** v. falschen Ausweisen **276 I Nr. 1;** v. Fälschungsmitteln **275 I;** v. Kernbrennstoffen usw. **328 I;** v. Propagandamitteln **86;** Unternehmen **184 I Nr. 4,** ***Nr. 8; 184 a Nr. 3; 184 b I Nr. 3;*** Vollendung **22** 16; Vollendung bei Zwischenlandung **22** 16
Eingehungsbetrug 263 103
Eingriff, gefährlicher, *in den Straßenverkehr* **315 b** 8 ff., **I**
Eingriffe, ärztliche **223** 9 ff.
Eingriffsrechte, staatliche – *u. Notstandsregelung* **34** 23
Einheitsstrafenprinzip 53 2
Einheitstäter vor 25 1 b; bei Landfriedensbruch **125** 11 f.
Einheitstheorie 24 17
Einkünfte, anzurechnende – *bei Geldstrafenzumessung* **40** 7 ff.; Schätzung der – **40 III**
Einleitung v. Schadstoffen **324** 5
Einrichtung für Kranke oder Hilfsbedürftige **174 a** 7 ff., **II;** teilstationäre **174 a** 7 a
Einrichtungen in einem Bauwerk **319 II;** Beseitigung **74 b II Nr. 2;** elektrische – **248 c** 2; zum Glücksspiel **284** 13; der Kirchen **166 II;** der Landesverteidigung u. zum Schutz der Zivilbevölkerung **109 e** 3; der öffentlichen Sicherheit o. Ordnung dienende – **88 I Nr. 4; 316 b I Nr. 3;** Zutrittserschleichung **265 a I**
Einsatzstrafe 54 6
Einschleusen, bandenmäßiges *o. gewerbsmäßiges* – **261 I S. 2 Nr. 4 b**
Einschüchterung der Bevölkerung **129 a** 15, **II**
Einsetzen, absichtliches o. wissentliches **87** 12
Einsichtsfähigkeit 20
Einsteigen 243 6, **I Nr. 1**
Einstellung, vorläufige gerichtliche – *als Verjährungsunterbrechung* **78 c** 20 f., **I Nr. 10, 11;** s. Zahlungseinstellung
Einverleiben v. Landesgebiet **82 I Nr. 1**
Einverständliche Fremdgefährdung vor 13 37; **vor 211** 10; **222** 3, 28 ff.
Einverständnis des Hausrechtinhabers **123** 16 ff., 23 f.; tatbestandsauschließendes **vor 32** 3 a; s. Befugnis, Berechtigte, Einwilligung, Erlaubnis, Zustimmung
Einwilligung vor 32 3 b; bei Aussetzung lebenslanger Freiheitstrafe **57 a** 21; bei Beleidigung **185** 16; bei Brandstiftung **306** 12; bei Diebstahl **242** 22; bei Fremdverstümmelung **109 I;** in Gefährdung **vor 13** 36; bei Geheimnisverletzung **201** 10; **203** 32; hypothetische **223** 16 a; in Körperverletzung **228** 4 ff.; mutmaßliche – **vor 32** 4; **223** 15; nachträgliche – *in Weisungen* **68 c II S. 2;** des Patienten **223** 13; des Schuldners *bei Begünstigung* **283 d** 3; bei Verkehrsgefährdung **315 c** 17; des Verurteilten *bei Strafrestaussetzung* **57 I**

Nr. 3; 57 a I Nr. 3, *bei Weisungen* 56 c III; 68 c II S. 1 Nr. 1, II S. 2; Widerstandsunfähiger in sexuelle Handlungen 179 13; s. Einverständnis
Einwilligungstheorien 15 10, 11
Einwirken auf Angehörige der BWehr **89** 2, **I;** auf Kinder durch Pornografie **176 IV Nr. 4;** auf Kinder durch Schriften **176 IV Nr. 3;** auf Luftfahrzeugführung **316 c I Nr. 1;** auf eine Menschenmenge **125** 14; schädliches – *auf Schutzgebiete* **329;** störendes – *auf den Aufzeichnungsvorgang* **268 III**
Einwirkung auf den Täter **46 I S. 2**
Einwirkungen, Ausgeliefert-Sein gegen – **177 I Nr. 3**
Einzelakttheorie 24 11
Einzelstrafe, Bemessung **39** 2
Einzelstrafen 54 4
Einziehung 74 ff.; Dritt– **74** 14; **74 a; 92 b** 3, **S. 1 Nr. 2; 295** 5; bei Dritten **184 b VI S. 2;** Entschädigung **74 f;** erweiterte Voraussetzungen **74 a;** eines Fahrzeuges, *Gefahr der* – **297 I Nr. 1;** bei Fälschungsdelikten **150 II;** des Führerscheins **69 III;** bei Geldwäsche **261 VII;** bei gemeingefährlichen Straftaten **322;** bei Jagd- u. Fischwilderei **295;** bei Landesverrat u. Sicherheitsgefährdung **101 a;** als Maßnahme **11 I Nr. 8;** nachträgliche Anordnung **76;** v. Schriften usw. **74 d;** selbständige Anordnung **76 a;** Sondervorschrift für Organe u. Vertreter **75;** bei Staatsschutzdelikten **92 b;** bei Straftaten gegen die Landesverteidigung **109 k;** bei Subventionsbetrug **264 VI S. 2;** tatunbeteiligter Stücke **92 b** 4; bei Umweltdelikten **330 c;** bei unerlaubtem Glücksspiel **286 II;** bei Urkundsdelikten **282 II;** Verhältnismäßigkeit **74 b;** bei Vertraulichkeitsdelikten **201** 17; neben Verwarnung **59 III S. 1;** Verzicht auf Rückgabe **74** 17; des Wertersatzes **74 c;** Wirkung **74 e;** zeitliche Geltung **2 V**
Eisenbahn, Betriebsstörungen als Sabotage **88 I Nr. 1;** s. Schienenbahn
Eisenbahnverkehr, Vorschriften **315 a** 7
Elektrische Energie, Entziehung **248 c**
Elektrizitätswerk, Betriebsstörung *als Sabotage* **88 I Nr. 3**
Eltern, sexueller Missbrauch durch – **174** 6; Sorgerecht **235** 3; Strafantragsrecht **77** 11, **II S. 2, III;** Züchtigungsrecht **223** 17
E-Mail, Besitzverschaffen an Schriften durch – **184 b** 15; unbefugtes Mitteilen und Unterdrücken **206** 13; Unterdrücken von – **206** 13 f.; Ausdruck als Urkunde **267** 12 b; Verbreiten durch – **184** 35; Verbreiten von Schriften durch – **184** 17; Zusenden unerwünschter –s **184** 17
Embryo 168 4; Einwirkungen auf – **vor 211** 4; Notwehr gegen – **32** 5; Nothilfe zugunsten – **218a** 4
Embryopathische Indikation 218 a 21 f.
Empfängnis, Zeitablauf seit der – **218 a I Nr. 3, III**
Empfindliches Übel 240 32; Unterlassen als – **253** 6 a f.
Energieversorgung, Beeinträchtigung **316 b** 9, **III;** Störung **316 b I Nr. 2,** *als Sabotage* **88 II Nr. 3**
Entfernen v. Eintragungen o. Seiten *aus Ausweisen* **273** 3, **I Nr. 1;** v. Staatssymbolen **90 a II S. 1;** vom Unfallort **69 II Nr. 3**
Entführen eines anderen **239 a; 239 b**
Entgegennahme v. gefährlichen Gütern **328 III Nr. 2**
Entgeltlichkeit, Begriff **11 I Nr. 9;** mittelbarer Falschbeurkundung **271 III;** sexueller Handlungen **180 a** 3 ff.; sexueller Handlungen Minderjähriger **180 II**
Entladen v. gefährlichen Gütern **328 III Nr. 2**
Entlassung, Aussetzung des Strafrestes **57; 57 a;** Führungsaufsicht mit – **68 f** 2, **I S. 1**
Entnahme v. Energie **248 c**
Entschädigung bei Einziehung u. Unbrauchbarmachung **74 f;** s. Täter/Opfer-Ausgleich
Entscheidung, frühere – **55;** nachträgliche – *bei Strafaussetzung* **56 e;** einer Rechtssache **339** 5 ff.
Entschuldigender Notstand 35
Entschuldigungsgründe vor 32 14 f.; Notstand **35;** Notwehrüberschreitung **33;** Verbotsirrtum **17** 2
Entsprechensklausel 13 46 f.
Entstellung, dauernde – **226 I Nr. 3;** v. Warn- u. Verbotszeichen **145 II Nr. 1**
Entwässern v. Feuchtgebieten **329 III Nr. 4**
Entweichen, Verleiten v. Gefangenen zum – **120 I**
Entwicklung während des Strafvollzugs **57 II Nr. 2;** Gefahr erheblicher Schädigung **179 V Nr. 3;** Schädigung der – **176 a II Nr. 3**
Entwicklungsstörung 20 41
Entwürfe, Urkundeneigenschaft **267** 11

Entziehen beschlagnahmter Sachen **136 I;** der für den Betrieb bestimmten Energie *bei gemeinschaftswichtigen Einrichtungen und Anlagen* **316 b I,** *als Sabotage* **87 II Nr. 2,** *bei Telekommunikationsanlagen* **317;** v. elektr. Energie **248 c;** der Unterhaltspflicht – **170 I;** der Wehrpflicht – **109 I; 109 a I**
Entziehung der Fahrerlaubnis **69–69 b,** *Anfechtung* **69** 56, *Sperre für Neuerteilung* **69 a;** Minderjähriger **235 II,** *zur Bereicherung* **235 IV Nr. 2,** *Einwilligung* **235** 14, *mit Todesfolge* **235 V,** *Versuch* **235 III**
Entziehungsanstalt 61 Nr. 2; Unterbringung **64;** Dauer der Unterbringung **67 d I;** konkrete Erfolgsaussicht **64 S. 2;** Erledigungserklärung **67 d V S. 1;**
Entziehungskur 64; ambulante **59 a II Nr. 4;** Aussichtslosigkeit **67 d** 7, **V;** Einwilligung **68 c** 4 ff., **II;** Gefährdung **323 b;** mehrfache Anordnung **67 f;** Weisung **56 c III Nr. 1**
Erbgutverändernder Abfall **326 I Nr. 2**
Erbieten, Annahme des –s **30** 11, **II,** *Rücktritt* **31 I Nr. 3**
Erdichtete Rechte, Anerkennen **283 I Nr. 4**
Erfolg, beabsichtigter Neben– **15** 8; Unterlassen der Abwendung **13** 4; Verhinderung **24** 30; **31 I Nr. 3**
Erfolgsaussicht, konkrete 64 S. 2
Erfolgsdelikte vor 13 18 ff., 32
Erfolgsort als Begehungsort **9** 4
Erfolgsqualifizierte Delikte 18; 18 4; Versuch **22** 37
Erfolgsqualifikation bei Versuch des Grunddelikts **18** 7 ff.; Rücktritt **24** 27 a; **251** 8 a f.
Erfolgsunwert 46 34 ff.
Erforderliche Verteidigung bei Notwehr **32 II; 32** 28 ff.
Erfüllungsbetrug 263 104
Erfüllungsfälle, Verfall **73** 23
Erhebliche Gefährdung des Rechtsverkehrs **267 III Nr. 3**
Erhebliche rechtswidrige Taten, Begriff *bei Sicherungsverwahrung* **66 I Nr. 3;** Gefahr der Begehung **63; 64 S. 1; 66 I Nr. 3; 66 a II; 67 d III; 68 c II S. 1; 70** 7, **I S. 1**
Erhebliche Willensschwäche 291 13
Erheblicher Schaden 306 e 3
Erheblichkeit für Rechte u. Rechtsverhältnisse **271** 9; von sexuellen Handlungen **184 f Nr. 1;** zu erwartender Taten **63** 16
Erholungsgebiet 329 3
Erinnerungsvermögen 20 24 a
Erkenntnisse, ärztliche – *zur Indikation* **218 a** 18 f.
Erkennungszeichen 267 5
Erlangen, etwas **73** 6 ff.
Erlass der Strafe **56 g**
Erlaubnis, behördliche – **vor 324** 7 ff., *rechtfertigende Wirkung* **vor 32** 5; konkludent erklärte – **vor 324** 11; Nichtrücknahme einer fehlerhaften – **vor 324** 18; zur Vorteilsannahme **331** 32 ff.; **333 III**
Erlaubnisfähigkeit, Wirkung der – **vor 324** 10
Erlaubnistatbestand, Irrtum **16** 20 ff.; s. Rechtfertigungsgründe
Erlaubtes Risiko vor 32 13
Erledigung des Berufsverbots **68 g III; 70 b V;** der Strafe, *Anrechnung als Verbüßung* **57 IV,** *durch Anrechnung v. Maßregelvollzug* **67 IV S. 1;** der Unterbringung **67 c II; 67 d III S. 1, IV S. 2, V S. 1, VI S. 1; 67 f; 67 g V**
Erlegen jagdbarer Tiere **292 I Nr. 1**
Erlöschen des Antragrechts **77 b I S. 1**
Ermächtigung 77 e; der Bundesregierung, *Zuständigkeit* **97** 5; fehlende – **78 b** 9, **I Nr. 2;** des Gesetzgebungsorgans *o. der Körperschaft* **194 IV;** der obersten Bundes- o. Landesbehörde **353 b IV Nr. 2, 3;** des Präsidenten des Gesetzgebungsorgans **353 b IV Nr. 1;** zur Unterschriftsleistung **267** 18
Ermessen, Anrechnungsmaßstab **51** 18, **IV S. 2;** bei mehreren Milderungsgründen **50** 3 ff.; Strafmilderung nach – **23 III; 49 II**
Ermessensbeamter 332 4
Ermittlungspersonen der Staatsanwaltschaft 114
Ermöglichen einer anderen Straftat **211 II; 306 b** 9 ff.; **315** 22 a; des Gebrauchs *falscher Ausweise* **276 I Nr. 2;** des Verwendens **184 a Nr. 3; 184 b I Nr. 3**
Ernährungswirtschaft, Anlagen u. Erzeugnisse **306** 9 f., *Brandgefahr* **306 f I Nr. 2, I Nr. 4,** *Brandstiftung* **306 I Nr. 6**
Erniedrigung, besondere – durch sexuelle Handlung **177 II Nr. 1;** durch erzwungenen Beischlaf **177** 69 f.
Eröffnung des Hauptverfahrens *als Verjährungsunterbrechung* **78 c** 17, **I Nr. 7**
Eröffnungsbilanz 283 26
Erpresserischer Menschenraub 239 a I; Androhung **126 I Nr. 4;** minder schwere Fälle **239 a II;** Nichtanzeige **138 I Nr. 7; 139 III Nr. 3;** tätige

Reue **239 a IV;** Teilnahme **239 a** 15; mit Todesfolge **239 a III;** im Zwei-Personen-Verhältnis **239 a** 5 ff.
Erpressung 253 I; Abgr. v. Raub **253** 10; v. Aussagen **343;** besonders schwere Fälle **253 IV;** Notwehr gegen – **32** 38; räuberische – **255,** *Androhung* **126 I Nr. 5,** *Nichtanzeige* **138 I Nr. 7,** *Nötigungsmittel* **255** 3; Rechtswidrigkeit **253** 7 ff.; Versuch **253 III**
Erprobung bei Strafrestaussetzung **57 I Nr. 2**
Erreger, Abfälle mit Krankheits–n **326 I Nr. 1**
Errichtung einer Anlage, *fehlerhafte* – **312;** eines Gebäudes *in Schutzgebieten* **329 III Nr. 8**
error in objecto 16 5
error in persona 16 5
Ersatzfreiheitsstrafe 43; Absehen von d. Vollstreckung **43** 10; Abwendung **43** 9 f.; Anrechnung auf – **51** 10; Erlass bei – **57** 3; u. Gesamtstrafe **53** 4; Mindestmaß **43 S. 3;** Vollstreckung **43** 6 ff.
Ersatzgegenstand, Verfall **73** 18, **II S. 2**
Ersatzorganisation, Begriff **84** 2; verfassungswidriger Partei **86 I Nr. 1**
Erscheinungsbild, Verändern des – **303 II; 304 II**
Erschleichen v. Leistung o. Zutritt **265 a I;** einer Zulassung usw. **330 d Nr. 5**
Erschütterung, pflichtwidriges Verursachen **325 a** 6 ff., **II**
Erschweren der Brandlöschung **306 b** 12, **II Nr. 3**
Erstatten, Nicht– erbrachter Leistungen **56 f III S. 1; 67 g VI**
Erstverbüßer, Strafrestaussetzung **57 II Nr. 1**
Erstverbüßung bei Ausschlussvollstreckung **57** 25; von Freiheitsstrafe **57** 23; Halbstrafenaussetzung **57** 22 ff.
Erweiterter Verfall 73 d; 184 b V i S. 1; bei Bandendiebstahl **244 III; 244 a III;** bei Fälschungsdelikten **150 I;** bei gewerbs- o. bandenmäßigem Glücksspiel **286 I;** bei gewerbs- o. bandenmäßigen Bestechungsdelikten **302; 338;** bei gewerbs- o. bandenmäßigen Urkundsdelikten **282 I;** bei gewerbs- o. bandenmäßiger Erpressung **256 II;** bei gewerbs- o. bandenmäßiger Geldwäsche **261 VII;** bei Hehlerei **260 III; 260 a III;** bei Menschenhandel und Zuhälterei **181 c S. 2;** Strafcharakter **73 d** 6; Unschuldsvermutung **73 d** 4 ff.; Verfallsgegenstand **73 d** 11 ff.; Verhältnis zum Verfall **73 d** 9
Erwerbsdelikte, Mittäterschaft bei –n **25** 15
Erwerbslosigkeit, Meldepflicht *als Weisung* **68 b I Nr. 9**
Erzeugnisse v. Land-, Ernährungs-, Forstwirtschaft **306** 10, *Brandgefahr* **306 f I Nr. 2, I Nr. 4,** *Brandstiftung* **306 I Nr. 6**
Erzieherprivileg 131 IV; 180 I S. 2; 184 II S. 1
Erziehung, entwürdigende Maßnahmen **223** 18
Erziehungsberater, Schweigepflicht **203 I Nr. 4**
Erziehungsgedanke 46 2 ff.
Erziehungspflicht, gröbliche Verletzung **171** 4; **180 I S. 2; 184 II S. 1**
Erziehungsverhältnis, Missbrauch gegenüber Minderjährigen **180 III;** sexueller Missbrauch in – **174 I Nr. 1, 2; 174 a I**
EU, kriminelle u. terroristische Vereinigung in der – **129 b; 138** 10
EU-Recht vor 263 4 ff.
EU-Richtlinie, Verhältnis zum nationalen Strafrecht **vor 263** 5 a
Europäische Gemeinschaften, Fahrverbot **44 II S. 3;** Recht der – **vor 3** 6
Europäische Gesellschaft 266 23; **vor 283** 19
Europäische Menschenrechtskonvention, Notwehrrecht (des Staates) **32** 40
Europäisches Parlament, Abgeordnetenbestechung **108 e;** Wahlen zum – **108 d S. 1**
Europäisches Strafrecht Einl. 11 f.
Euroscheckkarte, Begriff **266 b** 6; Fälschung von – **152 b IV;** Missbrauch **266 b I**
Euroschecks, Fälschung von Vordrucken **152 b I**
Euthanasie, aktive – **vor 211** 17; Früh– **vor 211** 25 ff.; **218 a** 22; indirekte – **vor 211** 18; passive – **vor 211** 19
Eventualbegründungen 46 106
Eventualvorsatz 15 9
Exhibitionistische Handlung 174 19 a; **183;** vor Kindern **176 IV Nr. 1;** vor Minderjährigen **174 II Nr. 1;** bei Sicherungsverwahrung **66** 29; **183** 15 a
Explosion, Begriff **308** 3; s. Kernenergie–, s. Sprengstoff–
Explosionsgefährliche Abfälle **326 I Nr. 3**
Explosionsverbrechen 307 ff.; Tätige Reue **314 a;** Vorbereitung **310**
Extasy-Tabletten s. Betäubungsmittel
Exterritorialität vor 3 19, 21; kein persönlicher Strafausschließungs- o.

Strafaufhebungsgrund **vor 32** 17; als Prozesshindernis **vor 32** 19
Exzess, extensiver Notwehr– **32** 50 f.; intensiver Notwehr– **32** 49; **33** 2; d. Täters b. Anstiftung **26** 16

F

Factoring 265 b 13
Fahnen 86 a II
Fähre, Beschädigung **318**
Fahren, falsches – **315 c I Nr. 2 a–f**
Fahrerflucht s. Unfall
Fahrerlaubnis, Anfechtung der Entziehung **69** 56; Anrechnung d. vorl. Entz. **51** 21, **V;** Anrechnung d. vorläufigen Entziehung auf Fahrverbot **44** 18; Aufhebung der Sperre **69 a VII;** ausländische – **44 II;** Ausnahmen von Sperrfrist **69 a** 28 ff., **II;** Begriff **69** 3 ff.; Dauer der Sperre **69 a I, III–VI;** Entziehung **69–69 b;** Entziehung ausländischer – **69 b I;** Entziehung bei *allgemeiner Kriminalität* **69** 42 ff.; Gebrauchmachen im Inland **69 b I S. 1;** gerichtliche Entziehung **61 Nr. 5;** lebenslange Sperrfrist **69 a I S. 2;** Prognose bei Entziehung **69** 46 ff.; Sperre für Neuerteilung **69 a;** Verhältnismäßigkeit der Entziehung **69** 49 f.; vorläufige Entziehung **69 a IV;** Wirkung der Entziehung **69** 52
Fahrfehler, alkoholtypischer **316** 35 ff.
Fahrlässigkeit 15; bei actio libera in causa **20** 51; Begriff **15** 12; besondere Tatfolge **18;** bewusste – *u. bedingter Vorsatz* **15** 9; durch – verursachte Folge **11 II;** - und Mittäterschaft **25** 25 f.
Fahrlehrer, Fahruntüchtigkeit bei – **316** 49
Fahrrad, Fahruntüchtigkeit von -fahrern **316** 27; Gebrauchsentwendung **248 b**
Fahrtenschreiber 268 2; Einwirkung **268** 13 ff.
Fahrtrichtung, entgegen der – **315 c I Nr. 2 f**
Fahrtüchtigkeit 316 7
Fahrunsicherheit siehe Fahruntüchtigkeit
Fahruntüchtigkeit 315 c 3 a ff.; **316** 6 ff.; absolute – **315 c** 3 c; **316** 12 f.; BAK-Wert **315 a** 6; durch Drogenkonsum **316** 39 ff.; fahrlässige **316** 48; *Feststellung „relativer“* – **316** 30 ff.; Grenzwerte für „absolute“ – **316** 24 ff.; ohne Feststellung der BAK **316** 38; relative – **315 c** 3 d; **316** 14 f.; Verhältnis zur Schuldfähigkeit **316** 52; Vorsatz der – **316** 42 ff.
Fahrverbot 44; Anrechnung auf – **51 V;** Anwendungsbereich **44** 2 f.; bei ausländischer Fahrerlaubnis **44** 20; Beschränkung **44** 15; Dauer **44** 17; als Hauptstrafe **vor 38** 9; Regelanordnung **44 S. 2;** Verhältnis zur Maßregel **69** 2; Vollstreckung **44** 19 ff.; Voraussetzungen d. Anordnung **44** 5 ff.
Fahrzeug, Begriff **315 a** 4; **315 b** 6; **315 c** 2; Brandstiftung **306** 7, **I Nr. 4;** Führen **315 c** 3, *trotz Fahruntüchtigkeit* **315 c I Nr. 1;** Führen im Verkehr **316**
Fahrzeugführer 315 a 4
Fahrzeuggebrauch, unbefugter **248 b**
Fahrzeughalter als Unfallbeteiligter **142** 16
Fahrzeuginsassen, Angriff auf – **316 a;** Gefährdung **315 c** 16, 17
Fahrzeugpapiere 276 a
Faktisches Organ, Geschäftsführer **vor 283** 21
Falschaussage 153 ff.; Berichtigung **158;** unter Berufung auf Versicherung an Eides Statt **156;** eidesunmündiger Personen **157 II;** eidliche **154,** *von Prozessparteien* **154** 2 a; bei fehlerhafter Belehrung **153** 13; Notstand **157 I;** uneidliche **153;** uneidliche –, *Auslandstat* **5** 10, **Nr. 10;** Verleitung zur – **160;** Versuch der Anstiftung **159**
Falsche Verdächtigung 164; Urteilsbekanntgabe **165**
Falsche Versicherung an Eides Statt s. eidesstattliche Versicherung
Falscheid, Berichtigung fahrlässigen –s **163 II;** fahrlässiger **163**
Fälschen beweiserheblicher Daten **269;** Geld- u. Wertzeichen– **146 ff.;** v. Gesamturkunden **267** 19 b; v. Gesundheitszeugnissen **277;** landesverräterisches **100 a;** v. technischen Aufzeichnungen **268** 12, **I Nr. 1;** v. Urkunden **267** 18 ff., **I,** *durch den Aussteller* **267** 19 a; Vorbereiten des –s v. amtl. Ausweisen **275;** v. Wahlen **107 a;** v. Wahlunterlagen **107 b;** s. Urkundenfälschung
Falscher Schlüssel 243 I Nr. 1
Falschgeld, Begriff **146** 6 f.; Herstellung **146 I Nr. 1;** In-Verkehr-Bringen **146 I Nr. 3; 147 I;** Sich-Verschaffen **146 I Nr. 2;** Weitergabe an Bösgläubige **146** 14, 19 f.; **147** 2 f.
Fälschungsmittel, Einziehung **150 II; 282 II;** zur Geldfälschung **149 I;** Herstellung usw. **275 I;** Vernichtung usw. **149 II Nr. 2**

Familienberater, Schweigepflicht **203 I Nr. 4**
Familienehre vor 185 13
Fangbriefe 206 12
Fangprämie 240 51; **253** 14 a
Fangschaltung 206 9
Fehlbuchung 263 13
Fehlgeburten, Bestattung **168** 4
Fehlgeschlagener Versuch 24 6
Fehlüberweisung 263 13
Feilhalten 146 14; **314** 8; v. Falschgeld **146 I Nr. 2**
Feindstrafrecht Einl 11 f
Felder, Brandgefahr **306 f I Nr. 4**
Feldjäger 113 5
Fernmeldegeheimnis 206 V S. 2, 3
Fernziele bei Nötigung **240** 43 f.
Festnahmerecht, dienstliches **vor 32** 6; Privater **vor 32** 7
Feststellung der besonderen Schwere der Schuld **57 b;** bei der Besteuerung **355 I Nr. 1 c;** der Unfallbeteiligung **142 I,** *nachträgliche* **142 III;** unrichtige ärztliche –en **218 b** 7, **I S. 2;** des Wahlergebnisses **107**
Feststellungsprinzip 85 7
Fetozid 218 a 22
Feuchtgebiet, Entwässerung **329 III Nr. 4**
Feuer s. Brandstiftung
Feuerlöschgerätschaften, Beseitigung usw. **145 II Nr. 2**
Fiktives Geschehen in gewaltpornografischer Schrift **184 a** 4; in kinderpornografischen Schriften **184 b** 4, 6
Finale Handlungslehre vor 13 5
Finaler Rettungsschuss als Nothilfe **vor 32** 6
Finanzagent als Gehilfe bei „Phishing" **263 a** 25
Finanzbehörde, Mitteilung einer – **355 I Nr. 1 c**
Finder's Fees 299 10
Fischwilderei 293
Flagge, ausländische **104;** s. Bundesflagge
Flaggenprinzip 4 2
Fluguntüchtigkeit 315 a 6
Flugzeug s. Luftfahrzeug
Flüsse vor 3 16
Folgen, besondere – der Tat **11 II; 18;** schwere – der Tat **60** 4
Folter 32 13 ff.; zur Aussageerpressung **343 I;** Rechtfertigungsgrund für – **vor 32** 7 b ff.
Fördern des Entweichens Gefangener **120 I;** der Gewaltbereitschaft *einer Menschenmenge* **125** 14, **I;** v. Postdelikten **206** 16; v. Schwangerschaftsabbrüchen **219 a** 3, **I Nr. 1**
Fordern eines Vorteils **299 I; 331 I; 332 I**
Förderung, gewerbsmäßige – sexuellen Verkehrs **181 a II;** der Wirtschaft **264 VII Nr. 1 b**
Forensische Ambulanz 68 a VII, VIII; 68 a 8 ff.
Formalbeleidigung 192; 193 43
Formblätter 267 11; s. a. Vordrucke
Förmliche Verpflichtung zur Geheimhaltung **353 b** 6
Formulare für amtliche Ausweise **275 I Nr. 3**
Forschung s. Drittmittel
Forschungsfreiheit 86 III
Forschungsvorhaben, Datenschutz bei – **203 II Nr. 6**
Forstwirtschaftliche Anlagen o. Erzeugnisse **306** 9 f., *Brandstiftung* **306 I Nr. 6**
Fortbewegungsfreiheit 239 2
Fortbewegungswille 239 3 ff.
Fortführen einer verbotenen Vereinigung **85;** einer verfassungswidrigen Partei **84**
Fortgesetzte Annahme v. Vorteilen **335 II Nr. 2**
Fortgesetzte Begehung 244 20
Fortgesetzte Handlung vor 52 47 ff.; s. Serienstraftaten
Fortpflanzungsfähigkeit, Verlust **226** 5, **I Nr. 1**
Fortwirken früherer Nötigungsmittel **177** 15 ff.; **249** 8 ff.
Fotokopie, keine technische Aufzeichnung **268** 7; Urkundenfälschung durch – **267** 12 b, 24
Frank'sche Formel 24 21
Frauenhandel s. Menschenhandel
Freie Arbeit 43 9
Freigänger als Gefangener **120** 4
Freihafen vor 3 13
Freiheit v. fremder Botmäßigkeit **92 I;** Gefahr für – **34; 35;** Straftaten gegen die persönliche – **234 ff.,** *Androhung* **126 I Nr. 4,** *Auslandstaten* **5 Nr. 6,** *Nichtanzeige* **138 I Nr. 7;** der Willensentschließung u. Willensbetätigung **240** 2; s. Meinungs-, Presse-, Informations-, Kunstfreiheit
Freiheitlich demokratische Grundordnung, Verstoß **93 II**
Freiheitsberaubung 239 I; durch Einsperren **239** 7; Gefahr der – **234 a I;** v. längerer Dauer **239 III Nr. 1;** Rechtswidrigkeit **239** 12; schwere Folgen **239 III Nr. 2, IV;** Versuch **239 II**

Freiheitsentziehende Maßregeln 61 Nr. 1–4; s. Unterbringung
Freiheitsentziehung, Anrechnung **51,** *bei Strafaussetzung* **56 IV S. 2,** *bei Strafrestaussetzung* **57 IV; 57 a II**
Freiheitsstrafe, Begriff **38** 2; Bemessung **38** 3 ff.; **39;** Ersatz– **43;** Erstverbüßung **57** 23; kurze – nur in Ausnahmefällen **47;** lebenslange **38** 4, **I;** Maß der – **38;** zeitige **38,** 5
Freisetzen v. Giften **330 a** 3, **I;** ionisierender Strahlen **311** 2, **I Nr. 1,** *fahrlässiges* – **311** 5 a, **III;** v. Kernenergie **307** 2; v. Schadstoffen **324 a** 4; **325 II**
Freispruch trotz Verjährung **vor 78** 4
Freiverantwortliche Selbstschädigung s. eigenverantwortliches Handeln
Freiwillig, Begriff **24** 18
Freizeit, Weisungen **56 c II Nr. 1; 68 b II S. 1**
Fremde Macht, Begriff **93** 6
Fremde Sache 242 5; **246** 3; v. bedeutendem Wert **315** 16
Fremdes Arbeitsmittel, Zerstörung **305 a I Nr. 1**
Fremdgefährdung, einverständliche **vor 13** 37; **vor 32** 3 a f.
Fremdverstümmelung 109 I
Frieden, Störung des öffentlichen –s **126** 2; **130 I, III, IV; 166** 14
Friedensgefährdende Beziehungen **100 I**
Friedensverrat 5 Nr. 1; 80; Schutzrichtung **vor 80** 3
Frische Tat 252 5
Frist, Antrags– *bei Strafrestaussetzung* **57 VI; 57 a IV**
Fristberechnung bei Nebenfolgen **45 a**
Fristenmodell vor 218 10
Fristenregelung 218 a IV S. 1
Frontrunning 263 9 a
Fruchtschädigende Abfälle **326 I Nr. 2**
Früheuthanasie vor 211 25 ff.; **218 a** 22
Frühgeburt 218 6
Führen eines Kfz **69** 9 ff.; **316 a I;** eines Fahrzeugs **315 a** 4; **315 c** 3; v. Handelsbüchern **283 I Nr. 5; 283 b I Nr. 1**
Führerschein, Anrechnung der Sicherstellung **69 a VI;** ausländischer **44** 20; **69 b II;** Einziehung von deutschem – **69 III;** Einziehung von –en aus EU-Staaten **69 b II;** Verwahrung, Sicherstellung, Beschlagnahme, *Anrechnung* **51 V;** s. Fahrerlaubnis
Führerscheintourismus ***69 b*** 7
Führungsaufsicht 61 Nr. 4; 68 ff.; 129 a IX; 181 b; Aufhebung **68 e II, III;** Aufsichtsstelle **68 a I;** u. Aussetzung zur Bewährung **68 g;** Beendigung **68 f, II; 68 e I S. 1;** Bewährungshelfer **68 a** 6, **I;** Dauer **68 c I, II S. 1;** bei Maßregelaussetzung **67 b II; 67 c I S. 2, II S. 4; 67 d II S. 2;** nachträgliche Entscheidungen **68 d;** Prüfung bei unbefristeter – **68 e** 10, **IV S. 1;** Ruhen **68 e I S. 2;** Straftaten während der – **67 g I Nr. 1;** unbefristete **68 c II, III; 68 g III S. 2;** bei Unterbringungsende **67 d III S. 2, V S. 2;** Verstoß gegen Weisungen **145 a;** Vollstreckungsverjährung **79** 5, **IV S. 3;** bei Vollverbüßung **68 f** 2, **I S. 1;** Voraussetzungen **68 I;** Weisungen **68 b**
Fundunterschlagung 246 1
Furcht, Notwehrexzess **33** 3
Fürsorgepflicht, gröbliche Verletzung **171** 4
furtum usus, Fahrzeuge **248 b;** Pfandsachen **290**
Fußgängerüberweg, falsches Fahren an –en **315 c I Nr. 2 c**

G

Garantenpflicht, Begriff **13** 7 ff.; Irrtum **16** 17
Garantenstellung, Begründungen **13** 7 ff., *Beschützergarant* **13** 9, *Gewährsübernahme* **13** 20 ff., *Ingerenz* **13** 27 ff., *Sachherrschaft* **13** 35, *Überwachergarant* **13** 9, *Vertrauensverhältnis* **13** 24; als besonderes persönliches Merkmal **28** 6; irrige Annahme **13** 48; u. Selbsttötung **vor 211** 12
Garantiefunktion von Zahlungskarten **152 b I, IV**
Garantieübernahme als Kredit **265 b III Nr. 2**
Gase als Abfall **326** 6
Gaspistole als Waffe **244** 3, 11
Gastwirt, Garantenstellung **13** 33; Sorgfaltspflicht **222** 12
Gebäude 306 3; Brandstiftung **306 I Nr. 1,** *bei Wohn–* **306 a I Nr. 1;** Diebstahl **243 Nr. 1;** Errichtung *in einem Schutzgebiet* **329 III Nr. 8**
Gebietsabtrennung als Bestandsbeeinträchtigung **92 I**
Gebietsgrundsatz vor 3 3; **3** 1
Gebräuche d. Kirchen usw. **166 II**
Gebrauchen v. falschen Gesundheitszeugnissen **277** 4 f.; v. falschen technischen Aufzeichnungen **268 I Nr. 2;** v. Falschurkunden **267** 23 ff.; fremder Ausweise **281;** v. Pfandsachen **290;** subventionsbetrügerischer – **264 I**

Nr. 2; zur Täuschung im Rechtsverkehr **271** 16a, **II;** v. Tonaufnahmen **201 I Nr. 2;** v. veränderten Ausweisen **273 I Nr. 2**
Gebrauchsanmaßung 242 38; v. Fahrzeugen **248 b;** des Pfandleihers **290;** mit Raubmitteln **249** 20
Gebrauchsgüter, Vergiftung usw. **314 I Nr. 2**
Gebrauchsrecht, Vereitelung **289 I**
Gebrauchsunfähigkeit, dauernde – eines Körpergliedes **226** 8
Gebrechliche, Misshandlung **225 I**
Gebührenüberhebung 352; 353
Geburt vor 211 2; **218** 2
Geburtenbuch 271 12
Gefahr, anderweitige Abwendbarkeit **34; 34** 5; **35;** Ab der Begehung erheblicher rechtsw. Taten **67 d** 3b, **III S. 1; 70** 7, **I;** der Begehung weiterer Taten **68 I;** Begriff **34** 3, *gegenwärtige* **34** 4 f.; der Beschlagnahme o. Einziehung **297 I Nr. 1;** Brand– **306 f;** Dauer– **34** 4; erheblicher Schädigung der Entwicklung **179 V Nr. 3;** für Freiheit **35** 5; gegenwärtige – **35** 2, *für Leib oder Leben* **249 I; 255** 2; gerichtlicher Bestrafung **297** 12, **I Nr. 2, II;** geringfügige **35** 14; schwerer Gesundheitsschädigung **176 a II Nr. 3; 177 III Nr. 3; 179 V Nr. 3; 238 II; 250 I Nr. 1 c; 306 b I;** konkrete – **315 c** 15; eines Krieges **80,** 6; für Leben **218 a** 25; für Leib o. Leben **35** 3f.; eines schweren Nachteils *für die äußere Sicherheit* **93** 7; schwerer Gesundheitsschädigung **179 V Nr. 3; 238 II;** tatbestandsspezifische **227** 2; vom Täter ausgehende, *Verhältnismäßigkeit v. Maßregeln* **62;** des Todes **113 II Nr. 2; 176 a V; 177 IV Nr. 2; 179 VII; 232 III Nr. 2; 238 II; 250 II Nr. 3 b; 306 b II Nr. 1;** der Verfolgung **234 a** 7ff.
Gefährdung der äußeren Sicherheit **94 ff.;** des Bahn-, Schiffs-, Luftverkehrs **315 a;** des demokr. Rechtsstaates **5 Nr. 3; 84 ff.,** *Schutzrichtung* **vor 80** 3; einer Entziehungskur **323 b;** v. Fahrzeugen *durch Bannware* **297;** v. Fahrzeuginsassen **315 c** 16, 17; der Herkunftsermittlung usw. *eines Gegenstandes* **261 I S. 1;** des Kredits **187** 3; des Lebensbedarfs **170** 10; des Maßregelzwecks *durch Weisungsverstoß* **145 a** 5, **S. 1;** der öffentl. Sicherheit **125** 9; der öffentlichen Wasserversorgung **330** 4, **I Nr. 2;** des Rechtsverkehrs **267** 40, **III Nr. 3;** schutzbedürftiger Gebiete **329;** sittliche **184 e;** des Straßenverkehrs **69 II Nr. 1; 315 c;** v. Telekommunikationsanlagen **317;** eines Tier- o. Pflanzenbestands **326 I Nr. 4 b;** des Verkehrs **315 ff.;** v. wichtigen öffentlichen Interessen **353 b** 13
Gefährdungsdelikte, Begehungsort **9** 4; s. abstrakte –; konkrete –; potentielle –
Gefährdungsschaden 263 94ff.; bei Untreue **266** 61; Vorsatz **263** 100a, **266** 78a ff.
Gefährdungsvorsatz 15 11
Gefahrengemeinschaft, Abwägung von Leben in – **34** 10; Garantenstellung **13** 24
Gefahrenquelle, Überwachergarant **13** 9,
GefahrgutVOen 330 d 4
Gefährlich, für die Allgemeinheit –er Täter **66 I Nr. 3**
Gefährliche Eingriffe in den Bahn-, Schiffs-, Luftverkehr **315** 8ff., **I;** in den Straßenverkehr **315 b I**
Gefährliche Güter, Begriff **330 d** 4, **Nr. 3;** pflichtwidriger Transport **328** 17, **III Nr. 2**
Gefährliche Körperverletzung 224 I
Gefährlicher Abfall 326 2a, 2d ff.; Beseitigung **326** 7ff., **I;** grenzüberschreitende Verbringung **326 II**
Gefährliches Werkzeug 113 38; Begriff **224** 8f.; **244** 6; **250** 3b ff.; Beisichführen **177 III Nr. 1; 244 I Nr. 1 a; 250 I Nr. 1 a;** Verwenden **177 IV Nr. 1; 250 II Nr. 1**
Gefährlichkeit, für die Allgemeinheit **63;** Indiztatsachen **66 b** 14, 16ff.; nachträgliche Erkennbarkeit **66 b** 14; bei nachträglicher Sicherungsverwahrung **66 b** 21ff.; Prognose **63** 13ff.
Gefährlichkeitsprognose vor 61 3; bei Unterbringung **67 c** 3
Gefahrprognose, Anforderungen bei Maßregelanordnung **vor 61** 3f.; bei Entziehung der Fahrerlaubnis **69** 46ff.; bei Aussetzung lebenslanger Freiheitsstrafe **57 a** 19; bei Unterbringung im psychiatrischen Krankenhaus **63** 13ff.; bei Unterbringung wegen Rauschmittelabhängigkeit **64** 15ff.; bei Reststrafenaussetzung **57** 12ff.; bei Anordnung von Sicherungsverwahrung **66** 33ff.; bei nachträglicher Sicherungsverwahrung **66 b** 36ff.; bei Vorbehalt der Sicherungsverwahrung **66 a** 6ff.
Gefangene, Befreiung **120 I,** *durch Amtsträger* **120 II;** Begriff **120** 2ff., **IV; 121** 2, **IV;** Geldstrafe bei –n **40** 7; Meuterei **121;** Post *als Beleidigung* **193** 29; sexueller Missbrauch von –n **174 a**

I; Straftaten von –n **258** 14; Wahlrecht **45 a** 3
Gegenangriff als Verteidigung **32** 22
Gegenleistung für Bevorzugung **299** 13; Entgelt **11 I Nr. 9;** marktmäßige **264 VII Nr. 1 a;** für pflichtwidrige Diensthandlung **332 I; 334 I;** für pflichtwidrige richterliche Handlung **332 II; 334 II;** für richterliche Handlung **331 II; 333 II**
Gegenpartei, Einverständnis mit der – **356 II**
Gegenschlag, Recht zum – **193** 16
Gegenseitigkeit bei Auslandstaten **104 a** 3
Gegenstände, Besitzverbot **56 c II Nr. 4; 68 b I Nr. 5;** Einziehung **74 ff.;** für Errichtung o. Betrieb *einer kerntechn. Anlage* **312** 2; Erweiterter Verfall **73 d;** als Geheimnis **93** 2; zum öffentlichen Verkauf *o. Verbrauch* **314** 5; zum Schwangerschaftsabbruch **219 a** 4; unzureichende Angaben zum Verbleib **57 V;** Verfall **73;** s. Einziehung, s. Sachen
Gegenwärtige Gefahr 32 II; 34; 35; für Leib oder Leben **249 I; 255** 2
Gegenwärtiger Angriff 32 II; 32 16 ff.
Geheimbereich, Verletzung des persönlichen Lebens u. – **201 ff.**
Geheimdienst 99 6
Geheimdienstliche Tätigkeit, Ausüben **99** 5; Konkurrenz **99** 10
Geheimhaltung 95 2
Geheimnis, Brief– **202;** Dienst– **353 b** 7 f.; illegales – **93 II;** illegales, *irrige Annahme* **97 b;** illegales –, *Verrat* **97 a;** Post- u. Fernmelde– **206;** Privat– **203** 3, *Verwertung* **204;** Staats– **93 I;** Steuer– **355;** Verletzung *als Auslandstat* **5 Nr. 7;** Wahl– **107 c**
Geheimnisbegriff, materieller – **93** 5
Gehilfe 27; Berufs– **203 III S. 1;** besondere persönliche Merkmale **28**
Gehör, Verlust **226 I Nr. 1**
Geiselnahme 239 b I; Androhung **126 I Nr. 4;** Nichtanzeige **138 I Nr. 7; 139 III Nr. 3;** Notstand bei – **34** 12 a; staatliche Rettungspflicht bei – **34** 16 c; im Zwei-Personen-Verhältnis **239 b** 6
Geisterfahrer 315 c 10 a
Geisteskrankheit o. –behinderung *als Folge einer Körperverletzung* **226 I Nr. 3**
Geistige Mängel 315 c 3 b
Geistigkeitstheorie ***267*** *2*
Geistliche, keine Anzeigepflicht **139 II**
Geld, ausländisches, *Fälschung* **152;** Begriff **146** 2 ff.; Diebstahl **242** 3, 9, 25 ff., 50; Einziehung v. Falsch– **150 II;** –fälschung **6 Nr. 7,** *Nichtanzeige* **138 I Nr. 4;** In-Verkehr-Bringen v. Falsch– **146 I Nr. 3;** Nachmachen **146 I Nr. 1;** Verfälschen **146 I Nr. 1**
Geldauflage 56 b II Nr. 2, II Nr. 4
Geldautomat 242 26; **266 b**
Geldbetrag, Zahlung eines – *an die Staatskasse* **56 b** 8 a
Geldfälschung 146; Vorbereitung **149**
Geldforderung, Erwerb o. Stundung *als Kredit* **265 b III Nr. 2**
Geldkarte, Fälschen **152 a;** Missbrauch am Bankautomaten **266 b** 7 ff.
Geldspielautomat 265 a 15; Glücksspiel **284** 3; Manipulation an – **263 a** 19
Geldstrafe 40 ff.; Anrechnung auf – **51** 10, **I S. 1;** Anrechnung v. Belastungen bei –nzumessung **40** 13 ff.; Anrechnung v. Vermögen **40** 12; Anrechnungsmaßstab **51 IV;** Anwendungsbereich **40** 3; Bemessung **40 I;** Bezahlung durch Dritte **258** 32; bei einkommenslosen Personen **40** 9; Ermittlung d. Zumessungstatsachen **40** 18 ff.; Ersatzfreiheitsstrafe **43;** statt Freiheitsstrafe **49 II;** neben Freiheitsstrafe **41; 52 III; 53 II;** Gesamtstrafe **53 I;** statt kurzer Freiheitsstrafe **47 II;** nachträgliche Gesamt– **55** 25; Schätzung d. Einkünfte **40** 20 f.; bei Soldaten **40** 10; bei Studenten **40** 10; System der – **40** 2 ff.; Umrechnung in Ersatzfreiheitsstrafe **43 S. 2;** uneinbringliche **43;** Urteilsformel **40 IV;** Verwarnung mit Strafvorbehalt **59;** Vollstreckungsverjährung **79 III Nr. 4, 5;** Zahlung in Teilbeträgen **42;** Zahlungserleichterungen **42; 79 a Nr. 2 c;** Zumessung **40** 4 ff., 21 ff.
Geldverkehr, Sicherheit u. Funktionsfähigkeit **vor 146** 2
Geldwäsche 261; bei Banküberweisung **261** 29; Begriff **261** 4; besonders schwere Fälle **261 IV;** durch Honorarannahme **261** 32 ff.; Leichtfertigkeit **261** 42 ff.; neutrale Handlungen **261** 31 ff.; tätige Reue **261 IX S. 1, X;** Verfolgungskonzept **261** 4 ff.; Versuch **261 III;** Vortatenkatalog **261 I S. 2**
Gelege geschützter Tiere **329 III Nr. 6**
Gelegenheit zu sexuellen Handlungen Minderjähriger **180 I Nr. 2**
Geltung, zeitliche – v. Strafgesetzen **2**
Geltungsbereich, räumlicher **vor 3; 3 ff.;** für Staatsschutzdelikte **91**
Gemeinden u. –verbände, *Abgeordnetenbestechung* **108 e I,** *Wahlvergehen* **108 d S. 1**

Gemeinderat, Amtsträgereigenschaft **11** 23
Gemeine Gefahr 243 21, **Nr. 6; vor 306** 1; Hilfeleistungspflicht **323 c**
Gemeine Not, Hilfeleistungspflicht **323 c** 3 c
Gemeingefährliche Mittel, Tötung *mit –n* **211 II**
Gemeingefährliche Straftaten vor 306 1; **306 ff.;** Androhung **126 I Nr. 6, 7;** Nichtanzeige **138 I Nr. 9;** Organisation zur Begehung **129 a II Nr. 2**
Gemeingefährliche Vergiftung 314
Gemeinnützige Arbeit vor 38 9; **43** 9 f.
Gemeinnützige Einrichtungen, Geldauflage **56 b II Nr. 2; 59 a II Nr. 3**
Gemeinnützige Leistungen 56 b II Nr. 3
Gemeinschädliche Sachbeschädigung 304
Gemeinschaftliche Ausführung, Mittäterschaft **25 II**
Gemeinschaftliche Körperverletzung 224 11, **I Nr. 4;** mit Todesfolge **227** 10
Gemeinschaftliche Wilderei 292 II Nr. 3
Genehmigung, Anlagen– **327** 12; atomrechtliche – **327** 5; fehlerhafte – **vor 324** 7 ff.; Handeln ohne – **330 d Nr. 5;** der Vorteilsannahme **331 III; 333 III;** wasserrechtliche – **324** 7
Genehmigungsfähigkeit u. Umweltstraftaten **vor 324** 10; einer Vorteilsannahme **331** 33
Generalbevollmächtigte 75 S. 1 Nr. 4
Generalprävention 46 2; **56** 14 ff.; u. Verteidigung der Rechtsordnung **46** 9 ff.
Generalstreik 81 6
Generelle Kausalität vor 13 32
Genfer Abkommen 6 9
Gerät zum Abhören **201** 7
Gerätesicherungsgesetz 222 6
Gericht 11 I Nr. 7
Gerichtliche Entscheidung 330 d Nr. 4 b
Gerichtliches Verfahren in Steuersachen **355 I Nr. 1 a**
Gerichtsverhandlungen, verbotene Mitteilungen **353 d**
Gerichtsvollzieher 113 3
Geringwertige Sache 248 a 3; bei Verfall **73 c I S. 2**
Gesamtabwägung bei Geldstrafenzumessung **40** 21 ff.
Gesamtbetrachtungslehre 24 11
Gesamterfolg bei Serientaten **54** 14
Gesamtgeldstrafe 53; nachträgliche **55** 25
Gesamtschuldumfang 54 10 f.
Gesamtstrafe 53; Bemessung **39** 6; Bildung **54;** Doppelverwertungsverbot **46** 83; aus Haupt- u. Einzelstrafen **vor 3** 45; lebenslange Freiheitsstrafe als – **54 I S. 1; 57 a** 22, *Aussetzung* **57 b;** nachträgliche Bildung **55,** *Anrechnung* **51 II;** Sicherungsverwahrung bei Vorverurteilung zu – **66** 8 f.; Sperrfrist bei nachträglicher – **69 a** 26; Strafaussetzung **58;** u. Verwarnung **59 c**
Gesamturkunden 267 13 ff.; Verfälschung **267** 19 b
Gesamtwillen, Bildung eines –s **129** 6 f.
Gesamtwürdigung bei Aussetzung langer Freiheitsstrafen **56** 23 ff.; bei Berufsverbot **70** 7; bei Generalprävention **56** 18; bei Gesamtstrafenbildung **54** 10; bei minder schwerem Fall *des Totschlags* **213** 15; bei nachträglicher Sicherungsverwahrung **66 b I, II, III Nr. 2;** bei niedrigen Beweggründen **211** 14; bei Schuldschwere-Beurteilung **57 a** 11; bei Strafaussetzung **56** 11; bei Strafrahmenverschiebung **49** 2; bei Strafrestaussetzung **57 I S. 2, II Nr. 2; 57 a; 57 b;** bei Strafzumessung **46** 13 f.; Unerlässlichkeit kurzer Freiheitsstrafe **47** 10; bei Verwarnung **59** 5
Gesandte, Angriff gegen – **102;** Beleidigung v. – **103**
Geschäftliche Verhältnisse, Verheimlichung usw. **283 I Nr. 8**
Geschäftlicher Betrieb 299 3 f.
Geschäftlicher Verkehr 299 12
Geschäfts- o. Betriebsgeheimnis 203 ff.; 355 I Nr. 2; Verletzung als Auslandstat **5 Nr. 7**
Geschäftsführer, faktischer – **14** 18; **266** 32; **vor 283** 21; faktischer – als Arbeitgeber **266 a** 5; Insolvenzstraftaten **vor 283** 21; Pflichtenstellung, Generalverantwortung **13** 40
Geschäftsführung ohne Auftrag als mutmaßliche Einwilligung **vor 32** 4
Geschäftsgrundlage, Täuschung über – **263** 12
Geschäftsherrenhaftung 13 37 f.
Geschäftsraum ausländischer Diplomaten **vor 3** 19; Begriff **123** 7; Bruch des Hausfriedens **123 I**
Geschäftsunfähige, Strafantrag **77 III**
Geschehen, fiktives **184 b** 4, 6; tatsächliches **184 b II, III;** wirklichkeitsnahes **184 b II, III**
Geschehenlassen einer Straftat **357** 5

Geschichte, Berichterstattung **131 III**
Geschicklichkeitsspiel 284 5
Geschlechtskrankheiten, Infektion *als Gesundheitsschädigung* **223** 6
Geschwindigkeit, zu hohe – **315 c I Nr. 2 d**
Geschwister 11 I Nr. 1 a; Beischlaf **173 II S. 2**
Gesellschaft, ausländische **266** 53; Einwilligung in Vermögensschädigung **266** 51 ff.; Garantenstellung von –ern **13** 40; Organhaftung **14 I;** Untreue durch Existenzgefährdung **266** 52; vertretungsberechtigter –er **75 I Nr. 3**
Gesetz, – bei Beendigung d. Tat **2 II;** Garantenstellung kraft – **13** 12; mildestes – **2 III;** Zeit– **2 IV;** – zZ der Tat **2 I**
Gesetzesänderung v. materiellem Recht **2** 3 ff.; u. Teilrechtskraft **2** 12
Gesetzeseinheit vor 52 39 ff.
Gesetzesgeltung, zeitliche **2**
Gesetzgebung, konkurrierende **Einl.** 2
Gesetzgebungskompetenz Einl. 2
Gesetzgebungsorgane, Bannkreisverletzung **106 a;** Ermächtigung *bei Beleidigung* **194 IV,** *bei Geheimnisverletzung* **353 b IV Nr. 1;** Geheimnisse **353 b II Nr. 1;** Hausordnung **106 b;** Indemnität **36;** der Länder **36** 2; Nötigung **105 I Nr. 1,** *v. Mitgliedern* **106 I Nr. 2 a;** Parlamentsberichte **37;** Schweigepflicht *v. Mitgliedern* **203 II Nr. 4;** Verunglimpfung **90 b I**
Gesetzlicher Vertreter als Handelnder **14** 3; Strafantrag **77 III**
Gesetzlichkeitsprinzip 1 1
Gesetzwidrigkeit 263 64 ff.
Gesinnung des Täters **46** 28 f., **II;** s. Absicht, s. Beweggründe
Gesinnungsmerkmale 16 18
Gesprochenes Wort, nichtöffentlich – **201** 3
Geständnis, Erpressung **343;** Strafzumessung **46** 50 ff.; abgesprochenes – **46** 50
Gesundheit, schwerwiegende Beeinträchtigung **218 a II**
Gesundheitsbegriff der WHO **218 a** 25
Gesundheitsschädigung, Begriff **223** 6; Gefahr schwerer – **113 II Nr. 2; 176 a II Nr. 3; 177 III Nr. 3; 179 V Nr. 3; 225 III Nr. 1; 330 a I;** durch ionisierende Strahlung **309** 2; bei körperlicher Misshandlung **176 a** 19; schwere – **306 b** 4
Gesundheitsschädliche Stoffe 314 3
Gesundheitszeugnisse, Ausstellen von *unrichtigen* –n **278;** Begriff **277** 3; unberechtigtes Ausstellen und Fälschen von –n **277;** Gebrauch *von unrichtigen* –n **279**
Gewähren v. Vorteilen **299** 20; **333** 4
Gewahrsam, Begriff **242** 11; an Leichen usw. **168** 8; s. Verwahrung
Gewährsübernahme, Garantenstellung **13** 20
Gewalt 113 I; 177 5 ff.; Abgrenzung v. der Drohung **240** 4, 27; Begriff **240** 8 ff., 17 ff., *bei Hochverrat* **81** 6; durch Betäubungsmittel **240** 12; Darstellung einverständlicher sexueller – **184 a** 6 f.; gegen Dritte **177** 10 ff.; durch Dritte **177** 17; gegen Dritte **240** 14; einverständliche – **228;** bei Erpressung **253** 5; Erscheinungsformen **240** 27; Fortwirken von – als Drohung **249** 13; Fortwirken von – als Nötigungsmittel **177** 15 ff.; Fortwirken von – als Nötigungsmittel **249** 8 ff.; Nötigung mit – **240** 4 ff.; gegen Personen **249** 4; pornografische Darstellung **184 a;** durch psychische Einwirkung **240** 26; gegen Sachen **113** 23; **177** 9; **240** 13; sexuelle Nötigung durch – **177 I Nr. 1;** bei überraschenden Handlungen **177** 14; durch Unterlassen **240** 29; Verwerflichkeit **240** 45 ff.
Gewaltdarstellung 131 I; Begriff **131** 5 f.; pornografische **184 a**
Gewaltenteilung 12 3
Gewalthandlungen, Tötungsvorsatz *bei gefährlichen* – **212** 5 ff.
Gewaltpornografie 184 a
Gewalttaten, historische **140** 4
Gewalttätigkeit 113 II Nr. 2; Absicht der – **124** 9; Begriff **124** 8; **125** 4; pornografische Darstellung **184 a,** 4 ff.; Todesgefahr **125 a Nr. 3;** –en verherrlichende o. verharmlosende Schriften usw. **131**
Gewässer, Begriff **324** 2 a; **330 d** 2, **Nr. 1;** besonders schwerwiegende Beeinträchtigung **330** 3, **I Nr. 1;** Freisetzen v. Gift in einem – **330 a** 3; Gefährdung *durch Abfallbeseitigung* **326 I Nr. 4 a;** nachteilige Veränderung **324** 6, **I;** Schädigung eines –s **324 a I Nr. 1;** –schutzbeauftragter **324** 9; in einem Schutzgebiet **329 III Nr. 3;** Verunreinigung **324** 5, **I**
Gewebe, menschliches **168** 13
Gewebehandel 5 Nr. 15
Gewerbetreibende, Strafantragsrecht **301 II**
Gewerbeverbot 70 ff.; Verstoß **145 c**
Gewerbsmäßigkeit vor 52 62, 63; **150 I S. 2; 152 a III; 152 b II; 180 a I, II**

Nr. 1; 184 b III; 236 IV Nr. 1; 243 I Nr. 3; 253 IV S. 2; 260 I Nr. 1; 261 IV S. 2; 263 V, VII S. 2; 264 III; 267 III Nr. 1, IV; 276 II; 284 III Nr. 1; 286 I S. 2; 291 II Nr. 2; 292 II Nr. 1; 300 S. 2 Nr. 2; 302; 303 b IV Nr. 2; 335 II Nr. 3; 338; subjektives Tatbestandselement **16** 18
Gewillkürter Abfall 326 2 b
Gewinn- u. Verlustrechnungen 283 25; unrichtige o. unvollständige – **265 b I Nr. 1 a**
Gewinnabschöpfung, Erweiterter Verfall **73 d;** Verfall **73** 2
Gewinnspiel, Täuschung über Chance bei – **263** 18
Gewinnsucht 236 18
Gewissenstäter, Strafzumessung **46** 29; Unrechtseinsicht **17** 3, 8
Gewohnheitsmäßige Wilderei 292 II Nr. 1
Gewohnheitsmäßigkeit als besonders schwerer Fall **46** 89; kein Tatbestandsmerkmal **16** 19
Gewohnheitsrecht 1 9
Gift 224 3; **314** 3; Abfälle **326 I Nr. 1;** Freisetzen **330 a I**
Giftfalle 22 11
Gläubigerbegünstigung 283 c I; durch Unterlassen **283 c** 4; Verh. zu Bankrott **283 c** 1; Versuch **283 c II**
Glied, wichtiges – des Körpers **226**
Glücksspiel, im Ausland **284** 18 a; Begriff *u. Abgr.* **284** 3 ff.; Beteiligung **285;** Einziehung, *Vermögensstrafe u. Verfall* **286;** öffentliches – **284** 22, **II;** organisiertes – **129** 6 f.; unerlaubte Veranstaltung **284 I;** Vermitteln von – **284** 18 a; Werbung **284 IV**
Gnade 57 9
Gottesdienst, Beschädigung *gewidmeter Sachen* **304 I;** Diebstahl *gewidmeter Sachen* **243** 19, **I Nr. 4;** Störung, beschimpfender Unfug **167 I**
Grab, Zerstörung usw. **168 II**
Grabmal, Zerstörung o. Beschädigung **304 I**
Graffiti 303 II; 304 II
Gremienentscheidungen, Zurechnung von – **25** 25 f.
Grenzabfertigungsstellen 22 15
Grenzbezeichnung, Veränderung **274 I Nr. 3**
Grenze der Notwehr **33**
Grenzüberschreitende Vereinigungen, Verbot **85** 7
Grob fahrlässig s. leichtfertig
Grob pflichtwidrig 325 13; **328** 4
Grob verkehrswidrig 315 c 13
Große Zahl v. Menschen **263 III Nr. 2; 306 b** 5; **330** 8; v. Urkunden **267** 40
Gründen, krimineller Vereinigungen **129 I;** einer terroristischen Vereinigung **129 a I, II**
Grundgesetz, Verfassungshochverrat **81** 4 f., **I Nr. 2;** s. Verfassungsrecht, verfassungsmäßige Ordnung
Grundrechte, Einschränkung v. – *durch Weisungen* **56 c** 2 ff.
Grundsatz der Verhältnismäßigkeit bei Einziehung **74 b**
Grundsätze, in Widerspruch *zu rechtsstaatlichen –n* **234 a** 9
Grundstückseigentümer, Verantwortlichkeit *für Müllablagerung* **326** 7 e
Grundwasser 324 3; als Gewässer **330 d Nr. 1**
Gruppe, Begriff **88** 6; **127** 3; bewaffnete **127** 4; nationale, rassische, religiöse, durch ihr Volkstum bestimmte – **130 II Nr. 1**
Gruppenwillen 129 6 f.
Gutachten, unrichtige o. unvollständige – **265 b I Nr. 1 a**
Gute Sitten s. Sittenwidrigkeit
Güter- u. Pflichtenabwägung 34 8 ff.
Gutgläubiger Erwerb u. Geldwäsche **261** 28, 40

H

Habgier 211 II; Typenkorrektur bei -mord **211** 12
Hacking 202 a 2, 10 ff.
Hafenstaatsprinzip bei Umweltstraftaten **5** 11 a
Haftbefehl, Europäischer **Einl.** 11 c; **78 b** 14; als Verjährungsunterbrechung **78 c I Nr. 5**
Haftempfindlichkeit als Strafzumessungsgrund **46** 42, 43 b
Halbstrafenaussetzung 57 II; bei besonderen Umständen **57** 28 ff.
Halten v. Glücksspielen **284** 12
Haltende Fahrzeuge, Unterlassen des Kenntlichmachens **315 c I Nr. 2 g**
Handeln auf Befehl vor 3 42; als Rechtfertigung **vor 32** 8; als Schuldausschluss **vor 32** 16
Handelsbücher, Aufbewahrungspflicht **283 I Nr. 6; 283 b I Nr. 2;** Führungspflicht **283 I Nr. 5; 283 b I Nr. 1**
Handeltreiben, Begriff **vor 52** 13 ff.; Bewertungseinheit bei – **vor 52** 12 ff.; Abgrenzung von Täterschaft und Teil-

nahme **25** 16b, vor **52** 15; Tatort bei BtM-Transport **9** 3a
Handlung, Begriff **vor 13** 3ff.; Tat– **8** 3; s. exhibitionistische –, s. sexuelle –
Handlungslehren vor 13 4ff.
Handlungsbevollmächtigter 75 S. 1 Nr. 4
Handlungseinheit vor 52 52; natürliche **vor 52** 3ff.; rechtliche **vor 52** 20; tatbestandliche **vor 52** 10
Hang, Feststellung **66b** 20; bei nachträglicher Sicherungsverwahrung **66b** 20; zum Rauschmittelkonsum **64 S. 1; 64** 4ff.; zu Straftaten **66 I Nr. 3; 66** 24ff.; **66b** 33ff.; **67d III S. 1;** bei Vorbehalt der Sicherungsverwahrung **66a** 4
Hangtäter, Prognose **66** 33ff.
Hardware, störendes Einwirken auf – **303b I Nr. 3**
Härteausgleich bei nachträglicher Gesamtstrafe **55** 21
Härtevorschrift für Erweiterten Verfall **73d IV;** für Verfall **73c**
Hass, Aufstacheln zum – **130**
Hauptstrafe nach DDR-Recht **vor 3** 45; Einbeziehung in Gesamtstrafe **53** 4
Haupttat, Verhältnis zur Anstiftung **26** 10
Hauptverfahren, –verhandlung *als Verjährungsunterbrechung* **78c** 17f., **I Nr. 7, 8**
Hausbesetzung 123 9
Hauseigentümer als Garant **13** 35; **222** 12
Hausfriedensbruch 123; durch Arbeitnehmer **123** 39; schwerer **124;** durch Vermieter **123** 39
Haushaltsmittel, Umleitung von –n **266** 68
Haushaltsuntreue 263 81; **266** 47ff.; Schaden **266** 64ff.
Häusliche Gemeinschaft 247 2; Garantenstellung **13** 13
Hausrecht 123 2ff.; Ausübung bei Mitinhabern **123** 4; in Gerichtsgebäuden **123** 3
Haustyrann, Heimtücke bei Tötung **211** 46; Notwehr gegen – **32** 37
Hausverbot 123 20ff.
Heeresdienst, Werbung für ausländischen **109h**
Hehlerei 259 I; Banden– **260 I Nr. 2;** Führungsaufsicht **262;** gewerbsmäßige – ***260 I Nr. 1;*** *gewerbsmäßige* Banden– **260a;** Versuch **259 III**
Heide 306 8; Brandgefahr **306f I Nr. 3;** Brandstiftung **306 I Nr. 5**
Heilbehandlung 223 9ff.; **228** 4f.; Abbruch **vor 211** 20; eigenmächtige – **223** 11; bei Exhibitionismus **183 III;** Patientenverfügung **vor 211** 26; Sorgfaltspflichten **222** 10f.; Sterbehilfe **vor 211** 16ff.; Weisung **56c III;** als Weisung **59a II Nr. 4; 68c II;** Weisung zur – **56c** 12
Heilberufe, Schweigepflicht **203 I Nr. 1**
Heilquellenschutzgebiet, Gefährdung **329 II**
Heimaufenthalt, Weisung **56c III Nr. 2**
Heimtücke 211 II; 211 34ff.; gegen ahnungslose Personen **211** 42ff.; gegen Angreifer **211** 49 ff.; –bewusstsein 211 44; normative Einschränkungen des –tatbestands **211** 45ff.; Rechtsfolgenlösung **211** 46
Heiratsbuch 271 12
Heiratshandel 232 6, 7
Hemmschwelle 20 19; erhöhte – bei Tötung **212** 8f.
Hemmungsfähigkeit 20; verminderte **21**
Heranwachsende 10; Anh 3 105f.; Maßregeln gegen – **vor 38** 3
Herbeiführen eines Brandes *bei Schiffen o. Luftfahrzeugen* **316c I Nr. 2;** einer Brandgefahr **306f** 4, **I;** einer Explosion *durch Kernenergie* **307; 328 II Nr. 3,** *bei Schiffen o. Luftfahrzeugen* **316c I Nr. 2,** *durch Sprengstoff* **308;** eines Irrtums *als Anstiftung* **26** 4; einer Kriegsgefahr **80** 6; einer Krise **283 II;** einer Überschwemmung **313;** eines Unglücksfalls **315 III Nr. 1a;** eines unrichtigen Wahlergebnisses **107a I;** v. Wehruntauglichkeit **109 I**
Heroin s. Betäubungsmittel
Herrenlose Sachen 242 6; Brandstiftung **306** 12; **306a** 10b
Herstellen, fehlerhaftes – *einer kerntechn. Anlage* **312;** v. Kernbrenn– *o. radioaktiven Stoffen* **310 I Nr. 1;** v. Sprengstoffen **310 I Nr. 2;** einer unechten Aufzeichnung **268 I Nr. 1;** einer unechten Urkunde **267 I**
Herzschrittmacher s. Körperteile
Hilfeleistung 27; Erforderlichkeit **323c** 4; Zumutbarkeit **323c** 7f.
Hilflose Lage 221 7; Im-Stich-Lassen **221 I Nr. 2;** Versetzen in – **221 I Nr. 1;** s. auch schutzlose Lage
Hilflosigkeit 177 30; **243 I Nr. 6;** in einem fremden Land **232 I; 233 I**
Hilfsbedürftigkeit, Ausnutzen für sexuelle Handlungen **174a II;** Vortäuschung **145 I Nr. 2**

Hilfspflicht, allgemeine **323 c**
Hindernisse, Bereiten **315 I Nr. 2; 315 b I Nr. 2**
Hinderung der Tätigkeit e. Gesetzgebungsorgans **106 b**
Hinterlistiger Überfall 224 I Nr. 3
Hintermann 129 IV; Begriff **84** 3; terroristischer Vereinigung **129 a IV**
Hinwirken auf eine Verfolgung **344** 3
Hirnforschung und Schuldbegriff **vor 13** 8 ff.; vgl. auch *Willensfreiheit*
Hirntod 168 14; **vor 211** 5 ff.
Hitlergruß 86 a 10
HIV-Infektion 212 4; **223** 7; **224** 12 a
HIV-Virus s. AIDS-Infektion
Höchstdauer der Führungsaufsicht **68 c I, II;** der Unterbringung **67 d I S. 1, III S. 1**
Höchstmaß der aussetzbaren Strafe **56 I S. 1, II, III; 57 II Nr. 1;** der Bewährungszeit **56 a I S. 2; 56 f II S. 2;** der Geldstrafe *bei Milderung* **49 I Nr. 2;** der Gesamtstrafe **54 II S. 1;** der Sperrfrist **57 VI; 57 a IV;** der zeitigen Freiheitsstrafe *bei Milderung* **49 I Nr. 2**
Hochverrat 81 ff.; Auslandstat **5 Nr. 2;** gegen den Bund **81,** *Vorbereitung* **83 I;** gegen ein Land **82,** *Vorbereitung* **83 II;** Nichtanzeige **138 I Nr. 2;** Tätige Reue **83 a I,** *bei Vorbereitung* **83 a II;** Vorbereitung **83** 3
Hoheitsbefugnisse u. Notstandsregelung **34** 23
Hoheitszeichen s. Staatssymbole
Holocaust, Leugnen des – **130 III**
Hologramm 149 I Nr. 3
Home-Banking 263 a 16
Homöopath, Sorgfaltspflichten **222** 11
Hooligans 125 1
Hosting 184 31; s. Internet
Humanitäre Intervention **80** 3
Hund, Beaufsichtigungspflicht **222** 24; Einziehung bei Wilderei **295;** als gefährliches Werkzeug **244** 3 b, 7 a; **250** 6 a
Hundehalter, Garantenpflicht **13** 36; **222** 24
Hungerstreik als Unglücksfall **323 c** 3 a; Verwerflichkeit **240** 51; Zwangsernährung **vor 211** 14
Hütte 306 3; Brandstiftung **306 I Nr. 1,** *bei Wohn* – **306 a I Nr. 1**
Hymne 90 a 9; Verunglimpfung **90 a I Nr. 2**
Hyperlink, Tatort **9** 7 a; Verantwortlichkeit für Inhalt **184** 28; s. Internet
Hypothetische Einwilligung *s. Einwilligung*

I

Idealkonkurrenz vor 52 20 ff.; **52**
Identitätstäuschung 267 26; durch unechte Urkunde **267** 20; durch Verfälschung **267** 18
Identitätszeichen 267 5
Illegales Staatsgeheimnis 93 II; irrige Annahme eines –ses **97 b;** Verrat **97 a**
Immissionen 325; 325 a; v. Verkehrsfahrzeugen **vor 324** 23; **325 V; 325 a IV**
Immunität vor 3 21; **36** 1; **78 b** 6, **II**
Im-Stich-Lassen 221 I Nr. 2
in dubio pro reo 1 20 ff.; **24** 28
Inbrandsetzen 306 13 f.
Indemnität 36 1; u. Abgeordnetenbestechung **108 e** 3; parlamentarische Berichte **37**
Indikation zum Schwangerschaftsabbruch **218 a,** *embryopathische* – **218 a** 21 f., *kriminologische* – **218 a III,** *medizinisch-soziale* – **218 a II,** *Rechtfertigung durch unrichtige Feststellung* **218 b I S. 2**
Individualrechtsgüter vor 3 8
Individualschutzprinzip vor 3 3; **5 Nr. 6 bis 9**
Individualwucher 291 3
Industriespionage 93 7
Infektion 212 4; **223** 7
Ingerenz 13 27 ff.
Inhaber eines Betriebes als Auftraggeber **14 II**
Inhaberscheck 263 14
Inkassovollmacht, Missbrauch von – **266** 22
Inland vor 3 12 ff.; **3** 4; **5** 6
Inländische Rechtsgüter vor 3 8 f.; Auslandstaten gegen – **5**
Innere Sicherheit 92 III Nr. 2
Input-Manipulation 268 13 a
Insidergeschäfte 263 9 a; Verfall bei –n **73** 8, 11
Insider-Informationen 266 38
Insolvenzmasse, Begriff **283** 3; Schmälerung **283 I Nr. 1; 283 d I**
Insolvenzverwalter, Geldwäsche durch – **261** 36 c
Insolvenzstraftaten 283 ff.
Insolvenzverfahren, Abweisung *des Eröffnungsantrags* **vor 283** 15; Eröffnung **vor 283** 14; **283 VI**
instrumenta sceleris 74 7
Integritätsklausel, Garantenstellung aufgrund – **13** 21, 38
Intelligenz –minderung **20** 35; –quotient **20** 35
Intensiver Notwehrexzess 33 2

Interesse, berechtigte –n **193** 9; besonderes öffentliches – **230** 3.
Interessenabwägung 34 8 ff.
Interlokales Strafrecht vor 3 24 ff.
Internationaler Gerichtshof Einl. 12
Internet, Äußerungsdelikte im – **184** 23 ff.; Glücksspiele im – **284** 11; Lesezugriff im – **184** 34; Live-Darbietung im – **184 c** 4; Lotterien **287** 11; Provider-Strafbarkeit **9** 7 f.; Suchmaschinen im – **184** 28; Tatort von –Delikten **9** 5 ff.; **86** 13; **131** 25; **184** 24 ff.; als Telekommunikationsnetz **265 a** 16; Verantwortlichkeit für Inhalte im – **184** 26 ff.; Verbreiten im – **9** 5 ff.; **78** 8; **86** 13; **86 a** 15; **126** 6; **130** 21 f.; **184** 10 ff., 23 ff.; **184 b** 10, 21; Verfügungsrecht über Daten im – **303 a** 7; Zugänglichmachen von Datenspeichern im – **184** 33 ff.
Internethandel 263 a 16
Internetzugang, fremder **263 a** 11 a
Intertemporales Strafrecht 2; DDR-Alttaten **vor 3** 33 ff.
Intoxikationspsychose 20 11
Inventar, Begriff **283** 27; Unterlassen *der Aufstellung* **283 I Nr. 7 b; 283 b I Nr. 3 b**
In-Verkehr-Bringen v. entwerteten Wertzeichen **148 II;** v. Falschgeld **146** 17 ff., **I Nr. 3; 147 I;** v. gefälschten Wertzeichen **148 I Nr. 3**
Inverkehrbringen v. Mitteln o. Gegenständen **219 b** 3; vergifteter Sachen **314 I Nr. 2**
Inversionswetterlage, verbotswidriger Anlagenbetrieb **329 I**
Inzest 173
Ionisierende Strahlen, fahrlässige Freisetzung **311 III;** Freisetzung **311 I Nr. 1;** Missbrauch **309 I,** *als Auslandstat* **6 Nr. 2;** s. nicht–
Irrtum, Ausnutzen eines –s **263** 37; beim entschuldigenden Notstand **35 II;** über Garantenstellung **16** 17; Herbeiführen o. Förderung als Anstiftung **26** 4; über Rechtfertigungsgründe **16** 20 ff., *beim Notstand* **34** 18, *bei Notwehr* **32** 50 ff.; über die Rechtmäßigkeit *der Diensthandlung* **136 III S. 2, IV;** über Rechtmäßigkeit der Diensthandlung **113 IV;** über Schuldausschließungsgründe **16** 25; Subsumtions– **16** 11; über Tatumstände **16;** umgekehrter – **16** 2, 9, *über Rechtfertigungsgrund* **16** *20 ff.; umgekehrter Verbots–* **17** 10; beim untauglichen Versuch **22** 43; unvermeidbarer **113** 33, **IV S. 2;** Verbots– **17,** *Vermeidbarkeit* **17** 7, 12

J

Jagd, unberechtigte **292 ff.**
Jagdausübungsrecht 292 8
Jagdbeamte, Widerstand **114**
Jagdbezirk 292 8
Jagdrecht dem – unterliegende Tierarten **242** 6
Jagdschutz, Widerstand gegen – berechtigte **114** 2
Jagdwilderei 292; Einziehung **295;** Strafantrag **294**
Jahresabschluss 283 25, 27; s. Bilanz
Journalisten, Berufsverbot gegen – **70** 5
Juden, Beleidigungsfähigkeit der deutschen – als Gesamtheit **vor 185** 10
Jugendarrest, Anrechnung v. Freiheitsentziehung **51** 10
Jugendberater, Schweigepflicht **203 I Nr. 4**
Jugendgefährdende Prostitution 184 e
Jugendlichenpsychotherapeut, geschützte Berufsbezeichnung **132 a I Nr. 2**
Jugendlicher, Geltung des StGB **10;** Misshandlung **225 I;** sexueller Missbrauch **182**
Jugendschutz 131 2; **184** 3
Jugendstrafe, Anrechnung v. Freiheitsentziehung **51** 10; Sicherungsverwahrung bei Vorverurteilung zu – **66** 7
Jugendstrafrecht, Rechtsfolgen **vor 38** 3; Strafzumessung **46** 18
Juristische Personen, Einziehungssondervorschrift **75;** Insolvenzstraftaten **vor 283** 21; vertretungsberechtigte Organe einer – als Handelnde **14 I Nr. 1; 14** 3

K

Kaiserschnitt als Beginn des Lebens **vor 211** 2
Kapitalanlagen –betrug **264 a;** *Gefährdungsschaden* **263** 99; *Schaden* **263** 78; Prospekthaftung **264 a** 16
Kapitalersetzende Darlehen vor 283 9
Kapitalgesellschaften, Bilanzierung **283** 25 ff.
Karikatur, beleidigende **185** 8
Kassenarzt, Irrtum bei – betrug **263** 34 b, 35 a; als Vertreter der Krankenkasse **263** 39, 109; **266** 15; Bestechung als Beauftragter eines geschäftlichen Betriebs **299** 10 b
Kastration s. Unfruchtbarmachung
Katzenkönig-Fall 25 5

Kaufleute, Aufbewahrungspflichten **283** 24, **I Nr. 6;** Buchführungspflichten **283** 19 ff., **I Nr. 5;** Insolvenzstraftaten **vor 283** 19
Kausalität, Abweichung des Kausalablaufs **16** 7; Begriff, *Adäquanztheorie* **vor 13** 23, *alternative* – **vor 13** 22, *Bedingungstheorie* **vor 13** 21 f., *generelle* **vor 13** 32, *hypothetische* **vor 13** 39, *kumulative* **vor 13** 32, *Relevanztheorie* **vor 13** 23, *überholende* **vor 13** 38; u. Eigenverantwortlichkeit **vor 13** 36; bei Insolvenzstraftaten **vor 283** 17; objektive Zurechnung **vor 13** 24 ff.; Pflichtwidrigkeitszusammenhang **vor 13** 29; Regressverbot **vor 13** 38; Risikoerhöhungstheorie **vor 13** 26; Schutzzweckzusammenhang **vor 13** 30, 33; Unterbrechung **vor 13** 38; bei Unterlassungsdelikten **vor 13** 39; **13** 4; Vorsatz **16** 7 ff.
Kenntlichmachen v. Fahrzeugen **315 c I Nr. 2 g**
Kenntnis 16 2; verschaffen *bei Schriftstücken* **202 I Nr. 2, II;** bei Vorsatz **15** 4
Kennzeichen, Beseitigung **74 b II Nr. 2;** verfassungswidriger Organisationen **86 a;** verwechslungsfähige **86 a II**
Kennzeichenschild, Überkleben **267** 19; als Urkunde **267** 4
Kernbrennstoffe, Abfälle **326 III;** Anlagen zur Verwendung **327 I;** Begriff **310** 4; **328** 2; Herstellen usw. **310 I Nr. 1;** unerlaubter Umgang **328 I Nr. 1, II**
Kernenergieexplosion, Verursachung **307; 328 II Nr. 3**
Kernenergieverbrechen 307; 309; 312; Vorbereitung **310 I Nr. 1**
Kernspaltungsvorgang, Bewirken **311 I Nr. 2**
Kerntechnische Anlage, Begriff **330 d Nr. 2;** fehlerhafte Herstellung **312;** pflichtwidriges Betreiben **311 III Nr. 1;** unerlaubtes Betreiben usw. **327 I**
Kettenanstiftung 26 3a; Rücktritt **31** 3a; Versuch **30** 8
Kettenbriefaktionen 284 3; **287** 2, 9
Kick-Back-Geschäft 266 21, 38a; Vermögensnachteil durch – **266** 59 a
Kidnapping s. **239 a, 239 b**
Kind, Darstellung als – **184 b** 6; Irrtum über Eigenschaft als – **176** 30; Legaldefinition **176 I;** leibliches **236 I;** sexuelle Handlungen mit eigenem – **174 I Nr. 3;** sexueller Missbrauch als Gegenstand pornografischer Schrift **176 a III; 184 b**
Kinder, Adoptiv– **174** 10, **I Nr. 3;** Aussetzung **221 II Nr. 1;** leibliche **174** 10, **I Nr. 3;** Misshandlung **225 I;** Pflege– **11 I Nr. 1 b;** Schuldunfähigkeit **19;** Strafantrag **77** 11 ff., **II S. 1, III;** Unterschiebung **169** 5, **I;** Verletzung der Fürsorge- o. Erziehungspflicht **171**
Kinderhandel 236; grenzüberschreitender – **236 II S. 2;** organisierter u. kommerzieller – **236 IV Nr. 1;** Versuch **236 III**
Kinderpornografie 184 b; Endverbraucher **184 b** 18
Kinderpornografische Schrift 176 a III
Kinderpsychotherapeut, geschützte Berufsbezeichnung **132 a I Nr. 2**
Kindesentziehung 235 1; s. Entziehung
Kindstötung 213 16
Kirchen, Amtsbezeichnungen usw. **132 a III;** Beschimpfung **166;** Brandstiftung **306 a I Nr. 2;** Steuergeheimnis **355 II Nr. 3;** Störung des Gottesdienstes, beschimpfender Unfug **167 I;** Strafantragsrecht **194 III S. 3; 230 II S. 2;** Verwahrungsbruch **133 II**
Kirchenasyl als Beihilfe **27** 10
Kirchendiebstahl 243 19, **I Nr. 4**
Klageerhebung als Verjährungsunterbrechung **78 c I Nr. 6**
Klammerwirkung vor 52 30 ff.; durch Dauerdelikt **vor 52** 32 f.
Klassifikation psychischer Störungen **20** 6 f.
Kleinkriminalität s. Bagatelldelikte
Kokain s. Betäubungsmittel
Kollegialentscheidung, Rechtsbeugung **339** 8; Zurechnung von – **25** 25 f.
Kollektivbeleidigung, Ausnahme vom Strafantrag **194** 15; Strafantragsrecht **194** 3
Kollektivbezeichnung, Beleidigung unter einer – **vor 185** 9 ff.
Kollusion 330 d Nr. 5
Kommunikationsanlagen s. technische Einrichtungen
Kommunikationsmittel 238 I
Kompensation einer Beleidigung **199** 5; von Vermögensschaden **263** 93; **266** 73
Konfliktberatung 219
Konfliktlage 46 27
Kongruente Erfüllung 288 9
Konkrete Gefahr 315 14 ff.; **315 c** 15
Konkrete Gefährdungsdelikte vor 13 18; Begehungsort **9** 4
Konkurrenz 52 ff.; Ideal– **52;** Real– **53**

Konkurrenzen vor 52 1 ff.
Konnivenz 357 1
Konsumtion vor 52 43
Kontakt, Weisungen zu –en mit bestimmten Personen **56 c II Nr. 3;** Herstellen von – **238 I Nr. 2;** Veranlassen Dritter zur Aufnahme von – **238 I Nr. 3**
Kontaktsperre 34 23
Kontodaten, Gefährdungsschaden bei Herausgabe **253** 16; **263** 101a
Kontrollzeichen 267 5
Konzern –Untreue **266** 54
Kopie s. Fotokopie
Kopierschutz 202 a 8
Körper, Eindringen in den – **176 a II Nr. 1; 177 II Nr. 1; 179 V Nr. 1;** fehlende Sacheigenschaft des menschlichen –s **242** 8; wichtiges Glied **226** 6 f.
Körperliche Mängel 315 c 3 b
Körperliche Misshandlung, Begriff **223** 3
Körperliche Schäden, schwere **66 I Nr. 3; 226** 2 ff., **I**
Körperliche Unversehrtheit 223 5
Körperliches Wohlbefinden 223 4
Körperschaften, Gesetzgebungs– **36**
Körperteile 168 5; **223** 2; **242** 3, 8
Körperverletzung 223 ff.; im Amt **340;** mit Einwilligung **228;** fahrlässige – **229,** *im Amt* **340 III;** gefährliche – **224 I,** *im Amt* **340 III;** schwere **129 a II Nr. 1; 226,** *im Amt* **340 III,** *Androhung* **126 I Nr. 3,** *bei Schlägerei* **231** 5 f., **I;** Strafantrag **230;** mit Todesfolge **227 I,** *im Amt* **340 III,** *minder schwere Fälle* **227 II;** Versuch **223 II;** Vorsatz **223** 20
Korruption 331 ff.; im geschäftlichen Verkehr **299 ff.;** v. Mandatsträgern **108 e** 3 f.
Kräfte mit vereinten –n **125** 8
Kraftfahrer, räuberischer Angriff auf – **316 a;** Verletzung v. –pflichten **44 I**
Kraftfahrstraßen, falsche Fahrtrichtung **315 c, I Nr. 2 f;** Wenden o. Rückwärtsfahren **315 c I Nr. 2 f**
Kraftfahrzeug, Begriff **248 b** 3, **IV; 306** 7; Brandstiftung **306 I Nr. 4;** Diebstahl in u. v. –en **243** 12; dienstliches **305 a** 9, **I Nr. 2;** Entziehung der Fahrerlaubnis **69–69 b;** Fahrverbot **68 b** 8, **I Nr. 6;** Führen **69** 9 ff.; Führen eines –s **315 c** 3; **316** 4 f.; **316 a** 4; *Gefährdung durch Bannware* **297;** Immissionen **vor 324** 23; **325 V; 325 a IV;** v. Polizei o. Bwehr, *Zerstörung* **305 a I Nr. 2;** Straftat beim Führen **44 S. 1;** Straftaten bei o. im Zusammenhang mit dem Führen eines –s, *Fahrverbot* **44 I;** unbefugter Gebrauch **248 b;** s. Fahrzeug
Kraftfahrzeugbrief 276 a
Kraftfahrzeugführer, Pflichten **44** 11, **S. 1; 69 I; 315 a I; 315 c I; 316; 316 a I;** Sorgfaltspflichten **222** 13 ff.
Kraftfahrzeugschein 276 a; als öffentliche Urkunde **271** 10
Kranke, Misshandlung **225 I**
Krankenhaus, psychiatrisches **61 Nr. 1; 63,** s. Unterbringung
Krankenpfleger, Schweigepflicht **203 I Nr. 1**
krankhafte seelische Störung 20
Krankheit, Ausnutzen für sexuelle Handlungen **174 a II;** Ausnutzen zu sexuellen Handlungen **174 c I**
Krankheitserreger, Abfälle mit –n **326 I Nr. 1**
Krankheitswert psychischer Störungen **20** 6, 29, 37 f.
Krebserregende Abfälle **326 I Nr. 2**
Kredit, Begriff **265 b III Nr. 2;** Beschaffen auf – **283** 14
Kreditantrag 265 b I; unrichtige o. unvollständige Angaben usw. **265 b I**
Kreditgefährdung 187
Kreditkarten, Begriff **266 b** 10; Fälschung von – **152 b IV;** Missbrauch **266 b I**
Kreditvergabe, Untreue durch – **266** 42 ff., 45a
Kreditwucher 291 I Nr. 2
Krieg, Angriffs– **80,** 3
Kriegsdienstverweigerer 46 29; Wehrpflichtentziehung **109** 2
Kriegsgefahr, Herbeiführung **80** 6
Kriegsrecht 34 16 a
Kriegsverbrechen Einl. 12; Nichtanzeige **139 III Nr. 2**
Kriegswaffen 129 a II Nr. 4; 243 I Nr. 7
Kriegswaffenkontrollgesetz, Auslandstaten **5** 1
Kriminelle Vereinigung 129; im Ausland **129 b;** Straftaten *als Geldwäschevortaten* **261 I S. 2 Nr. 5**
Krise, Begriff **vor 283** 6; **283 I;** Herbeiführung *durch Bankrotthandlung* **283** 31, **II**
Krisenintervention nach Aussetzung der Maßregelvollstreckung **67 h**
Kronzeugen 129 a 33
Kundenkarten 152 a 4 a
Kunst, Gewalt darstellende **131** 20; pornografische **184** 8; Rechtfertigung beleidigender – **193** 35 ff.
Kunstfehler 223 13 a; s. Arzt

Kunstfreiheit 86 III; u. Ehrenschutz **193** 35; u. Gewaltdarstellung **131** 19 f.; u. Pornografie **184** 8; u. Staatssymbole **90 a** 19
Kunstgegenstände, Beschädigung **304;** Diebstahl **243 I Nr. 5**
Künstlerische Leistungen, tadelnde Urteile **193**
Künstliche Körperteile s. Körperteile
Kurgebiet, verbotswidriger Anlagenbetrieb **329 I**
Kuriertätigkeit als Beihilfe **vor 52** 15; **25** 16b
Kuss als sexuelle Handlung **184 f** 7
Küstengewässer vor 3 13; Umweltstrafrecht **vor 324** 24; **324** 4

L

Ladendiebstahl 242 18; **248 a** 8
Lage der Betriebsstätte **327 I Nr. 2;** hilflose **221;** schutzlose **177 I Nr. 3;** s. hilflose Lage
Lager für Sabotagemittel **87 I Nr. 4**
Lagern v. Abfällen **326** 7 a; v. wassergefährdenden Stoffen **329** 7; s. Warenlager
Lagertheorie 263 49
Lähmung 226 I Nr. 3
Laiensphäre, Parallelwertung in der – **16** 14
Land, Bestandshochverrat **82 I Nr. 1;** Gesetzgebungsorgan, *Immunität* **78 b II;** Hochverratsvorbereitung **83 II;** Verfassungshochverrat **82 I Nr. 2;** Verunglimpfung **90 a I Nr. 1,** *v. Verfassungsorganen* **90 b I**
Landesbeamte s. Amtsträger
Landesregierung, Mitglieder der –, *Nötigung* **106 I Nr. 2 c;** Strafantrag **77 a IV**
Landesverrat u. Gefährdung der äußeren Sicherheit **5 Nr. 4; 93 ff.;** s. Staatsgeheimnis
Landesverräterische Agententätigkeit **98 I;** Ausspähung **96 I;** Fälschung **100 a**
Landesverteidigung, Angelegenheiten der – ***109 f*** *3;* Anlagen o. Einrichtungen **109 e** 3; Störpropaganda **109 d;** Straftaten gegen die **5 Nr. 5; 109 ff.**
Landeswappen s. Staatssymbol
Landfriedensbruch 125 f.; Androhung **126 I Nr. 1;** aufwieglerischer **125** 14, **I 2. HS;** bedrohender **125 I Nr. 2;** besonders schwere Fälle **125 a;** Beteiligungshandlungen **125** 11 f.; gewalttätiger **125** 4 f., **I Nr. 1;** Verhältnis *zum Widerstand gegen Vollstreckungsbeamte* **125** 16, **II**
Landtag, Abgeordnetenbestechung **108 e;** Bannkreisverletzungen **106 a;** Hausordnung, Störungen **106 b;** Indemnität **36;** Nötigung **105 I Nr. 1,** *v. Mitgliedern* **106 I Nr. 2 a**
Landwirtschaftliche Anlagen u. Erzeugnisse 306 9 f.; Brandgefahr **306 f I Nr. 2, I Nr. 4;** Brandstiftung **306 I Nr. 6**
Lastschriftreiterei 263 14 a, 95, 98
Lastschriftverfahren 152 b 4 f.; **263** 14 a, 34 a; **263 a** 15; **266** 19; **266 b** 6 b
Lärm, Begriff **325 a** 5; pflichtwidrige Verursachung **325 a I, II;** im Straßenverkehr **vor 324** 23; **325 a IV**
Leben, menschliches **vor 211** 2 ff.; Abwägung von – gegen – **34** 9 ff.; Beginn des –s **vor § 211** 2; Ende des –s **vor § 211** 5 ff.; *s. auch Leib oder Leben*
Lebensbedarf, Gefährdung **170** 10
Lebensbereich, höchstpersönlicher **201 a;** persönlicher **203** 3
Lebensführung, Eingriff *durch Weisungen* **56 c** 3
Lebensführungsschuld 46 5, 37a, 42, 106 a
Lebensgefahr 113 II Nr. 2; 176 a V; 177 IV Nr. 2; 218 a 25; **221 I; 224 I Nr. 5; 235 IV Nr. 1; 250 II Nr. 3 Buchst. b; 306 b II Nr. 1;** Handeln zur Abwendung **35** 8; Notstand **35 I S. 1**
Lebensgefährdende Behandlung 224 I Nr. 5
Lebensgemeinschaft 13 13; Garantenstellung **13** 25; nichteheliche **11** 10
Lebensgestaltung, Beeinträchtigen der – durch Nachstellung **238 I; 238** 21 ff.
Lebensgrundlage im Geltungsbereich des StGB **5** 3
Lebenslange Freiheitsstrafe 38 4; **80; 81 I; 176 b; 178; 179 VII; 211; 212 II; 239 a III; 239 b II; 251; 306 c; 307 III Nr. 1; 308 III; 309 IV; 313 II; 314 II; Anh 2, 6, 7, 8 I, 11 II S. 2, 12 II S. 2; Anh 3 106 I;** Aussetzung des Strafrestes **57 a; 57 b;** Erlass nach Umwandlung **57** 4; als Gesamtstrafe **54 I S. 1,** *Strafrestaussetzung* **57 a** 22; Milderung **49 I Nr. 1;** Strafrahmenverschiebung bei vertyptem Milderungsgrund **49** 3 a; Strafrestaussetzung bei fakultativer – **57 a** 3; rechtsstaatswidrige Verfahrensverzögerung bei – **46** 61 a; Verjährungsfrist **78 III Nr. 1;** keine Vollstreckungsverjährung **79 II**
Lebensmittel, Vergiftung **314 I Nr. 2**

Lebenspartner 11 I Nr. 1 a; Doppelehe bei –schaft **172** 5; Garantenstellung **13** 15, 25; Schwägerschaft **11** 7; Verlöbnis **11** 8; Verlobte – **11 I Nr. 1**
Lebensverhältnisse des Opfers **46** 59; der Schwangeren **218 a** 26; des Täters **46** 42
Lederspray-Fall 13 39; **15** 16
Lehrer, sexueller Missbrauch durch – **174** 6; Sorgfaltspflicht **222** 12
Lehrfreiheit 86 III
Leib oder Leben 35 3 f.; Angriff auf – **102** 5; Drohung mit gegenwärtiger Gefahr für – **177 I Nr. 2; 249 I; 255 I**
Leibeigenschaft 233 I; 234 6
Leibesfrucht, Einwirkungen **vor 211** 4
Leiche 168 4 f.; Diebstahl **242** 8; Plastination **168** 16; Wegnahme **168 I**
Leichenteile 168 I; 168 5
Leichtfertigkeit 176 b; Begriff **15** 20
Leistungen, Anrechnen von – bei Aussetzungswiderruf **56 f** 18; Begriff **291** 4; erbrachte –, *Nichterstattung/Anrechnung* **56 f III;** freiwillige – *statt Auflagen* **56 b III;** gemeinnützige **56 b II Nr. 3;** gewerbliche – **298** 8; persönliche – zur Wiedergutmachung **46 a Nr. 2**
Leistungsautomat 265 a 10 ff.
Leistungskarten 152 a 4 b
Leistungskürzung bei amtlichen Ausgaben **353 II**
Leistungsverhalten 20 22
Leistungswucher 291 I Nr. 3
Leitende Stellung 75 I Nr. 4
Leiter für elektrische Energie **248 c** 3
Leitung eines Betriebs **14 II Nr. 1;** einer Rechtssache **339** 5 ff.
Leserbriefe, ehrverletzende Äußerungen **193** 33
Leugnen des Holocaust **130 III;** der Tat **46** 50 ff.
lex fori vor 3 25
Licht, offenes – **306 f I;** Versorgung mit – **88 I Nr. 3**
Lichtbildaufnahme von Wehrmitteln usw. **109 g**
Limited (private company limited by shares) **266** 53
Limitierte Akzessorietät vor 25 9; **29** 2
Link, Verantwortlichkeit für – im Internet **184** 28; s. Internet
List 232 IV Nr. 1; 234 3
Live-Darbietung, gewaltverherrlichende, *durch Rundfunk, Tele- oder Mediendienste* ***131 II;*** *pornografische* ***184*** 37; **184 c;** volksverhetzende *durch Rundfunk, Tele- und Mediendienste* **130 II Nr. 2**
Lockspitzel 22 2; **26** 8; **46** 67 ff.
Lohnwucher 291 7
Löschen v. Ausweiseintragungen **273** 3; v. beweiserheblichen Daten **274** 5 c, **I Nr. 2;** eines Brandes **306 e** 5, *verhindern o. erschweren* **306 b** 12, **II Nr. 3;** v. Daten **303 a I; 303 b I Nr. 1**
Löschmittel, Einwirkungen **306** 15
Lösegeld, Erpressung **239 a**
Lotterie, Begriff **287** 2; unerlaubtes Veranstalten **287 I;** Werbung für unerlaubte – **287 II**
LSD s. Betäubungsmittel
Luftaufnahmen v. militärischen Objekten **109 g II**
Luftfahrzeug, Begriff **109 g** 5; **306** 7; **316 c** 3; Brandstiftung **306 I Nr. 4;** Entführung **316 c** 4 ff., **I Nr. 1 a;** Gefährdung *durch Bannware* **297;** Immissionen **vor 324** 23; **325 V; 325 a IV;** Sabotage **316 c I Nr. 2;** Taten auf –en **4**
Luftraum vor 3 17
Luftverkehr 315 7; Angriffe auf den –, *Nichtanzeige* **138 I Nr. 9; 139 III Nr. 3,** *Tätige Reue* **320 I, III Nr. 2,** *Vorbereitung* **316 c IV;** Auslandstaten **6 Nr. 3;** Gefährdung im – **315 a;** gefährliche Eingriffe in den – **315**
Luftverkehrsvorschriften 315 a 7
Luftverunreinigung 325 6; durch Abfälle **326 I Nr. 4 a;** durch Gifte **330 a** 3; Smog **329** 3, **I**
Lüge, schriftliche **267** 18; **271** 1; **278** 1; Vorsatz der – **130** 43
Lügenpropaganda gegen die BWehr **109 d** 1

M

Machenschaften zur Herrschaftserlangung **316 c** 6
Macht, ausländische **109 h** 2
Maibaumdiebstahl, Gewohnheitsrecht **1** 9
Makeltheorie 263 90
Mangel, charakterlicher **69** 18
Mängel, geistige o. körperliche – **315 c** 3 b
Mangel, körperlicher **69** 16
Manifestationstheorie 246 6
Maschinen 306 5; Brandstiftung **306 I Nr. 2;** Diebstahl **243** 23; Lärmverursachung durch – **325 a;** Luftverunreinigung durch – **325**
Maschinengewehr 243 I Nr. 7
Maschinenpistole 243 I Nr. 7
Maskierung, Verbot **125** 1

Massenstreik als Gewaltanwendung **81** 6
Maßnahme, Begriff **11 I Nr. 8;** selbständige Anordnung **71; 76 a;** bei Tateinheit **52 IV;** Vereiteln v. –n **258,** *im Amt* **258 a;** Vereitelung von – **258 I;** Verjährung **78** 2, **I; 79;** Vollstreckung gegen Unschuldige **345;** Willkür– **234 a I**
Maßnahmen vor 38 6
Maßregel, Vorwegvollzug der Strafe **67** 4 ff.
Maßregeln der Besserung u. Sicherung 61 ff.; gegen Ausländer **vor 61** 4; Aussetzung **67 b;** Berufsverbot **70 ff.,** *Verstoß* **145 c;** Dauer der Unterbringung **67 d;** Dauer des Verlustes v. Fähigkeiten u. Rechten **45 a;** Erledigung nach Höchstfrist **67 d IV;** Führungsaufsicht **68 ff.;** mehrfache Anordnung **67 f;** bei nachträglicher Gesamtstrafenbildung **55 II;** kein Rückwirkungsverbot **2 VI;** späterer Beginn der Unterbringung **67 c;** Überweisungsmöglichkeit v. Anstalt zu Anstalt **67 a;** Verbindung mehrerer **72;** Vereitelung v. – **258;** Verhältnismäßigkeitsgrundsatz **62;** Verjährung **78** 2, **I;** nicht neben Verwarnung **59 III S. 2;** Vollstreckungsverjährung **79 I, IV, V;** Weisungsverstoß **145 a S. 1;** Widerruf der Aussetzung **67 g;** s. Maßnahmen, Unterbringung
Maßregelverfahren, Ausnutzen für sexuelle Handlung **174 b**
Maßregelvollzug vor 61 6; Prognoserisiko **15** 16
Maßregelzweck u. Aussetzung **67 b;** Gefährdung durch Weisungsverstoß **145 a** 5; u. Verbindung v. Maßregeln **72** 2; u. Vollstreckungsreihenfolge **67 II;** u. Widerruf der Aussetzung **67 g** 3
Materielles Recht, Rückwirkungsverbot **2** 7
Matrizen s. Fälschungsmittel
Mauerschützen vor 3 38 ff.
Mauswieselfall 292 15
Mediendienste, Verbreiten gewaltverherrlichender Darbeitungen durch – **131 II;** Verbreiten volksverhetzender *Darbietungen durch* – **130 II Nr. 2;** Verbreiten von Darbietungen durch – **184 c;** Verbreiten von Pornografie durch – **184** 26 ff.; s. Internet
Medienprivileg 203 2
Medikamente als berauschende Mittel **323 a** 4
Medizinalperson, falsche Bezeichnung als – **277;** Begriff **277** 6; unrichtiges Gesundheitszeugnis durch – **278**
Medizinisch-soziale Indikation 218 a 20 ff., **II**
Medizinproduktegesetz 222 6
Meer als Gewässer **330 d Nr. 1;** Umweltstrafrecht **vor 324** 24; **324** 4
Mehraktiges Geschehen, natürliche Handlungseinheit **vor 52** 6 f.; Rücktritt vom Versuch **24** 7a
Mehrfachtäter s. Rückfall, s. Serienstraftaten
Mehrfachverteidigung 356 6
Mehrwertdienste 184 28; **263** 20 a; **263 a** 14
Meineid 154; Auslandstat **5 Nr. 10;** Berichtigung **158;** fahrlässiger **163;** Legitimität der Strafdrohung **vor 153** 4; **154** 2; Notstand **157 I;** Strafbarkeit bei fehlerhafter Vereidigung **154** 19; Verleitung zum – **160**
Meinungsfreiheit u. Einziehung **74 d** 14; in der politischen u. öffentlichen Meinungsbildung **193** 17; u. Staatsgeheimnisse **93** 18; u. Verunglimpfung v. Staat o. Staatssymbolen **90 a** 18
Meistbegünstigungsprinzip 2 III; bei DDR-Alttaten **vor 3** 36
Meldepflicht als Anweisung **68 b I Nr. 7–9;** nachträgliche – bei Verkehrsunfall **142** 42 ff.
Melderegister 271 9
Memmingen-Fall 218 a 18
Mensch vor 211 1 ff.; Tötung **69 II Nr. 3;** Verletzung **69 II Nr. 3**
Menschen, große Zahl **263 III Nr. 2; 306 b** 5; **330** 8; unübersehbare Zahl **309** 3
Menschenhandel als Auslandstat **6 Nr. 4;** bandenmäßiger **232 III Nr. 3; 233 b II;** Förderung des –s **233 a;** gewerbsmäßiger **232 III Nr. 3;** schwerer **232 III; IV;** schwerer –, *Nichtanzeige* **138 I Nr. 5;** zum Zweck der Ausbeutung der Arbeitskraft **233;** zum Zweck sexueller Ausbeutung **232**
Menschenmenge 124 4; Gewalttätigkeit **125** 7
Menschenraub 234 I; Androhung **126 I Nr. 4;** minder schwere Fälle **234 II;** Nichtanzeige **138 I Nr. 7**
Menschenrechtskonvention, Europäische, *Notwehrrecht* **32** 40
Menschenrechtsverbrechen, Nichtanzeige **139 III Nr. 2**
Menschenwürde, Angriff **130** 12; die – verletzende Darstellung **131** 12 f.
Merkmal, besondere persönliche –e **14 I, II; 28,** *bei versuchter Beteiligung* **30** 5; Tatbestands–e, *keine Doppelverwertung* **46** 76 ff.

Meuterei v. Gefangenen **121**
MfS, Agententätigkeit von – Mitarbeitern **99** 3
Mieter, Aufklärungspflicht **263** 30; Gewahrsam **242** 14; Hausrecht **123** 3, 39; –nötigung **240** 13; Pfandkehr **289** 2; Treupflicht **266** 36; Unterschlagung durch – **246** 16
Mietwagen, unbefugter Gebrauch **248 b** 4
Mietwucher 291 I Nr. 1
Mikrofiches 268 7
Milderes Gesetz 2 10 ff.; Anwendung bei Irrtum **16 II**
Milderung, Zusammentreffen v. –sgründen **50**
Militärdienst, Anwerben für fremden – **109 h**
Militärische Anlage (Einrichtung) 109 g 2
Militärischer Vorgang 109 g 2
Minder schwere Fälle 46 85 ff.; Deliktsarten **12** 11
Minderjährige, Förderung sexueller Handlungen –r **180;** Missbrauch von Abhängigkeit **180 III;** Missbrauch von Unterordnungsverhältnis **180 III**
Minderjähriger, Entziehung – **235;** Strafantrag **77** 11 ff., **III;** s. Jugendlicher, s. Kinder
Mindestmaß der Bewährungszeit **56 a I S. 2; 58 II S. 1;** der Freiheitsstrafe, *Umrechnung* **47 II S. 2;** Milderung bei erhöhtem – **49 I Nr. 3**
Mindestverbüßungsdauer 57 I Nr. 1, II Nr. 1; bei lebenslanger Freiheitsstrafe **57 a I Nr. 1;** bei Unterbringung **67 d** 7, **III S. 1, V S. 1**
Minima-Klausel 326 VI
Missbrauch der Amtsstellung *als Diensthandlung* **331** 6; **332** 5; v. Ansehen o. Gewalt *als Anstiftung* **26** 4; v. Ausweispapieren **281;** der Befugnis zur Vermögensverfügung **266 I;** v. beruflicher o. wirtschaftlicher Abhängigkeit **108 I;** eines Berufs o. Gewerbes **70 I S. 1; 70 b I Nr. 1;** fremder Codekarten **242** 26; ionisierender Strahlen **309 I;** v. Notrufen **145 I Nr. 1;** v. Scheck- u. Kreditkarten **266 b I;** sexueller, *Abgrenzung von Zwang* **vor 174** 7 ff., vgl. Sexueller Missbrauch, *Begriff* **vor 174** 7 ff.; der Verfügungsbefugnis **266 I**
Misshandlung, körperliche – **223 I;** Raub mit – **250 II Nr. 3 a;** v. Schutzbefohlenen *225 I;* schwere **232 III Nr. 2;** schwere körperliche **176 a** 18 f., **V; 179 VII;** Totschlag nach – **213** 4
Missverhältnis, auffälliges – **291** 16 ff.
Mitbewusstsein, sachgedankliches **15** 4; **263** 35
Mitfahrer, räuberischer Angriff auf – **316 a**
Mitgewahrsam 242 14
Mitglied einer Bande **244** 21 ff.; einer kriminellen Vereinigung **129 I;** eines Organs **14 I Nr. 1; 75;** der Regierung, *Verunglimpfung* **90 b I;** einer verbotenen Partei o. Vereinigung **85 II;** einer verfassungswidrigen Partei **84 II**
Mithilfe, Ausnutzen der – *eines Amtsträgers* **264 II Nr. 3**
Mithöreinrichtungen 201 7
Mitläuferklausel 84 IV; 85 III; 89 III; 129 V
Mitsichführen s. Beisichführen
Mittäterschaft 25 II; Abgrenzung v. Gehilfenschaft **vor 25** 2 f.; Begehungsort **9** 3; fahrlässige – **25** 25 f.; Feststellung **25** 24; Versuchsbeginn bei – **22** 21
Mitteilung einer Finanzbehörde **355 I Nr. 1 c;** geheimhaltungsbedürftiger Sachen **353 b II;** v. illegalen Staatsgeheimnissen **97 a;** nichtöffentlicher Gespräche **201 II Nr. 2;** öffentliche – **201** 8; als politische Verdächtigung **241 a II;** v. Post- o. Fernmeldegeheimnissen **206;** v. Privatgeheimnissen **203;** v. Staatsgeheimnissen **94** 3, **I Nr. 1;** verbotene – über Gerichtsverhandlungen **353 d**
Mitteilungspflicht bei Geldwäscheverdacht **261** 1; bei Kreditanträgen **265 b I Nr. 2;** bei Nichtabführung **266 a III S. 1;** bei Subventionsantrag **264 I Nr. 1**
Mittel, angemessenes – *zur Gefahrabwendung* **34 S. 2;** berauschende **64** 5; **316** 9 f.; **323 a** 4; berauschende, *Fahruntüchtigkeit* **316** 39 ff.; zum Schwangerschaftsabbruch **219 a** 4; der Tat **74 I; 74 a Nr. 1;** technische – *zur Kenntnisnahme* **202** 9; zur Widerstandsüberwindung **244** 15
Mittelbare Falschbeurkundung 271
Mittelbare Täterschaft 25 I; Begehungszeit **8** 3; Versuchsbeginn **22** 24
Mittelsmänner, Begriff **94** 3
Mittelverwendung, eigenmächtige **266** 46 ff.
Mittel-Zweck-Relation 240 40, 42 ff.
Mitverschulden anderer **46** 60
Mitwirkung, mehrerer bei Diebstahl **244 I Nr. 2; 244 a,** *bei Raub* **250 I Nr. 2;** nach der Tat **27** 4; bei Wucher **291 I S. 2**

Mitwirkungspflicht des Unfallbeteiligten an Feststellung **142** 28
Mobbing 223 6 c
Moor 306 8; Brandgefahr **306 f I Nr. 3;** Brandstiftung **306 I Nr. 5;** Entwässerung **329 III Nr. 4**
Mord 211; Androhung **126 I Nr. 2;** mit gemeingefährlichen Mitteln *durch Unterlassen* **211** 61; Nichtanzeige **138 I Nr. 6; 139 III Nr. 1;** Strafrahmenverschiebung **211** 46, 101; Teilnahme **211** 87 ff.; Typenkorrektur **211** 5; Unverjährbarkeit **78 II;** Verhältnis zum Totschlag **211** 87 ff.
Mordmerkmale 211 II; Mittäterschaft **211** 86; tat- u. täterbezogene **211** 90 ff.; Vorsatz **211** 78 ff.; Wahlfeststellung **211** 77
Müllablagerung 326 7 e
Mündel, Kinderhandel mit – **236 I**
Musik als Kennzeichen **86 a** 10

N

Nachahmung, gegen – gesichert **149 I Nr. 2; 151** 2; **152 b IV Nr. 2**
Nacheile 252 7
Nachgehen, der Prostitution – **171** 9; **180 a I; 181 I Nr. 1; 184 d; 184 e**
Nachmachen v. amtlichen Wertzeichen **148 I Nr. 1;** v. Geld **146 I Nr. 1**
Nachrede, üble 186; Strafantrag **194**
Nachrichten über gefälschte o. verfälschte Gegenstände **100 a** 2
Nachrichtendienst, sicherheitsgefährdender **109 f;** s. Geheimdienst
Nachschlüssel 242 57; **243 I Nr. 1**
Nachschulung 69 36; **69 a** 44; als Anweisung **59 a II Nr. 5**
Nachstellen, einem Menschen **238** 9 f.; geschützten Tieren **329 III Nr. 6;** dem Wild **292 I Nr. 1**
Nachstellung 238; Kriminologie **238** 10; Tathandlungen **238** 11 ff.; *s. a. Stalking*
Nachtat, mitbestrafte **vor 52** 65 f.
Nachtatverhalten 46 46 ff., **II;** Berücksichtigung bei Strafaussetzung **56** 8
Nachteil für die äußere Sicherheit **93** 7; s. Schaden
Nachträgliche Einwilligung in Weisungen **68 c II S. 2**
Nachträgliche Entscheidung über Bewährungszeit **56 a II S. 2;** über Einziehung **74 b II S. 3;** bei Führungsaufsicht **68 d;** (Rück-)Überweisung **67 a;** bei Strafaussetzung **56 e;** über Verfall o. Einziehung des Wertersatzes **76;** zur Vollstreckungsreihenfolge **67 III**
Nachträgliche Gesamtstrafenbildung 55; Anrechnung **51** 12, **II**
Nachträgliche Sicherungsverwahrung 66 b I; Antragsschrift **66 b** 25; nach Erledigung psych. Krankenhaus **66 b III; 66 b** 40; Gefährlichkeit bei – **66 b** 36 ff.; Erfordernis eines Hangs **66 b** 33
Nachtrunk 316 20
Nachtzeit, Wildern **292 II Nr. 2**
Nachweisen von Kindern zu sexuellem Missbrauch **176 V**
Nahe stehende Person 35 7; **238 I Nr. 4**
Nähe, räumliche **238 I Nr. 1**
Näheverhältnis 253 10
Nahrungsverweigerung in Justizvollzugsanstalten s. Hungerstreik
Namenstäuschung 267 21
Nationale Gruppe 130 4
Nationalpark 329 10; Gefährdung **329 III**
Nationalsozialistische Mordtaten, Leugnen **130 III;** Ruhen der Verjährung **78 b** 7
NATO-Truppenstatut vor 3 23
NATO-Vertragsstaaten vor 80 4; **vor 109** 2; Staatsgeheimnisse **93** 20
Natürliche Handlungseinheit **vor 52** 3 ff., 52
Naturschutzgebiet 329 10; Gefährdung **329 III**
ne bis in idem bei Strafanrechnung **51** 16 f.
Nebenfolgen der Freiheitsstrafe **45 ff.;** v. Maßregeln **61** 3; bei nachträglicher Gesamtstrafe **55** 29, **II;** bei Tateinheit **52 IV;** bei Tatmehrheit **53 III**
Nebenstrafe 44
Nebenstrafen, Amtsverlust, Verlust der Wählbarkeit u. des Wahlrechts **45 ff.;** Bekanntgabe der Verurteilung **165; 200;** Deliktsarten **12** 5; Einziehung **74** 2; Vollstreckungsverjährung **79** 5 f., **IV S. 2, V**
Nebentätigkeit 263 75; keine Dienstausübung **331** 7; Unrechtsvereinbarung bei – **331** 25 b
Negative Tatbestandsmerkmale, Lehre v. den –n **vor 13** 46; **16** 20
Nettolohnabrede 266 a 9
Neubürger –regelung **7 II Nr. 1**
Neugeborene, missgebildete – **vor 211** 25
Neutrale Handlungen, Beihilfe durch – **27** 2 a f.
Neutrales Verhalten 263 116

Nicht geringe Menge, BtM **46** 35
Nichtablieferung radioaktiver Abfälle **326 III**
Nichtbeachtung der Vorfahrt **315 c I Nr. 2 a**
Nichteheliches Kind, Unterhaltspflicht **170 I**
Nichterweislichkeit einer Tatsache **186** 11 ff.
Nichtionisierende Strahlen, pflichtwidrige Verursachung **325 a II**
Nichtöffentlich gesprochenes Wort **201** 3
Nidation 218 8, **I S. 2**
Niedrige Beweggründe 211 II; bei Affekt **211** 20; bei Herkunft aus fremdem Kulturkreis **211** 29 f.; bei Überzeugungstaten **211** 21
Normative Merkmale, Irrtum über – **16** 4, 14
Normative Rücktrittslehre 24 20
Normzweckzusammenhang vor 13 29 f., 33
Not, gemeine – **323 c** 3 c; wirtschaftliche – *als Bankrottfolge* **283 a Nr. 2,** *als Begünstigungsfolge* **283 d III Nr. 2,** *als Betrugsfolge* **263 III Nr. 3,** *als Wucherfolge* **291 II Nr. 1**
Notar, Schweigepflicht **203 I Nr. 3**
Nothilfe 32 11; Unterlassung **323 c**
Nothilfemittel, Beeinträchtigung **145 II Nr. 2**
Nötigung 240 I; durch Amtsträger **240** 61, **IV Nr. 3;** v. Amtsträgern usw. **121** 5 f., **I Nr. 1; 240** 52; Begriff **240** 4 ff.; einer Behörde **129 a II;** besonders schwere Fälle **240** 58 ff., **IV;** des Bundespräsidenten **106 I Nr. 1;** zur Heirat **240** 58, 62; zur Prostitution **232 IV;** Rechtswidrigkeit **240** 38 ff.; zum Schwangerschaftsabbruch **240** 60, **IV Nr. 2;** sexuelle **177,** vgl. Sexuelle Nötigung; zu einer sexuellen Handlung **240 IV Nr. 1;** im Straßenverkehr **240** 48; Tathandlung *bei Ausnutzen von Schutzlosigkeit* **177** 34 ff.; v. Verfassungsorganen **105 I,** *deren Mitgliedern* **106 I Nr. 2;** Versuch **240** 56, **III;** Verwerflichkeit **240 II;** Vollendung **240** 55; v. Wählern **108 I**
Nötigungsabsicht bei Geiselnahme **239 b** 4
Nötigungsmittel, Fortwirken früherer – **249** 8 ff.
Nötigungsnotstand 35 6
Notlagen*indikation,* *allgemeine –* ***218 a*** 27
Notrechte vor 32 9 ff.
Notrufe, Missbrauch **145 I Nr. 1**
Notstand, defensiver – **vor 32** 9; **34** 22; entschuldigender **35;** rechtfertigender **34;** übergesetzlicher entschuldigender **vor 32** 15
Notwehr 32; Abwehrmittel **32** 30; Angriff **32** 5; gegenwärtiger Angriff **32** 16 ff.; Putativ– **32** 50 f.; rechtswidriger Angriff **32** 21 f.; bei schuldlos handelndem Angreifer **32** 37; Verteidigungswille **32** 25
Notwehrähnliche Lage vor 32 9
Notwehrexzess, extensiver **32** 50 f.; intensiver **33**
Notwehrfähiges Rechtsgut 32 7 ff.
Notwehrhandlung 32 II
Notwehrlage 32 II; irrige Annahme **32** 50 f.; irrige Unkenntnis **32** 27; Verursachung **32** 42 ff.
Notwendige Teilnahme vor 25 6
Notzeichen, Missbrauch **145 I Nr. 1**
NS-Gewalttaten, Leugnen **130 III**
NS-Herrschaft, Billigen der – **130 IV;** Rechtfertigen der – **130 IV;** Verherrlichen der – **130 IV**
NS-Organisation, Propagandamittel **86 I Nr. 4**
NS-Strafrecht Einl. 4 f.
NS-Taten 130 III; 194 16
Nuklearkriminalität s. Kernenergieverbrechen
Nuklearversuche, Verstoß gg. das Verbot v. –n **5 Nr. 11 a**
nulla poena sine lege 1 1
nullum crimen sine lege 1 1; **vor 13** 13
Nutzungen, Verfall **73 II S. 1**
Nutzungsrecht, Beeinträchtigung **303** 4, 12

O

Obhutspflicht, Beschützergarant **13** 9; für minderjährige Personen **174** 3 ff.
Obhutsverhältnis 221 4
Objektive Bedingungen der Strafbarkeit 16 27; bei Insolvenzstraftaten **vor 283** 5, 12 ff.; **283 VI;** bei Vollrausch **323 a** 17
Objektive Zurechnung des Erfolges **vor 13** 24 ff.
Objektives Verfahren, Einziehung im – **76 a** 3
Oddset-Wetten 284 10 a ff.
Offenbaren v. Dienstgeheimnissen **353 b I;** gegenüber einer Dienststelle **129 VI Nr. 2;** v. Privatgeheimnissen **203,** 30; v. Staatsgeheimnissen **95;** v. Steuergeheimnissen **355;** v. Tatsachen aus nicht-

öffentl. Gerichtsverhandlung **353 d;** der Zahlungsunfähigkeit **266 a VI S. 1**
Offenbarungseid 156 12 ff.
Offene Tatbestände vor 13 13
Offenes Feuer 306 f I
Öffentlich bestellter Sachverständiger, *geschützte Bezeichnung* **132 a I Nr. 3;** mitteilen **201** 8; veranstalten **284 II; 287** 10; zugänglich machen **74 d** 6
Öffentliche Ämter, Unfähigkeit zur Bekleidung **45 ff.**
Öffentliche Angelegenheit, Wahlen **45 V**
Öffentliche Aufforderung zu Straftaten **111 I**
Öffentliche Aufstachelung zum Angriffskrieg **80 a** 2
Öffentliche Ausstellung 243 I Nr. 5
Öffentliche Bekanntmachung bei Beleidigung **200;** bei falscher Anschuldigung **165;** v. ge- o. verfälschten Gegenständen o. Nachrichten **100 a;** v. geheimhaltungsbedürftigen Sachen **353 b II;** v. Staatsgeheimnissen **94 I Nr. 2; 95 I; 97 I**
Öffentliche Beleidigung 186 15; v. Politikern **188 I**
Öffentliche Beschimpfung v. Religionen usw. **166**
Öffentliche Billigung v. Straftaten **140 Nr. 2**
Öffentliche Dateien 271 13
Öffentliche Hand, Vergabeverfahren **298** 5
Öffentliche Klage s. Klageerhebung
Öffentliche Meinung, Herabwürdigung in der – **186** 4
Öffentliche Meinungsbildung 193 17
Öffentliche Pfandleiher 290 1
Öffentliche Register 271 13
Öffentliche Sicherheit, dienende Dienststellen u. Gegenstände, *Sabotage* **88 I Nr. 4;** Gefährdung **125** 9
Öffentliche Sicherheitsorgane, Einwirkung auf – **89 I**
Öffentliche Unternehmen als Subventionsnehmer **264 VII S. 2**
Öffentliche Urkunden 271 3 ff.; Beweiswirkung **271** 8 ff.; unwahrer Inhalt **348** 3 ff.
Öffentliche Verleumdung 187; v. Politikern **188 II**
Öffentliche Versammlung im Bannkreis **106 a**
Öffentliche Versorgung, Sabotage **88 I Nr. 1–3**
Öffentliche Verunglimpfung 90 ff.
Öffentliche Verwaltung, Aufgaben der – **11 I Nr. 4; 14 II S. 3;** Begriff **11** 21 ff.
Öffentliche Wahlen 45, 2 ff.
Öffentliche Wasserversorgung, Gefährdung **330 I Nr. 2**
Öffentliche Würden, unbefugtes Führen **132 a I Nr. 1**
Öffentliche Zusammenrottung 124 5
Öffentlicher Straßenverkehr **142** 7; **315 b** 3
Öffentlicher Dienst, Räume **123 I;** s. Besonders Verpflichtete
Öffentlicher Friede, Störung des – **126; 130 IV; 140; 166**
Öffentlicher Verkauf o. Verbrauch 314 5
Öffentlicher Verkehr, Sabotage **88 I Nr. 1**
Öffentliches Amt, Ausübung **132** 8 f.
Öffentliches Interesse an der Strafverfolgung **230** 3; wichtige –n **353 b** 13
Öffentlichkeit, Begriff **111** 5, *bei Beleidigung* **186** 15; sexuelle Handlungen in der – **183 a**
Öffentlich-rechtlicher Vertrag 330 d Nr. 4 e
Öffentlich-rechtliches Amtsverhältnis 11 I Nr. 2 b
Offizialdelikte, Begriff **vor 77** 2
Oldtimer 326 2 c
Online-Banking 202 a 10, 12; **263 a** 11, 16
Online-Blockade 240 13; **303 a** 10
Online-Demonstration 303 b 12
Online-Durchsuchung, Verjährungsunterbrechung **78 c** 14
Operationserweiterung, Rechtfertigung **223** 16
Opfer mit erheblicher Schädigung **66 I Nr. 3;** einer Gewalt- o. Willkürherrschaft **194 II S. 2;** Persönlichkeit u. Lebensumstände **46** 59; s. Täter/Opfer-Ausgleich
OpferschutzG s. Täter/Opfer-Ausgleich
ordre public, DDR-Grenzregime als Verstoß gegen den – **vor 3** 40
Organe ausländischer Staaten, *Angriff gegen* – **102,** *Beleidigung v.* – **103;** einer juristischen Person **14 I Nr. 1; 75**
Organentnahme für Transplantation **168** 13 ff.
Organhandel 5 Nr. 15
Organisation, Nötigung einer internationalen – **129 a III;** Schädigung von Grundstrukturen einer internationalen – **129 a** II

Organisationen, Kennzeichen verfassungswidriger – **86 a;** verfassungswidrige **86; 86 a**
Organisationsdelikte 84–87; 129 ff.
Organisationshaft, Anrechnung **51** 5; **67** 23 a
Organisatorischer Zusammenhalt, Aufrechterhaltung **84** 3, **I S. 1; 85 I S. 1;** Unterstützung **84** 5, **II; 85 II**
Organisierte Kriminalität, Bekämpfung **261** 4 ff.
Organübertragung s. Transplantation
Ort der Tat **9**

P

Papier, zur Geldfälschung taugliches **149 I Nr. 2;** Wert– **151**
Parallelwertung in der Laiensphäre **16** 14
Parkplatz 142 8; **315 b** 3; Verkehrsunfall auf – **142** 63
Parkuhr 265 a 8, 14
Parlamentarische Äußerungen 36
Parlamentarische Berichte 37
Parlamentarische Hausordnung, Verletzung **106 b**
Parlamentsmitglieder, Indemnität **36;** Nötigung **106 I Nr. 2 a**
Parolen 86 a II
Partei, Propagandamittel verfassungswidriger – **86 I**
Parteiaussagen 153 10; eidliche **154** 2 a
Parteien, Fortführung verfassungswidriger – **84;** Verstoß gegen Verbot **85**
Parteienprivileg 81 7; **84** 2; **90 a** 19; **129 II Nr. 1; 129 a** 19; bei Verunglimpfung v. Staat o. Staatssymbolen **90 a** 21
Parteienuntreue 266 38, 46, 70
Parteispenden 2 13 a; **263** 23, 47; **331** 12, 27 e; eigenmächtige Verwendung **266** 46 ff.; Vorteilsannahme bei – **331** 28 ff.
Parteiverrat 356 I; im Einverständnis mit der Gegenpartei **356 II**
Partikuläres Strafrecht vor 3 24
Partnerschaftsgesellschaft, Organhaftung **14** 3
Pass, Gebrauchen eines veränderten Passes **273 I Nr. 2;** Veränderung **273 I Nr. 1;** Verschaffen eines falschen – **276;** Vorbereitung der Fälschung **275;** s. amtliche *Ausweise*
Passive Bewaffnung, Verbot **125** 1
Passwörter 202 a 9 a; **202 c I Nr. 1**
Passwort-Phishing s. Phishing
Patentanwalt, geschützte Berufsbezeichnung **132 a I Nr. 2;** Schweigepflicht **203 I Nr. 3**
Patienten, Einwilligung **223** 9 ff.
Patientendaten 203 33
Patientenverfügung vor 211 26
Pay-TV, Codierung **184** 11; Live-Darbietung im – **184 c** 4; Piratenkarten **265 a** 18; Zugangsberechtigung **263 a** 17
Peepshow 232 6
Person, Irrtum über die – **16** 6; nahe stehende – **35** 7; s. Juristische –
Personalausweis s. amtliche Ausweise
Personalitätsprinzip, aktives **vor 3** 3; **7** 1; passives **vor 3** 3; **5 Nr. 6 bis 9; 7** 1
Personalvertretung, Verschwiegenheitspflicht **203 II Nr. 3; 353 b I Nr. 3**
Personenbegriffe 11 I Nr. 1 bis 4
Personengemeinschaften, Ehre v. – **vor 185** 12; s. juristische Personen
Personengesellschaft, rechtsfähige **14 I Nr. 2**
Personenhandelsgesellschaft, vertretungsberechtigte Gesellschafter einer – als Handelnde **14** 3, **I Nr. 2**
Personensorge 235 2 f.; Strafantragsrecht **77 III;** s. Erzieherprivileg
Personenstand 169 3; Falschangaben **169 I;** Unterdrückung **169 I**
Personenstandsregister, Beweiskraft **271** 12
Personenvereinigung, Einziehung **75 S. 1 Nr. 2 bis 4**
Persönliche Eigenschaften, besondere – **28** 4; Verhältnisse o. Umstände **14 I, II**
Persönliche Freiheit, Straftaten gegen die **234 ff.**
Persönliche Leistungen, erhebliche – zur Schadenswiedergutmachung **46 a Nr. 2**
Persönliche Merkmale, besondere – **28** 3 ff.; strafbegründende **14**
Persönliche Strafaufhebungsgründe, Irrtum **16** 27; Rücktritt **24** 2, 44
Persönliche Strafausschließungs- u. Strafaufhebungsgründe vor 32 17; für Schwangere **218 a IV S. 1; 218 b I S. 3; 218 c II; 219 b II**
Persönliche Verhältnisse 14 I, II; 46 II; besondere – **28** 5; s. Verhältnisse
Persönlicher Lebens- u. Geheimbereich, Verletzung **201 ff.**
Persönlicher Schadenseinschlag 263 85 ff.; **266** 67
Persönlicher Verzicht zur Schadenswiedergutmachung **46 a Nr. 2**

Persönlichkeit des Täters, *kurze Freiheitsstrafe* **47 I;** des Verurteilten, *besondere Umstände* **56 II; 57 II Nr. 2,** *Sozialprognose* **56 I S. 2,** *Strafrestaussetzung* **57 I S. 2**
Persönlichkeitsstörung 20 37 ff.; **21** 10; Auswirkung auf d. Schuldfähigkeit **20** 44 ff.; Feststellung **63** 7, 7 a; Unterbringung wegen – **63** 6
Pfand, unbefugte Ingebrauchnahme **290**
Pfandkehr 289
Pfandleergut 242 35
Pfandleiher, öffentlicher **290** 1
Pfandrecht, gesetzliches **263** 71
Pfandsache, unbefugter Gebrauch **290**
Pflanzen, besonders geschützte Art **329 III Nr. 7;** Bestandsgefährdung **326 I Nr. 4 b;** Giftübertragung auf – **330 a** 3; Schädigung **324 a I Nr. 1; 325 I, IV Nr. 1;** vom Aussterben bedrohte Art **330** 5, **I Nr. 3**
Pflegeeltern 11 I Nr. 1 b; Kinderhandel **236 I;** Misshandlung durch – **225 I Nr. 1;** sexueller Missbrauch durch – **174** 6
Pflegekinder 11 I Nr. 1 b
Pfleger, Entziehung *des Minderjährigen* **235** 3
Pflegling, Kinderhandel mit – **236 I**
Pflegschaft, Strafantragsrecht **77** 15
Pflichtdelikte, Täterschaft **vor 25** 1 b
Pflichtdeliktstheorie 13 10
Pflichtenkollision, Rechtfertigungsgrund **vor 32** 11; schuldausschließende – **vor 32** 15; **323 c** 7
Pflichttheorie bei Aussagedelikten **153** 5
Pflichtverletzung, berufsbezogen **70 I S. 1; 70 b I Nr. 1;** Freisetzung ionisierender Strahlung **311 I;** beim Umgang *mit gefährlichen Stoffen* **328 III**
Pflichtwidrigkeit 15 16 ff.; der Diensthandlung **332** 4 f.; grobe – **315 a** 7; Maß der – **46** 32, **II**
Pflichtwidrigkeitszusammenhang, Fehlen des –s **vor 13** 29, 35
Phishing 202 a 9a, 10; **263** 76, 101a; **263 a** 11a; **269** 5 a
***Piratenkarten* 265 a** 18
PKK 85 6
Plagiat 263 75
Plastination von Leichen **168** 16
Plündern 125 a Nr. 4
Politiker, Ehrenschutz **193** 17; üble Nachrede, Verleumdung **188**
Politische Parteien s. Parteien
Politische Verdächtigung 5 Nr. 6; 241 a
Politische Verleumdung der BRep. **100 a** 1
Politoxikomanie 64 7
Polizeibeamte, Diebstahl mit Waffen **244** 4; Garantenpflicht **13** 17; als Lockspitzel **26** 8; Strafvereitelung durch – **258 a** 4; als Verdeckte Ermittler **26** 8 a; Vollstreckungsbeamten gleichstehende Personen **114**
Polizeibefugnisse u. Notstand **34** 23
Polizeifahrzeuge, Zerstörung **305 a I Nr. 2**
Polizeiflucht 315 b 13 f.; Konkurrenz bei – **vor 52** 6
Polizeifunk, Abhören **201** 4
Polizeinotruf, Missbrauch **145** 4 f., **I Nr. 1**
Pornografie, Begriff **184** 5 ff.; einfache **184;** Schutzzweck des -verbots **184** 2 ff.; **184 a** 2; sexueller Missbrauch als Gegenstand von – **176 a III;** Verhältnis zur Kunst **184** 8; Vorzeigen gegenüber Kindern **176 IV Nr. 4**
Pornografische Schriften 184–184 b; Anbieten im Einzelhandel **184 I Nr. 2;** Auslandstaten **6 Nr. 6;** Einführen im Versandhandel **184 I Nr. 4;** in öffentlicher Filmvorführung **184 I Nr. 7;** öffentliches Anbieten von – **184 I Nr. 5;** unaufgefordertes Zusenden **184 I Nr. 6;** Verbreiten an Jugendliche **184 I Nr. 1;** Verbreiten im Ausland **184 I Nr. 9;** Verbreiten im Internet **184** 23 ff.; Vermieten **184 I Nr. 3;** Vorbereiten des Verbreitens **184 I Nr. 8**
POS-System 263 a 15; **266 b** 6 a
Post, Störung der Versorgung mit –dienstleistungen **88 I Nr. 1; 316 b I Nr. 1**
Postgeheimnis 206 V S. 1
Postpendenzfeststellungen 1 30
Postwertzeichen s. Wertzeichen
Potentielle Gefährdungsdelikte vor 13 19
POZ-System 263 a 15; **266 b** 6 a
Pränatale Einwirkungen vor 211 4
Präpendenzfeststellung 1 30
Präsident eines Gesetzgebungsorgans, *Hausrecht u. Polizeigewalt* **106 b II**
Prävention s. General–, s. Spezial–
Preisgabe v. Staatsgeheimnissen **97**
Presse, Wahrnehmung berechtigter Interessen **193** 33; Rechtfertigung bei Nachstellen **238** 27
Pressefreiheit u. Einziehung **74 d** 14; u. Staatsgeheimnisse **93** 18
Presseinhaltsdelikt 184 16, 45; **184 b** 23; **264 a** 23; Verjährung **86** 32

Presseprivileg 109 f 5, **I S. 2**
Pressevergehen, Abgrenzung **78** 8; Verjährung **78** 7
Privatgeheimnisse, Verletzung **203;** Verwertung **204**
Privatklagedelikte, Begriff **vor 77** 2
Privilegierungstatbestände, Deliktsarten **12** 8; Irrtum **16** 11
Producta sceleris 74 5
Produkthaftung 222 12; **223** 21; erlaubtes Risiko **vor 32** 13; Garantenstellung **13** 39
Produktionsstätten s. Betriebsstätten
Prognose bei Aussetzung lebenslanger Freiheitstrafe **57 a** 19; bei Aussetzung von Maßregeln **67 d** 16; bei Berufsverbot **70** 7; Enttäuschung positiver – bei Widerruf der Strafaussetzung **56 f** 8; bei Exhibitionismus **183** 13 ff.; bei Führungsaufsicht **68 I; 68 e** 8 f.; bei Entziehung der Fahrerlaubnis **69** 46 ff.; der Gefährlichkeit **vor 61** 3 f.; **63** 13 ff.; **64** 15 ff.; **66** 33 ff.; **66 a** 6 ff.; **66 b** 36 ff.; bei Maßregeln **vor 61** 3; negative – bei Widerruf der Strafaussetzung **56 f** 11; objektiv nachträgliche – bei Sicherungsverwahrung **66 I Nr. 3; 66** 33 ff.; **66 a I, II; 66 b I, II, III Nr. 2;** bei Strafaussetzung zur Bewährung **56** 3 ff.; bei Strafrestaussetzung **57** 12 ff.; **57 a** 19; als Tatsachenbehauptung **263** 9; bei Unterbringung **67 d** 16; Verhältnis von Aussetzungs–n **56 f** 8 a; bei Verwarnung mit Strafvorbehalt **59** 4
Prognoserisiko im Maßregelvollzug **15** 16
Programme, Ausspähen **202 a** 6; zur Fälschung von Geld **149 I Nr. 1;** Manipulation **268** 13 b
Progressive Kundenwerbung vor 284; 287 4
Prokurist 75 2 c, **S. 1 Nr. 4**
Promillegrenze s. BAK
Propaganda gegen die BWehr **109 d**
Propagandamittel 86
Prospekte 264 a 12
Prospekthaftung bei Kapitalanlagen **264 a** 16
Prostituierte, Ausbeuten von –n **180 a;** minderjährige **180 a II Nr. 1;** Wohnungsgewährung an – **180 a II Nr. 1, 2**
Prostitution, Ausbeuten **181 a I Nr. 1; 232 I;** Ausüben *verbotener* – **184 d;** Begriff **180 a** 3 ff.; Bringen zur – **232 I, IV;** jugendgefährdende **184 e;** der – nachgehen **171** 9; Nötigung zur – **177** 49 f.; **232 IV;** sexuelle Nötigung bei – **177** 50, 70, 93; Sperrbezirke **184 d** 4; Verhinderung der Aufgabe von – **181 a I Nr. 2; 232 I 1;** vermögenswerte Ansprüche aus – **263** 68 f.
Prostitutionsbetrieb 180 a 7 ff., 17, **I**
Provider, Access– **184** 29; Content– **184** 28; Host– **184** 31; Verantwortlichkeit für Schriften-Inhalt **184** 26 ff.; Zurechnung von Verbreitungshandlungen **184** 32 ff.
Provokation der Abwehrsituation **32** 42 ff.; **35** 11; Totschlag nach – **213** 2 ff.; s. Tat–
Prozessbehauptung, ehrverletzende **193** 11
Prozessbetrug 263 24, 36, 61 a, 111
Prozesshindernis vor 32 19
Prozessvoraussetzungen vor 32 19; Strafantrag **vor 77** 2; Verfolgungsverjährung **vor 78** 4
Pseudomünzen 146 4
Psychiatrie, Diagnose **63** 7, 7 a
Psychiatrisches Krankenhaus 61 Nr. 1; 63; Erledigung **66 b III;** Erledigung der Unterbringung **67 d VI;** wiederholte Unterbringung **63** 21; s. Unterbringung
Psychische Beihilfe 27 7
Psychischer Zwang als Gewalt **240** 10, 20 ff.
Psychose, endogene **20** 9 f.
Psychotherapeut, geschützte Berufsbezeichnung **132 a I Nr. 2;** Straflosigkeit der Nichtanzeige **139 III S. 2**
Psychotherapeutische Behandlung als besonderer Umstand **67 b** 3; als Weisung **68 b** 13
Psychotherapie, Ausnutzen zu sexuellen Handlungen **174 c** 6, **II**
Punktstrafentheorie 46 22
Putativdelikt s. Wahndelikt
Putativnotstand 35 II
Putativnotwehr 32 50 f.
Pyramidensystem s. Progressive Kundenwerbung

Q

Quälen 225 8; seelisch **343** 9
Qualifikationstatbestände, Deliktsarten **12** 8
Qualifizierte Erfolgsdelikte 18
Qualifizierter Versuch 24 27
Quelle, Vergiftung **314 I Nr. 1**
Quotenschaden beim Sportwettenbetrug **263** 75a

R

Rabattbetrug 263 57, 74
Radarkontrollgeräte 268 7, 11b; **303** 7; **304** 11a; **316 b** 4
Radbruchsche Formel 339 16a f.; DDR-Grenzregime **vor 3** 40
Radfahrerfall vor 13 24, 29, 35
Rädelsführer, Begriff **84** 3; einer kriminellen Vereinigung **129 IV;** terroristischer Vereinigung **129 a IV**
Radioaktive Stoffe 310 4; in Abfällen **326 I Nr. 3, III;** Herstellung usw. **310 I Nr. 1;** unerlaubter Umgang **328;** s. Ionisierende Strahlung
Rassische Gruppe 130 4, **II Nr. 1**
Ratenzahlungsbefugnis 42; Verfallsklausel **42 S. 2**
Raub 249 I; Androhung **126 I Nr. 5;** Banden– **250 I Nr. 2,** *mit Waffen* **250 II Nr. 2;** gesundheitsgefährdender – **250 I Nr. 1 c;** lebensgefährdender – **250 II Nr. 3 b;** minder schwere Fälle **249 II;** mit Misshandlung **250 II Nr. 3 a;** Nichtanzeige **138 I Nr. 8;** schwerer – **250;** mit sonstigen Werkzeugen *o. Mitteln* **250 I Nr. 1 b;** mit Todesfolge **251;** Verhältnis zur räuberischen Erpressung **249** 1; Verknüpfung von Nötigung und Wegnahme beim – **249** 6ff; mit Waffen *o. gefährlichen Werkzeugen* **250 I Nr. 1 a, II Nr. 1**
Räuberische Erpressung 255; Abgr. *v. Raub* **255** 3
Räuberischer Angriff auf Kraftfahrer **316 a**
Räuberischer Diebstahl 252; Drittzueignungsabsicht bei Vortat **252** 11
Rauchen, Brandgefahr **306 f I**
Raum, besonders geschützter – **201 a I;** umschlossener **243** 4
Räumlicher Geltungsbereich des StGB **3 ff.**
Räumlichkeit, zum Aufenthalt v. Menschen dienende **306 a** 7, *Brandstiftung* **306 a I Nr. 3;** zur Wohnung v. Menschen dienende – **306 a** 3ff., *Brandstiftung* **306 a I Nr. 1**
Rausch, Begehungsort bei Voll– **9** 4; selbstverschuldeter **21** 25; verschuldeter – **323 a** 16
Rauschgifte s. Betäubungsmittel
Rauschmittel 316, 10f.; –abhängigkeit **64 I;** Begriff **64** 5; Fahruntüchtigkeit nach -konsum **316** 39ff.
Rauschtat 323 a 1, 19f.; rechtswidrige **64 I**
Rauschzustand 63 4; actio libera in causa **20** 49ff.
Realkonkurrenz vor 52 37f.; **53 ff.**
Rechnung, Täuschung über Charakter als – **263** 16
Recht zum Gegenschlag **193** 16
Rechte, Anerkennen erdichteter – **283 I Nr. 4;** erlangte – *u. Verfall* **73** 18, **II S. 2;** Verteidigung v. –n **193;** Vortäuschen v. –n **283 I Nr. 4**
Rechtfertigender Notstand 34
Rechtfertigungselemente, subjektive **32** 14; **34** 17ff.
Rechtfertigungsgründe vor 32 2; behördliche Erlaubnis **vor 32** 5; Bestimmtheitsgrundsatz **1** 3a; Dienstrechte **vor 32** 6; Einwilligung **vor 32** 3ff.; Festnahmerecht **vor 32** 7; Handeln auf Befehl **vor 3** 48; **vor 32** 8; Handeln auf rechtswidrigen Befehl **vor 3** 42; **vor 32** 16; Irrtum über – **16** 20ff.; **22** 8a; mutmaßliche Einwilligung **vor 32** 4; als negative Tatbestandsmerkmale **vor 13** 46; **16** 20; Notwehr **32;** Pflichtenkollision **vor 32** 11; rechtfertigender Notstand **34;** Schutz berechtigter Interessen **193;** für Schwangerschaftsabbruch **218 a II, III;** soziale Adäquanz **vor 32** 12; subjektive Voraussetzungen **32** 25ff.; **34** 17ff.; für Vorteilsannahme **331** 32; Widerstandsrecht **vor 32** 10f.
Rechtliches Gehör s. Anhörung
Rechtsanwalt, Anzeigepflicht **139 III S. 2;** Beleidigung durch – **193** 14; Gebührenüberhebung **352;** Geldwäsche **261** 32ff.; geschützte Berufsbezeichnung **132 a I Nr. 2;** Interessenkollision in Sozietät **356** 3a, 6; Parteiverrat **356;** Schweigepflicht **203 I Nr. 3**
Rechtsbeistand, Gebührenüberhebung **352;** Parteiverrat durch – **356 I**
Rechtsbeugung 339; Sperrwirkung **339** 21; Täter **339** 5ff.; Vorsatz **339** 17ff.
Rechtsfähiger Verein, Einziehung **75**
Rechtsfolgen vor 38 1ff.
Rechtsfolgenlösung bei Heimtückenmord **211** 46
Rechtsfolgensystem, Reform **vor 38** 7ff.; Zweispurigkeit **vor 38** 4ff.
Rechtsfortbildung, richterliche – **1** 10
Rechtsfreier Raum vor 32 11
Rechtsgeschäft, gesetz- o. sittenwidriges **263** 64ff.; **266** 33f.
Rechtsgut, ausländisches **vor 3** 10; inländisches – **vor 3** 8f.; **5;** Interessenkollision **34** 7; international geschütztes – **6;** notwehrfähiges – **32** 6
Rechtshandlung, unwirksame – **14 III**
Rechtsirrtum 16 13ff.

Rechtsmissbräuchliches Verhalten im Umweltrecht **vor 324** 7ff.; **330 d Nr. 5**
Rechtsordnung, Verteidigung der –, *kurze Freiheitsstrafe* **47 I,** *u. Strafaussetzung* **56 III,** *u. Verwarnung* **59 I Nr. 3**
Rechtspflege als geschütztes Rechtsgut **145 d** 2; **vor 257** 2; **339** 2
Rechtspfleger, Falschaussage vor – **153** 8; Rechtsbeugung **339** 8a
Rechtssache, dieselbe **356** 5ff.
Rechtsstaat, Gefährdung **5 Nr. 3**
Rechtsstaatliche Grundsätze, in Widerspruch zu –n **234 a** 9
Rechtsverhältnisse, besondere **35** 12
Rechtsverkehr, Handeln zur Täuschung im – **267** 30; **269** 7; **270; 271 II**
Rechtswidrige Tat, Begriff **11 I Nr. 5;** Prognose weiterer erheblicher – **63; 64 S. 1;** im Rausch **64 S. 1; 323 a I;** bei Rauschmittelabhängigkeit **64 S. 1;** bei Schuldunfähigkeit **63; 323 a;** Verfall **73 I; 73 d I**
Rechtswidrigkeit vor 13 43; des Angriffs **32** 21f.; des Befehls **vor 32** 16; Bewusstsein der – **vor 13** 50; der Erpressung **253** 7ff.; der Zueignung **242** 49; **246** 20; s. Rechtfertigungsthese
Rechtswidrigkeitszusammenhang bei Todesfolge **176 b** 3; **178** 4; **227** 3; **238** 27a; **251** 6
Reden, pornografische **176 IV Nr. 4**
Reflexreaktionen vor 13 4
reformatio in peius s. Verschlechterungsverbot
Regelbeispiele für besonders schwere Fälle **46** 90ff.; Irrtum über – **16** 11; Schuldgrundsatz **18** 2; u. Versuch **46** 97ff.
Regeln der Technik, *allgemein anerkannte* – **319** 11
Regierung, ausländische, *Angriff gegen* – **102,** *Beleidigung v.* – **103;** Nötigung **105 I Nr. 3;** Propagandamittel ausländischer – **86 I Nr. 3;** Verunglimpfung **90 b I**
Regierungskriminalität s. DDR
Regierungsmitglieder, Nötigung **106 I Nr. 2 c;** Verunglimpfung **90 b I**
Register, öffentliche – **271** 13; unwahrer Inhalt **348**
Regressverbot vor 13 38
Reihenfolge der Vollstreckung **72 III S. 1**
Reiseschecks, Fälschung von – **151 Nr. 5**
Relative Fahruntüchtigkeit 316 14f., 30ff.
Relevanztheorie vor 13 23
Religionsausübung, der – dienende Gebäude **306 a** 6, *Brandstiftung* **306 a I Nr. 2;** Gebäude u. Gegenstände **243 I Nr. 4;** Störung **167**
Religionsbeschimpfung 166
Religionsgesellschaften, Antragsrecht **194 III S. 3;** Missbrauch *v. Titeln, Würden usw.* **132 a III;** Schutz **166;** Steuergeheimnis **355 II Nr. 3;** Störung d. Gottesdienstes, beschimpfender Unfug **167 I;** Verwahrungsbruch **133 II**
Religiöse Gruppe 130 II Nr. 1
Religiöses Bekenntnis 166 4
Rennwetten 284 7
Resozialisierung 46 3; Förderung **67 a,** 4
Restalkohol s. BAK
Reststrafenaussetzung 57; bei lebenslanger Freiheitsstrafe **57 a;** Widerruf der – **57 V**
Retterschäden 306 c 4
Rettungsgerät, Beeinträchtigung **145 II Nr. 2**
Reue 46 47ff.; s. Tätige –
Revisionsgericht, Strafzumessung durch – **46** 120ff.
Rezension, Beleidigung durch – **193** 6
Richter, Begriff **11 I Nr. 3;** Bestechung **331 ff.;** Handlungen *als Verjährungsunterbrechung* **78 c** 8ff., **I;** Rechtsbeugung **339;** Strafantrag **77 a II S. 1**
Richterliche Handlung, Begriff **331** 29; Gegenleistung für – **331** 29f., **II; 333 II;** Gegenleistung für pflichtwidrige – **332 II; 334 II**
Richtlinien der EU, Verhältnis zum nationalen Strafrecht **vor 263** 5a
Risiko, Erhöhung **vor 13** 26; erlaubtes – **vor 13** 26; **vor 32** 13; Fehlen des –zusammenhangs **vor 13** 30
Risikogeschäft, Gefährdungsschaden **266** 62; Untreue durch – **266** 42ff.; Zustimmung des Treugebers **266** 50
Risikoverteilung bei täuschenden Erklärungen **263** 21
Roden in einem Schutzgebiet **329 III Nr. 5**
Rohrleitungsanlagen, unerlaubtes Betreiben **327 II Nr. 2,** *in einem Schutzgebiet* **329 II Nr. 2**
Röntgenstrahlen als ionisierende Strahlung **309** 2
Rückfall 46 38ff.; –frist **176 a VI;** kurze Freiheitsstrafe **47** 10f.; Qualifikation bei – **176 a I;** in Suchtverhalten **67 h I;**
Rückfallprognose vor 61 3
Rückfallverjährung bei Sicherungsverwahrung **66 IV S. 3**

Rücknahme des Strafantrags **77 d,** *Berechtigte* **77 d** 5 f., **II,** *Form* **77 d** 2, *Frist* **77 d** 7, **I S. 2**
Rückrechnung zur BAK-Bestimmung **316** 19 ff.
Rückrufpflicht s. Produkthaftung
Rücksichtslos Fahren **315 c** 14
Rücktritt vom Versuch **24;** vom Versuch bei Erfolgsqualifikation **18** 10; **24** 27 a; **251** 8 a f.; vom Versuch der Beteiligung **31;** vom Versuch des Unterlassungsdelikts **24** 26, 32 ff.; s. auch Tätige Reue
Rücktrittshorizont 24 11, 15
Rückveräußerung entwendeter Sachen **259** 18
Rückwärtsfahren auf Autobahnen **315 c I Nr. 2 f**
Rückwirkungsgebot bei Gesetzesänderung **2 III**
Rückwirkungsverbot 1 14 f.; bei DDR-Alttaten **1** 14 f.; **vor 3** 33; **vor 78** 3; u. Maßregeln der Besserung u. Sicherung **2** 14; bei Steuergesetzen **2** 13 a; u. Verfahrensrecht **2** 7
Rügen v. Vorgesetzten **193** 40
Ruhen der Führungsaufsicht **68 e I S. 2;** Anordnung des –s der Führungsaufsicht **68 g II S. 1;** der Verjährung **vor 78** 7 f.; **78 b, Anh 1 315 a**
Rundfunk, Bekanntmachung durch Veröffentlichung im – **165 II; 200 II;** gewaltverherrlichende Darbietungen **131 II;** Verbreiten von Darbietungen durch – **184 c;** volksverhetzende Darbietungen **130 II Nr. 2**
Rundfunkinhaltsdelikte, Verjährung **78** 7
Rüstungsbeschränkungen, Verstoß **93 II**

S

Sabotage an gemeinschaftswichtigen Einrichtungen und Anlagen **316 b;** an Luftfahrzeugen *o. Schiffen* **316 c I Nr. 2;** an Telekommunikationsanlagen **88 I Nr. 2; 317;** verfassungsfeindliche **88 I;** an Wehrmitteln **109 e**
Sabotagehandlungen, Vorbereitung **87 I**
Sabotagemittel, Herstellung usw. **87 I Nr. 3**
Sabotageobjekte, Auskundschaftung **87 I Nr. 2**
Sachbeschädigung 303 ff.; 303 I; an eigenen Sachen **265** 13; durch Feuer **306** 1; bei zusammengesetzten Sachen **303** 10
Sache v. bedeutendem Wert **315** 16; **315 b** 16; **324 a** 8, *Inbrandsetzen* **263 III Nr. 5;** fremde **242** 3, 5; **246** 3; geringwertige – **248 a** 3; Gewalttätigkeit gegen – **125** 4 f.
Sachgedankliches Mitbewusstsein 263 35
Sachherrschaft, Garantenstellung aus – **13** 35 f.; s. Gewahrsam
Sachliche Begünstigung 257
Sachschaden bei Verkehrsunfall **142** 10
Sachverständiger, amtlich zugezogener – **355 II Nr. 2;** Aufgabe **63** 8; Beauftragung *als Verjährungsunterbrechung* **78 c** 13, **I Nr. 3;** fahrlässiger Falscheid **163;** Kompetenz **63** 8; Meineid **154** 8; **155** 5; öffentlich bestellter –, *Berufsbezeichnung* **132 a I Nr. 3,** *Schweigepflicht* **203 II Nr. 5;** uneidliche Falschaussage **153;** Zuziehung bei Schuldfähigkeitsbeuteilung **20** 60
Sachwerttheorie 242 34
Sadomasochistische Handlungen 228 10; Darstellung in Schriften **184 a** 6 f.
Sammelstraftat vor 52 61
Sammlungen, allgemein zugängliche **243** 20; Diebstahl aus – **243 I Nr. 5**
Sanktionensystem vor 38 4 ff.; Reform **vor 38** 7 ff.
Satire, ehrverletzende **185** 8; **193** 38; s. Kunstfreiheit
Scalping 263 9 a
Scannen v. Urkunden **267** 12
Schaden, bedeutender **69 II Nr. 3; 125 a Nr. 4; 142 IV;** *Wertgrenze* **69** 29; erheblicher **306 e** 3; Ermittlung des –s bei Vermögensstraftaten **263** 71 ff.; Kompensation beim Vermögens– **263** 93; **266** 73; nicht bedeutender – *bei Verkehrsunfall* **142** 64
Schäden, schwere körperliche oder seelische **129 a II Nr. 1**
Schaden, schwerer – **66 I Nr. 3; 66 a II**
Schadenseinschlag, persönlicher **263** 85 ff.
Schadenswiedergutmachung als Anweisung **59 a II Nr. 1;** als Auflage **56 b II Nr. 1;** Strafmilderung o. Absehen v. Strafe **46 a;** Strafzumessung **46 II**
Schädigung, erhebliche – der Entwicklung **176 a II Nr. 3;** Gefahr schwerer – **66 I Nr. 3; 66 a II; 66 b I, II, III Nr. 2;** Gefahr schwerer – der Gesundheit **176 a II Nr. 3**
Schädigungseignung v. Lärm **325 a** 5
Schadstoffe, Begriff **325 IV;** Freisetzung **325** 14 ff., **II**
Schärfungen d. Strafe, besondere persönliche Merkmale **28 II**

Schätzung d. Einkünfte **40 III;** bei Serientaten **vor 52** 56; des Wertes *bei Erweitertem Verfall* **73 d II,** *bei Verfall* **73 b**
Scheck, Diskontierung *als Kredit* **265 b III Nr. 2;** Fälschung **152 a I;** Inhaber– **263** 13; Vordruck **152 a** 6 f., 12; **152 b**
Scheckbetrug 263 14, 98
Scheckkarte, Begriff **266 b** 6; Fälschen **152 b**
Scheckreiterei 263 14 a
Scheingeschäfte u. Scheinhandlungen **283** 4
Scheinkäufer 146 28
Scheinselbständige als Arbeitnehmer **266 a** 4
Scheinwaffen 239 a 4 b; **244** 11, 15 a; **250** 10 ff., 22
Schengener Durchführungsübereinkommen (SDÜ) 51 16 a
Schenkungsbetrug 263 79
Schiedsrichter, Bestechlichkeit von Sport- **299** 6; Bestechlichkeit **332 II;** Bestechung **334 II;** Rechtsbeugung **339;** –vergütung **337;** Vorteilsannahme **331** 29 f., **II;** Vorteilsgewährung **333 II**
Schienenbahn 315; Betriebssabotage **88 I Nr. 1;** im Straßenverkehr **222** 22; **315 d**
Schienenbahnverkehr, Gefährdung im – **315 a;** gefährliche Eingriffe **315**
Schienenfahrzeuge 306 7; Brandstiftung **306 I Nr. 4;** Immissionen **vor 324** 23; **325 V; 325 a IV**
Schießbefehl, DDR-Grenzregime **vor 3** 38 ff.; **vor 32** 8
Schiff, Begriff **316 c** 3; Brandstiftung **306 I Nr. 4,** *bei Wohn–* **306 a I Nr. 1;** deutsches – **4** 3; Entführung **316 c** 4 ff., **I Nr. 1 b;** Fahruntüchtigkeit von -sführern **316** 28; Flaggenprinzip **vor 3** 3; **4** 2; Gefährdung *durch Bannware* **297;** Sabotage **316 c I Nr. 2;** Sinken o. Stranden **263 III Nr. 5;** Umweltstraftaten v. einem – aus **5** 11, 11 a
Schiffsverkehr, Gefährdung im – **315 a;** gefährliche Eingriffe **315;** Vorschriften **315 a** 7; s. Seeverkehr
Schildern von Gewalthandlungen **131** 8
Schlaf, Heimtücke bei – **211** 42
Schlägerei, Begriff **231** 3; Beteiligung **231 I;** schwere Folge **231** 5 f.
Schleuse, Beschädigung von – **318**
Schlinge, Jagen mit – **292 II Nr. 2**
Schlüssel, falsche – **243 Nr. 1**
Schmähkritik 193 6, 18
Schmiergeld, Vermögensnachteil durch – **266** 59 a; *s. a. Kick-Back-Geschäft*
Schmuggel, Geldwäsche **261 I S. 2 Nr. 3**
Schneeballsystem s. Progressive Kundenwerbung
Schöffen, Rechtsbeugung **339** 5
Schonzeit, Wildern **292 II Nr. 2**
Schrecken, Notwehrexzess **33** 3
Schreckschusspistole 244 3, 11; **250** 3 b
Schriften 86 3; als Anleitung zu Straftaten **130 a** 7; Begriff **11 III;** beleidigende – **186** 15; **188;** Besitzverschaffen durch E-Mail **184 b** 15; Einwirken auf Kinder durch – **176 IV Nr. 3; 176** 13 ff.; Einziehung **74 d;** gewaltpornografische **184 a;** gewaltverherrlichende – **131;** kinderpornografische **176 a III; 184 b;** pornografische **184–184 b;** tierpornografische **184 a;** Unbrauchbarmachung *v. Herstellungsvorrichtungen* **74 d;** verleumderische – **187;** Verwenden verfassungswidriger Kennzeichen in – **86 a I Nr. 1;** volksverhetzende – **130 II**
Schriftstück, Briefgeheimnis **202;** verbotene Mitteilung amtlicher –e **353 d**
Schuld, Begriff **vor 13** 47; **46** 5 f.; besondere Schwere der – *u. Strafrestaussetzung* **57 a I Nr. 2; 57 b;** bei besonderen Tatfolgen **18** 2; –schwere *u. kurze Freiheitsstrafe* **47** 7; der Tatbeteiligten **29**
Schuldanerkenntnis bei Verkehrsunfall **142** 33
Schuldausgleich 46 3
Schuldausschließungsgründe vor 32 14 ff.; Irrtum **16** 25; Notstand **35;** Notwehrexzess **33** 4; Verbotsirrtum **17**
Schuldfähigkeit vor 13 49; **20; 21;** Begriff **20** 2 ff.; Begutachtung **20** 60 ff.; Feststellung **63** 7; Feststellung der Beeinträchtigung **63** 11; Irrtum **16** 25; zum Tatzeitpunkt **20** 47 ff.; Unterbringung bei Fehlen von – **63;** verminderte **21,** *Unterbringung* **63**
Schuldknechtschaft 233 I
Schuldmaßprinzip 46 I S. 1
Schuldnerbegünstigung 283 d I; besonders schwere Fälle **283 d III;** Verhältnis zu Bankrott **283 d** 1; Versuch **283 d II**
Schuldprinzip u. Vorverschulden **20** 58
Schuldschein 263 97
Schuldschwere, besondere **57 a I Nr. 2; 57 a** 6 ff.; **211** 100
Schuldspruch, Absprache über den – **46** 110; **339** 10; Verwarnung neben dem – **59 I S. 1**
Schuldtheorie vor 13 50; eingeschränkte **16** 22; strenge **16** 22

Schuldunfähigkeit 20; Begriff **vor 19;** Berufsverbot **70;** infolge Rausches **323 a** 13; v. Kindern **19;** nicht auszuschließende – **323 a** 9 ff.; Rechtsfolgen **20** 68; Unfallflucht bei – **142** 48; Unterbringung bei – **63**
Schuldverschreibungen, Fälschung von – **151 Nr. 1**
Schusswaffe 250 3 a; Ausrüstung mit – **292** 25
Schusswaffen, –gebrauch zur Luft- u. Seepiraterie **316 c I Nr. 2;** Gefangenenmeuterei mit – **121 III Nr. 1;** Jagdwilderei mit – **292 II Nr. 3;** Landfriedensbruch mit – **125 a Nr. 1;** s. Waffen
Schutzbedürftige Gebiete, besonders schwerwiegende Beeinträchtigung **330** 3, **I Nr. 1;** Gefährdung **329**
Schutzbefohlene, Misshandlung **225 I;** Verletzung *v. Fürsorge- o. Erziehungspflichten* **171,** 5 ff.; sexueller Missbrauch von –n **174**
Schutzgebiete, besonders schwerwiegende Beeinträchtigung **330 I Nr. 1;** Gefährdung **329**
Schutzgelderpressung 253 16 a; **255** 6
Schutzgrundsatz vor 3 3; **5** 1; **7** 1
Schutzlose Lage, mehrfaches Ausnutzen **177** 100; sexuelle Nötigung unter Ausnutzen – **177 I Nr. 3;** bei Widerstandsunfähigkeit **179** 19
Schutzlosigkeit 177 27 ff., **I Nr. 3**
Schutzpflichten, Beschützergarant **13** 9
Schutzvorrichtung gegen Diebstahl **243** 13; zur Unfallverhütung, *Beeinträchtigung* **145** 4 f., **II Nr. 2**
Schutzwaffen bei Versammlung **125** 1
Schutzwehr als Notwehrhandlung **32** 23
Schutzwehre, Beschädigung **318**
Schutzzwecktheorie vor 13 30
Schwäche, Ausnutzen sonstiger – **291** 9
Schwachsinn 20 35
Schwangere, Vorenthalten *v. Unterhalt* **170 II**
Schwangerschaft, Strafempfindlichkeit durch – **46** 42
Schwangerschaftsabbruch 218; Absehen *v. Strafe* **218 a IV S. 2;** Ärztliche Pflichtverletzung **218 c I;** Auslandstat **5 Nr. 9;** Bewirken des –s **170 II;** Fristenlösung **vor 218** 10; Gefährdung *der Schwangeren* **218 II Nr. 2;** Nötigen zum – **240 IV Nr. 2;** Persönlicher Strafausschluss *für Schwangere* **218 a IV S. 1;** Rechtfertigung **218 a** 14 ff.; Rechtsgut **vor 218** 2; Tatbestandsausschluss **218 a** 2 ff., **I;** durch Unterlassen **218** 7; Verlangen *der Schwangeren* **218 a** 12; Versuch **218 IV;** gegen den Willen *der Schwangeren* **218 II Nr. 1**
Schwarze Kasse, Untreue durch Einrichtung – **266** 46 ff.; Vermögensschaden durch Bildung – **266** 70
Schwarzfahren 265 a 19 ff.
Schwebebahnverkehr 315 5; Gefährdung im – **315 a;** gefährliche Eingriffe **315**
Schweigepflicht, Dienstgeheimnis **353 b** 7 f., **I;** bei Gerichtsverhandlung **353 d Nr. 2;** konkrete Verpflichtung **353 b** 6, **II;** Privatgeheimnis **203;** Steuergeheimnis **355**
Schwere Brandstiftung 306 a
Schwere der Schuld s. Schuld
Schwere Folgen, Absehen v. Strafe **60** 4; bei Körperverletzung **226**
Schwere Gefahr für den Bestand der BRep. **100** 5
Schwere Gefährdung durch Freisetzen v. Giften **330 a**
Schwere Körperverletzung 226; Androhung **126 I Nr. 3;** bei Schlägerei **231** 5 f., **I**
Schwerer Bandendiebstahl 244 a
Schwerer Nachteil für die äußere Sicherheit **93** 8
Schwerer Raub 250
Schwerer Schaden 66 I Nr. 3; 66 a II
SED-Unrechtstaten vor 3 31 ff.; Verjährung **vor 78** 7 ff.; **Anh 1 315 a IV, V**
Seehäfen vor 3 13
Seelische Abartigkeit 20
Seelische Krankheit 174 c I; 179 I Nr. 1
Seelsorger, keine Anzeigepflicht **139 II**
Seerechtsübereinkommen vor 3 13 f.; Umweltstraftaten **5** 11, 11 a; **vor 324** 24
Seeverkehr, Angriff auf den –, *Auslandstat* **6 Nr. 3,** *Nichtanzeige* **138 I Nr. 9; 139 III Nr. 3,** *Tätige Reue* **320 I, III Nr. 2,** *Vorbereitung* **316 c IV**
Sehvermögen, Verlust **226** 2, **I Nr. 1**
Selbständige Anordnung der Unterbringung **71;** des Verfalls o. der Einziehung **76 a,** *Verjährungsunterbrechung* **78 c I S. 2**
Selbstanzeige 145 d 8
Selbstbedienungsladen, Diebstahl im – **242** 18
Selbstbefreiung, Förderung, Verleiten zur – **120 I**
Selbstbegünstigung 257 9; **258 V; 258** 34 ff.; **258 a** 8; bei Geldwäsche **261** 18, 46, **IX S. 2;** persönliche **145 d** 9

Selbstbegünstigungstendenz bei Verdeckungsmord **211** 75
Selbstbestimmung, Fähigkeit zur sexuellen – **182 I;** sexuelle **vor 174** 5, *Einschränkungen der* – **vor 174** 9 a
Selbstbestimmungsrecht, informationelles – **203** 2
Selbstbezichtigung 145 d 8
Selbstgefährdung, -schädigung, eigenverantwortliche **vor 13** 36; freiverantwortliche **vor 13** 36; **13** 27; **vor 32** 3 a f.; **212** 4; **222** 28 ff.
Selbsthilfe vor 32 9
Selbsthilfebetrug 263 77
Selbsthilferecht, Notwehr gegen – **32** 22
Selbstmord s. Selbsttötung
Selbstschädigung 263 79 ff.
Selbstschussanlagen 32 20, 39; **308** 3
Selbsttötung vor 211 10; Anstiftung **vor 211** 11; als Unglücksfall **323 c** 3 a
Selbstverletzung 223 2
Selbstverstümmelung 109 I
Serientaten, Feststellung von – **vor 52** 56; Feststellung von – des sexuellen Missbrauchs **176** 41; Konkurrenz bei – **vor 52** 55 ff.; Einsatz von Nötigungsmitteln bei – **177** 15; Schätzung bei – **vor 52** 56; Strafzumessung **54** 11 f.
Sexualdelikte als Anlasstat für *Entziehung der Fahrerlaubnis* **69** 42 ff.; Konkurrenz bei –n **vor 52** 28; Rechtsgut **vor 174** 5 f.
Sexualstrafrecht, Auslandstaten **5 Nr. 8**
Sexuelle Ausbeutung 232
Sexuelle Handlung 184 f; als Beleidigung **185** 11; besonders erniedrigende – **177 II Nr. 1;** Bestimmen Minderjähriger zu – **180 III;** Definition **184 f** 2 f.; durch Dritte **179 II;** von Dritten **177 I; 180;** an Dritten **177 I; 179 II; 180; 182 I Nr. 2, II Nr. 2;** vor Dritten **180;** von Dritten an Kindern **176 II, IV Nr. 3;** Eindringen in den Körper **176 a II Nr. 1;** entgeltliche **180 a** 3 ff.; Erheblichkeit **184 f Nr. 1;** Erheblichkeitsschwelle **174 c** 9; **176** 5; Förderung von – Minderjähriger **180;** vor Kindern **176 IV Nr. 1;** von Kindern an Dritten **176 II;** von Kindern an sich selbst **176 IV Nr. 2;** von Kindern vor Dritten **176 IV Nr. 3;** – Minderjähriger gegen Entgelt **180 II;** Nötigung zu – **177 I;** in der Öffentlichkeit **183 a;** pornografische Darstellung **184–184 c;** überraschende **177** 33, 37 b; Vermittlung **180 I;** Verschaffen von Gelegenheit zu – **180 I;** vor einem anderen **184 f Nr. 2;** Vorschub leisten **180 I, II**
Sexuelle Belästigung vor 174 6 b; **185** 11
Sexuelle Nötigung 177; unter Beisichführen von gefährlichen Werkzeugen **177 III Nr. 1;** unter Beisichführen von Werkzeugen in Verwendungsabsicht **177 III Nr. 2;** besonders schwerer Fall **177 II;** unter Eindringen in den Körper **177 II Nr. 1;** gemeinschaftliche **177 II Nr. 2;** unter Gesundheitsgefährdung **177 III Nr. 3;** unter Lebensgefährdung **177 IV Nr. 2;** unter schwerer Misshandlung **177 IV Nr. 2;** Feststellung von Serientaten **177** 15; mit Todesfolge **178;** unter Verwenden gefährlicher Werkzeuge **177 IV Nr. 1**
Sexuelle Selbstbestimmung vor 174 5
Sexueller Missbrauch durch Amtsträger **174 b;** Anbieten von Kindern zum – **176 V;** in Arbeits- und Dienstverhältnissen **174 I Nr. 1, 2;** in Ausbildungsverhältnissen **174 I Nr. 1, 2;** unter Ausnutzen einer Amtsstellung **174 b;** unter Ausnutzen von Beratungs-, Behandlungs- oder Betreuungsverhältnis **174 c;** von behördlich Verwahrten **174 a I;** von eigenen Kindern **174 I Nr. 3;** in Erziehungsverhältnissen **174 I Nr. 1, 2;** von Gefangenen **174 a I;** gemeinschaftlicher **179 V Nr. 2;** von Hilfsbedürftigen in Einrichtungen **174 a II;** von Jugendlichen **182;** v. Kindern s. Kinderpornographie; unter körperlicher Misshandlung **179 VII;** von Kranken in Einrichtungen **174 a II;** unter Lebensgefährdung **179 VII;** von minderjährigen Personen **174; 176–176 b; 182;** von Schutzbefohlenen **174;** Verhältnis zur sexuellen Nötigung **vor 174** 7 ff.; widerstandsunfähiger Personen **179**
Sexueller Missbrauch von Kindern 176–176 b; besonders schwerer Fall **176 III;** durch Einwirken mittels Schriften **176 IV Nr. 3;** unter Gefährdung von Gesundheit oder Entwicklung **176 a II Nr. 3;** als Gegenstand pornografischer Schrift **184 b;** gemeinschaftlicher **176 a II Nr. 2;** unter Lebensgefährdung **176 a V;** minder schwerer Fall des schweren – **176 a IV;** in pornografischer Absicht **176 a III;** durch Reden **176 IV Nr. 4;** schwerer **176 a;** unter schwerer Misshandlung **176 a V;** Feststellung von Serientaten **176** 41 f.; mit Todesfolge **176 b;** Verab-

reden **176 V;** durch Vorzeigen pornografischer Schriften **176 IV Nr. 4;** Wiederholungstat **176 a I**
Sich bemächtigen 234 2; **239 a; 239 b**
Sich bereiterklären zu geheimdienstlicher Agententätigkeit **99 I Nr. 2;** zu landesverräterischer Agententätigkeit **98 I Nr. 2;** zu einem Verbrechen **30 II,** *Rücktritt* **31 I Nr. 2**
Sich verborgen halten 243 10
Sich verschaffen 146 7; v. Daten **202 a I;** v. falschen amtlichen Wertzeichen **148 I Nr. 2;** v. Falschgeld **146 I Nr. 2;** v. Kernbrenn– *o. radioaktiven Stoffen* **310 I Nr. 1;** v. Sprengstoff **310 I Nr. 2**
Sich versprechen lassen v. Vorteilen **299 I; 331 I; 332 I**
Sicherheit, Gefährdung *der äußeren* – **5 Nr. 4; 93 ff.; 138 I Nr. 3,** *der öffentlichen* – **125** 9; der Bundesrepublik **303 b IV Nr. 3;** der öffentlichen – dienende Einrichtung o. Anlage **316 b** 4; sonst für die – Verantwortlicher **315 a** 5
Sicherheit der BRep. 92 III Nr. 2; äußere **94 ff.**
Sicherheitsorgane, öffentliche **89** 2
Sicherstellung des Führerscheins, Anrechnung *auf Fahrverbot* **51 V**
Sicherung, besondere – *v. Daten* **202 a** 8 f.; haltender o. liegengebliebener Fahrzeuge **315 c I Nr. 2 g;** der Vorteile der Tat **257 I**
Sicherungseinziehung 74 III
Sicherungsetikett 243 15
Sicherungspflichten, Überwachergarant **13** 9
Sicherungsübereignung 246 7; Drittzueignung bei – **246** 12
Sicherungsverfahren, Verjährungsunterbrechung **78 c I S. 2**
Sicherungsverwahrung 61 Nr. 3; 66; Anordnung **66** 39; Befreiung **120** 3, **IV;** Dauer **67 d III S. 1; 67 d** 14 f.; Erledigung **67 d III S. 1;** Führungsaufsicht nach Entlassung **67 d III S. 2;** Katalogtaten **66 III S. 1;** Meuterei **121 IV;** nach Erledigung psych. Krankenhaus **66 b III;** nachträgliche **66 b;** nachträgliche Anordnung **66 a II;** nachträgliche Überweisung **67 a II;** Prognose bei – **66** 33 ff.; Rückfallverjährung **66 IV S. 3;** Überprüfung **67 e;** Verhältnis zur Unterbringung **63** 24; Verhältnismäßigkeit **66** 37; keine Vollstreckungsverjährung **79 IV S. 1;** vorbehaltene **66 a**
Siechtum 226 11, **I Nr. 3**
Siegel, ausländische **136** 9; –bruch **136 II;** Zoll– **136** 9
Signale, falsche – **315 I Nr. 3**
SIM-Karte 263 a 11
Sirius-Fall 25 5 a
Sittenwidrigkeit 263 64 ff.; der Einwilligung **228** 8; von Rechtsgeschäften **263** 64 ff.; **266** 33 f.; des Geschäftszwecks beim Anvertrauen von Sachen **246** 17
Sitzblockaden, Aufrufe zu – **111** 4 a; als Gewalt **240** 10, 20 ff.
Skifahrer, Sorgfaltspflicht **222** 23
Sklaverei 233 I; 234 6
Smart-Card 263 a 32
Smog 329 3
Software, fehlerhafte **303 b** 11
Soldat, Widerstand gegen – **113**
Soldat der BWehr, Ausländertaten gegen **5 Nr. 14;** Bestechung **334 I;** Diebstahl mit Waffen **244** 4; Einwirken auf – **89** 2, **I;** Strafantrag **77 a;** Straftaten gegen die Landesverteidigung **109 ff.;** Verletzung v. Dienstgeheimnissen **353 b** 3; Vorteilsgewährung **333** 2, **I;** Zumutbarkeit v. Gefahren **34** 13 f.
Sonderdelikte 13 50; **22** 55; **26** 2, 19; **28 I;** Ausdehnung des Anwendungsbereiches **14** 1 a; – und Beihilfe **27** 10
Sorgeberechtigter, Privilegierung **131 IV; 184 II S. 1;** Verletzung der Erziehungspflicht **180 I S. 2**
Sorgepflichten, Abgr. *v. Beistandspflichten* **221** 5; Vernachlässigung **225 I**
Sorgerecht, gerichtliche Entziehung **235** 9; Inhaber **235** 3
Sorgfaltspflichten 15 16; berufliche **222** 8 ff.; Delegation **222** 32; im öffentlichen Verkehr **222** 13 ff.; Unfallverhütungsvorschriften **222** 6 f.; u. Vertrauensgrundsatz **222** 10, 14 ff.
Sozialadäquanz vor 32 12; **86** 17 ff., **III; 86 a III;** bei Anleitung *zu Straftaten* **130 a** 22; bei Vertraulichkeitsverletzung **201** 10; bei Vorteilsannahme **331** 25 ff.
Sozialarbeiter, Schweigepflicht **203 I Nr. 5**
Sozialbetrug 263 23
Sozialdatengeheimnis 203 43
Sozialleistungen, Anrechnung *bei Geldstrafenzumessung* **40** 7, 11
Sozialpädagoge, Schweigepflicht **203 I Nr. 5**
Sozialprognose 57 12 ff.; günstige **59** 4; **68 e** 8 f., *Voraussetzungen* **56** 3 ff.
Sozialsubvention 264 12
Sozialtherapeutische Anstalt, Verlegung in eine – **67 a** 2

Sozialversicherung, Urwahlen **107 b II;** Vorenthalten v. Beiträgen zur – **266 a;** Wahlvergehen **108 d**
Sozialwucher 291 3
Sozietät, Interessenkollision in Rechtsanwalts– **356** 3 a, 6
Sparbuch, Diebstahl **242** 37
Spätabtreibung vor 211 25
Speicherbuchführung 283 21
Speicherung v. Daten **202 a** 7; **269** 4
Spekulationsgeschäfte 283 I Nr. 2; s. Optionshandel
Spendenbetrug 263 36, 79
Sperrbezirke für Prostitution **184 d** 4
Sperrfrist für Anträge **57 VI; 57 a IV;** Berechnung **69 a V;** Beschränkungen **69 a II;** Eintragung in ausländischem Führerschein **69 b II S. 2;** lebenslange **69 a** 8, 22. f., **I S. 2;** bei nachträglicher Gesamtstrafe **55 II; 69 a** 26; für Neuerteilung der Fahrerlaubnis **69 a,** 6 ff., 15 ff.; bei Versagung der Reststrafenaussetzung **57 VII**; vorzeitige Aufhebung **69 a VII**
Sperrwirkung der Rechtsbeugung **339** 21; des Strafrahmens der Vergewaltigung bei minder schwerem Fall der Qualifikation **177** 97; des Strafrahmens für Totschlag bei Teilnahme am Mord **211** 95; des subjektiven Tatbestands der Strafvereitelung **258** 24
Spezialität vor 52 40 a; Grundsatz der – als Verfolgungshindernis *nach Auslieferung* **vor 3** 22; bei Widerruf der Strafaussetzung **56 f** 9
Spezialprävention 46 3, 7 f.
Spezifikation einer fremden Sache **246** 8
Spiel, übermäßiger Verbrauch durch – **283 I Nr. 2;** s. Glücksspiel
Spielbanken 284 10
Spieleinrichtungen, Einziehung **286 II**
Spielraumtheorie 46 20
Spielvertrag 263 18; Abschluss **287** 12, **I**
Spionage s. Daten, s. Geheimnisse, s. Staatsgeheimnisse
Sponsoring 266 46 c; als Vorteilsannahme **331** 27
Sport, Einwilligung *in Körperverletzungen* **228** 4; s. Doping
Sportwetten 284 7, 10 ff.; Täuschung bei – **263** 18a f.
Sportwettenbetrug 263 18 ff.; Schaden beim – **263** 75a, 98
Sprachgebrauch, Begriffsbestimmungen **11 f.**
Sprechvermögen, Verlust **226 I Nr. 1**
Sprengstoff, Begriff **308** 3; Diebstahl **243 I Nr. 7;** – enthaltende Kriegswaffen **243 I Nr. 7;** Explosion durch – **308**
Sprengstoffverbrechen als Auslandstat **6 Nr. 2;** Tätige Reue **314 a;** Vorbereitung **310 I Nr. 2**
Staat, Handlungen gegen ausländische –en **102 ff.;** rechtfertigender Notstand **34** 23; Schädigung von Grundstrukturen **129 a** II; Verunglimpfung des –es **90 a I Nr. 1**
Staatenlose als Ausländer **7** 5
Staatliche Aufsichtsbehörde, *Strafantragsrecht* **77 a III S. 2**
Staatsangehörigkeit, aktives u. passives Personalitätsprinzip **vor 3** 3; Erwerb u. Verlust **7** 2
Staatsanwalt, Ermittlungspersonen der –schaft **114;** Rechtsbeugung **339** 6 f.
Staatsgebiet 3 1; Abtrennung als Bestandsbeeinträchtigung **92** 4, **I**
Staatsgeheimnisse, Auskundschaften **96 II;** Begriff **93 I; 95** 2; **96** 2; illegale **93 II;** irrige Annahme eines illegalen **97 b;** Landesverrat **94;** landesverräterische Agententätigkeit **98;** landesverräterische Ausspähung **96 I;** Offenbarung **95;** Preisgabe **97;** Verrat illegaler **97 a**
Staatsgewalt, Widerstand gegen – **110 ff.**
Staatskasse, Geldauflage zugunsten der – **56 b II Nr. 4;** Zahlung an – **56 b** 8 a
Staatsnotwehr 34 23
Staatsoberhaupt, ausländisches, *Angriff gegen* – **102,** *Beleidigung* **103**
Staatsschutzdelikte 80 ff.; Schutzrichtung **vor 80** 3; Zuständigkeit **vor 80** 5
Staatssymbole 90 a 9; Einwirkung auf – **90 a II S. 1;** Verunglimpfung **90 a I Nr. 2**
Stalking *s. Nachstellung,* Persönlichkeitsstörung bei – **20** 42; **238** 31; Eindringen in persönlichen Lebensbereich durch – **201 a** 1; Kriminologie **238** 2 f.; Körperverletzung durch – **223** 6
Statusfolgen s. Nebenfolgen, s. Nebenstrafen
Stelle, amtliche **95** 2; zur eidlichen Vernehmung zuständige – **153 I**
Stellvertretende Strafrechtspflege, Prinzip der – **vor 3** 3; **7** 1
Stellvertretung bei Strafantrag **77** 21 f., **III**
Sterbehilfe 216 4; aktive – **vor 211** 17 ff.
Steuer, Überhebung **353 I**
Steuerberater u. –bevollmächtigter, *Berufsbezeichnung* **132 a I Nr. 2,** *Geldwäsche* **261** 38, *Schweigepflicht* **203 I Nr. 3**

Steuergeheimnis 355; u. Amtshilfe **203** 42
Steuerhehlerei, Geldwäsche **261 I S. 2 Nr. 3**
Steuerhinterziehung als Geldwäschevortat **261 I S. 2 Nr. 3, I S. 3;** Verjährungsbeginn **78 a** 3; Versuch **22** 14
Steuerstraftaten vor 3 8 f.; Strafzumessung **46** 36
Steuerungsfähigkeit 20; verminderte **21**
Sthenische Affekte 33 3
Stiefeltern, sexueller Missbrauch durch – **174** 6
Stimmabgabe, Täuschung bei **108 a I**
Stimmenkauf 108 b I; 108 e I
Stimmenverkauf 108 b II; 108 e I
Stimmrecht, Aberkennung des –s **45 V**
Stoffe, Bodenverunreinigung durch – **324 a** 4 f.; gesundheitsschädliche – **224** 4 f.; **314** 3; wassergefährdende – **329** 7
Stoffgleichheit 253 2; **259** 23; **263** 108 f.
Störpropaganda gegen die BWehr **109 d**
Störung v. Einrichtungen und Anlagen **316 b** 5; eines Gottesdienstes **167** 4, **I;** krankhafte seelische **20;** des Öffentlichen Friedens **126; 130; 140; 166;** öffentlicher Betriebe **316 b;** psychische **63** 7; der Tätigkeit eines Gesetzgebungsorgans **106 b;** v. Telekommunikationsanlagen **317;** tiefgreifende Bewusstseinsstörung **20** 27 ff.; einer Wahl **107**
Strafe vor 38 5; Zumessung **46;** Absprache **46** 111 ff.
Strafantrag 77 ff.; 123 II; Antragsberechtigte **77 I; 194; 301 II;** Antragsfrist **77 b;** DDR-Alttaten **vor 77** 5; des Dienstvorgesetzten **77 a; 194 III S. 1; 230 II S. 1; 238 IV; 355 III S. 1;** mehrere Antragsberechtigte **77 IV;** Prozessvoraussetzung **vor 77 2;** bei sexuellem Missbrauch von Jugendlichen **182 III;** Verjährung trotz fehlendem **78 b I Nr. 2;** durch Vertreter **77 III;** bei wechselseitig begangenen Taten **77 c;** Zurücknahme **77 d,** *Berechtigte* **77 d** 5 f., **II,** *Form* **77 d** 2, *Frist* **77 d I S. 2;** s. Ermächtigung, s. Strafverlangen
Strafaufhebungsgründe 28 11; Irrtum **16** 27; Rücktritt **24** 2; Überblick **vor 32** 17
Strafausschließungsgründe 28 11; Irrtum **16** 27; Überblick **vor 32** 17
Strafaussetzung, Absehen von Widerruf **56 f II; 56 f** 14 ff.; bei BtM-Abhängigen **56** 5; v. Freiheitsstrafen über 1 Jahr **56** 19 ff.; v. Freiheitstrafen bis 1 Jahr **56** 13; Gesamtstrafe **56** 22; Gesamtwürdigung **56** 11; Halbstrafe **57 II; 57** 21 ff.; bei kurzen Freiheitsstrafen **56** 12; nachträgliche Entscheidungen **56 e; 57 III;** negative Prognose bei Widerruf **56 f** 11; bei Überzeugungstätern **56** 5; Unschuldsvermutung bei Widerruf **56 f** 5 ff.; Verfahren **56** 26; Verhältnis zu § 35 BtMG **56** 2; Verteidigung der Rechtsordnung **56** 14 ff.; bei vorbehaltener Sicherungsverwahrung **66 a III;** Widerruf **56 f;** Widerruf bei – der Reststrafe **57 V;** - u. Widerruf früherer Aussetzung **56** 6 a
Strafaussetzung z. Bewährung 56 ff.; 57 f.; Auflagen **56 b;** Bewährungshilfe **56 d;** Bewährungszeit **56 a;** bei exhibitionistischer Handlung **183 III;** Fristberechnung bei Statusfolgen **45 a;** u. Führungsaufsicht **68 g;** bei Gesamtstrafe **58;** nachträgliche Entscheidungen **56 e;** Ruhen der Verjährung **79 a Nr. 2 b;** Straferlass **56 g;** Strafrest **57; 57 a; 57 b; 67 V S. 1;** Weisungen **56 c;** Widerruf **56 f; 57 V**
Strafbarkeit, gesetzliche Bestimmung **1** 2 a; objektive Bedingung der – **16** 27; selbständige – der Beteiligten **29;** – des Versuchs **23**
Strafbefehl als Verjährungsunterbrechung **78 c I Nr. 9**
Strafbemessung 46 ff.; – bei mehreren Gesetzesverletzungen **52 ff.**
Strafdrohung, Änderung **2 II;** Bestimmtheit **1** 6; Deliktsarten **12** 4; u. Verjährungsfrist **78 III, IV**
Strafe, Absehen v. – **60;** Absprache **46** 107 ff.; Anrechnung **51,** *im Ausland vollzogener* – **51** 15; Arten **vor 38** 5; Gesamt– **54;** nachträgliche Gesamt– **55;** Neben– **45;** Sinn u. Zweck **46** 2 ff.; Vereitelung von – **258 I;** Verjährung **79 ff.;** Vollstreckung gegen Unschuldige **345;** vorbehaltene **59 ff.**
Strafempfindlichkeit 46 7, 42
Straferlass 56 g; durch Gnadenakt **57** 9; kein – bei Ersatzfreiheitsstrafe **57** 3; bei Nebenfolge **45 a;** Widerruf **56 g** 2
Straffreierklärung bei wechselseitiger Beleidigung **199**
Strafgefangene *s. Gefangene*
Strafgeld 12 3; **248 a** 8
Strafgesetzbuch, Aufbau **Einl.** 1; Gesetzesgeschichte **Einl.** 3 ff.
Strafgewalt, Begehungsort ohne – **7,** 8 f.
Straflosigkeit des Versuchs **24**

Strafmaß, Absprachen **46** 107 ff.
Strafmilderung bei Beihilfe **27 II S. 2;** nach Ermessen **49 II;** beim Fehlen persönlicher Merkmale **28** 7, 10; minder schwere Fälle **46** 85 ff.; bei Notstand **35;** bei eingeschränkter Schuldfähigkeit **21** 20 ff., bei Tatprovokation **26** 8 a; bei Tatprovokation durch V-Mann **46** 67 ff.; bei Versuch **23 III;** vorgeschriebene o. zugelassene **49 I;** Zusammentreffen v. –sgründen **50**
Strafrahmen, unzulässige –kombination **50** 7
Strafrahmenverschiebung 46 84 ff.; **49** 2; mehrfache **50;** bei lebenslanger Freiheitsstrafe **49** 3 a; bei Mord **211** 46, 101
Strafrecht, deutsches –, *Begriff* **vor 3** 2; Europäisches **Einl.** 11 f.
Strafrechtsreform, –Gesetze **Einl.** 6
Strafrest, Aussetzung **54 a III; 57; 57 a; 57 b; 58 II; 67 V S. 1,** *u. Führungsaufsicht* **68 g,** *u. Nebenfolgen* **45 a III**
Straftat, Androhung **126** 5, **I;** Begriff **vor 13** 1; in der Bewährungszeit **56 f I Nr. 1;** Ermöglichung o. Verdeckung **306 b** 9 ff.; **315** 22 a; öffentl. Aufforderung zu –en **111;** Täterschaft **25;** Vortäuschen des Bevorstehens **126 II;** Vortäuschen einer – **145 d**
Straftaten, erhebliche, *Gefahr von* – **66 I Nr. 3; 66 a II S. 2; 70 I;** terroristische **129 a I, II**
Strafunrechtsausschließungsgründe vor 13 46
Strafurteil, Bekanntmachung **165; 200;** Wahrheitsbeweis durch – **190**
Strafvereitelung 258; im Amt **258 a;** durch Falschaussage zugunsten Angehöriger **157 I;** durch Richter **258** 4; **339** 21
Strafverfahren, Ausnutzen für sexuelle Handlung **174 b;** wegen Steuerstraftaten **355 I Nr. 1 b;** verbotene Mitteilung *amtlicher Schriftstücke* **353 d Nr. 3**
Strafverfolgung, Widerspruch **194 I S. 3, II S. 3;** s. Ermächtigung, s. Strafantrag
Strafverfolgungsbeschränkungen vor 3 22
Strafverfolgungsverjährung 78 ff.; bei DDR-Alttaten **vor 78** 6 ff.; s. Verfolgungsverjährung
Strafverlangen 77 e; einer ausländischen Regierung **104 a** 4; Verjährung trotz fehlendem **78 b I Nr. 2**
Strafverteidiger, Geldwäsche durch – **261** 32 ff.; Strafvereitelung durch – **258** 16 ff.
Strafvollstreckung, gegen Unschuldige **345;** Vereitelung **258 II**
Strafvollstreckungsverjährung 79 ff.; bei DDR-Alttaten **vor 78** 6 ff.
Strafvollzug, Führungsaufsicht nach – **68 f** 2, **I S. 1;** Verhalten im – **57 I S. 2; 66 a I**
Strafzumessung 46, Absprachen über – **46** 111 ff.; Grundsätze der **46** 2 ff.; Irrtum über –sgründe **16** 11; bei mehreren Tatbeteiligten **46** 25; Revisibilität **46** 114 ff.; durch das Revisionsgericht **46** 117 ff.
Strafzumessungstatsachen 46 II
Strafzweck 46 2 ff.; –theorie **24** 2
Strahlung s. ionisierende –, s. nichtionisierende –, s. radioaktive –
Strahlungsverbrechen 307; 309; 312; Vorbereitung **310 I Nr. 1**
Straßenbahn s. Schienenbahn
Straßenblockaden als Gewalt **240** 10 f., 20 ff.; Verwerflichkeit **240** 46 f.
Straßenkreuzungen u. –einmündungen, zu schnelles Fahren **315 c I Nr. 2 d**
Straßenverkehr, besondere Verhältnisse des –s **316 a I;** Einwilligung *in Körperverletzungen* **228** 4; Gefährdung des – **315 c;** gefährliche Eingriffe **315 b I;** Nötigung im – **240** 15 f., 48 f.; öffentlicher **142; 315 b** 3 f.; Schienenbahn **222; 315 d;** Sorgfaltspflicht **222** 13 ff.
Streik, als Gewalt **81** 6; **240** 49 a; als Sabotagehandlung **88** 4, 10
Streitkräfte, Schutz inländischer **109 ff.;** s. Bundeswehr
Studenten, Geldstrafe bei – **40** 10
Stufenverhältnis von Verhaltensweisen **1** 21
Stundung als Kredit **265 b III Nr. 2**
Stundungsbetrug 263 43, 77
Subjekt, untaugliches **22** 55
Subjektive Rechtfertigungselemente vor 32 2 a; **32** 25 ff; **34** 17 ff.
Subjektive Tatbestandselemente 16 18
Subjektive Unrechtselemente vor 13 45
Submissionsabsprachen vor 298 5; **298** 3
Submissionsbetrug 263 20; **298 I;** Gefährdungsschaden **263** 100
Subsidiarität vor 52 41 f.; v. Maßregeln **72 I S. 1;** des Landfriedensbruchs **125 I;** der Unterschlagung **246 I, 246** 15, 22 ff.
Substanztheorie 242 34
Subsumtionsirrtum 16 13

Subvention, Begriff **264 VII;** – großen Ausmaßes **264 II Nr. 1;** –serhebliche Tatsachen **264 VIII;** Verwendungsbeschränkung **264 I Nr. 2**
Subventionsberechtigung, Bescheinigung **264 I Nr. 4**
Subventionsbetrug 263 80 ff.; **264 I;** als Auslandstat **6 Nr. 8;** besonders schwerer – **264 II;** leichtfertiger – **264 IV;** Vermögensschaden bei **– 263** 80
Subventionsverfahren 264 19
Suchmaschinen im Internet **184** 28; s. Internet
Sucht, Ungeeignetheit zum Führen von Kfz wegen – **69** 17; Unterbringung bei Rauschmittel– **63** 9; **64**
Suchtberater, Schweigepflicht **203 I Nr. 4**
Suchtkrankheit, Ausnutzen zu sexuellen Handlungen **174 c I;** Widerstandsunfähigkeit wegen – **179 I Nr. 1**
Suchtmittel, Abstinenzweisung **68 b I Nr. 10**
Suchtmittelkontrolle 68 b I Nr. 10
Suchtverhalten, Rückfall in **67 h I**
Sühne 46 2 f.
Suizid s. Selbsttötung
Sukzessive Tatausführung 24 11
Sumpf, Entwässerung **329 III Nr. 4**
Supervision, Offenbaren von Geheimnissen bei – **203** 30 b
Surrogate, Geldwäsche an –n **261** 8 f.; Verfall **73** 18
Symbole nichtkörperliche **86 a** 9; verfassungswidriger Organisationen **86 a** 3 ff.
Sympathiewerbung 129 a 20
Symptomtat 63 14; **69** 19 ff.; bei Unterbringung in Entziehungsanstalt **64** 10

T

TA Lärm 325 7
TA Luft 325 7
Tagessatz 40; Bemessung **40** 23 f.; Berechnung d. Einkünfte **40** 7 ff.; Höhe **40 II**
Tagessätze bei Anrechnung **51 IV;** Höchstzahl bei Gesamtstrafe **54 II;** Höchstzahl bei Milderung **49 I Nr. 2**
Tanken, Nichtzahlen nach – **242** 24
Tat, einheitliche **vor 52** 2 ff.; Erheblichkeit zu erwartender – **63** 16; Ort der – **9;** rechtswidrige – **11 I Nr. 5; 63,** 3; **69 I, II,** *bei Vollrausch* **63** 4, 12 a; Symptomwert bei Unterbringung **63** 14; Unterbringung bei Bagatell– **63** 17; verfassungsrechtlicher –begriff **1** 2 a; Zeit der – **8**
Tatbestand vor 13 12; äußerer, innerer **vor 13** 14; Bestimmtheitsgebot **1** 5; Irrtum **16;** Merkmale **16** 3, *negative* **vor 13** 46; **16** 20; Privilegierungs– **12** 8; Qualifikations– **12** 8; selbständiger – **12** 8; Verwirklichung **11 I Nr. 5, II**
Tatbestandliche Handlungseinheit, bei Agententätigkeit **99** 10
Tatbestandsmodell bei actio libera in causa **20** 52
Tateinheit vor 52 20 ff.; **52;** Strafzumessung **46** 58
Taten, erhebliche **63;** Gefahr erheblicher rechtswidriger – **64 S. 1**
Täter, Abgrenzung v. Teilnehmer **vor 25** 1 ff.; – hinter dem – *(DDR-Grenzregime)* **vor 3** 43; Strafzumessungstatsachen **46 II**
Taterfolg bei Äußerungsdelikten **9** 5; bei Internet-Straftaten **9** 5 ff.
Täter-Opfer-Ausgleich 46 a Nr. 1; 56 b II Nr. 1; 59 a 4, **II Nr. 1**
Täterschaft u. Teilnahme **25 ff.;** s. auch Täter
Tätertyp Einl. 4
Tatherrschaft vor 25 2; **25** 14 ff.
Tatherrschaftsgefälle 25 16; **242** 46
Tätige Reue 24 3; bei Ausweisfälschung **275 III;** bei Bildung krimineller Vereinigungen **129 VI;** bei Brandstiftung **306 e;** bei erpresserischem Menschenraub **239 a IV;** bei Explosionsverbrechen **314 a;** bei Fälschungsdelikten **149 II, III;** bei geheimdienstlicher Agententätigkeit **99 III;** bei Geldwäsche **261 IX S. 1, X;** bei gemeingefährlichen Delikten **314 a;** bei gemeingefährlichen Straftaten **320;** bei Hochverrat **83 a** 3 ff.; bei Kapitalanlagebetrug **264 a III;** bei Kreditbetrug **265 b II;** bei landesverräterischer Agententätigkeit **98 II S. 1;** bei Organisationsdelikten **84 V;** des Sabotageagenten **87 III;** bei Strahlungsverbrechen **314 a;** bei Submissionbetrug **298 III;** bei Subventionsbetrug **264 V;** bei Umweltdelikten **330 b;** bei Unfallflucht **142 IV;** bei Unternehmensdelikten **11** 28; bei versuchter Beteiligung **31**
Tätigkeitsdelikte vor 13 18
Tätigkeitsverbot 68 b I Nr. 4
Tätliche Beleidigung 185 18
Tätlicher Angriff 113 I; auf Anstaltsbeamte, Amtsträger o. Beauftragte **121 I Nr. 1**
Tatmehrheit vor 52 37 f.; **53 ff.**

Tatmittel, Einziehung **74** 7, **I**
Tatort 9; bei Internet-Straftaten **9** 5 ff.; des Versuchs **9** 3 a
Tatortrecht vor 3 3, 24 ff.; Anwendbarkeitsbeschränkung hinsichtlich des –s **91;** Strafbarkeit nach – als Verfolgungsvoraussetzung **7** 7 ff.
Tatplan bei Rücktritt v. Versuch **24** 18, 24
Tatprovokation 26 8; **46** 67 ff.; s. Lockspitzel
Tatsachen 263 6 ff.; falsche **263 I;** als Staatsgeheimnisse **93** 2; subventionserhebliche **264 VIII;** Vorspiegeln von – **263 I**
Tatsachenalternativität 1 19
Tatsachenbehauptung, Begriff **186** 2 ff.
Tatzeitpunkt, Schuldfähigkeit **20**
Tatziele 46 27
Tauglichkeit, – des Mittels **22** 45; des Objekts **22** 44; des Subjekts **22** 46
Täuschung 263 I; einer fremden Macht **100 a;** über Gesundheitszustand **279;** zur – im Rechtsverkehr **267** 30; **269** 7; **270; 271** 16 a; bei Stimmabgabe **108 a I;** über Tatbeteiligte **145 d II;** durch Unterlassen **263** 22 ff.; bei Urkundenfälschung **267** 26; Wehrpflichtentziehung durch **109 a I**
Technische Aufzeichnung, Begriff **268 II;** Fälschung **268 I Nr. 1;** Gebrauch **268 I Nr. 2;** Unterdrückung usw. **274 I Nr. 1**
Technische Einrichtungen, Begriff **306** 5; **319** 8; Brandstiftung **306 I Nr. 2**
Technische Mittel zur Kenntnisnahme **202** 9; zum Abfangen von Daten **202 b**
Technisches Arbeitsmittel, Zerstörung **305 a I Nr. 1**
Teilnahme, Akzessorietät der – **vor 25** 9, *Ausnahmen* **28** 2; Anstiftung **26;** Begehungsort **9** 10, *bei Staatsschutzdelikten* **91** 5; Beihilfe **27;** besondere persönliche Merkmale **28;** besondere Tatfolge **18** 3; in besonders schweren Fällen **46** 105; Konkurrenz bei – **vor 52** 11 f., 35 f.; notwendige – **vor 25** 6; Rücktritt **31;** Selbständige **vor 25** 11; Täterschaft u. – **vor 13** 42; **vor 25** 1 a; **25 ff.;** am Unterlassungsdelikt **13** 52; Verfall **73;** am Verkehrsunterricht **59 a II Nr. 5;** an Versammlungen o. Aufzügen *im Bannkreis* **106 a;** Zeit der Begehung **8** 5; an einer Zusammenrottung **124** 11
Teilnahmewettbewerb 298 II
Teilrücktritt 24 27
Teledienste, Verantwortlichkeit **184** 26 ff.; Verbreiten gewaltverherrlichender Darbietungen durch – **131 II;** Verbreiten volksverhetzender Darbietungen durch – **130 II Nr. 2;** Verbreiten von Darbietungen durch – **184 c**
Telefax als Urkunde **267** 12 b
Telefonanrufe, Abwehr krimineller **201** 10
Telefongebühren als Glücksspieleinsatz **284** 3 a
Telefonkarten 152 a 4 b
Telefonkartenstimulator 263 a 17
Telefonsex 180 3; **263** 68; entgeltlicher **180 a** 8
Telefonüberwachung 201 7
Telegramm, Fälschung **267** 27
Telekommunikation, Begriff **265 a** 16
Telekommunikationsanlagen, Begriff **317** 1 a; Sabotage **88 I Nr. 2; 317 I**
Telekommunikationsdienste, Erbringen **206** 2
Telekommunikationsnetz, Erschleichen v. Leistungen **265 a I**
Territorialitätsprinzip vor 3 3; **3** 1
Terroristische Vereinigung 129 a; 138 10; ausländische **129 b; 138** 4; Begriff **129 a** 4 ff.; Nichtanzeige der Bildung **138 II;** Nichtanzeige v. Straftaten einer – **139 III Nr. 3;** Unterstützen **129 a V S. 1;** Unterstützung **129** 14; Werben **129 a V S. 2**
Therapie, Weisung zur – **56 c** 12; s. Psychotherapeutische Behandlung
Therapiebereitschaft 46 48; fehlende – **67 d V S. 1**
tiefgreifende Bewußseinsstörung 20 27 ff.
Tierarzt, geschützte Berufsbezeichnung **132 a I Nr. 2;** Schweigepflicht **203 I Nr. 1**
Tiere, vom Aussterben bedrohte Art **330** 5, **I Nr. 3;** besonders geschützte Art **329 III Nr. 6;** Diebstahl **242** 6; Gefährdung eines Bestands **326 I Nr. 4 b;** Giftübertragung auf – **330 a** 3; Schädigung **324 a** 8; **325** 9; Wilderei **292 ff.**
Tierhaltung, Garantenpflicht bei – **13** 36
Tierpornografie 184 a
Tilgungsbestimmung 266 a 11
Tippgemeinschaft 287 8 a
Titel, unbefugtes Führen **132 a I Nr. 1**
Tod, Begriff u. Zeitpunkt des – es **168** 14 f.; **vor 211** 5 ff.; des Geheimnisträgers **203 IV;** des Verletzten, *Strafantragsfrist* **77 b IV,** *Strafantragsrecht* **77 II,** *Strafantragsrücknahme* **77 d II;** s. Leib o. Leben
Todesfolge 176 b; 178; 179 VI; 221 III, 227 I, 231 I, 238 III; 239 IV,

239a III, 239b II, 251, 306c, 307 III, 308 III, 309 IV, 312 IV, 313 II, 316a III, 316c III, 318 IV, 330 II Nr. 2, 330a II; Verursachung durch Unterlassen **227** 6
Todesschuss, gezielter – **vor 32** 6
Tonträger, Aufnahmenmissbrauch **201** 6, **I Nr. 2;** Einziehung **74d; 201** 17, **V;** pornografische **176 IV Nr. 4**
Totalverweigerer 46 29; **56** 8a; **56b** 8a
Totengedenkstätte, öffentliche – **168** 21, **II**
Totenruhe, Schutz **168**
Totschlag 212; Androhung **126 I Nr. 2;** besonders schwere Fälle **212 II;** Nichtanzeige **138 I Nr. 6; 139 III Nr. 1;** Verhältnis zum Mord **211** 87ff.
Tötung, fahrlässige **222;** auf Verlangen **vor 211** 16; **216 I**
Tötungsvorsatz, bedingter *bei gefährlichen Gewalthandlungen* **212** 5ff.; erhöhte Hemmschwelle **212** 6f.
Transitstraftaten, Begehungsort **9** 3a
Transplantation 168 13ff.; Organhandel **5 Nr. 15; 228** 10; Todesfeststellung **vor 211** 8
Transport von Bannware **297;** Begehungsort **9** 3a
Treu u. Glauben, Aufklärungspflicht aus – **263** 30
Treubruch 266 I
Treuepflicht 266 I
Treueverhältnis 266 I
Trickdiebstahl 242 27
Triebstörung 20 41; **21** 10
Trinkmenge, Feststellung von BAK aus – **316** 21ff.
Trinkmengenangaben 20 15
Trinkwasser s. Wasserversorgung
Trojanische Pferde 303a 12; **303b** 13
Trunkenheit im Verkehr **69 II Nr. 2; 315a I Nr. 1; 315c I Nr. 1a;** verschuldete – **323a** 16
Trunkenheit im Verkehr 316; fahrlässige **316 II**
Trunksucht s. Alkoholsucht
Trutzwehr als Notwehrhandlung **32** 23
Tun, Abgrenzung v. – u. Unterlassen **vor 13** 17
Typenkorrektur bei Mord **211** 5

U

Übel s. Empfindliches Übel
Überdecken v. Ausweiseintragungen **273 I Nr. 1**
Überfall, hinterlistiger **224** 10, **I Nr. 3**
Übergesetzlich, –er entschuldigender Notstand **vor 32** 15; –er Rechtfertigungsgrund **32** 2
Überhebung v. Abgaben **353 I**
Überholen, falsches – **315c I Nr. 2b**
Überholende Kausalität vor 13 38
Überlanges Verfahren 46 61ff.; als Verfolgungshindernis **vor 78** 4
Überlassen v. Ausweispapieren **281;** v. falschen Ausweisen **276 I Nr. 2;** v. Fälschungsmitteln **149 I; 275 I;** v. gefährlichen Gütern **328 III Nr. 2;** v. Kernbrenn– *o. radioaktiven Stoffen* **310 I Nr. 1;** eines Kindes auf Dauer **236** 4; v. radioaktiven Stoffen **328 II Nr. 2;** v. Sabotagemitteln **87 I Nr. 3;** v. Sprengstoffen **310 I Nr. 2;** v. volksverhetzenden Schriften **130 II Nr. 1**
Übermaßverbot s. Verhältnismäßigkeit
Übermitteln v. Daten **202a** 6
Überpositives Recht, DDR-Grenzregime **vor 3** 40.
Überschuldung, Bankrotthandlungen **283 I;** Begriff **vor 283** 7
Überschwemmung, Begriff **313** 2; Herbeiführung **313**
Übersicht über den Vermögensstand, *Erschwerung* **283** 23
Überstellung s. Auslieferung
Übertragbare Krankheiten, Abfälle, die – hervorbringen können **326 I Nr. 1**
Übertragen von Bildaufnahmen **201a I**
Überwachung durch Bewährungshelfer **56d;** der Prostitutionsausübung **181a I Nr. 2;** –sanlagen s. technische Einrichtungen; s. Aufsicht bis Aufsichtsstellen
Überwachungsgarant 13 9; Amtsträger als – **vor 324** 19
Überweisung u. Rück– v. Anstalt zu Anstalt **67a**
Überwiegen eines Interesses **34 S. 1**
Überzahlung 263 30
Überzeugungstaten, niedrige Beweggründe bei – **211** 21
Überzeugungstäter 46 29; Gewissensanspannung **17** 8; Nachrichtendienst **109f** 5; Strafaussetzung **56** 5; Unrechtseinsicht **17** 3
Ubiquitätstheorie 9 1; u. Internet-Straftaten **9** 5ff.; s. Begehungsort
Üble Nachrede 186; gegen Politiker **188 I**
Umfang, bedeutender – **324a** 10; **325** 16
Umgang mit gefährlichen Abfällen **326;** mit radioaktiven *u. anderen gefährlichen Stoffen* **328**

Umgekehrter Irrtum 16 2
Umschlossener Raum 243 4, **I Nr. 1**
Umstiftung 26 3
Umwelt, Begriff **vor 324** 3; –gefahren aus Altlast, *Garantenstellung* **13** 35
Umweltbeeinträchtigungen, gesundheitsgefährdende – **223** 21
Umwelteinwirkungen, schädliche – **vor 324** 3
Umweltmedien, Luft **325** 2
Umweltstraftat, schwere **129 a II Nr. 3**
Umweltstraftaten 324 ff.; Auslandstaten **5** 11; besonders schwere Fälle **330; 330 a;** Tätige Reue **330 b**
Unbeendeter Versuch 22 4; Rücktritt vom **24** 14, 26
Unbefugter Gebrauch v. Fahrzeugen **248 b**
Unbefugtes Handeln bei Umweltdelikten **vor 324** 6 ff.; **324** 7
Unbefugtes Offenbaren 203 31
Unbefugtheit des Verweilens in fremden Räumen **123 I**
Unbrauchbarmachen v. Daten **303 a I; 303 b I Nr. 1;** einer Datenverarbeitungsanlage **303 b I Nr. 3;** v. Fälschungsmitteln **149 II Nr. 2**
Unbrauchbarmachung 74 b II Nr. 1; beschlagnahmter Sachen **136 I;** v. beweiserheblichen Daten **274 I Nr. 2;** Entschädigung **74 f;** v. Flaggen o. Hoheitszeichen **90 a II S. 1;** v. Herstellungsvorrichtungen **11 I Nr. 8; 74 d I S. 2;** selbständige Anordnung **76 a;** v. Unfallverhütungs- u. Nothilfemitteln **145 II Nr. 2;** v. Vermögensbestandteilen **283 I Nr. 1; 283 d I;** neben Verwarnung **59 III S. 1;** Vollstreckungsverjährung **79 IV S. 2, V;** v. Wehrmitteln usw. **109 e I;** zeitliche Geltung **2 V;** s. Zerstörung
Unechte Ausweise, Verschaffung **276**
Unechte Unterlassungsdelikte vor 13 16; **13 I**
Unechte Unternehmensdelikte *s. Unternehmensdelikte*
Uneidliche Falschaussage 153; Auslandstat **5 Nr. 10**
Unerfahrenheit 291 11
Unerlässlichkeit kurzer Freiheitsstrafe **47 I**
Unerlaubte Veranstaltung eines Glücksspiels **284**
Unerlaubter Umgang mit gefährlichen Abfällen **326**
Unfall, absichtlicher **142** 13; im Straßenverkehr **142** 7; vorgetäuschter **142** 13; vorgetäuschter – im Straßenverkehr **315 b** 5
Unfallbeteiligte 142 V
Unfallflucht 142 I; nachträgliche Feststellungen **142 III;** tätige Reue **142 IV;** Wartefrist **142 I Nr. 2**
Unfallort 142 20; sich entfernen **142 I**
Unfallverhütung, Vorrichtungen **145 II Nr. 2;** Vorschriften **222** 6 f.
Unfruchtbarmachung 67 d 6 b; **228** 20
Unfug, beschimpfender, *an ausländischer Flagge o. Hoheitszeichen* **104,** *an Flagge o. Hoheitszeichen* **90 a II S. 1,** *an Leichen* **168 I, 168** 16; *bei Religionsausübung* **167** 8, **I Nr. 2;** an Grab- oder Gedenkstätten **168 II**
Ungeeignetheit zum Führen von Kfz **69** 13 ff., **I; 69–69 b; 69 a** 16 ff.
Ungehorsam, diplomatischer – **353 a;** ziviler – **vor 32** 10 a
Unglücksfall, absichtliche Herbeiführung **315 III Nr. 1 a; 315 b III;** Ausnutzen **243** 21; Ausnutzen v. **243 I Nr. 6;** Begriff **315** 22; **323 c** 2 a; Hilfeleistungspflicht **323 c;** Mittel zur Verhütung o. Hilfe **145 II Nr. 2;** Zeichen zur Verhütung **145 II Nr. 1**
Uniformen 86 a II; 132 a 15 f., **I;** Amtskleidungen, Amtsabzeichen, *unbefugtes Tragen* **132 a I Nr. 4**
Universalprinzip s. Weltrechtsprinzip
Unlauterer Wettbewerb 298 ff.
Unmittelbarer Zwang vor 32 6
Unmittelbares Ansetzen 22 9
UNO-Mandat 80 3, 8
Unrecht s. Rechtfertigungsgründe
Unrechtsbewusstsein vor 13 50; **17;** bedingtes **17** 9 c
Unrechtseinsicht 17; 20; 21
Unrechtselemente, subjektive **vor 13** 45
Unrechtspakttheorie 26 3
Unrechtsvereinbarung bei Abgeordnetenbestechung **108 e** 6; bei Bestechlichkeit **332** 7 f.; bei Vorteilsannahme **331** 21 ff.
Unschuldige, Verfolgung **344;** Notstandshandlungen gegen – **34** 11 ff.
Unschuldsvermutung u. Erweiterter Verfall **73 d** 4 ff.; bei Widerruf der Strafaussetzung **56 f** 5 ff.
Untauglicher Versuch 22 39
Unterbrechung des Kausalverlaufs **vor 13** 38; der Verjährung **78 c,** *Einzelfälle* **78 c I S. 1,** *Wirkung* **78 c** 2, **III;** der Vollstreckung **79 a Nr. 2 a**
Unterbringung 63 ff.; Aussetzung **67 b;** bei Bagatelltat **63** 17; Befreiung **120** 3, **IV;** Dauer **67 d;** in einer Entziehungsanstalt **64;** mehrfache Anordnung **67 f;** nachträgliche Überweisung **67 a;** im

psychiatrischen Krankenhaus **63;** Ruhen der Vollstreckungsverjährung bei – **79 a Nr. 3;** selbständige Anordnung **71;** späterer Beginn **67 c;** Subsidiarität **63** 23; Überprüfung **67 e;** Verhältnis zur Sicherungsverwahrung **63** 24; Verjährung **78 I S. 1;** Vollstreckungsverjährung **79** 5 f., **IV, V;** Vorwegvollzug der Strafe **67** 4 ff.; Widerruf *der Aussetzung* **67 g;** befristete Wiederinvollzugsetzung **67 h;** wiederholte – **63** 21; Zweck **63** 2

Unterbringungsbefehl als Verjährungsunterbrechung **78 c I Nr. 5**

Unterdrücken v. Ausweiseintragungen **273 I Nr. 1;** v. beweiserheblichen Daten **274 I Nr. 2;** v. Daten **303 a I; 303 b I Nr. 1;** des Personenstandes **169 I;** v. Postsendungen **206 II Nr. 2;** v. Urkunden usw. **274 I Nr. 1**

Untergebene, Rügen gegen – **193,** 40; Verleitung zu einer rechtswidrigen Tat **357**

Untergraben der Einsatzbereitschaft **89 I;** eines Verfassungsgrundsatzes **92 III Nr. 3**

Unterhalten v. Sabotagelagern **87 I Nr. 4**

Unterhaltspflicht 170 3 a ff.; Entziehung **170 I;** Leistungsfähigkeit **170** 8; gegenüber Schwangeren **170 II;** Weisung zur Erfüllung v. –en **56 c II Nr. 5; 59 a II Nr. 2; 68 b II S. 1**

Unterhaltsverpflichtungen, Anrechnung bei Geldstrafenzumessung **40** 14

Unterhaltungsspiel 284 4

Unterlagen, unrichtige o. unvollständige – **265 b I Nr. 1 a**

Unterlassen 13; Abgrenzung v. Tun u. – **vor 13** 17; keine Anstiftung durch – **26** 4; der Anzeige *geplanter Straftaten* **138 I;** Begehungszeit bei – **8** 4; Beihilfe durch – **27** 7; einer Diensthandlung **336;** Drohung mit – **253** 6 a f.; als Erpressungserfolg– **253;** bei Mord *mit gemeingefährlichen Mitteln* **211** 61; bei grausamer Tötung **211** 57; als Nötigungserfolg **240** 55; dem positiven Tun entsprechendes – **13** 46 f.; Tätigkeitsort bei – **91** 4; bei Verdeckungsmord **211** 72; Versuch durch – **13** 49

Unterlassene Hilfeleistung 323 c

Unterlassungsdelikte, Begehungsort **9** 9; Begehungszeit **8** 4; Begriff **vor 13** 16; Handlungseinheit **vor 52** 9; Kausalität bei –n **vor 13** 39; Rücktritt **24** 5; Tatumstandsirrtum **16** 17; unechte **13 I,** *Garantenpflicht* **13** 7 ff., *Strafmilderung* **13** 53, **II,** *Tatbestand* **13** 48; Verjährung **78 a** 8; Versuch **22** 34

Unternehmen, Beauftragter eines –s **14** 7 ff.; o. Betrieb **14** 8; **265 b III Nr. 1;** bewaffnetes – **100** 4; Datenverarbeitung eines fremden –s **303 b II; –** der Herbeiführung *einer Explosion o. eines Brandes* **316 c** 9; eines Stimmenkaufs o. –verkaufs **108 e** 4; einer Tat **11 I Nr. 6;** umweltstrafrechtliche Haftung **vor 324** 22; **324** 9; Verkehrs- o. Versorgungs– **88 I; 316 b I;** des Verleitens **357** 4; Verletzung eines Geheimnisses, *Auslandstat* **5 Nr. 7**

Unternehmensdelikte 11 I Nr. 6; 11 28 ff.; **22** 5; **81 I; 81** 2; **82 I; 108 e I; 130 II Nr. 1 d; 131 I Nr. 4; 184 I Nr. 4, 8, 9; 184** 36; **184 a Nr. 3; 184 a** 9; **184 b I Nr. 3, II, IV S. 1; 184 b** 21; **233 a** 8; **275 I; 276 I Nr. 1; 307 I; 309 I, II; 316 c I Nr. 2; 316 c** 17; **339** 20; **357 I; Anh. 13** 16 II; **Anh. 16** 24 I, 25 I, 37; unechte – **27** 8; **125** 4; **129** 29; **176 a** 16; **292** 11; **323 c** 2; Gehilfenvorsatz bei unechten –n **27** 8;

Untersagung der ärztlichen Feststellungstätigkeit **218 b** 12 ff., **II;** der Berufsausübung **70 ff.,** *Verstoß* **145 c;** vollziehbare **330 d** 8

Unterscheidungszeichen 267 5

Unterschieben eines Kindes **169 I**

Unterschlagung 246; anvertrauter Sachen **246 II;** gegen Angehörige usw. **247;** geringwertiger Sachen **248 a;** Subsidiarität der – **246 I,** 246 15, 23 ff.

Unterschrift, Ermächtigung **267** 18; gescannte – **267** 12 b

Unterstützen bewaffneter Gruppen **127;** krimineller Vereinigungen **129 I;** nachrichtendienstl. Tätigkeiten **109 f I Nr. 3;** des organisatorischen Zusammenhalts, *Begriff* **84** 5, *einer verbotenen Vereinigungen* **85 II,** *einer verfassungswidrigen Partei* **84 II**

Untersuchungsausschuss, Falschaussage vor – **153 II;** Schweigepflicht *v. Mitgliedern* **203 II Nr. 4**

Untersuchungshaft, Anrechnung **51,** *u. Strafaussetzung* **56 IV S. 2;** als Strafmilderungsgrund **46** 72; s. auch **45** 10

Unübersehbare Zahl v. Menschen **309** 3

Unübersichtliche Stellen 315 c 8 f.

Unvermeidbarkeit des Verbotsirrtums **17** 7, *Rechtsfolge* **17** 12

Unverstand, grober **23 III**

Unwirtschaftliche Ausgaben **283 I Nr. 2**

Unzumutbarkeit v. Anweisungen **56 b I S. 2; 56 c I S. 2; 59 a II S. 2; 68 b III**
Unzurechnungsfähigkeit s. Schuldunfähigkeit
Urkunde, Absichts– **267** 9; Begriff **267** 2; Echtheit **267** 18; Falschbeurkundung im Amt **348;** Gebrauch einer Falsch– **267** 23 ff.; Gesamt– **267** 13 ff.; mittelbare Falschbeurkundung **271;** öffentliche – **271; 348;** als Sache **242** 3; Unterdrückung usw. **274 I Nr. 1;** Verfälschung **267** 19 ff.; Zufalls– **267** 9; zusammengesetzte – **267** 13
Urkundenfälschung 267 I; besonders schwere – **267 III;** Versuch **267 II**
Urkundsbeamte, Rechtsbeugung **339** 8 a
Ursachenzusammenhang, rechtlicher **vor 13** 20 ff., 39
Urteil, Ablaufhemmung bei Verjährung **78 b** 11, **III;** Ausspruch *bei Einziehung* **74** 21; **74 d** 15; dem – entsprechende Entscheidung *als Verjährungsunterbrechung* **78 c** 19, **I Nr. 9;** Einbeziehung **55 I;** öffentl. Bekanntgabe **103 II;** Rechtskraft *als Maßregelbeginn* **70 IV S. 1**
Urteilsabsprachen 46 107 ff.; rechtsbeugerische – **339** 7, 10
Urteilsformel, Geldstrafe in d. – **40 IV;** Ratenzahlungsbefugnis bei Geldstrafe in – **42** 8
Urteilsvermögen, Mangel **291** 12
Urwahlen in der Sozialversicherung, *Wahlvergehen* **108 d S. 1**

V

Vater, Unterhaltspflicht des nichtehelichen –s **170** 3 a ff., 11
Verabredung eines Verbrechens **30 II;** *Rücktritt* **31 I Nr. 3**
Verächtlichmachen, Begriff **186** 4; der BRep., von Ländern o. der verfassungsgemäßen Ordnung **90 a I Nr. 1;** von Teilen der Bevölkerung **130 I Nr. 2, II Nr. 1;** Verstorbener **189**
Verändern v. amtlichen Ausweisen **273 I Nr. 1;** v. beweiserheblichen Daten **269 I; 274 I Nr. 2;** v. Daten **303 a I; 303 b I Nr. 1;** v. Datenverarbeitungsanlagen *o. Datenträgern* **303 b I Nr. 3;** des Erscheinungsbilds **303 II; 304 II;** einer Grenzbezeichnung **274 I Nr. 3;** v. Handelsbüchern **283 I Nr. 5; 283 b I Nr. 1;** nachteilige – *v. Bodeneigenschaften* **324 a I,** *v. Gewässereigenschaften* **324** 6, **I,** *der Luft* **325 I;** v. Unfallverhütungs- u. Nothilfemitteln **145 II Nr. 2;** v. Wehrmitteln, Einrichtungen o. Anlagen **109 e I**
Veranlassen der Annahme *eines bestimmten Angebots* **298** 9, **I**
Veranstalten v. Glücksspielen **284** 11; v. Lotterien *o. Ausspielungen* **287** 12
Veranstaltungen, passive Bewaffnung, Vermummung bei – **125** 1; Zutrittserschleichung **265 a I**
Verantwortlicher für die Sicherheit **315 a** 5
Veräußerung des Gegenstandes *u. Verfall* **73 II S. 2;** v. Vermögensbestandteilen **288** 7 ff.
Veräußerungsverbot, Verfall **73 e II**
Verbände, Strafantragsrecht **301 II**
Verbandsstrafbarkeit 14 1 b
Verbandsstrafe vor 38 8
Verbindungen zu Sabotageagenten **87 I Nr. 6**
Verbot, Berufs–, *Verstoß* **145 c**
Verbotene Mitteilungen über Gerichtsverhandlungen **353 d**
Verbotene Partei o. Vereinigung, *Fortführung* **85**
Verbotsirrtum 17
Verbotszeichen, Beeinträchtigung **145 II Nr. 1**
Verbrauch, zum öffentlichen – bestimmte Gegenstände **314** 5; übermäßiger Beträge **283 I Nr. 2**
Verbrechen 12; Androhung gemeingefährlicher **126 I Nr. 6;** Bedrohung mit – **241 I;** Begriff **12 I,** *normativer u. kriminologischer* **12** 2; als Geldwäschevortat **261 I S. 2 Nr. 1;** Nebenfolgen **45 I;** Versuch **23 I,** *der Beteiligung* **30,** *Rücktritt* **31;** Vortäuschen *des Bevorstehens* **241 II;** s. Straftaten
Verbreiten, Begriff **74 d** 4; von Datenspeichern **184** 33 ff.; **184 b** 9; einfachpornografischer Schriften **184;** gewaltpornografischer Schriften **184 a;** v. gewaltverherrlichenden Schriften **131;** v. Giften **330 a** 3, **I;** im Internet **184** 23 ff.; kinderpornografischer Schriften **184 b;** von Mitteln zum Ausspähen und Abfangen von Daten **202 c;** pornografischer Schriften **184–184 b;** von Propagandamittel **86 I;** durch Rundfunk, Tele- und Mediendienste **184 c;** von Schriften im Internet **86** 13; **184** 23 ff.; v. Störpropaganda **109 d** 2 f.; v. Tatsachen **186** 9; tierpornografischer Schriften **184 a;** v. volksverhetzenden Schriften **130 II**

Verbringen in eine Gefahrenzone **234 a** 4; v. gefährlichen Abfällen **326** 11
Verdächtigung, falsche – **164 I, II;** politische **5 Nr. 6; 241 a,** *DDR-Alttaten* **vor 3** 34; Urteilsbekanntgabe *nach falscher* – **165**
Verdeckter Ermittler 22 2; Hausfriedensbruch **123** 24; Strafvereitelung durch – **258 a** 4; Tatprovokation **26** 8 a; **46** 67 ff.
Verdeckung einer anderen Straftat **211 II; 306 b** 11; **315** 22 a; fremde Straftat **211** 69
Vereidigter Buchprüfer, geschützte Berufsbezeichnung **132 a I Nr. 2;** Schweigepflicht **203 I Nr. 3**
Vereidigung, fehlerhafte **154** 19
Verein, Einziehung **75**
Vereinbarungen über das Strafmaß **46** 107 ff.
Vereinigung, ausländische **138** 4; kriminelle – **129 I,** *Begriff* **129** 6 f., *Geldwäsche* **261 I S. 2 Nr. 5,** *Mitgliedschaft* **129** 24; terroristische **129 a,** *Nichtanzeige der Bildung* **138 II,** *Nichtanzeige v. Straftaten* **139 III Nr. 3;** verbotene **86 I Nr. 2;** Weltanschauungs– **166 II,** *Feiern* **167 II**
Vereinigungstheorie bei Strafzumessung **46** 2
Vereinigungsverbot, Verstoß **85**
Vereiteln der Einziehung **74 c I;** der Feststellungen **142 III S. 2;** der Verfolgung **258 I;** der Vollstreckung **258 II;** der Vollstreckung o. Verfolgung *im Amt* **258 a;** der Zwangsvollstreckung **288**
Verfahren zur Abfallbeseitigung, *Abweichung* **326** 9, **I;** Aussageerpressung **343;** Verzögerung **46** 61 a ff.; **vor 78** 4
Verfahrensdauer 46 61
Verfahrenshindernis bei Gesetzeskonkurrenz **vor 52** 46; bei rechtsstaatswidriger Verfahrensverzögerung **46** 61 a ff.; bei Tatprovokation **26** 8 a; s. Strafantrag, Verfolgungsverjährung, Amnestiegesetze
Verfahrensidentität bei Anrechnung **51** 6
Verfahrensverzögerung, rechtsstaatswidrige **46** 61 a ff.; Kompensation **46** 62; bei Verhinderung des Wahlverteidigers **46** 61 c
Verfall 73 ff.; Ausschlussregelung **73 I S. 2;** Härtevorschrift **73 c;** als Maßnahme **11 I Nr. 8;** neben Verwarnung **59 III S. 1;** Rechtsnatur **73** 2; Schätzung **73 b;** selbständige Anordnung **76 a;** gegen Tatunbeteiligte **73** 21 ff., **III;** Vereitelung des –s **57 V;** Vollstreckungsverjährung **79** 5 f., **IV S. 2, V;** des Wertersatzes **73 a,** *nachträgliche Anordnung* **76;** zeitliche Geltung **2 V**
Verfallen in Siechtum usw. **226** 11
Verfallsanordnung, Wirkungen **73 e** 4 ff.
Verfallsgegenstand 73 6 ff.; **73 a** 2; bei Erweitertem Verfall **73 d** 11 ff.
Verfälschen von Geld **146 I**
Verfassungsfeindliche Einwirkung auf Bundeswehr o. öffentl. Sicherheitsorgane **89 I;** Sabotage **88 I;** Verunglimpfung v. Verfassungsorganen **90 b I**
Verfassungsgericht, Bannmeilenschutz **106 a;** Nötigung **105 I Nr. 3,** *v. Mitgliedern* **106 I Nr. 2 c;** Parteienverbot **84; 129 II Nr. 1;** Verunglimpfung **90 b I**
Verfassungsgrundsätze 92 II; Beseitigung etc. **92 III Nr. 3**
Verfassungshochverrat, Begriff **81** 4 f.; gegen den Bund **81 I Nr. 2,** *Vorbereitung* **83 I;** gegen ein Land **82 I Nr. 2,** *Vorbereitung* **83 II**
Verfassungskonforme Auslegung 1 11
Verfassungsmäßige Ordnung, Begriff **81** 4; Vereinigung gegen – **86 I Nr. 2**
Verfassungsorgane, Nötigung **105;** Nötigung v. Mitgliedern **106;** Verunglimpfung **90 b I;** s. Gesetzgebungsorgane, Regierung, Verfassungsgericht
Verfassungswidrige Bestrebungen 87–90 b; 92 8, **III**
Verfassungswidrige Partei 129 II Nr. 1; Begriff **84** 2; Fortführung **84** 3, **I;** Mitgliedschaft o. Unterstützung **84 II;** Propagandamittel und Kennzeichen **86; 86 a**
Verfolgung, aus politischen Gründen **234 a** 8; v. Unschuldigen **344**
Verfolgungsvereitelung 258 I
Verfolgungsverjährung 78 ff.; 78 I S. 1; Beginn **78 a,** *Einzelfälle* **78 a** 3 ff.; v. DDR-Alttaten **vor 78** 6 ff.; Frist **78 II, III;** v. Presseinhaltsdelikten **78** 7 f.; Rückwirkungsverbot **1** 16; Ruhen **78 b;** Unterbrechung **78 c;** Wirkung **78** 2 f.
Verfügungsbefugnis bei Beweismitteln **274** 2; Missbrauch **266 I**
Verfügungsbewusstsein 263 44
Vergabe, freihändige – **298 II**
Vergehen, Androhung gemeingefährlicher – **126 I Nr. 7;** Begriff **12 II;** s. Straftat
Vergeltung 46 4
Vergewaltigung 177 II Mr. 1; Schuldspruch **177** 75 f.; Schuldspruch bei

qualifizierter – **177** 78; mit Todesfolge **178;** Versuch **177** 77, 101; s. auch sexuelle Nötigung
Vergiftung 224 I Nr. 1; gemeingefährliche – **314**
Vergleichabschluss als Risikogeschäft **266** 42
Vergütung eines Schiedsrichters **337**
Verhalten im Prozess **46** 50ff.; nach der Tat **46 II;** im Vollzug **57 I S. 2**
Verhältnismäßigkeit v. Anweisungen **59a II S. 2;** bei Einziehung **74b;** bei Entziehung der Fahrerlaubnis **69a** 20; v. Maßregeln **62;** bei Notwehr **32** 31
Verhältnismäßigkeitsgrundsatz bei Maßregelanordnung **62;** bei Sicherungsverwahrung **66** 26
Verhältnisse eines anderen **355** 7; besondere persönliche **28** 5; besondere – des Straßenverkehrs **316a I**; Einzelangaben *über persönl. o. sachl.* – **203 II S. 2;** Ordnung der wirtschaftlichen **56c II Nr. 1;** – in der Person des Täters **14;** persönliche – **46** 42, **II;** Verheimlichung usw. *der geschäftlichen* – **283 I Nr. 8;** wirtschaftliche – **46 II**
Verhandlungen, verbotene Mitteilungen **353d**
Verhandlungsunfähigkeit, Einstellung *als Verjährungsunterbrechung* **78c I Nr. 11**
Verharmlosung v. Gewalttätigkeiten **131** 10
Verheimlichen der Beute **57 V;** der geschäftlichen Verhältnisse **283 I Nr. 8;** v. Vermögensbestandteilen **283 I Nr. 1; 283d I**
Verheiratete, Eheschließung mit –m **172**
Verherrlichen v. Gewalttätigkeiten **131** 9
Verhindern der Brandlöschung **306b II Nr. 3** 12; der Tat **31 I Nr. 1, I Nr. 3, II;** der Tatvollendung **24** 30; der Wahl **107;** der Wählereintragung **107b I Nr. 3;** s. Nötigung, s. Tätige Reue
Verjährung, Änderung **2** 7; DDR-Alttaten **vor 78** 7ff.; Rückfall- *bei Sicherungsverwahrung* **66 IV S. 3;** Ruhen während Auslieferungsverfahren **78b V;** von Sexualstraftaten **78b I;** selbständige Maßnahmen **76a II S. 1 Nr. 1,** *als Verjährungsunterbrechung* **78c I S. 2;** Verlängerung **79b;** s. Verfolgungsverjährung, s. Vollstreckungsverjährung
Verjährungsfrist, Verlängerung bei Dauerdelikt **2** 3
Verkauf, zum öffentlichen – bestimmte Gegenstände **314** 5
Verkehr, Führen eines Fahrzeugs im – **316;** geschäftlicher – **299** 12; öffentlicher – **123 I; 316** 2, 3; **316b** 2, *Sabotage* **88 I Nr. 1;** ruhender – **142 IV**
Verkehrsblockade als Gewalt **240** 10f., 20ff., 46f.
Verkehrsfeindlicher Eingriff 315; 315b I
Verkehrsgefährdung, Bahn-, Schiffs-, Luft– **315a;** Straßen– **315c**
Verkehrslärm vor 324 23; **325a IV; 329 I S. 3**
Verkehrsmittel, Erschleichen der Beförderung **265a I**
Verkehrsschild, Urkundenqualität **267** 4; s. Verkehrszeichen
Verkehrssicherungspflicht, Beispiele **222** 12; Überwachergarant **13** 9
Verkehrstraftat, Fahrverbot bei – **44**
Verkehrsüberwachungskamera, Beschädigung **303** 7; Manipulation von Aufnahmen **268** 7, 11b
Verkehrsunfall, Dauer der Wartepflicht **142** 35ff.; Kausalität **vor 13** 33; nachträgliche Meldepflicht **142** 42ff.; Schuldanerkenntnis bei – **142** 33; s. Unfall
Verkehrsunterricht, Teilnahme *als Anweisung* **59a II Nr. 5;** s. Nachschulung
Verkehrswidriges Verhalten 315c I Nr. 2; grob – **315c** 13
Verkehrszeichen, Beeinträchtigung **145 II Nr. 1**
Verkündung, unrichtige – des Wahlergebnisses **107a II**
Verkürzung der Bewährungszeit **56a II S. 2,** *bei Strafrestaussetzung* **57 III S. 1;** der Mindestbewährungszeit **58 II S. 1**
Verlängerung der Bewährungszeit **56a II S. 2; 56f II Nr. 2;** der Unterbringung **67d I S. 3**
Verlassen in hilfloser Lage **221** 8
Verleiten zur Falschaussage **160**
Verleitung zum Entweichen **120** 6; Untergebener zu rechtswidrigen Taten **357**
Verletzter, Begriff **77** 2; bei Entziehung Minderjähriger **235** 21; Strafantragsrecht **77 I**
Verletzung einer besonderen Geheimhaltungspflicht **353b II;** des Briefgeheimnisses **202;** der Buchführungspflicht **283b I,** *fahrlässige* – **283b II;** des Dienstgeheimnisses **353b I;** fremden Fischereirechts **293;** fremden Jagdrechts **292;** einer Fürsorgepflicht **225 I;** grobe – *v. Pflichten* **70 I S. 1;** v. Kfz-Führerpflichten **44 I;** s. Körperverletzung

Verletzungsdelikte s. Erfolgsdelikte
Verleumdung 187; eines Bevölkerungsteils **130** 11, **I Nr. 2, II Nr. 1;** des Bundespräsidenten **90 III;** Kreditgefährdung **187** 3; v. Politikern **188 II;** v. Verstorbenen **189;** v. Vertretern ausl. Staaten **103**
Verlobte 11 I Nr. 1 a; Lebenspartner **11 I Nr. 1**
Verlust v. anvertrauten Vermögenswerten **283 a Nr. 2; 283 d III Nr. 2**
Verlustgeschäfte, Eingehung **283** 7, **I Nr. 2**
Vermeidbarkeit des Irrtums **17** 7, 12
Vermengung o. Vermischung als Zueignung **246** 8
Vermerk der Entziehung der Fahrerlaubnis **69 b;** des Fahrverbots **44 II S. 4**
Vermischung mit gesundheitsschädlichen Stoffen **314**
Vermitteln v. radioaktiven Stoffen **328 II Nr. 2;** von sexuellen Handlungen Minderjähriger **180 I Nr. 1, II**
Vermittlungswucher 291 I Nr. 4
Vermögen 266 56; Anrechnung bei Geldstrafenzumessung **40** 12; Begriff **263** 54 ff.; fremdes **266 I**
Vermögensbestandteile, beiseite schaffen usw. **283 I Nr. 1; 283 d I; 288** 6 ff., **I**
Vermögensbetreuungspflicht 266 I
Vermögensgefährdung 253 11; **263** 94 ff.; durch Unfallflucht **142** 2
Vermögensnachteil 253 11; **266** 59 ff.; bei Auftragsvergabe aufgrund Schmiergeldzahlung **266** 59 a
Vermögensschaden 263 70 ff.; **266** 55 ff.; beim Computerbetrug **263 a** 22; Kompensation **266** 73
Vermögensstand, Erschwerung des Überblicks **283** 23; Verringerung **283 I Nr. 8**
Vermögensstraftaten, Schadensermittlung **263** 71 ff.
Vermögensübersichten, unrichtige o. unvollständige – **265 b I Nr. 1 a**
Vermögensverlust großen Ausmaßes 263 III Nr. 2; 267 III Nr. 2; 303 b IV Nr. 1
Vermögensverfügung 253 9; **263** 40 ff.
Vermögensverzeichnis 156 12 ff.
Vermögensvorteil 263 107 ff., **I; 291** 15; Entgeltbegriff **11 I Nr. 9;** Rechtswidrigkeit des –s **263** 111; s. auch Verfall
Vermummung bei Versammlungen **125** 1
Vernachlässigen einer Sorgepflicht **225 I**
Vernehmung als Verjährungsunterbrechung **78 c I Nr. 1, 2**
Vernichten v. Beweismitteln **274** 3, **I Nr. 1;** v. Fälschungsmitteln **149 II Nr. 2;** v. Grenzsteinen **274 I Nr. 3**
Veröffentlichung der Verurteilung **165; 200**
Verpfändung als Zueignung **246** 7
Verpflichtung, besondere – zur Geheimhaltung **94** 9; **353 b** 6; förmliche **11** 25 f.
Verrat v. illegalen Geheimnissen **97 a;** in irriger Annahme *eines illegalen Geheimnisses* **97 b;** v. Staatsgeheimnissen **93 ff.**
Verrechnungsstelle, privatärztliche **203 I Nr. 6**
Verrücken v. Grenzbezeichnungen **274 I Nr. 3**
Versammlung 80 a 2; Abgr. *v. Zusammenrottung* **124** 5; gewalttätige **125** 7; –srechtliche Verbote **125** 1
Verschaffen v. falschen Ausweisen **276;** v. falschen Wertzeichen **148 I Nr. 2;** v. Falschgeld **146 I Nr. 2;** Kenntnis **206 II Nr. 1,** *v. Schriftstücken* **202 I Nr. 2, II;** v. Kernbrenn– *o. radioaktiven Stoffen* **310 I Nr. 1;** v. Sabotagemitteln **87 I Nr. 3;** Sich –, *Begriff* **96** 2; v. Sprengstoff **310 I Nr. 2**
Verschlechterung der wirtschaftlichen Verhältnisse **265 b I Nr. 2**
Verschlechterungsverbot 2 12 d; bei Gesamtstrafe **54** 9; bei nachträglicher Gesamtstrafe **55** 19
Verschleiern geschäftlicher Verhältnisse **283** 30, **I Nr. 8**
Verschleppung 234 a I; Androhung **126 I Nr. 4;** eines Ausländers **234 a** 3; als Auslandstat **5 Nr. 6;** minder schwere Fälle **234 a II;** Nichtanzeige **138 I Nr. 7;** Vorbereitung **234 a** 13, **III**
Verschluss, Behältnis **243 I Nr. 2;** unwirksam machen eines dienstlichen –es **136 II**
Verschwiegenheit s. Geheimnis
Versicherung an Eides Statt 156; Berichtigung **158;** fahrlässige falsche – **163;** Falschheit **156** 10 ff.; Verleitung zur falschen – **160;** Vermögensverzeichnis bei – **156** 12 ff.; Versuch der Anstiftung **159**
Versicherungsbeiträge, Vorenthalten v. – **266 a**
Versicherungsbetrug 263 III Nr. 5; 306 b 9 a
Versicherungsgesellschaften, Täuschung **277**

Versicherungsmissbrauch 265 I; Versuch **265 II**
Versorgen einer bewaffneten Gruppe **127** 9; öffentliche –, *Beeinträchtigung* **316 b III,** *Betriebsstörung* **316 b I Nr. 1, 2,** *Sabotage* **88 I Nr. 1–3**
Versorgung der Bevölkerung 303 b IV Nr. 3; 316 III
Versorgungsanlagen s. technische Einrichtungen
Versprechen v. Vorteilen **299** 20; **333** 4
Versprechenlassen eines Vorteils **291** 15; **331** 19
Verstorbene, Geheimnis eines –n **203 IV;** Strafantragsrecht bei Verunglimpfung –r **194** 4; Verunglimpfung des Andenkens **189,** *Strafantrag* **194 II**
Verstrickungsbruch 136 I
Verstümmelung 109 4
Versuch vor 13 41; **22 ff.;** abergläubischer **22** 48; **23** 9; Abgrenzung zwischen – u. Vorbereitung **22** 5; beendeter, *Anforderungen an Rücktrittsbemühungen* **24** 32 ff.; Begehungsort **9** 3 a; der Beteiligung **30,** Rücktritt vom – der Beteiligung **31;** des erfolgsqualifizierten Delikts **18** 7 ff.; *Rücktritt* **24** 27 a; fehlgeschlagener **24** 6; aus grobem Unverstand **23 III;** Irrtum über Rechrfertigungsgrund **22** 8 a; – von Regelbeispielen **46** 97 ff.; Rücktritt **24;** Strafbarkeit des –s **23** 2; Tatzeit **8** 3; eines unechten Unterlassungdelikts **22** 31 ff., 34; des untauglichen Subjekts **22** 55; untauglicher – **22** 39, *durch Unterlassen* **13** 49; von Unterlassungsdelikten **22** 31 ff.
Verteidiger 139 7; Anzeigepflicht **139 III S. 2;** Geldwäsche durch – **261** 33 ff.; Schweigepflicht **203 I Nr. 3;** Strafvereitelung durch – **258** 16 ff.
Verteidigung, Mehrfach– **356** 6; in Notwehr **32** 23 ff.; v. Rechten *durch Äußerungen* **193;** der Rechtsordnung **46** 9 f.; **47 I; 56 III,** *kurze Freiheitsstrafe* **47** 9, *u. Verwarnung* **59** 10, **I Nr. 3**
Verteidigung der Rechtsordnung bei Strafaussetzung **56** 14 ff.
Verteidigungsmittel, Begriff **109 e** 2; Sabotagehandlungen **109 e I**
Verteidigungsverhalten u. Strafzumessung **46** 50 ff.; zulässiges **177** 59
Verteidigungswille bei Notwehr **32** 25
Vertrag, öffentlich-rechtlicher **330 d Nr. 4 e**
Vertragsschluss als Vorteilszuwendung **331** 12
Vertrauensgrundsatz 222 10, 14 ff.
Vertrauensperson, Tatprovokation **26** 8 a ff.
Vertrauensverhältnis, besonderes **13** 24
Vertrauliche Äußerungen als Beleidigung **185** 12
Vertraulichkeit des Wortes 201 4; Verletzung *durch Beamte* **201 III**
Vertreiben s. Verbreiten
Vertreter bei Einziehung **75;** gesetzlicher **14 I Nr. 3,** *Strafantragsrecht* **77 III**
Vertretung, anerkannte Auslands– **104** 1; –sberechtigtes Organ, –sberechtigter Gesellschafter **14 I;** bei Strafantrag **77** 21 f.
Verunglimpfen des Bundespräsidenten **90 I;** der Bundeswehr **vor 109** 3; **193** 26; des Staates u. seiner Symbole **90 a;** v. Verfassungsorganen **90 b I;** Verstorbener **189,** *Antragsrecht* **194 II**
Verunreinigen des Bodens **324 a** 5, **I;** v. Gewässern **324 I;** der Luft **325 I,** *durch Schadstoffe* **325 II;** v. Umweltmedien *durch Abfall* **326 I Nr. 4 a**
Veruntreuen v. Arbeitsentgelt **266 a;** von fremden Sachen **246** 16
Verursachen einer nuklearen Explosion **328 II Nr. 3**
Verursachung des Erfolges **vor 13** 20 ff., 39; der Gefahr *u. Notstand* **35 I S. 2;** v. Lärm, Erschütterungen, nichtionisierender Strahlung **325 a;** v. Luftverunreinigungen **325** 6
Verurteilung, Bekanntgabe der – **103 II; 200;** Vorbehalt der – **59**
Verwahren v. Fälschungsmitteln **149 I; 275 I;** des Führerscheins, *Anrechnung auf Fahrverbot* **51 V,** *bei Fahrverbot* **44 II;** v. Kernbrenn– *o. radioaktiven Stoffen* **310 I Nr. 1;** v. Sabotagemitteln **87 I Nr. 3;** Sicherungs– s. Unterbringung; v. Sprengstoff **310 I Nr. 2**
Verwahrungsverbot s. Besitzverbot
Verwaltung, Aufgaben d. öffentl. – **11 I Nr. 2 c, Nr. 4; 14 II S. 3;** öffentliche, *Begriff* **11** 21 ff.
Verwaltungsakt, vollziehbarer – **330 d** 8, **Nr. 4 c, Nr. 4 d**
Verwaltungsaktakzessorietät vor 324 6 ff.; **324** 7
Verwaltungsangehörige, Rechtsbeugung **339** 8 a
Verwaltungsrechtliche Pflichten, Rechtsquellen **330 d Nr. 4;** Verletzung **311 I, III; 324 a I; 325 I, II; 325 a; 326 III; 328**
Verwandte 11 I Nr. 1 a; Beischlaf zwischen –n **173;** leibliche – **173** 3; s. Angehörige

Verwandtschaftsverhältnis, erloschenes *u. Strafantragsrecht* **77 II S. 3**
Verwarnung mit Strafvorbehalt **59 ff.; 59** 1, *Bewährungszeit u. Anweisungen* **59 a,** *u. Gesamtstrafe* **59 c,** *Verurteilung* **59 b I**
Verweilen in fremden Räumen **123 I**
Verwenden von Kennzeichen verfassungswidriger Organisationen **86 a;** v. radioaktiven Stoffen *o. Gefahrstoffen* **328 III Nr. 1**
Verwendung, Absicht der – v. Waffen **125 a** 4; v. falschen Belegen **264 II Nr. 1;** im Verkehr als Ausweis **281** 2
Verwendungsbeschränkung bei Subventionen **264 I Nr. 2**
Verwerflichkeit bei Erpressung **253** 7 ff., **II;** bei Nötigung **240 II**
Verwerten fremder Geheimnisse **204**
Verwertungsverbot getilgter Eintragungen **46** 39 f.
Verwirkung des Strafanspruchs s. Verjährung, Verfahrenshindernis
Verwirrung, Notwehrexzess **33** 3
Verzicht, erheblicher persönlicher – zur Schadenswiedergutmachung **46 a** 11, **Nr. 2;** auf die erstrebte Leistung **239 a** 20; auf Strafantrag **77** 30
Videobänder, –kassetten *als Druckwerke* **78** 7, *als Schriften* **11 III;** s. Bildträger
Vikariierendes System 67 4 ff.
Virusprogramme s. Computerviren
vis absoluta, compulsiva 240 27
V-Mann u. Notstandsregelung **34** 21 ff.; Tatprovokation **26** 8 a; **46** 67 ff.
Völkermord Einl. 12; Androhung **126 I Nr. 2;** als Auslandstat **6 Nr. 1;** Nichtanzeige **138 I Nr. 6; 139 III Nr. 2;** Verjährung **78 II; 79 II**
Völkerrecht, Verh. zu nationalem Recht **vor 3** 7 ff.; u. Weltrechtsprinzip **6** 9
Völkerstrafgesetzbuch, Vereinigung zur Begehung von Taten nach dem – **129 a I**
Völkerstrafrecht Einl. 12
Völkerverständigung 86 I Nr. 2, II
Volksbefragung, –begehren u. –entscheid *als Abstimmung* **108 d** 2
Volkstum, durch ihr – bestimmte Gruppe **130 II Nr. 1**
Volksverhetzung 130
Volksvertretung, Abgeordnetenbestechung **108 e I**
Vollautomatisches Gewehr 243 I Nr. 7
Vollendung, Beendigung des Versuchs **22** 16; der Tat **11 I Nr. 6**
Volljährigkeit, Ruhen der Verjährung bis zur – Opfers **78 b I Nr. 1**
Vollrausch 63 4, 12 a; **323 a;** Entziehung der Fahrerlaubnis bei – **69 II Nr. 4;** Unfallflucht bei – **142** 48
Vollstreckung, Anrechnung nach – **51 II, III;** gegen Unschuldige **345;** Unterbrechung der Straf– **57** 10
Vollstreckungsaussetzung s. Strafaussetzung
Vollstreckungsbeamte, gleichstehende Personen **114;** Widerstand gegen – **113**
Vollstreckungshandlung 113 I
Vollstreckungsreihenfolge 72 III S. 1
Vollstreckungsvereitelung 258 II; 288
Vollstreckungsverjährung 79 ff.; 79 I; Fristen **79 III, IV;** gemeinsamer Ablauf **79 V;** Ruhen **79 a;** Verlängerung **79 b**
Volltrunkenheit, Herbeiführen von – als Körperverletzung **223** 6 a; Rauschzustand **323 a** 4; Schuldunfähigkeit bei – **20** 20
Vollverbüßung, Führungsaufsicht **68 f I S. 1**
Vollzug, Verhalten im – **57 I S. 2; 66 a II;** s. Strafvollzug
Vollzugsanordnung 72 III S. 2
Vollzugslockerungen, Gefangenenbefreiung **120** 4
Vorbehalte, –ne Einziehung **74 b II;** –ne Strafe **59 ff.**
Vorbehaltene Sicherungsverwahrung 66 a; Hang bei – **66 a** 4; bei Mord **211** 105; Prognose **66 a** 5 f.; Strafaussetzung **66 a III**
Vorbereiten 22 5; eines Angriffskrieges **80,** 5; der Ausweisfälschung **275;** des Ausspähens und Abfangens von Daten **202 c;** der Computersabotage **303 b V;** eines Explosions– *o. Strahlungsverbrechens* **310;** der Geld- u. Wertzeichenfälschung **149 I;** eines hochverräterischen Unternehmens **83,** *Begriff* **83** 3; v. Sabotagehandlungen **87 I;** einer Verschleppung **234 a III**
Vordrucke für amtliche Ausweise **275 I Nr. 3;** für Euroschecks **152 b I;** für Schecks **152 a** 6 f., 12; für Wechsel **152 a** 9, 12
Vorenthalten v. Arbeitsentgelt **266 a;** v. Unterhalt **170** 11
Vorfahrt, Nichtbeachtung **315 c I Nr. 2 a**
Vorführungsbefehl als Verjährungsunterbrechung **78 c I Nr. 5**
Vorgänge, militärische **109 g** 2
Vorgesetzter, bindender Dienstbefehl **vor 32** 8, 16; Rügen u. Vorhaltungen **193,** 40; Strafantrag **77 a; 194 III S. 1;**

230 II S. 1; Verleitung v. Untergebenen **357**
Vorhersehbarkeit des Erfolges **222** 25 ff.; der Tatbestandsverwirklichung **15** 14, 17
Vorläufige Entziehung der Fahrerlaubnis, *Anrechnung auf Fahrverbot* **51 V**
Vorläufiges Absehen v. Auflagen **56 b III;** v. Weisungen **56 c IV**
Vorläufiges Berufsverbot, Anrechnung **70 II, IV S. 2**
Vorleben des Täters **46 II**
Vormund, Betrug **263 IV;** Diebstahl o. Unterschlagung gegen – **247;** Strafantragsrecht **77** 14
Vorräte s. Warenlager
Vorrichtungen für Explosions– *o. Strahlungsverbrechen* **310** 6; zur Wasserhaltung, *Beschädigung* **318;** s. Fälschungsmittel
Vorsatz vor 13 14, 48; **15** 2; alternativer **15** 12; bedingter **15** 9 ff., *bei Tötungsdelikten* **15** 9 e; **212** 7 ff.; direkter **15** 6 f.; Gefährdungs– **15** 11; Gegenstand und Umfang des –es **16** 3 ff.
Vorsätzliche Tat 11 II
Vorsatzprovokation 32 46
Vorsatztheorie 16 21
Vorschub leisten, einem Menschenhandel **233 a;** zu sexuellen Handlungen **180 I, II**
Vorspiegeln einer Diensthandlung **331** 10
Vorstand, Einziehung **75 Nr. 2**
Vorstellung von der Tat **22**
Vorstellungsweisung 68 b I Nr. 11
Vorstrafen, Berücksichtigung bei Strafzumessung **46** 38; ausländische **46** 38 a
Vortat, Beteiligung an der – der Geldwäsche **261 IX S. 2;** bei Geldwäsche **261 I S. 2;** mitbestrafte **vor 52** 64; bei räuberischem Diebstahl **252** 3; aus Vortat bei Begünstigung **257** 6
Vortäuschen des Bevorstehens *eines Verbrechens* **241 II;** des Bevorstehens einer rechtswidrigen Tat **126 II;** v. Hilfsbedürftigkeit **145 I Nr. 2;** v. Rechten anderer **283 I Nr. 4;** einer Straftat **145 d;** des Versicherungsfalles **263 III Nr. 5**
Vorteil, Begriff **108 b** 4; **299** 7; **331** 11; fortgesetzte Annahme **335** 7 ff.; großen Ausmaßes **300** 3 f.; **335** 5 f.; s. auch Vermögens–
Vorteilsannahme durch Amtsträger **331 I;** Genehmigung **331 III;** durch Richter **331 II;** Teilnahme **331** 38; Versuch **331 II S. 2**
Vorteilsgewährung an Amtsträger **333 I;** Genehmigung **333 III;** an Richter **333 II**
Vorverhalten, vorwerfbares – bei Notwehr **32** 42 ff.
Vorverschulden 20 49 ff.; **21** 15, 20 ff.; bei actio libera in causa **20** 49 ff.; beim Affekt **20** 34, 56 ff.; durch selbstverantworteten Alkoholkonsum **21** 25 ff.; bei Zahlungsunfähigkeit **266 a** 16 ff.
Vorverurteilung durch die Medien **46** 64
Vorwegvollzug der Maßregel **67 I;** der Strafe **67 II;** nachträgliche Änderung **67 III**
Vorwerfbarkeit vor 13 47; des Irrtums *über illegales Geheimnis* **97 b I Nr. 1;** bei Verursachung einer Notwehrlage **32** 47
V-Personen, polizeiliche **86** 20

W

Waffe, Ausrüsten mit – **127;** Begriff **244** 3 ff.; **250** 3 a; Bei-Sich-Führen **113 II Nr. 2; 121 III Nr. 2; 125 a Nr. 1; 177 III Nr. 1; 244 I Nr. 1 a; 250 I Nr. 1 a, II Nr. 2;** Diebstahl **243 I Nr. 7;** Einsatz lebensgefährlicher – zur Notwehr **32** 33; Schein– **250** 4 a f.; Verwenden **177 IV Nr. 1; 250 II Nr. 1**
Waffengebrauch bei Notwehr **32** 33 f.
Waffenträger, berufsmäßige – **244** 4
Wählbarkeit, Aberkennung **129 a VIII;** Verlust **45**
Wahlbehinderung 107
Wählerbefragung 107 c 4
Wählerbestechung 108 b
Wählernötigung 108 I
Wählertäuschung 108 a
Wahlfälschung 107 a; 107 b; DDR **107 a** 7
Wahlfeststellung 1 18; gleichartig **1** 25; zwischen Mordmerkmalen **211** 77; ungleichartig **1** 26
Wahlgeheimnis, Verletzung **107 c**
Wahlrecht s. Stimmrecht
Wahlunterlagen, Fälschung **107 b**
Wahlvergehen, Geltungsbereich **108 d;** Nebenfolgen **108 c**
Wahndelikt 13 48; **22** 49, 55
Wahrheitsbeweis, Beleidigung trotz – **192; 193;** durch Strafurteil **190**
Wahrnehmung berecht. Interessen **193,** *durch Presse, Rundfunk u. Film* **193** 33; fremder Vermögensinteressen **266 I**

Wahrung v. Geheimnissen s. Geheimnis
Wald 306 8; Brandgefahr **306f I Nr. 3;** Brandstiftung **306 I Nr. 5;** Rodung *in einem Schutzgebiet* **329 III Nr. 5**
Waldheimer Prozesse 339 16b, 20
Wappen s. Staatssymbole
Waren, Verschleuderung **283 I Nr. 3**
Warenautomat 265a 11ff.
Warenbestellung unter Missbrauch von personenbezogenen Daten **238 I Nr. 3**
Warenkredit 265b 14
Warenlager o. –vorräte **306** 6, *Brandstiftung* **306 I Nr. 3**
Warentermingeschäfte, Gefährdungsschaden **263** 99
Warenterminhandel, Aufklärungspflicht **263** 26
Wärmeversorgung, Beeinträchtigung **316b III;** Betriebsstörung **316b I Nr. 2;** Sabotage **88 I Nr. 3**
Warnung, Abgrenzung v. der Drohung **126** 5; **240** 9, 36
Warnzeichen, Beeinträchtigung **145 II Nr. 1**
Wartefrist bei Unfällen **142 I Nr. 2**
Wasser s. Gewässer
Wasserbauten, Beschädigung **318**
Wasserbehälter, Vergiftung **314 I Nr. 2**
Wasserfahrzeug 306 7; Brandstiftung **306 I Nr. 4;** Immissionen **vor 324** 23; **325 V; 325a IV**
Wassergefährdende Stoffe, Begriff **329** 7; unerlaubter Umgang **329 II Nr. 1, II Nr. 2**
Wasserleitungen, Beschädigung **318;** Vergiftung **314 I Nr. 1**
Wasserrechtliche Befugnis 324 7
Wasserschutzgebiet, besonders schwerwiegende Beeinträchtigung **330 I Nr. 1;** Gefährdung **329 II**
Wasserspeicher, Vergiftung **314 I Nr. 1**
Wasserversorgung, Beeinträchtigung **316b III;** Betriebsstörung **316b I Nr. 2;** Gefährdung der öffentlichen – **330 I Nr. 2;** Sabotage **88 I Nr. 3**
Wechsel, Diskontierung *als Kredit* **265b III Nr. 2;** Fälschung von –n **152a I;** Vordrucke für – **152a** 6f., 12; Wucher durch – **291 II Nr. 3**
Wechselreiterei 263 98
Wechselseitige Beleidigungen **199;** Taten **77c**
Wechselwirkungstheorie 193 17, 24
Wege, Beschädigung **318**
Wegnahme 242 I; 249 I; Körper usw. Verstorbener **168 I;** Pfandkehr **289 I**
Wehrdienst, Anwerbung für fremden – **109h;** s. Wehrpflicht
Wehre, Beschädigung **318**
Wehrlose, Misshandlung **225 I**
Wehrlosigkeit 177 29; **211** 39; **225** 3
Wehrmittel, Begriff **109e** 2; gefährdende Abbildungen **109g;** Sabotagehandlungen **109e I**
Wehrpflicht, Begriff **109** 2; Entziehung *durch Täuschung* **109a I,** *durch Verstümmelung* **109 I**
Wehrsportgruppen 127 3
Wehruntauglichkeit 109 3
Weisung zur Heilbehandlung **56c** 12; zur Therapie **56c** 12
Weisungen für d. Dauer der Bewährungszeit **56c; 57a III S. 2,** *Bewährungshilfe* **56d;** bei Führungsaufsicht **68b;** Nichteinwilligung *o. Nichterfüllung* **68c II S. 1;** Verstöße **56d III; 56f I Nr. 2; 67g I Nr. 2; 70b I Nr. 2;** Verstöße während Führungsaufsicht **145a** 3f., **S. 1;** weitere – **56f II Nr. 1;** Zumutbarkeit **56c** 2
Weltanschauliches Bekenntnis 166 I
Weltanschauungsvereinigung 166 7, **II;** Feiern **167 II**
Weltrechtsprinzip vor 3 3; **6,** 1, 9
Wenden auf Autobahnen **315c I Nr. 2f**
Werbegeschenke als Vorteilsannahme **331** 26
Werben von Mitgliedern oder Unterstützern **129a V S. 2**
Werbung für fremden Wehrdienst **109h;** für Glücksspiele **284** 14b, **III;** für Lotterien *o. Ausspielungen* **287 II;** für den Schwangerschaftsabbruch **219a;** s. Progressive Kunden–
Werkstoffe für Verteidigungsmittel **109e II**
Werkzeug, gefährliches **113** 38; **177 III Nr. 1, IV Nr. 1; 224 I Nr. 2; 244** 6; **250** 3b ff., *Beisichführen* **244 I Nr. 1a; 250 I Nr. 1a,** *Verwenden beim Raub* **250 II Nr. 1;** sonstiges **244 I Nr. 1b; 250 I Nr. 1b**
Wert, bedeutender **315 I; 315a I; 315b I; 315c I; 324a I Nr. 1; 325 I, IV Nr. 1; 325a II; 328 III;** des Erlangten, *Schätzung* **73b,** *Verfall* **73a;** des Gegenstandes **248a** 3, *Einziehung* **74c I;** des Gegenstandes u. seiner Belastung, *Schätzung* **74c III**
Wertersatz, Einziehung **74c;** nachträgliche Anordnung *v. Verfall o. Einziehung* **76;** selbständige Anordnung *v. Verfall o. Einziehung* **76a;** Verfall des – **73a**
Wertpapiere, ausländische, *Fälschung* **152;** Begriff **264a** 6ff.; Fälschung **6**

Nr. 7; 146, *Nichtanzeige* 138 I Nr. 4; Fälschung von –n 151; Verschleuderung 283 I Nr. 3
Wertpapierhandel, Aufklärungspflicht **263** 26
Werturteil 263 8 f.
Wertzeichen 267 6; amtliche **148** 2; ausländische, *Fälschung* **152;** Fälschung **148 I;** mehrfache Verwendung **148 II;** Vorbereitung der Fälschung **149 I**
Wesentliche Änderung *v. kerntechnischen Anlagen usw.* **327 I**
Wettbewerb, Beschränkung *durch Absprachen* **298;** freier – **vor 298** 6; **298** 3 a; Straftaten gegen den – **298 ff.**
Wettbetrug 263 18
Wetten 284 6 f.; übermäßiger Verbrauch durch – **283 I Nr. 2**
Widerruf der Aussetzung *des Berufsverbots* **70 b I, II;** einer falschen Aussage s. Aussageberichtigung; der Strafaussetzung **56 f,** *u. neue Aussetzung* **56** 6 a, *Verfahren* **56 f** 21, *Zeitpunkt* **56 f** 19, *Zuständigkeit* **56 f** 20; des Straferlasses **56 g** 2, **II;** Unschuldsvermutung bei – der Strafaussetzung **56 f** 5 ff.; vgl. auch Berichtigung
Widerspruch gegen Strafverfolgung **194 I S. 3, II S. 3**
Widerstand, passiver **113** 25; gegen die Staatsgewalt **111 ff.;** Unfähigkeit zum – **179** 8 ff.; gegen Vollstreckungsbeamte **113,** *gleichstehende Personen* **114**
Widerstandsrecht vor 32 10
Widerstandsunfähigkeit 177 30; körperliche **179 I Nr. 2;** sexuelle Handlung bei – **179**
Widerstandunfähigkeit, geistige oder seelische **179 I Nr. 1**
Widerstreitende Interessen, Abwägung **34 S. 1**
Widmark-Formel 20 14; **316** 21
Wiedereingliederung s. Resozialisierung
Wiedergutmachung, Bedeutung bei Strafrestaussetzung **57** 17; Berücksichtigung bei Strafaussetzung **56** 21; als Bewährungsauflage **56 b** 6; des Schadens **46 II; 46 a,** *Anweisung* **59 a** 4, **II Nr. 1,** *Auflage* **56 b II Nr. 1,** *Strafaussetzung* **56 II S. 2,** *Strafmilderung o. Absehen v. Strafe* **46 a;** Verhältnis zur Geldbuße **56 b** 7; Zahlungserleichterung bei – **40 S. 3**
Wiederholungstat bei sexuellem Missbrauch **176 a I**
Wiederholungstäter 46 38 ff.
Wiederinvollzugsetzung, befristete **67 h**
Wiederverleihung v. Fähigkeiten u. Rechten **45 b**
Wilde Tiere 242 6
Wilderei, Einziehung **295;** Fisch– **293;** gewerbs- o. gewohnheitsmäßige **292 II Nr. 1;** Jagd– **292;** schwere – **292 II;** Strafantrag **294**
Wille, bei der Tat aufgewendeter – **46 II**
Willensfreiheit vor 13 8 ff.; **20** 3
Willensschwäche, erhebliche **291** 13
Willkürmaßnahmen 234 a 9
Wirkungen auf den Täter **46 I S. 2,** *durch Strafrestaussetzung* **57 I S. 2;** der Verjährungsunterbrechung **78 c** 2
Wirtschaft, ordnungsgemäße – **283** 6, 9
Wirtschaftliche Not als Bankrottfolge **283 a Nr. 2;** als Begünstigungsfolge **283 d III Nr. 2;** als Betrugsfolge **263 III Nr. 3;** als Wucherfolge **291 II Nr. 1**
Wirtschaftliche Stellung, empfindliche Beeinträchtigung **234 a** 10
Wirtschaftliche Verhältnisse u. Strafzumessung **46 II;** Weisungen **56 c II Nr. 1**
Wirtschaftsberater, Schweigepflicht **203** 14
Wirtschaftsgeheimnisse als Staatsgeheimnisse **93** 7
Wirtschaftsprüfer, geschützte Berufsbezeichnung **132 a I Nr. 2;** Schweigepflicht **203 I Nr. 3**
Wirtschaftsspionage 93 7
Wirtschaftsstrafrecht vor 263 1 ff.
Wissen, wider besseres – (Vorsatz) **15** 7
Wissenschaft, Gegenstand der – **304 I**
Wissenschaftliche Leistungen, Urteile über – **193**
Wissenschaftsbetrug 263 75
Wissenschaftsfreiheit 86 III; 130 VI; 130 a III; 193
Wohnort, Weisungen **68 b I Nr. 1, 8**
Wohnung, –en ausländischer Diplomaten **vor 3** 19; Begriff **123** 6; Bildaufnahmen in – **201 a I;** Brandstiftung **306 a** 3 f., **I Nr. 1;** Bruch des Hausfriedens **123 I;** Einbruchsdiebstahl **244 I Nr. 3;** Eindringen **124;** Garantenstellung des –sinhabers **13** 35; Gewährung von – zur Prostitution **180 a II Nr. 1, 2**
Wort, nichtöffentlich gesprochenes – **201** 3
Wucher 291 I; besonders schwere Fälle **291 II;** Mitwirkung mehrerer **291 I S. 2**

Z

Zahlenlotto 284 7
Zahlung, garantierte **152 b IV Nr. 1**
Zahlungsbereitschaft, Täuschung über – **263** 19
Zahlungseinstellung, Bankrotthandlungen **283 I;** Begriff **vor 283** 13; Begünstigung **283 d I Nr. 2**
Zahlungserleichterungen 42; bei Einziehung **74 c IV;** bei Erweitertem Verfall **73 d IV;** Ruhen der Vollstreckungsverjährung **79 a Nr. 2 c;** bei Verfall **73 c II;** bei Wiedergutmachung **42 S.**
Zahlungsfrist für Geldstrafe **42 S. 1**
Zahlungsgarantie s. Zahlungskarten
Zahlungskarte, missbräuchliche Verwendung **263 a** 12 ff.
Zahlungskarten 266 b; Begriff **152 a IV;** Fälschung von – **152 a; 152 b;** ohne Garantiefunktion **152 a,** 4 ff.; mit Garantiefunktion **152 b I, IV;** Nichtanzeige *v. Fälschungen* **138 I Nr. 4**
Zahlungsunfähigkeit, Bankrotthandlungen **283 I;** Begriff **vor 283** 8 ff.; Begünstigung **283 c I; 283 d I Nr. 1**
Zahlungsverkehr, Sicherheit des –s **vor 146** 2
Zahnarzt, geschützte Berufsbezeichnung **132 a I Nr. 2;** Schweigepflicht **203 I Nr. 1**
Zahnprothesen als Körperteil **168** 5
Zäsurwirkung einer früheren Gesamtstrafe **55** 9
Zechgemeinschaft, Garantenstellung **13** 24; **221** 5
Zeichen, falsche – o. Signale **315 I Nr. 3**
Zeit der Tat 2 I; 8; nachträgliche Gesamtstrafe **55** 7, **I S. 1;** Strafbarkeit zur – **1** 7
Zeitdiebstahl 242 3
Zeitgeschehen 86 III
Zeitgesetze 2 IV
Zeitige Freiheitsstrafe 38 I; Höchstmaß bei Milderung **49 I Nr. 2;** Strafrestaussetzung **57**
Zeitliche Geltung 2
Zersetzen 89 I
Zerstören v. Anlagen o. Beförderungsmitteln **315 I Nr. 1;** v. Anlagen o. Fahrzeugen **315 b I Nr. 1;** v. Beisetzungsstätten usw. **168 II;** durch Brandlegung **306** 15; einer Datenverarbeitungsanlage **303 b I Nr. 3;** v. Flaggen usw. **90 a II S. 1; 104;** gepfändeter o. beschlagnahmter Sachen **136 I;** v. Handelsbüchern usw. **283** 24, **I Nr. 6; 283 b I Nr. 2;** v. Kraftfahrzeugen *der Bwehr o. Polizei* **305 a I Nr. 2;** eines Luftfahrzeugs o. seiner Ladung **316 c I Nr. 2;** v. öffentlichen Einrichtungen **316 b I; 317;** als Sabotage **87 II;** einer Sache **303 I;** v. Tiergelegen **329 III Nr. 6;** Verfall v. Surrogaten **73 II S. 2;** v. Vermögensbestandteilen **283** 3 ff., **I Nr. 1; 283 d I;** v. Verteidigungsmitteln **109 e I;** v. wichtigen Arbeitsmitteln **305 a I Nr. 1;** wichtiger Bauten **318**
Zeuge, Meineid **154;** uneidliche Falschaussage **153**
Zeugnisse als Ausweis **281 II**
Zeugnisverweigerungsrecht u. materielles Recht **203** 34 ff.
Zeugungsfähigkeit s. Fortpflanzungsfähigkeit
Ziegenhaarfall vor 13 24
Ziele des Täters 46 II
Zielgerichtetheit des Täterverhaltens als Indiz für Schuldfähigkeit **20** 25
Zivilbevölkerung, Einrichtungen u. Anlagen zum Schutz der – **109 e** 3
Zivildienstverweigerer 46 29
Ziviler Ungehorsam vor 32 10 a
Zollabfertigungsstellen vor 3 18; **22** 15
Zollsiegel 136 9
Zollvergehen s. Steuern
Züchtigungsrecht 223 17
Zueignung 242 33; **246** 5; **249** 4; **292 I Nr. 1; 293 I Nr. 2;** wiederholte **246** 14
Zueignungsabsicht 242 I; 246 I; 249 I; hinsichtlich Inhalt von Behältnissen **242** 30; **249** 19 a
Zufallsurkunde 267 9
Zugang, Verschaffen von – zu Daten **202 a I;** Sicherung *gegen unberechtigten* – **202 a** 8 f.
Zugangsdaten, Herausgabe von – auf Bankkonten **253** 16; **263** 101a
Zugänglich, einem Dritten – machen **201** 6; öffentlich – machen **74 d** 6
Zugänglichmachen in Datenspeichern **86 I;** von Datenspeichern im Internet **184** 33 ff.; pornografischer Schriften **184 a Nr. 2; 184 b I Nr. 2;** von Mitteln zum Ausspähen und Abfangen von Daten **202 c**
Zugangssperre für pornografische Live-Übertragungen **184 c** 7
Zuhälterei 181 a; ausbeuterische **181 a I Nr. 1;** bandenmäßige **181 c S. 1;** dirigierende **181 a I Nr. 2;** von Ehegatten **181 a III;** kupplerische **181 a II**
Zulassung, rechtsmissbräuchlich erwirkte – **330 d Nr. 5**

Zumessung der Strafe **46**
Zumutbarkeit vor 13 49; der Erfolgsabwendung **13** 44f.; der Gefahrhinnahme **34** 13; **35 I S. 2;** der Hilfeleistung **323 c** 7; v. Weisungen **56 c** 2
Zungenkuss 176 a 8
Zurechnung, objektive **vor 13** 24ff.
Zurechnungsfähigkeit s. Schuldfähigkeit
Zurückbehaltungsrecht, Vereitelung **289 I**
Zurücknahme des Strafantrags **77 d,** *Berechtigte* **77 d II,** *Form* **77 d** 2, *Frist* **77 d I S. 2**
Zusage, freiwillige *bei Strafaussetzung* **56 c** 14; –n für die künftige Lebensführung **56 c IV,** *Überwachung* **56 d III**
Zusammengesetzte Urkunden 267 13; Fälschung **267** 19 c
Zusammenhalt, organisatorischer – einer Partei o. Vereinigung **84**
Zusammenrottung v. Gefangenen **121 I;** öffentliche **124** 5
Zusammentreffen, mehrerer Gesetzesverletzungen **52 ff.;** v. Milderungsgründen **50**
Zustand des Verurteilten **63; 67 g**
Zustandsdelikt, Begehungszeit **8** 3
Zustimmung zur Strafrestaussetzung **57 I Nr. 3;** zur Vorteilsannahme **331 III; 333 III;** s. Einwilligung, s. Ermächtigung
Zwang 240 4ff.; –sausübung **240** 11ff.; –seinwirkung **240** 12ff.; unmittelbarer – **vor 32** 6
Zwangsabfall 326 2b
Zwangsernährung bei Gefangenen **vor 211** 14
Zwangsheirat 240 59a, 62, **IV Nr. 1**
Zwangslage, Ausnutzen **232 I; 233 I;** Ausnutzen einer – zu sexuellen Handlungen **182 I Nr. 2, 2;** eines anderen **291** 10
Zwangstherapie, sanktionsbewehrte **68 c** 5
Zwangsvollstreckung, Vereitelung **288**
Zweck der Maßregel, *Gefährdung durch Weisungsverstoß* **145 a** 5, **S. 1;** der Strafe **46** 2ff.; der Unterbringung **67 c** 5; s. Mittel-Zweck-Relation
Zweckverfehlung 263 79ff.
Zweiaktige Delikte, Begehungsort **9** 3
Zwei-Drittel-Aussetzung 57 I
Zweifelssatz bei Strafaussetzung **56** 4; bei Verjährung **vor 78** 3; s. in dubio pro reo
Zweispurigkeit vor 61 1
Zwischenspeicherung von Daten **184** 29f.
Zwischenstaatliche Rüstungsbeschränkungen **93 II**